MÉMENTO PRATIQUE

FISCAL

20

À jour au 1er février 2020

EDITIONS
FRANCIS LEFEBVRE

Présentation et mode d'emploi

Il ne saurait être question d'exposer dans un ouvrage de ce volume tous les détails du système fiscal français. Notre seule ambition est d'énoncer aussi clairement que possible les principes qui régissent ce système et de fournir le maximum de renseignements concrets aux lecteurs, afin de leur permettre :
– de retrouver rapidement les principales règles d'assiette, les tarifs et les modalités de paiement des différents impôts et taxes (dont la liste détaillée est donnée n° 97550) ;
– de connaître la source exacte des solutions citées (loi, jurisprudence, doctrine administrative) ;
– de remplir en temps utile les nombreuses formalités auxquelles ils sont assujettis ;
– de vérifier utilement les avis d'imposition qu'ils reçoivent ;
– de présenter une réclamation dans les formes légales lorsqu'ils se trouvent surtaxés.

Le Mémento comprend dix parties. Pour en faciliter la consultation, celles-ci sont distinguées par des bandes de couleur qui apparaissent sur la tranche de l'ouvrage.
– **1e** partie **(blanche)** : **impôt sur le revenu** ;
– **2e** partie **(grise)** : **impôts sur les bénéfices des sociétés** ;
– **3e** partie **(blanche)** : **impôts directs locaux** ;
– **4e** partie **(couleur)** : **taxe sur la valeur ajoutée** ;
– **5e** partie **(blanche)** : **droits d'enregistrement** ;
– **6e** partie **(grise)** : **impôt sur la fortune immobilière** ;
– **7e** partie **(blanche)** : **taxes diverses** ;
– **8e** partie **(couleur)** : **dispositions communes** ;
– **9e** partie **(blanche)** : **régimes spéciaux** ;
– **10e** partie **(couleur)** : **dossiers thématiques** (création d'une entreprise, mise en société d'une entreprise individuelle, etc.).

Une **annexe (grise)** regroupe les **tableaux de calcul de l'impôt sur le revenu et divers renseignements chiffrés.**

À la fin se trouve une **table alphabétique** qui couvre bien entendu les dix parties et l'annexe du Mémento.

Dans le but de rendre les recherches plus aisées, le Mémento comporte des **paragraphes numérotés** qui figurent dans la marge et auxquels sont faits tous les **renvois,** notamment ceux de la table alphabétique.

Le numérotage des paragraphes est **discontinu.** Ce système, qui consiste à garder des numéros en réserve, est destiné à permettre, d'une année à l'autre, l'intégration des mesures nouvelles ou la création de nouvelles rubriques sans bouleverser le numérotage des rubriques.

Le Mémento a un double objet :
– permettre au lecteur d'avoir constamment à sa disposition un « condensé » embrassant l'ensemble de la **réglementation applicable** ;
– guider ses **recherches** dans notre **documentation** experte pour l'étude complète d'une question.

On y trouvera donc directement tous les renseignements courants, tandis que les points trop spéciaux pour y être traités font l'objet de renvois à cette documentation qui se lisent comme suit :

« BIC-X-3300 s » signifie que la question est traitée dans la Série BIC, Division X, n°s 3300 s. (la lettre « s » signifie que l'étude de la question se prolonge sur le ou les numéros suivants).

Le présent Mémento tient compte de **tous les textes intervenus jusqu'au 1er février 2020.** Il est mis à jour et réécrit en fonction de l'actualité selon les modalités indiquées en bas de page.

Toutes les nouveautés en un clin d'œil !

Un **cahier central** de couleur recense les principales nouveautés applicables en 2020 avec pour chacune un renvoi aux paragraphes correspondants dans le Mémento.

Votre Mémento numérique à jour en continu !

À jour au 1er février 2020, votre Mémento papier est assorti d'une version numérique (web, mobile, tablette) mise à jour en continu et **réécrite tous les trois mois**. Munis de vos codes d'accès (voir mode d'emploi en page de garde), il vous suffit de **télécharger l'application « iMémento »** sur votre mobile ou tablette ou de vous rendre sur **www.memento.efl.fr**.

Plan général

Les chiffres renvoient aux paragraphes.

Principales abréviations

AN	Assemblée nationale (Journal officiel)
Art.	Article
BA	Bénéfices agricoles
BIC	Bénéfices industriels et commerciaux
BNC	Bénéfices non commerciaux
Bofip (BOI)	Bulletin officiel des finances publiques – Impôts
CA	Cour d'appel
CAA	Cour administrative d'appel
CASF	Code de l'action sociale et des familles
Cass.	Cour de cassation
CCH	Code de la construction et de l'habitation
C. com.	Code de commerce
CE	Conseil d'État
CET	Contribution économique territoriale
CFE	Cotisation foncière des entreprises
CGCT	Code général des collectivités territoriales
CGI	Code général des impôts
CJUE	Cour de justice de l'Union européenne
CRDS	Contribution au remboursement de la dette sociale
CRPA	Code des relations entre le public et l'administration
CSG	Contribution sociale généralisée
CSS	Code de la sécurité sociale
C. trav.	Code du travail
CVAE	Cotisation sur la valeur ajoutée des entreprises
C. urb.	Code de l'urbanisme
DGE	Direction des grandes entreprises
DGFiP	Direction générale des finances publiques
EEE	Espace économique européen
IR	Impôt sur le revenu
IS	Impôt sur les sociétés
IFI	Impôt sur la fortune immobilière
LPF	Livre des procédures fiscales
Rép.	Réponse ministérielle
RJF	Revue de jurisprudence fiscale Francis Lefebvre
Sén.	Sénat (Journal officiel)
TA	Tribunal administratif
TGI	Tribunal de grande instance

Abréviations utilisées dans la table alphabétique : voir en tête de celle-ci.

PARTIE 1

Impôt sur le revenu

L'impôt sur le revenu frappe, à un taux progressif, le revenu annuel des personnes physiques. Il s'agit d'un impôt sur le revenu net global obtenu en additionnant les revenus de toutes catégories. 1

Les personnes physiques sont par ailleurs soumises, sur l'ensemble de leurs revenus, à des prélèvements sociaux : contribution sociale généralisée (CSG), contribution au remboursement de la dette sociale (CRDS) et, pour les revenus du capital financier et immobilier, prélèvement de solidarité (voir nos 34200 s.).

PARTIE 1

Impôt sur le revenu

L'impôt sur le revenu frappe, à un taux progressif, le revenu annuel des personnes physiques. Il s'agit d'un impôt sur le revenu net global obtenu en additionnant les revenus de toutes catégories. 1

Les personnes physiques sont par ailleurs soumises, sur l'ensemble de leurs revenus, à des prélèvements sociaux : contribution sociale généralisée (CSG), contribution au remboursement de la dette sociale (CRDS) et, pour les revenus du capital financier et immobilier, prélèvement de solidarité (voir n° 31200 s.).

CHAPITRE 1

RÈGLES GÉNÉRALES

SOMMAIRE

MÉCANISME GÉNÉRAL DE L'IMPÔT SUR LE REVENU

10 CGI art. 1er A L'impôt sur le revenu (en **abrégé : IR**) présente, pour l'essentiel, les caractéristiques suivantes.

1. Il est dû par les personnes physiques telles qu'elles sont définies par la loi (nos 100 s.).

2. La base d'imposition est constituée, en principe, par le revenu net global dont dispose chaque année le contribuable. Elle s'obtient en déterminant d'abord les revenus nets des diverses catégories selon des règles propres à chacune d'elles, puis en retranchant du total de ces revenus catégoriels les déficits, charges et abattements à déduire du revenu global (nos 700 s.).

3. Calculé par application d'un barème progressif, l'impôt représente une fraction d'autant plus importante du revenu imposable que celui-ci est plus élevé ; cependant le système du « quotient familial » permet d'aménager la progressivité de l'impôt en fonction de la situation et des charges de famille de chaque contribuable (nos 1580 s.).

Par ailleurs, le montant de l'impôt peut être allégé par l'application de réductions ou de crédits d'impôt (nos 2480 s.), octroyés pour compenser certaines dépenses ou certains investissements réalisés par les contribuables.

4. Impôt « déclaratif », l'IR est établi et recouvré par voie de rôle, au vu de déclarations annuelles des revenus souscrites par les contribuables et soumises au droit de contrôle de l'administration (nos 3650 s.). Son paiement donne lieu pour les revenus d'activité et de remplacement ainsi que les revenus fonciers à un prélèvement à la source (nos 3740 s.).

5. À l'égard de certains contribuables ou de certains revenus, la loi prévoit des régimes spéciaux qui apportent des dérogations aux règles de droit commun (nos 4020 s.).

6. La déduction, l'imputation ou la restitution de certains avantages fiscaux accordés au foyer fiscal au titre d'une même année ne peut pas entraîner globalement une réduction du montant de l'impôt dû supérieure à un certain montant (nos 4840 s.).

Notons qu'en sus de l'impôt sur le revenu ainsi déterminé, les contribuables les plus aisés sont redevables d'une **contribution exceptionnelle** assise sur le revenu fiscal de référence (nos 5100 s.).

SECTION 1 PERSONNES IMPOSABLES

100 IRPP-I-400 s Sauf exonérations, l'impôt sur le revenu frappe les personnes physiques, dans des conditions qui diffèrent selon qu'elles ont, ou non, leur domicile fiscal en France.

A. Personnes physiques

1. PRINCIPE

300 Seules les personnes physiques sont soumises à l'impôt sur le revenu, l'imposition pouvant d'ailleurs englober plusieurs personnes en vertu de la règle d'imposition par foyer fiscal (nos 325 s.).

L'impôt sur le revenu peut s'appliquer aux bénéfices réalisés par certaines **personnes morales,** mais il est alors établi au nom de leurs membres et non de la société elle-même. Ce régime est celui des sociétés de personnes et assimilées, dont les associés personnes physiques sont personnellement passibles de l'impôt sur le revenu pour la part des bénéfices sociaux, même non distribués, correspondant à leurs droits dans la société (nos 37500 s.).

Les personnes morales (sociétés et autres collectivités) autres que les sociétés de personnes et assimilées relèvent, lorsqu'elles sont imposables, de l'impôt sur les sociétés (nos 35550 s.). C'est le cas des sociétés anonymes et autres sociétés de capitaux, sachant que les associés ou actionnaires de ces sociétés, lorsque ce sont des personnes physiques, sont passibles de l'impôt sur le revenu, au titre des revenus des capitaux mobiliers, à raison des bénéfices sociaux qui leur sont distribués (nos 24265 s.).

2. RÈGLE DE L'IMPOSITION PAR FOYER FISCAL

DÉFINITION

La règle de l'imposition par foyer consiste à cumuler, pour les soumettre à une **imposition unique,** l'ensemble des bénéfices et revenus de toutes catégories réalisés par le contribuable lui-même ou, lorsqu'il s'agit de personnes mariées ou pacsées, par les deux époux ou partenaires (voir les précisions au nº 330), ainsi que par les enfants et autres personnes fiscalement considérés comme étant à leur charge (nºs 1850 s. et 1960 s.). 325 CGI art. 6, 1 IRPP-I-5000 s

Bien entendu, le foyer fiscal peut se limiter à une seule personne, lorsqu'il s'agit de célibataires, veufs, divorcés (ou séparés) sans personne à charge.

› **Précisions** **a.** Exception faite des revenus fonciers (pour la détermination desquels il est fait masse des revenus bruts et des charges correspondant à l'ensemble des propriétés imposables), les **revenus de chaque membre** du foyer fiscal sont d'abord déterminés distinctement selon les règles propres à la catégorie dont ils relèvent. Après avoir été ainsi déterminés, les revenus catégoriels sont ensuite cumulés en vue de leur imposition globale dans le cadre du foyer fiscal.
b. Prise en compte des revenus perçus par des **enfants** mineurs **résidant en alternance** au domicile de leurs parents séparés : voir nº 1865.
c. Cas où certains membres seulement du foyer ont leur **domicile fiscal** en France : voir nº 500, c.

Personnes mariées ou pacsées En application de la règle de l'imposition par foyer, les deux époux, quel que soit leur régime matrimonial, et les partenaires d'un Pacs sont soumis à une **imposition commune** à raison tant des revenus réalisés par chacun d'eux que de ceux des enfants et autres personnes fiscalement à leur charge. 330 IRPP-I-5450 s

C'est seulement dans des cas limitativement fixés par la loi que les époux ou les partenaires d'un Pacs font l'objet d'une **imposition séparée** (voir nºs 355 et 370).

Des règles particulières sont prévues pour l'imposition des revenus de l'année du **mariage** ou du **Pacs,** du **divorce** ou de la **séparation** (voir nºs 365 s.) et de celle du **décès** de l'un des époux ou partenaires de Pacs (voir nº 4770).

› **Précisions** Les **partenariats civils** conclus régulièrement **à l'étranger** et non contraires à l'ordre public international emportent les mêmes effets en matière d'impôt sur le revenu que ceux d'un Pacs (BOI-IR-CHAMP-20-10 nºs 80 s.).

L'égalité de droits est reconnue aux deux époux pour la souscription de la **déclaration d'ensemble** des revenus du foyer, qui doit être conjointement signée par eux. La signature conjointe est également exigée des partenaires de Pacs, qui établissent la déclaration à leurs deux noms. Néanmoins, lorsqu'elle est signée par un seul des époux (mari ou femme) ou des partenaires, la déclaration est opposable à l'autre. 335 IRPP-V-1570, 2560 s et 2580 s ; CF-I-1750 s

De même, chacun des époux ou des partenaires d'un Pacs a qualité pour suivre les **procédures** relatives à l'impôt dû à raison de l'ensemble des revenus du foyer. Les déclarations, les réponses aux demandes de l'administration ou aux diverses notifications, les actes de procédure dans leur ensemble, faits par l'un des conjoints ou partenaires ou notifiés à l'un d'eux, sont opposables de plein droit à l'autre (LPF art. L 54 A). Toutefois, en cas d'imposition distincte des intéressés à la date de la notification des cotisations supplémentaires relatives à la période d'imposition commune (**divorce, séparation ou dissolution du Pacs**), celui qui n'a pas été destinataire de l'avis d'imposition et qui a informé l'administration de son changement de situation dispose d'un délai propre de réclamation qui court à compter du premier acte de recouvrement forcé qui lui est adressé (Cons. const. 4-12-2015 nº 2015-503 QPC : RJF 2/16 nº 174).

Par ailleurs, les époux et les partenaires de Pacs soumis à une imposition commune sont tenus solidairement au **paiement de l'impôt** sur le revenu ; en cas de divorce ou de séparation, chacun d'eux peut demander, sous certaines conditions, à être déchargé de cette obligation (voir nº 77280, c).

› **Précisions** **a.** Les avis de situation déclarative et les avis d'imposition relatifs à l'IR des personnes mariées sont établis au nom de l'époux (précédé de la mention « Monsieur ou Madame ») ou au nom d'usage indiqué sur la déclaration de revenus. Ceux des contribuables pacsés sont établis au nom des deux partenaires, séparés par le mot « ou ».
b. Par exception à la présomption de représentation mutuelle des époux ou partenaires :
– les déclarations spéciales relatives aux revenus provenant d'une **activité professionnelle non salariée** (BIC, BNC, BA) sont souscrites par le titulaire de ces revenus (mari ou femme, ou partenaire concerné, selon le cas) ;
– seule la personne titulaire de tels revenus (ainsi que de rémunérations visées à l'article 62 du CGI : gérants majoritaires de SARL, notamment ; nºs 23605 s.) est habilitée à suivre les actes de procédure relatifs à ces différentes catégories de revenus (fixation des bases d'imposition, rectification des déclarations). Il n'en va différemment qu'en présence de bénéfices provenant d'une société de personnes (CE 10-12-2008 nº 296836 : RJF 3/09 nº 254).
Les procédures suivies à l'égard de l'exploitant (ou du gérant de SARL) produisent toutefois directement effet pour la détermination du revenu global.

340 IRPP-III-880 s et 6950 s **Personnes vivant en union libre (concubinage)** La règle de l'imposition par foyer ne s'appliquant pas en pareil cas, chaque membre du couple est imposable séparément. Il est donc tenu de souscrire une déclaration de ses revenus personnels, dans laquelle il doit faire état, selon le cas, de sa situation de célibataire, de divorcé(e), de séparé(e) ou de veuf(ve), et prendre en compte les enfants mineurs dont il assume la charge d'entretien à titre exclusif ou principal ou dont il partage la charge pour moitié avec l'autre parent dans le cadre d'une résidence alternée (CGI art. 193 ter et 194, I). Celui des parents qui ne compte pas à charge le ou les enfant(s) conserve la possibilité, s'il verse une **pension alimentaire,** de déduire de son revenu global cette pension, étant entendu que cette pension entre alors dans le revenu imposable de celui qui a fiscalement la charge du ou des enfant(s).

> **Précisions** Les **enfants communs** des concubins dont la charge d'entretien est partagée et dont aucun des parents ne justifie assumer cette charge à titre principal sont, à défaut d'accord entre les parents, réputés être à la charge égale de chacun d'eux. Ils ouvrent droit, pour chaque parent, à une majoration de quotient familial égale à la moitié de celle qui leur serait accordée si ces enfants étaient à leur charge exclusive ou principale, cette majoration étant déterminée selon les modalités définies au 1 du n° 2000 (CE 20-12-2017 n° 397650 : RJF 3/18 n° 243).

IMPOSITION DISTINCTE D'ENFANTS MINEURS

345 CGI art. 6, 2 IRPP-I-5900 s Par dérogation à la règle de l'imposition par foyer, la loi reconnaît au contribuable la **faculté** de réclamer des impositions distinctes pour ses enfants mineurs célibataires (pour l'un ou plusieurs d'entre eux), à la double condition :
– qu'il formule à cet effet une option expresse (pour chaque enfant et, le cas échéant, chaque année) ;
– et que le ou les enfants concernés aient des **revenus personnels** tirés de leur propre travail ou d'une fortune indépendante de la sienne. Dans ce dernier cas, non seulement le contribuable ne doit disposer d'aucun droit sur le patrimoine du ou des enfants mais il ne doit également pas pouvoir disposer des produits de ce patrimoine (CE 12-10-2011 n° 325173 : RJF 1/12 n° 3).

> **Précisions** **a.** Lorsqu'elle est demandée, l'imposition distincte couvre nécessairement l'année entière et l'enfant cesse, corrélativement, d'être considéré comme à charge (quotient familial) au titre de la même année. En contrepartie, l'établissement d'impositions distinctes peut permettre de limiter l'imposition aux taux les plus élevés ou, dans certains cas, de profiter de mesures prévues en faveur des contribuables de condition modeste (exonération, décote, abattements, notamment). Pour apprécier si l'imposition distincte **peut ou non être avantageuse,** il faut donc calculer pour chaque cas particulier le montant total des impôts qui seraient exigibles dans l'une et l'autre hypothèses.
> **b.** L'imposition distincte doit être **demandée** par le contribuable en même temps qu'il souscrit sa déclaration de revenus. L'administration admet cependant qu'un contribuable qui a omis de demander l'imposition distincte d'un enfant lors du dépôt de sa déclaration, alors qu'il y aurait eu avantage, peut obtenir, au plan gracieux, le dégrèvement de l'impôt excédentaire (sauf si la demande fait suite à des rectifications impliquant un manquement délibéré des intéressés) (BOI-CTX-GCX-10-30-30-60 nos 240 et 260).

CAS D'IMPOSITION SÉPARÉE DES ÉPOUX ET PARTENAIRES D'UN PACS

355 CGI art. 6, 4 IRPP-I-6360 s Les **époux** font l'objet d'impositions distinctes dans les trois cas suivants (cas limitatifs) :
1. Lorsqu'ils sont séparés de biens (ou mariés sous le régime de la participation aux acquêts : BOI-IR-CHAMP-20-20-10 n° 67) et ne vivent pas sous le même toit ;
2. Lorsqu'étant en instance de séparation de corps ou de divorce, ils ont été autorisés à avoir des résidences séparées ;
3. Lorsqu'en cas d'abandon du domicile conjugal par l'un ou l'autre des époux, chacun dispose de revenus distincts.
Les **partenaires d'un Pacs** sont, eux aussi, imposés séparément lorsqu'ils sont dans des situations équivalentes. Dans le premier cas visé, cela suppose qu'ils soient placés sous le régime de droit commun de la séparation des biens (Pacs conclus depuis le 1-1-2007) ou sous un régime conventionnel équivalent (Pacs conclus antérieurement). Dans le troisième cas, l'abandon de domicile concerne le domicile commun. Le deuxième cas ne leur est pas applicable.

> **Précisions** **a.** Dans le **premier cas** visé ci-dessus, les deux conditions – séparation de biens, ou régimes équivalents, et vie séparée – doivent être remplies simultanément ; mais lorsque tel est le cas, il n'y a pas lieu de rechercher si la rupture de la vie commune provient de dissentiment entre les intéressés ou d'une cause indépendante de leur volonté.
> Dans le **troisième cas,** les deux conditions – rupture du foyer, disposition de revenus distincts (professionnels ou patrimoniaux) – doivent être également remplies simultanément. L'habitation séparée des époux ou partenaires d'un Pacs doit résulter d'une rupture effective du foyer et non de l'éloignement temporaire et accidentel des intéressés.
> **b.** L'imposition séparée s'applique dès l'année (et pour l'ensemble de l'année) où se réalise

l'une des conditions susvisées (voir n° 375). Inversement, dès que l'une de ces **conditions cesse d'être remplie en cours d'année,** les époux ou partenaires (dont le mariage ou le Pacs n'est pas juridiquement dissous) sont soumis à une imposition commune sur l'ensemble de leurs revenus selon les modalités définies au n° 330 (CGI art. 196 bis, al. 1).

c. En ce qui concerne :

– le **quotient familial** à retenir en cas d'imposition séparée des époux ou partenaires d'un Pacs, voir n° 2010 ;

– les **pensions alimentaires** versées en cas de divorce, de séparation ou d'instance en séparation de corps ou de divorce, voir n°s 1275 s. ;

– le cas particulier des époux ou partenaires d'un Pacs qui **optent** pour l'imposition séparée de leurs revenus l'**année** de leur **mariage** ou de la **conclusion** du **pacte,** voir n° 370.

REVENUS DE L'ANNÉE OÙ SURVIENT UN CHANGEMENT DE SITUATION MATRIMONIALE

Les époux et les partenaires d'un **Pacs** sont soumis à une imposition commune pour les revenus dont ils ont disposé pendant l'année du **mariage** ou de la conclusion du pacte. Ils peuvent toutefois opter pour l'imposition distincte de ces revenus. **365**

CGI art. 6, 5, 6, 6, et 196 bis
IRPP-I-7820 s

L'année du **divorce,** de la **séparation** ou de la **dissolution** du Pacs, l'imposition distincte des revenus est obligatoire.

ATTENTION

Des règles particulières d'imposition sont également prévues pour l'année du **décès** de l'un des époux ou partenaires d'un Pacs (voir n° 4770). Par ailleurs, en cas de **changements successifs** de situation au cours de l'année d'imposition, voir n° 380, a.

370 **Année du mariage ou du Pacs** L'année du mariage ou du Pacs, les époux ou partenaires sont, en principe, soumis à une **imposition commune** pour l'**année entière.** Ils peuvent, toutefois, **opter** pour l'imposition distincte de leurs revenus.

Dans le premier cas, ils souscrivent une déclaration commune pour l'ensemble des revenus dont ils ont disposé pendant l'année. L'imposition correspondante est établie en tenant compte de leur situation au 31 décembre (soit celle de mariés ou de pacsés) et de leurs charges de famille au 1er janvier (ou au 31 décembre si ces charges ont augmenté en cours d'année). Le quotient familial qui leur est applicable est déterminé selon les règles de droit commun définies au n° 1990.

Dans le second cas (**option pour une imposition séparée**), chacun des époux ou partenaires souscrit une déclaration dans laquelle il fait état des revenus dont il a personnellement disposé pendant toute l'année ainsi que de la quote-part justifiée des revenus communs lui revenant ou, à défaut de justification de cette quote-part, de la moitié des revenus communs (voir n° 380, b). En dépit de sa situation juridique au 31 décembre, chacun des intéressés est **fiscalement assimilé** à un contribuable **célibataire** pour la détermination de son quotient familial. Toutefois, il ne peut bénéficier de la majoration prévue au n° 2000, 2 ou de celle prévue au n° 2030, 1 que s'il vit seul au 31 décembre de l'année d'imposition (situation, en pratique, exceptionnelle) (BOI-IR-CHAMP-20-10 n° 50).

› Précisions **a.** L'**option,** irrévocable, est exercée sur la déclaration d'ensemble adressée à chaque époux ou partenaire. Elle n'est pas ouverte aux nouveaux époux déjà partenaires d'un **Pacs conclu au titre d'une année antérieure** (sauf dissolution de ce pacte), ni aux époux ou partenaires **qui demandent leur rattachement** au foyer fiscal des parents de l'un ou l'autre d'entre eux (BOI-IR-CHAMP-20-20-20 n° 30).

b. En cas d'**imposition séparée,** les **enfants** (enfants communs du couple ou enfants issus d'une précédente union) ne doivent être comptés à charge que par un seul des parents selon les principes définis aux n°s 340, 1880 et 1905. L'autre parent peut, le cas échéant, déduire une pension alimentaire.

c. En cas de **remariage** ou de conclusion d'un **nouveau Pacs l'année** même du **décès** du conjoint ou du partenaire, l'imposition commune ou distincte ne recouvre que la période postérieure au décès, le conjoint ou le partenaire survivant faisant l'objet, pour la période antérieure, d'une imposition commune avec son conjoint ou partenaire décédé selon les principes définis au n° 4770 (BOI-IR-CHAMP-20-10 n° 30 ; BOI-IR-CHAMP-20-20-20 n° 20).

375 **Année de la séparation ou du divorce** L'année où survient l'un des événements entraînant l'imposition séparée des époux ou partenaires d'un Pacs (n° 355), chaque époux ou partenaire est imposé **distinctement** sur les revenus dont il a disposé pendant l'année ainsi que sur la quote-part justifiée des revenus communs lui revenant ou, à défaut de justification de cette quote-part, sur la moitié des revenus communs (voir n° 380, b).

L'imposition de chacun des intéressés est établie en retenant un quotient familial de base d'une part et les charges de famille existant au 1er janvier, ou au 31 décembre si ces charges ont augmenté en cours d'année. Ces charges doivent être réparties entre les conjoints ou partenaires selon les principes définis aux n°s 1865, 1880 et 1905.

Le cas échéant, chacun peut bénéficier, s'il vit seul au 31 décembre, de la majoration de quotient familial prévue au nº 2000, 2 ou de celle prévue au nº 2030, 1 (BOI-IR-CHAMP-20-20-10 nº 165).

Ces règles sont également applicables en cas de divorce ou de dissolution du Pacs au cours de l'année d'imposition sauf, bien entendu, si la séparation des époux ou partenaires a déjà entraîné leur imposition séparée à compter d'une date antérieure au divorce ou à la dissolution du pacte.

380 **Remarques communes** **a.** Lorsque **plusieurs changements** de situation se produisent **au cours de la même année,** il n'est tenu compte pour chaque contribuable que de la situation résultant du dernier changement le concernant. Ainsi, un contribuable qui divorce et se remarie dans la même année fait l'objet d'une imposition commune avec sa nouvelle épouse sur l'ensemble de l'année (sauf option de chacun d'eux pour une imposition distincte de leurs revenus) (nº 370). Si son ex-conjointe demeure célibataire, celle-ci est imposée distinctement toute l'année selon les modalités définies au nº 375.

b. Pour l'**assiette des impositions séparées,** les revenus fonciers, les revenus de capitaux mobiliers et les gains de cessions de valeurs mobilières dont le couple a disposé au cours de l'année de l'évènement sont réputés communs, sauf justification de la propriété exclusive de l'(ex-) époux ou (ex-) partenaire sur les biens ou sommes à l'origine de ces revenus ou profits ou d'une répartition réelle différente (preuve pouvant résulter, notamment, d'un acte authentique). Les traitements et salaires, les pensions et rentes viagères, les bénéfices professionnels et les rémunérations allouées aux gérants et associés de certaines sociétés constituent des revenus personnels.

En ce qui concerne les **déficits antérieurs** subis par les (ex-) époux ou (ex-) partenaires et non encore imputés sur les déclarations antérieures à leur changement de situation, voir nº 960, c.

B. Territorialité de l'impôt sur le revenu

420 Pour apprécier leur situation au regard de l'IR, il faut distinguer selon que les personnes physiques ont leur domicile fiscal en France ou hors de France. Alors que, dans le premier cas, leur obligation fiscale est en principe « illimitée » (nºs 485 s.), elle est seulement « restreinte » dans le second (nº 530).

CGI art. 4 A s
IRPP-I-700 s

> **Précisions** **a.** Les règles sont les mêmes pour les étrangers que pour les Français. La **nationalité** est donc sans incidence sur le champ d'application de l'impôt.
> **b.** Certaines personnes ayant leur **domicile fiscal à l'étranger** mais tirant l'**essentiel de leurs revenus de la France** peuvent demander à être imposées selon les règles applicables aux personnes fiscalement domiciliées en France : voir nº 4280, précision b.

1. PERSONNES AYANT LEUR DOMICILE FISCAL EN FRANCE

ÉTENDUE DE L'IMPOSITION

485 Les personnes dont le domicile fiscal (défini nº 495) est situé en France (métropole ou DOM) sont passibles de l'IR français en raison de l'intégralité de leurs revenus de toute origine.

CGI art. 4 A, al. 1 et 4 B
IRPP-I-900 s

Il s'agit donc d'une obligation fiscale « illimitée » : quelle que soit sa nationalité (française ou étrangère), le contribuable doit, en principe, être assujetti à l'impôt dans notre pays sur l'ensemble de ses **revenus de source française ou étrangère.**

> **Précisions** **a.** Des dispositions particulières sont prévues à l'égard :
> – des **fonctionnaires en service à l'étranger** (voir nº 4685) ;
> – des **agents diplomatiques et consulaires de nationalité étrangère** exerçant leur activité **en France** (voir nº 4690) ;
> – des **salariés détachés à l'étranger** (voir nºs 4695 s.) ou des **impatriés détachés en France** (voir nºs 4715 s.).
> **b.** Des explications sont données par ailleurs en ce qui concerne :
> – le mode de **détermination des revenus de source étrangère** (nº 785, a) ;
> – le **quotient familial** des contribuables étrangers (nº 1710) ;
> – le cas de **transfert du domicile** de l'étranger en France ou inversement (nº 4735).

DÉFINITION DU DOMICILE FISCAL

495 Une personne est considérée comme ayant en France son domicile fiscal lorsqu'elle se trouve dans l'un des **quatre cas** indiqués ci-après.

1. La personne a son **foyer** en France.

D'une manière générale, le foyer s'entend du lieu où la personne ou sa famille habite normalement, c'est-à-dire du lieu de la résidence habituelle, sans qu'il soit tenu compte des séjours effectués temporairement ailleurs en raison des nécessités de la profession ou de circonstances exceptionnelles (CE sect. 3-11-1995 n° 126513 : RJF 12/95 n° 1332).

Pour l'appréciation de ce critère de domiciliation, la famille s'entend du conjoint, des enfants (en principe, seulement ceux mineurs : CE 22-6-2016 n° 386131 : RJF 10/16 n° 786) ou encore du (ou de la) concubin(e) (CE 27-1-2010 n° 319897 : RJF 4/10 n° 310). Elle n'englobe pas, en revanche, les autres proches (parents, frères et sœurs). Aussi, lorsque le contribuable est **célibataire** et **sans charge de famille,** le foyer est déterminé à partir du lieu où l'intéressé habite normalement en dehors de ses déplacements professionnels et a le centre de sa vie personnelle (CE 17-3-2010 n°s 299770 et 300090 : RJF 6/10 n° 555).

2. La personne a son **lieu de séjour principal** en France.

Contrairement au premier critère, on retient uniquement ici le lieu de séjour de la personne elle-même (quelles que soient les conditions de ce séjour : vie à l'hôtel, par exemple), sans s'attacher au lieu de séjour de sa famille.

En règle générale, il suffit qu'une personne ait séjourné en France plus de 183 jours au cours d'une même année pour qu'elle soit réputée avoir eu son séjour principal dans notre pays au titre de l'année en cause.

3. La personne exerce une **activité professionnelle** en France.

Ce critère s'applique aux personnes qui exercent en France une activité professionnelle, salariée ou non, à moins qu'elles ne justifient que cette activité y est exercée à titre accessoire.

À moins qu'ils ne rapportent la preuve contraire, sont considérés comme exerçant en France leur activité professionnelle à titre principal, les **dirigeants** des entreprises dont le siège est situé en France et qui y réalisent un chiffre d'affaires annuel supérieur à 250 millions d'euros. Sont visés le président du conseil d'administration, lorsqu'il assume la direction générale de la société, le directeur général, les directeurs généraux délégués, le président et les membres du directoire, les gérants et autres dirigeants ayant des fonctions analogues (Loi 2019-1479 du 28-12-2019 art. 13 applicable à compter de l'imposition des revenus de 2019). Le chiffre d'affaires à prendre en compte pour les sociétés contrôlant d'autres sociétés dans les conditions définies à l'article L 233-16 du Code de commerce (obligation de dépôt de comptes consolidés) est obtenu en faisant la somme du chiffre d'affaires de la société et de celui des sociétés contrôlées.

4. La personne a le **centre de ses intérêts économiques** en France.

Il s'agit du lieu où l'intéressé a effectué ses principaux investissements, où il possède le siège de ses affaires, d'où il administre ses biens. Ce peut être également le lieu où il a le centre de ses activités professionnelles ou d'où il tire la majeure partie de ses revenus, telle une pension de retraite (CE 17-6-2015 n° 371412 : RJF 10/15 n° 751).

> **Précisions** **a.** Pour apprécier si une personne a son domicile fiscal en France, le terme **« France »** désigne : 500
> – d'une part, les départements métropolitains (y compris la Corse et les îles du littoral) ;
> – d'autre part, les départements d'outre-mer (Guadeloupe, Guyane, Martinique, La Réunion et Mayotte), pour lesquels certaines dispositions particulières sont cependant prévues (voir n°s 91460 s.).
>
> En revanche, ne sont pas concernées les collectivités territoriales d'outre-mer (voir n° 91680).
>
> **b.** On observera que les deux premiers critères visés au n° 495 sont d'ordre personnel, le troisième étant d'ordre professionnel et le quatrième d'ordre économique. Il suffit de répondre à l'**un de ces critères** pour être imposable en tant que contribuable domicilié en France. Toutefois, le deuxième critère (lieu de séjour principal) ne peut déterminer le domicile fiscal que dans l'hypothèse où le contribuable ne dispose pas de foyer (CE 3-11-1995 n° 126513 : RJF 12/95 n° 1332).
>
> **c.** Dans le cas des contribuables mariés ou pacsés, si l'**un des époux ou partenaires** seulement répond aux critères de domiciliation en France, l'obligation fiscale du couple ne porte que sur l'ensemble des revenus de l'époux ou du partenaire domicilié en France et sur les revenus de source française (n° 530) de l'autre époux ou partenaire. De même, si l'un des **enfants** ou l'une des personnes à charge ne répond pas aux mêmes critères, seuls ses revenus de source française sont compris dans l'imposition commune.

INCIDENCES DES CONVENTIONS INTERNATIONALES

Les conventions internationales relatives aux doubles impositions peuvent avoir pour effet, dans un certain nombre de cas, d'apporter des **dérogations** aux dispositions de la loi interne définissant le champ d'application de l'impôt sur le revenu. 510

Un exposé spécial étant consacré à ces conventions aux n°s 82500 s., on se bornera ici à signaler les points suivants.

a. Lorsqu'une personne est considérée pour l'application d'une convention comme **« résidente » de l'autre État,** elle ne peut pas être regardée comme fiscalement domiciliée en

France, même si elle répond à l'un des critères définis au nº 495. Par exemple, les salaires de source française perçus par un salarié qui a, en vertu d'une convention, la qualité de résident de l'autre État (et qui, par conséquent, ne peut pas être considéré comme domicilié fiscalement en France) doivent être soumis à la retenue à la source examinée aux nºs 4595 s.

b. Pour les personnes fiscalement domiciliées en France, les conventions internationales apportent dans certains cas une **exception au principe de l'imposition** en France de l'**ensemble des revenus** de source française ou étrangère. Par exemple, certaines conventions réservent le droit d'imposer les revenus fonciers à l'État où est situé l'immeuble, ce qui a pour effet d'exclure l'imposition dans l'État du domicile du propriétaire.

Si les revenus ainsi exonérés en France par l'effet d'une convention sont exclus de la base d'imposition à l'IR, la règle dite du « taux effectif » conduit cependant à les prendre en considération pour déterminer le taux de l'impôt applicable aux autres revenus du contribuable (voir nº 82565).

c. Les revenus dont l'**imposition** est **attribuée à la France** par une convention internationale doivent être effectivement soumis à l'impôt français (CGI art. 4 bis). Il en est ainsi même dans l'hypothèse (en fait très exceptionnelle) où cette imposition ne serait pas exigible si l'on s'en tenait aux seules règles de droit interne.

2. PERSONNES N'AYANT PAS LEUR DOMICILE FISCAL EN FRANCE

530 Les personnes qui n'ont pas en France leur domicile fiscal au sens défini au nº 495 sont néanmoins susceptibles d'être soumises à l'impôt français lorsqu'elles disposent de **revenus de source française** : voir nºs 4280 s.

CGI art. 4 A, al. 2
IRPP-VII-13000 s

SECTION 2 BASE D'IMPOSITION

700 La base de l'impôt sur le revenu est constituée par le revenu dit imposable, dont le contribuable a disposé au cours de l'année considérée. La détermination de ce revenu exige plusieurs opérations successives.

A. Notions générales

DÉFINITION ET CARACTÈRES GÉNÉRAUX DU REVENU IMPOSABLE

725 La loi ne donne pas de définition générale du revenu en droit fiscal. En fait, c'est dans le cadre de chaque « catégorie » (voir sur cette notion nºs 780 s.) que les revenus (ou bénéfices) sont définis. Cependant les articles 12, 13, 1 et 156, al. 1 du CGI permettent de dégager les caractères généraux du revenu imposable : c'est un revenu global, un revenu net, un revenu annuel et un revenu disponible.

CGI art. 12, 13, 1 et 156, al. 1
IRPP-I-10500 s

730 **Revenu global** Le revenu imposable embrasse, en principe, la totalité des revenus et gains de toute sorte, quelle que soit leur provenance, c'est-à-dire qu'ils aient leur source en France ou hors de France. Ce principe comporte toutefois des exceptions, qui résultent soit d'exonérations, soit de régimes spéciaux ou encore de mesures de tempérament.

› **Précisions** **a.** L'administration admet, sous certaines conditions, de ne pas imposer les revenus perçus au titre du **partage de frais** dans le cadre d'activités dites de « **coconsommation** » tels notamment le **covoiturage, le cocooking** (organisation de repas) ou **les sorties de plaisance en mer,** que ces prestations soient réalisées ou non via des plates-formes Internet :
– la prestation doit être fournie entre particuliers ; le prestataire ne doit pas agir dans le cadre de son entreprise ou de son activité professionnelle et doit également bénéficier de la prestation qu'il fournit ;
– le revenu perçu par le prestataire ne doit pas excéder le montant des coûts directs engagés à l'occasion de la prestation, déduction faite de sa quote-part, soit les frais de carburant et de péage (covoiturage), de nourriture et de boisson partagés entre les convives (cocooking) et les frais de carburant, de nourriture et d'amarrage lors de l'expédition (sorties en mer). Pour le covoiturage, le contribuable peut, à titre de règle pratique, appliquer le barème kilométrique forfaitaire (nº 97200) pour évaluer le coût de sa prestation (cette évaluation est exclusive de tout autre frais).

Si le revenu excède le montant du partage de frais, celui-ci est imposable au premier euro.

Dans tous les cas, le contribuable doit être en mesure de présenter, à la demande de l'administration, les éléments et pièces de nature à justifier le bien-fondé de l'exonération (BOI-IR-BASE-10-10-10-10 n°s 40 à 150).

b. Les **revenus encaissés hors de France** et exprimés dans une **monnaie autre que l'euro** doivent être retenus pour leur contre-valeur en euros calculée selon le cours de change de la monnaie considérée à Paris, au jour de leur encaissement ou de leur inscription au crédit d'un compte à l'étranger. À titre de règle pratique, il est toutefois admis que les revenus encaissés au titre d'une année soient convertis sur la base du cours moyen annuel en euros de la devise considérée, déterminé à partir des taux de change au 31 décembre de l'année précédente arrêtés par la Banque de France (BOI-IR BASE-10-10-10-10 n° 20).

Revenu net Les revenus bruts doivent être diminués des « **dépenses** effectuées en vue de l'acquisition ou de la conservation du revenu » (CGI art. 13, 1). 735

Ces dépenses s'entendent essentiellement de celles qui grèvent spécialement chacune des **catégories de revenus** (bénéfices industriels et commerciaux, revenus fonciers, etc.). Il est tenu compte de ces dépenses pour la détermination du revenu net de la catégorie considérée et suivant les règles qui lui sont propres. Lorsque les charges déductibles excèdent le revenu correspondant, un déficit apparaît ; en pareil cas, une compensation est opérée, sous réserve de certaines exceptions, entre ce déficit et les autres revenus (n°s 800 s.).

Indépendamment des charges grevant chaque catégorie de revenus, la loi admet que certaines charges limitativement énumérées soient prises en compte sous la forme, selon le cas, d'une **déduction du revenu global** (n°s 1075 s.) ou d'une **réduction** ou d'un **crédit d'impôt** (n°s 2480 s.).

Revenu annuel Le contribuable est imposé chaque année au titre de l'année précédente, d'après les revenus qu'il a réalisés au cours de cette dernière année. 740

En principe, c'est le revenu de l'**année civile** qui est imposable. Toutefois, lorsqu'un industriel ou un commerçant (ou encore un exploitant agricole placé sous le régime du réel) arrête ses **exercices comptables** à une date autre que le 31 décembre, l'intéressé doit inclure dans le revenu imposable d'une année déterminée les bénéfices de l'exercice clos au cours de ladite année.

EXEMPLE

Un commerçant qui dresse chaque année son bilan le 30 avril est imposable en 2020 au titre de 2019 d'après le total des bénéfices commerciaux de l'exercice 1er mai 2018-30 avril 2019 et de ses autres revenus (mobiliers, fonciers, etc.) de l'année civile 2019.

Revenu disponible L'impôt porte sur les revenus dont le contribuable a eu la disposition au cours de l'année d'imposition, **quel que soit l'usage** qu'il en fait et même s'il choisit de ne pas les percevoir effectivement ou d'en différer l'encaissement. 745

ILLUSTRATIONS

Une somme payée par **chèque** est réputée disponible dès la date de remise du chèque lorsque celle-ci est effectuée directement au bénéficiaire, même si l'intéressé ne le porte pas immédiatement au crédit de son compte bancaire. De même, les revenus portés au crédit d'un **compte courant** et, lorsqu'elles sont dues à un dirigeant, les sommes inscrites à un compte de **charges à payer** sont imposables, sauf si le bénéficiaire peut établir qu'il a été dans l'impossibilité juridique ou matérielle de les retirer ou de les prélever. Ainsi, le gérant d'une Selarl n'est pas imposable au titre de la rémunération exceptionnelle inscrite à son profit en charges à payer dans les comptes de la société mais qui n'a pas été approuvée par l'assemblée générale des actionnaires à la date de clôture de l'exercice (CE 5-11-2014 n° 368196 : RJF 1/15 n° 1) tout comme le gérant d'une SARL au titre des salaires inscrits à son compte courant qu'il n'a pu percevoir en raison de la situation de trésorerie de la société (CE 3-7-1985 n° 47921 : RJF 10/85 n° 1249). Toutefois, **l'abandon** par le titulaire d'un compte courant d'associé au profit de la société d'une partie des sommes inscrites au crédit de ce compte caractérise un acte de disposition du revenu quelle que soit la situation de trésorerie de l'entreprise (CE 31-7-2009 n° 301191 : RJF 11/09 n° 905).

Un revenu acquis au contribuable mais **non encore disponible** n'est en principe pas imposable. Tel est le cas par exemple pour des salaires ou des loyers d'immeubles non payés à la date d'échéance. Par exception, les entreprises industrielles ou commerciales, les exploitants agricoles placés sous un régime réel et les titulaires de bénéfices non commerciaux ayant opté pour la détermination de leur résultat imposable à partir d'une comptabilité d'engagement sont imposables sur les produits provenant de **créances acquises,** même si le paiement du prix n'est pas encore intervenu. 750

> **Précisions** Le contribuable qui **donne** à un tiers le droit de percevoir des **dividendes** d'actions dont il est propriétaire est imposable à l'impôt sur le revenu sur ces dividendes dont il a conservé la disposition, dès lors que les actions n'ont pas fait l'objet d'un démembrement de propriété (CE 12-2-2014 n° 361867 : RJF 5/14 n° 424).

PROCESSUS DE DÉTERMINATION DE LA BASE D'IMPOSITION

755 Pour obtenir la base d'imposition, il faut procéder **successivement** aux opérations suivantes :

CGI art. 13, 2
IRPP-II-1 s

1. On détermine tout d'abord le résultat net de chacune des catégories de revenus (autrement dit, les **revenus nets catégoriels**) en se conformant aux règles prévues pour la catégorie envisagée (nos 780 s.).

2. On totalise les revenus nets catégoriels, en prenant en compte, s'il y a lieu, le montant des **déficits** susceptibles d'être imputés sur le revenu global (nos 800 s.). On dégage ainsi un revenu brut global.

3. Il y a lieu ensuite de retrancher du revenu brut global certaines **charges** énumérées par la loi (nos 1075 s.). La différence représente le revenu net global.

4. Le revenu imposable s'obtient enfin en retranchant du revenu net global les **abattements** spéciaux qui, dans certains cas expressément prévus par la loi, peuvent être pratiqués sur le montant du revenu global (nos 1480 s.). Il est évidemment égal au revenu net global pour les contribuables qui ne bénéficient pas d'un abattement spécial. C'est sur son montant qu'est ensuite calculé, selon les règles exposées aux nos 1580 s., l'impôt exigible.

B. Détermination des revenus nets catégoriels

780 L'impôt sur le revenu est établi en principe d'après les résultats d'ensemble obtenus par le contribuable. Le revenu imposable embrasse donc la totalité des bénéfices ou revenus de toutes sortes que l'intéressé a réalisés ou dont il a disposé au cours de l'année de l'imposition.

CGI art. 13, 3
IRPP-II-200 s

Mais, en raison de la diversité même des activités génératrices de bénéfices ou de revenus, la loi a prévu des **règles d'évaluation propres à chaque catégorie de bénéfices ou de revenus.**

Certains de ces bénéfices ou revenus font d'ailleurs l'objet d'exonérations, totales ou partielles, permanentes ou temporaires, de l'impôt sur le revenu. Ils peuvent également donner lieu à des abattements qui diminuent d'autant le revenu ou à des déductions forfaitaires pour la prise en compte de certaines charges déductibles.

785 > **Précisions** **a.** Le montant imposable des diverses catégories de **revenus de source étrangère** (convertis, le cas échéant, en euros : n° 730, précision b) est déterminé comme pour les revenus de source française.

Cependant, en ce qui concerne les entreprises et exploitations situées hors de France, il ne peut être fait application des régimes d'imposition forfaitaire (CGI art. 158, 1-al. 2).

b. Les **revenus exceptionnels ou différés** sont déterminés selon les règles de droit commun applicables à la catégorie de revenus dont ils relèvent. C'est seulement ensuite, au stade du calcul de l'impôt, qu'ils sont traités selon le système du « quotient » (voir nos 4150 s.).

c. Lorsque l'application des règles d'évaluation propres à une catégorie de revenus dégage, pour cette catégorie, un résultat négatif (c'est-à-dire un **déficit**), le sort de ce déficit est réglé dans les conditions indiquées aux nos 800 s.

Lorsque, dans le cadre de la **même catégorie** de revenus, il existe deux ou **plusieurs sources** de tels revenus pour le foyer considéré (exemple : mari et femme exploitant chacun un commerce distinct), on fait la somme algébrique des résultats correspondants ; si certains de ces résultats sont négatifs (déficit), il s'établit donc une compensation automatique avec les résultats positifs (bénéfice). Lorsque, cette compensation étant faite, il reste finalement un solde négatif pour la catégorie de revenus envisagée, ce reliquat déficitaire est également traité selon les règles indiquées aux nos 800 s.

C. Imputation des déficits

800 Le système d'imputation des déficits sur le revenu global permet, en principe, une compensation d'ensemble des résultats bénéficiaires ou déficitaires obtenus par le contribuable dans les différentes catégories de revenus ainsi que, s'il y a lieu, l'imputation des déficits non encore déduits des six années antérieures (nos 950 s.).

Mais ce principe comporte plusieurs exceptions qui résultent des règles particulières prévues à l'égard de certains déficits (nos 980 s.).

> Précisions **a.** En ce qui concerne les **sociétés passibles de l'impôt sur les sociétés** (sociétés anonymes, SARL, etc.), l'imputation des déficits sociaux est effectuée dans le cadre de cet impôt, selon les modalités indiquées aux n°s 35890 s.
Les membres de ces sociétés ne peuvent pas, pour l'établissement de leur impôt personnel, imputer sur leur revenu global une quote-part du déficit social.

b. La situation est différente pour les déficits subis par les **sociétés de personnes et assimilées** (sociétés en nom collectif, sociétés de fait, etc.). En pareil cas, chaque **associé** peut, en principe, imputer sur son revenu global, dans les conditions indiquées au n° 37645, la **quote-part** du déficit social correspondant à ses droits dans la société.

1. PRINCIPES

Le déficit constaté pour une année dans une catégorie de revenus est **imputé**, à due concurrence, sur le revenu global de la même année. **950** CGI art. 156, I IRPP-II-1000 s

Si ce revenu global n'est pas suffisant pour que l'imputation puisse être intégralement opérée, l'excédent du déficit est **reporté** successivement sur le revenu global des années suivantes, jusqu'à la sixième année inclusivement.

EXEMPLE

Soit un contribuable qui, au cours de l'exercice de l'année N, a subi dans son entreprise commerciale un déficit de 10 000 € et qui a disposé par ailleurs au cours de la même année de revenus d'autres catégories (revenus fonciers, revenus mobiliers, salaires, etc.) s'élevant au total à 50 000 €.

Compte tenu de l'imputation de son déficit, il n'est imposable, au titre de l'année N (imposition établie en N + 1), que sur la base de : 50 000 € – 10 000 € = 40 000 €.

Supposons maintenant que, le déficit commercial étant toujours de 10 000 €, les autres revenus réalisés au cours de l'année N par le contribuable n'aient été au total que de 5 000 €, au lieu de 50 000 €. Après compensation, il reste donc pour cette année N un reliquat déficitaire de 5 000 € (10 000 € – 5 000 €). Dans cette hypothèse, l'intéressé n'est pas imposable au titre de l'année N. Quant à l'excédent du déficit, il sera reporté sur le revenu global de l'année N + 1 ; si celui-ci est lui-même insuffisant pour absorber le reliquat déficitaire de 5 000 €, l'excédent sera reporté sur le revenu global de N + 2 et ainsi de suite jusqu'en l'an N + 6 inclusivement ; mais le report ne pourra plus, en tout état de cause, se faire sur le revenu de N + 7, le délai de six ans étant alors expiré.

Lorsqu'on est en présence de **déficits successifs** (non encore atteints par le délai de six ans), le report se fait en commençant par les déficits les plus anciens.

> Précisions L'application de certaines sanctions pour **manquements graves** entraîne l'impossibilité d'imputer les déficits (voir n° 79880).

Le déficit imputable est le déficit « fiscal », **déterminé** suivant les règles propres à la catégorie de revenus considérée. **955**

L'administration peut évidemment utiliser son droit de **contrôle** pour vérifier et, le cas échéant, rectifier le montant du déficit imputé par le contribuable sur son revenu global. Il en est ainsi même lorsque le déficit remonte à une année prescrite (n°s 77700 s.), du moment qu'il est imputé sur le revenu global d'une année non atteinte elle-même par la prescription.

> Précisions **a.** En raison de leur nature, les traitements et **salaires** ainsi que les **rémunérations des dirigeants** d'entreprises enregistrent moins souvent que d'autres catégories de revenus des résultats déficitaires. Mais, lorsque cette hypothèse se présente, l'imputation du déficit peut se faire selon les règles ordinaires. **960**
Ce peut être le cas, par exemple, lorsque, un salarié ayant demandé la déduction de ses frais professionnels réels, le montant de ces frais excède la rémunération brute (voir également n°s 23760 s., à propos des versements consécutifs à un engagement de caution ou à une condamnation en comblement du passif social).

b. En principe, seul l'**exploitant qui a personnellement subi les déficits** peut exercer le droit au report déficitaire.
C'est ainsi que les déficits subis par un exploitant ne peuvent pas, en cas de **cession du fonds,** être reportés sur les bénéfices réalisés, après cette cession, par le cessionnaire. En revanche, ils peuvent éventuellement être reportés, dans la limite du délai légal, sur les revenus réalisés par l'ancien exploitant au cours des années suivant la cession.
De même, les **héritiers** qui continuent l'exploitation ne peuvent pas faire état, pour l'établissement de leur impôt, du déficit précédemment subi par le défunt.

c. En cas de changement dans la situation de famille, le sort des **déficits antérieurs** doit être réglé comme suit (étant précisé que le délai de report de six ans doit être calculé à compter non de l'année de ce changement, mais de l'année au cours de laquelle le déficit a été subi) :
– en cas de **mariage,** le ménage peut tenir compte, sur la déclaration commune de revenus, des déficits encore reportables, affectant, antérieurement au mariage, les biens, entre-

prises et activités de chacun des conjoints. En cas d'option pour une imposition distincte de leurs revenus (nº 370), chacun des conjoints peut déduire les déficits reportables provenant de ses propres biens, de son entreprise ou de son activité professionnelle ;
– en cas de **divorce,** de **séparation** ou de **décès de l'un des conjoints,** chacun des ex-époux imposable distinctement, de même que l'époux survivant au titre de son imposition personnelle, peuvent déduire les déficits catégoriels reportables issus de la gestion de leurs biens propres ou de leur activité personnelle ainsi que la moitié des autres déficits catégoriels (ou, sur justifications, une quote-part différente) et des déficits globaux afférents aux biens communs. Les mêmes règles s'appliquent en cas de conclusion ou de dissolution d'un **Pacs.**

d. Lorsque, au cours de la même année, le contribuable a, d'une part, enregistré des **déficits** dans certaines catégories de revenus **et,** d'autre part, supporté des **charges déductibles du revenu global** (nºs 1075 s.), il convient de procéder d'abord à la compensation entre les bénéfices et déficits enregistrés dans les diverses catégories de revenus, puis de déduire du chiffre ainsi déterminé les charges susvisées. Si cette seconde opération dégage un solde négatif, ce déficit ne peut être reporté sur le revenu global des années suivantes, seule la première opération pouvant dégager un déficit net reportable.

e. Le revenu global sur lequel s'imputent les déficits catégoriels s'entend de la somme des **revenus** soumis au barème progressif, à l'exclusion de ceux **taxés à un taux forfaitaire** (CE 20-10-2000 nº 178106 : RJF 1/01 nº 1).
Voir toutefois nº 18105 pour l'imputation éventuelle des déficits sur les plus-values professionnelles à long terme.

2. RÈGLES PARTICULIÈRES

980 Par dérogation aux principes qui viennent d'être exposés, des règles particulières ont été expressément prévues par la loi à l'égard de certains déficits.

DÉFICITS FONCIERS

990 Par exception à la règle générale, les déficits fonciers ne peuvent être imputés que sur les revenus fonciers des années suivantes.

Toutefois, l'imputation sur le revenu global est possible pour les déficits résultant de certaines dépenses.

Sur cette question des déficits fonciers, on se reportera aux nºs 27530 s.

DÉFICITS AGRICOLES

1000 Les déficits agricoles ne peuvent pas être admis en déduction du revenu global **lorsque** le total des **revenus nets d'autres catégories** dont dispose le contribuable **excède** une limite, fixée à **111 752 €** pour l'imposition des revenus de 2019 quelle que soit sa situation de famille.

CGI art. 156, I-1º
BA-IV-12900 s

Dans ce cas, les déficits agricoles peuvent seulement être reportés sur les bénéfices agricoles des années suivantes jusqu'à la sixième inclusivement.

> Précisions **a.** Pour **apprécier** si le plafond est ou non atteint, on tient compte de tous les revenus nets non agricoles du foyer fiscal. L'administration admet qu'il ne soit pas tenu compte des plus-values immobilières relevant du régime des plus-values privées (BOI-BA-BASE-40 nº 10).

b. Doit seul être pris en considération le montant des **revenus non agricoles de l'année** où est enregistré le déficit agricole :
– dès lors que ces revenus dépassent le plafond, l'imputation du déficit agricole ne peut se faire que sur les bénéfices agricoles des six années suivantes, quel que soit le montant des revenus non agricoles réalisés au cours de ces six années (et même si ce montant n'atteint pas le plafond) ;
– inversement, si les revenus non agricoles de l'année où est enregistré le déficit agricole n'excèdent pas le plafond, ce déficit est imputable sur le revenu global de ladite année et, en cas d'insuffisance de ce dernier, sur le revenu global des six années suivantes, quel que soit le montant des revenus non agricoles réalisés au cours de ces six années (et même si ce montant excède le plafond).

c. Pour les déficits provenant des **activités non agricoles accessoires** : voir nº 15200.

DÉFICITS NON COMMERCIAUX

1010 Seuls peuvent être admis en déduction du revenu global les déficits provenant d'une activité libérale (nºs 13160 s.) ou ceux issus des charges et offices dont les titulaires n'ont pas la qualité de commerçant (voir nº 13195), à condition que le contribuable qui les déclare exerce effectivement une activité professionnelle (CE 21-10-2016 nº 386796 : RJF 1/17 nº 3). Les déficits subis à l'occasion de l'exercice d'une autre activité non commerciale (nº 12205) ne sont pas déductibles du revenu global du contribuable, même si cette activité est exercée à titre professionnel (CE 8-7-2009 nº 304815 : RJF 11/09 nº 906 à propos de déficits tirés de la sous-location d'immeubles

CGI art. 156, I-2º
BNC-II-26100 s

nus). Ces déficits peuvent seulement être imputés sur les bénéfices tirés d'activités semblables, durant la même année ou les six années suivantes.

Cas des déficits subis par les **inventeurs non professionnels** qui proviennent des frais de prise de brevet et des frais de maintenance : voir n° 13800.

DÉFICITS D'ACTIVITÉS COMMERCIALES À CARACTÈRE NON PROFESSIONNEL

Les déficits provenant, directement ou indirectement, d'activités non professionnelles relevant du régime des BIC ne sont pas déductibles du revenu global du contribuable. Ils peuvent seulement être imputés sur les bénéfices tirés d'activités semblables durant la même année ou les six années suivantes. **1020** CGI art. 156, I-1° bis BIC-XIV-14470 s

Par **exception,** les contribuables conservent le droit d'imputer sur leur revenu global les déficits (ou fractions de déficits) provenant d'une activité non professionnelle faisant l'objet d'une procédure de **liquidation judiciaire,** non encore reportés à la date d'ouverture de la procédure (BIC-XIV-16330 s.). Il en va de même des déficits provenant des **activités créées ou reprises avant le 1er janvier 1996,** sauf pour la fraction des déficits provenant soit d'**extensions ou adjonctions,** à compter de cette date, d'activités non professionnelles (dont le résultat doit être déterminé dans une comptabilité séparée), soit d'**investissements nouveaux** réalisés à compter de cette même date dans le cadre d'une activité non professionnelle préexistante (par voie d'acquisition, création, location ou toute autre convention). Dans ce dernier cas, la fraction du déficit correspondante est calculée forfaitairement en fonction de la valeur nette comptable de ces investissements par rapport au total des valeurs nettes comptables des immobilisations.

1025 › **Précisions** **a.** Pour l'application de ce dispositif, **on entend par « activités industrielles et commerciales non professionnelles »** les activités qui ne comportent pas la participation personnelle, directe et continue de l'un des membres du foyer fiscal à l'accomplissement des actes qui leur sont nécessaires.

Tel est le cas, notamment :

– lorsque la gestion de l'activité est confiée, en droit ou en fait, à une personne qui n'est pas membre du foyer fiscal par l'effet d'un mandat, d'un contrat de travail ou de toute autre convention ;

– lorsque les associés d'une société de personnes (ou les membres de leur foyer) n'interviennent pas dans l'exploitation, ces associés « passifs » perdant alors le droit d'imputer sur leur revenu global la quote-part du déficit social leur revenant.

En pratique, sont principalement visés les simples placements dans lesquels l'acquéreur n'assume pas les risques inhérents à l'exploitation (BOI-BIC-DEF-10 n° 190).

b. Cas particulier des **loueurs en meublé** : voir n° 90560.

AUTRES RÈGLES PARTICULIÈRES

Les **moins-values** provenant de la cession de biens font l'objet de dispositions spéciales qui varient selon qu'il s'agit : **1035**

– de moins-values subies dans le cadre d'une activité professionnelle (voir nos 17500 s.) ;

– ou de moins-values subies par les particuliers lors de la cession de biens faisant partie de leur patrimoine (voir n° 32265 et, pour les valeurs mobilières ou droits sociaux, n° 33065).

Des règles particulières d'imputation sont également prévues en ce qui concerne :

– les déficits constatés dans la catégorie des **revenus mobiliers** (n° 24195, précision b) ;

– les pertes sur cession de **titres de créances négociables ou non négociables** (nos 25655, c et 25705, b) ;

– les pertes en capital en cas de **non-remboursement d'un prêt** ou d'un **minibon** consenti dans le cadre d'un financement **participatif** (n° 25655, d) ;

– les pertes consécutives à l'**annulation de valeurs mobilières ou de droits sociaux** dans le cadre d'une procédure collective de redressement ou de liquidation judiciaire (n° 33067) ;

– les pertes sur **instruments financiers à terme** (nos 33405 et 33415 s.).

D. Charges déductibles du revenu global

DÉFINITION

La loi permet la déduction de certaines charges sous la forme d'une **imputation directe sur le revenu global.** Ces charges se distinguent des charges déductibles au niveau de chaque catégorie de revenus et de celles qui sont prises en compte, non pour la détermination du revenu imposable, mais au stade ultérieur du calcul de l'impôt sous la forme de réductions ou de crédits d'impôt. L'imputation s'opère sur le « revenu brut global », qui correspond au total des revenus nets catégoriels, éventuellement diminués des déficits déductibles ou reportables. On obtient ainsi le « revenu net global ». **1075** IRPP-II-4100 s

Les charges directement déductibles du revenu global sont les suivantes :

Liste des charges	Commentaires (nos)
Pensions alimentaires	1200 s.
Frais d'accueil de personnes âgées de plus de 75 ans	1350
Cotisations sociales	1370 s.
Versements pour la retraite mutualiste du combattant	1425
Intérêts des prêts consentis aux rapatriés	1435
Arrérages de certaines rentes	1445 s.
Charges foncières des immeubles historiques et assimilés	28350 s.
CSG afférente à certains revenus du patrimoine et produits de placement (déductibilité partielle)	34525

1080 Les charges susceptibles de venir en déduction du revenu global doivent remplir simultanément les quatre **conditions** suivantes :
– figurer expressément parmi les charges déductibles prévues par la loi ; l'énumération légale étant limitative, aucune autre charge n'est susceptible d'être prise en compte au niveau du revenu global ;
– n'avoir pas déjà été prises en compte pour la détermination des revenus nets catégoriels ;
– être payées au cours de l'année de l'imposition ;
– faire l'objet des précisions requises à l'appui de la déclaration des revenus, le contribuable pouvant en outre être appelé à fournir des justifications sur demande de l'administration.

1085 **› Précisions** **a.** La plupart des dépenses dont la déduction sur le revenu global est autorisée par la loi ne constituent pas, à proprement parler, des « charges » au sens de l'article 13, 1 du CGI, c'est-à-dire des « dépenses effectuées en vue de l'acquisition ou de la conservation du revenu ». Elles correspondent plutôt à un **emploi** de ce **revenu.** C'est d'ailleurs ce qui explique le caractère limitatif de l'énumération légale.
b. Lorsqu'une **charge** est **exclue de la déduction** pour la détermination des **revenus catégoriels,** elle n'est pas pour autant susceptible d'être directement retranchée du revenu global (sauf, bien sûr, si elle figure expressément dans l'énumération légale). Par exemple, l'impôt sur le revenu lui-même, qui ne peut pas être déduit au niveau des revenus catégoriels (CGI art. 153), ne peut pas l'être davantage au niveau du revenu global.
c. Dans le même ordre d'idées, les charges afférentes à des **revenus exonérés** de l'IR ne sont déductibles ni des revenus catégoriels ni du revenu global.
d. Lorsque le montant des **charges déductibles** du revenu brut global **excède** le montant dudit **revenu,** cet excédent ne peut pas être regardé comme un déficit reportable sur les revenus des années suivantes (voir n° 960, d).
e. Situation des **personnes non domiciliées en France** au regard des charges déductibles du revenu global : voir nos 4370 et 4420, a.

1. PENSIONS ALIMENTAIRES

1200 CGI art. 156, II-2° **IRPP-II-6600 s**

En principe, les pensions alimentaires dont le versement incombe à un contribuable sont déductibles de son revenu global, selon des règles qui conduisent à distinguer les pensions versées à des ascendants ou descendants (nos 1205 s.) et celles versées en cas de divorce ou de séparation (nos 1275 s.). Le montant déductible est par ailleurs majoré pour certaines pensions versées en exécution d'une décision de justice (n° 1320).

a. Pensions alimentaires versées à des ascendants ou descendants

PRINCIPES

1205 **IRPP-II-6700 s**

Les articles 205 à 207 du Code civil prévoient une **obligation alimentaire réciproque,** en cas de besoin, entre ascendants et descendants ; il en est de même entre gendre et belle-fille et beaux-parents, sauf lorsque celui des époux qui produisait l'affinité et les enfants issus de son union avec l'autre époux sont décédés. L'obligation comprend non seulement la nourriture et le logement, mais aussi tout ce qui est nécessaire à la vie (exemples : habillement, frais d'études, frais de maladie). Elle s'étend même aux frais funéraires lorsqu'il n'existe pas d'actif successoral permettant l'imputation de ces frais.

Les **pensions** allouées, **en espèces ou en nature,** en exécution de cette obligation alimentaire (quelle que soit la date à laquelle celle-ci a pris naissance, et même s'il n'y a pas un engagement écrit ou une décision de justice) sont **déductibles** en principe du revenu imposable du débiteur, **dans la mesure où,** conformément à l'article 208 du Code civil, le montant de la pension correspond aux besoins de celui qui la perçoit et à la fortune de celui qui la doit.

Sont également déductibles, sous les mêmes conditions :
– les pensions versées en exécution de l'obligation alimentaire réciproque prévue à l'article 367 du Code civil entre adoptant et adopté, en cas d'**adoption simple** ;
– les pensions versées par la succession de l'époux prédécédé au **conjoint successible** en application de l'article 767 du même Code ;
– les pensions versées au titre du **devoir d'entretien** (nº 1225, précision a).

› Précisions **a.** L'**état de besoin** du créancier d'aliments résulte des circonstances de fait. Il est tenu compte à la fois de ses revenus nets et de son patrimoine. Mais l'état de besoin d'une mère doit être apprécié indépendamment de la donation consentie préalablement et sans contrepartie à son fils débiteur de la pension, sauf fraude à la loi (CE 28-3-2012 nº 321315 : RJF 6/12 nº 555).
b. Ne fait pas obstacle à la déductibilité le fait que **le créancier d'aliments réside à l'étranger** et que l'obligation alimentaire ne soit pas déterminée par le droit civil français, dès lors que la pension répond aux conditions fixées par ce dernier (pour un créancier domicilié en Algérie, CE 10-1-2007 nº 264821 : RJF 4/07 nº 384).
c. Aucune déduction n'est possible, en principe, pour les pensions versées à des **collatéraux** (frères, sœurs, oncles, tantes, neveux, etc.) ou à des **tiers** sans lien de parenté avec le contribuable, puisque l'obligation alimentaire édictée par le Code civil ne joue pas à leur égard. Il en va ainsi même si le versement est susceptible de se transformer en obligation civile (CE 28-3-2012 nº 323852 : RJF 6/12 nº 554). Cependant une possibilité de déduction est spécialement prévue pour les avantages en nature consentis à des personnes âgées de plus de 75 ans vivant sous le toit du contribuable (voir nº 1350).

PENSIONS VERSÉES À DES ASCENDANTS

Lorsque l'obligation alimentaire envers un ascendant est remplie **en nature,** le contribuable doit, en principe, être en mesure d'apporter les justifications utiles au sujet du montant des dépenses qu'il a réellement supportées. **1215** IRPP-II-7800 s

Toutefois, lorsque le contribuable a **recueilli sous son toit** un **ascendant sans ressources** ou **âgé de plus de 75 ans** et titulaire d'un revenu imposable n'excédant pas le plafond de ressources fixé pour l'octroi de l'allocation de solidarité aux personnes âgées (Aspa) (voir nº 1350, précision b), l'administration admet que le contribuable puisse déduire :
– sans avoir à fournir aucune justification, les dépenses de nourriture et de logement pour un **montant forfaitaire** fixé, pour 2019, à 3 535 € par ascendant,
– et les autres dépenses pour leur montant réel et justifié (BOI-IR-BASE-20-30-20-10 nºs 150 à 180).

S'il estime insuffisante l'évaluation forfaitaire des dépenses de nourriture et de logement, le contribuable conserve la possibilité de déduire le montant effectif des dépenses supportées ; mais il doit alors être en mesure d'apporter toutes **justifications utiles** au sujet du montant de ces dépenses.

› Précisions **a.** Sont déductibles, dans la mesure où elles résultent de l'obligation alimentaire, les sommes versées à une **maison de retraite** ou à un **établissement hospitalier** en l'acquit d'un ascendant.
b. Lorsqu'un contribuable met gratuitement (ou pour un loyer réduit) un **appartement** lui appartenant **à la disposition** d'un ascendant dans le besoin, il peut déduire, à titre de pension alimentaire, l'avantage en nature dont la valeur est celle du loyer qu'il pourrait tirer de cet appartement en le louant à un tiers (ou la différence entre ce loyer et le loyer réduit). En outre, il peut déduire, le cas échéant, le montant des charges locatives qu'il règle au lieu et place de l'ascendant (mais non les dépenses qui incombent normalement au propriétaire du logement).
c. Cas où l'**ascendant** vivant sous le toit du contribuable est titulaire de la **carte d'invalidité** (ou de la CMI-invalidité) : voir nºs 1960 s.
Cas où le débiteur de la pension bénéficie d'un **crédit d'impôt pour l'emploi d'un salarié au domicile d'un ascendant** remplissant les conditions d'octroi de l'allocation personnalisée d'autonomie : voir nº 3230, précision b.

PENSIONS VERSÉES À DES ENFANTS MINEURS

Seule est autorisée la déduction des pensions alimentaires versées au profit d'enfants mineurs qui ne sont pas pris en compte pour la détermination du quotient familial du contribuable. **1225** IRPP-II-9480 s

En pratique, sont donc déductibles les pensions alimentaires versées en cas de divorce ou d'imposition séparée des époux ou des partenaires pour des enfants que le contribuable ne compte pas à charge (voir nºs 370 et 1275).

De même sont déductibles les pensions versées spontanément par les personnes non mariées, vivant en concubinage ou séparément, et par les personnes ayant rompu un Pacs à ceux de leurs enfants « naturels » qu'elles ne comptent pas à charge.

> **Précisions** **a.** Les pensions alimentaires déductibles s'entendent indifféremment de celles versées au titre du **devoir d'entretien** des parents ou de celles qui procèdent de l'obligation alimentaire visée au n° 1205 (CE 14-10-2009 n° 301709 : RJF 1/10 n° 1).
> **b.** Les pensions versées au profit d'un **enfant « naturel »** ne sont déductibles que si la filiation est légalement établie, même si, sur le plan civil, la reconnaissance comporte un effet déclaratif. Voir également la précision donnée au n° 1850 à propos des enfants « naturels » reconnus.
> **c.** Pension alimentaire versée à un **enfant qui atteint sa majorité** (18 ans) : voir n°s 1280, d et 1870, b.

PENSIONS VERSÉES À DES ENFANTS MAJEURS

1235 IRPP-II-10620 s Conformément aux principes exposés au n° 1205, les pensions alimentaires versées à un enfant majeur dans le besoin (par exemple, parce qu'il poursuit ses études, ou parce qu'il est infirme, ou encore parce qu'il est au chômage ou à la recherche d'un premier emploi…) sont déductibles du revenu global du contribuable concerné.

Cette déduction comporte cependant deux importantes **restrictions,** examinées aux n°s 1240 s.

1240 **Plafond de déduction** La déduction des pensions alimentaires versées à des enfants majeurs (qu'ils soient ou non célibataires) est limitée au montant de l'abattement unitaire applicable en cas de rattachement d'enfants mariés, pacsés ou chargés de famille au foyer fiscal de leurs parents (n° 1915). Pour l'imposition des revenus de 2019, cette limite de déduction est ainsi fixée à 5 947 € **par enfant** (Loi 2019-1479 du 28-12-2019 art. 2, I-1°).

Lorsqu'il s'agit d'**enfants mariés** ou pacsés, la limite de déduction reste fixée à ce même chiffre pour chacune des familles des jeunes conjoints ou partenaires. Cependant la limite est doublée (soit 11 894 €) au profit des parents qui justifient participer seuls à l'entretien du jeune couple. L'existence éventuelle d'enfants du jeune ménage n'entraîne pas un relèvement de la limite de 5 947 € ou de 11 894 € (contrairement à ce qui se passe en cas de rattachement : n° 1915).

Lorsque le contribuable participe seul à l'entretien d'un **enfant majeur, célibataire,** veuf ou divorcé, qui est lui-même **chargé de famille,** la limite de déduction est également doublée (soit 11 894 €), cela quel que soit le nombre de petits-enfants.

La limite de déduction est réduite prorata temporis (tout mois commencé étant retenu entièrement) lorsque l'obligation alimentaire n'est exécutée qu'une partie de l'année (BOI-IR-BASE-20-30-20-20 n° 170).

> **Précisions** **a.** Conformément à la règle générale, le contribuable qui verse une pension alimentaire à un enfant majeur doit, en principe, pouvoir apporter les **justifications** permettant d'établir :
> – d'une part, qu'il s'agit effectivement d'une pension alimentaire ;
> – d'autre part, que ces versements ont bien été effectués.
> L'administration admet (BOI-IR-BASE-20-30-20-20 n°s 220 à 250) que lorsque l'**enfant majeur vit sous le toit** du contribuable, ce dernier peut déduire, dans la limite légale :
> – sans avoir à fournir aucune justification, les dépenses de nourriture et de logement pour un montant forfaitaire fixé pour l'imposition des revenus de 2019 à 3 535 € pour un enfant majeur hébergé chez ses parents durant toute l'année. Ce forfait annuel est réduit prorata temporis (tout mois commencé étant compté pour un mois entier) lorsque l'hébergement ou l'état de besoin de l'enfant ne porte que sur une fraction de l'année civile ;
> – et les autres dépenses (frais de scolarité, par exemple) pour leur montant réel et justifié.
> Lorsque l'enfant majeur réside sous le toit de ses **parents vivant en concubinage,** chaque parent peut déduire la moitié du montant forfaitaire (dépenses de nourriture et de logement) et le montant des autres dépenses pour leur montant réel et justifié. Toutefois, le total des avantages ainsi consentis par les deux parents est retenu dans la limite du plafond légal (BOI-IR-BASE-20-30-20-30 n° 30).
> **b.** Les pensions alimentaires versées à un enfant majeur sont **soumises à l'impôt** sur le revenu **dans les limites admises pour leur déduction** (CGI art. 80 septies). Par conséquent, lorsque la pension versée en 2019 excède la limite légale de 5 947 € (ou de 11 894 €, en cas de doublement), elle ne sera considérée comme un revenu imposable, pour le bénéficiaire, qu'à concurrence de ce montant de 5 947 € (ou de 11 894 €).
> En fait, si l'enfant n'est pas rattaché à un autre foyer fiscal et ne dispose pas d'autres revenus que la pension, il ne sera pas redevable de l'impôt sur le revenu, compte tenu du faible montant de son revenu.

1245 **Non-cumul entre déduction et rattachement** Les **enfants majeurs** qui sont âgés **de moins de 21 ans, ou** de moins de **25 ans** s'ils poursuivent leurs études, peuvent, dans les conditions exposées aux n°s 1880 s. et 1905 s., être rattachés au foyer fiscal de leurs parents, ce rattachement entraînant soit leur prise en compte au titre du quotient familial (enfants célibataires non chargés de famille), soit l'application d'un abattement sur le revenu imposable (enfants mariés, pacsés ou chargés de famille).

Dans cette situation, le contribuable ne peut pas, au titre d'une même année et pour un même enfant, bénéficier à la fois de la déduction d'une pension alimentaire et du rattachement. Autrement dit, le contribuable doit **choisir entre le rattachement et la déduction** d'une pension alimentaire ; ce choix peut d'ailleurs varier d'une année à l'autre et d'un enfant à l'autre (pour les éléments d'appréciation à retenir en vue de ce choix : voir n° 1895, e).

Des dispositions analogues, également destinées à éviter le cumul de deux avantages, sont prévues pour les **enfants majeurs infirmes** (voir n° 1935, précision a) et pour les **enfants atteignant 18 ans** au cours de l'année d'imposition (voir n° 1870, b).

› Précisions **a.** La règle du non-cumul entre le rattachement et la déduction de la pension alimentaire s'apprécie par année et par enfant. De même, elle concerne **chaque contribuable** considéré **isolément.**

Lorsqu'un même enfant est susceptible d'ouvrir droit à un avantage fiscal pour deux contribuables (enfant dont les parents sont divorcés ou séparés ou enfant marié ou pacsé), l'un peut choisir, par exemple, la déduction de la pension versée et l'autre le rattachement.

b. La règle du non-cumul ne concerne évidemment pas les **enfants non « rattachables »**, c'est-à-dire qui n'entrent dans aucun des cas où le rattachement au foyer fiscal des parents est autorisé : pour ceux de ces enfants qui sont dans le besoin, la seule possibilité est donc de déduire, dans la limite légale visée au n° 1240, la pension alimentaire versée. Il peut en être ainsi notamment pour les enfants étudiants âgés de plus de 25 ans (à condition, bien entendu, qu'ils se trouvent dans le besoin) ou les enfants au chômage de plus de 21 ans.

b. Pensions alimentaires versées en cas de divorce ou de séparation des époux

VERSEMENTS DESTINÉS À L'ENTRETIEN DES ENFANTS

En cas de divorce ou d'imposition séparée des époux (n° 355), le parent qui verse une pension alimentaire pour l'entretien de ses enfants mineurs peut déduire cette pension de son revenu global à **condition** qu'il ne prenne pas en compte les enfants pour la détermination de son quotient familial (n° 1865). **1275** IRPP-II-9530 s

En pratique, les situations suivantes doivent être distinguées :

1. La pension alimentaire due pour l'entretien des enfants n'a pas été fixée par un jugement (cas d'une **séparation de fait**) : du moment que les époux font l'objet d'une imposition séparée, cette pension est déductible dans la mesure où elle n'est pas excessive.

2. Une **décision de justice** est intervenue ou une **convention de divorce par consentement mutuel** a été déposée au rang des minutes d'un notaire (C. civ. art. 229-1) : la déduction peut porter sur la totalité de la pension fixée par le juge ou la convention, y compris, le cas échéant, la revalorisation résultant de la clause d'indexation prévue par le jugement ou la convention. En cas de révision amiable de la pension, les sommes qui complètent la pension initiale sont également déductibles, sous réserve que leur montant demeure compatible avec les ressources du débiteur et les besoins de l'enfant au profit duquel elles sont servies.

Ces versements doivent, en outre, revêtir le caractère d'aliments au sens de l'article 208 du Code civil. À cet égard, il peut s'agir de dépenses en nature (prise en charge de frais de cantine, de scolarité ou de dépenses médicales, par exemple), de l'attribution au profit de l'enfant d'un droit d'usage et d'habitation ou encore de la constitution d'une rente (voir n° 1280, b), mais non de subsides correspondant à des cadeaux ou à des aides ponctuelles de quelque sorte que ce soit (BOI-IR-BASE-20-30-20-50 n°s 50 et 60).

› Précisions **a.** La déduction ne s'étend pas aux frais exposés pour l'exercice du **droit de visite.** **1280**

b. Lorsque, conformément à la possibilité prévue à l'article 373-2-3 du Code civil, le contribuable verse **un capital en vue de constituer une rente** au profit de ses enfants mineurs, l'intéressé est en droit de déduire annuellement de son revenu imposable, dans la limite de 2 700 € pour chaque enfant, la somme obtenue en divisant ce capital par le nombre d'années sur lequel doit s'échelonner le versement de la rente.

Lorsque la pension est revalorisée sous forme de rente, la limite de 2 700 € s'applique globalement pour l'ensemble des versements effectués, que ceux-ci résultent de l'instance judiciaire ou de la convention fixant le montant initial de la pension alimentaire ou du versement spontané (BOI-IR précité n° 60).

c. La **situation du bénéficiaire** de la pension est la même que celle déjà indiquée à propos des autres pensions alimentaires : imposition pour les sommes (y compris, le cas échéant, les revalorisations) qui peuvent être déduites par le débiteur ; non-imposition dans le cas contraire.

d. Que se passe-t-il lorsque, l'enfant ayant **atteint sa majorité** (18 ans), le contribuable continue à lui verser une pension alimentaire en vertu soit de la décision de justice, soit de la simple obligation alimentaire ?

Cette pension peut être déduite dans les conditions et limites indiquées aux n°s 1235 s. La déduction ainsi pratiquée ne fait d'ailleurs pas obstacle à ce que l'intéressé bénéficie, s'il vit seul, n'a aucune personne à charge fiscalement et a supporté à titre exclusif ou principal la charge de cet enfant pendant au moins cinq années au cours desquelles il vivait seul, de la demi-part supplémentaire de quotient familial prévue en faveur des contribuables célibataires, divorcés, séparés ou veufs ayant élevé seuls un enfant (nº 2030, 1) ; cette majoration du quotient familial intervient dès l'année au cours de laquelle l'enfant a atteint ses 18 ans.

VERSEMENTS AUTRES QUE CEUX DESTINÉS À L'ENTRETIEN DES ENFANTS

1290 IRPP-II-12300 s **Pensions alimentaires** Les pensions alimentaires versées en vertu d'une décision de justice en cas de **divorce** (il s'agit de pensions ordonnées dans le cadre des anciennes procédures, antérieures au 1-1-2005) ou de **séparation de corps,** ou en cas d'**instance en séparation de corps ou en divorce** lorsque les époux font l'objet d'une imposition séparée (nº 355), sont déductibles du revenu global du débiteur.

Il en va de même, en cas de **séparation de fait** et à condition que les époux fassent l'objet d'une imposition séparée (nº 355), des versements effectués au titre de la contribution aux charges du mariage prévue à l'article 214 du Code civil en exécution d'une décision de justice ou d'une convention de divorce par consentement mutuel sans juge (C. civ. art. 229-1).

> **Précisions** **a.** Lorsque le jugement ou la convention de divorce comporte une **clause d'indexation,** la déduction peut porter sur la totalité de la pension ainsi revalorisée. En cas de **revalorisation spontanée** de la pension par le débiteur, la déduction s'opère sous les conditions exposées au nº 1275.
> **b.** Lorsque l'ordonnance de non-conciliation oblige le contribuable à mettre gratuitement à la disposition exclusive de son conjoint **l'appartement** qu'ils avaient acquis en indivision par moitié, l'intéressé peut déduire de son revenu global l'avantage en nature correspondant, qui est égal à la moitié de la valeur locative annuelle de l'appartement.
> En revanche, l'administration considère que l'**impôt sur le revenu** des deux conjoints qui a été mis à la charge de l'un d'eux par l'ordonnance ne peut pas être admis en déduction du revenu imposable de celui qui doit en supporter la charge.
> **c.** La pension alimentaire (y compris, le cas échéant, les revalorisations) déduite par le débiteur constitue un revenu imposable **pour le bénéficiaire.** En revanche, ce dernier n'est pas imposé sur les sommes que le débiteur n'a pas pu déduire.

1295 **Prestations compensatoires** Comme les pensions alimentaires, les prestations compensatoires en cas de divorce versées sous forme de **rente** en application des articles 276, 278 ou 279-1 du Code civil sont déductibles du revenu global du débiteur.

Sont également déductibles de ce revenu les prestations compensatoires en **capital** versées sous forme d'argent en application de l'article 275 du Code civil lorsque les versements sont effectués sur une **période supérieure à 12 mois** à compter de la date à laquelle la convention de divorce par consentement mutuel sans juge (C. civ. art. 229-1) a acquis force exécutoire ou le jugement de divorce, que celui-ci résulte ou non d'une demande conjointe, est passé en force de chose jugée.

> **Précisions** **a.** Lorsque le débiteur libère le capital, en tout ou partie, au-delà du délai de 12 mois, alors que le **jugement** ou la convention de divorce prévoyait le **versement intégral** de ce capital **dans un délai de 12 mois,** l'intégralité de la prestation compensatoire est non déductible (BOI-IR-RICI-160-10 nº 150). Les versements opérés n'ouvrent pas davantage droit à réduction d'impôt (voir nº 3335, précision b).
> **b.** Comme les pensions alimentaires, les prestations compensatoires (y compris, le cas échéant, les revalorisations) déduites par le débiteur constituent un revenu imposable **pour le bénéficiaire.**
> Lorsque la prestation compensatoire en capital est acquittée en **un seul versement** au-delà de la période de 12 mois, ce versement est assimilé à un revenu exceptionnel et bénéficie, sur demande du contribuable, du système du quotient, sous réserve que la condition afférente à son montant soit remplie (nºs 4150 s.) (BOI-IR précité nº 130).
> Le bénéfice du système du quotient peut également être demandé en cas de **libération anticipée,** au-delà de la période de 12 mois, d'une prestation compensatoire en capital fixée suivant des versements périodiques (BOI-IR-RICI-160-20 nº 230).
> **c.** En ce qui concerne les prestations compensatoires en capital versées sur une **période inférieure ou égale à 12 mois,** voir nº 3335.

1300 **Dommages-intérêts** Les sommes versées à titre de dommages-intérêts en cas de divorce ou de séparation ne sont pas déductibles.

c. Majoration du montant déductible de certaines pensions

1320 CGI art. 158, 7-3° IRPP-II-6640

Le montant des pensions alimentaires versées en vertu d'une **décision de justice devenue définitive avant le 1er janvier 2006** est, pour le calcul de l'impôt, majoré de 25 %.
Cette majoration ne modifie toutefois ni la **limite de déduction** des pensions versées à des enfants majeurs (no 1240), ni celle concernant le versement d'un capital pour la constitution d'une rente au profit des enfants mineurs (no 1280, b).

2. FRAIS D'ACCUEIL DES PERSONNES ÂGÉES DE PLUS DE 75 ANS

1350 CGI art. 156, II-2° ter IRPP-II-18500 s

Le contribuable peut déduire de son revenu global les **avantages en nature** consentis sans contrepartie à des personnes âgées de plus de 75 ans envers lesquelles il n'a aucune obligation alimentaire (collatéraux ou tiers sans lien de parenté) qui vivent (en permanence) sous son toit et dont le revenu imposable n'excède pas le plafond de ressources fixé pour l'octroi de l'allocation de solidarité aux personnes âgées (Aspa).
Les avantages en nature (logement, nourriture, etc.) sont déductibles pour leur montant réel **dans la limite** de 3 535 €, par personne recueillie, pour l'imposition des revenus de 2019.

› **Précisions** **a.** L'administration admet que la personne recueillie ouvre droit à la déduction pour la première fois au titre de l'année où elle atteint l'**âge** de 75 ans (BOI-IR-BASE-20-60-30 no 20).
b. Le **plafond de ressources** à retenir pour 2019 s'élève à 10 418,40 € pour une personne seule et 16 174,59 € pour un couple marié ou pacsé. La condition relative au revenu imposable de la personne recueillie est remplie si ce revenu – déduction faite de l'abattement de 10 % sur les pensions et retraites et de l'abattement accordé aux personnes âgées (no 1500) – n'excède pas ce plafond.
c. La limite de déduction n'a pas à être réduite prorata temporis lorsque les avantages en nature n'ont été consentis qu'une **partie de l'année** ou ont été consentis à une personne ayant atteint l'âge de 75 ans en cours d'année.
d. Dès lors qu'ils constituent des libéralités et non des pensions alimentaires, les avantages en nature déduits par le contribuable ne sont pas imposables au nom du **bénéficiaire.**
e. Lorsque la personne recueillie est titulaire de la **carte d'invalidité** (ou de la CMI-invalidité), la déduction des avantages en nature ne peut pas se cumuler avec la majoration du quotient familial visée aux nos 1960 s. Le contribuable doit donc choisir entre les deux mesures.
f. Pour les contribuables qui recueillent des personnes envers lesquelles ils ont une **obligation alimentaire** (ascendants, notamment), voir nos 1205 s.

3. COTISATIONS SOCIALES

1370

Dans la plupart des cas, les cotisations de sécurité sociale et assimilées sont prises en compte au niveau des revenus catégoriels. Certaines cotisations peuvent toutefois être déduites du revenu global. Il s'agit de cotisations qui ne sont pas prises en compte au niveau des revenus catégoriels et des cotisations versées sur un plan épargne retraite.

COTISATIONS D'ÉPARGNE RETRAITE

1375 CGI art. 163 quatervicies DC-VIII-40000 s

Versements déductibles. Chaque membre du foyer fiscal peut déduire du revenu net global, dans certaines limites :
– les versements volontaires aux **plans d'épargne retraite** (plans individuels ou plans d'entreprise). Le contribuable peut toutefois renoncer à cette déduction « à l'entrée » afin de bénéficier d'un régime d'imposition atténué « à la sortie » (voir précision b ci-dessous) ;
– les versements effectués sur un plan d'épargne retraite populaire, dit **Perp** (contrat d'assurance souscrit jusqu'au 1er octobre 2020) ;
– les cotisations versées, à titre individuel et facultatif, sur un plan d'épargne retraite d'entreprise ou à un régime de retraite supplémentaire obligatoire d'entreprise ;
– les versements à certains régimes de retraite complémentaire des agents de la fonction publique (**Préfon, Corem, CRH**), même s'ils sont effectués par des non-fonctionnaires en ce qui concerne le régime Corem.

› **Précisions** **a.** En contrepartie de la **déduction** des cotisations, les prestations de retraite servies sous forme de rentes ou de capital sont **imposables** comme des pensions (nos 22340 s. et, plus particulièrement, nos 22460 et 22535).
b. S'agissant des versements individuels volontaires aux plans d'épargne retraite, la **renonciation à la déduction** doit être exercée lors de chaque versement. Elle est irrévocable. En cas de renonciation, seule la fraction provenant des revenus produits par les versements est **imposable** selon les modalités exposées no 22550 (prestations servies sous forme de rentes) et nos 24170 s. (prestations servies sous forme de capital).

1380 **Limite de déduction** Les sommes versées sont déductibles dans le cadre d'une **enveloppe globale annuelle** qui prend également en compte certaines cotisations de retraite déduites par ailleurs des revenus professionnels.

Pour chaque membre du foyer fiscal, la limite globale de déduction est égale au **plus élevé des deux montants** suivants :

– 10 % des revenus professionnels de l'année précédente, retenus dans la limite de huit fois le plafond annuel de la sécurité sociale de l'année en cause (soit une déduction maximale de 31 786 € pour les versements effectués en 2019 et 32 419 € pour les versements de 2020) ;

– ou 10 % du plafond annuel de la sécurité sociale de l'année précédente (soit 3 973 € pour les versements effectués en 2019 et 4 052 € pour ceux de 2020).

Pour déterminer le montant effectivement imputable sur le revenu global, cette limite doit ensuite être **diminuée de certaines cotisations** ou **primes** déduites, l'année précédente, des revenus professionnels du souscripteur (ou du revenu global si c'est un agriculteur relevant du micro-BA). Il s'agit :

– pour un salarié : des cotisations ou primes versées à un régime obligatoire de retraite supplémentaire, y compris la part patronale (n° 21905) ;

– pour un non-salarié : des cotisations ou primes (sauf la fraction correspondant à la marge de déduction calculée à 15 %) versées au titre des contrats « Madelin », des régimes facultatifs de retraite de sécurité sociale, de la part des cotisations aux régimes obligatoires des professions libérales excédant la cotisation minimale obligatoire (n°s 8680 s.) ou des contrats d'assurance groupe des exploitants agricoles (n° 15985).

Les sommes versées par l'employeur ou le salarié sur un plan d'épargne pour la retraite collectif qui sont exonérées d'impôt sur le revenu (n°s 21630 et 88700), ainsi que les sommes versées aux plans d'épargne retraite qui sont exonérées d'impôt sur le revenu viennent également en déduction de la limite globale.

Si la marge de déduction disponible ainsi déterminée n'est pas utilisée intégralement au cours d'une année, le **solde inemployé** peut être reporté et utilisé au cours de l'une des trois années suivantes. Si, à l'inverse, les sommes versées excèdent la limite, l'**excédent** n'est pas reportable sur les années suivantes.

Plafond de déduction pour les **nouveaux résidents** : voir n° 1390, a.

1385 **› Précisions** **a.** Les **revenus professionnels** à prendre en compte pour le calcul du plafond de déduction sont, en principe, les revenus imposables nets de frais. Il faut y ajouter les bénéfices exonérés en application de certains dispositifs spéciaux (CGI art. 44 sexies à 44 nonies et 44 terdecies à 44 septdecies), les revenus des micro-entreprises soumis au versement forfaitaire libératoire de l'impôt sur le revenu, diminués de l'abattement forfaitaire, ainsi que les bénéfices faisant l'objet d'un abattement en application des articles 73 B et 93, 9 du CGI (jeunes agriculteurs et jeunes artistes de la création plastique). Mais les plus-values et les moins-values professionnelles à long terme ne sont pas prises en compte.

b. Le plafond de déduction est en principe propre à chaque membre du foyer fiscal et ne peut donc être utilisé que par l'intéressé pour la déduction de ses propres cotisations et primes d'épargne retraite, mais non pour la déduction des cotisations ou primes des autres **membres du foyer fiscal.** Par exception à cette règle, les couples mariés ou pacsés, soumis à imposition commune, peuvent toutefois déduire leurs versements dans une limite annuelle égale au total des montants déductibles pour chaque époux ou chaque partenaire. Ainsi, un contribuable marié ou pacsé qui a effectué au cours d'une année des versements excédant son plafond individuel de déduction peut déduire la fraction excédentaire de ces versements à concurrence de la différence entre le plafond individuel de déduction de son conjoint ou partenaire et le montant des versements effectués par ce dernier.

c. L'**imputation des cotisations versées au cours d'une année** est opérée en priorité sur le plafond de déduction de l'année en cause puis, le cas échéant, sur les soldes non utilisés des plafonds de déduction des trois années précédentes, en commençant par le plus ancien (CGI ann. III art. 41 ZZ ter).

d. En ce qui concerne le **dispositif anti-optimisation** applicable au titre de l'année 2019, voir n° 1395.

1390 **Cas particuliers** Pour les personnes qui n'étaient **pas fiscalement domiciliées en France** au cours des **trois années civiles précédant** celle au cours de laquelle elles s'y domicilient, les éléments à prendre en compte pour le calcul du plafond de déduction de l'année de leur domiciliation en France (revenus professionnels, plafond annuel de la sécurité sociale et cotisations déduites des revenus professionnels ou du revenu global pour les agriculteurs relevant du micro-BA) sont ceux afférents à l'année même de domiciliation.

En outre, ces personnes bénéficient, au titre de ladite année, d'un plafond complémentaire de déduction égal au triple du plafond ainsi déterminé. Cet avantage n'est toutefois pas accordé aux personnes qui étaient domiciliées à l'étranger pour des raisons qui sont liées à la mise en œuvre de procédures judiciaires, fiscales ou douanières à leur encontre.

Dans l'objectif de **lutte contre l'optimisation** poursuivi dans le cadre du passage au prélèvement à la source de l'impôt sur le revenu au 1er janvier 2019 (nos 3740 s.), le montant des cotisations ou primes admises en déduction pour l'**imposition des revenus de 2019** est limité à la moyenne des cotisations ou primes versées en 2018 et en 2019, lorsque le montant versé en 2018 (apprécié au niveau de chaque membre du foyer fiscal) est inférieur à celui versé en 2017 et à celui versé en 2019 (Loi 2016-1917 modifiée du 29-12-2016 art. 60, II-K ter). Cette règle ne s'applique pas lorsqu'aucune cotisation ou prime n'a été versée en 2017 (primo-cotisant en 2018) ou en 2019 (par exemple, dans le cas d'une liquidation du régime supplémentaire de retraite en 2018) (BOI-IR-PAS-50-20-30 no 70). Elle ne concerne pas, non plus, les versements volontaires aux plans d'épargne retraite qui sont déductibles du revenu global en application de l'article 163 quatervicies du CGI (Ord.2019-766 du 24-7-2019, art. 3). 1395

AUTRES COTISATIONS

a. Dans le cas (assez peu fréquent dans la pratique) où il n'en a pas déjà été tenu compte pour la détermination des revenus catégoriels, les versements faits à titre de **cotisations de sécurité sociale** sont, en principe, directement déductibles du revenu global. Il en est de même pour les cotisations d'assurance maladie-maternité des travailleurs non salariés des professions non agricoles, ainsi que pour les primes ou cotisations accidents du travail et maladies professionnelles des non-salariés de l'agriculture. 1400 CGI art. 156, II-4°, 10°, 11° et 13° **DC-VIII-5500 s, 5800 s, 16400 s et 26400 s**

Sont par **exemple** directement déductibles du revenu global les cotisations de sécurité sociale versées au titre de l'assurance personnelle ou volontaire (le plus souvent par des personnes dont la profession échappe à l'assurance sociale obligatoire), les versements effectués par un salarié après sa cessation d'activité au titre de rachats de cotisations au régime de base de l'assurance vieillesse et à des régimes complémentaires légalement obligatoires. S'agissant de rachats effectués l'année du départ à la retraite, il a été jugé que le déficit catégoriel provenant de la déduction des rachats des traitements et salaires peut générer un déficit imputable sur le revenu global, reportable le cas échéant sur les années suivantes (CAA Paris 28-11-2000 no 97-2347 : RJF 4/01 no 486).

b. Les **cotisations** versées (en dehors des régimes légaux de protection sociale et des régimes d'épargne retraite volontaire visés no 1375) à une **mutuelle,** à une **compagnie d'assurance** ou à un **organisme de prévoyance,** en vertu de contrats d'adhésion facultative destinés à compléter les prestations des régimes légaux, ne sont pas déductibles du revenu global, qu'il s'agisse de salariés ou de non-salariés. Les versements effectués par les agriculteurs relevant du régime du micro-BA au titre de certains contrats d'assurance groupe souscrits en vue de la constitution d'une retraite complémentaire sont toutefois déductibles dans la limite du plafond visé au no 8695.

c. Par dérogation à la règle générale, les particuliers ne peuvent pas déduire de leur revenu global les cotisations patronales de sécurité sociale versées pour leurs **employés de maison.** Sont également exclues de la déduction les cotisations patronales d'assurance chômage.

Mais les contribuables peuvent bénéficier, le cas échéant, d'un crédit d'impôt sur le revenu au titre de l'emploi d'un salarié à domicile (nos 3230 s.).

4. DÉDUCTIONS DIVERSES

VERSEMENTS POUR LA RETRAITE MUTUALISTE DU COMBATTANT

Qu'ils soient faits à capital aliéné ou à capital réservé, les versements de l'espèce effectués par des contribuables fiscalement domiciliés en France sont déductibles du revenu global, dans la mesure où ils sont **destinés** à la constitution d'une **rente donnant lieu à une majoration de l'État.** Les versements complémentaires éventuellement effectués en vue de la constitution d'une rente mutualiste ordinaire ne sont pas déductibles. 1425 CGI art. 156, II-5° **IRPP-II-20100 s**

Le montant **maximum de la rente** bénéficiant d'une majoration de l'État est fixé, y compris la majoration, à 1 821 € pour l'imposition des revenus de 2019.

> **Précisions** Le montant maximum de la rente majorable ne constitue pas un plafond de déduction des versements. Ceux-ci sont intégralement déductibles, quel que soit leur montant, tant que la rente pour la constitution de laquelle ils sont opérés n'excède pas le plafond majoré par l'État.

INTÉRÊTS DES PRÊTS CONSENTIS AUX RAPATRIÉS

Les intérêts des emprunts contractés, au titre des dispositions relatives aux **prêts de réinstallation ou de reconversion,** par des Français rapatriés ou rentrant de l'étranger ou d'États ayant accédé à l'indépendance sont déductibles du revenu global lorsqu'ils n'ont pas déjà été pris en compte pour la détermination des revenus catégoriels. 1435 CGI art. 156, II-1° **IRPP-II-20600 s**

ARRÉRAGES DE CERTAINES RENTES

1445 CGI art. 156, II-2° IRPP-II-21300 s

Indépendamment des pensions alimentaires (nos 1200 s.), les arrérages de rentes payés par un contribuable sont déductibles du revenu global lorsque les trois **conditions** suivantes sont simultanément remplies (ce qui est rarement le cas, dans la pratique) :
– la rente doit avoir été **constituée avant le 2-11-1959** (ou le 1-1-1961 dans les cas visés au n° 1450) ;
– la rente doit être versée **à titre gratuit** (ce qui exclut, par exemple, les rentes viagères servies en contrepartie de l'achat d'un immeuble ou d'un fonds de commerce) ;
– la rente doit être versée **à titre obligatoire** (décision de justice ; obligation légale ; engagement librement consenti mais découlant d'un titre ou d'un ensemble de faits susceptibles de faire la preuve d'une obligation).

> **Précisions** **a.** Sous réserve des conditions susvisées, les arrérages sont déductibles, qu'ils soient versés en espèces ou en nature et quelle que soit la qualité du bénéficiaire (parent ou non-parent du débiteur).
> **b.** Les arrérages de rentes versés en vertu d'une **décision de justice devenue définitive avant le 1er janvier 2006** sont déductibles à concurrence de 125 % de leur montant (CGI art. 158, 7-3°).

1450 IRPP-II-8640 s

Cas particuliers. Les **rentes** servies à un ascendant en exécution d'une clause d'un **partage d'ascendant** et les rentes résultant de la **conversion** en rente viagère **de l'usufruit du conjoint survivant** sont déductibles si elles ont été constituées avant le 1-1-1961.

En revanche, les rentes de l'espèce constituées depuis le 1-1-1961, de même que les **rentes** servies en exécution d'une clause de **donation entre vifs** et à titre de charge imposée au donataire, ne sont pas déductibles en principe. La solution peut cependant être différente, le cas échéant, pour la fraction de la rente présentant un caractère alimentaire : tel est le cas lorsque la somme versée dépasse le montant de la rente qui aurait normalement pu être obtenue d'un acquéreur à titre onéreux (la fraction excédentaire est alors déductible si elle répond par ailleurs aux conditions prévues par les articles 205 à 211 du Code civil : voir n° 1205).

E. Abattements applicables sur le revenu global

1480 IRPP-II-26000 s

La loi prévoit deux abattements spéciaux susceptibles d'être pratiqués sur le montant du revenu net global, lui-même obtenu après imputation des charges déductibles du revenu global. Lorsqu'ils sont applicables, ces abattements sont directement retranchés du revenu net global. On obtient ainsi le « revenu net imposable », sur lequel est ensuite calculé le montant de l'impôt exigible (nos 1580 s.).

> **ATTENTION**
> Il existe d'**autres abattements** (plus nombreux) qui s'appliquent non au niveau du revenu global, mais au niveau des **revenus catégoriels.** Pour ce motif, ces différents abattements sont étudiés avec la catégorie de bénéfices ou de revenus qu'ils concernent.

ABATTEMENT LIÉ AU RATTACHEMENT D'ENFANTS MARIÉS, PACSÉS OU CHARGÉS DE FAMILLE

1490

Les enfants mariés ou pacsés sont, en principe, imposables sous leur propre responsabilité. Cependant, lorsque l'un des conjoints ou partenaires du Pacs est âgé de moins de 21 ans, ou de moins de 25 ans s'il poursuit ses études, ou, quel que soit son âge, s'il est atteint d'une infirmité, le ménage peut demander son **rattachement au foyer fiscal des parents** de l'un ou l'autre des conjoints ou partenaires. En pareil cas, l'avantage fiscal accordé au parent bénéficiaire du rattachement se traduit, non par une majoration du quotient familial, mais par un abattement sur le revenu imposable.
Ce régime s'applique également, sous les mêmes conditions, aux enfants célibataires, veufs, divorcés ou séparés qui sont chargés de famille.
Les conditions d'application et de calcul de l'abattement sont exposées aux nos 1905 s.

ABATTEMENT EN FAVEUR DES PERSONNES ÂGÉES OU INVALIDES DE SITUATION MODESTE

1500 CGI art. 157 bis IRPP-II-26300 s

Les personnes âgées ou invalides de situation modeste sont autorisées à pratiquer un abattement spécial sur leur revenu net global. Sont concernées par cette mesure :
– d'une part, les personnes âgées de **plus de 65 ans** au 31 décembre de l'année d'imposition (c'est-à-dire par exemple, pour les revenus de 2019, les personnes nées avant le 1-1-1955) ;
– d'autre part, quel que soit leur âge, les personnes qui sont titulaires soit d'une pension militaire d'**invalidité** pour une invalidité d'au moins 40 %, soit d'une pension d'invalidité

pour accident du travail d'au moins 40 %, soit de la carte d'invalidité (ou de la CMI-invalidité) prévue à l'article L 241-3 du CASF.

Le **montant de l'abattement,** qui dépend de l'importance du revenu net global du contribuable, est ainsi fixé pour l'imposition des revenus de 2019 :

Revenu net global	Montant de l'abattement	
	Abattement simple [1]	Abattement double [2]
N'excédant pas 15 300 €	2 441 €	4 882 €
Compris entre 115 300 € et 24 640 €	1 221 €	2 442 €
Supérieur à 24 640 €	néant	néant

1. Le contribuable ou un seul des membres du couple soumis à une imposition commune est âgé de plus de 65 ans ou invalide.
2. Les deux membres du couple soumis à une imposition commune sont âgés de plus de 65 ans ou invalides.

> **Précisions** **a.** Le **revenu net global** à prendre en considération pour la détermination du montant de l'abattement s'entend après déduction, s'il y a lieu, des déficits des années antérieures et des charges du revenu global mais avant application de l'abattement accordé au titre du rattachement d'enfants mariés, pacsés ou chargés de famille (n° 1915). Les revenus imposés selon un système de quotient (n°s 4150 s.) sont pris en compte pour leur montant net total (avant division par le quotient).
> **b.** Le bénéfice de la mesure est réservé aux contribuables **fiscalement domiciliés en France** ou qui y sont assimilés (**non-résidents Schumacker** : n° 4280, précision b).
> **c.** Les invalides peuvent bénéficier de l'abattement pour **l'année** au cours de laquelle ils ont demandé la **carte** d'invalidité à la maison départementale des personnes handicapées (MDPH) de leur domicile (sous réserve qu'ils l'aient ensuite obtenue).

SECTION 3

CALCUL DE L'IMPÔT SUR LE REVENU

L'impôt sur le revenu est calculé selon un barème progressif dont les taux s'élèvent par paliers successifs correspondant chacun à une « tranche » de revenu. Cependant, le système du « quotient familial » permet d'aménager la progressivité de l'impôt en fonction de la situation et des charges de famille de chaque contribuable. **1580** CGI art. 193 s. IRPP-III-1 s

Une fois connu le montant du revenu imposable du contribuable, il convient donc :
– en premier lieu, de déterminer le **quotient familial** de l'intéressé, compte tenu de sa situation et de ses charges de famille (n°s 1700 s.) ;
– ensuite, de procéder au **calcul proprement dit** de l'imposition (n°s 2090 s.). Ce calcul donne lieu, dans certains cas, à l'application de **réductions ou crédits d'impôt** (n°s 2480 s.).

A. Quotient familial

Le système dit du « quotient familial » consiste à diviser le revenu imposable de chaque contribuable en un certain **nombre de parts** (n°s 1985 s.), qui est fonction de sa **situation de famille** (célibataire, marié ou pacsé, séparé ou divorcé, veuf) et du nombre de **personnes** fiscalement considérées comme étant **à sa charge.** Ces personnes à charge s'entendent : **1700** IRPP-III-200 s
– d'une part, des enfants entrant dans l'une des catégories définies par la loi (n°s 1850 s.) ;
– d'autre part, de certaines personnes invalides (n°s 1960 s.).

L'**objet du quotient familial** est de proportionner le montant de l'impôt aux facultés contributives de chaque foyer, étant observé que, pour un même revenu, la faculté contributive varie suivant le nombre de personnes qui doivent partager ce revenu. Ainsi, par **exemple,** un couple marié (soumis à une imposition commune) ayant 3 enfants mineurs (quotient familial : 4 parts) et dont le revenu global est de 72 000 € paiera un impôt égal à la somme des impôts payés par 4 célibataires (quotient familial : 1 part) ayant chacun un revenu de 18 000 €, ou par 2 couples mariés (soumis à une imposition commune) sans enfant (quotient familial : 2 parts) ayant chacun un revenu de 36 000 €.

Mais, en réalité, la **portée** de ce système se trouve **limitée** par les dispositions prévoyant :
– un **plafonnement** des effets du quotient familial au-dessus de certains seuils de revenus (nos 2200 s.) ;
– un mécanisme de **décote,** différencié selon la situation de famille, en deçà de certains seuils de revenus (no 2235) ;
– une **réfaction d'impôt** en faveur des **contribuables aux revenus modestes** (no 2245).

1705 CGI art. 196 bis IRPP-III-5700 s

Date à retenir pour apprécier situation et charges de famille Cette date s'entend, en principe, du **1er janvier** de l'année de l'imposition, c'est-à-dire de l'année de réalisation des revenus.

Toutefois, en cas d'**augmentation** des **charges de famille** en cours d'année, il est fait état de la situation au **31 décembre** (ou à la date du décès, s'il s'agit d'une imposition visée au no 4765).

Par **exemple,** pour l'imposition des revenus de 2019 à établir en 2020, on retient soit la situation au 1er janvier 2019, soit la situation au 31 décembre 2019 si cette dernière est plus avantageuse pour le contribuable (augmentation des charges de famille au cours de 2019).

> **Précisions** **a.** Des explications particulières sont données aux nos 365 s. et 4765 s. à propos du quotient familial à retenir pour l'**année du mariage ou du Pacs, du divorce ou de la séparation des époux ou partenaires d'un Pacs** et pour l'**année du décès.**
> **b.** L'administration admet (bien qu'il n'ait figuré dans les charges de famille ni au 1er janvier ni au 31 décembre) qu'un **enfant né au cours d'une année** et **décédé avant la fin de la même année** soit retenu dans le quotient familial de l'année considérée dès lors que sa naissance a été enregistrée à l'état civil. Il en va de même d'un enfant pour lequel un **acte d'enfant sans vie** a été établi par l'officier de l'état civil (BOI-IR-LIQ-10-10-20 no 80).

1710 IRPP-III-230 s

Contribuables étrangers En fait, le quotient familial est applicable **quelle que soit la nationalité** du contribuable.

> **Précisions** À vrai dire, une interprétation stricte de l'article 199 du CGI pourrait conduire à réserver le bénéfice du quotient familial aux citoyens français, aux personnes originaires des collectivités territoriales d'outre-mer et aux ressortissants de pays ayant conclu avec la France un traité de réciprocité. Cependant, même en l'absence d'un tel traité, l'administration admet que les ressortissants des États concernés soient assimilés aux Français si ces États procèdent de même à l'égard des Français, cette **réciprocité de fait** étant **présumée** si rien n'infirme cette présomption. Des dispositions appropriées pourraient néanmoins être prises par l'administration dans le cas où certains États soumettraient les Français à des mesures discriminatoires (BOI-IR-LIQ-10-10-10-40 no 10).
> Bénéficient également du quotient familial les **réfugiés** et les **apatrides,** au sens des conventions visant ces deux catégories de personnes.

1. ENFANTS À CHARGE

1850 Sont seuls susceptibles d'être considérés comme étant à la charge du contribuable :

1. Ses enfants :
– s'ils sont âgés de **moins de 21 ans** ;
– ou si, étant âgés de **moins de 25 ans,** ils poursuivent leurs **études** ;
– ou, quel que soit leur âge, s'ils sont **infirmes.**

2. Sous les **mêmes conditions,** les **enfants recueillis** par le contribuable **à son propre foyer,** qu'il y ait ou non des liens de parenté entre celui-ci et les enfants.

> **Précisions** Lorsqu'il entre dans l'une des catégories visées au 1 ci-dessus, un **enfant « naturel » reconnu** peut être compté à charge, même s'il n'a pas été recueilli au foyer du contribuable. Mais, en pareil cas, l'intéressé ne peut pas retrancher de son revenu imposable les subsides versés pour l'entretien de l'enfant, alors qu'il pourrait le faire s'il ne comptait pas l'enfant dans son quotient familial (voir no 1225, précision b).

1855 En réalité, les **modalités de prise en compte** ne sont pas les mêmes pour tous les enfants visés au no 1850. À cet égard, une distinction doit être faite entre quatre catégories :
– pour les enfants célibataires **mineurs,** la prise en compte est de plein droit (nos 1865 s.) ;
– il en est de même pour les enfants **infirmes** (no 1935) ;
– au contraire, lorsqu'il s'agit d'enfants célibataires **majeurs,** leur prise en compte est subordonnée à leur « rattachement » au foyer fiscal de leurs parents (nos 1880 s.) ;
– ce « rattachement » est également nécessaire pour les enfants **mariés, pacsés** ou **chargés de famille,** étant précisé qu'en pareil cas l'avantage accordé aux parents consiste, non dans une majoration du quotient familial, mais dans un abattement applicable au revenu imposable (nos 1905 s.).

ENFANTS CÉLIBATAIRES MINEURS

Les enfants mineurs sont pris en compte **de plein droit** pour l'application du quotient familial. Le fait qu'ils disposent de **ressources personnelles** ne prive pas les parents du droit de les compter à charge. Mais, dans ce cas, les parents doivent, pour le calcul de l'impôt, ajouter à leurs revenus ceux de ces enfants (dans la mesure où il s'agit de revenus imposables). Les parents peuvent cependant demander l'**imposition distincte** de leur enfant lorsqu'il a des revenus personnels ; mais, en pareil cas, il ne peut plus être compté à charge (voir n° 345). 1865 CGI art. 193 ter, 194, I et 196 IRPP-III-500 s

En cas de **divorce,** d'**imposition séparée des époux ou partenaires d'un Pacs** (n° 355), de **rupture du Pacs** ou de **séparation de fait de parents non mariés,** les enfants mineurs sont considérés, jusqu'à preuve contraire, comme étant à la charge du parent chez lequel ils **résident à titre principal.** Les revenus éventuellement perçus par les enfants sont imposables pour la totalité de leur montant au nom du parent bénéficiaire de la majoration de quotient familial. L'autre parent ne peut pas compter à charge les enfants, mais s'il verse une pension alimentaire pour leur entretien, il peut déduire cette pension de son revenu imposable dans les conditions indiquées aux n°s 1225 et 1275 s.

En cas de **résidence alternée** au domicile de chacun des parents, les enfants mineurs sont **réputés être à la charge égale** de l'un et de l'autre parent, sauf disposition contraire dans la convention de divorce, la décision judiciaire ou, le cas échéant, l'accord entre les parents. Cette présomption de charge partagée peut être écartée si l'un des parents établit qu'en réalité il assume la charge principale des enfants. Cette preuve peut notamment résulter de factures ou d'un compte de dépenses faisant apparaître les contributions respectives de chaque parent, mais non du versement d'une pension alimentaire, même si cette pension n'est pas déductible du revenu global (Cons. const. 14-12-2018 n° 2018-753 QPC : RJF 3/19 n° 287). Les revenus éventuellement perçus par les enfants réputés à charge égale de leurs parents sont, sauf preuve contraire, réputés également partagés entre les parents et doivent donc être inclus dans le revenu imposable de chacun d'eux pour la moitié de leur montant (CGI art. 6, 1).

En ce qui concerne :
- les **enfants communs** de parents vivant ensemble sans être ni mariés ni pacsés (couples vivant en **concubinage** ou dans le cadre d'une union de fait), voir n° 340 ;
- les enfants mineurs **chargés de famille,** voir n° 1925.

1870 **› Précisions** **a.** Lorsque la résidence habituelle de l'enfant n'est pas fixée par le juge ou la convention des parties, homologuée ou non, la majoration de quotient familial est, à défaut d'accord entre les parents lors de la déclaration de revenus, attribuée au parent qui a les **revenus les plus élevés** (BOI-IR-LIQ-10-10-10-10 n° 220).

b. Enfant atteignant l'âge de **18 ans au cours de l'année** d'imposition. Dans ce cas, les parents peuvent, au titre de ladite année :
- soit continuer à **compter à charge** cet enfant en qualité d'enfant mineur. Ils incluent alors dans leur déclaration les revenus perçus par l'enfant du 1er janvier à la date de la majorité. De son côté, l'enfant déclare uniquement les revenus qu'il a perçus depuis la date de sa majorité. À noter que l'enfant a la faculté de demander son rattachement au foyer fiscal de ses parents (n°s 1880 s.) pour la période postérieure à sa majorité. Dans ce cas, les parents doivent inclure dans leur déclaration les revenus perçus par l'enfant durant l'année entière, sans pouvoir prétendre pour autant au bénéfice d'une deuxième demi-part supplémentaire. Mais si l'enfant poursuit des études secondaires ou supérieures au 31 décembre, ils pourront bénéficier de la réduction d'impôt pour frais de scolarisation (n° 3325) ;
- soit, s'ils y ont intérêt, renoncer à prendre en compte cet enfant dans leur quotient familial et **déduire** de leur revenu imposable, dans les conditions et limites indiquées aux n°s 1235 s., le montant des dépenses ayant le caractère d'une **pension alimentaire.** Cette déduction ne peut porter que sur les dépenses exposées au cours de la période de l'année postérieure à la majorité de l'enfant et entraîne la perte du bénéfice de la majoration du quotient familial pour l'année entière.

c. Lorsqu'un **enfant, encore mineur** au 31 décembre de l'année de l'imposition, a **commencé à travailler** au cours de ladite année, les revenus qu'il a perçus sont imposables, pour l'année entière, au nom de ses parents.

Il ne peut en être autrement que si ceux-ci demandent une imposition distincte pour leur enfant ; mais, dans ce dernier cas, la demande couvre nécessairement l'année entière et l'enfant ne peut pas être compté pour la détermination du quotient familial des parents (n° 345).

ENFANTS CÉLIBATAIRES MAJEURS

Les enfants célibataires âgés de plus de 18 ans sont, en principe, imposables sous leur propre responsabilité. 1880 CGI art. 6, 3 et 196 B, al. 1 IRPP-III-2720 s

Cependant, ils ont la **possibilité** de demander à être **rattachés au foyer fiscal de leurs parents** lorsqu'ils remplissent l'une des deux conditions suivantes :
- être âgés de **moins de 21 ans** ;
- être âgés de **moins de 25 ans,** s'ils justifient de la poursuite de leurs **études.**

Le rattachement est possible, que l'enfant dispose ou non d'un revenu et qu'il vive ou non au domicile de ses parents (voir toutefois n° 1895, précision b le cas particulier des enfants recueillis).

Le rattachement se fait au foyer fiscal dont l'enfant faisait partie avant sa majorité. Toutefois, lorsque les **parents** sont **imposés séparément,** le rattachement peut, pour les années qui suivent celle au cours de laquelle l'enfant a atteint sa majorité, être demandé à l'un ou l'autre d'entre eux. Pour le rattachement d'un enfant majeur **l'année du décès de l'un de ses parents,** voir n° 4770, précision b.

1885 L'**option pour le rattachement** doit être formulée par l'enfant dans le délai de déclaration et elle doit, pour être valable, être acceptée par le parent concerné.

Celle-ci est, **en principe, irrévocable** pour l'année considérée. Cependant, il peut arriver soit que, les conséquences du rattachement ayant été mal appréciées par les intéressés, il se révèle finalement désavantageux pour eux, soit, au contraire, que le rattachement n'ait pas été demandé alors qu'il aurait été avantageux pour le foyer. Dans ces deux situations, l'administration admet la **possibilité,** pour les intéressés, **de revenir sur leur choix initial** et d'obtenir, au plan gracieux, le dégrèvement de l'impôt excédentaire (BOI-IR-LIQ-10-10-10-20 n° 150).

1890 Le parent qui accepte le rattachement peut **compter** l'enfant **à charge pour** l'application du **quotient familial.** Il ne peut **pas** demander en même temps la **déduction de la pension alimentaire** éventuellement versée pour l'entretien de cet enfant (voir n° 1245).

Celui-ci doit inclure dans son revenu imposable les **revenus** éventuellement perçus par l'enfant pendant toute l'année considérée ; cette règle s'applique même lorsque, au cours de ladite année, l'enfant a atteint 21 ans, ou 25 ans s'il est étudiant, ou a achevé ses études (avant 25 ans).

1895 **> Précisions** **a.** Lorsqu'ils n'ont pas eux-mêmes d'enfant à charge, les **enfants veufs, divorcés ou séparés** sont assimilés aux enfants célibataires.

En ce qui concerne :

– le cas où l'**enfant** est **lui-même chargé de famille,** voir n° 1925 ;

– le cas où l'enfant a **atteint** l'âge de **18 ans au cours de l'année** considérée, voir n° 1870, b.

b. Les **enfants recueillis** ne peuvent, en principe, donner lieu à rattachement que s'ils ont été recueillis avant l'âge de 18 ans par le foyer au profit duquel le rattachement est demandé. Par exception, toutefois, les enfants devenus **orphelins** de père et de mère **après leur majorité** peuvent demander leur rattachement au foyer fiscal qui les a recueillis après le décès de leurs parents. Selon l'administration, ce rattachement suppose que ces enfants vivent sous le même toit que le contribuable et que celui-ci assume de manière effective, exclusive ou principale, l'ensemble de leurs besoins matériels (BOI-IR-LIQ-10-10-10-20 n° 30).

c. L'enfant majeur dont les **parents** sont **séparés** ne peut être rattaché qu'au foyer fiscal de son père ou de sa mère même s'il continue, comme avant sa majorité, à vivre **alternativement au domicile de chacun d'eux** (Rép. Dirx : AN 31-12-2019 n° 10785).

d. À défaut de rattachement (soit que celui-ci n'ait pas été demandé par l'enfant ou accepté par le parent, soit encore que, les parents étant imposés séparément, l'enfant se soit rattaché au foyer fiscal de l'autre parent), le **parent qui n'est pas bénéficiaire du rattachement** ne peut pas, bien entendu, compter l'enfant à charge pour l'application du quotient familial. Mais s'il verse une pension alimentaire pour l'entretien de l'enfant, il peut déduire cette pension de son revenu imposable dans les conditions et limites indiquées aux n°s 1235 s.

e. Quels sont les **éléments d'appréciation** à retenir en vue de la **décision** à prendre au sujet du possible **rattachement** d'un enfant ?

Si l'enfant ne dispose d'aucun revenu et si le foyer auquel le rattachement est envisagé ne lui sert pas de pension alimentaire, il est évident que ce foyer aura toujours avantage au rattachement.

En revanche, lorsque l'enfant dispose de revenus personnels, ou si le foyer auquel le rattachement est envisagé pourvoit en tout ou partie à ses besoins en lui versant une pension alimentaire, il est nécessaire de comparer :

– d'une part, le montant total des impôts qui seraient dus par les parents et par l'enfant en cas de déclarations distinctes de leurs revenus ;

– d'autre part, le montant de l'impôt calculé en cumulant les revenus des parents et de l'enfant, mais compte tenu de la majoration du quotient familial résultant du rattachement.

Autres éléments à considérer, s'il y a lieu : en cas de rattachement, l'enfant ouvre droit aux majorations prévues pour les plafonds de dépenses prises en compte pour certaines réductions ou certains crédits d'impôt sur le revenu (dépenses afférentes à l'habitation principale, emploi d'un salarié à domicile, primes des contrats de « rente-survie » et d'« épargne handicap ») et il est pris en compte pour la détermination du revenu fiscal de référence en considération duquel le foyer fiscal bénéficie de certains avantages fiscaux (voir notamment n°s 2245, 43080 et 43145) ou de certaines prestations sociales et pour le calcul de certains abattements en matière de taxe d'habitation (n° 43135). En outre, si l'enfant poursuit des études, le foyer de rattachement peut bénéficier de la réduction d'impôt pour frais de scolarisation examinée au n° 3325.

ENFANTS MARIÉS, PACSÉS OU CHARGÉS DE FAMILLE

Quel que soit leur âge, les enfants mariés ou pacsés doivent être considérés comme ayant fondé un foyer distinct et sont donc, en principe, imposables sous leur propre responsabilité. 1905 CGI art. 6, 3 et 196 B, al. 2 IRPP-III-3950 s

Cependant, ils ont la **possibilité** de demander à être **rattachés au foyer fiscal des parents de l'un ou l'autre** des conjoints ou partenaires, lorsqu'ils remplissent l'une des deux conditions suivantes :

– être âgés de **moins de 21 ans** ;

– être âgés de **moins de 25 ans,** s'ils justifient de la poursuite de leurs **études.**

Le rattachement est **global** : il est demandé au nom du **ménage** par l'un des époux ou partenaires (Pacs) et englobe les deux conjoints ou partenaires et, le cas échéant, leurs enfants.

Il suffit, pour qu'il soit valable, que l'un ou l'autre des deux époux ou partenaires remplisse l'une des conditions indiquées ci-dessus.

Le rattachement est possible même si le jeune ménage ne dispose d'aucun revenu et qu'il vive ou non au domicile des parents.

Le **rattachement** peut s'exercer auprès de la **famille de l'un ou l'autre** des conjoints ou partenaires. Si les **parents** sont **imposés séparément,** le rattachement peut être effectué au profit de l'un ou l'autre de ces parents.

L'**option pour le rattachement** doit être formulée dans le délai de déclaration et elle doit, pour être valable, être acceptée par le foyer fiscal concerné. 1910

Celui-ci doit alors inclure dans son revenu imposable les **revenus** éventuellement perçus par le jeune ménage pendant toute l'année considérée ; cette règle s'applique même lorsque, au cours de ladite année, l'enfant (ou son conjoint ou partenaire, suivant le cas) a atteint 21 ans, ou 25 ans s'il est étudiant, ou a achevé ses études (avant 25 ans).

Le contribuable bénéficiaire du rattachement ne peut **pas** demander en même temps la **déduction de la pension alimentaire** éventuellement versée pour l'entretien du jeune ménage (voir n° 1245).

Contrairement à ce qui se passe pour les enfants célibataires (autres que ceux visés au n° 1925), l'**avantage fiscal** accordé au **parent** bénéficiaire du rattachement se traduit, non pas par une majoration du quotient familial, mais par un **abattement sur le revenu imposable.** 1915

Pour l'imposition des revenus de 2019, le montant de cet abattement est fixé à **5 947 € par personne prise en charge** (Loi 2019-1479 du 28-12-2019 art. 2, I-1°).

EXEMPLE

Soit un contribuable marié ayant, d'une part, un enfant mineur et, d'autre part, une fille mariée à un étudiant âgé de 23 ans. Le jeune ménage, qui a lui-même un enfant de 2 ans, a demandé son rattachement (soit 3 personnes) au foyer fiscal des parents de la jeune femme. Le revenu net global de ces parents (y compris, le cas échéant, les revenus du jeune ménage) s'élève pour 2019 à 50 000 €. Compte tenu de l'abattement de 17 841 € (soit 3 × 5 947 €), le revenu imposable se trouvera ramené à : 50 000 € – 17 841 € = 32 159 €. L'impôt sera calculé sur cette base, en tenant compte seulement d'un quotient familial de 2,5 parts (marié avec un enfant mineur à charge).

› Précisions **a.** Les parents qui ne sont **pas bénéficiaires du rattachement** ne peuvent pas compter à charge leurs enfants mariés ou pacsés. Mais s'ils versent une **pension alimentaire** pour l'entretien du jeune ménage, ils peuvent déduire cette pension de leur revenu imposable dans les conditions et limites indiquées aux n°s 1235 s. 1920

b. Bien qu'ils ne donnent pas droit à une majoration du quotient familial, les enfants mariés ou pacsés qui se sont rattachés ont la **qualité d'enfant à charge** au regard de la loi fiscale. Ils ouvrent donc droit aux majorations prévues pour les plafonds de dépenses prises en compte pour certaines réductions ou certains crédits d'impôt sur le revenu (dépenses afférentes à l'habitation principale, emploi d'un salarié à domicile, primes des contrats de « rente-survie » et d'« épargne handicap ») et peuvent être pris en compte, sous certaines conditions, pour le calcul de certains abattements en matière de taxe d'habitation (n°s 43135 et 43145). En outre, s'ils poursuivent des études, le foyer de rattachement peut bénéficier de la réduction d'impôt pour frais de scolarisation examinée au n° 3325.

c. Les enfants mariés ou pacsés qui demandent leur rattachement au foyer fiscal des parents de l'un d'entre eux l'**année de leur mariage ou de la conclusion du Pacs** ne peuvent pas opter pour l'**imposition distincte** de leurs revenus : n° 370, précision a.

d. En ce qui concerne la **possibilité de revenir sur** la demande (ou sur l'absence de demande) de rattachement lorsque **le choix initial** se révèle désavantageux pour les intéressés : voir n° 1885.

Le régime exposé ci-dessus pour les enfants mariés ou pacsés est susceptible de s'appliquer également aux **enfants célibataires, veufs, divorcés ou séparés** qui sont **chargés de famille** et remplissent à titre personnel les conditions pour pouvoir être comptés à charge. Dans ce cas, le rattachement est demandé au foyer fiscal des parents ou de l'un d'eux seulement si ceux-ci sont imposés séparément. 1925

› Précisions Le montant de l'abattement visé au n° 1915 est divisé par deux pour les **enfants de la personne rattachée** réputés à charge égale de leurs parents (nos 340 et 1865).

ENFANTS INFIRMES

1935 CGI art. 6, 3 et 196 IRPP-III-4600 s

Par enfants infirmes, il convient d'entendre les enfants qui, en raison de leur invalidité, sont hors d'état de subvenir à leurs besoins, qu'ils soient ou non titulaires de la carte d'invalidité (ou de la CMI-invalidité) prévue à l'article L 241-3 du CASF.

1. Enfants célibataires infirmes **mineurs** : le régime qui leur est applicable est identique à celui prévu pour les autres enfants mineurs (voir nos 1865 s.).

La seule différence tient au fait qu'ils ouvrent droit à une majoration supplémentaire de quotient familial lorsqu'ils sont titulaires de la carte d'invalidité (n° 2025).

2. Enfants célibataires infirmes **majeurs** : quel que soit leur âge (et sauf déclaration personnelle), ces enfants sont considérés comme étant à charge de leurs parents, sans qu'il soit besoin pour cela d'une demande de rattachement. Ils sont donc pris en compte dans le quotient familial des parents (avec d'ailleurs une majoration supplémentaire de quotient familial lorsqu'ils sont titulaires de la carte d'invalidité : n° 2025).

3. Enfants infirmes **mariés ou pacsés** : les ménages dans lesquels l'un des époux ou partenaires (Pacs) est infirme (ou les deux) peuvent demander leur rattachement au foyer fiscal de l'un des parents, auquel cas le foyer bénéficiaire du rattachement a droit à l'abattement visé au n° 1915. Le rattachement est possible quel que soit l'âge des conjoints ou partenaires.

› Précisions a. S'agissant des **enfants majeurs infirmes,** le contribuable a la **possibilité,** s'il estime y avoir intérêt, **de renoncer au** bénéfice du **rattachement** (majoration du quotient familial si l'enfant est célibataire ou abattement s'il est marié ou pacsé), afin de **déduire** de son revenu imposable le montant des dépenses ayant le caractère d'une **pension alimentaire.** Cette pension n'est toutefois déductible que dans la limite visée au n° 1240.

b. Les enfants majeurs infirmes **recueillis** par le contribuable à son propre foyer ne peuvent être comptés à charge que s'ils ont été recueillis avant l'âge de 18 ans (CE 2-12-1988 n° 65998 : RJF 2/89 n° 142), sauf cas particulier de ceux devenus orphelins de père et mère après leur majorité qui peuvent demander leur rattachement (voir n° 1895, b).

En tout état de cause, ces enfants peuvent ouvrir droit à une part entière de quotient familial lorsqu'ils sont titulaires de la carte d'invalidité et vivent sous le toit du contribuable (voir nos 1960 s.).

2. PERSONNES À CHARGE AUTRES QUE LES ENFANTS

1960 CGI art. 196 A bis IRPP-III-5150 s

En principe, seuls les enfants visés au n° 1850 sont susceptibles d'être comptés à charge pour la détermination du quotient familial.

Cependant, **à condition de vivre sous le toit** du contribuable, **toute personne titulaire de la carte d'invalidité** (ou de la CMI-invalidité) prévue à l'article L 241-3 du CASF peut être prise en compte au titre du quotient familial, que des liens de **parenté** existent **ou non** entre le contribuable et la personne invalide, et quels que soient **l'âge** et le montant des **revenus** du contribuable et de la personne invalide. Bien entendu, le contribuable doit ajouter à son propre revenu imposable celui de l'invalide compté à charge.

S'agissant par hypothèse de personnes titulaires de la carte d'invalidité, chacune ouvre droit à **une part** entière de quotient familial (n° 2025).

1965 **› Précisions a.** Selon l'administration, les personnes invalides doivent vivre en permanence sous le toit du contribuable (BOI-IR-LIQ-10-10-10-30 n° 40). Toutefois, la cour de Lyon considère qu'un contribuable peut compter à charge un invalide résidant dans sa résidence secondaire dès lors qu'il existe une **communauté de vie** suffisante entre les intéressés (CAA Lyon 9-3-2006 n° 01-1880 : RJF 10/06 n° 1142).

b. Les **personnes mariées** vivant sous le toit du contribuable peuvent être comptées à charge à condition que chacun des époux soit titulaire de la carte d'invalidité. Lorsque cette condition n'est remplie que par un seul des époux, celui-ci peut être pris en compte s'il est imposé séparément de son conjoint (n° 355) (CE 26-10-2001 n° 224141 : RJF 1/02 n° 5).

c. Les personnes invalides peuvent être comptées à charge au titre de **l'année** au cours de laquelle elles ont **demandé la carte** d'invalidité (ou la CMI- invalidité) à la maison départementale des personnes handicapées (MDPH) de leur domicile (BOI-IR-LIQ-10-10-10-30 n° 30).

d. La prise en compte de la personne invalide constitue une **simple faculté** pour le contribuable : celui-ci peut donc y renoncer, auquel cas la personne invalide est imposable séparément sur ses revenus personnels.

S'il s'agit d'un **ascendant,** le contribuable peut, s'il renonce au bénéfice du quotient familial et si cet ascendant est dans le besoin, déduire une pension alimentaire selon les règles de droit commun (nos 1205 s.).

e. Même s'il est infirme et vit au foyer du contribuable, un ascendant **non titulaire de la carte** d'invalidité ne peut pas être pris en compte au titre du quotient familial. Mais si cet ascendant se trouve dans le besoin, le contribuable peut retrancher de son revenu une pension alimentaire dans les conditions indiquées n°s 1205 s. (voir notamment les explications données au n° 1215, à propos du cas où l'obligation alimentaire est remplie en nature).

f. La majoration du quotient familial visée au n° 1960 **n'est pas cumulable** avec la déduction des **frais d'accueil** des personnes de plus de 75 ans (voir n° 1350).

3. NOMBRE DE PARTS À RETENIR AU TITRE DU QUOTIENT FAMILIAL

RÈGLES GÉNÉRALES

1985 Le nombre de parts à retenir au titre du quotient familial dépend à la fois de la **situation de famille** du contribuable (célibataire, marié ou pacsé soumis à une imposition commune, séparé ou divorcé, veuf) et du nombre de **personnes à sa charge.**

CGI art. 194
IRPP-III-6500 s

> Précisions **a.** Le **partenaire survivant d'un Pacs** est assimilé à un veuf pour la détermination de son quotient familial.
b. Les **« personnes à charge »** à retenir ici s'entendent des enfants célibataires mineurs (n°s 1865 s.), des enfants célibataires majeurs « rattachés » (n°s 1880 s.), des enfants célibataires infirmes (n° 1935) et des personnes invalides vivant sous le toit du contribuable (n°s 1960 s.).
En revanche, il ne s'agit pas des enfants mariés, pacsés ou chargés de famille « rattachés » (n°s 1905 s.), puisque ces enfants ouvrent droit, non à une majoration du quotient familial, mais à un abattement sur le revenu imposable.
c. Chaque membre d'un couple de **concubins** fait l'objet d'une imposition séparée – en qualité, selon le cas, de célibataire, séparé, divorcé ou veuf –, le quotient familial à retenir pour l'établissement de cette imposition étant fonction du nombre de personnes à sa charge : voir n° 340.
d. Lorsque le revenu imposable excède un certain montant, la réduction d'impôt résultant du jeu du **quotient familial** est soumise à un **plafonnement.** Cette mesure, qui n'affecte pas la détermination du nombre de parts mais seulement, à l'étape suivante, le calcul de l'impôt, est examinée aux n°s 2200 s.

Contribuables mariés ou pacsés, soumis à une imposition commune

1990 Ils bénéficient de deux parts, auxquelles s'ajoutent s'il y a lieu :

IRPP-III-6700, 7600 s

– une demi-part pour chacune des deux premières personnes à charge ;
– une part entière pour chaque personne à charge à compter de la troisième.

Par **exemple,** pour des contribuables mariés ou pacsés (soumis à une imposition commune) ayant à leur charge 1, 2, 3 ou 4 enfants, le quotient familial sera respectivement de 2,5 (1 enfant), de 3 (2 enfants), de 4 (3 enfants) ou de 5 (4 enfants).

> Précisions **a.** Lorsqu'une **personne à charge** est titulaire de la **carte d'invalidité** (ou de la CMI-invalidité), elle ouvre droit à une majoration supplémentaire de quotient familial (voir n° 2025).
b. Lorsque parmi les personnes prises en compte au titre du quotient familial figurent un ou plusieurs **enfants mineurs issus d'une précédente union** et dont la charge est réputée partagée de manière égale avec l'autre parent dans le cadre d'une **résidence alternée** (n° 1865), les majorations accordées au titre des personnes à charge sont déterminées selon les règles exposées au 1 du n° 2000.
c. Les contribuables mariés ou pacsés peuvent bénéficier d'une majoration spéciale du quotient familial :
– lorsque l'un des conjoints ou partenaires du Pacs (ou les deux) est (ou sont) **invalide(s)** au sens défini par la loi (voir n° 2040) ;
– lorsqu'un conjoint ou partenaire est âgé de **plus de 74 ans** et titulaire de la **carte du combattant** ou d'une **pension militaire d'invalidité** (voir n° 2045).
d. Pour le cas d'**imposition séparée** des époux ou partenaires d'un Pacs, voir n° 2010.

1995 **Célibataires, divorcés ou veufs, sans personnes à charge** Ils n'ont droit, en principe, qu'à une seule part de quotient familial.

IRPP-III-6630 s, 7060 s et 7230

Cependant, ils bénéficient d'une demi-part supplémentaire (soit un quotient familial de 1,5) lorsqu'ils se trouvent placés dans l'une des situations visées au n° 2030.

Pour le cas particulier de l'**année du veuvage** : voir n° 4770.

Célibataires ou divorcés, ayant une ou plusieurs personnes à charge

2000 Le quotient familial de ces contribuables est déterminé selon les règles suivantes :

IRPP-III-7650 s

1. Lorsque les intéressés **vivent en couple,** les personnes dont ils assument la **charge exclusive ou principale** ouvrent droit à :
– une demi-part pour chacune des deux premières ;
– une part entière pour chaque personne à compter de la troisième.

Les **enfants mineurs** réputés **à charge égale de l'un et l'autre de leurs parents** (n°s 340 et 1865) ouvrent droit, pour chacun des parents, à :
– un quart de part pour chacun des deux premiers et à une demi-part à compter du troisième, lorsque par ailleurs le contribuable n'assume la charge exclusive ou principale d'aucune personne ;

2000 (suite) – un quart de part pour le premier et une demi-part à compter du deuxième, lorsque par ailleurs le contribuable assume la charge exclusive ou principale d'une personne ;
– une demi-part pour chacun des enfants, lorsque par ailleurs le contribuable assume la charge exclusive ou principale d'au moins deux personnes.

2. Lorsque les intéressés **vivent seuls** (parents isolés), la distinction suivante doit être opérée :

a. Ils supportent **à titre exclusif ou principal la charge d'au moins une personne.** Dans ce cas, les personnes dont ils assument la **charge exclusive ou principale** ouvrent droit à :
– une part entière pour la première ;
– une demi-part pour la deuxième ;
– une part entière pour chaque personne à compter de la troisième.

Les **enfants mineurs** en résidence alternée réputés **à charge égale de l'un et l'autre de leurs parents** (nº 1865) ouvrent droit, pour chacun des parents, à :
– un quart de part pour le premier et à une demi-part à compter du deuxième, lorsque par ailleurs le contribuable assume la charge exclusive ou principale d'une personne ;
– une demi-part pour chacun des enfants, lorsque par ailleurs le contribuable assume la charge exclusive ou principale d'au moins deux personnes.

b. Ils entretiennent **uniquement des enfants mineurs en résidence alternée dont la charge est réputée également partagée** avec l'autre parent. Dans ce cas, chacun de ces enfants leur ouvre droit à une demi-part.

EXEMPLE

Un contribuable divorcé **vivant en couple** a trois enfants mineurs.

1e hypothèse : Les trois enfants sont à la charge principale de l'intéressé. Son quotient familial est déterminé comme suit :

Quotient de base : 1 part.

1er enfant : 0,5 part.

2e enfant : 0,5 part.

3e enfant : 1 part.

Total : 3 parts.

2e hypothèse : Les trois enfants sont réputés être à la charge égale de chacun de leurs parents divorcés. Le quotient familial du contribuable est déterminé comme suit :

Quotient de base : 1 part.

1er enfant : 0,25 part.

2e enfant : 0,25 part.

3e enfant : 0,5 part.

Total : 2 parts.

3e hypothèse : Deux des enfants sont réputés être à la charge égale de chacun de leurs parents divorcés. Le troisième est à la charge exclusive du contribuable. Son quotient familial est déterminé comme suit :

Quotient de base : 1 part.

Enfant à la charge exclusive : 0,5 part.

1er enfant dont la charge est réputée également partagée : 0,25 part.

2e enfant dont la charge est réputée également partagée : 0,5 part.

Total : 2,25 parts.

4e hypothèse : Un des enfants est réputé être à la charge égale de chacun de ses parents divorcés. Les deux autres sont à la charge exclusive du contribuable. Son quotient familial est déterminé comme suit :

Quotient de base : 1 part.

1er enfant à la charge exclusive : 0,5 part.

2e enfant à la charge exclusive : 0,5 part.

Enfant dont la charge est réputée également partagée : 0,5 part.

Total : 2,5 parts.

Si l'on suppose maintenant que le contribuable **vit seul,** son quotient familial sera respectivement de 3,5 parts (1e hypothèse), 2,5 parts (2e hypothèse), 2,75 parts (3e hypothèse) et 3 parts (4e hypothèse).

Lorsqu'une **personne à charge** est titulaire de la **carte d'invalidité** (ou de la CMI-invalidité), elle ouvre droit à une majoration supplémentaire de quotient familial (voir nº 2025). Le **contribuable** peut, par ailleurs, bénéficier d'une demi-part supplémentaire lorsqu'il est **lui-même invalide** au sens défini par la loi (voir nº 2035).

> Précisions a. Les contribuables vivant **seuls** s'entendent de ceux qui ne vivent pas en concubinage au sens de l'article 515-8 du Code civil (BOI-IR-LIQ-10-20-20-10 nº 160). Sauf cas visés aux nºs 370 et 375, cette situation s'apprécie au 1er janvier de l'année d'imposition (CE 17-11-2000 nº 210953 : RJF 2/01 nº 136 ; BOI-IR-LIQ-10-20-20-10 nºs 150 et 160).

b. La majoration supplémentaire de quotient familial prévue à l'égard des **parents isolés** s'applique nonobstant la perception éventuelle d'une **pension alimentaire** versée en vertu d'une convention de divorce par consentement mutuel déposée au rang des minutes d'un notaire ou d'une décision de justice.

Veufs (ou veuves) ayant une ou plusieurs personnes à charge Ces contribuables bénéficient du même quotient familial que les contribuables mariés (soumis à une imposition commune) ayant à leur charge le même nombre de personnes (nº 1990), que les personnes à charge comprennent ou non des enfants issus du mariage avec le conjoint décédé. **2005** IRPP-III-7280 s

> Précisions a. Lorsqu'une **personne à charge** est titulaire de la **carte d'invalidité** (ou de la CMI-invalidité), elle ouvre droit, dans les deux cas, à une majoration supplémentaire de quotient familial (voir nº 2025).

b. Le **contribuable veuf (ou veuve) et le partenaire survivant d'un Pacs** peuvent bénéficier d'une demi-part supplémentaire lorsqu'ils sont **eux-mêmes invalides** au sens défini par la loi (voir nº 2035). Bien entendu, cette majoration de quotient familial ne saurait se cumuler avec celle prévue, dans le même type de situation, pour les contribuables mariés ou pacsés (nº 2040).

c. Quotient familial applicable l'**année du veuvage** : voir nº 4770.

Époux ou partenaires d'un Pacs imposés séparément En cas d'imposition séparée (nº 355), chaque époux ou partenaire d'un Pacs est considéré comme un **célibataire** ayant à charge les **enfants** mineurs qui résident à titre principal ou en alternance chez lui (nº 1865) ainsi que les enfants majeurs célibataires qui se sont « rattachés » à lui (nº 1880). **2010** IRPP-III-6720, 6750 s et 7650 s

Ainsi, lorsqu'une ou plusieurs personnes sont fiscalement à la charge de l'intéressé, son quotient familial est déterminé comme indiqué au nº 2000. Dans le cas contraire, on se retrouve dans la situation visée au nº 1995.

Pour le cas des époux ou partenaires d'un Pacs qui **optent** pour l'imposition séparée de leurs revenus l'**année** de leur **mariage** ou de la **conclusion du Pacs,** voir nº 370.

DISPOSITIONS PARTICULIÈRES

Par dérogation aux principes énoncés aux nºs 1985 s., des **majorations du nombre de parts** de quotient familial sont spécialement prévues par la loi dans les cas examinés ci-après (la liste de ces cas est limitative). **2020**

Personnes à charge invalides Chaque personne à charge **titulaire de la carte d'invalidité** (ou de la CMI-invalidité) prévue à l'article L 241-3 du CASF ouvre droit à une **majoration supplémentaire** de quotient familial. **2025** CGI art. 195, 2 IRPP-III-8240 s, 8420 et 8510

Cette mesure concerne :

– tout **enfant** à charge titulaire de ladite carte, qu'il soit **mineur ou majeur** célibataire (un enfant infirme non titulaire de la carte peut être compté à charge, mais sans donner droit à la majoration supplémentaire : voir nº 1935) ;

– toute **personne** (**autre** que les enfants) remplissant les conditions indiquées aux nºs 1960 s., dès lors que, pour pouvoir être comptée à charge, elle doit précisément être titulaire de la carte d'invalidité.

La majoration est **en principe** d'une demi-part pour chaque personne à charge titulaire de la carte. Cependant, lorsque la personne titulaire de la carte est un **enfant mineur** réputé à charge égale de ses parents (nºs 340 et 1865), la majoration est, pour chacun des parents, d'un quart de part.

EXEMPLE

1. Un contribuable marié (soumis à une imposition commune) ayant à charge exclusive ou principale deux enfants, dont un titulaire de la carte d'invalidité, a droit à 3,5 parts (au lieu de 3). S'il avait trois enfants à charge exclusive ou principale dont un titulaire de la carte, il aurait droit à 4,5 parts (au lieu de 4).

2. Un célibataire ayant à charge exclusive ou principale un enfant titulaire de la carte a droit à 2,5 parts (au lieu de 2) ou 2 parts (au lieu de 1,5) selon qu'il vit seul ou en couple (nº 2000). Il en serait de même si, au lieu d'un enfant, ce contribuable avait à sa charge une personne visée aux nºs 1960 s.

Célibataires, divorcés ou veufs, sans personnes à charge Ces contribuables qui, en principe, n'ont droit qu'à une seule part (nº 1995) bénéficient cependant d'une **demi-part supplémentaire** (soit un quotient familial de **1,5**) lorsqu'ils se trouvent placés **dans l'une des situations visées aux 1, 2 ou 3 ci-après** (le bénéfice de la majoration du quotient **2030** CGI art. 195, 1 IRPP-III-8750 s familial n'est accordé qu'une seule fois, même si le contribuable entre dans plusieurs des cas visés ci-après) :

1. Ils **vivent seuls,** au sens défini au nº 2000, précision a, au 1er janvier de l'année d'imposition (31 décembre dans les cas visés aux nos 370 et 375) et :

– soit ont un ou plusieurs **enfants majeurs ou** faisant l'objet d'une **imposition distincte.** Sont visés les **propres enfants** du contribuable, à l'exclusion des enfants recueillis (sauf adoption) et, pour les contribuables veufs ou divorcés, des enfants nés d'un premier mariage du conjoint décédé ou de l'ex-conjoint (BOI-IR-LIQ-10-20-20-10 nº 120) ;

– soit ont eu un ou plusieurs enfants qui sont **décédés après** l'âge de **16 ans** ou par suite de **faits de guerre** ;

– soit ont adopté un **enfant.** En cas d'adoption après l'âge de 10 ans, l'enfant doit avoir été à la charge de l'adoptant comme enfant recueilli depuis l'âge de dix ans. Par ailleurs, en aucun cas, l'enfant adopté ne doit être décédé avant d'avoir atteint l'âge de 16 ans.

La majoration du quotient familial est réservée aux contribuables ayant supporté **à titre exclusif ou principal** la **charge** de l'un des enfants susvisés **pendant au moins cinq années** (de manière continue ou discontinue) au cours desquelles ils vivaient **seuls.** Selon le Conseil d'État, pour le décompte de ces cinq années, il y a seulement lieu de retenir la période au titre de laquelle l'enfant à charge était mineur ou infirme (à condition qu'il n'ait pas disposé de revenus imposés distinctement) (CE 22-11-2017 nº 407217 : RJF 2/18 nº 135). Mais l'administration, de son côté, admet d'intégrer également dans ce décompte la période durant laquelle l'enfant majeur rattaché au foyer fiscal de son parent vivant seul a ouvert droit à une majoration de quotient familial (BOI-IR-LIQ-10-20-20-10 nº 260).

2. Ils sont titulaires :

– soit d'une **pension d'invalidité** pour **accident du travail** de 40 % au moins (ou, par assimilation, d'une **rente pour maladie professionnelle** : BOI-IR-LIQ-10-20-20-20 nº 60) ;

– soit, pour une invalidité de 40 % au moins, ou à titre de veuve, d'une pension prévue par le Code des **pensions militaires d'invalidité** et des victimes de guerre ;

– soit de la **carte d'invalidité** (ou de la CMI-invalidité) prévue à l'article L 241-3 du CASF.

3. Ils sont âgés de **plus de 74 ans** (au 31 décembre de l'année d'imposition) **et** titulaires de la **carte du combattant ou** d'une **pension** servie en vertu du Code des pensions **militaires d'invalidité et des victimes de guerre.**

La demi-part supplémentaire est également accordée aux **veuves,** âgées de plus de 74 ans, d'une personne susvisée, sous réserve toutefois que celle-ci ait bénéficié de l'avantage fiscal de son vivant (BOI-IR-LIQ-10-20-20-20 nº 170 ; CE 22-7-2016 nº 400496 : RJF 12/16 nº 1053) et, à compter de l'imposition des revenus de 2021, aux veuves de plus de 74 ans dont le conjoint, décédé sans atteindre cet âge, percevait la retraite du combattant (Loi 2019-1479 du 28-12-2019 art. 158). Ces règles s'appliquent mutatis mutandis aux veufs ((BOI-IR-LIQ-10-20-20-20 nº 170).

> **Précisions** **a.** En cas de **pluralité d'enfants,** la durée minimale de cinq années visée au 1 ci-dessus s'apprécie séparément pour chaque enfant mais il suffit qu'elle soit atteinte pour l'un au moins d'eux (BOI-IR-LIQ-10-20-20-10 nº 230).
> **b.** Selon le Conseil d'État, la demi-part supplémentaire prévue en faveur des parents d'**enfants adoptifs** n'est applicable que lorsque l'enfant est devenu majeur ou fait l'objet d'une imposition distincte (CE 17-6-1991 nº 73119 : RJF 8-9/91 nº 1034).
> **c.** En cas d'**invalidités multiples** ou successives, provenant d'**accidents du travail** ou de maladies professionnelles, les taux de ces invalidités peuvent se cumuler pour apprécier si le taux de 40 % est atteint.
> **d.** Les **pensions militaires** d'invalidité portant la **mention « hors guerre »** et les pensions servies en raison d'infirmités résultant d'accidents éprouvés par le fait ou à l'occasion du **service militaire** ouvrent également droit à la demi-part supplémentaire lorsque le taux d'invalidité est de 40 % au moins.

2035
CGI art. 195, 5
IRPP-III-9760 s

Célibataires, divorcés ou veufs, invalides et ayant une ou plusieurs personnes à charge

Ces contribuables bénéficient d'une **demi-part supplémentaire** lorsqu'ils remplissent l'une des conditions d'invalidité indiquées au 2 du nº 2030. Par **exemple,** un célibataire invalide ayant à charge exclusive ou principale un enfant a droit à 2,5 parts (au lieu de 2) ou 2 parts (au lieu de 1,5) selon qu'il vit seul ou en couple (nº 2000).

Cette demi-part supplémentaire peut se cumuler, le cas échéant, avec la majoration supplémentaire de quotient familial prévue à l'égard des **personnes à charge** titulaires de la carte d'**invalidité** (nº 2025). C'est ainsi que, dans l'exemple ci-dessus, le nombre de parts serait, si l'enfant était lui-même invalide, porté à 3 ou 2,5 selon que le contribuable vit seul ou en couple.

2040
CGI art. 195, 3 et 4
IRPP-III-9760 s

Conjoint(s) ou partenaire(s) d'un Pacs invalide(s)

Le quotient familial des contribuables mariés ou pacsés (soumis à une imposition commune) est augmenté d'**une demi part** supplémentaire lorsque **l'un ou l'autre** des conjoints ou partenaires remplit l'une des conditions d'**invalidité** indiquées au 2 du nº 2030. Lorsque **les deux** conjoints ou partenaires remplissent la condition d'**invalidité,** la majoration est d'**une part** entière.

Lorsqu'ils n'ont pas de charges de famille, ces ménages d'invalides ont donc un quotient familial de 2,5 parts si un seul des conjoints ou partenaires est invalide et de 3 parts si chacun d'eux est invalide.

Bien entendu, lorsque les intéressés ont des personnes à charge, leur quotient familial est majoré en conséquence : il est, par exemple, de 3,5 parts avec un enfant à charge exclusive ou principale, si les deux conjoints ou partenaires sont invalides (il serait de 4 parts si l'enfant était également titulaire de la carte d'invalidité).

Conjoint ou partenaire d'un Pacs âgé de plus de 74 ans, titulaire de la carte du combattant ou d'une pension militaire Les contribuables mariés ou pacsés (soumis à une imposition commune) bénéficient d'une **demi-part supplémentaire** de quotient familial lorsque l'un des conjoints ou partenaires est âgé de plus de 74 ans et est titulaire de la carte du combattant ou d'une pension servie en vertu du Code des pensions militaires d'invalidité et des victimes de guerre. **2045** CGI art. 195, 6 **IRPP-III-10200 s**

Lorsqu'ils bénéficient de la mesure, ces contribuables ont ainsi droit à 2,5 parts, étant bien entendu que, s'ils ont des personnes à charge, ce nombre est majoré en conséquence.

> **Précisions** **a.** Les **deux conditions** requises – d'une part, être âgé de plus de 74 ans (cet âge s'appréciant au 31 décembre de l'année d'imposition) et, d'autre part, être titulaire de la carte du combattant ou d'une pension militaire – doivent être remplies **par le même conjoint ou partenaire.** Lorsque les deux conjoints ou partenaires remplissent chacun les deux conditions requises, l'avantage reste limité à une demi-part.
> **b.** Cette demi-part supplémentaire ne peut **pas** se **cumuler avec** la majoration du quotient familial visée au n° 2040 et applicable en cas d'invalidité de l'un ou des deux époux ou partenaires.

TABLEAU RÉCAPITULATIF

Le tableau ci-après fait apparaître le **nombre de parts** à retenir au titre du **quotient familial**, compte tenu des règles indiquées aux n°s 1985 s. **2055**

Dans ce tableau, les **« personnes à charge »** s'entendent des personnes visées au n° 1985, précision b.

Situation et charges de famille	Nombre de parts
Célibataire, divorcé ou veuf, sans personnes à charge	1
Célibataire, divorcé ou veuf, sans personnes à charge et entrant dans l'un des **cas** visés au n° 2030	1,5
Marié ou **pacsé,** soumis à une **imposition commune, sans personnes à charge**	2
Célibataire ou divorcé, ayant **1 personne** à charge	1,5
Marié ou **pacsé,** soumis à une **imposition commune** ou veuf, ayant **1 personne** à charge	2,5
Célibataire ou divorcé, ayant **2 personnes** à charge	2
Marié ou **pacsé,** soumis à une **imposition commune** ou veuf, ayant **2 personnes** à charge	3
Célibataire ou divorcé, ayant **3 personnes** à charge	3
Marié ou **pacsé,** soumis à une **imposition commune** ou veuf, ayant **3 personnes** à charge	4
Célibataire ou divorcé, ayant **4 personnes** à charge	4
Marié ou **pacsé,** soumis à une **imposition commune** ou veuf, ayant **4 personnes** à charge	5
Célibataire ou divorcé, ayant **5 personnes** à charge	5
Marié ou **pacsé,** soumis à une **imposition commune** ou veuf, ayant **5 personnes** à charge	6
Et ainsi de suite, en augmentant d'une part pour chaque personne supplémentaire à charge.	

Situation et charges de famille	Nombre de parts
Cas particuliers : **a.** Le tableau ci-dessus vise le cas général où toutes les personnes prises en compte au titre du quotient familial sont à la charge exclusive ou principale du contribuable. Lorsque parmi les personnes prises en compte figurent un ou plusieurs **enfants mineurs** réputés à charge égale de chacun des parents (nos 340 et 1865), la détermination du quotient familial obéit à des règles particulières (voir no 2000). **b.** Les **personnes à charge** titulaires de la **carte d'invalidité** ouvrent droit à une majoration supplémentaire de quotient familial (voir no 2025). **c.** Bénéficient d'une majoration spéciale du quotient familial : – les **célibataires, divorcés ou veufs, invalides** et ayant une ou plusieurs personnes à charge (voir no 2035) ; – les contribuables mariés ou pacsés, lorsqu'un (ou les) **conjoint(s) ou partenaire(s)** est (ou sont) **invalide(s)** (voir no 2040) ; – les contribuables mariés ou pacsés, lorsqu'un **conjoint ou partenaire** est âgé de **plus de 74 ans** et titulaire de la **carte du combattant ou** d'une **pension militaire** (voir no 2045). **d.** En ce qui concerne les **célibataires ou divorcés ayant une ou plusieurs personnes à charge,** le tableau ci-dessus vise le cas où les intéressés **vivent en couple.** Lorsque, au contraire, ils **vivent seuls,** ils bénéficient d'une majoration spéciale du quotient familial (voir no 2000, 2). **e.** En ce qui concerne les **veufs sans personnes à charge,** le tableau vise le cas où le **décès** du conjoint (ou partenaire d'un Pacs) est intervenu **avant** le 1er janvier de l'année d'imposition. Pour le quotient familial applicable aux veufs dont le conjoint (ou partenaire d'un Pacs) est décédé **au cours de l'année d'imposition,** voir no 4770. **f.** Cas des **époux ou partenaires d'un Pacs imposés séparément** : voir nos 370 et 2010.	

B. Calcul proprement dit des impositions

2090 CGI art. 193 et 197 IRPP-III-15000 s Le calcul des impositions implique la mise en œuvre successive de deux sortes de dispositions :

– il s'agit tout d'abord de calculer le montant de l'**impôt brut** résultant de l'application du **barème** légal (nos 2130 s.) ;

– il faut ensuite apporter, s'il y a lieu, à cet impôt brut diverses **corrections** « en plus » ou « en moins », au terme desquelles on obtient le montant de l'**impôt réellement dû** (nos 2185 s.).

1. IMPÔT BRUT

2130 IRPP-III-15150 s Le calcul de l'impôt brut est effectué à partir du revenu net imposable, déterminé dans les conditions indiquées aux nos 700 s.

Le **mécanisme légal de calcul** est le suivant :

1. Le **revenu net imposable** (arrondi à l'euro le plus proche) est **divisé par le nombre de parts** correspondant au **quotient familial** dont bénéficie le contribuable (nos 1985 s.).

2. Au chiffre ainsi obtenu, c'est-à-dire **au montant de chaque part de revenu,** on applique le **barème** de l'impôt prévu pour **une part** de revenu.

Ce barème comporte plusieurs tranches dont chacune est soumise à un taux différent, qui s'élève progressivement en fonction de l'importance des revenus.

L'application du barème donne le **montant de l'impôt correspondant à chaque part** de revenu.

3. Le chiffre obtenu est **multiplié par le nombre de parts,** pour aboutir au **montant total de l'impôt brut** (qui est, s'il y a lieu, arrondi à l'euro le plus proche).

C'est sur ce montant que sont **ensuite** opérées les diverses **corrections** visées aux nos 2185 s.

ATTENTION

Le montant imposable des **bénéfices professionnels** réalisés par les contribuables soumis à un régime réel d'imposition et qui ne sont **pas adhérents** d'un **centre de gestion, d'une association ou d'un organisme mixte de gestion agréé** ou qui ne font pas appel aux services d'un **professionnel de l'expertise comptable** ou encore (s'agissant de revenus de source européenne) d'un **certificateur étranger** conventionné (nos 87970 s.) est, pour le calcul de l'impôt, **multiplié par 1,25.**

Il en va de même :

– du montant imposable de certains **revenus distribués** ou **réputés distribués** (nos 23700, 24760, 24775, 24785 et 78285) ;

– du montant déductible des **pensions alimentaires,** de la contribution aux charges du mariage en cas de séparation de fait des époux et des arrérages de certaines rentes dont le versement résulte d'une décision de justice devenue définitive avant le 1er janvier 2006 (nos 1320 et 1445, précision b).

BARÈME POUR UNE PART DE REVENU

Revenus de 2019 Pour l'imposition des revenus de 2019, le barème applicable à chaque part de revenu imposable est fixé comme suit (Loi 2019-1479 du -28-12-2019 art. 2, I-2°-a). 2140 CGI art. 197, I-1

Fraction du revenu imposable (une part)	Taux (en %)
N'excédant pas 10 064 €	0
De 10 064 € à 27 794 €	14
De 27 794 € à 74 517 €	30
De 74 517 € à 157 806 €	41
Supérieure à 157 806 €	45

Revenus de 2020 Sous réserve d'une **actualisation** des limites des tranches par la loi de finances pour 2021, le barème applicable à chaque part de revenu imposable est fixé comme suit (Loi 2019-1479 du 28-12-2019 art. 2, I-3°-a). 2145

Fraction du revenu imposable (une part)	Taux (en %)
N'excédant pas 10 064 €	0
De 10 064 € à 25 659 €	11
De 25 659 € à 73 369 €	30
De 73 369 € à 157 806 €	41
Supérieure à 157 806 €	45

Le barème susvisé – caractérisé par un abaissement du taux de la deuxième tranche d'imposition et des seuils d'entrée dans les deuxième et troisième tranche – opère, en association avec l'aménagement de la décote (n° 2235), une **baisse d'impôt** au profit des foyers fiscaux aux **revenus modestes.** Cette baisse est anticipée dans les taux des prélèvements à la source effectués à compter du 1er janvier 2020 (voir nos 3792 s.).

RÉGIMES PARTICULIERS DE CALCUL DE L'IMPÔT

À l'égard de **certains contribuables ou** de **certains revenus,** la loi prévoit des **dispositions spéciales** qui dérogent aux règles générales de calcul de l'impôt sur le revenu. 2155

Malgré leur diversité, ces mesures particulières peuvent, compte tenu de leur mode de fonctionnement, être rangées en deux groupes.

Le premier groupe concerne des **revenus** qui sont effectivement **soumis à l'impôt progressif** sur le revenu, **mais** pour lesquels le **calcul de cet impôt** comporte des **particularités** pouvant se traduire, selon les cas, par une diminution ou par une augmentation de cet impôt. 2160

Lorsqu'elles trouvent leur application, ces dispositions spéciales sont mises en œuvre dès le début du processus de calcul, car elles **affectent** directement le montant de l'**impôt brut.**

En pareil cas, les **méthodes pratiques** décrites aux nos 2350 s. ne sont donc **pas utilisables** telles quelles puisque, étant fondées exclusivement sur les règles de droit commun, elles ne peuvent évidemment tenir compte de l'incidence desdites dispositions spéciales.

Ces dernières sont mentionnées ci-après, avec, pour chacune, la référence aux nos correspondants du Mémento :

– contribuables domiciliés dans les **DOM** : sur l'impôt progressif résultant du barème général, application d'un abattement spécial (voir n° 91470) ;

– imposition des revenus de source française perçus par des **contribuables domiciliés à l'étranger** (autres que les non-résidents « Schumacker ») : application de taux minima d'imposition ou, sur justification et si ce taux est inférieur, d'un taux moyen d'imposition (voir nos 4410 et 91480) ;

– **salariés détachés à l'étranger** ou exerçant **temporairement** une activité salariée au sein de la **Chambre de commerce internationale de Paris,** bénéficiant des mesures d'exonération prévues aux articles 81 A et 81 D du CGI ; contribuables disposant de **revenus exonérés** en France par l'effet d'une **convention internationale** ; exploitants ayant opté pour le régime de l'**auto-entrepreneur** : pour le calcul de l'impôt afférent aux autres revenus imposables, application de la règle dite du « **taux effectif** » (voir respectivement nos 4695 s., 4715, précision c, 82565 et 86610) ;

– **revenus exceptionnels ou différés** : en vue d'atténuer les effets de la progressivité de l'impôt, application d'un système de quotient (voir nos 4150 s.).

Les dispositions spéciales du second groupe concernent des **plus-values** ou **gains** qui (à la différence du premier groupe) ne font pas l'objet **de la taxation** calculée selon le **barème progressif** mais d'une **imposition séparée** à l'impôt sur le revenu calculée à un **taux proportionnel.** 2165

Ce mode particulier de taxation est applicable :
– aux **plus-values professionnelles à long terme** réalisées par les entreprises (industrielles, commerciales, agricoles ou non commerciales) relevant de l'impôt sur le revenu (voir nº 18100) ;
– aux produits issus de certains **droits de la propriété intellectuelle** (nºs 10420 s. et 13790 s.) ;
– sauf option globale pour le barème progressif, aux **plus-values de cession de valeurs mobilières et droits sociaux réalisées** par les particuliers ainsi qu'aux gains, profits et distributions relevant du régime des plus-values mobilières privées (nºs 33220 s.) ;
– sauf option globale pour le barème progressif, aux **revenus mobiliers** (dividendes, produits des placements à revenu fixe, certains produits d'assurance-vie…) (nºs 24170 s.) ;
– sauf option globale pour le barème progressif, aux **gains** réalisés en cas de retrait – ou de rachat du contrat de capitalisation – avant cinq ans sur le **plan d'épargne en actions** (voir nº 26185) ;
– sauf option pour le régime des traitements et salaires, aux gains tirés par les salariés ou les dirigeants de la levée d'**options de souscription ou d'achat d'actions** attribuées du 20-9-1995 au 27-9-2012 (voir nº 88785) ;
– aux gains réalisés lors de la cession de titres acquis en exercice de bons de souscription de **parts de créateur d'entreprise** (voir nº 88805) ;
– sauf option pour le régime des traitements et salaires, à l'avantage tiré par les salariés et les mandataires sociaux de l'**acquisition gratuite d'actions** attribuées avant le 28-9-2012 (voir nº 88825) ;
– aux **plus-values** de cessions de titres en report d'imposition au titre d'opérations réalisées entre le 14-11-2012 et le 31-12-2012 (nº 33313).

Lorsque, en plus de son revenu « courant » taxable selon les règles de droit commun, un contribuable a réalisé des plus-values, ou gains de la nature visée ci-dessus, il doit, pour chiffrer sa charge fiscale totale, procéder à **deux calculs distincts** :
– le premier, qui porte seulement sur l'**impôt progressif** applicable au **revenu courant,** est effectué selon les règles générales, avec d'ailleurs la possibilité d'utiliser à cet effet les **méthodes pratiques** visées aux nºs 2350 s. ;
– le second calcul consiste à appliquer aux **plus-values ou gains** relevant d'un régime d'imposition proportionnelle le taux qui leur est applicable.

Les deux chiffres ainsi obtenus sont ensuite totalisés à l'occasion des corrections mentionnées sur la liste du nº 2185 (voir ligne 5 de cette liste).

ATTENTION

a. Outre l'impôt sur le revenu proprement dit, les plus-values et gains susvisés sont également soumis aux **prélèvements sociaux** (voir nºs 34430 s.).

b. En plus des dispositions exposées ci-dessus, on signale le régime particulier de **taxation immédiate,** à un taux proportionnel (auquel s'ajoutent les prélèvements sociaux), des **plus-values immobilières** et des **plus-values sur biens meubles** (voir nºs 32000 s. et 32740 s.).

2. CORRECTIONS À APPORTER À L'IMPÔT BRUT

2185 La complexité qui caractérise le calcul de l'impôt sur le revenu s'explique, pour une large part, par le nombre et la diversité des corrections qui doivent, s'il y a lieu, être apportées au montant de l'impôt brut résultant du barème légal ; elles se traduisent soit par un allégement de cet impôt (corrections **« en moins »**), soit au contraire par son alourdissement (corrections **« en plus »**).

Dans la pratique, il est fréquent que, compte tenu de sa situation propre, un contribuable soit effectivement concerné par plusieurs de ces corrections.

La **liste** ci-après récapitule les diverses catégories de corrections avec, pour chacune, la référence aux numéros correspondants du Mémento.

Ordre d'application	Nature des corrections	Nºs
1	Plafonnement des effets du quotient familial	2200 s.
2	Décote	2235
3	Réfaction d'impôt en faveur des foyers fiscaux modestes	2245
4	Réductions d'impôt	2255 s.
5	Impôt sur les plus-values ou profits à taux proportionnel	2165
6	Reprises de réductions ou de crédits d'impôt	2280
7	Impositions additionnelles	2290
8	Imputations diverses	2300 s.
9	Plafonnement global de certains avantages fiscaux	2315
10	Crédit d'impôt pour la modernisation du recouvrement (CIMR)	2325

ATTENTION

L'**ordre d'application** indiqué dans cette liste n'est pas purement formel. Le montant de l'impôt finalement dû ne peut en effet être déterminé avec exactitude que si cet ordre est rigoureusement suivi.

En appliquant à l'impôt brut les diverses corrections « en plus » ou « en moins » visées au nº 2185, on obtient le montant de l'**impôt réellement dû.** 2190

Cependant, lorsque le montant de l'impôt n'atteint pas un certain montant (minimum de perception), il n'est pas mis en recouvrement, l'intéressé bénéficiant ainsi d'une **franchise** (voir nº 2335).

PLAFONNEMENT DES EFFETS DU QUOTIENT FAMILIAL

L'avantage fiscal résultant de l'application du quotient familial est limité pour chaque **demi-part ou quart de part « additionnel »,** cette expression s'entendant des demi-parts ou quarts de part **qui s'ajoutent** au nombre de parts suivant : 2200 CGI art. 197, I-2 IRPP-III-15550 s

– **deux parts** pour les contribuables **mariés** ou **pacsés** faisant l'objet d'une imposition commune ainsi que les **veufs** dont le conjoint ou le partenaire (Pacs) est **décédé au cours de l'année d'imposition** ;

– **une part** pour les autres contribuables : **époux** ou partenaires d'un **Pacs** faisant l'objet d'une **imposition séparée, célibataires (ou assimilés :** nº 370**), divorcés** et **veufs** dont le conjoint ou le partenaire (Pacs) est décédé avant le 1er janvier de l'année d'imposition.

Le **mécanisme du plafonnement** consiste à comparer deux termes :

1er terme : Impôt calculé en fonction du quotient familial réel de l'intéressé, sans plafonnement.

2e terme : Impôt calculé sur la base d'un quotient familial de deux parts ou d'une part selon la situation dont relève l'intéressé, la somme ainsi obtenue étant ensuite diminuée du montant du plafond correspondant à l'ensemble des majorations du quotient familial.

Si le premier terme est inférieur au second, le plafonnement est applicable et l'impôt à retenir est celui correspondant au second terme. Dans le cas contraire, le plafonnement n'est pas applicable et le montant de l'impôt à retenir est celui correspondant au premier terme.

Le plafond attaché à chaque demi-part (ou quart de part) diffère selon les critères en fonction desquels la majoration du quotient familial est accordée (charges de famille, prise en compte d'une invalidité, de la qualité d'ancien combattant, etc.), ces critères se combinant eux-mêmes, dans certains cas, avec d'autres éléments (vie en couple ou non pour les contribuables célibataires, divorcés ou séparés ayant des enfants à charge, année du décès du conjoint ou du partenaire du Pacs pour les contribuables veufs chargés de famille). La loi différencie ainsi cinq niveaux de plafonnement, fixés comme indiqué aux nos 2205 s. pour l'imposition des revenus de 2019 (Loi 2019-1479 du 28-12-2019 art. 2, I-2º-b).

ATTENTION

Le plafonnement ne concerne évidemment pas tous les **contribuables,** mais seulement ceux **dont le revenu excède** un montant tel que, à défaut du plafonnement, l'avantage en impôt afférent aux majorations de quotient familial dépasserait la limite impartie.

Ces **seuils de revenu** varient selon que le contribuable est soit marié ou pacsé, soit veuf, soit enfin célibataire (ou assimilé : nº 370), divorcé ou séparé et, à l'intérieur de ces différentes catégories, en fonction du plafond attaché à chaque majoration. Par ailleurs, dans chaque catégorie, le seuil est généralement d'autant plus élevé que le quotient familial est lui-même plus élevé.

Plafonnement général Pour l'imposition des revenus de 2019, le plafond de l'avantage en impôt est fixé à : 2205

– 1 567 € pour chaque **demi-part additionnelle** ;

– 783,50 € pour chaque **quart de part additionnel.**

Parents isolés Pour les contribuables **célibataires** (ou assimilés : nº 370), **divorcés ou séparés vivant seuls** qui supportent **à titre exclusif ou principal la charge d'au moins un enfant,** l'avantage en impôt procuré par la part entière accordée au titre du premier enfant à charge (nº 2000, 2-a) est limité, pour l'imposition des revenus de 2019, à 3 697 €. Pour ceux qui entretiennent **uniquement des enfants dont la charge est réputée également partagée** avec l'autre parent dans le cadre d'une résidence alternée (nº 2000, 2-b), l'avantage fiscal procuré par la demi-part accordée au titre de chacun des deux premiers enfants à charge est limité à 1 848,50 €. 2210

Le plafond ainsi fixé est augmenté du plafond général pour les autres majorations dont bénéficient, le cas échéant, ces contribuables, soit 1 567 € pour chaque demi-part et 783,50 € pour chaque quart de part (sauf cas particulier visé au nº 2220).

EXEMPLE

Pour un célibataire vivant seul et ayant 1 enfant à charge exclusive ou principale (QF : 2), l'avantage ne peut pas excéder 3 697 € ; pour un divorcé vivant seul et ayant 1 enfant à charge exclusive ou principale et 1 enfant dont la charge est réputée également partagée avec son ex-épouse dans le cadre d'une résidence alternée (QF : 2,25), l'avantage ne peut pas excéder : 3 697 € + 783,50 € = 4 480,50 € ; pour un divorcé vivant seul et ayant 3 enfants dont la charge est réputée également partagée avec son ex-épouse dans le cadre d'une résidence alternée (QF : 2,5), l'avantage ne peut pas excéder 1 848,50 € + 1 848,50 € + 1 567 € = 5 264 €.

À noter que ce n'est pas ce plafonnement spécifique qui est applicable lorsque le célibataire, divorcé ou séparé a à sa charge non des enfants mais une ou plusieurs personnes visées aux n°s 1960 s. (**titulaires de la carte d'invalidité** ou de la CMI-invalidité vivant sous le toit du contribuable). En pareil cas, l'intéressé bénéficie, pour la première personne à charge, d'un avantage maximal en impôt de 6 263 €, soit 1 567 € pour chacune des deux premières demi-parts additionnelles (plafonnement général) et 3 129 € pour la demi-part liée à l'invalidité de la personne à charge (plafonnement spécifique visé au nº 2220).

2215 **Personnes seules ayant élevé des enfants** L'avantage en impôt procuré par la demi-part supplémentaire dont bénéficient les contribuables **célibataires** (ou assimilés : nº 370), **divorcés, séparés ou veufs sans personnes à charge,** vivant **seuls** et **ayant élevé seuls pendant au moins cinq années un ou plusieurs enfants** (nº 2030, 1) est plafonné à 936 € pour l'imposition des revenus de 2019.

ATTENTION

Les **contribuables** susvisés qui sont **invalides,** pensionnés de guerre ou anciens combattants (et qui, on le rappelle, n'ont droit en tout état de cause qu'à une seule demi-part supplémentaire : voir nº 2030) bénéficient du plafonnement de 3 129 € visé au nº 2220, qu'ils vivent seuls ou en couple.

2220 **Invalides et anciens combattants** L'avantage en impôt accordé aux foyers fiscaux qui bénéficient d'une (ou, le cas échéant, de plusieurs) majoration(s) de quotient familial (demi-part ou quart de part) à raison des situations visées aux n°s 2025, 2030, 2 et 3 et 2035 à 2045 (**invalidité** personnelle, de leur conjoint ou partenaire ou d'une personne à charge, qualité de **pensionné** de guerre ou d'**ancien combattant**) est plafonné, pour l'imposition des revenus de 2019, à :
- 3 129 € par demi-part ;
- 1 564,50 € par quart de part.

> Précisions Le plafond susvisé (3 129 € ou 1 564, 50 €) résulte en fait de l'application successive du plafond général de 1 567 € ou 783,50 € et d'une **réduction d'impôt complémentaire** de 1 562 € ou 781 € au maximum. Mais l'effet cumulé de ces deux mesures est strictement identique à celui d'un plafond global de 3 129 € ou 1 564,50 €.

2225 **Veufs chargés de famille** L'avantage fiscal attaché à la **part supplémentaire** dont bénéficient les contribuables veufs dont le conjoint ou le partenaire du Pacs est **décédé avant 2019** et ayant **au moins un enfant ou une personne à charge** (part accordée au titre du maintien du quotient conjugal : nº 2005) est plafonné à 4 879 €, pour l'imposition des revenus de 2019.

Le plafond ainsi fixé est augmenté du plafond de droit commun pour les autres majorations dont bénéficient ces contribuables, soit 1 567 € pour chaque demi-part et 783,50 € pour chaque quart de part (sauf cas particulier visé au nº 2220).

> Précisions Le plafond de 4 879 € correspond à l'application du plafond général pour chacune des deux demi-parts supplémentaires et d'une **réduction d'impôt complémentaire** de 1 745 €.

DÉCOTE

2235 **En deçà d'un certain montant,** l'impôt brut résultant du barème progressif fait l'objet d'une décote, différenciée selon la situation de famille.

CGI art. 197, I-4-a IRPP-III-16230 s

Au titre de l'imposition des **revenus de 2019,** cette décote bénéficie aux contribuables dont l'**impôt brut** est **inférieur à 1 611 €** (célibataires, divorcés, séparés ou veufs) ou à **2 653 €** (couples mariés ou pacsés, soumis à une imposition commune).

Son montant est égal à la différence entre 1 208 € (célibataires, divorcés, séparés ou veufs) ou 1 990 € (couples soumis à une imposition commune) et les trois quarts du montant de la cotisation d'impôt brut (Loi 2019-1479 du 28-12-2019 art. 2, I-2°-c).

Au titre de l'imposition des **revenus de 2020,** la décote est étendue (sous réserve d'une revalorisation des tranches du barème fixé au nº 2115) aux contribuables dont l'impôt brut est **inférieur à 1 717 €** (célibataires, divorcés, séparés ou veufs) ou à **2 841 €** (couples mariés ou pacsés, soumis à une imposition commune) et son montant est égal à la différence entre respectivement 777 € ou 1 286 € et 45,25 % du montant de la cotisation d'impôt brut (Loi 2019-1479 du 28-12-2019 art. 2, I-3°-b).

EXEMPLE

1. Cotisation d'impôt brut d'un **célibataire** sur ses **revenus de 2019** : 900 €.

Décote : 1 208 € − 675 € (soit 900 € × 0,75) = 533 €.

Impôt après décote : 900 € − 533 € = 367 €.

2. Cotisation d'impôt brut d'un **couple marié** soumis à imposition commune sur ses **revenus de 2019** : 1 600 €.

Décote : 1 990 € − 1 200 € (soit 1 600 € × 0,75) = 790 €.

Impôt après décote : 1 600 € − 790 € = 810 €.

C'est à partir de ce montant (367 € ou 810 €) que s'effectuera la suite du processus de calcul, avec application des corrections visées aux nos 2245 s.

RÉFACTION D'IMPÔT EN FAVEUR DES FOYERS FISCAUX MODESTES

2245 CGI art. 197, I-4-b IRPP-III-16470 s

L'impôt brut résultant du barème progressif fait l'objet après application, le cas échéant, de la décote, d'une réfaction (au taux maximal de 20 %) pour les contribuables dont le **revenu fiscal de référence** (RFR) est inférieur à certaines limites prenant en compte la composition du foyer fiscal.

Pour l'imposition des revenus de 2019, cette réfaction bénéficie aux contribuables dont le RFR est **inférieur à 21 249 €** pour la première part de quotient familial (célibataires, divorcés, séparés ou veufs) ou **à 42 498 €** pour les deux premières parts (couples mariés ou pacsés, soumis à une imposition commune), majorés de 3 836 € (ou 1 918 €) par demi-part (ou quart de part) supplémentaire.

La réfaction est **égale à 20 %** du montant de l'impôt pour les contribuables dont le revenu fiscal de référence n'excède pas, au titre de l'imposition des revenus de 2019, 19 176 € (célibataires, divorcés, séparés ou veufs) et 38 352 € (couples mariés ou pacsés soumis à une imposition commune), limites l'une et l'autre majorées selon les modalités visées ci-dessus.

Au-delà de ces limites, le **taux** de la réfaction devient **dégressif** et est égal à 20 % multiplié par le rapport suivant :

$$\frac{\text{Plafond du revenu fiscal de référence ouvrant droit à l'allègement – Revenu fiscal de référence du foyer fiscal}}{\text{2 073 € (célibataires, divorcés, séparés ou veufs) ou 4 146 € (couples mariés ou pacsés, soumis à une imposition commune)}}$$

› Précisions a. La réfaction d'impôt est **supprimée** à compter de l'imposition des revenus de 2020 (Loi 2019-1479 du 28-12-2019 art. 2, I-3°-b).

b. Le **revenu fiscal de référence** pris en considération s'entend du revenu défini au n° 42332 pour l'année d'imposition considérée. Par dérogation, ce revenu est **majoré** des plus-values de cession d'actions et de parts sociales de sociétés passibles de l'IS réalisées entre le 1-1-2011 et le 31-12-2013 pour lesquelles il est mis fin au report d'imposition (n° 33330), des plus-values sur droits sociaux (latentes ou en report d'imposition) et créances entrant dans le champ de l'exit tax en cas de transfert du domicile fiscal hors de France (n° 33362) et des plus-values d'apport-cession de titres dont le report d'imposition expire (nos 33312 s.), pour leur montant **avant** application, le cas échéant, des abattements pour durée de détention (nos 33070 s.).

S'agissant des deux dernières catégories de plus-values, la réintégration joue pour la seule détermination du premier terme de la différence mentionnée respectivement aux nos 33310 et 33368.

RÉDUCTIONS D'IMPÔT

2255 CGI art. 197, I-5 IRPP-III-16690 s

Les réductions d'impôt (dont on trouvera une liste au n° 2260) s'imputent sur le montant brut de l'**impôt progressif** déterminé compte tenu du plafonnement des effets du quotient familial (lorsque ce plafonnement joue : nos 2200 s.), et après application, le cas échéant, de la décote (n° 2235) et, jusqu'à l'imposition des revenus de 2019, de la réfaction d'impôt visée au n° 2245. Elles ne peuvent pas s'imputer sur les **impositions à taux proportionnel** (n° 2165).

Dans le cas où le montant des réductions d'impôt excède celui de l'impôt brut, la fraction non imputée de ces réductions est, en principe, perdue. Toutefois, dans certains cas limitativement prévus par la loi, l'**excédent de réduction d'impôt** peut, selon l'avantage fiscal considéré, soit donner lieu à **report** sur l'impôt dû au titre des années (ou exercices) suivant(e)s (nos 2820, 2845, 3450, 90595, 91900 et 92083), soit être affecté au **paiement de l'impôt** dû au titre des années (ou exercices) suivant(e)s (n° 10700). Voir également n° 2635, le cas particulier de la réduction d'impôt pour souscription au capital des PME.

En ce qui concerne l'impossibilité d'imputer les réductions d'impôt sur des rehaussements et droits donnant lieu à une **majoration pour manquements graves,** voir n° 79880.

› Précisions **a.** Pour les contribuables qui bénéficient de **plusieurs réductions d'impôt,** l'imputation est opérée par ordre décroissant des taux de réductions, puis par plafond décroissant, enfin par montant forfaitaire décroissant. Les réductions d'impôt reportables sur les années suivantes sont opérées en fin de liste en suivant le même ordre de classement.

b. Par exception à l'ordre d'imputation des réductions et crédits d'impôt défini au nº 2185, le **crédit d'impôt conventionnel** attaché à certains revenus de source étrangère (nos 26515 et 82570 s.) s'impute avant les **réductions d'impôt** dont l'imputation est **répartie sur plusieurs années** ou qui font l'objet d'un **report** (BOI-IR-RICI nº 35).

2260 Les situations pouvant donner lieu à des réductions d'impôt sont énumérées ci-après avec, pour chacune, un renvoi aux commentaires qui lui sont consacrés par ailleurs :
- **souscription** au capital de **PME** (voir nos 2600 s.) ;
- **souscription** de parts de fonds d'investissement (voir nos 2660 s. et 92075) ;
- **souscription** au capital de **sociétés foncières solidaires** (pour la première fois au titre de l'imposition des revenus de 2020 ; voir nos 2685 s.) ;
- **souscription** au capital d'**entreprises de presse** (voir nos 2700 s.) ;
- **souscription** au capital de **Sofica** (voir nº 2730) ;
- intérêts des **emprunts** contractés pour la **reprise d'une PME** (voir nos 2770 s.) ;
- **investissements « Duflot-Pinel-Denormandie »** (voir nos 2805 s. et 92065) ;
- **investissements « Scellier »** (voir nos 2820 et 92070 s.) ;
- opérations de **restauration immobilière « Malraux »** (voir nos 2840 s.) ;
- **investissements forestiers** (voir nos 2935, 2940, précision c et 2950) ;
- travaux de **réhabilitation** des **résidences de tourisme** (voir nos 3140 s.) ;
- **dons** et subventions (voir nos 3170 s. et 10695 s.) ;
- frais de **scolarisation des enfants à charge** (voir nº 3325) ;
- **prestations compensatoires** (voir nos 3335 s.) ;
- primes des **contrats de « rente-survie » et d'« épargne handicap »** (voir nos 3345 s.) ;
- **dépenses d'accueil** dans un **établissement pour personnes dépendantes** (voir nº 3360) ;
- intérêts perçus en cas de **cession d'une exploitation agricole avec paiement différé** (voir nº 3400) ;
- cotisations versées pour la **prévention des incendies de forêt** (voir nº 3430) ;
- travaux de **conservation** ou de **restauration d'objets classés** monuments historiques (voir nº 3440) ;
- **dépenses de préservation du patrimoine naturel** (pour la dernière fois au titre de l'imposition des revenus de 2019 ; voir nº 3450) ;
- frais de tenue de comptabilité et d'adhésion supportés par les **adhérents de centres de gestion, associations ou organismes mixtes de gestion agréés** (voir nos 87990 s.) ;
- **investissements locatifs** non professionnels dans des **résidences meublées** (nos 90575 s.) ;
- **investissements outre-mer** (voir nos 91850 s., 92010 s. et 92080 s.).

AUTRES CORRECTIONS

2270 En plus des diverses corrections mentionnées ci-après, on rappelle celle résultant de l'impôt sur les plus-values ou gains à taux proportionnel (nº 2165).

2280 **Reprises de réductions ou de crédits d'impôt** **a. Réductions ou crédits d'impôt antérieurs indûment obtenus** : le bénéfice des réductions et des crédits d'impôt est souvent subordonné au respect de certaines obligations ou de certains engagements (par exemple, conservation des titres ou location de l'immeuble pendant une durée minimale). **Sauf circonstances particulières** expressément prévues par la loi ou la doctrine, le non-respect de ces obligations ou engagements entraîne la reprise de l'avantage fiscal obtenu antérieurement. Ces cas de reprise sont précisés au sein des développements consacrés dans le présent Mémento à l'étude des divers crédits et réductions d'impôt.

Lorsqu'elle est encourue, la reprise est opérée au titre de l'**année** au cours de laquelle survient l'**événement** qui la motive. Calculée d'après le taux qui a été appliqué pour le calcul de l'avantage fiscal considéré, celle-ci est **ajoutée** au montant de l'impôt de ladite année, tel qu'il se présente après application des corrections visées aux lignes 1 à 5 de la liste du nº 2185.

b. Avances perçues sur réductions et crédits d'impôt : les réductions ou crédits d'impôt attachés à certaines dépenses donnent lieu en début d'année au versement d'un **acompte** égal, en principe, à 60 % du montant des dépenses de même nature payées par le contribuable au cours de l'année précédente (nos 3801 s.). Lors de la liquidation de l'impôt, l'avantage fiscal est calculé d'après les dépenses réelles du foyer fiscal déclarées au titre de l'année d'imposition et donne lieu à imputation selon les modalités définies aux nos 2255 et 2300. Au préalable, l'administration opère la reprise de l'avance versée précédemment en ajoutant la somme correspondante au montant de l'impôt tel que défini au a. ci-dessus.

2290 **Imposifions additionnelles** En même temps que l'impôt sur le revenu proprement dit qui frappe leur revenu net global, certains contribuables peuvent être redevables sur le même rôle, à titre obligatoire ou facultatif, d'autres impositions. Tel est le cas :

– des **agents généraux d'assurances** soumis à une taxe spécifique en contrepartie de l'exonération des **indemnités compensatrices** perçues des compagnies d'assurances lors de leur **départ en retraite** (n° 13725, Précisions) ;

– des contribuables bénéficiaires de **prestations de retraite versées sous forme de capital** qui **optent** pour le prélèvement libératoire visé au n° 22460 ;

– des contribuables redevables de la **taxe sur les loyers élevés des micro-logements** (taxe perçue pour la dernière fois sur les loyers perçus en 2019) ;

– ou encore des contribuables dont le **revenu fiscal de référence** au titre de l'année d'imposition excède **250 000 €** (contribuables célibataires, divorcés, séparés ou veufs) ou **500 000 €** (contribuables mariés ou pacsés, soumis à imposition commune) qui doivent s'acquitter de la contribution exceptionnelle sur les hauts revenus visée aux nos 5100 s.

Le montant de ces diverses impositions, individualisé sur l'avis d'imposition, s'ajoute à celui de l'impôt sur le revenu déterminé après application des corrections des lignes 1 à 6 de la liste du n° 2185.

2300 **Imputations diverses** Le terme « Imputations » utilisé ici recouvre pour l'essentiel les différents **crédits d'impôt** dont bénéficient les contribuables en contrepartie de certaines dépenses, de certains investissements ou encore d'un impôt déjà supporté (à l'étranger, notamment) ainsi que les **prélèvements et retenues à la source** opérés sur certaines sommes soumises au barème progressif et qui ne sont **pas libératoires de l'impôt** sur le revenu mais valent seulement paiement anticipé de cet impôt.

Ces sommes d'origines diverses (dont on trouvera la liste au n° 2305) doivent être **retranchées** de l'impôt obtenu après application éventuelle des corrections visées aux lignes 1 à 7 de la liste du n° 2185.

Les **crédits d'impôt excédentaires** sont, en règle générale, restituables (à condition d'excéder 8 € : CGI art. 1965 L). Toutefois, certains sont reportables sur un certain nombre d'années et restituables à l'expiration du délai de report (voir n° 92280) ou constituent une créance sur l'État à valoir pour le paiement de l'impôt des années suivantes ou dans certains cas immédiatement remboursable (voir n° 10495). D'autres ne donnent lieu ni à restitution ni à report.

Les crédits d'impôt, prélèvements forfaitaires et retenues à la source non restituables s'imputent avant les crédits d'impôt, prélèvements forfaitaires et retenues à la source restituables. Sous cette réserve, l'imputation s'opère prioritairement sur la cotisation d'impôt sur le revenu, puis sur les impositions additionnelles dans leur ordre figurant au n° 2290.

2305 Les diverses sommes imputables sur l'impôt (selon les modalités visées au n° 2300) sont énumérées ci-après selon leur nature avec, pour chacune, un renvoi aux commentaires qui lui sont consacrés par ailleurs :

a. Crédits d'impôt :

– crédit d'impôt au titre de certains **investissements forestiers** (nos 2940 et 2945) ;

– crédit d'impôt au titre des **intérêts d'emprunts** souscrits en vue de l'**acquisition ou de la construction de l'habitation principale** (n° 2970) ;

– crédits d'impôt au titre des **dépenses en faveur de la transition énergétique** (nos 3045 s.) et des dépenses en faveur de la **protection des personnes** (nos 3110 s.) réalisées dans l'habitation principale ;

– crédit d'impôt pour l'**emploi d'un salarié à domicile** (nos 3230 s.) ;

– crédit d'impôt pour **frais de garde des jeunes enfants** (n° 3315) ;

– crédit d'impôt au titre des **cotisations syndicales** des salariés et pensionnés et des cotisations aux **associations professionnelles nationales de militaires** (n° 3370) ;

– crédit d'impôt pour **investissements productifs outre-mer** (voir nos 91995 s.) ;

– crédits d'impôt dont bénéficient les **entreprises et exploitants individuels** relevant de l'impôt sur le revenu :

• crédit d'impôt pour **dépenses de recherche** et pour **dépenses d'innovation** engagées par les **PME** (nos 10470 s.),

• crédit d'impôt en faveur des **métiers d'art** (n° 10535),

• crédit d'impôt pour la **formation du chef d'entreprise** (n° 10545),

• crédit d'impôt **famille** (n° 10555),

• crédit d'impôt **prêts à taux zéro** (« PTZ + » et « éco-PTZ ») (nos 10625 et 10635),

• crédit d'impôt **maître-restaurateur** (n° 10665),

• crédit d'impôt au titre des **dépenses de remplacement pour congés de l'exploitant agricole** (n° 16350),

• crédit d'impôt en faveur de l'**agriculture biologique** (n° 16355),

• crédit d'impôt pour **investissements en Corse** (nos 92260 s.) ;

– crédit d'impôt pour les produits des **contrats d'assurance-vie de plus de huit ans** attachés à des primes versées avant le 27-9-2017 (n° 26055, précision b) ;
– crédits d'impôt dont bénéficient certains **revenus de source étrangère** en application d'une **convention internationale** pour éviter une double imposition (revenus mobiliers, notamment) (n°s 26515 et 82570 s.). Pour le cas où le contribuable bénéficie parallèlement de réductions d'impôt dont l'imputation est répartie sur plusieurs années ou qui font l'objet d'un report : voir n° 2255, précision b.

b. Prélèvements et retenues à la source non libératoires :
– prélèvement forfaitaire sur les **dividendes** et distributions assimilées perçus par les personnes physiques fiscalement domiciliées en France (n°s 24570 s.), sur les **produits de placement à revenu fixe** (n°s 25250 s.) et sur les produits des **contrats d'assurance-vie** (et bons de capitalisation) attachés à des primes versées à compter du 27-9-2017 (n° 26035) ou du 10-10-2019 en ce qui concerne les contrats souscrits avant le 1-1-1983 (n° 26030) ;
– retenue à la source sur les **produits d'obligations** et autres titres d'**emprunts négociables émis avant le 1er janvier 1987** ou de **bons de caisse** perçus par des **personnes morales** (n°s 25610 et 25730) ;
– retenues à la source appliquées à certains revenus réalisés par des **contribuables non domiciliés en France** (n°s 4560 s., 4595 s., 4640 s., 25610, 25730, 88790 et 88830).

c. Doivent également être soustraits de l'impôt les **versements libératoires** versés par les **auto-entrepreneurs** qui sortent du régime micro (n° 86625).

PLAFONNEMENT GLOBAL DE CERTAINS AVANTAGES FISCAUX

2315 La cotisation d'impôt sur le revenu des foyers fiscaux bénéficiant, du fait de certains avantages fiscaux (**déductions, réductions ou crédits d'impôt**), d'une **économie totale d'impôt supérieure** à un certain montant fait l'objet, à concurrence de la somme excédant ce plafond, d'une **majoration.**

En ce qui concerne cette mesure, on se reportera aux n°s 4840 s. et, plus particulièrement, au n° 4865 pour les modalités de calcul du supplément d'impôt exigible.

CRÉDIT D'IMPÔT POUR LA MODERNISATION DU RECOUVREMENT

2325 Afin d'éviter une double contribution aux charges publiques en 2019 du fait de l'entrée en vigueur au 1er janvier 2019 du **prélèvement à la source** de l'impôt (PAS) afférent aux revenus d'activité et de remplacement et aux revenus fonciers, l'impôt sur les revenus de 2018 a été, à titre transitoire, effacé – pour sa part correspondant aux revenus non exceptionnels perçus ou réalisés en 2018 et inclus dans le champ du PAS – par un crédit d'impôt exceptionnel dit « crédit d'impôt pour la modernisation du recouvrement » (CIMR).

Au titre de l'imposition des revenus de 2019, les **titulaires de bénéfices professionnels** et les **dirigeants de sociétés** sont susceptibles, sous certaines conditions, de bénéficier d'un **CIMR complémentaire.** Le cas échéant, ce crédit d'impôt s'impute sur l'impôt dû, déterminé après application éventuelle des corrections visées aux lignes 1 à 9 de la liste du n° 2185. L'excédent éventuel est restitué.

Sur le champ d'application et les modalités de calcul de ce crédit d'impôt complémentaire, voir n°s 3884 s. et 3887 s.

FRANCHISE (MINIMUM DE PERCEPTION)

2335 Les **cotisations d'impôt** sur le revenu ne sont **pas mises en recouvrement** lorsque leur montant, **avant** imputation des **crédits d'impôt** et autres sommes visés au n° 2305, est **inférieur** à 61 €. Ce seuil de non-recouvrement s'apprécie en prenant en compte la taxe sur les loyers élevés des micro-logements visée au n° 2290 (CGI art. 234, IV) ainsi que, selon l'administration, les autres impositions additionnelles visées au même numéro (BOI-IR-LIQ-20-20-40 n° 60).

CGI art. 1657, 1 bis
IRPP-III-17070 s

› Précisions **a.** Sont visées uniquement les **« cotisations initiales »**. Les **impositions supplémentaires** (et notamment celles consécutives à une rectification opérée par l'administration) sont donc mises en recouvrement, même si (après déduction de l'imposition initiale) leur montant n'atteint pas les sommes susvisées.

b. La franchise ne présente **pas légalement** le caractère d'une véritable **« exonération »**. Autrement dit, le contribuable qui bénéficie de la franchise demeure en théorie « passible » de cet impôt, dont le paiement ne lui est simplement pas réclamé. Il s'ensuit notamment que s'il bénéficie d'un **crédit d'impôt,** la restitution qui lui sera faite à ce titre correspondra seulement à la différence entre le montant de ce crédit d'impôt et le montant de l'impôt non mis en recouvrement.

c. À défaut d'entrer dans le champ de la mesure susvisée, les contribuables dont les cotisations d'impôt sur le revenu **après imputation** des crédits d'impôt et autres sommes visés au n° 2305 deviennent inférieures à 12 € par article de rôle peuvent bénéficier de la franchise prévue pour l'ensemble des impôts directs recouvrés par voie de rôle (n° 76535, b).

3. MÉTHODES PRATIQUES DE CALCUL

C'est à l'administration qu'il appartient, au vu de la déclaration de revenus du contribuable (et compte tenu, le cas échéant, des rectifications apportées à cette déclaration), de calculer le montant de l'impôt effectivement dû. Le détail de ces calculs apparaît sur l'avis d'imposition adressé à l'intéressé. 2350

Mais, bien entendu, le **contribuable** peut sans attendre le moment de la déclaration annuelle des revenus évaluer de son côté le montant de son impôt.

Comme indiqué au nº 2090, l'utilisation du barème légal à l'état brut nécessite des calculs multiples et ce barème ne tient compte d'aucune des corrections à apporter à l'impôt brut. Aussi avons-nous élaboré deux **méthodes pratiques** permettant aux contribuables de calculer **plus facilement** et **plus rapidement** le montant de leur impôt :

– une **formule générale** de calcul (nº 2360), utilisable dans tous les cas de figure et qui donne le montant de l'impôt brut **avant** plafonnement éventuel des effets du quotient familial et avant application des autres corrections ;

– des **tableaux pratiques** (nº 2370), utilisables dans la plupart des cas et qui vont un peu plus loin dans le processus de calcul de l'impôt puisqu'ils permettent de connaître le montant de l'impôt après plafonnement éventuel des effets du quotient familial.

ATTENTION

Destinées à la généralité des contribuables, ces méthodes pratiques tiennent compte **exclusivement** des **règles de droit commun** gouvernant le calcul de l'impôt sur le revenu. Pour ce qui concerne les contribuables ou revenus qui relèvent (pour tout ou partie) de **régimes particuliers de calcul** de l'impôt, on se reportera aux explications données aux nºs 2155 s.

FORMULE GÉNÉRALE DE CALCUL

La formule ci-après permet de calculer rapidement le montant de l'**impôt brut.** 2360

Cette formule est valable en principe pour toutes les situations de famille. Mais, **en pratique,** elle ne présente vraiment de l'intérêt que pour les contribuables qui ne peuvent pas utiliser les tableaux pratiques (nº 2370).

Dans cette formule, **N** représente le nombre de parts de quotient familial et **R** le montant global du revenu imposable (avant division en parts).

Valeur du quotient R/N	Montant de l'impôt brut
N'excédant pas 10 064 €	0
De 10 064 € à 27 794 €	(R × 0,14) – (1 408, 96 × N)
De 27 794 € à 74 517 €	(R × 0,30) – (5 856 × N)
De 74 517 € à 157 806 €	(R × 0,41) – (14 052, 87 × N)
Supérieure à 157 806 €	(R × 0,45) – (20 365,11 × N)

Le montant de l'**impôt brut** afférent aux revenus de 2019 s'obtient en appliquant la **formule** correspondant au rapport **R** (revenu global imposable) sur **N** (nombre de parts). Bien entendu, sur le montant de l'impôt brut ainsi obtenu, il faut **ensuite** opérer, s'il y a lieu, les diverses **corrections** visées dans la liste du nº 2185, **en commençant,** lorsqu'elle est applicable, **par** celle concernant le **plafonnement** des effets **du quotient familial** (nºs 2200 s.).

EXEMPLE

Contribuable dont le revenu imposable de 2019 (R) est de 120 000 € et dont le nombre de parts (N) est de 6.

La valeur du quotient R/N, soit 120 000 €/6 = 20 000 €, est comprise entre 10 064 € et 27 794 €.

L'utilisation de la formule correspondante donne le montant de l'**impôt brut** :

(120 000 € × 0,14) – (1 408, 96 € × 6) = 8 346 €.

TABLEAUX PRATIQUES

Les tableaux pratiques figurant au nº 97100 permettent jusqu'à un **quotient familial de 5, 5 parts ou 6 parts,** quelle que soit la situation de famille (mariés, pacsés, célibataires, séparés, divorcés, veufs) de connaître le montant de l'impôt brut compte tenu (lorsqu'il est applicable) du **plafonnement des effets du quotient familial.** 2370

Au montant de l'impôt donné par le tableau, il suffit d'appliquer ensuite (s'il y a lieu) les **autres corrections** visées aux lignes 2 à 10 de la liste du nº 2185.

Les tableaux pratiques sont regroupés en **quatre séries,** chaque série comprenant elle-même trois tableaux distincts (soit au total douze tableaux).

Chaque série correspond à une situation de famille donnée (voir l'intitulé au dessus du tableau) et au sein de chaque série, le premier tableau vise le cas où le quotient familial du contribuable ne comprend aucune demi-part additionnelle liée à une invalidité ou à la qualité d'ancien combattant. Le deuxième tableau s'adresse aux contribuables dont le quotient familial comprend une **demi-part** additionnelle liée à une **invalidité** ou à la qualité d'**ancien combattant.** Le troisième tableau, enfin, vise les contribuables dont le quotient familial comprend **deux demi-parts** additionnelles pour invalidité (ou le cas échéant une demi-part liée à la qualité d'ancien combattant et une demi-part liée à l'invalidité d'une personne à charge).

Ces distinctions sont rendues nécessaires par le fait que les règles concernant le plafonnement des effets du quotient familial (intégrées dans chacun des tableaux) sont différentes selon la situation et les charges de famille du contribuable (voir n°s 2200 s.).

ATTENTION

Même si leur quotient familial n'excède pas 5,5 ou 6 parts, les foyers fiscaux comprenant **plus de deux invalides** tels que définis aux n°s 2025, 2030, 2 et 3 et 2035 à 2045, ne peuvent pas utiliser les tableaux pratiques et doivent nécessairement recourir à la formule générale de calcul du n° 2360. Doivent également utiliser cette formule générale de calcul les contribuables ayant parmi les personnes qu'ils prennent en compte au titre du quotient familial un ou plusieurs **enfants mineurs réputé(s) à charge égale de chacun des parents** (n°s 340 et 1865).

C. Réductions ou crédits d'impôt

2480 La réalisation de **dépenses** ou **d'investissements** peut, dans certains cas limitativement énumérés par la loi, ouvrir droit à **réduction** ou à **crédit d'impôt,** dès lors que les frais correspondants n'ont pas déjà été pris en compte pour la détermination des revenus nets catégoriels.

En principe, ces avantages sont réservés aux contribuables fiscalement domiciliés en France.

Ils **s'imputent sur le montant de l'impôt sur le revenu** des intéressés dans les conditions exposées au n° 2255 (réductions d'impôt) et au n° 2300 (crédits d'impôt). Certains de ces avantages donnent lieu à la perception d'un **acompte** : voir n° 3801.

Dans tous les cas, les contribuables doivent pouvoir **justifier** des charges qu'ils portent sur leurs déclarations de revenus, sous peine de remise en cause des avantages obtenus et d'application des pénalités visées aux n°s 80000 s.

Remarque : Outre ceux examinés ci-après, plusieurs **autres réductions et crédits d'impôt** sont susceptibles de s'appliquer aux contribuables soumis à l'impôt sur le revenu : voir les listes figurant aux n°s 2260 et 2305, a.

1. SOUSCRIPTION AU CAPITAL DE PME

2600 Une réduction d'impôt est accordée aux personnes physiques qui effectuent des versements au titre de la souscription **en numéraire** au **capital initial** ou aux **augmentations de capital** de certaines sociétés non cotées (« réduction Madelin »). Les conditions d'application de l'avantage fiscal, dont l'octroi définitif est subordonné notamment à la conservation des titres pendant cinq ans, diffèrent selon que les souscriptions sont effectuées **directement** ou indirectement par l'intermédiaire d'une **société holding.**

CGI art. 199 terdecies-0 A, I à V, VI quater et VII
IRPP-IV-14000 s

Les versements reçus par les entreprises bénéficiaires présentent le caractère d'**aides d'État** au sens de la réglementation européenne, dont les règles d'**encadrement** sont exposées au n° 92690.

Remarque : Le dispositif présenté ci-après concerne les souscriptions effectuées à compter du 1er janvier 2016.

› **Précisions** **a.** Les souscriptions doivent conférer aux souscripteurs les seuls **droits résultant de la qualité d'actionnaire ou d'associé,** à l'exclusion de toute autre contrepartie notamment sous la forme de garantie en capital, de tarifs préférentiels ou d'accès prioritaire aux biens produits ou aux services rendus par la société.

b. Les souscriptions réalisées par un redevable dans les douze mois suivant le **remboursement** (total ou partiel) **de ses apports précédents** par la société n'ouvrent pas droit à la réduction d'impôt.

c. L'avantage fiscal est applicable aux souscriptions effectuées par des personnes physiques en **indivision.** Tel peut être le cas d'un club d'investissement constitué sous cette forme.

d. Les souscriptions aux **augmentations de capital** sont, en principe, réservées aux redevables qui ne sont ni associés, ni actionnaires. Une exception est toutefois prévue pour les souscriptions qui constituent un **investissement de suivi,** même après la période de sept ans visée au n° 2610, à condition que le redevable ait bénéficié d'une réduction d'impôt au titre de son premier investissement au capital de la société bénéficiaire, que de possibles investissements de suivi aient été prévus dans le plan d'entreprise de la société bénéficiaire et que cette société ne soit pas devenue liée à une autre au sens de la réglementation européenne.

Règles de non-cumul La réduction d'impôt ne peut pas se cumuler, au titre de la même fraction de versements, avec les **réductions d'impôt** prévues en cas de souscription au capital d'entreprises de presse (nos 2700 s.), de souscription d'un emprunt pour la reprise d'une PME (nos 2770 s.), de souscription au capital de Sofica (no 2730), de sociétés foncières solidaires (nos 2685 s.) ou de certaines sociétés investissant outre-mer (nos 91850 s.), ni avec la déduction des intérêts d'emprunts contractés pour souscrire au capital d'une société nouvelle ou d'une Scop (dispositif applicable aux emprunts contractés jusqu'au 31-12-2016 : no 21970) ou pour souscrire au capital d'une société dans laquelle le contribuable exerce son activité principale (no 23620). **2605** IRPP-IV-15970 s

La réduction d'impôt ne peut pas concerner des titres figurant dans un **plan d'épargne en actions** (nos 26155 s.), un **compte PME innovation** (nos 26210 s.), un **plan d'épargne salariale** (plan d'épargne entreprise ou interentreprises, plan d'épargne pour la retraite collectif) ou, pour les souscriptions effectuées à compter du 1er janvier 2020, des titres figurant dans un **plan d'épargne retraite** mentionné à l'article L 224-1 du Code monétaire et financier (Loi 2019-1479 du 28-12-2019, art. 137).

SOUSCRIPTIONS DIRECTES

La société bénéficiaire des versements doit remplir les conditions suivantes : **2610**

– répondre à la **définition européenne des PME** (no 92650) ;
– ne **pas** être qualifiable d'**entreprise en difficulté** au sens de la réglementation européenne ;
– avoir son **siège de direction effective** dans un État membre de l'Union européenne, en Norvège, en Islande ou au Liechtenstein ;
– ne **pas** être **cotée** sur un marché réglementé ou sur un système multilatéral de négociation français ou étranger sauf s'il s'agit d'un système multilatéral où la majorité des instruments négociés sont émis par des PME ;
– **exercer exclusivement** une activité industrielle, commerciale, artisanale, agricole ou libérale. Sont toutefois **exclues** les activités de gestion de patrimoine mobilier, les activités financières, les activités procurant des revenus garantis en raison d'un tarif réglementé de rachat de la production ou bénéficiant d'un contrat offrant un complément de rémunération, les activités immobilières ainsi que les activités de construction d'immeubles en vue de leur vente ou de leur location. Pour les versements réalisés à compter du 1er janvier 2020, les activités de courtage et de change sont assimilées à des activités financières (Loi 2019-1479 du 28-12-2019, art. 137) ;
– être soumise à l'**impôt sur les bénéfices** dans les conditions de droit commun (ou y être soumise dans les mêmes conditions si l'activité était exercée en France) ;
– compter au moins deux **salariés** à la clôture de l'exercice qui suit la souscription ou un salarié si la société est soumise à l'obligation de s'inscrire à la chambre des métiers et de l'artisanat.

Ses **actifs** ne doivent pas être constitués de façon prépondérante de métaux précieux, d'œuvres d'art, d'objets de collection, d'antiquités, de chevaux de course ou de concours, ou, sauf si l'objet même de l'activité consiste en leur consommation ou leur vente au détail, de vins ou d'alcools.

La société doit, par ailleurs, **lors de l'investissement initial,** n'exercer son activité sur aucun marché, ou exercer son activité sur un marché depuis **moins de sept ans** (« condition d'âge ») à compter de la date d'ouverture de l'exercice suivant celui au titre duquel le chiffre d'affaires hors taxe de l'entreprise excède pour la première fois le seuil de 250 000 € (CGI ann. III art. 299-0 septies et 313 BN bis), ou encore avoir besoin d'un investissement en faveur du financement des risques qui, sur la base d'un plan d'entreprise établi en vue d'intégrer un nouveau marché géographique ou de produits, est supérieur à 50 % de son chiffre annuel moyen des cinq années précédentes.

Enfin, le **montant total des versements** reçus au titre des souscriptions (directes et indirectes) et des aides au titre du financement des risques ne doit pas excéder 15 millions d'euros (montant apprécié sur la durée de vie de la société).

› **Précisions** **a.** Les souscriptions effectuées au capital de **sociétés holdings animatrices de leur groupe** ouvrent droit à la réduction d'impôt si l'ensemble des conditions exposées ci-dessus sont remplies et si la société est constituée et contrôle au moins une filiale depuis au moins **douze mois.** Pour l'application de cette règle, une société holding animatrice s'entend d'une société qui, outre la gestion d'un portefeuille de participations, participe activement à la conduite de la politique de son groupe et au contrôle de ses filiales et rend, le cas échéant et à titre purement interne, des services spécifiques, administratifs, juridiques, comptables, financiers et immobiliers.

b. La réduction d'impôt est applicable aux souscriptions au capital des **entreprises solidaires d'utilité sociale (Esus)** (visées à l'article L 3332-17-1 du Code du travail), selon des **modalités dérogatoires** (CGI art. 199 terdecies-0 AA) :
– les activités financières, immobilières ou de construction d'immeubles ne sont pas exclues du dispositif. Toutefois, pour les souscriptions effectuées à compter du 1er janvier 2018, les activités immobilières ou de construction d'immeubles ne peuvent être exercées que par des entreprises de

gestion immobilière à vocation sociale ;
– la limite des versements est fixée à 2,5 millions d'euros par an pour les entreprises ayant exclusivement pour objet une activité financière et la « condition d'âge » ne leur est pas applicable ;
– la limitation des versements et la « condition d'âge » ne sont pas applicables aux entreprises exerçant certaines activités dans le secteur du logement social ou, pour les souscriptions effectuées depuis le 31 décembre 2016, dans le secteur de l'agriculture.
Les deux dernières **dérogations ne s'appliqueront plus** aux souscriptions réalisées à compter d'une date fixée par décret. À compter de cette même date, le plafond de 15 millions d'euros devient applicable et, pour la généralité des Esus, la condition d'âge est portée à moins de dix ans d'activité au moment de l'investissement initial. Cette durée est appréciée par référence à la première vente commerciale, elle-même caractérisée par le dépassement d'un chiffre d'affaires dont le seuil et la détermination sont fixés par décret (Loi 2019-1479 du 28-12-2019, art. 137).
c. Les sociétés doivent délivrer des **états individuels** aux souscripteurs (CGI ann. III art. 46 AI bis), que ces derniers doivent être en mesure de produire à la demande de l'administration.

SOUSCRIPTIONS PAR L'INTERMÉDIAIRE D'UNE SOCIÉTÉ HOLDING

2615 La souscription peut être effectuée au capital d'une société holding agissant en tant que société interposée (holding pure ou passive) qui a pour **objet** exclusif de détenir des **participations** dans des sociétés exerçant une des activités éligibles visée au nº 2610.
La société holding doit satisfaire à l'ensemble des conditions mentionnées au nº 2610, à l'exception de celles tenant à la nature de son activité, au stade de développement de son activité sur un marché, au nombre de salariés et au montant total des versements.
La société holding doit, en outre, n'avoir pour **mandataires sociaux** que des personnes physiques et ne pas être associée ou actionnaire des sociétés dans lesquelles elle réinvestit (excepté en cas d'investissement de suivi remplissant les conditions visées au nº 2600, précision d).

› Précisions La société holding doit communiquer à chaque investisseur, avant la souscription des titres, un **document d'information** précisant notamment la période de conservation des titres, les modalités prévues pour assurer la liquidité de l'investissement au terme de cette période, les risques de l'investissement, les modalités de calcul et la décomposition des frais et commissions, ainsi que le nom des prestataires de services d'investissement plaçant les titres. Elle doit en outre informer **annuellement** l'investisseur du montant détaillé des **frais et commissions** qu'il supporte.
Par ailleurs, la société holding doit adresser chaque année à l'administration fiscale un **état récapitulatif** des sociétés financées, des titres détenus et des montants investis.
Le non-respect de ces obligations est sanctionné par des amendes (CGI art. 1763 C).

MONTANT DE LA RÉDUCTION D'IMPÔT

2620 IRPP-IV-15300 s

Règles générales La réduction d'impôt est en principe égale à **18 %** du montant des versements effectués au titre de l'ensemble des souscriptions éligibles. Toutefois, le taux de la réduction d'impôt est porté à **25 %** pour les versements effectués à compter d'une date fixée par décret et jusqu'au 31 décembre **2020** (Loi 2019-1479 du 28-12-2019, art. 137).
Les versements sont retenus dans la **limite** annuelle de 50 000 € pour les contribuables célibataires, veufs ou divorcés ou de 100 000 € pour les contribuables mariés ou pacsés, soumis à une imposition commune.
La **fraction** des investissements **excédant la limite** annuelle ouvre droit à la réduction d'impôt dans les mêmes conditions au titre des quatre années suivantes.

› Précisions **a.** En cas de souscription à une **augmentation de capital,** le montant retenu pour le calcul de la réduction d'impôt est égal à la valeur nominale des titres souscrits augmentée, le cas échéant, de la **prime d'émission** unitaire (BOI-IR-RICI-90-10-10 nº 40).
b. En cas d'introduction en bourse sur un marché non réglementé comprenant à la fois une **augmentation de capital et** une **cession de titres existants,** seule est prise en compte dans l'assiette de la réduction d'impôt la part du versement affectée à l'augmentation de capital (BOI-IR-RICI-90-20-10 nº 10).
c. Pour les souscriptions effectuées à compter du 1er janvier 2018, le montant des **frais et commissions** directs et indirects imputés au titre d'un même versement par les sociétés holdings ou par les intermédiaires exerçant une activité de conseil ou de gestion est soumis, sous peine d'amende, à un **plafond** tenant compte du montant et de l'ancienneté du versement (Arrêté ECOT1811759A du 11-6-2018).
d. Les versements retenus pour la réduction d'impôt afférente aux **investissements dans les sociétés foncières solidaires** sont diminués des versements ouvrant droit à la réduction d'impôt « Madelin » (voir nºs 2685 s.).

2630 **Souscriptions au capital d'une société holding** En cas de souscription au capital d'une société holding, le montant des versements du contribuable pris en compte pour l'assiette de la réduction d'impôt est **proportionnel** aux versements effectués par la société holding, avant la date de clôture de l'exercice au cours duquel le contribuable a versé sa souscription, au titre des souscriptions au capital de sociétés remplissant l'ensemble des conditions prévues pour le bénéfice de l'avantage fiscal. Les souscriptions à retenir sont celles effectuées avec les capitaux reçus par la société holding lors de la constitution de son capital initial ou de l'augmentation de capital à laquelle le contribuable a souscrit.

La réduction d'impôt est en principe accordée au titre de l'année de la clôture de l'exercice de la société holding au cours duquel le contribuable a procédé au versement de sa souscription. Toutefois, lorsque cet exercice ne coïncide pas avec l'année civile, le contribuable peut en bénéficier au titre de l'année de son versement si les deux conditions suivantes sont remplies :

– la société holding investit au capital de sociétés éligibles, avant la fin de ladite année, la totalité des capitaux reçus au titre de l'opération à laquelle le contribuable a participé,

– et les versements du contribuable et de la société holding interviennent au cours du même exercice (BOI-IR-RICI-90-20-10 nº 90).

Combinaison avec le plafonnement global La réduction d'impôt est prise en compte dans le calcul du plafonnement global des avantages fiscaux décrit aux nºs 4840 s. Cependant, le **montant de la réduction d'impôt qui excède le plafond global** des avantages fiscaux peut être reporté sur l'impôt sur le revenu dû au titre des cinq années suivantes. 2635 IRPP-IV-15700 s

Cet excédent s'apprécie en tenant compte des versements effectués au cours de l'année en cause, des reports des versements excédant le plafond de la réduction d'impôt, ainsi que des reports de réductions d'impôt des années antérieures. En revanche, les avantages fiscaux (qu'ils soient soumis ou non au plafonnement global) dont le contribuable peut bénéficier par ailleurs ne sont pas pris en compte pour la détermination de cet excédent (BOI-IR-RICI-90-20-10 nº 220).

EXEMPLE

Au titre des revenus de l'année 2019, un contribuable bénéficie de la réduction d'impôt pour souscription au capital de PME pour un montant de 18 000 €. Le total des avantages fiscaux ne pouvant pas procurer une réduction de l'impôt supérieure à 10 000 € (nº 4860), le montant de la réduction d'impôt qui peut être imputé au titre de l'imposition des revenus de 2018 est de 10 000 €. Le montant (8 000 €) excédant celui du plafonnement global pourra être imputé sur l'impôt sur le revenu dû au titre des années 2020 à 2024.

Autre hypothèse : au titre des revenus de cette même année, ce contribuable réalise, en outre, des dépenses lui ouvrant droit, d'une part, au crédit d'impôt pour emploi d'un salarié à domicile d'un montant de 6 000 €, d'autre part, à la réduction d'impôt pour versement de dons d'un montant de 4 000 €. Dans ce cas le montant de la réduction d'impôt pour souscription au capital de PME étant supérieur à celui du plafonnement global de 10 000 €, l'excédent reportable est déterminé sans tenir compte des autres réductions d'impôt : il est égal à 8 000 € (18 000 € – 10 000 €).

REMISE EN CAUSE DE LA RÉDUCTION D'IMPÔT

Le bénéfice de la réduction d'impôt est subordonné à la **conservation des titres** par le redevable, ainsi que par la société holding en cas de souscription indirecte, jusqu'au 31 décembre de la cinquième année suivant celle de la souscription. En outre, certaines **conditions d'éligibilité** au dispositif (absence de contrepartie pour les souscripteurs : nº 2600, précision a ; nature de l'activité, composition des actifs et localisation du siège social : nº 2610) doivent être satisfaites, de manière continue, pendant toute cette période. 2640

En cas de **cession des titres,** ou si l'une de ces conditions cesse d'être remplie, avant l'expiration du délai de cinq ans, l'avantage fiscal obtenu fait l'objet d'une reprise au titre de l'année au cours de laquelle le redevable ou la société cesse de respecter l'engagement de conservation des titres ou l'une des conditions d'éligibilité.

Le **remboursement d'apports** aux souscripteurs avant le 31 décembre de la septième année suivant celle de la souscription entraîne également la remise en cause de l'avantage fiscal.

> **Précisions** **a.** La **date de la souscription** à retenir pour le décompte du délai de cinq ou sept ans s'entend de la date de souscription effective, c'est-à-dire celle à laquelle elle est effectivement libérée. Ainsi, lorsqu'une souscription donne lieu à plusieurs libérations partielles du capital, chacune de ces libérations doit être considérée comme une souscription distincte.
> **b.** En cas de souscription par des personnes physiques en **indivision,** la cession de titres avant l'achèvement du délai d'indisponibilité entraîne la reprise des réductions d'impôt accordées à chacun des coïndivisaires (BOI-IR-RICI-90-10 nº 20).
> **c.** En cas de **cession partielle** des titres par le contribuable ou la société holding, ou de **remboursement partiel** à ce contribuable ou à cette société, la réduction d'impôt n'est reprise que partiellement, à hauteur des titres cédés ou remboursés (BOI-IR-RICI-90-30 nº 180).

Exceptions La réduction d'impôt n'est pas remise en cause dans les cas suivants : 2645

– cession ou remboursement par suite d'**invalidité** relevant de la 2e ou de la 3e des catégories prévues par l'article L 341-4 du Code de la sécurité sociale, **décès ou licenciement** du souscripteur ou de son conjoint ou partenaire d'un Pacs soumis à une imposition commune.

À cet égard, la rupture conventionnelle du contrat de travail n'est pas assimilée à un licenciement (BOI-IR-RICI-90-30 n° 70) ;
– **donation** des titres à une personne physique si le donataire reprend l'obligation de conservation des titres transmis et ne bénéficie pas du remboursement des apports avant le terme du délai légal. À défaut, la reprise de la réduction d'impôt est effectuée au nom du donateur ;
– **fusion ou scission** si les titres reçus en contrepartie sont conservés jusqu'au terme du délai de conservation des titres d'origine. La société issue de l'opération doit en outre respecter jusqu'au même terme les conditions d'éligibilité qui doivent être satisfaites en continu (n° 2640) ;
– annulation des titres pour cause de pertes ou de liquidation judiciaire, cession de titres réalisée dans le cadre d'une procédure de **redressement ou** de **liquidation judiciaire,** remboursement des apports à la suite d'une liquidation judiciaire ;
– **cession** des titres d'un associé minoritaire rendue **obligatoire** par un **pacte d'actionnaires ou d'associés** ou **procédure de retrait obligatoire** à l'issue d'une **offre publique,** si le cédant remploie, dans les douze mois, le prix de vente (diminué des impôts et taxes générés par cette cession) en souscrivant au capital de PME remplissant les conditions visées au n° 2610, étant précisé que cette nouvelle souscription n'ouvre pas droit à réduction d'impôt. Les titres ainsi souscrits doivent être conservés jusqu'au terme du délai de conservation applicable aux titres cédés ;
– **offre publique d'échange** (OPE) lorsque les titres reçus lors de l'échange sont des titres de PME remplissant les conditions visées au n° 2610. En cas de soulte d'échange, celle-ci (diminuée des impôts et taxes générés par son versement) doit être intégralement réinvestie dans les douze mois en souscription de titres de PME également éligibles, étant précisé que cette nouvelle souscription n'ouvre pas droit à réduction d'impôt. Les titres reçus lors de l'échange ou souscrits en remploi doivent être conservés jusqu'au terme du délai de conservation applicable aux titres échangés. En revanche, l'apport des titres à une **offre publique d'achat** (OPA) avant l'expiration du délai de conservation entraîne la remise en cause de la réduction d'impôt (BOI-IR-RICI-90-30 n° 90) ;
– **cession** des titres **plus de trois ans après la souscription,** quelle que soit la cause de cette cession, si le prix de vente (diminué des impôts et taxes générés par la cession) est intégralement **réinvesti** dans les douze mois dans des titres de PME remplissant les conditions visées au n° 2610, étant précisé que cette nouvelle souscription n'ouvre pas droit à réduction d'impôt. Les titres souscrits en remploi doivent être conservés jusqu'au terme du délai de conservation des titres cédés.

2. SOUSCRIPTION DE PARTS DE FONDS D'INVESTISSEMENT

2660 CGI art. 199 terdecies-0 A, VI, VI ter, VI quater et VII **IRPP-IV-18000 s. 19000 s et 20000 s**

Les versements effectués par des personnes physiques pour la souscription en **numéraire** de parts de fonds communs de placement dans l'innovation (**FCPI**) mentionnés à l'article L 214-30 du Code monétaire et financier ou de fonds d'investissement de proximité (**FIP**) mentionnés à l'article L 214-31 du même Code ou d'**organismes similaires** établis dans un État membre de l'**Union européenne,** en Islande, en Norvège ou au Liechtenstein peuvent ouvrir droit à réduction d'impôt.

Remarque : Le dispositif présenté ci-après concerne les souscriptions aux parts de fonds dont l'agrément est délivré à compter du 1er janvier 2016.

> **Précisions a.** L'avantage fiscal ne s'applique pas aux souscriptions de parts, attribuées en fonction de la qualité de la personne, donnant lieu à des **droits différents** sur l'actif net ou sur les produits du fonds (parts dites de carried interest).
> **b.** Les réductions d'impôt prévues au titre des souscriptions de parts de FCPI, de FIP, de FIP situés en Corse ou de FIP situés outre-mer (n° 92075) sont exclusives les unes des autres, pour les souscriptions dans un même fonds. Par ailleurs, les règles de **non-cumul avec d'autres avantages fiscaux** visées au n° 2605 sont applicables à la présente réduction d'impôt.

CONDITIONS D'APPLICATION DE LA RÉDUCTION D'IMPÔT

2665 L'octroi du bénéfice de l'avantage fiscal est soumis aux conditions suivantes :
– le contribuable doit s'engager à **conserver les parts** du fonds jusqu'au 31 décembre de la cinquième année suivant celle de la souscription ;
– le contribuable, son conjoint ou son partenaire de Pacs soumis à une imposition commune et leurs ascendants et descendants ne doivent **pas détenir** ensemble **plus de 10 % des parts** du fonds ni, directement ou indirectement, **plus de 25 % des droits dans les bénéfices** des sociétés dont les titres figurent à l'actif du fonds (ou avoir détenu ce pourcentage des droits à un moment quelconque au cours des cinq années précédant la souscription des parts du fonds) ;
– les versements doivent concerner des **fonds qui investissent** à hauteur de **70 % au moins** dans des sociétés remplissant les conditions prévues pour l'octroi de la réduction d'impôt au titre de la souscription directe au capital des PME (n° 2610), étant toutefois précisé que la limite d'ancienneté de l'exercice sur un marché est fixée à dix ans s'agissant des investisse-

ments via des FCPI (sept ans pour les FIP). L'actif des fonds doit en outre être constitué pour 40 % au moins de titres reçus en contrepartie de souscriptions au capital, de titres reçus en remboursement d'obligations ou de titres reçus en contrepartie d'obligations converties de sociétés respectant les conditions définies pour le quota d'investissement de 70 %.

› Précisions **a.** Les sociétés éligibles au **quota d'investissement** des fonds doivent respecter les règles d'encadrement communautaire des **aides d'État** (voir nº 92690). Par ailleurs, le quota d'investissement doit être atteint à hauteur de 50 % au moins **au plus tard** quinze mois à compter de la clôture de la période de souscription et à hauteur de 100 % au plus tard le dernier jour du quinzième mois suivant. La date de clôture de la période de souscription, fixée dans le prospectus complet du fonds, ne peut excéder quatorze mois à compter de la constitution du fonds.
En cas de **non-respect** de ces délais, la société gestionnaire du fonds est redevable d'une amende (CGI art. 1763 C).
b. Les **souscripteurs** doivent être en mesure de produire, sur demande de l'administration, une copie de l'**engagement de conservation** des parts et l'**état individuel** délivré par la société de gestion du fonds ou le dépositaire des actifs du fonds attestant la réalité de la souscription (CGI ann. III art. 46 AI quater et 46 AI quinquies).
c. Les **fonds** doivent fournir chaque année à l'AMF, qui transmet ensuite les informations aux ministres chargés de l'économie et du budget, un **état récapitulatif** des sociétés financées, des titres détenus ainsi que des montants investis durant l'année (C. mon. fin. art. L 214-30-1 et L 214-32-1).

MONTANT DE LA RÉDUCTION D'IMPÔT

La réduction d'impôt est en principe égale à **18 %** du montant des versements effectués au cours de l'année d'imposition au titre de l'ensemble des souscriptions de parts de fonds. **2670**
Toutefois, le taux de la réduction d'impôt est **porté à 25 %** pour les versements effectués à compter d'une date fixée par décret et jusqu'au 31 décembre **2020** (Loi 2019-1479 du 28-12-2019, art. 137).

En revanche, pour les versements effectués à compter d'une date fixée par décret, il est **ramené de 38 % à 30 %** pour les versements effectués au titre des souscriptions de parts de **FIP** dont l'actif est constitué d'au moins 70 % de titres de sociétés exerçant leur activité exclusivement en **Corse** (FIP Corse) (Loi 2019-1479 du 28-12-2019, art. 137).

Les versements pour chacune des catégories (FCPI, FIP, FIP Corse) sont retenus, après imputation des droits ou frais d'entrée, dans la **limite annuelle** de 12 000 € pour les contribuables célibataires, veufs ou divorcés ou de 24 000 € pour les contribuables mariés ou pacsés, soumis à une imposition commune. En outre, ces versements sont retenus à proportion du quota d'investissement visé au nº 2665 que le fonds s'engage à atteindre, pour les versements effectués à compter d'une date fixée par décret.

La réduction d'impôt obtenue est prise en compte dans le calcul du **plafonnement global** des avantages fiscaux décrit aux nºs 4840 s.

› Précisions Pour les souscriptions de parts de fonds dont l'agrément a été délivré à compter du 1er janvier 2018, le montant des **frais et commissions** directs et indirects imputés au titre d'un même versement par les gérants des fonds d'investissement ou les dépositaires des actifs de ces mêmes fonds ou encore par les intermédiaires exerçant une activité de conseil ou de gestion est soumis, sous peine d'amende, à un **plafond** tenant compte du montant et de l'ancienneté du versement (Arrêté ECOT1811759A du 11-6-2018).
Par ailleurs, l'investisseur doit être **informé chaque année** du montant détaillé de tous les frais et commissions, directs et indirects, qu'il supporte et des conditions dans lesquelles ces frais sont encadrés. Le non-respect de cette obligation est sanctionné par une amende (CGI art. 1763 C).

REMISE EN CAUSE DE LA RÉDUCTION D'IMPÔT

Le bénéfice de la réduction d'impôt est subordonné à la conservation des parts de fonds par le redevable jusqu'au 31 décembre de la cinquième année suivant celle de la souscription. **2680**
En outre, les autres conditions requises pour l'octroi de l'avantage fiscal (plafond de détention de parts, respect du quota d'investissement par le fonds) doivent être satisfaites, de manière continue, pendant toute cette période. La reprise est effectuée au titre de l'année au cours de laquelle le manquement est constaté.

› Précisions Aucune remise en cause n'est effectuée dans le cas où la rupture de l'engagement de conservation des parts résulte d'un **décès,** d'une **invalidité** ou d'un **licenciement** : voir nº 2645.
Il en est de même en cas de **donation** des parts dont la souscription a ouvert droit à la réduction d'impôt, l'obligation de conservation étant transférée au donataire (BOI-IR-RICI-100 nº 260).

3. SOUSCRIPTION AU CAPITAL DE SOCIÉTÉS FONCIÈRES SOLIDAIRES

2685 CGI art. 199 terdecies-0 AB IRPP-IV-155000

Une réduction d'impôt est accordée aux personnes physiques qui effectuent, à compter du **1er janvier 2020,** des versements au titre de la **souscription en numéraire** au **capital initial** ou aux **augmentations de capital** d'une société foncière solidaire agréée Esus exerçant une activité dans le domaine du logement social ou à vocation agricole (Loi 2019-1479 du 28-12-2019, art. 157).

Les versements reçus par les entreprises bénéficiaires présentent le caractère d'**aides d'État** au sens de la réglementation européenne : le bénéfice de la réduction d'impôt est expressément subordonné au respect de la décision 2012/21/UE de la Commission du 20 décembre 2011 relative aux aides en faveur des services d'intérêt général (nº 92720).

> **Précisions** **a.** L'avantage fiscal est applicable aux souscriptions effectuées par des personnes physiques en **indivision.**
> **b.** Les souscriptions doivent conférer aux souscripteurs les seuls **droits résultant de la qualité d'actionnaire ou d'associé,** à l'exclusion de toute autre contrepartie notamment sous la forme de garantie en capital, de tarifs préférentiels ou d'accès prioritaire aux biens produits ou aux services rendus par la société.
> **c.** Le contribuable doit être en mesure de présenter, à la demande de l'administration fiscale, un **récépissé de sa souscription,** attestant de son montant, de la date du versement et du respect, par l'entreprise au capital de laquelle il souscrit, des conditions prévues aux nos 2689 à 2691 pour l'exercice au cours duquel est effectuée la souscription.

2687 **Règles de non-cumul** La réduction d'impôt ne peut pas se cumuler, au titre de la même fraction de versements, avec les **réductions d'impôt** prévues en cas de souscription d'un emprunt pour la reprise d'une PME (nos 2770 s.), de souscription au capital de PME (nos 2600 s.) ou de certaines sociétés investissant outre-mer (nos 91850 s.), ni avec la déduction des intérêts d'emprunts contractés pour souscrire au capital d'une société dans laquelle le contribuable exerce son activité principale (nº 23620).

La réduction d'impôt ne peut pas concerner des titres figurant dans un **plan d'épargne en actions** (nos 26155 s.), un **compte PME innovation** (nos 26210 s.), un **plan d'épargne salariale** (plan d'épargne entreprise ou interentreprises, plan d'épargne pour la retraite collectif) ou des titres figurant dans un **plan d'épargne retraite** mentionné à l'article L 224-1 du Code monétaire et financier.

CONDITIONS REQUISES DES SOCIÉTÉS BÉNÉFICIAIRES DES SOUSCRIPTIONS

2689 La société foncière bénéficiaire de la souscription doit être **agréée** « **entreprise solidaire d'utilité sociale** », conformément à l'article L 3332-17-1 du Code du travail.

Elle doit **exercer à titre principal** :

– soit l'activité de maîtrise d'ouvrage d'opérations d'acquisition, de construction ou de réhabilitation de logements ou de structures d'hébergement en tant que propriétaire ou preneur de bail à construction, emphytéotique ou de bail à réhabilitation, ou l'activité d'intermédiation locative et de gestion locative sociale (activités mentionnées au 1° ou au 3° de l'article L 365-1 du CCH) ;

– soit une activité d'acquisition et de gestion par bail rural de tous biens ruraux bâtis et non bâtis dans les conditions mentionnées en précision a.

Elle doit rendre aux personnes en situation de fragilité du fait de leur situation économique ou sociale au sens de l'article 2, 1° de la loi 2014-856 du 31-7-2014 un **service d'intérêt général** (au sens de la décision 2012/21/UE précitée nº 2685) en mettant à leur **disposition** les **biens et services fonciers** visés ci-dessus pour un **tarif** inférieur à celui du marché de référence dans lequel elle intervient et en favorisant l'accès de ses bénéficiaires en situation de fragilité économique ou sociale à ces biens et services fonciers, par un accompagnement spécifique.

Les **missions** effectuées par l'entreprise bénéficiaire pour l'exécution de ce service, ainsi que les obligations correspondantes, sont décrites par une **convention** qui tient lieu de mandat au sens de l'article 4 de la décision 2012/21/UE précitée. Cette convention est conclue pour une **durée** n'excédant pas dix ans et est reconductible par périodes de dix ans.

> **Précisions** **a.** L'exercice de l'activité portant sur les **biens ruraux** est soumis aux **conditions** suivantes :
> – l'activité doit répondre aux **objectifs** mentionnés à l'article L 141-1, I-1° du Code rural et de la pêche maritime : notamment œuvrer prioritairement à la protection des espaces agricoles, naturels et forestiers et favoriser l'installation, le maintien et la consolidation d'exploitations agricoles ou forestières ;
> – l'entreprise ne doit **pas** exercer d'activité **d'exploitation** ;
> – les **baux** ruraux doivent être conclus avec des **preneurs en situation de fragilité** du fait de leur situation économique ou sociale (au sens de l'article 2, 1° de la loi 2014-856 du 31-7-2014) et comporter des clauses environnementales mentionnées au troisième alinéa de

l'article L 411-27 du Code précité (clauses visant au respect par le preneur de pratiques ayant pour objet la préservation de la ressource en eau, de la biodiversité, des paysages, de la qualité des produits, des sols et de l'air, la prévention des risques naturels et la lutte contre l'érosion, y compris des obligations de maintien d'un taux minimal d'infrastructures écologiques) ;

– l'entreprise doit s'engager dans ses statuts à **ne pas céder à titre onéreux les biens ruraux** acquis pour l'exercice de son activité pendant une durée minimale de vingt ans, sauf à titre exceptionnel, lorsque le bien se révèle impropre à la culture ou doit être cédé dans le cadre d'un aménagement foncier ou pour faire face à de graves difficultés économiques conjoncturelles, après information du ministère de l'agriculture et pour un prix de cession n'excédant pas la valeur nette comptable dudit bien (disposition applicable à compter du 1-1-2021).

b. Un **décret** doit préciser, pour chaque **secteur d'activité** mentionné ci-dessus, les critères de définition des personnes en situation de fragilité, en fonction de leur niveau de ressources et un **arrêté** doit fixer la fraction minimale que ces publics représentent au sein de l'ensemble des bénéficiaires de l'entreprise.

c. Un **décret** doit préciser les différents **marchés de référence,** en distinguant ceux des entreprises qui accomplissent des services sociaux relatifs au logement social mentionnés à l'article L 365-1 du CCH, ceux des autres entreprises intervenant en matière de logement et ceux des entreprises qui exercent l'activité relative aux biens ruraux, ainsi que les modalités de détermination de la différence entre le tarif de mise à disposition par l'entreprise bénéficiaire et le tarif de référence sur le marché dans lequel elle intervient et le contenu de la convention visée ci-dessus.

d. L'entreprise foncière solidaire doit délivrer au souscripteur qui lui en fait la demande le **récépissé** visé au n° 2685 et lui communiquer, avant la souscription, un **document d'information** précisant notamment la période de conservation à respecter pour bénéficier de la réduction d'impôt, les conditions de revente des titres ou parts au terme de la période de conservation, les conditions de remboursement des apports, les risques engendrés par l'opération, les règles d'organisation et de prévention des conflits d'intérêts, ainsi que les modalités de calcul et la décomposition de tous les frais et commissions, directs et indirects.

Elle doit également tenir un **registre des souscriptions** ayant donné lieu à délivrance d'un récépissé dont le contenu et les modalités de conservation doivent être précisés par arrêté.

Caractéristiques des titres souscrits Les titres financiers ou parts sociales ayant fait l'objet des souscriptions ouvrant droit à la réduction d'impôt sont soumis aux exigences suivantes : **2690**

– l'entreprise ne doit pas procéder à la distribution de dividendes ;

– ces titres ou parts ne peuvent pas être cédés à un prix excédant leur valeur d'acquisition, majorée d'un taux de rendement annuel : ce taux est plafonné à la somme au taux du livret A en vigueur au premier jour du mois de la date de la cession et à une majoration, le cas échéant, définie par arrêté du ministre de l'économie, dans la limite de 1,25 % (disposition applicable aux titres souscrits à compter du 1-1-2021) ;

– les statuts de l'entreprise peuvent prévoir des modalités de revalorisation de ces titres ou parts (disposition applicable à compter du 1-1-2021).

Plafonnement du montant des souscriptions ouvrant droit à réduction d'impôt Le montant total des versements ouvrant droit au bénéfice de la réduction d'impôt au titre de l'exercice de souscription est **plafonné,** selon le cas, à **40 millions d'euros** (entreprises de maîtrise d'ouvrage ou d'intermédiation locative et de gestion locative sociale) ou à **15 millions d'euros** (entreprises exerçant leur activité en matière de biens ruraux) ou, s'il est **inférieur** à ces sommes, à un **montant spécifique** à la société foncière prenant en compte le service rendu et le coût de l'aide d'État. **2691**

> Précisions **a.** Le **plafond spécifique à l'entreprise,** applicable lorsqu'il est inférieur aux plafonds de 40 M€ ou 15 M€, est égal au rapport entre :

- **au numérateur** :

– la somme du produit, pour chaque marché sur lequel l'entreprise est intervenue dans le cadre de ses missions visées au n° 2689 au cours de l'avant-dernier exercice clos, de la surface mise à la disposition des personnes en situation de fragilité au cours de ce même exercice par la différence de tarif prévue constatée au cours dudit exercice ;

– majorée d'un montant forfaitaire représentatif du surcroît de charges d'exploitation mobilisées par l'entreprise pour l'accompagnement spécifique prévu au même premier alinéa, dont les modalités de calcul sont fixées par la convention visée au n° 2689 ;

– et minorée, le cas échéant, des autres aides publiques spécifiques destinées à compenser les coûts liés à l'exécution du service d'intérêt économique général visé au n° 2689 ;

- **au dénominateur,** le taux de la réduction d'impôt applicable au titre de l'exercice de souscription.

b. Un décret doit préciser la nature et les obligations de transmission par l'entreprise des informations nécessaires à la justification du calcul de ce plafond ainsi que les modalités de leur exploitation par l'administration.

MONTANT DE LA RÉDUCTION D'IMPÔT

2693 La réduction d'impôt est en principe égale à **18 %** du montant des versements effectués au titre de l'ensemble des souscriptions éligibles. Toutefois, le taux de la réduction d'impôt est porté à **25 %** pour les versements effectués jusqu'au 31-12-2020.

Les versements sont retenus dans la **limite** annuelle de 50 000 € pour les contribuables célibataires, veufs ou divorcés ou de 100 000 € pour les contribuables mariés ou pacsés, soumis à une imposition commune, diminué du montant des versements ouvrant droit à la réduction d'impôt « Madelin » (n°s 2600 s.).

La **fraction** des investissements **excédant la limite** annuelle ouvre droit à la réduction d'impôt dans les mêmes conditions au titre des quatre années suivantes.

La réduction d'impôt est accordée au titre de l'**année** de la clôture de l'exercice de l'entreprise bénéficiaire des versements.

> Précisions **a.** En cas de souscription en **indivision,** chaque membre de l'indivision peut bénéficier de la réduction d'impôt à concurrence de la fraction de la part de sa souscription représentative de titres reçus en contrepartie de souscriptions au capital des entreprises répondant aux conditions énoncées n°s 2689 à 2691.
b. Lorsque le contribuable effectue, la même année, des versements ouvrant droit à la **réduction d'impôt « Madelin »,** le plafond de versements ouvrant droit à la réduction d'impôt foncière solidaire est donc réduit d'autant.
c. La réduction d'impôt est prise en compte dans le calcul du **plafonnement global** des avantages fiscaux décrit aux n°s 4840 s. Le montant de la réduction d'impôt qui **excède le plafond** global des avantages fiscaux peut être reporté sur l'impôt sur le revenu dû au titre des cinq années suivantes. Cet excédent s'apprécie en tenant compte des versements effectués au cours de l'année en cause, des reports des versements excédant le plafond de la réduction d'impôt, ainsi que des reports de réductions d'impôt des années antérieures.

REMISE EN CAUSE DE LA RÉDUCTION D'IMPÔT

2695 Le bénéfice de la réduction d'impôt est subordonné à la **conservation des titres** par le redevable jusqu'au 31 décembre de la cinquième année suivant celle de la souscription.

Le **remboursement d'apports** au souscripteur avant le 31 décembre de la septième année suivant celle de la souscription entraîne également la remise en cause de l'avantage fiscal, sauf si le remboursement fait suite à la liquidation judiciaire de l'entreprise.

La **reprise** est effectuée au titre de l'année au cours de laquelle le manquement est constaté.

> Précisions **a.** Les mêmes conditions de conservation et de non-remboursement d'apports s'appliquent à l'**indivision.** Le non-respect de l'engagement de conservation par l'un des coïndivisaires ou le remboursement d'apports à l'un d'eux entraîne la remise en cause de la réduction d'impôt pour l'indivision.
b. Aucune remise en cause n'est effectuée dans le cas où la rupture de l'engagement de conservation des titres résulte d'un **décès,** d'une **invalidité** ou d'un **licenciement** : voir n° 2645. Il en est de même en cas de **donation** des parts dont la souscription a ouvert droit à la réduction d'impôt, l'obligation de conservation étant transférée au donataire.
c. Lorsque le non-respect de la condition de conservation résulte d'une **fusion** ou d'une **scission** au sens de l'article 817 A du CGI (n°s 39000 s.), l'avantage fiscal accordé au titre de l'année en cours et de celles précédant ces opérations n'est pas remis en cause si les titres reçus en contrepartie sont conservés jusqu'au même terme.
d. La réduction d'impôt n'est pas remise en cause lorsque la condition de conservation n'est pas respectée par suite d'une **annulation des titres** pour cause de pertes ou de liquidation judiciaire ou d'une **cession** réalisée dans le cadre d'une procédure de **redressement ou** de **liquidation judiciaire.**
e. La réduction d'impôt étant subordonnée au respect de la décision 2012/21/UE du 20-12-2011, elle est également susceptible d'être remise en cause en cas de **non-respect, par l'entreprise bénéficiaire** des souscriptions, des conditions visées n°s 2689 à 2691. Le souscripteur peut toutefois se retourner contre l'entreprise à l'origine de l'erreur ou de la fraude par la voie d'une action récursoire en contentieux civil indemnitaire (en ce sens, débats AN 14-12-2019 n° 1036).

4. SOUSCRIPTION AU CAPITAL D'ENTREPRISES DE PRESSE

2700 CGI art. 199 terdecies-0 C IRPP-IV-16800 s.

Une réduction d'impôt est accordée aux personnes physiques qui effectuent des versements au titre de la **souscription directe en numéraire** au **capital initial** ou aux **augmentations de capital** de sociétés soumises à l'impôt sur les sociétés dans les conditions de droit commun éditant une ou plusieurs publications ou services de presse en ligne d'information politique et générale ou une ou plusieurs publications ou services de presse en ligne consacrés pour une large part à l'information politique et générale.

Cette réduction d'impôt s'applique également lorsque les versements en cause sont effectués au bénéfice de sociétés dont l'objet statutaire exclusif est de détenir des participations au capital de sociétés de presse telles que définies ci-dessus et qui regroupent exclusivement des actionnaires individuels (**sociétés « d'amis » ou de « lecteurs »** qui investissent dans des titres d'information politique et générale).

L'avantage fiscal concerne les versements effectués **jusqu'au 31 décembre 2021.**

> **Précisions a.** La réduction d'impôt ne s'applique pas aux titres figurant dans un **plan d'épargne** en actions (nos 26155 s.), un **compte PME innovation** (nos 26210 s.), un plan d'épargne entreprise ou interentreprises ou un plan d'épargne pour la retraite collectif. En outre, elle **ne peut se cumuler,** au titre de la même fraction de versements, ni avec les **réductions d'impôt** prévues en cas de souscription au capital d'une PME (nos 2600 s.), de souscription d'un emprunt pour la reprise d'une PME (nos 2770 s.) ou de souscription au capital de certaines sociétés investissant outre-mer (nos 91850 s.), ni avec la déduction des intérêts d'emprunts contractés jusqu'au 31-12-2016 pour la souscription au capital de sociétés nouvelles ou de Scop (no 21970).
>
> **b.** Le **souscripteur** doit être en mesure de produire, sur demande de l'administration, l'**état individuel** délivré par la société bénéficiaire de la souscription ainsi que les **justificatifs** relatifs à la durée de détention des titres. En cas de souscription indirecte, le contribuable doit également pouvoir produire l'**attestation de réinvestissement** délivré par la société « d'amis » ou de « lecteurs » (CGI ann. III art. 46 AI septies).
>
> **c.** Le bénéfice de la réduction d'impôt est subordonné au respect, par la société bénéficiaire de la souscription, de la **réglementation européenne** concernant les aides de minimis : voir nos 92660 s. (Loi 2018-1317 du 28-12-2018 art. 157).

MONTANT DE LA RÉDUCTION D'IMPÔT

Règles générales La réduction d'impôt est égale à **30 %** des sommes effectivement versées au titre des souscriptions au cours de l'année d'imposition, retenues dans la **limite annuelle** de 5 000 € pour les célibataires, veufs ou divorcés (soit une réduction d'impôt maximale de 1 500 €) ou de 10 000 € pour les couples soumis à imposition commune (soit une réduction d'impôt maximale de 3 000 €). 2703

Le taux de la réduction d'impôt est porté à **50 %** des sommes versées lorsque la société bénéficiaire de la souscription a un statut d'entreprise solidaire de presse d'information.

Le montant de la réduction d'impôt est pris en compte dans le calcul du **plafonnement global** des avantages fiscaux (nos 4840 s.).

Souscriptions indirectes Le montant des versements du contribuable au capital d'une société intermédiaire (société « d'amis » ou de « lecteurs ») pris en compte pour l'assiette de la réduction d'impôt est **proportionnel** aux versements effectués par la société intermédiaire au titre des souscriptions au capital de sociétés de presse, lors de l'exercice au cours duquel le contribuable a procédé aux versements correspondant à sa souscription, par rapport à l'ensemble des versements reçus par la société intermédiaire au cours de ce même exercice et afférents à la même souscription. Les versements ainsi calculés sont retenus dans la limite de 5 000 € ou de 10 000 € mentionnée au no 2703. La réduction d'impôt est accordée au titre de l'année de la clôture de l'exercice de la société intermédiaire au cours duquel le contribuable a procédé au versement de sa souscription, au taux de **30 %,** porté à **50 %** lorsque la société intermédiaire a pour objet exclusif de détenir des participations dans des entreprises solidaires de presse d'information. 2706

> **Précisions** Les versements pris en compte pour le calcul de la fraction éligible sont ceux reçus par la société intermédiaire au titre des apports réalisés par l'ensemble des souscripteurs soit dans le cadre de la souscription au capital initial, soit à raison d'une augmentation de capital donnée à laquelle le contribuable a participé (BOI-IR-RICI-370 no 139).

REMISE EN CAUSE DE LA RÉDUCTION D'IMPÔT

Lorsque tout ou partie des titres souscrits directement ou indirectement par le contribuable et ayant donné lieu à réduction d'impôt, est cédé avant le 31 décembre de la cinquième année suivant celle de la souscription, la réduction d'impôt obtenue donne lieu à **reprise** au titre de l'année de **cession.** 2710

Toutefois, il n'est procédé à **aucune** reprise en cas de :

– décès ou invalidité relevant de la 2e ou de la 3e des catégories prévues par l'article L 341-4 du Code de la sécurité sociale ou licenciement du contribuable (ou de l'un des époux ou partenaires d'un Pacs, soumis à une imposition commune) ;

– annulation des titres suite à une liquidation judiciaire ou pour cause de perte (BOI-IR-RICI-370 no 240) ;

– fusion, scission ou offre publique d'échange (OPE) si les titres reçus en contrepartie sont conservés jusqu'au terme du délai de conservation des titres d'origine (BOI-IR-RICI-370 no 250).

5. SOUSCRIPTION AU CAPITAL DE SOFICA

2730 CGI art. 199 unvicies et 238 bis HE IRPP-IV-68000 s

Les personnes physiques qui effectuent **jusqu'au 31 décembre 2020** des **souscriptions en numéraire** au capital initial ou aux augmentations de capital de sociétés pour le financement d'œuvres cinématographiques ou audiovisuelles (Sofica) agréées par le ministère de la culture bénéficient d'une réduction d'impôt, à condition que le capital de la Sofica ait été préalablement agréé par le ministère du budget.

Cette **réduction d'impôt** est **égale à 30 %** des sommes effectivement versées au titre des souscriptions au cours de l'année d'imposition, retenues dans la double limite de 25 % du revenu net global et de 18 000 € (soit une réduction d'impôt maximale annuelle de 5 400 €).

Le taux est porté **à 36 %** (soit une réduction d'impôt maximale annuelle de 6 480 €) lorsque la société bénéficiaire de la souscription s'engage à réaliser au moins 10 % de ses investissements directement dans le capital de sociétés de réalisation avant le 31 décembre de l'année suivant celle de la souscription.

Il est porté **à 48 %** (soit une réduction d'impôt maximale annuelle de 8 640 €) lorsque, d'une part, la société bénéficiaire de la souscription réalise au moins 10 % de ses investissements directement dans le capital de sociétés de réalisation avant le 31 décembre de l'année suivant celle de la souscription et, d'autre part, s'engage à consacrer dans le délai d'un an à compter de sa création :

– soit au moins 10 % de ses investissements à des dépenses de développement d'œuvres audiovisuelles de fiction, de documentaire et d'animation sous forme de séries, effectuées par les sociétés de réalisation au capital desquelles la société a souscrit ;

– soit au moins 10 % de ses investissements à des versements en numéraire réalisés par contrats d'association à la production, en contrepartie de l'acquisition de droits portant exclusivement sur les recettes d'exploitation des œuvres cinématographiques ou audiovisuelles à l'étranger.

Le montant de la réduction d'impôt est pris en compte dans le calcul du plafonnement global des avantages fiscaux (nos 4840 s.).

Lorsque tout ou partie des **titres** ayant donné lieu à réduction d'impôt est **cédé** avant le 31 décembre de la cinquième année suivant celle du versement effectif, la réduction d'impôt obtenue donne lieu à **reprise** au titre de l'année de cession (sauf si la cession résulte du décès de l'un des époux ou partenaires d'un Pacs soumis à imposition commune).

› Précisions a. Pour **l'appréciation de la limite de 25 %,** le revenu net global s'entend de l'ensemble des revenus nets catégoriels (y compris les revenus imposés selon un système de quotient, pour leur montant total avant division par le quotient), sous déduction éventuelle des déficits globaux antérieurs reportables, de la part déductible de la CSG sur les revenus du patrimoine et de l'ensemble des charges du revenu global. Ne sont pris en compte ni les plus-values taxées à un taux proportionnel ni l'abattement accordé aux personnes âgées ou invalides de situation modeste ni l'abattement octroyé aux parents rattachant à leur foyer fiscal des enfants mariés, pacsés ou chargés de famille (BOI-IR-RICI-180 n° 140).

b. La fraction des versements effectués au titre de souscriptions ayant donné lieu à la réduction d'impôt ne peut pas ouvrir droit à la **réduction d'impôt** prévue en cas de souscription au capital d'une **PME** (nos 2600 s.). De même, les titres dont la souscription a ouvert droit à la réduction d'impôt ne peuvent pas figurer sur un **plan d'épargne en actions** (nos 26155 s.) ni dans un **compte PME innovation** (nos 26210 s.).

c. Le **souscripteur** doit être en mesure de produire, sur demande de l'administration, le **relevé** de souscription délivré par la Sofica, ainsi que, en cas d'application du taux majoré, une copie de l'annexe à la décision d'agrément du capital de la Sofica sur laquelle figurent les **engagements** pris par celle-ci (CGI ann. III art. 46 quindecies E).

6. INTÉRÊTS D'EMPRUNT POUR LA REPRISE D'UNE PME

2770 CGI art. 199 terdecies-0 B IRPP-IV-17400 s

Les personnes physiques peuvent bénéficier d'une réduction d'impôt à raison des intérêts des **emprunts** qu'elles ont **contractés avant le 1er janvier 2012** pour acquérir, dans le cadre d'une opération de reprise, une fraction du capital d'une société non cotée.

La réduction d'impôt s'applique aussi longtemps que ces personnes supportent la charge d'intérêts, pour autant que les conditions requises par la loi sont respectées.

CONDITIONS D'APPLICATION DE LA RÉDUCTION D'IMPÔT

2780 Ouvrent droit à la réduction d'impôt les intérêts des emprunts contractés jusqu'au 31 décembre 2011 pour acquérir, dans le cadre d'une opération de reprise, des titres d'une société, lorsque les conditions suivantes sont remplies :

a. l'acquéreur a pris l'**engagement de conserver les titres** de la société reprise jusqu'au 31 décembre de la cinquième année suivant celle de l'acquisition ;

b. les parts ou actions acquises dans le cadre de l'opération de reprise ont conféré à l'acquéreur **25 % au moins des droits** de vote et des droits dans les bénéfices sociaux de la société reprise. Ce pourcentage est apprécié en tenant également compte, lorsque ces personnes ont participé à la même opération de reprise, des droits détenus par le conjoint de l'acquéreur ou son partenaire de Pacs, ainsi que leurs ascendants et descendants et, si l'acquéreur est un salarié, les autres salariés de cette même société ;

c. depuis l'acquisition, l'acquéreur ou l'un des autres associés mentionnés au b ci-dessus exerce effectivement dans la société reprise l'une des **fonctions de direction** (gérant, président, directeur général, etc.) énumérées au nº 72820, et dans les conditions prévues au nº 72825 ;

d. les **titres** de la société reprise n'étaient pas, à la date d'acquisition, admis aux négociations sur un **marché** réglementé français ou étranger ;

e. la société reprise a son **siège social** dans un État membre de l'Union européenne, en Islande, en Norvège ou au Liechtenstein et est soumise à l'**impôt sur les sociétés** dans les conditions de droit commun ou y serait soumise dans les mêmes conditions si l'activité était exercée en France ;

f. la société reprise répondait, à la date à laquelle le seuil de 25 % mentionné au b a été franchi, à la **définition européenne des PME** (nº 92650) ;

g. la société reprise exerce une **activité** commerciale, industrielle, artisanale, libérale ou agricole. La reprise d'une société ayant pour activité la gestion de son propre patrimoine mobilier ou immobilier est exclue, sauf si cette activité de gestion présente un caractère accessoire (BOI-IR-RICI-130-10 nº 520).

> Précisions **a.** Lorsque le **contribuable détenait déjà une participation** dans la société reprise, la condition de détention minimale du capital social s'apprécie en tenant compte des seuls nouveaux titres de la société reprise acquis par le contribuable (BOI-IR-RICI-130-10 nº 100).

b. L'exercice d'une **profession libérale** dans la société reprise (société constituée sous la forme d'une société anonyme, d'une société à responsabilité limitée ou d'une société en commandite par actions) est assimilé, pour l'application de la réduction d'impôt, à l'exercice d'une fonction de direction (BOI-IR-RICI-130-10 nº 180).

c. La réduction d'impôt ne peut pas concerner des titres figurant dans un **plan d'épargne** en actions, un plan d'épargne entreprise ou interentreprises ou un plan d'épargne pour la retraite collectif, ni la fraction des versements effectués au titre de souscriptions ayant ouvert droit à la **réduction d'impôt** liée aux investissements dans les **PME** (nºs 2600 s.) ou aux souscriptions au capital des **sociétés foncières solidaires** (nºs 2685 s.).

En outre, les intérêts ouvrant droit à la présente réduction d'impôt ne peuvent pas ouvrir droit à la **déduction** des intérêts des emprunts contractés pour souscrire au capital d'une Scop (nº 21970) ou au capital d'une société dans laquelle le contribuable exerce son activité principale (nº 23620).

d. Les contribuables doivent être en mesure de produire, sur demande de l'administration, l'**état individuel** délivré par la société reprise et les **justificatifs** relatifs au montant des intérêts retenus chaque année et à la durée de détention des titres.

MONTANT DE LA RÉDUCTION D'IMPÔT

La réduction d'impôt est égale à **25 %** du montant des intérêts payés au cours de l'année d'imposition à raison des emprunts contractés pour reprendre la société. 2790

Les intérêts sont retenus dans une **limite annuelle** de 20 000 € pour les contribuables célibataires, veufs ou divorcés et de 40 000 € pour les personnes mariées ou pacsées, soumises à une imposition commune (soit une réduction d'impôt maximale annuelle de 5 000 € ou 10 000 € selon la situation de famille de l'acquéreur).

REMISE EN CAUSE DE LA RÉDUCTION D'IMPÔT

Les réductions d'impôt obtenues font l'objet d'une reprise lorsque le contribuable ne respecte pas son engagement de conservation des titres de la société pendant cinq ans ou lorsque l'un des événements suivants survient **dans les cinq ans** suivant l'année d'acquisition des titres : remboursement des apports, perte de la détention d'au moins 25 % des droits de vote et des droits dans les bénéfices sociaux, cessation d'exercice des fonctions de direction dans les conditions requises, transfert du siège de la société hors de la zone géographique visée au nº 2780, e, cessation d'assujettissement à l'impôt sur les sociétés, exercice d'une activité autre qu'une activité commerciale, industrielle, artisanale, libérale ou agricole. Dans ces différents cas, la reprise est effectuée au titre de l'année au cours de laquelle l'événement se produit. 2800

En cas de cession des titres ou de survenance de l'un des événements précités **au-delà du 31 décembre de la cinquième année** suivant celle de l'acquisition, les réductions d'impôt déjà obtenues ne sont pas remises en cause mais le contribuable ne peut plus bénéficier de l'avantage fiscal à compter du 1er janvier de l'année au cours de laquelle se produit l'événement.

> **Précisions** **a.** En cas de **cession partielle des titres** ou de **remboursement partiel des apports** survenant dans les cinq ans qui suivent l'année d'acquisition des titres, les réductions d'impôt précédemment obtenues ne sont reprises que partiellement, à hauteur du nombre de titres cédés ou remboursés (BOI-IR-RICI-130-20 n° 230). Lorsque la cession partielle ou le remboursement partiel survient au-delà de ce délai de cinq ans, le contribuable peut continuer à bénéficier de la réduction d'impôt à hauteur des intérêts payés à raison de l'emprunt contracté pour l'acquisition des titres qui sont toujours en sa possession (BOI-IR-RICI-130-20 n° 290).
> **b.** Il n'est procédé à aucune reprise des avantages obtenus lorsque la rupture de l'engagement de conservation des titres de la société, le remboursement des apports ou le non-respect des conditions tenant à l'acquisition d'une fraction minimale du capital social et à l'exercice d'une fonction de direction dans la société résulte de l'**invalidité** de l'acquéreur relevant de la 2e ou de la 3e des catégories prévues par l'article L 341-4 du Code de la sécurité sociale ou du **décès** de l'acquéreur.
> De même, aucune reprise n'est opérée lorsque la rupture de l'engagement de conservation des titres de la société ou le remboursement des apports intervient à la suite d'une annulation de ces titres pour cause de **pertes** ou de **liquidation judiciaire,** ou à la suite d'une **fusion** ou d'une **scission** et si les titres reçus en contrepartie de ces opérations sont conservés par l'acquéreur jusqu'au terme du délai initial de cinq ans.

7. INVESTISSEMENTS « DUFLOT-PINEL-DENORMANDIE »

2805 CGI art. 199 novovicies IRPP-IV-115000 s Les particuliers qui acquièrent, entre le 1er janvier 2013 et le 31 décembre 2021, des logements neufs ou assimilés destinés à la location peuvent bénéficier d'une **réduction d'impôt,** dite réduction d'impôt « Duflot-Pinel » (réduction d'impôt « Denormandie » pour les investissements réalisés entre le 1er janvier 2019 et le 31 décembre 2022), répartie sur la durée de l'engagement de location. Il en va de même de ceux qui souscrivent des parts de SCPI servant à financer de tels investissements.

Remarques :

a. Instituée par la loi 2012-1509 du 29 décembre 2012 (art. 80), la réduction d'impôt « Duflot-Pinel » a pris le relais de la réduction d'impôt « Scellier » (nos 2820 s.). Toutefois, pour certains investissements réalisés jusqu'au **31 mars 2013,** les contribuables ont pu choisir entre ces deux dispositifs (sans cumul possible des deux régimes pour un même investissement).

b. Le **dispositif,** qui devait prendre fin le 31 décembre 2017, a été **prorogé** jusqu'au 31 décembre 2021 par l'article 68 de la loi 2017-1837 du 30 décembre 2017.

BÉNÉFICIAIRES

2806 IRPP-IV-115100 s La réduction d'impôt « Duflot-Pinel-Denormandie » bénéficie aux **personnes physiques** qui achètent un logement directement ou par l'intermédiaire d'une société de personnes non soumise à l'impôt sur les sociétés (associés de SCI notamment). Elle profite également aux personnes qui souscrivent des parts de sociétés civiles de placement immobilier (SCPI) à la condition que 95 % du montant de la souscription servent à financer une telle acquisition.

Pour les investissements réalisés à compter du 1er janvier 2019, les contribuables qui sont domiciliés fiscalement en France au sens de l'article 4 B du CGI lors de l'investissement et qui cessent de l'être par la suite, conservent le bénéfice de l'avantage fiscal pendant la durée de l'engagement de location.

> **Précisions** **a.** Pour les investissements réalisés avant le 1er janvier 2019, le bénéfice de la réduction d'impôt est réservé aux personnes fiscalement domiciliées en France et imposées à raison des revenus de l'immeuble dans la catégorie des revenus fonciers pendant toute la durée de l'engagement de location.
> **b.** L'avantage fiscal n'est pas applicable aux titulaires de droits démembrés (**nu-propriétaire, usufruitier**). Une exception est toutefois prévue en cas de décès de l'un des conjoints (voir n° 2818).
> **c.** En cas de réalisation d'un investissement en **indivision,** chaque indivisaire peut bénéficier du dispositif à hauteur de sa quote-part, sous réserve du respect des engagements prévus.

INVESTISSEMENTS CONCERNÉS

2807 IRPP-IV-115400 s Ouvrent droit à la réduction d'impôt :

– les **logements** acquis **neufs** entre le 1er janvier 2013 et le 31 décembre 2021. La réduction d'impôt s'applique si l'acte authentique d'achat est signé entre le 1er janvier 2013 et le 31 décembre 2021, quelle que soit la date de la promesse de vente, de la réservation ou encore de la demande de permis de construire (BOI-IR-RICI-360-10-10 nos 40 et 50) ;

– les **logements** acquis **en l'état futur d'achèvement** entre le 1er janvier 2013 et le 31 décembre 2021 à condition que l'achèvement intervienne dans les trente mois qui suivent la date de la déclaration d'ouverture de chantier ou la date de la signature de l'acte authentique d'acquisition selon que l'acquisition a lieu avant ou à compter du 1er septembre 2014 ;

– les **logements que le contribuable fait construire** et qui font l'objet d'un dépôt de demande de permis de construire entre le 1er janvier 2013 et le 31 décembre 2021 à condition que la construction soit achevée dans les trente mois de la date d'obtention du permis ;

– les **logements** acquis entre le 1er janvier 2013 et le 31 décembre 2021 et **qui font ou qui ont fait l'objet** de **travaux concourant à la production** ou à la livraison **d'un immeuble neuf** au sens de l'article 257, I-2-2° du CGI (n° 58800) ;
– les **locaux** affectés à un usage autre que l'habitation (locaux commerciaux ou professionnels, bureaux, granges, hangars…) acquis entre le 1er janvier 2013 et le 31 décembre 2021 et **qui font ou qui ont fait l'objet de travaux de transformation en logements** ;
– les **logements vétustes** acquis entre le 1er janvier 2013 et le 31 décembre 2021 et **qui font ou qui ont fait l'objet de travaux de réhabilitation** leur permettant d'acquérir des performances techniques voisines de celles des logements neufs ;
– les logements acquis entre le 1er janvier 2019 et le 31 décembre 2022 **qui font ou ont fait l'objet de travaux de rénovation** (investissements réalisés en 2019) ou d'amélioration (investissements réalisés à compter du 1er janvier 2020 – Loi 2019-1479 du 28-12-2019 art. 162) définis par décret ainsi que les locaux **affectés à un usage autre que l'habitation** que le contribuable acquiert entre le 1er janvier 2019 et le 31 décembre 2022 et qui **font ou ont fait l'objet de travaux de transformation en logement.** Le montant de ces travaux, facturés par une entreprise, doit représenter au moins 25 % du coût total de l'opération (**Dispositif « Denormandie »**).

L'administration ajoute à cette liste les acquisitions de **locaux inachevés,** sous réserve que le logement soit achevé au plus tard le 31 décembre de la deuxième année qui suit celle de l'acquisition (BOI-IR-RICI-360-10-10 nos 500 à 550).

Ouvrent droit également à la réduction d'impôt les **souscriptions de parts de SCPI,** réalisées entre le 1er janvier 2013 et le 31 décembre 2021, dont 95 % du produit servent exclusivement à financer un des investissements mentionnés ci-dessus. Le produit de la souscription annuelle doit être intégralement investi dans les dix-huit mois qui suivent la clôture de celle-ci.

> **Précisions** **a.** Les **locaux** doivent être **affectés à l'habitation.**
Les locaux à **usage mixte** peuvent cependant ouvrir droit à l'avantage fiscal sous réserve que les trois quarts au moins de leur superficie soient affectés à l'habitation, le bénéfice de la mesure étant alors réservé à la seule fraction louée à usage d'habitation principale (BOI-IR-RICI-360-10-30 n° 1).
b. Les **logements neufs** s'entendent de ceux qui n'ont jamais été ni habités ni utilisés avant leur acquisition.
c. Les **logements vétustes** sont les logements qui ne satisfont pas aux caractéristiques de décence définies par le décret 2002-120 du 30 janvier 2002 (CGI ann. III art. 2 quindecies B, I). Les **travaux de réhabilitation** à réaliser s'entendent des travaux réalisés sur le logement et éventuellement sur les parties communes, qui permettent de donner au logement au moins six des performances techniques fixées par l'arrêté du 19 décembre 2003 (CGI ann. III art. 2 quindecies B, II).
d. Pour les logements qui font l'objet de **travaux après l'acquisition,** ces derniers doivent être achevés au plus tard le 31 décembre de la deuxième année qui suit celle de l'acquisition. Les logements qui ont fait l'objet de **travaux avant** leur **acquisition** par le contribuable ne doivent pas avoir été utilisés ou occupés à quelque titre que ce soit depuis l'achèvement des travaux.
e. Les **monuments historiques** et assimilés qui bénéficient du régime fiscal foncier particulier exposé aux nos 28350 s. pendant la période d'engagement de location n'ouvrent pas droit à la réduction d'impôt (BOI-IR-RICI-360-30-20 n° 200).
f. Les **souscriptions de parts de SCPI** doivent être réalisées en numéraire. Elles peuvent être effectuées lors de la constitution de la société ou à l'occasion d'une augmentation de capital.
g. Le contribuable peut bénéficier de la réduction d'impôt à raison de l'acquisition, de la construction ou de la transformation de **deux logements au plus** au titre d'une **même année** d'imposition. Le nombre de souscriptions de parts de SCPI n'est pas limité.
h. Pour les investissements réalisés à compter du 1er janvier 2021 la réduction d'impôt « Duflot-Pinel » est recentrée sur les **bâtiments d'habitation collectifs** (Loi 2019-1479 du 28-12-2019 art. 161).
i. Le dispositif **« Denormandie »** est prorogé d'un an jusqu'au 31 décembre 2022 (Loi 2019-1479 du 28-12-2019 art. 115). La désignation des travaux dits d'« amélioration » correspond à celle des travaux éligibles au prêt à taux zéro (CCH art. L 31-10-3, V) pour les investissements réalisés à compter du 1er janvier 2020 (Loi 2019-1479 du 28-12-2019 art. 162).

Performance énergétique des immeubles (éco-conditionnalité) Les **logements** acquis **neufs** ou en l'état futur d'achèvement ou que le contribuable fait construire doivent bénéficier du label « BBC 2005 » (permis de construire déposé avant le 1er janvier 2013) ou respecter la réglementation thermique 2012 (RT 2012) (permis de construire déposé depuis le 1er janvier 2013). **2808** IRPP-IV-117300 s

Les **autres logements** (logements anciens ou logements acquis en l'état futur d'achèvement non soumis aux dispositions portant amélioration de la performance énergétique des bâtiments) doivent bénéficier du label « HPE rénovation 2009 » ou « BBC rénovation 2009 » ou respecter les exigences de performance énergétique globale, définies par l'arrêté du 5 mars 2012, pour au moins deux des quatre catégories suivantes : isolation de la toiture ou des murs donnant sur l'extérieur, fenêtres, système de chauffage, système de production d'eau chaude sanitaire (CGI ann. III art. 46 AZA octies-0 A).

Les logements qui font ou qui ont fait l'objet de travaux de rénovation ou d'amélioration dans le cadre du dispositif **« Denormandie »** en métropole doivent atteindre une consommation conventionnelle en énergie primaire du logement rénové, après travaux, de moins de 331 kWh/m^2/an (pour le chauffage, la production d'eau chaude sanitaire et le refroidissement) et vérifier l'une des conditions suivantes (CGI ann. III art. 46 AZA octies-0 A, 3°) :
– la diminution de la consommation conventionnelle en énergie primaire doit, après travaux, représenter au moins 30 % pour les logements individuels (20 % pour les logements en habitat collectif) ;
– ou au moins deux des cinq catégories de travaux (isolation de la toiture, des murs extérieurs ou des parois vitrées donnant sur l'extérieur, systèmes de chauffage, système de production d'eau chaude sanitaire) respectent les exigences de performance énergétique définies par l'arrêté LOGL1903827 du 26-3-2019 art. 3 à 8.

› Précisions **a.** Le contribuable doit être en mesure de fournir à l'administration, sur sa demande, l'**attestation** délivrée par une personne ou un organisme de certification habilité permettant de justifier que le logement concerné respecte cette éco-condition.
b. Sur l'application de cette éco-condition aux **investissements** réalisés **outre-mer,** voir n° 92065.

2809 IRPP-IV-117100 s **Localisation des immeubles** Les immeubles doivent être situés en **France** (métropole ou DOM). Ils peuvent également être situés dans une **collectivité territoriale d'outre-mer** (voir n° 92065).

Ils doivent être situés dans des communes classées par arrêté dans les **zones géographiques** où le déséquilibre entre l'offre et la demande de logements locatifs est le plus marqué. Pour les investissements réalisés à compter du 1er janvier 2017, sont éligibles les immeubles situés dans des communes dont le territoire est couvert par un **contrat de redynamisation de site de défense.** Pour les investissements réalisés à compter du 1er janvier 2018 sont éligibles les immeubles situés dans des communes dont le territoire a été couvert par un contrat de redynamisation de site de défense dans un délai de huit ans précédant l'investissement.

S'agissant des logements acquis à compter du 1er janvier 2019 dans le cadre du **dispositif « Denormandie »** (voir n° 2807), ceux-ci doivent être situés dans des communes dont le besoin de **réhabilitation de l'habitat du centre-ville** est particulièrement marqué ou qui ont conclu une **convention d'opération de revitalisation de territoire.** La liste des communes, de même que la détermination du centre des communes éligibles pour les investissements réalisés jusqu'au 31 décembre 2019, sont fixées par arrêté (CGI ann. IV art. 18-0 bis D). Pour les acquisitions réalisées à compter du 1er janvier 2020, les logements ouvrant droit à la réduction d'impôt peuvent être situés indifféremment en tout lieu sur le territoire des communes éligibles (Loi 2019-1479 du 28-12-2019 art. 115).

› Précisions **a.** Depuis le 1-10-2014, les **zones géographiques se caractérisant par un déséquilibre entre l'offre et la demande de logements** sont les zones A bis, A et B1 telles que mentionnées à l'annexe I de l'arrêté du 1-8-2014 (JO du 6 p. 13029) pris en application de l'article R 304-1 du Code de la construction et de l'habitation modifié par l'arrêté du 30-9-2014 (JO du 14-10 p. 16712). Des dispositions transitoires sont prévues pour les communes déclassées de la zone A à la zone B1 ou de la zone B1 en zone B2.
b. Pour les communes caractérisées par des besoins particuliers en logement locatif **éligibles sous agrément** jusqu'au 31 décembre 2017, les zones dans lesquelles s'appliquent la réduction d'impôt sont, les zones **B2 ou C** (CGI ann. III art. 2 terdecies E). Pour les investissements réalisés à compter du 1-1-2018, les zones B2 et C sont exclues du dispositif. À titre transitoire, le bénéfice de la réduction d'impôt est maintenu aux acquisitions de logements pour lesquelles une demande de permis de construire a été déposée au plus tard le 31 décembre 2017, si l'acquisition est réalisée jusqu'au 31-12-2018. Cette mesure transitoire est prorogée pour les acquisitions réalisées jusqu'au 15 mars 2019 (Loi 2018-1317 du 28-12-2018 art. 187).
c. Jusqu'au **30-9-2014,** les zones A et B1 étaient fixées par l'arrêté du 29-4-2009 (JO du 3-5 p. 7486) et la zone A bis par l'arrêté du 22-12-2010 (JO du 23 p. 22559). **Depuis le 1-10-2014,** le zonage applicable est celui fixé par l'arrêté du 1-8-2014 (JO du 6 p. 13029). Des dispositions transitoires sont prévues pour les communes déclassées en zone B1 ou B2. Les **annexes** de cet arrêté, dans lesquelles sont listées les communes classées par zone A bis, A, B1, B2 (le reste du territoire étant classé en zone C), s'appliquent dans la version issue de l'arrêté du 30-9-2014 (JO du 14-10 p. 16712) qui corrige des erreurs matérielles de l'arrêté du 1-8-2014.
d. En **Bretagne,** à titre expérimental et par dérogation aux dispositions de l'article 199 novovicies du CGI, les communes ou parties de communes éligibles à la réduction d'impôt ainsi que les plafonds de loyer et de ressources du locataire pour chaque commune ou partie de commune éligible et par type de logement sont fixés par arrêté du **préfet de région.** Cette expérimentation s'applique aux acquisitions de logement et aux demandes de permis de construire postérieures à une date fixée par arrêté qui ne peut être postérieure au 1er juillet 2020 (Loi 2019-1479 du 28-12-2019 art. 164).

ENGAGEMENT DES INVESTISSEURS

Le propriétaire du logement doit prendre l'engagement de le donner en **location nue** à titre d'habitation principale à une personne autre qu'un membre de son foyer fiscal. La location à un **ascendant** ou à un **descendant** est autorisée pour les investissements réalisés depuis le 1er janvier 2015. 2811 IRPP-IV-118100 s

Pour les **investissements réalisés jusqu'au 31 août 2014,** l'engagement de location doit être pris pour une durée fixe de neuf ans.

Pour ceux réalisés **depuis le 1er septembre 2014,** la durée minimale de l'engagement de location est fixée sur option irrévocable de l'investisseur à **six ou neuf ans.** À l'issue de cette période, l'engagement peut être **prorogé** de trois ans, renouvelables une fois en cas d'engagement initial de six ans. Il peut ainsi s'étaler sur une durée de douze ans.

Lorsque le logement est la propriété d'une **société non soumise à l'impôt sur les sociétés,** l'engagement est pris par cette dernière, la location ne pouvant être conclue avec un associé ou un membre de son foyer fiscal ou encore un de ses ascendants ou descendants, mais cette dernière restriction est supprimée pour les investissements réalisés depuis le 1er janvier 2015. L'associé qui entend bénéficier de la réduction d'impôt doit, en outre, s'engager à conserver la totalité de ses titres jusqu'à l'expiration de la période couverte par l'engagement de location.

Lorsque le logement est la propriété d'une **SCPI,** l'engagement est pris par celle-ci, la location ne pouvant être conclue avec un associé ou un membre de son foyer fiscal. En revanche, il n'existe aucune restriction quant à la location aux ascendants ou descendants des associés de la SCPI (BOI-IR-RICI-360-20-10 nº 20). L'associé doit s'engager, de son côté, à conserver la totalité de ses titres jusqu'à l'expiration de la période couverte par l'engagement de location.

La location doit prendre effet dans les douze mois de l'acquisition ou de l'achèvement de la construction ou des travaux. Elle doit être effective et continue.

› Précisions **a.** Les logements loués en tant que **résidence secondaire** ou **saisonnière** ne peuvent pas ouvrir droit au bénéfice de la réduction d'impôt.

b. Le dispositif est susceptible de s'appliquer aux logements loués nus situés dans des **résidences de retraite,** dans des maisons d'accueil pour personnes âgées dépendantes ou dans des **résidences pour étudiants** (BOI-IR-RICI-360-20-20 nº 20).

c. Le **logement** peut être **loué à un organisme** public ou privé qui le donne en sous-location nue à usage d'habitation principale du sous-locataire à la condition que cet organisme ne fournisse aucune prestation hôtelière ou para-hôtelière et que le sous-locataire ne soit pas un membre du foyer fiscal, et, pour les investissements réalisés jusqu'au 31 décembre 2014, un ascendant ou un descendant du propriétaire ou de l'associé.

d. Lorsqu'une même souscription de parts de SCPI est affectée à **plusieurs logements,** chacun d'entre eux doit faire l'objet d'un engagement de location de la part de la SCPI. Par ailleurs, la période d'engagement de conservation des parts expire au terme de celle couverte par l'engagement de location afférent au dernier des logements acquis au moyen de la souscription et mis en location par la société (BOI-IR-RICI-360-20-10 nos 20 et 70).

e. La **durée de location** de six ou neuf ans est calculée de date à date à compter de celle de la prise d'effet du bail initial.

f. En cas de **congé du locataire,** un délai de vacance d'un an au maximum est admis pour conclure un nouveau bail (BOI-IR-RICI-360-20-20 nº 20).

g. En cas de cession du logement ou démembrement du droit de propriété dû au **décès** de l'un des époux ou partenaires liés par un Pacs, soumis à imposition commune, le conjoint survivant, attributaire du bien ou titulaire de son usufruit, peut reprendre l'engagement de location à sa charge et bénéficier de la réduction d'impôt, dans les mêmes conditions et selon les mêmes modalités, pour la période restant à courir. En cas de **modification du foyer fiscal** (mariage, divorce, conclusion ou rupture d'un Pacs, séparation...), l'attributaire du bien peut également demander le maintien du dispositif à son profit (BOI-IR-RICI-360-20-10 nº 60).

Conditions de location Pour bénéficier de la réduction d'impôt, le bailleur doit s'engager à ce que le montant des loyers ne soit pas supérieur à un plafond relevé chaque année (CGI ann. III art. 2 terdecies D). Ce plafond doit être respecté pendant toute la période de l'engagement de location. Il varie en fonction de la zone dans laquelle le logement est donné en location. 2812 IRPP-IV-119500 s

Les **plafonds de loyer** mensuel par mètre carré, charges non comprises, sont ainsi fixés pour **2020** aux montants suivants :

- en zone A bis : 17,43 € ;
- en zone A : 12,95 € ;
- en zone B1 : 10,44 € ;
- en zone B2 ou C : 9,07 €.

À ces plafonds de loyer il est ensuite appliqué un **coefficient multiplicateur** calculé selon la formule suivante : 0,7 + 19/S, dans laquelle S est la surface du logement. Le coefficient ainsi obtenu est arrondi à la deuxième décimale la plus proche et ne peut excéder 1,2.

> **Précisions** **a.** En ce qui concerne le **zonage,** voir n° 2809.
> **b.** La **surface prise en compte** s'entend de la surface habitable, augmentée de la moitié de celle des annexes (caves, balcons, remises...) dans la limite de 8 m² par logement et à l'exclusion des garages. Pour les maisons individuelles, l'administration fixe forfaitairement à 12 m² la partie des annexes à usage de stationnement (BOI-IR-RICI-360-20-30 n° 30).
> **c.** Les **plafonds** de loyer peuvent être **réduits** par le représentant de l'État dans la région après avis du comité régional de l'habitat, afin d'être adaptés aux particularités des marchés locatifs locaux.
> **d.** Des plafonds spécifiques sont prévus pour les logements situés **outre-mer** (n° 92065).

2813
IRPP-IV-120200 s

Les ressources du locataire ne doivent pas excéder un plafond relevé chaque année (CGI ann. III art. 2 terdecies D). Ce plafond s'apprécie à la date de signature du bail. Il varie en fonction de la zone dans laquelle le logement est donné en location.

Pour les baux conclus ou renouvelés en **2020,** les **plafonds** annuels de **ressources** des locataires sont les suivants :

Composition du logement	Lieu de situation du logement			
	Zone A bis (en euros)	Zone A (en euros)	Zone B1 (en euros)	Zone B2 ou C (en euros)
Personne seule	38 465	38 465	31 352	28 217
Couple	57 489	57 489	41 868	37 681
Personne seule ou couple ayant une personne à charge [1]	75 361	69 105	50 349	45 314
Personne seule ou couple ayant deux personnes à charge [1]	89 976	82 776	60 783	54 705
Personne seule ou couple ayant trois personnes à charge [1]	107 053	97 991	71 504	64 354
Personne seule ou couple ayant quatre personnes à charge [1]	120 463	110 271	80 584	72 526
Majoration par personne à charge [1] supplémentaire à partir de la cinquième	+ 13 421	+ 12 286	+ 8 990	+ 8 089

1. Au sens des articles 196 à 196 B du CGI.

> **Précisions** **a.** Pour les **plafonds** de ressources **2019,** voir Mémento fiscal 2019 n° 2813.
> **b.** Les ressources à prendre en compte s'entendent du **revenu fiscal de référence** au sens de l'article 1417, IV-1° du CGI (n° 42332), figurant sur l'avis d'impôt sur le revenu établi au titre de l'avant-dernière année précédant celle de la signature du contrat de location. Par exception, si les ressources du locataire de l'année précédant celle de la signature du contrat de location sont inférieures à celles de l'année de référence, ce sont celles-ci qui sont retenues pour l'appréciation du plafond (BOI-IR-RICI-360-20-30 nos 240 et 250).
> **c.** En cas de **sous-location,** les plafonds s'apprécient en tenant compte des ressources du sous-locataire (BOI-IR-RICI-360-20-30 n° 260).
> **d.** En ce qui concerne le **zonage,** voir n° 2809.
> **e.** Des plafonds spécifiques sont prévus pour les logements situés **outre-mer** (n° 92065).

MONTANT DE LA RÉDUCTION D'IMPÔT

2814
IRPP-IV-121000 s

Base de calcul La réduction d'impôt « Duflot-Pinel-Denormandie » est calculée sur le **prix de revient du logement,** retenu dans la **limite** de 5 500 € **par mètre carré** de surface habitable, sans pouvoir dépasser globalement **300 000 €** (CGI ann. III art. 46 AZA octies B).

S'agissant des souscriptions de **parts de SCPI,** la réduction d'impôt est calculée sur **95 %** du montant des **versements** retenu dans la limite de **300 000 €** et sur la **totalité** des versements pour celles dont la date de clôture est intervenue depuis le 1er septembre 2014.

En outre, le montant total des dépenses retenu au titre, d'une part, de l'achat ou de la construction d'un logement (directement ou par l'intermédiaire d'une société) et, d'autre part, de la souscription de parts d'une ou de plusieurs SCPI ne peut excéder **globalement 300 000 €** par contribuable et pour une même année d'imposition.

> **Précisions** **a.** Le **prix de revient** du logement est constitué par le prix d'acquisition majoré des frais accessoires.
> Pour les **immeubles construits, remis à neuf, transformés ou réhabilités,** il faut prendre en compte le prix et les frais d'acquisition du terrain ou local, selon le cas, auxquels s'ajoute le montant des travaux. Pour les immeubles construits sur un terrain acquis à titre gratuit (succession ou donation), la base de calcul de la réduction comprend la valeur du bien lors de la transmission (BOI-IR-RICI-360-30-10 n° 170).
> **b.** Pour les investissements réalisés à compter de 2017, le montant des **frais et commissions**

directs et indirects imputés, au titre d'une même acquisition de logement, par les **intermédiaires de l'immobilier** ne peut excéder 10 % du prix de revient du logement (Décret 2019-1426 du 20-12-2019). Le non-respect de cette règle est sanctionné par une amende dont le montant ne peut excéder dix fois les frais indûment perçus.
c. Le **prix de revient** du logement retenu pour la détermination de la réduction d'impôt doit, le cas échéant, être diminué du montant du **crédit d'impôt pour la transition énergétique** visé aux n°s 3045 s. (BOI-IR-RICI-360-30-20 n° 170).
d. En ce qui concerne la **surface habitable** à prendre en compte, voir n° 2812, précision b.
e. En cas d'acquisition par une **SCI** ou par une **indivision,** chaque associé ou indivisaire bénéficie de la réduction d'impôt dans la limite de la quote-part du prix de revient du logement correspondant à ses droits dans la société ou l'indivision. Dans ce cas, le plafonnement s'effectue au niveau du logement (et non au niveau de chaque associé ou indivisaire).

Taux de la réduction d'impôt Le taux de la réduction d'impôt est de **18 %** pour les investissements réalisés jusqu'au 31 août 2014. **2815** IRPP-IV-122000 s
Pour les investissements réalisés depuis le 1er septembre 2014, le taux est de **12 % ou 18 %** selon que l'engagement initial de location est pris pour une durée de six ou neuf ans. En cas de **prorogation de l'engagement** (n° 2811), le taux varie en fonction de la durée initiale de l'engagement :
– **6 %** pour la première période triennale et 3 % pour la seconde période triennale si l'engagement initial est de six ans ;
– **3 %** pour la période triennale si l'engagement initial est de neuf ans.
En ce qui concerne les logements situés **outre-mer,** voir n° 92065.

Imputation et étalement La réduction d'impôt est répartie, par parts égales, sur **neuf années** pour les investissements réalisés jusqu'au 31 août 2014 et sur **six ou neuf ans** en fonction de la durée initiale de l'engagement de location (n° 2811) pour les investissements réalisés depuis le 1er septembre 2014. **2816** IRPP-IV-122400 s
Elle est accordée au titre de l'année d'achèvement du logement (ou des travaux) ou de son acquisition si elle est postérieure ou encore de la souscription des parts de SCPI. Elle est imputée sur l'impôt sur le revenu dû au titre de cette même année puis sur l'impôt dû au titre de chacune des huit années suivantes pour les investissements réalisés jusqu'au 31 août 2014 et des cinq ou huit années suivantes, en fonction de la durée initiale de l'engagement (n° 2811) pour les investissements réalisés depuis le 1er septembre 2014. En cas de **prorogation** de l'engagement (n° 2811), la réduction est imputée, par période triennale, à raison d'un tiers de son montant sur l'impôt dû au titre de l'année au cours de laquelle l'engagement est prorogé et des deux années suivantes.
Le **solde** de la réduction d'impôt qui, au titre d'une année d'imposition, excède l'impôt dû par le contribuable ne peut pas être imputé sur l'impôt sur le revenu dû au titre des années suivantes.

› Précisions a. La réduction d'impôt **ne peut pas se cumuler,** pour un même logement, avec l'une des réductions d'impôt prévues dans le secteur du logement en outre-mer (n°s 92010 s.) ou dans le cadre du dispositif « Malraux » (n°s 2840 s.) ou encore de la réduction d'impôt « Scellier » (n°s 2820 s.). Elle ne peut pas non plus se cumuler avec le prêt locatif social, le « Cosse ancien » (n°s 27850 s.) ou avec le « Borloo ancien » (n° 28260).
b. Les dépenses de travaux retenues pour le calcul de la réduction d'impôt ne peuvent pas faire l'objet d'une déduction pour la détermination des **revenus fonciers.**
c. La réduction d'impôt est prise en compte pour le calcul du **plafonnement global** des avantages fiscaux (n°s 4840 s.).

OBLIGATIONS DÉCLARATIVES

Les contribuables personnes physiques et les sociétés doivent joindre à leur déclaration de revenus ou de résultats de la première année d'application du régime l'**engagement de location** et, le cas échéant, l'**engagement de conservation des parts,** ainsi que différents **justificatifs** : notamment, copies du bail, de la demande de permis de construire et de l'avis d'imposition ou de non-imposition du locataire. Pour les investissements réalisés depuis le 1er septembre 2014, les mêmes documents sont à joindre à la déclaration, en cas de prorogation de l'engagement de location, l'année du terme de l'engagement initial (pour une première prorogation) et l'année du terme de la première période triennale (pour une seconde prorogation) (CGI ann. III art. 46 AZA undecies à 46 AZA quaterdecies). **2817** IRPP-IV-123800 s
Les sociétés doivent en outre délivrer chaque année à leurs associés, au plus tard le deuxième jour ouvré suivant le 1er mai, une **attestation** dont un exemplaire doit être joint à leur déclaration de résultats et l'autre à chaque déclaration de revenus des associés (CGI ann. III art. 46 AZA terdecies et 46 AZA quaterdecies).

› Précisions a. Pour les **logements vétustes** que le contribuable acquiert en vue de les **réhabiliter,** le contribuable doit également être en mesure de présenter, sur demande, un état descriptif du logement et l'attestation établis par un professionnel avant et après la réalisation des travaux.

b. En cas de **location à un organisme** public ou privé **qui le donne en sous-location** nue à usage de résidence principale du sous-locataire, les contribuables doivent joindre à leur déclaration des revenus de l'année d'achèvement de l'immeuble ou de son acquisition si elle est postérieure une copie du bail conclu avec l'organisme locataire et une copie du contrat de sous-location faisant apparaître le montant de la redevance payée par le sous-locataire.

c. Pour les investissements réalisés dans le cadre du dispositif **« Denormandie »,** le contribuable doit joindre à sa déclaration une note récapitulant les travaux réalisés ainsi que leur montant (CGI ann. III art. 46 AZA undecies, I-4°).

d. Pour les obligations documentaires des déclarations de revenus sur **internet,** voir n° 3675.

REPRISE DE LA RÉDUCTION D'IMPÔT

2818 IRPP-IV-124700 Le non-respect de l'une des conditions d'application du régime entraîne la reprise de la réduction d'impôt.

Les **principaux cas** de reprise sont les suivants :

– non-respect de l'**engagement de location** du logement à usage d'habitation principale du locataire, dans les conditions légales (dépassement des plafonds de loyer ou de ressources autorisés, location à un membre du foyer fiscal, interruption de la location…) ;

– **cession** (vente, démembrement de propriété…) du logement ou des parts au cours de la période d'engagement de la location ;

– non-respect des conditions relatives à la souscription des **parts de SCPI** (défaut d'affectation du montant de la souscription dans le délai de 18 mois, par exemple).

Toutefois, aucune réintégration n'est effectuée en cas d'**invalidité** (classée en 2e ou 3e catégorie), de **licenciement** ou de **décès** de l'un des époux soumis à imposition commune.

› Précisions La **modification du foyer fiscal** (mariage, divorce, conclusion ou rupture d'un Pacs, séparation...) entraîne la reprise de la réduction d'impôt, sauf si le nouvel attributaire du bien reprend l'engagement de location (n° 2811, précision g) ou si, en cas de divorce, les ex-époux conservent en indivision le bien acquis au cours de leur mariage (BOI-IR-RICI-360-20-10 n° 60).

8. INVESTISSEMENTS « SCELLIER »

2820 CGI art. 199 septvicies IRPP-IV-85000 s Les particuliers ayant acquis à titre onéreux entre le 1er janvier 2009 et le 31 décembre 2012 (ou, par exception, le 31 mars 2013) des logements neufs ou assimilés destinés à la location peuvent bénéficier d'une réduction d'impôt dite « Scellier » répartie sur neuf ans. Il en va de même de ceux ayant souscrit des parts de SCPI servant à financer de tels investissements.

Ils peuvent en outre bénéficier d'avantages fiscaux complémentaires (sous forme de déduction spécifique ou de complément de réduction d'impôt), notamment lorsque la location est consentie dans le secteur intermédiaire.

Le tableau ci-après résume les conditions et les modalités d'application du régime « Scellier », qui avait pris le relais de l'amortissement « Robien » (n° 28270).

Remarque : La réduction d'impôt « Scellier » est prise en compte pour le calcul du **plafonnement global** des avantages fiscaux (nos 4840 s.).

En ce qui concerne les investissements « Scellier » réalisés dans les départements ou collectivités d'**outre-mer,** voir nos 92070 s.

	Scellier « classique »	Scellier « intermédiaire »
Date des investissements	Du 1-1-2009 au 31-12-2012 (ou au 31-3-2013 si justification de l'engagement de réaliser l'investissement au plus tard le 31-12-2012) Remarque : Pour les investissements réalisés en 2009, choix entre la réduction « Scellier » et l'amortissement « Robien », sans cumul possible pour un même investissement Pour les investissements réalisés en 2013, choix entre la réduction « Scellier » et la réduction « Duflot » (nos 2805 s.) sans cumul possible pour un même investissement	
Investissements concernés	Acquisitions de logements neufs ou assimilés Acquisitions de logements vétustes à réhabiliter Souscriptions de parts de SCPI	
Affectation du logement	Location nue – Résidence principale	
Engagements des investisseurs	Engagement de location de 9 ans pris par le propriétaire du logement, éventuellement engagement de l'associé de conserver ses parts jusqu'à l'expiration de la période couverte par l'engagement de location	
		Pour bénéficier de la réduction d'impôt supplémentaire : engagement de location prolongé de trois ans, renouvelable une fois (soit 15 ans au total)

2820 (suite)

	Scellier « classique »	Scellier « intermédiaire »
Plafonds de loyers (par m^2, mensuels, charges non comprises)	Pour 2020 : – Investissements réalisés en 2009 ou 2010 : Zone A : 23,95 € Zone B1 : 16,65 € Zone B2 : 13,62 € La liste des communes relevant des zones A, B1 et B2 a été fixée par l'arrêté BUDF0620458A du 10-8-2006 et par l'arrêté LOGU0907606A du 29-4-2009 ; – Investissements réalisés à partir de 2011 : Zone A bis : 23,81 € Zone A : 17,66 € Zone B1 : 14,24 € Zone B2 : 11,62 € Zone C : 8,09 € La liste des communes relevant des zones A bis, A, B1, B2 et C a été fixée par l'arrêté DEVL1026928A du 22-12-2010. Les communes de la zone C sont exclues du dispositif sauf agrément spécial du ministre du logement.	Pour 2020 : – Investissements réalisés en 2009 ou 2010 : Zone A : 19,16 € Zone B1 : 13,32 € Zone B2 : 10,89 € La liste des communes relevant des zones A, B1 et B2 a été fixée par l'arrêté BUDF0620458A du 10-8-2006 et par l'arrêté LOGU0907606A du 29-4-2009 ; – Investissements réalisés à partir de 2011 : Zone A bis : 19,05 € Zone A : 14,12 € Zone B1 : 11,40 € Zone B2 : 9,29 € Zone C : 6,47 € La liste des communes relevant des zones A bis, A, B1, B2 et C a été fixée par l'arrêté DEVL1026928A du 22-12-2010. Les communes de la zone C sont exclues du dispositif sauf agrément spécial du ministre du logement.
Plafonds de ressources des locataires	Aucun	Plafonds de ressources identiques à ceux du « Borloo neuf », étant précisé qu'aucun agrément n'a été accordé en zone C pour les investissements réalisés en 2009 et 2010 : nº 28280
Location à un enfant ou à un parent	Possible à condition que l'enfant ou le parent ne fasse pas partie du foyer fiscal du propriétaire ou de l'associé	Non (mais possibilité d'une suspension temporaire de l'engagement dans ce but)
Location à un associé (ou à un membre de son foyer fiscal)	Non autorisée	
Délai de vacance en cas de changement de locataire	1 an	
Base de la réduction d'impôt	Prix de revient du logement ou montant total des versements pour les parts de SCPI, dans la **limite** de 300 000 € Pour les investissements (autres que les souscriptions de parts de SCPI) réalisés à compter du 8 mars 2012, prix de revient retenu également dans la limite de **plafonds par mètre carré** : Zone A bis et A : 5 000 € Zone B1 : 4 000 € Zone B2 : 2 100 € Zone C : 2 000 €	
Taux, imputation et étalement de la réduction	La réduction est **répartie par parts égales sur neuf années,** dès l'année d'achèvement du logement ou de son acquisition si elle est postérieure. Si, au titre d'une année, elle excède l'impôt dû, le **solde** peut être imputé sur l'impôt dû au titre des années suivantes jusqu'à la sixième inclusivement, à condition que l'immeuble soit maintenu en location pendant lesdites années.	

2820 (suite)

	Scellier « classique »	Scellier « intermédiaire »
	Le **taux** diffère selon l'année d'acquisition ou de construction du logement et sa performance thermique : – Logements acquis ou construits en 2009 ou 2010 : 25 % – Logements BBC acquis ou construits en 2011 : 22 % (25 % si contrat de réservation signé devant notaire ou enregistré au plus tard le 31-12-2010 et acte authentique signé au plus tard le 31-3-2011) – Logements non BBC acquis ou construits en 2011 : 13 % (25 % si contrat de réservation signé devant notaire ou enregistré au plus tard le 31-12-2010 et acte authentique signé au plus tard le 31-1-2011 ; 15 % si condition de réservation remplie et acte authentique signé entre le 1-2-2011 et le 31-3-2011) – Logements BBC acquis ou construits en 2012 : 13 % (22 % si contrat de réservation signé devant notaire ou enregistré au plus tard le 31-12-2011 et acte authentique signé au plus tard le 31-3-2012) – Logements non BBC acquis ou construits en 2012 (seulement si dépôt du permis de construire au plus tard le 31-12-2011 ; si dépôt du permis en 2012, réduction inapplicable) : 6 % (13 % si contrat de réservation signé devant notaire ou enregistré au plus tard le 31-12-2011 et acte authentique signé au plus tard le 31-3-2012) – Logements acquis par acte authentique entre le 1-1-2013 et le 31-3-2013 (seulement si contrat de réservation signé devant notaire ou enregistré au plus tard le 31-12-2012) : 13 % pour logements BBC et 6 % pour logements non BBC pour lesquels permis de construire déposé au plus tard le 31-12-2011	
		La **réduction supplémentaire** est répartie par parts égales **sur trois ans renouvelables** une fois (soit six ans au maximum), dès l'année suivant l'engagement initial de neuf ans. Le **taux** diffère selon l'année d'acquisition ou de construction du logement : – Logements acquis ou construits en 2009 ou 2010 : 6 % par période triennale (12 % max.) – Logements acquis ou construits en 2011 : 5 % par période triennale (10 % max.) (6 % par période triennale si contrat de réservation signé devant notaire ou enregistré au plus tard le 31-12-2010 et acte authentique signé au plus tard le 31-3-2011) – Logements acquis ou construits en 2012 : 4 % par période triennale (8 % max.) (5 % par période triennale si contrat de réservation signé devant notaire ou enregistré au plus tard le 31-12-2011 et acte authentique signé au plus tard le 31-3-2012) – Logements acquis par acte authentique entre le 1-1-2013 et le 31-3-2013 (seulement si contrat de réservation signé devant notaire ou enregistré au plus tard le 31-12-2012) : 4 % par période triennale (8 % max.)
Autres avantages fiscaux	Déduction spécifique de 26 % des revenus bruts fonciers dès lors que le logement est situé dans une zone de revitalisation rurale pendant les 9 ans de l'engagement de location (« **Scellier ZRR** »)	Déduction spécifique de 30 % des revenus bruts fonciers pendant la durée de l'engagement de location (soit 9, 12 ou 15 ans)
Articulation avec d'autres dispositifs fiscaux	Non-cumul avec d'autres réductions d'impôt (investissements dans le secteur du tourisme, dans le secteur du logement outre-mer, dans le cadre du dispositif « Malraux » ou « Duflot-Pinel-Denormandie ») Non-cumul avec les dispositifs « Cosse » et « Borloo ancien »	
Déficits fonciers	Imputation dans la limite annuelle de 10 700 €	

	Scellier « classique »	Scellier « intermédiaire »
Remise en cause des avantages fiscaux	**Principaux événements** entraînant une remise en cause : – Non-respect de l'engagement de location, des conditions de loyers (ou de ressources des locataires pour le Scellier intermédiaire), location à un membre du foyer fiscal (ou à un parent ou enfant pour le Scellier intermédiaire, sous réserve d'un dispositif de suspension temporaire de l'engagement), location à un associé de la SCPI propriétaire du bien, vacance trop longue entre deux locataires – Cession (vente, démembrement, apport, échange, donation) du logement ou des parts sociales – Inscription du logement ou des parts à l'actif d'une entreprise individuelle – Modification du foyer fiscal (mariage, divorce, conclusion ou rupture d'un Pacs, séparation…) sauf si le nouvel attributaire du bien reprend l'engagement de location (ou si, en cas de divorce, le bien reste en indivision). Même solution en cas de décès d'un conjoint Défaut d'affectation du produit de la souscription des parts de SCPI dans le délai de 18 mois Pas de remise en cause en cas d'invalidité, de licenciement ou de décès du contribuable (propriétaire ou associé) ou de son conjoint. **Conséquences** : – En cas de non-respect des conditions initiales : l'IR des années au titre desquelles la réduction d'impôt a été pratiquée est majoré du montant de cette réduction. Le cas échéant, lorsqu'une déduction spécifique de 26 % ou 30 % (Scellier ZRR ou Scellier intermédiaire) a été pratiquée, le revenu foncier des années au titre desquelles la déduction spécifique a été déduite est majoré du montant de cette déduction – En cas de non-respect des conditions au cours de la période d'engagement de location : l'IR de l'année au cours de laquelle intervient l'événement entraînant la déchéance de l'avantage fiscal est majoré du montant total de la réduction d'impôt obtenue. Le cas échéant, lorsqu'une déduction spécifique de 26 % ou 30 % (Scellier ZRR ou Scellier intermédiaire) a été pratiquée, le revenu foncier de l'année au cours de laquelle intervient l'événement entraînant la déchéance de la déduction spécifique est majoré du montant de l'ensemble des déductions pratiquées au cours de la période initiale d'engagement. Lorsque le logement est la propriété d'une **SCPI**, il est admis que la location à l'un des associés ou à un membre de son foyer fiscal n'entraîne la reprise de la réduction de l'avantage fiscal qu'à l'égard du seul associé concerné. Lorsque ce sont les conditions spécifiques des avantages fiscaux supplémentaires (Scellier ZRR et Scellier intermédiaire) qui ne sont pas respectées, seuls ces avantages sont remis en cause.	

9. OPÉRATIONS DE RESTAURATION IMMOBILIÈRE « MALRAUX »

Les particuliers qui investissent dans des opérations de restauration immobilière dans certains quartiers urbains (opérations dites loi « Malraux ») peuvent bénéficier d'une **réduction d'impôt** lorsque les immeubles sont destinés à la location. **2840** CGI art. 199 tervicies **IRPP-IV-108000 s**

BÉNÉFICIAIRES

La réduction d'impôt bénéficie aux **personnes physiques** qui procèdent à des opérations de restauration immobilière **directement** ou par l'intermédiaire d'une **société de personnes** non soumise à l'impôt sur les sociétés. Elle profite également aux personnes qui souscrivent des parts de sociétés civiles de placement immobilier (**SCPI**) lorsque le montant de la souscription sert en partie à financer de telles opérations. **2841** **IRPP-IV-108080 s**

Ces personnes doivent être fiscalement domiciliées en France et imposées à raison des revenus de l'immeuble restauré, dans la catégorie des revenus fonciers.

› Précisions **a.** Le dispositif n'est pas applicable aux titulaires de droits démembrés (**usufruitier, nu-propriétaire**). Une exception est toutefois prévue en cas de démembrement de propriété consécutif au décès de l'un des conjoints (voir nº 2850).
b. Lorsque l'immeuble est détenu en **indivision,** chaque indivisaire est susceptible de bénéficier de la réduction d'impôt à raison de sa quote-part.

OPÉRATIONS CONCERNÉES

L'opération doit être réalisée en vue de la restauration complète d'un immeuble bâti situé soit dans un **site patrimonial remarquable** (SPR), soit dans un **quartier ancien dégradé,** soit dans un **quartier présentant une concentration élevée d'habitat ancien dégradé**, et elle doit être déclarée **d'utilité publique** (sauf si l'immeuble est situé dans un SPR couvert par un plan de sauvegarde et de mise en valeur (PSMV) approuvé ou par un plan de valorisation de l'architecture et du patrimoine (PVAP) approuvé). **2842** **IRPP-IV-108300 s**

La restauration peut être effectuée sur un **immeuble à usage d'habitation** ou à **usage professionnel.** La restauration peut aussi porter sur **tout immeuble destiné, après travaux, à l'habitation** (réaffectation à usage d'habitation de locaux affectés à un autre usage).

Remarque : Pour les opérations portant sur des immeubles situés dans des quartiers anciens dégradés ou présentant une concentration élevée d'habitat ancien dégradé, la réduction d'impôt s'applique aux dépenses supportées **jusqu'au 31 décembre 2022** (Loi 2019-1479 du 28-12-2019 art. 160).

> **Précisions** **a.** Les sites patrimoniaux remarquables (SPR) se sont substitués, à compter du 8 juillet 2016, aux secteurs sauvegardés, aux zones de protection du patrimoine architectural, urbain et paysager (ZPPAUP) et aux aires de mise en valeur de l'architecture et du patrimoine (Avap) (Loi 2016-925 du 7-7-2016 art. 112). La **liste** des quartiers bénéficiaires du programme national de requalification des **quartiers anciens dégradés** est fixée par le décret 2019-1780 du 31 décembre 2009. Celle des **quartiers** prioritaires de la politique de la ville **présentant une concentration élevée d'habitat ancien dégradé** est fixée par l'arrêté TERV1706701A du 19 janvier 2018.
> **b.** Sont exclus du champ d'application de la réduction les travaux qui ne permettent qu'une **restauration partielle** de l'immeuble. Mais les travaux peuvent ne porter que sur les parties de l'immeuble qui nécessitent une intervention.
> **c.** Les travaux de **réaffectation à usage d'habitation** de locaux affectés à un autre usage concernent les **locaux non destinés originellement à l'habitation** (bureaux transformés en logements, par exemple) pour lesquels une demande de permis de construire ou une déclaration préalable est déposée depuis le 1er janvier 2017 (ou, s'agissant de souscriptions de parts de SCPI, pour les souscriptions dont la date de clôture est intervenue depuis la même date). Antérieurement, seuls les **locaux destinés à l'origine à l'habitation,** utilisés temporairement à un autre usage et réaffectés à l'habitation, ouvraient droit à la réduction d'impôt (par exemple, un local d'habitation transformé en bureau ou en commerce puis réaffecté à l'habitation).

DÉPENSES OUVRANT DROIT À RÉDUCTION D'IMPÔT

2843 IRPP-IV-108700 s

Ouvrent droit à la réduction d'impôt :

– les **travaux imposés ou autorisés par l'autorité publique**, y compris les travaux de transformation en logement de tout ou partie d'un immeuble d'habitation réalisés ou non dans le volume bâti existant (travaux ayant pour effet de rendre habitables des combles, des greniers ou des parties communes, extension de superficies habitables, etc.) ;

– les **charges foncières habituelles** : les dépenses de réparation et d'entretien (nº 27340), les primes d'assurance (nº 27400), les dépenses d'amélioration (nº 27350), les impositions (nº 27410), les frais de gestion (nº 27390) ainsi que la fraction des provisions pour dépenses de travaux de copropriété pour le montant effectivement employé par le syndic pour le paiement desdites dépenses ;

– et les **frais d'adhésion** à une association foncière urbaine de restauration.

Les dépenses prises en compte sont celles supportées à compter de la date de délivrance du permis de construire ou de l'expiration du délai d'opposition à la déclaration préalable, jusqu'au 31 décembre de la troisième année suivante. Les contribuables peuvent donc bénéficier d'un avantage fiscal **pendant quatre années** d'imposition au maximum. Cette période d'éligibilité peut toutefois être prolongée lorsque les travaux sont interrompus ou ralentis par l'effet de la force majeure ou de découverte de vestiges archéologiques.

Ouvrent droit également à la réduction d'impôt les **souscriptions de parts de SCPI** dont 65 % au minimum servent exclusivement à financer des dépenses éligibles (mentionnées ci-dessus) et 30 % au minimum servent à financer l'acquisition d'immeubles éligibles (nº 2842). Le montant de la souscription doit être intégralement affecté dans les dix-huit mois qui suivent la clôture de celle-ci.

> **Précisions** **a.** La réduction d'impôt est calculée sur le montant des dépenses effectivement supportées par le contribuable. Il y a donc lieu de déduire, le cas échéant, les **aides ou subventions** accordées pour la réalisation des travaux.
> **b.** Lorsque les travaux sont réalisés dans le cadre d'un **contrat de vente d'immeuble à rénover,** le montant des dépenses ouvrant droit à la réduction d'impôt est celui correspondant au prix des travaux devant être réalisés par le vendeur et effectivement payés par l'acquéreur selon l'échéancier prévu au contrat.
> **c.** Lorsque le contribuable bénéficie de la réduction d'impôt, les dépenses correspondantes ne peuvent faire l'objet d'aucune déduction pour la détermination des **revenus fonciers** (pas de double avantage). En revanche, les charges qui n'entrent pas dans la base de calcul de la réduction d'impôt, tels les intérêts d'emprunt, sont déductibles des revenus fonciers dans les conditions de droit commun (nºs 27325 s.).

AFFECTATION DE L'IMMEUBLE À LA LOCATION

2844 IRPP-IV-109000 s

Le propriétaire doit prendre l'**engagement** de louer l'immeuble pendant neuf ans. Lorsque la restauration porte sur un immeuble d'habitation, le contribuable prend l'engagement de le louer nu, à usage d'habitation principale du locataire.

Lorsque l'immeuble est la propriété d'une société, les associés doivent en outre s'engager à conserver leurs parts jusqu'au terme de l'engagement de location pris par la société. Il en va de même lorsque l'immeuble est la propriété d'une SCPI.

La location doit prendre **effet** dans les douze mois de l'achèvement des travaux. Elle doit être effective et continue pendant toute la durée de l'engagement.

> **Précisions** **a.** L'engagement de location doit prévoir que le locataire est une **personne autre qu'un membre du foyer fiscal,** un ascendant ou un descendant du contribuable. Lorsque l'immeuble est la propriété d'une société, le locataire doit être une personne autre que l'un des **associés** ou un membre de son foyer fiscal, un ascendant ou un descendant de celui-ci.
> **b.** Lorsqu'une même **souscription de parts de SCPI est affectée à la réalisation de plusieurs investissements,** la période d'engagement de conservation des parts expire au terme de celle couverte par l'engagement de location afférent au dernier des logements acquis au moyen de la souscription et mis en location par la société (BOI-IR-RICI-200-20 nº 60).
> **c.** En cas de **congé du locataire,** un délai de vacance d'un an au maximum est admis pour conclure un nouveau bail (BOI-IR-RICI-200-20 nº 140).

MONTANT DE LA RÉDUCTION D'IMPÔT

Pour les opérations pour lesquelles une demande de permis de construire ou une déclaration préalable a été déposée **depuis le 1er janvier 2017** ou pour les souscriptions au capital de SCPI dont la date de clôture est intervenue depuis la même date, les dépenses ouvrant droit à la réduction d'impôt sont prises en compte dans la **limite** de 400 000 € sur la **période** de quatre ans définie nº 2843. **2845** IRPP-IV-109550 s

Pour les opérations pour lesquelles une demande de permis de construire ou une déclaration préalable a été déposée **avant le 1er janvier 2017** ou pour les souscriptions au capital de SCPI dont la date de clôture est intervenue avant cette date, les dépenses ouvrant droit à la réduction sont retenues dans la **limite annuelle** de 100 000 € pendant quatre ans.

Cette limite (qu'il s'agisse de la limite de 400 000 € ou de celle de 100 000 €) est **globale** : elle s'apprécie en tenant compte – selon le cas, sur la période de quatre ans (limite de 400 000 €) ou pour une même année d'imposition (limite de 100 000 €) – à la fois des dépenses de travaux éligibles (réalisés directement ou par l'intermédiaire d'une société) et des souscriptions de parts de SCPI.

Le **taux** de la réduction d'impôt est de : **2846** IRPP-IV-109680 s et IRPP-IV-109720 s

– 30 % du montant des dépenses éligibles pour les immeubles situés dans le périmètre d'un **SPR couvert par un PSVM approuvé,** dans un **quartier ancien dégradé** ou dans un **quartier présentant une concentration élevée d'habitat ancien dégradé,**

– 22 % dans les **autres cas** (immeubles situés dans le périmètre d'un SPR couvert par un PVAP approuvé ou opération de restauration déclarée d'utilité publique).

Les mêmes taux sont applicables aux souscriptions de parts de SCPI, la réduction d'impôt étant calculée sur la fraction du montant de la souscription affectée au financement desdites dépenses (à l'exclusion de la quote-part de souscription correspondant à l'acquisition d'immeubles et aux frais de collecte, de recherche et d'investissement : BOI-IR-RICI-200-30 nº 120).

La réduction d'impôt est accordée au titre de l'**année** du paiement des dépenses ou de la réalisation de la souscription de parts de SCPI.

Pour les opérations pour lesquelles une demande de permis de construire ou une déclaration préalable a été déposée depuis le 1er janvier 2017 ou pour les souscriptions au capital de SCPI dont la date de clôture est intervenue depuis cette date, la fraction de la réduction d'impôt imputable au titre d'une année d'imposition qui excède le montant de l'impôt dû au titre de cette année est **reportable** sur l'impôt dû au titre des trois années suivantes.

> **Précisions** **a.** Pour les opérations pour lesquelles une demande de permis de construire ou une déclaration préalable a été déposée **avant le 9 juillet 2016** ou pour les souscriptions au capital de SCPI dont la date de clôture était intervenue avant le 9 juillet 2016, les **taux** étaient fixés à 30 %, pour les immeubles situés en secteur sauvegardé, et 22 % pour les immeubles situés en ZPPAUP ou dans des Avap.
> **b.** La réduction d'impôt n'est pas prise en compte pour l'application du **plafonnement global** des avantages fiscaux visé aux nºs 4840 s., sauf si la demande de permis de construire ou la déclaration de travaux a été déposée avant le 1er janvier 2013.
> **c.** La réduction d'impôt ne peut **pas se cumuler** pour un même logement (ou une même souscription) avec les réductions d'impôt au titre des investissements locatifs réalisés dans le secteur du tourisme (remarque au nº 3140), des investissements réalisés outre-mer (nºs 92010 s.) ni avec la réduction d'impôt « Duflot-Pinel-Denormandie » (nºs 2805 s.) ou avec l'ancien « Scellier » (nº 2820).

REPRISE DE LA RÉDUCTION D'IMPÔT

2850 IRPP-IV-110100 s La réduction d'impôt fait l'objet d'une reprise en cas de **rupture de l'engagement de location** ou de conservation des parts. Par **exception,** il n'est procédé à aucune reprise si la rupture survient à la suite de l'invalidité relevant de la 2e ou 3e des catégories prévues par l'article L 341-4 du Code de la sécurité sociale, à la suite du licenciement ou du décès du contribuable ou de l'un des membres du couple soumis à imposition commune.

La réduction d'impôt fait également l'objet d'une reprise en cas de **démembrement de la propriété** de l'immeuble ou des parts, **sauf** lorsque le démembrement du droit de propriété ou le transfert de la propriété du bien résulte du **décès** de l'un des membres du couple soumis à imposition commune et que le conjoint survivant reprend les engagements courants.

OBLIGATIONS DÉCLARATIVES

2855 CGI ann. III art. 46 AZC IRPP-IV-109850 s La déclaration de revenus (personnes physiques) ou de résultats (sociétés) de la première année d'application du régime doit être accompagnée de l'**engagement de location** et, le cas échéant, de l'**engagement de conservation des parts.** Elle doit également être appuyée de certains **justificatifs** : copie du bail, déclaration d'utilité publique, autorisation d'urbanisme, déclaration d'achèvement des travaux, factures, etc.

Les sociétés sont quant à elles tenues de délivrer chaque année à leurs associés, au plus tard le deuxième jour ouvré suivant le 1er mai, une **attestation** (fournissant notamment le détail de calcul de la réduction d'impôt correspondant aux droits des associés) dont un exemplaire est joint à leur déclaration de résultats et un autre à transmettre aux associés.

Lorsque l'immeuble appartient à une SCPI, les porteurs de parts doivent également déposer leurs parts sur un **compte spécial** de la société dans les trente jours suivant la date limite de dépôt de la déclaration de revenus de l'année de souscription. Pendant toute la période d'application du régime, ils doivent joindre à leur déclaration de revenus un **état** fournissant le détail de calcul de la réduction d'impôt.

> **› Précisions** Sur les **assouplissements** apportés quant à **l'obligation de joindre les justificatifs à la déclaration,** voir n° 3675.

10. INVESTISSEMENTS FORESTIERS

2930 CGI art. 199 decies H et 200 quindecies IRPP-IV-25000 s Les personnes physiques qui, dans le cadre de la gestion de leur patrimoine privé, réalisent jusqu'au **31 décembre 2020** des opérations forestières peuvent bénéficier d'avantages fiscaux, qui prennent la forme de réductions d'impôt ou de crédits d'impôt selon la nature des opérations.

Ces avantages fiscaux sont à prendre en compte dans le calcul du plafonnement global visé aux nos 4840 s.

Les versements reçus par les entreprises bénéficiaires au titre des opérations forestières sont soumis à la réglementation européenne sur les **aides d'État de minimis,** dont les règles d'**encadrement** sont exposées aux nos 92605 s.

ACQUISITIONS

2935 Les acquisitions de **terrains** en nature de bois et forêts ou de terrains nus à boiser (dans un délai de trois ans) ouvrent droit à une **réduction d'impôt** lorsque ces acquisitions n'excèdent pas 4 hectares et permettent d'agrandir une unité de gestion pour porter sa superficie à plus de 4 hectares.

L'acquéreur doit s'engager à **conserver** les terrains pendant quinze ans et à leur appliquer, pendant la même durée, un plan simple de gestion agréé par le centre régional de la propriété forestière (ou, selon la surface totale des terrains possédés par l'intéressé, un autre document de gestion durable prévu par le Code forestier).

La réduction d'impôt concerne également les souscriptions ou acquisitions en numéraire de **parts de groupements forestiers ou de sociétés d'épargne forestière** qui ont pris l'engagement de gérer pendant quinze ans les bois et forêts dont ils sont propriétaires conformément à un plan simple de gestion agréé ou à un règlement type de gestion approuvé. Ces parts doivent être conservées jusqu'au 31 décembre de la huitième année suivant la date de leur souscription ou acquisition.

L'avantage fiscal est accordé au titre de l'année de réalisation de l'investissement. Il est égal à **18 %** du prix d'acquisition des terrains ou du prix d'acquisition ou de souscription des parts (60 % seulement de ce prix pour les parts de société d'épargne forestière).

Le montant des dépenses est retenu dans un **plafond annuel** de 5 700 € pour une personne célibataire, veuve ou divorcée et de 11 400 € pour des personnes mariées ou pacsées, soumises à une imposition commune.

Une **reprise** de cet avantage est opérée lorsque le contribuable, le groupement ou la société ne respecte pas ses engagements (de conservation ou de gestion). Il en est de même en cas de dissolution du groupement forestier ou de la société d'épargne forestière ou lorsque cette dernière n'exerce pas une activité conforme à son objet. La reprise est effectuée au titre de l'année au cours de laquelle le manquement est intervenu.

› **Précisions** **a.** Les souscriptions de parts prises en compte s'entendent aussi bien de celles réalisées lors de la constitution du **capital initial** du groupement ou de la société que de celles intervenues lors d'une **augmentation de** son **capital.**

b. Le **prix d'acquisition** du terrain englobe les frais accessoires tels honoraires de notaire, commissions aux intermédiaires, droits de mutation, etc. S'agissant de l'acquisition de terrains situés dans un massif de montagne, la base de la réduction d'impôt est constituée par le prix d'acquisition de ces terrains et celui des acquisitions de terrains en nature de bois et forêts ou de terrains nus à boiser réalisées dans les trois années précédentes pour constituer l'unité de gestion concernée.

c. Le contribuable qui entend bénéficier de la réduction d'impôt au titre de l'**acquisition de terrains** doit être en mesure de présenter à la demande de l'administration une note comportant notamment l'engagement relatif à la conservation des terrains et à leur gestion (CGI ann. III art. 46 AGH, I-f). En cas de **souscription ou d'acquisition de parts,** le contribuable doit joindre l'engagement de conservation des parts et l'attestation délivrée par le groupement ou la société et relative à l'engagement de gestion (CGI ann. III art. 46 AGJ, II).

d. **Aucune reprise** n'est pratiquée :
– en cas de décès ou d'invalidité relevant de la 2e ou de la 3e des catégories prévues par l'article L 341-4 du Code de la sécurité sociale ou licenciement du contribuable (ou de l'un des époux ou partenaires d'un Pacs, soumis à une imposition commune) ;
– lorsque le contribuable, après une durée minimale de détention de deux ans, apporte les terrains à un groupement forestier ou à une société d'épargne forestière, à la condition qu'il s'engage à conserver les parts sociales reçues en contrepartie, pour la durée de détention restant à courir à la date de l'apport ;
– en cas de donation des terrains ou des parts, sous réserve que les donataires reprennent les engagements souscrits par le donateur pour la durée de détention restant à courir à la date de la donation.
Il en va de même lorsque le terrain acquis fait l'objet d'une expropriation pour cause d'utilité publique, d'un aménagement foncier ou d'une interdiction de reboisement postérieure à l'acquisition, ainsi qu'en cas de mariage, divorce ou séparation du contribuable (BOI-IR-RICI-60-20-20 n° 310).

TRAVAUX FORESTIERS

Les travaux forestiers réalisés, depuis le 1er janvier 2014, par des personnes physiques, des groupements forestiers ou des sociétés d'épargne forestière ouvrent droit à un **crédit d'impôt,** à condition d'être effectués dans une propriété constituant une unité de gestion d'au moins 10 hectares d'un seul tenant ou dans une propriété regroupée au sein d'une organisation de producteurs. Pour les travaux réalisés antérieurement, voir précision c ci-après. 2940

Il en est de même des travaux forestiers réalisés, depuis le 1er janvier 2016, par un groupement d'intérêt économique et environnemental forestier (GIEEF) dont le contribuable est membre directement ou indirectement par l'intermédiaire d'un groupement forestier ou d'une société d'épargne forestière. Aucun seuil plancher de surface n'est exigé lorsque les travaux sont réalisés par une personne physique, un groupement forestier, une société d'épargne forestière ou un GIEEF dans une propriété intégrée dans un GIEEF ou appartenant à un tel groupement.

Les **personnes physiques** doivent s'engager à **conserver** la parcelle concernée jusqu'au 31 décembre de la huitième année suivant celle des travaux et à lui appliquer, pendant la même durée, l'une des garanties de gestion durable prévues par le Code forestier. Les **associés des groupements forestiers et des sociétés d'épargne forestière** doivent prendre l'engagement de conserver leurs parts jusqu'au 31 décembre de la quatrième année suivant celle des travaux, et le groupement ou la société l'engagement de conserver la parcelle concernée pendant huit ans et de lui appliquer une garantie de gestion durable. Les **membres des GIEEF** doivent s'engager à rester membres du groupement jusqu'au 31 décembre de la quatrième année suivant celle des travaux et ces mêmes membres ou le GIEEF, si la propriété lui appartient, doivent s'engager à conserver la parcelle concernée pendant huit ans en lui appliquant une garantie de gestion durable.

L'avantage fiscal est accordé au titre de l'année du paiement des travaux. Il est en principe égal à **18 %** du montant de ces travaux (ou de la fraction de ce montant correspondant aux droits du contribuable dans le groupement ou la société qui a réalisé les travaux). Toutefois, le taux est porté à **25 %** pour les adhérents à une organisation de producteurs et pour les membres d'un GIEEF.

Le montant des travaux est retenu dans un **plafond annuel** de 6 250 € pour une personne célibataire, veuve ou divorcée et de 12 500 € pour des personnes mariées ou pacsées, soumises à une imposition commune.

La **fraction excédentaire** des dépenses peut être reportée sur les quatre années (ou huit années en cas de sinistre forestier) suivant celle du paiement des travaux et dans la même limite.

> **Précisions** **a.** Les **travaux forestiers** concernés s'entendent des travaux de plantation, de reconstitution, de renouvellement, de sauvegarde et d'amélioration des peuplements et des travaux de création et d'amélioration des dessertes (CGI ann. III art. 46 AGK). Les **plantations** doivent être effectuées avec des graines et des plants forestiers conformes aux prescriptions des arrêtés régionaux relatifs aux aides de l'État à l'investissement forestier. Enfin, les dépenses ne doivent pas être payées par prélèvement sur un compte épargne assurance pour la forêt ou un compte d'investissement forestier et d'assurance.
> **b.** Le crédit d'impôt peut donner lieu à **restitution** s'il est supérieur (d'au moins 8 €) à l'impôt dû (n° 2300).
> **c.** Pour les **travaux forestiers réalisés avant 2014,** seuls ceux réalisés dans une unité de gestion d'au moins 10 hectares d'un seul tenant ouvraient droit à une réduction d'impôt. Celle-ci est encore susceptible de s'appliquer, pour la part excédentaire des dépenses réalisées avant 2014 qui peut être **reportée,** dans les limites annuelles de 6 250 € ou 12 500 € (plafond commun avec les cotisations d'assurance : voir n° 2950, précision c), sur les quatre (ou huit) années suivant celle du paiement des travaux.
> **d.** Les **obligations déclaratives** incombant aux investisseurs correspondent à celles exposées au n° 2935, précision c (CGI art. 200 quindecies, 2).
> **e.** L'avantage fiscal fait l'objet d'une **reprise** dans les cas visés au n° 2935.

RÉMUNÉRATION D'UN CONTRAT DE GESTION

2945 Un **crédit d'impôt** est accordé au titre de la rémunération versée par le contribuable, par un groupement forestier ou par une société d'épargne forestière dont le contribuable est membre, pour la réalisation d'un contrat conclu pour la gestion de bois et forêts d'une surface inférieure à 25 hectares **avec** un **gestionnaire forestier professionnel,** un **expert forestier,** une **coopérative forestière** ou une organisation de producteurs ou avec l'**Office national des forêts** ou encore avec un GIEEF, sous réserve des trois conditions suivantes :

– le contrat de gestion doit prévoir la réalisation de programmes de travaux et de coupes sur des terrains en nature de bois et forêts dans le respect de l'une des garanties de gestion durable prévues par le Code forestier ;

– ces coupes doivent être cédées soit dans le cadre d'un mandat de vente avec un gestionnaire forestier professionnel ou un expert forestier, soit en exécution d'un contrat d'apport conclu avec une coopérative ou une organisation de producteurs, soit dans les conditions prescrites à l'article L 315-2 du même Code ;

– ces coupes doivent être commercialisées à destination d'unités de transformation du bois ou de leurs filiales d'approvisionnement par voie de contrats d'approvisionnement annuels reconductibles ou pluriannuels.

L'avantage fiscal est en principe égal à **18 %** du montant des rémunérations (ou de la fraction de ce montant correspondant aux droits du contribuable dans le groupement ou la société qui verse les rémunérations). Toutefois, le taux est porté à **25 %** pour les adhérents à une organisation de producteurs ou les membres d'un GIEEF.

Le montant des rémunérations est retenu dans un **plafond annuel** de 2 000 € pour une personne célibataire, veuve ou divorcée et de 4 000 € pour des personnes mariées ou pacsées, soumises à une imposition commune.

> **Précisions** **a.** Le crédit d'impôt n'est subordonné à aucun **engagement** de conservation, pendant une durée minimale, des parcelles ou des parts de groupement forestier ou de société forestière concernées par le contrat de gestion.
> **b.** Le crédit d'impôt peut donner lieu à **restitution** s'il est supérieur (d'au moins 8 €) à l'impôt dû (n° 2300).
> **c.** Le contribuable doit être en mesure de présenter, à la demande de l'administration, la **facture du contrat de gestion** et l'**attestation** délivrée par l'opérateur certifiant que la cession et la commercialisation des coupes s'effectuent dans les conditions mentionnées ci-dessus (CGI art. 200 quindecies, 4).

COTISATIONS D'ASSURANCE

2950 Ouvrent droit à **réduction d'impôt** les cotisations versées dans le cadre d'un contrat d'assurance couvrant des bois et forêts notamment contre le **risque de tempête.**

Sont visées les cotisations versées à l'assureur par le contribuable, par un groupement forestier ou par une société d'épargne financière dont le contribuable est membre.

La réduction d'impôt est égale à **76 %** des sommes versées par le contribuable ou de la fraction de la cotisation payée par le groupement forestier ou la société d'épargne forestière correspondant aux droits que le contribuable détient dans ces derniers.

Les dépenses en cause sont retenues dans la **limite** de 6 € par hectare assuré. En outre, les sommes retenues sont soumises à un **plafond annuel** de 6 250 € pour une personne célibataire, veuve ou divorcée et de 12 500 € pour des personnes mariées ou pacsées, soumises à une imposition commune.

› Précisions **a.** Les cotisations d'assurance payées par prélèvement sur un **compte épargne d'assurance forestière** ou sur un **compte d'investissement forestier** et d'assurance sont exclues du dispositif.
b. Les contribuables doivent être en mesure de présenter, à la demande de l'administration fiscale, une **attestation d'assurance** certifiant que leurs propriétés de bois et forêts sont couvertes contre le risque de tempête (CGI ann. III art. 46 AGH, II-a).
c. Jusqu'à l'imposition des revenus de 2013, le **plafond** de 6 250 € ou 12 500 € était **commun** aux dépenses de cotisations d'assurance et aux dépenses de travaux forestiers visées au n° 2940, précision c. Pour la liquidation de la réduction d'impôt applicable aux cotisations d'assurance depuis l'imposition des revenus de 2014, l'administration continue à appliquer un plafond commun aux cotisations d'assurance et aux **reports** de dépenses excédentaires de **travaux forestiers** réalisées avant 2014.

11. ACQUISITION DE L'HABITATION PRINCIPALE

Les personnes physiques ayant souscrit un **prêt** dont l'offre a été émise **avant 2011** en vue de l'acquisition ou de la construction de leur habitation principale bénéficient d'un crédit d'impôt à raison des intérêts d'emprunt payés au titre des **cinq ou sept premières annuités de remboursement** de ce prêt, à condition que l'acquisition du logement ou la déclaration d'ouverture de chantier soit intervenue le 30 septembre 2011 au plus tard. Pour plus de précisions sur le champ d'application de ce dispositif, voir Mémento fiscal 2012 n°s 2970 s. **2970** CGI art. 200 quaterdecies **IRPP-IV-70000 s**

Les **logements neufs labellisés « BBC 2005 »** bénéficient d'un crédit d'impôt au taux de 40 % (première annuité) et 20 % (quatre annuités suivantes) pour les logements acquis ou construits avant 2009. Le taux est porté à 40 % au titre des sept premières annuités de remboursement pour les logements acquis ou construits entre 2009 et 2011.

Les **logements neufs non labellisés « BBC 2005 »** donnent droit à un avantage fiscal égal à 40 % (première annuité) et 20 % (quatre annuités suivantes) pour les logements acquis ou construits avant 2010. Ces taux sont ramenés respectivement à 30 % et 15 % pour les logements acquis ou construits en 2010 et à 25 % et 10 % pour les logements acquis ou construits en 2011.

Dans tous les cas, les intérêts versés sont retenus dans la **limite annuelle** de 3 750 € pour une personne célibataire, veuve ou divorcée et 7 500 € pour un couple marié ou pacsé, soumis à une imposition commune. Les montants de 3 750 € et 7 500 € sont doublés (soit 7 500 € et 15 000 €) lorsque le foyer fiscal comporte au moins une personne handicapée (c'est-à-dire titulaire de la carte d'invalidité ou la carte de « mobilité inclusion » portant la mention invalidité : BOI-IR-RICI-350-20-10-10 n° 160).

Ces limites sont majorées de 500 € par personne à charge (250 € pour un enfant en garde alternée).

L'avantage fiscal est pris en compte dans le calcul du **plafonnement global** visé aux n°s 4840 s.

Le crédit d'impôt s'impute dans les conditions indiquées au n° 2300.

Le contribuable doit présenter, sur demande, à l'administration une copie de l'**acte** authentique **d'acquisition** du logement, une déclaration d'affectation du logement à l'habitation principale, l'**échéancier** de remboursement établi par l'établissement prêteur faisant apparaître les intérêts dus et, le cas échéant, les **factures** de travaux, l'acte d'acquisition du terrain nu et la déclaration d'ouverture de chantier (CGI ann. III art. 46 AZA sexies). Il doit également être en mesure de présenter, le cas échéant, le document justifiant que le label « BBC 2005 » est respecté (BOI-IR-RICI-350-20-30 n° 50).

12. DÉPENSES D'ÉQUIPEMENT DANS L'HABITATION PRINCIPALE

a. Dépenses en faveur de la transition énergétique

BÉNÉFICIAIRES

Les contribuables, **propriétaires** de leur habitation principale, peuvent bénéficier d'un **crédit d'impôt** sur le revenu, dit « crédit d'impôt pour la transition énergétique » (**Cite**), au titre des dépenses effectivement supportées pour la contribution à la transition énergétique de leur logement. À compter du 1er janvier 2020, le Cite est applicable, sous condition de revenus, aux dépenses supportées jusqu'au 31 décembre 2020 (Loi 2019-1479 du 28-12-2019 art. 15, I-A-3° **3045** CGI art. 200 quater **IRPP-IV-130000 s**

> **Précisions** **a.** Les **associés de sociétés de personnes non soumises à l'impôt sur les sociétés** qui occupent un logement dont les sociétés sont propriétaires et qui paient effectivement les dépenses d'équipements ou de travaux en faveur de la transition énergétique peuvent bénéficier du crédit d'impôt (BOI-IR-RICI-280-10-10 n° 30).
b. Les dépenses peuvent être réalisées par une **indivision** (cas de concubins notamment). Le crédit d'impôt est alors calculé sur la quote-part correspondant aux droits de chaque indivisaire dans l'indivision.
c. Les locataires ou occupants à titre gratuit sont exclus du dispositif à compter du 1er janvier 2020 (Loi 2019-1479 du 28-12-2019 art. 15, I-A-1°-a).

3047 Les revenus des ménages qui peuvent bénéficier du Cite à compter du 1er janvier 2020 doivent être au moins égaux aux **seuils** suivants applicables en métropole et en outre-mer :

Nombre de personnes composant le ménage	Île-de-France (en euros)	Autres régions (en euros)
1	25 068	19 074
2	36 792	27 896
3	44 188	33 547
4	51 597	39 192
5	59 026	44 860
Par personne supplémentaire	+ 7 422	+ 5 651

Les seuils s'apprécient en fonction du **revenu fiscal de référence** de l'avant-dernière année précédant celle du paiement de la dépense ou, lorsque ce revenu est inférieur à ces seuils, le revenu fiscal de référence de la dernière année précédant celle du paiement.

Ces mêmes revenus ne doivent pas excéder un **plafond** fixé à 27 706 € pour la première part de quotient familial, majorée de 8 209 € pour chacune des deux demi-parts suivantes et de 6 157 € pour chaque demi-part supplémentaire à compter de la troisième. Les majorations sont divisées par deux pour les quarts de part. Pour l'appréciation des revenus en fonction de ces plafonds sont retenus les revenus de l'avant-dernière année précédant celle du paiement de la dépense ou, lorsque ces revenus sont supérieurs à ces plafonds les revenus de la dernière année précédant celle du paiement.

Les ménages dont les revenus sont supérieurs à ces plafonds ne peuvent plus bénéficier du crédit d'impôt à compter du 1er janvier 2020 pour l'ensemble du dispositif, à l'exception des dépenses pour les systèmes de charge pour véhicules électriques ou pour les dépenses relatives aux matériaux d'isolation thermique des parois opaques (Loi 2019-1479 du 28-12-2019 art. 15, I-A-3°).

> **Précisions** Pour les ménages dont les revenus se situent en deçà de ces seuils, le Cite est supprimé et remplacé, pour les dépenses payées à compter du 1er janvier 2020, par une prime de transition énergétique versée par l'Agence nationale de l'habitat (Anah) dès la réalisation des travaux (Loi 2019-1479 du 28-12-2019 art. 15, II), à l'exception des dépenses d'acquisition de systèmes de charge pour véhicules électriques, maintenues dans le dispositif du crédit d'impôt quel que soit le niveau de revenu des contribuables (Loi 2019-1479 du 28-12-2019 art. 15, I-A-3°).

IMMEUBLES CONCERNÉS

3050 L'immeuble doit être **situé en France** (départements métropolitains et départements
IRPP-IV-130500 s d'outre-mer).

Il doit être **affecté à l'habitation principale** du contribuable propriétaire (voir n° 3045 précision c). Cette affectation doit être réalisée à la date de paiement des dépenses ou, au plus tard, dans un délai de six mois à compter de cette date (BOI-IR-RICI-280-10-20 n° 70).

L'immeuble doit en outre, dans tous les cas de dépenses, être **achevé depuis plus de deux ans** à la date du début d'exécution des travaux.

3055 **Notion d'habitation principale** L'habitation principale s'entend, d'une manière générale, du logement où résident habituellement et effectivement les membres du foyer fiscal et où se situe le centre de leurs intérêts professionnels et matériels. Lorsque le ou les membres du foyer fiscal exercent une profession qui les oblige à de fréquents déplacements, l'habitation principale s'entend du logement où la famille réside en permanence.

> **Précisions** **a.** Le logement s'entend des pièces d'habitation proprement dites et des dépendances immédiates et nécessaires telles que les **garages.** Il peut s'agir d'une maison individuelle, d'un appartement et même d'un **bateau** ou d'une péniche aménagés en local d'habitation, lorsque ceux-ci sont utilisés en un point fixe et soumis à la taxe d'habitation (BOI-IR-RICI-280-10-20 n° 30).
b. Les fonctionnaires ou salariés occupant un **logement de fonction** sont considérés comme ayant dans ce logement leur habitation princi-

pale et ne peuvent donc pas, en principe, faire état de dépenses afférentes à un autre logement. Toutefois, lorsque le conjoint et les enfants du titulaire du logement de fonction résident effectivement et en permanence dans une autre habitation, cette dernière peut être considérée comme constituant l'habitation principale du foyer (BOI-IR-RICI-280-10-20 n° 80).

c. Lorsqu'un immeuble n'est que **partiellement affecté à l'habitation principale** (le surplus étant utilisé pour l'exercice d'une profession ou donné en location), seules les dépenses se rapportant à la fraction des locaux utilisée pour l'habitation principale peuvent ouvrir droit à crédit d'impôt. Cette répartition doit être opérée forfaitairement au regard des superficies affectées à chacun des usages (BOI-IR-RICI-280-10-20 n° 120).

d. Dans les **immeubles collectifs,** chacun des contribuables peut faire état de la quote-part des dépenses (d'équipements et de travaux) se rapportant aux **parties communes,** qu'il a effectivement payée pour le logement occupé à titre d'habitation principale. Cette quote-part est justifiée par une attestation du syndic.

Toutefois, d'après l'administration, les travaux réalisés sur des parties communes faisant l'objet d'une occupation privative par une personne autre que le contribuable (loge de concierge, par exemple) n'ouvrent pas droit à avantage fiscal (BOI-IR-RICI-280-10-20 n° 100).

e. En cas de **changement de résidence principale,** quelle qu'en soit la cause, le contribuable peut bénéficier du crédit d'impôt pour sa nouvelle résidence, même s'il a déjà bénéficié de cet avantage pour son ancienne résidence et même si le précédent occupant a obtenu un crédit d'impôt pour le même logement. En revanche, il ne peut plus bénéficier de l'avantage fiscal pour son ancienne résidence (BOI-IR-RICI-280-10-20 n° 70).

DÉPENSES OUVRANT DROIT AU CRÉDIT D'IMPÔT ET MONTANT DU CRÉDIT D'IMPÔT

Pour les dépenses payées à compter du 1er janvier 2020, les taux de crédit d'impôt sont supprimés. Chaque équipement, matériel, appareil ou prestation éligible ouvre droit à un **montant forfaitaire** de crédit d'impôt, **pose incluse** (Loi 2019-1479 du 28-12-2019 art. 15, I-A-4° et 5°). Le **tableau** ci-après indique, pour l'imposition des revenus de 2020, les dépenses d'équipements, matériaux, appareils susceptibles d'ouvrir droit au crédit d'impôt ainsi que le montant de crédit d'impôt qui leur est applicable. Pour l'imposition des revenus de 2019, se reporter au Mémento fiscal 2019 n° 3065. 3065 IRPP-IV-131000 s

Les caractéristiques techniques et critères de performances minimales de ces équipements, matériaux et appareils sont fixés par l'article 18 bis de l'annexe IV au CGI.

Nature de la dépense (pose incluse)	Montant de crédit d'impôt pour le logement individuel		Montant de crédit d'impôt pour les parties communes des immeubles collectifs (« q » représente la quote-part correspondant au logement considéré)	
	Ménages aux revenus dits « intermédiaires » (voir n° 3047)	Ménages aux revenus supérieurs (voir n° 3047)	Ménages aux revenus dits « intermédiaires » (voir n° 3047)	Ménages aux revenus supérieurs (voir n° 3047)
Matériaux d'**isolation thermique** des **parois vitrées**	40 € / équipement	-	-	-
Matériaux d'**isolation thermique** des **parois opaques**	15 € par m² pour l'isolation des murs en façade ou pignon par l'intérieur, des rampants de toiture et plafonds de combles aménagés ou aménageables	10 € par m² pour l'isolation des murs en façade ou pignon par l'intérieur, des rampants de toiture et plafonds de combles aménagés ou aménageables	15*q € par m² pour l'isolation des murs en façade ou pignon par l'intérieur, des rampants de toiture et plafonds de combles aménagés ou aménageables	10*q € par m² pour l'isolation des murs en façade ou pignon par l'intérieur, des rampants de toiture et plafonds de combles aménagés ou aménageables
	50 € par m² pour l'isolation des murs en façade ou pignon par l'extérieur, des toitures-terrasses	25 € par m² pour l'isolation des murs en façade ou pignon par l'extérieur, des toitures-terrasses	50*q € par m² pour l'isolation des murs en façade ou pignon par l'extérieur, des toitures-terrasses	25*q € par m² pour l'isolation des murs en façade ou pignon par l'extérieur, des toitures-terrasses

3065 (suite)

Nature de la dépense (pose incluse)	Montant de crédit d'impôt pour le logement individuel		Montant de crédit d'impôt pour les parties communes des immeubles collectifs (« q » représente la quote-part correspondant au logement considéré)	
	Ménages aux revenus dits « intermédiaires » (voir nº 3047)	Ménages aux revenus supérieurs (voir nº 3047)	Ménages aux revenus dits « intermédiaires » (voir nº 3047)	Ménages aux revenus supérieurs (voir nº 3047)
Équipements de **chauffage** ou de fourniture d'**eau chaude sanitaire** fonctionnant au bois ou autres biomasses ou à l'énergie solaire thermique	4 000 € pour les chaudières à alimentation automatique fonctionnant au bois ou autres biomasses	-	1 000 € par logement pour les chaudières fonctionnant au bois ou autres biomasses	
	3 000 € pour les systèmes solaires combinés			
	3 000 € pour les chaudières à alimentation manuelle fonctionnant au bois ou autres biomasses			
	2 000 € pour les chauffe-eaux solaires individuels			
	1 500 € pour les poêles à granulés et cuisinières à granulés		350 € par logement pour les équipements de fourniture d'eau chaude sanitaire seule fonctionnant à l'énergie solaire thermique	
	1 000 € pour les poêles à bûches et cuisinières à bûches			
	1 000 € pour les équipements de chauffage ou de production d'eau chaude fonctionnant avec des capteurs solaires hybrides thermiques et électriques à circulation de liquide			
Pompes à chaleur, autres que air / air	4 000 € pour les pompes à chaleur géothermiques	-	1 000 € par logement pour les pompes à chaleur géothermiques et les pompes à chaleur air / eau	-
	2 000 € pour les pompes à chaleur air / eau			
	400 € pour les pompes à chaleur dédiées à la production d'eau chaude sanitaire		150 € par logement pour les pompes à chaleur dédiées à la production d'eau chaude sanitaire	
Équipements de **raccordement à un réseau** de chaleur et/ou de froid, et droits et frais de raccordement	400 €	-	150 € par logement	-
Système de **charge pour véhicule électrique**[1]	300 €	300 €	300 €	300 €

Nature de la dépense (pose incluse)	Montant de crédit d'impôt pour le logement individuel		Montant de crédit d'impôt pour les parties communes des immeubles collectifs (« q » représente la quote-part correspondant au logement considéré)	
	Ménages aux revenus dits « intermédiaires » (voir n° 3047)	Ménages aux revenus supérieurs (voir n° 3047)	Ménages aux revenus dits « intermédiaires » (voir n° 3047)	Ménages aux revenus supérieurs (voir n° 3047)
Équipements ou matériaux de **protection des parois vitrées ou opaques contre les rayonnements solaires**	15 € par m²		15*q € par m²	
Audit énergétique	300 €	-	150 € par logement	-
Dépose de **cuve à fioul**	400 €		150 € par logement	
Équipements de **ventilation mécanique** contrôlée à double flux	2 000 €		1 000 € par logement	
Bouquet de travaux pour une **maison individuelle**[2]	150 € par m² de surface habitable	-	-	-

1. Les ménages les plus modestes bénéficient également de ce crédit d'impôt (voir n° 3047).
2. Les dépenses de bouquet de travaux doivent faire passer la consommation énergétique primaire d'un niveau supérieur à 331 kWh/m² avant travaux à un niveau après travaux inférieur ou égal à 150 kWh/m² (Loi 2019-1479 du 28-12-2019 art. 15, I-A-1°-j).

Les équipements, matériaux et appareils doivent être **fournis et installés** par une même **entreprise.** Toutefois, le crédit d'impôt peut s'appliquer en cas d'intervention d'un **sous-traitant** chargé de l'installation ou, à compter des dépenses de 2016, de la fourniture et l'installation de ces mêmes équipements, matériaux et appareils, sous réserve que ce dernier agisse au nom et pour le compte de l'entreprise qui établit la facture pour l'ensemble de l'opération. Il n'en est, en revanche, pas de même lorsque l'entreprise qui procède à l'installation effectue cette opération dans le cadre d'un **contrat de commissionnement avec le distributeur** (BOI-IR-RICI-280-10-30 n° 70). **3067**

Les **travaux** doivent, pour la plupart, être **réalisés** par un professionnel qualifié RGE (« reconnu garant de l'environnement ») ; voir la liste des professionnels qualifiés RGE sur le site www.renovation-info-service.gouv.fr (CGI ann. III art. 46 AX). Ils doivent donner lieu avant l'établissement du devis à une **visite** par l'entreprise qui réalise les travaux. **3069**

Pour ouvrir droit au crédit d'impôt, **l'audit énergétique** doit, quant à lui, être réalisé par un auditeur qualifié (prestataire titulaire d'un signe de qualité répondant à certaines exigences ou, pour les audits portant sur les maisons individuelles, architecte ayant reçu une formation spécifique).

BASE DU CRÉDIT D'IMPÔT

À compter du 1er janvier 2020, sont pris en compte le **prix d'acquisition pose comprise** ou le coût des équipements, matériaux ou appareils, toutes taxes comprises, tel qu'il résulte de la facture délivrée par l'entreprise ayant réalisé les travaux. Sont exclus les **frais** administratifs (frais de dossier…), de même que les frais financiers (intérêts d'emprunt notamment). Pour chaque dépense, le montant du crédit d'impôt accordé ne peut dépasser 75 % de la dépense éligible effectivement supportée par le contribuable (Loi 2019-1479 du 28-12-2019 art. 15, I-A-6°). **3075** IRPP-IV-142000 s

Jusqu'au 31 décembre 2019, outre les prix d'acquisition ou le coût des équipements, matériaux ou appareils, seules les dépenses de **pose** pour l'installation **d'équipements de chauffage** utilisant des énergies renouvelables ainsi que les dépenses au titre de la dépose d'une **cuve à fioul** sont éligibles au crédit d'impôt. Elles sont éligibles sous condition de ressources et bénéficient ainsi aux foyers fiscaux dont le revenu fiscal de référence, au sens de l'article **3076**

1417, IV du CGI, n'excède pas, au titre de l'avant-dernière année précédant celle du paiement de la dépense, un plafond fixé par décret.

3077 Les **primes ou aides** qui peuvent être accordées au contribuable (notamment, aides de l'Ademe) doivent en principe être déduites de la base du crédit d'impôt. Tel n'est pas le cas cependant des primes ou aides qui ont exclusivement pour but de financer les seuls travaux d'installation d'équipements, matériaux ou appareils éligibles (main-d'œuvre), à l'exception des travaux de pose d'échangeur de chaleur des pompes à chaleur géothermiques et de matériaux d'isolation thermique des parois opaques (BOI-IR-RICI-280-30-10 n°s 20 et 30).

3078 Les **dépenses financées au moyen d'avances remboursables sans intérêt** (éco-PTZ : n° 10635) peuvent ouvrir droit au crédit d'impôt sans condition de ressources (CGI art. 244 quater U).

3079 Pour une même dépense, le crédit d'impôt pour la transition énergétique ne peut pas se **cumuler** avec le crédit d'impôt en faveur de la protection des personnes (voir n°s 3110 s.) ou l'**avantage fiscal** afférent aux dépenses engagées pour des **services rendus à domicile** (n°s 3230 s.).

Les dépenses bénéficiant du crédit d'impôt ne peuvent pas être déduites comme **charges** pour la détermination des **revenus catégoriels.**

PLAFOND DU CRÉDIT D'IMPÔT

3080 Pour les dépenses payées à compter du 1er janvier 2020, un **plafond de crédit d'impôt** se substitue au plafond de dépenses pris jusqu'alors en compte pour le calcul du crédit d'impôt. Pour la période de cinq années consécutives comprises entre le 1er janvier 2016 et le 31 décembre 2020, le montant de crédit d'impôt dont peut bénéficier le contribuable, toutes dépenses éligibles confondues, ne peut excéder la somme de **2 400 €** pour une personne célibataire, veuve ou divorcée et **4 800 €** pour un couple soumis à imposition commune. Cette somme est majorée de 120 € par personne à charge (ou de 60 € lorsqu'il s'agit d'un enfant réputé à charge égale de l'un ou l'autre de ses parents) (Loi 2019-1479 du 28-12-2019 art. 15, I-A-2°).

> **Précisions** Les contribuables ayant bénéficié au titre des dépenses réalisées entre le 1er janvier 2016 et le 31 décembre 2019 d'un montant de crédit d'impôt supérieur à ces plafonds, en application des dispositions relatives à l'article 200 quater du CGI dans sa rédaction antérieure à la présente réforme, ne feront pas l'objet d'une reprise au titre de ces années (Loi 2019-1479 du 28-12-2019 art. 15, III-C).

3082 Jusqu'au 31 décembre 2019, pour un même logement, le **montant des dépenses** prises en compte ne peut excéder, au titre d'une période de cinq années consécutives comprise entre le 1er janvier 2005 et le 31 décembre 2019 (**plafond pluriannuel**), la somme de **8 000 €** pour une personne célibataire, veuve ou divorcée ou de **16 000 €** pour un couple marié ou pacsé, soumis à une imposition commune. Cette somme est majorée de 400 € par personne à charge. **Les personnes à la charge** du contribuable donnant droit à la majoration du plafond s'entendent des enfants visés aux n° 1850 s. (y compris donc les enfants majeurs, mariés, pacsés ou chargés de famille, « rattachés » au foyer fiscal) ainsi que des personnes titulaires de la carte d'invalidité ou de la carte « mobilité inclusion » portant la mention invalidité vivant sous le toit du contribuable (n° 1960 s.). Les majorations de plafond sont divisées par deux pour les enfants réputés à charge égale de leurs parents.

MODALITÉS D'APPLICATION

3085 IRPP-IV-144600 s **Année d'application du crédit d'impôt** Le crédit d'impôt s'applique pour le calcul de l'impôt dû au titre de l'année de **paiement des dépenses.**

Il s'impute sur le montant de l'impôt sur le revenu, dans les conditions indiquées au n° 2300.

Il est soumis au **plafonnement global des avantages fiscaux** (n°s 4840 s.).

> **Précisions** En ce qui concerne la **date de paiement** de la dépense, le paiement est considéré comme intervenu lors du règlement définitif de la facture. Le versement d'un **acompte,** notamment lors de l'acceptation du devis, ne constitue pas un paiement pour l'application du crédit d'impôt. En cas de **paiement échelonné,** la dépense est considérée comme intégralement payée à la date du premier versement (BOI-IR-RICI-280-40 n° 50). Par ailleurs, c'est la date du paiement à l'entreprise ayant réalisé les travaux qui est prise en considération, même dans un cas où les dépenses sont réglées par l'intermédiaire d'un tiers (syndic de copropriété, par exemple) sur appel de fonds (BOI-IR-RICI-280-40 n° 30).

3095 **Justifications à fournir** Le contribuable doit être en mesure de présenter, sur demande de l'administration, les **factures,** autres que les factures d'acompte, délivrées par les entreprises ayant réalisé les travaux ou les personnes ayant réalisé le diagnostic de performance énergétique.

Il doit en outre pouvoir justifier, si nécessaire, de la date d'acquisition et de l'ancienneté du logement.

Les personnes ayant délivré une facture comportant des **mentions fausses,** de complaisance ou dissimulant l'identité du bénéficiaire (par exemple, mention de travaux non réalisés) sont passibles de l'amende visée au nº 80205.

REPRISE DU CRÉDIT D'IMPÔT

En cas de **remboursement dans un délai de cinq ans** de tout ou partie du montant des dépenses qui ont ouvert droit au crédit d'impôt, celui-ci fait l'objet, au titre de l'année de remboursement, d'une reprise égale au montant de l'avantage fiscal accordé à raison de la somme qui a été remboursée. 3100

Il en est ainsi notamment lorsque le remplacement d'un équipement trouve son origine dans un sinistre qui donne lieu à une indemnisation ou lorsqu'un locataire ayant effectué de telles dépenses en obtient le remboursement par son propriétaire. En revanche, la reprise d'impôt n'est pas pratiquée lorsque le remboursement fait suite à un sinistre survenu après l'exécution des travaux ou le paiement des dépenses.

La **prime de transition énergétique** et le **Cite** étant exclusifs l'un de l'autre, il est prévu une **amende** spécifique pour les contribuables qui auraient bénéficié à la fois du crédit d'impôt et de la prime pour une même dépense. Cette amende, codifiée à l'article 1761 bis du CGI, est égale à 50 % de l'avantage fiscal indûment obtenu, sans pouvoir être inférieure à 1 500 € (Loi 2019-1479 du 28-12-2019 art. 15, B). 3105

b. Dépenses en faveur de la protection des personnes

ÉQUIPEMENTS POUR PERSONNES ÂGÉES OU HANDICAPÉES

Les contribuables, **propriétaires, locataires** ou **occupants à titre gratuit** de leur habitation principale (voir nº 3055), située en France, bénéficient d'un **crédit d'impôt** sur le revenu au titre des **dépenses d'installation ou de remplacement** d'équipements prévus en faveur des personnes âgées ou handicapées : 3110

CGI art. 200 quater A
IRPP-IV-1000 s

– payés entre le 1er janvier 2005 et le 31 décembre 2020 dans le cadre de travaux réalisés dans un logement achevé ;
– intégrés à un logement acquis neuf entre le 1er janvier 2005 et le 31 décembre 2020 ;
– intégrés à un logement acquis en l'état futur d'achèvement ou que le contribuable fait construire, achevé entre le 1er janvier 2005 et le 31 décembre 2020.

Deux séries d'équipements sont concernées :
– les équipements **spécialement conçus pour l'accessibilité des logements** aux personnes âgées et handicapées, éligibles au crédit d'impôt pour l'**ensemble des contribuables** ;
– les équipements permettant l'**adaptation des logements** à la perte d'autonomie ou au handicap, éligibles à l'avantage fiscal pour les seuls foyers fiscaux dont l'un des membres est en situation de **handicap ou de perte d'autonomie,** au sens défini au nº 3110 précision b.

Le crédit d'impôt est calculé au **taux de 25 %** et s'applique au titre de l'année de paiement des dépenses ou au titre de l'année d'achèvement du logement ou de son acquisition si elle est postérieure.

Pour un même logement, le montant des dépenses ouvrant droit à l'avantage fiscal ne peut excéder, au titre d'une période de cinq années consécutives comprise entre le 1er janvier 2005 et le 31 décembre 2020, la somme de **5 000 €** pour une personne célibataire, veuve ou divorcée et de **10 000 €** pour un couple marié ou pacsé, soumis à une imposition commune. Ce **plafond pluriannuel** est majoré de 400 € par personne à charge au sens défini au nº 3080 (200 € lorsqu'il s'agit d'un enfant réputé à charge égale de l'un et l'autre des parents).

Les modalités d'application du crédit d'impôt sont, pour l'essentiel, les mêmes que celles prévues pour le crédit d'impôt en faveur de la transition énergétique. Voir ainsi nº 3085 pour l'**imputation** du crédit d'impôt, nº 3095 pour les **justifications** à fournir et nº 3100 pour les **conséquences du remboursement** au contribuable des dépenses prises en compte.

› Précisions **a.** Le dispositif qui devait prendre fin le 31 décembre 2017 a été prorogé jusqu'au 31 décembre 2020 par l'article 81 de la loi 2017-1837 du 30-12-2017.
b. Les personnes souffrant d'une **perte d'autonomie** ou **handicapées,** s'entendent :
– des personnes titulaires d'une pension d'invalidité prévue par le Code des pensions militaires d'invalidité et des victimes de guerre ou pour accident du travail, pour une invalidité de 40 % au moins ;
– des personnes titulaires de la carte « mobilité inclusion » portant la mention « invalidité », « priorité » ou « stationnement pour personnes handicapées » ou de l'une des cartes d'invalidité équivalentes délivrées jusqu'au 1er juillet 2017 ;
– des **personnes âgées** dont l'état de **dépendance** entraîne le **classement** au sein d'un des quatre premiers groupes iso-ressources (**GIR**). En pratique, sont visées les personnes éligibles

à l'allocation personnalisée d'autonomie (APA), même si elles ne bénéficient pas effectivement de cette prestation (BOI-IR-RICI-290-10 n° 46).
Le crédit d'impôt est également accordé aux personnes qui peuvent justifier d'une demande d'attribution de la carte mobilité inclusion ou de classement en catégorie GIR 1 à 4, sous réserve de l'obtention effective de ces cartes et de leur classement (BOI-IR-RICI-290-10 n° 48).
c. La **liste** (limitative) des équipements ouvrant droit au crédit d'impôt est fixée à l'article 18 ter de l'annexe IV au CGI. Elle regroupe des installations et équipements sanitaires ou de sécurité à perpétuelle demeure. Sont **notamment** visés, à compter de l'imposition des revenus de 2018 :
– s'agissant de l'accessibilité des logements aux personnes âgées ou handicapées : les éviers et lavabos à hauteur réglable, les sièges de douche muraux, les W-C surélevés, les appareils élévateurs verticaux comportant une plate-forme aménagée, les mains courantes, les rampes fixes et les barres de maintien et d'appui) ;
– s'agissant de l'adaptation des logements à la perte d'autonomie ou au handicap : les éviers et lavabos fixes utilisables par les personnes à mobilité réduite, les cabines de douche intégrales pour personnes à mobilité réduite, les bacs à douche extra-plats et portes de douche, les systèmes de motorisation de volets, de portes d'entrée et de garage, de portails, les volets roulants électriques et les revêtements de sols antidérapants (y compris ceux situés sur les chemins d'accès à l'habitation principale ou à ses dépendances immédiates et nécessaires : BOI-IR-RICI-290-10 n° 235).
d. Les **équipements** doivent être **fournis** et **installés** par une même **entreprise** et donner lieu à l'établissement d'une facture (ou d'une attestation délivrée par le vendeur ou le constructeur du logement). Pour les travaux d'installation réalisés par une entreprise dans le cadre d'un contrat de **sous-traitance** ou de **commissionnement,** voir n° 3067.
e. Le crédit d'impôt s'applique à la somme du **prix d'achat** des matériaux et des frais divers de **main-d'œuvre** correspondant à la réalisation des travaux, toutes taxes comprises, tels qu'ils résultent de la facture délivrée par l'entreprise ou de l'attestation fournie par le vendeur ou le constructeur du logement. Dans tous les cas, ne sont pas pris en compte les **frais annexes** comme les frais administratifs (frais de dossier...) ou les frais financiers (intérêts d'emprunt notamment). De même, les dépenses sont prises en compte sous déduction du montant des **primes** ou **subventions** se rapportant aux travaux.
f. Les dépenses ouvrant droit au crédit d'impôt ne sont pas déductibles comme charges pour la détermination des revenus catégoriels et ne peuvent pas bénéficier du crédit d'impôt pour la transition énergétique (n°s 3045 s.).
g. Jusqu'au 31 décembre 2014, le **plafond pluriannuel** couvrait également les dépenses de travaux de prévention des risques technologiques (et de diagnostics préalables à ces travaux) visées au n° 3120. Par suite, les dépenses de cette nature réalisées en 2014 doivent être prises en compte pour l'appréciation du plafond pluriannuel (période du 1-1-2014 au 31-12-2018) à considérer pour le calcul du crédit d'impôt afférent aux dépenses d'équipements en faveur des personnes âgées ou handicapées payées en 2018.

TRAVAUX DE PROTECTION CONTRE LES RISQUES TECHNOLOGIQUES

3120 Les contribuables, **propriétaires** de logements situés en France, achevés avant l'approbation du plan de prévention des risques technologiques, qu'ils affectent à leur **habitation principale** (voir n° 3055) ou qu'ils **louent** ou s'engagent à louer pendant cinq ans, à titre d'habitation principale, à des personnes autres que leur conjoint ou un membre de leur foyer fiscal, bénéficient d'un crédit d'impôt au titre des dépenses :
– de **travaux prescrits par un plan de prévention des risques technologiques** (PPRT), payées entre le 1er janvier 2005 et le 31 décembre 2020 ;
– de **frais de diagnostics préalables** à la réalisation de ces travaux, payées entre le 1er janvier 2013 et le 31 décembre 2020.
Dans tous les cas, les diagnostics préalables et les travaux eux-mêmes doivent être effectués par une **entreprise** et donner lieu à l'établissement d'une **facture.**
Le crédit d'impôt est calculé au taux de 40 % et est accordé au titre de l'année de paiement des dépenses.
Pour la période du 1er janvier 2015 au 31 décembre 2020, le montant des dépenses ouvrant droit à l'avantage fiscal ne peut excéder, pour un même logement, la somme de **20 000 €** quelle que soit la composition du foyer fiscal.
Voir n° 3085 sur les modalités d'**imputation** du crédit d'impôt et n° 3095 pour les **justifications** à fournir.

> Précisions a. Le dispositif qui devait prendre fin le 31 décembre 2017 a été prorogé jusqu'au 31 décembre 2020 par l'article 81 de la loi 2017-1837 du 30-12-2017.
b. Sur la nature des **sommes** à prendre en compte, voir n° 3110, précision e.
c. Les dépenses sont retenues sous déduction du montant des **primes** ou **subventions** se rapportant aux travaux, à l'exception du montant des participations versées par les exploitants des installations à risque et les collectivités territoriales.
d. Le ou les crédits d'impôt obtenus font l'objet d'une **reprise** au titre de l'année au cours de laquelle l'engagement de location cesse d'être respecté. Il en est de même en cas de remboursement, dans un délai de cinq ans, de tout ou partie des dépenses, sauf si le remboursement fait suite à un sinistre après l'exécution des travaux ou résulte des participations versées par

les exploitants des installations à risque et les collectivités territoriales.

e. Les dépenses ouvrant droit au crédit d'impôt ne sont pas déductibles comme charges pour la détermination des revenus catégoriels et ne peuvent pas bénéficier du crédit d'impôt pour la transition énergétique (nos 3045 s.).

13. RÉHABILITATION DES RÉSIDENCES DE TOURISME

Les contribuables, domiciliés en France au sens de l'article 4 B du CGI, peuvent bénéficier d'une **réduction d'impôt** lorsqu'ils réalisent certains travaux, votés **entre le 1er janvier 2017 et le 31 décembre 2019,** dans des logements situés dans des résidences de tourisme. 3140 CGI art. 199 decies G bis **IRPP-IV-150000 s**

CONDITIONS D'OCTROI DE LA RÉDUCTION D'IMPÔT

Logements concernés Peuvent bénéficier de la réduction les personnes physiques qui réalisent des travaux de réhabilitation : 3145

– dans des logements **achevés depuis au moins 15 ans,** la date d'achèvement s'appréciant à la date de l'adoption des travaux par l'assemblée générale des copropriétaires ;

– situés dans une **résidence de tourisme classée.**

Satisfont à la seconde condition les logements faisant partie d'une résidence de tourisme classée dans les conditions prévues à l'article L 321-1 du Code du tourisme ainsi que ceux qui appartiennent à une copropriété comprenant une telle résidence de tourisme classée et qui sont eux-mêmes classés au titre des meublés de tourisme dans les conditions prévues par l'article L 324-1 du même Code (situation qui doit être effective au plus tard deux mois après la date d'achèvement des travaux de réhabilitation).

Les dépenses doivent être réalisées **directement** par les contribuables, la loi ne prévoyant pas l'investissement à travers une société de personnes. L'avantage fiscal ne s'applique pas aux logements dont le droit de **propriété** est **démembré** ; mais le bien peut être détenu en **indivision.**

La réduction d'impôt peut bénéficier aux **loueurs en meublé professionnels.**

Le logement doit être **affecté à la location** pendant au moins **cinq ans** à compter de la date d'achèvement des travaux. Si le logement n'était pas affecté à la location avant les travaux, celle-ci doit intervenir au plus tard deux mois après la date d'achèvement des travaux. 3147

Si le logement fait partie d'une résidence de tourisme classée, le propriétaire doit s'engager à le louer à l'exploitant de la résidence de tourisme. Dans ce cas, le bien peut être loué nu.

Si le logement est situé dans une copropriété comprenant une telle résidence de tourisme classée et qu'il est classé comme meublé de tourisme, le propriétaire doit s'engager à le louer à des personnes physiques au moins douze semaines par an. Dans ce cas, la location est nécessairement meublée.

> **Précisions** Pendant la période de cinq ans, le logement peut être **loué successivement** à l'exploitant de la résidence ou en direct à des personnes physiques. Le changement d'affectation doit alors intervenir dans un délai de deux mois. Ainsi, un propriétaire qui louait à l'exploitant de la résidence de tourisme a deux mois pour faire classer son logement comme meublé de tourisme et prendre l'engagement de louer à des personnes physiques au moins douze semaines par an ; un propriétaire qui louait directement et renonce à ce mode de location a deux mois pour conclure un bail avec l'exploitant de la résidence.

Travaux concernés Les travaux ouvrant droit à la réduction d'impôt sont : 3150

– les travaux d'amélioration des **performances environnementales** du logement : acquisition et pose de matériaux d'isolation thermique des parois vitrées ou de volets isolants, de matériaux d'isolation thermique des parois opaques, d'équipements de chauffage ou de fourniture d'eau chaude sanitaire (les matériaux et équipements visés doivent respecter les caractéristiques techniques et les critères de performances minimales prévus pour le crédit d'impôt pour la transition énergétique : no 3065) ;

– les travaux visant à faciliter l'accueil de **personnes handicapées** ;

– les travaux de **ravalement.**

MONTANT DE LA RÉDUCTION D'IMPÔT

La réduction d'impôt est égale à **20 %** du montant des travaux payé par le propriétaire, dans la **limite** de 22 000 € **par logement** pour l'ensemble de la période 2017-2019 (soit une réduction d'impôt maximale de 4 400 € par logement). Lorsque le logement est détenu en **indivision,** chaque indivisaire bénéficie de la réduction à hauteur de sa quote-part dans l'indivision. 3155

Le **fait générateur** de la réduction d'impôt est le paiement par le syndic de copropriété de la facture de l'entreprise ayant effectué les travaux (le paiement d'acomptes ne constitue pas un fait générateur). La réduction d'impôt est accordée au titre de l'année au cours de laquelle survient le fait générateur et s'impute dans les conditions exposées nº 2255.

> **Précisions** **a.** Les dépenses donnant lieu à la réduction d'impôt ne peuvent pas faire l'objet d'une déduction ou d'un amortissement pour la détermination des revenus catégoriels. Il en va différemment pour le montant qui n'a pas donné lieu à la réduction d'impôt (dépenses excédant le plafond de 22 000 €).
> **b.** La réduction d'impôt ne peut **se cumuler,** pour un même logement et au titre d'une même année, ni avec la réduction d'impôt en faveur des loueurs en meublé non professionnels (réduction « Censi-Bouvard » : nºs 90575 s.) ni avec les investissements réalisés outre-mer prévus par les articles 199 undecies B et 244 quater W du CGI (nºs 91850 s. et nºs 91995 s.).
> **c.** La réduction d'impôt est prise en compte pour le calcul du **plafonnement global** des avantages fiscaux (nºs 4840 s.).

REPRISE DE LA RÉDUCTION D'IMPÔT

3157 La réduction d'impôt est **reprise** en cas de non-respect de l'engagement de location, de cession ou de démembrement du droit de propriété du logement. La reprise intervient au titre de l'année au cours de laquelle intervient l'un de ces événements. **Aucune** reprise n'est toutefois effectuée en cas d'invalidité correspondant au classement dans la deuxième ou la troisième catégorie prévues par l'article L 341-4 du Code de la sécurité sociale, de licenciement ou de décès.

OBLIGATIONS DÉCLARATIVES

3160 Le contribuable doit être en mesure de présenter, à la demande de l'administration, une **attestation du syndic détaillant** :
– le lieu de réalisation des travaux ;
– la nature et le montant de ces travaux ainsi que, le cas échéant, les caractéristiques techniques et les critères de performances minimales des équipements et matériaux visant à l'amélioration des performances environnementales du logement ;
– le nom et l'adresse de l'entreprise ayant effectué les travaux ;
– la date d'achèvement des travaux ;
– la date du paiement définitif des travaux à l'entreprise ;
– la quote-part des travaux incombant au contribuable ainsi que les dates de paiement par le contribuable des appels de fonds correspondants.

14. DONS ET SUBVENTIONS

3170 Les dons ou subventions ayant un caractère d'intérêt général ouvrent droit à une **réduction d'impôt** sur le revenu.

CGI art. 200
IRPP-IV-9000 s

À noter que les **contribuables qui exploitent une entreprise** industrielle, commerciale, artisanale, agricole ou non commerciale ont le choix entre cette réduction d'impôt prévue pour l'ensemble des contribuables et la réduction d'impôt spécifique prévue dans le cadre du mécénat d'entreprise, dont le régime est exposé aux nºs 10695 s.

a. Champ d'application de la réduction d'impôt

DONS AUX ŒUVRES OU ORGANISMES D'INTÉRÊT GÉNÉRAL

3175 **Organismes bénéficiaires des dons** La réduction d'impôt s'applique aux dons et versements effectués au profit :
– d'œuvres ou organismes d'**intérêt général** ou de fondations ou associations reconnues d'**utilité publique,** à condition que ces organismes présentent un **caractère philanthropique, éducatif, scientifique, social, humanitaire, sportif, familial, culturel** ou concourent à la mise en valeur du patrimoine artistique, notamment à travers des souscriptions ouvertes pour financer l'achat d'objets ou d'œuvres d'art destinés à rejoindre les collections d'un musée de France accessibles au public, à la défense de l'environnement naturel ou à la diffusion de la culture, de la langue et des connaissances scientifiques françaises ;
– des **établissements d'enseignement supérieur** ou **artistique** publics ou privés, d'intérêt général et à but non lucratif ;
– des **établissements d'enseignement supérieur consulaire** mentionnés à l'article L 711-17 du Code de commerce pour leurs activités de formation professionnelle initiale et continue ainsi que de recherche ;
– des **fondations universitaires ou partenariales** qui présentent un des caractères exigés pour les organismes d'intérêt général ;
– des **fondations d'entreprise** qui présentent un des caractères exigés pour les organismes d'intérêt général et à condition que les versements soient effectués par les salariés, manda-

taires sociaux, sociétaires, adhérents et actionnaires de l'entreprise fondatrice ou des entreprises membres du groupe fiscalement intégré auquel appartient l'entreprise fondatrice ;
– des **organismes** agréés ayant pour objet exclusif le **financement de PME** par des aides à l'investissement relevant de l'article 17 du règlement (CE) 651/2014 ou par d'autres aides, sous réserve, dans ce dernier cas, du respect de la réglementation « de minimis », ou la fourniture à celles-ci de prestations d'accompagnement ;
– des **associations** d'intérêt général exerçant des actions concrètes en faveur du **pluralisme de la presse** ;
– des **associations cultuelles ou de bienfaisance,** ainsi que des établissements publics des **cultes reconnus** du Bas-Rhin, du Haut-Rhin et de Moselle ;
– des organismes publics ou privés à gestion désintéressée ayant pour activité principale la **présentation au public d'œuvres** dramatiques, lyriques, musicales, chorégraphiques, cinématographiques, audiovisuelles et de cirque ou l'organisation d'**expositions d'art contemporain** ;
– sous certaines conditions, de la **Fondation du patrimoine,** des fondations ou associations abritées par celle-ci ainsi que de certaines associations ou fondations reconnues d'utilité publique et agréées par le ministre chargé du budget, en vue de la **restauration de monuments historiques privés,** qu'il s'agisse d'immeubles bâtis ou non bâtis ;
– des organismes ayant pour mission la sauvegarde, contre les effets d'un **conflit armé,** des **biens culturels** mentionnés à l'article 1er de la convention pour la protection des biens culturels en cas de conflit armé du 14 mai 1954, dite « convention de La Haye » ;
– et des **fonds de dotation** qui exercent une activité d'intérêt général présentant un des caractères exigés pour les organismes d'intérêt général ou, à défaut, dont la gestion est désintéressée et qui reversent les revenus tirés de la capitalisation des dons reçus à l'un (ou plusieurs) des organismes susvisés.
Le bénéfice de l'avantage fiscal peut être suspendu en cas de **non-conformité** entre les objectifs poursuivis et les dépenses engagées par l'organisme bénéficiaire des dons ou en cas de **refus de certification des comptes** par le commissaire aux comptes ou encore en cas de **condamnation pénale** pour escroquerie ou abus de confiance.

› Précisions **a.** Pour être considéré comme d'**intérêt général,** l'organisme bénéficiaire des versements ne doit pas fonctionner au profit d'un cercle restreint de personnes ni exercer d'activité lucrative et doit avoir une **gestion désintéressée** (sur ces deux dernières conditions, voir nos 89400 s.). Si l'organisme a procédé à la **sectorisation** d'activités lucratives (nos 89640 s.), les versements peuvent ouvrir droit à réduction d'impôt s'ils sont affectés directement et exclusivement au secteur non lucratif. 3180

b. Hormis pour les organismes dépendants de l'ONU (Unesco, Unicef...), les sommes doivent être versées à des organismes dont le **siège** est situé en France ou dans un État membre de l'Union européenne, en Norvège, en Islande ou encore au Liechtenstein. Si les organismes dont le siège est situé hors de France ne sont pas préalablement agréés par l'administration fiscale, le donateur doit présenter des pièces justificatives attestant qu'ils poursuivent des objectifs et présentent des caractéristiques similaires aux organismes dont le siège est situé en France. Pour les organismes ayant pour mission la sauvegarde, contre les effets d'un conflit armé, des biens culturels, voir ci-après no 3180, précision g.

c. Les **organismes** reconnus d'**utilité publique** peuvent, lorsque leurs statuts ont été approuvés à ce titre par décret en Conseil d'État, recevoir des **versements pour le compte d'autres organismes** d'intérêt général.

d. Sont considérées comme des associations d'utilité publique les associations régies par la loi locale maintenue en vigueur dans les départements du **Bas-Rhin,** du **Haut-Rhin** et de **Moselle,** lorsque leur mission est reconnue d'utilité publique.

e. Les dons effectués au profit des **fondations d'entreprise** par les mandataires sociaux, sociétaires, actionnaires et adhérents de l'entreprise fondatrice ou des entreprises du groupe auquel l'entreprise fondatrice appartient sont retenus dans la limite de 1 500 €.

f. Les **dons en faveur de la presse** doivent permettre la prise de participations minoritaires, l'octroi de subventions ou de prêts bonifiés au profit d'entreprises de presse exploitant un journal quotidien ou une publication d'information politique et générale. Les dons versés par les particuliers sont éligibles à la réduction d'impôt même lorsque les activités exercées par l'association ou le fonds de dotation sont lucratives et que leur gestion n'est pas désintéressée (BOI-IR-RICI-250-10-20-50 nos 30 et 60).

g. Les organismes ayant pour mission la sauvegarde, contre les effets d'un **conflit armé,** des **biens culturels** mentionnés à l'article 1er de la convention de La Haye doivent :
– avoir leur **siège** dans un État membre de l'Union européenne ou dans un autre État ayant conclu avec la France une convention d'assistance administrative en vue de lutter contre la fraude et l'évasion fiscales (formule qui vise non seulement la Norvège, l'Islande et le Liechtenstein, mais également la Suisse) ;
– comporter un **représentant de l'État français,** disposant d'une voix délibérative, au sein de leurs instances dirigeantes.

Versements ouvrant droit à la réduction d'impôt Les versements n'ouvrent en principe droit à réduction d'impôt que s'ils sont consentis sans **contrepartie** au profit du 3182 donateur. Toutefois, les **cotisations** versées à une association peuvent être prises en compte lorsque leur versement ne procure à l'adhérent qu'un avantage statutaire (droit de vote, éligibilité…) ou symbolique (distinction honorifique…) ou encore qu'une contrepartie matérielle de 69 € maximum (BOI-IR-RICI-250-20 n° 90).

Les dons sont effectués soit par **versements directs** soit par **abandon** exprès de **revenus ou de produits,** tels que des loyers, des droits d'auteur ou des produits de placements solidaires ou caritatifs.

Les **frais engagés dans le cadre d'une activité bénévole** et en vue strictement de la réalisation de l'objet social de l'organisme bénéficiaire peuvent être pris en compte lorsque ces frais, dûment justifiés, ont été constatés dans les comptes de l'organisme et que le contribuable a renoncé expressément à leur remboursement (les frais de véhicule peuvent être évalués forfaitairement d'après un barème kilométrique fixé, chaque année, par l'administration).

FINANCEMENT DE LA VIE POLITIQUE

3185 La réduction d'impôt s'applique également :
– aux **dons** versés en vue du **financement d'une campagne électorale** à une association de financement électoral ou à un mandataire financier (personne physique) qui sont inscrits au compte de campagne d'un candidat ou d'une liste. Sont prises en compte toutes les élections, à l'exclusion des élections sénatoriales et des élections municipales dans les circonscriptions de moins de 9 000 habitants ;
– aux dons versés à une association de financement d'un **parti politique,** agréée par la commission nationale des comptes de campagne et des financements politiques, ou au mandataire financier désigné par un parti à la préfecture de son siège ;
– aux **cotisations** versées aux partis et groupements politiques, par l'intermédiaire de leur mandataire.

Les versements doivent être consentis à titre définitif et **sans contrepartie.** Seuls sont pris en compte les versements effectués par **chèque,** par **virement,** par **prélèvement automatique** ou **carte bancaire.**

> **Précisions a.** Une même personne physique ne peut pas **verser annuellement** plus de 4 600 € par élection (C. électoral art. L 52-8) et plus de 7 500 € (hors cotisations versées par les titulaires de mandats électifs nationaux ou locaux) aux partis et groupements politiques (Loi 88-227 du 11-3-1988 art. 11-4).
> Au plan fiscal, les **dons et cotisations** versés aux **partis et groupements politiques** sont retenus dans la **limite de 15 000 € par foyer fiscal.**
> **b.** Les dons et cotisations versés au profit d'un parti ou groupement politique dont les **comptes** ne sont **pas certifiés** n'ouvrent pas droit à réduction d'impôt (CGI art. 1378 nonies). Mention en est faite sur le reçu délivré aux donateurs.

b. Modalités de la réduction d'impôt

MONTANT DE LA RÉDUCTION D'IMPÔT

3195 **Dons aux organismes d'aide aux personnes en difficulté ou aux victimes de violence domestique** Les versements effectués au profit d'organismes sans but lucratif qui procèdent à la **fourniture gratuite de repas** à des personnes en difficulté, qui contribuent à **favoriser leur logement** ou qui procèdent, à titre principal, à la **fourniture gratuite de soins** à des personnes en difficulté (soins visés au n° 47120) ouvrent droit à une réduction d'impôt égale à **75 %** du montant de ces versements, retenus dans la **limite** de 546 € pour l'imposition des revenus de 2019 et de 552 € pour l'imposition des revenus de 2020 (Loi 2019-1479 du 28-12-2019 art. 2).

Les versements effectués, entre le 1er janvier 2020 et le 31 décembre 2021, au profit d'organismes sans but lucratif qui exercent des actions concrètes en faveur des victimes de violence domestique, qui leur proposent un **accompagnement** ou qui contribuent à favoriser leur **relogement** ouvrent également droit à une réduction d'impôt au taux de **75 %.** Ces versements sont retenus dans la **limite** de 552 € pour l'imposition des revenus de 2020, cette limite étant commune avec celle des dons versés aux organismes d'aide aux personnes en difficulté (Loi précitée du 28-12-2019 art. 163).

> **Précisions** Ces deux réductions d'impôt sont accordées indépendamment de celle prévue pour l'ensemble des **autres dons,** en ce sens que les 546 premiers euros (552 pour 2020) versés pour l'aide aux personnes en difficulté ou aux victimes de violence domestique ne sont pas pris en compte pour apprécier la **limite de 20 % du revenu imposable.** Mais l'excédent des versements par rapport à ce plafond ouvre droit à la réduction d'impôt de droit commun, dans la limite de 20 % du revenu imposable (n° 3200). Ces deux réductions d'impôt sont également indépendantes des dons pour la restauration de Notre-Dame, qui sont retenus dans une limite propre (n° 3198).

Dons pour la restauration de Notre-Dame Les versements effectués pour la conservation et la restauration et de la cathédrale Notre-Dame de Paris entre le 16 avril 2019 et le 31 décembre 2019 auprès du Trésor public, du Centre des monuments nationaux, de la Fondation de France, de la Fondation du patrimoine ou encore de la Fondation Notre-Dame ouvrent droit à réduction d'impôt au taux de **75 %.** Ces versements sont retenus dans la **limite** de 1 000 €. Il n'en est pas tenu compte pour l'appréciation de la limite de 20 % du revenu imposable applicable à la généralité des dons. Mais l'excédent des versements par rapport à ce plafond ouvre droit à la réduction d'impôt de droit commun, dans la limite de 20 % du revenu imposable (n° 3200) (Loi 2019-803 du 29-7-2019 art. 5). 3198

Autres dons Pour l'ensemble des dons autres que ceux consentis aux organismes d'aide aux personnes en difficulté ou victimes de violence domestique ou pour la restauration de Notre-Dame, la réduction d'impôt est égale à **66 %** du montant **des sommes versées,** retenues dans la **limite de 20 % du revenu imposable** tel que défini au n° 2730, précision d. Lorsque les dons excèdent cette limite, l'**excédent** est reporté successivement sur les cinq années suivantes et ouvre droit à réduction d'impôt dans les mêmes conditions. 3200

Sont concernés :

– les dons versés aux œuvres et organismes d'intérêt général définis aux nos 3175 et 3180, à l'exclusion des dons consentis aux organismes d'aide aux personnes en difficulté ou victimes de violence domestique (n° 3195), des dons consentis pour la restauration de Notre-Dame (n° 3198) et de la fraction des dons ayant ouvert droit, le cas échéant, à la réduction d'impôt sur la fortune immobilière visée aux nos 72100 s. ;

– les dons versés aux organismes d'aide aux personnes en difficulté ou victimes de violence domestique ou pour la restauration de Notre-Dame, pour la part excédant le cas échéant la limite susvisée ;

– les sommes versées pour le financement de la vie politique, au sein desquelles les dons et cotisations aux partis politiques sont retenus dans la limite de 15 000 € par an (n° 3185).

EXEMPLE

Un contribuable dont le revenu imposable s'élève à 15 200 € a effectué en 2019 les dons suivants :
– association ayant pour objet de soigner gratuitement les personnes en difficulté : 700 €
– restauration de Notre-Dame : 1 200 €
– fondation : 1 500 €
– association d'intérêt général : 1 370 €
– cotisation à un parti politique : 460 €

La réduction d'impôt à laquelle le donateur peut prétendre, au titre de l'imposition des revenus de 2019, s'établit ainsi :

1. Réduction d'impôt au taux de 75 % pour les dons effectués au profit de l'association d'aide aux **personnes en difficulté** :

Versement : 700 €.

Montant plafonné ouvrant droit à la réduction d'impôt de 75 % : 546 €.

Soit une réduction d'impôt égale à : 546 € × 75 % = 409,5 € arrondis à 410 €.

L'excédent de versement, soit 154 €, ouvre droit à une réduction de 66 % dans la limite du plafond de 20 % du revenu imposable.

2. Réduction d'impôt au taux de 75 % pour les dons effectués pour la **restauration de Notre-Dame** :

Versement : 1 200 €.

Montant plafonné ouvrant droit à la réduction d'impôt de 75 % : 1 000 €.

Soit une réduction d'impôt égale à : 1 000 € × 75 % = 750 €.

L'excédent de versement, soit 200 €, ouvre droit à une réduction de 66 % dans la limite du plafond de 20 % du revenu imposable.

3. Réduction d'impôt au taux de 66 % :

Plafond autorisé pour l'ensemble des dons (autres que ceux ouvrant droit à la réduction d'impôt au taux de 75 %) : 15 200 € × 20 % = 3 040 €.

Versements effectués : 154 + € + 200 € + 1 500 € + 1 370 € + 460 € = 3 684 €.

Versement retenu compte tenu du plafond autorisé : 3 040 €.

Soit une réduction d'impôt égale à : 3 040 € × 66 % = 2 006,4 € arrondis à 2 006 €.

4. Total des réductions d'impôt :

410 € + 750 € + 2 006 € = 3 166 €.

Au titre de l'imposition des revenus de 2020, l'excédent des versements effectués en 2019 (3 684 € – 3 040 € = 644 €) ouvrira droit à une réduction d'impôt de 425 € (644 € × 66 %).

JUSTIFICATIFS À PRODUIRE

3210 Les versements ouvrent droit à réduction d'impôt, sous réserve que le contribuable soit en mesure de présenter, à la demande de l'administration, les **reçus** délivrés par les organismes bénéficiaires des versements (bénéficiaires finaux en cas de dons à des fondations dites « abritées ») et, en cas de versements à des organismes étrangers, les pièces justificatives visées au précision b.

La production des reçus est **obligatoire** quels que soient le montant des dons et les circonstances dans lesquelles ils ont été consentis (quêtes publiques, par exemple).

> **Précisions** Les reçus doivent être conformes à un modèle fixé par l'administration et attester du montant et de la date des versements ainsi que de l'identité des bénéficiaires. En cas de **délivrance irrégulière de reçus,** les organismes bénéficiaires s'exposent à l'amende visée au nº 80205, sauf s'ils ont obtenu une habilitation tacite de l'administration dans les conditions exposées au nº 79565.

15. EMPLOI D'UN SALARIÉ À DOMICILE

3230 CGI art. 199 sexdecies IRPP-IV-28000 s

Les contribuables qui supportent des dépenses au titre de la rémunération de **services à la personne** rendus à leur **résidence** (principale ou secondaire) ou, sous certaines conditions, à celle de leurs ascendants, situées en France, bénéficient d'un **crédit d'impôt.**

> **Précisions** **a.** Les occupants de **résidences du troisième âge** ou de **résidences-services** peuvent bénéficier de l'avantage fiscal s'ils ont personnellement la qualité d'employeur ou sont effectivement débiteurs de l'organisme prestataire de services et que les travaux effectués ont un objet strictement personnel (BOI-IR-RICI-150-10 nº 70).
> **b.** Les contribuables qui rémunèrent un salarié au domicile d'un **ascendant** ne peuvent bénéficier de l'avantage fiscal que si cet ascendant remplit les conditions d'octroi de **l'allocation personnalisée d'autonomie** (APA). Le bénéfice de l'avantage fiscal implique la renonciation, pour l'année d'imposition concernée, à toute déduction d'une pension alimentaire versée à l'ascendant (déclaration de renonciation à établir sur papier libre).

SERVICES CONCERNÉS

3240 Le crédit d'impôt s'applique aux sommes versées en rémunération des **services à la personne à domicile** définis aux articles L 7231-1, D 7231-1 et D 7233-5 du Code du travail : **garde d'enfants, soutien scolaire, assistance aux personnes âgées ou handicapées,** garde-malade (à l'exclusion des soins), entretien de la maison et **travaux ménagers,** petits travaux de **jardinage,** travaux de petit **bricolage** dits « hommes toutes mains », prestations d'**assistance informatique et Internet,** etc.

Les services doivent être rendus :
– soit par un salarié dont le contribuable est l'**employeur direct** ;
– soit par une **association,** une **entreprise** ou un **organisme déclaré** auprès du préfet du département et qui, sauf dérogation (C. trav. art. L 7232-1-2), rend **exclusivement** des services à la personne (associations intermédiaires, régies de quartier, centres communaux ou intercommunaux d'action sociale, entreprises privées prestataires de services aux personnes et entreprises d'insertion assurant ce type de services) ;
– soit par un **organisme à but non lucratif** ayant pour objet l'aide à domicile et **habilité** au titre de l'aide sociale **ou conventionné** par un organisme de sécurité sociale (associations d'aide à domicile conventionnées, établissements ou services d'aide par le travail, entreprises adaptées…).

> **Précisions** **a.** Le salarié ne peut pas être un membre du foyer fiscal du contribuable (BOI-IR-RICI-150-20 nº 20). Sous cette réserve, l'avantage fiscal est applicable quelle que soit l'**importance de l'aide** à domicile (c'est-à-dire même si les personnes concernées ne recourent aux services d'un employé de maison que quelques heures par semaine ou par mois).
> **b.** Sont **exclus** du bénéfice de l'avantage fiscal les services rendus par :
> – les salariés embauchés dans le cadre de l'activité professionnelle de l'employeur ou de son prolongement (jardiniers affectés à l'exploitation agricole, notamment) ;
> – les stagiaires aides familiaux venus de l'étranger et accueillis temporairement au sein d'une famille en contrepartie de prestations (à la différence des employés au pair exerçant leur activité dans le cadre d'un contrat de travail relevant de la convention collective nationale des salariés du particulier employeur) ;
> – les gardiens, concierges et personnels d'immeubles collectifs embauchés par le propriétaire ou le syndicat des copropriétaires.
> **c.** Les **travaux de petit bricolage** recouvrent des tâches élémentaires et occasionnelles n'appelant pas de savoir-faire professionnel et générant une durée d'intervention très courte, qui ne doit pas excéder deux heures (C. trav. art. D 7233-5).
> **d.** Par exception, certains des services susvisés, réalisés à l'extérieur du domicile, ouvrent droit à l'avantage fiscal dès lors qu'ils sont compris dans une **offre globale de services** incluant un ensemble d'activités effectuées à domicile (par exemple, accompagnement des enfants sur le

parcours école/domicile ou sur le lieu d'une activité périscolaire, lié à la garde d'enfant à domicile ou prestation de transport accessoire d'une prestation à domicile) (BOI-IR-RICI-150-10 n° 80).

e. Pour ouvrir droit à l'avantage fiscal, les **sommes facturées** par une association ou une entreprise déclarée (ou agréée) doivent être **acquittées** soit par carte de paiement, prélèvement, virement, titre universel ou interbancaire de paiement ou par chèque, soit par chèque emploi-service universel (C. trav. art. D 7233-3).

MONTANT DU CRÉDIT D'IMPÔT

Le crédit d'impôt est égal à **50 %** du montant des dépenses effectivement supportées, retenues dans une limite fixée à : 3250

– **12 000 €** dans le **cas général.** Cette limite est majorée de 1 500 € par enfant à charge et par membre du foyer fiscal âgé de plus de 65 ans, sans toutefois pouvoir excéder 15 000 € (soit un avantage maximal de 7 500 €).

Ces plafonds de dépenses sont respectivement portés à 15 000 € et 18 000 € pour l'année d'imposition au cours de laquelle le contribuable emploie pour la **première fois** à titre direct un salarié à son domicile ;

– **20 000 €** (soit un avantage maximal de 10 000 €) pour les contribuables qui, étant eux-mêmes **invalides** ou ayant à leur charge une personne invalide, sont dans l'obligation d'avoir recours à l'assistance d'une tierce personne. Cette limite ne peut faire l'objet d'aucune majoration.

Au sein de ces plafonds, les dépenses correspondant aux travaux de petit bricolage, aux petits travaux de jardinage et aux prestations d'assistance informatique sont prises en compte dans les limites respectives de 500 €, 5 000 € et 3 000 € par an et par foyer fiscal.

Le crédit d'impôt s'impute selon les modalités décrites au n° 2300.

Le montant de l'avantage fiscal est pris en compte pour le calcul du **plafonnement global** visé aux n°s 4840 s.

› Précisions **a.** La base de calcul de l'avantage fiscal comprend le **salaire** net ainsi que les **cotisations sociales** salariales et patronales effectivement versées par l'employeur. S'y ajoutent, le cas échéant, la prise en charge par l'employeur des frais de déplacement du salarié entre son domicile et son lieu de travail et les frais de gestion facturés par un organisme déclaré au titre du placement du salarié chez l'employeur (BOI-IR-RICI-150-20 n° 70).

En cas d'emploi indirect, l'avantage est calculé sur le montant des **sommes facturées** par l'organisme au titre de la prestation de services, à l'exclusion de celles, prépayées, qui ne correspondent pas à des prestations réellement effectuées.

Dans tous les cas, doivent être **déduites** du montant à retenir les allocations ou indemnités de toute origine versées au contribuable pour l'aider à supporter les frais d'emploi d'un salarié.

b. Les **enfants à charge** donnant droit à la **majoration de 1 500 €** s'entendent de l'ensemble de ceux définis aux n°s 1850 à 1935 (y compris donc les enfants majeurs, mariés, pacsés ou chargés de famille « rattachés » au foyer fiscal). Cette majoration est divisée par deux pour les enfants réputés à charge égale de leurs parents.

Par ailleurs, la majoration de 1 500 € est également applicable lorsque le contribuable rémunère un salarié au domicile d'un **ascendant** bénéficiaire de l'**allocation personnalisée d'autonomie** lorsque ce dernier est âgé de plus de 65 ans.

c. Sont concernés par le plafond de 20 000 € les contribuables **invalides** mentionnés à l'article L 341-4, 3° du Code de la sécurité sociale ainsi que les contribuables qui ont à leur charge une personne invalide vivant sous leur toit et remplissant les conditions prévues par cet article ou un enfant donnant droit au complément d'allocation spéciale prévu par l'article L 541-1, al. 2 du Code de la sécurité sociale.

En pratique, ces plafonds s'appliquent lorsque l'un des membres du foyer fiscal est titulaire de la **carte d'invalidité** (ou de la CMI-invalidité) d'au moins 80 % prévue à l'article L 241-3 du CASF ou d'une **pension d'invalidité** de 3e catégorie ou lorsque le contribuable perçoit un complément d'**allocation d'éducation spéciale** pour l'un de ses enfants à charge. L'administration admet que le plafond de 20 000 € s'applique pour l'imposition des revenus de l'année au cours de laquelle la carte d'invalidité a été demandée (sous réserve qu'elle soit ensuite obtenue) (BOI-IR-RICI-150-20 n° 180).

JUSTIFICATIFS À PRODUIRE

Les sommes versées au titre de l'emploi d'une aide à domicile ouvrent droit à crédit d'impôt, sous réserve que le contribuable soit en mesure de présenter, **à la demande** de l'administration, l'**attestation** annuelle établie selon le cas par l'Urssaf, la caisse de la mutualité sociale agricole, le centre national de traitement du Cesu ou le centre national de la Pajemploi s'il s'agit d'un emploi direct ou par l'association, l'entreprise ou l'organisme prestataire dans les autres cas. 3260

Lorsque l'**emploi est exercé à la résidence d'un ascendant,** le contribuable doit, en outre, pouvoir produire l'attestation délivrée par le conseil général justifiant que le bénéficiaire remplit les conditions pour bénéficier de l'APA et, le cas échéant, joindre à sa déclaration annuelle de revenus la déclaration de renonciation visée au n° 3230, précision b (sauf s'il souscrit sa déclaration en ligne : n° 3675).

16. AUTRES RÉDUCTIONS OU CRÉDITS D'IMPÔT

FRAIS DE GARDE DES JEUNES ENFANTS

3315
CGI art. 200 quater B
IRPP-IV-31000 s

Quelle que soit leur situation de famille et qu'ils exercent ou non une activité professionnelle, les contribuables peuvent bénéficier d'un crédit d'impôt au titre des dépenses qu'ils supportent pour la garde, **à l'extérieur de leur domicile,** de leurs **enfants âgés de moins de 6 ans** au 1er janvier de l'année d'imposition (soit, pour l'imposition des revenus de 2019, leurs enfants nés entre le 1-1-2013 et le 1-1-2019).

La garde doit être assurée :

– soit par un(e) **assistant(e) maternel(le) agréé(e)** en application de l'article L 421-3 du Code de l'action sociale et des familles,

– soit par un établissement de garde relevant du contrôle sanitaire prévu à l'article L 2324-1 du Code de la santé publique : **crèches, garderies** (y compris les garderies scolaires assurant la garde des enfants en dehors des heures de classe), **haltes-garderies, jardins d'enfants, jardins maternels, centres de loisirs** sans hébergement, **syndicats interscolaires,**

– soit par des personnes ou établissements établis dans un autre État membre de l'**Union européenne** ou de l'Espace économique européen (Norvège, Islande, Liechtenstein), en Suisse ou à Monaco, qui satisfont à des réglementations équivalentes (BOI-IR-RICI-300 nos 90 à 110).

Les dépenses ouvrant droit à l'avantage fiscal s'entendent de celles ayant donné lieu à un **règlement définitif** (à l'exclusion donc des acomptes) afférent à une **prestation réalisée.** Doivent être déduites de ces dépenses les aides reçues des organismes publics ou privés (complément de libre choix du mode de garde : voir Mémento social nos 33510 s.), des autorités étrangères et, le cas échéant, de l'employeur, du comité d'entreprise ou du comité social et économique (chèque emploi-service universel).

Le crédit d'impôt est égal à **50 %** des dépenses, retenues dans la **limite annuelle** de **2 300 €** par enfant (soit un avantage fiscal maximal de 1 150 € par enfant). Il **s'impute** dans les conditions indiquées au no 2300. Son montant est pris en compte dans le calcul du **plafonnement global** des avantages fiscaux (nos 4840 s.).

> Précisions **a.** Lorsque la **garde** est assurée **au foyer du contribuable,** les dépenses sont prises en compte, quel que soit l'âge de l'enfant, dans le cadre de l'aide à l'emploi d'un salarié à domicile (nos 3230 s.).

b. Les **enfants** qui ouvrent droit au crédit d'impôt sont ceux que le contribuable compte **à** sa **charge** pour l'établissement de l'impôt sur le revenu (nos 1850 à 1870 et 1935). Les **grands-parents** qui assument la charge du ou des enfant(s) de leur propre enfant majeur rattaché à leur foyer fiscal peuvent également bénéficier de l'avantage fiscal (BOI-IR-RICI-300 no 20).

c. Lorsque la garde est assurée par un(e) **assistant(e) maternel(le),** le crédit d'impôt porte également, dans la limite de 2,65 € par journée d'accueil, sur les indemnités connexes destinées à couvrir certains frais engagés par l'assistant(e) maternel(le) (achat de jeux, part de consommation d'eau, d'électricité, de chauffage...) facturées aux parents (BOI-IR-RICI-300 no 150).

d. Les sommes payées pour une prestation non encore effectuée au 31 décembre de l'année de leur versement ouvrent droit au crédit d'impôt au titre de l'année de réalisation de la prestation. Si l'enfant atteint l'âge de **six ans l'année du paiement** de la prestation alors que celle-ci a été réalisée l'année précédente, il est admis que le crédit d'impôt puisse être accordé au titre de l'année de réalisation de la prestation (BOI-IR-RICI-300 no 130).

e. Lorsque la garde de l'enfant ne s'étend que sur une **partie de l'année,** la limite de 2 300 € ne fait l'objet d'aucune réduction prorata temporis. Il en va de même lorsque l'enfant atteint l'âge de six ans en cours d'année.

En ce qui concerne les enfants réputés à charge égale de leurs parents séparés ou divorcés en cas de **résidence alternée,** la limite est divisée par deux pour chacun des parents (1 150 € au lieu de 2 300 €).

f. Le contribuable doit mentionner les nom et adresse de la personne ou de l'établissement assurant la garde de l'enfant sur sa **déclaration** de revenus. S'il s'agit d'un(e) assistant(e) maternel(le), il doit en outre être en mesure de présenter, à la demande de l'administration, l'attestation établie à son nom par la caisse d'allocations familiales ou la caisse de mutualité sociale agricole dont il relève ou délivrée par la personne ou l'établissement situés hors de France.

FRAIS DE SCOLARISATION

3325
CGI art. 199 quater F
IRPP-IV-33000 s

Les contribuables bénéficient d'une réduction de leur impôt sur le revenu lorsque les enfants qu'ils ont à leur charge poursuivent des **études secondaires ou supérieures** durant l'année scolaire en cours au 31 décembre de l'année d'imposition (soit au 31-12-2019 pour l'imposition des revenus de 2019).

Le montant de la réduction d'impôt est fixé forfaitairement à :

– **61 €** par enfant fréquentant un **collège** ;

– **153 €** par enfant fréquentant un **lycée** d'enseignement général et technologique ou un lycée professionnel ;

– **183 €** par enfant suivant une formation d'**enseignement supérieur.**

› Précisions **a.** Les **enfants** qui ouvrent droit à la réduction d'impôt sont ceux que le contribuable compte **à sa charge** pour l'établissement de l'impôt sur le revenu (nos 1850 à 1935). Il s'agit donc non seulement des enfants mineurs célibataires mais aussi des enfants majeurs, mariés, pacsés ou chargés de famille « rattachés » au foyer fiscal des parents au 31 décembre de l'année d'imposition ; pour le cas où l'enfant atteint l'âge de 18 ans au cours de l'année d'imposition, voir no 1870, b.

Les enfants réputés à charge égale de leurs parents ouvrent droit, pour chacun de ceux-ci, à une réduction d'impôt dont le montant est divisé par deux.

b. La réduction d'impôt est subordonnée à la condition que, dans le cadre de leurs études, les élèves ne soient ni rémunérés ni liés par un contrat de travail et qu'ils soient libres de tout engagement pendant et à la fin de ces études. Ainsi, l'avantage fiscal n'est pas accordé pour des enfants en **apprentissage,** en **congé formation** ou en **contrat d'étude** avec leur employeur.

Toutefois, les **boursiers** ainsi que les élèves qui perçoivent des indemnités au cours d'un **stage** effectué en complément obligatoire de leur formation demeurent dans le champ de la réduction d'impôt (BOI-IR-RICI-30 no 50). Il en va de même des élèves ou étudiants qui exercent une **activité salariée** pendant l'année scolaire ou universitaire ou durant leurs **congés scolaires ou universitaires** (BOI-RSA-CHAMP-20-50-50 no 290).

c. L'**enseignement par correspondance** dispensé par le centre national d'enseignement à distance **(Cned)** entre dans le champ de l'avantage fiscal mais à raison seulement de la poursuite, en formation initiale, d'études secondaires ou supérieures (BOI-IR-RICI-30 no 50).

PRESTATIONS COMPENSATOIRES

Ouvrent droit à **réduction d'impôt** : 3335 CGI art. 199 octodecies **IRPP-IV-42000 s**

– les prestations compensatoires en capital versées sous forme d'**argent** ;

– les prestations compensatoires en capital versées sous forme d'**attribution de biens** en propriété ou d'un **droit temporaire** ou **viager** d'usage, d'habitation ou d'usufruit ;

– les versements en capital (en argent ou en nature) **se substituant,** sur décision judiciaire, **à des rentes.**

Les prestations doivent être versées en une seule fois ou de façon échelonnée, sur une période maximale de douze mois, décomptée à partir de la date à laquelle le jugement (de divorce ou de conversion) est passé en force de chose jugée ou la convention de divorce par consentement mutuel déposée chez un notaire a acquis force exécutoire.

› Précisions **a.** Le règlement d'une prestation compensatoire en compensation d'une **soulte** dans les douze mois du jugement ouvre droit à la réduction d'impôt (BOI-IR-RICI-160-20 no 20). Tel est également le cas d'un versement en capital libéré dans les 12 mois du jugement, suivi d'un versement sous forme de rente (**prestation « mixte »**) (Cons. const. 31-1-2020 no 2019-824 QPC, applicable à compter du 1-2-2020 et aux instances en cours).

En revanche, n'ouvre pas droit à la réduction d'impôt des sommes correspondant à la **libération anticipée** du **solde** d'un capital prévu sous forme de versements périodiques (BOI-IR-RICI-160-20 no 240).

b. Les prestations compensatoires en capital payées sur une **période supérieure** au délai de **douze mois** fixé par le jugement ou la convention de divorce n'ouvrent pas droit à la réduction d'impôt, y compris les versements partiels intervenus dans le délai de douze mois (BOI-IR-RICI-160-10 no 150).

Les prestations compensatoires en capital versées sur une période supérieure à 12 mois, conformément au jugement ou à la convention de divorce, ainsi que les prestations compensatoires versées sous forme de **rente** sont, pour leur part, déductibles du revenu imposable du débiteur : voir no 1295.

Montant de la réduction d'impôt La réduction d'impôt est en principe égale à **25 %** du montant des versements effectués, des biens ou des droits attribués par le jugement de divorce (ou la convention homologuée par le juge ou déposée chez un notaire), retenus dans la **limite** de 30 500 € pour l'ensemble de la période de 12 mois (soit une réduction d'impôt maximale de 7 625 €). 3340

Lorsque les versements sont répartis **sur deux années civiles,** le plafond applicable au titre de la première année s'obtient en multipliant le plafond global de 30 500 € par le rapport entre le montant des versements effectués cette année et le montant total des versements prévus.

Toutefois, pour les **versements en capital se substituant à des rentes,** l'assiette de la réduction d'impôt est limitée pour tenir compte des rentes antérieurement versées qui ont été déduites du revenu du débiteur. Le capital dû à la date de la conversion est majoré de la somme des rentes déjà versées, revalorisées en fonction de l'indice moyen annuel des prix à la consommation entre l'année de versement et celle de la conversion. L'assiette de la réduction d'impôt est égale au capital ainsi reconstitué, retenu dans la limite de 30 500 €, auquel est appliqué le rapport existant entre le capital dû et le capital reconstitué.

EXEMPLES

1. Par un jugement passé en force de chose jugée le 30 novembre 2019, une prestation compensatoire d'un montant de 45 760 € a été fixée, à verser en dix mensualités de 4 576 €. Un premier versement de 4 576 € est effectué en décembre 2019, le reste de la somme (41 184 €) étant versé en 2020.

Le plafond applicable au titre de l'imposition des revenus de 2019 est égal à :

$$30\,500\,€ \times \frac{4\,576\,€}{45\,760\,€}, \text{ soit } 3\,050\,€.$$

Le débiteur peut donc bénéficier au titre de cette année d'une réduction d'impôt égale à 25 % de 3 050 €, soit 763 €.

Au titre de l'imposition des revenus de 2020, la réduction d'impôt est égale à 25 % de 27 450 €, soit 6 863 €.

2. Une rente est convertie en 2019 en un capital de 30 000 € alors que 5 000 € de rentes (après revalorisation) ont déjà été versés et déduits.

Le capital reconstitué s'élève à : 30 000 € + 5 000 € = 35 000 €. L'assiette de la réduction d'impôt est de :

$$30\,500\,€ \times \frac{30\,000\,€}{35\,000\,€} = 26\,143\,€.$$

La réduction d'impôt est égale à 25 % de 26 143 €, soit 6 536 €, au titre de l'imposition des revenus de 2019.

PRIMES DES CONTRATS DE « RENTE-SURVIE » ET D'« ÉPARGNE HANDICAP »

3345 Les primes afférentes aux contrats de « rente-survie » et d'« épargne handicap » ouvrent droit à réduction d'impôt sur le revenu.

CGI art. 199 septies
IRPP-IV-37000 s

Les **contrats de « rente-survie »** s'entendent des contrats d'assurance garantissant, en cas de décès de l'assuré, le versement d'un capital ou d'une rente viagère à un **enfant** ou à tout autre **parent** en ligne directe ou collatérale jusqu'au troisième degré de l'assuré, ou à toute **personne** réputée **à charge** de celui-ci au sens de l'article 196 A bis du CGI (n°s 1960 s.), lorsque ces bénéficiaires sont **atteints d'une infirmité** qui les empêche soit de se livrer à une activité professionnelle dans des conditions normales de rentabilité, soit, s'ils sont âgés de moins de dix-huit ans, d'acquérir une instruction ou une formation professionnelle d'un niveau normal (handicapés hors d'état de subvenir à leurs propres besoins sans l'aide de leur famille).

À ces contrats sont assimilés les contrats d'« **épargne handicap** », c'est-à-dire les contrats d'assurance-vie d'une durée effective d'au moins 6 ans qui garantissent le versement d'un capital ou d'une rente viagère à un **assuré atteint, lors de la conclusion du contrat, d'une infirmité** qui l'empêche de se livrer, dans des conditions normales de rentabilité, à une activité professionnelle.

> **Précisions** **a.** S'agissant des **contrats de « rente-survie »,** la réduction d'impôt s'applique, plus précisément, lorsque le contrat est souscrit au profit :
> – d'un descendant (enfant, petit-enfant ou arrière-petit-enfant) ou d'un ascendant (père, mère, grand-père ou grand-mère, arrière-grand-père ou arrière-grand-mère) ;
> – d'un frère, d'une sœur, d'un oncle, d'une tante, d'un neveu ou d'une nièce ;
> – d'une personne sans lien de parenté avec l'assuré, ou dont le lien de parenté excède le troisième degré (cousin germain...), qui est titulaire de la carte d'invalidité (ou de la CMI-invalidité) et vit en permanence sous le toit du contribuable.
> S'agissant des **« contrats d'épargne handicap »,** l'administration exclut du champ de l'avantage fiscal les contrats souscrits par des personnes ayant déjà obtenu la liquidation de leurs droits à la retraite (BOI-IR-RICI-40 n° 140).
> **b.** Les primes peuvent être prises en compte, qu'il s'agisse de **contrats individuels** ou de contrats **collectifs (assurance groupe).** Toutefois, les primes ne doivent pas avoir été déduites d'un revenu catégoriel (voir n°s 8685 et 8690).
> **c.** Le souscripteur doit être en mesure de présenter, à la demande de l'administration, le **certificat** (conforme à un modèle publié par l'administration) délivré par son assureur. Ce certificat peut exceptionnellement être remplacé par la copie intégrale des conditions particulières du contrat, par un duplicata des quittances de paiement des primes ou encore par l'avis d'échéance de chaque prime.
> La **délivrance irrégulière** d'un certificat est passible de l'amende visée au n° 80205.

3350 **Montant de la réduction d'impôt** La réduction d'impôt est égale à **25 %** du montant total des primes versées pris dans la **limite annuelle** de 1 525 € plus 300 € par enfant à charge. Cette limite s'applique à l'ensemble des contrats de « rente-survie » et d'« épargne handicap » souscrits par les membres du foyer fiscal.

> Précisions Les enfants à charge donnant droit à la majoration du plafond des primes s'entendent de l'ensemble de ceux définis aux nos 1850 à 1935 (y compris donc les enfants majeurs, mariés, pacsés ou chargés de famille « rattachés » au foyer fiscal).
La majoration est divisée par deux pour les enfants réputés à charge égale de leurs parents.

DÉPENSES D'ACCUEIL DANS UN ÉTABLISSEMENT POUR PERSONNES DÉPENDANTES

Les contribuables accueillis dans un **établissement** ou un service **assurant l'hébergement des personnes âgées dépendantes** ou dans une **section de soins de longue durée** d'un établissement de santé bénéficient d'une réduction d'impôt. **3360** CGI art. 199 quindecies **IRPP-IV-35000 s**

La réduction d'impôt porte, pour l'ensemble des contribuables concernés, sur les **dépenses** effectivement supportées au titre tant de la **dépendance** que de l'**hébergement.**

Elle est égale à **25 %** de ces dépenses, retenues dans la **limite annuelle** de **10 000 € par personne hébergée** (soit une réduction d'impôt maximale de 2 500 € ou 5 000 € pour un couple dont chacun des conjoints est hébergé).

> Précisions **a.** La réduction d'impôt bénéficie également (sous réserve qu'elles soient fiscalement domiciliées en France) aux personnes accueillies dans des établissements situés dans un autre État membre de l'**Union européenne,** en **Islande,** en **Norvège** ou au **Liechtenstein,** qui fournissent des prestations de nature et de qualité comparables à celles des établissements situés en France.
b. Les **dépenses afférentes à la dépendance** correspondent aux prestations d'aide et de surveillance nécessaires à l'accomplissement des actes essentiels de la vie, qui ne sont pas liées aux soins (surcoûts résultant des interventions relationnelles, d'animation et d'aide à la vie quotidienne et sociale, prestations de services hôteliers et fournitures diverses concourant directement à la prise en charge de l'état de dépendance). Les **dépenses d'hébergement** correspondent aux prestations d'administration générale, d'accueil hôtelier, de restauration, d'entretien et d'animation de la vie sociale de l'établissement non liées à l'état de dépendance.
La réduction d'impôt s'applique lorsque les deux types de dépenses sont supportés ensemble mais également lorsque sont seules supportées des dépenses de dépendance (BOI-IR-RICI-140 n° 17) ou d'hébergement (CAA Nantes 15-9-2016 n° 15NT01050 : RJF 1/17 n° 5).
Ces dépenses sont prises en compte sous déduction, le cas échéant, du montant de l'**allocation personnalisée d'autonomie,** de l'aide sociale du département et de l'allocation logement perçues par le contribuable au cours de l'année d'imposition.
c. Les personnes souffrant de la **maladie d'Alzheimer** qui ne sont accueillies dans un établissement que pour une ou plusieurs journées par semaine, voire une demi-journée, ont néanmoins droit à la réduction d'impôt, laquelle couvre dans ce cas les dépenses d'accueil de jour et les frais de transport supportés conjointement (BOI-IR-RICI-140 nos 50 et 135).
d. Le **plafond** de 10 000 € ne fait l'objet d'aucune réduction prorata temporis lorsque les dépenses n'ont été exposées qu'une partie de l'année.

COTISATIONS SYNDICALES

Les cotisations versées aux organisations syndicales représentatives de **salariés** ou de **fonctionnaires** au sens de l'article L 2121-1 du Code du travail ainsi qu'aux associations professionnelles nationales de **militaires** au sens de l'article L 4126-8 du Code de la défense ouvrent droit à un crédit d'impôt. **3370** CGI art. 199 quater C **IRPP-IV-43000 s**

Ce crédit d'impôt est égal à **66 %** des sommes versées au cours de l'année d'imposition, prises dans la **limite de 1 %** du revenu brut relevant de la catégorie des traitements, salaires, pensions et rentes viagères à titre gratuit, déduction faite des cotisations sociales.

Il s'impute sur le montant de l'impôt sur le revenu dans les conditions indiquées au n° 2300. Si son montant est supérieur (d'au moins 8 €) à celui de l'impôt dû, l'excédent est restitué.

> Précisions **a.** Pour les **bénéficiaires de traitements et salaires ayant opté** pour la déduction de leurs **frais réels,** les cotisations syndicales constituent des frais professionnels déductibles sans limitation : voir n° 22155.
b. Le crédit d'impôt est accordé aux **salariés involontairement privés d'emploi** qui perçoivent des allocations de chômage ainsi qu'aux **retraités qui adhèrent ou continuent d'adhérer** à un syndicat représentatif de salariés ou de fonctionnaires (BOI-IR-RICI-20 n° 10).
c. Les contribuables doivent être en mesure de présenter, à la demande de l'administration, le **reçu** du syndicat ou de l'association professionnelle nationale de militaires mentionnant le montant et la date des versements.
La **délivrance irrégulière** de reçus entraîne l'application de l'amende visée au n° 80205.

INTÉRÊTS PERÇUS EN CAS DE CESSION D'UNE EXPLOITATION AGRICOLE AVEC PAIEMENT DIFFÉRÉ

Les personnes physiques qui, entre le **18 mai 2005** et le **31 décembre 2010,** ont cédé leur exploitation agricole dans le cadre d'un contrat de vente progressive (avec paiement d'au moins la moitié du prix de cession à la conclusion du contrat de vente et du solde entre la huitième et la douzième année suivant celle de la cession) à un agriculteur âgé de moins de quarante ans, qui s'installait ou qui était installé depuis moins de cinq ans, bénéficient d'une réduction d'impôt à raison des intérêts perçus au titre du différé de paiement. **3400** CGI art. 199 vicies A **IRPP-IV-62000 s**

La réduction d'impôt est égale à **50 %** du montant des intérêts perçus annuellement, retenu dans la **limite** de 5 000 € pour une personne célibataire, veuve ou divorcée et de 10 000 € pour un couple marié ou pacsé soumis à une imposition commune (soit une réduction d'impôt maximale annuelle de 2 500 € ou 5 000 € selon la situation de famille du contribuable).

En cas de résolution, annulation ou rescision pour lésion du contrat de vente, il y a lieu à **reprise** de l'avantage fiscal au titre de l'année au cours de laquelle survient l'événement. Tel n'est pas le cas, en revanche, en cas de cession ou d'apport en société de l'exploitation pendant la période du différé de paiement (BOI-IR-RICI-170 n° 190).

COTISATIONS VERSÉES POUR LA PRÉVENTION DES INCENDIES DE FORÊT

3430 CGI art. 200 decies A **IRPP-IV-64000 s**

Une réduction d'impôt est accordée au titre des cotisations versées aux **associations syndicales autorisées** qui ont pour objet de réaliser des travaux de prévention contre les incendies sur des terrains inclus dans les **bois classés** en application de l'article L 132-1 du Code forestier ou dans les **massifs forestiers** visés aux articles L 133-1 et L 133-2 du même Code.

La réduction d'impôt est égale à **50 %** du montant des cotisations versées, retenu dans la **limite annuelle** de 1 000 € par foyer fiscal (soit une réduction d'impôt maximale annuelle de 500 €).

> **Précisions** Le contribuable doit être en mesure de présenter, à la demande de l'administration, la **quittance de versement** de la cotisation visée par le comptable public de la commune ou du groupement de communes concerné. À défaut, la copie de l'avis des sommes à payer reçue par le propriétaire membre de l'association syndicale l'année d'imposition à l'impôt sur le revenu peut être produite (BOI-IR-RICI-270 n° 140).

TRAVAUX DE CONSERVATION OU DE RESTAURATION D'OBJETS CLASSÉS

3440 CGI art. 199 duovicies **IRPP-IV-75000 s**

Les propriétaires privés d'**objets mobiliers classés monuments historiques** bénéficient d'une réduction d'impôt à raison des dépenses qu'ils supportent au titre des travaux de conservation ou de restauration de ces objets.

Les **travaux** doivent être **autorisés** par l'autorité administrative compétente et **exécutés sous** le **contrôle** scientifique et technique des services de l'État chargés des monuments historiques. L'**objet** doit, dès l'achèvement des travaux et pendant au moins les cinq années suivantes, être **exposé au public** (exposition dans un musée de France, des bibliothèques relevant de l'État ou placées sous son contrôle, des services publics d'archives, notamment).

La réduction d'impôt est égale à **18 %** des sommes effectivement versées et restant à la charge du propriétaire (c'est-à-dire hors montant couvert par des subventions), retenues dans la **limite annuelle** de 20 000 € par contribuable (soit une réduction d'impôt maximale de 3 600 €).

Le montant de la réduction d'impôt est pris en compte dans le calcul du **plafonnement global** des avantages fiscaux (n°s 4840 s.).

En cas de non-respect de l'une des conditions susvisées ou en cas de cession de l'objet dans les cinq ans suivant l'achèvement des travaux, la réduction d'impôt fait l'objet d'une **reprise** au titre de l'année de réalisation de l'un de ces événements. Il en va de même lorsque la propriété de l'objet est démembrée ou que celui-ci est inscrit à l'actif d'une entreprise individuelle pendant la période d'exposition au public.

> **Précisions** Aucune reprise n'est opérée lorsque le démembrement du droit de propriété de l'objet fait suite à un changement de situation matrimoniale du contribuable ou au décès de celui-ci ou de l'un des conjoints ou partenaires du Pacs soumis à imposition commune ou lorsque la cession de l'objet a lieu après l'échéance du délai minimum de cinq années pendant lequel l'objet doit être exposé au public mais avant le 31 décembre de la même année (BOI-IR-RICI-190 n° 360).

DÉPENSES DE PRÉSERVATION DU PATRIMOINE NATUREL

3450 CGI art. 199 octovicies **IRPP-IV-112000 s**

Les propriétaires d'espaces naturels ayant obtenu le label de la Fondation du patrimoine ont pu bénéficier d'une **réduction d'impôt** à raison de certaines dépenses, autres que les intérêts d'emprunt, effectuées entre le 1er janvier 2010 et le 31 décembre 2013 en vue du maintien et de la protection du patrimoine naturel.

La réduction d'impôt était égale à **18 %** des dépenses effectivement supportées par le propriétaire et restant à sa charge, retenues dans la **limite annuelle** de 10 000 €.

Compte tenu de la possibilité d'imputer l'**excédent** de la réduction d'impôt par rapport au montant de l'impôt dû au titre de l'année de réalisation des dépenses sur l'impôt dû au titre des années suivantes jusqu'à la sixième inclusivement, une fraction de la réduction d'impôt est encore susceptible d'être prise en compte jusqu'à l'imposition des revenus de 2019.

Ces reports d'excédents sont pris en compte dans le calcul du **plafonnement global** des avantages fiscaux (n°s 4840 s.).

SECTION 4

MODALITÉS DE PERCEPTION DE L'IMPÔT SUR LE REVENU

L'impôt exigible, calculé comme indiqué dans la section précédente, est établi et payé dans les conditions exposées ci-après. 3540

A. Établissement de l'impôt

L'impôt sur le revenu est établi et recouvré par voie de rôle, d'après les éléments portés sur les déclarations annuelles de revenus souscrites par les contribuables. Celles-ci sont soumises au droit de contrôle de l'administration. 3650

1. LIEU D'IMPOSITION

L'impôt sur le revenu est établi au lieu de la **résidence** du contribuable ou, en cas de pluralité de résidences en France, au lieu de son **principal établissement.** 3660

CGI art. 10 et 11 **IRPP-V-100 s**

En cas de **changement** de résidence ou de principal établissement, les impôts dus pour l'année en cours et les années antérieures peuvent être établis au lieu d'imposition correspondant à la nouvelle situation.

En ce qui concerne le lieu d'imposition des contribuables **non domiciliés en France,** voir nº 4440.

› Précisions **a.** Le choix du lieu d'imposition est sans influence sur le montant de l'impôt, sauf toutefois si ce choix doit être exercé entre un département métropolitain et un **département d'outre-mer,** compte tenu des règles spéciales de calcul prévues pour les DOM (nº 91470).
b. En vertu d'une disposition particulière (LPF art. L 206), une **contestation** relative au lieu d'imposition à l'impôt sur le revenu ne peut en aucun cas entraîner l'annulation de l'imposition. La situation est différente lorsque cette contestation met en cause le principe même ou le montant de l'imposition. Tel est le cas lorsque le litige porte sur le point de savoir si le contribuable est ou non fiscalement domicilié en France, ou encore si le lieu d'imposition de l'intéressé se situe en métropole ou dans un DOM.

2. DÉCLARATIONS ANNUELLES DE REVENUS

PERSONNES ASSUJETTIES

En vue de l'établissement de l'impôt sur le revenu, **toute personne imposable** doit, chaque année, souscrire une déclaration détaillée de ses revenus et bénéfices, ainsi que de ses charges de famille. Le prélèvement à la source de l'impôt sur le revenu (voir nºs 3740 s.) n'a pas modifié cette obligation. 3670

CGI art. 170 à 175, 1649 quater B ter et 1649 quater B quinquies **IRPP-V-1500 s**

Sont également assujetties à cette déclaration, quel que soit le montant de leur revenu (c'est-à-dire même si elles ne sont pas imposables), les personnes fiscalement domiciliées en France au sens indiqué aux nºs 495 s. (CE 29-6-2011 nº 317426 : RJF 10/11 nº 1026) et qui disposent de l'un des **éléments de train de vie** suivants : résidence principale dont la valeur locative annuelle excède 150 € à Paris et dans un rayon de 30 km de Paris ou 114 € dans les autres localités ; résidence secondaire ; employé de maison ; voiture de tourisme ; avion de tourisme, yacht ou bateau de plaisance ; chevaux de course.

› Précisions Les personnes qui ne sont pas imposables (faute d'un revenu suffisant) et qui ne disposent pas par ailleurs de l'un des éléments de train de vie visés ci-dessus ne sont pas soumises à l'obligation de souscrire une déclaration de revenus. Elles peuvent cependant avoir intérêt à **produire volontairement** une telle déclaration. En effet, cela leur permettra notamment de recevoir de l'administration un avis de situation déclarative à l'impôt sur le revenu (**avis de non-imposition**), pouvant être présenté en justification des ressources pour l'attribution de divers avantages sociaux. De même, le dépôt d'une déclaration permettra à l'administration d'établir leur **taux de prélèvement à la source (PAS),** éventuellement nul (voir nº 3790 s.), ce qui leur évitera, s'ils perçoivent des revenus, de se voir appliquer un taux de PAS par défaut potentiellement inadapté (voir nº 3810 s.).

MODALITÉS DE DÉCLARATION

3671 À compter de 2020 (déclaration des revenus de 2019), dans le cadre du dispositif dit de la **« déclaration tacite »,** la déclaration des revenus peut, sous certaines conditions, prendre la forme d'une simple validation des éléments déjà connus de l'administration (CGI art. 171 issu de l'article 155 de la loi 2019-1479 du 28-12-2019). Lorsqu'ils ne peuvent bénéficier de ce dispositif, les contribuables souscrivent les formulaires de déclaration au moyen de la **télédéclaration** ou, à défaut, sous forme « papier ».

3672 **Déclaration tacite** Le dispositif est ouvert aux contribuables dont les revenus sont **intégralement déclarés** à l'administration **par des tiers** (employeurs, caisse de retraite, banques, etc.). Les titulaires de revenus professionnels (BIC, BNC, BA) ou de revenus fonciers en sont exclus et doivent obligatoirement recourir à la télédéclaration ou, le cas échéant, à la déclaration « papier » dans les conditions décrites aux nº 3675 s..

3673 Les contribuables éligibles à la déclaration tacite qui ont **déposé en ligne** leur dernière déclaration de revenus ne reçoivent pas de déclarations préremplies et sont avertis par mail qu'un **document** récapitulant les informations connues par l'administration (situation de famille, revenus perçus au titre de l'année écoulée, estimation de l'impôt correspondant et du solde à acquitter en septembre) est disponible dans leur **espace personnel** du site www.impots.gouv.fr. Ce document est mis à leur disposition un mois avant la date limite de déclaration.

Si les données recueillies par l'administration figurant sur ce document **ne nécessitent pas de modifications** ou de compléments, les contribuables sont dispensés de déposer une déclaration de revenus : l'absence de démarche de leur part dans le délai de dépôt vaut déclaration tacite. En revanche, s'ils **souhaitent modifier** les éléments connus par l'administration, il leur appartient de souscrire, avant la fin du délai prévu, une déclaration dans les conditions exposées aux nºs 3675 s.

3674 Les contribuables éligibles à la déclaration tacite qui ont **déposé un exemplaire papier** de leur dernière déclaration de revenus reçoivent, un mois avant la date limite de dépôt, une **déclaration spécifique** récapitulant les éléments connus par l'administration ainsi qu'une déclaration à renvoyer si ces éléments nécessitent d'être modifiés ou complétés. En revanche, si les données connues par l'administration n'appellent pas de modifications, aucune déclaration n'est à renvoyer ou à télédéclarer par les contribuables : l'absence de démarche de leur part dans le délai de dépôt vaut déclaration tacite.

3675 **Télédéclaration et déclaration papier** La **télédéclaration** est obligatoire pour tous les contribuables tenus de déposer une déclaration de revenus. Toutefois, cette obligation ne s'applique ni aux contribuables dont la résidence n'est pas équipée d'un accès à Internet ou qui ne sont pas en mesure de souscrire leur déclaration en ligne ni, jusqu'au 31 décembre 2024, aux contribuables qui résident dans des zones où aucun service mobile n'est disponible, dites « **zones blanches** » (Loi 2018-727 du 10-8-2018 art. 6).

La télédéclaration s'effectue directement sur **Internet,** depuis le site impots.gouv.fr ou, par l'intermédiaire d'un partenaire professionnel, via la filière EDI-IR.

La déclaration effectuée en ligne est signée électroniquement. Le non-respect de l'obligation de souscrire la déclaration de revenus par voie électronique entraîne l'application d'une **amende forfaitaire** de 15 € par déclaration ou annexe à compter de la deuxième année au cours de laquelle ce manquement est constaté (CGI art. 1738, 4).

Les contribuables qui télédéclarent leurs revenus sont dispensés, le cas échéant, de produire l'ensemble des **justificatifs** des dépenses ouvrant droit à avantage fiscal. Ils doivent cependant les conserver et les tenir à la disposition de l'administration en cas de contrôle. Lorsqu'ils sollicitent le bénéfice de certaines déductions du revenu global, réductions ou crédits d'impôt, ils peuvent charger un **« tiers de confiance »** de conserver et de transmettre à l'administration fiscale, sur sa demande, les pièces justificatives des charges correspondantes et de télédéclarer leurs revenus. Ce tiers doit être choisi parmi les personnes membres des professions réglementées d'avocat, de notaire ou d'expert-comptable et ayant signé avec l'administration une convention individuelle (CGI art. 170 ter).

3677 Lorsque la télédéclaration n'est pas obligatoire, la déclaration de revenus est souscrite sur des **imprimés** fournis par l'administration ou sur des formulaires édités au moyen de logiciels privés (BOI-IR-DECLA-20-10-10 nº 230).

Les imprimés administratifs sont généralement adressés au domicile des contribuables et préidentifiés. Les contribuables n'ayant pas reçu d'imprimés ou ayant besoin d'imprimés supplémentaires peuvent se procurer des imprimés dits « à plat » (non préidentifiés) auprès des centres des finances publiques, des mairies et des centres de distribution spécialement créés à cet effet pendant la période de déclaration. Ces imprimés peuvent également être téléchargés sur le site impots.gouv.fr.

La déclaration sur support papier doit, sous peine de nullité, être **signée** par la personne tenue de la souscrire (en ce qui concerne la signature de la déclaration pour les personnes mariées ou pacsées, voir nº 335). Elle doit être **remise** ou **adressée** au centre des finances publiques du lieu d'imposition (nº 3660).

> **Précisions** Les contribuables sont dispensés de joindre à leur déclaration de revenus « papier » les **justificatifs établis par des tiers** (factures, attestations...). Ils doivent cependant les conserver jusqu'à l'expiration du délai de reprise (nº 77710) afin d'être en mesure de les présenter à l'administration en cas de contrôle (BOI-IR-DECLA-20 nº 1). La dispense ne s'applique pas aux **documents établis par** les **contribuables eux-mêmes** (mentions expresses, états détaillés des frais réels, engagements à prendre pour bénéficier d'un avantage fiscal...).

FORMULAIRES

La déclaration annuelle des revenus se présente sous la forme d'une déclaration d'ensemble accompagnée, s'il y a lieu, de déclarations annexes. **3680**

La **déclaration d'ensemble** est établie sur le formulaire nº 2042, auquel s'ajoutent, le cas échéant, les déclarations complémentaires nº 2042 C et/ou 2042 C PRO, la déclaration nº 2042 IOM (pour les investissements outre-mer) et la déclaration nº 2042 RICI (pour les réductions et crédits d'impôt les plus courants). Les imprimés nºs 2042 adressés aux contribuables et les déclarations personnelles en ligne sont préidentifiés (nom, adresse et personnes à charge) et préremplis des principaux revenus dont l'administration a eu connaissance par les employeurs, les organismes sociaux ou Pôle emploi, les caisses de retraite et les établissements financiers qui en assurent le paiement (salaires, pensions de retraite, indemnités journalières, revenus de capitaux mobiliers…). Il incombe aux contribuables de corriger voire de compléter ces données si elles sont inexactes ou incomplètes.

Les **déclarations annexes** éventuellement jointes à la déclaration d'ensemble sont souscrites sur les formulaires suivants :
– nº 2044 ou nº 2044 spécial pour la déclaration des revenus fonciers réels (voir nº 27585) ;
– nº 2047 pour la déclaration des revenus de toute nature encaissés hors de France (métropole et DOM), qui doivent être déclarés séparément sous peine d'être réputés avoir été omis ;
– nº 2074 pour les plus-values sur cessions de valeurs mobilières et droits sociaux et les profits assimilés (voir nº 33260) ;
– nº 2086 pour la détermination des gains sur les crypto-monnaies (voir nº 33600 s.) ;
– nº 3916 concernant les comptes bancaires et assimilés ouverts ou utilisés à l'étranger (nº 78305).

Pour les déclarations spéciales de bénéfices professionnels à produire indépendamment de la déclaration d'ensemble, voir ci-après nº 3695. Nous consacrons chaque année, dans nos Feuillets rapides, des **guides spéciaux** à l'établissement des diverses déclarations.

DÉLAI DE DÉCLARATION

La date limite de dépôt de la déclaration d'ensemble des revenus est fixée chaque année à la fin du mois de mai, par voie de communiqué de presse lors du lancement de la campagne d'impôt sur le revenu. **3685**

Les contribuables qui souscrivent leur **déclaration par Internet** bénéficient d'un délai supplémentaire (entre une et trois semaines), qui dépend du lieu où ils sont domiciliés au 1er janvier de l'année de souscription de la déclaration.

DÉFAUT OU RETARD DE DÉCLARATION

Pour les contribuables tenus de souscrire une déclaration d'ensemble, le défaut de production ou la production tardive de cette déclaration est susceptible d'entraîner : **3690**
– l'application de l'intérêt de retard et d'une **majoration** de droits (nºs 80075 s.) ;
– et, le cas échéant, la **taxation d'office** de l'intéressé, si celui-ci n'a pas régularisé sa situation dans les trente jours d'une première mise en demeure (nºs 79060 s.).

> **Précisions** Les contribuables éligibles au dispositif de déclaration tacite des revenus qui se sont abstenus de souscrire leurs déclarations dans les conditions décrites aux nºs 3672 s. ne peuvent encourir de pénalités pour défaut de production de déclaration d'impôt sur le revenu (voir nºs 80100 s.) dès lors qu'ils sont considérés comme ayant respecté leur obligation déclarative (CGI art. 171). En revanche, ils restent soumis, le cas échéant, aux sanctions prévues en cas d'omissions ou d'inexactitudes (voir nºs 80000 s.)

DÉCLARATIONS SPÉCIALES DE BÉNÉFICES PROFESSIONNELS

En plus de la déclaration d'ensemble et de ses annexes (nºs 3670 s.), les contribuables doivent souscrire, s'il y a lieu, en vue de l'évaluation ou du contrôle de leurs bénéfices professionnels, des déclarations spéciales concernant : **3695**

– les **bénéfices industriels et commerciaux** : déclaration n° 2031 pour les exploitants relevant du régime réel normal (voir nos 10965 s.) ou du régime réel simplifié (voir n° 86845) ;
– les **bénéfices agricoles** : déclaration n° 2143 pour les exploitants relevant du régime réel normal ou déclaration n° 2139 pour les exploitants au régime simplifié (voir nos 16050 s.) ;
– les **bénéfices non commerciaux** : déclaration n° 2035 pour les contribuables relevant du régime de la déclaration contrôlée (voir n° 13595).

> **Précisions a.** Le fait qu'un contribuable ait produit une déclaration spéciale ne le dispense pas de souscrire la **déclaration d'ensemble,** même s'il ne dispose que d'une seule catégorie de revenus.
> **b.** Cas où l'un des **époux** ou l'un des **partenaires d'un Pacs,** soumis à une imposition commune, exerce une activité professionnelle non salariée : voir n° 335, précision b.

3. RÔLE ET AVIS D'IMPOSITION

3705 L'impôt sur le revenu fait l'objet d'un rôle établi par l'administration qui constitue le titre officiel en vertu duquel le comptable public est en droit de réclamer le paiement de l'impôt et d'en poursuivre le recouvrement.

Au moment de la **mise en recouvrement du rôle,** le contribuable reçoit un avis d'imposition lui présentant le décompte détaillé du revenu imposable de son foyer fiscal, le montant de l'impôt correspondant et le délai dans lequel celui-ci doit être réglé (LPF art. L 253). Ce décompte fait apparaître notamment le montant des revenus catégoriels, celui des déductions pratiquées, des charges retranchées du revenu global et de celles donnant lieu à réduction d'impôt ainsi que le montant de cette réduction (CGI art. 170, 3).

Sur les modalités de paiement de l'impôt, voir nos 3740 s.

> **Précisions a.** Les contribuables peuvent choisir de recevoir leur **avis d'imposition sous forme dématérialisée** (option sur le site impots.gouv.fr). Dans ce cas, ils sont informés par courriel de la mise en ligne de celui-ci dans leur espace personnel.
> **b.** Les contribuables qui ont télédéclaré leurs revenus (n° 3675) peuvent **rectifier en ligne** (« télécorrection ») leur déclaration s'ils constatent une erreur ou une omission affectant leurs revenus, leurs charges et les personnes à charge au moment de la réception de leur avis d'imposition. Un avis d'impôt correctif leur est ensuite adressé.

4. CONTRÔLE DES DÉCLARATIONS

3715 CGI art. 175 A

La loi confère à l'administration fiscale le pouvoir de **vérifier** et, s'il y a lieu, de **rectifier** les déclarations de revenus souscrites par les contribuables. L'ensemble des règles applicables en cette matière est exposé aux nos 77500 s.

Les rectifications découlant de ce contrôle peuvent donner lieu à l'application des **sanctions** fiscales, et éventuellement pénales, examinées aux nos 79700 s.

Comme les impositions primitives, les **suppléments d'impôt et les pénalités** résultant des rectifications opérées sont établis et perçus par voie de **rôle.** Ils peuvent également être recouvrés par voie d'avis de mise en recouvrement.

S'il estime que les rectifications sont injustifiées en tout ou partie, le contribuable peut, après la mise en recouvrement du rôle, présenter une **réclamation contentieuse** dans les conditions exposées aux nos 81650 s.

B. Prélèvement à la source de l'impôt

3740 Art. 204 A à 204 N du CGI **IRPP-VI-10000 s**

Le prélèvement à la source (en abrégé PAS) constitue le **régime de droit commun** du paiement de l'impôt sur le revenu depuis le 1er janvier 2019.

Institué par l'article 60 de la loi 2016-1917 du 29 décembre 2016 et aménagé à plusieurs reprises avant son entrée en vigueur définitive, il concerne la majorité des revenus perçus par les foyers fiscaux (revenus d'activité et de remplacement, revenus fonciers) et permet un paiement de l'impôt **dès la réalisation du revenu** ou sa mise à la disposition du contribuable tout en tenant compte de ses variations à la baisse ou à la hausse.

Le PAS n'affecte pas l'assiette et les modalités de calcul de l'impôt sur le revenu : imposition par foyer fiscal, quotient familial, réductions et crédits d'impôt restent applicables. Son entrée en vigueur s'est accompagnée d'une importante **mesure transitoire** relative à l'imposition des revenus de 2018 et de certains revenus de 2019 (nos 3870 s.) ainsi que de **mesures anti-optimisation fiscale** (n° 3910).

Pour les **revenus ne relevant pas du PAS,** (nos 3764 s.) le paiement de l'impôt a également lieu le plus souvent dès le versement ou la réalisation du revenu, par voie de prélèvements forfaitaires ou de retenues à la source spécifiques susceptibles, selon le cas, de s'imputer sur le montant de l'impôt dû ou d'être libératoires de cet impôt (dividendes, produits de placement à revenu fixe, plus-values immobilières, etc.).
De façon résiduelle, l'impôt sur le revenu peut être recouvré en totalité au moment de la mise en recouvrement du rôle (plus-values professionnelles à long terme soumises à des impositions proportionnelles (nos 18090 s.), plus-values de cession de valeurs mobilières et de droits sociaux (no 32805 s.), etc.).

1. CHAMP D'APPLICATION DU PAS

Le PAS s'applique à tous les **revenus d'activité et de remplacement** imposables à l'impôt sur le revenu, y compris les **revenus fonciers,** à l'exception des revenus visés au no 3765. **3750** CGI art. 204 A, 1 et 2 **IRPP-VI-10100 s**

Selon la nature du revenu, le PAS prend la forme d'une retenue à la source opérée par le débiteur des sommes en cause ou d'un acompte liquidé et prélevé directement par l'administration sur le compte bancaire du contribuable.

ATTENTION
Au sein d'une même catégorie, certains revenus peuvent relever du PAS selon l'une ou l'autre modalité. Ainsi, les rémunérations versées aux gérants et assimilés mentionnés à l'article 62 du CGI font l'objet d'un acompte alors qu'ils sont soumis à l'impôt sur le revenu selon les règles des traitements et salaires.

a. Revenus relevant de la retenue à la source

Donnent lieu à l'application de la retenue à la source les revenus imposés selon les règles applicables aux **salaires, pensions et rentes viagères à titre gratuit,** sous réserve de ceux visés au no 3763. **3755** CGI art. 204 B **IRPP-VI-10200 s**

Sont visés, pour l'essentiel :
– les rémunérations versées aux salariés, les traitements publics, les indemnités, primes, allocations et gratifications et avantages en argent ou en nature ;
– les indemnités de chômage et les allocations de préretraite,
– les indemnités ou allocations journalières versées en cas de maladie, accident ou maternité ;
– les rémunérations versées aux dirigeants autres que celles relevant de l'article 62 du CGI, soit celles perçues par les gérants minoritaires de SARL, les présidents du conseil d'administration ou les directeurs généraux de SA, etc. (voir nos 23500 s.) ;
– les pensions de retraite, y compris celles versées en capital (hors produits accumulés pendant la durée du plan d'épargne, voir no 3765) et les pensions d'invalidité, de source française ;
– les allocations servies par les régimes de prévoyance ou les régimes complémentaires obligatoires ;
– les prestations versées sous forme de rentes.

Relèvent également du PAS sous forme de retenue à la source les sommes distribuées au titre de l'intéressement ou de la participation au bénéfice de l'entreprise et les gains (rabais excédentaires, gains de levée ou d'acquisition) issus d'options sur titres ou d'actions gratuites qui n'ouvrent pas droit aux régimes spécifiques d'imposition qui leur sont propres.

b. Revenus relevant de l'acompte

Donnent lieu à l'application de l'acompte : **3760** CGI art. 204 C **IRPP-VI-10630 s**
– les revenus imposables dans la catégorie des **BIC,** des **BNC ou** des **BA** selon un régime réel ou micro. Par exception, les titulaires de BIC et de BNC ayant opté pour le régime du micro-entrepreneur sont exclus du champ du PAS (voir no 3765) ;
– les **revenus fonciers,** qu'ils soient déterminés selon le régime réel ou le régime du « micro-foncier », y compris les revenus fonciers distribués par un fonds de placement immobilier (BOI-IR-PAS-10-10-20 no 70) ;
– les rémunérations versées aux gérants de sociétés visés par l'article 62 du CGI, y compris les **indemnités journalières** (BOI-IR-PAS-10-10-20 no 90) ;
– les pensions alimentaires et les **prestations compensatoires** ;
– les rentes viagères à titre onéreux (voir no 22550).

› Précisions Les revenus fonciers, les rentes viagères constituées à titre onéreux ainsi que les BIC, BNC et BA issus d'une activité exercée à titre non professionnel donnent également lieu au prélèvement d'un acompte de **prélèvements sociaux** calculé en appliquant les taux forfaitaires de contribution et de prélèvement (no 34515) à l'assiette déterminée pour l'acompte d'impôt sur le revenu (nos 3775 s.) sans qu'il soit fait application, le cas échéant, de la **majoration de 1,25** prévue par l'article 158, 7-1° du CGI.

CAS PARTICULIER

3763 Indépendamment de leur traitement à l'impôt sur le revenu (traitements et salaires ou BNC), les honoraires versés aux **fonctionnaires chercheurs** (CGI art. 93, 1 bis), les commissions versées aux **agents généraux d'assurance** (CGI art. 93, 1 ter) et les **droits d'auteur** (CGI art. 93, 1 quater) donnent lieu au paiement de l'acompte (BOI-IR-PAS-10-10-20 n° 60).

c. Revenus exclus du PAS

3764 CGI art. 151-0, 204 A et 204 D IRPP-VI-11470 s

Sont **hors du champ** d'application du PAS (voir nos 3750 s.) les revenus catégoriels et gains suivants :
– revenus de capitaux mobiliers ;
– plus-values immobilières ;
– plus-values de cession de biens meubles corporels ;
– gains provenant de la cession de valeurs mobilières et de droits sociaux ;
– plus-values professionnelles à long-terme.

3765 Bien qu'ils entrent dans le champ du PAS, certains revenus en sont néanmoins **expressément exclus.** Il s'agit :
– de la part des retraites versées en capital par les plans d'épargne retraite qui correspond aux produits accumulés pendant la période d'épargne (CGI art. 204 D modifié par l'article 3 de l'ordonnance 2019-766 du 24-7-2019) ;
– des indemnités perçues au titre d'un préjudice moral (pour leur montant excédant un million d'euros) ;
– des gains issus de l'actionnariat salarié imposables dans les conditions des articles 80 bis, I et II, 80 quaterdecies, I et 163 bis G du CGI ;
– des distributions et gains nets afférents à des parts de fonds mentionnés à l'article 80 quindecies du CGI ;
– des revenus des contribuables ayant opté pour le régime du micro-entrepreneur (voir nos 86585 s.) (BOI-IR-PAS-10-10-20 nos 30 et 50) ;
– des revenus de source française soumis à une retenue spécifique ;
– des revenus de source étrangère ouvrant droit à un crédit d'impôt égal à l'impôt français ;
– des rémunérations exonérées des personnels diplomatiques et des organisations internationales (BOI-IR-PAS-10-20 n° 80).

3766

Règles de territorialité

Les salaires versés à un salarié fiscalement domicilié en France en contrepartie d'une activité exercée en France donnent lieu à retenue à la source même si **l'employeur** est **établi hors de France.** Il en va de même, sous réserve des conventions internationales, des salaires versés par un employeur établi en France à un salarié fiscalement domicilié en France en contrepartie de missions temporaires et ponctuelles à l'étranger. En revanche, les salaires versés à un salarié domicilié en France en contrepartie d'une activité exercée à l'étranger par un employeur établi hors de France (**frontaliers,** notamment) donnent lieu au versement de l'acompte (BOI-IR-PAS-10-10-10 nos 60 et 90).
Les pensions de retraite, les rentes viagères à titre gratuit, les pensions alimentaires et les rentes viagères à titre onéreux imposables en France et versées par un débiteur établi hors de France donnent lieu à la perception de l'acompte.
Donnent également lieu à la perception de l'acompte les revenus fonciers, les revenus des travailleurs indépendants (BIC, BNC, BA) et les rémunérations dites « article 62 » de source étrangère et effectivement imposables en France.

2. ASSIETTE DU PAS

a. Assiette de la retenue à la source

3770 CGI art. 204 F IRPP-VI-12100 s

La retenue à la source est appliquée aux salaires, pensions et rentes viagères à titre gratuit pour leur montant net imposable après déduction des cotisations sociales et de la part déductible de la CSG, avant déduction des **frais professionnels,** de l'**abattement** de 10 % sur les pensions de retraite et avant application des abattements dont bénéficient les assistantes maternelles et les journalistes.
Les **retraites versées sous forme de capital** supportent dans leur totalité la retenue à la source au taux applicable au jour de leur versement, indépendamment du fait que le bénéficiaire puisse ensuite opter pour le prélèvement forfaitaire de 7,5 % prévu par l'article 163 bis du CGI (BOI-IR-PAS-20-10-10 n° 150).
Les **dispositifs visant à atténuer la progressivité de l'impôt,** tels que ceux applicables aux revenus exceptionnels ou différés (système du quotient ou de l'étalement prévus par les articles 163 0 A et 163 A du CGI) ou aux revenus des artistes du spectacle et aux sportifs (CGI art. 84 A) n'ont pas d'incidence sur l'assiette de la retenue à la source.

b. Règles d'assiette de l'acompte

Déterminée par l'administration fiscale, l'assiette de l'acompte est constituée par le montant des bénéfices ou revenus nets imposables (après prise en compte, le cas échéant, des frais professionnels et abattements spécifiques déductibles) soumis au barème progressif de l'impôt sur le revenu la dernière année pour laquelle l'impôt a été établi au nom du contribuable. Cette **année de référence** est appréciée à la date du versement de l'acompte. 3775 CGI art. 204 G IRPP-VI-12750 s

Dans la majorité des cas, les acomptes prélevés de janvier à août N sont donc liquidés d'après les revenus ou bénéfices nets imposables de l'année N – 2, ceux prélevés de septembre à décembre N le sont d'après les revenus ou bénéfices nets imposables de l'année N – 1.

Les **déficits** constatés sur la période de référence sont retenus pour une valeur nulle : aucun acompte n'est alors liquidé. Les revenus ayant fait l'objet d'une imposition selon le **système du quotient** sont exclus.

RÈGLES D'ASSIETTE PROPRES AUX BIC, BNC ET BA

Le résultat retenu pour l'assiette de l'acompte est celui de l'exercice clos au cours de l'année de référence. En cas de **pluralité d'exercices clos** au titre d'une même période, l'acompte est calculé d'après la somme des résultats retenus pour établir l'impôt sur le revenu de l'année concernée (BOI-IR-PAS-20-10-20-10 n° 30). Si le résultat de la période est afférent à une période de moins de douze mois, il est **ajusté prorata temporis** sur une année. S'il a fait l'objet de la **majoration de 25 %** pour défaut d'adhésion à un centre ou une association de gestion agréée (CGI art. 158,7), le montant du résultat majoré est retenu (BOI-IR-PAS-20-10-20-20 n° 10). 3776 IRPP-VI-12920 s

Les **revenus taxés à taux proportionnels** tels que les plus ou moins-values à long terme et les revenus exceptionnels (produit de cession d'éléments d'actifs ayant la nature de plus-values, subvention d'équipement, indemnité d'assurance compensant la perte d'un élément d'actif immobilisé) sont exclus de l'assiette de l'acompte. 3777

En cas d'**imposition fractionnée** des plus-values à court terme (CGI art. 39 quaterdecies), seule la fraction annuelle comprise dans le résultat fiscal est exclue de l'assiette. Il en va de même des **subventions d'équipement** dont l'imposition a été étalée en application de l'article 42 septies du CGI (BOI-IR-PAS-20-10-20-20 n° 30).

L'assiette de l'acompte est diminuée des **déficits catégoriels antérieurs** uniquement imputables sur les revenus de même nature des années suivantes. Elle est également réduite des **exonérations** d'impôt sur les bénéfices prévues en faveur des **entreprises nouvelles** par les articles 44 sexies à 44 sexdecies du CGI dont le contribuable bénéficie au moment du paiement de l'acompte (BOI-IR-PAS-20-10-20-20 n° 180). 3778

ATTENTION

Les « retraitements » des revenus exceptionnels et des déficits opérés par l'administration peuvent donc la conduire à retenir une assiette d'acompte de PAS **nulle ou différente du résultat déclaré** au titre de l'année de référence.

RÈGLES D'ASSIETTE PROPRES AUX REVENUS FONCIERS

L'assiette de l'acompte est constituée du total des revenus fonciers déclarés au titre de la période de référence (diminué, le cas échéant, des déficits fonciers antérieurs imputables) imposé au barème progressif de l'impôt. Les **revenus exceptionnels ou différés** imposés selon le système du quotient (CGI art. 163-0 A) sont exclus. 3780 IRPP-VI-13340 s

Les **amortissements réintégrés** à titre de sanction, lorsque le contribuable a méconnu ses engagements de location ou de conservation de parts (dispositifs Périssol, Besson neuf, Robien, etc.), ne sont pas retenus dans l'assiette de l'acompte (BOI-IR-PAS-20-10-20-30 n° 20).

3. TAUX DU PRÉLÈVEMENT

a. Taux de droit commun

Le prélèvement est opéré selon un **taux unique** déterminé par l'administration pour chaque foyer fiscal sur la base des impôts et des revenus de l'avant-dernière année, pour le calcul de la retenue à la source et des acomptes afférents à la période de janvier à août de l'année concernée, et sur la base des impôts et revenus de l'année précédente pour les prélèvements opérés de septembre à décembre. 3790 CGI art. 204 H, I IRPP-VI-13780 s

RÈGLE GÉNÉRALE DE CALCUL DU TAUX DE DROIT COMMUN

Le taux de droit commun est égal au **quotient** suivant : 3791

Impôt sur le revenu afférent aux revenus soumis au PAS / total des revenus soumis au PAS.

L'impôt afférent aux revenus soumis au PAS figurant au **numérateur** correspond à l'impôt sur le revenu du foyer avant imputation des réductions et crédits d'impôt multiplié par le rapport existant entre le total de revenus nets imposables soumis au PAS et le total des revenus nets catégoriels du foyer soumis au barème progressif (donc, s'agissant des traitements, salaires et pensions, après déduction des frais professionnels (réels ou forfaitaires) et de l'abattement de 10 % sur les pensions de retraite).

En revanche, les revenus figurant au **dénominateur** sont retenus pour leur montant correspondant à l'assiette de la retenue à la source ou de l'acompte, soit, pour les salaires, retraites et pensions, avant déduction des frais et abattements.

EXEMPLE

Soit un contribuable célibataire ayant déclaré les revenus suivants.

N – 2 : 16 200 € de salaire annuel net imposable (après déduction pour frais professionnels) et un déficit BIC professionnel de 18 200 €.

N – 1 : 24 000 € de salaire annuel, soit 21 600 € imposables après déduction pour frais professionnels, un déficit BIC professionnel de 2 000 € ainsi que 2 000 € de déficit global reportable né en N – 2 = (18 200 – 16 200).

Au titre de N – 2, l'impôt sur le revenu de ce contribuable était nul ; pour N – 1, il était égal à 586 €.

Pour effectuer les prélèvements de la période de janvier à août N, l'administration établit le taux de prélèvement d'après les derniers éléments connus, soit ceux de N – 2. Au cas particulier, celui-ci sera nul puisqu'aucun impôt n'était dû par le contribuable au titre de N – 2.

Pour effectuer les prélèvements de la période de septembre à décembre N, l'administration établit le taux de prélèvement d'après les derniers éléments connus soit ceux de N – 1. Au cas particulier, celui-ci sera déterminé comme suit, les déficits étant neutralisés (0) et aucun crédit d'impôt n'étant déductible :

[586 × ((21 600 + 0) / (21 600 + 0)) – 0]/[24 000 + 0] = 2,4 %

RÈGLE PARTICULIÈRE DE CALCUL APPLICABLE EN 2020

3792 Afin d'anticiper les effets de la **baisse de l'impôt** effective à compter de l'imposition des revenus de 2020, la détermination du taux de droit commun du PAS opéré depuis janvier 2020 s'effectue selon les règles générales de calcul exposées au n° 3791 en retenant un impôt sur le revenu liquidé selon un **barème spécifique** (Loi 2019-1479 du 28-12-2019 art. 2).

3793 Le taux du **PAS pratiqué de janvier à août 2020** est déterminé selon la formule exposée au n° 3791 mais en retenant un impôt sur le revenu liquidé en appliquant le barème suivant aux revenus perçus en 2018.

Fraction du revenu imposable 2018 (une part)	Taux
N'excédant pas 9 964 €	0 %
De 9 964 € à 25 405 €	11 %
De 25 405 € à 72 643 €	30 %
De 72 643 € à 156 244 €	41 %
Supérieure à 156 244 €	45 %

Avant d'être intégré à la formule de calcul du taux, l'impôt brut issu de ce barème fait l'objet d'une **décote spécifique** égale à la différence entre 769 € et 45,25 % de son montant pour les contribuables célibataires, divorcés séparés ou veufs et à la différence entre 1 273 € et 45,25 % de son montant pour les contribuables soumis à une imposition commune. Aucune **réfaction** dite « de 20 % » n'est à opérer (nos 2290 s.).

3794 La taux du **PAS pratiqué de septembre à décembre 2020** est déterminé selon la formule exposée au n° 3791 mais en retenant un impôt sur le revenu liquidé en appliquant le barème suivant aux revenus perçus en 2019.

Fraction du revenu imposable 2019 (une part)	Taux
N'excédant pas 10 064 €	0 %
De 10 064 € à 25 659 €	11 %
De 25 659 € à 73 369 €	30 %
De 73 369 € à 157 806 €	41 %
Supérieure à 157 806 €	45 %

Avant d'être intégré à la formule de calcul du taux, l'impôt brut issu de ce barème fait l'objet d'une **décote** égale à la différence entre 777 € et 45,25 % de son montant pour les contribuables célibataires, divorcés séparés ou veufs et à la différence entre 1 286 € et 45,25 % de son montant pour les contribuables soumis à une imposition commune. Aucune **réfaction** dite « de 20 % » n'est à opérer (nos 2290 s.).

ATTENTION

Les règles spécifiques exposées aux nos 3793 et 3794 s'appliquent également en cas d'actualisation du taux du PAS à raison des changement de situation de famille (nos 3820 s.), de modulation du PAS à la baisse consécutive à une variation des revenus ou des charges (nos 3830 s.) ou d'individualisation du taux du PAS pour tenir compte des écarts de revenus des contribuables mariés ou liés par un Pacs (no 3798.).

CAS D'APPLICATION D'UN TAUX NUL

Le taux du PAS est nul pour les contribuables qui remplissent les **deux conditions** suivantes : **3796** CGI art. 204 H, II-2° **IRPP-VI-14100 s**
– l'impôt sur le revenu, avant imputation du prélèvement à la source, mis en recouvrement au titre des revenus des deux dernières années d'imposition connues est nul ;
– le montant du revenu fiscal de référence, au sens défini au no 42332, de la dernière année d'imposition connue est inférieur à 25 251 euros par part de quotient familial.

Pour l'appréciation de la **première condition,** la plus ancienne des deux dernières années d'imposition connues ne peut être antérieure à l'antépénultième année par rapport à l'année de prélèvement. Pour l'appréciation de la **seconde condition,** le revenu fiscal de référence pris en compte est celui déterminé au titre de la dernière année pour laquelle l'impôt a été établi à la date de la transmission du taux au débiteur des revenus ou du calcul de l'acompte par l'administration fiscale, sans que cette année puisse être antérieure à l'antépénultième année par rapport à l'année de prélèvement. **3797**

INDIVIDUALISATION DU TAUX DE DROIT COMMUN

Les contribuables mariés ou liés par un Pacs soumis à une imposition commune, dont les revenus d'activité ou de remplacement présentent un écart, peuvent **opter** pour l'application de taux de prélèvements individualisés. **3798** CGI art. 204 M **IRPP-VI-14240 s**

Ce choix n'est soumis à **aucune condition** particulière. Il conduit à minorer le taux applicable au contribuable ayant disposé des revenus personnels les plus faibles et à majorer celui du contribuable aux revenus personnels les plus élevés, les **revenus communs** demeurant systématiquement soumis au taux de PAS **unique du foyer.** Les **taux** individuels **s'appliquent** au plus tard le troisième mois suivant celui de la demande et **cessent de s'appliquer** au plus tard le troisième mois suivant celui de la dénonciation de l'option. **3799**

L'option peut être **exercée et dénoncée** à tout moment notamment dans l'espace personnel du contribuable sur le site www.impots.gouv.fr ou par les autres moyens mis à disposition par l'administration (courrier, téléphone, guichets d'un centre de finances publiques). Elle est **tacitement reconduite** sauf dénonciation dans les 30 jours de la mise à disposition d'un nouveau taux. Les taux individualisés ne font pas obstacle à l'application de la grille de taux par défaut (nos 3810 s.) ni à la modulation à la hausse ou à la baisse du prélèvement (nos 3830 s.). **3800**

INCIDENCE DES RÉDUCTIONS ET CRÉDITS D'IMPÔT

La formule de calcul du taux de PAS fait **abstraction** des réductions et crédits d'impôt. Par suite, pour les contribuables qui en bénéficient de manière récurrente, le taux de prélèvement peut être supérieur à leur taux réel d'imposition et l'impôt prélevé en N supérieur à l'impôt finalement dû en N + 1. Dans cette hypothèse, la différence est restituée en N + 1. Toutefois, afin de pallier cet **effet de trésorerie négatif,** les contribuables perçoivent, au plus tard le 1er mars de l'année de la liquidation de l'impôt, un **acompte** du montant de certaines **réductions** et **crédits d'impôt** (voir nos 2805 s., 2820 s., 3170 s., 3230 s., 3360, 3370, 90575 s. et 92010 s.), qui sera régularisé lors de la liquidation de l'impôt de l'année en cause. Le montant de cet acompte est égal à **60 % du montant des avantages éligibles** dont les contribuables ont bénéficié au titre de l'imposition de leurs revenus de N – 2. S'ils relèvent du taux nul du PAS, l'acompte est égal à 60 % du montant de la restitution dont ils ont bénéficié au titre de ces avantages. **3801** CGI art. 1665 bis

Afin d'éviter des régularisations trop importantes, les contribuables peuvent demander, avant le 1er décembre de l'année qui précède celle de la perception de l'acompte, à percevoir un montant inférieur à celui qui doit en principe leur être versé (CGI art. 1665 bis modifié par l'article 7, 3° de la loi 2019-1479 du 28-12-2019). **3802**

b. Taux par défaut

Dans le cas où l'**impôt sur le revenu** de l'avant-dernière année ou de la dernière année **n'a pu être établi,** l'impôt sur le revenu et les revenus pris en compte pour le calcul du taux **3810** sont ceux de la dernière année pour laquelle l'impôt a été établi à la date du calcul de l'acompte ou de la transmission du taux au débiteur des revenus, sans que cette année puisse être antérieure à l'antépénultième année par rapport à l'année de prélèvement. Dans le cas contraire, il est fait application des taux des **grilles de taux par défaut** suivant la domiciliation du contribuable à la date de versement du revenu.

3811 Le taux par défaut (ou taux neutre) est issu des grilles figurant au n° 97110. Il est calculé à partir du barème progressif de l'impôt sur le revenu pour une part, mensualisé par tranche de revenu. Ces grilles sont **revalorisées annuellement** dans les mêmes proportions que la limite supérieure de la première tranche du barème de l'impôt sur le revenu. Si l'application du taux par défaut est **obligatoire** dans certains cas (n° 3812), elle peut aussi résulter d'une **option** exercée par le contribuable (n° 3813).

> **Précisions** Les grilles de taux par défaut reproduites au n° 97110 et applicables à compter du 1er janvier 2020 (CGI art. 204 H, III-1 issu de l'article 2 de la loi 2019-1479 du 28-12-2019) intègrent les effets de la baisse de l'impôt sur le revenu applicable à compter de l'imposition des revenus perçus ou réalisés en 2020.

TAUX PAR DÉFAUT OBLIGATOIRE

3812
CGI art. 204 H, III
IRPP-VI-14580 s

Le débiteur de la retenue à la source (employeur, caisse de retraites, etc.) à qui l'administration n'a **communiqué aucun taux** de prélèvement (voir n° 3810) et qui ne dispose plus de taux de prélèvement **en cours de validité** (un taux de prélèvement reste valide jusqu'à la fin du deuxième mois suivant celui de sa transmission : CGI art. 1671, 2) est tenu d'opérer la retenue en utilisant le taux issu de la grille de taux par défaut correspondant à la tranche dans laquelle est compris le revenu qu'il verse.

Par ailleurs, le taux du foyer ne leur étant pas applicable, le taux par défaut est utilisé pour déterminer la retenue à la source et/ou l'acompte dû par les **personnes à charge** ou **rattachées** à un foyer fiscal.

> **Précisions** Les contribuables pour lesquels aucun taux propre n'a été calculé par l'administration et qui sont de plein droit soumis au taux par défaut, par exemple les personnes qui s'installent en France, peuvent **demander** le calcul d'**un taux propre** sans attendre le dépôt de la déclaration de leurs revenus l'année suivante (BOI-IR-PAS-20-30-20-10 n° 20). Cette demande s'effectue soit par le biais de leur **espace personnel** sur le site www.impots.gouv.fr, soit, pour ceux d'entre eux qui ne disposent d'aucun numéro fiscal, au moyen du **formulaire n° 2043** disponible sur ce site.

TAUX PAR DÉFAUT SUR OPTION

3813
CGI art. 204 H, IV
IRPP-VI-15200 s

Les salariés qui ne souhaitent pas voir leur taux réel de prélèvement communiqué à leur employeur peuvent opter pour l'application du taux par défaut. Dans cette hypothèse, l'administration cesse de transmettre à l'employeur le taux personnel du contribuable et l'employeur doit alors faire application du taux par défaut.

L'option s'exerce à tout moment dans les conditions visées au n° 3800.

Elle **prend effet** au plus tard le troisième mois suivant celui de la demande. Elle est tacitement reconduite, sauf **dénonciation** dans les trente jours de la communication d'un nouveau taux au contribuable. Cette communication peut résulter de l'actualisation du taux de prélèvement à la suite du dépôt d'une déclaration de revenus, de la déclaration d'un changement de situation familiale ou d'une modulation du prélèvement (BOI-IR-PAS-20-20-30-20 n° 70).

3814 Un **complément de retenue à la source** est dû si le taux par défaut s'avère inférieur au taux de droit commun du contribuable (éventuellement individualisé). La règle de calcul de ce complément consiste à appliquer au revenu imposable un taux égal à la différence entre le taux de droit commun et le taux par défaut (BOI-IR-PAS-20-20-30-20 n° 100).

> **ATTENTION**
> Le **calcul,** la **déclaration** et le **paiement** du complément de retenue à la source incombent exclusivement au contribuable. Ils doivent être opérés au plus tard le dernier jour du mois suivant la perception du revenu par l'intermédiaire de l'**espace personnel du contribuable** accessible sur le site www.impots.gouv.fr. En pratique, s'agissant du paiement, le contribuable donne l'ordre de versement du complément de retenue à la source tous les mois sur le service en ligne (BOI-IR-PAS-20-20-30-20 n° 180). Le **retard de versement** donne lieu à application d'une majoration à taux variable avec un minimum de 10 % (CGI art. 1729 G, 1).

4. ACTUALISATION DU PRÉLÈVEMENT

3820 L'actualisation du prélèvement permet de prendre en compte les **changements de situation familiale** (n° 3825) ainsi que les **variations de revenus et de charges** du foyer fiscal (voir n° 3830).

a. Changements de situation familiale

Les **changements** de situation familiale **déclarés** à l'administration dans les soixante jours entraînent une modification du taux du prélèvement à la source et, le cas échéant, du montant de l'acompte dû. Il s'agit du mariage ou de la conclusion d'un Pacs, de l'augmentation des charges de famille (naissance, adoption ou recueil d'un enfant mineur), du décès, du divorce ou de la rupture d'un Pacs ou de l'imposition distincte des époux. Cette déclaration s'effectue dans les conditions visées au n° 3800. Le **défaut de déclaration** de ces différents évènements n'est pas sanctionné mais prive de la possibilité de moduler le prélèvement à la hausse ou à la baisse (voir n° 3830). 3825 CGI art. 204 I IRPP-VI-15780 s

L'**actualisation** du prélèvement est **automatiquement calculée** par l'administration fiscale d'après la déclaration effectuée par le contribuable. Le nouveau taux entre en vigueur selon les modalités figurant dans le tableau ci-dessous. 3826

Évènement	Entrée en vigueur du taux actualisé
Mariage ou conclusion d'un Pacs	Au plus tard le troisième mois suivant celui de la déclaration de mariage ou de Pacs en N ou, sur option, au 1er janvier de l'année N + 1
Naissance, adoption, recueil d'un mineur	Au plus tard le troisième mois suivant celui de la déclaration de l'évènement en N
Décès d'un conjoint	Taux applicable l'année du décès : au plus tard le troisième mois suivant celui de la déclaration de décès ; Taux applicable l'année suivant celle du décès (dans l'attente des éléments issus de la première déclaration souscrite par le seul conjoint survivant, c'est-à-dire celle des revenus de N + 1 souscrite au printemps N + 2) : du 1er janvier N + 1 au 31 août N + 2
Divorce ou séparation	Au plus tard le troisième mois suivant celui de la déclaration de divorce ou de séparation en N

> **Précisions** Les conjoints déjà pacsés au 1er janvier de l'année et ceux qui, malgré leur union, ne feront pas l'objet d'une imposition commune, sont **dispensés de déclarer leur mariage,** celui-ci n'ayant aucune incidence sur le taux de prélèvement de leur foyer (BOI-IR-PAS-20-30-10 n° 40).

b. Variation des revenus et des charges

Sur demande du contribuable, le **prélèvement** à la source peut être modulé à la **hausse** ou à la **baisse** en cas de variation des charges ou revenus de son foyer. En revanche, la modulation à la baisse ne peut être utilisée pour **anticiper** le bénéfice de **réductions** ou de **crédits d'impôt** ou de l'application du **taux nul.** Les demandes de modulation s'effectuent à tout moment dans les conditions visées au n° 3800. Elles **prennent effet** le troisième mois suivant celui de la demande. 3830 CGI art. 204 J IRPP-VI-17900 s

La modulation de l'assiette de l'acompte d'impôt sur le revenu entraîne automatiquement, le cas échéant, celle de l'acompte des **prélèvements sociaux** (voir n° 3760).

ATTENTION

Si l'un des changements de situation familiale mentionné au n° 3825 s'est produit, aucune demande de modulation (à la hausse ou à la baisse) ne peut intervenir tant que cet évènement n'a pas été déclaré. En pratique, le contribuable concerné doit donc d'abord signaler l'évènement puis demander la modulation de son prélèvement, cette modulation tenant ainsi compte de l'évolution de sa situation et de ses charges et revenus (BOI-IR-PAS-20-30-20-10 n° 40).

MODULATION À LA BAISSE

La modulation à la baisse n'intervient qu'à condition qu'un **écart de plus de 10 %** (CGI art. 204 J, III-1 modifié par l'article 7, 2° de la loi 2019-1479 du 28-12-2019) existe entre, d'une part, le montant du prélèvement calculé d'après la situation familiale et les revenus **estimés par le contribuable** pour l'année en cours et, d'autre part, le prélèvement qu'il supporterait pour l'année en cours si aucune modulation n'était pratiquée. 3831 CGI art. 204 J, III IRPP-VI-18030

ATTENTION

Une **modulation excessive** (appréciée en N + 1 au vu des revenus effectivement perçus au titre de l'année N) donne lieu à la majoration à taux variable avec un minimum de 10 % (CGI art. 1729 G). Il y a modulation excessive lorsque l'estimation d'un contribuable, autorisé à moduler (présence de l'écart minimal requis de 10 %), conduit néanmoins l'administration à opérer un prélèvement qui s'avère finalement inférieur de plus de 10 % à celui qui aurait dû être pratiqué.

MODULATION À LA HAUSSE

3832 CGI art. 204 J, II IRPP-VI-18000 La modulation à la hausse n'est soumise à **aucune condition d'écart.** Elle peut porter soit sur le taux (y compris lorsqu'il est individualisé) du prélèvement, soit sur l'assiette de l'acompte, soit sur ces deux éléments à la fois. En cas de modulation du taux, le taux augmenté s'applique aux revenus soumis à la retenue à la source et à l'assiette de l'acompte. En cas de modulation de l'assiette de l'acompte seulement, la retenue à la source n'est pas impactée (BOI-IR-PAS-20-30-20-10 n° 60).

En pratique, le contribuable peut fournir une estimation de l'**ensemble de ses revenus** et de sa **situation de famille** pour l'année en cours et se voir proposer un taux et/ou des acomptes modulés en fonction de ces éléments. Si le taux et/ou l'acompte proposé sont effectivement supérieurs à ceux en vigueur, le contribuable peut retenir l'un et/ou l'autre (BOI-IR-PAS-20-30-20-10 n° 70).

La modulation à la hausse du taux de prélèvement à la source de l'impôt sur le revenu est sans incidence sur l'acompte de prélèvements sociaux.

5. APPLICATION DU PRÉLÈVEMENT

a. Application du PAS sous forme de retenue à la source

3840 CGI art. 87-0A et 1671 IRPP-VI-21620 s La collecte et le reversement de la retenue à la source incombent exclusivement aux **tiers collecteurs,** qui en sont les seuls **débiteurs légaux.** Le tiers collecteur est la personne physique ou morale qui verse le revenu soumis à la retenue : employeur s'agissant des salaires, caisses de retraites s'agissant des pensions, etc. Le débiteur doit faire accréditer un **représentant** auprès de l'administration fiscale lorsqu'il n'est domicilié ni en France ni dans l'Union européenne ni dans un état non membre de l'Union européenne avec lequel la France dispose d'un instrument juridique relatif à l'assistance mutuelle ayant une portée similaire à celle prévue par la directive 2010/24/UE du Conseil du 16 mars 2010 concernant l'assistance mutuelle en matière de recouvrement des impôts et par le règlement (UE) n° 904/2010 du Conseil du 7 octobre 2010 concernant la coopération administrative et la lutte contre la fraude dans le domaine de la taxe sur la valeur ajoutée. La liste de ces États est fixée par arrêté du ministre chargé du budget (sur cette liste, voir n° 50365) (CGI art. 1671,1. issu de l'article 173 de la loi 2019-1479 du 28-12-2019).

> **Précisions** Le **recours à des experts-comptables** pour effectuer, au nom et pour le compte d'un employeur, les opérations de liquidation et de versement de la paie, incluant le calcul, le précompte, la déclaration et le paiement de la retenue à la source, est sans incidence sur la définition de la personne tenue d'effectuer la retenue, qui juridiquement reste l'employeur (BOI-IR-PAS-30-10-10 n° 20).

OBLIGATION DES PERSONNES TENUES D'EFFECTUER LA RETENUE

3841 IRPP-VI-22440 s À l'exception des particuliers employeurs (voir n° 3842, précision b.), les tiers collecteurs **appliquent aux revenus** concernés, avant leur versement au bénéficiaire, le taux de prélèvement (éventuellement nul) établi et transmis chaque mois par la DGFiP pour chaque salarié ou débiteur de revenus, d'après les listes nominatives qu'ils lui ont préalablement communiquées. Si aucun taux n'est transmis en retour pour un contribuable, le collecteur applique les taux de prélèvement par défaut (voir n° 3812). Les montants retenus sont **reversés à la DGFiP** le mois suivant celui au titre duquel a lieu le prélèvement ou le mois du prélèvement si la paie est versée postérieurement à la période d'emploi. Ces échanges d'informations s'opèrent principalement par la déclaration sociale nominative (DSN). Pour plus de précisions sur ces échanges entre les employeurs et l'administration, il convient de se reporter au Mémento Paie n°s 35485 s. et notamment au n° 35565 s. s'agissant de la correction des **erreurs de prélèvements.**

3842 La retenue à la source est **recouvrée et contrôlée** selon les mêmes modalités et sous les mêmes garanties et sûretés que la **taxe sur la valeur ajoutée.** Les **retards, insuffisances** ou **défauts** de déclaration ou de versement de la retenue commis par les tiers collecteurs font l'objet d'amendes et de majorations dont les taux varient de 5 % à 80 % (CGI art. 1727, 1731 et 1759-0 A) ainsi que de peines pénales (CGI art. 1771). Par ailleurs les **manquements à l'obligation de secret professionnel** (LPF art. L 288 A) commis par les collecteurs dans l'utilisation du taux de prélèvement à la source communiqué par l'administration peuvent faire l'objet de poursuites pénales dans les conditions de droit commun.

> **Précisions** **a.** En cas de **défaut de reversement** de la retenue à la source effectivement **prélevée,** les montants retenus sont cependant imputés sur le montant de l'impôt dû par le contribuable. En cas d'**absence de prélèvement effectif et de reversement,** le montant de l'impôt N est intégralement dû en N + 1, aucune pénalité de retard n'étant appliquée au contribuable.

b. Les **particuliers employeurs** opèrent la retenue à la source selon les modalités prévues par le Cesu ou Pajemploi.

b. Application du prélèvement sous forme d'acompte

PAIEMENT DE L'ACOMPTE

L'acompte calculé par l'administration fiscale est prélevé sur le **compte bancaire désigné par le contribuable** soit par douzièmes, au plus tard le 15 de chaque mois, soit, sur option exercée dans les conditions visées au nº 3800, par quart les 15 février, 15 mai, 15 août et 15 novembre. Dans tous les cas, il s'agit d'un **versement unique** quels que soient les revenus au titre desquels l'acompte est dû. 3850 CGI art. 1663 C IRPP-VI-40000 s

En cas d'**acompte impayé** (défaut de désignation de compte bancaire ou rejet du prélèvement quels qu'en soient les motifs), l'administration adresse au contribuable un avis de rejet de prélèvement. La régularisation doit intervenir dans les 30 jours de l'envoi de cet avis. À défaut, une majoration de 10 % est appliquée (CGI art. 1729 G, 1) et le recouvrement forcé de l'acompte s'opère comme en matière d'impôt sur le revenu (CGI art. 1663 C, 7). 3851

Par ailleurs, le contribuable qui constate le **caractère erroné** de ses **acomptes** peut, par réclamation contentieuse, demander immédiatement la restitution des sommes indues (BOI-IR-PAS-30-20-30 nº 50). Ce recours s'exerce jusqu'au dernier jour du mois de février de l'année suivant celle au cours de laquelle les revenus en cause ont été mis à sa disposition (LPF art. R 196-1-1).

REPORT DE L'ACOMPTE

Les **titulaires de BIC, BNC et BA** ainsi que les fonctionnaires chercheurs (CGI art. 93, 1 bis), les agents généraux d'assurance (CGI art. 93, 1 ter) et les écrivains, compositeurs et artistes (CGI art. 93, 1 quater) peuvent **reporter** le paiement d'échéances sur la suivante, sans que cette faculté n'aboutisse à les reporter au-delà de l'année civile concernée. Par suite, les demandes de report des échéances du 15 décembre ou du 15 novembre (en cas de paiement trimestriel) ne sont pas prises en compte. 3852 CGI art. 1663 C, 5 IRPP-VI-40580 s

Les demandes s'effectuent à tout moment selon les modalités visées au nº 3800. Elles sont prises en compte pour l'échéance qui suit le mois de la demande. Le report maximum est de trois échéances sur la suivante, en cas de paiement mensuel, et d'une seule en cas de paiement trimestriel.

ANTICIPATION DE L'ACOMPTE

Le contribuable qui **perçoit pour la première fois** l'un des **revenus** soumis à acompte ou qui **débute une activité** BIC, BNC ou BA peut, à titre facultatif, demander à l'administration de prélever un acompte dont il aura lui-même déterminé le montant. Le contribuable **formule son choix** sur son espace personnel (www.impots.gouv.fr) ou par les autres moyens mis à sa disposition par l'administration, en **estimant** le montant du bénéfice ou du revenu à percevoir entre la date de la première perception et le 31 décembre de l'année concernée, ainsi que le nombre de mois séparant ces deux dates (BOI-IR-PAS-20-30-30 nº 50). Le montant d'acompte correspondant sera ensuite prélevé dans les conditions de droit commun jusqu'au dépôt de la première déclaration de revenu permettant à l'administration de liquider l'acompte correspondant au nouveau revenu. 3853 CGI art. 204 K IRPP-VI-21050 s

SUSPENSION DE L'ACOMPTE

Le contribuable peut demander la **suspension** des acomptes lorsqu'il **cesse** d'être titulaire de l'un des bénéfices ou revenus concernés. La suspension prend effet lors du versement qui suit le mois de la demande. Pour les BIC, BNC ou BA, les acomptes versés jusqu'à la date de suspension du prélèvement s'imputent exclusivement sur l'impôt rendu exigible par la cessation d'activité (nºs 11105 s. ; 13660 s. et 16065). La suspension n'a aucune incidence sur le taux de PAS du foyer ni sur l'assiette des acomptes dus au titre des autres revenus perçus (BOI-IR-PAS-20-30-30 nº 100). 3854 CGI art. 204 L IRPP-VI-21300 s

6. IMPUTATION DU PRÉLÈVEMENT ET PAIEMENT DU SOLDE DE L'IMPÔT

Les retenues à la source et les acomptes versés au cours de l'année s'imputent sur l'impôt sur le revenu établi d'après les éléments déclarés par le contribuable (voir nº 3670). 3860 CGI art. 1663 B IRPP-VI-43000

L'**excédent de paiement** éventuel est restitué au contribuable. En cas de **solde restant dû,** il est acquitté indépendamment et en plus des retenues à la source et/ou acomptes supportés par ailleurs par le foyer fiscal au titre des revenus de l'année en cours. Lorsque ce solde 3861

excède 300 €, il est obligatoirement recouvré par prélèvements mensuels égaux, opérés à compter du deuxième mois suivant celui de la mise en recouvrement de l'impôt jusqu'en décembre (CGI art. 1663 B, 3 et 4).

7. CRÉDIT D'IMPÔT MODERNISATION DU RECOUVREMENT (CIMR)

3870 IRPP-VI-60100 s L'application du PAS à compter du 1er janvier 2019 venant s'ajouter au paiement de l'impôt sur les revenus de 2018, un crédit d'impôt dit « Crédit d'impôt modernisation du recouvrement » (CIMR) a été appliqué pour neutraliser l'imposition afférente aux revenus « non exceptionnels » perçus en 2018 et éviter un double paiement d'impôt sur le revenu en 2019 (Loi 2016-1917 du 29-12-2016 art. 60, II-B modifié).

3875 Ce CIMR était égal au montant de l'impôt sur les revenus de l'année 2018 calculé au barème progressif, multiplié par le **rapport** entre :
– au **numérateur,** les montants nets imposables des revenus non exceptionnels perçus ou réalisés en 2018 et relevant du champ d'application du PAS, les déficits étant retenus pour une valeur nulle ;
– au **dénominateur,** le revenu net imposable au barème progressif de l'impôt sur le revenu, hors déficits, charges et abattements déductibles du revenu global.

ATTENTION

Le CIMR n'a été accordé qu'à raison des impositions issues de **revenus perçus en 2018 déclarés spontanément** par les contribuables. Par suite, l'impôt afférent aux revenus de l'année 2018 ouvrant droit à CIMR mais imposés après **mise en demeure** a été intégralement recouvré.

3880 En 2020 et sous certaines conditions, les titulaires de bénéfices professionnels et les dirigeants de sociétés ayant bénéficié du CIMR en 2019 peuvent percevoir un complément de crédit dit « CIMR complémentaire ».

a. CIMR complémentaire en matière de bénéfices professionnels (BIC, BNC, BA)

3884 IRPP-VI-62440 s Pour le calcul du CIMR octroyé en 2019, le montant net imposable des BIC, BNC, BA retenus au numérateur de la formule de calcul (voir no 3875) correspondait au bénéfice réalisé au titre de 2018 éventuellement **plafonné** au montant le plus élevé des bénéfices de même nature réalisés en 2015, 2016 ou 2017, le surplus ayant été considéré comme un revenu exceptionnel n'ouvrant pas droit au CIMR.

Toutefois, en cas de plafonnement du bénéfice 2018 retenu pour le calcul du CIMR 2019, le CIMR complémentaire, automatiquement liquidé par l'administration, peut être accordé en 2020 :
– si le bénéfice 2019 est **supérieur ou égal** au bénéfice de 2018 ; le CIMR complémentaire est alors égal à la fraction du CIMR dont le contribuable n'a pu bénéficier en 2019 ;
– si le bénéfice 2019 est **inférieur** au bénéfice de à 2018 mais supérieur au bénéfice ayant déterminé plafonnement (2015, 2016 ou 2017) ; le CIMR complémentaire est alors calculé à raison de la fraction de bénéfice comprise entre le bénéfice 2019 et le bénéfice ayant déterminé le plafonnement.

3885 EXEMPLE

Un contribuable célibataire déclare au titre des années 2015 à 2019 les BIC suivants :

2015 : 24 000 €

2016 : 30 000 €

2017 : 36 000 €

2018 : 48 000 €

2019 : 50 000 € (**Hypothèse 1**) et 40 000 € (**Hypothèse 2**)

L'impôt sur le revenu brut dû par le contribuable au titre de l'année 2018 est par hypothèse de 8 602 €.

En 2019, dans la mesure où le BIC réalisé au titre de l'année 2018 est supérieur au plus élevé des bénéfices réalisés sur la période 2015-2017 (48 000 > 36 000), il est considéré comme un revenu non exceptionnel à hauteur du plus élevé des trois BIC de la période de référence, soit 36 000 € (en 2017). Le BIC 2018 constitue un revenu exceptionnel à hauteur de 12 000 € (48 000 € – 36 000 €). Le contribuable bénéficie du CIMR, calculé par l'administration, pour un montant plafonné à 6 452 € (8 602 × 36 000 / 48 000).

En 2019, le contribuable acquitte un montant d'impôt sur le revenu net dû au titre de l'année 2018 de 2 150 € (8 602 − 6 452). Le CIMR permet d'annuler l'impôt afférent au BIC réalisé au titre de l'année 2018 en tenant compte du niveau d'activité pluriannuel passé (2015 à 2017).

Hypothèse 1 En 2020, le contribuable déclare un BIC réalisé au titre de l'année 2019 d'un montant de 50 000 €.

Dans la mesure où ce bénéfice est supérieur au bénéfice déclaré de 2018 (48 000 €), ce dernier est considéré comme un revenu non exceptionnel et ouvre droit à un CIMR complémentaire à hauteur des 12 000 € qui avaient été considérés comme exceptionnels en 2019. Le contribuable bénéficiera en septembre 2020 d'un CIMR complémentaire, calculé par l'administration, d'un montant de 2 150 € (8 602 × 12 000 / 48 000), soit la somme acquittée en 2019.

Hypothèse 2 En 2020, le contribuable déclare un BIC réalisé au titre de l'année 2019 d'un montant de 40 000 €.

Dans la mesure où ce bénéfice est supérieur à celui retenu l'année précédente pour le calcul du CIMR (40 000 > 36 000), il est considéré comme un revenu non exceptionnel à hauteur de 40 000 €. Le contribuable bénéficiera en septembre 2020 d'un CIMR complémentaire, calculé par l'administration, d'un montant de 716 € ((8 602 × 40 000 / 48 000) − 6 452).

Par ailleurs, lorsqu'une partie du bénéfice imposable de l'année 2018 a été considérée comme un revenu exceptionnel et que le contribuable n'a pas pu bénéficier de la totalité du CIMR, il peut, par voie de **réclamation,** bénéficier en 2020 d'un CIMR complémentaire égal à la fraction du crédit d'impôt dont il n'a pas pu bénéficier du fait de l'application de la règle de plafonnement. Il doit pour cela justifier que la hausse de son bénéfice déclaré en 2018 par rapport aux trois années précédentes et à l'année 2019 résulte uniquement d'un **surcroît d'activité** ponctuel en 2018. 3886 IRPP-VI-62610 s

b. CIMR complémentaire en matière de revenus de dirigeants de sociétés

Les personnes physiques qui ont perçu en 2018 des rémunérations relevant du champ d'application du PAS, imposables suivant les règles applicables aux salaires et versées par une société qu'elles **contrôlaient** en 2018 ou que leurs conjoints – époux ou partenaire lié par un pacte civil de solidarité (Pacs) –, ascendants, descendants, frères ou sœurs contrôlaient en 2018, ont bénéficié d'un CIMR (BOI-IR-PAS-50-10-20-30 n°s 10 et 20). 3887 IRPP-VI-62930 s

Pour le calcul de ce crédit d'impôt, l'appréciation du caractère non exceptionnel des rémunérations versées en 2018 a reposé sur un dispositif de **comparaison** similaire à celui prévu en matière de bénéfices professionnels (voir n°s 3884 s.). 3888 IRPP-VI-63140 s

Lors de la liquidation en 2019 de l'impôt sur le revenu dû au titre de l'année 2018, le montant net imposable des rémunérations perçues en 2018, retenu au numérateur de la formule de calcul du CIMR (voir n° 3875) a donc, le cas échéant, été plafonné au montant le plus élevé des mêmes rémunérations imposables au titre des années 2015, 2016 ou 2017 (BOI-IR-PAS-50-10-20-30 n° 90).

En cas de plafonnement, le **surplus** de la rémunération perçue en 2018 a été qualifié de revenu exceptionnel n'ouvrant pas droit au bénéfice du CIMR. Toutefois, en 2020, à la demande du contribuable et uniquement par voie de **réclamation contentieuse,** cette **qualification** peut, dans certaines situations (voir n°s 3890 et 3891), être partiellement ou totalement **reconsidérée** au regard du montant de la rémunération perçue en 2019 de la société contrôlée et donner lieu au versement d'un CIMR complémentaire (BOI-IR-PAS-50-10-20-30 n°s 40 et 50). 3889

CIMR COMPLÉMENTAIRE EN RAISON DU MONTANT DES REVENUS PERÇUS EN 2019

En cas de plafonnement de la rémunération retenue pour le calcul du CIMR 2019, le CIMR complémentaire peut être accordé en 2020 : 3890 IRPP-VI-63350 s
– si la rémunération 2019 est supérieure ou égale à celle de 2018 ; le CIMR complémentaire est égal à la fraction du CIMR dont le contribuable n'a pu bénéficier en 2019,
– si la rémunération 2019 est inférieure à celle de 2018 mais supérieure à la rémunération ayant déterminé le plafonnement (2015, 2016 ou 2017) ; le CIMR complémentaire est calculé à raison de la fraction de la rémunération comprise entre la rémunération 2019 et la rémunération ayant déterminé le plafonnement.

CIMR COMPLÉMENTAIRE EN RAISON DE L'ÉVOLUTION DES RÉMUNÉRATIONS

Par ailleurs, le contribuable peut demander la restitution de la fraction de CIMR correspondant à la différence entre le CIMR qui aurait été accordé en l'absence de plafonnement et le CIMR accordé en raison du plafonnement ou accordé, le cas échéant, après application de la règle décrite au n° 3890. 3891 IRPP-VI-63470 s

Pour cela, il doit établir :
– d'une part, que la **hausse des rémunérations** perçues en **2018** par rapport à celles perçues de la même société les trois années précédentes correspond à une évolution objective des responsabilités exercées ou à la rémunération normale de performances au sein de la société en 2018 ;
– d'autre part, que la **diminution** de cette même rémunération en **2019** est également justifiée (BOI-IR-PAS-50-10-20-30 nº 130).

À cette fin, le contribuable doit fournir des **éléments de preuve** pertinents résultant de circonstances objectives, aussi bien en 2018 qu'en 2019. La justification de ces situations peut être apportée par tous moyens.

8. MESURES ANTI-OPTIMISATION

3910 Des mesures spécifiques destinées à **dissuader l'optimisation du CIMR** par le report de charges déductibles de l'année 2018 vers l'année 2019 sont prévues en matière :
– de cotisations déductibles à certains régimes de retraite (nº 1390) ;
– de charges déductibles des revenus fonciers (nºs 27335 et 27375) ;
– de charges afférentes aux monuments historiques (nº 27335).

Par ailleurs, le **délai de reprise** de l'administration est porté de trois à **quatre ans** s'agissant de l'impôt sur le revenu de l'année 2018 (nº 77710).

3911 L'administration peut également demander aux contribuables, sur le modèle des demandes de justification et d'éclaircissement actuellement prévues par le LPF (nº 78000 s.), des **justifications** sur tous les **éléments** servant de base à la **détermination du CIMR** et de ses éventuels compléments.

3912 Cette demande ne peut constituer le début d'une procédure de vérification de comptabilité ou d'une procédure d'examen de situation fiscale personnelle. Elle indique expressément au contribuable les points sur lesquels elle porte et lui **fixe un délai de réponse** qui ne peut être inférieur à deux mois.

Lorsque le contribuable a répondu de façon insuffisante à la demande de justifications, l'administration fiscale lui adresse une mise en demeure d'avoir à compléter sa réponse dans un délai de trente jours, en précisant les compléments de réponse qu'elle souhaite. Lorsque le contribuable s'est abstenu de répondre à la demande de justifications ou de compléments, l'administration fiscale peut **remettre en cause le montant du CIMR** et de ses compléments selon les procédures d'imposition d'office prévues aux articles L 65 et suivants du LPF.

Si la réponse fait apparaître que le contribuable a procédé à des opérations qui ont eu principalement pour objet et pour effet d'augmenter le montant du CIMR et de ses compléments, l'administration peut remettre en cause le montant de ces crédits d'impôt selon les procédures prévues aux articles L 55 à L 61 du LPF.

SECTION 5 RÉGIMES SPÉCIAUX

4020 Nous examinons ici divers régimes spéciaux qui, à l'égard de certains revenus ou de certains contribuables, apportent des **dérogations aux règles générales** d'imposition.

Ces régimes spéciaux sont essentiellement ceux dont l'application ne se limite pas à une seule catégorie de revenus. Les autres régimes spéciaux sont étudiés dans le chapitre consacré à la catégorie de revenus qu'ils concernent. C'est ainsi, par exemple, que sont traités :
– dans le chapitre 8 (nºs 24000 s.) les nombreux régimes spéciaux se rapportant à des revenus de capitaux mobiliers ;
– dans le chapitre 11 (nºs 32000 s.) tous les régimes d'imposition des plus-values réalisées par les particuliers, y compris lorsqu'ils comportent des modalités de taxation spécifique.

A. Revenus exceptionnels ou différés

Pour éviter que la progressivité de l'impôt n'aboutisse à soumettre à une imposition excessive les revenus exceptionnels et ceux dont la perception est différée, la loi prévoit un système particulier d'imposition (**système du quotient**). Ce système consiste à calculer l'impôt correspondant au revenu exceptionnel ou différé en divisant le montant de ce revenu par un certain coefficient, en ajoutant au revenu net global « courant » le chiffre résultant de cette division, puis en multipliant par le même coefficient la cotisation supplémentaire ainsi obtenue. **4150** CGI art. 163-0 A **IRPP-VII-200 s**

CHAMP D'APPLICATION DU SYSTÈME DU QUOTIENT

Le système du quotient s'applique aux revenus exceptionnels ou différés imposés d'après le **barème progressif** de l'impôt sur le revenu. **4160**

Revenus exceptionnels Il s'agit des revenus qui, par leur **nature,** ne sont pas susceptibles d'être recueillis annuellement comme, par exemple, l'indemnité de « pas-de-porte » perçue par un propriétaire. **4165**

Le revenu exceptionnel ne peut donner lieu à l'application du système du quotient que si son **montant** dépasse la moyenne des revenus nets d'après lesquels le contribuable a été imposé au titre des trois dernières années.

Si, par **exemple,** un contribuable dont les revenus imposables de trois années (2017, 2018 et 2019) se sont élevés respectivement à 46 000 €, 51 000 € et 53 000 € (soit une moyenne de 50 000 €) réalise en 2020 un revenu exceptionnel, l'application du système du quotient ne sera possible que si ce revenu dépasse 50 000 €.

> **Précisions** **a.** Les revenus réalisés dans le **cadre normal d'une activité professionnelle** ne sont pas susceptibles d'être qualifiés d'exceptionnels, même si cette activité produit des revenus dont le montant varie fortement d'une année sur l'autre.
> Cependant, comme on l'indique ci-après (nº 4175, b), certains de ces revenus peuvent bénéficier de dispositions spécifiques permettant d'atténuer les effets de la progressivité de l'impôt.
> **b.** Pour la **comparaison** à faire entre le montant du revenu exceptionnel et la moyenne des revenus imposables des trois dernières années, le revenu exceptionnel à retenir s'entend du revenu mis à la disposition du contribuable.
> Lorsque les revenus des années antérieures comprennent des sommes qui ont été imposées selon un système de quotient, c'est le montant total des revenus nets qui est à prendre en considération.
> **c.** Par **dérogation** à la règle générale, certains revenus exceptionnels peuvent bénéficier du régime du quotient **quel que soit leur montant** (même s'il n'atteint pas la moyenne des revenus des trois dernières années). Tel est le cas notamment pour les revenus agricoles soumis au régime de l'étalement prévu à l'article 75-0 A du CGI (nºs 16300 s.), les avances sur fermages perçues par les bailleurs de biens ruraux en cas de bail conclu avec de jeunes agriculteurs bénéficiaires d'aides à l'installation (nº 28605), la prime de mobilité ou de mutation versée à titre exceptionnel à des salariés lors d'un changement du lieu de travail (nº 21730), la fraction imposable des indemnités de licenciement (nº 21665, précision e) ou des indemnités de rupture conventionnelle du contrat de travail (nº 21690, précision b), ainsi que les primes de départ volontaire (nº 21695, précision a). Il en est de même pour la fraction imposable des indemnités versées à des salariés en cas de mise à la retraite, de départ volontaire à la retraite ou de départ en préretraite. Cependant, s'agissant des indemnités perçues jusqu'au 31 décembre 2019, le mécanisme du quotient ne s'applique que si l'intéressé n'a pas opté pour le système particulier d'étalement sur les années suivantes prévu à l'article 163 A du CGI (nº 21680).

Revenus différés Ces revenus sont ceux dont le contribuable, par suite de circonstances indépendantes de sa volonté, a eu la disposition au cours d'une même année mais qui, par leur date normale d'échéance, se rapportent à une **période de plusieurs années.** **4170**
Exemples : rappels de salaires ou de pensions ; loyers ou intérêts arriérés perçus en une seule fois.

Contrairement aux revenus exceptionnels, les revenus différés peuvent bénéficier du système du quotient, **quel que soit leur montant.**

Exclusions **a.** Les **revenus taxés à un taux proportionnel** (nº 2165) sont exclus du système du quotient. **4175**

b. Le système du quotient ne s'applique pas non plus, en principe, à des revenus qui sont déjà susceptibles de bénéficier de régimes d'imposition atténuée (**régimes spécifiques de quotient** ou **d'étalement,** imposition selon une **moyenne pluriannuelle**).

Tel est le cas notamment pour les plus-values professionnelles à court terme réalisées en cours d'exploitation (nº 18075).

Il en est de même, en principe, pour les revenus tirés de la production littéraire, scientifique, artistique ou de la pratique d'un sport pouvant bénéficier du régime spécial prévu à l'article 100 bis du CGI (nos 13750 s.). Toutefois, l'attribution d'un prix littéraire à un écrivain peut conférer le caractère de revenu exceptionnel aux droits d'auteur tirés de la vente de l'ouvrage primé.

Pour les indemnités de départ en retraite ou en préretraite, voir no 4165, précision c in fine.

Pour les bénéfices agricoles relevant du régime de la moyenne triennale, voir no 16325.

FONCTIONNEMENT DU SYSTÈME DU QUOTIENT

4185 La mise en œuvre de ce système conduit à distinguer, dans le revenu net global imposable, les parts qui correspondent respectivement au revenu exceptionnel ou différé et au revenu « ordinaire » (c'est-à-dire au revenu courant).

Le calcul de l'impôt résultant de l'application du barème progressif s'effectue ensuite, pour l'année au cours de laquelle a été réalisé le revenu exceptionnel ou différé, en réalisant, dans l'ordre, les opérations suivantes :

1. On calcule d'abord l'impôt résultant de l'application du barème progressif au seul **revenu « ordinaire ».**

2. On effectue le même calcul sur le revenu « ordinaire » majoré du **quotient.**

Le quotient est obtenu en divisant le montant des revenus exceptionnels ou différés par un coefficient.

Pour les **revenus exceptionnels,** ce coefficient est fixé à quatre.

Pour les **revenus différés,** il est égal au nombre d'années civiles correspondant aux échéances normales de versement augmenté de un.

EXEMPLE

a. Un contribuable perçoit en 2020 des arriérés de loyers afférents à l'année 2019. Le coefficient applicable à ces revenus différés est égal à 2 (soit l'année civile correspondant à l'échéance normale de versement + 1).

b. Un contribuable salarié perçoit en 2020 des arriérés de salaires afférents aux années 2014, 2015, 2016 et 2019. Le coefficient applicable à ces revenus est égal à 5 (soit 4 années civiles correspondant aux échéances normales de versement + 1).

3. La différence entre le chiffre 2 (impôt afférent au revenu « ordinaire » majoré du quotient) et le chiffre 1 (impôt afférent au seul revenu « ordinaire ») est multipliée par le coefficient indiqué ci-dessus. Le résultat, chiffre 3, donne la **cotisation supplémentaire** correspondant au seul revenu exceptionnel ou différé.

4. On fait l'addition des chiffres 1 (impôt afférent au seul revenu « ordinaire ») et 3 (impôt afférent au seul revenu exceptionnel ou différé). On obtient ainsi le **montant total de l'impôt** (avant application, s'il y a lieu, des diverses corrections prévues par la loi : plafonnement des effets du quotient familial, décote, réductions d'impôt, etc. : voir no 2185).

› **Précisions** **a.** Le **montant du revenu exceptionnel ou différé** est déterminé selon les règles prévues pour la catégorie de revenus à laquelle il appartient.

b. Pour l'application du quotient, un **déficit net global ordinaire** ne doit pas être pris en compte dans l'assiette du revenu exceptionnel. Par ailleurs, le déficit n'est reportable que s'il subsiste après imputation du revenu exceptionnel (CE 28-9-2016 no 384465 : RJF 12/16 no 1054).

4190 EXEMPLE

Un contribuable marié, sans enfant à charge (quotient familial : 2), a perçu de son employeur en 2019 un salaire « ordinaire » de 52 000 €, plus une prime de mobilité de 16 000 € qui constitue un revenu exceptionnel (no 4165, précision c). On suppose enfin qu'il n'a pas d'autres revenus que ses revenus salariaux et qu'il n'a aucune correction susceptible d'être appliquée à son impôt brut.

Si l'intéressé a demandé l'application du quotient pour la prime de mobilité, les calculs seront les suivants :

Salaire brut total : 52 000 € (salaire ordinaire) + 16 000 € (prime de mobilité) = 68 000 €.

Salaire net imposable (après application de la déduction forfaitaire de 10 %) : 61 200 €, qui se décompose comme suit :
– salaire ordinaire : 46 800 €.
– prime de mobilité : 14 400 €.

Impôt calculé sur le seul salaire ordinaire (46 800 €) : 3 734 €.

Impôt calculé sur le salaire ordinaire (46 800 €) majoré du quart de la prime de mobilité (3 600 €) : 4 238 €.

Différence : 504 €.

Impôt afférent à la prime de mobilité : 504 € × 4 = 2 016 €.

Montant total de l'impôt brut dû au titre de 2019 : 3 734 € + 2 016 € = 5 750 €.

Si l'intéressé ne demandait pas l'application du quotient, son impôt s'élèverait à 6 648 €, soit une surcharge de 898 € (6 648 € – 5 750 €).

S'il présentait, par ailleurs, un déficit foncier imputable sur le revenu global de 50 000 €, son revenu ordinaire serait de – 3 200 € (46 800 € – 50 000 €).

Impôt calculé sur le seul salaire ordinaire (– 3 200 €) : 0 €.

Impôt calculé sur le revenu ordinaire majoré du quart de la prime de mobilité (soit sur : – 3 200 € + 3 600 €) : 0 €.

Dans ce cas, le montant total de l'impôt brut dû au titre de 2019 serait de 0 €.

Demande d'application du quotient S'agissant d'une simple faculté que l'intéressé est libre d'utiliser ou non, l'application du système du quotient est subordonnée à une demande expresse du contribuable. 4200

Cette demande est formulée **dans la déclaration** annuelle des revenus.

Cependant, si la demande n'a pas été formulée dans la déclaration, le contribuable conserve la possibilité de la présenter ultérieurement par voie de **réclamation** adressée au service des impôts dans le délai légal (nos 81825 s.).

› Précisions **a.** Le quotient ayant pour effet d'atténuer les effets de la progressivité de l'impôt, le contribuable a **intérêt** à en demander l'application, à moins qu'il ne puisse bénéficier d'un régime d'imposition atténuée plus favorable.

b. Lorsque le revenu exceptionnel ou différé, n'ayant pas été régulièrement déclaré, est **imposé à la suite d'une rectification** opérée par l'administration, le contribuable conserve la possibilité de demander l'application du quotient, soit dans sa réponse à la proposition de rectification, soit par voie de réclamation présentée dans le délai légal.

c. Lorsqu'un contribuable a **demandé à tort** l'application du quotient sur sa déclaration de revenus, l'administration procède à la requalification des revenus au moyen d'une proposition de rectification.

B. Taxation forfaitaire d'après les « signes extérieurs »

En cas de disproportion marquée entre le train de vie du contribuable et les revenus qu'il déclare, l'administration a, sous certaines conditions, la possibilité de substituer au revenu déclaré une évaluation forfaitaire plus élevée, déterminée en appliquant à certains éléments de ce train de vie un barème fixé par la loi. C'est le système de la taxation d'après les « signes extérieurs ». 4220 CGI art. 168 IRPP-VII-3000 s

Deux dispositifs de taxation forfaitaire sont prévus par la loi :

– un **dispositif général** (CGI art. 168), exposé ci-après ;

– un **dispositif spécifique** (CGI art. 1649 quater-0 B ter), qui s'inscrit dans le cadre de la **lutte contre les activités illicites.** Ce dispositif est étudié au no 78398.

CONDITIONS D'APPLICATION DE LA TAXATION

Pour que la taxation forfaitaire d'après les signes extérieurs prévue par l'article 168 du CGI soit applicable, il faut que les deux conditions suivantes soient réunies : 4230

1. La **base forfaitaire** résultant de l'application du barème doit au moins être égale à un certain chiffre, fixé à 47 109 € pour l'imposition des revenus de l'année 2019 ;

2. Il doit exister une **disproportion marquée** entre le train de vie du contribuable et ses revenus. Cette disproportion est réputée établie lorsque la base forfaitaire excède d'au moins un tiers, pour l'année d'imposition, le montant du revenu net global déclaré, y compris les revenus exonérés ou taxés selon un taux proportionnel ou libérés de l'impôt par l'application d'un prélèvement.

En l'absence de déclaration de revenus pour une année, le contribuable est considéré comme ayant déclaré un revenu égal à zéro.

BARÈME DE TAXATION

Le barème forfaitaire d'évaluation des revenus figurant à l'article 168 du CGI, présenté ci-après de manière simplifiée, comprend une liste limitative de douze éléments. 4240

Les **éléments** à prendre en compte sont ceux dont les membres du **foyer fiscal** ont disposé directement ou indirectement pendant l'année d'imposition, en France ou à l'étranger, à quelque titre que ce soit : propriétaire, locataire, occupant à titre gratuit, etc.

Éléments du train de vie	Base forfaitaire imposable
Résidence principale et **résidences secondaires**	Cinq fois la valeur locative cadastrale
Employés de maison au service exclusif et permanent de l'employeur ou de sa famille (à l'exclusion des femmes de ménage). Il n'est pas tenu compte du premier employé	4 600 € ou 5 700 € par employé (base réduite de moitié pour les personnes employées principalement pour l'exercice d'une profession)
Voitures automobiles servant au transport des personnes (à l'exclusion des voitures de plus de 10 ans) **Motocyclettes** de plus de 450 cm^3	Valeur à neuf avec abattement de 50 % après 3 ans d'usage (base réduite de moitié pour une voiture affectée principalement à la profession)
Yachts ou bateaux de plaisance, à voiles ou à moteur	Tarif variable selon le tonnage, la puissance et l'âge du bateau
Avions de tourisme	69 € par cheval-vapeur (puissance réelle)
Chevaux de course âgés de 2 ans au moins au sens de la réglementation concernant les courses	4 600 € par cheval pur sang, 2 700 € par trotteur ou autre cheval
Chevaux de selle âgés de 2 ans au moins	1 370 € par cheval, à compter du second
Droits de chasse	Deux fois le montant des loyers ou des participations versées lorsqu'il dépasse 4 600 €
Clubs de golf	Deux fois le montant des sommes versées lorsqu'il dépasse 4 600 €

4245 **› Précisions a.** Lorsque le contribuable n'a disposé d'un élément donné que **pendant une partie de l'année,** la base d'imposition forfaitaire correspondant à cet élément doit être réduite au prorata du nombre de mois compris dans cette période.
b. Pour les éléments **dont plusieurs personnes disposent** conjointement, la base est fixée proportionnellement aux droits de chacune d'elles.
c. Ni les **charges** ni les **déficits** habituellement imputables sur le revenu global ne peuvent être retranchés de la base d'imposition forfaitaire.

PROCÉDURE D'IMPOSITION

4255 La mise en œuvre de la taxation forfaitaire prévue par l'article 168 du CGI s'effectue obligatoirement selon la procédure de rectification contradictoire (n°s 78600 s.). Elle doit être décidée par un **agent** ayant au moins le grade d'inspecteur divisionnaire, qui vise à cet effet la proposition de rectification de la base d'imposition (LPF art. L 63 et R 63-1).

À chaque étape de la procédure, l'intéressé peut **contester** l'existence, la consistance ou l'évaluation des éléments de train de vie retenus par l'administration. Il peut également apporter la preuve que son train de vie a pu être assuré grâce à ses revenus, à l'utilisation de son capital, ou encore à des emprunts qu'il a contractés, y compris auprès de parents. Enfin, il peut prouver que le financement des éléments de patrimoine qu'il détient n'implique pas la possession des revenus définis forfaitairement (Cons. const. 21-1-2011 n° 2010-88 QPC, Boisselier : RJF 4/11 n° 482).

Bien entendu, après la mise en recouvrement de l'imposition, il a le droit de présenter une réclamation contentieuse (n°s 81650 s.).

C. Imposition des personnes non domiciliées en France

4280
CGI art. 4 A, al. 2
IRPP-VII-13000 s

Quelle que soit leur nationalité (française ou étrangère), les personnes dont le domicile fiscal (tel qu'il est défini aux n°s 495 s.) n'est pas situé en France ne sont passibles de l'impôt sur le revenu français que si elles disposent de **revenus de source française** et à raison de ces seuls revenus.

Nous exposons ci-après aux n°s 4320 s. le régime d'imposition de ces personnes.

Une rubrique particulière est consacrée aux retenues à la source et prélèvements applicables à plusieurs catégories de revenus de source française perçus par des personnes domiciliées hors de France (n°s 4540 s.).

› Précisions a. Des dispositions particulières sont prévues :
– à l'égard des **fonctionnaires en service à l'étranger** (n° 4685) ;
– à l'égard des **agents diplomatiques et consulaires de nationalité étrangère** (n° 4690) ;
– à l'égard des **salariés détachés à l'étranger** (n°s 4695 s.) ;
– à l'égard des **impatriés** (n°s 4715 s.) ;
– pour le cas de **transfert du domicile** de l'étranger en France ou inversement (n° 4735).
b. Les personnes fiscalement domiciliées dans un autre État de l'Union européenne, en Islande, en Norvege ou au Liechtenstein et qui tirent l'essentiel de leurs revenus de la France peuvent, sous certaines conditions, demander

lors de la souscription de leur déclaration de revenus à être imposées selon les règles applicables aux personnes fiscalement domiciliées en France (**non-résidents dits « Schumacker »** : BOI-IR-DOMIC-40). Dans ce cas, les règles exposées ci-après ne leur sont pas applicables.

INCIDENCES DES CONVENTIONS INTERNATIONALES

4290 Les conventions internationales relatives aux doubles impositions (nos 82500 s.) apportent dans différents cas des **dérogations** aux dispositions de la loi interne, y compris à celles concernant la situation des personnes domiciliées hors de France.

C'est ainsi, notamment, que les conventions peuvent aboutir à retirer à la France le droit d'imposer certains revenus présentant pourtant le caractère de revenus de source française au sens défini aux nos 4320 s. L'inverse est également possible (CGI art. 4 bis et 165 bis) : voir no 510, c.

Les conventions peuvent aussi avoir pour effet de conférer la qualité de non-résident à certains contribuables qui, si l'on s'en tenait au droit interne, seraient considérés comme domiciliés en France : voir no 510, a.

1. RÈGLES GÉNÉRALES

DÉFINITION DES REVENUS DE SOURCE FRANÇAISE

4320 Il existe deux groupes de revenus de source française : le premier comprend des revenus provenant de biens, de droits ou d'activités localisés en France ; le second englobe des revenus versés par un débiteur domicilié ou établi en France.

CGI art. 164 B
IRPP-VII-13300 s

4330 **Premier groupe** Le premier groupe de revenus de source française comprend les revenus suivants :

a. Revenus d'**immeubles** sis en France ou de droits relatifs à ces immeubles (tels que droits indivis, usufruit, actions ou parts de sociétés immobilières…) ;

b. Revenus de valeurs mobilières françaises à revenu variable (qu'elles soient déposées en France ou hors de France) et revenus de tous autres **capitaux mobiliers** placés en France (parts sociales, placements à revenu fixe tels que fonds d'État, obligations, créances, etc.) ;

c. Revenus d'**exploitations** agricoles, industrielles, commerciales ou artisanales sises en France ;

d. Revenus d'**activités professionnelles, salariées ou non,** exercées en France (en particulier : salaires rétribuant une activité exercée en France ; rémunérations de dirigeants de sociétés françaises ; sommes perçues en rémunération d'une activité déployée en France dans l'exercice d'une profession indépendante) ; revenus tirés d'**opérations de caractère lucratif** au sens de l'article 92 du CGI (no 13205) et réalisées en France ;

e. Sommes, y compris les salaires, correspondant à des **prestations artistiques ou sportives** fournies ou utilisées en France ;

f. Plus-values immobilières et profits immobiliers professionnels et assimilés, définis par l'article 164 B, I du CGI, paragraphes e, e bis et e ter, et portant sur des biens situés en France, des droits s'y rapportant ou des titres de sociétés ou d'organismes dont l'actif est constitué principalement par ces biens ou droits. Les sociétés ou organismes visés sont : pour les profits immobiliers (notion examinée nos 30150 s.), les sociétés non cotées ; pour les plus-values (nos 32000 s.), les sociétés de personnes françaises et groupements assimilés relevant des articles 8 à 8 ter du CGI et les sociétés et organismes divers cités au no 32640 (FPI, SIIC, Sppicav, etc.) ;

g. Plus-values de cession de **droits sociaux** de sociétés soumises à l'impôt sur les sociétés et ayant leur siège en France ;

h. Plus-values distribuées par certains **placements collectifs** lorsque ces distributions sont prélevées sur des plus-values de cession d'éléments d'actif situés en France ;

i. Répartitions d'actifs réalisées par les **fonds communs de placements à risques,** les fonds professionnels spécialisés ou les fonds professionnels de capital investissement et afférentes à des éléments d'actifs situés en France.

4340 **Second groupe** Les revenus ou rémunérations énumérés ci-après sont considérés comme revenus de source française lorsque leur **débiteur** a son domicile **en France** ou est, s'il s'agit d'une personne morale, établi en France :

a. Pensions et rentes viagères, quel que soit le pays où ont été rendus les services que la pension rémunère ;

b. Produits définis à l'article 92 du CGI (no 13210) perçus par les écrivains ou compositeurs et par leurs héritiers ou légataires au titre des **droits d'auteur,** ainsi que par les **inventeurs** ou leurs héritiers (voir ci-dessous les précisions concernant la propriété industrielle) ; produits perçus par les **obtenteurs** de nouvelles variétés végétales (nº 15160) ; tous les produits tirés de la **propriété industrielle ou commerciale** ou de droits assimilés ; s'agissant de la propriété industrielle, sont concernés tous les produits perçus par les inventeurs, par les héritiers, ou par toute autre personne physique ou morale, au titre de la cession ou de la concession de licences d'exploitation des brevets, de la cession ou de la concession de marques de fabrique, de procédés techniques ou formules de fabrication ;

c. Sommes payées à des personnes physiques, sociétés, ou autres personnes morales qui ne possèdent pas d'installation fixe d'affaires dans notre pays, en rémunération des **prestations de toute nature** matériellement fournies ou effectivement utilisées en France. Une prestation est considérée comme **fournie en France** si elle y est matériellement exécutée (exemples : réparation ou entretien en France d'un matériel, études de toute nature réalisées en France, assistance technique fournie en France, prospection commerciale effectuée en France). Elle est considérée comme **utilisée en France** si le lieu d'utilisation effective de la prestation se situe en France (exemples : fourniture d'informations d'ordre industriel, commercial ou scientifique ou d'études techniques dont les résultats sont effectivement utilisés en France, location d'un matériel ou autre bien meuble effectivement utilisé en France).

4350 **Remarques** **a.** L'**énumération** donnée par la loi étant **limitative,** les revenus qui n'y figurent pas ne sont pas considérés comme des revenus de source française. C'est ainsi notamment que les contribuables domiciliés hors de France ne sont pas imposables à raison des plus-values de cession de biens meubles (bateaux de plaisance, chevaux de course, etc.) (nº 32750).

b. Certains des revenus relevant de la définition des revenus de source française donnent lieu, lors de leur réalisation ou de leur versement, à des **retenues à la source ou prélèvements** spécifiques qui constituent, selon le cas, soit un acompte à imputer sur le montant de l'impôt sur le revenu, soit, au contraire, un versement définitif libératoire de l'impôt (nºs 4540 s.).

DÉTERMINATION DE LA BASE D'IMPOSITION

4370 CGI art. 164 A **IRPP-VII-14200 s**

La base d'imposition des contribuables domiciliés hors de France est constituée par les **revenus de source française** définis aux nºs 4320 s.

Il y a lieu toutefois d'en **exclure** ceux pour lesquels le droit d'imposer est retiré à la France par une convention internationale (nº 4290), ainsi que ceux ayant fait l'objet d'un prélèvement ou d'une retenue libératoire de l'impôt sur le revenu (nº 4550).

Les revenus de source française à inclure dans la base d'imposition sont **déterminés** selon les règles applicables aux revenus de même nature perçus par les personnes domiciliées en France. Ils doivent donc être retenus pour leur montant net, celui-ci ne pouvant être déterminé forfaitairement que dans les cas prévus par la loi.

Les intéressés peuvent, dans les mêmes conditions que les contribuables domiciliés en France (nºs 800 s.), imputer sur leurs revenus de source française les **déficits** de source française.

En revanche, pour tenir compte du fait que les revenus taxés en France ne représentent qu'une partie de ceux dont ils disposent, les contribuables domiciliés hors de France ne peuvent pas, sauf exception (nº 4420, a), opérer de déduction au titre des **charges du revenu global** (nºs 1075 s.). Pour la même raison, ils ne peuvent pas bénéficier de l'**abattement** en faveur des **personnes âgées ou invalides** de situation modeste visé au nº 1500. Pour les charges ouvrant droit à des réductions ou crédits d'impôt, voir nº 4420, b.

4380 **> Précisions** **a.** En ce qui concerne les **pensions** publiques ou privées (et les rentes viagères à titre gratuit) versées **à des personnes domiciliées dans les collectivités territoriales d'outre-mer,** voir la particularité signalée au nº 4605, b.

b. Les contribuables domiciliés hors de France mais imposables sur leurs revenus de source française peuvent se voir adresser des **demandes d'éclaircissements ou de justifications** et être taxés d'office en cas de défaut de réponse (nºs 78000 s.). Ces contribuables peuvent également faire l'objet d'un **examen contradictoire de la situation fiscale personnelle** (nº 78095, a).

CALCUL DE L'IMPÔT

4400 CGI art. 197 A **IRPP-VII-14600 s**

Comme pour les personnes domiciliées en France, l'impôt sur le revenu dû par les contribuables non domiciliés (qu'ils soient français ou étrangers) est calculé en appliquant à la base d'imposition définie aux nºs 4370 s. le **barème progressif** et le système du **quotient familial,** y compris les règles de plafonnement des effets de ce dernier (nºs 1580 s.), mais sans appliquer le mécanisme de **décote** (nº 2235) et la **réfaction d'impôt** prévue jusqu'à l'imposition des revenus de 2019 en faveur des **foyers fiscaux modestes** (nº 2245) (BOI-IR-DOMIC-10-20-10 nº 350).

En vertu d'une disposition particulière, l'impôt ainsi calculé ne peut être inférieur à un montant calculé en appliquant un taux de 20 % à la fraction du revenu net imposable inférieure ou égale à une certaine limite, fixée à 27 794 € pour les revenus de 2019, et un taux de 30 % à la fraction supérieure à cette limite (taux réduits dans les DOM : voir n° 91480). 4410

Cependant, cette **imposition minimale** n'est pas applicable si le contribuable justifie qu'elle est supérieure à l'imposition calculée en appliquant à ses revenus de source française le taux moyen qui résulterait de la taxation en France de l'ensemble de ses revenus de sources française et étrangère. En pareil cas, c'est l'imposition ainsi calculée qui est exigible.

Bien entendu, si les intéressés sont domiciliés dans un pays lié à la France par une convention fiscale, l'imposition minimale ne s'applique qu'aux seuls revenus effectivement imposables en France en vertu de la convention.

Enfin, lorsque l'imposition minimale n'excède pas 305 €, elle n'est pas mise en recouvrement (BOI-IR-DOMIC-10-20-10 n° 370).

> **Précisions** **a.** Les **pensions alimentaires** versées par le contribuable sont, pour le calcul du **taux moyen,** déductibles sous les conditions et limites exposées aux n°s 1200 s. lorsqu'elles sont imposables entre les mains de leur bénéficiaire en France et que leur prise en compte n'est pas de nature à minorer l'impôt dû par le contribuable dans son État de résidence. 4420
> **b.** À l'exception des cas visés aux n°s 2806, 3120, 3370, 3430 et 87990 s., la loi réserve expressément le bénéfice des **réductions** ou **crédits d'impôt** auxquels ouvrent droit certaines dépenses ou certains investissements aux contribuables fiscalement domiciliés en France.
> **c.** Sur le montant de l'impôt dû par les contribuables domiciliés hors de France, il convient d'**imputer,** le cas échéant, les **retenues** qui ont été appliquées à certains revenus de source française, lorsqu'elles ne sont pas libératoires de l'impôt sur le revenu (n° 4550).
> On se reportera à ce propos aux précisions données au n° 4575 pour la retenue sur certains revenus non salariaux, au n° 4630 pour la retenue sur les traitements, salaires, pensions ou rentes viagères et au n° 4645 pour la retenue sur les revenus des artistes.
> **d.** Lorsqu'un contribuable domicilié hors de France dispose, parmi ses revenus de source française, de **revenus exceptionnels ou différés,** il peut bénéficier, pour le calcul de l'impôt correspondant, du système du quotient exposé aux n°s 4150 s.

LIEU D'IMPOSITION

Pour les contribuables n'ayant pas leur domicile fiscal en France, le lieu d'imposition est fixé au service des impôts des particuliers non résidents, 10, rue du Centre, TSA 10010, 93465 Noisy-le-Grand Cedex. 4440 CGI art. 10, al. 3 **IRPP-VII-16450 s**

DÉCLARATIONS

Les contribuables domiciliés hors de France qui disposent de revenus de source française doivent souscrire, chaque année, une déclaration de leurs revenus. 4460 **IRPP-VII-16600 s**

Celle-ci doit **mentionner** les éléments nécessaires à l'établissement de leur imposition, c'est-à-dire :

– les renseignements relatifs à l'identité, la situation et les charges de famille du contribuable ;

– ses différents revenus de source française (la déclaration d'ensemble doit être accompagnée des déclarations spéciales ou annexes nécessaires).

La déclaration doit, quel que soit le lieu de résidence hors de France, être souscrite selon les **modalités** et dans le **délai** exposés aux n°s 3675 s. et 3685. Lorsqu'elle est souscrite sur support papier, elle doit être remise ou adressée au service des impôts des particuliers non résidents (n° 4440).

En l'**absence de déclaration,** l'intéressé est susceptible d'être taxé d'office (n°s 79060 s.).

DÉSIGNATION D'UN REPRÉSENTANT EN FRANCE

Les contribuables qui n'ont pas leur domicile fiscal en France mais qui y exercent des activités ou y possèdent des biens sont tenus, à la demande de l'administration, de désigner un représentant en France pour recevoir les communications relatives à l'assiette, au recouvrement et au contentieux de l'impôt. 4480 CGI art. 164 D **IRPP-VII-16800 s**

Cette disposition ne s'applique ni aux personnes qui perçoivent seulement des pensions ou des revenus mobiliers de source française (BOI-IR-DOMIC-10-20-30 n° 100) ni à celles qui ont leur domicile fiscal dans l'Union européenne, en Islande ou en Norvège.

La désignation du représentant doit être faite dans les quatre-vingt-dix jours de la réception de la demande.

À défaut, l'administration a la faculté de taxer d'office les contribuables concernés (LPF art. L 72).

2. RETENUES À LA SOURCE ET PRÉLÈVEMENTS

4540 En principe, l'impôt sur le revenu dû par les personnes non domiciliées en France est, selon le processus habituel, établi et recouvré par voie de rôle. Cependant, en vue notamment de prémunir l'administration fiscale contre le risque de non-recouvrement, certains revenus de source française perçus par les non-domiciliés doivent donner lieu, lors de leur réalisation ou de leur versement, à une retenue à la source ou à un prélèvement spécifique.

TABLEAU RÉCAPITULATIF

4550 Le tableau ci-après donne la liste des retenues et prélèvements, ainsi que les références aux commentaires correspondants du Mémento.

Certains de ces prélèvements ou retenues sont **libératoires** de l'impôt sur le revenu et sont donc acquittés à titre définitif. D'autres, non libératoires, constituent un simple acompte : les revenus correspondants doivent donc être inclus dans la base de l'impôt progressif sur le revenu ; mais la retenue déjà supportée s'impute alors sur le montant de cet impôt.

Remarque. Ce lien entre les retenues à la source ou prélèvements et l'impôt progressif sur le revenu ne concerne évidemment que les **personnes physiques** qui, seules, relèvent de cet impôt. Mais, comme on le verra dans les commentaires auxquels renvoie le tableau ci-après, ces retenues et prélèvements sont susceptibles de s'appliquer également à des sommes versées à certaines sociétés ou autres **personnes morales.**

Nature des prélèvements ou retenues	Commentaires (n^os)
Revenus non salariaux visés à l'article 182 B du CGI	4560 s.
Traitements, salaires, pensions et rentes viagères	4595 s.
Revenus des artistes	4640 s.
Dividendes et autres revenus distribués par des sociétés françaises	24845 s.
Produits de placements à revenu fixe payés dans un État ou territoire non coopératif	25445 s.
Produits et gains de cession de contrats d'assurance-vie et de capitalisation	26120
Plus-values de cession de certains droits sociaux	32945
Profits immobiliers à caractère professionnel	30155
Profits immobiliers à caractère non professionnel	32625 s.
Gains d'options sur actions et dispositifs assimilés	88790, 88805, précision b et 88830

RETENUE À LA SOURCE SUR CERTAINS REVENUS NON SALARIAUX

4560 **Exigibilité** Sous réserve des conventions internationales relatives aux doubles impositions (n°s 82780 s.), une retenue à la source est applicable lorsque les **trois conditions** suivantes sont simultanément remplies :

CGI art. 182 B
IRPP-VII-17700 s

a. Le **débiteur** des sommes concernées exerce une activité en France ;

b. Les sommes sont versées à un **bénéficiaire** (personne physique, société ou autre personne morale) relevant de l'impôt sur le revenu (ou de l'impôt sur les sociétés) et n'ayant pas en France d'installation professionnelle permanente. Il est indifférent qu'il soit ou non effectivement soumis à l'impôt en France (CE 30-6-1997 n° 169179 : RJF 8-9/97 n° 771) ;

c. Il s'agit de sommes entrant dans l'une des **catégories** ci-après :

1. Sommes versées en rémunération d'une activité déployée en France dans l'exercice de l'une des professions mentionnées à l'article 92 du CGI. Sont visées les activités dont les bénéfices relèvent de la catégorie des bénéfices non commerciaux (n°s 13150 s.), qu'il s'agisse des bénéfices des professions libérales ou des charges et offices ou de ceux de toutes occupations, exploitations lucratives et sources de profits ne se rattachant pas à une autre catégorie de bénéfices ou revenus (CE 22-11-2019 n° 423698 : RJF 2/20 n° 90). Il doit s'agir d'activités déployées en France (par exemple, la retenue n'a pas à être opérée sur les commissions versées à des représentants à l'étranger qui se bornent à recueillir des commandes dans le pays de leur résidence) ;

2. Produits perçus par les inventeurs ou au titre de droits d'auteur (qu'il s'agisse des inventeurs et auteurs eux-mêmes ou de leurs héritiers) ; produits perçus par les obtenteurs de nouvelles variétés végétales ; tous produits tirés de la propriété industrielle ou commerciale ou de droits assimilés (voir à ce sujet les précisions données au n° 4340, b) ;

3. Sommes payées en rémunération des prestations de toute nature fournies ou utilisées en France (voir à ce sujet les précisions données au n° 4340, c) ;

4. Sommes, y compris les salaires, correspondant à des prestations sportives fournies ou utilisées en France (voir n° 4570, c).

› Précisions Les personnes morales bénéficiaires de versements concernés peuvent, sous certaines conditions, être exonérées de la retenue à la source lorsqu'elles sont en **liquidation judiciaire** : voir nº 24892.

Montant La **base imposable** est constituée par le montant des sommes payées, hors taxe sur le chiffre d'affaires lorsqu'elles sont exigibles. **4565**
Le **taux** de la retenue est en principe fixé à 28 %. Il est ramené à 15 % pour les rémunérations des prestations sportives. Ces taux sont portés à 75 % lorsque les sommes en cause sont payées à des personnes domiciliées ou établies dans un **État ou territoire non coopératif** au sens indiqué au nº 78310, points 1 et 2, sauf si le débiteur apporte la preuve que ces sommes correspondent à des opérations réelles n'ayant pas principalement pour objet et effet de permettre leur localisation dans un tel État ou territoire.

› Précisions a. En principe, ne peuvent être déduites de l'**assiette** de la retenue à la source les **charges** exposées par le bénéficiaire des versements à raison de l'activité non commerciale déployée en France ou des prestations qui y sont fournies ou utilisées. Le Conseil d'État a toutefois jugé, à propos de sommes versées en rémunération d'une activité non commerciale déployée en France, qu'il en va différemment lorsque le **bénéficiaire** est **établi dans un État membre de l'Union européenne** : dans ce cas, eu égard au principe de libre circulation des prestations à l'intérieur de l'Union, le débiteur de la rémunération peut déduire de la base imposable les frais professionnels que le bénéficiaire lui a communiqués et qui sont directement liés à l'activité déployée en France (CE 22-11-2019 nº 423698 : RJF 2/20 nº 90). **4570**
b. Le **taux de droit commun** de 28 % est ramené à 26,5 % en 2021 et 25 % à compter de 2022.
c. S'agissant des **prestations sportives** :
– elles relèvent de la retenue sur les revenus non salariaux même lorsqu'il s'agit de salaires ; corrélativement, la retenue sur les salaires prévue à l'article 182 A du CGI (nºˢ 4595 s.) ne leur est pas applicable ;
– pour que la retenue soit exigible, il faut que la prestation sportive soit fournie (c'est-à-dire matériellement exécutée) en France ou, dans le cas contraire, effectivement utilisée en France ;
– le taux majoré de 75 % (nº 4565) ne s'applique pas aux sommes ayant le caractère de salaires.
d. Les **prestations artistiques** relèvent d'une retenue à la source spécifique (voir nºˢ 4640 s.).
e. La **prise en charge par la partie versante** de la retenue à la source constitue un avantage supplémentaire lui-même imposable (CE 13-3-1996 nº 148038 et 165436 : RJF 5/96 nº 586). Par suite, le débiteur qui, en 2020, prend en charge la retenue à la source doit verser au service des impôts 28/72ᵉ (au lieu de 28 % seulement) de la somme effectivement payée au bénéficiaire (ou 15/85ᵉ et 300 % de cette somme, lorsque le taux légal est respectivement de 15 % et 75 %).

Imputation de la retenue La retenue à la source au **taux de 28 % ou 15 %** s'impute sur l'**impôt sur le revenu** dû par le bénéficiaire des paiements à raison de ses revenus de source française. Lorsque le montant de la retenue est supérieur au montant de l'impôt exigible, l'excédent peut être restitué (CE 17-2-2015 nº 373230 : RJF 5/15 nº 380). **4575** CGI art. 182 B, II et III et 219 quinquies **IRPP-VII-18200 s**
En revanche, la retenue à la source au **taux de 75 %** est libératoire de l'impôt sur le revenu et n'est pas remboursable.
Lorsque les sommes ont été versées à une personne morale soumise à l'**impôt sur les sociétés** à raison de ses revenus de source française, la retenue à la source s'impute sur cet impôt. Si la personne morale est déficitaire, elle peut demander, sous certaines conditions, la restitution de la retenue à la source : voir nºˢ 24889 s.

Obligations de la partie versante et sanctions Le débiteur est tenu : **4580** CGI art. 1671 A **IRPP-VII-18150 s**
– d'**opérer la retenue** sur le montant des sommes payées (quelle que soit la forme de ce paiement : versement en numéraire, inscription au crédit d'un compte, virement bancaire…) ;
– de **verser** le montant de cette retenue au service des impôts du lieu de son domicile ou du siège de l'établissement. Ce versement doit intervenir au plus tard le 15 du mois suivant le trimestre civil au cours duquel a eu lieu le paiement des sommes soumises à retenue. Il doit être accompagné d'une déclaration nº 2494 (en double exemplaire) faisant apparaître, outre l'identité et l'adresse à l'étranger du bénéficiaire des revenus, le montant brut des sommes soumises à retenue, le taux et le montant de cette retenue.

De plus, les sommes passibles de la retenue doivent figurer sur la **déclaration** des commissions, honoraires, droits d'auteur ou des salaires et pensions (nºˢ 78355 à 78365, 22200 et 22585) ; cette déclaration mentionne, outre les indications habituelles, le montant de la retenue effectuée.

Le débiteur qui n'a **pas opéré la retenue à la source** (ou l'a sciemment opérée de manière insuffisante) ou ne l'a **pas reversée** est tenu, en cas de contrôle, de verser le montant de la retenue éludée auquel s'ajouteront les pénalités de droit commun (nºˢ 79850 s.). **4585** CGI art. 1771 **CF-VIII-53850 s**
En outre, le débiteur qui n'a pas versé dans les délais prescrits la retenue opérée ou n'a effectué que des versements insuffisants est passible, si le retard excède un mois, d'une **amende pénale** de 9 000 € et d'une peine d'emprisonnement de 5 ans.

RETENUE À LA SOURCE SUR LES TRAITEMENTS, SALAIRES, PENSIONS ET RENTES VIAGÈRES

4595 CGI art. 182 A IRPP-VII-18500 s **Exigibilité** Sous réserve des conventions internationales relatives aux doubles impositions (nos 82760 et 82770), une retenue à la source est applicable sur les sommes versées à des personnes qui ne sont pas fiscalement domiciliées en France, à titre :
– soit de traitements ou **salaires** rémunérant une activité professionnelle salariée exercée en France ;
– soit de **pensions** de toute nature (retraites, pensions alimentaires…) ou de **rentes viagères,** lorsque le débiteur de ces pensions ou rentes est domicilié ou établi en France.
Cette retenue à la source s'applique jusqu'au 31 décembre 2022 (Loi 2019-1479 du 28-12-2019 art. 12). Les traitements, salaires, pensions et rentes viagères versés **à compter du 1er janvier 2023** seront soumis au régime de droit commun du prélèvement à la source de l'impôt sur le revenu (nos 3740 s.).

> **Précisions** Les salaires versés à des **artistes ou sportifs domiciliés hors de France** sont passibles, non de la retenue sur les salaires, mais d'une retenue à la source spécifique pour les artistes (voir nos 4640 s.) et de la retenue sur certains revenus non salariaux pour les sportifs (voir no 4570, c).

4600 **Base de la retenue** La base de la retenue est constituée par le montant net imposable, déterminé conformément aux règles applicables en matière d'impôt sur le revenu (nos 21800 s. et 22520 s.).

a. En ce qui concerne les **salaires,** on doit donc retenir l'ensemble des sommes et avantages en argent ou en nature alloués au salarié à l'occasion ou en contrepartie de son travail, à l'exception des allocations pour frais exonérées. Les salaires sont pris en compte pour leur montant net après application de la déduction forfaitaire de 10 % pour frais professionnels (no 22050). En revanche, l'employeur ne peut pas opter pour la déduction des frais réels, cette possibilité étant formellement exclue par la loi pour le calcul de la retenue.

b. Les **pensions** et les **rentes viagères à titre gratuit** sont prises en compte pour leur montant net, après application, s'il y a lieu, de l'abattement spécial de 10 % (nos 22535 s.).

c. Les **rentes viagères à titre onéreux** ne sont retenues que pour la fraction de leur montant qui est considérée comme un revenu pour l'établissement de l'impôt. On applique donc les pourcentages indiqués au no 22550.

4605 > **Précisions** **a.** Selon les règles applicables en matière d'impôt sur le revenu, le montant de la **déduction forfaitaire et de l'abattement** mentionnés au no 4600, a et b doit, s'il y a lieu, être plafonné pour les revenus excédant des **limites** fixées par la loi ; en sens inverse, des minima de déduction ou d'abattement sont prévus pour les revenus d'un faible montant. Cependant, pour le calcul de la base de la retenue à la source, il est fait abstraction de ces diverses limites qui ne peuvent s'apprécier qu'au niveau de la déclaration annuelle de revenus. Une régularisation est opérée par la suite, lors de l'établissement de l'impôt sur le revenu dû au titre de l'année considérée (ou, au besoin, par voie de réclamation).
> **b.** Une particularité doit être signalée en ce qui concerne les **pensions** (publiques ou privées) et **rentes** viagères à titre gratuit servies par un débiteur établi ou domicilié en France métropolitaine à des personnes ayant leur domicile fiscal dans les **collectivités territoriales d'outre-mer** : pour le calcul tant de l'impôt sur le revenu que de la retenue à la source, une réfaction de 40 % est pratiquée sur le montant brut de ces pensions ou rentes (CGI art. 83 A). Cette réfaction particulière est pratiquée avant application de l'abattement de 10 % prévu en faveur de l'ensemble des pensions et rentes à titre gratuit.
> On précise enfin que la retenue à la source n'est pas applicable aux pensions versées aux résidents de **Nouvelle-Calédonie** et de **Saint-Pierre-et-Miquelon.**

4610 **Calcul de la retenue** La retenue à la source est calculée suivant un **barème à trois tranches,** auxquelles correspondent les taux de 0 %, 12 % et 20 % (taux réduits dans les DOM : voir no 91480).

Le tarif à utiliser pour l'application de la retenue aux **revenus de l'année 2020** est le suivant :

Limites des tranches selon la période à laquelle se rapportent les paiements (en euros)					
Taux	Année	Trimestre	Mois	Semaine	Jour ou fraction de jour
0 % applicable au-dessous de	14 988	3 747	1 249	288	48
12 % applicable de	14 988	3 747	1 249	288	48
à	43 477	10 869	3 623	836	139
20 % applicable au-delà de	43 477	10 869	3 623	836	139

EXEMPLE

Soit un salarié non domicilié, ayant travaillé à temps complet au cours du mois considéré (donc : application du barème mensuel). Rémunération nette mensuelle (cotisations sociales déduites) : 5 000 €.

Base de la retenue (après déduction de 10 % pour frais professionnels) : 5 000 € × 90 % = 4 500 €.

Calcul de la retenue :

(3 623 € – 1 249 €) × 12 % = 284,88 €.

(4 500 € – 3 623 €) × 20 % = 175,40 €.

Retenue totale : 284,88 € + 175,40 € = 460,28 € (arrondis à 460 €, euro le plus proche).

4615 › **Précisions** **a.** Lorsque les traitements, salaires, pensions et rentes viagères passibles de la retenue sont payés par **trimestre,** au **mois,** à la **semaine** ou à la **journée,** les limites des tranches du tarif annuel sont divisées par 4, par 12, par 52 ou par 312.

En ce qui concerne le **choix du barème** à appliquer, les directives de l'administration (BOI-IR-DOMIC-10-20-20-10 n°s 190 et 200) sont les suivantes :

– traitements et **salaires** : appliquer le barème mensuel ou hebdomadaire, lorsque le salarié a travaillé à temps complet au cours de la période considérée ; dans les autres cas (travail à temps incomplet, ou rémunération non payée au mois ou à la semaine), appliquer le barème journalier au montant de la rémunération divisée par le nombre de jours de travail (les journées de travail à temps partiel étant comptées pour un jour) ;

– **pensions et rentes viagères** : appliquer les barèmes annuel, trimestriel, mensuel ou hebdomadaire en fonction de la durée de la période à laquelle se rapportent les paiements. À cet effet, cette période est décomposée, s'il y a lieu, en trimestres, mois et semaines, les fractions de période inférieures à sept jours étant comptées pour une semaine.

b. En cas de **pluralité de débiteurs** (notamment pensionnés recevant des retraites de plusieurs caisses), il peut être nécessaire, par la suite, de régulariser les retenues opérées (les taux les plus bas du tarif ayant été appliqués plusieurs fois). Ces régularisations sont opérées par voie de rôle.

4625 **Obligations de la partie versante et sanctions** En matière de retenue à la source sur les traitements, salaires, pensions et rentes viagères, les obligations de la partie versante (ainsi que les sanctions correspondantes) sont les mêmes que pour la retenue sur certains revenus non salariaux (voir n°s 4580 s.).

Toutefois, à la différence de cette dernière, la retenue à la source sur les traitements, salaires, pensions et rentes viagères n'a pas à être opérée ni versée lorsque son **montant n'excède pas 8 € par mois** pour un même bénéficiaire (CGI art. 1671 A) et la possibilité est offerte aux **exploitants agricoles** employant des **travailleurs saisonniers** domiciliés à l'étranger de verser la retenue à la source au plus tard le 10 du second mois du trimestre suivant celui du paiement des salaires (BOI-IR-DOMIC-10-20-20-10 n° 230).

4630 CGI art. 197 B IRPP-VII-19400 s **Imputation de la retenue** La retenue à la source est **libératoire** de l'impôt sur le revenu **pour la fraction** imposable, taxée à 12 %, qui n'excède pas la limite au-delà de laquelle le taux de 20 % est applicable (soit 43 477 € pour 2020). Cette fraction n'est pas prise en compte pour le calcul de l'impôt sur le revenu et la retenue correspondante n'est pas imputable.

En revanche, la fraction imposable des revenus considérés qui excède la limite susvisée doit être prise en compte pour le calcul de l'impôt sur le revenu. La partie correspondante de la retenue est imputable sur le montant de cet impôt.

Lorsque la totalité de la retenue à la source excède le montant de l'impôt sur le revenu qui résulterait de l'application, dans les conditions exposées aux n°s 4400 s., du barème progressif à la totalité de la rémunération, le contribuable peut demander le **remboursement** de l'**excédent** de retenue opérée.

› **Précisions** **a.** Le texte légal (CGI art. 197 B) réserve le bénéfice du **caractère partiellement libératoire** de la retenue aux seuls contribuables de **nationalité** française. Mais cet avantage doit être étendu aux autres contribuables en présence d'un accord comportant une clause de non-discrimination en fonction de la nationalité (notamment une convention fiscale ; la doctrine administrative ne fait d'ailleurs pas référence à cette condition de nationalité).

b. Bien que la fraction soumise à la retenue au taux de 12 % soit à exclure de la base d'imposition à l'impôt sur le revenu, les contribuables concernés doivent faire apparaître, sur leur **déclaration** annuelle (n° 4460), l'intégralité des traitements, salaires, pensions ou rentes de source française dont ils ont eu la disposition au cours de l'année d'imposition, ainsi que le montant total de la retenue à laquelle ces revenus ont donné lieu. Ces renseignements sont en effet nécessaires pour permettre de procéder aux régularisations de retenue visées au n° 4605, a et au n° 4615, b.

c. Le **caractère partiellement libératoire** de la retenue est supprimée pour les traitements, salaires, pensions et rentes viagères versés **à compter du 1er janvier 2021** (Loi 2019-1479 du

28-12-2019 art. 12). La retenue devient non libératoire pour le montant total des sommes qui y sont soumises. Ce montant total doit donc être pris en compte pour le calcul de l'impôt sur le revenu et la retenue opérée est imputable en totalité sur le montant de cet impôt.

RETENUE À LA SOURCE SUR LES REVENUS DES ARTISTES

4640 CGI art. 182 A bis IRPP-VII-19700 s

Exigibilité, montant et paiement Sous réserve des conventions internationales relatives aux doubles impositions (nº 82790), donnent lieu à une retenue à la source spécifique les sommes payées, y compris les salaires, en contrepartie de prestations artistiques fournies ou utilisées en France, par un débiteur qui exerce une activité en France à des personnes ou sociétés qui n'ont pas dans ce pays d'installation professionnelle permanente.

La **base** de cette retenue est constituée par le montant brut des sommes versées, déduction faite d'un abattement (non plafonné) de 10 % au titre des frais professionnels.

Le **taux** de la retenue est fixé à 15 %. Ce taux est porté à 75 % pour les sommes, autres que les salaires, versées à des personnes domiciliées ou établies dans un **État ou territoire non coopératif** au sens indiqué au nº 78310, points 1 et 2, sauf si le débiteur apporte la preuve que ces sommes correspondent à des opérations réelles n'ayant pas principalement pour objet et effet de permettre leur localisation dans un tel État ou territoire.

Les **obligations** de la **partie versante** (ainsi que les sanctions correspondantes) sont les mêmes que pour la retenue à la source sur certains revenus non salariaux (voir nºs 4580 s.).

Toutefois, à la différence de cette dernière, la retenue à la source sur les revenus des artistes n'a pas à être opérée ni versée lorsque son **montant n'excède pas 8 € par mois** pour un même bénéficiaire (CGI art. 1671 A).

> **Précisions** **a.** Sont visées les sommes versées aux **artistes du spectacle** (acteurs de cinéma, artistes lyriques, dramatiques et chorégraphiques, artistes de variétés, musiciens-interprètes, chansonniers, artistes de complément, chefs d'orchestre et, pour l'exécution matérielle de leur conception artistique, les metteurs en scène...), qu'elles soient versées directement à l'artiste ou à un mandataire (manager).
> **b.** Les personnes morales bénéficiaires de versements concernés peuvent, sous certaines conditions, être exonérées de la retenue à la source lorsqu'elles sont en **liquidation judiciaire** : voir nº 24892.

4645 CGI art. 182 A bis, IV, V et VI, 197 B et 219 quinquies IRPP-VII-20200 s

Imputation de la retenue La retenue à la source au taux de 15 % est **libératoire** de l'**impôt sur le revenu,** pour la **fraction** de ces revenus, retenus après l'abattement de 10 % visé au nº 4640, qui n'excède pas une certaine limite, fixée à 43 477 € pour les revenus de 2020. Cette fraction n'est pas prise en compte pour le calcul de l'impôt sur le revenu et la retenue correspondante n'est pas imputable.

En revanche, la fraction des revenus des artistes qui excède la limite susvisée doit être prise en compte dans le calcul de l'impôt sur le revenu. Pour ce calcul, le revenu net imposable est déterminé dans les conditions de droit commun (par exemple, application de la déduction forfaitaire de 10 % pour frais professionnels visée aux nº 22050 et non de l'abattement de 10 % visé au nº 4640). La partie correspondante de la retenue est imputable sur le montant de cet impôt.

Lorsque la totalité de la retenue à la source excède le montant de l'impôt sur le revenu qui résulterait de l'application, dans les conditions exposées aux nºs 4400 s., du barème progressif à la totalité des revenus des artistes, le contribuable peut demander le **remboursement** de l'**excédent** de retenue opérée.

La retenue à la source au **taux de 75 %,** quant à elle, est libératoire de l'impôt sur le revenu et n'est pas remboursable.

Lorsque les sommes ont été versées à une personne morale soumise à l'**impôt sur les sociétés** à raison de ses revenus de source française, la retenue à la source s'impute sur cet impôt. Si la personne morale est déficitaire, elle peut demander, sous certaines conditions, la restitution de la retenue à la source : voir nºs 24889 s.

D. Autres dispositions spéciales

FONCTIONNAIRES EN SERVICE À L'ÉTRANGER

4685 CGI art. 4 B, 2 IRPP-VII-26100 s

Les agents de l'État, des collectivités territoriales et de la fonction publique hospitalière qui exercent leurs fonctions ou sont chargés de mission dans un pays étranger sont considérés comme ayant leur **domicile fiscal en France** lorsqu'ils ne sont pas soumis, dans leur pays d'affectation, à un impôt personnel sur l'ensemble de leurs revenus.

En pareil cas, les intéressés sont donc imposables en France sur la totalité de leurs revenus. Cependant, en ce qui concerne leur **rémunération,** on retient seulement les sommes que le fonctionnaire aurait perçues s'il était resté en France ; les suppléments liés à l'expatriation (notamment prime d'éloignement et indemnités destinées à couvrir des dépenses spéciales) sont exonérés, sous réserve toutefois de répondre aux conditions définies au n° 4705.

› Précisions **a.** L'application de ce régime fiscal aux agents des **collectivités territoriales** et aux agents de la **fonction publique hospitalière** résulte de l'article 4 de la loi 2019-1479 du 28 décembre 2019. Cette mesure s'applique à compter de l'imposition des revenus de 2019.
b. Pour **échapper à ce régime** fiscal, le fonctionnaire doit prouver qu'il supporte effectivement à l'étranger un impôt personnel sur l'ensemble des éléments de sa rémunération qui seraient normalement taxables selon la législation française.
c. Les fonctionnaires en service à l'étranger peuvent également être considérés comme domiciliés en France lorsqu'ils répondent à la définition générale donnée aux n°s 495 s. ; il en est ainsi lorsqu'ils ont conservé leur **foyer en France.** Les règles exposées aux n°s 4695 s. pour les salariés détachés à l'étranger trouvent alors à s'appliquer (à l'exception toutefois des exonérations visées n° 4700, b et c).
d. Le **lieu d'imposition** des fonctionnaires en service à l'étranger est fixé au service des impôts des particuliers non résidents, 10, rue du Centre, TSA 10010, 93465 Noisy-le-Grand Cedex (CGI art. 10, al. 3).
Les intéressés peuvent être invités par l'administration à **désigner un représentant en France** selon les modalités et sous les sanctions exposées au n° 4480. Cette disposition ne s'applique pas aux fonctionnaires qui exercent leurs fonctions ou sont chargés de mission dans l'Union européenne, en Islande ou en Norvège (CGI art. 164 D).

AGENTS DIPLOMATIQUES ET CONSULAIRES DE NATIONALITÉ ÉTRANGÈRE

Les ambassadeurs et agents diplomatiques, les consuls et agents consulaires de nationalité étrangère sont exonérés de l'impôt sur le revenu, dans la mesure où les pays qu'ils représentent concèdent des avantages analogues aux agents diplomatiques et consulaires français. **4690** CGI art. 5, 3° **INT-GEN-3500 s**

› Précisions Les intéressés sont exonérés pour leurs **rémunérations officielles** et pour leurs **revenus privés de source étrangère.** En revanche, leurs **revenus privés de source française** sont imposables en France dans les conditions édictées par les conventions internationales bilatérales.

SALARIÉS DÉTACHÉS À L'ÉTRANGER

Les salariés fiscalement domiciliés en France au sens de l'article 4 B du CGI (n°s 495 s.), envoyés par un employeur dans un État autre que la France et que celui du lieu d'établissement de cet employeur, sont susceptibles d'être exonérés, en France, sur tout ou partie des salaires perçus en rémunération de leur activité. **4695** CGI art. 81 A et 197 C **IRPP-VII-22100 s**

L'**employeur** doit être établi en France, dans un autre État membre de l'Union européenne, en Islande, en Norvège ou au Liechtenstein.

Peu importe que la **rémunération** soit versée en France ou à l'étranger et qu'elle soit supportée par l'employeur ou par l'un de ses établissements ou l'une de ses filiales à l'étranger.

› Précisions **a.** Les mesures d'exonération bénéficient également aux **mandataires sociaux,** titulaires d'un contrat de travail à raison de fonctions techniques, pour les rémunérations perçues au titre de l'exercice de ces fonctions à l'étranger (BOI-RSA-GEO-10-10 n° 70).
Elles ne sont, en revanche, pas applicables aux **travailleurs frontaliers.**
b. Lorsque les conditions d'exonération ne sont pas remplies au moment de leur paiement, les rémunérations versées au salarié expatrié supportent le **prélèvement à la source** de l'impôt sur le revenu (n°s 3740 s.). Dans le cas contraire, il est admis que l'employeur n'applique pas la retenue aux sommes exonérées (BOI-IR-PAS-20-10-10 n° 40).

Exonération totale La rémunération de l'activité à l'étranger est totalement exonérée de l'impôt français dans les **cas** suivants : **4700**

a. Lorsqu'elle est soumise, dans l'État où s'exerce l'activité, à un **impôt** sur le revenu **au moins égal aux deux tiers** de celui qu'elle supporterait en France ;

b. Lorsqu'elle est versée en contrepartie de l'exercice à l'étranger, pendant une **durée** supérieure à 183 jours au cours d'une période de douze mois consécutifs, d'une activité se rapportant aux **secteurs suivants** :

– chantiers de construction (au sens de chantiers de tous travaux publics) ou de montage, installation et mise en route d'ensembles industriels, exploitation et ingénierie (études préliminaires notamment) y afférentes ;

– recherche (y compris la prospection) ou extraction de ressources naturelles (produits du sol et du sous-sol) ;

– navigation à bord de navires armés au commerce et immatriculés au registre international français (quelle que soit la fonction exercée à bord par le marin) ;

c. Lorsqu'elle se rapporte à des **activités de prospection commerciale** exercées à l'étranger pendant une **durée** supérieure à 120 jours au cours d'une période de douze mois consécutifs. Sont visées les activités dédiées au développement de l'activité d'exportation de l'entreprise ou en relation directe avec l'essor de l'entreprise à l'étranger, qui se traduisent par des actions concrètes dans les États étrangers (visites, réunions, salons…).

En cas d'application de l'une des trois exonérations visées ci-dessus, l'impôt dû en France sur les **revenus autres que la rémunération** exonérée est calculé au taux correspondant à l'ensemble des revenus, imposables et exonérés, du contribuable (règle dite du « **taux effectif** » : nº 82565).

> **Précisions** **a.** La doctrine administrative accorde le bénéfice de l'exonération visée au b aussi bien aux **personnels** techniques qu'aux personnels administratifs qui les accompagnent, que ces personnels soient employés par les entreprises qui réalisent le chantier ou par des **entreprises sous-traitantes** (BOI-RSA-GEO-10-20 nº 140). Toutefois, le Conseil d'État considère que l'exonération ne s'étend pas aux salariés d'une entreprise sous-traitante assurant la restauration et l'hébergement des personnels (CE 19-11-2008 nº 298761, Héraut : RJF 2/09 nº 121).
> **b.** La **durée** de l'activité exercée à l'étranger s'apprécie en tenant compte du temps de transport (entre le premier départ et le retour définitif), des jours de repos hebdomadaire, des congés de récupération, des congés payés et des congés pour accident du travail ou maladie (même si ces congés sont pris en France ou placés sur un compte épargne-temps). Pour les navigants, la période d'activité à l'étranger correspond au temps effectivement passé à bord, décompté du jour de la demande d'immatriculation au registre international français.

4705 **Exonération partielle** Lorsque l'intéressé ne peut pas bénéficier d'une exonération totale, la rémunération perçue pour l'activité à l'étranger n'est cependant imposable en France qu'à concurrence de celle que le bénéficiaire aurait eue en France pour la même activité.

Les **suppléments de rémunération** directement liés à l'exercice de la profession à l'étranger (majorations de salaires ou de commissions, primes ou indemnités journalières destinées à compenser les sujétions liées à l'éloignement familial ou aux difficultés de travail dans certains pays) ne sont pas imposés, sous réserve de respecter les **conditions** suivantes :

– être versés en contrepartie de séjours effectués dans l'intérêt direct et exclusif de l'employeur. Répondent à cette condition les déplacements au sein du groupe auquel appartient l'entreprise employant le salarié (BOI-RSA-GEO-10-30-10 nº 60) ;

– être justifiés par un déplacement nécessitant une résidence d'une durée effective d'au moins 24 heures dans un autre État ;

– être déterminés dans leur montant préalablement aux séjours dans un autre État (soit dans les ordres de mission, en cas de déplacements ponctuels de courte durée, soit dans le contrat de travail ou l'avenant au contrat) ;

– être en rapport, d'une part, avec le nombre, la durée et le lieu de ces séjours et, d'autre part, avec la rémunération (hors suppléments de salaires susvisés) versée au salarié, sans excéder 40 % de cette rémunération. Ce plafond est calculé à partir du montant global de la rémunération annuelle hors suppléments, sans qu'il soit nécessaire de rapporter ce montant de rémunération au nombre de jours passés à l'étranger (CE 10-4-2015 nº 365851 : RJF 7/15 nº 593).

Les suppléments de rémunération exonérés d'impôt sont retenus pour le calcul du « **taux effectif** » (nº 82565) auquel sont soumis les autres revenus imposables du contribuable.

> **Précisions** **a.** En cas de **déplacements inter-États,** la durée de séjour est décomptée à partir de l'arrivée dans le premier État et s'achève au départ du dernier État (BOI-RSA-GEO-10-30-10 nº 80).
> **b.** Les **marins pêcheurs** exerçant leur activité hors des eaux territoriales françaises (au-delà de la limite des 12 milles) bénéficient de l'exonération partielle selon des modalités particulières (BOI-RSA-GEO-10-30-20).
> **c.** Pour le cas où le salarié détaché à l'étranger relève également du dispositif prévu en faveur des **impatriés,** voir nº 4727.

IMPATRIÉS

4715
CGI art. 155 B
IRPP-VII-27000 s

Les salariés ainsi que certains dirigeants de sociétés venant exercer leur **activité professionnelle en France** bénéficient de mesures temporaires d'exonération d'impôt sur le revenu à la **double condition** :

– de ne pas avoir été fiscalement domiciliés en France au sens de l'article 4 B du CGI (nºs 495 s.) ou résidents de France au sens des conventions fiscales internationales de façon ininterrompue au cours des cinq années civiles précédant celle de leur prise de fonctions en France ;

– de fixer en France leur domicile fiscal au sens des 1 à 3 du nº 495 (et leur résidence au sens des conventions internationales : BOI-RSA-GEO-40-10-10 nº 220) à compter de leur prise de fonctions en France.

> **Précisions** **a.** La **prise de fonctions** s'entend de la date à laquelle commence effectivement l'exécution du contrat, soit de travail, soit de mandat social (BOI-RSA-GEO-40-10-10 nº 150). Compte tenu des contraintes professionnelles ou familiales de l'impatrié et de son conjoint, l'installation en France du foyer peut être **différée** d'un délai raisonnable de quelques mois (BOI-RSA-GEO-40-10-10 nº 240).
> **b.** Parallèlement à ce dispositif, les impatriés

ont la possibilité de déduire de leur rémunération imposable les **cotisations sociales** versées dans leur pays d'origine (voir n° 21885, précision b et n° 21905, précision f). En ce qui concerne les mesures dont ils peuvent également bénéficier, le cas échéant, en matière d'**impôt sur la fortune immobilière,** voir n° 71100.

c. Les personnes appelées de l'étranger pour exercer des **fonctions salariées** au sein de la **Chambre de commerce internationale de Paris** bénéficient, sous certaines conditions, d'une exonération temporaire d'impôt sur le revenu sur la totalité de leurs rémunérations. Ce dispositif spécifique est exclusif du dispositif étudié ci-après (CGI art. 81 D).

Contribuables visés Le dispositif concerne les **salariés** et **dirigeants de sociétés de capitaux** soumis au régime fiscal des salariés (n° 23665) appelés de l'étranger à occuper pendant une période limitée un emploi dans une entreprise établie en France, que ces personnes soient **recrutées directement à l'étranger** par l'entreprise établie en France ou qu'elles soient appelées par une entreprise étrangère auprès de l'entreprise établie en France (salariés détachés dans le cadre d'une **mobilité intragroupe**). 4720

› Précisions Le dispositif ne s'applique pas aux salariés et dirigeants venant exercer un emploi en France de leur **propre initiative** (BOI-RSA-GEO-40-10-10 n° 80).

Mesures d'allégement Les intéressés sont **exonérés** d'impôt sur le revenu à la fois sur leurs **revenus d'activité** et sur **certains revenus patrimoniaux de source étrangère.** 4725
L'exonération est dans les deux cas accordée au titre des années de domiciliation fiscale en France, jusqu'au 31 décembre de la **huitième année** civile suivant celle de la prise de fonctions en France (cinquième année pour les prises de fonctions antérieures au 6 juillet 2016).
L'exonération est maintenue lorsque, au cours de cette période, l'intéressé **change de fonctions** au sein de l'entreprise pour laquelle il s'est installé en France ou **change d'entreprise** au sein du même groupe, pour exercer ou non des fonctions similaires. Elle est également maintenue lorsqu'une entreprise étrangère met fin au détachement d'un salarié et que ce dernier signe un contrat de travail ou un mandat social avec l'entreprise établie en France dans laquelle il exerce ses fonctions (BOI-RSA-GEO-40-10-10 n°s 250 et 260).

Revenus d'activité. L'exonération porte : 4727
– d'une part, sur les suppléments de la rémunération directement liés à l'exercice de l'**activité professionnelle en France** (prime d'impatriation). Ces suppléments de rémunération sont, en principe, exonérés pour leur montant réel. Toutefois, les personnes recrutées directement à l'étranger, ainsi que les personnes appelées en France par une entreprise étrangère et dont la prise de fonction est postérieure au 15 novembre 2018, peuvent opter pour l'évaluation forfaitaire de ceux-ci. En cas d'option, les suppléments de rémunérations exonérés sont réputés égaux à 30 % de la rémunération nette totale (hors avantages liés aux dispositifs d'épargne salariale ou d'actionnariat salarié). Dans tous les cas, la part de la rémunération imposable en France doit rester comparable à la rémunération servie au titre de fonctions analogues dans la même entreprise ou, à défaut, dans des entreprises similaires établies en France. À défaut, la différence est réintégrée dans la rémunération imposable ;
– d'autre part, sur la fraction de rémunération (salaire de base et, éventuellement, suppléments de rémunération) correspondant à l'**activité exercée,** le cas échéant, **à l'étranger** à la condition que les séjours réalisés à l'étranger soient effectués dans l'intérêt direct et exclusif de l'employeur.
Cette **exonération** n'est **pas cumulable** avec celle prévue à raison des suppléments de rémunération (prime d'expatriation) au n° 4705 : l'impatrié doit **opter** pour l'une ou l'autre de ces exonérations au plus tard lors du dépôt de la déclaration des revenus souscrite au titre de la prise de fonctions ou de la première année d'application du régime. Cette option est irrévocable (BOI-RSA-GEO-40-10-20 n° 270).
Au choix des intéressés, soit l'exonération globalement accordée au titre de l'activité exercée en France et à l'étranger est limitée à 50 % de la rémunération totale, soit la fraction de la rémunération perçue au titre de l'activité exercée à l'étranger n'est exonérée qu'à hauteur de 20 % de la rémunération imposable au titre de l'activité exercée en France. La rémunération de référence prise en compte pour ce plafonnement s'entend hors avantages liés aux dispositifs d'épargne salariale ou d'actionnariat salarié.

› Précisions **a.** Les salariés susceptibles de bénéficier au titre de certaines indemnités du présent régime et de celui attaché aux **quartiers généraux** et centres de logistique des groupes internationaux (n° 35775) doivent **opter,** au plus tard lors du dépôt de la déclaration annuelle de revenus souscrite au titre de la première année de mise en œuvre du dispositif, pour l'un ou l'autre de ces régimes. L'option est irrévocable (BOI-RSA-GEO-50 n° 70).

b. La **comparaison** avec des **rémunérations analogues** s'effectue sur des rémunérations annuelles imposables nettes, hors avantages liés aux dispositifs d'épargne salariale ou d'actionnariat salarié. La rémunération de référence est celle de l'année civile au cours de laquelle a lieu la prise de fonctions en France, le cas échéant, ajustée prorata temporis (BOI-RSA-GEO-40-10-20 n°s 130 et 140).

4730 **Revenus patrimoniaux.** L'exonération porte sur la **moitié** du montant des revenus suivants :
– **revenus de capitaux mobiliers,** quel que soit leur régime d'imposition (revenus distribués, produits de placement à revenu fixe, produits des contrats d'assurance-vie et de capitalisation) ;
– **produits de droits d'auteur** perçus par les intéressés et leurs héritiers ou légataires, produits de cession ou de concession de droits de la **propriété industrielle** (brevets, procédés, marques…) perçus par les inventeurs ainsi que les produits perçus par les créateurs de logiciels indépendants ;
– **plus-values de cession de valeurs mobilières et de droits sociaux** lorsque le dépositaire des titres, ou à défaut la société dont les titres sont cédés, est établi hors de France. Corrélativement, les moins-values éventuellement constatées sur ces titres sont comptabilisées à hauteur de 50 % de leur montant.

Le **paiement** de ces sommes doit avoir été effectué par une **personne établie hors de France** dans un État ou territoire ayant conclu avec la France une **convention fiscale** qui contient une **clause d'assistance administrative** en vue de lutter contre la fraude ou l'évasion fiscale.

› Précisions a. L'exonération partielle des **produits de la propriété intellectuelle ou industrielle** porte sur le montant brut des produits perçus, avant déduction des **abattements** d'assiette éventuellement applicables (BOI-RSA-GEO-40-10-30-20 n° 110). Il en va de même de l'exonération partielle des **plus-values de cession de valeurs mobilières et de droits sociaux** (BOI-RPPM-PVBMI-20-20-20-10 n° 40). L'exonération partielle des **revenus de capitaux mobiliers,** quant à elle, est calculée sur la base nette, après déduction, en cas d'option pour l'imposition au barème progressif de l'impôt sur le revenu, des dépenses effectuées en vue de l'acquisition ou de la conservation des revenus, tels que les frais d'encaissement et droits de garde (BOI-RSA-GEO-40-10-30-20 n° 240).
b. L'exonération partielle ne se cumule pas avec le régime de taxation des gains réalisés et des distributions perçus par les impatriés au titre de parts ou actions de **« carried interest »** (n° 26445).

TRANSFERT DU DOMICILE DE L'ÉTRANGER EN FRANCE OU INVERSEMENT

4735 CGI art. 166 et 167 IRPP-VII-30300 s

a. Lorsqu'un contribuable précédemment domicilié à l'étranger transfère son domicile **en France,** les revenus dont l'imposition est entraînée par l'établissement du domicile en France ne sont comptés que du jour de cet établissement.
b. Le contribuable domicilié en France qui transfère son domicile **à l'étranger** est passible de l'impôt sur le revenu à raison des revenus dont il a disposé pendant l'année de son départ jusqu'à la date de celui-ci, des bénéfices industriels et commerciaux qu'il a réalisés depuis la fin du dernier exercice taxé, et de tous les revenus qu'il a acquis sans en avoir la disposition antérieurement à son départ. Les mêmes règles sont applicables en cas d'abandon de toute résidence en France.

Le transfert du domicile à l'étranger entraîne également, sous certaines conditions, l'imposition des plus-values latentes constatées sur les droits sociaux ou valeurs détenus par le contribuable, des plus-values de cession ou d'échange de droits sociaux ou de valeurs en report d'imposition ainsi que de la valeur des créances trouvant leur origine dans une clause d'« earn out » (nos 33360 s.).

CESSION OU CESSATION D'ENTREPRISE OU DE PROFESSION

4755 **a.** En cas de cession ou cessation, en totalité ou en partie, d'une **entreprise industrielle, commerciale ou artisanale,** les bénéfices réalisés et non encore taxés sont immédiatement imposés, au titre de l'année de la cession ou de la cessation, à l'impôt sur le revenu. Cette imposition spéciale présente un caractère provisoire. Elle vient en déduction du total de l'impôt sur le revenu établi ultérieurement sur l'ensemble des revenus ou bénéfices réalisés par l'intéressé au cours de l'année de la cession ou de la cessation. Voir, sur ce régime, les explications détaillées figurant aux nos 11045 s. et 86465.
b. En cas de cessation de l'exercice d'une **profession non commerciale,** il est fait application, en principe, des mêmes règles que dans le cas de cession ou cessation d'une entreprise industrielle ou commerciale (voir nos 13640 s. et 86535).

Il en est de même en cas de cession ou cessation d'une **exploitation agricole** (voir nos15760 et 16065).

DÉCÈS DU CONTRIBUABLE

4765 CGI art. 6, 8 et art. 7 et 204 IRPP-VII-31750 s

Règles particulières d'imposition Dans le cas du décès d'un contribuable, l'impôt est établi à raison des **revenus** dont il a disposé pendant l'année de son décès ainsi que des bénéfices industriels et commerciaux, et des bénéfices agricoles imposés d'après un régime de bénéfice réel, qu'il a réalisés depuis la fin du dernier exercice taxé.

L'impôt porte également sur les revenus dont la distribution ou le versement résulte du décès du contribuable s'ils n'ont pas été précédemment imposés et sur ceux qu'il a acquis sans en avoir la disposition antérieurement à son décès. Toutefois, les revenus appartenant à ces deux catégories font l'objet d'une imposition distincte lorsqu'ils ne devaient normalement échoir qu'au cours d'une année postérieure à celle du décès (cette modalité est susceptible de s'appliquer même lorsque les revenus concernés sont des bénéfices professionnels).

La situation et les charges de famille à retenir pour l'application du **quotient familial** sont celles existant soit au 1er janvier de l'année du décès, soit à la date du décès lorsque cette seconde solution est plus avantageuse (n° 1705).

La **déclaration** des revenus imposables doit être souscrite par les ayants droit du défunt dans les délais de droit commun (n° 3685). Le cas échéant, elle peut être souscrite par le notaire chargé de la succession, à la demande des ayants droit, si la succession n'est pas liquidée à la date de souscription de la déclaration.

› **Précisions** **a.** La déclaration doit faire état de l'ensemble des revenus imposables. Mais les revenus dont la disposition résulte du décès du contribuable ou que ce dernier a acquis sans en avoir la disposition avant son décès, lorsqu'ils doivent être imposés distinctement, font l'objet d'une **note annexe** indiquant leur montant et leur nature, et appuyée des justifications nécessaires.

b. L'imposition du contribuable décédé est établie au nom de la succession sous le **libellé** suivant : « M. X..., décédé, par M. Y... et consorts, héritiers ».

c. Les **demandes d'éclaircissements ou de justifications,** ainsi que les **notifications** prévues en vue de la vérification et de la rectification des déclarations, peuvent être valablement adressées à l'un quelconque des ayants droit ou des signataires de la déclaration de succession.

d. Pour le cas du décès d'un **associé d'une société de personnes,** voir nos 37660 s.

Décès de l'un des conjoints ou partenaires d'un Pacs L'établissement des impositions en cas de décès appelle des précisions complémentaires lorsque, pour les contribuables mariés ou pacsés, il s'agit du décès de l'un des époux ou partenaires du Pacs. 4770

Les revenus de l'année du décès de l'un des conjoints ou partenaires font l'objet de **deux impositions** distinctes :

1. Une imposition **commune** est établie sur l'ensemble des revenus du foyer (conjoints ou partenaires, personnes à charge) pour la période allant du 1er janvier jusqu'à la date du décès.

Cette imposition est assise, calculée et établie conformément aux règles particulières fixées par l'article 204 du CGI et exposées au n° 4765.

2. Une imposition **personnelle** est établie au nom du **conjoint ou partenaire survivant,** à raison de ses revenus propres (et de ceux des personnes à charge) pour la période allant de la date du décès jusqu'au 31 décembre.

Cette imposition personnelle est établie selon les règles de droit commun.

Conformément au principe général (n° 1705), la situation de famille du conjoint ou partenaire survivant est appréciée au 1er janvier de l'année d'imposition. Celui-ci conserve ainsi pour l'établissement de son imposition personnelle le bénéfice du **quotient familial** appliqué au couple avant le décès, y compris s'il y a lieu la demi-part supplémentaire attachée à la situation d'invalidité (n° 2040) ou à la qualité d'ancien combattant (n° 2045) du défunt.

Les charges de famille retenues sont celles existant au 1er janvier de l'année d'imposition, ou en cas d'augmentation de celles-ci en cours d'année, au 31 décembre.

Cas où le conjoint ou le partenaire survivant **se remarie** ou conclut un **nouveau Pacs** l'**année** même du **décès** : voir n° 370.

› **Précisions** **a.** La **répartition des revenus entre** la période d'**imposition commune et** la période d'**imposition distincte** du conjoint ou partenaire survivant s'effectue en fonction de la date de mise à disposition de ces revenus entre les mains de leurs titulaires. Ce principe appelle quelques précisions :

1. En ce qui concerne les **revenus fonciers ou mobiliers,** les **salaires, pensions** ou rentes (ainsi que les rémunérations des dirigeants visés à l'article 62 du CGI : gérants majoritaires de SARL, notamment), la répartition s'effectue en fonction de la date d'encaissement des revenus. Les charges afférentes à ces revenus se répartissent en fonction de leur date de paiement.

2. Les **bénéfices industriels et commerciaux, agricoles et non commerciaux** (ainsi que les parts de bénéfices dans les sociétés de personnes) doivent, en principe, être rattachés en totalité à la période comprenant la date de leur mise à disposition, c'est-à-dire la date de clôture de l'exercice (BIC réel, BA réel, parts de bénéfices dans les sociétés de personnes) ou le 31 décembre dans les autres cas.

Toutefois, l'administration admet, sur demande, que les revenus en question mis à la disposition de leur titulaire après la date du décès soient répartis prorata temporis, en fonction de la date du décès. Cette répartition s'effectue par mois entier, le mois du décès étant rattaché à la période d'imposition commune. Le bénéfice de cette mesure est subordonné à la condition que le mode de répartition prorata temporis soit sollicité conjointement et par écrit par le conjoint survivant ou le partenaire survivant d'un Pacs et les ayants droit du défunt.

3. Les **charges** qui sont déductibles du revenu global (nos 1075 s.) ou qui ouvrent droit à une

réduction ou à un crédit d'impôt (nos 2480 s.) sont réparties en tenant compte de la date de leur paiement.

b. L'année du **décès de l'un de ses parents,** un **enfant majeur** ne peut être **rattaché** pour l'année entière qu'à un seul foyer fiscal : le foyer commun de ses parents ou le foyer du parent survivant (CE 28-3-2014 no 351408 : RJF 6/14 no 537).

c. En ce qui concerne les **déficits antérieurs** subis par les époux et non encore imputés sur les revenus réalisés jusqu'au décès, voir no 960, c.

VICTIMES DU TERRORISME ET FORCES DE L'ORDRE DÉCÉDÉES EN MISSION

4775 CGI art. 1691 ter, 2° IRPP-VII-34500

Il est prévu une **décharge de paiement** de l'impôt sur le revenu en faveur des ayants droit des personnes suivantes :
– personnes décédées du fait d'actes de terrorisme ;
– militaires morts dans l'accomplissement de leur mission ;
– sapeurs-pompiers, policiers, gendarmes ou agents des douanes décédés dans des circonstances ayant entraîné une citation à l'ordre de la Nation.

La décharge de paiement porte sur les **cotisations** d'impôt sur le revenu et les autres impositions figurant sur le même article de rôle restant **dues à la date du décès ou à devoir** au titre des revenus perçus ou réalisés par le défunt au cours de l'année du décès et de l'année précédente.

Les ayants droit sont dispensés de **déclarer les revenus** du défunt couverts par la décharge de paiement.

4777 Les ayants droit peuvent renoncer au bénéfice de la décharge de paiement et **opter pour les règles de droit commun** relatives à la déclaration des revenus et à l'établissement de l'impôt. Dans le cas où le montant de l'impôt, au titre des revenus perçus ou réalisés par le défunt, s'avère inférieur au montant des prélèvements et acomptes versés avant le décès au titre des mêmes revenus, la différence est restituée. Dans le cas contraire, les intéressés peuvent révoquer leur option et bénéficier ainsi de la décharge de paiement.

PREMIÈRE CESSION À TITRE ONÉREUX D'UN USUFRUIT « TEMPORAIRE »

4780 CGI art. 13, 5 IRPP-VII-33400 s

Par **dérogation aux** dispositions régissant les **plus-values** (professionnelles : nos 17500 s. ; des particuliers : nos 32000 s.), le produit de la première cession à titre onéreux d'un même usufruit temporaire est imposé à l'impôt sur le revenu dans la catégorie de revenus à laquelle se rattache le revenu procuré ou susceptible d'être procuré par le bien ou le droit sur lequel porte l'usufruit temporaire cédé.

4785 **Champ d'application** **a.** Le **cédant** doit être un contribuable assujetti à l'impôt sur le revenu, quel que soit son domicile fiscal. Sont ainsi concernés les personnes physiques (simples particuliers ou entrepreneurs individuels imposés dans la catégorie des BIC, BNC ou BA) et les sociétés ou groupements mentionnés aux articles 8 à 8 ter du CGI. Peu importe, en revanche, la qualité de l'**acquéreur.**

b. Sont visées les **cessions à titre onéreux,** c'est-à-dire toutes les transmissions qui comportent une contrepartie en faveur du cédant (ventes proprement dites, échanges, apports en société notamment). La cession doit porter sur un usufruit consenti pour une **durée fixe** (durée prévue au contrat). Seule la **première cession** à titre onéreux du **même usufruit** est concernée.

c. Le dispositif s'applique quelle que soit la **nature** et l'**affectation des biens** ou droits objets de l'usufruit cédé.

> **Précisions** Sont **hors du champ** du dispositif notamment :
– les cessions par des sociétés soumises de droit ou sur option à l'impôt sur les sociétés ;
– les cessions sans terme fixe d'usufruits viagers, ceux-ci devant toutefois être préconstitués sur la tête du cédant antérieurement à la cession lorsque le cessionnaire est une personne morale (BOI-IR-BASE-10-10-30 nos 80 et 90) ;
– les mutations à titre gratuit d'usufruits, même à durée fixe ;
– l'usufruit locatif social (CCH art. L 253-1 et suivants) lorsqu'il s'agit d'une acquisition séparée ab initio de la nue-propriété par un investisseur privé et de l'usufruit de logements par des bailleurs, notamment sociaux (Rapport AN no 465).

4790 **Modalités d'imposition** **a. Catégorie d'imposition.** L'imposition s'effectue dans la catégorie à laquelle se rattachent ou se rattacheraient, au jour de la cession, les revenus procurés ou susceptibles d'être procurés par le bien ou le droit sur lequel porte l'usufruit cédé. Exemples : en cas de cession de l'usufruit pour une durée fixe d'un immeuble loué nu, imposition dans la catégorie des revenus fonciers ; en cas de cession de l'usufruit pour une durée fixe des titres d'une société soumise à l'impôt sur les sociétés et procurant ou pouvant procurer des dividendes, imposition dans la catégorie des revenus distribués.

Lorsque l'usufruit temporaire cédé porte sur des biens ou droits procurant ou susceptibles de procurer des **revenus relevant de différentes catégories,** l'imposition est répartie entre ces catégories de revenus en fonction de la valeur vénale respective des différents biens ou droits (règle de prorata).

À défaut de pouvoir déterminer, au jour de la cession, **une catégorie de revenus,** la cession est taxée :

– dans le cadre des revenus fonciers (sans qu'il puisse être fait application de l'exonération des logements dont le propriétaire se réserve la jouissance : n° 27090), lorsque l'usufruit temporaire cédé est relatif à un **bien immobilier ou** à des **parts de sociétés à prépondérance immobilière** ;

– dans le cadre des revenus de capitaux mobiliers, lorsque l'usufruit temporaire cédé est relatif à des **valeurs mobilières, droits sociaux, titres** ou droits s'y rapportant, ou à des titres représentatifs des mêmes valeurs, droits ou titres, mentionnés à l'article 150-0 A du CGI ;

– dans le cadre des bénéfices non commerciaux, dans tous les **autres cas.**

b. Assiette. L'imposition porte sur le **produit de la cession** de l'usufruit temporaire cédé. Toutefois, le contribuable est tenu de déclarer la **valeur vénale** réelle de l'usufruit cédé lorsque cette valeur est supérieure au prix stipulé dans l'acte de vente. Les **charges** venant en déduction de l'assiette sont appréciées suivant les règles de droit commun propres à chaque revenu catégoriel.

c. Taxation. Lorsque le produit de la cession de l'usufruit temporaire est imposé au barème progressif de l'impôt sur le revenu, celui-ci peut bénéficier du système du quotient (nos 4150 s.) s'il répond aux conditions d'un **revenu exceptionnel** (BOI-IR-BASE-10-10-30 n° 220).

d. Obligations déclaratives. Le produit de la cession doit être porté sur la déclaration annuelle de revenus n° 2042. Une déclaration spéciale doit être souscrite pour certaines catégories de revenus (par exemple, la déclaration n° 2044 de revenus fonciers).

> **Précisions** Les produits résultant de la première cession d'un usufruit temporaire qui se rattachent à la catégorie des **revenus de capitaux mobiliers** sont soumis à un **prélèvement forfaitaire unique** au taux de 12,8 %, ou imposables sur option globale du contribuable au **barème progressif** de l'impôt sur le revenu (nos 24000 s.).

SECTION 6

PLAFONNEMENT GLOBAL DE CERTAINS AVANTAGES FISCAUX

CGI art. 200-0 A
IRPP-III-18300 s

Le montant cumulé de certains avantages fiscaux (déductions, réductions ou crédits d'impôt) accordés au foyer fiscal ne peut pas procurer une réduction du montant de l'impôt sur le revenu supérieure à une certaine somme. **4840**

L'excédent éventuel est ajouté à la cotisation d'impôt du contribuable.

AVANTAGES FISCAUX CONCERNÉS

Sont visés, d'une manière générale, les avantages accordés en contrepartie d'un investissement ou du paiement d'une prestation dont bénéficie le contribuable. Entrent à ce titre dans le champ du dispositif : **4850**

a. L'avantage en impôt procuré par les déductions au titre des **amortissements** « Robien » (n° 28270) et« Borloo neuf » (n° 28280).

b. Les **réductions d'impôt** sur le revenu, **y compris,** le cas échéant, pour leur **montant** acquis au titre d'une année antérieure et **reporté** ou **étalé,** accordées à raison des opérations suivantes :

– souscriptions au capital de PME (nos 2600 s.) ;

– souscriptions de parts de fonds d'investissement (nos 2660 s. et 92075) ;

– souscriptions au capital de sociétés foncières solidaires (nos 2685 s.) ;

– souscriptions au capital d'entreprises de presse (nos 2700 s.) ;

– souscriptions au capital de Sofica (n° 2730) ;

– investissements « Duflot-Pinel-Denormandie » (nos 2805 s. et 92065) ;

– investissements « Scellier » (nos 2820 et 92070 s.) ;

– opérations de restauration immobilière « Malraux » (nos 2840 s.) ayant donné lieu à une demande de permis de construire ou une déclaration de travaux déposée avant le 1er janvier 2013 ;

– investissements forestiers (nos 2935, 2940, précision c et 2950) ;

– travaux de réhabilitation de résidences de tourisme (n°s 3140 s.) ;
– travaux de conservation ou de restauration d'objets mobiliers classés (n° 3440) ;
– dépenses de préservation du patrimoine naturel (n° 3450) ;
– investissements locatifs non professionnels dans des résidences meublées (n°s 90575 s.) ;
– investissements outre-mer (n°s 91850 s., 92010 s. et 92080 s.) (prise en compte après application du plafonnement spécifique visé au n° 91895).

c. Les **crédits d'impôt** sur le revenu accordés à raison des dépenses suivantes :
– investissements forestiers (n°s 2940 et 2945) ;
– intérêts d'emprunt pour l'acquisition de l'habitation principale (n° 2970) ;
– acquisition d'équipements, appareils et matériaux en faveur de la transition énergétique de l'habitation principale (n°s 3045 s.) ;
– emploi d'un salarié à domicile (n°s 3230 s.) ;
– frais de garde des jeunes enfants (n° 3315).

Sont expressément **exclus** les réductions et crédits d'impôt accordés à raison de dépenses ou d'investissements autres que ceux visés ci-dessus, les avantages fiscaux liés à la situation personnelle du contribuable (réduction d'impôt résultant de l'application du quotient familial, de la décote ou de la domiciliation dans un DOM, réfaction d'impôt prévue jusqu'à l'imposition des revenus de 2019 en faveur des foyers modestes), le crédit d'impôt conventionnel attaché à certains revenus de source étrangère ainsi que le crédit d'impôt modernisation du recouvrement.

Échappent également, par nature, au plafonnement les exonérations de revenus catégoriels, les abattements appliqués sur ces revenus ainsi que l'avantage en impôt procuré par la déduction du revenu global des déficits et des charges visées au n° 1075 (pensions alimentaires, charges foncières afférentes aux monuments historiques…) et par les retenues à la source et prélèvements libératoires de l'impôt sur le revenu.

› Précisions **a.** Pour les **associés de sociétés de personnes** non soumises à l'impôt sur les sociétés, le plafonnement porte sur la quote-part des avantages fiscaux dont bénéficient les intéressés à proportion de leurs droits dans la société (BOI-IR-LIQ-20-20-10-10 n° 20).

b. L'avantage tiré des dispositifs d'**amortissement « Robien » et « Borloo »** est calculé sur la base de la différence entre le résultat net foncier déclaré (prenant en compte les amortissements) et le résultat net foncier tel qu'il aurait été sans ces déductions. En cas de **déficit foncier** excédant la limite d'imputation sur le revenu global (10 700 € ou 15 300 € dans le cas visé n° 27545, précision d), l'avantage à retenir est limité à la part du déficit imputé dans ces limites (CGI ann. III art. 46-0 B).

c. Pour les **investissements outre-mer** en faveur des entreprises ou du logement social donnant lieu, selon des taux variables en fonction de la nature et de l'année de l'investissement, à rétrocession d'une partie de l'avantage fiscal à l'exploitant (n°s 91885 et 92083), la réduction d'impôt (ou le report de réduction d'impôt) n'est prise en compte qu'à concurrence de la fraction de son montant qui n'est pas rétrocédée.

MODALITÉS DU PLAFONNEMENT

4860 **Montant** **Depuis** l'imposition des revenus de **2013,** le montant global des avantages fiscaux relevant du plafonnement ne doit pas excéder, de manière générale, **10 000 €.** Toutefois, ce plafond est **majoré** de 8 000 € (soit un plafond de **18 000 €**) si le contribuable bénéficie de réductions d'impôt au titre d'investissements outre-mer visées aux n°s 91850 s., 92010 s., 92080 s., de souscriptions au capital de Sofica ainsi que, à compter de l'imposition des revenus de 2015, d'investissements « Duflot-Pinel-Denormandie » outre-mer réalisés à compter du 1er septembre 2014.

Ces plafonds concernent les avantages fiscaux octroyés au titre des dépenses payées, des investissements réalisés ou des aides accordées à compter du 1er janvier 2013. Par exception, les avantages fiscaux attachés à certains investissements effectivement réalisés à compter de cette date (« Scellier », locations meublées non professionnelles, outre-mer) restent néanmoins soumis au plafond de 2012 lorsque ces investissements ont été initiés en 2012 au sens défini précision a.

De même, ne sont pas concernées par ces plafonds les **déductions** liées aux amortissements « Robien » et « Borloo » correspondant à des dépenses engagées en 2009 ainsi que les **fractions de réduction d'impôt reportées** pour imputation sur les revenus des années 2013 et suivantes à raison de dépenses payées, d'investissements réalisés ou d'aides accordées au titre d'années antérieures. Ces déductions ou fractions de réductions d'impôt restent soumises au plafond de l'année d'acquisition de l'avantage fiscal, soit :
– pour les réductions d'impôt acquises en 2012, un plafond de 18 000 € et 4 % du revenu imposable 2012 (**plafond 2012**) ;
– pour les réductions d'impôt acquises en 2011, un plafond de 18 000 € et 6 % du revenu imposable 2011 (**plafond 2011**) ;
– pour les réductions d'impôt acquises en 2010, un plafond de 20 000 € et 8 % du revenu imposable 2010 (**plafond 2010**) ;

– pour les réductions d'impôt ou déductions acquises en 2009, un plafond de 25 000 € et 10 % du revenu imposable 2009 (**plafond 2009**).

> Précisions **a.** Pour la détermination des différents plafonds, les avantages fiscaux octroyés au titre des investissements « Scellier », des investissements locatifs non professionnels dans des résidences meublées et des investissements outre-mer dont la réalisation effective est intervenue au cours de l'année N, mais pour lesquels le contribuable a pris une **décision d'investissement** au cours de l'**année N − 1** (signature de la promesse d'achat ou de la promesse synallagmatique, déclaration d'ouverture de chantier, versement d'acomptes, etc., selon la nature des investissements en cause : IRPP-III-19350 s.) sont soumis au plafond de l'année N − 1.

b. Le **revenu imposable** pris en compte pour la détermination des plafonds 2009 à 2012 (part proportionnelle) s'entend du revenu net global soumis au **barème progressif** de l'impôt sur le revenu (c'est-à-dire hors les revenus visés au nº 2165). Les revenus soumis à l'impôt sur le revenu, sur option, selon une **base moyenne ou fractionnée** (voir notamment nº 4175, b) sont pris en compte pour leur montant soumis à l'impôt selon le barème progressif. Les revenus soumis à l'impôt sur le revenu selon le **système du quotient** sont, quant à eux, pris en compte pour leur montant soumis au barème progressif avant multiplication de la cotisation supplémentaire obtenue. Sont principalement concernés les revenus exceptionnels ou différés (nos 4165 et 4170) (CGI ann. III art. 46-0 B bis). Lorsqu'un **déficit** global a été dégagé au titre de l'année d'imposition, il convient de retenir un revenu imposable nul (BOI-IR-LIQ-20-20-10-20 nº 270).

c. Par exception, la fraction des réductions d'impôt accordées au titre des **souscriptions au capital de PME** et **de sociétés foncières solidaires** qui excède le plafond de 10 000 € ne donne pas lieu à plafonnement mais à report : voir nos 2635 et 2693, précision c.

Calcul et imputation L'administration opère le plafonnement en procédant à une **double liquidation de l'impôt** sur le revenu du foyer fiscal : **4865**
– tout d'abord, liquidation de l'impôt dans les conditions de droit commun définies aux nos 2090 s., tous avantages fiscaux pris en compte ;
– puis, liquidation, dans les mêmes conditions, d'une **cotisation théorique** d'impôt, hors avantages fiscaux entrant dans le champ du plafonnement.

La **différence** entre ces deux cotisations fait apparaître l'avantage global en impôt résultant des avantages fiscaux dans le champ du plafonnement. La part d'économie excédant le plafond visé au nº 4860 est ajoutée à la cotisation d'impôt qui aurait dû être versée en l'absence de plafonnement. Toutefois, ce schéma de calcul est aménagé lorsque le foyer fiscal bénéficie simultanément, au titre de la même année d'imposition, d'avantages fiscaux relevant de plafonds différents (BOI-IR-LIQ-20-20-10-30 nos 120 et 130).

> Précisions Lorsqu'un contribuable bénéficie **à la fois** d'avantages fiscaux relevant du **plafond de 10 000 €** et d'autres pour lesquels le **plafond de 18 000 €** est applicable (nº 4860), il convient d'appliquer successivement les deux plafonds comme suit :
– le total des avantages fiscaux relevant du plafond de 10 000 € (A1) est comparé à ce montant. L'excédent éventuel (A1 > 10 000 €) est ajouté à l'impôt dû par le contribuable ;
– le total des avantages fiscaux relevant du plafond A1, retenu dans la limite de 10 000 €, est ajouté au total des avantages fiscaux relevant du plafond de 18 000 €. La somme ainsi calculée (A2) est comparée à ce montant de 18 000 €. L'excédent éventuel (A2 > 18 000 €) est ajouté à l'impôt dû par le contribuable (BOI-IR-LIQ-20-20-10-30 nº 110).

SECTION 7

CONTRIBUTION EXCEPTIONNELLE SUR LES HAUTS REVENUS

CGI art. 223 sexies
IRPP-III-21500 s

Pour les contribuables les plus aisés, une contribution exceptionnelle s'ajoute à l'impôt sur le revenu. **5100**

PERSONNES CONCERNÉES

Sont soumis à la contribution les **contribuables passibles de l'impôt sur le revenu** dont le **revenu fiscal de référence** visé au nº 5120 excède la **limite** de : **5110**
IRPP-III-21600 s
– 250 000 €, s'il s'agit de contribuables célibataires, veufs, séparés ou divorcés ;
– 500 000 € s'il s'agit de contribuables mariés ou pacsés, soumis à imposition commune.

Comme en matière d'impôt sur le revenu (nos 325 s.), l'imposition est établie par **foyer fiscal.**

> **Précisions a.** Sous réserve de l'application des conventions fiscales internationales, la contribution est susceptible de concerner non seulement les **personnes fiscalement domiciliées en France** qui disposent de revenus de source française ou étrangère entrant dans la composition du revenu fiscal de référence, mais aussi les **non-résidents** qui disposent de revenus de source française entrant dans la composition du revenu fiscal de référence (BOI-IR-CHR no 30).
> **b.** La **limite** d'assujettissement à la contribution, fixée en fonction de la situation matrimoniale du contribuable, ne fait l'objet d'aucune majoration pour personnes à charge.

BASE DE LA CONTRIBUTION

5120 IRPP-III-22000 s La contribution est assise sur le **revenu fiscal de référence** du foyer fiscal de l'année d'imposition, tel que défini au no 42332. Toutefois, ne sont pas prises en compte les **plus-values d'apport de titres** à une société contrôlée par l'apporteur dont le report d'imposition expire, ces plus-values étant imposées à la contribution selon les modalités particulières exposées au no 5147. Par ailleurs, les **revenus exceptionnels ou différés** sont pris en compte sans qu'il soit fait application du système du quotient visé aux nos 4150 s. (ces revenus sont susceptibles de bénéficier du dispositif spécifique de quotient décrit aux nos 5135 s.).

> **Précisions a.** Les **revenus exonérés** d'impôt en France en application d'une **convention fiscale internationale,** y compris ceux pris en compte pour le calcul du taux effectif, sont exonérés de la contribution exceptionnelle (BOI-IR-CHR no 280). Mais ils peuvent être inclus dans le revenu fiscal de référence pour la détermination du taux de la contribution exceptionnelle appliqué aux revenus qui y sont soumis en France lorsque la convention le permet (CE 10-7-2019 no 412624 : RJF 11/19 no 1017).
> **b.** En cas de **changement de situation matrimoniale** en cours d'année, les modalités d'imposition à la contribution obéissent aux mêmes règles qu'en matière d'impôt sur le revenu (BOI-IR-CHR no 70). À cet égard, voir nos 370 (mariage ou conclusion d'un Pacs), 375 (séparation ou divorce) et 4770 (décès de l'un des conjoints ou partenaires du Pacs).

CALCUL DE LA CONTRIBUTION

5130 IRPP-III-22300 s **Règle générale** La contribution est calculée selon le barème suivant, le montant obtenu étant arrondi à l'euro le plus proche :

<table>
<tr><th rowspan="2">Fraction du revenu fiscal de référence</th><th colspan="2">Taux applicable</th></tr>
<tr><th>Contribuable célibataire, veuf, séparé ou divorcé</th><th>Contribuable marié ou pacsé, soumis à imposition commune</th></tr>
<tr><td>Inférieure ou égale à 250 000 €</td><td>0 %</td><td rowspan="2">0 %</td></tr>
<tr><td>Comprise entre 250 001 € et 500 000 €</td><td>3 %</td></tr>
<tr><td>Comprise entre 500 001 € et 1 000 000 €</td><td rowspan="2">4 %</td><td>3 %</td></tr>
<tr><td>Supérieure à 1 000 000 €</td><td>4 %</td></tr>
</table>

EXEMPLE

1. Un contribuable **célibataire** dont le revenu fiscal de référence est de 350 000 € sera redevable d'une contribution égale à 3 000 € [(350 000 € – 250 000 €) × 3 %].

2. Un contribuable **marié** dont le revenu fiscal de référence est de 1 250 000 € sera redevable d'une contribution égale à 25 000 € [(1 000 000 € – 500 000 €) × 3 % + (1 250 000 € – 1 000 000 €) × 4 %].

5135 **Mécanisme de quotient** Un mécanisme spécifique permet d'atténuer l'imposition des contribuables qui franchissent le seuil d'imposition en raison de la perception d'un **revenu exceptionnel.** Ce mécanisme s'applique si les trois **conditions** suivantes sont remplies :
– le revenu fiscal de référence de l'année d'imposition doit être supérieur ou égal à une fois et demie la moyenne des revenus fiscaux de référence des deux années précédentes ;
– le revenu fiscal de référence de chacune des deux années précédant celle de l'imposition doit être inférieur ou égal au seuil d'assujettissement à la contribution (250 000 € ou 500 000 €, selon le cas : no 5110) ;
– le contribuable doit avoir été passible de l'impôt sur le revenu au titre des deux années précédant celle de l'imposition pour plus de la moitié de ses revenus de source française ou étrangère de même nature que ceux entrant dans la composition du revenu fiscal de référence (revenu de référence dit « mondial »).

Lorsque ces conditions sont réunies, la **liquidation** de la contribution s'opère de la manière suivante. La fraction du revenu fiscal de référence de l'année d'imposition supérieure à la moyenne des revenus fiscaux de référence des deux années précédentes est divisée par deux. Puis, le montant ainsi déterminé est ajouté à cette même moyenne. La cotisation supplémentaire ainsi obtenue est alors multipliée par deux.

> **Précisions** Pour l'application de la troisième condition, le contribuable qui souhaite bénéficier du quotient doit justifier qu'au titre de chacune des deux années visées le montant de ses revenus passibles de l'impôt sur le revenu en France a excédé la moitié de son « revenu fiscal de référence mondial ». À cet égard, les **revenus passibles de l'impôt sur le revenu** s'entendent des revenus nets catégoriels soumis au barème progressif, des revenus et gains taxés à un taux proportionnel ou soumis à une retenue ou à un prélèvement libératoire et des revenus entrant dans le champ de l'impôt sur le revenu mais qui en sont expressément exonérés. Quant au « **revenu fiscal de référence mondial** », il correspond à la somme du revenu fiscal de référence calculé dans les conditions de droit commun et des revenus de source étrangère qui seraient inclus dans le revenu fiscal de référence s'ils étaient de source française (BOI-IR-CHR n°s 150 à 170).

EXEMPLE 5140

Un contribuable marié, domicilié fiscalement en France, a perçu en 2019 un revenu fiscal de référence (RFR) égal à 4 000 000 €, alors que son RFR 2017 était égal à 350 000 € et son RFR 2018 à 450 000 € (soit une moyenne des RFR 2017 et 2018 égale à 400 000 €).

Les **conditions d'application du mécanisme de lissage** au titre de 2019 sont remplies :
– le RFR 2019 (4 000 000 €) est supérieur ou égal à 600 000 € (1,5 × 400 000 €) ;
– le RFR 2017 (350 000 €) et le RFR 2018 (450 000 €) sont chacun inférieur ou égal à 500 000 € ;
– la condition d'imposition à l'IR 2017 et à l'IR 2018 pour plus de la moitié du RFR « mondial » est supposée remplie (domicile fiscal en France).

Base de la contribution = [(4 000 000 € – 400 000 €)/2] + 400 000 € = 2 200 000 €.

Application du barème de la contribution = [(1 000 000 € – 500 000 €) × 3 % + (2 200 000 € – 1 000 000 € × 4 %)] = 63 000 €.

Contribution lissée à la charge du contribuable au titre de 2019 = 126 000 € (63 000 € × 2).

En l'absence de lissage, la contribution aurait été égale à 135 000 € [(1 000 000 € – 500 000 €) × 3 % + (4 000 000 € – 1 000 000 € × 4 %)].

En cas de **changement de situation matrimoniale,** le mécanisme de quotient s'applique selon des modalités particulières, sur réclamation déposée dans le délai indiqué aux n°s 81825 ou 81830 et accompagnée des éléments de calcul nécessaires. 5145

En cas d'**union au cours de l'année d'imposition ou des deux années antérieures,** les revenus fiscaux de référence retenus pour l'application du mécanisme de quotient sont les revenus fiscaux du couple et des foyers fiscaux auxquels les conjoints ou partenaires ont appartenu au cours de ces mêmes années.

En cas de **divorce,** de **séparation** ou de **décès au cours de l'année d'imposition ou des deux années antérieures,** ou en cas d'**union au cours de l'année d'imposition avec option pour la déclaration séparée,** les revenus fiscaux de référence retenus pour l'application du mécanisme de quotient sont les revenus fiscaux du contribuable et des foyers fiscaux auxquels le contribuable a appartenu au cours de ces mêmes années. Le seuil d'assujettissement à la contribution (n° 5110) reste cependant déterminé en fonction de la situation matrimoniale du contribuable au titre de l'année d'imposition.

Cas particulier Des modalités particulières d'imposition à la contribution sont prévues pour les **plus-values d'apport de titres** à une société contrôlée par l'apporteur (n°s 33310 s.) dont le **report d'imposition expire** (CGI art. 200 A, 2 ter-b). Ainsi, ces plus-values, retenues pour leur montant avant application de l'abattement pour durée de détention visé aux n°s 33075 s. et 33100 s., sont imposables au **taux** égal au rapport entre les deux termes suivants : 5147
– le numérateur, constitué par le résultat de la différence entre, d'une part, le montant de la contribution qui aurait résulté, au titre de l'année de l'apport, de l'application du barème visé au n° 5130 au revenu fiscal de référence, majoré du montant de l'ensemble des plus-values d'apport de titres en report d'imposition réalisées au titre de la même année et, d'autre part, le montant de la contribution due le cas échéant dans les conditions de droit commun ;
– le dénominateur, constitué par l'ensemble des plus-values d'apport de titres en report d'imposition retenues au numérateur.

MODALITÉS D'APPLICATION DE LA CONTRIBUTION

La contribution est **déclarée, contrôlée et recouvrée** selon les mêmes règles et sous les mêmes garanties et sanctions qu'en matière d'impôt sur le revenu. 5150 IRPP-III-22800 s

Elle est mentionnée sur le même **rôle** que l'impôt sur le revenu. Cependant, elle n'est pas prise en compte pour le calcul du taux du prélèvement à la source.

CHAPITRE 2

BÉNÉFICES INDUSTRIELS ET COMMERCIAUX

SOMMAIRE

GÉNÉRALITÉS

Les bénéfices industriels et commerciaux (en abrégé : BIC) constituent l'une des catégories de revenus passibles de l'impôt sur le revenu. 7000

Après avoir été déterminés suivant les règles exposées dans le présent chapitre, ces bénéfices sont totalisés avec les autres revenus du contribuable pour former le revenu global qui sera soumis à l'impôt.

Les titulaires de BIC supportent le prélèvement à la source de l'impôt sur le revenu sous forme d'acomptes mensuels ou trimestriels (nos 3760 et 3776 s.).

SECTION 1 DÉFINITION

L'impôt sur le revenu frappe, dans la catégorie des BIC, les bénéfices qui proviennent d'une profession commerciale ou d'une activité assimilée, lorsque cette profession ou activité est exercée par une personne physique ou une société ne relevant pas de l'impôt sur les sociétés. Il peut, le cas échéant, s'appliquer à des bénéfices réalisés hors de France. 7010 BIC-II-1 s

ACTIVITÉS IMPOSABLES

Activités commerciales par nature Sont considérés comme des bénéfices industriels et commerciaux, pour l'application de l'impôt sur le revenu, les bénéfices réalisés par des personnes physiques et provenant de l'exercice d'une **profession commerciale, industrielle ou artisanale.** L'accomplissement à titre professionnel d'opérations ayant le caractère d'**actes de commerce** en application de l'article L 110-1 du Code de commerce caractérise l'exercice d'une activité commerciale au sens de l'article 34 du CGI (CE 29-4-2002 n° 234133 : RJF 7/02 n° 769 ; BOI-BIC-CHAMP-10-10 n° 10). La notion de profession suppose l'accomplissement des opérations par des personnes agissant à titre habituel, pour leur propre compte et dans un but lucratif. 7015 CGI art. 34 BIC-II-335 s

Citons à titre d'**exemples** d'activités imposables dans la catégorie des bénéfices industriels et commerciaux :

– pour les **activités commerciales** : l'achat de matières ou marchandises en vue de la revente en l'état ou après transformation, l'achat d'objets en vue de les louer, la fourniture de logement ou de nourriture (hôtellerie, restauration…), l'agence d'affaires (publicité, voyages…), la sous-traitance, les opérations d'intermédiaires de commerce (commissionnaires et courtiers), les activités financières (banque) et les assurances, etc. ;

– pour les **activités industrielles** : les industries de transformation, les industries extractives (y compris l'exploitation de carrières) ou minières, l'industrie du transport, les entreprises de manutention et de magasinage, la production et la vente d'énergie par des personnes physiques (BOI-BIC-CHAMP-10-10 n° 30).

> **Précisions** **a.** S'agissant de la rémunération des artisans-**pêcheurs** et des pêcheurs associés d'une société de pêche artisanale qui exploite un navire dont elle a la propriété ou qu'elle affrète, il convient de distinguer entre la **rémunération « à la part »,** assimilée à des salaires, et la rémunération de l'**armateur,** imposable dans la catégorie des BIC.
> **b.** Les activités d'**agent immobilier** et de **marchand de biens** exercées à titre professionnel constituent une activité commerciale par nature au sens de l'article 34 du CGI dès lors qu'elles sont mentionnées à l'article L 110-1 du Code de commerce (CE 29-4-2002 précité et CAA Paris 22-11-2002 n° 99-3902 : RJF 3/03 n° 266). L'administration a étendu cette analyse fondée sur la primauté de la législation commerciale pour la qualification des activités de **lotisseur** (BOI-BIC-CHAMP-10-10 n° 10).
> **c.** Les contribuables peuvent demander à l'administration de se prononcer sur la **qualification de leur activité** professionnelle (voir nos 79560 s.).
> **d.** **Intermédiaires en opérations de banque** : voir n° 13165.

Activités réputées commerciales Le Code général des impôts rattache certaines opérations à la catégorie des BIC, bien qu'elles ne présentent pas toutes un caractère commercial sur le plan juridique. Ce sont : 7020 CGI art. 34, al. 2 et 35, I BIC-II-2920 s

a. Les bénéfices réalisés par les concessionnaires de **mines,** les amodiataires et sous-amodiataires de concessions minières, les titulaires de permis d'exploitation de mines et les explorateurs de mines de pétrole et de gaz combustibles (CGI art. 34, al. 2) ;

b. Certains **profits « immobiliers »** (CGI art. 35, I-1° à 4°), à savoir notamment les profits provenant des opérations de construction (nos 30390 s.) ;

c. Les **locations d'établissements industriels ou commerciaux** équipés (CGI art. 35, I-5° : n° 7025, d) ;

d. Les bénéfices réalisés par les **adjudicataires,** concessionnaires ou fermiers de droits communaux (CGI art. 35, I-6°) ;

e. Les bénéfices réalisés par les membres des **copropriétés de navires** (CGI art. 35, I-7° : n° 37875) ;

f. Les **profits sur instruments financiers à terme** réalisés par des opérateurs professionnels qui optent pour le régime des BIC (CGI art. 35, I-8° : n° 33420).

7025 BIC-II-9050 s

Locations **a.** De façon générale, l'achat de **biens mobiliers** en vue de les louer (matériel, outillage, autres objets mobiliers) constitue une activité commerciale relevant des BIC. Location d'**actions** ou de **parts sociales** : voir n° 18485.

b. Les revenus tirés de la location d'**immeubles nus** entrent en principe dans la catégorie des revenus fonciers. Ils relèvent toutefois des BIC dans deux cas :
– lorsque les immeubles loués figurent à l'actif d'une entreprise (n° 7915) (cas des immeubles non utilisés pour l'exercice de l'activité professionnelle de l'exploitant, voir n° 7345) ;
– lorsque la location – consentie à une entreprise commerciale – constitue en fait pour le bailleur le moyen de participer effectivement à la gestion ou aux résultats de l'entreprise locataire, compte tenu notamment du mode de fixation du loyer (notamment CE 28-11-1984 n° 42499 : RJF 2/85 n° 212 ; a contrario CE 18-6-1990 n° 61022-61023 : RJF 8-9/90 n° 1028).
La **sous-location** d'immeubles nus constitue une activité imposable dans la catégorie des BNC (n° 13205).

c. La location ou sous-location en **meublé** de locaux d'habitation (maisons, chambres ou appartements) relève des BIC (sur le régime des loueurs en meublé, voir n°s 90420 s.). Il en est de même des produits distribués par un fonds de placement immobilier issus des actifs immobiliers loués meublés : voir n°s 30515 s.

d. Les personnes qui donnent en location (ou sous-location) un **établissement industriel ou commercial muni du mobilier ou du matériel** nécessaire à son exploitation sont taxables au titre des BIC (CGI art. 35, I-5°). Pour cela, il n'est pas indispensable que la totalité du matériel soit fournie, l'essentiel suffit (notamment CE 1-10-1986 n° 22846 : RJF 11/86 n° 960 ; CE 29-1-1992 n° 73615 : RJF 3/92 n° 287 ; CE 16-5-2012 n° 323079 : RJF 8-9/12 n° 791).

e. La location de **boxes** ou emplacements pour le **garage** de voitures relève :
– des revenus fonciers, si elle ne s'accompagne d'aucun service ou prestation (autre qu'un simple gardiennage) ;
– des bénéfices commerciaux si elle est assortie de certaines prestations (par exemple : lavage, entretien, distribution d'essence) (BOI-BIC-CHAMP-60-20 n°s 390 et 400).

f. La location-gérance (ou gérance libre) de **fonds de commerce** constitue un mode particulier d'exploitation d'un actif commercial et obéit donc au même régime.

FORME DE L'EXPLOITATION

7035 BIC-XVII-1050

Outre les exploitants individuels, sont passibles de l'impôt sur le revenu au titre des BIC les membres des sociétés de personnes, et assimilées, lorsque ces sociétés exercent une activité commerciale, industrielle ou artisanale (ou une activité regardée comme telle par la loi fiscale). Peuvent ainsi être taxés dans la catégorie des BIC, chacun pour la part qui lui revient dans les bénéfices sociaux, les membres des sociétés ou groupements suivants : sociétés en nom collectif, sociétés en commandite simple et sociétés en participation, sociétés de fait, EURL (entreprises unipersonnelles à responsabilité limitée), copropriétés de navires, groupements d'intérêt économique. Sont également concernés les membres des SA, SAS et SARL qui ont pu opter pour le régime fiscal des sociétés de personnes (n°s 36950 s.).

7040

› Précisions **a.** Si un ou plusieurs **associés** sont des sociétés **relevant de l'impôt sur les sociétés,** leur part de bénéfices de la société de personnes est soumise à cet impôt, à leur nom (n°s 37630 s.).
C'est aussi l'impôt sur les sociétés (établi au nom de la société en commandite simple ou au nom du gérant connu des tiers de la société en participation), et non l'impôt sur le revenu, qui frappe la part de bénéfices correspondant aux droits des **commanditaires** dans les sociétés en commandite simple et, dans les **sociétés en participation**, aux droits des associés inconnus de l'administration ou qui ne sont pas indéfiniment responsables (n°s 37775 et 37800 s.).

b. L'impôt sur les sociétés est par ailleurs applicable :
– aux **sociétés de capitaux** (sociétés anonymes, en commandite par actions, par actions simplifiées, à responsabilité limitée), quelle que soit la nature de leur activité (n°s 35550 s.) ;
– aux **sociétés de personnes qui ont opté** pour leur assujettissement à cet impôt (n°s 37575 s.) ;
– aux **sociétés civiles** exerçant une activité présentant fiscalement un caractère industriel ou commercial, sous réserve de certaines exceptions (n° 37785) ;
– aux **EIRL** ayant opté pour leur assimilation aux EURL (n°s 87200 s.).

TERRITORIALITÉ

Conformément aux règles générales relatives à la territorialité de l'impôt sur le revenu (nos 420 s.), on distingue deux situations. 7050 BIC-III-1 s

a. Si l'intéressé a son **domicile fiscal en France,** il est en principe imposable en France sur l'ensemble des bénéfices industriels et commerciaux qu'il réalise, qu'ils soient de source française ou étrangère. Les bénéfices étrangers ne sont toutefois pas pris en compte si l'activité est implantée dans un pays lié à la France par une convention fiscale réservant au pays d'accueil l'imposition des bénéfices provenant d'un établissement stable (voir no 82720).

Lorsqu'ils sont imposables en France, les résultats des exploitations étrangères doivent être déclarés séparément (no 3680) et déterminés selon un régime de bénéfice réel (CGI art. 158, 1).

b. Lorsque le contribuable est domicilié **hors de France,** il est en principe imposable en France sur les résultats des exploitations industrielles, commerciales ou artisanales sises en France (voir nos 4280 s.).

› Précisions **a.** Les règles de territorialité sont différentes en matière d'**impôt sur les sociétés** : voir nos 35720 s. 7055

b. Des mesures particulières sont destinées à lutter contre l'**évasion fiscale internationale.** Elles concernent : les transferts indirects de bénéfices à l'étranger entre entreprises dépendantes ou vers des entreprises établies dans un paradis fiscal (CGI art. 57 : nos 78265 s.) ; les transferts d'actifs hors de France (CGI art. 238 bis-0 I : no 78275) ; certains paiements à des résidents de paradis fiscaux ou versements assimilés (CGI art. 238 A ; no 78295) ; les sommes perçues par des personnes domiciliées ou établies à l'étranger en rémunération de services rendus par d'autres personnes en France (CGI art. 155 A : no 78290).

c. Sous réserve de l'application des conventions internationales, les sommes allouées en rémunération de prestations fournies ou utilisées en France sont soumises à une **retenue à la source** lorsqu'elles sont versées à des personnes ou sociétés n'ayant pas en France d'installation professionnelle permanente (nos 4560 s.).

d. Les personnes non salariées venant exercer à titre professionnel une activité industrielle ou commerciale en France peuvent sous certaines conditions bénéficier des allégements d'impôt sur le revenu prévus en faveur des « **impatriés** » : voir nos 4715 s.

SECTION 2

DÉTERMINATION DU BÉNÉFICE IMPOSABLE

A. Règles générales

Le bénéfice imposable dans la catégorie des BIC est un bénéfice net, égal à la différence entre les produits perçus par l'entreprise et les charges supportées par elle. La détermination de ce bénéfice (ou du déficit si l'activité de l'entreprise se traduit par un résultat négatif) met en œuvre un certain nombre de règles ou de notions générales que nous examinerons avant d'étudier dans le détail les produits et les charges ; nous signalerons également les abattements ou les exonérations qui peuvent dans certains cas s'appliquer au bénéfice. 7250

Les indications ci-après sont valables pour toutes les entreprises imposées d'après leur **bénéfice réel** (normal ou simplifié), sous réserve de quelques allégements dans le cadre de la comptabilité super-simplifiée (no 86840). Relevons que l'**adhésion à un organisme de gestion agréé** ou le recours à un **expert-comptable autorisé** par l'administration permet aux titulaires de BIC imposés selon ce régime d'échapper à une majoration de 25 % de leur base d'imposition (nos 87970 s.).

Les modalités de détermination du bénéfice imposable des contribuables soumis au régime des **micro-entreprises** sont exposées nos 86425 s.

1. PÉRIODE D'IMPOSITION

En vertu du principe de l'annualité de l'impôt, les contribuables font l'objet chaque année d'une imposition établie au titre de l'année précédente. 7325 CGI art. 36 et 37 BIC-IV-200 s

Lorsque l'**exercice comptable** coïncide avec l'**année civile,** l'imposition est assise sur les bénéfices réalisés au cours de l'année au titre de laquelle cette imposition est établie. Le contribuable est par exemple imposé en 2020, au titre de 2019, d'après les bénéfices réalisés au cours de l'année 2019.

Lorsque l'exercice comptable **ne coïncide pas avec l'année civile,** on retient les résultats de l'exercice clos au cours de l'année. Par exemple, si le bilan est arrêté au 30 juin, le contribuable est imposé en 2020, au titre de 2019, d'après les résultats de l'exercice 1er juillet 2018-30 juin 2019.

7330 Lorsqu'il est dressé des **bilans successifs** au cours d'une **même année,** les résultats en sont totalisés pour l'assiette de l'impôt dû au titre de ladite année.

Si **aucun bilan** n'a été dressé **au cours de l'année,** une imposition doit néanmoins être établie. Elle porte sur les résultats réalisés depuis la clôture du dernier exercice (ou, s'il s'agit d'une entreprise nouvelle relevant de l'impôt sur le revenu, depuis le début de l'exploitation), jusqu'au 31 décembre de l'année en cause.

EXEMPLE

Dans le cas d'un exercice arrêté habituellement au 30 juin de chaque année, si aucun bilan n'a été dressé au cours de l'année 2019, le contribuable fait l'objet d'une imposition en 2020, au titre de 2019, d'après les résultats réalisés du 1er juillet 2018 au 31 décembre 2019.

Le bénéfice provisoire ainsi imposé vient ultérieurement en déduction des résultats du bilan dans lequel il se trouve compris. Selon la cour administrative d'appel de Paris, une entreprise ne peut s'opposer à l'imposition des bénéfices de l'année civile au motif que leur montant excède le résultat réalisé en définitive au cours de l'exercice (CAA Paris 8-7-2004 n° 00PA03706 : RJF 12/04 n° 1222).

› **Précisions** **a.** Les **entreprises nouvelles** passibles de l'**impôt sur les sociétés** qui ne dressent pas de bilan au cours de leur première année civile d'activité n'ont pas à produire de déclaration provisoire. Elles sont imposées sur les résultats de la période écoulée depuis leur début d'activité jusqu'à la date de clôture du premier exercice et, au plus tard, jusqu'au 31 décembre de l'année suivant celle de leur création (CGI art. 209, I-2e al.).

b. Sont également dispensées de déposer une déclaration provisoire au 31 décembre de l'année de leur création les **sociétés de personnes** soumises à l'impôt sur le revenu dont les associés arrêtent leurs comptes **en cours d'année** à la même date qu'elles ou à une date postérieure. Il n'en va autrement qu'en cas de changement d'associés entre le 1er janvier de l'année suivant la création et la date de clôture du premier exercice (BOI-BIC-DECLA-30-50 n° 110).

2. DÉFINITION DU RÉSULTAT IMPOSABLE

BÉNÉFICE « NET »

7340 CGI art. 38 BIC-IV-2100 s

Le bénéfice imposable dans la catégorie des bénéfices industriels et commerciaux est le bénéfice net déterminé d'après les résultats de l'ensemble des **opérations de toute nature** effectuées par l'entreprise, y compris notamment les cessions d'éléments quelconques de l'actif, soit en cours, soit en fin d'exploitation (sur la définition de l'actif : voir nos 7450 s.). Il est constitué par la différence entre les valeurs de **l'actif net à la clôture et à l'ouverture** de la période dont les résultats doivent servir de base à l'impôt, diminuée des suppléments d'**apports** et augmentée des **prélèvements** effectués au cours de cette période par l'exploitant ou par les associés.

L'**actif net** s'entend de l'excédent des valeurs d'actif sur le total formé au passif par les créances des tiers, les amortissements et les provisions justifiés.

Par son caractère très général, cette définition permet d'inclure dans le bénéfice imposable – sauf exonération expresse – les profits et pertes de toute origine réalisés par l'entreprise, non seulement ceux qui trouvent leur source dans l'**activité** déployée par celle-ci, mais également ceux qui proviennent d'événements indépendants de sa volonté (exemples : plus-values réalisées à la suite d'une éviction ou d'une expropriation, extinction ou remise de dette).

› **Précisions** Lorsque la nue-propriété d'un bien est inscrite à l'actif, la **reconstitution de la pleine propriété** du bien avant le terme normal de l'usufruit en raison de la **renonciation** de l'usufruitier à son droit de jouissance se traduit par l'acquisition de droits nouveaux par le nu-propriétaire et donc par une augmentation de son actif net (CE 14-10-2019 n° 417095 : RJF 1/20 n° 4).

7345 CGI art 155, II et III BIC-IV-7200 s

Opérations sans lien avec l'activité Les produits et charges qui se rapportent à des **biens inscrits au bilan mais non utilisés pour l'exercice de l'activité** professionnelle sont écartés pour la détermination du bénéfice imposable des **exploitants individuels** et des résultats des **sociétés de personnes** soumis à l'impôt sur le revenu. Le bénéfice net est ainsi diminué du montant des produits qui ne proviennent pas de l'activité exercée à titre professionnel et augmenté du montant des charges déductibles (amortissement, charges financières, etc.) qui ne sont pas nécessitées par l'exercice d'une telle activité. Ce dispositif concerne notamment les biens purement patrimoniaux tels que des immeubles de rapport ou des valeurs mobilières sans lien avec l'exercice de l'activité professionnelle. Les opérations afférentes aux éléments d'actif étrangers à l'activité donnent lieu à la détermination d'un **résultat distinct** imposable dans la catégorie correspondant à leur nature (revenus fonciers, revenus de capitaux mobiliers, bénéfices industriels et commerciaux non professionnels).

Restent toutefois compris dans le résultat professionnel :
– les revenus issus d'**activités agricoles ou non commerciales accessoires** au sens de l'article 155, I du CGI (nº 7925) :
– et, sur option expresse de l'exploitant, les **produits ne provenant pas de l'activité** qui n'excèdent pas **5 %** de l'ensemble des produits de l'exercice (y compris ceux relatifs aux activités accessoires visées ci-dessus mais à l'exception des plus-values de cession). Ce montant est porté à **10 %** si la condition de 5 % était satisfaite au titre de l'exercice précédent. Mais, même si ces seuils sont respectés, les charges afférentes à un élément d'actif non professionnel ne sont déductibles du résultat qu'à concurrence du montant des produits générés par cet élément.

> **Précisions** **a.** Les **revenus et profits exclus** du résultat professionnel sont, pour leur imposition, réputés avoir été perçus ou réalisés à la date de clôture de l'exercice (ou de la période d'imposition).
> **b.** Ne sont pas pris en compte dans le résultat les produits et charges afférents aux actifs non utilisés pour l'exercice de l'**activité professionnelle,** même s'ils se situent dans son **prolongement.** Exemples : produits de placement de la trésorerie professionnelle (nº 7985) ; parts détenues dans une société ayant une activité complémentaire à celle de l'exploitant mais à laquelle il ne participe pas (BOI-BIC-BASE-90 nº 210).
> **c.** Les produits et charges afférents à des **éléments d'actif à usage mixte** doivent être ventilés afin que la fraction correspondant à l'usage non professionnel soit extournée du résultat professionnel imposable (BOI-BIC-BASE-90 nº 220).

Plus-values (ou moins-values) d'actif Les plus ou moins-values provenant de la cession d'éléments de l'actif utilisés pour l'exercice de l'activité professionnelle, soit en cours, soit en fin d'exploitation, doivent être retenues pour la détermination du bénéfice imposable. Elles relèvent du régime des plus-values professionnelles. Certaines d'entre elles peuvent bénéficier de règles particulières, pour partie réservées aux entreprises relevant de l'impôt sur le revenu (exonération des plus-values des petites entreprises, taxation à taux réduit des plus-values à long terme). En outre, il existe des règles spécifiques en cas de cession de biens inscrits à l'actif mais étrangers à l'activité (nos 18460 s.). **7350**

CRÉANCES ACQUISES ET DETTES CERTAINES

Comme en comptabilité, le bénéfice imposable est le bénéfice réalisé au cours de la période d'imposition. Cela signifie que le résultat d'une opération est pris en compte dès que cette opération donne naissance à une créance ou à une dette certaine dans son principe et déterminée dans son montant, quelle que soit la date des encaissements ou décaissements correspondants. **7355** BIC-IV-3450 s

Le principe des créances acquises et dettes certaines permet de déterminer l'**exercice** (ou période) **de rattachement** des produits et des charges de l'entreprise. Il doit toutefois être combiné avec les règles précises de rattachement des « **produits** correspondant à des créances sur la clientèle ou à des versements reçus à l'avance en paiement du prix », fixées par la loi. Ces règles sont examinées dans l'étude consacrée aux produits de l'entreprise, nos 7870 s. En ce qui concerne l'exercice de déduction des **charges** : voir nº 8165.

Si une **créance** (ou une **dette**) demeure **incertaine** dans son principe ou son montant à la clôture d'un exercice, elle ne doit pas être retenue pour déterminer les résultats de cet exercice. Elle ne pourra être prise en compte que dans les résultats de l'exercice au cours duquel le principe en aura été reconnu ou le montant fixé. Mais si une dette, sans être certaine, présente un degré suffisant de probabilité, l'entreprise peut constituer une provision déductible, sauf exception, de ses résultats. **7360**

Lorsque le recouvrement de créances inscrites à l'actif paraît compromis, pour quelque raison que ce soit, une **provision** peut également être constituée pour faire face à ce risque. On parle alors de **créances « douteuses »** ou « litigieuses ».

> **Précisions** **a.** La créance correspondant à des **sommes placées sous séquestre** doit être considérée comme certaine et doit être prise en compte au titre de l'exercice au cours duquel les sommes ont été versées, même si elles n'ont pas été perçues (CE 19-5-1999 nº 159136 : RJF 7/99 nº 868).
> **b.** **« L'indétermination » du montant** d'une créance s'oppose à sa prise en compte même s'il s'agit d'une créance certaine dans son principe. Exemples : montant d'une indemnité d'expropriation n'ayant pu être fixé par accord amiable (CE 4-2-1972 nº 79721) ; redevances à percevoir dont tous les éléments de calcul ne sont pas disponibles à la clôture de l'exercice (CE 18-3-1992 nº 94061-95794 : RJF 5/92 nº 636).
> En revanche, le fait que le **prix** d'un bien ou d'un service ait un caractère **provisoire** et puisse être ultérieurement modifié n'empêche pas que la créance correspondante soit considérée comme déterminée et doive être prise en compte (CE 29-11-1978 nº 8313 : RJF 1/79 nº 5).
> **c.** La comptabilisation à l'actif d'un **impôt différé** reste sans incidence sur le résultat imposable, dès lors qu'il représente une économie potentielle d'impôt et n'a pas la nature d'une créance acquise.

7365 BIC-IV-30000 s **Évaluation des créances et dettes** En application du principe du nominalisme monétaire en vigueur tant sur le plan comptable que fiscal, les créances et dettes **libellées en euros** sont prises en compte pour leur valeur nominale, cette valeur s'entendant d'une manière générale de la somme inscrite sur le titre matérialisant la créance ou la dette.

ATTENTION

La règle du nominalisme interdit la constitution de provisions pour dépréciation de **créances à long terme** non productives d'intérêts, dès lors qu'il n'est fait état d'aucune circonstance rendant probable leur cession avant l'échéance pour un prix inférieur à leur valeur nominale, ou leur perte de valeur définitive (CE 17-1-1994 n° 115512 : RJF 3/94 n° 241). Mais elles peuvent faire l'objet d'une provision lorsque leur recouvrement est douteux ou litigieux.

7370 CGI art. 38, 4 BIC-IV-30200 s Les avoirs en devises ainsi que les créances et dettes **libellées en monnaies étrangères** doivent être évalués à la clôture de chaque exercice en fonction du dernier cours de change. Les écarts de change et de conversion (perte ou profit) ressortant de ces évaluations par rapport aux montants initialement comptabilisés sont pris en compte pour la détermination du résultat imposable de l'exercice.

On trouvera plus loin, n° 97120, le cours des monnaies étrangères au 31 décembre 2019, à prendre en compte pour les exercices clos à cette date.

> **Précisions** **a.** En **comptabilité,** les gains potentiels de change ne sont pas compris dans le résultat et les pertes latentes donnent lieu à constitution d'une provision. Cette divergence nécessite des rectifications extra-comptables du résultat (voir Mémento comptable n°s 40390 s.).
> **b.** Le principe de prise en compte des écarts de change dans le résultat imposable peut être écarté pour les **prêts** consentis pour une durée initiale au moins égale à trois ans par des entreprises autres que des établissements de crédit et des entreprises d'investissements à des **filiales** implantées hors de la zone euro dont elles détiennent plus de la moitié du capital pendant toute la durée du prêt.
> **c.** Contrats à terme ayant pour objet la **couverture d'un risque de change** : voir n° 8010.

INDÉPENDANCE DES EXERCICES

7380 BIC-IV-4600 s Les produits et les charges ne peuvent être rattachés qu'aux résultats de la période d'imposition à laquelle ils se rapportent, déterminée selon les principes exposés ci-avant. Il en résulte notamment que les événements survenus postérieurement à la clôture de l'exercice ne peuvent influer sur les résultats de celui-ci.

La **rétroactivité** des actes ou conventions est susceptible d'affecter les résultats de l'exercice au cours duquel ils ont été conclus, mais ses conséquences ne peuvent remonter à une date antérieure à l'ouverture dudit exercice (CE 12-7-1974 n° 81753 ; CE 6-5-2015 n° 375880 : RJF 7/15 n° 560). S'agissant de la portée de la rétroactivité des actes de **fusion** ou d'**apport partiel d'actif** : voir n° 39470.

7385 BIC-IV-4885 s Les engagements pris au nom d'une **société en formation** sont réputés avoir été souscrits dès l'origine par la société dès lors que celle-ci les reprend après avoir été régulièrement constituée et immatriculée (C. com. art. L 210-6). Fiscalement, ces engagements peuvent en principe être pris en considération pour la détermination du bénéfice imposable de la société (BOI-BIC-BASE-10-10 n° 90). Mais cette prise en compte rétroactive ne peut produire d'effet à une date antérieure à l'ouverture de l'exercice au cours duquel la société est immatriculée et celle-ci ne peut être imposée au titre d'opérations réalisées au cours d'exercices précédant celui de son immatriculation. La société nouvelle ne peut pas par ailleurs être regardée comme une **société de fait** avant son immatriculation, dès lors que les critères constitutifs d'une telle société ne sont pas réunis (CE 28-2-1997 n° 141459-150985 : RJF 4/97 n° 313).

7390 En vertu du principe d'indépendance des exercices, l'**annulation d'une opération** postérieurement à la clôture d'un exercice n'est pas de nature à remettre en cause les conséquences qui en ont été tirées pour la détermination des résultats imposables dudit exercice (voir n° 17775, le cas d'annulation ou de résolution de la vente d'un élément d'actif immobilisé).

RÉSULTAT COMPTABLE ET RÉSULTAT FISCAL

7395 BIC-IV-5800 s Le bénéfice imposable dans la catégorie des BIC est déterminé à partir du résultat comptable de l'entreprise (sur la détermination de ce résultat : voir Mémento comptable, titre II).

Mais, pour l'assiette de l'impôt, il convient d'apporter au résultat comptable des **rectifications extra-comptables** pour tenir compte des règles fiscales spécifiques. Ces corrections apparaissent dans le tableau de « détermination du résultat fiscal », qui doit être joint à la déclaration annuelle des résultats. Elles peuvent être positives ou négatives.

> **Précisions** **a.** Les corrections positives, ou **réintégrations,** ont essentiellement pour objet d'ajouter au résultat comptable des charges comptabilisées alors qu'elles ne sont pas déductibles du point de vue fiscal. Exemples : amortissement des véhicules de tourisme excédant un certain prix ou, pour les voitures prises en location de longue durée ou en crédit-bail, part du

loyer correspondant à cet amortissement, impôt sur les bénéfices, intérêts des comptes courants d'associés excédant la limite de déduction, etc. Elles peuvent également résulter du régime spécial des plus-values : étalement, dans certains cas, des plus-values à court terme, non-déductibilité des moins-values à long terme.

b. Les corrections négatives, ou **déductions,** consistent à retrancher du résultat comptable des éléments non imposables, ou déjà imposés, ou soumis à un régime spécial. Exemples : produits des filiales, investissements outre-mer, plus-values à long terme, etc.

c. Dans les **entreprises relevant de l'impôt sur le revenu,** les produits et charges afférents à des éléments d'actif sans lien avec l'exercice de l'activité professionnelle doivent donner lieu à des corrections extra-comptables (n° 7345).

ABATTEMENTS ET DÉDUCTIONS

Le bénéfice industriel ou commercial calculé selon les règles précédentes n'est soumis à l'impôt, dans certains cas, qu'après application d'un abattement spécial. Sont notamment dans ce cas, sous réserve du respect de certaines conditions : 7405

– les **entreprises nouvelles** implantées dans certaines zones du territoire : voir nos 10260 s. ;

– les entreprises situées dans les **zones franches urbaines** : voir nos 10335 s., dans les **zones de revitalisation rurale** : voir nos 10365 s. ou dans les **zones franches d'activités outre-mer** : voir nos 91491 s. ;

– les entreprises créées pour la **reprise d'entreprises industrielles en difficulté** : voir nos 10310 s. ;

– les **jeunes entreprises innovantes** : voir nos 10400 s.

INCIDENCES DE LA TVA

Le compte de résultat doit être présenté « hors taxe ». En pratique, les entreprises doivent donc comptabiliser leurs opérations de gestion et leurs stocks hors taxe. Les immobilisations sont comptabilisées abstraction faite de la TVA récupérable qui a grevé leur acquisition (n° 7610). La méthode de **comptabilisation hors taxe** est prévue par le plan comptable (Mémento comptable nos 46500 s.) : elle assure la neutralité de la TVA qui, normalement, n'intervient pas dans la détermination du bénéfice imposable. 7415 CGI ann. III art. 38 A BIC-IV-16200 s

> **Précisions** Une dérogation est admise pour les ventes au comptant ne donnant pas lieu à facturation (**commerce de détail**). Les entreprises peuvent enregistrer ces ventes TVA comprise, mais elles doivent ensuite procéder, pour chaque période d'imposition à la TVA, à une régularisation rétablissant leurs comptes de ventes hors TVA (voir n° 53460, précision a et Mémento comptable n° 47060). Elles peuvent ainsi présenter « hors taxe » leur compte de résultat, conformément à la règle générale.

IMPUTATION OU REPORT DES DÉFICITS

Lorsque les opérations de l'exercice font ressortir un résultat fiscal déficitaire, le sort de ce déficit est réglé comme suit. 7425

a. Si l'entreprise relève de l'**impôt sur le revenu,** le déficit est déductible du revenu global de la même année et, en cas d'insuffisance de ce revenu, du revenu global des années suivantes, jusqu'à la sixième inclusivement (voir nos 800 s.).

Toutefois, sauf exception, l'imputation du déficit qui provient d'une activité non professionnelle ne peut s'opérer que sur les bénéfices retirés d'activités semblables durant la même année ou les six années suivantes (voir nos 1020 s.).

Pour le cas des déficits subis par les loueurs en meublé non professionnels : voir n° 90560.

b. Si l'entreprise relève de l'**impôt sur les sociétés,** elle a le choix entre le report en avant et le report en arrière de ses déficits : voir nos 35890 s.

3. ACTIF COMMERCIAL

Nous avons vu (n° 7340) que les résultats imposables des entreprises s'expriment par différence entre les valeurs d'actif net qui ressortent respectivement des bilans de clôture et d'ouverture de la période d'imposition. Il est donc nécessaire, pour déterminer ces résultats, de savoir à quoi correspond l'actif de l'entreprise qui comprend divers éléments, parmi lesquels on trouve les « immobilisations » ou « éléments d'actif immobilisé ». 7450

a. Distinction entre actif commercial et patrimoine privé

ENTREPRISE INDIVIDUELLE

Sur le plan fiscal, les exploitants individuels relevant du régime réel, normal ou simplifié, doivent distinguer, à l'intérieur de leur patrimoine, les éléments qui forment l'actif commercial de l'entreprise et ceux qui composent leur patrimoine « privé ». Les exploitants disposent d'une **liberté d'inscription** de leurs biens à l'actif de leur bilan. Le critère de l'inscription ou non au bilan n'a cependant pas une valeur absolue. 7455 BIC-IV-7150 s

Si les produits et charges qui se rattachent aux **biens** figurant au bilan de l'exploitant et **utilisés pour les besoins de l'exploitation** sont pris en compte pour la détermination du revenu professionnel imposable, les effets de l'inscription de biens **sans lien avec l'exercice de l'activité** professionnelle sont neutralisés. Les produits et les charges afférents à ces biens sont exclus de la détermination du résultat professionnel imposable (CGI art. 155, II : n° 7345).

À l'inverse, les **biens affectés par nature** à l'exploitation font obligatoirement partie de l'actif immobilisé même s'ils ne sont pas inscrits au bilan. Sont concernés les biens qui ne peuvent être utilisés que pour l'exercice d'une profession et plus particulièrement les **éléments incorporels du fonds** de commerce : clientèle et achalandage, droit au bail (notamment CE 10-6-1970 n° 75161 ; CE 17-10-1990 n° 56991 : RJF 12/90 n° 1434) et indemnité versée pour l'acquisition de droits supplémentaires à ce bail (CE 27-1-2017 n° 391817 : RJF 4/17 n° 298), ou licence de débit de boissons (CE 28-12-2007 n° 271895 : RJF 3/08 n° 266).

Certains **biens maintenus dans le patrimoine privé** peuvent être affectés à l'activité professionnelle lorsqu'ils sont **utilisés pour les besoins de l'exploitation.** La déduction des charges afférentes à ces biens est possible à l'exclusion des charges de la propriété (frais d'acquisition, impôt foncier, amortissement). Les immeubles professionnels maintenus dans le patrimoine privé peuvent ainsi donner lieu à la déduction d'un loyer (voir n° 8345, précision d).

ATTENTION

L'administration considère que les **brevets, marques** et autres droits de propriété industrielle dont l'exploitant est propriétaire font obligatoirement partie de l'actif lorsqu'ils ont été créés dans le cadre de l'activité ou lorsque leur exploitation est l'objet même de l'entreprise. En dehors de ces hypothèses, l'exploitant est en droit de gérer ces éléments dans le cadre de son patrimoine personnel (BOI-BIC-PVMV-10-10-10 n°s 310 et 320).

7460 La **cession** d'éléments de l'actif utilisés pour l'exercice de l'activité relève du régime des **plus-values** professionnelles, tandis que la cession des biens « privés » donne ouverture, s'il y a lieu, au régime des plus-values des particuliers. La cession d'éléments d'actif étrangers à l'activité obéit, quant à elle, à des règles particulières (n°s 18460 s.).

Le **transfert** d'un bien de l'actif commercial dans le patrimoine privé (retrait d'actif) équivaut à une cession génératrice de plus-value ou moins-value (n° 17730). L'opération inverse, consistant à transférer un bien du patrimoine privé à l'actif de l'entreprise, correspond à un apport (sur la valeur d'inscription du bien : voir n° 7592, g).

ENTREPRISE EXPLOITÉE EN SOCIÉTÉ

7470 BIC-IV-8350 s La délimitation de l'actif professionnel ne peut guère soulever de difficultés pour les sociétés. Leur actif se confond normalement avec le **patrimoine social,** lequel est juridiquement distinct du patrimoine des associés.

Il faut cependant signaler deux particularités en ce qui concerne les **sociétés de personnes** (et sociétés ou groupements assimilés) :

– lorsqu'une telle société détient des biens non affectés à l'activité professionnelle, le résultat social imposable à l'impôt sur le revenu doit en principe être déterminé en extournant les produits et charges afférents à ces biens (voir n° 7345) ;

– lorsqu'un contribuable exerce son activité professionnelle au sein d'une société de personnes, les droits ou parts qu'il détient sont considérés fiscalement comme des éléments d'actif affectés à l'exercice de la profession. Ils suivent le régime de tout actif professionnel, au point de vue de la déduction des charges qui le grèvent ou de l'imposition des plus-values résultant de la cession des éléments qui le composent (voir n°s 37715 s.).

b. Composition de l'actif immobilisé

DÉFINITION GÉNÉRALE

7495 BIC-IV-8430 s Les immobilisations peuvent être soit corporelles (terrains, immeubles, matériel, mobilier), soit incorporelles (fonds commercial, droit au bail, brevets, titres de sociétés).

La loi fiscale ne donne pas de définition des immobilisations, renvoyant de ce fait aux **règles comptables** (CGI ann. III art. 38 quater). Selon cette réglementation, un actif s'entend d'un élément identifiable du patrimoine ayant une valeur économique positive pour l'entité, c'est-à-dire un élément générant une ressource que l'entité contrôle du fait d'événements passés et dont elle attend des avantages économiques futurs (PCG art. 211-1 : Mémento comptable n°s 25105 s. et 30105 s.). Cette définition repose sur trois **critères** :

1. Élément identifiable : pour satisfaire à cette condition, un **élément incorporel** doit soit être séparable des activités de l'entité, c'est-à-dire susceptible d'être vendu, transféré, loué ou échangé de manière isolée ou avec un contrat, un autre actif ou passif, soit être issu d'un droit légal ou contractuel même si ce droit n'est pas transférable ou séparable de l'entité ou des autres droits (PCG art. 211-5).

2. Contrôle de l'élément : ce critère, qui suppose que l'entité ait la maîtrise des avantages en résultant et qu'elle assume tout ou partie des risques y afférents, est généralement satisfait lorsque l'entreprise détient un **droit de propriété** sur l'élément concerné. Mais la qualité de propriétaire n'est pas obligatoirement requise et il peut y avoir contrôle sans détention du droit de propriété (et inversement). Certains biens dont l'entreprise n'est pas propriétaire devraient ainsi figurer au bilan si celle-ci exerce sur eux un pouvoir de contrôle qui, selon l'administration, peut être attesté par les éléments suivants : maîtrise technique de l'élément, prise en charge de son entretien et de la responsabilité en cas de dommage causé aux tiers (BOI-BIC-CHG-20-10-10 n° 40).

3. Élément porteur d'avantages économiques futurs : pour figurer à l'actif, un bien ou un droit doit être susceptible de contribuer directement ou indirectement à des flux nets de trésorerie au bénéfice de l'entreprise (PCG art. 211-2).

On notera toutefois que cette définition générale des actifs ne concerne ni les **biens donnés en location,** qui restent inscrits à l'actif du bailleur, ni les **concessions de marques et de brevets.**

> **Précisions** Constituent des **éléments incorporels** qui doivent être individualisés à l'actif :
> – une **marque,** même si pour des raisons juridiques elle ne peut être cédée isolément (CE 28-12-2007 n°s 284899 et 285506 : RJF 3/08 n° 269) ;
> – la **clientèle d'une entreprise membre d'un réseau** commercial dès lors que cette entreprise exerce son activité de façon autonome et à ses risques, même si elle bénéficie de services d'assistance à la gestion fournis par sa société mère (CE 17-2-2010 n° 311953 : RJF 5/10 n° 463).

Critère de la durée d'utilisation Une immobilisation est également définie comme un actif destiné à servir de façon durable à l'activité de l'entreprise (C. com. art. R 123-181), c'est-à-dire un élément dont l'entreprise attend qu'il soit utilisé au-delà de l'exercice en cours pour la production ou la fourniture de biens ou de services, pour être loué à des tiers ou encore à des fins de gestion interne (PCG art. 211-6 : Mémento comptable n° 20400). **7500**

Ce critère lié à la durée d'utilisation est également retenu par la jurisprudence (notamment CE 24-7-1987 n° 47321 : RJF 11/87 n° 1084 ; CE 18-5-1998 n° 132260 : RJF 7/98 n° 777). Il ne concerne pas toutefois les **biens donnés en location** (voir n° 7515).

ENJEUX DE LA QUALIFICATION

La qualification d'une dépense en immobilisation, et non en stocks (voir n°s 7515 s.) ou en frais généraux (voir n°s 7530 s.), revêt une grande importance pratique, notamment pour les raisons suivantes. **7505**

Dès lors qu'il se traduit par une augmentation de la valeur de l'actif, le **prix d'acquisition** d'une immobilisation ne constitue pas, en principe, une charge immédiatement déductible pour l'entreprise.

Les immobilisations dont l'usage attendu par l'entreprise est limité dans le temps en raison de critères physiques, techniques ou juridiques, donnent lieu à la déduction d'un **amortissement** selon les règles exposées aux n°s 9090 s. Tel est le cas notamment des immeubles, du matériel et des brevets. Les immobilisations qui ne se déprécient pas de manière irréversible peuvent, le cas échéant, faire l'objet de **provisions** motivées par des circonstances particulières (voir n°s 9790 s.).

En cas de **cession** d'immobilisations, il est fait application du régime spécial des **plus-values** (ou moins-values) professionnelles. On notera toutefois que, dans les sociétés passibles de l'impôt sur les sociétés, le régime de faveur des plus-values à long terme ne concerne pour l'essentiel que les titres de participation (ou certains titres assimilés) (voir n°s 18670 s.).

DISTINCTION ENTRE IMMOBILISATIONS ET STOCKS

À l'inverse des immobilisations, les stocks constituent – comme on le verra plus loin (n°s 7675 s.) – des éléments qui, compte tenu de l'activité de l'entreprise, sont destinés à la vente en l'état ou au terme d'un processus de production. **7515** BIC-IV-8700 s

La prise en considération de l'objet de l'**activité de l'entreprise** peut conduire à ce qu'un élément de même nature intrinsèque soit considéré comme une immobilisation pour telle entreprise et comme un stock pour telle autre. Par exemple, alors que les immeubles et fonds de commerce constituent des immobilisations pour la généralité des entreprises, ils font partie des stocks lorsqu'il s'agit d'une entreprise ayant la qualité de « marchand de biens » ou assimilé.

Les **biens donnés en location** constituent toujours des immobilisations lorsque la location est l'objet même de l'entreprise, quelle que soit la durée de la location (BOI-BIC-CHG-20-10-10 n° 60 et, pour les loueurs de véhicules, Lettre du CNC à la CNCC du 19-1-2006).

Cas particuliers **a. Emballages** (CGI ann. III art. 38 ter) : les **emballages perdus** (c'est-à-dire destinés à être livrés avec leur contenu, sans consignation ni reprise) constituent des **7520**

stocks. Toutefois, si leur montant est peu important (cas, par exemple, des sacs destinés à transporter les produits), il est admis qu'ils soient enregistrés directement parmi les charges, les achats non consommés en fin d'exercice constituant dans ce cas des charges payées ou comptabilisées d'avance (BOI-BIC-CHG-40-10 nº 10).

Les **emballages récupérables,** qui sont susceptibles d'être provisoirement conservés par la clientèle et que le livreur s'engage à reprendre dans des conditions déterminées, constituent normalement des immobilisations. Ils ne peuvent être rangés dans les stocks que s'ils ne sont pas commodément identifiables et à condition, selon le Conseil d'État, que ce classement corresponde à leur nature véritable, ce qui implique que leur durée moyenne d'utilisation, déterminée statistiquement, n'excède pas un an (CE plén. 3-2-1984 nº 27227 : RJF 4/84 nº 407). L'administration laisse toutefois aux entreprises une entière liberté de choix pour inscrire les emballages récupérables non commodément identifiables à un compte d'immobilisations ou à un compte de stocks (BOI-BIC-CHG-20-10-20 nº 310).

b. Pièces de rechange : aux termes de l'article 213-21 du PCG, les pièces de rechange et de sécurité ainsi que le **matériel d'entretien** sont habituellement inscrits en stocks et comptabilisés dans le résultat lors de leur consommation. Doivent toutefois être immobilisées au plan comptable comme au plan fiscal (BOI-BIC-AMT-10-20 nº 210) :

– toutes les **pièces spécifiques** (c'est-à-dire non interchangeables), quel que soit leur coût, ainsi que les **pièces de rechange principales** dès lors que l'entreprise compte les utiliser pendant plus d'un exercice (BOI-BIC-CHG-20-10-20 nº 290). Les pièces de rechange principales destinées à remplacer ou à être intégrées à un composant sont amorties à compter du remplacement sur la durée résiduelle d'amortissement du composant ;

– et, en cas d'utilisation supérieure à douze mois, les **pièces de sécurité** qui s'entendent des pièces principales d'une installation, acquises pour être utilisées en cas de panne ou de casse accidentelle afin d'éviter une interruption longue du cycle de production ou un risque en matière de sécurité. Ces pièces sont amorties dès l'acquisition de l'immobilisation à laquelle elles sont destinées, sur une durée identique.

c. Matériels de démonstration : les matériels utilisés en liaison étroite avec l'activité de vente pendant une période inférieure à un an sont des stocks. Tel est le cas des **voitures** de démonstration utilisées par les négociants en automobiles (CE 20-6-1969 nº 75064 ; BOI-BIC-PDSTK-20-10 nº 270).

En revanche, les matériels de démonstration d'une durée d'utilisation supérieure à la durée de l'exercice constituent des immobilisations (CAA Bordeaux 13-3-2006 nº 02BX01094 : RJF 8-9/06 nº 986 pour des matériels d'exposition d'un fabricant de cuisines et CE 12-3-2012 nº 341879 : RJF 6/12 nº 562 pour des véhicules militaires).

d. Carrières et biens assimilés (ardoisières, sablières, tourbières) : le terrain de carrière est constitué du gisement, à comptabiliser en stock, et du tréfonds, défini comme une immobilisation (PCG art. 617-2).

e. Investissements forestiers (BIC-VI-16400 s.) : l'ensemble du boisement d'une forêt appartenant à une exploitation forestière (bois arrivés à maturité ou en cours de croissance) a le caractère d'un stock, tandis que le sol constitue une immobilisation dès lors qu'il n'est pas acquis en vue de la revente (CE 30-12-1998 nº 136430 : RJF 2/99 nº 130 ; BOI-BIC-PDSTK-20-30 nº 120).

DISTINCTION ENTRE IMMOBILISATIONS ET FRAIS GÉNÉRAUX

7530 BIC-IV-10250 s **Règles générales** Pour être admises en déduction des résultats, les dépenses engagées par une entreprise doivent se traduire par une diminution de son actif net. Ne constituent donc pas des charges immédiatement déductibles les dépenses qui se traduisent par l'**entrée d'un nouvel élément** dans l'actif de l'entreprise, destiné à être utilisé durablement comme moyen d'exploitation.

Il n'est pas possible de passer en charges le prix d'acquisition du fonds de commerce et des autres éléments, corporels ou incorporels, d'actif : terrains, constructions, matériels, outillages, droit au bail, brevets et marques (pour le cas particulier des **biens de faible valeur,** voir nº 7540).

Ne font pas davantage partie des charges déductibles :

– les dépenses qui entraînent normalement une **augmentation de la valeur** pour laquelle un élément de l'actif immobilisé figure au bilan ;

– et celles qui ont pour effet de prolonger d'une manière notable la **durée** probable **d'utilisation** d'un élément d'actif immobilisé.

L'immobilisation est également la règle pour toute dépense de **remplacement d'un composant.**

S'agissant des conditions de déduction des **coûts d'entretien et de réparation** effectués sur des immobilisations, voir nºs 8365 s.

Par ailleurs, certaines charges peuvent, au choix, être immobilisées ou déduites immédiatement : **frais de recherche et de développement** (nos 8405 s.) ; frais de conception de **logiciels** (no 8420) ; dépenses de création de **sites Internet** (no 8430).

> Précisions **a.** Une entreprise qui acquiert les **éléments d'un fonds de commerce** doit les inscrire à l'actif, même si cette acquisition vise uniquement à **agrandir ses locaux** et non pas à poursuivre l'activité du fonds acquis (CE 26-2-2016 no 383930 : RJF 5/16 no 400).
> **b.** Les sommes versées pour l'acquisition d'un droit d'**emplacement** sur un **marché d'intérêt national** (assorti du droit de présentation du successeur) ne sont pas déductibles des résultats (CE 26-2-1990 no 84156 : RJF 4/90 no 378).

Engagements de non-concurrence Un engagement de non-concurrence ne constitue un **élément incorporel** de l'actif immobilisé pour son bénéficiaire que si, eu égard à son ampleur, à sa durée et au degré de protection qu'il implique, il a pour effet d'accroître la valeur de l'actif incorporel de l'entreprise, notamment par le gain de parts de marché (CE 3-11-2003 no 232393 : RJF 1/04 no 5). Tel est le cas lorsque les sommes versées pour son obtention ont pour contrepartie une augmentation de la clientèle ou de la valeur du fonds (notamment : CE 15-6-2001 no 212180 : RJF 10/01 no 1186 ; CAA Paris 1-3-2001 nos 97PA02017 et 97PA02666 ; CE (na) 6-2-2002 nos 233639 : RJF 6/02 no 610). **7532** BIC-IV-11420 s

En revanche, les **sommes** versées dans un cadre défensif sont **déductibles** des résultats imposables. Relèvent par exemple de ce cas de figure un engagement de non-concurrence qui a pour seul effet de protéger l'entreprise pendant une **durée limitée** contre un risque de diminution de sa clientèle provenant du départ d'un ancien salarié (CE 3-11-2003 no 232393 précité) et un **accord de non-belligérance** qui a pour seul objet de maintenir la protection juridique de la marque dont l'entreprise est déjà titulaire (CE 20-2-2002 no 221437 : RJF 5/02 no 472). Est également déductible l'indemnité transactionnelle versée en cas d'**utilisation abusive d'une marque,** dès lors que cette indemnité ne vise qu'à réparer le préjudice subi par le propriétaire de la marque en termes d'image (CE 19-6-2006 no 268940 : RJF 10/06 no 1151).

Droits incorporels attachés à certains contrats (ou autorisations) **7535** BIC-IV-10950 s, 11910 s et 12520 s
Il peut arriver – exceptionnellement – que des charges normalement déductibles, telles les redevances de concession de brevets ou de marques, soient considérées comme génératrices d'éléments incorporels d'actif. C'est en principe le cas, selon la jurisprudence, des dépenses qui permettent à l'entreprise d'acquérir des droits constituant une source régulière de profits, dotés d'une pérennité suffisante et susceptibles de faire l'objet d'une cession (CE 21-8-1996 no 154488 : RJF 10/96 no 1137). Le critère de cessibilité n'est toutefois pas obligatoirement requis, compte tenu de la définition générale des actifs (no 7495), lorsque les droits acquis ont pour origine une protection juridique résultant d'un droit légal ou contractuel. Mais il demeure applicable pour les concessions de marques et de brevets qui sont hors du champ d'application de cette définition.

Les redevances versées pour la **concession** de droits de la propriété industrielle (licences de **brevets,** de **marques** ou de **procédés de fabrication**) ne doivent ainsi être immobilisées que si le contrat de concession présente cumulativement les trois caractéristiques suivantes : exclusivité, pérennité suffisante et cessibilité des droits concédés (notamment CE 12-2-1988 no 62547 : RJF 4/88 no 383 ; a contrario CE 25-10-1989 no 65009 : RJF 12/89 no 1413 et, en dernier lieu, CE 15-6-2016 no 375446 : RJF 10/16 no 797). La **condition de pérennité** s'apprécie au regard des facultés de résiliation offertes au concédant (CE 24-9-2014 no 348214 : RJF 12/14 no 1078). Satisfait par exemple cette condition un contrat conférant le droit exclusif d'exploiter une marque pendant cinq ans et tacitement reconductible (CE 23-12-2011 no 341217 : RJF 3/12 no 213). Le **critère de cessibilité** n'est quant à lui pas satisfait lorsque le contrat contient une clause d'agrément qui confère au concédant le pouvoir discrétionnaire de s'opposer à la cession (CE 16-10-2009 no 308494 : RJF 1/10 no 4).

Les droits attachés à certains **contrats** (de **distribution,** de **fourniture,** etc.) peuvent également être assimilés à des éléments de l'actif incorporel s'ils représentent une source régulière de profits et si l'entreprise peut, dès l'origine, escompter la poursuite des relations contractuelles pendant une assez longue période. Tel n'est pas le cas des contrats de distribution exclusive conclus pour une période d'un an et renouvelables par tacite reconduction, dès lors qu'ils peuvent prendre fin à chaque échéance annuelle à la seule initiative du cocontractant et sans indemnité, même si en pratique ils font l'objet de nombreuses reconductions ; l'indemnité amiable perçue lors de leur résiliation constitue alors une recette ordinaire et non une plus-value à long terme (notamment CE 8-7-1985 no 41276 : RJF 10/85 no 1256 ; CE 26-2-2001 no 221351 : RJF 5/01 no 586). Il en va de même pour un contrat de distribution d'une durée de cinq ans dont le renouvellement est soumis à des conditions strictes et qui comporte diverses hypothèses de résiliation anticipée (CE 12-12-2012 no 334516 : RJF 3/13 no 258). Peut en revanche être qualifié d'immobilisation incorporelle un contrat de distribution exclusive qui, eu égard à la nature des matériels concernés, la durée indéterminée du contrat et la longueur du préavis prévu en cas de résiliation, a pour objet d'établir des relations commerciales de longue durée (CE 16-2-2011 nº 315625 : RJF 5/11 nº 547).

› Précisions **a.** Les **droits d'utilisation d'un nom de domaine sur Internet** ne constituent des éléments incorporels d'actif que s'ils constituent une source régulière de profits, sont dotés d'une pérennité suffisante et susceptibles de faire l'objet d'une cession (CE 7-12-2016 nº 369814 : RJF 3/17 nº 212).

b. Les **coûts liés à l'enregistrement** d'une **substance chimique** réalisé en application du règlement européen **Reach** constituent un élément de l'actif incorporel lorsque l'entreprise acquiert la majorité des tests nécessaires à la constitution du dossier technique (voir Mémento comptable nº 30770). Lorsque les tests sont réalisés par l'entreprise (ou sous-traités), les dépenses de constitution des dossiers techniques constituent des frais de développement (voir nº 8405) (Avis CNC 2009-13 du 1-10-2009 et Lettre de la DLF au Medef du 31-5-2010).

c. Dans le cas où un **contrat de fortage** prévoit le paiement d'un **prix d'acquisition du droit** d'occuper et **d'exploiter les terrains,** indépendamment du prix des matériaux, seul le prix versé pour l'acquisition de ce droit, si celui-ci est doté d'une pérennité suffisante, doit être immobilisé à l'actif (CE 30-5-2012 nº 323004 : RJF 8-9/12 nº 794). Les **redevances** versées par le concessionnaire constituent des charges déductibles du résultat imposable au fur et à mesure de l'extraction des matériaux. À la clôture de l'exercice, le coût des matériaux extraits non utilisés pour la production est comptabilisé en stocks (BOI-BIC-CHG-20-10-20 nº 175 ; CAA Nancy 19-4-2012 nº 10NC00201 : RJF 12/12 nº 1101).

7540 BIC-IV-10660 s **Biens de faible valeur** Par mesure de simplification, l'administration autorise les entreprises à passer directement en charges déductibles, lorsque leur valeur unitaire n'excède pas un montant fixé à 500 € hors taxe, le prix d'acquisition des biens suivants : matériels et outillages, matériels et mobiliers de bureau, logiciels. La valeur d'un bien composé de plusieurs éléments s'apprécie en prenant en considération le prix global de l'ensemble des éléments (BOI-BIC-CHG-20-30-10 nºs 20 s.).

Cette solution ne s'applique aux dépenses d'acquisition de **meubles meublants** de bureau ou de **mobilier de magasins** commerciaux que s'il s'agit d'achats destinés au renouvellement courant du mobilier installé, limités à un petit nombre d'unités (ou d'achats dont le montant total au cours de l'exercice n'excède pas la limite de 500 €). La déduction immédiate des dépenses est subordonnée à leur **inscription comptable** effective en frais généraux.

Elle est écartée pour les biens de faible valeur dont l'utilisation constitue pour l'entreprise l'**objet** même de son **activité** : c'est le cas, par exemple, des biens proposés à leurs clients par les entreprises de location (bicyclettes, pédalos, skis, téléviseurs, etc.) (BOI-BIC-CHG-20-10-20 nº 280).

c. Prix de revient des immobilisations

7550 CGI ann. III art. 38 quinquies BIC-IV-13500 s Les immobilisations doivent être inscrites à l'actif pour leur valeur d'origine qui s'entend différemment selon qu'il s'agit de biens acquis à titre onéreux ou à titre gratuit, de biens créés par l'entreprise, reçus en apport ou acquis par voie d'échange.

La valeur d'origine est prise en compte pour le calcul des plus-values ou moins-values en cas de cession ultérieure du bien. Dans le cas des immobilisations amortissables, elle sert en principe de base de calcul des amortissements.

Sur la possibilité de **réévaluer** les éléments d'actif, voir nºs 19390 s.

IMMOBILISATIONS ACQUISES À TITRE ONÉREUX

7555 BIC-IV-13550 s La valeur d'origine des immobilisations acquises à titre onéreux s'entend, au plan comptable comme au plan fiscal, du coût d'acquisition, c'est-à-dire du **prix d'achat,** y compris les droits de douane et taxes non récupérables, **minoré** des remises, rabais commerciaux et escomptes de règlements obtenus, et **augmenté** des coûts directement engagés pour mettre l'actif en place et en état de fonctionner selon l'utilisation prévue par la direction (PCG art. 213-8 et CGI ann. III art. 38 quinquies).

Le prix d'achat s'entend hors **TVA** déductible (nº 7610).

Les **frais d'acquisition** et les **frais financiers** intercalaires peuvent être incorporés au coût d'acquisition, sur option de l'entreprise : voir nºs 7570 et 7580.

Les différents frais incorporables, obligatoirement ou sur option, au coût de revient d'une **immobilisation décomposable** peuvent, par mesure de simplification, être répartis au prorata de la valeur de chaque élément (BOI-BIC-CHG-20-20-10 nº 250).

› Précisions **a.** Lorsque le **prix d'achat** fait l'objet d'une **révision,** la valeur inscrite au bilan doit être ajoutée à la hausse ou à la baisse pour tenir compte du prix définitif (BOI-BIC-CHG-20-20-10 nº 10). De même, si une **réduction** intervient au cours d'un exercice postérieur à celui de l'acquisition, le coût d'entrée doit être diminué d'autant à la clôture de cet exercice. Lorsque le bien concerné est amortissable, les annuités d'amortisse-

ment antérieures doivent être rectifiées en conséquence (BOI-BIC-PVMV-40-40-20 n° 210).
b. En cas d'achat de titres assorti d'une **garantie de passif,** l'indemnité versée par le cédant ne peut venir en diminution du prix de revient des titres mais doit être comprise dans les résultats imposables (CE 24-6-2013 n° 350451 : RJF 10/13 n° 905).
c. Le **prix d'acquisition** pour lequel une immobilisation doit être inscrite à l'actif s'entend du prix de vente convenu entre les parties et mentionné dans l'**acte notarié** (CE 9-7-2009 n° 296048 : RJF 11/09 n° 908), les éléments de détermination du prix de cession (produits constatés d'avance ou provision pour congés payés) étant sans incidence sur la valeur d'inscription d'une clientèle acquise à l'actif (CE 12-6-2019 n° 403413 : RJF 11/19 n° 1007).

Coûts de mise en état d'utilisation Les coûts de mise en état d'utilisation à inclure dans le coût d'acquisition comprennent notamment les frais de **livraison** et de manutention, les frais de **transport,** d'**installation** et de montage, ainsi que les coûts de réalisation de **tests de fonctionnement** (BOI-BIC-CHG-20-20-10 n° 30). **7560** BIC-IV-13800 s

La **période d'acquisition** (ou de production) au cours de laquelle ces frais doivent être engagés pour être inclus dans le prix de revient débute à la date à laquelle la direction a pris la décision d'acquérir le bien et démontre qu'il générera des avantages économiques futurs. Elle prend fin lorsque le rendement initial attendu par l'entreprise est atteint (PCG art. 213-10 et 213-12), c'est-à-dire en pratique lorsque l'immobilisation est en état d'atteindre ce rendement. Ces règles s'appliquent pour la détermination du résultat imposable (BOI-BIC-CHG-20-20-10 n° 40).

Les **frais engagés après la période d'acquisition** constituent en principe des charges (à l'exception toutefois de certaines dépenses d'entretien et de réparation : voir n°s 8365 s.).

ATTENTION

Les coûts supportés lorsque l'**immobilisation** est en état de fonctionner (conformément à l'utilisation prévue par l'entreprise) mais n'est **pas encore mise en production** ou fonctionne **en dessous de sa pleine capacité** sont passés en charges (BOI-BIC-CHG-20-20-10 n° 50).

Les **dépenses** qui ne peuvent être considérées comme des coûts directement engagés pour la mise en état de fonctionnement de l'immobilisation sont **exclues du prix de revient** et constituent des charges déductibles. Tel est le cas, selon la règle comptable, des **frais de formation** du personnel à l'utilisation et l'entretien d'un nouveau bien ainsi que des coûts de **transport** et d'**installation** chez le locataire de **matériels donnés en location** (Mémento comptable n° 26220). Sont également déductibles, selon l'administration : les **coûts d'ouverture** d'une nouvelle installation ; les **coûts d'introduction sur le marché** d'un nouveau produit ou service (incluant les coûts de publicité et de promotion) ; le coût des rémunérations et autres avantages attribués au personnel non affecté directement à l'acquisition de l'immobilisation (BOI-BIC-CHG-20-20-10 n° 50). **7565**

Les **coûts administratifs** et **autres frais généraux** sont eux aussi exclus du prix de revient, à l'exception de ceux afférents aux structures dédiées, tels les coûts d'une équipe dédiée exclusivement à l'acquisition d'une nouvelle structure de production.

› **Précisions** Le prix de revient des **véhicules** ne comprend pas le coût de la carte grise qui est immédiatement déductible ainsi que les frais de transport qui peuvent être portés en frais généraux s'il résulte des conditions de vente que l'acquéreur peut prendre livraison du véhicule à la sortie des chaînes de fabrication sans que de tels frais lui soient facturés. En revanche, les frais de mise à disposition figurant sur la facture d'achat doivent être inclus dans le prix de revient (BOI-BIC-AMT-10-30-30-10 n° 20).
Les frais de réparation d'un véhicule acheté d'**occasion** nécessaires à sa mise en état d'utilisation font également partie de son prix de revient (CE 2-3-1990 n° 67828 : RJF 4/90 n° 380).

« Frais d'acquisition » des immobilisations Ces frais s'entendent des **droits de mutation** et d'enregistrement, des **honoraires** (notaires, conseils…), des **commissions** versées à des intermédiaires et des **frais d'actes** (ils comprennent, selon l'administration, les frais d'insertion et d'affiches et les frais d'adjudication : BOI-BIC-CHG-20-20-10 n° 150). Ils peuvent être, au **choix,** soit inclus dans le prix de revient de l'immobilisation, soit compris dans les charges immédiatement déductibles (PCG art. 213-8 et CGI ann. III art. 38 quinquies). L'option exercée en comptabilité détermine le traitement fiscal. Irrévocable, elle vaut en principe pour toutes les immobilisations. Une option distincte peut toutefois être exercée pour les titres et une règle fiscale particulière est prévue pour les titres de participation acquis par des sociétés soumises à l'IS (voir n° 7575). **7570** BIC-IV-14320 s

Au plan fiscal, les frais engagés par des **sociétés soumises à l'IS** pour acquérir des **titres de participation** (au sens fiscal) sont obligatoirement incorporés au prix de revient des titres. Mais ils peuvent être amortis sur cinq ans, la première annuité d'amortissement étant le cas échéant réduite prorata temporis. Lorsque les frais sont intégrés au coût d'entrée sur le plan comptable, la déduction fiscale prend la forme d'un amortissement dérogatoire. Lorsqu'ils **7575** CGI art. 209, VII BIC-IV-15150 s sont comptabilisés en charges, des corrections extra-comptables doivent être opérées pour, d'une part, réintégrer la charge déduite et, d'autre part, déduire les amortissements (BOI-IS-BASE-30-10 nos 160 s.).

> **Précisions** **a.** Les **frais concernés,** qui comprennent notamment les droits de mutation et les commissions et honoraires versés à des intermédiaires, s'entendent, selon l'administration, des frais d'acquisition de titres définis par la réglementation comptable (Mémento comptable n° 35620) (BOI-IS-BASE-30-10 nos 30 s.).
> **b. Cession des titres** avant l'expiration du délai de cinq ans : voir n° 18850.
> **c.** Sort de la déduction étalée en cas d'**annulation des titres** de participation : voir n° 39530, précision b.

7580 CGI ann. III art. 38 undecies BIC-IV-14110 s

Frais financiers intercalaires Les coûts d'emprunt supportés pour l'acquisition ou la production d'une immobilisation jusqu'à la date d'acquisition ou de réception définitive peuvent être, au **choix,** soit inclus dans le coût d'origine du bien, soit déduits en charges, conformément aux règles comptables (PCG art. 213-9, 1). Cette option concerne les éléments d'actif qui exigent une **période de préparation ou de construction** longue (soit en principe plus de douze mois) avant de pouvoir être utilisés. Elle est irrévocable et s'applique à tous les frais financiers engagés pendant cette période. À défaut d'option, les frais financiers sont déduits en charges selon les règles décrites nos 8740 s. Selon l'administration, le choix opéré en comptabilité détermine le traitement fiscal de ces frais (BOI-BIC-CHG-20-20-10 n° 130).
L'incorporation des **frais d'émission d'emprunt** au prix de revient ne peut être réalisée que si l'entreprise a opté pour leur déduction étalée selon les modalités exposées n° 8780 (BOI-BIC-CHG-20-20-10 n° 90).

7585 BIC-IV-14550 s

Prix de revient des ensembles immobiliers Lorsqu'une entreprise fait construire ou acquiert un immeuble, elle doit distinguer le **prix de revient du terrain** et celui des **constructions,** ces dernières pouvant seules être amorties. Le prix de revient des constructions doit ensuite être réparti entre la structure et les différents composants identifiés par l'entreprise (voir n° 9215).
L'administration peut contester la **ventilation** opérée entre terrain et constructions en respectant la **méthode** définie par le Conseil d'État (CE 15-2-2016 nos 367467 et 380400 : RJF 5/16 n° 398) qui lui impose de s'appuyer :
– en priorité, sur les achats de terrains nus réalisés à des dates proches dans la même zone géographique ;
– à défaut, sur le coût de reconstruction de l'immeuble à la date de son entrée au bilan, corrigé pour tenir compte de sa vétusté et de son état d'entretien ;
– et, en cas d'impossibilité de retenir les méthodes précédentes, sur la ventilation opérée par d'autres entreprises pour des immeubles comparables acquis à des dates proches dans la même zone.
Le contribuable peut critiquer la méthode retenue ou justifier sa propre évaluation en se référant à d'autres données, mais il ne peut recourir à d'autres méthodes que celles préconisées par le Conseil d'État.

7587 Les **dépenses supportées à l'occasion de l'acquisition** d'un ensemble immobilier peuvent être incluses, en fonction de leur nature, dans le prix de revient du terrain ou des constructions.

a. Les **honoraires d'architecte** ou de **bureaux d'études** engagés à compter de la date à laquelle la décision de construire ou d'acquérir l'immeuble a été prise par la direction doivent être compris dans le prix de revient des constructions (CE 21-12-1983 n° 41613 : RJF 2/84 n° 122 ; BOI-BIC-AMT-10-30-30-10 n° 20). En revanche, les dépenses relatives à des études préalables à la prise de décision d'investir sont déductibles en charges.

b. Les **participations financières** à des **travaux d'équipement public,** parfois versées aux collectivités territoriales lors de l'implantation de nouveaux établissements, constituent, selon les circonstances :
– un élément du prix de revient des constructions si leur versement conditionne l'obtention du permis de construire ou s'il se substitue à une taxe d'urbanisme elle-même incluse dans le prix de revient (CE 17-2-1992 n° 74272 et nos 81690-82782 : RJF 4/92 n° 433) ;
– un élément du prix de revient du terrain si les clauses de l'acte de vente du terrain par la collectivité permettent de le considérer comme tel (CE 3-10-1973 n° 84265).

Dans les autres situations, ces dépenses devraient constituer des charges immédiatement déductibles lorsqu'elles concourent au financement d'immobilisations dont l'entreprise n'a ni la propriété (CE 16-5-1990 n° 68479 : RJF 7/90 n° 801) ni le contrôle.

c. Les **dépenses de raccordement aux réseaux publics** (eau, gaz, électricité, téléphone) constituent des charges immédiatement déductibles dès lors que l'entreprise n'a ni la propriété (CE 25-5-1983 n° 33520 : RJF 7/83 n° 852) ni le contrôle des ouvrages réalisés.

d. L'indemnité versée pour l'achat d'un **droit de commercialité** nécessaire pour transformer des locaux d'habitation en locaux commerciaux entre dans le prix de revient de l'immeuble (CE 21-7-2017 n° 395457 : RJF 11/17 n° 1075) et plus précisément, selon les règles comptables, dans celui du terrain (Mémento comptable n° 26440).

e. Le prix d'achat et les **frais de démolition d'un immeuble** acquis en vue de sa reconstruction immédiate sont un élément du prix de revient des constructions (CE 4-5-1977 n° 2137 : RJF 7/77 n° 383 ; BOI-BIC-CHG-20-10-20 n°s 220 et 230). En revanche, si l'immeuble à démolir était inscrit précédemment à l'actif de l'entreprise, sa valeur comptable résiduelle peut être passée en charge exceptionnelle (CE 16-6-1999 n° 177954 : RJF 8-9/99 n° 971 infirmant le BOI-BIC-CHG-60-20-10 n° 20 selon lequel, hormis le cas où l'entreprise se trouvait dans l'impossibilité absolue d'exploiter le bâtiment qu'elle a démoli, la valeur résiduelle de l'immeuble détruit constitue un élément du prix de revient du terrain). Toutefois, dans le cas où un ensemble immobilier a été acquis dans le but de réaliser une opération de restructuration et d'agrandissement nécessitant la démolition d'une partie des bâtiments, sa valeur comptable résiduelle doit être incorporée au prix de revient de la construction édifiée sur son terrain d'assise (CE 16-6-1999 n° 177954 précité ; CE 5-5-2008 n°s 290382 et 290383 : RJF 8-9/08 n° 933). BIC-IX-63790 s

f. S'agissant des **taxes d'urbanisme** à inclure dans le coût d'acquisition du terrain ou des constructions : voir n° 8527.

g. Même si elles sont immobilisées en comptabilité, les dépenses engagées à l'occasion d'**études préalables ou de fouilles archéologiques** peuvent faire l'objet d'une déduction fiscale immédiate, extra-comptable. Les sommes déduites sont ensuite réintégrées aux résultats au rythme de l'amortissement de l'immobilisation concernée. CGI art. 236 ter BIC-IX-66200 s

7590 CGI art. 39 ter C BIC-X-11400 s

Les **coûts de démantèlement d'installations ou de remise en état d'un site,** résultant d'une obligation légale, réglementaire ou contractuelle encourue ou formalisée dès l'acquisition ou en cours d'utilisation du bien font l'objet d'une provision pour charges futures comptabilisée au passif et non déductible. En contrepartie, ils sont inscrits à l'actif comme complément du coût de revient de l'installation ou du site et sont amortis selon le mode linéaire sur la durée d'utilisation du site ou des installations. Cette règle ne s'applique qu'aux coûts qui incombent à l'entreprise en raison de la **dégradation dite immédiate** du site, résultant du seul fait d'installer l'exploitation sur le site concerné, indépendamment de l'activité déployée. Il en est ainsi, par exemple, des dépenses de décontamination de site, de démantèlement de plates-formes pétrolières ou de centrales nucléaires… (BOI-BIC-PROV-60-100-10 n°s 60 et 70). Les dépenses engagées pour faire face aux **dégradations progressives** d'un site résultant de son exploitation (ex. : exploitation d'une carrière) ne sont pas concernées et peuvent faire l'objet d'une provision déductible (voir n° 9905, précision c).

> Précisions **a.** L'inscription des coûts de démantèlement à l'actif est sans incidence sur la valeur locative servant de base à la **taxe foncière** (BOI-BIC-PROV-60-100-20 n° 200) et à la **cotisation foncière des entreprises.**

b. En cas de **variation** ultérieure du **montant estimé** des coûts de démantèlement, le montant de la provision et la valeur nette comptable de l'installation sont rectifiés à due concurrence et l'entreprise procède à une modification prospective du plan d'amortissement.

7592 BIC-IV-15560 s

Cas particuliers **a.** Les éléments d'actif acquis moyennant le **paiement d'une rente viagère** sont inscrits au bilan pour le prix stipulé dans l'acte ou, à défaut, la valeur réelle du bien estimée au jour de l'acquisition (CGI ann. III art. 38 quinquies). Les écarts éventuels entre le coût d'entrée et le montant total des arrérages versés en définitive constituent soit une charge financière immédiatement déductible, soit un produit financier imposable (CE 23-11-1983 n° 41631 : RJF 1/84 n° 8 ; BOI-BIC-AMT-10-30-30-10 n°s 220, 230 et n°s 290 à 330). Peuvent ainsi être déduites les sommes payées sous forme de rente viagère ou de soulte, en exécution d'un acte de donation portant sur des biens ou droits présentant, par nature, un caractère professionnel, pour leur montant qui excède la valeur stipulée dans l'acte (CE 2-2-1998 n°s 133844 et 133845 : RJF 3/98 n° 263 et CE 21-10-2013 n° 358061 : RJF 1/14 n° 26).

b. La valeur à retenir pour un élément acquis moyennant un prix payable par **annuités indexées** correspond au **prix stipulé dans l'acte d'acquisition.** Les **écarts** éventuels entre ce prix et les sommes effectivement payées constituent une charge financière déductible ou un produit financier imposable (CE plén. 28-6-1991 n° 47656 : RJF 8-9/91 n° 1048 ; BOI-BIC-AMT-10-30-30-10 n°s 260 et 330).

c. Les immobilisations acquises pour un **prix libellé en devises** doivent être inscrites à l'actif pour leur contre-valeur en euros au jour de l'opération (BOI-BIC-AMT-10-30-30-10 n°s 280 et 310). Les variations de cours entre la date d'acquisition et la date de paiement sont prises en compte dans les résultats de chaque exercice (CGI art. 38, 4 : n° 7370).

d. La valeur d'acquisition des biens, et en particulier des **brevets,** acquis moyennant le **versement de redevances annuelles** se compose, d'une part, de la somme fixe prévue au contrat et, d'autre part, de la valeur estimée des redevances à verser (CE 10-11-1982 n° 15890 : RJF 1/83 n° 17). Le Conseil d'État a jugé que les redevances peuvent être portées en charges lorsqu'elles viennent à excéder l'estimation initiale (CE 14-10-2005 n° 262219 : RJF 1/06 n° 2). Pour l'administration, au contraire, l'évaluation initiale des versements ne constitue qu'une estimation provisoire, à modifier en fonction du montant effectif des redevances versées (BOI-BIC-CHG-20-20-10 n° 10).

e. La valeur d'origine d'une immobilisation correspond au prix d'achat convenu entre les parties, sans qu'il y ait lieu de déduire la **participation d'une collectivité publique** à son financement figurant dans l'acte de vente (CE 5-2-2009 n°s 291627, 307658 : RJF 5/09 n° 463).

f. Biens acquis par crédit-bail : voir n°s 19330 et 19350.

g. Lorsqu'un exploitant inscrit au bilan, en cours d'exploitation, un **élément** qui était **compris** jusqu'alors dans son **patrimoine privé,** cette inscription doit être effectuée en principe à la valeur réelle du bien à cette date (CE 17-3-1976 n° 91621 : RJF 5/76 n° 220). L'administration estime toutefois que les éléments, autres que les immeubles, qui ont été affectés à l'exploitation dès leur acquisition doivent être portés au bilan pour leur prix de revient (BOI-BIC-PVMV-10-20-30-10 n° 250). Mais cette position ne se justifie, à notre avis, que pour des éléments « affectés par nature » à l'exploitation.

IMMOBILISATIONS ACQUISES À TITRE GRATUIT OU PAR VOIE D'ÉCHANGE

7595 CGI ann. III art. 38 quinquies BIC-IV-16450 s

Les immobilisations acquises à titre gratuit sont inscrites au bilan pour leur **valeur vénale,** laquelle, au plan comptable, s'entend nette des coûts de sortie (voir notre Mémento comptable n° 26895) mais, au plan fiscal, est évaluée abstraction faite de ces coûts. En l'absence de contrepartie au passif, un profit imposable doit être constaté.

BIC-IV-16570 s

Les biens acquis par voie d'échange sont inscrits au bilan pour la valeur vénale des biens remis en échange.

IMMOBILISATIONS CRÉÉES PAR L'ENTREPRISE

7600 CGI ann. III art. 38 quinquies BIC-IV-16600 s

Les immobilisations créées par l'entreprise sont portées à l'actif pour leur coût de production, constitué par le coût d'acquisition des matières et fournitures consommées, augmenté de toutes les charges directes ou indirectes de production. Les **frais administratifs** ne sont pas pris en compte, à l'exception du coût des structures dédiées visées n° 7565. Les **frais financiers** sont, au choix de l'entreprise, incorporés au coût de production de l'immobilisation ou passés en charges : voir n° 7580.

› Précisions **a.** Les **frais de dépôt de brevets,** ainsi que les dépenses engagées en vue d'obtenir l'**autorisation de mise sur le marché** (AMM) de nouvelles spécialités pharmaceutiques, constituent le prolongement indissociable des opérations de recherche exposées pour mettre au point l'invention (brevet ou médicament). En application de l'article 236, I du CGI (n° 8405), ces dépenses présentent donc le caractère soit de charges déductibles, soit d'immobilisations, selon le traitement comptable retenu par l'entreprise pour les frais de recherche (CE 30-10-1995 n°s 154403 et 142319 : RJF 12/95 n°s 1353 et 1354).

b. Les **frais de recherche d'antériorité** et les **frais de dépôt à l'Inpi** ainsi que les frais de **renouvellement de marques** créées par l'entreprise constituent des charges déductibles (BOI-BIC-CHG-20-30-30 n° 130) tout comme les frais de renouvellement de marques acquises (CE 7-11-2012 n° 328670 : RJF 2/13 n° 189). Les **frais de défense et de surveillance** des marques font également partie des charges déductibles (CE 30-12-2009 n° 305449 : RJF 3/10 n° 205).

IMMOBILISATIONS REÇUES À TITRE D'APPORTS

7605 CGI ann. III art. 38 quinquies BIC-IV-17000 s

Les immobilisations reçues à la suite d'un apport sont portées à l'actif pour leur valeur d'apport. Celle-ci est en principe égale à leur valeur vénale. En outre, dans certains cas, les fusions, scissions et apports partiels d'actif doivent obligatoirement être transcrits d'après les valeurs comptables des éléments transférés dans les comptes de la société apporteuse (n°s 39490 s.).

› Précisions Les **dépenses nécessaires à l'utilisation** des biens supportées par le bénéficiaire de l'apport, tels les frais de transport et de montage, font partie du coût de revient (CE 26-12-2008 n°s 295943 et 296462 : RJF 3/09 n° 223).

INCIDENCE DE LA TVA

7610 CGI ann. II art. 209, II BIC-IV-16200 s

Les **biens ouvrant droit à** la **déduction** de la TVA sont inscrits à l'actif pour leur prix d'achat ou de revient diminué de la déduction à laquelle ils donnent droit, même si l'entreprise n'a pas effectivement utilisé son droit à déduction.

Les biens **n'ouvrant pas droit à déduction** de TVA sont inscrits pour leur valeur taxe comprise. Lorsqu'une entreprise a calculé à tort l'amortissement sur une base hors taxe, l'insuffisance d'amortissement peut ne pas être récupérable du fait des dispositions de l'article 39 B du CGI relatives à l'amortissement minimal obligatoire (n° 9155).

› Précisions **a.** Les immobilisations en cours d'utilisation que les **entreprises nouvellement assujetties** détiennent à la date de leur assujettissement et pour lesquelles elles bénéficient d'un

droit à déduction partiel (n°s 57365 s.) sont amorties, à compter de cette date, d'après leur valeur d'origine diminuée du crédit de TVA récupérable (BOI-BIC-AMT-10-30-30-10 n° 110).
b. Cession d'une immobilisation entraînant un reversement partiel de la TVA : voir n° 17835, b.

Régularisations Les régularisations qui peuvent affecter la déduction initiale de taxe à la suite des **variations du coefficient de déduction** qui est déterminé pour chaque bien (n°s 55365 s.) restent sans incidence sur la valeur comptable des biens si l'écart de variation entre le coefficient provisoire et le coefficient définitif n'excède pas cinq points. Elles sont alors opérées par le crédit ou le débit du compte de résultat (BOI-TVA-DED-20-10-40 n° 10). De même, les régularisations annuelles liées à la variation des coefficients d'assujettissement et de taxation qui résulte de l'évolution de l'utilisation du bien restent sans incidence sur la valeur d'inscription des immobilisations à l'actif (n°s 57205 s.) (BOI-TVA-DED-60-10 n° 1). **7612**

EXEMPLE

Coefficient provisoire de déduction : 60 % ; TVA ayant grevé le prix de revient des immobilisations acquises au cours de l'année : 50 000 € ; TVA déduite : 50 000 × 60 % = 30 000 €. Si le coefficient définitif est de 57 %, le reversement de déduction, égal à 1 500 €, peut être comptabilisé au débit du compte de résultat. Si le coefficient définitif est de 53 %, le reversement de déduction, égal à 3 500 €, est porté en augmentation de la valeur amortissable des immobilisations.

CONTRÔLE DES VALEURS D'INSCRIPTION

L'administration peut contester la valeur des éléments d'actif, voire le principe de l'inscription à l'actif, même si l'opération qui lui paraît anormale a été réalisée au cours d'un exercice prescrit, dès lors qu'elle entend remettre en cause les conséquences de cette inscription au cours d'un exercice non prescrit (CE 26-7-1982 n°s 2533 et 19645 : RJF 10/82 n° 903). Elle peut utiliser son droit de contrôle, par exemple, pour refuser la déduction des amortissements, des provisions ou des moins-values constatés au titre d'exercices non prescrits, à concurrence du montant correspondant à la part excessive du prix de l'élément d'actif. **7625** BIC-IV-17300 s

› **Précisions** **a.** La contestation par l'administration du prix d'acquisition d'éléments d'actif (**brevet,** par exemple) ne peut être fondée que sur les données dont l'entreprise disposait à la date de la transaction, et en aucun cas sur les profits que son exploitation a effectivement procurés (CE 16-3-1990 n° 41059 : RJF 5/90 n° 513). L'administration peut ainsi se fonder sur le chiffre d'affaires des trois années précédant une fusion pour remettre en cause la valeur attribuée à des marques à l'occasion de cette opération (CE 7-11-2012 n° 328670 : RJF 2/13 n° 189).
b. L'inscription à l'actif d'une immobilisation acquise pour un **prix excessif** ne permet pas à l'administration de rehausser les bases de l'impôt, dès lors qu'aucune diminution d'actif net à la clôture de l'exercice d'acquisition n'a été constatée au sens de l'article 38, 2 du CGI (CE 27-4-2001 n° 212680 : RJF 7/01 n° 905).
c. Les opérations d'**apport** ont une influence sur le résultat imposable de l'entreprise bénéficiaire lorsque la valeur d'apport des immobilisations a été volontairement minorée pour dissimuler une **libéralité** faite par l'apporteur et l'administration peut substituer à la valeur d'origine de ces immobilisations leur valeur vénale (CE plén. 9-5-2018 n° 387071 : RJF 7/18 n° 726).
d. Pour évaluer l'**usufruit de titres non cotés** selon la méthode des flux de trésorerie actualisés l'administration doit se fonder non pas sur les résultats imposables prévisionnels de la société mais sur ses distributions prévisionnelles (CE 30-9-2019 n°s 419855 et 419860 : RJF 12/19 n° 1123).

B. Stocks et productions en cours

1. DÉFINITIONS

Au plan fiscal, le stock est constitué par l'ensemble des marchandises, des matières premières, des matières et fournitures consommables, des productions en cours, des produits intermédiaires, des produits finis, des produits résiduels et des emballages non destinés à être récupérés, qui sont la propriété de l'entreprise à la date de l'inventaire et dont la vente en l'état ou au terme d'un processus de production à venir ou en cours permet la réalisation d'un bénéfice d'exploitation. **7675** CGI ann. III art. 38 ter BIC-VI-200 s

La définition **fiscale** des stocks est fondée sur le seul **critère juridique de propriété,** et non sur la notion de contrôle retenue en comptabilité (voir n° 7495) (BOI-BIC-PDSTK-20-10 n°s 10 et 90).

› **Précisions** **a.** Les **productions en cours** sont les biens ou les services en cours de formation au travers d'un processus de production. Il s'agit, en principe, des travaux inachevés à la clôture de l'exercice, c'est-à-dire des travaux ou prestations de services qui n'ont ni fait l'objet, en totalité ou en partie, d'une réception provisoire, ni été mis à la disposition du maître d'œuvre. Les prestations de recouvrement de créances en cours à la clôture d'un exercice doivent être inscrites à l'actif du bilan en tant que travaux en cours pour leur prix de revient même dans le cas où leur rémunération est aléatoire (CE 26-7-2011 n° 316081 : RJF 11/11 n° 1128). Constituent aussi des productions en cours les immeubles acquis par une société de promotion immobilière qui a déposé à la clôture de l'exercice les demandes de permis de démolir les bâtiments existants et les dossiers de demande de permis de construire des nouveaux immeubles (CE 1-10-2018 n° 408594 : RJF 12/18 n° 1210).

b. Les **produits intermédiaires** sont les produits qui, ayant atteint un stade d'achèvement, sont destinés à entrer dans une nouvelle phase du cycle de production. Le Conseil d'État les définit comme « les produits parvenus à un stade intermédiaire du cycle de production qui se déroule au sein de l'entreprise » (CE 15-10-1997 n° 161620 : RJF 12/97 n° 1107).

c. Les **produits finis** sont ceux qui ont atteint un stade d'achèvement définitif dans le cycle de production.

d. Les **produits résiduels** sont constitués par les déchets et rebuts de fabrication.

e. Les biens vendus avec une **clause de réserve de propriété** font partie des stocks de l'acquéreur (n° 7880, précision a).

f. Sur la distinction entre les stocks et les **immobilisations,** notamment pour les emballages et les pièces de rechange ou de sécurité : voir n°s 7515 s.

g. Les **quotas d'émission de gaz à effet de serre** constituent des stocks (voir Mémento comptable n°s 20560 s.).

7680 BIC-VI-12720 s La loi impose aux commerçants d'effectuer un **inventaire** physique de leurs stocks au moins une fois par an (C. com. art. L 123-12). Le document d'inventaire - état détaillé et estimatif des différentes catégories de produits en stocks - doit être communiqué au service des impôts à sa demande (n° 11010).

> **Précisions** Selon l'administration, l'inventaire doit être établi à la clôture de l'exercice ou à une **date** antérieure relativement proche (BOI-BIC-PDSTK-20-10 n° 310). Mais le Conseil d'État a admis qu'une entreprise tenant un inventaire permanent (en l'occurrence un grand magasin) peut effectuer l'inventaire physique deux mois avant la clôture de l'exercice et évaluer de façon statistique la perte correspondant à la démarque inconnue des deux derniers mois, à condition que cette évaluation soit précise et suffisamment détaillée par catégories de produits (CE 26-7-1991 n° 112906 : RJF 10/91 n° 1203).

2. ÉVALUATION

RÈGLES GÉNÉRALES

7690 CGI art. 38, 3 et 39, 1-5° et CGI ann. III art. 38 decies BIC-VI-2600 s Il faut distinguer les stocks proprement dits (marchandises, matières premières, matières et fournitures consommables, produits intermédiaires, produits finis, emballages), les productions en cours et, enfin, les produits résiduels.

a. À la clôture de chaque exercice, les **stocks proprement dits** doivent être évalués :
– à leur coût de revient, c'est-à-dire à leur coût réel (n°s 7700 s.) ;
– ou d'après le cours du jour à la date de l'inventaire (n°s 7720 s.), si ce cours est inférieur au coût de revient. Dans cette hypothèse, l'entreprise doit constituer, à due concurrence, des provisions pour dépréciation. Malgré son irrégularité comptable, la prise en compte au plan fiscal de la dépréciation constatée par voie de décote directe est admise par le Conseil d'État (notamment CE 9-11-1990 n° 88765 : RJF 12/90 n° 1447) et l'administration (BOI-BIC-PDSTK-20-20-10-20 n° 60).

b. Les **productions en cours** (de biens ou de services) sont évaluées au coût de revient (déterminé comme indiqué aux n°s 7705 à 7715), sans que la notion de cours du jour intervienne ici.

Lorsqu'une opération s'avère déficitaire à la clôture de l'exercice, une provision pour perte sur travaux en cours peut être constituée, mais le montant déductible à ce titre est limité sur le plan fiscal (n° 9960).

c. Les **produits résiduels** (déchets et rebuts de fabrication) sont évalués au cours du marché au jour de l'inventaire ou, à défaut de cours, à leur valeur probable de réalisation.

> **Précisions** **a.** L'évaluation du coût de revient se fait obligatoirement hors **TVA** (n° 7415).
> **b.** Un mécanisme correcteur est prévu pour tenir compte, sous forme de **provisions,** des **hausses de prix** des matières, produits et approvisionnements de toute nature (n°s 10000 s.).

MÉTHODES D'ÉVALUATION

7695 BIC-VI-6700 s Les coûts à retenir sont fournis par la **comptabilité analytique** ou, à défaut, déterminés par des calculs ou **évaluations statistiques** (Mémento comptable n°s 20715 s.).

Si l'entreprise, faute d'identification précise des produits en stocks lors de l'inventaire, ne peut connaître avec exactitude leur coût de revient réel, elle peut recourir à une évaluation approchée en appliquant soit la méthode du **coût de revient moyen pondéré,** soit la **méthode Peps** (premier entré, premier sorti), conformément aux règles comptables.

EXEMPLE

Soit un stock de marchandises comprenant 1 000 unités à la clôture de l'exercice.
Durée de rotation : 4 mois.
Achats des quatre derniers mois :
– 2 500 unités acquises le 7 novembre à 120 € = 300 000 € ;
– 1 500 unités achetées le 3 décembre à 100 € = 150 000 €.

1. Évaluation au coût moyen pondéré.
Prix de revient unitaire moyen : (300 000 + 150 000) / 4 000 = 112,5 €.
Valeur des stocks à la clôture : 112,5 × 1 000 = 112 500 €.

2. Méthode Peps.
1 000 × 100 = 100 000 € (au cas particulier, cette méthode minore le résultat de 12 500 €).

En revanche, la **méthode Lifo** (dernier entré, premier sorti) n'est pas admise en comptabilité. Fiscalement, l'administration en refuse également l'application, sauf si elle correspond aux modalités effectives de stockage et de sortie des stocks (BOI-BIC-PDSTK-20-20-10-10 n° 140).

Dans le cadre de la **comptabilité super-simplifiée,** les entreprises peuvent retenir une méthode forfaitaire d'évaluation des stocks et travaux en cours (n° 86840).

COMPOSANTES DU COÛT D'ACQUISITION

Pour les produits **acquis à titre onéreux,** le coût de revient est constitué, au plan comptable (PCG art. 213-31) et fiscal, par le prix d'achat, minoré des remises, rabais commerciaux et escomptes de règlement obtenus, et majoré des frais de transport, de manutention et autres coûts directement engagés pour l'acquisition des biens ainsi que, sur option, des coûts d'emprunt (n° 7715, précision f). Les coûts administratifs sont en revanche exclus (n° 7715). 7700 CGI ann. III art. 38 nonies BIC-VI-4700 s

Le coût de revient des biens **acquis à titre gratuit** s'entend de leur valeur vénale à la date de l'acquisition, sur le plan comptable (PCG art. 213-4) et sur le plan fiscal (CE 9-12-2009 n° 302059 : RJF 3/10 n° 207).

> Précisions a. Doivent être incluses dans le coût de revient les **commissions** calculées en pourcentage du montant des achats versées par une entreprise de distribution à une **centrale d'achat** (CE 27-7-1984 n° 34580 : RJF 10/84 n° 1126), mais non les frais de fonctionnement d'un **service d'achat interne** (CAA Paris 21-11-1996 n° 95PA03463 : RJF 3/97 n° 201).

b. Les frais de **déplacement** des marchandises **d'un local à l'autre** de la même entreprise ne font pas partie des frais accessoires de transport inclus dans le coût de revient (CE 20-12-1972 n° 83877).

c. Lorsque le stock comprend des matières ou marchandises achetées moyennant un **prix libellé en devises** étrangères et non encore réglé à la clôture de l'exercice, il convient, en cas de variation du cours de la devise, de maintenir le prix de revient initial et de comptabiliser directement dans les résultats la perte ou le profit de change (n° 7370). Lorsqu'une opération de couverture a été réalisée, il convient de retenir le taux de la couverture. En cas d'achat, au même terme, de matières premières ou marchandises payables en monnaie étrangère et des devises correspondantes, le prix de revient des produits peut être fixé à partir du taux de change retenu pour l'acquisition à terme des moyens de paiement en devises. Les différences de change restent alors sans incidence sur le bénéfice imposable (BOI-BIC-PDSTK-20-20-10-10 n° 90).

d. L'**éco-participation** versée par les distributeurs d'équipements électriques aux producteurs de ces biens lors de leur acquisition est un élément du coût de revient des stocks (Avis CU CNC 2007-A du 10-1-2007).

e. Les **marges arrière** sont exclues de la détermination du coût de revient des stocks alors même qu'elles sont calculées en pourcentage du prix unitaire net des produits auxquels elles se rapportent (CE 4-2-2015 n° 365815 : RJF 5/15 n° 386).

COMPOSANTES DU COÛT DE PRODUCTION

Pour les biens produits par l'entreprise (produits finis, produits intermédiaires, emballages, productions en cours), le coût de revient s'entend, au plan comptable (PCG art. 213-30 et art. 213-32) et fiscal, du coût de production, lequel comprend les coûts directement engagés pour la production et les frais indirects de production variables ou fixes, ainsi que, sur option, les frais financiers. 7705 BIC-VI-5460 s

Charges directes de production Le coût de production des stocks comprend les charges directes de production qui s'entendent des coûts directement liés aux unités produites, tels que la main-d'œuvre directe et les coûts des matières premières et fournitures consommées. 7710

Le coût de la **main-d'œuvre** de production est constitué des salaires, charges sociales et droits à congés payés acquis, même lorsque ces derniers ne sont déduits qu'au moment de leur versement (n° 9885), et des compléments de rémunération, quel que soit leur mode de calcul (CE 20-10-2000 n° 180798 : RJF 1/01 n° 9).

> Précisions a. Les sommes versées dans le cadre de la **participation des salariés** sont exclues du coût de revient des stocks. Il en va de même des sommes versées dans le cadre de l'**intéressement,** sauf lorsque leur versement est fonction de la productivité (CAA Nantes 12-5-1993 n° 91NT00787 : RJF 8-9/93 n° 1113).
b. Les **frais de conception** de modèles de collection de vêtements par une société qui en maîtrise le processus de fabrication sont des éléments du prix de revient des stocks et produits en cours, alors même que les vêtements seraient fabriqués lors de l'exercice suivant (CE 23-5-2003 n° 234100 : RJF 8-9/03 n° 953).
c. Bien qu'elles constituent des charges de production, les **redevances de fabrication** versées à raison d'une concession de brevets n'ont pas à être incorporées dans le coût de revient des stocks lorsque, calculées sur le chiffre d'affaires, elles sont dues lors de la vente des produits (notamment CE 10-11-1993 n° 89415 : RJF 1/94 n° 13).
d. Les **coûts de développement** engagés à l'occasion de **commandes spécifiques de tiers** (par exemple en sous-traitance) doivent être inclus dans le coût de revient des commandes (CE 11-7-2011 n° 340202 : RJF 11/11 n° 1129 ; BOI-BIC-PDSTK-20-20-10-10 n° 140).

7715 **Charges indirectes de production** Le coût de production des stocks comprend également les charges indirectes de production. Sont ainsi pris en compte systématiquement les **frais généraux de production fixes,** qui demeurent constants indépendamment du volume de production, tels que les **amortissements pour dépréciation** des bâtiments, de l'équipement industriel et des machines utilisés pour le cycle de production, y compris, le cas échéant, l'amortissement des coûts de démantèlement (BOI-BIC-PDSTK-20-20-10-10 n° 140). Les amortissements dérogatoires (n°s 9430 s.) sont en revanche exclus. La quote-part d'amortissement des **coûts de développement portés à l'actif** et des autres immobilisations incorporelles (logiciels, brevets, procédés, dessins et modèles) est également incorporée de manière systématique au coût de production. En revanche, les **coûts administratifs** ne sont pas à prendre en compte, à l'exception toutefois des frais d'administration et de gestion des sites de production (« structures dédiées »).

> Précisions a. Lorsque l'entreprise opte pour la déduction immédiate des dépenses de **recherche et de développement** ou de conception de **logiciels** (n°s 8405 s.), elles ne sont pas prises en compte pour l'évaluation des stocks (voir toutefois n° 7710, précision d).
b. Les **frais de commercialisation** sont exclus du coût de production des stocks (CE 10-12-1990 n° 61347 : RJF 1/91 n° 27 et BOI-BIC-PDSTK-20-20-10-10 n° 190).
c. Au regard de la position retenue pour la **taxe professionnelle** (CE 3-11-2003 n° 248888 : RJF 1/04 n° 8) et la **taxe foncière** (CAA Paris 11-7-2003 n° 98-1676 : RJF 12/03 n° 1354), la **contribution économique territoriale** ne devrait pas être incorporée au coût de revient des stocks.
d. Sont également exclus du coût de revient les **pertes et gaspillages exceptionnels.** Tel n'est pas le cas de pertes inhérentes au processus de fabrication qui ne présentent pas un caractère accidentel (notamment pour un producteur de vins, CE 31-10-1990 n° 97720 : RJF 12/90 n° 1443 et BOI-BIC-PDSTK-20-20-10-10 n° 50).
e. Dans le cas où l'entreprise est en situation de **sous-activité,** la part des charges fixes non imputable à la production doit être exclue de l'évaluation des stocks. Elle constitue une charge déductible au titre de l'exercice au cours duquel la sous-activité est constatée (CE 27-6-1994 n° 121748 : RJF 8-9/94 n° 888). La sous-activité s'apprécie, au plan comptable comme au plan fiscal, d'après la capacité normale de l'entreprise, c'est-à-dire la production moyenne que l'on s'attend à réaliser sur un certain nombre d'exercices ou de saisons dans des circonstances normales (PCG art. 213-32 et BOI-BIC-PDSTK-20-20-10-10 n° 240).
f. Les **coûts d'emprunt** (notamment charges financières et amortissement de primes d'émission ou de remboursement) engagés jusqu'à la date d'acquisition ou de réception définitive pour l'acquisition ou la production d'un stock peuvent être déduits en charge ou incorporés au coût de revient des stocks. Sur l'exercice et les conséquences de cette option, voir n° 7580 (CGI ann. III art. 38 undecies).

ÉVALUATION AU COURS DU JOUR

7720
BIC-VI-8100 s
Lorsque le cours du jour des produits en stocks à la clôture de l'exercice, ou d'une catégorie d'entre eux, est inférieur au coût de revient, l'entreprise constitue une provision pour dépréciation. Le cours du jour à retenir correspond au prix auquel les produits considérés seraient vendus sur le marché à la date de l'inventaire.

> Précisions a. Le **cours du jour** s'entend, pour les marchandises dont l'entreprise fait le commerce, du prix auquel elle peut normalement escompter vendre les biens dans les conditions de son exploitation (notamment CE 28-6-1991 n° 79339 : RJF 8-9/91 n° 1054). Pour les marchandises achetées afin d'être incorporées aux produits fabriqués, il s'agit du prix auquel s'effectue normalement le commerce de ces marchandises (prix du marché) à la date de l'inventaire (CE 15-10-1997 n° 161620 : RJF 12/97 n° 1107). Il en est de même des produits intermédiaires qui peuvent être revendus en l'état (CE 17-10-2007 n° 284054 : RJF 1/08 n° 11). En l'absence de prix du marché, ils sont évalués par référence au prix de vente des produits finis (CE 30-12-2009 n° 304516 : RJF 3/10 n° 208). L'entreprise peut se référer aux cours constatés à la clôture de l'exercice ou aux environs de cette date mais elle ne peut ni se fonder sur l'ensemble des cours constatés entre la date de clôture et l'arrêté des comptes ni retenir des évaluations de prix différentes selon la date de mise sur le marché des produits finis (CE 21-5-2012 n° 332090 : RJF 8-9/12 n° 798).

b. Le cours du jour résulte, en général, des **tarifs** en vigueur à la date de l'inventaire ou des **mercuriales** publiées à la même date ou à la date la plus rapprochée de celle de l'inventaire (BOI-BIC-PDSTK-20-20-10-20 n° 1). La jurisprudence refuse toutefois la référence systématique à des cotations professionnelles si elle ne reflète pas la situation réelle de l'entreprise (notamment CE 8-1-1997 n° 153394 : RJF 2/97 n° 113).
Les marchandises qui ne font pas l'objet d'un marché régulier et pour lesquelles il n'existe pas de cours notoirement connu ne peuvent être, en principe, évaluées au-dessous du prix de revient que si elles ont subi une dépréciation certaine, par suite de circonstances telles que détériorations matérielles, changements de mode ou pertes de débouchés (BOI-BIC-PDSTK-20-20-10-20 n° 1).

c. Sur le plan comptable, les stocks sont évalués à leur **valeur de réalisation nette,** c'est-à-dire au prix du marché diminué de la totalité des frais restant à supporter jusqu'à la vente (Mémento comptable n° 21490). Contrairement à la règle comptable, l'article 39, 1-5° du CGI interdit la prise en compte des **dépenses** non encore engagées nécessaires à la **commercialisation** ultérieure des produits : frais de remise en état, de commercialisation, de publicité...

MÉTHODES STATISTIQUES OU PARTICULIÈRES D'ÉVALUATION

La jurisprudence admet que les entreprises puissent recourir à des méthodes statistiques pour évaluer la dépréciation subie par un stock de matières premières ou de produits, à condition que cette évaluation présente un caractère d'**approximation suffisant.** Elle estime que le recours à de telles méthodes peut être justifié par le grand nombre de produits commercialisés, leur prix unitaire faible ou leur variété. L'évaluation doit toutefois être fondée sur des critères précis tenant à la nature des biens, à l'obsolescence qu'ils subissent ou à leurs conditions de commercialisation. Le caractère probant du calcul peut résulter de l'exploitation de données statistiques tirées de l'expérience propre à l'entreprise (CE 3-2-1989 n° 57456 : RJF 3/89 n° 280 ; CE 25-9-1989 n° 62934 : RJF 11/89 n° 1204). **7725** BIC-VI-9465 s

› Précisions a. D'une manière générale, la jurisprudence considère que les entreprises doivent procéder à des calculs distincts pour les **différentes catégories de produits** en stock (notamment CE 20-1-1984 n° 34784 : RJF 3/84 n° 272). Est notamment admise l'application à des catégories de produits préalablement différenciés d'un cœfficient de dépréciation tenant compte de leur durée de vie estimée et de leur ancienneté dans les stocks (CE 8-7-2009 n° 305776 : RJF 11/09 n° 911). Un taux global de dépréciation est toutefois admissible pour des produits dont il est certain que la vente sera extrêmement difficile (CE 18-3-1983 n° 27832 : RJF 5/83 n° 608).
L'administration estime de son côté que les méthodes statistiques doivent rester exceptionnelles, notamment dans les entreprises importantes qui disposent de moyens techniques (informatique, etc.) leur permettant de faire une évaluation précise à partir d'éléments réels (BOI-BIC-PDSTK-20-20-10-20 n° 90).

b. L'administration accepte des modalités particulières d'évaluation des stocks dans le secteur de l'**édition** et autorise un calcul forfaitaire des provisions pour risque de mévente dans ce secteur et chez les **libraires** (BOI-BIC-PDSTK-20-30 n°s 1 s. : BIC-VI-15100 s.). L'éditeur tenu de reprendre les ouvrages retournés par les libraires peut constituer une provision pour perte sur la fraction des **ouvrages** devenus **invendables** en raison de leur détérioration ou de leur absence de rentabilité économique en cas de retour sur le marché (TA Montreuil 4-11-2013 n° 1206901 : RJF 4/14 n° 319).

C. Produits

1. PRODUITS D'EXPLOITATION

Les produits d'exploitation comprennent principalement les ventes (ou les recettes provenant des travaux ou prestations de services). S'y ajoutent tous les revenus ou profits accessoires réalisés à l'occasion de la gestion commerciale de l'entreprise ainsi que ceux provenant de la mise en valeur de certains éléments de l'actif. **7850**

VENTES OU RECETTES

Elles sont constituées par le prix total des marchandises ou produits finis vendus, des travaux effectués ou des services fournis par l'entreprise. Elles doivent normalement être comptabilisées hors TVA (n° 7415). **7860** BIC-V-300 s BIC-IX-30920 s

› Précisions a. Les **réductions** accordées sur ventes (ristournes, rabais et remises) viennent en diminution de celles-ci, à la différence des **escomptes** de règlement qui constituent des frais financiers. Pour le traitement comptable des réductions sur ventes : voir Mémento comptable n° 11830.

b. Les ventes dont le prix est libellé en **devises** étrangères doivent être comptabilisées au jour de l'opération pour leur contre-valeur en euros. Les fluctuations du cours de la devise n'entraînent aucune modification du total des ventes ; ces fluctuations apparaissent dans les écritures d'inventaire sous la forme d'un gain ou d'une perte de change (Rép. Michel : AN 24-7-1976 n° 27444 non reprise dans Bofip) (voir n° 7370).

c. Les **pourboires** doivent normalement être inclus dans les ventes, même lorsqu'ils sont directement encaissés par le personnel (auquel cas l'employeur doit les évaluer). En contrepartie, ils constituent une charge déductible (frais de personnel) (CE 21-10-1987 n° 57499 : RJF 12/87 n° 1257 ; BOI-BIC-CHG-10-20-20 n° 90).
d. L'**éco-participation** facturée par le **producteur** d'équipements électriques et électroniques au distributeur lors de la vente de l'équipement doit être comptabilisée dans son chiffre d'affaires ou à un sous-compte spécifique des ventes. Sa refacturation au client final constitue pour le **distributeur** un élément du prix de vente à comptabiliser en chiffre d'affaires au même titre que l'équipement vendu ou dans un sous-compte spécifique des ventes (Avis CU CNC 2007-A du 10-1-2007).

EXERCICE DE RATTACHEMENT

7870 CGI art. 38, 2 bis BIC-V-1400 s

La loi fixe des règles précises de rattachement des produits correspondant à des **créances sur la clientèle** ou à des **versements reçus à l'avance** en paiement du prix. Ces règles sont différentes selon qu'il s'agit de ventes, de prestations de services ou de travaux d'entreprise donnant lieu à réception. Bien entendu, conformément au principe général énoncé n° 7355, ces produits ne peuvent être pris en compte que s'ils se rapportent à une opération ayant donné naissance, au cours de la période d'imposition, à une créance acquise.

> **Précisions** **a.** Tant que le produit d'une opération n'est pas rattaché au résultat imposable de l'exercice, les dépenses exposées pour la réalisation de cette opération ne sont pas déductibles. Leur inscription en charge doit être compensée par la constitution d'un poste d'actif (**productions en cours**) d'égal montant (n°s 7675 s.).
b. Il n'existe aucune définition des « produits correspondant à des créances sur la clientèle ». La référence à la clientèle paraît exclure les produits ne correspondant pas aux **opérations courantes** de l'entreprise, en particulier les **plus-values d'actif** pour lesquelles le transfert de propriété est le fait générateur de l'imposition (n° 17755). Selon nous, cette référence ne limite pas en revanche le champ d'application du régime aux opérations se rattachant à l'objet principal de l'entreprise : les **produits accessoires** (loyers, par exemple) ou les **produits financiers** devraient être également concernés, dès lors qu'ils sont pris en compte dans le résultat fiscal au même titre que les produits principaux.
c. En ce qui concerne les **productions agricoles mises en dépôt** chez un tiers, voir n° 15870.

7875 BIC-V-1700 s

Ventes Pour les ventes, l'exercice de rattachement est celui au cours duquel intervient la **livraison** des biens. La livraison se définit par référence à la notion civiliste de **délivrance** (CE 4-3-1991 n° 97595 : RJF 4/91 n° 431). Il s'agit du transport du bien « en la puissance et possession de l'acheteur » (C. civ. art. 1604).
La délivrance s'opère pour les effets mobiliers : « ou par la remise de la chose ; ou par la remise des clefs des bâtiments qui les contiennent ; ou même par le seul consentement des parties, si le transport ne peut pas s'en faire au moment de la vente, ou si l'acheteur les avait déjà en son pouvoir à un autre titre » (C. civ. art. 1606). En ce qui concerne les immeubles (qui, pour les marchands de biens notamment, constituent l'objet du négoce), elle consiste dans la remise des clefs s'il s'agit d'un bâtiment ou dans la remise des titres de propriété (C. civ. art. 1605).

7880

> **Précisions** **a.** Lorsque la vente est assortie d'une **clause de réserve de propriété,** la livraison s'entend de la remise matérielle du bien. Les biens vendus cessent alors de faire partie des stocks et le bénéfice correspondant est imposable sans attendre le transfert de propriété qui est différé jusqu'au paiement intégral du prix. L'acquéreur est appelé à supporter l'éventuelle dépréciation des biens entre le moment de la livraison et celui du transfert de propriété, sans que le prix à payer puisse en être diminué.
b. Les créances correspondant aux **ventes sous condition suspensive** (ventes à l'essai, par exemple) sont rattachées aux résultats de l'exercice au cours duquel la condition se réalise, alors que les créances afférentes aux ventes sous **condition résolutoire** (ventes avec faculté de rachat, par exemple) sont prises en compte dès la livraison du bien (BOI-BIC-PDSTK-10-10-10 n°s 60 à 110).

7885 BIC-V-2450 s

Prestations de services (cas général) Les fournitures de services ne sont génératrices d'un produit imposable qu'au titre de l'exercice au cours duquel intervient l'**achèvement** des prestations. Cette règle vaut pour toutes les prestations (réparations, opérations de façon ou de commission, transports, etc.) qui ne constituent ni des prestations continues (n° 7890) ni des prestations discontinues à échéances successives (n° 7895). La détermination de la date d'achèvement est une question de fait qui dépend de l'étendue exacte des obligations du prestataire, telles qu'elles sont fixées par contrat ou, dans certains cas, telles qu'elles résultent des usages.

> **Précisions** **a.** Les **commissions** perçues par des **intermédiaires** (courtiers, par exemple) ne sont imposables que lorsque prend fin la mission impartie par les usages ou par contrat aux intéressés. Suivant les cas, leur prise en compte peut ainsi intervenir : dès la conclusion de la commande ou de la facturation de la marchandise par le vendeur (CE 6-5-1996 n° 156015 : RJF 6/96 n° 706) ; à la date d'achèvement des opérations concourant à l'exécution du marché

(CE 6-7-1994 n° 116079 : RJF 8-9/94 n° 885) ; ou bien lors du règlement du prix par le client (CE 13-2-1995 n° 137490 : RJF 4/95 n° 449).

b. Les **commissions pour frais de dossier** perçues par un **établissement bancaire** à l'occasion de l'octroi de prêts à sa clientèle rémunèrent la prestation d'instruction du dossier de demande de prêt qui prend fin à la date de la proposition de prêt. Elles doivent dès lors être rattachées à l'exercice au cours duquel elles sont perçues (CE 4-12-2019 n° 420414 : RJF 3/20 n° 201).

c. Dans le cas d'un **contrat à long terme** constituant une **prestation unique** (prestation d'ingénierie), la cour de Versailles a jugé, dans un arrêt devenu définitif, que les produits devaient être rattachés à l'exercice d'**achèvement** de la prestation, la méthode de comptabilisation à l'avancement n'étant pas compatible avec les dispositions de l'article 38, 2 bis du CGI (CAA Versailles 20-7-2017 n° 15VE01900 : RJF 11/17 n° 1019). Sur la notion de contrat à long terme, voir Mémento comptable n°s 10760 s.

Prestations continues Elles sont définies par le CGI comme les prestations « rémunérées notamment par des **intérêts** ou des **loyers** ». Les produits de ces prestations dont l'exécution se prolonge sur plusieurs exercices doivent être pris en compte au fur et à mesure de l'exécution (locations, prêts d'argent, contrats d'assurances…). Mais ne peut être échelonné que le produit issu de la prestation continue. Les sommes en lien avec cette prestation mais qui sont perçues en rémunération d'une opération ayant un caractère **spécifique** et **ponctuel** sont rattachées pour leur totalité à l'exercice au cours duquel intervient leur achèvement (CAA Nantes 29-5-2007 n° 06NT00887 : RJF 11/07 n° 1209 à propos de prestations d'installation d'un bien accessoires à une location). **7890** BIC-V-2520 s

ILLUSTRATIONS

Dans le cas de transactions impliquant **plusieurs partenaires,** le Conseil d'État privilégie une approche économique globale et considère comme des prestations continues :

– les **cotisations** versées pour l'usage d'une **carte bancaire** (CE 24-5-2000 n° 193817 : RJF 7-8/00 n° 887) ;

– les **prestations de garantie sous-traitées par le vendeur** de matériels audiovisuels, en raison de la permanence des obligations qui pèsent sur l'entreprise, même si elle n'a aucune relation contractuelle directe avec les acquéreurs (CE 7-6-2000 n° 199344 : RJF 9-10/00 n° 1049) ;

– les opérations de **crédit gratuit** accordé par les grands magasins à leur clientèle : les sommes représentant le coût du crédit qui sont versées par le vendeur à l'établissement bancaire rémunèrent une prestation continue de prêt qui se poursuit sur toute la durée de celui-ci (CE 7-6-2000 n° 208935 : RJF 9-10/00 n° 1051) ;

– les opérations de **cautionnement,** car l'obligation contractée par l'organisme de caution s'étend sur toute la durée couverte par le contrat, et alors même que l'octroi d'une caution permet à son bénéficiaire de réaliser l'opération concernée dès sa délivrance (CE 8-3-2002 n° 199468 : RJF 5/02 n° 471).

La jurisprudence range également dans la catégorie des prestations continues :

– les **contrats de garantie et d'entretien** d'installations de chauffage : les redevances annuelles sont imposables au fur et à mesure des échéances, avec possibilité de constituer des provisions pour renouvellement du matériel dans les conditions exposées n°s 9910 s. (CE 21-6-1995 n° 144450 : RJF 8-9/95 n° 954) ;

– les opérations de **location avec option d'achat** : le versement initial qui ne rémunère pas une prestation distincte est réparti linéairement sur la durée du contrat (CE 29-11-2000 n°s 192100 et 192109 : RJF 2/01 n° 149) ;

– les contrats d'**approvisionnement exclusif** : la somme perçue par un débitant de boissons en contrepartie d'un engagement d'approvisionnement exclusif auprès d'un brasseur pendant **dix ans** doit être rattachée chaque année à ses produits d'exploitation au prorata des achats de bière effectués au cours de la même période (CE 20-6-2006 n° 266796 : RJF 10/06 n° 1152) ;

– les contrats permettant aux partenaires participant au financement d'une course nautique autour du monde d'**utiliser les marques déposées** pour la course. Les autres prestations offertes aux sponsors (conférences de presse, actions publicitaires, etc.) constituent des prestations discontinues à échéances successives (CE 28-12-2012 n° 339927 : RJF 3/13 n° 263).

Prestations discontinues à échéances successives Il s'agit des prestations qui comportent des phases d'exécution séparées dans le temps et échelonnées sur plusieurs exercices (exemples : contrats d'entretien de matériel ou d'installations prévoyant un nombre d'interventions limité, contrats d'abonnement, cours par correspondance, etc.). Il n'est pas nécessaire que les prestations effectuées successivement soient de nature identique (CE 19-6-1989 n° 58246-59828 : RJF 8-9/89 n° 928). **7895** BIC-V-2600 s

Les produits de ces prestations doivent être pris en compte au fur et à mesure de l'exécution. Selon l'administration, la **notion d'échéances successives** a trait au seul fractionnement des prestations dans le temps et non aux modalités de paiement du prix (BOI-BIC-BASE-20-10 n° 160). Le Conseil d'État considère, pour sa part, que l'existence de **paiements ou de facturations fractionnés** constitue un indice utile, mais non une condition nécessaire, pour qualifier une prestation comme étant discontinue à échéances successives (CE 10-1-2005 n° 253490 : RJF 4/05 n° 298). La comptabilisation des produits en fonction des échéances contractuelles peut être écartée lorsqu'elle ne rend pas compte correctement des avantages économiques procurés aux bénéficiaires des prestations (CE 28-12-2012 n° 339927 : RJF 3/13 n° 263).

ILLUSTRATIONS

La jurisprudence a retenu la qualification de prestation discontinue à échéances successives pour des contrats subdivisés en phases successives donnant lieu à des facturations et des règlements distincts :
– contrats d'**ingénierie immobilière** (CE 19-6-1989 précité) ;
– **marchés d'études** et de développement (CAA Paris 21-11-1991 n° 89PA02415 : RJF 2/92 n° 179) ;
– travaux exécutés par une **société d'expertise comptable** (CE 10-1-2005 précité) ;
– mandats de **gestion immobilière** (CAA Bordeaux 16-1-2006 n° 01BX01447 : RJF 6/06 n° 661).

7900 BIC-V-3800 s **Travaux d'entreprise** L'exercice de rattachement des produits relatifs aux travaux d'entreprise donnant lieu à **réception** complète ou partielle est celui au cours duquel intervient la réception, même si elle est provisoire ou faite avec réserve, ou la mise à la disposition du maître de l'ouvrage si celle-ci est effectuée à une date antérieure à celle de la réception. Cette règle vaut notamment pour les travaux de bâtiment, les travaux publics, les constructions navales et aéronautiques et les travaux de construction d'usines clefs en main.

L'administration autorise toutefois les entreprises de construction, de travaux publics et de construction navale à inclure dans les produits d'exploitation le montant des créances devenues exigibles au cours de l'exercice, telles qu'elles apparaissent sur les « **situations de travaux** » établies avant la date de clôture de l'exercice, à condition que les travaux soient exclus du poste « travaux en cours » (BOI-BIC-PDSTK-10-10-10 n°s 170 et 180 ; BOI-BIC-PDSTK-20-10 n° 30). Sur l'incidence de cette méthode de rattachement des travaux sur le régime des provisions constituées par le constructeur, voir n° 9960, précision b.

› Précisions **a.** Si une entreprise fait une application inexacte de la doctrine administrative relative aux créances figurant sur les **situations de travaux,** l'administration ne peut procéder à un redressement que sur le fondement de la loi et non sur le fondement de sa doctrine (CAA Lyon 29-5-2007 n° 03LY01541 : RJF 12/07 n° 1380, CAA Lyon 27-4-2017 n° 15LY02950 : RJF 11/17 n° 1020).

b. La **retenue de garantie** pratiquée le cas échéant par le maître de l'ouvrage fait partie du prix et est imposable en même temps que ce dernier ; mais l'entreprise peut constituer une provision pour faire face aux charges supplémentaires liées au marché qui peuvent être tenues pour probables (CE 8-7-1988 n° 65659 : RJF 10/88 n° 1064).

PRODUITS ACCESSOIRES D'EXPLOITATION

7910 BIC-V-5900 s Ce sont notamment les commissions et courtages, les redevances de concession de licences d'exploitation de brevets, procédés ou marques, les revenus des immeubles donnés en location (n° 7915). Sur le plan fiscal, les bénéfices agricoles ou non commerciaux accessoires à l'exploitation commerciale sont également rattachés à celle-ci (n° 7925).

Pour les exercices ouverts à compter du 1er janvier 2019, le résultat net de concession (ou sous-concession) de licence d'exploitation portant sur certains droits de la propriété intellectuelle (brevets, certificats d'utilité, logiciels protégés par le droit d'auteur…) peut, sur option et sous certaines conditions, bénéficier d'un régime de taxation spécifique (n°s 10420 s.).

› Précisions Dans les entreprises relevant de l'impôt sur le revenu, les **profits de consignation** réalisés lorsque les clients ne restituent pas les **emballages** consignés sont imposables soit comme des bénéfices d'exploitation ordinaires, soit comme des plus-values d'actif (n°s 17500 s.), selon que les emballages non restitués font partie des stocks ou des immobilisations (voir n° 7520). Le Conseil d'État permet aux entreprises de recourir à l'utilisation de méthodes statistiques pour calculer le nombre d'emballages non restitués au cours de chaque exercice. Ces emballages sont présumés provenir de tous les lots d'emballages acquis à des dates et des prix différents encore inscrits à l'actif ; la fraction aliénée de chaque lot est donc calculée à proportion du nombre d'emballages réputés vendus par rapport au nombre total des emballages inscrits à l'actif (CE 27-11-1981 n° 16814 : RJF 1/82 n° 7).

Si la mise à disposition de l'emballage s'analyse non pas comme une opération de consignation, mais comme une **location,** le contrat prévoyant la restitution de la consignation sous déduction d'un droit de location proportionnel au nombre de mois de conservation de l'emballage, les prélèvements mensuels sur la consignation versée constituent des produits de location qui doivent être pris en compte au fur et à mesure selon la règle du couru (CE 25-11-1981 n° 10959 : RJF 1/82 n° 16).

7915 BIC-V-4300 s **Revenus des immeubles** Les loyers et autres revenus des immeubles **figurant à l'actif** des entreprises (directement ou par l'intermédiaire d'une société immobilière « transparente » : n°s 30770 s.) constituent un élément du bénéfice imposable au même titre que les autres revenus réalisés par l'entreprise. Ces revenus doivent être compris dans les bénéfices de l'entreprise pour leur montant réel.

Les loyers sont rattachés à l'exercice au cours duquel ils ont « couru », sans considération ni de la date d'échéance ni de celle du paiement (n° 7890). Cette règle concerne aussi les **loyers payés d'avance,** qui doivent normalement être échelonnés sur la durée du bail (BOI-BIC-PDSTK-10-10-20 n° 245).

Pour les **entreprises individuelles** et les **sociétés de personnes** relevant de l'impôt sur le revenu, ces produits ne sont à prendre en compte pour la détermination du résultat imposable dans la catégorie des BIC que lorsqu'ils proviennent d'immeubles inscrits à l'actif et utiles à l'activité professionnelle, ou en cas d'option expresse lorsque leur montant est marginal (nº 7345).

> Précisions **a.** Les **droits d'entrée** ou pas-de-porte sont considérés généralement comme des suppléments de loyers (notamment CE 17-6-1985 nº 44509 : RJF 8-9/85 nº 1153), à moins qu'ils ne représentent le prix de vente d'un élément de l'actif commercial du bailleur (CE 28-9-1984 nº 38704 : RJF 11/84 nº 1332). Lorsqu'ils rémunèrent une prestation rendue tout au long du bail, leur imposition doit être étalée sur la durée du contrat au motif qu'ils se rattachent à une prestation continue de location (CE 14-4-2008 nº 293577 : RJF 7/08 nº 777 ; BOI-BIC-PDSTK-10-30-20 nº 30).

b. Lorsque le bail met à la charge du locataire des **travaux de construction ou d'aménagement** qui doivent revenir sans indemnité au bailleur en fin de bail, le Conseil d'État estime que les dépenses correspondantes sont imposables au titre de l'exercice au cours duquel le propriétaire recouvre la disposition des locaux (CE 5-12-2005 nº 263505 : RJF 3/06 nº 238 ; CE 26-7-1985 nº 44913 : RJF 11/85 nº 1412) et non, comme le soutient l'administration, au fur et à mesure de l'exécution des travaux (BOI-BIC-PDSTK-10-30-20 nº 30). Le produit imposable correspond à la valeur vénale des constructions ou aménagements concernés. Si les **travaux de rénovation n'ont pas la nature d'actif immobilisé,** un produit imposable ne doit être constaté que si les travaux ont eu pour conséquence un accroissement de la valeur du local ou un prolongement notable de sa durée probable d'utilisation. Le produit est alors constaté à raison de la différence entre la valeur réelle des actifs rénovés et leur valeur d'origine (Rép. Villaumé : AN 30-6-2015 nº 51475).

c. Une entreprise, membre d'une **société immobilière** non passible de l'impôt sur les sociétés et ayant pour objet la location d'un patrimoine immobilier, est imposable à raison de la quote-part qui lui revient dans les bénéfices de la société. Cette quote-part est déterminée selon les règles des BIC lorsque l'associé est soumis à l'IS (nº 37630). Mais elle est déterminée selon les règles des revenus fonciers, en application des dispositions de l'article 155, II et III du CGI lorsque l'associé est une entreprise relevant des BIC (ou des BA) (nºs 37630 et 7345).

d. Voir aussi nºs 31030 s. pour le **bail à construction,** et nºs 90485 s. pour les **locations meublées.**

7920 Lorsqu'un immeuble figurant à l'actif est affecté à l'**habitation de l'exploitant** (ou affecté gratuitement à l'habitation d'un associé), le montant du loyer qui aurait dû être demandé à l'intéressé relève, en principe, des règles applicables en matière de revenus fonciers exposées au nº 27090 (BOI-BIC-PDSTK-10-10-20 nº 220).

> Précisions Lorsqu'une société passible de l'**impôt sur les sociétés** met un immeuble à la disposition d'un **associé dirigeant,** le loyer non perçu constitue un avantage en nature qui n'a pas à être rapporté au résultat imposable si le montant total de la rémunération du dirigeant n'est pas excessif (voir nº 23700).

7925 CGI art. 155, I BIC-V-32300 s

Bénéfices agricoles et bénéfices non commerciaux accessoires Lorsqu'une entreprise industrielle ou commerciale effectue des opérations dont les résultats entrent normalement dans la catégorie des bénéfices agricoles ou dans celle des bénéfices non commerciaux, il est tenu compte de ces résultats pour la détermination des bénéfices industriels et commerciaux si les opérations agricoles ou non commerciales sont une **simple extension** de l'activité industrielle et commerciale.

> Précisions **a.** La jurisprudence subordonne la prise en compte des profits agricoles ou non commerciaux accessoires aux deux **conditions cumulatives** suivantes :
– l'existence d'un **lien étroit** entre l'activité commerciale et l'activité agricole ou non commerciale. S'agissant d'une activité agricole, ce lien est établi par exemple lorsqu'une proportion importante des produits de l'exploitation agricole est absorbée par l'activité commerciale ;
– la **prépondérance** de l'**activité commerciale.** La comparaison du volume des affaires réalisées permet le plus souvent d'apprécier l'importance respective des deux activités, mais d'autres critères (critères physiques comme par exemple le nombre d'animaux achetés et revendus par des négociants-éleveurs) sont parfois utilisés.

Lorsque ces conditions sont réunies relèvent par **exemple** des BIC pour l'ensemble de leurs activités :
– les marchands de bestiaux ou les bouchers exerçant également une activité d'éleveur (notamment CE 6-2-1981 nºs 17584 et 18369 : RJF 4/81 nº 299 ; CE 3-6-1988 nº 54007 : RJF 8-9/88 nº 953) ;
– les entrepreneurs de parcs et jardins se livrant accessoirement à une activité de pépiniériste (CE 5-2-1986 nº 35298 : RJF 4/86 nº 346) ;
– les entrepreneurs de bâtiment réalisant des études préalables (CE 24-6-1985 nº 21522 : RJF 8-9/85 nº 1213).

En revanche, un laboratoire d'analyses médicales ne constitue pas le prolongement naturel d'une pharmacie (CE 10-5-1991 nº 64021 : RJF 7/91 nº 896).

b. Ne constituent pas un obstacle à l'imposition au titre des BIC des profits agricoles ou non commerciaux accessoires :
– l'**antériorité de l'activité** non commerciale ou agricole (notamment CE 7-4-1986 nº 45260 : RJF 6/86 nº 568 ; CE 18-12-1991 nº 65850 : RJF 2/92 nº 173) ;
– l'exercice de l'activité non commerciale ou agricole dans le cadre d'une **société civile,** lorsque celle-ci est entièrement contrôlée par l'exploitant

commercial (CE 9-11-1990 nº 64965 : RJF 1/91 nº 20), ou dans le cadre d'une **indivision** dont les membres sont les associés de la SARL de famille exploitant l'activité commerciale (CAA Nantes 30-5-2000 nº 96NT00807 : RJF 11/00 nº 1204) ;

– l'exercice de l'activité accessoire par le **conjoint,** lorsque les deux activités constituent en réalité, compte tenu de leurs liens, une entreprise unique (CAA Nantes 14-6-1995 nº 91NT00307 : RJF 11/95 nº 1232).

2. PRODUITS FINANCIERS

7950 BIC-V-9000 s Les produits financiers, ou revenus mobiliers, perçus par l'entreprise doivent, en principe, être compris dans les bénéfices imposables. Mais les règles applicables diffèrent selon la nature des produits.

REVENUS DU PORTEFEUILLE-TITRES

7955 BIC-V-9160 s **Dividendes** **Comptablement,** en principe, les dividendes sont enregistrés en produits dès la date de l'assemblée ayant pris la décision de distribuer (Mémento comptable nº 36315).

Il en est en principe de même **au plan fiscal** (CAA Paris 27-6-2017 nº 15PA04635 ; CE (na) 16-5-2018 nº 412801 : RJF 8-9/18 nº 827). Toutefois, l'administration autorise la prise en compte des dividendes dans les résultats imposables de l'entreprise à la date de leur perception, qui correspond d'une façon générale à la date de détachement du coupon (Inst. 4 K-1-83 nº 25, non reprise dans Bofip).

a. Afin de pouvoir utiliser les crédits d'impôt afférents à des revenus mobiliers (notamment ceux attachés aux revenus de source étrangère), les **sociétés passibles de l'impôt sur les sociétés** qui appliquent la règle comptable sont autorisées à retrancher extra-comptablement les dividendes correspondants non encore encaissés à la clôture de l'exercice et à les ajouter au résultat imposable de l'exercice de leur perception (Comité MOA 7-3-1978, solution non reprise dans Bofip). Ce régime d'imputation est étudié nºs 36115 s.

Sont par ailleurs retranchés du bénéfice net à hauteur de 99 % de leur montant les produits (n'ouvrant pas droit au régime mère-fille) perçus par une **société non membre d'un groupe intégré** à raison d'une **participation dans une société établie dans un État de l'Union européenne, en Islande, en Norvège ou au Liechtenstein** et soumise à un impôt équivalent à l'impôt sur les sociétés dans ces mêmes États, sous réserve que ces sociétés eussent rempli les conditions pour appartenir à un même groupe fiscal (nºs 40150 s.) si la société distributrice était établie en France (CGI art. 223 B). Il n'est toutefois pas procédé à cette déduction lorsque la société qui perçoit les distributions n'est pas membre d'un groupe fiscal uniquement du fait de l'absence des options et des accords à formuler pour l'application du régime d'intégration. Le dispositif anti-abus prévu pour les sociétés intégrées en cas de non-conservation des titres pendant un délai de deux ans ou de moins-value dégagée lors de cession de titres de sociétés à prépondérance financière (nº 40522) s'applique également aux produits dont le montant est ainsi retranché du bénéfice net.

Exonération conditionnelle des dividendes versés par les filiales : voir nºs 40850 s., et plus particulièrement des produits versés par des filiales européennes à des sociétés non intégrées : voir nº 40970.

b. Les dividendes inclus dans le résultat d'une **entreprise passible de l'impôt sur le revenu** sont ensuite déduits de ce résultat et déclarés dans la catégorie des revenus mobiliers par l'exploitant ou, dans les sociétés de personnes, par les associés au prorata de leurs droits. Les personnes physiques peuvent ainsi bénéficier des modalités d'imposition qui régissent les revenus mobiliers (nºs 24540 s.). Cette règle, initialement prévue par la doctrine administrative, est légalisée à l'égard des dividendes ne provenant pas de l'exercice de l'activité professionnelle mais ne s'applique pas en cas d'option expresse pour les BIC lorsque leur montant est marginal (BOI-BIC-PDSTK-10-20-10 nº 1) (nº 7345).

> **Précisions** En ce qui concerne les modalités spéciales de prise en compte ou d'imposition :
> – de la quote-part de résultat dans des **sociétés de personnes** : voir nºs 37600 s. ;
> – des distributions effectuées par des sociétés de **capital-risque** : voir nºs 26380 s. ;
> – des produits de titres d'**OPCVM** : voir nº 19005.

7960 BIC-V-10000 s **Produits de titres à revenu fixe** Ils doivent être rattachés aux résultats imposables de l'exercice au cours duquel ils ont couru. C'est notamment le cas des intérêts des titres suivants : obligations, titres participatifs, effets publics, bons de caisse, bons du Trésor sur formule (BOI-BIC-PDSTK-10-20-20 nºs 1 s.).

Cette règle concerne tant les entreprises soumises à l'impôt sur le revenu que celles assujetties à l'impôt sur les sociétés.

Mais, comme les dividendes (nº 7955), les intérêts sont déduits du résultat des **entreprises relevant de l'impôt sur le revenu** pour être déclarés au titre des revenus mobiliers par l'exploitant ou les associés (sous réserve de l'option expresse pour les BIC lorsque leur montant est marginal, voir nº 7345), ce qui permet, en pratique, d'imputer les crédits d'impôt qui leur sont attachés.

Primes de remboursement Lorsqu'elles sont attachées à des **obligations,** titres assimilés, **titres de créances négociables, titres** ou contrats d'emprunt ou de capitalisation **non négociables** – français ou étrangers – **émis, conclus ou démembrés depuis le 1er janvier 1993,** les primes de remboursement s'entendent de la différence entre les sommes ou valeurs à recevoir (à l'exception des intérêts linéaires versés annuellement) et celles versées lors de l'acquisition ou de la souscription. 7970 CGI art. 238 septies A à E BIC-V-12000 s

Cette définition très large vise notamment : les obligations à **coupon unique** versé à l'échéance en même temps que le remboursement du nominal ; les obligations à **coupon zéro** qui ne comportent aucun intérêt et dont la rémunération est assurée par une forte prime de remboursement ; les titres dont la valeur d'émission est inférieure au nominal (on parle alors de **prime d'émission**). La prime de remboursement englobe également les **intérêts partiellement capitalisés,** les intérêts **payés d'avance** et les **plus-values** provenant du **remboursement** d'obligations acquises au-dessous du prix d'émission.

Lorsque la prime de remboursement excède 10 % du prix d'acquisition du titre ou du droit et qu'elle s'attache à un titre dont le prix moyen à l'émission n'excède pas 90 % de la valeur de remboursement, elle fait l'objet d'une imposition étalée. 7975

Elle est imposable pour sa fraction courue au cours de l'exercice, estimée à partir d'une répartition actuarielle selon la méthode des intérêts composés.

Lorsque tous les éléments de la rémunération sont connus, la fraction de la prime et des intérêts à rattacher aux résultats imposables de chaque exercice jusqu'au remboursement est déterminée en appliquant au prix d'acquisition le taux d'intérêt actuariel déterminé à la date d'acquisition. Le prix d'acquisition est majoré de la fraction de la prime et des intérêts capitalisés à la date anniversaire de l'emprunt ou du titre, de telle sorte que le montant des annuités imposables est progressif.

Lorsque l'une des conditions de l'imposition étalée n'est pas satisfaite, la prime est imposable lors du remboursement.

› **Précisions** **a.** Lorsque le contrat comporte une clause de rémunération rendant **aléatoire** la détermination de la valeur de remboursement, la prime est déterminée forfaitairement en retenant comme taux actuariel 105 % du dernier taux mensuel des emprunts d'État à long terme connu lors de l'acquisition ou de la souscription, sauf si cette prime (diminuée des intérêts linéaires annuels) est inférieure à 10 % de la valeur d'émission. Les titres comportant une **clause d'indexation** ont un régime propre qui n'impose pas que le montant de la prime soit supérieur à 10 % de la valeur d'émission (CE 12-7-2017 n° 400834 : RJF 11/17 n° 1022).

b. En cas de **cession** des titres, le résultat réalisé est calculé sous déduction des fractions de prime et d'intérêts antérieurement prises en compte dans les résultats imposables, mais non effectivement perçues.

c. Titres à revenu fixe détenus par les **entreprises d'assurances** et les **banques** : voir n° 19090.

PRODUITS DE CRÉANCES

Les intérêts, arrérages et autres produits des **créances, dépôts, cautionnements et comptes courants** perçus par une entreprise sont compris dans ses bénéfices imposables sans aucune réfaction. 7985 BIC-V-10930 s

Ils doivent être rattachés aux résultats de l'exercice au cours duquel ils ont **couru,** quelle que soit l'échéance (n° 7890). Les intérêts perçus d'avance sont traités comme des primes de remboursement. Par exception à ce principe, l'administration considère que les produits de placement des recettes professionnelles d'une entreprise individuelle ou d'une société de personnes relevant de l'impôt sur le revenu (placement de la trésorerie ou compte courant notamment) constituent des revenus générés sans l'implication personnelle, directe et continue de l'exploitant, exclus du résultat professionnel et imposés dans la catégorie des revenus de capitaux mobiliers (BOI-BIC-PDSTK-10-20-30 n° 25). Toutefois, sur option expresse, ces produits peuvent être pris en compte pour la détermination du résultat imposable dans la catégorie des BIC lorsque leur montant est marginal (n° 7345).

Comme pour les produits de même nature perçus par les particuliers, ces produits sont en principe soumis à un prélèvement forfaitaire non libératoire qui constitue un acompte d'impôt sur le revenu (voir nos 25250 s.).

› **Précisions** **a.** Les mêmes règles sont applicables aux produits des **titres de créances négociables** sur un marché réglementé. Les gains et les pertes réalisés en cas de cession des titres en question sont compris dans les résultats imposables au taux de droit commun, quelle que soit la durée de détention des titres. Toutefois, pour les entreprises individuelles et les sociétés de personnes relevant de l'impôt sur le revenu, ces produits qui ne proviennent pas de l'activité professionnelle ne sont pas pris en compte dans le résultat professionnel, sauf option expresse lorsque leur montant est marginal (BOI-BIC-PDSTK-10-20-40 n° 20) (n° 7345).

b. Les produits des parts de **fonds communs de titrisation** sont imposables dans les conditions et taux de droit commun. En ce qui concerne les modalités spéciales d'évaluation des parts pour les sociétés passibles de l'impôt sur les sociétés : voir n° 19005.

c. Les intérêts sur les **créances douteuses** des entreprises du **secteur bancaire,** déclassées en encours douteux compromis, ne sont pas pris en compte pour la détermination du résultat imposable de l'exercice au cours duquel ces intérêts sont acquis (BOI-BIC-BASE-20-10 n° 320).

PÉNALITÉS POUR PAIEMENT TARDIF

7995 CGI art. 237 sexies BIC-V-11600 s

Les produits correspondant aux pénalités pour paiement tardif de **factures** mentionnées aux articles L 441-9 et L 441-10, II du Code de commerce sont rattachés à l'exercice de leur encaissement par le fournisseur. Corrélativement, les charges supportées à ce titre par le débiteur sont déductibles de l'exercice de leur versement. Les pénalités en cause sont normalement exigibles le jour suivant la date de règlement figurant sur la facture, sans qu'un rappel soit nécessaire.

> **Précisions** Sont également concernés par cette mesure les **intérêts moratoires** prévus par le Code des **marchés publics** et les **indemnités forfaitaires pour frais de recouvrement** en cas de retard de paiement dans les transactions commerciales instituées par l'article 121 de la loi 2012-387 du 22 mars 2012 (BOI-BIC-BASE-20-10 n° 230).

CONTRATS À TERME D'INSTRUMENTS FINANCIERS

8005 CGI art. 38, 6 BIC-V-13700 s

Les profits et pertes constatés lors du dénouement de ces contrats sont normalement pris en compte dans le résultat, la déduction des pertes étant toutefois différée lorsqu'elles ont pour contrepartie un gain latent sur une position symétrique (voir n° 8010, précision b).

Le résultat doit aussi prendre en compte en principe les gains et pertes latents sur les contrats **en cours à la clôture** de l'exercice, déterminés en fonction des cours du marché sur lequel le contrat a été conclu à cette date. Cette règle comporte toutefois deux exceptions relatives, l'une aux gains latents réalisés dans le cadre d'une opération de couverture, l'autre aux pertes latentes compensées par un profit latent sur une position symétrique (voir n° 8010).

Les instruments financiers concernés par cette réglementation sont les contrats, options et autres instruments financiers à terme conclus en France ou à l'étranger qui sont cotés sur une bourse de valeurs ou traités sur un marché ou par référence à un marché.

8010

> **Précisions** **a. Opérations de couverture** L'imposition du profit latent constaté sur un contrat à terme en cours à la clôture de l'exercice est reportée au dénouement du contrat lorsqu'il a pour objet exclusif de compenser le risque d'une opération de l'un des deux exercices suivants, traitée sur un marché de nature différente.
>
> En outre, les profits sur des contrats à terme ayant pour seul objet la couverture du **risque de change** d'opérations futures sont imposés au titre du ou des mêmes exercices que les opérations couvertes, à condition que ces dernières soient identifiées dès l'origine par un acte ou un engagement précis et mesurable pris à l'égard d'un tiers.
>
> **b. Positions symétriques** Une position s'entend de la détention directe ou indirecte de contrats à terme d'instruments financiers, de valeurs mobilières, de devises, de titres de créances négociables, de prêts ou d'emprunts, ou d'un engagement portant sur ces éléments. Des positions sont qualifiées de symétriques si elles subissent des variations de valeur ou de rendement corrélées et de sens inverse, sans qu'il soit nécessaire qu'elles soient de même nature, prises sur la même place, ou aient la même durée.
>
> Lorsqu'une entreprise a ainsi pris des positions symétriques, la **perte** subie sur une de ces positions n'est déductible des résultats imposables que pour la fraction de son montant qui excède les gains non encore imposés sur les positions prises en sens inverse. Le montant des gains non encore imposés sur contrat d'option s'entend de la marge bénéficiaire qui résulterait de l'option, compte non tenu de la prime payée en contrepartie de l'acquisition de cette option (CE 19-12-2019 n° 431066 : RJF 3/20 n° 209). La déduction de la fraction restante de la perte est reportée jusqu'à la date d'imposition du profit sur l'autre position.
>
> Lorsque les **gains non encore imposés** concernent un actif ou un passif financier dont la valeur ou le rendement est lié aux taux d'intérêt (emprunts, prêts, créances négociables...), leur montant est fonction de la durée de vie restant à courir de l'actif en cause. Le montant non imposé à la clôture de l'exercice est alors égal à la valeur actualisée du différentiel d'intérêt supporté en moins par l'entreprise (emprunt) ou acquis en plus à l'entreprise (prêt) (BOI-BIC-PDSTK-10-20-70-30 n° 90).
>
> Les positions symétriques prises au cours de l'exercice et celles qui sont en cours à la clôture sont mentionnées sur un **document** joint à la déclaration de résultat. À défaut, la perte sur une position n'est pas déductible.
>
> **c. Cas particulier des établissements de crédit** Des dispositions spécifiques s'appliquent aux contrats d'échange de taux d'intérêt ou de devises conclus par les établissements de crédit, les sociétés de financement et les entreprises d'investissement (CGI art. 38 bis C).
>
> **d.** Les principes comptables applicables aux instruments financiers à terme et aux opérations de couverture sont fixés aux articles 628-1 à 628-18 du PCG (Mémento comptable n° 41430). Les divergences entre les principes comptables et fiscaux entraînent des retraitements extra-comptables pour la détermination du résultat fiscal.

3. PRODUITS EXCEPTIONNELS

SUBVENTIONS

En principe, les subventions et dons reçus par l'entreprise constituent un produit imposable de l'exercice au cours duquel ils sont acquis (la date d'acquisition coïncidant avec celle de la décision d'octroi de l'aide). Cette règle vaut notamment pour les subventions d'équilibre ou de fonctionnement perçues, quelle qu'en soit l'origine : aides publiques ou subventions interentreprises. 8035 BIC-V-20100 s

Mais certaines subventions bénéficient de régimes spéciaux. Le principal d'entre eux est le dispositif d'étalement des subventions publiques d'équipement (nos 8040 s.).

> Précisions **a.** Les subventions doivent être distinguées des **prêts** et des **avances** remboursables qui n'affectent pas le résultat. Malgré leur dénomination, les subventions de l'État en faveur de la recherche-développement, remboursables en cas de succès, sont assimilables à des prêts et n'ont donc pas à être comprises dans le résultat au moment de leur attribution (BOI-BIC-PDSTK-10-30-10-10 n° 30).

b. Les subventions accordées aux **filiales** peuvent être exonérées, sous certaines conditions, lorsqu'elles ne sont pas déductibles des résultats de la société mère (voir n° 8955).

Subventions d'équipement Peuvent bénéficier d'une imposition échelonnée les subventions d'équipement (subventions d'investissement dans la terminologie comptable) accordées par l'Union européenne, l'État, les collectivités publiques ou tout autre organisme public, ainsi que celles versées par les groupements professionnels agréés de rationalisation et de conversion. 8040 CGI art. 42 septies BIC-V-20630 s

Le régime d'étalement est réservé aux subventions utilisées pour la création, l'acquisition ou le financement par crédit-bail « d'immobilisations déterminées », c'est-à-dire identifiées dans la décision d'octroi de l'aide. Il revêt un caractère **optionnel** et les entreprises peuvent, si elles y ont intérêt (situation déficitaire, par exemple), rattacher les subventions aux résultats de l'exercice en cours à la date de leur attribution. Le choix effectué constitue une décision de gestion opposable.

> Précisions **a. Origine des subventions** Les **organismes publics** s'entendent de l'ensemble des établissements publics et, plus généralement, des structures dépendant de l'État, des collectivités territoriales ou des institutions européennes agissant dans le cadre d'une mission de service public. Sont notamment susceptibles de bénéficier du régime d'étalement les subventions d'équipement octroyées par le Fonds européen de développement régional (Feder), le Fonds européen agricole pour le développement rural (Feader), le Fonds européen agricole de garantie (Feaga), les caisses régionales d'assurance maladie (Cram), l'Association nationale pour la gestion du fonds pour l'insertion professionnelle des handicapés (Agefiph), l'Agence nationale pour l'amélioration de l'habitat (Anah), les organismes de droit privé qui agissent, dans le cadre d'un mandat, pour le compte de l'État (BOI-BIC-PDSTK-10-30-10-20 n° 30). Peut également bénéficier de l'étalement le bonus accordé à raison de l'acquisition d'une voiture peu polluante (BOI-BNC-BASE-20-20 n° 530) mais pas l'aide versée par les fournisseurs d'énergie pour inciter les entreprises à modifier leurs équipements (Rép. Le Fur : AN 10-5-2016 n° 86313).

b. Identification des biens subventionnés Il suffit, en pratique, que la décision d'octroi de la subvention mentionne la nature du projet financé et les différents comptes d'immobilisations corporelles concernés. En cas de financement partiel de plusieurs immobilisations, la répartition de la subvention entre celles-ci doit aussi être indiquée. À défaut, la subvention est répartie proportionnellement au prix de revient des immobilisations (BOI-BIC-PDSTK-10-30-10-20 n° 50). Lorsque la **prime d'aménagement du territoire** n'est pas directement rattachable à un investissement déterminé, l'administration admet une imposition étalée sur dix ans (BOI-BIC-PDSTK-10-30-10-20 n° 200).

c. Octroi de subventions indirectes La cession d'un terrain communal à une entreprise pour un prix très inférieur à sa valeur réelle, sous réserve qu'elle édifie une construction, est constitutive d'une subvention d'équipement égale à la réduction de prix consentie, dont l'imposition est étalée sur la durée d'amortissement de l'immeuble (BOI-BIC-PDSTK-10-30-10-20 n° 190).

d. Lorsque les **biens** sont **financés par crédit-bail,** le **crédit-preneur** peut pratiquer l'étalement (sur la durée du contrat) si la subvention lui est accordée directement ou si elle est octroyée au crédit-bailleur avec l'obligation de lui rétrocéder immédiatement la totalité de son montant. Lorsque la rétrocession est indirecte, sous forme de diminution des loyers ou du prix de levée d'option, l'étalement est pratiqué par le **crédit-bailleur** (BOI-BIC-PDSTK-10-30-10-20 nos 70 et 80).

Une fois adopté, l'échelonnement s'effectue obligatoirement de la façon suivante (sans possibilité de réintégration anticipée des sommes perçues). 8045

Si la subvention sert à financer une **immobilisation amortissable,** elle doit être rapportée aux bénéfices imposables au rythme de l'amortissement de cette immobilisation. Ce rythme est déterminé, pour chaque exercice, par le rapport existant entre la dotation annuelle aux amortissements pratiquée (amortissements techniques et dérogatoires) et le prix de revient de l'immobilisation.

Si le financement porte sur un **élément non amortissable,** la subvention est réintégrée par parts égales sur les années pendant lesquelles le bien est inaliénable ou, à défaut de clause d'inaliénabilité, sur une période de dix ans suivant l'année de son attribution.

Ces modalités d'étalement sont, pour l'essentiel, les mêmes que celles prévues par le plan comptable général (Mémento comptable n°s 56495 s.).

› Précisions **a.** Lorsqu'une subvention est affectée au financement d'un **bien décomposé** (voir n° 9185), elle est rapportée au résultat sur la durée moyenne pondérée d'amortissement fiscal de ses composants et de la structure, compte tenu de leurs valeurs respectives par rapport à la valeur totale du bien et du mode d'amortissement retenu. Aucune réintégration anticipée n'a lieu d'être opérée en cas de remplacement d'un composant, tant que le bien considéré dans son ensemble n'est pas cédé (BOI-BIC-PDSTK-10-30-10-20 n° 100).

b. La **rectification,** à l'occasion d'un **contrôle,** des **dotations aux amortissements** pratiquées sur des biens financés au moyen d'une subvention d'équipement entraîne une modification corrélative de la quote-part de cette subvention réintégrée aux résultats imposables (CAA Nantes 15-2-2006 n° 03NT00752 : RJF 7/06 n° 823).

EXEMPLES

1. Une entreprise perçoit en 2020 une subvention d'équipement de 200 000 € qui lui a été attribuée en 2019 par une collectivité publique pour le financement d'une immobilisation amortissable acquise 800 000 € HT. L'immobilisation (non décomposée) est amortie selon le mode linéaire sur 5 ans à compter du 1er juillet 2019, date de sa mise en service.

Exercice	Amortissements pratiqués	Fraction de la subvention à réintégrer
2019	800 000 × 20 % × 6 / 12 = 80 000 €	200 000 × 80 000 / 800 000 = 20 000 €
2020	800 000 × 20 % = 160 000 €	200 000 × 160 000 / 800 000 = 40 000 €
2021	800 000 × 20 % = 160 000 €	200 000 × 160 000 / 800 000 = 40 000 €
2022	800 000 × 20 % = 160 000 €	200 000 × 160 000 / 800 000 = 40 000 €
2023	800 000 × 20 % = 160 000 €	200 000 × 160 000 / 800 000 = 40 000 €
2024	800 000 × 20 % × 6 / 12 = 80 000 €	200 000 × 80 000 / 800 000 = 20 000 €

2. Reprise des données de l'exemple précédent en supposant que la subvention a été octroyée pour financer une immobilisation non amortissable, sans clause d'inaliénabilité.

La subvention est réintégrée par parts égales sur une durée de 10 ans à compter de l'exercice suivant celui au cours duquel elle a été attribuée, soit à partir de l'exercice 2019. Ainsi sera réintégré aux résultats imposables des exercices 2020 à 2029 un montant de 20 000 € (200 000 € / 10).

8050 En cas de **cession** des immobilisations subventionnées, la fraction des subventions non encore réintégrée est comprise dans le résultat de l'exercice de cession et imposée dans les conditions de droit commun. Il en va de même en cas de cession ou de résiliation d'un contrat de crédit-bail portant sur une immobilisation financée par une subvention donnant lieu à étalement chez le crédit-preneur.

› Précisions **a.** En cas de **fusion** ou opération assimilée placée sous le régime de faveur ou, quel que soit son régime fiscal, d'**apport en société d'une entreprise individuelle** défini par l'article 151 octies, I, du CGI, l'imposition de la fraction de la subvention non encore rapportée aux résultats peut, sur option exercée dans l'acte d'apport ou le traité de fusion, être mise à la charge de la société absorbante ou bénéficiaire des apports. Cette société réintègre alors la fraction non encore imposée, par parts égales, sur la durée d'amortissement des biens subventionnés ou, s'il s'agit d'immobilisations non amortissables, sur la période d'étalement restant à courir à la date de l'opération. Lorsque le bien apporté est un contrat de crédit-bail, le solde de la subvention non encore imposé est rapporté aux résultats, par parts égales, sur la durée restant à courir jusqu'à l'échéance du contrat.

b. Cas des immobilisations **décomposées** : voir n° 8045, précision a.

8055 **Autres régimes spéciaux** **a.** Les **aides publiques à la recherche** affectées au financement de dépenses de recherche que l'entreprise décide d'immobiliser (au lieu de les déduire immédiatement comme elle en a la possibilité : n° 8405) sont rattachées aux résultats imposables au rythme de l'amortissement des immobilisations correspondantes (CGI art. 236, I bis : BIC-V-21860 s.).

b. Il faut également signaler l'existence de deux dispositifs qui concernent :

– les sommes perçues, au titre de l'**aide à l'industrie cinématographique,** par les exploitants de salles de cinéma et par les industries techniques pour l'équipement et la modernisation des studios et des laboratoires de développement et de tirage des films, qui ne peuvent corrélativement prétendre au régime général des subventions d'équipement (CGI art. 39 sexies : BIC-V-22000 s.) ;

– les subventions des employeurs aux **organismes collecteurs** de la **participation-construction** (CGI art. 210 quinquies : BIC-V-22120 s.).

INDEMNITÉS

Les indemnités perçues par une entreprise en réparation d'un préjudice constituent des produits imposables dès lors qu'elles ont pour objet de compenser des charges ou des pertes déductibles par nature, des pertes de recettes taxables, la perte ou la dépréciation d'éléments d'actif. 8065 BIC-V-22500 s

Selon la nature du préjudice subi, les indemnités sont imposées comme des produits d'exploitation ou des plus-values d'actif si elles sont perçues en contrepartie de la perte d'un élément d'actif. Toutefois, les indemnités perçues par les entreprises passibles de l'impôt sur les sociétés sont toujours imposables dans les conditions de droit commun, à l'exception de certaines indemnités d'assurances et des indemnités d'expropriation qui bénéficient d'un régime spécial d'étalement (n° 19285).

› **Précisions** Une indemnité perçue en réparation d'un préjudice générateur d'une **charge** ou d'une **perte non déductible** du résultat fiscal n'est pas imposable (cas, par exemple, des sommes perçues en réparation d'une erreur du comptable de l'entreprise ayant entraîné l'application de pénalités fiscales : CE 12-3-1982 n° 17074 : RJF 4/82 n° 334).

Indemnités d'assurances Les indemnités d'assurances de **dommages** (sinistre, vol) sont imposables dans les conditions de droit commun si elles compensent la disparition de stocks. Si elles concernent des éléments d'actif immobilisé, le régime des plus-values d'actif est applicable, selon les modalités particulières examinées n°s 19285 s. 8070 BIC-V-22540 s

Lorsqu'une entreprise a contracté une **assurance-vie,** décès, invalidité ou incapacité, sur la tête d'un **dirigeant** ou d'une personne jouant un rôle déterminant dans le fonctionnement de l'exploitation (**homme clé**), l'indemnisation du **préjudice économique** qu'elle subit du fait de la réalisation du risque fait naître un profit imposable. 8075 BIC-V-22580 s

Dans cette hypothèse, le profit peut toutefois être réparti extra-comptablement par parts égales sur l'année de sa réalisation (exercice ou période d'imposition) et sur les quatre années suivantes (CGI art. 38 quater).

Bénéficient de l'étalement l'indemnisation résultant d'un contrat d'assurance-vie souscrit sur la tête d'un dirigeant en garantie d'un emprunt contracté pour les besoins de l'exploitation ainsi que les sommes perçues en exécution d'un contrat d'assurance « homme clé ». Dans ce dernier cas, il n'y a pas lieu de distinguer selon que l'indemnisation est fixée forfaitairement ou en fonction de la perte de recettes.

Le profit en sursis devient immédiatement imposable en cas de cession ou de cessation d'entreprise.

› **Précisions** **a.** En cas de **transmission à titre gratuit d'une entreprise** individuelle dans le cadre de l'article 41 du CGI (n°s 19810 s.), les héritiers qui poursuivent l'activité peuvent bénéficier de l'étalement visé ci-dessus à condition de s'engager à effectuer les réintégrations correspondantes dans leurs résultats (BOI-BIC-CHG-40-20-20 n° 210).

b. Exceptionnellement, il peut arriver que l'annulation de la dette résultant de l'indemnisation du prêteur par la compagnie d'assurance ne dégage aucun profit taxable si elle a pour contrepartie l'obligation de reverser les sommes en cause à un tiers, une **caution,** par exemple (CE 10-11-1982 n° 26375 : RJF 1/83 n° 63).

Les **indemnités** servies à titre de **revenus de remplacement** à l'exploitant individuel relevant d'un régime réel et à son conjoint collaborateur, dans le cadre des contrats « Madelin » d'**assurance groupe** et des régimes facultatifs de **sécurité sociale** définis n°s 8680 s. (indemnités journalières de maladie, par exemple), sont prises en compte pour la détermination du revenu professionnel imposable du contribuable (CGI art. 154 bis A), peu importe que les cotisations versées aient ou non été déduites (BOI-BNC-BASE-40-60-50-10 n° 540). Le caractère imposable vaut également (sauf si une option pour la non-déduction des versements avait été formulée lors de ces versements) pour les prestations servies, à titre de revenus de remplacement, sous forme de rente ou pour perte d'emploi subie, à raison des **plans d'épargne retraite** mentionnés à l'article L 224-13 (Pereco) ou L 224-28 (plans d'épargne retraite individuel) du Code monétaire et financier, mis en place à compter du 1er octobre 2019 par l'ordonnance 2019-766 du 24 juillet 2019. Il en va de même pour l'ensemble des prestations de sécurité sociale allouées en espèces aux intéressés en cas de **maternité,** ainsi que pour les indemnités journalières de sécurité sociale versées dans certains cas aux **artisans** ou aux commerçants (BOI-BIC-PDSTK-10-30-20 n°s 250 et 260). Par exception, les indemnités journalières versées par les organismes de sécurité sociale aux exploitants atteints d'une **affection de longue durée** sont exonérées (CGI art. 154 bis A). Il en est de même pour les **versements en capital** (autorisés en cas de liquidation judiciaire ou d'invalidité) et les **prestations en nature** (BOI-RSA-PENS-10-20-20 n° 210). 8080 BIC-V-23100 s

Sur les prestations servies en cas de **cessation d'activité,** voir n° 8690, précision g.

Sur les indemnités journalières allouées aux artisans ou commerçants relevant du **régime micro,** voir n° 86425.

8085 BIC-V-23300 s

Autres indemnités

a. En cas d'**expropriation,** le régime des plus-values d'actif est applicable, selon les modalités particulières examinées nos 19285 s., à l'indemnité principale qui représente le prix du bien exproprié. Certaines indemnités accessoires bénéficient du même régime (indemnités pour troubles d'exploitation définitifs ou pour préjudice commercial destinées à compenser la dépréciation durable infligée au fonds de commerce par l'expropriation). Les indemnités de remploi (frais exposés pour acquérir un bien de même nature), de transfert ou remontage des installations, de manque à gagner sont comprises quant à elles dans le bénéfice imposable au taux normal (notamment CE 18-7-1973 n° 86950 ; CE 11-6-1975 n° 93269 : RJF 9/75 n° 400).

Les indemnités d'expropriation sont taxables au titre de l'exercice en cours à la date du jugement qui en fixe le montant ; l'appel dirigé contre ce jugement n'a pas pour effet de retarder le rattachement au bénéfice, mais peut justifier éventuellement la constitution d'une provision (notamment CE 6-11-1974 n° 93547 : RJF 1/75 n° 6).

RM-VII-31500 s **b.** Les indemnités allouées à la suite de **nationalisations ou d'expropriation à l'étranger** ne sont pas imposables (CGI art. 238 bis C, I).

BIC-V-24950 s **c.** Les **indemnités d'éviction** ou de résiliation de bail bénéficient du régime des plus-values dans la mesure où elles compensent la perte d'éléments de l'actif immobilisé (il s'agit la plupart du temps du droit au bail). En revanche, la fraction de leur montant destinée à couvrir les frais de déménagement et de réinstallation de l'entreprise, les frais et droits de mutation, ou encore un manque à gagner momentané, constitue une recette d'exploitation ordinaire (notamment BOI-BIC-PDSTK-10-30-20 n° 110 ; CE 27-5-1983 n° 27921 : RJF 7/83 n° 854 ; CE 9-12-1991 n° 65544 : RJF 2/92 n° 174).

d. En ce qui concerne le régime applicable aux indemnités perçues en cas de **résiliation** d'un **contrat de distribution** : voir n° 7535.

REMISES DE DETTES ET SUPPLÉMENTS D'APPORTS

8095 BIC-V-28500 s Le remboursement d'une dette est fiscalement neutre pour l'entreprise. En revanche, les remises de dettes (ou abandons de créances) consenties par les créanciers se traduisent normalement par un profit imposable, car elles entraînent une diminution du passif exigible et donc une augmentation de l'actif net de l'entreprise débitrice (n° 7340). C'est ainsi que sont imposables les remises dont bénéficient les entreprises en difficulté dans le cadre des procédures de conciliation et de sauvegarde ou de redressement judiciaire. Il en va de même des abandons de créances accordés par les sociétés mères à leurs filiales en difficulté financière, sauf pour la partie de l'aide non déductible par la société versante lorsque la filiale s'engage à augmenter son capital (voir sur ce point nos 8945 s.). La plupart du temps ces opérations n'entraînent toutefois aucune imposition effective, compte tenu de la situation déficitaire des entreprises concernées.

› Précisions **a.** Par exception, la disparition d'une dette du passif du bilan ne dégage aucun profit taxable lorsqu'elle est compensée par un **supplément d'apport,** soit que le créancier ait renoncé à sa créance en contrepartie de l'acquisition de droits sur les résultats de l'entreprise, soit que l'exploitant se soit trouvé substitué au créancier par l'effet d'une transmission à titre gratuit (dont il convient d'apporter la preuve, par exemple, par production d'un acte notarié), soit que l'exploitant ait décidé de reprendre à titre personnel la charge de la dette (CE 19-11-1976 nos 97386 et 97391 : RJF 1/77 n° 8).

b. Le repreneur qui **rachète à une valeur décotée** auprès d'un tiers **une créance** détenue sur une société cible puis l'incorpore au capital de cette dernière est imposé sur l'écart entre la valeur réelle des **titres de participation** reçus **en contrepartie** et la valeur de rachat de la créance. L'écart avec le produit constaté en **comptabilité,** égal à la différence entre la valeur nominale des titres et la valeur de rachat de la créance (Mémento comptable n° 37690), doit être neutralisé sur le tableau n° 2058 A. Ce dispositif, qui concerne les sociétés soumises à l'**impôt sur les sociétés,** s'applique dès lors que ni la société débitrice ni le repreneur n'ont de **liens de dépendance,** au sens de l'article 39, 12 du CGI (n° 10425, précision a), avec le créancier initial au cours des douze mois qui précèdent et qui suivent la date d'acquisition des titres (CGI art. 209, VII bis). Ne sont pas concernés par cette mesure les **titres exclus** du régime des plus et moins-values à long terme et ceux qui bénéficient de ce régime sans relever du taux de 0 % prévu à l'article 219, I-a quinquies (BOI-IS-BASE-10-30 n° 40). La **cession ultérieure des titres** peut entraîner l'application du dispositif de limitation de la moins-value déductible prévu à l'article 39 quaterdecies, 2 bis du CGI (n° 18916) (BOI-IS-BASE-10-30 n° 170).

c. Dans le cas des **sociétés,** l'abandon par les associés de sommes en compte courant en contrepartie d'une augmentation de capital constitue un supplément d'apport non imposable. L'opération connue sous le nom de « **coup d'accordéon** » (augmentation de capital libérée par prélèvement sur le compte courant des associés suivie d'une réduction de capital par imputation des pertes) est sans effet sur le résultat de la société, car l'accroissement d'actif net qui en résulte est la contrepartie d'un supplément d'apport (CE 20-3-1989 n° 56087 : RJF 5/89 n° 548). L'opération n'absorbe donc pas les déficits antérieurs de la société qui demeurent reportables. Elle n'engendre pas de recettes taxables à la TVA.

d. L'abandon de créances consenti par les créanciers d'une **entreprise placée en redressement judiciaire** est imposable dès l'exercice d'homologation du plan de redressement lorsque le tribunal a donné acte des remises et des délais acceptés par les créanciers en application de l'article L 626-18 du Code de commerce (CE 21-11-2011 nº 340319 : RJF 2/12 nº 101). En revanche, lorsque les créanciers ont exercé le choix d'un paiement dans un délai plus bref assorti d'une réduction du montant de leur créance, conformément à l'article L 626-19 du Code de commerce, la réduction de la créance n'est définitivement acquise qu'après versement de la dernière échéance prévue par le plan (CAA Lyon 11-10-2007 nº 04LY00063 : RJF 4/08 nº 406).

AUTRES PRODUITS EXCEPTIONNELS

Il y a lieu notamment d'inclure dans le bénéfice imposable dans les conditions de droit commun : **8105** BIC-V-29700 s
– les **dégrèvements** sur des **impôts** antérieurement déduits des bénéfices imposables qui constituent un profit de l'exercice au cours duquel ils constituent une créance acquise (ceux portant sur des impôts non déductibles n'étant pas imposables). En ce qui concerne le sort des intérêts moratoires perçus, voir nº 81915, précision g ;
– les **bénéfices de change** sur des opérations commerciales (profits résultant de l'évaluation, à la clôture de chaque exercice, des créances et dettes en monnaies étrangères : voir nº 7370) ;
– les **dons et legs** reçus par l'entreprise qui se traduisent par un accroissement de l'actif net.

Les **plus-values** résultant de la **cession d'éléments de l'actif** immobilisé sont soumises à un régime spécial, exposé plus loin (nºs 17500 s.).

> **Précisions** **a.** Les **dons** perçus par une **entreprise victime d'une catastrophe naturelle** ou d'un **événement ayant des conséquences dommageables** mentionné par un arrêté ministériel ne sont pas imposables (CGI art. 237 quater). Sont notamment concernés les accidents mentionnés dans un état de catastrophe technologique constaté par une décision administrative prise en application de l'article L 128-1 du Code des assurances et les feux de forêts (Arrêté BUDF0300030A 2-12-2003).
b. Les produits afférents à des biens ou sommes reçus en exécution d'une **donation** ou d'un **legs** ne sont pas pris en compte dans le résultat professionnel des entreprises individuelles ou des sociétés de personnes relevant de l'impôt sur le revenu s'ils ne proviennent pas de l'activité professionnelle, sauf en cas d'option expresse lorsque leur montant est marginal (BOI-BIC-PDSTK-10-30-30 nº 10) (nº 7345). Il en est de même pour les **bénéfices de change** issus de placements en devises étrangères effectués au moyen de fonds de l'entreprise (BOI précité nº 55).

D. Charges

DÉFINITION DES CHARGES DÉDUCTIBLES

Les charges déductibles pour la détermination du bénéfice imposable comprennent : **8140** CGI art. 39, 1-1º BIC-IX-1 s
– les **achats** de matières et marchandises ou produits assimilés (nº 8320) ;
– les dépenses que le CGI désigne sous l'appellation globale de « **frais généraux** ». Dans la terminologie du plan comptable, elles correspondent aux dépenses suivantes : services extérieurs ; impôts, taxes et versements assimilés ; charges de personnel ; autres charges de gestion courante ; charges financières ; charges exceptionnelles. Elles sont examinées en détail nºs 8340 s. ;
– les **amortissements** (nºs 9090 s.) ;
– les **provisions** (nºs 9660 s.).

CONDITIONS GÉNÉRALES DE DÉDUCTION

Pour être admis en déduction des bénéfices imposables, les frais généraux doivent, d'une manière générale, remplir les trois conditions suivantes : **8150** BIC-IX-200 s
– se traduire par une **diminution de l'actif net** de l'entreprise, ce qui conduit à distinguer frais généraux et coût d'acquisition des immobilisations (voir nºs 7530 s.) ;
– être exposés dans l'intérêt de l'exploitation, autrement dit se rattacher à une **gestion normale** (voir nº 78150 l'étendue du pouvoir de contrôle de l'administration en la matière) ;
– être régulièrement **comptabilisés** en tant que tels et appuyés de **pièces justificatives** suffisantes.

Pour les entreprises individuelles et les sociétés de personnes relevant des BIC, les charges afférentes à des **actifs** qui ne sont **pas nécessaires** ou **pas utilisés** pour l'exercice de l'activité professionnelle ne peuvent pas être prises en compte dans le résultat professionnel, sauf en cas d'option expresse prévue à l'article 155, II du CGI lorsque le montant des produits de l'activité non professionnelle est marginal (nº 7345).

Les frais généraux font par ailleurs l'objet de mesures spéciales, qui tendent à assurer le **contrôle** de certaines charges, à en freiner la progression et à interdire la déduction de frais excessifs ou injustifiés (voir nºs 8990 s.).

Enfin, la **déduction** de certains frais est expressément **interdite par la loi.** C'est le cas, par exemple, de certains impôts (nº 8525 s.) et pénalités (nº 8905), des aides à caractère autre que commercial lorsqu'elles ne sont pas consenties à une entreprise en difficulté financière (nºs 8960 s.), ainsi que des charges qualifiées de « somptuaires » (nºs 9000 s.). Lorsque de telles dépenses figurent en comptabilité, leur montant doit donc être rapporté aux bénéfices imposables, de façon extra-comptable (nº 7395).

8155 **› Précisions** **a.** Exemples de **charges** non déductibles, car **étrangères à une gestion normale** :

– **dépenses personnelles** de l'exploitant ou des associés : loyers, impôts, frais de déplacement, etc. ;

– sommes facturées à l'entreprise pour des **prestations fictives** (notamment CE 2-3-1988 nºs 45625 et 71877 : RJF 4/88 nº 412 ; CE 27-9-1989 nºs 62178 et 62179 : RJF 11/89 nº 1199 ; CE 10-2-1993 nº 71485 : RJF 4/93 nº 518) ;

– dépenses supportées dans l'intérêt des **dirigeants** lorsqu'elles ne peuvent pas être considérées comme un complément de rémunération (par exemple pour des frais de déplacement et de réceptions privés : CE 9-1-1985 nº 40589 : RJF 3/85 nº 369 ; CE 11-12-1991 nº 71147 : RJF 2/92 nº 185) ;

– prise en charge sans contrepartie de frais incombant à des **entreprises tierces** (par exemple pour des frais de personnel : CE 18-11-1985 nºs 51321 et 51322 : RJF 1/86 nº 16) ; pour l'appréciation du caractère normal ou anormal des **aides** et avantages à caractère commercial accordés à des tiers, voir nºs 8920 s. ;

– dépenses, quelle que soit leur nature, dont le montant est **excessif** (voir, par exemple, nº 8500, précision a, pour l'appréciation du montant normal des redevances de concession et nº 8580 s'agissant des rémunérations).

b. Une dépense peut résulter d'un **acte illicite** sans pour autant relever d'une gestion anormale. Exemples : cadeaux illicites (CE 11-7-1983 nº 33942 : RJF 10/83 nº 1109) ; dommages et intérêts versés à un fournisseur à la suite d'une condamnation (CE 7-1-2000 nº 186108 : RJF 2/00 nº 162) ; sommes versées dans le cadre d'un prêt illicite de main-d'œuvre (CE 30-7-2003 nº 232004 : RJF 11/03 nº 1273) ; loyer rehaussé en contravention avec la législation en vigueur (CE 3-10-1984 nº 33567 : RJF 12/84 nº 1406). Symétriquement, la renonciation d'un loueur à une clause d'indexation illicite du loyer n'est pas un acte anormal de gestion (CE 13-2-2015 nº 360339 : RJF 5/15 nº 385).

c. Les pertes consécutives aux **opérations décidées** dans l'intérêt de l'entreprise **par les dirigeants** sont déductibles, sans que l'administration ait à se prononcer sur l'opportunité des choix de gestion opérés et notamment pas sur l'ampleur des risques pris pour améliorer les résultats de l'entreprise (CE 13-7-2016 nº 375801 : RJF 11/16 nº 937). Sont également déductibles les pertes liées à des **opérations menées par un salarié** conformément à l'objet social mais traduisant un risque excessif qu'une carence du contrôle interne n'a pas permis d'éviter, sous réserve du cas où les dirigeants auraient sciemment accepté une telle prise de risque par une absence totale d'encadrement et de contrôle de l'activité du salarié (Avis CE sect. des finances 24-5-2011 nº 385088 : RJF 8-9/12 nº 800).

d. Pour caractériser l'anormalité d'une **cession d'un élément de l'actif circulant à prix minoré,** l'administration doit établir, d'une part, l'existence d'un écart significatif entre la valeur vénale du bien cédé et son prix de vente et, d'autre part, l'intention de l'entreprise d'agir contre son intérêt (CE 4-6-2019 nº 418357 : RJF 8-9/19 nº 753). Preuve de l'anormalité d'une cession d'un élément de l'**actif immobilisé** à prix minoré : voir nº 17815.

e. Le caractère normal d'une charge est apprécié compte tenu des **obligations juridiques** résultant du droit applicable tel qu'interprété par la jurisprudence, en vigueur à la **date de sa comptabilisation** (CE 28-5-2003 nº 237967 : RJF 8-9/03 nº 955).

f. L'administration n'exclut pas systématiquement les **dépenses qui ne peuvent être justifiées** par des documents formant preuve certaine, dès lors qu'elles sont en rapport avec la nature et l'importance des obligations professionnelles. Cette **tolérance** vaut pour les menues acquisitions de produits consommables ainsi que pour les frais de voyage, de représentation et de réception du chef d'entreprise (BOI-BIC-CHG-10-20-20 nºs 40 et 50). Voir aussi nº 8320, précision c, pour les achats.

g. Dans le cadre de la **comptabilité super-simplifiée,** les contribuables peuvent procéder à une évaluation forfaitaire de certaines dépenses pour lesquelles ils n'ont donc pas à fournir de pièces justificatives (nº 86840).

h. Si, au titre d'un exercice, l'entreprise omet, par erreur, de comptabiliser certaines charges, elle peut demander la **correction** de cet **oubli,** soit par voie de réclamation dans le délai prévu à cet effet (nºs 81800 s.), soit, le cas échéant, par compensation avec des rectifications opérées par l'administration sur la période concernée (nºs 81940 s.). En revanche, elle n'est pas autorisée à déduire les frais omis des résultats d'un exercice ultérieur, sauf dans le cas particulier où ces frais sont effectivement acquittés au cours de l'exercice alors qu'ils ont été engagés au cours d'un exercice prescrit (nº 78170, précision f).

EXERCICE DE DÉDUCTION

8165
BIC-IX-2200 s
Les frais généraux doivent en principe être déduits des résultats de l'exercice au cours duquel ils sont engagés, c'est-à-dire dès qu'ils présentent pour l'entreprise le caractère d'une **dette certaine** dans son principe et dans son montant, quelle que soit la date de paiement ou d'exigibilité de celle-ci (nº 7355). L'exploitant n'est pas en droit de déplacer les charges à son gré d'un exercice sur un autre.

L'application de ce principe entraîne notamment les conséquences suivantes :
– les **charges** engagées au cours de l'exercice et qui restent **à payer** à la date de clôture de l'exercice doivent être prises en compte, dès lors qu'il s'agit de dettes certaines dans leur principe et leur montant ;
– les charges enregistrées au cours de l'exercice mais qui correspondent à des achats de biens ou de services dont la fourniture ou la prestation doit intervenir ultérieurement – **charges constatées d'avance** – doivent être soustraites des charges de l'exercice par l'intermédiaire d'un compte de régularisation (Mémento comptable n°s 15120 et 15465). Exemple : fraction d'un loyer ou d'une prime d'assurance exigible d'avance qui concerne l'exercice suivant ;
– dès lors qu'elles ne répondent pas à la définition des charges constatées d'avance, les charges doivent être rattachées aux résultats de l'exercice au cours duquel elles sont engagées, alors même qu'elles produisent leurs **effets sur le chiffre d'affaires** et le bénéfice **d'exercices suivants** (notamment CE 20-2-2002 nº 221437 : RJF 5/02 nº 472 au sujet des frais exposés pour la création de modèles de collection ; CE 17-10-2003 nº 247532 : RJF 1/04 nº 9 à propos des frais de réservation d'un emplacement à un salon professionnel).

› Précisions **a.** Dans le cadre de la **comptabilité super-simplifiée,** certaines charges à caractère répétitif peuvent être déduites au moment de leur paiement (voir nº 86840).
b. La **définition comptable des charges à payer** est plus large que la définition fiscale (voir nº 9850).
c. Pour le cas particulier des **frais d'établissement,** voir nº 8300.
d. La loi autorise expressément l'étalement des **frais d'émission d'emprunt** (nº 8780).
e. **Pénalités** versées en raison du **paiement tardif des dettes** commerciales : voir nº 7995.

1. FRAIS D'ÉTABLISSEMENT

La **réglementation comptable** définit les frais d'établissement comme les dépenses engagées à l'occasion d'opérations qui conditionnent l'existence ou le développement de l'entreprise mais dont le montant ne peut être rapporté à des productions de biens et de services déterminés (Mémento comptable n°s 45110 s.). Ces frais comprennent : **8300** BIC-IX-4000 s
– les frais de constitution (droits d'enregistrement sur les apports, honoraires, coût des formalités légales de publication) ;
– les frais de premier établissement, répartis entre frais de prospection et frais de publicité (à l'exclusion des dépenses rattachables à des produits fabriqués par l'entreprise) ;
– les frais d'augmentation de capital et d'opérations diverses (fusions, scissions, apports, transformations).
Les frais d'établissement peuvent être déduits, au **choix** de l'entreprise :
– soit pour la totalité de leur montant au titre des charges de l'exercice au cours duquel ils ont été engagés, lorsqu'ils n'ont pas été inscrits à l'actif du bilan au poste « Frais d'établissement » ;
– soit, de manière échelonnée, sur une période maximale de cinq ans suivant un plan d'amortissement linéaire : les dotations annuelles aux amortissements doivent être au minimum d'un cinquième et au maximum de la moitié du montant des frais en cause.

ATTENTION
L'administration estime que le **traitement fiscal** des frais d'établissement dépend du mode de déduction retenu en comptabilité (BOI-BIC-CHG-20-30-20 n°s 20 s.). Mais, la cour de Bordeaux a qualifié de **décision de gestion** la déduction immédiate, lors de la détermination du résultat fiscal, des sommes dont la déduction comptable a été échelonnée selon le régime des frais d'établissement (CAA Bordeaux 3-12-2002 nº 99BX01656 : RJF 2/04 nº 128 ; CE (na) 16-2-2004 nº 253815 : RJF 8-9/04 nº 858).

2. ACHATS

Les achats à prendre en considération sont ceux qui ont été **effectués au cours de l'exercice,** même si leur prix n'était pas encore payé à la clôture (voir nº 7355). **8320** BIC-IX-8000 s
Le **montant** des achats doit être comptabilisé hors **TVA** récupérable. Il comprend le prix d'achat et les frais accessoires d'acquisition (transport, manutention, assurance des marchandises, dédouanement, etc.). Il doit être diminué des **réductions** obtenues : ristournes, rabais, remises (pour le traitement comptable de ces réductions, voir Mémento comptable nº 15590).

› Précisions **a.** Ne peuvent être déduits des résultats d'un exercice des **achats** qui ne sont **ni définitivement conclus ni livrés** avant la clôture de l'exercice (CE 20-1-1992 nº 61235 : RJF 3/92 nº 300).
b. Le montant des achats doit être diminué, le cas échéant, du prix de revient des **marchandises prélevées par l'exploitant** pour son

usage personnel ou celui de sa famille (BOI-BIC-CHG-40-10 n° 40).
c. En principe, il ne peut être tenu compte des **achats sans facture** (CE 18-1-1984 n° 19303 : RJF 3/84 n° 276) ou appuyés de **fausses factures** ou factures de complaisance. Dans les **reconstitutions de résultats** qu'elle effectue, l'administration doit néanmoins tenir compte, dans la mesure du possible, d'un montant d'achats compatible avec la productivité apparente de l'entreprise (BOI-BIC-CHG-10-20-20 n° 30 : RIE-III-10210). Lorsque les fournisseurs du contribuable sont dispensés d'établir des factures, ce dernier doit néanmoins pouvoir justifier ses achats, notamment en indiquant les dates, le détail et le prix de chaque achat à chaque fournisseur (CE 3-6-1988 n° 57990 : RJF 8-9/88 n° 1023). Cette règle vaut par exemple pour les commerçants qui s'approvisionnent directement à la culture ou sur les marchés (BOI-BIC-CHG-10-20-20 n° 60). **Sanctions** des fausses factures, voir n° 80195.

3. SERVICES EXTÉRIEURS ET AUTRES CHARGES DE GESTION COURANTE

8340 Le **plan comptable** range sous la rubrique des « Charges externes » autres que les achats (compte 61, « Services extérieurs », et compte 62, « Autres services extérieurs ») des charges telles que les locations, les frais d'entretien et de réparation, les primes d'assurances, les frais d'études et recherches, les rémunérations d'intermédiaires et les honoraires, les frais de publicité, de transport, de déplacements, missions et réceptions, etc. **Fiscalement,** ces catégories, auxquelles nous joignons les « Autres charges de gestion courante » (compte 65), par exemple les redevances de concession de brevets, appellent les précisions ci-après.

FRAIS DE LOCATION

8345
BIC-IX-10150 s

Loyers et charges locatives Les loyers des locaux professionnels, du matériel ou du mobilier sont normalement déductibles, dans la mesure où ils n'excèdent pas la valeur locative réelle des biens loués.

La déduction s'opère en principe au titre de l'exercice au cours duquel les loyers ont **couru,** sans considération de leur date de paiement. Toutefois, l'administration admet la déduction des loyers payables d'avance à leur date d'échéance (BOI-BIC-CHG-40-20-10 n° 140).

› Précisions **a.** Le montant déductible des **loyers des voitures particulières** est plafonné (voir n° 9035).
b. Les règles de déduction des loyers de **crédit-bail** immobilier comportent certaines restrictions, voir n° 19340.
c. Les sommes versées à titre de **dépôt de garantie** restent sans incidence sur le bénéfice imposable tant qu'elles ne sont pas définitivement acquises au bailleur (CE 4-12-1991 n° 86382 : RJF 1/92 n° 119).
d. Un contribuable qui conserve dans son **patrimoine privé** un **immeuble** utilisé à titre **professionnel** est en droit de s'allouer un loyer déductible de ses résultats ; ce loyer est corrélativement imposable entre ses mains dans la catégorie des revenus fonciers (CE 8-7-1998 n° 164657 : RJF 8-9/98 n° 903 ; BOI-BIC-CHG-40-20-10 n° 180).
e. Frais d'**entretien** et de **réparation** supportés par le locataire : voir n° 8372. **Constructions** et aménagements sur sol d'autrui : voir n° 9585.
f. En cas de location de **biens mobiliers entre entreprises liées** au sens de l'article 39, 12 du CGI (voir n° 10425, précision a), la déduction des loyers versés par une entreprise soumise à l'impôt sur les sociétés est, le cas échéant, limitée par application de la règle exposée n°s 35830 s.
g. Les entreprises qui tiennent une **comptabilité super-simplifiée** sont autorisées à déduire les loyers lors de leur paiement (voir n° 86840).

8350
BIC-IX-11200 s

Droit d'entrée Le droit d'entrée (ou pas-de-porte) versé au propriétaire présente en principe le caractère d'un **supplément de loyer,** dont la déduction doit être répartie sur une période au moins égale à la durée du bail. Il peut cependant être assimilé au prix d'un **élément incorporel du fonds** de commerce dans la mesure où il forme, avec le loyer stipulé (et compte tenu, s'il y a lieu, des avantages offerts par le propriétaire en sus du droit de jouissance), un total excédant le loyer normal du local (notamment CE 25-7-1980 n° 18189 : RJF 11/80 n° 862 ; CE 27-5-1987 n° 50819 : RJF 7/87 n° 797 ; CE 20-4-1988 n° 49791 : RJF 6/88 n° 705). Dans ce cas, il peut être amorti s'il rémunère un avantage temporaire indépendant du caractère renouvelable du contrat (n° 9171).

› Précisions **a.** L'**indemnité de « déspécialisation »** réclamée par le bailleur en cas de modification de la nature de l'activité exercée par le locataire est soumise au même régime que le droit d'entrée (CE 20-12-1982 n° 25362 : RJF 2/83 n° 178 ; CE 2-10-1985 n° 41539 : RJF 11/85 n° 1407).
b. Le **pas-de-porte versé au précédent locataire,** qui ne peut être considéré comme un supplément de loyer, n'est pas déductible (CE 8-2-1965 n°s 61730 et 61731 ; BOI-BIC-CHG-20-10-20 n° 70).

8355
BIC-IX-12200 s

Redevances de location-gérance Les redevances versées au propriétaire par le gérant libre d'un fonds de commerce sont déductibles dans la mesure où leur montant n'est pas excessif et où elles ne dissimulent pas une cession du fonds.

FRAIS D'ENTRETIEN ET DE RÉPARATION

Les dépenses d'entretien et de réparation ont pour objet de conserver ou de remettre en bon état d'utilisation les immobilisations. On peut distinguer quatre catégories de dépenses dont le régime de déduction dépend : **8365** BIC-IX-12500 s
– en premier lieu, des décisions prises par l'entreprise quant à la décomposition de l'élément d'actif concerné dans le cadre de la méthode d'**amortissement par composants** (voir n° 9185) ;
– en second lieu, du point de savoir si les coûts engagés à raison de l'élément considéré (bien non décomposé ou composant identifié) ont pour effet d'augmenter sa **valeur** ou sa **durée réelle d'utilisation** (CE 29-1-1975 n° 92198 : RJF 4/75 n° 172).

a. Les **dépenses courantes d'entretien et de réparation** sont immédiatement déductibles lorsqu'elles n'aboutissent pas au remplacement d'un composant et que, conformément aux critères dégagés par la jurisprudence (CE 17-1-1975 n° 86610 : RJF 3/75 n° 86), elles n'ont pas d'autre effet que de maintenir le bien ou le composant en état d'usage et de fonctionnement sans augmenter ni sa valeur ni sa durée d'utilisation, appréciées à la date de leur engagement (BOI-BIC-CHG-20-20-20 n° 140). Tel est le cas, par exemple, de travaux périodiques de **peinture,** de **nettoyage** et de réfection partielle de **plomberie** et d'**électricité** (CE 8-7-1987 nos 72701 et 72702 : RJF 10/87 n° 967). **8370**

b. Les **dépenses de remplacement** d'un composant identifié à l'origine sont, conformément à l'article 213-20 du PCG, obligatoirement inscrites à l'actif de manière séparée en tant que composant. Ce dernier est amorti selon les règles décrites n° 9185. La valeur nette comptable du composant remplacé ou renouvelé est comptabilisée en charges (CGI ann. III art. 38 quinquies, 2). Sa valeur d'origine doit être sortie de l'actif du bilan. Cette règle exclut la possibilité de constituer des **provisions pour gros entretien** destinées à faire face aux dépenses de remplacement. Sont notamment concernées les dépenses engagées pour la réalisation d'**échanges standard** de pièces maîtresses de gros équipement (exemple : remplacement d'un moteur), ces pièces répondant par leur nature à la définition d'un composant. Il en est de même des travaux de réfection d'une **toiture** ou des dépenses engagées pour le remplacement des **installations techniques** d'un immeuble d'exploitation (ascenseur, électricité, climatisation, plomberie…), lorsque ces éléments ont été inscrits distinctement à l'actif lors de l'acquisition du bien. En revanche, les **dépenses de gros entretien** qui ne consistent pas en un remplacement d'éléments existants peuvent faire l'objet de provisions pour gros entretien ou grande révision, voir n° 9905.

c. L'obligation d'immobiliser les dépenses de remplacement en tant que composant s'applique également en cas de remplacement des éléments qui répondent par nature à la définition d'un **composant,** mais que l'entreprise n'a **pas identifiés** comme tels **à l'origine** (exemple : remplacement d'un élément en cas de panne accidentelle). En revanche, les dépenses engagées pour le remplacement d'un **élément** qui, **à juste titre, n'a pas été comptabilisé comme composant** sont des charges d'exploitation si elles n'ont pas pour effet d'augmenter la valeur du bien ni d'en prolonger la durée d'utilisation (BOI-BIC-CHG-20-20-20 n° 150). Dans le cas contraire, elles sont immobilisées.

d. Les **dépenses** qui ont pour objet la réalisation de **nouveaux agencements,** l'**aménagement ou la transformation d'installations existantes** ont pour effet, en règle générale, de faire entrer un ou plusieurs éléments à l'actif du bilan. Conformément à la jurisprudence, elles sont immobilisables et amorties dans les conditions décrites nos 9090 s. Tel est le cas, par exemple, des travaux de transformation d'un appartement en bureaux (CE 31-7-1992 n° 42280 : RJF 10/92 n° 1310) ou encore des travaux d'aménagement intérieur ou de décoration (CE 16-3-1977 n° 89010 : RJF 5/77 n° 273).

Une **entreprise locataire** peut déduire les **dépenses courantes** d'entretien et de réparation qui lui incombent. Les **réparations importantes** effectuées sur des immeubles pris à bail sont également déductibles à condition que leur montant, ajouté à celui du loyer, ne soit pas excessif par rapport à la valeur locative réelle des immeubles. Mais les travaux qui, par leur importance, excèdent les simples dépenses d'entretien ou de réparation doivent être portés à l'actif du bilan du locataire et amortis dans les conditions exposées n° 9585. **8372**

Les dépenses de **mise aux normes** ne doivent être immobilisées que lorsqu'elles ont pour effet de prolonger la durée effective d'utilisation du bien concerné, appréciée indépendamment de l'évolution de la réglementation, ou d'en augmenter la valeur vénale (pour des aménagements mineurs : CE 23-12-2011 n° 327077 : RJF 3/12 n° 223 ; pour des travaux nécessitant une réfection très importante de l'installation électrique existante : CAA Marseille 9-1-2007 n° 04MA00008 : RJF 10/07 n° 1016). **8375**

Au plan comptable, comme au plan fiscal, doivent être immobilisées les dépenses d'acquisition, de production ou de transformation d'**immobilisations corporelles** imposées par des dispositions légales ou réglementaires obligatoires dans le domaine de la **sécurité** ou de l'**environnement,** lorsque leur défaut de réalisation entraînerait l'**arrêt** immédiat ou différé de l'activité ou de l'installation de l'entreprise et non pas l'application de sanctions pécuniaires (PCG art. 212-4 ; BOI-BIC-CHG-20-20-20 n° 220).

Les dépenses de **désamiantage** de locaux professionnels sont déductibles immédiatement dès lors que les opérations ne requièrent pas l'arrêt total de l'activité de l'entreprise en cas de non-engagement de ces dépenses (BOI-BIC-CHG-20-20-20 n° 230).

PRIMES D'ASSURANCES

8385 BIC-IX-15400 s **Assurances de dommages** Font partie des charges déductibles les primes d'assurances de dommages qui ont pour objet de garantir l'entreprise contre la perte des éléments d'actif (vol, incendie, bris de glace, inondations, etc.), les risques encourus du fait de sa responsabilité ou encore les pertes d'exploitation dues à certains événements (grèves…).

> **Précisions** L'**exercice de déduction** des primes est en principe celui au cours duquel elles ont couru : les primes acquittées d'avance qui se rapportent à un exercice ultérieur doivent donc être extournées des charges de l'exercice (n° 8165). L'administration admet toutefois la déduction à leur date d'échéance des primes afférentes aux contrats pour perte de bénéfices après **incendie** et aux contrats pour risque de **grèves** et **émeutes** (BOI-BIC-CHG-40-20-20 n° 120), ainsi que des primes d'assurances de dommages ou de pertes de bénéfices (BOI-BIC-PDSTK-10-30-20 n° 190). Les entreprises individuelles qui tiennent une **comptabilité super-simplifiée** sont autorisées à déduire les primes lors de leur paiement (n° 86840).

8390 BIC-IX-15600 s **Assurance-vie ou décès sur la tête des dirigeants** Les cotisations versées au titre des contrats d'assurance-vie ou décès souscrits sur la tête des dirigeants sont prises en compte dans les conditions suivantes.

a. Si un contrat d'assurance décès est conclu pour garantir le **remboursement d'un emprunt,** deux situations doivent être distinguées.

1. Lorsque la **souscription** du contrat est **imposée par le prêteur** en vertu d'une stipulation expresse du contrat de prêt (cas le plus fréquent), les primes sont déductibles du résultat au fur et à mesure des échéances. Peu importe que les membres de la famille du dirigeant soient désignés comme bénéficiaires subsidiaires du capital décès (CE 10-7-1992 n° 110213 : RJF 8-9/92 n° 1249).

2. Si l'**assurance** est **souscrite librement** par l'entreprise, le montant total des primes ne peut être déduit, globalement, qu'au moment du décès de l'assuré, ou, en cas de survie de ce dernier, lors de l'expiration du contrat. De plus, si l'entreprise décide, comme elle y est légalement autorisée (n° 8075), d'étaler sur cinq ans la taxation du profit résultant du remboursement de l'emprunt par la compagnie d'assurance, elle doit échelonner sur la même durée, et par fractions égales, la déduction du montant global des primes (CGI art. 38 quater).

b. Des contrats d'assurance, dits « **homme-clé** », peuvent également être souscrits pour prémunir l'entreprise contre le risque de pertes de recettes d'exploitation lié à la disparition ou à l'incapacité du chef d'entreprise ou de toute autre personne jouant un rôle déterminant dans l'exploitation. Les primes versées à ce titre sont immédiatement déductibles sans distinguer selon les modalités d'indemnisation fixées – capital forfaitaire ou indemnité calculée en fonction de la perte d'exploitation effective (CE 29-7-1998 n° 108244 : RJF 8-9/98 n° 908). En présence d'un **contrat d'assurance mixte** (combinant assurance décès et assurance-vie), seule la fraction de la prime afférente au risque de décès est déductible, pourvu que la société soit en mesure d'en justifier le montant (CE 31-3-2017 n° 387209 : RJF 6/17 n° 534). Sur la faculté d'étalement des produits perçus, voir n° 8075.

c. Les contrats d'**assurance-vie** qui n'ont pas pour objet la couverture d'un risque et prévoient le versement d'un capital à une date certaine ont le caractère de **placements** financiers. Les primes correspondantes ne sont déductibles que globalement lors du versement du capital par la compagnie d'assurance (BOI-BIC-CHG-40-20-20 n° 110). S'agissant des **contrats mixtes,** cette règle ne vaut pas pour la fraction de la prime afférente au risque décès (voir ci-dessus).

8395 BIC-IX-16400 s **Assurances à caractère social** Les primes d'assurances à caractère social sont en principe déductibles :

– primes des contrats d'assurance-vie ou décès et des contrats destinés à assurer une protection sociale supplémentaire, souscrits au profit des membres du personnel et des dirigeants, qui constituent un élément de la rémunération des bénéficiaires (BOI-BIC-CHG-40-40-30 n°s 690 et 700) ;

– cotisations d'assurance garantissant le paiement de pensions de retraite ou le versement d'indemnités de licenciement ou de départ à la retraite aux salariés (n°s 8615 s. et 8635).

FRAIS DE RECHERCHE ET DE DÉVELOPPEMENT

8405 CGI art. 236, I BIC-IX-16900 s Les dépenses de fonctionnement exposées dans des opérations de recherche scientifique ou technique peuvent, au **choix** de l'entreprise, être immobilisées ou immédiatement déduites des résultats de l'exercice au cours duquel elles ont été exposées. L'option pour la déduction immédiate de ces dépenses permet d'éviter leur prise en compte pour l'évaluation des stocks (voir n° 7715, précision a).

> **Précisions a.** Selon l'administration, c'est le mode de comptabilisation qui détermine le régime fiscal de ces dépenses (BOI-BIC-CHG-20-30-30 n° 70). Or, conformément à l'article 212-3 du PCG, les **frais de recherche** (qui couvrent les opérations de recherche fondamentale et certaines opérations de recherche appliquée) sont obligatoirement portés en charges. Les **frais de développement** (qui couvrent une partie de la recherche appliquée et le développement expérimental) peuvent être portés à l'actif à compter de la date à laquelle il est considéré qu'ils se rapportent à des projets nettement individualisés ayant de sérieuses chances de réussite technique et de rentabilité commerciale. Tel est le cas lorsqu'ils concernent des projets que l'entreprise a l'intention et les moyens d'achever en vue d'une utilisation ou d'une vente de l'immobilisation qui en résultera, de telle sorte qu'elle en retirera des avantages économiques futurs (BOI-BIC-CHG-20-30-30 n° 60) (voir Mémento comptable n° 30890). L'option relative au traitement des coûts de développement (inscription en charges ou en immobilisations) s'applique de manière globale à tous les projets. L'option pour l'inscription à l'actif de ces coûts est irrévocable (BOI-BIC-CHG-20-30-30 n° 70).
> **b.** Les **dépenses de fonctionnement** ouvrant droit à la déduction immédiate sont celles qui n'ont pas pour effet l'acquisition, la construction ou l'amélioration d'une immobilisation. Peu importe qu'elles augmentent la valeur de l'actif sur lequel elles sont réalisées (CE 10-6-2010 n° 312377 : RJF 10/10 n° 878).
> **c.** Sur la portée du **lien entre le choix comptable et le choix fiscal,** voir n° 8300 à propos des frais d'établissement.
> **d.** Les dépenses engagées à la suite d'une **commande** ferme passée par un **tiers** doivent obligatoirement être comptabilisées en charges (CE 11-7-2011 n° 340202 : RJF 11/11 n° 1129).

Immobilisation des frais de recherche et développement Lorsque l'immobilisation de ces frais est décidée, les règles suivantes s'appliquent : 8410

– l'**inscription à l'actif** porte nécessairement sur toutes les dépenses de fonctionnement engagées (y compris les frais éventuels de dépôt de brevets et d'autorisation de mise sur le marché de médicaments, voir n° 7600, précision a) ;

– conformément à l'article R 123-187 du Code de commerce, l'**amortissement** des frais immobilisés est pratiqué sur la durée d'utilisation estimée des projets. Si cette durée ne peut pas être déterminée de manière fiable, l'amortissement est échelonné sur une durée maximale de 5 ans. Le point de départ de l'amortissement est constitué par le début de l'utilisation du résultat des développements (BOI-BIC-CHG-20-30-30 n° 70).

CONCEPTION DE LOGICIELS

Les frais de conception de logiciels sont soumis à un régime fiscal identique à celui des dépenses de recherche. Les entreprises ont donc le **choix** entre leur déduction immédiate et leur immobilisation, y compris lorsqu'il s'agit de logiciels intégrés dans des opérations de développement (BOI-BIC-CHG-20-30-30 n° 80). Ce choix est exercé distinctement pour chaque logiciel (Inst. 9-3-1999, 4 E-2-99 n° 8, non reprise dans Bofip). L'amortissement comptable est échelonné sur leur durée probable d'utilisation, étant précisé qu'il ne peut débuter que lorsque les logiciels sont achevés. 8420 BIC-IX-17400 s

Lorsque les frais de conception de logiciels ou d'amélioration des applications informatiques existantes sont immobilisés en comptabilité (Mémento comptable n°s 30400 s.) et que l'entreprise opte pour leur déduction immédiate sur le plan fiscal, la déduction est opérée par la constatation d'**un amortissement dérogatoire** dès l'exercice de leur inscription à l'actif (BOI-BIC-CHG-20-30-30 n° 80).

> ATTENTION
> Selon l'administration, les **dépenses concernées** sont celles supportées pendant la période qui s'étend de la phase de l'analyse fonctionnelle jusqu'à celle des tests et jeux d'essais (BOI-BIC-CHG-20-30-30 n° 50). Mais il paraît possible de retenir la définition comptable du coût de production d'un logiciel, légèrement différente (Mémento comptable n° 30400).

CRÉATION D'UN SITE INTERNET

Au plan **comptable,** les dépenses engagées lors de la phase de développement et de mise en production d'un site web (qui incluent les frais d'obtention et d'immatriculation d'un **nom de domaine**) sont soumises au régime des frais de développement (voir n° 8405, précision a). 8430 BIC-IX-17700 s

Au plan **fiscal,** elles suivent (hors frais d'obtention et d'immatriculation du nom de domaine) le régime prévu pour les frais de conception de logiciel (n° 8420). L'option fiscale, exercée distinctement pour chacun des sites créés, est autonome du mode de comptabilisation retenu. Les coûts relatifs à l'obtention et l'immatriculation d'un nom de domaine sont inscrits à l'actif lorsque l'entreprise a choisi d'inscrire à l'actif en tant qu'immobilisation incorporelle l'ensemble des coûts éligibles engagés au titre de la phase de développement et de production (BOI-BIC-CHG-20-30-30 n° 210). Les autres dépenses de création du site (exposées durant les phases de recherche préalable et d'exploitation du site) sont des charges immédiatement déductibles (BOI-BIC-CHG-20-30-30 n° 160).

> **Précisions** **a.** Les dépenses de création de **sites de présentation** ne participant pas aux systèmes d'information ou commerciaux de l'entreprise (« sites passifs »), qui s'apparentent en réalité à des dépenses de publicité, doivent en principe être comptabilisées en charges. Elles peuvent toutefois être activées lorsque les revenus publicitaires générés par de tels sites sont suffisants pour les considérer comme rentables ou lorsqu'ils sont liés à des sites « actifs » (voir Mémento comptable n° 30905).
> **b.** Dépenses d'**acquisition** d'un **nom de domaine** : voir n° 7535, précision a.

COMMISSIONS, COURTAGES ET HONORAIRES

8440 BIC-IX-18000 s

Les commissions, courtages et honoraires versés par l'entreprise font partie des charges déductibles dès lors qu'ils correspondent à des prestations effectuées dans l'intérêt de l'entreprise et relèvent d'une gestion normale. Ils doivent être déclarés dans les conditions exposées n°s 78355 s.

> **Précisions** **a.** Des honoraires de **révision comptable** sont déductibles même si une partie des travaux est effectuée principalement à l'intention de la société mère (CE 12-1-1983 n° 32728 : RJF 3/83 n° 362).
> **b.** Selon l'administration, les honoraires de **commercialisation** des **promoteurs constructeurs** engagés dans le cadre des opérations de promotion immobilière sont déductibles du résultat de l'exercice au cours duquel ils constituent une dette certaine dans son principe et dans son montant (BOI-BIC-CHG-10-30-10 n° 140). La règle comptable est différente (voir Mémento comptable n° 10920).
> **c.** Les **rémunérations occultes** et les commissions versées pour l'obtention de marchés, notamment à l'étranger, sont déductibles si l'entreprise établit la réalité du versement (attestations, échange de correspondance, écritures comptables...) et apporte la preuve du résultat de l'intervention de l'intermédiaire (augmentation du chiffre d'affaires, signature de commandes...), qui doit être en rapport avec le montant des sommes versées (BOI-BIC-CHG-40-20-30 n° 140).
> **d.** S'agissant des **commissions à l'exportation,** est interdite la déduction des sommes versées ou des avantages octroyés, directement ou par des intermédiaires, au profit d'un **agent public** ou d'un tiers pour que cet agent agisse ou s'abstienne d'agir dans l'exécution de fonctions officielles, en vue d'obtenir ou de conserver un marché ou un autre avantage indu dans des transactions commerciales internationales (CGI art. 39, 2 bis : BIC-IX-19150 s). Peu importe que les sommes versées pour le compte d'une société aient été détournées de leur objet à son insu et qu'elle ne puisse être regardée comme ayant eu une **intention de corruption** (CE 4-2-2015 n° 364708 : RJF 5/15 n° 387). Les faits de corruption de l'agent public peuvent être établis par un faisceau d'indices (CAA Nantes 26-2-2015 n° 13NT02541 : RJF 6/15 n° 468).
> En ce qui concerne les commissions versées à des résidents étrangers soumis à un **régime fiscal privilégié** ou établis dans un **État ou territoire non coopératif,** voir n°s 78295 et 78310.
> **e.** Les commissions ou courtages constitutifs de frais inhérents à la **vente** d'une **immobilisation** viennent directement en diminution du prix de vente pour le calcul de la plus-value (n° 17810) et doivent corrélativement être exclus des charges déductibles.
> **f.** Commissions versées à l'occasion de l'**achat** d'une **immobilisation** : voir n° 7570.
> **g.** Pour les **honoraires d'architecte,** voir n° 7587, a.

PUBLICITÉ ET RELATIONS PUBLIQUES

8450 BIC-IX-20100 s

Frais de publicité Les frais de publicité sont normalement déductibles, à l'exception des dépenses afférentes aux publicités prohibées par les articles L 3323-2, L 3323-4 et L 3323-5 du Code de la santé publique (CGI art. 237). Les entreprises sont libres de décider de l'ampleur des dépenses de promotion qu'elles souhaitent engager pour leurs produits (CE 23-1-2015 n° 369214 : RJF 4/15 n° 300).

> **Précisions** **a.** Les frais de réalisation de **films publicitaires,** qui par nature ne sont pas destinés à servir de façon durable à l'activité de l'entreprise, constituent des charges d'exploitation immédiatement déductibles (CE 5-6-1996 n° 143819 : RJF 7/96 n° 870).
> **b.** D'un point de vue **comptable** (Mémento comptable n° 15970), certains frais de publicité, qui conditionnent l'existence ou le développement de l'entreprise, peuvent être portés en frais d'établissement, ce qui permet d'étaler leur déduction dans des conditions exposées n° 8300. Dans les autres situations, les frais de publicité sont déduits immédiatement.

8455 CGI art. 39, 1-7° BIC-IX-20300 s

Dépenses de parrainage La loi admet expressément la déduction des dépenses de parrainage, qualifié aussi de « sponsoring », engagées dans le cadre de manifestations de caractère philanthropique, éducatif, scientifique, social, humanitaire, sportif, familial, culturel ou concourant à la mise en valeur du patrimoine artistique, à la défense de l'environnement naturel ou à la diffusion de la culture, de la langue et des connaissances scientifiques françaises.

Ces dépenses peuvent prendre différentes **formes** : reversement à une association humanitaire d'une fraction du prix de vente de certains produits (CE 15-2-2012 n° 340855 : RJF 5/12 n° 446) ; versements aux organisateurs des manifestations parrainées ; charges de toute nature supportées à l'occasion de ces manifestations ; rémunérations ou remboursements de frais versés aux personnalités du monde sportif, culturel ou artistique participantes. Elles doivent être exposées dans l'**intérêt** direct **de l'entreprise,** ce qui implique, selon l'administration, que l'identification de l'entreprise entendant promouvoir son image de marque soit assurée et que les dépenses engagées soient en rapport avec l'avantage attendu (BOI-BIC-CHG-40-20-40 n° 220).

Cadeaux Les cadeaux d'entreprise, même illicites, sont déductibles lorsqu'ils sont effectués dans l'intérêt direct de l'entreprise et que leur valeur n'est pas excessive. Ils font partie des dépenses qui doivent figurer sur le **relevé des frais généraux** (n° 9050). **8460** CGI art. 39, 5 BIC-IX-19810 s

› Précisions a. Les **échantillons** et menus objets publicitaires sont déductibles (BOI-BIC-CHG-40-20-40 n° 250). Toutefois, s'il s'agit d'articles de même nature que ceux fabriqués ou revendus en l'état par l'entreprise, ils doivent être inclus dans les stocks, sauf s'ils comportent des caractéristiques ou marques permanentes les rendant impropres à la commercialisation (BOI-BIC-PDSTK-20-10 n° 280).

b. Les **pourboires** d'usage versés à des livreurs sont déductibles lorsque leur réalité est établie (BOI-BIC-CHG-40-20-40 n° 230). Pour les contribuables tenant une comptabilité super-simplifiée, voir n° 86840.

c. L'absence d'**intérêt de l'entreprise** à engager les dépenses de cadeaux concernées suffit à faire obstacle à leur déduction même si leur montant n'est pas excessif (CE 11-2-2011 n° 316500 : RJF 5/11 n° 554).

FRAIS DE VOYAGE ET DE DÉPLACEMENT

Les frais de voyage et de déplacement sont déductibles dans la mesure où ils ont effectivement un caractère professionnel et sont assortis de justifications suffisantes. Lorsqu'ils sont exposés par les personnes les mieux rémunérées de l'entreprise, ils doivent figurer sur le **relevé de frais généraux** joint à la déclaration de résultat (n° 9050). **8470** BIC-IX-20710 s

Les entreprises doivent également joindre à leur déclaration un état indiquant l'affectation des **voitures de tourisme** inscrites à l'actif ou dont elles ont assumé les frais d'entretien au cours de l'exercice (n° 11000).

8475

› Précisions a. Les **frais de transport domicile-lieu de travail** supportés par l'exploitant sont toujours déductibles lorsque la distance n'excède pas **40 kilomètres.** Au-delà, la déduction suppose que l'exploitant justifie l'éloignement par des circonstances particulières (BOI-BIC-CHG-40-20-40 n° 60).

b. Les **frais de voiture et de deux-roues de l'exploitant** ne peuvent pas être évalués forfaitairement sur la base du barème kilométrique de l'administration (n° 97200) (Rép. Moreau : AN 19-2-2013 n° 7824). Une évaluation kilométrique des frais de carburant (n°s 97165 s.) est toutefois admise dans le cadre de la comptabilité super-simplifiée (n° 86840). Les frais de **véhicules à usage mixte** inscrits à l'actif sont déductibles au prorata de l'utilisation professionnelle du véhicule. Si le véhicule n'est pas inscrit à l'actif, la quote-part de frais afférente à son utilisation professionnelle (prime d'assurance, entretien et réparation, essence et carburant) est déductible (Rép. Liot : Sén. 12-2-1974 n° 13733, non reprise dans Bofip).

c. En cas de **covoiturage,** seuls les frais qui demeurent à la charge de l'exploitant une fois le partage effectué sont déductibles, qu'il s'agisse du trajet domicile-travail (BOI-IR-BASE-10-10-10-10 n° 150) ou d'un déplacement professionnel (BOI-BIC-CHG-40-20-40 n° 55).

d. Les frais de déplacement remboursés aux **dirigeants** et **salariés** au titre de l'utilisation professionnelle de leurs **véhicules personnels** sont déductibles, sous réserve de la justification du kilométrage parcouru à titre professionnel. Ils peuvent être évalués d'après le barème kilométrique fourni chaque année par l'administration (n° 97200), sans perdre pour autant leur caractère de frais réels (n° 23715, précision a). Lorsque les remboursements ne sont pas calculés sur la base du barème kilométrique, la fraction des allocations correspondant au prix d'acquisition du véhicule qui excède la limite prévue à l'article 39, 4 du CGI (n° 9020) n'est pas déductible (BOI-BIC-AMT-20-40-50 n° 190). Associés des **sociétés de personnes** : voir n° 37690.

e. Déclaration au titre des **avantages en nature** des véhicules mis à la disposition des dirigeants ou des salariés pour leur usage personnel : voir n° 10950, précision c.

f. Les frais de **voyages de stimulation** organisés dans l'intérêt de l'entreprise et dans un but de promotion commerciale sont déductibles. Exemple : voyages offerts aux lauréats d'un concours ouvert au personnel d'un réseau commercial et à des tiers les accompagnant. Ces voyages ne constituent ni des cadeaux ni des gratifications (CE plén. 31-7-1992 n°s 82802 et 114895 : RJF 8-9/92 n°s 1124 et 1127). Ils ne revêtent à aucun titre le caractère de revenu imposable pour leurs bénéficiaires (CE 21-6-1995 n° 111865 : RJF 8-9/95 n° 938).

FRAIS DE RÉCEPTION ET DE REPRÉSENTATION

Les frais de réception et de représentation sont déductibles lorsqu'ils sont exposés dans l'intérêt de l'entreprise et sont assortis de justifications suffisantes, à moins qu'ils ne fassent partie des dépenses, qualifiées de « somptuaires », dont la déduction est interdite par la loi (n°s 9000 s.). **8485** BIC-IX-21700 s

› Précisions a. Les **repas d'affaires** font partie des charges déductibles lorsqu'ils sont justifiés et sont dans un rapport normal avec l'activité et l'avantage attendu (BOI-BNC-BASE-40-60-60 n° 10).

b. Les **frais supplémentaires de repas** pris sur

le **lieu de travail** sont déductibles lorsque la distance entre ce lieu et le domicile, qui doit bien entendu conserver un caractère normal, fait obstacle à ce que le repas soit pris à domicile et à condition que le montant de ces dépenses soit justifié (BOI-BIC-CHG-10-10-10 n° 80 ; BOI-BNC-BASE-40-60-60 n°s 40 à 170). En pratique n'est admise en déduction que la **fraction du prix** du repas comprise entre le montant forfaitaire représentatif du repas pris à domicile (4,90 € pour 2020) et le seuil au-delà duquel la dépense est considérée comme exagérée (19 € pour 2020), soit une **déduction maximale de 14,10 €** au titre de 2020. La fraction des frais de repas qui excède cette limite n'est déductible que si le contribuable peut justifier de circonstances exceptionnelles nécessaires pour l'exercice de son activité.

CHARGES DIVERSES DE GESTION

8495 BIC-IX-22200 s Sont notamment déductibles à ce titre :

– les **redevances** versées pour la **concession** de droits de propriété intellectuelle (sur le montant déductible, voir n° 10435) ; exceptionnellement, ces redevances peuvent constituer le prix de revient d'un élément incorporel d'actif et doivent alors être immobilisées, voir n° 7535 ;

– les **frais** de fonctionnement des **organes sociaux** (pour les jetons de présence, voir n° 23585) ;

– les **frais d'administration générale** : frais de bureau, de documentation, de correspondance, de téléphone ;

– les dépenses engagées auprès d'entreprises de gardiennage pour assurer la **surveillance et la sécurité** des locaux professionnels (Rép. Bourdouleix : AN 11-8-2015 n° 68064) ;

– les **cotisations** versées aux organismes de représentation professionnelle (**syndicats,** chambres syndicales, ordres professionnels).

8500 **› Précisions** **a.** Les **redevances de concession** de droits de propriété intellectuelle ne sont déductibles que dans la mesure où leur **montant** est en rapport avec le chiffre d'affaires tiré de l'exploitation des droits concédés (notamment CE 24-5-1978 n°s 1609 et 1610 : RJF 9/78 n° 339) ou les pratiques suivies dans le secteur d'activité considéré (CAA Paris 12-7-1994 n° 92PA01392 : RJF 2/95 n° 227). Mais aucune redevance ne peut être déduite à raison de l'exploitation d'un **brevet** tombé dans le **domaine public** (CE 30-9-2002 n° 221030 : RJF 12/02 n° 1351).

b. L'administration admet la déduction des dépenses liées à l'**activité syndicale** de l'exploitant, lorsqu'elles ne sont pas excessives eu égard à l'importance de l'entreprise (BOI-BIC-CHG-10-10-10 n° 20).

c. Le Conseil d'État admet que les avantages qu'une entreprise retire de son **appartenance à un réseau** justifient le versement de cotisations pour le financement d'actions générales au sein de ce réseau, même s'ils ne découlent pas d'engagements contractuels formels et n'ont pas de contrepartie directe (CE 6-3-2006 n° 281034 : RJF 5/06 n° 502). De même, sont déductibles les frais liés à l'appartenance à un réseau **mondial,** même s'ils concernent des activités auxquelles la société ne participe pas dès lors que les avantages retirés de l'appartenance à ce réseau nécessitent le financement de telles dépenses (CE 21-11-2012 n°s 348864 et 348865 : RJF 2/13 n° 131).

d. L'**indemnité d'éviction** versée par une entreprise propriétaire à un locataire, pour non-renouvellement du bail de locaux dont elle veut reprendre la disposition, par exemple pour les louer à des conditions plus avantageuses, est en principe considérée comme une charge déductible lorsque son montant n'est pas exagéré.

L'indemnité d'éviction doit être exclue des charges déductibles lorsque son versement se traduit par un accroissement de la valeur de l'actif immobilisé de l'entreprise versante. Tel est le cas :

– lorsqu'elle représente le prix d'acquisition du fonds de commerce du locataire, dont le bailleur reprend l'activité (notamment CE 9-10-2015 n° 373654 : RJF 1/16 n° 4 ; CE 31-3-1989 n° 80712 : RJF 5/89 n° 539) ;

– lorsqu'elle est versée pour permettre la vente de l'immeuble (notamment CE 5-10-1988 n° 61841 : RJF 12/88 n° 1298) ou sa démolition suivie de la vente du terrain nu (Rép. Bouvard : AN 22-11-1982 n° 14938, non reprise dans Bofip) ; elle constitue alors un élément du prix de revient de l'immeuble ou du terrain ;

– lorsque, versée à l'occasion de l'acquisition de l'immeuble, elle fait partie du coût de revient (notamment CE plén. 19-12-1975 n° 96829 : RJF 2/76 n° 94) (BIC-IX-22600 s.).

e. Les **groupements d'employeurs** peuvent déduire de leurs résultats imposables de chaque exercice une somme forfaitaire de 10 000 € ou 2 % de leur masse salariale, à condition d'inscrire une somme équivalente à un compte spécial destiné à être utilisé au cours des cinq exercices suivants dans le cadre de la responsabilité solidaire des membres (CGI art. 214, 1-8° : BIC-IX-33900 s).

4. IMPÔTS ET TAXES

IMPÔTS DÉDUCTIBLES

Les entreprises peuvent déduire tous les impôts, droits ou taxes à leur charge dont la déduction n'est pas expressément interdite par la loi. Les impôts qui frappent les bénéfices (impôt sur le revenu ou impôt sur les sociétés) sont notamment exclus des charges déductibles. 8525 CGI art. 39, 1-4°, 4° bis, 6° et 6° bis, 153 et 213 BIC-IX-25000 s

L'**impôt acquitté à l'étranger** conformément à une convention fiscale ne peut pas non plus être déduit des résultats, quelles que soient les stipulations de la convention. En revanche, lorsqu'il est acquitté en contradiction avec une convention fiscale, il constitue une charge déductible (CE 20-11-2002 n° 230530 : RJF 2/03 n° 153 ; BOI-BIC-CHG-40-30 n° 30), dont le montant n'est pas limité au seul bénéfice résultant des activités menées dans l'État étranger (CE 20-12-2017 n° 398258 : RJF 4/18 n° 355). Il en est de même des impôts prélevés dans un État avec lequel la France n'a pas conclu de convention fiscale (BOI-BIC-CHG-40-30 n° 30).

Les **impôts non déductibles** doivent être réintégrés au résultat imposable lorsque leur montant a diminué le bénéfice comptable.

8527

Nous présentons ci-dessous un **tableau** indiquant le régime applicable aux principaux impôts ou taxes (la lettre D désigne les impôts déductibles, les lettres ND ceux qui ne le sont pas).

En ce qui concerne les **pénalités** fiscales, voir n°s 8905.

Contribution économique territoriale [1 2]	D
Contributions indirectes [3]	D
Contribution sociale généralisée (CSG) [4]	D
Contribution au remboursement de la dette sociale (CRDS : n° 34400) + prélèvement de solidarité (n° 34525)	ND
Contribution sociale de solidarité (C3S) (n°s 75000 s.)	D
Contribution sociale (n°s 36690 s.)	ND
Contribution sociale sur les options sur actions et actions gratuites (Mémento social n°s 34675 s. et 34750)	D
Contribution sur les activités privées de sécurité [5]	D
Contribution sur les indemnités de mise à la retraite (Mémento social n° 69050)	D
Contribution des producteurs d'équipements électriques et électroniques au financement de la collecte des déchets	D
Contribution sur les revenus locatifs (n°s 74800 s.)	D
Cotisation sur les régimes de retraite « chapeaux » (CSS art. L 137-11) (Mémento social n°s 23015 s.)	D
Droits d'enregistrement et de timbre	D
Forfait social (Mémento Social n°s 84300 s.)	D
Impôt sur le revenu	ND
Impôt sur les sociétés	ND
Malus applicable aux voitures les plus polluantes (n° 76042)	D
Participation-construction (cotisation de 2 % : n° 74370)	D
Participation-formation continue (n°s 73800 s.)	D
Prélèvement dû par les SIIC en cas de distribution (n° 30980)	ND
Prélèvement relatif à la construction navale	D
Prélèvement relatif aux œuvres et spectacles pornographiques ou de violence (n° 75945)	ND
Redevance communale et départementale des mines	D
Redevance d'archéologie préventive (n°s 31340 s.)	ND
Taxe pour création de bureaux en Île-de-France [6] (n°s 31315 s.)	ND
Taxe d'aménagement [7] (n°s 31100 s.)	ND
Taxe annuelle de 3 % sur les immeubles (n°s 75965 s.)	ND
Taxe pour le financement du fonds de soutien aux collectivités territoriales (n° 76024)	ND
Taxe d'apprentissage et contribution supplémentaire (n°s 73640 s. et 74200 s.)	D
Taxe de 1 % sur certaines dépenses de publicité (n°s 75905 s.)	D
Taxes sur le chiffre d'affaires (voir également n° 7415)	D
Taxe foncière et taxes accessoires afférentes aux immeubles d'actif	D
Taxe sur la diffusion en vidéo physique et en ligne de contenus audiovisuels (n° 75955)	D
Taxe sur les surfaces commerciales (n°s 75900 s.)	D
Taxe sur les excédents de provisions des assurances (n° 76020)	ND
Taxe sur les salaires (n°s 73200 s.)	D
Taxe sur les bureaux, locaux commerciaux et locaux de stockage en Île-de-France (n°s 31380 s.)	ND
Taxe sur les surfaces de stationnement en Île-de-France (n° 31420)	D
Taxe sur les voitures des sociétés [8]	ND

Taxe sur les conventions d'assurances (nos 76000 s.)	D
Taxe sur les loyers élevés des micrologements [9]	ND
Versement de transport (Mémento social nos 84000 s.)	D
Versement pour sous-densité [7] (nos 31180 s.)	ND
Taxe sur les CDD d'usage (Mémento social no 19620.)	D

1. Lorsque la contribution économique territoriale a donné lieu à plafonnement en fonction de la valeur ajoutée (nos 44100 s.), la cotisation foncière des entreprises n'est déductible que dans la limite du montant plafonné (CGI art. 39, 1-4°). En cas de cession en cours d'année, si l'acquéreur a remboursé au cédant une fraction de la contribution, chacun d'eux déduit normalement la fraction de contribution qu'il a supportée.
2. Y compris, le cas échéant, les taxes spéciales d'équipement (no 45510).
3. Sauf cotisation sur les boissons alcoolisées (no 75615).
4. CSG sur le bénéfice déductible partiellement (no 34400). CSG sur les plus-values à long terme non déductible (no 34525).
5. La contribution est supprimée à compter du 1er janvier 2020.
6. Élément du prix de revient du terrain, donc non amortissable (CGI art. 302 septies B, I) même lorsque l'entreprise n'est pas propriétaire du terrain.
7. Élément du prix de revient de l'ensemble immobilier, donc amortissable (CGI art. 302 septies B, II).
8. Déductible lorsqu'elle est due par une société de personnes non passible de l'impôt sur les sociétés, pour la part du résultat qui revient à des associés eux-mêmes non soumis à cet impôt. Non déductible lorsqu'elle est due par une société relevant de l'impôt sur les sociétés – dans les sociétés en commandite simple, la taxe est déductible au prorata de la part de bénéfices correspondant aux droits des commandités (no 75100).
9. La taxe est supprimée à compter du 1er janvier 2020.

8530 BIC-IX-26830 s **Transmission à titre gratuit d'une entreprise individuelle** Conformément à la jurisprudence, les droits de mutation dus par les héritiers, donataires ou légataires d'une entreprise à raison des biens affectés par nature à l'exploitation sont portés en déduction du résultat imposable dès leur exigibilité. Il en est de même des intérêts versés au Trésor en cas de paiement différé ou fractionné des droits (CE 19-2-2003 no 229373 : RJF 5/03 no 573). La déduction des droits afférents à la transmission des autres éléments inscrits au bilan et affectés à l'exploitation devrait être acceptée.

À notre avis, les **honoraires de notaire** et la **taxe de publicité foncière** acquittés à raison de la transmission à titre gratuit de biens affectés à l'exploitation devraient suivre le même régime que les droits de mutation proprement dits.

EXERCICE DE DÉDUCTION

8540 BIC-IX-27400 s Lorsqu'ils sont déductibles, les **impôts** doivent, en règle générale, être déduits des résultats de l'exercice au cours duquel ils ont été **mis en recouvrement** ou sont devenus **exigibles.** Pour les impôts ou taxes ne faisant pas l'objet d'un rôle ou d'un avis de mise en recouvrement, l'exercice d'imputation est celui au cours duquel l'impôt ou la taxe revêt pour l'entreprise le caractère d'une dette certaine dans son principe et déterminée dans son montant (CE 20-4-1984 no 33194 : RJF 6/84 no 711 ; BOI-BIC-CHG-40-30 no 40). C'est ainsi que les droits d'enregistrement sont en principe déductibles lors du dépôt ou de l'enregistrement de l'acte concerné, même en cas de paiement fractionné.

Certains impôts peuvent également être déduits par avance, par voie de **provision** (voir nos 9860 s.).

> **Précisions** **a.** En cas de **rectification,** les impositions supplémentaires mises à la charge de l'entreprise sont déduites, dans la mesure où il s'agit d'un impôt déductible :
> – soit de l'exercice au cours duquel l'entreprise se reconnaît débitrice de ces sommes, c'est-à-dire accepte le redressement ;
> – soit de l'exercice en cours à la date du visa de l'avis de mise en recouvrement, si l'entreprise conteste le redressement (ce qui n'interdit pas de constituer une provision si cela se justifie, voir no 9860, précision a) (BOI-BIC-CHG-40-30 no 230).
> **b.** Lorsque le contribuable renonce au bénéfice de la **« déduction en cascade »** (voir nos 79590 s.), le **rappel de TVA** n'est déductible, conformément à la règle de droit commun, que des résultats de l'exercice au cours duquel il est mis en recouvrement (CE 23-3-1992 no 50776 : RJF 5/92 no 623). En ce qui concerne les rappels de TVA afférente à des opérations d'autoliquidation, voir no 79600, précision c.
> **c.** En ce qui concerne les **dégrèvements** d'impôt, voir no 8105.

5. CHARGES DE PERSONNEL

8560 BIC-IX-30000 s Les charges de personnel déductibles incluent les rémunérations, les charges sociales et les dépenses diverses supportées dans l'intérêt des salariés (et, lorsque l'entreprise relève de l'impôt sur les sociétés, des dirigeants : nos 8580 s.).

Dans les entreprises relevant de l'impôt sur le revenu, ne sont en revanche déductibles ni les appointements du chef d'entreprise exploitant à titre individuel ni ceux des associés des sociétés de personnes et groupements assimilés (n° 8655). En ce qui concerne le salaire du conjoint de l'exploitant ou des associés, voir n° 8660.

SALAIRES ET AUTRES RÉMUNÉRATIONS

Les salaires versés au **personnel** font partie des charges déductibles, de même que les rémunérations versées à ses **dirigeants** par une société relevant de l'impôt sur les sociétés. **8570** CGI art. 39, 1-1° BIC-IX-30040 s

La déduction de ces rémunérations n'est toutefois possible que dans la mesure où elles correspondent à un travail effectif et ne sont pas excessives eu égard à l'importance du service rendu. Cette règle s'applique indistinctement aux salaires et appointements proprement dits et à leurs différents accessoires : avantages en espèces ou en nature, primes et participations aux bénéfices, allocations et indemnités diverses, remboursements forfaitaires de frais, etc. Sont également déductibles les indemnités de **congés payés** ainsi que les sommes versées et les charges supportées au titre des différents **régimes légaux de participation ou d'intéressement** des salariés.

› Précisions a. Les rémunérations, remboursements de frais et avantages attribués aux personnes les mieux rémunérées de l'entreprise doivent figurer sur le **relevé détaillé de frais généraux** (n° 9050). Un état des **avantages en nature** accordés au personnel doit également être tenu par l'entreprise (n° 10950, précision c).

b. En ce qui concerne la **règle du « non-cumul »** des allocations forfaitaires pour frais d'emploi allouées aux dirigeants ou aux cadres et des remboursements de frais, voir n° 23730.

c. La déduction des **jetons de présence** alloués aux administrateurs fait l'objet d'une limitation (n° 23585).

d. Les salaires versés à des **personnes non fiscalement domiciliées en France,** à raison d'une activité professionnelle exercée dans notre pays, sont soumis – sauf exception – à une retenue à la source (n°s 4595 s.).

e. Les indemnités qu'une entreprise verse aux **volontaires internationaux en entreprise** placés auprès d'une de ses filiales ou succursales étrangères sont déductibles, dans la limite du montant légal applicable à ces indemnités (BOI-BIC-CHG-40-20-30 n° 20).

f. L'**abondement** versé au **chef d'entreprise** au titre des versements volontaires qu'il peut effectuer, en vertu de l'article L 3332-2 du Code du travail, sur le plan d'épargne mis en place dans son entreprise est déductible. Cas où l'**intéressement** versé à l'**exploitant individuel** est affecté à un **plan d'épargne salariale** : voir n° 88740.

g. Déduction fiscale pour **émission d'actions attribuées aux salariés** : voir n°s 88690, précision b, 88780 et 88820.

h. La **société mère** d'un groupe au sens de l'article L 233-3, I du Code de commerce peut déduire de son résultat la charge supportée à raison de la **facturation** par ses filiales **de la prime** « gilets jaunes » versée entre le 11 décembre 2018 et le 31 mars 2019 à leurs salariés en application de l'article 1er de la loi 2018-1213 du 24 décembre 2018 (Rép. Barrot : AN 12-3-2019 n° 16035). Cette prime est reconduite sous certaines conditions pour les versements effectués entre le 1er janvier et le 30 juin 2020 par les employeurs mettant en œuvre un accord d'intéressement à la date de versement (Loi 2019-1446 du 24-12-2019 art. 7).

Prêt de main-d'œuvre à but non lucratif L'entreprise qui met temporairement à disposition un salarié, dans les conditions de l'article L 8241-3 du Code du travail (Mémento social n° 33037), peut déduire les salaires, charges sociales y afférentes et frais professionnels remboursés à ce salarié, même si ces **coûts** ne sont **refacturés que partiellement** à l'entreprise bénéficiaire de la mise à disposition. Peuvent également être déduits les frais de gestion dès lors qu'ils sont modérés et justifiés (BOI-BIC-CHG-40-40-20 n° 240). **8575** CGI art. 39, 1-1°-al. 3

La déduction de la part excédant la refacturation est toutefois subordonnée au respect de la **réglementation de minimis** (n°s 92660 s.).

› Précisions La circonstance que la société utilisatrice du salarié prêté bénéficie d'une **refacturation à un prix minoré** est sans incidence sur son résultat. Il en est de même lorsque les **dépenses** sont **incorporées aux coûts de revient** d'une immobilisation (BOI-BIC-CHG-40-40-20 n° 270).

Rémunérations exagérées Ces rémunérations ne sont pas déductibles à hauteur de la fraction de leur montant qui présente un caractère excessif. Bien que le droit de contrôle de l'administration puisse s'exercer en principe quel que soit le bénéficiaire des rémunérations, il porte essentiellement sur les rémunérations versées aux **dirigeants** de sociétés (n° 23700). **8580** BIC-IX-30135 s

L'administration n'entend remettre en cause le montant des salaires du **personnel non dirigeant** que dans des situations exceptionnelles. Tel est le cas lorsque les rémunérations versées sont manifestement exagérées par rapport au service rendu, ou lorsque les circonstances de fait permettent de présumer que l'avantage consenti n'a pas été accordé dans l'intérêt direct de l'exploitation, mais notamment en raison de liens affectifs ou d'intérêts unissant les bénéficiaires à des personnes possédant le contrôle de l'entreprise (BOI-BIC-CHG-40-40-10 n° 100).

› Précisions La **fraction non déductible** des rémunérations versées par une personne morale passible de l'impôt sur les sociétés est considérée comme un revenu mobilier pour l'imposition du bénéficiaire (CGI art. 111, d). Elle est imposée sur une base majorée de 25 % (CGI art. 158, 7-2°). Cette majoration n'est pas soumise aux prélèvements sociaux (n° 34570, précision b). Si l'entreprise relève de l'impôt sur le revenu, cette fraction est imposable au nom du bénéficiaire dans la catégorie des bénéfices non commerciaux (CAA Paris 21-11-1991 n° 89PA02836 : RJF 3/92 n° 331).

8585
CGI art. 39, 5 bis
BIC-IX-30200 s

Rémunérations différées Les rémunérations différées consenties par les sociétés anonymes cotées sur un marché réglementé à leurs présidents, directeurs généraux, directeurs généraux délégués ou à un membre de leur directoire sont admises en déduction du bénéfice net dans la limite de trois fois le plafond annuel de la sécurité sociale par bénéficiaire (soit 123 408 € pour 2020). Sont visés par cette limitation les rémunérations, indemnités ou avantages visés à article L 225-37-3, I-4° du Code de commerce (Ord. 2019-1234 du 27-11-2019 art. 2), parmi lesquels les « **parachutes dorés** » versés lors du départ de l'entreprise et les indemnités de non-concurrence ou encore les indemnités de retraite (notamment celles versées dans le cadre de régimes « chapeaux »).

8590
BIC-IX-30700 s

Exercice de déduction Les rémunérations doivent être déduites des résultats de l'exercice au cours duquel elles présentent pour l'entreprise le caractère de dettes certaines dans leur principe et leur montant, même si elles ne sont pas effectivement versées au cours dudit exercice.

La déduction des **rémunérations restant à régler à la clôture** d'un exercice est opérée soit sous la forme de provision si tous les éléments nécessaires à leur calcul ne sont pas encore connus, soit sous la forme de charges à payer si leur montant est exactement déterminé (voir nos 9875).

Les **rappels de salaires** alloués à raison du travail accompli au cours d'années antérieures sont déductibles des résultats de l'exercice au cours duquel la décision de versement a été prise par les organes sociaux (notamment CE 28-7-1999 n° 172200 : RJF 10/99 n° 1140).

Les **avances ou acomptes** au personnel ne sont pas déductibles des résultats de l'exercice au cours duquel ils ont été consentis (BOI-BIC-CHG-40-40-10 n° 180).

En ce qui concerne l'exercice de déduction des indemnités de **congés payés,** voir n° 9885.

CHARGES SOCIALES

8605
DC-VIII-4000 s

Les charges sociales liées aux rémunérations du personnel sont en principe déductibles. Tel est le cas, notamment, des cotisations patronales d'assurances sociales, d'allocations familiales, d'accidents du travail, du régime complémentaire de retraite et de prévoyance des cadres et non-cadres (régime unique Agirc-Arrco depuis le 1-1-2019), du régime d'assurance chômage.

› **Précisions** Les **cotisations** patronales de sécurité sociale restant **dues à la clôture** de l'exercice à raison des salaires payés au cours de cet exercice peuvent figurer, à titre de frais à payer, dans les charges déductibles dudit exercice. Il en est de même des charges sociales afférentes aux salaires dus au titre de l'exercice, lorsque ceux-ci ne sont payés qu'au cours de l'exercice suivant (BOI-BIC-CHG-40-40-40 n° 10).

Cette solution vaut également, dans les **entreprises du bâtiment** et de travaux publics, pour les cotisations de **congés payés** afférentes aux salaires de l'exercice et non encore acquittées à la fin de cet exercice (BIC-IX-31010).

En ce qui concerne l'exercice de déduction des **charges sociales** et fiscales **afférentes aux indemnités de congés payés,** voir n° 9885.

INDEMNITÉS DE LICENCIEMENT

8610
BIC-IX-31500 s

Les entreprises peuvent déduire les indemnités de licenciement dues aux **salariés** ainsi que les indemnités de **congédiement** qu'elles sont parfois tenues de verser à leurs **dirigeants,** notamment en cas de révocation abusive, dès lors que ces versements ne procèdent pas d'une décision de gestion anormale.

En règle générale, les indemnités de licenciement constituent une charge de l'exercice au cours duquel elles sont versées. Mais elles peuvent être passées en charges à payer si elles sont dues à la clôture de l'exercice à raison de licenciements notifiés au cours de l'exercice (Mémento comptable n° 16925). En ce qui concerne les **provisions** constituées pour faire face aux charges de licenciements ultérieurs probables, voir n° 9890.

› **Précisions** **a.** Les indemnités de rupture de contrat versées aux **représentants** peuvent constituer des charges déductibles. Tel est le cas :
– de l'**indemnité de clientèle** versée à un représentant de commerce salarié, dans les conditions prévues par les articles L 7313-13 s. du Code du travail (Mémento social nos 61380 s), ou de celle allouée à un représentant non salarié pour le rachat de sa carte (BOI-BIC-CHG-40-40-20 n° 120) ;
– de l'indemnité versée à un **agent commercial** à l'occasion de la cessation de son activité (CE 23-12-1981 n° 16561 : RJF 2/82 n° 127).

b. Les **primes d'assurances** destinées à garantir le versement des indemnités de licenciement sont en principe déductibles (n° 8635).

PENSIONS DE RETRAITE

Régimes de retraite « supplémentaires » Les entreprises peuvent créer librement des régimes de retraite supplémentaires au profit de l'ensemble de leurs salariés ou de certaines catégories d'entre eux (cadres, dirigeants...), en vue de compléter les prestations des régimes obligatoires. La déduction des **cotisations** nécessaires au paiement des prestations prévues ou celle des sommes directement versées aux salariés à titre de pensions (lorsque le régime a été créé avant 2010 et que l'entreprise avait choisi de le gérer en interne) est, selon le Conseil d'État, soumise à une double condition : 8615 BIC-IX-31810 s

– les versements effectués doivent résulter d'un véritable **engagement juridique,** né le cas échéant d'un usage, opposable à l'employeur ;

– cet engagement doit présenter un caractère général et impersonnel, c'est-à-dire concerner l'ensemble du **personnel** ou une ou plusieurs **catégories** déterminées de celui-ci (CE 31-10-1975 n° 94157 : RJF 12/75 n° 546 ; CE 9-11-1990 n° 88765 : RJF 12/90 n° 1447).

Lorsque le **service** des retraites est **confié à un organisme tiers** (obligatoire depuis 2010), la déductibilité des cotisations et primes versées est soumise à deux conditions supplémentaires spécifiques : le fonds de retraite ou la compagnie d'assurance bénéficiaire des cotisations doit posséder une personnalité distincte de celle de l'entreprise et cette dernière ne doit conserver ni la propriété ni la disposition des sommes versées (BOI-BIC-CHG-40-40-50 n° 50 ; CE 21-3-1975 n° 84955 : RJF 5/75 n° 237).

› Précisions **a.** Il convient normalement d'entendre par « **catégories de personnel** » les catégories retenues pour l'application du droit du travail (ouvriers, employés, agents de maîtrise, ingénieurs et cadres). Mais d'autres catégories peuvent être retenues, si elles sont déterminées à partir de critères objectifs, non restrictifs, clairement définis par les usages et accords collectifs en vigueur dans la profession (BOI-BIC-CHG-40-40-50 n° 20). Forment notamment une catégorie de personnel : les mandataires sociaux et salariés dont la rémunération globale dépasse le double du plafond du régime de retraite des cadres (CAA Paris 21-5-1991 n° 90PA00542 : RJF 7/91 n° 904), les « cadres de direction » ou les « cadres » de l'entreprise, même si une seule personne est susceptible de bénéficier du régime (CE 8-7-2005 n° 259251 : RJF 11/05 n° 1187 ; CAA Bordeaux 4-6-2008 n° 04BX01836 : RJF 11/08 n° 1164). Toutefois, l'objectivité apparente du critère retenu pour déterminer la catégorie bénéficiaire ne doit pas dissimuler un avantage particulier qui, dans les faits, ne serait pas susceptible d'être étendu à d'autres personnes (CE 21-12-2007 n° 284629 : RJF 5/08 n° 539). Le président-directeur général d'une société anonyme ne constitue pas une catégorie de personnel (CAA Bordeaux 17-6-1993 n° 92BX00472 : RJF 8-9/93 n° 1124).

b. La seule circonstance que le retraité ait repris une activité au sein de la société dont il était salarié n'est pas de nature à interdire la déduction des sommes qui lui sont versées à titre de pension ou d'indemnité de départ à la retraite dès lors que les conditions de l'article L 161-22 du CSS qui autorisent le **cumul d'une retraite et d'une activité** sont respectées (CE 15-2-2016 n° 367753 : RJF 5/16 n° 407).

c. Les délibérations par lesquelles le conseil d'administration d'une société crée une pension au profit des **veuves** de ses **cadres supérieurs** instituent, à la charge de l'entreprise, une obligation juridique de caractère général et impersonnel au profit des bénéficiaires ayant la qualité d'ayants droit d'anciens salariés (CE 12-4-1996 n° 140623 : RJF 6/96 n° 733).

d. Les **pensions servies directement par l'entreprise** ne sont déductibles qu'au titre de l'exercice de leur versement. Exclusion du droit à déduction des provisions au plan fiscal : voir n° 9895.

Avantages particuliers et allocations de secours Les pensions ou allocations de secours versées à d'anciens salariés ou dirigeants, **en dehors de tout engagement** juridique général et impersonnel, ne sont déductibles que dans des cas exceptionnels, notamment lorsqu'elles ont pour objet d'accorder aux intéressés ou à leurs ayants droit une aide correspondant à leurs besoins, compte tenu des pensions perçues par ailleurs par les intéressés au titre des régimes collectifs de retraite (jurisprudence constante). 8625 BIC-IX-32400 s

› Précisions **a.** Si le **bénéficiaire** est, ou a été, **associé** de la société, la pension qu'il perçoit n'est déductible que si elle lui est servie en raison des fonctions de dirigeant ou de salarié qu'il a exercées et non pas en sa qualité d'associé ou d'ancien associé (CE 13-5-1970 n° 77453 ; BOI-IS-BASE-30-20-30 n°s 40 s.). Une distinction analogue doit être faite lorsqu'il s'agit d'une pension servie à la veuve d'un ancien associé dirigeant.

b. Les pensions versées en vertu de contrats de travail individuels et qui correspondent à des **services rendus avant la création des régimes complémentaires** de retraite sont déductibles (CE plén. 25-10-1991 n° 70623 : RJF 12/91 n° 1493).

INDEMNITÉS DE FIN DE CARRIÈRE

Les **primes d'assurances** destinées à garantir au personnel le paiement des indemnités de licenciement ou de départ en retraite auxquelles une entreprise est tenue en vertu d'une convention collective constituent des charges déductibles, dès lors que l'entreprise perd la propriété et la disposition des sommes versées (BOI-BIC-PROV-30-20-10-20 n°s 320 s.). Peu importe que la compagnie d'assurance doive reverser à l'entreprise les provisions mathématiques du contrat au cas où elle n'aurait plus à verser ces indemnités (CE 6-11-1991 n° 68654 : RJF 1/92 n° 17). 8635 BIC-IX-33000 s

DÉPENSES SOCIALES DIVERSES

8645 BIC-IX-33200 s Il y a lieu d'inclure notamment dans les charges déductibles :
– les dépenses engagées par les employeurs au titre de la **formation professionnelle** de leurs salariés (n°s 73800 s.) ;
– les **dons et subventions** consentis dans l'intérêt du personnel, à condition que les sommes versées cessent complètement d'être à la disposition de l'entreprise. Tel est par exemple le cas : des sommes versées au **comité social et économique** au titre de la subvention de fonctionnement et de la contribution au financement des œuvres sociales (Mémento social n°s 9110 s.), même si ces sommes excèdent la cotisation minimale obligatoire ; des versements faits à des **œuvres sociales** réservées au personnel de l'entreprise (BOI-BIC-CHG-40-40-60 n°s 1 à 30) ;
– les **aides financières au titre des services à la personne** (y compris le **Cesu préfinancé**), dans la limite du plafond annuel fixé par l'article D 7233-8 du Code du travail, soit 1 830 € par bénéficiaire.

RÉMUNÉRATION DE L'EXPLOITANT ET DES MEMBRES DE SA FAMILLE

8655 BIC-IX-34600 s Les appointements que s'allouent les **exploitants individuels** en rémunération de leur travail personnel ne sont pas déductibles des bénéfices imposables de l'entreprise et sont soumis à l'impôt sur le revenu dans les mêmes conditions que ces derniers. De même, les rémunérations prélevées par les **associés de sociétés de personnes** et assimilées constituent un élément du bénéfice social imposable à leur nom dans les conditions exposées n° 37665.

> **Précisions** Le bénéfice imposable de l'entreprise est exonéré à hauteur du montant de l'**aide financière au titre des services à la personne** (y compris le **Cesu préfinancé**) que s'alloue l'exploitant, dans la limite du plafond fixé par l'article D 7233-8 du Code du travail, soit 1 830 € par an (BOI-BIC-CHG-40-50-10 n° 130).

8660 CGI art. 154 **Salaire du conjoint** Le salaire du conjoint de l'exploitant individuel est déductible en totalité, que l'exploitant soit ou non adhérent d'un organisme de gestion agréé et quel que soit le régime matrimonial adopté par les époux.

La déduction s'applique à condition que le conjoint participe effectivement à l'exploitation et que les cotisations sociales en vigueur soient acquittées.

Cette règle s'applique également aux salaires versés aux conjoints d'**associés de sociétés de personnes** soumises à l'impôt sur le revenu.

Les **charges sociales** afférentes à la rémunération du conjoint sont également déductibles en totalité. Cotisations volontaires du conjoint non rémunéré : n° 8685.

8670 BIC-IX-35700 s **Rémunérations des autres membres de la famille** Les rémunérations versées aux autres membres de la famille de l'exploitant individuel qui participent à l'activité sont normalement déductibles, dès lors qu'elles correspondent à des fonctions salariées effectivement exercées par les intéressés et ne sont pas anormalement élevées. Il en est de même des salaires versés aux membres de la famille des **associés des sociétés de personnes** et assimilées non passibles de l'impôt sur les sociétés.

PROTECTION SOCIALE PERSONNELLE DE L'EXPLOITANT

8680 CGI art. 154 bis DC-VIII-14000 s Les cotisations versées au titre des régimes obligatoires de base ou complémentaires sont déductibles sans limitation des revenus professionnels, alors que celles versées au titre des régimes facultatifs, des contrats de groupe ou les versements volontaires sur certains plans d'épargne retraite sont déductibles sous certaines limites proportionnelles aux revenus. Les déductions pratiquées sur le revenu professionnel sont prises en compte pour le calcul du plafond de déduction de l'épargne retraite du revenu global (n° 1380).

Ces règles de déduction des cotisations sociales concernent non seulement les contribuables titulaires de bénéfices industriels et commerciaux mais également :
– toutes les **professions indépendantes non agricoles** (BIC ou BNC), qu'il s'agisse d'exploitants individuels ou d'associés de sociétés de personnes (y compris les sociétés de fait, les sociétés en participation et les EURL) ;
– ainsi que les **dirigeants non salariés** imposables selon le régime de l'article 62 du CGI (gérants majoritaires de SARL notamment, voir n° 23615).

> **Précisions a.** Selon l'administration, le **caractère non agricole de l'activité** doit être apprécié au regard de la législation sociale ; les professionnels qui cotisent à la mutualité sociale agricole (exploitants forestiers non négociants, par exemple) relèvent en la matière des règles prévues pour les agriculteurs, même s'ils sont imposés dans la catégorie des BIC (BOI-BIC-CHG-40-50-40-10 n° 60).
> **b.** Dans les **sociétés de personnes,** les cotisations déductibles viennent en diminution de la quote-part du résultat social revenant à chaque associé (voir n°s 37670 s.). Les cotisations volontaires du conjoint non rémunéré de l'associé d'une société de personnes sont déductibles de cette quote-part (CE 22-2-2013 n° 330386 : RJF 5/13 n° 491).
> **c.** Les cotisations et primes versées par les **dirigeants non salariés** relevant de l'article 62 du CGI constituent des charges personnelles des intéres-

sés déductibles de leurs revenus professionnels. Elles peuvent cependant être comprises, à titre de supplément de rémunération, dans les frais déductibles de la société lorsque celle-ci les prend à sa charge. Ce supplément n'est pas imposable pour les intéressés dans la mesure où il correspond à des cotisations déductibles.

d. Les cotisations versées par les exploitants exerçant une **activité commerciale et une activité agricole** à la caisse unique dont ils relèvent sont déductibles des revenus de chacune d'elles au prorata du montant hors taxe de leur chiffre d'affaires (BOI-BA-BASE-20-30-40-10 n°s 340 et 380).

Cotisations déductibles Sont déductibles les cotisations versées dans le cadre : 8685 DC-VIII-14500 s
– des **régimes obligatoires** de base d'assurance maladie, maternité, vieillesse et d'allocations familiales (y compris la part de cotisation finançant le régime d'indemnités journalières pour ceux en bénéficiant : Mémento social n° 80400) ;
– des **régimes complémentaires** obligatoires d'assurance vieillesse et d'assurance invalidité-décès des travailleurs non salariés (Mémento social n°s 80540 s.) ;
– des **régimes facultatifs** complémentaires, qui répondent à la définition des contrats d'assurance de groupe (n° 8690, précision a) (BOI-BNC-BASE-40-60-50-10 n° 540), de prévoyance (maladie, décès, invalidité), de retraite et de perte d'emploi subie mis en place par les organismes de sécurité sociale, y compris l'intégralité du montant des cotisations facultatives versées à l'assurance volontaire contre les accidents du travail et les maladies professionnelles, qui ne sont pas prises en compte pour l'appréciation du plafond visé n° 8695 (Rép. Cardo : AN 16-1-2007 n° 10540, non reprise dans Bofip) ;
– des **contrats « Madelin »** d'assurance de groupe en matière de retraite, de prévoyance complémentaire et de perte d'emploi subie.

Sont également déductibles, **depuis le 1er octobre 2019,** les versements volontaires des titulaires de **plans d'épargne retraite** individuels (C. mon. fin. art. L 224-28) ou des plans d'épargne retraite collectifs (Pereco) (C. mon. fin. art. L 224-13) (Ord. 2019-766 du 24-7-2019 art. 3 et Décret 2019-807 du 30-7-2019 art. 5) Les versements correspondant à la garantie de la valeur de rachat du contrat à la date de la retraite ou en cas de décès de l'assuré sont toutefois exclus de cette déduction. Il est possible de renoncer à la déduction afin d'obtenir un traitement fiscal plus avantageux des rentes ou capitaux servis par le plan (C. mon. fin. art. L 224-20).

Peuvent également être déduites les cotisations du **conjoint collaborateur** aux régimes obligatoires d'assurance vieillesse et d'invalidité-décès des travailleurs non salariés, ainsi que celles versées à son nom dans le cadre d'un contrat d'assurance de groupe, à condition que l'intéressé collabore effectivement à l'activité sans être rémunéré (BOI-BIC-CHG-40-50-20 n°s 110 et 130).

8690 **› Précisions a.** Pour ouvrir droit à déduction, les **contrats d'assurance groupe,** qui peuvent être souscrits auprès de compagnies d'assurances ou de mutuelles, doivent répondre aux **caractéristiques** fixées par la loi « Madelin » (reprises par l'article L 144-1 du Code des assurances) et ses textes d'application. En outre, les contrats ne doivent couvrir ni la participation forfaitaire d'un euro exigée des assurés pour chaque acte médical (Mémento social n° 50230) ni la franchise médicale instituée par l'article L 160-13, III du CSS. Ils doivent également respecter les règles tenant à la nature des prestations remboursées et à leurs conditions de prise en charge posées par l'article L 871-1 du CSS (Mémento social n°s 22985 s.).

b. Les cotisations versées au titre de **contrats d'assurance groupe** à des **organismes de retraite étrangers** ayant leur siège dans un État de l'Union européenne ou partie à l'accord sur l'Espace économique européen (C. ass. art. L 370-1) sont déductibles dans les mêmes conditions que les cotisations versées à des organismes français.

c. Sont déductibles les cotisations versées au titre d'un **contrat d'assurance de groupe** destiné à garantir le risque de **dépendance,** notamment par le remboursement d'un service d'aide à domicile (BOI-BNC-BASE-40-60-50-10 n°s 400 à 430).

d. Est admise la déduction des cotisations versées au titre d'un contrat d'assurance vieillesse qui comprend une **clause dite « d'annuités garanties »** stipulant, en cas de décès prématuré de l'assuré, le versement d'annuités à ses ayants droit irrévocablement désignés pendant une certaine durée. En revanche, n'ouvrent pas droit à déduction les contrats comportant une **clause d'anticipation** permettant au bénéficiaire de percevoir une partie de l'épargne acquise avant l'âge normal de départ en retraite (BOI-BIC-CHG-40-50-40-10 n° 20).

e. Lorsqu'un contrat ou régime facultatif d'assurance vieillesse comporte, comme cela est admis sous certaines conditions, une **contre-assurance décès** prévoyant un versement en capital, la fraction des cotisations afférente à celle-ci n'est pas admise en déduction.

f. Les cotisations de sécurité sociale qui, exceptionnellement, ne peuvent être imputées sur le revenu professionnel – tels que les rachats de cotisations effectués après cessation d'activité – sont déductibles du **revenu global,** ce qui n'est pas le cas des rachats effectués auprès des régimes supplémentaires facultatifs (n° 1400).

g. Les **prestations** servies sous forme de **rentes** (assurance vieillesse, perte d'emploi subie) au titre des contrats d'assurance groupe et des régimes facultatifs de sécurité sociale sont imposables dans la catégorie des pensions dans les conditions fixées à l'article 158, 5-a du CGI (voir n°s 22530 s.). Depuis le 1er octobre 2019, il en est de même des prestations servies sous forme de rente ou pour perte d'emploi subie au titre des **plans d'épargne retraite** issus de l'ordonnance 2019-766 du 24 juillet 2019, sauf pour la part de la rente provenant de versements individuels pour lesquels le titulaire du plan a renoncé à la déduction fiscale à l'entrée (voir n° 8685) et pour la part des rentes correspondant aux versements issus notamment de la participation ou de l'intéressement., taxables selon le régime des **rentes viagères à titre onéreux** (CGI art. 158, 6-al. 6).

Sont également imposables dans la catégorie des pensions les prestations servies sous forme de **revenus de remplacement** (indemnités journalières de maladie, par exemple) en cas de **cessation d'activité** (CGI art. 154 bis A et 158, 5-b bis : TS-IV-2760 s). Sur le régime applicable aux **autres prestations,** voir n° 8080.

8695
DC-VIII-17300 s

Montants déductibles

Le tableau ci-dessous présente le montant déductible des cotisations versées en fonction de leur nature :

Nature des cotisations	Montant déductible
Régimes obligatoires (de base ou complémentaire) : assurance maladie et maternité, allocations familiales, assurance invalidité-décès et assurance vieillesse [1]	Déductibles sans limitation
Régimes facultatifs : – pour l'assurance vieillesse et, depuis le 1er octobre 2019, pour les garanties complémentaires décès, invalidité et perte d'autonomie prévues dans le cadre d'un Pereco ou d'un plan d'épargne retraite individuel [3]	Déductibles dans la limite de : – 10 % du Pass [2] (41 136 × 10 % pour 2020) ; – ou, s'il est plus élevé, 10 % du bénéfice imposable pris dans la limite de huit fois ce plafond auquel s'ajoute 15 % de la fraction du bénéfice supérieure à 41 136 € prise dans la limite de sept fois ce plafond, soit une déduction maximale de 76 102 € pour 2020
– pour la prévoyance et, depuis le 1er octobre 2019, pour la garantie prévoyance prévue dans le cadre d'un Pereco ou d'un plan d'épargne retraite individuel [3]	Déductibles dans la limite de 7 % du Pass [2] (soit 2 880 € pour 2020) auquel s'ajoute 3,75 % du bénéfice imposable dans la limite globale de 3 % d'une somme égale à huit fois le plafond (soit une déduction maximale de 9 873 € pour 2020)
– pour la perte d'emploi et, depuis le 1er octobre 2019, pour la garantie perte d'emploi prévue dans le cadre d'un Pereco ou d'un plan d'épargne retraite individuel [3]	Déductibles dans la limite de : – 2,5 % du Pass [2] (soit 1 028 € pour 2020) ; – ou, s'il est plus élevé, un montant égal à 1,875 % du bénéfice imposable retenu dans la limite d'une somme égale à huit fois le plafond (soit une déduction maximale de 6 170 € pour 2020)

1. Les versements effectués par le conjoint collaborateur au titre de l'assurance vieillesse sont également déductibles sans limitation.
2. Plafond annuel des cotisations de sécurité sociale (Pass) : voir n° 97260.
3. La déduction est écartée en cas d'option pour la renonciation mentionnée à l'article L 224-20 du CMF (voir n° 8685).

Pour le calcul des plafonds de déduction, le **bénéfice imposable** s'entend du bénéfice avant déduction de ces mêmes cotisations (CGI ann. III art. 41 DN bis). Il est majoré des résultats exonérés en application d'une disposition spécifique (CGI art. 44 sexies à 44 octies A, 44 terdecies à 44 septdecies et 93, 9). En revanche, il n'est pas tenu compte des plus et moins-values professionnelles à long terme.

› Précisions **a.** Les **rachats de cotisations** de l'exploitant ou de son conjoint prévus aux articles L 351-14-1, L 643-2 et L 663-3 du CSS (périodes d'études et années incomplètement validées : Mémento social nos 5250 s.) sont déductibles sans limitation. L'administration étend cette solution à tous les rachats réalisés dans le cadre d'un régime obligatoire (BOI-BIC-CHG-40-50-30 n° 120).

b. Pour apprécier si les **limites** spécifiques à chaque type de garantie sont ou non dépassées, sont retenues les cotisations facultatives versées au titre de la garantie concernée par l'exploitant majorées, le cas échéant, de celles versées par le conjoint collaborateur qui n'a pas la qualité de coexploitant (BOI-BIC-CHG-40-50-40-20 n° 40). Les plafonds de déduction doivent également tenir compte des rachats de cotisations.

c. Pour l'assurance vieillesse, la limite de déduction des cotisations facultatives doit être réduite des sommes affectées à un **plan d'épargne retraite** qui sont exonérées d'impôt par l'article 81, 18°-a et a bis du CGI . Versements de l'entreprise aux plans d'épargne d'entreprise et aux compte épargne-temps.

d. Les sommes qui peuvent être versées à titre facultatif à certains régimes obligatoires d'assurance vieillesse propres aux **professions non commerciales,** en sus de la cotisation minimale exigée, sont prises en compte pour l'appréciation du respect du plafond.

e. En cas d'exercice inférieur à douze mois ou de cessation d'activité en cours d'année, le plafond est réduit prorata temporis. Lorsque l'**exercice comptable** ne coïncide pas avec l'année civile, le plafond de sécurité sociale à retenir est celui de l'année au cours de laquelle l'exercice comptable est clos (BOI-BIC-CHG-40-50-40-20 nos 60 et 140).

f. Dans les **sociétés de personnes,** l'administration estime que le plafond de déduction doit être déterminé pour chaque associé par référence à la quote-part du bénéfice social correspondant à ses droits (BOI-BIC-CHG-40-50-40-20 n° 30).

g. Le **transfert** des droits relatifs aux contrats Madelin **vers un Perp** est sans conséquence fiscale (Rép. Cadic : Sén. 27-12-2018 n° 486).

Exercice de déduction Les **cotisations obligatoires** de sécurité sociale déductibles des résultats d'un exercice sont celles dues au titre de cet exercice, indépendamment de leurs modalités de paiement. Elles comprennent les acomptes provisionnels versés au cours de l'exercice et les régularisations à venir dont le montant est, par hypothèse, connu dès la clôture de l'exercice. Ces régularisations sont, selon l'administration, prises en compte sous forme de **provisions** (BOI-BIC-CHG-40-50-40-40 n° 20). 8715

Les cotisations d'**assurance de groupe** sont déductibles, soit de l'exercice au cours duquel elles sont payées si elles couvrent des risques relevant de l'assurance-vie, soit de l'exercice au cours duquel elles ont couru pour les autres risques (BOI-BIC-CHG-40-50-40-40 n° 30).

> **Précisions** **a.** Ces règles ne concernent ni les contribuables titulaires de **bénéfices non commerciaux** ni les **dirigeants non salariés** dont le revenu est déterminé à partir des encaissements et des paiements, et qui déduisent donc les cotisations effectivement versées au cours de l'année.
> **b.** En ce qui concerne les contribuables tenant une **comptabilité super-simplifiée,** voir n° 86840.

6. CHARGES FINANCIÈRES

INTÉRÊTS DES SOMMES DUES À DES TIERS

Règles générales Les intérêts sont déductibles, à condition que la dette ait été contractée pour les besoins ou dans l'intérêt de l'entreprise et soit inscrite au bilan. C'est le cas, par exemple, des intérêts payés pour l'acquisition du fonds de commerce ou des éléments d'actif, des intérêts d'obligations émises par les sociétés, ainsi que des intérêts payés aux fournisseurs. 8740 BIC-XI-200 s

8745

> **Précisions** **a.** Les frais financiers exposés par les associés de **sociétés** passibles de l'**impôt sur les sociétés** pour l'acquisition de leurs droits sociaux ont la nature d'une charge personnelle et ne peuvent en aucun cas venir en diminution du résultat social (CE 29-7-1983 n° 37886 : RJF 10/83 n° 1123).
> En ce qui concerne les frais financiers supportés pour l'acquisition de droits sociaux par les **membres de sociétés de personnes** qui exercent leur activité professionnelle au sein de la société, voir nos 37675 s.
> **b.** Les frais financiers peuvent être compris dans le coût de revient comptable et fiscal des **stocks** et des **immobilisations** créés ou acquis par l'entreprise (voir respectivement nos 7715, précision f, et 7580).
> **c.** Régime des **intérêts moratoires** versés au Trésor, voir n° 81925.
> **d.** Lorsqu'une entreprise bénéficie d'une **réduction ou dispense d'intérêts,** cet avantage est automatiquement pris en compte dans le bénéfice imposable du fait de l'absence de déduction des intérêts abandonnés. Il n'y a donc pas à rapporter distinctement cet avantage aux bases de l'impôt (CE 25-7-1980 n° 15073 : RJF 11/80 n° 861). Sur la situation du créancier, voir nos 8920 s.
> **e.** **Obligations déclaratives** auxquelles sont soumises les entreprises qui assurent le paiement d'intérêts : voir nos 26850 s.
> **f.** La finalité économique et financière de **conventions de portage** de titres a été retenue pour apprécier le caractère normal de la prise en charge des intérêts financiers supportés par une filiale pour l'acquisition de titres pour le compte de sa mère (CAA Douai 27-3-2002 n° 98DA01552 : RJF 4/03 n° 414).
> **g.** Les intérêts des **emprunts souscrits par une société pour racheter ses titres** avant de les annuler ne peuvent être exclus des charges déductibles au seul motif que ce rachat suivi d'une réduction de capital est un prélèvement au profit des associés, sans prendre en compte l'intérêt de la société à réaliser cette opération (CE 15-2-2016 n° 376739 : RJF 5/16 n° 406).
> **h.** Le caractère excessif du taux des emprunts contractés par une société auprès d'autres sociétés de son groupe ne peut uniquement être fondé sur la **garantie implicite** susceptible de résulter des **relations financières au sein du groupe** dès lors que les effets de cette garantie sur la solvabilité de la société ne sont pas établis (CE 19-6-2017 nos 392543 à 392545 : RJF 10/17 n° 908).

Exercice de déduction La déduction des intérêts doit en principe être opérée sur les résultats de l'exercice au cours duquel ils ont **couru.** 8750 BIC-XI-1200 s

> **Précisions** **a.** Les **frais d'escompte** d'effets de commerce comportent, selon l'administration et le Conseil d'État :
> – une fraction correspondant à la rémunération du service bancaire, qui est immédiatement déductible ;
> – une fraction représentative des intérêts précomptés, qui doivent être déduits des résultats de l'exercice au cours duquel ils ont couru (BOI-BIC-CHG-50-20-20 n° 20 ; CE 1-6-2001 n° 157650 : RJF 8-9/01 n° 1043).
> En comptabilité (Mémento comptable n° 40735), les frais d'escompte constituent en totalité des charges de l'exercice au cours duquel ils sont exposés.
> **b.** Les indemnités de **remboursement anticipé** d'emprunts et les primes destinées à compenser une **réduction du taux** d'intérêt sont immédiatement déductibles (Rép. Lang : AN 12-1-1987 n° 9492, non reprise dans Bofip).
> **c.** Les entreprises qui tiennent une **comptabilité super-simplifiée** sont autorisées à déduire les intérêts au moment de leur paiement (voir n° 86840).

8755 BIC-XI-7100 s **Frais financiers dus aux prélèvements de l'exploitant ou des associés**
Si le solde du **compte de l'exploitant** individuel devient **débiteur** à la suite des prélèvements effectués par ce dernier, les frais et charges correspondant aux emprunts et découverts bancaires figurant au bilan sont considérés comme supportés à due concurrence dans l'intérêt de l'exploitant et non dans celui de l'entreprise. Ces charges financières ne sont donc pas admises en déduction du résultat imposable, sauf celles qui se rapportent à la fraction des sommes empruntées excédant le solde débiteur du compte de l'exploitant (CE 26-7-1978 nº 6420 : RJF 11/78 nº 454).

La **quote-part non déductible** est déterminée par le rapport du solde débiteur moyen annuel du compte de l'exploitant (ou le montant moyen annuel des prélèvements nets de l'exploitant s'il est inférieur) au montant moyen des prêts et avances de l'exercice (BOI-BIC-CHG-50-40 nº 30).

La **réintégration** des frais financiers est exigée quelles que soient la destination des emprunts, y compris donc s'ils financent des investissements durables, et la situation, créditrice ou débitrice, du compte de l'exploitant à la date où ils sont contractés (CE 13-11-1998 nºˢ 143728, 181521, 144602 et 147233 : RJF 1/99 nº 11).

Les mêmes règles s'appliquent dans les **sociétés de personnes,** en cas d'excédent des soldes débiteurs des comptes courants d'associés sur le capital initialement versé (CE plén. 31-3-1978 nº 2233 : RJF 5/78 nº 225).

EXEMPLE

Une entreprise individuelle finance en 2020 un investissement par un emprunt de 14 000 €, remboursable au terme de trois ans ; les intérêts annuels correspondants sont de 960 €. En outre, les agios afférents à un découvert bancaire de 9 000 € accordé le 1er mai 2020 se sont élevés à 1 200 €. Le compte de l'exploitant est affecté par les opérations suivantes :

	Solde
– Situation au 1er janvier après affectation du résultat 2019	+ 3 000
– 31 mars 2020 : prélèvement : – 4 000	– 1 000
– 1er août : apport : + 2 100	+ 1 100
– 30 septembre : prélèvement : – 4 600	– 3 500
– 31 décembre : résultat de l'exercice : + 10 000	+ 6 500

Les charges financières non déductibles sont calculées ainsi :
– Solde moyen annuel du compte de l'exploitant :
[(3 000 × 3) + (– 1 000 × 4) + (1 100 × 2) + (– 3 500 × 3)]/12 = – 275
– Montant moyen des prêts et avances consentis à l'entreprise : [(14 000 × 12) + (9 000 × 8)]/12 = 20 000
– Quote-part des frais financiers non déductibles : (960 + 1 200) × (275/20 000) = 29,7.

PRIMES DE REMBOURSEMENT ET RÉMUNÉRATIONS COMPARABLES

8765 CGI art. 39, 1-1º ter BIC-XI-3200 s Lorsque les emprunts comportent une **rémunération,** autre que les intérêts, dont le montant **excède 10 %** des sommes initialement mises à la disposition de l'emprunteur, la déduction de cette rémunération est étalée sur la durée de l'emprunt selon la technique des annuités actuarielles. La fraction courue déductible du résultat de chaque exercice est déterminée selon la méthode des intérêts composés, en appliquant le taux d'intérêt actuariel calculé à la date d'émission de l'emprunt à la totalité des sommes reçues par l'emprunteur lors de l'émission. Il résulte de ce mode de calcul que la déduction de la rémunération due est répartie de manière progressive au cours de toute la période couverte par l'emprunt. Ces règles s'appliquent à tous les emprunts ou dettes qui figurent au passif du bilan de l'entreprise, et notamment aux obligations assorties de primes d'émission ou de remboursement, aux coupons zéro et aux contrats de capitalisation, à l'exception toutefois :
– des emprunts indexés (voir nºˢ 8790 et 8820), hormis, le cas échéant, la fraction de la rémunération certaine dans son principe et son montant dès l'origine ;
– des emprunts convertibles, dont la rémunération autre que les intérêts ne peut être comprise parmi les charges déductibles (précision b) ;
– des emprunts remboursables à la seule initiative de l'emprunteur.

> **Précisions** **a.** Lorsque la rémunération autre que les intérêts est **inférieure ou égale à 10 %** des sommes initialement mises à la disposition de l'emprunteur, et présente la nature d'une prime d'émission ou de remboursement, elle peut être déduite soit au prorata des intérêts courus, soit par fractions égales au prorata de la durée de l'emprunt, conformément à la règle comptable (Mémento comptable nº 41120). Le choix de l'une de ces deux modalités constituant une décision de gestion, il ne peut être modifié, pour un emprunt donné, au cours de la période de remboursement.
b. Les sociétés émettrices d'un **emprunt obligataire convertible en actions avec primes de remboursement** peuvent soit inscrire ces primes à l'actif et les amortir sur la durée de l'emprunt, soit ne comptabiliser que le montant nominal de l'emprunt et constituer une provision pour risques correspondant aux primes de

remboursement (CE 13-7-2011 n° 311844 : RJF 11/11 n° 1130). Cette solution est contraire à la doctrine administrative selon laquelle ces primes ne font pas partie des charges déductibles, mais s'imputent directement sur la prime d'émission (BOI-BIC-CHG-50-30-20-10 n° 50).

FRAIS D'ÉMISSION D'EMPRUNTS

8780 CGI art. 39, 1-1° quater BIC-XI-3700 s

Ces frais s'entendent des frais de publicité et des commissions versées aux établissements bancaires. En comptabilité, ils peuvent, au choix de la société :

– être intégralement déduits des résultats de l'exercice au cours duquel ils sont exposés ;

– ou être répartis sur la durée de l'emprunt, soit d'une manière appropriée aux modalités de remboursement de l'emprunt, soit par fractions égales lorsque les résultats obtenus ne sont pas sensiblement différents (Mémento comptable n° 41020).

Le traitement comptable de ces frais détermine leur régime fiscal. L'**option** s'applique de manière irrévocable à l'ensemble des emprunts émis pendant une période de deux ans, décomptée à partir du premier jour de l'exercice. Sauf dénonciation expresse, cette option est reconduite tacitement par périodes de deux ans.

› Précisions **a.** Au plan comptable, sont assimilés aux frais d'émission les **frais bancaires** facturés par les établissements de crédit qui couvrent exclusivement la rémunération de l'établissement dans le cadre de la mise en place d'un financement, sous réserve que leur inclusion dans le calcul du taux d'intérêt effectif de l'emprunt ne conduise pas à un taux manifestement hors marché (Avis CU CNC 2006-A du 7-6-2006 § 3.2). L'administration retient la même position (BOI-IS-BASE-30-10 n°s 60 et 70).

b. Lorsque l'option pour l'étalement est exercée, l'entreprise peut, pour **chaque émission,** choisir entre la répartition linéaire des frais et la répartition au prorata de la rémunération courue (BOI-BIC-CHG-20-30-40 n° 60).

EMPRUNTS COMPORTANT UNE CLAUSE D'INDEXATION DU CAPITAL

8790 BIC-XI-2100 s

Lorsque le prêteur est un **associé,** la charge d'indexation résultant d'une variation de l'index est assimilée à des intérêts. Elle est donc soumise aux mêmes conditions et limites de déduction pour la société et d'imposition pour le bénéficiaire (n°s 8810 s. et 35825 s.).

À l'égard des **non-associés,** les règles sont en principe les suivantes. Pour l'entreprise, la charge résultant du jeu de la clause d'indexation peut être déduite des bénéfices imposables, soit à titre de provision, soit définitivement lorsque les sommes correspondantes ont été payées ou sont devenues exigibles. Le produit de l'indexation représente un gain en capital pour le **bénéficiaire,** non imposable si ce dernier n'est pas une entreprise.

› Précisions La mise en œuvre de ces règles suppose que soient simultanément remplies les **conditions** suivantes (CE plén. 8-5-1981 n°s 8294 et 8295 : RJF 7-8/81 n°s 650 et 670 ; BOI-BIC-CHG-50-60 n°s 1 s.) :

– la clause d'indexation doit être licite ;

– l'indexation doit être stipulée dans un contrat de prêt à un an au moins, ou, s'il s'agit d'une avance en compte courant, celle-ci doit être bloquée pour une période et dans des conditions permettant de l'assimiler à un prêt de cette nature ;

– le produit de l'indexation ne doit être liquidé et éventuellement versé qu'au terme du contrat ou lors d'échéances de remboursement partiel ;

– en cas de cumul avec des intérêts, la rémunération totale du prêt, indexation comprise, ne doit pas être anormalement élevée.

INTÉRÊTS DU CAPITAL ET DIVIDENDES

8800

Les intérêts servis au capital engagé par l'**exploitant individuel** ne sont pas déductibles.

De même, les **sociétés** ne peuvent pas – quelle que soit leur forme – retrancher de leurs bénéfices imposables les intérêts et dividendes versés aux associés et actionnaires à raison des parts ou actions détenues par ceux-ci. En revanche, les intérêts des obligations sont déductibles des bénéfices des sociétés qui les ont émises.

INTÉRÊTS SERVIS AUX ASSOCIÉS

8810 CGI art. 39, 1-3° BIC-XI-5000 s

Sous réserve de la **libération** intégrale du **capital,** la déduction des intérêts versés aux associés à raison des sommes qu'ils laissent ou mettent à la disposition d'une société, quelle que soit sa forme, en sus de leur part en capital, est admise dans la limite d'un **taux d'intérêt** maximal. La fraction non déductible des intérêts est réintégrée de manière extra-comptable dans le bénéfice imposable.

Outre ces deux limitations, la déduction des intérêts dus par les **sociétés soumises à l'impôt sur les sociétés** (ou par les sociétés de personnes dont les droits sont détenus par des membres passibles de l'impôt sur les sociétés) fait l'objet d'autres mesures de restriction exposées n°s 35825 s.

› Précisions **a.** Les sommes laissées ou mises à disposition de la société désignent en fait les **créances de toute nature** dont disposent les associés à l'égard de la société, c'est-à-dire non seulement les versements en compte courant proprement dits, mais aussi : les prêts et dépôts de toute sorte ; les souscriptions à un emprunt obligataire (CE 10-4-1991 n° 75553 : RJF 6/91 n° 738 ; BOI-BIC-CHG-50-50-10 n° 70), y compris en rémunération d'un apport de titres en société (CE 7-6-2017 n° 388133 : RJF 10/17 n° 911) ; les bons de caisse (BOI précité n° 70) ; les prêts participatifs (Rép. Gantier : AN 22-9-1986 n° 4474, non reprise dans Bofip).

Les **créances commerciales** ne sont cependant pas soumises aux différentes limitations, lorsqu'il s'agit d'acomptes versés ou de crédits consentis à l'occasion d'opérations commerciales dans lesquelles les associés interviennent à titre de clients ou de fournisseurs ordinaires et dans les mêmes conditions que ces derniers (CE 2-10-1985 n° 39857 : RJF 11/85 n° 1416 ; BOI-BIC-CHG-50-50-10 n° 80). Il en va de même pour les crédits accordés par des établissements financiers associés dans les conditions habituellement prévues pour l'ensemble de la clientèle (Lettre SLF 21-8-1984).

b. Les intérêts versés par une **banque de dépôt** à ceux de ses **salariés** qui ont également la qualité d'actionnaires, en rémunération des sommes qu'ils laissent à sa disposition sur les comptes ouverts à leur nom, en sus de leur part du capital, sont soumis aux limitations de déduction prévues par la loi (CAA Paris 1-12-1998 n° 96PA02224 : RJF 2/99 n° 133 ; CE (na) 22-3-2000 n° 204722 : RJF 11/00 n° 1228).

c. Lorsqu'un associé souscrit personnellement un **emprunt bancaire** dont il met les fonds à la disposition de la société, les intérêts sont intégralement déductibles si l'entreprise rembourse directement la banque (CE 28-3-2008 n° 295735 : RJF 6/08 n° 642). En revanche, la limite prévue par la loi s'applique si les remboursements du prêt transitent par l'associé, à moins que celui-ci ne soit en mesure d'établir qu'il est intervenu auprès de l'établissement bancaire en qualité de simple mandataire de la société (CE 27-2-1989 n° 61397 : RJF 4/89 n° 414).

De son côté, l'**associé** (dirigeant ou non) peut, pour la détermination des **revenus mobiliers** imposables à son nom, déduire les intérêts versés à l'organisme prêteur du montant des intérêts qu'il perçoit de la société, sans que cette déduction puisse toutefois générer de déficit (BOI-RPPM-RCM-20-10-20-70 n° 10 ; CE 14-6-1996 n° 148696 : RJF 8-9/96 n° 1044) (BIC-XI-6400 s.).

8820 BIC-XI-5470 s

Montant des intérêts à retenir Le montant des intérêts à retenir pour l'application de la limitation relative au taux d'intérêt pratiqué s'entend de la totalité des sommes dues par le débiteur en contrepartie des avances des **associés.** Il comprend :

– les intérêts proprement dits ;

– les produits des clauses d'**indexation** qui sont assimilés à des intérêts par l'article 39, 1-3° du CGI ;

– la fraction courue à la clôture de chaque exercice des **primes de remboursement et autres rémunérations** lorsque leur montant total excède 10 % des sommes initialement mises à la disposition de l'emprunteur (les sommes à prendre en compte au titre de chaque exercice sont déterminées dans les conditions définies n° 8765) ;

– et, selon l'administration, l'avantage résultant de la prise en charge par la société de tout ou partie de l'impôt afférent à ces intérêts (BOI-BIC-CHG-50-50-10 n° 100).

8825 BIC-XI-5670 s

Libération du capital La déduction fiscale des intérêts servis aux associés n'est possible que si le capital social a été entièrement libéré. Cette condition vaut pour toutes les sociétés, qu'elles soient passibles de l'impôt sur les sociétés ou de l'impôt sur le revenu, à l'exception des sociétés coopératives régies par la loi 47-1775 du 10 septembre 1947 qui en sont expressément exclues (CGI art. 212, IV). Elle s'applique en cas de constitution de société comme en cas d'augmentation de capital. Dans ce dernier cas, l'administration renonce toutefois à en faire application lorsque l'acte constatant l'augmentation de capital prévoit expressément la libération intégrale du capital souscrit dans un délai maximum de trois ans et à la condition que ce délai soit effectivement respecté (BOI-BIC-CHG-50-50-20 n° 30).

8830 BIC-XI-5800 s

Taux d'intérêt Le taux maximum des intérêts déductibles servis aux associés est égal à la moyenne annuelle des taux effectifs moyens pratiqués par les établissements de crédit pour des prêts à taux variable aux entreprises, d'une durée initiale supérieure à deux ans. Cette moyenne annuelle est elle-même déterminée à partir de moyennes trimestrielles publiées au Journal officiel.

Le plafond de déduction ainsi calculé s'applique à l'ensemble des intérêts courus au cours de l'exercice même si le montant des avances a varié pendant l'exercice (voir exemple de calcul ci-dessous). Pour les sociétés dont l'exercice **2019** coïncide avec l'année civile, le taux maximum d'intérêt déductible s'établit à 1,32 %.

> Précisions a. En ce qui concerne la moyenne annuelle des taux effectifs moyens à retenir lorsque l'**exercice** social ne coïncide **pas** avec l'**année civile** ou **excède douze mois,** voir n° 97140.
b. Chaque compte courant doit être envisagé séparément et il ne peut y avoir **compensation** entre un excédent d'intérêt constaté pour un compte courant (taux appliqué supérieur au maximum légal) et une insuffisance pour un autre (BOI-BIC-CHG-50-50-30 n° 130).
c. Pour le calcul du taux d'intérêt limite, toutes les **sommes** versées aux associés en rémunération des avances, définies n° 8820, doivent être retenues.

8835

EXEMPLE

Société anonyme dont l'exercice coïncide avec l'année civile. Comptes courants détenus par des associés possédant 20 % du capital et rémunérés au taux de 6 % (pas de clause d'indexation). Taux supposé d'intérêts déductibles : 2 %.

1e hypothèse Le montant des comptes courants n'a pas varié au cours de l'exercice. Comptes courants = 300 000 €. Intérêts excédentaires à réintégrer : 300 000 × (6 – 2) % = 12 000 €.

2e hypothèse Le montant des comptes courants a varié au cours de l'exercice. Comptes courants = 250 000 € pour la période 1er janvier-30 avril ; 320 000 € du 1er mai au 31 août ; 500 000 € du 1er septembre au 31 décembre. Intérêts excédentaires à réintégrer :
– période 1-1/30-4 : 250 000 × (6 – 2) % × 4/12 = 3 333 €
– période 1-5/31-8 : 320 000 × (6 – 2) % × 4/12 = 4 267 €
– période 1-9/31-12 : 500 000 × (6 – 2) % × 4/12 = 6 667 €
Soit au total : 14 267 €.

Imposition des associés Qu'ils soient ou non déductibles des résultats de l'entreprise versante, les intérêts des comptes courants d'associés perçus par une **entreprise soumise à l'impôt sur les sociétés** ou par une **entreprise relevant de l'impôt sur le revenu** en cas d'option expresse lorsque le montant des ces intérêts est marginal (no 7345), sont compris dans les bénéfices imposables et imposés en tant que tels. 8840 BIC-XI-6100 s

Lorsqu'ils sont perçus par une entreprise relevant de l'impôt sur le revenu qui n'a pas opté pour la tolérance susvisée, ou par une **personne physique,** ces intérêts constituent des revenus de capitaux mobiliers soumis soit à un prélèvement forfaitaire unique, soit, sur option globale, au barème progressif de l'impôt sur le revenu. Sauf exception, ces revenus font l'objet avant cette imposition d'un prélèvement obligatoire à titre d'acompte (voir nos 25100 s.).

Lorsqu'ils sont encaissés par un **résident d'un État ou territoire non coopératif** ou payés dans un de ces États, les intérêts sont en principe soumis, dans les conditions exposées aux nos 25445 s., à un prélèvement obligatoire libératoire de l'impôt sur le revenu au taux de 75 %.

7. CHARGES EXCEPTIONNELLES ET PERTES DIVERSES

Les charges ou pertes exceptionnelles peuvent être subies dans le cadre d'opérations de gestion ou du fait d'opérations portant sur des éléments d'actif. Pour être admises en déduction des bénéfices imposables, elles doivent satisfaire aux conditions générales de déduction des charges, notamment s'inscrire dans le cadre d'une **gestion normale.** Ne peuvent par conséquent être retranchées des bénéfices les charges ou pertes enregistrées à l'occasion d'opérations étrangères à l'intérêt de l'entreprise. 8880 BIC-IX-60000 s

Une charge ou perte exceptionnelle ne peut par ailleurs être déduite que s'il n'en est pas tenu compte sous une autre forme. Ainsi, une **perte de marchandises** à la suite d'un vol, d'inondations, etc., ou un simple « manque à gagner » ne donnent lieu à aucune déduction puisqu'il en est tenu automatiquement compte par le jeu des achats, des ventes et des stocks.

Les charges ou pertes doivent en outre revêtir un **caractère définitif** à la clôture de l'exercice. Mais celles qui, sans être certaines, présentent un degré suffisant de probabilité peuvent donner lieu à la constitution d'une provision.

Les pertes résultant de la **cession d'éléments d'actif** immobilisé font l'objet d'une étude spéciale (voir nos 17500 s.).

Lorsque les conditions ci-dessus sont réunies, sont par exemple déductibles les charges et pertes suivantes : 8885

– **pertes sur créances** (créances irrécouvrables, voir no 8895 ; abandons de créances, voir nos 8920 s.) ;
– **pertes de change** (pour les pertes résultant de l'évaluation, à la clôture de chaque exercice, des créances et dettes en monnaies étrangères, voir no 7370) ;
– charges de remboursement d'un **prêt indexé** (voir no 8790) ;
– **dommages-intérêts** et frais de procès ; les dommages-intérêts ne sont toutefois pas déductibles lorsqu'ils sont versés en contrepartie de l'acquisition d'éléments d'actif ;
– **détournements** commis par les **salariés** à l'insu de l'entreprise, ce qui est le cas lorsque les dirigeants n'ont pas eu effectivement connaissance des détournements commis ou n'y ont pas concouru par leur comportement délibéré ou par leur carence manifeste dans l'organisation de l'entreprise (CE 5-10-2007 no 291049 : RJF 12/07 no 1381 ; CE 12-4-2019 no 410042 : RJF 7/19 no 627), ou commis par des **tiers** (CE 12-4-2019 no 410042 précité). En revanche, les détournements commis par les **dirigeants** et mandataires ou associés ne sont pas déductibles (CE plén. 27-7-1988 no 54510 : RJF 10/88 no 1070 ; CE 12-4-2019 no 410042 précité). Sur le sort de pertes traduisant une prise de risque excessif par le salarié rendue possible par un dysfonctionnement du contrôle interne de l'entreprise, voir no 8155, précision c.

a. Créances irrécouvrables

8895 BIC-IX-60100 s

La perte d'une créance peut être constatée lorsque son caractère irrécouvrable est définitivement établi. Elle doit être limitée au montant **hors taxe** de la créance, dès lors que la TVA afférente aux opérations impayées peut être récupérée par l'entreprise, voir nos 53780 s. (CE 20-6-1997 no 99429 : RJF 8-9/97 no 763).

Lorsque la perte de la créance n'est pas encore certaine, mais seulement probable, l'entreprise peut constituer une **provision** pour créance douteuse (no 9815).

› **Précisions** **a.** Le point de savoir si une créance peut être considérée comme perdue ou si cette perte apparaît seulement probable à la clôture d'un exercice est essentiellement une **question de fait.** Ne suffisent pas, par exemple, à établir le caractère irrécouvrable d'une créance :
– le fait que la société débitrice soit en **redressement** ou **liquidation** judiciaires (notamment CE 11-12-1987 no 46964 : RJF 2/88 no 223 ; CE 27-3-1991 no 57777 : RJF 5/91 no 567) ;
– l'**ancienneté des créances** (tant qu'elles ne sont pas prescrites), en l'absence de toute diligence du créancier en vue de leur recouvrement et de la preuve de l'insolvabilité du débiteur (notamment CE 20-7-1988 no 51165 : RJF 10/88 no 1072).
La preuve de l'irrécouvrabilité peut en revanche être apportée par des **attestations d'huissier** (CE 12-3-1980 no 7475 : RJF 5/80 no 402).
b. Lorsqu'une entreprise découvre, à l'occasion d'une remise en ordre de sa comptabilité ou d'un changement de son organisation comptable, des **écarts comptables inexpliqués** entre le compte collectif clients et la balance des comptes individuels, elle est en droit de constater une perte de même montant au titre des créances irrécouvrables, dans les conditions suivantes :
– s'il s'agit d'**erreurs de faible montant,** la régularisation est admise sans justification particulière (CE 13-2-1980 no 11923 : RJF 4/80 no 291) ;
– en revanche, pour les erreurs d'un **montant élevé,** l'entreprise doit apporter la preuve de l'origine de l'erreur (notamment CE 10-1-1992 no 80158 : RJF 2/92 no 174-a).

b. Pénalités et amendes

8905 CGI art. 39, 2 BIC-IX-61400 s

Ne sont pas déductibles les sanctions pécuniaires et pénalités **de toute nature** mises à la charge des contrevenants à des **obligations légales.** Il en est de même du versement libératoire dû par les fournisseurs d'énergie en cas de non-respect des obligations légales d'économie d'énergie prévu à l'article L 221-4 du Code de l'énergie.

Sont notamment visées par ce principe général de non-déductibilité : les pénalités d'assiette et de recouvrement des impôts ; les amendes pénales et les pénalités infligées en cas d'infraction au droit de la concurrence ; les pénalités fiscales visées à l'article 1763 du CGI qui sanctionnent le défaut de production de certains documents (tableau des provisions, relevé des frais généraux…) ; les pénalités et majorations de retard sur les déclarations et le recouvrement des cotisations sociales ; les sanctions infligées par les autorités administratives indépendantes (AMF, Arcep, CRE, Cnil…) ; l'astreinte versée par une entreprise pour défaut d'exécution d'une décision de justice dès lors que sa finalité est de faire respecter l'autorité de la chose jugée (CE 20-6-2012 no 342714 : RJF 10/12 no 901).

En revanche, les **pénalités contractuelles,** telles que celles infligées dans le cadre de relations commerciales, sont déductibles.

Pénalités pour **paiement tardif des dettes** commerciales : voir no 7995.

c. Aides et avantages accordés à des tiers

AIDES À CARACTÈRE COMMERCIAL

8920 CGI art. 39, 13 BIC-IX-50300 s

Bien qu'elle soit expressément prévue par la loi, la déduction de ces aides est néanmoins subordonnée à la condition qu'elles relèvent d'une gestion normale. Les aides autres que celles consenties dans le cadre d'un plan de sauvegarde ou de redressement (no 8950) doivent comporter une **contrepartie équivalente** pour l'entreprise qui les accorde. Cette règle s'applique quelle que soit la nature de l'avantage (**abandon de créances, subvention, renonciation à recettes, facturation à des prix inférieurs au prix du marché, etc.**).

Présente un caractère commercial l'abandon d'une créance trouvant son origine dans des relations commerciales entre deux entreprises et consenti soit pour **maintenir des débouchés,** soit pour **préserver des sources d'approvisionnement.** À cet égard, le fait que l'entreprise qui consent l'abandon soit une banque ou un établissement de crédit ne fait pas obstacle à ce qu'il présente un caractère commercial (BOI-BIC-BASE-50-10 no 120). La **préservation de l'existence même d'un actif** ou la prévention d'une dévalorisation certaine de ce dernier est également susceptible de constituer une contrepartie justifiant le caractère normal d'un avantage (renonciation à percevoir des redevances) consenti par la société exploitant cet actif (CE 10-2-2016 no 371258 : RJF 5/16 no 403).

> Précisions a. Relève d'une **gestion normale** un **abandon de créances à une société cliente** en difficulté dont la mise en liquidation compromettrait la poursuite de l'activité de l'entreprise créancière (CE 26-6-1992 nº 68646 : RJF 8-9/92 nº 1116). Tel n'est pas le cas lorsque l'abandon de créances est d'un montant excessif eu égard au faible niveau de relations commerciales entre les entreprises concernées (CAA Nantes 30-6-1994 nº 93NT00811 : RJF 11/94 nº 1167 ; CE (na) 1-2-1995 nº 162066 : RJF 3/95 nº 299) ou est consenti **à un fournisseur** dont il n'est pas établi que sa disparition serait préjudiciable à l'entreprise (CE 10-1-2005 nº 253490 : RJF 4/05 nº 298).

b. La jurisprudence reconnaît le caractère normal d'une politique de **prix préférentiels** au profit de clients représentant une part importante des débouchés (CE 25-3-1983 nº 34182 : RJF 6/83 nº 764). Elle accepte également qu'une entreprise facture des **frais administratifs à des niveaux différents** suivant les clients en décidant, dans son intérêt, de pratiquer certaines réductions (CE 20-5-2015 nº 369373 : RJF 8-9/15 nº 681). Même solution en cas de facturation à l'étranger de **prix de vente différents** de ceux pratiqués en France lorsque la situation des marchés à l'**exportation,** notamment les conditions de la concurrence, le justifie (CE 21-2-1990 nº 84483 : RJF 4/90 nº 376).

Est en revanche refusée la facturation de ventes à prix coûtant à l'unique client de l'entreprise dont les difficultés sont uniquement conjoncturelles (CAA Nancy 27-6-1996 nº 94NC01086 : RJF 6/97 nº 529 ; CE (na) 20-10-1997 nº 182199 : RJF 2/98 nº 137). De même, en cas de réalisation d'**achats** pour un **prix supérieur** aux valeurs réelles, la fraction excédentaire du prix stipulé n'est pas déductible en l'absence de justification (CE 25-3-1983 nº 16649 : RJF 6/83 nº 763).

c. Est considérée comme normale la **mise à disposition gratuite d'équipements** à un sous-traitant qui répercute cet avantage sur le prix facturé (CE 10-4-1991 nº 86550 : RJF 6/91 nº 741).

d. Présentent un caractère normal les **avances sans intérêt** accordées en vue d'un rapprochement commercial (CE 3-12-1975 nº 89412 : RJF 2/76 nº 56) ou justifiées par les usages en vigueur dans le secteur professionnel (CE 9-10-1991 nº 67283 : RJF 11/91 nº 1434).

e. Sont déductibles les sommes versées au titre d'un **engagement de caution** souscrit par un **bailleur d'immeuble** au profit de son locataire si cet engagement a pour but la conservation d'un revenu constitué par les loyers ou s'il existe une contrepartie suffisante pour le bailleur compte tenu des liens existant entre les deux entreprises (en ce sens, CAA Marseille 24-1-2002 nºs 98MA01054 et 98MA01215 : RJF 10/02 nº 1065).

f. Est considérée comme normale la facturation d'un **loyer** pour un montant inférieur à la valeur locative du bien loué, dans la mesure où l'affectation des locaux rend délicat le remplacement du locataire (CE 9-5-1990 nº 71453 : RJF 7/90 nº 797). Est également justifié l'abandon de loyer consenti par un bailleur à un locataire-gérant dont la situation financière est temporairement dégradée (CE 16-6-2004 nº 235647 : RJF 10/04 nº 964).

g. Caractère anormal d'une **cession d'un élément d'actif** à prix minoré : voir nº 17815.

Aides commerciales intragroupe La circonstance qu'un avantage soit consenti entre des sociétés appartenant au même groupe ne modifie pas les conditions d'appréciation de son caractère normal. Des sociétés sœurs étant considérées comme juridiquement étrangères, seul l'**intérêt propre de la société aidante** est pris en considération (notamment CE 30-9-1987 nº 50157 : RJF 11/87 nº 1083). Il peut être apprécié en tenant compte des contraintes économiques et juridiques qui pèsent sur elle à raison des relations nouées avec ses partenaires (CE 26-9-2001 nº 219825 : RJF 12/01 nº 1491). Mais l'**intérêt** général **du groupe** ne suffit pas, à lui seul, à justifier le caractère normal d'une aide (notamment CE 19-12-1988 nº 55655 : RJF 2/89 nº 158). 8925 BIC-IX-53700 s

> Précisions a. Une société ne commet pas un acte anormal de gestion en consentant un **abandon de créances à** sa sœur qui est **son unique cliente** et dont l'existence est menacée (CE 1-3-2004 nº 237013 : RJF 5/04 nº 459).

b. Un avantage accordé à une société du groupe peut être considéré comme relevant d'une gestion normale si l'**appartenance au groupe** de la société qui le consent est une **condition de sa pérennité** ou de la préservation de ses actifs (CE 21-6-1995 nº 132531 : RJF 8-9/95 nº 963).

c. Le caractère normal des aides consenties au sein d'un groupe soumis au régime de l'**intégration fiscale** est apprécié en prenant exclusivement en compte l'intérêt propre de la société qui les octroie (CE 28-4-2006 nº 278738 : RJF 7/06 nº 837), mais la facturation des transactions courantes à leur prix de revient est admise (nº 40392). Pour la détermination du résultat d'ensemble, les avantages ne sont pas retraités, voir nºs 40440.

d. Sur les frais liés à l'**appartenance à un réseau,** voir nº 8500, précision c.

Une société mère qui entretient des relations commerciales avec une **filiale en difficulté** est fondée à lui venir en aide, par exemple en vue de maintenir ses sources d'approvisionnement ou ses débouchés. À cet effet, elle peut choisir le **procédé le plus avantageux** et donc recourir à la technique des abandons de créances ou subventions plutôt que de réaliser une augmentation de capital (notamment CE 27-6-1984 nº 35030 : RJF 8-9/84 nº 937 ; BOI-BIC-BASE-50-10 nº 90). 8930

Une société mère qui réalise des ventes de marchandises ou des prestations de services au profit de ses filiales françaises peut pratiquer une politique de **prix préférentiels** au point de renoncer à la réalisation de bénéfices (CE 24-2-1978 nº 2372 : RJF 4/78 nº 161). Mais la société mère commet en principe un acte anormal de gestion si elle renonce à **facturer** les services rendus à ses filiales (BOI-BIC-CHG-10-10-20 n° 120) ou si elle réalise des opérations à perte.

Lorsque les **motivations commerciales et financières** sont imbriquées, la qualification de l'aide découle de ses motifs prédominants (CE 27-6-1984 n° 35030 précité ; BOI-BIC-BASE-50-10 n° 140). La motivation commerciale peut ainsi prévaloir lorsque les deux sociétés ont des activités complémentaires et que la filiale s'approvisionne en partie auprès de la mère (CE 4-12-1985 n° 44323 : RJF 8-9/86 n° 153).

> Précisions **a.** La justification d'un intérêt commercial a ainsi été reconnue lorsque la **filiale commercialise** les produits de la mère (CE 15-2-1984 n° 35339 : RJF 4/84 n° 428), ou est son fournisseur exclusif (CE 16-2-1983 n° 37868 : RJF 4/83 n° 492). Toutefois, la volonté de préserver des **clients communs** avec une filiale ne justifie pas l'octroi d'avances sans intérêt par la société mère si le montant de ces avances est manifestement excessif par rapport au chiffre d'affaires réalisé avec cette clientèle (CE 23-1-2015 n° 365525 : RJF 4/15 n° 299).
b. Selon l'administration, le fait qu'une société mère ou une société d'un groupe assure, pour le compte de ses filiales ou des autres sociétés du groupe, des **services internes d'intérêt commun** n'est pas en principe de nature à nouer des relations commerciales significatives (BOI-BIC-BASE-50-10 n° 160). Mais le Conseil d'État a reconnu le caractère commercial d'une aide consentie à ses filiales par une société holding qui fournit des **prestations de référencement** sans exercer d'activité d'achat-revente au sein du groupe (CE 7-2-2018 n° 398676 : RJF 5/18 n° 468).
c. La circonstance qu'une filiale détienne la **quasi-totalité du capital** de sa filiale ne fait pas en elle-même obstacle à la qualification commerciale de l'aide consentie (CE plén. 27-11-1981 n° 16814 : RJF 1/82 n° 7 ; BOI-BIC-BASE-50-10 n° 150).
d. Lorsque l'aide consentie par une société mère à sa **filiale soumise au régime des sociétés de personnes** relève d'une gestion anormale, sa réintégration au résultat imposable de l'associé entraîne une double imposition dès lors qu'elle est également comprise dans le résultat imposable de la filiale (CE 27-7-2006 n° 274762 : RJF 12/06 n° 1517). Mais la jurisprudence admet que cette taxation soit limitée à la part de l'avantage correspondant au capital de la filiale détenue par les autres associés (notamment CAA Lyon 8-6-2017 n° 15LY01912 : RJF 11/17 n° 1074 ; CAA Paris 29-3-2006 n° 01PA03876 : RJF 8-9/06 n° 991). En pratique, la double imposition est donc évitée lorsque tous les associés consentent des aides dans la proportion de leurs droits.

8935 **Régime fiscal** Les abandons de créances et subventions à caractère commercial qui présentent un **caractère normal** sont une charge déductible pour la société qui les consent et un produit imposable de la société aidée.

Si l'aide consiste en une renonciation à recettes, elle minore les produits imposables de la société qui a consenti l'aide et affecte le résultat imposable de la société bénéficiaire du fait de la minoration de ses charges. Elle ne requiert aucun retraitement au plan fiscal.

Lorsque l'aide présente un **caractère anormal,** elle est réintégrée au résultat fiscal de la société qui l'a consentie.

> Précisions **a.** Lorsque l'aide anormale consiste en une **avance sans intérêt,** le taux d'intérêt à retenir pour le calcul de la réintégration est fixé d'après la rémunération que la société créancière pourrait obtenir d'un établissement financier ou d'un organisme assimilé pour un placement équivalent. Elle ne peut être déterminée d'après les taux fiscalement admis en rémunération des comptes courants d'associés (CE 31-7-2009 n° 301935 : RJF 12/09 n° 1057) ni en fonction du taux de base moyen du marché bancaire ou du taux des avances de la Banque de France (CE 7-10-1988 n° 50256 : RJF 12/88 n° 1296).
b. En cas d'octroi non justifié d'**avances à vue** sans intérêt, la rémunération à réintégrer est calculée d'après le taux de rémunération des Sicav monétaires (CE 31-7-2009 n° 301935 précité). Sur le sort de pertes traduisant une prise de risque excessif par le salarié rendue possible par un dysfonctionnement du contrôle interne de l'entreprise, voir n° 8155, précision c.

8940 La circonstance qu'une **aide à caractère commercial** soit accordée à une **filiale étrangère** est sans incidence sur ses conditions de déduction et son régime fiscal (CE 9-10-1991 n°s 67642 et 69503 : RJF 11/91 n° 1355). Dans une décision rendue pour une aide à caractère financier, le Conseil d'État a pris en compte le droit étranger, et notamment les interdictions édictées par celui-ci pour apprécier le caractère normal de l'aide (CE 7-9-2009 n° 303560 : RJF 12/09 n° 1068). Mais la législation étrangère ne peut entraîner de façon automatique la **qualification fiscale** d'une opération au regard du droit interne. Ainsi, il convient de rechercher la nature réelle d'une opération impliquant une société régie par le droit d'un autre État pour la qualifier au regard du droit fiscal national et de ne pas déduire cette qualification du seul traitement comptable reçu dans le droit étranger (CE 13-4-2018 n° 398271 : RJF 7/18 n° 727 ; CE 31-3-2017 n° 383129 : RJF 6/17 n° 539). Par ailleurs, le **traitement fiscal** de l'opération à l'étranger est sans incidence sur le traitement fiscal opéré en France : l'absence d'imposition dans l'État étranger d'un abandon de créances n'est pas de nature à remettre en cause sa déductibilité en France lorsque les conditions de cette déductibilité sont réunies (CE 13-4-2018 n° 398271 précité).

› Précisions Le caractère normal des **abandons de créances consentis aux succursales d'une filiale étrangère** est apprécié en tenant compte non seulement de l'intérêt stratégique et commercial que présente pour la société mère le marché d'implantation des succursales mais aussi des besoins de financement de la filiale pour se développer dans d'autres pays (CE 11-4-2008 n° 281033 : RJF 7/08 n° 788).

AIDES AUX ENTREPRISES EN DIFFICULTÉ FINANCIÈRE

8945 CGI art. 39, 1-8° BIC-IX-55910 s

Abandons de créances à caractère commercial Sont déductibles les abandons de créances à caractère commercial consentis ou supportés dans le cadre d'un **plan de sauvegarde ou de redressement** pour la totalité de leur montant. Cette déduction n'est pas subordonnée à la condition que l'entreprise créancière ait agi dans son propre intérêt (BOI-BIC-BASE-50-10 n° 80).

8950 CGI art. 39, 13 BIC-IX-56100 s

Aides à caractère autre que commercial Les aides répondant à des motivations autres que commerciales accordées dans le cadre d'une **procédure de sauvegarde** ou **de redressement** ou **liquidation judiciaires,** ou lors d'une **procédure de conciliation** en application d'un accord constaté ou homologué dans les conditions prévues à l'article L 611-8 du Code de commerce sont déductibles. L'administration étend cette mesure aux abandons de créances consentis dans le cadre d'une **procédure d'insolvabilité** mentionnée à l'annexe A du règlement CE 1346/2000 du 29 mai 2000 (BOI-BIC-BASE-50-20-10 n° 63). Cette déduction est subordonnée à l'existence d'un intérêt de la société versante à consentir l'aide. Sont notamment concernées par cette disposition les aides répondant à son **intérêt financier.**

Lorsque le caractère normal d'une telle aide est reconnu, elle est admise en déduction :
– en totalité à hauteur de la situation nette négative de la filiale ;
– et pour la fraction excédentaire dans la proportion de son capital détenu par d'autres sociétés.

› Précisions **a.** Les **aides à caractère financier** sont celles accordées par une société mère à une filiale en difficulté, en vue d'assainir sa situation financière ou d'éviter son dépôt de bilan. Elles permettent ainsi à la mère de sauvegarder son propre renom et de préserver la valeur de ses titres (CE plén. 30-4-1980 n° 16253 : RJF 6/80 n° 467). Leur déduction suppose qu'elles relèvent d'une gestion normale, compte tenu notamment de la situation financière de la filiale.

b. Lorsque la **situation nette comptable,** qui correspond au montant des capitaux propres, est supérieure à la situation nette réelle, l'entreprise peut, à condition d'en apporter la preuve, se prévaloir de cette dernière. L'administration peut de son côté tenir compte de la situation inverse (BOI-BIC-BASE-50-20-10 n° 70).

c. Pour apprécier la situation nette comptable, ou réelle, de la société bénéficiaire de l'abandon, les entreprises ont le choix de se placer :
– soit à la **date** à laquelle l'abandon a été consenti, ou, lorsque l'entreprise n'est pas en mesure d'établir une telle situation à cette date, à la plus proche situation provisoire établie avant ou après l'abandon ou au plus proche bilan (BOI précité n° 110) ;
– soit à la date de clôture de l'exercice de la société mère (CE 31-7-2009 n° 297274 : RJF 12/09 n° 1058).

d. L'application de l'article 39, 13 du CGI est indépendante des modalités d'octroi de l'aide, qui peut donc revêtir la forme d'une **renonciation à recettes** (BOI-BIC-BASE-50-10 n° 60).

e. Les **règles comptables** sont différentes des règles fiscales (voir Mémento comptable n°s 42220 s.).

8952

EXEMPLE

Société détenant une participation de 90 % dans une filiale dont la situation est la suivante : actif = 500 000 € ; passif = 600 000 € (dont 200 000 € dus à la société mère) ; soit une situation nette négative de 100 000 €.

Si la société mère consent un abandon de la créance qui ne répond pas à des motivations commerciales pour un montant de 200 000 €, la perte qui en résulte pour elle est déductible à concurrence :
– de la suppression de la situation nette négative de la filiale, soit 100 000 € ;
– et dans la proportion de 10 % (pourcentage de participation des autres associés) du surplus de la remise de dette, soit 10 000 €. L'excédent (90 000 €) est assimilé à un supplément de prix de revient de la participation.

8955 CGI art. 216 A BIC-IX-56940 s

Filiale bénéficiaire d'un abandon de créance à caractère non commercial Lorsque l'**abandon de créance** à caractère non commercial n'est **pas déductible** du résultat de la société mère, il n'y a pas lieu de le prendre en compte pour la détermination du résultat de la filiale qui en bénéficie, sous réserve des deux conditions suivantes :
– l'abandon est consenti par une société mère (française ou étrangère) au sens de l'article 145 du CGI (voir n°s 40900 s.) ;
– la filiale s'engage à augmenter son capital au profit de la (ou des) société(s) qui consent(ent) l'abandon de créance ou la subvention, pour un montant équivalent, avant la

clôture du second exercice suivant (par exemple avant le 31 décembre 2020 si la remise intervient au cours de l'exercice clos le 31 décembre 2018). Le montant de la souscription peut être libéré soit en numéraire, soit par conversion de créance.

L'aide obtenue est ainsi réputée constituer un supplément d'apport non imposable.

En revanche, lorsque la société mère a pu déduire l'aide à caractère non commercial consentie à sa filiale, cette dernière doit constater un profit imposable à concurrence de la fraction de l'aide **déductible** du résultat de la société mère (voir n° 8950).

EXEMPLE

Une société mère à 99 % (que nous assimilerons à 100 % pour simplifier) détient une créance de 200 000 € sur sa filiale, dont la situation nette est de − 50 000 €. Si elle consent une remise totale de la créance, cet abandon est déductible de ses résultats à concurrence de 50 000 € et non déductible pour le reste, soit 150 000 €. Pour éviter que cette somme soit imposable chez sa filiale, elle doit lui faire un apport en numéraire d'égal montant.

Mais elle peut aussi faire une remise partielle de la créance à hauteur de 125 000 € (50 000 + 150 000/2) et utiliser la fraction restante de la créance (75 000 €) pour procéder à l'augmentation de capital exigée pour l'exonération de la filiale.

AUTRES AIDES

8960 BIC-IX-58300 s Lorsqu'elles sont accordées à des entreprises non placées sous l'une des procédures visées n° 8950, les aides répondant à des **motivations autres que commerciales** ne sont pas admises en déduction des résultats imposables, alors même qu'elles s'inscrivent dans l'intérêt et la gestion normale de la **société aidante.**

Ces aides sont néanmoins comprises dans le résultat imposable de la **société bénéficiaire.** En cas d'octroi d'un abandon de créance, cette double imposition potentielle peut toutefois être atténuée par la mise en œuvre des dispositions de l'article 216 A du CGI (n° 8955).

8962 BIC-IX-58900 s Les aides consenties par une entreprise à des **personnes physiques** (dirigeants, associés, tiers) sont déductibles si elles présentent un caractère normal.

› Précisions Le caractère d'acte anormal de gestion est généralement présumé pour les transactions effectuées avec des **dirigeants,** ou **associés** personnes physiques, à des prix différents des valeurs réelles, par exemple :
– achats de marchandises à un prix supérieur au cours du marché (CE 10-10-1984 n° 25144 : RJF 12/84 n° 1407) ;
– cession d'éléments d'actif pour un prix inférieur à leur valeur vénale, ou achat pour un prix supérieur à cette valeur (notamment CE 21-11-1980 n° 17055 : RJF 1/81 n° 10 ; CE 14-4-1986 n° 45884 : RJF 6/86 n° 571).

Il en va en général de même pour les réductions ou dispenses d'intérêts consenties aux intéressés (CE 13-5-1992 n° 71497 : RJF 7/92 n° 948).

L'absence de perception des intérêts dus par un associé dont le **compte courant** est débiteur constitue un acte anormal de gestion. Mais seule doit être réintégrée la différence entre le montant des intérêts non réclamés et le montant des intérêts non versés par l'entreprise lorsque le compte courant était créditeur (CE 6-10-2010 n° 308629 : RJF 1/11 n° 19).

En revanche, les renonciations à recettes et prises en charge de frais consenties par une société à son ancienne gérante afin de **mettre fin à un conflit pouvant ternir sa réputation** ne relèvent pas d'une gestion anormale (CAA Bordeaux 4-6-2013 n° 11BX00915 : RJF 10/13 n° 909).

d. Prix de transfert avec les sociétés étrangères liées

8965 BIC-IX-57100 s Les transactions réalisées par une société avec des sociétés liées appartenant au même groupe qui sont établies hors de France doivent intervenir pour des prix fixés dans le respect du **principe de pleine concurrence.** Cette obligation n'est pas énoncée en tant que telle par les dispositions du CGI, mais figure à l'article 9 du modèle de convention fiscale bilatérale établi par l'OCDE. Des recommandations détaillées à l'attention des entreprises et des administrations fiscales figurent dans les publications de l'OCDE concernant les principes applicables en matière de prix de transfert ainsi que dans les travaux publiés par le Forum conjoint de l'Union européenne sur les prix de transfert. Il en découle qu'une société doit facturer ses ventes de biens ou services effectuées au profit d'une entité non résidente avec laquelle elle est liée au sens de l'article 39, 12 du CGI (n° 10425, précision a) en suivant les conditions et modalités appliquées pour les ventes réalisées au profit d'entreprises non liées. Deux approches méthodologiques peuvent être retenues d'après l'OCDE pour la fixation des prix de transfert. La première comporte trois **méthodes fondées sur les transactions** : méthode du prix comparable sur le marché libre, méthode du prix de revente et méthode du prix de revient majoré. Lorsque ces méthodes ne s'avèrent pas pertinentes, l'OCDE préconise de s'appuyer sur une seconde approche qui regroupe deux **méthodes transactionnelles de bénéfices** : la méthode transactionnelle de partage des bénéfices ou la méthode transactionnelle de la marge nette.

L'administration peut contester la déduction des avantages consentis à des sociétés du groupe implantées à l'étranger en invoquant l'article 57 du CGI qui établit, dans certaines situations, une présomption de **transfert de bénéfices** (nos 78265 s.).

› **Précisions** Les entreprises françaises et étrangères qui réalisent des opérations transfrontalières avec des entreprises qui leur sont liées peuvent solliciter de l'administration la conclusion d'un **accord préalable sur la méthode de détermination** de leurs **prix de transfert** futurs. LPF art. L 80 B, 7° **BIC-IX-57900 s**

DOCUMENTATION DES PRIX DE TRANSFERT

8967 LPF art. L 13 AA **BIC-IX-57490 s**

Les entreprises appartenant à des groupes économiques importants ont l'obligation d'élaborer une documentation particulière aux prix de transfert et d'en adresser une version allégée à l'administration au titre de chaque exercice (voir no 8970).

Sont obligatoirement **concernées** par ces obligations documentaires les **personnes morales** établies en France qui satisfont à l'une des conditions suivantes :

1. Avoir un chiffre d'affaires annuel hors taxe ou un actif brut au bilan au moins égal à 400 M€ ;

2. Détenir à la clôture de l'exercice, directement ou indirectement, plus de la moitié du capital ou des droits de vote d'une entité juridique remplissant la condition visée au point 1 ;

3. Être détenues de la même manière qu'au point 2 par une telle entité ;

4. Appartenir à un groupe intégré au sens de l'article 223 A ou de l'article 223 A bis du CGI lorsque ce groupe comprend au moins une personne morale satisfaisant à l'une des conditions mentionnées aux trois points précédents.

Sont également visés les **établissements stables** français des personnes morales étrangères si les conditions mentionnées au point 1 sont satisfaites au niveau de l'établissement stable ou au niveau de la personne morale à l'étranger, ou si celles mentionnées au point 2 sont satisfaites au niveau de l'établissement stable, ou si celles mentionnées au point 3 sont satisfaites au niveau de la personne morale à l'étranger (BOI-BIC-BASE-80-10-40 no 10).

Cette documentation se décompose en deux fichiers :

– un **fichier principal** qui comprend des informations sur le groupe (structure organisationnelle, domaines d'activité, actifs incorporels, activités financières interentreprises et situations financière et fiscale). Ce fichier doit être complété par une description des politiques du groupe en matière de prix de transfert relatives à la recherche et au développement et aux actifs incorporels (LPF art. R 13 AA-1). Une liste de toutes les décisions des autorités fiscales concernant la répartition des bénéfices entre pays (rulings et accords préalables unilatéraux) doit également être fournie (BOI-BIC-BASE-80-10-40 no 290) ;

– un **fichier local** contenant des informations sur l'organisation et les activités de la société vérifiée, les éléments financiers et les transactions intragroupe dont le montant, agrégé par catégorie, excède 100 000 €.

L'ensemble de cette documentation, qui ne se substitue pas aux justificatifs afférents à chaque transaction, doit être tenu à la disposition de l'administration dès l'engagement d'une vérification de comptabilité.

› **Précisions** **a.** Le contenu et les modalités de présentation de la documentation des prix de transfert sont précisés par l'article R 13 AA-1 du LPF. Cette documentation est tenue à la disposition de l'administration sous un format électronique. Elle est en principe rédigée en langue française, étant précisé que l'administration a la possibilité de demander que des documents rédigés dans une langue étrangère fassent l'objet d'une traduction en français (BOI-BIC-BASE-80-10-40 no 560).

b. Une documentation complémentaire doit être produite lorsque des transactions sont réalisées avec une ou plusieurs entreprises associées établies dans un **État ou territoire non coopératif** défini no 78310 (LPF art. L 13 AB : BIC-IX-57625).

c. En cas de non-respect de l'obligation documentaire à la suite d'une mise en demeure, l'entreprise est passible d'une **amende.** Pour chaque exercice vérifié, son montant peut atteindre, compte tenu de la gravité des manquements, 0,5 % du montant des transactions non documentées ou 5 % des bénéfices transférés se rapportant à de telles transactions si ce montant est plus élevé. Elle ne peut être inférieure à 10 000 € (CGI art. 1735 ter). Les transactions s'entendent des opérations intragroupe (à l'exclusion, sauf abus de droit, du versement de dividendes), y compris celles réalisées entre un siège et ses succursales. La pénalité maximale est notamment appliquée en l'absence de toute documentation ou en cas de lacune grave privant la documentation de pertinence. Il peut en être de même en cas de répétition de l'infraction au cours de plusieurs vérifications de comptabilité successives (BOI-CF-INF-20-10-40 nos 20 et 60).

d. Les entreprises faisant l'objet d'un contrôle de leurs pratiques en matière de prix de transfert peuvent recourir à une **procédure amiable** suivie, en cas d'échec, d'une procédure arbitrale en application de la convention européenne d'arbitrage 90/436/CEE du 23 juillet 1990 relative à l'élimination des doubles impositions en cas de correction des bénéfices d'entreprises associées. L'application de l'amende définie ci-dessus ne fait pas obstacle à l'application de cette procédure (BOI-CF-INF-20-10-40 no 130).

OBLIGATION DÉCLARATIVE ANNUELLE

8970 CGI art. 223 quinquies B BIC-IX-57770 s

Une déclaration spéciale doit être souscrite par voie électronique dans les six mois de la date limite de dépôt de la déclaration de résultat par les **personnes morales** établies en France qui satisfont à l'une des conditions suivantes :

1. Avoir un chiffre d'affaires annuel hors taxe ou un actif brut au bilan au moins égal à 50 M€ ;

2. Détenir à la clôture de l'exercice, directement ou indirectement, plus de la moitié du capital ou des droits de vote d'une entité juridique satisfaisant à l'une des conditions mentionnées au point 1 ;

3. Être détenue de la même manière qu'au point 2 par une telle entité ;

4. Appartenir à un groupe intégré au sens de l'article 223 A ou de l'article 223 A bis du CGI lorsque ce groupe comprend au moins une personne morale satisfaisant à l'une des conditions mentionnées aux trois points précédents.

Sont également visés les **établissements stables** français des personnes morales étrangères (BOI-BIC-BASE-80-10-30 n° 20). Sur l'appréciation des conditions mentionnées aux points 1, 2 et 3, voir n° 8967.

La déclaration comprend des **informations générales sur le groupe** d'entreprises associées au sens de l'article 39, 12 du CGI (n° 10425, précision a) et sa politique de prix de transfert, incluant notamment les changements intervenus au cours de l'exercice, et la liste des principaux actifs incorporels utilisés par l'entreprise déclarante avec l'indication, chaque fois que nécessaire, du territoire ou de l'État d'implantation de l'entreprise propriétaire. Des **informations spécifiques à l'entreprise déclarante** doivent également être fournies, concernant l'activité déployée, les méthodes de détermination des prix de transfert et le montant agrégé de chaque catégorie de transactions réalisées avec des entités liées du groupe, dès lors qu'il excède 100 000 €, avec l'indication de leur État ou territoire d'implantation. Lorsque ce seuil n'est atteint pour aucun type de transactions, l'entreprise est dispensée d'établir la déclaration (BOI-BIC-BASE-80-10-30 n° 10).

Sanction en cas de non-dépôt de la déclaration ou d'omissions ou inexactitudes : voir n° 80190.

REPORTING PAYS PAR PAYS

8972 CGI art. 223 quinquies C

Les entreprises détenant des filiales ou succursales étrangères qui réalisent un **chiffre d'affaires consolidé au moins égal à 750 M€** et qui, conformément à une obligation légale (CGI ann. III art. 46 quater-0 YE), établissent des **comptes consolidés** sont tenues à la production d'une **déclaration spéciale** (n° 2258-SD) lorsqu'elles ne sont pas détenues par une entité française ou étrangère elle-même soumise à cette obligation. La déclaration doit également être souscrite par une entreprise détenue par une personne morale implantée dans un État ne participant pas à l'échange automatique d'informations qui serait tenue à la déclaration si elle était implantée en France, lorsque cette entreprise a été désignée par le groupe auquel elle appartient, ou ne peut démontrer qu'une autre entité de ce groupe a fait l'objet d'une telle désignation.

La déclaration comporte la répartition pays par pays des bénéfices du groupe, des agrégats économiques, comptables et fiscaux ainsi que des informations sur la localisation et l'activité des entités membres.

Les **modalités de mise en œuvre** de cette obligation déclarative sont définies par l'article 46 quater-0 YE précité et la liste des **États qui participent à l'échange automatique** avec la France figure dans l'arrêté ECOE1714076A du 6 juillet 2017 actualisé par l'arrêté ECOE1834376A du 26 décembre 2018.

Souscrite par **voie électronique** dans le délai de 12 mois suivant la clôture de l'exercice, elle est transmise aux États où l'entité déclarante est implantée s'ils sont parties à un accord multilatéral sur l'échange automatique d'informations, et sous réserve de réciprocité. Le défaut de production de la déclaration est sanctionné par une **amende** dont le montant ne peut excéder 100 000 € (CGI art. 1729 F).

e. Dons et subventions

8980 BIC-IX-62600 s

En principe, seuls sont déductibles les dons et subventions accordés dans l'**intérêt direct** de l'entreprise, qui relèvent d'une gestion commerciale normale.

Les dons et subventions consentis dans l'intérêt du **personnel** entrent dans cette catégorie. Les aides versées entre entreprises sont soumises à des conditions particulières de déduction. Les dons effectués au titre du **mécénat** d'entreprise ouvrent droit à une réduction d'impôt (voir n°s 10695 s.).

VERSEMENTS AUX ORGANISMES DE CONSTRUCTION OU DE FORMATION

8985 BIC-IX-62720 s
Les versements à fonds perdus faits à certains organismes ou sociétés de construction peuvent, sous certaines conditions, être compris parmi les charges déductibles (CGI art. 39 quinquies). Lorsque l'entreprise versante est astreinte à l'investissement obligatoire dans la construction, il faut notamment que les versements soient valables au regard de cet investissement, sans pour autant que le montant déductible soit limité à celui de l'investissement obligatoire. Une entreprise peut notamment déduire des sommes précédemment versées sous forme de **prêts sans intérêt au titre de la participation-construction** qu'elle décide au cours de l'exercice de transformer en subventions (CE 13-7-2006 nº 271205 : RJF 12/06 nº 1511).

8. CONTRÔLE ET LIMITATION DE LA DÉDUCTION DES FRAIS ET CHARGES

8990
La déduction des frais et charges fait l'objet de mesures spéciales qui tendent à en assurer le contrôle ou la limitation : exclusion de certaines charges « somptuaires » et obligation de produire un relevé détaillé de frais généraux. Ces mesures sont examinées ci-après.

Ce dispositif est complété par deux autres mesures étudiées par ailleurs :

– la première vise les paiements à des **résidents étrangers** soumis à un régime fiscal privilégié (nº 78295) ou établis dans un État ou territoire non coopératif défini nº 78310, étant précisé que les paiements effectués auprès de ces derniers doivent être inscrits sur un relevé spécial lorsqu'ils ont été déduits (CGI art. 54 quater) ;

– la seconde fait obstacle au cumul des allocations forfaitaires et des remboursements de frais alloués à certains **dirigeants** ou aux **cadres** des entreprises (nº 23730).

a. Exclusion des charges « somptuaires »

9000 CGI art. 39, 4 BIC-IX-40000 s
Les dépenses énumérées ci-après sont, sauf exceptions, exclues des charges déductibles, qu'elles aient été supportées directement par les entreprises ou sous forme d'allocations forfaitaires ou de remboursement de frais :

– dépenses et charges de toute nature (y compris l'amortissement) ayant trait à l'exercice de la **chasse** ainsi qu'à l'exercice non professionnel de la **pêche** ;

– charges (y compris l'amortissement) résultant de l'achat, de la location ou de toute autre opération faite en vue d'obtenir la disposition de **résidences de plaisance ou d'agrément,** ainsi que de l'entretien de ces résidences ;

– dépenses de toute nature (y compris l'amortissement) résultant de l'achat, de la location ou de toute autre opération faite en vue d'obtenir la disposition de **yachts** ou de **bateaux de plaisance** à voile ou à moteur ainsi que de leur entretien ;

– amortissement des **voitures particulières,** pour la fraction de leur prix d'acquisition qui excède un certain plafond, ou loyer correspondant (voir nºˢ 9020 s.).

> **Précisions** **a.** L'exclusion ne concerne que la déduction des charges et ne fait pas obstacle à la constatation de **moins-values** lors de la cession des biens concernés (CE 8-7-1985 nº 31755 : RJF 10/85 nº 1258). Pour le calcul des moins-values dans cette hypothèse, voir nº 18030.
> **b.** Les entreprises relevant de l'**impôt sur les sociétés** qui, directement ou indirectement, notamment par filiales interposées, possèdent des biens ou droits générateurs de dépenses somptuaires doivent faire apparaître distinctement celles-ci en comptabilité, quelle que soit la forme sous laquelle elles supportent ces dépenses. Elles doivent soumettre chaque année à l'approbation de l'assemblée générale ordinaire de leurs associés le montant global des dépenses et charges dont il s'agit, ainsi que celui de l'impôt supporté de ce fait (CGI art. 223 quater).
> **c.** Réintégration des dépenses somptuaires au regard de l'**impôt de distribution,** voir nº 24785.

EXCEPTIONS

9010
La loi autorise expressément la déduction :

– des charges d'achat, de location ou d'entretien des **demeures historiques** classées ou inscrites au titre des monuments historiques (lorsqu'elles sont exposées pour les besoins de l'exploitation : usage de bureaux, accueil de clients, séminaires…). Ces charges sont également déductibles lorsqu'elles concernent des résidences servant d'**adresse ou** de **siège de l'entreprise,** ou des résidences faisant partie intégrante d'un **établissement de production et** servant à l'**accueil de la clientèle,** étant précisé que l'administration limite la portée de cette dernière mesure aux établissements industriels, ateliers de fabrication et exploitations agricoles (BOI-BIC-CHG-30-20 nºˢ 40 à 60) ;

– des **dépenses** relatives aux résidences de plaisance ou d'agrément, à la navigation de plaisance et à la pêche (à l'exclusion des autres charges « somptuaires ») lorsqu'elles ont un

caractère social, c'est-à-dire lorsqu'elles sont exposées dans le cadre de services sociaux et en faveur de l'ensemble du personnel de l'entreprise ;
– et, sur « **justifications** », de l'amortissement des voitures particulières et des dépenses relatives à la navigation de plaisance.

De son côté, l'administration permet la déduction de toutes les charges somptuaires pour lesquelles les entreprises sont en mesure de présenter des justifications. Mais elle considère que les justifications ne sont valablement apportées que s'il est établi que les dépenses sont nécessaires à l'activité de l'entreprise en raison même de son objet. C'est le cas, en pratique, lorsqu'il est démontré que l'entreprise a précisément pour objet – exclusif ou non – la vente, la location ou toute autre forme d'exploitation lucrative des biens ou droits à raison desquels ont été engagées les dépenses somptuaires (BOI-BIC-CHG-30-10 n°s 50 et 60).

Pour les **voitures particulières,** voir n° 9020.

> **Précisions a.** Les charges exposées par une entreprise qui dispose d'un **bateau de plaisance** auquel elle conserve ce caractère ne sont pas déductibles si elle ne justifie pas qu'il serait indispensable à la satisfaction d'un **besoin spécifique** lié à son activité (CE 20-11-2013 n° 338170 : RJF 2/14 n° 127). Le Conseil d'État a admis la déduction :
> – des frais se rapportant à un **yacht** restant à quai, **aménagé en bureaux** (CE 8-11-1978 n° 4233 : RJF 12/78 n° 521) ;
> – des frais afférents à des **résidences** de plaisance ou d'agrément **mises à la disposition d'un tiers, d'un dirigeant** ou d'un membre du personnel, par voie de location ou dans des conditions assimilées, lorsqu'un loyer normal a été perçu ou que l'équivalent d'un loyer normal a été rapporté aux résultats (notamment CE 27-5-1988 n° 62764 : RJF 7/88 n° 859).
>
> **b.** L'administration écarte l'application de l'article 39, 4, du CGI dans le cas particulier des **bateaux** et des **voitures de course** utilisés exclusivement à des fins publicitaires, dans le cadre d'opérations de parrainage définies n° 8455 (BOI-BIC-CHG-40-20-40 n° 200).

AMORTISSEMENT DES VOITURES PARTICULIÈRES

9020 BIC-IX-40200 s L'article 39, 4 du CGI interdit, sauf justification, la déduction de l'amortissement des véhicules de tourisme au sens de l'article 1007, 5° du même Code (n° 75110), pour la fraction de leur prix d'acquisition, taxes comprises, supérieure à un certain montant, fonction de la date d'acquisition du véhicule et/ou de la quantité de dioxyde de carbone émise. Sont concernés par cette limitation les seuls véhicules mis pour la première fois en circulation après le 1er juin 2004 (BOI-BIC-AMT-20-40-50 n° 110).

Le plafond de déduction est fixé selon le **barème** suivant qui, à compter de 2020, diffère selon que le véhicule relève ou non du nouveau dispositif d'immatriculation (NDI) (Loi 2019-1479 du 28-12-2019 art. 69) :

Taux (T) d'émission de dioxyde de carbone (g/km)	Véhicule de tourisme acquis ou loué							
	Avant 2017	2017	2018	2019	2020		2021	
	Autres véhicules				Véhicules relevant du NDI (1)	Autres véhicules	Véhicules relevant du NDI (1)	Autres véhicules
T > 200	9 900 €	9 900 €	9 900 €	9 900 €	9 900 €	9 900 €	9 900 €	9 900 €
165 < T ≤ 200	18 300 €	9 900 €	9 900 €	9 900 €	9 900 €	9 900 €	9 900 €	9 900 €
160 < T ≤ 165	18 300 €	9 900 €	9 900 €	9 900 €	18 300 €	9 900 €	9 900 €	9 900 €
155 < T ≤ 160	18 300 €	9 900 €	9 900 €	9 900 €	18 300 €	9 900 €	18 300 €	9 900 €
150 < T ≤ 155	18 300 €	18 300 €	9 900 €	9 900 €	18 300 €	9 900 €	18 300 €	9 900 €
140 < T ≤ 150	18 300 €	18 300 €	18 300 €	9 900 €	18 300 €	9 900 €	18 300 €	9 900 €
135 < T ≤ 140	18 300 €	18 300 €	18 300 €	18 300 €	18 300 €	9 900 €	18 300 €	9 900 €
130 < T ≤ 135	18 300 €	18 300 €	18 300 €	18 300 €	18 300 €	18 300 €	18 300 €	9 900 €
60 ≤ T ≤ 130	18 300 €	18 300 €	18 300 €	18 300 €	18 300 €	18 300 €	18 300 €	18 300 €
50 ≤ T < 60	18 300 €	20 300 €	20 300 €	20 300 €	18 300 €	20 300 €	18 300 €	20 300 €
20 ≤ T < 50	18 300 €	20 300 €	20 300 €	20 300 €	20 300 €	20 300 €	20 300 €	20 300 €
T < 20	18 300 €	30 000 €	30 000 €	30 000 €	30 000 €	30 000 €	30 000 €	30 000 €

(1) Véhicules définis au n° 75130. Les plafonds de déductibilité de l'amortissement (et des loyers) propres aux véhicules relevant du nouveau dispositif d'immatriculation s'appliquent aux exercices clos à compter d'une date fixée par décret, et au plus tard le 1er juillet 2020 (Loi 2019-1479 du 28-12-2019 art. 69).

La **limitation** n'est **pas applicable,** selon l'administration, si les voitures sont nécessaires à l'entreprise en raison de l'objet même de son activité soit, pour l'essentiel, les exploitants de taxis, les ambulanciers, les auto-écoles et toutes les entreprises de location de véhicules, y compris les sociétés de crédit-bail (mais la déduction des loyers par les entreprises utilisatrices est alors plafonnée : n° 9035) (BOI-BIC-AMT-20-40-50 n° 50), ainsi que les entreprises proposant des stages de conduite sportive (Rép. Julia : AN 17-5-2011 n° 84180, non reprise dans Bofip).

› Précisions **a.** Le **taux d'émission de dioxyde de carbone** par kilomètre est le taux conventionnel indiqué sur le certificat d'immatriculation ou, à défaut, sur la documentation technique fournie lors de l'achat (BOI-BIC-AMT-20-40-50 n° 100).
b. Les **charges autres** que l'amortissement (entretien, essence, réparations, etc.) restent déductibles sans limitation.
c. Les voitures utilisées par les **représentants** ou les **infirmières** pour leurs déplacements professionnels sont soumises à la limitation (Rép. Labbé : AN 29-9-1986 n° 4534 et Rép. Péricard : AN 1-12-1986 n° 9937, non reprises dans Bofip).

Montant de la fraction non déductible La fraction non déductible de l'amortissement est déterminée en appliquant au montant de l'annuité d'amortissement pratiquée le rapport existant entre la fraction du prix d'acquisition qui dépasse le plafond et ce prix d'acquisition. Elle est rapportée aux bénéfices imposables par voie extra-comptable. 9025

Selon l'administration, si l'**amortissement comptable** est **inférieur à l'amortissement fiscal,** la différence doit être comptabilisée en amortissement dérogatoire alors même qu'une fraction de la dotation fiscale n'est pas déductible en application de l'article 39, 4 du CGI (BOI-BIC-AMT-10-40-10 n° 50).

L'amortissement exclu des charges déductibles doit néanmoins être retenu (même s'il n'a pas été comptabilisé) pour le calcul des **plus-values** ou moins-values résultant de la vente ultérieure de la voiture. La plus-value correspondante est réputée à court terme.

› Précisions **a.** Selon l'administration, le prix d'acquisition à prendre en compte doit être augmenté du coût (taxes comprises) des **équipements et accessoires,** que ceux-ci soient fournis avec le véhicule ou qu'ils fassent l'objet d'une livraison distincte. En revanche, les accessoires qui fonctionnent de manière autonome ne sont pas à inclure dans le prix soumis à limitation (BOI-BIC-AMT-20-40-50 n° 130). Il en va de même du coût des accumulateurs nécessaires au fonctionnement des **véhicules électriques** ou des équipements spécifiques permettant l'utilisation du GPL ou du GNV et des accumulateurs ou des équipements spécifiques permettant l'utilisation de ces mêmes carburants nécessaires au fonctionnement des **véhicules hybrides** s'ils ont fait l'objet d'une facturation séparée ou d'une mention distincte qui permet de les identifier lors de l'acquisition de véhicules (BOI-BIC-AMT-20-30-10 n°s 660 à 675).
b. En cas d'**utilisation** pour partie **privative** d'une voiture, l'exploitant doit rapporter au bénéfice imposable la fraction de l'amortissement correspondant (n° 7345, précision c).

EXEMPLE 9030

Voiture particulière achetée 25 000 € TTC le premier jour de l'exercice 2020 coïncidant avec l'année civile. Amortissement fiscal sur cinq ans. Amortissement comptable sur la durée réelle d'utilisation du véhicule : 7 ans. Taux d'émission de dioxyde de carbone : 135 g/km. Annuité comptable d'amortissement (calculée sur une base TTC dès lors que la TVA n'est pas récupérable) : 25 000/7 = 3 571 €. Annuité d'amortissement calculée sur la durée fiscale : 25 000 × 20 % = 5 000 €.

Différence à comptabiliser en amortissement dérogatoire : 5 000 − 3 571 = 1 429 €.

Somme à réintégrer chaque année en application de l'article 39, 4 du CGI : 5 000 × [(25 000 − 18 300)/25 000] = 1 340 €.

Si le véhicule est vendu au début de l'année 2023 pour 14 000 €, la plus-value imposable est de 14 000 − [25 000 − (5 000 × 3)] = 4 000 €. N'excédant pas le total des amortissements admis en déduction (3 660 × 3 = 10 980) et des amortissements exclus des charges déductibles (1 340 × 3 = 4 020), cette plus-value est en totalité à court terme.

LOYERS DES VOITURES PARTICULIÈRES

Les entreprises qui prennent en location des voitures, neuves ou d'occasion, ne peuvent déduire les loyers correspondants que dans la limite d'un plafond analogue à celui applicable à l'amortissement des véhicules dont les entreprises sont propriétaires. 9035 BIC-IX-40830 s

Ce plafonnement concerne le loyer des véhicules (définis n° 9020) pris soit en **crédit-bail,** soit en location d'une durée supérieure à trois mois (ou d'une durée inférieure à trois mois renouvelable). Les véhicules pris en **location de courte durée** (n'excédant pas trois mois, non renouvelable) n'y sont pas assujettis (BOI-BIC-AMT-20-40-50 n° 10).

Le plafonnement fait obstacle à la déduction de la part du loyer correspondant à l'amortissement pratiqué par le bailleur pour la fraction du prix d'acquisition du véhicule excédant les limites mentionnées au n° 9020. Cette part, rapportée aux bénéfices imposables par voie extra-comptable, est calculée comme suit :
– l'amortissement du bailleur sur la fraction excédentaire est égal à l'amortissement pratiqué multiplié par le rapport : (prix d'acquisition TTC − plafond) sur prix d'acquisition TTC ;
– la part du loyer correspondant à cet amortissement s'obtient en ajoutant à celui-ci la TVA au taux prévu pour les voitures ;
– le chiffre obtenu est ajusté le cas échéant au prorata du temps pendant lequel le locataire a disposé du véhicule (chaque mois étant compté pour 30 jours).

> **Précisions** **a.** Les entreprises locataires peuvent échapper à la limitation, sur **justifications,** dans les mêmes conditions que les entreprises propriétaires en matière d'amortissement (voir n° 9020).
> **b.** Les **entreprises bailleresses** sont tenues d'informer les utilisateurs de la part de loyer non déductible. Cette indication doit figurer dans les contrats de location.

9040 EXEMPLE

Soit une voiture particulière, dont le taux d'émission de dioxyde de carbone est de 206 g/km, acquise le 1er janvier 2020 par une entreprise de location pour le prix de 35 000 € (29 167 € HT). Elle est amortissable en 4 ans. La TVA étant déductible (n° 55925), l'amortissement est opéré sur le prix hors taxe (n° 7610). La voiture est donnée en location de longue durée.

Fraction annuelle d'amortissement correspondant à la partie « excédentaire » du prix d'acquisition : (29 167/4) × (35 000 − 9 900) / 35 000 = 5 229 €.

Part annuelle de loyer non déductible pour l'utilisateur : 5 229 + (5 229 × 20 %) = 6 275 €.

Si la période d'utilisation n'est pas égale à douze mois, l'ajustement se fait au prorata. En supposant que le locataire ait pris le véhicule en location le 16 septembre, la part de loyer à réintégrer dans les résultats imposables de l'exercice arrêté le 31 décembre de la même année est égale à : 6 275 × 105/360 = 1 830 €.

b. Relevé détaillé de frais généraux

9050 CGI art. 54 quater **RIE-III-6310 s et 30100 s**

Les **sociétés** doivent joindre à leur déclaration annuelle de résultats un relevé détaillé n° 2067-SD de cinq catégories de frais généraux lorsque ces derniers excèdent les limites définies dans le tableau ci-après.

Les **entreprises individuelles** sont dispensées de la production du relevé et doivent seulement mentionner les cadeaux et les frais de réception dans un cadre spécial de l'annexe 2031 bis-SD à la déclaration de résultats.

Catégories de frais devant figurer sur le relevé (CGI ann. IV art. 4 J)	Seuils d'inscription sur le relevé [1]
a. Rémunérations directes et indirectes, y compris les remboursements de frais, des dirigeants et salariés les mieux rémunérés (ceux-ci s'entendent, suivant que l'effectif du personnel excède ou non 200 salariés, des dix ou des cinq personnes dont les rémunérations directes et indirectes ont été les plus importantes au cours de l'exercice)	300 000 € ou 150 000 € pour l'ensemble de ces personnes ou 50 000 € individuellement
b. Frais de voyage et de déplacement exposés par ces personnes	15 000 €
c. Dépenses et charges afférentes aux véhicules et autres biens dont ces personnes peuvent disposer en dehors des locaux professionnels, et dépenses et charges de toute nature afférentes aux immeubles qui ne sont pas affectés à l'exploitation	30 000 € au total
d. Cadeaux de toute nature, à l'exception des objets de faible valeur conçus spécialement pour la publicité et dont la valeur unitaire n'excède pas 69 € TTC par bénéficiaire	3 000 €
e. Frais de réception, y compris les frais de restauration et de spectacle	6 100 €

1. Quelle que soit la durée de l'exercice comptable.

ATTENTION

Selon le Conseil d'État, l'obligation de fournir le relevé s'applique aux seules catégories de frais pour lesquels les limites indiquées dans le tableau ci-dessus sont dépassées (CE 12-1-1983 n° 24530 : RJF 3/83 n° 372), alors que l'administration estime qu'un seul dépassement rend obligatoire la production des renseignements relatifs à toutes les catégories de frais (BOI-BIC-CHG-40-60-20 n° 60).

SANCTIONS

9055 CGI art. 39, 5 et 1763, I

a. Le défaut de production, ou le caractère inexact ou incomplet du relevé, est sanctionné par une **amende** égale à 5 % du montant des sommes non déclarées, amende réduite à 1 % si les sommes omises sont déductibles (CGI art. 1763). L'amende s'applique au seul exercice au titre duquel l'infraction est mise en évidence (sur l'appréciation de cette règle, voir n° 40440, précision b). L'amende n'est pas applicable, en cas de première infraction commise l'année civile en cours et les trois années précédentes, lorsque les intéressés ont réparé leur omission soit spontanément, soit à la première demande de l'administration avant la fin de l'année suivant celle au cours de laquelle le document devait être présenté.

b. Les **dépenses** visées ci-dessus peuvent être réintégrées dans les bénéfices imposables dans la mesure où elles sont **excessives** et où la preuve n'a pas été apportée qu'elles ont été engagées dans l'intérêt direct de l'entreprise.

c. Lorsqu'elles augmentent dans une proportion **supérieure** à celle des **bénéfices** imposables ou que leur montant excède celui de ces bénéfices, l'administration peut demander à l'entreprise de justifier qu'elles sont nécessitées par sa gestion. À cet effet :
– les bénéfices imposables s'entendent abstraction faite des plus-values ou moins-values de cession d'éléments d'actif immobilisé ainsi que des déficits reportables ;
– pour apprécier si les dépenses ont augmenté dans une proportion supérieure aux bénéfices, la comparaison est faite par référence à l'exercice précédant immédiatement celui au cours duquel les dépenses litigieuses ont été exposées (les chiffres étant ajustés « prorata temporis », lorsque les deux exercices ont une durée différente).

> Précisions Se fondant sur les dispositions de l'article 223 quinquies du CGI, l'administration estime que, dans la situation visée au point b, les chiffres globaux correspondant à chacune des catégories de dépenses visées dans le relevé afférent à l'exercice en cause doivent être communiqués à la plus proche **assemblée générale des actionnaires** sous la responsabilité des commissaires aux comptes (BOI-BIC-CHG-40-60-20 nº 150).

E. Amortissements

DÉFINITIONS

L'**amortissement** consiste à répartir le coût d'un élément d'actif sur sa durée d'utilisation prévue par l'entreprise, lorsque celle-ci est limitée dans le temps en raison d'un critère physique (usure), technique (obsolescence), juridique (période de protection légale ou contractuelle) ou économique (cycle de vie des produits générés). **9090** CGI art. 39, 1-2º et 39 A s BIC-X-1 s

L'amortissement, dont la constatation est obligatoire, est en général de type « **linéaire** » (annuités constantes) ou « **dégressif** » (déduction fiscale d'annuités décroissantes). Mais des **régimes dérogatoires** d'amortissement s'appliquent dans certains cas (amortissements exceptionnels ou accélérés, biens pris en location, crédit-bail, entreprises concessionnaires…).

1. RÈGLES GÉNÉRALES

ÉLÉMENTS AMORTISSABLES

Il s'agit des **immobilisations** corporelles, parfois incorporelles, inscrites à l'actif de l'entreprise et dont l'usage attendu par l'entreprise est limité dans le temps. L'entreprise ne peut pas déduire un amortissement pour les biens qui ne font pas partie de son actif (ex. : biens pris en location) ou qui ne constituent pas pour elle des immobilisations (ex. : stock immobilier d'un marchand de biens). Les entreprises individuelles (ou les sociétés soumises à l'impôt sur le revenu) ne peuvent pas davantage déduire l'amortissement des éléments d'actif non utilisés pour l'exercice de l'activité, sauf option pour la tolérance prévue à l'article 155, II du CGI (nº 7345). **9165** BIC-X-200 s

La plupart des **éléments corporels** ont un usage attendu limité dans le temps et sont donc amortissables (constructions, matériel, outillage, etc.), à l'exception des terrains et des œuvres d'art. **9170**

Les **éléments incorporels** de l'actif immobilisé peuvent également donner lieu à amortissement s'il est normalement prévisible, dès leur création ou leur acquisition, que l'avantage qu'en tire l'entreprise prendra fin à une date déterminée (notamment CE 3-2-1989 nº 58260 : RJF 3/89 nº 263). Tel est le cas des brevets, modèles, procédés industriels et dessins. Sous réserve du respect de ces mêmes conditions, une marque peut également être amortie (CE 28-12-2007 nº 284899 et 285506 : RJF 3/08 nº 269 ; CE 28-12-2012 nº 345841 : RJF 3/13 nº 267). Il en est de même des dépenses d'acquisition de l'autorisation de mise sur le marché d'un médicament, alors même qu'elle est susceptible d'être renouvelée (CE 14-10-2005 nº 260511 : RJF 1/06 nº 4).

Un **droit au bail** ne peut être amorti (CE 15-10-1982 nº 26585 : RJF 12/82 nº 1090 ; BOI-BIC-AMT-10-20 nº 370). Le droit d'entrée versé au bailleur peut, lorsqu'il constitue une immobilisation, être amorti s'il a pour contrepartie un avantage indépendant du caractère renouvelable du contrat et dont les effets bénéfiques sur l'exploitation cesseront à une date prévisible. Tel est le cas lorsqu'il est versé en contrepartie de la durée exceptionnelle de douze ans d'un bail et de la renonciation du bailleur pendant six ans à sa faculté de résiliation (CE 15-4-2016 nº 375796 et 383067 : RJF 7/16 nº 597). **9171**

Le Conseil d'État a écarté la faculté d'amortissement systématique du **fonds de commerce.** Seuls pourraient être amortissables les éléments incorporels du fonds dont il est prévisible, lors de leur création ou acquisition, que leurs effets bénéfiques sur l'exploitation prendront fin à une date déterminée et qui, en raison de l'ensemble de leurs caractéristiques, sont dis- **9172** sociables de la clientèle qui y est attachée (CE 1-10-1999 n° 177809 : RJF 11/99 n° 1324). La limitation dans le temps des effets bénéfiques sur l'exploitation de ces éléments, tels que des fichiers de clientèle, ne résulte pas de la seule évolution à la baisse du marché (CE 29-11-2000 n° 185347 : RJF 2/01 n° 147). En outre, la seule circonstance que ces éléments aient été individualisés en comptabilité ne suffit pas à démontrer leur caractère dissociable (CE 17-5-2000 n° 188975 : RJF 7-8/00 n° 883).

9175 **> Précisions** **a.** La valeur du **terrain d'assiette** doit être exclue du prix de revient amortissable des constructions (CE 18-1-1989 n° 56752 : RJF 3/89 n° 262 et BOI-BIC-AMT-10-20 n° 230). Mais les frais d'aménagement d'un terrain sont amortissables lorsqu'ils sont indissociables de travaux de construction ou concourent à la création d'immobilisations amortissables (CE 30-4-1975 n° 93770 : RJF 6/75 n° 275). L'élément constitutif du gisement dans un terrain de **carrière** n'est pas amortissable (voir n° 7520 d).

b. Le **nu-propriétaire** d'un bien amortissable peut l'amortir d'après la valeur de la nue-propriété (CE 5-10-1977 n° 4718 : RJF 11/77 n° 586 ; BOI-BIC-AMT-10-20 n° 260), sous réserve d'une option pour la tolérance prévue à l'article 155, II du CGI (n° 7345). Un **usufruitier** peut de son côté amortir le droit incorporel dont il est titulaire, par exemple un usufruit de valeurs mobilières (TA Poitiers 21-11-1996 n° 95-1701 : RJF 1/97 n° 7) ou un usufruit sur un bien immobilier (TA Paris 6-7-2009 n° 04-19716 : RJF 1/10 n° 5), y compris s'il s'agit d'un usufruit viager (CE 24-4-2019 n° 419912 : RJF 7/19 n° 622).

c. Les **droits à construire** qui confèrent à leurs titulaires des droits immobiliers dont la valeur est pérenne et ne se déprécie pas avec le temps ne sont pas amortissables (CE 23-12-2010 n° 308206 : RJF 4/11 n° 407).

d. Les **logiciels** acquis par les entreprises sont amortissables sur leur durée réelle d'utilisation (CE 22-2-1984 n° 39535 : RJF 4/84 n° 408). Les logiciels d'une valeur unitaire inférieure à 500 € peuvent toutefois être passés directement en frais généraux (n° 7540). Pour les logiciels créés par l'entreprise, voir n° 8420.

e. Les droits portant sur une **spécialité pharmaceutique** qui n'est plus commercialisée à la date de son acquisition peuvent être amortis s'il est prévisible, à cette date, que leurs effets bénéfiques sur l'exploitation en cas de reprise de la commercialisation cesseront à une date déterminée (CE 7-11-2013 n° 348777 : RJF 2/14 n° 119).

f. Au plan comptable, le **fonds commercial** (constitué par les seuls éléments incorporels du fonds de commerce ne pouvant figurer à d'autres postes du bilan) est présumé avoir une durée d'utilisation non limitée et ne fait donc pas l'objet d'un amortissement. Mais s'il existe une limite prévisible à son exploitation, il doit être amorti sur sa durée d'utilisation ou sur dix ans si cette durée ne peut être déterminée de manière fiable. En outre, les petites entreprises définies à l'article L 123-16 du Code de commerce peuvent amortir sur dix ans leur fonds commercial (PCG art. 214-3) (voir Mémento comptable n° 31985).

g. L'amortissement des immobilisations inscrites au bilan fiscal des **sociétés en participation** et des sociétés **de fait** se pratique au niveau de la société (n°s 37800 s. et 37845). Lorsque l'entreprise est membre d'une **société immobilière « transparente »**, l'amortissement des immeubles sociaux est pratiqué par l'entreprise membre dans ses propres écritures. De même, l'amortissement est pratiqué au niveau des copropriétaires dans les **copropriétés** de navires (n° 37875) et les copropriétés de chevaux de course ou d'étalons (n° 16490).

DÉCOMPOSITION DES ÉLÉMENTS D'ACTIF

9185
BIC-X-2100 s

En application de la **méthode d'amortissement « par composants »,** lorsque dès l'origine, un ou plusieurs éléments significatifs d'un actif ont chacun des utilisations différentes, ou procurent des avantages économiques à l'entreprise selon un rythme différent, chaque élément est comptabilisé séparément et un plan d'amortissement propre à chacun d'eux est retenu (PCG art. 214-9). La réglementation fiscale définit également les composants comme les principaux éléments d'une immobilisation corporelle qui ont une durée d'utilisation différente de celle-ci et qui doivent être remplacés (une ou plusieurs fois) au cours de la durée réelle d'utilisation de l'immobilisation (CGI ann. II art. 15 bis). On distingue la « structure » du bien, constituée de l'élément restant de l'immobilisation après décomposition, et ses « composants ». Susceptibles de s'appliquer à toute immobilisation, ces règles concernent principalement les immeubles, les gros équipements industriels et les moyens de transport. Pour des exemples de composants de biens immobiliers, voir n° 9215.

La **décision** de décomposer un bien et le nombre de composants identifiés dépendent des caractéristiques techniques du bien et de l'utilisation prévue par l'entreprise.

Dans le respect de ces principes, la décomposition d'un même type de bien peut varier d'une entreprise à l'autre. En revanche, une entreprise doit décomposer de manière identique les biens de même nature qu'elle utilise dans des conditions semblables. Sauf erreur manifeste, l'administration a indiqué qu'elle ne remettrait pas en cause les décisions de décomposition prises pour l'établissement des comptes (BOI-BIC-CHG-20-10-10 n° 160).

Elle admet que les entreprises peuvent se dispenser d'identifier en tant que composants les éléments dont la valeur unitaire est inférieure à 500 € et ceux dont la valeur est inférieure à 15 % du prix de revient de l'immobilisation dans son ensemble pour les biens meubles ou à 1 % pour les immeubles. Le rattachement à la structure peut également être privilégié pour les éléments principaux d'une immobilisation dont la durée d'utilisation est inférieure à douze mois ou égale à 80 % ou plus de la durée réelle d'utilisation de l'immobilisation considérée dans son ensemble (BOI précité n°s 90 et 120).

Le **prix de revient** d'un bien décomposé doit être réparti entre les différents éléments constitutifs identifiés par référence, selon les cas, aux factures, au coût de production, ou par comparaison avec des biens de nature analogue d'utilisation et d'ancienneté comparables.

> Précisions L'entreprise peut inscrire au bilan, avant qu'il ne soit renouvelé, un **composant non identifié** comme tel **lors de son acquisition** si cette opération peut être regardée comme procédant de la correction d'une erreur. Cette régularisation, qui peut concerner des biens qui n'ont fait l'objet d'aucune décomposition à l'origine, autorise un rattrapage des amortissements qui auraient dû être pratiqués depuis l'acquisition du bien. L'administration accepte en principe de tirer les conséquences fiscales de cette nouvelle décomposition (BOI-BIC-AMT-10-40-10 n°s 100 s.).

BASE DE L'AMORTISSEMENT

Fiscalement, les amortissements sont calculés sur la base du prix d'achat ou du prix de revient de l'élément d'actif défini aux n°s 7550 s. (CGI ann. II art. 15). **Dans les comptes,** la base d'amortissement est diminuée de la valeur résiduelle du bien, définie comme le montant (net des coûts de sortie attendus) qu'une entreprise obtiendrait de la cession de l'actif sur le marché à la fin de son utilisation, si elle est significative et mesurable (PCG art. 214-4). Une provision pour amortissement dérogatoire peut alors être constatée afin que l'amortissement fiscal soit pratiqué d'après le coût de revient total. **9195** BIC-X-4100 s

> Précisions **a.** Pour les **véhicules de tourisme,** la base de l'amortissement déductible est plafonnée (n° 9020).

b. Lorsqu'un **élément** a été **réévalué,** les amortissements sont calculés sur la base de sa nouvelle valeur comptable (BOI-BIC-AMT-10-30-40 n° 210 ; CE 8-2-1999 n° 161306 : RJF 4/99 n° 428).

c. Amortissement des biens faisant l'objet d'une **location meublée non professionnelle** : voir n° 90565.

DURÉE ET TAUX D'AMORTISSEMENT

En application de la **réglementation comptable,** la durée d'amortissement d'un actif est fixée d'après sa durée réelle d'utilisation attendue par l'entreprise. Elle est déterminée lors de son acquisition compte tenu des caractéristiques techniques du bien et de l'utilisation que l'entreprise entend en faire. Cette règle s'applique aux biens non décomposés ainsi qu'à tous les éléments constitutifs d'un même bien inscrits séparément à l'actif. **9205** BIC-X-5200 s

Au **plan fiscal,** les composants sont en principe amortis sur leur durée réelle d'utilisation. Pour les biens non décomposés et pour la structure des biens décomposés (à l'exception de la structure des immeubles de placement), l'administration a précisé que les entreprises peuvent se prévaloir des durées d'usage définies au n° 9210 (BOI-BIC-AMT-10-40-10 n°s 20 et 130). La différence avec l'amortissement comptable est déduite par la constatation d'une provision pour amortissement dérogatoire.

À titre de simplification, certaines **PME** peuvent, sur le plan comptable, continuer à amortir leurs immobilisations sur les durées d'usage admises avant 2005 (Mémento comptable n° 27150). Il s'agit des PME qui n'établissent pas de comptes consolidés et qui ne dépassent pas à la clôture de l'exercice deux des trois seuils prévus pour les petites entreprises à l'article D 123-200 du Code de commerce (n° 10950, précision a).

> Précisions Sont considérés comme des **immeubles de placement** les biens immobiliers qui ne sont pas affectés à l'exploitation de l'entreprise, à l'exclusion de ceux donnés en location pour plus de 50 % de leur superficie à des entreprises liées par des liens de dépendance au sens de l'article 39, 12 du CGI (n° 10425, précision a) lorsque celles-ci les affectent à leur propre exploitation. À cet égard, des liens de dépendance sont également réputés exister entre deux entreprises placées sous le contrôle d'une même personne physique (BOI-BIC-PROV-40-10-20-10 n° 180).

Référence aux usages L'amortissement fiscalement déductible continue d'être calculé par référence aux usages admis avant 2005 dans les cas visés au n° 9205. Mais rien ne s'oppose selon nous à ce que les entreprises s'en tiennent à la déduction de l'amortissement pratiqué en comptabilité. **9210** CGI art. 39, 1-2° BIC-X-6300 s

Les usages s'entendent des pratiques qui, du fait notamment de leur ancienneté, de leur fréquence ou de leur généralité, sont regardées comme normales dans chaque nature d'industrie, de commerce ou d'exploitation à la date d'acquisition du bien (CE 11-3-1988 n°s 46415, 50774, 80363 et 80365 : RJF 4/88 n°s 385 et 386). Par exemple, s'il ressort des usages admis antérieurement que la durée normale d'utilisation d'un bien considéré dans son ensemble est de 20 ans, le taux d'amortissement est égal à : 100/20 = 5 %. Certains usages ont été fixés par référence au plan comptable professionnel de l'industrie en cause.

À titre indicatif, les **taux** d'amortissement qui ont été les plus **couramment admis** en pratique sont les suivants : bâtiments commerciaux : 2 à 5 % ; bâtiments industriels : 5 % ; immeubles à usage de bureaux : 4 % ; maisons d'habitation : 1 à 2,5 % ; matériel : 10 à 15 % ; outillage : 10 à 20 % ; automobiles et matériel roulant : 20 à 25 % ; mobilier : 10 % ; matériel de bureau : 10 à 20 % ; micro-ordinateurs : 33,33 % ; agencements et installations : 5 à 10 % ; brevets, certificats d'obtention végétale : 20 %.

Dès lors qu'une entreprise s'est référée aux usages, l'administration ne peut pas remettre en cause le taux d'amortissement pratiqué en se fondant exclusivement sur la durée d'utilisation réelle des biens (notamment CE 9-12-1992 nos 85864 et 85794 : RJF 2/93 no 186). Mais l'entreprise ou l'administration peut **déroger aux usages** si les caractéristiques ou conditions particulières d'utilisation du bien le justifient (exemples : utilisation intensive en double ou triple équipe, bien exposé aux intempéries, matériel risquant de se démoder rapidement ou ne devant être utilisé que pour l'exécution de commandes limitées et non renouvelables) (BOI-BIC-AMT-10-40-30 nos 30 et 80). Lorsque l'existence de circonstances particulières est établie, l'administration admet de ne pas remettre en cause les durées d'amortissement retenues par l'entreprise lorsqu'elles ne s'écartent pas de plus de 20 % des usages (BOI-BIC-AMT-10-40-10 no 240).

> Précisions **a.** L'amortissement des **biens acquis d'occasion** est déterminé en fonction de la durée probable d'utilisation appréciée à la date du rachat (Rép. Braconnier : Sén. 16-7-1980 no 32269, non reprise dans Bofip). Pour les matériels affectés à un nouveau type d'activité, en l'absence d'usage professionnel établi, la durée d'amortissement est déterminée d'après leur durée normale d'utilisation (CAA Paris 17-2-1998 no 96-896 : RJF 5/98 no 536).
> **b.** Pour les **brevets** acquis en cours de validité, l'entreprise a le choix entre l'amortissement sur cinq ans admis par l'administration et l'amortissement sur la période de validité restant à courir (BOI-BIC-AMT-10-20 no 380).
> **c.** Les droits détenus sur les dossiers scientifiques et techniques nécessaires à l'obtention, au renouvellement ou au transfert de l'autorisation de mise sur le marché (AMM) d'une **spécialité pharmaceutique** sont amortissables sur dix ans à compter de la date de délivrance de l'AMM (BOI-BIC-AMT-10-20 nos 410 et 420).

9215 BIC-X-5900 s **Durée d'amortissement des composants** En comptabilité comme en fiscalité, les éléments constitutifs d'un bien décomposé sont amortis sur leur durée réelle d'utilisation prévue par l'entreprise. Toutefois, lorsque cette durée est plus longue que la durée d'usage admise pour l'amortissement de la structure, l'administration accepte que le premier composant identifié à l'origine ou à la suite d'un accident soit amorti fiscalement sur cette durée d'usage qui constitue ainsi une durée « butoir » (BOI-BIC-AMT-10-40-10 no 80). La durée d'amortissement des composants acquis en remplacement des éléments d'origine est limitée à la durée réelle d'utilisation restant à courir de la structure, qui peut se trouver prolongée par l'effet de l'opération de remplacement. L'amortissement des composants renouvelés est toutefois calculé sur leur durée réelle d'utilisation intrinsèque dans le cas où ils sont interchangeables et peuvent donc être affectés à un autre bien en cours d'utilisation.

En ce qui concerne les règles applicables aux pièces de **rechange** et aux pièces de **sécurité,** voir no 7520, b.

9216 L'identification des composants dépend notamment des caractéristiques physiques des constructions, de leur affectation et de leur ancienneté. À titre indicatif est exposée ci-après une nomenclature des **composants immobiliers** les plus courants en mentionnant les durées d'amortissement qui peuvent leur être associées : agencements (5 à 18 ans) ; aménagements intérieurs (15 ans) ; câblages techniques (15 ans) ; chauffage (20 à 30 ans) ; climatisation, désenfumage (20 ans) ; électricité (15 à 25 ans) ; étanchéité (15 ans), toiture (25 ans) ; façades (20 à 40 ans) ; finitions, second œuvre, abords (10 à 18 ans) ; groupe électrogène (25 à 30 ans) ; installations générales, ascenseurs (15 à 25 ans) ; installations techniques (10 à 25 ans) ; menuiseries extérieures (25 ans) ; plomberies, canalisations (25 ans) ; protection incendie (20 ans) ; revêtements de sols (7 à 12 ans). Le gros œuvre ou la structure (composant principal de l'immeuble) peut être amorti dans les comptes sur une durée de 40, 50, 60 ou 70 ans.

9220 BIC-X-15000 s **Modification du plan d'amortissement initial** **a.** La révision de la durée et du taux d'amortissement initialement fixés est possible si des **circonstances nouvelles** viennent par la suite allonger ou raccourcir la durée d'utilisation prévue (BOI-BIC-AMT-10-40-10 no 300). En comptabilité, le plan d'amortissement peut ainsi être révisé en cas de modification significative des conditions d'utilisation du bien (cadence d'utilisation accrue, obsolescence technique plus rapide ou lente que prévu, etc.) ou en cas de réalisation de dépenses ultérieures qui améliorent l'état de l'actif au-delà de son niveau de performance (Mémento comptable nos 27330 s.).

De plus, lorsqu'un élément d'actif subit, au cours d'un exercice, une dépréciation effective et définitive due à des circonstances exceptionnelles, l'entreprise qui cesse de l'utiliser peut déduire à la clôture de cet exercice un amortissement exceptionnel, en sus de l'annuité normale.

Lorsque la perte de valeur (temporaire ou définitive) d'un bien est révélée par un test de dépréciation ou « Impairment test » (nº 9790), la base amortissable de cet actif est réduite et le plan d'amortissement initial doit être révisé (PCG art. 214-17).

b. En cas de **réévaluation** libre, un nouveau taux d'amortissement peut être retenu en fonction de la durée probable d'utilisation du bien restant à courir (BOI-BIC-AMT-20-10 nº 350).

Taux spéciaux L'administration a admis l'application de taux spéciaux ou de modalités particulières d'amortissement pour un certain nombre de professions ou de biens (notamment : industries mécaniques et aéronautiques, textiles artificiels, matières plastiques, industrie de la pâte à papier, etc.). **9225** BIC-X-8230 s

Les entreprises qui se prévalent de ces solutions ne peuvent pas bénéficier de la tolérance de 20 % énoncée au nº 9210 (BOI-BIC-AMT-10-40-10 nº 240).

Amortissements excessifs Les amortissements excessifs (ou exagérés) peuvent être réintégrés dans les bénéfices imposables. Les amortissements excédentaires sont alors admis en déduction, par voie extra-comptable, des résultats des exercices suivants au cours desquels l'entreprise n'a pratiqué que des amortissements insuffisants ou même pour lesquels elle a cessé tout amortissement (CE 2-10-1985 nº 45818 : RJF 11/85 nº 1409 ; BOI-BIC-AMT-10-40-40 nº 30). **9230** BIC-X-15500 s

2. MÉTHODES D'AMORTISSEMENT

Le mode d'amortissement retenu dans les **comptes** doit refléter la dépréciation effective d'un actif, c'est-à-dire le rythme de consommation des avantages économiques attendus par l'entreprise. Le système linéaire est appliqué à défaut de mode mieux adapté (PCG art. 214-13). **9250** BIC-X-20000 s

Au plan fiscal, les deux principaux modes d'amortissement admis sont le système linéaire, régime de droit commun, et le système dégressif, réservé à certaines catégories de biens ou de composants.

Pour certains biens ou secteurs d'activités, des régimes d'amortissements exceptionnels sont également prévus par la loi et des modalités particulières d'amortissement sont autorisées par l'administration.

Choix du mode d'amortissement **9255**

Décision de gestion

Lorsqu'ils sont applicables, les systèmes d'amortissement dégressif et exceptionnel revêtent un caractère facultatif.

Le choix du mode d'amortissement constitue une décision de gestion. Il n'est pas possible de substituer a posteriori une méthode à une autre, par exemple pour compenser un redressement relatif à une base ou à un taux d'amortissement erronés (CE 23-5-1990 nº 47764 et 70180 : RJF 7/90 nº 790) ou encore rattraper des annuités dégressives prétendument différées alors que le mode linéaire a été choisi au départ (CE 2-3-1994 nº 118710 : RJF 5/94 nº 519).

Sur le plan pratique, le choix du mode d'amortissement résulte des mentions portées sur le tableau des amortissements nº 2055-SD annexé à la déclaration de résultat. Si ces mentions ne font pas apparaître clairement l'option retenue, il est conseillé de joindre une note à la déclaration (« mention expresse »).

Avantages du système dégressif

L'avantage du système dégressif par rapport au système linéaire consiste en un sensible accroissement du montant des déductions fiscales pratiquées au cours des premières années. Sur le plan comptable, la part des dotations qui excède l'amortissement linéaire sera généralement constatée dans un compte de provision pour amortissement dérogatoire (voir nºs 9430 s.).

Le système dégressif permet également de différer fiscalement tout ou partie des annuités excédant l'amortissement minimal obligatoire et de déduire la part des amortissements ainsi différés des résultats des exercices ultérieurs (voir nºs 9465 s.).

a. Amortissement linéaire

Le système d'amortissement linéaire dégage une **annuité constante** tout au long de la période d'amortissement. Cette annuité est calculée en appliquant au prix de revient des éléments à amortir le taux approprié déterminé dans les conditions exposées aux nºs 9205 s. **9300** BIC-X-20300 s

Selon les règles comptables, l'amortissement d'un bien a pour **point de départ** la date de début de consommation des avantages économiques qui lui sont attachés. Il s'agit en principe de sa mise en service (PCG art. 214-12). La règle fiscale est identique. Toutefois, lorsqu'il est démontré qu'une immobilisation a subi une dépréciation avant même sa mise en service, le point de départ de l'amortissement peut être avancé à la date d'acquisition ou d'achèvement de l'immobilisation. Si le point de départ de l'amortissement se situe en cours d'exercice, la première annuité doit être réduite prorata temporis. Cette réduction se calcule en jours et, par simplification, l'année peut être comptée pour douze mois de trente jours.

EXEMPLE

Une entreprise dont l'exercice coïncide avec l'année civile acquiert le 15 avril 2020, au prix de 10 000 €, un matériel dont la durée normale d'utilisation est de 5 ans, qu'elle met en service le 1er juin 2020.

Le taux d'amortissement linéaire est de 20 %.

L'annuité normale d'amortissement s'élève à 2 000 (10 000/5).

Les annuités d'amortissement seront les suivantes :
– annuité 2020 réduite prorata temporis : 2 000 × 210/360 = 1 167 ;
– annuités 2021 à 2024 : 2 000 ;
– annuité 2025 : 833 (2 000 × 150/360).

Dissocier les éléments d'une construction pour l'application de la méthode par composants n'a pas d'incidence sur le point de départ de l'amortissement linéaire fixé à la mise en service de l'immobilisation (CAA Versailles 16-12-2014 n° 14VE00348 : RJF 4/15 n° 296 ; CE (na) 4-11-2015 n° 388673 : RJF 2/16 n° 114).

9305 En cas de **cession** d'un élément **en cours d'exercice,** l'amortissement doit en principe être pratiqué jusqu'au jour de la cession, prorata temporis. L'administration accepte toutefois que cette dernière annuité d'amortissement ne soit pas comptabilisée, sauf dans le cas des biens somptuaires visés à l'article 39, 4 du CGI (BOI-BIC-AMT-20-10 n° 250 et à propos des véhicules de tourisme : voir n° 9020 et CE 23-8-2006 n° 264228 : RJF 12/06 n° 1506). Les entreprises ont intérêt à déduire une dernière annuité lorsque la plus-value à court terme bénéficie d'un régime d'étalement (voir n° 19285).

b. Amortissement dégressif

PRINCIPES GÉNÉRAUX

9320
CGI art. 39 A
BIC-X-21400 s

Le système d'amortissement dégressif consiste à pratiquer des **annuités** d'amortissement d'importance décroissante.

Lorsqu'un bien est amortissable au dégressif, tous ses composants bénéficient également de ce mode d'amortissement. À l'inverse, lorsqu'un bien relève obligatoirement du mode linéaire, l'un de ses **composants** peut être amorti en dégressif s'il est éligible à ce mode d'amortissement (CGI ann. II art. 15 bis, II-2°-al. 3).

L'amortissement dégressif s'applique aux entreprises industrielles ainsi qu'aux **entreprises** commerciales ou artisanales qui utilisent des immobilisations identiques à celles des entreprises industrielles.

Le système dégressif peut également être utilisé par les exploitants agricoles (n° 15990), ainsi que par les contribuables exerçant une profession non commerciale (n° 13395).

BIENS AMORTISSABLES SELON LE SYSTÈME DÉGRESSIF

9330
CGI ann. II art. 22
BIC-X-21700 s

Les entreprises peuvent amortir suivant le système dégressif, quels que soient leur importance et leur coût, les biens acquis ou fabriqués par elles énumérés ci-après :
– matériels et outillages utilisés pour des opérations industrielles de fabrication, de transformation ou de transport ;
– matériels de manutention ;
– installations destinées à l'épuration des eaux et à l'assainissement de l'atmosphère ;
– installations productrices de vapeur, chaleur ou d'énergie ;
– installations de sécurité et installations à caractère médico-social ;
– machines de bureau, à l'exclusion des machines à écrire (exclusion qui ne vise pas les machines à traitement de texte) ;
– matériels et outillages utilisés à des opérations de recherche scientifique ou technique ;
– installations de magasinage et de stockage sans que puissent y être compris les locaux servant à l'exercice de la profession ;
– investissements hôteliers, aussi bien en immeubles qu'en matériels (y compris le matériel de bar ou de restaurant dans les hôtels-restaurants) ;
– bâtiments industriels dont la durée d'utilisation n'excède pas quinze ans (CGI art. 39 A, 2-2° : voir n° 9345) ;

– satellites de communications (CGI art. 39 A, 2-3°) ;
– immeubles destinés à titre exclusif à accueillir des expositions et des congrès et équipements qui leur sont affectés (CGI art. 39 A, 2-4°). Selon l'administration, seuls sont concernés les immeubles neufs (BOI-BIC-AMT-20-20-20-10 n° 410).

Même s'ils appartiennent à l'une de ces catégories, les **biens** qui étaient déjà **usagés** au moment de leur acquisition par l'entreprise, ainsi que ceux dont la **durée fiscale d'amortissement** est **inférieure à trois ans,** sont normalement exclus du bénéfice de l'amortissement dégressif.

› **Précisions** **a.** L'administration assimile aux biens neufs : 9335
– les **matériels rénovés** par le fabricant, lorsque celui-ci leur a appliqué les derniers perfectionnements techniques et que leur prix est très voisin du matériel neuf ;
– les matériels que les entreprises de travaux publics rapatrient après les avoir initialement **affectés à des chantiers à l'étranger,** sous réserve qu'ils aient été acquis neufs et que la durée d'utilisation restant à courir ne soit pas inférieure à trois ans (BOI-BIC-AMT-20-20-20-30 n° 10).
b. Bien qu'**usagés,** peuvent être amortis selon le mode dégressif les biens **acquis à l'occasion des opérations suivantes** : fusion ou opération assimilée placée sous le régime de l'article 210 A du CGI ; apport en société d'une entreprise individuelle placé sous le régime de l'article 151 octies du CGI ; transmission à titre gratuit d'entreprise individuelle (CGI art. 41). Voir également n° 9340, Précisions, l'exception admise pour les navires achetés d'occasion.
c. Le Conseil d'État admet l'amortissement dégressif de matériels utilisés pour le **contrôle** et la **rectification de produits** dès lors que ces opérations s'inscrivent dans le cadre du processus de fabrication industrielle (CE 19-6-2002 n° 194476 et 207414 : RJF 10/02 n° 1071).
d. Des **appartements meublés dans des résidences de tourisme** offrant des prestations de services accessoires peuvent être regardés comme des investissements hôteliers amortissables selon le mode dégressif (CE 27-7-2005 n° 254562 : RJF 11/05 n° 1151).

Exemples particuliers de biens admis à l'amortissement dégressif ou exclus de ce régime **a. Biens admis** : véhicules utilisés au transport en commun des personnes ; balances électroniques utilisées dans l'alimentation et indiquant le poids, le prix unitaire et le prix à payer, à condition qu'elles enregistrent et totalisent les recettes ; micro-ordinateurs et équipements informatiques ; modems ; interphones ; répondeurs-enregistreurs téléphoniques ; standards téléphoniques numériques ; autocommutateurs téléphoniques (mais pas les intercommutateurs) ; matériels de transmission à distance des textes ; roulottes de chantier utilisées par les entreprises de travaux publics (mais pas les bungalows servant aux logement, restauration, obligations sanitaires ou activités administratives) ; équipements de protection contre le vol, y compris audiovisuels ; matériels de remontées mécaniques (à l'exception des éléments de caractère immobilier dont la durée d'utilisation excède 15 ans) ; dameuses de pistes de ski ; matériels industriels construits ou édifiés sur place : hauts fourneaux, fours, cuves, réservoirs ; matériels agricoles utilisés par les entreprises industrielles et commerciales... 9340 BIC-X-21780 s

b. Biens exclus : voitures de tourisme ; camionnettes, y compris frigorifiques, de moins de 2 tonnes de charge utile ; escalators et travelators ; émetteurs de radio locale ; matériel purement commercial (armoires frigorifiques, bascules pour peser la viande, appareils de stockage automatique des médicaments dans les pharmacies, chariots à l'usage des clients des grands magasins, casiers à bouteilles en matière plastique) ; matériels de projection et de sonorisation dans les salles de cinéma ; matériels nécessaires à l'exploitation d'un atelier photographique ; installations de lavage de poids lourds utilisées par les transporteurs.

› **Précisions** Les **navires,** y compris ceux achetés d'occasion, peuvent être amortis d'après le système dégressif, à condition que leur durée d'utilisation soit au minimum de 6 ans pour les navires de pêche et de 8 ans pour les navires des entreprises de navigation maritime. Sont assimilés à ces derniers les bateaux pilotes, les vedettes du service de pilotage et les navires utilisés notamment pour l'organisation de croisières et la location, s'ils sont pourvus d'un acte de francisation de navire de commerce (livret bleu).
Ne peuvent en revanche faire l'objet d'un amortissement dégressif les navires qui font l'objet d'une **opération de lease-back ou d'une rétrocession** à une société appartenant au même groupe économique que le précédent propriétaire, réalisée plus de 24 mois après la livraison du navire neuf. Les entreprises de navigation maritime et d'armement à la pêche peuvent pratiquer un amortissement dégressif dès la clôture de l'exercice précédant celui de la livraison du navire, à la condition que ce dernier ait été **mis sur cale** avant cette date. L'amortissement est alors calculé sur le montant des dépenses engagées et payées à cette date, qui correspondent à des travaux réellement effectués, y compris lorsque le navire fait l'objet d'un contrat de crédit-bail ou de location avec option d'achat (BOI-BIC-AMT-20-40-60-10 n°s 10 à 90 ; BIC-X-24430 et 24980 s.).
S'agissant de l'amortissement dans les **copropriétés** de navires, voir n° 37875.
En ce qui concerne l'amortissement exceptionnel en faveur des **armateurs,** voir n° 9635.

9345 CGI art. 39 A, 2-2° BIC-X-23750 s

Bâtiments industriels Exception faite du cas particulier des investissements hôteliers et des locaux destinés à accueillir des expositions et des congrès, les immeubles sont en principe exclus de l'amortissement dégressif. Cependant, par dérogation à cette règle, le bénéfice du dégressif est accordé aux bâtiments industriels dont la **durée** normale **d'utilisation** n'excède pas 15 années. Pour l'appréciation de ce **seuil,** il devrait être fait référence à la durée fiscale d'amortissement et non à la durée comptable si elle est différente. Sont concernés, en pratique :

– les bâtiments de construction plus légère que la normale, dans lesquels les matériaux de qualité inférieure (notamment le bois et la tôle) prennent une place prédominante ;

– ainsi que les bâtiments spécialement construits pour protéger ou renfermer des matériels et dont la durée d'utilisation se confond pratiquement avec celle des matériels (BOI-BIC-AMT-20-20-20-10 n° 350).

ATTENTION

Ne constituent pas des **critères** suffisants pour permettre l'application du système dégressif :

— un prix de revient au mètre carré peu élevé (notamment CE 1-7-1985 n° 48251 : RJF 10/85 n° 1259) ;

— l'absence de fondations ou la présence de malfaçons (notamment CE 5-3-1980 n° 3954 : RJF 4/80 n° 285).

De plus, l'utilisation dans les constructions de certaines structures (charpentes métalliques ou en bois, ossature en béton, bardage en parpaings, sol cimenté ou asphalté...) et l'emploi important de certains matériaux (béton, parpaings, briques...) caractérisent des constructions d'une durée d'utilisation supérieure à quinze ans (notamment CE 6-10-1982 n° 26903 : RJF 12/82 n° 1093 ; 17-10-1984 n° 40909 : RJF 12/84 n° 1398 ; 11-5-1988 n° 58274 : RJF 7/88 n° 837).

MODALITÉS DE CALCUL DE L'AMORTISSEMENT DÉGRESSIF

9355 CGI art. 39 A, 1 BIC-X-24700 s

Le système de l'amortissement dégressif est caractérisé par l'application d'un « taux constant » d'abord à la valeur d'origine, puis, à partir du deuxième exercice, à la valeur résiduelle comptable de l'élément à amortir.

9360 BIC-X-25100 s

Taux applicable Le « taux constant » de l'amortissement dégressif s'obtient en multipliant le taux de l'amortissement linéaire normalement applicable à l'élément considéré par un coefficient qui varie selon la durée fiscale d'amortissement de chaque élément (durée réelle d'utilisation pour les composants et durée d'usage pour la structure des biens décomposés ainsi que pour les biens non décomposés) (BOI-BIC-AMT-20-20-40 nos 1 à 20).

Les coefficients sont fixés à :

– 1,25 si la durée fiscale d'amortissement est de trois ou quatre ans ;

– 1,75 si cette durée est de cinq ou six ans ;

– 2,25 si cette durée est supérieure à six ans.

› **Précisions a.** Les matériels et outillages destinés à des opérations de **recherche scientifique** et technique visées à l'article 244 quater B, II-a du CGI relatif au crédit d'impôt recherche bénéficient d'un taux d'amortissement dégressif majoré (coefficients fixés respectivement à 1,5 ; 2 et 2,5) (CGI art. 39 AA quinquies). L'application de cette mesure est facultative (BOI-BIC-AMT-20-20-50 n° 390).

b. Les matériels de production, de sciage et de valorisation des **produits forestiers** acquis ou fabriqués entre le 13 novembre 2013 et le 31 décembre 2016 par des entreprises de première transformation du bois bénéficient d'un taux d'amortissement dégressif majoré de 30 % (CGI art. 39 AA quater).

9365

Tableau récapitulatif Le tableau ci-après récapitule les principaux taux d'amortissement dégressif.

Durée d'utilisation (années)	Taux linéaire (%)	Coefficient applicable	Taux d'amortissement (col. 2 × col. 3)
3	33,33	1,25	41,67
4	25	1,25	31,25
5	20	1,75	35
6	16,67	1,75	29,17
6 2/3	15	2,25	33,75
8	12,5	2,25	28,13
10	10	2,25	22,5
12	8,33	2,25	18,75
15	6,67	2,25	15
20	5	2,25	11,25

Première annuité La première annuité d'amortissement dégressif afférente à un bien donné peut être pratiquée à la clôture de l'exercice en cours à la date de son acquisition ou de sa construction. 9370 BIC-X-24900 s et 25500 s

Elle est calculée en appliquant le taux approprié à la valeur d'origine de l'élément.

Le **point de départ** de l'amortissement dégressif est dans tous les cas fixé au premier jour du mois d'acquisition du bien (sans attendre la mise en service).

En cas d'**acquisition en cours d'exercice,** la première annuité est réduite prorata temporis par application du rapport existant entre, d'une part, la durée de la période allant du premier jour du mois d'acquisition ou de construction à la date de clôture de l'exercice et, d'autre part, la durée totale de l'exercice. Lorsque l'exercice coïncide avec l'année civile, la première annuité se limite donc à 11/12 pour les biens acquis en février, à 10/12 pour ceux acquis en mars et ainsi de suite (voir l'exemple de calcul au n° 9380) (CGI ann. II art. 23, 1°).

Dès lors que la réglementation comptable retient comme point de départ de l'amortissement d'un bien la date de début de consommation des avantages économiques qui lui sont attachés, soit en pratique sa mise en service (PCG art. 214-12), l'annuité calculée selon la règle fiscale peut être supérieure à la dotation comptable. La différence est alors déduite par la constatation d'une provision pour amortissement dérogatoire.

› Précisions **a.** En ce qui concerne les **éléments achetés,** la date d'acquisition est celle du transfert de propriété. Il s'agit de la date à laquelle, l'accord ayant été réalisé avec le fournisseur sur la chose et le prix, l'entreprise en est devenue propriétaire, même si la livraison et le règlement du prix interviennent à une époque différente et si la mise en service du matériel nécessite l'exécution de certains travaux d'installation. Mais une entreprise ne peut, en tout état de cause, être réputée propriétaire d'un matériel ou d'un outillage acheté que lorsque cet élément est déjà fabriqué et nettement individualisé. Ainsi, lorsque la vente porte sur un **élément de série** désigné par un genre, une marque ou un type, le transfert de propriété n'intervient le plus souvent qu'au moment de la livraison effective de l'objet ou tout au moins de la remise des titres ou documents représentatifs (BOI-BIC-AMT-20-20-30 n°s 30 à 50).

Pour les matériels dont la **fabrication** s'échelonne **sur une période assez longue,** la date du transfert de propriété est celle de la réception provisoire (BOI-BIC-AMT-20-20-30 n° 70).

Biens dont le transfert de propriété est différé en vertu d'une **clause de réserve de propriété** : voir n° 7880, précision a.

b. En ce qui concerne les **biens construits** par l'entreprise ou pour son compte, la date à retenir est celle de l'achèvement. Lorsque la construction porte sur un ensemble industriel qui se compose d'éléments ou de groupes d'éléments ayant une unité propre et une affectation particulière permettant une mise en service séparée, la date d'achèvement, point de départ de l'amortissement, peut être considérée distinctement pour chacun de ces éléments ou groupes d'éléments (BOI-BIC-AMT-20-20-30 n°s 60 et 70).

c. Lorsque la **durée d'un exercice n'est pas égale à douze mois,** le montant de l'annuité doit être ajusté en fonction de cette durée. Il est, par exemple, réduit de moitié pour un exercice de six mois (ce qui conduit à échelonner l'amortissement sur un exercice supplémentaire) ou, au contraire, majoré de moitié pour un exercice de dix-huit mois. Pour les éléments acquis au cours de l'exercice, l'annuité ainsi ajustée est ensuite, s'il y a lieu, réduite prorata temporis.

d. Pour le cas particulier des **navires,** voir n° 9340, Précisions.

Annuités suivantes Le montant de la deuxième annuité et de chacune des annuités suivantes s'obtient en appliquant le taux déjà utilisé pour le calcul de la ou des précédentes annuités à la valeur résiduelle comptable de l'élément. Celle-ci est égale à la différence entre, d'une part, la valeur d'origine et, d'autre part, le montant total des précédentes annuités. 9380 BIC-X-25530 s

Pour le calcul de la **durée totale d'amortissement,** l'exercice d'acquisition est décompté pour une année entière, même lorsque l'acquisition se situe en cours d'exercice et que la première annuité est réduite en conséquence. La durée effective d'amortissement est donc réduite par rapport au système linéaire. Par exemple, pour un bien amortissable en cinq ans acquis en cours d'exercice, l'amortissement s'achève normalement à la clôture du quatrième exercice suivant.

Si, à la **clôture d'un exercice,** l'annuité dégressive d'amortissement devient inférieure à l'annuité correspondant au quotient de la valeur résiduelle par le nombre d'années d'utilisation restant à courir à compter de l'ouverture dudit exercice, l'entreprise a la faculté de faire état d'un amortissement égal à cette dernière annuité (CGI ann. II art. 23, 2°).

En cas de **cession d'un élément non totalement amorti,** l'entreprise est libre de pratiquer ou non un amortissement au titre de l'exercice de cession. Si elle choisit de le faire, l'amortissement doit être calculé prorata temporis jusqu'au début du mois de la cession (BOI-BIC-AMT-20-20-30 n° 270). Les entreprises ont intérêt à déduire une dernière annuité lorsque la plus-value à court terme bénéficie d'un régime d'étalement (voir n° 19285).

EXEMPLE

Soit une entreprise dont l'exercice coïncide avec l'année civile qui acquiert le 15 avril 2020, au prix de 10 000 €, un matériel de fabrication industrielle dont la durée fiscale d'amortissement est de 5 ans. Le taux d'amortissement linéaire est donc de 20 % et le taux d'amortissement dégressif correspondant est de 20 % × 1,75 = 35 %.

Les cinq annuités d'amortissement de ce matériel se calculent comme suit :
– Annuité 2020 : 10 000 × 35 % × 9/12 = 2 625.
Valeur nette comptable résiduelle : 10 000 – 2 625 = 7 375.
– Annuité 2021 : 7 375 × 35 % = 2 581.
Valeur nette comptable résiduelle : 7 375 – 2 581 = 4 794.
– Annuité 2022 : 4 794 × 35 % = 1 678.
Valeur nette comptable résiduelle : 4 794 – 1 678 = 3 116.
– Pour 2023, l'annuité dégressive serait de : 3 116 × 35 % = 1 091, alors que le quotient de la valeur résiduelle par le nombre d'années d'utilisation restant à courir (2 ans) est de : 3 116/2 = 1 558.

L'amortissement de chacune des années 2023 et 2024 pourra donc être de 1 558.

À la fin de l'année 2024, le matériel sera complètement amorti, le total des amortissements étant de 2 625 + 2 581 + 1 678 + 1 558 + 1 558 = 10 000.

Dans le cas où le matériel est cédé le 20 septembre 2022, l'entreprise est libre de pratiquer ou non une annuité 2022 réduite prorata temporis : 1 678 × 8/12 = 1 119.

3. CONDITIONS ET MODALITÉS DE DÉDUCTION

COMPTABILISATION DE L'AMORTISSEMENT

9425 Les amortissements doivent être réellement effectués dans les écritures de l'entreprise pour pouvoir être admis en déduction.

CGI art. 39, 1-2°
BIC-X-27700 s

La comptabilisation de l'amortissement d'un exercice peut être valablement effectuée jusqu'à l'expiration du délai de déclaration (notamment CE 19-12-1980 n° 16414 : RJF 3/81 n° 182).

› Précisions **a.** Lorsque le prix d'acquisition d'un **élément d'actif passé à tort dans les frais généraux** a été réintégré aux bénéfices imposables de l'entreprise, la déduction des amortissements nécessite l'inscription préalable du bien concerné à l'actif du bilan. Un amortissement exceptionnel peut être constaté au titre de l'exercice d'acceptation du rehaussement. L'administration n'exclut la déduction des amortissements correspondant à la période antérieure à cette régularisation que dans les cas manifestement abusifs (BOI-BIC-AMT-10-50-30 n° 40).
b. Cas particulier des **copropriétaires** de navires non professionnels, voir n° 37875, précision b.

9430 **Amortissements techniques et amortissements dérogatoires** Le plan comptable distingue deux catégories d'amortissements : l'amortissement technique et l'amortissement dérogatoire (Mémento comptable n°s 27050 s. et 27370 s.).

L'**amortissement technique** d'un élément d'actif ou « amortissement pour dépréciation » est la répartition de son montant amortissable en fonction de son utilisation, déterminable lorsque l'usage attendu du bien est limité dans le temps en raison d'un critère physique (usure), technique (obsolescence) ou juridique (période de protection légale ou contractuelle). L'amortissement technique consiste à étaler, sur leur durée réelle d'utilisation, la valeur des biens suivant un plan d'amortissement préétabli. Ce plan peut être révisé en cours d'exécution en cas de modification significative des conditions d'utilisation du bien (n° 9220). Comptabilisées selon les règles habituelles, les dotations pratiquées constituent des charges d'exploitation portées à l'actif du bilan en diminution de la valeur d'origine des éléments correspondants. L'amortissement technique est le seul à être pris en compte pour la détermination de la valeur résiduelle comptable (BOI-BICAMT-10-50-10 n° 10).

L'**amortissement dérogatoire** est l'amortissement ou la fraction d'amortissement déductible des résultats imposables qui excède l'amortissement pour dépréciation. Le recours à cette technique concerne les situations où existe une divergence fiscalo-comptable quant au mode, à la durée ou à la base d'amortissement. En début de plan d'amortissement, la constatation d'amortissements dérogatoires améliore le résultat courant et les capitaux propres.

L'amortissement dérogatoire est inscrit à un compte de provision pour amortissement dérogatoire qui figure au passif du bilan sous le poste « Provisions réglementées ». Lorsque l'annuité d'amortissement technique devient supérieure à l'annuité fiscale, la différence est compensée par une reprise de même montant opérée sur la provision initialement constituée. Au terme du plan d'amortissement comptable, la provision est totalement apurée par les reprises ultérieures à moins qu'elle ne soit constatée à raison d'éléments d'actif dont la base amortissable, comptablement diminuée de la valeur résiduelle du bien, est inférieure au prix de revient (voir n° 9195). Les dotations et les reprises sur provision présentent respectivement le caractère de charges et de produits exceptionnels (BOI précité n°s 20 à 40).

ATTENTION

L'amortissement dérogatoire n'est pas pris en compte dans le **coût de revient des stocks.** Le recours à cette technique permet également de différer (n°s 9465 s.), le cas échéant, tout ou partie d'annuités d'amortissement pour dépréciation par reprise de l'amortissement dérogatoire en résultat.

Le montant de l'**amortissement fiscalement déductible** au titre d'un exercice n'est pas affecté par le mode de comptabilisation. Il correspond à l'amortissement technique majoré de l'amortissement dérogatoire et diminué des reprises de provision. 9440

En ce qui concerne l'incidence de l'amortissement dérogatoire sur le régime des **plus-values** et moins-values, voir n° 17830, précision a.

Obligation déclarative spécifique Les entreprises doivent annexer à leur déclaration de résultats un **relevé** normalisé **des amortissements** (CGI ann. III art. 38, II et III). Cette obligation se matérialise par l'utilisation : 9445

– du tableau n° 2055-SD pour les entreprises relevant du régime du bénéfice réel ;

– des cadres I et II (immobilisations et amortissements) du tableau n° 2033-C-SD et du cadre I (provisions) du tableau n° 2033-D-SD pour les entreprises relevant du régime simplifié.

ATTENTION

Le **défaut de production** du tableau des immobilisations et des amortissements ou le fait que certains amortissements y soient omis n'est pas de nature à faire obstacle à la déduction de ces amortissements. L'entreprise serait néanmoins passible de l'amende de 15 € ou de 150 € prévue à l'article 1729 B du CGI (n° 80190).

AMORTISSEMENT MINIMAL OBLIGATOIRE

a. La somme des amortissements effectivement pratiqués depuis l'acquisition ou la création d'un élément donné ne peut être inférieure, à la clôture de chaque exercice, au montant des amortissements calculés suivant le système **linéaire** et répartis sur la durée normale d'utilisation. 9455 CGI art. 39 B BIC-X-28660 s

Cette disposition s'applique élément par élément ou composant par composant en cas de décomposition du bien. Pour la structure des biens décomposés ou pour les biens non décomposés, cette règle est considérée comme respectée lorsque l'amortissement fiscal est échelonné sur la durée retenue dans les comptes, plus longue que celle issue des usages.

L'amortissement minimal n'oblige pas les entreprises à pratiquer à la clôture de chaque exercice un amortissement égal à l'annuité linéaire, mais seulement à faire en sorte que la masse globale des amortissements (techniques ou dérogatoires) comptabilisés à une date déterminée soit au moins égale à la somme théorique des annuités linéaires. Par exemple, lorsque des biens sont amortis selon le système **dégressif,** les entreprises ont la faculté, sans contrevenir à l'article 39 B du CGI, de différer tout ou partie de la fraction de l'annuité dégressive excédant l'annuité linéaire (voir n° 9465).

b. L'obligation d'amortissement minimal doit être respectée que les résultats de l'exercice soient bénéficiaires ou déficitaires. Faute de s'y conformer, l'entreprise perd définitivement le droit de déduire la fraction d'**amortissement irrégulièrement différée,** ce qui ne forme pas obstacle à la prise en compte de cette fraction d'amortissement pour le calcul des plus ou moins-values de cession.

AMORTISSEMENTS RÉGULIÈREMENT DIFFÉRÉS

Les amortissements que l'entreprise s'abstient de comptabiliser sans enfreindre la règle de l'amortissement minimal sont regardés comme régulièrement différés. En pratique, cette hypothèse concerne les biens dont les annuités d'amortissement sont supérieures, à un moment donné, à celles du mode linéaire, c'est-à-dire essentiellement les biens amortis selon le mode dégressif et, le cas échéant, les biens amortis selon le mode linéaire qui ont bénéficié d'un amortissement exceptionnel. En outre, lorsqu'elles sont autorisées fiscalement à déduire un amortissement calculé sur la durée d'usage, les entreprises devraient selon nous pouvoir différer au titre d'un exercice la comptabilisation de l'écart entre la dotation fiscalement déductible et celle calculée sur la durée réelle d'utilisation conformément à la réglementation comptable. 9465 BIC-X-30170 s

ATTENTION

En ce qui concerne les biens ouvrant droit à l'**amortissement dégressif,** les entreprises peuvent, sans contrevenir à l'article 39 B du CGI, non seulement différer la fraction de l'annuité dégressive excédant l'annuité linéaire, mais encore se dispenser de pratiquer l'annuité linéaire elle-même lorsque l'amortissement global comptabilisé au cours des exercices précédents excède le montant cumulé de l'amortissement linéaire calculé à la clôture de l'exercice en cause (BOI-BIC-AMT-10-50-30 n° 130).

9470 Le sort des amortissements régulièrement différés dépend du caractère bénéficiaire ou déficitaire du **résultat comptable,** qui est déterminé après déduction des déficits reportables.

a. Les amortissements régulièrement différés **au cours d'un exercice déficitaire** peuvent en principe être imputés, sans limitation de durée, sur les résultats des premiers exercices suivants qui font apparaître un bénéfice comptable après déduction de l'annuité normale d'amortissement et, pour les sociétés relevant de l'impôt sur les sociétés, des reports déficitaires. La déduction peut être opérée sur le résultat fiscal si ce dernier, déterminé après imputation des amortissements de l'exercice et des reports déficitaires, est supérieur au résultat comptable (BOI-BIC-AMT-10-50-40 n° 80).

Dans le système dégressif, lorsque les bénéfices d'un exercice ultérieur sont suffisants pour déduire les amortissements différés en plus de l'annuité normale d'amortissement, celle-ci est alors calculée en partant du chiffre obtenu en retranchant de la valeur résiduelle comptable le montant des amortissements précédemment différés (CGI ann. II art. 25, 1). Les entreprises ont également la possibilité de répartir l'amortissement différé sur la durée d'utilisation restant à courir, en calculant les dotations d'après la valeur résiduelle comptable.

b. Lorsque les amortissements sont régulièrement différés **en période bénéficiaire,** une distinction est à faire (CGI ann. II art 25, 2) :

– pour les éléments amortissables suivant le mode linéaire, la déduction des amortissements différés doit obligatoirement être pratiquée, au taux habituel, après la fin de la période normale d'amortissement (ou en totalité au moment de la mise hors service des éléments correspondants) ;

– pour les éléments amortissables suivant le système dégressif, le montant de l'amortissement dégressif différé peut être réparti, pour sa totalité, sur la durée d'utilisation restant à courir, par application du taux dégressif à la valeur résiduelle comptable du bien.

4. AMORTISSEMENTS EXCEPTIONNELS

9500
BIC-X-40000 s

Pour favoriser le développement de certains investissements, ont été mis en place des dispositifs d'amortissements exceptionnels prenant en général la forme d'un amortissement massif, dès l'année de réalisation de l'investissement, qui n'a pas besoin d'être justifié par une dépréciation particulière. Ces régimes sont facultatifs et l'entreprise qui choisit de ne pas pratiquer un amortissement exceptionnel, alors qu'elle en a la possibilité, prend une décision de gestion opposable (voir n° 78155).

L'amortissement exceptionnel d'un **bien décomposé** s'applique à chacun des composants et à la structure lors de sa mise en service. Le nouveau composant acquis en **remplacement** sera en revanche amorti sur sa durée réelle d'utilisation, sauf s'il constitue par nature un bien admis au régime de l'amortissement exceptionnel.

IMPRIMANTES 3 D

9510
CGI art. 39 AI
BIC-X-41000 s

Les équipements de fabrication additive (imprimantes tridimensionnelles) acquis ou créés entre le 1er octobre 2015 et le 31 décembre 2017 par les entreprises répondant à la définition européenne des **PME** (voir n° 92650) peuvent faire l'objet d'un amortissement exceptionnel sur vingt-quatre mois à compter de leur mise en service.

> **Précisions** **a.** Sont concernés les **machines,** le **logiciel** de commande de la machine, le logiciel d'installation requis et les **accessoires périphériques** nécessaires à l'exécution du cycle de fabrication en vue de produire des biens (BOI-BIC-AMT-20-30-110 nos 73 et 77).
> **b.** Le bénéfice de cet amortissement est soumis au respect de la réglementation **de minimis** (voir nos 92660 s.).
> **c.** Les imprimantes 3 D sont éligibles au dispositif de **déduction exceptionnelle** en faveur des PME (voir nos 9615 s.).

IMMOBILISATIONS FINANCÉES AU MOYEN DE CERTAINES PRIMES D'ÉQUIPEMENT

9515
CGI art. 39 quinquies FA
BIC-X-64300 s

Les immobilisations acquises ou créées au moyen de certaines primes accordées avant 2006 peuvent être amorties sur une base égale à leur prix de revient majoré de la moitié du montant de la prime, répartie entre elles proportionnellement à leur valeur d'origine. Lorsque le bien concerné est décomposé, le « suramortissement » est réparti proportionnellement entre chacun des composants.

> **Précisions** **a.** Le suramortissement est déduit de manière **extra-comptable** (BOI-BIC-AMT-20-30-40 n° 110).
> **b.** En cas de **cession** d'un élément partiellement amorti, le suramortissement restant à pratiquer est déduit du résultat de l'exercice de cession (D. adm. 4 D-244 n° 12, non repris dans Bofip).
> Pour la fraction de la prime non encore réintégrée ayant ouvert droit au régime d'étalement, voir n° 8050.

INVESTISSEMENT DANS LES PME INNOVANTES

Les entreprises soumises à l'impôt sur les sociétés peuvent amortir sur cinq ans les sommes versées à compter du 3 septembre 2016 et jusqu'au 3 septembre 2026 directement pour la souscription en numéraire au capital de PME innovantes ou indirectement par la souscription de parts ou actions de certains fonds d'investissement français ou européens ou de sociétés de libre partenariat. 9520 CGI art. 217 octies BIC-X-46000 s

Ce régime **s'applique à condition** que :
– pendant la durée d'amortissement, la PME bénéficiaire ne soit pas détenue directement ou indirectement à plus de 20 % (capital ou droits de vote) par la société souscriptrice et les sociétés liées à cette dernière au sens de l'article 39, 12 du CGI (nº 10425, précision a) ;
– à la date de la souscription, la société souscriptrice ne détienne pas de parts, titres ou actions de la PME innovante pour lesquels elle n'a pas pratiqué l'amortissement exceptionnel ;
– les versements n'excèdent pas, pour chaque PME bénéficiaire, le plafond de 15 M€ défini dans les lignes directrices relatives aux aides d'État en faveur du financement des risques (nº 92680) ;
– les titres soient conservés pendant au moins deux ans.

L'amortissement exceptionnel **s'applique à la valeur des titres** qui n'excède pas 1 % du total de l'actif de l'entreprise détentrice à la clôture de l'exercice de souscription. Dans un groupe intégré, cette valeur est égale à 1 % du total de l'actif des sociétés du groupe.

Lors de la **cession des titres** après le délai de deux ans, la plus-value (ou l'excédent des sommes réparties par le fonds sur le montant de la souscription diminué des amortissements pratiqués) est imposée au taux normal de l'IS à hauteur du montant des amortissements pratiqués.

> Précisions **a.** Les investissements doivent être effectués au profit de **PME** au sens européen (voir nº 92650), ayant leur siège dans l'Union européenne, en Norvège, en Islande ou au Liechtenstein. Ces PME doivent avoir réalisé des dépenses de recherche et d'innovation définies nºs 10478 à 10485 (à l'exception des dépenses de collection visées nº 10483) représentant au moins 10 % des charges d'exploitation de l'un au moins des trois exercices précédant l'année de la souscription ou développer (le cas échéant, dans un avenir prévisible) des produits, services ou procédés neufs ou substantiellement améliorés par rapport à l'état de la technique dans le secteur considéré et présentant un risque d'échec technologique ou industriel. Les PME doivent également soit n'exercer d'activité sur aucun marché, soit exercer une activité depuis moins de dix ans à compter de leur première vente commerciale.

L'ensemble des conditions relatives à la PME s'apprécie à la date de la souscription ou du rachat. Par exception, lorsque le fonds ou la société d'investissement s'est engagé à procéder à des souscriptions en capital à la suite d'un rachat, il suffit que les conditions soient respectées à la date du rachat.

b. Sont **exclues** du dispositif les PME dont les titres sont admis aux négociations sur un marché réglementé français ou étranger et les PME qualifiées d'entreprise en difficulté au sens des lignes directrices européennes (nº 92615).

c. Lorsque les fonds ou les sociétés d'investissement procèdent à des **rachats** de titres, parts ou actions d'une PME innovante entrant dans la composition de leur actif, ils doivent procéder à une souscription au capital de cette même entreprise à hauteur d'au moins la valeur de ces rachats. La réalisation de cette obligation s'apprécie sur la durée de vie du fonds ou dans les dix ans suivant le rachat par la société de capital-risque ou de libre partenariat.

d. Le **non-respect** d'une des conditions d'application du régime ou la **cession** des titres dans les deux ans de leur acquisition entraîne la réintégration, au bénéfice imposable de l'exercice au cours duquel l'évènement intervient, du montant des amortissements pratiqués majoré de l'intérêt de retard prévu à l'article 1727 du CGI.

e. L'avantage est définitivement acquis à l'entreprise en cas de réalisation d'une **moins-value** de cession des titres après le délai de deux ans.

PARTS DE SOCIÉTÉS D'ÉPARGNE FORESTIÈRE

Les entreprises soumises à l'impôt sur les sociétés qui souscrivent des parts de sociétés d'épargne forestière (définies à l'article L 214-121 du Code monétaire et financier) peuvent pratiquer un amortissement exceptionnel égal à 50 % du montant des sommes effectivement versées à cet effet au cours de l'exercice, dans la double limite de 15 % du bénéfice imposable et de 100 000 €. 9525 CGI art. 217 terdecies BIC-X-47000 s

L'amortissement exceptionnel est **remis en cause** si la société d'épargne forestière ne respecte plus les conditions prévues aux articles L 214-121 et L 214-123 à L 214-125 du Code précité, ou lorsque les titres souscrits sont cédés avant un délai de huit ans.

Ce dispositif est **abrogé** pour les exercices ouverts à compter du 1er janvier 2020.

BÂTIMENTS D'ÉLEVAGE

9530 CGI art. 39 quinquies FB BIC-X-44000 s
Les bâtiments affectés aux activités d'élevage ainsi que les matériels et installations destinés au stockage des effluents d'élevage, construits, acquis ou fabriqués entre le 1er janvier 2016 et le 31 décembre 2017, peuvent faire l'objet d'un amortissement exceptionnel égal à 40 % de leur prix de revient réparti linéairement sur cinq ans. Il en est de même des **travaux de rénovation** immobilisés des bâtiments affectés aux activités d'élevage, réalisés sur la même période.

› **Précisions** **a.** À la **fin de la période** d'application de l'amortissement exceptionnel, la valeur résiduelle des biens est amortie linéairement sur la durée normale d'utilisation restant à courir.
b. La **première annuité** d'amortissement exceptionnel doit être pratiquée au plus tard au cours du troisième exercice suivant celui de la construction, de l'acquisition ou de la fabrication des biens ou de la réalisation des travaux de rénovation. Dans ce cas, le point de départ est la date d'ouverture dudit exercice. Les annuités précédentes doivent respecter la règle de l'amortissement minimal (BOI-BA-BASE-20-30-10-30 nº 100).
c. Le bénéfice de l'amortissement exceptionnel est subordonné au respect du règlement **de minimis** applicable aux activités agricoles (voir nº 92660, précision b).

5. RÉGIMES SPÉCIAUX

BIENS DONNÉS EN LOCATION

9550 CGI art. 39 C, I-al. 1 BIC-X-33550 s
Règles générales Les biens donnés en location, ou mis à disposition sous toute autre forme, doivent être amortis sur leur durée normale d'utilisation et non en fonction de la durée de la location (ou de mise à disposition). Cette durée devrait s'entendre de la durée réelle d'utilisation prévue par le bailleur pour les composants des biens donnés en location, et de la durée d'usage admise avant 2005 pour les biens non décomposés ainsi que pour la structure des biens décomposés autres que les immeubles de placement.

L'administration estime que le bailleur doit se référer aux usages en vigueur dans la branche d'activité de l'entreprise locataire (BOI-BIC-AMT-20-40-10-10 nº 10). Mais le Conseil d'État n'exclut pas l'application de taux d'amortissement conformes aux usages propres aux entreprises bailleresses (CE 25-1-1984 nº 34642 : RJF 3/84 nº 274).

Le système dégressif peut bien entendu être utilisé pour l'amortissement des biens d'équipement qui ouvrent droit à ce régime (BOI précité nº 10).

9555 CGI art. 39 C, I-al. 2 et 3 BIC-VII-75300 s et 77080 s
Règles applicables aux crédits-bailleurs Les sociétés de crédit-bail mobilier ou immobilier ainsi que les entreprises de location avec option d'achat **qui ont opté pour le régime de l'amortissement financier** amortissent l'ensemble des biens loués sur la durée des contrats correspondants, au rythme de l'amortissement du capital engagé pour l'acquisition de ces investissements répercuté dans les loyers. Les principes visés aux nos 9205 s. qui régissent les durées d'amortissement sont compatibles avec l'application de ces règles dans les comptes des sociétés de crédit-bail. Ces sociétés n'ont pas à pratiquer la décomposition des biens loués dès lors que la charge de renouvellement ne leur incombe pas (Avis CU CNC 2006-C du 4-10-2006 et BOI-BIC-CHG-20-10-10 nº 140).

Les sociétés de crédit-bail (ou de location avec option d'achat) **qui n'optent pas pour l'application de ce régime spécial** et amortissent les biens loués selon les règles de droit commun peuvent déduire de leurs résultats imposables une provision destinée à faire face à la perte subie lors de la levée de l'option du fait de la différence entre la valeur résiduelle des biens et le prix de cession prévu au contrat (CGI art. 39 quinquies I).

En matière de **crédit-bail immobilier,** la déduction d'une telle provision, qui peut coexister avec l'application de l'amortissement financier lorsque le prix de levée d'option est inférieur au prix d'acquisition du terrain, est admise pour les immeubles loués par contrats conclus depuis le 1er janvier 1996.

› **Précisions** **a.** L'**option** exercée antérieurement est irrévocable. En pratique, les sociétés nouvellement créées doivent l'exercer lors de la souscription de leur première déclaration de résultats.
b. La **provision** admise en déduction à la clôture de chaque exercice correspond à la différence qui existe, pour chacun des biens loués, entre le montant cumulé de la quote-part de loyers déjà acquis prise en compte pour la fixation du prix de levée d'option d'achat et le total des amortissements pratiqués et des frais supportés par le crédit-bailleur lors de l'acquisition du bien. La provision est rapportée en totalité au résultat imposable de l'exercice au cours duquel le preneur lève l'option d'achat.

9560 CGI art. 39 C, II-2 BIC-X-33750 s
Biens loués par une personne physique Le montant déductible de l'amortissement des biens loués, ou mis à disposition sous toute autre forme, directement ou indirectement, par une personne physique est limité. Il ne peut pas excéder, au titre d'un même exercice, la différence entre le montant du loyer acquis et celui de l'ensemble des autres charges

afférentes aux biens loués (telles que frais d'entretien, de réparation, d'assurances, intérêts, impôts et taxes supportés par le propriétaire). La limitation vaut pour les opérations de crédit-bail. Elle s'applique quelle que soit la nature du bien (voir nº 9565, précision a).

En cas de **location de plusieurs biens,** elle n'est pas appliquée isolément pour chacun des biens loués mais en prenant en compte l'ensemble des loyers et des charges afférents à tous les biens amortissables loués. La fraction d'annuité d'amortissement dont la déduction se trouve, le cas échéant, écartée doit faire l'objet d'une répartition proportionnelle entre les biens pour lesquels la dotation aux amortissements excède le montant du loyer et des charges qui s'y rapportent. Il en est de même lorsque le bien loué est décomposé, la fraction d'amortissement non admise en déduction étant répartie proportionnellement entre la structure et les composants.

Sort des **amortissements non déduits** : voir nº 9570.

> **Précisions** **a.** Pour les **biens décomposés,** la fraction d'amortissement non déductible est déterminée en prenant en compte l'amortissement de la structure et des composants, y compris ceux pratiqués à raison des composants acquis en remplacement.
> **b.** Lorsque le bien loué fait l'objet d'un **amortissement exceptionnel,** seule la fraction de la dotation normale calculée sur la durée d'usage du bien est soumise à la limitation (BOI-BIC-AMT-20-40-10-20 nº 10).
> **c.** Dans le cas des **biens somptuaires** (véhicules, résidences d'agrément, etc.), la limite de déduction s'applique à la fraction d'amortissement non exclue des charges déductibles par l'article 39, 4 du CGI.
> **d.** Pour la détermination du **plafond d'amortissement,** les charges générales liées à l'activité de location, tels les frais de comptabilité, ne sont pas à déduire du montant des loyers. Il convient en revanche de prendre en compte les frais de montage d'une opération bénéficiant de l'aide fiscale à l'**investissement outre-mer** (BOI précité nºˢ 60 et 70).

Biens loués par une société de personnes Lorsqu'une société ou un groupement soumis au régime des sociétés de personnes (GIE notamment) donne en location un bien ou le met à disposition, la quote-part de résultat revenant aux **associés personnes physiques** est déterminée en appliquant la limitation visée au nº 9560. **9565** CGI art. 39 C, II-1 BIC-X-34300 s

Pour les **associés personnes morales,** lorsque les biens loués sont situés, exploités ou immatriculés en France ou dans un État partie à l'accord sur l'Espace économique européen (EEE) ayant conclu avec la France une convention d'assistance administrative en vue de lutter contre la fraude et l'évasion fiscales, le montant de l'amortissement déductible est limité pendant les trois premières années suivant la mise en location. Ainsi, la déduction des amortissements est plafonnée au triple du montant des loyers ou, s'agissant des navires exploités en copropriété, de la quote-part du résultat revenant au membre concerné.

Au titre des douze premiers mois d'amortissement, la fraction du déficit de la société bailleresse, issue des amortissements dont la déduction est autorisée, n'est déductible qu'à hauteur du quart du bénéfice imposable à l'IS au taux normal (nº 36065) que chaque associé retire du reste de ses activités (ou 25 % du bénéfice du groupe s'il appartient à un périmètre d'intégration). Lorsque les douze premiers mois d'amortissement du bien s'étalent sur deux exercices, l'exercice d'acquisition du bien et l'exercice suivant, la limitation du déficit imputable s'applique pour le premier exercice à hauteur des amortissements admis en déduction au titre de ce bien dans la limite de trois fois le montant des loyers et pour le second exercice, dans la même limite, à hauteur des amortissements admis en déduction du premier jour de l'exercice jusqu'au terme de la période de douze mois (BOI-BIC-AMT-20-40-10-20 nº 310).

La limitation de l'amortissement et du déficit ne s'applique pas à la part de résultat revenant aux **sociétés utilisatrices** des biens, lorsque la location ou mise à disposition n'est pas consentie indirectement par une personne physique.

Lorsque les biens ne sont pas situés, exploités ou immatriculés en France ou dans un État partie à l'accord sur l'EEE ayant conclu avec la France une convention d'assistance administrative, le montant de l'amortissement déductible est soumis à la même restriction que pour les biens loués par des personnes physiques (nº 9560), étant précisé que cette limitation ne s'applique pas aux entreprises utilisatrices des biens.

> **Précisions** **a.** La limitation du montant de l'amortissement s'applique pour tous les biens, meubles ou immeubles, donnés en location, y compris lorsqu'il s'agit de **brevets** (CE 8-2-1984 nº 43931 : RJF 4/84 nº 411) ou de **locations meublées** (BOI-BIC-AMT-20-40-10-10 nº 70). Sont par ailleurs expressément visés par la loi les amortissements pratiqués par les **copropriétaires** de navires, de chevaux de course ou d'étalons.
> La limitation ne concerne pas, en revanche, les conventions de **louage de services.** Exemple : location de bateau avec équipage et hôtellerie (CE 22-5-1992 nº 70475 : RJF 7/92 nº 945).
> **b.** Lorsqu'une **entreprise** est **associée** de plusieurs sociétés de personnes, elle doit cumuler les quotes-parts de déficits soumises à la limite d'imputation et les comparer ensuite à l'ensemble des bénéfices qu'elle retire du reste de ses activités (BOI-BIC-AMT-20-40-10-20 nº 340).
> **c.** Pour les **biens localisés dans l'EEE,** les so-

ciétés de personnes doivent produire une déclaration destinée à porter à la connaissance de l'administration certains éléments du contrat (CGI art. 54 octies et CGI ann. III art. 38 quindecies A). Le défaut de production de la déclaration est sanctionné par une amende égale à 5 % du prix de revient du bien donné en location (CGI art. 1763, III). Sont toutefois dispensées de cette obligation les sociétés qui n'ont pas conclu de contrat de crédit-bail ou de location avec option d'achat ainsi que les crédits-bailleurs s'ils pratiquent l'amortissement financier ou si le prix d'acquisition du bien n'excède pas 1 M€ pour un bien mobilier et 15 M€ pour un bien immobilier (BOI-BIC-AMT-20-40-10-40 n° 40).

d. Les **navires** et les **avions** sont considérés comme exploités dans l'EEE si les trois quarts de leurs déplacements sont effectués au départ ou à destination de l'EEE (BOI-BIC-AMT-20-40-10-20 n° 180).

9570 CGI art. 39 C, II-3 BIC-X-34820 s

Report des amortissements et déficits non admis en déduction La perte du droit à déduction des amortissements n'est que provisoire : la fraction exclue au titre d'un exercice peut être déduite du résultat des exercices suivants, en sus de l'annuité normale, dans le respect de la limite de déduction applicable au titre de l'exercice. L'entreprise doit néanmoins comptabiliser des amortissements au moins égaux à l'amortissement minimal, la fraction de l'amortissement exclue du résultat fiscal étant réintégrée de manière extra-comptable.

La fraction du déficit exclue au titre d'un exercice peut être déduite des bénéfices des exercices ultérieurs, dans le respect de la limite de déduction de 25 % applicable au titre de l'exercice.

Lorsqu'un **bien cesse** d'être soumis à la **limitation** (par exemple s'il n'est plus donné en location ou s'il devient l'objet d'un louage de services), l'amortissement qui n'a pu être déduit est déduit du bénéfice de l'exercice au cours duquel intervient cet événement. Si ce bénéfice n'est pas suffisant, l'excédent d'amortissement est reporté et déduit des bénéfices des exercices suivants. S'agissant des biens localisés dans l'EEE, l'imputation de cet amortissement peut être réalisée en totalité au titre du quatrième exercice suivant celui de la mise en location.

Lorsque la **société** bailleresse est **dissoute,** les amortissements non déduits sont perdus. En revanche, en cas de **changement de régime fiscal ou d'activité réelle,** ils peuvent donner lieu à une déduction massive du résultat du dernier exercice soumis au régime des sociétés de personnes. En cas de **cession** du bien, l'amortissement non déduit majore la valeur nette comptable prise en compte pour le calcul de la plus-value ou de la moins-value de cession.

9575 CGI ann. II art. 32 BIC-X-35350 s

Biens mis à la disposition d'un dirigeant ou du personnel Lorsque des biens sont mis par une entreprise à la disposition d'un dirigeant ou d'un membre du personnel, l'annuité d'amortissement déductible est limitée à la différence existant entre le montant du loyer, augmenté s'il y a lieu de la valeur de l'avantage en nature déclarée à l'administration, et les autres charges afférentes au bien en cause. La limitation est appréciée élément par élément.

La perte du droit à déduction n'est que provisoire et l'amortissement peut être déduit ultérieurement (voir n° 9570).

ATTENTION

En cas de **mise à disposition gratuite** d'un dirigeant et d'absence de déclaration de l'avantage en nature correspondant, aucun amortissement n'est déductible (CE 24-7-1987 n° 54301 : RJF 11/87 n° 1084).

BIENS ACQUIS PAR CRÉDIT-BAIL

9580 Les modalités d'amortissement de ces biens, qui présentent certaines particularités, sont examinées aux n°s 19330 et 19350. Les contrats de crédit-bail transférés avant l'échéance peuvent par ailleurs être amortis par le cessionnaire dans les conditions exposées au n° 19345, précision b.

CONSTRUCTIONS ET AMÉNAGEMENTS SUR SOL D'AUTRUI

9585 CGI art. 39 D BIC-X-35500 s

Les constructions et aménagements sur sol d'autrui ou sur immeubles pris à bail constituent des immobilisations corporelles pour l'entreprise locataire qui les effectue. Elle doit les inscrire à son actif et les amortir sur leur durée d'utilisation définie ci-après. À cet égard, elle est tenue de respecter la méthode de comptabilisation par composants.

En application de ces **règles comptables,** les **composants** inscrits à l'actif de l'entreprise locataire, à la suite de la réalisation de **nouveaux aménagements,** doivent être amortis sur leur durée réelle d'utilisation, correspondant, à notre avis, à la durée la plus courte entre la durée du bail (y compris le renouvellement probable du bail et des périodes de renouvellement raisonnablement assurées) et la durée de vie de l'ouvrage (voir Mémento comptable n° 27515 s.). Au plan fiscal, l'administration considère que ces éléments doivent être amortis sur leur durée normale d'utilisation, y compris si la durée du bail est inférieure (BOI-BIC-

AMT-20-40-30 nº 20). Cette solution devrait s'appliquer tant pour l'amortissement des composants que pour celui de la **structure** d'une nouvelle construction édifiée sur le sol de l'entreprise bailleresse. Il résulte de la position de l'administration que, dans l'hypothèse où la durée d'amortissement retenue au plan fiscal est plus longue que la durée du bail, la fraction de l'amortissement comptable qui excède l'amortissement fiscalement déductible est réintégrée extra-comptablement. La fraction non déduite devrait être admise en déduction lors de la cession du bien (BOI-BIC-AMT-10-40-10 nº 40). Lorsque la durée de l'amortissement fiscal est plus courte que la durée du bail, le complément d'amortissement est comptabilisé par voie de provision pour amortissement dérogatoire.

> **Précisions** **a.** L'**amortissement cesse** lorsque les constructions ou aménagements sortent de l'actif de l'entreprise. C'est le cas en fin de période de location ou lorsque, à l'occasion de la conclusion d'un nouveau bail portant sur la totalité de l'immeuble (constructions comprises), les éléments ajoutés par l'entreprise doivent être considérés comme ayant fait retour au bailleur (CE 26-7-1985 nº 42742 : RJF 11/85 nº 1408).
> **b.** Le **retour gratuit** au bailleur, en fin de bail, des constructions sur sol d'autrui entraîne leur sortie du bilan du locataire. L'entreprise locataire peut alors déduire de ses produits d'exploitation la valeur résiduelle des installations transmises au propriétaire du sol, sauf s'il apparaît que l'exécution de la clause constitue de la part du locataire un acte de gestion anormale. En cas de **retour contre indemnité,** l'opération s'analyse en une cession d'élément d'actif immobilisé (BOI-BIC-AMT-20-40-30 nº 40). Il en est de même en cas de rachat de construction par le bailleur en cours de bail (Rép. Kaspereit : AN 9-8-1982 nº 754, non reprise dans Bofip).
> **c.** Constructions édifiées par le preneur d'un **bail à construction** : voir nº 31035, précision a.

ENTREPRISES CONCESSIONNAIRES DE SERVICE PUBLIC

Les entreprises concessionnaires de service public peuvent déduire deux sortes d'amortissements pour les immobilisations qui doivent être remises gratuitement au concédant à la fin de la concession : **9590** BIC-X-36300 s

– un **amortissement de caducité,** à caractère financier est calculé d'après la durée de la concession. Cet amortissement n'a pas pour objet de constater une dépréciation physique des immobilisations mais d'assurer la reconstitution du capital investi dans le domaine concédé et ainsi permettre la récupération des investissements réalisés par le concessionnaire. Son montant va servir de contrepartie à la sortie de l'actif concédé ;

– un **amortissement industriel,** qui s'ajoute à l'amortissement de caducité, pour les installations concédées que l'entreprise devra renouveler en cours de concession (BOI-BIC-AMT-20-40-40 nºs 20 et 30).

De plus, lorsque le coût présumé de remplacement de ces installations est supérieur à leur prix de revient, les entreprises concessionnaires peuvent constituer des provisions pour renouvellement dans les conditions exposées aux nºs 9910 s.

> **Précisions** **a.** La constatation obligatoire d'un **amortissement minimal** n'est pas exigée pour l'amortissement de caducité (BOI précité nº 70).
> **b.** L'amortissement de caducité ne peut être constaté que sur des **équipements** ou installations dont le contrat prévoit qu'ils seront remis au concédant sans indemnité, même partielle (CE 14-1-2008 nº 297541 : RJF 4/08 nº 401), et à l'exclusion des dépenses immobilisées relevant de la simple obligation d'entretien (CE 11-12-2008 nº 309427 : RJF 3/09 nº 194).
> **c.** Lorsqu'une **incertitude** existe **sur le sort des biens** à la fin de la concession, l'entreprise ne peut pas pratiquer d'amortissement de caducité (CE 22-10-1990 nº 46600, 47893, 56430 et 57547 : RJF 12/90 nº 1437).

6. DÉDUCTIONS EXCEPTIONNELLES

DÉDUCTION EN FAVEUR DE L'INVESTISSEMENT PRODUCTIF

Les entreprises relevant d'un régime réel d'imposition peuvent déduire de leur résultat imposable une somme égale à 40 % de la valeur d'origine de certains **biens d'équipement** : **9600** CGI art. 39 decies BIC-X bis-1 s

– qu'elles ont **acquis ou fabriqués** du 15 avril 2015 au 14 avril 2017,

– ou qu'elles ont **commandés,** en versant des acomptes au moins égaux à 10 % du prix hors taxe du bien, avant le 15 avril 2017, et qu'elles acquièrent dans un délai de vingt-quatre mois à compter de la date de la commande. Il en est de même pour les biens que l'entreprise fait fabriquer par un tiers qui sont destinés à être incorporés à un ensemble (BOI-BIC-BASE-100 nº 66, 7-2-2018).

> **Précisions** **a.** La **date de la commande** s'entend de celle de sa réception par le fournisseur lorsque l'acompte est versé en même temps que la commande, de celle à laquelle les sommes sont portées au débit du compte bancaire du client ou, le cas échéant, celle à laquelle l'organisme de financement procède au paiement lorsque l'acompte intervient après la commande, ou de la date du versement permettant d'atteindre le seuil de 10 % lorsque la commande fait l'objet de plusieurs acomptes (BOI précité nº 64).

b. Les **entreprises exonérées** partiellement ou temporairement d'IS peuvent bénéficier du dispositif. Il est possible de cumuler la déduction exceptionnelle avec le crédit d'impôt recherche, le crédit d'impôt pour investissement en Corse ou les régimes d'aide pour investissements productifs en outre-mer (BOI précité nº 27).

c. Pour les biens donnés en **crédit-bail** ou en **location avec option d'achat,** seul l'utilisateur peut bénéficier de la déduction et non le propriétaire du bien. En cas de **mise à disposition gratuite** d'un bien, le propriétaire juridique peut pratiquer la déduction même si le bien est inscrit au bilan de l'utilisateur (BOI précité nº 30).

d. Pour les biens acquis ou fabriqués du 15 avril 2015 au 14 avril 2017 par une **société coopérative** mentionnée à l'article 207, 1-2°, 3° et 3° bis du CGI (nos 37035 s.), chaque associé déduit une quote-part de la déduction déterminée à proportion du nombre de parts détenues au capital de la coopérative (CGI art. 39 decies, II). Ce régime n'est pas étendu aux biens commandés avant le 15 avril 2017. En ce qui concerne les associés des coopératives d'utilisation du matériel agricole, voir nº 16002.

9605 **Biens concernés** La déduction est applicable aux biens (et logiciels indissociables) qui peuvent être amortis selon le **mode dégressif** et qui relèvent de l'une des catégories suivantes :
– matériels et outillages utilisés pour des opérations industrielles de fabrication ou de transformation ;
– matériels de manutention ;
– installations destinées à l'épuration des eaux et à l'assainissement de l'atmosphère ;
– installations productrices de vapeur, de chaleur ou d'énergie à l'exception des installations utilisées dans le cadre d'une activité bénéficiant de l'application d'un tarif réglementé d'achat de la production ;
– matériels et outillages utilisés à des opérations de recherche scientifique ou technique.

Par **dérogation** sont également visés, même lorsqu'ils ne sont pas amortissables selon le mode dégressif, les biens relevant de l'une des catégories suivantes :
– éléments de structure, matériels et outillages utilisés à des opérations de transport par câbles et notamment au moyen de remontées mécaniques ;
– installations, équipements, lignes et câblages des réseaux de communications électroniques en fibre optique ne faisant pas l'objet d'une aide versée par une personne publique, acquis ou fabriqués du 1er janvier 2016 au 14 avril 2017 ;
– logiciels qui contribuent à des opérations industrielles de fabrication et de transformation (ex. : logiciels de conception, de simulation, de pilotage, de programmation, de suivi et de gestion de production, de maintenance) ;
– appareils informatiques prévus pour une utilisation au sein d'une baie informatique (y compris les « supercalculateurs » acquis de façon intégrée : BOI-BIC-BASE-100 nº 40, 7-2-2018) acquis ou fabriqués du 12 avril 2016 au 14 avril 2017.

S'agissant des biens spécifiques à une **activité agricole,** voir nº 16000.

› Précisions **a.** La déduction ne concerne pas les matériels utilisés pour les opérations de **transport.** Toutefois, le matériel roulant concourant prioritairement à la réalisation d'une activité de production, de transformation ou de manutention (engins de travaux publics par exemple) ouvre droit à la déduction (BOI précité). Certains véhicules dits « propres » peuvent bénéficier de la déduction (voir nº 9625).

b. En cas de cession de droits d'usage sur les biens afférents aux **réseaux en fibre optique,** l'entreprise qui construit ou acquiert le réseau peut pratiquer la déduction sur la différence entre le montant total des investissements effectués, hors frais financiers, et le montant des droits d'usage cédés ouvrant droit à la déduction par l'entreprise tierce. Par ailleurs, les entreprises titulaires du droit d'usage peuvent déduire une somme égale à 40 % du montant facturé au titre de ce droit pour sa fraction afférente au prix d'acquisition ou de fabrication des biens, y compris lorsque ceux-ci font partie de réseaux ayant fait l'objet d'une aide publique.

9610 **Modalités de déduction** La déduction, effectuée de manière **extra-comptable,** est répartie linéairement sur la durée normale d'utilisation des biens. Elle est optionnelle et correspond à une décision de gestion définitive (BOI-BIC-BASE-100 nº 230, 7-2-2018).

En cas de **cession du bien** avant le terme de cette période, la déduction n'est acquise qu'à hauteur des montants déjà déduits du résultat à la date de la cession, qui sont calculés prorata temporis. Elle n'a pas d'incidence sur le calcul de la plus ou moins-value de cession.

Le **point de départ** du calcul de la déduction est fixé au premier jour du mois de l'acquisition ou de la fabrication du bien, indépendamment de la date de mise en service effective (BOI précité nº 145). Les précisions données par l'administration à propos de l'amortissement dégressif (nº 9370) sont applicables (BOI précité nos 70 s.).

EXEMPLE

Une entreprise qui clôture à l'année civile a commandé le 10 avril 2017 en versant un acompte de 65 000 € une machine-outil dont le prix hors taxe est de 600 000 € amortissable selon le régime dégressif et dont la durée d'utilisation est de cinq ans. L'entreprise acquiert le bien le

1er février 2019. En surplus de l'amortissement dégressif, elle pourra pratiquer une déduction exceptionnelle supplémentaire calculée comme suit :
– Annuité 2019 : (600 000 × 40 %) × 20 % × 11/12 = 44 000.
– Annuité 2020 à 2023 : (600 000 × 40 %) × 20 % = 48 000.
– Annuité 2024 : (600 000 × 40 %) × 20 % × 1/12 = 4 000.

Le montant total de la déduction exceptionnelle sera de 240 000 € (= 44 000 + 48 000 + 48 000 + 48 000 + 48 000 + 4 000).

Dans l'hypothèse où l'entreprise vend l'immobilisation le 1er avril 2022, la déduction exceptionnelle au titre de cet exercice sera alors de : 48 000 × 3/12 = 12 000 €. La déduction définitivement acquise par l'entreprise est égale à 152 000 € (= 44 000 + 48 000 + 48 000 + 12 000). Elle ne pourra pas pratiquer de déduction en 2023 et en 2024.

En cas de **restructuration** placée sous le régime de faveur des fusions, la société bénéficiaire des apports peut continuer à pratiquer la déduction pour la durée restant à courir (BOI précité n° 133).

INVESTISSEMENTS DES PME DANS LA ROBOTIQUE ET LE NUMÉRIQUE

Les entreprises relevant d'un régime réel d'imposition et répondant à la définition européenne des PME (n° 92650) peuvent déduire de leur résultat imposable une somme égale à 40 % de la valeur d'origine de certains biens (relevant de la robotique et du numérique) affectés à une activité industrielle : **9615** CGI art. 39 decies B
– acquis à l'état neuf ou fabriqués **du 1er janvier 2019 au 31 décembre 2020** qui ont fait l'objet d'une commande ferme ou d'une décision définitive de les fabriquer à compter du 20 septembre 2018 ;
– acquis à l'état neuf **à compter du 1er janvier 2021** s'ils sont commandés en versant des acomptes au moins égaux à 10 % du prix hors taxe du bien, entre le 1er janvier 2019 et le 31 décembre 2020, si l'acquisition intervient dans un délai de vingt-quatre mois à compter de la date de la commande.

La déduction s'opère selon les mêmes modalités que celles figurant au n° 9610.

› Précisions a. Les **critères** définissant la **PME** sont appréciés à la clôture de l'exercice précédant celui de l'acquisition ou de la fabrication du bien et sont calculés sur une base de 12 mois (BOI-BIC-BASE-100-30 n° 20).

b. La notion d'**activité industrielle** s'entend de celle qui concourt directement à la fabrication ou à la transformation de biens corporels mobiliers et pour laquelle le rôle du matériel et de l'outillage est prépondérant. Si le bien n'est affecté que partiellement à une activité industrielle, la déduction s'applique sur la quote-part du coût d'acquisition affectée à l'activité industrielle, selon une clé de répartition (prorata d'utilisation du bien, prorata du chiffre d'affaires généré par chaque activité) (BOI-BIC-BASE-100-30 n° 40).

c. Les précisions figurant au n° 9600, b, concernent la présente déduction en application du BOI-BIC-BASE-10-10 nos 10 et 20. Il en est de même de celles énoncées au n° 9600, c en application du BOI-BIC-BASE-100-30 n° 10, étant précisé que pour les biens acquis à compter du 1er janvier 2021 le présent régime ne s'applique pas aux biens ayant fait l'objet d'un contrat de bail ou de location avec option d'achat (BOI précité n° 150). Pour les biens acquis à compter de cette date, les précisions énoncées au n° 9600, a s'appliquent conformément au BOI précité. S'agissant des biens acquis à compter du 1er janvier 2019, l'entreprise doit être en mesure de justifier que le bon de commande, le contrat, le devis, ou tout autre document matérialisant l'accord des parties sans réserve ni condition, a été émis postérieurement au 19 septembre 2018 (BOI précité n° 140).

d. Cette déduction est subordonnée au respect des conditions posées par l'article 17 du règlement 651/2014 du 17-6-2014 (n° 92645). Le cumul avec les aides **de minimis** (nos 92660 s.) est possible sauf en cas de dépassement du plafond d'intensité (BOI-BIC-BASE-100-30 n° 200).

Biens concernés La déduction est applicable aux biens qui relèvent de l'une des catégories suivantes : **9620**
– équipements robotiques et cobotiques (ou robotique collaborative) ;
– équipements de fabrication additive (impression 3D) ;
– logiciels utilisés pour des opérations de conception, de fabrication ou de transformation ;
– machines intégrées destinées au calcul intensif (ou « supercalculateurs ») ;
– capteurs physiques collectant des données sur le site de production de l'entreprise, sa chaîne de production ou son système transitique ;
– machines de production à commande programmable ou numérique ;
– équipements de réalité augmentée et de réalité virtuelle utilisés pour des opérations de conception, de fabrication ou de transformation.

DÉDUCTION APPLICABLE AUX VÉHICULES PEU POLLUANTS

9625 CGI art. 39 decies A
Les entreprises relevant d'un régime réel d'imposition peuvent déduire de leur résultat imposable une somme égale à un pourcentage de la valeur d'origine des véhicules affectés à leur activité.

Cette déduction est opérée linéairement sur la durée normale d'utilisation du bien.

Le tableau ci-après récapitule le dispositif applicable en fonction de la date d'acquisition des véhicules, de leur poids total autorisé en charge (PTAC) et de leur carburant.

Date d'acquisition	Énergie	Véhicules concernés (PTAC en tonnes)		
		≥ 2,6 et < 3,5	≥ 3,5 et ≤ 16	> 16
Du 1-1-2016 au 31-12-2018	– gaz naturel – biométhane carburant – carburant ED95	Pas de suramortissement	Suramortissement de 40 %	Suramortissement de 40 %
Du 1-1-2019 au 31-12-2021	– gaz naturel – biométhane carburant – carburant ED95 – électricité – hydrogène	Suramortissement de 20 %	Suramortissement de 60 %	Suramortissement de 40 %
Du 1-1-2020 au 31-12-2021 (Loi 2019-1479 du 28-12-2019 art. 61 et 62)	– combinaison gaz naturel et gazole – carburant B 100	Suramortissement de 20 %	Suramortissement de 60 %	Suramortissement de 40 %

La déduction ne concerne que les véhicules qui utilisent exclusivement une ou plusieurs des **énergies** citées ci-dessus.

> **Précisions** **a.** Depuis le 11 octobre 2018, seuls les **véhicules** qui sont **acquis à l'état neuf** ouvrent droit à la déduction. Cette condition a toujours été exigée pour les véhicules pris en contrat de **crédit-bail** ou en **location avec option d'achat.**
> Pour les véhicules faisant l'objet d'un tel contrat, la déduction peut être pratiquée par le crédit-preneur ou le locataire mais non par le bailleur (BOI-BIC-BASE-100-20 n° 10).
> **b.** La **combinaison de gaz naturel et de gazole** doit être nécessaire au fonctionnement d'une motorisation bicarburant de type 1A définie au 52 de l'article 2 du règlement (CE) n° 582/2011 de la Commission du 25 mai 2011 (Loi 2019-1479 du 28-12-2019 art. 61).
> **c.** Le dispositif concerne les véhicules utilisant le **carburant B 100**, constitué exclusivement d'esters méthyliques d'acides gras, à condition que leur moteur soit conçu pour un usage exclusif et irréversible de ce carburant (Loi précitée art. 62).

DÉDUCTION APPLICABLE AUX ÉQUIPEMENTS FRIGORIFIQUES

9630 CGI art. 39 decies D
Les entreprises relevant d'un régime réel d'imposition peuvent déduire de leur résultat imposable une somme égale à 40 % de la valeur d'origine de l'ensemble des biens d'équipement de réfrigération et de traitement de l'air utilisant des **fluides** à faible pouvoir de réchauffement planétaire, affectés à leur activité, qu'elles acquièrent à l'état neuf à compter du 1er janvier 2019 et jusqu'au 31 décembre 2022.

La déduction s'opère selon les mêmes modalités que celles figurant au n° 9610.

> **Précisions** Cette déduction est applicable aux biens qui utilisent des **fluides réfrigérants** autres que ceux interdits par la réglementation européenne (Régl. UE n° 517/2014 du 16-4-2014 ann. I sect. 1).

DÉDUCTIONS CONCERNANT LES NAVIRES ET BATEAUX

9635 CGI art. 39 decies C
Les entreprises relevant d'un régime réel d'imposition peuvent **déduire** de leur résultat imposable **125 %** des coûts supplémentaires immobilisés, hors frais financiers, directement liés à l'installation d'équipements, acquis à l'état neuf, permettant d'utiliser l'hydrogène (ou tout autre propulsion décarbonée) comme énergie propulsive principale des navires et bateaux de transport de marchandises ou de passagers ou pour produire de l'énergie électrique utilisée comme telle. Le taux est fixé à **105 %** si l'énergie utilisée est le gaz naturel liquéfié. Le contrat d'acquisition de ces équipements ou de construction des navires et bateaux doit être conclu entre le 1er janvier 2020 et le 31 décembre 2022 (Loi 2019-1479 du 28-12-2019 art. 48).

Peut également être pratiquée une **déduction de 85 %** des coûts supplémentaires immobilisés directement liés à l'installation de biens destinés au traitement des gaz d'échappement d'un navire en service (ou un bateau de transport de marchandises ou de passagers) (Loi précitée).

De même, est prévue une **déduction de 20 %** de la valeur d'origine des biens acquis en vue de les installer sur un navire ou un bateau en service et destinés à l'alimentation électrique durant l'escale par le réseau terrestre ou au moyen de moteurs auxiliaires utilisant le gaz naturel liquéfié (ou une autre énergie décarbonée), ou destinés à compléter la propulsion principale par une propulsion décarbonée.

Les déductions de 85 % et de 20 % concernent les biens acquis à l'état neuf du 1er janvier 2020 au 31 décembre 2022.

> **Précisions** **a.** Sont visés les navires armés au commerce et bateaux de transport battant **pavillon** d'un État européen qui naviguent pour plus de 30 % dans les zones françaises.
> **b.** S'agissant des équipements de propulsion, les **coûts supplémentaires** correspondent à la différence entre la valeur d'origine des équipements visés par la déduction et celle des équipements qui auraient permis l'utilisation du fioul lourd ou du diesel marin. S'agissant des biens destinés au traitement des gaz d'échappement ces coûts correspondent à la différence entre leur valeur d'origine et celle des biens similaires qui auraient dû être installés pour satisfaire aux règles européennes ou internationales.
> **c.** Pour les biens donnés en **crédit-bail** ou en location avec option d'achat, les déductions peuvent être pratiquées par l'entreprise crédit-preneuse ou locataire. Dans le cas inverse, la déduction peut être réalisée par le propriétaire du bien qui doit rétrocéder intégralement cet avantage à l'entreprise utilisatrice.
> **d.** Le bénéfice de la déduction est subordonné au **respect** de l'article 36 du **règlement** UE n° 651/2014.

INVESTISSEMENTS DANS DES ENGINS PEU POLLUANTS

9640 CGI art. 39 decies F

Les **entreprises** de **bâtiments** et de **travaux publics** ou celles **produisant des substances minérales solides** ainsi que les **exploitants aéroportuaires ou de remontées mécaniques et de domaines skiables,** relevant d'un régime réel d'imposition, peuvent déduire de leur résultat imposable une somme égale à 40 % de la valeur d'origine, hors frais financiers, de certains **engins non routiers** (Loi 2019-1479 du 28-12-2019 art. 60, IV). La déduction est portée à 60 % pour les entreprises répondant à la définition européenne des **PME** (n° 92650).

Les engins concernés doivent fonctionner au **gaz naturel,** à l'énergie **électrique** ou à l'**hydrogène** ou **combiner** soit l'énergie électrique avec une motorisation à l'essence ou au superéthanol E85, soit l'essence et le gaz naturel carburant ou le gaz de pétrole liquéfié. Ils relèvent de l'une des catégories suivantes :
- matériels et outillages utilisés pour des opérations industrielles ;
- matériels de manutention ;
- moteurs installés dans les matériels de ces deux précédentes catégories.

La déduction vise également les **engins mobiles non routiers**, dont le moteur satisfait les exigences européennes relatives aux émissions polluantes, acquis par les **entreprises de bâtiment et de travaux publics** en remplacement de matériels de plus de cinq ans utilisés pour le même usage (Loi précité).

La déduction concerne les biens acquis à l'état neuf à compter du **1er janvier 2020 et jusqu'au 31 décembre 2022.** Elle s'applique selon les mêmes modalités que celles figurant au n° 9610 (biens donnés en **crédit bail** ou en **location avec option d'achat** : n° 9600, précision c). Son bénéfice est subordonné au respect de la réglementation de minimis (n° 92660).

INSTALLATIONS DE STOCKAGE ET DE DISTRIBUTION DE GAZOLE

9645 CGI art. 39 decies G

Les entreprises de commerce de détail de gazole non routier, relevant d'un régime réel d'imposition et répondant à la définition européenne des **PME** (n° 92650), qui ne disposent pas au 1er janvier 2020 d'installations permettant de stocker et de distribuer du gazole **qui n'est pas coloré et tracé** peuvent déduire de leur résultat imposable une somme égale à 40 % de la valeur d'origine des installations de stockage et des matériels de manutention et de distribution de ce gazole (Loi 2019-1479 du 28-12-2019 art. 60, IV).

La déduction concerne les biens acquis à l'état neuf à compter du **1er janvier 2020 et jusqu'au 31 décembre 2022.** Elle s'applique selon les mêmes modalités que celles figurant au n° 9610 (biens donnés en **crédit bail** ou en location avec option d'achat : 9600, précision c). Elle est subordonnée au respect des conditions posées par l'article 17 du règlement 651/2014 du 17 juin 2014 (n° 92645).

F. Provisions

9660 CGI art. 39, 1-5° BIC-XII-1 s

Sont appelées « provisions » les sommes déduites des résultats en prévision d'une perte (dépréciation d'un élément de l'actif, perte d'exploitation), ou d'une charge, qui n'est pas encore effective à la clôture de l'exercice, mais que des événements en cours rendent probable.

La réglementation fiscale permet en outre aux entreprises de constituer des provisions, régies par des textes particuliers, qui ne correspondent pas à l'objet normal d'une provision et que le plan comptable range dans la catégorie des « provisions réglementées ».

1. CONDITIONS DE DÉDUCTION

RÈGLES FISCALES

9720 BIC-XII-1100 s Sur le plan fiscal, la déduction des provisions est subordonnée au respect des cinq conditions générales suivantes (auxquelles s'ajoutent des conditions spécifiques pour les provisions pour charges et pour les provisions pour pertes).

1. La provision doit être destinée à faire face à une **perte** ou à une **charge déductible.** Cette condition s'oppose à la déduction des provisions constituées en prévision d'investissements qui se traduisent par un accroissement d'actif ainsi qu'à la déduction des provisions destinées à couvrir des charges non déductibles sur le plan fiscal, soit que ces charges ne relèvent pas d'une gestion normale, soit que leur déduction est expressément interdite par la loi (cas, par exemple, de certains impôts).

2. La perte ou la charge doit être **nettement précisée.** Ceci signifie, d'une part, qu'il doit y avoir une individualisation précise de l'élément d'actif déprécié ou de la **nature** de la charge ou de la perte escomptée. Une entreprise peut constituer une provision déductible lorsqu'elle est tenue à une obligation à l'égard d'un tiers résultant de simples **pratiques sectorielles,** d'**usages professionnels** (CE 28-5-1980 nº 15912 : RJF 7/80 nº 577) ou encore d'un **usage** qui lui est **propre** (CE 13-7-2007 nºs 289233 et 289261 : RJF 11/07 nº 1217). D'autre part, le **montant** de la perte ou de la charge doit pouvoir être évalué avec une approximation suffisante, le cas échéant selon une méthode statistique.

3. La perte ou la charge doit être **probable,** ce qui exclut les provisions fondées sur des risques simplement éventuels (notamment les provisions de propre assureur). La probabilité doit être établie par des circonstances particulières, propres à la situation de l'entreprise, et peut notamment être appréciée en fonction des obligations de l'entreprise telles qu'elles résultent de la **jurisprudence judiciaire** en vigueur à la date de constitution de la provision (CE 28-5-2003 nº 237967 : RJF 8-9/03 nº 955). Les provisions sont sans objet pour les pertes ou charges d'ores et déjà certaines dans leur principe et dans leur montant à la clôture de l'exercice, qui doivent être comptabilisées en tant que telles.

4. La probabilité de la perte ou de la charge doit résulter d'**événements en cours.** Une provision n'est pas déductible si elle trouve son origine dans un événement ayant pris naissance après la clôture de l'exercice. Elle est déductible en revanche si, le fait générateur de la provision étant intervenu à la clôture, l'entreprise n'en a eu connaissance qu'entre la date de clôture et l'expiration du délai de déclaration (CAA Lyon 24-5-2000 nº 96-682 : RJF 11/00 nº 1229 ; CAA Paris 16-10-2008 nº 07-2745 : RJF 5/09 nº 432).

5. La provision doit être effectivement **constatée dans les comptes.**

INCIDENCE DES RÈGLES COMPTABLES

9725 BIC-XII-2100 s En comptabilité, une provision pour risques et charges se définit comme un passif dont l'échéance ou le montant n'est pas fixé de façon précise (PCG art. 321-5). Le passif est lui-même défini comme un élément du patrimoine de l'entreprise ayant une valeur économique négative pour l'entité, c'est-à-dire comme une **obligation** de l'entreprise **à l'égard d'un tiers** dont il est probable ou certain qu'elle provoquera une **sortie de ressources** au bénéfice de ce tiers, sans **contrepartie** au moins équivalente attendue de celui-ci (PCG art. 321-1).

À l'instar des règles fiscales, les règles comptables retiennent la date de clôture de l'exercice pour apprécier l'existence du **fait générateur** de la provision. En revanche, les exigences comptables tenant à l'existence d'une obligation de l'entreprise envers un tiers et à l'absence de **contrepartie** au moins équivalente émanant de celui-ci ne sont pas prévues au plan fiscal. Ces conditions, qui posent des difficultés d'appréciation, peuvent limiter dans certains cas, faute de comptabilisation, la déduction des provisions (notamment provisions pour déménagement et provisions pour pertes futures dues à des restructurations : voir Mémento comptable nºs 16100, II et 17420 s.).

Constatation obligatoire des provisions en comptabilité : voir Mémento comptable nº 48200.

9730 **a. Provisions comptabilisées** Une provision **régulièrement constituée dans les comptes** d'un exercice doit être déduite du résultat fiscal de ce même exercice, sauf si les règles propres au droit fiscal s'y opposent, et sa reprise lors d'un exercice ultérieur entraîne une augmentation de l'actif net du bilan de clôture de l'exercice concerné (CE plén. 23-12-2013 nº 346018 : RJF 3/14 nº 218 ; CE 19-6-2017 nº 391770 : RJF 10/17 nº 912).

b. Provisions non comptabilisées ou comptabilisées partiellement Rien ne s'oppose à la déduction fiscale d'une provision dotée à raison d'une perte ou d'une charge déjà rendue probable par des **événements survenus au cours d'un exercice précédent** (CE plén. 2-12-1977 nº 1247 : RJF 1/78 nº 5, à propos de la dépréciation du portefeuille-titres ; CE 27-5-1983 nº 27412 : RJF 7/83 nº 861, à propos d'une créance douteuse ; CAA Versailles 8-2-2011 nº 09-1202 : RJF 6/11 nº 683, à propos de la dépréciation de terrains bâtis résultant de la crise immobilière débutée six ans auparavant). Le Conseil d'État a également jugé que lorsqu'une entreprise a calculé le montant de la provision qu'elle estime justifiée, elle peut constituer une provision d'un **montant moindre** (CE 5-3-1975 nº 89781 : RJF 5/75 nº 233 ; CE 10-12-2004 nº 236706 : RJF 2/05 nº 118).

COMPTABILISATION DES PRODUITS

La déduction des **provisions pour charges** constituées en fin d'exercice est subordonnée à la **condition supplémentaire** que se trouvent comptabilisés, au titre du même exercice, les produits afférents à ces charges (CE 28-6-1991 nº 77921 : RJF 8-9/91 nº 1052 ; BOI-BIC-PROV-10 nº 50). Cette condition ne vise en pratique que les cas où une provision est constituée pour faire face à une charge ultérieure afférente à une opération qui se déroule sur plusieurs exercices et pour laquelle l'entreprise perçoit une rémunération anticipée. Tel est le cas notamment des provisions pour prestations à fournir (nº 9940). **9735** BIC-XII-2600 s

Mais le **montant** d'une provision pour charges n'a pas à être diminué des produits attendus auxquels ces charges se rapportent, tels qu'une indemnité d'assurance (CE 9-2-2012 nº 334154 : RJF 5/12 nº 449 ; BOI-BIC-PROV-20-10-20 nº 65).

ATTENTION

La comptabilisation à l'actif du bilan d'un **en-cours de production** qui a pour seul objet d'assurer la neutralité du résultat fiscal en compensant des charges de production déjà supportées et comptabilisées ne permet pas de justifier la constitution d'une provision pour charges (CE 11-7-2018 nº 403652 : RJF 12/18 nº 1212).

MODALITÉS D'ÉVALUATION

La condition selon laquelle la perte ou la charge doit être nettement précisée n'interdit pas le recours à des **méthodes statistiques de calcul.** Le Conseil d'État autorise en effet l'utilisation de telles méthodes dès lors que celles-ci, tirées de l'expérience de l'entreprise et établies d'après un ensemble d'opérations homogènes, permettent de déterminer de manière aussi exacte que possible le montant de la charge ou de la perte probable. Il appartient à l'administration, si elle entend critiquer cette méthode, de démontrer que la marge d'incertitude demeure appréciable et qu'il n'y a pas, dès lors, approximation suffisante. **9740** BIC-XII-1470 s

ILLUSTRATIONS

Provisions susceptibles d'être fondées sur des calculs statistiques : provisions pour dépréciation des stocks (nº 7725) ; provisions pour créances douteuses (nº 9815) ; provisions pour garantie après-vente ou garantie d'entretien (nº 9940).

L'**évaluation forfaitaire** des provisions peut être exceptionnellement autorisée. Tel est le cas des « grands ensembles industriels » ayant pour activité de livrer des installations industrielles en état de fonctionnement (livraison d'usines clefs en main…), qui sont autorisés à déduire, à la clôture de l'exercice de réception des travaux, une provision fixée forfaitairement à 2,50 % du montant hors taxe des marchés, pour faire face au risque inhérent à l'obligation de résultat à laquelle ils sont tenus (BOI-BIC-PROV-30-10-10 nº 130).

CONDITIONS DE FORME

Outre leur constatation dans les comptes, les provisions doivent figurer sur le **tableau** des provisions à joindre à la déclaration des résultats de l'exercice, qui fait apparaître leur objet précis. Les manquements à cette obligation sont sanctionnés par une amende fixée à 5 % des sommes non déclarées (ramenée à 1 % si les provisions omises sont déductibles) qui est due au titre du seul exercice de mise en évidence de l'infraction (CGI art. 1763). Sur l'appréciation de cette dernière règle, voir nº 40440, précision b. Non-application de l'amende en cas de régularisation : voir nº 9055, a. **9745** BIC-XII-2100 s

> **Précisions** Les dotations d'un exercice aux comptes de provisions peuvent être effectuées jusqu'à l'expiration du **délai de déclaration** (CE 14-3-1979 nº 7360 : RJF 5/79 nº 272). Les mentions portées sur le tableau des provisions sont opposables aux contribuables, qui ne sont pas admis à modifier l'objet initialement indiqué devant le juge de l'impôt (CE 24-7-1981 nº 17972 : RJF 10/81 nº 852).

2. SORT DES PROVISIONS

PROVISIONS RÉGULIÈREMENT CONSTITUÉES

Trois situations peuvent se présenter, selon que la provision est utilisée conformément à son objet, qu'elle devient sans objet ou est détournée de son objet. **9755** BIC-XII-3600 s

a. Lorsque la **perte** ou la **charge** en prévision de laquelle une provision a été constituée **se réalise** effectivement, la déduction de cette perte ou de cette charge est compensée, à due concurrence, par la reprise de la provision, c'est-à-dire sa réintégration au résultat. Si la provision est plus élevée que la perte ou la charge, elle devient sans objet à hauteur de la différence et sa reprise majore d'autant le résultat.

Les règles fiscales ne diffèrent pas en la matière des règles comptables (Mémento comptable nº 48445), sauf dans l'hypothèse où la provision n'était pas déductible fiscalement, auquel cas sa reprise fait l'objet d'une déduction extra-comptable.

CGI art. 39, 1-5º-al. 15 **b.** Une provision est considérée comme **devenue sans objet** lorsque la perte ou la charge en vue de laquelle elle avait été constituée ne se réalise pas (par exemple : encaissement d'une créance qui avait fait l'objet d'une provision pour créance douteuse). L'objet d'une provision est à distinguer de ses **causes ou justifications.** Ainsi, une société qui a constitué une provision peut, si cette provision n'a pas perdu son objet, maintenir ou modifier son montant si des événements en cours la justifient toujours, même si ces événements sont différents de ceux ayant motivé la constitution initiale (CE 30-6-2016 nº 380916 : RJF 10/16 nº 805).

La provision devenue sans objet au cours d'un exercice doit être rapportée aux résultats imposables dudit exercice, sauf s'il s'agit d'une provision non déductible fiscalement, antérieurement taxée. À défaut, l'administration peut procéder à la réintégration sans qu'aucun délai ne lui soit opposable. La provision est alors réintégrée dans les bénéfices de l'exercice au cours duquel elle est devenue sans objet ou, si cet exercice est prescrit, dans les résultats du premier exercice non prescrit (BOI-BIC-PROV-50 nº 150) (voir nº 78170, précision h).

c. Lorsqu'une provision est **détournée de son objet** (par exemple, distribuée aux associés ou virée à un compte de réserve), elle doit être rapportée aux résultats de l'exercice au cours duquel elle a reçu un emploi non conforme à son objet. Si cet exercice est atteint par la prescription, l'administration ne peut plus réintégrer la provision.

PROVISIONS IRRÉGULIÈRES DÈS L'ORIGINE

9760 BIC-XII-4500 s Lorsqu'elles ne remplissent pas, lors de leur constitution, les conditions légales de fond et de forme, les provisions doivent être considérées comme présentant, dès l'origine, un caractère irrégulier. Ces provisions doivent normalement être rapportées aux résultats de l'exercice au cours duquel elles ont été portées à tort en comptabilité. Mais si elles ne peuvent être rattachées aux résultats dudit exercice, du fait de la prescription, l'administration est fondée à les réintégrer dans les bénéfices du premier exercice non prescrit (notamment CE 28-9-1984 nº 29346 : RJF 11/84 nº 1305 ; BOI-BIC-PROV-50 nº 400).

3. PROVISIONS POUR DÉPRÉCIATION

9780 Les provisions pour dépréciation des **stocks** ayant déjà été examinées (nºˢ 7690 s.), les développements qui suivent concernent les provisions pour dépréciation des immobilisations et les provisions pour créances douteuses ou litigieuses.

PROVISIONS POUR DÉPRÉCIATION DES IMMOBILISATIONS

9790 BIC-XII-10050 s Ces provisions ont pour objet de constater un amoindrissement de la valeur des immobilisations, lorsque celui-ci n'est pas irréversible. Conformément aux articles 214-15 et 214-16 du PCG, les entreprises doivent apprécier, à chaque clôture des comptes, s'il existe un **indice, interne ou externe, de perte de valeur** d'un actif. En présence d'un tel indice, elles doivent effectuer un **test de dépréciation** consistant à comparer la **valeur nette comptable** de l'immobilisation concernée à sa **valeur actuelle,** définie comme la valeur la plus élevée de la valeur vénale ou de la valeur d'usage. Pour les fonds commerciaux dont la durée d'utilisation n'est pas limitée, ce test est réalisé au moins une fois par exercice, qu'il existe ou non un indice de perte de valeur.

La **valeur vénale** s'entend du montant qui pourrait être obtenu, à la date de clôture, de la vente d'un actif lors d'une transaction conclue à des conditions normales de marché, net des coûts de sortie. La **valeur d'usage** est la valeur des avantages économiques futurs attendus de l'utilisation de l'actif et de sa sortie. Ceux-ci correspondent à l'estimation des flux nets de trésorerie actualisée attendus de l'actif (PCG art. 214-6).

Lorsque la valeur actuelle est notablement inférieure à la valeur nette comptable, la dépréciation, constatée dans les comptes de l'entreprise, peut ouvrir droit à une déduction fiscale pour les biens amortissables comme pour les biens non amortissables, sous réserve que les éléments retenus pour son calcul soient suffisamment probants. Une telle déduction devrait être admise lorsqu'elle est fondée sur l'abaissement de la valeur vénale du bien, étant précisé que l'administration refuse l'imputation des coûts de sortie sur cette valeur (BOI-BIC-PROV-40-10-10 nº 50). En revanche, n'est pas admise la déduction qui résulterait de la diminution escomptée des **flux futurs de trésorerie,** en particulier pour la dépréciation d'actifs isolés.

Mais une dépréciation constatée au niveau d'une **unité économique** (immeubles ou matériels d'exploitation dédiés à une production déterminée) et fondée sur des **éléments prospectifs** issus de calculs fiables devrait être admise en déduction.

> **Précisions** Sont notamment considérés comme constitutifs d'un indice externe de perte de valeur les **changements importants** ayant un effet négatif sur l'entreprise, intervenus (ou prévus à court terme) dans l'environnement technique, économique, juridique ou financier dans lequel l'entreprise opère ou auquel l'actif est dévolu. L'entreprise est également tenue de considérer des indices internes tels que l'**obsolescence ou la dégradation physique** de l'élément non prévues lors de l'établissement du plan d'amortissement (voir Mémento comptable n° 27725).

Immobilisations amortissables Une dépréciation peut être admise en déduction du résultat imposable à hauteur de la **différence entre la valeur nette comptable et la valeur vénale** d'un élément d'actif immobilisé, à condition que son mode de calcul soit propre à exprimer avec une approximation suffisante le montant probable de cette dépréciation. Une telle déduction n'est pas subordonnée à l'existence d'une **intention de céder** le bien à la clôture de l'exercice (CE 10-12-2004 n° 236706 : RJF 2/05 n° 118 ; CE 12-1-2005 n° 253865 : RJF 3/05 n° 217 ; BOI-BIC-PROV-40-10-10 n° 40). Sur l'utilisation de la valeur d'usage pour le calcul du montant déductible de la dépréciation, voir n° 9790. 9795 BIC-XII-10330 s

La comptabilisation d'une dépréciation entraîne au plan comptable la **modification prospective** de la **base amortissable** de l'immobilisation dépréciée (PCG art. 214-17 ; BOI-BIC-AMT-10-30-20 n° 40). En outre, il convient de transférer le **montant comptabilisé comme une dépréciation** à un **compte d'amortissements,** à hauteur de la différence entre les amortissements qui auraient été déduits du résultat imposable en l'absence de cette dépréciation et les amortissements effectivement constatés (Avis CNC n° 2006-12 du 24-10-2006 ; voir Mémento comptable n°s 27785 s.). Ce mécanisme permet de déduire du **résultat fiscal** la quote-part du prix de revient du bien ayant donné lieu à une dépréciation non déduite du résultat imposable, au fur et à mesure de l'amortissement fiscal du bien déprécié, étant précisé que sa mise en œuvre nécessite des retraitements extra-comptables. La réappréciation du bien entraîne le rehaussement de sa base d'amortissement dans les comptes.

> **Précisions a.** Si la valeur nette comptable de l'élément déprécié diffère de sa **valeur nette fiscale** du fait de durées d'amortissement différentes en comptabilité et en fiscalité, la dépréciation n'est pas déductible lorsque la valeur nette fiscale du bien est inférieure à sa valeur actuelle.
> **b.** La dépréciation d'un **bien décomposé** peut être imputée par priorité sur la structure (BOI-BIC-AMT-10-30-20 n° 80).
> **c.** La **rupture d'un contrat de crédit-bail mobilier** due à des incidents de paiement autorise le crédit-bailleur, qui doit reprendre des biens n'ayant pas vocation à demeurer à son actif, à constater une provision correspondant à la dépréciation de ces biens (CAA Nantes 25-5-2005 n° 02-1164 : RJF 1/06 n° 13).

Immobilisations non amortissables La dépréciation constatée sur des immobilisations qui ne se déprécient pas de manière irréversible (terrains, fonds de commerce, titres de participation…) est admise en déduction du résultat imposable dans les conditions de droit commun. 9800 CGI ann. III art. 38 sexies BIC-XII-11120 s

> **Précisions a.** Le montant d'une provision pour dépréciation d'un fonds de commerce peut, si cette provision n'a pas perdu son objet, être maintenu ou modifié en cas de **modification de la consistance du fonds** et de survenance d'événements justifiant toujours une dépréciation, sans qu'il soit nécessaire de procéder à une reprise de provision suivie d'une nouvelle dotation (CE 30-6-2016 n° 380916 : RJF 10/16 n° 805).
> La dépréciation de certains **éléments incorporels isolés du fonds de commerce** est admise lorsqu'ils sont individualisés à l'actif (droit au bail par exemple : CE 15-10-1982 n° 26585 : RJF 12/82 n° 1090). Est en revanche refusée la dépréciation d'un fichier de clientèle acquis en l'absence d'individualisation de la clientèle correspondante (CE 17-1-1994 n° 124438 : RJF 3/94 n° 240).
> **b.** Les **participations** détenues **dans** des **sociétés de personnes relevant de l'impôt sur le revenu** ne peuvent donner lieu à la constatation d'une dépréciation lorsque celle-ci résulte des résultats d'exploitation déficitaires de la société déjà imputés sur les résultats de l'entreprise membre. En revanche, une telle déduction est justifiée si la dépréciation est la conséquence d'une surestimation de l'actif net comptable de la société par rapport au produit de sa liquidation éventuelle ou de la disparition de plus-values latentes qui avaient été prises en considération pour la détermination du prix d'acquisition des parts (CE 29-1-1992 n° 75083 : RJF 3/92 n° 303). Sur le régime fiscal des provisions pour dépréciation de titres détenus par des entreprises passibles de l'impôt sur les sociétés, voir n° 18835 (titres de participation) et n° 18905 (titres de participation au sein de SPI) et, s'agissant des titres détenus par des entreprises relevant de l'impôt sur le revenu, voir n° 18390.
> **c.** Lorsque des éléments non amortissables figurent à l'actif pour une valeur comptable supérieure à leur valeur fiscale, ce qui est le cas des **biens placés sous un régime de sursis d'imposition** des plus-values, ils ne peuvent faire l'objet d'une provision pour dépréciation déductible fiscalement que si leur valeur réelle est inférieure à leur valeur fiscale, et dans la limite de la différence entre ces deux valeurs. Cette

règle est notamment applicable aux biens reçus dans le cadre des opérations suivantes : échanges de titres ; fusions de sociétés et opérations assimilées ; attributions gratuites d'actions ; transformations de sociétés en Scop (CGI art. 39, 1-5°-al. 26 : BIC-XII-11600 s.).

d. Non-déductibilité des provisions pour dépréciation du **mali technique** : n° 39540.

e. La dépréciation des **œuvres d'artistes vivants** acquises pour être exposées au public ne peut être constatée sous forme de provision déductible que pour la fraction qui excède la déduction spéciale pratiquée par ailleurs (n° 10705) (BOI-BIC-PROV 40-10-10 n° 210).

9805 CGI art. 39, 1-5°-al. 34 et 35 BIC-XII-10650 s

Cas particulier : immeubles de placement Les provisions pour dépréciation constatées au titre d'un exercice sur les immeubles de placement ne sont déductibles que pour la part qui excède les **plus-values latentes** constatées à la clôture de l'exercice, à raison de l'ensemble des immeubles de cette nature inscrits à l'actif. Sont concernés les biens immobiliers inscrits à l'actif immobilisé et **non affectés** par l'entreprise à sa propre **exploitation,** à l'exclusion des immeubles donnés en location à des entreprises liées au sens de l'article 39, 12 du CGI, qui les affectent à leur propre exploitation. L'administration retient pour l'application de la présente mesure la même définition des immeubles de placement que celle énoncée pour l'application des règles d'amortissement par composants, voir n° 9205, Précisions.

Les plus-values latentes à prendre en compte s'entendent de la différence entre la valeur réelle des immeubles de placement à la clôture de l'exercice et leur prix de revient corrigé des plus-values en sursis d'imposition afférentes aux terrains antérieurement compris dans une opération d'apport. Elles sont diminuées du montant global des provisions non admises en déduction au titre des exercices précédents du fait de l'application du présent plafonnement et non encore rapportées au résultat.

Les **reprises de provisions** imputées prioritairement sur les dotations non déduites que l'entreprise a pratiquées ne sont pas comprises dans les résultats imposables.

Les entreprises doivent joindre à leur déclaration de résultat un **état n° 2027-H-SD** permettant le suivi des provisions non admises en déduction (CGI ann. III art. 10 quaterdecies).

EXEMPLE

Soit une société qui détient deux immeubles de placement A et B. À la clôture de l'exercice 2019, elle comptabilise une dépréciation sur l'immeuble A égale à 50 000 €, tandis qu'il existe une plus-value latente sur l'immeuble B de 20 000 €. La dépréciation est donc déductible à hauteur de 30 000 € (50 000 − 20 000). Une réintégration de 20 000 € doit être pratiquée au résultat de l'exercice.

À la clôture de l'exercice 2020, elle constate une nouvelle dépréciation sur l'immeuble A égale à 60 000 € et la plus-value latente sur l'immeuble B est portée à 30 000 €. Le montant déductible de cette dépréciation s'élève à : 60 000 − (30 000 − 20 000), soit 50 000 €. La réintégration à effectuer au résultat de l'exercice s'élève donc à 10 000 €.

À la clôture de l'exercice 2021, elle reprend la dépréciation constatée sur l'immeuble A à hauteur de 40 000 € ; cette reprise s'impute en priorité sur la dépréciation non déduite, soit 30 000 € (20 000 + 10 000). Elle n'est donc taxable qu'à hauteur de 10 000 €.

PROVISIONS POUR CRÉANCES DOUTEUSES OU LITIGIEUSES

9815 BIC-XII-12000 s

Sans être **irrécouvrable** et donc définitivement perdue, une créance peut être compromise en raison de la mauvaise **situation du débiteur** (créance « douteuse ») ou de l'existence d'un **désaccord** non encore tranché portant sur le principe ou la quotité de la créance (créance « litigieuse »). Dans ces deux hypothèses, les entreprises sont amenées à constituer des provisions. Celles-ci sont déductibles au point de vue fiscal à la double condition :
– que le risque de non-recouvrement soit nettement précisé ;
– que les événements en cours à la date de clôture rendent probable la perte supputée.

En principe, le risque de non-recouvrement doit être justifié créance par créance. Mais la jurisprudence admet le **calcul statistique** des provisions pour créances douteuses lorsque cette méthode est appropriée à la situation et aux données spécifiques à l'entreprise (CE 20-5-1985 n°s 42581 et 42582 : RJF 7/85 n° 1011), étant précisé qu'une telle méthode ne peut permettre de justifier l'existence de créances douteuses ne se rattachant à aucun événement en cours à la date de clôture de l'exercice (CE 17-2-2016 n° 377415 : RJF 5/16 n° 411).

ILLUSTRATIONS

Une société de vente par correspondance peut recourir à une telle méthode, compte tenu du grand nombre, de la variété et de la faible valeur unitaire des articles vendus, à condition qu'elle évalue le risque de perte avec une précision suffisante (CE 11-12-1991 n° 70727 : RJF 2/92 n° 187). Il en est de même pour une société de location de voitures qui établit chaque année plusieurs centaines de milliers de factures, généralement de faible montant (CAA Paris 24-1-1991 n° 2783 : RJF 4/91 n° 407).

En revanche, la provision ne peut être déterminée par un mode de **calcul global et forfaitaire** (CE 26-3-2008 n° 296625 : RJF 6/08 n° 639).

› Précisions **a.** Le seul **défaut de paiement** des créances à l'**échéance** ne justifie pas la déduction d'une provision (notamment CAA Paris 29-1-1991 nº 2662 : RJF 5/91 nº 569). À l'inverse, il n'est pas systématiquement exigé que des **poursuites** judiciaires soient engagées, notamment lorsque le montant des créances est faible ou en raison des relations commerciales entretenues avec le débiteur (CE 19-6-1989 nº 58984 : RJF 8-9/89 nº 933).
b. Une **créance** détenue **sur une société de personnes** n'a de caractère douteux que si elle est reconnue comme telle à l'égard non seulement de la société, mais aussi de ses membres, dès lors que ceux-ci sont tenus des dettes de la société vis-à-vis des créanciers (notamment CE 29-1-1992 nº 75083 : RJF 3/92 nº 303).
c. Les provisions sont maintenues au bilan tant que subsiste le risque de perte. Le **risque** d'un **pourvoi en cassation** par le débiteur justifie, par exemple, le maintien d'une provision pour une créance dont l'existence a été reconnue par un jugement de première instance confirmé en appel (CE 12-10-1992 nº 76635 : RJF 12/92 nº 1628).
d. La **TVA** étant intégralement récupérable en cas d'impayé (nºs 53780 s.), la provision est limitée au montant hors taxe de la créance (BOI-BIC-PROV-40-20 nº 230 ; CE 20-6-1997 nº 99429 : RJF 8-9/97 nº 763).
e. Lorsque l'abstention d'une **société à la fois créancière et débitrice de la même personne** à faire jouer la compensation est regardée comme constitutive d'un acte anormal de gestion, la société ne peut constituer une provision que pour un **montant net** (différence entre les créances et les dettes réciproques) (CE 22-2-2017 nº 387661 : RJF 5/17 nº 418).

4. PROVISIONS POUR RISQUES ET CHARGES

DISTINCTION ENTRE CHARGES À PAYER ET PROVISIONS

Fiscalement, constituent des frais à payer les charges qui revêtent le caractère de dettes certaines dans leur principe et déterminées quant à leur montant, même si elles ne sont pas encore susceptibles d'être réclamées par les créanciers (exemple : intérêts et loyers courus mais non encore échus). Les provisions se distinguent donc essentiellement des charges à payer par l'incertitude afférente à la réalisation de la charge provisionnée ou par l'imprécision de leur montant. **9850** BIC-XII-15050 s

Au **plan comptable,** le critère de distinction entre les dettes et les provisions pour risques et charges porte sur la connaissance précise ou non du montant ou de l'échéance de la sortie de ressources nécessaire à l'extinction de l'obligation. Les charges à payer, qui se rattachent aux dettes, sont des passifs certains dont il est parfois nécessaire d'estimer le montant ou l'échéance avec une incertitude moindre que pour les provisions pour risques et charges (Mémento comptable nºs 15140 et 48130).

Pour régler cette divergence, les entreprises qui suivent, pour la présentation de leur bilan, la distinction comptable entre charges à payer et provisions doivent annexer à leur déclaration de résultat un **relevé détaillé** des charges comptabilisées en charges à payer qui ont fiscalement le caractère de provisions (BOI-BIC-PROV-10 nº 250). Ce relevé est indépendant des « informations détaillées » que les entreprises doivent joindre obligatoirement à leur déclaration, notamment en ce qui concerne les produits à recevoir et les charges à payer (nº 10995).

ATTENTION

Contrairement à la doctrine administrative (BOI-BIC-PROV-20-10-30 nº 80), le Conseil d'État estime que l'**inscription erronée** d'une dette certaine dans un **compte de provision** (telle que les sommes dues par une entreprise au Fonds national pour l'emploi) est sans incidence sur le résultat imposable et ne donne lieu à aucune réintégration (CE 17-3-2016 nº 381427 : RJF 6/16 nº 512).

PROVISIONS POUR IMPÔTS

L'article 39, 1-4º du CGI interdit aux entreprises d'inclure dans les charges d'un exercice, à titre de frais payés ou à payer, des impôts autres que ceux mis en recouvrement ou devenus exigibles au cours de l'exercice. Mais rien ne s'oppose à la déduction sous forme de provisions des impôts et autres charges fiscales, déductibles au point de vue fiscal, qui se rattachent aux **opérations déjà effectuées** par l'entreprise et dont le fait générateur est intervenu avant la clôture de l'exercice de constitution de la provision (jurisprudence constante depuis CE plén. 25-10-1972 nº 80122 et, s'agissant de la survenance du fait générateur de l'impôt, CE plén. 18-5-1983 nº 29524 : RJF 7/83 nº 862). **9860** BIC-XII-15600 s

L'administration admet la constitution de provisions pour impôts lorsqu'il s'agit d'impôts déductibles qui présentent un caractère permanent et qui seront dus à raison de faits survenus au cours de l'exercice envisagé (BOI-BIC-PROV-30-20-20 nº 1).

› Précisions **a.** Les contribuables sont en droit de constituer une provision pour faire face au risque probable de rappel d'impôts, déductibles fiscalement, qui résulte d'une procédure de **rectification** engagée par l'administration (notamment CE 21-1-1991 nº 76390 : RJF 3/91 nº 262), même si le bienfondé de l'imposition fait l'objet d'une contestation contentieuse n'ayant pas donné lieu à une décision définitive (CE 20-11-2002 nº 230530 : RJF 2/03 nº 153).

b. La **taxe d'apprentissage** due à raison des rémunérations de l'exercice peut être déduite par voie de provision (BOI-BIC-PROV-30-20-20 n° 80). Il en est de même, à notre avis, de la **contribution supplémentaire à l'apprentissage** pour les entreprises qui clôturent leur exercice avec l'année civile. L'inscription de ces deux provisions sur le relevé mentionné au n° 9850 est requise.

c. Les entreprises ne peuvent constituer de provision à raison de la **participation** des employeurs **à l'effort de construction** relative aux salaires de l'année que si elles ont pris, à la clôture de l'exercice, l'engagement irrévocable de s'acquitter de leur obligation sous la forme de subventions, et ont porté leur décision à la connaissance de la personne ou de l'organisme bénéficiaire des versements (CE 27-11-1974 n° 88113 : RJF 2/75 n° 75 ; BOI-BIC-PROV-30-20-20 n°s 150 et 160). La cotisation de 2 % due en cas d'absence ou d'insuffisance d'investissement peut faire l'objet d'une provision lorsque l'exercice coïncide avec l'année civile (BOI-BIC-PROV-30-20-20 n° 170).

d. La **taxe sur les salaires** est déduite en tant que charge à payer pour sa fraction due à raison des salaires payés à la clôture de l'exercice, et sous forme de provision pour la fraction correspondant aux salaires restant dus à cette date (BOI-BIC-PROV-30-20-20 n°s 110 et 120 ; CE 25-10-1972 n° 80122).

e. Une entreprise ne peut, à notre avis, constituer à la clôture d'un exercice arrêté le 31 décembre une provision correspondant à la **contribution économique territoriale** qui sera due l'année suivante dès lors que le fait générateur de cet impôt est constitué par l'exercice de l'activité au 1er janvier de l'année d'imposition (CE 30-6-2004 n° 253513 : RJF 10/04 n° 1001 rendu en matière de taxe professionnelle).

f. La **contribution sociale de solidarité des sociétés** (C3S) ne peut donner lieu à provisionnement. Calculée en fonction du chiffre d'affaires de l'année écoulée, elle est due au titre de l'année suivante et n'est déductible, de par la loi, que des résultats de l'exercice en cours au 1er janvier de cette dernière année. Pour les entreprises qui arrêtent leur exercice en cours d'année, la contribution due au titre de l'année de clôture de l'exercice est déduite des résultats de cet exercice, sous forme de charge à payer si elle n'a pas encore été effectivement acquittée. La **taxe sur les surfaces commerciales** (Tascom) obéit aux mêmes règles.

PROVISIONS POUR DÉPENSES DE PERSONNEL

9875 BIC-XII-16600 s

Provisions pour rémunérations et gratifications Les dépenses de personnel restant à régler à la clôture d'un exercice, telles les gratifications, primes et participations contractuelles aux bénéfices, peuvent être déduites du résultat dudit exercice à la condition que l'entreprise ait pris, à l'égard de ses salariés, des **engagements fermes** quant au principe et au mode de calcul des sommes dues et que l'obligation de payer ultérieurement celles-ci soit certaine. Si le montant des sommes dues est exactement déterminé, celles-ci peuvent être déduites au titre des frais à payer. Dans le cas contraire, une provision peut être constituée à raison de leur montant probable (CE plén. 18-6-1971 n° 80167 ; BOI-BIC-PROV-30-20-10 n° 1).

› Précisions **a.** L'**engagement de l'entreprise** de verser un complément de rémunération peut résulter d'une inscription au livre de paie ou d'un usage constant (a contrario CE 28-4-1982 n° 20330 : RJF 6/82 n° 529) ou de la convention collective (CAA Nancy 6-8-1998 n° 95-1524 : RJF 12/99 n° 1513).

b. Le **supplément de rémunération** alloué à un **gérant de SARL** est déductible des résultats de l'exercice au cours duquel il est accordé même s'il n'a pas encore été décidé par l'assemblée générale, dès lors que celle-ci a, l'année suivante, régulièrement approuvé les comptes de l'exercice et ratifié les conventions passées (CE 5-6-1991 n° 68103 : RJF 8-9/91 n° 1050). Il en va différemment lorsque le versement d'un complément de rémunération est subordonné à la réalisation d'événements futurs et incertains tels que l'existence d'une trésorerie suffisante (CE 16-12-1992 n° 82971 : RJF 2/93 n° 198).

Les compléments de rémunération versés aux **dirigeants d'une SA** en l'absence de toute décision préalable du conseil d'administration ne sont pas déductibles (CE 6-4-2001 n° 198233 : RJF 7/01 n° 930), alors même, selon la cour de Bordeaux, que des décisions postérieures du conseil et de l'assemblée générale approuvent les comptes de l'exercice (CAA Bordeaux 10-4-2001 n° 98-407 : RJF 8-9/01 n° 1046).

c. Les primes à verser aux salariés qui seront attributaires de la **médaille du travail,** même à une date éloignée, justifient la constitution d'une provision déductible lorsque la charge future peut être évaluée avec une précision suffisante par voie statistique (CE 24-5-2000 n° 201685 : RJF 7-8/00 n° 903).

d. Sont admises en déduction les provisions constituées pour faire face aux engagements découlant d'un accord collectif relatif à un **compte épargne-temps** (Rép. Gantier : AN 19-2-2001 n° 52401, non reprise dans Bofip).

e. Constitution d'une provision : en cas d'**attribution de stock-options**, voir n°s 88780 s. ; en cas d'**actions gratuites**, voir n°s 88820 s.

9885 CGI art. 39, 1-1° bis BIC-XII-17250 s

Provisions pour congés payés Les **droits à congé acquis** par les salariés à la clôture de l'exercice, ainsi que les charges sociales et fiscales correspondantes, constituent en principe une charge déductible des résultats de cet exercice, conformément aux règles comptables (Mémento comptable n°s 16725 s.). Mais les entreprises qui ont **opté avant 1987,** de manière irrévocable, pour le maintien du régime fiscal alors en vigueur, doivent déduire les indemnités de congés payés et les charges qui s'y rattachent au titre de l'exercice au cours duquel elles sont effectivement payées. Une correction extra-comptable doit donc être opérée dans ce cas pour la détermination du résultat fiscal.

› Précisions **a.** Dans le cadre du **régime optionnel,** les entreprises peuvent, en cas de **prorogation de la période légale de congés** (1er mai-31 octobre), déduire les indemnités de congés correspondant aux droits non encore utilisés qui ont été acquis au cours de périodes de référence précédant celle en cours à la clôture. Exemple : déduction au 31 décembre 2019 des indemnités afférentes à un reliquat de congé 2019 (période de référence 1-6-2018/31-5-2019) qui ne sera pris qu'en 2020. Cette mesure n'est toutefois pas applicable en cas de fusion de sociétés ou opération assimilée (BOI-BIC-PROV-30-20-10-10 n° 120).
b. En cas d'**absorption d'une entreprise soumise au régime optionnel** par une entreprise relevant du droit commun (ou opération assimilée : apport partiel d'actif, scission, transfert de salariés avec maintien des contrats de travail), l'indemnité pour congés payés correspondant aux droits acquis par les salariés transférés sur une période de référence d'au moins sept mois n'est pas déductible (CGI art. 236 bis : BIC-XII-17640 s.).

9890 CGI art. 39, 1-5°-al. 32 BIC-XII-18300 s

Provisions pour licenciement Les provisions constituées en vue de faire face aux charges liées à des licenciements qui peuvent être tenus pour probables à la clôture de l'exercice sont déductibles. Il en est ainsi des indemnités versées lors d'un licenciement pour **motif personnel,** ou dans le cadre d'un **redressement** ou d'une **liquidation judiciaire,** et des autres charges supportées dans ces hypothèses.

En revanche, les provisions destinées à faire face à des indemnités de licenciement pour **motif économique** ne sont pas déductibles : il s'agit de l'indemnité de licenciement stricto sensu légale (C. trav. art. L 1234-9) et, lorsqu'elles sont d'un montant supérieur, des indemnités accordées par la convention collective, le contrat de travail, les usages (voir Mémento social nos 48900 s.), ou versées dans le cadre d'un **plan de sauvegarde de l'emploi** (BOI-BIC-PROV-30-20-10-20 n° 230). Les autres indemnités versées (préavis, congés payés…) ainsi que les frais de restructuration et les dépenses liées à la reconversion du personnel et aux diverses mesures d'accompagnement social (reclassement, actions de formation…) ne sont notamment pas visés par l'interdiction (BOI précité n° 240).

› Précisions Les **licenciements** peuvent être tenus pour **probables** à la clôture de l'exercice si une décision formelle a été prise avant cette date (convocation à l'entretien préalable, information et convocation des délégués du personnel ou du comité social et économique, établissement d'un plan social...) (BOI précité nos 120 à 140).

9895 CGI art. 39, 1-5°-al. 1 BIC-XII-18800 s

Provisions pour charges de retraite Est interdite toute déduction des provisions constituées en vue de faire face au versement d'allocations en raison du départ à la retraite ou préretraite de membres ou anciens membres du personnel, ou de mandataires sociaux.

Cette interdiction concerne toutes les sommes versées aux salariés et anciens salariés ainsi qu'aux dirigeants, lors de leur départ à la retraite ou préretraite, ou pendant la durée de celle-ci. Sont notamment visés : les **indemnités de départ** à la retraite (fixes ou variables) ; les **allocations de préretraite** ; les **pensions** ou compléments de retraite (BOI-BIC-PROV-30-20-10-20 n° 300) ainsi que les **charges sociales** liées au versement de ces sommes (CE 24-3-2006 n° 257330 : RJF 6/06 n° 667).

Du point de vue **comptable,** la constatation de provisions n'est pas obligatoire (C. com. art. L 123-13) mais constitue la méthode préférentielle, voir Mémento comptable nos 17705 s. Les entreprises qui l'appliquent doivent réintégrer le montant des dotations à ce poste, de manière extra-comptable, dans leur bénéfice imposable.

› Précisions **a.** Sommes dues par une entreprise au **Fonds national pour l'emploi** : voir n° 9850, Précisions.
b. Les sommes versées à d'anciens salariés sous forme de **rente mensuelle jusqu'à l'âge de la retraite,** en contrepartie de leur renonciation au paiement immédiat d'indemnités de licenciement, ne peuvent pas faire l'objet de provisions (CE 5-3-1997 n° 126166 : RJF 4/97 n° 310).
c. Les **charges** qui ne peuvent donner lieu à provision sont en principe **déductibles** des résultats de l'exercice au cours duquel elles sont effectivement engagées (voir notamment, pour les pensions de retraite, les précisions données n° 8615).
d. Déduction des **cotisations** versées à un organisme tiers qui prend en charge le paiement des prestations définies ci-dessus : voir n° 8615.

PROVISIONS POUR TRAVAUX

9905 BIC-XII-20000 s

Les travaux de gros entretien et de grandes révisions qui n'entraînent pas un accroissement des valeurs d'actif peuvent donner lieu dans les comptes soit à la constatation d'une provision, soit à leur inscription à l'actif en tant que composant (PCG art. 214-10). Lorsque l'entreprise opte pour leur comptabilisation sous la forme d'une **provision pour gros entretien ou grandes révisions,** celle-ci est déductible si les dépenses excèdent, par leur nature et leur importance, les travaux d'entretien ou de réparation courants (ravalement, grandes révisions…) (CE 8-7-1987 n° 49158 : RJF 10/87 n° 970).

ATTENTION

Les réparations envisagées doivent en outre être nettement précisées à la clôture de l'exercice, ce qui suppose, selon l'administration, une programmation détaillée des travaux à entreprendre assortie d'une estimation précise de leur coût (BOI-BIC-PROV-30-20-40 n° 140). Le Conseil d'État considère cependant que l'absence de programmation détaillée ne fait pas obstacle à la constatation de la provision dès lors que l'état de dégradation de l'immeuble à la clôture de l'exercice de constitution de la provision est tel qu'il rend nécessaire la réalisation des travaux (CE 27-7-2005 n°s 259009 et 259678 : RJF 11/05 n° 1157).

Dans le cas où le coût des travaux est comptabilisé en tant que **composant,** cette possibilité étant refusée au plan fiscal (CGI ann. II art. 15 bis, voir n° 9185), il convient de rapporter au résultat imposable la fraction de l'amortissement du composant ainsi identifié dans les comptes qui excède la dotation calculée d'après la durée fiscale d'amortissement du bien concerné (BOI-BIC-CHG-20-20-20 n° 280).

S'agissant des travaux qui consistent en des **remplacements,** voir n°s 8365 s.

› Précisions a. Les **réparations** en prévision desquelles des provisions ont été constituées doivent être effectuées dans un délai raisonnable, faute de quoi les provisions deviennent sans objet et doivent être rapportées aux bénéfices imposables (CE 1-2-1978 n° 3490 : RJF 3/78 n° 78).

b. La **probabilité** des travaux nécessite que leur réalisation résulte d'une décision d'un organe exécutif de l'entreprise (CE 6-7-1990 n° 73078 : RJF 10/90 n° 1166) ou découle de l'exécution d'une obligation envers un tiers (CE 8-7-1987 n° 49158 : RJF 10/87 n° 970).

c. Les exploitants de **carrières** peuvent constituer des provisions destinées à faire face aux dépenses qu'ils auront à supporter en vue de la reconstitution du site à laquelle ils sont tenus dès lors qu'elle résulte d'une dégradation progressive. Ces dépenses doivent faire l'objet d'un plan d'étalement si les travaux sont exécutés sur plus d'un exercice (BOI-BIC-PROV-30-20-40 n° 220).

9910 CGI art. 39, 1-5°-al. 27 à 31 BIC-XII-21150 s

Provisions pour renouvellement de biens appartenant à autrui Sont autorisées à constituer ce type de provisions les entreprises soumises à une obligation contractuelle de renouvellement de **biens amortissables** dont elles assurent l'exploitation, notamment :

– les entreprises **concessionnaires** (ou fermières) de service public pour les biens remis gratuitement à l'autorité concédante au terme de la concession ;
– les entreprises **locataires** tenues, en fin de contrat, de restituer les biens loués en bon état ;
– les entreprises prestataires de services qui assurent la **gestion** et l'**entretien** de certaines **installations** (chauffage, climatisation…) et sur lesquelles pèse une obligation de **garantie** totale des matériels ;
– les entreprises titulaires de **marchés d'entreprise et de travaux publics** qui construisent des équipements et les exploitent.

› Précisions a. Lorsque l'obligation de **renouvellement** est mise **à la charge d'un tiers** (entreprise d'assurance, par exemple), c'est à ce dernier qu'appartient le droit de constituer une provision déductible dans la limite de celle que l'assuré pourrait lui-même déduire.

b. Les **règles comptables** applicables à la provision pour renouvellement diffèrent sur plusieurs points des règles fiscales, voir Mémento comptable n°s 72395 s.

9915 Le **mode de calcul** de la provision, fixé par la loi, conduit à étaler sa déduction, selon des modalités progressives, sur la durée réelle d'utilisation du bien à renouveler prévue par le plan de renouvellement (plan dont l'établissement est donc obligatoire). En pratique, le montant maximal de la **provision déductible à la clôture d'un exercice** est égal à la différence entre le coût estimé de remplacement du bien à cette date et son prix de revient dans les comptes de l'entreprise concernée, affectée d'un coefficient progressif. Ce coefficient est égal au quotient du nombre d'années d'utilisation du bien depuis sa mise en service sur sa durée totale d'utilisation. La durée d'utilisation est, selon l'administration, exprimée en nombre de mois. Pour le premier exercice d'utilisation, elle court du premier jour du mois au cours duquel le bien a été mis en service jusqu'au dernier jour de l'exercice (BOI-BIC-PROV-30-30-20-20 n° 30).

› Précisions a. Si le bien n'est pas remplacé à l'**expiration du plan** initial **de renouvellement,** ou du plan en vigueur au 15 septembre 1997 pour les biens en service à cette date, les dotations ultérieures passées en comptabilité ne sont pas déductibles sur le plan fiscal.

b. Lors du **remplacement du bien,** la provision pour renouvellement est rapportée au résultat imposable de l'exercice ou de la période d'imposition en cours.

Lorsqu'il s'agit d'un **bien amorti** par l'entreprise exploitante, la provision pour renouvellement peut être reprise au fur et à mesure de la déduction de l'amortissement technique si le bien acquis en remplacement est lui-même renouvelable. Si ce n'est pas le cas, elle peut être reprise sur la durée du contrat restant à courir (BOI-BIC-PROV-30-30-20-20 n°s 280 à 300).

PROVISIONS POUR LITIGES

9930 BIC-XII-23650 s

Les entreprises engagées dans un litige peuvent constituer une provision afin de faire face à la charge probable qui en résultera. Le litige doit être **déjà né** à la clôture de l'exercice, ce qui suppose l'existence d'une réclamation, d'une procédure de rectification, d'une action en justice intentée contre l'entreprise ou d'une mise en jeu de sa responsabilité (notamment : CE 7-8-2008 n° 287712 : RJF 11/08 n° 1165). L'existence même d'un litige suffit à justifier la constatation d'une provision sans que le contribuable ou le juge de l'impôt ait à en apprécier l'**issue** (CE 24-5-2000 n° 185647 : RJF 7-8/00 n° 901 ; CE 20-11-2002 n° 230530 : RJF 2/03 n° 153). Le recours à l'**arbitrage conventionnel** présente un risque comparable à celui d'une action en justice (CE 4-12-2013 n° 354228 : RJF 3/14 n° 219). En revanche, la constitution d'une provision suppose que le litige ne soit pas encore tranché à la clôture de l'exercice (CE 12-10-1992 n° 76635 : RJF 12/92 n° 1628 ; CE 7-12-2016 n° 384309 : RJF 2/17 n° 172). En effet, en cas de jugement exécutoire, la dette de l'entreprise devient certaine et doit être déduite en tant que charge.

En outre, la charge susceptible d'incomber à l'entreprise doit elle-même être déductible : tel est le cas, par exemple, de **salaires,** de **dommages et intérêts** ou de **rappels d'impôt** fiscalement déductibles.

Le **montant** déductible de la provision correspond aux prétentions de la partie adverse.

> Précisions a. Le Conseil d'État admet qu'une entreprise puisse déduire une provision pour faire face au risque de charges salariales supplémentaires qui résulteraient de l'aboutissement d'une **action en justice dirigée non pas contre elle, mais contre d'autres entreprises du même réseau** dès lors que le litige porte sur l'interprétation d'une clause contenue dans un accord salarial applicable à l'ensemble du réseau (CE 24-5-2000 n° 185647 précité).

b. En ce qui concerne la provision constituée par le titulaire d'une **créance** dont le recouvrement lui paraît compromis en raison d'un litige l'opposant au débiteur, voir n° 9815.

PROVISIONS POUR PRESTATIONS À FOURNIR

9940 BIC-XII-22500 s

Compte tenu des règles de rattachement des produits aux résultats de l'exercice de livraison des biens ou d'achèvement des prestations (nos 7870 s.), la constitution de provisions pour prestations à fournir ne se révèle nécessaire que lorsque des **services liés à une vente** ou à une prestation déjà comptabilisée sont ultérieurement rendus sans supplément de prix (par exemple, installation et mise en service d'un matériel déjà livré). La déduction d'une provision destinée à faire face aux charges directes et indirectes restant à supporter à ce titre est alors admise, à condition que l'entreprise soit en mesure d'en évaluer le montant avec une approximation suffisante (CE 15-11-1989 n° 90844 : RJF 1/90 n° 16).

La constatation d'une provision pour charges est subordonnée à la prise en compte des produits correspondants au titre de l'exercice (ou d'un exercice antérieur) (n° 9735).

> Précisions a. Les entreprises qui assurent une **garantie après-vente** des produits vendus peuvent constituer une provision déductible, à condition que celle-ci soit déterminée avec une précision suffisante et que la mise en jeu de la garantie soit suffisamment probable (CE 28-9-1990 n° 88764 : RJF 11/90 n° 1320). De même, une provision pour garantie peut être constituée par un concessionnaire qui conclut pour la première fois, avec sa clientèle, des **contrats de réparation et d'entretien** en se fondant sur les données statistiques communiquées par le constructeur et adaptées par l'entreprise en fonction de sa propre exploitation (CE 14-2-2001 n° 189776 : RJF 5/01 n° 595). L'engagement de garantie peut résulter d'une **obligation implicite,** née d'un usage propre à la société (CE 13-7-2007 nos 289233 et 289261 : RJF 11/07 n° 1217).

b. La provision constituée au titre de la **garantie décennale** par une agence d'architecture ne peut couvrir les charges de personnel et de structure liées à la gestion des contentieux dès lors que, correspondant à l'exécution de contrats de travail déjà signés et à des frais fixes d'agence, leur engagement est indépendant de la survenance de litiges liés à cette garantie au cours des exercices suivants (CE 12-10-2018 n° 404091 : RJF 1/19 n° 18).

PROVISIONS POUR DROITS À RÉDUCTIONS

9950 BIC-XII-26050 s

Au plan comptable, doivent donner lieu à la constitution d'une provision les réductions correspondant aux droits accordés aux clients au titre des ventes passées et utilisables à l'occasion des ventes futures, sous forme de **chèques-cadeaux, réductions, cartes de fidélité,** etc. (Avis CNC 2004-E du 13-10-2004). La jurisprudence admet la déduction fiscale de provisions constituées à raison de **bons de réduction** accordés lors d'une vente initiale à valoir sur une vente ultérieure (CE 2-6-2006 n° 269998 : RJF 8-9/06 n° 995). Sont également déductibles les provisions constituées à raison de **programmes de fidélisation** qui nécessitent l'accumulation d'un certain nombre de points (et donc d'achats successifs) pour obtenir la réduction (Avis CE 27-10-2009 n° 383197 ; TA Montreuil 10-3-2011 n° 0907461 : RJF 12/11 n° 1277). Ces dernières provisions dont l'administration admet en pratique la déduction sont constituées au fur et à mesure de l'attribution des droits.

Le **montant** de la provision constituée au titre d'un **chèque-cadeau à valoir sur des ventes ultérieures** correspond au seul coût de revient de l'avantage accordé par la société pour les articles dont le prix sera en tout ou partie acquitté au cours d'un exercice ultérieur au moyen du chèque-cadeau. Si le **chèque** est **remboursable en espèces,** la provision est égale à la valeur faciale du chèque-cadeau (CE 1-10-2018 n° 412574 : RJF 12/18 n° 1214). Les mêmes règles s'appliquent aux **bons de parrainage,** la circonstance que le bénéficiaire du bon n'est pas l'auteur de l'achat étant jugée sans incidence (CAA Versailles 14-5-2019 n° 17VE03555 : RJF 10/19 n° 879 ; CE (na) 27-12-2019 n° 432637 : RJF 3/20 n° 210).

PROVISIONS POUR PERTES

9960 CGI art. 39, 1-5° BIC-XII-28050 s **Pertes sur opérations en cours** Lorsqu'une opération dont l'**exécution** s'échelonne **sur plusieurs exercices** s'avère déficitaire à la clôture d'un exercice, une provision pour perte est constituée. Sur le plan fiscal, cette provision n'est déductible qu'à hauteur de la différence entre le coût des travaux réalisés à la clôture de l'exercice et leur prix de vente (compte tenu des révisions de prix acceptées). Les pertes prévisionnelles résultant des travaux restant à exécuter ne sont donc pas déductibles fiscalement.

À titre de règle pratique, la provision déductible peut être déterminée de façon forfaitaire en appliquant au montant total de la perte prévisionnelle le coefficient d'exécution des travaux à la clôture (coût des travaux réalisés/coût total prévisionnel) (BOI-BIC-PROV-30-10-20 n° 130).

EXEMPLE

Soit un contrat à long terme, conclu pour le prix global de 5 M€, faisant apparaître une perte de 1 M€ à la clôture de l'exercice, compte tenu d'un coût prévisionnel total de travaux de 6 M€.

Coût des travaux réalisés à la clôture : 4 M€.

Coefficient d'exécution des travaux : 4/6.

Provision déductible fiscalement : 1 × 4/6 = 0,67 M€.

En règle générale, la perte prévisionnelle doit être calculée par contrat. Toutefois, comme sur le plan comptable (Mémento comptable n° 10910 s.), des **regroupements ou divisions de contrats** en plusieurs sous-ensembles sont admis pour le calcul de la perte à terminaison (BOI précité n° 80).

> **Précisions** **a.** Pour les opérations dont le **résultat** est dégagé **à l'avancement** et les **prestations** discontinues **à échéances successives** (n° 7895), l'administration considère que seule peut donner lieu à provision la fraction des travaux exécutés depuis la dernière situation ou la dernière échéance intervenue avant la clôture de l'exercice (BOI précité nos 50 et 60).
> **b.** La mise en œuvre de la méthode de **comptabilisation à l'avancement des travaux,** qui déroge au principe de rattachement des produits à l'exercice d'achèvement (voir n° 7900), permet aux entreprises de déduire, au titre des exercices antérieurs à celui de la réception des chantiers en cause, des provisions destinées à faire face aux charges liées à la **franchise de garantie décennale** (CE 13-1-2006 n° 259824 : RJF 4/06 n° 357).

9965 BIC-XII-28650 s **Autres provisions pour pertes** Une provision peut être constituée lorsqu'une perspective de perte se trouve établie par la comparaison, pour une opération ou un ensemble d'opérations suffisamment homogènes, entre les coûts restant à supporter et les recettes escomptées (CE 13-3-1996 n° 129631 : RJF 5/96 n° 550). Cette comparaison doit faire ressortir un **solde négatif** et non un simple manque à gagner. Pourraient, par exemple, donner lieu à la constitution de provisions les pertes probables résultant des engagements pris sur des **marchés à terme** (CE plén. 26-4-1985 nos 30077 et 34006 : RJF 6/85 n° 845), ou de l'engagement de faire bénéficier les clients de **rabais** sur les ventes futures (CE 10-6-1992 n° 93912 : RJF 6/92 n° 788). De même, les entreprises qui réalisent des ventes assorties d'un **engagement de reprise** peuvent, dès la vente initiale, constater une provision correspondant à la marge négative qui risque d'être subie lors de la revente ultérieure des biens repris (CE 13-7-2007 nos 289233 et 289261 : RJF 11/07 n° 1217). Selon la cour de Versailles, la probabilité d'une perte au titre de ventes de véhicules avec engagement de rachat doit être déterminée en considérant les contrats de vente comme un ensemble homogène (CAA Versailles 19-7-2016 n° 14VE01462 : RJF 11/16 n° 940 ; CAA Versailles 23-1-2019 n° 17VE01127 : RJF 11/19 n° 1015).

Peut également donner lieu à la constatation d'une provision pour perte une **créance bloquée à l'étranger** lorsque l'entreprise justifie de l'impossibilité de rapatrier ses fonds en France et n'a pas pris la décision de dépenser ou d'investir sur place les sommes en cause, ou de réaliser une opération lui permettant d'en disposer (CE 6-12-1996 n° 149923 : RJF 1/97 n° 9).

S'agissant de la provision pour pertes constituée par les **sociétés de crédit-bail,** voir n° 9555.

5. PROVISIONS RÉGLEMENTÉES

9990 Les provisions réglementées sont celles qui ne remplissent pas toutes les conditions normalement exigées des véritables provisions mais qui peuvent néanmoins être constituées en vertu de dispositions fiscales particulières, adoptées le plus souvent pour des raisons économiques. Elles sont soumises au même formalisme que les autres provisions, ce qui signifie qu'elles doivent être effectivement comptabilisées et figurer sur le **relevé des provisions** (n° 9745).

Sur le plan **comptable,** ces provisions ont le caractère de réserves et font partie des capitaux propres (Mémento comptable n° 56310).

Notons que les **amortissements dérogatoires** sont assimilés du point de vue de leur fonctionnement comptable à des provisions réglementées (nos 9430 s.).

PROVISIONS POUR HAUSSE DES PRIX

Lorsque, pour une matière ou un produit donnés, une entreprise constate, au cours d'une période n'excédant pas deux exercices successifs, une hausse de prix **supérieure à 10 %,** elle peut pratiquer une provision correspondant à la fraction de cette hausse excédant 10 %. Ouvrent droit à la provision les matières, produits et approvisionnements de toute nature existant en stock à la clôture de l'exercice qui ont connu une hausse de cette importance. **10000** CGI art. 39, 1-5°-al. 11 à 14 **BIC-XII-47000 s**

Les modalités de **calcul** de la provision sont résumées dans le tableau figurant ci-après. Le montant de la dotation annuelle est **plafonné** à 15 M€, majoré, le cas échéant, d'une fraction égale à 10 % de la provision calculée avant plafonnement.

La provision peut être constituée même si l'**exercice** est **déficitaire** avant ou après sa déduction. Elle est **facultative** et peut ne pas être pratiquée intégralement.

› Précisions **a.** Le droit à la constitution de la provision doit être apprécié distinctement pour chaque **nature de produits,** étant précisé que le Conseil d'État considère comme étant de nature différente des produits qui se distinguent par leur qualité et leur prix (CE 24-4-2012 n° 326979 : RJF 7/12 n° 682). L'administration, tout en estimant que les **qualités** diverses d'un même produit doivent en principe être regroupées, admet cependant qu'elles soient différenciées (BOI-BIC-PROV-60-30-10 n° 90).
b. Pour les entreprises dont la **durée moyenne de rotation des stocks** pondérée par matières et produits est **supérieure à un an**, le plafond majoré dans les conditions décrites ci-dessus est multiplié par cette durée moyenne exprimée en mois divisée par douze.

Évolution des prix	Montant maximal de la dotation de chaque exercice [1, 2 et 3]
A. La valeur unitaire d'inventaire [4] de la matière, du produit ou de l'approvisionnement, à **l'ouverture de l'exercice précédent (Vop), est inférieure à sa valeur unitaire** d'inventaire **à l'ouverture de l'exercice considéré (Vo).**	
1. Valeur unitaire d'inventaire à la **clôture de l'exercice (Vc) n'excédant pas 110** % de la valeur unitaire d'inventaire à l'ouverture de l'exercice précédent (Vop). $$Vc \leq \frac{110}{100} Vop$$	Pas de provision
2. Valeur unitaire d'inventaire à la **clôture de l'exercice (Vc) supérieure à 110** % de la valeur unitaire d'inventaire à l'ouverture de l'exercice précédent (Vop). $$Vc > \frac{110}{100} Vop$$	Chiffre obtenu en multipliant les quantités en stock (S) à la clôture de l'exercice considéré par la différence entre : – d'une part, la valeur unitaire d'inventaire à la clôture dudit exercice ; – d'autre part, une somme égale à 110 % de la valeur unitaire d'inventaire à l'ouverture de l'exercice précédent. Toutefois, ce chiffre est diminué, le cas échéant, de la dotation (d) effectivement pratiquée à la clôture de l'exercice précédent à raison de la matière, du produit ou de l'approvisionnement. $$D = S \times (Vc - \frac{Vop \times 110}{100}) - d$$

Évolution des prix	Montant maximal de la dotation de chaque exercice 1, 2 et 3
B. La valeur unitaire d'inventaire 4 de la matière, du produit ou de l'approvisionnement, à **l'ouverture de l'exercice précédent (Vop), est supérieure à sa valeur unitaire** d'inventaire **à l'ouverture de l'exercice considéré (Vo).**	
1. Valeur unitaire d'inventaire à la **clôture de l'exercice (Vc) n'excédant pas 110** % de la valeur unitaire d'inventaire à l'ouverture du même exercice (Vo). $Vc \leq \frac{110}{100} Vo$	Pas de provision
2. Valeur unitaire d'inventaire à la **clôture de l'exercice (Vc) supérieure à 110** % de la valeur unitaire d'inventaire à l'ouverture du même exercice (Vo). $Vc > \frac{110}{100} Vo$	Chiffre obtenu en multipliant les quantités en stock (S) à la clôture de l'exercice considéré par la différence entre : – d'une part, la valeur unitaire d'inventaire à la clôture dudit exercice ; – d'autre part, une somme égale à 110 % de la valeur unitaire d'inventaire à l'ouverture du même exercice. $D = S \times (Vc - \frac{Vo \times 110}{100})$

1. Le calcul doit, en principe, être fait distinctement pour chaque matière, produit ou approvisionnement de nature différente.
2. Un mode de calcul particulier est notamment prévu pour les bijoutiers.
3. Le montant maximal de la dotation s'entend avant plafonnement.
4. La valeur unitaire d'inventaire est celle prévue par l'article 38, 3 du CGI : prix de revient ou cours du jour s'il est inférieur.

10005 BIC-XII-48300 s L'**exonération** d'impôt dont bénéficie la provision pour hausse de prix n'est **pas définitive.** En effet, la provision pratiquée à la clôture d'un exercice est rapportée de plein droit aux bénéfices imposables de l'exercice en cours à l'expiration de la sixième année suivant la date de cette clôture.

La réintégration de la provision peut toutefois être effectuée dans un délai double de celui de la durée normale de rotation des stocks, lorsque cette durée est supérieure à trois ans.

› Précisions En cas de **cession ou** de **cessation d'activité,** les provisions non encore rapportées doivent, en principe, être rattachées aux bénéfices immédiatement imposables. Il en est de même lorsque l'entreprise change d'objet social ou de mode d'exploitation et cède la totalité de son stock. Plusieurs dérogations à ce principe peuvent être apportées sous réserve que le nouvel exploitant s'engage à effectuer les réintégrations en cas :
– de **fusion** de sociétés ou d'apport partiel d'actif (n° 39460) ;
– d'**apport en société** et de **transmission à titre gratuit** de l'exploitation respectivement régis par les articles 151 octies et 41 du CGI (nos 19710 s. et 19810 s.).
En outre, le seul fait que la **provision** soit **devenue sans objet** n'autorise pas l'administration à procéder à sa réintégration par anticipation (CE 30-12-1996 n° 160480 : RJF 2/97 n° 114).

PROVISIONS AUTORISÉES SPÉCIALEMENT POUR CERTAINES OPÉRATIONS OU PROFESSIONS

10030 Des textes spéciaux autorisent la constitution de provisions propres à certaines opérations ou professions. Ces régimes particuliers, brièvement évoqués ci-dessous, sont étudiés en détail dans notre Documentation experte.

a. Provisions des entreprises de presse (CGI art. 39 bis A : BIC-XII-40500 s.), régime applicable jusqu'au 31 décembre 2020. **Entreprises bénéficiaires** : toutes les entreprises de presse exploitant un journal quotidien ou, à condition d'être consacré pour une large part à l'information politique et générale, une publication de périodicité au maximum mensuelle ou un service de presse en ligne reconnu.

Montant maximum déductible : en principe, 60 % des bénéfices pour les quotidiens et assimilés (80 % lorsque le chiffre d'affaires est inférieur à 7,6 M€) ; 30 % pour les autres publications et les services en ligne.

Les provisions non utilisées conformément à leur objet réintégrées au résultat moyennant majoration sont exclues du bénéfice de référence.

Utilisation des sommes déduites :
– réalisation des investissements suivants : constructions, terrains, matériel, mobiliers, dans la mesure où ces éléments sont strictement nécessaires à l'exploitation du journal, de la publication ou du service de presse en ligne, et prises de participation (minoritaires ou majoritaires) dans des entreprises de presse telles que définies ci-avant ou dans des entreprises prestataires dans les domaines de l'information, de l'approvisionnement en papier, de

l'impression ou de la distribution ; constitution de bases de données nécessaires à l'exploitation ; engagement de dépenses immobilisées de recherche, de développement technologique et d'innovation au profit du service de presse en ligne, du journal ou de la publication ;
– fraction du prix de revient des investissements susceptible d'être financée : 90 % pour les quotidiens et publications assimilées ; 40 % pour les autres publications et les services de presse en ligne. Les biens amortissables sont réputés amortis à hauteur des sommes déduites affectées à leur financement. Les sommes affectées à l'acquisition d'éléments non amortissables sont réintégrées par parts égales sur une période de cinq ans.

Délai d'emploi de la provision : cinq ans, sous peine de réintégration aux résultats assortie d'une majoration spéciale.

b. Provisions des éditeurs de presse en ligne (CGI art. 39 bis B), régime applicable jusqu'au 31 décembre 2020. **Entreprises bénéficiaires** : les entreprises qui exploitent, exclusivement ou non (BOI-BIC-PROV-60-60-10 n° 67), un service de presse en ligne développant l'information professionnelle ou favorisant l'accès au savoir et à la formation, la diffusion de la pensée, du débat d'idées, de la culture générale et de la recherche scientifique.

Montant maximum déductible : 30 % du bénéfice.

Utilisation des sommes déduites : investissements visés au point a à hauteur de 40 % maximum du prix de revient des immobilisations dès lors qu'ils sont nécessaires à l'exploitation d'un service de presse en ligne, étant toutefois précisé que les prises de participation doivent être effectuées dans des entreprises qui ont pour activité principale l'exploitation d'un service de presse en ligne ou d'assurer pour ces entreprises des prestations de services dans le domaine de l'information.

Délai d'emploi de la provision : cinq ans.

c. Provisions spéciales des entreprises d'assurance et de réassurance, et des organismes de retraite professionnelle supplémentaire (notamment CGI art. 39 quinquies G à 39 quinquies GE : IS-IV-9650 s. et IS-IV-16000 s.).

d. Provisions pour prêts d'installation des salariés (CGI art. 39 quinquies H : BIC-XII-43500 s.), constituées au titre d'un exercice ouvert avant le 1er janvier 2019, qui sont rapportées conformément à l'article 39 quinquies H, II du CGI.

PROVISIONS POUR FLUCTUATION DES COURS DE MATIÈRES PREMIÈRES

Les sommes prélevées sur la réserve spéciale pour fluctuation des cours constituée à la suite de la suppression de la possibilité de déduire des provisions de ce type sont rapportées aux résultats de l'exercice en cours lors de ce **prélèvement.** Cette réintégration n'a pas à être effectuée en cas de dissolution de la société, d'imputation de pertes sur la réserve ou d'incorporation de celle-ci au capital, sauf si ce dernier est réduit dans les cinq ans suivant cette incorporation. **10035** CGI art. 39, 1-5°-al. 5 à 10 BIC-XII-71500 s

Sort de la réserve en cas de **fusion,** ou opération assimilée, placée sous le régime de faveur de l'article 210 A du CGI, voir IS-VI-8450 s.

SECTION 3

RÉGIMES SPÉCIAUX

1. EXONÉRATIONS ET ABATTEMENTS SUR LES BÉNÉFICES

Les entreprises peuvent remplir les conditions requises pour **bénéficier de plusieurs régimes d'exonération.** Dans ce cas, les textes légaux prévoient qu'elles doivent opter pour le régime de leur choix, en principe dans les six mois suivant celui du début d'activité (exception pour les JEI : voir n° 10405, précision c). L'option est irrévocable. **10250**

ENTREPRISES NOUVELLES

Une exonération totale ou partielle d'impôt sur les bénéfices d'une durée en principe de cinq ans est prévue en faveur des entreprises nouvelles, quelle que soit leur forme, soumises à un régime réel d'imposition de plein droit ou sur option et créées dans certaines zones du territoire. **10260** CGI art. 44 sexies BIC-XVIII-500 s

La **date de création** de l'entreprise s'entend de celle du début effectif d'activité (notamment CE 14-4-1995 n° 135659 : RJF 6/95 n° 707), apprécié à partir d'un faisceau d'indices parmi lesquels le début des opérations matérielles correspondant à l'objet social est prépondérant (notamment CE 28-7-2000 n° 198188 : RJF 11/00 n° 1236). À titre de règle pratique, l'administration se réfère à la date figurant sur la déclaration d'existence, tout en se réservant la possibilité d'établir que le début effectif d'activité est intervenu à une autre date si elle dispose d'éléments en ce sens (BOI-BIC-CHAMP-80-10-10-10 nº 90). De même, la jurisprudence considère qu'une demande d'immatriculation au registre du commerce ne suffit pas à établir le commencement de l'activité (CE 15-12-2006 nº 267784 : RJF 3/07 nº 345).

Les entreprises peuvent s'assurer auprès de l'administration qu'elles sont en droit de bénéficier du régime. L'absence de réponse dans les trois mois vaut **accord** (voir nº 79565).

10265 BIC-XVIII-880 s **Localisation géographique** Pour les **entreprises créées entre le 1er janvier 2007 et le 31 décembre 2020,** le régime de faveur s'applique aux entreprises dont le siège social ainsi que l'ensemble de l'activité et des moyens humains et matériels d'exploitation sont implantés dans les zones d'aides à finalité régionale (nº 92625).

Il s'applique également aux entreprises créées **avant le 1er janvier 2011** dans les zones de revitalisation rurale (ZRR).

Lorsqu'une entreprise exerce une **activité non sédentaire** (travaux publics, commerce ambulant…) réalisée en partie en dehors des zones précitées, la condition d'implantation est réputée satisfaite dès lors qu'elle réalise au plus 15 % de son chiffre d'affaires en dehors de ces zones. Au-delà de 15 %, les bénéfices réalisés sont imposés dans les conditions de droit commun en proportion du chiffre d'affaires réalisé en dehors des zones éligibles. La condition de chiffre d'affaires s'apprécie exercice par exercice, en tenant compte des zones telles qu'elles existent à la date de création de l'entreprise (BOI-BIC-CHAMP-80-10-10-10 nº 200).

› **Précisions** **a.** La condition d'**implantation exclusive en zone éligible** est satisfaite lorsque l'entreprise y dispose de son centre de décision et de ses moyens d'exploitation, alors même que la plupart des prestations sont réalisées en dehors de cette zone (CE 27-6-2008 nº 301403 : RJF 11/08 nº 1168 ; CE 16-6-2010 nº 325120 : RJF 10/10 nº 881 ; CE 25-10-2010 nº 311524 : RJF 1/11 nº 21).

b. L'exonération reste applicable pour la durée restant à courir lorsque la **commune d'implantation** sort de la liste des communes classées en zone éligible.

10270 BIC-XVIII-1250 s **Activités concernées** Entrent dans le champ d'application du dispositif :

– les **activités industrielles, commerciales ou artisanales** visées à l'article 34 du CGI ;

– les activités professionnelles **non commerciales** sous réserve qu'elles soient exercées par des sociétés soumises à l'**impôt sur les sociétés** et qu'elles emploient **trois salariés au moins** à la clôture de chaque exercice au cours duquel le dispositif s'applique, étant précisé que ces deux conditions ne sont pas exigées des entreprises implantées dans les **ZRR** entre le 1er janvier 2004 et le 31 décembre 2010 ;

– et, jusqu'au 31 décembre 2014, les **locations d'établissements industriels et commerciaux** munis de leurs équipements visées à l'article 35, I-5º du CGI (nº 7025, d), lorsque les immeubles loués sont situés dans une ZRR.

Sont expressément **exclues** du dispositif : les activités de gestion ou de location d'immeubles autres que les locations précitées, à l'exception des gérants d'affaires (BOI-BIC-CHAMP-80-10-10-10 nº 570) ; les activités bancaires, financières ou d'assurance, à l'exception des activités de courtage dans ces domaines (BOI précité nº 580) ; les entreprises de pêche maritime. Sur les secteurs d'activité exclus en application de la **réglementation de minimis** à laquelle le régime est soumis, voir nº 92615.

› **Précisions** **a.** Pour l'appréciation de la condition d'**effectif minimum** de trois salariés, sont notamment à retenir ceux qui bénéficient d'un contrat de travail à durée indéterminée ou déterminée ou à temps partiel d'une durée au moins égale à six mois ainsi que les titulaires de contrats de travail aidés (BOI précité nº 490) et les **dirigeants** (présidents du conseil d'administration ou du directoire) titulaires d'un tel contrat de travail (Rép. Loos : AN 8-7-1996 nº 27746, non reprise dans Bofip). Si l'**effectif varie en cours d'exercice,** il est calculé en fonction de la durée de présence des salariés pendant l'exercice.

b. L'exercice d'une **activité exclue** du régime ne prive pas l'entreprise du bénéfice de l'exonération si elle est exercée à titre **accessoire** et constitue le **complément indissociable** de l'activité exonérée. Il en va de même en cas de perception de produits financiers provenant de la gestion courante de la trésorerie (CE 8-7-1998 nº 186279 : RJF 8-9/98 nº 921 et BOI précité nº 610). L'appréciation du caractère accessoire d'une activité exclue, financière ou autre, est fondée sur des **critères quantitatifs** tels que le chiffre d'affaires réalisé à raison de cette activité (voir en dernier lieu CE 22-11-2006 nº 286156 : RJF 2/07 nº 130). Relève néanmoins d'une activité indissociable de celle de la société nouvelle l'acquisition d'une participation au capital d'une filiale en vue du développement de synergies entre les deux entreprises, alors même que les produits perçus excèdent les besoins de financement courants de la société préexistante (CE 7-7-2006 nº 277455 : RJF 10/06 nº 1162).

10275 BIC-XVIII-2000 s **Caractère nouveau de l'activité** Le régime est réservé aux entreprises réellement nouvelles. Les entreprises créées dans le cadre d'une concentration, d'une restructuration ou d'une extension d'activités préexistantes ou constituées pour la reprise de telles activités en sont expressément exclues.

Concentration et restructuration d'activités préexistantes Il y a restructuration d'activités préexistantes lorsque les trois conditions suivantes sont réunies : identité au moins partielle d'activité, liens commerciaux ou capitalistiques privilégiés entre la nouvelle entreprise et l'entreprise préexistante, transfert de certains moyens d'exploitation de l'entreprise préexistante vers l'entreprise nouvelle (CE 31-1-1997 n° 146264 : RJF 3/97 n° 209 ; BOI-BIC-CHAMP-80-10-10-20 n° 20). Même en l'absence d'identité d'activité, l'externalisation de fonctions précédemment exercées au sein d'une entreprise préexistante peut caractériser une restructuration d'activité (CE 16-10-2009 n° 308308 : RJF 1/10 n° 11). 10277

Reprise d'une activité préexistante La reprise d'une activité suppose à la fois l'exercice par l'entreprise nouvelle d'une activité identique à celle d'une entreprise préexistante et l'existence d'une **communauté d'intérêts** entre les deux entreprises, révélée par des liens économiques significatifs ou par un transfert de la clientèle ou des moyens d'exploitation (CE 30-3-2007 n° 271787 : RJF 6/07 n° 721 ; BOI-BIC-CHAMP-80-10-10-20 n°s 170 s.). Le critère de la reprise de la **clientèle** est déterminant : le transfert des moyens d'exploitation (locaux et matériels) ne constitue pas une reprise d'activité préexistante lorsque la clientèle du précédent exploitant n'est pas transférée de ce fait (CE 8-1-1997 n° 147704 : RJF 3/97 n° 206). 10280

> **Précisions** **a.** La reprise d'une **concession** exclusive précédemment octroyée à une autre société ne suffit pas à caractériser une reprise d'activité préexistante (CE 28-10-1994 n° 118397 : RJF 12/94 n° 1309). Toutefois, la reprise de la concession exclusive d'une **marque automobile** implique nécessairement une reprise d'activité préexistante (notamment CE 13-12-2002 n° 224714 : RJF 3/03 n° 267), à moins que la création de l'entreprise nouvelle ne soit motivée par l'insuffisance de la clientèle effectivement exploitée par le précédent concessionnaire (CE 10-11-2004 n° 250639 : RJF 2/05 n° 120).
> **b.** Ne constitue pas une reprise d'entreprise la création d'une entreprise à l'issue d'un contrat conclu avec une structure d'accueil et d'accompagnement dite « **couveuse d'entreprises** », qui a pour objet d'apporter une aide aux créateurs d'entreprises (BOI-BIC-CHAMP-80-10-10-20 n° 180).

Extension d'une activité préexistante L'existence d'un **contrat,** quelle que soit sa dénomination, ayant pour objet d'organiser un **partenariat** caractérise l'extension d'une activité préexistante lorsque l'entreprise nouvellement créée bénéficie de l'assistance de ce partenaire, notamment en matière d'utilisation d'une enseigne, d'un nom commercial, d'une marque ou d'un savoir-faire, de conditions d'approvisionnement, de modalités de gestion administrative, contentieuse, commerciale ou technique, dans des conditions telles que cette entreprise est placée dans une situation de dépendance (CGI art. 44 sexies, III). 10282

Ce critère de dépendance économique, apprécié à partir d'un faisceau d'indices, vaut pour les entreprises nouvelles qui ont souscrit un contrat de distribution (**franchise** ou **concession,** par exemple). Ainsi l'extension d'activités concerne les entreprises qui sont privées de toute autonomie réelle et constituent de simples émanations d'entreprises préexistantes, eu égard à la similarité ou à la complémentarité de leur objet par rapport à celui d'entreprises antérieurement créées et aux liens de dépendance qui les unissent à ces dernières (CE 8-9-1999 n° 196426 : RJF 11/99 n° 1344).

> **Précisions** **a.** Les **liens de dépendance** qui peuvent caractériser l'existence d'une extension d'activité peuvent résulter des circonstances suivantes : existence de contraintes d'achats à l'encontre de l'entreprise nouvelle, absence d'autonomie dans la politique de prix, restriction à la cessibilité du contrat et clause de non-concurrence en cas d'interruption de celui-ci (BOI-BIC-CHAMP-80-10-10-20 n° 140). Même en l'**absence de liens capitalistiques,** l'extension d'activité peut être retenue lorsque les conditions d'exploitation de l'entreprise nouvelle et les liens personnels unissant ses associés à ceux de l'entreprise préexistante caractérisent un lien de dépendance tel que l'une constitue une simple émanation de l'autre (CE 24-4-2013 n° 352310 : RJF 7/13 n° 704).
> **b.** Une société créée pour la vente de l'**électricité photovoltaïque** qu'elle produit au profit exclusif d'EDF peut bénéficier de l'exonération (BOI précité n° 155).
> **c.** Contrairement à la doctrine administrative (BOI précité n° 100), il a été jugé que la création d'un **GIE** pour l'exercice d'une activité nouvelle ne constitue pas l'extension d'une activité préexistante (CAA Paris 23-12-2010 n° 08-5132 : RJF 3/11 n° 287).

Création d'une entreprise par un salarié La création de sa propre entreprise par un salarié ne constitue pas une reprise de l'activité de son ancien employeur, même si elle s'accompagne d'un transfert de moyens de production et se traduit par une reprise de la clientèle de ce dernier, lorsque l'entreprise nouvelle exerce son activité dans des conditions de **concurrence** réelle, sans lien avec la précédente entreprise (notamment CAA Nantes 2-12-1992 n° 91-183 : RJF 6/93 n° 802 ; CAA Lyon 5-1-2012 n° 11LY00572 : RJF 6/12 n° 573). Il y a en revanche restructuration d'activités préexistantes si l'entreprise créée par le salarié reste sous la **dépendance** de son ancienne entreprise et ne dispose pas d'une clientèle propre (notamment CE 28-7-1999 n°s 164694 et 187800 : RJF 10/99 n°s 1151 et 1214 ; BOI-BIC-CHAMP-80-10-10-20 n° 60). 10285

La société créée par d'anciens salariés licenciés de la société préexistante pour exercer l'**activité** que cette dernière a progressivement **sous-traitée** constitue une entreprise nouvelle en l'absence de liens privilégiés entre les deux entreprises (CE 3-11-2006 n° 285581 : RJF 1/07 n° 14). Il en est de même lorsque le chiffre d'affaires réalisé avec la société préexistante décroît de manière significative et constante (CE 2-6-2010 n° 308997 : RJF 8-9/10 n° 781).

10290 BIC-XVIII-4250 s **Indépendance juridique** Lorsque l'entreprise nouvelle est créée sous la forme d'une **société,** son capital (droits de vote et droits à dividende) ne doit pas être détenu, directement ou indirectement, pour plus de 50 % par d'autres sociétés. L'existence d'une **détention indirecte** est considérée comme établie dans les deux hypothèses suivantes :
– un associé exerce en droit ou en fait des fonctions de direction ou d'encadrement dans une autre entreprise dont l'activité est similaire à celle de la société nouvelle ou lui est complémentaire ;
– un associé détient avec les membres de son foyer fiscal 25 % au moins des droits sociaux dans une autre entreprise dont l'activité est similaire à celle de l'entreprise nouvelle ou lui est complémentaire.

› Précisions **a.** L'administration considère, de façon contestable à notre avis, que le président du **conseil de surveillance** exerce des fonctions de direction ou d'encadrement. En revanche, ne sont pas visés les membres du conseil de surveillance **ou d'administration** n'exerçant pas d'autre fonction. De même, ne sont pas concernés les membres de l'**encadrement intermédiaire** ne participant pas à la gestion (BOI-BIC-CHAMP-80-10-10-20 n° 260).
b. Les titres d'une société nouvelle souscrits par des sociétés dans le cadre de **conventions de portage** conclues avec les associés personnes physiques doivent être regardés comme détenus par ces sociétés, même si, à terme, les titres sont destinés à être rétrocédés aux personnes physiques (CAA Bordeaux 7-7-1998 n° 96-2317 : RJF 11/98 n° 1276).
c. La condition de détention du capital de la société nouvelle doit être satisfaite dès la date du **début effectif de son activité** (CE 6-10-2004 n° 248968 : RJF 12/04 n° 1234) aussi bien pour la société nouvelle que pour celle dont l'activité lui est complémentaire (CE 9-4-2014 n° 352036 : RJF 7/14 n° 669).
d. Les prises de participation des **sociétés de développement régional** ne sont pas retenues pour déterminer la détention directe (BOI précité n° 240).

10295 BIC-XVIII-4690 s **Montant et durée de l'exonération** Les entreprises nouvelles bénéficient en principe d'une exonération totale des bénéfices réalisés jusqu'au terme du vingt-troisième mois suivant celui de leur création puis d'un abattement de 75 %, 50 % et 25 % sur les bénéfices réalisés au cours de chacune des trois périodes de douze mois suivantes.
L'exonération concerne les **bénéfices** et les **plus-values** (à l'exclusion des plus-values de réévaluation d'éléments d'actif) régulièrement déclarés dans les délais impartis. Elle s'applique après imputation des déficits reportables.
Le bénéfice de l'exonération est subordonné au respect de la **réglementation de minimis** (n°s 92660 s.).

› Précisions **a.** Les entreprises créées dans les **ZRR entre le 1er janvier 2004 et le 31 décembre 2010** bénéficient d'une exonération totale jusqu'au terme du cinquante-neuvième mois suivant celui de leur création puis d'une période d'exonération partielle de neuf ans (abattement de 60 %, 40 % puis 20 % sur les bénéfices réalisés respectivement au cours des cinq premières, des sixième et septième ou des huitième et neuvième périodes de douze mois suivant la période d'exonération totale).
b. Lorsque la clôture des exercices comptables ne coïncide pas avec le **terme des périodes d'exonération** totale ou partielle, les bénéfices des exercices au cours desquels ces périodes s'achèvent font l'objet d'une répartition prorata temporis (BOI-BIC-CHAMP-80-10-10-30 n° 30), même si l'entreprise établit un arrêté provisoire des comptes en cours d'exercice (CE 22-1-2007 n° 280934 : RJF 4/07 n° 402).
c. Lorsque l'exonération est partielle, la fraction imposable des bénéfices peut bénéficier d'**autres abattements,** ou du **taux réduit de l'impôt sur les sociétés réservé aux PME** (BOI-BIC-CHAMP-80-10-10-30 n° 180) ; voir n°s 36085 s.
d. Le bénéfice net exonéré inclut les **produits financiers** provenant de Sicav inscrites à l'actif d'un exploitant individuel (CAA Paris 13-11-2001 n° 97-2129 : RJF 6/02 n° 622).

10297 **Perte des avantages** Si une ou plusieurs des **conditions d'application** du régime **cessent d'être remplies,** l'entreprise perd le bénéfice des allégements pour l'avenir, sans remise en cause des avantages obtenus antérieurement (BOI-BIC-CHAMP-80-10-10-30 n° 310). Ainsi, la reprise d'une activité préexistante postérieurement à la création met fin, à compter de cette reprise, au bénéfice de l'exonération (CE 18-5-2005 n° 270343 : RJF 8-9/05 n° 832). De même, le **non-respect,** même **temporaire,** de la condition de détention du capital postérieurement à la création de l'entreprise est de nature à la priver définitivement du régime (CE 27-7-2005 n° 262033 : RJF 11/05 n° 1167). Lorsque la condition de détention du capital n'est plus satisfaite en cours d'année, le bénéfice de l'exercice est exonéré pour une fraction de son montant déterminée d'après une répartition prorata temporis (CAA Lyon 27-5-2004 n° 00-2693 : RJF 3/05 n° 224).

ATTENTION
En cas de **décès** de l'exploitant, le régime continue de s'appliquer lorsque l'activité est poursuivie par son conjoint dans le respect des conditions légales (BOI-BIC-CHAMP-80-10-10-30 n° 390).

REPRISE D'ENTREPRISES INDUSTRIELLES EN DIFFICULTÉ

Les sociétés créées jusqu'au 31 décembre 2020 pour la reprise d'entreprises ou d'établissements industriels en difficulté peuvent bénéficier d'une **exonération d'impôt sur les sociétés** à raison des bénéfices réalisés au cours de leurs vingt-quatre premiers mois d'activité sous réserve du respect des plafonds détaillés ci-après. 10310 CGI art. 44 septies BIC-XVIII-9500 s

Un **agrément** est exigé pour les entreprises implantées dans les zones d'aide à finalité régionale (définies n° 92625) et les petites et moyennes entreprises, quel que soit leur lieu d'implantation. Les autres entreprises bénéficient de plein droit du régime.

› **Précisions** **a.** L'exonération concerne les **bénéfices et les plus-values** (à l'exclusion des plus-values de réévaluation d'éléments d'actif) régulièrement déclarés (BOI-IS-GEO-20-10-20 n° 50).
b. La reprise de **locaux nus** ne peut être qualifiée de reprise d'établissement (BOI-IS-GEO-20-10-10 n° 20).

Situation de difficulté L'exonération s'applique dans les cas suivants : 10312
– l'entreprise en difficulté fait l'objet d'une cession totale ou partielle ordonnée par le tribunal dans le cadre d'une procédure de **sauvegarde** (C. com. art. L 626-1) **ou de redressement judiciaire** (C. com. art. L 631-22) ;
– l'entreprise est **en état de difficulté** sans faire l'objet d'une procédure de sauvegarde ou de redressement judiciaire ;
– la reprise concerne une branche complète et autonome d'activité dont la cession est ordonnée par le juge-commissaire dans le cadre d'une **liquidation judiciaire** (C. com. art. L 642-1 s.) ;
– la reprise porte sur un ou plusieurs **établissements en difficulté,** indépendamment de la situation économique ou financière de l'entreprise dont ils dépendent.

› **Précisions** En l'**absence de procédure judiciaire,** l'état de difficulté de l'entreprise reprise sera apprécié par l'administration lorsque la nouvelle société sollicitera un agrément (n° 10325). Dans les cas où le régime est applicable de plein droit, il convient de constituer des éléments de justification tirés de la situation économique de l'entreprise ou de l'établissement repris.

Création d'une société nouvelle La société nouvelle doit être créée spécialement pour la reprise et imposable à l'impôt sur les sociétés. Son **capital** ne doit pas être détenu, directement ou indirectement, par les personnes qui ont été associées (ou exploitantes) ou qui ont détenu plus de 50 % du capital de l'entreprise en difficulté pendant l'année précédant la reprise. 10315

ATTENTION
La reprise peut être réalisée par voie de **location-gérance,** à condition que le contrat de location comporte un engagement de rachat dans un délai maximum de deux ans et que la reprise porte sur un ensemble d'éléments d'exploitation formant une branche complète d'activité (BOI-IS-GEO-20-10-10 n° 150).

Activités exclues Sont expressément exclus du bénéfice du régime les secteurs d'activité suivants : transports et infrastructures correspondantes, construction navale, fabrication de fibres synthétiques, sidérurgie, charbon, production et distribution d'énergie, infrastructures énergétiques, production agricole primaire, transformation et commercialisation de produits agricoles, pêche et aquaculture. Sur les secteurs d'activité exclus par les réglementations européennes, voir n° 92615. Sont également exclues les activités du bâtiment et des travaux publics (BOI-IS-GEO-20-10-10 n° 40 ; CE 5-5-2008 n° 300848 : RJF 8-9/08 n° 937). 10317

Plafond de l'exonération dans les zones d'aide à finalité régionale Les entreprises implantées dans ces zones bénéficient du régime d'exonération dans les conditions et limites fixées par la **réglementation européenne** relative aux aides à finalité régionale (n°s 92625 s.). Le montant maximal du bénéfice exonéré s'exprime en allègement d'impôt, obtenu en appliquant aux **coûts éligibles** (coûts salariaux) les **taux** suivants : 10320 BIC-XVIII-10750 s
– pour les **petites entreprises** définies au n° 92650 : 30 %, 90 % (Mayotte), 75 % (Guyane), 65 % (Guadeloupe, Martinique, La Réunion) ;
– pour les **moyennes entreprises** définies au n° 92650 : 20 %, 80 % (Mayotte), 65 % (Guyane), 55 % (Guadeloupe, Martinique, La Réunion) ;
– pour les **grandes entreprises** : 10 %, 70 % (Mayotte), 55 % (Guyane), 45 % (Guadeloupe, Martinique, La Réunion).
L'allègement d'impôt ne doit toutefois pas dépasser : 7,5 M€ ; 52,5 M€ à Mayotte ; 41,25 M€ en Guyane et 33,75 M€ en Guadeloupe, en Martinique et à La Réunion.

Le plafonnement du bénéfice exonéré est **global** et couvre la période de vingt-quatre mois pendant laquelle s'applique l'exonération. Son respect est apprécié selon les modalités décrites au n° 92630.

> **Précisions** **a.** Les taux d'aides sont réduits de moitié pour la **fraction des coûts** éligibles comprise **entre 50 M€ et 100 M€.** La fraction de ces coûts **supérieure à 100 M€** n'est pas prise en compte.
> **b.** Les PME dont les **coûts éligibles** sont **supérieurs à 50 M€** ne bénéficient pas des taux d'aides majorés qui leur sont en principe applicables. Elles se voient appliquer les mêmes taux d'aides que les grandes entreprises dans la zone considérée.
> **c.** Les **grandes entreprises** ne peuvent bénéficier de l'exonération qu'à la condition de créer, à l'occasion de la reprise, une **nouvelle activité économique** dans la zone concernée. Le code NAF de l'activité exercée après la reprise doit être différent de celui de l'activité précédente (BOI-IS-GEO-20-10-30-20 n° 50).

10322 BIC-XVIII-11800 s **Plafond de l'exonération en dehors des zones AFR** Lorsque l'entreprise créée pour la reprise est une **PME** située hors zone AFR, le bénéfice de l'exonération est subordonné au respect des règles européennes relatives aux aides aux PME (nos 92645 s.). Les bénéfices exonérés sont plafonnés afin que l'allégement fiscal n'excède pas un montant calculé en appliquant aux coûts éligibles (coûts salariaux) un taux fixé à 20 % pour les petites entreprises et à 10 % pour les moyennes entreprises, dans la limite de 7,5 M€.

Si la société créée pour la reprise d'une entreprise en difficulté n'est pas située dans une zone AFR et n'est **pas une PME,** elle bénéficie du régime d'exonération sous réserve du respect de la réglementation de minimis (voir nos 92660 s.).

10325 BIC-XVIII-12600 s **Agrément** Pour l'application du régime aux entreprises implantées en **zones AFR** et aux **PME** l'agrément est accordé de plein droit dès lors que :
– la **société créée** entre dans le champ d'application du régime ;
– elle est éligible à l'aide régionale, compte tenu de son **lieu d'implantation**, ou à l'aide PME, en fonction de sa **taille** ;
– elle prend l'engagement de **conserver les emplois** dont le coût salarial est retenu pour le calcul du plafond d'aide pendant une période de **cinq ans** (réduite à trois ans pour les PME) à compter de la date de reprise ou de création ;
– le **financement de la reprise** est assuré à 25 % au moins par le bénéficiaire de l'aide.

> **Précisions** **a.** L'engagement de conservation des emplois implique une obligation de **maintien géographique des emplois** concernés, sur le site où ils étaient implantés ou dans la même zone AFR bénéficiaire (BOI-SJ-AGR-30-20 n° 120).
> **b.** **À défaut d'agrément,** les entreprises situées en zones AFR et les PME ne bénéficient de l'exonération que dans les limites prévues par la réglementation de minimis (nos 92660 s.).

10327 **Remise en cause** Si l'une des conditions prévues au n° 10325 n'est pas satisfaite, l'exonération d'impôt sur les sociétés peut être remise en cause. Il en est de même si, au cours des trois premières années d'exploitation, la société interrompt l'activité reprise ou se trouve affectée par l'un des événements suivants : dissolution, transformation entraînant la création d'un être moral nouveau, apport en société, fusion, transfert du siège en dehors de l'Union européenne ou de l'Espace économique européen (n° 11058).

Dans ces situations, l'impôt dont la société a été dispensée est immédiatement exigible, avec application de l'intérêt de retard (n° 79860).

> **Précisions** **a.** La remise en cause du régime applicable en cas de fusion de la société repreneuse n'inclut pas les opérations de **transmission universelle de patrimoine** (CE 10-11-2010 n° 314046 : RJF 2/11 n° 144).
> **b.** L'exonération ne s'applique pas lorsque l'entreprise ne transmet pas ses **déclarations de chiffre d'affaires** dans les délais et qu'il s'agit de la deuxième omission successive (CGI art. 302 nonies).

ZONE FRANCHE URBAINE – TERRITOIRE ENTREPRENEUR (ZFU-TE)

10335 CGI art. 44 octies et 44 octies A BIC-XVIII-32000 s Un régime d'exonération d'impôt sur le revenu ou d'impôt sur les sociétés s'applique aux bénéfices provenant des activités professionnelles implantées dans une ZFU-TE (CGI art. 44 octies A).

Sont concernées par ce dispositif :
– les **entreprises créées** entre le 1er janvier 2006 et le 31 décembre 2020 dans les trois générations de ZFU-TE, zones créées respectivement en 1996, en 2003 et en 2006 (n° 92540, c) ;
– les entreprises **implantées** à la date du 1er janvier 2006 dans les ZFU-TE de troisième génération (zones créées en 2006, dont la liste figure dans le décret 2006-930 du 28-7-2006) ;
– et les **établissements existant** au 1er janvier 2007 dans des parties de communes correspondant aux **extensions du périmètre des ZFU-TE** de première et de deuxième génération

opérées **en 2007.** Le régime leur est applicable dans les conditions prévues pour les établissements existant au 1er janvier 2006 dans les ZFU-TE de troisième génération (Décret 2007-895 du 15-5-2007).

Les créations d'activités à compter du 1er janvier 2016 n'ouvrent droit à exonération que si elles interviennent dans une ZFU-TE située sur un territoire dans lequel s'applique, au 1er janvier de l'année d'implantation, un **contrat de ville.**

Le dispositif prévu à l'article 44 octies du CGI (en principe, activités implantées dans les zones de première et deuxième générations avant le 1er janvier 2006) continue de s'appliquer. Les modalités d'application de ces deux dispositifs sont pour l'essentiel communes.

> **Précisions** **a.** Sur la possibilité de **s'assurer auprès de l'administration** de l'application du régime, voir n° 79565.
> **b.** Les **transferts** en zone franche d'activités précédemment exercées en dehors d'une telle zone ouvrent droit au régime sous réserve de certaines exceptions (BIC-XVIII-34630 s.). Par ailleurs, les entreprises qui **reprennent** jusqu'au 31 décembre 2020 une activité dans une ZFU-TE peuvent bénéficier de l'exonération prévue à l'article 44 octies A du CGI lorsque l'activité a été placée sous ce régime ou celui prévu à l'article 44 octies du CGI. L'exonération s'applique alors pour la durée restant à courir. La création d'une activité identique à la précédente après une **interruption de plusieurs mois** constitue une reprise d'activité et non une création (Rép. Darmanin : AN 12-2-2013 n° 8304).
> **c.** Dans les collectivités de **Guadeloupe,** de **Guyane,** de **Martinique,** de **La Réunion** et de **Mayotte,** le régime prévu à l'article 44 octies A du CGI ne s'applique qu'aux activités créées dans les zones jusqu'au 31 décembre 2018.

Entreprises concernées Sont concernées par l'exonération les entreprises qui répondent aux conditions cumulatives suivantes : 10340 BIC-XVIII-32250 s BIC-XVIII-35260 s

– être une **PME** qui emploie moins de 50 salariés au titre de chaque exercice pour les activités créées à compter du 1er janvier 2020 (Loi 2019-486 du 22-5-2019 art. 12 ; Loi 2019-1479 du 28-12-2019 art. 41), ou 50 salariés au plus au 1er janvier 2006 ou à la date de leur création pour les activités créées avant le 1er janvier 2020 et qui réalise un chiffre d'affaires ou un total de bilan inférieur ou égal à 10 M€. Son capital ou ses droits de vote ne doivent pas être détenus directement ou indirectement à 25 % ou plus par une ou plusieurs entreprises de plus de 250 salariés et dont le chiffre d'affaires est supérieur à 50 M€ ou le total du bilan, supérieur à 43 M€ (exception faite de certaines entreprises du secteur du capital-risque) ;

– exercer une **activité** industrielle, commerciale ou artisanale (au sens de l'article 34 du CGI), une activité professionnelle non commerciale (au sens de l'article 92, 1 du CGI), ou une activité de locations d'immeubles professionnels munis de leurs équipements situés en zone franche (CGI art. 35, I-5° ; voir n° 7025, d). Sont **exclues** du régime : les autres activités visées à l'article 35 du CGI (notamment les activités de construction-vente), les activités de crédit-bail mobilier et de location d'immeubles à usage d'habitation, les activités civiles et les profits non commerciaux sans caractère professionnel.

> **Précisions** **a.** Pour les activités créées à compter du 1er janvier 2020, l'**effectif** s'apprécie conformément aux règles prévues à l'article L 130-1 du CSS issu de l'article 11 de la loi 2019-486 du 22 mai 2019. Le mécanisme de limitation des effets de seuil prévu à l'article L 130-1 précité est en outre applicable (voir notre Mémento Social nos 23630 s.).
> **b.** L'**activité principale** des entreprises implantées dans les ZFU-TE ne doit pas relever d'un des secteurs suivants : construction automobile ou navale, fabrication de fibres textiles artificielles ou synthétiques, sidérurgie, transports routiers de marchandises. Concernant les secteurs exclus par la réglementation de minimis, voir n° 92615.

Résidence des salariés Pour les entreprises qui créent ou implantent une activité en ZFU-TE **à compter du 1er janvier 2015,** le bénéfice de l'exonération est subordonné à l'emploi d'au moins 50 % de salariés résidant en **ZFU-TE** ou dans un **quartier prioritaire de la politique de la ville** (QPV) de l'unité urbaine dans laquelle est située la ZFU-TE ou à la condition que la moitié des salariés embauchés remplisse ce critère de résidence. Cette condition d'emploi ou d'embauche locale n'est toutefois exigée qu'à compter du deuxième salarié (BOI-BIC-CHAMP-80-10-30 n° 124). 10342

> **Précisions** **a.** Les **entreprises créées entre le 1er janvier 2012 et le 31 décembre 2014** devaient remplir une **condition d'embauche locale** leur permettant d'être exonérées de cotisations sociales, pour bénéficier du régime d'exonération fiscale. Arrivée à échéance le 31 décembre 2014, l'exonération sociale n'a pas été reconduite, mais les entreprises installées en zone avant 2015 continuent à en bénéficier pour la durée restant à courir. Il en est de même pour l'avantage fiscal lié au bénéfice de l'exonération sociale.
> **b.** Pour être considéré comme **résident d'une ZFU-TE ou d'un QPV** de l'unité urbaine dans laquelle est située la ZFU-TE, le salarié doit y résider depuis au moins trois mois consécutifs, cette durée étant appréciée, une fois pour toutes, à la date de création ou d'implantation de l'entreprise dans la zone si le salarié y est employé à cette date ou à la date d'effet de l'embauche ou du transfert du salarié si elle est postérieure (BOI-BIC-CHAMP-80-10-30 n° 126).

10345 **Implantation en zone** Les contribuables doivent, pour être exonérés, disposer dans la zone d'une implantation susceptible de générer des bénéfices professionnels (bureau, cabinet, atelier, succursale, salariés…) et y exercer une **activité effective** (réalisation de prestations, réception de clientèle…).

ILLUSTRATIONS

Ne peut bénéficier de l'exonération un contribuable qui dispose d'un local en zone mais qui exerce son activité en utilisant des **moyens d'exploitation** situés **hors zone** (CE 16-5-2011 n° 315382 : RJF 8-9/11 n° 922). De même, ne peut bénéficier du régime de faveur une société dont le siège est installé dans un local en zone accueillant son unique salarié dès lors que, d'une part, le stockage des marchandises et l'activité logistique sont **sous-traitées** en dehors de la zone et que, d'autre part, ce local dans lequel le **président** n'exerce pas son activité n'accueille pas les **clients** (CE 27-12-2019 n° 422558 : RJF 3/19 n° 214). N'est pas implantée en ZFU-TE une infirmière dispensant ses soins en zone mais qui n'y dispose que d'une simple adresse de domiciliation sans y effectuer les **tâches de gestion inhérentes à sa profession** (CAA Bordeaux 14-10-2014 n° 12BX01256 : RJF 1/15 n° 6 ; CE (na) 19-6-2015 n° 386404 : RJF 12/15 n° 1000).

S'agissant des contribuables exerçant une **activité non sédentaire** en tout ou partie hors zone (médecins, entrepreneurs du bâtiment, agents commerciaux…), cette condition est présumée satisfaite s'ils emploient au moins un salarié sédentaire à temps plein, ou équivalent, exerçant ses fonctions dans les locaux affectés à l'activité, ou s'ils réalisent au moins 25 % de leur chiffre d'affaires auprès de clients situés dans les ZFU-TE.

10347 **Produits exonérés** L'exonération concerne les bénéfices et les plus-values **régulièrement déclarés** par l'entreprise, après imputation des déficits reportables. En sont toutefois **exclus** certains produits ne provenant pas directement de l'activité exercée dans la zone : produits de participations, subventions, libéralités et abandons de créances, excédent des produits financiers sur les frais de même nature, produits tirés des droits de la propriété industrielle et commerciale (par exemple, les droits attachés au nom et à l'image d'une personnalité), lorsque ces droits n'ont pas leur origine dans l'activité créée dans la zone (CE 20-3-2013 n° 351495 : RJF 6/13 n° 591 ; CAA Paris 8-4-2014 n° 13PA01277 : RJF 3/15 n° 186).
Lorsque le contribuable exerce une partie de son **activité en dehors des ZFU-TE,** le bénéfice est exonéré en proportion du montant hors taxe du chiffre d'affaires ou des recettes réalisé dans la zone. Les entreprises non sédentaires, disposant uniquement de **locaux en zone,** bénéficient de l'exonération en totalité si elles respectent l'un des deux critères définis n° 10345 (BOI-BIC-CHAMP-80-10-20-20 n° 300).

> **Précisions** **a.** Pour les **entreprises non sédentaires** remplissant l'une des deux conditions exposées n° 10345, qui disposent de **locaux en zone et hors zone** et se sont **implantées en ZFU-TE avant le 31 décembre 2013,** le bénéfice exonéré peut être déterminé au prorata des éléments d'imposition à la cotisation foncière des entreprises afférents à l'activité implantée en ZFU-TE.
b. Les **bailleurs d'immeubles** à usage industriel et commercial sont exonérés à raison des bénéfices provenant des seuls immeubles situés en ZFU-TE.

10350 BIC-XVIII-33700 s **Montant et durée de l'exonération** Le régime de faveur consiste en une **exonération totale** d'impôt sur les bénéfices pendant cinq ans à compter du 1er janvier 2006 si l'entreprise était déjà implantée dans la ZFU-TE lors de la création de celle-ci, ou du début d'activité dans le cas contraire.
À l'issue de cette période, est pratiqué un **abattement dégressif** qui s'élève, pour les **activités créées à compter du 1er janvier 2015,** à 60 %, 40 % ou 20 % des bénéfices réalisés respectivement au cours des 6e, 7e et 8e années suivant le point de départ de l'application du régime.
Lorsque le **terme de la période d'exonération** ne coïncide pas avec la clôture d'un exercice, les bénéfices de l'exercice en cours à cette date font l'objet d'une exonération calculée prorata temporis (CGI ann. III art. 49 K).

> **Précisions** **a.** Pour les **activités créées avant le 1er janvier 2015,** l'abattement dégressif s'élève à 60 %, 40 % ou 20 % des bénéfices réalisés respectivement au cours des cinq premières, des sixième et septième ou des huitième et neuvième périodes de douze mois suivant la période d'exonération totale.
b. L'exploitant devenu bailleur d'un **fonds de commerce mis en location-gérance** peut continuer à bénéficier des allégements et le preneur qui reprend l'activité est également éligible (BOI-BIC-CHAMP-80-10-20-20 n° 120).
c. La fraction de bénéfice restant imposable peut bénéficier du **taux réduit de l'impôt sur les sociétés** réservé aux PME (BOI-IS-LIQ-20-10 n° 20) ; voir nos 36085 s.
d. L'avantage fiscal prévu à l'**article 44 octies** du CGI consiste en une exonération totale pendant cinq années suivie de neuf années d'exonération dégressive dès lors que l'entreprise a moins de cinq salariés (abattement de 60 % pendant cinq ans, 40 % pendant deux ans puis 20 % pendant deux ans).

10352 **Plafonnement** Le montant du bénéfice exonéré ne peut dépasser 50 000 € par période de douze mois pour les **activités créées à compter du 1er janvier 2015.** Ce montant peut être **majoré** de 5 000 € par nouveau salarié embauché à compter du 1er janvier 2015, domicilié dans un QPV ou dans une ZFU-TE et employé à temps plein pendant une période d'au moins six mois. Cette condition s'apprécie à la clôture de l'exercice au titre duquel l'exonération s'applique. Pour les **activités créées avant le 1er janvier 2015,** le montant du bénéfice exonéré ne peut dépasser 100 000 €, y compris en cas de création d'autres activités dans les ZFU-TE à compter du 1er janvier 2015 (BOI-BIC-CHAMP-80-10-30 n° 200).

Pour les activités créées depuis le 1er janvier 2012, le règlement **de minimis** doit être respecté (voir nos 92660 s.). Il en est de même pour les **entreprises déjà implantées au 1er janvier 2006** dans les ZFU-TE de troisième génération ou **au 1er janvier 2004** dans les ZFU-TE de deuxième génération.

› Précisions **a.** Dans les sociétés soumises au régime fiscal des **sociétés de personnes,** le plafond d'exonération s'apprécie au niveau de chaque associé.
b. Les **sociétés membres d'un groupe** placé sous le régime d'intégration fiscale peuvent bénéficier de l'exonération mais le montant total des bénéfices exonérés ne peut excéder, pour tout le groupe, ni le plafond d'exonération prévu pour chaque période de douze mois ni le résultat d'ensemble.
c. Le bénéfice exonéré en application du dispositif prévu à l'**article 44 octies du CGI** ne peut excéder 61 000 € au titre de chaque période de douze mois. Le règlement de minimis s'applique également aux allégements d'impôt sur les bénéfices dans les ZFU-TE de première génération prévus à cet article.

10355 **Perte des avantages** Si une ou plusieurs des **conditions** d'application du régime **cessent d'être satisfaites,** l'entreprise perd le bénéfice des allégements pour l'avenir, sans remise en cause des exonérations obtenues antérieurement (BOI-BIC-CHAMP-80-10-20-40 n° 370). Si l'entreprise ne respecte pas les conditions relatives aux **seuils financiers** ou à la **détention du capital** au titre d'un exercice, elle ne peut bénéficier du régime d'allégement au titre de cette période mais elle peut se replacer sous le bénéfice du régime dans l'hypothèse où elle réunit à nouveau toutes les conditions requises au cours d'un exercice ultérieur (BOI-BIC-CHAMP-80-10-20-10 n° 300).

Défaut de transmission des **déclarations de chiffre d'affaires** : voir n° 10327, précision b.

ZONES DE REVITALISATION RURALE

10365 Les entreprises **créées ou reprises entre le 1er janvier 2011 et le 31 décembre 2020** dans les zones de revitalisation rurale (ZRR) définies n° 92540, d, peuvent bénéficier d'un régime d'exonération de leurs bénéfices pendant une période de huit ans. CGI art. 44 quindecies BIC-XVIII-50000 s

Dans les zones situées en **Guyane** et à **La Réunion,** le régime ne s'applique qu'aux entreprises créées ou reprises jusqu'au 31 décembre 2018.

Sur la possibilité de s'**assurer auprès de l'administration** de l'application du régime, voir n° 79565.

10366 **Conditions d'application de l'exonération** L'exonération est réservée aux entreprises soumises de plein droit ou sur option à un régime réel d'imposition, reprises ou créées, qui exercent une **activité industrielle, commerciale, artisanale** (au sens de l'article 34 du CGI) ou une activité **professionnelle non commerciale** (au sens de l'article 92, 1 du CGI).

Sont expressément **exclues** du dispositif les activités également exclues au n° 10270 (les gérants d'affaires et les courtiers restent toutefois exclus du présent régime), les activités de location d'établissements industriels et commerciaux munis de leurs équipements visées à l'article 35, I-5° du CGI ainsi que celles exclues des aides de minimis (voir n° 92615).

L'entreprise créée ou reprise doit employer **moins de onze salariés.** Si l'effectif varie en cours d'exercice, il est calculé compte tenu de la durée de présence des salariés en cause pendant l'exercice. Pour les exercices ouverts à compter du 1er janvier 2020, la **condition d'effectif** s'apprécie conformément aux règles prévues à l'article L 130-1, I du CSS et le mécanisme de **franchissement** du seuil prévu au II de cet article s'applique pour les exercices clos à compter de cette date (Loi 2019-486 du 22-5-2019 art. 12 ; Loi 2019-1479 du 28-12-2019 art. 41) ; voir nos 73830 s.

Son **capital** ne doit pas être détenu, directement ou indirectement, pour plus de 50 % par d'autres sociétés.

› Précisions **a.** En cas de **franchissement du seuil** d'effectif au titre des **exercices clos entre le 31 décembre 2015 et le 31 décembre 2019,** l'entreprise conserve le bénéfice du régime pour l'exercice de franchissement et les deux exercices suivants (Loi 2019-1479 du 28-12-2019 art. 41). Au titre des exercices ouverts avant le 1er janvier 2020, sont retenus les salariés bénéficiant d'un CDI ou d'un CDD d'au moins six mois à la clôture de chaque exercice d'application du régime ainsi que les titulaires de contrats de formation en alternance ou de réinsertion professionnelle mais les apprentis ne sont pas pris en compte (BOI-BIC-

CHAMP-80-10-70-10 nos 320 et 330). Les salariés à temps partiel sont pris en compte au prorata de la durée de leur temps de travail (BOI précité n° 340). Sont retenus les travailleurs liés aux entreprises de travail temporaire par des contrats de mission dont la durée cumulée est au moins égale à six mois au cours de l'exercice (BOI précité n° 345).

b. Exercice **à titre accessoire** d'une **activité exclue,** voir n° 10270 précision b.

c. L'**option** exercée **par un auto-entrepreneur pour le régime réel** n'ouvre pas droit au régime d'exonération mais ce dernier est applicable si l'auto-entrepreneur décide d'exercer sous la forme d'une EIRL soumise à l'impôt sur les sociétés (BOI-BIC-CHAMP-80-10-70-10 n° 50).

d. Constitue une reprise l'**acquisition de plus de 50 % des titres d'une société** sans changement d'activité (BOI-BIC-CHAMP-80-10-70-20 n° 70).

e. La **détention indirecte** est démontrée lorsque les associés personnes physiques de la société nouvelle ou reprise agissent comme les représentants d'une société préexistante également associée de la société nouvelle ou reprise (BOI-BIC-CHAMP-80-10-70-10 n° 420).

10367 **Opérations exclues** L'entreprise créée ou reprise ne doit pas avoir été créée dans le cadre d'une **extension d'activités préexistantes.** Sur les éléments caractéristiques d'une extension d'activités, voir n° 10282.

L'exonération ne s'applique pas aux **transferts d'activités** précédemment exercées par un contribuable ayant bénéficié, au titre d'une ou de plusieurs des cinq années précédentes, d'une prime d'aménagement du territoire ou d'un autre régime d'exonération d'impôt sur les bénéfices. Elle ne concerne pas non plus les créations et les reprises d'activités dans les ZRR consécutives au transfert, à la concentration ou à la restructuration d'activités précédemment exercées dans des ZRR, sauf pour la durée restant à courir si l'activité reprise ou transférée bénéficie ou a bénéficié du régime.

Le régime de faveur s'applique lorsque l'entreprise individuelle ou la société est reprise dans le cadre d'une première **transmission au profit d'un membre de la famille du cédant** (conjoint ou partenaire de Pacs, leurs ascendants et descendants, leurs frères et sœurs). En revanche, le régime n'est pas applicable en cas de transmission familiale ultérieure de l'entreprise individuelle ou de nouvelle opération de reprise ou de restructuration à l'issue de laquelle le cédant et sa famille détiennent ensemble, directement ou indirectement, plus de 50 % des droits de vote ou des droits dans les bénéfices sociaux de l'entreprise reprise.

› **Précisions** Un médecin qui cesse un **contrat de collaboration** pour s'installer à son compte peut bénéficier du régime d'exonération (BOI-RES-000029). Il en est de même du praticien qui cesse une **activité de remplaçant** pour exercer dans le cadre d'un contrat de collaborateur (BOI-RES-000030).

10368 **Montant et durée de l'exonération** L'**exonération** d'impôt sur les bénéfices (IR ou IS) est **totale** pendant cinq ans. À l'issue de cette période, est pratiqué un **abattement dégressif** de 75 % la 6e année, 50 % la 7e année et 25 % la 8e année.

L'exonération concerne les **bénéfices** et les **plus-values** (à l'exclusion des plus-values de réévaluation d'éléments d'actif) régulièrement déclarés dans les délais impartis. Elle s'applique après imputation des déficits reportables.

› **Précisions** **a.** Les entreprises qui exercent une **activité non sédentaire,** réalisée en partie en dehors des ZRR, peuvent bénéficier de l'exonération si elles réalisent au plus 25 % de leur chiffre d'affaires en dehors de ces zones. Au-delà de ce seuil, les bénéfices réalisés sont soumis à l'impôt dans les conditions de droit commun en proportion du chiffre d'affaires réalisé en dehors des zones éligibles. Ce seuil est déterminé en retenant les zones telles qu'elles existaient au moment de la création ou de la reprise de l'entreprise non sédentaire (BOI-BIC-CHAMP-80-10-70-10 n° 270).

b. Les entreprises implantées en ZRR qui **cessent volontairement** leur activité en la **délocalisant** hors de ces zones, dans un délai de cinq ans à compter de la date d'ouverture du premier exercice au titre duquel elles ont bénéficié de l'exonération (Décret 2007-94 du 24-1-2007 art. 2 modifié par le décret 2012-114 du 27-1-2012), sont tenues de reverser le montant des impositions non acquittées (BOI-BIC-CHAMP-80-10-70-30 n° 120).

c. Respect de la réglementation **de minimis** : voir nos 92660 s.

d. Le **changement d'objet social ou d'activité réelle** emporte déchéance du régime mais la nouvelle activité peut ouvrir droit au dispositif (BOI-BIC-CHAMP-80-10-70-30 n° 110).

e. Défaut de transmission des **déclarations de chiffre d'affaires** : voir n° 10327, précision b.

BASSINS D'EMPLOI À REDYNAMISER

10370 CGI art. 44 duodecies **BIC-XVIII-43000 s** Les bénéfices provenant d'**activités créées** par les entreprises dans les bassins d'emploi à redynamiser (BER) définis n° 92540, e, **entre le 1er janvier 2007 et le 31 décembre 2020** peuvent être totalement exonérés d'impôt sur le revenu ou d'impôt sur les sociétés. Pour les activités créées à compter du 1er janvier 2014, la **durée d'exonération** est de cinq ans (contre sept ans pour les activités créées précédemment).

L'exonération est réservée aux mêmes activités que celles ouvrant droit au régime des zones de restructuration de la défense (n° 10385). Elle s'applique aux bénéfices réalisés dans les territoires concernés et régulièrement déclarés par l'entreprise, sous réserve des mêmes exclusions que celles prévues pour le dispositif des ZFU-TE (nº 10345).

Les entreprises qui créent des activités à compter du 1er janvier 2014 perdent le bénéfice de l'exonération à partir de l'exercice au cours duquel elles procèdent à une **distribution de dividendes** à leurs actionnaires. Seules sont visées les sociétés dont le capital est divisé en actions (BOI-BIC-CHAMP-80-10-50 nº 550).

› Précisions **a.** L'**implantation** dans ces bassins est appréciée selon les mêmes modalités que pour le dispositif des ZFU-TE (nº 10345).
b. Ne peuvent bénéficier de l'exonération les **secteurs** d'activité **exclus** du champ d'application des réglementations européennes relatives aux aides à finalité régionale ou aux aides de minimis (voir nº 92615), selon que l'option a été exercée pour l'un ou l'autre de ces régimes.
c. Lorsque l'entreprise exerce une partie de son **activité en dehors des BER,** son bénéfice est exonéré au prorata de la base d'imposition à la cotisation foncière des entreprises afférente aux immobilisations implantées dans la zone. Cette règle ne concerne pas les **bailleurs d'immeubles** à usage industriel et commercial qui sont exonérés à raison des bénéfices provenant des seuls immeubles situés dans un BER.
d. L'exonération ne s'applique pas aux **transferts** d'activités précédemment exercées en dehors d'une telle zone par un contribuable ayant bénéficié, dans les cinq années précédant le transfert, de la prime d'aménagement du territoire ou d'une exonération d'impôt sur les bénéfices.
e. Respect de la réglementation **de minimis** ou des **aides à finalité régionale** : voir nos 92625, précision c, et 92660 s.

BASSINS URBAINS À DYNAMISER

Les **entreprises créées** dans les bassins urbains à dynamiser [BUD] (nº 92540, g) **entre le 1er janvier 2018 et le 31 décembre 2020** peuvent être totalement **exonérées** d'impôt sur le revenu ou d'impôt sur les sociétés pendant deux ans, puis bénéficier d'un **abattement dégressif** de 75 % la 3e année, 50 % la 4e année et 25 % la 5e année. **10375** CGI art. 44 sexdecies

Sont visées les **PME** définies nº 92650 qui exercent une **activité** industrielle, commerciale ou artisanale (au sens de l'article 34 du CGI), à l'exception des activités exclues des aides à finalité régionale ou en faveur des PME (nº 92615). L'entreprise ne doit pas être **détenue,** directement ou indirectement, pour plus de 50 % par d'autres sociétés (voir nº 10290).

Le bénéfice de l'exonération est subordonné à l'emploi d'au moins 50 % de **salariés résidant dans le BUD** ou à la condition que la moitié des salariés embauchés remplissent ce critère de résidence. Cette condition d'emploi ou d'embauche locale n'est toutefois exigée qu'à compter du deuxième salarié (BOI-BIC-CHAMP-80-10-90-20 nº 190).

L'exonération concerne les **bénéfices** et les **plus-values** (à l'exclusion des plus-values de réévaluation d'éléments d'actif) régulièrement déclarés dans les délais impartis. Elle s'applique après imputation des déficits reportables.

› Précisions **a.** S'agissant de l'appréciation du **caractère nouveau** de l'entreprise, voir nos 10275 s.
b. En ce qui concerne l'exercice d'une **activité non sédentaire,** voir nº 10265.
c. Respect des réglementations des **aides à finalité régionale ou** des aides en faveur des **PME** : voir nos 92625 s. et 92645 s.
d. Défaut de transmission des **déclarations de chiffre d'affaires** : voir nº 10327, précision b.
e. Sur la possibilité de **s'assurer auprès de l'administration** de l'application du régime, voir nº 79565.

ZONES DE RESTRUCTURATION DE LA DÉFENSE

Un régime d'exonération d'impôt sur le revenu ou d'impôt sur les sociétés s'applique aux bénéfices provenant de certaines activités implantées dans une zone de restructuration de la défense (ZRD) définie nº 92540, f, étant précisé que l'accès au statut spécial intervient à des dates différentes. L'exonération s'applique aux **activités créées** selon les cas : **10380** CGI art. 44 terdecies BIC-XVIII-45000 s

– pendant une période de **trois ans** qui débute à compter du 17 septembre 2009 pour les zones reconnues au titre de 2009 ou 2010 ou, dans les autres situations, à partir du 1er janvier de l'année précédant celle de cette reconnaissance ;

– pendant une période de **six ans** pour les zones reconnues à compter du 1er janvier 2015.

Les ZRD peuvent être reconnues par arrêté au titre des années comprises entre 2009 et 2019.

Champ d'application de l'exonération Le dispositif est réservé aux **activités** suivantes : activités industrielles, commerciales ou artisanales (au sens de l'article 34 du CGI), activités professionnelles non commerciales (au sens de l'article 92, 1 du CGI), location d'immeubles professionnels munis de leurs équipements (CGI art 35, I-5º). **10385**

Sont **exclues** du dispositif les activités agricoles, les activités de crédit-bail mobilier et de location d'immeubles à usage d'habitation ainsi que les activités exclues par la réglementation européenne relative aux aides de minimis ou, le cas échéant, aux aides à finalité régionale (nº 92615).

> **Précisions** **a.** L'**implantation** dans les ZRD est appréciée selon les mêmes modalités que pour les ZFU-TE (nº 10345).
> **b.** L'avantage fiscal ne s'applique pas aux **transferts** d'activités précédemment exercées en dehors d'une ZRD par un contribuable ayant bénéficié dans les cinq années précédant le transfert de la prime d'aménagement du territoire ou d'un autre régime d'exonération des bénéfices. Par ailleurs, les entreprises qui **reprennent** une activité dans une ZRD peuvent bénéficier de l'exonération pour sa durée d'application restant à courir.

10390 **Montant et durée de l'exonération** Les bénéfices sont **totalement exonérés** d'impôt sur le revenu ou d'impôt sur les sociétés pendant cinq ans puis bénéficient d'un **abattement dégressif** de 2/3 la 6e année et de 1/3 la 7e année. L'exonération concerne les bénéfices réalisés dans les territoires concernés et régulièrement déclarés par l'entreprise, sous réserve des exclusions visées nº 10347.

> **Précisions** **a.** Lorsque l'entreprise exerce une partie de son **activité en dehors de la zone,** le bénéfice est exonéré en proportion du montant hors taxe du chiffre d'affaires ou des recettes réalisé dans la zone. Cette règle ne concerne pas le bailleur d'immeubles qui est exonéré à raison des bénéfices provenant des seuls immeubles situés en zone.
> **b.** Respect de la réglementation **de minimis** ou des **aides à finalité régionale,** voir nº 92625, précision c, et nos 92660 s.
> **c.** Défaut de transmission des **déclarations de chiffre d'affaires** : voir nº 10327, précision b.

ZONES DE DÉVELOPPEMENT PRIORITAIRE

10395 CGI art. 44 septdecies

Les **PME créées** dans les zones de développement prioritaire (nº 92540, h) **entre le 1er janvier 2019 et le 31 décembre 2020** peuvent être totalement **exonérées** d'impôt sur le revenu ou d'impôt sur les sociétés pendant deux ans, puis bénéficier d'un **abattement dégressif** de 75 % la 3e année, 50 % la 4e année et 25 % la 5e année. Les conditions d'application de ce régime sont identiques à celles prévues pour les entreprises créées dans les BUD (nº 10375), étant toutefois précisé que le présent dispositif ne prévoit pas de condition d'emploi ou d'embauche locale.

JEUNES ENTREPRISES INNOVANTES

10400 CGI art. 44 sexies-0 A BIC-XVIII-13000 s

Le statut de jeune entreprise innovante (JEI) qui ouvre droit à des avantages fiscaux est accordé aux **PME** qui respectent les seuils visés au nº 92650, **créées depuis moins de huit ans** et dont le **capital** est **détenu** de manière continue à hauteur de 50 % au moins soit par des personnes physiques, de manière directe ou indirecte (mais avec une seule société interposée ayant la qualité de PME), soit par certaines entreprises du secteur du capital-risque, soit par des associations ou fondations reconnues d'utilité publique à caractère scientifique ou des établissements publics de recherche et d'enseignement et leurs filiales, soit par des sociétés qualifiées elles-mêmes de JEI.

Elles doivent engager au cours de chaque exercice des **dépenses de recherche et de développement** représentant, pour les exercices ouverts à compter du 1er janvier 2020, au moins 15 % de leurs charges fiscalement déductibles, à l'exception des pertes de change et des charges nettes sur cessions de valeurs mobilières de placement (Loi 2019-1479 du 28-12-2019 art. 46).

L'administration a indiqué que, pour les JEI qui ont un **établissement stable dans un État de l'UE ou de l'EEE,** ce seuil s'apprécie en tenant compte, de façon facultative selon nous, des dépenses de recherche et des charges de cet établissement, à condition qu'elles correspondent à des charges qui auraient été fiscalement déductibles si l'établissement était établi en France (BOI-BIC-CHAMP-80-20-20-10 nº 247).

Les JEI dirigées ou détenues à hauteur de 10 % au moins par des étudiants, des personnes titulaires d'un master ou d'un doctorat depuis moins de 5 ans, ou qui exercent une activité d'enseignement ou de recherche peuvent accéder au statut de jeune entreprise universitaire (**JEU**) lorsque leur activité principale consiste dans la valorisation des travaux de recherche auxquels ce dirigeant ou cet associé a participé au sein d'un établissement d'enseignement supérieur. Les JEU ne sont pas soumises à la condition relative à l'importance de leurs dépenses de recherche.

Le statut de JEI est réservé aux entreprises réellement **nouvelles** au sens de l'article 44 sexies du CGI (nos 10275 s.). Il s'applique aux entreprises créées jusqu'au **31 décembre 2022** (Loi précitée art. 46).

> **Précisions** **a.** Les **dépenses de recherche** prises en compte pour le statut de JEI sont celles qui ouvrent droit au crédit d'impôt recherche (nos 10478 s.) à l'exclusion des dépenses d'élaboration de nouvelles collections, des dépenses de veille technologique et des dépenses d'innovation. Toutefois, le doublement des dépenses, les plafonds et les forfaits

retenus pour le calcul de ce crédit d'impôt ne doivent pas être utilisés pour l'appréciation du statut de JEI, à l'exception des dépenses de fonctionnement (BOI-BIC-CHAMP-80-20-20-10 nº 200). La rémunération attribuée à l'exploitant d'une entreprise individuelle ou aux associés d'une société de personnes peut être retenue pour son montant réel dans la limite d'un plafond fixé pour 2019, selon nos calculs (établis à partir de l'indice Dares de juin 2019), à 71 092 €. Elle doit être ajoutée aux deux termes du rapport pour l'appréciation du seuil de 15 % (BOI-BIC-CHAMP-80-20-20-10 nº 245).

b. Le statut de JEI peut être accordé à une entreprise créée par un **ancien salarié** qui développe un projet de recherche initié au sein de l'entreprise préexistante dès lors que cette dernière abandonne ses travaux sur le projet et que la JEI développe son activité de manière autonome. En outre, il peut bénéficier d'une **assistance de l'entreprise préexistante** sous forme de mise à disposition de locaux ou de moyens administratifs de type secrétariat (BOI-BIC-CHAMP-80-20-20-10 nºs 670 et 680).

c. Pour l'accès au statut de la **JEU,** les conditions dans lesquelles est organisée la valorisation des travaux de recherche réalisés par le dirigeant ou l'associé au sein de l'établissement d'enseignement supérieur sont fixées dans une **convention** qu'il doit conclure avec l'entreprise (CGI ann. II art. 32 C bis).

d. La procédure de **contrôle sur demande** portant sur l'éligibilité des dépenses de recherche au crédit d'impôt recherche est applicable pour l'appréciation du seuil de 15 % (nº 78410).

Montant et durée de l'exonération Les JEI peuvent obtenir une période d'**exonération totale** des bénéfices suivie d'une période d'**abattement de 50 %** de douze mois chacune. Ces avantages s'appliquent à des **exercices bénéficiaires,** qui ne sont pas forcément consécutifs. 10405 CGI art. 44 sexies A BIC-XVIII-14150 s

L'exonération concerne les bénéfices et les plus-values régulièrement déclarés par l'entreprise, après imputation des déficits reportables (pour les entreprises soumises à l'impôt sur les sociétés). En sont toutefois **exclus** certains produits : produits de participations, subventions, libéralités et abandons de créances, excédent des produits financiers sur les frais de même nature.

> Précisions **a.** Respect du règlement **de minimis** : voir nºs 92660 s.

b. Si l'une des **conditions** du statut spécial **cesse d'être satisfaite** à la clôture d'un exercice, l'entreprise perd définitivement le droit au régime de faveur. Elle bénéficie toutefois en principe au titre de cet exercice de l'abattement de 50 % sur ses bénéfices imposables.

c. Les JEI qui remplissent les conditions requises pour bénéficier d'un **autre régime d'exonération** peuvent opter pour le présent dispositif dans les dix premiers mois d'activité (pour les entreprises nouvellement créées), ou dans les neuf premiers mois de l'exercice au titre duquel elles remplissent les conditions requises pour prétendre au statut de JEI. L'option est irrévocable tant que l'entreprise peut prétendre au statut de JEI.

d. Sur la possibilité de **s'assurer auprès de l'administration** de l'application du régime, voir nº 79565.

2. PROPRIÉTÉ INDUSTRIELLE ET LOGICIELS PROTÉGÉS PAR LE DROIT D'AUTEUR

PRODUITS PERÇUS PAR LES ENTREPRISES

Le régime applicable aux produits issus de certains droits de la propriété intellectuelle transpose en droit français l'**approche « nexus »** consacrée par l'OCDE et l'Union européenne, consistant à lier le bénéfice de l'avantage fiscal afférent à ces produits aux dépenses de recherche engagées par l'entreprise. Ces produits peuvent, sur option, être taxés pour une fraction de leur montant au taux réduit de 10 %, auquel s'ajoutent, pour les entreprises relevant de l'IR, les prélèvements sociaux (nº 34555) (CGI art. 219, I-a, al. 2, et 158, 4). 10420 CGI art. 238

> Précisions **a.** L'**option** pour le régime spécial est formulée dans la déclaration des résultats de l'exercice au titre duquel elle est exercée. Elle est formulée pour chaque actif concerné ou, sous certaines conditions, par ensemble d'actifs concourant à la production d'un bien ou service ou d'une famille homogène de biens ou services. L'entreprise qui cesse d'appliquer ce régime au titre d'un exercice donné en perd définitivement le bénéfice pour chaque actif, bien ou service ou famille de biens ou services concernés.

b. L'application du régime spécial dans un **groupe fiscal** est examinée nº 40495.

Champ d'application du régime spécial Le régime spécial s'applique, sous certaines conditions, aux entreprises relevant de l'**impôt sur les sociétés** ou de l'**impôt sur le revenu** et soumises de plein droit ou sur option à un régime réel d'imposition. Pour la détermination des exercices clos à compter du 31 décembre 2019, le taux réduit ne s'applique, dans les **sociétés de personnes** et assimilées relevant de l'impôt sur le revenu, qu'à la quote-part du résultat net correspondant aux droits des associés soumis à l'impôt sur les sociétés ou des associés personnes physiques qui participent de manière personnelle, continue et directe à l'activité au sens de l'article 156, I-1º bis du CGI (voir nº 1020 s.) (Loi 2019-1479 du 28-12-2019 art. 56). 10422

Peut bénéficier du régime spécial le résultat net de **cession, concession** de licence d'exploitation ou **sous-concession** portant sur certains **droits** de la propriété intellectuelle : brevets, certificats d'utilité, certificats complémentaires de protection rattachés à un brevet, certificats d'obtention végétale, titres équivalents délivrés par un office étranger de propriété industrielle (BOI-BIC-BASE-110-10 n° 20 et n° 90), logiciels protégés par le droit d'auteur, procédés de fabrication industriels et, pour les PME, inventions dont la brevetabilité a été certifiée par l'Inpi.

Les brevets et les autres éléments visés ci-dessus, qu'ils soient cédés, concédés ou sous-concédés, doivent avoir le caractère d'éléments de l'**actif incorporel immobilisé,** condition non remplie, en cas de cession, lorsque l'objet de l'entreprise est d'acquérir des droits de propriété industrielle en vue de leur revente ou, en cas de concession, lorsque l'entreprise a pour objet d'acquérir ou de mettre au point de tels actifs en vue de les revendre (BOI-BIC-BASE-110-20 n°s 20 et 50).

› Précisions **a.** Les **procédés de fabrication industriels** doivent remplir les trois conditions cumulatives suivantes : ils constituent le résultat d'opérations de recherche, sont l'accessoire indispensable de l'exploitation d'un brevet et font l'objet d'une licence d'exploitation unique avec l'invention.

b. L'éligibilité au régime spécial des **inventions** dont la brevetabilité a été certifiée par l'Inpi concerne les contribuables dont le chiffre d'affaires mondial du groupe auquel ils appartiennent n'excède pas 50 M€ et dont les revenus bruts issus de la totalité des actifs incorporels éligibles ne dépassent pas 7,5 M€ par an, en moyenne sur les cinq derniers exercices. Le groupe s'entend de l'ensemble des entreprises françaises ou étrangères placées sous le contrôle d'une même personne morale, au sens de l'article L 233-16 du Code de commerce. L'entrée en vigueur de ces dispositions sera fixée par décret, après réception de la réponse de la Commission européenne, interrogée sur leur conformité au droit de l'Union européenne en matière d'aides d'État.

c. Sont admis à titre provisoire au régime spécial les brevets et certificats d'utilité **en cours de délivrance,** une régularisation devant toutefois être effectuée au titre des exercices pour lesquels l'entreprise a appliqué le régime si la délivrance du titre n'est finalement pas intervenue à la clôture du troisième exercice suivant la date du dépôt de la demande (BOI-BIC-BASE-110-10 n° 30).

d. Lorsque le **contrat** transférant un élément de propriété industrielle porte **à la fois sur des actifs éligibles et sur des droits non éligibles** (notamment des marques) et/ou des prestations de services telles que l'assistance technique, le régime spécial ne s'applique qu'à la partie du prix afférente aux premiers actifs, telle qu'elle résulte de la répartition du prix convenu dans le contrat. Si celui-ci fixe un prix global, l'entreprise doit ventiler la partie du prix correspondant aux actifs éligibles en fonction d'éléments objectifs (comparaison avec des transactions analogues ou clés de répartition reposant sur des données comptables) (BOI précité n°s 340 et 350).

10425 **Concession** Le résultat net de la concession qui peut être imposé au taux réduit est déterminé en deux temps.

Dans un premier temps, le **résultat net** est calculé par différence entre le revenu (redevances), acquis au cours de l'exercice, tiré de l'actif éligible, et les dépenses de recherche et développement (R&D) qui se rattachent directement à cet actif, réalisées directement ou indirectement par l'entreprise au cours du même exercice. Toutefois, au titre du premier exercice pour lequel le revenu net est calculé, il convient de déduire l'ensemble des dépenses en lien direct avec la création, l'acquisition et le développement de l'actif incorporel, y compris celles réalisées antérieurement au cours des exercices ouverts à compter de l'exercice au titre duquel l'option pour cet actif a été exercée (BOI-BIC-BASE-110-30 n° 140) et non pas, comme mentionné dans la loi, à compter de la date à laquelle l'option pour le régime spécial est exercée (mécanisme de « recapture » des dépenses).

Dans un deuxième temps, si le résultat net est **positif,** seule une fraction de ce résultat peut bénéficier du taux réduit. Elle est obtenue en lui appliquant le rapport (**ratio « nexus »**) existant entre :

– au numérateur : les dépenses de R&D en lien direct avec la création et le développement de l'actif incorporel réalisées directement par le contribuable ou par des entreprises sans lien de dépendance au sens de l'article 39, 12 du CGI avec celui-ci. Sont exclues les dépenses d'acquisition d'actifs incorporels éligibles au régime spécial ainsi que les dépenses réalisées par un établissement stable étranger de l'entreprise française bénéficiaire de ce régime (BOI précité n° 190). Les dépenses du numérateur sont majorées de 30 %, étant toutefois précisé que le rapport entre les dépenses ainsi majorées et les dépenses figurant au dénominateur est arrondi au nombre entier supérieur et ne peut pas excéder 100 % ;

– au dénominateur : les dépenses figurant au numérateur, les coûts d'acquisition ainsi que les dépenses externalisées à des entreprises liées.

Les coûts afférents aux emprunts, aux terrains et aux bâtiments ne sont en revanche pas retenus pour le calcul du ratio « nexus ».

Celui-ci est calculé au titre de chaque exercice et tient compte des dépenses réalisées au titre de l'exercice et des exercices antérieurs (voir toutefois précision c).

Dans certaines circonstances exceptionnelles, et sous réserve de l'obtention d'un agrément, le ratio « nexus » peut être écarté au profit d'un **ratio de remplacement,** représentant la proportion de la valeur de l'actif éligible qui serait effectivement attribuable aux activités de R&D réalisées directement par le contribuable ou par des entreprises sans lien de dépendance au sens de l'article 39, 12 du CGI avec celui-ci.

Le résultat net bénéficiaire obtenu après application du ratio « nexus » est déduit extra-comptablement et soumis au taux de 10 %. Toutefois, légalisant la doctrine administrative (BOI précité n° 340), la loi autorise, pour la détermination des résultats des exercices clos à compter du 31 décembre 2019, l'imputation du résultat net bénéficiaire sur les déficits d'exploitation de l'exercice (CGI art. 219, I-a et 158, 4 modifiés par la loi 2019-1479 du 28-12-2019 art. 50).

Si le résultat net est **négatif,** il ne peut être imputé que sur les résultats nets bénéficiaires de concession du même actif, du même bien ou service ou de la même famille de biens ou services réalisés au cours des exercices suivants avant application du ratio « nexus ».

› Précisions **a.** Des **liens de dépendance** sont réputés exister lorsqu'une entreprise détient directement ou par personne interposée la majorité du capital social de l'autre, ou y exerce en fait le pouvoir de décision, ou encore si les deux entreprises sont placées, dans les conditions qui viennent d'être indiquées, sous le contrôle d'une même entreprise tierce (CGI art. 39, 12). Tel est le cas, par exemple, des liens existant entre des sociétés sœurs ou cousines (BOI-BIC-CHG-40-20-10 n° 40).

b. Selon l'administration, constituent notamment des **dépenses de R&D** venant en diminution du revenu de l'exercice les dépenses suivantes : dépenses de personnel de recherche ; dépenses d'externalisation de la R&D ; coût des matières premières et fournitures consommées ; dépenses d'acquisition d'installations techniques, de matériels et outillages industriels affectés directement aux opérations de R&D ; dépenses de création ou d'acquisition d'actifs incorporels bénéficiant du régime spécial ; frais de prise et de maintenance des titres de propriété industrielle (BOI-BIC-BASE-110-30 n° 80). Ces dépenses restent déductibles pour la détermination du résultat imposable au taux de droit commun si elles répondent aux conditions générales de déduction des charges et peuvent être retenues dans l'assiette du crédit d'impôt recherche si elles sont éligibles à ce dispositif (BOI précité nos 70 et 90).

c. Pour les **exercices ouverts en 2019 et 2020,** les entreprises sont autorisées à apprécier globalement le **ratio « nexus »** au niveau de l'entreprise en ne retenant que les dépenses de l'exercice en cours et celles des deux exercices ouverts au cours des deux années antérieures (Loi 2018-1317 du 28-12-2018 art. 37, III-3). Pour les **exercices ouverts à compter du 1er janvier 2021,** elles sont autorisées à ne tenir compte, au titre des dépenses antérieures, que de celles réalisées au titre des exercices ouverts à compter du 1er janvier 2019 (Loi 2018-1317 du 28-12-2018 art. 37, III-4 ; CGI art. 238, III-2-al. 2).

d. L'**agrément** permettant d'utiliser un ratio de remplacement doit être demandé au moins six mois avant la date limite de déclaration de résultats du premier exercice au titre duquel l'entreprise souhaite l'appliquer. Il est délivré pour cinq exercices, à condition qu'à la clôture de chacun de ces exercices le ratio « nexus » soit supérieur à 32,5 % et que le ratio de remplacement soit significativement supérieur au ratio « nexus » du fait de circonstances exceptionnelles indépendantes de la volonté du contribuable.

e. Les entreprises doivent fournir chaque année une **annexe** à la déclaration de résultats détaillant les calculs réalisés pour la détermination du revenu net et du ratio « nexus ». Cette annexe indique, le cas échéant, les inventions brevetables et la somme des résultats nets issu de cette catégorie d'actifs, ainsi que les actifs pour lesquels le résultat net imposable au taux réduit a été déterminé par application d'un ratio de remplacement.

f. À la date d'engagement de la vérification de comptabilité, les entreprises doivent tenir à la disposition de l'administration une **documentation** permettant de justifier la détermination du résultat imposé au taux réduit, comprenant une description générale de l'organisation des activités de R&D ainsi que des informations spécifiques (LPF art. L 13 BA). En cas de non-production ou de production partielle de cette documentation dans le délai de trente jours après réception d'une mise en demeure, l'entreprise est passible, pour chaque exercice vérifié, d'une **amende** égale à 5 % du montant des revenus imposés au taux réduit et tirés des actifs concernés par la mise en demeure (CGI art. 1740-0 C).

g. En cas de **fusion** ou opération assimilée placée sous le régime des articles 210 A à 210 C du CGI, la société absorbante ou bénéficiaire des apports calcule son ratio « nexus » en reprenant, au titre des exercices ultérieurs, les dépenses ayant servi au calcul du ratio « nexus » de la société absorbée ou apporteuse. Elle reprend également l'éventuel résultat net négatif réalisé par la société absorbée ou apporteuse (CGI art. 209, II ter).

Exemple de calcul de la fraction des redevances imposable à taux réduit 10426

Une entreprise A, établie en France, entame en 2018 un programme de recherche et développement (R&D). Elle dépose un brevet en 2020 et opte pour le régime de faveur au titre de cet exercice.

Les dépenses de A afférentes au brevet s'élèvent à : 150 au titre de chacun des exercices 2018 et 2019 ; 200 au titre de l'exercice 2020 ; 150 au titre de chacun des exercices 2021 et 2022.

Parmi ces dépenses, celles sous-traitées à l'entreprise liée B s'élèvent à 100 au titre de chaque exercice.

Les premiers revenus bruts issus de l'exploitation du brevet sont constatés en 2021 : 250. Revenus bruts 2022 : 300.

Le résultat net 2021 est déterminé comme suit : 250 – [150 (dépenses de A au titre de 2021) + 200 (dépenses de A au titre de 2020] = – 100. Ce revenu net étant négatif, il est reporté sur les revenus nets bénéficiaires tirés du brevet réalisés ultérieurement.

Le résultat net 2022 s'élève à : 300 – [150 (dépenses de A au titre de 2022) + 100 (résultat net négatif 2021)] = 50.

Le ratio « nexus » 2022 est calculé comme suit : (dépenses de R&D réalisées par A de 2019 à 2022, majorées de 30 %) / (totalité des dépenses de R&D réalisées de 2019 à 2022), y compris celles sous-traitées à l'entreprise liée B), soit [130 % × (50 + 100 + 50 + 50)] / (150 + 200 + 150 + 150) = 50 %.

Le résultat 2022 imposable au taux réduit de 10 % s'élève donc à : 50 × 50 % = 25.

10428 **Sous-concession** Le régime spécial d'imposition à taux réduit s'applique également sur option au résultat net de sous-concession d'un actif incorporel, dans les mêmes conditions et selon les mêmes modalités qu'en cas de concession (nos 10420 s.).

Les redevances dues à l'entreprise concédante sont toutefois prises en compte pour déterminer le **résultat net de sous-concession** (au titre des dépenses de R&D venant en déduction des redevances de sous-concession acquises au titre de l'exercice) ainsi qu'au dénominateur du **ratio « nexus »**, ces redevances étant assimilées à des dépenses d'acquisition (CGI art. 238, VI).

10430 **Cession de droits** Le régime spécial d'imposition à taux réduit s'applique également sur option au résultat net de cession d'un actif incorporel, dans les mêmes conditions et selon les mêmes modalités qu'en cas de concession (nos 10420 s.), sous réserve des conditions supplémentaires suivantes (CGI art. 238, VII) :

– lorsque l'actif incorporel a été **acquis à titre onéreux,** l'acquisition doit remonter à deux ans au moins ;

– il ne doit pas exister de **liens de dépendance** au sens de l'article 39, 12 du CGI (no 10425, précision a) entre l'entreprise cédante et l'entreprise cessionnaire.

La **cession** s'entend de toute opération entraînant la sortie de l'actif de l'entreprise, notamment vente, apport en société, échange, retrait pur et simple de l'actif (BOI-BIC-BASE-110-10 no 280).

REDEVANCES VERSÉES PAR LES ENTREPRISES

10435 Les redevances versées au concédant sont en principe déductibles dans les conditions de droit commun (no 8150).

Toutefois, ne sont pas déductibles, pour une fraction de leur montant, les redevances de **droits de la propriété intellectuelle** versées à une **entreprise liée** au sens de l'article 39, 12 du CGI (no 10425, précision a) qui n'est pas, au titre de l'exercice en cours, soumise à raison de ces mêmes redevances à un impôt sur le revenu ou sur les bénéfices dont le taux effectif est au moins égal à 25 %. En cas d'interposition d'une ou plusieurs entreprises liées, les modalités d'imposition des redevances sont appréciées au niveau de leur bénéficiaire réel. La limitation de la déductibilité des redevances s'applique lorsque le bénéficiaire réel est établi dans un **État** qui n'est ni membre de l'Union européenne, ni partie à l'accord sur l'Espace économique européen et bénéficie, au titre des redevances, d'un **régime fiscal** considéré comme dommageable par l'OCDE.

La fraction non déductible est égale au produit du montant des redevances par le rapport entre, au numérateur, la différence entre 25 % et le taux effectif d'imposition auxquels ont été soumises les redevances, et, au dénominateur, 25 % (CGI art. 39, 12 ter).

Par **exemple,** si le taux effectif d'imposition d'une entreprise B à laquelle une entreprise A verse 100 de redevances s'élève à 10 %, les redevances versées par A ne sont pas déductibles à hauteur de : 100 × [25–10) / 25] = 60.

Redevances versées à des personnes établies dans un pays à **régime fiscal privilégié** ou dans un **État ou territoire non coopératif,** voir no 78295.

Pour les exercices ouverts à compter du 1er janvier 2020, la déduction des redevances versées à l'étranger à certaines entités peut par ailleurs être écartée en application des mesures de lutte contre les dispositifs hybrides (nos 35817 s.), par exemple lorsque ces redevances sont versées à l'établissement stable étranger d'une société associée elle-même établie dans un autre État, et que ces redevances ne sont imposées ni dans l'État de la société associée, ni dans celui de son établissement stable, compte tenu d'une différence dans l'attribution des paiements entre le siège et son établissement stable ou d'une différence de qualification d'un établissement stable.

3. IMPOSITION FORFAITAIRE DES ENTREPRISES DE TRANSPORT MARITIME

Les entreprises dont le **chiffre d'affaires** provient pour 75 % au moins de l'exploitation de navires armés au commerce peuvent bénéficier d'un régime forfaitaire d'imposition à l'impôt sur les sociétés. Ce dispositif s'applique sur **option** formulée pour une période irrévocable de dix ans, renouvelable au terme de cette période. **10450** CGI art. 209-0 B **BIC-XVIII-16000 s**

Pour les options formulées au titre d'un exercice clos depuis le 27 novembre 2014, le bénéfice du régime est subordonné à la condition que l'entreprise exploite sous pavillon d'un État membre de l'**Union européenne ou de l'Espace économique européen** un tonnage net d'au moins 25 % et s'engage à ne pas réduire cette proportion durant la période d'application du dispositif. En cas de non-respect de cet engagement, les navires qui ont conduit à minorer la proportion de tonnage sous ce pavillon sont, sous réserve de certaines exceptions, exclus du régime.

Le régime forfaitaire d'imposition s'applique à la part du résultat qui provient de l'exploitation des navires affectés au transport, au remorquage ou à toute activité d'assistance maritime, gérés à partir de la France et dont la jauge brute est supérieure à 50 unités du système de jaugeage universel (UMS). Le résultat imposable est déterminé par application d'un **barème** forfaitaire à chaque navire par jour et par tranche de jauge nette de 100 unités.

Le bénéfice provenant des autres opérations ainsi que le montant des plus-values de cession ou de réévaluation sont déterminées dans les conditions de droit commun. Les **plus-values de cession** des navires éligibles au régime sont exonérées au prorata de la durée de détention du navire pendant la période couverte par l'option par rapport à sa durée totale de détention (CGI art. 209, V).

› Précisions **a.** Le dispositif est ouvert aux **sociétés propriétaires** ou copropriétaires d'un navire exploité directement, donné en affrètement à temps ou en affrètement coque nue au profit d'une société du même groupe qui a opté, ou aux sociétés qui prennent un navire en **crédit-bail.**
b. Pour les sociétés membres d'un **groupe** (n°s 40150 s.), la proportion de 25 % est appréciée au regard du tonnage net total exploité par les sociétés membres.
c. Pour le calcul de l'abattement applicable aux **plus et moins-values** de cession des navires, la **durée de détention** est calculée à partir de la date de début d'exploitation du navire lorsque l'armateur a acquis l'intégralité des parts de la société propriétaire du navire puis a acquis ce dernier dans le cadre d'une fusion ou opération assimilée placée sous le régime de faveur des articles 210 A, 210 B et 210 C du CGI.

4. CRÉDITS OU RÉDUCTIONS D'IMPÔT

a. Crédit d'impôt recherche

ENTREPRISES BÉNÉFICIAIRES

Les entreprises **industrielles, commerciales, artisanales ou agricoles** imposées selon un **régime réel** qui exposent des dépenses de recherche ou d'innovation peuvent bénéficier d'un crédit d'impôt. Il en va de même pour les sociétés commerciales exerçant une **activité de nature non commerciale** (CE 7-7-2006 n° 270899 : RJF 10/06 n° 1156 ; BOI-BIC-RICI-10-10-10-10 n° 1). **10470** CGI art. 244 quater B, I **IS-IX-500 s**

Ce régime s'applique également à certaines entreprises **exonérées d'impôt sur les bénéfices** (n°s 10260 s.) : entreprises nouvelles, jeunes entreprises innovantes, entreprises créées pour la reprise d'une entreprise en difficulté, entreprises créées ou reprises dans les zones de revitalisation rurale, zones de développement prioritaire, entreprises qui exercent ou créent des activités dans les zones franches urbaines – territoires entrepreneurs, entreprises implantées dans les bassins d'emploi à redynamiser, dans les bassins urbains à dynamiser, dans les zones de restructuration de la défense ou dans les zones franches d'activités outre-mer. Les entreprises exonérées en vertu d'autres dispositions n'ont droit au crédit d'impôt qu'à raison des dépenses se rattachant, le cas échéant, à leurs activités non exonérées (CE 18-9-2015 n° 376154 : RJF 12/15 n° 995).

OPÉRATIONS DE RECHERCHE ÉLIGIBLES

L'administration a défini les opérations de recherche éligibles au crédit d'impôt en s'appuyant sur le Manuel de Frascati élaboré par l'OCDE (BOI-BIC-RICI-10-10-10-20 n° 1). **10475** CGI ann. III art. 49 septies F

Sont considérées comme opérations de recherche scientifique ou technique les activités de **recherche fondamentale,** les activités de recherche **appliquée** et les activités de **développement expérimental** (y compris la réalisation d'opérations de conception de prototypes ou d'installations pilotes).

Les entreprises désireuses de s'assurer que leurs projets de recherche ouvrent droit au crédit d'impôt peuvent interroger l'**administration,** le **ministère chargé de la recherche** ou l'**Agence nationale de la recherche** (LPF art. L 80 B, 3° et 3° bis). La demande doit être transmise selon un modèle fixé par arrêté (Arrêté FCPE1422275A du 28-11-2014) au moins six mois avant la date limite de dépôt de la déclaration spéciale de crédit d'impôt (n° 2069-A-SD) ou de la première déclaration spéciale lorsque le projet de recherche est pluriannuel. L'absence de réponse dans les trois mois vaut **accord** (voir n° 79565). Cette procédure s'applique également aux dépenses d'innovation des PME (n° 10485).

> **Précisions** **a.** Les **PME** qui sollicitent l'administration sur l'éligibilité de leur projet (voir n° 78410) peuvent corrélativement demander la **validation d'un montant plancher de leurs dépenses** de recherche au titre de l'exercice en cours (BOI-SJ-RES-10-20-20-20 n°s 5 s.).
> **b.** En cas de modification du projet de recherche pluriannuel initialement soumis à l'administration, les entreprises ayant déjà obtenu une prise de position formelle confirmant l'éligibilité de leur projet au crédit d'impôt recherche peuvent solliciter une révision de cette décision (BOI précité n°s 20 et 30). Cette **demande de révision** doit être déposée au moins six mois avant la date limite de dépôt de la déclaration spéciale de crédit d'impôt recherche.
> **c.** Le crédit d'impôt peut se cumuler avec les **autres mesures** prévues en faveur de la **recherche** : déduction immédiate des dépenses de recherche (n° 8405) ; réduction d'impôt au titre des dons aux organismes de recherche agréés (n° 10695).

DÉPENSES DE RECHERCHE À PRENDRE EN COMPTE

10478 CGI art. 244 quater B, II-a à j IS-IX-950 s

Les dépenses de recherche éligibles au crédit d'impôt sont limitativement énumérées par la loi. En outre, elles doivent être déductibles du résultat imposable en France et correspondre à des opérations **localisées au sein de l'Union européenne, en Norvège, en Islande ou au Liechtenstein.** Cette condition de territorialité n'est pas exigée pour les dépenses de veille technologique et pour les frais de défense, de maintenance et de prise des brevets et des certificats d'obtention végétale (n° 10484).

10480 **Amortissement des immobilisations affectées à la recherche** Sont visés :
– les **dotations aux amortissements** fiscalement déductibles (CGI ann. III art. 49 septies I, a) des immobilisations, créées ou acquises à l'état neuf et affectées directement à la réalisation d'opérations de recherche. En cas de **sinistre** touchant ces immobilisations, la dotation aux amortissements correspondant à la différence entre l'indemnité d'assurance et le coût de reconstruction ou de remplacement du bien peut être prise en compte ;
– les amortissements des **brevets** et des **certificats d'obtention végétale** acquis en vue des recherches.

> **Précisions** **a.** Lorsque les immobilisations affectées aux opérations de recherche sont prises en **crédit-bail,** l'entreprise locataire peut retenir les **amortissements** pratiqués par le crédit-bailleur à raison des biens en cause (BOI-BIC-RICI-10-10-20-10 n°s 60 à 90). En revanche, ne peuvent être retenus les amortissements pratiqués sur des immobilisations données en **location-gérance** à une autre société qui les exploite pour des opérations de recherche (CE 17-9-2010 n° 313576 : RJF 12/10 n° 1144).
> **b.** Les **coûts de développement** peuvent être immédiatement inclus dans l'assiette du crédit d'impôt recherche même s'ils sont **comptabilisés en immobilisations** ; mais ils ne doivent pas être pris en compte une seconde fois par le biais des amortissements (BOI-BIC-RICI-10-10-20 n° 5).
> **c.** Les dotations aux amortissements de droits d'exploitation attachés à une **concession de brevets** peuvent ouvrir droit au crédit d'impôt recherche lorsque ces droits présentent le caractère d'**immobilisation** incorporelle (CE 28-12-2017 n° 399516).

10481 **Dépenses de personnel** Sont prises en compte dans l'assiette du crédit d'impôt les **rémunérations** et leurs accessoires ainsi que les cotisations sociales obligatoires (CGI ann. III art. 49 septies I, b) des **chercheurs** et techniciens de recherche, au sens de l'article 49 septies G de l'annexe III au CGI – auxquels sont assimilés les stagiaires et les apprentis (BOI-BIC-RICI-10-10-20-20 n° 50) – directement et exclusivement affectés aux opérations de recherche (à l'exclusion du personnel de soutien : secrétariat et, selon l'administration, entretien des équipements…) ainsi que les rémunérations et justes prix versés en application de l'article L 611-7 du Code de la propriété intellectuelle aux **salariés non chercheurs** auteurs d'une invention résultant d'opérations de recherche.

Les dépenses de personnel liées à la première embauche de **personnes titulaires d'un doctorat** au sens de l'article L 612-7 du Code de l'éducation ou d'un diplôme équivalent sont retenues pour le double de leur montant pendant les vingt-quatre premiers mois suivant leur recrutement à la double condition qu'elles soient titulaires d'un contrat de travail à durée indéterminée et que l'effectif du personnel de recherche salarié de l'entreprise, entendu selon l'administration comme l'effectif moyen directement et exclusivement affecté aux opérations de recherche (BOI précité n° 180), ne soit pas inférieur à celui de l'année précédente.

› Précisions **a.** Sont également éligibles les **dépenses de personnel** afférentes aux salariés qui ont acquis, par le niveau et la nature de leurs activités de recherche au sein de l'entreprise ou antérieurement (BOI-BIC-RICI-10-10-20-20 n° 20), des compétences les assimilant aux **ingénieurs,** sans en posséder le **diplôme** (CE 25-5-2007 n° 297280 : RJF 8-9/07 n° 895 ; BOI précité n° 10), les **gratifications** versées aux **stagiaires** qui travaillent en étroite collaboration avec les chercheurs pour assurer le soutien technique indispensable aux projets de recherche (BOI précité n° 50 ; CAA Versailles 6-11-2014 n° 13VE01479 : RJF 2/15 n° 98) ainsi que les rémunérations versées à des **fonctionnaires** qui apportent leur **concours scientifique** à l'entreprise lorsqu'ils optent pour l'imposition de ces sommes dans la catégorie des traitements et salaires.

b. Les sommes versées au titre de la **participation** et de l'**intéressement** constituent des dépenses de personnel à prendre en compte dans l'assiette du crédit d'impôt recherche (CE 12-3-2014 n° 365875 : RJF 6/14 n° 555) l'année au titre de laquelle ces sommes sont versées (BOI précité n°s 360 et 370).

c. Les **rémunérations** allouées aux **dirigeants non salariés de sociétés soumises à l'impôt sur les sociétés** à raison de leur participation personnelle aux travaux de recherche de l'entreprise ouvrent droit au crédit d'impôt. Dans les **entreprises individuelles** et les **sociétés de personnes,** la rémunération attribuée aux chefs d'entreprise ou aux associés peut être prise en compte au titre des dépenses de fonctionnement pour son montant réel dans la limite d'un plafond fixé pour 2019, selon nos calculs (à partir de l'indice Dares de juin 2019), à 71 092 € (BOI-BIC-RICI-10-10-20-25 n° 50).

d. Confirmant la doctrine administrative (BOI-BIC-RICI-10-10-20-20 n° 310), le Conseil d'État a jugé que les **cotisations sociales** obligatoires à prendre en compte dans l'assiette du crédit d'impôt recherche sont les cotisations versées par l'employeur aux régimes obligatoires de sécurité sociale ainsi que des versements destinés à financer les garanties collectives complémentaires instituées par des dispositions législatives ou réglementaires ou les garanties instituées par voie de conventions ou d'accords collectifs ainsi que par les projets d'accord ou les décisions unilatérales mentionnés à l'article L 911-1 du CSS (CE 19-6-2019 n° 413000 : RJF 10/19 n° 888).

e. Les rémunérations prises en charge par une société au titre du **personnel de recherche mis à sa disposition** pour effectuer, dans ses locaux et avec ses moyens, des opérations de recherche constituent des dépenses de personnel pour le calcul de son crédit d'impôt recherche (CE 25-1-2017 n° 390652 : RJF 4/17 n° 311).

Dépenses externalisées Les dépenses exposées pour la réalisation d'opérations de recherche **sous-traitées** notamment à des **organismes de recherche publics,** à des établissements d'enseignement supérieur (ou à des associations ou sociétés agréées dont ils sont membres), à des **fondations agréées,** à des instituts techniques agricoles, à des communautés d'universités et d'établissements ou à des stations ou fermes expérimentales agricoles peuvent être prises en compte dans la base de calcul du crédit d'impôt. Elles sont retenues pour le **double de leur montant** en l'absence de liens de dépendance entre l'entreprise et l'organisme prestataire et, pour les dépenses exposées à compter du 1er janvier 2020, pour la seule part relative aux opérations réalisées par ces organismes (Loi 2019-1479 du 28-12-2019 art. 132). **10482**

Les opérations de recherche peuvent en outre être sous-traitées à des **organismes de recherche privés** ou à des **experts** scientifiques ou techniques agréés mais elles ne sont retenues que dans la limite de trois fois le montant total des autres dépenses de recherche.

Pour les dépenses exposées à compter du 1er janvier 2020, les organismes sous-traitants doivent **réaliser directement** les opérations qui leurs sont confiées mais par dérogation ils peuvent recourir, pour certains travaux nécessaires à ces opérations, à des organismes ayant la qualité de sous-traitant au regard du crédit d'impôt (Loi précitée art. 132).

L'ensemble des dépenses de sous-traitance est **plafonné** à 10 M€ par an en l'absence de liens de dépendance entre l'entreprise et l'organisme prestataire, et à 2 M€ dans le cas contraire. Le plafond de 10 M€ est majoré de 2 M€ pour les dépenses confiées à des prestataires autres que les organismes de recherche privés ou experts agréés.

› Précisions Les **dépenses** engagées par une **entreprise non agréée** comme organisme de recherche sont retenues pour le calcul de son propre crédit d'impôt même si elles sont **refacturées** à une autre société (BOI-BIC-RICI-10-10-20-30 n° 230). En revanche, une entreprise **agréée** ne peut retenir les dépenses facturées au donneur d'ordre que lorsque ce dernier ne peut bénéficier du dispositif car il n'en remplit pas les conditions (par exemple s'il s'agit d'un organisme sans but lucratif ou d'une entreprise étrangère). Cette possibilité est refusée si le donneur d'ordre renonce volontairement au bénéfice du crédit d'impôt au titre de l'année considérée, que ce soit pour la seule fraction des dépenses de recherche externalisées ou pour l'ensemble des dépenses de recherche exposées (BOI précité n° 225 ; CE 5-3-2018 n° 416836 : RJF 6/18 n° 662). Mais un organisme privé agréé qui réalise des opérations de sous-traitance peut bénéficier du crédit d'impôt pour les dépenses de recherche qu'il expose lui-même à cette occasion dès lors qu'elles sont nettement individualisées, qu'il en assume la charge financière et qu'il conserve la propriété et l'usage des résultats pour sa propre activité (CAA Versailles 22-1-2019 n° 17VE01717 : RJF 5/19 n° 418).

10483 **Dépenses de collection** Les frais d'élaboration de **nouvelles collections** dans les entreprises industrielles du secteur textile-habillement-cuir, y compris lorsqu'elles ont recours à la sous-traitance auprès d'organismes agréés pour les opérations en cause, sont éligibles au crédit d'impôt recherche jusqu'au 31 décembre 2022 (Loi 2019-1479 du 28-12-2019 art. 29).

› **Précisions** **a.** Le fait de réserver le crédit d'impôt au titre de ces dépenses aux seules **entreprises qui revêtent un caractère industriel,** à l'exclusion des entreprises commerciales du secteur textile-habillement-cuir, est constitutionnel (Cons. const. QPC 27-1-2017 n° 2016-609 : RJF 4/17 n° 360). Revêtent un tel caractère, au sens de l'article 244 quater B, II-h du CGI, les entreprises du secteur textile-habillement-cuir exerçant une activité de fabrication ou de transformation de biens corporels mobiliers qui nécessite d'**importants moyens techniques** (CE QPC 27-10-2016 n° 391678 : RJF 1/17 n° 59).

b. Les **dépenses exclusivement liées à une activité de commercialisation** engagées par les entreprises industrielles ne sont pas éligibles au crédit d'impôt (CE 26-6-2017 n° 390619 : RJF 10/17 n° 921 ; BOI-BIC-RICI-10-10-40 n° 25). Les dépenses de collection doivent être exposées **en vue d'une production.** Une entreprise qui se borne à concevoir et commercialiser des articles et sous-traite leur entière fabrication ne peut donc bénéficier du crédit d'impôt (CE 28-3-2018 n° 391678 : RJF 6/18 n° 596). Même si elle relève de la codification NAF « industrie de l'habillement », une entreprise qui ne présente pas de caractère industriel ou **sous-traite** l'intégralité de sa production, ne peut bénéficier du crédit d'impôt (Rép. Grau : AN 16-4-2019 n° 14136). Toutefois, les entreprises industrielles qui ont recours à la sous-traitance, sans concéder leur droit de fabrication, peuvent bénéficier du crédit d'impôt dès lors qu'elles sont propriétaires de la matière première et assurent tous les risques de la fabrication et de la commercialisation (BOI précité n° 25).

c. Les **dépenses de personnel** afférentes, d'une part, aux stylistes et techniciens des bureaux de style et, d'autre part, aux ingénieurs et techniciens de production sont prises en compte distinctement, sans que ne soit requise l'intervention simultanée de ces deux postes de dépenses (CE 18-7-2018 n° 413314 : RJF 11/18 n° 1073).

d. Les **dépenses de fonctionnement** liées aux nouvelles collections sont prises en compte au taux forfaitaire de 75 % des dépenses de personnel.

10484 **Autres dépenses éligibles au crédit d'impôt recherche** Sont également éligibles au crédit d'impôt recherche :

– les dépenses de **fonctionnement** déterminées en appliquant aux dépenses de personnel visées au n° 10481 un taux forfaitaire de 50 %, ramené à 43 % pour les dépenses **exposées à compter du 1er janvier 2020** (Loi 2019-1479 du 28-12-2019 art. 130) – 200 % pour les dépenses de personnel des jeunes docteurs au titre des 24 premiers mois suivant leur premier recrutement –, et en appliquant un taux forfaitaire de 75 % aux dotations aux amortissements des immobilisations visées au n° 10480 ;

– les frais de prise, de maintenance et de défense de **brevets** et de **certificats d'obtention végétale.** Peu importe que les frais de défense concernent des brevets ou certificats non consécutifs à des opérations de recherche (BOI-BIC-RICI-10-10-20-40 n° 30). Sont également retenues les primes et cotisations afférentes à des contrats d'assurance de protection juridique de ces droits dans la limite de 60 000 € par an ;

– les dépenses de **veille technologique** (abonnement à des revues scientifiques, frais de participation à des congrès...) exposées lors de la réalisation d'opérations de recherche dans la limite de 60 000 € par an ;

– les dépenses, évaluées en partie forfaitairement, concernant la participation de l'entreprise aux réunions officielles de **normalisation** afférentes à ses produits, au sens de l'article 49 septies I bis de l'annexe III au CGI.

› **Précisions** **a.** Les dépenses de **conception de logiciels** n'ouvrent droit au crédit d'impôt que si elles sont engagées en vue de la création de logiciels réellement innovants, ou pour apporter des améliorations substantielles aux produits existants (BOI-BIC-RICI-10-10-10-20 nos 160 et 170 ; CE 25-4-2003 n° 236066 : RJF 7/03 n° 878). Elles ne sont pas retenues si le développement du logiciel consiste à combiner entre elles des techniques existantes (CE 27-7-2009 n° 295805 : RJF 12/09 n° 1142).

b. Le **caractère brevetable d'une invention** ne rend pas automatiquement éligibles au crédit d'impôt les dépenses engagées pour sa réalisation mais peut être un indicateur de l'existence de travaux de recherche et de développement, de même que le **dépôt d'un brevet** ne suffit pas, à lui seul, à établir le caractère substantiel d'innovations techniques (CE 13-11-2013 n° 341432 : RJF 2/14 n° 126 ; BOI précité n° 330).

DÉPENSES D'INNOVATION

10485 CGI art. 244 quater B, II-k IS-IX-3930 s

Ouvrent également droit au crédit d'impôt, jusqu'au 31 décembre 2022 (Loi 2019-1479 du 28-12-2019 art. 29), les dépenses d'innovation exposées par les **PME** au sens européen (voir n° 92650) au titre de la réalisation d'opérations de conception de prototypes de nouveaux produits ou installations pilotes de même nature, autres que les prototypes et installations pilotes relevant de la phase de recherche mentionnés aux nos 10478 s., y compris lorsque ces opérations sont sous-traitées à des entreprises ou bureaux d'études agréés.

Est considéré comme un **nouveau produit** un bien corporel ou incorporel qui n'est pas encore mis à disposition sur le marché et se distingue des produits existants ou précédents par des performances supérieures sur le plan technique, de l'écoconception, de l'ergonomie ou de ses fonctionnalités.

Les **activités inhérentes** à la conception de prototypes ou installations pilotes de nouveaux produits sont précisées au BOI-BIC-RICI-10-10-45-10 n°s 370 s.

Les **dépenses prises en compte** sont les suivantes : amortissements des immobilisations affectées à la réalisation des opérations éligibles ; dépenses de personnel affecté à la réalisation de ces opérations ; autres dépenses de fonctionnement ; dépenses relatives à la propriété intellectuelle (frais de défense, de prise et de maintenance des brevets et certificats d'obtention végétale, frais de dépôt des dessins et modèles…) ; dépenses externalisées.

Les opérations concernées sont soumises à la **condition de localisation** exposée nº 10478.

> **Précisions** **a.** Pour définir les **activités d'innovation,** l'administration se réfère au Manuel d'Oslo (BOI-BIC-RICI-10-10-45-10 nº 60).
> **b.** Les **travaux de conception d'un prototype ou d'une installation pilote** comprennent les activités de design ainsi que les travaux de mise au point et de modifications successives, mais les travaux de configuration et d'ingénierie ne sont éligibles que s'ils sont indispensables à la réalisation des opérations de conception et ne relèvent pas des phases ultérieures telle la production (BOI précité n°s 370 à 390).
> **c.** Une même opération peut successivement ouvrir droit au **crédit d'impôt recherche** et au **crédit d'impôt innovation** au titre de la phase de recherche et développement, puis d'innovation (BOI précité nº 350).

CALCUL DU CRÉDIT D'IMPÔT

Le crédit d'impôt est déterminé par **année civile,** quelles que soient la date de clôture des exercices et leur durée. **10490** CGI art. 244 quater B, I, III et III bis **IS-IX-4200 s**

Il s'élève à **30 %** de la fraction des **dépenses de recherche** n'excédant pas 100 M€ et à **5 %** au-delà de ce seuil.

Pour les **dépenses d'innovation** exposées par les **PME,** le crédit d'impôt est égal à **20 %** des dépenses éligibles retenues dans la limite globale de 400 000 € par an, soit un montant maximum de crédit d'impôt de 80 000 € par an.

Pour les dépenses de recherche et d'innovation exposées par les **exploitations** situées dans les départements d'**outre-mer et en Corse,** les taux sont majorés (voir nº 91490, précision c, et nº 92285).

> **Précisions** **a.** L'entreprise doit déduire des bases de calcul les **rémunérations versées à des tiers** pour des prestations rendues **en vue de l'octroi du crédit d'impôt** qui sont fixées proportionnellement au montant de l'avantage obtenu. Les rémunérations forfaitaires viennent également diminuer l'assiette lorsqu'elles excèdent 15 000 € ou, si ce montant est plus élevé, 5 % du total des dépenses de recherche éligibles minoré des subventions publiques.
> **b.** Aux termes de la loi, les **subventions publiques** reçues par les entreprises à raison des opérations ouvrant droit au crédit d'impôt doivent être déduites de son assiette, y compris lorsqu'elles sont remboursables. Selon une position qui prête à discussion, l'administration considère que ces subventions doivent être déduites de la base de calcul du crédit d'impôt de l'année (ou des années) au cours de laquelle (ou desquelles) les dépenses éligibles que ces subventions ont vocation à couvrir sont exposées (BOI-BIC-RICI-10-10-30-20 nº 10). Le cas échéant, elles sont ajoutées à la base de calcul du crédit d'impôt de l'année du remboursement, même si aucune dépense de recherche n'a été exposée cette année-là (BOI précité nº 20).
> **c.** À une date fixée par décret et au plus tard pour celles devant être déposées à compter du 1er janvier 2020, la déclaration de crédit d'impôt recherche (nº 2069-A-SD) doit être souscrite obligatoirement par voie électronique (Loi 2017-1775 du 28-12-2017 art. 76, II-D).
> **d.** Pour les déclarations déposées à compter du 1er janvier 2020 au titre des dépenses exposées en 2019, seules les entreprises qui exposent **plus de 100 M€** de dépenses de recherche par an doivent joindre un état spécial (nº 2069-A-1-SD) décrivant la nature des travaux de recherche en cours, et les entreprises qui engagent des dépenses **supérieures à 10 M€ et n'excédant pas 100 M€** doivent produire un état relatif aux titulaires d'un doctorat (Loi 2019-1479 du 28-12-2019 art. 130).
> **e.** La part du crédit d'impôt correspondant aux dépenses d'élaboration de nouvelles collections exposées par les entreprises industrielles du **secteur textile-habillement-cuir** est soumise au respect de la **réglementation de minimis** (voir n°s 92660 s.). La part du crédit d'impôt correspondant aux dépenses d'**innovation** est soumise à l'**encadrement européen des aides à la recherche** (voir nº 92710).
> **f.** Pour le calcul du crédit d'impôt dans les **groupes intégrés,** voir nº 40600.

UTILISATION DU CRÉDIT D'IMPÔT

Le crédit est **imputé sur** l'impôt dû par l'entreprise au titre de l'année au cours de laquelle les dépenses de recherche ont été exposées, après prise en compte des prélèvements non libératoires et autres crédits d'impôt. Lorsque l'exercice ne coïncide pas avec l'année civile, l'imputation se fait sur l'impôt dû au titre de l'exercice clos au cours de l'année suivante. **10495** CGI art. 199 ter B et 220 B **IS-IX-5500 s**

Le **crédit excédentaire** non imputé constitue une **créance** sur l'État (non imposable) qui peut être utilisée pour le paiement de l'impôt dû au titre des trois années suivant celle au titre de laquelle elle est constatée. La fraction non utilisée à l'expiration de cette période est remboursée.

Peuvent demander le **remboursement immédiat** de la créance : les PME au sens européen, les entreprises nouvelles, les jeunes entreprises innovantes et les entreprises ayant fait l'objet d'une procédure de sauvegarde ou de conciliation, d'un redressement ou d'une liquidation judiciaire (que la créance soit née ou non avant l'ouverture de la procédure). Cette possibilité de remboursement immédiat est également accordée par l'administration aux entreprises agricoles faisant l'objet d'une procédure de règlement amiable (BOI-BIC-RICI-10-10-50 n° 260).

> **Précisions** **a.** En principe inaliénable et incessible, la **créance** résultant d'un excédent de crédit peut cependant être **mobilisée** auprès d'un établissement de crédit en application des articles L 313-23 s. du Code monétaire et financier ou cédée à un organisme de titrisation.
b. En cas de **fusion** ou opération assimilée au cours de la période précédant son remboursement, la créance est transférée à la société bénéficiaire de l'apport.
c. Les **entreprises nouvelles** bénéficient du remboursement immédiat de la créance constatée au titre de l'année de leur création et des quatre années suivantes. Leur capital doit être détenu par moitié au moins par des personnes physiques, de façon directe ou indirecte par l'intermédiaire d'une seule société interposée, ou bien par certaines sociétés d'investissement et du secteur du capital-risque.
d. Les **entreprises créées depuis moins de deux ans** doivent joindre à la demande de remboursement immédiat de la créance des pièces attestant de la réalité des dépenses de recherche (contrats, factures, feuilles de paie délivrées aux chercheurs et techniciens...).

CAS PARTICULIERS

10500 CGI art. 199 ter B, I et 244 quater B, I IS-IX-4580 s

Le crédit d'impôt recherche dont sont titulaires les **sociétés de personnes** est transféré aux associés au prorata de leurs droits, sauf s'il s'agit d'associés personnes physiques n'exerçant pas d'activité professionnelle au sein de la société.

Les associés bénéficiaires du transfert peuvent imputer leur part de crédit sur l'impôt dont ils sont personnellement redevables.

CONTRÔLE DU CRÉDIT D'IMPÔT

10505 IS-IX-8700 s

Le contrôle du crédit d'impôt recherche peut faire intervenir deux administrations différentes :

– le **ministère chargé de la recherche et de la technologie** (intervention facultative), dont les agents dûment mandatés ont un droit de vérification de la réalité de l'affectation à la recherche des dépenses prises en compte (LPF art. L 45 B et R 45 B-1) ;

– l'**administration fiscale,** qui demeure seule compétente pour l'application des procédures de rectification et dont le droit de contrôle s'exerce dans les conditions de droit commun (n°s 77860 s.).

Le **droit de reprise** de l'administration s'exerce jusqu'à l'expiration de la troisième année suivant celle du dépôt de la déclaration spéciale prévue pour le calcul de ce crédit d'impôt (LPF art. L 172 G).

> **Précisions** **a.** Toutes les entreprises, quel que soit leur chiffre d'affaires, peuvent **demander à l'administration** de **contrôler** les opérations réalisées (n° 78410).
b. Le contribuable doit connaître le nom de l'**agent mandaté** pour vérifier l'affectation des dépenses (CE 19-7-2016 n°s 380716 et 380717 : RJF 11/16 n° 951) mais il n'est pas nécessaire de communiquer l'éventuelle déclaration d'absence de conflit d'intérêts souscrite par cet agent (CE 25-5-2018 n° 407544 : RJF 11/18 n° 1074).
c. Lorsque dans le cadre de la procédure de rectification contradictoire, le désaccord persiste avec l'administration, le litige peut être soumis, sur demande du contribuable, au **comité consultatif** du crédit d'impôt recherche. Sans trancher de question de droit, le comité se prononce sur les faits concernant la réalité de l'affectation à la recherche ou à l'innovation des dépenses en cause. Son avis est notifié au contribuable par l'administration, qui l'informe simultanément du montant de crédit d'impôt qu'elle se propose de retenir (LPF art. R* 59-1).

b. Autres crédits d'impôt

CRÉDIT D'IMPÔT MÉTIERS D'ART

10535 CGI art. 244 quater O, 220 P et 199 ter N IS-IX-64000 s

Les entreprises relevant des métiers d'art (industrielles, commerciales, artisanales, libérales…) imposées selon un régime réel ou bénéficiant d'un régime temporaire d'exonération peuvent bénéficier d'un crédit d'impôt égal à 10 % des dépenses de création d'ouvrages uniques réalisés en un seul exemplaire ou en petite série exposées jusqu'au 31 décembre 2022 (Loi 2019-1479 du 28-12-2019 art. 139). Le régime est réservé aux **entreprises** dont les charges de personnel afférentes aux salariés qui exercent un des **« métiers d'art »** mentionnés dans la colonne « métiers » du tableau en annexe de l'arrêté ministériel EINI1509227A du 24-12-2015 représentent au moins 30 % de la masse salariale totale ainsi qu'aux entreprises **industrielles** relevant de certains secteurs (horlogerie, bijouterie, joaillerie, orfèvrerie, lunetterie, arts de la table, jouet, facture instrumentale et ameublement) qui entrent dans la nomenclature des activités et des produits fixée par arrêté.

Bénéficient également du dispositif les entreprises portant le label **« entreprise du patrimoine vivant ».** Pour ces entreprises, le taux du crédit d'impôt est porté à 15 %.

Les activités de **prestation de services,** même si elles figurent dans le tableau de l'arrêté du 24 décembre 2015 (BOI-BIC-RICI-10-100 nº 20), ainsi que celles conduisant à la **production de biens immeubles** ou de biens **meubles incorporels** ne peuvent bénéficier du crédit d'impôt (CE 9-4-2014 nos 373436, 373437 et 373438 : RJF 7/14 nº 673). Par dérogation, bénéficient de l'avantage fiscal les entreprises œuvrant dans le domaine de la **restauration du patrimoine,** entendu comme l'ensemble des biens, immobiliers ou mobiliers, relevant de la propriété publique ou privée, qui présentent un intérêt historique, artistique, archéologique, esthétique, scientifique ou technique (BOI précité nº 95)

Le crédit d'impôt est **plafonné** à 30 000 € par an et par entreprise. Il est en outre soumis au respect de la réglementation de minimis (nos 92660 s.). Calculé par année civile, il s'impute sur l'impôt dû au titre de l'**année** au cours de laquelle les dépenses sont exposées. L'excédent éventuel est restitué à l'entreprise.

› Précisions **a.** Pour ouvrir droit au crédit d'impôt, les **ouvrages produits** doivent s'appuyer sur la réalisation de plans ou maquettes ou de prototypes ou de tests ou encore de mise au point manuelle particulière à l'ouvrage et ne doivent pas figurer à l'identique dans les réalisations précédentes de l'entreprise.

b. Ouvrent droit au crédit d'impôt les **dépenses** suivantes : salaires et charges sociales afférents aux salariés directement affectés à la création d'ouvrages réalisés en un seul exemplaire ou en petite série ou à l'activité de restauration du patrimoine ; dotations aux amortissements des immobilisations créées ou acquises à l'état neuf directement affectées à la création de ces ouvrages ou à la restauration du patrimoine ; frais de dépôt des dessins et modèles relatifs à ces ouvrages ou à cette restauration ; frais de défense des dessins et modèles (dans la limite de 60 000 € par an) ; dépenses liées à l'élaboration des ouvrages ou à la restauration du patrimoine confiées à des stylistes ou bureaux de style externes. La rémunération du personnel affecté à temps partiel aux activités éligibles doit être prise en compte au prorata du temps de travail directement consacré à ces activités (CAA Lyon 24-6-2014 nº 12LY22998 : RJF 1/15 nº 5). Les mêmes dépenses ne peuvent entrer à la fois dans la base de calcul de ce crédit d'impôt et dans celle d'un autre crédit d'impôt.

c. Le **contrôle** de la réalité de la création d'ouvrages réalisés en un seul exemplaire ou en petite série est effectué par les agents des ministères chargés de l'industrie, du commerce et de l'artisanat, sans préjudice des pouvoirs de l'administration fiscale, seule compétente pour procéder à des rectifications (LPF art. L 45 BA et R 45 BA-1). Le **droit de reprise** de l'administration s'exerce jusqu'à la fin de la troisième année suivant celle du dépôt de la déclaration prévue pour le calcul de ce crédit d'impôt (LPF art. L 172 G).

CRÉDIT D'IMPÔT POUR LA FORMATION DU CHEF D'ENTREPRISE

Les entreprises industrielles, commerciales, artisanales, libérales ou agricoles imposées selon un régime réel ou temporairement exonérées peuvent bénéficier d'un crédit d'impôt égal au produit du nombre d'heures passées par le chef d'entreprise en formation par le taux horaire du Smic en vigueur au 31 décembre de l'année au titre de laquelle le crédit d'impôt est calculé. **Plafonné** à quarante heures de formation par année civile, le crédit d'impôt est imputé sur l'impôt dû au titre de l'année au cours de laquelle les heures de formation ont été suivies et l'excédent éventuel est restitué à l'entreprise. **10545** CGI art. 244 quater M, 220 N et 199 ter L IS-IX-33000 s

› Précisions **a.** Les **chefs d'entreprise** s'entendent des exploitants individuels, des gérants, des présidents, des administrateurs, des directeurs généraux et des membres du directoire (CGI ann. III art. 49 septies ZC).

b. Les **formations** ouvrant droit au crédit d'impôt sont celles visées par l'obligation légale de participation à la formation continue, sous réserve que les dépenses correspondantes soient admises en déduction du bénéfice imposable (CGI ann. III art. 49 septies ZD).

c. Le **plafond** du crédit d'impôt accordé aux **Gaec** est déterminé en multipliant la limite de quarante heures de formation par le nombre d'associés chefs d'exploitation.

d. Ce crédit d'impôt s'applique aux heures de formation effectuées jusqu'au **31 décembre 2022** (Loi 2019-1479 du 28-12-2019 art. 29).

CRÉDIT D'IMPÔT FAMILLE

Les entreprises industrielles, commerciales ou agricoles et les membres des professions libérales imposés selon un régime réel ou temporairement exonérés peuvent bénéficier d'un crédit d'impôt à raison des **sommes engagées** en faveur de leurs **salariés.** Son taux est égal à : **10555** CGI art. 244 quater F, 220 G et 199 ter E IS-IX-27000 s

– **50 %** des **dépenses** ayant pour objet d'assurer l'accueil des enfants de moins de trois ans des salariés par la création et le fonctionnement de **crèches** ou de haltes-garderies ou par des versements au profit d'organismes publics ou privés exploitant de tels établissements (CGI ann. III art. 49 septies Y) ;

– **25 %** des dépenses engagées par l'entreprise ou par le comité d'entreprise (BOI-BIC-RICI-10-130-10 nº 580) au titre de l'**aide financière aux services à la personne** prévue aux articles L 7233-4 et L 7233-5 du Code du travail (aide directe ou remise de chèques emploi-service universels préfinancés). Peuvent être pris en compte à ce titre le financement par l'entreprise de services à la personne rendus par une **conciergerie d'entreprise** ainsi que la cotisation versée à une entreprise de conciergerie (BOI précité nos 590 et 600).

Le montant du crédit est **plafonné** à 500 000 € par an et par entreprise. Il est **imputé** sur l'impôt dû par l'employeur au titre de l'année au cours de laquelle il a engagé les dépenses éligibles. L'**excédent** éventuel est remboursé.

› Précisions a. Les dépenses engagées par une entreprise n'ayant pas de salarié ou dont seul le **personnel non salarié** a recours au service de crèche ne sont pas éligibles au crédit d'impôt (BOI-BIC-RICI-10-130-10 n° 250).

b. Les **subventions publiques** perçues à raison des dépenses ouvrant droit au dispositif sont déduites des bases de calcul.

c. Les dépenses engagées en faveur des salariés par le **comité social et économique,** qui remplace le comité d'entreprise, devraient logiquement être éligibles au crédit d'impôt.

CRÉDIT D'IMPÔT EN FAVEUR DE LA PRODUCTION D'ŒUVRES PHONOGRAPHIQUES

10575 CGI art. 220 octies et 220 Q IS-IX-52000 s

À condition de ne pas être détenues, directement ou indirectement, par un éditeur de service de télévision ou de radiodiffusion, les entreprises de production phonographique (au sens de l'article L 213-1 du Code de la propriété intellectuelle), soumises à l'impôt sur les sociétés ou temporairement exonérées (BOI-IS-RICI-10-10-10 n° 20), qui réalisent, en France, dans un État de l'Union européenne, en Norvège, en Islande ou au Liechtenstein, des enregistrements d'**albums de nouveaux talents** peuvent, sur agrément du ministre de la culture, bénéficier d'un crédit d'impôt au titre de dépenses effectuées avant le 31 décembre 2022. Ces dépenses comprennent les **frais de production** des enregistrements et les **dépenses de développement** des productions (frais de promotion de l'œuvre de l'artiste) prises en compte à hauteur de 350 000 € par enregistrement. Les **rémunérations des dirigeants** de petites entreprises au sens européen participant effectivement à la réalisation des œuvres ou aux répétitions peuvent être prises en compte dans la limite de 45 000 € par an (Décret 2015-704 du 19-6-2015).

Le **taux** du crédit d'impôt, en principe fixé à 15 % du montant des dépenses, est porté à 30 % pour les PME au sens européen.

Son **montant** est plafonné à 1,1 M€ par entreprise et par exercice.

Il est **imputé** sur l'impôt sur les sociétés dû au titre de l'engagement de ces dépenses. L'excédent éventuel est remboursé à l'entreprise.

› Précisions a. Les albums de nouveaux talents doivent pour moitié être en langue française ou dans une langue régionale en usage en France. Cette **condition de francophonie** ne s'applique pas aux œuvres libres de droit d'auteur. S'agissant des microentreprises, les albums d'expression qui ne relèvent pas d'une de ces catégories ouvrent droit au crédit d'impôt, pour les exercices ouverts à compter du 1er janvier 2020, dans la limite du nombre d'albums d'expression française ou dans une langue régionale produits au cours du même exercice par l'entreprise (Loi 2019-1479 du 28-12-2019 art. 192).

b. Le montant des **dépenses** de production et de développement est plafonné à 2,3 M€ par entreprise et par exercice, lorsqu'elles sont **sous-traitées** à des entreprises et industries liées à la production phonographique ou vidéographique.

c. Le bénéfice du crédit d'impôt est subordonné au respect des **règles européennes** sur les **aides en matière de culture** prévues à l'article 53 du règlement (UE) n° 651/2014 (n° 92730).

d. Les **nouveaux talents** sont définis comme des artistes, groupes d'artistes, compositeurs ou artistes-interprètes n'ayant pas dépassé le seuil de 100 000 ventes pour deux albums distincts précédant ce nouvel enregistrement. Pour les demandes d'agrément provisoire déposées à compter du 1er janvier 2020, ce seuil est remplacé par un seuil de ventes et d'écoutes défini par décret.

CRÉDIT D'IMPÔT POUR LES ENTREPRENEURS DE SPECTACLES VIVANTS

10580 CGI art. 220 quindecies et 220 S IS-IX-57000 s

Les entreprises exerçant l'activité d'entrepreneur de spectacles vivants au sens de l'article L 7122-2 du Code du travail, soumises à l'impôt sur les sociétés ou temporairement exonérées (BOI-IS-RICI-10-45 n° 20), peuvent bénéficier d'un crédit d'impôt au titre des dépenses de **création, d'exploitation** et de **numérisation d'un spectacle vivant musical** réalisées avant le 31 décembre 2022.

Les entreprises doivent avoir la responsabilité du spectacle et supporter son coût de création. Les **dépenses** doivent être réalisées par des entreprises établies en France, dans un État de l'Union européenne, en Norvège, en Islande ou au Liechtenstein et qui y effectuent les prestations liées à la réalisation d'un spectacle musical. Elles doivent porter sur un spectacle agréé, effectué dans l'un des États précités, dont les **coûts de création** sont majoritairement engagés sur le territoire français. Le spectacle doit comprendre au minimum quatre représentations dans au moins trois lieux différents et ne pas être présenté dans un lieu dont l'effectif maximal du public admis dans le lieu (jauge) est supérieur à un nombre de personnes défini par décret par **catégorie de spectacle.**

Les dépenses sont prises en compte dans la **limite** de 500 000 € par spectacle.

Le **taux** du crédit d'impôt en principe fixé à 15 % du montant des dépenses est porté à 30 % pour les entreprises qui répondent à la définition des PME européennes. Son montant est **plafonné** à 750 000 € par entreprise et par exercice.

Il est **imputé** sur l'impôt sur les sociétés dû au titre de l'engagement des dépenses. L'excédent est remboursé à l'entreprise.

› **Précisions** **a.** Dès lors qu'elles se rattachent directement ou exclusivement au spectacle et entrent dans la détermination du résultat imposable, les **dépenses** suivantes ouvrent droit au crédit d'impôt : frais de personnel permanent de l'entreprise ; salaires et charges sociales afférents aux artistes (plafonnés à cinq fois le montant du salaire minimum conventionnel en vigueur) et techniciens affectés au spectacle ; rémunérations, droits d'auteur, honoraires et prestations versés à des personnes physiques ou morales ayant directement contribué au spectacle ; redevances versées aux organismes de gestion collective des droits d'auteur ; frais de location de salles de répétition et de spectacle ; frais de location de matériels (ou d'achat du petit matériel) ; dotations aux amortissements des immobilisations ; frais d'assurance du matériel ou d'annulation ; dépenses liées à la tournée, notamment frais de restauration et d'hébergement dans la limite de 270 € par nuitée à Paris et en petite couronne et 200 € dans les autres départements (CGI ann. III art. 46 quater-0 ZY decies) ; dépenses de promotion.

Peut être retenue la rémunération, charges sociales comprises, du ou des **dirigeants des petites entreprises** correspondant à leur participation directe à la création et à l'exploitation du spectacle, sans excéder 45 000 € par an (CGI ann. III art. 46 quater-0 ZY octies).

b. La **jauge** contractuelle à retenir est celle déterminée entre le producteur et le diffuseur ou le propriétaire du lieu de présentation du spectacle (BOI-IS-RICI-10-45 n° 104). Elle varie selon le type de spectacle (Décret 2016-1219 du 7-9-2016 modifié par le décret 2019-607 du 18-6-2019).

c. Les dépenses ouvrent droit au crédit d'impôt à compter de la date de réception par le ministre chargé de la culture d'une **demande d'agrément provisoire** du spectacle. Lorsque l'agrément définitif n'est pas obtenu dans un délai de trente-six mois à compter de l'agrément provisoire, l'entreprise doit **reverser le crédit d'impôt.** À défaut, le crédit d'impôt fait l'objet d'une reprise au titre de l'exercice au cours duquel intervient la décision de refus.

d. Lorsqu'elles sont directement affectées aux dépenses éligibles, les **subventions publiques** non remboursables et les **aides dites « tours supports »** reçues de la part du producteur phonographique sont déduites des bases de calcul du crédit d'impôt. Les subventions publiques sont celles calculées sur la base du rapport entre le montant des dépenses éligibles et le montant total des charges de l'entreprise figurant au compte de résultat (BOI-IS-RICI-10-45 n° 200).

e. Les dépenses retenues au titre du crédit d'impôt en faveur du spectacle vivant ne peuvent l'être au titre du **crédit d'impôt** pour dépenses de **production d'œuvres phonographiques.**

f. Le bénéfice du crédit d'impôt est subordonné au respect des **règles européennes** sur les **aides en matière de culture** (n° 92730).

CRÉDITS D'IMPÔT CINÉMA ET AUDIOVISUEL

Deux crédits d'impôt, présentant des caractéristiques communes, peuvent s'appliquer aux **entreprises de production cinématographique ou audiovisuelle** soumises à l'impôt sur les sociétés (ou temporairement exonérées) qui localisent principalement sur le **territoire français** le tournage et la production d'œuvres cinématographiques de longue durée ou d'œuvres audiovisuelles, agréées par le président du Centre national du cinéma et de l'image animée (CNC) et réalisées avec le concours d'auteurs, d'artistes-interprètes et de techniciens français ou européens. **10585**

CGI art. 220 sexies et 220 F
IS-IX-42100 s
IS-IX-44500 s

Le crédit d'impôt est égal à 20 % des dépenses techniques exposées. Il est porté à 25 % pour les œuvres audiovisuelles de fiction et d'animation et à 30 % pour les œuvres cinématographiques d'animation (auxquelles sont assimilées les œuvres cinématographiques de fiction à forts effets visuels) et pour les œuvres cinématographiques autres que d'animation réalisées intégralement ou principalement en langue française ou dans une langue régionale en usage en France.

Les œuvres concernées (documentaire, fiction ou animation) doivent être réalisées principalement en **langue française** ou dans une **langue régionale** en usage en France, à l'exception des **œuvres cinématographiques** d'animation, de fiction à forts effets visuels ou celles pour lesquelles l'emploi d'une langue étrangère est justifié pour des raisons artistiques tenant au scénario. Les **œuvres audiovisuelles documentaires** ne peuvent bénéficier de l'avantage que lorsque le montant des dépenses éligibles est supérieur ou égal à 2 000 € par minute produite.

Le crédit d'impôt est soumis (au titre d'une même œuvre) à un **plafond** fixé à 30 M€ pour les œuvres cinématographiques et, pour les œuvres audiovisuelles, à plusieurs plafonds variables en fonction du coût de la minute produite et de la nature de l'œuvre (documentaire, fiction, animation). Le crédit d'impôt ne peut pas porter à plus de 50 % du budget de production le montant des **aides publiques** accordées (60 % pour les œuvres difficiles et à petit budget). Il s'impute sur l'impôt sur les sociétés dû au titre de l'exercice d'engagement des dépenses et l'excédent éventuel est remboursé à l'entreprise.

› **Précisions** **a.** Les **dépenses éligibles** comprennent notamment les rémunérations versées aux auteurs et aux interprètes ou artistes de complément, les salaires et les charges sociales des techniciens et ouvriers, les dépenses de matériels techniques, la location des plateaux de tournage et les dépenses de montage du film (BOI-IS-RICI-10-20-20 n°s 20 à 50), les dépenses de transport, de restauration et d'hébergement sur le territoire français strictement nécessaires au besoin de la production et ne présentant pas un caractère somptuaire (dans certaines limites) et les dépenses d'acquisition de droits d'exploitation d'images d'archives pour une durée minimale de quatre ans effectuées auprès d'une personne morale établie en France pour les œuvres audiovisuelles documentaires.
Pour les crédits d'impôt calculés au titre des exercices ouverts **à compter du 1er janvier 2020,** le montant cumulé des rémunérations versées aux auteurs et des salaires versés au réalisateur en qualité de technicien est retenu dans la limite d'un montant calculé en fonction du coût de production de l'œuvre (Loi 2019-1479 du 28-12-2019 art. 138).

b. Les **dépenses** sont **prises en compte** à compter de la date de réception par le CNC de la demande d'agrément provisoire de l'œuvre et sont **plafonnées** à 80 % du budget de production de l'œuvre (80 % de la part gérée par le coproducteur français en cas de production internationale). Les dépenses de droit d'auteur peuvent être retenues dès le début de l'exercice au cours duquel la demande d'agrément est déposée (BOI précité n° 160).

c. Lorsque l'entreprise expose des **dépenses communes** à la réalisation simultanée d'une œuvre cinématographique et d'une œuvre audiovisuelle, elle doit choisir entre la prise en compte de ces dépenses pour le crédit d'impôt cinéma ou pour le crédit d'impôt audiovisuel.

d. Les **œuvres de fiction à fort effets visuels** sont définies comme celles dans lesquelles au moins 15 % des plans font l'objet d'un traitement numérique permettant d'ajouter des personnages, des éléments de décor ou des objets participant à l'action ou de modifier le rendu de la scène ou le point de vue de la caméra. Le traitement numérique des images doit être effectué en France mais peut être réalisé à l'étranger pour des raisons artistiques (C. cinéma art. D 331-3).

CRÉDIT D'IMPÔT POUR PRODUCTION DE FILMS ET ŒUVRES AUDIOVISUELLES ÉTRANGERS

10605 CGI art. 220 quaterdecies et 220 Z bis **IS-IX-48000**

Les entreprises de production exécutive soumises à l'impôt sur les sociétés (ou temporairement exonérées) qui accomplissent des **opérations en France** en vue de la **réalisation d'œuvres** de fiction ou d'animation cinématographiques ou audiovisuelles **produites par des entreprises établies hors de France** peuvent bénéficier d'un crédit d'impôt égal à **30 %** des dépenses exposées avant le 31 décembre 2022. Pour les dépenses engagées au titre des exercices clos à compter du 31 décembre 2020, ce taux est porté à 40 % pour les œuvres cinématographiques ou audiovisuelles de fiction dans lesquelles au moins 15 % des plans font l'objet d'un traitement numérique permettant d'ajouter des personnages, des éléments de décor ou des objets participant à l'action ou de modifier le rendu de la scène ou le point de vue de la caméra, à la condition que, au sein du budget de production de l'œuvre, le montant des dépenses afférentes à ce traitement soit supérieur à 2 M€ (Loi 2019-1479 du 28-12-2019 art. 131).

Les œuvres doivent être **agréées** par le président du CNC et comporter, dans leur contenu dramatique, des éléments rattachés à la culture, au patrimoine ou au territoire français. Plafonné à 30 M€ par œuvre, ce crédit d'impôt ne peut pas porter à plus de 50 % du budget de production le montant total des **aides publiques** accordées. Il s'impute sur l'impôt dû au titre de l'exercice d'engagement des dépenses, l'excédent étant restitué sur demande effectuée auprès du comptable de la DGFiP (BOI-IS-RICI-10-40 n° 340).

› **Précisions** **a.** Les **dépenses** éligibles sont, pour l'essentiel, les mêmes que celles ouvrant droit au crédit d'impôt cinéma (n° 10585).

b. Les dépenses, qui doivent s'élever au minimum à 250 000 €, sont prises en compte à compter de la date de réception par le CNC de la demande d'agrément provisoire et sont **plafonnées** à 80 % du budget de production. En outre, pour les œuvres de fiction, le **tournage** doit avoir lieu **en France** pendant au moins cinq jours. Si le budget de production de l'œuvre est inférieur à 500 000 €, 50 % au moins des dépenses doivent être réalisées en France.

c. Le taux majoré de 40 % pour certaines œuvres de fiction entrera en vigueur à une date fixée par décret (Loi précitée art. 131).

CRÉDIT D'IMPÔT EN FAVEUR DE LA CRÉATION DE JEUX VIDÉO

10615 CGI art. 220 terdecies et 220 X **IS-IX-55000 s**

Les entreprises de création de jeux vidéo soumises à l'impôt sur les sociétés ou temporairement exonérées peuvent bénéficier d'un crédit d'impôt égal à 30 % des dépenses exposées pour la création de **jeux** répondant à certains critères et **agréés** par le président du CNC. Ces dépenses doivent correspondre à des opérations réalisées en France, dans un État de l'Union européenne, en Norvège, en Islande ou au Liechtenstein. Le crédit d'impôt est plafonné à 6 M€ par exercice. Il s'impute sur l'impôt dû au titre de l'exercice au cours duquel l'entreprise a exposé les dépenses concernées. L'excédent éventuel est remboursé.

> **Précisions** **a.** Les **dépenses éligibles** au crédit d'impôt sont les charges d'amortissement de biens neufs, les dépenses de personnel salarié affecté directement à la création des jeux, les rémunérations versées aux auteurs en application d'un contrat de cession de droits d'exploitation, les autres dépenses de fonctionnement affectées à l'activité de création, les dépenses de sous-traitance dans la limite de 2 M€ par exercice et les dépenses salariales des personnels techniques et administratifs qui concourent à la création des jeux, par exemple le salaire du responsable juridique ayant rédigé les contrats de cession de droits entre les auteurs du jeu et l'entreprise créatrice (BOI-IS-RICI-10-50 n° 150). Les **subventions publiques** reçues à raison des opérations ouvrant droit au bénéfice du crédit d'impôt sont déduites des bases de calcul du crédit d'impôt.
>
> **b.** Les jeux vidéo spécifiquement destinés à un public d'adultes doivent respecter les critères liés à la **contextualisation de la violence** (BOI précité n°s 95 et 100). Le respect de cette condition est apprécié au moyen d'un barème de points (C. cinéma art. D 331-25-1).
>
> **c.** Seules ouvrent droit au crédit d'impôt les dépenses exposées dans les trente-six mois (ou soixante-douze mois pour les jeux dont le coût de développement est supérieur à 10 M€) qui précèdent la date d'obtention de l'**agrément définitif** délivré par le CNC. En cas de dépassement du délai de trente-six mois pour les jeux dont le coût de développement est supérieur à 10 M€, l'entreprise reverse le crédit d'impôt obtenu au titre de dépenses exposées antérieurement à la période de trente-six mois qui précède la date de délivrance de l'agrément définitif.

CRÉDITS D'IMPÔT PRÊTS À TAUX ZÉRO

« PTZ + » Les **établissements de crédit** et les sociétés de financement peuvent bénéficier d'un crédit d'impôt au titre des prêts sans intérêt émis jusqu'au 31 décembre 2021 en faveur de personnes physiques, pour l'acquisition ou la construction d'une résidence principale en **première accession à la propriété,** dans les conditions prévues aux articles L 31-10-1 et s. du Code de la construction et de l'habitation. **10625** CGI art. 244 quater V, 220 Z ter et 199 ter T **IS-IX-73030 s**

Le **montant** du crédit d'impôt est égal à la somme actualisée des écarts entre les mensualités dues au titre du prêt sans intérêt et les mensualités d'un prêt consenti à des conditions normales de taux à la date d'émission de l'offre. Il fait naître une **créance** d'égal montant, inaliénable et incessible, au profit de l'établissement de crédit, constitutive d'un produit imposable rattaché à hauteur d'un cinquième au titre de l'exercice au cours duquel l'établissement de crédit a versé des avances remboursables sans intérêt et par fractions égales sur les exercices suivants.

Le crédit d'impôt est **imputé** par fractions égales sur cinq ans sur l'impôt dû par l'établissement de crédit. L'excédent éventuel est restitué.

> **Précisions** **a.** L'**imputation** du crédit d'impôt est interrompue si les conditions relatives à l'affectation du logement et à ses caractéristiques ne sont plus respectées, ou si le prêt sans intérêt est remboursé avant la fin de la période d'imputation.
>
> **b.** Le **transfert** de la créance de crédit d'impôt est autorisé en cas **d'opérations de restructuration,** sous réserve, s'il s'agit d'un apport partiel d'actif ou d'une scission, que l'ensemble des prêts à taux zéro conclus par la société apporteuse ou scindée soient transférés à la société bénéficiaire des apports.

« Éco-PTZ » Un mécanisme de crédit d'impôt analogue à celui exposé n° 10625 est prévu pour les avances remboursables sans intérêt émises par les **établissements de crédit** et les sociétés de financement jusqu'au 31 décembre 2021 en faveur de personnes physiques (ou de sociétés civiles non soumises à l'impôt sur les sociétés ayant au moins un associé personne physique) ou de syndicats de copropriétaires pour la réalisation de travaux d'**amélioration de la performance énergétique** globale **des logements** achevés avant le 1er janvier 1990 en métropole, et les logements dont le permis de construire a été déposé avant le 1er mai 2010 pour les départements situés en outre-mer et utilisés ou destinés à être utilisés comme résidence principale. Pour les offres de prêt émises à compter du 1er juillet 2019, le dispositif est élargi à tous les logements achevés depuis plus de deux ans à la date de début d'exécution des travaux. **10635** CGI art. 244 quater U, 220 Z et 199 ter S **IS-IX-78000 s**

Les entreprises qui réalisent des travaux (hormis ceux concernant la réhabilitation de systèmes d'assainissement non collectifs) doivent respecter des **critères de qualification,** notamment être titulaires d'un signe de qualité à la date d'émission de l'offre (CGI ann. III art. 46 AX) et doivent justifier de l'éligibilité des travaux réalisés à l'éco-PTZ sous peine de se voir infliger une **amende** égale à 10 % du montant des travaux non justifié.

Le **montant** du crédit d'impôt est égal à l'écart entre la somme actualisée des mensualités dues au titre de l'avance remboursable sans intérêt et la somme actualisée des mensualités d'un prêt de mêmes montant et durée de remboursement consenti à des conditions normales de taux à la date d'émission de l'offre. Les modalités qui régissent l'imposition de la **créance** résultant du crédit d'impôt, l'**imputation** du crédit d'impôt ou sa **restitution** immédiate ainsi que le transfert de la créance en cas **d'opérations de restructuration** sont analogues à celles exposées nº 10625.

› Précisions Pour les logements situés en régions **Île-de-France et Hauts-de-France,** les avances émises **à compter du 1er avril 2020** par des sociétés de tiers-financement définies à l'article L 511-6, 8 du Code monétaire et financier sont éligibles à ce crédit d'impôt, à titre expérimental jusqu'au 31 décembre 2021 (Loi 2019-1479 du 28-12-2019 art. 140).

CRÉDIT D'IMPÔT EN FAVEUR DU RACHAT D'UNE ENTREPRISE PAR SES SALARIÉS

10645 CGI art. 220 nonies et 220 R IS-IX-20000 s

Les sociétés constituées exclusivement pour le rachat de tout ou partie d'une société par ses salariés bénéficient d'un crédit d'impôt égal, pour chaque exercice, au montant de l'impôt sur les sociétés dû par la société rachetée au titre de l'exercice précédent, retenu dans la **proportion des droits sociaux** que ses salariés détiennent indirectement dans son capital. Il ne peut toutefois pas excéder les **intérêts dus** au titre de l'exercice concerné par la société nouvelle à raison des emprunts contractés pour le rachat. Le bénéfice du crédit d'impôt est subordonné aux **conditions** suivantes :
– la société nouvelle et la société rachetée doivent être soumises à **l'impôt sur les sociétés** et ne doivent pas faire partie du **même groupe** au sens des articles 223 A ou 223 A bis du CGI ;
– les **droits de vote** attachés aux actions ou parts de la société nouvelle doivent être détenus par au moins **quinze personnes** qui, à la date du rachat, sont salariées de la société rachetée, ou par au moins **30 % des salariés** de cette société si l'effectif n'excède pas cinquante salariés à cette date ;
– la reprise doit avoir fait l'objet d'un **accord d'entreprise** satisfaisant aux conditions de l'article L 3332-16, 2º du Code du travail.
Le crédit d'impôt est **imputé** sur le montant de l'impôt sur les sociétés dû par la société nouvelle au titre des exercices au cours desquels les intérêts d'emprunt sont comptabilisés. L'excédent éventuel est restitué.

› Précisions **a.** Aucun **seuil minimal de détention** du capital du holding par les salariés ni aucune quotité minimale de détention du capital de la société rachetée par le holding ne sont exigés.
b. Si la **société rachetée** est **membre d'un groupe,** l'impôt sur les sociétés dû s'entend du montant qu'elle aurait dû acquitter en cas d'imposition séparée.
c. La circonstance que des personnes **salariées** à la date du rachat ne conservent pas cette qualité, par exemple en **devenant** des **mandataires sociaux,** ne fait pas perdre le bénéfice du crédit d'impôt (Rép. Masson : Sén. 26-2-2009 nº 04721, non reprise dans Bofip).
d. Exonérations de **droits d'enregistrement** accordées en faveur du holding de rachat : voir nº 67225.
e. Les **intérêts** pris en compte s'entendent de ceux qui viennent à échéance au cours de l'exercice au titre duquel le crédit d'impôt est calculé (CGI ann. III art. 46 quater-0 YY).
f. À compter du 1er janvier 2020 (Décret 2019-1544 du 30-12-2019) et pour les **opérations de rachat réalisées jusqu'au 31 décembre 2022,** le seuil minimum de salariés qui doivent détenir les parts de la société nouvelle est supprimé et une exigence minimale de présence est instaurée : seuls sont pris en compte pour le calcul du montant du crédit d'impôt les droits de vote attachés aux actions ou aux parts de la société nouvelle détenus par une ou plusieurs personnes qui, à la date du rachat, étaient salariées de la société rachetée depuis au moins dix-huit mois.

CRÉDIT D'IMPÔT MAÎTRE RESTAURATEUR

10665 CGI art. 244 quater Q, 220 U et 199 ter P IS-IX-70000 s

Les entreprises exploitant un fonds de restauration soumises à un régime réel ou temporairement exonérées peuvent bénéficier d'un crédit d'impôt lorsque leur dirigeant ou un de leurs salariés a obtenu le titre de maître restaurateur avant le 31 décembre 2017. Ce crédit d'impôt est égal à 50 % des **dépenses** permettant l'application de **normes** d'aménagement et de fonctionnement prévues par le cahier des charges du titre de maître restaurateur (dotations aux amortissements ou dépenses permettant d'améliorer l'accueil de la clientèle et des personnes à mobilité réduite ou dépenses d'audit externe relatif au titre de maître restaurateur), engagées au titre de l'année de l'obtention du titre et des deux années suivantes, dans la limite de 30 000 €. Il est soumis au respect de la réglementation de minimis. **Imputé** sur l'impôt dû par l'entreprise au titre des années au cours desquelles les dépenses éligibles ont été exposées, l'excédent éventuel est restitué.

c. Mécénat d'entreprise

DONS AUX ŒUVRES ET AUTRES ORGANISMES

10695 CGI art. 238 bis IS-IX-10100 s

Peuvent ouvrir droit à une **réduction d'impôt** les versements effectués par les entreprises assujetties à l'impôt sur le revenu ou à l'impôt sur les sociétés au profit d'œuvres ou d'organismes d'intérêt général listés au nº 3175, à l'exception des dons en faveur d'associations exerçant des actions en faveur du pluralisme de la presse.

Sont également éligibles les versements effectués au profit des **sociétés** dont l'État est l'actionnaire unique qui ont pour activité la **représentation de la France** aux **Expositions**

universelles, des sociétés nationales de programmes (notamment France Télévisions et Radio France) pour le financement de **programmes audiovisuels culturels** ou de **projets de thèse** proposés au mécénat de doctorat par les écoles doctorales.

Le régime s'applique aux versements effectués en faveur des **organismes** établis en France ou **dans un État membre de l'Union européenne, en Norvège, en Islande ou au Liechtenstein** et qui y exercent une activité éligible au mécénat. Si ces organismes ne sont pas préalablement agréés par l'administration fiscale (selon la procédure prévue par les articles 46 quindecies QA et QB de l'annexe III au CGI), le donateur doit présenter des pièces justificatives attestant qu'ils poursuivent des objectifs et présentent des caractéristiques similaires aux organismes dont le siège est situé en France.

› Précisions **a.** Le **mécénat** est défini comme un soutien matériel ou financier apporté sans contrepartie directe ou indirecte de la part du bénéficiaire à une œuvre ou à une personne morale pour l'exercice d'activités présentant un intérêt général (BOI-BIC-RICI-20-30-10-20 nº 120). Il n'exclut pas l'**association du nom de l'entreprise** versante aux opérations réalisées par les organismes bénéficiaires des dons. De même, l'existence de contreparties ne remet pas en cause l'intention libérale de l'entreprise versante dès lors que le versement est manifestement disproportionné par rapport à ces contreparties. Mais le mécénat se distingue du **parrainage** (nº 8455) dans le cadre duquel le versement de l'entreprise correspond à la rémunération de la prestation de publicité rendue par l'organisme (BOI précité nºs 140 à 160).

b. Ouvrent droit à la réduction les versements effectués au cours des exercices clos à compter du 31 décembre 2020 et affectés au financement des activités des **formations musicales de Radio France** (Loi 2019-1479 du 28-12-2019 art. 134).

c. Sont également éligibles au dispositif les actions réalisées **hors des frontières européennes** dès lors qu'il s'agit d'actions humanitaires, d'actions concourant à la mise en valeur du patrimoine artistique, à la diffusion de la culture, de la langue et des connaissances scientifiques françaises, d'actions en faveur de la protection de l'environnement naturel ou d'actions scientifiques ainsi que les dons versés à certaines organisations internationales (BOI-BIC-RICI-20-30-10-10 nºs 240 s.).

d. Lorsqu'un **fonds de dotation** reverse à des organismes éligibles au régime du mécénat les produits tirés des dons reçus, il doit pouvoir, sur demande de l'administration, justifier ce reversement par la production de conventions souscrites avec ces organismes et des reçus délivrés par ces derniers (BOI-BIC-RICI-20-30-10-15 nº 220).

e. Pour la délivrance de l'agrément aux organismes ayant pour objet exclusif le financement des PME par des aides à l'investissement ou de leur fournir des prestations d'accompagnement, les aides ou prestations fournies par ces organismes ne doivent pas être rémunérées par les entreprises bénéficiaires (Loi 2019-1479 du 28-12-2019 art. 134).

f. Les exploitants relevant de l'**impôt sur le revenu** ont le choix entre cette réduction d'impôt et celle prévue à l'intention de l'ensemble des contribuables (voir nºs 3170 s.).

g. Lorsqu'un **contrôle** de la **Cour des comptes** révèle une non-conformité entre les objectifs poursuivis et les dépenses engagées par l'organisme bénéficiaire des dons ou en cas de **refus de certification** des comptes par le **commissaire aux comptes,** le ministre chargé du budget peut décider de suspendre provisoirement pour l'avenir les avantages fiscaux attachés aux dons (CGI ann. III art. 310 G bis à 310 G quinquies). La suspension est automatique (sans l'intervention du ministre) lorsque l'entité fait l'objet d'une **condamnation pénale** pour escroquerie ou abus de confiance.

Forme des dons Les versements peuvent être effectués en **numéraire** ou en nature. 10697

Les **abandons de recettes** constituent une modalité particulière de don en numéraire consistant, pour une entreprise donatrice, à demander à son client de verser, pour son compte, directement à l'association caritative qu'elle lui aura désignée, tout ou partie du produit de sa vente ou de sa prestation (BOI-BIC-RICI-20-30-10-20 nº 20). Sont notamment concernés les abandons de recettes consentis par les producteurs agricoles au profit d'associations caritatives d'aide alimentaire.

Les **dons en nature** ouvrent droit à la réduction d'impôt à condition qu'ils aient été acceptés par l'organisme bénéficiaire (BOI précité nº 90). Le don doit être valorisé au coût de revient (défini au nº 7700) y compris lorsqu'il s'agit de **produits alimentaires.** Lorsque le bien est inscrit dans un compte d'immobilisation, le don doit être valorisé à sa valeur de cession retenue pour la détermination de la plus-value ou moins-value liée à la sortie du bien de l'actif (BOI précité nº 60).

Lorsque le don en nature prend la forme d'une **mise à disposition gratuite de salariés** de l'entreprise, le **coût de revient** à retenir dans la base de calcul de la réduction d'impôt correspond, pour chaque salarié concerné, à la somme de sa rémunération et des charges sociales dans la limite de trois fois le montant du plafond annuel de calcul des cotisations de sécurité sociale, voir nº 97260 (Loi 2019-1479 du 28-12-2019 art. 134).

Détermination de la réduction La réduction d'impôt s'élève à **60 %** du montant des versements, pris dans la **limite** de 10 000 € ou à 5 pour mille du chiffre d'affaires lorsque ce dernier montant est plus élevé. 10699 IS-IX-13070 s

Pour les versements effectués au cours des **exercices clos à compter du 31 décembre 2020** (Loi 2019-1479 du 28-12-2019 art. 134) :
– la **fraction** des versements supérieure à 2 M€ ouvre droit à une réduction d'impôt au taux de 40 % ;
– la limite de prise en compte des dons est de **20 000 €** ou de 5 pour mille du chiffre d'affaires lorsque ce dernier montant est plus élevé.

› Précisions Demeurent éligibles à une réduction d'impôt taux de 60 %, quel que soit leur montant, les versements effectués au profit d'organismes sans but lucratif qui procèdent à la fourniture gratuite de repas à des **personnes en difficulté,** qui contribuent à favoriser leur logement ou qui procèdent, à titre principal, à la fourniture gratuite de certains soins, meubles et produits de première nécessité dont la liste sera fixée par décret (Loi 2019-1479 du 28-12-2019 art. 134).

10700 CGI art. 200 bis et 220 E

Utilisation de la réduction Lorsque les **dons** excèdent le plafond, l'**excédent** est reporté successivement sur les cinq exercices suivants et ouvre droit à la réduction d'impôt dans les mêmes conditions, après prise en compte des versements de l'exercice. Pour les versements effectués au cours des exercices clos à compter du 31 décembre 2020, le **taux** de réduction d'impôt applicable à cet excédent de versement est le taux de réduction auquel il a ouvert droit (Loi 2019-1479 du 28-12-2019 art. 134).

L'**imputation de la réduction d'impôt** s'opère :
– dans les entreprises soumises à l'impôt sur le revenu : sur l'impôt dû au titre de l'année de réalisation des versements, quelle que soit la date de clôture de l'exercice ;
– dans les entreprises soumises à l'impôt sur les sociétés : sur le solde de l'impôt dû au titre de l'exercice au cours duquel les versements sont effectués.

La **fraction excédentaire** peut être utilisée pour le paiement de l'impôt (acompte ou solde pour les entreprises soumises à l'impôt sur les sociétés) dû au titre de l'un des cinq exercices (ou années) qui suivent.

› Précisions **a.** Les **reçus** permettant de justifier des versements effectués doivent être conformes au modèle établi par l'administration.
b. Les entreprises qui effectuent plus de 10 000 € de dons au cours d'un exercice doivent **déclarer** sur un support électronique le montant et la date des dons et versements, l'identité des bénéficiaires et, le cas échéant, la valeur des biens et services reçus, directement ou indirectement, en contrepartie (BOI-BIC-RICI-20-30-20 n°s 130 à 210). Cette valorisation est effectuée par l'organisme bénéficiaire qui accorde la contrepartie (BOI précité n° 160).
c. En application des dispositions de l'article 1740 A du CGI (n° 80205), les organismes qui **délivrent sciemment des certificats,** reçus ou attestations permettant à un contribuable d'**obtenir indûment la réduction** d'impôt sont passibles d'une amende égale à 60 % des sommes mentionnées sur ces documents (BOI-BIC-RICI-20-30-10-30 n° 1).

10702 **Cas particuliers** Dans les **sociétés de personnes** et groupements assimilés n'ayant pas opté pour l'impôt sur les sociétés, la réduction d'impôt calculée au niveau de la société est répartie entre les associés ou membres au prorata de leurs droits, à condition qu'il s'agisse de redevables de l'impôt sur les sociétés ou de personnes physiques participant à l'exploitation au sens de l'article 156, I-1° bis du CGI (Loi 2019-1479 du 28-12-2019 art. 134 ; BOI-BIC-RICI-20-30-30 n°s 90 à 110).

Pour les **sociétés holdings,** le chiffre d'affaires retenu pour l'appréciation du plafond comprend les dividendes et produits financiers (BOI-BIC-RICI-20-30-20 n° 20).

En cas de **fusion,** la fraction de la réduction d'impôt non utilisée par la société apporteuse est transférée à la société absorbante (BOI-BIC-RICI-20-30-30 n° 270).

Pour les sociétés membres d'un **groupe fiscal,** voir n° 40600.

ACQUISITION D'ŒUVRES D'ART

10705 CGI art. 238 bis AB IS-IX-14700 s

Les sociétés peuvent déduire de leur résultat imposable le coût d'acquisition :
– d'**œuvres originales d'artistes vivants** inscrites à l'actif immobilisé à condition qu'elles restent exposées au public ou dans un lieu accessible aux salariés, à l'exception de leurs bureaux, pendant la période de déduction ;
– d'**instruments de musique** que la société s'engage à prêter aux artistes-interprètes qui en font la demande.

La déduction concerne les achats réalisés avant le 31 décembre 2022 (Loi 2019-1479 du 28-12-2019 art. 29, III-9°) et s'effectue par fractions égales sur les résultats de l'exercice d'acquisition et des quatre années suivantes. Le **montant de la déduction** effectuée au titre de chaque exercice est limité à la différence entre la limite de 10 000 € (20 000 € pour les versements effectués au cours des exercices clos à compter du 31 décembre 2020) ou de 5 p. mille du chiffre d'affaires lorsque ce dernier montant est plus élevé et le montant des versements visés n° 10699 qui ouvrent droit à réduction d'impôt. L'entreprise doit inscrire à un

compte de réserve spéciale au passif du bilan une somme égale à la déduction opérée. Les **titulaires de BNC** sont exclus du dispositif dès lors qu'ils ne peuvent constituer une telle réserve (BOI-BIC-CHG-70-10 n° 1).

Les entreprises soumises à l'impôt sur les sociétés bénéficient d'une **réduction d'impôt** égale à 90 % des versements effectués pour contribuer à l'achat : **10710** CGI art. 238 bis-0 A **IS-IX-15350 s**

– de biens culturels ayant le caractère de **trésors nationaux** qui ont fait l'objet d'un refus de délivrance d'un certificat d'exportation par l'administration et ont donné lieu à une **offre d'achat par l'État** ;

– ou de **biens culturels** situés en France ou à l'étranger dont l'acquisition présenterait un **intérêt majeur** pour le patrimoine national au point de vue de l'histoire, de l'art ou de l'archéologie.

Les versements, non déductibles des résultats imposables, doivent avoir été acceptés par le ministre chargé du budget et le ministre chargé de la culture, ce dernier ayant un rôle prédominant dans le déroulement de la procédure (BOI-IS-RICI-20-20 n°s 90 à 130). Appliquée sur l'impôt dû au titre de l'exercice d'acceptation des versements, la réduction ne peut excéder 50 % du montant de l'impôt.

d. Mise à disposition d'une flotte de vélos

Les entreprises soumises à l'impôt sur les sociétés qui mettent gratuitement à disposition de leurs salariés une flotte de vélos pour leurs **déplacements entre le domicile et le lieu de travail** bénéficient d'une **réduction d'impôt.** Celle-ci est égale aux frais générés jusqu'au 31 décembre 2021 par cette mise à disposition dans la limite de 25 % du prix d'achat ou de location de la flotte. La réduction d'impôt s'applique dès l'acquisition du premier vélo ainsi qu'aux dépenses de location à condition que le contrat de location soit souscrit pour une durée minimale de 3 ans. Elle s'impute sur l'impôt dû au titre de l'exercice au cours duquel les frais sont générés. Le solde non imputé n'est ni restituable ni reportable. **10715** CGI art. 220 undecies A **IS-IX-80000 s**

› Précisions **a.** Le prix d'achat est entendu toutes taxes comprises (BOI-IS-RICI-20-30 n° 60).

b. Pour déterminer les **frais ouvrant droit à la réduction** d'impôt, peuvent être retenues les dépenses suivantes : amortissements fiscalement déductibles relatifs à l'acquisition de vélos ; frais de location, amortissements ou charges déductibles afférents aux achats ou locations d'équipements nécessaires à la sécurité ; frais d'assurance contre le vol couvrant les déplacements en vélo des salariés entre leur domicile et leur lieu de travail ; frais d'entretien des vélos ; amortissements fiscalement déductibles relatifs à la construction ou à l'aménagement d'une aire de stationnement ou d'un local dédié aux vélos ou frais de location de ces surfaces. La réduction d'impôt s'applique aux cycles et cycles à **pédalage assisté** au sens des 6.10 et 6.11 de l'article R 311-1 du Code de la route (CGI ann. III art. 46 quater-0 YZE).

SECTION 4

RÈGLES D'IMPOSITION DU RÉSULTAT

Il existe trois modes d'imposition des bénéfices industriels et commerciaux, dont le champ d'application est principalement lié au volume des affaires de l'entreprise : le régime **micro-BIC,** le régime du bénéfice **réel simplifié** et le régime du bénéfice **réel normal.** **10780**

Les deux premiers, qui concernent les petites entreprises, font l'objet de développements détaillés aux n°s 85100 s.

A. Régime du réel normal

Le régime du réel normal s'applique **obligatoirement** en 2020, sans possibilité d'option, aux entreprises dont le chiffre d'affaires annuel de l'année précédente dépasse les limites du régime simplifié, c'est-à-dire un montant fixé à 818 000 € HT pour les entreprises de ventes et de fourniture de logement ou 247 000 € HT pour les autres activités de prestations de services. Les entreprises peuvent **opter** pour ce régime lorsqu'elles relèvent normalement du régime micro ou du régime simplifié (n° 85950). **10940** **RIE-III-200 s**

Les entreprises soumises au régime réel normal sont imposées d'après un **bénéfice** déterminé conformément aux règles exposées aux n°s 7250 s.

Notons que les obligations qui incombent aux sociétés relevant du régime des **sociétés de personnes** sont normalement les mêmes que celles des exploitants individuels ; la procédure de vérification des déclarations est suivie directement entre l'administration et ces sociétés (nº 37640).

OBLIGATIONS COMPTABLES

10950 CGI art. 54 RIE-III-8000 s

Les contribuables placés sous le régime du réel normal doivent tenir une **comptabilité complète et régulière,** de nature à justifier l'exactitude des résultats déclarés. Celle-ci doit être présentée au représentant qualifié de l'administration, lorsqu'il en fait la demande (nº 11010).

Les prescriptions relatives à la **tenue de la comptabilité** émanent, pour l'essentiel, du Code de commerce, des règlements de l'Autorité des normes comptables, du Plan comptable général et du CGI (voir Mémento comptable nºs 2850 s.). Entre autres dispositions faisant référence à la comptabilité, le CGI prescrit aux entreprises de fournir des renseignements comptables à l'appui de leur déclaration de résultats (nº 10985).

> Précisions **a.** Le **Code de commerce** indique notamment les livres comptables dont la tenue est obligatoire pour les commerçants : livre-journal faisant apparaître les opérations jour par jour ; grand-livre sur lequel sont portées les écritures du livre-journal (C. com. art. R 123-173).

Les petites entreprises peuvent adopter une **présentation simplifiée** de leurs bilan et compte de résultats si elles respectent deux des trois conditions suivantes : total du bilan n'excédant pas 6 M€, chiffre d'affaires net ne dépassant pas 12 M€, et nombre de salariés employés en moyenne au cours de l'exercice égal au plus à 50 (C. com. art. L 123-16 et art. D 123-200). Sont autorisées à adopter une présentation simplifiée de leur compte de résultats les entreprises moyennes qui ne dépassent pas deux des trois seuils suivants : 20 M€ de total du bilan, 40 M€ de chiffre d'affaires net, 250 salariés. Lorsqu'une entreprise dépasse ou cesse de dépasser deux de ces trois seuils, cette circonstance n'a d'incidence que si elle se produit pendant deux exercices consécutifs (Mémento comptable nº 64220).

b. Le **Plan comptable** s'impose à toutes les entreprises industrielles et commerciales. Le PCG est mis à jour par les règlements de l'ANC (Mémento comptable nº 3075). Des adaptations peuvent y être apportées sous la forme de **plans comptables professionnels,** lorsque des particularités d'activité, de structure ou d'opération le justifient (Mémento comptable nºs 3125 s.).

c. Les entreprises doivent inscrire en comptabilité, sous une forme explicite, la nature et la valeur des **avantages en nature** accordés à leur personnel (CGI art. 54 bis, al. 2). En l'absence de comptabilisation distincte, ces avantages présentent un caractère occulte et ne sont donc pas déductibles (CE 24-3-2006 nº 260787 : RJF 6/06 nº 666). Mais un avantage en nature ne présente pas un caractère occulte du seul fait de sa sous-évaluation en comptabilité (CE 29-9-2000 nº 198325 : RJF 12/00 nº 1457).

En l'absence de rubrique spécifique permettant de faire apparaître distinctement les avantages en nature dans le compte de résultat, les entreprises doivent établir, en annexe à la comptabilité, un **état,** tenu à la disposition du service des impôts, comportant l'indication du montant par catégorie des avantages alloués au cours de l'exercice (BOI-BIC-CHG-40-40-30 nº 660).

d. Les **comptabilités irrégulières ou non sincères** peuvent être rejetées par l'administration : voir nº 78175. En cas d'irrégularité de la comptabilité ou de défaut de production de documents comptables, la rectification du bénéfice imposable est effectuée dans le cadre de la procédure de rectification contradictoire (voir nºs 78600 s.).

e. Le Code de commerce et le CGI imposent aux entreprises de conserver leurs documents comptables pendant dix ans pour le premier, six ans pour le second (**délai et mode de conservation** des documents comptables : voir nº 78065). Mais les entreprises peuvent avoir à apporter des justifications portant sur des exercices clos depuis plus de dix ans en cas de contrôle des amortissements (CE 12-10-1992 nº 65664 : RJF 12/92 nº 1649) ou des reports déficitaires (voir nº 35910).

DÉCLARATION ANNUELLE DE RÉSULTAT

10965 CGI art. 53 A et 172 RIE-III-400 s

Les entreprises industrielles ou commerciales imposées d'après le régime du bénéfice réel normal doivent déclarer chaque année, sur le **formulaire nº 2031-SD** et de l'annexe nº 2031 bis-SD, les résultats de leur dernier exercice (ou de la dernière période d'imposition).

Dans le cadre du **foyer fiscal,** c'est au conjoint qui exerce l'activité commerciale qu'incombe le soin de souscrire cette déclaration (voir nº 335, précision b).

Les entreprises passibles de l'**impôt sur les sociétés** déclarent leurs résultats sur le formulaire nº 2065-SD et son annexe nº 2065 bis-SD, dans les conditions indiquées aux nºs 36385 s.

ATTENTION

Même lorsqu'elles bénéficient d'une **exonération d'impôt** totale ou partielle, les entreprises doivent souscrire une déclaration précise de leurs résultats, les exonérations ne s'appliquant qu'aux bénéfices déclarés dans le délai imparti (voir notamment nºs 10295 et 10390).

10970 RIE-III-1100 s

Mode de déclaration Toutes les entreprises soumises à un régime réel d'imposition ont l'obligation de déclarer leurs résultats par **voie électronique** (CGI art. 1649 quater B quater).

Les déclarations destinées à l'administration et souscrites par voie électronique, à titre obligatoire ou facultatif, sont transmises selon des conditions fixées par décret. Les déclarations souscrites par voie électronique par un **prestataire** habilité par l'administration dans les conditions fixées par décret sont réputées faites au nom et pour le compte de l'entreprise identifiée dans la déclaration (CGI art. 1649 quater B bis).

> Précisions Le **mode EFI** permet au contribuable d'effectuer directement ses déclarations et ses paiements en ligne sur le site www.impots.gouv.fr depuis son espace abonné. Cette procédure peut être utilisée pour la télétransmission de la déclaration de résultat des entrepreneurs individuels et des sociétés assujettis au **régime simplifié d'imposition.**
Le **mode EDI** permet à un partenaire habilité par la DGFiP, qui peut être l'entreprise elle-même ou un tiers ayant obtenu cette qualité (société du même groupe, intermédiaire ou prestataire de services d'intermédiation) d'effectuer la télétransmission des déclarations de résultats et des liasses fiscales des entreprises et des sociétés, qu'elles relèvent de l'impôt sur le revenu ou de l'impôt sur les sociétés. Un même contribuable peut recourir à plusieurs partenaires EDI. Chaque partenaire EDI a la faculté de fractionner l'envoi des données fiscales relatives à un même contribuable (BOI-BIC-DECLA-30-60-30-30 n° 120).

Délai de déclaration Quelle que soit la date de clôture de l'exercice, la déclaration de résultat doit être souscrite au plus tard le deuxième jour ouvré suivant le 1er mai de l'année suivante. Un délai supplémentaire de 15 jours calendaires est cependant accordé par l'administration (BOI-BIC-DECLA-30-10 n° 20). La date figurant sur l'accusé de réception ou sur l'accusé d'enregistrement adressé par voie électronique fait foi (LPF art. L 286). **10975** CGI art. 175 RIE-III-605 s

> Précisions a. Les entreprises qui éprouvent des difficultés pour établir leurs déclarations dans le délai légal peuvent, sous certaines conditions, produire une **déclaration provisoire.** Celle-ci doit comporter l'indication chiffrée des éléments utiles à la détermination du bénéfice tels qu'ils sont connus au moment où elle est produite, le chef d'entreprise ayant seulement la faculté de formuler certaines réserves sur les données qui ne peuvent être considérées comme définitives. Elle est régularisée par la production des comptes définitifs aussitôt que possible (BOI-BIC-DECLA-30-10-10-20 nos 120 à 140).
b. En cas de **cession ou cessation** d'entreprise, ou de **décès** de l'exploitant, la déclaration doit être produite dans un délai spécial (voir nos 11090 s.).

DOCUMENTS À JOINDRE À LA DÉCLARATION DE RÉSULTAT

Tableaux comptables Huit tableaux, adaptés au Plan comptable, doivent être systématiquement joints à la déclaration n° 2031-SD. Ils sont destinés à recevoir des renseignements d'ordre comptable : bilan (actif : n° 2050-SD ; passif : n° 2051-SD) ; compte de résultat en liste (nos 2052-SD et 2053-SD) ; immobilisations (n° 2054-SD) ; amortissements (n° 2055-SD) ; provisions (n° 2056-SD) ; état des échéances des créances et des dettes à la clôture de l'exercice (n° 2057-SD). **10985** RIE-III-4500 s

Ces tableaux sont d'utilisation polyvalente et peuvent être déposés au greffe du tribunal de commerce par les personnes soumises à l'obligation de publicité des comptes annuels. Ils doivent être servis en respectant les **définitions et règles du PCG,** sous réserve que ces dernières ne soient pas incompatibles avec les règles applicables pour l'assiette de l'impôt (CGI ann. III art. 38 quater).

Les corrections à apporter au résultat comptable du fait de dispositions fiscales spécifiques sont opérées sur le tableau de détermination du résultat fiscal n° 2058-A-SD (n° 10990).

Tableaux fiscaux Dix tableaux comportent des renseignements à caractère statistique ou fiscal : détermination du résultat fiscal (n° 2058-A-SD) ; déficits et provisions non déductibles (n° 2058-B-SD) ; tableau d'affectation du résultat et renseignements divers (n° 2058-C-SD) ; détermination et affectation des plus-values et moins-values (nos 2059-A-SD à 2059-D-SD) ; détermination de la valeur ajoutée produite (n° 2059-E-SD) ; composition du capital social (n° 2059-F-SD) ; filiales et participations (n° 2059-G-SD). S'y ajoute, le cas échéant, le tableau des écarts de réévaluation sur immobilisations amortissables (régime 1976) : n° 2054 bis-SD. **10990**

Informations détaillées Les entreprises doivent produire, à l'appui de leur déclaration, les quatre informations suivantes (extraites par les commerçants de l'**annexe comptable**) : **10995** CGI ann. III art. 38, II-4°

– dérogations aux prescriptions comptables ;
– modifications affectant les méthodes d'évaluation et la présentation des comptes annuels ;
– produits à recevoir et charges à payer ;
– produits et charges figurant au bilan sous les postes « comptes de régularisation ».

Les commerçants peuvent en outre être tenus de produire, sur demande de l'administration, les autres éléments de l'annexe prévus par les articles R 123-195 s. du Code de commerce. Certains renseignements figurent d'ailleurs dans les tableaux comptables produits à l'appui de la déclaration de résultat (n° 10985).

11000 RIE-III-5300 s **Autres documents** Certaines entreprises doivent produire des documents destinés à permettre l'application, le suivi ou le contrôle de **dispositifs fiscaux particuliers.** Citons par exemple : les renseignements concernant la provision pour hausse des prix (nos 10000 s.), les provisions pour dépréciation de titres de sociétés à prépondérance immobilière (no 18905) ou d'immeubles de placement (no 9805) ; l'état de suivi des plus-values en sursis d'imposition telles que les plus-values d'apport d'entreprises en société et les plus-values de fusion (nos 19780 et 39310) ; l'attestation délivrée par les organismes de gestion agréés ou les experts-comptables conventionnés (no 87980, précision a).

Les entreprises doivent fournir en outre un relevé détaillé de **frais généraux** sur un formulaire no 2067-SD ou, pour les entreprises individuelles, directement sur l'annexe no 2031 bis-SD à la déclaration (no 9050), ainsi qu'un état sur l'**affectation des véhicules de tourisme** (CGI art. 54 bis).

En ce qui concerne l'obligation de joindre un relevé des **versements** effectués au profit de bénéficiaires domiciliés ou établis **dans un État ou territoire non coopératif** : voir no 8990.

Les entreprises qui bénéficient d'un **régime spécial d'exonération** au titre, par exemple, d'une implantation dans certaines zones (nos 10250 s.) doivent joindre à leur déclaration de résultat l'état de détermination des résultats exonérés (BOI-BIC-DECLA-30-10-10-30 no 200).

Les entreprises relevant de l'impôt sur le revenu qui souhaitent bénéficier d'un **crédit d'impôt** doivent joindre à leur déclaration de résultat les déclarations spéciales correspondantes et/ou la déclaration récapitulative des crédits et réductions d'impôt no 2069-RCI-SD.

Les **sociétés soumises à l'impôt sur les sociétés** doivent joindre ces déclarations au relevé de solde de l'impôt sur les sociétés (CGI ann. III art. 49 septies M s.).

› Précisions a. Les **plus-values** dégagées **sur** des **immobilisations non amortissables** qui bénéficient d'un sursis ou d'un **report d'imposition** doivent être portées sur un **registre** spécial, sous peine d'une amende fixée à 5 % des sommes omises (CGI art. 54 septies, II et 1763) ; non-application de l'amende en cas de régularisation, voir no 9055, a. À la différence de l'état de suivi des plus-values, le registre n'a pas à être joint à la déclaration de résultat. Sur les documents à produire en cas de **transmission à titre gratuit d'entreprises** individuelles : voir no 19860.

b. S'ils bénéficient de l'exonération de TVA prévue à l'article 261 B du CGI (nos 47280 s.), les **groupements de moyens,** y compris les groupements d'intérêt économique, sont tenus de joindre à leur déclaration de résultat une déclaration complémentaire no 2036 bis-SD. Obligations des **sociétés civiles de moyens** : voir no 13895.

c. Les documents annexes à la déclaration de résultat doivent être distingués des **autres déclarations spéciales** qui sont indépendantes de la déclaration de résultat et qui sont d'ailleurs souscrites à des dates ou auprès de services différents. Exemple : déclaration des **paiements de revenus mobiliers** ou « IFU » à produire dans les conditions indiquées aux nos 26850 s.

d. Déclaration de la **politique de prix de transfert** des grandes entreprises : voir no 8967 s.

CONTRÔLE DES DÉCLARATIONS

11010 CGI art. 54 et 55 RIE-III-11100 s Les déclarations de résultat sont soumises au contrôle de l'administration qui peut prendre la forme d'un simple examen de dossier ou d'une vérification de comptabilité (voir nos 77860 s.).

Lorsque l'administration procède à une **vérification de comptabilité,** celle-ci est effectuée dans les conditions et sous les garanties indiquées aux nos 78110 s. et 79280 s. À l'occasion du contrôle, les entreprises soumises au régime du bénéfice réel sont tenues de présenter, à toute réquisition des agents de l'administration, tous documents comptables, inventaires, copies de lettres, pièces de recettes et de dépenses de nature à justifier l'exactitude des résultats déclarés. Certaines grandes entreprises sont tenues de présenter leur **comptabilité analytique** et leurs **comptes consolidés** (no 78138) et tous les contribuables tenant une comptabilité informatisée doivent être en mesure de présenter un **fichier des écritures comptables** au vérificateur (no 78140).

À l'issue du contrôle, le service des impôts peut engager la **procédure de rectification** décrite aux nos 78600 s.

SANCTIONS

11020 Le **défaut de** production de la **déclaration** de résultat, ou sa production tardive, est susceptible d'entraîner l'imposition d'office lorsque, après mise en demeure de l'administration, le contribuable ne régularise pas sa situation dans les trente jours (nos 78920 s.). Défaut ou retard de production entraînent par ailleurs l'application d'une majoration des droits (nos 80075 s.).

Le contribuable encourt également des pénalités en cas de défaut de production ou de production tardive des **documents à joindre** à la déclaration, ou d'omissions ou inexactitudes dans ces documents (no 80190) ; d'**insuffisance de déclaration** (nos 80000 s.) ; de refus ou d'insuffisance de production de la **liste des associés** ou de la **liste des filiales et participations** (no 00102).

Non-respect des obligations de déclaration par **voie électronique** : voir no 80200, a.

Sanctions prévues pour les relevés de **frais généraux ou** de **provisions** : voir nos 9055 et 9745.

B. Situation en fin d'exploitation

1. CAS D'IMPOSITION IMMÉDIATE

CESSION OU CESSATION D'ENTREPRISE

11045 CGI art. 201, 1 BIC-XIX-200 s

L'imposition immédiate est exigible dans le cas de cession ou de cessation de l'entreprise, totale ou partielle.

Constitue une **cession totale** toute transmission de l'ensemble de l'exploitation par acte portant transfert de la propriété de l'entreprise. Cet acte peut consister notamment en une vente pure et simple, en un apport en société ou en une donation.

La **cessation totale** de l'entreprise s'entend, d'une manière générale, de l'abandon de l'ensemble de l'activité industrielle ou commerciale. Elle peut résulter notamment de la fermeture définitive du ou des établissements où était exercée l'activité.

Enfin, il y a **cession ou cessation partielle** d'entreprise lorsqu'un contribuable, ayant plusieurs branches d'activité ou plusieurs établissements, cède ou abandonne l'une de ces branches d'activité ou l'un de ces établissements.

Les **sociétés** qui cessent leur activité sont soumises au même principe d'imposition immédiate que les exploitants individuels. Mais la définition de la cessation obéit dans leur cas à des règles spécifiques. Il y a cessation, sur le plan fiscal, non seulement en cas de dissolution, mais aussi en cas de changement de régime fiscal ou d'activité réelle de la société (voir n°s 11055 s.).

ILLUSTRATIONS

La **mise en gérance libre** d'un fonds de commerce ne constitue pas une cession ou cessation d'entreprise (notamment CE plén. 29-7-1983 n° 24158 : RJF 10/83 n° 1095 ; CE 28-7-1993 n° 70812 : RJF 8-9/93 n° 1107 ; voir également n° 38720, précision b pour les sociétés à l'IS).

À moins qu'il ne se traduise par l'abandon du fonds et la création d'un fonds nouveau, le simple **transfert de l'exploitation** d'un lieu à un autre ne constitue pas une cession ou cessation d'entreprise et n'entraîne donc pas d'imposition immédiate (notamment CE 9-2-1977 n° 99501 : RJF 4/77 n° 199 ; BOI-BIC-CESS-10-20-10 n° 50).

Le simple **changement d'exploitant** sans transmission de la propriété du fonds n'emporte pas cessation d'entreprise. Cette règle vaut lorsqu'un fonds appartenant à la communauté conjugale est exploité successivement par deux conjoints (Rép. Authié : Sén. 2-4-1987 n° 4122, non reprise dans Bofip). Il en est de même d'un fonds exploité successivement par un père et son fils (CE 14-3-1984 n° 36237 : RJF 5/84 n° 583).

La **mise en sommeil** d'une société soumise à l'impôt sur les sociétés pendant une période de plus de douze mois est constitutive d'une cessation d'activité si elle s'accompagne de la disparition des moyens de production nécessaires à la poursuite de l'exploitation (n° 38720) (BOI-IS-CESS-10 n°s 150 s.).

Les **cessions massives de droits sociaux** ne peuvent à elles seules être assimilées à une cession ou cessation d'entreprise (notamment CE 27-7-1984 n° 16580 : RJF 10/84 n° 1136 ; CE 18-11-1985 n° 43321 : RJF 1/86 n° 31). Une cessation ne peut alors être constatée que si elle s'accompagne d'un autre événement tel que, par exemple, un changement de régime fiscal ou un changement d'objet ou d'activité réelle (CE 9-5-1990 n° 46632 : RJF 8-9/90 n° 953).

À condition de continuer à remplir ses déclarations professionnelles, une entreprise individuelle peut subsister après cessation d'activité, pour les besoins de sa **liquidation,** jusqu'à la date de sa radiation du registre du commerce. Les cessions d'éléments d'actif réalisées pendant cette période relèvent alors du régime des plus-values professionnelles (CE 8-7-1992 n° 84973 : RJF 11/92 n° 1463).

DÉCÈS DE L'EXPLOITANT

11050 CGI art. 201, 4 BIC-XIX-1285 s

Le décès de l'exploitant d'une entreprise est un cas d'imposition immédiate, même lorsque l'exploitation est continuée par les héritiers du défunt.

Il faut souligner que la taxation consécutive au décès porte non seulement sur les bénéfices industriels et commerciaux, mais aussi sur l'ensemble des autres revenus du contribuable et, le cas échéant, de son conjoint ou partenaire d'un Pacs (voir n°s 4765 s.).

DISSOLUTION DE SOCIÉTÉ

11055 CGI art. 221, 2 BIC-XIX-1810 s et 7600 s

Que la société relève du régime des sociétés de personnes ou de l'impôt sur les sociétés, sa dissolution est assimilée à une cessation d'entreprise et entraîne l'imposition immédiate des bénéfices et des plus-values non encore taxés.

En pratique, la personnalité morale de la société subsiste toutefois jusqu'à la clôture des opérations de **liquidation** et c'est seulement à cette date qu'intervient effectivement la cessation. La date de cessation coïncide plus précisément avec la date d'**approbation des comptes** définitifs de liquidation, qui marque le point de départ des délais impartis pour effectuer les déclarations prévues en cas de cessation : voir n°s 11090 s. (CE plén. 11-2-1987 nº 47157 : RJF 3/87 nº 273-a). Une société en liquidation judiciaire n'est tenue ni de clôturer par anticipation l'exercice en cours à la date à laquelle le jugement de liquidation judiciaire est prononcé ni d'établir à cette date les déclarations fiscales relatives à cet exercice (CE 10-4-2015 nº 371765 : RJF 7/15 nº 570).

Au plan fiscal, le liquidateur est tenu, en application de l'article 37 du CGI, d'établir les déclarations annuelles de résultat dans les délais habituels (nº 7330). Les impositions établies au vu de ces déclarations viennent ensuite en déduction de l'imposition définitive (BOI-IS-DECLA-10-10-10 nº 110).

› **Précisions** **a.** La dissolution d'une société passible de l'impôt sur les sociétés entraîne également l'imposition du **boni de liquidation** entre les mains des associés (voir nºs 24510 s.).
b. **Droits d'enregistrement** applicables aux dissolutions et partages de sociétés : voir nºs 67060 s.
c. Sauf s'il provoque la dissolution de la société, le **décès** ou le **départ d'un associé** n'entraîne pas l'imposition immédiate des bénéfices sociaux.
Décès d'un associé d'une **société de personnes** en cours d'exercice : voir nºs 37660 s.
Cas particulier du décès d'un associé de **société de fait** : voir nº 37845, précision c.

TRANSFERTS VERS UN ÉTAT DE L'UE OU CERTAINS ÉTATS DE L'EEE

11056 **Transfert de siège social ou d'établissement** Le transfert du siège social ou d'un
CGI art. 221, 2
BIC-XIX-2600 s

établissement d'une société passible de l'impôt sur les sociétés vers un État membre de l'Union européenne ou vers un État partie à l'Espace économique européen ayant conclu avec la France une convention d'assistance mutuelle en matière de recouvrement (Norvège ou Islande) accompagné du **transfert d'éléments d'actif** entraîne l'imposition des plus-values latentes et des plus-values en report ou sursis d'imposition constatées sur les éléments d'actif immobilisé transférés. L'impôt est acquitté, au choix de l'entreprise, dans les deux mois du transfert des actifs, soit pour son montant total, soit pour un cinquième de son montant. Le solde doit alors être versé par fractions égales au cours des quatre années suivantes, au plus tard à la date anniversaire du premier paiement.

Lorsque le **transfert** porte sur l'**intégralité des actifs** de l'établissement et entraîne la fin de l'assujettissement à l'impôt sur les sociétés, il entraîne également l'imposition immédiate des bénéfices d'exploitation non encore taxés et des provisions devenues sans objet dès lors que l'activité ne sera plus exploitée en France. La société doit déclarer ces éléments et payer l'impôt correspondant dans les trois mois qui suivent le transfert. Ses déficits tombent en non-valeur mais l'administration admet qu'elle dépose une demande de carry-back à raison du déficit subi au titre de sa dernière période d'activité (BOI-IS-CESS-30 nº 210).

Lorsque le **transfert des actifs** n'est que **partiel,** il n'emporte aucune autre conséquence que l'imposition des plus-values latentes, avec paiement étalé de l'impôt si le contribuable exerce l'option en ce sens. Toutefois, l'administration estime qu'un tel transfert peut entraîner les conséquences fiscales de la cessation d'entreprise s'il est constitutif d'un changement d'activité au sens de l'article 221, 5 du CGI. Dans ce cas, le report en arrière du déficit n'est pas possible (BOI précité nº 230).

Que le transfert des actifs soit total ou partiel, l'opération n'entraîne pas les conséquences de la cessation d'entreprise à l'égard des **associés** qui ne sont dès lors pas imposables sur le boni de liquidation (BOI précité nºs 220 et 240).

Lorsqu'**aucun élément d'actif** n'est transféré, l'opération n'entraîne aucune imposition à raison des actifs qui demeurent au bilan d'un établissement français de la société.

En cas de transfert du siège ou d'un établissement d'une **société de personnes** n'ayant pas opté pour son assujettissement à l'IS ou d'une **entreprise individuelle,** les plus-values latentes sont imposées immédiatement.

› **Précisions** **a.** En cas de **transfert de titres de participation** relevant du régime du long terme, l'administration considère que l'option pour le paiement fractionné des plus-values ne concerne pas l'impôt sur les sociétés dû à raison de la quote-part de frais et charges (BOI précité nº 100).

b. Le bénéfice de l'**imposition étalée** des plus-values est subordonné à une demande expresse du contribuable et requiert le dépôt annuel auprès du service des impôts des non-résidents d'un état conforme au modèle fourni par l'administration, faisant apparaître les renseignements nécessaires au **suivi des plus-values latentes.** Le **défaut de production** de cet état ou la production d'un état inexact ou incomplet entraîne l'application d'une amende égale à 5 % des résultats omis (CGI art. 1763, I-h), qui n'est toutefois pas appliquée en cas de régularisation sous certaines conditions (nº 9055, a).

c. La société encourt la **déchéance de l'option** pour le paiement fractionné si elle cède ou transfère hors des États visés ci-dessus, dans le délai de cinq ans, un ou plusieurs éléments de l'actif immobilisé ayant fait l'objet du transfert. Il en est de même si elle est dissoute ou ne respecte pas l'une des échéances de paiement.

d. L'article 221, 3 du CGI prévoit que le **changement de nationalité** d'une société par actions n'emporte pas les conséquences de la cessation d'entreprise lorsqu'il est réalisé dans les conditions prévues à l'article L 225-97 du Code de commerce. Il ne peut s'appliquer qu'en cas de signature avec le pays d'accueil d'une convention permettant le transfert de siège social sans perte de la personnalité juridique. La France n'ayant à notre connaissance signé aucune convention de ce type (Mémento Sociétés commerciales nº 48520), cette disposition est actuellement dépourvue de portée pratique.

Transfert d'éléments d'actif isolés En cas de transfert d'éléments d'actif isolés vers un État visé nº 11056, sans transfert de siège ou d'établissement (cas du transfert d'actifs d'une société entre établissements stables situés dans des États différents), l'imposition des plus-values afférentes aux actifs transférés (plus-values latentes, plus-values en report ou en sursis d'imposition) au cours d'exercices ouverts **à compter du 1er janvier 2020** peut être étalée sur cinq exercices conformément aux modalités exposées nº 11056 (Loi 2019-1479 du 28-12-2019 art. 45). 11057

Lorsque ces éléments d'actif isolés sont transférés au titre d'un exercice ouvert **avant le 1er janvier 2020,** les plus-values sont immédiatement imposables pour leur montant total.

TRANSFERTS VERS UN ÉTAT TIERS À L'UE OU À L'EEE

Lorsqu'il est réalisé vers un État autre que ceux mentionnés nº 11056, le transfert du **siège social ou d'un établissement** d'une société passible de l'impôt sur les sociétés emporte les conséquences d'une cessation d'entreprise. 11058 BIC-XIX-2570 s

Le transfert d'**éléments d'actif isolés** vers l'un de ces États entraîne l'imposition immédiate des plus-values latentes et des plus-values en report ou en sursis d'imposition afférentes à cet actif.

AUTRES CAS DE CESSATION PROPRES AUX SOCIÉTÉS

Outre la dissolution, emportent cessation d'entreprise, avec des conséquences parfois atténuées, les événements suivants : **fusion** et opération assimilée (nos 39000 s.) ; **changement d'objet ou d'activité** réelle de la société (nos 38715 s.) ; changement de **régime fiscal** (nos 38755 s.) ; certaines opérations de **transformation** (nos 38650 s.). 11065 BIC-XIX-1780 s

2. BASE DE L'IMPOSITION IMMÉDIATE

RÉSULTATS IMPOSABLES

Lorsque l'entreprise relève du régime du **bénéfice réel** normal ou simplifié, l'imposition immédiate porte (sous réserve des règles particulières propres à certains cas de cessation) sur les éléments suivants : 11070 BIC-XIX-7100 s

– **bénéfices d'exploitation** réalisés depuis la fin du dernier exercice taxé, déterminés dans les conditions de droit commun ;
– bénéfices **en sursis d'imposition** et, en particulier, provisions précédemment constituées qui deviennent sans objet du fait de la cession ou cessation ;
– **plus-values** (ou moins-values) d'actif immobilisé, réalisées ou constatées à l'occasion de la cession ou cessation ; ces plus ou moins-values sont soumises au régime des plus ou moins-values professionnelles exposé aux nos 17500 s.

En cas de **cession ou cessation partielle** d'entreprise, le service des impôts peut, par tolérance et sauf demande contraire du contribuable, s'abstenir d'établir immédiatement l'imposition des bénéfices et des plus-values afférents à la branche ou à l'établissement cédé ; ces bénéfices sont alors taxés, à l'expiration de l'exercice en cours, en même temps que les résultats de la branche d'activité conservée (BOI-BIC-CESS-30-20 nº 200).

› Précisions **a.** Hormis le cas d'apport de l'entreprise en société dans le cadre du régime de faveur de l'article 151 octies du CGI, un exploitant ne peut constituer aucune **provision** nouvelle au bilan de clôture et doit réintégrer les provisions précédemment constituées, même si le risque auquel ces provisions sont destinées à faire face n'a pas disparu (CE 3-6-2013 nº 338976 : RJF 8-9/13 nº 809).

b. Le fait pour un exploitant individuel de conserver, postérieurement à la cessation de son activité, tout ou partie de ses **éléments d'actif** est constitutif d'un **retrait** dans le **patrimoine privé,** générateur de plus-values.

c. Des dispositions spéciales sont prévues pour les **plus-values** constatées en cas de départ à la **retraite** (nos 19890 s.), de **décès** (nos 18040 et 19810 s.), de **donation** de l'entreprise (nos 19810 s.) et d'**apport** de l'entreprise **en société** (nos 19710 s.). **Autres particularités** à signaler : application du système du quotient aux plus-values à court terme des exploitants individuels (nº 18075, précision b) ; possibilité d'imputation des moins-values nettes à long terme (nº 18120) ; exonération des plus-values en fonction des recettes (nos 18200 s.) ; exonération des plus-values de cession de fonds de commerce de faible valeur (nos 19650 s.).

DÉFICITS ET REPORTS DÉFICITAIRES

11075 Si l'exercice de cession ou cessation est déficitaire, le déficit est imputable sur le revenu global de l'exploitant, dans les conditions habituelles, lorsque l'entreprise relève de l'**impôt sur le revenu** (nos 800 s.).

À l'inverse, en matière d'**impôt sur les sociétés,** la cession ou cessation entraîne la perte du droit au report des déficits, sauf cas particuliers de dérogation (no 35915).

OPÉRATIONS POSTÉRIEURES À LA CESSATION

11080 BIC-XIX-13000 s Les **gains** réalisés après la cessation d'activité doivent, lorsqu'ils se rattachent à la profession commerciale exercée antérieurement, être soumis à l'impôt sur le revenu dans la catégorie des bénéfices industriels et commerciaux. Exemple : vente de stocks conservés par l'exploitant (BOI-BIC-CESS-30-20 nos 20 et 40).

Lorsqu'elles deviennent certaines après cessation de l'exploitation, les **charges** se rapportant à celle-ci donnent naissance à un déficit imputable sur le revenu global de l'ancien exploitant (CE 19-10-1977 no 98928 : RJF 11/77 no 579). Cela suppose toutefois qu'elles n'aient pas déjà été déduites, sous forme de provisions, des résultats de l'exercice de cessation.

Le paiement des **dettes professionnelles** qui subsistent après cessation d'activité ne peut en revanche donner lieu à aucune déduction (CE 7-6-1978 no 8111 : RJF 9/78 no 333 ; CE 5-10-2005 no 267088 : RJF 12/05 no 1362).

3. OBLIGATIONS DÉCLARATIVES

11090 CGI art. 201, 1, 3 et 4 BIC-XIX-12000 s Lors de la cession ou de la cessation de l'entreprise, le contribuable est soumis à une double obligation :

– il doit aviser l'administration de la cession ou de la **cessation** et de sa date d'effet, en indiquant, s'il y a lieu, les nom, prénoms et adresse du cessionnaire (une obligation parallèle existe au regard des taxes sur le chiffre d'affaires : no 53390, 3). Cette **déclaration** est adressée au centre de formalités des entreprises (nos 88200 s.) ;

– il doit adresser au service des impôts dont il relève la déclaration nécessaire à l'établissement de l'imposition immédiate : **déclaration** du **bénéfice** réel, accompagnée d'un résumé du compte de résultat, si l'entreprise est placée sous le régime du bénéfice réel normal ou simplifié (bien entendu, la déclaration doit faire état de l'ensemble du bénéfice imposable, y compris les plus-values, provisions et autres éléments visés au no 11070).

En cas de **décès,** ces déclarations sont souscrites par les ayants droit de l'exploitant.

11095 Le délai de déclaration de cessation d'activité est fixé à 45 jours. Le délai imparti aux redevables de la **TVA** pour la déclaration de cessation est toutefois de 30 jours (no 53390, 3).

Le délai de production de la déclaration de résultat du dernier exercice d'activité est fixé à 60 jours. Il est porté à six mois en cas de décès.

Le **point de départ** de ces délais est fixé :

– lorsqu'il s'agit de la cession d'un fonds de commerce, au jour où la cession a été publiée dans un journal d'annonces légales. Cette publication doit elle-même être effectuée dans les 15 jours de la cession. La date d'entrée en jouissance de l'acquéreur peut toutefois être retenue comme point de départ si elle est postérieure à celle de la publication (BOI-BIC-CESS-40 no 90) ;

– lorsqu'il s'agit de la cession d'autres entreprises, au jour où l'acquéreur a pris effectivement la direction des exploitations ;

– lorsqu'il s'agit d'une cessation d'entreprise, au jour de la fermeture définitive des établissements.

Pour le cas de **dissolution** de société : voir no 11055.

> **Précisions a.** Selon l'administration, ces délais sont **non francs.** Dans l'hypothèse de la **cession d'un fonds de commerce,** la déclaration de résultat doit donc parvenir au service des impôts avant l'expiration du 60e jour suivant celui de la publication (en ce sens, BOI-BIC-CESS-40 no 20). Par exemple, si la publication a eu lieu le 3 mars, la déclaration doit parvenir le 2 mai au plus tard.

b. En l'**absence de déclaration** dans le délai légal, les bases d'imposition peuvent être arrêtées d'office (nos 78920 s.). Il en est de même lorsque le contribuable (ou ses ayants droit, en cas de décès), invité à fournir à l'appui de sa déclaration les justifications nécessaires, s'abstient de les donner dans les trente jours de la réception de l'avis correspondant.

4. ÉTABLISSEMENT ET PAIEMENT DE L'IMPOSITION IMMÉDIATE

11105 BIC-XIX-12700 s **1.** L'imposition établie au titre de l'**impôt sur le revenu** (entreprise individuelle ou société de personnes) est perçue par voie de rôle. Elle est exigible en principe dès la mise en recouvrement de ce rôle. Mais la majoration de 10 % pour paiement tardif n'est applicable qu'à une date postérieure (nº 80150). L'imposition spéciale ainsi établie présente un caractère provisoire. Elle viendra en déduction du résultat total de l'impôt sur le revenu qui sera établi ultérieurement sur l'ensemble des revenus ou bénéfices réalisés par l'intéressé au cours de l'année de la cession ou de la cessation. Pour l'application du prélèvement à la source, le taux appliqué à l'imposition immédiate est le dernier taux retenu pour le calcul de l'acompte mentionné à l'article 204 A du CGI. Étalement du paiement de l'impôt sur la plus-value à long terme en cas d'octroi d'un crédit-vendeur : voir nº 18110. 11105 (suite)

2. S'agissant d'une société relevant de l'**impôt sur les sociétés,** la liquidation de l'impôt est faite spontanément. Le solde restant dû (après déduction des acomptes déjà versés) est réglé, auprès du comptable public, au plus tard le 15 du quatrième mois qui suit la clôture de l'exercice ou, pour les sociétés clôturant leur exercice au 31 décembre, au plus tard le 15 mai (CGI art. 1668, 2).

3. Responsabilité solidaire du cessionnaire : voir nº 77280, a.

CHAPITRE 3

BÉNÉFICES NON COMMERCIAUX

SOMMAIRE

13000 Les bénéfices des professions non commerciales et revenus assimilés désignés par l'expression « bénéfices non commerciaux » (BNC) constituent l'une des catégories de revenus passibles de l'impôt sur le revenu. Après avoir été déterminés suivant les règles qui leur sont propres, les bénéfices non commerciaux sont totalisés avec les autres revenus du contribuable pour former le revenu global qui sera soumis à l'impôt sur le revenu.

A. Définition

13150
CGI art. 92
BNC-I-1 s

Les bénéfices non commerciaux (BNC) peuvent être rangés en **trois groupes** :
- les bénéfices des professions libérales proprement dites ;
- les produits des charges et offices ;
- les profits ne relevant d'aucune autre catégorie.

Il peut s'agir, le cas échéant, de **bénéfices réalisés hors de France.**

PROFESSIONS LIBÉRALES

13160
BNC-I-1600 s

Les professions libérales sont définies comme celles qui groupent les personnes exerçant à titre habituel, de manière indépendante et sous leur responsabilité, une activité de nature généralement civile ayant pour objet d'assurer, dans l'intérêt du client ou du public, des prestations principalement intellectuelles, techniques ou de soins mises en œuvre au moyen de qualifications professionnelles appropriées et dans le respect de principes éthiques ou d'une déontologie professionnelle, sans préjudice des dispositions législatives applicables aux autres formes de travail indépendant (Loi 2012-387 du 22-3-2012 art. 29).

EXEMPLE

Exercent une activité libérale les médecins, chirurgiens, dentistes, sages-femmes, masseurs-kinésithérapeutes, vétérinaires, avocats, experts-comptables, commissaires aux comptes, architectes, ingénieurs-conseils, concepteurs de logiciels, géomètres-experts, artistes peintres, sculpteurs, etc.

13165
BNC-I-330 s

Distinction des BNC avec les salaires et les BIC L'administration et la jurisprudence ont précisé les critères à retenir pour distinguer les BNC des revenus à rattacher aux catégories des traitements et salaires ou des BIC. En cas de doute, les contribuables ont la faculté d'interroger l'administration sur la qualification de leur activité professionnelle (voir n° 79565).

ILLUSTRATIONS

Frontière BNC-salaires Les rémunérations des professionnels libéraux sont imposables dans la catégorie des traitements et salaires lorsque les intéressés sont placés en **situation de subordination** vis-à-vis d'un employeur (privé ou public). Ceux qui apportent leur collaboration à des confrères, en dehors de tout lien de dépendance, restent taxables dans la catégorie des BNC (tel est le cas par exemple des revenus perçus par un chirurgien-dentiste remplaçant : CE 17-3-2014 n° 354701 : RJF 6/14 n° 564).

Constituent notamment des salaires les rémunérations perçues par :
- les **médecins** attachés à des collectivités, des établissements publics ou privés (hôpitaux, cliniques, dispensaires...) ou des entreprises, dès lors qu'ils sont placés dans un état de subordination caractéristique du contrat de travail, et les membres des commissions départementales du **permis de conduire** (CE 24-4-1981 n° 25248 : RJF 6/81 n° 580 ; BOI-RSA-CHAMP-10-10-30 n° 120) ou des

équipes techniques des **commissions des droits et de l'autonomie des personnes handicapées** (BOI précité n° 130) ;

– les **avocats** salariés et les avocats collaborateurs qui agissent conformément aux directives de leurs confrères et sous le contrôle de ces derniers sans prendre ni initiative ni responsabilité personnelle (BOI-BNC-CHAMP-10-10-10 n° 70). Mais un avocat ne peut être qualifié de salarié au seul motif qu'il ne peut développer sa propre clientèle (CE 16-10-2013 n° 339822 : RJF 1/14 n° 24). Sur l'imposition des membres d'associations d'avocats, voir n° 37815.

Peuvent par ailleurs être imposés selon les règles des traitements et salaires, sous certaines conditions et sans perdre pour autant leur caractère de BNC : les commissions perçues par les **agents d'assurances** (nos 13715 s.) ; les droits d'auteur des **écrivains, compositeurs, artistes et autres auteurs d'œuvres de l'esprit** (nos 13735 s.) ; les sommes perçues par les **fonctionnaires chercheurs** qui apportent leur concours à une entreprise (n° 13820).

Frontière BNC-BIC L'activité exercée revêt un caractère commercial sur le plan fiscal lorsque l'**importance** de la **main-d'œuvre** employée, des **moyens matériels** utilisés et des **capitaux** investis est telle que l'activité procède plus d'une spéculation sur ces différents éléments que de l'exercice d'un art ou d'une science. Ont par exemple été qualifiés de BIC les bénéfices réalisés par des établissements d'enseignement, des laboratoires d'analyses médicales, y compris lorsque l'exploitant participe directement à l'activité non commerciale (notamment CE 10-10-1979 n° 9441 : RJF 11/79 n° 628 ; BOI-BIC-CHAMP-60-50 n° 300 ; CE 9-2-1983 n° 10943 : RJF 4/83 n° 495 ; BOI-BIC-CHAMP-60-30 n° 130) ou des sociétés de conception et de développement de logiciels (CE 26-5-2004 n° 243121 : RJF 8-9/04 n° 862). En revanche, la jurisprudence a tendance à attacher moins d'importance à ces critères lorsque le dirigeant exerce une **influence prépondérante** dans l'exercice de l'activité, en particulier par la mise en œuvre de ses propres compétences techniques et pédagogiques (CE 2-10-2002 n° 224917 : RJF 12/02 n° 1362).

Par ailleurs, elle semble plus réticente à appliquer les critères précités aux **professions réglementées** (médecins, avocats, experts-comptables, etc.) qui exercent leur activité en conformité avec la réglementation de l'ordre. Il a ainsi été jugé qu'un médecin spécialiste qui emploie plusieurs salariés (kinésithérapeutes et aides-soignantes) pour l'assister dans l'exercice de sa profession reste imposable dans la catégorie des BNC (CE 27-1-1988 nos 68652 et 68653 : RJF 3/88 n° 269). Ces critères sont également écartés lorsque le législateur a reconnu un caractère non commercial à une activité. Tel est le cas de l'activité exercée par une **association de gestion et de comptabilité** conformément aux règles prévues par l'ordonnance 45-2138 du 19 décembre 1945, même si l'association a eu recours à du personnel salarié pour assurer ses missions d'expertise comptable (CE 2-12-2019 n° 423626 : RJF 2/20 n° 143).

Les **intermédiaires en opérations de banque** et en services de paiement relèvent des BNC s'ils exercent une activité de mandataire au nom et pour le compte d'un ou de plusieurs établissements de crédit ou des BIC s'ils exercent une activité de courtier (BOI-BNC-CHAMP-10-30-50 n° 430).

Exercice d'activités relevant de catégories d'imposition différentes 13170

a. Lorsqu'un contribuable perçoit à la fois des bénéfices non commerciaux et des **salaires,** chaque type de revenus est imposé distinctement dans la catégorie qui lui est propre. BNC-I-560 s

b. Lorsqu'un professionnel libéral réalise des **opérations commerciales** ou **agricoles** à titre **accessoire,** entrant normalement dans la catégorie des BIC ou des BA, il est tenu compte de ces résultats pour la détermination de ses bénéfices non commerciaux, si ces opérations sont une **simple extension** de son activité libérale prépondérante (exemples : ventes de prothèses effectuées par des chirurgiens-dentistes en dehors de leur clientèle, ventes de médicaments par les vétérinaires annexes à une prestation médicale, opérations de courtage des agents généraux d'assurance). CGI art. 155, I-2

Lorsque les deux activités sont réputées **distinctes,** chacune d'elles doit être imposée dans la catégorie qui lui est propre.

Ce régime est similaire à celui qui existe pour la taxation des revenus accessoires perçus par les titulaires de BIC.

Mode d'exercice de la profession Les membres des professions libérales peuvent exercer leur activité **à titre individuel** ou dans le cadre de **sociétés de personnes** soumises à l'impôt sur le revenu, telles les sociétés civiles professionnelles (SCP), ou à l'impôt sur les sociétés, comme les sociétés d'exercice libéral (SEL). Ils peuvent également se regrouper au sein de **sociétés** qui ne confèrent **pas la qualité de commerçant aux associés** (sociétés civiles, SA, SARL et SAS) ainsi qu'au sein de **structures spécifiques** permettant la mise en commun du matériel, du personnel et des locaux professionnels, et dans lesquelles chacun des participants exerce son activité en toute indépendance : cabinets de groupe, contrats de collaboration, conventions d'exercice conjoint, contrats d'exercice à frais communs. 13180 BNC-I-800 s BNC-IV-21100 s

Certaines professions ont en outre la possibilité d'exercer en commun, au sein d'une **société pluriprofessionnelle d'exercice** (SPE) qui peut revêtir toute forme sociale, à l'exception de celles conférant à leurs associés la qualité de commerçant. Elle suit, au plan fiscal, les règles applicables à la forme sociale choisie. Elle doit comprendre parmi ses associés au moins un membre de chacune des professions qu'elle exerce mais cette personne physique n'est pas tenue d'exercer au sein de la société.

› Précisions **a.** Les membres des **cabinets de groupe** qui ont pour unique objet la mise en commun de moyens d'exploitation sont réputés exercer leur activité à titre individuel.

b. Le **contrat de collaboration** est l'acte par lequel un praticien confirmé met à la disposition d'un confrère les locaux et le matériel – ainsi que, généralement, la clientèle – nécessaires à l'exercice de la profession, moyennant une redevance en pourcentage sur les honoraires encaissés par le collaborateur. Le praticien titulaire rattache à ses BNC les redevances de location qu'il perçoit (normalement taxables au titre des BIC), à condition de ne pas en retirer l'essentiel de ses recettes. Pour le collaborateur, imposable au titre des BNC dès lors qu'il exerce sa profession en toute indépendance, les redevances versées constituent des loyers déductibles (BOI-BNC-SECT-70-30 n°s 10 et 20).

c. Le **collaborateur libéral** qui exerce son activité en qualité de professionnel indépendant, dans le cadre d'une profession à statut législatif ou réglementaire ou dont le titre est protégé, est regardé comme un exploitant individuel (Loi 2005-882 du 2-8-2005 art. 18).

d. La **convention d'exercice conjoint,** qui prévoit la mise en commun des honoraires perçus individuellement par chaque partie, est constitutive d'une société de fait. Les praticiens sont donc personnellement imposables au titre des BNC sur leur quote-part du résultat global, mais ce résultat est déterminé au niveau de la société (voir nº 37845).

e. Le **contrat d'exercice à frais communs** permet de mettre en commun certaines dépenses professionnelles, sans qu'il y ait de partage d'honoraires. Chaque praticien cocontractant reste soumis personnellement à l'imposition sur son bénéfice.

CHARGES ET OFFICES

13195 BNC-I-2700 s Les bénéfices des charges et offices sont rangés dans la catégorie des BNC, sauf lorsque leur titulaire a la qualité de commerçant (cas des courtiers interprètes et conducteurs de navires qui sont taxables au titre des BIC).

Relèvent donc des BNC les officiers publics et ministériels suivants : **avocats au Conseil d'État** et à la Cour de cassation ; **notaires** (à l'exception, semble-t-il, des notaires salariés) ; **huissiers** ; **commissaires-priseurs** ; **greffiers** des tribunaux de commerce titulaires de leur charge (les traitements, indemnités et émoluments versés à ces derniers par l'État sont toutefois rangés dans la catégorie des salaires par l'article 92, 3 du CGI).

› Précisions **a.** Les rémunérations versées aux **greffiers** des tribunaux de commerce par les Urssaf ou les Assédic ont le caractère de BNC (Rép. Laguilhon : AN 15-8-1994 nº 11181, non reprise dans Bofip).

b. Les revenus que les officiers publics et ministériels retirent d'**opérations commerciales** réalisées en dehors de leurs attributions légales (gestion d'affaires, par exemple) sont imposables dans la catégorie des BIC (BOI-BNC-CHAMP-10-10-10 nº 200).

c. Les titulaires de charges et offices sont obligatoirement placés sous le régime de la **déclaration contrôlée** et soumis à des **obligations** particulières (nº 13605, Précisions).

d. L'exploitation de la charge peut être effectuée dans un **cadre sociétaire.**

AUTRES REVENUS NON COMMERCIAUX

13205 BNC-I-3700 s Sont assimilés à des BNC les profits provenant de « toutes occupations, exploitations lucratives et sources de profits **ne se rattachant pas à une autre catégorie** de bénéfices ou de revenus ». Cette règle conduit à taxer dans la catégorie des BNC, notamment :

– les revenus de professions ou **activités** très **diverses** (agents commerciaux, gérants libres de succursales, guérisseurs, cartomanciennes, prostituées…) ;

– des **profits occasionnels** ou accidentels susceptibles par nature de renouvellement ;

– les revenus provenant de la **sous-location** d'immeubles nus.

Ces revenus sont imposables alors même qu'ils présentent un **caractère illicite** (notamment CE 27-4-2011 nº 317943 : RJF 7/11 nº 803 à propos de détournement de fonds ; CE 5-11-1980 nº 13222 : RJF 1/81 nº 30 ; BOI-BNC-CHAMP-10-10-20-40 nº 590 à propos du proxénétisme simple).

ILLUSTRATIONS

Constituent notamment des **profits occasionnels** imposables dans la catégorie des BNC :

– les commissions et rémunérations perçues par des particuliers pour des **actes isolés d'entremise** dans la conclusion de marchés (notamment CE 9-11-1987 n°s 46887 et 47894 : RJF 1/88 nº 49), à moins qu'il ne s'agisse de certaines opérations occasionnelles d'intermédiaire immobilier relevant des BIC (nº 30300) ;

– les gains résultant du **recouvrement de créances** antérieurement rachetées à un prix inférieur à leur montant nominal, lorsqu'ils sont réalisés grâce à l'activité déployée par le contribuable pour redresser la situation de l'entreprise débitrice (notamment CE 25-7-1986 nº 39244 : RJF 11/86 nº 973 ; CE 21-10-2013 nº 356317 : RJF 1/14 nº 32) et non uniquement dans le cadre de l'exercice de ses fonctions de dirigeant (CE 10-6-2010 nº 309120 : RJF 10/10 nº 900). Ceux obtenus de manière passive ne sont par contre pas imposables (notamment CE 15-10-1990 n°s 60314 et 95799 : RJF 12/90 nº 1483).

Les sommes encaissées par des particuliers ne sont en principe pas imposables au titre des BNC si elles ne rémunèrent pas à proprement parler une activité ou un service rendu. Ainsi, échappent par exemple à l'impôt sur le revenu les **subsides perçus d'un tiers** à titre de pure libéralité, comme les sommes versées par un concubin à sa compagne (notamment CE 18-11-1988 n° 75596 : RJF 1/89 n° 34) ou, dans le cadre d'une promesse synallagmatique de vente, l'**indemnité de rétractation** (CE 7-5-2014 n°s 362741 et 359781 : RJF 8-9/14 n° 792) et l'**indemnité d'immobilisation** perçues par son signataire (CE 25-11-2015 n° 380817 : RJF 2/16 n° 135). En revanche, lorsqu'elle est perçue en contrepartie d'une promesse unilatérale de vente, elle est imposable dès lors qu'elle rémunère un service rendu par le propriétaire du bien consistant à réserver au bénéficiaire de la promesse la possibilité d'acheter et à s'interdire de vendre à un tiers (notamment CE 26-7-1991 n° 81253 : RJF 10/91 n° 1180 ; CE 19-2-2014 n° 354380 : RJF 5/14 n° 452). La circonstance qu'elle fasse l'objet d'un paiement unique ne fait pas obstacle à cette imposition (CE 1-10-2015 n° 368565 : RJF 12/15 n° 1009). Sauf cas exceptionnel de fraude, les gains réalisés à l'occasion de la participation (même habituelle) à des **jeux de hasard** ou des **paris sur les courses** ne sont pas taxés (BOI précité n° 400). Sont en revanche imposables dans la catégorie des BNC, les gains réalisés par les joueurs de **poker** professionnels (BOI-BNC-CHAMP-10-30-40 n° 20) ou retirés de la pratique habituelle de ce jeu (CE 21-6-2018 n°s 412124 : RJF 11/18 n° 953).

Revenus et profits qualifiés de BNC par la loi La loi range expressément certains profits dans la catégorie des BNC, tout en prévoyant des modalités spécifiques d'imposition pour certains d'entre eux. **13210** CGI art. 92, 2

EXEMPLE

Droits d'auteur perçus par les écrivains et compositeurs ou par leurs héritiers ou légataires, voir n°s 13735 s. ; produits de la **propriété intellectuelle** (brevets, procédés, marques, logiciels...) perçus par les inventeurs, voir n°s 13790 s. ; **opérations de bourse** effectuées dans des conditions caractérisant l'exercice d'une activité professionnelle, voir n° 32810, 2 ; profits habituels réalisés sur les « **instruments financiers à terme** », voir n°s 33400 s. ; sommes et indemnités perçues par les **juges et arbitres sportifs,** voir n° 13765 ; sommes perçues par les avocats en qualité de **fiduciaire** d'une opération de fiducie, voir n°s 90780 s. ; remises sur la vente de **tabac,** étant précisé que les gérants agréés qui exercent une activité commerciale dont le débit de tabac n'est que l'accessoire au sens de l'article 155, I-1 du CGI (n° 7925) relèvent toutefois des BIC pour l'ensemble de leurs profits (BIC-II-1010 s.).

TERRITORIALITÉ

Conformément aux règles générales relatives à la territorialité de l'impôt sur le revenu, lorsque l'intéressé a son **domicile fiscal en France,** il est imposable en France sur l'ensemble de ses BNC, qu'ils soient de source française ou étrangère, sous réserve des dérogations pouvant résulter des conventions internationales. Les BNC réalisés à l'étranger et imposables en France doivent toujours être déterminés selon le régime de la déclaration contrôlée (CGI art. 158, 1) et donnent lieu à la souscription de la déclaration spéciale correspondante. **13220** BNC-I-1300 s

En cas de domiciliation **hors de France,** les règles de territorialité de l'impôt sur le revenu conduisent en principe à imposer en France les contribuables qui y exercent une activité professionnelle non commerciale ou y réalisent des opérations non commerciales.

› **Précisions** **a.** Les **conventions fiscales** réservent en général au pays d'accueil l'imposition des revenus provenant d'une base fixe ou d'une installation permanente (n° 82780). Lorsque les membres de professions libérales domiciliés et exerçant en France disposent aussi d'une **base fixe à l'étranger,** leurs bénéfices français et étrangers doivent donc être calculés et imposés séparément dans chaque pays d'implantation. Pendant la période d'installation à l'étranger (quatre premiers exercices), l'administration admet que les charges des deux entités soient ventilées au prorata de leurs chiffres d'affaires respectifs (BOI-BNC-BASE-40 n° 50).
b. Certains revenus non commerciaux versés à des **contribuables domiciliés hors de France** et n'ayant pas d'installation professionnelle permanente en France donnent lieu à une retenue à la source : voir n°s 4560 s. et 4640 s. (retenue à la source spécifique aux artistes).

B. Détermination du résultat

RÈGLES GÉNÉRALES

Le bénéfice non commercial imposable est celui qui est réalisé au cours de l'**année civile,** même si le contribuable tient une comptabilité de périodicité différente. **13245** BNC-II-100 s

Régime de droit commun Les **recettes** professionnelles à prendre en compte s'entendent des sommes effectivement **encaissées,** ou mises à la disposition du contribuable, au cours de l'année d'imposition : **13250** CGI art. 93, 1 BNC-II-500 s
– quel que soit le mode de règlement (espèces, chèques, inscription au crédit d'un compte) ;
– quelle que soit la date à laquelle les prestations ont été ou seront effectuées ;
– et à l'exclusion des créances acquises mais non encore recouvrées.

Les **dépenses** professionnelles déductibles sont celles qui ont été effectivement **payées** au cours de l'année d'imposition.

ILLUSTRATIONS

Une recette ou une dépense réglée par un **chèque** remis directement au bénéficiaire doit être prise en compte à la date de cette remise. Pour les dépenses payées par une **carte de crédit** à débit différé, il convient de retenir la date de validation du paiement (CAA Lyon 29-12-2005 nº 02-778 : RJF 6/06 nº 704).

En cas de **virement bancaire** ou postal, c'est la date de l'inscription au compte qui doit être retenue, et non celle de la réception de l'avis de virement. La règle est la même pour les recettes portées au crédit d'un **compte courant,** sauf à établir que des faits entièrement indépendants de la volonté du contribuable font obstacle à leur retrait (notamment CE 4-2-1987 nº 61875 : RJF 4/87 nº 371).

Les **recettes encaissées par un tiers** mandaté à cet effet, tels des honoraires de chirurgien perçus par une clinique, sont réputées mises à la disposition du contribuable dès leur versement à ce tiers, sauf preuve contraire (par exemple, difficultés financières du mandataire empêchant leur reversement : CE 17-5-1989 nº 88093 : RJF 7/89 nº 828).

Les sommes versées à l'administration en vertu d'un **avis à tiers détenteur** par le débiteur d'un contribuable sont réputées être mises à la disposition de ce dernier dès leur date d'encaissement par l'administration quelle que soit la date d'émission de l'avis à tiers détenteur (CAA Nantes 24-1-2013 nº 10NT02189 : RJF 11/13 nº 1019).

Ce mode de détermination du bénéfice est incompatible avec la constitution de **provisions** destinées à faire face à des pertes ou charges futures, ou à la dépréciation d'éléments d'actif non amortissables (CE 8-6-1990 nº 57666 : RJF 8-9/90 nº 1014 ; CE 9-7-1980 nº 11847 : RJF 10/80 nº 784).

Modalités de prise en compte des créances acquises en cas de **cessation d'activité** : voir nºs 13660 s.

13255 CGI art. 93 A BNC-II-1300 s

Régime optionnel Les contribuables soumis au régime de la **déclaration contrôlée** peuvent opter pour la détermination de leur résultat à partir des **créances acquises** et des **dépenses engagées** au cours de l'année d'imposition. La définition des créances et dépenses à prendre en compte est la même que celle en vigueur en matière de BIC (voir nºs 7355 s. et 7870 s.).

L'option, établie sur papier libre, doit être exercée avant le 1er février de l'année d'imposition (soit avant le 1er février 2020 pour une option destinée à prendre effet pour l'imposition des revenus de 2020) (CGI ann. III art. 41-0 bis A). Elle reste valable tant qu'elle n'a pas été dénoncée par le contribuable dans les mêmes conditions.

> Précisions **a.** Dans les **sociétés de personnes,** l'option est formulée par le gérant ou, à défaut, par l'un des associés. Elle produit ses effets à l'égard de tous les associés.

b. En cas de **commencement d'activité en cours d'année,** l'option peut être exercée jusqu'à la date de dépôt de la première déclaration de résultats.

c. Le **changement** du mode de détermination du résultat par un contribuable relevant de la déclaration contrôlée s'accompagne de rectifications extra-comptables et d'obligations déclaratives destinées à éviter la double prise en compte ou l'absence de prise en compte de certains produits et charges (CGI ann. III art. 41-0 bis B et 41-0 bis C).

Lorsque l'option est exercée par un **contribuable précédemment** soumis **au** régime **micro-BNC,** le bénéfice imposable est augmenté des créances détenues au 31 décembre de l'année qui précède celle au titre de laquelle l'option est exercée pour leur montant hors taxe, diminuées d'un abattement de 34 % (Loi 2019-1479 du 28-12-2019 art. 55). Cette mesure s'applique à compter de l'imposition des revenus de 2020. En ce qui concerne la situation inverse : voir nº 86495.

d. En régime créances-dettes, l'administration admet la déduction de **provisions** pour créances douteuses mais refuse, de façon rigoureuse, la déduction de tout autre type de provision (BOI-BNC-BASE-20-10-20 nº 200).

13260 BNC-II-2050 s

Comptabilisation de la TVA **a.** Les **contribuables assujettis** à la TVA ont le choix entre la comptabilisation taxe comprise ou hors taxe de leurs recettes et de leurs dépenses (achats et frais généraux) (BOI-BNC-BASE-20-10 nº 20). En système TTC, la TVA reversée au Trésor ainsi que le montant déductible de la TVA sur immobilisations sont portés en charges. Lorsque la comptabilité est tenue hors taxe, la TVA ne donne lieu à aucune déduction du résultat imposable. Quelle que soit la méthode retenue (TTC ou HT), l'amortissement des immobilisations doit être calculé sur le prix de revient diminué de la TVA déductible, conformément à la règle applicable en matière de BIC. Le registre des immobilisations (nº 13585) doit faire apparaître distinctement la TVA récupérable correspondante. Les biens n'ouvrant pas droit à déduction de TVA sont amortis pour leur valeur taxe comprise.

b. Pour les **contribuables non assujettis** à la TVA, la taxe grevant les achats et services constitue un élément du prix à passer en charge et celle afférente aux immobilisations fait partie du prix de revient amortissable.

ACTIF PROFESSIONNEL

13270 BNC-II-2800 s

Au plan fiscal, les contribuables relevant du régime de la déclaration contrôlée qui exercent leur **activité à titre individuel** doivent distinguer, à l'intérieur de leur patrimoine, deux catégories de biens : ceux qui forment l'actif professionnel et ceux qui font partie du patrimoine privé. Les conséquences de cette distinction concernent essentiellement :

– la déduction des **charges** : l'intégralité des charges se rapportant aux éléments d'actif est déductible ; pour les autres biens, la déduction est limitée aux frais correspondant aux charges locatives et assimilées (réparation, entretien courant) à l'exclusion des charges de propriété (frais d'acquisition, impôt foncier, amortissement) ;

– et la **cession** des biens : s'il s'agit d'éléments de l'actif, il est fait application du régime des plus-values professionnelles, tandis que la cession des biens « privés » relève, s'il y a lieu, du régime des plus-values correspondantes.

13275 BNC-II-2870 s

Définition générale Le patrimoine des contribuables soumis au régime de la déclaration contrôlée comprend trois sortes de biens (CE 29-4-1985 n° 43759 : RJF 6/85 n° 859 ; CE 8-11-2017 n° 395407 : RJF 2/18 n° 167 ; BOI-BNC-BASE-10-20 n° 30).

– **Biens affectés par nature** à l'exercice de la profession : ils font nécessairement partie de l'actif professionnel, qu'ils soient ou non inscrits sur le registre des immobilisations. Il s'agit des biens qui ne peuvent être utilisés que dans le cadre d'une activité professionnelle et en aucun cas pour un autre usage.

EXEMPLE

Droit de présentation de la clientèle, finance des charges et offices, droits d'exclusivité sur les lits d'une clinique, matériels et outillages spécifiques, installations et biens d'équipement servant spécifiquement à l'exercice de l'activité, véhicules d'auto-écoles spécialement agencés, valeurs mobilières acquises par des membres des professions libérales avec des fonds reçus en dépôt de leurs clients (BOI-BNC-BASE-10-20 n° 100).

– **Biens utilisés pour l'exercice de la profession** sans y être affectés par nature (immeubles, installations et agencements non spécifiques, véhicules, droit au bail…) : ils peuvent, au choix du contribuable, être affectés à l'actif par inscription au registre des immobilisations, ou maintenus dans le patrimoine privé. L'option exercée constitue une décision de gestion opposable.

– **Biens non utilisés pour les besoins de l'activité** : ils ne peuvent en aucun cas faire partie de l'actif professionnel, même s'ils sont inscrits sur le registre des immobilisations. Les immeubles donnés en location entrent dans cette catégorie (notamment CE 11-7-1991 n° 110268 : RJF 10/91 n° 1232 ; CE 6-4-2001 n° 208672 : RJF 7/01 n° 939 à propos de la location d'un immeuble à une SCM par un associé).

Les biens qui font partie de l'actif professionnel doivent être inscrits sur le registre des immobilisations pour leur prix de revient, c'est-à-dire pour leur **valeur d'origine** telle que celle-ci est définie en matière de BIC (voir n°s 7550 s.).

› Précisions **a.** Les **immeubles à usage mixte** peuvent, au choix du contribuable, être inscrits sur le registre des immobilisations pour la valeur totale des locaux ou pour la seule fraction correspondant à la partie professionnelle (BOI-BNC-DECLA-10-20 n° 580). En ce qui concerne les amortissements : voir n° 13395.
b. La loi qualifie expressément d'éléments d'actif les contrats de **crédit-bail,** ainsi que les biens acquis à l'échéance de tels contrats, lorsque les loyers versés ont été déduits du bénéfice (CGI art. 93, 6 et 93 quater, III).
c. Peuvent être portés sur le registre des immobilisations les **travaux d'aménagements** réalisés par un contribuable **sur un immeuble** dont il n'est **pas propriétaire** dès lors qu'ils sont requis pour l'exercice de son activité et effectivement utilisés à cette fin (CE 8-11-2017 n° 395407 : RJF 2/18 n° 167).

13280 BNC-II-3300 s

Régime des parts de sociétés Les principes énoncés ci-dessus s'appliquent également lorsque l'activité est exercée en **société de personnes** (BOI-BNC-BASE-10-20 n° 200), étant précisé que l'actif se confond normalement avec le patrimoine social, juridiquement distinct du patrimoine des associés. Mais lorsqu'un contribuable exerce son activité professionnelle au sein d'une telle société, les **droits ou parts** qu'il détient sont considérés fiscalement comme des **éléments d'actif affectés par nature** à l'exercice de la profession. Tel est le cas notamment des parts de **SCM** (CGI art. 93, 5) et des parts de **sociétés d'exercice** (SCP, sociétés de fait…) relevant de l'impôt sur le revenu. Il en va de même des **parts ou actions de clinique** dont la détention est imposée par les statuts ou le règlement intérieur de l'établissement aux praticiens exerçant en son sein (CE 22-6-1988 n° 60228 : RJF 8-9/88 n° 979 ; BOI-BNC-BASE-10-20 n° 100).

Peuvent également présenter le caractère de biens professionnels lorsqu'elles sont **inscrites à l'actif** les parts de sociétés dont la **détention présente un intérêt ou une utilité** pour l'exercice de la profession (CE 21-4-1989 n° 60502 : RJF 6/89 n° 677 ; BOI-BNC-BASE-10-20 n° 170).

Lorsque les parts constituent un élément de l'actif professionnel, les frais d'acquisition correspondants sont déductibles et la plus-value constatée lors de leur cession relève du régime des plus-values professionnelles.

Les titres émis par les **SEL** font partie du patrimoine privé des associés.

ILLUSTRATIONS

Les **titres d'une clinique** détenus par un chirurgien qui lui permettent d'exercer une influence sur la marche de l'établissement sont à bon droit inscrits à l'actif (CE 10-2-2006 n° 265122 : RJF 5/06 n° 528).

Selon l'administration, les parts de **sociétés civiles immobilières** propriétaires des locaux professionnels du contribuable peuvent faire partie de l'actif professionnel, à condition d'être inscrites sur le registre des immobilisations (BOI-BNC-BASE-30-30-20-50 n°s 70 et 80). Il en est de même pour les actions ou parts de **sociétés immobilières** de copropriété **transparentes** correspondant à des locaux utilisés pour l'exercice de l'activité. La jurisprudence apparaît plus rigoureuse pour apprécier la condition d'utilité à l'exercice de la profession s'agissant des biens ou droits à caractère immobilier (CE 25-4-2003 n° 205099 : RJF 7/03 n° 837 ; CE 6-4-2001 n° 208672 : RJF 7/01 n° 939). Elle a toutefois jugé cette condition satisfaite s'agissant de parts de sociétés civiles de construction-vente détenues par un architecte dès lors que leur détention lui a permis d'être désigné comme tel dans des opérations engagées par ces sociétés (CE 30-4-2004 n° 247436 : RJF 7/04 n° 714).

13295 BNC-II-23000 s **Gains et pertes sur éléments d'actif** Le bénéfice non commercial tient compte des gains ou des pertes (plus-values et moins-values) provenant soit de la réalisation des éléments de l'actif affectés à l'exercice de la profession, soit de la cession des charges et offices, ainsi que des indemnités reçues en contrepartie de la cessation de l'exercice de la profession ou du transfert d'une clientèle.

Dès lors qu'ils portent sur des éléments d'actif, ces gains et pertes exceptionnels sont soumis à des règles particulières d'imposition exposées dans l'étude d'ensemble des **plus-values professionnelles.**

› Précisions **a.** Le **transfert** d'un bien de l'actif professionnel dans le **patrimoine privé** (retrait d'actif) est traité comme une cession génératrice de plus-value ou moins-value professionnelle (l'imposition de la plus-value de retrait de la partie professionnelle d'un local mixte peut toutefois être étalée : n° 17765, précision a).

b. Lorsque des **droits sociaux** appartenant à l'actif professionnel font l'objet d'un **échange** à la suite d'une fusion ou d'une scission, la prise en compte de la plus ou moins-value constatée à cette occasion peut être différée jusqu'à la cession ultérieure des titres reçus en échange, dans les conditions fixées par l'article 38, 7 bis du CGI (voir n° 19070). Un report d'imposition est prévu pour les plus-values d'échange de titres constatées à l'occasion d'une fusion ou d'une scission de SCP placées sous le régime de l'article 151 octies A du CGI (voir n° 13875).

c. Les plus-values résultant de l'**apport en société de titres** inscrits au registre des immobilisations et nécessaires à l'exercice de l'activité peuvent bénéficier du report d'imposition prévu à l'article 151 octies B du CGI (voir n°s 18410 s.).

13300 BNC-II-25600 s **Cas particulier : indemnisation de la perte du droit de présentation des avoués** Le **report d'imposition** qui a pu être appliqué à une fraction de l'indemnité perçue par les avoués exerçant au sein d'une SCP, en réparation du préjudice résultant de la perte du droit de présentation, en raison de la suppression de leur profession à compter du 1er janvier 2012 (Loi 2011-1978 du 28-12-2011 art. 35, I) prend **fin** en cas de cession, rachat ou annulation des parts de l'avoué, de cessation de son activité professionnelle ou d'assujettissement de la SCP à l'IS ou de transformation de celle-ci en société passible de l'IS.

› Précisions **a.** Le report peut toutefois être maintenu dans les conditions prévues à l'article 151-0 octies du CGI (n° 13875, précision a).

b. Un **état de suivi** des plus-values doit être souscrit l'année de réalisation de la plus-value et, sous peine d'une amende de 1 % du montant de la plus-value en report, chaque année d'application du report.

RECETTES

13305 BNC-II-5100 s Elles comprennent non seulement les sommes perçues en rémunération des services rendus (honoraires, commissions, vacations, etc.), mais aussi les remboursements de frais ainsi que des profits divers (n° 13310).

ATTENTION

Les **remboursements de frais** doivent être pris en compte dans tous les cas, qu'ils soient forfaitaires ou égaux aux frais réels, versés par les clients ou pour leur compte (exemple : indemnité allouée par l'État aux avocats en cas d'aide juridictionnelle). En contrepartie, les dépenses correspondantes sont en principe déductibles pour leur montant réel.

Peu importe la **forme de la rémunération** perçue en contrepartie d'une prestation relevant des BNC. Celle-ci peut notamment consister en une mise à disposition de personnel au profit du prestataire (CE 27-4-2009 n° 308445 : RJF 7/09 n° 614).

Les recettes et **honoraires rétrocédés,** qui s'entendent des sommes reversées conformément aux usages par un membre d'une profession libérale, de sa propre initiative et dans le cadre d'une mission confiée par un client, soit à un confrère, soit à une personne exerçant une profession libérale complémentaire (exemple : sommes versées par les avocats à leurs collaborateurs non salariés) constituent des recettes imposables pour le bénéficiaire de la rétrocession. Ils viennent directement en diminution des recettes de la partie versante qui doit les déclarer dans les conditions indiquées aux n°s 78355 s.

Aux recettes proprement dites peuvent venir s'ajouter des sommes diverses, telles que : **13310**
– **recettes commerciales ou agricoles accessoires** (nº 13170, b) ;
– **subventions d'équipement** accordées par l'État, les collectivités publiques ou tout autre organisme public, imposées suivant les règles prévues en matière de BIC (CGI art. 93, 8) (voir nº 8040 s.) ;
– **indemnités** perçues en réparation d'un préjudice et destinées à compenser des charges et des pertes déductibles par nature ou des pertes de recettes taxables (notamment indemnité versée à un agent d'assurances pour compenser le probable manque à gagner résultant du changement de statut de la profession : CE 30-3-2009 nº 296463 : RJF 6/09 nº 557). Les indemnités perçues en contrepartie de la perte ou de la dépréciation d'un élément d'actif relèvent du régime des plus-values professionnelles, comme en matière de BIC (voir n°s 8070 et 8085, a et c, à propos du régime des indemnités d'assurances, d'expropriation ou d'éviction) ;
– **revenus de remplacement** (indemnités journalières de maladie, par exemple) : ils sont imposés comme en matière de BIC (nº 8080) ;
– **produits financiers** provenant du placement de fonds détenus en dépôt pour le compte des clients, les produits issus du placement des recettes professionnelles étant en revanche taxables dans la catégorie des revenus mobiliers (CE 4-2-1987 nº 44965 : RJF 4/87 nº 392) (voir n°s 24980 s.) ;
– **dégrèvements** accordés sur des **impôts** antérieurement déduits des bénéfices et intérêts moratoires correspondants (voir nº 81915, précision g) ;
– **prix et récompenses** littéraires, artistiques ou scientifiques, à l'exception du prix Nobel et de certaines récompenses internationales de niveau équivalent dont la liste est fixée par l'article 39 A de l'annexe II au CGI qui sont exonérés (CGI art. 92 A), tout comme les prix nationaux ou européens attribués depuis au moins trois ans par un jury indépendant (BOI-BNC-BASE-20-20 nº 750) et les sommes et avantages en nature perçus par les lauréats du prix « French Tech Ticket » (Loi 2015-1786 du 29-12-2015 art. 23 ; BOI précité nº 745).

> Précisions **a.** L'**aide** pérenne à la **transmission électronique** des **feuilles de soins** dont bénéficient les médecins conventionnés constitue une recette imposable (BOI précité nº 420).
b. La rémunération perçue au titre de la **permanence des soins** par les médecins ou leurs remplaçants (rémunération de l'astreinte et majoration spécifique : CAA Bordeaux 6-11-2018 nº 16BX01244 : RJF 2/19 nº 122), installés dans certaines zones du territoire, est exonérée à hauteur de soixante jours par an (CGI art. 151 ter). Cette exonération est indépendante du mode d'exercice de l'activité (à titre individuel ou en société) et concerne donc notamment les membres de sociétés d'exercice libéral dont les rémunérations sont imposables dans la catégorie des traitements et salaires, à condition qu'ils n'aient pas la qualité de salarié au sens du Code du travail (CE 18-9-2015 nº 386237 : RJF 12/15 nº 1053 ; BOI-BNC-CHAMP-10-40-20 nº 250).
c. Les sommes perçues à titre de dommages et intérêts en réparation d'un **préjudice moral** ne constituent pas des recettes imposables. Cas des indemnités d'un montant supérieur à 1 M€ : voir nº 22290.
d. Un contribuable peut **renoncer à des recettes** qu'il doit normalement percevoir à condition que cette renonciation ait une contrepartie équivalente pour lui, qu'elle puisse être regardée comme relevant de l'exercice normal de son activité ou qu'elle soit justifiée par un autre motif légitime. Dans le cas contraire, l'administration est fondée à réintégrer dans le résultat imposable le montant des recettes non déclarées qu'il n'aurait pas dû renoncer à percevoir (CE plén. 23-12-2013 n°s 350511 et 350075 : RJF 2/14 nº 145).

Mouvements de fonds non constitutifs de recettes Il n'y a pas lieu d'inclure dans les recettes de certains contribuables (avocats, notaires, huissiers…) les sommes encaissées pour le compte des clients ou reçues de ceux-ci en vue d'être reversées à des tiers. C'est le cas notamment des avances perçues pour faire face aux **débours** (droits d'enregistrement acquittés par les notaires, frais de procédure et droits de plaidoirie versés par les avocats, etc.). Les dépenses imputées sur les provisions pour débours ne peuvent corrélativement être portées en charges. **13315** BNC-II-6100 s

ILLUSTRATIONS

Les **dépôts de fonds** reçus **des clients,** ou pour leur compte, restent exclus des recettes imposables même s'ils ne sont pas comptabilisés dans les conditions réglementaires (CE 15-1-1982 n°s 16190 et 17057 : RJF 3/82 nº 256) ou ne sont pas utilisés conformément à la réglementation de la profession (par exemple, sommes non reversées dans le délai réglementaire à la Caisse des dépôts et consignations par un notaire : CE 25-5-1979 nº 14461 : RJF 7-8/79 nº 438 ; BOI-BNC-BASE-20-30 nº 130). Peu importe également qu'ils transitent ou non par un compte bancaire spécial (CE 5-2-1993 nº 90317 : RJF 4/93 nº 529).

DÉPENSES

13325 CGI art. 93, 1 BNC-II-11600 s **Conditions générales de déduction** Pour être admises en déduction du bénéfice, les dépenses doivent remplir les conditions suivantes.

Elles doivent être **nécessitées par** l'exercice de **la profession** ou, de façon plus générale, par l'acquisition du revenu. Ne peuvent être considérées comme telles :

– ni les dépenses de caractère personnel (exemples : loyers d'appartements privés, dépenses de maison, amendes pénales) ;

– ni les dépenses qui résultent d'opérations étrangères à l'exercice normal de l'activité (voir n° 13385).

Les **dépenses de caractère mixte** (privé et professionnel) doivent faire l'objet d'une ventilation pour n'en retenir que la fraction professionnelle déductible.

Les dépenses doivent être prises en compte pour leur **montant réel** et être appuyées de **justifications** suffisantes.

Une évaluation forfaitaire n'est admise que pour les frais de voiture et de deux-roues (n° 13370) ainsi que dans certains régimes particuliers : agents d'assurances (n° 13725) ; écrivains, compositeurs, artistes et autres auteurs d'œuvres de l'esprit (nos 13740) ; médecins conventionnés (n° 13775) ; inventeurs (n° 13795).

13330 BNC-II-4050 s Les dépenses ne doivent pas avoir pour contrepartie l'**acquisition d'éléments d'actif.** Ne constituent donc pas des charges immédiatement déductibles le prix d'acquisition de la clientèle, de l'office et des autres éléments appartenant à l'actif professionnel (locaux, matériel, mobilier…).

ILLUSTRATIONS

Les **indemnités versées à des confrères** à l'occasion d'une rupture d'association ne sont pas déductibles lorsqu'elles correspondent à la valeur de rachat d'une partie de la clientèle commune (notamment CE 25-3-1987 n° 41740 : RJF 6/87 n° 627 ; CE 21-12-1990 n° 70537 : RJF 2/91 n° 166).

À défaut de déduction immédiate, le prix de revient des éléments d'actif dont la durée d'utilisation prévue par le contribuable est limitée dans le temps, tels que les immeubles et le matériel, peut faire l'objet d'un amortissement (nos 13395 s.).

L'administration admet la déduction immédiate des **petits matériels,** outillages, mobilier de bureau et logiciels dont la valeur unitaire n'excède pas 500 € (n° 7540) (BOI-BNC-BASE-40-60-30 n° 150).

13335 BNC-II-12625 **Achats** Font partie des charges déductibles les achats de fournitures et de produits qui sont revendus à la clientèle ou qui entrent dans la composition des prestations effectuées (exemples : médicaments, films, produits servant à la confection des prothèses, etc.).

13340 BNC-II-12700 s **Frais d'établissement** Il s'agit des frais exposés par un contribuable lors de son installation tels que les frais de premier établissement (recherches, études et publicité) et les frais de constitution de société (droits d'enregistrement, frais d'actes et honoraires).

Ces frais sont en principe intégralement déductibles l'année de leur paiement (CE 4-7-1973 n° 78172 ; BOI-BNC-BASE-40-10 n° 550). Mais l'administration admet que leur **déduction** puisse être **étalée,** par fractions égales, sur une période maximale de cinq ans (année de paiement et quatre années suivantes) si le contribuable en fait expressément la demande (BOI-BNC-BASE-40-30 n° 40).

En l'absence de recettes professionnelles, les **dépenses exposées avant le début de l'activité** donnent naissance à un déficit imputable sur le revenu global (CE 18-12-1987 n° 69382 : RJF 2/88 n° 166).

13345 BNC-II-12890 s **Frais de personnel** Les frais de personnel comprennent toutes les **rémunérations** directes ou indirectes (y compris avantages en nature et indemnités diverses) versées aux salariés, ainsi que les **charges sociales** correspondantes.

ATTENTION

Les **majorations** payées aux organismes sociaux en raison d'un **retard** de déclaration ou de paiement ne sont pas déductibles des BNC (BOI-BNC-BASE-40-60-50-20 n° 10).

Si le personnel est utilisé en partie à titre privé, une ventilation doit être faite pour dégager la part professionnelle des dépenses, qui est seule déductible.

Aucune déduction ne peut être pratiquée au titre des **appointements** que s'allouent l'**exploitant** lui-même ou les membres d'une société relevant de l'impôt sur le revenu (n° 23645). Mais les charges qu'ils supportent pour leur **protection sociale** personnelle (cotisations aux régimes obligatoires ou facultatifs de sécurité sociale, primes de contrats d'assurance groupe et, depuis le 1er octobre 2019, versements volontaires des titulaires de plans d'épargne retraite individuels ou collectifs) sont déductibles, dans certaines conditions et limites, des résultats (nos 8680 s.).

> **Précisions** **a.** Sont déductibles les sommes versées et les charges supportées au titre des différents **régimes légaux de participation ou d'intéressement** des salariés, y compris l'abondement versé au chef d'entreprise au titre des versements effectués sur le PEE.
b. Déduction du **salaire du conjoint** : voir n° 8660.
c. Aides financières au titre des **services à la personne** : voir n°s 8645 et 8655, Précisions.

Impôts et taxes Sont déductibles les **impôts à caractère professionnel,** tels que : contribution économique territoriale ; taxe foncière afférente aux locaux appartenant à l'actif professionnel ; taxes assises sur les salaires (contribution à la formation professionnelle, participation-construction versée à fonds perdus remplissant les conditions de l'article 41 B de l'annexe III au CGI, taxe sur les salaires) ; taxe sur les véhicules de sociétés. **13355** BNC-II-13250 s

Les **pénalités** encourues par les contribuables qui contreviennent aux dispositions régissant l'assiette ou le recouvrement des impôts ne sont pas déductibles (BOI-BNC-BASE-40-60-20 n° 30).

> **Précisions** **a.** La **taxe d'habitation** acquittée pour un immeuble à usage mixte est déductible pour la part correspondant aux locaux professionnels, au prorata de leur superficie (CE 6-11-1991 n° 68393 : RJF 12/91 n° 1528).
b. La **CSG** due au titre du bénéfice non commercial est partiellement déductible (à l'exception de celle afférente aux plus-values à long terme). La **CRDS** et le prélèvement de solidarité ne sont pas déductibles (n°s 34400 et 34525).
c. Les **droits de mutation** et les intérêts supportés lors de la **transmission à titre gratuit** acquittés par l'héritier, le donataire ou légataire d'une entreprise individuelle sont déductibles (CGI art. 93, 1-7°). Selon l'administration, cette déduction ne concerne que les biens affectés par le défunt ou le donateur à l'exercice de son activité (BOI-BNC-BASE-40-40 n°s 60 à 90).
d. En ce qui concerne la **TVA,** voir n° 13260.

Loyers, travaux, fournitures et services extérieurs Sont déductibles sous cette dénomination : **13360** BNC-II-14000 s

– les **loyers** et charges de location des locaux professionnels, du matériel ou du mobilier, y compris les redevances de crédit-bail (les sommes versées à titre de dépôts de garantie ou de cautionnement ne sont déductibles que lorsqu'elles sont acquises au bailleur) ;
– les dépenses d'**entretien** et de **réparation** des locaux et matériels professionnels ;
– les frais de **chauffage, eau, gaz, électricité** des locaux professionnels ;
– les frais de **personnel intérimaire** ;
– le prix d'achat du **petit équipement** immédiatement déductible (n° 13330) ;
– les **commissions,** ristournes et **honoraires** (autres que les honoraires rétrocédés déjà exclus des recettes : n° 13305) versés à des tiers dans le cadre de l'activité et déclarés dans les conditions indiquées aux n°s 78355 s. ;
– les primes d'**assurances** couvrant des risques professionnels (responsabilité, locaux et matériels professionnels…).

> **Précisions** **a.** Le montant déductible des **loyers des voitures particulières** est plafonné comme en matière de BIC (CGI art. 93, 1-3° : voir n°s 9035 s.).
b. Les loyers de **locaux à usage mixte** (privé et professionnel) ne sont déductibles que pour la fraction correspondant à l'utilisation professionnelle des locaux, appréciée en fonction de la superficie (notamment CE 17-10-1984 n° 41808 : RJF 12/84 n° 1437).
c. Le loyer afférent à un **immeuble maintenu dans le patrimoine privé** peut être déduit si le contribuable justifie de la perception effective de ce loyer et de son incorporation dans ses revenus fonciers (CE 11-4-2008 n°s 287808 et 300302 : RJF 7/08 n° 813 ; BOI-BNC-BASE-10-20 n° 280).
d. Règles de déduction des loyers de **crédit-bail** : voir n°s 19320 s.
e. Les primes d'**assurance-vie** ne sont pas déductibles du bénéfice, sauf si le contrat d'assurance a été souscrit en garantie d'un emprunt professionnel, sur demande et au profit du prêteur (CE 7-11-1986 n° 49800 : RJF 1/87 n° 38). Dans ce dernier cas, l'administration a précisé que le remboursement du prêteur par la compagnie d'assurances ne constitue pas pour autant un profit taxable dès lors que le résultat ne prend en compte que les encaissements et les paiements (Rép. Coussain : AN 20-11-1989 n° 15051, non reprise dans Bofip). Contrairement à la position retenue en matière de BIC, l'administration refuse, de façon contestable, la déduction des primes afférentes à un contrat d'**assurance « homme clé »** (Rép. Collin : Sén. 15-4-1999 n° 7137, non reprise dans Bofip).
Sont déductibles du résultat imposable d'un chirurgien les primes versées en exécution d'un contrat dit « de **garantie des frais généraux professionnels** » lui garantissant en cas d'inactivité pour maladie ou accident le remboursement plafonné de ses dépenses professionnelles à l'exception de ses rémunérations (CAA Nancy 8-6-2000 n° 96-759 : RJF 4/01 n° 482). À l'inverse, l'administration refuse la déduction des sommes versées par un généraliste à un confrère en arrêt maladie dans le cadre d'un **contrat d'entraide,** qui vise à assurer au médecin adhérent la perception d'une indemnité journalière en cas de maladie ou d'accident (BOI-BNC-CHAMP-10-40-20 n° 300).
Cas particulier des cotisations versées dans le cadre des **contrats « Madelin »** : voir n° 8685 s.

Transports et déplacements Les frais de voyage, de séjour et de déplacement sont déductibles lorsqu'ils sont nécessités par l'exercice de la profession, quel que soit le moyen de transport utilisé (voiture, train, avion, taxi…). **13365** BNC-II-16300 s

Les **frais de voiture et de deux-roues** peuvent être déduits pour leur montant réel, sans application de la limite mentionnée au nº 22115 (Rép. Delatte : AN 2-4-2013 nº 18791), ou évalués forfaitairement (nº 13370). Lorsque le mode réel est retenu, les charges de propriété (intérêts d'emprunt, grosses réparations, amortissement, assurance…) ne sont déductibles que si le véhicule est inscrit sur le registre des immobilisations (s'agissant du plafond d'amortissement des véhicules de tourisme : voir nº 13400).

ATTENTION

Qu'ils soient retenus pour leur montant réel ou calculés de manière forfaitaire, les **frais de véhicules à usage mixte** ne sont déductibles qu'au prorata du kilométrage parcouru à titre professionnel, qui doit pouvoir être justifié par tous moyens.

Les frais de déplacement afférents aux quarante premiers kilomètres du trajet entre le **domicile et le lieu de travail** sont toujours déductibles (BOI-BNC-BASE-40-60-40-10 nº 30). Au-delà, le contribuable doit justifier que le choix de son lieu de résidence ne résulte pas de motifs de pure convenance personnelle.

13370
BNC-II-16800 s

Par exception au principe de prise en compte des frais réels, l'administration autorise les titulaires de BNC à utiliser les **barèmes forfaitaires kilométriques** applicables aux salariés, qu'elle publie chaque année pour les **voitures** (y compris électriques) et les **deux-roues** (motos, vélomoteurs et scooters) (BOI-BNC-BASE-40-60-40-30 nºs 10 s.). Voir nº 97200 pour ces barèmes et nº 22115 la liste des frais concernés.

L'évaluation forfaitaire peut être adoptée pour les véhicules dont le contribuable est **propriétaire,** y compris lorsqu'ils sont conservés dans le patrimoine privé, et pour ceux **pris en location simple ou en crédit-bail.** Les dépenses ou les loyers correspondants ne doivent pas être comptabilisés en charges.

En cas de déduction des loyers, les **frais de carburant** de ces véhicules (loués ou en crédit-bail) peuvent être déterminés d'après le barème kilométrique publié chaque année par l'administration pour les titulaires de BIC tenant une comptabilité super-simplifiée (voir nº 97165 et nº 97175 pour ces barèmes).

L'**option** pour ces barèmes est **annuelle** et résulte de l'absence de comptabilisation en charges des dépenses couvertes par le forfait. Les adhérents d'organismes de gestion agréés, tenus de porter en comptabilité toutes les opérations effectuées sur les comptes bancaires professionnels, peuvent, lorsqu'ils souhaitent utiliser le barème, faire transiter les frais correspondants par le compte de l'exploitant (au lieu d'un compte de charges). L'amortissement des véhicules doit quant à lui toujours figurer sur le registre des immobilisations pour permettre le calcul des plus-values ou moins-values de cession.

L'option est **globale** et doit être exercée pour tous les véhicules utilisés à titre professionnel au cours de l'année d'imposition.

Dans les **sociétés de personnes,** le mode de prise en compte des frais – forfaitaire ou réel – doit être identique pour tous les véhicules utilisés pour l'exercice de l'activité sociale, qu'ils appartiennent à la société ou aux associés (nº 37690).

> **Précisions** **a.** Les contribuables qui, au cours de la même année, utilisent à la fois des **véhicules leur appartenant** et des **véhicules loués** ou pris en crédit-bail doivent choisir un seul mode de déduction (forfaitaire ou réel). Les options pour les barèmes forfaitaires sont en effet **indissociables.**

b. L'option pour le barème forfaitaire des frais de voiture ne peut être exercée pour les véhicules d'**auto-écoles** loués ou pris en crédit-bail (Rép. Cazin d'Honincthun : AN 7-10-1996 nº 40057, non reprise dans Bofip).

c. Pour les **véhicules électriques,** la location de batterie et les frais liés à la recharge de la batterie (fourniture d'électricité) sont assimilés à des frais de carburant inclus dans le barème forfaitaire (BOI-BNC-BASE-40-60-40-20 nº 125).

d. Frais déductibles en cas de **covoiturage** : voir nº 8475, précision c.

13375
BNC-II-15100 s

Frais divers de gestion

Outre les fournitures de **bureau,** les frais de **documentation,** de correspondance et de **téléphone,** les frais divers de gestion comprennent notamment :

– les frais de **réception** (repas d'affaires, par exemple), de représentation et de **congrès** en rapport direct avec la profession ;

– les frais de **repas pris sur le lieu de travail,** déductibles dans les mêmes conditions que pour les titulaires de BIC (voir nº 8485, précision b) ;

– les **dépenses vestimentaires** si elles correspondent à l'acquisition de vêtements de travail spéciaux, comme par exemple la robe d'avocat (BOI-BNC-BASE-40-60-60 nº 310) ;

– les frais de **prothèses dentaires ou auditives** exposés par des contribuables en contact direct et permanent avec le public, pour la moitié du montant restant à leur charge (BOI-BNC-BASE-40-10 nº 50) ;

– les frais de **formation** professionnelle directement liés à l'activité ;

– les **frais de double résidence** lorsque le choix du lieu de la résidence principale, éloignée du lieu de travail, résulte notamment d'une obligation légale, de motifs familiaux déterminants ou des conditions d'exercice de la profession et non d'une pure convenance personnelle (CE 12-3-2007 n° 281951 : RJF 6/07 n° 691). Dans le cas où le contribuable est propriétaire de sa seconde résidence, il peut s'allouer un **loyer** déductible de ses résultats (BOI-BNC-BASE-40-60-30 n° 80).

Les **frais de développement** engagés dans le cadre d'opérations de recherche peuvent être, comme en matière de BIC, déduits immédiatement ou immobilisés, étant précisé que ce choix est exercé projet par projet (BOI-BNC-BASE-40-60-30 n°s 390 et 400).

En ce qui concerne les dépenses de **mécénat d'entreprise** : voir n°s 10695 s.

› **Précisions** **a.** Les **sportifs** sont autorisés à déduire des bénéfices provenant de leur activité sportive les dépenses exposées pour obtenir un diplôme ou une qualification professionnelle, en vue d'une insertion ou d'une conversion professionnelle (CGI art. 93, 1-5°).

b. Sont déductibles les **cotisations** versées aux **ordres et syndicats** professionnels (n° 8495). Pour les dépenses générées par des activités syndicales : voir n° 8500, précision b.

Charges financières Les charges financières sont déductibles si elles sont supportées pour les besoins de l'activité. Par exemple : intérêts d'emprunts contractés pour l'acquisition, la construction, la réparation ou l'amélioration des divers **éléments d'actif** définis aux n°s 13270 s. **13380** BNC-II-17500 s

En matière de BNC, la déduction des frais financiers ne connaît pas de limitation comparable à celle qui frappe les titulaires de BIC (ou de BA) lorsque le compte de l'exploitant ou des associés présente un solde débiteur en raison des **prélèvements** effectués **sur la trésorerie** de l'entreprise (n° 8755) (CE 30-11-1992 n° 79445 : RJF 2/93 n° 218). Mais l'administration est fondée à réintégrer aux résultats imposables les frais financiers afférents à des **découverts bancaires** dont l'affectation est indéterminée, dans la proportion de l'excédent des prélèvements personnels du contribuable sur les bénéfices de l'année concernée (CE 30-11-1998 n° 183727 : RJF 1/99 n° 101).

ILLUSTRATIONS

Lorsqu'un emprunt est contracté pour le **financement d'un immeuble à usage mixte** (professionnel et privé), les intérêts sont déductibles au prorata du prix de revient des locaux professionnels dans le coût total de l'immeuble. Selon les circonstances, la clé de répartition peut être fixée en fonction de la superficie respective des locaux professionnels et privés ou en fonction du coût réel des travaux afférents à chaque partie de l'immeuble (CE 22-1-1982 n° 21823 : RJF 3/82 n° 258 ; CE 22-3-1985 n° 34403 : RJF 6/85 n° 861). Une déduction intégrale des intérêts pourrait être pratiquée lorsque le contribuable, grâce aux mentions du contrat de prêt, établit que celui-ci a été affecté en totalité à l'acquisition de la partie professionnelle des locaux (CAA Nancy 18-12-1990 n° 1489 : RJF 6/91 n° 788 ; CAA Paris 27-6-1991 n° 1356 : RJF 10/91 n° 1231).

Les frais financiers dus au cours de la période de **construction d'un immeuble** sont déductibles à condition d'inscrire son prix de revient sur le registre des immobilisations et de prendre l'engagement d'affecter le local, dès son achèvement à l'exercice de la profession (BOI-BNC-BASE-40-60-70 n° 50).

Pertes diverses Les pertes sont déductibles lorsqu'elles correspondent à la réalisation d'un risque lié à l'exercice normal de la profession, tel que la mise en jeu d'un **engagement de caution** ou l'octroi d'un **abandon de créance** lorsque les avantages ainsi accordés à des tiers peuvent être considérés comme nécessaires à l'activité (CE 14-2-1979 n° 10812 : RJF 4/79 n° 220 ; BOI-BNC-BASE-40-10 n° 150 ; CE 1-7-1987 n° 65423 : RJF 10/87 n° 990). **13385** BNC-II-17800 s

En revanche, ne peuvent être regardées comme se rattachant à l'exercice normal de la profession les pertes qui résultent de **manquements graves** et répétés aux **obligations déontologiques ou professionnelles** du contribuable (exemple : pour un notaire, absence répétée de vérification d'inscriptions hypothécaires : CE 20-11-1996 n° 123267 : RJF 1/97 n° 26).

ILLUSTRATIONS

Les **détournements** commis par des **salariés** sont déductibles (notamment CE 29-5-1991 n° 75711 : RJF 7/91 n° 936), s'ils n'ont pas été facilités par un manque de surveillance de l'employeur (notamment CE 3-6-1985 n°s 45087 et 45091 : RJF 7/85 n° 1042 ; CE 27-4-2011 n° 319472 : RJF 7/11 n° 806). Il en est de même des sommes versées par une SCP à l'organisme qui avait dû indemniser les victimes des détournements commis par un ancien associé (CAA Nantes 3-12-2007 n° 06-2108 : RJF 6/08 n° 665).

Ne sont pas déductibles les pertes résultant d'**opérations irrégulières** accomplies en contravention avec la réglementation de la profession, telles que les opérations d'échanges croisés de chèques ou le placement de billets à ordre effectués par un notaire (notamment CE 5-11-1975 n° 95562 : RJF 1/76 n° 18 ; CE 13-11-1996 n° 128088 : RJF 1/97 n° 27).

AMORTISSEMENTS

13395 CGI art. 93, 1-2° BNC-II-19500 s

Donnent lieu à amortissement les **éléments d'actif** affectés à l'exercice de la profession, définis aux nos 13270 s., qui se déprécient en fonction de leur utilisation : locaux, matériel, voiture, matériel et mobilier de bureau, agencements. Le coût d'acquisition d'une clientèle, d'une charge ou d'un office n'est pas amortissable.

Les amortissements sont pratiqués selon les **règles** en vigueur en matière de **BIC** (voir nos 9090 s.). En particulier, tous les titulaires de BNC doivent mettre en œuvre la **méthode d'amortissement par composants** (BOI-BNC-BASE-50 n° 40). L'administration a en outre expressément admis l'**amortissement dégressif** de nombreux matériels utilisés spécifiquement par les professions libérales (BOI-BIC-AMT-20-20-20-10 nos 220, 230 et 520).

EXEMPLE

Matériels des médecins nécessaires au diagnostic (endoscopes, échographes...) ; matériels de laboratoire relatifs à la microbiologie et la biologie moléculaire, compteurs de particules utilisés par les biologistes ou les laboratoires d'analyses médicales ainsi que, pour ces derniers, équipements nécessaires à l'activité de biochimie, d'hématologie et d'immuno-enzymologie identiques à ceux des hôpitaux ; pour les chirurgiens-dentistes, matériels de désinfection et units avec systèmes de décontamination intégrés, pompes à salive, radiovisiographes ; matériels de levé terrestre et de photogrammétrie des géomètres-experts.

Le Conseil d'État a toutefois refusé l'amortissement dégressif du bloc radiologique et opératoire d'un chirurgien-dentiste (CE 31-10-1984 n° 38537 : RJF 1/85 n° 63).

13397 La déduction des amortissements est subordonnée à leur mention sur le **registre des immobilisations et des amortissements.** S'agissant des **immeubles à usage mixte,** lorsqu'ils figurent sur le registre des immobilisations pour leur valeur totale, les amortissements calculés sur cette valeur ne sont déductibles que pour la fraction correspondant à l'utilisation professionnelle des locaux. Lorsque seule la partie professionnelle des locaux y est inscrite, les amortissements correspondants sont intégralement déductibles (BOI-BNC-DECLA-10-20 nos 550 s.).

Dans le cas de **véhicules à usage mixte,** l'application de ces règles conduit à calculer l'amortissement sur le prix de revient intégral du véhicule (TTC dès lors que la TVA n'est pas récupérable) puis à réintégrer successivement, d'une part, la fraction non déductible de l'annuité d'amortissement pour les véhicules dont le prix de revient excède le prix plafond (voir n° 13400) et, d'autre part, le montant de l'avantage en nature représenté par la quote-part de l'annuité d'amortissement correspondant à l'usage personnel du véhicule.

En cas de **cession** du véhicule, la **plus-value** est déterminée en retranchant du prix de cession total la valeur nette comptable calculée à partir du prix d'achat intégral et des amortissements pratiqués sur cette base. Elle est ensuite réduite pour tenir compte du fait que le véhicule n'est que partiellement utilisé à usage professionnel (de la même manière, une moins-value de cession n'est prise en compte que partiellement).

13400 La déduction des amortissements des **véhicules de tourisme** est plafonnée conformément aux règles prévues pour les BIC (voir nos 9020 s.).

EXEMPLE

Véhicule émettant une quantité de gaz carbonique égale à 60 g/km acquis neuf 20 000 € le 1er janvier 2020, amortissable en cinq ans et utilisé à titre professionnel à concurrence des deux tiers. Ce véhicule est revendu 4 200 € au bout de quatre ans.

1. L'annuité d'amortissement est égale à : 20 000 €/5 = 4 000 €. Il convient de réintégrer :
– la fraction excédentaire : (20 000 – 18 300)/5 = 340 € ;
– la fraction qui correspond à l'utilisation privative : (4 000 – 340) × 1/3 = 1 220 €.

En définitive, le montant de l'annuité d'amortissement pris en compte fiscalement est égal à :
4 000 – (340 + 1 220) = 2 440 €.

2. La plus-value de cession est égale à : 4 200 – [20 000 – (4 000 × 4)] = 200 €.

Elle n'est toutefois imposable qu'à hauteur des deux tiers de son montant : 200 × 2/3 = 133 €.

DÉFICITS

13410 BNC-II-26100 s

Les titulaires de **charges et offices** et les membres des **professions libérales** peuvent imputer leurs déficits sur le revenu global dans les conditions de droit commun (nos 800 s.), à condition d'exercer effectivement une activité professionnelle (CE 21-10-2016 n° 386796 : RJF 1/17 n° 3).

Les déficits provenant d'une **autre activité non commerciale** ne peuvent être imputés que sur des bénéfices de même nature réalisés durant la même année ou les six années suivantes (voir n° 1010).

En ce qui concerne certains déficits subis par les **inventeurs** : voir n° 13800.

ALLÉGEMENTS SUR LE BÉNÉFICE IMPOSABLE

Les **adhérents d'organismes de gestion** agréés bénéficient, sous certaines conditions, d'avantages fiscaux dont le plus important est la dispense de majoration de 25 % de la base d'imposition de leur revenu (nos 87970 s.). 13420

Les titulaires de BNC implantés dans certaines zones du territoire peuvent bénéficier du régime d'exonération des bénéfices prévu en faveur des **entreprises nouvelles** lorsqu'ils exercent leur activité dans le cadre de sociétés soumises à l'impôt sur les sociétés, employant trois salariés au moins : voir nos 10260 s. En cas de création ou de reprise d'entreprise implantée en **zone de revitalisation rurale,** les titulaires de BNC peuvent bénéficier d'un régime d'allégement d'imposition (nos 10365 s.). 13425

D'autres dispositifs permettent d'obtenir une exonération ou un abattement temporaire sur les bénéfices : le régime des **zones franches urbaines-territoires entrepreneurs** (nos 10335 s.), des **bassins d'emploi à redynamiser** (no 10370), des **zones de restructuration de la défense** (nos 10380 s.) et des **jeunes entreprises innovantes** (nos 10400 s.).

C. Modalités d'imposition

Les contribuables qui perçoivent des bénéfices non commerciaux peuvent être placés sous deux régimes différents : 13550 CGI art. 95 à 102 ter BNC-III-1 s
– le régime **micro-BNC** qui fait l'objet de développements détaillés aux nos 85100 s. ;
– le régime de la **déclaration contrôlée** exposée ci-dessous.

1. RÉGIME DE LA DÉCLARATION CONTRÔLÉE

CHAMP D'APPLICATION

L'application du régime de la déclaration contrôlée peut être **obligatoire,** notamment à raison du montant annuel de recettes (voir no 85490) ou de la nature de l'activité exercée (cas des officiers publics et ministériels, par exemple). 13570 RIE-I-9400 s

Lorsqu'il n'est pas obligatoire, ce régime peut s'appliquer **sur option** des contribuables relevant de plein droit du régime micro-BNC.

OBLIGATIONS COMPTABLES

Les seules prescriptions d'ordre comptable de portée générale résultent de la réglementation fiscale et peuvent être satisfaites au moyen d'une simple **comptabilité de trésorerie.** 13580 CGI art. 99 BNC-III-2050 s

ATTENTION

Par **exception,** sont tenus au respect du Plan comptable général les **notaires** et les **huissiers.** Il en est de même des sociétés (telles que les **sociétés civiles professionnelles**) qui dépassent deux des trois seuils suivants : 50 salariés ; 3,1 M€ de chiffre d'affaires ou de recettes ; 1,55 M€ de total de bilan (C. com. art. R 612-1). Les autres titulaires de BNC peuvent, s'ils le souhaitent, faire application de ces règles.

Deux documents comptables doivent être tenus : 13585
– un **livre-journal** servi au jour le jour, présentant le détail des recettes et des dépenses professionnelles, et comportant, quelle que soit la profession exercée, l'identité déclarée par le client ainsi que le montant, la date et la forme du versement des honoraires ;
– un **registre des immobilisations et amortissements** comportant les renseignements suivants, relatifs aux éléments d'actif affectés à l'exercice de la profession : date d'acquisition ou de création, prix de revient, montant des amortissements pratiqués et, éventuellement, prix et date de cession.

ATTENTION

Le registre des **immobilisations** doit être appuyé des **pièces justificatives** correspondantes (factures, actes d'acquisition ou de cession...) et celles-ci doivent pouvoir être produites même si le délai normalement prévu pour l'exercice du droit de communication de l'administration est expiré (CE 12-10-1992 no 65664 : RJF 12/92 no 1649).

Les adhérents d'organismes de gestion agréés doivent tenir ces documents en respectant une **nomenclature comptable** précise (voir no 87915, précision a). Pour les autres contribuables, l'utilisation de cette nomenclature, dont le formulaire de déclaration no 2035-SD reprend l'essentiel des comptes, n'est pas obligatoire mais simplement conseillée.

› **Précisions** **a.** Par exception à la règle d'enregistrement sur le livre-journal au jour le jour, les exploitants individuels dont le montant annuel de recettes n'excède pas le seuil du RSI fixé pour les prestations de services (n° 85450), au cours de l'année civile ou de l'année civile précédente, peuvent procéder, au cours de l'année, à l'**enregistrement** de leurs **recettes et dépenses professionnelles** en retenant la **date** de l'opération figurant sur le relevé qui leur est adressé par un établissement de crédit, sous réserve d'enregistrer toutes leurs recettes et dépenses de l'année au plus tard le dernier jour de celle-ci (CGI art. 99, al. 5).

b. En ce qui concerne la **comptabilisation des recettes** dans le livre-journal, l'administration a prévu deux mesures d'assouplissement :
– possibilité de comptabilisation globale, en fin de journée, des recettes d'un montant unitaire inférieur à 76 €, à condition qu'elles aient fait l'objet d'un paiement au comptant et que les justificatifs du détail de ces opérations (notes d'honoraires, brouillard de caisse) soient conservés. Dans ce cas, l'identité du client ne doit figurer que sur les pièces justificatives ;
– pour les honoraires payés par chèque, possibilité d'enregistrement des seuls totaux des bordereaux de remise en banque, sous réserve que ces bordereaux soient conservés à titre de pièces justificatives et comportent l'identité des différents tireurs (BOI-BNC-DECLA-10-20 n°s 70 et 80).

Dispense d'inscription sur le livre-journal des honoraires conventionnels des **médecins conventionnés** : voir n° 13785.

c. L'obligation de mentionner **l'identité du client** sur le livre-journal s'impose à l'ensemble des professions non commerciales. Pour les **contribuables soumis au secret professionnel,** l'administration admet toutefois que l'identité du client figure sur un document annexe auquel elle a accès, ou que seul le nom du client soit mentionné sur le livre-journal dans la mesure où son identité complète figure dans un fichier couvert par le secret professionnel (BOI précité n° 280). Le Conseil d'État autorise l'administration à avoir accès à des documents non comptables mentionnant l'identité des clients (carnet de rendez-vous, registre d'admission d'une clinique...) (CE 7-7-2004 n° 253711 : RJF 10/04 n° 1023). Mais, les contribuables soumis au secret professionnel ne sont pas tenus de répondre aux demandes de l'administration relatives à la nature des prestations fournies (voir n° 78045, précision c).

DÉCLARATION ANNUELLE DES RÉSULTATS

13595 CGI art. 97 BNC-III-3700 s

En plus de la déclaration d'ensemble n° 2042 de leurs revenus (n°s 3670 s.), les contribuables placés sous le régime de la déclaration contrôlée doivent souscrire chaque année une déclaration du résultat non commercial (bénéfice ou déficit) de l'année civile précédente. Un formulaire spécial **n° 2035-SD** accompagné de deux annexes n°s 2035-A-SD et 2035-B-SD est conçu à cet effet.

La déclaration de résultat et ses annexes doit être produite, par voie électronique (n° 10970), au plus tard le deuxième jour ouvré suivant le 1er mai. Un délai supplémentaire de 15 jours calendaires est toutefois accordé par l'administration (BOI-BNC-DECLA-10-30 n° 270).

La date figurant sur l'accusé de réception ou, le cas échéant, sur l'accusé d'enregistrement adressé par voie électronique fait foi (LPF art. L 286).

› **Précisions** **a.** Dans le cadre du **foyer fiscal,** c'est au conjoint qui exerce l'activité non commerciale qu'incombe le soin de souscrire la déclaration spéciale (voir n° 335, précision b).

b. Dans les **sociétés de personnes** et groupements non passibles de l'impôt sur les sociétés (sociétés civiles professionnelles notamment), le formulaire n° 2035-SD est souscrit au niveau de la société ou du groupement par son représentant légal. Il doit être accompagné d'une annexe spéciale (n° 2035-AS-SD) faisant apparaître la répartition des bénéfices entre les associés.

c. La déclaration doit être accompagnée :
– d'un **tableau de détermination de la valeur ajoutée** produite au cours de l'exercice, lorsque le chiffre d'affaires de cet exercice excède 152 500 € ;
– le cas échéant, de l'**attestation** mentionnée au n° 87980, Précisions ;
– pour les personnes morales, d'une liste indiquant la **répartition de leur capital social** entre les associés détenant au moins 10 % du capital et de la liste de leurs filiales et leurs participations.

d. Production d'un **état** de suivi ou d'un **registre des plus-values en sursis ou en report d'imposition** en cas d'apport en société et de transmission à titre gratuit d'une activité individuelle : voir n°s 19780 et 19860 ; de fusion, d'apport partiel d'actif ou de scission d'une SCP : voir n° 13875, précision d.

CONTRÔLE DES DÉCLARATIONS

13605 CGI art. 98 et 100, al. 2 BNC-III-4500 s

Les déclarations de résultat sont soumises au contrôle de l'administration qui peut prendre la forme d'un simple dossier (contrôle sur pièces) ou d'une vérification de comptabilité.

ATTENTION

Le service des impôts peut demander au contribuable tous renseignements susceptibles de justifier l'exactitude des chiffres déclarés et notamment tous éléments permettant d'apprécier l'importance de la clientèle. Il peut également exiger la communication du livre-journal, du registre des immobilisations et amortissements, ainsi que de toutes pièces justificatives.

Lorsque l'administration procède ainsi à une **vérification de comptabilité,** celle-ci est effectuée dans les conditions et sous les garanties indiquées aux n°s 78110 s. et 79280 s.

À l'issue du contrôle, le service des impôts peut rectifier les déclarations. Il doit, en pareil cas, engager la **procédure de rectification.**

> **Précisions** Les **officiers publics et ministériels** doivent, à toute réquisition de l'administration, présenter leurs livres, registres, pièces de recettes, de dépenses ou de comptabilité à l'appui des énonciations de leurs déclarations. Ils ne peuvent pas opposer le secret professionnel aux demandes d'éclaircissements, de justifications ou de communication de documents concernant les indications de leur livre-journal ou de leur comptabilité.
> Pour les autres contribuables astreints au **secret professionnel,** voir nº 78045, précision c.

SANCTIONS

a. Le défaut ou le retard de production de la déclaration nº 2035-SD peut entraîner : 13615
– l'application de l'**intérêt de retard** et des **majorations proportionnelles** ;
– l'**évaluation d'office** du bénéfice imposable si le contribuable ne régularise pas sa situation après mise en demeure de l'administration.
b. Sanction applicable en cas de non-respect de l'obligation incombant aux sociétés de joindre à leur déclaration la **liste des associés** détenant au moins 10 % du capital et celle des **filiales et participations** : voir nº 80192.
c. Non-respect des obligations de **déclaration par voie électronique** : voir nº 80200, a.

2. CESSATION D'ACTIVITÉ OU DÉCÈS

La cessation de l'exercice d'une profession non commerciale ou le décès du contribuable entraîne l'imposition immédiate des bénéfices non encore taxés à la date de la cessation ou du décès. 13640 CGI art. 202 BNC-III-10270 s

CAS DE CESSATION

La cessation d'une **activité exercée à titre individuel** implique l'abandon définitif de l'activité sous cette forme, quelle qu'en soit la cause (départ en retraite, apport en société, radiation d'un ordre…). 13650 BNC-III-10310 s
Pour les **sociétés de personnes,** il y a cessation non seulement en cas de dissolution, mais aussi en cas de changement de régime fiscal ou d'activité réelle de la société. Les conséquences de la cessation sont toutefois atténuées dans ces deux dernières situations : voir nºs 38715 s. et 38755 s.
Cession ou rachat **des parts** d'un associé **en cours d'année** : voir nºs 37660 s.

> **Précisions** **a.** Une **cession de clientèle** suivie du **changement du lieu d'exercice** de la profession ne constitue pas un cas de cessation et de taxation immédiate (BOI-BNC-CESS-10-10 nº 140). Mais il en va différemment si le contribuable change à la fois de clientèle, de lieu et de nature d'activité (CE plén. 6-10-1982 nº 25080 : RJF 11/82 nº 1048).
> **b.** La **mise en location** d'une clientèle libérale ne constitue pas une cessation d'activité et n'entraîne donc pas d'imposition immédiate (CE 11-5-1984 nºs 38025 et 37522 : RJF 7/84 nºs 824 et 825 ; BOI-BNC-BASE-30-10 nº 140). Les redevances de location perçues sont imposables dans la catégorie des BNC (CE 3-12-1990 nºs 42927 et 42928 : RJF 2/91 nº 162).
> **c.** L'**apport en jouissance** d'une clientèle à une société en contrepartie de la remise de droits sociaux n'est pas constitutif d'une cessation d'activité (CE 18-9-1998 nº 135565 : RJF 11/98 nº 1292). La rémunération de cet apport doit être prise en compte pour la détermination du résultat de l'apporteur : la recette imposable est alors égale à la valeur réelle des parts à la date de leur remise (CE 26-3-2003 nº 220441 : RJF 6/03 nº 708).

BASE ET CALCUL DE L'IMPOSITION IMMÉDIATE

Les règles de détermination des bénéfices immédiatement taxables du fait de la cessation d'activité ou du décès du contribuable sont pour l'essentiel les mêmes que celles applicables en cas de cessation d'une activité industrielle ou commerciale (voir nº 11070). Notons toutefois que, par dérogation au principe général de prise en compte des recettes encaissées et des dépenses payées, sont également retenues les **créances acquises** et non encore recouvrées (en contrepartie, l'administration admet la déduction des dépenses engagées et non encore acquittées : BOI-BNC-CESS-10-20 nº 1). 13660 BNC-III-10700 s

Pour l'application du **prélèvement à la source,** le taux applicable à cette imposition immédiate est le dernier taux retenu pour le calcul de l'acompte mentionné à l'article 204 A du CGI.

> **Précisions** **a.** En cas de **décès,** les créances acquises dont l'échéance normale intervient au cours d'une année postérieure à celle du décès peuvent faire l'objet d'une imposition distincte, ce qui atténue la progressivité de l'impôt (nº 4765).
> **b.** **Établissement des impositions** consécutives à la cessation ou au décès : voir nº 11105.

13665 **Cas particuliers : restructurations d'activités libérales** Deux exceptions au principe de l'imposition immédiate des **créances acquises** sont prévues en cas d'opérations de restructuration ou de transformation d'une activité libérale. Ces régimes s'appliquent sur **option,** jointe à la déclaration de cessation d'activité. Lorsque l'activité était exercée dans le cadre d'une société de personnes, chaque associé doit exercer l'option, jointe à sa déclaration de revenus, à raison de la part des créances (et des dépenses engagées) correspondant à ses droits dans la société, l'option exercée par un associé étant sans effet sur la situation des autres associés (BOI-BNC-CESS-30-20 n° 10).

CGI art. 202 quater BNC-III-11400 s

1. La première concerne les événements suivants : **apport d'une activité libérale** à une société de personnes ou à une SEL, **option pour l'IS, transformation** d'une société de personnes en SEL, opérations de **fusion ou** de **scission** d'une SCP visées à l'article 151 octies A du CGI (voir n° 13875), absorption ou scission d'une société de personnes translucide au profit d'une autre société de personnes translucide (SCP notamment) ou d'une SEL, à condition que l'apporteur ou l'associé de la société concernée exerce sa profession dans le cadre de la société bénéficiaire de l'apport ou transformée.

Les **créances acquises** et les **dépenses engagées** au titre des **trois mois qui précèdent** la réalisation de l'événement sont prises en compte (de manière extra-comptable), non pas dans les résultats de l'apporteur, mais dans ceux de la société qui les recouvre ou les acquitte, à condition que les créances et les dettes soient inscrites au bilan de cette société. Cette prise en compte s'effectue au titre de l'exercice en cours au premier jour du mois qui suit la période de trois mois, ou au titre de l'année de leur encaissement ou du paiement si la société pratique ce mode de comptabilisation. Les créances entachées d'un risque de non-recouvrement peuvent être déduites, sous forme de provisions, du montant de l'imposition à établir au nom de la société qui poursuit l'activité (BOI-BNC-CESS-20-20 n° 80).

Le dispositif s'applique sur **option conjointe** des deux parties à l'opération.

CGI art. 1663 bis BNC-III-11900 s

2. La seconde exception s'applique aux **opérations** suivantes : **apport d'une activité libérale** à une société de personnes ou à une SEL, **option pour l'IS, transformation** d'une société de personnes en SEL, **fusion** de sociétés de personnes ou d'une société de personnes et d'une SEL, à condition que le professionnel libéral exerçant à titre individuel ou dans le cadre de la société devienne, dans les trois mois de la cessation, associé de la société pour y exercer sa profession.

Le contribuable peut demander l'**étalement,** sur trois ou cinq ans au choix, du paiement de l'impôt supplémentaire qui résulte de la prise en compte des créances acquises. Les créances à prendre en compte doivent, selon l'administration, être diminuées des dépenses professionnelles engagées et non encore réglées (BOI-BNC-CESS-30-20 n°s 50 à 70). Le fractionnement donne lieu au versement d'un intérêt au taux légal. Les sommes dues deviennent immédiatement exigibles en cas de transfert du domicile hors de France, de décès ou de retrait de la société et de défaut de paiement d'une échéance.

Lorsque les deux régimes sont susceptibles de s'appliquer dans la même situation, le régime de fractionnement ne s'applique pas aux créances et dettes qui bénéficient du transfert d'imposition prévu à l'article 202 quater du CGI.

OBLIGATIONS DÉCLARATIVES

13675 Le contribuable doit, d'une part, informer l'administration de la cessation d'activité et de sa date d'effet (en indiquant le cas échéant l'identité de son successeur), d'autre part, produire auprès du service des impôts la **déclaration** de résultat nécessaire à l'imposition immédiate.

CGI art. 202 BNC-III-13350 s

En cas de décès, ces renseignements sont fournis par les ayants droit de l'exploitant.

Les obligations déclaratives ainsi définies doivent être remplies dans les **délais** suivants :

– dans les 60 jours de la cessation effective de l'activité ou, s'il s'agit d'une charge ou d'un office, dans les 60 jours de la publication au Journal officiel de la nomination du nouveau titulaire (à moins que la cessation effective d'activité ne soit postérieure à cette publication) ;

– ou dans les six mois du décès.

Pour le **lieu de dépôt** de la déclaration de cessation : voir n°s 88200 s.

D. Régimes spéciaux

AGENTS GÉNÉRAUX D'ASSURANCES

13715 Les agents généraux et sous-agents d'assurances peuvent bénéficier, sur option, du **régime fiscal des salariés** pour les commissions reçues des compagnies qu'ils représentent ès qualités, sous réserve du respect des trois **conditions** suivantes :

CGI art. 93, 1 ter BNC-IV-200 s

– les commissions, définies comme les sommes perçues par l'agent d'assurances en rémunération de l'apport ou de la gestion d'un contrat déterminé (CE 13-7-2007 n° 278683 : RJF 11/07 n° 1250), doivent être intégralement déclarées par les tiers ;
– les contribuables intéressés ne doivent pas bénéficier, à titre individuel ou en qualité d'associé d'une société de personnes, d'autres revenus professionnels, à l'exception des courtages et autres rémunérations directement liés à l'exercice de leur profession et des traitements et salaires (BOI-BNC-SECT-10-10 n°s 180 et 200) ;
– le montant de ces courtages et autres rémunérations accessoires ne doit pas excéder le seuil de 10 % du montant brut des commissions, apprécié en faisant abstraction des intérêts des comptes bloqués où sont placés les excédents de trésorerie provenant des primes encaissées et non encore reversées aux compagnies (BOI précité n°s 250 à 270).

L'**option** pour ce régime reste valable tant qu'elle n'est pas expressément dénoncée par le contribuable. L'option, comme la dénonciation, doit être formulée avant le 1er mars de l'année d'imposition concernée (par exemple, avant le 1er mars 2020 pour l'imposition des revenus de 2020).

Peuvent exercer l'option, dans les mêmes conditions que les agents d'assurances :
– les **mandataires** des compagnies et sociétés d'assurances visés à l'article R 511-2, I-4° du Code des assurances (BOI précité n° 50) ;
– les **employés** des sociétés d'assurances qui apportent occasionnellement des contrats à leurs compagnies (BOI précité n° 90).
– les associés des **agences en société créées avant 1949** et les **agents d'assurances membres d'une société en participation** à condition que les compagnies d'assurances individualisent les commissions versées (BOI précité n° 80 ; BOI-BNC-SECT-10-30 n°s 20 et 40). Le **versement global des commissions** ne fait pas obstacle à l'exercice de l'option dès lors que les agents ont des mandats solidaires et conjoints et que les compagnies déclarent le montant des commissions revenant à chaque associé conformément à la convention-partage conclue par les intéressés (CE 11-2-2002 n° 231407 : RJF 5/02 n° 509).

Une fois l'option exercée, le **montant imposable** des commissions perçues est déterminé suivant les règles prévues en matière de traitements et salaires, c'est-à-dire après défalcation des dépenses professionnelles, les intéressés ayant le choix entre la déduction forfaitaire de 10 %, appliquée après imputation des honoraires rétrocédés et des cotisations sociales versées dans le cadre de régimes obligatoires et la déduction des frais réels. **13725**

ATTENTION

Les revenus admis au régime spécial conservent malgré tout le **caractère de BNC**, moyennant quoi : les commissions donnent lieu au paiement d'**acomptes** pour l'application du **prélèvement à la source** (BOI-IR-PAS-10-10-20 n° 60) ; les **plus-values** d'actif relèvent du régime des plus-values professionnelles ; les agents d'assurances restent soumis aux **obligations comptables** des titulaires de BNC et peuvent prétendre à toutes les garanties prévues en leur faveur en cas de contrôle (CE plén. 27-11-1987 n° 49581 : RJF 1/88 n° 9).

Les contribuables doivent joindre à leur **déclaration** annuelle de revenus n° 2042 un état donnant la ventilation des sommes reçues suivant les parties versantes. Mais ils n'ont pas à souscrire de déclaration spéciale de résultat au titre des revenus soumis au régime des salaires.

› Précisions Les **indemnités compensatrices** versées par les compagnies d'assurances à leurs **agents généraux** lors de la cessation de leur mandat, conclu depuis au moins cinq ans, à l'occasion d'un **départ en retraite** sont exonérées d'impôt sur le revenu à condition que l'activité soit poursuivie dans le délai d'un an. Le nouvel agent peut s'installer à une autre adresse se situant dans la circonscription géographique couverte par le mandat repris (BOI-BNC-CESS-40-10 n° 315). Lorsque l'agent général est investi de plusieurs mandats, les portefeuilles peuvent être transmis à un ou plusieurs nouveaux agents (BOI précité n° 320).
En contrepartie de l'exonération, les agents doivent s'acquitter d'une taxe spécifique fixée à 2 % de la fraction de l'indemnité comprise entre 23 000 € et 107 000 €, 0,60 % de la fraction comprise entre 107 000 € et 200 000 € et 2,60 % de la fraction supérieure à 200 000 € (CGI art. 151 septies A, V).

ÉCRIVAINS, COMPOSITEURS, ARTISTES ET AUTRES AUTEURS D'ŒUVRES DE L'ESPRIT

Les **droits d'auteur** perçus par les auteurs d'œuvres de l'esprit mentionnées à l'article L 112-2 du Code de la propriété intellectuelle (notamment : écrivains, auteurs et compositeurs, auteurs d'œuvres cinématographiques, peintres, graveurs, dessinateurs, illustrateurs, photographes, architectes) sont soumis à l'impôt sur le revenu selon les règles prévues en matière de **traitements et salaires** lorsqu'ils sont intégralement déclarés par les tiers. **13735** CGI art. 93, 1 quater **BNC-IV-5400 s**

ILLUSTRATIONS

Peuvent être considérés comme **créateurs d'œuvres originales de l'esprit** les auteurs, notamment, d'écrits littéraires, artistiques et scientifiques, d'œuvres orales comme les conférences, allocutions, sermons et plaidoiries, quel que soit le mode de leur fixation, d'œuvres chorégraphiques et d'autres formes d'art d'expression corporelle, quel que soit leur mode de fixation, de compositions musicales avec ou sans paroles, y compris générées au moyen de systèmes électroniques, d'œuvres audiovisuelles et radiophoniques, qu'ils soient auteurs du scénario, de l'adaptation, des dialogues, des compositions musicales ou de la réalisation, d'œuvres graphiques et plastiques, comme les sculptures, dessins, bandes dessinées, peintures et lithographies, d'œuvres photographiques ou obtenues par un procédé analogue, d'œuvres des arts appliqués à l'industrie, sous réserve que leur forme ne soit pas imposée par leur fonction, de logiciels, de créations vestimentaires et articles de mode (BOI-BNC-SECT-20-10-10 nº 90).

L'administration admet également l'application du régime aux droits perçus par les **auteurs d'œuvres dérivées** (traductions, abrégés et résumés, adaptations, transformations et arrangements d'œuvres originales) (BOI précité nº 100).

Mais seuls les auteurs d'œuvres de l'esprit peuvent bénéficier du régime des traitements et salaires, à l'exclusion de leurs **héritiers ou légataires.** Sont également exclus les **interprètes** de ces œuvres (chanteurs, comédiens, acteurs ou artistes du monde du spectacle) (BOI précité nºs 110 et 120).

Le régime spécial s'applique automatiquement, que l'activité soit exercée à titre principal ou accessoire, dès lors qu'ils sont intégralement **déclarés par** le débiteur ou **la partie versante** (nº 78365), ou sont de **source étrangère** (BOI-BNC-SECT-20-10-20 nº 50). Les intéressés peuvent cependant y renoncer et opter pour le régime de droit commun des BNC. Cette option, jointe à la déclaration spéciale des BNC, vaut pour l'année au titre de laquelle elle est exercée et les deux années suivantes. Elle est irrévocable durant cette période (BOI-BNC-SECT-20-10-50 nº 30).

Ce régime peut être combiné avec les dispositions de l'article 100 bis du CGI qui permettent d'opter pour l'imposition sur un **bénéfice moyen** calculé sur trois ou cinq ans (voir nºs 13750 s.).

13740 Le **revenu net imposable** s'obtient en retranchant successivement du montant brut des droits d'auteur les cotisations payées au titre des régimes obligatoires de sécurité sociale puis les frais professionnels.

Les **recettes** à prendre en compte s'entendent des sommes effectivement encaissées au cours de l'année d'imposition, à l'exclusion des prix littéraires et artistiques exonérés (voir nº 13310). Un état détaillé des produits perçus, ventilés selon les parties versantes, doit être tenu par le contribuable.

La déduction des **frais professionnels** s'opère dans les mêmes conditions que pour les salariés.

ATTENTION

Le régime spécial ne prive pas les droits d'auteur de leur **caractère de BNC.** Il s'ensuit que les droits d'auteur donnent lieu au paiement d'**acomptes** pour l'application du **prélèvement à la source** (BOI-IR-PAS-10-10-20 nº 60). En cas de **contrôle** et de **rectification,** leurs titulaires bénéficient des garanties propres à cette catégorie de revenus, notamment du droit de saisir la commission des impôts (CE 19-2-2003 nº 197768 : RJF 5/03 nº 568).

La **déclaration** spéciale de résultat n'a pas à être souscrite.

› Précisions **a.** Dans le cadre des **frais réels,** les auteurs d'œuvres de l'esprit peuvent déduire le prix d'acquisition des matériels et mobiliers dont la valeur unitaire n'excède pas 500 € et la dépréciation annuelle (sous forme d'amortissement linéaire) des matériels dont la valeur excède ce montant.

Par mesure de simplification, l'administration permet d'appliquer au montant brut des droits perçus, diminué des cotisations versées au titre du régime de sécurité sociale, une déduction de 3 % couvrant les frais suivants : documentation générale (autre que la documentation technique), réceptions à domicile, voyages, communications téléphoniques et fournitures diverses (papeterie, supports d'enregistrement...) (BOI-BNC-SECT-20-10-40 nº 310).

b. En cas d'**activité salariée parallèle,** le plafonnement de la déduction de 10 % s'applique globalement (BOI-BNC-SECT-20-10-20 nº 130).

c. Lorsque les droits d'auteur sont soumis à la **retenue de TVA** et que le contribuable pratique la déduction forfaitaire pour frais, le montant des sommes imposables doit être retenu hors TVA et augmenté du forfait des droits à déduction de TVA (nºs 61705 s.). En cas d'option pour les frais réels, les droits d'auteur sont pris en compte TTC et la TVA versée au Trésor fait partie des dépenses professionnelles déductibles (évaluation forfaitaire ou frais réels) (BOI-BNC-SECT-20-10-20 nºs 190 et 200).

REVENUS PROVENANT DE LA PRODUCTION LITTÉRAIRE, SCIENTIFIQUE, ARTISTIQUE OU DE LA PRATIQUE D'UN SPORT

Lorsqu'ils sont soumis au régime de la **déclaration contrôlée,** les titulaires de bénéfices provenant de la production littéraire, scientifique ou artistique, ou de la pratique d'un sport peuvent demander à être imposés sur la base d'un revenu égal à la moyenne des bénéfices de l'année d'imposition et des deux ou quatre années précédentes (bénéfices résultant, chaque année, de l'excédent des recettes sur les dépenses). Ce régime ne s'applique qu'aux bénéfices retirés d'une activité directement exercée par les contribuables, ce qui exclut les **héritiers et légataires** (BOI-BNC-SECT-20-20 n° 60). 13750 CGI art. 100 bis BNC-IV-15000 s

Les **artistes du spectacle** et les **sportifs salariés** peuvent opter pour l'imposition de leurs salaires selon les mêmes modalités : moyenne triennale ou quinquennale des salaires perçus diminués des frais professionnels (CGI art. 84 A).

Les revenus des sportifs ne provenant pas des **activités sportives** proprement dites (recettes publicitaires, par exemple) sont exclus du régime (BOI précité n° 80).

L'**option** est exercée en général lors du dépôt de la déclaration de bénéfice. Mais elle peut également être formulée, dans les délais de prescription, par voie de réclamation contentieuse ou à la suite d'une procédure de rectification, ce qui est susceptible d'entraîner la révision des impositions ultérieures déjà établies (BOI-BNC-SECT-20-20 n° 110). 13755

Le choix de la **période de référence** – trois ou cinq ans – doit être expressément mentionné et ne peut par la suite être modifié. L'option est possible même si aucun revenu n'a été perçu au cours des années antérieures : un montant de revenu nul est alors retenu pour les années en cause. Elle peut être révoquée. La demande de **révocation** doit être jointe à la déclaration de bénéfices de l'année au titre de laquelle le contribuable souhaite que le régime du bénéfice moyen cesse de s'appliquer. Ce régime continue toutefois à produire ses effets, pendant une période transitoire, pour l'imposition de la fraction non encore taxée des bénéfices réalisés au cours des années couvertes par l'option.

EXEMPLE

Option pour l'application de l'article 100 bis (bénéfice moyen calculé sur trois ans) à compter des revenus de 2019 et révocation de l'option au titre de l'année 2022.

Années	Application art. 100 bis	Bénéfice	Montant imposable	
2017	Non	0		0
2018	Non	45 000		45 000
2019	Oui	80 000	1/3 (0 + 45 000 + 80 000) =	41 667
2020	Oui	250 000	1/3 (45 000 + 80 000 + 250 000) =	125 000
2021	Oui	100 000	1/3 (80 000 + 250 000 + 100 000) =	143 333
2022	Non	50 000	1/3 (250 000 + 100 000) + 50 000 =	166 667
2023	Non	20 000	1/3 (100 000) + 20 000 =	53 333
2024	Non	0		0

Ce système permet d'atténuer les effets de la progressivité de l'impôt. Il ne doit cependant pas être adopté si le contribuable a réalisé des bénéfices plus importants au cours des années précédant l'option, car ces bénéfices déjà taxés entrent à nouveau dans la base d'imposition.

Artistes de la création plastique Les bénéfices réalisés par les auteurs d'œuvres d'art originales à l'occasion de la **cession de leurs œuvres** ouvrent droit à un **abattement** de 50 %, plafonné à 50 000 € au titre de leur première année d'activité et des quatre années suivantes. Cette mesure s'applique également aux bénéfices tirés de la **cession ou de l'exploitation des droits patrimoniaux** dont ils sont titulaires à l'égard de ces œuvres. Ce régime ne peut pas être cumulé avec l'option pour l'imposition d'après un **bénéfice moyen** (voir nos 13750 s.). 13760 CGI art. 93, 9 BNC-IV-16100 s

Juges et arbitres sportifs Les revenus perçus par les juges et arbitres sportifs dans le cadre de leur activité (indemnités et remboursements de frais compris) sont exonérés lorsqu'ils sont inférieurs à 14,5 % du plafond annuel de la sécurité sociale, soit 5 965 € pour 2020. 13765 CGI art. 93, 10 BNC-IV-16500 s

MÉDECINS CONVENTIONNÉS

13770
BNC-IV-17000 s
Les médecins relevant du régime de la **déclaration contrôlée** qui ont adhéré à la convention nationale peuvent bénéficier d'un régime spécial, conçu par l'administration.

Le régime est réservé aux médecins omnipraticiens ou généralistes, aux chirurgiens, aux spécialistes médicaux ou chirurgicaux et aux électroradiologistes conventionnés (les chirurgiens-dentistes en sont exclus) (BOI-BNC-SECT-40 n° 20).

13775
BNC-IV-17700 s
Frais professionnels Les médecins conventionnés du secteur I placés sous le régime de la déclaration contrôlée doivent en principe, comme la généralité des titulaires de BNC, faire état de leurs frais réels. Toutefois, ils sont autorisés à pratiquer :
– un **abattement forfaitaire,** destiné à tenir compte des sujétions particulières auxquelles ils sont tenus, dont le montant varie selon les praticiens et le niveau de recettes. Le barème applicable est reproduit au n° 97280 ;
– une **déduction complémentaire de 3 %** calculée sur le montant des honoraires conventionnels ;
– un **abattement de 2 %** représentatif des frais suivants : représentation, réception, prospection, cadeaux professionnels, travaux de recherche, blanchissage, petits déplacements.

ATTENTION
L'abattement de 2 % s'applique uniquement si le contribuable choisit – au début de chaque année – de ne pas comptabiliser en charges les dépenses correspondantes. Il est calculé sur le montant des recettes brutes, y compris les honoraires de dépassement. En revanche, les plus-values de cession d'éléments d'actif affectés à l'activité professionnelle sont exclues de l'assiette de l'abattement (BOI précité n°s 120 et 130).

Cumul avec la **dispense de majoration des revenus** de 25 % : voir n° 87980.

› **Précisions** **a.** Les frais de **petits déplacements** couverts par l'abattement de 2 % ne concernent que l'usage, à l'intérieur de l'agglomération, de moyens de transport autres qu'un véhicule professionnel et les frais de stationnement. Les autres frais sont déductibles dans les conditions habituelles (BOI-BNC-SECT-40 n° 120).
b. L'**abattement de 2 %** s'applique aux **sociétés de personnes** exclusivement constituées entre des médecins conventionnés du secteur I (BOI précité n° 150).

13785
BNC-IV-19500 s
Allégements comptables Les médecins conventionnés du secteur I sont dispensés d'inscrire sur leur **livre-journal** le montant des **honoraires conventionnels** ayant donné lieu à la délivrance de feuilles de soins à des assurés sociaux (dispense subordonnée à l'indication du montant total des honoraires perçus sur les feuilles de soins) (BOI-BNC-DECLA-10-20 n° 360).

L'enregistrement sur le livre-journal demeure en revanche obligatoire pour les recettes journalières correspondant à la partie de l'activité non couverte par la convention.

La tolérance administrative ne concerne pas les médecins adhérents d'un **organisme de gestion agréé** qui sont tenus à des obligations comptables inhérentes à l'adhésion.

› **Précisions** **a.** La dispense accordée par l'administration aux médecins conventionnés équivaut à les autoriser à ne déclarer que les seules recettes figurant sur les relevés de sécurité sociale (notamment CE 20-2-1985 n° 36249 : RJF 4/85 n° 570 ; BOI-BNC-DECLA-10-20 n° 400). En cas de **réception tardive des relevés,** les médecins qui n'ont pu indiquer le montant de leurs recettes dans leur **déclaration** souscrite dans le délai légal n'encourent ni procédure d'imposition d'office pour défaut de déclaration ni pénalités pour insuffisance de déclaration (CE 20-2-1985 précité). Mais la mesure administrative ne constitue pas une dérogation à la règle de prise en compte de toutes les recettes effectivement perçues au cours de l'année pour la **détermination du bénéfice** imposable. Elle ne fait donc pas obstacle à ce que le service des impôts détermine le bénéfice en retenant, s'il l'estime nécessaire, non pas les recettes figurant sur les relevés de sécurité sociale, mais les **recettes effectivement perçues** (notamment CE 6-11-1995 n° 150088 : RJF 1/96 n° 38). De leur côté, les médecins peuvent renoncer à la tolérance et comptabiliser et déclarer leurs recettes selon les règles de droit commun.
b. Le document journalier des recettes à tenir par les médecins qui relèvent du régime **micro-BNC** (n° 86525) peut également être constitué par les relevés individuels de sécurité sociale (BOI-BNC-DECLA-20-30 n° 80).

INVENTEURS

13790
CGI art. 92, 2, et 93 quater, I
BNC-IV-8000 s
Produits relevant du régime des plus-values à long terme Bénéficient du régime des plus ou moins-values à long terme les produits perçus par un **inventeur personne physique** et ses **ayants droit** au titre de la cession ou de la concession de licences d'exploitation d'un logiciel protégé par le droit d'auteur, d'une invention brevetable ou d'un actif incorporel satisfaisant aux conditions posées aux 1°, 2° ou 4° de l'article 238, I du CGI (brevet, certificat d'utilité, certificat complémentaire de protection, certificat d'obtention végétale ou procédé de fabrication industriel répondant à certaines conditions : voir n° 10422).

Les produits mentionnés au n° 13790 sont imposés dans la catégorie des bénéfices non commerciaux et relèvent du régime des plus ou moins values à long terme. Ils sont taxés au **taux réduit** spécifique de 10 %, majoré des prélèvements sociaux (voir n° 34555). 13792

Dans sa doctrine antérieure à la réforme du régime de la propriété industrielle opérée par l'article 37 de la loi 2018-1317 du 28 décembre 2018, l'administration a précisé que le résultat imposable est déterminé :

– en cas de **cession,** sous déduction des frais de recherche et de mise au point du brevet ou du logiciel et, le cas échéant, des frais exposés pour sa maintenance ou son amélioration (BOI-BNC-SECT-30-10-10 n° 110 ; BOI-BNC-SECT-30-20 n° 30). L'évaluation en termes monétaires du temps de travail du contribuable ne peut être prise en compte (Rép. Frédéric-Dupont : AN 24-2-1979 n° 7978, non reprise dans Bofip) ;

– en cas de **concession,** sous déduction des dépenses de recherche et des dépenses relatives à la gestion de la concession (BOI-BNC-SECT-30-10-10 n°s 150 s.).

Mais la déduction des frais exposés avant l'année de perception des produits de cession ou de concession ne peut être admise que si ces frais n'ont pas déjà été imputés soit sur d'autres produits, soit par le biais de l'imputation des déficits auxquels ils ont pu donner naissance (n° 13800).

Pour le **concessionnaire,** les **redevances versées** sont déductibles dans les conditions de droit commun.

Autres produits Les produits ne relevant pas du régime des plus ou moins-values à long terme, tels que notamment les produits tirés de la cession ou de la concession de **marques de produits ou de services,** de **savoir-faire** ou de **secrets de fabrique,** sont imposables dans les conditions de droit commun : 13795 CGI art. 93, 1 et 2 BNC-IV-10000 s

– dans la catégorie des BNC lorsqu'ils sont perçus par les **inventeurs ou leurs héritiers** ;

– dans la catégorie des BIC lorsqu'ils sont perçus par d'**autres personnes.**

L'imposition est en principe établie sur le montant net des produits, après déduction des **frais** réels exposés (n° 13792).

Les **inventeurs** – et eux seuls – sont toutefois autorisés à pratiquer un **abattement de 30 %** sur les profits provenant des concessions de licence d'exploitation de brevets, ou des cessions ou concessions de procédés ou formules de fabrication (sauf si ces profits sont taxés selon le régime des plus-values à long terme : n° 13790). Cet abattement est supposé tenir compte des frais exposés en vue de la réalisation de l'invention, lorsque les frais réels n'ont pas déjà été admis en déduction pour la détermination du bénéfice imposable. Le **choix** entre l'abattement forfaitaire et la prise en compte des **frais réels** peut être effectué séparément pour chaque invention et présente un caractère définitif (BOI-BNC-SECT-30-10-30 n° 30).

> **Précisions** **a.** L'administration permet également d'appliquer l'abattement de 30 % aux produits de cession ou concession de **marques** qui trouvent leur origine dans une invention ayant contribué à la fabrication de produits. Les profits qui rémunèrent l'utilisation d'une marque commerciale, quelle que soit la dénomination portée au contrat, et relèvent des BIC sont en revanche exclus de l'abattement (BOI précité n° 10).
>
> **b.** Eu égard au caractère forfaitaire de l'**abattement,** le contribuable qui l'applique n'a pas à justifier des frais réellement exposés (CE 9-10-1981 n° 22808 : RJF 11/81 n° 969). Lorsque la comptabilité est tenue toutes taxes comprises, l'administration estime que l'abattement de 30 % inclut la **TVA** versée au Trésor, augmentée s'il y a lieu de la taxe ayant grevé le coût des immobilisations lorsqu'elle a donné lieu à une imputation effective au cours de l'année d'imposition. Si la comptabilité est tenue hors taxe, l'abattement n'inclut pas la TVA et est calculé d'après les recettes hors taxe (BOI précité n° 20).
>
> **c.** L'abattement est éventuellement cumulable avec la déduction des **frais de procès** engagés par l'inventeur pour la protection de ses droits (CE plén. 31-3-1978 n° 491, 6119 et 7131 : RJF 5/78 n° 243).

Déficits subis par les inventeurs Lorsque l'activité d'inventeur est une **véritable profession,** les déficits constatés dans le cadre de cette activité sont déductibles du revenu dans les conditions ordinaires : ils s'imputent sur le revenu global de l'année et, en cas d'insuffisance, sur celui des six années suivantes (n°s 950 s.). 13800 CGI art. 156, I BNC-IV-10800 s

Si, au contraire, l'activité d'inventeur ne constitue **pas une activité professionnelle,** les déficits ne peuvent être imputés que sur les bénéfices tirés d'activités semblables durant la même année ou les six années suivantes (n° 1010).

Par exception, pour les prises de brevet réalisées avant le 1er janvier 2020, la fraction des déficits correspondant aux **frais de prise et de maintenance de brevet** (ou de certificat d'utilité) dûment justifiés peut être imputée sur le revenu global de l'année de prise du brevet ou des neuf années suivantes. CGI art. 156, I bis BNC-IV-10900 s

L'imputation sur le revenu global peut être demandée par voie de **réclamation,** alors même qu'aucune déclaration catégorielle n'a été préalablement souscrite (CAA Bordeaux 26-2-2002 n° 98-344 : RJF 7/02 n° 749).

Elle présente un **caractère subsidiaire** et ne peut intervenir que si les profits tirés d'activités semblables (y compris le cas échéant ceux taxables à un taux réduit) ne sont pas suffisants pour absorber les frais de toute nature supportés au cours de la même année. S'il y a un excédent de frais, le déficit correspondant doit de plus être ventilé entre la part correspondant aux frais de prise et de maintenance de brevet (seule déductible du revenu global) et la part correspondant aux autres frais, notamment frais de recherche, de mise au point ou d'amélioration (reportable sur les produits de même nature des années suivantes), proportionnellement à leurs montants respectifs.

13805 CGI art. 93 quater, I ter BNC-IV-11500 s

Apport en société de certains droits de la propriété intellectuelle Les inventeurs personnes physiques peuvent, sur demande expresse, obtenir le **report de l'imposition** de la plus-value réalisée à l'occasion de l'apport, à une société chargée de l'exploiter, d'un des droits suivants : brevet, invention brevetable, procédé de fabrication industriel répondant aux conditions prévues n° 10422, précision a, logiciel protégé par le droit d'auteur, certificat d'utilité, certificat complémentaire de protection ou certificat d'obtention végétale. Seuls peuvent bénéficier de ce dispositif les apports rémunérés par la remise de droits sociaux, à l'exclusion de toute autre forme de contrepartie (ouverture d'un compte courant, versement d'une somme d'argent…) (BOI-BNC-SECT-30-10-20 n° 30).

Le **report** d'imposition **prend fin** à la cession, la transmission à titre gratuit, le rachat ou l'annulation des droits sociaux reçus en rémunération de l'apport ou à la cession par la société bénéficiaire des droits apportés si elle intervient antérieurement. Il est toutefois **maintenu** en cas de transmission à titre gratuit des droits sociaux reçus en rémunération de l'apport, si le ou les bénéficiaires de la transmission prennent l'engagement d'acquitter l'impôt sur la plus-value en report dès que l'un des événements mettant fin au report se réalise. Lorsque ces droits sociaux font l'objet d'un échange dans le cadre d'une opération de fusion ou de scission de la société bénéficiaire non réalisée dans un but de fraude ou d'évasion fiscales (voir n° 39202), le report est maintenu jusqu'à la date de cession, de rachat, d'annulation ou de transmission à titre gratuit des titres reçus lors de l'échange. Dans ces deux situations, le report d'imposition est maintenu en cas d'opérations successives (BOI précité nos 180 et 220).

La plus-value en report d'imposition fait l'objet d'un **abattement** égal à un tiers pour chaque année de détention échue au-delà de la cinquième année suivant celle de l'apport (soit une exonération au terme de la huitième année suivant celle de réalisation de l'apport).

Le report ne peut être **combiné** avec les exonérations accordées en fonction du montant des recettes (nos 18200 s.), de la valeur des éléments cédés (nos 19650 s.) ou dans le cadre d'un départ en retraite (nos 19890 s.). Toutefois, si la cession des droits sociaux reçus en contrepartie de l'apport intervient lors du départ en retraite du cédant, la plus-value en report peut, le cas échéant, être exonérée dans les conditions exposées au n° 19925.

> **Précisions** **a.** En cas de **cession**, de **rachat** ou d'**annulation d'une partie** des **droits sociaux reçus en rémunération** de l'apport, le report d'imposition de la plus-value afférente aux titres conservés par l'apporteur n'est pas remis en cause (BOI précité n° 130).
> **b.** L'apporteur doit joindre à la déclaration d'ensemble des revenus de l'année d'apport et des années suivantes un **état de suivi des plus-values** dont l'imposition est reportée (CGI art. 151 octies, II-al. 6). L'omission de cet état ou son caractère inexact ou incomplet entraîne l'application d'une amende égale à 5 % des résultats omis (CGI art. 1763). Non-application de l'amende en cas de régularisation : voir n° 9055, a.
> **c.** Sur le maintien du report d'imposition en cas de **transfert en fiducie**, voir n° 90850, précision b.

AUTRES RÉGIMES SPÉCIAUX

13810 **Retenue à la source** Sont concernés les **contribuables domiciliés hors de France** qui perçoivent des revenus non commerciaux de source française : voir nos 4560 s. et 4640 s. (retenue spécifique aux artistes).

13820 CGI art. 93, 1 bis BNC-I-15900 s

Fonctionnaires chercheurs Lorsqu'ils apportent leur concours scientifique à une entreprise qui assure la valorisation de leurs travaux au titre de l'article L 531-8 du Code de la recherche, les fonctionnaires peuvent opter pour l'imposition des sommes perçues selon le régime des salaires, jusqu'à la date de dépôt de la déclaration d'ensemble des revenus de l'année correspondante (BOI-BNC-CHAMP-10-30-60 n° 80). Ces rémunérations ouvrent alors droit pour l'entreprise versante au crédit d'impôt recherche (BOI-BIC-RICI-10-10-20-20 n° 120). L'option reste valable tant qu'elle n'a pas été dénoncée. La dénonciation de l'option doit intervenir avant le 1er mars de l'année qui suit celle au titre de laquelle l'imposition est due.

ATTENTION

Bien qu'elles soient imposées comme des salaires, les rémunérations des fonctionnaires chercheurs donnent lieu au paiement d'**acomptes** pour l'application du **prélèvement à la source** (BOI-IR-PAS-10-10-20 n° 60).

Impatriés Les personnes non salariées exerçant temporairement une activité en France peuvent sous certaines conditions bénéficier des allégements d'impôt sur le revenu prévus en faveur des « impatriés » (voir nos 4715 s.). 13825

E. Sociétés spécifiques aux professions libérales

SOCIÉTÉS CIVILES PROFESSIONNELLES

Les sociétés civiles professionnelles (SCP) permettent aux personnes physiques exerçant une même profession libérale soumise à un statut législatif ou réglementaire, ou dont le titre est protégé (officiers publics et ministériels notamment), d'exercer leur profession en commun. 13855 CGI art. 8 ter BNC-IV-22000 s

Les SCP (y compris celles constituées sous forme de coopérative) relèvent de plein droit du régime d'imposition des **sociétés de personnes** lorsqu'elles fonctionnent conformément aux dispositions légales qui les régissent. Le bénéfice est déterminé au niveau de la société suivant les règles applicables aux BNC. Il est ensuite réparti entre les associés au prorata de leurs droits et soumis à l'impôt sur le revenu en leur nom propre. 13860 BNC-IV-22710 s

› Précisions **a.** Lorsqu'une SCP relevant de l'impôt sur le revenu réalise des **opérations commerciales accessoires,** deux cas peuvent se présenter :
– les opérations commerciales sont une simple extension de l'activité non commerciale prépondérante (ex. : SCP de notaires réalisant des négociations immobilières ou des expertises dans le cadre des attributions légales des notaires) : l'ensemble des profits est imposé au titre des BNC (CGI art. 155, I-2 : no 13170, b) ;
– les activités commerciales ne sont pas liées à l'activité libérale (ex. : SCP de géomètres-experts exerçant une activité de gestion immobilière) : l'administration admet de ne pas soumettre la SCP à l'impôt sur les sociétés si le montant hors taxe des recettes commerciales n'excède pas 10 % des recettes totales hors taxe (BOI-BNC-SECT-70-10-10 no 60).
b. Les **cessions d'activité** réalisées par une SCP peuvent bénéficier de l'exonération prévue à l'article 151 septies A du CGI en cas de départ à la retraite (nos 19890 s.).

Option pour l'impôt sur les sociétés Les SCP sont autorisées à opter pour l'impôt sur les sociétés dans les mêmes conditions que les autres sociétés civiles (voir nos 37575 s.). Le changement de régime fiscal qui en résulte emporte **cessation d'entreprise,** avec toutefois des conséquences atténuées (voir nos 38785 s. et no 13665 en ce qui concerne les créances acquises taxables du fait de la cessation). 13865 CGI art. 206, 3-h BNC-IV-22950 s

Une fois l'option exercée, le régime fiscal applicable à la société et à ses membres est celui prévu pour les sociétés de capitaux. On notera que ce régime permet la déduction des **rémunérations** allouées aux **associés** qui sont alors imposables dans les conditions prévues par l'article 62 du CGI (régime identique à celui des gérants majoritaires de SARL : no 23615).
Déduction des intérêts, frais et charges liés à l'acquisition de parts sociales : voir no 23620.

Opérations de transformation Les opérations de transformation d'une société en SCP ou, inversement, d'une SCP en société d'une autre forme (SEL, SCM) obéissent au régime général des transformations de sociétés. 13870 BNC-IV-23300 s

En cas de transformation d'une SCP en **société d'exercice libéral,** le report d'imposition des plus-values d'apport antérieures sur éléments non amortissables n'est pas remis en cause (voir no 19755). Sur l'imposition des créances acquises : voir no 13665.
Transformation d'une SCP en **association d'avocats** : voir no 38665.

Opérations de restructuration Les opérations de fusion, d'apport partiel d'actif et de scission entraînent **cessation d'entreprise** avec toutefois des conséquences atténuées. 13875 CGI art. 151 octies A BNC-IV-24250 s

Les associés d'une SCP relevant de l'impôt sur le revenu peuvent bénéficier du report d'imposition prévu par l'article 151 octies du CGI (voir nos 19710 s.) pour les **plus-values nettes d'apport** sur immobilisations non amortissables qui restent imposables en leur nom.
Le régime s'applique aux fusions, aux apports partiels d'actif portant sur une branche complète d'activité et aux scissions pour lesquelles chacune des sociétés bénéficiaires de la scission reçoit une ou plusieurs branches complètes d'activité et dont les titres rémunérant la scission sont répartis proportionnellement aux droits de chaque associé dans le capital de la société scindée. Sont exclues les opérations ayant comme objectif principal la fraude ou l'évasion fiscale (voir no 39202).

L'option pour ce dispositif permet également le report de l'imposition de la **plus-value d'échange des titres** constatée par les associés de la SCP jusqu'à la perte de propriété des titres reçus en rémunération de la fusion ou de la scission.

Les opérations de restructuration visées ne remettent pas en cause le report d'imposition des plus-values sur éléments non amortissables réalisées lors de l'apport à la SCP (voir no 19755).
En ce qui concerne l'imposition des **créances acquises** : voir no 13665.

> **Précisions** **a.** Il est mis **fin au report** d'imposition de la plus-value afférente aux immobilisations non amortissables en cas de perte de la propriété :
> – des immobilisations apportées, à hauteur de la plus-value afférente aux éléments cédés et dans la limite de la plus-value nette totale en report d'imposition ;
> – des titres reçus en rémunération de l'apport ou des titres de la société ayant réalisé l'apport, en proportion des titres cédés. Voir toutefois nº 19925 en cas de départ en retraite de l'associé.
> Le **report** est toutefois **maintenu** en cas de transmission à titre gratuit à une personne physique des droits sociaux rémunérant l'apport si le bénéficiaire s'engage à acquitter l'impôt lorsque l'un des événements mentionnés ci-dessus intervient. Il en est de même pour la plus-value d'échange de titres si le bénéficiaire s'engage à acquitter l'impôt à la date à laquelle il perd la propriété des titres. En cas de perte partielle de la propriété des titres, il n'est mis fin au report d'imposition de la plus-value d'échange de titres que dans la proportion du nombre de titres cédés (BOI-BNC-SECT-70-10-20-10 nº 330). Lorsque les titres rémunérant l'apport sont échangés dans le cadre d'une fusion, d'une scission ou d'un apport partiel d'actif, le report d'imposition est maintenu jusqu'à la date de cession, de rachat ou d'annulation des droits reçus lors de l'échange.
> Le report d'imposition de la plus-value afférente aux immobilisations non amortissables et de la plus-value d'échange des titres est également maintenu en cas de réalisation de toute **nouvelle opération** elle-même **placée sous un régime de report ou de sursis** d'imposition (CGI art. 151-0 octies). Il en est ainsi par exemple lorsque, après un apport partiel d'actif réalisé par une SCP au profit d'une SEL, placé sous le régime de l'article 151 octies A du CGI, les titres de la SEL sont apportés à une société de participations financières de profession libérale (SPFPL) sous le régime de faveur de l'article 150-0 B ter du CGI.
> **b.** Le report d'imposition prévu en cas de restructuration d'une SCP est maintenu en cas de **transfert des biens ou droits en fiducie** (CGI art. 238 quater D).
> **c.** En cas d'**échange de titres avec soulte,** le report d'imposition de la plus-value d'échange ne joue que si la soulte n'excède ni 10 % de la valeur nominale des parts ou des actions attribuées ni la plus-value réalisée. La plus-value correspondant à la soulte est imposée immédiatement.
> **d.** L'option pour le report d'imposition entraîne les **obligations déclaratives** prévues en cas d'apport en société d'une entreprise individuelle (nº 19780). Elle est **exclusive** des régimes d'exonération des plus-values prévus aux articles 151 septies (nºs 18200 s.), 238 quindecies (nºs 19650 s.) et 151 septies A du CGI (nºs 19890 s.) et du régime de report d'imposition en cas d'apport de titres en société prévu à l'article 151 octies B du CGI (nºs 18410 s.).
> **e.** Lorsque la SCP est soumise à l'**impôt sur les sociétés,** les plus-values de fusion ou d'opération assimilée peuvent bénéficier du régime prévu aux articles 210 A et 210 B du CGI (voir nºs 39450 s.) et la plus-value d'échange, du sursis d'imposition prévu à l'article 38, 7 bis du CGI (voir nºs 19055 s.).

SOCIÉTÉS D'EXERCICE LIBÉRAL

13885 BNC-IV-21200 s Les sociétés d'exercice libéral (SEL) permettent aux membres des professions libérales soumis à un statut législatif ou réglementaire d'exercer en commun leur activité dans le cadre de sociétés de capitaux (société anonyme, SARL y compris les EURL, société en commandite par actions…). En raison de leur forme, les SEL sont soumises à l'**IS** dans les conditions de droit commun, exception faite pour les SEL constituées sous forme d'EURL dont l'associé est une personne physique, qui relèvent du régime des sociétés de personnes.

> **Précisions** **a.** L'**apport** à une SEL d'une **activité** exercée jusqu'alors à titre individuel entraîne en principe la taxation immédiate des bénéfices non encore imposés, dans les conditions indiquées aux nºs 13660 et 13665. Un régime spécial de report d'imposition, conçu principalement pour les plus-values d'apport, est toutefois applicable (voir nºs 19710 s.).
> **b.** En ce qui concerne les conséquences d'une **transformation de SCP en SEL** : voir nº 13870.
> **c.** Selon l'administration, les **rémunérations** allouées aux **associés** des SEL sont imposables dans la catégorie des traitements et salaires ou, s'ils occupent les fonctions de gérants majoritaires de SARL ou de gérants commandités de sociétés en commandite, dans celle définie à l'article 62 du CGI (nº 23615) (BOI-RSA-GER-10-30 nº 510).
> **d.** Déduction des **frais d'acquisition de parts** sociales : voir nº 23620.
> **e.** Rémunérations perçues par les **médecins** au titre de la **permanence des soins** : voir nº 13310, précision b.
> **f.** Les sociétés de participations financières de professions libérales (**SPFPL**), sociétés holding obligatoirement soumises à l'IS dans les conditions de droit commun, peuvent détenir les parts et actions de SEL ayant pour objet l'exercice d'une même profession ou de plusieurs professions du chiffre et du droit ainsi que toute participation dans des groupements de droit étranger qui exercent les mêmes professions (BNC-IV-21900 s.).

SOCIÉTÉS CIVILES DE MOYENS

13895 CGI art. 239 quater A BNC-IV-26000 s Les sociétés civiles de moyens (SCM) ont pour objet exclusif la mise en commun du personnel, du matériel, des locaux et de tous autres éléments nécessaires à l'exercice de l'activité de leurs membres, qui conservent par ailleurs leur indépendance.

Les SCM qui ne s'écartent pas de leur objet légal ne sont pas assujetties à l'**impôt sur les sociétés,** même lorsqu'elles adoptent le statut de coopérative. L'option pour cet impôt leur est interdite.

Les **résultats sociaux** imposables au nom des associés sont déterminés, quel que soit le montant des recettes, selon les règles :
– du régime de la déclaration contrôlée des BNC lorsque les membres de la SCM sont eux-mêmes titulaires de BNC ;
– du régime simplifié d'imposition des BIC, avec possibilité d'une comptabilité super-simplifiée, lorsque les associés sont assujettis à l'impôt sur les sociétés (SCP ayant opté ou SEL, par exemple) ou relèvent des BIC. L'option pour le régime réel normal est toutefois possible.

Les SCM comprenant des membres appartenant à deux catégories différentes doivent procéder à une double détermination de leurs résultats et sont tenues aux obligations comptables afférentes à chacune de ces catégories.

En cas de **cession de parts** de la SCM entre membres relevant de catégories d'imposition différentes ou en cas d'élargissement de la SCM à des membres supplémentaires, un **changement du mode de détermination du résultat** (passage d'un régime créances-dettes à un régime recettes-dépenses ou inversement) peut être nécessaire. Il s'accompagne de rectifications extra-comptables et d'obligations déclaratives destinées à éviter la double prise en compte ou, au contraire, l'absence de prise en compte de certains produits et charges (CGI ann. III art. 46 terdecies F).

ATTENTION

Les SCM peuvent être assujetties à l'**impôt sur les sociétés** si elles mettent des moyens en matériel et en personnel à la disposition de tiers non associés moyennant rémunération, mais uniquement, selon l'administration, lorsque ces opérations représentent plus de 10 % des recettes totales (BOI-IS-CHAMP-20-10-20 n° 20).

Les SCM doivent souscrire tous les ans, au plus tard le deuxième jour ouvré suivant le 1er mai (CGI art. 175 et ann. III art. 344 I-0 bis), une **déclaration spéciale** n° 2036-SD, obligatoirement transmise par voie électronique. Mais en pratique, ces sociétés bénéficient d'un délai supplémentaire de 15 jours calendaires (n° 13595). Celle-ci tient lieu à la fois de déclaration des résultats et de la déclaration spécifique incombant aux groupements susceptibles d'être exonérés de TVA sur les remboursements de frais de leurs associés (nos 47280 s.).

Les **membres de la SCM** portent en charges les sommes versées à la société en rémunération des services rendus. Ils sont personnellement passibles, à raison de la part du bénéfice social correspondant à leurs droits, soit de l'impôt sur le revenu, soit de l'impôt sur les sociétés s'ils relèvent de cet impôt. 13900

› Précisions **a.** La **plus-value** qu'un associé réalise à l'occasion de l'**apport,** à une SCM, d'éléments d'actif affectés à l'exercice de sa profession est soumise au régime d'imposition des plus-values professionnelles dans les conditions de droit commun.
b. Les **parts de SCM** faisant partie de l'actif professionnel (n° 13280), les **frais** exposés pour leur **acquisition** constituent des charges professionnelles déductibles et les **plus-values** provenant de leur **cession** sont imposées selon le régime des plus-values professionnelles. Elles peuvent bénéficier de l'exonération prévue à l'article 151 septies du CGI (BOI-BIC-PVMV-40-10-10-10 n° 295). Sur l'appréciation des seuils d'exonération, voir n° 37716.
c. En ce qui concerne la possibilité d'obtenir l'exonération de la plus-value de cession des parts de SCM en cas de **départ à la retraite,** voir n° 19900, précision b.

CHAPITRE 4

BÉNÉFICES AGRICOLES

SOMMAIRE

15000 Les bénéfices agricoles (en abrégé : **BA**) constituent l'une des catégories de revenus passibles de l'impôt sur le revenu. Après avoir été déterminés suivant les règles exposées ci-après, ces bénéfices sont totalisés avec les autres revenus du contribuable, pour former le revenu global qui sera soumis à l'impôt dans les conditions indiquées n°s 10 s.

Les titulaires de BA supportent le **prélèvement à la source** de l'impôt sur le revenu sous forme d'acomptes mensuels ou trimestriels (n°s 3760 et 3775 s.).

SECTION 1

DÉFINITION

ACTIVITÉS AGRICOLES IMPOSABLES

15155 CGI art. 63 BA-I-1 s Sont considérés comme bénéfices agricoles, pour l'application de l'impôt sur le revenu, les revenus que l'**exploitation des biens ruraux** procure soit aux fermiers ou métayers, soit aux propriétaires exploitant eux-mêmes (faire-valoir direct).

Cette définition, qui fait intervenir, à titre principal, le critère foncier, est plus restrictive que la définition juridique de l'activité agricole donnée par l'article L 311-1 du Code rural et de la pêche maritime.

15160 BA-I-1300 s D'une manière générale, les bénéfices de l'exploitation agricole comprennent les profits résultant pour l'exploitant de la vente (ou de la consommation) des produits de tous terrains propres à la **culture** et des produits de l'**élevage.** C'est ainsi que toute personne qui obtient des produits au cours ou à la fin d'un **cycle de production** végétal ou animal exerce en principe une activité de nature agricole.

La loi qualifie expressément de bénéfices agricoles certains revenus. Il en est ainsi : des profits qui proviennent de la **production forestière,** même si les propriétaires se bornent à vendre les coupes de bois sur pied (les exploitants forestiers font toutefois l'objet d'un régime spécial de taxation : voir n° 16365) ; des produits de l'exploitation de **champignonnières** en galeries souterraines ou en surface ; des profits réalisés par les obtenteurs de **nouvelles variétés végétales** au sens des dispositions des articles L 623-1 s. du Code de la propriété intellectuelle ; des revenus issus de la **location de droits à paiement de base**, y compris lorsque les terres sont maintenues dans le patrimoine privé de l'exploitant (BOI-BA-CHAMP-10-40 n° 100) ; des revenus provenant de la **vente de biomasse** ou de la **production**

d'énergie à partir de produits ou sous-produits majoritairement issus de l'exploitation agricole (ce caractère majoritaire étant apprécié en masse au regard de chaque produit commercialisé par l'exploitant) ; des revenus que les **conducteurs diplômés de chiens** attelés tirent des activités de courses en attelage, d'enseignement de la conduite et du travail avec les chiens et des prestations de transport en traîneau ou de louage des traîneaux.

› **Précisions** **a.** Les exploitants de **marais salants** sont imposables dans la catégorie des bénéfices agricoles (BOI-BA-CHAMP-10-10-10 n° 190).
b. Les **entreprises d'exploitation forestière** qui achètent à des propriétaires forestiers des bois sur pied ou abattus, en vue de les revendre après leur avoir fait ou non subir des transformations, doivent être considérées comme exerçant une activité industrielle ou commerciale imposable selon les règles des bénéfices industriels et commerciaux (CE 9-12-1985 n° 44266 : RJF 2/86 n° 149).
c. Le résultat net de la cession, concession ou sous-concession de **certificats d'obtention végétale** par un contribuable soumis à un régime réel peut, sous certaines conditions, être taxé au taux réduit de 10 %. Les règles applicables sont identiques à celles prévues pour les entreprises industrielles ou commerciales (n°s 10420 s.).

Élevage Les profits des éleveurs d'animaux de **toutes espèces** doivent être considérés comme des bénéfices agricoles. **15165** BA-I-5100 s
Le Code général des impôts vise expressément les personnes qui se livrent à l'élevage des abeilles (apiculteurs), des volailles et oiseaux de toutes espèces (aviculteurs), des poissons de toutes familles (pisciculteurs), des huîtres (ostréiculteurs), des moules (mytiliculteurs). Sont également concernés les éleveurs de coquillages (conchyliculteurs) (BOI-BA-CHAMP-10-10-10 n° 170).
Les activités de **location d'animaux** présentent un caractère commercial. Il en est de même de la **prise en pension** ou du **gardiennage** d'animaux même si l'entretien des animaux est assuré avec les produits de l'exploitation (BOI-BA-CHAMP-10-10-20 n° 370).

› **Précisions** **a.** En cas d'**élevage à façon** d'animaux appartenant à des tiers, l'éleveur exerce une activité agricole, sauf s'il a la qualité de travailleur à domicile salarié au sens de la législation du travail (Mémento Social n° 74100) (BOI-BA-CHAMP-10-10-10 n° 120). Quant au propriétaire des animaux, il relève en principe des BIC, mais peut toutefois être imposé dans la catégorie des BA s'il participe au cycle biologique de croissance des animaux (CE 11-5-1979 n° 12862 : RJF 7/79 n° 443).
b. Les revenus tirés de l'**activité de pollinisation** peuvent être imposés dans la catégorie des bénéfices agricoles (BOI-BA-CHAMP-10-10-10 n° 185).

Activités équestres Les éleveurs de **chevaux** relèvent par principe des BA. Sont également imposés dans cette catégorie les revenus qui proviennent des activités de **préparation** (dressage notamment) et d'**entraînement des équidés domestiques,** en vue de leur exploitation dans les activités autres que celles du spectacle même si l'activité est exercée par un salarié et sans qu'il soit nécessaire de détenir une licence ou une autorisation d'entraîner (BOI-BA-CHAMP-10-20 n° 30). Il en est de même des **centres équestres** et des résultats provenant de l'activité de **prise en pension** de chevaux. Les recettes provenant de la **location** de chevaux (entraînés ou d'un centre équestre) pour la promenade ou le tourisme ont un caractère agricole (BOI précité n°s 30 et 50). **15175** BA-VII-4000 s
Gains perçus par les **propriétaires** ou copropriétaires de chevaux de course **non éleveurs et non entraîneurs** : voir n°s 16485 s.

LIMITES DE L'ACTIVITÉ AGRICOLE

Les agriculteurs ne se livrent pas à des activités agricoles, mais réalisent des opérations commerciales : **15185** BA-I-1660 s
– lorsqu'ils vendent des **produits ne provenant pas de leur exploitation** ;
– lorsqu'ils procèdent à la **transformation de produits agricoles,** l'administration admettant toutefois que les profits tirés de la transformation des produits de l'exploitation conservent un caractère agricole lorsqu'ils portent sur des produits ou sous-produits destinés à l'alimentation de l'homme ou des animaux, ou sur des produits utilisables à titre de matières premières dans l'agriculture ou dans l'industrie (exemples : distillation des betteraves, des fleurs, des résines, fabrication du pain, de la fécule, du sucre, etc.) (BOI-BA-CHAMP-10-10-20 n° 190).
En revanche, le recours à certains **procédés du commerce** (par exemple, ventes sur les marchés ou par l'intermédiaire d'un commissionnaire) ne suffit pas à entraîner la taxation au titre des bénéfices industriels et commerciaux (BOI-BA-CHAMP-10-10-20 n° 140). La seule circonstance que l'exploitant dispose d'une **installation commerciale** permanente pour la vente au détail de ses produits ne fait pas obstacle à l'imposition dans la catégorie des bénéfices agricoles (CAA Marseille 8-3-1999 n°s 96-2433, 96-2434 et 96-2435 : RJF 10/99 n° 1179).
Il peut également arriver que les exploitants perçoivent des revenus ayant leur origine dans le droit de propriété ou d'usufruit : recettes provenant de la location du **droit de chasse,** de

pêche ou **d'affichage,** de la **concession** du droit d'exploitation des **carrières, redevances tréfoncières,** etc. Ces revenus sont imposables dans la catégorie des bénéfices agricoles lorsqu'ils proviennent d'immeubles ayant un lien direct avec l'exercice de l'activité professionnelle, inscrits à l'actif d'une exploitation soumise à un régime réel (nº 15905), et dans la catégorie des revenus fonciers dans les autres cas (nº 27080).

> **Précisions a.** Les **ventes** de produits ne provenant pas de l'exploitation, qui sont en principe des activités commerciales, ont le caractère de BNC si elles portent sur des produits **en dépôt** et si l'exploitant agit au nom d'autrui (BOI-BA-CHAMP-10-10-20 nº 120).
> **b.** Les profits provenant des droits d'entrée de **visites touristiques** d'une exploitation agricole relèvent normalement des BA sauf s'il s'avère que cette activité relève d'une démarche commerciale (aménagement des immeubles concernés, publicité, etc.), auquel cas ces profits constituent des bénéfices commerciaux (BOI-BA-CHAMP-10-10-10 nº 210).
> **c.** Lorsque des **opérations agricoles** sont accomplies à titre de simple **extension d'une activité industrielle ou commerciale** dont elles ne constituent que l'accessoire, les profits qui en résultent sont imposables au titre des BIC, et non au titre des BA (nº 7925).

RECETTES COMMERCIALES ET NON COMMERCIALES ACCESSOIRES

15200 CGI art. 75 BA-IV-3310 s **Exploitants individuels** Les recettes commerciales et non commerciales réalisées par des exploitants agricoles individuels relevant d'un régime de **bénéfice réel** sont en principe imposables distinctement, selon le cas, dans la catégorie des BIC ou des BNC (le cas échéant, selon le régime des micro-entreprises : nºs 85300 s.).

Elles peuvent toutefois être rattachées aux résultats agricoles et taxées comme ces derniers lorsque la moyenne des recettes accessoires des trois années civiles précédant la date d'ouverture de l'exercice n'excède ni 50 % de la moyenne des recettes agricoles appréciée sur la même période ni 100 000 €, remboursements de frais inclus et taxes comprises. Pour les **trois premières années d'activité,** le caractère accessoire des activités s'apprécie en retenant les seules recettes de l'année civile précédant la date d'ouverture de l'exercice. Pour le **premier exercice d'activité,** les produits des activités accessoires peuvent être rattachés aux bénéfices agricoles, quel que soit leur montant (BOI-BA-CHAMP-10-40 nº 320). Les recettes à retenir s'entendent des **créances acquises,** les exploitants soumis au régime réel simplifié pouvant toutefois prendre en compte les **recettes encaissées** (BOI précité nº 290). L'activité non agricole accessoire et l'activité agricole doivent être exercées par la **même personne** (exploitant individuel ou société ou groupement de personnes) (BOI précité nº 190).

Le bénéfice de ce dispositif ne peut se cumuler au titre d'un même exercice avec l'application des **régimes « micro »** BIC et BNC.

Les **déficits** issus des activités accessoires ne peuvent pas être imputés sur le revenu global. Ne peuvent être pratiqués sur les revenus tirés de ces activités ni l'**abattement sur le bénéfice des jeunes agriculteurs** (nºs 16225 s.) ni les **déduction pour épargne de précaution** (nºs 16250 s.). Ces revenus sont également exclus du régime d'**étalement des bénéfices exceptionnels** prévu à l'article 75-0 A du CGI (nºs 16300 s.).

15205 Les exploitants agricoles relevant du régime **micro-BA** qui réalisent des opérations commerciales ou non commerciales accessoires sont imposés séparément, pour les profits tirés de ces activités, dans la catégorie des BIC ou des BNC. Les régimes « micro » BIC et BNC sont, le cas échéant, applicables (nºs 85300 s.).

15210 CGI art. 206, 2 BA-VII-30500 s **Sociétés civiles** Les sociétés civiles qui réalisent des opérations commerciales accessoires relèvent en principe obligatoirement de l'impôt sur les sociétés (IS).

Par exception, les sociétés civiles agricoles soumises à un **régime réel** d'imposition ne sont pas assujetties à l'IS lorsque les recettes tirées de l'ensemble de leurs activités commerciales et non commerciales accessoires n'excèdent pas les limites prévues par l'article 75 du CGI, c'est-à-dire ni 50 % du chiffre d'affaires agricole ni 100 000 €. Ces limites s'apprécient au seul **niveau de la société** ou du groupement. Symétriquement, pour les exploitants **membres,** elles s'apprécient en tenant compte des seules recettes personnelles (BOI-BA-CHAMP-10-40 nº 300). Sur l'appréciation des limites dans les Gaec, voir nº 16425, précision a.

Les recettes accessoires qui respectent les limites susvisées sont rattachées aux résultats agricoles et taxées comme tels. En l'absence de recettes commerciales, le dépassement des seuils par les seules recettes non commerciales n'entraîne pas l'assujettissement à l'impôt sur les sociétés, et une déclaration distincte au titre des BNC doit être produite (BOI-BA-CHAMP-10-40 nº 470).

Les sociétés relevant du régime **micro-BA** ne sont pas non plus soumises à l'IS lorsqu'elles réalisent des recettes commerciales n'excédant pas les limites précitées. Elles sont alors imposées séparément pour leurs activités commerciales et non commerciales accessoires d'après les règles prévues en matière de BIC ou de BNC : imposition obligatoirement établie selon le régime réel simplifié ou le régime de la déclaration contrôlée dès lors que les sociétés sont, sauf exception, exclues des régimes micro-BIC et micro-BNC (nºs 85425 et 85525).

PERSONNES IMPOSABLES AU TITRE DES BÉNÉFICES AGRICOLES

Seul le contribuable qui met en valeur des biens ruraux est imposable dans la catégorie des bénéfices agricoles. Il peut s'agir : **15220** BA-I-300 s

– du **propriétaire exploitant** en cas d'exploitation directe par le propriétaire ou par du personnel qu'il fait travailler pour son compte (faire-valoir direct) ;

– du **fermier** si les terres sont données en location dans le cadre d'un bail à ferme (le propriétaire étant, de son côté, imposable au titre des revenus fonciers pour les fermages qu'il perçoit : voir nos 27000 s.).

Sont également passibles de l'impôt sur le revenu au titre des BA les membres des **sociétés de personnes,** lorsque ces sociétés exercent une activité agricole. Peuvent ainsi être taxés dans la catégorie des BA, chacun pour la part qui lui revient dans les bénéfices sociaux, les membres des sociétés civiles et des groupements propres au secteur agricole (**Gaec, EARL, GFA**... : nos 16425 s.).

> Précisions **a.** Les activités agricoles peuvent aussi être exercées dans le cadre de **sociétés soumises à l'IS,** de plein droit ou sur option. Les bénéfices de ces sociétés sont déterminés selon les règles prévues pour les BIC (nos 35550 s.), sans possibilité d'application des règles spécifiques aux BA.

b. L'option pour l'assimilation à une EARL exercée par un exploitant agricole soumis à un régime réel ayant choisi le statut d'**EIRL** vaut option pour l'IS (nos 87200 s.).

TERRITORIALITÉ

Les **contribuables** fiscalement **domiciliés en France** sont en principe imposables en France sur l'ensemble de leurs bénéfices agricoles, qu'ils soient de source française ou étrangère. **15230**

Les bénéfices étrangers ne sont toutefois pas pris en compte si l'activité est exercée dans un pays lié à la France par une convention fiscale réservant l'imposition des bénéfices au pays d'implantation (no 82710). Lorsqu'ils sont imposables en France, les résultats des exploitations étrangères doivent être déclarés séparément (no 3680) ; ils doivent être déterminés selon un régime de bénéfice réel (CGI art. 158, 1-al. 2).

Les contribuables domiciliés **hors de France** sont en principe imposables en France sur les bénéfices des exploitations agricoles situées en France (nos 4280 s.).

SECTION 2

RÉGIMES D'IMPOSITION

Il existe trois modes d'imposition des bénéfices agricoles : le régime **micro-BA,** le régime du bénéfice **réel simplifié** et le régime du bénéfice **réel normal.** Leur champ d'application dépend du montant des recettes de l'exploitation, mais les contribuables peuvent, dans certains cas, renoncer au régime d'imposition dont ils relèvent de plein droit et opter pour un autre régime. **15300** BA-II-1 s

Après avoir délimité le champ d'application de ces différents régimes (nos 15500 s.), nous examinerons comment le bénéfice imposable est fixé dans chacun d'eux (nos 15700 s.). Nous indiquerons ensuite les dispositions applicables en cas de passage d'un régime à l'autre (nos 16100 s.).

A. Champ d'application des régimes

1. IMPOSITION EN FONCTION DES RECETTES

Si l'on excepte le cas particulier des exploitations forestières (no 16365) et des exploitations situées hors de France (no 15230), les règles suivantes s'appliquent. **15500** CGI art. 64 bis, I et 69, I à III BA-II-100 s

Le régime **micro-BA** s'applique de plein droit en 2020 aux exploitants dont la moyenne des **recettes** hors taxe des trois années précédentes (soit 2017, 2018 et 2019) n'excède pas 85 800 €, lorsqu'ils ne sont pas expressément exclus de ce régime (nos 15590 s.) et n'optent pas pour le régime réel (nos 15640 s.).

Le **régime réel simplifié** s'applique de plein droit en 2020, sauf option pour le régime réel normal, lorsque la moyenne des recettes hors taxe des trois années précédentes est supérieure à 85 800 € et n'excède pas 365 000 €.

Lorsque les recettes moyennes excèdent ce dernier seuil, le **régime réel normal** est obligatoirement applicable à compter du premier exercice suivant la période triennale de référence.

Ces limites font l'objet d'une **revalorisation** triennale dans la même proportion que l'évolution triennale de la limite supérieure de la première tranche du barème de l'impôt sur le revenu.

Elles s'apprécient de manière uniforme pour tous les agriculteurs, à l'exception des exploitants d'**élevages de type industriel,** qui bénéficient d'un abattement de 30 % sur le montant de leur chiffre d'affaires (n° 15545), et des exploitants qui réalisent des **opérations d'élevage ou de culture à façon** dont les recettes sont multipliées par cinq (n° 15550). Des règles spéciales sont également prévues pour les **Gaec** (n° 15555).

> **Précisions** **a.** Le régime micro-BA est applicable de plein droit au titre de l'**année de création** de l'exploitation mais l'option pour le régime réel peut être exercée (BOI-BA-REG-10-10 n° 20).
> **b.** Les **exploitants exclus du micro-BA** (nos 15590 s.) relèvent de plein droit d'un régime réel d'imposition.
> **c.** Les **exploitations forestières** peuvent faire l'objet d'un mode de taxation particulier, voir n° 16365.

15510 **Tableau récapitulatif** Le tableau ci-après résume la situation en 2020 des exploitants agricoles au regard des différents régimes d'imposition.

Moyenne des recettes (hors taxe) mesurée sur trois années consécutives		Régime de droit commun	Possibilités d'option
Ne dépassant pas 85 800 €	Généralité des exploitants	Micro-BA	Réel simplifié ou normal
	Exploitants exclus du micro-BA [1]	Réel simplifié	Réel normal
Comprise entre 85 800 € et 365 000 €	Ensemble des exploitants	Réel simplifié	Réel normal
Supérieure à 365 000 €	Ensemble des exploitants	Réel normal	Néant

1. Voir n° 15590.

MODALITÉS GÉNÉRALES D'APPRÉCIATION DES LIMITES

15520 CGI art. 69, I 69 D et 70 **BA-II-4000 s**

Le régime d'imposition des **exploitants individuels** est déterminé en prenant en compte la totalité des recettes réalisées par le contribuable, dans l'ensemble de ses exploitations.

Le régime des **groupements** et des sociétés non soumis à l'IS dépend en principe du montant global de leurs recettes. Mais, les sociétés et groupements créés depuis le 1er janvier 1997 – autres que les Gaec et les groupements forestiers – sont obligatoirement soumis au régime réel simplifié (sauf option pour le réel normal). Toutefois, les **EARL** dont l'associé unique est une personne physique dirigeant l'exploitation peuvent bénéficier du régime micro.

Lorsqu'un agriculteur exerce son **activité** à la fois **à titre individuel et au sein d'un groupement** ou d'une société non soumis à l'IS, il convient, pour déterminer le régime d'imposition dont il relève, de tenir compte non seulement des recettes qu'il réalise à titre personnel, mais aussi de sa quote-part dans les recettes du groupement, qui est calculée en proportion de ses droits sur le bénéfice comptable.

Le régime matrimonial est pris en compte pour déterminer si les **conjoints** gèrent ou non une exploitation unique. Deux conjoints mariés sous le régime de la **séparation de biens** qui exploitent des domaines agricoles distincts dont chacun est propriétaire ou locataire ne constituent une exploitation unique pour l'appréciation du régime d'imposition applicable que si les conditions d'existence d'une société de fait sont réunies (CE 23-11-1998 n° 162176 : RJF 1/99 n° 28 ; BOI-BA-REG-10-30 n° 30). Si les époux sont mariés sous le régime de la **communauté,** les exploitations de chacun d'eux constituent une exploitation unique dès lors qu'elles ont un siège unique et ne disposent pas de moyens d'exploitation distincts (CE 20-12-2000 n° 212844 : RJF 3/01 n° 305 ; BOI précité).

> **Précisions** **a.** Dans le cas d'un **exploitant individuel membre d'un groupement,** le régime d'imposition applicable à la quote-part du résultat qui lui revient est normalement déterminé en s'en tenant au montant des recettes de la société (CAA Bordeaux 31-7-2003 n° 99-1655 : RJF 1/04 n° 43). Par exception, dans l'hypothèse où les recettes de la société n'excèdent pas les limites du régime micro-BA, la quote-part est en tout état de cause imposée selon un régime réel si l'exploitant a inscrit ses parts au bilan de son exploitation individuelle et relève à titre personnel d'un régime réel de plein droit (BOI-BA-REG-10-30 nos 250 à 300).

b. En cas d'**apport** d'une exploitation individuelle **à une société ou un groupement** agricole, le régime d'imposition de la quote-part de résultat revenant à l'exploitant est déterminé d'après le seul montant des recettes de la société ou du groupement, sans tenir compte des recettes réalisées par l'exploitant individuel et du régime applicable préalablement à l'apport (BOI-BA-REG-10-30 n° 380 ; CE 26-11-1999 n° 180796 : RJF 1/00 n° 45).

c. En ce qui concerne le cas des **entreprises membres d'une société** de personnes non assujettie à l'IS, voir nos 37630 s.

d. Seules les recettes ou créances perçues par un **métayer** sont prises en compte pour apprécier le régime d'imposition applicable, sans qu'elles soient majorées de la valeur des récoltes remises au **bailleur** ; corrélativement, le prix de vente de ces récoltes est retenu pour déterminer le régime d'imposition du bailleur (BOI-BA-REG-10-20-10 n° 250). Le montant global des recettes réalisées par le propriétaire et le métayer ne détermine le régime d'imposition applicable à chacun d'eux que s'ils peuvent être considérés comme associés au sein d'une société de fait (CE 30-12-1996 n° 160396 : RJF 2/97 n° 133).

Recettes à retenir Pour l'appréciation du seuil de 85 800 € hors taxe en deçà duquel le micro-BA est le régime de droit commun, il est tenu compte des **recettes** effectivement **encaissées** au cours de l'année civile, même si elles se rapportent à une année antérieure ou constituent des avances sur livraisons. En revanche, le seuil de recettes de 365 000 € hors taxe au-delà duquel le régime simplifié d'imposition n'est plus applicable doit être apprécié selon la **règle des créances acquises** (nos 7870 s.). **15530** CGI art. 69, V et CGI ann. III art. 38 sexdecies A **BA-II-1200 s**

Doivent être prises en compte, en plus des recettes directement tirées de la **vente** des produits agricoles, les **subventions, primes et indemnités** perçues à titre de supplément de prix ou destinées à compenser un manque à gagner (par exemple, indemnités d'assurances perçues en cas de calamités frappant les récoltes…).

À ces sommes s'ajoute le cas échéant la valeur des **produits prélevés** sur l'exploitation pour être alloués soit au personnel salarié (à l'exception de la valeur des repas pris sur l'exploitation), soit au propriétaire du fonds en paiement des fermages.

> Précisions **a.** L'administration autorise les **éleveurs** à ne retenir certaines sommes que pour le tiers de leur montant. Cette mesure est applicable, sur demande, aux sommes suivantes : indemnités destinées à compenser la perte d'animaux à cycle long (vaches laitières, taureaux, ovins, caprins et porcins adultes exclusivement) à la suite d'un incendie, d'une épizootie ou de l'abattage réalisé en application de la réglementation sanitaire ; indemnités perçues par les **ostréiculteurs** en cas d'éradication d'huîtres à cycle long (BOI-BA-REG-10-20-20 nos 300 à 330).

b. Une **somme** est considérée comme **encaissée** à la date où le bénéficiaire en a la libre disposition, c'est-à-dire lorsqu'elle donne lieu à un paiement effectif (en espèces, par chèque, par virement bancaire ou postal, par effet de commerce, par nature dans le cadre du fermage) ou lorsqu'elle est inscrite au crédit d'un compte courant.

Les recettes provenant des **ventes à une coopérative** agricole sont généralement considérées comme encaissées à la date d'inscription au crédit du compte courant ouvert par cet organisme au nom de l'exploitant. Toutefois, ce principe ne vaut, selon le Conseil d'État, que si, dans l'intention des parties, l'inscription d'une somme au compte courant vaut paiement (CE 20-11-1995 n° 126439 : RJF 1/96 n° 40).

c. Le **régime d'imposition** applicable en 2020 (revenus à déclarer en 2021) est déterminé en retenant, pour chacune des années 2017 à 2019, les recettes encaissées hors **aides de la politique agricole commune** (PAC) majorées des seules aides PAC pour lesquelles une demande a été déposée pour chacune de ces trois années. Il en est de même pour la détermination du régime d'imposition de l'année 2021 (BOI-RES-000042).

Recettes à écarter Sont expressément exclus pour l'appréciation des limites : **15535**

– les **opérations** portant sur des éléments de l'**actif** immobilisé (dont certains animaux font partie : n° 15915) ;
– les travaux effectués dans le cadre de l'**entraide** agricole ;
– les **subventions** et primes **d'équipement** ;
– les **redevances** ayant leur origine dans le **droit de propriété** (location du droit de chasse, de pêche, concession du droit d'exploitation de carrières, etc.) ;
– les **recettes accessoires** provenant d'activités non agricoles ;
– la valeur de l'**autoconsommation** (produits de l'exploitation, soit consommés par l'exploitant, sa famille et son personnel lorsque celui-ci est nourri sur place, soit utilisés pour la nourriture des animaux ou pour les besoins de l'exploitation) ;
– les **prix** obtenus à l'occasion de **concours** ou de foires-expositions ;
– les remboursements forfaitaires de **TVA** (BOI-BA-REG-10-20-10 nos 310 à 400).

> Précisions **a.** Les **intérêts statutaires** versés aux porteurs de parts de coopératives n'ont pas à être pris en compte (BOI-BA-REG-10-20-10 n° 360). Il en va de même des primes d'encouragement à l'abandon de la production laitière (BOI-BA-BASE-20-20-40 n° 360).

b. Pour les **recettes forestières**, voir n° 16365.

MODALITÉS PARTICULIÈRES DE CALCUL DES LIMITES

15545 CGI ann. III art. 38 sexdecies A BA-II-3320 s

Élevages industriels Les éleveurs qui ont recours à des techniques industrielles de production, dont la marge bénéficiaire est inférieure à celle des autres éleveurs, sont autorisés à pratiquer un **abattement de 30 %** sur le montant des recettes provenant de leur activité d'élevage pour l'appréciation des limites des régimes d'imposition.

L'abattement est réservé aux élevages qui répondent aux caractéristiques fixées par l'article 4 M de l'annexe IV au CGI (BA-II-3350 s.).

15550 CGI art. 69, VI BA-II-3600 s

Opérations à façon Il s'agit des opérations d'élevage ou de culture portant sur des **animaux** ou des **produits appartenant à des tiers.** Les recettes provenant de ce type d'activité, très inférieures à revenu égal à celles des agriculteurs qui vendent leur propre production, doivent pour cette raison être multipliées par cinq pour l'appréciation des limites. La pondération s'applique principalement aux recettes perçues en exécution de **contrats d'intégration** (C. rur. art. L 326-1 s.) et de **contrats** d'élevage ou de culture à façon conclus **entre** deux **agriculteurs** ou entre un agriculteur et une **coopérative.**

> **Précisions** **a.** La règle du quintuplement des recettes s'applique également pour l'**exonération des plus-values** visée à l'article 151 septies du CGI (nos 18200 s.).
> **b.** Les recettes n'ont pas à être multipliées par cinq lorsqu'un contrat d'intégration prévoit que le **producteur** demeure **propriétaire** des animaux ou des produits. Mais, dans ce cas, le montant à prendre en compte pour l'appréciation des limites comprend non seulement le prix net reçu à la livraison, mais aussi la valeur totale des biens et des services fournis par l'entreprise cocontractante (BOI-BA-REG-10-20-20 no 210).
> **c.** Il est admis de ne pas multiplier par cinq les recettes provenant des opérations de **prise en pension d'équidés domestiques** (BOI-BA-REG-10-20-20 no 240).
> **d.** La pondération ne peut se combiner avec l'abattement de 30 % prévu en faveur des **élevages industriels** (no 15545) qui concerne exclusivement les éleveurs vendant leur propre production (BOI-BA-REG-10-20-20 no 290).

15555 CGI art. 71 BA-VII-33720 s

Groupements agricoles d'exploitation en commun (Gaec) Des règles spéciales sont prévues pour les Gaec dont tous les membres participent effectivement et régulièrement à l'activité par leur travail personnel (les autres groupements étant soumis aux règles de droit commun : no 15520).

En premier lieu, ces groupements ne sont pas concernés par l'exclusion du régime micro-BA prévue à l'article 69 D du CGI.

En second lieu, ils sont soumis à des modalités particulières d'appréciation des limites des régimes d'imposition. En effet, le régime applicable est déterminé au niveau du Gaec à partir du montant total de ses recettes, mais une **limite spéciale** est prévue ; la moyenne des recettes au-delà de laquelle ces groupements sont soumis à un **régime réel d'imposition** est fixée de la manière suivante :

– si la moyenne des recettes du groupement excède 343 000 €, la limite est égale à 60 % de la limite prévue pour les exploitants individuels multipliée par le nombre d'associés ;

– si cette moyenne est égale ou inférieure à 343 000 €, elle est égale à la limite prévue pour les exploitants individuels multipliée par le nombre d'associés.

Ce seuil fait l'objet d'une actualisation triennale indexée sur la première tranche du barème de l'impôt sur le revenu.

> **Précisions** **a.** Détermination du **nombre d'associés** :
> – les associés dont l'**âge excède,** au premier jour de l'exercice, celui auquel leur est ouvert le **droit à une pension de retraite** ne sont pas pris en compte ;
> – en cas d'**arrivée** ou de **départ** d'un associé en cours d'exercice, l'associé entrant ou sortant est pris en compte au titre de l'exercice considéré ; si l'associé sortant n'est pas remplacé, l'appréciation du régime applicable l'année suivante est effectuée en défalquant des recettes de référence la part de l'associé sorti (BOI-BA-REG-10-40 nos 200 à 220) ;
> – chaque **conjoint** associé est considéré comme un associé à part entière dès lors qu'il participe au travail en commun (CE 22-2-1989 nos 70251 et 70252 : RJF 4/89 nos 444 et 445 ; BOI-BA-REG-10-40 no 230).
> **b.** Dès lors que le régime d'imposition s'apprécie au niveau du Gaec puis s'applique à la quote-part de résultat de chacun des associés indépendamment de leur taux de participation dans le groupement, un associé peut bénéficier du régime **micro-BA** alors même que la **quote-part de recettes** lui revenant **excède le seuil** d'application de ce régime retenu pour une exploitation individuelle (BOI-BA-REG-10-40 no 160).
> **c.** Les **apports de stocks** à un Gaec ne sont pas pris en compte pour apprécier son régime d'imposition lorsqu'ils sont rémunérés par des parts sociales (BOI-BA-REG-10-20-10 no 370).

CHANGEMENT DE RÉGIME EN CAS DE VARIATION DES RECETTES

15565 BA-II-700 s

Franchissement des seuils Le régime d'imposition applicable au titre d'une année donnée est, on l'a vu (no 15500), déterminé en fonction de la moyenne des recettes des trois années précédentes.

Lorsque la moyenne des recettes d'un exploitant vient à **dépasser la limite** du régime micro-BA, le régime réel simplifié est applicable à compter de la première année qui suit la période triennale de référence. De même, lorsque la limite d'application du régime réel simplifié est dépassée, le régime réel normal est applicable à compter du premier exercice suivant cette période triennale.

EXEMPLE

Un exploitant individuel relevant du régime micro-BA au titre de 2019 a réalisé, au cours des années 2017, 2018 et 2019, des recettes s'élevant respectivement à 90 000 €, 85 000 € et 95 000 €. La moyenne des trois années (90 000 €) dépassant la limite de 85 800 €, il sera imposable, à compter du 1er janvier 2020, selon le régime réel simplifié, sauf s'il opte pour le régime réel normal.

Diminution des recettes En cas de diminution des recettes, les exploitants soumis au régime du réel normal peuvent à nouveau être soumis au **régime simplifié** d'imposition à partir du premier jour de l'exercice suivant la période triennale au cours de laquelle les recettes se sont abaissées **en dessous du seuil fixé à 365 000 €.** 15570 BA-II-780 s

En cas d'abaissement des recettes d'un exploitant soumis au régime réel, le **régime micro-BA** peut s'appliquer en 2020 si la moyenne des recettes des trois années précédentes ne dépasse pas 85 800 €.

2. EXPLOITATIONS EXCLUES DU MICRO-BA

Outre les exploitations situées hors de France (nº 15230), certaines catégories de contribuables sont expressément exclues du régime micro-BA même si le montant des recettes n'excède pas les limites prévues pour l'application de ce régime. Il s'agit : 15590 BA-II-6000 s

– des exploitants qui effectuent des **opérations** commerciales portant sur des **animaux de boucherie** ou de charcuterie (nº 15600) ;

– des **sociétés** agricoles, autres que les Gaec, les groupements forestiers et certaines EARL, créées depuis le 1er janvier 1997 (nº 15520) ;

– des exploitants qui disposent de revenus provenant de la **vente de biomasse** ou de la **production d'énergie** à partir de produits ou sous-produits majoritairement issus de l'exploitation agricole (CGI art. 69 E, al.1) ;

– des exploitants qui disposent de revenus issus de la **location de droits à paiement de base** (CGI art. 69 E, al.1) ;

– des exploitants dont tout ou partie des **biens affectés à l'exploitation** sont compris dans un **patrimoine fiduciaire** en application d'une opération de fiducie (nos 90780 s.) (CGI art. 69 E, al. 2) ;

– des exploitants ayant opté pour le régime de la **moyenne triennale** (nº 16325).

NÉGOCIANTS EN BESTIAUX, BOUCHERS OU ACTIVITÉS SIMILAIRES

Les personnes qui effectuent des opérations commerciales d'importation, de vente, de commission et de courtage portant sur des animaux vivants de boucherie et de charcuterie, ainsi que celles qui effectuent des opérations commerciales d'achat portant sur des animaux de boucherie ou de charcuterie sont obligatoirement imposées d'après leur bénéfice réel pour les profits qu'elles réalisent (à titre personnel ou comme membres d'une société de personnes ou assimilée) à l'occasion de l'exercice de leurs activités agricoles (élevage, par exemple). Il en est ainsi, quel que soit le montant des recettes tirées des activités agricoles. 15600 CGI art. 69 C BA-II-6050 s

Ces exploitants sont par ailleurs obligatoirement redevables de la **TVA** à raison de leur activité agricole (nos 59740 et 59995 s.).

› Précisions a. Selon la doctrine administrative, cette disposition signifie que les **bouchers, charcutiers et autres professionnels de la viande** qui ont des activités d'élevage sont obligatoirement imposés d'après leur bénéfice réel pour leurs activités agricoles. Elle considère, en outre, que la circonstance que l'activité de négociant en bestiaux soit exercée par l'un des époux et l'activité agricole par son conjoint ne fait pas obstacle à l'application de cette disposition, quel que soit le **régime matrimonial** adopté par les intéressés, compte tenu de l'étroite communauté d'intérêt qui les unit (BOI-BA-REG-15 nº 20). Pour le Conseil d'État, l'assujettissement obligatoire à un régime réel ne concerne que les agriculteurs qui se livrent également à des opérations commerciales d'achat ou de vente d'animaux de boucherie, ce qui n'est pas le cas d'un éleveur qui écoule dans le commerce de boucherie exploité par son épouse ou auprès d'autres bouchers des animaux nés sur son élevage ou gardés à l'embouche au moins six mois après leur achat (CE 17-3-1982 nº 28188 : RJF 5/82 nº 476). Toutefois, il est indifférent que les activités agricoles et les opérations commerciales susvisées soient complémentaires ou non les unes des autres (CE 12-4-1996 nº 138363 : RJF 6/96 nº 727).

b. Lorsque **l'activité agricole** n'est en réalité que l'**accessoire de l'activité commerciale,** les bénéfices retirés des deux activités sont imposés globalement au titre des BIC (nº 7925).

3. OPTIONS POUR LE RÉGIME RÉEL

15640 CGI art. 69, II et III BA-II-8000 s

Les exploitants qui relèvent normalement du régime micro-BA peuvent opter pour le régime simplifié ou le régime réel normal.

Ceux relevant de plein droit du régime simplifié peuvent opter pour le régime réel normal.

L'option pour le régime du bénéfice réel est indépendante de l'**option** pour l'imposition à la **TVA** (nos 59760 s.).

INTÉRÊT DES OPTIONS

15650 Devant les possibilités de choix qui leur sont offertes, les exploitants doivent apprécier s'ils ont ou non intérêt à exercer une option.

Si le régime micro-BA est en général avantageux, il peut néanmoins en aller autrement lorsque l'exploitant a des recettes faibles et des charges élevées, par exemple en début d'activité ou après un investissement important (frais financiers, amortissements…). Le mode de détermination du régime micro-BA ne permet en effet ni de tenir compte de ces charges ni a fortiori de faire état d'un **déficit** d'exploitation, ce que permettent en revanche les régimes réels.

Les **avantages fiscaux** accordés aux exploitants soumis à un **régime réel** peuvent aussi inciter à opter pour un tel régime, par exemple : abattements sur le bénéfice prévus pour les exploitants qui s'installent (nos 16225 s.) ; déduction pour épargne de précaution (nos 16250 s.) ; taxation sur une moyenne triennale de bénéfices (nos 16325 s.).

Pour ce qui est du choix entre les deux **régimes de bénéfice réel,** on notera que la principale **différence** entre eux concerne les obligations comptables et déclaratives qui sont allégées dans le régime simplifié.

Le choix du régime d'imposition doit aussi être apprécié en fonction de son incidence sur les **cotisations sociales** agricoles qui sont assises, moyennant certains aménagements, sur le bénéfice fiscal.

L'exonération des **plus-values** accordée en fonction des recettes (nos 18200 s.), de la valeur des éléments cédés (nos 19650 s.) ou à l'occasion d'un départ à la retraite (nos 19890 s.) est indépendante du régime d'imposition.

MODALITÉS D'EXERCICE DES OPTIONS

15660 CGI art. 69, IV BA-II-8400 s

L'option pour le réel (normal ou simplifié) doit être formulée dans le **délai** de déclaration des résultats de l'année ou de l'exercice précédant celui au titre duquel elle s'applique. Ainsi, un agriculteur relevant de plein droit du régime simplifié qui désire être placé sous le réel normal à compter de 2020 doit exercer une option en ce sens dans le délai de déclaration de ses résultats 2019.

Par exception, les **exploitations nouvelles** disposent, pour exercer une option, d'un délai de quatre mois à compter de la date du début de l'activité. Toutefois, lorsque le premier exercice a une durée inférieure à quatre mois, le délai d'option court jusqu'à la date de clôture de cet exercice.

L'option est **indivisible.** Lorsqu'elle émane d'un exploitant individuel, elle vaut pour l'ensemble des opérations agricoles qu'il réalise à titre personnel et comme membre d'une société ou d'un groupement non soumis à l'IS. Lorsqu'elle est exercée par une société ou un groupement, elle vaut pour l'ensemble des associés en ce qui concerne les bénéfices retirés de leur participation au groupement (BOI-BA-REG-30 n° 220).

15665 CGI art. 64 bis, V et ann. III art. 38 sexdecies JE

L'option des exploitants **pour le réel normal** est valable pour l'exercice au titre duquel elle est exercée et pour l'exercice suivant. Elle est reconduite tacitement par période de deux exercices, sauf renonciation adressée au service des impôts dans le délai de dépôt de la déclaration des résultats du dernier exercice de chaque période.

L'option exercée par un contribuable relevant du régime **micro-BA pour le régime réel simplifié** est valable un an et reconduite tacitement chaque année pour un an. Pour les contribuables relevant du régime micro-BA, la renonciation au régime réel s'effectue avant le 1er février de l'année suivant la période pour laquelle l'option a été exercée ou reconduite mais l'exploitant ayant opté pour le **régime réel normal** peut toutefois renoncer à cette option dans le délai de dépôt de la déclaration des résultats du dernier exercice de chaque période (BOI-BA-REG-30 n° 160).

B. Régime micro-BA

Le bénéfice imposable des exploitants relevant du régime micro-BA est égal à la moyenne des recettes hors taxe de l'année d'imposition et des deux années précédentes diminuée d'un abattement représentatif des charges. 15700 CGI art. 64 bis BA-III-100 s

1. DÉTERMINATION DU BÉNÉFICE IMPOSABLE

CALCUL DU BÉNÉFICE

Le revenu imposable au titre de l'année N est égal à la moyenne des recettes hors taxe des années N, N – 1 et N – 2 diminuée d'un abattement de 87 %, qui ne peut être inférieur à 305 €. 15710 BA-III-250 s

ATTENTION

Les années prises en compte pour déterminer l'application du régime micro-BA (N – 3, N – 2, N – 1 : voir n° 15500) ne correspondent pas aux années retenues pour le calcul du bénéfice imposable. Dès lors que l'exploitant relève de ce régime, l'abattement de 87 % s'applique, quel que soit le montant des recettes réalisées en N – 2, N – 1 et N.

En cas de **création d'activité,** le montant des recettes imposables est égal, pour l'année de la création, aux recettes de l'année et, pour l'année suivante, à la moyenne des recettes de l'année d'imposition et de l'année précédente. L'année de création est celle du démarrage de l'activité agricole, même en l'absence de recettes au cours de ladite année (BOI-BA-BASE-15-10 n° 30). 15715

EXEMPLE

Une exploitation est créée en N. L'activité agricole débute cette même année sans générer de recettes. En N + 1, les recettes sont de 27 000 € et en N + 2 de 36 000 €.

Le bénéfice imposable est de 0 au titre de l'année N, de 1 755 € au titre de l'année N + 1, [(0 + 27 000)/2] × 13 % et de 2 730 € au titre de l'année N + 2 [(0 + 27 000 + 36 000)/3] × 13 %.

Un exploitant relevant du régime micro-BA qui **cesse** son **activité** doit déclarer les recettes perçues après l'année de cessation. En cas d'interposition d'une ou plusieurs années sans recettes avant une reprise des ventes, il devra déposer une déclaration rectificative au titre de ces années (BOI-BA-BASE-15-10 n° 50). 15720

EXEMPLE

Les recettes d'un exploitant sont de 54 000 € en N, 63 000 € en N + 1 et 72 000 € en N + 2, année considérée comme la dernière année de ventes de produits agricoles. Aucune vente n'est réalisée en N + 3. Les ventes sont reprises en N + 4 pour un montant de 21 000 €.

Le bénéfice de N + 2 est égal à [(54 000 + 63 000 + 72 000)/3] × 13 %, soit 8 190 €. Aucun revenu n'est déclaré au titre de N + 3. L'exploitant doit déclarer le revenu N + 4 égal à [(72 000 + 0 + 21 000)/3] × 13 %, soit 4 030 €, et déposer une déclaration rectificative au titre de N + 3 pour un montant de [(63 000 + 72 000 + 0)/3] × 13 %, soit 5 850 €.

RECETTES À RETENIR

Elles sont constituées de l'ensemble des **sommes encaissées** au cours de l'année civile **dans le cadre de l'exploitation** et de la valeur des produits prélevés par l'exploitant et alloués au propriétaire du fonds ou aux salariés. Le remboursement forfaitaire de TVA doit être inclus dans la base d'imposition (BOI-BA-BASE-15-10 n° 150). 15725 BA-III-600 s

ILLUSTRATIONS

Sont notamment à prendre en compte les **subventions, aides, primes et indemnités d'assurances** (autres que les subventions d'équipement) destinées à compenser un manque à gagner ou présentant le caractère d'un supplément de prix (BOI-BA-BASE-15-10 n° 140). Sont également à retenir les intérêts des **comptes d'associés coopérateurs** et les **prix** obtenus à l'occasion de concours ou foires-expositions (BOI précité n°s 160 et 170). Il en est de même de l'indemnité versée dans le cadre du plan de professionnalisation personnalisé préalable à l'installation des **jeunes agriculteurs** lorsqu'elle remplace les bénéfices agricoles (BOI précité n° 180).

RECETTES EXCLUES

Sont exclus des recettes imposables les remboursements de charges perçus dans le cadre de l'**entraide agricole,** les **indemnités compensatoires de handicap naturel,** les **subventions et primes d'équipement** et les redevances ayant leur origine dans le **droit de propriété.** Ces dernières demeurent imposables en tant que revenus fonciers. 15730 BA-III-900 s

Recettes commerciales ou non commerciales **accessoires,** voir n° 15205.

ILLUSTRATIONS

La valeur de l'**autoconsommation** n'est pas comprise dans l'assiette du régime micro-BA (BOI-BA-BASE-15-10 n° 290). Sont imposés dans la catégorie des revenus de capitaux mobiliers les **produits financiers** tels que les intérêts statutaires perçus par des agriculteurs et servis aux parts des sociétés coopératives ou des caisses de crédit agricole mutuel (BOI précité n° 280). La valeur des **récoltes** remises au bailleur n'est pas ajoutée aux recettes encaissées par un métayer soumis au régime micro-BA (BOI précité n° 310).

IMPOSITION DES PLUS-VALUES

15735 BA-III-1500 s Les plus-values de **cession d'éléments de l'actif immobilisé** sont exclues de la base imposable selon le micro-BA. Elles sont déterminées et imposées selon le régime des plus-values professionnelles applicables aux exploitants soumis au régime réel (n°s 17500 s.). Les biens affectés à l'exploitation sont ceux qui sont utilisés en tout ou partie pour les besoins de l'exploitation (BOI-BA-BASE-15-20 n° 10). Les frais de cession peuvent être déduits du prix de cession (BOI précité n° 30).

> **Précisions** Les **primes** d'encouragement à l'**abandon de la production laitière** sont imposées selon le régime des plus-values professionnelles (BOI-BA-BASE-15-10 n° 300). Il en est de même des primes d'**arrachage de vigne** versées par l'Union européenne (BOI précité n° 230).

2. OBLIGATIONS DES EXPLOITANTS

OBLIGATIONS COMPTABLES

15740 BA-III-2030 s Les obligations comptables sont allégées. L'exploitant doit tenir un **détail journalier** des recettes professionnelles et conserver les factures et pièces justificatives de ces recettes. Ces documents sont à présenter sur demande du service des impôts.

> **Précisions** Le **livre-journal** des recettes est servi chronologiquement. Les recettes correspondant à des ventes au détail ou à des services rendus à des particuliers peuvent être inscrites globalement en fin de journée lorsque leur montant unitaire n'excède pas 76 €. Le montant des opérations inscrites sur le livre des recettes est totalisé à la fin du trimestre et de l'année (BOI-BA-DECLA-15 n° 30).

OBLIGATIONS DÉCLARATIVES

15745 BA-III-2080 s Les exploitants relevant du micro-BA doivent porter directement sur leur déclaration **2042-C-PRO** le montant des recettes de l'année d'imposition ainsi que celui des deux années précédentes et des plus-values ou moins-values réalisées ou subies au cours de l'année (CGI art. 64 bis, III). Ils sont dispensés du dépôt d'une déclaration de résultats. La moyenne triennale et l'abattement forfaitaire sont calculés automatiquement par l'administration.

15750 La **déclaration d'existence et d'identification** doit être faite dans les quinze jours du début d'activité auprès du centre de formalités des entreprises (CFE) compétent (n°s 88200 s.). Le contribuable indique notamment au CFE ou au service des impôts dont il dépend s'il estime, compte tenu de ses recettes prévisionnelles, bénéficier du régime micro-BA ou s'il souhaite d'ores et déjà opter pour un régime réel d'imposition (BOI-BA-DECLA-15 n° 50).

OBLIGATIONS EN CAS DE CESSION OU CESSATION D'ACTIVITÉ

15760 CGI art. 201, 3 bis BA-III-350 En cas de cession ou cessation d'activité en cours d'année, les exploitants sont soumis aux **mêmes règles** que celles prévues pour les contribuables soumis au régime du **micro-BIC** tant pour les obligations déclaratives que pour l'imposition des bénéfices non encore taxés (voir n° 86465).

C. Régimes réels d'imposition

15790 CGI art. 72 à 74 B BA-IV-200 s et 20000 s Les règles de détermination du résultat fiscal dans le cadre des deux régimes réels d'imposition – **normal et simplifié** – sont, pour l'essentiel, les mêmes. La principale différence concerne les obligations comptables et déclaratives qui sont allégées dans le régime simplifié.

Soulignons que les titulaires de BA imposés selon un régime réel ont intérêt à adhérer à un **organisme de gestion agréé** ou à recourir à un expert-comptable autorisé par l'administration pour la tenue de leur comptabilité. En effet, en l'absence d'adhésion, la base d'imposition des revenus est majorée de 25 % (n° 87970).

Les dispositions particulières applicables en cas de **changement de régime** d'imposition sont examinées aux n°s 16100 s.

1. DÉTERMINATION DU BÉNÉFICE IMPOSABLE

RÈGLES GÉNÉRALES

Le bénéfice agricole des exploitants placés sous un régime réel est déterminé et imposé selon les principes généraux applicables aux **entreprises industrielles et commerciales,** avec toutefois certains **aménagements** destinés à tenir compte des contraintes et caractéristiques particulières de la production agricole. Nous mettrons donc l'accent, dans les développements qui suivent, sur les règles spécifiques aux bénéfices agricoles. Pour les règles communes aux exploitants agricoles et aux entreprises industrielles et commerciales, nous renverrons, chaque fois que nécessaire, aux explications déjà données à propos des bénéfices industriels et commerciaux. 15850 CGI art. 72 BA-IV-300 s

Les personnes morales de droit privé non commerçantes à activité agricole qui sont tenues d'établir un bilan et un compte de résultat (entreprises dépassant deux des trois seuils suivants : 50 salariés, 3,1 M€ de chiffre d'affaires ou de recettes, 1,55 M€ de total de bilan) ont l'obligation de se conformer au PCG et, par voie de conséquence, aux **règles comptables,** concernant la définition et l'évaluation du coût de revient des actifs et l'amortissement par composants des immobilisations. L'application du PCGA (plan comptable général agricole), qui entraîne l'assujettissement à toutes ces règles, est par ailleurs recommandée pour tous les exploitants agricoles. Comme en matière de BIC, la mise en œuvre de cette réglementation entraîne des conséquences pour la détermination du **résultat imposable** de ces entreprises.

Soulignons par ailleurs que les exploitants peuvent librement définir la date de clôture de leur exercice. Si **aucun bilan** n'a été **dressé au cours de l'année,** une imposition doit néanmoins être établie (n° 7330).

Enregistrement des opérations Comme en matière de BIC, le résultat est déterminé à partir des **créances acquises** et des **dépenses engagées.** Les opérations doivent être prises en compte à partir du moment où elles donnent naissance à une créance ou à une dette certaine dans son principe et déterminée dans son montant, quelle que soit la date des encaissements ou décaissements correspondants : voir n°s 7355 s. (les exploitants soumis au régime simplifié peuvent toutefois déduire certains frais généraux lors de leur paiement : n° 16040). 15860

Pour les **ventes,** l'exercice de rattachement est celui au cours duquel intervient la livraison des biens n°s 7875 s.). Lorsque les exploitants fournissent des **prestations de services,** ce sont les règles exposées n°s 7885 s. qui s'appliquent.

L'**indemnité** d'assurance liée à une **perte de récoltes encore sur pied** causée par des **événements climatiques** est imposable au titre de l'exercice de constatation de cette perte (CGI art. 72 B). Sont visés les phénomènes suivants : sécheresse, excès de température et coups de chaleur, températures basses, grêle, excès d'eau et pluies violentes, poids de la neige ou du givre, vent et manque de rayonnement solaire (Arrêté AGRT1203583A du 26-9-2012). 15865

Au plan fiscal, les créances correspondant aux **droits à paiement de base** sont en principe rattachées à la date limite de dépôt de la demande d'aide, soit au plus tard le 15 mai de chaque année. Les exploitants peuvent retarder ce rattachement à la date d'engagement des avances, réputée correspondre au 16 octobre. Cette tolérance ne s'applique ni aux exploitants établis depuis 2007, ni lorsque le rattachement des aides a été effectué à la date de dépôt de la demande au titre d'un exercice (BOI-BA-BASE-20-10-10 n° 360).

Entreposage de productions agricoles Les productions agricoles entreposées chez un tiers dans le cadre d'une convention d'entreposage sont inscrites distinctement dans les **stocks** de l'exploitant (CGI ann. III art. 2 F). Les sommes perçues par ce dernier au titre de la **cession,** par l'entreprise d'entreposage, de la production apportée sont imposées au fur et à mesure des encaissements par application au montant de l'acompte de la décote de 20 % ou 30 % mentionnée n° 15955 (BOI-BA-BASE-20-20-20-30 n° 450). Ces règles sont applicables aux apports de raisins réalisés par les **viticulteurs** associés de caves coopératives (BOI précité n° 490). En revanche, la reprise à l'équivalent par l'exploitant des productions entreposées reste sans conséquence fiscale jusqu'à la date de transfert du contrôle et des avantages économiques futurs attachés à ces productions. 15870 CGI art.38 quinquies BIC-V-2090 s

Incidence de la TVA L'administration offre aux contribuables assujettis à la TVA le choix entre la **comptabilisation** taxe comprise ou hors taxe de leurs recettes et de leurs dépenses (BOI-BA-BASE-20-40 n°s 1 à 60). Mais cette possibilité de choix est en fait dépourvue de toute portée pratique pour les exploitants qui tiennent leur comptabilité conformément au plan comptable agricole, lequel retient un système de comptabilisation hors taxe. Lorsque la comptabilité est ainsi tenue hors taxe, la TVA n'influence pas le résultat (n° 7415). 15875 BA-IV-440 s

Quelle que soit la méthode retenue (TTC ou HT), les immobilisations sont comptabilisées sur la base du prix de revient diminué de la TVA déductible, conformément aux règles applicables en matière de BIC (n° 7610). C'est en principe sur cette base qu'est ensuite calculé l'amortissement du bien.

Pour les agriculteurs placés sous le régime du **remboursement forfaitaire,** les achats sont comptabilisés et les immobilisations sont amorties pour leur valeur TTC ; le montant du remboursement forfaitaire est, en contrepartie, compris dans les recettes imposables.

15880 **Abattements et déductions** Tous les exploitants au réel sont autorisés à pratiquer une **déduction spéciale** sur leurs bénéfices pour constituer une **épargne de précaution** (nos 16250 s.).

De plus, les **jeunes agriculteurs** bénéficient, sous certaines conditions, d'un abattement sur leur bénéfice pendant cinq ans (nos 16225 s.).

Par ailleurs, certains exploitants implantés dans une zone franche située **outre-mer** bénéficient d'un abattement sur le bénéfice imposable (nos 91491 s.).

Pour les mesures spéciales d'aide à l'investissement **outre-mer**, voir nos 91710 s.

15885 **Imputation ou report des déficits** Lorsque les opérations de l'exercice font ressortir un résultat fiscal déficitaire, deux situations peuvent se présenter :
- si les **revenus nets d'autres sources** perçus par l'exploitant n'excèdent pas une limite fixée à **111 752 €** pour l'imposition des revenus de 2019, le déficit agricole est imputable sur le revenu global dans les conditions de droit commun (nos 950 s.) ;
- si la limite précitée est dépassée, le déficit peut seulement être déduit des bénéfices agricoles des six années suivantes (n° 1000).

Déficits provenant d'**activités accessoires non agricoles** : voir n° 15200.

ACTIF PROFESSIONNEL

15895
CGI ann. III art. 38 sexdecies D, I
BA-IV-1350 s

Le Code général des impôts pose le principe de l'inscription obligatoire à l'actif du bilan des **immeubles** bâtis ou non bâtis appartenant à l'exploitant et affectés à l'exploitation. Il autorise toutefois les exploitants à conserver les **terres** dans leur patrimoine privé, sur option expresse de leur part (n° 15910).

Les **autres biens** peuvent, au choix de l'exploitant, être inscrits ou non à l'actif. Ceux qui sont affectés par nature à l'exercice de la profession font toutefois nécessairement partie de l'actif professionnel, qu'ils soient ou non inscrits au bilan : tel est le cas, par exemple, du **fonds agricole** défini à l'article L 311-3 du Code rural et de la pêche maritime qui peut être créé par l'exploitant. Ce fonds est composé des éléments mobiliers corporels et incorporels qui peuvent faire l'objet d'une cession et qui sont nécessaires à l'exploitation agricole.

Les **droits à paiement de base** (DPB) constituent des immobilisations incorporelles. Les DPB **attribués** sont enregistrés pour une valeur nulle. Les DPB **acquis** sont enregistrés pour leur prix d'acquisition (PCG art. 618- 2 à 4). Ces droits sont inscrits au bilan fiscal d'exploitation, y compris s'ils en constituent le seul élément (BOI-BA-BASE-20-10-10 n° 330).

Le **droit au bail** du fermier constitue un élément d'actif (CE 17-4-1985 n° 39919 : RJF 6/85 n° 862).

Pour le cas particulier des **animaux,** voir n° 15915.

Conformément aux principes qui régissent les BIC, les biens qui font partie de l'actif professionnel doivent être inscrits au bilan pour leur **valeur** d'origine telle que celle-ci est définie nos 7550 s.

15900
BA-IV-2750 s

Lorsque la **maison d'habitation du propriétaire exploitant** fait partie intégrante de l'exploitation et n'a pas le caractère d'une maison de maître, elle peut, au choix de l'exploitant, être ou non inscrite à son bilan. En cas d'inscription, la valeur locative de l'habitation doit être portée en recettes. Les dépenses y afférentes ne sont pas prises en compte dans le résultat professionnel, sauf option pour l'application de la tolérance de 5 % (n° 7345) (BOI-BA-BASE-20-30-30 n° 40).

Une maison donnée en location à un **salarié** chargé de diriger une partie de l'exploitation fait obligatoirement partie de l'actif (CE 17-6-1996 n° 119554 : RJF 8-9/96 n° 998).

15902 Lorsque l'activité est exercée en **société,** l'actif se confond avec le patrimoine social, juridiquement distinct du patrimoine des associés. En outre, lorsqu'un contribuable exerce son activité professionnelle au sein d'une société de personnes ou d'un groupement assimilé, les droits ou parts qu'il détient sont considérés fiscalement comme des éléments d'actif affectés à l'exercice de la profession, avec toutes les conséquences qui en découlent : déduction des charges d'acquisition et imposition des plus-values de cession de titres (voir nos 37675 s. et nos 37715 s.).

Comme en matière de bénéfices industriels et commerciaux, les produits et les charges afférents à un élément d'actif **étranger à l'activité professionnelle** de l'exploitant (immeuble de rapport, par exemple) sont écartés pour déterminer le résultat professionnel. Ils donnent lieu à la détermination d'un résultat distinct imposable dans la catégorie correspondant à leur nature (revenus fonciers…). Les produits concernés restent toutefois inclus dans le résultat professionnel, sur option expresse de l'exploitant, lorsque leur montant est marginal (n° 7345). Les revenus liés à l'exercice d'une activité non agricole accessoire restent aussi inclus dans le résultat professionnel (nos 15200 s.). Les plus-values et moins-values de cession de ces éléments d'actif sont imposées selon des règles particulières (nos 18460 s.). **15905** CGI art. 155, II et III **BA-IV-1420 s**

L'intégralité des charges afférentes aux biens inscrits à l'actif et **utiles à l'activité** est admise en déduction. Lors de la cession de ces biens, il est fait application du régime des plus-values professionnelles (nos 17500 s.).

Pour les **biens non inscrits à l'actif** mais utilisés pour l'exercice de l'activité, la déduction des charges est limitée aux frais correspondant aux charges locatives et assimilées (réparation, entretien courant) à l'exclusion des charges de propriété (frais d'acquisition, impôt foncier, amortissement) ; par exemple, lorsque l'option pour le maintien des terres dans le patrimoine privé a été exercée, l'exploitant ne peut pas déduire les charges de propriété correspondantes (taxe foncière, frais financiers, etc.).

La cession des biens « privés » donne ouverture, s'il y a lieu, au régime des plus-values des particuliers (nos 32000 s.).

Charges déductibles des immeubles professionnels maintenus dans le patrimoine privé : voir n° 15980, précision b.

15910 **BA-IV-2300 s**

Régime optionnel des terres Les exploitants individuels peuvent, sur option expresse, conserver les terres dont ils sont propriétaires dans leur patrimoine privé (sur les conséquences de ce choix, voir n° 15905).

L'option, qui a un caractère annuel, vaut pour la totalité des terres dont l'exploitant est propriétaire ou qu'il **acquiert** pendant la durée de l'exercice et porte à la fois sur les terres proprement dites et sur les **améliorations foncières permanentes.** Elle est reconduite tacitement pour l'exercice suivant, sauf **renonciation** expresse de l'exploitant.

L'option ou la renonciation à cette option doit être jointe à la déclaration des résultats de l'exercice concerné.

› **Précisions** **a.** Dans les **exploitations familiales** formant une exploitation unique, l'option produit ses effets à l'égard de l'ensemble des terres utilisées pour l'activité agricole appartenant à l'exploitant, à son conjoint et à leurs enfants mineurs (BOI-BA-BASE-20-10-20 n° 100).

b. Les **plantations** (vignes, arbres fruitiers) appartenant à l'exploitant doivent être obligatoirement inscrites à l'actif du bilan, même si les terres qui les supportent n'y figurent pas (CE plén. 25-7-1980 n° 15124 : RJF 10/80 n° 786). Il en va de même, selon l'administration, pour les **améliorations foncières temporaires** : drainages, voies de desserte sommaires… (BOI-BA-BASE-20-10-20 n° 190).

c. L'exercice de l'option est de nature à entraîner la constatation de **plus-values imposables** à raison des biens précédemment inscrits au bilan.

15915 CGI ann. III art. 38 sexdecies D, II **BA-IV-2950 s**

Équidés et bovidés Les exploitants soumis à un régime **réel** peuvent considérer comme des immobilisations amortissables :

– les équidés et bovidés utilisés comme **animaux de trait ou affectés exclusivement à la reproduction** ;

– les **chevaux de course** mis à l'entraînement et âgés de deux ans au moins au sens de la réglementation des courses ainsi que, dans les mêmes conditions, les **chevaux de concours.**

L'inscription de ces animaux parmi les immobilisations n'est pas subordonnée à la condition que le même choix soit exercé pour l'établissement de la **TVA** lorsque l'exploitant y est assujetti (n° 59855).

Tous les autres animaux, y compris ceux nés dans l'exploitation, sont obligatoirement compris dans les stocks.

› **Précisions** **a.** Les **chevaux** prédisposés à la **course** ou à la **selle** au regard d'une parenté et d'un pedigree et non frappés d'inaptitude peuvent être inscrits en immobilisations dès la date de leur naissance (BOI-BA-BASE-20-10-20 n° 230).

b. Le **plan comptable** agricole donne une définition plus large des animaux susceptibles d'être immobilisés. Lorsque des animaux sont portés à un compte d'immobilisation alors qu'ils ne peuvent être immobilisés au plan fiscal, les amortissements correspondants doivent être réintégrés pour la détermination du résultat fiscal.

COMPOSITION DES STOCKS

Les stocks comprennent : **15925** **BA-IV-5950 s**

– les **matières premières, produits et fournitures** acquis pour les besoins de l'exploitation (engrais, semences, produits vétérinaires ou de défense des végétaux, aliments du bétail,

carburants et lubrifiants, produits d'entretien...) ou produits sur l'exploitation et destinés à être utilisés dans le cadre de cette dernière (fourrage et paille, fumier, déchets et rebuts...) ;
– les **emballages** (emballages perdus, emballages récupérables d'une durée d'emploi limitée : bouteilles, par exemple) ;
– les **produits finis** (récoltes et productions non encore vendues à la clôture de l'exercice) ;
– les **animaux,** y compris ceux nés dans l'exploitation (à l'exclusion toutefois des équidés et bovidés portés en immobilisations : n° 15915) ;
– les **produits en cours de fabrication,** non susceptibles d'être commercialisés en l'état (fromages en cours de maturation, par exemple) ;
– les **avances aux cultures** (n° 15945).

ÉVALUATION DES STOCKS

15935 Les stocks des exploitants agricoles, qu'ils relèvent du régime réel normal ou du régime simplifié, sont en principe évalués d'après leur coût de revient effectif (n° 15940). Toutefois, ces exploitants peuvent bénéficier, sur option, d'un régime de blocage de la valeur de leurs stocks à rotation lente. Ceux qui relèvent du régime simplifié peuvent, sur option, évaluer certains stocks selon un mode forfaitaire.

Des règles spéciales d'évaluation sont par ailleurs prévues :
– en cas de **changement de régime** d'imposition (nos 16100 s.) ;
– en cas d'**apport en société** d'une activité individuelle réalisé dans les conditions prévues par l'article 151 octies du CGI (n° 19765).

15940 CGI art. 74, b et ann. III art. 38 sexdecies H et I **BA-IV-6250 s**

Les stocks des exploitants agricoles soumis au régime réel, normal ou simplifié, doivent en principe être évalués selon les règles applicables en matière de BIC. L'évaluation se fait donc au **coût de revient** ou d'après le **cours du jour** à la clôture de l'exercice si ce dernier est inférieur au coût de revient, l'exploitant pouvant alors constituer une provision pour dépréciation (nos 7690 s.).

Les exploitants sont également autorisés, sous certaines conditions, à procéder à une **évaluation forfaitaire** du prix de revient des produits finis et des produits en cours de fabrication.

Le coût de revient des **produits finis** peut être calculé forfaitairement en pratiquant sur le cours du jour (c'est-à-dire sur la valeur probable de réalisation à la date de l'inventaire) une décote correspondant au bénéfice brut normalement susceptible d'être réalisé lors de la vente. En d'autres termes, la décote représente le bénéfice augmenté de l'ensemble des frais qui seraient engagés en cas de vente. Cette décote est déterminée par l'exploitant en fonction de sa situation propre et sous le contrôle de l'administration (BOI-BA-BASE-20-20-20-10 n° 180).

Il est également permis à ces exploitants d'évaluer forfaitairement le prix de revient des **produits en cours de fabrication** à partir de coûts standard ou de tous autres éléments statistiques en leur possession.

Les **productions agricoles entreposées chez un tiers** (n° 15870) peuvent être majorées des seuls frais facturés par l'organisme entrepositaire (CGI art. 38 quinquies).

15945 CGI art. 72 A **BA-IV-6650 s**

Avances aux cultures Les avances aux cultures représentent l'ensemble des frais et charges engagés au cours d'un exercice en vue d'obtenir la récolte qui sera levée après la clôture de cet exercice. Il s'agit exclusivement : des frais correspondant aux semences, engrais, amendements et produits de traitement des végétaux ; des frais de main-d'œuvre relatifs aux façons culturales, de l'amendement des terres et des semis ; des frais de matériels relatifs aux mêmes travaux (carburants et lubrifiants, entretien, réparation et amortissement du matériel, travaux réalisés par des tiers). Les frais de fermage ne sont pas retenus pour valoriser les avances aux cultures, sauf dans les sociétés agricoles relevant de l'IS (BOI-BA-BASE-20-20-20-30 nos 5 et 10) ou en cas de cessation consécutive à un assujettissement à l'IS (n° 16340).

Les avances aux cultures doivent être inscrites, au titre des travaux en cours, dans les stocks d'entrée et de sortie des exploitants imposés au réel, normal ou simplifié. Elles doivent être évaluées à leur prix de revient selon l'une des **méthodes d'évaluation** retenues, d'un commun accord, par l'administration, les organisations professionnelles agricoles et les experts-comptables.

Les exploitants ont en principe le choix entre deux méthodes (BOI-BA-BASE-20-20-20-30 nos 60 à 160) :
– une méthode d'évaluation mixte (avec deux variantes) qui permet une évaluation forfaitaire des frais de mécanisation et de main-d'œuvre salariée ; l'option pour cette méthode, formulée au moyen d'une note dans l'annexe libre dématérialisée, est valable dix ans et renouvelable par tacite reconduction ;
– une méthode d'évaluation au coût réel de production comportant aussi deux variantes : l'option pour cette méthode, une fois exercée, présente un caractère irrévocable.

Deux autres méthodes d'évaluation, de caractère temporaire, sont offertes aux **exploitants qui passent** du régime micro-BA **au régime réel simplifié** (BOI-BA-REG-40-10-10 n°s 240 à 260) :
– une méthode transitoire, applicable trois ans : le montant total des avances est fixé forfaitairement à deux fois le montant des achats de matières premières et de matières et fournitures consommables utilisées pour la récolte à venir ;
– une méthode forfaitaire, valable trois ans et renouvelable une fois : application de coûts standard à l'hectare en fonction de la nature des cultures et de la date de clôture de l'exercice.

Stocks à rotation lente Les exploitants relevant d'un régime réel peuvent, sur option, **comptabiliser** leurs stocks de **produits** ou d'**animaux, jusqu'à la vente** de ces biens, à la **valeur** déterminée à la clôture de l'exercice précédant celui de l'exercice de l'**option.** Cette dernière est valable pour l'année au titre de laquelle elle est exercée et les quatre années suivantes. Elle est reconduite tacitement par période de cinq ans, sauf renonciation dans le délai de déclaration des résultats du dernier exercice de chaque période. 15950 CGI art. 72 B bis

Ce dispositif ne peut se cumuler avec le mécanisme d'étalement et de lissage des **revenus agricoles exceptionnels** (n°s 16300 s.) ni avec le système de la **moyenne triennale** (n°s 16325 s.). Il est subordonné au respect du **règlement de minimis** applicable au **secteur agricole** (n° 92660, précision b).

› Précisions **a.** L'**option** est **globale** et vaut pour l'ensemble des stocks détenus, qu'il s'agisse de produits ou d'animaux (BOI-BA-BASE-20-20-20-40 n° 40).
b. Dès l'exercice de l'option, les **frais de nourriture des animaux** ou les frais **de mise en bouteille** deviennent immédiatement déductibles et ne constituent plus un élément du prix de revient des stocks dont la valeur est bloquée (BOI précité n° 50).
c. En ce qui concerne le sort des stocks à rotation lente en cas d'**assujettissement à l'IS**, voir n° 16340.

Exploitants soumis au régime simplifié À l'exception des matières premières, fournitures et marchandises achetées qui sont évaluées à leur coût de revient, et des avances aux cultures (n° 15945), les stocks des exploitants relevant du régime simplifié peuvent être évalués, sur **option** en appliquant au cours du jour à la date de l'inventaire, ou à la valeur probable de réalisation à défaut de cours du jour, une **décote forfaitaire** dont le taux est fixé à : 15955 CGI art. 74, b et ann. III art. 38 sexdecies JC BA-IV-20400 s
– 30 % pour les bovins et les produits de la viticulture ;
– 20 % pour les autres produits ou animaux.

Un mécanisme correcteur est toutefois prévu pour éviter une trop forte fluctuation des résultats due à de brusques variations conjoncturelles des cours : lorsque les prix à retenir aux dates d'ouverture et de clôture d'un même exercice ont varié, dans le sens de la hausse ou de la baisse, de plus de 20 %, cette variation est limitée à 20 %.

› Précisions L'**option** doit être exercée par écrit au plus tard lors du dépôt de la déclaration de résultats du premier exercice au titre duquel elle s'applique. À cette même date, l'exploitant peut renoncer au mécanisme d'écrêtement des variations de prix. Ces deux options sont valables pour cinq exercices, tant que le contribuable est soumis au réel simplifié. Elles se reconduisent tacitement pour la même durée, sauf décision contraire notifiée dans le délai de dépôt de la déclaration de résultats du dernier exercice de chaque période d'application.

PRODUITS

Les produits comprennent non seulement les recettes provenant de la **vente** des divers produits de l'exploitation (récoltes, animaux…), mais aussi (liste non limitative) : 15960 BA-IV-3200 s
– les **recettes commerciales et non commerciales accessoires** rattachées aux bénéfices agricoles (n°s 15200 s.) ;
– les **redevances** provenant de la **location** du droit de chasse, d'affichage, de la concession d'exploitation de carrières, etc., lorsque les immeubles concernés sont inscrits à l'actif et utilisés pour l'exercice de l'activité professionnelle (pour le cas où l'exploitant se réserve la jouissance du droit de chasse, voir n° 28625) ;
– les diverses **primes et subventions** attribuées (subventions d'équipement…) ;
– les **produits financiers** (par exemple, les intérêts statutaires servis aux parts de sociétés coopératives agricoles).

Les produits relatifs à des **biens inscrits à l'actif** mais **qui ne concourent pas à l'exercice de l'activité** professionnelle doivent être imposés dans la catégorie d'imposition correspondant à leur nature (n° 7345).

Modalités particulières d'imposition **a.** Les exploitants qui perçoivent des **subventions publiques d'équipement** peuvent bénéficier du régime spécial d'imposition échelonnée prévu à l'article 42 septies du CGI (n°s 8040 s.). Ce régime s'applique aux **dotations d'installation** accordées aux jeunes agriculteurs lorsqu'elles sont affectées à l'acquisition ou à la création d'immobilisations (CGI art. 73 C). 15962

b. L'administration applique le régime des plus-values d'actif aux **primes** d'encouragement à l'**abandon de la production laitière** et aux primes d'**arrachage de vignes** (BOI-BA-BASE-20-20-40 n°s 360 et 370). La fraction correspondant aux frais d'arrachage est en revanche imposable comme bénéfice d'exploitation (BOI précité n° 420). Il en est de même des aides européennes à la **restructuration et** à la **reconversion des vignobles** dès lors qu'elles ont pour objet de couvrir des frais déductibles, de compenser une baisse de revenus ou de reconstituer l'existant (BOI précité n° 375).

c. Les **indemnités** attribuées aux exploitants soumis à un régime réel à la suite de décisions d'**abattage** total ou partiel de troupeaux prises pour des **raisons sanitaires** par les pouvoirs publics peuvent bénéficier d'un régime d'**imposition étalée** sur sept ans (n°s 16300 s.).

d. Les sociétés **coopératives agricoles** visées à l'article L 521-1 du Code rural et de la pêche maritime peuvent, après approbation de l'assemblée générale statuant sur les comptes de l'exercice, répartir les **ristournes** (représentant au moins 10 % des excédents annuels disponibles à l'issue des délibérations précédentes) entre les associés coopérateurs sous forme de **parts sociales.** Le produit comptabilisé lors de l'attribution de ces parts peut faire l'objet d'un **report d'imposition** jusqu'à la date de cession, de transmission ou d'apport de ces parts ou jusqu'à la date de cessation d'activité, si celle-ci est antérieure (CGI art. 38 sexies). L'**option** pour le report d'imposition s'exerce par le dépôt de l'état de suivi prévu à l'article 2 C ter de l'annexe III au CGI.

e. Les recettes générées par les coupes de bois d'une **exploitation forestière** annexe n'ont pas à être prises en compte dans le bénéfice agricole (n° 16365).

15965 CGI ann. III art. 38 sexdecies JD **BA-IV-3580 s et 20290**

Autoconsommation Le bénéfice est déterminé en ajoutant aux recettes la valeur des produits qui sont prélevés dans l'exploitation et qui sont consommés par l'exploitant ou par sa famille. L'évaluation de ces produits est faite au prix de revient. Toutefois, dans le cas où l'option pour l'évaluation des stocks selon un mode forfaitaire a été exercée dans le cadre du régime simplifié, les produits consommés sont évalués selon cette méthode (n° 15955).

Par mesure de simplification, les prélèvements effectués pour la consommation ou l'usage des **salariés** ainsi que pour la **nourriture des animaux** ou pour le paiement des **fermages** n'ont pas à être comptabilisés, ni en recettes ni en dépenses (BOI-BA-BASE-20-20-10 n°s 120 et 130).

15970 **Plus-values et moins-values d'actif** Les plus-values ou moins-values provenant de la cession, soit en cours, soit en fin d'exploitation, d'éléments de l'actif immobilisé utilisés pour l'exercice de l'activité professionnelle doivent être retenues pour la détermination du bénéfice imposable, mais elles sont soumises à des modalités d'imposition particulières, en général favorables : exonération totale ou partielle des plus-values selon le montant du chiffre d'affaires ou la valeur des biens cédés, taxation à taux réduit des plus-values à long terme, sursis d'imposition en cas de remembrement… Les plus ou moins-values de cession d'éléments d'actif étrangers à l'activité professionnelle relèvent d'un régime particulier (n°s 18460 s.). Les règles de détermination ainsi que le régime fiscal des plus-values de cession d'éléments d'actif sont examinés dans le cadre d'une **étude spéciale** (n°s 17500 s.). Par exception, le produit de la première cession à titre onéreux d'un usufruit temporaire (à durée fixe) est imposé à l'impôt sur le revenu selon le régime d'imposition des revenus susceptibles d'être procurés par le bien démembré (n°s 4780 s.).

FRAIS ET CHARGES

15980 BA-IV-9300 s, 9500 s et 9930 s

Pour être admis en déduction des bénéfices imposables, les frais et charges doivent être exposés dans l'intérêt de l'exploitation et se traduire par une diminution de l'actif net. Ils doivent être régulièrement comptabilisés en tant que tels et appuyés de pièces justificatives suffisantes. Enfin, leur déduction ne doit pas être interdite par la loi.

Ces **règles** sont les mêmes que celles applicables en matière de **BIC** (n°s 8140 s.).

> **Précisions** **a.** Le **salaire du conjoint** est déductible dans les conditions exposées n°s 8660 s. En revanche, aucune déduction ne peut être pratiquée au titre des appointements que s'allouent l'**exploitant** lui-même ou les membres d'une société relevant de l'impôt sur le revenu (n° 23645). Les rémunérations versées aux **associés d'exploitation** visés aux articles L 321-6 s. du Code rural et de la pêche maritime sont déductibles (BOI-BA-BASE-20-30-40-10 n° 100).
b. Les sommes correspondant au **loyer normal des terres conservées dans le patrimoine privé** et mises à disposition de l'exploitation sont déductibles du revenu professionnel (CE 26-9-2011 n° 340247 : RJF 12/11 n° 1291). Ce loyer est corrélativement imposable dans la catégorie des revenus fonciers.
c. Les **fermages** sont déductibles au même titre que les loyers (n° 8345).
d. Déduction des dépenses relatives aux biens dont le prix unitaire n'excède pas 500 € : voir n° 7540.
e. Réduction d'impôt pour **frais de comptabilité et d'adhésion** des adhérents d'**organismes de gestion agréés** : voir n°s 87990 s.
f. **Évaluation forfaitaire** de certaines dépenses par les exploitants relevant du **régime simplifié** : voir n° 16040.

Protection sociale personnelle de l'exploitant Les cotisations versées par le chef d'exploitation au titre de certains contrats d'**assurance de groupe** (y compris ceux gérés par une institution étrangère : voir n° 8690, précision b) souscrits en vue de la constitution d'une **retraite** complémentaire ainsi que les versements aux plans d'épargne retraite individuels ou d'entreprise collectifs (à l'exception des versements à ces plans qui couvrent les garanties complémentaires de prévoyance, de perte d'emploi subie ou garantissant la valeur de rachat du contrat à l'échéance ou en cas de décès) sont admis en déduction au titre de l'exercice de leur paiement, dans la même limite que celle retenue pour les cotisations versées au titre de l'assurance vieillesse facultative par les entreprises commerciales (n° 8695). Les résultats exonérés en application de certains dispositifs spéciaux (CGI art. 44 sexies à 44 nonies, 44 terdecies et 44 quindecies à 44 septdecies) de même que l'abattement prévu en faveur des jeunes agriculteurs (CGI art. 73 B) et celui en faveur des exploitations situées outre-mer (nos 91491 s.) sont retenus dans le bénéfice servant de base au calcul de cette limite. En revanche, il n'est pas tenu compte des plus et moins-values à long terme. Les déductions ainsi pratiquées au niveau du revenu catégoriel sont prises en compte pour la détermination du montant déductible du revenu global au titre de l'année considérée à raison des versements volontaires effectués au plan d'épargne retraite, au plan d'épargne retraite populaire (Perp) ou, à titre individuel et facultatif, à un régime de retraite supplémentaire obligatoire d'entreprise (n° 1380). Cette déduction est subordonnée au **respect** par le chef d'exploitation de ses **obligations** au regard des **régimes obligatoires** tant de base que complémentaire. La fraction de la prime destinée à couvrir une **contre-assurance décès** qui prévoit le versement d'un capital n'est pas admise en déduction (BOI-BA-BASE-20-30-40-20 n° 240). 15985 CGI art. 154 bis-0 A

Les exploitants relevant d'un régime réel peuvent acquitter par anticipation une partie des **cotisations sociales** dues l'année suivante, dans la limite de 75 % des dernières cotisations appelées. Cet « **à-valoir** » est déductible du résultat de l'exercice de versement. Mais il est possible de déduire du résultat d'un exercice en hausse par rapport à l'exercice précédent, dans la limite de 20 % de cette augmentation, l'à-valoir **versé dans les six mois de la clôture** de l'exercice et au plus tard à la date de dépôt de la déclaration de résultat (CGI art. 72 F).

AMORTISSEMENTS

Donnent lieu à amortissement les **éléments d'actif** dont l'usage attendu par l'entreprise est limité dans le temps : constructions, installations, matériel et outillage, plantations (vignes, arbres fruitiers), améliorations temporaires (drainages, voies de desserte sommaires…). En revanche, les terres et les améliorations permanentes (rasage des talus, suppression des haies, défrichage…) ne peuvent pas être amorties, même si elles sont inscrites au bilan. Il en va de même pour les améliorations du fonds résultant de pratiques culturales portées à l'actif lors du passage du régime micro-BA au régime réel (n° 16110). 15990 BA-IV-10800 s

Les **entreprises soumises au PCG,** à titre obligatoire ou facultatif (n° 15850), doivent faire application de l'ensemble des règles d'amortissement par **composants** applicables aux entreprises commerciales (nos 9090 s.).

Les **autres entreprises** sont tenues, en application de l'article 72 du CGI aux seules règles fiscales qui découlent de la réglementation comptable (BOI-BA-BASE-20-30-10-10 n° 1). Elles doivent donc mettre en œuvre la méthode d'amortissement par composants. L'obligation de décomposition concerne notamment les constructions et le gros matériel agricole. L'administration a toutefois fixé plusieurs **seuils** en valeur absolue en deçà desquels la décomposition est facultative (n° 9185). Ces entreprises sont en revanche dispensées de l'obligation d'établir deux plans d'amortissement pour la structure des immobilisations décomposées et pour les biens non décomposés, l'un en fonction de la durée réelle d'utilisation et l'autre en fonction de la durée d'usage admise au plan fiscal. Elles n'ont pas non plus à tenir compte d'une valeur résiduelle pour la définition de la base d'amortissement.

Il est normalement fait application du système d'amortissement **linéaire** (nos 9300 s.). Mais certains biens peuvent être amortis selon le système **dégressif** décrit nos 9320 s. (CGI ann. III art. 38 sexdecies E) ; il s'agit :

– des matériels et outillages utilisés pour des opérations agricoles de production, de transformation ou de transport et des autres matériels et installations définis aux nos 9330 s. ;

– des bâtiments d'exploitation de construction légère remplissant les conditions indiquées au n° 9345.

Des dispositifs d'**amortissements exceptionnels** sont par ailleurs prévus pour quelques catégories d'éléments (nos 9500 s.). Dans tous les cas, la déduction des amortissements est subordonnée à leur **comptabilisation** effective (nos 9425 s.).

› Précisions a. Les **poulaillers** et les **porcheries** réalisés en matériaux légers (bois, tôle, fibrociment) pour plus de 50 % de leur superficie développée (abstraction faite des sols) peuvent être amortis sur quinze ans au dégressif (BOI-BA-BASE-20-30-10-20 n° 70).

b. Les **bâtiments affectés aux activités d'élevage** et les **matériels et installations destinés au stockage** des effluents d'élevage, construits, acquis ou fabriqués entre le 1er janvier 2016 et le 31 décembre 2017, peuvent faire l'objet d'un amortissement exceptionnel (n° 9530).

c. Les **tracteurs,** les **tailleuses de haies** et les **tronçonneuses** sont normalement amortis sur cinq ans (CE 21-3-1980 n° 13896 : RJF 5/80 n° 407) et les **wagons à céréales** sur dix ans (CE 22-1-1982 n° 21597 : RJF 3/82 n° 235).

d. La durée d'amortissement des **vignes** est fixée à 25 ans à compter de la première déclaration de récolte et celle des plantations de **vergers** (prix d'achat des plants et frais de plantation) sur la durée de production moyenne à partir de la première petite récolte, déterminée par les experts de l'Inra (BOI-BA-BASE-20-30-10-20 nos 90 à 150).

e. Amortissement des **voitures particulières** : voir nos 9020 s.

DÉDUCTION EXCEPTIONNELLE EN FAVEUR DE L'INVESTISSEMENT PRODUCTIF

16000 CGI art. 39 decies BA-IV-12100 s

Les entreprises agricoles imposables selon un régime réel d'imposition qui acquièrent ou fabriquent, **à compter du 15 avril 2015 et jusqu'au 14 avril 2017,** certains biens d'équipement ouvrant droit, en principe, à l'amortissement dégressif peuvent bénéficier d'une déduction exceptionnelle de 40 % de la valeur d'origine de ces biens. Cette déduction s'applique aussi, sous certaines conditions, à ces mêmes biens qui ont fait l'objet d'une commande avant le 15 avril 2017 (nos 9600 s.).

ILLUSTRATIONS

L'avantage fiscal ne s'applique pas aux biens de nature immobilière, aux matériels mobiles ou roulants affectés à des opérations de **transport** et aux matériels de **stockage** et de **magasinage** mais certains matériels affectés prioritairement à des **opérations de productions** sont éligibles (tracteurs, moissonneuses batteuses, ensileuses, machines à vendanger, cuves de vinification qui concourent au processus de production etc.) (BOI-BA-BASE-20-10-10 n° 167). Les engins forestiers de coupe et de débardage du bois sont aussi éligibles (Rép. Lenoir : Sén.10-3-2016 n° 17701). Il en est de même des plateaux fourragers dès lors qu'ils peuvent être considérés comme ayant un usage mixte, dont celui de permettre l'alimentation des animaux de l'exploitation (BOI-BIC-BASE-100 n° 40, 7-2-2018).

Dans les **salles de traite,** les équipements autres que les installations immobilières et les matériels affectés au stockage peuvent bénéficier de la déduction (robots de traite, par exemple) (BOI-BA-BASE-20-10-10 n° 167).

16002 Les associés de **coopératives d'utilisation de matériel agricole** peuvent bénéficier de la déduction à raison des biens acquis, fabriqués, pris en crédit-bail ou en location avec option d'achat (LOA) par ces coopératives entre le 15 octobre 2015 et le 14 avril 2017. Pour ceux acquis, fabriqués, pris en crédit-bail ou en LOA à compter du 26 avril 2016, les associés peuvent bénéficier de la déduction, d'une part, au titre des biens affectés exclusivement à des opérations exonérées, d'autre part, au titre des biens affectés à la fois à des opérations exonérées et à des opérations taxables au prorata du chiffre d'affaires des opérations exonérées rapporté au chiffre d'affaires total. La déduction est déterminée à proportion de l'utilisation du bien faite par l'associé.

> **Précisions** Lorsque le **bien** éligible est **utilisé** par la coopérative à la fois **pour des activités exonérées et des activités soumises à l'IS,** la coopérative peut imputer sur son propre résultat soumis à l'IS une fraction de la déduction exceptionnelle au prorata du chiffre d'affaires afférent aux opérations taxables. Le solde de la déduction exceptionnelle non imputée est ensuite transféré aux associés coopérateurs à proportion de l'utilisation du bien faite par l'associé (BOI-BIC-BASE-100 n° 23, 7-2-2018).

PROVISIONS

16005 CGI art. 72 C et 74 BA-IV-12400 s et 21220

Les exploitants agricoles placés sous le régime **réel,** normal ou simplifié, peuvent constituer des provisions destinées à faire face à des pertes ou charges nettement précisées et que des événements en cours rendent probables dans les conditions et selon les **règles** en vigueur en matière de **BIC** (nos 9660 s.).

ATTENTION

Les exploitants agricoles ne peuvent pas pratiquer la provision pour **hausse des prix** prévue à l'article 39, 1-5° du CGI (nos 10000 s.).

2. OBLIGATIONS COMPTABLES

RÉGIME RÉEL NORMAL

16030 CGI ann. III art. 38 sexdecies P BA-IV-14200 s

Les exploitants soumis au réel normal doivent tenir et présenter aux agents de l'administration :

– un **livre-journal** servi au jour le jour et enregistrant le détail des opérations ;
– un **livre d'inventaire** sur lequel figurent le bilan et le compte de résultat ;

– les **factures et autres pièces** justificatives relatives aux recettes, aux dépenses et aux stocks.

En outre, les **éleveurs** d'animaux de boucherie ou de charcuterie doivent se conformer à des obligations particulières prévues par la réglementation en vigueur en matière de TVA (marquage des animaux, comptabilité matières...), quelle que soit leur situation au regard de cette taxe (nos 59915 s.).

Les documents comptables sont en général tenus conformément aux règles du **plan comptable** général agricole (PCGA), bien que le plan ne présente un caractère obligatoire ni pour les exploitants individuels ni pour la plupart des sociétés civiles agricoles (mais les déclarations fiscales sont adaptées au PCGA).

Les documents comptables et pièces justificatives doivent être **conservés** pendant six ans (no 78065).

> **Précisions** L'administration admet l'**enregistrement quotidien sur le livre-journal** des encaissements et des paiements, les créances et les dettes étant recensées en fin d'exercice. Elle autorise aussi l'inscription globale en fin de journée des ventes au détail et des services rendus aux particuliers lorsque leur montant unitaire est inférieur à 76 € (BOI-BA-DECLA-20 no 30).

RÉGIME RÉEL SIMPLIFIÉ

Pour les exploitants placés sous le régime simplifié, les règles sont en principe les mêmes que dans le réel normal (no 16030), sous réserve des particularités suivantes : **16035** CGI art. 74 et ann. III art. 38 sexdecies RB **BA-IV-21600 s**

– le **livre-journal** n'enregistre journellement que le détail des recettes et des dépenses (comptabilité de **trésorerie**) ;

– les **créances** et les **dettes** sont constatées à la clôture de l'exercice ;

– certains **frais généraux** sont pris en compte selon des modalités simplifiées (no 16040) ;

– le **bilan** à produire est un bilan simplifié ;

– le tableau des immobilisations et amortissements et le compte simplifié du résultat fiscal sont reportés sur le **livre d'inventaire.**

> **Précisions** Les **recettes** et les **dépenses d'exploitation** sont enregistrées au jour le jour en distinguant le mode de règlement (caisse, banque...) et la nature de l'opération (avec, le cas échéant, les ventilations nécessaires en matière de TVA). La comptabilité doit également retracer les **autres mouvements de trésorerie,** notamment : les apports et prélèvements de l'exploitant, les virements de fonds, les acquisitions ou cessions d'immobilisations, les prêts ou emprunts.
> Pour permettre un recensement précis des créances et des dettes en fin d'exercice, les factures émises ou reçues doivent être classées et annotées de la nature, de la date et du montant des règlements effectués.

Frais généraux Plusieurs **mesures de simplification** sont prévues en ce qui concerne les frais généraux. **16040** **BA-IV-21680 s**

a. Les frais payés **à échéances régulières** dont la périodicité n'excède pas un an (assurances, intérêts, loyers, abonnements...) peuvent, sur option de l'exploitant, être déduits des résultats de l'exercice en cours lors de leur paiement. Selon l'administration, cette faculté ne concerne pas les charges sociales de l'exploitant (BOI-BA-DECLA-20 no 150).

b. Les **frais de carburant** (automobiles ou deux-roues) consommés par l'exploitant lors de ses déplacements professionnels peuvent être évalués forfaitairement, sur option expresse jointe à la déclaration de chaque exercice, selon un barème publié annuellement par l'administration (nos 97165 s.).

c. Les **frais généraux accessoires** payés en espèces (pourboires, cadeaux, réception...) sont déductibles sans justificatifs dans la limite de 1 p. mille du chiffre d'affaires, avec un minimum de 152 €.

3. DÉCLARATION ANNUELLE DES RÉSULTATS

En plus de la déclaration d'ensemble no 2042 de leurs revenus (nos 3670 s.), les exploitants agricoles soumis à un régime réel doivent souscrire chaque année une **déclaration spéciale** des résultats de leur dernier exercice (ou de la dernière période d'imposition) sur un imprimé spécial. **16050** CGI art. 74 A CGI ann. III art. 38 sexdecies Q **BA-IV-14400 s et 22400 s**

Pour les **exploitants au réel simplifié,** il s'agit de la déclaration no 2139, qui comporte un tableau des immobilisations et des amortissements et, en annexe, un bilan simplifié, un compte simplifié de résultat fiscal, un relevé des provisions et un état des provisions non déductibles.

Pour les exploitants au **réel normal,** les obligations sont plus lourdes. La déclaration spéciale no 2143 est accompagnée d'une série de **tableaux annexes** :

– huit tableaux comptables (nos 2144 à 2150), adaptés au plan comptable agricole : bilan, compte de résultat, immobilisations, amortissements, provisions, créances et dettes, etc. ;

– cinq tableaux fiscaux (nos 2151 à 2152 bis) : détermination du résultat fiscal, déficits et provisions non déductibles, plus-values et moins-values…

Les personnes morales soumises à un régime réel doivent, le cas échéant, produire deux autres états concernant la liste des associés et la liste des filiales et participations (nos 2153 et 2154).

Les exploitants sont soumis à l'obligation de **transmission électronique** des déclarations et documents annexes (no 10970) (CGI art. 1649 quater B quater, II).

> **Précisions** **a.** Dans le cadre du **foyer fiscal,** c'est au conjoint qui exerce l'activité agricole qu'incombe le soin de souscrire la déclaration spéciale (voir no 335, précision b).
> **b.** D'**autres renseignements ou documents** sont à joindre dans certains cas à la déclaration. Citons par exemple :
> – pour les sociétés et groupements agricoles, le relevé de certains frais généraux ;
> – l'état de suivi et le registre des plus-values en sursis d'imposition en cas d'apport en société (nos 19780 et 19860).
> **c.** Les obligations incombant aux agriculteurs en cas de **changement de régime** d'imposition sont examinées aux nos 16100 s.

16055 **Délai de déclaration** Quelle que soit la date de clôture de l'exercice, la déclaration de résultat et les documents annexes doivent être produits, par voie électronique, au plus tard le deuxième jour ouvré suivant le 1er mai (CGI art. 175). Un délai supplémentaire de 15 jours calendaires est cependant accordé par l'administration (BOI-BA-DECLA-20 no 150). La date figurant sur l'accusé de réception ou d'enregistrement adressé par voie électronique fait foi. Délai pour souscrire la déclaration d'ensemble des revenus : voir no 3685.

16060 **Contrôle des déclarations** Ce contrôle est assuré par l'administration fiscale selon les règles de droit commun, soit par un **contrôle sur pièces** (no 77860), soit par une **vérification de la comptabilité** (nos 78110 s.).

À la suite du contrôle, le service des impôts peut rectifier les déclarations. Il doit, en pareil cas, engager la **procédure de rectification** décrite aux nos 78600 s.

16065 CGI art. 201 **Cession, cessation ou décès** Comme en matière de BIC (nos 11045 s.), la cession ou cessation d'activité, totale ou partielle, ainsi que le décès de l'exploitant entraînent l'imposition immédiate des bénéfices non encore taxés à la date de ces événements : bénéfices d'exploitation, bénéfices en sursis d'imposition, plus-values d'actif.

Les règles de détermination des **bénéfices immédiatement taxables** sont pour l'essentiel les mêmes que celles applicables en cas de cessation d'une activité industrielle ou commerciale, exposées nos 11070 s., auxquelles on pourra se reporter.

En cas de cession de l'exploitation ou de **cessation** de l'activité, l'exploitant dispose d'un délai de quarante-cinq jours pour en aviser l'administration (en précisant la date de cessation ou de cession et, dans ce dernier cas, l'identité du cessionnaire) et d'un délai de soixante jours pour produire la **déclaration de résultat.** En cas d'octroi d'un **crédit-vendeur,** le paiement de l'impôt sur la plus-value à long terme peut être échelonné (no 18110).

En cas de **décès** de l'exploitant, ces déclarations doivent être produites par les héritiers dans les six mois du décès.

Pour plus de précisions sur les modalités d'**établissement des impositions** consécutives à la cession, à la cessation ou au décès, voir nos 4755 s.

> **Précisions** **a.** Un agriculteur qui **cède ses stocks** après la cession ou la cessation de son exploitation poursuit une activité agricole (CE 23-3-2005 no 237810 : RJF 6/05 no 554 ; BOI-BA-CHAMP-10-10-10 no 30).
> **b.** Constitue une cessation partielle d'activité l'**apport à une EARL** par un exploitant d'**une de ses activités précédemment exercée à titre individuel** même s'il la poursuit en qualité d'associé de cette entreprise (CE 9-7-2010 no 301579 : RJF 5/11 no 578).
> **c.** Opérations entraînant **assujettissement à l'IS** : voir nos 16340 s.

16070 **Sanctions** Le **défaut** ou le **retard** de production de la **déclaration des résultats** est susceptible de donner lieu :
– à l'application de l'intérêt de retard et d'une majoration proportionnelle (nos 80075 s.) ;
– à l'évaluation d'office du bénéfice si le contribuable ne régularise pas sa situation après mise en demeure de l'administration (nos 78920 s.).

Pour les pénalités applicables en cas d'**insuffisance de déclaration,** voir nos 80000 s.

Amende pour refus ou insuffisance de souscription de la liste des associés ou de la liste des filiales et participations : voir no 80192.

Non-respect des obligations de déclaration par voie électronique : voir no 80200.

D. Changement de régime d'imposition

Les règles de détermination du bénéfice imposable diffèrent, nous l'avons vu, selon le régime d'imposition applicable (micro-BA, bénéfice réel simplifié ou normal). Il est donc nécessaire de procéder à certaines adaptations en cas de passage d'un régime à l'autre, quel que soit le motif du changement de régime (franchissement de la limite légale, option…). 16100 BA-VI-1 s

La **date des changements** de régime en cas d'augmentation ou de diminution des recettes de l'exploitant a déjà été définie nos 15565 s.

PASSAGE DU MICRO-BA AU RÉGIME RÉEL

Bilan d'entrée Les règles spécifiques applicables sont les mêmes qu'il s'agisse du passage au réel normal ou au réel simplifié. 16110 CGI ann. III art. 38 sexdecies-OK à OB BA-VI-500 s

Les **immobilisations non amortissables** préexistantes sont inscrites au bilan d'entrée pour leur valeur d'origine. Les immobilisations **amortissables** sont inscrites à l'actif en faisant application des règles de décomposition décrites nos 9090 s., pour leur **valeur nette comptable.** Celle-ci est déterminée d'après la valeur d'origine en tenant compte de la durée réelle d'utilisation restant à courir à la date du changement de régime. Elle ne peut toutefois excéder la valeur de réalisation (valeur vénale réelle) du bien.

Les **amortissements** ultérieurs sont calculés sur la base de la valeur nette comptable ainsi déterminée ; ils peuvent être calculés selon le mode **dégressif** si les conditions d'application de ce régime sont satisfaites (BOI-BA-REG-40-10-10 n° 180).

EXEMPLE

Soit un matériel agricole payé, en 2014, 10 000 € et conçu pour être utilisé normalement dix ans. Au 1er janvier 2020, date à laquelle l'exploitant est imposé pour la première fois d'après le régime du bénéfice réel, le matériel, non décomposé au bilan, apparaît encore utilisable pendant huit ans.

La durée d'utilisation appréciée à cette même date est égale à quatorze ans (six ans + huit ans) et non à dix ans comme prévu initialement.

Sa valeur nette comptable s'établit à : 10 000 € × 8/14 = 5 714 €.

Cette valeur nette comptable sera amortie sur huit ans.

Les **améliorations du fonds** résultant des pratiques culturales (arriérés de fumures, assolements…) peuvent être inscrites au bilan d'ouverture du premier exercice imposable d'après le bénéfice réel, lorsque les transactions en usage dans la région en font état. La valeur à retenir ne peut excéder celle qui résulte desdits usages ; elle ne peut donner lieu à amortissement ; mais, lors de la cession du fonds, elle vient en déduction du prix pour le calcul de la plus-value imposable.

› **Précisions** **a.** L'**inscription des terres** à l'actif n'est pas obligatoire (n° 15910) ; certains **équidés** et **bovidés** peuvent être inscrits à l'actif (voir n° 15915).
b. Pour le calcul de la **plus-value** en cas de cession de biens amortissables acquis sous le régime du micro-BA, voir n° 18030, précisions.

Le **stock initial** du premier exercice soumis à un régime réel d'imposition doit être évalué en retenant soit le prix de revient, soit le cours du jour à l'ouverture de cet exercice. Toutefois, le stock initial est évalué au cours du jour à la date du changement de régime d'imposition lorsque le cours du jour de ce stock est inférieur au prix de revient. Aucune modification ne peut être apportée à la valeur de ce stock tant qu'il figure à l'actif de l'exploitation. 16115 BA-VI-1700 s

Les **avances aux cultures** doivent être inscrites dans le stock initial pour leur prix de revient évalué selon les méthodes décrites n° 15945.

En cas de **passage au régime simplifié** d'imposition, l'option pour la méthode d'évaluation forfaitaire des stocks (n° 15955) peut être exercée.

Les **créances** et les **dettes** non encore recouvrées ou réglées à la date du changement de régime sont inscrites au bilan d'ouverture (BOI-BA-REG-40-10-10 n° 455). Les créances figurant dans le bilan initial du premier exercice sont évaluées à leur valeur au jour du changement de régime. 16120

À compter de l'imposition des revenus de l'année 2020, le montant hors taxe des créances qui figurent au bilan d'ouverture du **premier exercice soumis à un régime réel** est ajouté au bénéfice imposable de cet exercice sous déduction d'un abattement de 87 %, afin d'assurer la neutralité fiscale du changement de régime d'imposition (Loi 2019-1479 du 28-12-2019 art. 55).

Obligations déclaratives Qu'il s'agisse du passage au réel normal ou au réel simplifié, les obligations déclaratives sont identiques. L'exploitant doit joindre à sa première déclaration de résultats une copie du bilan d'entrée, des tableaux relatifs à l'évaluation des immo- 16125 CGI ann. III art. 38

sexdecies R BA-VI-3000 s bilisations et une note indiquant de manière détaillée la composition et le mode d'évaluation du stock d'entrée.

PASSAGE D'UN RÉGIME RÉEL AU MICRO-BA

16135 CGI ann. III art. 38 sexdecies OD BA-VI-3300 s Le **stock final** du bilan du dernier exercice soumis à un régime réel d'imposition est déterminé selon les règles de droit commun applicables au régime réel normal ou simplifié (BOI-BA-REG-40-20 n° 20).

En cas de passage d'un régime réel d'imposition au micro-BA, la fraction des **subventions d'équipement** soumises au régime d'imposition échelonnée (n° 15962) et non encore rapportée aux bases de l'impôt est comprise dans les résultats du dernier exercice imposé au réel (BOI précité n° 90).

16140 Lorsque l'exploitant a été imposé selon un régime réel au titre des années N et N + 1, le bénéfice imposable au régime micro-BA au titre de l'année N + 2 est déterminé dans les conditions de droit commun, c'est-à-dire en appliquant l'abattement de 87 % à la **moyenne triennale des recettes** des années N, N + 1 et N + 2.

Dès lors que l'exploitant a été astreint à des **obligations comptables** pour les revenus perçus en N et N + 1, les recettes de ces deux années appréciées selon la date de leur encaissement sont en principe connues bien qu'elles n'aient pas servi de base pour la détermination de l'assiette de l'impôt et n'aient pas été déclarées en tant que telles. Elles peuvent être reconstituées par tout moyen, notamment à partir des comptes de trésorerie ou à partir du chiffre d'affaires corrigé des variations des créances sur les clients (BOI-BA-BASE-15-10 n° 40).

> **Précisions** En cas de passage d'un régime réel au régime micro-BA, l'administration admet que la mesure d'étalement des **revenus exceptionnels** (n° 16300) continue de s'appliquer. L'exploitant doit ajouter chaque année à son bénéfice micro, pendant la période restant à courir, un septième du montant du revenu exceptionnel (BOI-BA-REG-40-20 n° 110 ; BOI-BA-LIQ-10 n° 540).

16142 À compter de l'imposition des revenus de 2020, l'**année suivant la sortie d'un régime réel,** les recettes mentionnées ci-avant (n° 15725) sont diminuées, avant application de l'abattement de 87 %, du montant hors taxe des créances figurant au bilan du dernier exercice imposé selon un régime réel, afin d'assurer la neutralité fiscale du changement de régime d'imposition (Loi 2019-1479 du 28-12-2019 art. 55).

PASSAGE D'UN RÉGIME RÉEL À UN AUTRE

16145 CGI ann. III art. 38 sexdecies OE BA-VI-4200 s et 4500 s En raison de l'unification des règles qui régissent l'inscription des immobilisations à l'actif et l'évaluation des stocks, aucune modification n'est apportée à leur évaluation lors du passage d'un régime réel à un autre.

En cas de passage du réel simplifié au réel normal, l'administration admet que les stocks qui étaient évalués selon la méthode forfaitaire (n° 15955) soient repris pour la même valeur s'ils figurent dans les inventaires suivants (BOI-BA-REG-40-30 n° 90). En cas de passage du réel normal au réel simplifié, l'option pour cette méthode forfaitaire d'évaluation peut être exercée pour l'ensemble des stocks (BOI précité n°s 20 à 40).

SECTION 3 RÉGIMES SPÉCIAUX

ABATTEMENT SUR LE BÉNÉFICE DES JEUNES AGRICULTEURS

16225 CGI art. 73 B BA-VII-10050 s **Exploitants bénéficiaires** Peuvent bénéficier d'un abattement sur le bénéfice, les jeunes agriculteurs qui remplissent les deux conditions suivantes :
– être imposés d'après un régime de **bénéfice réel** (normal ou simplifié). Les exploitants qui souhaitent bénéficier de cet avantage dès leur première année d'activité doivent donc opter pour un régime réel. Toutefois, si un jeune agriculteur, d'abord soumis au régime micro-BA, passe sous un régime réel (de plein droit ou sur option), il peut bénéficier de l'abattement pour la durée restant à courir à la date de passage au réel (BOI-BA-BASE-30-10-10 n° 40) ;
– percevoir les **aides à l'installation** des jeunes agriculteurs prévues à l'article D 343-3 du Code rural et de la pêche maritime : dotation jeunes agriculteurs en capital (DJA) et prêts bonifiés à moyen terme spéciaux.

> **Précisions** **a.** Les **jeunes agriculteurs qui s'installent en société** peuvent bénéficier des aides à l'installation, donc de l'abattement sur la part leur revenant dans le bénéfice social, si la société est de forme civile (cette condition exclut les sociétés de fait ou en participa-

tion). Ils doivent avoir la qualité d'associé exploitant, détenir au moins 10 % des parts sociales et exercer un contrôle effectif et durable sur la société, seul ou conjointement avec d'autres agriculteurs (BOI-BA-BASE-30-10-10 nº 120).

b. Pour bénéficier des aides à l'installation, les exploitants doivent être **âgés** de moins de 40 ans à la date du dépôt de la demande et s'installer sur une exploitation répondant à la définition de **micro ou petite entreprise** au sens de la réglementation européenne (C. rur. art. D 343-4) ; voir nº 16230.

c. Les agriculteurs doivent joindre à la première déclaration de résultat sur laquelle est opéré l'abattement une **copie de la décision** d'octroi de l'aide à l'installation notifiée par le préfet (BOI-BA-BASE-30-10-40 nº 20).

Montant de l'abattement Les jeunes agriculteurs bénéficiaires de dotations d'installation octroyées à compter du 1er janvier 2019 peuvent pratiquer un abattement de **75 %** lorsque le bénéfice de l'exercice n'excède pas 43 914 €. Dans les autres cas, l'abattement est de **50 %** pour la fraction du bénéfice n'excédant pas 43 914 € et de **30 %** pour la fraction du bénéfice supérieure à 43 914 € sans dépasser 58 552 €. 16230

Aucun abattement ne s'applique sur la fraction du bénéfice supérieure à 58 552 €.

Au titre de l'exercice d'**inscription de la DJA en comptabilité,** ces abattements sont portés à **100 %** pour la fraction du bénéfice n'excédant pas 43 914 € et à **60 %** pour la fraction du bénéfice supérieure à 43 914 € et inférieure ou égale à 58 552 €. Leur montant total ne peut être inférieur, au titre de cet exercice, au montant la DJA.

EXEMPLE

Soit un agriculteur qui s'installe le 1-5-2020 et opte immédiatement pour un régime réel. Il clôture ses exercices le 30 septembre de chaque année. Il bénéficie de la DJA le 15-8-2020 et l'inscrit dans ses comptes. Le bénéfice imposable de l'exercice clos en 2020 s'élève à 40 000 €. L'abattement est de 16 667 € [(40 000 € × 100 %) × 5/12]. En supposant que le bénéfice imposable de l'exercice clos en 2021 soit de 43 000 €, l'abattement, calculé au taux de 75 %, est de 32 250 €. Au titre de son dernier exercice d'application, l'abattement sera calculé sur 7/12es du bénéfice (nº 16235).

Le bénéfice de l'abattement est subordonné au respect du **règlement européen** déclarant certaines catégories d'aides, dans les secteur agricole et forestier et dans les zones rurales, compatibles avec le marché intérieur, communément appelé « règlement général d'exemption par catégorie agricole » (Règl. UE 702/2014 du 25-6-2014).

› Précisions **a.** Les **seuils** mentionnés ci-dessus sont **actualisés** tous les trois ans dans la même proportion que l'évolution triennale de la première tranche du barème de l'impôt sur le revenu.
b. Pour les dotations d'installation octroyées **avant le 1er janvier 2019,** l'abattement reste fixé à 50 % de la totalité du bénéfice imposable (100 % au titre de l'exercice de comptabilisation de la dotation).

Période d'application L'abattement est applicable aux bénéfices réalisés au cours des **soixante premiers mois** d'activité, à compter de la **date** à laquelle la décision **d'octroi de la première aide** est notifiée à l'exploitant par le préfet. Si la décision d'octroi d'aide à l'installation intervient après le démarrage effectif de l'activité, l'exploitant peut toutefois demander à bénéficier de l'abattement au titre des exercices non prescrits clos avant l'attribution de l'aide en déposant une réclamation dans le délai légal (nº 81825). 16235

Si le **terme de la période** de soixante mois ne coïncide pas avec la clôture d'un exercice de douze mois, les bénéfices de l'exercice en cours à cette date ouvrent droit à un abattement calculé prorata temporis.

Modalités d'application L'abattement ne concerne que les bénéfices ordinaires, à l'exclusion des produits soumis à un taux réduit d'imposition (**plus-values à long terme** essentiellement). 16240

Il s'applique avant imputation, le cas échéant des **déficits reportables** (déficits non imputables sur le revenu global) et de la **déduction** pour **épargne de précaution** (nos 16250 s.). Mais il ne peut pas se cumuler avec d'**autres abattements** opérés sur le bénéfice.

› Précisions **a.** La déduction fiscale peut être **remise en cause** dans les limites du droit de répétition lorsque les agriculteurs sont tenus de rembourser la dotation d'installation. Mais les rehaussements correspondants peuvent être calculés en tenant compte des déductions auxquelles l'intéressé a renoncé au profit des abattements sur le bénéfice en tant que jeune agriculteur (BOI-BA-BASE-30-10-30 nos 250 et 270).
b. Revenus provenant des **activités accessoires non agricoles** : voir nº 15200.

DÉDUCTION POUR ÉPARGNE DE PRÉCAUTION

Pour les exercices clos du 1er janvier 2019 au 31 décembre 2022, les exploitants agricoles soumis à un **régime réel** d'imposition peuvent pratiquer une déduction pour épargne de précaution à condition d'inscrire une somme comprise entre 50 % et 100 % de son montant à un **compte courant** ouvert auprès d'un établissement de crédit (épargne monétaire) 16250 CGI art. 73

et à **l'actif** du bilan. Cette inscription doit intervenir dans les six mois de la clôture de l'exercice au titre duquel la déduction est pratiquée et au plus tard à la date limite de dépôt de la déclaration des résultats de cet exercice. Cette épargne professionnelle doit être à tout moment au moins égale à 50 % des déductions non encore rapportées sans jamais excéder le montant de ces déductions. La constitution d'une épargne monétaire n'est pas exigée à hauteur des coûts engagés pour l'acquisition ou la production de **stocks de fourrage** ou de stocks de **produits ou d'animaux** dont le cycle de rotation est supérieur à un an (stocks à rotation lente). L'épargne constituée de ces coûts peut représenter la totalité de l'épargne professionnelle.

> **Précisions** **a.** Les stocks de **fourrage** sont ceux destinés à la consommation par les **animaux de l'exploitation.** Les stocks de produits visent notamment ceux de la **viticulture.**
> **b.** Le coût d'acquisition ou de production des **stocks dont la valeur est bloquée** (voir nº 15950) qui sont engagés après le blocage ne sont pas retenus pour apprécier le respect de la condition d'épargne (BOI-BA-BASE-30-45-10 nº 200).
> **c.** Le produit de la **vente** des stocks mentionnés ci-dessus est inscrit sur le compte courant à hauteur de la différence entre 50 % du montant des déductions non encore rapportées et l'épargne professionnelle totale, diminuée de la part des coûts d'acquisition ou de production des stocks vendus réputés affectés au compte courant. À défaut, la part de la déduction non encore rapportée excédant le double de l'épargne professionnelle est rapportée au résultat de l'exercice.
> **d.** Lorsque l'exploitant est **associé** coopérateur d'une **coopérative agricole** ou adhérent d'une **organisation de producteurs** ou d'une association d'organisations de producteurs, propriétaires des produits qu'elles vendent, le compte d'affectation peut être un compte inscrit à l'actif du bilan enregistrant uniquement les créances liées aux fonds que l'exploitant met à la disposition de ces organismes lorsque, en exécution d'un contrat pluriannuel avec ceux-ci, le prix auquel il vend ses productions dépasse un prix de référence fixé au contrat.
> **e.** Le bénéfice de la déduction est subordonné au respect du **règlement de minimis** applicable au **secteur agricole** (nº 92660, précision b).
> **f.** Les **intérêts rémunérant l'épargne** sont imposables dans la catégorie des BA mais peuvent être extournés et déclarés dans la catégorie des revenus de capitaux mobiliers (BOI précité nºs 100 et 110).

16255 **Montant de la déduction** La déduction pour épargne de précaution est **plafonnée,** par exercice de douze mois, en **fonction du bénéfice imposable.** Elle s'élève :
– au montant du bénéfice s'il est inférieur à 27 000 € ;
– à 27 000 € majorés de 30 % du bénéfice dépassant cette limite lorsqu'il est égal ou supérieur à 27 000 € et inférieur à 50 000 € ;
– à 33 900 € majorés de 20 % du bénéfice excédant 50 000 € lorsqu'il est égal ou supérieur à 50 000 € et inférieur à 75 000 € ;
– à 38 900 € majorés de 10 % du bénéfice excédant 75 000 € lorsqu'il est égal ou supérieur à 75 000 e et inférieur à 100 000 € ;
– à 41 400 € lorsque le bénéfice imposable est égal ou supérieur à 100 000 €.

Pour les **Gaec** et les **EARL** relevant de l'impôt sur le revenu, ces plafonds sont multipliés par le nombre d'associés exploitants, dans la limite de quatre.

La déduction est aussi plafonnée en **fonction du montant des déductions** antérieurement pratiquées et **non encore rapportées** au résultat imposable. Pour les **exploitants individuels,** le plafond est égal à la différence positive entre 150 000 € et le montant de ces déductions. Pour les **Gaec** et les **EARL,** la somme de 150 000 € est multipliée par le nombre d'associés exploitants, dans la limite de quatre.

Le **plafond annuel** de déduction est égal au plus faible de ces deux montants.

EXEMPLES

1. Au titre de l'exercice N, un exploitant individuel a réalisé un bénéfice imposable de 72 000 €. Au titre des exercices antérieurs, il a pratiqué des déductions non encore rapportées à son résultat pour un montant de 120 000 €. Les plafonds suivants sont à retenir au titre de l'exercice N :
– plafond en fonction du bénéfice réalisé : 33 900 € + [(72 000 € – 50 000 €) × 20 %] = 38 300 € ;
– plafond en fonction des déductions antérieures non encore rapportées :
150 000 € – 120 000 € = 30 000 €.
La déduction maximale au titre de l'exercice N s'élève à 30 000 €.

2. Au titre de l'exercice N, une EARL comprenant cinq associés a réalisé un bénéfice imposable de 200 000 €. Au titre des exercices antérieurs, elle a pratiqué des déductions non encore rapportées à son résultat pour un montant de 180 000 €. Les plafonds suivants sont à retenir au titre de l'exercice N :
– plafond en fonction du bénéfice réalisé : 41 400 € × 4 = 165 600 € ;
– plafond en fonction des déductions antérieures non encore rapportées :
(150 000 € × 4) – 180 000 € = 420 000 €.
La déduction maximale au titre de l'exercice N s'élève à 165 600 €.

Utilisation et réintégration de la déduction La déduction pour épargne de précaution est utilisée au cours des dix exercices suivant celui au cours duquel elle a été pratiquée pour faire face à des **dépenses nécessitées par l'activité professionnelle.** Elle est rapportée au résultat de l'exercice au cours duquel elle est utilisée ou de l'exercice suivant. La déduction **non utilisée** dans le délai prescrit est rapportée au résultat du dixième exercice suivant celui au titre duquel elle a été pratiquée. En cas de **non-respect de l'obligation de maintien de l'épargne professionnelle** à 50 % au moins du montant des déductions non encore rapportées (nº 16250), la fraction de ces déductions qui excède le double de l'épargne est rapportée au résultat de cet exercice, majorée de l'intérêt de retard prévu à l'article 1727 du CGI (nº 79860). 16260

> Précisions **a.** La déduction est pratiquée après application des **abattements** en faveur des jeunes agriculteurs (nºs 16225 s.), des entreprises implantées dans des bassins d'emploi à redynamiser (nºs 10370 s.), dans les zones de restructuration de la défense (nºs 10380 s.) et dans les zones franches d'activités outre-mer (nºs 91491 s.).
b. La déduction ne peut être pratiquée sur les revenus issus de la **vente de biomasse** ou de **production d'énergie** lorsque l'exploitant n'exerce pas une autre activité agricole. Pour les revenus issus d'**activités accessoires non agricoles**, voir nº 15200.
c. Le régime d'exonération des plus-values en fonction du montant des recettes (nºs 18200 s.) ne s'applique pas aux **plus-values de cession de matériels roulants** acquis lors d'un exercice au titre duquel la déduction a été rapportée et dans les deux ans précédant la cession.
d. En cas de **transmission à titre gratuit** ou d'**apport** à une société civile agricole soumise à l'impôt sur le revenu dans les conditions prévues à l'article 41 ou à l'article 151 octies, I du CGI, aucune réintégration n'est exigée si les bénéficiaires de ces opérations remplissent les conditions ouvrant droit à la déduction et s'engagent à utiliser celle-ci dans les dix exercices suivant celui au titre duquel elle a été pratiquée.
e. Les déductions rapportées au résultat imposable de l'exercice de **cessation d'activité** peuvent bénéficier, sur option du contribuable, du **système du quotient** visé à l'article 163-0 A du CGI (nºs 4150 s.). Cette option est exclusive de celle prévue à l'article 75-0 C du CGI (opérations entraînant **assujettissement à l'IS** : voir nºs 16340 s.), y compris pour les autres revenus agricoles éligibles à ce dispositif (BOI-BA-BASE-30-45-30 nº 270).
f. Lorsque les sommes déduites sont utilisées pour acquérir ou créer des **immobilisations amortissables,** leur base amortissable n'est pas réduite de la déduction ainsi utilisée (BOI précité nº 10).

DÉDUCTION POUR INVESTISSEMENT

Compte tenu de l'instauration de la déduction pour épargne de précaution pour les exercices clos à compter du 1er janvier 2019 (nºs 16250 s.), la déduction pour investissement est **abrogée.** Mais les **déductions** antérieurement pratiquées et **non encore rapportées** au résultat du dernier exercice clos avant cette date sont utilisées et rapportées dans les conditions énoncées ci-après (Loi 2018-1317 du 28-12-2018 art. 51). 16265 CGI art. 72 D BA-VII-11600 s

Les exploitants agricoles relevant d'un **régime de bénéfice réel** ont pu déduire chaque année une fraction de leur bénéfice en vue de financer, dans les cinq années suivantes, l'acquisition de stocks ou de parts de sociétés coopératives agricoles.

Utilisation de la déduction La déduction doit être utilisée au cours des cinq exercices qui suivent celui de sa réalisation : 16275
– pour l'acquisition et la production de stocks de produits ou animaux dont le cycle de rotation est supérieur à un an (**stocks à rotation lente**) ;
– ou pour l'acquisition de **parts de sociétés coopératives agricoles** visées à l'article L 521-1 du Code rural et de la pêche maritime. Elle est alors réintégrée au bénéfice imposable, de façon étalée sur 10 ans, si les parts sont conservées durant toute cette période.

Réintégration des sommes non utilisées Les sommes non utilisées conformément à leur objet sont en principe rapportées au résultat de la cinquième année qui suit celle de leur déduction. Elles sont majorées de l'**intérêt de retard** prévu à l'article 1727 du CGI (nº 79860). 16280

Elles peuvent faire l'objet d'une **réintégration anticipée,** totale ou partielle, si le résultat d'un exercice antérieur à N + 5 est inférieur d'au moins 40 % à la moyenne des résultats des trois exercices précédents. Les résultats des quatre exercices s'entendent après application, le cas échéant, de l'abattement en faveur des jeunes agriculteurs (sauf si la déduction est calculée par une société ou un groupement de personnes) ou de celui prévu en faveur des exploitations situées outre-mer (nºs 91491 s.), avant imputation des déficits antérieurs reportables et en faisant abstraction des déductions pour investissement. Il est tenu compte des déficits au titre de l'année où ils sont constatés (BOI-BA-BASE-30-20-30-10 nº 210).

> Précisions **a.** Les sommes non encore utilisées sont rapportées au résultat en cas de **cessation d'activité.** Toutefois, en cas d'**apport** à une société civile agricole relevant de l'impôt sur le revenu (Gaec par exemple, voir nº 16426) ou de **transmission à titre gratuit** réalisés dans les

conditions prévues à l'article 151 octies, I ou à l'article 41 du CGI, aucune réintégration n'est exigée si les bénéficiaires de ces opérations remplissent les conditions ouvrant droit à la déduction et s'engagent à utiliser celle-ci au cours de la période de cinq ans.

b. Opérations entraînant **assujettissement à l'IS** : voir n° 16340 s.

DÉDUCTION POUR ALÉAS

16285 CGI art. 72 D bis BA-VII-15000 s

La déduction pour aléas est **abrogée** selon les mêmes modalités que celles prévues pour la déduction pour investissement (n° 16265).

Les exploitants soumis à un **régime réel** d'imposition ont pu pratiquer une déduction forfaitaire à condition d'inscrire une somme comprise entre 50 % et 100 % du montant de cette déduction à un **compte d'affectation** auprès d'un établissement de crédit et à l'actif du bilan. Cette inscription a dû être effectuée dans les six mois de la clôture de l'exercice et au plus tard à la date de dépôt de la déclaration des résultats de cet exercice. Les **intérêts capitalisés** correspondants ne sont pas imposables. L'épargne professionnelle doit être à tout moment au moins égale à 50 % du montant des déductions non encore rapportées sans jamais excéder le montant de ces déductions.

> **Précisions** **a.** La condition d'épargne sur un compte bancaire est réputée respectée en cas **d'accroissement du stock de fourrage** destiné à être consommé par les **animaux de l'exploitation** par rapport à la valeur moyenne du stock en fin d'exercice calculée sur les trois derniers exercices.
b. En cas de **vente** du stock de fourrage lors des sept exercices suivant celui de la déduction, le produit de la vente doit être inscrit sur le compte d'affectation dans la limite du montant ayant été dispensé de l'inscription à ce compte.

16295 CGI art. 72 D bis BA-VII-15900 s et 16150 s

Utilisation et réintégration de la déduction Les sommes correspondant à la déduction pratiquée et leurs intérêts capitalisés peuvent être utilisés, au cours des sept exercices suivant celui au cours duquel la déduction a été pratiquée :

– au titre de chaque exercice, pour l'acquisition de **fourrages destinés à être consommés par les animaux de l'exploitation** dans les six mois précédant ou suivant la reconnaissance d'une calamité agricole sur le canton de l'exploitation ou un canton limitrophe ;

– pour le règlement au cours de l'exercice des **primes, cotisations** (ou rachats de franchise) prévus par les assurances de dommage aux biens ou pour perte d'exploitation ;

– au titre de l'exercice de survenance d'un **incendie,** d'un **dommage aux cultures** ou de **perte du bétail** assuré ou d'un **aléa non assuré d'origine climatique, naturelle ou sanitaire,** reconnu par une autorité administrative (CGI ann. III art. 38 sexdecies J) ;

– au titre de l'exercice de survenance d'un **aléa économique.**

La déduction et les intérêts capitalisés utilisés pour l'un des usages visés ci-dessus sont rapportés au résultat de l'exercice au cours duquel leur utilisation est intervenue ou au résultat de l'exercice suivant. Dans ce cas, l'épargne est considérée comme prélevée à la date de reprise de la déduction (BOI-BA-BASE-30-30-10 n° 230).

Les sommes déduites et leurs intérêts capitalisés **non utilisés** sont en principe rapportés au résultat du septième exercice suivant celui au cours duquel la déduction a été pratiquée, majorés de l'intérêt légal en vigueur à la date de clôture de l'exercice au cours duquel les sommes et intérêts sont rapportés au résultat.

La déduction et les intérêts capitalisés utilisés pour un **usage non conforme** à leur objet doivent être immédiatement réintégrés et majorés de l'intérêt de retard (n° 79860). En cas de **non-respect de l'obligation de maintien de l'épargne professionnelle** à 50 % au moins du montant des déductions non encore rapportées, la fraction de ces déductions excédant le double de l'épargne est rapportée au résultat majorée de l'intérêt de retard. Les exploitants peuvent choisir de rapporter les déductions les plus anciennes ou les plus récentes et cette décision de gestion opposable fixe le point de départ de l'intérêt de retard (BOI-BA-BASE-30-30-10 n° 220). Les sommes déduites sont également réintégrées en cas de **cessation d'activité.**

> **Précisions** **a.** L'**aléa économique** s'entend d'une baisse de la valeur ajoutée de l'exercice par rapport à la moyenne des valeurs ajoutées des trois exercices précédents supérieure à 10 % ou d'une baisse de la valeur ajoutée de l'exercice par rapport à la moyenne des valeurs ajoutées des trois derniers exercices clos avant l'exercice précédent supérieure à 15 %. En cas d'aléa économique, les **sommes** correspondant à la déduction pratiquée peuvent être **utilisées** dans la limite de la variation de valeur ajoutée ou, si elle est plus élevée, d'une somme égale à 50 % du montant cumulé des déductions non encore utilisées à la date de la clôture de l'exercice précédant la survenance de l'aléa.
b. En cas d'**apport** à une société civile agricole relevant de l'impôt sur le revenu (Gaec par exemple, voir n° 16426), ou de **transmission à titre gratuit** réalisés dans les conditions prévues à l'article 151 octies, I ou à l'article 41 du CGI, aucune réintégration n'est exigée si les bénéficiaires de ces opérations remplissent les conditions ouvrant droit à la déduction et s'engagent à utiliser celle-ci au cours des sept exercices suivant celui au titre duquel la déduction a été pratiquée.
c. Opérations entraînant **assujettissement à l'IS** : voir n°s 16340 s.

RÉSULTATS AGRICOLES EXCEPTIONNELS

Les exploitants agricoles soumis à un **régime réel** d'imposition peuvent bénéficier, sur option, d'un régime d'**étalement** sur sept ans de leurs bénéfices exceptionnels. 16300 CGI art. 75-0 A BA-VII-20100 s

L'étalement peut être combiné, pour chacun des exercices, avec le système de quotient prévu par l'article 163-0 A du CGI pour les revenus exceptionnels ou différés (nos 4150 s.).

Le revenu exceptionnel s'entend du **revenu normal courant** tiré de l'exploitation, susceptible d'être perçu annuellement et dont le caractère exceptionnel provient de son irrégularité d'une année sur l'autre : récolte exceptionnelle, commercialisation très avantageuse ou tout autre événement indépendant de l'action de l'exploitant (BOI-BA-LIQ-10 no 80). 16305

Sont **exclus** du dispositif les revenus tirés d'opérations qui n'entrent pas dans le cadre de la gestion de l'exploitation (tels que les indemnités d'assurances, sauf pour la part destinée à compenser une perte de recettes, et les réintégrations de déduction pour épargne de précaution, pour investissement ou pour aléas) (BOI-BA-LIQ-10 nos 90 et 140 à 150). Il en est de même des profits autres que courants réalisés en cas de cession ou cessation d'activité.

ILLUSTRATIONS

Le régime d'étalement s'applique aux indemnités prévues par l'article L 221-2 du Code rural et de la pêche maritime, qui peuvent être attribuées en compensation de l'**abattage de troupeaux** atteints notamment d'encéphalopathie spongiforme bovine, de la fièvre aphteuse, de la brucellose ou de la tuberculose. Le dispositif s'applique également lorsque l'abattage fait suite à l'intervention d'aléas environnementaux (dioxine, pesticide, métaux lourds, etc.) (BOI-BA-LIQ-10 no 310). Il ne s'étend pas aux indemnités attribuées pour compenser la destruction d'éléments de l'exploitation contaminés autres que les animaux abattus (Rép. Roman : AN 7-4-2003 no 9981, non reprise dans Bofip).

Sur les revenus provenant des **activités accessoires non agricoles,** voir no 15200.

Montant du bénéfice exceptionnel La mesure d'étalement s'applique lorsque le **bénéfice de l'année** dépasse à la fois **25 000 €** et **une fois et demie la moyenne** des résultats des trois années précédentes, sous réserve que les **conditions d'exploitation** soient restées **comparables** au cours des quatre années en cause. 16310

Pour le calcul du bénéfice de l'année et des revenus des trois années précédentes, les **déficits** sont retenus pour un montant nul et il n'est pas tenu compte des reports déficitaires ni des **bénéfices soumis à un taux proportionnel** (plus-values à long terme, par exemple).

La fraction du bénéfice qui dépasse 25 000 €, ou la moyenne précitée si elle est supérieure, est rattachée, sur option, par **fractions égales,** aux résultats de l'exercice de sa réalisation et des **six exercices suivants.**

En cas d'**abattage** total ou partiel de **troupeaux** pour des raisons sanitaires, l'étalement s'applique à la somme correspondant à la différence entre les indemnités perçues et la valeur en stock ou en compte d'achat des animaux abattus.

L'**option** pour le régime est formalisée par le dépôt d'une note jointe à la déclaration de résultats. La demande peut aussi être présentée par voie de réclamation dans les délais légaux (BOI-BA-LIQ-10 no 480).

Ce dispositif peut être cumulé avec le régime de la **moyenne triennale** (nos 16325 s.) lorsqu'il porte sur des indemnités perçues en cas d'abattage de troupeaux (BOI-BA-LIQ-10 nos 420 et 500). Il peut aussi être combiné avec ce dernier régime lorsque le revenu exceptionnel est défini comme une fraction du bénéfice (no 16325).

> Précisions **a.** Les exploitants qui **modifient** leurs **conditions d'exploitation** au titre de l'année de réalisation du bénéfice exceptionnel ou des trois exercices précédents ne peuvent bénéficier du régime. Il en est ainsi en cas de **reconversion d'activité** par suite d'un changement très important de production, ou de **modification substantielle de la répartition des droits des associés** dans les bénéfices comptables d'une société ou d'un groupement (BOI-BA-LIQ-10 nos 170 à 190).

L'exigence de **conditions d'exploitation comparables** ne signifie toutefois pas que toute modification fait obstacle à l'application de la mesure d'étalement, mais vise les seules modifications qui sont à l'origine du bénéfice exceptionnel (en ce sens, CE 3-12-1999 no 171899 : RJF 1/00 no 47). Ainsi, le régime peut s'appliquer même en cas de transformation de la structure juridique, dès lors que le revenu exceptionnel trouve sa cause dans des circonstances qui y sont étrangères et relèvent des aléas inhérents à l'activité agricole (CAA Bordeaux 20-4-2017 no 15BX02193 : RJF 7/17 no 683).

b. L'administration admet que l'**exercice de réalisation du bénéfice** exceptionnel et ceux de la période de référence ne comportent pas obligatoirement douze mois (BOI-BA-LIQ-10 no 230).

c. Lorsque l'indemnité est attribuée au cours de l'**exercice suivant celui de l'abattage du troupeau,** la totalité du montant de l'indemnité bénéficie de l'étalement (BOI-BA-LIQ-10 no 320).

16315 **Conséquences de la cessation d'activité** La cessation d'activité entraîne l'imposition immédiate de la fraction du revenu exceptionnel non encore réintégrée au résultat imposable.

Toutefois, en cas **d'apport** à une société relevant de l'impôt sur le revenu (Gaec par exemple, voir n° 16426) dans les conditions mentionnées à l'article 151 octies, I du CGI, ou de **transmission à titre gratuit** de l'exploitation dans les conditions prévues à l'article 41 du CGI, les fractions non encore imposées sont réintégrées aux résultats imposables des exercices ultérieurs du bénéficiaire de l'opération, s'il s'engage à poursuivre, dans les mêmes conditions et selon les mêmes modalités, l'application des dispositions d'étalement.

Opérations entraînant **assujettissement à l'IS** : voir n° 16340 s.

MOYENNE TRIENNALE

16325 CGI art. 75-0 B BA-VII-24000 s Les exploitants soumis à un **régime réel** depuis au moins deux ans peuvent demander à être imposés sur un bénéfice moyen égal à la moyenne des bénéfices de l'année d'imposition et des deux années précédentes.

Conçu pour atténuer les effets de la progressivité de l'impôt, le système de la moyenne triennale est d'autant plus avantageux que le revenu est irrégulier et que des bénéfices importants sont réalisés une année donnée. Il ne présente en revanche pas d'**intérêt** si le contribuable a réalisé des bénéfices plus importants au cours des années précédentes, car ces bénéfices déjà taxés entrent à nouveau dans la base d'imposition.

Ce mode d'imposition est en principe exclusif du régime d'**étalement du revenu exceptionnel** agricole défini comme une fraction du bénéfice prévu à l'article 75-0 A, 2-a du CGI (n° 16310). Mais l'administration admet qu'un exploitant qui a opté pour ce régime au titre d'une année peut opter pour le système de la moyenne triennale au titre d'années postérieures. La fraction correspondant au revenu exceptionnel n'est pas, dans cette hypothèse, retenue pour le calcul de la moyenne (BOI-RES-000012).

Selon l'administration, le régime de la moyenne peut, de façon limitée, être combiné avec le système général de **« quotient »** prévu par l'article 163-0 A du CGI pour les revenus exceptionnels ou différés (nos 4150 s.). L'application de la règle du quotient ne porte en pratique que sur le tiers du montant du revenu exceptionnel constaté (BOI-BA-LIQ-20 nos 490 et 500).

Le Conseil d'État admet par ailleurs l'application combinée du régime de la moyenne triennale et du mécanisme d'**imputation des déficits agricoles** mais exclut que sa mise en œuvre se traduise par une double déduction du déficit agricole effectivement constaté au titre d'une année (Avis CE 26-2-2014 n° 373583 : RJF 5/14 n° 453).

16330 BA-VII-24600 s **Modalités d'option** L'option pour le régime de la moyenne est normalement exercée lors du dépôt de la déclaration du bénéfice de la première année à laquelle elle s'applique. Mais elle peut aussi être formulée à la suite d'une procédure de rectification ou par voie de réclamation contentieuse, dans le délai légal (nos 81825 s.) (BOI-BA-LIQ-20 n° 310).

Valable **trois ans** (année au titre de laquelle elle est exercée et les deux années suivantes), l'option est reconduite tacitement par période de trois ans, sauf **renonciation** expresse dans le délai de dépôt de la déclaration des résultats du dernier exercice de la période. En cas de renonciation, il n'est pas possible d'exercer une nouvelle option avant trois ans.

L'option ne peut pas être formulée au titre de l'année de cession ou **cessation totale d'activité,** sauf si la cessation résulte d'un **apport en société.**

> **Précisions** **a.** Lorsque des **conjoints** gèrent des exploitations distinctes, chacun d'eux doit expressément exercer l'option s'il souhaite bénéficier du régime (BOI-BA-LIQ-20 n° 240).
> **b.** Lorsque l'exploitation individuelle est **reprise** par le conjoint, à la suite par exemple du changement d'activité professionnelle ou du départ en retraite de l'exploitant, ou par l'ex-conjoint après un divorce ou un décès, l'option continue à produire ses effets pour la période restant à courir (BOI-BA-LIQ-20 n° 350).

16335 BA-VII-24250 s **Calcul du bénéfice moyen** Les bénéfices à retenir sont les bénéfices ordinaires imposables à l'impôt sur le revenu au taux progressif, à l'exclusion des profits soumis à un taux proportionnel (**plus-values** à long terme essentiellement). Ces bénéfices sont retenus, le cas échéant, après l'abattement sur les bénéfices des jeunes agriculteurs et les déductions pour épargne de précaution, pour investissement et pour aléas.

Il n'est pas tenu compte des reports déficitaires, le **déficit** étant pris en compte au titre de l'année où il est dégagé.

EXEMPLE

Bénéfices réalisés (hors plus-values) : 2016 : – 100 000 €, 2017 : 150 000 €, 2018 : 250 000 €, 2019 : – 200 000 €, 2020 : 250 000 €. Option pour la moyenne triennale au titre de 2018.

Le bénéfice imposable est le suivant :
2018 : 1/3 (− 100 000 + 150 000 + 250 000) = 100 000 ;
2019 : 1/3 (150 000 + 250 000 − 200 000) = 66 666 ;
2020 : 1/3 (250 000 − 200 000 + 250 000) = 100 000.

Lors de la **cession ou cessation d'activité,** l'excédent de bénéfice agricole sur la moyenne triennale est imposable au taux marginal d'imposition applicable au revenu global du contribuable déterminé compte tenu de cette moyenne. Il en va de même en cas de **renonciation au dispositif** ainsi que, selon l'administration, en cas de cessation partielle d'activité (ou d'apport partiel en société) si la quasi-totalité du stock est cédée (BOI-BA-LIQ-20 n°s 100 et 110).

> Précisions **a.** L'**apport** d'une exploitation individuelle dans les conditions de l'article 151 octies, I du CGI **à une société** dont les bénéfices sont imposables entre les mains de l'apporteur dans la catégorie des bénéfices agricoles (Gaec, par exemple : voir n° 16426) ne constitue pas, pour l'application du régime de la moyenne triennale, une cession ou une cessation d'activité. L'administration subordonne le bénéfice de cette disposition à la condition que l'apport soit effectivement placé sous le régime de l'article 151 octies, I précité (BOI-BA-LIQ-20 n° 100). L'exploitant peut toutefois renoncer à la moyenne triennale au titre de l'année au cours de laquelle l'apport est réalisé. Dans ce cas, l'excédent du bénéfice agricole sur la moyenne triennale est imposé au taux marginal d'imposition.
b. Opérations entraînant **assujettissement à l'IS** : voir n°s 16340 s.

ASSUJETTISSEMENT À L'IS

En cas de cessation consécutive à des opérations qui entraînent un assujettissement à l'IS, le paiement de l'impôt sur le **revenu** afférent à certains revenus agricoles peut, **sur demande** de l'exploitant, être **étalé** par cinquièmes **sur l'année de la cessation et les quatre années suivantes.** 16340 CGI art. 75-0 C BA-VII-27000 s

Les revenus agricoles concernés sont :
– les **déductions pour épargne de précaution,** pour **investissement** et pour **aléas** non encore utilisées (n°s 16260, 16280 et 16295) ;
– la fraction du **revenu exceptionnel** restant à rapporter en application du régime d'étalement (n° 16315) ;
– l'excédent de bénéfice agricole sur la **moyenne triennale** imposé au taux marginal d'imposition (n° 16335) ;
– et, à compter de l'imposition des revenus de 2020, les profits non encore imposés sur les **avances aux cultures** (n° 15945) et sur les **stocks** à rotation lente dont la **valeur** est **bloquée** (n° 15950), ces profits étant respectivement retenus dans la limite du montant des frais engagés qui constitue un élément du prix de revient des stocks en application des règles générales posées par l'article 38, 3 du CGI (n°s 7690 s.) et qui n'a majoré ni la valeur de ces avances aux cultures ni celle de ces stocks (Loi 2019-1479 du 28-12-2019 art. 40). Sont ainsi concernés les frais de fermage pour les avances aux cultures et les frais qui n'ont pas été incorporés au prix de revient des stocks à rotation lente du fait de l'option pour le blocage de leur valeur.

Sont visés les cas de cessation d'entreprise suivants : **apport** d'une exploitation individuelle à une société soumise à l'IS, **option pour l'IS** d'une société ou d'un groupement de personnes (n°s 37575 s.), option d'une **EIRL** pour l'**assimilation à une EARL** (n° 87200) et **transformation** en société passible de l'IS (n° 38675).

La **renonciation** d'une société de personnes à son option pour l'IS ou d'une EIRL pour son assimilation à une EARL ne remet pas en cause l'étalement de l'impôt sur le revenu.

Ce dispositif est subordonné au respect du **règlement de minimis** applicable dans le **secteur agricole** (n° 92660, précision b).

> Précisions **a.** L'**option** pour l'étalement de l'impôt sur le revenu concerne **tous les revenus agricoles** visés ci-dessus. Elle est **irrévocable** (BOI-BA-CESS-30 n°s 60 et 80).
b. La demande est **formulée** par courrier ou courriel lors du dépôt de la déclaration de revenus définitive mais peut l'être également lors du dépôt de la déclaration de revenus provisoire (BOI précité n° 90).

Calcul de l'impôt soumis à étalement L'impôt sur le revenu soumis à étalement est égal au **solde de l'impôt** dû au titre des revenus de l'année de cessation multiplié par le **rapport** entre les **revenus agricoles** visés n° 16340, retenus dans la limite du bénéfice établi lors de la cessation diminué des déficits en report déductibles du revenu global, et le **revenu net imposable du foyer fiscal.** 16342

> Précisions Le **solde** de l'impôt sur le revenu est celui défini à l'article 1663 B,1 du CGI, c'est-à-dire après imputation des crédits et réductions d'impôt, prélèvements, retenues à la source et acomptes (n° 3850).

CRÉDITS OU RÉDUCTIONS D'IMPÔT

16345 Les exploitants agricoles peuvent bénéficier, selon les modalités décrites ci-dessous nos 16350 et 16355, de crédits d'impôt spécifiques au secteur agricole. Le cas échéant, ils peuvent notamment prétendre au **crédit d'impôt recherche** (nos 10470 s.) et au **crédit d'impôt pour la formation du chef d'entreprise** (no 10545), lorsqu'ils effectuent des dépenses ouvrant droit à ces dispositifs.

Les exploitants qui ont cédé, entre le 18 mai 2005 et le 31 décembre 2010, leur exploitation à de jeunes agriculteurs en leur accordant un **différé de paiement** bénéficient d'une **réduction d'impôt** à raison des intérêts perçus (no 3400).

16350
CGI art. 200 undecies
BA-VII-28500 s

Crédit d'impôt en faveur des dépenses de remplacement pour congés

Les exploitants agricoles dont l'activité exercée requiert leur **présence quotidienne** sur l'exploitation et qui, **entre le 1er janvier 2006 et le 31 décembre 2022,** emploient directement ou par l'intermédiaire d'un tiers du personnel en vue d'assurer leur remplacement pendant leurs congés bénéficient d'un crédit d'impôt, sous réserve que le remplacement ne fasse l'objet d'aucune autre prise en charge au titre d'une autre législation. Ce crédit d'impôt est égal à la **moitié** des **dépenses de personnel** ainsi engagées, dans la **limite annuelle de 14 jours** de remplacement. Le coût d'une journée est plafonné à 42 fois le taux horaire du minimum garanti en vigueur au 31 décembre de l'année (CGI ann. III art. 46 AZA ter). Pour 2019, le crédit d'impôt est donc limité à 1 064 €.

Accordé au titre de l'année au cours de laquelle les dépenses ont été engagées, le crédit d'impôt est **imputable** sur l'impôt sur le revenu après imputation des autres crédits ou réductions d'impôt dont bénéficie, le cas échéant, l'exploitant. L'excédent est restitué.

› **Précisions** **a.** Le crédit d'impôt est accordé, dans les mêmes conditions et à hauteur de leur quote-part, aux **associés personnes physiques** non salariés d'une société au sein de laquelle ils exercent une activité agricole qui requiert leur présence quotidienne sur l'exploitation, sous réserve que le remplacement ne soit pas assuré par un autre associé. Le décompte de la limite de 14 jours est effectué au niveau de la société (Rép. Christ : AN 7-11-2006 no 104462, non reprise dans Bofip).

b. Lorsque l'activité est exercée dans le cadre d'un **Gaec,** le plafond du crédit d'impôt est multiplié par le nombre d'associés dans la limite de quatre, sans que le plafond par associé puisse excéder celui bénéficiant à un exploitant individuel.

c. La condition d'exercice d'une activité requérant la **présence quotidienne** de l'exploitant est réputée satisfaite en cas d'exercice d'une activité d'**élevage** qui nécessite des soins quotidiens (CGI ann. III art. 46 AZA).

d. Le bénéfice du crédit d'impôt est subordonné au respect du **règlement de minimis** applicable aux **activités agricoles** (no 92660, précision b).

16355
CGI art. 244 quater L, 199 ter K et 220 M
BA-VII-29000 s

Crédit d'impôt en faveur de l'agriculture biologique Les entreprises agricoles bénéficient d'un crédit d'impôt au titre de chacune des années **2011 à 2020** au cours desquelles au moins **40 % de leurs recettes** proviennent d'activités agricoles visées à l'article 63 du CGI (no 15155) relevant du **mode de production biologique** conformément aux règles fixées par le règlement (CE) 834-2007 du 28-6-2007. Le crédit d'impôt s'élève à 3 500 €. Pour les entreprises percevant une aide à la production biologique en application de la réglementation européenne, le total des aides perçues et du crédit d'impôt ne peut excéder 4 000 €.

Il est **imputé** sur l'impôt sur le revenu ou sur l'impôt sur les sociétés dû au titre de l'exercice au cours duquel l'entreprise a respecté les conditions légales d'octroi du crédit d'impôt. L'excédent est restitué.

› **Précisions** **a.** Le bénéfice du crédit d'impôt est subordonné au respect du **règlement de minimis** applicable aux **activités agricoles** (no 92660, précision b).

b. Le crédit d'impôt dont sont titulaires les **sociétés de personnes** est transféré, après application du plafonnement, aux associés au prorata de leurs droits, lorsqu'ils exercent leur activité professionnelle au sein de la société.

c. Lorsque l'activité est exercée dans le cadre d'un **Gaec,** le montant du crédit d'impôt est multiplié par le nombre d'associés sans pouvoir excéder quatre fois les limites mentionnées ci-dessus.

EXPLOITATIONS FORESTIÈRES

16365
CGI art. 76
BA-VII-250 s

Le bénéfice agricole imposable provenant des **coupes de bois** des propriétaires de bois, oseraies, aulnaies et saussaies situés en France est fixé à une somme égale au **revenu cadastral** ayant servi de base à la taxe foncière établie sur ces propriétés au titre de l'année de l'imposition (no 42560) : il s'agit du montant intégral du revenu cadastral, y compris les majorations forfaitaires annuelles (no 42570).

Relèvent des régimes micro-BA ou réel les bénéfices qui résultent de la **récolte de produits divers** en vue de leur vente (tels que les fruits, écorces ou résines) ou des **opérations de transformation** des bois coupés par le propriétaire lui-même ne présentant pas de caractère industriel.

Les **régimes réels** d'imposition ne sont pas applicables aux exploitants forestiers au titre des bénéfices provenant des coupes de bois.

Lorsque les intéressés possèdent également une **exploitation agricole** proprement dite, les recettes forestières provenant des coupes de bois n'ont pas à être prises en compte pour la détermination du régime d'imposition de l'exploitation. S'ils sont assujettis au régime réel pour cette exploitation, le bénéfice est déterminé en faisant abstraction des recettes et des charges de l'exploitation forestière générées par l'activité de coupe de bois, mais il doit être majoré du revenu cadastral des parcelles boisées (BOI-BA-SECT-10 n° 280).

Le revenu imposable des **plantations nouvelles** et de certains **terrains boisés** ayant fait l'objet d'une **régénération naturelle,** qui sont exonérés de taxe foncière (n° 42540), est calculé selon des modalités particulières (BA-VII-620 s.).

> Précisions a. Si le bénéfice de l'année 2009 n'a pas été suffisant pour permettre la déduction de l'intégralité des charges exceptionnelles résultant de la **tempête des 24 et 25 janvier 2009** (dont le montant a été fixé forfaitairement à 10 € par mètre cube de bois abattu par le vent effectivement exploité en 2009 ou que le contribuable s'est engagé à exploiter en 2010 et 2011), l'excédent est déduit, le cas échéant, des bénéfices forestiers des quinze années suivantes pour les résineux et peupleraies et des vingt années suivantes pour les feuillus et autres bois (BOI-BA-SECT-10 n°s 150 à 260). Ces modalités de déduction s'appliquent également lorsque le bénéfice de l'année 2000 n'a pas permis la déduction des charges exceptionnelles résultant des **tempêtes de 1999** (BOI-BA-SECT-10 n° 240).

b. Lorsque les bois sont utilisés pour la **chasse,** le revenu cadastral à prendre en compte est celui des parcelles ordinaires (hors droit de chasse), dès lors que la valeur locative du droit de chasse est taxée par ailleurs en tant que revenu foncier lorsque le propriétaire ne s'en réserve pas la jouissance (n° 28625).

c. Si l'activité d'exploitation forestière est exercée à titre professionnel au sens de l'article 155, IV du CGI, les **plus-values de cession** des terrains boisés relèvent du régime des plus-values professionnelles. Elles peuvent bénéficier du régime d'exonération des petites entreprises prévu à l'article 151 septies du CGI si les recettes annuelles de l'exploitation forestière respectent les limites légales, dès lors que l'activité professionnelle est exercée depuis au moins cinq ans et que le bien cédé n'entre pas dans le champ d'application de l'article 1594-0 G, A du CGI (n°s 66290 s.). Lorsque l'activité n'est pas exercée à titre professionnel (gestion ou exploitation des terres confiées à des tiers), les plus-values relèvent du régime des plus-values des particuliers.

d. En ce qui concerne les **groupements forestiers,** voir n°s 16455 s.

SECTION 4

SOCIÉTÉS ET GROUPEMENTS AGRICOLES

GROUPEMENTS AGRICOLES D'EXPLOITATION EN COMMUN (GAEC)

Les Gaec, définis aux articles L 323-1 et suivants du Code rural et de la pêche maritime, sont des sociétés civiles de personnes qui ont pour objet de permettre la réalisation d'un travail en commun dans des conditions comparables à celles existant dans les exploitations de caractère familial. Ils peuvent également avoir pour objet la vente en commun, à frais communs, du fruit du travail des associés. **16425** CGI art. 71 **BA-VII-33000 s**

En tant que **sociétés de personnes,** les Gaec ne sont pas passibles de l'impôt sur les sociétés, sauf option expresse pour cet impôt (n°s 37575 s.), et relèvent de l'impôt sur le revenu, dès lors bien entendu qu'ils fonctionnent conformément aux dispositions qui les régissent. Comme dans toutes les sociétés de personnes, chaque associé est personnellement imposé à l'impôt sur le revenu pour sa part dans les bénéfices sociaux déterminés selon les règles des **bénéfices agricoles.**

Des règles particulières sont toutefois prévues en faveur des Gaec dont tous les membres participent effectivement et régulièrement à l'activité (les autres groupements relèvent du droit commun des sociétés de personnes). Elles concernent :

– la détermination du **régime d'imposition** applicable, une limite spéciale étant prévue (n° 15555) ;

– le montant de la **déduction pour épargne de précaution** (n° 16255) ;

– le montant du **crédit d'impôt** en faveur des dépenses de remplacement **pour congés** (n° 16350, précision b) ;

– le montant du **crédit d'impôt** prévu en faveur de l'**agriculture biologique** (n° 16355, précision c).

> **Précisions** **a.** Les Gaec qui exercent des **activités commerciales accessoires** ne sont pas assujettis à l'impôt sur les sociétés lorsque les recettes tirées de ces activités respectent les seuils de 50 % et de 100 000 € prévus à l'article 75 du CGI (n° 15200). Ces limites sont appréciées au niveau du Gaec, la somme de 100 000 € étant multipliée par le nombre d'associés exploitants, dans la limite de quatre (CGI art. 71, 1° bis). Pour les associés également exploitants individuels, les seuils de recettes agricoles et non agricoles sont appréciés, au titre de ces exercices, en tenant compte de leurs seules recettes propres (CGI art. 75).
> **b.** En ce qui concerne :
> – les opérations entraînant **assujettissement à l'IS,** voir n°s 16340 s. ;
> – la situation des Gaec au regard de la **TVA,** voir n° 59710, précision b ;
> – le régime des cessions de parts des Gaec en matière de **droits d'enregistrement,** voir n° 67215 ;
> – les conditions d'exonération des **plus-values afférentes aux cessions de biens** par les Gaec, voir n° 37620.

16426 CGI art. 73 E BA-VII-35300 s

Apport à un Gaec L'**apport d'un élément d'actif** à un Gaec constitue une cession qui donne lieu à la constatation d'une plus-value professionnelle.

L'apport d'une **exploitation individuelle** à un Gaec entraîne la taxation immédiate des résultats d'exploitation de l'exercice en cours, des bénéfices en sursis d'imposition (notamment subventions d'équipement, revenus exceptionnels et plus-values à court terme relevant de certains régimes spéciaux d'étalement) et des plus-values d'apport. Il entraîne par ailleurs des conséquences analogues à celles qui résultent de la cessation d'activité au regard des dispositifs d'étalement des revenus exceptionnels, de la moyenne triennale et des déductions pour épargne de précaution, pour investissement ou pour aléas. Toutefois, si l'opération est réalisée dans les conditions de l'article 151 octies du CGI, seul le résultat du dernier exercice de l'activité individuelle est immédiatement imposable.

Incidence de l'apport sur le **régime d'imposition** applicable : voir n° 15520, précision b.

EXPLOITATIONS AGRICOLES À RESPONSABILITÉ LIMITÉE (EARL)

16435 BA-VII-38000 s

Les EARL, définies aux articles L 324-1 et suivants du Code rural et de la pêche maritime, sont des sociétés civiles à responsabilité limitée, constituées d'un ou de plusieurs associés, dont l'objet est l'activité agricole dans des conditions comparables à celles existant dans les exploitations agricoles de caractère familial.

Elles sont soumises de plein droit au régime des **sociétés de personnes** (CGI art. 8, 5°).

Chaque associé est personnellement soumis à l'impôt sur le revenu pour sa part dans les bénéfices sociaux (y compris les rémunérations qui lui sont versées) déterminés selon les règles des bénéfices agricoles (on rappelle que les EARL créées depuis le 1er janvier 1997 sont en principe soumises à un régime réel d'imposition : n° 15520).

> **Précisions** **a.** Les EARL qui ont **opté pour l'IS** (n°s 37575 s.) sont placées dans la même situation que les sociétés de capitaux et leurs bénéfices sont déterminés et imposés selon les règles exposées n°s 35550 s. Les rémunérations qu'elles versent à leurs associés sont imposables selon les modalités prévues à l'article 62 du CGI.
> **b.** L'exploitant agricole qui exerce son activité dans le cadre d'une **EIRL** peut opter pour l'**assimilation à une EARL.** Cette option vaut option pour l'impôt sur les sociétés (n° 87200).
> **c.** Incidence de l'**assujettissement à l'IS** sur l'impôt sur le revenu, voir n°s 16340 s.

GROUPEMENTS FONCIERS AGRICOLES (GFA)

16445 BA-VII-37000 s

Les GFA, visés aux articles L 322-1 et suivants du Code rural et de la pêche maritime, sont des sociétés civiles qui assurent la gestion des exploitations dont elles sont propriétaires soit en faire-valoir direct, soit en les donnant en location. Ces groupements relèvent normalement du régime fiscal des **sociétés de personnes** (sauf option expresse pour l'IS : n°s 37575 s.). Chaque associé est donc personnellement imposé à l'impôt sur le revenu pour sa part dans les bénéfices sociaux, ceux-ci étant déterminés d'après les règles applicables :
– aux **revenus fonciers,** si le GFA donne en **location** les exploitations lui appartenant ;
– aux **bénéfices agricoles,** lorsqu'il **exploite** directement les propriétés (pour la détermination du régime d'imposition applicable dans ce cas, voir n° 15520).

En cas d'**assujettissement à l'IS,** voir n°s 16340 s.

En ce qui concerne les dispositions prévues en faveur des GFA en matière de **droits d'enregistrement**, voir n° 67215 (cessions de parts et partage) et n°s 68140 s. (successions et donations).

GROUPEMENTS FORESTIERS

16455 CGI art. 238 ter BA-VII-1050 s

Les groupements forestiers constitués dans les conditions prévues par les articles L 331-1 s. du Code forestier sont des sociétés civiles qui ne sont pas assujetties à l'impôt sur les sociétés et ne sont pas autorisées à opter pour cet impôt (n°s 37575 s.).

Chaque **membre** du groupement est personnellement **imposé,** pour sa part dans les bénéfices sociaux :
– soit à l'**impôt sur le revenu,** en principe dans la catégorie des bénéfices agricoles (avec application du régime spécial de taxation des exploitations forestières : n° 16365) ;
– soit à l'**impôt sur les sociétés** si l'associé est une personne morale passible dudit impôt.

Les parts de groupements forestiers bénéficient, en matière de **droits d'enregistrement,** d'une exonération partielle des droits de succession ou de donation (n° 68130) et d'un simple droit fixe pour les cessions de parts si le groupement est constitué depuis au moins trois ans (n° 67215).

Autres organismes forestiers Les **syndicats mixtes de gestion** forestière et les **groupements syndicaux** forestiers définis aux articles L 232-1 et 2 et L 233-1 et 2 du Code forestier ne sont pas passibles de l'impôt sur les sociétés. Les personnes morales membres passibles de l'impôt sur les sociétés sont personnellement soumises à cet impôt à raison de leur part dans les bénéfices du syndicat ou du groupement déterminés selon les règles des BIC (CGI art. 239 quinquies). **16465** BA-VII-1500 s

Quant aux **syndicats intercommunaux** de gestion forestière, ils sont exonérés de l'impôt sur les sociétés en vertu des dispositions générales de l'article 207, 1-6° du CGI (n° 37090).

GROUPEMENTS FONCIERS RURAUX

Conformément à l'article L 322-22 du Code rural et de la pêche maritime, les groupements fonciers ruraux sont des sociétés civiles dont l'objet est de rassembler et de gérer des ensembles de biens immobiliers dont la destination est à la fois agricole et forestière. Ils sont soumis au **régime fiscal** des groupements fonciers agricoles pour leur partie agricole (n° 16445) et à celui des groupements forestiers pour la partie forestière (n° 16455). **16475** BA-VII-33500 s

COPROPRIÉTÉS DE CHEVAL DE COURSE OU D'ÉTALON

Les simples **particuliers** qui tirent des revenus de l'exploitation de chevaux de course ou d'étalons détenus en copropriété sont imposables à ce titre dans la catégorie des **BNC** non professionnels. Si l'exploitation est déficitaire, c'est le régime des **déficits** provenant d'activités non commerciales non professionnelles qui s'applique (n° 1010). **16485** CGI art. 8 quinquies, 39 F, 61 A et 238 bis K, I BA-VII-7500 s

Lorsque les parts de copropriété sont inscrites à l'actif d'une entreprise soumise à l'impôt sur les sociétés ou d'une **entreprise commerciale ou agricole** dont les résultats sont imposés de plein droit selon le régime réel, les revenus des copropriétaires suivent les règles qui régissent la nature de l'activité du copropriétaire.

ATTENTION

Les **gains** des particuliers sont imposables lorsqu'ils disposent d'installations et matériels leur permettant d'assurer la **préparation et l'entraînement des chevaux** ; en revanche, ils sont exonérés lorsqu'ils ne participent en aucune manière à l'exploitation de la carrière du cheval intégralement assurée par un entraîneur (CE 1-7-1985 n° 43452 : RJF 10/85 n° 1294). Corrélativement, les déficits éventuels ne sont pas déductibles (TA Versailles 23-1-1996 n° 88-1430 : RJF 6/96 n° 725).

a. L'administration admet qu'une **association de gestion de carrière de cheval de course** bénéficie de la transparence fiscale dès lors qu'elle ne dispose d'aucun moyen en matériel ou personnel. L'exonération des gains de course s'applique à tous les associés qui ne font preuve d'aucune diligence dans la gestion de la carrière du cheval, alors même qu'elle comprend parmi ses membres des personnes exerçant une activité professionnelle liée aux chevaux de course (BOI-BNC-SECT-60-20 n° 280). **16490** BA-VII-7550 s BA-VII-8400 s

b. Les copropriétés d'**étalon** peuvent prendre la forme d'indivisions conventionnelles ou de sociétés en participation. Selon l'administration, elles conservent leur caractère d'**indivisions** quel que soit le nombre de saillies gratuites ou supplémentaires exploitées en commun par rapport au nombre de saillies individuelles (BOI-BIC-PDSTK-10-20-110-10 n° 140). Dans cette situation, la constitution du syndicat d'étalon n'entraîne la constatation de plus-values d'apport pour l'ancien propriétaire du cheval qu'à hauteur des parts cédées aux nouveaux copropriétaires et l'administration admet l'amortissement des parts d'étalon au niveau de chaque coïndivisaire (BOI-BIC-PDSTK-10-20-110-20 n°s 180 et 210).

CHAPITRE 5

PLUS-VALUES ET MOINS-VALUES PROFESSIONNELLES

SOMMAIRE

ÉCONOMIE GÉNÉRALE DU RÉGIME

17500 Dans toutes les entreprises, les plus et moins-values de cession d'éléments de l'actif immobilisé font en principe partie du résultat imposable.

Les plus-values réalisées par les entreprises relevant de l'**impôt sur le revenu** sont en général soumises à des régimes plus avantageux – taxation à taux réduit, exonération totale ou partielle – que ceux qui s'appliquent aux bénéfices ordinaires. Mais, en contrepartie, les possibilités de déduction peuvent être moins favorables pour les moins-values.

Les plus-values réalisées par les entreprises soumises à l'**impôt sur les sociétés** sont en principe imposées comme des bénéfices d'exploitation, les seuls régimes de faveur encore applicables ne concernant plus pour l'essentiel que les titres de participation ou de capital-risque.

Des **régimes spéciaux,** de report ou d'exonération, sont enfin prévus pour certains types d'opérations ainsi que pour les transmissions de PME.

A. Notions générales

1. DÉFINITION DES PLUS-VALUES ET MOINS-VALUES

17700
BIC-VII-100 s
BA-IV-7850 s
BNC-II-23100 s

Les plus-values et moins-values professionnelles sont les profits et les pertes de caractère exceptionnel réalisés par les entreprises à l'occasion de la **cession d'éléments d'actif** immobilisé, en cours ou en fin d'exploitation.

Certains produits sont également soumis au régime des plus-values professionnelles, bien qu'ils ne proviennent pas de la cession d'éléments d'actif. Ce sont les dividendes distribués par les sociétés de **capital-risque** (nº 26425) et certaines sommes réparties par les fonds communs de placement à risque ou les fonds professionnels de capital investissement (nº 18440).

ENTREPRISES CONCERNÉES

Le terme « entreprise » désigne ici de manière large : **17710** BIC-VII-200 s
– toutes les activités de nature industrielle, commerciale, artisanale, agricole ou non commerciale imposables à l'impôt sur le revenu dans la catégorie des **BIC,** des **BA** ou des **BNC** ;
– les sociétés passibles de l'**impôt sur les sociétés.**

BIENS CONCERNÉS

Les éléments concernés sont ceux qui font partie de l'**actif immobilisé** de l'entreprise, par exemple les immeubles et les matériels d'exploitation. **17720**

Dans les **entreprises individuelles,** les éléments de l'actif se définissent de façon différente suivant la nature de l'activité et le régime d'imposition de l'entreprise. Il convient donc de se reporter aux définitions figurant dans les études consacrées à chaque type d'activité :
– entreprises industrielles et commerciales : nºs 7455 s. ;
– entreprises agricoles : nºs 15895 s. ;
– professions non commerciales : nºs 13270 s.

> Précisions **a.** Lorsqu'une personne physique exerce son activité professionnelle dans le cadre d'une **société de personnes,** les droits qu'elle détient dans cette société sont considérés fiscalement comme des éléments d'un actif « professionnel personnel » de l'associé : leur cession relève donc du régime des plus-values professionnelles (nºs 37715 s.).
b. Des règles particulières s'appliquent aux cessions de **biens** inscrits à l'actif d'une entreprise individuelle mais **non utilisés pour l'activité** professionnelle (voir nºs 18460 s.).

OPÉRATIONS GÉNÉRATRICES DE PLUS-VALUE (OU MOINS-VALUE)

Une plus ou moins-value peut être constatée non seulement en cas de vente d'une immobilisation mais aussi à l'occasion de toute opération ou tout événement ayant pour effet de faire sortir un tel élément de l'actif de l'entreprise ou de lui retirer définitivement tout ou partie de sa valeur. Il peut s'agir : **17730** BIC-VII-480 s
– d'**opérations volontaires** : vente, apport en société, échange, partage, donation, mise au rebut, retrait d'actif par un exploitant individuel ou les associés d'une société, cessation d'activité… ;
– d'**événements involontaires** : expropriation, destruction par sinistre, cession forcée…

Tant qu'elle est « latente », une plus-value n'a pas d'incidence fiscale. Il en est de même d'une moins-value, sous réserve de la possibilité de constater la dépréciation des éléments d'actif par voie de provision.

> Précisions **a.** Lorsqu'un bien est décomposé (voir nº 9185), le **remplacement d'un composant** donne lieu à la constatation d'une moins-value égale à la valeur nette comptable de cet élément.
b. La **réévaluation libre** des éléments d'actif génère un profit qui est imposable comme un résultat ordinaire.
c. La **résiliation** conventionnelle, avant terme, **d'un contrat** générateur pour l'entreprise d'un actif incorporel immobilisé justifie la constatation d'une moins-value à raison de la perte définitive de valeur de cet élément (CE 6-11-1985 nº 41290 : RJF 1/86 nº 8).
d. Le non-renouvellement d'une **autorisation administrative** entraîne une **perte de clientèle** et donc la constatation d'une moins-value (CE 8-10-2010 nº 318832 : RJF 1/11 nº 13).
e. En cas de **rachat par une société de ses propres titres,** les sommes ou valeurs attribuées aux entreprises associées ou actionnaires relèvent du régime des plus et moins-values professionnelles (CGI art. 112, 6º).

2. DATE DE PRISE EN COMPTE

PRINCIPES

Les plus-values et moins-values professionnelles sont prises en compte au titre de l'exercice ou de l'année au cours desquels elles sont réalisées ou, le cas échéant, « constatées ». La date de réalisation des plus-values ou moins-values coïncide en général avec celle du transfert de propriété des éléments d'actif. **17755** BIC-VII-740 s

En cas de **vente,** le transfert de propriété s'opère, sauf convention contraire des parties, dès l'accord sur la chose et sur le prix, même si le paiement du prix et, le cas échéant, la présentation de l'acte à la formalité de l'enregistrement interviennent à une date postérieure (CE 16-10-1974 nº 89775 : Dupont 1974 p. 402 ; CE 7-7-2000 nº 208508 : RJF 11/00 nº 1310).

En cas d'**apport à une société en formation,** le transfert de propriété s'opère à la date d'inscription de la société au registre du commerce. L'effet rétroactif que les parties auraient entendu conférer à la constitution de la nouvelle société reste sans incidence sur la date de réalisation de la plus-value (CE 11-10-1991 n°s 54616 et 54617 : RJF 12/91 n° 1475 ; CE 8-7-2009 n° 279018 : RJF 11/09 n° 933).

Lorsque la plus-value résulte d'un **retrait d'actif,** la date à retenir est soit celle de l'établissement du bilan (ou document assimilé) dans lequel le bien a cessé de figurer (CE 5-6-1981 n° 20948 : RJF 9/81 n° 789), soit celle de la cession ou cessation d'activité si le transfert du bien dans le patrimoine privé de l'exploitant intervient à cette occasion (CE 25-10-1991 n°s 74937, 74938, 114759 et 114760 : RJF 12/91 n° 1476).

> Précisions **a.** En cas de **cession de valeurs mobilières,** le transfert de propriété résulte de l'inscription des titres au compte de l'acheteur. Pour les valeurs non cotées (autres que celles inscrites en compte chez un intermédiaire habilité participant à un système de règlement et de livraison d'instruments financiers), cette inscription intervient à la date fixée par l'accord des parties et notifiée à la société émettrice (C. com. art. L 228-1 et R 228-10).
b. Lorsqu'elle n'a pas eu connaissance d'une cession génératrice de plus-value, l'administration est autorisée à la taxer non pas au titre de l'année du transfert de propriété, mais au titre de l'année de réalisation des **formalités** nécessaires à l'**opposabilité** de la cession aux tiers (CE 26-7-1978 n° 1885 : RJF 10/78 n° 431).
c. En ce qui concerne la date de prise en compte d'une moins-value consécutive à l'**annulation des titres** d'une société mise en liquidation, voir n° 19102.

RÉGIMES D'ÉTALEMENT, DE SURSIS OU DE REPORT

17765 L'imposition de certaines plus-values peut être étalée ou différée. C'est notamment le cas pour les plus-values à court terme des entreprises relevant de l'impôt sur le revenu (n° 18075) et pour les plus-values constatées à l'occasion des événements suivants : expropriation ou sinistre (n°s 19285 s.) ; apport en société d'une activité professionnelle individuelle (n°s 19710 s.) ; transmission à titre gratuit d'une entreprise individuelle (n°s 19810 s.) ; fusion (n°s 39455 et 39510 s.) ; échange ou conversion de titres (n°s 19055 s.) ; apport en société de titres par un exploitant individuel (n°s 18410 s.).

> Précisions **a.** Les membres des **professions libérales** et les titulaires de charges et offices peuvent demander le fractionnement sur trois ans du paiement de l'impôt dû sur la plus-value réalisée en cas de retrait dans leur patrimoine privé de la **partie** de leur **résidence principale** qui était **affectée à leur activité.** Cette mesure s'applique, sur option expresse, à la totalité des plus-values (court terme, long terme) réalisées en cours ou en fin d'exploitation, mais ne peut se cumuler avec l'étalement sur trois ans des plus-values à court terme (BOI-BNC-BASE-30-30-20-20 n°s 50, 60 et 130 : BNC-II-24600 s.).
b. Pour l'étalement de l'impôt dû sur la plus-value à long terme constatée lors de la cession d'une entreprise assortie d'un **crédit-vendeur,** voir n° 18110.

REMISE EN CAUSE DE LA CESSION D'UN ÉLÉMENT D'ACTIF

17775 CGI art. 39 duodecies, 9 **BIC-IV-5260 s**

En cas d'**annulation** ou de **résolution** de la vente d'un élément d'actif immobilisé, postérieurement à l'exercice de cession, l'entreprise cédante doit :

– reprendre à l'**actif** les biens restitués, ainsi que les amortissements et les provisions y afférents, pour des valeurs identiques à celles qui figuraient dans les comptes à la date de la cession. Les amortissements correspondant à la période écoulée depuis la vente peuvent être déduits en une seule fois des résultats de l'exercice d'annulation ou de résolution de l'opération (BOI-BIC-PVMV-40-40-20 n° 20) ;

– constater un **résultat** inverse de celui pris en compte lors de la cession et soumis au même régime. Si la cession a dégagé une plus-value, son annulation se traduit donc par la constatation d'une moins-value qui sera traitée, selon le cas, comme une moins-value à long terme ou à court terme ou, dans les sociétés soumises à l'IS, comme une perte ordinaire.

À l'inverse, l'annulation d'une vente génératrice de moins-value se traduit par la prise en compte, selon le cas, d'une plus-value à long terme ou à court terme ou d'un résultat ordinaire.

Lorsque la cession a bénéficié d'un régime d'exonération ou de sursis, son annulation n'a bien sûr pas d'incidence sur le résultat imposable.

En cas de simple **réduction du prix,** des règles similaires s'appliquent. Par suite, la perte enregistrée constitue une moins-value à long terme à hauteur de la plus-value qui a, le cas échéant, été soumise au régime du long terme.

> Précisions **a.** Le **taux** applicable à la plus ou moins-value à **long terme** constatée lors de la remise en cause de l'opération est celui en vigueur à cette date (BOI-BIC-PVMV-40-40-20 n° 100).
b. L'entreprise cédante peut être amenée à constituer, à la clôture de l'exercice de cession ou d'un exercice ultérieur, une **provision** destinée à faire face au risque d'annulation de la vente ou de réduction du prix, dès lors que ce risque présente un caractère de probabilité suffisant. Cette provision est soumise au même régime (long terme ou résultat ordinaire) que la perte à laquelle elle est destinée à faire face.

3. CALCUL

La plus-value réalisée à l'occasion de la cession d'un élément d'actif s'obtient, normalement, en retranchant du prix de cession la valeur nette, comptable ou fiscale, de cet élément. **17800** BIC-VII-1800 s

Si le prix de cession est inférieur à la valeur nette, la différence représente la moins-value subie à l'occasion de la cession.

Des règles particulières s'appliquent au calcul des plus et moins-values de cession de biens inscrits à l'actif d'une entreprise individuelle mais qui ne sont pas utilisés pour l'activité professionnelle (voir n°s 18460 s.).

PRIX DE CESSION

Le prix de cession s'entend de la somme effectivement perçue par le vendeur. Il s'agit du prix net, obtenu après déduction des **frais et taxes** qui ont grevé l'opération. Les frais strictement inhérents à la cession, comme les commissions d'intermédiaire ou encore les honoraires versés à des intermédiaires intervenant dans la conclusion de la vente (CE 7-2-2007 n° 279588 : RJF 4/07 n° 407), ne constituent pas des charges déductibles du résultat imposable mais viennent en diminution du prix de cession (BOI-BIC-PVMV-10-20-10 n° 10), sans qu'ait d'incidence le taux auquel la plus-value est imposée, y compris lorsque ce taux est nul (CE 12-10-2018 n° 419221 : RJF 1/19 n° 13). Les charges préparatoires à la cession, telles que des honoraires d'expertise et d'évaluation des éléments cédés, constituent quant à elles des charges d'exploitation (CE 21-6-1995 n° 132531 : RJF 8-9/95 n° 963). **17810** BIC-VII-2500 s

En cas d'**échange,** le prix de cession à retenir correspond à la valeur actuelle du bien reçu en échange, majorée éventuellement du montant de la soulte perçue ou diminuée du montant de la soulte payée.

En cas d'**apport en société,** le prix de cession est représenté par la valeur d'apport, qui correspond à la valeur réelle des titres reçus en rémunération de l'apport. La plus-value est toutefois calculée en retenant la valeur réelle des biens apportés si elle est supérieure à celle des titres reçus en contrepartie de l'apport (CE 22-2-2012 n° 315156 : RJF 11/12 n° 984).

Pour les **éléments transférés dans le patrimoine privé** de l'exploitant, le prix de cession est constitué par la valeur réelle du bien au jour du transfert.

> **Précisions** La **valeur au jour du transfert** peut être valablement déterminée par référence à celle d'une transaction relevée à une date voisine pour un bien comparable, ou au prix de la vente ultérieure du même bien, ou encore à la valeur mentionnée pour le bien dans une déclaration de succession, ou enfin au loyer qu'il produisait (CE 20-7-1988 n° 52015 : RJF 10/88 n° 1060 ; CE 27-10-1982 n° 22998 : RJF 12/82 n° 1095).

Dissimulation ou insuffisance de prix Le prix de cession à retenir est en principe celui qui est stipulé dans l'acte. Il peut toutefois être remis en cause dans deux cas : **17815** BIC-VII-2800 s

– en cas de **dissimulation de prix,** c'est-à-dire lorsque les parties ont volontairement inscrit dans l'acte une somme inférieure au prix réellement payé. L'administration peut alors retenir le prix réel, à condition bien sûr d'établir l'existence d'une telle dissimulation ;

– en cas d'**insuffisance de prix significative** établie par l'administration : la cession est présumée relever d'une gestion anormale, mais cette présomption est écartée si le contribuable justifie que l'appauvrissement qui en est résulté a été décidé dans l'intérêt de l'entreprise, soit que celle-ci se soit trouvée dans la nécessité de procéder à la cession à un tel prix, soit qu'elle en ait tiré une contrepartie (CE 21-12-2018 n° 402006 : RJF 3/19 n° 246). Lorsque la cession relève d'une gestion anormale, le rehaussement de la plus-value est réintégré dans les résultats ordinaires imposables.

En l'absence d'acte anormal de gestion, les insuffisances de prix constatées par le service de l'enregistrement restent sans incidence sur le montant de la plus-value (sauf si la cession fait l'objet d'un acte rectificatif).

> **ATTENTION**
> Pour apprécier le **caractère normal du prix** de cession, l'administration peut se fonder sur des éléments postérieurs à la transaction, sous réserve qu'ils ne traduisent aucune évolution faisant obstacle à leur prise en compte comme éléments de comparaison, compte tenu de la date à laquelle ils sont intervenus (CE 10-12-2010 n° 308050 : RJF 3/11 n° 278).

Incidence des modalités de paiement du prix Si le prix de cession fait l'objet d'un **paiement à terme,** la plus-value est déterminée, en principe, à partir de la valeur nominale de la créance détenue sur l'acquéreur. Toutefois, si les inconvénients résultant d'un paiement à échéances plus ou moins lointaines ne sont pas compensés, ou le sont insuffisamment, par des intérêts ou par une clause d'indexation, c'est la valeur réelle actuelle qui est retenue (CE 6-12-1978 n° 12561 : RJF 1/79 n° 13). Dans ce cas, l'administration s'estime fondée à taxer ultérieurement comme un revenu de créance l'excédent des sommes perçues sur la valeur actuelle (BOI-BIC-PVMV-10-20-10 n° 190). **17820** BIC-VII-3150 s

Lorsque le prix est constitué d'une fraction aléatoire, par exemple en cas de cession moyennant **rente viagère** ou de prix payable par **annuités indexées,** la plus ou moins-value est déterminée, de manière définitive, à partir du prix convenu par les parties (en cas de rente viagère, il s'agit de la valeur en capital de la rente). La différence entre le prix convenu et le montant des sommes effectivement perçues constitue un produit financier ou une charge financière immédiatement pris en compte dans le résultat imposable.

Lorsque le prix de cession d'une immobilisation comporte deux parts, une somme fixe arrêtée lors de la cession et une part variable payée ultérieurement sous la forme de **redevances** sur le chiffre d'affaires généré par l'exploitation du bien, le montant de la plus-value estimée par le contribuable sous le contrôle de l'administration est imposable dans sa totalité l'année du transfert de propriété. Si les sommes effectivement reçues sont supérieures au montant estimé, les versements excédentaires sont imposables l'année de leur perception selon le même régime fiscal que la plus-value initiale (CE 12-3-2014 n° 350443 : RJF 6/14 n° 566 ; BOI précité n° 330).

VALEUR NETTE

17830
BIC-VII-1900 s

Pour les **éléments non amortissables,** la valeur nette s'entend de la valeur d'origine du bien, définie aux n°s 7550 s.

Pour les **éléments amortissables,** elle correspond à la valeur d'origine diminuée des amortissements pratiqués et admis en déduction pour l'assiette de l'impôt, et de certains amortissements non déductibles fiscalement, tels les amortissements pratiqués sur les biens somptuaires (voir n° 18030).

> **Précisions** **a.** La valeur comptable à retenir pour le calcul de la plus-value doit être diminuée du montant de la **provision pour amortissement dérogatoire** non encore apurée à la date de la cession.
> **b.** Dans le cas des **biens décomposés** (n° 9185), une seule plus ou moins-value de cession est calculée pour le bien considéré dans son ensemble. À cet effet, il convient de retrancher du prix de cession la somme des valeurs d'origine de tous les composants figurant à l'actif, elle-même minorée de la somme des amortissements déduits au titre de ces éléments. Voir n° 18050 exemple 3.

CAS PARTICULIERS

17835

a. En cas de cession d'un **bien auquel est attachée une plus-value en sursis** d'imposition – exemples : biens acquis à l'occasion d'une fusion (n° 39520) ou titres reçus lors d'une opération d'échange (n°s 19055 s.) –, la valeur fiscale à retenir pour le calcul de la plus-value diffère de la valeur comptable du bien.

b. Lorsque la cession entraîne un **reversement partiel de la TVA** initialement déduite (situation qui concerne surtout les cessions d'immeubles), les droits reversés majorent la valeur d'origine du bien.

c. En cas de cession d'un **élément partiellement affecté à l'exercice d'une activité non commerciale,** la plus-value professionnelle est égale à une fraction, calculée au prorata, de la plus-value totale (voir n° 13400 à propos des véhicules).

d. Les **exploitants** individuels qui, lors de leur **option** pour un **régime réel,** ont pu constater en franchise d'impôt les plus-values acquises par les éléments non amortissables peuvent retenir la valeur réelle des biens à la date de l'option pour calculer les plus-values de cession (n° 18275).

e. La plus ou moins-value de cession des éléments ayant fait l'objet d'une **réévaluation** libre est déterminée à partir de leur valeur nette réévaluée (n°s 19390 s.).

f. En cas de cession d'un immeuble ayant donné droit à l'attribution d'une **prime à la construction,** la fraction des primes non rapportée au résultat est retranchée de la valeur comptable de l'élément cédé (CGI art. 42 octies).

g. Plus ou moins-value de cession de **parts d'un fonds de placement immobilier** (FPI) : voir n° 30535.

B. Entreprises soumises à l'impôt sur le revenu

17870
BIC-VII-6050 s

Les cessions d'actif réalisées par les entreprises relevant de l'impôt sur le revenu sont en principe soumises au régime des plus-values et moins-values professionnelles à court terme et à long terme, les plus-values à long terme bénéficiant d'une taxation à taux réduit.

Mais si, en théorie, ce régime reste le régime de droit commun, son application est limitée en pratique, compte tenu des nombreuses mesures d'exonération prévues en faveur des PME et des régimes spécifiques à certaines catégories de plus-values.

1. RÉGIME DE DROIT COMMUN

Ce régime est fondé sur une distinction fondamentale entre, d'une part, les plus et moins-values à long terme qui sont soumises à un régime de taxation réduite et, d'autre part, les plus et moins-values à court terme qui sont traitées comme un résultat ordinaire, sous réserve de la possibilité d'étalement des plus-values nettes. 18000 CGI art. 39 duodecies, 72 et 93 quater BIC-VII-6070 s

CHAMP D'APPLICATION DU RÉGIME

Le régime des plus-values professionnelles à court et à long terme s'applique aux **cessions d'éléments de l'actif immobilisé** réalisées par les exploitants individuels et les sociétés de personnes relevant de l'impôt sur le revenu, quelle que soit la nature de l'activité exercée (industrielle, commerciale, agricole ou non commerciale) dès lors que les intéressés ne peuvent pas bénéficier de l'un ou l'autre des régimes d'exonération prévus par la loi. 18010

Pour le cas particulier des **loueurs en meublé,** voir n°s 90520 s.

Exclusions Sont exclus du régime des plus et moins-values à long terme et traités comme un résultat ordinaire : 18015 CGI art. 39 duodecies, 6 bis et 7 BIC-VII-250 s

– les plus-values réalisées par les **entreprises de crédit-bail ou de location** d'équipements lorsqu'elles cèdent les biens loués au locataire qui en a la jouissance ;

– la quote-part des profits distribués aux entreprises par un **fonds de placement immobilier** (n°s 30515 s.) ;

– le produit de la première **cession à titre onéreux d'un usufruit temporaire** (n°s 4780 s.).

DISTINCTION ENTRE COURT TERME ET LONG TERME

La distinction des plus-values et moins-values à court terme ou à long terme est fondée sur un double critère : 18025 BIC-VII-6070 s

– la durée de détention dans l'entreprise des éléments générateurs des plus-values ou moins-values ;

– la nature de ces éléments (caractère amortissable ou non).

Court terme Constituent des **plus-values** à court terme : 18030 CGI art. 39 duodecies, 2 et 4 BIC-VII-6400 s

– d'une part, celles qui sont réalisées à l'occasion de la cession d'**immobilisations** de toute nature acquises ou créées par l'entreprise depuis **moins de deux ans** ;

– d'autre part, celles qui proviennent de la cession d'éléments acquis ou créés depuis au moins deux ans, dans la mesure où elles correspondent à des **amortissements déduits** pour l'assiette de l'impôt, quelle que soit leur nature : amortissement technique, provision pour amortissement dérogatoire non encore apurée.

ATTENTION

Sont **assimilés à des amortissements déduits** générateurs de plus-values à court terme :

– les amortissements expressément exclus des charges déductibles par l'article 39, 4 du CGI (amortissements pratiqués sur les biens « somptuaires » : n°s 9000 s.) : voir exemple au n° 9030 ;

– les amortissements irrégulièrement différés (n° 9455) ;

– certaines sommes, telles les subventions à l'industrie du cinéma, affectées à l'amortissement des immobilisations financées au moyen des fonds correspondants.

Les **moins-values** sont réputées à court terme lorsqu'elles résultent de la cession :

– de **biens non amortissables** détenus depuis moins de deux ans ;

– de **biens amortissables,** quelle que soit la durée de leur détention. Le cas échéant, ces moins-values sont diminuées des amortissements expressément exclus des charges déductibles (amortissements afférents aux biens « somptuaires ») ainsi que de ceux qui ont été irrégulièrement différés.

› Précisions En cas de cession par un **exploitant agricole** imposé selon le régime du bénéfice réel d'éléments acquis sous le régime du **micro-BA,** il convient de retenir tant les amortissements effectivement pratiqués sous le régime du réel que ceux réputés pratiqués sous le régime du micro. Il en est de même pour les éléments acquis sous l'ancien régime du forfait (CE 21-10-1996 n° 155782 : RJF 12/96 n° 1432).

Long terme Les plus-values ou moins-values autres que celles à court terme présentent le caractère de plus-values ou moins-values à long terme. Elles correspondent en pratique à l'**excédent du prix** de vente **sur la valeur d'origine.** 18040 CGI art. 39 duodecies, 3 et 5 BIC-VII-6820 s

Certains profits sont par ailleurs spécialement soumis au régime des plus-values à long terme. Ce sont :

– les **provisions pour dépréciation du portefeuille-titres** devenues sans objet (n° 18390) ;

– les plus-values nettes constatées en cas de **décès** d'un exploitant ; corrélativement, s'il y a en pareil cas moins-value nette, celle-ci obéit au régime des moins-values à long terme (CGI art. 39 terdecies, 2). Mais les ayants droit du défunt peuvent demander l'application du régime général des plus-values et moins-values s'il leur est plus favorable ;

– certains **dividendes** versés par les sociétés de capital-risque (**SCR**) (n°s 26380 s.) ou sommes réparties par les **FCPR** ou les **fonds** professionnels de **capital investissement** (n° 18440).

18045 BIC-VII-6150 s

Appréciation de la durée de détention La durée de détention du bien cédé qui détermine la nature de la plus-value (court ou long terme) est décomptée, jour par jour, à partir de la date à laquelle ce bien est entré dans l'actif, et non à partir de la date d'inscription de ce bien au bilan (CE 23-12-2016 n° 375746 : RJF 3/17 n° 214).

Dans le cas des **biens amortissables décomposés,** la nature de la plus ou moins-value dépend de la durée de détention du bien considéré dans son ensemble, indépendamment du remplacement de certains composants (BOI-BIC-PVMV-20-40-30 n° 340). Si le bien est détenu depuis au moins deux ans, la plus-value est à court terme à hauteur de la somme des amortissements déduits au titre de chaque composant figurant à l'actif : voir n° 18050 exemple 3.

› Précisions Des règles particulières sont prévues pour les biens suivants :
– **titres** détenus en portefeuille (n°s 18855 s.) ;
– **biens** précédemment **transmis à titre gratuit** avec le bénéfice de l'article 41 du CGI (n° 19847) ;
– immobilisation acquise par **crédit-bail** (n° 19355).

18050

EXEMPLE

1. Soit une immobilisation dont le prix de revient (hors TVA récupérable) est de 50 000 €. Elle est cédée plus de deux ans après son acquisition pour un prix de 25 000 €. Les amortissements normalement pratiqués s'élèvent à 30 000 €.

La plus-value, soit 25 000 – (50 000 – 30 000) = 5 000 €, inférieure aux amortissements pratiqués, est à court terme.

2. Soit une immobilisation dont le prix de revient (hors TVA récupérable) est de 50 000 €. Elle est cédée plus de deux ans après son acquisition pour un prix de 55 000 €. Les amortissements normalement pratiqués s'élèvent à 20 000 €.

La plus-value est égale à 55 000 – (50 000 – 20 000) = 25 000 €.

Cette plus-value est à court terme à concurrence des amortissements (20 000 €) et à long terme pour le surplus (5 000 €).

Cet exemple permet de vérifier que la plus-value à long terme est égale à l'excédent du prix de vente sur la valeur d'origine.

3. Soit une immobilisation d'un prix de revient global de 10 000 € (hors TVA récupérable), décomposée en trois éléments dont le prix de revient respectif est de 5 000 €, 3 000 € et 2 000 €. Elle est cédée au cours de la 3e année de détention pour un prix de 11 000 €.

Les amortissements déduits au titre de chacun des composants s'élèvent respectivement à : 1 500 €, 1 125 € et 1 200 €.

La plus-value, déterminée globalement, est égale à : 11 000 – [(5 000 + 3 000 + 2 000) – (1 500 + 1 125 + 1 200)] = 4 825 €.

Cette plus-value est à court terme à hauteur de la somme des amortissements déduits à raison des composants figurant à l'actif (soit 3 825 €) et à long terme pour le surplus (soit 1 000 €).

18055

Tableau récapitulatif Le tableau ci-après présente de façon schématique la définition des plus-values et moins-values à court terme (CT) ou à long terme (LT).

Nature des biens cédés	Plus-values		Moins-values	
	Durée de détention			
	Moins de 2 ans	2 ans et plus	Moins de 2 ans	2 ans et plus
Éléments **amortissables**	CT	CT dans la limite de l'amortissement déduit (n° 18030) ; LT au-delà	CT	CT
Éléments **non amortissables**	CT	LT	CT	LT

18060 BIC-VII-6950 s

Cas particulier de cession d'un ensemble immobilier Il convient de distinguer deux plus-values (ou moins-values), l'une afférente aux **bâtiments** amortissables, l'autre au **terrain** non amortissable, chacune obéissant au régime qui lui est propre. Lorsque la cession est consentie pour un prix global, le contribuable doit estimer la part qui revient respectivement au terrain et aux constructions.

Dans l'hypothèse où, l'acquéreur ayant pris l'engagement d'édifier de nouvelles constructions, le **bâtiment** existant est **destiné à être démoli,** l'entreprise peut tenir pour nulle la partie du prix de vente correspondant à ce bâtiment si le prix perçu n'excède pas celui qui aurait été obtenu de la cession du terrain nu. La cession peut entraîner la constatation : d'une moins-value (à court terme) correspondant à la valeur résiduelle du bâtiment ; d'une plus-value (à long terme) égale à la différence entre le prix de vente et la valeur comptable du seul terrain.

RÉGIME DES PLUS-VALUES ET MOINS-VALUES À COURT TERME

Une **compensation générale** est opérée entre les plus-values et les moins-values à court terme de l'exercice (ou de l'année pour les professions non commerciales). Deux situations peuvent se présenter selon que cette compensation fait apparaître une plus-value ou une moins-value nette. 18070 CGI art. 39 quaterdecies BIC-VII-7160 s

Plus-value nette Si la compensation fait apparaître une plus-value nette à court terme, cette plus-value fait partie des résultats imposables dans les conditions et au taux de droit commun. 18075

Les entreprises peuvent demander un **étalement** de l'imposition **sur trois ans** : le montant de la plus-value nette est rattaché, par fractions égales, aux résultats de l'année de sa réalisation et des deux années suivantes (l'année s'entend ici au sens d'exercice ou de période d'imposition).

› **Précisions** **a.** L'étalement de la plus-value est **facultatif.** Mais, s'il y renonce, l'exploitant ne peut pas pour autant se prévaloir du système du quotient prévu à l'article 163-0 A du CGI (CAA Douai 19-6-2002 n° 98DA02363 : RJF 4/03 n° 408).
b. Aucun étalement n'est possible en **fin d'exploitation.** Dans cette hypothèse, la plus-value nette de l'exercice ou de l'année de cession ou de cessation totale de l'entreprise est immédiatement comprise dans les résultats imposables (et les plus-values nettes à court terme dont la taxation avait été, le cas échéant, précédemment différée deviennent immédiatement taxables). Dans ce cas, l'imposition de la plus-value peut bénéficier du système du quotient susvisé (BOI-BIC-PVMV-20-30-10 n° 490).
c. Cas particulier des **indemnités d'assurances ou d'expropriation,** voir n°s 19285 et 19296.
d. Un dispositif particulier d'étalement sur dix ans des plus-values à court terme est également prévu pour les plus-values réalisées à l'occasion d'une opération de **reconversion** pour les entreprises agréées bénéficiant de l'exonération temporaire de cotisation foncière des entreprises liée à l'**aménagement du territoire** (CGI art. 39 quaterdecies, 1 bis : BIC-VII-15750 s.).

Moins-value nette Lorsque la compensation fait apparaître une moins-value nette à court terme, celle-ci s'impute sur les bénéfices d'exploitation. Si ces bénéfices ne sont pas suffisants, la fraction non imputée de la moins-value nette – ou, en cas d'absence de bénéfices, la totalité de cette moins-value – prend le caractère d'un déficit d'exploitation reportable dans les conditions de droit commun. 18080

RÉGIME DES PLUS-VALUES ET MOINS-VALUES À LONG TERME

Une **compensation générale** est opérée entre les plus-values à long terme réalisées au cours de l'exercice (ou de l'année pour les professions non commerciales) et les moins-values à long terme subies pendant la même période, quelle que soit la nature des biens concernés. 18090 BIC-VII-7400 s
Mais si, parmi les plus-values à long terme, figure une plus-value enregistrée sur un **bien immobilier** détenu depuis plus de cinq ans, cette plus-value doit au préalable faire l'objet d'un abattement.
La plus-value ou moins-value nette globale qui subsiste après ces opérations obéit aux règles du long terme.

Abattement sur les plus-values immobilières Les plus-values immobilières à long terme réalisées dans le cadre d'une activité commerciale, industrielle, artisanale, libérale ou agricole sont imposées après application d'un abattement égal à 10 % par année de détention au-delà de la cinquième. En pratique, les plus-values réalisées sur des biens immobiliers détenus depuis plus de quinze ans sont donc totalement exonérées. 18095 CGI art. 151 septies B BIC-VII-7420 s
L'abattement s'applique aux plus-values réalisées à l'occasion de la cession :
– des **immeubles** bâtis ou non bâtis affectés par l'entreprise à sa propre **exploitation,** à l'exclusion des immeubles de placement et des terrains à bâtir ;
– des droits ou **parts de sociétés à prépondérance immobilière** dont l'actif est principalement constitué d'immeubles d'exploitation définis ci-dessus ou de droits ou parts de sociétés dont l'actif est principalement constitué de tels biens ;
– des droits afférents à un contrat de **crédit-bail** immobilier.

› **Précisions** **a.** La condition d'**affectation du bien** est appréciée à la date de la cession. Toutefois, l'administration admet que l'abattement s'applique si la condition d'affectation du bien à l'exploitation est satisfaite à l'ouverture de l'exercice de cession, quels que soient les événements intervenus depuis lors (BOI-BIC-PVMV-20-40-30 n° 250). Ne constituent toutefois pas des biens affectés à l'exploitation du vendeur les **biens** pour lesquels l'acte de vente indique qu'ils sont **destinés à être démolis par l'acquéreur** (CE 4-5-2016 n° 386773 : RJF 7/16 n° 599).
b. Les cessions d'immeubles donnés en **location meublée** ne bénéficient de l'abattement que si l'activité est exercée à titre **professionnel,** dans le respect des conditions exposées au n° 90520 (BOI précité n° 210).

18098 La **durée de détention** est décomptée à partir de l'inscription du bien à l'actif ou au registre des immobilisations. L'appréciation de ce délai est opérée en fonction des périodes de détention de douze mois écoulées, en faisant donc abstraction des fractions d'années. Les périodes d'affectation de l'immeuble à l'exploitation sont cumulées même si elles sont entrecoupées d'une période d'utilisation du bien comme immeuble de placement (BOI-BIC-PVMV-20-40-30 n° 410).

EXEMPLE

Soit un immeuble acquis et inscrit à l'actif le 5 mars 2011 et vendu le 5 mai 2020. La période de référence pour le calcul de l'abattement est celle écoulée entre le 5 mars 2016 et le 5 mai 2020 (soit 4 ans et 2 mois). Le pourcentage d'abattement s'élève à 4 × 10 % = 40 %.

18100 **Plus-value nette à long terme** Si la compensation entre plus et moins-values à long terme d'un exercice (ou d'une année) fait apparaître une plus-value nette à long terme, celle-ci est en principe taxée à un **taux** réduit fixé à 12,8 % (majoré des prélèvements sociaux : n° 34515). Une réduction est appliquée à l'imposition de la plus-value dans les **DOM** : voir n° 91470.

CGI art. 39 quindecies
BIC-VII-7880 s

18105 Une **compensation** peut, le cas échéant, être effectuée entre la plus-value nette à long terme et :

– les **moins-values à long terme** subies au cours des dix exercices (ou années) antérieurs et qui n'ont pas encore été imputées (n° 18115) ;

– ou le **déficit** de l'exercice ou de l'année (qui peut inclure une moins-value à court terme) et les déficits antérieurs qui, faute de pouvoir être imputés sur le revenu global, ont généré un déficit global reportable. Les déficits ainsi annulés cessent d'être reportables.

> **Précisions** **a.** Selon le Conseil d'État, un contribuable ne peut pas compenser la **plus-value à long terme** réalisée dans le cadre d'une **activité agricole** avec les **moins-values à long terme** subies dans le cadre d'une **activité commerciale** (CE 23-11-2007 n° 295601 : RJF 2/08 n° 113). Une plus-value à long terme relevant des BIC ne peut pas non plus être compensée avec une moins-value relevant d'une autre catégorie d'imposition, telle la catégorie des plus-values de cession de valeurs mobilières (CE 12-10-2018 n° 401292 : RJF 1/19 n° 103). La même règle devrait s'appliquer en cas d'exercice d'une activité non commerciale et d'une activité commerciale.

b. La **compensation avec les déficits** doit s'opérer euro pour euro, et non pas en comptant les plus-values pour une fraction de leur montant. Cette compensation, qui constitue une décision de gestion, procure un avantage de trésorerie immédiat et présente un intérêt tout particulier lorsque le contribuable risque de ne pouvoir imputer ses déficits sur son revenu global avant l'expiration du délai de report déficitaire, faute de revenus suffisants. Lorsque l'entreprise a pratiqué une telle compensation, l'administration peut imputer d'office sur le déficit le **rehaussement** de la plus-value (CE 25-2-2011 n° 338715 : RJF 5/11 n° 550). Lorsque l'administration remet en cause le déficit utilisé pour la compensation, la société ne peut demander ultérieurement le bénéfice du régime des plus-values à long terme (CE 28-12-2018 n° 406709 : RJF 3/19 n° 284).

c. Le contribuable qui n'a **pas** déposé **de déclaration de résultat** au titre de l'exercice de cession n'a pas pris la décision de gestion de renoncer à la faculté d'imputer la plus-value à long terme réalisée au cours de l'exercice sur le déficit de cet exercice ou sur les déficits antérieurs (CE 10-8-2007 n°s 277113 et 277238 : RJF 12/07 n° 1379).

d. Cas particulier des **indemnités d'assurances ou d'expropriation** : n°s 19295 et 19296.

18110 **Paiement de l'impôt dû sur la plus-value nette à long terme** Le **recouvrement** de l'imposition sur la plus-value s'effectue par voie de rôle.

CGI art. 1681 F

En cas de **cession de l'ensemble des éléments de l'actif immobilisé** affectés à l'exercice de l'activité professionnelle ou d'une branche complète d'activité, **d'un fonds de commerce,** d'un fonds artisanal ou d'une clientèle, les **petites entreprises** mentionnées au n° 92650 peuvent demander un étalement de l'impôt sur le revenu afférent à la plus-value à long terme réalisée lorsqu'elles acceptent un paiement différé ou échelonné du prix (**crédit-vendeur**). Les **cessions à titre onéreux de droits sociaux** réalisées depuis le 1er janvier 2019 peuvent aussi bénéficier de cet étalement lorsque la totalité ou une partie du prix de cession est différée ou échelonnée. Le paiement de l'impôt peut ainsi être étalé jusqu'au 31 décembre de la cinquième année qui suit celle de la cession, sans toutefois pouvoir excéder la durée prévue pour le paiement total du prix de cession. Le bénéfice de la mesure est subordonné au respect de la réglementation de minimis (n° 92660).

18115 **Moins-value nette à long terme** Lorsque, au titre d'un exercice (ou d'une année), la compensation entre plus-values et moins-values à long terme fait apparaître une moins-value nette à long terme, celle-ci est imputable uniquement sur les plus-values à long terme réalisées au cours des dix exercices (ou années) suivants, jamais sur le bénéfice ordinaire ou le revenu global.

BIC-VII-8100 s

L'exercice de **cession ou de cessation de l'entreprise,** la moins-value nette à long terme constatée à cette occasion et celles restant encore reportables peuvent être déduites des bénéfices de l'exercice dans la limite du rapport existant entre le taux d'imposition des plus-values à long terme applicable lors de l'exercice de réalisation des moins-values et le taux de l'impôt sur les sociétés en vigueur lors de l'exercice de cession ou cessation d'entreprise (CGI art. 39 quindecies, I-2-al. 2). Elles ne peuvent pas générer un déficit susceptible de s'imputer sur le revenu global (BOI-BIC-PVMV-20-40-20 n° 74). **18120** BIC-XIX-10340 s

2. CAS D'EXONÉRATION

Plusieurs régimes d'exonération sont prévus en faveur des entreprises soumises à l'impôt sur le revenu : **18140**

– l'un concerne toutes les cessions d'éléments d'actif réalisées en cours ou en fin d'exploitation par les **petites entreprises** dont le montant des recettes n'excède pas certaines limites : n°s 18200 s. ;
– d'autres sont spécialement conçus pour les **transmissions de PME** : n°s 19490 s. ;
– certains sont spécifiques à certaines catégories de contribuables : n°s 18275 s.

Les **plus-values immobilières à long terme** peuvent échapper à l'impôt par application de l'abattement pour durée de détention : n° 18095.

a. Exonération en fonction des recettes

Les plus-values réalisées en cours ou en fin d'exploitation par les contribuables dont les recettes n'excèdent pas certains seuils sont exonérées en tout ou partie, à condition que l'activité ait été exercée à titre professionnel pendant au moins cinq ans et que le bien cédé ne soit pas un terrain à bâtir ou un bien assimilé. **18200** CGI art. 151 septies BIC-VII-21000 s

CONDITIONS D'EXONÉRATION

Nature de l'activité L'exonération est réservée aux plus-values réalisées dans le cadre d'une activité agricole, artisanale, commerciale, industrielle ou libérale, **exercée à titre professionnel,** ce qui implique la participation personnelle, directe et continue du contribuable à l'accomplissement des actes nécessaires à l'exploitation (CGI art. 155, IV). **18205**

Il peut s'agir d'une activité exercée dans une **entreprise individuelle** ou dans le cadre d'une **société de personnes** relevant de l'impôt sur le revenu. Dans ce dernier cas, l'exonération peut concerner tant les plus-values réalisées par la société (n° 37620, a) que celles réalisées par les associés à l'occasion de la cession de leurs droits sociaux (voir n°s 37716 et 37748).

> **Précisions** **a.** La condition relative à la participation personnelle, directe et continue de l'exploitant exclut du dispositif les plus-values réalisées en cas de cession d'un fonds de commerce donné en **location-gérance.** Mais le régime d'exonération lié à la valeur des éléments cédés peut le cas échéant s'appliquer dans ce cas : voir n°s 19650 s.
> **b.** Application du régime aux **loueurs en meublé professionnels** : voir n° 90550.
> **c.** Le **nu-propriétaire** indivis d'un fonds de commerce qui n'a pas la qualité d'exploitant ne peut pas bénéficier de l'exonération de la plus-value réalisée à l'occasion de la cession d'un bien affecté à l'exploitation du fonds (CE 28-4-2006 n° 278857 : RJF 7/06 n° 887).

Durée minimale de l'activité L'activité doit avoir été exercée (à titre principal ou non) pendant au moins cinq ans. Cette condition n'est toutefois pas requise pour les plus-values constatées à la suite d'une **expropriation** ou de la perception d'**indemnités d'assurances.** **18210** BIC-VII-23600 s

Le **décompte** de la durée d'exercice de l'activité est effectué à partir du début d'activité, c'est-à-dire à partir de la création ou de l'acquisition de la clientèle ou du fonds par le contribuable, jusqu'à la date de clôture de l'exercice au titre duquel la plus-value est déterminée. Ainsi, la condition de durée d'activité est regardée comme satisfaite si le délai de cinq ans est atteint à cette date.

> **Précisions** **a.** Lorsqu'une activité est exercée successivement au sein d'une **société de personnes** puis **à titre individuel,** le point de départ du délai de cinq ans est fixé au début de l'activité au sein de la société (CE 17-5-1995 n° 136878 : RJF 7/95 n° 819 ; BOI-BIC-PVMV-40-10-10-20 n° 80). Activité d'abord exercée à titre individuel puis au sein d'une société de personnes : voir n° 37620, a.
> **b.** Dans le cas d'**époux** mariés sous le **régime de la communauté** de biens, le décompte du délai est effectué à partir du début d'exploitation effectif de l'entreprise par l'un des époux. Mais s'il ressort des conditions réelles d'exploitation que chacun d'eux exploite une entreprise distincte, le délai est apprécié de manière séparée (BOI-BIC-PVMV-40-10-10-20 n° 90). L'administration refuse l'exonération aux **héritiers** d'un commerçant qui poursuivent l'activité s'ils cèdent le fonds moins de cinq ans après le décès (Rép. Charles : AN 12-11-1984 n° 43303 et Rép. Dejoie : Sén. 17-3-1988 n° 9225, non reprises dans Bofip).

c. Lorsqu'un contribuable exerce la **même activité** dans plusieurs établissements ou **plusieurs fonds,** de manière successive ou conjointe, l'exonération de la plus-value de cession est susceptible de s'appliquer si la durée cumulée d'activité excède cinq ans. Les **activités distinctes** exercées au sein du **même fonds** ou établissement qui relèvent de la même catégorie d'imposition sont réputées constituer une seule et même activité pour le décompte de ce délai (BOI-BIC-PVMV-40-10-10-20 n°s 60 et 70).
d. Les personnes qui **reprennent l'exploitation d'un fonds** de commerce qu'elles avaient **donné en location-gérance** peuvent cumuler les périodes d'exploitation directe écoulées avant et après la mise en location-gérance (BOI-BIC-PVMV-40-10-10-20 n° 520).
e. La **période de stage** d'un avocat ne peut pas être prise en compte pour la computation du délai de cinq ans si le stage est effectué **en qualité de salarié** (CE 23-6-2016 n° 388969 : RJF 10/16 n° 799).
f. La **période qui précède la date de création d'une société** par un exploitant, pendant laquelle sa mère a exploité à titre individuel un fonds de commerce que ce dernier aurait certes développé seul alors qu'il était mineur, n'est pas prise en compte pour la computation du délai de cinq ans (CE 24-7-2019 n° 414352 : RJF 11/19 n° 1008)

18215 BIC-VII-21800 s **Montant de recettes** L'exonération des plus-values est susceptible de s'appliquer (selon les modalités indiquées n° 18240) lorsque le montant des recettes de l'entreprise n'excède pas 350 000 € (exploitants agricoles, entreprises industrielles et commerciales de vente ou de fourniture de logements, à l'exception des locations meublées : n° 90550), ou 126 000 € (prestataires de services). Lorsque ces seuils sont franchis, le montant total de la plus-value est imposé selon le régime des plus-values professionnelles.

BIC-VII-22950 s **> Précisions** Les seuils d'exonération des plus-values réalisées par les **entreprises de travaux agricoles ou forestiers,** à l'occasion de la cession des biens d'équipement exclusivement affectés à la réalisation des travaux en question, sont ceux prévus pour les entreprises d'achat-revente (et non ceux des prestataires de services). Cette mesure est réservée aux entrepreneurs qui effectuent à titre principal (plus de 50 % des recettes annuelles) des travaux agricoles ou forestiers pour le compte d'exploitants agricoles ou forestiers ou de collectivités locales (CGI ann. III art. 41-0 A).

18217 Les recettes sont prises en compte pour leur montant **hors taxe.** Il convient de retenir la **moyenne des recettes** réalisées au titre des exercices, ramenés le cas échéant à douze mois, clos au cours des deux années civiles qui précèdent la date de clôture de l'exercice de réalisation de la plus-value. Cette règle concerne tous les exploitants (BIC, BNC ou BA) et s'applique aux plus-values réalisées en cours d'activité ou en fin d'exploitation.

EXEMPLE

En cas de cession d'une immobilisation en avril 2020 au cours d'un exercice ouvert le 1er juillet 2019 et clos le 30 juin 2020, le seuil d'exonération est apprécié en retenant la moyenne des recettes réalisées au cours des exercices arrêtés en 2018 et 2019.

Si l'exercice 2018 n'a duré que 4 mois, les recettes de cet exercice seront multipliées par 3.

18220 Les **recettes à retenir** s'entendent :
– des créances acquises (avant déduction des escomptes de règlement) dans les entreprises industrielles, commerciales et agricoles ;
– des sommes effectivement encaissées par les titulaires de bénéfices non commerciaux qui n'ont pas opté pour la détermination de leur résultat à partir des créances acquises et des agriculteurs au régime micro-BA ;
– des recettes accessoires rattachées, selon les cas, aux bénéfices industriels et commerciaux (n° 7925), aux bénéfices agricoles (n° 15200 s.) ou aux bénéfices non commerciaux (n° 13170, b).

Ne sont **pas prises en compte** les recettes exceptionnelles telles que celles provenant des cessions massives, globales ou partielles, de stocks en fin d'exploitation (CE 20-10-2000 n° 181229 : RJF 1/01 n° 6).

Lorsque le contribuable exploite personnellement **plusieurs entreprises** relevant du même revenu catégoriel, il doit comparer aux seuils légaux d'exonération le montant total des recettes réalisées dans l'ensemble de ses entreprises. Mais une telle globalisation n'a pas lieu d'être effectuée si des entreprises distinctes sont exploitées par des membres du foyer fiscal, y compris lorsque les activités relèvent de la même catégorie d'imposition (BOI-BIC-PVMV-40-10-10-20 n° 600).

Lorsque l'exploitant est également **membre d'une société de personnes,** le seuil d'exonération est apprécié en totalisant ses recettes individuelles et sa quote-part dans les recettes de la société de personnes.

> Précisions Les **exploitants agricoles** peuvent faire abstraction :
– de la valeur des **produits prélevés dans l'exploitation** qui sont alloués aux salariés ou au propriétaire du fonds en paiement du fermage ;
– des **dons** de produits agricoles alimentaires **à des associations** à but non lucratif ;
– des recettes correspondant aux **apports de stocks à un Gaec** rémunérés par des parts sociales ;
– de la dotation aux jeunes agriculteurs et des **aides** perçues dans le cadre d'un contrat territo-

rial d'exploitation ou d'un contrat d'agriculture durable dès lors qu'elles sont affectées à la création ou à l'acquisition d'immobilisations (BOI-BIC-PVMV-40-10-10-20 nos 350 et 410).

Certaines recettes perçues par les **éleveurs** ne sont par ailleurs prises en compte que pour une fraction de leur montant, par extension des règles prévues pour la détermination du régime d'imposition (nos 15530, précision a et 15545). À l'inverse, les recettes provenant d'**opérations à façon** sont retenues après avoir été multipliées par cinq (no 15550).

PORTÉE DE L'EXONÉRATION

18230 BIC-VII-21500 s

Nature des opérations exonérées L'exonération concerne toutes les **transmissions à titre gratuit ou onéreux d'éléments d'actif.**

18235

Les plus-values afférentes aux biens qui entrent dans le champ d'application de l'article 1594-0 G, A du CGI (nos 66290 s.), réalisées en cours ou en fin d'exploitation, sont exclues du bénéfice de l'exonération et soumises au régime de droit commun des plus-values professionnelles, quels que soient la durée d'exercice de l'activité et le montant des recettes. Sont concernées les **cessions d'immeubles** assorties d'un engagement de construire pris par l'acquéreur, assujetti à la TVA, qui sont **exonérées de droits d'enregistrement** (terrains à bâtir, immeuble inachevé ou destiné à être remis à neuf…). Ainsi, les cessions de terrains à bâtir à des particuliers en vue de la construction d'immeubles d'habitation soumises aux droits d'enregistrement peuvent bénéficier de l'exonération.

> **Précisions** Bien qu'ils répondent à la définition des terrains à bâtir, certains **terrains expropriés** ne sont pas considérés comme tels pour l'application de l'article 151 septies du CGI et peuvent par suite bénéficier de l'exonération (même si, dans ce cas, la condition de durée minimale d'activité n'est pas remplie : no 18210). Sont visés les terrains expropriés définis par l'article L 322-3 du Code de l'expropriation pour cause d'utilité publique, qui ne sont pas indemnisés comme des terrains à bâtir mais en fonction de leur seule valeur d'usage.

18237 BIC-VII-24900 s

Montant de la plus-value ouvrant droit à exonération L'exonération, totale ou partielle, porte sur les **plus-values nettes,** à court terme ou à long terme, déterminées après compensation avec les moins-values de même nature.

> **Précisions** **a.** Dans le cas où la plus-value est réalisée par une **société de personnes** issue de la **transformation d'une société soumise à l'IS,** le régime d'exonération n'est applicable qu'à la fraction de plus-value acquise depuis le changement de régime fiscal : voir no 38775, précision c.
> **b.** Pour les **immobilisations non utilisées** pour l'exercice de l'**activité professionnelle,** seule une fraction de la plus-value, déterminée selon les modalités prévues aux nos 18460 s., bénéficie de l'exonération (BOI-BIC-PVMV-40-10-10-10 no 290).

18240 BIC-VII-25300 s

Détermination de la part exonérée de la plus-value L'**exonération** est **totale** si les recettes n'excèdent pas :
– 250 000 € pour les exploitants agricoles et les entreprises industrielles et commerciales de vente ou de fourniture de logements, à l'exception des locations meublées (no 90550) ;
– 90 000 € pour les prestataires de services.

L'exonération est **partielle** lorsque les recettes excèdent ces seuils sans dépasser respectivement 350 000 € et 126 000 €. Les plus-values sont alors exonérées pour une fraction de leur montant et imposées selon le régime des plus-values professionnelles à court ou à long terme pour l'autre fraction. Il s'agit d'une exonération partielle **dégressive,** la fraction imposée dans les conditions de droit commun étant d'autant plus élevée que les recettes sont proches de 350 000 € ou de 126 000 €. La **fraction exonérée** est obtenue en appliquant au montant de la plus-value réalisée un taux égal au rapport suivant :
– (350 000 € – montant des recettes) / 100 000 €, dans les entreprises industrielles et commerciales de vente ou de fourniture de logement et les exploitations agricoles dont les recettes sont comprises entre 250 000 € et 350 000 € ;
– (126 000 € – montant des recettes) / 36 000 €, chez les prestataires de services dont les recettes sont comprises entre 90 000 € et 126 000 €.

EXEMPLE

Soit une entreprise exerçant une activité d'achat-revente dont l'exercice coïncide avec l'année civile qui réalise une plus-value d'un montant de 15 000 € en 2020. La moyenne du chiffre d'affaires à retenir s'élève à 310 000 € HT.

Le montant de la plus-value exonérée s'élève à 15 000 € × (350 000 € − 310 000 € / 100 000 €) = 6 000 €.

18245

Cas particulier des activités mixtes Lorsque l'activité de l'entreprise comprend à la fois une activité de vente (ou assimilée) et de prestations de services, l'**exonération totale** n'est applicable que si le montant global des recettes n'excède pas 250 000 € et si le montant des recettes issues des prestations de services n'excède pas 90 000 €.

Lorsque ces deux montants de recettes sont compris dans les fourchettes prévues pour l'**exonération partielle,** il convient de déterminer la fraction de plus-value qui serait exonérée si l'entreprise n'exerçait qu'une activité d'achat-revente (d'après le CA global) et celle qui serait exonérée si l'entreprise n'exerçait qu'une activité de prestataire de services (d'après le CA prestations de services). La fraction la plus faible est retenue pour déterminer la part de plus-value effectivement exonérée.

EXEMPLE

Une entreprise réalise en 2020 une plus-value de 15 000 €. La moyenne de son chiffre d'affaires global réalisé au cours des exercices 2018 et 2019 est de 340 000 € dont 225 000 € proviennent de l'activité de vente et 115 000 € de celle de prestations de services.

La prise en compte de l'intégralité des recettes fait ressortir une fraction de plus-value exonérée égale à :

(350 000 € – 340 000 €) / 100 000 € = 10 %.

Si l'on s'en tient aux recettes provenant des prestations de services, la part exonérée est de :

(126 000 € – 115 000 €) / 36 000 € = 31 %.

Il convient de retenir le plus faible des deux pourcentages ainsi calculés, soit 10 %. Le montant de la plus-value exonérée est égal à 15 000 € × 10 % = 1 500 €.

18250 **Combinaison avec les autres régimes de faveur** Le dispositif d'exonération en fonction du montant des recettes ne peut être cumulé avec l'exonération des plus-values de **cession de fonds de commerce en fonction de la valeur des éléments cédés** (n°s 19650 s.). Les régimes de **report d'imposition** prévus en cas d'apport en société d'une activité professionnelle (n°s 19710 s.), de transmission à titre gratuit d'une entreprise individuelle (n°s 19810 s.) ou de parts de sociétés de personnes constituant un actif professionnel (n°s 37720 s.), de restructuration de sociétés civiles professionnelles (n° 13875), d'apport en société de titres inscrits au bilan (n°s 18410 s.) et d'apport en société de certains droits de la propriété intellectuelle (n° 13805) ne peuvent pas s'appliquer à la fraction de la plus-value qui demeure imposable après application de l'article 151 septies du CGI.

18260 **Sort des moins-values nettes** L'exonération des plus-values ne prive pas le contribuable du droit de déduire dans les conditions habituelles les moins-values nettes subies lors de la cession d'éléments d'actif (BOI-BIC-PVMV-40-10-10-30 n° 10) :
– les moins-values nettes **à court terme** sont déductibles du résultat imposable ;
– les moins-values nettes **à long terme** suivent les règles d'imputation exposées aux n°s 18115 s.

b. Autres cas d'exonération

EXPLOITANTS OPTANT POUR UN RÉGIME RÉEL D'IMPOSITION

18275
CGI art. 39 octodecies
RIE-III-20000 s

Les contribuables qui optent pour la première fois pour un régime réel d'imposition (normal ou simplifié) peuvent constater en franchise d'impôt les plus-values acquises, à la date d'effet de l'option, par les **éléments non amortissables** de leur actif immobilisé (clientèle, droit au bail, terrains, dans la mesure où ils peuvent être considérés comme des éléments d'actif).

Il s'agit en fait d'une opération de « réévaluation » qui ne peut, en raison de l'interdiction des réévaluations partielles, être constatée en comptabilité comme le prescrit la loi, mais qui doit être mentionnée sur la **déclaration** de l'exercice au titre duquel l'option pour le régime réel est exercée (annexe n° 2031 Bis-SD, accompagnée d'une note indiquant la nature et la valeur des éléments non amortissables réévalués).

Ce dispositif, dont les entreprises placées de plein droit sous un régime réel sont exclues, présente l'**intérêt** de purger les plus-values acquises à la date de l'option, en prévision du cas où elles ne pourraient bénéficier par la suite d'aucune exonération. Les **plus-values ultérieures** imposables seront alors calculées d'après la nouvelle valeur fiscale des éléments concernés.

> **Précisions** En cas de **cession ou de cessation de l'exploitation moins de cinq ans** après la création ou l'acquisition de l'entreprise, les plus-values imposables afférentes aux éléments non amortissables de l'actif immobilisé sont obligatoirement calculées en tenant compte de leur prix de revient d'origine.

EXPLOITANTS AGRICOLES

18300
CGI art. 72 E
BA-IV-8700 s

Les plus-values réalisées par les exploitants agricoles à l'occasion d'**échanges de terres** effectués dans le cadre d'**opérations de remembrement** (ou assimilées) et d'opérations d'échanges amiables ne sont pas comprises dans le bénéfice de l'exercice en cours. Il ne s'agit toutefois que d'une **exonération provisoire** puisque, en cas de cession ultérieure des terres reçues en échange, la plus-value est déterminée en fonction de la date et de la valeur d'acquisition des terres d'origine.

Ce dispositif est bien entendu sans objet lorsque la plus-value constatée lors de l'échange est définitivement exonérée en application de l'article 151 septies du CGI (nos 18200 s.).

ATTENTION

Seules les terres proprement dites inscrites à l'actif (améliorations foncières comprises) sont concernées, à l'exception des **bâtiments** et des **plantations** auxquels elles servent de terrain d'assiette. L'exonération provisoire ne s'applique pas non plus en cas de versement d'une **soulte.**

3. RÉGIMES SPÉCIAUX

a. Titres du portefeuille

CONDITIONS D'APPLICATION DU RÉGIME DES PLUS-VALUES PROFESSIONNELLES

Dans les entreprises soumises à l'impôt sur le revenu, l'application aux titres du portefeuille du régime des plus-values professionnelles à court terme ou à long terme ne dépend pas de leur nature (titres de participation ou titres de placement), comme c'est le cas en matière d'impôt sur les sociétés, mais du point de savoir si ces titres, lorsqu'ils peuvent être regardés comme appartenant à l'actif immobilisé, sont affectés ou non aux **besoins de l'activité professionnelle.** En effet, conformément à l'article 155, II du CGI, la cession de titres figurant à l'actif de l'entreprise mais n'ayant pas été utilisés pour les besoins de l'exploitation pendant tout ou partie de leur période d'inscription au bilan entraîne la constatation d'une plus ou moins-value relevant au moins partiellement du régime des plus-values privées : voir nos 18460 s. Pour l'application de cette règle, l'administration pose des conditions strictes pour admettre que les titres soient regardés comme utilisés pour l'exercice de l'activité : voir no 7345, précision b. **18380** CGI art. 155, II

ÉVALUATION DES TITRES

Il doit être procédé, à la fin de chaque exercice, à une estimation des titres. Les **modalités d'évaluation** à retenir, ainsi que les modalités de **détermination des provisions** susceptibles d'être déduites lorsqu'une dépréciation est constatée, sont communes à toutes les entreprises, quel que soit leur régime fiscal (IR ou IS) : voir no 18990. Lorsque les provisions concernent des titres de sociétés à prépondérance immobilière, le dispositif de plafonnement décrit au no 18900 est susceptible de s'appliquer, étant précisé qu'il n'y a pas lieu de distinguer entre les titres de sociétés cotées et ceux de sociétés non cotées dès lors qu'ils relèvent tous du même régime. **18390** CGI art. 39, 1-5o al. 16 et ann. III art. 38 septies **BIC-VII-35510 s et 42150 s**

Les provisions constituées en cas de dépréciation des titres sont soumises au régime fiscal des **moins-values à long terme** même si ces titres sont détenus depuis moins de deux ans. Les provisions ne sont donc pas déductibles des résultats d'exploitation, mais peuvent seulement s'imputer sur les plus-values à long terme réalisées au cours de l'exercice et des dix exercices suivants. Parallèlement, les provisions pour dépréciation devenant sans objet sont soumises au régime des plus-values à long terme.

ATTENTION

La déduction de provisions pour dépréciation ne peut pas être cumulée avec les régimes prévus en faveur des parts ou actions de **Sofica** (no 2730) (CGI art. 238 bis HH) et des parts de **Sofipêche** (sociétés de financement de la pêche artisanale) dont la souscription a été déduite du revenu global des souscripteurs (CGI art. 163 duovicies).

CESSION DES TITRES

Les cessions de titres du portefeuille des entreprises soumises à l'impôt sur le revenu relèvent du régime des plus-values ou moins-values d'actif à court ou à long terme lorsque les titres cédés peuvent être considérés comme faisant partie de l'**actif immobilisé** (quel que soit leur classement comptable). Selon l'administration, font partie de l'actif immobilisé : **18400** CGI art. 39 duodecies, 6, et ann. III art. 38 octies **BIC-VII-42350 s**

– d'une part, les **titres détenus depuis plus de deux ans** ;
– d'autre part, les **titres détenus depuis moins de deux ans** lorsque le portefeuille comprend des titres de même nature détenus depuis plus de deux ans (BOI-BIC-PVMV-30-30-10 no 1).

Dans ce dernier cas, le résultat de cession relève du long terme si les titres cédés ont été détenus depuis plus de deux ans. Lorsque la cession porte sur des **titres de même nature acquis à des dates différentes,** il convient de faire application des règles exposées au no 18855 pour l'appréciation de la durée de détention des titres cédés et le calcul de la plus-value.

Si tous les titres appartenant à une même catégorie ont été acquis moins de deux ans avant la cession, le résultat provenant de leur cession est traité comme un simple bénéfice (ou perte) d'exploitation.

Ces règles ne s'appliquent que dans la mesure où l'exploitant ne remplit pas les conditions requises pour bénéficier des **exonérations** applicables en fonction des recettes ou en cas de transmission d'entreprise.

Les plus-values constatées à l'occasion de la cession de titres de sociétés établies dans un **État ou territoire non coopératif** défini nº 78310, 1º et 2º, détenus depuis deux ans au moins sont exclues du régime du long terme, sauf si l'entreprise établit que les opérations réalisées pas la société établie à l'étranger correspondent à des opérations réelles non constitutives de fraude fiscale. Cette exclusion ne vise pas les moins-values.

> **Précisions** a. Les profits (ou pertes) réalisés par les entreprises qui ont pour objet le **commerce de titres,** lesquels font alors partie des stocks, constituent des résultats d'exploitation ordinaires.
> b. Limitation du montant déductible de la moins-value constatée lors de la cession, moins de deux ans après leur émission, de titres de participation reçus en contrepartie d'un **apport à une société en difficulté** : voir nº 18916.
> c. La **plus-value de cession de titres partagée avec les salariés** (nº 88690 précision c) est minorée du montant résultant de l'engagement de partage dû en application des articles L 23-11-1 à L 23-11-4 du Code de commerce (CGI art. 39 duodecies, 11).

EXPLOITANTS RÉALISANT UN APPORT DE TITRES EN SOCIÉTÉ

18410 CGI art. 151 octies B BIC-VII-42500 s

Les contribuables exerçant une activité commerciale, industrielle, artisanale, agricole ou libérale à titre professionnel au sens de l'article 155, IV du CGI qui procèdent à l'apport de titres inscrits à leur bilan peuvent se placer sous un régime optionnel permettant d'éviter l'imposition immédiate des plus-values résultant de l'apport. Ce report d'imposition s'applique aux apports rémunérés par des titres et éventuellement par une soulte ne dépassant ni 10 % de la valeur nominale des droits sociaux attribués ni le montant de la plus-value réalisée.

Un régime semblable est prévu en cas d'apport en société de **parts de sociétés de personnes** détenues par des associés exerçant leur activité professionnelle au sein de celle-ci (voir nº 37722).

18415 **Conditions d'application du régime** Le report d'imposition s'applique lorsque les conditions suivantes sont réunies :

– l'apport porte sur l'**intégralité** des titres détenus par le contribuable, inscrits à l'actif de son bilan ou au registre des immobilisations et nécessaires à l'exercice de son activité. Ne sont pas réputés **nécessaires à l'exercice de l'activité** les droits ou parts de sociétés à prépondérance immobilière ;

– la **société bénéficiaire** de l'apport relève d'un régime réel d'imposition à la date de l'apport ;

– la société bénéficiaire reçoit à l'occasion de l'apport, et, le cas échéant, d'autres apports concomitants, plus de 50 % des **droits de vote** ou du **capital** de la société concernée ;

– les **titres reçus** en rémunération de l'apport sont nécessaires à l'exercice de l'activité de l'apporteur.

> **Précisions** a. Les **titres** simplement **affectés à l'exploitation** n'ouvrent pas droit au dispositif. Mais ceux valablement inscrits par un exploitant relevant des **bénéfices non commerciaux** sur son **registre des immobilisations** devraient être considérés comme nécessaires à l'activité, compte tenu des conditions posées par la jurisprudence (voir nº 13280).
> S'agissant plus particulièrement des entreprises commerciales, devraient ouvrir droit au dispositif les **participations** détenues **dans des sociétés partenaires** (clients, fournisseurs...) dès lors que leur détention permet à l'exploitant d'obtenir des marchés.
> b. Les titres de **sociétés à prépondérance immobilière** exclus du régime s'entendent des titres de sociétés dont l'actif est principalement constitué de biens immobiliers bâtis ou non bâtis qui ne sont pas affectés par l'entreprise à sa propre exploitation, de droits afférents à un contrat de crédit-bail portant sur de tels biens et conclu dans les conditions prévues à l'article L 313-7, 2 du Code monétaire et financier, de droits ou parts de sociétés dont l'actif est principalement constitué des mêmes biens, droits ou parts.

18420 **Portée du régime** L'option pour le régime spécial permet à l'apporteur de bénéficier d'un **report d'imposition** pour les plus-values constatées à raison de l'échange des titres.

Il est mis **fin au report** en cas de cession, de rachat ou d'annulation des titres reçus en rémunération de l'apport ou des titres apportés. Le report prend également fin lorsque l'apporteur cesse d'exercer son activité à titre professionnel ou lorsque les titres reçus en rémunération de l'apport cessent d'être nécessaires à l'exercice de son activité. Voir toutefois nº 19925 en cas de départ en retraite de l'associé.

Le **report** d'imposition est **maintenu** en cas d'échange des droits sociaux résultant d'une fusion ou d'une scission entrant dans la définition de l'article 210-0 A du CGI (nos 39200 s.) de la société dont les titres ont été apportés ou de la société bénéficiaire de l'apport jusqu'à la date de cession, de rachat ou d'annulation des titres reçus lors de l'échange. Toutefois ces dispositions ne s'appliquent pas si la fusion ou la scission a pour objet principal ou comme un de ses objectifs principaux la fraude ou l'évasion fiscales (no 39202).

Le report d'imposition est également maintenu en cas de transmission à titre gratuit des droits sociaux rémunérant l'apport (ou des droits reçus en échange d'une fusion ou d'une scission de la société bénéficiaire de l'apport ou de la société dont les titres ont été apportés) à la double condition que l'opération soit réalisée dans les conditions prévues à l'article 41 du CGI (nos 19810 s.) et que le bénéficiaire s'engage à acquitter l'impôt afférent à la plus-value lorsque l'un des événements visés ci-dessus intervient.

D'une manière générale, le report d'imposition est maintenu en cas de réalisation d'une nouvelle opération ouvrant droit à un report ou sursis d'imposition (CGI art. 151-0 octies).

› Précisions a. En cas **d'échange avec soulte,** le report d'imposition ne s'applique pas au montant de la soulte, celle-ci étant immédiatement taxable (cette plus-value peut bénéficier le cas échéant du régime du long terme dans la limite de la plus-value réalisée sur les titres détenus depuis au moins deux ans).

b. L'**option** pour ce régime est **exclusive des régimes d'exonération** applicables en fonction du montant des recettes (nos 18200 s.), de la valeur des éléments cédés (nos 19650 s.), ou en cas de départ à la retraite de l'exploitant (nos 19890 s.) **et des reports d'imposition** prévus en cas d'apport en société d'une entreprise individuelle (nos 19710 s.) ou d'opérations de restructuration d'une SCP (no 13875).

c. Maintien du report en cas de **transfert en fiducie** : voir nos 90780 s.

18425 **Obligations des entreprises** L'**apporteur** doit joindre à sa déclaration de revenus de l'année de réalisation de l'opération et des années suivantes un état destiné à assurer le suivi des plus-values dont l'imposition est reportée (CGI ann. III art. 41-0 A bis A). La production de cet état formalise l'option du contribuable pour le régime.

La **société bénéficiaire** de l'apport est, quant à elle, soumise aux mêmes obligations déclaratives que la société bénéficiaire de l'apport d'une entreprise individuelle placé sous le régime de l'article 151 octies (voir no 19780).

TITRES DE FCP

18435 CGI art. 38, 5-1° BIC-VII-55950 s

Les **plus-values** réalisées par un fonds commun de placement qui sont **distribuées,** en application de l'article L 214-17-2 du Code monétaire et financier, doivent être comprises dans le résultat imposable au taux de droit commun du porteur de parts dès l'exercice au cours duquel cette distribution est effectuée. Elles sont exclues du régime des plus-values à long terme.

En revanche, l'imposition de la quote-part des plus-values (ou moins-values) **capitalisées** par un FCP est reportée à l'exercice au cours duquel l'entreprise membre cède ses parts. La plus-value (ou moins-value) constatée est alors calculée par différence entre la valeur de rachat des parts et leur valeur au bilan. Elle est soumise au régime des plus-values et moins-values à court ou à long terme dans les conditions habituelles.

18440 CGI art. 38, 5-2° BIC-VII-48100 s

Les **répartitions d'actifs effectuées par les FCPR** (fonds communs de placement à risque), les **fonds professionnels de capital investissement** et les **sociétés de libre partenariat** qui répondent aux conditions définies nos 26305 s. sont affectées prioritairement au **remboursement des apports** ou du **prix d'acquisition des parts.** Ces répartitions peuvent provenir de la cession d'actifs réalisée directement par le fonds ou, par l'intermédiaire d'un autre FCPR, d'un FCPI, d'un FPI ou d'une entité étrangère d'investissement en capital-risque. Elles ne donnent lieu à aucune imposition tant qu'elles n'excèdent pas le montant des apports effectivement libérés et non encore amortis ou le prix d'acquisition des parts. Les répartitions qui n'ont pas été imposées minorent le prix de revient des parts du fonds. L'**excédent** des sommes réparties est soumis au régime des plus-values à long terme dans la proportion existant entre le montant des apports effectués depuis au moins deux ans à la date de la répartition et le montant total des apports effectués à cette date.

En ce qui concerne les distributions de **SCR** prélevées sur des plus-values sur titres, voir no 26425.

RÉGIMES PARTICULIERS

18450 Les entreprises relevant de l'impôt sur le revenu peuvent, le cas échéant, être soumises aux règles particulières applicables :
- aux opérations d'**échange** ou de **conversion** de titres : nos 19055 s. ;
- aux **transferts temporaires** de titres : nos 19080 s. ;
- aux **droits et bons de souscription** : nos 19040 s. ;
- et en cas d'**annulation** de titres : nos 19100 s.

b. Autres biens

ÉLÉMENTS D'ACTIF NON UTILISÉS POUR LES BESOINS DE L'ACTIVITÉ

18460 CGI art. 155, II et III BIC-VII-4020 s

La **plus ou moins-value** issue de la cession de biens qui, au cours de leur période d'inscription à l'actif d'une exploitation individuelle, n'ont pas toujours été utilisés pour l'exercice de l'activité professionnelle doit être **ventilée** entre :
– une fraction afférente à la période d'affectation du bien à l'exercice de l'activité, soumise au régime des plus-values professionnelles ;
– et une fraction relative à la période pendant laquelle le bien n'a pas été utilisé pour l'exercice de l'activité, qui relève des règles d'imposition des plus-values privées (plus-values immobilières ou plus-values sur valeurs mobilières et droits sociaux selon la nature du bien).

18462 La fraction de la plus-value soumise au régime des **plus-values professionnelles** est déterminée par différence entre un prix de cession ajusté et la valeur comptable de l'élément d'actif cédé, majoré le cas échéant des amortissements réintégrés. Le prix de cession à prendre en compte s'entend de la somme :
– du prix de cession réel multiplié par le rapport existant entre la durée d'utilisation professionnelle et la durée d'inscription du bien à l'actif ;
– et de la valeur d'origine du bien multipliée par le rapport existant entre la durée d'utilisation non professionnelle et la durée d'inscription du bien à l'actif.

La fraction de la plus-value soumise au régime des **plus-values privées** est égale au prix de cession réel de l'actif diminué du prix de cession retenu pour la détermination de la plus-value professionnelle.

› Précisions a. Lorsque l'élément d'actif est **utilisé pour** l'exercice de **l'activité professionnelle de manière discontinue,** il convient d'additionner les durées d'utilisation professionnelle (BOI-BIC-PVMV-10-20-30-20 n° 40).

b. N'ont pas à être ajoutés à la valeur comptable les **amortissements** réintégrés au bénéfice imposable mais pris en compte pour le calcul d'un bénéfice non professionnel (BIC ou BNC). Il en est de même des amortissements pratiqués au cours d'exercices ouverts avant le 1er janvier 2012 au titre d'une période d'utilisation non professionnelle du bien (BOI-BIC-PVMV-10-20-30-20 n° 70).

c. En cas de cession de biens à **usage mixte,** il convient de distinguer la fraction de la plus-value afférente à l'usage privé de celle correspondant à l'usage professionnel (BOI-BIC-PVMV-10-20-30-20 n° 150).

d. Lorsque des biens inscrits à l'actif n'ont **jamais été utilisés pour l'exercice de l'activité,** leur cession génère néanmoins une plus-value professionnelle, à hauteur des amortissements déduits du résultat des exercices ouverts avant le 1er janvier 2012 ou de ceux admis en déduction après cette date en cas d'option pour la tolérance exposée au n° 7345.

18466 EXEMPLE

1. Un exploitant individuel exerçant une activité commerciale acquiert le 1-1-2019 un immeuble pour une valeur de 200 000 €. L'immeuble, amorti au plan comptable et fiscal sur une durée de 20 ans, est utilisé jusqu'au 31-12-2021 comme point de vente de l'activité commerciale puis donné en location à compter du 1-1-2022. Il est cédé le 31-12-2023 pour une valeur de 260 000 €. On suppose que le montant des loyers excède 5 % des produits d'exploitation de l'entreprise et que les amortissements ne sont donc pas déductibles du résultat professionnel (n° 7345). De 2019 à 2021, l'immeuble étant affecté à l'activité professionnelle, l'ensemble des charges y afférentes est déductible du bénéfice professionnel. En 2022 et 2023, l'immeuble étant utilisé à titre privé, l'exploitant réintègre à son bénéfice imposable les amortissements pour un montant annuel de 10 000 €, soit 20 000 € pour ces deux exercices. Le prix de cession retenu pour le calcul de la plus-value professionnelle s'élève à : [(260 000 € × 3/5) + (200 000 € × 2/5)] = 236 000 €. La valeur nette comptable de l'immeuble s'élevant à la date de cession à [(200 000 € − (5 × 10 000 €)] = 150 000 €, la valeur de l'immeuble retenue pour le calcul de la plus-value professionnelle est égale à 150 000 € + 20 000 € = 170 000 €. La plus-value professionnelle imposable est donc égale à 236 000 € − 170 000 € = 66 000 €. La plus-value imposable selon le régime des plus-values des particuliers s'élève à 260 000 € − 236 000 € = 24 000 €. La plus-value économique réalisée lors de la cession de l'immeuble, soit 260 000 € − 200 000 € = 60 000 €, est ainsi ventilée, entre la plus-value professionnelle et la plus-value privée, au prorata de la durée d'affectation du bien aux activités professionnelle (3/5, soit 36 000 €) et non professionnelle (2/5, soit 24 000 €). La plus-value professionnelle est en outre majorée des amortissements déduits du bénéfice professionnel imposable (soit 30 000 €).

2. Si l'immeuble est donné en location dès le 1-1-2019 et que les loyers n'excèdent pas 5 % des produits de l'exercice, les amortissements peuvent, sur option, être déduits du résultat professionnel. Si l'immeuble est cédé le 31-12-2023 pour une valeur de 260 000 €, la plus-value professionnelle (à court terme) est égale au montant cumulé des amortissements déduits, soit 50 000 €. La plus-value privée s'élève à 260 000 € − 200 000 € = 60 000 €.

BIENS « MIGRANTS »

Définition On entend par « biens migrants » les biens qui ont figuré successivement dans les patrimoines privé et professionnel du contribuable avant d'être cédés. Il peut s'agir par exemple : 18470 CGI art. 151 sexies BIC-VII-88000 s
– d'immeubles, titres ou droits sociaux **inscrits à l'actif** de l'entreprise alors qu'ils faisaient jusqu'alors partie du patrimoine privé de l'exploitant ;
– d'**actions** ou de **parts sociales données en location** dans les conditions prévues aux articles L 239-1 s. du Code de commerce, la location entraînant automatiquement le transfert des titres du patrimoine privé vers le patrimoine professionnel de l'exploitant ;
– des **titres de société de personnes** appartenant à un associé, initialement apporteur de capitaux, qui vient à exercer son activité professionnelle dans la société (nº 37675).

Cession d'un bien professionnel ayant auparavant fait partie du patrimoine privé Il convient de déterminer, dans ce cas, deux plus-values distinctes, soumises à des régimes fiscaux différents : 18475

1. Une **plus-value professionnelle,** qui correspond à la plus-value acquise par le bien depuis sa date d'entrée dans l'actif professionnel jusqu'au jour de sa cession (ou de l'opération assimilée). Cette plus-value est déterminée, imposée ou exonérée suivant les règles exposées aux nºs 17700 s. ;

2. Une **plus-value « privée »,** qui correspond à la plus-value acquise au cours de la période pendant laquelle le bien a figuré dans le patrimoine privé. Selon la nature du bien, cette plus-value est déterminée, imposée ou exonérée :
– selon le régime des plus-values privées immobilières s'il s'agit d'un **immeuble** (ou de titres de certaines sociétés immobilières) ;
– selon le régime des plus-values privées sur **valeurs mobilières ou droits sociaux** s'il s'agit de titres ou de droits sociaux.

Au cas où il s'agirait de **biens meubles,** l'imposition d'une plus-value privée est beaucoup plus rare, compte tenu des cas limités d'imposition des particuliers en ce domaine.

› Précisions a. Dans un tel contexte, la **plus-value « privée »** est **calculée** par différence entre la valeur réelle du bien lors de son transfert dans le patrimoine professionnel et son prix d'acquisition (ou la valeur vénale qui a servi de base aux droits de mutation à titre gratuit).
En cas d'application des **abattements pour durée de détention,** seule la durée de détention dans le patrimoine privé est prise en compte.
Enfin, la **moins-value** éventuelle **sur titres** subie pendant la période privée est imputable sur les plus-values de même nature dans les conditions habituelles (nº 33065).
b. La plus-value correspondant à la période « privée » est exonérée si elle se rapporte à une **terre agricole** (autre qu'un bien défini aux nºs 66290 s.) exploitée par un agriculteur ayant exercé son activité à titre principal pendant au moins cinq ans.

Cession d'un bien privé ayant auparavant fait partie du patrimoine professionnel Dans ce cas, la **plus-value professionnelle** a dû être imposée (sauf exonération) lors du retrait du patrimoine professionnel. Au moment de la cession du bien, seule une **plus-value privée** est donc taxable, s'il y a lieu. Cette plus-value est déterminée par différence entre le prix de vente et la valeur réelle du bien au jour du retrait. En cas d'application d'un abattement pour durée de détention, celui-ci est calculé à partir de la date du retrait d'actif. 18480

Dans le cas où le bien a d'abord fait partie du patrimoine privé, puis a été inscrit à l'actif de l'entreprise avant d'être repris dans le patrimoine privé, il convient de faire la somme algébrique des plus-values et moins-values relatives aux deux périodes « privées ». Ces deux périodes sont également à considérer ensemble pour le calcul des abattements pour durée de détention.

LOCATION DE PARTS OU D'ACTIONS

Dans le cas où une personne physique donne en location des actions ou parts sociales dans les conditions prévues aux articles L 239-1 s. du Code de commerce, les **loyers** sont imposables dans la catégorie des bénéfices industriels et commerciaux. La mise en location entraînant le transfert des titres du patrimoine privé vers le patrimoine professionnel du bailleur, il est fait application, le cas échéant, du régime des biens migrants (nºs 18470 s.) à la **plus-value** qui résulte de la cession ultérieure des actions ou parts sociales. 18485

Lorsque le **locataire** est un exploitant individuel, les loyers sont déductibles de son résultat imposable.

C. Entreprises soumises à l'IS

1. RÈGLES GÉNÉRALES

18650 BIC-VII-9000 s La plupart des plus-values et moins-values réalisées par les entreprises soumises à l'IS sont traitées fiscalement comme un résultat ordinaire. Seules relèvent du régime du long terme les plus-values réalisées sur certains titres du portefeuille.

Ces règles concernent non seulement les entreprises passibles de plein droit ou sur option de l'impôt sur les sociétés, mais aussi les sociétés ou groupements relevant du régime des **sociétés de personnes,** pour la fraction des résultats revenant à leurs membres soumis à l'impôt sur les sociétés (nos 37630 s.).

Elles s'appliquent également aux sociétés membres d'un groupe placé sous le régime d'**intégration fiscale** (nos 40000 s.), moyennant toutefois certaines adaptations en matière d'imputation des moins-values (nos 40385 s.) et de cessions d'immobilisations intragroupe (nos 40465 s.). Les règles spéciales applicables en cas de **fusion** et scission de sociétés ou d'apport partiel d'actif font l'objet d'une étude d'ensemble nos 39000 s.

RÉGIME DE DROIT COMMUN

18660 CGI art. 209, I et 219, I-a quater BIC-VII-9120 s Les plus et moins-values de cession d'éléments d'actif réalisées par les entreprises soumises à l'impôt sur les sociétés sont, sauf exception, exclues du régime du long terme, quelle que soit la durée de détention des biens cédés. Le résultat de cession relève du régime des plus ou moins-values à **court terme.** En d'autres termes :

– les plus-values sont comprises dans le **résultat ordinaire** de l'exercice en cours lors de leur réalisation, qui est taxé au taux de droit commun ou, dans les PME, au taux réduit d'imposition de 15 % dans une limite de bénéfice de 38 120 € (nos 36065 s.) ;

– les moins-values s'imputent sur le bénéfice d'exploitation ou contribuent à la formation d'un déficit reportable dans les conditions de droit commun.

En tant que plus-values à court terme, les plus-values réalisées par les sociétés soumises à l'impôt sur les sociétés peuvent le cas échéant bénéficier des **dispositifs d'étalement** applicables dans les situations suivantes : sinistre ou expropriation (no 19285) ; opérations de reconversion agréées bénéficiant de l'exonération temporaire de cotisation foncière des entreprises liées à l'aménagement du territoire (BIC-VII-15750 s.).

RÉGIME DES PLUS-VALUES ET MOINS-VALUES À LONG TERME

18670 CGI art. 219, I-a BIC-VII-9300 s Relève principalement du régime du long terme la cession de **titres de participation** et des titres qui leur sont fiscalement assimilés (no 18770) lorsqu'ils ont été détenus pendant au moins deux ans. Les plus-values réalisées à l'occasion de la cession de ces titres sont exonérées, sous réserve de la taxation au taux normal de l'IS d'une quote-part de frais et charges (no 18865).

Relèvent également de ce régime et sont imposables au taux réduit de 19 % les plus-values de cession de **titres de sociétés à prépondérance immobilière cotées** qui ont le caractère de titres de participation détenus depuis au moins deux ans. Les **titres de sociétés à prépondérance immobilière non cotées** sont en revanche exclus du régime du long terme (no 18915).

Enfin, sont éligibles à ce régime, selon des modalités particulières, les sommes réparties par les **fonds communs de placement à risque** (FCPR) ou les **fonds professionnels de capital investissement** (auxquels sont assimilées les sociétés de libre partenariat) et les dividendes distribués par les **sociétés de capital-risque** (SCR) (no 18955), ainsi que les plus-values réalisées par les entreprises lors de la cession de ces parts ou actions, lorsqu'elles sont détenues depuis au moins cinq ans (no 18960). Ces plus-values et distributions combinent exonération et imposition au taux réduit de 15 %.

18675 Pour chaque secteur d'imposition défini ci-dessus, la **plus-value nette** résulte de la compensation des plus-values à long terme et des moins-values de même nature de l'exercice.

La plus-value nette à long terme imposable à l'un des taux réduits en vigueur peut le cas échéant être compensée avec la moins-value nette à long terme de l'exercice qui relève d'un autre taux. La plus-value nette qui en résulte peut être effacée par la compensation avec :

– soit les **moins-values à long terme** subies au cours des dix exercices (ou années) antérieurs qui n'ont pas encore été imputées, relevant du taux de 15 % ou 19 %, à l'exclusion toutefois des moins-values afférentes aux titres de participation placés sous le régime d'exonération. Cette imputation peut être réalisée en priorité sur la plus-value nette imposable au taux le plus élevé ;

– soit le **déficit** de l'exercice ou de l'année (qui peut inclure une moins-value à court terme) et les déficits antérieurs reportables : les déficits ainsi annulés cessent d'être reportables. Cette compensation, qui s'opère euro pour euro, procure un avantage de trésorerie immédiat et présente un avantage particulier dans le cas où l'entreprise, structurellement déficitaire, ne dégagera pas à moyen terme de bénéfices d'exploitation suffisants pour pouvoir imputer ses pertes. Lorsque la compensation est opérée avec le déficit de l'exercice, la règle de plafonnement exposée n° 35905 ne s'applique pas (BOI-IS-DEF-10-30 n° 200). Elle joue en revanche en cas de compensation avec les déficits antérieurs reportables.

La plus-value nette subsistant éventuellement après ces compensations est taxée au taux réduit dont elle relève. À cette imposition s'ajoute, le cas échéant, la contribution sociale prévue par l'article 235 ter ZC du CGI.

Cession d'immobilisations au sein d'un **groupe fiscal** : voir n°s 40465 s.

Les **moins-values** à long terme subies au titre d'un **exercice** s'imputent sur les plus-values à long terme réalisées au cours des dix exercices suivants, sans distinguer leur taux d'imposition. **18680** CGI art. 219, I-a bis BIC-VII-10000 s

La moins-value nette à long terme qui se rapporte aux titres de participation placés dans le secteur de quasi-exonération (n° 18770) n'est ni imputable ni reportable sur les exercices postérieurs.

> Précisions En cas de **cession** ou de **cessation** d'entreprise, les moins-values à long terme en instance de report (afférentes à des éléments d'actif autres que les titres de participation exonérés) sont en pratique imputées sur le bénéfice du dernier exercice à hauteur du rapport existant entre le taux d'imposition des plus-values à long terme applicable à l'exercice de réalisation des moins-values et le taux normal de l'impôt sur les sociétés applicable à l'exercice de liquidation.

Prélèvement sur la réserve spéciale Lorsqu'elles ont maintenu des sommes au compte de réserve spéciale des plus-values à long terme (**réserves supérieures à 200 M€**) et procèdent à un prélèvement sur cette réserve, les entreprises doivent rapporter les sommes prélevées aux bénéfices imposables de l'exercice en cours lors de leur distribution, sous déduction de l'impôt qui a déjà été perçu lors de la réalisation des plus-values correspondantes. **18685** CGI art. 209 quater BIC-VII-10730 s

Le complément d'imposition est également exigible en cas d'**incorporation au capital** de la réserve spéciale ou d'**imputation de pertes** (déficits fiscaux ou moins-value à long terme) sur cette réserve.

> Précisions Le virement de la réserve spéciale à la **réserve légale** n'est pas constitutif d'un prélèvement dès lors que les sommes portées à cette réserve ne sont pas distribuables (CE 28-11-1997 n° 147628 : RJF 12/97 n° 1106).

2. PORTEFEUILLE-TITRES

Le portefeuille-titres s'entend des titres de participation et des titres de placement figurant à l'actif. Les entreprises détentrices d'un tel portefeuille sont soumises à des règles différentes selon la nature des titres et l'application de régimes particuliers à certaines opérations. **18710** BIC-VII-30000 s

Le classement des titres dans les différentes catégories fiscales prévues par la loi détermine :
– d'une part, les règles applicables à leur évaluation à la clôture de chaque exercice, avec à la clé la possibilité de déduire ou non une provision pour dépréciation ;
– d'autre part, le régime fiscal des cessions dont ils font l'objet : exonération, régime des plus ou moins-values à long terme au taux réduit ou inclusion dans le résultat fiscal ordinaire.

Remarque : Ces règles ne concernent ni les titres de **créances négociables** ni les **instruments financiers à terme** régis par l'article 38, 6 du CGI (pour ces deux catégories de valeurs, voir respectivement n°s 7985 et 8005).

a. Classement fiscal des titres

Les titres du portefeuille sont classés en quatre catégories sur le plan fiscal au regard du régime des **plus-values à long terme** : **18760**
– les titres de participation (et assimilés) qui bénéficient d'un régime de quasi-exonération lorsqu'ils ont été détenus pendant au moins deux ans ;
– les titres de capital-risque qui combinent exonération et taxation au taux réduit de 15 % des plus-values à long terme lorsqu'ils sont détenus depuis au moins cinq ans ;
– les titres de participation au sein de sociétés à prépondérance immobilière cotées qui relèvent du taux réduit de 19 % après deux ans de détention ;
– les autres titres (parmi lesquels les titres de sociétés à prépondérance immobilière non cotées et les titres de sociétés à prépondérance financière) qui relèvent en principe du taux de droit commun de l'impôt sur les sociétés.

Le classement initial des titres dans l'une ou l'autre de ces catégories n'est pas intangible. Certains événements peuvent motiver un changement de catégorie, qui n'est pas sans conséquences fiscales (nº 18810).

TITRES DE PARTICIPATION (ET ASSIMILÉS)

18770 CGI art. 219, I-a quinquies BIC-VII-30220 s

Les titres de participation qui bénéficient du régime de quasi-exonération comprennent les parts ou actions qui revêtent ce caractère sur le plan comptable (qu'elles ouvrent droit ou non au régime des sociétés mères) et les titres considérés comme tels par la loi fiscale, à l'exception des titres de sociétés à prépondérance immobilière cotées ou non cotées (nos 18780 et 18800), des titres de sociétés à prépondérance financière et des titres de sociétés établies dans un État ou territoire non coopératif, sauf si la société apporte la preuve que les opérations réalisées par les entités établies hors de France correspondent à des opérations réelles non constitutives de fraude fiscale (nº 18800).

Sur le plan comptable doivent être classés parmi les titres de participation les droits dans le capital d'autres personnes morales, matérialisés ou non par des titres qui, en créant un lien durable avec celles-ci, sont destinés à contribuer à l'activité de la société détentrice. Sont présumés être des titres de participation les titres représentant une fraction du capital supérieure à 10 % (C. com. art. R 123-184). Selon la définition du Plan comptable général de 1982, reprise dans le recueil des normes comptables françaises de l'Autorité des normes comptables (ANC), la détention est estimée utile à l'activité de l'entreprise, notamment parce qu'elle permet d'exercer une influence sur la société émettrice ou d'en assurer le contrôle. La qualification des titres doit s'appuyer sur **l'intention de l'entreprise** à la date de leur acquisition. Une telle **utilité** peut notamment être caractérisée si les conditions d'achat des titres révèlent l'intention de l'acquéreur d'exercer une influence sur la société émettrice et lui donnent les moyens de le faire (CE 20-10-2010 nº 314248 : RJF 1/11 nº 16 ; CE 20-5-2016 nº 392527 : RJF 8-9/16 nº 685). Mais la seule intention d'exercer une influence ne suffit pas à caractériser une participation (CE 20-10-2010 précité ; BOI-BIC-PVMV-30-10 nº 42). Des titres représentant un **faible niveau de participation** peuvent dans certaines situations être qualifiés de titres de participation. L'administration estime alors qu'en l'absence d'influence ou de contrôle, seules des circonstances exceptionnelles peuvent attester l'utilité manifeste des titres pour l'activité de la société détentrice (BOI précité nos 92 et 120). L'utilité des titres peut reposer sur l'intention de la société acheteuse de favoriser son activité, notamment par les prérogatives juridiques qu'une telle détention lui confère ou les avantages qu'elle lui procure pour l'exercice de cette activité (CE 20-5-2016 nº 392527 : RJF 8-9/16 nº 685 ; BOI précité nº 94, à propos de titres ne représentant que 0,88 % du capital), ou sur l'influence que la société détentrice des titres peut exercer sur les choix stratégiques de la société émettrice, qui représente pour elle un partenaire important (TA Montreuil 5-7-2018 nº 1701452 : RJF 2/19 nº 126, à propos de titres représentant 2 % du capital).

L'affectation comptable des titres au compte-titres de participation constitue une **présomption simple** de leur exacte qualification. L'administration s'est engagée à ne la remettre en cause que si des indices permettent d'établir que l'entreprise a commis une **erreur manifeste d'appréciation** (BOI précité nº 130).

Certains **titres n'ayant pas la nature comptable de titres de participation** bénéficient de la qualification fiscale de titres de participation lorsqu'ils sont inscrits à une **subdivision spéciale** du compte du bilan correspondant à leur qualification comptable. Sont concernés les **titres qui ouvrent droit au régime des sociétés mères** (nº 40850), à condition de détenir au moins 5 % des droits de vote de la société émettrice, ainsi que les titres qui ont été acquis en exécution d'une **offre publique d'achat** (OPA) ou d'une **offre publique d'échange** (OPE) par l'entreprise qui en est l'initiatrice. L'inscription de ces titres à une subdivision spéciale matérialise une décision de gestion et constitue une **présomption irréfragable** opposable à l'entreprise comme à l'administration.

Lorsque des **événements postérieurs à l'acquisition** ont une incidence sur le classement des titres parmi les titres de participation, cette qualification est revue pour l'avenir, ce qui entraîne les conséquences fiscales présentées ci-après nº 18810.

> **Précisions** **a.** La **qualification comptable** de titres de participation s'applique aux investissements qui, par la création de **liens durables** avec la société émettrice, sont susceptibles d'avoir un impact favorable sur l'activité de l'entreprise acheteuse en concourant notamment au maintien ou au renforcement de sa rentabilité, à son développement ou à la diversification de ses domaines d'activité. **L'utilité de la détention** peut découler de l'exercice d'une influence significative sur la société émettrice par une participation effective à sa gestion et à sa politique financière, ou par le contrôle de celle-ci résultant de la quotité de droits de vote détenus. Elle peut aussi être établie par les objectifs stratégiques de l'entreprise, consistant par exemple en une diversification de son champ d'intervention, ou dans le développement de synergies industrielles, commerciales ou financières avec la société cible (BOI-BIC-PVMV-30-10 nos 70 à 90).
> L'administration entend tirer au plan fiscal les conséquences de la **présomption comptable** selon laquelle sont des titres de participation, sauf preuve contraire, les titres représentant au moins 10 % du capital d'une entreprise (BOI précité nº 120).

b. **Acquisition d'un complément de titres.** L'administration estime qu'en cas de **recapitalisation** d'une filiale préalable à sa cession, les titres nouvellement émis et acquis ont la même nature de titres de participation que les titres déjà détenus (BOI précité n° 98). Le Conseil d'État a toutefois retenu une solution différente s'agissant de titres détenus par une entreprise du secteur bancaire. En s'appuyant notamment sur la réglementation comptable propre à ce secteur, qui autorise l'inscription des titres d'une même société dans des catégories différentes, il a en effet jugé que la qualification donnée aux titres issus d'une acquisition antérieure ne fait pas, par elle-même, obstacle à ce que les titres de la même société acquis ultérieurement reçoivent une qualification comptable différente, en fonction de l'intention de l'acquéreur à la date de leur achat ou souscription (CE 8-11-2019 n° 422377 : RJF 1/20 n° 6).

c. Lorsque les titres appartiennent à un ensemble de sociétés, ils peuvent revêtir le caractère de titres de participation même si l'influence sur la société émettrice ou son contrôle n'est pas exercé personnellement et uniquement par la société détentrice (mais conjointement par l'ensemble des sociétés). La démonstration de ce contrôle peut, dans certaines situations, découler de l'appartenance de l'entreprise acheteuse à un **pacte d'actionnaires** prévoyant un exercice conjoint des droits de vote (BOI précité n° 120).

d. Constituent normalement des titres de participation les titres d'une **filiale** d'un groupe dont l'entreprise détient le contrôle conjointement avec d'autres sociétés et les participations durables détenues au sein d'une **société sœur** (BOI précité n°s 100 et 110).

e. Les **actions d'auto-contrôle** (dont les droits de vote ne peuvent pas être exercés à l'assemblée générale de la société) peuvent revêtir la nature de titres de participation lorsqu'il s'agit d'une détention dans le capital d'une société sœur mais pas dans celui de la société mère du groupe (BOI précité n° 190).

f. Les **actions propres** qui ne sont pas des titres de participation sont exclues du régime des plus ou moins-values à long terme (BOI précité n° 180).

g. En pratique, les **actions à dividende prioritaire sans droit de vote** et les **certificats d'investissement** dépourvus de droit de vote peuvent être considérés comme des titres de participation lorsqu'ils ouvrent droit au régime des sociétés mères et que la société détient par ailleurs une participation d'au moins 5 % des droits de vote de la société émettrice (BOI précité n° 160). Il en est de même des **actions de préférence** (BOI précité n° 255).

h. Peuvent être considérés comme des titres de participation les parts de **sociétés de personnes,** les droits sociaux des **associés commandités de sociétés en commandite par actions,** ainsi que les parts détenues au sein de **groupements sans capital,** à l'exclusion des droits portant sur des actifs détenus par des entités n'ayant pas la personnalité morale, telles les copropriétés, et des droits portant sur des sociétés en participation ou sur des sociétés créées de fait, y compris si elles ont opté pour l'IS (BOI précité n° 200).

Titres acquis par une fiducie ou qui lui sont transférés, voir n° 90880, précision e.

i. L'inscription, dans une subdivision spéciale d'un compte du bilan, de titres ne revêtant pas au plan comptable le caractère de titres de participation, mais ouvrant droit au **régime des sociétés mères** et représentant au moins 5 % des droits de vote de la société émettrice, permet de bénéficier du régime des plus ou moins-values à long terme. Elle traduit l'existence d'une décision de gestion et constitue une **présomption** irréfragable opposable à l'entreprise comme à l'administration. En revanche, lorsque les titres revêtent au plan comptable le caractère de titres de participation, ils doivent être inscrits en compte de titres de participation, cette inscription ne traduisant aucune décision de gestion dès lors qu'elle est commandée par le respect de la réglementation comptable. Par suite, sous réserve de l'erreur comptable délibérée, le contribuable peut corriger cette inscription si elle s'avère erronée (CE 29-5-2017 n° 405083 : RJF 8-9/17 n° 777). La **doctrine administrative** énoncée au BOI-BIC-PVMV-30-10 n° 270 prévoyant que dès lors que les titres ouvrent droit au régime mère-fille, l'inscription dans un compte de titres de participation constitue une présomption irréfragable qui matérialise une décision de l'entreprise opposable a donc été annulée (CE 29-5-2017 précité). Mais le n° 140 du même BOI n'a pas été annulé et confère également un caractère irréfragable à l'inscription dans un compte-titres de participation de titres ouvrant droit au régime des sociétés mères ou reçus à l'occasion d'une OPA ou d'une OPE par l'entreprise qui en est l'initiatrice.

j. Pour apprécier si des titres ouvrent droit au **régime des sociétés mères,** la **condition de détention d'au moins 5 % du capital** de la société émettrice s'apprécie à la date du fait générateur de l'impôt, c'est-à-dire à la date de cession pour une plus-value de cession, et non de manière continue sur une période de deux ans (CE 26-1-2018 n° 408219 : RJF 4/18 n° 352).

TITRES DE PARTICIPATION DANS DES SOCIÉTÉS À PRÉPONDÉRANCE IMMOBILIÈRE COTÉES

18780 CGI art. 219, I-a sexies-0 bis BIC-VII-31050 s

Lorsqu'ils répondent à la définition fiscale des titres de participation donnée ci-dessus, ces titres relèvent du régime du long terme selon des modalités spécifiques.

Sont considérées comme des sociétés à prépondérance immobilière les sociétés dont l'**actif** est constitué pour plus de 50 % de sa valeur réelle par des immeubles, des droits portant sur des immeubles, des droits afférents à des contrats de crédit-bail immobilier ou par des titres d'autres sociétés à prépondérance immobilière. Les immeubles ou droits principalement affectés par la société à sa propre exploitation industrielle, commerciale, agricole ou à l'exercice d'une profession non commerciale ne sont pas pris en compte pour l'appréciation du pourcentage de 50 %, qu'ils soient inscrits à son actif ou qu'ils soient détenus par l'intermédiaire d'une société elle-même à prépondérance immobilière (BOI-IS-BASE-20-20-10-30 nos 80 s.).

Lorsque les titres sont cédés, la loi prévoit que la **prépondérance immobilière** s'apprécie à la **date** de cession ou à la clôture du dernier exercice précédant la **cession.** Mais elle ne donne aucune indication pour les titres provisionnés. Saisi pour avis de cette question, le Conseil d'État a précisé que la prépondérance immobilière doit, dans ce cas, s'apprécier soit à la date de clôture du dernier exercice de la filiale précédant la constitution de la provision, soit à la date de clôture de l'exercice de la société mère au cours duquel la provision a été constituée (CE avis 22-11-2019 n° 432053 : RJF 2/20 n° 92). L'administration n'est pas fondée à considérer que le caractère immobilier prépondérant s'apprécie obligatoirement à la date de clôture de l'exercice de l'entreprise détentrice des titres qui constate une provision (CE 14-10-2015 n° 387249 : RJF 1/16 n° 8).

> **Précisions** **a.** Les **immeubles** affectés à l'exploitation d'une entreprise peuvent continuer à ne pas être retenus pour l'appréciation du seuil de 50 % lorsqu'ils sont **donnés en location** dans le cadre des opérations de **liquidation de l'entreprise** à la suite d'une procédure de redressement ou de liquidation judiciaires (BOI-IS-BASE-20-20-10-30 n° 120).
> **b.** Selon l'administration, les droits afférents à des **contrats de crédit-bail immobilier** doivent être retenus pour l'appréciation de la prépondérance immobilière même s'ils ne figurent pas à l'actif (BOI-IS-BASE-20-20-10-30 n° 40).

TITRES DE CAPITAL-RISQUE

18790 CGI art. 219, I-a ter BIC-VII-48000 s

Deux sortes de titres entrent dans cette catégorie :
– les parts de fonds communs de placement à risques (**FCPR**) ou de **fonds professionnels de capital investissement** (auxquels sont assimilées les **sociétés de libre partenariat**) remplissant les conditions prévues au II ou au III bis de l'article 163 quinquies B du CGI (nos 26305 s.) ;
– les parts de sociétés de capital-risque (**SCR**) satisfaisant aux conditions prévues à l'article 1-1 de la loi 85-695 du 1er juillet 1985 (nos 26380 s.).

TITRES EXCLUS DU LONG TERME

18800 CGI art. 219, I-a ter ; I-a sexies-0 ; I-a sexies-0 bis et I-a sexies-0 ter BIC-VII-31280 s

Ce sont tous les titres qui n'entrent pas dans l'une des catégories définies ci-dessus, c'est-à-dire essentiellement les **titres de placement** suivants : titres inscrits en comptabilité parmi les titres immobilisés de l'activité du portefeuille (TIAP), les autres titres immobilisés ou les valeurs mobilières de placement (VMP), lorsqu'ils ne figurent pas à une subdivision spéciale TRPVLT ; bons de souscription d'actions ou d'obligations, obligations, titres assimilés ; titres participatifs ; titres d'OPVCM autres que les FCPR ; parts de fonds communs de créances ; titres émis par les organismes de placement collectif immobilier (Sppicav et FPI).

Sont également exclus du régime du long terme même s'ils répondent à la définition comptable des titres de participation :
– les actions ou parts de **sociétés à prépondérance financière** dont l'actif est constitué principalement par des titres exclus de ce régime (énumérés ci-dessus), ou dont l'activité consiste de manière prépondérante en la gestion de ces mêmes valeurs pour leur propre compte ;
– les **titres de sociétés non cotées** qui répondent à la définition des sociétés à **prépondérance immobilière** énoncée ci-dessus n° 18780 ;
– les titres de sociétés établies dans un **État ou territoire non coopératif** défini n° 78310, 1° et 2°, sauf si l'entreprise établit, par tous moyens, que les opérations réalisées par ces sociétés correspondent à des opérations réelles non constitutives de fraude fiscale (BOI-IS-BASE-20-20-10-10 n° 125).

SUIVI DU CLASSEMENT ET TRANSFERT DE TITRES DE COMPTE À COMPTE

18810 CGI art. 219, I-a ter, al. 5 à 12 BIC-VII-37000 s

Le classement des titres dans une catégorie donnée ne présente pas un caractère définitif. Certains changements de catégorie se traduisent par des transferts de compte à compte qui ont des conséquences fiscales.

Les titres classés parmi les **titres de participation** doivent être transférés à un autre compte du bilan s'ils ne répondent plus à cette définition. Un tel changement peut découler de différentes décisions prises par l'entreprise, telles que par exemple une cession partielle de titres, la dilution de la participation ou un changement de stratégie. De façon symétrique, les **titres classés à un compte autre que le compte-titres de participation** peuvent devoir être affectés à ce compte si les conditions posées pour cette qualification sont réunies en raison par exemple d'une acquisition complémentaire, de la conclusion d'un pacte d'actionnaires garantissant l'exercice d'une influence, ou, selon nous, d'une modification des orientations stratégiques de l'entreprise. Les **titres inscrits à une subdivision spéciale TRPVLT** doivent obligatoirement en être retirés s'ils ne satisfont plus les conditions leur permettant d'être fiscalement assimilés à des titres de participation.

Certains transferts relèvent d'une **décision de gestion** de l'entreprise. Il s'agit des opérations affectant les **titres** autres que les titres de participation qui satisfont aux conditions pour être **inscrits à une subdivision spéciale TRPVLT.**

› Précisions a. L'**inscription des titres** dans une **subdivision spéciale TRPVLT** peut être faite dès l'acquisition des titres si à cette date ils satisfont les conditions leur permettant d'être fiscalement qualifiés de titres de participation (nº 18770). Elle peut également résulter à tout moment du virement de titres figurant déjà à l'actif de l'entreprise à la subdivision TRPVLT ouverte au sein du compte correspondant à leur qualification comptable, en particulier dans le cas où une ligne de titres inscrite à la subdivision « autres titres » ouverte au sein d'un compte autre que le compte « titres de participation » dépasse le seuil de 5 % du capital de la société émettrice du fait d'une acquisition complémentaire de titres (BOI-IS-BASE-20-30-30 nº 50), à condition que l'entreprise détienne au moins 5 % des droits de vote de la société émettrice.

Les entreprises peuvent à tout moment **retirer les titres** d'une subdivision spéciale TRPVLT pour les transférer vers la subdivision « autres titres » ouverte au sein du même compte de bilan. Ce retrait est obligatoire lorsque, en raison de la cession partielle d'une ligne de titres, les titres de même nature restant ensuite en la possession de l'entreprise ne satisfont plus la condition de 5 % du capital (BOI précité nº 70).

b. La **qualification comptable** de titres de participation n'est pas remise en cause par la **liquidation judiciaire** ultérieure de la société cible (CE 12-3-2012 nº 342295 : RJF 6/12 nº 564 ; BOI-BIC-PVMV-30-10 nº 96), ou par un **projet de cession** de la participation (BOI précité nº 98).

c. La cour administrative d'appel de Versailles a jugé que les dispositions relatives aux transferts de compte à compte ne s'appliquent pas en cas d'**échange de titres** inscrits dans un compte de titres de participation contre des titres inscrits, après l'échange, dans un compte de titres immobilisés de l'activité de portefeuille, dès lors qu'il s'agit de titres distincts (CAA Versailles 12-4-2018 nº 15VE02067 : RJF 8-9/18 nº 823).

Conséquences fiscales du transfert Certains transferts de titres ne sont pas imposables : il en est ainsi des transferts entre le compte « titres de participation » et une subdivision spéciale TRPVLT d'un autre compte du bilan, ainsi que des transferts n'affectant pas le compte « titres de participation » ou les subdivisions spéciales TRPVLT (s'ils sont effectués à la valeur comptable). Les autres transferts de titres, qui ont pour effet de faire entrer les titres dans le champ d'application du régime du long terme ou au contraire de les en retirer, réalisés à titre obligatoire ou facultatif, entraînent, quel que soit le sens dans lequel il interviennent, la constatation d'un résultat imposable dans la catégorie dont relevaient ces titres avant l'opération. Le résultat dégagé par le transfert correspond à la différence entre la valeur des titres à la date du transfert (valeur d'inventaire déterminée dans les conditions décrites nºs 18835 et 18985 s.) et leur valeur fiscale, laquelle peut différer de la valeur comptable si les titres ont fait l'objet d'un précédent transfert ou s'ils ont été reçus à la faveur d'une opération (fusion, échange) placée en sursis d'imposition. Ce résultat est placé en **report de taxation** jusqu'à la cession des titres concernés. 18815

La **cession des titres** transférés entraîne donc l'imposition de deux résultats : le résultat de transfert et le résultat de cession, qui est déterminé par la différence entre le prix de cession et la valeur des titres à la date du transfert, et soumis au régime dont ils relèvent depuis cette date. Par exemple, la cession de titres de participation précédemment transférés d'un compte « titres de placement » au compte « titres de participation » ou à un sous-compte spécial entraîne l'imposition d'une plus ou moins-value à court terme pour la période précédant le transfert, et d'une plus ou moins-value à long terme pour la période postérieure, à condition que les titres aient été détenus pendant au moins deux ans, ce **délai de détention** étant décompté à partir de la date du transfert. Lorsque le transfert est intervenu en sens inverse, le résultat de transfert relève du régime du long terme si les titres étaient détenus depuis au moins deux ans à la date de l'opération (ou inscrits depuis au moins deux ans dans une subdivision TRPVLT) et le résultat de cession est soumis au régime du court terme.

Les **provisions constituées après le transfert** suivent le régime correspondant au nouveau classement des titres et sont déterminées par référence à leur valeur à la date du transfert ou à leur coût de revient d'origine si celui-ci est inférieur.

Les **provisions constituées avant le transfert** ne sont pas reprises à cette date. Leur reprise au cours d'un exercice postérieur au transfert s'impute en priorité sur les dotations les plus anciennes, et est soumise au régime appliqué lors de la constitution des provisions (BOI-IS-BASE-50 nºs 130 à 160).

› Précisions a. Le report d'imposition du résultat de transfert est maintenu en cas de cession des titres au sein d'un **groupe fiscal** et lorsque les titres transférés font l'objet d'un **apport** placé sous le régime spécial des **fusions** prévu à l'article 210 A du CGI. En revanche, lorsque, à la suite d'une fusion ou d'une scission, les titres transférés **détenus par les associés de la société absorbée ou scindée** sont échangés contre des titres de l'absorbante, cet échange entraîne l'imposition du résultat de transfert au titre de l'exercice de réalisation de l'opération, même lorsque le résultat d'échange bénéficie du sursis d'imposition prévu à l'article 38, 7 bis du CGI (nº 19070) (BOI-IS-FUS-50-20 nº 140 ; BOI-IS-BASE-20-30-30 nº 290).

b. Les entreprises doivent joindre à la **déclaration de résultats** de l'exercice du transfert et des exercices suivants un **état de suivi** des titres transférés. Le **défaut de production** de l'état ou l'**omission** des valeurs ou provisions qui doivent y être portées entraînent l'imposition immédiate des plus-values et des provisions omises non encore rapportées aux résultats imposables ; les moins-values ne peuvent être déduites qu'au titre de l'exercice de cession des titres considérés. Une **pénalité** est en outre applicable sur le montant des valeurs et provisions omises sur l'état, dont le taux est fixé à 5 % pour les transferts intervenus depuis le 1-1-2000 (CGI art. 1763, I-f). Non-application de l'amende en cas de régularisation, voir nº 9055, a.

c. Les titres inscrits au compte-titres de participation (ou à une subdivision spéciale TRPVLT) qui cessent de répondre à la définition des titres de participation (ou assimilés), mais que l'entreprise **s'abstient de transférer** hors de ce compte (ou de cette subdivision spéciale), sont considérés comme transférés à la date à laquelle les conditions posées pour bénéficier du régime du long terme ne sont plus remplies (CGI art. 219, I-a ter-al. 8). L'administration est donc en droit d'en tirer toutes les conséquences fiscales (BOI-IS-BASE-20-30-30 nº 30).

b. Titres de participation exonérés

ÉVALUATION

18835 BIC-VII-31620 s

Les **titres de participation, cotés ou non,** doivent être évalués à la clôture de chaque exercice à leur valeur réelle. Celle-ci s'entend, selon les règles comptables, de la valeur d'utilité qui représente ce que l'entreprise accepterait de décaisser si elle devait acquérir ces titres (Mémento comptable nºs 35705 s.). Une simple décote boursière ne peut à elle seule justifier la dépréciation des titres.

Plusieurs méthodes d'évaluation peuvent être retenues : voir nº 18990.

Lorsque l'évaluation des titres de participation fait apparaître une dépréciation, celle-ci est constatée dans les comptes sous forme d'une **provision** (nº 18995). En pratique, la comptabilisation de cette provision ainsi que sa reprise n'ont aucune incidence fiscale pour les titres placés sous le régime de quasi-exonération. En effet, les provisions afférentes à ces titres ne peuvent être déduites et leur **reprise** ne fait corrélativement l'objet d'aucune taxation.

18840 CGI art. 38, 9 BIC-VII-32100 s

Les entreprises qui établissent des **comptes consolidés** peuvent procéder à l'évaluation de certaines participations suivant la méthode de l'**évaluation par équivalence** qui consiste à remplacer, dans les **comptes sociaux** de la société consolidante, la valeur des titres de participation qu'elle détient par la quote-part de capitaux propres des filiales que ces titres représentent (voir notre Mémento Comptable nºs 36210 s.). Le recours à ce mode d'évaluation est neutre sur le plan fiscal.

› Précisions L'**écart d'équivalence positif** n'est pas taxable. La **provision pour dépréciation globale** des titres (constituée si la valeur globale des titres évaluée par équivalence est inférieure au prix d'acquisition) relève du régime des moins-values à long terme, dans la limite de la dépréciation calculée selon les règles de droit commun (nº 18835 et nº 18905). La **provision pour risque global** (constituée si la valeur d'équivalence est négative) n'est pas déductible du résultat imposable.

PLUS-VALUE OU MOINS-VALUE DE CESSION

18850 BIC-VII-32450 s

Calcul La plus ou moins-value réalisée en cas de cession de titres du portefeuille est calculée, comme pour toutes les immobilisations, par différence entre le prix de cession et le prix de revient des titres.

Lorsque la cession des titres intervient moins de cinq ans après leur acquisition, la valeur nette fiscale à prendre en compte inclut la fraction non encore déduite des frais supportés pour leur acquisition. Les **frais d'acquisition** des titres de participation sont en effet incorporés à leur prix de revient fiscal pour être déduits de façon échelonnée sur cinq ans (nº 7575), sans que leur cession n'autorise à anticiper cette déduction (BOI-IS-BASE-30-10 nº 260).

En cas de cession de titres ayant fait l'objet d'une **provision pour dépréciation,** la plus ou moins-value est calculée par rapport à la valeur comptable des titres cédés, abstraction faite de la provision. Cette dernière est reprise à la clôture de l'exercice de cession des titres.

› Précisions a. Lorsque la vente est assortie d'une **clause de garantie de passif,** les sommes versées ultérieurement par le vendeur en exécution de cette clause ne remettent pas en cause le montant de la plus-value imposée lors de la vente, mais sont déductibles du résultat imposable au taux de droit commun, au moins pour la fraction des versements excédant le prix de vente des titres (CAA Paris 10-6-1993 nº 91-973 : RJF 8-9/93 nº 1118), voire en totalité (CAA Douai 31-7-2012 nº 11DA00407 : RJF 12/12 nº 1102).

b. Les **compléments de prix** versés en vertu de clauses dites d'**« earn out »** ou assimilées relèvent du régime des plus-values à long terme si la plus ou moins-value dégagée lors de la cession initiale des titres concernés relevait également de ce régime (BOI-BIC-PVMV-10-20-10 nº 250).

c. Lorsque des titres de participation ont été acquis en vue de développer des **synergies** entre l'activité de la société acheteuse et celles des sociétés acquises, la fraction de leur prix d'acquisition correspondant à la valeur de ces avantages (« **survaleur** ») constitue un élément du prix de revient des titres à prendre en compte pour le calcul de la plus-value de cession (CE-12-7-2017 nº 400644 : RJF 11/17 nº 1017).

d. Les frais inhérents à la cession sont déduits du prix de cession et ne sont donc pas déductibles du résultat imposable (voir nº 17810).

e. Calcul des plus-values de cession de titres assortis de **primes de remboursement,** voir nº 7975, précision d.

f. Lorsque la cession porte sur les titres, détenus depuis moins de deux ans, dans une **filiale étrangère** ayant distribué des **produits retranchés du bénéfice net** de la société mère à hauteur de 99 % (nº 7955, a), leur prix de revient est diminué, pour la détermination de la plus-value ou moins-value de cession, du montant de ces produits ainsi retranchés (CGI art. 223 B, al. 2).

Titres acquis ou souscrits à des dates différentes Afin d'apprécier notamment le délai de détention des titres lorsque la cession porte sur des titres de même nature acquis à des dates différentes, il convient de faire application de la **règle « Peps »** (qui concerne aussi bien les titres de participation que les titres de placement) selon laquelle les titres acquis ou souscrits à la date la plus ancienne sont réputés cédés en priorité. Cette règle s'applique même lorsque les titres cédés sont numérotés et que leur date réelle d'acquisition peut ainsi être établie (CE 8-6-2016 nº 381289 : RJF 10/16 nº 801). Les plus ou moins-values sont calculées en fonction de la valeur d'origine pour laquelle les titres cédés figuraient au bilan. L'administration accepte toutefois la prise en compte d'une valeur d'achat moyenne pondérée pour les titres de même nature dont l'acquisition échelonnée résulte d'un même ordre d'achat ou a été opérée au cours d'un même exercice (BOI-BIC-PVMV-30-30-10 nº 130). **18855** CGI art. 39 duodecies, 6 et CGI ann. III art. 38 octies BIC-VII-32530 s

Pour les **titres de participation,** l'administration autorise la détermination des plus ou moins-values de cession d'après un **prix de revient moyen pondéré** (BOI-BIC-PVMV-30-30-10 nos 140 s.). Elle n'exclut pas expressément de cette tolérance les titres fiscalement assimilés à des titres de participation. Cette méthode n'est toutefois pas applicable en cas de cession de l'ensemble d'une ligne de participations en l'absence de cession partielle antérieure. En outre, elle n'est admise au plan fiscal que si elle est aussi appliquée sur le plan comptable. Elle ne doit pas, par ailleurs, avoir pour conséquence de faire apparaître une moins-value à court terme (ou d'en majorer le montant) par rapport aux montants qui seraient déterminés par application de la règle « Peps ». Enfin, le **choix** opéré pour une ligne de titres entre la méthode du prix de revient moyen pondéré et la règle Peps présente un caractère définitif et doit être respecté pour toutes les cessions ultérieures des titres de la ligne concernée (BOI-BIC-PVMV-30-30-10 nº 180). **18860** BIC-VII-32650 s

› Précisions La mise en œuvre de la méthode du coût moyen pondéré affecte non seulement le **calcul** de la plus ou moins-value, mais aussi l'appréciation de la **durée de détention** des titres cédés, car on considère alors que la quotité des titres cédés se rapporte à chacune des acquisitions, dans la proportion qu'elle représente par rapport au nombre de titres détenus.

Régime fiscal Les **plus-values nettes à long terme** résultant de la cession de titres de participation ou de titres assimilés (définis nº 18770) **détenus depuis au moins deux ans** sont exonérées, sous réserve de la taxation d'une quote-part de frais et charges qui est comprise dans le résultat ordinaire de l'exercice. **18865** CGI art. 219, I-a quinquies BIC-VII-33170 s

Cette **quote-part de frais et charges,** fixée forfaitairement à 12 % du montant brut de la plus-value de cession, n'est imposable que si l'entreprise réalise une plus-value nette à long terme au cours de l'exercice de cession (CE 14-6-2017 nº 400855, annulant la doctrine administrative contraire BOI-IS-BASE-20-20-10-20 nº 125). Le calcul de la quote-part ne tient pas compte des dotations ou reprises de provisions pour dépréciation des titres, ni des plus ou moins-values réalisées au cours de l'exercice mais bénéficiant d'un report ou d'un sursis d'imposition (BOI-IS-BASE-20-20-10-20 nº 95).

En revanche, les **plus-values antérieurement placées en report ou en sursis d'imposition** qui deviennent imposables au titre de l'exercice, sont incluses dans l'assiette de la quote-part de frais et charges de cet exercice.

Les **moins-values nettes à long terme** ne sont pas déductibles du résultat imposable et ne peuvent pas davantage être prises en compte pour compenser les plus-values relatives à d'autres catégories de titres.

Le résultat de cession des **titres** de participation **détenus depuis moins de deux ans** est compris dans le résultat taxable au taux de droit commun. Un régime de report de déduction s'applique toutefois aux **moins-values** subies à l'occasion d'une **cession de titres à une société liée** : voir nº 19075.

Par ailleurs, la déduction de la moins-value constatée lors de la cession, moins de deux ans après leur émission, de titres de participation reçus en contrepartie d'un **apport** à une **filiale en difficulté** est susceptible d'être limitée : voir nº 18916.

› **Précisions** **a.** En cas d'acquisition de titres à l'occasion d'une **augmentation de capital,** le point de départ de leur délai de détention ne peut être antérieur à la date de l'assemblée générale de la société qui est compétente pour autoriser l'opération, même si un accord était intervenu antérieurement entre les associés pour la réaliser (TA Montreuil 2-11-2017 n° 1605931 : RJF 3/18 n° 245).

b. Des règles particulières s'appliquent pour la détermination du régime fiscal applicable à la **cession de titres d'une société issue d'une opération de fusion ou de scission sans échange de titres** au sens de l'article L 236-3, II-3° du Code de commerce, lorsque les titres de la société absorbée (ou scindée) ont été acquis depuis moins de deux ans alors que les titres de la société absorbante (ou des sociétés bénéficiaires des apports) ont été acquis depuis au moins deux ans, ou inversement (CGI art. 39 duodecies, 12 issu de l'article 43 de la loi 2019-1479 du 28-12-2019). Ces règles permettent de déterminer de manière forfaitaire le montant de la plus-value qui correspond à la quote-part de valeur des titres de la société absorbée ou scindée.

c. Titres de participation au sein de sociétés à prépondérance immobilière

ÉVALUATION

18895 BIC-VII-33960 s Comme tous les titres de participation, ceux détenus dans des sociétés à prépondérance immobilière (définies n° 18780) doivent être évalués à la clôture de chaque exercice à leur valeur réelle (n° 18835). Lorsque l'évaluation opérée fait apparaître une dépréciation, celle-ci doit être constatée par voie de provision (n° 18995).

18900 CGI art. 39, 1-5°, al. 19 et art. 209, VI BIC-VII-34000 s **Dispositif de plafonnement** Le droit à déduction des provisions pour dépréciation des titres de sociétés à prépondérance immobilière est soumis à une restriction, qui s'applique distinctement aux titres de sociétés cotées et aux titres de sociétés non cotées.

Pour chacune de ces deux catégories de titres, les provisions comptabilisées ne peuvent être déduites qu'à hauteur de l'**excédent des moins-values latentes** sur l'ensemble des **plus-values latentes** afférentes aux titres de même nature détenus par l'entreprise. Les plus-values latentes sont déterminées par la différence entre la valeur réelle des titres à la clôture de l'exercice et leur prix de revient fiscal (c'est-à-dire corrigé des plus ou moins-values en sursis d'imposition). Pour les sociétés cotées, l'entreprise peut retenir le cours de bourse moyen du dernier mois de l'exercice (BOI-BIC-PROV-40-10-20-20 n° 100).

Le montant des plus-values latentes à prendre en compte à la clôture de chaque exercice est minoré de la fraction non déduite et non encore reprise des provisions antérieures.

Le montant réintégré au plan fiscal est affecté à chaque titre provisionné au prorata des dotations de l'exercice comptabilisées sur ce titre. Cette affectation est nécessaire pour la réalisation des retraitements liés à l'application du régime de **groupe** (n° 40430).

Le **montant non déductible** des provisions calculé au titre d'un exercice est **définitif.** Il ne peut être revu à la clôture d'un exercice suivant, même si le montant de la plus-value latente sur les autres titres de la même catégorie diminue.

EXEMPLE

Soit une société Y qui possède quatre lignes de titres A, B, C et D. Les sociétés A, B et C sont toutes des sociétés à prépondérance immobilière cotées, tandis que la société D est une société à prépondérance immobilière non cotée. Le dispositif de plafonnement ne s'applique pas à la provision pour dépréciation des titres D, puisque la société Y ne détient pas d'autres titres de participation de même nature. Y comptabilise des provisions pour la dépréciation de ses titres B et C pour 500 € (200 € pour les titres B et 300 € pour les titres C), alors qu'il existe par ailleurs à la clôture de l'exercice une plus-value latente afférente à ses titres A qui sont évalués à 110 €. La société Y a reçu ces 10 titres A dans le cadre d'une opération placée sous le régime de faveur de l'article 210 A du CGI. Leur valeur fiscale était égale à 80 € et leur valeur d'échange à 100 €. Les dotations aux provisions ne sont donc pas déductibles à hauteur de la plus-value latente égale à : 10 × (110 − 80) = 300 €.

Ces 300 € doivent être affectés à hauteur de 2/5 à la dépréciation des titres B, soit 120 €, et de 3/5 à celle des titres C, soit 180 €.

La **reprise** dans les comptes des provisions pour dépréciation constituées pour chaque catégorie de titres est imputée prioritairement sur la fraction de ces provisions non admise en déduction. Elle n'est donc pas imposable à hauteur de ce montant (CGI art. 39, I-5°-al. 20).

18905 BIC-VII-34700 s **Régime fiscal de la provision** Le montant fiscalement déductible de la provision pour dépréciation de **titres de sociétés à prépondérance immobilière cotées** relève du régime des moins-values à long terme au taux de 19 %, quelle que soit la durée de détention des titres. La reprise de ces provisions constitue une plus-value à long terme taxable à 19 %.

Lorsqu'elles sont admises en déduction, les provisions constituées à raison de **titres de sociétés à prépondérance immobilière non cotées** sont imputées sur le résultat taxable au taux plein, et leur reprise est corrélativement comprise dans ce résultat (CGI art. 219, I-a sexies-0 bis).

› Précisions a. Le **régime** fiscal appliqué à la **dotation** peut être **différent** de celui dont relève la **reprise** compte tenu des règles fixées pour la définition des sociétés à prépondérance immobilière : voir n° 18780.

b. Titres évalués par équivalence : voir n° 18840.

PLUS OU MOINS-VALUE DE CESSION

La plus ou moins-value réalisée en cas de cession de titres de participation au sein de sociétés à prépondérance immobilière est calculée suivant les règles de droit commun : voir nos 18850 s. **18915** CGI art. 219, I-a BIC-VII-34900 s

Lorsqu'il s'agit de titres **cotés,** elle relève du régime des plus ou moins-values à long terme s'ils sont détenus depuis au moins deux ans et du régime des plus et moins-values à court terme dans le cas contraire. La plus-value nette à long terme est, après compensation le cas échéant avec la moins-value nette à long terme de l'exercice relevant du taux de 15 %, imposée au taux réduit de 19 %. Elle peut toutefois faire l'objet d'une compensation avec les moins-values nettes à long terme des dix exercices antérieurs relevant du taux de 15 % ou 19 %, ou avec le déficit de l'exercice ou les déficits antérieurs reportables : voir n° 18675. Les moins-values nettes subies au titre d'un exercice s'imputent sur les plus-values nettes à long terme réalisées au cours du même exercice imposables au taux de 15 %. L'excédent éventuel de la moins-value nette à long terme s'impute ensuite sur les plus-values à long terme taxées à 15 % ou 19 % des dix exercices suivants (et en aucun cas, s'agissant des PME, sur les bénéfices d'exploitation taxés au taux de 15 %).

La cession de titres de participation au sein de sociétés à prépondérance immobilière **non cotées** dégage un profit (ou une perte) qui est pris en compte dans le résultat soumis au taux normal de l'impôt sur les sociétés, quelle qu'ait été la durée de détention des titres cédés.

› Précisions La cession de titres de sociétés à prépondérance immobilière cotées est soumise à des règles particulières dans les situations suivantes :
– cession de titres de **sociétés établies dans un État ou territoire non coopératif** : voir n° 18800 ;
– **cession à une société liée** avec constatation d'une moins-value : voir nos 19075 s.

Cession, moins de deux ans après leur émission, de titres reçus en rémunération d'un apport à une société en difficulté Lorsqu'une société cède moins de deux ans après leur émission des titres de participation reçus en rémunération d'un apport effectué à une société en difficulté, la **moins-value** subie n'est pas déductible à hauteur de la différence entre la valeur d'inscription en comptabilité des titres reçus et leur valeur réelle à la date de leur émission. Cette mesure concerne les cessions de titres de participation et de titres assimilés définis nos 18770 s. (BOI-BIC-PVMV-30-30-120 n° 30). Contrairement au dispositif mentionné au n° 8095, précision b, elle est susceptible de concerner des cessions de titres exclus du régime du long terme, tels que des titres de sociétés à prépondérance immobilière non cotés. **18916** CGI art. 39 quaterdecies, 2 bis BIC-VII-33445 s

d. Titres de capital-risque

ÉVALUATION

Les **provisions pour dépréciation** des parts de FCPR, de fonds professionnels de capital investissement (FPCI), auxquels sont assimilées les sociétés de libre partenariat, et de SCR dits « fiscaux » sont soumises au régime fiscal des moins-values à long terme au taux de 15 %, quelle que soit la durée de détention des titres. La reprise de ces provisions majore la plus-value nette à long terme de l'exercice taxable à 15 % ou minore la moins-value nette à long terme. **18945** CGI art. 39, 1-5° et art. 219, I-a ter BIC-VII-48070 s

DISTRIBUTIONS ET RÉPARTITIONS EFFECTUÉES PAR LES ORGANISMES DE CAPITAL-RISQUE

Les entreprises détentrices de titres de capital-risque peuvent dans certaines conditions bénéficier d'une exonération à raison des répartitions ou distributions effectuées par les organismes concernés. **18955** CGI art. 219 I-a sexies BIC-VII-48100 s

Tant qu'elles n'excèdent pas le montant des apports ou le prix d'acquisition des parts, les **sommes réparties par les FCPR** et les **fonds professionnels de capital investissement** (auxquels sont assimilées les sociétés de libre partenariat) ne sont pas imposables (voir n° 18440). L'excédent des sommes réparties par ces fonds deux ans au moins après la date de libération des apports par l'entreprise, ainsi que les **distributions des SCR** qui bénéficient du régime des plus-values à long terme (voir respectivement n° 18440 et n° 26425), sont également exonérés pour leur fraction issue des **plus-values de cession de titres de participation** répondant à une **définition spécifique.** Il s'agit des titres de sociétés dont le fonds ou la société a détenu au moins 5 % du capital pendant au moins deux ans, seul ou avec d'autres FCPR, fonds professionnels de capital investissement ou SCR. À concurrence de ces répartitions et distributions, l'exonération est totale, aucune quote-part de frais et charges ne devant être incluse dans le résultat imposable.

Lorsque le seuil de participation de 5 % n'est pas atteint, les répartitions et distributions bénéficient du régime de droit commun du long terme, soit une taxation au taux réduit de 15 %.

> **Précisions a.** Ce régime s'applique non seulement aux sommes provenant de la cession de **titres détenus directement** par le FCPR, le fonds professionnels de capital investissement ou la SCR mais aussi à celles tirées de la cession de titres détenus **indirectement** par l'intermédiaire d'un autre FCPR, d'un FCPI, d'un FIP ou d'une entité étrangère d'investissement en capital-risque, sous réserve que ces structures aient détenu au moins 5 % du capital de la société émettrice pendant deux ans au moins.
> **b.** Les répartitions afférentes à la cession de titres de sociétés à **prépondérance immobilière** (nos 18780 et 18800) et de titres de sociétés établies dans un **État ou territoire non coopératif,** sauf si la preuve mentionnée au nº 18800 est établie, sont exclues de ce régime d'exonération.

CESSION DE TITRES D'ORGANISMES DE CAPITAL-RISQUE

18960 Les **plus-values** de cession de parts de FCPR, de fonds professionnels de capital investissement, de sociétés de libre partenariat et d'actions de SCR **détenues depuis au moins cinq ans** sont exonérées dans la **proportion de l'actif** du fonds ou de la société représenté par des titres de participation répondant aux conditions précisées nº 18955. Aucune quote-part de frais et charges n'est comprise dans le résultat imposable. La fraction excédentaire de la plus-value est imposée au taux de 15 %.

Les **moins-values** de cession, autres que celles subies dans le secteur d'exonération, peuvent être imputées sur toutes les plus-values à long terme, y compris celles taxables à 19 %, sans être cantonnées à une imputation sur les plus-values de même nature (BOI-IS-BASE-20-20-30-10 nº 280).

Lorsque les parts de FCPR, de fonds professionnels de capital investissement, de sociétés de libre partenariat, et les actions de SCR sont **détenues depuis moins de cinq ans,** c'est le régime des plus ou moins-values à court terme qui s'applique.

> **Précisions** Pour déterminer la fraction de la plus-value de cession exonérée, il convient d'ajouter à la valeur des titres de participation détenus depuis au moins deux ans les sommes en instance de distribution depuis moins de six mois correspondant à la cession de tels titres.

e. Titres de placement et autres titres exclus du long terme

ÉVALUATION

18985 CGI art. 39, 1-5º et CGI ann. III art. 38 septies BIC-VII-35510 s

À la clôture de chaque exercice, les entreprises doivent procéder à une évaluation de leurs titres en portefeuille et comparer leur valeur à cette date, qualifiée de valeur d'inventaire, à leur valeur d'origine.

Si la valeur d'inventaire des titres est inférieure à la valeur d'origine, l'**écart négatif** constaté donne lieu à la constatation d'une provision, étant précisé que des règles particulières s'appliquent aux écarts constatés sur les titres d'**OPCVM** (Sicav, FCP…).

18990 **Modalités d'évaluation** Les **titres de placement cotés** sont estimés à la clôture de chaque exercice d'après le cours moyen du dernier mois de l'exercice. Les titres de placement **non cotés** sont évalués d'après leur valeur probable de négociation qui doit être appréciée en fonction de tous les éléments permettant d'obtenir un chiffre aussi voisin que possible de celui qu'aurait entraîné le jeu normal de l'offre et de la demande.

En pratique, plusieurs **méthodes d'évaluation** peuvent être retenues pour les titres de placement non cotés (ainsi que pour les titres de participation cotés ou non cotés) :

– la méthode **par comparaison,** qui tient compte des valeurs retenues lors de transactions récentes portant sur les titres de la société ou d'entreprises comparables (CE 6-6-1984 nº 35415-36733 : RJF 8-9/84 nº 940 ; CE 10-11-2010 nº 309148 : RJF 2/117 nº 153), ou des prix retenus lors de transactions postérieures réalisées à une date proche (CE 25-6-1975 nos 92185 et 92186 : RJF 9/75 nº 399). Cette méthode doit être utilisée par priorité et ne peut pas être combinée avec d'autres méthodes alternatives décrites ci-après (CE 21-10-2016 nº 390421 : RJF 1/17 nº 8) ;

– la méthode « patrimoniale » ou **mathématique,** qui retient la valeur de l'actif net de la société, corrigée le cas échéant pour tenir compte des plus-values latentes que recèlent les éléments d'actif (CE 2-12-1977 nº 1247 : RJF 1/78 nº 5 ; CE 28-11-1979 nº 10150 : RJF 2/80 nº 135) ;

– des méthodes prenant en compte le **rendement** et la **productivité** de l'entreprise, fondées par exemple sur la capitalisation des bénéfices (CE 14-11-2003 n° 229446 : RJF 2/04 n° 124). Dans de nombreux cas, ces méthodes sont combinées avec la méthode mathématique.

Les circonstances d'une transaction peuvent également être prises en compte pour évaluer les titres d'une société. La jurisprudence admet notamment de tenir compte de la survaleur résultant du **renforcement** de la **position de l'acquéreur sur le marché** (CE 10-12-2010 n° 308050 : RJF 3/11 n° 278 ; CE 20-12-2011 n° 313435 : RJF 3/12 n° 212).

Précisions **a.** Une **proposition de rachat** de titres ne peut servir de terme de comparaison pour évaluer la valeur des actions de la même société dès lors qu'elle n'a pas abouti à une cession effective (CE 23-7-2010 n° 308021 : RJF 11/10 n° 1024).

b. L'évaluation des titres auxquels sont attachées des **primes de remboursement** est effectuée à partir de leur valeur d'acquisition, abstraction faite des fractions de primes imposées au cours de la période de détention des titres (CGI art. 238 septies E, III) : voir n°s 7970 s.

c. L'émission d'**obligations convertibles en actions** par une société a en principe une influence sur l'évaluation de ses titres, sauf si, compte tenu des circonstances concrètes, le risque de conversion des obligations en actions nouvelles est inexistant (CE 1-7-2010 n° 304673 : RJF 11/10 n° 995).

d. Les **actions de préférence** émises par une société et les droits particuliers qui y sont attachés, notamment les droits prioritaires à la répartition de l'actif net en cas de liquidation de la société émettrice, influencent, sauf circonstance particulière, la valeur des actions ordinaires (CE 23-12-2011 n° 327562 : RJF 3/12 n° 220).

e. Évaluation de l'**usufruit de titres non cotés** : voir n° 7625, précision d.

Constatation des dépréciations L'évaluation est effectuée, pour chaque catégorie de **titres de même nature,** par rapport à la valeur d'origine globale de l'ensemble de ces titres. On entend ici par « titres de même nature » les titres émis par une même collectivité qui confèrent à leur détenteur les mêmes droits au sein de cette collectivité. Lorsque l'évaluation opérée fait apparaître une dépréciation, celle-ci doit être constatée par voie de provision (la constatation par voie de décote directe n'est pas possible). 18995

Pour les titres ayant une **valeur fiscale différente de leur valeur comptable,** la provision fiscalement déductible doit être déterminée par référence à leur prix de revient fiscal. En d'autres termes, lorsque des titres figurent au bilan pour une valeur supérieure à celle qui devra être retenue pour le calcul des plus-values de cession imposables, la déduction des provisions n'est admise que si la valeur d'inventaire des titres est inférieure à la valeur fiscale et dans la limite de cette différence. Cette règle concerne notamment les titres reçus dans le cadre d'opérations placées sous un régime de sursis d'imposition (fusions, échanges, par exemple : voir n°s 19055 s.).

Précisions **a.** Lorsqu'une **baisse anormale et momentanée** est constatée sur des **titres de placement** cotés, l'entreprise peut prendre la responsabilité de ne pas comprendre dans la provision tout ou partie de la moins-value constatée sur ces titres, dans la mesure où il peut être établi une compensation avec les **plus-values latentes normales** constatées sur d'autres titres (CGI ann. III art. 38 septies). Elle doit alors retenir la même règle au plan comptable, dans les conditions détaillées dans notre Mémento Comptable n° 36155.

b. Des règles particulières s'appliquent dans les cas suivants :

– titres ayant fait l'objet d'un **transfert de compte à compte** : voir n° 18810 ;

– **titres en pension, prêtés ou remis en garantie** : voir n°s 19080 s. ;

– titres ayant fait l'objet de la **réévaluation légale** 1976 (CGI ann. II art. 171 duodecies : BIC-VII-90800 s.).

Régime fiscal de la provision Les **provisions** qui se rapportent aux titres de placement et aux autres titres exclus du régime du long terme sont déductibles du résultat taxable au taux plein et leur **reprise** est corrélativement comprise dans ce résultat. 19000

Toutefois, les provisions pour dépréciation de **titres de sociétés à prépondérance financière** ne sont pas déductibles à hauteur des distributions effectuées par ces sociétés qui ont bénéficié de l'exonération prévue par le régime mère-fille au cours de l'exercice de comptabilisation de la provision et des cinq exercices précédents (CGI art. 219, I-a ter). Par symétrie, l'administration admet que les reprises de provisions afférentes à de tels titres ne sont pas imposables à hauteur du montant (représentatif des distributions exonérées au titre du régime mère-fille) qui n'a pas pu être déduit lors de la comptabilisation de la provision (BOI-IS-BASE-50 n° 75).

Titres d'OPCVM : prise en compte des écarts d'évaluation Les titres d'OPCVM et de certains placements collectifs, français ou étrangers, donnent lieu à la clôture de chaque exercice à l'évaluation de leur valeur liquidative, qui s'entend de la valeur de rachat des titres publiée avant la clôture de l'exercice (valeur convertie en euros sur la base du cours de change à la clôture de l'exercice pour les valeurs exprimées en devises). Les plus ou moins-values latentes correspondant à l'écart constaté entre la valeur liquidative à la clô- 19005 CGI art. 209-0 A **BIC-VII-56200 s**

ture de l'exercice et la valeur liquidative calculée à la clôture de l'exercice précédent (ou à la date d'acquisition des titres si elle est postérieure) sont comprises dans le résultat imposable de l'exercice.

Cette règle concerne en principe toutes les parts ou actions d'**OPCVM** (Sicav, fonds communs de placement et, par extension administrative, fonds communs de titrisation : BOI-IS-BASE-10-20-10 nº 90) et de certains **placements collectifs** détenues par l'entreprise. Elle peut également trouver à s'appliquer, selon des modalités particulières, lorsque les titres d'OPCVM sont détenus par l'intermédiaire de personnes ou organismes situés hors de France.

Seules y échappent :

– les parts d'**OPCVM** (ou placements collectifs) **investis en actions** de façon constante à concurrence de 90 % de la valeur réelle de l'actif, dans les conditions fixées par la loi (les actions de sociétés implantées dans l'Union européenne sont retenues pour le calcul du quota de 90 %, ainsi que les parts d'OPCVM actions figurant à l'actif d'un autre OPCVM actions : BOI-IS-BASE-10-20-10 nº 210) ;

– et les parts de **fonds communs de placement à risques** ou de **fonds professionnels de capital investissement** définis nº 18790.

Pour chaque exercice, il convient de procéder s'il y a lieu à une compensation entre les écarts positifs et négatifs constatés sur chaque catégorie de titres soumis au régime spécial d'évaluation. Le **montant net des écarts,** déterminé à partir d'un état spécial, est rattaché de manière extra-comptable au résultat imposable au taux de droit commun. La déduction fiscale des écarts négatifs a pour corollaire la réintégration des **provisions** comptables constituées pour couvrir la dépréciation des titres (leur reprise ultérieure doit également être neutralisée).

Le résultat de **cession** des titres concernés par ce régime est déterminé à partir de la valeur liquidative prise en compte pour l'établissement du résultat du dernier exercice arrêté avant la cession. Le résultat ainsi calculé relève du taux plein de l'IS.

› Précisions a. Les **plus-values distribuées par un FCP** sont comprises dans le résultat imposable au taux de droit commun chez le porteur de parts dès leur distribution. Dans le cas particulier où ce dernier est une entreprise soumise à l'impôt sur les sociétés non tenue à la taxation immédiate des écarts d'évaluation en raison de la prépondérance d'actions dans l'actif du fonds, la prise en compte des plus ou moins-values réalisées par le FCP est reportée jusqu'à la cession des parts du fonds (nº 18435) si elles ne sont pas distribuées auparavant.

b. Les titres détenus par des entreprises exerçant majoritairement leur activité dans le **secteur de l'assurance sur la vie** ou de la **capitalisation,** ou par des organismes dédiés à l'activité de **retraite professionnelle supplémentaire** restent en dehors du système de prise en compte des écarts.

c. Les placements collectifs qui, avec les OPCVM, sont concernés par la mesure sont certains fonds ouverts à des **investisseurs non professionnels** (fonds d'investissement à vocation générale, fonds de capital investissement : fonds communs de placement à risques, fonds communs de placement dans l'innovation, fonds d'investissement de proximité, fonds de fonds alternatifs) et certains fonds ouverts à des investisseurs **professionnels déclarés** (fonds professionnels spécialisés, fonds professionnels de capital investissement) **ou agréés** (fonds professionnels à vocation générale) (Ord. 2013-676 du 25-7-2013 art. 42).

PLUS OU MOINS-VALUE DE CESSION

19015 BIC-VII-36350 s La plus ou moins-value réalisée en cas de cession de titres de placement ou d'autres titres exclus du régime du long terme est calculée selon les règles de droit commun exposées nºs 18850 s.

La cession de ces titres dégage un profit (ou une perte), qui est pris en compte dans le résultat soumis au taux normal de l'impôt sur les sociétés, quelle qu'ait été la durée de leur détention. La perte éventuellement subie concourt au déficit de l'exercice.

Toutefois, dans certains cas, la loi n'autorise pas la déduction des moins-values issues de la cession de titres exclus du long terme.

Ainsi, la moins-value constatée à raison de la cession de **titres de sociétés établies dans un État ou territoire non coopératif** (voir nº 18800) ne peut s'imputer que sur les plus-values de même nature exclues du régime du long terme (CGI art. 219, I-a sexies-0 ter), à notre avis sans limitation de durée.

Par ailleurs, la **moins-value** qui se dégage de la cession de **titres de sociétés à prépondérance financière** n'est pas déductible à hauteur des distributions effectuées par ces sociétés qui ont bénéficié de l'exonération prévue par le régime mère-fille (nºs 40850 s.) au cours de l'exercice de cession et des cinq exercices précédents (CGI art. 219, I-a ter al. 2). Titres d'une société à prépondérance financière étrangère ayant distribué des produits retranchés du bénéfice net de la société mère à hauteur de 99 %, voir nº 18850, précision f.

Si les titres ont été reçus en contrepartie d'un **apport à une filiale en difficulté,** la moins-value résultant de leur **cession moins de deux ans après** n'est pas déductible pour une fraction de son montant : voir nº 18916.

> **Précisions** L'administration estime qu'en cas de **cession partielle** de titres d'une filiale financière ayant procédé auparavant à des distributions, la **moins-value** subie par la société mère est exclue du droit à déduction à hauteur de la totalité des **distributions** exonérées qui ont été versées par la filiale au cours de l'exercice de cession et des cinq exercices précédents, y compris celles qui se rapportent aux titres qui ne sont pas cédés (BOI-IS-BASE-20-20-10-10 nº 67).

f. Cas particuliers

DROITS ET BONS DE SOUSCRIPTION

Droit préférentiel de souscription attaché aux actions Le droit préférentiel de souscription attaché aux actions est négociable lorsqu'il est détaché des titres eux-mêmes ou, dans le cas contraire, cessible dans les mêmes conditions que ces titres. Une cession de droit de souscription s'analyse comme un **démembrement** des droits représentés par les actions et le profit réalisé à cette occasion relève du régime des plus-values à long terme ou des plus-values à court terme selon la nature des titres concernés et leur durée de détention (nos 18710 s.). Le montant de cette plus-value correspond à la différence entre le prix de vente des droits et leur valeur comptable, déterminée en appliquant au prix d'achat de l'action le rapport existant, au jour de la transaction, entre le prix de cession de ce droit et le total formé par ce prix et la valeur de l'action ancienne dont on a détaché le droit de souscription. 19040 BIC-VII-55050 s

> **Précisions** En cas de cession de **titres souscrits au moyen de droits** de souscription détachés d'actions en portefeuille, la durée de détention des titres correspond au temps écoulé entre la date de souscription des titres cédés et celle de leur aliénation. Pour le calcul de la plus ou moins-value de cession, le prix de revient à retenir peut comporter, outre le prix d'émission, la valeur comptable des droits de souscription utilisés dans la mesure où cette valeur a été réduite de la valeur comptable des titres d'origine. La plus-value peut le cas échéant être considérée à long terme dans la mesure où elle correspond à la plus-value à long terme qu'aurait dégagée la cession des droits de souscription utilisés lorsqu'ils ont été détachés d'actions détenues depuis plus de deux ans (BOI-BIC-PVMV-30-30-20 nº 210).

Valeurs mobilières composées Lorsqu'une entreprise souscrit pour un prix unique des valeurs mobilières donnant accès au capital ou à l'attribution de titres de créance (**Absa, Abso, Obsa et Obso**), une ventilation du prix d'acquisition est opérée entre chacun de ces éléments. La valeur mobilière est inscrite pour sa valeur actuelle à la date d'acquisition, le bon de souscription étant égal à la différence entre cette valeur et le prix global de souscription. La **dépréciation** éventuelle de ces éléments doit être constatée distinctement en fonction de leurs valeurs d'origine respectives à l'actif. En cas de **cessions** séparées des valeurs mobilières et des droits de souscription qui y sont attachés, les plus-values sont calculées par rapport à la fraction du prix d'acquisition afférent à chacun de ces éléments. 19045 CGI art. 38, 8 et 238 septies E, I et III BIC-VII-55300 s

> **Précisions** Lorsque la valeur actuelle d'une obligation assortie de droits de souscription est différente de sa valeur de remboursement, cette différence est considérée et imposée comme une **prime de remboursement.** Elle fait donc l'objet d'une répartition par annuités, selon les modalités exposées aux nos 7970 s., lorsque son montant excède 10 % de la valeur actuelle du titre.

ÉCHANGE (OU CONVERSION) DE TITRES

Règles générales L'échange ou la conversion de titres constitue une double opération de cession et d'acquisition de titres, qui dégage en principe un profit imposable (ou une perte) chez chaque coéchangiste. Le résultat de certaines opérations d'échange est toutefois neutralisé et sa prise en compte différée jusqu'à la cession ultérieure des titres reçus en échange. Deux régimes de **sursis d'imposition** ont été mis en place à cet effet : voir nos 19060 s. et nº 19070. 19055 BIC-VII-44000 s

En contrepartie du sursis d'imposition, chaque entreprise partie à l'échange doit établir (CGI art. 54 septies) :

– un **état spécial de suivi** des valeurs fiscales, à joindre à la déclaration de résultat ;
– un **registre des profits en sursis** d'imposition, à conserver.

Toute omission sur l'état ou le registre entraîne l'application d'une amende fixée à 5 % des résultats omis (CGI art. 1763, I-d et I-e). Non-application de l'amende en cas de régularisation, voir nº 9055, a.

> **Précisions** **Échanges résultant d'opérations de privatisation.** Les échanges de titres de sociétés détenus par l'État contre des titres participatifs, des certificats d'investissement ou des certificats pétroliers sont considérés comme des opérations intercalaires. Les actions reçues en échange sont inscrites pour la même valeur comptable que les titres remis à l'État. C'est cette valeur comptable,

ainsi que la date d'acquisition des titres anciens, qui est prise en considération pour calculer et définir (le cas échéant) la plus-value ou moins-value lors de la cession de tout ou partie des nouveaux titres (CGI art. 248 E).

19060 CGI art. 38, 7 BIC-VII-44300 s

OPE et opérations diverses de conversion et d'échange de titres Un régime de sursis d'imposition s'applique obligatoirement aux résultats des opérations suivantes :
– échange en cas d'**offres publiques d'échange** (OPE) d'actions (Absa et Abso comprises) réalisées conformément à la réglementation en vigueur c'est-à-dire soumises en France au contrôle de l'Autorité des marchés financiers ou dans un État de l'Union européenne à une réglementation comparable à celle prévue en France (BOI-BIC-PVMV-30-30-60-10 n° 1) ; certaines opérations, à l'occasion desquelles un des coéchangistes reçoit en échange des titres d'une société du groupe auquel il appartient, sont toutefois écartées du sursis (dispositif « anti-abus ») ;
– échange d'**obligations contre** des **actions** ;
– **échanges** portant sur des **certificats** d'investissement, des certificats pétroliers et des certificats de droit de vote ;
– **conversion** d'**actions** en **certificats mutualistes ou paritaires** (CGI art. 38, 7 ter) ;
– **échanges** portant sur des **actions à dividende prioritaire** sans droit de vote ou des actions **de préférence** ;
– **conversion d'obligations en actions** (y compris Absa ou Abso) : il s'agit des obligations convertibles ;
– **conversions d'actions ordinaires en actions à dividende prioritaire** sans droit de vote ou en actions **de préférence,** et inversement ;
– **conversions d'actions de préférence** en une autre catégorie d'actions de préférence ;
– **remboursements d'obligations en actions,** par la société émettrice des obligations, lorsque celle-ci procède à l'opération en cause par émission concomitante d'actions.

> **Précisions** **a.** En cas d'**échange avec soulte,** le sursis ne s'applique pas, pour le coéchangiste qui perçoit la soulte :
> – au montant de la soulte, celle-ci étant immédiatement taxable (en cas d'échange ou conversion d'actions, cette plus-value peut bénéficier le cas échéant du régime du long terme dans la limite de la plus-value à long terme réalisée) ;
> – à la totalité de la plus-value d'échange, si la soulte dépasse 10 % de la valeur des parts ou actions attribuées ou si elle excède la plus-value réalisée.
> **b.** Lorsqu'un échange aboutit à l'attribution de **droits de souscription d'obligations** (attachés ou non aux titres reçus), ces derniers sont assimilés à une soulte et imposés comme tels.

19065

Cession ultérieure des titres reçus à l'échange Lors de la cession ultérieure des titres reçus à l'échange (ou convertis), le montant du résultat de cession doit être déterminé par référence à la valeur fiscale des titres auxquels ils se sont substitués. Le point de départ du **délai de détention de 2 ans** est :
– en cas d'échange d'actions ou conversion d'actions, la date d'acquisition des anciens titres échangés ;
– dans les autres situations, et notamment en cas de conversion ou de remboursement d'obligations en actions, la date de réalisation de l'échange.

La cession de titres ayant donné lieu à la constatation de plus-values placées en sursis d'imposition peut ouvrir droit au régime d'**exonération** prévu pour les plus-values à long terme dès lors que les titres reçus à l'échange y ouvrent droit.

> **Précisions** Des règles particulières de calcul et d'imposition des plus-values sont prévues lorsque **plusieurs sortes de titres** sont remis ou reçus à l'échange.

19070 CGI art. 38, 7 bis BIC-VII-45800 s

Échanges de droits sociaux consécutifs à une fusion ou une scission Lorsqu'une entreprise membre d'une société absorbée ou scindée reçoit, en échange des titres de cette société figurant à son actif, des titres de la société absorbante, elle peut opter pour le **sursis d'imposition** du profit ou de la perte résultant de l'échange jusqu'à la cession ultérieure des titres reçus en échange. L'exercice de cette **option** constitue une **condition** du maintien du **régime mère-fille** à raison des dividendes reçus lorsque les **titres** échangés ont été **acquis depuis moins de deux ans** (voir n° 41005). La société membre peut toutefois avoir intérêt à renoncer à ce sursis lorsque l'opération fait entrer dans son portefeuille des titres qui ont le caractère de titres de placement, alors que les titres précédemment détenus étaient des titres de participation : cette renonciation lui permet alors de purger les plus-values dans le cadre du régime de quasi-exonération applicable aux titres de participation.
Le sursis d'imposition de la plus-value est compatible avec sa constatation en comptabilité. Il s'applique en cas de fusion ou de scission, placée ou non sous le régime spécial de l'article 210 B du CGI, entrant dans la définition fixée à l'article 210 0 A du CGI (n° 30200), y compris en cas de scissions de sociétés étrangères.
En cas d'**échange avec soulte,** les règles exposées n° 19060, précision a, s'appliquent.

› Précisions **a.** Le sursis d'imposition ne s'applique pas si l'opération a comme **objectif principal** ou pour l'un de ses objectifs principaux la **fraude ou l'évasion fiscales** (CGI art. 210-0 A).

b. Les **plus-values en sursis d'imposition** dans les sociétés soumises à l'IS peuvent bénéficier de l'exonération prévue pour les plus-values à long terme dès lors que les titres reçus à l'échange entrent, à la date de la cession, dans le champ d'application de l'exonération (nº 18865).

c. Le sursis s'applique, de manière obligatoire, aux échanges consécutifs **à une fusion ou scission d'OPCVM** (CGI art. 38, 5 bis). Toutefois, la neutralisation de l'échange perd une partie de ses effets en raison de l'évaluation obligatoire des titres d'après leur valeur liquidative à la clôture de l'exercice (voir nº 19005). Il s'applique également aux échanges consécutifs à une fusion ou scission de **Sppicav** et de **FPI** définis nºˢ 30480 s.

CESSION DE TITRES DE PARTICIPATION À UNE SOCIÉTÉ LIÉE

La **plus-value** réalisée lors de la cession de titres de participation **détenus depuis moins de deux ans** est immédiatement imposée au taux normal de l'impôt sur les sociétés quel que soit le cessionnaire. **19075** CGI art. 219, I-a septies **BIC-VII-33350 s**

En revanche, la **moins-value** subie lors d'une telle cession est mise en suspens lorsqu'il existe des **liens de dépendance** au sens de l'article 39, 12 du CGI (nº 10425, précision a) entre l'entreprise cédante et la cessionnaire. Sont concernées par ce dispositif les cessions de titres de participation autres que ceux détenus au sein de sociétés à prépondérance immobilière non cotées.

Le report prend fin si, avant l'expiration d'un délai de deux ans décompté à partir du jour où la cédante a acquis les titres, ceux-ci sont cédés à une entreprise non liée à la cédante. Il en est de même en cas de rupture des liens de dépendance entre la cédante et la cessionnaire, d'absorption de la société dont les titres ont été cédés (sauf si l'absorbante est liée à la cédante ou le devient à cette occasion), ou si la cédante cesse d'être soumise à l'impôt sur les sociétés ou est absorbée par une entreprise qui, à l'issue de l'opération (quel que soit son régime fiscal), n'est pas liée à la cessionnaire. La moins-value de cession qui avait été mise en suspens relève alors du régime du court terme.

À défaut de survenance d'un de ces événements dans le délai de deux ans, le report prend fin et la moins-value prend le caractère d'une moins-value à long terme. Aucune déduction ne peut alors être pratiquée s'agissant de titres relevant du régime d'exonération.

› Précisions **a.** Le fait de réserver l'application du dispositif aux moins-values de cession de titres est **constitutionnel** (CE QPC 16-9-2019 nº 431828 : RJF 12/19 nº 1183).

b. En cas de fusion, l'**échange de titres de participation** détenus dans la société absorbée contre des titres nouvellement émis par la société absorbante est constitutif d'une cession des titres de la société absorbée pour l'application du dispositif (CE 10-7-2019 nº 412964 : RJF 11/19 nº 1010).

c. La société cédante doit joindre à sa déclaration de résultat au titre de chaque exercice concerné un **état de suivi** des moins-values mises en suspens dont le contenu est fixé par l'article 46 quater-0 RH de l'annexe III au CGI. Le défaut de production de cet état ou son caractère incomplet ou inexact entraîne l'application d'une **amende** égale à 5 % des sommes non déclarées ou omises (CGI art. 1763, I-g). Non-application de l'amende en cas de régularisation, voir nº 9055, a.

TRANSFERTS TEMPORAIRES DE TITRES

Pensions de titres La pension de titres, définie par l'article L 211-27 du Code monétaire et financier, est une opération de cession en pleine propriété de valeurs, titres ou effets, assortie d'un engagement ferme de rachat par le cédant et de rétrocession par le cessionnaire à une date et un prix convenus. Les conséquences fiscales du transfert de propriété sont toutefois neutralisées. Au plan fiscal, les titres ou effets donnés en pension sont réputés ne pas avoir été cédés. **19080** CGI art. 38 bis-0 A **BIC-VII-52800 s**

› Précisions La **neutralité fiscale** de l'opération est assurée de la manière suivante :

– les titres restent inscrits au bilan du **cédant,** dans une rubrique spécifique, pour une valeur inchangée ;

– le **cessionnaire** constate une créance sur le cédant ; toute provision pour dépréciation des titres lui est interdite ; sa rémunération suit le régime fiscal des intérêts ; selon l'administration, elle est déductible chez le cédant dans les limites prévues pour la déduction des intérêts servis aux associés (nºˢ 8810 s.) (Inst. 4 H-7-95 nº 30, non reprise dans Bofip) ;

– lorsque la durée de la pension couvre la date de paiement des **revenus attachés aux titres** donnés en pension, le cessionnaire doit les reverser au cédant, qui les soumet alors à leur régime fiscal habituel.

Situation des titres mis en pension au regard du **régime mère-fille** : voir nº 40910.

Prêts (ou remises en garantie) de titres Les prêts de titres répondant aux conditions définies par l'article L 211-22 du Code monétaire et financier bénéficient d'un régime de **neutralité fiscale** (qui ne vaut toutefois que pour le prêteur initial). Les titres prêtés ne figurent plus au bilan du prêteur qui inscrit à l'actif une créance sur l'emprunteur représentative de ces titres pour leur valeur d'origine. La restitution des titres intervient pour cette valeur et entraîne leur reprise au bilan. Pendant la durée du prêt, les titres ne peuvent pas **19085** CGI art. 38 bis **BIC-VII-52030 s**

faire l'objet d'une provision pour dépréciation. La provision constituée le cas échéant avant le prêt n'est pas réintégrée aux résultats imposables (CGI art. 39, 1-5°-al. 16). Le prêt n'interrompt pas leur durée de détention pour apprécier la nature de la plus ou moins-value réalisée en cas de cession ultérieure (CGI art. 39 duodecies, 8). La **rémunération** du prêteur est soumise au même régime fiscal que le produit des titres prêtés dans la mesure où elle correspond aux revenus qui leur sont attachés, auxquels le prêteur a renoncé, et est traitée comme un revenu de créance ordinaire pour le surplus.

Conséquences du prêt de titres sur l'application du **régime mère-fille** : voir n° 40910 et n° 41000, précision b.

> **Précisions** Un régime similaire s'applique aux **remises** temporaires de titres en pleine propriété effectuées **à titre de garantie** d'opérations à terme sur instruments financiers réalisées de gré à gré, de prêts de titres ou d'opérations interbancaires ainsi qu'aux remises en garantie de titres assorties d'un **droit de réutilisation** (CGI art. 38 bis-0 A bis).

PORTEFEUILLE-TITRES DES BANQUES ET DES SOCIÉTÉS D'ASSURANCE

19090 BIC-VII-58800 s IS-IV-9200 s

a. Les **établissements de crédit,** les **sociétés de financement** et les **entreprises d'investissement** qui effectuent des opérations de **transaction sur titres** pour leur propre compte sont imposés au taux normal et dans les conditions de droit commun sur l'écart résultant de l'évaluation de ces titres au prix du marché du jour le plus récent à la clôture de l'exercice ainsi que sur les profits et les pertes dégagés lors de leur cession. En cas de transfert de compte des titres de transaction effectué conformément à la réglementation comptable, les titres sont inscrits au compte de titres de placement ou au compte de titres d'investissement au prix du marché du jour le plus récent au jour du transfert. Ce régime est applicable aux **valeurs mobilières,** aux **titres de créances négociables** et aux **instruments du marché interbancaire,** négociables sur un marché, inscrits dans un compte de transaction (CGI art. 38 bis A). Ces titres ne peuvent pas être pris en compte pour l'application du **régime mère-fille.**

Dans ces entreprises, des règles particulières régissent en outre :
– les écarts de change constatés à la clôture de l'exercice sur les **titres libellés en devises** (CGI art. 38, 4 : BIC-VII-59800 s.) ;
– la différence entre le prix de souscription **de titres à revenu fixe** et leur valeur de remboursement (CGI art. 38 bis B : BIC-VII-59300 s.).

b. Les **entreprises d'assurance** et de capitalisation régies par le Code des assurances et les organismes dédiés à l'exercice de l'activité de **retraite professionnelle supplémentaire** doivent prendre en compte dans leurs résultats imposables la différence entre le prix d'achat et la valeur de remboursement des titres de créances négociables et des obligations non indexées qu'elles détiennent, selon une répartition actuarielle effectuée sur la durée de vie des titres à courir jusqu'au remboursement (CGI art. 38 bis B bis).

Pour tenir compte de l'obligation imposée aux entreprises d'assurance et aux organismes de retraite professionnelle supplémentaire d'inscrire dans une comptabilité d'affectation distincte les **actifs** (pour l'essentiel des titres de portefeuille) **détenus en garantie de prestations de retraites professionnelles** supplémentaires, deux mesures prévoient :
– la neutralité fiscale du transfert de ces éléments d'actif dans la comptabilité auxiliaire d'affectation, au moyen d'un sursis d'imposition de la plus-value constatée à cette occasion (CGI art. 38, 11) ;
– l'inclusion des titres concernés dans un portefeuille séparé pour l'application de la règle Peps (« premier entré, premier sorti ») et l'appréciation du délai de détention de deux ans en cas de cession des titres (CGI art. 39 duodecies, 6).

c. Compte tenu des règles comptables spécifiques de comptabilisation et d'évaluation des actifs et passifs que doivent respecter les **sociétés de financement spécialisé** mentionnées à l'article L 214-190-2 du Code monétaire et financier, le résultat imposable de ces sociétés doit être déterminé en respectant plusieurs mesures (prise en compte des plus ou moins-values de cession d'actif au titre de l'exercice de leur réalisation ; rattachement aux produits de l'exercice des commissions de souscription et de rachat acquises et rattachement aux charges de l'exercice des frais de constitution, fusion ou apport effectivement supportés ; prise en compte des gains ou pertes latents issus de certaines opérations (CGI art. 38, 2 ter).

ANNULATION DE TITRES

19100 BIC-VII-43000 s

Réduction de capital L'annulation de titres consécutive à une réduction de capital **motivée par des pertes** n'est pas assimilable à une cession de titres et n'autorise donc pas la déduction d'une perte. L'entreprise peut seulement constater la perte de valeur des titres par le biais d'une **provision** pour dépréciation, dans les conditions prévues n°s 18390 et 18835 s. (CE 23-1-1980 n° 10395 : RJF 3/80 n° 195 : annulation d'une action sur deux, laissant le pourcentage de détention inchangé). Une solution identique a été retenue dans le cas d'une **annulation totale des titres suivie d'une augmentation de capital** (« coup d'accordéon »), dès lors que les anciens actionnaires bénéficiaient d'un droit préférentiel de souscription à l'augmentation de capital et que, à l'issue de cette opération, leur pourcentage de participation dans le capital de la société a augmenté (CE 17-10-2008 nº 293467 : RJF 1/09 nº 8).

En cas d'**annulation de titres propres initialement rachetés pour être cédés,** c'est-à-dire dans un but autre que la réduction du capital social, la dépréciation des titres constatée le cas échéant par la société antérieurement à leur reclassement vers le compte « actions propres à annuler » n'a pas à être reprise et la société peut déduire leur perte de valeur entre leur date de rachat et la date à laquelle la décision d'annulation a été prise (CE 1-4-2015 nº 362317 : RJF 6/15 nº 470). En revanche, le **rachat** par une société de ses propres titres **en vue, dès l'origine, de la réduction de son capital social,** suivi de cette réduction, est sans influence sur la détermination de son résultat imposable. Tel est également le cas lorsqu'une société rachète ses actions avec plusieurs objectifs, notamment la réduction de son capital, sans préciser explicitement la proportion de titres rachetés affectée à ce dernier objectif (CE 22-10-2018 nº 375213 : RJF 1/19 nº 17).

› Précisions Lorsqu'une société **cède** sa participation dans une filiale peu après que celle-ci a procédé à une **augmentation de capital immédiatement suivie d'une réduction de capital** de même montant par imputation des pertes et annulation des parts nouvellement créées, le **prix de revient** initial des titres doit être majoré de la souscription à l'augmentation de capital pour calculer le montant de la moins-value de cession. La cession des titres doit être regardée comme ayant porté à la fois sur des titres détenus depuis plus de deux ans et sur des titres détenus depuis moins de deux ans (CE 26-3-2008 nº 301413 : RJF 6/08 nº 637). Même solution pour une opération de sens inverse : réduction de capital suivie de l'émission de nouveaux titres (CE 22-1-2010 nº 311339 : RJF 4/10 nº 320).
Lorsque les titres cédés sont des **titres** de participation **reçus en contrepartie d'apports consentis à une filiale en difficulté** et dont la valeur réelle à la date de leur émission est inférieure à leur valeur d'inscription en comptabilité, il convient à notre avis de faire application de la règle mentionnée au nº 18916 limitant le montant déductible de la moins-value à court terme.

Liquidation de la société émettrice Lorsque l'annulation des titres fait suite à la mise en liquidation de la filiale, l'entreprise peut constater une **moins-value** égale à leur prix de revient qui relève, selon la nature des titres et le régime d'imposition de l'entreprise, du régime des moins-values à long terme ou des moins-values à court terme. La cour administrative d'appel de Paris a admis que cette perte peut être constatée avant même la clôture des opérations de liquidation, dès lors qu'il apparaît que celles-ci ne dégageront aucun produit de nature à limiter les pertes des actionnaires (CAA Paris 26-3-2004 nº 99PA02481 : RJF 7/04 nº 687). 19102

Lorsque la clôture de la liquidation s'accompagne d'un **remboursement** au profit des actionnaires, le profit constaté à cette occasion constitue :
– un **revenu mobilier** ouvrant droit le cas échéant au régime mère-fille à hauteur du **boni de liquidation,** lequel s'entend de la différence entre le produit net de la liquidation et le montant des apports réels ou assimilés (repris en franchise d'impôt) ou la valeur comptable des titres si elle est supérieure ;
– et, dans l'hypothèse où la valeur comptable des titres est inférieure au montant des apports, une **plus-value** d'actif à hauteur de la différence entre ce montant, ou le prix de remboursement s'il lui est inférieur, et la valeur comptable des titres.

EXEMPLE

Société au capital de 300 000 € (composé en totalité d'apports) divisé en 3 000 actions de 100 € et dont l'actif net à la dissolution s'élève à 480 000 €.

Boni de liquidation : 480 000 € − 300 000 € = 180 000 € (soit 60 € par action).

Si la valeur comptable unitaire des titres (VC) est de 70 €, le profit sera imposé comme suit.

Plus-value : 100 − 70 = 30 €. Revenu mobilier : 160 − 100 = 60 €.

Si, au contraire, la VC est de 200 €, l'entreprise constate une moins-value de 200 − 160 = 40 € (sans aucun profit imposable).

Enfin, dans le cas où la VC est de 130 €, la différence, soit 160 − 130 = 30 €, est imposée comme un revenu mobilier.

RACHAT PAR UNE SOCIÉTÉ DE SES PROPRES TITRES

Le rachat à un **prix inférieur à la valeur nominale** des actions ne dégage pas un profit imposable (BOI-BIC-PDSTK-10-30-30 nº 85). Si le rachat est effectué à un **prix supérieur** à la valeur nominale, la société ne peut pas constater une perte déductible (CAA Bordeaux 28-12-2006 nº 04BX01587 : RJF 6/07 nº 664). 19105

Rachat par une société de ses propres titres **suivi de leur annulation** : voir nº 19100.

En ce qui concerne la **situation des associés** dont les titres sont rachetés par la société, voir nº 17730, précision e.

REGROUPEMENT OU DIVISION D'ACTIONS

19107 CGI art. 38, 7 ter

Les opérations de regroupement ou de division d'actions réalisées en conformité avec le Code de commerce ou des dispositions étrangères équivalentes ne donnent pas lieu à la constatation d'une plus-value imposable ni d'une moins-value déductible pour les entreprises actionnaires, qu'elles soient soumises à l'impôt sur les sociétés ou à l'impôt sur le revenu. La plus-value ou moins-value résultant de la cession ultérieure de ces actions est déterminée par rapport à la valeur que les actions remplacées avaient du point de vue fiscal. En cas de regroupement ou de division d'actions avec **soulte,** la plus-value réalisée est immédiatement imposable à concurrence de la soulte (CGI art. 38, 7 ter).

Dans le cadre de ce régime de **sursis d'imposition,** qui revêt un caractère obligatoire, l'entreprise doit établir (CGI art. 54 septies) un **état spécial de suivi** des valeurs fiscales, à joindre à la déclaration de résultat ainsi qu'un **registre des profits en sursis** d'imposition, à conserver. Toute omission sur l'état ou le registre entraîne l'application d'une amende fixée à 5 % des résultats omis (CGI art. 1763, I-d et I-e). Non-application de l'amende en cas de régularisation, voir nº 9055, a.

APPORT DE TITRES À UN FONDS DE PÉRENNITÉ

19110 CGI art. 38, 7 quater

La **transmission à titre gratuit et irrévocable** de titres de capital ou de parts sociales à un fonds de pérennité lors de sa constitution est traitée comme une **opération intercalaire.** La plus-value ou moins-value réalisée lors d'une telle opération est placée en **sursis** jusqu'à la cession ultérieure de ces titres ou parts par le fonds bénéficiaire de cette transmission. Cette plus-value ou moins-value est prise en compte dans le résultat du fonds bénéficiaire, à condition que ce dernier ait pris l'**engagement** de la calculer d'après la valeur que ces titres ou parts avaient, du point de vue fiscal, à la date de la transmission. Cette mesure s'applique aux transmissions réalisées à compter de l'entrée en vigueur de l'article 177 de la loi 2019-486 du 22 mai 2019, elle-même subordonnée à la publication d'un décret (Loi 2019-1479 du 28-12-2019 art. 14).

> **Précisions** Un **fonds de pérennité** est un organisme à but lucratif constitué par l'apport gratuit et irrévocable des titres de capital ou de parts sociales d'une ou de plusieurs sociétés, réalisé par un ou plusieurs fondateurs, dont l'objet de contribuer à la pérennité économique des sociétés dont les titres sont transmis. Il peut également réaliser ou financer des œuvres ou des missions d'intérêt général. Pour plus de précisions sur le régime juridique de tels fonds, voir notre Mémento Sociétés commerciales nº 17702.

D. Régimes spéciaux

1. SINISTRE OU EXPROPRIATION

PLUS-VALUES À COURT TERME

19285 CGI art. 39 quaterdecies, 1 ter BIC-VII-15050 s

Les plus-values nettes à court terme constatées sur des **biens amortissables** à la suite de la perception d'indemnités d'assurance ou de l'expropriation d'immeubles figurant à l'actif (ou d'une cession amiable antérieure) peuvent être réparties, en principe par parts égales, à partir de l'exercice suivant celui de leur réalisation, sur autant d'exercices que le nombre d'annuités d'amortissement pratiquées sur le bien détruit ou exproprié, sans que l'**étalement** puisse excéder quinze ans.

EXEMPLE

La plus-value réalisée au cours de l'exercice 2019 sur un immeuble exproprié ayant déjà donné lieu à dix annuités d'amortissement peut être rattachée par dixièmes au résultat de l'exercice 2020 et des neuf exercices suivants.

Lorsque **plusieurs biens** ou plusieurs **composants** d'un même élément sont détruits ou expropriés, la durée d'étalement (toujours plafonnée à quinze ans) dépend de la durée moyenne d'amortissement déjà pratiquée sur les éléments concernés, pondérée en fonction de leurs prix d'acquisition respectifs.

Le montant susceptible d'étalement ne peut excéder le montant global de la **plus-value nette** à court terme de l'exercice (après imputation des moins-values à court terme).

Dans les **entreprises soumises à l'IS,** le montant total de la plus-value réalisée à la suite de l'indemnisation d'un sinistre ou d'une expropriation est traité comme une **plus-value à court terme** et peut par suite bénéficier du dispositif d'étalement, après imputation, le cas échéant, des moins-values ordinaires de l'exercice.

> **Précisions** **a.** Les entreprises peuvent moduler le **rythme des réintégrations,** à condition que leur montant cumulé soit toujours au moins égal à autant de fractions de plus-values que

d'exercices ouverts depuis la clôture de l'exercice de réalisation de la plus-value (BOI-BIC-PVMV-20-30-10 nº 390).

b. Si le bien sinistré ou exproprié a été reçu par voie d'**apport,** la durée d'étalement s'apprécie en retenant uniquement les annuités d'amortissements pratiqués par la société bénéficiaire de l'apport, quel que soit le régime fiscal sous lequel l'apport a été placé (CE 27-6-2001 nº 222554 : RJF 10/01 nº 1191).

PLUS-VALUES À LONG TERME

La taxation réduite des plus-values à long terme réalisées à la suite de l'indemnisation d'un sinistre ou d'une expropriation (ou d'une cession amiable antérieure) d'immeubles est différée de deux ans, sauf en cas de cessation d'activité. Il s'agit d'un **report de paiement** de l'impôt, de sorte qu'il n'est pas possible d'échapper à la taxation en imputant sur la plus-value réalisée au cours de l'exercice N une moins-value de l'exercice N + 2. **19295** CGI art. 39 quindecies, I-1-al. 4 BIC-VII-15300 s

ENTREPRISES LOCATAIRES D'IMMEUBLES EXPROPRIÉS

Les entreprises locataires d'immeubles expropriés peuvent bénéficier de l'étalement de la plus-value à court terme lorsqu'elles perçoivent une indemnité pour la perte d'**équipements et matériels intransférables** (BOI-BIC-PVMV-20-30-10 nº 270). **19296** BIC-VII-15080 s

Celles qui sont soumises à l'IR peuvent également bénéficier du report des plus-values à long terme constatées à raison de l'indemnisation de la perte de leur **droit au bail** ou d'autres éléments du fonds (BOI précité nºs 260 à 280).

2. LEASE-BACK D'IMMEUBLES

L'entreprise qui a cédé à une société de crédit-bail, entre le 23 avril 2009 et le 31 décembre 2012, un immeuble dont elle a retrouvé immédiatement la jouissance en vertu d'un contrat de crédit-bail peut bénéficier, sur **option,** d'un **étalement** de la plus-value de cession sur la durée constatée par ce contrat ou sur quinze ans s'il est conclu pour une durée supérieure. **19297** CGI art. 39 novodecies BIC-VII-17500 s

Ce dispositif concerne les **immeubles** de toute nature, y compris les immeubles de placement.

Pour les entreprises relevant de l'impôt sur le revenu, l'option pour l'étalement concerne la totalité de la plus-value de cession (part à court terme et part à long terme), étant précisé que celle-ci peut bénéficier, le cas échéant, au préalable de l'abattement pour durée de détention (nºs 18095 s.). Seule la part de la plus-value qui ne peut bénéficier du régime d'exonération en fonction des recettes (nºs 18200 s.) fait l'objet de l'étalement.

L'échelonnement s'applique au montant brut de la plus-value de cession réalisée, y compris lorsque l'entreprise a subi une **moins-value** à raison d'autres biens au titre du même exercice.

Il est mis **fin à l'étalement** en cas de cessation d'entreprise, d'acquisition de l'immeuble par le crédit-preneur ou de résiliation du contrat de crédit-bail. Selon l'administration, la cession du contrat au cours de la période d'étalement produit les conséquences d'une résiliation (BOI-BIC-PVMV-40-20-60 nº 90).

> Précisions **a.** Le cédant devenu crédit-preneur peut **sous-louer** l'immeuble cédé (BOI-BIC-PVMV-40-20-60 nº 50).

b. Lorsqu'un **avenant** allonge la durée du contrat, l'entreprise modifie la durée d'étalement, sans qu'elle ne puisse toutefois excéder quinze ans. Il convient également de recalculer le montant de la réintégration en cas de **modification de la durée d'un exercice** (BOI précité nº 80).

c. Ce dispositif est également applicable aux titulaires de **bénéfices non commerciaux** (CGI art. 93 quater, I).

3. CRÉDIT-BAIL

Nous envisageons ci-après l'ensemble des règles qui régissent la **situation** fiscale **du preneur** d'un contrat de crédit-bail mobilier, immobilier, sur fonds de commerce ou sur parts ou actions, lors des différentes étapes de l'opération : déduction des loyers, cession du contrat avant l'échéance, exercice de l'option d'achat et cession des biens acquis au terme du contrat. **19320**

CRÉDIT-BAIL MOBILIER

a. Les **loyers** versés sont en principe intégralement déductibles du résultat imposable, sous réserve de la limitation spécifique aux véhicules de tourisme (nº 9035). Pour les sociétés soumises à l'impôt sur les sociétés, les loyers afférents aux opérations de crédit-bail sont pris en compte au titre du dispositif de limitation de la déductibilité des charges financières (nºs 35830 s.). La déductibilité des loyers ne peut être remise en cause que si le contrat est **19330** CGI art. 39 duodecies A BIC-VII-75700 s requalifié en vente à tempérament ou, selon l'administration, si le prix de levée d'option est anormalement bas compte tenu de la durée normale d'utilisation du bien concerné et de la brièveté de la période de location (BOI-BIC-BASE-60-20 n° 1). Le Conseil d'État admet la déduction d'un premier loyer très supérieur aux échéances suivantes lorsque l'inégalité des loyers stipulés correspond à une inégalité dans la valeur de la prestation fournie par le crédit-bailleur (CE 16-2-2011 n° 315625 : RJF 5/11 n° 547).

b. En cas de **cession du contrat** par le souscripteur initial, une plus-value égale au prix de cession est constatée. Dans les sociétés soumises à l'IS, elle est imposable pour son montant total au taux normal de l'impôt sur les sociétés. Dans les entreprises relevant de l'IR, la plus-value est à court terme à concurrence de l'amortissement théorique du contrat calculé sur la base du prix d'acquisition du bien par le bailleur diminué du prix prévu pour la levée de l'option d'achat, selon le mode linéaire et sur la durée du contrat. La fraction excédant cette plus-value relève du régime du long terme dès lors que le contrat est détenu depuis au moins deux ans.

Si le contrat est transféré lors d'une **fusion,** ou opération assimilée, placée sous le régime spécial de l'article 210 A du CGI, le dispositif d'étalement des plus-values sur éléments amortissables s'applique (n°s 39510 s.). Il en va de même en cas d'**apport en société d'une entreprise individuelle** placé sous le régime de l'article 151 octies du CGI.

Les règles applicables au **cessionnaire** sont, mutatis mutandis, semblables à celles prévues en cas de cession d'un contrat de crédit-bail immobilier : voir n° 19345, précision b.

c. Les **biens acquis à l'échéance** du contrat sont inscrits à l'actif pour le prix convenu pour la levée de l'option, majoré, s'il y a lieu, du prix d'acquisition du contrat. Cette valeur (diminuée, le cas échéant, des amortissements pratiqués sur le prix de revient du contrat) est amortissable sur la durée d'utilisation du bien appréciée à la date de la levée de l'option.

d. En cas de **cession ultérieure du bien,** la plus-value est déterminée et imposée dans les conditions de droit commun. S'agissant des entreprises soumises à l'impôt sur le revenu, elle est considérée comme à court terme à hauteur des amortissements pratiqués, augmentés de ceux que l'entreprise aurait pu pratiquer si elle avait été propriétaire du bien dès l'origine (amortissement théorique calculé comme indiqué au b, ci-dessus).

CRÉDIT-BAIL IMMOBILIER

19340 BIC-VII-77850 s CGI art. 39, 10

Déduction des loyers Les loyers versés sont en principe intégralement déductibles. Toutefois, lorsque le prix de levée de l'option est inférieur au coût d'acquisition du terrain par le bailleur, la fraction des loyers égale à la différence constatée entre ces deux sommes est exclue des charges déductibles en **fin de contrat.** C'est le crédit-bailleur qui fournit à cet égard tous les renseignements nécessaires, le crédit-preneur devant pour sa part établir un tableau récapitulatif de la quote-part non déductible des dernières échéances. Pour les entreprises soumises à l'impôt sur les sociétés, les loyers afférents aux opérations de crédit-bail sont pris en compte au titre du dispositif de limitation de la déductibilité des charges financières (n°s 35830 s.).

> **Précisions** **a.** Les **préloyers** versés par le preneur qui correspondent aux charges financières supportées par la société de crédit-bail au cours de la période de construction de l'immeuble sont déductibles du résultat imposable dès qu'ils sont dus (CE 12-1-2004 n° 243273 : RJF 4/04 n° 351).
> **b.** Une règle spéciale est prévue pour les opérations de crédit-bail portant sur des immeubles achevés après le 31 décembre 1995 et affectés à titre principal à usage de **bureaux en Île-de-France,** qui entrent dans le champ d'application de la taxe sur les bureaux (n° 31390) et qui ne sont situés ni dans les zones de redynamisation urbaine ni, pour les contrats conclus avant 2007, dans les zones d'aménagement du territoire (zones éligibles à la prime d'aménagement du territoire) ou dans les territoires ruraux de développement prioritaire, ni, pour les contrats conclus depuis le 1er janvier 2007, dans les zones d'aide à finalité régionale (n° 92540) : la déduction de la quote-part des loyers correspondant à l'amortissement financier du coût de l'investissement est limitée au montant des frais d'acquisition de l'immeuble et de l'amortissement technique que le crédit-preneur aurait pu pratiquer s'il avait été propriétaire de l'immeuble. Les parties sont libres de définir l'affectation des loyers réintégrés : elles peuvent en particulier prévoir qu'ils correspondent prioritairement au financement des constructions, puis au financement du terrain.

19345 CGI art. 39 duodecies A BIC-VII-78300 s

Cession du contrat avant l'échéance Lorsque le contrat est cédé par le souscripteur initial, le **montant de la plus-value** réalisée correspond en principe au prix de cession. La fraction des loyers exclue des charges déductibles, dans les conditions mentionnées ci-dessus n° 19340, vient toutefois en diminution de la plus-value imposable.

Pour les **entreprises soumises à l'IS,** le montant total de cette plus-value est compris dans le résultat imposable au taux de droit commun.

Pour les **entreprises relevant de l'IR,** la plus-value est à court terme à concurrence de la fraction déduite des loyers pris en compte pour la détermination du prix de vente diminuée des frais d'acquisition de l'immeuble par le bailleur et à long terme pour l'excédent si le cédant est titulaire du contrat depuis au moins deux ans. La plus-value à long terme peut, le cas échéant, bénéficier de l'abattement visé nos 18095 s. si le contrat est détenu depuis plus de cinq ans.

› Précisions **a.** Lorsque le contrat de crédit-bail est cédé dans le cadre d'un **apport partiel d'actif** ou d'une **fusion,** la plus-value réalisée suit le régime spécial de l'article 210 A du CGI (voir n° 39455) si l'opération est placée sous ce régime. Pour cela, la plus-value de cession doit au préalable être ventilée entre la fraction qui se rapporte aux droits sur le terrain et celle qui concerne les droits sur les constructions. Chaque fraction de plus-value suit le régime qui lui est propre : l'imposition de la fraction afférente aux droits sur le terrain est différée jusqu'à la cession ultérieure du bien et la plus-value afférente aux droits représentatifs des constructions est rapportée aux résultats de la société absorbante sur une période de quinze ans (nos 39510 s.).
Les mêmes règles s'appliquent en cas d'**apport en société d'une entreprise individuelle** titulaire d'un contrat de crédit-bail immobilier, sous le régime de l'article 151 octies du CGI.
b. Le **cessionnaire** du contrat peut amortir son prix d'acquisition selon le mode linéaire, compte tenu de la durée d'amortissement du bien concerné à la date d'acquisition du contrat. Le prix d'acquisition est ventilé entre une fraction représentative des droits sur le terrain et une fraction représentative des droits sur les constructions, selon les modalités prévues par la loi. Les droits afférents au terrain sont assimilés à des éléments non amortissables de l'actif immobilisé.

Acquisition de l'immeuble à l'échéance L'exercice de l'option d'achat entraîne l'entrée de l'immeuble dans le patrimoine du crédit-preneur, qui doit alors procéder à la **réintégration d'une fraction des loyers** versés dans les résultats de l'exercice en cours, afin d'être placé dans une situation analogue à celle dans laquelle il se trouverait s'il avait été propriétaire du bien dès la conclusion du contrat. 19350 CGI art. 239 sexies à 239 sexies D BIC-VII-78700 s

Le **prix de revient** global de l'ensemble immobilier correspond au prix de levée de l'option augmenté des sommes ainsi réintégrées, de la quote-part de loyer non admise en déduction et, le cas échéant, du prix d'acquisition du contrat. Le prix de revient du terrain acquis coïncide avec son prix d'acquisition par le bailleur. Le surplus du prix de revient global de l'immeuble représente le prix de revient des constructions.

L'**amortissement** des constructions est effectué selon les règles de droit commun (amortissement par composants : n° 9185), sur la base de leur prix de revient diminué, le cas échéant, des amortissements déjà déduits à raison du contrat.

› Précisions **a.** Le **montant des réintégrations** à effectuer lors de la levée d'option correspond en **principe** à la différence existant entre :
– la valeur de l'immeuble lors de la signature du contrat (qui correspond en principe à celle qui est mentionnée dans le contrat, sans qu'il y ait lieu d'en soustraire les éventuelles subventions versées au bailleur par une collectivité publique : CE 19-6-2017 nos 395452, 395455 et 395456 : RJF 10/17 n° 907) diminuée du prix de levée de l'option ;
– et le montant des amortissements que le locataire aurait pu pratiquer s'il avait été propriétaire du bien depuis cette date (compte tenu le cas échéant de l'application de la méthode par composants).
La réintégration à effectuer est diminuée des quotes-parts de loyers non déduites pendant la période de location.
b. Les **PME** sont dispensées de toute réintégration à l'échéance lorsqu'elles acquièrent des immeubles à usage industriel ou commercial (y compris les immeubles de bureaux) situés dans les zones éligibles à la prime d'aménagement du territoire, les territoires ruraux de développement prioritaire et les zones de redynamisation urbaine à l'issue de **contrats d'une durée au moins égale à quinze ans** conclus entre le 1er janvier 1996 et le 31 décembre 2006. Cette dispense concerne aussi les contrats conclus entre le 1er janvier 2007 et le 31 décembre 2015 portant sur des immeubles situés dans les zones d'aide à finalité régionale (AFR) ou les zones de revitalisation rurale et les contrats conclus entre le 1er janvier 2007 et le 31 décembre 2014 portant sur des immeubles situés dans les zones de redynamisation urbaine.
L'avantage accordé au titre des contrats conclus depuis le 1er janvier 2007 est soumis au respect des règles régissant les aides à finalité régionale (n° 92625) lorsqu'il concerne le financement d'immeubles neufs situés dans les zones AFR et au respect de la réglementation européenne des aides aux PME (n° 92645) si les immeubles neufs sont situés dans les autres zones. Pour le financement des immeubles anciens situés dans l'une de ces trois zones, le bénéfice de la dispense est soumis au respect de la réglementation « de minimis » (nos 92660 s.).
c. Les crédits-preneurs soumis aux limites de déduction des loyers de **bureaux en Île-de-France** (n° 19340) n'ont aucune réintégration à opérer à l'échéance et la durée d'amortissement des constructions correspond à la durée normale d'utilisation restant à courir depuis leur acquisition par le bailleur.

Cession de l'immeuble acquis Lors de la cession de l'immeuble acquis en crédit-bail, la plus-value réalisée est déterminée, conformément au droit commun, par différence entre le prix de vente et le prix de revient minoré des amortissements pratiqués. 19355 CGI art. 39 duodecies A BIC-VII-79220 s

Elle est soumise en totalité au taux normal de l'IS lorsque le cédant relève de l'**impôt sur les sociétés.**

Dans les entreprises soumises à l'**impôt sur le revenu,** la plus-value peut bénéficier du régime des plus-values à long terme avec abattement éventuel (nos 18095 s.) lorsque la cession est réalisée plus de deux ans après la date de levée de l'option. Dans ce cas, la plus-value à court terme correspond aux amortissements effectivement déduits, majorés des amortissements techniques que le cédant aurait pu pratiquer s'il avait été propriétaire du bien pendant la période où il a été titulaire du contrat (et le cas échéant des amortissements pratiqués sur le prix d'acquisition des droits représentatifs des constructions si le contrat a été acquis à titre onéreux).

› **Précisions** **a.** En cas de cession d'immeubles de **bureaux situés en Île-de-France** acquis à l'échéance de contrats conclus depuis le 1er janvier 1996, le délai de détention est décompté d'après la date de leur inscription à l'actif du crédit-bailleur (BOI-BIC-PVMV-40-50-30 no 70).
b. Les opérations de cession sont soumises à des **obligations déclaratives** particulières.

19360 CGI art. 93 quater, III et IV BIC-VII-80900 s

Cas particulier : sous-location d'immeubles pris en crédit-bail Le cas envisagé ici est celui des personnes physiques et des sociétés de personnes non passibles de l'impôt sur les sociétés dont les associés sont des personnes physiques, notamment les sociétés civiles immobilières, qui procèdent à la sous-location d'immeubles pris en crédit-bail.

Ces personnes sont imposées dans la catégorie des bénéfices non commerciaux pour les **revenus** tirés de la sous-location et les **loyers** qu'elles versent au crédit-bailleur sont soumis aux limites de déduction mentionnées no 19340 (CGI art. 93, 1-6o).

Dans la mesure où, en application de l'article 93 quater, III du CGI, le contrat de crédit-bail immobilier constitue un élément d'actif immobilisé, sa **cession** relève des règles exposées no 19345.

Lors de l'**exercice de l'option d'achat,** les réintégrations mentionnées no 19350 doivent être effectuées. Le transfert de propriété de l'immeuble qui résulte de la levée d'option entraîne en outre le **changement de régime fiscal** du contribuable, du fait de la transformation de l'activité de sous-location en une activité de location relevant des revenus fonciers. Une **plus-value** professionnelle imposable doit par suite être constatée à cette date. Le montant de cette plus-value, qui est intégralement à court terme selon l'administration (BOI-BNC-BASE-30-10 no 380), correspond à la différence entre la valeur vénale de l'immeuble à la date d'exercice de l'option d'achat et son prix de revient, déterminé selon les modalités exposées no 19350. Son imposition peut être reportée, sur demande expresse du contribuable figurant dans l'acte constatant le transfert de propriété de l'immeuble, à la date à laquelle interviendra la transmission de l'immeuble ou la transmission ou le rachat de tout ou partie des titres de la société propriétaire, ou sa dissolution. Cette imposition peut toutefois être évitée en optant pour l'IS avant la date d'échéance du contrat.

CRÉDIT-BAIL SUR FONDS DE COMMERCE OU SUR TITRES NON COTÉS

19365 CGI art. 38 ter, 39, 8 et 39 duodecies A, 7 BIC-VII-82200 s

Lorsqu'un fonds de commerce, un fonds artisanal ou un de leurs éléments incorporels non amortissables, ou bien des parts ou actions de sociétés commerciales non cotées sont pris en crédit-bail, le **crédit-preneur** ne peut déduire qu'une partie des **redevances** versées, représentative en principe des frais financiers, à l'exclusion de la part prise en compte pour la fixation du prix de vente à l'échéance. La quote-part de loyer non déductible n'est pas imposable chez le **bailleur** s'il constate une dette envers le locataire : elle s'ajoute dans ce cas au prix de vente convenu pour le calcul de la plus-value de cession.

Les **biens acquis à l'échéance** du contrat sont inscrits à l'actif pour le prix convenu augmenté de la quote-part de loyers non admise en déduction pendant la durée du contrat.

Les contrats de crédit-bail portant sur des **éléments incorporels amortissables d'un fonds** de commerce relèvent quant à eux du régime du crédit-bail mobilier exposé no 19330.

4. RÉÉVALUATION DES BILANS

19390 BIC-VII-90000 s

La réévaluation est l'opération comptable qui consiste à actualiser (en pratique à augmenter) la valeur des éléments d'actif d'une entreprise.

Des **régimes légaux** de révision des bilans ont été institués à différentes reprises dans le passé, le dernier en date ayant autorisé les entreprises à réviser la valeur des immobilisations au 31 décembre 1976. Ces régimes peuvent aujourd'hui encore avoir des incidences comptables et fiscales (voir Mémento comptable nos 56670 s. et BIC-VII-90700 s.).

Actuellement, le seul régime applicable est celui de la **réévaluation libre** des éléments d'actif, autorisée par le Code de commerce sous certaines conditions (C. com. art. L 123-18, al. 4).

CONDITIONS

La réévaluation doit obligatoirement concerner l'ensemble des **immobilisations corporelles et financières,** à l'exclusion des immobilisations incorporelles, des stocks et des valeurs mobilières de placement. Les immobilisations sont portées à leur valeur actuelle, estimée en fonction du marché et de leur utilité pour l'entreprise. L'**écart de réévaluation** est inscrit au passif du bilan et peut être incorporé, en tout ou en partie, au capital. Il ne peut être utilisé à compenser des pertes sauf s'il a été préalablement incorporé au capital (PCG art. 214-27) – la règle fiscale est différente. Il ne peut être distribué que lorsqu'il est réalisé, c'est-à-dire en cas de cession des immobilisations réévaluées ou au fur et à mesure des suppléments d'amortissements constatés (voir Mémento comptable nos 56785 s.). **19400** BIC-VII-90070 s

RÉGIME DE DROIT COMMUN

Les **plus-values** dégagées par la réévaluation constituent un produit imposable dans les conditions de droit commun, sur lequel les **déficits antérieurs** peuvent par suite être imputés le cas échéant. **19410** BIC-VII-90150 s

La nouvelle valeur comptable est retenue par la suite :
– d'une part, pour le calcul des **amortissements** annuels (l'entreprise pouvant, à l'occasion de la réévaluation, allonger la durée d'amortissement initialement retenue et fixer un nouveau taux d'amortissement en fonction de la durée probable d'utilisation restant à courir) ;
– d'autre part, pour le calcul des **plus-values** (ou moins-values) réalisées ultérieurement lors de la **cession** des éléments réévalués.

› Précisions Une réévaluation « libre » ne peut pas avoir pour effet de dégager une **moins-value** sur certains éléments d'actif, car la dépréciation éventuellement subie par ces éléments ne peut être constatée que sous forme d'amortissement ou de provision (Rép. Ribes : AN 6-2-1971 n° 14319, non reprise dans Bofip).

5. AUTRES RÉGIMES SPÉCIAUX

OPÉRATIONS IMMOBILIÈRES

Opérations sur terrains à bâtir Les plus-values réalisées à l'occasion de la cession ou de l'apport de terrains à bâtir détenus depuis au moins deux ans peuvent bénéficier d'un **report d'imposition,** qui ne peut excéder **cinq ans,** dans les quatre cas suivants. **19440** BIC-VII-15850 s

1. Cession de terrain à une collectivité publique (CGI art. 238 nonies). Qu'elle soit réalisée ou non dans le cadre d'une procédure d'expropriation, la plus-value peut être rattachée, sur demande expresse du contribuable, aux résultats de l'exercice au cours duquel l'indemnité est effectivement perçue.

2. Apport d'un terrain à une société de construction-vente (CGI art. 238 decies, I). À moins que l'entreprise n'opte pour la taxation immédiate, la plus-value est rattachée aux résultats de l'exercice en cours à la date de la dernière cession, par la société de construction, des immeubles ou fractions d'immeubles construits sur le terrain apporté (sauf en cas de décès de l'apporteur ou de cession de ses droits sociaux).

3. Apport d'un terrain à une société de copropriété « transparente » (CGI art. 238 decies, II). Sauf option de l'entreprise pour la taxation immédiate, la plus-value est rattachée aux résultats de l'exercice en cours à la date de la dernière cession par l'entreprise des droits reçus en rémunération de son apport ou des immeubles reçus en représentation de ces droits (sauf décès antérieur de l'apporteur, cession ou cessation de l'entreprise).

4. Cession de terrain rémunérée par la remise d'immeubles à construire (CGI art. 238 undecies). Sauf option contraire, la plus-value est en principe rattachée aux résultats de l'exercice en cours à la date de la dernière cession des constructions reçues (sauf décès antérieur du cédant, cession ou cessation de l'entreprise). Ce régime n'est pas applicable aux sociétés soumises à l'IS (CE 8-2-2012 n° 336543 : RJF 5/12 n° 477).

Cession de droits de surélévation Les plus-values réalisées par les entreprises à l'occasion de la cession, entre le 1er janvier 2012 et le 31 décembre 2017, d'un droit de surélévation d'immeuble en vue de la réalisation de **locaux destinés à l'habitation** sont **exonérées.** Le cessionnaire (personne physique ou morale) doit s'engager à **achever** ces locaux dans un délai de quatre ans à compter de la date d'acquisition du droit de surélévation. **19442** CGI art. 238 octies A BIC-VII-16700 s

› Précisions **a.** L'exonération ne s'applique pas aux locaux à **usage mixte** (BOI-BIC-PVMV-40-10-80 n° 120).

b. Une **copie de l'engagement** du cessionnaire doit être jointe par l'entreprise cédante à la **déclaration** de résultat (ou la déclaration annuelle des revenus pour les entreprises non soumises au régime réel) de l'exercice de réalisation de la plus-value (BOI précité n° 160).

c. Le **non-respect** par le cessionnaire de son **engagement** entraîne l'application d'une amende égale à 25 % de la valeur de cession du droit de surélévation (CGI art. 1764, IV), sauf circonstances exceptionnelles indépendantes de

sa volonté, licenciement, invalidité, décès du contribuable ou de l'un des époux soumis à une imposition commune.
d. En cas d'absorption (ou de confusion de patrimoine) de la société cessionnaire, l'engagement d'achever les locaux dans le délai de quatre ans n'est pas rompu si la société absorbante s'engage, dans l'acte de **fusion,** à le respecter pour le délai restant à courir, quel que soit le régime fiscal de l'opération (BOI précité n° 230).

19444 CGI art. 238 octies C **BIC-VII-16150 s**

Échange de biens immobiliers

Les plus-values réalisées par les entreprises lors de l'échange d'un bien immobilier avec une **collectivité** ou un **établissement public** (État, collectivité territoriale, établissement public de coopération intercommunale compétent, établissements publics fonciers ou associations foncières urbaines) qui affecte le bien à la réalisation d'un **ouvrage d'intérêt collectif** peuvent faire l'objet d'un **report d'imposition.** La plus-value est égale à la différence entre la valeur du ou des biens ou droits reçus de la collectivité ou de l'établissement public et la valeur nette comptable du bien remis à l'échange par l'entreprise. Elle est affectée aux biens ou droits reçus en échange au prorata de leur valeur vénale à la date de l'opération. L'imposition de la fraction de la plus-value correspondant aux **biens non amortissables** reçus en échange est reportée jusqu'à la cession de ces biens. La fraction de la plus-value correspondant aux **biens amortissables** est réintégrée au résultat imposable de l'entreprise au fur et à mesure de leur amortissement. La fraction non encore réintégrée est immédiatement imposée en cas de cession du bien ou du droit.
L'**option** pour ce régime est exercée en joignant à la déclaration de résultat de l'exercice d'échange un **état de suivi** des plus-values (n° 2903-SD), qui doit également être produit au titre des exercices ultérieurs tant que subsistent à l'actif du bilan des éléments auxquels est attaché un report d'imposition.

› Précisions a. Sont concernés les **biens immobiliers** bâtis ou non bâtis inscrits à l'actif de l'entreprise affectés ou non à l'exploitation. Sont également visés les droits réels immobiliers (usufruit, nue-propriété, servitudes, droit de surélévation, mitoyenneté, bail emphytéotique...) et les droits portant sur un immeuble (indemnité d'éviction relative à la perte du droit au bail) (BOI-BIC-PVMV-40-10-70 n° 110).
b. En cas de versement d'une **soulte** par l'une des parties à l'échange, celle-ci ne doit dépasser ni 10 % de la valeur vénale des biens ou droits remis à l'échange ni le montant de la plus-value réalisée lors de l'échange.
c. Le **défaut de production** de l'**état** ou la production d'un état inexact ou incomplet entraîne l'application d'une amende égale à 5 % des résultats omis (CGI art. 1763, I). Non-application de l'amende en cas de régularisation pour les déclarations déposées depuis le 11 août 2018, voir n° 9055, précision a.

19447 CGI art. 210 F **BIC-VII-16400 s**

Cession de locaux professionnels destinés à être transformés en logements

Les plus-values nettes réalisées par les **sociétés soumises à l'IS** lors de la cession, jusqu'au 31 décembre 2020, d'un local à usage de bureau, à usage commercial ou industriel, ou d'un terrain à bâtir sont imposées au **taux réduit de 19 %** (majoré, le cas échéant, de la contribution sociale visée aux n°s 36690 s.) lorsque le cessionnaire s'engage à transformer l'immeuble acquis en un immeuble à usage d'habitation ou à construire des locaux d'habitation sur le terrain dans les quatre ans qui suivent la date de clôture de l'exercice d'acquisition. Le taux réduit ne s'applique pas aux cessions entre **sociétés liées** au sens de l'article 39, 12 du CGI (n° 10425, précision a). Il est en outre réservé aux biens situés dans des communes comprises dans des **zones géographiques** se caractérisant par un déséquilibre particulièrement important entre l'offre et la demande de logements. Celles-ci s'entendent des communes classées dans les zones A bis et A telles qu'elles sont définies à l'article R 304-1 du CCH (CGI ann. III art. 46 quater-0 ZZ bis E ; BOI-IS-BASE-20-30-10-10 n° 360).
La cession (vente ou apport) doit être effectuée en faveur :
– d'une **société soumise à l'IS** dans les conditions de droit commun ;
– d'une **société immobilière spécialisée** : société dont les titres donnant obligatoirement accès au capital sont admis aux négociations sur un marché réglementé ou offerts au public sur un système multilatéral de négociation et ayant pour objet principal l'acquisition ou la construction d'immeubles en vue de la location (ou la détention directe ou indirecte de participations dans des personnes morales dont l'objet est identique) ou société agréée par l'Autorité des marchés financiers qui a le même objet (SIIC, ou Sppicav par exemple), SCPI dont les parts sociales ont été offertes au public ou filiale à 95 % au moins de SIIC ou de Sppicav. Les sociétés immobilières éligibles doivent avoir pour objet principal l'acquisition ou la construction d'immeubles en vue de leur location, ou la détention directe ou indirecte de participations dans des personnes morales dont l'objet social est identique ;
– d'un **organisme en charge du logement social** : organisme d'habitations à loyer modéré, société d'économie mixte gérant des logements sociaux, association « foncière logement », SCI dont cette association détient la majorité des parts pour les logements mentionnés à l'article L 831-1, 4° du CCH, organismes bénéficiant de l'agrément relatif à la maîtrise d'ouvrage prévu à l'article L 365-2 du CCH ;
– d'une **société de construction-vente** relevant du régime de l'article 239 ter du CGI (n° 30420) ;

– ou d'un **organisme de foncier solidaire** défini à l'article L 329-1 du CCH, pour les exercices clos à compter du 31 décembre 2019 (Loi 2019-1479 du 28-12-2019 art. 54).

Ce régime s'applique aux **promesses unilatérales ou synallagmatiques de vente** conclues jusqu'au 31 décembre 2020, à condition que la cession soit réalisée au plus tard le 31 décembre 2022.

› Précisions **a.** Les **déficits** subis par la société cédante peuvent être imputés sur les plus-values taxables au taux réduit.

b. Le **cédant** peut réaliser des **travaux** (sécurisation, désamiantage) avant la cession à condition de ne pas commencer la transformation du local (Rép. Accoyer : AN 26-11-2013 n° 28516, non reprise dans Bofip).

c. Ouvrent notamment droit au dispositif les travaux de **démolition** suivis de la **reconstruction** d'un local à usage d'habitation (BOI-IS-BASE-20-30-10-20 n° 80) ou les travaux ayant pour effet d'accroître la surface du local réalisés par le cessionnaire (Rép. Accoyer précitée).

d. Les locaux à usage d'habitation s'entendent de ceux constituant la **résidence** principale ou secondaire d'une personne physique, conformément aux articles R 111-1-1 à R 111-17 du CCH (BOI précité n° 50). Si l'**ensemble** est **à usage mixte** (locaux d'habitation et professionnels), le taux réduit s'applique au prorata de la surface future de l'immeuble dédiée à l'habitation par rapport à la surface totale de l'immeuble à construire (BOI précité n° 85).

e. La cession d'un appartement ayant servi à l'**exercice d'une activité libérale** et pouvant être affecté à l'habitation au prix de transformations mineures ne peut bénéficier du dispositif (BOI précité n° 80).

f. Lorsque le **terrain** à bâtir **excède le terrain d'assise** de l'immeuble d'habitation, seuls ouvrent droit au dispositif le terrain d'assise des constructions, les cours, les passages, les petits jardins et les autres emplacements de faible étendue servant d'accès aux bâtiments et faisant partie intégrante de ces derniers ainsi que leurs annexes (BOI précité n° 85).

g. L'**engagement de transformation ou de construction** est pris par la société cessionnaire dans l'acte de cession du bien. Une copie est jointe à la déclaration de résultat de l'exercice de cession par le cédant et le cessionnaire (CGI ann. III art. 46 quater-0 ZZ bis D).

h. La **date d'achèvement des travaux** est celle figurant sur la déclaration prévue par l'article L 462-1 du Code de l'urbanisme.

i. Le **non-respect** par le cessionnaire de son **engagement** de transformation ou de construction entraîne l'application d'une amende égale à 25 % de la valeur de cession de l'immeuble ou du terrain à bâtir, sauf circonstances exceptionnelles indépendantes de sa volonté (CGI art. 1764, III et BOI précité n° 210).

j. En cas d'absorption ou de dissolution sans liquidation de la société cessionnaire, l'engagement n'est pas rompu si la société absorbante s'engage, dans l'acte de **fusion** (ou dans la décision de dissolution), à le respecter pour le délai restant à courir. Cette solution s'applique quel que soit le régime fiscal de l'opération (BOI précité n°s 150 à 180) à condition qu'elle n'ait pas pour objectif principal ou comme un de ses objectifs principaux la fraude ou l'évasion fiscales (n° 39202).

k. Le cessionnaire **ne rompt pas l'engagement** lorsqu'il cède les locaux ou le terrain acquis dans le cadre d'une **vente d'immeuble à construire** mentionnée à l'article 1601-1 du Code civil (conclue à terme ou en l'état futur d'achèvement) dès lors qu'il réalise la transformation dans le délai conformément à son engagement (BOI précité n° 110).

l. Le dispositif ne s'applique pas en cas de **vente au profit d'une société de personnes,** même si tous ses associés sont soumis à l'IS (Rép. Rudigoz : AN 16-4-2019 n° 2279).

ÉCHANGES DE TERRES AGRICOLES RÉALISÉS PAR UNE SOCIÉTÉ SOUMISE À L'IS OU UNE SAFER

Un **report d'imposition** s'applique sur **option** aux plus-values d'échanges de terres agricoles réalisées dans le cadre d'un aménagement foncier rural au sens de l'article L 121-1 du Code rural et de la pêche maritime par les sociétés d'aménagement foncier et d'établissement rural (Safer) ou par les sociétés soumises à l'IS ayant une activité principale de nature agricole au sens de l'article 63 du CGI (n°s 15155 s.). Les terres peuvent également être échangées contre des actions ou parts de sociétés dont l'activité principale est de nature agricole ou ayant pour objet principal la propriété agricole. Le report d'imposition **prend fin** en cas de cession des terres, parts ou actions reçues en échange ou en cas de cession des terres figurant au jour de l'échange à l'actif de la société dont les titres ont été reçus. En cas de cession partielle de ces terres, parts ou actions, la plus-value en report est imposable à proportion des actifs cédés. **19450** CGI art. 38 septies **BA-VII-30150 s**

› Précisions **a.** La plus-value d'échange est immédiatement imposable à concurrence de l'éventuelle **soulte** reçue.

b. La plus-value réalisée lors de l'échange de terres contre des titres est, déduction faite de l'éventuelle soulte, immédiatement imposable à proportion de la valeur au jour de l'échange des éléments d'actif de la société autres que des terres agricoles sur l'actif total de la société dont les titres sont échangés.

c. Les plus-values en report d'imposition doivent figurer sur l'**état de suivi** et le **registre** mentionnés n° 19780.

CESSION DE NAVIRES DE TRANSPORT FLUVIAL DE MARCHANDISES

19460 CGI art. 238 sexdecies BIC-VII-15500 s

Sont **exonérées** les plus-values réalisées par les entreprises de transport fluvial de marchandises ou de location de bateaux affectés à cette activité lors de la cession de bateaux exploités pour le transport intérieur de marchandises faisant l'objet d'un titre de navigation en cours de validité. Le montant de la plus-value exonérée est plafonné à 100 000 € par cession. Pour les entreprises relevant de l'impôt sur le revenu, dans cette limite, l'exonération concerne le montant total de la plus-value (part à court terme et part à long terme). L'entreprise doit soit **réinvestir** au cours de l'exercice de cession une somme au moins égale au prix de vente dans le même type de biens (en pleine propriété ou dans le cadre d'un crédit-bail), soit s'engager à le faire dans un délai de 24 mois à compter de la cession.

Le nouvel investissement peut être réalisé **préalablement** à la cession de l'ancien navire sous réserve que les deux opérations soient effectuées au cours du même exercice. La **date de réalisation** de l'investissement s'entend de sa date de livraison au sens de l'article 1604 du Code civil (BOI-BIC-PVMV-40-10-90 n°s 240 et 270).

› Précisions a. L'exonération n'est pas applicable en cas de cession entre sociétés d'un même **groupe fiscal.**

b. Lorsque l'entreprise cédante est une **société de personnes,** la condition tenant à la nature de l'activité doit également être satisfaite par ses associés personnes morales.

c. Le **bateau acquis en remploi** doit être construit depuis 20 ans au plus, et à une date plus récente que le bateau cédé, ou disposer d'une plus grande capacité d'emport des marchandises que le bateau cédé.

d. Le **non-respect** par l'entreprise cédante de son **engagement** de réinvestissement, ou le réinvestissement d'une somme inférieure au prix de vente du navire, entraîne la réintégration de la totalité ou d'une fraction de la plus-value au résultat imposable au taux normal de l'exercice en cours à la date d'expiration du délai de 24 mois (ou de l'exercice au cours duquel le contrat de crédit-bail prend fin), majorée de l'intérêt de retard.

e. L'exonération est subordonnée au respect du règlement **de minimis** : voir n°s 92660 s.

E. Transmissions d'entreprises

RÈGLES GÉNÉRALES

19490 Plusieurs **régimes spécifiques** d'exonération ou de report d'imposition sont prévus en faveur des plus-values constatées lors des opérations de transmission de **PME.**

L'un de ces régimes est commun à tous les types de transmission d'entreprises, à titre onéreux ou gratuit, et peut concerner tant les entreprises relevant de l'impôt sur le revenu que les sociétés soumises à l'impôt sur les sociétés. Son application dépend de la valeur de l'exploitation transmise.

Les autres régimes sont réservés à des modes de transmission particuliers : apport en société, cession de l'entreprise par l'exploitant qui prend sa retraite, transmission à titre gratuit. Ils s'adressent uniquement aux entreprises relevant de l'impôt sur le revenu.

19495 Dans les **entreprises relevant de l'impôt sur le revenu,** l'existence de ces régimes spécifiques n'interdit pas aux contribuables d'appliquer, le cas échéant, les **mesures** d'exonération ou d'allégement **de portée générale** prévues pour toutes les cessions d'actifs, en cours comme en fin d'exploitation : exonération des plus-values accordée en fonction des recettes (n°s 18200 s.) et dispositif d'abattement sur les plus-values immobilières à long terme (n°s 18095 s.).

Cette multiplicité de régimes d'exonération ou d'allégement s'accompagne de nombreuses interdictions de **cumul** ou de combinaison des différents dispositifs. Lorsqu'une opération entre dans le champ d'application de plusieurs dispositifs, dont les conditions d'application et la portée varient, il convient donc de comparer leurs avantages et inconvénients respectifs afin de choisir le régime le mieux adapté à la situation. Lorsque les régimes peuvent se cumuler, il est recommandé, d'une manière générale, de les appliquer du plus spécifique vers le plus général. Par exemple : d'abord celui prévu à l'article 151 septies B du CGI (abattement pour durée de détention), puis celui de l'article 151 septies A du CGI (exonération en cas de départ à la retraite) et enfin l'exonération de l'article 151 septies du même Code.

1. TRANSMISSION POUR UNE VALEUR INFÉRIEURE À 500 K€

19650 CGI art. 238 quindecies BIC-VII-27000 s DC-V-11000 s

Les plus-values réalisées à l'occasion de la transmission d'une entreprise individuelle ou d'une branche complète d'activité peuvent être exonérées, totalement ou partiellement selon la valeur des éléments transmis, à condition que l'activité ait été exercée pendant au moins cinq ans. Le bénéfice de cette exonération est subordonné à l'exercice d'une **option.**

Le **cumul** de ce dispositif avec les autres **régimes d'exonération ou de report** des plus-values est interdit, exception faite de l'exonération applicable en cas de départ en retraite (nos 19890 s.) et du régime prévu en faveur des plus-values immobilières à long terme (nos 18095 s.). En particulier, l'option pour le dispositif est exclusive de celle pour le régime spécial des fusions prévu à l'article 210 A du CGI. Toutefois, selon la cour administrative d'appel de Lyon, si une société qui opte pour le régime spécial des fusions renonce à faire application, pour son propre compte, des dispositions de l'article 238 quindecies du CGI, cela ne fait pas obstacle à ce que la société absorbante demande le bénéfice de ces dispositions pour une plus-value réalisée à l'occasion de la cession, pendant la période de rétroactivité, de l'un des éléments d'actifs apportés lors de la fusion (CAA Lyon 29-1-2019 no 17LY00789 : RJF 10/19 no 875).

CHAMP D'APPLICATION

19655 BIC-VII-27100 s

Opérations concernées Peut bénéficier de l'exonération la **transmission, à titre onéreux ou à titre gratuit** :
– d'une **entreprise individuelle** commerciale, industrielle, artisanale, libérale ou agricole relevant de l'impôt sur le revenu ;
– d'une **branche complète d'activité,** définie selon les critères en vigueur dans le cadre du régime de faveur des apports partiels d'actif (no 39245) ;
– de l'intégralité des **droits ou parts d'une société de personnes** relevant de l'impôt sur le revenu détenus par un associé exerçant son activité professionnelle dans le cadre de la société (no 37675).

Dans tous les cas, l'**activité** transmise doit avoir été exercée **pendant au moins cinq ans** : point de départ du délai apprécié selon les modalités exposées au no 18210 (voir également précision c ci-dessous) ; terme du délai fixé à la date de réalisation de la transmission.

La transmission d'une activité qui fait l'objet d'un contrat de **location-gérance** (ou d'un contrat comparable) peut également bénéficier de la mesure d'exonération sous certaines conditions (voir no 19680).

> **Précisions** **a.** L'exonération, comme celle prévue à l'article 151 septies A du CGI en cas de cession d'entreprise lors d'un départ en retraite, est admise en cas de transmission du seul fonds de commerce, à l'exclusion du **passif,** des **stocks** et de la **trésorerie** (BOI-BIC-PVMV-40-20-20-20 no 150) ou, à notre avis, en cas de la seule transmission d'un fonds libéral.
> **b.** Les **associations** et organismes sans but lucratif qui relèvent de l'impôt sur les sociétés peuvent bénéficier de l'exonération ainsi que les **collectivités** territoriales, les établissements publics de coopération intercommunale ou leurs **établissements publics.**
> **c.** Pour le calcul du **délai de cinq ans** en cas d'exercice d'une même activité, successivement ou simultanément, dans plusieurs fonds ou établissements, le Conseil d'État n'exige pas, contrairement à l'administration (BOI-BIC-PVMV-40-20-50 no 230), que ceux-ci aient été eux-mêmes détenus ou exploités pendant au moins cinq ans à la date de leur cession (CE plén. 13-6-2018 no 401942 : RJF 10/18 no 933).
> **d.** L'administration exige que l'activité soit exercée **à titre professionnel** (BOI précité no 90). Mais cette condition ne résulte pas de la loi.

19660 BIC-VII-27170 s

Cession d'une branche d'activité par une société soumise à l'IS L'exonération peut s'appliquer à la plus-value de cession d'une branche d'activité réalisée par une société relevant de l'impôt sur les sociétés sous réserve que les deux conditions suivantes soient réunies :
– la société emploie moins de 250 salariés et soit réalise un chiffre d'affaires annuel inférieur à 50 M€, soit a un total de bilan inférieur à 43 M€ ;
– son capital ou ses droits de vote ne sont pas détenus à hauteur de 25 % ou plus par une ou plusieurs entreprises ne remplissant pas les conditions d'effectif ou de chiffre d'affaires (ou de total de bilan) précitées, abstraction faite des parts détenues par l'intermédiaire de certaines structures de capital-risque.

CONDITIONS D'APPLICATION

19670 BIC-VII-28130 s

Valeur des éléments transmis La valeur des éléments transmis ne doit pas excéder 500 000 €.

Pour l'**appréciation** de ce seuil, il est tenu compte :
– soit de la valeur des éléments transmis servant d'assiette aux droits d'enregistrement qui frappent la cession des fonds de commerce (ou des offices ministériels) ou de la valeur des éléments similaires utilisés dans le cadre d'une exploitation agricole ;
– soit, en cas de transmission de l'intégralité des droits ou parts d'une société de personnes, de la valeur vénale des droits transmis susceptibles de bénéficier de l'exonération, mais aussi, le cas échéant, de la valeur des droits transmis au cours des cinq années précédentes.

19675 BIC-VII-28210 s **Absence de liens de dépendance entre les parties en cas de cession à titre onéreux** L'exonération ne s'applique pas si le cédant possède à la date de la cession le **contrôle de l'entreprise cessionnaire** du fait de la participation qu'il y détient ou des fonctions qu'il y exerce.

L'existence d'un tel contrôle est établie lorsque le cédant, ou, s'il s'agit d'une société, l'un de ses associés détenant directement ou indirectement au moins 50 % des droits de vote ou des droits dans les bénéfices sociaux ou en assurant la direction effective :
– soit exerce la direction effective de l'entreprise cessionnaire ;
– soit détient directement ou indirectement plus de 50 % des droits de vote ou des droits dans les bénéfices sociaux de cette entreprise.

En cas de transmission à titre onéreux de **parts de sociétés de personnes** assimilées à une branche complète d'activité, le cédant ne doit détenir, directement ou indirectement, aucun droit de vote ou droit aux bénéfices sociaux dans l'entreprise cessionnaire.

Ces conditions doivent être satisfaites de façon continue au cours des trois années qui suivent la cession, sous peine de **remise en cause** de l'exonération des plus-values.

19680 BIC-VII-28400 s **Cas particulier de la location-gérance** L'application de l'exonération à la cession d'une activité mise en location-gérance suppose le respect de l'ensemble des **conditions d'application du dispositif** (CE 16-10-2013 n° 346063 : RJF 1/14 n° 7 ; BOI-BIC-PVMV-40-20-50 n° 90), et en particulier qu'il n'y ait aucun lien de dépendance entre le cédant et le cessionnaire (CE 30-12-2013 n° 355328 : RJF 4/14 n° 315). L'article 238 quindecies, VII du CGI exige également que l'activité ait été exercée depuis au moins cinq ans au moment de la mise en location et que la transmission soit réalisée au profit du locataire. Toutefois ces deux conditions ne s'appliquent pas si le contrat de location-gérance a été résilié deux mois avant la cession (CAA Versailles 23-10-2014 n° 12VE00905 : RJF 2/15 n° 95) ou même la veille de la cession (CAA Douai 21-11-2019 n° 17DA01771 : RJF 3/20 n° 200).

En outre, comme pour l'exonération prévue à l'article 151 septies A du CGI, l'exonération est applicable lorsque le **cédant** a donné son **fonds en location-gérance à une société qu'il contrôle,** à condition que la cession porte simultanément sur ce fonds et sur les droits détenus dans la société locataire (BOI-BIC-PVMV-40-20-20-20 n° 320).

PORTÉE DE L'EXONÉRATION

19685 BIC-VII-28700 s **Plus-values exonérées** L'exonération concerne toutes les plus-values, **à court terme ou à long terme,** constatées sur les éléments d'actif immobilisé à l'occasion de la transmission, exception faite des **plus-values immobilières** qui restent imposables dans les conditions de droit commun (l'abattement pour durée de détention peut le cas échéant s'appliquer : n°s 18095 s.).

Les plus-values immobilières exclues du régime spécial s'entendent des plus-values réalisées à raison de biens immobiliers bâtis ou non bâtis et de droits ou parts de sociétés dont l'actif est principalement constitué de ces mêmes biens – ou de droits afférents à un contrat de crédit-bail immobilier (BOI-BIC-PVMV-40-20-50 n° 380). Toutefois, les plus-values réalisées à l'occasion de la cession de l'intégralité des parts détenues dans une **société de personnes** peuvent être exonérées lorsque l'actif social est principalement constitué de biens immobiliers affectés par la société à sa propre exploitation ou de droits ou parts de sociétés dont l'actif est principalement constitué des mêmes biens, droits ou parts. Les biens mentionnés à l'article 1594-0 G, A-I du CGI (n°s 66290 s.) ne sont pas considérés comme affectés à l'exploitation de la société.

19690 BIC-VII-28500 s **Montant exonéré** L'**exonération** est **totale** lorsque la valeur des éléments transmis n'excède pas 300 000 €. Elle est **partielle** et dégressive lorsque la valeur de ces éléments est comprise entre 300 000 € et 500 000 €. La fraction exonérée est obtenue en appliquant au montant de la plus-value réalisée un taux égal au rapport suivant : (500 000 – valeur des éléments transmis)/200 000.

EXEMPLE

Un commerçant réalise une plus-value de 20 000 € à l'occasion de la vente de son fonds pour une valeur (servant d'assiette aux droits d'enregistrement) de 350 000 €.
Taux d'exonération : (500 000 – 350 000)/200 000 = 75 %.
Montant exonéré : 15 000 € ; montant imposable : 5 000 €.

2. APPORT EN SOCIÉTÉ D'UNE ENTREPRISE INDIVIDUELLE

Les exploitants qui procèdent à l'apport en société de leur entreprise individuelle peuvent se placer sous un **régime optionnel** permettant d'éviter l'imposition immédiate des plus-values d'apport et des profits sur stocks consécutifs à la cessation de l'activité individuelle. **19710** CGI art. 151 octies BIC-XIX-20200 s

Ils peuvent également bénéficier d'un régime de faveur en matière de **droits d'enregistrement** pour les apports effectués à titre onéreux (voir n° 66940).

L'**option** pour le régime de report de taxation des plus-values est **exclusive des régimes d'exonération** applicables, le cas échéant, en fonction du montant des recettes (nos 18200 s.), de la valeur des éléments cédés (nos 19650 s.) ou en cas de départ en retraite de l'exploitant (nos 19890 s.). Pour les critères de choix de l'un ou l'autre de ces régimes à prendre en compte, on pourra se reporter au dossier consacré à la mise en société d'une entreprise individuelle (nos 95550 s.).

On notera par ailleurs qu'en cas d'apport en société dans les conditions prévues à l'article 151 octies du CGI d'une **entreprise** individuelle **précédemment transmise à titre gratuit,** le report d'imposition prévu à l'article 41 du CGI est maintenu sous certaines conditions : voir n° 19850.

CHAMP D'APPLICATION

Le régime spécial concerne toutes les personnes physiques qui apportent à une société une **entreprise individuelle** ou une **branche complète d'activité,** définie selon les critères en vigueur dans le cadre du régime de faveur des apports partiels d'actif (n° 39245), quels que soient la nature (industrielle, commerciale, artisanale, non commerciale ou agricole) et le régime d'imposition de l'entreprise concernée. Il s'applique également aux **avocats** qui apportent la **clientèle** exploitée dans le cadre d'une association d'avocats (CE 2-6-2010 n° 306292 : RJF 8-9/10 n° 773). **19720** BIC-XIX-20300 s

La forme de la **société bénéficiaire de l'apport** (société de droit ou société de fait) est indifférente, de même que son régime fiscal (impôt sur les sociétés ou impôt sur le revenu), pourvu toutefois qu'elle relève d'un régime réel d'imposition à la date de l'apport.

CONTENU DE L'APPORT

L'apport doit en principe porter sur une entreprise individuelle ou une branche d'activité. Lorsque certains biens sont communs à plusieurs branches d'activité, le régime spécial s'applique aux biens transférés dans l'acte d'apport. **19730** BIC-XIX-20450 s

Les **immeubles** affectés à l'exploitation peuvent être exclus de l'apport, à condition d'être mis à la disposition de la société dans le cadre d'un bail d'une durée minimale de neuf ans. L'utilisation de cette faculté entraîne le transfert des immeubles dans le patrimoine privé de l'exploitant et la taxation des plus-values de retrait d'actif qui en résultent.

› **Précisions** **a.** Les **dettes** et les éléments de l'**actif circulant** peuvent ne pas être compris dans l'apport (à condition toutefois que le passif qui s'y rattache directement ne soit pas transmis), tout comme les **stocks** non indispensables à la poursuite de l'activité par le repreneur (BOI-BIC-PVMV-40-20-30-10 n° 240). Le régime peut donc s'appliquer au seul apport d'un fonds de commerce ou d'un fonds libéral.

b. En cas de **rupture** ou de non-renouvellement **du contrat de mise à disposition des immeubles d'exploitation** transférés dans le patrimoine privé, le report prend fin immédiatement. Les plus-values non encore imposées sont aussitôt taxées soit au nom de l'apporteur pour les plus-values sur éléments non amortissables, soit au nom de la société pour les plus-values sur biens amortissables. Le cas échéant, la fraction non encore imposée des provisions doit aussi être réintégrée dans les résultats de la société (nos 19750 s.).

c. L'**apport** de la totalité **des parts d'une EURL** par l'associé unique **à une SARL** ne peut être assimilé à l'apport d'une activité individuelle, même si les parts constituent pour l'apporteur un actif professionnel (CAA Nantes 29-10-2007 nos 05-540 et 05-541 : RJF 3/08 n° 272).

d. Sur les règles applicables en cas d'**apport d'une exploitation agricole sans les immeubles,** effectué entre le 1er janvier 1996 et le 31 décembre 2005, voir BIC-XIX-22825 s.

PORTÉE DU RÉGIME

L'option pour le régime spécial permet à l'apporteur de bénéficier d'un **report d'imposition** pour les plus-values constatées sur les immobilisations non amortissables et d'une **exonération** pour les plus-values sur immobilisations amortissables et les profits sur stocks, la charge fiscale correspondante étant transférée à la société bénéficiaire de l'apport. Les plus-values d'apport constatées à raison de droits afférents à un contrat de crédit-bail sont soumises au régime des plus-values sur biens amortissables ou non amortissables selon la nature des éléments concernés (BOI-BIC-PVMV-40-20-30-20 n° 360). **19745** BIC-XIX-21000 s

Certains **bénéfices en sursis d'imposition** à la date de l'apport bénéficient en outre d'un traitement favorable, de sorte que les conséquences de l'apport se limitent en général à l'imposition du résultat du dernier exercice de l'activité individuelle (pour les règles particulières de prise en compte des créances acquises en cas d'apport d'une activité libérale à une SEL ou à une société de personnes, voir n° 13665).

ATTENTION

L'apport d'un fonds de commerce placé sous le régime du report d'imposition, suivi à brève échéance d'une réduction de capital de la société bénéficiaire, est constitutif d'un **abus de droit** si l'opération d'apport a pour seule finalité de permettre à l'apporteur de disposer des liquidités correspondant à la valeur des biens transmis en évitant l'imposition des plus-values. Une telle opération caractérise un montage dissimulant en réalité la mutation à titre onéreux du fonds de commerce (CE 8-10-2010 n° 321361 : RJF 12/10 n° 1206).

19750 BIC-XIX-21050 s **Plus-values sur éléments non amortissables** L'imposition des plus-values, à court terme ou à long terme, sur éléments non amortissables est reportée jusqu'à la **cession** (vente, apport en société, échange…) **des droits sociaux** reçus en rémunération de l'apport, le rachat ou l'annulation de ces droits par la société **ou** la cession par la société **des biens concernés.** Dans ces hypothèses, les plus-values en report d'imposition deviennent imposables (partiellement en cas de rachat partiel des droits) au nom de l'apporteur au titre de l'année au cours de laquelle l'événement intervient et d'après les barèmes et taux en vigueur à cette date (CE 10-4-2002 n° 226886 : RJF 7/02 n° 788). En cas de cession des titres reçus en rémunération de l'apport lors du **départ en retraite du cédant,** elles peuvent, le cas échéant, être exonérées dans les conditions exposées au n° 19925.

Lorsque la cession des titres génère une moins-value à long terme (cas des titres d'une société relevant de l'impôt sur le revenu), celle-ci peut être imputée sur la plus-value à long terme constatée lors de l'apport (n° 37715, Précisions).

19755 Le report d'imposition est maintenu en cas de **transmission à titre gratuit** de la pleine propriété ou de la nue-propriété **des droits sociaux** rémunérant l'apport, ou en cas de **donation-partage avec soulte** si le bénéficiaire s'engage à acquitter l'impôt afférent à la plus-value lorsque l'un des événements visés ci-dessus intervient (BOI-BIC-PVMV-40-20-30-20 n°s 110 et 170). En cas de transmissions successives à titre gratuit de droits sociaux, ce maintien s'applique dès lors que chaque bénéficiaire souscrit ce même engagement.

Le report d'imposition est également maintenu en cas de **transformation d'une SCP** en société d'exercice libéral (SEL), en cas de **restructuration** de SCP (fusion, scission ou apport partiel d'actif) placée sous le régime de report d'imposition de l'article 151 octies A, I du CGI (n°s 13870 s.) et en cas d'échange des droits sociaux résultant d'opérations de restructuration (n°s 39200 s.). Dans ces hypothèses, le report d'imposition est maintenu jusqu'à la perte de la propriété des immobilisations non amortissables apportées ou des titres détenus à la suite des opérations en cause. Ne peuvent toutefois bénéficier de ces dispositions les opérations de fusion, scission et d'apport partiel d'actif ayant pour objet principal ou comme un de leurs objectifs principaux la fraude ou l'évasion fiscales (n° 39202).

Maintien du report en cas de **transfert en fiducie** : n° 90850, précision b.

Plus généralement, le **report d'imposition** est **maintenu** dans tous les cas où les événements censés y mettre fin génèrent eux-mêmes des plus-values placées en **report ou sursis d'imposition** jusqu'à ce que ces dernières deviennent imposables (qu'elles soient imposées ou exonérées) ou que surviennent d'autres événements mettant fin au report à l'occasion desquels les plus-values constatées ne bénéficient pas d'un report ou d'un sursis d'imposition (CGI art. 151-0 octies). Par exemple, le report d'imposition de l'article 151 octies du CGI sera maintenu si les titres reçus en rémunération de l'apport en société font l'objet d'un nouvel apport en société placé sous le régime du report d'imposition de l'article 151 nonies, IV bis du CGI (n° 37722).

19760 BIC-XIX-21900 s **Plus-values sur éléments amortissables** Les plus-values sur éléments amortissables ne sont pas imposées au nom de l'apporteur. Elles sont **réintégrées dans les bénéfices de la société** bénéficiaire de l'apport imposables au taux de droit commun, suivant le même mécanisme et avec les mêmes possibilités d'échelonnement qu'en matière de fusions de sociétés (n° 39510). En contrepartie, la société est autorisée à calculer les amortissements (suivant le mode dégressif, le cas échéant) et les plus-values postérieures d'après les nouvelles valeurs retenues lors de l'apport (n°s 39530 s.), les biens étant réputés acquis depuis leur entrée dans le patrimoine de l'entreprise apporteuse.

L'apporteur peut toutefois opter pour l'imposition au taux réduit de la **plus-value nette à long terme** globale afférente aux biens amortissables ; cette plus-value peut, le cas échéant, être utilisée pour compenser les **déficits** d'exploitation du dernier exercice d'activité ou les déficits antérieurs restant à reporter.

19765 BIC-XIX-22200 s **Profits sur stocks** Les profits sur stocks ne sont pas imposés au nom de l'apporteur si la société bénéficiaire de l'apport les inscrit à son actif pour la valeur figurant dans le dernier bilan de l'entreprise apporteuse et calcule par la suite le profit de cession de ces stocks à partir de cette valeur.

La valeur comptable des **stocks agricoles** apportés par un exploitant ne relevant pas d'un régime réel est déterminée selon les règles exposées au nº 16115.

Bénéfices en sursis d'imposition Des règles particulières sont prévues en faveur de certains bénéfices placés en sursis d'imposition à la date de l'apport : 19770 BIC-XIX-22300 s
– les **provisions** ne sont rapportées aux résultats de l'entreprise apporteuse que si elles deviennent sans objet ;
– l'étalement des **plus-values nettes à court terme** dont bénéficiait l'entreprise individuelle est maintenu au niveau de la société qui recueille l'apport si elle n'est pas imposable à l'impôt sur les sociétés et s'engage, dans l'acte d'apport, à réintégrer dans ses résultats imposables les plus-values en cause sur la durée restant à courir ;
– dans certaines conditions, l'étalement d'imposition des **subventions d'équipement** peut également être maintenu au niveau de la société bénéficiaire des apports (nº 8050, précision a).

OBLIGATIONS DES ENTREPRISES

L'apporteur et la société doivent, conjointement, exercer l'**option** pour le régime spécial dans l'acte d'apport ou de constitution de la société. À défaut, la plus-value est immédiatement taxable (CE 18-5-2009 nº 298039 : RJF 8-9/09 nº 719). 19780 CGI art. 54 septies et 151 octies, II BIC-XIX-23400 s

L'**apporteur** avertit l'administration de la cession de son entreprise dans un délai de 45 jours décompté à partir de sa réalisation puis souscrit la déclaration des résultats de l'exercice clos par l'apport dans un délai de 60 jours à compter de la même date. Un état de suivi des plus-values en report d'imposition relatif aux éléments amortissables et non amortissables apportés et aux titres reçus en rémunération des apports est joint à cette déclaration. L'apporteur doit par ailleurs joindre à sa déclaration de revenus de l'année de réalisation de l'opération et des années ultérieures un état conforme à un modèle fourni par l'administration (BOI-FORM-000017) destiné à assurer le suivi des plus-values sur éléments non amortissables dont l'imposition est reportée.

La **société bénéficiaire de l'apport** doit quant à elle, d'une part, joindre à ses déclarations de résultats un état de suivi des plus-values non imposées lors de l'apport et, d'autre part, tenir un registre relatif aux plus-values sur éléments non amortissables.

Le **non-respect des obligations** relatives à l'état de suivi ou au registre des plus-values entraîne l'exigibilité d'une amende fixée à 5 % des sommes omises (CGI art. 1763, I-d et e). Non-application de l'amende en cas de régularisation pour les déclarations déposées depuis le 11 août 2018 : voir nº 9055, a.

ATTENTION

Lorsque l'**option** pour le report a été **irrégulièrement exercée,** l'administration peut opposer au contribuable la situation d'apparence ainsi créée pour exiger qu'il respecte les engagements induits par son option (CE 30-7-2010 nº 317425 : RJF 11/10 nº 996).

3. TRANSMISSION À TITRE GRATUIT D'UNE ENTREPRISE INDIVIDUELLE

Les bénéficiaires d'une transmission à titre gratuit d'entreprise individuelle peuvent, en cas de poursuite de l'activité, opter pour un régime de report d'imposition des plus-values d'actif constatées au jour de la transmission. Ce report se transforme en exonération définitive des plus-values si l'activité est poursuivie pendant au moins cinq ans par l'un des bénéficiaires de la transmission. 19810 CGI art. 41 BIC-XIX-25000 s

La **combinaison** de ce dispositif avec les **régimes d'exonération** des plus-values applicables en fonction des recettes (nºs 18200 s.) ou de la valeur des éléments cédés (nºs 19650 s.) est interdite.

Notons qu'un régime semblable est prévu en cas de transmission à titre gratuit de **parts de sociétés de personnes** détenues par des associés exerçant leur activité professionnelle au sein de la société (nºs 37720 s.).

CHAMP D'APPLICATION

Le régime spécial concerne toutes les transmissions à titre gratuit d'entreprises individuelles (**donation ou succession**) quelle que soit la nature de l'activité exercée : industrielle, commerciale, agricole, libérale, charges et offices. Il s'applique, selon nous, aux transmissions par voie de **donation-partage avec soulte.** 19820

CONDITIONS D'APPLICATION

19830 BIC-XIX-25210 s **Nature des éléments transmis** La transmission doit en principe porter sur l'**ensemble des éléments de l'actif immobilisé** affectés à l'exercice de l'activité professionnelle **ou** sur une **branche complète d'activité,** définie selon les critères en vigueur dans le cadre du régime de faveur des apports partiels d'actif (nº 39245). Il est toutefois admis que les **immeubles** d'exploitation ne soient pas transmis (Rép. Valleix : AN 28-11-1988 nº 831, non reprise dans Bofip).

Le nouvel exploitant inscrit à son bilan les biens reçus pour leur **valeur réelle** à la date de la transmission et les amortit sur cette base réévaluée.

L'apport des **stocks** n'est pas une condition d'application du régime et n'est donc pas obligatoire. S'il est effectué, les profits correspondants ne sont pas imposés au nom du donateur ou du défunt, à condition que le nouvel exploitant les inscrive à l'actif de son bilan à la valeur comptable pour laquelle ils figuraient au dernier bilan de l'ancien exploitant. Dans ce cas, le profit est imposé au nom du nouvel exploitant lorsqu'il cède les stocks en cause.

19835 BIC-XIX-25555 s **Poursuite de l'activité** L'exploitation doit être continuée personnellement, dans les mêmes conditions, par les héritiers ou donataires. En cas de pluralité de bénéficiaires, il suffit qu'un seul d'entre eux poursuive l'exploitation.

> **Précisions** En cas de transmission d'une entreprise au profit d'une **indivision successorale,** le régime ne s'applique que si l'activité est poursuivie par un seul des héritiers. Si ces derniers poursuivent l'exploitation dans le cadre d'une société de fait, les plus-values peuvent être placées sous le régime du report d'imposition prévu à l'article 151 octies du CGI (nºs 19710 s.).

PORTÉE DU DISPOSITIF

19845 BIC-XIX-25980 Toutes les **plus-values,** à court terme ou à long terme, constatées sur les éléments d'actif immobilisé transmis bénéficient d'un **report d'imposition.**

Le résultat de l'exercice de cessation de l'activité de l'ancien exploitant est imposable dans les conditions de droit commun mais l'étalement des plus-values à court terme dont il bénéficiait est maintenu si le nouvel exploitant s'engage à réintégrer dans ses résultats imposables les plus-values en cause sur la durée restant à courir.

En ce qui concerne les profits sur stocks, voir nº 19830.

19847 Le **report** d'imposition **prend fin** si les biens et droits transmis sont cédés ou si l'activité est vendue ou cesse dans les cinq ans qui suivent sa transmission (délai décompté de date à date). Il en va de même en cas de mise en location-gérance de tout ou partie de l'entreprise dans ce délai.

Lorsque le report prend fin, les plus-values en report sont imposables (pour partie en cas de cession isolée de certains biens, en totalité en cas de cession ou cessation d'entreprise) au nom du ou des bénéficiaires de la transmission, en plus des plus-values acquises depuis la transmission de l'entreprise. Le délai de détention des éléments cédés est décompté à partir de leur date d'acquisition ou de création par l'ancien exploitant.

Il est également mis fin au report d'imposition en cas de cession à titre onéreux de ses droits par un des bénéficiaires de la transmission. Ce dernier est alors imposable, au titre de l'année de cession, sur le montant de la plus-value afférente à ses droits.

19850 Le report se transforme en **exonération définitive** si l'**activité** est **poursuivie** par l'un des bénéficiaires pendant au moins cinq ans à compter de la date de transmission.

Le **report d'imposition** peut par ailleurs être **maintenu** (si, par hypothèse, il ne s'est pas transformé entre-temps en exonération définitive) :

– en cas de partage avec soulte ou de nouvelle transmission à titre gratuit dans le délai de cinq ans par l'un des héritiers ou donataires, à condition que le bénéficiaire s'engage à acquitter l'impôt afférent à la plus-value lorsque l'un des événements visés ci-dessus intervient dans le délai de cinq ans, décompté à partir de la transmission initiale ;

– en cas d'apport en société de l'entreprise transmise dans les conditions prévues à l'article 151 octies du CGI (nºs 19710 s.) si le ou les apporteurs prennent l'engagement d'acquitter la plus-value en report à la date de cession ou de cessation de l'entreprise, ou à la date de cession d'un des éléments d'actif initialement transmis si elle est antérieure. Cet engagement doit être pris pour la durée de cinq ans restant à courir à la date de l'apport. En cas de cession de tout ou partie des titres reçus en rémunération de l'apport dans ce même délai, il est mis fin au report (partiellement en cas de cession partielle des droits sociaux) au nom du ou des apporteurs cédants.

> **Précisions** **a.** En cas d'**apport en société** de l'entreprise transmise à titre gratuit dans les conditions de l'article 151 octies du CGI, le report d'imposition prévu à cet article s'applique à la plus-value constatée sur l'ensemble des éléments apportés depuis la date de la transmission à titre gratuit. La plus-value placée sous le régime de report de l'article 41 du CGI, qui est

maintenu, suit quant à elle le régime qui lui est propre (exonération totale au bout de cinq ans).

b. Maintien du report d'imposition en cas de transfert en **fiducie** : n° 90850, précision b.

c. Les **transmissions** d'entreprises individuelles à titre gratuit intervenues **avant le 2 janvier 2004** ont pu bénéficier d'un **sursis d'imposition** qui prend fin notamment en cas de cession ou de cessation de l'entreprise ou de cession d'un des éléments transmis si elle est antérieure (BIC-XIX-26150 s). Dans ce cas, les plus-values imposables au nom des nouveaux exploitants comprennent celles dont l'imposition avait été différée. Toutefois, lorsque la cessation d'entreprise résulte d'un apport en société de l'exploitation, ces plus-values peuvent bénéficier le cas échéant du dispositif prévu à l'article 151 octies du CGI (nos 19710 s.).

OBLIGATIONS

Pour pouvoir prétendre au régime, les héritiers (ou donataires) doivent exercer une **option** expresse au moment où ils acceptent la transmission. **19860** BIC-XIX-26800 s CGI ann. III art. 10 H-0 bis

Les bénéficiaires de la transmission doivent produire un **état récapitulatif des plus-values** dont l'imposition est reportée et joindre à leur déclaration d'ensemble des revenus un état de suivi de ces plus-values. Un état identique est joint par le nouvel exploitant à sa déclaration de résultat de chaque exercice couvert par le report d'imposition. Le défaut de production ou le caractère inexact ou incomplet de l'état entraîne l'application d'une amende égale à 5 % des sommes omises (CGI art. 1763, I-e). Non-application de l'amende en cas de régularisation pour les déclarations déposées depuis le 11 août 2018 : voir n° 9055, a.

4. CESSION D'ENTREPRISE LORS D'UN DÉPART EN RETRAITE

Les plus-values réalisées lors de la cession à titre onéreux d'une PME relevant de l'impôt sur le revenu, pour cause de départ à la retraite de l'exploitant, ainsi que les plus-values en report d'imposition taxables à cette occasion peuvent, sur **option,** être exonérées sous certaines conditions. L'option pour ce régime d'exonération est exercée lors du dépôt de la déclaration de cessation (BOI-BIC-PVMV-40-20-20-50 n° 30). **19890** CGI art. 151 septies A BIC-XIX-30000 s

Le **cumul** de ce dispositif avec les **reports d'imposition** accordés en cas d'apport en société d'un brevet (n° 13805), d'une entreprise individuelle (nos 19710 s.) ou en cas de restructuration de SCP (n° 13875) est interdit. Il peut en revanche se combiner avec les **exonérations** applicables en fonction du montant des recettes (nos 18200 s.) ou de la valeur des éléments cédés (nos 19650 s.). Un exploitant qui ne bénéficie que d'une exonération partielle compte tenu du montant de ses recettes (ou de la valeur de l'entreprise transmise) peut ainsi demander à bénéficier du régime prévu en cas de départ en retraite pour la fraction des plus-values qui reste imposable.

CHAMP D'APPLICATION

Peuvent bénéficier de l'exonération les **cessions à titre onéreux** portant soit sur une **entreprise individuelle,** soit sur l'intégralité des droits ou parts d'une **société de personnes** relevant de l'impôt sur le revenu détenus par un associé exerçant son activité professionnelle au sein de la société (n° 37675). L'exonération s'applique également, sous certaines conditions, à la plus-value imposable au nom de l'associé d'une **société de personnes qui cède son activité.** **19900**

Applicable quelle que soit la nature de l'activité (commerciale, artisanale, libérale ou agricole), l'exonération est réservée aux entreprises :

– qui emploient moins de 250 salariés et soit réalisent un chiffre d'affaires annuel inférieur à 50 M€, soit ont un total de bilan inférieur à 43 M€ ;

– et dont le capital ou les droits de vote ne sont pas détenus à hauteur de 25 % ou plus par une ou plusieurs entreprises ne remplissant pas les conditions d'effectif ou de chiffre d'affaires (ou de total de bilan) précitées, abstraction faite des parts détenues par l'intermédiaire de certaines structures de capital-risque.

› Précisions a. L'administration exige que l'**activité** déployée dans l'entreprise individuelle soit exercée **à titre professionnel** (BOI-BIC-PVMV-40-20-20-20 n° 20) mais cette condition ne résulte pas de l'article 151 septies A du CGI.

b. Le régime d'exonération est applicable en cas de **rachat** ou d'**annulation des droits ou parts** par la société qui les a émises, ainsi qu'en cas de cession de l'intégralité des parts dans une **SCM** concomitamment à la cession de la clientèle (BOI-BIC-PVMV-40-20-20-10 n° 210 ; BOI-BIC-PVMV-40-20-20-20 n° 160).

c. Les **immeubles** et les **marques** nécessaires à l'exploitation peuvent être conservés par le cédant dès lors que le cessionnaire s'en voit garantir l'usage de manière pérenne. Le **passif,** la **trésorerie** et les **stocks** peuvent ne pas être cédés avec l'exploitation (BOI-BIC-PVMV-40-20-20-20 nos 130 et 150).

CONDITIONS D'APPLICATION

19910 Pour que l'exonération s'applique, il faut :
– que l'**activité** ait été exercée pendant au moins **cinq ans** (point de départ du délai apprécié selon les modalités exposées au n° 18210 sauf précisions b ci-dessous ; terme du délai fixé à la date de réalisation de la transmission) ;
– que le cédant ne **contrôle** pas l'entreprise **cessionnaire,** c'est-à-dire qu'il ne détienne pas directement ou indirectement plus de 50 % des droits de vote ou des droits dans les bénéfices sociaux de cette entreprise ;
– que le **cédant cesse toute fonction** dans l'entreprise cédée (entreprise individuelle ou société de personnes) ou dans la société dont les parts sont cédées et fasse valoir ses droits à la retraite dans les deux ans suivant ou précédant la cession. Le départ à la retraite et la cessation des fonctions peuvent intervenir l'un avant la cession et l'autre après (ou inversement), mais le délai entre le premier et le dernier de ces événements ne doit pas excéder vingt-quatre mois (BOI-BIC-PVMV-40-20-20-30 n°s 1 à 20). Par exemple, si l'exploitant cesse son activité le 1er janvier 2020 et cède son exploitation le 1er juin 2020, il doit partir à la retraite au plus tard le 31 décembre 2021.
Lorsqu'une **société de personnes** cède son activité, il doit être procédé à sa **dissolution** de manière concomitante à la cession.

› Précisions a. La **date** à laquelle le cédant **fait valoir ses droits à la retraite** s'entend de la date à laquelle il entre en jouissance de ses droits dans le régime obligatoire de base auprès duquel il est affilié à raison de l'activité cédée (BOI-BIC-PVMV-40-20-20-30 n° 100). Il n'est pas exigé que l'exploitant liquide sa retraite à taux plein, ou qu'il entre en jouissance des droits qu'il a acquis auprès d'un régime complémentaire (Rép. Blanc : AN 9-1-2007 n° 96903, non reprise dans Bofip).
b. En cas de **cession d'activité par une société de personnes,** la condition d'**exercice** de l'activité **pendant cinq ans** s'apprécie en fonction de la situation de l'associé et non par rapport à la société (BOI-BIC-PVMV-40-20-20-20 n° 260).
c. Pour l'appréciation de la condition d'**exercice de l'activité pendant cinq ans,** lorsque la même activité est exercée au sein de plusieurs fonds, établissements ou exploitations, que ce soit successivement ou conjointement, les délais d'exploitation des différents fonds, établissements ou exploitations sont cumulés pour l'appréciation du délai de cinq ans (BOI-BIC-PVMV-40-20-20-10 n° 70). En revanche, il n'est pas tenu compte de la période d'activité exercée dans le cadre d'une **société passible de l'impôt sur les sociétés** (BOI précité n° 130 ; CE 19-6-2015 n° 376137 : RJF 10/15 n° 757).
d. L'exonération est remise en cause lorsque la **condition d'absence de contrôle du cessionnaire** par le cédant **cesse d'être remplie** à un moment quelconque au cours des trois années qui suivent la cession.
e. L'exonération s'applique lorsque le cédant s'est vu attribuer depuis moins de vingt-quatre mois à la date de la cession la **carte « mobilité inclusion »** mention **« invalidité »** prévue à l'article L 241-3 du Code de l'action sociale et des familles en raison d'une invalidité correspondant au classement dans la deuxième ou troisième catégorie d'invalidité prévue à l'article L 341-4 du CSS, même s'il n'a pas atteint l'âge légal pour faire valoir ses droits à la retraite, sous réserve du respect des autres conditions d'application du régime (BOI-BIC-PVMV-40-20-20-30 n° 120).

19915 BIC-XIX-31450 s **Cas particulier de la location-gérance** La cession d'une activité qui a fait l'objet d'un contrat de **location-gérance** (ou d'un contrat comparable) peut bénéficier de l'exonération à condition que l'activité ait été exercée pendant cinq ans au moment de la mise en location et que la transmission soit réalisée au profit du locataire. Toutes les autres conditions énumérées par l'article 151 septies A doivent être remplies. Dans le cas où l'exploitant a donné son fonds en location-gérance à une **société** qu'il contrôle (société de personnes ou société soumise à l'impôt sur les sociétés qui respecte les seuils précités), l'exonération s'applique si la cession porte simultanément sur le fonds et les droits dans la société locataire (BOI-BIC-PVMV-40-20-20-20 n°s 290 à 330).

PORTÉE DE L'EXONÉRATION

19920 BIC-XIX-31600 s **Plus-values de cession** L'exonération s'applique à la **totalité des plus-values,** à court terme ou à long terme, dégagées à l'occasion de la cession, à l'exception des **plus-values immobilières** qui restent imposables dans les conditions de droit commun (application le cas échéant de l'abattement pour durée de détention : n°s 18095 s.). Les plus-values immobilières s'entendent des plus-values réalisées à raison de biens immobiliers bâtis ou non bâtis et de droits ou parts de sociétés dont l'actif est principalement constitué par ces mêmes biens. Toutefois, les plus-values réalisées à l'occasion de la cession de l'intégralité des parts détenues dans une **société de personnes** peuvent être exonérées lorsque l'actif social est principalement constitué de biens immobiliers affectés par la société à sa propre exploitation, ou donnés en location à titre principal à des entreprises liées au sens de l'article 39, 12 du CGI (n° 10425, précision a) lorsque celles-ci les affectent à leur propre exploitation, ou de droits ou parts de sociétés dont l'actif est principalement constitué des mêmes biens, droits ou parts.

Les **profits** dégagés sur les éléments de l'**actif circulant** cédés sont imposables dans les conditions de droit commun.

Bien qu'exonérées d'impôt sur le revenu, les **plus-values** restent soumises aux **prélèvements sociaux** en vigueur l'année de l'exonération, y compris lorsqu'elles ont été placées en report d'imposition avant l'institution de ces prélèvements (CE 12-10-2018 nº 401292 : RJF 1/19 nº 103).

Plus-values en report d'imposition Les plus-values en report d'imposition réalisées dans le cadre des **opérations** suivantes peuvent être exonérées : 19925

– apport en société par une personne physique d'une entreprise individuelle ou d'une branche d'activité, seules les plus-values d'apport sur biens non amortissables étant visées (CGI art. 151 octies, I-a : nºs 19710 s.) ;
– apport en société de titres inscrits au bilan d'une entreprise individuelle (CGI art. 151 octies B : nºs 18410 s.) ou de titres d'associé d'une société de personnes (CGI art. 151 nonies, IV bis : nº 37722) ;
– restructuration de sociétés civiles professionnelles (CGI art. 151 octies A : nº 13875) ;
– option pour l'impôt sur les sociétés de la société de personnes dans laquelle l'associé exerce son activité professionnelle (CGI art. 151 nonies, III : nº 37721) ;
– apport d'un brevet à la société chargée de l'exploiter (CGI art. 93 quater, I ter : nº 13805).

Lorsque la plus-value réalisée par le cédant relève du **régime des plus-values professionnelles,** la plus-value en report d'imposition est exonérée dès lors que la plus-value dégagée à l'occasion du départ en retraite bénéficie elle-même de l'exonération, l'ensemble des conditions requises à cet effet étant satisfaites.

Lorsque la plus-value réalisée par le cédant relève du **régime des plus-values des particuliers** (par exemple, lorsque la société de personnes dans laquelle il exerce son activité professionnelle a opté pour l'impôt sur les sociétés), les plus-values professionnelles en report d'imposition sont exonérées sous les conditions suivantes (la plus-value de cession relevant du régime des plus-values privées pouvant quant à elle bénéficier, le cas échéant, de l'**abattement pour durée de détention** visé aux nºs 33070 s.) :
– le cédant doit avoir exercé de manière continue pendant les cinq ans précédant la cession une fonction de direction (au sens et dans les conditions prévues pour l'IFI : nºs 72820 et 72825) dans la société dont les titres sont cédés ;
– il doit cesser toute fonction dans cette société et faire valoir ses droits à la retraite dans les vingt-quatre mois suivant ou précédant la cession ;
– il ne doit pas détenir directement ou indirectement le contrôle majoritaire de la société cessionnaire jusqu'au terme de la troisième année suivant la cession des titres ;
– la cession doit porter sur l'intégralité des droits ou parts détenus ;
– la société doit être une PME ayant exercé de manière continue pendant les cinq années précédant la cession une activité commerciale, industrielle, artisanale, libérale ou agricole, à l'exception de la gestion de son propre patrimoine, et avoir son siège dans l'Union européenne, en Norvège, en Islande ou au Liechtenstein.

CHAPITRE 6

TRAITEMENTS, SALAIRES, PENSIONS ET RENTES VIAGÈRES

SOMMAIRE

GÉNÉRALITÉS

21000 Les traitements, salaires, pensions et rentes viagères constituent l'une des catégories de revenus passibles de l'impôt sur le revenu. Cette catégorie n'est pas homogène ; elle se compose de deux groupes de revenus de nature différente, que nous étudierons séparément :
– les traitements et salaires, d'une part ;
– les pensions et rentes viagères, d'autre part.

> **Précisions** **a.** Un **tableau récapitulatif** du régime fiscal et social des salaires et retraites figure en annexe, nº 97490.
b. Indépendamment de l'impôt sur le revenu personnellement dû par le salarié, les traitements et salaires peuvent être soumis à **diverses taxes ou participations à la charge de l'employeur** (nºs 73010 s.).
c. Les traitements, salaires, pensions et rentes viagères supportent le **prélèvement à la source de l'impôt sur le revenu** sous forme de retenue ou d'acompte (nºs 3750 s.).

TERRITORIALITÉ

21010 TS-V-1500 s Conformément aux règles générales relatives à la territorialité de l'impôt sur le revenu, on distingue suivant que le bénéficiaire des revenus a ou non son domicile fiscal en France.

Si l'intéressé a son **domicile fiscal en France,** il est en principe imposable sur l'ensemble de ses revenus, y compris bien entendu les traitements, salaires, pensions et rentes viagères, qu'ils soient de source française ou étrangère. Cependant, des règles particulières s'appliquent aux **salariés détachés** à l'étranger (nºs 4695 s.), ainsi qu'aux fonctionnaires en service à l'étranger (nº 4685).

Lorsque le contribuable est domicilié **hors de France,** il est en principe imposable en France à raison de ses revenus de source française (nºs 4280 s.) et, en particulier, à raison des traitements et salaires rétribuant une activité exercée en France et des pensions et rentes viagères dont le débiteur est domicilié ou établi en France. Ces deux sortes de revenus donnent lieu à une **retenue à la source** (nºs 4595 s.).

Des dispositions particulières sont prévues pour les salariés venant exercer temporairement des fonctions en France (**impatriés**) (nºs 4715 s.).

Sur l'incidence des **conventions internationales,** voir nºs 510 et 82760 s.

INT-GEN-6000 s > **Précisions** **a.** Les traitements des fonctionnaires appartenant aux cadres permanents des **organismes internationaux** ayant leur siège en France (Unesco, OCDE, etc.) sont exonérés. Sont

également exonérés les traitements ainsi que les pensions des fonctionnaires de l'Union européenne.
b. Revenus des **agents diplomatiques et consulaires** de nationalité étrangère, voir nº 4690.

SECTION 1

TRAITEMENTS ET SALAIRES

La catégorie des traitements et salaires englobe les rémunérations des salariés proprement dits et rémunérations assimilées, ainsi que les émoluments des fonctionnaires et autres agents publics. **21200** CGI art. 79
Nous examinons d'une part les règles relatives aux revenus des salariés proprement dits, à savoir la définition des salaires imposables (nºs 21350 s.), la détermination du montant imposable (nºs 21800 s.) et les obligations des employeurs (nºs 22180 s.). Ces règles s'appliquent aussi aux rémunérations des agents du secteur public, sous réserve de particularités qui ne sont pas étudiées ci-après.
Nous évoquons d'autre part les cas particuliers de certains revenus d'activités non salariées ou de certaines indemnités qui, en vertu de dispositions particulières, sont imposés suivant les mêmes règles que les salaires (nºs 22250 s.).

A. Définition des salaires imposables

Sont imposables en tant que salaires les sommes perçues à raison d'une activité salariée, qu'il s'agisse de la rémunération principale ou d'éléments accessoires. **21350**

1. REVENUS D'ACTIVITÉS SALARIÉES

D'une manière générale, possèdent la **qualité de salarié** les personnes qui sont liées à un employeur par un contrat de travail ou encore qui sont tenues, vis-à-vis de ceux qui utilisent leurs services, par des liens de subordination ou d'étroite dépendance (statut professionnel, discipline, échelles de traitement, etc.), ainsi que les titulaires d'un statut particulier leur conférant cette qualité. **21500** TS-I-1 s

› **Précisions** **a.** Le critère du lien de **subordination** permet de distinguer les traitements et salaires d'autres catégories de revenus. **Exemples** : un chauffeur de **taxi** est imposable dans la catégorie des traitements et salaires ou dans celle des BIC suivant qu'il est placé ou non dans un état de subordination vis-à-vis d'un employeur. De même, les rémunérations des membres des **professions libérales,** qui relèvent en principe des BNC, peuvent dans certaines situations (exemple : médecins scolaires, architectes départementaux) constituer des traitements et salaires (voir nº 13165).
b. Revenus de remplacement perçus par les personnes au **chômage** ou en **préretraite,** voir nºs 21705 s.

Les titulaires d'un **contrat de travail particulier ou d'un statut assimilé** sont imposés dans la catégorie des traitements et salaires. Il en est ainsi : **21505**
– des conjoints salariés de chefs d'entreprise individuelle et d'associés de sociétés de personnes. La rémunération est considérée comme un salaire dans les conditions exposées aux nºs 8660 s. ;
– des journalistes (y compris les pigistes) titulaires de la carte professionnelle ;
– des travailleurs à domicile répondant à la définition des articles L 7412-1, L 7412-2 et L 7413-2 du Code du travail (CGI art. 80, 1er al.) ;
– des assistants maternels et des assistants familiaux (leur revenu brut étant déterminé selon des modalités spécifiques prévues par l'article 80 sexies du CGI) ;
– des apprentis, pour les salaires excédant une certaine limite (voir nº 21735) ;
– des stagiaires de la formation professionnelle, qu'ils soient rémunérés par l'entreprise ou par l'État.

Les **représentants de commerce,** même « multicartes », sont imposés dans la catégorie des traitements et salaires lorsqu'ils bénéficient du statut professionnel des voyageurs, représentants et placiers défini aux articles L 7313-1 s. du Code du travail (représentants statutaires : Mémento social nºs 60850 s.) ou qu'ils sont dans un état de subordination vis-à-vis de leur employeur (représentants titulaires d'un contrat de travail de droit commun). **21510** TS-I-6500 s

En revanche, les **agents commerciaux** sont imposés dans la catégorie des BNC et les **commissionnaires** et **courtiers** dans celle des BIC.

21515 TS-I-4100 s Les **artistes du spectacle** visés à l'article L 7121-2 du Code du travail (artistes lyriques, dramatiques, artistes de variétés, musiciens, chefs d'orchestre, artistes de cirque, marionnettistes, etc.) sont imposés :
– dans la catégorie des traitements et salaires, pour les rémunérations des **prestations** exigeant leur participation personnelle, sauf s'ils exercent leur activité dans des conditions impliquant leur inscription au registre du commerce ;
– dans la catégorie des BNC pour les redevances qui leur sont dues en fonction du produit de la **vente** ou de l'**exploitation** d'un enregistrement. Toutefois les sommes versées à ce titre aux artistes-interprètes d'œuvres audiovisuelles sont imposables comme des salaires à hauteur d'un certain montant (fixé par la convention collective ou par un accord de secteur d'activité).

Les salaires provenant de ces activités artistiques peuvent faire l'objet d'une **imposition étalée** dans les conditions fixées par l'article 100 bis du CGI (nos 13750 s.).

21520 Les rémunérations perçues par les **étudiants ou élèves** sont en principe imposables selon les règles de droit commun des traitements et salaires.
Deux dispositifs dérogent à ce principe.

a. Les **indemnités de stage** versées par les entreprises en application de l'article L 124-6 du Code de l'éducation sont exonérées dans la limite du montant annuel du Smic, et ce que le stagiaire soit ou non rattaché au foyer fiscal de ses parents (CGI art. 81 bis) (TS-III-7000 s.).

b. Les salaires versés aux **élèves et étudiants âgés de vingt-cinq ans au plus** au 1er janvier de l'année d'imposition en rémunération d'**activités exercées pendant leurs études** secondaires ou supérieures **ou exercées durant leurs congés** scolaires ou universitaires sont, sur option des intéressés (dans le cadre d'une déclaration des revenus personnelle ou de celle du foyer fiscal de rattachement), exonérés dans la limite de trois fois le montant mensuel du Smic (CGI art. 81, 36°) (TS-III-7500 s.).

› Précisions **a.** La limite visée à l'article 81, 36° du CGI est une **limite annuelle,** qui s'applique globalement à l'ensemble des rémunérations perçues par un jeune au titre des emplois occupés pendant l'année scolaire ou universitaire et, le cas échéant, durant les congés scolaires ou universitaires. Pour l'imposition des revenus de 2019, le plafond d'exonération s'élève à 4 564 € (4 618 € pour 2020, sur la base du Smic mensuel de 2020).
b. L'exonération de l'article 81, 36° du CGI peut être **cumulée** au titre d'une même année avec celle prévue pour les indemnités de stage (BOI-RSA-CHAMP-20-30-10-10 n° 205).
c. Aux termes de l'article 81, 36° du CGI, l'exonération ne s'applique pas aux rémunérations perçues par les **agents publics pendant leur formation.** Tel est le cas par exemple des allocataires de recherche, des doctorants contractuels, des étudiants hospitaliers (« externes en médecine ») et des internes en médecine ou en pharmacie (BOI-RSA-CHAMP-20-50-50 n° 190).

2. ÉLÉMENTS DU SALAIRE IMPOSABLE

21530 TS-II-1 s TS-III-1 s Tous les éléments **constituant la rémunération** de l'activité salariée ou assimilée (rémunération principale et revenus accessoires) sont imposables, **sauf exonération spéciale,** quels que soient leur dénomination, leur forme, leur mode de calcul ou de versement. Sont ainsi imposables aussi bien les sommes fixes que les commissions sur les ventes ou les participations aux bénéfices et les primes, gratifications, avantages en argent ou en nature ou indemnités diverses qui peuvent s'y ajouter : primes de travail posté, de travail de nuit, indemnités de congés payés (y compris celles versées par les caisses de congés payés), d'ancienneté, etc.
Pour un certain nombre de produits, ce principe appelle des explications particulières, que l'on trouvera ci-après.

AVANTAGES EN NATURE

21550 CGI art. 82 TS-II-7000 s **Règles générales** Les avantages en nature consistent dans la mise à disposition du salarié de biens dont l'employeur est propriétaire ou locataire, ou dans la prise en charge par celui-ci de services incombant normalement au salarié, **gratuitement ou pour une valeur réduite** (par exemple, fourniture de nourriture ou du logement, mise à disposition personnelle d'un véhicule de l'entreprise, équipement ou entretien du véhicule du salarié…).
Les avantages en nature constituent un élément de la rémunération et sont **imposables** à ce titre.

Ils sont **évalués** comme en matière de cotisations de sécurité sociale. Ainsi, pour la nourriture, le logement, les véhicules et les outils informatiques ou de communication, il est fait application des règles d'évaluation particulières prévues en la matière. Pour les autres avantages en nature, l'évaluation est faite d'après la valeur réelle.

Si un avantage en nature est concédé moyennant une **retenue sur salaire,** sa valeur doit être diminuée du montant de cette retenue (BOI-RSA-BASE-20-20 n° 20).

> Précisions a. La règle selon laquelle, en matière d'impôt sur le revenu, les avantages en nature doivent être **évalués comme en matière de cotisations de sécurité sociale** s'applique **quel que soit le niveau de rémunération** des bénéficiaires (rémunération inférieure ou égale au plafond de sécurité sociale ou rémunération excédant ce plafond).
b. Sauf exceptions (n° 21555, précision c et n° 21560, précision d), les avantages en nature sont imposables même lorsqu'ils sont la **contrepartie d'obligations professionnelles.**
c. Lorsque l'avantage en nature couvre des **dépenses professionnelles,** il constitue une allocation pour frais d'emploi susceptible d'être exonérée (n°s 21580 s.). Si l'avantage en nature couvre à la fois des **dépenses privées** et des dépenses professionnelles, il y a lieu d'opérer une ventilation entre l'avantage en nature imposable et la partie représentant des frais professionnels (BOI-RSA-CHAMP-20-30-50 n° 120).
d. Les **cadeaux en nature de valeur modique** offerts par l'entreprise (ou le comité social et économique) aux salariés sont exonérés d'impôt sur le revenu lorsque leur remise s'effectue à l'occasion d'un événement particulier sans lien direct avec l'activité professionnelle des bénéficiaires (mariage ou anniversaire du salarié, naissance d'un enfant, fêtes de Noël...) et que leur valeur ne dépasse pas 5 % du plafond mensuel de sécurité sociale (soit 169 € pour 2019 et 171 € pour 2020) par événement et par année civile (ce montant s'appliquant par exception pour **Noël** par salarié et par enfant).
e. Avantages en nature consentis aux **dirigeants** : voir n° 23740.
f. La **fourniture à tarif préférentiel** aux salariés **de biens ou services produits ou rendus par l'entreprise** ne constitue pas un avantage en nature si la réduction tarifaire n'excède pas 30 % du prix public TTC pratiqué par l'employeur, lequel s'entend du prix le plus bas pratiqué dans l'année par celui-ci (BOI-RSA-BASE-20-20 n° 320).
g. Les règles d'évaluation des avantages en nature décrites ci-après n°s 21555 s. sont applicables aux **salariés relevant de la mutualité sociale agricole.**
h. Les avantages en nature dont bénéficient les **apprentis** sont évalués à 75 % de la valeur retenue pour les autres salariés.

Nourriture La fourniture du repas est évaluée **forfaitairement** à 9,70 € par jour pour 2019 (9,80 € pour 2020) et à la moitié de ce montant pour un repas, soit 4,85 € pour 2019 (4,90 € pour 2020) (BOI-BAREME-000014). **21555**

> Précisions a. Pour les **salariés des hôtels, cafés, restaurants** et assimilés, la valeur de l'avantage en nature est évaluée à un minimum garanti (MG) par repas, soit 3,62 € pour 2019 (et 3,65 € pour 2020), ou deux MG par jour.
b. Lorsqu'un salarié en **déplacement professionnel** est **remboursé** intégralement **de ses frais de repas,** il n'y a pas lieu de réintégrer un avantage en nature correspondant à l'économie du repas normalement pris à domicile.
c. N'est pas considérée comme un avantage en nature la fourniture de repas aux **personnels éducatifs dans les établissements scolaires** (TS-II-7300 s.).

Logement L'avantage est **évalué** forfaitairement ou, sur option de l'employeur, d'après la valeur locative cadastrale servant de base à la taxe d'habitation (ou, à défaut, d'après la valeur locative réelle du logement) augmentée, le cas échéant, des avantages accessoires retenus pour leur valeur réelle. **21560**

L'évaluation **forfaitaire** de l'avantage logement est déterminée chaque mois, en fonction de la rémunération de l'intéressé et du nombre de pièces du logement, en utilisant le barème reproduit au n° 97220. Le forfait comprend, de manière limitative, les avantages accessoires suivants : eau, gaz, électricité, chauffage et garage.

> Précisions a. Pour les salariés ne pouvant accomplir leur activité sans être logés dans des locaux où ils exercent leur fonction (fonctionnaires logés par nécessité absolue de service, personnel de sécurité et de gardiennage...), la valeur de l'avantage subit un **abattement** pour **sujétions** de 30 % sur la valeur locative cadastrale du logement ou sur la valeur forfaitaire (TS-II-7570 s.).
b. Lorsque le **salarié verse** à son employeur **un loyer** et que celui-ci est inférieur, selon l'option exercée par l'employeur, au forfait ou à la valeur locative cadastrale (ou à la valeur locative réelle à défaut de valeur locative cadastrale), seule la différence constitue un avantage imposable. Toutefois, cet avantage est négligé si son montant est inférieur à l'évaluation résultant de la première tranche du barème forfaitaire pour une pièce (n° 97220).
c. Les **charges** acquittées par l'employeur dont le paiement incombe normalement à l'occupant **du logement** (taxe d'habitation, assurances...) constituent des avantages en espèces imposables.
d. Le logement par nécessité absolue de service des **personnels de gendarmerie** n'est pas considéré comme un avantage en nature (CGI art. 82, al. 1).

Véhicule Un véhicule automobile d'entreprise **mis gratuitement à la disposition d'un salarié** peut être utilisé à des fins professionnelles ou à des fins personnelles. L'usage peut également être mixte. **21564** TS-III-2500 s

21565 L'utilisation du véhicule pour des **déplacements privés** constitue pour le salarié un avantage en nature qui doit être ajouté à sa rémunération brute. Cet avantage est évalué sur la base des dépenses réellement engagées ou, sur option de l'employeur, sur la base d'un forfait, comme l'indique le tableau ci-après.

Modes d'évaluation		Véhicule acheté – 5 ans et moins	Véhicule acheté – Plus de 5 ans	Véhicule en location (le cas échéant avec option d'achat)
Selon **dépenses réelles** (évaluation annuelle)	Dépenses prises en compte	Amortissement, soit 20 % du coût d'achat TTC du véhicule + assurance + frais d'entretien [1]	Amortissement, soit 10 % du coût d'achat TTC du véhicule + assurance + frais d'entretien [1]	Coût de location + assurance + frais d'entretien [1]
	Montant de l'avantage en nature	(Montant total des dépenses ci-dessus × kilométrage à titre privé / kilométrage total du véhicule) + le cas échéant, frais réels de carburant pris en charge par l'employeur		
Selon **forfait** annuel [2]	L'employeur ne paie pas le carburant	9 % du coût d'achat TTC du véhicule	6 % du coût d'achat TTC du véhicule	30 % [3] du coût global annuel (location, entretien, assurance)
	L'employeur paie le carburant	Idem + frais réels de carburant ou sur option, 12 % du coût d'achat TTC du véhicule	Idem + frais réels de carburant ou sur option, 9 % du coût d'achat TTC du véhicule	Idem + frais réels de carburant ou sur option, 40 % [3] du coût global annuel (location, entretien, assurance, carburant)

1. + frais de réparation non amortissables exposés par l'employeur (CE 21-11-2007 nº 279872 : RJF 2/08 nº 144).
2. Qui doit être proratisé en cas de mise à disposition du véhicule en cours d'année.
3. L'évaluation forfaitaire ainsi obtenue est, le cas échéant, plafonnée à celle applicable pour les véhicules achetés, cette dernière étant calculée sur la base du prix d'achat TTC acquitté par le loueur.

Pour les **véhicules exclusivement électriques** mis à disposition entre le 1er janvier 2020 et le 31 décembre 2022, les dépenses prises en compte pour calculer l'avantage en nature ne tiennent pas compte des frais d'électricité engagés par l'employeur pour la recharge du véhicule et sont évaluées après application d'un abattement de 50 % dans la limite de 1 800 € par an (Arrêté SSAS1914863A du 21-5-2019 art. 1).

EXEMPLE

1) Soit un employeur qui met à disposition d'un salarié à compter du 1-1-2020 un **véhicule acheté neuf,** comportant un **moteur thermique** (qu'il soit exclusivement thermique, hybride ou hybride rechargeable), d'une valeur de 25 000 €. Il paie le carburant et choisit l'évaluation selon le forfait annuel avec évaluation forfaitaire du carburant. Le montant de l'avantage en nature est de 25 000 x 12 % = 3 000 €.

S'il met dans les mêmes conditions à disposition du salarié un véhicule **exclusivement électrique** de la même valeur, et qu'il opte également pour le forfait annuel, les frais d'électricité pour la recharge ne sont pas pris en compte. Le montant de l'avantage en nature est de 25 000 x 9 % = 2 250. Ce montant bénéficie toutefois de l'abattement de 50 %, et l'avantage en nature est donc évalué à 1 125 €.

2) Soit un employeur qui met à disposition d'un salarié à compter du 1-1-2020 un **véhicule pris en location longue durée,** comportant un **moteur thermique** (qu'il soit exclusivement thermique, hybride ou hybride rechargeable), dont le coût global annuel est de 15 000 €. Il paie le carburant et choisit l'évaluation selon le forfait annuel avec évaluation forfaitaire du carburant. Le montant de l'avantage en nature est de 15 000 x 40 % = 6 000 €

S'il met dans les mêmes conditions à disposition du salarié un **véhicule exclusivement électrique** dont le coût annuel global est le même, et qu'il opte également pour le forfait annuel, les frais d'électricité pour la recharge ne sont pas pris en compte. Le montant de l'avantage en nature est de 15 000 x 30 % = 4 500 €. Ce montant bénéficie toutefois de l'abattement de 50 % (soit en principe 2 250 €, mais l'abattement est plafonné à 1 800 €) et l'avantage en nature est donc évalué à 4 500 – 1 800 = 2 700 €.

21566 L'utilisation du véhicule par le salarié pour des **déplacements professionnels** constitue une allocation en nature pour frais d'emploi (nos 21580 s.). Lorsque, au titre des frais professionnels, le salarié ne pratique que la déduction forfaitaire de 10 %, cette allocation est exonérée, sauf pour la part correspondant aux déplacements entre le domicile et le lieu de travail (ces frais étant en principe couverts par la déduction forfaitaire : nº 21590).

Lorsqu'il y a lieu à imposition de l'allocation en nature (en totalité en cas d'option pour la déduction des frais réels, ou seulement pour la valeur correspondant aux trajets domicile-lieu de travail en cas de déduction forfaitaire de 10 %), la **valeur imposable** est calculée en tenant compte des charges d'amortissement et d'assurance ainsi que des dépenses d'entretien et de carburant que le salarié aurait eu à supporter s'il avait utilisé un véhicule personnel (CE 31-10-1979 nº 14384 : RJF 12/79 nº 711). Cette valeur peut également être fixée à l'aide du barème forfaitaire kilométrique publié chaque année pour l'évaluation des frais réels déductibles (nº 22115).

Borne de recharge électrique L'avantage en nature résultant de l'**utilisation à titre privé** d'une borne de recharge pour les véhicules électriques mise à la disposition du salarié par son employeur est évalué à hauteur d'un montant nul (Arrêté SSAS1914863A du 21-5-2019 art. 2). 21568

› Précisions Cette exonération de l'avantage en nature vaut tant pour la recharge d'un véhicule électrique mis à disposition du salarié pour ses déplacements professionnels et privés que celui dans lequel le salarié utilise la borne de recharge pour son **véhicule personnel.**
Cette exonération est en vigueur entre le 1-1-2019 et le 31-12-2022 (Arrêté précité).

Informatique et communication L'utilisation **à titre privé** par le salarié d'outils issus des nouvelles technologies de l'information et de la communication (téléphone mobile, micro-ordinateur, etc.), mis à sa disposition par l'employeur, constitue un avantage en nature. Toutefois, cet avantage est négligé lorsqu'il correspond à l'utilisation raisonnable des outils pour la vie quotidienne des salariés (exemple : courtes durées d'appel au domicile, brèves consultations de serveurs pratiques sur Internet…) dont l'emploi est justifié par des besoins ordinaires de la vie professionnelle et familiale. 21570

Lorsque cet avantage est imposable, il est **évalué** sur la base des dépenses réellement engagées ou, sur option de l'employeur, sur la base d'un forfait égal à 10 % du coût d'achat de ces outils ou, le cas échéant, égal à 10 % de l'abonnement, toutes taxes comprises. Lorsque l'acquisition par l'employeur desdits outils s'inscrit dans le cadre d'une offre globale comprenant aussi un abonnement, le forfait de 10 % est calculé sur le montant total du prix d'achat et de l'abonnement.

ALLOCATIONS POUR FRAIS D'EMPLOI

Les allocations spéciales destinées à couvrir les frais inhérents à la fonction ou à l'emploi bénéficient d'une exonération lorsqu'elles sont utilisées conformément à leur objet et que les dépenses correspondantes ne sont pas elles-mêmes déduites du revenu imposable au titre des frais professionnels. Le sort des allocations pour frais dépend donc du mode de déduction des frais professionnels : déduction forfaitaire de 10 % ou déduction des frais réels. Nous examinons ces deux situations (nºs 21590 s. et 21610) après avoir précisé la notion d'allocations pour frais. 21580 CGI art. 81, 1º TS-III-200 s

Caractéristiques Les allocations pour frais d'emploi peuvent prendre diverses **formes** : remboursements de frais, indemnités forfaitaires, allocations en nature. 21585

Elles doivent être **distinguées des allocations couvrant des dépenses personnelles** – que ces allocations soient effectivement versées au bénéficiaire ou résultent de la prise en charge des dépenses directement par l'employeur –, lesquelles constituent un avantage (en espèces ou en nature) imposable (BOI-RSA-CHAMP-20-50-10-10 nº 50).

Elles doivent être également distinguées des **remboursements de dépenses incombant normalement à l'employeur** mais réglées pour son compte par le salarié (exemples : achats de petits matériels ou matériaux, frais de réception et de banquet organisés à l'occasion d'un congrès, certains frais exposés par les journalistes). Ces derniers sont hors du champ de l'impôt (CE 6-10-1982 nº 15042 : RJF 12/82 nº 1119 ; BOI-RSA-CHAMP-20-50-10-30 nº 60). On notera cependant que les frais les plus couramment engagés (frais de déplacement, par exemple) sont considérés comme des dépenses professionnelles incombant au salarié et non à l'entreprise.

› Précisions **a.** Lorsque les dépenses sont à **la fois professionnelles et personnelles,** seules les allocations correspondant aux frais professionnels sont susceptibles d'être exonérées. Toutefois, lorsque les allocations couvrent les **frais de repas** de salariés en **déplacement professionnel,** elles sont susceptibles d'être exonérées pour leur totalité, la prise en charge du coût du repas à domicile ne constituant pas un avantage en nature imposable (nº 21555, précision b).

Mise à disposition d'une **voiture** utilisée à des fins professionnelles et/ou privées, voir nº 21564 s.

b. Les rémunérations des **journalistes,** rédacteurs, photographes, directeurs de journaux et critiques dramatiques et musicaux perçues ès qualités constituent des allocations pour frais d'emploi exonérées à concurrence de 7 650 €, à condition que leur revenu brut annuel n'excède pas 93 510 € (CGI art. 81, 1° ; TS-III-4100 s.). Les allocations pour frais d'emploi réellement consenties par l'employeur doivent alors, selon l'administration, être ajoutées (dans certaines limites) au revenu imposable (BOI-RSA-CHAMP-20-50-10-30 n° 240).

L'administration considère que le montant exonéré doit être ajusté prorata temporis en fonction du nombre de mois où la profession a effectivement été exercée dans l'année (BOI-RSA-CHAMP-20-50-10-30 n° 280). Certains tribunaux se sont toutefois prononcés en sens contraire (TA Versailles 22-12-2005 n° 0406850 et TA Melun 5-1-2010 n° 0601857 : RJF 6/10 n° 587).

c. En ce qui concerne les indemnités liées à l'**exercice de fonctions publiques ou électives,** voir 22280.

d. Allocations pour frais consenties aux **dirigeants** : voir n°s 23710 s.

21590 TS-III-650 s **Cas où les frais professionnels sont déduits forfaitairement** Les frais professionnels ouvrent droit à une déduction forfaitaire de 10 %, sauf option pour la déduction des frais réels (n°s 22000 s.). Comme on l'a déjà dit (n° 21580), les allocations pour frais d'emploi éventuellement perçues par le salarié sont exonérées dans la mesure où elles couvrent des dépenses non déduites du revenu imposable au titre des frais professionnels. Lorsqu'il est fait application de la **déduction forfaitaire de 10 %,** la question se pose donc de savoir à quelles catégories de frais correspond cette déduction, afin d'apprécier si et dans quelle mesure les allocations pour frais peuvent être exonérées.

La déduction forfaitaire couvre, selon l'administration, les **dépenses professionnelles courantes,** c'est-à-dire celles que doivent exposer la plupart des salariés pour être en mesure d'occuper leur emploi ou d'exercer leurs fonctions, telles que les frais de déplacement du domicile au lieu de travail (sauf cas de mutation visé au n° 21595), les frais de restauration sur le lieu de travail, les frais de documentation personnelle et de mise à jour des connaissances nécessités par l'activité professionnelle. Lorsque le contribuable perçoit des allocations, quelle qu'en soit la forme, destinées à faire face à ce type de frais, il doit les inclure dans son revenu imposable, sauf exonération expressément prévue (telle que l'exonération de la contribution de l'employeur aux titres-restaurant ou aux frais de transport visée au n° 21735) (BOI-RSA-CHAMP-20-50-10-10 n° 90).

21595 En revanche, certaines **dépenses professionnelles spéciales** ne sont pas considérées comme couvertes par la déduction forfaitaire de 10 % et peuvent donc faire l'objet d'**allocations exonérées.** Il s'agit de frais spécifiques à l'activité professionnelle du contribuable, exposés par celui-ci directement dans l'intérêt de l'entreprise, tels que les frais liés aux déplacements nécessités par l'emploi occupé ou les fonctions exercées (frais de restauration, d'hébergement et de transport), les dépenses entraînées par des invitations résultant d'obligations professionnelles, les cadeaux offerts dans le cadre des relations professionnelles, dans la mesure où ces cadeaux constitueraient une charge déductible pour l'entreprise s'ils étaient faits par elle (n° 8460) (BOI-RSA-CHAMP-20-50-10-10 n° 100), certains frais exposés par un salarié temporairement détaché en France depuis l'étranger (frais de déménagement, frais de scolarité des enfants, voyage annuel dans le pays d'origine, etc. : BOI-RSA-GEO-40-30 n°s 20 et 30). Il en est de même, en cas de mutation professionnelle, des frais de déménagement à la charge du salarié, des frais de double résidence et des frais de transport entre le domicile et le lieu de travail, lorsque ces frais constituent une contrainte inhérente à l'emploi (BOI-RSA-CHAMP-20-50-10-20 n° 100).

21600 Pour bénéficier de l'exonération, les allocations doivent être **utilisées conformément à leur objet.** Le salarié doit être en mesure de justifier que ces allocations correspondent à des frais professionnels, non couverts par la déduction forfaitaire de 10 %, qu'il a réellement supportés dans l'intérêt de l'entreprise et qui ne sont pas d'un niveau exagéré. Les **justifications** doivent être produites sur demande de l'administration (BOI-RSA-CHAMP-20-50-10-10 n° 140). À défaut de justifications suffisantes, les allocations pour frais sont réintégrées dans le revenu imposable.

Toutefois, les indemnités forfaitaires de frais de repas ou de grand déplacement et les indemnités kilométriques bénéficient, dans certaines limites, d'une **présomption de conformité** de leur utilisation (voir n° 21605). Les **allocations dont le montant est fixé par la loi** sont toujours réputées utilisées conformément à leur objet et ne peuvent donner lieu à aucune vérification de la part de l'administration (CGI art. 81, 1°-al. 2).

ATTENTION

Si le salarié doit pouvoir justifier de la réalité et du **montant des frais** engagés, un certain **degré d'approximation** est admis dans l'évaluation de ces frais et, par conséquent, des allocations allouées en contrepartie. Mais il ne doit en aucun cas être fait application d'un pourcentage, fixe ou variable, aux émoluments reçus (BOI-RSA-CHAMP-20-50-10-10 n° 110).

À titre de règle pratique, et par analogie avec la sécurité sociale, les **allocations forfaitaires pour frais professionnels** (autres que les indemnités de mobilité professionnelle qui suivent les règles de droit commun) sont présumées utilisées conformément à leur objet à concurrence des montants prévus dans le tableau ci-après, dès lors que les circonstances de fait sont établies. Elles n'ont donc pas besoin, en principe, d'être justifiées pour la fraction qui n'excède pas ces limites. 21605 TS-III-3500 s

Nature des indemnités	Montants 2020	Montants 2019
Indemnité de repas sur le lieu de travail (travail en équipe, travail posté, travail continu, travail en horaire décalé ou travail de nuit)	6,70 €	6,60 €
Indemnité de repas hors les locaux de l'entreprise (salariés travaillant sur les chantiers…)	9,30 €	9,20 €
Indemnité de repas lors d'un déplacement professionnel	19 €	18,80 €
Indemnité de grand déplacement en métropole [1]		
Nourriture (par repas)	19 €	18,80 €
Logement et petit déjeuner (par jour) :		
Paris et départements 92, 93 et 94	68,10 €	67,40 €
Autres départements (hors outre-mer)	50,50 €	50 €

1. Déplacement inférieur ou égal à trois mois. En cas de prolongation de la durée du déplacement au-delà de trois mois, les chiffres limites (y compris ceux prévus pour les salariés en déplacement à l'étranger ou outre-mer) sont diminués de 15 % à compter du 4e mois et de 30 % à compter du 25e mois et dans la limite de quatre ans (BOI-RSA-CHAMP-20-50-10-20 nº 80).

De même, les allocations forfaitaires allouées aux salariés en **déplacement à l'étranger** et dans les **collectivités d'outre-mer** sont présumées être utilisées conformément à leur objet pour la fraction qui n'excède pas les indemnités journalières versées aux fonctionnaires envoyés en mission temporaire à l'étranger (indemnités de mission du groupe I) ou outre-mer (les barèmes de ces indemnités journalières font l'objet de modifications périodiques).

Les **indemnités kilométriques** versées aux salariés qui utilisent leur **véhicule personnel** pour des déplacements professionnels sont réputées utilisées conformément à leur objet à concurrence des montants résultant de l'application du **barème kilométrique** publié chaque année pour l'évaluation des frais réels déductibles (voir nº 22115). Le salarié doit apporter les justificatifs relatifs au moyen de transport utilisé, à la puissance fiscale du véhicule et au kilométrage parcouru. Il est rappelé que les frais liés à l'utilisation du véhicule personnel pour les trajets domicile-lieu de travail sont couverts par la déduction de 10 % et ne peuvent donc pas donner lieu à des remboursements en franchise d'impôt (nº 21590).

Cas où les frais professionnels sont déduits pour leur montant réel 21610 TS-V-11400 s.

Les salariés qui optent pour la déduction des frais réels (nº 22030) doivent inclure dans leur revenu brut **imposable** la totalité des allocations et remboursements pour frais professionnels perçus, quelle qu'en soit la forme (à l'exception de la prime de délocalisation visée au nº 21735). C'est une conséquence de la règle selon laquelle les allocations pour frais d'emploi éventuellement perçues par le salarié sont exonérées dans la mesure où elles couvrent des dépenses non déduites du revenu imposable au titre des frais professionnels (nº 21580).

Toutefois, lorsqu'un salarié déduit des frais réels d'une certaine nature et perçoit des allocations spéciales couvrant des frais d'une **nature différente** dont il ne demande pas la déduction, il n'est pas tenu de déclarer ces allocations si elles sont utilisées conformément à leur objet et justifiées (CE 19-12-1984 nº 38563 : RJF 2/85 nº 242 ; BOI-RSA-CHAMP-20-50-10-10 nos 20 et 30).

PARTICIPATION, INTÉRESSEMENT ET ACTIONNARIAT

Les rémunérations allouées sous la forme de participations aux bénéfices comme les gains réalisés dans le cadre d'opérations sur titres effectuées dans des conditions préférentielles sont en principe imposables dans la catégorie des traitements et salaires, dès lors qu'ils se rattachent à l'exercice d'une activité salariée. Toutefois, des exonérations d'impôt ou des modalités d'imposition spécifiques sont accordées dans le cadre de divers régimes légaux de participation, d'intéressement et d'actionnariat des salariés. 21620 TS-VII-1 s

Une **étude spéciale,** figurant aux nos 88400 s., est consacrée aux différents régimes légaux de participation, d'intéressement et d'actionnariat des salariés.

COMPTE ÉPARGNE-TEMPS ET AUTRES AVANTAGES LIÉS AU TEMPS DE TRAVAIL

a. Dispositif de capitalisation des droits à congé rémunéré, le **compte épargne-temps (CET)** permet aux salariés qui le souhaitent d'acquérir de tels droits ou de bénéficier d'une rémunération immédiate ou différée (Mémento social nos 30800 s.). 21630 TS-II-4400 s

Les sommes inscrites au crédit d'un CET sont en principe soumises à l'impôt sur le revenu. L'imposition est établie au titre de l'année où elles sont versées au salarié et non lors de leur affectation au compte. Font exception : les sommes provenant de la participation, des primes d'intéressement ou des plans d'épargne salariale (exonération) ; les sommes transférées du CET vers un plan d'épargne entreprise dans les conditions prévues à l'article L 3332-10, al. 3 du Code du travail ; les droits utilisés pour alimenter un Perco ou un plan d'épargne retraite d'entreprise collectif dans les conditions prévues à l'article L 3152-4 du Code du travail (exonération, sous conditions et limites, éventuellement combinée avec le régime du quotient : TS-VII-39270 s.) ; les droits utilisés pour le financement de prestations de retraite supplémentaire conventionnellement obligatoire ou affectés à un plan d'épargne retraite d'entreprise obligatoire (assimilation à des cotisations déductibles du salaire, sous conditions et limites : DC-VIII-2790).

b. En l'absence de compte épargne-temps, les sommes correspondant à des **jours de repos non pris** sont, dans la limite de dix jours par an, soit exonérées d'impôt sur le revenu en cas d'affectation à un Perco ou à un plan d'épargne retraite d'entreprise (collectif ou obligatoire), soit, en cas d'affectation à un régime de retraite supplémentaire conventionnellement obligatoire, assimilées à des cotisations de retraite déductibles du salaire sous conditions et limites (TS-VII-39297 fv).

PRESTATIONS SOCIALES

21645 CGI art. 80 quinquies **TS-II-10500 s**

Prestations pour maladie, accident ou maternité

Les **indemnités journalières** (maladie, maternité) versées aux salariés par les organismes de **sécurité sociale** et de la mutualité sociale agricole ou pour leur compte sont en principe imposables dans la catégorie des traitements et salaires. À ce titre elles supportent la retenue à la source de l'impôt sur le revenu (nº 3755). Elles sont toutefois exonérées en totalité en cas de maladie longue et coûteuse (maladie figurant sur la liste de l'article D 160-4 du CSS ou affection grave reconnue comme telle par le contrôle médical) et à hauteur de 50 % de leur montant en cas d'accident du travail ou de maladie professionnelle.

Les **indemnités journalières complémentaires** de maladie ou d'accident, professionnels ou non, ou de maternité, versées par l'employeur ou dans le cadre d'un régime complémentaire **obligatoire** en sus des indemnités de la sécurité sociale, sont imposables comme des salaires (ou comme des pensions en cas de rupture du contrat de travail) (BOI-RSA-CHAMP-20-30-20 nº 100).

En revanche, les indemnités journalières (de même que les rentes d'invalidité et les rentes d'orphelin) reçues par un salarié en exécution d'un contrat d'assurance ou de prévoyance à **adhésion facultative** complétant, pour des risques non professionnels, le régime légal de protection sociale sont exclues du champ d'application de l'impôt sur le revenu. Il en est ainsi même si la souscription a lieu dans le cadre de l'exercice de la profession. Les primes ou cotisations payées à ce titre par l'assuré ne sont pas déductibles de son revenu imposable (BOI-RSA-CHAMP-20-30-20 nº 230).

› Précisions **a.** Les indemnités journalières versées par les organismes de sécurité sociale pendant un congé d'**adoption** sont imposables comme les indemnités de maternité (TS-II-11050).

b. Par exception, sont exonérées les **indemnités** journalières de **maternité supplémentaires** attribuées sur décision individuelle par les caisses primaires d'assurance maladie aux femmes dont le métier comporte des travaux incompatibles avec leur état (BOI-RSA-CHAMP-20-30-20 nº 190).

c. L'**indemnité temporaire d'inaptitude** versée au salarié déclaré inapte à la suite d'un **accident du travail** ou d'une **maladie professionnelle** dans l'attente de son reclassement ou de son licenciement est assujettie à l'impôt sur le revenu à hauteur de 50 % de son montant (Circ. DSS 2010-240 du 1-7-2010 nº III).

S'agissant de l'imposition des **pensions et rentes** servies au titre des accidents du travail et des maladies professionnelles, voir nº 22470.

d. L'**allocation journalière d'accompagnement d'une personne en fin de vie** (Ajap : CSS art. L 168-1 à L 168-7 ; Mémento social nº 11990) est un revenu de remplacement, imposable dans la catégorie des traitements et salaires quand elle est versée, par un organisme de sécurité sociale ou par son employeur, à un salarié, un agent public ou un demandeur d'emploi (BOI-RSA-CHAMP-20-30-20 nºs 320 à 350).

e. Lorsque l'**employeur** verse lui-même les indemnités journalières de maladie au salarié (régime dit de la « subrogation »), il ne pratique la **retenue à la source** de l'impôt sur le revenu que sur les indemnités versées au titre des deux premiers mois suivant l'arrêt de travail (BOI-IR-PAS-20-10-10 nº 80).

21650 CGI art. 81, 2º 2º bis, 9º, 9º ter 14º et 14º bis **TS-III-5500 s**

Aides à caractère social ou familial

Sont à ce titre exonérés d'impôt sur le revenu, notamment :

– les **prestations familiales** légales (prestation d'accueil du jeune enfant, allocations familiales, complément familial…) ;

– l'**allocation de logement,** ainsi que l'aide personnalisée au logement ;

– l'**allocation aux adultes handicapés,** ainsi que le complément de ressources et la majoration pour la vie autonome qui peuvent la compléter ;

– la **prestation de compensation du handicap** visée à l'article L 245-1 du Code de l'action sociale et des familles ;

– l'**allocation personnalisée d'autonomie** visée aux articles L 232-1 et suivants du Code de l'action sociale et des familles ;
– à concurrence de l'allocation aux adultes handicapés, les **pensions d'orphelin** (temporaires ou permanentes) lorsqu'elles remplacent cette allocation en tout ou partie du fait de la loi. Par ailleurs, les pensions temporaires d'orphelins de fonctionnaires civils et militaires sont exonérées à concurrence du montant des allocations familiales auxquelles aurait eu droit le parent décédé. Sur les pensions d'orphelin versées dans le cadre d'un régime facultatif, voir nº 21645 ;
– les **allocations d'assistance et d'assurance** versées par l'État, les collectivités et établissements publics. En ce qui concerne les allocations de chômage, voir nº 21705.

SOMMES PERÇUES EN FIN D'ACTIVITÉ

Principe Toute indemnité versée à un salarié à l'occasion de la **rupture** de son **contrat de travail** constitue, en principe, une rémunération imposable à l'impôt sur le revenu (catégorie des traitements et salaires). Il en va de même, lors de la cessation de leur **mandat social,** pour les dirigeants assimilés à des salariés sur le plan fiscal (mandataires sociaux, dirigeants et personnes visés à l'article 80 ter du CGI : nº 23720). **21660** CGI art. 80 duodecies **TS-II-13000 s**

Ce principe d'imposition est toutefois tempéré par certaines **mesures d'exonération** prévues en faveur des indemnités suivantes : indemnités de licenciement (nº 21665) ; indemnités de cessation forcée des fonctions versées aux mandataires sociaux et aux dirigeants (nº 21670) ; indemnités de départ à la retraite ou en préretraite (nºs 21675 s.) ; indemnités versées dans le cadre d'un plan de sauvegarde de l'emploi (nº 21685) ; indemnités de rupture d'un commun accord dans le cadre d'un accord collectif (nº 21687) ; indemnités de rupture conventionnelle homologuée (nº 21690).

› **Précisions** Les salariés français travaillant en France et les **salariés transfrontaliers français travaillant dans un autre État de l'Union européenne** doivent être traités de la même façon. Il appartient donc au juge de l'impôt, pour déterminer le régime fiscal applicable à une indemnité de rupture versée par un employeur étranger, de qualifier celle-ci au regard du droit français (CE 6-6-2018 nº 399990 : RJF 10/18 nº 960).

Indemnités de licenciement Les indemnités de licenciement (versées en dehors du cadre d'un plan de sauvegarde de l'emploi) sont **exonérées à hauteur du plus élevé des trois montants** suivants : **21665** CGI art. 80 duodecies, 1-1º et 3º **TS-II-13400 s**
– montant de l'indemnité de licenciement prévu par la convention collective de branche, par l'accord professionnel et interprofessionnel ou, à défaut, par la loi ;
– moitié de l'indemnité de licenciement perçue ;
– deux fois le montant de la rémunération annuelle brute perçue par le salarié au cours de l'année civile précédant la rupture de son contrat de travail.

Toutefois, la fraction exonérée résultant de l'application de l'une ou l'autre des deux dernières limites **ne peut pas excéder** six fois le plafond annuel de sécurité sociale en vigueur au moment du versement des indemnités (soit 243 144 € pour les indemnités perçues en 2019 et 246 816 € pour celles perçues en 2020). En revanche, le montant de l'indemnité légale ou conventionnelle est exonéré en totalité même lorsqu'il excède ce seuil.

Sont exonérées **sans limitation** de montant les indemnités mentionnées aux articles L 1235-2, L 1235-3, L 1235-3-1 et L 1235-11 à L 1235-13 du Code du travail : il s'agit des indemnités accordées par le juge du contrat de travail (ou allouées en vertu d'une sentence arbitrale ou d'une transaction : Cons. const. 20-9-2013 nº 2013-340 QPC : RJF 12/13 nº 1162) qui sanctionnent le défaut de respect de la procédure de licenciement, le licenciement sans cause réelle et sérieuse, la nullité du licenciement notamment pour motif discriminatoire ou pour violation d'une liberté fondamentale ou encore le non-respect de la procédure prévue en cas de licenciement collectif pour motif économique ou de la priorité de réembauche. Est également exonérée en totalité l'indemnité forfaitaire de conciliation prud'homale prévue par l'article L 1235-1 du Code du travail (CGI art. 80 duodecies, 1-1º).

S'agissant des indemnités versées dans le cadre d'un plan de sauvegarde de l'emploi (**PSE**), voir nº 21685.

› **Précisions** **a.** L'indemnité spéciale de licenciement due en application de l'article L 1226-14 du Code du travail en cas d'**accident du travail** ou de maladie professionnelle est exonérée en totalité. Il en va de même de l'indemnité spécifique de licenciement prévue par les articles L 7112-3 et L 7112-4 du Code du travail en faveur des **journalistes professionnels.**
b. **L'indemnité de clientèle des VRP** suit le régime fiscal des indemnités de licenciement et est donc exonérée dans les limites fixées ci-dessus. La part qualifiée de dommages-intérêts fixée par le juge est intégralement exonérée (BOI-RSA-CHAMP-20-40-10-20 nº 170).
c. En cas de versement d'une **indemnité transactionnelle assortie d'une clause de non-concurrence,** la contrepartie financière de cette dernière est intégralement imposable et il y a lieu, le cas échéant, de l'évaluer si son montant

n'est pas déterminé. Il en va de même des **autres indemnités** et primes imposables visées au n° 21695 si elles sont également **incluses** dans le montant global (BOI-RSA-CHAMP-20-40-10-30 n° 40).

d. Les limites d'exonération s'appliquent au montant global des indemnités perçues au titre de la rupture du contrat de travail (hors, bien entendu, les primes et indemnités imposables : n° 21695). Tel est le cas lorsque les **indemnités** de licenciement sont **versées par plusieurs entreprises** (BOI-RSA-CHAMP-20-40-10-30 n° 70). Si le salarié est lié par des **contrats de travail à plusieurs sociétés d'un même groupe,** les limites d'exonération s'appliquent au montant global des indemnités perçues au titre de la rupture de l'ensemble de ces contrats et, corrélativement, par référence aux rémunérations annuelles brutes servies au titre de ces contrats (BOI-RSA-CHAMP-20-40-10-30 n° 70 renvoyant au BOI-RSA-CHAMP-20-40-20 n° 130).

e. La fraction imposable des indemnités de licenciement peut bénéficier du **système de quotient** décrit aux n°s 4150 s., quel que soit son montant (BOI-IR-LIQ-20-30-20 n° 170).

21670 CGI art. 80 duodecies, 2 TS-II-21300 s

Indemnités de cessation forcée des fonctions versées aux mandataires sociaux et aux dirigeants En cas de cessation forcée des fonctions, notamment de **révocation,** des dirigeants fiscalement assimilés à des salariés, **seule est imposable la fraction des indemnités qui excède** trois fois le plafond annuel de sécurité sociale (Pass), soit 121 572 € pour les indemnités perçues en 2019 et 123 408 € pour celles perçues en 2020.

› Précisions **a.** L'appréciation du **caractère forcé** de la cessation des fonctions repose, au-delà de l'apparence juridique, sur l'examen des circonstances de fait (BOI-RSA-CHAMP-20-40-20 n° 70).

b. Lorsque le **versement des indemnités** afférentes à une même cessation forcée de fonctions s'effectue **sur deux années civiles successives,** la limite de trois fois le Pass s'apprécie en faisant masse de l'ensemble des versements (BOI-RSA-CHAMP-20-40-20 n° 120).

c. En présence d'un **mandataire social titulaire d'un contrat de travail,** le fondement de l'exonération applicable varie selon que l'indemnité est versée à l'occasion de la rupture du contrat ou de la cessation des fonctions de dirigeant (CE 22-10-2012 n° 325466 : RJF 1/13 n° 40).

d. En cas de **cumul d'un contrat de travail et d'un mandat social** au sein d'une **même société ou plusieurs sociétés d'un même groupe,** de même qu'en cas d'exercice d'une **pluralité de mandats sociaux** auprès de plusieurs sociétés d'un même groupe, la limite de trois fois le Pass s'applique, selon l'administration, au montant global des indemnités perçues au titre de la rupture de l'ensemble de ces fonctions (BOI-RSA-CHAMP-20-40-20 n° 130).

e. Une **indemnité pour licenciement abusif** versée à un **salarié** également **mandataire social** est exonérée d'impôt sur le revenu en application de l'article 80 duodecies, 1-1° du CGI (n° 21665) pour sa fraction visant à réparer la rupture de son contrat de travail. En revanche, l'indemnité destinée à réparer un préjudice distinct, résultant de la perte de la possibilité de lever des stock-options, est imposable en tant que salaires (CE 22-5-2017 n° 395440 : RJF 8-9/17 n° 800).

21675 CGI art. 80 duodecies, 1-4° TS-II-17500 s

Indemnités de départ à la retraite ou en préretraite **a.** L'indemnité de **départ volontaire** à la retraite, hors le cas de plan de sauvegarde de l'emploi, constitue une rémunération imposable.

S'agissant des indemnités versées dans le cadre d'un plan de sauvegarde de l'emploi (**PSE**), voir n° 21685.

b. L'indemnité de **mise à la retraite à l'initiative de l'employeur** est exonérée à hauteur du plus élevé des trois montants suivants :

– montant de l'indemnité de mise à la retraite prévu par la convention collective de branche, par l'accord professionnel ou interprofessionnel ou, à défaut, par la loi ;

– moitié de l'indemnité de mise à la retraite perçue ;

– deux fois le montant de la rémunération annuelle brute perçue par le salarié au cours de l'année civile précédant sa mise à la retraite.

Toutefois, la fraction exonérée résultant de l'application de l'une ou l'autre des deux dernières limites **ne peut pas excéder** cinq fois le plafond annuel de sécurité sociale en vigueur à la date du versement des indemnités (soit 202 620 € pour les indemnités perçues en 2019 et 205 680 € pour celles perçues en 2020). En revanche, le montant de l'indemnité légale ou conventionnelle est exonéré en totalité même lorsqu'il excède ce seuil.

c. L'indemnité de **cessation anticipée** d'activité versée par l'employeur lors de leur départ aux salariés et anciens **salariés exposés à l'amiante** est exonérée en totalité (CGI art. 81, 32°). (Régime des allocations versées après cessation d'activité jusqu'à l'obtention de la retraite, voir n° 21710).

d. Les **autres** indemnités de départ en **préretraite** suivent le régime des indemnités de départ volontaire en retraite (BOI-RSA-CHAMP-20-40-10-20 n° 50).

21680 La fraction imposable des indemnités de départ volontaire en retraite, de mise à la retraite ou de départ en préretraite peut, sur demande du salarié, faire l'objet de **modalités particulières d'imposition,** à savoir :

– soit l'application du système du **quotient** (CGI art. 163-0 A), quel que soit le montant des indemnités, dans les conditions décrites aux n°s 4150 s. ;

– soit, pour les indemnités perçues en dernier lieu au cours de l'année 2019, la répartition par parts égales sur l'année de perception et les trois années suivantes (CGI art. 163 A, supprimé à compter de l'imposition des revenus perçus en 2020 par la loi 2019-1479 du 28-12-2019 art. 29, III-2° et 4°).
L'option pour ce régime d'**étalement** est irrévocable ; elle s'exerce soit lors du dépôt de la déclaration d'ensemble des revenus (en joignant une note indiquant la nature des indemnités, leur montant imposable et leur répartition sur la période d'étalement), soit ultérieurement par voie de réclamation.

Indemnités versées dans le cadre d'un plan de sauvegarde de l'emploi 21685 CGI art. 80 duodecies, 1-2° **TS-II-19700 s**
L'ensemble des indemnités versées à raison du **licenciement ou** du **départ volontaire,** que celui-ci s'effectue sous la forme d'une **démission,** d'un **départ à la retraite ou en préretraite,** intervenant dans le cadre d'un plan de sauvegarde de l'emploi au sens des articles L 1233-32 et L 1233-61 à L 1233-64 du Code du travail (Mémento social n°s 48170 s.) sont exonérées pour leur montant total. Sont ainsi exonérées de l'impôt sur le revenu non seulement les indemnités dues aux salariés concernés en vertu des dispositions légales ou conventionnelles, mais aussi, quelle que soit leur appellation, celles qui s'y ajoutent (primes ou indemnités d'aide au départ volontaire, d'aide à la réinsertion professionnelle, d'incitation au reclassement, d'aide à la création d'entreprise, etc.) à l'exclusion, bien entendu, des indemnités imposables visées au n° 21695 (BOI-RSA-CHAMP-20-40-10-30 n°s 430 et 450).

› Précisions **a.** Les indemnités de **mise à la retraite** à l'initiative de l'employeur, même si celle-ci s'effectue dans le cadre d'un plan de sauvegarde de l'emploi, ne sont pas concernées par les règles ci-dessus (sur les règles applicables à ces indemnités, voir n° 21675, b).
b. Sur le régime de ces indemnités au regard des **cotisations de sécurité sociale,** voir Mémento social n° 22890.

Indemnités de rupture d'un commun accord dans le cadre d'un accord collectif 21687 CGI art. 80 duodecies, 1-1° **TS-II-16650 s.**
a. L'indemnité de **rupture conventionnelle collective** (RCC) visée au 5° de l'article L 1237-19-1 du Code du travail (Mémento social n° 69147 s.) est exonérée sans limitation de montant. Il en est de même des indemnités visant à faciliter l'accompagnement et le reclassement externe des salariés prévues au 7° du même article.
b. Les indemnités de rupture de contrat de travail à la suite de l'acceptation par un salarié d'une proposition de **congé de mobilité** (Mémento social n° 69146), mentionnées à l'article L 1237-18-2, 7° du Code du travail, sont totalement exonérées.
c. En ce qui concerne le régime de ces indemnités au regard des **cotisations de sécurité sociale,** voir Mémento social n° 22887.

Indemnités de rupture d'un commun accord dans le cadre d'une convention individuelle 21690 CGI art. 80 duodecies, 1-6° **TS-II-16520 s**
Les indemnités prévues à l'article L 1237-13 du Code du travail versées à l'occasion de la **rupture conventionnelle homologuée** du contrat de travail d'un salarié (Mémento social n° 69130) sont exonérées dans les mêmes conditions que les indemnités de licenciement (n° 21665) si le salarié bénéficiaire n'est pas en droit de bénéficier d'une pension de **retraite d'un régime légalement obligatoire.**

› Précisions **a.** Sur le régime de l'indemnité au regard des **cotisations de sécurité sociale,** voir Mémento social n° 22885.
b. Ces indemnités peuvent bénéficier du **système du quotient** décrit aux n°s 4150 s., quel que soit leur montant (BOI-IR-LIQ-20-30-20 n° 170).
c. L'indemnité versée aux **agents publics des chambre de commerce et d'industrie** (CCI) dans le cadre de la **rupture d'un commun accord de la relation de travail** est exonérée selon les mêmes modalités que la rupture conventionnelle homologuée bénéficiant aux salariés du secteur privé.
Il en va de même des **indemnités spécifiques de rupture conventionnelle** versées, en application des I et III de l'article 72 de la loi 2019-828 du 6 août 2019, aux **agents de la fonction publique,** qu'ils soient fonctionnaires titulaires ou contractuels (CGI art. 80 duodecies, 1-6° modifié par la loi 2019-1479 du 28-12-2019 art. 5).

Autres indemnités 21695 **TS-II-15700 s et 20000 s**
Les indemnités versées à l'occasion de la rupture du contrat de travail, autres que celles visées aux n°s 21665 à 21690, constituent une rémunération imposable.
Tel est le cas des indemnités de départ éventuellement allouées en cas de **démission.** Ces indemnités suivent toutefois le même régime que les indemnités de licenciement (n° 21665) lorsque la démission du salarié revêt, en raison des conditions dans lesquelles elle a été donnée, le caractère d'un licenciement (CE 24-01-2014 n° 352949 : RJF 4/14 n° 335). (Démission dans le cadre d'un plan de sauvegarde de l'emploi : voir n° 21685).
Sont également imposables les indemnités de **non-concurrence** (voir n° 21665, précision c), les indemnités compensatrices de **congés payés,** les indemnités de **préavis** ainsi que les indemnités compensatrices de préavis versées aux salariés avec dispense d'effectuer le préavis.
Il en va de même de l'indemnité de fin de **contrat** de travail **à durée déterminée** ou de fin de mission. En cas de rupture anticipée d'un contrat de travail à durée déterminée, l'indem-

nité prévue par l'article L 1243-4 du Code du travail est imposable à hauteur du montant correspondant aux rémunérations que le salarié aurait perçues jusqu'au terme du contrat. Le surplus est exonéré dans les conditions et limites prévues pour les indemnités de licenciement (nº 21665) (BOI-RSA-CHAMP-20-40-10-20 nº 10).

› Précisions **a.** Les primes de **départ volontaire** peuvent bénéficier du **système du quotient** décrit aux nos 4150 s., quel que soit leur montant.

b. Lorsque le salarié est dispensé d'effectuer un préavis dont la durée se répartit sur plus d'une année civile, il peut demander, pour les indemnités perçues en dernier lieu au cours de l'année 2019, à **fractionner** l'imposition de **l'indemnité compensatrice de préavis,** en rattachant chaque partie aux revenus de l'année à laquelle elle se rapporte (CGI art. 163 quinquies, supprimé à compter de l'imposition des revenus perçus en 2020 par la loi 2019-1479 du 28-12-2019 art. 29, III-3º). L'option du salarié pour le fractionnement s'exerce soit dans la déclaration des revenus, soit par voie de réclamation.

Exemple : Un salarié licencié le 1-11-2019 et dispensé d'effectuer son préavis de trois mois peut rattacher à ses revenus de 2019 la partie de l'indemnité qui se rapporte aux mois de novembre et décembre 2019, le solde étant alors rattaché aux revenus de 2020. En revanche, un salarié licencié le 1-11-2020 devra, dans la même situation, rattacher la totalité de l'indemnité aux revenus de 2020.

c. Les sommes perçues en fin d'activité dans le cadre d'un **contrat de sécurisation professionnelle** (voir Mémento social nos 48390 s.) sont imposables à concurrence du reliquat de l'indemnité de préavis.

d. Une **indemnité transactionnelle** perçue après **prise d'acte de la rupture** du contrat de travail est exonérée si le salarié apporte la preuve que cette prise d'acte est assimilable à un licenciement sans cause réelle et sérieuse (nº 21665) (CE 1-4-2015 nº 365253 : RJF 6/15 nº 487).

e. Une **indemnité transactionnelle** versée **à la suite d'un licenciement** est exonérée s'il résulte de l'instruction (régime de preuve objective) que la rupture des relations de travail est assimilable à un licenciement sans cause réelle et sérieuse (nº 21665) (CE 5-7-2018 nº 401157 : RJF 11/18 nº 1100). Lorsque une telle indemnité répare **plusieurs préjudices,** le juge doit rechercher dans quelle **proportion** l'indemnité répare le licenciement abusif, laquelle est seule exonérée (CE 7-6-2019 nº 419455 : RJF 8-9/19 nº 782).

ALLOCATIONS DE CHÔMAGE ET ASSIMILÉES

21705
TS-II-25100 s

Allocations de chômage Les allocations de chômage constituent en principe un revenu de remplacement imposable dans la catégorie des traitements et salaires.

Sont ainsi imposables les allocations de **chômage total** versées par Pôle emploi au titre de l'assurance chômage ou du régime de solidarité (allocation d'aide au retour à l'emploi et allocation de solidarité spécifique : Mémento social nos 6300 s.).

Est également imposable l'indemnité d'**activité partielle** (Mémento social nos 1400 s.). Il en est de même de l'allocation complémentaire de garantie d'une rémunération mensuelle minimale (Mémento social nos 1475 s.).

21710
TS-II-19200 s

Allocations de préretraite Les allocations suivantes, versées aux salariés dans le cadre des **régimes légaux** de préretraite, sont imposables dans la catégorie des traitements et salaires :

– allocations versées aux salariés âgés licenciés pour motif économique en application d'une convention d'allocations spéciales du Fonds national de l'emploi (**préretraite-licenciement** : Mémento social nos 57100 s.) ;

– allocation versée dans le cadre de la **préretraite amiante** (Mémento social nº 22900).

Sont également imposables comme des traitements et salaires les allocations versées (pendant la période de disponibilité du salarié mais aussi après la rupture de son contrat de travail) dans le cadre de dispositifs dits de « **préretraite d'entreprise** » ou de « préretraite maison » (BOI-RSA-CHAMP-20-20 nº 160).

Sur le régime des **indemnités de départ en préretraite** versées au moment de la cessation d'activité, voir nº 21675.

21715
TS-II-25800 s

Aides à l'emploi Sont notamment imposables dans la catégorie des traitements et salaires :

– la rémunération versée aux stagiaires dans le cadre d'une **convention de formation et d'adaptation** passée avec le Fonds national de l'emploi (Mémento social nº 2235) ;

– les **allocations temporaires dégressives** (Mémento social nº 2245).

En revanche, sont exonérées d'impôt sur le revenu :

– l'**aide financière de l'État,** mentionnée à l'article L 5141-2 du Code du travail, accordée dans le cadre du dispositif d'aide à la reprise ou à la création d'entreprise (**Accre**) (CGI art. 81, 35º) ;

– la **prime forfaitaire de retour à l'emploi** versée aux attributaires de l'allocation de solidarité spécifique ;

– la **prime d'activité** (Mémento social nos 2350 s.) (CGI art. 81, 9º quinquies).

Aide au retour des travailleurs immigrés L'aide publique au retour des travailleurs immigrés est exonérée, ainsi que la participation complémentaire de l'entreprise. En revanche, l'aide conventionnelle versée par Pôle emploi est imposable (par voie de retenue à la source si elle est versée après le retour du travailleur dans son pays d'origine) (BOI-RSA-CHAMP-20-20 n°s 220 à 240). 21720 TS-II-26500 s

SALAIRES, PRIMES ET AVANTAGES DIVERS

Imposition Alors même qu'ils sont versés par un tiers, les **pourboires** sont imposables pour leur montant réel (BOI-RSA-CHAMP-20-10 n° 90). 21730

De même, sont imposables les sommes versées par le **comité social et économique,** sauf s'il s'agit d'un secours (BOI-RSA-CHAMP-20-30-30 n° 20), d'une contribution aux chèques-vacances ou d'une aide financière pour le financement de services à la personne (n° 21735).

Les primes ou indemnités versées à titre exceptionnel aux salariés lors d'un changement du lieu du travail (**primes de mobilité ou de mutation**) peuvent bénéficier du **système de quotient** décrit aux n°s 4150 s. quel que soit leur montant, même si le changement de lieu de travail ne s'accompagne pas d'un changement de domicile (BOI-RSA-CHAMP-20-30-10-10 n° 120).

Les sommes ou avantages **versés par des tiers** dans les conditions prévues à l'article L 242-1-4 du CSS sont imposables comme traitements et salaires dans les conditions ordinaires (BOI-RSA-CHAMP-20-30-10-10 n°s 310 et 320). Cet article assujettit aux cotisations de sécurité sociale toute somme ou avantages alloués à un salarié par une personne n'ayant pas la qualité d'employeur en contrepartie d'une activité accomplie dans l'intérêt de celle-ci (Mémento social n° 22445).

Exonérations Les rémunérations versées à raison des **heures supplémentaires** (et, pour les salariés à temps partiel, les heures complémentaires) sont exonérées d'impôt sur le revenu dans la **limite annuelle** de 5 000 € par salarié. 21732 CGI art. 81 quater TS-III-9000 s

En ce qui concerne les rémunérations visées, voir Mémento social n°s 41310 à 41340.

Les salariés pouvant bénéficier de l'exonération sont :

– l'ensemble des salariés du secteur privé (y compris les salariés agricoles), à l'exception des cadres dirigeants (Mémento social n° 41360) ;

– les agents de la fonction publique (titulaires ou non), au titre des heures supplémentaires ou du temps de travail additionnel effectif qu'ils réalisent, et les salariés relevant de régimes spéciaux, au titre des heures supplémentaires ou complémentaires réalisées.

À noter que les heures défiscalisées sont prises en compte dans le revenu fiscal de référence (n° 42332).

Les gains et autres avantages récapitulés dans le tableau ci-dessous sont exonérés d'impôt sur le revenu **en totalité ou en partie.** 21735

Nature des gains ou avantages	Exonération	Fondement
Rémunérations des **salariés détachés à l'étranger**	Voir n°s 4695 s.	
Rémunération des **impatriés**	Voir n°s 4715 s.	
Dédommagement versé à l'**aidant familial** (au sens de l'article R 245-7 du CSS) **non salarié** (Loi 2019-1446 du 24-12-2019 art. 14, applicable aux dédommagements perçus depuis le 1-1-2019 ; auparavant imposition dans la catégorie des BNC)	Totale (dédommagement issu de la prestation de compensation du handicap)	CGI art. 81, 9° ter
Salaire des **apprentis** (TS-III-7000 s.)	Pour la fraction du salaire (avant déduction des frais professionnels) n'excédant pas le montant annuel du Smic [1]	CGI art. 81 bis
Prestations réalisées dans le cadre de l'**entraide agricole** (TS-III-8250 s.)	Totale	CGI art. 81, 15°
Part patronale des **cotisations sociales** (régimes obligatoires)	Sous réserve d'une exception pour la prévoyance complémentaire (n° 21915, précision a)	Jurisprudence et administration
Sommes versées par l'employeur à un **contrat de retraite à prestations définies** [9]	Totale	CGI art. 81, 18° ter

21735 (suite)

Nature des gains ou avantages	Exonération	Fondement
Contribution de l'employeur aux **titres-restaurant** (TS-III-6000 s.)	Dans la limite de 5,55 € [2] par titre et sous certaines conditions (voir Mémento social n°s 22630 s.)	CGI art. 81, 19°
Contribution de l'employeur (ou du comité social et économique) aux **chèques-vacances** (TS-III-6600 s.)	Dans la limite, par salarié et par an, du Smic mensuel [1]	CGI art. 81, 19° bis
Aide financière du comité social et économique ou de l'entreprise pour le **financement de services à la personne** et aide financière des employeurs publics pour le financement des chèques emploi-service universels (TS-II-2600 s.)	Dans la limite de 1 830 € par an et par bénéficiaire	CGI art. 81, 37°
Frais de transport du domicile au lieu de travail :		
• Contribution de l'employeur aux frais de **transport en commun** des salariés ou d'abonnement à des services publics de **location de vélos** (région parisienne et province) [6] (TS-III-2090 s.)	Dans la limite de la contribution obligatoire (50 % de l'abonnement)	CGI art. 81, 19° ter-a
• Prise en charge facultative par l'employeur : – des **frais de carburant** (ou d'alimentation des véhicules électriques, hybrides rechargeables ou hydrogène) exposés d'une part par les salariés dont la résidence ou le lieu de travail soit est situé dans une commune non desservie par un service public de transport collectif régulier ou un service privé mis en place par l'employeur, soit n'est pas inclus dans le périmètre d'un plan de mobilité obligatoire ou, d'autre part, pour lesquels l'utilisation d'un véhicule personnel est indispensable du fait d'horaires de travail particuliers (TS-III-2160 s.) ; – des autres frais de transport personnel, sous la forme d'un **forfait mobilités durables,** indemnisant tant l'usage d'un **cycle** personnel avec ou sans pédalage assisté que du **covoiturage** (en tant que conducteur ou passager), celui de **transports publics** de personnes (à l'exception des frais d'abonnement de transports collectifs ou de service public de location de vélos), ou enfin d'**autres services de mobilité partagée** à définir par décret (Loi 2019-1428 du 24-12-2019 art. 82 applicable à compter de la publication d'un décret).	Dans la limite globale de 400 € par an, dont 200 € maximum pour les frais de carburant. [10]	CGI art. 81, 19° ter-b
Primes et indemnités de **délocalisation** attribuées par l'État versées **jusqu'en 2019** (TS-II-5810 s.).	Totale [3]	CGI art. 81, 24°, abrogé par la loi 2018-1317 du 28-12-2018 art. 137
Indemnité mensuelle et indemnité supplémentaire versées dans le cadre du **volontariat international en entreprise** (VIE) **ou en administration** (VIA) (TS-II-820)	Totale	CGI art. 81, 17° –b
Allocation et prime versées dans le cadre du contrat de **volontariat pour l'insertion** (TS-II-1330 s.)	Totale	CGI art. 81, 17° –c
Indemnité versée dans le cadre du contrat de **volontariat de solidarité internationale** (VSI) ou **de service volontaire européen** (TS-II-820 s.)	Totale	CGI art. 81, 17° –d
Indemnité versée dans le cadre d'un **engagement de service civique** (ainsi que la contribution de la personne morale au financement des titres-repas) (TS-II-800)	Totale	CGI art. 81, 17° –e
Indemnités versées aux **militaires** au titre d'opérations « Sentinelle » et indemnités journalières d'absence temporaire versées aux gendarmes et CRS	Totale	CGI art. 81, 23° bis et 23° ter

Nature des gains ou avantages	Exonération	Fondement
Vacations horaires des **sapeurs-pompiers volontaires** (TS-II-6360 s.)	Totale	CGI art. 81, 29°
Gratifications allouées à l'occasion de la délivrance de la **médaille d'honneur du travail** [4] (TS-III-8030 s.)	Dans la limite du salaire mensuel de base du bénéficiaire	CGI art. 157, 6°
Indemnisation des **participants des Sapo** [5] (TS-III-8380 s.)	Totale	CGI art. 81, 26°
Indemnité versée aux personnes se prêtant à des **recherches biomédicales** (TS-III-8280)	Totale	CGI art. 81, 14° ter
Allocations de covoiturage versées aux conducteurs ou aux passagers par les **autorités organisatrices de mobilités**	Totale	CGI art. 81, 19° quater et 19° quinquies, créés par la loi 2019-1428 du 24-12-2019 art. 35
Primes exceptionnelles de pouvoir d'achat versées par les employeurs soumis au régime Unédic d'assurance chômage **entre le 11-12-2018 et le 31-3-2019** [7] et **entre le 28-12-2019 et le 30-6-2020** [8]	Dans la limite de 1 000 € par bénéficiaire	Loi 2018-1213 du 24-12-2018 art. 1, IV Loi 2019-1446 du 24-12-2019 art. 7

1. Sur les taux du Smic horaire, voir n° 97240.
2. Limite d'exonération indexée sur la variation de l'indice des prix à la consommation hors tabac entre le 1er octobre de l'avant-dernière année et le 1er octobre de l'année précédant celle de l'acquisition des titres-restaurant et arrondie au centime d'euro le plus proche (CGI art. 81, 19e modifié par la loi 2019-1479 du 28-12-2019 art. 6).
3. L'exonération joue même en cas d'option pour la déduction des frais réels.
4. Ou toute autre distinction pour ancienneté de service s'y substituant.
5. Indemnisation versée aux participants et anciens participants d'une société coopérative de main-d'œuvre (SCMO) dissoute à la suite de la transformation de la société anonyme à participation ouvrière (Sapo) dont elle détenait les « actions de travail ».
6. Lorsque les salariés ne bénéficient pas de cette prise en charge, est exonérée, dans la limite de 240 €, la contribution par une collectivité territoriale, un établissement public de coopération intercommunale ou Pôle emploi aux frais de carburant ou d'électricité des salariés qui utilisent leur véhicule personnel, lorsque leur résidence est située à plus de 30 km de leur lieu de travail. Aucune condition de distance n'est requise lorsque le salarié est conducteur en covoiturage (CGI art. 81, 19e ter-c).
7. L'exonération est réservée aux salariés ayant perçu en 2018 une rémunération inférieure à trois fois la valeur annuelle du Smic calculée pour un an sur la base de la durée légale du travail, soit 53 946 € (9,88 × 151,67 × 12 × 3) et qui étaient liés par un contrat de travail au 31 décembre 2018 (ou à la date du versement si elle est antérieure).
8. L'exonération est soumise à la mise en œuvre d'un accord d'intéressement dans les entreprises à but lucratif. Elle est réservée aux salariés ayant perçu au cours des douze mois précédant son versement une rémunération inférieure à trois fois la valeur annuelle du Smic calculée pour un an sur la base de la durée légale du travail.
La date de début de versement au 28-12-2019 a été précisée par le ministère du travail sur son site internet le 7-1-2020.
9. À condition que la contribution spécifique de l'article L 137-11-2 du CSS ait été payée par l'employeur.
Le montant de la revalorisation annuelle des droits acquis (prévue à l'article L 137-11-2, I-5° du CSS) est également exonéré.
10. En cas de cumul avec la contribution obligatoire de l'employeur aux frais de transport en commun ou d'abonnement à des services publics de location de vélo, l'exonération ne peut dépasser le plus élevé des deux montants suivants : 400 € ou la limite de la contribution obligatoire (50 % de l'abonnement) prévue à l'article 81, 19° ter-a du CGI.

B. Détermination du montant imposable

Le salaire net imposable s'obtient en retranchant du salaire brut les cotisations sociales, les intérêts de certains emprunts, le cas échéant, et les frais professionnels. **21800** CGI art. 82 et 83

1. REVENU BRUT

Le salaire brut à retenir comprend, en principe, toutes les rémunérations en espèces ayant fait l'objet d'un **paiement effectif** au cours de l'**année d'imposition** (en numéraire, par chèque, par virement ou par inscription au crédit d'un compte sur lequel l'intéressé a fait ou aurait pu faire un prélèvement au plus tard le 31 décembre), ainsi que la valeur des avantages en nature dont le salarié a bénéficié au cours de cette année. **21850** TS-V-300 s

Peu importe que les revenus se rapportent à une année antérieure ou aient été versés par anticipation. Ainsi, les **rappels** de salaires afférents à des années antérieures sont normalement imposables en totalité au titre de l'année de leur paiement effectif. À l'inverse, le **reversement,** à la suite d'un litige, par exemple, de sommes antérieurement perçues est sans influence sur l'imposition établie au titre de l'année de perception du revenu, mais est déductible du revenu brut de l'année où il est opéré.

› **Précisions** **a.** Par dérogation à la règle de l'imposition au titre de l'année de perception, il existait, pour certains revenus perçus en dernier lieu en 2019, des possibilités d'**étalement** :
– fractionnement de l'indemnité compensatrice de préavis (n° 21695, précision b) ;
– étalement vers l'avant des indemnités de départ en retraite ou en préretraite (n° 21680) et des sommes transférées d'un compte épargne-temps vers un plan d'épargne entreprise ou un Perco (TS-VII-39295), étant souligné que les contribuables intéressés avaient le choix entre ce régime et celui dit du quotient (décrit aux n°s 4150 s.) ouvert de façon générale aux bénéficiaires de revenus exceptionnels ou différés.
b. Évaluation des **avantages en nature,** voir n°s 21550 s.

2. COTISATIONS SOCIALES

21870 DC-VIII-1 s

Il s'agit des cotisations versées aux régimes de **retraite et** de **prévoyance** (c'est-à-dire assurance maladie, maternité, invalidité, décès, veuvage) et d'**assurance chômage.** Nous examinons ci-après les possibilités de déduction de ces cotisations. Pour les cotisations de retraite et de prévoyance, leur sort varie suivant qu'il s'agit de régimes légalement obligatoires, de régimes conventionnellement obligatoires ou de régimes facultatifs.
Il s'y ajoute, depuis le 1er octobre 2019, les versements aux **plans d'épargne retraite.** Ceux-ci font l'objet de dispositions spécifiques, examinées à part (n° 21930).
Rappelons ici (bien que ces contributions ne constituent pas juridiquement des cotisations sociales) que la **CRDS** n'est pas déductible et que la **CSG** ne l'est que partiellement (n° 34400).
Le salaire net imposable inclut donc la CRDS et la partie non déductible de la CSG.

› **Précisions** Seuls les non-résidents sont assujettis à une cotisation salariale spécifique d'assurance **maladie,** maternité, invalidité et décès.
Les expatriés affiliés volontairement à l'assurance **chômage,** les intermittents du spectacle et les entreprises situées à Monaco sont également redevables d'une contribution salariale chômage, laquelle est, pour les expatriés et les intermittents du spectacle, déductible de l'impôt sur le revenu (C. trav. art. L 5422-9 et L 5422-10).

RÉGIMES DE RETRAITE ET PRÉVOYANCE LÉGALEMENT OBLIGATOIRES

21885 CGI art. 83, 1° DC-VIII-380 s, 2600 s

Les cotisations versées dans le cadre de régimes légalement obligatoires de retraite et de prévoyance sont **intégralement déductibles** du salaire brut.
Il s'agit :
– des cotisations versées au titre des **régimes de base** (régime général et régimes spéciaux de sécurité sociale, régime des assurances sociales agricoles) ;
– des cotisations versées aux régimes de **retraite complémentaire** légalement obligatoires (Argic-Arrco, Ircantec…) ;
– et, pour les fonctionnaires, des cotisations versées au régime public de retraite additionnel institué par l'article 76 de la loi 2003-775 du 21 août 2003 portant réforme des retraites.

› **Précisions** **a.** Les **rachats volontaires** de cotisations correspondant notamment aux **années d'études** ou aux **années insuffisamment cotisées** sont également intégralement déductibles.
b. Les cotisations versées par les **salariés détachés** en France aux **régimes de sécurité sociale de base de leur État d'origine** conformément aux dispositions du règlement CEE 1408/71 du 14 juin 1971 (remplacé par le règlement CE 883/2004 du 24 avril 2004) ou conformément aux stipulations d'une convention ou d'un accord international relatif à l'application des régimes de sécurité sociale sont intégralement déductibles du salaire imposable (CGI art. 83, 1°-0 bis ; DC-VIII-1480 s.).

RÉGIMES DE RETRAITE ET PRÉVOYANCE CONVENTIONNELLEMENT OBLIGATOIRES

21900 DC-VIII-680 s, 2700 s

Les cotisations versées aux régimes supplémentaires de retraite et aux régimes complémentaires de prévoyance auxquels les salariés sont affiliés à titre obligatoire sont déductibles du salaire brut dans certaines limites annuelles et, s'agissant des cotisations de prévoyance, sous certaines conditions.

21905 CGI art. 83, 2°

Cotisations de retraite supplémentaires Les cotisations ou primes versées aux régimes supplémentaires de retraite conventionnellement obligatoires sont déductibles dans la **limite,** incluant les versements de l'employeur, de 8 % de la rémunération annuelle brute, retenue à concurrence de huit fois le plafond annuel de calcul des cotisations de sécurité sociale, soit une déduction maximale de 25 935 € pour 2019 et de 26 327 € pour 2020.

› **Précisions** **a.** Définition du **caractère obligatoire** du régime : DC-VIII-810 s.
b. Selon l'administration, les régimes supplémentaires de retraite doivent répondre à un certain nombre d'autres **conditions,** qui permettent de les distinguer de simples opérations

de placement : notamment, taux uniforme des cotisations pour une même catégorie de personnel, participation significative de l'employeur – pouvant aller jusqu'à la totalité des versements... (DC-VIII-1050 s.).

c. L'**excédent** de cotisations (parts patronale et salariale) par rapport au plafond constitue un élément de la rémunération du salarié, à titre de complément de salaire pour la part patronale et de cotisation non déductible pour la part salariale.

Exemple. Dépassement supposé égal à 3 000 €, pour des cotisations acquittées à 60 % par l'employeur et 40 % par le salarié. L'excédent de la part patronale, soit 1 800 €, s'ajoute à la rémunération brute du salarié. L'excédent de part salariale, soit 1 200 €, n'est pas déductible par le salarié.

d. Le plafond annuel de déduction doit, le cas échéant, être réduit des sommes versées par l'employeur ou le salarié au plan d'épargne pour la retraite collectif (**Perco**) ou à un **plan d'épargne retraite d'entreprise** (collectif ou obligatoire) exonérées d'impôt sur le revenu (voir n° 21630, a).

e. Sur l'incidence de l'utilisation de **droits affectés au compte épargne-temps** ou, en l'absence de CET, de sommes correspondant à des **jours de repos non pris** pour financer un régime de retraite supplémentaire collectif et obligatoire, voir n° 21630, a et b.

f. Les salariés **impatriés** (au sens défini n°s 4715 s.) peuvent déduire, jusqu'au 31 décembre de la huitième année suivant celle de leur prise de fonctions en France (cinquième année pour les prises de fonctions antérieures au 6-7-2016) et dans les limites prévues respectivement ci-dessus et au n° 21910, les cotisations versées aux régimes de **retraite supplémentaire** répondant aux conditions fixées par la directive 98/49/CE du 29-6-1998 et de **prévoyance complémentaire** de leur État d'origine auxquels ils étaient affiliés avant leur arrivée en France (CGI art. 83, 2°-0 ter ; DC-VIII-1500 s.).

Les **autres salariés détachés en France** en provenance d'États de l'Espace économique européen peuvent déduire, dans la limite définie ci-dessus, les cotisations qu'ils continuent de verser aux régimes de **retraite supplémentaire** de leur État d'origine répondant aux conditions définies par la directive précitée auxquels ils étaient affiliés avant leur arrivée en France (BOI-RSA-BASE-30-10-20 n° 180).

Cotisations de prévoyance complémentaire Les cotisations ou primes versées aux régimes de prévoyance complémentaire obligatoires et collectifs sont déductibles dans les **conditions** et limites suivantes. **21910** CGI art. 83, 1° quater

Il doit s'agir de régimes obligatoires et collectifs au sens de l'article L 242-1, II-4° du CSS (Mémento Social n°s 22935 s.).

Lorsque ces cotisations ou primes financent des garanties portant sur le remboursement ou l'indemnisation de frais occasionnés par une maladie, une maternité ou un accident, il faut en outre que ces garanties respectent les conditions mentionnées à l'article L 871-1 du CSS (à savoir, notamment, l'absence de remboursement de la participation forfaitaire et de la franchise à la charge des assurés : Mémento social n° 22985 s.).

Les cotisations ou primes de prévoyance complémentaire sont déductibles dans une **limite annuelle,** égale à la somme des éléments suivants :

– 5 % du plafond annuel retenu pour le calcul des cotisations de sécurité sociale, soit 2 026 € pour 2019 et 2 057 € pour 2020,

– et 2 % de la rémunération annuelle brute,

sans que le total ainsi obtenu puisse toutefois excéder 2 % de huit fois le montant annuel du plafond de sécurité sociale, soit un montant maximal déductible de 6 484 € pour 2019 et de 6 582 € pour 2020.

21915 **› Précisions** **a.** Les **versements de l'employeur** font l'objet d'une distinction. Ceux qui correspondent à des garanties portant sur les frais de maladie, maternité ou accident sont considérés comme des avantages imposables au nom des salariés, s'ajoutant à leur rémunération. Les autres sont exonérés mais pris en compte pour l'application de la limite annuelle de déduction.

b. L'**excédent** de cotisations (parts patronale et salariale) par rapport au plafond constitue un élément de la rémunération du salarié, à titre de complément de salaire pour la part patronale et de cotisation non déductible pour la part salariale.

Exemple : le total des cotisations de prévoyance s'élève à 14 000 €, les contributions de l'employeur et du salarié étant chacune de 50 %, soit 7 000 €. La part de la cotisation employeur correspondant à des garanties (décès, invalidité...) autres que celles portant sur les frais de maladie, maternité ou accident est de 3 000 € (les 4 000 € correspondant à la garantie de ces derniers frais étant compris dans la rémunération brute du salarié). Cotisations à comparer à la limite maximale : 3 000 + 7 000 (cotisation salariale) = 10 000 €. Dépassement en 2019 : 10 000 − 6 484 = 3 516 €. Part employeur de l'excédent : 3 516 × 3 000/10 000 = 1 055 €, à ajouter à la rémunération brute du salarié. Part salariale : 3 516 × 7 000/10 000 = 2 461 €, non déductible par le salarié.

c. Le caractère **obligatoire et collectif** du régime implique que les garanties s'appliquent à l'ensemble des salariés de l'entreprise ou à tous ceux appartenant à une ou plusieurs catégories définies (Mémento social n°s 22940 s. et 22960).

d. L'administration subordonne la déduction à un certain nombre d'**autres conditions** en partie identiques à celles des cotisations de retraite supplémentaires (n° 21905, précision b) (BOI-RSA-BASE-30-10-20 n°s 210 et 250).

e. Sont déductibles les cotisations versées en cas de maintien temporaire de la couverture des prestations de santé et de prévoyance au profit des **anciens salariés au chômage** prévu par l'article L 911-8 du CSS (BOI-RSA-BASE-30-10-20 nº 220).

f. Sur les cotisations versées par les **salariés impatriés,** voir nº 21905, précision f.

RÉGIMES DE RETRAITE ET PRÉVOYANCE FACULTATIFS

21925 DC-VIII-890 s.

Pour ces régimes, il faut distinguer :

– les cotisations ou primes versées à titre volontaire sur un **plan d'épargne retraite** ou sur un plan d'épargne retraite populaire (**Perp**), celles versées à titre individuel et facultatif à des régimes de retraite supplémentaires obligatoires respectant les règles applicables au Perp (**Perp-entreprise**) et celles versées au régime de retraite complémentaire facultatif des fonctionnaires (**Préfon**) et aux régimes assimilés (CGOS, Corem) sont déductibles du revenu net global, dans les conditions et limites exposées aux nºs 1375 s. ;

– les cotisations versées à d'**autres régimes de retraite** facultatifs et celles versées à des régimes de **prévoyance** facultatifs ne sont, en principe, pas déductibles, qu'il s'agisse de régimes collectifs à adhésion facultative ou de contrats individuels souscrits à l'initiative des salariés. Les cotisations versées par l'employeur ne constituent un revenu imposable que pour la part profitant au seul salarié lorsque le contrat bénéficie également à l'employeur (CE 3-2-2003 nº 231506 : RJF 4/03 nº 433).

PLANS D'ÉPARGNE RETRAITE D'ENTREPRISE

21930 Les **versements obligatoires** des salariés et des entreprises à un PER d'entreprise ou interentreprises obligatoire (ou collectif si celui-ci comporte des versements obligatoires) auxquels les salariés sont affiliés à titre obligatoire sont **déductibles** du salaire imposable dans la **limite** indiquée nº 21905 (CGI art. 83, 2º complété par ord. 2019-766 du 24-7-2019, art. 3). Cette limite s'apprécie en faisant masse des versements obligatoires des entreprises et des salariés au plan. Elle est diminuée, le cas échéant, des **autres sommes** pouvant être versées à un PER d'entreprise qui sont exonérées d'impôt par l'article 81, 18º du CGI : sommes issues d'un compte épargne-temps provenant d'un abondement de l'employeur en temps ou en argent à ce compte ; dans la limite de 10 jours par an, sommes issues d'un compte épargne-temps ne provenant pas d'un abondement de l'employeur ou, en l'absence d'un tel compte dans l'entreprise, sommes correspondant à des jours de repos non pris (CGI art. 83, 2º complété par ord. 2019-766 du 24-7-2019, art. 3).

› Précisions **a.** Cette déductibilité étant exclusivement réservée aux versements qui sont faits en vue de la retraite, ne concerne pas ceux qui correspondent aux garanties complémentaires de **prévoyance** pouvant être prévues par le plan (CGI art. 163 quinvicies). Les titulaires des plans ont la faculté de renoncer à la déduction des versements, ce qui leur permet de bénéficier d'un traitement fiscal plus avantageux des rentes ou capitaux servis pas le plan (C. mon. fin. art. L 224-20 ; voir nº 22550, précision e et nº 22460, précision a).

b. Pour l'entreprise, les versements obligatoires aux PER d'entreprise devraient, même en l'absence de texte exprès, constituer une **charge de personnel déductible** du résultat imposable dans les conditions de droit commun de déduction des charges prévues à l'article 39, 1 du CGI.

c. Les salariés ont également la faculté de faire des **versements volontaires** à un ou plusieurs PER d'entreprise ou interentreprises. Mais ces versements ne sont pas déductibles du salaire imposable. Ils peuvent ouvrir droit à déduction du revenu global dans les conditions exposées nºs 1375 s.

ASSURANCE CHÔMAGE

21935 CGI art. 83, 2º bis DC-VIII-1300 s

La part patronale des cotisations au régime d'assurance chômage n'est pas considérée comme un revenu imposable.

Pour les salariés encore redevables de cotisations à ce régime (nº 21870, Précisions), la part salariale de la cotisation chômage est intégralement déductible du salaire brut.

3. INTÉRÊTS DE CERTAINS EMPRUNTS

21970 TS-V-4030 s

Les salariés et certains dirigeants peuvent déduire de leur rémunération imposable les intérêts des **emprunts contractés jusqu'au 31 décembre 2016** pour la souscription :

– au capital de **sociétés nouvelles** exerçant une activité industrielle, commerciale, artisanale ou libérale et soumises à l'impôt sur les sociétés (CGI ancien art. 83, 2º quater) ;

– de parts de sociétés coopératives de production (**Scop**) issues de la transformation de sociétés préexistantes (CGI ancien art. 83, 2º quinquies).

La déduction est réservée aux contribuables qui perçoivent de la société créée une rémunération imposable dans la catégorie des traitements et salaires ou, s'agissant des dirigeants, dans celle visée à l'article 62 du CGI. Le **montant déductible** ne peut excéder annuellement ni 50 % du montant brut de la rémunération versée à l'emprunteur par la société, ni la somme de 15 250 €.

Les titres souscrits doivent être déposés auprès d'un intermédiaire agréé et **conservés pendant cinq ans.** En cas de cession des titres dans les cinq ans, les intérêts déduits sont ajoutés à la rémunération brute perçue l'année de la cession (sauf cas d'invalidité, de décès, de départ à la retraite ou de licenciement du contribuable ou de son conjoint soumis à imposition commune).

Remarque : Les salariés et dirigeants assimilés aux salariés peuvent par ailleurs, sous certaines conditions, déduire les intérêts d'**emprunt** et autres frais versés **pour acquérir des titres** de la société dans laquelle ils exercent leur activité professionnelle principale (voir nº 23620).

> **Précisions** **a.** La déduction est supprimée pour les emprunts contractés depuis le 1er janvier 2017 (Loi 2013-1278 du 29-12-2013 art. 26). En revanche, pour les emprunts contractés avant cette date, la déduction des intérêts n'est pas limitée dans le temps et peut s'appliquer tant que le contribuable supporte la charge de ces intérêts.
> **b.** La déduction est effectuée sur le **montant brut** de la rémunération, avant déduction des frais professionnels.
> **c.** Les contribuables doivent **conserver** l'**attestation** établie par la société créée ainsi que le document délivré par l'organisme prêteur. Ils doivent être fournis à l'administration sur sa demande.

4. FRAIS PROFESSIONNELS

Les frais professionnels sont déductibles du montant brut des rémunérations perçues. La déduction s'opère normalement selon le mode forfaitaire, par la voie de la déduction de 10 %. Les contribuables peuvent toutefois, s'ils y ont intérêt, renoncer à cette déduction forfaitaire et demander la déduction des frais réels. Ils ont donc le choix entre les deux procédés. 22000 CGI art. 83, 3º TS-V-5000 s

Définition Les frais professionnels sont les **frais inhérents à la fonction ou à l'emploi,** c'est-à-dire ceux qui sont occasionnés directement par l'exercice de la profession dont les revenus sont imposables dans la catégorie des traitements et salaires, à l'exclusion des **dépenses d'ordre privé** ou qui résultent de simples convenances personnelles. 22010

Les dépenses dont le salarié fait provisoirement l'avance **pour le compte de l'employeur** ne sont pas regardées comme des dépenses professionnelles (voir nº 21585).

a. Choix du mode de déduction

Le choix entre le mode forfaitaire et la déduction des frais réels présente un caractère **annuel et individuel.** Chaque membre du foyer fiscal peut ainsi choisir le mode de déduction des frais professionnels qui lui paraît le plus approprié (BOI-RSA-BASE-30-50-10 nº 170). 22030

Pour chaque salarié, l'option entre la déduction forfaitaire et la déduction des frais réels doit obligatoirement être la même pour l'**ensemble des activités** dont les revenus sont soumis aux règles d'imposition des traitements et salaires, même s'ils relèvent par nature d'une autre catégorie.

ILLUSTRATIONS

Un écrivain dont les droits d'auteur, étant déclarés par des tiers, sont imposés comme des salaires et qui exerce simultanément une activité salariée de journaliste ne peut pas opter la même année pour la déduction forfaitaire pour ses salaires de journaliste et pour les frais réels au titre de ses droits d'auteur (CE 30-9-1981 nº 16601 : RJF 11/81 nº 968).

Même solution pour un salarié qui a perçu, la même année, des salaires et des allocations de chômage (CE 12-1-2004 nº 254552 : RJF 4/04 nº 374).

Lorsque le salarié perçoit des **allocations ou indemnités pour frais d'emploi,** le choix du mode de déduction des frais n'est pas neutre sur le régime de ces allocations (voir nos 21580 s.). Il doit donc en tenir compte.

La **demande de déduction des frais réels,** qui implique la renonciation à la déduction forfaitaire de 10 %, peut s'exprimer dans la déclaration annuelle des revenus, à laquelle il faut joindre alors un état détaillé de frais ou, à défaut, sous forme de réclamation adressée au service des impôts dans les délais légaux (nº 81825).

b. Déduction forfaitaire de 10 %

La déduction forfaitaire de 10 % est calculée sur l'ensemble des revenus taxés suivant les règles des traitements et salaires (y compris, notamment, les allocations de chômage, indemnités journalières…), **après défalcation** des cotisations sociales déductibles (nº 21870 s.), et, le cas échéant, des intérêts d'emprunts afférents à la souscription au capital de certaines sociétés (nº 21970). 22050 CGI art. 83, 3º-al. 2 à 4 TS-V-5100 s

Le **montant** de cette déduction est compris entre un **minimum** et un **plafond,** qui s'appliquent distinctement à chaque membre du foyer fiscal. Ces limites sont, en 2019, de 441 € pour le minimum (437 € en 2018) et de 12 627 € pour le maximum (12 502 € en 2018). Elles sont automatiquement revalorisées comme le barème de l'impôt sur le revenu.

> **Précisions** **a.** Le **montant minimum** s'applique lorsqu'il est supérieur à la déduction de 10 %. Il joue à plein même lorsque le salarié ne travaille qu'à temps partiel ou n'a travaillé qu'une partie de l'année, mais ne peut excéder le montant du salaire brut.
> **b.** Prise en compte des **cotisations syndicales,** voir n° 3370.

c. Déduction des frais réels

RÈGLES GÉNÉRALES

22070 CGI art. 83, 3°-al. 5 TS-V-11200 s
La déduction des frais professionnels réels exige une évaluation et une justification de ces frais. Nous examinons ces deux points avant de passer en revue les principales catégories de frais.

22075 **Évaluation des frais** Les dépenses admises en déduction sont, en principe, celles qui ont été **effectivement payées** au cours de l'année d'imposition. Le salarié ne peut se contenter de faire état d'une évaluation théorique ou forfaitaire de ses frais (CE 9-3-1977 n° 3396 : RJF 5/77 n° 294 ; CE 3-6-1983 n° 24807 : RJF 8-9/83 n° 966 a).

S'agissant du **prix d'acquisition** des immeubles, des véhicules et autres biens à usage professionnel dont la durée d'utilisation est supérieure à un an, l'article 83, 3°-al. 5 du CGI précise que le montant à prendre en compte s'entend de la dépréciation effective que ces biens ont subie au cours de l'année d'imposition. L'administration admet que les dépenses de mobiliers, matériels et outillages d'une valeur unitaire n'excédant pas 500 € hors taxe peuvent être intégralement déduites l'année de leur acquisition. Au-delà de cette limite, les salariés peuvent déduire, au titre de la dépréciation, une annuité d'amortissement calculée selon le mode linéaire (BOI-RSA-BASE-30-50-30-40 n° 70).

Lorsque le montant des frais réels déductibles excède la rémunération brute, le **déficit** correspondant peut être imputé sur le revenu global (n°s 800 s.).

> **Précisions** **a.** Il existe des exceptions au principe d'exclusion de l'évaluation forfaitaire.
> Elles concernent en premier lieu les **frais de voiture ou moto** (n° 22115) et frais de **nourriture** (n° 22125).
> Sont intéressés aussi les **représentants de commerce,** qui peuvent déduire au titre des dépenses occasionnées par les relations avec la clientèle (frais de correspondance, invitations, cadeaux, etc.) pour lesquelles il est difficile de fournir des justifications, un forfait égal à 2 % du montant des commissions et plafonné à 765 €. Les frais inclus dans ce forfait sont par suite exclus des dépenses déduites pour leur montant exact et justifié (BOI-RSA-BASE-30-50-30-40 n° 140).
> De même, les **artistes** qui optent pour la déduction des frais réels bénéficient, à titre de simplification, de déductions forfaitaires prenant en compte les frais spécifiques aux artistes musiciens et aux artistes chorégraphiques, lyriques et choristes (déduction de 14 % de la rémunération, prise dans la limite du plafond de la déduction forfaitaire de 10 %), ainsi que les frais communs à l'ensemble des professions artistiques (déduction de 5 % de la rémunération, également plafonnée) (BOI-RSA-BASE-30-50-30-30 n°s 440 à 510). Sont ainsi pris en compte, notamment, l'amortissement des instruments de musique, les frais de formation ou les frais médicaux spécifiques, les frais vestimentaires, etc. Il s'y ajoute une dispense d'avoir à rapporter certaines allocations pour frais à la rémunération imposable. Exposé détaillé de ce régime particulier : TS-V-17590 s.
> **b.** S'il est justifié que le **matériel informatique** dont ils ont fait personnellement l'acquisition est effectivement utilisé pour les besoins de la profession et qu'ils n'ont pas la possibilité d'utiliser l'équipement de leur employeur, les salariés peuvent déduire, soit la totalité du prix d'acquisition si la valeur du matériel n'excède pas 500 € HT, soit une annuité d'amortissement calculée selon le mode linéaire sur trois ans. Si le matériel est utilisé à des fins à la fois professionnelles et personnelles, la déduction est réduite à proportion de son utilisation privée (BOI-RSA-BASE-30-50-30-40 n° 80 ; Rép. Charasse : AN 20-9-2016 n° 70340). En ce qui concerne les **logiciels,** la déduction du coût d'acquisition est admise, au titre de l'année de paiement, dans son intégralité pour les logiciels spécifiquement professionnels et à concurrence de l'utilisation professionnelle pour ceux à usage mixte. Aucune déduction n'est admise pour les logiciels de loisirs (BOI-RSA-BASE-30-50-30-40 n° 80).
> **c.** Les dépenses professionnelles exposées hors de France en **monnaie étrangère** doivent être converties en euros d'après le cours du change à Paris au jour de la dépense ou d'après la moyenne des cours de la monnaie concernée au 31 décembre N − 1 et au 31 décembre N (BOI-RSA-BASE-30-50-30-10 n°s 60 et 70).

22080 **Justification des frais réels** Les contribuables qui demandent la déduction des frais réels doivent être en mesure de justifier par tous les moyens (factures, quittances, attestations, etc.) la réalité, le caractère professionnel et le montant de leurs frais. Ils doivent donc conserver les **pièces justificatives** qui s'y rapportent.

Toutefois, les salariés ne sont pas tenus de tenir une comptabilité complète de leurs dépenses professionnelles. Lorsqu'une justification précise des frais est impossible, les dépenses dont la déduction est demandée sont admises dans la mesure où elles sont **en rapport** avec la nature et l'importance des opérations effectuées et des obligations professionnelles du contribuable. À **défaut de justification,** la déduction au titre des frais professionnels est limitée au montant de la déduction forfaitaire de 10 %.

FRAIS DE DÉPLACEMENT

Frais de transport domicile-lieu de travail Les frais de déplacement entre le domicile et le lieu de travail constituent des frais professionnels déductibles sur justificatifs. **22100** CGI art. 83, 3° -al. 7 TS-V-13000 s

Lorsque la distance entre le domicile et le lieu de travail **n'excède pas quarante kilomètres,** les frais sont intégralement déductibles.

Lorsque la distance est **supérieure à quarante kilomètres,** les frais ne sont déductibles dans leur intégralité que si le salarié fait état de circonstances particulières, liées à l'emploi ou à des contraintes familiales ou sociales, justifiant le choix d'une résidence éloignée (ces motifs doivent être indiqués dans la déclaration de revenus ou dans une note jointe). Si aucune circonstance particulière ne justifie l'éloignement, la déduction n'est admise qu'à hauteur des quarante premiers kilomètres.

22105

› Précisions a. Dans tous les cas, le salarié doit être en mesure de **justifier** du moyen de transport réellement utilisé, de la distance parcourue et du nombre de jours de travail (il peut, par exemple, produire une attestation de l'employeur certifiant qu'il se rend quotidiennement en voiture à son travail).

Le salarié peut emprunter le **moyen de transport** qui lui convient le mieux, à condition que son choix ne soit pas contraire à une logique élémentaire compte tenu du coût et de la qualité des moyens de transport collectifs desservant son domicile (BOI-RSA-BASE-30-50-30-20 n° 190). Il a ainsi été jugé que des circonstances professionnelles et familiales pouvaient justifier, pour un aller-retour hebdomadaire, l'utilisation de l'avion (CE 15-11-1989 n° 80542 : RJF 1/90 n° 32).

b. Parmi les **circonstances particulières** justifiant le **choix d'une résidence éloignée,** on peut citer, essentiellement, les motifs professionnels (pluralité d'activités exercées par le contribuable, difficulté à trouver un emploi à proximité du domicile, précarité ou mobilité de l'emploi, mutation géographique professionnelle, télétravail) et les motifs familiaux ou sociaux (exercice d'une activité par le conjoint, partenaire de Pacs ou concubin, état de santé du salarié ou de l'un des membres de la famille, problème de scolarisation des enfants, écarts significatifs de coût du logement, etc.) (TS-V-13140 s.). Ces circonstances sont appréciées par l'administration avec une certaine largeur de vue ; elle évite en particulier, a-t-elle précisé, de remettre en cause la déduction des frais exposés par les personnes qui, notamment après un licenciement, retrouvent un emploi situé à une distance de plus de quarante kilomètres de leur domicile, pendant un délai raisonnable de trois ans, le temps pour celles-ci de s'assurer de la stabilité de leur emploi et de se reloger (BOI-RSA-BASE-30-50-30-20 n° 50). Par ailleurs, lorsque deux conjoints (ou concubins ou partenaires d'un Pacs) travaillent dans deux villes différentes, le choix d'une résidence commune dans une troisième ville peut être regardé comme justifié pour les deux intéressés, dès lors que cette résidence est proche (moins de quarante kilomètres) du lieu de travail de l'un d'eux (BOI-RSA-BASE-30-50-30-20 n° 90).

c. Lorsqu'**aucune circonstance particulière** ne justifie l'éloignement du domicile, la part déductible est obtenue :

– en multipliant la distance de quatre-vingts kilomètres (correspondant à un aller-retour quotidien) par le nombre de jours concernés et le tarif applicable si le salarié fait application du barème kilométrique (n° 22115) ;

– par proratisation du montant total des frais supportés s'il fait état du montant détaillé de ses frais de voiture ou s'il utilise un autre moyen de transport (BOI-RSA-BASE-30-50-30-20 n° 160).

d. Quelle que soit la distance, la déduction ne concerne en principe que les frais liés à un aller-retour quotidien. Toutefois, un **second aller-retour quotidien** peut être exceptionnellement justifié par des circonstances telles que, par exemple, des problèmes personnels de santé du salarié, l'impossibilité de se restaurer à proximité du lieu de travail pour un prix comparable et en tout état de cause inférieur à celui du second aller-retour, des horaires de travail atypiques (BOI-RSA-BASE-30-50-30-20 n° 180).

e. Les frais de déplacement entre leur domicile et leur entreprise éventuellement exposés par les salariés exerçant leur activité selon le mode du **télétravail** sont déductibles dans les conditions exposées ci-dessus (BOI-RSA-BASE-30-50-30-20 n° 170).

f. En cas de **covoiturage** avec partage des frais, seul le montant des frais qui demeure à la charge personnelle du contribuable une fois le partage effectué est déductible dans les conditions exposées ci-dessus (BOI-IR-BASE-10-10-10-10 n° 150).

Déplacements professionnels Les frais supplémentaires (transport, nourriture, hébergement) exposés à l'occasion des déplacements professionnels (tournées, voyages, missions…) constituent des frais déductibles, les frais de repas étant appréciés comme indiqué au n° 22125. **22110** TS-V-12750 s

Les frais exposés doivent être en rapport direct avec l'activité exercée. S'il s'agit de voyages à l'**étranger,** le déplacement doit être imposé par l'employeur (BOI-RSA-BASE-30-50-30-20 n° 240 ; BOI-RSA-BASE-30-50-30-40 n° 40).

22115 CGI art. 83, 3° -al. 8 et 9 TS-V-14800 s

Évaluation des frais de voiture et de moto Les salariés qui utilisent à des fins professionnelles une automobile (ou une motocyclette) peuvent déduire les dépenses réellement engagées à ce titre s'ils sont en mesure d'en justifier. Sont ainsi déductibles la somme correspondant à la dépréciation annuelle, les intérêts de l'emprunt éventuellement contracté pour l'achat du véhicule et les frais d'usage (frais de carburant, de garage, de stationnement, d'assurance), d'entretien et de réparation.

L'évaluation des **frais de déplacement, autres que** les frais de péage, de garage ou de parking et d'intérêts annuels afférents à l'achat à crédit du véhicule utilisé, peut s'effectuer sur le fondement d'un **barème forfaitaire** fixé par arrêté (voir n° 97200) en fonction de la distance annuelle parcourue, de la puissance administrative du véhicule (retenue dans la limite maximale de 7 CV pour les automobiles) et du type de motorisation (thermique/électrique/hybride). Lorsqu'il n'est **pas fait application du barème,** les mêmes frais réels déductibles sur justifications (ou, s'agissant des frais de carburant, évalués à l'aide des barèmes visés n°s 97165 et 97175) sont **plafonnés** au montant admis en déduction par le barème, à distance parcourue identique, pour un véhicule de la puissance maximale qu'il retient (7 CV pour les automobiles).

Les **frais de péage, garage ou parking et intérêts** afférents à l'achat à crédit du véhicule sont déductibles pour leur montant réel justifié en sus de la déduction résultant du barème ou des autres frais réels justifiés, le cas échéant plafonnés.

> Précisions **a.** Le barème est applicable aux **véhicules appartenant au salarié** ou à l'un des membres de son foyer fiscal, ou à ceux dont il est copropriétaire. Le barème peut également être utilisé lorsque le véhicule est **pris en location** ou crédit-bail par le contribuable (le loyer n'étant pas alors déductible car couvert par le barème) ou lorsqu'il lui a été **prêté** gratuitement (si le contribuable justifie qu'il prend en charge la quote-part des frais de véhicule couverts par le barème) (BOI-RSA-BASE-30-50-30-20 n° 390).
b. En cas d'**utilisation mixte** du véhicule (professionnelle et personnelle), seule est admise en déduction la part des frais qui résulte de l'utilisation professionnelle.
c. La **dépréciation** du véhicule prise en compte au titre des frais réels justifiés peut être calculée, pour la première année, par différence entre le prix d'acquisition (neuf ou d'occasion) et la valeur sur le marché d'occasion au 31 décembre et, pour les années suivantes, par différence entre les valeurs, sur ce marché, au 1er janvier et au 31 décembre (BOI-RSA-BASE-30-50-30-20 n° 370).

FRAIS DE NOURRITURE

22125 TS-V-15600 s

Les frais de nourriture constituent en principe des dépenses d'ordre personnel non déductibles. Toutefois, les frais supplémentaires de **repas pris sur le lieu de travail** (c'est-à-dire les frais qui excèdent la valeur des repas à domicile) peuvent être déduits lorsque ses horaires de travail ou l'éloignement de son domicile ne permettent pas à l'intéressé de rentrer manger chez lui.

Lorsque le salarié est en mesure de justifier de ses frais de repas, le **montant déductible** est égal à la différence entre les dépenses réelles et la valeur des repas pris à domicile, laquelle peut être estimée forfaitairement à 4,85 € par repas pour 2019 (4,90 € pour 2020).

Lorsque le salarié ne peut pas justifier avec suffisamment de précision de ses frais de repas, la dépense supplémentaire déductible peut être évaluée, par repas, à 4,85 € pour 2019 (4,90 € pour 2020), cette somme étant diminuée, le cas échéant, de la participation de l'employeur à l'acquisition de titres-restaurant. L'application de cette **évaluation forfaitaire** ne dispense pas le salarié de faire la preuve, par tous moyens, qu'il supporte effectivement des frais supplémentaires.

> Précisions **a.** L'existence de frais supplémentaires de repas pendant la pause méridienne est **présumée** lorsque le salarié n'a pas accès à une restauration collective ou ne peut s'y rendre pour des raisons inhérentes à sa profession. Le montant de la dépense peut alors être évalué forfaitairement (BOI-RSA-BASE-30-50-30-20 n° 550).
b. Lorsqu'un salarié décide pour des raisons personnelles de **déjeuner au restaurant plutôt qu'à la cantine d'entreprise,** l'excédent de prix payé au restaurant par rapport au prix payé à la cantine n'est pas déductible. Le montant maximum déductible est donc égal au coût d'un repas pris à la cantine diminué de la valeur du repas pris au domicile évaluée forfaitairement (BOI-RSA-BASE-30-50-30-20 n° 550).

FRAIS DE DOUBLE RÉSIDENCE

22135 TS-V-15200 s

Les frais supplémentaires de logement, de nourriture ou de déplacement exposés par les salariés qui travaillent et habitent dans une commune différente de celle où réside leur famille sont déductibles à condition que cette situation ne résulte pas de convenances personnelles et constitue au contraire une **contrainte inhérente à l'emploi.** L'absence de diligence en vue d'obtenir un rapprochement des lieux de travail est sans incidence (CE 6-10-2004 n° 256092 : RJF 12/04 n° 1245 ; BOI-RSA-BASE-30-50-30-20 n° 290). La déduction est notamment admise lorsque le conjoint du salarié (son concubin ou partenaire de Pacs) travaille en un lieu proche du domicile commun ou en cas de précarité de l'emploi, (CE 22-12-1989 n° 56905 : RJF 2/90 n° 105 ; BOI-RSA-BASE-30-50-30-20 n° 320), ou pour des motifs familiaux (CE 12-11-1990 n° 84609 : RJF 1/91 n° 53).

› Précisions **a.** Les **intérêts d'un emprunt** contracté pour l'acquisition de la deuxième résidence sont déductibles à ce titre (CE 6-10-2004 précité).
b. Les frais supplémentaires de repas pris au **restaurant,** midi et soir, sont déductibles à ce titre lorsque le salarié établit que les conditions d'exercice de son activité et celles de son installation dans la commune où il habite le contraignent à prendre, midi et soir, ses repas au restaurant (BOI-RSA-BASE-30-50-30-20 n° 310).
c. En ce qui concerne les frais de **transport** du domicile au lieu de travail, voir n° 22100.

LOCAUX PROFESSIONNELS

S'il est établi que l'activité du salarié nécessite l'utilisation d'un bureau ou d'un local spécifique et que l'employeur ne met aucune pièce à sa disposition, l'intéressé peut comprendre dans ses dépenses professionnelles les charges se rapportant au local qu'il utilise pour les besoins de son activité, qu'il en soit propriétaire ou locataire. **22145** TS-V-16800 s

Sont déductibles à ce titre les frais suivants : loyer ; dépenses d'entretien, de réparation et d'amélioration ; dépenses locatives (frais de nettoyage, d'éclairage, de chauffage, primes d'assurance…) ; impôts locaux ; dépenses d'agencements spécifiques à l'exercice de la profession à concurrence du montant de la dépréciation subie ; charges de copropriété ; intérêts d'emprunts contractés pour l'acquisition, la construction ou les grosses réparations du local, etc. La dépréciation annuelle effectivement subie, le cas échéant, peut être déduite par le propriétaire (n° 22075), mais non un amortissement calculé sur la durée probable d'utilisation du bien.

› Précisions **a.** Lorsqu'**une pièce de l'habitation principale** est exclusivement affectée à l'exercice de la profession, les dépenses non individualisables déductibles au titre de ce local sont calculées en fonction du rapport existant entre la superficie du seul local professionnel et la superficie totale de l'immeuble à usage mixte. Si le local lui-même peut être utilisé à d'autres fins (utilisation familiale ou pour l'exercice d'une autre profession non salariée), la déduction est limitée à une quote-part déterminée en fonction des circonstances de fait (CE 16-6-1982 n° 25426 : RJF 8-9/82 n° 806).
b. L'importance de la superficie affectée à l'usage professionnel s'apprécie en fonction de l'activité. À titre de **règle pratique,** il est admis que la partie d'un logement affectée à l'exercice de la profession représente : une pièce du logement lorsque celui-ci comporte plus d'une pièce d'habitation ; la moitié au plus de la surface lorsqu'il s'agit d'un studio. Il appartient aux salariés qui demandent la déduction des charges afférentes à plusieurs pièces de justifier des conditions particulières propres à leur profession (BOI-RSA-BASE-30-50-30-30 n° 40).

FRAIS DIVERS

Sont également déductibles, notamment : **22155**
– les dépenses de **formation** engagées par les salariés en activité (ainsi que les personnes tirant un revenu de la pratique d'un sport) ou les demandeurs d'emploi inscrits en vue d'une amélioration de leur situation professionnelle ou de la recherche d'un emploi ; les intérêts des emprunts contractés exclusivement à cette fin (TS-V-15950 s.) ;
– les dépenses de **documentation** (TS-V-16330 s.) ;
– les frais de **vêtements** ou tenues **spécifiques** à la profession exercée (TS-V-16480 s.) ;
– les frais de **déménagement** supportés par un salarié contraint de changer de domicile pour trouver un nouvel emploi, comme par un salarié muté dans l'intérêt du service ou par avancement (TS-V-12900 s.) ;
– les **cotisations** versées par les salariés à leur **syndicat** professionnel (TS-V-17250 s.) (elles n'ouvrent alors pas droit à crédit d'impôt : n° 3370) ;
– les **intérêts d'un emprunt** contracté par un salarié pour l'**acquisition de titres** de la société dans laquelle il travaille, dans les conditions définies au n° 23620.

C. Obligations des employeurs

Sur un plan strictement fiscal, les employeurs sont tenus d'enregistrer les versements effectués sur un livre de paie et de les déclarer chaque année à l'administration. Ils doivent en outre s'acquitter de diverses obligations concernant les taxes et participations assises sur les salaires ou le versement de retenues à la source. **22180**

TENUE D'UN LIVRE DE PAIE

22190 TS-VI-300 s
En vertu de l'article 86 du CGI, toute personne physique ou morale qui paie des sommes imposables en tant que traitements et salaires doit porter pour chaque bénéficiaire la date, la nature et le montant des paiements sur un livre, fichier ou document à **conserver** pendant six ans (nº 78065) et à **communiquer** pendant ce délai à tout agent des impôts qui en fait la demande (LPF art. L 82 B) ; le refus de communication est passible des sanctions prévues à l'article 1734 du CGI (nº 78070).

Remarque : En pratique, le droit du travail n'exigeant pas la tenue d'un livre de paie mais prévoyant seulement l'obligation pour l'employeur de conserver un **double des bulletins de paie** (Mémento social nos 70805 s.), le droit de communication de l'administration fiscale s'exercera sur ce dernier document.

DÉCLARATION DES SALAIRES

22200 CGI art. 87, 87 A, 89 et 89 A TS-VI-700 s
Toute personne physique ou morale qui paie des sommes imposables en tant que traitements et salaires doit souscrire une déclaration spéciale (sous réserve de l'exception signalée ci-après pour les particuliers employeurs).

La déclaration est effectuée, sauf cas particuliers, via la **déclaration sociale nominative (DSN).** La déclaration est effectuée **chaque mois** sur le site www.net-entreprises.fr (régime général) ou sur le site www.msa.fr (régime agricole). Pour les rémunérations versées au titre d'un mois donné, la déclaration est transmise au plus tard le 5 du mois suivant pour les employeurs d'au moins 50 salariés ne pratiquant pas le décalage de la paie ou le 15 du mois suivant dans les autres cas (voir Mémento social nos 24005 s.).

Sur les **pénalités** en cas de défaut de production ou de production tardive de la DSN, ou en cas d'omissions ou d'inexactitudes relevées dans la déclaration, voir Mémento social nos 24052.

> **Précisions a.** Les **particuliers** employant des salariés à domicile ou un assistant maternel qui bénéficient de l'exonération de taxe sur les salaires (nº 73430) sont dispensés de déclaration (BOI-TPS-TS-10-10-20 nº 240).
> **b.** En **cas de cession ou de cessation** de l'entreprise ou de la profession, la déclaration doit être souscrite dans un délai de 45 ou 60 jours (nos 11095 et 13675), tant en ce qui concerne l'année précédente, si elle n'a pas été souscrite, que pour la période du 1er janvier au jour de la cession ou de la cessation. En cas de **décès,** la déclaration des sommes versées par le défunt pendant l'année au cours de laquelle il est décédé doit être produite par les héritiers dans les six mois du décès, et au plus tard le 31 janvier de l'année suivante (CGI art. 89 dont la portée est limitée en pratique aux personnes ne relevant pas de la DSN).
> **c.** Lorsque les employeurs versent des **commissions, courtages, honoraires, droits d'auteur ou d'inventeur,** la DSN ou la déclaration nº 2460 sert, en principe, également de support aux déclarations spéciales visées aux nos 78355 et 78365.

TAXES ET PARTICIPATIONS SUR LES SALAIRES

22215
Indépendamment de la déclaration des salaires, les employeurs doivent, s'il y a lieu, fournir la déclaration spéciale destinée à l'établissement de la taxe sur les salaires (nº 73550).

En revanche, pour les taxes contribuant au financement de la formation professionnelle [taxe d'apprentissage (nº 73640 s.), contribution supplémentaire à l'apprentissage (nº 74200 s.), contribution à la formation professionnelle (nº 73800 s.)], et pour la participation à l'effort de construction (74325), les employeurs n'ont pas à fournir de déclarations spéciales ; ils sont simplement tenus d'indiquer le montant des rémunérations servant de base à ces taxes et participations dans la déclaration des salaires visée nº 22200.

Pour les employeurs entrant dans le champ d'application de la DSN, ces informations sont déclarées sur la **dernière déclaration** déposée **au titre de l'année civile** (CGI ann. III art. 39).

RETENUES À LA SOURCE

22225 CGI art. 87-0 A, 87 A, 89 A
Les employeurs ont l'obligation de collecter mensuellement la **retenue à la source de l'impôt sur le revenu** à raison des rémunérations qu'ils versent à leurs salariés et de procéder à la déclaration et au reversement de celle-ci au Trésor (nº 3840 s.).

La **déclaration** de la retenue à la source de l'impôt sur le revenu prélevée par l'employeur sur les salaires comporte les informations relatives au montant prélevé sur le revenu versé à chaque bénéficiaire. Cette déclaration, transmise selon un procédé informatique, doit être souscrite :
– mensuellement au moyen de la déclaration sociale nominative (DSN : nº 22200),
– ou, pour les employeurs ne relevant pas de la DSN, au plus tard le 10 de chaque mois (CGI ann. IV art. 6 C).

Les **infractions** à l'obligation d'effectuer la retenue à la source de l'impôt sur le revenu et à l'obligation déclarative prévue à l'article 87-0 A du CGI entraînent l'application de sanctions, voir nº 3842.

Les employeurs peuvent avoir à pratiquer une retenue à la source sur les rémunérations qu'ils versent : 22230
– à des **personnes fiscalement domiciliées hors de France,** voir nos 4595 s., 88790, 88805 précision b et 88830 ;
– à des **artistes et sportifs non domiciliés en France,** voir nos 4560 s.

D. Cas particuliers

Les rémunérations perçues à raison de certaines activités ou professions non salariées ainsi que certaines indemnités pour préjudice moral sont fiscalement assimilées à des salaires ou imposées suivant les mêmes règles. 22250

DIRIGEANTS DE SOCIÉTÉS

Bien que les dirigeants de sociétés aient juridiquement la qualité de mandataires sociaux et non de salariés, certains d'entre eux (PDG, gérants minoritaires de SARL…) sont fiscalement considérés comme des **salariés** et leurs rémunérations en principe imposées dans la catégorie des traitements et salaires. 22260

De même, les rémunérations des dirigeants visés à l'**article 62** du CGI (gérants majoritaires de SARL…) sont imposées suivant les règles des traitements et salaires.

Les règles d'imposition des rémunérations des dirigeants de sociétés sont étudiées aux nos 23500 s.

Remarque : Les rémunérations perçues par les **dirigeants de certains organismes sans but lucratif** sont également imposées comme des traitements et salaires (voir no 89415).

PROFESSIONS INDÉPENDANTES

Sont rattachés à la catégorie des traitements et salaires ou imposés suivant les mêmes règles les revenus suivants : 22270
– rémunérations des **gérants des succursales des commerces de détail alimentaire** à succursales multiples et des **coopératives de consommation** (CGI art. 80, al. 2) ;
– rémunérations perçues par les **pêcheurs à la part** (voir no 7015, précision a) ;
– intéressement des **associés d'exploitation agricole** (CGI art. 77 A) ;
– et, sous certaines conditions particulières, profits tirés de l'exercice de leur activité par les **agents généraux et sous-agents d'assurances** (voir nos 13715 s.) et produits de droits d'auteur perçus par les **écrivains, compositeurs, artistes** et auteurs d'œuvres de l'esprit (voir nos 13735 s.).

FONCTIONS DE REPRÉSENTATION

Certaines indemnités liées à l'exercice de fonctions publiques ou électives sont imposables dans la catégorie des traitements et salaires. Il en est ainsi, notamment, des indemnités suivantes : 22280 TS-I-1150 s DIR-IV-2500 s
– indemnités parlementaire, de résidence et de fonction allouées aux **députés et sénateurs** (CGI art. 80 undecies) et indemnités de fonction complémentaires versées à certains parlementaires et destinées à compenser les sujétions attachées à l'exercice de certaines fonctions ;
– indemnités de résidence et de fonction des **ministres** et du Président de la République (CGI art. 80 undecies A) ;
– indemnités de fonction des **élus locaux** sous déduction d'une fraction représentative des frais d'emploi (CGI art. 80 undecies B, I et art. 81,1° modifié par la loi 2019-1479 du 28-12-2019 art. 3) ;
– indemnités de présence perçues par les **membres du Conseil économique, social et environnemental** et des conseils économiques et sociaux régionaux, sauf lorsque ces indemnités sont abandonnées aux organismes qu'ils représentent (BOI-RSA-CHAMP-10-30-10 no 20) ;
– indemnités de fonction allouées aux **membres des chambres d'agriculture,** des chambres **de métiers** et de l'artisanat et des chambres **de commerce et d'industrie** (BOI-RSA-CHAMP-10-10-20 no 80).

INDEMNITÉS POUR PRÉJUDICE MORAL

Sont imposées comme des traitements et salaires les indemnités, **au-delà d'un million d'euros,** perçues au titre du préjudice moral, **fixées par décision de justice.** 22290 CGI art. 80, al. 4

SECTION 2

PENSIONS ET RENTES VIAGÈRES

22340 CGI art. 79 Les pensions et les rentes viagères consistent en allocations périodiques dont le paiement est, d'une manière générale mais pas nécessairement, garanti aux bénéficiaires leur vie durant.

1. DÉFINITION DES REVENUS IMPOSABLES

22450 Les pensions et rentes viagères sont en principe imposables dès lors qu'elles constituent un revenu. Nous passons en revue ci-après les principales d'entre elles.

PENSIONS DE RETRAITE OU D'INVALIDITÉ

22455 TS-IV-350 s **Pensions de retraite** Qu'elles soient versées par les régimes de sécurité sociale, les régimes complémentaires, l'entreprise, les **pensions** de retraite sont imposables, sous réserve des exonérations mentionnées au nº 22470.

Les sommes imposables comprennent la pension elle-même ainsi que les **avantages accessoires** en argent ou en nature concédés au titulaire de la pension ou à ses ayants droit. Par exemple, constitue un complément de pension imposable le maintien du logement concédé par une entreprise à un retraité, ancien membre de son personnel.

Les **majorations** de retraite ou de pension pour **charges de famille** sont également imposables.

En ce qui concerne les pensions de retraite versées par les régimes facultatifs de retraite des **élus locaux,** voir nº 22550, précision e.

22460 Par analogie, sont également imposables comme des pensions :

– les **allocations de veuvage** (Mémento social nºs 67820 s.) ;

– les prestations servies sous forme de rentes par les **plans d'épargne retraite** alimentés par des versements ayant donné lieu à déduction fiscale (CGI art. 158, 5-a) ; dans le cas contraire, voir nº 22550 ;

– les **prestations de retraite versées sous forme de capital** (CGI art. 158, 5-b quinquies), qui peuvent, sur demande expresse et irrévocable du bénéficiaire, être soumises à un prélèvement libératoire de 7,5 % assis sur le montant du capital diminué d'un abattement de 10 % (CGI art. 163 bis, II). Les prestations servies sous forme de capital par les plans d'épargne retraite suivent les mêmes règles pour leur part alimentée par des versements ayant donné lieu à déduction fiscale (dans le cas contraire, ces capitaux sont exonérés), étant toutefois précisé que l'option pour le prélèvement libératoire de 7,5 % n'est pas ouvert pour ces sommes.

En ce qui concerne les allocations de **préretraite,** voir nº 21710.

› **Précisions** **a.** Le **capital retraite versé en exercice** des facultés de rachat prévues aux troisième à septième alinéas de l'article L 132-23 du Code des assurances et aux 1º à 5º du I de l'article L 224-4 du Code monétaire et financier (**rachats effectués pour cause « d'accidents de la vie »** : chômage, invalidité, décès du conjoint ou du partenaire de Pacs, etc.) n'est pas imposable (CGI art. 81, 4º bis-a).

Sont également exonérés d'impôt les droits constitués dans un **plan d'épargne retraite** versés sous forme de **capital** lorsque ces droits proviennent de l'affectation à un plan d'épargne retraite d'entreprise de sommes exonérées, qu'il s'agisse de sommes versées au titre de l'épargne salariale (participation, intéressement ou versements des entreprises aux plans d'épargne salariale) ou de droits inscrits au compte épargne-temps ou, en l'absence de celui-ci dans l'entreprise et dans la limite de 10 jours par an, des sommes correspondant à des jours de repos non pris (CGI art. 81, 4º bis-b) ou lorsqu'ils proviennent de versements volontaires du titulaire du plan qui, sur option en ce sens de l'intéressé, n'ont pas été déduits de son revenu imposable lors de leur versement, ou enfin lorsque ces droits proviennent de l'affectation à un plan d'épargne retraite d'entreprise (versements mentionnés ci-dessus) de sommes non exonérées (CGI art. 81, 4º bis-c).

b. Le **prélèvement de 7,5 %** afférent aux retraites versées sous forme de capital est applicable lorsque le versement n'est pas fractionné et que le bénéficiaire justifie que les cotisations versées durant la phase de constitution des droits étaient déductibles de son revenu imposable.

Le bénéfice du prélèvement peut être demandé après l'expiration du délai de déclaration, par voie de **réclamation,** dans le délai prévu à l'article R 196-1 du LPF (CE 14-6-2017 nº 397052 : RJF 10/17 nº 960).

c. Lorsque le **capital retraite** est versé en exécution d'un contrat souscrit auprès d'une entreprise **étrangère** et lorsque le bénéficiaire justifie que les cotisations versées durant la phase de constitution des droits n'étaient pas déductibles de son revenu imposable, la part du versement correspondant au capital proprement dit n'est pas imposable et les produits attachés au capital sont considérés comme des revenus de capitaux mobiliers : voir nº 26505.

Pensions d'invalidité Les **pensions** versées à raison d'une invalidité temporaire ou définitive constituent en principe un revenu imposable. 22465 TS-IV-2100 s

Il en est ainsi notamment des pensions servies par les régimes de sécurité sociale et par les régimes complémentaires obligatoires, sauf exonérations visées au n° 22470.

Par analogie, sont également imposables dans la catégorie des pensions les **indemnités journalières** versées par les régimes complémentaires obligatoires d'assurance invalidité-décès des travailleurs **non salariés** non agricoles, ainsi que certaines prestations qui leur sont versées par les régimes facultatifs de sécurité sociale ou au titre de contrats d'assurance de groupe (voir n° 8690, précision g).

Indemnités et prestations complémentaires versées aux **salariés,** voir n° 21645.

Exonérations Les sommes mentionnées dans le tableau ci-après sont exonérées d'impôt sur le revenu. 22470 TS-IV-8000 s

Sommes concernées	Fondement de l'exonération
Indemnités temporaires [1], prestations et rentes viagères servies par les régimes obligatoires de sécurité sociale (régimes de base) au titre de la législation sur les **accidents du travail et les maladies professionnelles** [2]	CGI art. 81, 8°
Majorations pour **assistance d'une tierce personne**	CGI art. 81, 9° ; BOI-RSA-PENS-20-20-20 n° 180 ; BOI-RSA-PENS-10-10-10-20 n° 70 ; BOI-RSA-PENS-10-10-20 n° 90
Allocation de solidarité aux personnes âgées (Aspa) et allocation supplémentaire d'invalidité (ASI)	CGI art. 81, 9° ; BOI-RSA-PENS-20-10 n°s 150 s.
Pensions de vieillesse et pensions d'invalidité servies aux assurés sociaux, lorsque leur **montant** n'excède pas celui de l'ancienne allocation aux vieux travailleurs salariés et que les **ressources** du bénéficiaire ne dépassent pas le maximum prévu pour l'attribution de ladite allocation	BOI-RSA-PENS-10-10-10-20 n° 80
Certaines pensions **militaires,** pensions de guerre et assimilées (retraite du combattant, traitements attachés à la **Légion d'honneur** et à la **Médaille militaire,** etc.)	CGI art. 81, 4° –a et 7°
Retraite mutualiste des **anciens combattants** (y compris les sommes perçues au titre de la revalorisation), dans la mesure où cette retraite bénéficie de la majoration de l'État (n° 1425)	CGI art. 81, 12°
Allocation de reconnaissance (ou indemnité en capital) en faveur des **harkis** ou de leurs conjoints ou ex-conjoints survivants non remariés (ou de leurs enfants) et aide spécifique en faveur des conjoints survivants des harkis (TS-III-8310 s.)	CGI art. 81, 4° –b et c et 27°
Allocation de vétérance des **sapeurs-pompiers volontaires** (TS-II-6360 s.)	CGI art. 81, 29°
Pensions d'**orphelins,** voir n° 21650	
Indemnités (quelle que soit leur forme) versées aux **victimes de l'amiante** ou à leurs ayants droit par le Fonds d'indemnisation des victimes de l'amiante ou par décision de justice	CGI art. 81, 33° bis
Indemnités versées aux personnes souffrant de **maladies radio-induites,** ou à leurs ayants droit, en application de la loi 2010-2 du 5-1-2010	CGI art. 81, 33° ter

1. À hauteur de 50 % de leur montant (n° 21645).
2. Sont également exonérées les prestations allouées au titre des accidents du travail et des maladies professionnelles en vertu de conventions internationales (CE 23-11-2015 n° 382691 : RJF 2/16 n° 137).

Sont en revanche imposables les prestations servies au titre de régimes conventionnels, telles que les rentes complémentaires servies en vertu d'un contrat de groupe (CE 31-10-1980 n° 8221 : RJF 12/80 n° 962) ou du règlement de la caisse interprofessionnelle de prévoyance des cadres (CE 28-1-1981 n° 13247 : RJF 3/81 n° 218). Mais les prestations versées en exécution d'une assurance volontaire aux personnes qui, tels les salariés expatriés, n'entrent pas dans le champ d'un régime obligatoire de sécurité sociale bénéficient de l'exonération dans la limite des prestations servies, à rémunération et taux d'incapacité identiques, par les régimes obligatoires de sécurité sociale (CE 1-10-1999 n° 143633 : RJF 11/99 n° 1369).

PENSIONS ALIMENTAIRES

Quelle que soit la périodicité (mensuelle, trimestrielle ou annuelle) ou la forme de leur versement (en espèces ou en nature), les pensions alimentaires **servies à titre obligatoire,** dans les conditions décrites aux n°s 1200 s., sont imposables pour le bénéficiaire à hauteur du montant admis en déduction du revenu de celui qui les verse (BOI-RSA-PENS-10-30 n°s 30 à 80). 22480 TS-IV-4000 s

Ainsi en est-il des pensions alimentaires versées aux **ascendants** ou **descendants** (voir n°s 1205 s. et, en particulier, n°s 1235 s. et n° 1225, précision b pour la pension versée à un enfant majeur ou à un enfant naturel) et des pensions alimentaires versées en cas de **divorce** ou de séparation (nos 1275 s.).

> **Précisions** **a.** Par exception, il est admis qu'un **ascendant** qui se trouve **dans une maison de retraite** ou un hôpital et qui ne dispose que de faibles ressources n'est pas soumis à l'impôt à raison de la pension alimentaire qui correspond au règlement direct par ses descendants des frais de pension ou d'hospitalisation. De même, un **enfant majeur infirme hospitalisé** et dénué de ressources n'est pas imposable sur les sommes correspondant aux frais de séjour directement acquittés par ses parents (BOI-RSA-PENS-10-30 no 90).
> **b.** Des versements effectués en dehors de l'obligation alimentaire, à titre de **libéralités,** ne constituent pas un revenu imposable.

RENTES VIAGÈRES

22490 TS-IV-5500 s Toutes les rentes viagères sont en principe imposables, qu'elles soient versées en exécution d'un contrat, d'une disposition testamentaire ou d'un jugement.

Sont toutefois exonérées :

– les rentes viagères servies en vertu d'obligations légales aux victimes d'**accidents du travail** ou de **maladies professionnelles,** ou à leurs ayants droit (CGI art. 81, 8° ; voir no 22470) ;

– les rentes viagères servies en représentation de **dommages-intérêts** aux victimes d'une incapacité permanente totale (ou quasi totale : BOI-RSA-PENS-20-20-20 no 205), dans tous les cas (Cons. const. 23-11-2018 no 2018-747 QPC : RJF 2/19 no 188).

Selon qu'elles sont constituées à titre **gratuit ou onéreux,** les rentes viagères sont soumises à un régime d'imposition différent (nos 22530 s. et 22550).

Rentes servies à la sortie d'un **plan d'épargne en actions,** voir no 26195.

2. DÉTERMINATION DU MONTANT IMPOSABLE

22520 Le montant imposable des pensions est déterminé suivant les règles exposées aux nos 22530 s., qui s'appliquent également aux rentes viagères constituées à titre gratuit. Les rentes viagères à titre onéreux bénéficient d'un régime particulier, présenté no 22550.

PENSIONS ET RENTES VIAGÈRES À TITRE GRATUIT

22530 CGI art. 82 et 83 TS-V-2400 s Le **revenu brut** des pensions et des rentes viagères constituées à titre gratuit est constitué par le montant total des arrérages perçus en espèces ou en nature, durant l'année d'imposition. Il s'agit du montant restant après retenue par l'organisme débiteur, le cas échéant, des cotisations de sécurité sociale.

Le **montant net** s'obtient en retranchant de ce revenu certaines menues dépenses (telles que frais d'encaissement, frais de certificat de vie exigé pour le paiement), les frais de procès engagés pour obtenir le paiement ou la revalorisation de la pension et les cotisations de sécurité sociale lorsque, exceptionnellement, elles n'ont pas déjà été retenues sur le montant de la pension. Sont également déductibles les honoraires, justifiés dans une note explicative, correspondant aux prestations d'assistance rendues pour l'accomplissement de la liquidation des droits à la retraite, contrairement aux prestations de conseil (BOI-RSA-PENS-30-10-10 no 60). Les cotisations complémentaires de prévoyance versées à titre facultatif et personnel ne sont en revanche pas déductibles.

Enfin, il est pratiqué sur le montant ainsi obtenu un **abattement** de 10 %.

> **Précisions** **a.** Une **rente viagère** est constituée **à titre gratuit** lorsque aucune contrepartie n'est stipulée en échange de la rente promise. C'est le cas, par exemple, de la rente viagère constituée en dot par un père à son enfant qui se marie. Les rentes viagères à titre gratuit doivent être distinguées des sommes versées en dehors de tout engagement ou obligation (qui ne sont pas imposables à l'impôt sur le revenu).
> **b.** Les pensions et rentes viagères à titre gratuit, servies par des débiteurs domiciliés ou établis en métropole à des personnes fiscalement domiciliées dans les **collectivités territoriales d'outre-mer,** bénéficient d'une **réfaction de 40 %** qui s'applique avant l'abattement de 10 % (voir no 4605, b).
> **c.** La contribution pour le remboursement de la dette sociale (**CRDS**) n'est pas déductible du montant imposable des pensions, retraites et rentes. La contribution sociale généralisée (**CSG**) est partiellement déductible (no 34400).
> **d.** Prise en compte des **cotisations syndicales** versées par les retraités, voir no 3370, précision b.
> **e.** La contribution sur les **« retraites chapeau »** (Mémento social no 23010) est déductible dans la limite de la fraction acquittée au titre des premiers 1 000 € de rente mensuelle (CGI art. 83, 2°-0 quater).
> **f.** Persistance du **décalage d'imposition** d'une ou deux mensualités pour certains retraités dont les pensions ont été mensualisées à partir de 1987 ou (non-salariés agricoles) de 2004 ainsi que pour ceux ayant perçu en 2016 des arrérages au titre de 2015 (CGI art. 158, 5-e ; TS-V-1000 s.).

Abattement de 10 % Les pensions imposables ainsi que les rentes viagères à titre gratuit bénéficient d'un abattement spécifique de 10 %, applicable quel que soit l'âge du contribuable et même si celui-ci continue à exercer une activité professionnelle. **22535** CGI art. 158, 5-a-al. 2 et 3 **TS-V-2800 s**

Cet abattement est calculé sur la base définie au nº 22530. Son montant comporte :

– un **minimum** fixé à 393 € par pensionné ou rentier pour l'imposition des revenus de 2019 (ce minimum ne peut avoir pour effet de créer un déficit) ;

– et un **plafond** fixé à 3 850 € par foyer fiscal pour l'imposition des revenus de 2019.

Ces limites sont revalorisées chaque année comme celles des tranches du barème de l'impôt sur le revenu.

Par exception, l'abattement n'est pas applicable aux prestations servies sous forme de capital par les **plans d'épargne retraite** lorsque celles-ci sont imposables comme pension de retraite (CGI art. 158, 5-b quinquies-1º).

22540

EXEMPLE

Soit un couple de retraités ayant perçu en 2019 des pensions de 48 800 € pour l'époux et de 3 000 € pour l'épouse. Leur fils à charge a perçu une pension de 300 €. Le revenu imposable du foyer fiscal s'établira comme suit :

	€
Abattement de 10 % sur la pension du père	4 880
Abattement de 10 % sur la pension de la mère (application du minimum d'abattement)	393
Abattement de 10 % sur la pension du fils compte tenu du minimum d'abattement limité au montant brut de la pension (le minimum d'abattement ne peut pas créer un déficit)	300
Abattement global (4 880 + 393 + 300)	5 573
Mais cet abattement est plafonné pour le foyer fiscal à 3 850 €	
Montant global des pensions	52 100
Abattement plafonné	3 850
Revenu net	48 250

RENTES VIAGÈRES À TITRE ONÉREUX

Une rente viagère est constituée à titre onéreux lorsque l'obligation contractée par le débirentier a pour **contrepartie** soit l'aliénation d'un bien meuble ou immeuble, soit le versement d'un capital en argent. Suivent le régime des rentes viagères à titre onéreux, par exemple, les rentes viagères constituées en contrepartie de la vente d'un logement ou à titre de charge dans une donation entre vifs, les rentes viagères constituées auprès de compagnies d'assurances moyennant le versement échelonné d'un capital en espèces, ainsi que les rentes viagères allouées en représentation de dommages-intérêts aux victimes d'accidents (lorsqu'elles ne bénéficient pas de l'exonération visée au nº 22490). **22550** CGI art. 158, 6 **TS-IV-6600 s**

Les rentes viagères constituées à titre onéreux ne sont considérées comme un revenu, pour l'application de l'impôt sur le revenu dû par le crédirentier, que pour une **fraction de leur montant.** Cette fraction est déterminée forfaitairement (et une fois pour toutes) d'après l'âge du crédirentier lors de l'entrée en jouissance de la rente. Elle est fixée à :

– 70 % si, à la date considérée, l'intéressé était âgé de moins de 50 ans ;

– 50 % s'il était âgé de 50 à 59 ans inclus ;

– 40 % s'il était âgé de 60 à 69 ans inclus ;

– 30 % s'il était âgé de plus de 69 ans (c'est-à-dire de 70 ans révolus : CE 19-1-1996 nº 130377 : RJF 3/96 nº 299).

Les rentes viagères à titre onéreux sont soumises au **prélèvement à la source de l'impôt sur le revenu** sous forme d'acomptes (voir nº 3760).

> Précisions **a.** Dans le cas où deux **époux** sont bénéficiaires, **chacun personnellement,** d'une ou plusieurs rentes viagères constituées à titre onéreux, la fraction imposable est déterminée en considérant séparément, pour chacun d'eux, la ou les rentes qu'il perçoit.

b. Lorsqu'une rente viagère est constituée au **profit de deux ou plusieurs personnes** avec **réversibilité** au profit du survivant, l'âge à retenir pour le calcul de la fraction imposable est celui du bénéficiaire au moment où il perçoit pour la première fois des arrérages ou, lorsque la rente est constituée **au profit d'un ménage,** l'âge de l'aîné au moment de l'entrée en jouissance de la rente (BOI-RSA-PENS-30-20 nº 70).

c. L'**abattement** de 10 % n'est pas applicable à la fraction imposable des rentes viagères à titre onéreux.

d. Sur l'application de la contribution sociale généralisée (**CSG**), de la contribution pour le remboursement de la dette sociale (**CRDS**) et du **prélèvement de solidarité,** voir nºs 34430 s.

e. Les rentes viagères à titre onéreux doivent être distinguées des pensions de retraite qui sont la contrepartie de droits acquis à raison d'une activité exercée antérieurement et des cotisations versées (nº 22455). Sont toutefois imposables comme des rentes viagères constituées à titre onéreux les prestations servies sous forme de rentes par les **plans d'épargne**

retraite pour leur part alimentée par des versements pour lesquels le titulaire a opté pour leur non-déductibilité fiscale ou par affectation de sommes exonérées d'impôt sur le revenu (CGI art. 158, 6-al. 6) et les pensions de retraite versées par les **régimes facultatifs de retraite des élus locaux** mis en place avant l'entrée en vigueur de la loi 92-108 du 3-2-1992, quelle que soit la date de liquidation de la retraite (CGI art. 80 undecies B, II).

3. OBLIGATIONS DES DÉBIRENTIERS

22580 CGI art. 86 TS-VI-300 s

Toute personne physique ou morale qui paie des pensions ou rentes viagères imposables doit **tenir un livre de paie,** le conserver et éventuellement le communiquer à l'administration, dans les mêmes conditions que celles exposées au nº 22190 pour les employeurs.

22585 CGI art. 88 et 89 A TS-VI-4000 s

En outre, toute personne physique ou morale qui paie des pensions ou des rentes viagères doit, en principe, **déclarer chaque année** au service des impôts le montant des sommes payées au cours de l'année précédente ainsi que l'identité des bénéficiaires. Toutefois, les pensions et rentes exonérées d'impôt sur le revenu ainsi que les pensions alimentaires payées par les personnes physiques n'ont pas à être déclarées.

La déclaration doit être souscrite sur un formulaire nº 2466 au plus tard le 31 janvier et transmise obligatoirement selon un procédé informatique.

Le défaut de production ou la production tardive de la déclaration sont sanctionnés, s'agissant des seules rentes viagères à titre onéreux, par une amende spécifique égale à 5 % du montant des sommes non déclarées ou déclarées avec retard (CGI art. 1736, III).

Les omissions ou inexactitudes relevées dans la déclaration donnent lieu à l'application de l'amende visée au nº 80190.

22590 CGI art. 87-0 A, 87 A, 89 A

Les débiteurs de pensions de retraite et de rentes viagères à titre gratuit ont l'obligation de collecter mensuellement la **retenue à la source de l'impôt sur le revenu** à raison des revenus qu'ils versent et de procéder à la déclaration et au reversement de celle-ci au Trésor (nºs 3840 s.).

La **déclaration** de la retenue à la source de l'impôt sur le revenu prélevée par les débiteurs de pensions de retraite et de rentes viagères à titre gratuit comporte les informations relatives au montant prélevé sur le revenu versé à chaque bénéficiaire. Cette déclaration doit être souscrite au plus tard le 10 de chaque mois (CGI ann. IV art. 6 C) selon un procédé informatique.

Les **infractions** à l'obligation d'effectuer la retenue à la source de l'impôt sur le revenu et à l'obligation déclarative entraînent l'application de sanctions (voir nº 3842).

22595 Rappelons enfin que les personnes domiciliées ou établies en France qui versent des pensions ou rentes viagères imposables à des personnes fiscalement domiciliées **hors de France** doivent pratiquer une **retenue à la source** suivant le mécanisme décrit aux nºs 4595 s.

CHAPITRE 7

RÉMUNÉRATIONS DES DIRIGEANTS

SOMMAIRE

Il n'existe pas de régime unique d'imposition des rémunérations des dirigeants. Ce régime varie, en effet, suivant la forme et le régime fiscal de la société versante, et parfois même en fonction de la nature et du montant des rémunérations. 23500

Il importe donc en premier lieu de déterminer la catégorie et les modalités d'imposition des rémunérations des dirigeants pour chaque type de société. Un **tableau d'ensemble** récapitule les principes généraux applicables en la matière (voir nº 23665).

A. Examen par catégorie de sociétés

1. SOCIÉTÉS ANONYMES

ORGANES DE DIRECTION

La direction est assumée : 23560 DIR-I-200 s

– par le **président** du conseil d'administration (ou l'administrateur délégué en cas d'empêchement), le **directeur général** et les **directeurs généraux délégués** dans les sociétés anonymes de type classique ;

– par les membres du **directoire** dans les sociétés de ce type.

Tous ces dirigeants sont, au point de vue fiscal, assimilés à des **salariés.** Leurs rémunérations, quelle qu'en soit la forme (traitement de base, avantages en nature, intéressement aux résultats, jetons de présence spéciaux n'excédant pas la limite visée nº 23580 précision a), sont donc imposables dans la catégorie et selon les règles des traitements et salaires, avec quelques particularités signalées ci-après (nº 23565).

Les dirigeants de société anonyme peuvent bénéficier notamment, comme les salariés et avec les mêmes seuils de plafonnement, de la déduction de 10 % pour frais professionnels (voir nºs 22000 s.) ou faire état de leurs frais réels, ce qui leur permet de déduire les intérêts d'emprunt versés pour acquérir les titres de la société dans les conditions décrites nº 23620.

Pour la **société,** les rémunérations versées aux dirigeants salariés sont déductibles des bénéfices imposables, dans la mesure où elles correspondent à un travail effectif et où leur montant global n'excède pas la rétribution normale des fonctions exercées (rémunérations exagérées : voir nº 23700). En ce qui concerne la **taxe sur les salaires,** voir nº 73465, précision b.

Remarque terminologique : Les termes « **jetons de présence** » ont été supprimés du Code de commerce et des textes fiscaux par l'article 185, II de la loi 2019-486 du 22 mai 2019 et remplacés le cas échéant par ceux de « rémunération prévue par l'article L 225-45 du Code de commerce ». Ce changement de dénomination n'a entraîné aucune modification au fond du régime juridique et fiscal applicable à ces rémunérations versées aux membres du conseil d'administration ou de surveillance, tant au titre de leur participation à celui-ci (jetons de présence ordinaires) que des missions notamment de direction qu'ils exercent (jetons de présence spéciaux). Aussi, pour plus de lisibilité, l'utilisation des termes « jetons de présence » a été maintenue dans les développements qui suivent.

23565 **› Précisions** **a.** Les rémunérations imposables sont celles mises à la disposition du dirigeant au cours de l'**année d'imposition** : en numéraire, par chèque, par virement ou par inscription au crédit d'un compte. À la différence de ce qui se passe pour les salariés ordinaires, les rémunérations inscrites à un compte de charges à payer sont, sauf exception, également imposables (voir n° 745).
b. Les allocations forfaitaires pour frais versées aux dirigeants ne sont pas exonérées. Pour le régime applicable aux **allocations, indemnités et remboursements de frais** qui leur sont alloués : voir n°s 23710 s.
c. En ce qui concerne :
– l'évaluation des **avantages** en nature consentis aux dirigeants : voir n° 23740, c ;
– les déductions susceptibles d'être pratiquées par les dirigeants salariés en cas de **paiement des dettes sociales** : voir n°s 23760 s. ;
– les **indemnités** versées aux dirigeants salariés à l'occasion de la **cessation** de leurs **fonctions** : voir n° 21670.
d. Conséquences de l'**option** pour le **régime des sociétés de personnes** dans les conditions définies n°s 36980 s. sur les rémunérations des associés : voir n° 23605, précision e.
e. **Jetons de présence ordinaires** perçus en tant que membre du conseil d'administration ou de surveillance : voir n°s 23570 s.

ORGANES D'ADMINISTRATION

23570
DIR-I-1000 s
Ces organes comprennent le **conseil d'administration** dans les sociétés anonymes de type classique et le **conseil de surveillance** dans les sociétés à directoire. En rémunération de leur activité au conseil, les administrateurs et les membres du conseil de surveillance perçoivent des **jetons de présence ordinaires** (voir n° 23580).

23575 Si les administrateurs (ou les membres du conseil de surveillance) exercent d'**autres fonctions** dans la société, les rémunérations perçues à ce titre suivent leur régime propre. Par exemple :
– en cas de cumul avec un contrat de travail, la rémunération des **fonctions salariées** est imposée dans la catégorie des traitements et salaires ;
– les **rémunérations exceptionnelles** allouées aux administrateurs (ou aux membres du conseil de surveillance) pour des missions particulières ou certains mandats (étude de marché, voyage d'études à l'étranger, par exemple) sont déductibles des bénéfices sociaux, sauf exagération, et imposables au nom des bénéficiaires comme bénéfices non commerciaux dès lors que les prestations rémunérées s'exercent en dehors d'un contrat de travail et de tout lien de subordination ;
– les allocations spéciales versées aux administrateurs qui participent à des **comités d'études** relèvent en principe des bénéfices non commerciaux à moins qu'elles ne se rattachent à l'exercice de fonctions salariées. Lorsque des jetons supplémentaires sont alloués au titre de cette participation, ils sont taxables dans la catégorie des revenus mobiliers ;
– la rémunération spécifique versée, le cas échéant, au **président et au vice-président du conseil de surveillance** doit être imposée, selon l'administration, dans la catégorie des revenus mobiliers (BOI-RSA-CHAMP-10-30-20 n° 200). En revanche, les remboursements des frais réels engagés par le président du conseil de surveillance au cours de missions de représentation non rémunérées ne sont pas imposables sous réserve qu'ils soient déductibles des résultats de la société (Comité MOA 22-4-1999).

RÉGIME FISCAL DES JETONS DE PRÉSENCE

23580
CGI art. 117 bis
DIR-I-1700 s
Imposition des bénéficiaires Les **rémunérations** versées aux administrateurs (ou aux membres du conseil de surveillance) **autres que celles rétribuant leurs fonctions salariées** (jetons de présence ordinaires) sont imposables en totalité au nom des bénéficiaires dans la **catégorie des revenus mobiliers.** Lorsqu'elles sont versées à des **personnes physiques,** elles sont taxées en deux temps (n°s 24540 s.) :
– lors de leur paiement, elles sont soumises sur leur montant brut à un prélèvement forfaitaire non libératoire (PFNL) de 12,8 % perçu à titre d'acompte d'impôt sur le revenu, majoré des prélèvements sociaux et du forfait social (Mémento social n° 84320) ;
– l'année suivante, elles sont soumises à l'impôt sur le revenu [prélèvement forfaitaire unique (PFU) de 12,8 % ou, sur option globale, barème progressif sans abattement de 40 %], le PFNL perçu à la source étant imputable sur cet impôt et, le cas échéant, restituable.
Les rémunérations allouées aux administrateurs à titre de **rétribution** de leurs **fonctions salariées** de direction (jetons de présence spéciaux) sont imposables dans la **catégorie des traitements et salaires** (n° 23560).

› Précisions **a.** Lorsqu'ils sont accordés par l'organe compétent, les **remboursements** des frais réels directement liés à la tenue des conseils d'administration ou de surveillance (**frais de voyage, de déplacement**...) sont déductibles du résultat imposable et ne sont pas imposables au nom des membres du conseil (Comité MOA 22-4-1999). Le remboursement de ces frais n'est pas déductible du résultat imposable tant qu'il n'a pas été autorisé par une délibération du conseil d'administration ou de surveillance (CE 20-6-2012 n° 342753 : RJF 10/12 n° 900).
b. Le cas échéant, les **frais réels et justifiés** effectivement **supportés** au cours de l'année considérée dans le cadre des fonctions rémuné-

rées par les jetons peuvent venir en déduction du montant imposable (Comité MOA 22-4-1999). Pour les **jetons versés à compter de 2018 à des personnes physiques,** cette déduction n'est toutefois possible que si elles optent pour le barème progressif, le PFU s'appliquant au montant brut des revenus.

c. Les jetons de présence ordinaires peuvent être soumis à la retenue à la source visée aux n°s 24845 s. lorsqu'ils sont versés à des **personnes n'ayant pas leur domicile** réel ou leur siège **en France** ou payés hors de France dans un État ou territoire non coopératif.

d. Dans le cas où une **personne morale** est administrateur d'une société anonyme, les jetons de présence ordinaires qu'elle perçoit sont imposables à son nom en tant que revenus mobiliers (et soumis au forfait social : Mémento social nº 84320). Le représentant permanent qu'elle a dû obligatoirement nommer est, quant à lui, imposable dans la catégorie des traitements et salaires s'il est l'un de ses salariés ou, s'il est l'un de ses administrateurs, dans la catégorie des revenus mobiliers.

e. La **CSG** sur les jetons de présence imposables au barème progressif (prélevée à la source lors de leur versement) est partiellement déductible (voir n°s 34525 s.).

Déductibilité pour la société versante Pour la société, la déduction fiscale des **jetons de présence ordinaires ou spéciaux** alloués au titre d'un exercice est limitée à 5 % de la somme obtenue en multipliant par le nombre d'administrateurs (ou de membres du conseil de surveillance) la rémunération moyenne déductible attribuée au cours de l'exercice aux dix ou cinq salariés les mieux rétribués, selon que l'effectif de l'entreprise excède ou non deux cents salariés. Pour l'application de cette règle, les membres du conseil dont les fonctions n'ont été exercées que pendant une partie de l'exercice sont décomptés au prorata de leur temps de présence (BOI-IS-BASE-30-20-20 nº 160). 23585 CGI art. 210 sexies DIR-I-1200 s

Si la société emploie moins de cinq personnes, voire aucun personnel, la déduction est limitée à 457 € par membre du conseil d'administration ou de surveillance.

La déduction des jetons de présence est subordonnée à l'exercice d'une **activité effective** des administrateurs (CAA Versailles 15-7-2010 nº 09-1944 : RJF 4/11 nº 412 ; CE (na) 14-12-2011 nº 344158 : RJF 4/12 nº 346).

La déduction admise à raison des jetons de présence est **pratiquée** au titre de l'exercice au cours duquel la décision d'attribution est prise. La fraction non déductible est rapportée aux résultats de cet exercice.

EXEMPLE

Soit une société anonyme employant plus de 200 salariés. La rémunération globale versée aux 10 personnes les mieux rémunérées au cours de l'exercice 2018 (exercice coïncidant avec l'année civile) s'élève à 600 000 €. Le montant des jetons de présence alloués en 2019 au titre de l'exercice 2018, portés en charge et payés en 2019, est de 75 000 €. Le nombre d'administrateurs était de 12 en 2018 ; toutefois, un administrateur est décédé le 28-2-2018 et remplacé le 1-9-2018 ; d'où, nombre à retenir :

11 + [(2 / 12) + (4 / 12)] = 11,5.

Rémunération moyenne servant de base de calcul de la fraction déductible :

600 000 / 10 = 60 000 €.

Montant maximum des jetons de présence déductibles des bénéfices de l'exercice 2019 :

5 % × 60 000 € × 11,5 = 34 500 €.

Fraction non déductible :

75 000 € − 34 500 € = 40 500 €, somme à réintégrer dans les bénéfices imposables du même exercice.

2. SOCIÉTÉS PAR ACTIONS SIMPLIFIÉES

La société par actions simplifiée (SAS) est assimilée au plan fiscal à la société anonyme (CGI art. 1655 quinquies). Le président et les autres dirigeants d'une SAS sont donc, comme ceux d'une société anonyme, assimilés à des salariés sur le plan fiscal et les rémunérations qui leur sont versées pour leurs fonctions de direction entrent dans la catégorie des salaires (voir n°s 23560 s.). En ce qui concerne les frais d'acquisition des titres, voir nº 23620. 23595 DIR-I-2500 s

La rémunération du président d'une **société par actions simplifiée unipersonnelle** relève à notre avis du même régime fiscal.

Lorsque la SAS a opté pour le régime des sociétés de personnes (n°s 36980 s.), les rémunérations des dirigeants sont soumises au régime décrit nº 23605, précision e.

3. SOCIÉTÉS À RESPONSABILITÉ LIMITÉE

23605 CGI art. 62 et 211 DIR-II-1 s

Qu'ils soient minoritaires ou majoritaires, les **gérants associés** de SARL assujetties à l'impôt sur les sociétés sont soumis pour l'essentiel au même régime fiscal, même s'ils continuent de relever de deux catégories d'imposition différentes :
– les gérants minoritaires, assimilés à des salariés, sont imposés au titre des traitements et salaires ;
– les gérants majoritaires relèvent de l'article 62 du CGI qui, lui-même, prévoit l'application des règles prévues en matière de traitements et salaires.

Au niveau de la **société,** les rémunérations des gérants sont déductibles des bénéfices imposables, dans la mesure où elles correspondent à un travail effectif et où leur montant global n'excède pas la rétribution normale des fonctions exercées (rémunérations exagérées : voir nº 23700). Le salaire du **conjoint** du gérant est également déductible s'il est réellement versé et correspond à un travail effectif. En ce qui concerne la **taxe sur les salaires,** voir nº 73465, précision b.

› Précisions **a.** Qu'elles aient le caractère de salaires ou relèvent de l'article 62 du CGI, les rémunérations imposables sont celles mises à la disposition du gérant au cours de l'**année d'imposition** : en numéraire, par chèque, par virement ou par inscription au crédit d'un compte. À la différence de ce qui se passe pour les salariés ordinaires, les rémunérations inscrites à un compte de charges à payer sont, sauf exception, également imposables (voir nº 745).

b. Les rémunérations des **gérants non associés** (c'est-à-dire ne possédant aucune part sociale ni directement ni indirectement) sont normalement imposables dans la catégorie des traitements et salaires ; mais, lorsqu'ils appartiennent à un collège de gérance majoritaire, leurs rémunérations relèvent, selon l'administration, de l'article 62 du CGI comme celles des gérants majoritaires (BOI-RSA-GER-10-30 nº 220).

c. Les rémunérations des **associés non gérants** (ni en droit ni en fait) d'une SARL soumise à l'IS sont traitées fiscalement comme des salaires si elles correspondent à un travail effectif et si leur montant n'est pas excessif.

d. Dans les **SARL de famille** ayant opté pour le régime des sociétés de personnes, les rémunérations versées aux gérants associés ne sont pas déductibles des bénéfices sociaux et sont imposables dans la catégorie de revenus (BIC ou BA) dont relève l'activité de la société (voir nºs 36950 s.). En revanche, le salaire versé au conjoint d'un associé est totalement déductible (voir nº 8660).
Si le gérant est un tiers non associé, le régime d'imposition des salariés est bien entendu applicable.

e. Ne sont pas non plus déductibles des résultats les rémunérations versées aux associés des **SARL non cotées** ayant opté pour le régime des sociétés de personnes dans les conditions décrites nºs 36980 s. Elles sont imposées dans la catégorie de revenus dont relève l'activité de la société (BOI-RSA-GER-10-30 nº 400).

f. Les **rémunérations** versées aux membres du **conseil de surveillance** sont déductibles des bénéfices sociaux et taxées à l'impôt sur le revenu au titre des BNC, à condition qu'elles correspondent à un travail effectif et ne soient pas exagérées (BOI-RSA-GER-10-30 nºs 230 et 240).

GÉRANTS MINORITAIRES

23610 DIR-II-1000 s

Imposées dans la catégorie des **traitements et salaires,** les rémunérations des gérants minoritaires (ou égalitaires) ouvrent droit aux avantages prévus pour les salariés, notamment la déduction de 10 % pour frais professionnels (voir nºs 22000 s.).

Le régime des gérants minoritaires est en tous points identique à celui des dirigeants salariés de sociétés anonymes et présente les mêmes **particularités** par rapport au régime des salariés ordinaires : voir nºs 23560 et 23565.

Frais d'acquisition des titres de la SARL : voir nº 23620.

GÉRANTS MAJORITAIRES

23615 CGI art. 62 DIR-II-1500 s

Les rémunérations allouées aux gérants majoritaires sont soumises à l'impôt sur le revenu selon les règles prévues en matière de traitements et salaires, avec les avantages prévus à l'égard des salariés (déduction forfaitaire de 10 % notamment : voir nºs 22000 s.).

Ils peuvent également déduire les cotisations sociales et primes mentionnées à l'article 154 bis du CGI : **cotisations** aux régimes obligatoires et facultatifs de **sécurité sociale**, versements volontaires à un **plan d'épargne retraite individuel** ou à un **Pereco** et primes versées au titre des **contrats « Madelin »** d'assurance de groupe, déductibles dans les conditions exposées nºs 8680 s.

› Précisions **a.** Les gérants majoritaires, comme les autres dirigeants, ne bénéficient pas de l'exonération des **allocations forfaitaires pour frais** prévue pour les salariés ordinaires (nºs 23710 s.). Ils peuvent déduire, sous certaines conditions, les sommes versées en **paiement des dettes sociales** (nºs 23760 s.). **Avantages en nature** : voir nº 23740.

b. Les gérants d'**EARL** assujetties à l'impôt sur les sociétés, qui relèvent de la mutualité sociale agricole, déduisent leurs cotisations de sécurité sociale et de retraite complémentaire dans les conditions prévues pour les agriculteurs (voir nº 15985).

c. Les **cotisations** à la **sécurité sociale des indépendants** et les **contributions sociales** au titre des revenus d'activité assises sur la part des **dividendes** (et distributions assimilées) et des intérêts des comptes courants d'associés excédant 10 % du capital social, des primes d'émission et des sommes figurant en compte courant sont déductibles, à l'exception de la fraction non déductible de la CSG (n° 34400) et de la CRDS.

Déduction des frais d'acquisition de droits sociaux Les salariés et dirigeants assimilés aux salariés peuvent déduire des rémunérations qu'ils perçoivent, selon le régime des frais réels, les **intérêts d'emprunt** et autres frais (frais de dossiers, cotisations d'assurance…) supportés pour acquérir ou souscrire les titres de la société dans laquelle ils exercent leur activité professionnelle principale, dès lors que ces dépenses sont utiles à l'acquisition ou la conservation du revenu et que leur montant est proportionné à leur rémunération annuelle (CGI art. 83, 3°-dernier al. ; TS-V-17360 s.). En pratique, sont admis en déduction les intérêts dus à raison de la fraction de l'emprunt qui n'excède pas le triple de la rémunération allouée ou escomptée à la date de souscription. 23620

La fraction des versements effectués au titre des souscriptions ou acquisitions de titres donnant lieu aux **réductions d'impôt** sur le revenu pour souscription au capital de **PME** (n°s 2600 s.) ou pour reprise d'une PME (n°s 2770 s.) ne peut donner lieu à aucune déduction des intérêts d'emprunt. Le dispositif ne peut pas non plus concerner les titres inscrits dans un PEA (n°s 26155 s.) ou un plan d'épargne salariale (n°s 88680 s.).

› Précisions a. Sont **concernés** par ce dispositif les dirigeants salariés et ceux dont les rémunérations relèvent de l'article 62 du CGI (gérants majoritaires de SARL, associés de SCP ayant opté pour l'IS…). La société dont les titres sont acquis doit exercer une **activité** industrielle, commerciale, artisanale, agricole ou libérale. Sont visés les titres d'une holding animatrice de son groupe (BOI-RSA-BASE-30-50-30-30 n°s 140 et 150).

b. Selon l'administration, le seul fait d'exercer son activité professionnelle dans une société ne suffit pas pour établir l'**utilité à l'acquisition ou la conservation du revenu.** Celle-ci doit résulter de circonstances de fait : détention de titres imposée par le statut de la profession, prise de contrôle d'une entreprise nouvelle ou existante pour y exercer son activité principale, par exemple (BOI-RSA-BASE-30-50-30-30 n°s 190 à 260).

APPRÉCIATION DU CARACTÈRE MAJORITAIRE OU MINORITAIRE DE LA GÉRANCE

Un gérant est considéré comme **gérant majoritaire** s'il détient personnellement (directement ou par l'intermédiaire de son conjoint et de ses enfants) plus de la moitié du capital de la société, ou, en cas de pluralité de gérants, dès l'instant que le collège de ceux-ci est majoritaire (exemple : SARL au capital de 200 parts dont 60 appartiennent à un gérant et 45 à l'autre). Dans les autres cas, le gérant est qualifié de **minoritaire.** 23625 DIR-II-5000 s

› Précisions a. Pour apprécier la **fraction de capital détenue par chaque gérant,** il est tenu compte non seulement des parts qu'il possède personnellement (en toute propriété ou en usufruit), mais aussi :
– des parts dont il dispose indirectement par l'intermédiaire d'une société qu'il contrôle (fonction de direction et possession de plus de 50 % du capital social) (notamment CE 28-9-1983 n° 30734 : RJF 11/83 n° 1307 ; BOI-RSA-GER-10-10-10-10 n° 190) ;
– des parts appartenant, en toute propriété ou en usufruit, à son **conjoint** (même séparé de biens) ou à ses **enfants mineurs** non émancipés ;
– des parts détenues par la personne avec laquelle le gérant est lié par un **Pacs** (BOI-RSA-GER-10-10-10-10 n° 160) ;
– des parts dont le gérant a l'administration ou la **gestion** (délégation générale de pouvoirs) (notamment CE 19-11-1984 n° 38069 : RJF 1/85 n° 60).

b. Les **gérants de fait** sont assimilés aux gérants en titre pour l'appréciation du caractère, majoritaire ou non, de la gérance. La jurisprudence caractérise en général l'exercice d'une gérance de fait par trois critères : fonctions et responsabilités exercées ; pouvoir d'engager la société vis-à-vis des tiers (procuration bancaire, par exemple) ; montant de la rémunération (notamment CE 29-9-1989 n°s 47026 et 78070 : RJF 11/89 n° 1216 ; CE 31-3-1999 n° 198494 : RJF 6/99 n° 710).

4. SOCIÉTÉS EN COMMANDITE PAR ACTIONS

Le régime fiscal des rémunérations des **gérants commandités** de sociétés en commandite par actions est identique à celui des gérants majoritaires de SARL : déductibilité des bénéfices sociaux et imposition au nom des bénéficiaires dans la catégorie de l'article 62 du CGI, avec application des règles prévues en matière de traitements et salaires (voir n°s 23615 s.). 23635 CGI art. 211 et 62 DIR-IV-700 s

Lorsque les **gérants ne sont pas associés,** leurs rémunérations relèvent, en principe, de la catégorie des traitements et salaires.

Les rémunérations versées aux **membres du conseil de surveillance** sont déductibles des bénéfices sociaux et taxées à l'impôt sur le revenu au titre des BNC à condition qu'elles correspondent à un travail effectif. La majoration de 25 % prévue pour les non-adhérents d'organismes de gestion agréés ne s'applique pas aux jetons de présence alloués qui constituent des revenus non commerciaux non professionnels (BOI-BNC-CHAMP-10-30-50 n° 15).

Lorsque les sommes versées aux gérants ou aux membres du conseil de surveillance sont excessives, la fraction excédant la rétribution normale du service rendu n'est pas déductible du bénéfice social et constitue un revenu mobilier pour le bénéficiaire.

5. SOCIÉTÉS DE PERSONNES ET ASSIMILÉES

SOCIÉTÉS RELEVANT DE L'IMPÔT SUR LE REVENU

23645 Les **appointements** que s'allouent, en rémunération de leur travail personnel, les **associés** des sociétés de personnes et assimilées (nos 37500 s.) n'ayant pas opté pour l'IS ne sont pas déductibles des bénéfices sociaux et sont regardés comme une modalité particulière de répartition des bénéfices sociaux. Ils sont soumis à l'impôt sur le revenu au nom de chaque bénéficiaire dans la catégorie correspondant à la nature de l'activité de la société (BIC, BA, BNC ou revenus fonciers), c'est-à-dire dans les mêmes conditions que la quote-part de bénéfices sociaux revenant à chacun (voir no 37665).

Si le gérant est un **tiers non associé,** sa rémunération obéit au régime des traitements et salaires.

Salaire du **conjoint** des associés : voir nos 8660.

SOCIÉTÉS AYANT OPTÉ POUR LE RÉGIME DES SOCIÉTÉS DE CAPITAUX

23650 CGI art. 211 et 62 DIR-III-310 Les rémunérations allouées aux **associés en nom** des sociétés de personnes et assimilées, qui ont opté pour leur assujettissement à l'impôt sur les sociétés, obéissent aux mêmes règles que celles applicables aux rémunérations des gérants majoritaires de SARL (voir nos 23615 s.).

Si le gérant est un **tiers non associé,** sa rémunération obéit au régime des traitements et salaires.

CAS DES SOCIÉTÉS CIVILES

23655 DC-V-16600 s Elles sont en principe soumises au régime fiscal des sociétés de personnes, mais certaines d'entre elles peuvent être passibles de l'impôt sur les sociétés, de plein droit ou sur option (voir no 37785).

a. Lorsque les sociétés civiles relèvent de l'**impôt sur le revenu,** les appointements alloués aux **associés gérants** sont soumis à l'impôt sur le revenu au nom de leur bénéficiaire dans la catégorie correspondant à la nature de l'activité de la société : BA, BNC, revenus fonciers ou, plus rarement, BIC.

Par exemple, dans les **sociétés civiles immobilières** de location, la rétribution de l'associé gérant est en principe imposée au titre des revenus fonciers (no 30715). Toutefois, un contribuable qui gère un grand nombre d'immeubles pour le compte de sociétés civiles immobilières dont il ne possède qu'un nombre très limité de parts exerce l'activité commerciale d'administrateur d'immeubles : sa rémunération, déductible du résultat social, est donc imposable dans la catégorie des BIC (CE 18-5-1979 no 8168 : RJF 7-8/79 no 408 ; CE 13-6-1990 no 74012 : RJF 8-9/90 no 1116). Lorsque le gérant est un **tiers non associé,** sa rémunération, déductible du résultat social, est imposable dans la catégorie des traitements et salaires ou des BIC (administrateur de biens) en fonction de la nature des liens qui l'unissent à la société.

Le régime des BIC est applicable aux associés gérants de sociétés civiles de **construction-vente** visées à l'article 239 ter du CGI (voir nos 30420 s.).

b. Dans les sociétés civiles **soumises à l'IS de plein droit** en raison de la nature commerciale de leur activité, les rémunérations versées aux associés personnes physiques ayant la qualité de gérant sont déductibles (sauf montant exagéré) et imposées au nom des bénéficiaires dans la catégorie des BNC, sous réserve que les fonctions des gérants ne constituent pas qu'une simple extension de l'activité industrielle ou commerciale exercée par les intéressés en vertu de l'article 155 du CGI (BOI-RSA-GER-10-30 no 310 ; voir no 7925).

CGI art. 211 et 62 **c.** Dans les sociétés civiles ayant **opté pour le régime des sociétés de capitaux,** le régime fiscal des rémunérations des associés (gérants ou non) est identique à celui des gérants majoritaires de SARL (voir nos 23615 s.).

d. En ce qui concerne le régime fiscal des associés et gérants d'**EARL** : voir no 16435.

23660 Dans le cas des **sociétés transparentes** (qu'elles aient la forme civile ou de sociétés de capitaux), la rémunération des dirigeants est, selon l'administration, imposable dans la catégorie des BIC (déduction faite de la quote-part de rémunération incombant au dirigeant lui-même lorsqu'il a la qualité d'associé) (BOI-RSA-GER-10-30 nos 410 et 420).

6. TABLEAU RÉCAPITULATIF DES RÉMUNÉRATIONS DES DIRIGEANTS

23665

Société versante et qualité du bénéficiaire	Catégorie d'imposition	Commentaires Nos
I. Société anonyme de type classique		
1. Président du conseil d'administration, directeur général, directeur général délégué, administrateur provisoirement délégué		
– Traitement fixe ou proportionnel	TS [1]	23560 s.
– Jetons de présence spéciaux	TS	23560, 23580
2. Administrateurs		
– Jetons de présence ordinaires	RM	23580
– Rémunération de fonctions salariées	TS	23575
– Rémunération de missions et mandats spéciaux, allocations spéciales allouées aux membres de comités d'étude	BNC	23575
II. Société anonyme avec directoire		
1. Membres du directoire		
– Traitement fixe ou proportionnel	TS [1]	23560 s.
2. Membres du conseil de surveillance		
– Jetons de présence ordinaires	RM	23580
– Rémunération de fonctions salariées	TS	23575
– Rémunération de missions et mandats spéciaux	BNC	23575
3. Président et vice-président du conseil de surveillance (rémunération spécifique)	RM	23575
III. Société par actions simplifiée (SAS ou Sasu)		
Président et autres dirigeants (traitement fixe ou proportionnel)	TS [1]	23595
IV. SARL		
1. Gérant minoritaire (rémunération)	TS [1]	23610
2. Gérant majoritaire (rémunération)	CGI art. 62 [1]	23615
3. Gérant non associé (rémunération)	TS	23605
4. Membres du conseil de surveillance (rémunération)	BNC	23605
V. Société en commandite par actions		
1. Gérant associé commandité (rémunération)	CGI art. 62	23635
2. Gérant non associé (rémunération)	TS	23635
3. Membres du conseil de surveillance (rémunération)	BNC	23635
VI. Société de personnes ou assimilée		
1. Relevant de l'impôt sur le revenu		
– Associés (gérants ou non) (rémunération)	Catégorie de revenus correspondant à l'activité de la société	23645
– Gérant non associé (rémunération)	TS	23645
2. Ayant opté pour l'IS		
– Gérant associé (rémunération)	CGI art. 62	23650
– Gérant non associé (rémunération)	TS	23650
VII. Société civile		
1. Soumise à l'impôt sur le revenu		
– Associés gérants ou non (rémunération)	Catégorie de revenus correspondant à l'activité de la société	23655, a
– Gérant salarié non associé	TS	23655, a

Société versante et qualité du bénéficiaire	Catégorie d'imposition	Commentaires Nos
2. Soumise à l'IS		
a. De plein droit : associé gérant (rémunération)	BNC	23655, b
b. Sur option :		
– cas général : associés gérants ou non	CGI art. 62	23655, c
– EARL : associés gérants ou non	CGI art. 62	16435, précision a
VIII. Société transparente		
Dirigeants associés ou non (rémunération)	BIC	23660

1. Lorsque la société a opté pour le régime des sociétés de personnes, les rémunérations sont imposables dans la catégorie correspondant à l'activité de la société (BIC, BA…) (nos 36950 s.).

B. Contrôle des rémunérations

23690 Le contrôle de l'administration porte principalement sur les points suivants : caractère normal ou excessif des rémunérations, remboursements de frais, avantages en nature.

RÉMUNÉRATIONS EXAGÉRÉES

23700 CGI art. 39, 1-1° et 111, d DIR-V-4000 s

Les rémunérations des dirigeants de **sociétés passibles de l'impôt sur les sociétés** sont déductibles des résultats sociaux à condition de ne pas être exagérées et de correspondre à un travail effectif. Si elles excèdent la rétribution normale du travail effectivement fourni, les rémunérations directes ou indirectes des dirigeants (y compris les indemnités, allocations, avantages en nature et remboursements de frais) sont rapportées au bénéfice imposable de l'entreprise et taxées comme revenus mobiliers (même si le bénéficiaire n'est pas un associé). La base d'imposition de ces rémunérations excessives est majorée de 25 % (CGI art. 158, 7-2°).

Ces règles ne concernent pas les associés dirigeants de **sociétés de personnes** relevant de l'impôt sur le revenu.

> **Précisions a.** Pour apprécier le caractère normal des rémunérations, l'administration dispose d'un droit de contrôle sur le montant de l'ensemble des rémunérations directes ou indirectes versées par les entreprises. Pour les personnes les mieux rémunérées, ce droit s'exerce au vu du **relevé détaillé de certains frais généraux** que les entreprises doivent fournir chaque année à l'appui de leurs déclarations de résultats (voir nos 9050 s.).
> Parmi les **critères** habituellement retenus pour qualifier une rémunération d'« anormale » ou d'« excessive », on peut citer notamment, outre la qualification professionnelle et l'importance de l'activité déployée par le dirigeant, le niveau des rémunérations des personnes occupant des emplois analogues dans des entreprises similaires de la région, l'importance de la rémunération par rapport aux bénéfices sociaux ou aux salaires des autres membres du personnel.
> **b.** Lorsque des rectifications fondées sur le caractère excessif des rémunérations affectent la société versante et le bénéficiaire de la rémunération, deux **procédures** distinctes doivent être suivies à l'encontre de chacun d'eux dans les conditions habituelles (nos 78600 s.) après, s'il y a lieu, **avis de la commission des impôts directs et des taxes sur le chiffre d'affaires** (nos 78840 s.) ou le cas échéant de la commission nationale (nos 78870 s.).
> En raison de l'indépendance des procédures, l'avis émis par la commission à l'égard de l'entreprise n'est pas opposable au bénéficiaire des rémunérations en ce qui concerne son imposition personnelle (notamment CE 19-3-1975 n° 91859 : RJF 5/75 n° 242 ; CE 24-4-1981 nos 20092 et 20093 : RJF 6/81 n° 583).

ALLOCATIONS, INDEMNITÉS ET REMBOURSEMENTS DE FRAIS

23710 CGI art. 62, 80 ter et 81, 1° DIR-II-1780 s TS-III-1500 s

Pour être défrayés des dépenses supportées dans l'exercice de leurs fonctions, les dirigeants et les cadres reçoivent fréquemment de leur société des indemnités pour frais qui peuvent prendre la forme soit de remboursements de frais réels, soit d'allocations forfaitaires. Mais, alors que les remboursements de frais réels peuvent être exonérés d'impôt sur le revenu, les allocations forfaitaires sont toujours imposables, contrairement à ce qui se passe pour les salariés ordinaires.

Pour faciliter le contrôle de l'administration, les remboursements de frais doivent figurer sur le **relevé détaillé de frais** généraux, en tant que rémunérations indirectes, lorsqu'ils sont accordés aux personnes les mieux rémunérées de l'entreprise (voir nos 9050 s.).

Remboursements de frais réels Les remboursements de frais réels alloués aux dirigeants et cadres assimilés, destinés à couvrir les frais inhérents à la fonction ou à l'emploi, sont exonérés d'impôt sur le revenu lorsqu'ils sont utilisés conformément à leur objet et que les dépenses correspondantes ne sont pas elles-mêmes déduites du revenu imposable des bénéficiaires au titre des frais professionnels (conditions exposées ci-dessus n°s 21580 s.). 23715 DIR-II-1785 s TS-III-1700 s

Pour la société versante, ces remboursements sont déductibles des bénéfices imposables dès lors qu'ils correspondent à des dépenses effectives et justifiées. Ils sont exonérés de taxe sur les salaires.

› **Précisions** **a.** Les indemnités pour **frais de voiture** calculées sur la base du **barème kilométrique** de l'administration (n° 97200) n'ont pas un caractère forfaitaire, mais constituent des remboursements réels à condition que le nombre de kilomètres parcourus à titre professionnel puisse être justifié par l'indication des dates, lieux et identité des clients rencontrés (notamment CE 14-12-1984 n° 42356 : RJF 2/85 n° 241 ; CE 10-12-1999 n° 180247 : RJF 2/00 n° 194).
b. Des remboursements de frais non justifiés peuvent être considérés comme un **supplément de rémunération** imposable lorsque la rémunération globale du bénéficiaire (« remboursements de frais » compris) ne présente pas un caractère excessif (notamment CE 14-11-1990 n° 61910 : RJF 1/91 n° 48 ; CE 20-1-1992 n° 132110 : RJF 3/92 n° 338).

Allocations forfaitaires **Dirigeants salariés.** Les indemnités ou allocations forfaitaires pour frais versées aux dirigeants salariés de sociétés sont, quel que soit leur objet, assimilées à une rémunération imposable au nom du bénéficiaire. Corrélativement, elles sont déductibles des résultats de la société versante (et soumises à la taxe sur les salaires lorsque celle-ci est due). Toutefois, si le total du salaire proprement dit et des indemnités ou allocations forfaitaires est excessif, la fraction excédant le montant considéré comme normal est rapportée aux bénéfices imposables de l'entreprise et imposée entre les mains du bénéficiaire dans la catégorie des revenus mobiliers, lorsque la société versante relève de l'impôt sur les sociétés (voir n° 23700). 23720 CGI art. 80 ter DIR-II-1780 s TS-III-1525 s

Les dirigeants visés par cette mesure s'entendent d'abord des dirigeants de droit, c'est-à-dire :
– dans les **sociétés anonymes** : le président du conseil d'administration, le directeur général, les directeurs généraux délégués, l'administrateur provisoirement délégué, tout administrateur ou membre du conseil de surveillance chargé de fonctions spéciales (directeur commercial, etc.), les membres du directoire ;
– dans les **sociétés par actions simplifiées** : les dirigeants tels qu'ils sont définis par les statuts ;
– dans les **sociétés à responsabilité limitée** : les gérants non majoritaires ;
– dans les **autres entreprises** ou établissements passibles de l'impôt sur les sociétés : les dirigeants soumis au régime fiscal des salariés.

Mais est également concernée par cette disposition, dans les sociétés passibles de l'impôt sur les sociétés et les sociétés de personnes à objet industriel ou commercial, toute personne occupant un emploi **salarié** – sauf s'il ne s'agit pas de toute évidence d'un dirigeant de fait – dont la rémunération totale excède la plus faible des rémunérations allouées aux dirigeants de l'entreprise (soumis ou non au régime fiscal des salariés), abstraction faite des rémunérations versées aux administrateurs et membres du conseil de surveillance chargés de fonctions spéciales.

› **Précisions** Les contribuables qui exercent au sein de la société qu'ils dirigent une **activité salariée distincte** de leurs fonctions de dirigeant, pour laquelle ils perçoivent une rémunération séparée, peuvent bénéficier à ce titre d'allocations forfaitaires affranchies d'impôt sur le revenu (CE 14-12-1984 n° 42356 : RJF 2/85 n° 241).

Dirigeants relevant de l'article 62. Les indemnités ou allocations forfaitaires pour frais versées aux dirigeants relevant de l'article 62 du CGI sont imposables au nom de leur bénéficiaire et prises en compte pour l'appréciation du caractère normal de leur rémunération (voir n° 23700). 23725

Non-cumul des indemnités forfaitaires pour frais d'emploi et des remboursements de frais Les allocations forfaitaires qu'une société attribue à un dirigeant ou un cadre pour le couvrir des **frais de représentation et de déplacement** lui incombant personnellement et habituellement sont exclues des charges déductibles pour l'assiette de l'impôt sur le revenu ou de l'impôt sur les sociétés, lorsque, parmi les charges du même exercice, figurent déjà des remboursements de frais habituels de même nature versés à l'intéressé ; corrélativement, les sommes réintégrées sont taxées, en principe, comme des revenus mobiliers entre les mains du bénéficiaire si la société versante est passible de l'impôt sur les sociétés. 23730 CGI art. 39, 3 et 211 bis DIR-V-1420 s

La portée pratique de cette règle est toutefois très réduite puisque l'administration ne l'applique pas aux indemnités, remboursements et allocations forfaitaires pour frais versés

aux **dirigeants salariés** et personnes assimilées visés à l'article 80 ter du CGI (voir n° 23720), dès lors que ces indemnités sont imposables comme des salaires (BOI-IS-BASE-30-20-10 n°s 150 et 170 s.). Elle demeure applicable le cas échéant :
– dans les entreprises ou établissements passibles de l'impôt sur les sociétés : aux gérants majoritaires de SARL et aux **dirigeants non** soumis au régime fiscal des **salariés** ;
– dans les SARL ayant opté pour le régime fiscal des sociétés de personnes : à l'ensemble des associés, qu'ils soient ou non gérants ;
– dans les sociétés de personnes : aux **associés en nom,** quelle que soit l'importance de leurs parts dans le capital social ;
– dans les sociétés en participation : à l'ensemble des **coparticipants,** gérants ou non, même s'ils ne sont pas indéfiniment responsables ;
– dans toute entreprise : aux **cadres** définis par les arrêtés de mise en ordre des salaires des diverses branches professionnelles ou par les conventions ou accords conclus en application de la loi 50-205 du 11 février 1950 relative aux conventions collectives (à l'exclusion des personnes assimilées à des dirigeants).

AVANTAGES EN NATURE

23740 DIR-V-1900 s

Les entreprises accordent souvent des avantages en nature à leurs dirigeants (notamment, mise à disposition gratuite d'un **logement,** usage personnel d'un **véhicule** aux frais de la société…).

Ces avantages sont considérés comme un **supplément de rémunération** déductible, à moins que la rémunération totale ne soit considérée comme excessive par rapport au service rendu.

Les avantages en nature doivent être récapitulés sur un état spécial annexé à la comptabilité (voir n° 10950, précision c) et, lorsqu'ils sont accordés aux personnes les mieux rémunérées de l'entreprise, figurer sur le **relevé détaillé de frais** généraux en tant que rémunérations indirectes (voir n°s 9050 s.).

> **Précisions** **a.** Des avantages en nature qui ne sont ni inscrits sur le relevé de frais généraux ni identifiés explicitement en comptabilité constituent des **avantages occultes** au sens de l'article 111, c du CGI et sont imposables entre les mains du **bénéficiaire** dans la catégorie des revenus de capitaux mobiliers (CE 24-7-1987 n° 63991 : RJF 11/87 n° 1112 ; CE 2-2-1996 n° 127833 : RJF 3/96 n° 302). Mais le respect de l'une ou l'autre des conditions de forme suffit à écarter la qualification d'avantage occulte (CAA Nancy 6-7-1993 n° 92-487 : RJF 12/93 n° 1552).
> Au niveau de la **société,** les avantages occultes consentis aux dirigeants doivent, selon la jurisprudence, être réintégrés dans les bénéfices sociaux (CAA Nantes 6-4-1999 n° 96-1153 : RJF 7/99 n° 836). Le seul défaut d'inscription sur le relevé des frais généraux est sanctionné par une simple amende (voir n° 9055, a).
> **b.** Lorsqu'un avantage ne trouve pas son **origine** dans les **fonctions** exercées, auxquelles il ne se rattache pas naturellement, il peut être réintégré dans les bénéfices sociaux et taxé comme revenu distribué sans qu'il soit besoin de rechercher si la rémunération du bénéficiaire présente ou non un caractère excessif (notamment, pour un prêt sans intérêt consenti par une société à son directeur commercial : CE 17-5-1989 n° 63319 : RJF 7/89 n° 835 ou pour la prise en charge de loyers afférents à des locaux d'habitation : CE 18-5-2009 n° 298038 : RJF 8-9/09 n° 759).
> **c.** Les avantages en nature consentis aux dirigeants salariés qui résultent de **l'utilisation privée d'un véhicule** de fonction, d'une **borne de recharge** pour les **véhicules électriques** ou d'outils issus des **nouvelles technologies de l'information** (téléphone mobile, micro-ordinateur…) peuvent faire l'objet, comme pour les salariés, d'une évaluation forfaitaire dans les conditions décrites n°s 21564 s., 21568 et 21570. Il en va de même pour les avantages de **nourriture** consentis à compter du 1er janvier 2020 (Arrêté SSAS 1934909 A du 23-12-2019 ; n° 21555). En revanche, leurs avantages de **logement** doivent être évalués d'après leur valeur réelle (BOI-RSA-BASE-20-20 n° 30). Les gérants majoritaires de SARL, étant placés au regard des conditions d'attribution d'avantages en nature par l'entreprise dans une situation distincte de celles des salariés, ne sont pas concernés par cette règle d'évaluation forfaitaire (CE 13-4-2018 n° 418420 : RJF 11/18 n° 1098).
> **d.** La prise en charge par une société des cotisations sociales dont est redevable le **bailleur du fonds de commerce** qui réalise des actes de commerce au titre de l'entreprise louée ou y exerce une activité (CSS art. L 131-6 et L 242-1 : voir Mémento Social n° 79945) est une opération qui relève selon nous du régime des avantages en nature.

C. Règlement de dettes sociales

23760 DIR-VI-1 s

La jurisprudence admet, dans certaines conditions, la déduction des sommes versées par les dirigeants en exécution d'un engagement de caution ou d'une condamnation au paiement des dettes sociales.

Elle refuse en revanche la déduction des versements (ou des abandons de créance) effectués spontanément, sans obligation juridique, pour régler les dettes sociales, même si la société est en difficulté (notamment CE 15-1-1992 n° 102223 : RJF 3/92 n° 283 ; CE 31-5-2000 n° 181432 : RJF 7-8/00 n° 1004). Cette distinction a toutefois été écartée à propos du versement réalisé par un dirigeant **menacé d'une extension de la procédure de liquidation,** alors même qu'aucune décision de justice ne le condamnait à l'effectuer (CAA Versailles 4-4-2006 n° 04-3476 : RJF 11/06 n° 1353).

EXÉCUTION D'ENGAGEMENTS DE CAUTION

Lorsqu'un dirigeant de société, ayant accepté de garantir par sa caution personnelle le règlement des dettes sociales, se trouve obligé d'exécuter cet engagement, les sommes ainsi versées ne font pas partie des charges directement déductibles de son revenu global (n° 1075). 23770 DIR-VI-600 s
Mais les versements effectués par un **dirigeant salarié** ou un **gérant majoritaire de SARL** peuvent être pris en compte au niveau des revenus catégoriels soit en venant en déduction des rémunérations perçues par l'intéressé à raison de ses fonctions, soit sous la forme d'un déficit catégoriel imputable sur le revenu global. Pour cela, les conditions suivantes doivent être réunies :
– l'engagement de caution se rattache directement à la qualité de dirigeant du contribuable ;
– il a été pris en vue de servir les intérêts de l'entreprise ;
– il n'est pas hors de proportion avec les rémunérations versées à l'intéressé à la date de l'engagement ou celles qu'il avait la perspective de percevoir à court terme ; cette condition est remplie si le montant de l'engagement n'excède pas le triple de la rémunération annuelle ; en cas de dépassement, les sommes versées sont déductibles à hauteur de la fraction de l'engagement qui n'excède pas cette limite (CE 22-12-1989 n° 56905 : RJF 2/90 n° 105 ; CE 12-12-1990 n° 113038-82071 : RJF 2/91 n° 172).

Les versements correspondant aux cautions accordées à un **tiers** (par exemple, un client de la société ou une filiale) sont également déductibles sous réserve de respecter, en plus des conditions déjà énumérées, deux conditions supplémentaires :
– la société n'était pas en état de se porter elle-même caution de cette obligation ;
– le dirigeant a cautionné le tiers afin d'éviter que les activités de la société ne soient mises en péril par une éventuelle défaillance de ce dernier, et de préserver ainsi ses propres rémunérations (CE 9-10-1992 n° 116181 : RJF 11/92 n° 1506 ; CE 4-8-2006 n° 268127 : RJF 11/06 n° 1355 ; CE 6-7-2015 n°s 368218 et 368219 : RJF 11/15 n° 909).

En revanche, les sommes versées en exécution d'un engagement de caution par un simple **administrateur, associé ou actionnaire** constituent des pertes en capital non déductibles (CE 9-4-1986 n°s 54466, 66869 et 49992 : RJF 6/86 n° 565 ; CE 21-5-1986 n° 50833 : RJF 7/86 n° 667).

23775
> Précisions **a.** Pour apprécier si un engagement de caution souscrit par un contribuable n'est pas hors de **proportion** avec les **salaires** qui lui sont alloués, il est tenu compte :
– de l'**évolution prévisible** des salaires à la date de signature de l'engagement dans le cas où le délai entre la souscription de l'engagement et son exécution est particulièrement long (CE 28-4-1993 n° 89734 : RJF 6/93 n° 827) ;
– dans le cas où l'intéressé perçoit des salaires versés par plusieurs **sociétés faisant partie du même groupe,** ayant des activités complémentaires et des intérêts étroitement liés, de la totalité de ces salaires même si l'engagement de caution n'a été souscrit qu'au profit de certaines de ces sociétés (CE 20-2-1991 n° 75514 : RJF 4/91 n° 436).
b. Le fait que le contribuable, **dirigeant** au moment où il a souscrit l'engagement de caution, **n'exerce plus ses fonctions** à la date de son exécution ne fait pas obstacle à la déduction des versements (CE 22-6-1983 n° 32531 : RJF 8-9/83 n° 965), s'il établit qu'il a souscrit l'engagement avant sa cessation de fonctions (CE 20-2-2008 n°s 287456 et 287457 : RJF 5/08 n° 560).
c. Seuls les versements réalisés **directement** par le dirigeant qui a pris l'engagement sont admis en déduction, à l'exclusion de ceux qui seraient effectués par son **conjoint** ni associé ni salarié de la société (CE 18-12-2008 n° 292387 : RJF 3/09 n° 190).
d. En présence de versements effectués en exécution d'**engagements multiples** souscrits successivement sur plusieurs années, le caractère déductible des sommes payées doit être apprécié par référence au montant total des engagements pris. Il est subordonné à la condition que l'engagement au titre duquel les paiements ont été effectués n'ait pas eu pour effet, à la date à laquelle il a été pris, de porter le montant cumulé des cautions consenties par le contribuable à des sommes hors de proportion avec la rémunération annuelle qu'il percevait ou pouvait escompter au titre de l'année en cause (CE 19-1-1998 n° 159885 : RJF 3/98 n° 268). Lorsque des engagements multiples ont été souscrits au profit de **sociétés distinctes,** le respect de cette règle doit s'apprécier société par société (CE 26-11-2014 n° 358736 : RJF 2/15 n° 109).
e. Les versements effectués en exécution d'un engagement de caution souscrit pour un **montant illimité** sont intégralement déductibles si la portée de cet engagement peut être appréciée avec une approximation suffisante par le contribuable compte tenu de sa position dans la société et si elle n'excède pas le triple de la rémunération perçue au cours de l'année en cause (CAA Paris 15-3-2001 n° 97-713 : RJF 8-9/01 n° 1071).
f. La déduction des sommes versées en exécution d'un engagement de caution entraîne obligatoirement la renonciation aux **déductions forfaitaires pour frais** (CE 5-4-1993 n° 89140 : RJF 5/93 n° 657).

CONDAMNATION AU PAIEMENT DES DETTES SOCIALES

23785
DIR-VI-2200 s
Lorsqu'un dirigeant d'une société en difficulté est **condamné à supporter tout ou partie de l'insuffisance d'actif,** les sommes ainsi versées peuvent être admises en déduction de son revenu catégoriel (et engendrer éventuellement un déficit imputable sur le revenu global), même si l'intéressé a commis des erreurs de gestion, à condition toutefois qu'il n'ait pas usé des biens de la société et de ses pouvoirs d'une manière qu'il savait contraire à l'intérêt de cette société, à des fins personnelles ou pour favoriser d'autres sociétés dans lesquelles il était intéressé (CE 27-5-1987 nº 46529 : RJF 7/87 nº 722 ; CE 7-12-1987 nº 65891 : RJF 2/88 nº 174).

Les dirigeants peuvent également déduire, en l'absence de toute faute personnelle, les versements effectués à la suite de condamnations au paiement de **dettes fiscales** (CAA Paris 29-3-1994 nº 93-804 : RJF 7/94 nº 763) ou de **cotisations sociales** (CE 6-10-1976 nº 1163 : RJF 11/76 nº 471). Mais les sommes versées en exécution d'une **sanction pénale** sont exclues de toute déduction (CAA Versailles 6-5-2008 nº 07-263 : RJF 1/09 nº 31).

CHAPITRE 8

REVENUS DES CAPITAUX MOBILIERS

SOMMAIRE

PRINCIPES D'IMPOSITION

Les produits du portefeuille-titres et des placements financiers des **particuliers** sont imposables à l'impôt sur le revenu dans la catégorie des revenus de capitaux mobiliers que, dans la pratique, on désigne plus brièvement par l'expression « revenus mobiliers ». 24000

Sous réserve de régimes spécifiques, les revenus mobiliers sont soumis à un prélèvement forfaitaire unique (PFU). Par dérogation et sur option expresse, ils sont totalisés avec les autres revenus du contribuable pour former le revenu global qui sera soumis au barème progressif de l'impôt sur le revenu.

Remarque : Les produits financiers perçus par les **entreprises,** doivent, en principe, être compris dans le bénéfice imposable. Les règles applicables dans ce cas, qui diffèrent à la fois selon que l'entreprise est soumise à l'impôt sur les sociétés ou à l'impôt sur le revenu et selon la nature des produits, sont examinées nos 7950 s.

SECTION 1

RÈGLES GÉNÉRALES

REVENUS MOBILIERS IMPOSABLES

24155 RM-I-1500 s Qu'ils soient de source française ou étrangère, tous les revenus mobiliers (intérêts, dividendes, etc.) perçus par les personnes physiques domiciliées en France sont soumis à l'impôt sur le revenu (selon les modalités exposées nos 24170 s.), à l'**exception** toutefois des revenus exonérés en vertu d'une disposition expresse (par exemple : intérêts des livrets A ; nos 25575 et 25665).

Même exonérés de l'impôt sur le revenu, la plupart des revenus mobiliers supportent les **prélèvements sociaux** (nos 34430 s.).

24160 Les revenus mobiliers imposables sont taxés au titre de l'année de leur **paiement effectif** (en espèces ou par chèques) ou de leur inscription à un compte. Ils sont par exemple imposables en cas d'inscription à un compte courant d'associé ; dans ce cas, peu importe que les sommes aient été ou non effectivement prélevées par le titulaire du compte.

Ils sont en principe retenus pour leur montant net des **frais** supportés pour leur acquisition (voir no 24195).

> **Précisions** La fraction des **sommes provenant de comptes bancaires inactifs** reversées au bénéficiaire par la Caisse des dépôts et consignations et ayant le caractère de dividendes et assimilés ou de produits de placements à revenu fixe (non exonérés ou non déjà taxés) est soumise à l'impôt sur le revenu suivant les règles de taxation en vigueur l'année de leur versement. Le montant du revenu imposable est déterminé dans les conditions et selon les modalités applicables à la date de son inscription en compte (CGI art. 125 ter).

PRÉLÈVEMENT FORFAITAIRE UNIQUE

24170 CGI art. 200 A, 1 RM-I-2650 s Les revenus mobiliers sont soumis en principe au prélèvement forfaitaire unique (**PFU**). Le PFU, aussi appelé « **flat tax** », consiste en une imposition à l'impôt sur le revenu à un taux forfaitaire unique de 12,8 % auquel s'ajoutent les prélèvements sociaux de 17,2 % (nos 34430 s.) d'où une **taxation globale de 30 %.**

Les contribuables y ayant intérêt peuvent toutefois opter pour le barème progressif de l'impôt sur le revenu (nos 24190 s.).

Remarques :

a. Le PFU s'applique aussi bien aux revenus mobiliers qu'aux plus-values de cession de valeurs mobilières ou droits sociaux et autres gains sur titres. Compte tenu de leurs spécificités, les **plus-values** font l'objet d'un examen distinct nos 32805 s.

b. Un taux particulier est prévu pour certains produits de bons ou contrats de capitalisation ou d'assurance-vie (voir no 26040).

24175 **Champ d'application** Le PFU s'applique à l'**ensemble des revenus mobiliers** (dividendes, intérêts, etc.) à l'**exception** :

– des revenus expressément exonérés d'impôt notamment les intérêts des sommes inscrites sur les livrets A et autres livrets réglementés (nos 25575 et 25665), les produits des contrats d'assurance-vie exonérés (nos 26080 s.), les produits du capital-risque (nos 26305 s., 26415 s. et 26475), les revenus et plus-values réalisés dans le cadre d'un PEA (no 26175) et les revenus des impatriés exonérés (no 4730) ;

– des produits des bons ou contrats de capitalisation ou d'assurance-vie attachés à des primes versées jusqu'au 26 septembre 2017 (no 26050) ;

– des revenus pris en compte pour la détermination du bénéfice imposable d'une entreprise industrielle, commerciale, artisanale ou agricole ou d'une profession non commerciale ;

– des produits soumis à prélèvement libératoire (nos 25430 s.).

> **Précisions** Le PFU s'applique notamment :
> – aux produits résultant de la première **cession d'usufruit temporaire** qui se rattachent à la catégorie des revenus mobiliers (no 4790) ;
> – aux rémunérations allouées aux membres du conseil d'administration ou du conseil de surveillance des sociétés anonymes en vertu de l'article L 225-45 du Code de commerce (« **jetons de présence** » : no 23580) ;
> – aux revenus d'**actifs mobiliers** des fonds de placement immobilier (**FPI**) (no 30520, c).

Assiette Le PFU est assis sur le **montant brut** des revenus, sans aucune déduction au titre des frais et charges. L'abattement de 40 % sur les dividendes et revenus assimilés n'est pas non plus applicable. 24180

Par exception demeurent déductibles : l'abattement spécifique aux contrats d'assurance-vie (n° 26040), les pertes sur cession de titres ou contrats de créances négociables ou bon ou contrat de capitalisation (nos 25655, précision c, 25705, précision b et 26060, précision b), les pertes en capital en cas de non-remboursement d'un prêt participatif ou d'un minibon (n° 25655, précision d), la perte en capital subie lors d'un remboursement d'obligations (n° 25595, précision b ; BOI-RPPM-RCM-20-15 n° 80).

Pour les **revenus de source étrangère,** l'impôt retenu à la source est imputé sur l'imposition forfaitaire dans la limite du crédit d'impôt auquel il ouvre droit dans les conditions prévues par les conventions internationales.

OPTION GLOBALE POUR LE BARÈME PROGRESSIF

Par dérogation à l'application du PFU, les revenus mobiliers peuvent, sur **option expresse** et **irrévocable,** être soumis au barème progressif de l'impôt sur le revenu. 24190 CGI art. 158, 3-1° et 200 A, 2 RM-I-2800 s

L'option est **globale** et porte sur l'ensemble des revenus, gains nets, profits et créances entrant dans le champ d'application du PFU.

Elle est exercée **chaque année** lors du dépôt de la **déclaration de revenus** et au plus tard avant la date limite de déclaration.

> **Précisions** **a.** Il n'est pas possible au titre d'une même année de **combiner** l'imposition au **PFU** pour certains revenus et l'imposition selon le **barème progressif** pour d'autres afin notamment de pouvoir bénéficier de l'abattement de 40 % pour les dividendes et du taux de 12,8 % pour les autres revenus mobiliers.
b. Le barème progressif est applicable de plein droit à certains produits de **contrats d'assurance-vie** (voir n° 26050).

Assiette Les revenus mobiliers inclus dans l'assiette du revenu global sont retenus pour leur **montant net.** 24195

Sont ainsi déductibles du montant des revenus mobiliers l'**abattement de 40 %** sur les dividendes et revenus assimilés (nos 24635 s.) ainsi que les dépenses engagées pour l'acquisition et la conservation de ces revenus.

La déduction des **frais et charges** est opérée sur le montant brut des revenus après application de l'abattement de 40 %.

Les frais déductibles sont essentiellement les droits de garde des titres en portefeuille et les frais d'encaissement de coupons.

Ne sont en revanche pas déductibles les frais de courtage, les frais d'abonnement à des revues financières ou encore les intérêts d'emprunts contractés pour l'acquisition des titres. Les primes d'assurance relatives aux valeurs mobilières ne sont déductibles que si l'objet du contrat n'est pas de couvrir les risques de dépréciation (BOI-RPPM-RCM-20-10-20-70 n° 30).

Les frais admis en déduction doivent être déduits pour leur **montant réel** et justifié. Il n'existe aucune possibilité de déduction forfaitaire.

> **Précisions** **a.** Lorsque le contribuable perçoit **plusieurs types de revenus** mobiliers, les frais doivent être déduits de chaque type de revenus au prorata de leur montant dans l'ensemble des revenus de cette catégorie, hors revenus de créances (dont les charges ne sont pas déductibles selon l'administration fiscale : BOI-RPPM-20-10-20-70 n° 100 ; BOI-RPPM-20-10-30-20 n° 60). Cette imputation des frais et charges sur les revenus déclarés est effectuée automatiquement par l'administration fiscale.
b. Les **déficits** constatés, le cas échéant, dans la catégorie des revenus de capitaux mobiliers (hypothèse où les frais et charges sont supérieurs au montant du revenu brut) ne sont pas imputables sur le revenu global. Ils peuvent cependant être imputés sur les revenus de même nature des six années suivantes (CGI art. 156, I-8°).
Les **pertes en capital** ne sont imputables ni sur le revenu global ni sur les revenus mobiliers des années suivantes (voir toutefois n° 25655, Précision d).

MODALITÉS D'IMPOSITION

D'une manière générale, l'**imposition** des revenus mobiliers perçus par les personnes physiques fiscalement domiciliées en France s'effectue **en deux temps.** 24200 RM-I-2500 s

Lors de leur versement, les revenus sont soumis, sauf exceptions, à un prélèvement forfaitaire non libératoire (PFNL).

L'année suivante, ils sont soumis à l'impôt sur le revenu au taux forfaitaire (PFU), sauf option globale pour le barème progressif.

Le PFNL perçu à la source s'impute sur l'impôt sur le revenu dû au titre de l'année au cours de laquelle il a été effectué. En cas d'excédent, il est restitué.

Ces règles s'appliquent aux deux groupes principaux de produits à savoir :
– les produits des actions ou parts sociales et revenus assimilés distribués par les sociétés, c'est-à-dire essentiellement les bénéfices répartis sous forme de dividendes (nos 24540 s.) ;
– les produits des placements à « revenu fixe » : obligations et autres titres d'emprunt négociables, créances, dépôts, cautionnements et comptes courants, bons de caisse, bons assimilés aux anciens bons du Trésor (nos 25100 s.).

Différents **régimes spéciaux** sont par ailleurs prévus pour certains types de placements : contrats d'assurance-vie, plans d'épargne en actions (PEA), comptes PME innovation (CPI), etc. (nos 26000 s.).

Remarque : Les revenus mobiliers sont **exclus** du champ d'application du **prélèvement à la source de l'impôt sur le revenu** (nos 3740 s.).

SECTION 2 DIVIDENDES ET AUTRES DISTRIBUTIONS

NOTIONS GÉNÉRALES

24265 Dans les sociétés et autres personnes morales passibles de l'impôt sur les sociétés, les **bénéfices** sont d'abord frappés, au titre de l'exercice au cours duquel ils sont réalisés, par l'impôt sur les sociétés. La société est redevable de cet impôt sur l'intégralité de ses bénéfices, qu'ils soient ou non distribués aux associés.

Si, par la suite, ces bénéfices (amputés de l'impôt sur les sociétés) sont **mis en distribution,** c'est-à-dire s'ils sont attribués (ou réputés attribués) aux associés ou actionnaires, ces derniers doivent supporter, à raison des sommes correspondantes, l'impôt personnel. C'est cette taxation (fréquemment appelée « impôt de distribution ») qui est étudiée ci-après en distinguant le cas des **distributions « juridiques »** régulières, qui résultent d'une décision officielle des organes compétents de la société, et les cas où la loi fiscale décide qu'il y a distribution imposable, même en l'absence de distribution officielle. Ces **distributions fiscales** correspondent le plus souvent à des distributions irrégulières ou déguisées. Mais il existe d'autres présomptions de distribution de bénéfices. Tel est le cas pour les bénéfices réalisés en France par les sociétés étrangères, lesquels sont présumés distribués à des non-résidents (nos 24895 s.). De même, sont réputés distribués les bénéfices réalisés par les sociétés qui changent de régime fiscal (no 38770).

24270 CGI art. 108 RM-II-300 s **Sociétés dont les distributions constituent des revenus mobiliers** Les **sociétés** et personnes morales dont les distributions sont imposables au titre des revenus de capitaux mobiliers sont celles qui sont **passibles de l'impôt sur les sociétés** (nos 35665 s.), ainsi que celles qui seraient normalement passibles de cet impôt si elles n'en étaient exonérées par une disposition spéciale (no 35695).

En fait, il s'agit essentiellement des **sociétés anonymes,** des **sociétés par actions simplifiées,** des sociétés **en commandite par actions** et des sociétés **à responsabilité limitée.**

Les **sociétés de personnes et assimilées** (sociétés en nom collectif, sociétés de fait, sociétés civiles, etc.) ne sont pas concernées dès lors qu'elles relèvent de l'impôt sur le revenu puisque, dans ce cas, leurs bénéfices sont intégralement imposables au nom des associés dès leur réalisation, même s'ils sont mis en réserve. Ce n'est que si la société a opté pour son assujettissement à l'impôt sur les sociétés que ses membres peuvent être imposés au titre des revenus mobiliers en cas de distribution des bénéfices (voir nos 37565 s.).

› **Précisions** **a.** Même à défaut d'option, les **sociétés en commandite simple** relèvent de l'impôt sur les sociétés pour la part des bénéfices correspondant aux droits des commanditaires. Les produits distribués à ces commanditaires sont donc imposables au titre des revenus mobiliers.

Il en est de même, dans les **sociétés en participation,** pour les distributions faites aux associés qui ne sont pas indéfiniment responsables ou dont l'identité n'a pas été indiquée à l'administration (nos 37800 s.).

b. Les distributions effectuées par des **sociétés étrangères** qui supportent un impôt équivalent à l'impôt sur les sociétés constituent des revenus mobiliers.

c. Selon le Conseil d'État, le **versement d'une rémunération** ou d'un avantage **occulte par une société de personnes** dont certains associés sont passibles de l'impôt sur les sociétés constitue, dans la mesure de la participation de ces derniers, une distribution imposable au nom de son bénéficiaire dans la catégorie des revenus mobiliers (CE 29-6-2001 no 223663 :

RJF 10/01 n° 1233 ; CE 12-4-2012 n° 325329 : RJF 7/12 n° 704). Il en va de même, sauf stipulation contraire d'une convention internationale, lorsque les associés passibles de l'impôt sur les sociétés sont établis hors de France (CE 11-10-2017 n° 399011 : RJF 1/18 n° 35).

A. Distributions régulières

1. DISTRIBUTIONS CONCERNÉES

Si les dividendes constituent la forme la plus courante, il existe d'autres formes de distributions. Certaines sont effectuées en cours de société, par exemple les attributions faites aux associés dans le cadre d'une réduction de capital. D'autres interviennent en fin de société, dans les sociétés dissoutes, à titre d'acompte ou de solde de liquidation. 24450

DIVIDENDES, ACOMPTES SUR DIVIDENDES ET RÉPARTITIONS EXCEPTIONNELLES

Ce sont les formes les plus courantes de distribution. Il s'agit des sommes prélevées sur les bénéfices de l'exercice et, le cas échéant, sur les réserves, que l'assemblée générale ordinaire annuelle des associés ou toute autre assemblée décide de répartir. 24455 RM-II-9100 s

La **forme de la distribution** est indifférente : paiement en espèces ou par remise de biens en nature (dividendes payés en actions, par exemple).

DISTRIBUTIONS LIÉES À UNE MODIFICATION DU CAPITAL

Réduction de capital Lorsqu'elle ne se traduit par **aucune répartition** au profit des associés (réduction de capital motivée par des pertes, réduction du nominal des droits sociaux et mise en réserve des sommes correspondantes), la réduction de capital ne donne lieu à aucune imposition. 24465 CGI art. 112, 1° RM-II-16200 s

Lorsque, au contraire, la réduction se traduit par une répartition au profit des associés, les sommes qui leur sont ainsi attribuées sont en principe taxables en tant que revenus distribués. Seules échappent à l'imposition les sommes présentant pour les associés le caractère de **remboursements d'apports ou de primes d'émission** à la condition toutefois que tous les bénéfices et réserves autres que la réserve légale aient été auparavant répartis.

> **Précisions** **a.** Ne sont **pas** considérées comme des **apports** (et leur remboursement est donc imposable) :
> – les réserves incorporées au capital ;
> – les sommes incorporées au capital ou aux réserves à l'occasion d'une fusion, d'une scission ou d'un apport partiel d'actif ayant donné lieu à une répartition de titres (voir n° 39620).
> **b.** Lorsqu'une **partie des bénéfices et réserves** a été auparavant **répartie,** l'imposition est limitée à la fraction de ceux qui n'ont pas encore été répartis (CE 12-3-1975 n°s 87740 et 87753 : RJF 5/75 n° 245 ; CE 12-3-1975 n° 87741 : RJF 5/75 n° 241).
> **c.** Dans l'hypothèse d'une réduction de capital non motivée par des pertes réalisée par diminution de la valeur nominale des titres reçus dans le cadre d'un échange de titres placé en **sursis d'imposition** sur le fondement de l'article 150-0 B du CGI, le montant des apports doit être calculé par référence au coût d'acquisition des titres apportés (CE 7-3-2019 n° 420094 : RJF 6/19 n° 546 ; BOI-RPPM-RCM-10-20-30-10 n° 245).

Rachat par une société de ses propres titres Lorsqu'une société procède au rachat de ses propres titres, les sommes ou valeurs attribuées aux associés ou actionnaires relèvent du régime des **plus-values** : régime des plus-values de cession de valeurs mobilières et droits sociaux pour les associés personnes physiques détenant les titres dans le cadre de leur patrimoine privé (nos 32805 s.) ; régime des plus-values professionnelles pour les entreprises (n° 17730, Précisions e). Ces sommes ne sont pas considérées comme des revenus distribués. 24470 CGI art. 112, 6° RM-II-16900 s

Rachat de parts bénéficiaires ou de fondateur Les sommes ou valeurs attribuées aux porteurs de parts bénéficiaires ou de fondateur au titre du rachat de ces parts sont considérées comme des revenus distribués, dans la mesure où le prix de rachat excède la valeur originaire des parts. 24490 CGI art. 111, b RM-II-15700 s

Ce rachat n'est, en revanche, pas imposable lorsqu'il est effectué par la **remise gratuite d'actions** émises lors d'une incorporation de réserves au capital.

Amortissement du capital L'amortissement du capital est l'opération qui consiste à rembourser des actions ou parts sociales par **prélèvement sur les réserves,** mais sans réduction du capital, les actions amorties devenant des actions de jouissance. 24495 RM-II-15900 s

Les sommes correspondantes sont considérées comme des revenus distribués, sous réserve des dispositions particulières (CGI art. 112, 2°) prévues en faveur des **sociétés concessionnaires.**

24500
RM-II-15530 s

Capitalisation de réserves ou de bénéfices Ne constituent pas une distribution de revenus :
– l'incorporation de bénéfices ou de réserves au capital (voir n° 24745) ;
– l'**attribution d'actions** ou de parts sociales opérée en conséquence de l'incorporation de réserves au capital (CGI art. 112, 7°).

En revanche, le **remboursement ultérieur** de ces sommes est en principe imposable (voir n°s 24465, précision a, et 24510).

RÉPARTITION DU BONI DE LIQUIDATION

24510
CGI art. 112, 3°
RM-II-19000 s

Lors de la **dissolution** d'une société, les associés peuvent reprendre en franchise d'impôt le montant des apports réels, ou assimilés, qu'ils avaient faits à la société. En revanche, toutes les sommes leur revenant qui excèdent le montant de ces apports – on parle de « boni de liquidation » – sont en principe taxables en tant que revenu distribué.

Le boni de liquidation imposable entre les mains des associés s'obtient donc, en principe, par différence entre le montant de l'actif net et le montant des apports réels ou assimilés. Toutefois, pour les associés ayant acquis leurs **droits sociaux** en cours de société pour un **prix supérieur au montant des apports,** l'imposition est limitée à la différence entre les sommes réparties au titre du boni et le prix (ou la valeur) d'acquisition des droits sociaux (CGI art. 161).

EXEMPLE

Société au capital de 300 000 € (composé en totalité d'apports) divisé en 3 000 actions de 100 € et dont l'actif net à la dissolution s'élève à 480 000 €.

Boni de liquidation : 480 000 € – 300 000 € = 180 000 € (soit 60 € par action).

Si l'on suppose que certains actionnaires ont acheté leur action 120 €, le boni imposable ne sera pour eux que de : 160 € – 120 € = 40 €.

24515

› Précisions a. Sont considérées comme des remboursements d'**apports réels ou assimilés** et échappent à ce titre à l'imposition des revenus distribués les attributions aux associés qui portent :
– sur des apports ou des primes d'émission, ainsi que sur les réserves incorporées au capital avant le 1er janvier 1949 ;
– sur le capital amorti dans la mesure où l'amortissement a été traité comme une distribution (n° 24495) ;
– sur les sommes incorporées au capital ou aux réserves (primes de fusion) à l'occasion d'une fusion antérieure au 1er janvier 1949, dans la mesure où elles ont supporté, à raison de la fusion, l'impôt sur le revenu des valeurs mobilières ou la taxe additionnelle au droit d'apport.

b. Lorsque les droits sociaux ont été reçus par les associés dans le cadre d'un **échange de titres** placé en **sursis d'imposition** dans les conditions de l'article 150-0 B du CGI (n° 33300) ou de l'article 150 UB, II du CGI (n° 32535), le boni est calculé à partir du prix d'acquisition des titres remis à l'échange, diminué du montant de la soulte reçue qui n'a pas fait l'objet d'une imposition au titre de l'année d'échange, ou majoré de la soulte versée (BOI-RPPM-RCM-10-20-40 n° 145).

c. Lorsque la liquidation d'une société fait apparaître, non pas un boni, mais au contraire une **perte** pour les associés (**non-remboursement** de tout ou partie de leurs **apports**), cette perte, qui ne constitue pas un déficit déductible mais une perte en capital, ne peut pas être retranchée du revenu global des intéressés. À noter cependant que le Conseil d'État a admis de traiter un mali comme un déficit et non comme une perte en capital en autorisant, au niveau du foyer fiscal, l'imputation du mali subi par l'un des époux sur le boni réalisé par l'autre à raison de la même opération (CE 29-4-2002 n° 212408 : RJF 7/02 n° 754).

2. MODALITÉS D'IMPOSITION

24540

L'imposition des dividendes et distributions assimilées perçus par les personnes physiques est effectuée en deux temps (voir tableau n° 24660) :
– l'année de leur versement, les revenus donnent lieu à un prélèvement forfaitaire non libératoire perçu à titre d'acompte,
– l'année suivante, ils sont soumis à l'impôt sur le revenu sous déduction de l'impôt prélevé à la source.

Les **prélèvements sociaux** sont opérés, en règle générale, à la source (n° 34650).

› Précisions Lorsque les revenus sont encaissés par l'intermédiaire d'une **société de personnes,** les associés personnes physiques sont fiscalement considérés comme ayant perçu directement la part qui leur revient et sont soumis à l'impôt sur le revenu au titre des revenus mobiliers. De même, les porteurs de parts de **fonds de placement immobilier** (FPI) sont également imposés comme s'ils avaient perçu eux-mêmes les revenus encaissés par le fonds, l'imposition étant cependant subordonnée à la distribution effective des revenus par le fonds (voir n° 30520).

a. Prélèvement forfaitaire non libératoire (PFNL)

Les dividendes et distributions assimilées sont soumis, lors de leur versement, à un prélèvement forfaitaire non libératoire (PFNL). Ce prélèvement constitue un acompte d'impôt sur le revenu imputable sur l'impôt dû l'année suivante. 24570

CGI art. 117 quater
RM-III-300 s

CHAMP D'APPLICATION

Le PFNL est applicable à l'ensemble des **revenus** distribués perçus par les personnes physiques fiscalement domiciliées en France. Son champ d'application est très large puisque sont concernés les distributions régulières, les revenus réputés distribués et les rémunérations allouées en vertu de l'article L 225-45 du Code de commerce (« jetons de présence ») visées nº 23580, de source française ou étrangère. 24575

Le PFNL n'est **pas applicable** :
– aux revenus pris en compte pour la détermination du bénéfice imposable d'une entreprise industrielle, commerciale, artisanale ou agricole, ou d'une profession non commerciale (y compris lorsque ces revenus sont retranchés du résultat pour être imposés au nom de l'entrepreneur individuel ou du professionnel libéral) ;
– aux revenus afférents à des titres détenus dans un PEA (voir nº 26175) ;
– aux revenus distribués par les fonds communs de placement à risque (FCPR), les fonds professionnels de capital investissement (FPCI), les sociétés de capital-risque (SCR) et les sociétés unipersonnelles d'investissement à risque (Suir), exonérés d'impôt sur le revenu dans les conditions prévues nºs 26310 s., 26415 s. et 26475 ;
– aux revenus payés par un établissement établi hors de France à des personnes dont le revenu fiscal de l'avant-dernière année est inférieur aux montants mentionnés nº 24580.

Dispense de prélèvement Les **contribuables modestes** peuvent demander à être dispensés du PFNL. Sont considérées comme telles les personnes physiques appartenant à un foyer fiscal dont le revenu fiscal de référence de l'avant-dernière année, tel que défini nº 42332, est inférieur à 50 000 € (contribuables célibataires, divorcés ou veufs) ou 75 000 € (contribuables soumis à imposition commune). 24580

La **demande de dispense** doit être formulée, sous la responsabilité du contribuable, au plus tard le 30 novembre de l'année précédant celle du versement. Elle prend la forme d'une attestation sur l'honneur par laquelle le contribuable indique à l'établissement payeur que son revenu fiscal de référence figurant sur l'avis d'imposition établi au titre des revenus de l'avant-dernière année précédant le paiement est inférieur selon le cas à 50 000 € ou 75 000 € (CGI art. 242 quater).

Pour le cas où l'établissement payeur est situé hors de France, voir nº 24575.

> **Précisions** **a.** Les **contribuables se domiciliant fiscalement en France en cours d'année** doivent se référer uniquement au revenu fiscal de référence mentionné sur l'avis d'imposition relatif aux revenus de l'année N – 2 (d'où un revenu nul à défaut de domiciliation au cours de cette année) (BOI-RPPM-RCM-30-20-10 nº 120).
> **b.** En cas de **divorce, séparation, décès, mariage** ou conclusion d'un **Pacs** en N – 1, le revenu fiscal de référence à prendre en compte reste celui du foyer fiscal auquel le contribuable appartenait en N – 2 (BOI-RPPM-RCM-30-20-10 nº 130).
> **c.** Pour les contribuables qui procèdent **après la date limite de dépôt de la demande** de dispense à l'**achat de titres** ou droits ou qui souscrivent des parts de fonds investis en actions, l'administration admet qu'ils déposent cette demande auprès de l'établissement payeur lors de l'achat ou de la souscription des titres (BOI-RPPM-RCM-30-20-10 nºs 80 et 320).
> **d.** La présentation d'une attestation sur l'honneur par une **personne ne remplissant pas la condition** tenant au montant du revenu fiscal de référence entraîne l'application d'une **amende** égale à 10 % du montant des prélèvements ayant fait l'objet d'une dispense à tort (CGI art. 1740-0 B).
> **e.** Sur demande de l'administration, l'**établissement payeur** est **tenu de produire l'attestation sur l'honneur,** le non-respect de cette obligation étant sanctionné par l'application d'une **amende** de 150 € (CGI art. 1736, VIII).

LIQUIDATION

Le PFNL est calculé sur le **montant brut** des revenus perçus, sans déduction des frais et charges qui peuvent grever ce revenu. 24585

Il est liquidé au **taux de 12,8 %**

> **Précisions** **a.** Il est formellement interdit au débiteur des revenus de **prendre en charge le montant du prélèvement** (CGI art. 1671 C).
> **b.** Pour les **revenus de source étrangère,** le montant brut des revenus comprend, le cas échéant, le crédit d'impôt conventionnel. Ce crédit d'impôt est imputable non pas sur le prélèvement mais sur le montant de l'impôt sur le revenu liquidé au vu de la déclaration d'ensemble des revenus (BOI-RPPM-RCM-30-20-30 nº 10).

DÉCLARATION ET PAIEMENT

24590 **Établissement payeur établi en France** Lorsque l'établissement payeur est établi en France, le PFNL est télédéclaré et télépayé au moyen d'un **formulaire n° 2777** au plus tard le 15 du mois suivant le paiement des revenus auprès du service des impôts des entreprises dont dépend l'établissement principal. Le non-respect des obligations de télédéclaration et de télépaiement (CGI art. 1649 quater B quater, VIII et IX et 1681 septies, 7) est sanctionné par une majoration de 0,2 % (n° 80200).

La souscription hors délai de la déclaration, accompagnée du **paiement tardif** du prélèvement, entraîne l'exigibilité des sanctions prévues en cas de déclaration tardive (intérêt de retard et majoration : voir nos 80075 s.).

24595 **Établissement payeur établi hors de France** Lorsque l'établissement payeur est établi hors de France, le PFNL est déclaré et payé au moyen d'un **formulaire n° 2778-DIV** au plus tard le 15 du mois suivant le paiement des revenus par le contribuable lui-même auprès du service des impôts des entreprises de son domicile.

Toutefois, lorsque l'**établissement payeur** est établi dans un **État de l'Union européenne, en Islande, en Norvège ou au Liechtenstein,** le PFNL est acquitté soit par l'établissement payeur mandaté par le contribuable à la Direction des impôts des non-résidents, soit par le contribuable lui-même auprès du service des impôts des entreprises dont dépend son domicile. Le versement, qui doit intervenir au plus tard le 15 du mois suivant le paiement des revenus, est accompagné d'une déclaration n° 2778-DIV.

Le dépôt hors délai de la déclaration, accompagné du **versement tardif** du prélèvement, entraîne l'exigibilité des sanctions prévues en cas de déclaration tardive (intérêt de retard et majoration : voir nos 80075 s.). Ces sanctions ne sont toutefois pas applicables si le contribuable justifie qu'il a mandaté l'établissement payeur pour acquitter et déclarer le prélèvement (cas où l'établissement payeur est situé dans un État européen) (CGI art. 1671 C).

> **Précisions** Lorsqu'un même établissement payeur établi dans un État de l'Union européenne, en Islande, en Norvège ou au Liechtenstein est mandaté par plusieurs contribuables français, il peut conclure une **convention** avec l'administration fiscale française prévoyant les modalités de paiement du prélèvement pour l'ensemble de ces contribuables, de sorte qu'il puisse déposer une seule déclaration pour l'ensemble des redevables.

b. Imposition définitive

24630 Les dividendes et distributions assimilées sont soumis à l'impôt sur le revenu au taux forfaitaire de 12,8 % (PFU) ou, sur option globale, au barème progressif, selon les modalités exposées nos 24170 s. et 24190 s.

En cas d'option pour le barème progressif, un abattement de 40 % est, le cas échéant, applicable.

Le PFNL perçu à la source est imputable sur l'impôt dû.

ABATTEMENT DE 40 % (EN CAS D'OPTION POUR LE BARÈME PROGRESSIF)

24635 Pour le calcul de l'impôt sur le revenu, lorsque l'option globale pour le barème progressif a été exercée, un abattement de 40 % est pratiqué sur le montant brut des dividendes et revenus assimilés distribués.

CGI art. 158, 3-2° à 4°
RM-III-1550 s

Cet abattement est applicable aux revenus distribués par les sociétés françaises ou étrangères soumises à l'impôt sur les sociétés (ou à un impôt équivalent), en vertu d'une décision régulière des organes compétents.

Il est réservé aux personnes physiques domiciliées en France. Son **montant** n'est pas plafonné.

24640 **Sociétés distributrices** L'abattement de 40 % est applicable non seulement aux revenus distribués par les **sociétés françaises,** mais également à ceux distribués par les sociétés **étrangères** ayant leur siège dans un État de l'Union européenne ou dans un État ou territoire ayant conclu avec la France une convention d'assistance administrative en vue de lutter contre la fraude et l'évasion fiscales. Il doit s'agir de sociétés **passibles de l'IS** (sociétés françaises) ou d'un **impôt équivalent** (sociétés étrangères), ou bien de sociétés soumises sur option à cet impôt.

Notons que l'abattement s'applique aux distributions effectuées par les sociétés passibles de l'IS, même si elles sont prélevées sur des **bénéfices exonérés** en application de dispositions particulières (autres que celles visées n° 24650). Il en va ainsi des distributions et répartitions prélevées sur les bénéfices n'ayant pas supporté l'IS faites par les sociétés d'investissement à capital fixe (Sicaf).

Distributions concernées L'abattement s'applique en principe à l'ensemble des revenus distribués par la société en vertu d'une décision régulière des organes compétents, quelle que soit la date de réalisation des bénéfices distribués. Mais il faut que la distribution s'adresse à des associés pris en cette qualité. 24645

Les distributions concernées s'entendent notamment :

– des **dividendes,** acomptes sur dividendes et répartitions exceptionnelles, quelles que soient leurs modalités de paiement (dividendes payés en actions, par exemple) et la nature de l'assemblée générale, ordinaire ou extraordinaire, qui prend la décision de distribution ;

– du **boni de liquidation** calculé comme indiqué n° 24510 ;

– de tout ou partie du remboursement consécutif à une **réduction du capital** (n° 24465).

› **Précisions** **a.** Une **distribution** de dividendes n'est **irrégulière** que si elle n'a pas été prise par l'organe compétent, si elle est le résultat d'une fraude ou si elle n'entre dans aucun des cas pour lesquels le Code de commerce autorise la distribution de sommes prélevées sur les bénéfices (CE 11-5-2015 n°s 369257 et 369261 : RJF 8-9/15 n° 691).

b. Pour l'application de l'abattement, le **locataire d'actions** ou de parts sociales (dans les conditions prévues aux articles L 239-1 à L 239-5 du Code de commerce) est réputé avoir la qualité d'associé.

De même, l'acheteur d'**actions négociées en bourse** est considéré comme associé dès le jour de l'exécution de l'ordre (CGI art. 158, 3-3°-c).

Les **distributions** suivantes sont **expressément exclues** du bénéfice de l'abattement : 24650

– revenus distribués à titre d'**avances, prêts ou acomptes aux associés** mentionnés à l'article 111, a du CGI (n° 24810) ;

– revenus distribués ne constituant pas la rémunération du bénéficiaire en sa qualité d'associé ou d'actionnaire, c'est-à-dire principalement les rémunérations allouées aux membres du conseil d'administration ou du conseil de surveillance des sociétés anonymes en vertu de l'article L 225-45 du Code de commerce (**jetons de présence**) ;

– bénéfices ou revenus mentionnés à l'article 123 bis du CGI provenant de participations dans des **structures financières étrangères** soumises à un régime fiscal privilégié, qu'il y ait ou non distribution (n° 78285) ;

– dividendes distribués provenant des bénéfices exonérés des sociétés d'investissements immobiliers cotés (**SIIC**) et des sociétés de placement à prépondérance immobilière à capital variable (**Sppicav**).

› **Précisions** **a.** Bien qu'ils soient taxés dans la catégorie des revenus mobiliers, les **intérêts excédentaires** servis aux **comptes courants d'associés** et réintégrés dans les bénéfices n'ouvrent pas droit à l'abattement.

b. Les distributions et répartitions prélevées sur des bénéfices n'ayant pas supporté l'IS faites par les **OPCVM** (Sicav et FCP), certains fonds d'investissements alternatifs et les sociétés de capital-risque n'ouvrent pas droit à l'abattement. Mais ces organismes peuvent transférer à leurs actionnaires ou porteurs de parts le bénéfice de l'abattement à concurrence du coupon représentatif de la redistribution des produits y ouvrant droit.

IMPUTATION DU PRÉLÈVEMENT FORFAITAIRE SUR L'IMPÔT SUR LE REVENU

Le PFNL prélevé à la source (n°s 24570 s.) est un acompte d'impôt sur le revenu. Il est imputable sur l'impôt sur le revenu dû au titre de l'année au titre de laquelle il a été opéré. L'excédent éventuel (notamment en cas d'option pour le barème progressif) est restituable. 24655

Remarque : L'alignement du taux du PFNL sur celui du PFU (12,8 %) revient en pratique à s'acquitter de l'imposition à la source, sauf en cas d'option pour le barème progressif.

› **Précisions** Lorsque l'impôt sur le revenu n'est pas mis en recouvrement en application de l'article 1657, 1 bis du CGI (cotisation d'impôt inférieure à 61 € : n° 2335), le montant du prélèvement restituable doit être diminué de cette cotisation (BOI-RPPM-RCM-20-20 n° 1).

TABLEAU RÉCAPITULATIF

Le tableau ci-après récapitule les règles d'imposition des dividendes à l'impôt sur le revenu. 24660

Dividendes perçus l'année N	
Année N PFNL de 12,8 % (1)	**Année N + 1** • PFU de 12,8 % ou, sur option globale (2), barème progressif après abattement de 40 % • Imputation du PFNL de 12,8 % • Restitution en cas d'excédent

1. Les contribuables dont le revenu fiscal de référence n'excède pas 50 000 € (célibataires, divorcés ou veufs) ou 75 000 € (contribuables soumis à une imposition commune) peuvent demander à être dispensés du PFNL.
2. L'option porte sur l'ensemble des revenus, gains nets, profits et créances entrant dans le champ d'application du PFU.

B. Autres distributions

24740 En dehors des distributions « juridiques » (résultant d'une délibération ou d'une décision officielle des organes compétents de la société), il existe toute une variété de cas où la loi fiscale décide qu'il y a distribution imposable. Ces distributions « fiscales » sont imposables à l'impôt sur le revenu selon les règles exposées nos 24170 s. et 24190 s. (PFU ou, sur option globale, barème progressif mais sans abattement).

Remarque : Ces distributions sont assujetties (tout du moins en théorie) au prélèvement à la source non libératoire (voir no 24575).

PRINCIPES D'IMPOSITION

24745 CGI art. 109, 1-1° et 110 RM-II-950 s

Bénéfices réputés désinvestis L'article 109, 1-1° du CGI considère comme distribués tous les bénéfices ou produits qui ne sont pas mis en réserve ou incorporés au capital. Ce texte institue donc une présomption légale de distribution à l'égard de tous les bénéfices sociaux qui ne sont pas demeurés investis dans l'entreprise.

Cette présomption de distribution a une portée générale et s'applique aux bénéfices qui, sans donner lieu à une distribution apparente, sont en fait transférés soit aux associés et actionnaires, soit à des tiers. Ces distributions se rencontrent notamment lorsque les bénéfices font l'objet de rehaussements et lorsque certaines charges ou dépenses ne sont pas admises en déduction du bénéfice imposable.

> **Précisions** Pour l'application de ce texte, les **bénéfices** s'entendent de ceux qui ont été retenus pour l'assiette de l'impôt sur les sociétés. Ces bénéfices « fiscaux » doivent être :
> – **augmentés** des bénéfices qui sont légalement exonérés d'impôt sur les sociétés, tels que les produits des filiales (no 40960) ou les bénéfices réalisés hors de France (no 35725) ;
> – et **diminués** des sommes payées au titre de l'impôt sur les sociétés (et de tous autres impôts ou taxes non déductibles) ou au titre d'amendes ou pénalités non admises en déduction pour l'assiette de l'impôt sur les sociétés (no 8905), ainsi que des pertes subies hors de France.
> Mais, bien entendu, le bénéfice ainsi déterminé ne doit être retenu que dans la mesure où il peut être considéré comme distribué ; cela implique qu'on doive en retrancher les sommes qui, prélevées sur ce bénéfice, ont été mises en réserve ou incorporées au capital.

24750 CGI art. 109, 1-2° RM-II-2400 s

Distributions non prélevées sur les bénéfices L'article 109, 1-2° du CGI qualifie de revenus distribués les **sommes ou valeurs mises à la disposition des associés,** actionnaires ou porteurs de parts même si elles ne sont pas prélevées sur les bénéfices. Par rapport au cas des bénéfices « désinvestis » (no 24745), ce cas d'imposition présente deux différences marquantes :
– il peut jouer seulement lorsqu'il s'agit d'associés (et non de tiers) ;
– l'administration doit apporter la preuve que les sommes ou valeurs en cause ont été effectivement appréhendées par des associés, une présomption de distribution étant cependant spécialement prévue pour les avances ou prêts consentis aux associés.

24755 RM-II-9450 s

Exemples de revenus réputés distribués Une distribution imposable sur le fondement des articles 109,1-1° (no 24745), 109,1-2° (no 24750) ou 111, c (no 24770) du CGI peut résulter notamment :
– d'**avantages en nature,** par exemple : immeuble mis gratuitement ou à prix réduit à la disposition d'un associé (CE 29-9-2000 no 204516 : RJF 12/00 no 1501) ; attribution gratuite de titres (BOI-RPPM-RCM-10-20-20-10 no 70) ;
– de la **prise en charge,** par une société, de **dépenses personnelles** d'un associé (voyages, restaurant, réceptions, téléphone, voiture…) (notamment CE 22-12-1982 no 28185 : RJF 2/83 no 222 ; CE 13-5-1992 no 71495 : RJF 7/92 no 982 ; CE 12-1-1994 no 82160 : RJF 3/94 no 263) ;
– d'une **acquisition** par une société de biens (immeubles, titres de sociétés, créances, brevets…) moyennant un **prix délibérément majoré** (notamment CE sect. 28-2-2001 no 199295 : RJF 5/01 no 620 ; CE 3-7-2009 no 301299 : RJF 11/09 no 940) ;
– d'une **cession** de biens sociaux (titres en portefeuille, créances, marchandises, immeubles…) pour un **prix délibérément minoré** (notamment CE 10-12-2010 no 308189 : RJF 3/11 no 269 ; CE 16-10-2013 no 329420 : RJF 1/14 no 36).

REHAUSSEMENTS DE BÉNÉFICES

24760 RM-II-3030 s

Tous les rehaussements de bénéfices qui font suite à un contrôle fiscal ne sont pas générateurs de revenus distribués. C'est le cas uniquement s'ils ont pour cause des infractions qui se sont traduites par un **désinvestissement** des sommes rapportées aux résultats et, donc, par une diminution de l'actif social. Tel est le cas, par **exemple,** des recettes dissimulées et que les associés se sont appropriées, ou encore de la fraction des rémunérations des dirigeants considérée comme excessive.

En revanche, les rehaussements portant sur des amortissements jugés excessifs ou sur des provisions injustifiées ne font apparaître aucun revenu mobilier puisque les sommes correspondantes n'ont pas été « désinvesties ».

Les sommes réintégrées dans les bénéfices sociaux et réputées distribuées sont imposables à l'impôt sur le revenu au nom des bénéficiaires selon les règles exposées nos 24170 s. et 24190 s. (PFU ou, sur option globale, barème progressif mais sans abattement). Les intéressés peuvent bénéficier de la **déduction** dite **« en cascade »** (voir nos 79610 s.). À noter que, pour le calcul de l'impôt sur le revenu selon le barème progressif, les sommes ainsi réputées distribuées sont retenues pour 125 % de leur montant (CGI art. 158, 7-2°).

› Précisions **a.** En pratique, trois situations peuvent se présenter.

1. Le rehaussement a pour effet de majorer un **résultat bénéficiaire** déjà déclaré. Le complément de bénéfice résultant du rehaussement est imposable, en tant que revenu distribué, au nom du bénéficiaire, que celui-ci soit un associé ou un tiers, sur le fondement de l'article 109, 1-1° du CGI (n° 24745). Mais les procédures à suivre vis-à-vis de la société et du bénéficiaire étant, selon la jurisprudence, indépendantes l'une de l'autre, l'administration doit, à défaut d'acceptation expresse du rehaussement par l'intéressé, apporter la preuve qu'il a effectivement disposé des sommes en cause.

2. Le rehaussement aboutit seulement à la **réduction** ou à l'annulation **du déficit déclaré** par la société : dans ce cas, la totalité des sommes réintégrées ne peut être taxée à titre de revenus mobiliers, sur le fondement de l'article 109, 1-2° du CGI (n° 24750), que si l'administration démontre que ces sommes ont été effectivement appréhendées ou mises à la disposition de personnes ayant la qualité d'associé (CE 20-6-1984 n° 35616 : RJF 8-9/84 n° 983). Notons que lorsqu'il s'agit de **distributions occultes** qu'elle entend imposer sur le fondement de l'article 111, c du CGI, l'administration peut demander à la société de lui fournir l'identité des bénéficiaires, dans le cadre de la procédure spéciale visée n° 24775 (CE 12-6-1991 n° 61896 : RJF 8-9/91 n° 1153).

3. Le rehaussement opéré aboutit à **substituer à un déficit déclaré un solde bénéficiaire.** Le solde bénéficiaire effectivement soumis à l'impôt sur les sociétés est présumé distribué et imposé comme indiqué ci-dessus en 1 ; la fraction du rehaussement qui a annulé le déficit n'est taxable, comme indiqué ci-dessus en 2, que si le service apporte la preuve de l'appréhension par les associés des sommes réintégrées.

b. Lorsque le rehaussement opéré aboutit à **substituer à un déficit déclaré un solde bénéficiaire**, le juge ne peut pas se fonder, pour apprécier l'existence d'une distribution en application de l'article 109, 1-1° du CGI, sur les seules **sommes désinvesties** alors que le rehaussement du résultat provient, pour partie, de corrections ne se traduisant par **aucun désinvestissement** (CE 19-12-2019 nos 429309 et 429310 : RJF 3/20 n° 221).

RÉMUNÉRATIONS ET DISTRIBUTIONS OCCULTES

Les rémunérations occultes correspondent à des charges comptabilisées qui, en apparence **24770** CGI art. 111, c RM-II-2700 s
du moins, rémunèrent des prestations dont le fournisseur n'est pas identifié. Quant aux distributions occultes, elles résultent le plus souvent de dissimulations de recettes ou de la prise en charge par la société de dépenses qui ne lui incombent pas.

Dans les deux cas, les sommes en cause ne sont pas déductibles des bénéfices imposables de la société versante et sont considérées comme des revenus mobiliers distribués imposables. Pour permettre leur imposition, une **procédure spéciale** autorise l'administration à demander à la société l'identité des bénéficiaires.

Procédure spéciale Lorsque la masse des revenus distribués excède le montant total **24775** CGI art. 117, 1754, V-3 et 1759 RM-II-4800 s
des distributions individuelles déclarées par la société, celle-ci peut être invitée par le service des impôts à fournir, dans un délai de trente jours, toutes **indications** complémentaires sur les **bénéficiaires** de l'excédent de distribution.

Si, à la suite de cette demande, la société désigne le bénéficiaire, l'intéressé est imposé personnellement à l'impôt sur le revenu selon les règles exposées nos 24170 s. et 24190 s. (PFU ou, sur option globale, barème progressif mais sans abattement), étant précisé que, pour le calcul de l'impôt selon le barème progressif, les sommes ainsi distribuées sont retenues pour 125 % de leur montant (CGI art. 158, 7-2°).

Si, au contraire, la société ne répond pas dans le délai susvisé, ou se borne à faire une réponse imprécise ou ambiguë, elle doit verser elle-même au Trésor une **pénalité fiscale,** non déductible de son bénéfice imposable, égale à 100 % de la distribution occulte.

Lorsque l'entreprise a spontanément fait figurer et réintégré le montant des sommes en cause dans sa déclaration de résultat (ce qui lui évite d'avoir à désigner les bénéficiaires), le taux de la pénalité est ramené à 75 %.

Les **dirigeants** de droit ou de fait sont **solidairement responsables** pour le paiement de la pénalité.

› Précisions **a.** L'administration n'est pas tenue de mettre en œuvre la procédure ci-dessus si elle estime pouvoir faire la **preuve de l'appropriation** des sommes en cause par les contribuables qu'elle envisage de taxer (BOI-RPPM-RCM-10-20-20-40 n° 80). Il résulte de l'article 111, c du CGI que l'administration est **réputée apporter la preuve** que des distributions occultes ont été appréhendées par la personne qui est, dans la société dont des revenus ont été regardés comme distribués, le **maître de l'affaire** (CE 3-6-2015 n° 370699 : RJF 12/15 n° 1045 ; CE 13-6-2016 n° 391240 : RJF 10/16 n° 835).

b. Pour être valable, la **mise en demeure** adressée à la société doit faire connaître à cette dernière les conséquences du défaut de réponse dans le délai de trente jours soit en se référant au texte de l'article 117 du CGI, soit en rappelant son contenu. Elle doit préciser également le délai de réponse (trente jours).

c. Lorsque la société sollicite dans les conditions visées n° 78795 la **prorogation du délai de réponse à la proposition de rectification de ses bénéfices** générant les revenus distribués, elle dispose également de cette prorogation pour désigner les bénéficiaires des distributions.

d. La désignation des bénéficiaires de la distribution constitue, pour l'administration, une simple information non opposable aux personnes désignées. Par suite, pour justifier l'imposition des **bénéficiaires désignés** par la société, l'administration doit dans tous les cas, à **défaut d'acceptation** personnelle et expresse des intéressés, prouver, d'une part, l'existence et le montant des sommes distribuées (bien-fondé des rehaussements de bénéfices sociaux) et, d'autre part, que ces sommes ont été mises effectivement à la disposition des personnes désignées.

e. L'administration ne peut réclamer le **paiement de la pénalité aux dirigeants solidaires** que si cette pénalité a été, au préalable, régulièrement établie par un avis de mise en recouvrement adressé, dans le délai de reprise, à la société (CE 9-12-2015 n° 367310 : RJF 3/16 n° 248).

f. Les **dirigeants** solidairement responsables du paiement de la pénalité sont ceux qui exerçaient leurs fonctions :

– à la date du versement des rémunérations ou distributions occultes ;

– à défaut de connaissance de cette date, à la date de déclaration des résultats de l'exercice au cours duquel les distributions ont eu lieu.

g. En cas de **sauvegarde, de redressement ou de liquidation judiciaire** de la société, la pénalité est remise en application de l'article 1756, I du CGI et le dirigeant ne peut plus, par suite, être poursuivi (BOI-CF-INF-30-40 n° 150).

DÉPENSES SOMPTUAIRES

24785
CGI art. 111, e
RM-II-3460 s

Les dépenses afférentes à la **chasse,** à la **pêche,** à la **navigation** de plaisance et, en principe, aux **résidences** de plaisance et d'agrément ne sont pas déductibles des bénéfices de la société versante (n°s 9000 s.) et sont corrélativement considérées comme des revenus distribués imposables à l'impôt sur le revenu selon les règles exposées n°s 24170 s. et 24190 s. (PFU ou, sur option globale, barème progressif mais sans abattement). Pour le calcul de l'impôt sur le revenu selon le barème progressif, les sommes ainsi réputées distribuées sont retenues pour 125 % de leur montant (CGI art. 158, 7-2°).

Si la société n'a pas déclaré l'identité des bénéficiaires dans l'état de répartition des bénéfices, l'administration peut mettre en œuvre les mesures prévues à l'égard des distributions occultes (n° 24775).

Remarque : Bien qu'exclu des charges déductibles de la société versante, l'amortissement excédentaire des **voitures** particulières n'est pas considéré comme un revenu distribué.

DISTRIBUTIONS INDIRECTES

24800
CGI art. 112, 4°
RM-II-3320 s

Les sommes versées aux associés en **rémunération d'un prêt, d'un service ou d'une fonction** ne sont pas en principe considérées comme des revenus distribués, sauf lorsqu'elles ne sont pas admises en déduction pour l'assiette de l'impôt sur les sociétés.

C'est ainsi, s'agissant des **rémunérations des dirigeants** de sociétés, qu'en cas d'exagération de leur montant, la fraction jugée excessive et réintégrée pour ce motif dans les bénéfices imposables de la société est, entre les mains du dirigeant, taxable à titre de revenus distribués.

AVANCES, PRÊTS OU ACOMPTES AUX ASSOCIÉS

24810
CGI art. 111, a
RM-II-12000 s

Les sommes mises à la disposition des associés de sociétés soumises à l'impôt sur les sociétés, directement ou par personnes ou sociétés interposées, à titre d'avances, prêts ou acomptes sont présumées constituer des **revenus distribués.** S'agissant d'une présomption simple, l'associé (personne physique ou morale) qui a reçu les sommes peut échapper à la taxation s'il apporte la **preuve contraire.** Il doit pour cela démontrer que les sommes reçues n'ont pas le caractère d'une distribution exceptionnelle ou anticipée de produits sociaux et que leur versement est exclusif de toute faveur spéciale à son profit.

› Précisions La **preuve** contraire est appréciée dans chaque cas particulier, compte tenu des circonstances de fait. Elle est considérée comme **apportée,** par exemple :

– par la production d'un acte écrit, préalable ou concomitant à la remise des fonds, correspondant à un prêt régulièrement inscrit dans les écritures sociales, prévoyant le versement d'intérêts normaux et fixant les modalités de remboursement de la dette (BOI-RPPM-RCM-10-20-20-20 n° 130) ;

– à défaut d'acte écrit, par la preuve du remboursement effectif des prêts, avances ou acomptes, à la condition que ce remboursement soit antérieur à la mise en œuvre d'un contrôle fiscal (BOI-RPPM-RCM-10-20-20-20 n° 190) ;

– par l'existence de relations commerciales démontrant que le versement des sommes a pour origine ces relations (par exemple, acomptes sur le prix de marchandises vendues par un associé à la société) (BOI-RPPM-RCM-10-20-20-20 n° 160).

Lorsque la présomption s'applique, les sommes perçues sont soumises à l'impôt sur le revenu selon les règles exposées nos 24170 s. et 24190 s. (PFU ou, sur option globale, barème progressif mais sans abattement). Elles échappent à la retenue à la source lorsque l'associé bénéficiaire est un non-résident (no 24855). 24815 RM-II-14100 s

En cas de **remboursement ultérieur des avances,** prêts ou acomptes ayant été taxés en tant que revenus distribués, l'impôt précédemment établi est révisé. La **restitution** de la fraction **d'impôt** correspondant aux sommes remboursées est effectuée sur demande présentée au directeur départemental des finances publiques, au plus tard le 31 décembre de l'année suivant celle au cours de laquelle le remboursement a été opéré.

› Précisions La demande doit mentionner tous les renseignements nécessaires au calcul de la restitution et être accompagnée d'une attestation régulière du comptable des finances publiques justifiant le paiement des impôts dont la restitution est demandée. La restitution porte sur le montant des droits en principal, à l'exclusion de tous intérêts de retard, majorations, droits en sus et autres pénalités.

C. Produits distribués à des non-résidents ou payés dans un État non coopératif

RÈGLES GÉNÉRALES

Les revenus distribués par une **société française** à des non-résidents font en principe l'objet d'une retenue à la source. La loi prévoit toutefois diverses exonérations, notamment pour les dividendes versés à une société mère établie dans un État de l'Union européenne, en Islande, en Norvège ou au Liechtenstein, pour les revenus distribués à certains organismes de placement collectif étrangers ou pour ceux distribués à des personnes morales étrangères en liquidation judiciaire. La plupart des conventions internationales réduisent en outre le taux de la retenue et parfois même la suppriment totalement : voir à cet égard nos 82735 s. 24845 CGI art. 119 bis, 2 et 187 RM-III-6500 s

Les personnes morales étrangères déficitaires peuvent par ailleurs, sous certaines conditions, demander la restitution de la retenue à la source (nos 24889 s.).

Les bénéfices réalisés en France par des **sociétés étrangères** ayant leur siège hors de l'Espace économique européen (EEE) sont eux aussi susceptibles d'être soumis à la retenue à la source, selon des modalités spécifiques exposées nos 24895 s., car présumés distribués à des non-résidents.

Donnent également ouverture à la retenue à la source à un taux majoré les revenus payés dans un **État ou territoire non coopératif** (au sens défini no 78310, 1° et 2°).

Nature des revenus soumis à la retenue à la source La retenue à la source est en principe exigible lorsqu'une société française (société ayant son siège réel en métropole ou dans les DOM), relevant du régime fiscal des sociétés de capitaux, verse à des personnes physiques ou morales n'ayant pas leur domicile fiscal (nos 495 s.) ou leur siège en France des produits entrant dans l'une des catégories suivantes : 24850 RM-III-6850 s

– revenus distribués définis aux articles 109 à 117 du CGI : il s'agit non seulement des **produits d'actions ou parts sociales** proprement dits, c'est-à-dire des distributions régulières de bénéfices (nos 24450 s.), mais aussi des **revenus fiscalement assimilés** (nos 24740 s.) ;

– rémunérations allouées aux membres du conseil d'administration ou du conseil de surveillance des sociétés anonymes en vertu de l'article L 225-45 du Code de commerce (« **jetons de présence** » ordinaires : no 23580).

Donnent également lieu à la retenue à la source les produits visés ci-dessus lorsqu'ils sont payés hors de France dans un État ou territoire non coopératif (voir ci-dessus no 24845).

Lorsqu'elle est due, la retenue est libératoire de l'impôt sur le revenu (CGI art. 199 quater A) ou de l'impôt sur les sociétés dû par le bénéficiaire (voir toutefois no 24886). Il s'agit donc d'une imposition définitive qui, corrélativement, n'ouvre droit à aucun crédit d'impôt imputable en France.

Cas d'exonération Sont exonérés de la retenue, sous certaines conditions : 24855

– les dividendes distribués à une **société mère** établie dans un État de l'**Union européenne,** en Islande, en Norvège ou au Liechtenstein ou distribués à un de ses établissements stables situés dans l'un de ces États (no 24875) ;

– les produits distribués à une **personne morale étrangère en liquidation judiciaire** (no 24892) ;

– les produits d'actions et parts sociales distribués par des sociétés françaises à des **organisations internationales,** à des États souverains ou à des banques centrales de ces États ; sur

agrément, la retenue peut également être supprimée ou réduite lorsque ces mêmes produits bénéficient à des **institutions publiques étrangères** (CGI art. 131 sexies) ;
– certaines distributions effectuées par les **sociétés de capital-risque** (n° 26430) ;
– certains revenus distribués à des **organismes de placement collectif** (n° 24885).

Restent aussi en dehors du champ d'application de la retenue à la source :
– les **avances,** prêts ou acomptes versés **aux associés,** visés n° 24810 ;
– les rémunérations et **distributions occultes** à raison desquelles la société distributrice est passible de la pénalité prévue à l'article 1759 du CGI (n°s 24770 s.) ;
– les dividendes perçus par une société étrangère, lorsque ces produits ont été compris dans les résultats imposables de l'**établissement stable** qu'elle possède en France (CE 19-12-1975 n°s 84774 et 91895 : RJF 2/76 n° 77). Dans ce dernier cas, l'administration subordonne toutefois la dispense de retenue à la production par l'établissement stable d'une attestation visée par le service des impôts et contenant certains renseignements destinés à contrôler que lesdits produits ont bien été compris dans les résultats de l'établissement imposé en France (BOI-RPPM-RCM-30-30-10-40 n° 50).

24860
RM-III-7530 s

Liquidation de la retenue Sous réserve de l'application des conventions internationales prévoyant un taux réduit (voir n° 82960), le **taux** de la retenue à la source varie selon la qualité du bénéficiaire.

Pour les bénéficiaires **personnes physiques,** le taux de la retenue à la source est fixé à 12,8 %. Ce taux s'applique y compris lorsque les personnes physiques sont bénéficiaires au terme d'une chaîne d'intermédiaires financiers (BOI-RPPM-RCM-30-30-10-20 n° 15).

Pour les bénéficiaires **personnes morales** ou organismes, quelle que soit leur forme, le taux de la retenue à la source s'élève à :
– 15 % pour les dividendes qui bénéficient à des organismes sans but lucratif ayant leur siège dans un État de l'Union européenne, en Islande, en Norvège ou au Liechtenstein et qui seraient imposés dans les conditions prévues n°s 89700 s. s'ils avaient leur siège en France (taux également applicable aux produits prélevés sur leurs résultats exonérés et distribués à des organismes de placement collectif par les SIIC, les Sppicav et leurs filiales : n° 24886) ;
– 28 % pour les autres revenus distribués.

Le taux de la retenue à la source est porté à 75 % pour les revenus payés hors de France dans un **État ou territoire non coopératif** (voir n° 24845), sauf si le débiteur apporte la preuve que les distributions de ces produits n'ont ni pour objet ni pour effet de permettre, dans un but de fraude fiscale, leur localisation dans un tel État ou territoire.

La retenue à la source s'applique au montant brut décaissé par la société.

> **Précisions** **a.** Lorsque l'**établissement payeur** n'est **pas en mesure d'identifier le bénéficiaire** effectif, le taux applicable par défaut est celui prévu pour les personnes morales (BOI-RPPM-RCM-30-30-10-20 n° 15).
> **b.** Le taux de 15 % correspond au taux réduit de l'impôt sur les sociétés applicable aux dividendes perçus par les collectivités sans but lucratif (n° 89720). Pour les revenus distribués en 2020 et 2021 à des personnes morales ou organismes ne relevant pas du taux de 15 %, la retenue à la source est perçue au taux normal de l'impôt sur les sociétés (n° 36065) (Loi 2019-1479 du 28-12-2019 art. 39, III et X-B ; auparavant le taux était de 30 %). Le taux de la retenue est donc de 28 % pour les revenus distribués en 2020 et sera de 26,5 % pour ceux distribués en 2021.
> **c.** Il est **interdit** à la **société** de **prendre à sa charge** le montant de la retenue afférente aux dividendes et autres produits répartis aux associés, actionnaires et porteurs de parts ou membres des conseils d'administration des sociétés anonymes (CGI art. 1672 bis).
> **d.** Des **crédits d'impôt** de source étrangère peuvent être imputés sur le montant de la retenue, en cas de distribution par une société française à ses associés non résidents de dividendes en provenance de filiales étrangères (voir INT-GEN-20820 s.).
> **e.** Le **paiement** des revenus dans un **État non coopératif** peut prendre la forme d'une inscription en compte (paiement dans les livres d'un compte ouvert dans un établissement situé dans un État non coopératif) ou d'un paiement par chèques, espèces ou tout autre moyen (paiement à une personne dont le domicile ou le siège est situé dans un État non coopératif) (BOI-INT-DG-20-50 n° 1210).

24865
CGI art. 1672, 2 à 4
RM-III-7700 s

Paiement La retenue est, en principe, opérée par la personne, **établie en France,** qui assure le paiement des revenus, qualifiée d'**établissement payeur,** au moment du versement effectif des sommes à leur bénéficiaire (CGI art. 1672, 2). Les établissements payeurs sont donc tenus de demander aux bénéficiaires une justification de leur identité et de leur domicile ou siège pour savoir si la retenue est ou non exigible et doit être prélevée par leurs soins (CGI ann. II art. 76).

La retenue peut toutefois être acquittée par les personnes morales établies hors de France dans un **État membre de l'Union européenne,** en **Islande,** en **Norvège** ou au **Liechtenstein** lorsqu'elles assurent le paiement de produits de **titres de sociétés françaises cotées** sur un marché réglementé ou organisé français ou étranger à condition :

– de percevoir les revenus distribués directement d'un établissement payeur français (la société distributrice ou un intermédiaire financier) ;
– d'avoir conclu avec l'administration fiscale française une convention qui organise les modalités déclaratives et de paiement de la retenue à la source et prévoit la transmission à l'administration fiscale de tout document justificatif de ces déclarations et paiements ;
– d'être mandatées par l'établissement payeur français, qui reste le redevable légal, pour effectuer en son nom et pour son compte la déclaration et le paiement de la retenue à la source (CGI art. 1672, 3).

› Précisions **a.** En cas de **distributions occultes** effectuées à l'étranger, le redevable de la retenue à la source est la société distributrice sauf si elle établit que l'établissement qui a payé pour son compte avait connaissance du caractère de revenus distribués des sommes en cause (CE 5-4-2013 n° 350316 : RJF 7/13 n° 727).
b. Les sommes dues doivent être versées au service des impôts des entreprises dont dépend l'établissement payeur au plus tard le **15 du mois suivant** celui de leur prélèvement (CGI ann. III art. 381 A). La retenue due au titre du mois de décembre fait l'objet d'un **acompte** à payer au plus tard le 15 octobre égal à 90 % du montant de la retenue due au titre du mois de décembre de l'année précédente (CGI art. 1678 quater, II).
Chaque versement est accompagné d'une **déclaration** n° 2777 (commune à la retenue à la source de l'article 119 bis du CGI et aux prélèvements forfaitaires) ou, lorsque le paiement est effectué par une personne morale établie dans un État membre de l'Union européenne, en Islande, en Norvège ou au Liechtenstein, sur une déclaration n° 2779.
La déclaration n° 2777 et le paiement correspondant doivent obligatoirement être télétransmis (CGI art. 1649 quater B quater, IX et 1681 septies, 7). Le non-respect de ces obligations est sanctionné par une majoration de 0,2 % (n° 80200).
c. La souscription hors délai de la déclaration, accompagnée du **paiement tardif** de la retenue, entraîne l'exigibilité des sanctions prévues en cas de déclaration tardive (intérêt de retard et majoration : voir n°s 80075 s.).
d. Les **personnes morales étrangères déficitaires** peuvent demander la restitution de la retenue à la source : voir n°s 24889 s.

DIVIDENDES DISTRIBUÉS À UNE SOCIÉTÉ MÈRE DE L'EEE

24875 CGI art. 119 ter **RM-III-8300 s**

Les dividendes distribués par une société française à une société mère située dans l'Espace économique européen (EEE) sont en principe exonérés de retenue à la source dans la mesure où les **conditions** suivantes sont remplies.

a. La **filiale française distributrice** doit être une société ou un organisme soumis à l'**IS au taux normal** (n° 36065). Sont donc exclues de la mesure les sociétés qui bénéficient d'une exemption totale d'IS. Pour les sociétés qui sont partiellement soumises à l'IS au taux normal, l'exonération de retenue à la source s'applique aux dividendes prélevés sur les résultats imposés au taux normal.

b. La **société mère bénéficiaire** doit quant à elle :
– détenir directement, de façon ininterrompue depuis deux ans ou plus, en pleine propriété ou en nue-propriété, **10 % au moins du capital** de la société distributrice ou prendre l'engagement de conserver une telle participation de façon ininterrompue pendant deux ans au moins et désigner un représentant responsable du paiement de la retenue en cas de non-respect de cet engagement.
Le taux de participation est ramené à **5 %** lorsque la société mère détient des participations satisfaisant aux conditions du régime mère-fille prévu à l'article 145 du CGI (voir n°s 40910 et 41000) et qu'elle ne peut pas imputer la retenue à la source dans son État de résidence. Les sociétés mères bénéficiaires soumises à l'IS sur option visées par l'article 145 du CGI (n° 40900) peuvent également invoquer la doctrine administrative en ce sens (BOI-RPPM-RCM-30-30-20-40 n° 50) ;
– avoir son **siège de direction effective** dans un État membre de l'Union européenne, ou en Islande, en Norvège ou au Liechtenstein ;
– revêtir l'une des **formes** énumérées sur la liste établie à l'annexe I, partie A de la directive 2011/96/UE du 30 novembre 2011 ou une forme équivalente lorsque la société a son siège en Islande, en Norvège ou au Liechtenstein ;
– être passible de l'**IS** (fût-ce à un taux réduit) dans l'État où elle a son siège de direction effective ; les sociétés soumises à l'IS sur option et les sociétés exonérées sont exclues.

L'exonération de retenue à la source s'applique aussi aux dividendes distribués aux **établissements stables** des sociétés mères ainsi définies lorsque ces établissements sont situés en France, dans un autre État membre de l'Union européenne, en Islande, en Norvège ou au Liechtenstein.

La société mère doit apporter la **preuve** (auprès de l'établissement payeur ou de la société distributrice) qu'elle satisfait aux conditions ci-dessus.

Un **dispositif anti-abus** prévoit que sont exclus de l'exonération de retenue à la source les dividendes distribués dans le cadre d'un montage (ou d'une série de montages) qui, ayant été mis en place pour obtenir, à titre d'objectif principal ou au titre d'un des objectifs principaux, un avantage fiscal allant à l'encontre de l'objet ou de la finalité du régime, n'est pas authentique compte tenu de l'ensemble des faits et circonstances pertinents. Un montage peut comprendre plusieurs étapes ou parties. Pour l'application de cette disposition, est considéré comme non authentique un montage (ou une série de montages) qui n'est pas mis en place pour des motifs commerciaux valables qui reflètent la réalité économique.

› Précisions **a.** Le terme de « dividendes » utilisé par l'article 119 ter du CGI vise en fait toutes les **distributions « juridiques »** de bénéfices définies nos 24450 s., à l'exclusion des sommes fiscalement réputées distribuées.

b. L'**engagement de conservation** des titres détenus depuis moins de deux ans doit être souscrit à la fois auprès de l'établissement payeur et de l'administration, avant la date de la première mise en paiement des dividendes qui suit la date d'inscription des titres en compte (CGI ann. III art. 46 quater-0 FB).
Si cet engagement n'est pas pris et si la retenue à la source est prélevée, la société mère pourra toujours en demander la restitution si elle justifie avoir conservé les titres pendant deux ans (BOI-RPPM-RCM-30-30-20-10 n° 430). La condition tenant au délai de détention s'apprécie en effet a posteriori et non au moment de la distribution (CJCE 17-10-1996 aff. 283/94, 291/94 et 292/94 : RJF 12/96 n° 1500).

c. Lorsque les **conventions** fiscales permettent d'obtenir la suppression de la retenue à la source à des conditions plus favorables que celles prévues par l'article 119 ter du CGI, ce sont bien sûr les clauses conventionnelles qui s'appliquent (voir n° 82960).

REVENUS DISTRIBUÉS À DES ORGANISMES DE PLACEMENT COLLECTIF ÉTRANGERS

24885 RM-III-9300 s

La **retenue** à la source n'est **pas applicable** aux revenus distribués à des organismes de placement collectif de droit étranger situés dans un État membre de l'Union européenne ou dans un État ou territoire ayant conclu avec la France une convention d'assistance administrative en vue de lutter contre la fraude et l'évasion fiscales et remplissant les deux **conditions** suivantes :
– lever des capitaux auprès d'un certain nombre d'investisseurs en vue de les investir, conformément à une politique d'investissement définie, dans l'intérêt de ces investisseurs ;
– présenter des caractéristiques similaires à celles des organismes de placement collectif de droit français suivants : organismes de placement collectif en valeurs mobilières (OPCVM) et certains fonds d'investissement alternatifs (FIA), notamment les fonds de capital investissement, les organismes de placement collectif immobilier (OPCI) et les sociétés d'investissement à capital fixe (Sicaf).

› Précisions Pour pouvoir bénéficier de l'exonération, les organismes étrangers doivent être en mesure de **justifier** qu'ils satisfont à des règles d'activité, de fonctionnement et de surveillance comparables à celles prévues par la réglementation française.
Lorsque l'organisme est situé dans un **État tiers à l'Union européenne**, les stipulations de la convention d'assistance administrative et leur mise en œuvre doivent effectivement permettre à l'administration d'obtenir des autorités de l'État tiers les informations nécessaires à la vérification du respect par l'organisme des conditions prévues pour bénéficier de l'exonération.

24886 La **retenue** à la source demeure **applicable** :
– au taux de droit commun (n° 24860), lorsque les conditions d'application de l'exonération ne sont pas remplies ;
– au taux réduit (n° 24860), en cas de distributions prélevées sur les bénéfices exonérés des sociétés d'investissements immobiliers cotées (**SIIC**), des sociétés de placement à prépondérance immobilière à capital variable (**Sppicav**) et de leurs **filiales** à des organismes de placement collectif français ou étrangers (retenue non libératoire ne donnant lieu ni à restitution ni à imputation) ;
– au taux majoré (n° 24860), en cas de paiement dans un **État ou territoire non coopératif.**

DISPOSITIF ANTI-ARBITRAGE DES DIVIDENDES

24888 CGI art. 119 bis A

Sont présumés distribués et soumis à la retenue à la source visée aux nos 24845 s. les versements effectués par une personne établie ou ayant son domicile fiscal en France au profit d'un non-résident lorsque les deux conditions suivantes sont réunies :
– le versement est réalisé dans le cadre d'une **cession temporaire** ou de toute opération donnant le droit ou faisant obligation de restituer ou revendre des parts ou actions ou des droits portant sur ces titres ;
– l'opération de cession temporaire ou assimilée est réalisée pendant une période de **moins de quarante-cinq jours** incluant la date à laquelle le droit à une distribution de revenus mobiliers ou de revenus assimilés (mentionnés aux articles 108 à 117 bis du CGI) est acquis.
La retenue à la source est assise sur le versement réputé constituer un revenu distribué retenu dans la limite du montant correspondant à la distribution.
Elle est due lors de la mise en paiement du versement et **acquittée** par la personne qui assure le paiement.
Le bénéficiaire peut obtenir le **remboursement** de la retenue auprès du service des impôts de son domicile ou de son siège s'il apporte la preuve que ce versement correspond à une

opération qui a principalement un objet et un effet autres que d'éviter l'application d'une retenue à la source ou d'obtenir l'octroi d'un avantage fiscal.

> **Précisions** **a.** Le versement peut être réalisé directement ou indirectement, sous quelque **forme** et par quelque **moyen** que ce soit.
> **b.** La personne qui assure le paiement du versement doit transmettre à l'administration, si celle-ci le lui demande, le montant, la date, l'émetteur des parts ou actions ouvrant droit à distribution et le destinataire du versement. Ces **informations** sont transmises sous format dématérialisé.

RESTITUTION OU EXONÉRATION DES RETENUES À LA SOURCE AUX PERSONNES MORALES DÉFICITAIRES

Les **personnes morales étrangères déficitaires** peuvent demander, sous certaines conditions, la restitution de la retenue à la source pratiquée sur les **revenus** qui leur ont été **distribués** (nº 24845) ainsi que celle des retenues ou prélèvements suivants (CGI art. 235 quater issu de la Loi 2019-1479 du 28-12-2019 art. 42, I-3º et II applicable aux exercices ouverts à compter du 1er janvier 2020) : **24889**

– retenues à la source sur certains **revenus de capitaux mobiliers** (nº 25610), sur les **rémunérations de prestations artistiques** (nº 4640) et sur **certains revenus non salariaux** et assimilés (nºs 4560 s.),

– prélèvements sur les **profits immobiliers habituels** (nº 30155), sur les **plus-values immobilières occasionnelles** (nºs 32625 s.) et sur les **plus-values de cession de certaines participations** (nº 32945).

Les **personnes morales étrangères en liquidation judiciaire** peuvent être exonérées de ces mêmes retenues : voir nº 24892.

Restitution Pour pouvoir demander la restitution des retenues (ou prélèvements) à la source, la personne morale ou l'organisme, **quelle qu'en soit la forme,** doit remplir les **conditions** suivantes. **24890**

a. Son **siège** (ou l'établissement stable dans le résultat duquel les revenus et profits sont inclus) doit être situé dans un État membre de l'Union européenne (**UE**), ou dans un autre État partie à l'accord sur l'Espace économique européen (EEE) n'étant pas non coopératif au sens de l'article 238-0 A du CGI et ayant conclu avec la France une convention d'assistance administrative en vue de lutter contre la fraude et l'évasion fiscales ainsi qu'une convention d'assistance mutuelle en matière de recouvrement ayant une portée similaire à celle prévue par la directive 2010/24/UE du Conseil du 16 mars 2010 (il s'agit en pratique de l'**Islande** et de la **Norvège**).

S'agissant des **retenues** à la source **sur** les **revenus de capitaux mobiliers et** les **revenus distribués,** son siège peut également être situé dans un **État tiers** à l'UE ou l'EEE, n'étant pas non coopératif et ayant conclu les conventions d'assistance administrative et d'assistance mutuelle au recouvrement mentionnées ci-dessus, sous réserve que sa participation dans la société ou l'organisme distributeur ne lui permette pas de participer de manière effective à sa gestion ou à son contrôle.

b. Son **résultat fiscal** (ou celui de son établissement stable), calculé selon les règles de l'État de son siège (ou de situation de son établissement), doit être **déficitaire** au titre de l'exercice de perception ou de réalisation des revenus et profits concernés.

> **ATTENTION**
> Pour déterminer le résultat fiscal, il convient de prendre en compte les **revenus** ou profits **dont l'imposition fait l'objet d'une demande de restitution** au titre de cet exercice, mais aussi les revenus ou profits qui ont, **au titre d'exercices antérieurs,** fait l'objet d'une demande de restitution et dont le report d'imposition est toujours en cours.

La restitution des retenues (ou prélèvements) à la source donne lieu à une imposition de la personne morale sur les revenus et profits concernés. Cette **imposition** est **placée en report.** **24891**

L'imposition est **calculée** en appliquant aux revenus et profits les règles d'**assiette** et les **taux** des retenues à la source en vigueur à la date du fait générateur des retenues restituées.

L'imposition est **établie, contrôlée et recouvrée** sous les mêmes garanties et sanctions que l'impôt sur les sociétés.

Pour obtenir la restitution et le report, la personne morale doit déposer une **déclaration** faisant apparaître son résultat déficitaire auprès du service des impôts des non-résidents dans les trois mois suivant la clôture de l'exercice au cours duquel le fait générateur de la retenue dont la restitution est demandée est intervenu.

L'imposition et le report prennent **effet** à la date de dépôt de cette déclaration. Le **report** est **maintenu** pour chacun des exercices suivant celui au titre duquel la déclaration a été produite, sous réserve que la personne morale dépose, au titre de chacun de ces exercices et dans les trois mois de sa clôture, une nouvelle **déclaration** faisant apparaître un résultat déficitaire.

Le **report d'imposition** prend **fin** dans les trois cas suivants, ce qui entraîne en principe l'exigibilité immédiate de l'imposition reportée :
– la déclaration annuelle fait apparaître un **bénéfice.** Dans ce cas, le montant des revenus et profits au titre desquels il est mis fin au report n'est retenu que dans la limite du bénéfice ;
– en cas d'**opération entraînant la dissolution sans liquidation de la personne morale** (fusion ou opération assimilée, par exemple), sauf si ses déficits sont transférés à la société absorbante ou bénéficiaire des apports, et que cette dernière prend l'engagement de déposer, dans les trois mois de la clôture de son exercice, une déclaration faisant apparaître un résultat déficitaire. En l'absence de transfert des déficits, si la personne morale faisant l'objet d'une dissolution sans liquidation a déposé une dernière déclaration de résultat déficitaire, l'imposition placée en report est dégrevée ;
– en cas de **non-respect des obligations déclaratives** dans les trente jours suivant la réception d'une mise en demeure de l'administration de les respecter.

› Précisions **a.** La **déclaration** à déposer pour obtenir la restitution et le report (ou le maintien du report) doit **indiquer** l'identité et l'adresse de la personne morale ainsi que le montant de son déficit. Un **état de suivi** des revenus dont l'imposition est reportée, conforme au modèle établi par l'administration, doit être joint en annexe.
b. Lorsque la personne morale ne respecte pas ses obligations déclaratives (**dépôt tardif ou incomplet de la déclaration ou de l'état de suivi**), l'administration est tenue de lui adresser une mise en demeure de les respecter dans un délai de trente jours. Elle lui précise, le cas échéant, les compléments déclaratifs requis.
Si la société **remplit ses obligations déclaratives** dans les trente jours suivant la réception de cette mise en demeure, elle doit s'acquitter d'une **amende** égale à 5 % des impositions placées en report à la date du manquement.

24892 RM-III-9850 s

Exonération Les **personnes morales** qui remplissent les conditions indiquées ci-dessus aux a et b du n° 24890 (localisation du siège et situation déficitaire) sont exonérées des retenues (ou prélèvements) à la source mentionnées n° 24889 lorsqu'elles justifient auprès du débiteur ou de l'établissement payeur qu'elles ont fait l'objet, à la date de perception du revenu ou de réalisation du profit, d'une procédure comparable à la procédure de **liquidation judiciaire** de l'article L 640-1 du Code de commerce **ou,** à défaut d'existence d'une telle procédure, qu'elles sont en état de **cessation de paiements** et que leur redressement est manifestement impossible (CGI art. 119 quinquies modifié par la Loi 2019-1479 du 28-12-2019 art. 42, I-2° et II applicable aux exercices ouverts à compter du 1er janvier 2020).

› Précisions Pour les **exercices ouverts jusqu'au 31-12-2019,** l'exonération de retenue à la source était limitée aux dividendes et distributions assimilées. Par ailleurs, la personne morale devait avoir son siège de direction effective dans un État de l'Union européenne ou dans un État ou territoire ayant conclu avec la France une convention d'assistance administrative en vue de lutter contre la fraude et l'évasion fiscales et être soumise à l'impôt sur les sociétés dans cet État ou territoire.

BÉNÉFICES RÉALISÉS EN FRANCE PAR DES SOCIÉTÉS ÉTRANGÈRES

24895 CGI art. 115 quinquies RM-III-10000 s

Cas d'application de la retenue à la source Les bénéfices réalisés en France par les sociétés étrangères y exerçant une activité sont présumés distribués à des associés n'ayant pas leur domicile fiscal ou leur siège social en France. Par suite, ils sont en principe passibles de la retenue à la source prévue à l'égard des distributions faites par les sociétés françaises à des « non-résidents » (nos 24845 s.).
Cependant :
– une **dispense** de retenue est prévue pour les bénéfices réalisés en France par les sociétés étrangères qui ont leur siège dans un État membre de l'**Union européenne,** ou en **Islande,** en **Norvège** ou au **Liechtenstein,** et qui y sont passibles de l'impôt sur les sociétés, sans possibilité d'option et sans en être exonérées (et sans bénéficier d'une exonération spécifique sur les bénéfices) ;
– les **conventions internationales** limitent parfois le champ d'application de la retenue et son montant ou même la suppriment totalement : voir n° 83000.

› Précisions **a.** L'exonération des **sociétés de l'Union européenne** concerne les sociétés situées dans des États membres avec lesquels les conventions ne prévoient pas déjà la non-application de la retenue (Belgique, Bulgarie, Chypre, Grèce, Hongrie, Irlande, Luxembourg, Malte, Pologne, Portugal, Roumanie et Slovaquie). Au lieu et place de la déclaration de retenue à la source, ces sociétés doivent produire une attestation de résidence délivrée par l'administration fiscale territorialement compétente de l'État de leur siège de direction effective.
b. Les bénéfices correspondant aux droits des sociétés étrangères dans des **sociétés de personnes** ayant leur siège en France ne sont pas soumis à la retenue à la source (BOI-RPPM-RCM-30-30-30-10 n° 90).

24896 **Assiette et liquidation** Lorsqu'elle est exigible, la retenue à la source est dans un premier temps liquidée au taux de 28 % (n° 24860) sur une **base provisoire** égale au montant

total des résultats français disponibles, c'est-à-dire des bénéfices et des plus-values soumis à l'impôt sur les sociétés – déduction faite de cet impôt – et des profits de toute nature qui bénéficient d'une exonération ou dont l'imposition est différée.
Elle peut ensuite faire l'objet d'une **révision** (et l'excédent de perception peut être restitué) dans trois cas :
– si le montant des résultats français disponibles excède le montant total des distributions effectivement opérées par la société dans les douze mois suivant la clôture de l'exercice (la demande de révision, appuyée des pièces justificatives, doit alors être déposée dans les trois mois qui suivent la période de douze mois susvisée) ;
– si la société justifie que tout ou partie des distributions effectives a bénéficié à des personnes ayant leur domicile fiscal ou leur siège social en France et que les sommes correspondant à la retenue leur ont été transférées (la demande de révision, appuyée des justifications nécessaires, peut être déposée jusqu'au 31 décembre de l'année suivant celle de la mise en paiement des produits).
– si la société a son siège dans un État membre de l'Union européenne, ou en Islande, en Norvège ou au Liechtenstein et qu'elle justifie que les sommes auxquelles la retenue à la source a été appliquée n'ont pas été désinvesties hors de France (Loi 2019-1479 du 28-12-2019 art. 42, I-1° et II applicable aux exercices ouverts à compter du 1er janvier 2020).

> Précisions **a.** Pour échapper à la double liquidation, les sociétés peuvent demander que le **versement** de la retenue soit **limité** au montant qui leur paraît définitivement exigible compte tenu des perspectives de distribution, du domicile et de la qualité (personnes physiques ou morales) de leurs actionnaires. Mais si ce versement se révèle insuffisant, elles devront par la suite acquitter le complément assorti des intérêts de retard (BOI-RPPM-RCM-30-30-30-10 n° 330).
b. La retenue doit être déclarée sur le formulaire n° 2777 et **versée** par la société étrangère au plus tard le 15 du quatrième mois suivant la clôture de l'exercice (le 15 mai en cas de clôture au 31 décembre ou d'absence de clôture au cours d'une année) (CGI art. 1673 bis). La déclaration et le paiement doivent obligatoirement, sous peine d'une majoration de 0,2 % (n° 80200), être télétransmis (CGI art. 1649 quater B quater, X et 1681 septies, 7).
c. Lorsque l'administration se fonde sur les dispositions de l'article 115 quinquies du CGI pour assujettir une société étrangère à un **rappel de retenue à la source**, elle doit asseoir la retenue sur la base légale (montant total des bénéfices réalisés en France déduction faite de l'impôt sur les sociétés). Elle ne peut pas retenir une **assiette** supérieure, notamment le montant des distributions effectives (CE 24-6-2019 n° 413156 : RJF 10/19 n° 905).

SECTION 3

PRODUITS DES PLACEMENTS À REVENU FIXE

L'expression « placements à revenu fixe » doit être entendue dans un sens large. Elle est essentiellement destinée à distinguer les placements en cause des placements « à risque » que constituent les actions et parts sociales dont les revenus (qui présentent nécessairement un caractère aléatoire lié aux résultats de la société émettrice) constituent la première catégorie de revenus mobiliers examinée plus haut (nos 24265 s.). **24980**
Les placements « à revenu fixe » comprennent en réalité plusieurs catégories : obligations et autres titres d'emprunt négociables (emprunts d'État, notamment), créances, dépôts, cautionnements et comptes courants, bons du Trésor et assimilés, bons de caisse, bons de capitalisation. Généralement, le taux de rémunération de ces placements est fixé dès le départ et demeure invariable durant toute la durée du placement. Mais ce n'est pas toujours le cas. C'est ainsi, par exemple, que sont fiscalement considérés comme des placements « à revenu fixe » les obligations à taux variable ou révisable ainsi que les titres participatifs.

A. Règles générales d'imposition

Comme la généralité des revenus du capital, les produits de placement à revenu fixe perçus par les personnes physiques sont soumis, en principe, au PFU de 12,8 % (nos 24170 s.) ou sur option globale au barème progressif de l'impôt sur le revenu (nos 24190 s.). **25100** CGI art. 125 A et 125 D **RM-IV-1 s**
L'imposition est effectuée en deux temps (voir tableau n° 25410) :
– l'année de leur versement, les revenus donnent lieu à un prélèvement forfaitaire non libératoire perçu à titre d'acompte,

– l'année suivante, ils sont soumis à l'impôt sur le revenu sous déduction de l'impôt prélevé à la source.

Par dérogation, certaines catégories de produits sont soumises à un prélèvement forfaitaire libératoire.

Quelles que soient les modalités d'imposition, les **prélèvements sociaux** sont, en règle générale, prélevés à la source (voir nº 34650).

1. PRÉLÈVEMENT FORFAITAIRE NON LIBÉRATOIRE (PFNL)

25250 RM-IV-14100 s Les intérêts, arrérages et produits de toute nature des placements à revenu fixe sont soumis, lors de leur versement, à un prélèvement forfaitaire non libératoire (PFNL). Ce prélèvement constitue un acompte d'impôt sur le revenu imputable sur l'impôt dû l'année suivante.

CHAMP D'APPLICATION

25260 RM-IV-14200 s Le PFNL est applicable aux personnes **physiques fiscalement domiciliées en France** qui bénéficient d'intérêts, arrérages et produits de toute nature de fonds d'État, obligations, titres participatifs, bons et autres titres de créances, dépôts, cautionnements et comptes courants, ainsi que d'intérêts versés au titre des sommes mises à la disposition de la société dont elles sont associées ou actionnaires et portées sur un compte bloqué individuel.

Il n'est **pas applicable** :
– aux revenus exonérés d'impôt sur le revenu visés nºs 25575 et 25665 ;
– aux revenus soumis à un prélèvement forfaitaire libératoire (nºs 25430 s.) ;
– aux revenus payés par un établissement établi hors de France à des personnes dont le revenu fiscal de référence de l'avant-dernière année est inférieur aux montants mentionnés nº 25265.

En ce qui concerne les produits des contrats d'assurance-vie (et bons ou contrats de capitalisation) attachés à des primes versés depuis le 27 septembre 2017, voir nº 26035.

25265 **Dispense de prélèvement** Les personnes physiques appartenant à un foyer fiscal dont le **revenu fiscal de référence** de l'avant-dernière année est **inférieur à un certain montant** (25 000 € pour les contribuables célibataires, divorcés ou veufs ou 50 000 € pour ceux soumis à imposition commune) peuvent demander à être dispensées du prélèvement lorsque l'établissement payeur est établi en France.

Cette dispense de prélèvement est formulée dans les mêmes conditions et sous les mêmes sanctions que celle prévue pour le prélèvement sur les dividendes et autres distributions (sous réserve toutefois de la condition tenant au montant du revenu fiscal de référence fixé à 50 000 € et 75 000 € pour les dividendes) (voir nº 24580).

Pour le cas où l'établissement payeur est établi hors de France, voir nº 25260.

LIQUIDATION DU PRÉLÈVEMENT

25275 RM-IV-14540 s Le prélèvement est calculé sur le **montant brut** des produits de placement à revenu fixe versés, sans aucune déduction des frais et charges qui peuvent grever ce revenu.

Il est liquidé au **taux de 12,8 %.**

> **Précisions** **a.** Il est formellement interdit au débiteur des revenus de prendre en charge le montant du prélèvement (CGI art. 1678 quater, I).
> **b.** Pour les **revenus de source étrangère,** le montant brut des revenus comprend, le cas échéant, le crédit d'impôt conventionnel. Ce crédit d'impôt n'est pas imputable sur le prélèvement mais sur le montant de l'impôt sur le revenu établi au vu de la déclaration d'ensemble des revenus (BOI-RPPM-RCM-30-20-30 nº 10).
> **c.** S'agissant des **gains de cession de titres de créances,** le montant à soumettre au prélèvement est constitué par la différence entre le prix effectif de cession des titres, net des frais et taxes acquittés par le cédant, et leur prix effectif ou valeur d'acquisition (BOI-RPPM-RCM-30-20-30 nº 80).

DÉCLARATION ET PAIEMENT DU PRÉLÈVEMENT

25385 CGI art. 1678 quater RM-IV-14700 s **Établissement payeur établi en France** Lorsque l'établissement payeur est établi en France (qu'il s'agisse du débiteur des revenus ou de la personne qui en assure le paiement), les sommes qu'il retient au titre du prélèvement forfaitaire doivent être versées au service des impôts des entreprises dont il dépend au plus tard le 15 du mois suivant le paiement des revenus. Le prélèvement dû au titre du mois de décembre fait l'objet d'un **acompte** à payer au plus tard le 15 octobre égal à 90 % du montant du prélèvement dû au titre du mois de décembre de l'année précédente.

Chaque versement est accompagné d'une **déclaration nº 2777.** La télédéclaration et le télépaiement sont obligatoires (BOI-RPPM-RCM-30-20-60 nºs 50 et 60). Le non-respect de ces obligations est sanctionné par une majoration de 0,2 % (nº 80200).

Le dépôt hors délai de la déclaration, accompagné du **versement tardif** de la retenue, entraîne l'exigibilité des sanctions prévues en cas de déclaration tardive (intérêt de retard et majoration : voir nos 80075 s.).

> **Précisions** **a.** Sont expressément **exclus** du champ de l'**acompte** de prélèvement les intérêts des comptes courants et comptes bloqués d'associés, et les intérêts dus par les offices notariaux au titre des produits de comptes de consignation, de dépôt spécifique et de titres consignés (CGI art. 1678 quater, II).
> **b.** Lorsque le montant de l'**acompte** de prélèvement est **supérieur** au montant du prélèvement réellement dû, le surplus est imputé sur le prélèvement ou la retenue dus à raison des autres produits de placements (ou le cas échéant sur les autres prélèvements ou retenues), et l'excédent est restitué (CGI art. 1678 quater, II).

Établissement payeur établi hors de France Lorsque l'établissement payeur est établi hors de France, le PFNL est acquitté par le contribuable lui-même au plus tard le 15 du mois suivant le paiement des revenus. 25390 CGI art. 125 D, IV

Toutefois, lorsque l'établissement payeur est établi dans un **État de l'Union européenne, en Islande, en Norvège ou au Liechtenstein,** le PFNL est acquitté soit par l'établissement payeur mandaté par le contribuable auprès de la Direction des impôts des non-résidents, soit par le contribuable lui-même auprès du service des impôts des entreprises dont dépend son domicile, au plus tard le 15 du mois suivant le paiement des revenus.

Le paiement doit être accompagné d'une **déclaration n° 2778** souscrite en un seul exemplaire.

Le dépôt hors délai de la déclaration, accompagné du **versement tardif** de la retenue, entraîne l'exigibilité des sanctions prévues en cas de déclaration tardive (intérêt de retard et majoration : voir nos 80075 s.). Ces sanctions ne sont toutefois pas applicables si le contribuable justifie qu'il a mandaté l'établissement payeur pour acquitter et déclarer le prélèvement (CGI art. 1678 quater, I).

> **Précisions** Lorsqu'un même établissement payeur européen est mandaté par plusieurs contribuables français, il peut conclure une **convention** avec l'administration fiscale française prévoyant les modalités de paiement du prélèvement pour l'ensemble de ces contribuables, de sorte qu'il puisse déposer une seule déclaration pour l'ensemble des redevables (CGI art. 125 D, VI).

2. IMPOSITION DÉFINITIVE

Les produits de placement à revenu fixe sont soumis à l'impôt sur le revenu au taux forfaitaire de 12,8 % (**PFU**) ou, sur option globale, au barème progressif, selon les modalités exposées nos 24170 s. et 24190 s. 25400

Le **PFNL** prélevé à la source (nos 25250 s.) est **imputable** sur l'impôt sur le revenu dû au titre de l'année au titre de laquelle il a été opéré. L'excédent éventuel (notamment en cas d'option pour le barème progressif) est restituable.

On remarquera que l'alignement du taux du PFNL sur celui du PFU (12,8 %) revient en pratique à s'acquitter de l'imposition à la source, sauf en cas d'option pour le barème progressif.

TABLEAU RÉCAPITULATIF

Le tableau ci-après récapitule les règles d'imposition des produits de placement à revenu fixe à l'impôt sur le revenu. 25410

Produits perçus l'année N	
Année N : PFNL de 12,8 % [1]	**Année N + 1** : • PFU de 12,8 % ou, sur option globale, [2]imposition au barème progressif • Imputation du PFNL • Restitution en cas d'excédent

1. Les contribuables dont le revenu fiscal de référence n'excède pas 25 000 € (célibataires, divorcés ou veufs) ou 50 000 € (contribuables soumis à une imposition commune) peuvent demander à être dispensés du PFNL.
2. L'option porte sur l'ensemble des revenus, gains nets, profits et créances entrant dans le champ d'application du PFU.

3. RÉGIME DÉROGATOIRE DU PRÉLÈVEMENT FORFAITAIRE LIBÉRATOIRE

Par dérogation à l'imposition des produits de placement à revenu fixe à l'impôt sur le revenu au taux forfaitaire de 12,8 % (PFU) ou, sur option globale, au barème progressif, certaines 25430 RM-IV-15500 s catégories de produits sont soumises à un prélèvement forfaitaire libératoire (sur option ou à titre obligatoire).

Le prélèvement libératoire **sur option** s'applique aux produits des bons ou contrats de capitalisation ou d'assurance-vie attachés à des primes versées jusqu'au 26 septembre 2017. Le taux du prélèvement varie selon la durée des contrats (voir nº 26050).

Le prélèvement libératoire **obligatoire** concerne :
– les revenus des produits d'épargne solidaire (voir nº 25440) ;
– les produits versés dans un État ou territoire non coopératif (voir nºs 25445 s.).

Les prélèvements libératoires sont versés au plus tard le 15 du mois suivant le paiement des revenus. Le paiement est accompagné d'une **déclaration** nº 2777 (établissement payeur établi en France) ou nº 2778 (établissement payeur établi hors de France). Pour plus de précisions, voir nºs 25385 s.

> Précisions **a.** Le **caractère libératoire** du prélèvement ne peut pas être invoqué pour les produits qui sont pris en compte pour la détermination du bénéfice imposable d'une **entreprise** industrielle, commerciale, artisanale ou agricole ou d'une **profession non commerciale** (CGI art. 125 A, V).
b. En ce qui concerne les produits des bons ou contrats de capitalisation ou d'**assurance-vie** le prélèvement est opéré obligatoirement lorsque les produits sont versés à des **non-résidents** (voir nº 26120).

25440 CGI art. 125 A, II RM-IV-15650 s

Produits d'épargne solidaire Les revenus des produits (non exonérés) donnés au profit d'un organisme d'intérêt général dans le cadre d'un mécanisme dit « solidaire » de versement automatique à l'organisme bénéficiaire par le gestionnaire du fonds d'épargne sont obligatoirement soumis à un **prélèvement** libératoire au taux **de 5 %.**

> Précisions Les **revenus de source étrangère** sont retenus pour leur montant brut. L'impôt retenu à la source est imputé sur le prélèvement libératoire dans la limite du crédit d'impôt auquel il ouvre droit dans les conditions prévues par les conventions internationales.

25445 CGI art. 125 A, III RM-IV-15900 s

Paiement dans un État ou territoire non coopératif Un **prélèvement** libératoire est obligatoirement appliqué au taux **de 75 %** sur les produits de placement à revenu fixe dont le débiteur est établi ou domicilié en France et qui sont versés dans un État ou territoire non coopératif (ETNC) (au sens défini nº 78310, 1º et 2º). Le prélèvement s'applique quels que soient la qualité du bénéficiaire et le lieu de son domicile fiscal ou de son siège social.

Toutefois, le prélèvement ne s'applique pas si le débiteur démontre que les opérations auxquelles correspondent ces produits ont principalement un objet et un effet autres que de permettre la localisation de ces produits dans un ETNC (clause de sauvegarde).

> Précisions **a.** Le paiement des produits dans un ETNC peut prendre la **forme** d'une inscription en compte (paiement dans les livres d'un compte ouvert dans un établissement situé dans un ETNC) ou d'un paiement par chèques, espèces ou tout autre moyen (paiement à une personne ou entité dont le domicile ou le siège est situé dans un ETNC) (BOI-RPPM-RCM-30-10-20-40 nº 40).
b. La **clause de sauvegarde** s'applique en principe automatiquement aux émissions publiques de titres réalisées dans un État autre qu'un ETNC ou aux titres admis aux négociations sur un marché ou système non situé dans un ETNC (à condition que l'entreprise de marché ou le prestataire de services d'investissement ne soit pas situé dans un ETNC) et, pour les émissions privées, aux titres admis aux opérations d'un dépositaire ou d'un gestionnaire de systèmes de règlement ou livraison d'instruments financiers dès lors que ce dépositaire ou gestionnaire n'est pas situé dans un ETNC (BOI-RPPM-RCM-30-10-20-40 nº 70).
c. La **retenue à la source** opérée le cas échéant, dans les conditions visées nº 25610, est imputable sur le prélèvement.

25450 CGI art. 131 quater RM-IV-32000 s

Sont **exonérés** du prélèvement de 75 % les produits (intérêts, primes d'émission et de remboursement) des **emprunts contractés** hors de France par des personnes morales françaises ou par des fonds communs de créances ou de titrisation **avant le 1er mars 2010** (et non prorogés à compter de cette date) ainsi que des emprunts conclus à compter du 1er mars 2010 mais **assimilables** à un emprunt conclu avant cette date.

> Précisions **a.** En cas de **prorogation à compter du 1er mars 2010** de la date d'échéance d'un emprunt conclu avant cette date, l'exonération ne s'applique que jusqu'à la date d'échéance initialement prévue (BOI-INT-DG-20-50 nº 1010).
b. La **date** à laquelle l'emprunt est réputé être contracté est la date d'émission des titres (BOI-INT-DG-20-50 nº 1040).

25452 En ce qui concerne, par ailleurs, les intérêts versés par une personne morale française à une **personne morale de l'Union européenne** qui lui est associée au moins à 25 %, voir nº 26550.

B. Règles propres à chaque catégorie de placement

1. OBLIGATIONS ET AUTRES TITRES D'EMPRUNT NÉGOCIABLES

Les revenus d'obligations et titres assimilés s'entendent des intérêts, arrérages, lots, primes de remboursement et de tous autres produits des obligations, **titres participatifs, effets publics et tous autres titres d'emprunt négociables** émis par l'État, les départements, communes et établissements publics français, les associations de toute nature et les sociétés, compagnies ou entreprises quelconques, financières, industrielles, commerciales ou civiles françaises. **25550** CGI art. 118 RM-IV-300 s

> **Précisions** **a.** Il convient de considérer comme négociables tous les **titres cotés en bourse ou susceptibles de l'être.** Ce n'est pas le cas des **titres de créances négociables sur un marché réglementé,** dont les produits obéissent au régime fiscal des revenus de créances (voir nos 25695 s.).
b. Les obligations assimilables du Trésor ou **OAT** entrent dans la catégorie des obligations négociables.
c. Les revenus des **obligations émises** par la CNI, la CNB et l'Onera **en échange des actions des sociétés nationalisées** et de la société Matra relèvent du même régime fiscal que les emprunts d'État à taux fixe (CGI art. 132 ter).

PRODUITS IMPOSABLES

En principe, tous les revenus obligataires, y compris les produits des emprunts d'État, sont imposables au titre de l'impôt sur le revenu. Il existe cependant quelques cas d'exonération (en dehors des régimes d'épargne institutionnalisée tels que les plans d'épargne salariale : nos 88680 s.) qui concernent principalement les primes de remboursement attachées à certains titres (no 25575). **25560** CGI art. 119 RM-IV-1500 s

Le **revenu imposable** est déterminé :

– pour les obligations, titres participatifs, effets publics et emprunts, par l'intérêt ou le revenu distribué dans l'année ;

– pour les lots, par le montant même du lot ;

– pour les primes de remboursement, par la différence entre les sommes à recevoir et celles versées lors de l'acquisition (ou, s'il s'agit d'emprunts émis avant le 1er janvier 1992 ou démembrés avant le 1er juin 1991, par la différence entre la somme remboursée et le taux d'émission des emprunts) (voir nos 25585 s.).

Modalités d'imposition Les revenus d'obligations et titres assimilés sont imposés selon les règles exposées plus haut (nos 25100 s.). **25565**

Les revenus perçus sont donc en principe soumis au PFU ou sur option globale, au barème progressif. Cependant, lors de leur versement, ils font l'objet, sauf exceptions, du prélèvement forfaitaire non libératoire (PFNL) imputable sur l'impôt sur le revenu à payer l'année suivante et, en cas d'excédent, restituable.

PRODUITS EXONÉRÉS

Sont exonérés de l'impôt sur le revenu : **25575** CGI art. 157, 3° et 3° ter RM-IV-1020 s

– les **lots et primes de remboursement** attachés aux bons et obligations émis en France avant le 1er juin 1985 avec l'autorisation du ministre des finances (exonération étendue par l'administration à tous les autres titres d'emprunt négociables émis avant cette date : BOI-RPPM-RCM-10-10-10 no 270) ;

– les primes de remboursement afférentes aux titres précités émis entre le 1er juin 1985 et le 31 décembre 1991 (ou à des emprunts ou titres de même nature démembrés avant le 1er juin 1991) et dont le montant n'excède pas 5 % du nominal ;

– les lots et primes répartis ou distribués depuis le 1er janvier 1989 par une Sicav ou certains fonds d'investissement alternatifs (FIA), lorsqu'ils n'excèdent pas 10 % du montant de la distribution et sont attachés à des obligations émises avant le 1er janvier 1992 ou à des emprunts ou titres de même nature démembrés avant le 1er juin 1991.

Sont également exonérés d'impôt sur le revenu, sous certaines conditions, les **avantages en nature** procurés aux souscripteurs d'**emprunts** obligataires que les **régions** ont été autorisées à émettre jusqu'au 31 décembre 1995.

PRIMES DE REMBOURSEMENT

La définition et le régime d'imposition des primes de remboursement attachées à des titres détenus par des particuliers varient en fonction de la date d'émission des titres. **25585** RM-IV-25100 s

Remarque : Il n'est ici question que des primes attachées à des titres détenus par des personnes physiques, qui ne font pas partie d'un actif professionnel. Le régime fiscal des primes attachées à des titres détenus par des **entreprises** est exposé nos 7970 s.

25590 CGI art. 238 septies A, II, III et V RM-IV-25200 s

Titres émis depuis le 1er janvier 1992 ou démembrés depuis le 1er juin 1991 Les primes de remboursement s'entendent de la différence entre les sommes ou valeurs à recevoir (à l'exception des intérêts versés chaque année et restant à recevoir après l'acquisition) et celles versées lors de l'acquisition du titre ou du droit, lorsqu'elles sont attachées :
– à des **obligations,** titres assimilés, **titres de créances négociables** et parts de **fonds communs de créances** (ou de **titrisation**), émis depuis le 1er janvier 1992 ou démembrés depuis le 1er juin 1991 (1er janvier 1993 s'agissant des obligations et autres titres d'emprunts négociables étrangers) ;
– à des **contrats de créances non négociables** (bons de caisses, bons du Trésor…) conclus ou démembrés depuis le 1er janvier 1993.

La définition très large des primes retenue pour ces titres vise notamment : les obligations à **coupon unique** versé à l'échéance en même temps que le remboursement du nominal ; les obligations à **coupon zéro** qui ne comportent aucun intérêt et dont la rémunération est assurée par une forte prime de remboursement ; les titres dont la valeur d'émission est inférieure au nominal (on parle alors de **prime d'émission**). Elle englobe également les intérêts capitalisés, les **intérêts payés d'avance** et les **plus-values de remboursement** provenant du remboursement d'obligations acquises au-dessous du prix d'émission. Par **exemple,** si une obligation émise à 150 € et remboursable à 150 € est acquise en bourse pour 130 € parce que les taux d'intérêt ont augmenté sur le marché, le différentiel de 20 € – si l'acheteur ne revend pas son obligation avant l'échéance – sera traité comme une prime de remboursement.

Les primes ainsi définies (y compris donc les intérêts payés d'avance) sont imposables quel que soit leur montant lors du **remboursement** du titre ou du droit, selon les mêmes modalités que les intérêts. Elles sont donc soumises au PFU ou sur option globale, au barème progressif avec application, lors de leur versement, du prélèvement forfaitaire non libératoire (no 25565).

25595

› Précisions a. Le « **démembrement** » d'un titre consiste à scinder celui-ci en plusieurs titres distincts : l'un représentatif du capital à rembourser à l'échéance et chacun des autres titres représentatifs de chacun des coupons d'intérêts à payer tout au long de la vie de l'emprunt. Au plan fiscal, chacun de ces nouveaux titres est considéré en lui-même et le revenu imposable est constitué par la différence entre le prix d'achat et la somme reçue à l'extinction du droit.
Cette règle ne concerne ni les démembrements de titres émis avant le 1er juin 1985 ni les titres démembrés lors d'une succession.
b. Lorsque des **obligations** souscrites à partir du 1er janvier 1995 sont remboursées à un prix inférieur à leur valeur d'acquisition, l'administration autorise l'imputation de la **perte en capital** qui en résulte sur les intérêts des titres en question versés la dernière année et qui n'entrent pas dans la définition de la prime de remboursement (BOI-RPPM-RCM-20-10-20-20 no 390).
c. Pour les **titres ou droits reçus** depuis le 1er janvier 2000 dans le cadre d'un **échange** présentant un caractère intercalaire (no 33300), la prime de remboursement est calculée à partir du prix ou de la valeur d'acquisition des titres ou droits remis à l'échange, diminuée de la soulte reçue qui n'a pas fait l'objet d'une imposition au titre de l'année de l'échange et majorée de la soulte versée.

25600 CGI art. 119, 3° 157, 3° et 238 septies A, I RM-IV-25600 s

Titres émis avant le 1er janvier 1992 ou démembrés avant le 1er juin 1991
Les primes de remboursement attachées aux **obligations et titres assimilés** (no 25550) émis avant le 1er janvier 1992 s'entendent de la différence entre la somme remboursée et le prix d'émission.

En cas de **démembrement** avant le 1er juin 1991 **d'obligations** en plusieurs titres distincts (l'un représentatif du capital et les autres des intérêts), constitue également une prime de remboursement la différence entre le capital ou l'intérêt perçu à l'échéance par le détenteur du droit et le prix de souscription, lors du démembrement, du droit correspondant (cette définition ne concerne ni les obligations émises avant le 1er juin 1985 ni les titres démembrés lors d'une succession).

Les primes ainsi définies ne sont imposables que lorsque leur montant excède 5 % du nominal des titres auxquels elles sont attachées sous réserve que ces titres aient été émis depuis le 1er janvier 1985 (voir no 25575). Le bénéficiaire est alors soumis à l'impôt sur le revenu lors du remboursement de la prime, dans les mêmes conditions que pour les intérêts eux-mêmes : PFU ou, sur option globale, barème progressif de l'impôt sur le revenu avec application, lors du versement de la prime, du prélèvement forfaitaire non libératoire (no 25565).

OBLIGATIONS ÉMISES AVANT LE 1ER JANVIER 1987 : RETENUE À LA SOURCE

Quelle que soit la date de leur paiement, les produits des obligations, titres participatifs et **autres titres** d'emprunts **négociables** émis avant le 1er janvier 1987 sont, sauf exonération expresse, soumis à une retenue à la source lorsqu'ils sont perçus par des **personnes morales** qui ont leur siège en France ou hors de France, ou par des personnes physiques **non-résidentes.** 25610 CGI art. 119 bis, 1 RM-IV-2300 s

Le taux de la retenue est fixé pour les bénéficiaires personnes morales à 15 % (17 % s'il s'agit de lots et primes de remboursement attachés à des valeurs émises avant le 1er janvier 1986), pour les bénéficiaires personnes physiques à 12,8 %.

Lorsqu'elle est exigible, la retenue doit être versée par les collectivités émettrices dans les mêmes délais que le prélèvement forfaitaire non libératoire (voir no 25385, aucun acompte de retenue n'étant toutefois dû), chaque versement devant être accompagné d'une **déclaration no 2753** (CGI art. 1672, 1). Elle ne peut être prise en charge par l'organisme émetteur (CGI art. 1672 bis).

> **Précisions** **a.** La retenue à la source se présente comme une perception anticipée à valoir, sous la forme d'un **crédit d'impôt,** sur l'imposition définitive (RM-IV-1610 s.).
> Lorsqu'elle concerne des **produits exonérés d'impôt sur le revenu** (no 25575), la retenue à la source constitue une charge définitive.
> **b.** Selon l'administration, les redevables doivent souscrire une déclaration no 2753 sous **format papier** auprès de la Direction des impôts des non-résidents (DINR) et s'acquitter de la retenue par virement lorsque l'impôt à payer est supérieur à 1 500 € (BOI-RPPM-RCM-30-10-10-40 nos 185 et 200). Cela étant, la **télédéclaration** et le **télépaiement** sont en principe obligatoires au plus tard depuis le 31 décembre 2019 (Loi 2016-1918 du 29-12-2016, art. 15, III-B).
> **c.** L'administration admet qu'il n'y a pas lieu de réclamer la retenue s'il est prouvé que les produits n'ont pas été et ne seront jamais réglés compte-tenu de la **liquidation judiciaire** de la collectivité émettrice (BOI-RPPM-RCM-30-10-10-20 no 50).
> **d.** S'agissant de l'exonération de retenue en faveur des **sociétés étrangères en liquidation judiciaire** (CGI art. 119 quinquies), et de la restitution de retenue aux sociétés étrangères **déficitaires** (CGI art. 235 quater), voir respectivement nos 24892 et 24889 s. (Loi 2019-1479 du 28-12-2019 art. 42, I-2o et 3o applicable aux exercices ouverts à compter du 1er janvier 2020).

2. CRÉANCES, DÉPÔTS, CAUTIONNEMENTS ET COMPTES COURANTS

Cette catégorie de revenus mobiliers comprend les intérêts, arrérages, primes de remboursement et tous autres produits : 25630 CGI art. 124 à 125-00 A RM-IV-6000 s

– des créances hypothécaires, privilégiées et chirographaires, à l'exclusion de celles représentées par des obligations, effets publics et autres titres d'emprunts négociables (pour ces dernières : voir nos 25550 s.) ;

– des dépôts de sommes d'argent à vue ou à échéance fixe, quel que soit le dépositaire et quelle que soit l'affectation du dépôt ;

– des cautionnements en numéraire ;

– des comptes courants ;

– des clauses d'indexation afférentes aux sommes mises ou laissées à la disposition d'une société par ses associés ou ses actionnaires.

En ce qui concerne les produits perçus dans le cadre de l'exercice d'une profession, voir no 7985 (profession industrielle, commerciale, artisanale ou agricole) et no 13310 (profession non commerciale).

25635

> **Précisions** **a.** La dénomination de « **créances** » vise toutes les créances productives d'intérêts, quelles que soient leur cause, la nature juridique du contrat dont elles découlent, la façon dont elles sont constatées (y compris simple convention verbale) ou les garanties qui leur sont attachées. Entrent dès lors dans cette catégorie non seulement les créances qui trouvent leur origine dans un prêt, mais encore celles qui résultent, par exemple, d'une vente mobilière ou immobilière (voir toutefois ci-après b), d'une condamnation judiciaire, d'une donation, etc. (BOI-RPPM-RCM-10-10-40 no 70).
> **b.** Les **intérêts moratoires** sont traités fiscalement comme les indemnités dont ils sont l'accessoire : ils sont ainsi taxables comme revenus de créances s'ils se rattachent à des créances elles-mêmes imposables dans cette catégorie de revenus, comme traitements et salaires s'ils sont versés en compensation de salaires non perçus (CE 4-12-1992 no 83205 : RJF 1/93 no 3) ou encore comme plus-values de cession de droits sociaux s'ils correspondent au paiement différé d'une partie du prix de cession de ces droits (CE 11-7-2011 no 328792 : RJF 11/11 no 1120).
> Les intérêts moratoires afférents à des **dégrèvements d'impôt** ne sont pas imposables en principe : voir no 81915, précision g.
> **c.** Les dépôts comprennent, par exemple, les versements effectués dans les banques à des **comptes à terme ou sur livrets** (BOI-RPPM-RCM-10-10-40 no 200), ou encore les sommes confiées en **dépôt** auprès d'un **notaire** (CE 26-7-1978 no 7132 : RJF 11/78 no 484).
> **d.** Sont assimilés à des revenus de créances les profits réalisés par les contribuables qui effectuent des **placements en report** (CGI art. 124 A).

PRODUITS IMPOSABLES

25645 RM-IV-6300 s Tous les **revenus** de créances, dépôts, cautionnements et comptes courants sont imposables au titre de l'impôt sur le revenu, hormis les cas d'**exonération** expressément prévus par la loi (voir n° 25665).

Les **plus-values** de cession des contrats de créances sont imposables selon les mêmes règles que les revenus, le gain taxable étant calculé comme les plus-values de cession de valeurs mobilières (sans application de l'abattement pour durée de détention) (nos 33020 s.). Sur le cas particulier de la cession ou de l'apport d'une créance de complément de prix, voir toutefois n° 33140.

Certains types de placements sont soumis à des règles spéciales dérogatoires au droit commun : plans d'épargne-logement (n° 25685) ; titres de créances négociables sur un marché réglementé (nos 25695 s.) ; bons de caisse (n° 25730) ; bons et contrats de capitalisation et d'assurance-vie (nos 26000 s.).

25650 RM-IV-11300 s **Modalités générales d'imposition** Les particuliers domiciliés en France qui perçoivent des revenus de créances, dépôts, cautionnements et comptes courants sont imposés selon les règles exposées nos 25100 s. Ces règles valent pour l'ensemble des produits – **intérêts et plus-values de cession** – des contrats de créances en cause.

Les revenus sont donc en principe soumis au PFU ou, sur option globale, au barème progressif. Cependant, lors de leur versement, ils font l'objet, sauf exceptions, du prélèvement forfaitaire non libératoire imputable sur l'impôt sur le revenu à payer l'année suivante et, en cas d'excédent, restituable (nos 25100 s.).

Lorsqu'ils sont soumis au barème progressif, les revenus de créances, dépôts, cautionnements et comptes courants doivent, selon l'administration, être compris dans le revenu imposable pour leur montant brut, sans aucune déduction des **frais et charges** supportés pour leur acquisition ou leur conservation (BOI-RPPM-RCM-20-10-20-70 n° 15). Voir toutefois n° 8810, précision c pour le cas particulier d'un prêt consenti à une société par un associé à l'aide de fonds empruntés.

25655 **› Précisions** **a.** Le **fait générateur de l'impôt** est le paiement effectif des intérêts (en espèces, par chèque ou par inscription à un compte). Les **intérêts payés d'avance** afférents à des contrats conclus à partir du 1er janvier 1993 sont toutefois assimilés à des primes de remboursement et ne sont donc imposables qu'au moment du remboursement du capital : voir n° 25590.

b. Les revenus de créances perçus par un contribuable domicilié en France sont imposables dans notre pays même si le **débiteur** de ces revenus est **domicilié à l'étranger.**

L'imposition ne peut être établie que sous réserve de l'application des **conventions** internationales. C'est ainsi notamment que plusieurs conventions attribuent au créancier un crédit d'impôt correspondant à l'impôt perçu à la source dans l'État du débiteur (voir le tableau au n° 82970).

c. Les **pertes** subies en cas de **cession des contrats de créances** sont exclusivement imputables sur des produits ou gains relevant du même régime d'imposition (intérêts et gains de cession de créances non négociables, notamment bons de caisse ou bons assimilés aux anciens bons du Trésor sur formules, de titres de créances négociables...), réalisés au cours de la même année et des cinq années suivantes.

d. La **perte** en capital subie par une personne physique agissant dans le cadre de la gestion de son patrimoine privé en cas de **non-remboursement d'un prêt** ou d'un **minibon** (bon de caisse destiné au financement des PME) consenti dans le cadre d'un financement **participatif** est imputable, à compter de l'année au cours de laquelle la créance du prêteur devient définitivement irrécouvrable (au sens donné au n° 53805), sur les intérêts générés par d'autres prêts ou minibons participatifs perçus au cours de la même année ou des cinq années suivantes. Le montant des pertes imputables ne peut pas excéder 8 000 € au titre d'une même année (CGI art. 125-00 A).

PRODUITS EXONÉRÉS

25665 CGI art. 157 RM-IV-10000 s Sont exonérés de l'impôt sur le revenu et, pour certains d'entre eux, des prélèvements sociaux (voir nos 34620 s.) les produits limitativement énumérés ci-après.

a. Intérêts des sommes inscrites sur les **livrets A** : il peut être ouvert autant de livrets A que de personnes composant le foyer fiscal, les versements sur chaque livret étant plafonnés à 22 950 €.

b. Intérêts des sommes inscrites sur les **livrets bleus du Crédit mutuel** ouverts avant 2009.

c. Rémunération des sommes déposées sur les livrets d'épargne populaire (**LEP**), dont l'ouverture est réservée aux contribuables modestes, dans la limite de deux livrets par foyer fiscal (le plafond des dépôts est fixé à 7 700 € par livret).

d. Intérêts des sommes déposées sur les **livrets jeunes** réservés aux jeunes âgés de 12 à 25 ans inclus, à raison d'un seul livret par personne (montant maximum des versements fixé à 1 600 €).

e. Intérêts des dépôts effectués sur un livret de développement durable et solidaire (**LDDS**). Il ne peut être ouvert qu'un livret par contribuable ou un pour chacun des époux ou partenaires d'un Pacs soumis à une imposition commune (plafond des versements sur chaque livret : 12 000 €).

f. Intérêts et primes d'épargne versés aux titulaires des plans d'épargne-logement (**PEL**) de moins de douze ans et des comptes épargne-logement (**CEL**) pour les plans et comptes ouverts jusqu'au 31 décembre 2017 (voir nº 25685). Chaque personne composant la famille (conjoints, enfants) peut détenir un PEL et/ou un CEL. Le montant maximal des sommes qui peuvent être déposées est fixé à 61 200 € pour les PEL et à 15 300 € pour les CEL.

g. Intérêts des sommes inscrites sur les **livrets d'épargne-entreprise** ouverts avant 2014 à raison d'un seul livret par foyer fiscal et d'un plafond de versements de 45 800 € (l'exonération ne s'étend pas à la prime d'épargne accordée en cas de refus du prêt).

h. Produits perçus dans le cadre d'un plan d'épargne populaire (**PEP**) (y compris les rentes viagères en l'absence de retrait pendant huit ans).

i. Intérêts des **titres d'indemnisation** (prioritaires ou non) remis aux Français **rapatriés** d'outre-mer dépossédés de leurs biens.

j. Intérêts des dépôts effectués sur un compte épargne d'assurance pour la forêt (**Céaf**) ouvert avant 2014 dans la limite de la fraction des intérêts correspondant au taux de rémunération de 2 %.

› Précisions En cas d'**ouverture de livrets A au-delà du nombre autorisé,** les intérêts perçus sont imposables à l'impôt sur le revenu. Par ailleurs, une amende égale à 2 % de l'encours du livret surnuméraire est appliquée. Cette amende n'est toutefois pas recouvrée lorsque son montant est inférieur à 50 € (CGI art. 1739 A).

COMPTES ET PLANS D'ÉPARGNE-LOGEMENT

Les **intérêts** des sommes inscrites sur les comptes d'épargne-logement (**CEL**) ou plans d'épargne-logement (**PEL**) **ouverts depuis le 1er janvier 2018** sont soumis à l'impôt sur le revenu dans les conditions de droit commun dès la première année du plan ou du compte. Ils sont donc soumis au PFU ou, en cas d'option globale, au barème progressif, avec prélèvement forfaitaire non libératoire lors de l'inscription des intérêts en compte (voir nos 25100 s.). **25685** CGI 157, 9º bis **RM-IV-27400 s**

Les intérêts des CEL et PEL ouverts **jusqu'au 31 décembre 2017** sont quant à eux exonérés d'impôt sur le revenu. Toutefois, pour les PEL, l'exonération est limitée aux intérêts acquis au cours des douze premières années du plan ou, pour les plans ouverts avant le 1er avril 1992, jusqu'à leur date d'échéance.

La **prime d'épargne** est exonérée en totalité de l'impôt sur le revenu. À noter que cette prime est supprimée pour les PEL et CEL ouverts depuis le 1er janvier 2018.

En ce qui concerne l'application des **prélèvements sociaux,** voir nos 34620 et 34650.

TITRES DE CRÉANCES NÉGOCIABLES

Les titres de créances négociables (TCN) sont des titres émis au gré de l'émetteur, négociables sur un marché réglementé en application d'une disposition législative particulière et non susceptibles d'être cotés. **25695** CGI art. 124 B à 124 E **RM-IV-28000 s**

Depuis le 1er juin 2016, les titres émis sont répartis selon leur maturité : les **titres négociables à court terme** (durée inférieure ou égale à un an) et **titres négociables à moyen terme** (durée supérieure à un an). Leur dénomination commerciale est « NEU CP » (Negotiable european commercial paper) pour le court terme et « NEU MTN » (Negotiable european medium-term note) pour le moyen terme.

Émis pour un montant élevé, les titres de créances négociables sont assez rarement détenus par des particuliers, mais ils peuvent être détenus indirectement, au travers d'organismes de placement collectifs.

› Précisions Les titres négociables à court et moyen terme se sont substitués aux certificats de dépôts émis par les établissements de crédit, aux billets de trésorerie émis par les entreprises ainsi qu'aux bons à moyen terme négociables. Les titres émis jusqu'au 31 mai 2016 sous les anciennes dénominations juridiques, « certificat de dépôt » et « billet de trésorerie », se sont éteints automatiquement le 1er juin 2017. Ceux émis jusqu'à la même date sous l'ancienne dénomination juridique « bon à moyen terme négociable » continuent à exister jusqu'à leur maturité.

Modalités d'imposition Les produits des TCN relèvent du **régime fiscal** des revenus de créances et non de celui des obligations négociables. Ce régime concerne non seulement les **intérêts** et les **primes de remboursement** attachées aux TCN, mais aussi les **gains de cession,** ces gains étant calculés suivant les règles des plus-values de cession de valeurs mobilières sans application de l'abattement pour durée de détention (voir nos 33020 s.). **25700**

Les produits sont donc soumis à l'impôt sur le revenu au taux forfaitaire (PFU) ou en cas d'option globale, selon le barème progressif et donnent lieu, en principe, lors de leur versement au prélèvement forfaitaire non libératoire (voir nº 25650).

Les **primes de remboursement** incluent les intérêts perçus d'avance ; ceux-ci ne sont donc imposables que lors du remboursement du titre : voir nº 25590.

25705 Les **pertes** subies en cas de cession des titres sont exclusivement imputables sur des produits ou gains de cession de titres de même nature au cours de la même année et des cinq années suivantes à condition que ces produits ou gains soient soumis aux mêmes modalités d'imposition (PFU ou barème progressif de l'IR) que celles qui se seraient appliquées au gain net de cession si celle-ci avait généré une plus-value et non une moins-value (BOI-RPPM-RCM-20-10-20-40 nº 140). Cette imputation est opérée sur la déclaration d'ensemble des revenus déposée l'année suivant la perception des produits et gains concernés. La perte imputable n'est pas prise en compte pour la détermination de l'assiette du **PFNL** (BOI-RPPM-RCM-30-20-30 nº 90).

EXEMPLE

a. Un contribuable réalise au cours de l'année 2020 une perte d'un montant de 2 000 € lors de la cession de TCN, et ne bénéficie d'aucun produit ou gain de titres de même nature sur lequel imputer cette perte. En revanche, le contribuable perçoit des dividendes imposés sur option globale au barème progressif de l'IR. La perte de 2 000 € est imputable sur les produits et gains de titres de même nature réalisés au cours des cinq années suivantes, sous réserve qu'ils soient pris en compte dans le revenu net global soumis au barème progressif de l'IR.

b. Un contribuable enregistre une perte de 100 € lors de la cession de TCN en février 2020, et perçoit 500 € en avril 2020 au titre de la cession d'autres TCN. Il est redevable du PFNL sur la totalité des sommes perçues, soit 500 €.

3. BONS DE CAISSE

25730
CGI art. 1678 bis
RM-IV-26000 s

Les bons de caisse sont des billets à ordre ou au porteur (d'une durée de cinq ans au plus) délivrés par les entreprises industrielles ou commerciales, ou par les établissements de crédit en contrepartie de prêts qui leur sont consentis. Contrairement aux obligations négociables qui sont émises par séries de titres identiques et interchangeables, les caractéristiques des bons de caisse peuvent varier d'un bon à un autre (montant, taux d'intérêt, date de remboursement).

Les produits des bons de caisse relèvent du régime fiscal des revenus de créances et non de celui des obligations négociables. Ce régime concerne l'ensemble de leurs produits : **intérêts** proprement dits, **primes de remboursement** et **plus-values de cession** (le gain taxable étant calculé comme les plus-values de cession de valeurs mobilières sans application de l'abattement pour durée de détention : nºs 33020 s.). À noter que les **intérêts payés d'avance** sont considérés comme des primes de remboursement imposables lors du remboursement du bon (nº 25590).

Les produits sont donc soumis à l'impôt sur le revenu au taux forfaitaire (PFU) ou, sur option globale, selon le barème progressif et donnent lieu, en principe, lors de leur versement, au prélèvement forfaitaire non libératoire (voir nº 25650).

Remarques : Les produits des bons de caisse émis par les entreprises donnent lieu à l'application d'une **retenue à la source** lorsqu'ils sont perçus par des personnes morales ou des non-résidents au taux de 15 % (bénéficiaires personnes morales) ou 12,8 % (bénéficiaires personnes physiques). Opérée par l'émetteur qui ne peut la prendre à sa charge, la retenue doit être versée au Trésor selon les règles indiquées au nº 25610 (la déclaration à joindre au versement est établie sur l'imprimé nº 2777 : voir nº 25385). Elle ouvre droit à un crédit d'impôt.

La retenue due au titre du mois de décembre fait l'objet d'un **versement provisionnel** acquitté au plus tard le 15 octobre égal à 90 % du montant de la retenue due au titre du mois de décembre de l'année précédente (CGI art. 1678 quater, II).

4. FONDS COMMUNS DE CRÉANCES ET FONDS COMMUNS DE TITRISATION

25780
CGI art. 124 B
RM-VII-35100 s

Les fonds communs de créances (**FCC**) **remplacés par les fonds communs de titrisation** sont des copropriétés qui ont pour objet exclusif d'acquérir des créances détenues par les établissements de crédit, la Caisse des dépôts ou les entreprises d'assurances et d'émettre des parts représentatives de ces créances. Les FCC constitués avant le 14 juin 2008 peuvent soit se soumettre à la réglementation des fonds communs de titrisation, soit demeurer soumis aux dispositions antérieures régissant les FCC.

Les **produits** des parts de FCC, ainsi que le **boni de liquidation,** sont imposables à l'impôt sur le revenu dans les conditions de droit commun (PFU ou, en cas d'option globale, barème progressif) et donnent lieu, sauf exceptions, lors de leur versement, au prélèvement forfaitaire non libératoire (voir n°s 25100 s.). 25781

Les **primes de remboursement** attachées à des parts de FCC émises pour une durée supérieure à cinq ans sont imposables dans les mêmes conditions que les primes afférentes à des obligations (CGI art. 238 septies D). Voir n°s 25585 s.

Remarque : Sur le régime des produits des **emprunts contractés hors de France** par les FCC, voir n°s 25450 s.

En ce qui concerne les **plus-values,** la loi distingue : 25785

– les plus-values de cession de parts émises pour une **durée supérieure à cinq ans** qui suivent les règles d'imposition des plus-values de cession de valeurs mobilières avec, le cas échéant, pour les parts acquises avant le 1er janvier 2018, application de l'abattement pour durée de détention de droit commun (CGI art. 150-0 A, II-5) (n°s 32805 s.) ;

– les plus-values de cession de parts émises pour une durée **inférieure ou égale à cinq ans** qui suivent le régime des plus-values sur titres de créances négociables (n° 25700) : ces gains sont donc imposables dans les mêmes conditions que les produits.

Les produits des parts de **fonds communs de titrisation** (à l'exception des fonds supportant des risques d'assurance) ainsi que les plus-values de cession de ces parts sont imposables dans les mêmes conditions que celles applicables aux produits ou plus-values de cession de parts de FCC (BOI-RPPM-RCM-40-40 n° 20) : voir n°s 25781 et 25785. 25790

SECTION 4 RÉGIMES SPÉCIAUX

1. CONTRATS D'ASSURANCE-VIE ET DE CAPITALISATION

En matière d'impôt sur le revenu, la loi soumet au même régime les produits attachés aux bons ou contrats de capitalisation et les produits attachés aux placements de même nature, à savoir les contrats d'assurance-vie comportant une valeur de rachat ou la garantie du paiement d'un capital à leur terme. 26000

CGI art. 125-0 A
RM-IV-30400 s

› Précisions **a.** Ce régime concerne, aux termes de l'article 125-0 A du CGI, les contrats **souscrits** auprès d'entreprises d'assurance établies **en France.** Ceux souscrits hors de France relèvent du régime des valeurs mobilières étrangères (n°s 26505 s.), mais avec des spécificités exposées ci-après n° 26110.

b. Tous les bons ou contrats de capitalisation et les contrats d'assurance-vie sont soumis aux **prélèvements sociaux** (CSG, CRDS...) : voir n°s 34430 s.

c. Les contrats d'assurance-vie offrent d'autres avantages fiscaux qui leur sont spécifiques :

– régime d'**exonération des droits de mutation à titre gratuit** prévu pour les contrats d'assurance en cas de décès (n°s 68225 s.) ;

– **réduction d'impôt** sur le revenu attachée aux primes des contrats de « rente-survie » et d'« épargne handicap » (n°s 3345 s.).

d. Lorsque le bénéficiaire des produits est un **non-résident**, des règles particulières s'appliquent : voir n° 26120.

a. Règles générales

Les modalités de taxation des produits diffèrent selon qu'ils se rattachent à des primes versées depuis le 27 septembre 2017 ou avant cette date et selon la durée des contrats. 26010

› Précisions Afin de soumettre les produits taxables compris dans le(s) rachat(s) aux règles d'imposition qui leur sont applicables, selon qu'ils sont attachés à des primes versées antérieurement au 27 septembre 2017 ou à compter de cette même date, les bons ou contrats souscrits avant cette même date comportent deux **compartiments** :

– un compartiment comprenant les primes versées jusqu'au 26 septembre 2017 ainsi que les produits attachés à ces primes ;

– un compartiment comprenant les autres primes versées à compter du 27 septembre 2017 ainsi que les produits attachés à ces primes.

Lorsque le bon ou contrat a été souscrit avant le 1er janvier 1998, ces deux compartiments s'ajoutent à un troisième dans lequel sont isolés les primes versées avant le 26 septembre 1997 et les produits qui leur sont attachés (BOI-RPPM-RCM-20-10-20-50 n° 75), ces produits étant exonérés (n° 26080).

RÈGLES COMMUNES

Durée des contrats La durée du contrat (ou du bon) à prendre en compte pour la détermination du régime fiscal des produits est la durée courue entre la date du premier 26015 versement et la date de dénouement ou de rachat partiel du contrat (BOI-RPPM-RCM-30-10-20-20 nº 120).

› Précisions La **transformation** d'un contrat monosupport (en euros ou en UC) ou multisupport **en un contrat euro-croissance** (mono ou multisupport) ou **en unités de compte** (mono ou multisupport), au sein de la même compagnie d'assurance, n'entraîne pas le dénouement du contrat initial qui conserve son antériorité fiscale (CGI art. 125-0 A, I-2º modifié par Loi 2019-486 du 22-5-2019 art. 72, II et par Loi 2019-1479 du 29-12-2019 art. 9).

26020 **Fait générateur** Le fait générateur de l'impôt est constitué par le **dénouement** du contrat ou son **rachat** partiel. Le dénouement peut intervenir :
– à l'échéance prévue au contrat ;
– par suite d'un remboursement anticipé ;
– ou par tirage au sort (pour certains bons de capitalisation) (BOI-RPPM-RCM-20-10-10 nº 200).
Constitue également un fait générateur de l'impôt la **cession** de bons ou contrats de capitalisation (voir nº 26060).

26025 **Assiette** Le **montant imposable** est égal à la différence entre le montant des sommes remboursées au bénéficiaire et celui des primes versées (frais et charges compris).

Toutefois, en cas de **rachat partiel,** les primes versées ne sont retenues qu'au prorata des sommes remboursées par rapport à la valeur totale de rachat du contrat à la même date (BOI-RPPM-RCM-20-10-20-50 nº 80). Le produit imposable est donc déterminé selon la formule suivante :

Montant du rachat partiel – (Total des primes versées à la date du rachat partiel × Montant du rachat partiel/Valeur de rachat total à la date du rachat partiel).

Pour l'application de cette formule, le total des primes versées à la date du rachat partiel s'entend du total des primes versées qui n'ont pas déjà fait l'objet d'un remboursement lors d'un rachat partiel antérieur.

› Précisions **a.** Pour les **bons ou contrats souscrits avant le 27 septembre 2017,** le montant imposable des primes doit être décomposé en fonction de la date de versement des primes (méthode des **compartiments** : voir nº 26010).
b. La fraction des sommes correspondant à des produits attachés à des **contrats** d'assurance-vie (et assimilés) **en déshérence** transférée à la Caisse des dépôts et consignations (CDC) puis reversée à leur bénéficiaire est soumise à l'impôt sur le revenu avec option possible (pour les seuls produits se rattachant à des primes versées jusqu'au 26 septembre 2017) pour le prélèvement libératoire dans les conditions en vigueur à la date du versement des sommes à l'ayant droit. Le montant du revenu imposable est déterminé dans les conditions et selon les modalités applicables à la date de l'échéance des contrats (CGI art. 125-0 A, II ter).
c. En cas d'**acquisition** d'un bon ou contrat de capitalisation **auprès de tiers,** le montant imposable lors du rachat ou du dénouement s'entend de la différence entre le montant des sommes remboursées et celui des primes versées depuis l'acquisition de ce bon ou contrat augmenté du prix d'acquisition du bon ou contrat. En ce qui concerne l'imposition des gains réalisés lors de la cession, voir nº 26060.
d. En cas de **rachat partiel sur un contrat en perte,** la part des primes considérées comme remboursées est plafonnée au montant du rachat partiel pour éviter une imposition sur un produit fictif lors d'un nouveau rachat partiel ou lors du dénouement (BOI-RPPM-RCM-20-10-20-50 nº 100).
e. La **perte en capital constatée lors du rachat** total ou partiel d'un contrat de capitalisation n'est déductible ni des revenus de capitaux mobiliers ni du revenu global (CE 20-3-2013 nºs 347881 et 347882 : RJF 6/13 nº 613).

PRIMES VERSÉES DEPUIS LE 27 SEPTEMBRE 2017

26030 Les produits perçus depuis le 1er janvier 2018 se rattachant à des primes versées depuis le 27 septembre 2017 sont imposés en deux temps :
– l'année de leur versement, ils donnent lieu à un prélèvement forfaitaire non libératoire perçu à titre d'acompte ;
– l'année suivante, ils sont soumis à l'impôt sur le revenu sous déduction de l'impôt prélevé à la source.
Il en est de même des produits perçus depuis le 1er janvier 2020 se rattachant à des primes versées depuis le 10 octobre 2019 sur des **contrats souscrits avant 1983** (Loi 2019-1479 du 28-12-2019 art. 9). Les produits perçus entre le 10 octobre et le 31 décembre 2019 afférents à des primes versées depuis le 10 octobre 2019 et les produits afférents aux primes versées avant le 10 octobre 2019 demeurent exonérés (nº 26085).

26035 CGI art. 125-0 A, II-2 **Prélèvement forfaitaire non libératoire (PFNL)** Les produits des contrats (et bons) sont soumis lors de leur versement au prélèvement forfaitaire non libératoire (PFNL) prévu pour les produits de placement à revenu fixe (nºs 25250 s.) sous réserve des particularités suivantes :

– la **demande de dispense** pour les personnes dont le revenu fiscal de référence est inférieur à 25 000 € (célibataires, divorcés ou veufs) ou 50 000 € (contribuables soumis à imposition commune) est formulée au plus tard lors de l'encaissement des revenus (CGI art. 242 quater) ;

– le PFNL est perçu au **taux de 7,5 %** si la durée du contrat est supérieure ou égale à huit ans et au taux de **12,8 %** si cette durée est inférieure.

Le PFNL n'est pas applicable aux produits payés par un établissement établi hors de France à des personnes dont le revenu fiscal de référence est inférieur aux montants mentionnés ci-dessus (CGI art. 125 D, I).

Imposition définitive **Contrats d'une durée égale ou supérieure à huit ans.** En cas de rachat ou de dénouement à partir de huit ans, les produits acquis ou constatés ne sont soumis à l'impôt sur le revenu qu'après application d'un **abattement annuel** de 4 600 € (personnes seules) ou 9 200 € (couples soumis à une imposition commune). **26040** CGI art. 125-0 A, I et 200 A, 1-B-2°

La fraction excédant ces montants est soumise au prélèvement forfaitaire unique (**PFU**) ou, sur option globale, au **barème progressif** (voir nos 24170 s. et 24190 s.).

Le **PFU** est perçu au taux de 7,5 % lorsque le montant total de l'**encours n'excède pas 150 000 €.**

Lorsque le montant de l'encours est **supérieur** à cette somme, le taux de 7,5 % s'applique au prorata de l'encours ne dépassant pas 150 000 €, la fraction excédentaire étant soumise au taux de 12,8 %. Le prorata est déterminé par application du quotient suivant : 150 000 € (réduit du montant, net de remboursement, des primes versées avant le 27-9-2017)/montant des primes versées depuis le 27-9-2017 (net de remboursements).

Le **PFNL** prélevé à la source s'impute sur l'impôt sur le revenu dû au titre de l'année au cours de laquelle il a été opéré. S'il excède l'impôt dû, l'excédent est restitué.

› **Précisions** **a.** L'**abattement** est un abattement unique qui vaut pour l'ensemble des produits des contrats imposables au nom du même **foyer fiscal.** Il s'applique en priorité sur les produits attachés aux primes versées avant le 27 septembre 2017, puis pour les produits attachés aux primes versées à compter de cette date, à défaut d'option pour l'imposition selon le barème progressif de l'impôt sur le revenu, d'abord sur la fraction taxable à 7,5 % puis sur celle taxable à 12,8 %. L'abattement s'applique au reliquat des produits imposables après imputation, le cas échéant, des pertes subies lors de la cession de bons ou contrats de capitalisation (BOI-RPPM-RCM-20-10-20-50 n° 460).

Sur l'articulation de l'abattement avec l'exonération des bons ou contrats transférés sur un plan d'épargne retraite, voir n° 26105.

b. Le **montant de l'encours** correspond à celui des primes versées par le souscripteur sur l'ensemble de ses contrats (ou bons) et qui, au 31 décembre de l'année qui précède le fait générateur, n'ont pas déjà fait l'objet d'un remboursement en capital. En cas de **démembrement de propriété** du contrat (ou bon), les primes versées ne sont prises en compte que pour la détermination du seuil applicable à l'usufruitier.

Contrats d'une durée inférieure à huit ans. Les produits des contrats d'une durée inférieure à huit ans attachés à des primes versées depuis le 27 septembre 2017 sont soumis au **PFU** de 12,8 % ou, sur option globale, au **barème progressif** de l'impôt sur le revenu. **26045**

Le **PFNL** prélevé à la source s'impute sur l'impôt sur le revenu dû au titre de l'année au cours de laquelle il a été opéré. S'il excède l'impôt dû, l'excédent est restitué.

PRIMES VERSÉES JUSQU'AU 26 SEPTEMBRE 2017

En cas de rachat ou de dénouement de contrats (ou bons) se rattachant à des primes versées jusqu'au 26 septembre 2017, les produits sont soumis à l'impôt sur le revenu selon le **barème progressif.** Toutefois, s'il y a intérêt, le bénéficiaire peut échapper à l'impôt progressif en optant pour un **prélèvement libératoire** aux taux ci-après : **26050**

– 35 % lorsque la durée du contrat est inférieure à quatre ans ;

– 15 % lorsque cette durée est supérieure ou égale à quatre ans et inférieure à huit ans ;

– 7,5 % lorsque cette durée est égale ou supérieure à huit ans.

Pour les contrats d'au moins huit ans, l'**abattement** de 4 600 € ou 9 200 € est applicable selon les modalités exposées nos 26040, précision a et 26055, précision b.

Modalités d'option pour le prélèvement libératoire et liquidation L'option pour le prélèvement libératoire est réservée aux personnes physiques. Elle a pour effet de libérer les produits auxquels le prélèvement s'applique de l'impôt sur le revenu. Elle est irrévocable. **26055** CGI art. 125-0 A, II et 125 D, IV CGI ann. III art. 41 duodecies E

Lorsque l'**établissement payeur** est établi **en France,** l'option doit être formulée au plus tard lors de l'encaissement des produits auprès de l'établissement payeur (qui peut être soit un intermédiaire, soit le débiteur).

Lorsque l'établissement payeur est établi hors de France dans un **État de l'Espace économique européen,** l'option s'exerce par le dépôt de la déclaration des produits concernés et le paiement du prélèvement correspondant, le paiement tardif rendant les produits imposables au barème progressif.

Le prélèvement est versé par télépaiement au plus tard le **15 du mois suivant le paiement** des produits. Une déclaration n° 2777 (établissement payeur établi en France) ou n° 2778 (établissement payeur établi hors de France) est à souscrire par voie électronique. Lorsque l'établissement payeur est établi en France, le prélèvement dû au titre du mois de décembre fait l'objet d'un acompte à payer le 15 octobre. Pour plus de précisions, voir nos 25385 s. et, plus spécialement s'agissant du calcul de l'acompte, n° 25385.

> **Précisions** **a.** Le bénéficiaire ne peut pas **rétroactivement** exercer l'**option** après l'encaissement des produits, pas plus qu'il ne saurait revenir sur son exercice éventuel (CE 24-10-2014 n° 366962 : RJF 1/15 n° 21).
> **b.** Les produits sont retenus pour leur **montant brut,** y compris lorsqu'ils bénéficient de l'abattement de 4 600 € ou 9 200 € (contrats d'au moins huit ans). Dans ce dernier cas, le contribuable bénéficie d'un **crédit d'impôt** égal au taux du prélèvement libératoire multiplié par le montant de l'abattement non imputé retenu dans la limite des produits qui y sont soumis. Ce crédit d'impôt est imputable sur l'impôt sur le revenu dû l'année suivante et, en cas d'excédent, restituable (CGI art. 125-0 A, I-dernier alinéa).
> Pour les **produits de source européenne,** le montant brut des produits s'entend du montant des revenus perçus après déduction des impôts établis dans le pays d'origine et dont le paiement incombe au bénéficiaire, augmenté du crédit d'impôt tel qu'il est prévu par les conventions internationales (CGI art. 125 D, II). L'impôt retenu à la source est imputé sur le prélèvement dans la limite du **crédit d'impôt conventionnel** (CGI art. 125 D, V). L'excédent n'est pas restituable (BOI-RPPM-RCM-30-10-20-20 n° 420).
> **c.** Le **caractère libératoire** du prélèvement ne peut pas être invoqué pour les produits qui sont pris en compte pour la détermination du bénéfice imposable d'une **entreprise** industrielle, commerciale, artisanale ou agricole ou d'une **profession non commerciale.**

GAINS DE CESSION DE BONS OU CONTRATS DE CAPITALISATION

26060 CGI art. 124 B et 124 C

Les gains de cession de bons ou contrats de capitalisation sont imposables selon les **mêmes règles** que les **produits** en distinguant la date de versement des primes auxquelles ces gains se rattachent (nos 26030 s. et 26050 s.).

Le gain net est calculé comme pour les plus-values de cession de valeurs mobilières par la différence entre le prix de cession et le prix d'acquisition (sans application de l'abattement pour durée de détention).

> **Précisions** **a.** Pour la détermination du gain net :
> – le **prix d'acquisition** est déterminé en tenant compte des primes versées par le cédant sur le bon ou le contrat cédé et qui n'ont pas fait l'objet d'un remboursement en capital à la date de la cession ;
> – il n'est pas fait application de l'**abattement** de 9 200 € ou 4 600 € pour les contrats d'au moins huit ans.
> **b.** Les **pertes** subies lors de la cession de bons ou contrats de capitalisation sont exclusivement imputables sur les produits et les gains relevant du même régime d'imposition réalisés au cours de la même année et des cinq années suivantes.
> Lorsque le contribuable réalise des produits ou des gains imposables pour partie au taux de droit commun de 12,8 % et pour partie au taux dérogatoire de 7,5 %, la perte est imputée en priorité sur l'assiette imposable au taux de 7,5 % puis, pour le reliquat, sur celle imposable au taux de 12,8 %. La perte constatée lors de la cession d'un contrat dont les produits ne sont pas imposables à l'impôt sur le revenu (soit hors du champ, soit exonérés) ne sont pas imputables et reportables (BOI-RPPM-RCM-20-10-20-50 n° 460).
> **c.** Sur la détermination des produits imposables lors du **rachat ou du dénouement ultérieur,** voir n° 26025, précision c.

OBLIGATIONS DES ENTREPRISES D'ASSURANCE

26065 CGI art. 125-0 A, IV

Les entreprises sont tenues de communiquer aux assurés l'ensemble des **informations et documents** permettant à ces derniers de déclarer les produits selon le régime fiscal qui leur est applicable. Ces informations doivent également être communiquées à l'administration.

La déclaration est effectuée dans les mêmes conditions que la déclaration des paiements de revenus mobiliers (IFU) (nos 26850 s.).

> **Précisions** La déclaration doit donc être souscrite selon un procédé informatique au plus tard le 15 février de l'année suivant les paiements.
> En ce qui concerne la déclaration de souscription ou de dénouement des contrats, voir n° 26950.

TABLEAU RÉCAPITULATIF

26070 Le tableau ci-après récapitule les **règles d'imposition.** Il ne tient pas compte des prélèvements sociaux (nos 34430 s.).

	Régime applicable en N (année de perception)		Régime applicable en N + 1		
Durée de vie du contrat	Primes versées jusqu'au 26-9-2017	Primes versées depuis le 27-9-2017[4]	Primes versées jusqu'au 26-9-2017	Primes versées depuis le 27-9-2017[4]	
Au moins 8 ans	PFL de 7,5 % (sur option) avec crédit d'impôt[1]	PFNL de 7,5 %	• Application de l'abattement de 4 600 € ou 9 200 €[2] • Barème progressif si option pour le PFL pas exercée en N	**Encours inférieur à 150 000 €** • Application de l'abattement de 4 600 € ou 9 200 €[2] • PFU de 7,5 % ou, sur option globale, barème progressif • Imputation du PFNL • Restitution en cas d'excédent	**Encours supérieur ou égal à 150 000 €** • Application de l'abattement de 4 600 € ou 9 200 €)[2] • PFU (de 7,5 % sur une fraction des revenus[3] ou 12,8 %) ou, sur option globale, barème progressif • Imputation du PFNL • Restitution en cas d'excédent
Entre 4 et 8 ans	PFL de 15 % (sur option)	PFNL de 12,8 %	Barème progressif si option pour le PFL pas exercée en N	• PFU de 12,8 % ou, sur option globale, barème progressif • Imputation du PFNL • Restitution en cas d'excédent	
Moins de 4 ans	PFL de 35 % (sur option)	PFNL de 12,8 %	Barème progressif si option pour le PFL pas exercée en N	• PFU de 12,8 % ou, sur option globale, barème progressif • Imputation du PFNL • Restitution en cas d'excédent	

1. Pour les personnes optant pour le prélèvement libératoire, l'abattement est accordé sous forme de crédit d'impôt.
2. L'abattement s'applique en priorité sur les produits attachés aux primes versées avant le 27-9-2017 puis pour les produits attachés aux primes versées depuis cette date, sur ceux imposables au taux de 7,5 % puis sur ceux taxables au taux de 12,8 %.
3. Sur la fraction relevant du taux de 7,5 %, voir nº 26040.
4. Pour les bons ou contrats de capitalisation et d'assurance-vie souscrits avant 1983 : primes versées depuis le 10-10-2019 (voir nº 26030).

b. Exonérations

BONS ET CONTRATS SOUSCRITS DU 1ER JANVIER 1983 AU 25 SEPTEMBRE 1997

Les produits de ces contrats, par définition souscrits depuis plus de huit ans, se répartissent **26080** RM-IV-30880 s
en deux groupes :

– les produits de l'**épargne versée avant le 1er janvier 1998** sont exonérés d'impôt sur le revenu (à condition, pour les versements effectués du 26 septembre 1997 au 31 décembre 1997, qu'ils aient été réalisés soit en exécution d'un engagement antérieur, soit, dans la limite de 200 000 F, à titre exceptionnel) ;

– les produits des **versements effectués à partir du 1er janvier 1998** sont imposables dans les conditions de droit commun, voir nos 26010 s.

Par exception, les produits des **contrats à primes périodiques** attachés aux versements n'excédant pas ceux prévus initialement sont totalement exonérés, quelle que soit la date des versements.

> **Précisions** Pour les **contrats souscrits du 26 septembre 1997 au 31 décembre 1997**, les produits acquis ou constatés entre la date de souscription et le 31 décembre 1997 sont exonérés.

BONS OU CONTRATS SOUSCRITS AVANT LE 1ER JANVIER 1983

Les produits des bons ou contrats de capitalisation et des contrats d'assurance-vie souscrits **26085** RM-IV-30560
avant le 1er janvier 1983 sont exonérés d'impôt sur le revenu lorsqu'ils sont afférents à des primes versées avant le 10 octobre 2019. Pour les produits se rattachant à des primes versées à compter de cette date, voir nº 26030.

VERSEMENT D'UNE RENTE VIAGÈRE

Les produits des contrats (quelle que soit leur durée) qui se dénouent directement par le **26090** RM-IV-30580
versement d'une rente viagère sont exonérés. Mais la rente est soumise à l'impôt sur le reve-

nu et aux prélèvements sociaux, sur une fraction de son montant, dans les conditions exposées n° 22550.

EXONÉRATIONS LIÉES À CERTAINS ÉVÉNEMENTS

26095 RM-IV-30590 s Sont exonérés d'impôt sur le revenu les produits des contrats, quelle que soit leur durée, dont le dénouement résulte des événements suivants (qu'ils affectent le souscripteur lui-même, son conjoint ou son partenaire de Pacs : BOI-RPPM-RCM-10-10-80 n° 100) : **licenciement,** mise à la **retraite** anticipée, survenance d'une **invalidité** de deuxième ou troisième catégorie, ou cessation d'activité non salariée suite à un jugement de **liquidation judiciaire.**

> **Précisions** **a.** L'exonération s'applique aux produits perçus jusqu'au dénouement du bon ou contrat, à **condition** que ce dénouement intervienne avant la fin de l'année qui suit celle de la réalisation de l'un de ces événements (BOI précité n° 101).
b. La **fin d'un contrat à durée déterminée** ou la **révocation d'un mandat social,** qui ne constituent pas un licenciement, ne donnent pas droit à l'exonération (BOI précité n° 103).

BONS OU CONTRATS « NSK » OU « DSK »

26100 RM-IV-31200 s Les bons ou contrats investis en actions forment une catégorie particulière de contrats composés d'une ou plusieurs unités de compte, qui doivent être partiellement investis en actions.

Les bons ou **contrats « NSK »,** souscrits du 1er janvier 2005 au 31 décembre 2013, doivent obligatoirement être investis à hauteur de 30 % au moins en actions ou titres assimilés de sociétés ayant leur siège dans un État de l'Espace économique européen. Les titres à risques (actions de sociétés non cotées ou cotées de faible capitalisation, parts de FCPR, parts de FCPI, actions de SCR, etc.) doivent représenter 10 % au moins de l'actif, parmi lesquels les titres non cotés doivent représenter au moins 5 % (CGI art. 125-0 A, I quinquies).

Les bons ou **contrats « DSK »,** souscrits avant le 1er janvier 2005, composés d'une ou de plusieurs unités de compte, sont obligatoirement investis à hauteur de 50 % au moins en actions ou titres assimilés de sociétés ayant leur siège dans un État de l'Espace économique européen, dont 5 % au moins de titres à risques (parts de FCPR, actions de SCR, actions de sociétés cotées de faible capitalisation, actions non cotées, etc.) (CGI art. 125-0 A, I quater).

Lorsque leur durée est d'au moins huit ans, les produits de ces contrats (ou bons) sont totalement exonérés d'impôt sur le revenu. Avant huit ans, ils sont imposables selon les modalités exposées nos 26010 s.

> **Précisions** **a.** Les **unités de compte** peuvent être des parts ou actions d'OPCVM établis en France (FCP ou Sicav) ou dans un État de l'Espace économique européen (OPCVM dits coordonnés) ou de certains fonds d'investissement alternatifs (FIA).
b. Pour conserver son exonération d'impôt, le contrat investi en actions doit **constamment respecter,** même après huit ans, les **quotas d'investissement** imposés par la loi. À défaut, le contrat devient un contrat de droit commun, dont les produits sont imposables lors de son dénouement ou de son rachat partiel dans les conditions de droit commun (voir nos 26010 s.).

BONS OU CONTRATS TRANSFÉRÉS SUR UN PLAN D'ÉPARGNE RETRAITE

26105 En cas de rachat total ou partiel d'un bon ou contrat de capitalisation ou contrat d'assurance-vie d'une **durée égale ou supérieure à huit ans,** les produits afférents à ce rachat sont exonérés à hauteur de 9 200 € (contribuables soumis à imposition commune) ou 4 600 € (contribuables célibataires, veufs ou divorcés), lorsque les **conditions** suivantes sont réunies (CGI art. 125-0 A, I-1°-al. 7. issu de l'art. 72, II de la loi 2019-486 du 22-5-2019) :
– le rachat doit être effectué avant le 1er janvier 2023 ;
– le titulaire du bon ou du contrat doit être âgé de moins de 57 ans ;
– l'intégralité des sommes reçues au titre du rachat doit être versée avant le 31 décembre de l'année sur un plan d'épargne retraite (n° 1375).

> **Précisions** L'application de l'exonération aux produits afférents aux différentes primes du bon ou contrat suit la **règle de priorité** visée n° 26040, précision a.
L'**abattement annuel** (n° 26040) s'applique, le cas échéant, aux produits non exonérés du bon ou du contrat, suivant la même règle de priorité.

c. Bons ou contrats souscrits auprès d'entreprises étrangères

26110 CGI art. 120, 6°, 122, 2 et 125 D, II RM-IV-31970 s Les **produits** attachés aux bons ou contrats de capitalisation et aux contrats d'assurance-vie souscrits auprès d'entreprises d'assurance établies à l'étranger, ainsi que les **gains de cession** de ces mêmes placements, sont assimilés à des revenus de valeurs mobilières étrangères visés nos 26505 s. Lorsqu'ils sont perçus par des personnes physiques domiciliées en France, ils sont imposables à l'impôt sur le revenu.

Le **revenu imposable** est constitué par la différence entre d'une part les sommes remboursées au bénéficiaire et d'autre part, le montant des primes versées, le cas échéant, depuis l'acquisition du bon ou contrat, augmenté, dans ce cas, du prix d'acquisition du bon ou contrat.

Les gains de cession des bons ou contrats sont déterminés selon les règles énoncées n° 26060.

Les produits sont imposables dans les conditions exposées n°s 26010 s. Toutefois, l'abattement de 4 600 € ou 9 200 € pour les contrats d'au moins huit ans (n°s 26040 et 26050), l'option pour le prélèvement libératoire pour la fraction des produits et gains attachés à des primes versées jusqu'au 26 septembre 2017 (n° 26050) et, pour la fraction des produits et gains attachés à des primes versées depuis le 27 septembre 2017, le prélèvement forfaitaire unique (PFU) lorsqu'il est au taux de 7,5 % (n° 26040) sont réservés aux bons ou contrats souscrits auprès d'entreprises établies dans un État de l'**Espace économique européen** (respectivement CGI art.122, 2, art.125 D, II et art. 200 A, 1-B-2°).

Les produits et gains de cession sont, par ailleurs, soumis aux **prélèvements sociaux** : voir n°s 34430 s.

> **Précisions** **a.** Les **limites de l'abattement** sont appréciées globalement, en faisant masse de la totalité des produits y ouvrant droit.
> **b.** Pour l'application du **prélèvement libératoire,** la **durée** des bons ou contrats d'assurance-vie et de capitalisation s'entend de leur durée effective de détention par le contribuable.
> **c.** L'exonération totale ou partielle des produits des **bons et contrats souscrits avant le 26 septembre 1997,** applicable aux contrats souscrits en France (n°s 26080 et 26085), bénéficie également aux produits des contrats souscrits auprès d'une entreprise d'assurance établie dans un État de l'Espace économique européen, à condition que ces compagnies d'assurance et les contrats qu'elles proposent présentent des caractéristiques similaires à celles des compagnies établies en France et des contrats que ces dernières proposent (BOI-RPPM-RCM-10-30-10-10 n° 200).
> **d.** Sur l'imputation des **pertes** en cas de cession de bons ou contrats de capitalisation, voir n° 26060, précision b.
> **e.** Les souscripteurs de contrats d'assurance-vie auprès d'organismes étrangers sont soumis à des **obligations déclaratives** spécifiques (voir n° 78305).

d. Produits versés à des non-résidents

26120 CGI art 125-0 A, II bis RM-IV-31130

Les produits des bons et contrats de capitalisation et des contrats d'assurance-vie sont soumis **obligatoirement** au prélèvement libératoire lorsqu'ils bénéficient à des personnes qui n'ont pas leur domicile fiscal ou qui ne sont pas établies en France. Ce prélèvement obligatoire est également applicable dans les mêmes conditions aux gains de cessions de bons ou contrats de capitalisation.

Pour les produits (ou gains) se rattachant à des **primes versées jusqu'au 26 septembre 2017,** les taux du prélèvement sont ceux mentionnés n° 26050.

Pour ceux se rattachant à des primes versées **depuis le 27 septembre 2017,** le taux du prélèvement est fixé à 12,8 % quelle que soit la durée des contrats. Toutefois, pour les contrats d'au moins huit ans, les personnes physiques peuvent demander, par voie de réclamation, le bénéfice du taux de 7,5 % dans les conditions prévues n° 26040, au prorata de l'encours ne dépassant pas 150 000 €.

Quelles que soient la date de versement des primes, la date de souscription et la durée du contrat, le prélèvement est perçu au taux de 75 %, lorsque les produits (ou gains) bénéficient à des personnes qui ont leur domicile fiscal ou qui sont établies dans un **État ou territoire non coopératif** (sur cette notion, voir n° 78310, 1° et 2°). Ce taux majoré n'est pas applicable lorsque le contribuable apporte la preuve que les opérations ont principalement un objet et un effet non fiscal.

Le prélèvement obligatoire est **libératoire** de l'impôt sur le revenu ou sur les bénéfices.

> **Précisions** **a.** Le taux du prélèvement peut, le cas échéant, être plafonné ou réduit par l'application des **conventions** internationales.
> **b.** Pour l'appréciation du **seuil de 150 000 €,** seules sont retenues les primes versées par l'assuré sur l'ensemble des contrats (et bons) souscrits auprès d'entreprises d'assurance établies en France.

2. PLAN D'ÉPARGNE EN ACTIONS (PEA)

CARACTÉRISTIQUES GÉNÉRALES

26155 CGI art. 163 quinquies D RM-VII-38400 s

Le PEA permet d'investir en actions (ou en OPCVM comportant eux-mêmes principalement des actions) tout en bénéficiant d'une exonération d'impôt sur les dividendes et les plus-values, à condition de n'effectuer aucun retrait pendant cinq ans. Après cinq ans (sur l'entrée en vigueur de ce délai, voir n° 26195), le titulaire du plan peut également opter pour le versement d'une rente à vie défiscalisée, et ainsi se constituer un complément de revenus en vue de la retraite.

Seules les personnes physiques majeures ayant leur **domicile fiscal en France** peuvent ouvrir un PEA auprès de certains organismes (établissements de crédit, compagnies d'assurances, Banque de France, Banque postale...).

Deux types de plans coexistent : le **PEA « classique »** dont le plafond des versements est fixé à 150 000 € et le **PEA « PME-ETI »** dont le plafond des versements est fixé à 225 000 € (Loi 2019-486 du 22-5-2019 art. 89 applicable depuis le 24 mai 2019 ; le plafond était de 75 000 € auparavant).

Chaque contribuable (ou conjoint ou partenaire de Pacs) peut détenir à la fois un PEA « classique » et un PEA « PME-ETI » (mais ne peut en revanche être titulaire que d'un plan de chaque type), la somme des versements effectués sur les deux plans ne pouvant toutefois excéder 225 000 € (Loi 2019-486 du 22-5-2019 art. 89 applicable depuis le 24 mai 2019).

Le PEA « PME-ETI » qui est destiné à financer les PME et les entreprises de taille intermédiaire (ETI) fonctionne de la même manière et bénéficie des mêmes avantages fiscaux que le PEA « classique ».

› Précisions **a.** Lorsque le **PEA** est ouvert auprès d'une **banque,** il comporte un compte en espèces et un compte-titres. Le titulaire du plan effectue des versements sur son compte en espèces qui servent à acheter les titres qui sont ensuite inscrits sur le compte-titres.

Lorsque le **PEA** est souscrit auprès d'une entreprise d'**assurances,** il prend la forme d'un contrat de capitalisation en unités de compte, investi dans une ou plusieurs catégories de titres pouvant figurer sur un PEA.

b. Une personne physique majeure **rattachée** ne peut ouvrir qu'un PEA « classique », les versements étant limités à 20 000 € jusqu'à la fin du rattachement (Loi 2019-486 du 22-5-2019 art. 90 applicable depuis le 24 mai 2019).

c. Aucune **durée** minimale ou maximale n'est fixée par la loi pour le PEA mais, en cas de clôture avant cinq ans, le titulaire est fiscalement pénalisé.

Pour apprécier la durée du PEA, la **date d'ouverture** du plan s'entend de celle du premier versement.

d. Entraînent la **clôture** du PEA : tout retrait – ou rachat de contrat de capitalisation – avant cinq ans (sauf dans les cas visés n° 26185, précisions d et e) ; le non-respect d'une des conditions de fonctionnement (ouverture de plusieurs plans, dépassement du plafond de versements, placement en titres non éligibles...) ; le décès du titulaire ; après cinq ans, le retrait de la totalité des sommes ou valeurs (ou le rachat total d'un contrat de capitalisation) et la conversion des capitaux en rente viagère (sur l'entrée en vigueur du délai de cinq ans, voir n° 26195).

Le **transfert du domicile fiscal hors de France** du titulaire n'entraîne pas la clôture du PEA sauf si ce transfert a lieu dans un État ou territoire non coopératif défini au n° 78310 (BOI-RPPM-RCM-40-50-20-20 n° 650).

e. Le titulaire du plan qui a sciemment contrevenu aux règles de **plafonds de versements** (plafond global de 225 000 € et plafond de 20 000 €) est passible d'une **amende** fiscale égale à 2 % du montant des versements surnuméraires (CGI art. 1765, complété par l'article 89 de la loi 2019-486 du 22-5-2019 précitée).

f. Les sommes versées sur le PEA ne peuvent pas être employées à l'**acquisition de titres détenus hors** de ce **plan** par le titulaire du plan, son conjoint, le partenaire auquel il est lié par un Pacs ou leurs ascendants ou descendants. Cette interdiction concerne uniquement les acquisitions effectuées depuis le 6 décembre 2016.

TITRES ÉLIGIBLES AU PEA

26165 **PEA « classique »** Les titres pouvant figurer sur le PEA « classique », mentionnés à l'article L 221-31 du Code monétaire et financier, sont :

– les **actions** et **certificats d'investissement de sociétés,** les **parts de SARL** ou de sociétés dotées d'un statut équivalent, les certificats coopératifs d'investissement, les certificats mutualistes et paritaires et les titres de capital des sociétés coopératives, à condition que l'émetteur ait son siège en France ou dans un autre État de l'Union européenne, en Islande, en Norvège ou au Liechtenstein et soit soumis à l'IS ou à un impôt équivalent dans les conditions de droit commun. Cette dernière condition n'est toutefois pas exigée des entreprises nouvelles et des SCR. Peu importe que ces titres soient cotés ou non en bourse ;

– les **actions de Sicav,** les **parts de FCP** (y compris de FCPR et FCPI), et les parts ou actions d'**OPCVM européens « coordonnés »** détenant au moins 75 % de titres répondant aux conditions ci-dessus.

ATTENTION

Certains titres sont expressément **exclus du PEA** afin d'éviter un **cumul d'avantages fiscaux.** Il s'agit notamment des parts de fonds communs de placement constitués en application des législations sur la participation des salariés aux résultats des entreprises et les plans d'épargne salariale (PEE ou Perco), des titres acquis lors de la levée d'options de souscription ou d'achat d'actions (stock-options) et des titres ouvrant droit à réduction d'impôt sur le revenu (nos 2600 s., 2660 s., 2685 s., 2700 s., 2730).

L'éligibilité des titres au PEA est subordonnée à la condition que le titulaire du plan, son conjoint ou partenaire de Pacs et leurs ascendants et descendants ne détiennent **pas** ensemble, directement ou indirectement, **plus de 25 % des droits** dans les bénéfices de sociétés dont les titres figurent au plan, ou n'aient pas détenu cette participation à un moment quelconque au cours des cinq années précédant l'acquisition de ces titres dans le cadre du plan. Le seuil de 25 %, en cas de détention par l'intermédiaire de sociétés interposées, s'apprécie en multipliant entre eux les taux de détention successifs.

› Précisions **a.** Les **parts ou actions de « carried interest »** attribuées aux dirigeants ou aux membres de l'équipe de gestion des **FCPR, FCPI** ou **SCR** ne sont pas éligibles au PEA. Cette exclusion vise également les porteurs de titres de « carried interest » d'**entités de capital-risque européennes,** émis depuis le 1er janvier 2011.

b. Les titres de **SIIC** et de **sociétés foncières européennes** ayant un statut équivalent ne sont plus éligibles au PEA depuis le 21 octobre 2011, ceux y figurant à cette date pouvant cependant y demeurer.

c. Les **actions de préférence** et les **droits ou bons de souscription ou d'attribution** d'actions ne peuvent plus être inscrits sur un PEA depuis le 1er janvier 2014, ceux régulièrement inscrits avant cette date demeurant toutefois éligibles au régime de faveur.

d. Un manquement au **seuil maximum de participation familiale** de 25 %, même pendant quelques jours, entraîne la clôture du PEA (CE 25-10-2017 n° 397741 : RJF 1/18 n° 37).

PEA « PME-ETI » Les titres pouvant figurer sur le PEA « PME-ETI », mentionnés à l'article L 221-32-2 du Code monétaire et financier, sont : **26170**

– les **actions,** ou **certificats d'investissement** de sociétés et les certificats coopératifs d'investissement, les **parts de SARL** ou de sociétés dotées d'un statut équivalent, les titres en capital de sociétés coopératives et les **obligations convertibles ou remboursables** en actions, à l'exclusion des obligations convertibles en actions qui ne sont pas admises aux négociations sur un marché réglementé ou sur un système multilatéral de négociation (l'ouverture aux obligations remboursables en actions non cotées, issue de l'article 93 de la loi 2019-486, s'applique depuis le 24 mai 2019). Ces différents titres doivent avoir été **émis par une ETI,** à savoir une entreprise qui, d'une part, occupe moins de 5 000 personnes et qui, d'autre part, a un chiffre d'affaires n'excédant pas 1,5 milliard d'euros ou un total de bilan n'excédant pas 2 milliards d'euros. Comme pour les titres éligibles au PEA « classique », les titres éligibles au PEA « PME-ETI » doivent avoir été émis par une société ayant son siège en France ou dans un autre État de l'Union européenne, en Islande, en Norvège ou au Liechtenstein et soumise à l'IS ou à un impôt équivalent dans les conditions de droit commun (condition non exigée des entreprises nouvelles et des SCR) ;

– les **actions de Sicav,** les **parts de FCP** (notamment de parts de FCPR, FCPI, FIP) et les parts ou actions d'**OPCVM européens « coordonnés ».** L'éligibilité des titres est subordonnée à la condition que l'actif soit constitué pour plus de 75 % de titres d'ETI parmi lesquels au moins les deux tiers sont des titres visés ci-dessus (actions, certificats d'investissement, parts de SARL, obligations convertibles ou remboursables…). Aucune condition n'est toutefois requise pour les parts de FCPR, FCPI, ou FIP mentionnés aux articles L 214-28, L 214-30 et L 214-31 du Code monétaire et financier (fonds ouverts à des investisseurs non professionnels).

– les actions et parts de **fonds d'investissement alternatifs** autorisés à utiliser la dénomination de fonds européens d'investissement à long terme (« Eltif ») au sens du règlement UE 2015/760 du 29-4-2015, sous réserve que leurs actifs soient investis en permanence pour plus de 50 % en titres d'ETI visés ci-dessus (actions, certificats d'investissement, parts de SARL, obligations convertibles ou remboursables…) et qu'ils ne détiennent pas d'actifs immobiliers autres que les actifs physiques au sens de ce règlement ;

– les **titres participatifs, obligations à taux fixe et minibons** commercialisés par les plateformes de **financement participatif** (Loi 2019-486 du 22-5-2019 art. 89 applicable depuis le 24 mai 2019).

Les titres **exclus du PEA** « classique » le sont également du PEA « PME-ETI » (voir n° 26165).

› Précisions Les **seuils financiers et d'effectif** des ETI sont appréciés, en principe, après **consolidation** avec les entreprises liées et les entreprises partenaires situées en amont ou en aval de celles-ci (C. mon. fin. art. D 221-113-5). Ces seuils peuvent également être appréciés sur la base des comptes consolidés de la société émettrice et de ses filiales, lorsque la société dont les titres sont cotés a une capitalisation boursière inférieure à un milliard d'euros ou l'a eu à la clôture de l'un au moins des quatre exercices précédant l'exercice de référence (C. mon. fin. art. L 221-32-2 modifié par l'article 89 de la loi 2019-486 du 22-5-2019 applicable depuis le 24 mai 2019 ; auparavant, une deuxième condition tenant à l'absence d'actionnaire personne morale détenant seul plus de 25 % du capital était également exigée).

PROFITS RÉALISÉS DANS LE CADRE DU PLAN

Pendant la durée du plan, les **dividendes,** les **plus-values** de cession et les **autres produits** que procurent les placements effectués dans le cadre du PEA ne sont pas imposables à l'impôt sur le revenu. **26175** CGI art. 157, 5° bis **RM-VII-40300 s**

Les produits des placements effectués en **actions ou parts de sociétés non cotées** ne bénéficient toutefois de l'exonération d'impôt sur le revenu que dans la limite de 10 % du montant de ces placements. Seuls sont concernés par ce plafonnement les produits proprement dits, à l'exclusion des plus-values de cessions des titres non cotés. Ce plafonnement s'applique également aux produits de placements effectués en **obligations remboursables en actions** (ORA) lorsque ces obligations ne sont pas cotées ou sont remboursables en actions **non cotées.** De même, les plus-values afférentes à la cession de ces ORA ou des actions remboursées ne bénéficient de l'exonération d'impôt sur le revenu que dans la limite du double du montant du placement (Loi 2019-486 du 22-5-2019 art. 93 applicable depuis le 24 mai 2019).

En ce qui concerne les **prélèvements sociaux,** voir n° 34615, précision a.

> Précisions a. La limitation applicable aux titres non cotés ne concerne pas les **titres négociés sur un marché** français ou européen **non réglementé mais organisé** (Alternext notamment).

b. Les **moins-values** subies dans le cadre du PEA ne sont pas imputables sur des plus-values réalisées en dehors du PEA (BOI-RPPM-RCM-40-50-30 n° 1).

RETRAIT AVANT CINQ ANS

26185 CGI art. 150-0 A, II-2 et 200 A, 5 RM-VII-41100 s

Le retrait (ou le rachat du contrat de capitalisation) avant l'expiration de la cinquième année de fonctionnement du PEA entraîne en principe l'**imposition du gain net** réalisé depuis l'ouverture du plan au prélèvement forfaitaire unique (PFU nos 24170 s.) au taux d'imposition, hors prélèvements sociaux, de **12,8 %,** sauf option globale pour le barème progressif de l'impôt sur le revenu.

En ce qui concerne les **prélèvements sociaux,** voir n° 34555.

Le gain net imposable s'entend de la différence entre la **valeur liquidative** du PEA à la date du retrait (ou la valeur de rachat, pour un contrat de capitalisation) et le montant des versements effectués sur le plan depuis son ouverture, à l'exception de ceux afférents aux retraits ou rachats (visés ci-après précision d et e) n'ayant pas entraîné la clôture du plan (CGI art. 150-0 D, 6). Ce gain net est éventuellement diminué du montant des produits des titres non cotés qui n'ont pas bénéficié de l'exonération d'impôt sur le revenu (n° 26175) (CGI ann. II art. 91 quater J).

> Précisions a. Le **décès** du titulaire du PEA avant cinq ans n'entraîne pas l'imposition à l'impôt sur le revenu du gain net acquis depuis l'ouverture du plan (BOI-RPPM-RCM-40-50-50 n° 100).

b. En cas de clôture du plan avant cinq ans pour **non-respect des conditions de fonctionnement,** le gain net réalisé est imposé dans les mêmes conditions qu'en cas de retrait (CGI art. 1765) avec, en plus, application de l'intérêt de retard visé n° 79860 et, le cas échéant, de la majoration pour manquement délibéré visée n° 80040 (BOI-RPPM-RCM-40-50-50 nos 130 et 140) (RM-VII-42050 s.).

Au surplus, le non-respect des règles de **plafonds de versements** (plafond global de 225 000 € et plafond de 20 000 € mentionnés n° 26155) est passible d'une amende (n° 26155, précision e).

c. Les gains ou **pertes** constatés lors de la clôture du plan peuvent être imputés sur les pertes ou gains de cession de titres hors PEA, dans les conditions exposées au n° 33065.

d. Les **retraits (ou rachats) affectés** dans les trois mois à la **création ou à la reprise** d'une **entreprise** n'entraînent pas la clôture du plan et sont exonérés d'impôt sur le revenu (mais non des prélèvements sociaux).

Le titulaire du plan, son conjoint ou partenaire de Pacs, son ascendant ou son descendant doit assurer personnellement l'exploitation ou la direction et les sommes ou valeurs retirées doivent être utilisées à la souscription en numéraire au capital initial d'une société, à l'achat d'une entreprise existante ou être versées au compte de l'exploitant d'une entreprise individuelle née depuis moins de trois mois à la date du versement.

e. Les retraits (ou rachats) résultant du **licenciement,** de l'**invalidité** de deuxième ou troisième catégorie ou de la **mise à la retraite** du titulaire du plan (ou de son conjoint ou partenaire de Pacs) n'entraînent pas la clôture du plan. De même, en cas d'ouverture d'une procédure de **liquidation judiciaire** (ou procédure étrangère équivalente) à l'encontre d'une société dont les titres figurent dans le PEA, le titulaire du plan peut demander le retrait de ces titres sans que ce retrait n'entraîne la clôture du plan (C. mon. fin. art. L 221-32, modifié par l'article 91 de la loi 2019-486 du 22-5-2019, applicable depuis le 24 mai 2019).

Le **gain net imposable** à l'impôt sur le revenu est alors déterminé, selon les mêmes modalités que les prélèvements sociaux, au prorata du montant retiré par rapport à la valeur liquidative totale du plan (CGI art. 150-0 A, II-2 modifié par l'article 91 de la loi 2019-486 du 22-5-2019 précité).

RETRAIT APRÈS CINQ ANS

26195 RM-VII-40850 s

Les retraits ou rachats après cinq ans sont totalement exonérés d'impôt sur le revenu. Sur l'application des **prélèvements sociaux,** voir n° 34620.

Les retraits ou rachats partiels **après cinq ans** n'entraînent pas la clôture du plan (Loi 2019-486 du 22-5-2019 art. 92 applicable depuis le 24 mai 2019 ; auparavant, le délai était de huit ans et, en cas de retrait entre cinq et huit ans, le plan était clos et le titulaire perdait le bénéfice du régime spécial pour les revenus encaissés et les plus-values réalisées après cette date). Le PEA continue à fonctionner en franchise d'impôt sur le revenu. Le titulaire conserve par ailleurs la possibilité d'effectuer de nouveaux versements (Loi 2019-486 du 22-5-2019 art. 92). Le retrait ou le rachat total entraînent en revanche la fermeture définitive du plan.

Lorsque le plan se dénoue après cinq ans par le versement d'une **rente viagère,** celle-ci est exonérée d'impôt sur le revenu (CGI art. 157, 5° ter, modifié par l'article 92 de la loi 2019-486 du 22-5-2019 applicable depuis le 24 mai 2019 ; auparavant, le délai était de huit ans). Mais la rente est soumise aux prélèvements sociaux sur une fraction de son montant calculée comme en matière d'impôt sur le revenu (nº 22550).

› Précisions a. Les **pertes** ne sont, en principe, pas imputables sur les plus-values de même nature. Une exception est toutefois prévue en cas de clôture du plan suite à la liquidation des actifs (cession totale des titres ou rachat total du contrat de capitalisation) : la perte est alors imputable dans les conditions exposées nº 33065 (CGI art. 150-0 A, II-2 bis).
b. En cas de **décès du bénéficiaire** d'une rente viagère issue d'un PEA, la pension de réversion éventuellement versée au conjoint survivant est également exonérée d'impôt sur le revenu (BOI-RPPM-RCM-40-50-40 nº 40).

PLUS-VALUES ULTÉRIEURES SUR TITRES

Lorsque des titres ayant figuré sur un PEA sont vendus après la clôture du plan ou leur retrait dudit plan, la plus-value réalisée est taxable selon le régime des plus-values sur valeurs mobilières et droits sociaux (nºs 32805 s.). Le **montant** de la plus-value taxable est calculé à partir de la valeur des titres à la date où le titulaire a cessé de bénéficier, pour ces titres, du régime fiscal du PEA, afin de ne prendre en compte que les gains réalisés depuis cette date (CGI art. 150-0 D, 5). **26205** RM-VII-41300 s

Cette date s'entend soit de la date de clôture du plan, soit de la date du retrait.

3. COMPTE PME INNOVATION (CPI)

CARACTÉRISTIQUES GÉNÉRALES

Le CPI (C. mon. fin. art. L 221-32-4 s.) permet à certains entrepreneurs de céder leurs titres en bénéficiant d'un report d'imposition des plus-values à la condition que le produit de la vente soit réinvesti dans de jeunes PME. Ce report d'imposition est global, avec compensation des plus-values et moins-values et s'applique jusqu'à la sortie des actifs. **26210** RM-VII-45000 *

Seuls les contribuables ayant leur **domicile fiscal en France** peuvent ouvrir un CPI auprès d'un établissement de crédit, de la Caisse des dépôts et consignations, de la Banque de France ou d'une entreprise d'investissement.

Chaque contribuable ou chacun des époux ou partenaires de Pacs ne peut être titulaire que d'un seul compte.

Le CPI donne lieu à l'ouverture d'un compte-titres et d'un compte espèces associés.

L'**entrée dans le CPI** se fait par l'inscription sur le compte-titres des parts ou actions de sociétés soumises à l'impôt sur les sociétés créées depuis moins de dix ans remplissant les conditions pour bénéficier de l'abattement pour durée de détention renforcé visé nº 33100 (quelle que soit la date d'acquisition ou de souscription des titres).

Le **titulaire du CPI** doit :

– soit détenir ou avoir détenu à un moment quelconque depuis la création de la société, avec les membres de son groupe familial (conjoint ou partenaire de Pacs, leurs ascendants et descendants), **au moins 25 % des droits** de vote ou des droits dans les bénéfices sociaux ;

– soit avoir exercé au sein de la société une **fonction de direction** (telle que mentionnée nº 33110) ou une **activité salariée** pendant au moins vingt-quatre mois (ou si la société a moins de vingt-quatre mois, depuis sa création) et détenir ou avoir détenu à un moment quelconque depuis sa création, avec les membres de son groupe familial, au moins 5 % des droits de vote ou des droits dans les bénéfices sociaux de cette société. La condition de détention de 5 % n'est toutefois pas exigée lorsque la valeur des parts ou actions détenues excède 50 % de la valeur brute de l'ensemble des biens, droits et valeurs du titulaire du compte, y compris les parts et actions de la société ;

– soit être **signataire d'un pacte d'actionnaires ou d'associés** personnes physiques portant sur au moins 25 % des droits de vote ou des droits dans les bénéfices sociaux de la société, chaque signataire devant détenir au minimum 1 % des droits précités et au moins l'un d'entre eux avoir exercé dans la société une fonction de direction dans les conditions prévues ci-dessus.

› Précisions a. Le **compte espèces** ne peut pas être rémunéré. Par ailleurs le montant des sommes figurant sur le CPI n'est pas plafonné.
b. Les titres déposés sur un CPI ne peuvent pas faire l'objet d'un **pacte Dutreil** (nºs 68090 s.) et, inversement, les titres ayant fait l'objet d'un tel engagement ne peuvent pas être inscrits sur un CPI.
Les souscriptions de parts ou actions dans le cadre du CPI n'ouvrent pas droit aux **réductions d'impôt** sur le revenu outre-mer (nºs 92010 s.), Madelin (nºs 2600 s.), pour souscription au capital de sociétés foncières solidaires (nº 2685 s.), d'entreprises de presse (nºs 2700 s.) ou de Sofica (nº 2730).

FONCTIONNEMENT DU CPI

26215 Le compte espèces est **alimenté par** le prix de cession ou de rachat des parts ou actions inscrites sur le compte, le complément de prix de cession et les valeurs et sommes attribuées lors de la dissolution de fonds communs de placement à risques (FCPR), de fonds professionnels de capital investissement (FPCI), de sociétés de libre partenariat (SLP) ou de sociétés de capital-risque (SCR) dont les titres sont inscrits sur le compte. Sont également portées sur le compte espèces les distributions de plus-values par certains organismes de placement collectif, les répartitions d'actifs par les FCPR et les FPCI ainsi que les distributions imposables des SCR.

Les sommes doivent être **réinvesties** dans un délai de vingt-quatre mois à compter de l'opération :

– dans la souscription au capital initial ou aux augmentations de capital de sociétés soumises à l'impôt sur les sociétés et dont le **titulaire** n'est **ni associé ni actionnaire** et qui satisfont aux conditions d'éligibilité à la réduction Madelin (n° 2610). Il est précisé que les conditions tenant à la nature de l'activité, à la composition des actifs, à la localisation du siège social, au nombre de salariés et au régime fiscal de la société doivent être respectées en permanence pendant la durée de détention des titres sur le compte ;

– dans la souscription aux augmentations de capital de sociétés dont le **titulaire** du compte est **déjà associé ou actionnaire** si ces souscriptions constituent des investissements de suivi au sens de la réduction Madelin (n° 2600, précision d) ;

– dans la souscription de parts ou actions de **FCPR,** de **FPCI,** de **SLP** ou de **SCR,** ou d'organismes similaires situés dans un pays membre de l'Espace économique européen. L'actif de ces fonds ou sociétés doit être constitué à hauteur d'au moins 80 % par des parts ou actions reçues en contrepartie de souscriptions au capital, d'obligations dont le contrat d'émission prévoit obligatoirement le remboursement en actions, de titres reçus en contrepartie d'obligations converties ou d'obligations convertibles de sociétés éligibles au remploi. Les titres reçus en remboursement d'obligations et les titres reçus en contrepartie d'obligations converties doivent représenter au moins 40 % de l'actif de ces fonds ou sociétés. Les versements reçus par ces entités à raison de la souscription doivent être réinvestis dans un délai de vingt-quatre mois, décompté à compter de la cession ou du rachat ayant généré les liquidités employées par le titulaire du compte dans ladite souscription.

En cas d'**investissement direct,** le titulaire du compte doit remplir dans chacune des sociétés dans lesquelles les sommes sont réinvesties l'une des conditions suivantes : soit exercer une fonction de direction pour laquelle il perçoit une rémunération normale (n° 33110), soit être administrateur de la société ou membre de son conseil de surveillance, soit être lié à la société par une convention d'accompagnement dans laquelle il s'engage à participer activement à la définition de sa stratégie et à lui fournir, à sa demande, des prestations de conseil à titre gratuit.

En cas d'**investissement via un fonds, une SLP ou une SCR,** la condition d'accompagnement doit être remplie par chaque porteur de parts ou actions titulaire d'un CPI, dans chacune des sociétés dans lesquelles l'entité détient des parts ou actions.

> **Précisions** **a.** Ne peuvent pas être inscrits sur le compte espèces les **dividendes** afférents aux parts ou actions inscrites sur le compte-titres ainsi que les **boni de liquidation.**
>
> **b.** Les liquidités figurant sur le compte espèces ne peuvent pas être employées à la souscription de titres dans le cadre des dispositifs d'options de souscription d'actions, d'attributions d'actions gratuites ou de bons de souscription de créateurs d'entreprises, de parts ou actions de « carried interest » et de titres cédés dans le cadre de leur gestion par les FCP constitués en application de l'épargne salariale (C. mon. fin. art. L 221-32-5, IV-C-1).
>
> **c.** La **condition d'accompagnement** doit être remplie au plus tard à l'expiration du troisième mois suivant l'investissement et pendant toute la durée de détention des titres (C. mon. fin. art. L 221-32-5, IV-B-3).
>
> **d.** En cas d'**échange de titres** inscrits sur un CPI, les titres remis à l'échange sont inscrits sur le compte si les conditions d'éligibilité sont remplies. À défaut, l'opération emporte les conséquences d'un retrait de titres (C. mon. fin. art. L 221-32-5, V).
>
> **e.** Il est possible de procéder à des retraits de liquidités ainsi qu'à des retraits de titres sans entraîner la clôture.
>
> Entraînent la **clôture du CPI** : le non-respect de l'une des conditions d'alimentation et de fonctionnement du compte, le non-remploi des liquidités inscrites sur le compte espèces dans le délai de vingt-quatre mois, le décès du titulaire du compte. Par ailleurs, le titulaire du CPI peut décider de le clôturer à tout moment (C. mon. fin. art. 221-32-6, IV à VI).
>
> **f.** En cas de **liquidation d'une société** dont les parts ou actions figurent sur le CPI, les sommes attribuées au titulaire du compte à raison de l'annulation des titres qui ne sont pas retenues dans le boni imposable et qui ne sont pas versées sur le compte espèces constituent, à hauteur de leur montant, un retrait de liquidités (C. mon. fin. art. L 221-32-6, II).

RÉGIME FISCAL

Les plus-values ou moins-values réalisées dans le CPI sont prises en compte, non pas au titre de l'année de leur réalisation, mais lors du retrait de tout ou partie des liquidités ou des titres. En ce qui concerne toutefois les prélèvements sociaux, voir n° 34610 Précisions. 26220 CGI art. 150-0 B quinquies

Comme les autres gains en capital, les gains nets sont soumis au PFU ou sur option globale au barème progressif (n°s 33220 s.).

a. Retrait de liquidités. Le gain net est constitué par le solde des distributions de plus-values ou d'actifs perçues dans le compte ainsi que des plus-values et des moins-values constatées lors d'opérations réalisées dans le compte retenues pour leur montant brut, avant application le cas échéant des abattements pour durée de détention.

Les plus ou moins-values sont déterminées dans les conditions de droit commun. Toutefois, par dérogation aux règles générales, les **moins-values** sont imputables, sans limitation de délai, en priorité sur les plus-values des années antérieures les plus anciennes puis sur les plus-values de l'année et des années suivantes afférentes aux titres souscrits aux dates les plus anciennes.

En cas de **solde positif,** le gain net est réduit, le cas échéant, des abattements pour durée de détention proportionnels ou fixe (n°s 33070 s.), étant précisé que les abattements proportionnels ne sont en tout état de cause applicables qu'en cas d'option globale pour le barème progressif (n°s 33075 s.). Pour l'application de ces abattements, le gain net est ventilé entre les différents taux d'abattement selon la même répartition que l'ensemble des plus-values constatées dans le compte au jour du retrait avant imputation des moins-values.

En cas de **solde négatif,** les liquidités ne sont pas imposables et les moins-values restent imputables dans le compte sur les plus-values des années suivantes.

b. Retrait de titres. En cas de retrait de **titres acquis en réinvestissement,** le gain net correspond à la valeur de souscription des titres retirés. Le gain imposable est déterminé dans les mêmes conditions que pour les retraits de liquidités.

Aucune imposition n'est établie si le retrait concerne des **titres apportés** dans les conditions exposées au n° 26210.

En cas de cession ou de rachat ultérieur des titres ayant fait l'objet d'un retrait, le gain net est déterminé dans les conditions de droit commun.

c. Clôture du compte. La clôture du compte entraîne le retrait de l'ensemble des liquidités et des titres. Le gain de clôture est déterminé par application des règles prévues pour ces retraits.

En cas de **moins-value,** celle-ci est imputable sur les plus-values réalisées par ailleurs au titre de l'année de la clôture et le cas échéant des années suivantes jusqu'à la dixième inclusivement. En ce qui concerne toutefois les prélèvements sociaux, voir n° 34570.

› Précisions **a.** Le **transfert du domicile fiscal hors de France** entraîne les mêmes conséquences qu'une clôture de compte. L'exit tax est applicable aux plus-values enregistrées dans le compte et aux plus-values latentes constatées à la date du transfert.

b. En cas de **retrait de liquidités,** pour la détermination du **gain net,** il n'est pas tenu compte des distributions et plus ou moins-values exonérées, perçues ou réalisées dans le cadre des régimes de faveur des FCPR, FPCI et SCR.

c. Les **abattements pour durée de détention** applicables le cas échéant sont ceux dans leur rédaction en vigueur à la date de perception ou de réalisation des distributions ou plus-values.

d. Pour permettre la détermination des gains nets imposables, l'**établissement gestionnaire** du compte doit conserver pour chaque part ou action figurant sur le compte-titres et pour les liquidités figurant sur le compte espèces les informations retraçant les différentes opérations (C. mon. fin. art. L 221-32-7).

4. FONDS COMMUNS DE PLACEMENT

CARACTÉRISTIQUES GÉNÉRALES

Les fonds communs de placement (FCP) sont des copropriétés d'instruments financiers sans personnalité morale. La qualité de copropriété des fonds communs de placement les place de plein droit en dehors du champ d'application de l'**impôt sur les sociétés.** Ils bénéficient donc par nature d'une certaine transparence. 26245 RM-VII-400 s

› Précisions **a.** Des **avantages particuliers** sont accordés à certaines catégories de FCP :
– FCP constitués dans le cadre de la **participation des salariés** aux résultats des entreprises (n° 88650, c) ;
– **fonds de capital investissement** (notamment les FCPR et FPCI) (n° 26305).

b. Les gérants de FCP et les dépositaires des actifs des fonds sont soumis à diverses **obligations fiscales** (RM-VII-2100 s.).

c. En ce qui concerne la situation des FCP au regard de la **TVA** : voir n°s 60345 et 60390.

26250 RM-VII-600 s. **Répartition des produits** Les sommes réparties par un FCP sont ventilées en fonction de leur nature et origine (**couponnage**), pour permettre au bénéficiaire de déclarer distinctement la fraction de la somme répartie au regard du régime fiscal qui lui est applicable. Elles constituent en principe – lorsque le porteur est une personne physique agissant dans le cadre de son patrimoine privé – des **revenus de capitaux mobiliers** perçus par les porteurs de parts (CGI art. 137 bis). Toutefois, les plus-values distribuées par les FCP relèvent du régime des **plus-values de cession de valeurs mobilières et droits sociaux** (n° 32805 s.) (CGI art. 150-0 A, II-7 et 7 bis). Les distributions perçues d'un FCP pour lequel au moins une personne physique possède plus de 10 % des parts du fonds ne sont pas concernées par cette imposition, dès lors que les plus-values de cession de titres réalisées par le fonds dans le cadre de sa gestion ont déjà fait l'objet d'une imposition en application de l'article 150-0 A, III-2 (BOI-RPPM-PVBMI-10-10-20 n° 110). Les **crédits d'impôt** attachés aux revenus encaissés par un FCP sont transférés aux porteurs de parts qui peuvent les imputer sur l'impôt dû (CGI art. 199 ter A).

La transparence fiscale joue aussi lorsque les revenus mobiliers sont distribués à des porteurs **non résidents.** Il en résulte notamment que, sous réserve des exceptions prévues par la loi et les conventions internationales, les dividendes de sociétés françaises sont soumis à la retenue à la source visée n°s 24845 s.

› Précisions a. Les gérants des FCP sont tenus, le cas échéant, de prélever à la date de la répartition et de reverser au Trésor la retenue à la source (n°s 24845 s. et n° 25610) et les prélèvements forfaitaires non libératoires (visés n°s 24570 s. et n° 25250 s.) (CGI art. 137 bis, II).

b. Les sommes non réparties par un FCP à la date de son **absorption** par un autre FCP ou une Sicav sont imposées lors de leur distribution par l'organisme absorbant. La même règle est applicable en cas de **scission** d'un FCP (CGI art. 137 bis, I). Les plus-values d'échange de parts de FCP consécutives aux opérations de fusions ou de scissions bénéficient d'un sursis d'imposition, qu'elles soient réalisés par des particuliers (voir n° 33300) ou par des entreprises (voir n° 19070).

26295 CGI art. 150-0 A, II-4 RM-VII-1700 s **Vente ou rachat des parts** Les gains réalisés à l'occasion de la vente ou du rachat des parts de FCP (ou encore lors de la dissolution du fonds) sont soumis au régime des **plus-values** sur valeurs mobilières et droits sociaux (n°s 32805 s.).

Le **montant de la plus-value** imposable est égal à la différence entre la valeur de rachat et le prix d'acquisition des parts. En cas de cession d'un ou de plusieurs titres de même nature acquis pour des prix différents, le prix d'acquisition à retenir est la valeur moyenne pondérée d'acquisition de ces titres.

FONDS DE CAPITAL INVESTISSEMENT

26305 CGI art. 163 quinquies B et 150-0 A, III-1 RM-VII-2800 s Les fonds communs de placement à risques (**FCPR**) et les fonds professionnels de capital investissement (**FPCI**) sont des fonds de capital investissement dont l'objet principal est d'investir dans des sociétés non cotées. Leur régime fiscal obéit aux règles générales des FCP (n°s 26245 s.). Certains fonds dont la composition du portefeuille répond à des critères particuliers permettent toutefois à leurs souscripteurs personnes physiques de bénéficier, sous conditions, d'une **exonération** en matière d'impôt sur le revenu des produits et des plus-values réalisés dans le cadre du fonds, ainsi que des plus-values de cession ou de rachat des parts du fonds.

Les fonds concernés par ce régime de faveur sont :

– les **fonds** (FPCR et FPCI) **dits « fiscaux »** dont l'actif répond aux conditions prévues aux articles L 214-28 ou L 214-160 du Code monétaire et financier, et à l'article 163 quinquies B, II du CGI ;

– les fonds communs de placement dans l'innovation (**FCPI**) visés à l'article L 214-30 du Code monétaire et financier.

Les **sociétés de libre partenariat** (SLP) sont, pour l'imposition de leurs bénéfices et celle de leurs associés, assimilées à des FPCI constitués sous la forme de FCP (CGI art. 1655 sexies A). Cette assimilation permet aux personnes physiques qui souscrivent des parts de ces sociétés de bénéficier, sous les mêmes conditions, de l'exonération des produits et plus-values prévue pour les fonds « fiscaux ».

26310 RM-VII-2900 s. **Produits des parts** **Composition de l'actif.** Pour bénéficier du régime de faveur, le portefeuille des fonds « fiscaux » doit être constitué pour 50 % au moins, directement ou par l'intermédiaire d'un holding ou d'une entité d'investissement, de titres de sociétés européennes non cotées. Sont toutefois éligibles au **quota de 50 %,** dans la limite de 20 %, les titres de sociétés dont la capitalisation boursière est inférieure à 150 millions d'euros. Les FCPI sont des fonds investissant pour au moins 70 % de leur actif dans des entreprises « innovantes » (n° 2665). La société de gestion d'un fonds (ou le gérant d'une SLP) est tenu de souscrire, dans les quatre mois de la clôture de l'exercice, une déclaration détaillée permettant à l'administration d'apprécier si le quota d'investissement a été respecté (CGI art. 242 quinquies, I). Les sanctions encourues en cas de non-respect du quota, d'informations erronées ou de non-production de la déclaration peuvent atteindre la moitié du montant des sommes dues par le fonds ou la SLP au titre des frais de gestion (CGI art. 1763 B et 1763 C).

Porteurs de parts. Les personnes physiques domiciliées en France qui souscrivent des parts de fonds fiscaux ou de FCPI peuvent prétendre à l'**exonération** des produits et des plus-values réalisés dans ce cadre lorsque les **conditions** suivantes sont remplies : 26315
- le contribuable doit s'engager à conserver les parts pendant cinq ans au moins à compter de leur souscription ;
- les sommes ou valeurs réparties pendant cette période de cinq ans doivent être immédiatement réinvesties dans le fonds et demeurent donc indisponibles ;
- le porteur ne doit pas détenir directement ou indirectement (personnellement ou avec son conjoint et leurs ascendants ou descendants) plus de 25 % des droits dans les bénéfices de sociétés dont les titres figurent à l'actif du fonds, ou avoir détenu ce montant à un moment quelconque au cours des cinq années précédant la souscription des parts du fonds ou l'apport des titres.

En cas de **décès du souscripteur** initial, ses héritiers peuvent bénéficier de l'exonération à condition d'en respecter les conditions (BOI-RPPM-RCM-40-30 nº 275).

Portée de l'exonération. Lorsque les conditions sont remplies, les personnes physiques sont exonérées de l'impôt sur le revenu à raison de tous les **produits** auxquels donnent droit les parts. Cette exonération couvre non seulement les sommes ou valeurs réparties par le fonds pendant la période de conservation de cinq ans, mais également celles réparties postérieurement. Ces sommes sont en revanche soumises, lors de leur versement, aux prélèvements sociaux : voir nº 34620. 26318

Si, au cours de la période de cinq ans, l'une des conditions requises (relative au fonds lui-même ou au porteur de parts) cesse d'être remplie, l'**exonération** est **remise en cause** et les produits précédemment distribués sont ajoutés au revenu imposable de l'année du manquement. L'exonération est toutefois maintenue lorsque la rupture de l'engagement de conservation des parts intervient en cas de décès, d'invalidité (de 2e ou 3e catégorie), de départ à la retraite ou de licenciement du contribuable (ou de son conjoint ou partenaire de Pacs soumis à une imposition commune).

> **Précisions** Lorsque la condition relative à l'absence de **participation substantielle du souscripteur** dans le capital d'une société figurant à l'actif du fonds n'est plus respectée au cours de la période de conservation des parts, l'exonération cesse de s'appliquer aux distributions effectuées à compter de l'année au cours de laquelle cette condition n'est plus respectée (BOI-RPPM-RCM-40-30 nº 380).

Plus-values sur cession de parts Les plus-values réalisées par des personnes physiques à l'occasion de la **cession** ou du **rachat des parts** de fonds fiscaux et FCPI sont exonérées, à condition : 26320 RM-VII-4100 s
- d'une part, que la cession ou le rachat intervienne après l'expiration de la période d'indisponibilité de cinq ans ;
- et, d'autre part, qu'au moment de la cession ou du rachat, le porteur de parts et le fonds remplissent toujours les conditions indiquées au nos 26305 à 26315.

Ces plus-values sont en revanche soumises aux **prélèvements sociaux** (voir nº 34620).

Cas particuliers **a.** L'exonération ne joue pas pour les **parts ou actions de carried interest,** voir nº 26440. 26325 CGI art. 150-0 A, II-7 art. 150-0 D, 9 bis RM-VII-4730 s

b. En cas de **répartitions d'actifs** par un FCPR (« fiscal » ou non), un fonds professionnel spécialisé relevant de l'article L 214-37 du Code monétaire et financier dans sa rédaction antérieure à l'ordonnance 2013-673 du 25 juillet 2013, un fonds professionnel de capital investissement ou par une entité de droit étranger de même nature, en faveur de **contribuables** qui ne bénéficient **pas** de l'**exonération,** l'excédent du montant des sommes ou valeurs distribuées sur le montant des apports ou le prix d'acquisition des parts est soumis au régime des plus-values de cession de valeurs mobilières et droits sociaux (nos 32805 s.).

Corrélativement, en cas de **cession ou de rachat** de ces parts, la fraction non imposée lors de la distribution partielle d'actifs vient en diminution du prix de souscription ou d'acquisition des parts concernées.

Sur le cas particulier des distributions d'actifs d'un FCPR attachées aux parts de « carried interest », voir nº 26440.

5. SOCIÉTÉS MOBILIÈRES D'INVESTISSEMENT

26360 RM-VII-5800 s.

Les sociétés mobilières d'investissement à capital variable (**Sicav**) et à capital fixe (**Sicaf**) ont pour caractéristique commune d'assurer la gestion d'un portefeuille de valeurs mobilières. Elles sont soumises à un régime fiscal particulier qui tend à éviter la double imposition des revenus du portefeuille, lors de l'encaissement et lors de la distribution.

> **Précisions** **a.** Les plus-values de **cession des titres de sociétés mobilières d'investissement** détenus par des particuliers relèvent du régime général des plus-values sur valeurs mobilières et droits sociaux (nos 32805 s.).
> **b.** Les **produits distribués** par les sociétés mobilières d'investissement sont exclus du régime spécial des sociétés mères (no 40965).
> **c.** Les sociétés mobilières d'investissement peuvent transférer à leurs actionnaires les **crédits d'impôt** attachés aux revenus distribués (CGI art. 199 ter, II).

SICAV

26365 CGI art. 208, 1° bis A RM-VII-7800 s.

Les Sicav sont des sociétés anonymes ou des sociétés par actions simplifiées ayant pour seul objet la gestion d'un portefeuille d'instruments financiers et de dépôts. Elles sont expressément exonérées d'**impôt sur les sociétés** pour la partie de leurs bénéfices provenant des produits nets de leur portefeuille et des plus-values qu'elles réalisent sur la vente de titres ou parts sociales faisant partie de ce portefeuille (RM-VII-5900 s.). Les dividendes distribués par ces sociétés sont soumis à des règles particulières qui visent à placer les actionnaires dans la même situation que s'ils possédaient et géraient eux-mêmes directement le portefeuille de la société. Les Sicav ont la possibilité de « couponner » les revenus versés à leurs actionnaires résidents de France, c'est-à-dire à répartir, selon leur nature et origine, les produits qu'elles distribuent (dividendes d'actions, revenus d'obligations, distributions de plus-values mobilières au sens de l'article 150-0 A, II-7 bis du CGI, notamment).

Pour la **transformation** d'une société ordinaire en Sicav : voir no 38690.

> **Précisions** **a.** Lorsque les revenus mobiliers sont distribués par une Sicav à des actionnaires **non résidents,** l'administration a admis que la Sicav ventile ces produits en fonction de leur source (française ou étrangère) et de leur nature (produits de placement à revenu fixe ou dividendes). La fraction des sommes réparties correspondant à des revenus de valeurs mobilières de source étrangère ne sont ainsi pas imposables sauf s'ils sont payés dans un ETNC défini au no 78310, 1° et 2° (BOI-RPPM-RCM-10-40 no 110).
> **b.** Les sommes non distribuées par une Sicav à la date de son absorption par un FCP sont imposées lors de leur répartition entre les porteurs de parts de FCP. La même règle est applicable en cas de **scission** de Sicav (CGI art. 115 A, I). La **fusion** de Sicav entre elles peut bénéficier du régime spécial des fusions, mais non l'absorption d'une société de droit commun par une Sicav (voir no 39290, a). Les plus-values d'échange de titres de Sicav consécutives aux opérations de fusions ou de scissions bénéficient d'un sursis d'imposition, qu'elles soient réalisées par des particuliers (voir no 33300) ou par des entreprises (voir no 19070).
> **c.** Le régime applicable à la **vente** ou au **rachat** de titres de Sicav est le même que celui relatif aux FCP (no 26295).

SICAF

26370 CGI art. 208, 1° bis RM-VII-10000 s.

Les Sicaf sont des sociétés anonymes qui ont pour objet la gestion d'un portefeuille d'instruments financiers, de dépôts et de liquidités. Elles sont exonérées d'**impôt sur les sociétés** pour la partie de leurs bénéfices provenant des produits nets de leur portefeuille ou des plus-values de cession des titres de leur portefeuille. Les **distributions** de dividendes faites par les Sicaf relèvent du régime de droit commun des dividendes d'actions (no 24265 s.).

> **Précisions** Les **Sicaf non cotées** cessent en principe de bénéficier du régime d'exonération de l'impôt sur les sociétés trois ans après leur création. Cela étant, elles continuent à bénéficier d'une exonération pour les plus-values sur cession de titres lorsqu'elles ont pour objet exclusif la gestion d'un portefeuille de valeurs mobilières (CGI art. 208, 2°).

6. SOCIÉTÉS DE CAPITAL-RISQUE

26380 IS-IV-20100 s

Les sociétés françaises par actions dites « de capital-risque » (SCR), qui ont pour objet de prendre des **participations dans les sociétés non cotées,** bénéficient, ainsi que leurs associés, d'un régime de faveur.

Ce régime, applicable sur option, est réservé aux SCR qui ont pour objet exclusif la gestion d'un portefeuille de valeurs mobilières (Loi 85-695 du 11-7-1985 art. 1-1).

SOCIÉTÉS ADMISES AU RÉGIME SPÉCIAL

26385 IS-IV-20300 s

Composition de l'actif Sont susceptibles de bénéficier du régime spécial les SCR dont la **situation nette comptable** est représentée de façon constante, à concurrence de **50 %**

au moins, de titres participatifs ou de parts ou **titres,** qui ne sont **pas admis aux négociations sur un marché** réglementé ou organisé français ou étranger, émis par des sociétés ayant leur siège dans un État de l'Union européenne, en Islande, en Norvège ou au Liechtenstein, qui exercent une activité industrielle ou commerciale visée à l'article 34 du CGI et qui sont soumises (ou réputées soumises, voir nº 36980, précision c) à l'IS ou qui y seraient soumises dans les mêmes conditions si l'activité était exercée en France (les titres des sociétés nouvelles exonérées d'IS en totalité ou en partie sont toutefois admis : BOI-IS-CHAMP-30-50-10 nº 480).

Peuvent également être pris en compte pour le calcul du quota de 50 % :

– dans la limite de 15 % de leur situation nette comptable, les **avances en compte courant** consenties, pour la durée de l'investissement réalisé, à des sociétés remplissant les conditions pour être retenues dans le quota de 50 % dans lesquelles la SCR détient au moins 5 % du capital ;

– dans la limite de 20 %, les **titres cotés** sur un marché réglementé ou organisé de l'Espace économique européen, émis par des sociétés de faible capitalisation boursière (inférieure à 150 millions d'euros) ;

– les titres de **sociétés holdings** non cotées ou de faible capitalisation boursière, ayant leur siège dans un État de l'Union européenne ou dans un État tiers ayant conclu avec la France une convention d'assistance administrative en vue de lutter contre la fraude et l'évasion fiscales, dont l'objet principal est de détenir des participations financières ;

– les parts de **FCPR** (nº 26305) et les droits représentatifs d'un placement financier dans une **entité** constituée dans un État membre de l'**Union européenne** (ou dans un État ayant conclu avec la France une convention fiscale contenant une clause d'assistance administrative en vue de lutter contre la fraude et l'évasion fiscales) dont l'objet principal est d'investir dans des sociétés dont les titres ne sont pas admis aux négociations sur un marché réglementé ou organisé, français ou étranger.

Pour éviter la création de holdings familiaux sous forme de SCR, il est prévu qu'une **personne physique,** son conjoint et leurs ascendants et descendants ne peuvent pas détenir ensemble, directement ou indirectement, plus de 30 % des **droits dans les bénéfices** d'une SCR.

› Précisions **a.** Les droits ou titres dans les holdings, les FCPR et les entités d'investissement sont retenus dans le quota de 50 % ou dans la limite de 20 %, à proportion de leur actif investi directement ou indirectement dans les sociétés elles-mêmes éligibles.

b. Pour atteindre le **quota de 50 %,** les sociétés disposent d'un délai de deux ans à compter de l'ouverture du premier exercice placé sous le régime fiscal des SCR. En pratique, ce quota est constaté au premier inventaire semestriel qui suit immédiatement la date d'expiration du délai de deux ans.

c. Le **taux de participation** des SCR **dans chaque société** est plafonné : elles ne peuvent pas acquérir de titres leur conférant directement ou indirectement, ou conférant à l'un de leurs actionnaires directs ou indirects, plus de 40 % des droits de vote. De plus, elles ne peuvent pas, en principe, employer en titres émis par une même société plus de 25 % de leur situation nette comptable (CGI ann. II art. 171 AO).

d. Les SCR doivent joindre chaque année à leur déclaration de résultats un **état** permettant à l'administration d'apprécier si le quota d'investissement de 50 % et la limite de 20 % ont été respectés (CGI art. 242 quinquies, II), accompagné d'états annexes en cas d'investissement dans des holdings ou des entités d'investissement (CGI ann. II art. 171 AS bis).

Les **sanctions** sont les suivantes : amende égale à 5 % des investissements retenus à tort plafonnée à la moitié des charges d'exploitation en cas d'informations erronées sur cet état ; amende égale à la moitié des charges d'exploitation de la SCR en cas de non-production de cet état (CGI art. 1763 B).

Objet social Les SCR doivent avoir pour **unique objet** la gestion d'un portefeuille de titres. Leur actif peut toutefois comprendre des liquidités, ainsi que les biens meubles et immeubles nécessaires au fonctionnement de la société. **26390** IS-IV-20110 s

Les SCR dont le total du bilan n'a pas excédé 10 millions d'euros au cours de l'exercice précédent sont toutefois autorisées à effectuer **à titre accessoire** des prestations de services extérieures dans le prolongement de leur objet social, sous réserve que le chiffre d'affaires procuré par ces prestations n'excède pas 50 % des charges du même exercice et que le bénéfice fiscal afférent à ces prestations n'excède pas 38 120 € par période de douze mois. Le dépassement d'une de ces limites s'apprécie, en principe, par référence à la moyenne de cette limite constatée l'année du dépassement et l'année précédente (CGI ann. II art. 171 AL). En cas de dépassement, la SCR n'a plus droit au régime de faveur sauf si ces activités ont été filialisées (BOI-IS-CHAMP-30-50-10 nºs 220 et 230).

› Précisions **a.** Lorsqu'elle réalise des **prestations de services** à titre accessoire, la SCR doit joindre à sa déclaration de résultats un relevé indiquant le montant du chiffre d'affaires hors taxe et le bénéfice afférents à ces prestations (CGI ann. II art. 171 AS, II).

b. Le **recours à l'emprunt** est limité à 10 % de l'actif net de la SCR.

EXONÉRATION D'IS

26400 CGI art. 208, 3° septies IS-IV-21000 s

Les SCR qui fonctionnent conformément à leur statut juridique sont, sur option, exonérées d'IS :
– sur les **produits courants** et les **plus-values de cession des titres** compris dans le portefeuille. L'exonération porte indifféremment sur les produits de titres éligibles au quota de 50 % ou sur les autres titres ou droits financiers figurant à l'actif de la SCR ;
– sur les **produits** provenant **des titres** reçus en contrepartie de l'apport par la SCR à une filiale des activités de prestations de services accessoires ;
– sur les produits des **activités accessoires** réalisées dans les conditions mentionnées au nº 26390.

En revanche, ne sont pas couvertes par l'exonération les **plus-values** de cession des titres ayant rémunéré l'apport des activités accessoires, ni les produits réalisés conformément à l'objet social mais ne provenant pas du portefeuille, tels que les profits de cession des biens meubles ou immeubles et les subventions (BOI-IS-CHAMP-30-50-20 nºs 40 et 50).

› Précisions **a.** L'**option** pour l'exonération d'IS doit être exercée avant la date d'ouverture de l'exercice d'application du régime si la société exerce déjà une activité ou, sinon, dans les six mois suivant celui de sa création. Elle s'effectue par lettre simple adressée au service des impôts auprès duquel la SCR souscrit sa déclaration de résultats (CGI ann. II art. 171 AR).
b. Les SCR doivent joindre à chaque déclaration de résultats un **état** mentionnant la composition de leurs actifs et un tableau de suivi des bénéfices et réserves distribuables (CGI ann. II art. 171 AS, III).

SITUATION DES ACTIONNAIRES

26410 Les redistributions de dividendes prélevés sur des produits et des plus-values provenant des bénéfices **exonérés d'IS** bénéficient d'un régime de faveur qui varie selon la qualité de l'actionnaire : personne physique, entreprise ou non-résident.

On signale que les SCR peuvent, sous certaines conditions, retransmettre à leurs actionnaires les crédits d'impôt attachés aux revenus du portefeuille immédiatement redistribués (CGI art. 199 ter, II et 220, 1-c).

26415 CGI art. 163 quinquies C et 150-0 A, III-1 bis IS-IV-21500 s

Personnes physiques Pour bénéficier du régime de faveur sur option examiné nº 26420, l'actionnaire doit remplir les trois **conditions** suivantes :
– il doit s'engager à conserver les actions de la SCR pendant au moins cinq ans à compter de leur souscription ou de leur achat ;
– il doit réinvestir immédiatement les dividendes soit sous forme d'achat ou de souscription d'actions de la société distributrice, soit sur un compte de la société bloqué pendant cinq ans (l'exonération s'étendant alors aux intérêts du compte servis au terme des cinq ans) ;
– enfin, l'actionnaire, son conjoint et leurs ascendants et descendants ne doivent pas détenir ensemble directement ou indirectement – ou avoir détenu au cours des cinq années précédant la souscription ou l'acquisition des actions de SCR – plus de 25 % des droits dans les bénéfices d'une société dont les titres figurent à l'actif de la SCR.

› Précisions **a.** L'actionnaire qui désire bénéficier de l'exonération doit :
– informer la SCR de son **option** pour ce régime lors de la souscription (ou l'achat) des actions ;
– joindre à sa déclaration de revenus un relevé comportant les renseignements nécessaires au contrôle du respect des conditions requises (CGI ann. II art. 60 A et 60 B).
b. Le régime de faveur n'est pas applicable aux **actions dites de « carried interest »** voir nº 26440.
c. Les **dividendes** doivent être réinvestis jusqu'au terme du délai de conservation des actions (cinq ans à compter de leur acquisition ou de leur souscription).

26420 Lorsque l'actionnaire prend et respecte les engagements de conservation et de réinvestissement exposés nº 26415, et sauf paiement dans un État ou territoire non coopératif, il bénéficie d'une **exonération** d'impôt sur le revenu au titre des :
– **distributions** prélevées sur les bénéfices réalisés par les SCR conformément à leur objet social ;
– et des **plus-values de cession** d'actions souscrites ou acquises à compter du 1er janvier 2001, si la cession intervient après l'expiration de la période de cinq ans de conservation de ces actions (CGI art. 150-0 A, III-1 bis).

Les dividendes et plus-values exonérés restent en revanche soumis aux **prélèvements sociaux** (nº 34620).

Lorsque l'actionnaire ne prend pas les engagements de conservation ou de réinvestissement (ou en cas de rupture de ceux-ci), les distributions de la SCR sont :
– taxées selon les règles applicables aux plus-values de cession de valeurs mobilières (nºs 32805 s.) si elles sont prélevées sur des plus-values nettes de cessions de titres réalisées au cours d'exercices clos depuis le 31-12-2001 ;
– soumises, dans les autres cas, à l'impôt selon les règles applicables aux dividendes et autres distributions (nºs 24540 s.).

Lorsque leur **paiement** est réalisé dans un **État ou territoire non coopératif** au sens défini nº 78310, 1º et 2º, les distributions sont dans tous les cas soumises à **retenue à la source** en principe au taux majoré (nº 24860).

> **Précisions** **a.** Pour les actionnaires des SCR placées sous l'**ancien régime** de l'article 1er de la loi 85-695 du 11 juillet 1985 et qui ont opté pour le régime de l'article 1-1 de la même loi (issu de l'article 8 de la loi 2000-1352 du 30-12-2000), l'**exonération des distributions** concerne les seules distributions prélevées sur des bénéfices réalisés à compter du premier exercice auquel s'applique l'option (Inst. 4 H-5-02 nos 91 et 92, non reprise dans Bofip).
b. L'actionnaire doit tenir la SCR informée des cessions d'actions qu'il réalise (CGI ann. II art. 60 B).
c. Lorsque la société ou le contribuable cesse de remplir les conditions d'application du régime de faveur, les sommes exonérées sont ajoutées au revenu imposable de l'année au cours de laquelle les conditions ne sont plus remplies. Toutefois, aucune régularisation des distributions exonérées n'est exigée en cas de décès, invalidité de 2e ou 3e catégorie, départ en retraite ou licenciement du contribuable.

Entreprises Lorsque l'actionnaire est une entreprise, le régime des plus-values à long terme (nos 18090 s., 18670 s. et 18955) est applicable à la fraction de dividende prélevée sur les **plus-values** nettes provenant de la cession de titres détenus par la SCR depuis au moins deux ans ainsi que des sommes reçues par la SCR au cours de l'exercice précédent au titre : **26425** CGI art. 39 terdecies, 5 **BIC-VII-49300 s**
– des **répartitions d'actifs** d'un fonds commun de placement à risques (**FCPR, FCPI ou FIP**...) ou d'un fonds professionnel de capital investissement provenant de la cession de titres détenus depuis au moins deux ans ;
– des **distributions de certaines entités d'investissement en capital-risque** constituées dans un État membre de l'OCDE, également membre de l'Union européenne ou ayant conclu avec la France une convention d'assistance administrative en vue de lutter contre la fraude ou l'évasion fiscales, prélevées sur des plus-values réalisées par l'entité lors de la cession de titres détenus depuis au moins deux ans.

Lorsque les titres cédés sont des titres de sociétés établies dans un **État ou territoire non coopératif** au sens défini nº 78310, 1º et 2º, le régime des plus-values à long terme n'est pas applicable, sauf si la SCR apporte la preuve que les opérations desdites sociétés ont principalement un objet et un effet autres que de permettre la localisation de bénéfices dans un ETNC.

La fraction du dividende prélevée sur les autres plus-values et les **revenus** nets du portefeuille exonéré est soumise à l'impôt sur le revenu (entreprises individuelles, associés de sociétés de personnes) ou à l'impôt sur les sociétés au taux de droit commun (sociétés passibles de cet impôt).

Non-résidents Lorsque l'actionnaire est un non-résident, le régime de droit commun de **retenue à la source** (nos 24845 s.) ne s'applique : **26430** CGI art. 119 bis, 2 **IS-IV-21900 s** **BIC-VII-50430 s**
– ni aux dividendes distribués aux personnes physiques domiciliées dans un État ayant conclu avec la France une convention d'assistance administrative en vue de lutter contre la fraude et l'évasion fiscales placées sur option sous le régime d'exonération sous condition de remploi (nos 26415 s.) ;
– ni, sous certaines conditions, aux dividendes distribués aux personnes morales qui bénéficieraient du régime des plus-values à long terme si l'actionnaire était une entreprise française (nº 26425).

Pour les distributions de plus-values qui ne bénéficient pas de l'une ou l'autre de ces exonérations, la retenue à la source est applicable dans les conditions suivantes :
– lorsque l'actionnaire est une personne physique : taux de 12,8 %. Toutefois, le taux est, en principe, majoré lorsque les distributions sont payées dans un État ou territoire non coopératif au sens défini nº 78310, 1º et 2º (voir nº 24860) ;
– lorsque l'actionnaire est une personne morale : taux visés au nº 24860.

7. PARTS OU ACTIONS DE « CARRIED INTEREST »

Les **parts ou actions de « carried interest »** attribuées aux dirigeants ou aux membres de l'équipe de gestion des FCPR et FCPR dits « contractuels », des FPCI ou des SCR ne bénéficient pas des exonérations d'impôt sur le revenu prévues dans le cadre de ces régimes (nos 26310 s. et 26415 s.). Il en est de même pour les titres de « carried interest » d'entités de capital-risque européennes émis depuis le 1er janvier 2011. Les produits et plus-values suivent, sous certaines conditions, le régime des plus-values de cession de valeurs mobilières et droits sociaux (nos 32805 s.) et à défaut le régime des traitements et salaires. **26440** CGI art. 150-0 A, II-8 et 9, 163 quinquies C, II 80 quindecies **RM-VII-5200 s**

Les produits et plus-values imposables selon le régime des traitements et salaires sont soumis à une **contribution sociale salariale spécifique de 30 %** (CSS art. L 137-18).

L'ensemble des produits et plus-values attachés aux parts, actions ou titres de « carried interest » doit (quel que soit leur régime d'imposition) être récapitulé pour chaque actionnaire ou porteur de parts et mentionné sur la **déclaration** (IFU) (CGI art. 242 ter C).

CONDITIONS DU RÉGIME GÉNÉRAL

26442 Pour bénéficier du régime des plus-values des particuliers, les **salariés** ou **dirigeants** qui exercent leur activité dans les sociétés ou fonds concernés doivent percevoir une rémunération normale, et avoir souscrit ou acquis les parts ou actions moyennant un prix correspondant à leur valeur (ce qui exclut les attributions gratuites).

Les **parts** ou **actions** de « carried interest » doivent être identifiées comme telles, constituer un investissement à long terme et représenter :

– au moins 1 % de la fraction du montant total des souscriptions dans la structure (fonds ou société) qui est inférieure à un milliard d'euros,

– au moins 0,5 % de la fraction du montant total des souscriptions dans la structure qui excède un milliard d'euros (Loi 2019-1479 du 28-12-2019 art. 8, applicable aux gains nets et aux distributions perçues à compter du 1er janvier 2020).

Cette condition de détention minimale est abaissée à 0,25 % pour les structures investissant dans les sociétés innovantes ou les PME (CGI ann. III art. 41 DGA).

En pratique, les titres de « carried interest » ne peuvent pas donner lieu à une distribution effective aux bénéficiaires avant un délai de cinq ans.

CAS PARTICULIER DES IMPATRIÉS

26445 Peuvent également bénéficier du régime des plus-values des particuliers les salariés, prestataires, associés ou dirigeants de structures d'investissement qui en retirent une rémunération normale, **transfèrent leur domicile en France** entre le 11 juillet 2018 et le 31 décembre 2022 sans y avoir été domicilié au cours des trois années civiles précédentes, et qui étaient non-résidents à la date de souscription, obtention ou acquisition des parts ou actions. L'entité d'investissement doit avoir été constituée hors de France dans l'Espace économique européen, ou dans un État ayant conclu avec la France une convention d'assistance administrative en vue de lutter contre la fraude et l'évasion fiscales (CGI art. 150-0 A, II-9).

> **Précisions** **a.** Les parts ou actions ne doivent **pas** avoir été intégralement souscrites, obtenues ou acquises **à titre gratuit.**
> **b.** Ce dispositif ne se cumule pas avec l'**exonération de la moitié** des revenus passifs dont bénéficient les **impatriés** prévue à l'article 155 B, II du CGI (no 4730).

8. SOCIÉTÉS UNIPERSONNELLES D'INVESTISSEMENT À RISQUE (SUIR)

26450 CGI art. 208 D IS-IV-23000 s Les sociétés par actions simplifiées à associé unique (obligatoirement une personne physique), dites « sociétés unipersonnelles d'investissement à risque » (Suir), **créées avant le 1er juillet 2008** ont bénéficié, **pendant** les **dix exercices** suivant celui de leur création, d'une **exonération d'impôt sur les sociétés** portant sur les revenus provenant de leur portefeuille de titres figurant à l'actif et sur les plus-values nettes provenant de ce même portefeuille, lorsqu'elles avaient, pour objet exclusif, la souscription en numéraire au capital de sociétés respectant certaines conditions (étudiées en détail dans notre Documentation experte : IS-IV-23150 s.).

EXEMPLE

Une Suir créée le 1er juin 2008 (exercice du 1-6-N au 31-5-N + 1) pouvait bénéficier de l'exonération jusqu'à la clôture du 10e exercice suivant sa création, soit jusqu'à l'exercice clos au 31 mai 2019.

Les bénéfices exonérés d'IS sont, lors de leur **distribution,** exonérés d'impôt sur le revenu (ou de retenue à la source) chez l'**associé unique** (voir no 26475), cette distribution pouvant intervenir postérieurement à la sortie du régime fiscal d'exonération temporaire d'IS. Les Suir doivent à cette fin délivrer à leur associé unique un état des revenus distribués prélevés sur les bénéfices exonérés d'IS (CGI ann. III art. 46 ter D).

> **Précisions** **a.** L'exonération d'IS peut être **remise en cause** si l'une des conditions attachées au statut juridique des Suir n'a pas été respectée. Cette exonération pouvait toutefois être maintenue jusqu'à son terme lorsque les actions de la société étaient transmises à titre gratuit à la suite du décès de l'associé initial, si toutes les autres conditions étaient remplies.
> **b.** Ce régime de faveur avait cessé de s'appliquer pour les **Suir créées depuis le 1er juillet 2008** (CGI art. 208 D, III), lesquelles sont soumises à l'IS dans les conditions de droit commun.

Pour les dividendes qu'il perçoit de la Suir, l'associé unique bénéficie d'un régime d'**exonération d'impôt sur le revenu** (mais non des prélèvements sociaux) s'il réside en France **ou de retenue à la source** de l'article 119 bis du CGI s'il réside à l'étranger, **sauf** si leur paiement est effectué dans un État ou territoire non coopératif. 26475 CGI art. 163 quinquies C bis **IS-IV-23500 s**

Cette exonération est subordonnée aux **conditions** suivantes :

– les distributions doivent être prélevées sur des **bénéfices qui ont été exonérés au niveau de la Suir** en application de l'article 208 D (n° 26450) ;

– l'associé a son **domicile** fiscal en France ou dans un pays ou territoire ayant conclu avec la France une convention d'assistance administrative en vue de lutter contre la fraude et l'évasion fiscales ;

– les actions ouvrant droit aux distributions ont été **souscrites par l'associé unique initial** ou transmises à un héritier ou légataire au décès de l'associé d'origine.

Si le **paiement** des dividendes est effectué **dans un État ou territoire non coopératif** au sens défini n° 78310, 1° et 2°, la **retenue à la source** de l'article 119 bis, 2 du CGI est due au taux majoré (n° 24860).

9. VALEURS MOBILIÈRES ÉTRANGÈRES

PRODUITS IMPOSABLES

L'énumération des produits imposables donnée par l'article 120 du CGI pour les valeurs étrangères correspond sensiblement à celle des revenus de source française : produits d'actions ou de parts sociales, rémunérations des administrateurs ou des membres du conseil de surveillance (jetons de présence), revenus d'obligations et effets négociables, produits de fonds de placement ou d'investissement. La différence tient évidemment au fait que ces produits proviennent de **titres** émis par des **sociétés** dont le siège social est situé à l'étranger ou par d'autres **collectivités et organismes,** privés ou publics, **étrangers.** 26505 CGI art. 120 à 123 **RM-I-6000 s**

Sont également imposables dans la catégorie des valeurs mobilières étrangères les produits de bons ou **contrats d'assurance-vie** ou de capitalisation souscrits auprès d'entreprises d'assurance étrangères (n° 26110), certains **produits attachés au capital-retraite** de source étrangère (voir n° 22460) ainsi que les **produits distribués par un trust** (tel que défini n° 68670, précision a) quelle que soit la consistance des biens ou droits placés dans le trust (les produits **réinvestis dans un trust** échappent, en principe, à la taxation au titre de l'impôt sur le revenu).

MODALITÉS D'IMPOSITION

Qu'ils soient encaissés en France ou à l'étranger, les revenus mobiliers de source étrangère perçus par des personnes physiques domiciliées en France sont soumis à l'impôt sur le revenu dans les conditions exposées n°s 24155 s. 26515 CGI art. 122 et 199 ter, I-b et c **RM-I-7000 s et RM-I-7300 s**

Ils sont imposables pour leur **montant** encaissé, après déduction de l'impôt étranger (CGI art. 122, 1). En ce qui concerne toutefois :

– les produits des bons ou **contrats d'assurance-vie** et de capitalisation ; voir n° 26110 ;

– les revenus perçus par les **impatriés** : voir n° 4730.

Lorsque le pays d'origine est lié à la France par une **convention internationale** destinée à éviter les doubles impositions, les revenus mobiliers donnent droit en général à un **crédit d'impôt** correspondant à l'impôt étranger. Ce crédit s'ajoute au revenu perçu pour former le revenu encaissé et vient ensuite en déduction de l'impôt sur le revenu (voir n°s 82745 et 82580).

› Précisions a. Lorsque le **revenu** est **libellé en devises** étrangères, on doit retenir le cours du change à Paris le jour de l'encaissement ou de l'inscription au crédit d'un compte à l'étranger (à défaut de cotation ce jour-là, on retient le cours moyen de négociation pratiqué à une date suffisamment rapprochée : BOI-RPPM-RCM-10-30-10-20 n° 10).

b. Les **revenus distribués** par les sociétés ayant leur siège dans un État de l'**Union européenne** ou dans un État ayant conclu avec la France une convention fiscale d'élimination des doubles impositions qui contient une clause d'assistance administrative en matière fiscale ouvrent droit à l'abattement de 40 % dans les conditions exposées n°s 24635 s.

c. Lorsque l'établissement payeur des **produits des contrats d'assurance-vie ou de capitalisation** est domicilié dans un État de l'**Espace économique européen,** le bénéficiaire peut opter pour un prélèvement libératoire si les produits se rattachent à des primes versées jusqu'au 26 septembre 2017 (voir n° 26110).

d. Les OPCVM conformes à la directive 2009/65/CE du 13 juillet 2009 (« directive OPCVM IV »), dits OPCVM coordonnés et certains fonds d'investissements alternatifs (FIA) conformes à la directive 2011/61/UE du 8-6-2011 (« directive AIFM ») établis dans un État de l'**Espace économique européen** peuvent transférer à leurs porteurs de parts le bénéfice de l'abattement de 40 % visé n°s 24635 s. à concurrence des produits y ouvrant droit (CGI art. 158, 3-4°). Les porteurs de parts sont imposés dans les conditions exposées n°s 24540 s.

DÉCLARATION

26525 Lorsqu'ils sont **encaissés à l'étranger** ou reçus directement de l'étranger, les produits de valeurs mobilières étrangères doivent être déclarés sur un formulaire spécial n° 2047. Dans le cas d'**encaissement en France** auprès d'un établissement payeur français, ils sont portés directement sur la déclaration n° 2042.

RÉGIMES PARTICULIERS

26535 **Participations dans des structures financières étrangères soumises à un régime fiscal privilégié** Les personnes physiques domiciliées en France qui détiennent une participation d'au moins 10 % dans une structure financière étrangère bénéficiant d'un régime fiscal privilégié sont imposables en France dans les conditions prévues à l'article 123 bis du CGI, voir n° 78285.

26540 CGI art. 131 ter, 2 RM-IV-33100 s **Obligations émises en France par des organismes étrangers ou internationaux** Les obligations émises en France, avec l'autorisation du ministre des finances, par des organismes étrangers ou internationaux sont assimilées à des obligations françaises. Leurs **détenteurs domiciliés en France** sont donc imposés selon les modalités exposées n° 25565.

26545 CGI art. 131 ter A RM-IV-33300 s **Emprunts émis en France par les organisations internationales** Les produits de ces emprunts (quelle que soit la monnaie d'émission) sont assimilés à des revenus d'obligations françaises. Ils sont cependant expressément exonérés du prélèvement forfaitaire non libératoire visé nos 25250 s. et, lorsqu'elle est encore exigible, de la retenue à la source mentionnée n° 25610.

26550 CGI art. 119 quater RM-IV-32800 s **Intérêts versés entre sociétés associées de l'Union européenne** Une exonération expresse de prélèvement obligatoire libératoire est prévue pour les intérêts versés par une personne morale française à une **personne morale de l'Union européenne** qui lui est **associée** au moins **à 25 %** (ou dont le capital de chacune est détenu au moins à 25 % par une troisième société).

Toutefois, compte tenu du champ d'application du prélèvement obligatoire désormais limité aux produits versés dans un État ou territoire non coopératif (nos 25445 s.), cette exonération n'a plus guère d'intérêt aujourd'hui.

10. CLUBS D'INVESTISSEMENT

26620 RM-VII-33600 s Les clubs d'investissement (ou d'« actionnaires ») permettent à des **personnes physiques** de se regrouper pour constituer et gérer un portefeuille collectif de valeurs mobilières. Les membres de ces clubs bénéficient d'un régime fiscal spécifique lorsque les **conditions** suivantes sont réunies (BOI-RPPM-RCM-40-20 n° 10) :

– le club doit être créé sous la forme d'une indivision ou d'une société civile de personnes dont l'objet est limité à la constitution et à la gestion d'un portefeuille de placement ;

– le nombre des membres du club est limité à vingt personnes et les versements ne doivent pas dépasser 5 500 € par an et par foyer fiscal ;

– les fonds en attente de placements ainsi que les valeurs acquises doivent, s'il s'agit de titres admis aux négociations sur un marché réglementé, être déposés auprès d'un établissement financier agréé.

26625 Les membres du club sont imposables chaque année à l'impôt sur le revenu sur leur **quote-part de revenus** dans les mêmes conditions que s'ils détenaient les titres en direct (BOI-RPPM-RCM-40-20 n° 20).

Les **plus-values de cession** de titres réalisées par le club échappent à toute taxation. En revanche, les gains nets réalisés par les adhérents à l'occasion de leur retrait ou de la dissolution du club (dont la durée de vie ne peut excéder dix ans) sont imposables selon le régime des plus-values de cession de valeurs mobilières et droits sociaux exposé nos 32805 s. (BOI-RPPM-RCM-40-20 n° 50).

> **Précisions** Le **gain net** réalisé par l'adhérent à l'occasion de la **dissolution** du club est déterminé de manière différente selon qu'il est procédé à la liquidation du portefeuille, à son partage pur et simple ou à un partage avec soulte (BOI-RPPM-PVBMI-10-30-10 nos 90 à 110).

SECTION 5

MESURES DE CONTRÔLE

Pour permettre à l'administration d'exercer son contrôle sur l'imposition des revenus de capitaux mobiliers, les établissements payeurs sont soumis à diverses obligations déclaratives. 26700

1. DÉCLARATION DES PAIEMENTS DE REVENUS MOBILIERS

Chaque année, les personnes assurant le paiement de revenus mobiliers doivent déclarer, pour chaque bénéficiaire, une déclaration dite « **IFU** » récapitulant les sommes payées l'année précédente. 26850 CGI art. 242 ter, 1 RM-VIII-2000 s

Remarques :

a. La déclaration concerne l'ensemble des opérations sur valeurs mobilières effectuées chez un **même établissement payeur** au profit d'un **même bénéficiaire,** quel que soit son régime fiscal (particulier ou entreprise).

Cependant, les comptes personnels et professionnels peuvent faire l'objet de **déclarations distinctes.** Il en va de même, à la demande des sociétés intéressées, des produits des filiales exonérés d'IS chez la mère (nos 40950 s.) (BOI-RPPM-PVBMI-40-30-10 nos 90 et 100).

b. Nous publions tous les ans au « Feuillet rapide » un guide spécialement consacré à l'établissement de cette déclaration.

PERSONNES TENUES DE SOUSCRIRE LA DÉCLARATION

La déclaration doit être souscrite par les personnes ou organismes ayant, au cours de l'année précédente, assuré le paiement de revenus mobiliers (soit en qualité de débiteur, soit en qualité d'intermédiaire) ou effectué, pour le compte de leurs clients, des opérations sur valeurs mobilières. 26860 RM-VIII-2120 s

Elle doit également être souscrite par les organismes auprès desquels sont ouverts des plans d'épargne retraite populaire, des plans d'épargne populaire ou des plans d'épargne en actions (PEA ou PEA-PME).

> **Précisions** L'obligation de déclaration incombe ainsi le plus souvent aux banques, aux caisses publiques, aux sociétés d'assurances, aux sociétés pour leurs propres distributions, aux sociétés de personnes dont les revenus encaissés sont imposables directement au nom de leurs membres, aux gérants et dépositaires de FCP, ou encore à certains intermédiaires (notaires, par exemple).

PRODUITS ET OPÉRATIONS À DÉCLARER

La déclaration regroupe les renseignements portant sur : 26870 RM-VIII-2500 s

– les paiements faits au titre des différents **revenus mobiliers** (dividendes et autres distributions, produits de placement à revenu fixe, revenus de valeurs mobilières étrangères) ;

– les opérations sur **cessions de valeurs mobilières** et certains droits sociaux ;

– les opérations sur **instruments financiers à terme.**

Doivent par ailleurs être déclarés les renseignements relatifs aux titulaires de **plan d'épargne populaire** et de **plan d'épargne en actions** ainsi que les sommes versées dans le cadre de l'**épargne retraite.**

La déclaration doit faire apparaître distinctement les revenus distribués éligibles à l'**abattement de 40 %** (nos 24635 s.).

Toutefois, sont **dispensés** de déclaration :

– les distributions entre sociétés membres d'un groupe intégré ;

– les intérêts des sommes portées sur les livrets A, les intérêts des livrets bleus du Crédit mutuel ouverts avant le 1er janvier 2009, les livrets d'épargne populaire (livrets roses), les plans d'épargne-logement de moins de douze ans ouverts avant le 1er janvier 2018 et les comptes d'épargne-logement ouverts avant la même date, les livrets de développement durable et solidaire, les livrets jeunes, les livrets d'épargne d'entreprise ouverts avant le 1er janvier 2014, les produits d'épargne salariale exonérés d'impôt sur le revenu et les intérêts des prêts consentis aux descendants pour l'achat de leur résidence principale visés no 25665 (dispenses non applicables en cas de versement à des bénéficiaires d'un autre État de l'Union européenne) ;

– les lots et primes de remboursement exonérés d'impôt sur le revenu.

MODALITÉS DE DÉCLARATION

26880 RM-VIII-5800 s La déclaration IFU doit être déposée auprès de l'administration **exclusivement sur support informatique,** quel que soit le nombre de bénéficiaires ou les montants déclarés.

Les déclarants doivent pour chaque bénéficiaire compléter un formulaire informatisé **n° 2561** (opérations les plus courantes) et/ou un formulaire informatisé **n° 2561 bis** (autres opérations, notamment sur les produits à risque et sur des fonds de placement immobilier).

La déclaration des opérations réalisées au cours d'une année civile doit être déposée au plus tard le **15 février** de l'année suivante.

> **Précisions** La déclaration doit être effectuée selon l'une des deux procédures suivantes :
> – dépôt de formulaire en ligne selon le **mode EFI.** Cette procédure permet de procéder directement à la déclaration en ligne des opérations concernées via l'application Télé-TD ;
> – transmission d'un fichier informatique selon le **mode EDI.** Cette procédure de transfert des déclarations par procédé informatique (TD-RCM) permet le dépôt d'un fichier informatique représentant l'ensemble des opérations.

SANCTIONS

26900 CGI art. 1736, I RM-VIII-6500 s Le **défaut de déclaration** est en principe sanctionné par une amende fiscale égale à 50 % du montant des sommes non déclarées.

Toutefois, aucune sanction n'est appliquée en cas de **première infraction** commise durant l'année en cours et les trois précédentes lorsque la personne tenue de souscrire la déclaration répare son omission soit spontanément, soit à la première demande de l'administration avant la fin de l'année au cours de laquelle la déclaration devait être souscrite. D'autre part, l'amende est plafonnée à 750 € lorsque les revenus distribués sont déclarés à tort comme non éligibles à l'abattement de 40 %.

Le non-respect de l'obligation de transmission sur **support informatique** est sanctionné par une amende spécifique : voir n° 80200.

2. DÉCLARATION DES CONTRATS DE PRÊTS

26920 CGI art. 242 ter, 3 RM-VIII-11100 s Les personnes physiques ou morales qui interviennent, à titre de partie ou d'intermédiaire, dans la **conclusion des contrats de prêts** ou dans la rédaction des actes qui les constatent sont tenues de déclarer à l'administration fiscale les noms et adresses du prêteur et de l'emprunteur, la date, le montant et les conditions du prêt, notamment sa durée, le taux et la périodicité des intérêts ainsi que les modalités de remboursement du principal.

Sont **à déclarer,** en principe, tous les contrats de prêts, verbaux ou écrits, productifs ou non d'intérêts, qu'ils aient été ou non enregistrés.

> **Précisions** Sont toutefois **dispensés de déclaration** notamment (CGI ann. III art. 49 B et CGI ann. IV art. 23 L) :
> – les prêts dont le montant en principal n'excède **pas 760 €** (cependant, lorsqu'une même personne a obtenu ou consenti au cours d'une même année plusieurs prêts d'un montant unitaire inférieur à 760 €, mais dont le total en principal excède cette somme, ladite personne est tenue de déclarer tous les prêts auxquels elle est ainsi partie en qualité de débiteur ou de créancier) ;
> – les contrats de prêts dans lesquels interviennent (en qualité de prêteur, d'emprunteur ou d'intermédiaire) l'**État,** les **collectivités locales** et les établissements publics ;
> – les contrats de prêts conclus (en qualité de prêteur ou d'emprunteur, mais non pas en qualité d'intermédiaire) par les **établissements de crédit** enregistrés par l'Autorité de contrôle prudentiel et de résolution (banques, caisses d'épargne...) ;
> – les émissions publiques d'**obligations.**

MODALITÉS DÉCLARATIVES

26925 La déclaration est établie sur un **imprimé n° 2062.** Elle est souscrite par l'**intermédiaire ou,** en l'absence d'intermédiaire, par le **débiteur.**

Lorsqu'elle est souscrite par l'intermédiaire, elle est adressée, au plus tard le **15 février** de l'année suivant celle de la conclusion du contrat, à la direction des finances publiques du lieu du domicile réel ou du principal établissement du déclarant.

Lorsqu'elle est souscrite par le débiteur, la déclaration est adressée au service des impôts dont il dépend en même temps que la **déclaration de ses revenus** (ou que la déclaration de ses résultats).

Nous publions tous les ans au « Feuillet rapide » un guide spécialement consacré à l'établissement de la déclaration n° 2062.

> **Précisions** Le **défaut** ou le **dépôt tardif** de la déclaration ainsi que les **omissions** ou **inexactitudes** relevées dans la déclaration donnent lieu à l'application des pénalités visées n° 80190. Indépendamment des sanctions fiscales, ces infractions peuvent, le cas échéant, donner lieu aux sanctions pénales visées n°s 80250 s. (CGI art. 1783 B).

3. DÉCLARATION D'OUVERTURE ET DE CLÔTURE DES COMPTES

26940 CGI art. 1649 A, al. 1 RM-VIII-12000 s

Toutes les **personnes,** sociétés, administrations ou organismes **recevant habituellement en dépôt** des valeurs mobilières, titres ou espèces sont tenus de déclarer à l'administration des impôts l'ouverture, la clôture et les modifications de tout compte de dépôt de titres, valeurs ou espèces, compte d'avances, compte courant ou autre. Sont notamment concernés par cette obligation les banquiers, sociétés de bourse, officiers publics ou ministériels, les comptables du Trésor, les centres de chèques postaux, les caisses d'épargne ou de crédit mutuel.

> **Précisions** **a.** Sont **dispensés de déclaration** certains comptes occasionnels (comptes de passage ouverts à des clients occasionnels en vue d'opérations isolées, comptes ouverts par les notaires pour une seule opération telle qu'un achat d'immeuble ou de fonds de commerce...), ainsi que les comptes ouverts dans les entreprises aux clients et fournisseurs et enregistrant des opérations purement commerciales.
b. La déclaration doit être effectuée, en principe par voie dématérialisée, dans le mois suivant les ouvertures et clôtures de comptes auprès du « fichier des comptes bancaires et assimilés » (**Ficoba**).
c. Chaque **ouverture ou clôture** de compte **non déclarée** est passible d'une amende de 1 500 €.
Par ailleurs, les **omissions** de déclaration de modification de compte et les **inexactitudes** ou omissions dans les déclarations d'ouverture ou de fermeture de compte sont sanctionnées par une amende de 150 € par omission ou inexactitude, sans que le total des amendes applicables aux informations devant être produites simultanément puisse être supérieur à 10 000 € (CGI art. 1736, IV).

4. DÉCLARATION DES CONTRATS DE CAPITALISATION ET D'ASSURANCE-VIE

26950 CGI art. 1649 ter RM-VIII-13000 s.

Les entreprises d'assurance et assimilées doivent déclarer la **souscription** et le **dénouement** des contrats mais également chaque année le **montant cumulé des primes** versées au 1er janvier et la **valeur de rachat** ou le montant du capital garanti (lorsque ce montant ou cette valeur est supérieur ou égal à 7 500 €).

> **Précisions** Les déclarations sont réalisées **par voie dématérialisée** via le « fichier des contrats de capitalisation et d'assurance-vie » (**Ficovie**).
La déclaration de la souscription ou du dénouement doit être réalisée **dans les 60 jours suivant la souscription ou le dénouement** du contrat ou, en cas de dénouement par décès de l'assuré, dans les 60 jours suivant la date de prise de connaissance du décès de l'assuré.
La **déclaration annuelle** du montant cumulé des primes et de la valeur de rachat doit être souscrite au plus tard le **15 juin** (CGI ann. II art. 370 C, V).
En ce qui concerne par ailleurs les obligations incombant aux entreprises d'assurance à l'égard des assurés, voir n° 26065.

5. DÉCLARATION AU TITRE DE L'ÉCHANGE AUTOMATIQUE D'INFORMATIONS

26960 CGI art. 1649 AC et LPF art. L 102 AG RM-VIII-13500 s.

Les **institutions financières** françaises doivent mentionner sur une déclaration spécifique les informations requises pour l'application de la directive 2011/16/UE du 15 février 2011 relative à la coopération administrative dans le domaine fiscal et des conventions conclues par la France permettant un échange automatique d'informations relatives aux comptes financiers en matière fiscale.

Ces informations portent essentiellement sur les **revenus** de capitaux mobiliers ainsi que les **soldes des comptes** et des **valeurs de rachat** des bons ou contrats de capitalisation et placements de même nature.

Pour la réalisation de cette obligation, les institutions financières mettent en œuvre les diligences nécessaires à l'identification des comptes, des personnes et des paiements. À cette fin, elles collectent les éléments relatifs aux résidences fiscales et, le cas échéant, les numéros d'identification fiscale de l'ensemble des titulaires de comptes et des personnes physiques les contrôlant (procédure applicable aux comptes ouverts depuis le 1er janvier 2016).

En outre, depuis le 30 décembre 2017 :

– les titulaires de ces comptes sont tenus de remettre aux institutions financières les **informations** nécessaires à l'identification de leurs **résidences fiscales** et, le cas échéant, de leurs **numéros d'identification** fiscale (ou de celles des personnes physiques qui les contrôlent) (CGI art. 1649 AC, II) ;

– les institutions financières doivent transmettre à l'administration fiscale la **liste des clients « défaillants »** n'ayant pas satisfait à cette obligation à l'expiration d'un délai de trente jours

26960 (suite) suivant la réception d'une seconde demande de leur part, selon des modalités prévues à l'article R 102 AG-1 du LPF.

> Précisions **a.** L'obligation déclarative au titre de l'échange automatique d'informations incombe également aux **succursales** situées en France d'institutions financières situées à l'étranger (Décret 2016-1683 du 5-12-2016 art. 2).

b. La **déclaration** portant sur les informations d'une année doit être transmise par voie électronique **avant le 31 juillet** de l'année suivante (Décret 2016-1683 du 5-12-2016 art. 54). Le **dépôt hors délai** est sanctionné par une amende fiscale de 200 € par compte à déclarer (CGI art. 1736, I-5).

c. Compte tenu de l'obligation faite aux établissements financiers depuis le 30 décembre 2017 de ne pas ouvrir de compte en l'absence d'auto-certification (C. mon. fin. art. L 564-1), ne sont concernés par cette procédure de **déclaration de défaillance** que les titulaires de comptes ouverts depuis le 1er janvier 2016 pour lesquels un changement de circonstances remet en cause la fiabilité de l'auto-certification (BOI-INT-AEA-20-25 n° 120).

d. Le **défaut de remise** par un titulaire de compte à l'institution financière des **informations** sur sa résidence fiscale et son numéro fiscal est sanctionné par une amende de 1 500 € (CGI art. 1740 C).

Le **dépôt hors délai de la liste** des clients défaillants par l'institution financière à l'administration est sanctionné par une amende fiscale de 200 € par compte à déclarer (CGI art. 1729 C bis).

e. Des dispositions dérogatoires sont prévues dans le cadre de la mise en œuvre de l'accord **Fatca** pour les échanges automatiques d'informations avec les États-Unis.

CHAPITRE 9 REVENUS FONCIERS

SOMMAIRE

PRINCIPES D'IMPOSITION

Les revenus fonciers constituent l'une des catégories de revenus passibles de l'impôt sur le revenu. 27000

Une fois déterminés suivant les règles exposées ci-après, les revenus fonciers sont totalisés avec les autres revenus du contribuable pour former le **revenu global** qui sera **soumis à l'impôt** dans les conditions indiquées nos 10 s.

Le montant net des revenus fonciers est également soumis aux **prélèvements sociaux** au titre des revenus du patrimoine (nos 34430 s.).

Remarques

a. En ce qui concerne les loyers perçus au titre d'un **bail à construction,** voir no 31035 l'étude d'ensemble consacrée à cette opération.

b. Sur l'imposition au titre des revenus fonciers de la **première cession à titre onéreux d'un usufruit temporaire portant sur un immeuble,** voir nos 4780 s.

A. Champ d'application

REVENUS IMPOSABLES

Sont imposables au titre des revenus fonciers non seulement les revenus des locations d'immeubles proprement dits mais également les revenus accessoires. 27065

Revenus des locations d'immeubles Les revenus fonciers sont pour l'essentiel ceux provenant de la location d'immeubles. Il peut s'agir de la location : 27070 CGI art. 14 FONC-I-1 s

– de **propriétés bâties,** telles que maisons, appartements, usines, magasins, bureaux, bâtiments ruraux, etc. ;

– de **propriétés non bâties** de toute nature, y compris les terrains occupés par des carrières, mines et tourbières, les étangs, les salines et marais salants.

Les revenus imposables dans la catégorie des revenus fonciers peuvent être réalisés directement par le contribuable (**personne physique**), par l'intermédiaire d'une société qui a pour objet de gérer et de donner en location un patrimoine immobilier (SCI en général) ou encore par le biais d'un fonds de placement immobilier (FPI) ; sont ainsi également imposables à raison de revenus fonciers :

– les **associés** de **sociétés immobilières** non passibles de l'impôt sur les sociétés (no 30715) ;

– les **associés** de **sociétés immobilières de copropriété** dotées de la **« transparence fiscale »,** quelle que soit la forme de ces sociétés et même s'il s'agit de sociétés de capitaux (nos 30770 s.) ;

– les particuliers **détenteurs de parts de FPI** pour leur quote-part des produits encaissés par le fonds provenant de la location de ses actifs immobiliers (no 30520).

> Précisions a. Pour les immeubles appartenant à une **indivision,** chaque copropriétaire est personnellement imposable pour la part de revenu foncier correspondant à ses droits dans l'indivision.

b. En ce qui concerne les revenus des **logements donnés en location à leurs associés par les** sociétés civiles immobilières d'accession progressive à la propriété (**Sciapp**), voir n° 30800, Précisions.

27075 Les revenus des **immeubles figurant à l'actif d'une entreprise** industrielle, commerciale, artisanale ou agricole ne sont, en principe, pas taxés dans la catégorie des revenus fonciers mais sont imposés au titre de l'activité professionnelle à laquelle ils se trouvent rattachés et d'après les règles applicables à cette activité.

ATTENTION

Les revenus provenant d'**immeubles inscrits à l'actif d'une entreprise individuelle** industrielle, commerciale ou artisanale soumise à un régime de bénéfice réel (normal ou simplifié) et **non utilisés à des fins professionnelles** sont taxés dans la catégorie des revenus fonciers. Par exception, et sous réserve d'une option expresse du contribuable, ils restent inclus dans les bénéfices professionnels et imposés comme tels, s'ils n'excèdent pas 5 % (ou 10 %) de l'ensemble des produits de l'exercice (n° 7345).

Relèvent, par ailleurs, des bénéfices industriels et commerciaux (et non des revenus fonciers) les revenus des **locations en meublé** (dont le régime est étudié n° 90485), y compris lorsqu'ils sont distribués par des FPI (n° 30520), ainsi que les revenus des **locations des établissements industriels ou commerciaux** munis du mobilier ou du matériel nécessaire à leur exploitation (n° 7025, d).

Les profits provenant de la **sous-location** de locaux pris à bail sont imposés comme des bénéfices commerciaux s'il s'agit d'une sous-location en meublé et comme des bénéfices non commerciaux dans le cas contraire.

> Précisions a. Les revenus de la **location à un fermier** d'une **exploitation agricole** sont imposables dans la catégorie des revenus fonciers. En revanche, lorsque les propriétés agricoles sont exploitées par le propriétaire en faire-valoir direct, ou bien lorsqu'elles sont données en location par bail à métayage, les revenus tirés de telles propriétés sont imposables dans la catégorie des bénéfices agricoles (n°s 15000 s.).

b. La **location** de boxes ou emplacements pour le **garage** de voitures relève :
– des revenus fonciers, si elle ne s'accompagne d'aucun service ou prestation (autre qu'un simple gardiennage) ;
– des bénéfices commerciaux dans le cas contraire, c'est-à-dire si la location est assortie de certaines prestations (par exemple : lavage, entretien, distribution d'essence).

c. Pour les **monuments historiques** classés ou inscrits **donnés à bail emphytéotique** et sous-loués par le preneur, les profits sont imposables dans la catégorie des revenus fonciers chez ce dernier, sauf si le propriétaire est une personne physique ou morale relevant du régime des bénéfices industriels et commerciaux (CGI art. 31-0 bis).

27080 **Revenus accessoires** Les revenus accessoires s'entendent des revenus de la location
FONC-I-700 s du **droit d'affichage** ou du **droit de chasse ou de pêche,** de la concession du droit d'exploitation des **carrières** et biens assimilés (ardoisières, sablières, tourbières), des **redevances tréfoncières ou autres** recettes analogues ayant leur origine dans le droit de propriété ou d'usufruit (par exemple, location de toit pour des antennes de téléphonie mobile).

> Précisions a. Les revenus accessoires provenant d'immeubles inscrits à l'actif d'une **exploitation agricole** ou d'une **entreprise industrielle, commerciale ou artisanale** soumise à un régime de bénéfice réel sont imposables, selon le cas, dans la catégorie des bénéfices agricoles ou des bénéfices industriels et commerciaux si les immeubles ont un lien direct avec l'exercice de l'activité professionnelle. Ils sont, en revanche, taxés dans la catégorie des revenus fonciers si les immeubles ne sont pas utilisés à des fins professionnelles (par exception et sous réserve d'une option expresse du contribuable, ils restent inclus dans les bénéfices professionnels, s'ils n'excèdent pas 5 % (ou 10 %) de l'ensemble des produits de l'exercice : n° 7345). Lorsque l'entreprise ou l'exploitation relève du régime micro-BIC ou micro-BA, les revenus accessoires qui ne se rattachent pas directement à l'activité exercée sont imposables dans la catégorie des revenus fonciers. S'agissant des contribuables exerçant une **activité non commerciale** relevant du régime de la déclaration contrôlée, les revenus accessoires doivent être inclus dans le bénéfice professionnel lorsque ces revenus se rapportent à des éléments qui font partie de l'actif professionnel.

b. Les produits tirés de la **location du droit de chasse** peuvent avoir le caractère de bénéfices industriels et commerciaux lorsque la location est assortie de prestations de services (fourniture du couvert et du gîte, par exemple) (BOI-RFPI-CHAMP-10-30 n° 130 ; BOI-BIC-CHAMP-50 n° 180 et BOI-BIC-CHAMP-60-20 n°s 320 à 340).

c. Pour le cas particulier où le propriétaire se réserve **la jouissance du droit de chasse ou de pêche,** voir n° 28625.

EXONÉRATION DES LOGEMENTS DONT LE PROPRIÉTAIRE SE RÉSERVE LA JOUISSANCE

Les contribuables qui se réservent la jouissance de logements dont ils sont propriétaires – qu'il s'agisse de **maisons individuelles** ou d'**appartements** situés dans des immeubles collectifs, d'**habitations principales** ou de **résidences secondaires** (immeubles de plaisance ou de villégiature, par exemple) – ne sont pas imposables à raison du revenu en nature correspondant à la disposition gratuite de ces logements. 27090 CGI art. 15, II FONC-II-200 s

Corrélativement, les intéressés ne peuvent pas, en principe, déduire de leur revenu imposable les **charges** afférentes à ces logements. Cependant, lorsqu'il s'agit de leur **habitation principale,** ils sont susceptibles de bénéficier d'un crédit d'impôt à raison de certaines charges (voir nos 3045 s.).

L'exonération est également accordée aux **sociétés immobilières « non transparentes »** (non soumises à l'impôt sur les sociétés) à raison des logements qu'elles mettent gratuitement à la disposition de leurs membres (voir no 30720).

> **Précisions** **a.** L'exonération porte non seulement sur le logement proprement dit, mais aussi sur les **dépendances** immédiates bâties et non bâties, telles que **garages, jardins,** etc.
> **b.** Les **revenus accessoires** (location du droit d'affichage, par exemple) perçus par un propriétaire qui se réserve la jouissance de son logement ne sont pas couverts par l'exonération et doivent donc être imposés en tant que revenus fonciers.
> **c.** Le propriétaire qui, sans y être tenu par un contrat régulier de location, met **gratuitement** un logement lui appartenant **à la disposition** de membres de sa **famille ou de tiers** est considéré, en principe, comme en ayant conservé la jouissance (et ce, alors même que la taxe d'habitation serait établie au nom de ces derniers) et bénéficie donc de l'exonération ; corrélativement, il ne peut pas retrancher de son revenu imposable les charges correspondantes.
> Pour le cas où la jouissance gratuite du logement est consentie, à titre de **pension alimentaire,** à un **ascendant** dans le besoin, voir no 1215, précision b.
> **d.** L'exonération bénéficie également aux membres des **sociétés immobilières « transparentes »** lorsqu'ils se réservent la jouissance du logement correspondant à leurs actions ou parts.
> En ce qui concerne les logements mis à disposition de ses membres par une **société de « pluripropriété »,** voir no 31000.

TERRITORIALITÉ

Les **personnes domiciliées** fiscalement **en France** sont imposables en principe sur l'ensemble de leurs revenus locatifs, qu'il s'agisse de revenus provenant d'immeubles situés en France ou à l'étranger. Toutefois, de nombreuses conventions internationales réservent le droit d'imposer les revenus locatifs à l'État sur le territoire duquel se trouve l'immeuble (l'existence des revenus ainsi exonérés en France peut cependant influencer le montant de l'impôt français lorsqu'il est fait application, pour le calcul de cet impôt, du système du « taux effectif », voir no 82565). 27100 FONC-I-230

Les **personnes domiciliées hors de France** ne sont quant à elles soumises à l'impôt français que pour les revenus de leurs immeubles situés en France (voir no 4330).

> **Précisions** Lorsqu'il est pris en compte pour la détermination du revenu global imposable des **domiciliés,** le revenu net des **immeubles situés à l'étranger** ou dans les collectivités d'outre-mer est déterminé suivant les règles générales exposées ci-après, nos 27120 s.

B. Détermination du revenu imposable

Le revenu foncier imposable à l'impôt sur le revenu peut être déterminé soit selon le régime réel d'imposition exposé nos 27250 s., soit, pour les titulaires de revenus fonciers ne dépassant pas un certain montant, selon le régime simplifié d'imposition (« micro-foncier ») décrit nos 27450 s. 27120 CGI art. 28 FONC-III-1 s et FONC-IV-1 s

1. RÉGIME RÉEL D'IMPOSITION

Pour les contribuables qui n'entrent pas dans le champ d'application du régime micro-foncier (nos 27460 s.) ou qui décident d'opter pour l'application du régime réel d'imposition (no 27485), le revenu foncier imposable à l'impôt sur le revenu est égal, chaque année, à la différence entre le montant des recettes encaissées et le total des frais et des charges acquittés, déterminés dans les conditions exposées nos 27260 s. 27250

a. Recettes

RECETTES À PRENDRE EN COMPTE

27260 CGI art. 29 FONC-III-200 s Elles comprennent les **recettes de toute nature** perçues par le propriétaire. Il s'agit notamment :
– des **loyers et fermages** en principal ;
– des **revenus accessoires** (voir n° 27080) ;
– des **dépenses** incombant au bailleur **mises à la charge des locataires** (voir n° 27275) ;
– de certaines **recettes exceptionnelles** (voir n° 27285) ;
– de la valeur des **avantages en nature** stipulés au bail.

Remarques Les **dépôts de garantie** versés par les locataires ne sont, en revanche, pas imposables au moment de leur encaissement par le propriétaire, mais seulement, le cas échéant, lorsqu'ils sont utilisés par lui pour se couvrir des loyers non payés à leur terme ou des frais de remise en état des locaux après le départ du locataire (et, par symétrie, le remboursement, en fin de bail, des dépôts de garantie non utilisés demeure normalement sans incidence sur la détermination du revenu foncier de l'année du remboursement).

Il n'est, par ailleurs, pas tenu compte des sommes versées au propriétaire par les locataires au titre des **charges** leur incombant.

ATTENTION

Le seul fait qu'un **loyer** soit **inférieur aux normes habituelles** ne peut pas, en principe, justifier une rectification des sommes déclarées, en dehors des cas où l'ensemble des circonstances jette un doute sérieux sur la réalité des conventions ou l'authenticité du loyer stipulé (**locations « fictives »**).

Cependant, même lorsqu'il n'y a pas lieu de mettre en doute la sincérité du contribuable, l'administration peut substituer au montant du loyer déclaré la **valeur locative normale** de l'immeuble, dès l'instant qu'un **écart important** existe entre ces deux termes et que le propriétaire n'est pas en mesure d'établir que des **circonstances indépendantes de sa volonté** font obstacle à la location de l'immeuble pour son prix normal. Cette possibilité de rectification a été confirmée par le Conseil d'État dans plusieurs décisions rendues à propos de loyers anormalement bas consentis le plus souvent par le propriétaire à des **membres de sa famille** (notamment CE 13-2-1980 n° 16937 : RJF 3/80 n° 221 ; CE 23-6-1986 n° 48466 : RJF 10/86 n° 892). Dans ce cas, la valeur locative à retenir peut être fixée par comparaison avec les loyers pratiqués pour des immeubles analogues ou par référence à la valeur locative cadastrale (nos 42030 s.).

Pour le cas où (**sans contrat** de location) le logement est mis **gratuitement** à la disposition d'un membre de la famille ou d'un tiers, voir n° 27090, précision c.

27265 FONC-III-850 s **Date de prise en compte** Les **recettes** à retenir pour déterminer le revenu foncier sont celles qui ont été **effectivement encaissées** au cours de l'année de l'imposition, quelle que soit la période à laquelle elles se rapportent.

On doit donc faire état non seulement des loyers perçus à leur échéance normale, mais aussi des encaissements se rapportant à des **loyers arriérés** (sur la possibilité de demander l'application du système du quotient, voir nos 4150 s.) **ou perçus d'avance.**

En revanche, les **loyers** venus à échéance en cours d'année et demeurés **impayés** par suite de la carence des locataires n'ont pas à être déclarés.

> **Précisions** Les loyers perçus par l'intermédiaire d'un **mandataire** doivent, dès leur perception par ce dernier, être considérés comme étant à la disposition du propriétaire, même si le mandataire ne lui a pas rendu compte correctement de ses actes.

27266 FONC-I-4600 s Lorsque le bail prévoit la faculté ou l'obligation pour le **locataire** d'effectuer des **travaux de construction ou d'aménagement** qui doivent revenir sans indemnité au propriétaire en fin de bail, le profit correspondant est imposé dans la catégorie des revenus fonciers, au nom du propriétaire, au titre de l'année au cours de laquelle le bail a pris fin (terme initial ou résiliation), et non pas lors de l'exécution des travaux par le locataire. Le profit imposable est égal à la valeur vénale, à la date du transfert, des immobilisations revenant au bailleur.

En cas de **retour anticipé** des constructions dans le patrimoine du bailleur propriétaire du sol, l'avantage en nature correspondant à la valorisation du fonds est imposé, dans la catégorie des revenus fonciers, au titre de l'année au cours de laquelle cette opération est réalisée. Le revenu imposable au nom du bailleur correspond alors à la valeur vénale des constructions diminuée du montant de l'indemnité versée au locataire en contrepartie de la cession anticipée des droits qu'il détenait sur les constructions.

DÉPENSES ET TRAVAUX MIS À LA CHARGE DES LOCATAIRES

27275 FONC-III-3300 s Au montant des recettes proprement dites, il convient d'ajouter les **dépenses incombant normalement au propriétaire** (exemples : réparations autres que réparations locatives, taxe foncière, etc.) mais dont le paiement est, par l'effet des **conventions, mis à la charge des locataires.**

Dans la mesure où elles ont pour le propriétaire le caractère de charges déductibles (voir nos 27325 s.), lesdites sommes seront ultérieurement retranchées du revenu brut pour la détermination du revenu net. L'administration admet donc que dans ce cas le propriétaire peut, s'il le désire, faire purement et simplement abstraction desdites sommes, tant en recettes qu'en dépenses (BOI-RFPI-BASE-10-20 no 60).

> Précisions **a.** En ce qui concerne les **constructions ou aménagements effectués par le locataire,** voir ci-dessus no 27266.
Pour les règles particulières prévues en cas de **bail à construction,** voir nos 31035 et 31050.
b. Les loyers et prestations de toute nature, qui constituent le prix d'un **bail à réhabilitation** passé dans les conditions prévues par les articles L 252-1 à L 252-4 du Code de la construction et de l'habitation, ont le caractère de revenus fonciers. Toutefois, le revenu représenté par la valeur des travaux de construction, de reconstruction ou d'agrandissement réalisés par le preneur conformément à l'article L 252-1 du Code de la construction et de l'habitation ne donne lieu à aucune imposition (CGI art. 33 quinquies : FONC-I-5400 s.).
c. Les dépenses dont un locataire assume **volontairement** la charge, sans y être contraint par les clauses de son bail (cas notamment des **travaux d'amélioration** qu'il fait exécuter pour des raisons de **convenance personnelle**), ne constituent pas un élément du revenu du propriétaire, même si celui-ci a donné son assentiment préalable à l'exécution des travaux.

RECETTES EXCEPTIONNELLES

On entend par recettes exceptionnelles les recettes qui ne sont pas susceptibles d'être perçues chaque année, tels les droits d'entrée ou « pas-de-porte ». **27285** FONC-III-1700 s

Remarque : Pour ce type de recettes, le propriétaire peut, si les conditions requises sont remplies, demander l'application du **système du quotient** prévu pour l'imposition des revenus exceptionnels (voir nos 4150 s.).

> Précisions **a.** Dès lors qu'elles sont destinées à financer des charges déductibles, les subventions et indemnités (**subventions de l'Anah, indemnités d'assurances** versées en réparation des dommages subis par l'immeuble, etc.) doivent être comprises dans le revenu brut.
b. Les **droits d'entrée ou « pas-de-porte »** ne sont pas imposables lorsque le propriétaire peut démontrer que la somme perçue ne constitue pas un supplément de loyer mais représente la contrepartie de la **dépréciation** de la valeur des locaux. La preuve de cette dépréciation ne peut résulter du simple fait que le locataire a acquis de son côté un nouvel élément d'actif représenté par le droit au renouvellement du bail (CE 24-2-1978 no 97347 : RJF 4/78 no 160). Elle peut, en revanche, découler des stipulations du bail (notamment de sa durée) (CE 29-9-1989 no 68212 : RJF 11/89 no 1230).
c. Les **plus-values réalisées sur la vente d'immeubles** n'ont pas à être comprises dans les revenus fonciers. Mais elles font l'objet d'une imposition distincte de celle des revenus fonciers, selon les règles prévues à l'égard des plus-values des particuliers (voir nos 32000 s.).
d. L'**indemnité de déspécialisation** du bail perçue par le propriétaire d'un local commercial ne constitue, en principe, pas un revenu imposable sauf, le cas échéant, pour la fraction de l'indemnité qui excède le montant du préjudice subi. Elle constitue cependant un supplément de loyer imposable lorsqu'elle est destinée à compenser une perte de recettes ou un accroissement des charges supportées par le bailleur.

LOYERS ASSUJETTIS À LA TVA

Lorsqu'un propriétaire donne en location des locaux nus dont les loyers sont soumis à la TVA soit à titre obligatoire (no 46840), soit sur option (nos 46870 s.), cette taxation ne modifie pas en principe sa situation au regard des impôts directs. **27295** CGI art. 33 quater FONC-III-1500 s

Par suite, s'il s'agit d'un particulier ou d'une société de personnes non passible de l'impôt sur les sociétés, les revenus provenant de la location sont soumis à l'impôt sur le revenu au titre des revenus fonciers.

> Précisions Pour la détermination du revenu foncier imposable, les **recettes** ainsi que les **dépenses déductibles** relatives à ces locaux (et, en particulier, les travaux d'entretien et de réparation) sont **retenues pour leur montant hors TVA.**
Les recettes à déclarer ne comprennent pas non plus les remboursements de **crédits de taxe** reçus du Trésor.

b. Frais et charges

FRAIS ET CHARGES À PRENDRE EN COMPTE

Les frais et charges à déduire des recettes déterminées ci-dessus nos 27260 s. comprennent : **27325** CGI art. 31, I FONC-IV-1 s
– les dépenses de réparation ou d'entretien (no 27340) ;
– les dépenses d'amélioration (no 27350) ;
– les dépenses acquittées pour le compte des locataires et restant définitivement à la charge des propriétaires (no 27360) ;

– les provisions pour charges de copropriété (nº 27370) ;
– les indemnités d'éviction et frais de relogement (nº 27380) ;
– les frais de gestion (nº 27390) ;
– les primes d'assurance (nº 27400) ;
– certaines impositions (nº 27410) ;
– les intérêts des dettes (nº 27420).

Cette liste n'est pas limitative même si elle couvre en pratique la plupart des dépenses engagées par le bailleur sur son immeuble. Si celui-ci peut, en effet, se prévaloir du **principe général** posé par l'article 13 du CGI, qui prévoit la déduction des dépenses effectuées en vue de l'acquisition ou de la conservation du revenu (nº 735), il ne peut toutefois pas déduire les dépenses exclues des charges foncières déductibles par l'article 31 du CGI (telles les dépenses de reconstruction) (la règle spéciale l'emportant sur la règle générale : CE (na) 30-12-2010 nº 335628, 9e s.-s. : RJF 5/11 nº 585 ; CE 15-2-2012 nº 323895, 9e et 10e s.-s. : RJF 5/12 nº 475).

› Précisions a. Lorsque les **dépenses** ont été grevées de la TVA (cas notamment des travaux d'entretien, de réparation ou d'amélioration), la déduction porte en principe sur le montant **TVA comprise.** On rappelle cependant qu'une exception est prévue à l'égard des propriétaires dont les loyers sont assujettis à la TVA (voir nº 27295).

b. Sont déductibles en application de l'article 13 du CGI :
– la **redevance** que le propriétaire d'un immeuble construit sur **sol d'autrui** verse au propriétaire du terrain ;
– les **dépenses de « mise en service »** d'un immeuble (mise en marche de la chaufferie, de l'ascenseur, etc.) nécessaires pour permettre l'entrée des locataires dans les appartements.

c. Les **déductions spécifiques** prévues dans le cadre de différents **régimes d'investissement locatif** (nos 27800 s.), qui ne couvrent aucune dépense particulière, s'ajoutent aux charges de la propriété déduites par ailleurs. Il en va de même de la déduction spécifique de 40 % admise par l'administration sur les redevances d'exploitation de **carrières** et d'extraction de minerai (BOI-RFPI-BASE-20-90 nº 40).

d. Les charges afférentes aux **immeubles destinés à la location** mais demeurés **vacants** sont déductibles à condition que le propriétaire puisse démontrer qu'il a accompli les diligences nécessaires pour parvenir à la location et qu'il ne s'en est à aucun moment réservé la jouissance (CE 13-02-1974 nº 86174, 8e et 9e s.-s. ; BOI-RFPI-CHAMP-20-20 nº 70).

e. La part du prix d'acquisition relative aux travaux réalisés (par le vendeur) dans le cadre d'un **contrat de vente d'immeuble à rénover** ne constitue pas, selon l'administration, une charge déductible des revenus fonciers (BOI-RFPI-BASE-20-30-30 nº 25). En sens contraire toutefois : CAA Nantes 29-6-2017 nº 16NT00954 : RJF 1/18 nº 38.

27330
FONC-IV-400 s

Date de prise en compte Les **charges** à déduire du revenu foncier s'entendent de celles qui ont été **effectivement acquittées** au cours de l'année de l'imposition, quelle que soit la date à laquelle la dette correspondante a pris naissance ou est venue à échéance, ou la date à laquelle ont été exécutés les travaux auxquels elles se rapportent (voir toutefois nº 27370 le cas des provisions pour charges de copropriété).

› Précisions a. Dans la mesure où elles répondent aux conditions exigées par la loi, les dépenses payées au cours de l'année de l'imposition, mais se rapportant à des **années antérieures** (telles que travaux effectués au cours des années précédentes, etc.) **ou,** au contraire, aux années **suivantes** (telles qu'intérêts payés d'avance, acomptes sur travaux, etc.), doivent donc être comprises dans les charges déductibles.

b. Lorsque des dépenses sont financées à l'aide d'un **emprunt,** elles doivent être retranchées, au fur et à mesure de leur règlement, des revenus de l'année de leur paiement aux entrepreneurs, même si ce paiement est effectué directement par l'organisme de crédit.

27335
Loi 2016-1917 du 29-12-2016 art. 60, II-K-1-2º modifié
IRPP-VI-65550 s

Par **dérogation** à ce principe, pour la détermination du revenu net foncier de l'année **2019,** le montant des **dépenses de réparation, d'entretien et d'amélioration** admis en déduction est égal à la **moyenne** des dépenses déductibles de cette nature (telles que définies nos 27340 et 27350) acquittées en 2018 et en 2019, indépendamment du montant effectivement payé en 2019.

Cette règle dite de la « moyenne » s'applique bien par bien et non de manière globale (BOI-IR-PAS-50-20-10 nº 150).

EXEMPLE

	Travaux payés en 2018	Travaux payés en 2019	Montant déductible des revenus fonciers 2019
Immeuble 1	10 000 €	-	5 000 €
Immeuble 2	-	15 000 €	7 500 €
Immeuble 3	2 000 €	8 000 €	5 000 €

Les **travaux d'urgence** ne sont, toutefois, pas soumis à la règle de la « moyenne » et demeurent donc déductibles dans les conditions de droit commun. Il en va de même des travaux effectués sur les **immeubles acquis ou classés** monuments historiques (ou inscrits à l'Inventaire supplémentaire ou ayant reçu le label délivré par la Fondation du patrimoine) **en 2019.**

Sur l'application particulière de la règle de la « moyenne » s'agissant des dépenses de travaux comprises dans les **provisions pour charges de copropriété** : voir n° 27375.

> **Précisions** Les travaux d'urgence s'entendent des travaux rendus nécessaires par l'effet de la **force majeure** (travaux rendus consécutifs à la réparation des dégâts occasionnés par une catastrophe naturelle ou par des actes de vandalisme, remplacement d'appareils dont les dysfonctionnements ne permettent plus la poursuite de la location, travaux réalisés à la suite d'une injonction de l'autorité municipale, un arrêté de péril ou une décision de justice) ou **décidés d'office par le syndic** en application de l'article 18 de la loi 65-557 du 10-7-1965.

DÉPENSES D'ENTRETIEN ET DE RÉPARATION

27340 CGI art. 31, I-1°-a FONC-IV-600 s

Sauf lorsqu'elles sont indissociables de travaux de reconstruction ou d'agrandissement (définis n° 27350), les dépenses d'entretien et de réparation sont déductibles du revenu foncier.

Par « dépenses d'entretien et de réparation », il faut entendre, d'une manière générale, tous les **travaux ayant pour objet de maintenir ou de remettre l'immeuble en bon état** et d'en permettre un usage normal sans en modifier la consistance, l'agencement ou l'équipement initial. **Exemples** : remise en état du gros œuvre (toitures, façades, etc.), du mur de clôture, des canalisations, de l'installation électrique, du chauffage central (remplacement de la chaudière, de canalisations, d'éléments de radiateur, etc.), remplacement d'un ascenseur vétuste.

Les dépenses de **réparations locatives** ne sont, en revanche, pas déductibles même lorsqu'elles sont prises en charge par le propriétaire. Il n'en va autrement, selon l'administration, que si elles sont occasionnées par la vétusté, la force majeure, un vice de construction ou une malfaçon (par exemple : frais de réfection des peintures intérieures nécessités par des travaux plus lourds dont la charge incombe au propriétaire, travaux de réparation faisant suite à un cataclysme naturel) ou si elles sont engagées, avant l'installation d'un locataire, en vue de faciliter la location (BOI-RFPI-BASE-20-30-20 n°s 50 et 60). Sur les dépenses acquittées pour le compte du locataire et non récupérées en fin de bail, voir n° 27360.

> **Précisions** **a.** Les dépenses supportées au titre de la **réalisation d'études** ou de **diagnostics** préalables obligatoires constituent des dépenses d'entretien (BOI-RFPI-BASE-20-30-10 n° 40). Tel est le cas, par exemple, des dépenses de recherche et d'analyse de la nocivité de l'**amiante** (les travaux d'enlèvement ou destinés à assurer son innocuité étant des dépenses d'amélioration, voir n° 27350).
> **b.** Les **frais de déplacement** engagés pour la réalisation de travaux d'entretien et de réparation sont déductibles pour leur montant réel en tant que dépenses d'entretien et de réparation (CAA Lyon 25-5-2010 n° 08-786 : RJF 12/10 n° 1172).

DÉPENSES D'AMÉLIORATION

27350 CGI art. 31, I-1°-b et b bis FONC-IV-1500 s

En ce qui concerne les immeubles urbains (on verra au n° 28615 que des possibilités plus larges sont prévues pour les propriétés rurales), les dépenses d'amélioration dont la déduction est autorisée sont, essentiellement, les dépenses afférentes à des **locaux d'habitation.** Sont visés les travaux qui ont pour objet d'apporter à un local un **équipement ou** un élément de **confort nouveau ou mieux adapté** aux conditions modernes de vie, sans modifier cependant la structure de l'immeuble. **Exemples** : installation du chauffage central, de l'électricité, d'un ascenseur, d'une salle d'eau, d'une cuisine aménagée et équipée, du tout-à-l'égout, d'une antenne collective de télévision, du téléphone, de dispositifs de sécurité contre les cambriolages, agrandissement des portes et des fenêtres, pose de persiennes, installation d'équipements pour personnes handicapées.

Les dépenses d'amélioration exposées pour des **locaux autres que des logements** n'ouvrent pas droit à déduction, à l'exception toutefois de celles qui sont destinées à protéger ces locaux des effets de l'**amiante** ou à favoriser l'**accueil des handicapés** dans les locaux professionnels ou commerciaux.

Enfin, les dépenses correspondant à des travaux de construction, reconstruction ou agrandissement ne sont jamais déductibles, même réalisées dans un objectif d'acquisition ou de conservation du revenu au sens de l'article 13 du CGI (voir n° 27325), sauf dans le cadre de certains régimes de faveur destinés à encourager l'investissement locatif (n°s 28250 s.). Sont considérés comme des travaux de **construction** ou de **reconstruction** les travaux comportant la création de nouveaux locaux d'habitation, notamment dans des locaux auparavant affectés à un autre usage, ainsi que les travaux ayant pour effet d'apporter une modification importante au gros œuvre de locaux d'habitation existants ou les travaux d'aménagement interne qui, par leur importance, équivalent à une reconstruction. Quant aux travaux d'**agrandissement,** il s'agit des travaux ayant pour effet d'accroître le volume ou la surface habitable des locaux existants (surélévation, par exemple).

> **Précisions** **a.** Des emplacements de **parking** situés au sous-sol d'un immeuble d'habitation sont assimilés à des locaux d'habitation et leur **transformation en boxes** constitue des travaux d'amélioration dont le montant est déductible (CE 7-5-1986 n° 39426 : RJF 7/86 n° 700).
> **b.** Lorsque l'**immeuble** est, par sa conception, son aménagement et ses équipements, **destiné originellement à l'habitation,** son occupation temporaire à un autre usage n'est pas de nature à elle seule à lui ôter cette destination en l'absence de travaux modifiant sa conception, son aménagement ou ses équipements (CE 20-6-1997 n° 137749 : RJF 8-9/97 n° 794 ; BOI-RFPI-BASE-20-30-10 n° 90).
> **c.** Les dépenses d'amélioration destinées à protéger les locaux des effets de l'**amiante** s'entendent de l'ensemble des travaux d'enlèvement de l'amiante ou des matériaux contenant de l'amiante (flocage, calorifugeage ou faux plafonds) ou destinés à assurer son innocuité (confinements des matériaux contenant de l'amiante par fixation ou encoffrement).
> **d.** Les travaux destinés à faciliter l'**accueil des handicapés** s'entendent des travaux d'accessibilité ou d'aménagement interne, tels que l'aménagement de bateaux pour franchir les trottoirs, la construction de rampes, la suppression de marches ou de seuils, l'amélioration des revêtements de sol, l'installation d'un ascenseur ou d'autres appareils permettant le transport de personnes handicapées, la modification des volets et fenêtres ou de la robinetterie et des divers systèmes de commande des installations électriques et autres.

DÉPENSES ACQUITTÉES POUR LE COMPTE DES LOCATAIRES ET NON RÉCUPÉRÉES

27360 CGI art. 31, I-1°-a ter FONC-IV-4100 s

Sont déductibles du revenu foncier les dépenses supportées pour le compte du locataire par le propriétaire dont celui-ci n'a pu obtenir le remboursement au 31 décembre de l'**année du départ du locataire. Exemples** : consommation d'eau chaude et froide, frais de chauffage, d'éclairage, d'ascenseur, de tapis, de vidange, de ramonage, taxes d'enlèvement des ordures ménagères et de balayage.

> **Précisions** **a.** Les dépenses locatives définitivement supportées par le contribuable pendant la **période de vacance** d'un bien destiné à la location restent admises en déduction dans les conditions de droit commun (BOI-RFPI-BASE-20-40 n° 70).
> **b.** Sur les dépenses de **réparations locatives,** voir également n° 27340.

PROVISIONS POUR CHARGES DE COPROPRIÉTÉ

27370 CGI art. 31, I-1°-a quater FONC-IV-4200 s

Les provisions pour charges de copropriété sont déduites du revenu foncier de l'année de leur versement et régularisées l'année suivante.

C'est ainsi que les copropriétaires bailleurs déduisent de leur revenu foncier le montant total des provisions pour charges versées au syndic **au cours de l'année** (sans qu'il y ait lieu d'examiner l'utilisation effective de ces sommes ou leur affectation à des dépenses déductibles ou non), diminué de celui des provisions déduites l'**année précédente** correspondant à des charges non déductibles.

> **ATTENTION**
> Ce dispositif est **obligatoire.** Ainsi, même s'il connaît la ventilation exacte des charges lorsqu'il souscrit sa déclaration de revenus fonciers, le copropriétaire bailleur doit déduire les provisions payées sans tenir compte de cette ventilation.

27371 En **pratique,** les copropriétaires doivent réintégrer dans leur revenu imposable de l'année N + 1 les charges de copropriété déduites des revenus de l'année N lorsqu'elles correspondent à des charges non déductibles (notamment celles récupérables sur les locataires). Le solde résultant de l'approbation des comptes de l'exercice comptable précédent fait également l'objet d'une régularisation sous forme de réintégration (solde positif) ou de déduction (solde négatif) (BOI-RFPI-BASE-20-70 n°s 70 et 80).

> **Précisions** **a.** Les provisions déductibles sont celles qui correspondent aux dépenses prévues aux articles 14-1 et 14-2 de la loi 65-557 du 10 juillet 1965, à savoir les **dépenses courantes** de maintenance, de fonctionnement et d'administration des parties communes et équipements communs de l'immeuble ainsi que les **dépenses pour travaux.**
> **b.** En cas de **cessation de la location,** les provisions peuvent faire l'objet d'une régularisation prévisionnelle anticipée en retenant la même proportion de charges déductibles que celle constatée l'année précédente. Si le montant se révèle inexact après arrêté des comptes, le contribuable doit déposer une déclaration rectificative (BOI-RFPI-BASE-20-70 n° 90).

27375 Loi 2016-1917 du 29-12-2016 art. 60, II-K-2 et 3 modifié IRPP-VI-65800 s

Pour la détermination du revenu net foncier de l'année **2019,** les provisions pour dépenses de travaux déductibles (entretien, réparation, amélioration) supportées par le copropriétaire en 2018 ouvrent droit, à hauteur de 50 % de leur montant, à une **déduction supplémentaire.**

En revanche, pour la détermination du revenu net foncier de l'année **2020,** les provisions pour dépenses de copropriété (dépenses courantes de maintenance, de fonctionnement et d'administration des parties et équipements communs et dépenses de travaux) sont **mino-**

rées, à hauteur de 50 % des provisions pour travaux déductibles supportées en 2019. Lorsque ces 50 % excèdent les provisions supportées en 2020, le surplus est ajouté au revenu imposable de l'année 2020.

Remarque Pour les **immeubles acquis en 2019,** aucune réintégration n'est opérée en 2020, aucune charge n'ayant été déduite en 2018 et aucune déduction supplémentaire n'ayant été opérée en 2019 (BOI-IR-PAS-50-20-10 n° 260).

EXEMPLE

Soit un copropriétaire bailleur ayant supporté des provisions pour travaux déductibles d'un montant de 4 000 € en 2018, 3 000 € en 2019, 3 500 € en 2020.

Pour la détermination du revenu net foncier de l'année **2019,** il peut opérer une déduction de 5 000 €, soit 3 000 € correspondant aux provisions supportées en 2019 (application du droit commun de déduction des provisions pour charges de copropriété) + 2 000 € correspondant à 50 % des dépenses relatives à des travaux déductibles supportées en 2018.

Pour la détermination du revenu net foncier de l'année **2020,** il pourra opérer une déduction de 2 000 €, soit 3 500 € correspondant aux provisions supportées en 2020 (application du droit commun de déduction des provisions pour charges de copropriété) – 1 500 € correspondant à 50 % des dépenses relatives à des travaux déductibles supportées en 2019.

INDEMNITÉS D'ÉVICTION, FRAIS DE RELOGEMENT

L'indemnité d'éviction est déductible des recettes si, compte tenu des circonstances de fait, elle peut être regardée comme une **dépense faite en vue de l'acquisition ou la conservation du revenu.** Tel est le cas lorsque le propriétaire reprend la disposition de son immeuble en vue de le relouer dans de meilleures conditions après travaux. Le caractère déductible des travaux réalisés est sans incidence sur le caractère déductible de l'indemnité (CE 8-7-2005 n° 253291 : RJF 11/05 n° 1194 ; BOI-RFPI-BASE-20-20 n° 10). 27380 FONC-IV-4320 s

Lorsque l'indemnité est déductible, les **intérêts de l'emprunt** contracté pour la financer le sont également quelle que soit l'importance des charges de cet emprunt (CE 3-7-2009 n° 293154 : RJF 11/09 n° 946 ; BOI-RFPI-BASE-20-20 n° 10).

Les mêmes principes s'appliquent aux frais de relogement engagés par le propriétaire pour loger temporairement son locataire pendant la durée des travaux qu'il réalise sur l'immeuble loué.

ATTENTION

L'indemnité d'éviction versée à un locataire en cas de résiliation ou de non-renouvellement du bail n'est pas déductible des recettes lorsqu'elle présente le caractère d'une **dépense personnelle** ou d'une **dépense engagée en vue de la réalisation d'un gain en capital.** Tel est le cas lorsque le propriétaire reprend les biens donnés en location pour son usage personnel, pour les vendre libres de toute location ou les démolir, ou encore pour dégager, après démolition, un terrain à bâtir sur lequel il consentira un bail à construction.

Il en va de même lorsque la reprise du bien loué a pour but la transformation de locaux commerciaux en logements, sauf si les logements sont donnés à bail pour un loyer supérieur à celui pratiqué antérieurement pour la location des locaux commerciaux, l'indemnité devant alors être regardée comme une dépense effectuée en vue de l'acquisition ou de la conservation du revenu (CE 29-3-1989 n° 81836 : RJF 5/89 n° 570 repris au BOI-RFPI-BASE-20-20 n° 10).

FRAIS DE GESTION

Sont déductibles du revenu foncier pour leur montant effectif : 27390 CGI art. 31, I-1°-e FONC-IV-3600 s

– les **frais de procédure,** notamment les dépenses supportées à l'occasion d'un procès entre le bailleur et son locataire ou un tiers ;

– les frais de rémunération (salaires en espèces, avantages en nature, charges sociales et fiscales) des **concierges** ou des **gardes** (y compris les frais de garde-chasse dans les propriétés rurales) ;

– les frais de rémunération, honoraires et commissions versés à un tiers pour la gestion des immeubles. Sont déductibles à ce titre les **frais de gérance** supportés par les propriétaires ayant recours aux services de gérants d'immeubles ou d'administrateurs de biens, les **commissions versées à une agence de location,** les **honoraires** versés à un tiers pour la rédaction de déclarations fiscales ou encore les sommes versées à un tiers pour la tenue de la comptabilité de ses immeubles.

Les **autres frais** de gestion sont réputés couverts par un forfait fixé à 20 € par local.

› Précisions a. Pour les **immeubles en copropriété,** les frais de rémunération des gardes et concierges et les frais de gérance sont normalement pris en compte dans la provision pour charges, déductible selon les modalités exposées n° 27370.

b. Sont notamment réputés **couverts par le forfait** de 20 € :

– les frais de correspondance et de téléphone ;

– les frais de déplacement (sous réserve des frais de déplacement engagés pour la réalisation de travaux d'entretien et de réparation déduc-

tibles pour leur montant réel : n° 27340, précision b) ;
– les dépenses d'acquisition de matériels et mobiliers de bureau, d'équipements informatiques et de logiciels ;
– les frais de promotion et de publicité.
Le montant forfaitaire de 20 € est réputé couvrir l'ensemble des frais de gestion non déductibles pour leur montant réel. Dès lors, même si le **montant réel** de ces autres frais est **supérieur au forfait** de 20 €, le propriétaire ne peut pas procéder à un complément de déduction (voir toutefois n° 28380, précision c en ce qui concerne les monuments historiques).

PRIMES D'ASSURANCE

27400 CGI art. 31, I-1°-a bis FONC-IV-4000 s

Les primes d'assurance afférentes aux immeubles loués sont déductibles du revenu foncier pour leur montant réel, quel que soit le risque couvert (propriétaire non occupant, loyers impayés, emprunt, etc.).

IMPÔTS

27410 CGI art. 31, I-1°-c FONC-IV-4500 s

Sont déductibles du revenu foncier les **impositions,** autres que celles incombant normalement à l'occupant, perçues à raison des propriétés au profit des collectivités locales, de certains établissements publics et d'organismes divers. Il s'agit pour l'essentiel de la **taxe foncière** et de certaines taxes annexes (n°s 41650 s.), mais également de la **taxe annuelle sur les surfaces de stationnement en Île-de-France** (n° 31420) et, lorsqu'elle est encore exigible (voir n° 74805), de la **contribution sur les revenus locatifs** (CRL) (BOI-RFPI-BASE-20-50 n° 20).

> **Précisions a.** Lorsque ces impôts ont fait l'objet d'une **pénalité pour défaut ou retard de paiement,** cette pénalité est également admise en déduction.
b. En ce qui concerne le cas où les impositions incombant au propriétaire sont mises **conventionnellement** à la charge du locataire, voir n° 27275.
c. Ne sont notamment pas déductibles :
– les **taxes locatives** (taxe d'habitation, taxe d'enlèvement des ordures ménagères, taxe de balayage) dès lors qu'elles incombent normalement à l'occupant ;
– les **taxes d'urbanisme** (taxe d'aménagement, notamment) considérées fiscalement comme un élément du prix de revient du terrain ou de la construction ;
– la **taxe annuelle sur les bureaux en Île-de-France** ;
– l'**impôt sur le revenu,** les **prélèvements sociaux,** la **TVA** (éventuellement acquittée sur les loyers : n° 27295), les **droits d'enregistrement.**

INTÉRÊTS DES DETTES

27420 CGI art. 31, I-1°-d FONC-IV-5000 s

Le propriétaire peut déduire du revenu foncier le montant des intérêts des emprunts contractés :
– soit pour **l'acquisition,** la **construction,** la **réparation** ou l'**amélioration** des propriétés ;
– soit encore pour la **conservation** de ces propriétés (par exemple, pour payer les droits de succession ; sont en particulier déductibles les intérêts versés au Trésor en cas de paiement fractionné des droits de mutation à titre gratuit).
La déduction est limitée aux sommes effectivement payées au cours de l'année d'imposition (aucune limitation n'est en revanche prévue quant au montant et à la durée).

> **Précisions a.** La déduction peut porter, non seulement sur les intérêts proprement dits, mais encore sur les **frais d'emprunt** : frais de constitution de dossier et frais d'inscriptions hypothécaires ; frais ajoutés par les organismes de crédit au montant des intérêts ; commission d'engagement, agios et taxes ; primes du contrat d'assurance-vie souscrit pour garantir le remboursement de l'emprunt.
b. Dans le cas où des **intérêts** sont **versés avant l'achèvement d'un immeuble** destiné à la location, ils sont considérés comme une charge déductible du revenu des autres propriétés du contribuable ou, à défaut, comme un déficit foncier imputable sur les revenus fonciers des dix années suivantes (n° 27540).
c. La déduction des intérêts d'emprunt peut être pratiquée par les **nus-propriétaires** d'immeubles dont l'**usufruit** est **détenu** temporairement **par un bailleur social** (organisme d'HLM, société d'économie mixte, organisme agréé mentionné à l'article L 365-1 du CCH).
d. Les intérêts payés à raison d'une **avance sur assurance-vie** (utilisée pour financer la conservation, l'acquisition, la construction, la réparation ou l'amélioration d'immeubles donnés en location) sont déductibles à condition que l'avance soit effectivement remboursée à l'assureur au terme du prêt (Rép. Malhuret : Sén. 20-12-2018 n° 2170).

27425

ATTENTION

Le contribuable conserve le bénéfice de la déduction lorsqu'il conclut un emprunt destiné à rembourser ou à se substituer à son emprunt initial (**emprunt substitutif**) si le nouvel emprunt est immédiatement et intégralement utilisé pour le remboursement du premier emprunt (CE 1-2-2012 n° 336469 : RJF 4/12 n° 365). La règle vaut quel que soit le montant du capital souscrit dans le nouveau contrat. Mais seuls les intérêts d'emprunt relatifs au capital restant dû ouvrent droit à déduction dans la limite, appréciée globalement, des intérêts figurant sur l'échéancier initial (BOI-RFPI-BASE-20-80 n° 110).

Outre les intérêts, sont également déductibles les indemnités de résiliation anticipée et de renégociation du prêt ainsi que les frais d'ouverture de dossier du nouvel emprunt (CE 5-7-2010 nº 301044 : RJF 11/10 nº 1027 ; CE 5-10-2007 nº 281658 : RJF 12/07 nº 1439). L'administration subordonne cependant la déduction à la condition que la résiliation et la souscription de l'emprunt substitutif permettent de réduire la charge d'intérêts restant dus (BOI-RFPI-BASE-20-80 nº 220).

2. MICRO-FONCIER

Les contribuables dont le revenu foncier est inférieur à un certain montant sont soumis de plein droit à un régime d'imposition simplifié (dit « micro-foncier ») qui aboutit à n'imposer que 70 % des recettes. Ils peuvent toutefois opter pour le régime réel d'imposition des revenus fonciers exposé nºs 27250 s. **27450** CGI art. 32 FONC-I-6500 s

CHAMP D'APPLICATION

Le micro-foncier est applicable aux contribuables dont le **revenu brut** foncier annuel (défini nº 27475), procuré par des immeubles urbains ou ruraux, est inférieur ou égal à **15 000 €.** **27460**

› Précisions La **limite de 15 000 €** est appréciée **annuellement** – y compris lorsque la location ne couvre pas la totalité de l'année civile – en tenant compte des revenus de l'ensemble du **foyer fiscal.** Elle s'apprécie le cas échéant en tenant compte du montant des revenus fonciers correspondant aux **droits** du contribuable dans les bénéfices comptables des **sociétés de personnes** ou des fonds de placement immobilier (**FPI**) dont il est membre.

Le **régime ne peut** toutefois **pas s'appliquer** lorsque le contribuable ou l'un des membres de son foyer fiscal est propriétaire : **27465**

– de monuments historiques donnés en location (nºs 28350 s.) ;
– de logements neufs au titre desquels est pratiquée la déduction au titre des amortissements « Robien », « Besson » ou « Périssol » (nºs 28250 s.) ;
– de logements au titre desquels le contribuable bénéficie de déductions spécifiques prévues dans le cadre de différents régimes d'investissement locatif (nºs 27800 s.) ;
– de parts de sociétés de personnes non transparentes (SCI, SCPI, notamment) qui donnent en location des immeubles nus lorsque leur détenteur n'est pas propriétaire d'un immeuble donné en location nue ou lorsque l'immeuble donné en location par la société est un immeuble visé ci-dessus (nºs 30700 s.) ;
– de parts de FPI lorsque leur détenteur n'est pas propriétaire d'un immeuble donné en location nue ;
– de parts de SCPI qui font l'objet de la déduction au titre de l'amortissement « Robien » (nº 28270).

Cette liste est limitative. Il en résulte que le micro-foncier est **applicable** notamment aux contribuables bénéficiant des réductions d'impôt « Duflot-Pinel-Denormandie » (nºs 2805 s.), « Scellier » (nº 2820) (sans application des déductions spécifiques « Scellier intermédiaire ou ZRR ») ou « Malraux » (nºs 2840 s.).

MODALITÉS D'IMPOSITION

Le **revenu brut** à déclarer comprend les recettes de toute nature perçues par le propriétaire (telles que définies nºs 27260 s.). **27475**

Le **revenu net** imposable est déterminé par l'administration en appliquant au revenu ainsi déclaré un **abattement** de 30 % représentatif de l'ensemble des charges de la propriété (aucune autre déduction ne peut être opérée sur le revenu brut).

› Précisions **a.** Les contribuables portent directement le montant de leur revenu brut sur leur **déclaration** d'ensemble des revenus (voir nº 27585).

b. Les **déficits fonciers constatés antérieurement** à l'application du régime et encore reportables au 1er janvier de la première année d'application peuvent continuer à s'imputer sur le revenu foncier dans les conditions de droit commun (nºs 27530 s.).

c. Le revenu brut à déclarer comprend, le cas échéant, la **quote-part de revenu brut de la société ou du FPI** dont le contribuable est membre à proportion de ses droits dans les bénéfices comptables.

OPTION POUR LE RÉGIME RÉEL

Les contribuables placés de plein droit sous le micro-foncier peuvent cependant opter pour le régime réel d'imposition (afin de pouvoir déduire d'éventuels déficits sur le revenu global). **27485**

Une fois exercée, l'option est **globale** et s'applique obligatoirement pour une **période de trois ans** durant laquelle elle est irrévocable. À l'issue de cette période, le contribuable peut à tout moment y **renoncer** en se plaçant sous le régime micro-foncier (sous réserve, bien entendu, que ses conditions d'application soient toujours réunies).

› Précisions **a.** L'option et la renonciation à l'option ne sont soumises à aucun **formalisme** particulier. L'option résulte de la simple souscription de la déclaration n° 2044. Quant à la renonciation à l'option, elle résulte de l'absence de dépôt de déclaration n° 2044 et du report direct du montant des revenus bruts fonciers sur la déclaration d'ensemble des revenus n° 2042.

b. L'option et la **renonciation** à l'option prennent effet à compter de l'imposition des revenus de l'année au titre de laquelle elles sont exercées.

c. Les contribuables ayant renoncé à l'option peuvent, dès l'année suivant celle de leur renonciation, exercer une **nouvelle option** pour le régime réel, valable trois ans.

d. L'option cesse de produire ses effets lorsque le **contribuable sort du champ d'application du micro-foncier.** Le régime réel s'applique alors, non sur option, mais de plein droit (n° 27495).

PERTE DU BÉNÉFICE DU MICRO-FONCIER

27495 Le micro-foncier cesse de s'appliquer au titre de l'année au cours de laquelle le revenu brut foncier excède 15 000 €. Il en est de même l'année au cours de laquelle survient une des causes d'exclusion visées n° 27465. Les revenus fonciers du foyer fiscal doivent alors être déterminés selon le régime réel d'imposition décrit nos 27250 s., qui devient applicable de plein droit, et donner lieu au dépôt d'une déclaration n° 2044 ou n° 2044 spéciale (n° 27585).

C. Imputation des déficits fonciers

27530 CGI art. 156, I-3° FONC-VI-100 s

Lorsque les opérations de détermination du revenu foncier font apparaître un résultat négatif, le déficit ainsi constaté ne peut, en principe, être imputé que sur les revenus fonciers des dix années suivantes.

Atténuant largement la portée de ce principe, la loi permet, cependant, l'imputation sur le revenu global, avec ou sans limite, des déficits résultant de certaines dépenses.

Remarque Dans le cadre du **micro-foncier,** aucun déficit ne peut être constaté. Mais les déficits constatés antérieurement à l'application du régime demeurent imputables sur les revenus fonciers des années suivantes dans les conditions de droit commun.

RÉGIME GÉNÉRAL

27540 FONC-VI-200 s

Les déficits fonciers résultant de dépenses (déductibles des revenus fonciers) autres que les intérêts d'emprunt s'imputent sur le **revenu global** dans la **limite annuelle** de 10 700 €.

La fraction du déficit supérieure à cette limite ainsi que celle correspondant aux intérêts d'emprunt ne sont imputables que **sur les revenus fonciers** des dix années suivantes.

Lorsque le **revenu global** du contribuable est **insuffisant** pour absorber le déficit foncier imputable (limité à 10 700 €), l'excédent du déficit est imputable dans les conditions de droit commun sur les revenus globaux des six années suivantes (nos 950 s.).

Ce dispositif d'imputation est **obligatoire** dès lors qu'un déficit foncier est dégagé au cours d'une année.

EXEMPLE

Soit un propriétaire qui loue en 2020 un immeuble urbain et dont le revenu foncier est déterminé de la façon suivante :

Revenu brut	2 000 €
Charges	– 30 000 €
Intérêts d'emprunt	– 4 000 €
Déficit	– 32 000 €

Le revenu brut est réputé compenser d'abord les intérêts d'emprunt. Le déficit provient donc à hauteur de 2 000 € des intérêts d'emprunt et à hauteur de 30 000 € des autres charges.

– Si le revenu global est supérieur ou égal à 10 700 €, le déficit provenant de dépenses autres que les intérêts d'emprunt (soit 30 000 €) est imputable sur le revenu global à hauteur de 10 700 € ; l'excédent, soit 19 300 €, s'ajoute aux 2 000 € (fraction relative aux intérêts d'emprunt) imputables sur les revenus fonciers des dix années suivantes (soit jusqu'en 2030).

– Si le revenu global est inférieur à 10 700 € (par exemple 8 000 €), le déficit qui n'a pu être imputé est alors imputable à hauteur de 2 700 € sur le revenu global des six années suivantes (soit jusqu'en 2026), le reliquat de 21 300 € demeurant imputable sur les revenus fonciers des dix années suivantes.

27545 **› Précisions** **a.** La **limite de 10 700 €** est globale pour tous les immeubles ou parts possédés par un même contribuable et les membres de son **foyer fiscal.**

b. En cas de **déficits successifs** (non encore atteints par le délai de dix ans), l'imputation sur les revenus fonciers se fait en commençant par les déficits les plus anciens.

c. Tout **cumul** est impossible, pour un même logement ou une même souscription de titres, entre la **réduction d'impôt** au titre de certains **investissements immobiliers** réalisés **outre-mer** (nos 92010 s.) et l'imputation d'un déficit foncier sur le revenu global. Mais l'administration limite cette interdiction à la **période** couverte par l'engagement de location du logement ou de conservation des titres prévu pour l'octroi de la réduction d'impôt, c'est-à-dire les cinq années postérieures à l'octroi de cette réduction (BOI-RFPI-BASE-30-20 n° 120).

d. La limite de 10 700 € est portée à 15 300 € lorsqu'un déficit foncier est constaté sur un immeuble relevant du **régime « Périssol »** ou du **dispositif « Cosse »**.

e. Sur l'imputation des déficits en cas de **divorce** ou de **séparation,** voir n° 960, précision c.

REMISE EN CAUSE DE L'IMPUTATION SUR LE REVENU GLOBAL

L'imputation des déficits fonciers sur le revenu global n'est **définitivement acquise que si le contribuable maintient** l'affectation de l'immeuble à la **location** jusqu'au 31 décembre de la troisième année suivant celle au titre de laquelle l'imputation a été pratiquée. **27550** FONC-VI-600 s

Lorsque cette **condition** n'est **pas respectée,** le revenu global et les revenus fonciers des trois années qui précèdent l'année de cessation de la location sont reconstitués selon les modalités applicables en cas de non-imputation du déficit sur le revenu global (le contribuable se trouve ainsi replacé, pour les années en cause, dans la situation qui aurait été la sienne en l'absence d'application du dispositif d'imputation sur le revenu global). Les déficits indûment imputés sur le revenu global des trois années précédentes peuvent alors être imputés sur l'ensemble des revenus fonciers de l'année au cours de laquelle ces déficits ont été réalisés et viennent augmenter le déficit reportable de cette année (CE sect. 26-4-2017 n° 400441 : RJF 7/17 n° 659). Les déficits fonciers qui restaient à imputer après la cessation de la location pourront s'imputer pendant dix ans sur les **revenus fonciers provenant d'autres biens locatifs.** À défaut de tels biens productifs de revenus fonciers, ces déficits seront perdus (BOI-RFPI-BASE-30-20 n° 260).

Aucune remise en cause n'est effectuée dans les cas suivants : décès, invalidité ou perte d'emploi du contribuable ou de son conjoint, expropriation pour cause d'utilité publique de l'immeuble productif du déficit.

› Précisions **a.** Lorsque l'**immeuble appartient à une société,** l'imputation des déficits fonciers sur le revenu global d'un associé est subordonnée à la double condition d'affectation de l'immeuble à la location par la société pendant trois ans et de conservation des parts de la société par l'associé pendant le même délai.

b. La **remise en cause de l'imputation** du déficit foncier sur le revenu global peut être effectuée jusqu'au 31 décembre de la troisième année qui suit celle du non-respect de l'affectation de l'immeuble ou de la conservation des titres nonobstant l'intervention de la prescription pour tout ou partie des années en cause (BOI-RFPI-BASE-30-20 n° 260).

RÉGIME PARTICULIER

Les déficits issus des charges foncières afférentes aux **immeubles historiques** productifs de revenus (n° 28380, a et c) sont imputables sur le revenu global sans limitation de montant. **27560**

D. Obligations déclaratives et contrôle

DÉCLARATIONS DES REVENUS FONCIERS

Les contribuables relevant du **régime réel** d'imposition des revenus fonciers doivent faire figurer le détail du calcul de leur revenu net foncier sur une déclaration spécifique (**n° 2044** ou n° 2044 spéciale) annexée à la déclaration d'ensemble des revenus n° 2042 (nos 3670 s.). Ils reportent ensuite ce résultat net sur la déclaration d'ensemble. **27585** FONC-VI-5600 s

Dans le cadre du régime **micro-foncier,** le montant du revenu brut foncier est directement porté sur la déclaration d'ensemble n° 2042.

Remarque Nous publions tous les ans au Feuillet Rapide un **guide** spécialement consacré à l'établissement de la déclaration n° 2044 (ou n° 2044 spéciale).

› Précisions **a.** La déclaration **n° 2044 spéciale** doit être souscrite par les propriétaires d'immeubles spéciaux (immeubles historiques ou possédés en nue-propriété) ou les personnes qui ont réalisé un investissement ouvrant droit à la déduction au titre de l'amortissement Robien, Besson ou Périssol. Cette déclaration doit être souscrite pour l'ensemble de leurs immeubles (spéciaux et autres).

b. Les **sociétés immobilières** sont soumises à des obligations particulières, voir nos 30740 et 30805.

CONTRÔLE DES REVENUS FONCIERS

27595 LPF art. L 16, al. 2, L 16 A et L 73, 3° FONC-VI-6000 s

Le contrôle des revenus fonciers s'effectue suivant les règles de droit commun prévues en matière d'impôt sur le revenu (nos 77500 s.). C'est ainsi que l'administration peut demander à un propriétaire de lui fournir dans un délai qui ne peut être inférieur à deux mois des **justifications** sur les éléments portés dans sa déclaration qui servent à la détermination du revenu foncier imposable.

L'intéressé qui ne répond pas dans ce délai ou ne fournit aucune réponse écrite encourt l'évaluation d'office de ses revenus fonciers. En revanche, s'il répond dans le délai mais que l'administration juge la réponse qui lui est adressée insuffisante, elle doit **mettre en demeure** le contribuable d'apporter des précisions complémentaires dans un délai de trente jours. À **défaut de réponse** écrite dans ce nouveau délai ou en cas de réponse équivalant par son imprécision à un refus ou un défaut de réponse, les revenus fonciers peuvent être évalués d'office suivant la procédure indiquée aux nos 79125 s.

Les demandes de justifications peuvent viser **tous les éléments** qui interviennent dans la détermination du revenu foncier imposable, aussi bien les recettes que la nature et le montant des dépenses portées en déduction. Pour pouvoir répondre utilement à de telles demandes, les propriétaires ont donc intérêt à conserver les documents (factures, etc.) susceptibles de servir de moyens de preuve.

> **Précisions** En cas de revenus fonciers réalisés par l'intermédiaire d'une SCI, la demande de justifications ne peut pas être adressée à l'**associé de la SCI,** dès lors que ces justificatifs peuvent être exigés de la société dans le cadre d'un contrôle sur place de ses documents (CAA Paris 28-5-2013 no 12PA03642 : RJF 11/13 no 1031).

27600 CGI art. 1649 B CF-IX-44500 s

Locations d'emplacements d'affichage Les **propriétaires** qui perçoivent des revenus provenant de la location d'emplacements d'affichage (sur un immeuble bâti ou non bâti) doivent normalement déclarer les sommes correspondantes dans leurs revenus fonciers (sur la déclaration à souscrire, voir no 27585).

Afin de permettre un meilleur contrôle de ces recettes, les **locataires** d'emplacements d'affichage sont tenus de produire de leur côté une déclaration spéciale indiquant les noms et adresses des bénéficiaires des redevances ainsi que le montant des sommes versées lorsqu'elles dépassent 76 € par an pour un même bénéficiaire. Cette déclaration doit être établie sur une **formule no 2061** fournie par l'administration (ou sur des bulletins individuels établis au nom de chaque bénéficiaire) et remise à la direction des finances publiques du domicile ou du principal établissement du déclarant, avant le 1er mars de l'année suivant celle du paiement des redevances.

> **Précisions** **a.** La même obligation s'impose aux **syndics de copropriété** lorsque le syndicat de copropriétaires perçoit des loyers au titre de la location d'emplacements d'affichage.
> **b.** N'ont pas à être déclarées sur l'imprimé no 2061 les sommes déjà portées par les sociétés sur les déclarations no 2071 ou no 2072 (nos 30805 et 30740) et celles versées à des **intermédiaires en publicité** et qui figurent dans les déclarations de salaires (no 22200) ou d'honoraires (nos 78355 s.).
> **c.** Le **défaut** ou le **retard** de la déclaration, de même que les **omissions** ou **inexactitudes** relevées dans cette déclaration, donnent lieu à l'application des pénalités visées no 80190.

E. Régimes spéciaux et cas particuliers

27620 Sont regroupées ci-après les situations appelant des précisions particulières ou régies par des textes spécifiques.

1. IMMEUBLES DONT LA PROPRIÉTÉ EST DÉMEMBRÉE

27750 FONC-I-2600 s

Juridiquement, en cas de démembrement de la propriété d'un immeuble, l'usufruitier jouit en principe des **revenus** et est tenu aux **réparations d'entretien.** Quant aux **grosses réparations** (gros murs, voûtes, poutres, couvertures entières, etc.), elles incombent au nu-propriétaire, l'usufruitier étant toutefois tenu de les effectuer si elles sont dues à un défaut d'entretien depuis l'ouverture de l'usufruit (C. civ. art. 605).

Fiscalement, lorsque l'**immeuble est donné en location** (à un tiers ou au nu-propriétaire), les loyers sont imposables entre les mains de l'usufruitier. Les charges sont quant à elles déductibles des revenus de celui qui en a supporté la charge. Ainsi, bien que n'ayant pas de revenus à déclarer à raison de l'immeuble dont la propriété est démembrée, le nu-propriétaire est néanmoins autorisé à déduire des revenus fonciers provenant de ses autres propriétés les charges qu'il a effectivement supportées. À défaut de tels revenus ou si ceux-ci sont insuffisants, un déficit foncier est constaté.

Lorsque l'**immeuble n'est pas donné en location** (immeuble occupé à titre gratuit par l'usufruitier ou par le nu-propriétaire), l'usufruitier n'est pas imposable au titre des revenus fonciers. Corrélativement, aucune déduction ne peut être pratiquée, ni par l'usufruitier ni par le nu-propriétaire.

2. DISPOSITIFS D'INVESTISSEMENT LOCATIF

Pour soutenir le marché locatif, le législateur accorde des avantages fiscaux particuliers aux bailleurs qui réalisent certains investissements immobiliers dans le neuf ou dans l'ancien. Seuls sont étudiés ci-après ceux qui appellent des précisions particulières en matière de revenus fonciers. **27800**

En ce qui concerne les dispositifs prenant la forme d'une réduction d'impôt, voir n°s 2805 s. (« Duflot-Pinel-Denormandie »), 2820 (« Scellier ») et 2840 (« Malraux »).

a. Dispositif « Cosse »

Le dispositif « Cosse » permet aux propriétaires de logements donnés en location dans le cadre d'une **convention** conclue, **entre le 1er janvier 2017 et le 31 décembre 2022,** avec l'Agence nationale de l'habitat (**Anah**) de bénéficier d'une déduction spécifique dont le taux varie en fonction de la localisation géographique du bien et selon que la convention est conclue dans le secteur intermédiaire ou dans le secteur social ou très social. **27850** CGI art. 31, I-1°-o FONC-VII-3000 s

› **Précisions** **a.** Le dispositif ne peut pas, en principe, se **cumuler,** pour un même logement, avec un autre régime fiscal prévu en faveur de l'investissement locatif. Aucune exclusion n'est toutefois prévue avec la réduction d'impôt applicable aux opérations de restauration immobilière « Malraux » (nos 2840 s.).
Le régime ne s'applique pas non plus aux **immeubles historiques** et assimilés mentionnés n° 28350.
Il est par ailleurs incompatible avec l'application du **micro-foncier** (nos 27450 s.).
b. Le montant de l'avantage fiscal n'est pas pris en compte pour la détermination du **plafonnement global** des avantages fiscaux visé nos 4840 s.
c. Le dispositif, qui devait arriver à échéance le 31 décembre 2019, a été **prolongé** de trois ans (Loi 2019-1479 du 28-12-2019 art. 23).

BÉNÉFICIAIRES

Il s'agit des propriétaires d'immeubles, **personnes physiques** ou **associés** de sociétés non soumises à l'impôt sur les sociétés (SCI, SCPI, sociétés transparentes). **27860** FONC-VII-3200 s

LOCATIONS CONCERNÉES

Ouvrent droit à l'avantage fiscal les **logements neufs ou anciens,** loués **nus** et affectés à l'**habitation principale** du locataire. La location ne peut pas être conclue avec un membre du foyer fiscal, un ascendant ou un descendant du contribuable ou une personne occupant déjà le logement, sauf à l'occasion du renouvellement du bail. Si le logement est la propriété d'une société, il ne peut pas être donné en location à l'un de ses associés ou un membre du foyer fiscal, un ascendant ou un descendant d'un associé. **27870** FONC-VII-3350 s et FONC-VII-4000 s

Le logement doit être loué pendant toute la durée de la convention (voir n° 27880). En outre, lorsque le logement est détenu par une société, les associés doivent conserver leurs parts pendant la même durée.

Seuls sont concernés les logements pour lesquels le propriétaire justifie du respect d'un certain **niveau de performance énergétique** (Loi 2019-1479 du 28-12-2019 art. 23, applicable aux conventions conclues à compter du 1er juillet 2020).

L'avantage est, par ailleurs, en principe, réservé aux logements **situés** dans des communes de zones géographiques se caractérisant par un **déséquilibre entre l'offre et la demande de logements locatifs.** Ces zones correspondent aux zones A bis, A, B1 et B2 retenues pour l'application du dispositif « Duflot-Pinel-Denormandie » (voir n° 2809).

› **Précisions** **a.** Le dispositif est également applicable aux logements donnés en mandat de gestion ou en location à un organisme d'intermédiation locative ou de gestion locative sociale public ou privé et agréé à ce titre, et destinés à l'hébergement de personnes défavorisées (que ce soit sous forme de location, de sous-location ou de mise à disposition). Cette **location « solidaire »** est possible aussi bien dans le secteur social (ou très social) que dans le secteur intermédiaire. Le logement doit être occupé à titre de résidence principale et l'organisme ne doit fournir aucune prestation hôtelière ou parahôtelière.
b. Les **logements situés en zone C** bénéficient également du dispositif lorsqu'ils sont confiés à un organisme agréé, dans le cadre d'une intermédiation locative, en vue d'une location « solidaire » (logements visés précision a) ou, pour les conventions conclues à compter du 1er janvier 2018, à condition que le conventionnement Anah soit de type social ou très social et prévoie la réalisation de travaux d'amélioration.
c. Les exigences de performance énergétique globale à respecter doivent être définies par un **arrêté** conjoint des ministres chargés du logement, de l'énergie et du budget.

CONVENTION AVEC L'ANAH

27880 FONC-VII-3850 s Le dispositif est réservé aux logements donnés en location dans le cadre d'une convention conclue avec l'Anah soit dans le **secteur intermédiaire,** soit dans le secteur **social ou très social.**

La convention doit être conforme à des conventions types prévues par décret (Décret 2017-839 du 5-5-2017), téléchargeables sur www.anah.fr.

La **durée** de la convention est de six ans ; elle est portée à neuf ans en cas de travaux subventionnés par l'Anah.

27885 Pendant toute la durée de la convention, le **loyer** et les **ressources** du locataire ne doivent pas excéder des plafonds revalorisés annuellement (CGI ann. III art. 2 terdecies G). Ces plafonds diffèrent selon la nature de la convention conclue avec l'Anah et le lieu de situation du logement concerné.

a. Pour les logements donnés en location dans le cadre d'une convention à **loyer intermédiaire,** les plafonds de loyer et de ressources sont identiques à ceux fixés pour l'application du dispositif Duflot-Pinel-Denormandie : voir nos 2812 s.

b. Pour les logements donnés en location dans le cadre d'une convention à **loyer social ou très social,** les plafonds de loyer mensuel par mètre carré, charges non comprises, sont fixés pour 2020 aux montants suivants :

	Zone A bis	Zone A	Zone B1	Zone B2	Zone C
Secteur social	12,19 €	9,38 €	8,08 €	7,76 €	7,20 €
Secteur très social	9,49 €	7,30 €	6,29 €	6,02 €	5,59 €

Les plafonds de ressources des locataires, égaux à ceux fixés aux annexes I et II de l'arrêté pris en application de l'article R 441-1 du Code de la construction et de l'habitation, font l'objet d'une circulaire annuelle de mise à jour du ministère en charge du logement ou d'un arrêté de mise à jour modifiant l'arrêté du 29 juillet 1987 publié par le ministère du logement.

ATTENTION

L'Anah peut prévoir des loyers inférieurs à ces plafonds pour la conclusion d'une convention. En conséquence, le contribuable doit se renseigner auprès des délégations de l'Anah pour connaître le loyer applicable à sa convention.

AVANTAGE FISCAL

27890 FONC-VII-6300 s et FONC-VII-8100 s L'avantage fiscal revêt la forme d'une **déduction spécifique** :

Localisation de l'immeuble (zonage « Duflot-Pinel »)	Conventionnement Anah		Location « solidaire » (quel que soit le conventionnement Anah)
	Secteur intermédiaire	Secteur social ou très social	
Zones A bis / A / B1	30 %	70 %	85 %
Zone B2	15 %	50 %	
Zone C	-	50 %	

Ces déductions spécifiques sont calculées sur le revenu brut tiré des logements ayant fait l'objet du conventionnement et s'ajoutent aux frais et charges déductibles dans les conditions de droit commun.

Elles sont pratiquées à compter de la date d'effet de la convention et pendant toute sa durée d'application. À l'échéance de la convention, elles continuent à s'appliquer jusqu'à la date fixée pour le renouvellement du bail, tant que le même locataire reste en place et que toutes les conditions d'application du dispositif sont remplies.

› **Précisions** **a.** Le **non-respect de l'engagement de location** ou des conditions de mise en location ou la **cession du logement** (ou de titres) pendant la période d'engagement de location (ou de conservation) entraîne la remise en cause de l'avantage fiscal. Le revenu foncier des années au titre desquelles la déduction spécifique a été appliquée est alors majoré du montant de cette déduction. Lorsque l'événement entraînant la déchéance du régime intervient **au cours d'une période prorogée d'engagement de location,** seules les déductions pratiquées au cours des trois années concernées sont remises en cause. Toutefois, aucune réintégration n'est effectuée en cas d'invalidité (classée dans la deuxième ou la troisième des catégorie prévues par l'article L 341-4 du Code de la sécurité sociale), de licenciement ou de décès de l'un des époux soumis à imposition commune.

b. Sur l'imputation des **déficits fonciers,** voir no 27540, précision d.

b. Anciens régimes en faveur de l'investissement locatif

Sont brièvement exposés ci-après les dispositifs « Borloo ancien », « Robien », « Borloo neuf » et « Besson ». Ces régimes ne concernent plus les investissements réalisés actuellement, mais les propriétaires ayant opté pour leur application continuent à en bénéficier. En ce qui concerne le régime « Périssol », le lecteur intéressé peut se reporter à notre Documentation experte (FONC-VII-38000 s.). 28250

DISPOSITIF « BORLOO ANCIEN » OU « CONVENTIONNEMENT ANAH »

Le dispositif « Borloo ancien » ou « conventionnement Anah » permet aux propriétaires de logements donnés en location dans le cadre d'une **convention conclue avant 2017** avec l'Agence nationale de l'habitat (Anah) de bénéficier d'une déduction spécifique dont le taux varie selon que la convention est conclue dans le secteur intermédiaire ou dans le secteur social ou très social. 28260 CGI art. 31, I-1°-m FONC-VII-10000 s

Par exception, pour les **demandes de conventionnement réceptionnées** par l'Anah au cours du mois de **janvier 2017** (Loi 2016-1918 du 29-12-2016 art. 46, III), les propriétaires ont éventuellement pu choisir entre le dispositif « Borloo ancien » et le dispositif « Cosse » (nos 27850 s.).

Le tableau ci-après résume les conditions et les modalités d'application de ce régime.

Bénéficiaires	Personnes physiques ou associés de sociétés non soumises à l'IS
Logements concernés	Logement neuf ou ancien
Locations concernées	Location nue à usage d'habitation principale du locataire Location à un organisme public ou privé qui donne le logement en sous-location nue à usage d'habitation principale du locataire (sans prestation hôtelière ou parahôtelière)
Conventions concernées	Convention à loyer intermédiaire ou à loyer social ou très social conclue avec l'Anah (conforme aux conventions types téléchargeables sur le site www.anah.fr) Durée : 6 ans ou 9 ans en cas de travaux subventionnés par l'Anah. Prolongations possibles par périodes de trois ans
Engagements des bénéficiaires	Engagement de location pendant toute la durée de la convention + éventuellement engagement de l'associé de conserver ses parts pendant la même durée
Plafonds de loyers et de ressources des locataires	Le loyer (mensuel, par m^2) et les ressources du locataire ne doivent pas excéder des plafonds revalorisés annuellement (CGI ann. III art. 2 duodecies). Ces plafonds diffèrent selon la nature de la convention conclue avec l'Anah (secteur intermédiaire, social ou très social) et le lieu de situation du logement concerné. La convention conclue avec l'Anah peut obliger le bailleur à fixer un loyer inférieur à ces plafonds.
Location à un membre du foyer fiscal, un ascendant ou un descendant	Interdite
Location à un associé	Interdite Est également interdite la location à un membre du foyer fiscal, un ascendant ou un descendant d'un associé.
Avantage fiscal	**Déduction spécifique** : – de 30 % en cas de convention à loyer intermédiaire – de 60 % en cas de convention à loyer social ou très social – de 70 % pour les logements loués, dans le secteur intermédiaire, social ou très social, à un organisme public ou privé S'applique pendant la période d'application de la convention (6 ou 9 ans) éventuellement prorogée. À l'échéance de la convention, la déduction continue à s'appliquer jusqu'à la date fixée pour le renouvellement ou la reconduction du bail, tant que le même locataire reste en place et que les conditions d'application du dispositif sont satisfaites.
Plafonnement global des avantages fiscaux	Avantage non pris en compte dans le plafonnement (nos 4840 s.)
Remise en cause de l'avantage fiscal	**Événements** entraînant une remise en cause : non-respect de l'engagement de location ou des conditions de mise en location ; cession du logement ou des parts sociales pendant la période d'engagement de location ou de conservation des parts. **Conséquence** : le revenu foncier des années au titre desquelles la déduction spécifique a été déduite est majoré du montant de cette déduction. Lorsque l'événement entraînant la déchéance du régime intervient au cours d'une période prorogée d'engagement de location, seules les déductions pratiquées au cours des trois années concernées sont remises en cause.

AMORTISSEMENT « ROBIEN »

28270 CGI art. 31, I-1°-h et 31 bis FONC-VII-16000 s

Le tableau ci-après résume les conditions et les modalités d'application de ce régime qui avait pris le relais de l'amortissement « Besson » (nº 28310) et qui s'est appliqué aux investissements réalisés jusqu'au 31 décembre 2009.

	« Robien classique »	« Robien recentré »
Date des investissements	Du 1er janvier 2003 (3 avril 2003 pour les logements vétustes et les parts de SCPI) au 31 août 2006.	Du 1er septembre 2006 au 31 décembre 2009. Remarque : pour les investissements réalisés en 2009, choix entre l'amortissement « Robien » et la réduction d'impôt « Scellier » (nº 2820) sans cumul possible pour un même investissement.
Investissements concernés	Acquisitions de logements neufs ou assimilés. Acquisitions de logements vétustes à réhabiliter. Souscriptions de parts de SCPI.	
Affectation du logement	Location nue. Résidence principale.	
Engagements des investisseurs	Engagement de location de 9 ans pris par le propriétaire du logement + éventuellement engagement de l'associé de conserver ses parts jusqu'à l'expiration de la période couverte par l'engagement de location.	
Plafonds de loyers (par m², mensuels, charges non comprises)	Pour 2020 Zone A : 23,95 € Zone B : 16,65 € Zone C : 12,00 € La liste des communes relevant des zones A, B et C a été fixée par l'arrêté BUDF0320070A du 19-12-2003.	Pour 2020 Zone A : 23,95 € Zone B1 : 16,65 € Zone B2 : 13,62 € Zone C : 9,97 € La liste des communes relevant des zones A, B1, B2 et C a été fixée par l'arrêté BUDF0620458A du 10-8-2006 et par l'arrêté LOGU0907606A du 29-4-2009.
Plafonds de ressources des locataires	Aucun.	
Location à un enfant	Possible à condition que l'enfant ne fasse pas partie du foyer fiscal du propriétaire.	
Location à un associé (ou à un membre de son foyer fiscal)	Autorisée mais l'associé locataire ne bénéficie pas du régime. Les autres associés bénéficient de la déduction pour amortissement sous réserve qu'ils ne soient pas membres du foyer fiscal de l'associé locataire.	
Délai de vacance en cas de changement de locataire	1 an.	
Amortissement de l'investissement initial (sur option)	Amortissement de 8 % du **prix d'acquisition** (ou de revient) du logement les 5 premières années puis de 2,5 % les 4 années suivantes, renouvelable 2 fois pour 3 ans (soit un amortissement total de 50 % sur 9 ans, 57,5 % sur 12 ans ou 65 % sur 15 ans). Pour les souscriptions de parts de **SCPI,** l'amortissement est calculé sur 95 % du montant des versements.	Amortissement de 6 % du **prix d'acquisition** (ou de revient) du logement les 7 premières années puis de 4 % les 2 années suivantes, non renouvelable (soit un amortissement total de 50 %).
Amortissement des dépenses ultérieures (sur option)	Les **dépenses de reconstruction et d'agrandissement** peuvent être amorties dans les mêmes conditions (de taux et de durée) que celles prévues pour l'investissement initial mais sans possibilité de prorogation au-delà de 9 ans. Possibilité subordonnée à la souscription d'un nouvel engagement de location (et, pour les associés, d'un nouvel engagement de conservation des parts). Les **dépenses d'amélioration** sont obligatoirement amorties au taux de 10 % pendant 10 ans.	
Robien ZRR	Déduction spécifique de 26 % (qui s'ajoute à la déduction de l'amortissement) dès lors que le logement est situé dans une zone de revitalisation rurale.	
Autres avantages fiscaux	Non.	Option possible pour le « Borloo neuf » : voir nº 28280.
Déficits fonciers	Imputation dans la limite annuelle de 10 700 €.	

	« Robien classique »	« Robien recentré »
Plafonnement global des avantages fiscaux	Prise en compte de l'avantage procuré par la déduction au titre de l'amortissement dans le plafonnement (n°s 4840 s.)	
Remise en cause des avantages fiscaux	**Principaux événements** entraînant une remise en cause : – non-respect de l'engagement de location, des conditions de loyers ou de ressources des locataires, location à un membre du groupe familial, vacance trop longue entre deux locataires ; – cession (vente, démembrement, apport, échange, donation) du logement ou des parts sociales ; – inscription du logement ou des parts à l'actif d'une entreprise individuelle ; – défaut d'affectation du produit de la souscription des parts de SCPI dans le délai de 18 mois. Pas de remise en cause en cas d'invalidité, de licenciement ou de décès du contribuable (propriétaire ou associé) ou de son conjoint. **Conséquence** : les amortissements déduits sont réintégrés selon un système de quotient aux revenus de l'année au cours de laquelle le non-respect est constaté.	

DISPOSITIF « BORLOO NEUF »

Le dispositif « Borloo neuf » ou « Borloo populaire » permet aux contribuables ayant **opté pour** l'amortissement « **Robien recentré** » (nº 28270) de bénéficier d'avantages fiscaux supplémentaires lorsqu'ils s'engagent à louer leur bien à des conditions plus contraignantes que celles prévues dans le cadre de ce régime. Le « Borloo neuf » est également applicable aux investissements réalisés par l'intermédiaire d'une SCPI. **28280** CGI art. 31, I-1°-I FONC-VII-26000 s

Le tableau ci-après résume les conditions et les modalités d'application de ce régime.

Plafonds de loyers (mensuels, par m²)	Pour 2020 : Zone A : 19,16 € Zone B1 : 13,32 € Zone B2 : 10,90 € Zone C : 7,98 € La liste des communes relevant des zones A, B1, B2 et C a été fixée par l'arrêté BUDF0620458A du 10-8-2006 et par l'arrêté LOGU0907606A du 29-4-2009.				
Plafonds de ressources des locataires	Pour les baux renouvelés en 2020, les plafonds sont les suivants :				
		Lieu de location			
	Composition du foyer locataire	Zone A	Zone B 1	Zone B 2	Zone C
	Personne seule	48 699 €	36 175 €	33 160 €	32 935 €
	Couple	72 782 €	53 122 €	48 695 €	44 267 €
	Personne seule ou couple ayant une personne à charge	87 488 €	63 593 €	58 296 €	52 995 €
	Personne seule ou couple ayant deux personnes à charge	104 796 €	76 962 €	70 551 €	64 137 €
	Personne seule ou couple ayant trois personnes à charge	124 061 €	90 331 €	82 805 €	75 274 €
	Personne seule ou couple ayant quatre personnes à charge	139 600 €	101 894 €	93 404 €	84 911 €
	Majoration par personne à charge à partir de la cinquième	+ 15 561 €	+ 11 574 €	+ 10 610 €	+ 9 645 €
Location à un ascendant ou descendant	Interdite. À l'issue d'une période de location d'au moins 3 ans, suspension possible de l'engagement de location pour mettre le logement à la disposition (gratuitement ou non) d'un ascendant ou descendant pendant 9 ans au maximum. Pendant la période de mise à disposition (calculée de date à date), le régime de faveur est suspendu.				
Location à un associé	Interdite. Est également interdite la location à un membre du foyer fiscal, un ascendant ou un descendant d'un associé.				
Avantage fiscal (sur option)	**Amortissement complémentaire** de 2,5 % du prix d'acquisition (ou de revient) du logement pendant 3 ans à l'issue de la période initiale de location de 9 ans, renouvelable une fois pour 3 ans. **Déduction spécifique de 30 %** applicable sur les revenus du logement pendant la période d'engagement de location (9, 12 ou 15 ans).				

Plafonnement global des avantages fiscaux	Prise en compte de l'avantage procuré par la déduction au titre de l'amortissement dans le plafonnement (nos 4840 s.)
Remise en cause de l'avantage fiscal	Dans les mêmes conditions que celles applicables au dispositif « Robien » : voir no 28270. Toutefois, seule la déduction spécifique est remise en cause lorsque les conditions de loyer demeurent remplies pour l'application du « Robien recentré ».

DISPOSITIFS « BESSON »

28310 CGI art. 31, I-1°-g et 31, I-1°-j FONC-VII-29000 s

Le tableau ci-après résume les conditions d'application de l'**amortissement « Besson ».**

Remarque Le **dispositif « Besson ancien »** n'est plus étudié dans le présent ouvrage. Les lecteurs intéressés peuvent se reporter au Mémento Fiscal 2019.

Date des investissements	Acquisitions réalisées du 1er janvier 1999 au 31 décembre 2002 (2 avril 2003 pour les logements vétustes).
Investissements concernés	Acquisitions de **logements neufs** ou assimilés.
Affectation du logement	Location nue. Résidence principale.
Engagements des investisseurs	Engagement de location de 9 ans pris par le propriétaire du logement + éventuellement engagement de l'associé de conserver ses parts jusqu'à l'expiration de la période couverte par l'engagement de location.
Plafonds de loyers (par m², mensuels, charges non comprises)	Pour 2020 : Zone I bis : 17,16 € Zone I : 15,19 € Zone II : 11,73 € Zone III : 11,08 € La liste des communes relevant des zones I bis, I, II et III a été fixée par l'arrêté ECOF9920901A du 29-3-1999.
Plafonds de ressources des locataires	Pour les baux renouvelés en 2020 les plafonds sont les suivants : (voir tableau ci-dessous)
Location à un enfant	Interdite sauf pour les investissements réalisés depuis le 9 octobre 2002 et à condition que l'enfant ne fasse pas partie du foyer fiscal du propriétaire. Pour les investissements réalisés avant le 9 octobre 2002, suspension possible du régime pendant 9 ans au plus en cas de mise à disposition à un descendant ou ascendant.
Location à un associé	Autorisée mais l'associé locataire ne bénéficie pas du régime. Les autres associés bénéficient de la déduction pour amortissement sous réserve qu'ils ne soient pas membres du foyer fiscal de l'associé locataire.
Délai de vacance en cas de changement de locataire	1 an.

Plafonds de ressources des locataires :

Composition du foyer locataire	Lieu de location – Zone A	Zone B	Zone C
Personne seule	48 699 €	37 638 €	32 935 €
Couple	72 782 €	50 261 €	44 267 €
Personne seule ou couple ayant une personne à charge	87 488 €	60 440 €	52 995 €
Personne seule ou couple ayant deux personnes à charge	104 796 €	72 962 €	64 137 €
Personne seule ou couple ayant trois personnes à charge	124 061 €	85 829 €	75 274 €
Personne seule ou couple ayant quatre personnes à charge	139 600 €	96 728 €	84 911 €
Majoration par personne à charge à partir de la cinquième	+ 15 561 €	+ 10 787 €	+ 9 645 €

Avantage fiscal (sur option)	Amortissement de 8 % du **prix d'acquisition** (ou de revient) du logement les 5 premières années puis de 2,5 % les 4 années suivantes, renouvelable 2 fois pour 3 ans (soit un amortissement total de 50 % sur 9 ans, 57,5 % sur 12 ans ou 65 % sur 15 ans). Les **dépenses de reconstruction et d'agrandissement** peuvent être amorties dans les mêmes conditions (de taux et de durée) sous réserve de souscrire un nouvel engagement de location (et pour les associés un nouvel engagement de conservation des parts). Les **dépenses d'amélioration** sont obligatoirement amorties au taux de 10 % pendant 10 ans.
Déficits fonciers	Imputation dans la limite annuelle de 10 700 €.
Remise en cause de l'avantage fiscal	**Principaux événements** entraînant une remise en cause : – non-respect de l'engagement de location, des conditions de loyers ou de ressources des locataires, location à un membre du groupe familial, vacance trop longue lors d'un changement de locataire ; – cession (vente, démembrement, apport, échange, donation) du logement ou des parts sociales ; – inscription du logement ou des parts à l'actif d'une entreprise individuelle. Pas de remise en cause en cas d'invalidité, de licenciement ou de décès du contribuable (propriétaire ou associé) ou de son conjoint. **Conséquence** : les amortissements déduits sont réintégrés selon un système de quotient aux revenus de l'année au cours de laquelle le non-respect est constaté.

3. IMMEUBLES HISTORIQUES

Les propriétaires d'immeubles historiques ou assimilés peuvent déduire les charges foncières qu'ils supportent dans des conditions plus favorables que celles de droit commun. **28350** CGI art. 156, I-3°-al. 1, 156, II-1° ter et 156 bis FONC-II-2000 s

Ce régime fiscal particulier s'applique :
– aux **immeubles classés ou inscrits au titre des monuments historiques** ;
– aux immeubles faisant partie du patrimoine national en raison du **label délivré par la Fondation du patrimoine** sur avis favorable du service départemental de l'architecture et du patrimoine.

› Précisions L'avantage fiscal accordé dans le cadre du régime de faveur des monuments historiques n'est pas pris en compte pour la détermination du **plafonnement global** des avantages fiscaux visé nos 4840 s.

CONDITIONS D'APPLICATION

Le régime fiscal particulier des monuments historiques est subordonné au respect des **conditions suivantes** : **28370** FONC-II-2500 s
– le propriétaire doit s'engager à **conserver** l'immeuble pendant une **période d'au moins quinze années** à compter de son acquisition ;
– l'**immeuble** doit en principe être **détenu directement** par le contribuable, sauf s'il a été acquis avant le 1er janvier 2009. Toutefois, les associés de sociétés civiles non soumises à l'impôt sur les sociétés ayant acquis des immeubles depuis cette date peuvent bénéficier du régime spécial dans trois situations : si la société est constituée entre les membres d'une même famille (SCI familiale), si elle affecte le monument (obligatoirement classé monument historique) à un espace culturel non commercial et ouvert au public pendant au moins quinze ans, ou si l'immeuble détenu par la société (classé ou inscrit) est affecté, dans les deux ans qui suivent la date de son acquisition, à l'habitation pour au moins 75 % de ses surfaces habitables ;
– l'immeuble ne doit **pas** faire l'objet d'une **division** depuis le 1er janvier 2009 sauf si l'immeuble mis en copropriété (classé ou inscrit) est affecté, dans les deux ans qui suivent la date de la division, à l'habitation pour au moins 75 % de ses surfaces habitables.

› Précisions **a.** En cas de **démembrement de propriété,** l'engagement de conservation de l'immeuble pendant quinze ans s'applique à l'usufruitier comme au nu-propriétaire (BOI-RFPI-SPEC-30-30 n° 30).

b. L'engagement résulte de la simple **mention des charges** sur la déclaration de revenus. Aucun document particulier n'est exigé (BOI-RFPI-SPEC-30-30 n° 80).

c. En cas de **détention par l'intermédiaire d'une SCI,** les associés doivent prendre l'engagement de conserver leurs parts pendant quinze ans. Dans le cadre d'une société familiale, cet engagement n'est pas rompu lorsque les parts sont cédées à un membre de cette famille qui reprend l'engagement pour la période restant à courir.

d. Les personnes physiques qui acquièrent des **parts sociales de sociétés civiles** non soumises à l'impôt sur les sociétés (détenant un immeuble, classé ou inscrit, affecté, dans les deux ans de son acquisition, à l'habitation pour au moins 75 % de ses surfaces habitables) créées à l'initiative de personnes morales de droit public ou de sociétés d'économie mixte peuvent bénéficier du régime des monuments historiques au titre des **charges supportées par la société au cours d'années antérieures** lorsque les **conditions** suivantes sont cumulativement remplies :
– les charges doivent avoir été supportées par la société entre la date de la déclaration d'ouverture de chantier et celle de l'acquisition des parts ;
– les parts sociales doivent avoir été acquises au

plus tard le 31 décembre de la deuxième année suivant celle de la déclaration d'ouverture de chantier ;

– les charges doivent avoir été intégralement remboursées à la société par les associés personnes physiques à proportion de leurs parts.

MODALITÉS DE DÉDUCTION DES CHARGES

28380 FONC-II-5100 s **a.** Cas où l'**immeuble procure des recettes imposables** et n'est **pas occupé** par son propriétaire (immeuble loué en totalité ou non loué mais donnant lieu à la perception de recettes accessoires) : la totalité des charges foncières afférentes à l'immeuble peut être imputée sur les **revenus fonciers.**

En cas de constatation d'un déficit foncier, celui-ci est imputable, sans limitation de montant, sur le revenu global de l'intéressé.

Lorsque le classement ou l'inscription au titre des monuments historiques est limité à des éléments isolés ou dissociables de l'ensemble immobilier (tels un escalier, des plafonds ou certaines salles), seuls les travaux qui sont exposés sur ces éléments peuvent participer, pour leur montant total, à la constitution d'un déficit imputable sur le revenu global sans limitation de montant. Mais si le **classement** bien que **partiel** vise la protection de l'ensemble architectural, les déficits relatifs aux parties non inscrites de l'immeuble peuvent être déduits (BOI-RFPI-SPEC-30-20-10 n° 80 ; doctrine opposable à l'administration : CE 5-2-2009 n° 303425 : RJF 5/09 n° 425).

b. Cas où **l'immeuble ne procure aucune recette** imposable (immeuble ouvert gratuitement au public ou monument non ouvert à la visite) : les charges foncières afférentes à l'immeuble sont admises en déduction du **revenu global** du propriétaire lorsqu'il s'en réserve la **jouissance** (dans les conditions et limites définies par les articles 41 E à 41 J de l'annexe III au CGI).

Dans le cas où l'immeuble n'est pas intégralement réservé à la jouissance de son propriétaire, les charges dont celui-ci justifie qu'elles sont affectées à la partie du bien utilisée à titre personnel sont déductibles. Lorsque les charges ne peuvent pas être affectées à une partie spécifique de l'immeuble, le contribuable doit répartir ces dépenses entre les différentes parties de l'immeuble selon une clef de répartition adaptée à l'objet de ces charges (CE 6-4-2018 n° 405509 : RJF 7/18 n° 721).

c. Cas où **l'immeuble procure des recettes imposables** et est **occupé** par son propriétaire (immeuble loué partiellement ou dont certaines pièces sont ouvertes à la visite payante) : les charges foncières se rapportant à la partie de l'immeuble dont le propriétaire se réserve la disposition sont imputables sur le revenu global (voir b ci-dessus) ; les autres charges sont prises en compte pour la détermination du revenu net foncier (en cas de déficit, celui-ci est imputable, sans limitation de montant, sur le revenu global).

ILLUSTRATIONS

Les recettes accessoires s'entendent de celles provenant du **droit de visite** de l'immeuble historique. Elles sont soumises à l'imposition dans les conditions de droit commun (après déduction des charges). L'administration autorise cependant les propriétaires à pratiquer, sans avoir à fournir de justification, sur le montant global des entrées, un **abattement forfaitaire** de 1 525 € si l'immeuble ne comprend ni parc ni jardin ouvert au public et de 2 290 € dans le cas contraire (BOI-RFPI-SPEC-30-20-10 n° 120).

Sont également des recettes accessoires les redevances perçues au titre de l'utilisation des **espaces publicitaires** constitués des **bâches d'échafaudage** installées lors de la réalisation de travaux de restauration. Les charges foncières que ces recettes contribuent à financer sont déductibles dans les conditions de droit commun, le déficit éventuel étant imputable sur le revenu global, sans limitation de montant (BOI-RFPI-SPEC-30-20-10 nos 190 à 220).

28385 **› Précisions** **a.** Les **primes d'assurances** afférentes aux **immeubles** historiques (ouverts ou non au public, productifs ou non de revenus) sont déductibles pour leur montant réel. Il en va de même de celles afférentes aux **objets mobiliers** attachés à perpétuelle demeure à un immeuble historique à la condition, toutefois, qu'ils soient exposés au public (BOI-RFPI-SPEC-30-20-20 n° 50).

b. Les propriétaires de monuments historiques et assimilés ouverts au public et procurant des recettes imposables sont autorisés à déduire pour leur montant réel les **frais de promotion et de publicité** ainsi que les dépenses d'acquisition de matériel informatique utilisé pour la gestion de la **billetterie** ou le suivi des dépenses et des recettes (BOI-RFPI-SPEC-30-20-10 nos 150 et 160).

c. Les propriétaires d'immeubles historiques donnés en location sont exclus du bénéfice du régime **micro-foncier** (voir nos 27450 s.).

d. Le montant des charges déductibles est porté, pour les immeubles non productifs de revenus, sur la **déclaration** 2042 (en déductions diverses) et, pour les immeubles productifs de revenus, sur la déclaration 2044 spéciale.

e. Lorsque le preneur d'un **bail emphytéotique** portant sur un immeuble, bâti ou non, classé ou inscrit au titre des monuments historiques est imposé dans la catégorie des revenus fonciers (n° 27075, précision c), il est substitué au propriétaire. S'il constate un déficit, il peut donc l'imputer sur son revenu global sans limitation de montant.

f. S'agissant des règles particulières de déduction des **dépenses d'entretien, de réparation et d'amélioration** pour la détermination du revenu net foncier de l'année **2019,** voir n° 27335.

REMISE EN CAUSE

En cas de **non-respect de l'engagement de conservation,** le revenu global ou le revenu foncier net de l'année et des deux années suivantes est majoré du tiers du montant des charges indûment imputées. Le non-respect de l'engagement est constaté lors de la cession de l'immeuble ou des parts au cours de la période de quinze ans. 28390 FONC-II-2800 s

EXEMPLE

Un contribuable a acquis en juillet 2009 un immeuble classé monument historique qu'il ouvre à la visite payante (régime des revenus fonciers). Il cède son bien en juillet 2020, soit onze années après son acquisition.

Au cours de ces années, le contribuable a déduit 600 000 € de charges foncières.

Le revenu net foncier de chacune des années 2020, 2021 et 2022 sera donc majoré de 200 000 €.

S'agissant des **modalités pratiques** de la remise en cause, l'administration considère que le contribuable doit procéder spontanément à la réintégration de ses charges indûment imputées. S'il ne le fait pas, il s'expose à un redressement fiscal, les droits supplémentaires correspondant aux charges réintégrées étant alors assorties de l'intérêt de retard (nº 79860) et de la majoration visée nº 80035 (BOI-RFPI-SPEC-30-30 nº 150).

> Précisions Aucune remise en cause n'est effectuée en cas :
– d'**invalidité** (en 2e ou 3e catégorie), de **licenciement** ou de **décès** du contribuable ou de son conjoint soumis à imposition commune ;
– de **mutation à titre gratuit** de l'immeuble ou des parts à condition que les donataires, héritiers ou légataires reprennent l'engagement de conservation pour sa durée restant à courir.

En cas de décès du propriétaire, l'héritier ou le légataire est libre de reprendre à son compte l'engagement de conservation souscrit par le défunt. S'il ne le fait pas, l'avantage fiscal dont a bénéficié le défunt ne sera pas remis en cause. Mais il a néanmoins tout intérêt à le faire, sauf s'il souhaite céder rapidement le bien, afin de pouvoir bénéficier de l'antériorité de l'engagement (BOI-RFPI-SPEC-30-30 nº 190).

4. PROPRIÉTÉS RURALES

Les propriétés rurales dont les revenus sont imposables dans la catégorie des revenus fonciers s'entendent des propriétés composées exclusivement ou principalement de terrains non bâtis (exploitations agricoles, lacs, étangs, etc.), à l'exclusion des terrains à bâtir. 28600

Toutefois, en pratique, il s'agit principalement des exploitations agricoles données en location par **bail à ferme** dès lors que les revenus des terres données en métayage ainsi que ceux provenant des exploitations forestières relèvent des bénéfices agricoles (voir nos 15155 s.).

Les **règles d'imposition** des revenus des propriétés rurales relevant des revenus fonciers sont en principe déterminées dans les mêmes conditions que ceux des immeubles urbains. D'une manière générale, il y a donc lieu de se reporter aux développements ci-dessus sous réserve des précisions données ci-après nos 28605 s.

DÉTERMINATION DU REVENU FONCIER IMPOSABLE

Recettes La définition des recettes est identique à celle donnée pour les propriétés urbaines (nos 27260 s.). Ainsi, les recettes comprennent les sommes encaissées par le bailleur à quelque titre que ce soit (loyer ou fermage en principal y compris ceux afférents aux bâtiments ruraux, revenus exceptionnels) augmentées de la valeur des avantages en nature stipulés au bail. Toutefois, les sommes reçues par les bailleurs de biens ruraux au titre d'**avances sur les fermages** pour les baux conclus à l'occasion de l'installation d'un jeune agriculteur bénéficiant de la dotation d'installation aux jeunes agriculteurs ou d'un prêt à moyen terme spécial peuvent bénéficier du système du quotient prévu pour les revenus exceptionnels (nos 4150 s.). 28605 FONC-III-3160

Revenus accessoires Les revenus accessoires des propriétés rurales (produits de la location du **droit d'affichage** ou du **droit de chasse ou de pêche,** de la concession du droit d'**exploitation des carrières, redevances tréfoncières et autres** redevances analogues) doivent en principe être compris dans les revenus fonciers imposables, conformément à la règle générale (nº 27080). 28610

Charges déductibles L'article 31, I-2º du CGI permet de retrancher du revenu brut des propriétés rurales, en sus des déductions communes à l'ensemble des propriétés : 28615 CGI art. 31, I-2º FONC-IV-1870 s
– les **dépenses d'amélioration** afférentes aux **propriétés bâties** autres que les locaux d'habitation effectivement supportées par le propriétaire (à condition qu'il s'agisse de dépenses d'amélioration **non rentables,** c'est-à-dire non susceptibles d'entraîner une augmentation du fermage) ;
– les **dépenses d'amélioration** afférentes aux **propriétés non bâties** effectivement supportées par le propriétaire ;

– les dépenses engagées pour la **construction d'un nouveau bâtiment d'exploitation** à condition que le nouveau bâtiment soit **destiné à remplacer un bâtiment de même nature,** vétuste ou inadapté aux techniques modernes de l'agriculture et que sa construction n'entraîne pas une augmentation effective du fermage ;
– les dépenses d'amélioration et de construction, qui s'incorporent aux **bâtiments d'exploitation rurale** et qui sont destinées à satisfaire aux obligations de **mise aux normes** prévues en matière de **protection de l'environnement** ;
– les **travaux de restauration et de gros entretien** effectués sur certains **espaces naturels** (espaces « Natura 2000 », parcs nationaux, réserves naturelles, sites classés, espaces naturels remarquables du littoral et espaces concernés par un arrêté de biotope) en vue de leur maintien en un bon état écologique et paysager à condition qu'ils aient reçu l'accord préalable de l'autorité administrative compétente.

> **Précisions** **a.** S'agissant des **impôts** afférents aux propriétés rurales, la déduction ne peut porter que sur la **fraction** des impositions (**taxes foncières** et taxes annexes à cet impôt et taxe pour frais de chambre d'agriculture) qui sont en définitive **supportées par le bailleur** en application de l'article L 415-3 du Code rural et de la pêche maritime.
b. S'agissant des règles particulières de déduction des **dépenses d'entretien, de réparation et d'amélioration** pour la détermination du revenu net foncier de l'année **2019,** voir n° 27335.

PROPRIÉTÉS DONT LE PROPRIÉTAIRE SE RÉSERVE LA JOUISSANCE

28625 CGI art. 30 FONC-III-4700 s

Le plus souvent, ces propriétés constituent :
– soit des exploitations agricoles que le propriétaire exploite en faire-valoir direct (ou en métayage) et dont l'imposition est établie au titre des bénéfices agricoles (n°s 15000 s.) ;
– soit des propriétés affectées à l'habitation (principale ou secondaire) du propriétaire et qui sont de ce fait exonérées (n° 27090).
En ce qui concerne la situation (beaucoup moins courante) où le propriétaire se réserve la jouissance de propriétés rurales ne constituant pas une exploitation agricole et qui ne sont pas affectées à l'habitation, le propriétaire est en principe imposable à ce titre dans la catégorie des **revenus fonciers.** Il échappe cependant à l'imposition à raison du droit de chasse dont il se réserve la jouissance sur ses terres.
L'**avantage en nature à déclarer** est égal dans tous les cas au montant des loyers qui pourraient être obtenus en cas de location.

> **Précisions** **a.** Le **loyer « fictif »** est évalué par comparaison avec des propriétés similaires faisant l'objet d'une location normale ou, à défaut, par appréciation directe. À défaut d'autres éléments d'appréciation conduisant à le fixer à un niveau différent, le loyer « fictif » doit, selon la jurisprudence du Conseil d'État (CE 3-11-1978 n° 3421 : RJF 12/78 n° 543), être évalué au montant des frais et charges courants de la propriété, y compris les frais de gestion et d'amortissement.
À cette valeur locative s'ajoutent, si le propriétaire en perçoit effectivement, les **revenus accessoires** mentionnés au n° 28610.
b. Les **charges déductibles** sont déterminées comme pour les propriétés données en location (n°s 27325 s.).

CHAPITRE 10 FISCALITÉ IMMOBILIÈRE

SOMMAIRE

Le terme de « fiscalité immobilière » désigne l'ensemble des dispositions fiscales applicables aux opérations (construction, location ou encore vente) portant sur des immeubles. 30000
Certaines de ces nombreuses dispositions font, en raison de leur importance, l'objet de développements spécifiques dans d'autres parties du Mémento. Tel est le cas de celles régissant les revenus fonciers (nos 27000 s.), les plus-values (nos 32000 s.), les impôts locaux (nos 41500 s.), la TVA sur opérations immobilières (nos 58700 s.), les droits d'enregistrement (nos 65000 s. et 66000 s.) et la contribution sur les revenus locatifs (nos 74800 s.).
Le présent chapitre est consacré à l'examen des autres dispositions.

A. Profits immobiliers

Les profits immobiliers réalisés par les marchands de biens et assimilés, les lotisseurs et les constructeurs relèvent soit du régime des BIC s'ils sont réalisés à titre habituel et/ou spéculatif (régime dit des « profits habituels »), soit du régime des plus-values des particuliers dans le cas contraire (régime dit des « profits occasionnels »). Seul est examiné ci-après le régime des profits habituels. Le régime des profits occasionnels est quant à lui étudié dans le cadre de l'exposé d'ensemble des plus-values des particuliers (voir nos 32000 s.). 30150

Profits réalisés par les personnes domiciliées hors de France Lorsqu'ils sont réalisés par des personnes physiques ou morales (quelle que soit leur forme) qui n'ont pas de domicile ou d'établissement en France, les profits immobiliers habituels (déterminés dans les mêmes conditions que les profits réalisés en France : voir nos 30315 et 30360) sont soumis à un **prélèvement** de 28 % en principe. Ce prélèvement est recouvré, lors de l'enregistrement de l'acte de cession, au vu d'une **déclaration** spéciale n° **3005-SD.** Il est libératoire de l'impôt sur le revenu et s'impute sur l'IS. 30155 CGI art. 244 bis et art. 244 quater A IMMO-III-17250 s

> **Précisions** **a.** Lorsque les profits sont réalisés par des personnes ou organismes domiciliés, établis ou constitués dans un **État non coopératif** (tel que défini n° 78310, 1° et 2°), le taux du prélèvement est de 75 % sauf s'il est justifié que les opérations correspondantes ont principalement un objet et un effet autres que de permettre leur localisation dans cet État.
> **b.** Le prélèvement n'est pas exigible sur la part des profits d'une **société de personnes** française revenant à ses associés non résidents (BOI-BIC-CHAMP-20-10-40 n° 270).
> **c.** Les **personnes morales déficitaires** établies dans un État de l'Union européenne, en Islande ou en Norvège peuvent demander, sous certaines conditions, la restitution du prélèvement. Celles **en liquidation judiciaire** peuvent en être exonérées. Voir nos 24889 s.
> **d.** Le **taux** du prélèvement sera de 26,5 % en 2021 et de 25 % en 2022 (Loi 2017-1837 du 30-12-2017 art. 84, I-G et III-A et Loi 2019-1479 du 28-12-2019 art. 39, V et X).

1. PROFITS DES MARCHANDS DE BIENS ET ASSIMILÉS

30300 CGI art. 35, I-1°, I-2° et I-4° IMMO-III-500 s

Sont soumis à l'impôt sur le revenu dans la catégorie des BIC les bénéfices réalisés par :
– les **marchands de biens,** c'est-à-dire par les personnes qui, habituellement, achètent en vue de les revendre des immeubles, des fonds de commerce, des actions ou parts de sociétés immobilières ou qui, habituellement, souscrivent en vue de les revendre des actions ou parts de ces sociétés (CGI art. 35, I-1°) ;
– les **intermédiaires** pour l'achat, la souscription ou la vente des mêmes biens, à titre habituel ou occasionnel (agents immobiliers, administrateurs de biens, etc.) (CGI art. 35, I-2°) ;
– les personnes qui, **titulaires d'une promesse unilatérale de vente** sur un immeuble, vendent cet immeuble par fractions ou par lots (CGI art. 35, I-4°).

30305 **Critères de la qualité de marchand de biens** Ces critères sont au nombre de deux : le caractère habituel des opérations et l'intention spéculative lors de l'acquisition. Leur appréciation nécessite l'examen des **circonstances de fait** (et, s'il s'agit de sociétés, de l'objet social tel qu'il est défini par les statuts).

C'est ainsi que le **caractère habituel** s'apprécie en fonction du nombre, de la nature, du rythme et de l'importance des opérations. L'achat d'un seul immeuble en bloc, suivi de sa division et de sa revente par lots peut suffire cependant à caractériser la condition d'habitude (CE 12-6-1992 n°s 67758 et 67759 : RJF 8-9/92 n° 1109 ; BOI-BIC-CHAMP-20-10-10 n° 110). S'agissant des sociétés, le caractère habituel s'apprécie également en fonction de l'activité des associés (si ces derniers sont eux-mêmes marchands de biens, la société est considérée comme l'écran grâce auquel ils exercent leur activité).

L'**intention spéculative** s'apprécie quant à elle en fonction du délai séparant les acquisitions des reventes, du montant des profits, de la situation géographique…

Remarque : La qualification fiscale de marchand de biens est en principe indépendante de la profession exercée par le contribuable. C'est ainsi que la qualité fiscale de marchand de biens peut être reconnue à de simples particuliers exerçant une profession autre que celle de marchand de biens.

Toutefois, les opérations effectuées par des **marchands de biens professionnels** sont présumées se rattacher à leur activité commerciale. Mais le contribuable peut apporter la preuve contraire en démontrant que les immeubles vendus faisaient partie de son patrimoine privé et non de son stock immobilier (cas des immeubles acquis et vendus pour satisfaire des besoins personnels ou familiaux ou encore des résidences principales : CE 17-5-1995 n° 133008 : RJF 7/95 n° 818 ; BOI-BIC-CHAMP-20-10-10 n° 60).

DÉTERMINATION DU RÉSULTAT IMPOSABLE

30315 Les profits (ou pertes) des marchands de biens et assimilés sont déterminés suivant les règles de droit commun applicables en matière de BIC (n°s 7000 s.), à savoir par la différence entre le prix de vente des immeubles et leur prix de revient augmenté des frais et charges.

Ils doivent être rattachés à l'exercice au cours duquel intervient la livraison (remise des clés ou des titres de propriété : C. civ. art. 1605).

> **Précisions** En cas de donation suivie de la vente du bien par le donataire, le profit est déterminé en tenant compte du prix d'acquisition par le donateur lorsque l'administration invoque la règle de la **non-opposabilité des donations entre vifs** prévue par l'article 35, III du CGI.

MODALITÉS D'IMPOSITION

30325 Les profits des marchands de biens et assimilés sont en principe soumis à l'impôt sur le revenu dans la catégorie des BIC (sauf s'ils sont réalisés par une société civile, auquel cas ils sont soumis à l'IS en raison de leur caractère commercial).

Ils ne peuvent pas bénéficier du régime des plus-values professionnelles dès lors que leurs immeubles constituent non pas des éléments d'actif immobilisé, mais du stock.

Ils sont par ailleurs exclus du régime micro-BIC (n° 85425).

> **Précisions** **a.** Lorsqu'ils sont réalisés en dehors d'une activité professionnelle, les bénéfices provenant d'opérations d'achat et de vente d'immeubles ou de titres de sociétés immobilières peuvent être considérés comme des **revenus exceptionnels** et bénéficier du système du quotient prévu à l'article 163-0 A du CGI (n°s 4150 s.).
> **b.** En ce qui concerne les profits réalisés par les marchands de biens qui ne sont **pas domiciliés** ou qui n'ont pas leur siège social **en France** : voir n° 30155.
> **c.** Les activités de marchand de biens ou d'intermédiaire immobilier exercées à titre professionnel peuvent bénéficier des **régimes d'exonération** prévus par les articles 44 sexies (entreprises nouvelles), 44 octies et 44 octies A (zones franches urbaines-territoires entrepreneurs), 44 duodecies (bassins d'emploi à redynamiser) et 44 sexdecies (bassins urbains à dynamiser) ; voir n°s 10260 s., 10335 s., 10370 et 10375.

2. PROFITS DES LOTISSEURS

Relèvent du régime des BIC les profits réalisés par les personnes qui cèdent, après l'avoir loti, un terrain acquis à cet effet. 30350

CGI art. 35, I-3° et 150 U, I-al. 2
IMMO-III-8000 s

Lorsque le terrain n'a pas été acquis dans cette intention, les profits relèvent du régime des plus-values des particuliers.

> **Précisions** **a.** L'**appréciation** de **l'intention spéculative** du lotisseur au moment de l'acquisition du terrain (achat en vue de la revente après lotissement) dépend essentiellement des **circonstances de fait** : court délai entre l'achat et la revente, situation géographique des terrains, profession du vendeur, etc.
En tout état de cause, les personnes procédant à la cession après lotissement d'un **terrain acquis à titre gratuit** (succession ou donation) relèvent du régime des plus-values des particuliers (sous réserve de la faculté pour l'administration d'invoquer la règle de l'inopposabilité des donations entre vifs prévue par l'article 35, III du CGI).
b. Selon l'administration (BOI-BIC-CHAMP-20-30-20 n°s 60 et 70), relèvent du régime d'imposition des BIC en application de l'article 35, I-1° du CGI (profits des marchands de biens) et non de l'article 35, I-3° du CGI (profits des lotisseurs) :
– les profits de lotissement réalisés par les **marchands de biens professionnels** même si le terrain a été acquis à titre gratuit. Le cédant est toutefois autorisé, dans cette dernière hypothèse, à écarter la présomption du caractère professionnel de l'opération en apportant la preuve que celle-ci s'inscrit dans le cadre de la gestion de son patrimoine privé ;
– les profits de lotissement réalisés par les personnes qui, sans exercer la profession de marchand de biens, ont déjà cette qualité à raison d'opérations immobilières d'achat-revente.
c. S'agissant des **sociétés,** l'intention spéculative peut résulter des **dispositions statutaires.** C'est ainsi que, selon l'administration, les bénéfices réalisés par une SCI spécialement constituée en vue de procéder à une opération de lotissement présentent dans tous les cas un caractère commercial, que le terrain ait été acheté par la société ou apporté par un ou plusieurs associés (BOI-BIC-CHAMP-20-30-20 n° 90).
Lorsque la réalisation d'une opération de lotissement n'est pas prévue dans les statuts, le régime d'imposition dépend de l'examen de l'ensemble des **circonstances de fait** : activité présente ou passée de la société ou des associés, lotissement réalisé dans un bref délai, etc. (BOI-BIC-CHAMP-20-30-20 n° 110).
d. En ce qui concerne les opérations de lotissement réalisées par les **sociétés de construction-vente** : voir n° 30426, précision b.

DÉTERMINATION DU RÉSULTAT IMPOSABLE

Le profit imposable est déterminé selon les règles propres aux BIC. Il est constitué par la différence entre le prix de cession des terrains lotis et leur prix de revient. 30360

Le **prix de cession** correspond à toutes les sommes et indemnités stipulées au profit du vendeur ; il est diminué des frais de vente effectivement supportés par le cédant.

Le **prix de revient** correspond au prix d'acquisition des terrains auquel il convient d'ajouter les frais d'acquisition et les frais de lotissement (essentiellement les travaux d'aménagement et de viabilité).

> **Précisions** **a.** Le lotisseur ne peut déduire, au titre d'un exercice donné, que les frais afférents aux seules parcelles vendues.
Lorsque **seule** une **partie des lots** est **vendue,** une ventilation des dépenses doit donc être opérée entre les différentes parcelles. Dans la pratique, le moyen le plus commode est de déterminer un prix de revient au mètre carré puis de multiplier ce prix par la superficie du ou des lots vendus. (Il est précisé que le prix de revient au mètre carré tient compte des surfaces non vendables à l'exception de celles correspondant à la voirie et aux réseaux devant être rétrocédées à la commune.)
b. Les **frais non encore exposés à la clôture d'un exercice** peuvent être pris en compte sous forme de provisions, sous réserve, bien entendu, que les conditions générales de déduction des provisions soient réunies.

MODALITÉS D'IMPOSITION

Les **profits** de lotissement **spéculatifs** sont en principe soumis à l'impôt sur le revenu dans la catégorie des BIC (sauf s'ils sont réalisés par une société civile, auquel cas ils sont soumis à l'IS en raison de leur caractère commercial). 30370

Ils ne peuvent pas bénéficier du régime des plus-values professionnelles dès lors que leurs immeubles constituent non pas des éléments d'actif immobilisé, mais du stock.

Ils sont par ailleurs exclus du régime des micro-BIC (n° 85425).

Les **profits** de lotissement **non spéculatifs** sont quant à eux imposés (ou exonérés) dans les mêmes conditions et suivant les mêmes modalités que les plus-values des particuliers (voir n°s 32000 s.).

> **Précisions** **a.** Lorsqu'ils sont réalisés en dehors d'une activité professionnelle, les profits de lotissement spéculatifs peuvent être considérés comme des **revenus exceptionnels** et bénéficier du système du quotient prévu à l'article 163-0 A du CGI (n°s 4150 s.).
b. En ce qui concerne les profits réalisés par des personnes ou sociétés n'ayant **pas leur domicile** ou leur siège social **en France** : voir n° 30155.
c. Les activités de lotisseur exercées à titre professionnel peuvent bénéficier des **régimes d'exo-**

nération prévus par les articles 44 sexies (entreprises nouvelles), 44 octies et 44 octies A (zones franches urbaines-territoires entrepreneurs), 44 duodecies (bassins d'emploi à redynamiser) et 44 sexdecies (bassins urbains à dynamiser) ; voir n°s 10260 s., 10335 s., 10370 et 10375.

3. PROFITS DE CONSTRUCTION

30390 Les profits résultant de la vente d'immeubles que le cédant a construits ou fait construire relèvent du régime :
– des BIC lorsqu'ils présentent un caractère habituel et spéculatif ;
– des plus-values des particuliers dans le cas contraire (profits occasionnels ou non spéculatifs).

Les développements qui suivent sont consacrés aux profits réalisés à titre habituel par les personnes physiques ou morales (sociétés civiles de construction-vente ou autres sociétés), les profits réalisés à titre occasionnel étant quant à eux examinés dans le cadre de l'étude d'ensemble des plus-values des particuliers (nº 32340).

PROFITS RÉALISÉS PAR LES PERSONNES PHYSIQUES

30400 CGI art. 35, I-1° bis IMMO-III-12000 s Conformément à l'article 35, I-1° bis du CGI, les profits réalisés par les personnes qui achètent des biens immobiliers en vue d'édifier un ou plusieurs bâtiments et de les revendre en bloc ou par locaux sont soumis à l'impôt sur le revenu dans la catégorie des BIC lorsque ces opérations présentent un caractère habituel et spéculatif.

30405 **Champ d'application** Le régime des BIC s'applique aux profits de construction habituels et spéculatifs.

Les **profits** de construction s'entendent de ceux réalisés à l'occasion de la vente d'immeubles que le cédant a construits ou fait construire pour son propre compte, de droits immobiliers s'y rapportant (usufruit, nue-propriété…) ou encore de parts ou actions de sociétés de construction dotées de la transparence fiscale.

Le **caractère habituel et** l'**intention spéculative** sont quant à eux appréciés en fonction des circonstances de fait, de la même manière que pour les profits des marchands de biens (voir nº 30305).

ILLUSTRATIONS

Selon l'administration :

– la réalisation par une personne physique (ne pouvant pas par ailleurs être qualifiée de marchand de biens) d'une **opération de construction isolée** n'est pas considérée comme habituelle si elle comporte moins de dix appartements, cinq maisons individuelles ou 500 m^2 de bureaux ou locaux commerciaux (BOI-BIC-CHAMP-20-40-10 nº 80) ;

– la vente d'un **immeuble achevé depuis quinze ans** au moins n'est pas considérée, en principe, comme procédant d'une intention spéculative (BOI-BIC-CHAMP-20-40-10 nº 100).

L'administration assimile, par ailleurs, les travaux de **restauration, rénovation, surélévation** et **reconstruction** d'immeubles qui nécessitent l'obtention d'un permis de construire aux opérations de construction proprement dites (BOI-BIC-CHAMP-20-40-20 nº 20).

30410 **Modalités d'imposition** Les profits de construction habituels et spéculatifs réalisés par les personnes physiques sont déterminés et imposés selon les règles de droit commun des BIC. Voir à cet égard les précisions données à propos des profits des marchands de biens (n°s 30315 et 30325).

> **Précisions** L'activité de construction-vente d'immeubles (promotion immobilière) visée à l'article 35, I-1 bis du CGI est une activité civile et est donc **exclue** du bénéfice des **dispositifs d'exonération** visés nº 30325, précision c (BOI-BIC-CHAMP-80-10-10-10 nº 400, BOI-BIC-CHAMP-80-10-20-10 nº 390, BOI-BIC-CHAMP-80-10-50 nº 160, BOI-BIC-CHAMP-80-10-90-10 nº 90).

PROFITS RÉALISÉS PAR LES SOCIÉTÉS CIVILES DE CONSTRUCTION-VENTE

30420 CGI art. 239 ter IMMO-III-14200 s Les sociétés civiles de construction-vente sont en principe passibles de l'IS dès lors qu'elles exercent une activité réputée commerciale du point de vue fiscal. Par dérogation, l'article 239 ter du CGI prévoit que les sociétés civiles ayant pour objet la construction d'immeubles en vue de la vente sont, sous certaines conditions, exclues du domaine de l'IS (sans possibilité d'option) et soumises au même régime fiscal que les sociétés en nom collectif effectuant les mêmes opérations, c'est-à-dire que ce sont les associés (et non la société elle-même) qui sont imposés en proportion de leurs droits suivant le régime fiscal qui leur est propre (impôt sur le revenu ou IS selon le cas).

30425 **Conditions d'application du régime des sociétés de personnes** Le régime de l'article 239 ter du CGI est réservé aux sociétés constituées sous la **forme** civile dont l'**objet** est la **construction en vue de la vente** soit directement, soit sous couvert de sociétés transparentes. Cet objet peut être réalisé conjointement avec l'exercice d'une activité civile (location d'immeubles nus, par exemple) mais non avec celle d'une autre activité réputée commerciale.

Les associés doivent, par ailleurs, conformément aux **statuts,** être indéfiniment responsables du passif social en proportion de leurs droits sociaux.

ATTENTION

Une société civile dont l'**objet social** ne comporte pas la construction en vue de la vente ne peut pas bénéficier du régime de l'article 239 ter du CGI même si elle se livre exclusivement à de telles opérations (CE 24-2-1988 n° 59762 : RJF 4/88 n° 380 ; BOI-BIC-CHAMP-70-20-100-10 n° 20). En revanche, si l'objet social est la construction-vente, il importe peu que les opérations soient réalisées sur des terrains autres que ceux limitativement énumérés à l'objet social (CE 29-5-2019 n° 412500 : RJF 8-9/19 n° 759).

30426

› Précisions **a.** La **revente en l'état d'un terrain** initialement acquis pour construire entraîne l'assujettissement de la société civile de construction-vente à l'IS lorsque l'opération relève d'une activité de marchand de biens, la condition d'habitude s'appréciant en principe en tenant compte tant des opérations immobilières de la société que de celles des associés (CE 24-7-1981 n° 22950 : RJF 10/81 n° 859-860 ; BOI-BIC-CHAMP-70-20-100-10 n° 40). À cet égard, la circonstance que les associés détiennent des participations dans d'autres sociétés civiles de construction-vente ne suffit pas à caractériser cette condition ; il faut en outre qu'ils se livrent personnellement, à titre habituel, à des opérations d'achat et de revente d'immeubles (CE 23-6-1993 n° 69587 : RJF 8-9/93 n° 1133).

Il en va cependant différemment lorsque la société s'est trouvée dans l'impossibilité de réaliser son projet par suite d'un événement indépendant de sa volonté la contraignant à la revente ou en cas de cession à une collectivité territoriale pour un prix n'excédant pas le prix de revient du terrain (BOI-BIC-CHAMP-70-20-100-10 n°s 80 et 90).

b. La **revente après lotissement** d'un terrain initialement acquis pour construire présente, selon l'administration, un caractère commercial au sens de l'article 35, I-1° et 1° bis du CGI rendant la société civile de construction-vente passible de l'IS, sauf événement indépendant de sa volonté ou cession à une collectivité territoriale (BOI-BIC-CHAMP-20-30-20 n°s 120 et 130).

c. La **vente de locaux équipés d'éléments ménagers** entraîne, selon l'administration, assujettissement à l'IS sauf dans les cas suivants (BOI-BIC-CHAMP-70-20-100-10 n°s 110 à 230) :

– les **équipements** constituent le **complément nécessaire** de **locaux à usage d'habitation** (appareils sanitaires et de chauffage, placards incorporés...) ou **à usage de bureaux** (cloisonnement par éléments amovibles, distribution de réseaux informatiques et aménagements spéciaux pour l'utilisation de matériels informatiques, alimentation et câblage des réseaux télex et télécopie...) ou encore sont nécessaires aux **restaurants ou cantines** d'entreprise ou d'administration lorsque ces restaurants peuvent bénéficier d'une exonération de TVA ;

– les **équipements** sont **accessoires** aux opérations de construction. Tel est le cas des équipements **stabilisés ou raccordés** (meubles autonomes de cuisine, incorporés ou non, dont le scellement a pour but d'en assurer la stabilité, appareils ménagers qui peuvent être déplacés sans inconvénient) lorsque leur coût demeure inférieur à 4 % du prix global de la construction sans dépasser 2 440 € par appartement et qu'ils sont rétrocédés à l'acquéreur pour leur prix coûtant, ou encore des équipements **fixés à perpétuelle demeure** (éléments fixes de réfrigération et de cuisson). En revanche, la fourniture de moquettes sur parquets, tapisseries, rideaux et autres ornements est incompatible avec le régime de l'article 239 ter du CGI.

Le Conseil d'État a jugé que la fourniture des équipements mobiliers d'une **résidence du troisième âge,** nécessaires à l'utilisation des parties communes (restaurant, cuisine, infirmerie, bureaux administratifs et salles de réception), ne remet pas en cause l'application du régime spécial (CE 27-2-1989 n° 57066 : RJF 4/89 n° 423).

d. La **vente de locaux avec clause de garantie minimale de rentabilité** ne fait pas obstacle à l'application du régime de l'article 239 ter du CGI (BOI-BIC-CHAMP-70-20-100-10 n° 300).

e. Une SCI de construction-vente qui se livre à une **activité temporaire et accessoire de location** des **locaux invendus** peut continuer à bénéficier du régime de l'article 239 ter du CGI (CE 6-11-1998 n° 171927 : RJF 12/98 n° 1425).

Portée du régime Les profits réalisés sous le couvert d'une société civile de construction-vente répondant aux conditions prévues par l'article 239 ter du CGI sont déterminés selon les règles de droit commun des BIC (voir à cet égard les précisions données à propos du régime des marchands de biens n° 30315) et imposés au nom des **associés** selon le régime fiscal qui leur est propre. **30430** IMMO-III-15700 s

C'est ainsi que la fraction des profits revenant à des associés passibles de l'impôt sur le revenu (personnes physiques et entreprises industrielles et commerciales) est passible de l'impôt sur le revenu dans la catégorie des BIC, celle revenant à des associés passibles de l'IS étant quant à elle passible de cet impôt.

› **Précisions** **a.** Les produits tirés de la **location d'immeubles nus** ont le caractère :
– de BIC, lorsque la location porte sur des immeubles faisant partie du stock immobilier (cas des « queues de programme ») ;
– de revenus fonciers, lorsque la société a une activité distincte de location (quote-part de bénéfices revenant à des sociétés passibles de l'IS ou à des entreprises placées de plein droit sous un régime de bénéfice réel : voir nº 30715).
b. Les intérêts reçus par une société civile de construction-vente en rémunération des **placements de fonds en instance d'emploi** perdent leur caractère de revenus de créances et doivent être pris en compte pour le bénéfice d'exploitation de cette dernière.
c. En ce qui concerne les **rémunérations** versées à l'associé gérant, voir nº 23655.

30435 IMMO-III-16300 s **Obligations des sociétés** Les sociétés civiles de construction-vente sont tenues de produire une **déclaration annuelle de leurs résultats** nº 2031 accompagnée des annexes visées nº 10965 (société au réel normal) et nº 86845 (société au réel simplifié).
Selon que l'activité de la société porte sur un seul immeuble (ou groupe d'immeubles) ou sur plusieurs immeubles, la déclaration doit être souscrite auprès du service des impôts du lieu de situation de la construction ou de celui du siège de l'entreprise (CGI ann. III art. 38, IV).

PROFITS RÉALISÉS PAR LES AUTRES PERSONNES MORALES

30445 IMMO-III-13800 s Les profits de construction réalisés par les sociétés de personnes visées à l'article 8 du CGI (notamment les **sociétés en nom collectif**), n'ayant pas opté pour l'IS, sont soumis à l'impôt sur le revenu dans la catégorie des BIC.
Ceux réalisés par les **sociétés passibles de l'IS** sont soumis à cet impôt dans les conditions de droit commun.
Quel que soit le régime fiscal de la société, les profits de construction ne peuvent pas bénéficier du régime des plus-values professionnelles, les immeubles construits en vue de la vente constituant non pas un élément de l'actif immobilisé, mais un **stock** immobilier.

B. Organismes de placement collectif immobilier

30480 Les organismes de placement collectif immobilier (OPCI), régis par les articles L 214-33 et suivants du Code monétaire et financier (et, s'agissant des organismes professionnels de placement collectif immobilier, par les articles L 214-148 s. du même Code), ont pour objet principal l'acquisition ou la construction d'immeubles en vue de leur location ou la détention de participations dans des sociétés à prépondérance immobilière. À titre accessoire, ils peuvent acquérir, directement ou indirectement, en vue de leur location, des meubles meublants, des biens d'équipement ou tous biens meubles affectés aux immeubles détenus et nécessaires au fonctionnement, à l'usage ou à l'exploitation de ces derniers par un tiers (location meublée).
Les OPCI peuvent prendre la forme soit de sociétés de placement à prépondérance immobilière à capital variable (**Sppicav**), soit de fonds de placement immobilier (**FPI**). Leur constitution (comme leur transformation, fusion, scission ou liquidation) est soumise à l'**agrément** de l'Autorité des marchés financiers (AMF).

Remarque Les OPPCI destinés aux investisseurs **professionnels** prennent la forme soit de Spppicav soit de FPPI. Sauf précision contraire, leur régime fiscal est identique à celui des OPCI.

SOCIÉTÉS DE PLACEMENT À PRÉPONDÉRANCE IMMOBILIÈRE À CAPITAL VARIABLE

30490 CGI art. 208, 3º nonies IMMO-IV-35120 s Les **Sppicav** sont des **sociétés anonymes** ou des **sociétés par actions simplifiées** (autre qu'une SAS unipersonnelle dont les statuts interdisent expressément la pluralité d'associés) à capital variable (C. mon. fin. art. L 214-62 s.). Elles sont **exonérées totalement d'IS** (et corrélativement de contribution sociale) sous réserve de respecter leurs obligations de distribution.

› **Précisions** **a.** Les Sppicav (à l'exclusion des Spppicav) sont exonérées de la **taxe annuelle de 3 % sur les immeubles,** voir nº 75970.
b. En cas de **transformation d'une société** soumise à l'IS **en Sppicav,** les **plus-values** latentes relatives aux actifs immobiliers sont soumises à l'IS au taux réduit de 19 % et ne sont pas assujetties à la contribution sociale. Le détail de ces plus-values doit être annexé à la déclaration de résultat déposée en raison de la transformation (CGI ann. III art. 46 quater-0 ZZ bis B).
c. Les Sppicav sont tenues de déposer (CGI ann. III art. 46 ter A bis) :
– avec la **déclaration de résultat de leur premier exercice,** une copie de l'agrément de l'AMF (ou, à défaut, l'avis de réception par l'AMF de la demande d'agrément) et la liste des filiales qui optent pour le régime d'imposition prévu pour les SIIC (nº 30495) ;
– avec leur **déclaration annuelle de résultat,** la liste mise à jour des filiales ayant opté et un état conforme au modèle établi par l'administration faisant apparaître la décomposition de leurs sommes distribuables et les obligations de distribution.

Les **filiales de Sppicav** (sociétés de capitaux non cotées à prépondérance immobilière détenues directement ou indirectement à 95 % au moins de manière continue au cours de l'exercice) qui ont un objet identique à celui des SIIC peuvent opter pour le régime d'imposition prévu pour les SIIC et leurs filiales dans les mêmes conditions que ces dernières (n°s 30950 et 30960). 30495 CGI art. 208 C, III bis IMMO-IV-35800

› **Précisions** **a.** Les filiales peuvent être **détenues conjointement**, à 95 % au moins, par plusieurs Sppicav, ou par une ou plusieurs SIIC et une ou plusieurs Sppicav.
b. L'**actif** des filiales doit être constitué principalement d'immeubles acquis ou construits en vue de la location auxquels peuvent être affectés des meubles meublants, biens d'équipement ou biens meubles nécessaires au fonctionnement, à l'usage ou à l'exploitation de ces immeubles par un tiers, de droits réels portant sur de tels biens, de droits détenus en qualité de crédit-preneur afférents à des contrats de crédit-bail portant sur des immeubles en vue de leur location ou de participations directes ou indirectes dans des sociétés de capitaux non cotées ou de personnes ayant le même objet ou d'avances en compte courant consenties à ces dernières (C. mon. fin. art. L 214-36, I-3°-b).

Les **revenus distribués** par les Sppicav à des **actionnaires personnes physiques** relèvent du régime de droit commun des distributions de dividendes exposé n°s 24540 s., étant précisé que, lorsqu'ils sont prélevés sur des bénéfices exonérés, ils n'ouvrent pas droit à l'abattement de 40 % applicable en cas d'option pour le barème progressif de l'impôt sur le revenu (n° 24650). 30500 IMMO-IV-36000 s

Les revenus distribués par les Sppicav à des **entreprises** soumises à l'impôt sur les sociétés sont inclus dans le résultat imposable dans les conditions de droit commun. S'agissant des revenus distribués à des entreprises exerçant une activité relevant des BIC ou des BA, voir n° 7345.

Les revenus distribués par les Sppicav à des **organismes de placement collectif** (français ou étrangers) et prélevés sur leurs résultats exonérés sont soumis à retenue à la source au taux de 15 % : voir n° 24886.

Les **gains** réalisés par les **actionnaires personnes physiques** lors de la **cession à titre onéreux ou** du **rachat des actions de Sppicav** sont soumis au régime des plus-values sur valeurs mobilières et droits sociaux (n°s 32805 s.). 30505 CGI art. 150-0 A, II-4 bis et 160 bis

Les profits (ou pertes) réalisés par les **entreprises** exerçant une activité relevant des BIC ou des BA lors de la cession ou du rachat d'actions de Sppicav obéissent aux règles définies n°s 18380 s. Pour les entreprises soumises à l'IS, le profit (ou la perte) constaté est soumis à l'IS au taux de droit commun, les titres des OPCI étant expressément exclus du champ du régime des plus-values à long terme (CGI art. 219, I-a ter-al. 2).

Quant aux plus-values de cession d'actions de Sppicav réalisées par des **non-résidents,** elles sont soumises au prélèvement visé n° 32640 lorsque le cédant détient au moins 10 % du capital de la société.

FONDS DE PLACEMENT IMMOBILIER

Les **FPI** sont des **copropriétés d'actifs immobiliers, d'actifs mobiliers et de liquidités** qui n'ont pas la personnalité morale (C. mon. fin. art. L 214-71 s.). Ils sont donc placés de plein droit hors du champ d'application de l'IS et les porteurs sont imposés comme s'ils avaient eux-mêmes perçu les revenus encaissés par le FPI. L'imposition est toutefois limitée aux revenus et profits **effectivement distribués** par le fonds. 30515 CGI art. 239 nonies IMMO-IV-37000 s

Pour les porteurs **personnes physiques** détenant les parts dans leur patrimoine privé, il en résulte les conséquences suivantes.

› **Précisions** **a.** Pour les **entreprises** exerçant une activité relevant des BIC ou des BA, les produits distribués par le fonds sont imposés dans les conditions exposées n° 7345. Pour les entreprises soumises à l'IS, ils sont, quelle que soit leur nature, compris dans le résultat imposable à l'impôt sur les sociétés dans les conditions de droit commun. Les entreprises peuvent, le cas échéant, imputer sur l'impôt dû les crédits d'impôt attachés aux revenus distribués. Les profits (ou pertes) réalisés lors de la cession ou du rachat de parts de FPI obéissent aux règles définies n° 18380 s'agissant des entreprises relevant de l'impôt sur le revenu et sont imposés à l'impôt sur les sociétés au taux de droit commun pour celles soumises à cet impôt.
b. Les FPI (à l'exclusion des FPPI) sont exonérés de la **taxe annuelle de 3 % sur les immeubles,** voir n° 75970.

Imposition des revenus distribués Les revenus encaissés par le FPI conservent la nature qui leur est propre (revenus locatifs, bénéfices industriels et commerciaux, dividendes, intérêts). Ainsi, lorsqu'ils sont distribués aux porteurs de parts, ils relèvent selon le cas soit du régime des revenus fonciers, soit du régime des BIC, soit du régime des revenus de capitaux mobiliers. 30520 IMMO-IV-37200 s et 38200

a. Les produits issus des **actifs immobiliers** du FPI **loués nus** sont imposés dans la catégorie des **revenus fonciers** dans les conditions de droit commun sous réserve de certaines particu- CGI art. 14 A ; 31, I-1°-e bis ;

239 nonies, II-1-a et II-3 larités. Les **frais de gestion** et de fonctionnement **supportés par le FPI** à raison de son activité immobilière sont déductibles, exception faite des frais de gestion variables facturés par la société de gestion du fonds en fonction des performances réalisées (« commissions de performance »). En revanche, les frais de gestion, de souscription et de transaction **supportés** directement **par les porteurs** de parts ne sont pas déductibles.

Par ailleurs, certains dispositifs de faveur ne sont pas applicables :

– le régime dit de la « loi **Malraux** » applicable aux immeubles situés dans les secteurs sauvegardés et assimilés ;

– le régime des **monuments historiques** donnés en location ;

– l'amortissement « **Robien** » ;

– les réductions d'impôt pour investissement **outre-mer, forestier,** « **Scellier** » ou dans certaines résidences de **tourisme.**

CGI art. 35 A et 239 nonies, II-1-e et II-2 **b.** Les produits issus des **actifs immobiliers** du FPI **loués meublés** sont imposés dans la catégorie des **BIC.** Le montant imposable est égal au revenu distribué minoré de la différence positive entre la fraction de l'amortissement comptable théorique des immeubles et la fraction de l'abattement pratiqué par le fonds en application de l'article L 214-81, II-1°-a du Code monétaire et financier (abattement forfaitaire égal à 1,5 % du prix de revient des immeubles détenus directement par le fonds). Ces fractions sont déterminées pour chaque porteur de parts à proportion de sa quote-part de revenus distribués.

CGI art. 137 ter et 239 nonies, II-1-b **c.** Les produits issus des **actifs mobiliers** (distributions de sociétés de capitaux, autres produits sur créances, dépôts, cautionnement, etc.) du FPI constituent des **revenus de capitaux mobiliers** perçus par les porteurs de parts à la date de leur distribution. Ils sont, en principe, soumis au PFU (sauf option globale pour le barème progressif), après application du prélèvement forfaitaire non libératoire (voir n° 24200). Pour plus de précisions, voir n°s 24265 s. (dividendes) et 24980 s. (produits de placement à revenu fixe).

> Précisions **a.** Pour chaque porteur de parts, l'établissement payeur doit souscrire sur support informatique (n° 26880) une **déclaration** (IFU) récapitulant les sommes payées au titre des revenus fonciers, des BIC et des revenus de capitaux mobiliers. Il doit en adresser une copie aux bénéficiaires des revenus concernés (CGI art. 242 ter B).

b. Les revenus distribués par le FPI relevant du régime des revenus fonciers peuvent bénéficier du régime **micro-foncier,** à condition que le détenteur des parts de FPI soit propriétaire d'un immeuble donné en location nue (n°s 27450 s.). En revanche, ceux relevant du régime des BIC sont exclus du régime **micro-BIC** (n°s 85420 s. et n°s 86425 s.).

c. Les **crédits d'impôt** attachés aux revenus distribués par le FPI peuvent, dans certaines conditions, être transférés aux porteurs et être imputés sur l'impôt sur le revenu (CGI art. 199 ter-0 B).

d. Pour les porteurs de parts **non résidents,** les **dividendes** de source française sont, sous réserve des exceptions prévues par la loi et des conventions internationales, soumis à une retenue à la source (n°s 24845 s.) ; les **produits de placements à revenu fixe** sont soumis à un prélèvement lorsqu'ils sont payés dans un État ou territoire non coopératif (n° 25445).

30525 CGI art. 150 UC, I et II-b et 239 nonies, II-1-c IMMO-IV-37700 s **Imposition des plus-values distribuées** Les plus-values réalisées par le FPI lors de la **cession d'immeubles** ou de droits réels immobiliers (détenus directement ou par l'intermédiaire d'une société de personnes à prépondérance immobilière relevant de l'impôt sur le revenu ou d'un FPI) ainsi que lors de la cession de parts de sociétés de personnes à prépondérance immobilière relevant de l'impôt sur le revenu ou de parts de FPI sont soumises, lors de leur distribution, au régime d'imposition des **plus-values immobilières des particuliers** exposé n°s 32000 s. sous réserve des particularités suivantes.

a. Les cessions d'immeubles bénéficient des **exonérations** mentionnées n° 32120 à l'exception de celles de la résidence principale, de la première cession d'un logement autre que la résidence principale et de celles prévues en faveur des retraités ou invalides de condition modeste.

Les cessions de parts de sociétés à prépondérance immobilière ne peuvent être exonérées que par le jeu de l'abattement pour durée de détention (n° 32245).

CGI art. 150 VB, II-3° et 4° **b.** Les **plus-values** sont **déterminées** au niveau du fonds (date d'acquisition et de vente par le fonds) selon les règles de droit commun. Toutefois, les majorations forfaitaires du prix d'acquisition pour frais d'acquisition (n° 32220) et pour travaux (n°s 32230 s.) ne s'appliquent pas.

CGI art. 150 VG, II-4° **c.** La **déclaration et** le **paiement** de l'impôt afférent à la plus-value sont effectués par le dépositaire dans les dix jours de la distribution au service des impôts des entreprises dont dépend son siège social.

ATTENTION

Lorsque la cession porte sur des **immeubles loués meublés,** ce régime d'imposition ne s'applique que si le porteur de parts n'est pas considéré comme un **loueur professionnel** (n° 90520), cette condition s'appréciant à la date d'échéance du dépôt de la déclaration d'ensemble des revenus précédant la distribution de la plus-value.

Les plus-values réalisées par le FPI lors de la **cession d'immeubles loués meublés,** lorsque le porteur de parts est un **loueur professionnel** (nos 90520 s.), relèvent du régime des **plus-values professionnelles à court terme** (nos 18070 s.), les plus-values distribuées par un FPI étant expressément exclus du champ du régime des plus-values à long terme (CGI art. 39 duodecies, 6 bis). L'assiette est déterminée par le porteur de parts en réintégrant les fractions d'amortissement théorique des immeubles déduites du revenu imposable au titre des BIC (no 30520, b). **30527** CGI art. 239 nonies, II-1-f

Les plus-values peuvent, le cas échéant, être **exonérées** en application de l'article 151 septies du CGI (exonération totale ou partielle en fonction des recettes : voir nos 18200 s.).

Les plus-values réalisées par le FPI lors de la **cession de valeurs mobilières** et assimilées sont imposées à l'impôt sur le revenu de l'année de leur **distribution.** Toutefois, lorsqu'une personne physique détient directement, par personne interposée ou par l'intermédiaire d'une fiducie, plus de 10 % des parts du fonds, les plus-values sont imposées dès leur **réalisation** par le FPI au nom des porteurs de parts selon le régime de droit commun des plus-values sur cessions de valeurs mobilières (nos 32805 s.). **30530** CGI art. 150-0 F et 150-0 A, II-4 ter

> **Précisions** **a.** En cas d'option pour l'imposition au barème progressif, les plus-values de cession de **titres acquis avant 2018** peuvent ouvrir droit à l'abattement pour durée de détention de droit commun (voir nos 33075 s.).
> **b.** Les sommes distribuées sont récapitulées sur l'**IFU** que doit souscrire annuellement l'établissement payeur (nos 26850 s.) (CGI art. 242 ter B).

Lorsque le **porteur** de parts est un **non-résident,** les plus-values immobilières et professionnelles sont, sous réserve des conventions internationales, soumises au prélèvement visé no 32640 à proportion de ses droits dans le FPI (les exonérations en faveur de l'ancienne résidence principale et du logement possédé en France n'étant pas applicables). **30532**

Quant aux plus-values mobilières, elles sont, en principe, à hauteur de la quote-part revenant au porteur non résident, exonérées d'impôt (voir nos 32940 s.).

Cession ou rachat de parts de FPI Les plus-values réalisées par les porteurs lors de la cession ou du rachat de parts de FPI (ou de fonds étrangers équivalents aux FPI français) relèvent en principe du régime des **plus-values immobilières.** La plus-value est déterminée et liquidée suivant les règles applicables aux cessions de titres de sociétés à prépondérance immobilière (nos 32540 s.). **30535** CGI art. 150 UC, II-a et a bis et art. 39 duodecies, 6 ter **IMMO-IV-38300 s**

Les plus-values de cession de parts de FPI dont l'**actif** est, au moment de la cession des parts, constitué, pour **plus de 50 %** de sa valeur, par des **immeubles loués meublés** sont imposées dans la catégorie des **plus-values professionnelles** (nos 17870 s.) lorsque le porteur des parts est un **loueur professionnel** (nos 90520 s.). Le montant de la plus-value est alors majoré des fractions d'amortissement théorique des immeubles déduites du revenu imposable au titre des BIC (no 30520, b) et qui n'ont pas fait l'objet d'une réintégration pour la détermination des plus-values réalisées par le FPI lors de la cession d'immeubles loués meublés (no 30527).

Les plus-values de cession de parts de FPI réalisées par les **non-résidents** sont, sous réserve des conventions internationales, soumises au prélèvement visé no 32640.

C. Sociétés immobilières

1. SOCIÉTÉS IMMOBILIÈRES DE LOCATION NON TRANSPARENTES

Ces sociétés s'entendent essentiellement des sociétés de personnes (sociétés civiles et sociétés à forme commerciale) dont l'objet est la gestion d'un patrimoine immobilier. Leur activité consiste principalement à donner en location (non meublée) les immeubles leur appartenant et, exceptionnellement, à céder certains d'entre eux. **30700** **IMMO-IV-1000 s**

DÉTERMINATION ET IMPOSITION DES RÉSULTATS

Conformément au principe général de l'article 8 du CGI, les bénéfices (soit essentiellement les loyers) réalisés par les sociétés immobilières de location non transparentes sont imposés, non pas au nom de la société, mais au nom personnel de chaque associé. **30710** **IMMO-IV-1300 s**

La **période d'imposition** est l'année civile ou l'exercice clos en cours d'année (BOI-RFPI-CHAMP-30-20 no 165).

Revenus tirés de la location des immeubles Ces revenus sont en règle générale déterminés suivant les règles prévues pour les **revenus fonciers** (nos 27120 s.) et imposés entre les mains des associés dans cette catégorie de revenus. **30715**

Toutefois, la quote-part de bénéfices revenant à des sociétés relevant de l'IS ou à certaines entreprises relevant de l'impôt sur le revenu est déterminée et imposée suivant les règles particulières exposées nos 37630 s.

ATTENTION

En cas de **démembrement de la propriété des parts sociales** et sauf convention contraire, l'usufruitier est soumis à l'impôt sur le revenu à raison de sa quote-part dans les résultats de la société. Si la société est déficitaire, l'usufruitier peut déduire de ses revenus la part du déficit correspondant à ses droits (CE 8-11-2017 n° 399764 : RJF 2/18 n° 184, infirmant la doctrine administrative BOI-BIC-CHAMP-70-20-10-20 nos 100 à 150).

30720 IMMO-IV-2300 s **Logement occupé gratuitement par un associé ou un tiers** Les sociétés non transparentes qui mettent gratuitement à la disposition de leurs associés (ne relevant pas des règles d'imposition visées nos 37630 s.) ou de tiers des logements dont elles sont propriétaires sont considérées par l'administration (BOI-RFPI-CHAMP-30-20 n° 170) et le Conseil d'État (notamment : CE 7-7-1982 n° 30975 : RJF 10/82 n° 944 ; CE 27-10-1999 n° 172940 : RJF 12/99 n° 1597) comme se réservant la jouissance de ces logements. Elles n'ont donc pas à comprendre dans leurs recettes brutes la **valeur locative** de ces locaux mais, en contrepartie, les **charges** afférentes au logement ne sont pas admises en déduction.

En ce qui concerne les **obligations déclaratives** de la société, voir n° 30740, précision a.

Remarque : Lorsque le logement est occupé à titre d'**habitation principale** par l'associé ou le tiers, celui-ci peut bénéficier des crédits d'impôt pour dépenses d'équipement dans l'habitation principale (nos 3045 s. et 3110).

30725 **Plus-values réalisées par la société** Les plus-values réalisées par une société immobilière de location non transparente lors de la cession occasionnelle d'un immeuble social relèvent, en règle générale, du régime des **plus-values des particuliers** (voir n° 32495). Toutefois, la quote-part revenant aux associés relevant de l'IS est déterminée et imposée selon les règles prévues pour les plus-values professionnelles à court terme (voir n° 37631). Sur le cas particulier de transmission des parts entre la date de la cession de l'immeuble et la date de clôture de l'exercice : voir n° 37661, c.

Remarque : En ce qui concerne les plus-values réalisées par l'associé à l'occasion de la **cession** de ses **parts sociales**, voir nos 32520 s. (particuliers) et nos 37735 s. (entreprises).

OBLIGATIONS DÉCLARATIVES

30735 CGI art. 172 bis IMMO-IV-5700 s **Déclaration d'existence** Les sociétés immobilières de location non transparentes doivent souscrire, dans les **trois mois** de leur constitution, en double exemplaire, une déclaration d'existence sur papier libre. Cette déclaration doit être adressée au **centre de formalités des entreprises** (nos 88200 s.), accompagnée de deux exemplaires des statuts (CGI ann. III art. 46 B).

> **Précisions** **a.** La souscription de la déclaration de « création d'entreprise » (**formulaire MO**) vaut souscription de la déclaration d'existence.
> **b.** Lorsque les indications portées sur la déclaration cessent d'être exactes, une nouvelle déclaration doit être souscrite dans les trois mois du **changement.**
> **c.** Le **défaut de production** de la déclaration est sanctionné par une amende fiscale (n° 80190).

30740 **Déclaration de résultat** Les sociétés immobilières de location non transparentes doivent souscrire, chaque année, une déclaration de leurs résultats à l'aide d'un **formulaire** spécial **n° 2072.** Cette déclaration doit être adressée au service des impôts du lieu de la direction effective de la société (ou auprès de la direction des grandes entreprises pour les sociétés qui relèvent de ce service : voir nos 87400 s.).

La déclaration doit être souscrite **par voie électronique** (CGI art. 1649 quater B quater, VI tel que modifié par l'article 76, I-1° et II-A de la loi 2017-1775 du 28-12-2017 : Cette obligation s'applique à l'ensemble des sociétés pour les résultats déclarés au titre des exercices clos à compter du 31 décembre 2019. Auparavant, seules les sociétés relevant de la DGE et celles comptant au moins 100 associés y étaient soumises).

La déclaration doit être souscrite **au plus tard** le deuxième jour ouvré suivant le 1er mai (CGI ann. III art. 46 C). Un délai supplémentaire de quinze jours calendaires est toutefois accordé par l'administration, soit une date limite de déclaration fixée en 2020 au 19 mai (BOI-RFPI-CHAMP-30-20 n° 230).

> **Précisions** **a.** Les sociétés immobilières de location non transparentes qui se bornent à mettre des **logements** à la **disposition gratuite des associés** (dans les conditions indiquées n° 30720) sont tenues de souscrire une déclaration au titre de l'année de leur constitution ; elles en sont en revanche dispensées au titre des années ultérieures sous trois conditions (BOI-RFPI-CHAMP-30-20 n° 240) :
> – aucune modification n'est intervenue dans la répartition du capital, la liste des immeubles et leurs conditions d'occupation ;
> – la société ne perçoit aucun revenu, y compris des produits financiers ;

– aucune rémunération n'est versée aux associés.

b. La société doit préciser la part de résultat revenant à chaque associé.

Les différents **associés** doivent ensuite comprendre la part leur revenant dans leur propre **déclaration de revenus** (déclarations n°s 2042 et 2044) ou de résultats.

Les associés ne disposant pas d'autres revenus fonciers peuvent porter directement sur leur déclaration d'ensemble des revenus n° 2042 la part leur revenant dans les résultats sociaux sans souscrire la déclaration n° 2044 (BOI-RFPI-CHAMP-30-20 n° 260).

c. En ce qui concerne les **plus-values** de cession, la quote-part correspondant aux droits des particuliers est portée sur la déclaration 2048 IMM souscrite par la société lors de la cession (voir n° 32500).

d. Le **défaut de production** de la déclaration ainsi que les omissions ou inexactitudes sont sanctionnés par une amende fiscale à la charge de la société (n° 80190). Les **insuffisances de déclaration** sont quant à elles sanctionnées par application des pénalités visées n°s 80000 s. à la charge des associés (elles sont en règle générale sanctionnées dans le cadre de leur déclaration de revenus ou de résultats). En ce qui concerne le défaut de réponse à une mise en demeure de produire la **liste des associés**, voir n° 80192.

e. En ce qui concerne la déclaration à fournir par les **locataires d'emplacements d'affichage**, voir n° 27600.

CAS PARTICULIER DES SOCIÉTÉS CIVILES DE PLACEMENT IMMOBILIER (SCPI)

30750 CGI art. 239 septies IMMO-IV-20000 s

Lorsqu'elles ont un objet conforme à celui défini à l'article L 214-114 du Code monétaire et financier et sont autorisées à offrir au public des titres financiers dans les conditions prévues à l'article L 214-86 du même Code, les SCPI sont exclues du champ d'application de l'IS et les bénéfices sont imposés directement entre les mains des associés soit à l'impôt sur le revenu, soit à l'IS s'il s'agit de personnes morales passibles de cet impôt.

Les **résultats** sont **déterminés** et imposés comme pour les sociétés immobilières de location non transparentes (n°s 30710 s.). Comme elles, les SCPI doivent souscrire une déclaration d'existence et une **déclaration** de résultats n° 2072 (voir n°s 30735 s.).

Pour les personnes physiques agissant dans le cadre de la gestion de leur patrimoine privé, la souscription au capital des SCPI est susceptible d'ouvrir droit aux **réductions d'impôt Duflot-Pinel** (n°s 2805 s.) et **Malraux** (n°s 2840 s.). Les particuliers ayant investi au travers d'une SCPI peuvent également bénéficier des déductions spécifiques visées n°s 27800 s. pour la détermination de leur revenu net foncier.

› Précisions **a.** Selon l'article L 214-114 du Code monétaire et financier, les SCPI ont pour **objet** l'acquisition directe et indirecte, y compris en l'état futur d'achèvement, et la gestion d'un patrimoine immobilier affecté à la location. Elles peuvent dans certaines conditions procéder à la construction d'immeubles en vue de leur location. Elles sont également autorisées à procéder pour les besoins de leur gestion à des travaux de toute nature dans les immeubles acquis ou construits et à acquérir des équipements mobiliers nécessaires à l'utilisation des immeubles. Elles peuvent en outre, sous certaines conditions, céder des éléments du patrimoine immobilier.

b. Le **non-respect** de l'objet social entraîne la perte du bénéfice des dispositions de l'article 239 septies du CGI et la société est alors soumise au régime applicable à la généralité des sociétés civiles (voir n° 37785). Sur les conséquences du changement de régime fiscal, voir n°s 38795 s.

c. En cas de **fusion de SCPI,** une compensation peut être opérée, sous certaines conditions, entre les plus-values et les moins-values réalisées sur les immeubles figurant à l'actif de la société absorbée pour la détermination des plus-values nettes imposables au nom des associés personnes physiques (BOI-RFPI-PVI-20-20 n° 180).

2. SOCIÉTÉS IMMOBILIÈRES DE COPROPRIÉTÉ TRANSPARENTES

30770 CGI art. 8 bis et 1655 ter IMMO-IV-9100 s

Certaines sociétés – essentiellement les **sociétés immobilières d'attribution** – bénéficient d'un régime de transparence fiscale qui conduit à faire abstraction de la personnalité morale de la société pour l'application des impôts directs, des droits d'enregistrement et des taxes assimilées. Les associés sont traités comme s'ils étaient directement propriétaires des locaux auxquels leur donnent vocation les droits sociaux qu'ils détiennent.

CHAMP D'APPLICATION DE LA TRANSPARENCE FISCALE

30780 IMMO-IV-9400 s

Le régime de la transparence fiscale s'applique aux sociétés, quelle que soit leur forme juridique (sociétés civiles ou sociétés de capitaux), qui ont pour **objet exclusif** soit l'**acquisition** ou la **construction** d'immeubles ou de groupes d'immeubles en vue de leur division par fractions destinées à être attribuées aux associés, en propriété ou en jouissance, soit la **gestion** de ces immeubles ou groupes d'immeubles ainsi divisés, soit la **location,** pour le compte d'un ou de plusieurs membres de la société, de tout ou partie des immeubles leur appartenant.

> **Précisions a.** Le régime de la transparence fiscale peut s'appliquer même si la **société** n'est **pas propriétaire** des immeubles attribués en jouissance aux associés (cas des sociétés concessionnaires du domaine public et des sociétés exploitant un patrimoine immobilier financé par crédit-bail) (Cass. com. 6-1-1975 nº 73-13.170).
> **b.** Ne s'oppose pas non plus à l'application du régime la livraison aux associés d'immeubles comportant des **équipements mobiliers** répondant aux conditions exposées nº 30426, précision c (en ce sens : BOI-BIC-CHAMP-70-20-100-10 nº 110).
> **c.** La circonstance qu'une société immobilière a **plusieurs objets** mentionnés par l'article 1655 ter du CGI ne lui fait pas perdre le bénéfice de la transparence fiscale (CE 26-9-2012 nº 342245 : RJF 12/12 nº 1103).

30785 CGI ann. II art. 373 IMMO-IV-15750 s

Déclaration d'existence Les sociétés immobilières transparentes doivent souscrire une déclaration d'existence, en triple exemplaire sur papier libre, dans les trois mois de leur constitution (ou de la date à partir de laquelle elles entrent dans le champ d'application du régime). Cette déclaration doit être adressée au **centre de formalités des entreprises** (nos 88200 s.) accompagnée de deux exemplaires des statuts. Lorsque les indications portées sur la déclaration cessent d'être exactes, une nouvelle déclaration doit être souscrite dans les trois mois du **changement.**

CONSÉQUENCES DE LA TRANSPARENCE

30795 IMMO-IV-11550 s

Apports d'immeubles à la société Lorsqu'un immeuble est apporté à une société transparente, le transfert de propriété et, par suite, la **plus-value** d'apport imposable portent en principe uniquement sur la fraction de l'immeuble correspondant aux droits acquis sur celui-ci par les coassociés de l'apporteur.

> EXEMPLE
> Si l'immeuble représente 30 % de la valeur des apports (les autres associés effectuant des apports en numéraire), la plus-value est calculée par différence entre 70 % de la valeur d'apport de l'immeuble et 70 % de sa valeur d'acquisition.
> La plus-value ainsi déterminée est, selon le cas, soumise au régime des plus-values des particuliers ou au régime des plus-values professionnelles.

Par exception, lorsqu'une **entreprise** apporte un **terrain à bâtir** à une société transparente, l'apport est réputé porter sur la totalité du terrain, mais l'imposition de la plus-value est différée (CGI art. 238 decies, II) : voir nº 19440, 3.

30800 IMMO-IV-11700 s et 13300 s

Bénéfices sociaux et cessions de titres de la société Les sociétés immobilières transparentes ne sont jamais assujetties à l'IS, même s'il s'agit de sociétés de capitaux.

Les associés étant considérés comme propriétaires des locaux auxquels les droits sociaux leur donnent vocation, les revenus des immeubles sociaux sont imposés au nom de chacun selon le régime dont il relève en sa qualité de particulier ou d'entreprise. Le régime des plus-values (ou moins-values) de cession des droits sociaux dépend également de la qualité du cédant.

a. Particulier. Si le **local** auquel donnent vocation les droits sociaux est **donné en location,** les revenus correspondants sont soumis à l'impôt sur le revenu suivant les règles des revenus fonciers (nos 27000 s.), l'associé pouvant bénéficier des déductions spécifiques visées nos 27800 s. et des réductions d'impôt Duflot-Pinel (nos 2805 s.) ou Malraux (nos 2840 s.). S'il s'agit d'un local dont l'associé se réserve la **jouissance,** le revenu en nature correspondant est exonéré mais, corrélativement, les charges ne sont pas déductibles (nº 27090). En cas d'affectation à son habitation principale, l'associé peut, le cas échéant, bénéficier des crédits d'impôt auxquels ouvrent droit certaines dépenses (nos 3045 s. et 3110).

En cas de **cession des droits sociaux,** la plus-value réalisée relève en principe du régime des plus-values immobilières exposé nos 32000 s. dans les mêmes conditions qu'en cas de détention directe de l'immeuble. Le régime des BIC serait toutefois applicable si les cessions présentaient un caractère habituel susceptible de les rattacher à une activité professionnelle de marchand de biens ou de construction-vente (nos 30300 s. et 30390 s.).

b. Entreprise BIC ou IS. Les **revenus** du local auquel les droits sociaux donnent vocation sont imposés selon les règles exposées nos 7915 s. Sur la possibilité pour l'associé de pratiquer un **amortissement,** voir nº 9175, précision g. En cas de **cession des titres** de la société transparente, les plus-values sont soumises au régime des plus-values professionnelles (nos 17500 s.).

c. Associé exerçant une activité non commerciale. Lorsque le local est utilisé dans le cadre de la profession, les règles prévues pour les particuliers s'appliquent si l'associé relève de la déclaration contrôlée et a décidé de ne pas inscrire les droits sociaux à l'actif professionnel. Il en va de même, à notre avis, lorsque l'associé relève du régime micro-BNC (nos 86510 s.). En revanche, ce sont les règles prévues pour les entreprises qui s'appliquent si les droits sociaux correspondant à des locaux utilisés dans le cadre de la profession sont inscrits sur le registre des immobilisations et des amortissements (associé relevant de la déclaration contrôlée).

› Précisions Sont exonérés les revenus des logements donnés en location à leurs associés par les **sociétés civiles immobilières d'accession progressive à la propriété** (Sciapp) fonctionnant conformément aux articles L 443-6-2 à L 443-6-13 du Code de la construction et de l'habitation (CGI art. 16).

Les sociétés immobilières transparentes doivent souscrire chaque année une **déclaration** de leurs **résultats** à l'aide d'un **imprimé n° 2071-SD.** Cette déclaration doit être adressée au service des impôts du lieu de leur principal établissement, **au plus tard** le deuxième jour ouvré suivant le 1er mai, soit en 2020 le 4 mai. **30805** CGI ann. II art. 374 **IMMO-IV-15850 s**

La déclaration doit indiquer la part revenant ou incombant à chaque associé pour l'année précédente :
– dans les revenus bruts sociaux ;
– dans les différentes charges effectivement supportées par la société (dépenses de réparation et d'entretien, frais de gérance et de rémunération des gardiens et concierges, impositions, intérêts de dettes, frais de gestion et d'assurance, etc.).

Le **défaut ou retard** de déclaration ainsi que les omissions ou inexactitudes sont sanctionnés par une amende fiscale (n° 80190).

Impôts locaux et taxes diverses Les sociétés transparentes ne sont pas passibles de la **contribution économique territoriale.** L'imposition éventuelle doit s'apprécier au niveau de chaque associé (voir n° 43527). **30810** **IMMO-IV-13000 s**

La **taxe foncière** est due et établie au nom de chaque associé au prorata de ses droits sociaux.

N'étant pas soumises à l'IS, les sociétés transparentes échappent à la **taxe d'apprentissage.** Les associés qui en sont personnellement passibles doivent inclure dans la base de cette taxe la part leur incombant dans les salaires (et assimilés) payés par la société.

La transparence fiscale ne joue pas à l'égard de la **participation-construction** et de la participation à la **formation** professionnelle continue. C'est donc éventuellement à la société de s'acquitter de ces participations.

Lorsque la **taxe sur les salaires** est due, la société peut l'acquitter globalement mais, à défaut de paiement, chaque associé est personnellement mis en cause (BOI-TPS-TS-10-10 n° 60).

En ce qui concerne la contribution sur les revenus locatifs (**CRL**), voir n° 74805, précision b.

Remarque : Les conséquences de la transparence fiscale en matière de **droits d'enregistrement** sont examinées dans le cadre de l'étude d'ensemble de ces droits (n° 67195).

OPÉRATIONS PARTICULIÈRES

a. Transformation en société transparente : la transformation d'une **société civile** non transparente en société transparente entraîne, en principe, les mêmes conséquences qu'une dissolution de société de personnes (n° 32510). **30815** **IMMO-IV-15055 s**

Lorsqu'une **société passible de l'IS** modifie ses statuts pour se placer sous le régime de la transparence fiscale, cette modification est assimilée, du point de vue fiscal, à une cessation d'entreprise (nos 11045 s.).

b. Assujettissement à l'IS d'une société transparente : voir nos 38795 s.

c. Dissolution de la société : la dissolution d'une société transparente n'entraîne aucune conséquence en matière d'impôts directs. En particulier, le **partage** en nature et à titre pur et simple des immeubles composant l'actif social ne dégage pas de plus-value taxable.

Lors de la **revente d'un immeuble** attribué à la suite de la dissolution, le prix de revient servant au calcul de la plus-value imposable correspond au prix d'acquisition des parts sociales par le cédant et la date d'acquisition à retenir pour le calcul du délai de détention est celle à laquelle le cédant est devenu propriétaire des parts.

3. SOCIÉTÉS D'INVESTISSEMENTS IMMOBILIERS COTÉES

Les sociétés d'investissements immobiliers cotées (SIIC) sont des sociétés par actions cotées sur un marché réglementé français ou sur un marché étranger respectant les prescriptions de la directive 2004/39/CE (abrogée et remplacée par la directive 2014/65/UE du 15-5-2014 et le règlement UE/600/2014 du même jour) sur les marchés d'instruments financiers, dont le **capital social** atteint 15 millions d'euros et qui ont pour **objet principal** l'acquisition ou la construction d'immeubles en vue de la location, ou la détention directe ou indirecte de participations dans des sociétés de personnes ou dans des sociétés relevant de l'impôt sur les sociétés de plein droit ou sur option ayant le même objet social. **30930** CGI art. 208 C **IS-IV-17000 s**

Ces sociétés peuvent bénéficier, sur option et sous certaines conditions, d'une exonération d'IS sur les bénéfices provenant de la location d'immeubles ou de la sous-location de certains immeubles et de certaines plus-values. Il en est de même de leurs filiales soumises à l'IS et ayant un objet identique, détenues, directement ou indirectement, à 95 % au moins (de manière continue au cours de l'exercice).

› Précisions **a.** Les **immeubles** s'entendent de ceux détenus en pleine propriété ainsi que de ceux exploités en tant que titulaire d'un usufruit ou en tant que preneur d'un bail à construction ou d'un bail emphytéotique.

b. Sont concernées les locations d'immeubles à **usage d'habitation, commercial ou industriel** (BOI-IS-CHAMP-30-20-10 nº 320).

Les **sous-locations** visées par l'article 208 C du CGI sont les sous-locations d'**immeubles pris en crédit-bail** par contrat conclu ou acquis depuis le 1er janvier 2005 et d'**immeubles dont la jouissance a été conférée à titre temporaire par l'État, une collectivité territoriale ou un de leurs établissements publics.**

L'exercice d'une activité autre est possible à condition qu'il conserve un caractère accessoire. Les bénéfices en résultant sont taxables à l'IS dans les conditions de droit commun.

c. Les **filiales** peuvent être **communes à plusieurs SIIC** les détenant globalement à au moins 95 %. S'agissant des filiales détenues **conjointement par des SIIC et des Sppicav,** voir nº 30495.

d. Les **plus-values** réalisées par les actionnaires lors de la cession de leurs titres relèvent en principe du régime de droit commun des plus-values de cession de titres exposé nos 18380 s. et 18710 s. (entreprises) et 32805 s. (particuliers).

Toutefois, lorsqu'elles sont réalisées par des **non-résidents** détenteurs d'au moins 10 % du capital de la société, ces plus-values sont soumises au prélèvement visé nº 32640.

DÉTENTION DU CAPITAL

30940 IS-IV-17110 s

Le régime d'exonération est subordonné au respect de deux conditions tenant à la détention du capital :

– lors de l'**entrée dans le régime,** le capital et les droits de vote doivent être détenus à hauteur de 15 % au moins par des personnes détenant chacune, directement ou indirectement, moins de 2 % du capital et des droits de vote ;

– le capital ou les droits de vote ne doivent pas être détenus, directement ou indirectement, à hauteur de 60 % ou plus par un ou plusieurs actionnaires (exception faite des SIIC elles-mêmes) agissant de concert au sens de l'article L 233-10 du Code de commerce. Cette condition est appréciée de manière continue au cours de **chaque exercice.**

› Précisions Le **non-respect du plafond de détention de 60 %** au cours d'un exercice conduit à la perte du régime de faveur.

Une exception est toutefois prévue lorsque le taux est dépassé par suite d'**offres publiques d'achat ou d'échange,** d'opérations de **restructurations** visées à l'article 210-0 A du CGI, d'opérations de **conversion ou de remboursement d'obligations en actions.** Dans ce cas, les sociétés peuvent régulariser leur situation jusqu'à l'expiration du délai de déclaration. La condition de détention est alors réputée avoir toujours été respectée. Si, en revanche, la situation n'est pas régularisée dans ce délai, la SIIC et ses filiales sortent définitivement du régime d'exonération.

En dehors de ces cas, le régime peut par ailleurs, sous certaines conditions, être **suspendu** pour la durée de l'exercice de dépassement (voir nº 30965).

MODALITÉS ET CONSÉQUENCES DE L'OPTION

30950 CGI ann. III art. 46 ter A, et 46 quater-0 ZZ bis B IS-IV-17580 s

a. L'option pour le régime spécial doit être **notifiée** sur papier libre ou par voie électronique au service des impôts auprès duquel est souscrite la déclaration de résultat, au plus tard avant la fin du quatrième mois de l'ouverture de l'exercice au titre duquel la SIIC souhaite y être soumise.

Elle **prend effet** le 1er jour de l'exercice au titre duquel elle est effectuée et est **irrévocable et globale.**

CGI art. 219, IV, 221 bis et 1663, 3

b. Le changement de régime fiscal qui en résulte entraîne les conséquences de la **cessation d'entreprise** (nº 38770). Toutefois, des atténuations sont prévues en ce qui concerne le principe de l'imposition immédiate des **plus-values latentes** :

– les plus-values latentes relatives aux **immeubles, droits afférents à** un contrat de **crédit-bail,** droits portant sur un **immeuble dont** la **jouissance** a été **conférée** à titre temporaire **par** l'**État,** une collectivité territoriale ou un de leurs établissements publics **et parts des sociétés de personnes** ayant un objet identique à celui des SIIC sont soumises à l'IS au taux réduit de 19 % et ne sont pas assujetties à la contribution sociale ;

– les plus-values latentes relatives aux **immobilisations autres** ne sont pas taxables à condition que la société s'engage à calculer les plus-values réalisées ultérieurement, lors de la cession des immobilisations, d'après la valeur fiscale qu'elles avaient à la clôture de l'exercice précédant l'entrée dans le régime.

› Précisions **a.** La **notification de l'option** doit être accompagnée de la liste des filiales qui optent pour le régime spécial et de l'engagement visé ci-dessus concernant les plus-values relatives aux immobilisations autres que les immeubles.

b. Les **plus-values latentes sur les immeubles** et biens assimilés sont **calculées** par différence entre la valeur réelle à la date de l'option et la **valeur fiscale** du bien comprenant, le cas échéant, les plus-values précédemment neutralisées lors de la cession au sein d'un groupe intégré (nos 40465 s.). La **valeur de marché** des titres de sociétés civiles immobilières est appréciée comme en cas de cession réelle des titres et évaluée dans les conditions exposées n° 18990. La prise en compte des décotes qui pourraient être pratiquées en cas de cession desdits titres est admise, sous réserve que la SIIC justifie de leur pertinence au regard des pratiques normales du marché (CE 26-2-2016 nos 382364, 382350 et 376192 : RJF 5/16 n° 413).

c. L'**IS** au taux **de 19 %** doit être **payé** par quart le 15 décembre de l'année de l'option et de chacune des trois années suivantes. Ces versements doivent être accompagnés d'un bordereau de versement établi sur papier libre ou par voie électronique indiquant la société versante, la nature et le montant du versement, l'échéance à laquelle il se rapporte ainsi que la base de calcul (CGI ann. III art. 361, al. 1).

d. Bien que la société cesse totalement ou partiellement d'être passible de l'IS, les associés ne sont pas imposés à raison du **boni de liquidation** par exception aux dispositions de l'article 111 bis du CGI (n° 38770).

e. La SIIC est tenue de souscrire **avec** sa **déclaration** annuelle de **résultats** : la liste mise à jour de ses filiales qui ont opté (CGI ann. III art. 46 ter A, I-al. 2), un détail des plus-values sur immeubles et droits assimilés qui ont supporté l'impôt de 19 % (CGI ann. III art. 46 quater-0 ZZ bis B) et, pour les plus-values relatives aux autres immobilisations qui ne font pas l'objet d'une imposition immédiate, un état mentionnant pour chacune de ces immobilisations qui ont fait l'objet d'une réévaluation lors du premier exercice de l'option : la valeur comptable, la valeur fiscale et la valeur réévaluée (CGI ann. III art. 38 quindecies, IV).

f. Lorsque des **immeubles,** des **droits** afférents à un contrat de **crédit-bail,** des droits portant sur un **immeuble dont** la **jouissance** a été **conférée** à titre temporaire **par l'État,** une collectivité territoriale ou un de leurs établissements publics ou des **participations** dans des personnes visées à l'article 8 du CGI **deviennent éligibles** à l'exonération d'IS postérieurement à l'option pour ce régime, les plus-values latentes constatées sur ces actifs doivent être réintégrées au résultat fiscal de la SIIC soumis à l'IS (les principes d'évaluation de la valeur de marché des actifs, exposés au b ci-dessus, étant, selon nous, également applicables dans ce cas). La réintégration dans les bénéfices est effectuée par parts égales sur une période de quatre ans (CGI art. 208 C ter). Les plus-values latentes ainsi constatées ne font **pas** l'objet d'une **imposition séparée** et peuvent être imputées sur les déficits du secteur imposable (CE 11-4-2018 nos 414489 et 414493 : RJF 7/18 n° 730).

La **cession** des **biens concernés** entraîne l'imposition immédiate de la plus-value qui n'a pas encore été réintégrée.

EXONÉRATION D'IMPÔT SUR LES SOCIÉTÉS

Les SIIC et leurs filiales ayant opté pour le régime spécial sont exonérées d'IS sur la fraction de leur bénéfice provenant : 30960 IS-IV-17810 s

– de la **location d'immeubles** et de la **sous-location d'immeubles pris en crédit-bail ou dont** la **jouissance** a été **conférée** à titre temporaire **par l'État,** une collectivité territoriale ou un de leurs établissements publics à condition, en principe, que 95 % de ces bénéfices soient distribués aux actionnaires avant la fin de l'exercice qui suit celui de leur réalisation ;

– des **plus-values** réalisées lors de la cession d'immeubles, de droits afférents à un contrat de crédit-bail immobilier, de participations dans des sociétés de personnes ou de participations dans des filiales ayant opté pour le régime spécial, à condition que 70 % de ces plus-values soient distribués aux actionnaires avant la fin du deuxième exercice qui suit celui de leur réalisation ;

– des **dividendes reçus des filiales** soumises au régime spécial à condition qu'ils soient redistribués en totalité au cours de l'exercice suivant celui de leur perception. Il en est de même des **dividendes perçus d'une autre SIIC** lorsque la société bénéficiaire de la distribution détient au moins 5 % du capital et des droits de vote de la société distributrice pendant deux ans au moins.

Les **dividendes reçus** par les SIIC **de sociétés étrangères** dotées d'un statut équivalent **ou de Sppicav** sont également exonérés d'IS à la double condition que la société bénéficiaire détienne une participation représentant au moins 5 % du capital et des droits de vote de la société distributrice pendant deux ans au moins et que les produits soient intégralement redistribués au cours de l'exercice suivant celui de leur perception.

› Précisions **a.** La **quote-part de résultat provenant de sociétés de personnes** ayant un objet identique à la SIIC est exonérée à condition qu'elle soit distribuée aux actionnaires dans les proportions et délais indiqués ci-dessus en distinguant ce qui provient de la location d'immeubles et ce qui résulte de cessions.

b. En ce qui concerne les **plus-values** résultant de la cession d'immeubles, de droits afférents à un contrat de crédit-bail immobilier ou de participations, seules sont exonérées les plus-values provenant de **cessions effectuées au profit de personnes non liées** au sens de l'article 39, 12 du CGI (n° 10425, précision a).

c. Les plus-values de **cessions** d'immeubles et de droits afférents à un contrat de crédit-bail immobilier **réalisées entre une SIIC et ses filiales ayant opté, ou entre sociétés** ayant opté, liées au sens de l'article 39, 12 précité, ne sont pas soumises à l'IS, à condition que la société cessionnaire s'engage, dans l'acte de cession, à respecter, au titre de ces plus-values, les obligations mentionnées nos 39510 et 39520 prévues dans le cadre du régime spécial des fusions. Les réintégrations des plus-values de cession sur éléments amortissables constituent des

éléments du résultat soumis aux obligations de distribution à hauteur de 95 % (ou 70 %). Sur les renseignements à fournir par les sociétés qui se placent sous ce régime, voir nº 39310.
d. Les SIIC et leurs filiales qui ont opté doivent **joindre à** leur **déclaration de résultat** un **état** conforme au modèle établi par l'administration faisant apparaître la **décomposition de leur résultat fiscal** et de celui des sociétés de personnes dans lesquelles elles détiennent des participations entre le secteur imposable et le secteur exonéré et, pour ce dernier, selon l'origine des opérations (locations, cessions, dividendes) ainsi que les opérations de distribution y afférentes et le respect des obligations antérieures (CGI ann. III art. 46 ter A, II).
e. La prise en compte des opérations de **crédit-bail immobilier** s'applique aux contrats conclus ou acquis depuis le 1er janvier 2005.
f. Le **régime spécial des fusions** défini aux articles 210 A s. du CGI (nos 39200 s.) s'applique aux opérations auxquelles participent les SIIC ou leurs filiales ayant opté pour le régime spécial, à condition que la société absorbante s'engage, dans l'acte de fusion, à se substituer à la société absorbée pour ses obligations de distribution non satisfaites à la date de l'opération.
La SIIC absorbante ou bénéficiaire des apports est soumise à des obligations spécifiques de distribution : 60 % de la plus-value d'annulation des titres et 95 % de la plus-value sur les immeubles apportés (CGI art. 208 C bis).

30965
IS-IV-18400 s

Sortie du régime

1. En cas de **non-respect du plafond de détention de 60 %** visé nº 30940 au cours d'un exercice, le régime est **suspendu** pour la durée de ce seul exercice si la situation est régularisée avant la clôture de cet exercice.
Au titre de cet exercice de suspension, la SIIC est imposée à l'IS dans les conditions de droit commun, sous réserve des plus-values de cession d'immeubles qui sont, après déduction des amortissements antérieurement déduits des résultats exonérés, taxées au taux réduit de 19 %.
Le retour au régime d'exonération au titre de l'exercice suivant entraîne les conséquences de la cessation d'entreprise (nº 38770).
Des atténuations sont toutefois prévues en ce qui concerne l'imposition des plus-values latentes :
– les plus-values latentes sur les immeubles, droits afférents à un contrat de crédit-bail et parts de sociétés de personnes ayant un objet identique à celui des SIIC ne sont soumises à l'IS au taux réduit de 19 % que sur la fraction acquise depuis le premier jour de l'exercice au cours duquel le plafond a été dépassé ;
– les plus-values latentes relatives aux immobilisations autres ne font pas l'objet d'une imposition immédiate si aucune modification n'est apportée aux écritures comptables.
La suspension n'est applicable qu'une seule fois au cours des dix années suivant l'option et des dix années suivantes (voir précision a ci-dessous).
2. En cas de **sortie définitive** du régime dans les dix ans suivant l'option, les SIIC sont tenues d'acquitter un complément d'IS sur les plus-values qui ont été imposées au taux réduit. Par ailleurs, les SIIC et leurs filiales doivent réintégrer dans leurs résultats fiscaux de l'exercice de sortie la fraction du bénéfice distribuable existant à la date de clôture de cet exercice et provenant de sommes antérieurement exonérées. Le montant d'IS dû est majoré d'une imposition au taux de 25 % des plus-values latentes sur les immeubles, droits afférents à un contrat de crédit-bail immobilier et participations, acquises pendant le régime, diminuées d'un dixième par année civile écoulée depuis l'entrée dans le régime.
Lorsque la **sortie** intervient **après** une période de **suspension** du régime, le montant de l'impôt dû est également majoré de l'imposition au taux réduit de 19 % sur les plus-values latentes sur les immeubles, droits afférents à un contrat de crédit-bail immobilier et participations, acquises durant la période de suspension, qui aurait été exigible si la société n'était pas sortie du régime.

› Précisions **a.** Lorsque le **plafond de détention** n'est toujours pas respecté à l'expiration de l'exercice au cours duquel il a été dépassé, la SIIC perd définitivement le régime de faveur. Il y a également sortie définitive du régime, sans possibilité de régularisation lorsque, après une période de suspension, le plafond n'est **une nouvelle fois** plus respecté (pour une cause autre qu'une OPA, une OPE ou une autre opération visée nº 30940, précisions) au cours des dix années suivant l'option ou des dix années suivantes.
b. N'est pas constitutive d'une sortie la **fusion** de deux SIIC dès lors que la société absorbante s'engage, dans l'acte de fusion, à se substituer à la société absorbée pour ses obligations de distribution non satisfaites à la date de la fusion. Il en est de même lorsqu'une SIIC vient à être détenue, directement ou indirectement, à 95 % au moins par une autre SIIC à condition que la société acquise demeure une filiale jusqu'à l'expiration du délai de dix ans et qu'elle satisfasse aux obligations de distribution dont elle ne s'est pas encore acquittée.
c. Les SIIC et leurs filiales ayant opté doivent joindre à leur **déclaration de résultat** de l'exercice de sortie un détail des plus-values sur immeubles et droits assimilés qui ont supporté l'impôt de 19 % et de 25 % (CGI ann. III art. 46 quater-0 ZZ bis B).
d. Selon la CAA de Versailles, les SIIC ne peuvent pas imputer sur le résultat taxable de l'exercice de **sortie** un **déficit** constaté au cours de la période pendant laquelle elles étaient pla-

cées sous le régime d'exonération prévue à l'article 208 C du CGI. Elles doivent en revanche réintégrer à celui-ci la reprise des **provisions** régulièrement inscrites en comptabilité, y compris si elles n'ont pu être « déduites » fiscalement lors de leur constitution en raison dudit régime d'exonération (CAA Versailles 12-2-2019 nº 16VE03715 : RJF 7/19 nº 629).

RÉGIME DES DISTRIBUTIONS

Les dividendes distribués par les SIIC relèvent du régime exposé nºs 24540 s. pour les actionnaires personnes physiques et du régime exposé nºs 7955 s. pour les actionnaires personnes morales. Des spécificités sont prévues lorsqu'ils sont **prélevés sur des bénéfices exonérés** (nº 30960) : 30975 IS-IV-18100 s

– ils n'ouvrent pas droit à l'abattement de 40 % prévu pour les dividendes perçus par les personnes physiques visé aux nºs 24635 s. ;

– ils n'ouvrent pas droit au régime des sociétés mères exposé nºs 40850 s. ;

– lorsqu'ils sont distribués à des **organismes de placement collectif** (français ou étrangers), ils sont soumis, sous certaines conditions, à la **retenue à la source** au taux de 15 % (nº 24860) ;

– ils peuvent donner lieu au paiement par la SIIC d'un prélèvement de 20 % étudié nº 30980.

› Précisions Les distributions prélevées sur des bénéfices provenant de **sommes antérieurement exonérées qui ont été taxés lors de la sortie du régime** (nº 30965) peuvent bénéficier du régime des sociétés mères, toutes conditions étant par ailleurs remplies (CGI art. 145, 6-i-1er tiret).

Prélèvement de 20 % Lorsque les **dividendes prélevés sur des bénéfices exonérés** sont distribués à un actionnaire autre qu'une personne physique, détenant, directement ou indirectement, au moment de la mise en paiement, au moins 10 % des droits à dividendes de la SIIC distributrice et qu'ils ne sont pas soumis à l'IS (ou un impôt équivalent) chez cet actionnaire, la SIIC distributrice est tenue d'acquitter un prélèvement de 20 % du montant de ces sommes. Toutefois, ce prélèvement n'est pas dû lorsque la distribution est faite à une société qui doit distribuer l'intégralité des dividendes qu'elle perçoit et dont les associés détenant, directement ou indirectement, au moins 10 % des droits à dividendes sont soumis à l'IS (ou un impôt équivalent) à raison de ces distributions. 30980

Ce prélèvement est également dû sur les **produits réputés distribués.**

› Précisions **a.** **L'assiette du prélèvement** est déterminée avant imputation de celui-ci et diminuée des sommes distribuées provenant des produits reçus ayant déjà supporté ce prélèvement.

b. Les **produits perçus** par l'actionnaire ne sont **pas considérés** comme **soumis à l'IS** (ou un impôt équivalent) lorsqu'ils sont exonérés ou soumis à un impôt dont le montant est inférieur de plus de deux tiers à celui de l'impôt sur les sociétés qui aurait été dû dans les conditions de droit commun en France.

c. La SIIC distributrice doit acquitter spontanément le prélèvement au comptable public dans le **mois qui suit** la mise en paiement des distributions. Le versement est accompagné d'un **relevé** établi sur papier libre ou par voie électronique indiquant, outre les mentions visées nº 30950, précision c, l'identité et l'adresse des associés bénéficiaires des distributions soumises au prélèvement (CGI ann. III art. 361, al. 2). Le prélèvement n'est **ni restituable ni imputable.** Il n'est **pas** admis en **charge** déductible pour la détermination du résultat de la société distributrice.

4. SOCIÉTÉS DE « MULTIPROPRIÉTÉ »

Un régime particulier est prévu en faveur des sociétés de **« multipropriété »** passibles de l'IS, qui ont pour **objet** de **transférer gratuitement à leurs membres la jouissance d'un bien meuble ou immeuble** (par exemple : locaux meublés, bateaux de plaisance, emplacements dans des ports de plaisance ou parkings dont la société est concessionnaire). Ne sont pas visées, dès lors qu'elles ne sont pas passibles de l'IS, les sociétés immobilières de copropriété dotées de la « transparence fiscale » (nºs 30770 s.). 31000 CGI art. 239 octies IMMO-IV-16500 s

Ce régime concerne la **valeur nette de l'avantage en nature** consenti aux associés, c'est-à-dire la différence entre le loyer qu'aurait pu percevoir la société, si elle avait loué le bien, et le montant des versements faits par l'associé pour les dépenses ne lui incombant pas en tant qu'utilisateur du bien (frais de gestion, d'entretien et de réparation des biens sociaux) :

– au niveau de la **société,** la valeur nette de l'avantage en nature consenti aux associés n'est pas prise en compte pour la détermination du résultat imposable à l'IS et ne constitue pas un revenu distribué ;

– entre les mains des **associés personnes physiques,** la valeur nette de l'avantage en nature est exonérée de l'impôt sur le revenu. En revanche, cette exonération n'est pas applicable à l'égard des associés qui sont des **personnes morales** passibles de l'IS **ou** des **entreprises** imposables à l'impôt sur le revenu au titre des BIC.

Le régime spécial n'est pas applicable si la société de multipropriété réalise **avec des tiers** des **opérations productives de recettes,** à moins qu'il ne s'agisse soit d'opérations accessoires n'excédant pas 10 % de ses recettes totales, soit d'opérations résultant d'une obligation imposée par la puissance publique.

> Précisions **a.** Le régime spécial s'applique aux avantages en nature consentis au cours d'un **exercice ouvert jusqu'au 31 décembre 2023** (Loi 2019-1479 du 28-12-2019 art. 136, 3°).
b. En même temps que la déclaration de leurs résultats, les sociétés de pluripropriété sont tenues de produire une **déclaration spéciale** n° 2038-SD.
c. En ce qui concerne l'exonération de **TVA** prévue pour les sociétés de pluripropriété, voir n° 47315.
d. Droits d'enregistrement sur les cessions d'actions ou parts de sociétés concessionnaires de ports de plaisance et des sociétés d'attribution d'immeubles en jouissance à temps partagé : voir n° 67195, précision b.

D. Bail à construction

31030 IMMO-V-120 s
Le bail à construction est le contrat par lequel le propriétaire d'un terrain (le bailleur) en cède l'usage à un locataire (le preneur) qui est tenu d'y édifier des constructions. Il est conclu pour une durée comprise entre dix-huit et quatre-vingt-dix-neuf ans et confère au preneur un droit réel immobilier librement cessible. À l'expiration du bail, le bailleur devient, en principe, propriétaire des constructions, sauf lorsque le contrat est assorti d'une clause prévoyant le transfert de propriété du terrain au preneur. Le droit de reprise des constructions par le bailleur en fin de bail est, en règle générale, gratuit.

Nous examinons ci-après les différents aspects fiscaux du bail à construction au regard des impôts directs, des droits d'enregistrement et de la TVA.

RÈGLES APPLICABLES EN COURS DE BAIL

31035 CGI art. 33 bis et 33 ter, I IMMO-V-240 s
Impôts directs Les **loyers** et autres prestations de toute nature perçus par le bailleur en cours de bail présentent le caractère de revenus fonciers. Ces revenus sont taxables :
– si le bailleur est un **particulier,** à l'impôt sur le revenu dans la catégorie des revenus fonciers (n°s 27000 s.) ;
– si le bailleur est une **entreprise,** selon les règles exposées n° 7915.

Lorsque le loyer est payé par **remise d'immeubles** ou fractions d'immeubles ou encore par **remise de titres** donnant vocation à la propriété ou à la jouissance de tels immeubles, le bailleur est imposé sur la valeur de ces biens (calculée d'après leur prix de revient). L'imposition est établie en principe au titre de l'année ou de l'exercice au cours duquel les biens lui ont été attribués. Toutefois, le bailleur peut demander l'échelonnement de l'imposition sur quinze ans (année ou exercice d'attribution des biens et quatorze années ou exercices suivants).

> Précisions **a.** Lorsque le **preneur** est une entreprise soumise aux règles des **BIC,** les loyers versés sont normalement déductibles des bénéfices imposables de cette entreprise dans les conditions de droit commun.
Par ailleurs, par dérogation à la règle prévue en cas de construction sur sol d'autrui, l'entreprise locataire peut amortir les constructions édifiées sur la durée du bail lorsque, ce qui est le cas le plus général, celles-ci doivent revenir gratuitement au bailleur en fin de bail (CGI art. 39 D).
b. La **taxe foncière** est à la charge du preneur (CGI art. 1400, II).

31040 CGI art. 260, 5° 261 D, 1° bis 266, 5 269, 2-c bis et 743, 1° IMMO-V-800 s
TVA et droits d'enregistrement Les baux à construction sont exonérés de **TVA,** mais le bailleur a la possibilité d'opter pour l'assujettissement du bail à cette taxe. Dans ce cas, la TVA est assise, d'une part, sur la valeur du droit de reprise des immeubles qui reviennent au bailleur en fin de bail (abstraction faite, le cas échéant, du montant de l'indemnité de reprise stipulée au profit du preneur) et, d'autre part, sur les loyers acquittés pendant la durée du bail. Elle est exigible dès la conclusion du bail s'agissant de la valeur du droit de reprise et lors de leur encaissement pour les loyers.

En toute hypothèse, les baux à construction sont exonérés de **taxe de publicité foncière.**

RÈGLES APPLICABLES À L'EXPIRATION DU BAIL

31050 CGI art. 33 ter, II IMMO-V-350 s
Si la **durée** du bail est **supérieure** ou égale **à trente ans,** la remise gratuite en fin de bail des constructions édifiées par le locataire ne donne lieu à aucune imposition.

Si, au contraire, cette durée est **comprise entre dix-huit et trente ans,** la remise s'analyse en un supplément de loyer constitutif, pour le propriétaire bailleur, d'un revenu foncier. Toutefois, l'impôt n'est dû que sur le prix de revient des constructions sous déduction d'une décote égale à 8 % par année de bail au-delà de la dix-huitième (par **exemple,** dans le cas d'un bail d'une durée de vingt ans, le revenu imposable sera égal à 84 % du prix de revient des constructions). L'imposition est en principe exigible à la fin de la période pour laquelle le bail a été initialement conclu. Elle peut être échelonnée sur quinze ans.

> **Précisions** **a.** La **prorogation du bail** reporte au nouveau terme convenu par les parties l'imposition des constructions édifiées par le preneur (CE 25-1-2006 n° 271523 : RJF 4/06 n° 388).
> **b.** Pour les baux d'au moins trente ans, l'**exonération** est **limitée au prix de revient** des constructions remises au bailleur. Si celui-ci les a comptabilisées à leur valeur vénale, l'écart entre la valeur vénale et le prix de revient est imposable l'année de la remise des constructions (CE 5-11-2014 n° 366231 : RJF 2/15 n° 93).

OPÉRATIONS DIVERSES

Cession du terrain au preneur en fin de bail (location-vente) Lorsque le bail à construction est assorti d'une clause prévoyant le transfert de propriété du terrain au preneur **moyennant** un **supplément de loyer,** les sommes ainsi versées sont considérées non pas comme des loyers imposables en tant que revenus fonciers, mais comme le prix de cession du terrain (CGI art. 151 quater). La plus-value dégagée à cette occasion relève : **31060** IMMO-V-460 s et 1380 s.

– si le **bailleur** est une **entreprise,** du régime des bénéfices professionnels (n°s 17500 s.) ;
– si le bailleur est un **particulier** (ou une société de personnes relevant de l'impôt sur le revenu), du régime des plus-values des particuliers (n°s 32000 s.).

> **Précisions** **a.** Lorsque le bailleur est un particulier, le **montant** de la plus-value nette est déterminé au moment de la signature du bail d'après la valeur du terrain à cette date. La **durée de possession** prise en compte est la période comprise entre la date d'acquisition par le bailleur et la date de transfert de propriété en fin de bail.
> **b.** Le régime fiscal au regard des **droits d'enregistrement** et de la **TVA** d'une telle opération dépend des stipulations du contrat (selon le cas : régime des ventes à terme, des ventes sous condition suspensive ou encore des promesses de vente : voir n°s 58700 s. et 66000 s.).

Autres opérations **a.** La **cession** à un tiers des **droits du bailleur** et celle des **droits du preneur** sont soumises au régime des ventes d'immeubles (CGI art. 1378 ter). **31065**

b. La **résiliation d'un bail** à construction avant son terme transfère au bailleur la propriété des constructions édifiées par le preneur et doit être taxée comme une vente d'immeubles (Cass. com. 24-6-1997 n° 95-13.038 P : RJF 11/97 n° 1064).

c. En ce qui concerne le calcul de la **plus-value** de revente d'un immeuble lorsque la construction revient sans indemnité au bailleur : voir n° 32350 (régime des plus-values des particuliers).

> ATTENTION
> La **cession du terrain au preneur en cours de bail** est analysée de façon divergente par la Cour de cassation et par le Conseil d'État. Selon la Cour de cassation, la valeur des constructions n'a pas à être comprise dans l'assiette des droits d'enregistrement, aucun retour de ces constructions dans le patrimoine du bailleur n'étant constaté (Cass. com. 12-6-2012 n° 11-18.978 F-D : RJF 10/12 n° 958). Selon le Conseil d'État, une telle opération implique, pour le preneur entreprise, un retrait d'actif des constructions avant la réinscription de l'ensemble immobilier. Elle est donc susceptible d'entraîner pour le preneur une variation d'actif net affectant son bénéfice net (CE 27-2-2013 n° 350663 : RJF 5/13 n° 464).

E. Taxes d'urbanisme et assimilées

Les taxes d'urbanisme et assimilées (taxe d'aménagement, versement pour sous-densité, taxe pour création de bureaux en Île-de-France et redevance d'archéologie préventive) sont dues sur les opérations de construction. Elles ont pour caractéristique commune d'être générées par les diverses autorisations d'occuper le sol (autorisation de construire, de lotir ou d'aménager en particulier). **31090**

1. TAXE D'AMÉNAGEMENT

CHAMP D'APPLICATION

La taxe d'aménagement est due sur l'ensemble des opérations d'**aménagement,** de **construction,** de **reconstruction** ou d'**agrandissement** de bâtiments, installations ou aménagements de toute nature nécessitant une autorisation d'urbanisme. **31100** C. urb. art. L 331-1 à L 331-9 IMMO-V-4100 s

La taxe est composée de plusieurs parts :

a. une **part communale ou intercommunale** instituée :

– de plein droit (sauf renonciation expresse des collectivités bénéficiaires) dans les communes dotées d'un plan local d'urbanisme ou d'un plan d'occupation des sols, dans les

communautés urbaines, les métropoles (à l'exclusion de la métropole du Grand Paris) et la métropole de Lyon ;
– par délibération du conseil municipal (ou de l'organe délibérant de l'EPCI compétent en matière de PLU) dans les autres communes ;
b. une **part départementale,** destinée à financer certaines dépenses, instituée par délibération du conseil départemental (ou de l'Assemblée de Corse) ;
c. une **part de la région Île-de-France** instituée par délibération du conseil régional.

› Précisions **a.** Les **délibérations** portant institution, renonciation ou suppression des différentes parts de la taxe doivent être prises avant le 30 novembre pour entrer en vigueur le 1er janvier de l'année suivante. Elles sont valables pour une durée minimale de trois ans à compter de leur entrée en vigueur (C. urb. art. L 331-2). Passé ce délai, elles demeurent applicables jusqu'à délibérations contraires (CE 9-3-2016 n° 391190 : RJF 6/16 n° 530). Par exception, en cas de création d'une commune nouvelle, les délibérations de renonciation à la perception de la taxe et celles de suppression de la taxe demeurent applicables uniquement la première année suivant celle de l'arrêté de création d'une commune nouvelle.
b. La **métropole de Lyon** est substituée au département du Rhône pour la perception de la part départementale due pour les autorisations délivrées sur son territoire depuis le 1er janvier 2017. De même, la **Ville de Paris** est substituée au département de Paris pour la perception de la part départementale due pour les autorisations délivrées sur son territoire depuis le 1er janvier 2019 (Ord. 2018-75 du 8-2-2018 art. 3).
c. Les travaux de reconstruction sans **création de nouvelles surfaces** de plancher ne sont pas imposables à la taxe (Circ. logement18-6-2013 n° 1-2-1).

31105 IMMO-V-5300 s **Exonérations de plein droit** Sont exonérés de plein droit **de toutes les parts de taxe** d'aménagement (part communale ou intercommunale, part départementale et part perçue par la région Île-de-France) :
– les constructions et aménagements destinés à un service public ou d'utilité publique (dont la liste est fixée par l'article R 331-4 du Code de l'urbanisme) ;
– les constructions de locaux d'habitation et d'hébergement bénéficiant d'un prêt locatif aidé d'intégration (PLA-I) ;
– dans les exploitations et coopératives agricoles, les surfaces de plancher des serres de production, des locaux destinés à abriter les récoltes, à héberger les animaux, à ranger et entretenir le matériel agricole, des locaux de production et de stockage des produits à usage agricole, des locaux de transformation et de conditionnement des produits provenant de l'exploitation et, dans les centres équestres de loisirs, les surfaces de bâtiments affectées aux activités équestres ;
– sous certaines conditions, les aménagements prescrits par un plan de prévention des risques naturels prévisibles, un plan de prévention des risques technologiques ou un plan de prévention des risques miniers ;
– sous certaines conditions, la reconstruction à l'identique d'un bâtiment détruit ou démoli depuis moins de dix ans ainsi que des bâtiments de même nature que les locaux sinistrés dont le terrain d'implantation a été reconnu comme extrêmement dangereux et classé inconstructible ;
– les constructions dont la surface est inférieure ou égale à 5 m^2.

31110 Sont exonérés de plein droit **de la seule part communale (ou intercommunale)** :
– les constructions et aménagements réalisés dans les périmètres des opérations d'intérêt national (OIN) lorsque le coût de certains équipements (visés à l'article R 331-5 du Code de l'urbanisme) a été mis à la charge des constructeurs ou des aménageurs ;
– les constructions et aménagements édifiés dans les zones d'aménagement concerté (ZAC) lorsque le coût de certains équipements (visés à l'article R 331-6 du Code de l'urbanisme) a été mis à la charge des constructeurs ou des aménageurs, cette liste pouvant être complétée, pour chaque commune, par une délibération du conseil municipal (ou de l'organe délibérant de l'EPCI) valable pour une durée minimale de trois ans ;
– les constructions et aménagements réalisés dans les périmètres délimités par une convention de projet urbain partenarial (PUP) (pendant la durée fixée par la convention).

31115 IMMO-V-6900 s **Exonérations facultatives** Par délibération (prise dans les conditions visées n° 31100), sont exonérés, **en tout ou en partie, des parts communale (ou intercommunale), départementale ou régionale** de taxe d'aménagement :
– les logements sociaux financés à l'aide de prêts aidés de l'État et ouvrant droit au taux réduit de TVA (logements mentionnés aux articles 278 sexies et 296 ter du CGI) autres que ceux bénéficiant de prêts PLA-I visés n° 31105 ;
– les locaux à usage d'habitation principale qui ne bénéficient pas de l'abattement mentionné n° 31130 et qui sont financés à l'aide du prêt à taux zéro (**PTZ**), dans la limite de 50 % de leur surface ;
– les locaux à usage industriel ou artisanal mentionnés à l'article L 331-12, 3° du Code de l'urbanisme ;

– les commerces de détail d'une surface de vente inférieure à 400 m^2 ;
– les immeubles classés monuments historiques ou inscrits à l'inventaire des monuments historiques ;
– les surfaces annexes affectées au stationnement de véhicules comprises dans des logements sociaux bénéficiant du taux réduit de TVA (lorsque ces logements ne sont pas totalement exonérés) ou celles comprises dans des immeubles autres que les maisons individuelles ;
– les abris de jardin de plus de 5 m^2 ;
– les pigeonniers et colombiers soumis à déclaration préalable ;
– les maisons de santé pluriprofessionnelles définies à l'article L 6323-3 du Code de la santé publique.

ASSIETTE

La taxe d'aménagement est assise sur la **valeur,** déterminée forfaitairement par mètre carré, de la **surface de la construction.** La surface à retenir s'entend de la somme des surfaces de plancher closes et couvertes et dont la hauteur sous plafond est supérieure à 1,80 mètre, calculée à partir du nu intérieur des façades du bâtiment, déduction faite des vides et des trémies afférentes aux escaliers et ascenseurs et des surfaces correspondant à l'épaisseur des murs entourant les embrasures des portes et fenêtres donnant sur l'extérieur. **31125** C. urb. art. L 331-10 à L 331-13 et R 331-7 **IMMO-V-7800 s**

La valeur par mètre carré de la surface de la construction est fixée, au 1er janvier 2020, à 759 €, valeur portée à 860 € dans les communes de la région Île-de-France (Arrêté TERL1935460A du 23-12-2019). Ces valeurs forfaitaires sont revalorisées chaque année au 1er janvier en fonction de l'indice Insee du coût de la construction.

Dans certains cas, un **abattement** de 50 % est appliqué sur ces valeurs. Par ailleurs, certaines installations et aménagements font l'objet d'une **évaluation forfaitaire spécifique.** Ces cas particuliers sont mentionnés dans le tableau ci-dessous.

> Précisions a. L'assiette de la taxe d'aménagement due lors de l'**agrandissement d'un bâtiment préexistant** doit être calculée à partir de l'augmentation nette de surface de construction, sous déduction de la surface supprimée dans le cadre de la même opération (CE 10-5-2017 nº 393485 : RJF 8-9/17 nº 811, solution rendue à propos de l'ancienne taxe locale d'équipement qui semble transposable).

b. S'agissant des **constructions existantes avant le 1er mars 2012** (date d'entrée en vigueur de la taxe), la transformation de surfaces auparavant constitutives de surfaces hors œuvre brutes (Shob) (combles et sous-sols non aménageables, garages, caves, locaux techniques), non taxées lors de leur création, ne génère pas de nouvelles surfaces taxables, sauf en cas de changement de destination de surfaces agricoles (Circ. logement 18-6-2013 nº 1-4-1-2)

Barème des valeurs forfaitaires Le tableau ci-après indique les valeurs forfaitaires à retenir pour les autorisations de construire accordées en 2020. **31130**

Opérations	Abattement	Valeurs forfaitaires		Unités imposables
		Hors Île-de-France	Île-de-France	
Constructions imposables				
• Régime général :		759 €	860 €	
• Constructions de logements sociaux (et leurs annexes) ouvrant droit à un taux réduit de TVA [1et2] :	50 %	379,50 €	430 €	
• Constructions de locaux à usage de résidence principale (et leurs annexes) :				
– pour les 100 premiers mètres carrés : [3]	50 %	379,50 €	430 €	Par mètre carré de surface de la construction
– au-delà de 100 m^2 :		759 €	860 €	
• Constructions de : – locaux à usage industriel ou artisanal (et leurs annexes) – entrepôts et hangars à usage commercial non ouverts au public – parcs de stationnement couverts à usage commercial	50 %	379,50 €	430 €	

Opérations	Abattement	Valeurs forfaitaires		Unités imposables
		Hors Île-de-France	Île-de-France	
Installations et aménagements imposables				
• Tentes, caravanes, résidences mobiles :		3 000 €		Par emplacement
• Habitations légères de loisirs :		10 000 €		Par emplacement
• Piscines :		200 €		Par mètre carré
• Éoliennes de plus de 12 mètres :		3 000 €		Par éolienne
• Panneaux photovoltaïques au sol :		10 €		Par mètre carré
• Aires de stationnement non comprises dans la surface de plancher d'une construction, valeur minimale :		2 000 €		Par emplacement
ou sur délibération de l'autorité compétente :		jusqu'à 5 000 €		Par emplacement

1. Logements visés aux articles 278 sexies et 296 ter du CGI.
2. Valeurs également applicables en Guyane et à Mayotte.
3. Abattement non cumulable avec l'abattement prévu pour la construction de logements sociaux.

TAUX

31135 C. urb. art. L 331-14 à L 331-18 IMMO-V-8500 s

Taux de la part communale (ou intercommunale) Sauf délibération expresse de la collectivité bénéficiaire pour fixer un taux plus élevé, le taux d'imposition est fixé à 1 %. Ce taux de base peut, sur délibération de l'organe compétent, être **majoré** jusqu'à 5 % selon les aménagements à réaliser, par secteurs de territoire définis dans un document graphique.

Il peut même, sur délibération motivée, être porté jusqu'à 20 % dans certains secteurs si la réalisation de travaux substantiels de voirie ou de réseaux ou la création d'équipements publics généraux est rendue nécessaire en raison de l'importance des constructions nouvelles édifiées dans ces secteurs. Il ne peut être mis à la charge des aménageurs ou constructeurs que le coût des équipements publics à réaliser pour répondre aux besoins des futurs habitants ou usagers des constructions à édifier dans ces secteurs ou, lorsque la capacité des équipements excède ces besoins, la fraction du coût proportionnelle à ceux-ci.

› Précisions **a.** La **délibération** doit être prise avant le 30 novembre pour être applicable à compter du 1er janvier de l'année suivante. Elle est valable pour une période d'**un an** et reconduite de plein droit en l'absence de nouvelle délibération.
b. Le **document graphique** doit figurer, à titre d'information, en annexe des documents d'urbanisme PLU ou POS. Pour les communes non dotées de ces documents, la délibération déterminant les taux et les secteurs et le plan font l'objet d'un affichage en mairie.
c. Si la construction est réalisée sur **deux secteurs** comportant des taux différents, le calcul s'opère au taux le moins élevé (C. urb. art. R 331-8). Si elle est réalisée sur **deux communes,** la construction est taxée selon le taux propre à chaque commune au prorata des surfaces bâties sur chacune d'elles (Circ. logement 18-6-2013 n° 1-5-1-1).

31140 **Taux de la part départementale** Le taux, fixé par délibération de la collectivité bénéficiaire, ne peut **pas excéder** 2,5 %. Sur les modalités de la délibération, voir n° 31135, précision a.

31145 **Taux de la part de la région Île-de-France** Le taux, fixé par délibération du conseil régional (dans les conditions visées n° 31135, précision a), ne peut **pas excéder** 1 %. Il peut être différent selon les départements.

Remarque : Le conseil régional d'Île-de-France a institué sa part de TA au taux de 1 % sur l'ensemble du territoire régional (Délibération du conseil régional 117-11 du 17-11-2011).

CALCUL

31150 C. urb. art. L 331-20 IMMO-V-9200 s

La taxe est égale au produit de la valeur de la construction, des installations ou aménagements telle que déterminée nos 31125 s. par les différents taux visés nos 31135 s.

La taxe est liquidée par application des **valeurs forfaitaires** et des **taux en vigueur** à la date de délivrance de l'autorisation de construire ou d'aménager ou du permis modificatif, de naissance d'une autorisation tacite de construire ou d'aménager, de la décision de non-opposition à une déclaration préalable, du procès-verbal constatant une infraction.

› Précisions Lorsque l'autorisation est demandée au cours de la période de validité d'un **certificat d'urbanisme,** c'est le taux le plus favorable qui est appliqué à l'opération.
Cette mesure vaut aussi pour les **exonérations facultatives** visées n° 31115 (Circ. logement 18-6-2013 n° 1-6-4).

PAIEMENT

La taxe doit être versée par le bénéficiaire de l'autorisation de construire ou d'aménager ou de la décision de non-opposition à une déclaration préalable de travaux au comptable public compétent pour le recouvrement des créances étrangères à l'impôt et au domaine. Elle doit être acquittée : **31155** C. urb. art. L 331-24 LPF art. L 255 A **IMMO-V-9600 s**

– lorsque son **montant** est **supérieur à 1 500 €,** en deux fractions égales, la première douze mois après la date de délivrance de l'autorisation de construire ou d'aménager, la date de décision de non-opposition ou la date à laquelle l'autorisation est réputée avoir été accordée, la seconde vingt-quatre mois après cette même date ;

– lorsque son montant **n'excède pas 1 500 €,** en totalité douze mois après la délivrance de l'autorisation expresse ou tacite ou de la décision de non-opposition.

Elle est liquidée et recouvrée en vertu de titres de recettes individuels ou collectifs délivrés par le responsable chargé de l'urbanisme dans le département.

› Précisions **a.** En cas de **contestation en justice par un tiers de l'autorisation de construire,** le paiement des taxes d'urbanisme peut être différé, sur demande expresse du constructeur assortie des garanties de paiement visées n° 81885, jusqu'au prononcé d'une décision juridictionnelle devenue définitive (LPF art. L 278).

b. En cas de **modification** apportée au **permis de construire** ou d'aménager ou à l'autorisation tacite de construire ou d'aménager, le complément de taxe doit être acquitté dans les douze mois suivant la date de la délivrance du permis modificatif ou de l'autorisation réputée accordée.

c. Lorsqu'une **autorisation de construire** ou d'aménager est **transférée,** la taxe est due par le nouveau titulaire du droit de construire ou d'aménager (s'il y a lieu, à concurrence de la superficie transférée) (C. urb. art. L 331-26).

d. En cas de **construction sans autorisation ou en infraction** à l'autorisation obtenue, la taxe et la pénalité visée n° 31160, b font l'objet de l'émission d'un titre unique dont le recouvrement est immédiatement poursuivi contre le constructeur ou la personne responsable de l'aménagement.

e. Sont **tenus solidairement** au paiement de la TA les établissements qui sont garants de l'achèvement de la construction, les époux et les partenaires de Pacs (C. urb. art. L 331-25).

CONTRÔLE, SANCTIONS ET CONTENTIEUX

a. Le **droit de reprise** de l'administration s'exerce jusqu'au 31 décembre de la quatrième année suivant celle de la délivrance de l'autorisation (expresse ou tacite) ou de la décision de non-opposition. Pour les constructions sans autorisation ou en infraction à l'autorisation accordée, il expire le 31 décembre de la sixième année qui suit celle de l'achèvement des constructions ou aménagements en cause (C. urb. art. L 331-21). **31160** **IMMO-V-10000 s**

b. En cas de **construction sans autorisation ou en infraction** à l'autorisation de construire obtenue, le montant de la taxe ou du complément de taxe due est assorti d'une **pénalité** de 80 % du montant de la taxe (C. urb. art. L 331-23).

c. L'**action en recouvrement** de l'administration se prescrit par cinq ans à compter de l'émission du titre de perception (C. urb. art. L 331-29). En cas de différé de paiement (n° 31155, précision a), l'action en recouvrement est suspendue jusqu'au prononcé de la décision définitive (LPF art. L 278).

d. Le constructeur peut obtenir la **décharge,** la **réduction** ou la **restitution** de tout ou partie de la taxe dans les cas suivants : abandon du projet ; modification du permis entraînant une diminution du montant de la taxe ; démolition des constructions en vertu d'une décision de justice ou suite aux dégâts causés par une catastrophe naturelle (dans ce dernier cas, la reconstruction ne peut pas bénéficier de l'exonération visée n° 31105) ; justification des conditions pour bénéficier d'une exonération ou d'un abattement ; erreur dans l'assiette ou le calcul de la taxe (C. urb. art. L 331-30).

e. Les **réclamations contentieuses** sont recevables jusqu'au 31 décembre de la deuxième année suivant celle de l'émission du premier titre de perception ou, lorsque le redevable a fait l'objet d'une procédure de rectification, jusqu'au 31 décembre de la troisième année suivant celle de la notification de proposition de rectification. Elles doivent être adressées au responsable chargé de l'urbanisme dans le département, sauf celles concernant le recouvrement de la taxe qui doivent être adressées au comptable public (C. urb. art. L 331-31 et C. urb. art. L 331-32).

f. Afin de sécuriser les projets de construction ou d'aménagement les plus importants (ceux supérieurs à 50 000 m^2 de surface taxable), les constructeurs ont la possibilité de demander à l'administration de prendre formellement position sur l'application à leur situation des règles prévues par le Code de l'urbanisme en matière de taxe d'aménagement (**procédure de rescrit** : C. urb. art. L 331-20-1).

2. VERSEMENT POUR SOUS-DENSITÉ

CHAMP D'APPLICATION

31180 C. urb. art. L 331-35 à L 331-38 et L 331-41 IMMO-V-15000 s

Les communes et EPCI compétents en matière de **plan local d'urbanisme** ou de **plan d'occupation des sols** ainsi que la métropole de Lyon peuvent instituer, par délibération, un seuil minimal de densité (SMD) en deçà duquel un versement pour sous-densité (VSD) est dû.

Le VSD s'applique aux **constructions nouvelles ou non destinées à être démolies** dont la densité, égale au rapport entre la surface de plancher de la construction et la surface du terrain d'assiette, est inférieure au SMD.

Sont **exonérées** :

– les constructions exonérées de plein droit des parts communale, départementale et régionale de la taxe d'aménagement (n° 31105) ;

– les constructions visées n° 3115 dans les mêmes conditions et limites que pour l'exonération de taxe d'aménagement ;

– les constructions dont la densité est inférieure au SMD en raison de servitudes administratives qui frappent le terrain d'assiette.

> **Précisions** **a.** Le **SMD** est déterminé par secteurs de territoire, dans les zones urbaines (classées U) ou à urbaniser (classées AU ou NA), définis dans un document graphique annexé au PLU ou au POS. Il doit être fixé entre la moitié et les trois quarts de la densité maximale autorisée par les règles définies dans le PLU.
>
> Il est fixé pour une durée minimale de trois ans à compter de la date d'entrée en vigueur de la délibération l'ayant institué. Toutefois, une nouvelle délibération motivée tendant à favoriser l'investissement locatif, l'accession à la propriété et le développement de l'offre foncière peut être prise sans condition de délai.
>
> **b.** La **surface de plancher** est celle définie en matière d'urbanisme par l'article L 111-14 du Code de l'urbanisme et précisée par l'article R 111-22 du même Code.
>
> **c.** La densité des **constructions existantes** qui ne sont pas destinées à être démolies est prise en compte pour déterminer la densité du projet de construction.
>
> **d.** Ne sont **pas** considérés comme des **constructions nouvelles** les projets d'extension ou les projets de construction de locaux annexes aux bâtiments déjà existants et les constructions situées sur les terrains de camping ou parcs résidentiels de loisirs.

CALCUL

31185 C. urb. art. L 331-38 et L 331-39 IMMO-V-16100 s

Le VSD est égal au produit de la moitié de la valeur du terrain par le rapport entre la surface manquante pour que la construction atteigne le SMD et la surface de construction résultant de l'application du SMD.

Le montant exigible ne peut **pas** être **supérieur** à 25 % de la valeur du terrain.

Ainsi, par **exemple,** dans le cas d'un projet de construction de 160 m² sur un terrain de 400 m² d'une valeur de 140 000 € situé dans une commune où le SMD est fixé à 0,6, le constructeur doit verser : (140 000 €/2) × [(400 m² × 0,6) – 160]/(400 m² × 0,6) = 23 333 €.

> **Précisions** **a.** La **valeur vénale du terrain** doit être déclarée lors de la demande d'autorisation de construire. Elle peut être soumise pour avis aux services de la DGFiP qui doivent se prononcer dans les trois mois (C. urb. art. R 331-22).
>
> **b.** Si la construction est réalisée sur **deux secteurs** comportant des SMD différents, le calcul s'opère en retenant le SMD le moins élevé. Si elle est réalisée sur **deux communes,** le calcul s'opère en répartissant la surface de la construction projetée proportionnellement à la surface du terrain compris sur le territoire de chaque commune (C. urb. art. R 331-18).

PAIEMENT

31190 C. urb. art. L 331-42 IMMO-V-16800 s

Le VSD est versé par le bénéficiaire de l'autorisation de construire (ou par le responsable de la construction en cas de construction sans autorisation ou en infraction) selon les mêmes modalités que la taxe d'aménagement (voir n° 31155).

CONTRÔLE, SANCTIONS ET CONTENTIEUX

31195 C. urb. art. L 331-42, L 331-43 et L 331-45 IMMO-V-17000 s

a. Les règles applicables en matière de **délai de reprise,** d'**action en recouvrement,** de demandes de **dégrèvement ou** de **restitution,** de **réclamations contentieuses** sont celles prévues pour la taxe d'aménagement (voir n° 31160).

b. En cas de **construction sans autorisation ou en infraction** à l'autorisation de construire obtenue, le montant du VSD est assorti d'une **pénalité** de 80 % du montant de la taxe.

c. Le demandeur d'une autorisation de construire a la possibilité d'interroger l'administration (**demande de rescrit**) aux fins de prise de position formelle sur sa situation au regard de l'application du VSD. Deux **procédures** coexistent et sont applicables selon les modalités prévues par le Code de l'urbanisme.

La **première** est réservée aux cas suivants (C. urb. art. L 331-40) :

– l'unité foncière comporte des terrains inconstructibles pour des raisons physiques ou du fait de prescriptions ou de servitudes administratives ;

– le SMD ne peut être atteint du fait de servitudes administratives qui frappent le terrain ;
– le contribuable fournit une estimation de la constructibilité maximale.
La **seconde** est d'application générale (C. urb. art. L 331-40-1).

3. TAXE POUR CRÉATION DE BUREAUX EN ÎLE-DE-FRANCE

CHAMP D'APPLICATION

Une taxe est exigible : **31315** C. urb. art. L 520-1 à L 520-3 et L 520-6 **IMMO-V-26500 s**
– sur la **construction,** la reconstruction ou l'agrandissement, en région Île-de-France, de locaux à usage de bureaux, de locaux commerciaux ou de locaux de stockage ;
– sur la **transformation** en de tels locaux de locaux précédemment affectés à un autre usage.
Sont toutefois **exonérés** de la taxe :
– dans les établissements industriels, les bureaux dépendant de locaux de production et les bureaux d'une superficie inférieure à 1 000 m² ;
– les locaux spécialement aménagés pour l'exercice d'activités de recherche ;
– les bureaux des professions libérales et officiers ministériels ;
– les bureaux compris dans un local d'habitation à usage d'habitation principale ;
– les locaux affectés à un service public ou utilisés par les organismes de sécurité sociale ou d'allocations familiales ;
– les locaux utilisés par des associations reconnues d'utilité publique ;
– les locaux situés dans des zones franches urbaines – territoires entrepreneurs (voir nº 92540) ;
– les reconstructions par les propriétaires ou leurs ayants droit de locaux détruits par sinistre ou expropriés pour cause d'utilité publique (C. urb. art. L 520-13, 2º).

> **Précisions** **a.** Les locaux de **bureaux,** les **locaux commerciaux** et les **locaux de stockage** sont définis au nº 31390.
Les **établissements industriels** sont ceux dont l'activité consiste dans la fabrication ou la transformation de biens et nécessite d'importants moyens techniques (C. urb. art. R 520-4).
Les **locaux** spécialement aménagés pour l'exercice d'**activité de recherche** s'entendent des locaux et de leurs annexes de toute nature utilisés pour des activités de recherche fondamentale ou appliquée et comportant des aménagements particuliers les rendant impropres à une autre utilisation (C. urb. art. R 520-5).
b. Les **surfaces de stationnement** sont hors du champ de la taxe pour création de bureaux.
c. Les **locaux construits à titre précaire** pour une durée limitée n'échappent pas à la taxe mais la taxe est remboursée lors de la démolition(C. urb. art. L 520-13, 1º).

CALCUL

La taxe est calculée sur la **surface de construction,** telle que retenue pour l'assiette de la taxe d'aménagement (nº 31125). Son montant varie selon la nature des locaux et selon leur situation géographique. **31320** C. urb. art. L 520-7 à L 520-9 **IMMO-V-27500 s**
Les **circonscriptions** tarifaires sont :
– zone 1 : Paris et le département des Hauts-de-Seine ;
– zone 2 : les communes de la métropole du Grand Paris mentionnées à l'article L 5219-1 du CGCT (autres que les communes de la zone 1) ;
– zone 3 : les communes de l'unité urbaine de Paris, telle que délimitée par arrêté conjoint des ministres chargés de l'économie et du budget (autres que les communes des zones 1 et 2) ;
– zone 4 : les autres communes de la région Île-de-France.
Les **tarifs** au mètre carré, actualisés chaque année en fonction de la prévision de l'indice des prix à la consommation hors tabac retenue dans le projet de loi de finances, sont fixés, au 1er janvier 2020, à (Arrêté LOGL1937487A du 12-1-2020) :

Lieu de situation des immeubles	Zone 1 [1]	Zone 2	Zone 3	Zone 4
Locaux à usage de **bureaux**	417,49 €	93,95 €	52,20 €	0 €
Locaux commerciaux	134,67 €	83,51 €	33,42 €	0 €
Locaux de stockage	14,63 €			

1. Deux **dérogations tarifaires** sont prévues, pour les **communes de la zone 1** :
• Les communes **éligibles à la fois,** pour l'année précédant celle de l'imposition, à la dotation de solidarité urbaine (DSU) et au bénéfice du fonds de solidarité des communes de la région Île-de-France (FSRIF) sont classées dans la **zone 2.**
• Les communes **perdant leur éligibilité** à la DSU ou au bénéfice du FSRIF bénéficient, au titre de l'année suivant cette perte d'éligibilité et pendant les deux années suivantes, d'un abattement dégressif respectivement des trois quarts, de la moitié et du quart de l'augmentation du tarif de la taxe liée à cette perte d'éligibilité. L'augmentation du tarif de la taxe est égale à la différence entre le tarif applicable après cette perte d'éligibilité et le tarif de la zone 2.

Le **montant** de la taxe est **plafonné** à 30 % de la part du coût de l'opération imputable à l'acquisition et à l'aménagement de la surface de construction, au sens de l'article L 331-10 du Code de l'urbanisme. Cette part comprend le coût d'acquisition du terrain d'assiette, les coûts d'aménagement du terrain permettant le passage d'un terrain brut à un terrain constructible et les coûts de démolition totale ou partielle de l'immeuble bâti (C. urb. art. R 520-8).

> **Précisions** **a.** En cas de **reconstruction,** la taxe n'est due qu'à hauteur des mètres carrés de surface de construction qui excèdent la surface de construction de l'immeuble avant reconstruction (C. urb. art. L 520-7, II). Seuls sont déduits de l'assiette de la taxe les mètres carrés de surface de construction relevant de la même catégorie de local et passibles de la taxe avant l'opération de reconstruction (C. urb. art. R 520-7).
> **b.** Les **locaux à caractère social ou sanitaire** sont exclus de l'assiette de la taxe (C. urb. art. L 520-7, III).

PAIEMENT, CONTRÔLE, SANCTIONS ET CONTENTIEUX

31325 C. urb. art. L 520-10 à L 520-22 IMMO-V-28100 s

a. La taxe est établie par les services de l'État chargés de l'urbanisme dans le département, à l'appui d'une **déclaration** souscrite par le redevable comportant les éléments utiles au calcul de la taxe (C. urb. art. R 520-12). La déclaration doit être jointe à la demande d'autorisation d'urbanisme au plus tard à la date soit de la délivrance de l'autorisation de construire ou d'aménager (ou du permis modificatif), soit de la naissance d'une autorisation tacite de construire ou d'aménager, soit de la décision de non-opposition à une déclaration préalable (C. urb. art. R 520-13, 1°). Pour les constructions non soumises à un régime d'autorisation, la déclaration est adressée par le propriétaire des locaux aux services de l'État chargés de l'urbanisme dans le département, dans le délai d'un mois à compter de la date du début des travaux ou du changement d'affectation (C. urb. art. R 520-13, 2° et R 520-11).

Une **pénalité** de 10 % est due en cas de **dépôt tardif** de la déclaration ou de dépôt dans les trente jours d'une mise en demeure (au-delà de ce délai, la pénalité est portée à 80 %). La déclaration est considérée comme déposée tardivement lorsqu'un procès-verbal constatant l'achèvement des constructions ou des aménagements a été établi (cas des constructions ou des aménagements réalisés sans autorisation ou en infraction aux obligations résultant de l'autorisation de construire ou d'aménager ; C. urb. art. R 520-13, 3°).

b. La taxe est **recouvrée** par le comptable public compétent dans les mêmes conditions que les créances étrangères à l'impôt.

Elle est **due par** le propriétaire des locaux ou le titulaire d'un droit réel (usufruitier, preneur à bail à construction, emphytéote, titulaire d'une autorisation d'occupation temporaire du domaine public) portant sur les locaux à la date du fait générateur (C. urb. art. L 520-5).

Un **titre de perception** est émis avant le 31 décembre de la troisième année suivant celle du fait générateur. La taxe est exigible à la date d'émission du titre de perception.

L'**action en recouvrement** de l'administration se prescrit par cinq ans à compter de l'émission du titre de perception. En cas de différé de paiement demandé par le redevable en cas de contestation par un tiers de l'autorisation de construire (n° 31155, précision a), l'action en recouvrement est suspendue jusqu'au prononcé de la décision définitive (LPF art. L 278).

c. Le redevable peut obtenir la **décharge,** la **réduction** ou la **restitution** totale ou partielle de la taxe dans les cas suivants : surface de construction initialement prévue non entièrement construite ; abandon du projet ; erreur dans l'assiette ou le calcul de la taxe.

d. Le **droit de reprise** des services de l'État chargés de l'urbanisme dans le département s'exerce jusqu'au 31 décembre de la sixième année qui suit l'année du fait générateur.

e. Afin de sécuriser les projets les plus importants (ceux supérieurs à 50 000 m² de surface de construction), les contribuables ont la possibilité de demander à l'administration de prendre formellement position sur l'application à leur situation des règles prévues par le Code de l'urbanisme en matière de taxe pour création de bureaux en Île-de-France (**procédure de rescrit**).

> **Précisions** **a.** Le **fait générateur** de la taxe est la date de délivrance, expresse ou tacite, de l'autorisation de construire ou d'aménager. Il s'agit de l'établissement du procès-verbal constatant l'achèvement des constructions ou des aménagements en cas de constructions ou d'aménagements sans autorisation ou en infraction aux obligations résultant de l'autorisation de construire ou d'aménager et du début des travaux ou du changement d'affectation pour les opérations qui ne sont pas soumises à un régime d'autorisation (C. urb. art. L 520-4 et C. urb. art. R 520-3).
> **b.** La taxe afférente à des **constructions réalisées à titre précaire** est remboursée à la demande du redevable si celui-ci justifie que les locaux en cause ont été démolis dans les six mois à compter de l'expiration du délai de précarité (C. urb. art. R 520-14).
> **c.** La notification d'une **proposition de rectification** interrompt le délai imparti pour émettre le titre de perception. Le titre est alors émis par le directeur du service de l'État chargé de l'urbanisme avant le 31 décembre de la troisième année suivant celle de cette notification (C. urb. art. R 520-16).

4. REDEVANCE D'ARCHÉOLOGIE PRÉVENTIVE

Les personnes qui projettent d'exécuter certains **travaux affectant le sous-sol** sont redevables de la redevance d'archéologie préventive. **31340** C. patr. art. L 524-2 à L 524-16 **IMMO-V-25700 s**

CHAMP D'APPLICATION

La redevance d'archéologie préventive est **due par** les personnes, y compris membres d'une indivision, projetant de réaliser des travaux affectant le sous-sol et qui : **31342**

– sont soumis à autorisation préalable (autorisation de construire ou d'aménager) ou à une déclaration préalable en application du Code de l'urbanisme ;

– ou donnent lieu à étude d'impact en application du Code de l'environnement dès lors qu'ils sont réalisés sur des terrains d'une superficie au moins égale à 3 000 m² ou donnent lieu à certains affouillements soumis à déclaration administrative préalable (travaux d'affouillements de plus de 0,50 m de profondeur sur des terrains de plus de 10 000 m²).

Sont également soumises à la redevance dans cette catégorie (opérations donnant lieu à étude d'impact et assimilées) les demandes volontaires de diagnostics préalables aux opérations d'aménagement.

Sont **exonérés** :

– lorsque la redevance est perçue sur les travaux autorisés en application du Code de l'urbanisme, les constructions et aménagements exonérés de plein droit des parts communale, départementale et régionale de taxe d'aménagement (n° 31105) ;

– lorsqu'elle est perçue sur les opérations soumises à étude d'impact et déclarations d'affouillements, les affouillements nécessaires à la réalisation de travaux agricoles ou forestiers ou pour la prévention des risques naturels.

– les aménagements liés à la pose et à l'exploitation de câbles sous-marins de transport d'information.

– lorsqu'ils ont fait l'objet d'une opération d'évaluation archéologique réalisée dans le cadre d'une convention conclue entre l'État et la personne projetant la réalisation des travaux, les aménagements situés, en tout ou partie, en pleine mer (au-delà d'un mille à compter de la laisse de basse mer ou dans la zone contiguë).

› Précisions Afin de sécuriser les projets les plus importants (ceux supérieurs à 50 000 m² de surface taxable), les redevables ont la possibilité de demander à l'administration de prendre formellement position sur l'application à leur situation des règles prévues par le Code du patrimoine en matière de financement de l'archéologie préventive (**procédure de rescrit**).

CALCUL ET PAIEMENT

Les modalités de calcul et de paiement de la redevance dépendent de la nature des travaux effectués : **31345**

a. pour les **travaux autorisés en application du Code de l'urbanisme,** la redevance est assise sur la valeur forfaitaire de l'ensemble immobilier déterminée dans les conditions fixées pour la taxe d'aménagement (nos 31125 s.). Le taux de la redevance est de 0,40 % de cette valeur. La redevance est payée au comptable public douze mois après la date du fait générateur (autorisation de construire ou d'aménager, permis modificatif, décision de non-opposition, autorisation tacite ou procès-verbal d'infraction) ;

b. pour les **travaux donnant lieu à étude d'impact,** pour les **affouillements** autorisés en application du Code de l'environnement et pour les **demandes volontaires de diagnostic préalable,** le montant de la redevance, indexé chaque année en fonction de l'indice du coût de la construction, est fixé, pour la période du 1er janvier au 31 décembre 2020, à 0,56 € par mètre carré de terrain (Arrêté MICC1937324A du 23-12-2019).

Pour les aménagements réalisés dans le domaine public maritime en **pleine mer,** le tarif de la redevance est fixé à 0,10 € par mètre carré sur l'assiette suivante :

– pour les installations de production et de transport d'énergie : surface constituée d'une bande de 100 m de part et d'autre des câbles ou canalisations de transport d'énergie multipliée par la longueur des câbles ou canalisations ;

– pour les autres types de travaux, dont les travaux d'extraction de matériaux : surface au sol des travaux nécessaires à la réalisation de l'exploitation autorisée.

La redevance est payée au comptable public au plus tard le dernier jour du mois suivant la **date de l'émission du titre de perception.**

› Précisions Pour les **travaux donnant lieu à étude d'impact,** les **affouillements** et les **demandes volontaires de diagnostic préalable,** le **fait générateur** est : soit l'acte qui décide la réalisation du projet et qui en détermine l'emprise, pour les travaux soumis à étude d'impact ; soit le dépôt de la déclaration administrative préalable, pour les affouillements ; soit le dépôt de la demande volontaire de réalisation anticipée de diagnostic.

Pour les aménagements situés dans le domaine public maritime en **pleine mer,** le fait générateur est l'acte qui décide, éventuellement après enquête publique, la réalisation du projet et en détermine l'emprise.

F. Taxe annuelle sur les bureaux en Île-de-France

31380 CGI art. 231 ter IMMO-V-31200 s

Les personnes (privées et publiques) qui, au 1er janvier, sont propriétaires, usufruitiers, preneurs à bail à construction, emphytéotes ou titulaires d'une occupation temporaire de locaux à usage de bureaux, locaux commerciaux, locaux de stockage et surfaces de stationnement, sont redevables d'une taxe annuelle lorsque ces locaux sont situés dans la région Île-de-France et éventuellement d'une **taxe additionnelle** (applicable sur les surfaces de stationnement ; voir nº 31420).

CHAMP D'APPLICATION

31390 La taxe atteint :

a. les locaux à usage de **bureaux** et leurs dépendances immédiates et indispensables destinés à l'exercice d'une activité professionnelle (y compris libérale) ou utilisés par l'État, les collectivités territoriales, les établissements publics, les organismes professionnels ou les associations privées poursuivant ou non un but lucratif ;

b. les **locaux commerciaux** destinés à une activité de commerce de détail ou de gros et de prestations de services à caractère commercial ou artisanal ainsi que leurs réserves attenantes et des emplacements attenants affectés en permanence à ces activités de vente ou de prestations de services ;

c. les **locaux de stockage** qui ne sont pas intégrés à un établissement de production ;

d. les **surfaces de stationnement** couvertes ou non couvertes qui font l'objet d'une exploitation commerciale ou qui sont annexées aux locaux visés ci-dessus aux a, b et c et non intégrées à un établissement de production.

31395 Sont **exonérés** de la taxe :

– les locaux à usage de bureaux d'une superficie inférieure à 100 m², les locaux commerciaux d'une superficie inférieure à 2 500 m², les locaux de stockage d'une superficie inférieure à 5 000 m² (à cet égard, les parcs d'exposition et les locaux à usage principal de congrès sont assimilés aux locaux de stockage) et les surfaces de stationnement de moins de 500 m² ;

– les locaux de stockage des sociétés coopératives agricoles ;

– les locaux à usage de bureaux, les locaux commerciaux, les locaux de stockage et les surfaces de stationnement situés dans des zones franches urbaines – territoires entrepreneurs (voir nº 92540) ;

– les locaux où s'exerce une activité de production ou de transformation et les locaux intégrés dans une exploitation agricole (BOI-IF-AUT-50-10 nos 340 à 360) ;

– les locaux et les surfaces de stationnement appartenant aux fondations et aux associations reconnues d'utilité publique dans lesquels elles exercent leurs activités ;

– les locaux spécialement aménagés pour l'archivage administratif et pour l'exercice d'activités de recherche ou à caractère sanitaire, social, éducatif ou culturel ;

– les locaux administratifs et les surfaces de stationnement des établissements d'enseignement du premier et du second degré (écoles primaires, collèges et lycées), qu'ils soient publics ou privés sous contrat passé avec l'État ;

– les locaux et aires des parcs relais qui s'entendent des parcs de stationnement assurant la liaison vers différents réseaux de transport en commun dont la vocation exclusive est de faciliter l'accès des voyageurs à ces réseaux, ainsi que les places de stationnement annexées aux bureaux, locaux commerciaux ou de stockage qui sont utilisées en tant que parc relais.

› **Précisions a.** Les **surfaces de stationnement d'au moins 500 m²** sont imposables même si les locaux auxquels elles sont annexées sont exonérés en raison de leur surface (BOI-IF-AUT-50-10 nº 520).

b. Pour l'appréciation du caractère immédiat, attenant et annexé des locaux taxables et du bénéfice des exonérations liées à la superficie et pour l'application du tarif, le **calcul des surfaces** tient compte de tous les locaux de même nature, hors parties communes, qu'une personne privée ou publique possède à une même adresse ou, en cas de pluralité d'adresses, dans un même groupement topographique.

Pour l'appréciation du caractère annexé des surfaces de stationnement, il est également tenu compte des surfaces qui, bien que non intégrées à un groupement topographique comprenant des locaux taxables, sont mises à la disposition, gratuitement ou non, des utilisateurs de locaux taxables situés à proximité immédiate.

CALCUL

Le montant de la taxe est égal au produit de la superficie, exprimée en mètres carrés, des locaux visés au nº 31390 par un tarif unitaire. 31400

La **surface** à prendre en compte est la somme (arrondie au mètre carré inférieur) des surfaces réelles de chaque niveau de la construction mesurées au plancher entre murs ou séparations. Pour les réserves attenantes non couvertes et emplacements attenants affectés à la vente, la surface à retenir est celle déterminée par le périmètre total, délimité matériellement au sol. Pour les aires de stockage couvertes, la surface à prendre en compte est la surface projetée couverte (BOI-IF-AUT-50-10 nº 530).

Les **tarifs** varient selon la nature des locaux et selon leur situation géographique en **zone 1** (1e, 2e, 7e, 8e, 9e, 10e, 15e, 16e et 17e arrondissements de Paris et les communes de Boulogne-Billancourt, Courbevoie, Issy-les-Moulineaux, Levallois-Perret, Neuilly-sur-Seine et Puteaux), en **zone 2** (les arrondissements de Paris et les communes du département des Hauts-de-Seine autres que ceux de la zone 1), en **zone 3** (autres communes de l'unité urbaine de Paris telle que délimitée par arrêté conjoint des ministres chargés de l'économie et du budget du 31-12-2012) ou en **zone 4** (autres communes de la région Île-de-France) (Loi 2019-1479 du 28-12-2019 art. 18). Ils sont actualisés chaque année au 1er janvier en fonction de la prévision de l'indice des prix à la consommation hors tabac retenue dans le projet de loi de finances.

Au 1er janvier 2020, les tarifs par mètre carré sont fixés à :

Lieu de situation des immeubles	Zone 1	Zone 2 [1]	Zone 3 [1]	Zone 4
a. Locaux à usage de bureaux				
Tarif normal	23, 18 €	19,51 €	10,66 €	5,14 €
Tarif réduit [2]	11, 51 €	9,69 €	6,41 €	4,64 €
b. Locaux commerciaux	7,94 €		4,11 €	2,08 €
c. Locaux de stockage	4,12 €		2,08 €	1,07 €
d. Surface de stationnement [3]	2,61 €		1,40 €	0,72 €

1. Les communes de la zone 2 éligibles, l'année précédant celle de l'imposition, à la fois à la dotation de solidarité urbaine et de cohésion sociale (DSU) et au bénéfice du fonds de solidarité des communes d'Île-de-France (FSRIF) bénéficient d'une réduction de 10 % (Loi 2019-1479 du 28-12-2019 art. 18).
Les communes de la zone 3 éligibles, l'année précédant celle de l'imposition, à la fois à la DSU et au FSRIF relèvent du tarif de la zone 4 (Loi 2019-1479 du 28-12-2019 art. 18).
2. Bureaux possédés par l'État, les collectivités territoriales, les organismes ou les établissements publics sans caractère industriel ou commercial, les organismes professionnels ainsi que les associations ou organismes privés sans but lucratif à caractère sanitaire, social, éducatif, sportif ou culturel et dans lesquels ils exercent leur activité.
3. Avec la **taxe additionnelle** sur les **surfaces de stationnement** (nº 31420), les **tarifs totaux** sont les suivants : zones 1 et 2 : 7,08 € ; zone 3 : 3,98 € ; zone 4 : 2,03 €.

DÉCLARATION ET PAIEMENT

La taxe doit être acquittée **avant le** 1er mars de chaque année auprès du comptable public du lieu de situation des bureaux. Le paiement est accompagné du dépôt d'une déclaration **nº 6705 B.** 31410

En ce qui concerne les entreprises relevant de la **direction des grandes entreprises** : voir nº 87435, précision c.

TAXE ADDITIONNELLE SUR LES SURFACES DE STATIONNEMENT EN ÎLE-DE-FRANCE

Les personnes qui, au titre des emplacements de stationnement, ont acquitté la taxe annuelle sur les bureaux en Île-de-France (nos 31380 s.), sont **redevables** d'une taxe additionnelle annuelle. 31420 CGI art. 1599 quater C **IMMO-V-34000 s**

Les surfaces de stationnement **taxables** sont celles mentionnées nº 31390, d. Les surfaces **exonérées** sont celles mentionnées nº 31395.

Des **tarifs** au mètre carré s'appliquent aux surfaces de stationnement taxables. Ils varient selon la situation géographique des surfaces de stationnement suivant leur situation en **zone 1** (Paris et communes des Hauts-de-Seine), en **zone 2** (autres communes de l'unité urbaine de Paris telle que délimitée par arrêté conjoint des ministres chargés de l'économie et du budget du 31-12-2012) ou en **zone 3** (autres communes de la région Île-de-France). Ces tarifs sont actualisés chaque année au 1er janvier en fonction de la prévision de l'indice des prix à la consommation hors tabac retenue dans le projet de loi de finances.

Au 1er janvier 2020, les tarifs par mètre carré sont fixés à :
– zone 1 : 4,47 €
– zone 2 : 2,58 €
– zone 3 : 1,31 €

Les tarifs totaux, incluant la taxe annuelle principale frappant les surfaces de stationnement, sont donnés au nº 31400.

La taxe doit être **acquittée** avant le 1er mars de chaque année auprès du comptable public du lieu de situation des emplacements de stationnement. Le paiement est accompagné du dépôt d'une **déclaration** no 6705 TS-SD.

> **Précisions** **a.** Par dérogation, pour les surfaces de stationnement faisant l'objet d'une **exploitation commerciale,** les tarifs de la taxe additionnelle sont réduits de 50 % pour l'année 2020 et de 25 % pour l'année 2021.
> **b.** Lorsque les surfaces de stationnement sont, pour partie, comprises dans des **zones relevant de tarifs différents,** les tarifs sont appliqués en proportion de la superficie comprise dans chaque zone. Lorsqu'elles sont situées à la fois dans le ressort géographique de l'un des départements de la **région Île-de-France et** d'un **département limitrophe** ne relevant pas de la région Île-de-France, la taxe n'est due que pour la fraction des surfaces situées en Île-de-France (BOI-IF-AUT-140 no 100).
> **c.** En ce qui concerne les modalités de déclaration et de paiement des entreprises relevant de la **direction des grandes entreprises** : voir no 87435, précision c.

G. Taxes sur les cessions de terrains devenus constructibles

1. TAXE « COMMUNALE »

31430 CGI art. 1529 IMMO-V-35000 s

Les communes peuvent, sur délibération du conseil municipal, instituer une taxe forfaitaire sur la première cession à titre onéreux de **terrains nus rendus constructibles** du fait de leur classement par un plan local d'urbanisme (ou par un document d'urbanisme en tenant lieu) dans une zone urbaine ou dans une zone à urbaniser ouverte à l'urbanisation ou par une carte communale dans une zone constructible.

Les **établissements publics de coopération intercommunale** compétents en matière de documents locaux d'urbanisme peuvent également, avec l'accord des communes qu'ils regroupent, l'instituer et la percevoir en lieu et place de ces dernières.

Remarque : La taxe est **cumulable,** le cas échéant, avec l'imposition des plus-values immobilières des particuliers (nos 32000 s.) (BOI-RFPI-TDC-10 no 30).

> **Précisions** **a.** La **délibération** instituant la taxe s'applique aux cessions réalisées à compter du premier jour du troisième mois qui suit la date à laquelle cette délibération est intervenue. Elle est notifiée aux services fiscaux au plus tard le premier jour du deuxième mois qui suit la date à laquelle elle est intervenue. À défaut la taxe n'est pas due.
> **b.** La **liste des communes** ayant institué la taxe est disponible sur www.collectivités-locales.gouv.fr (rubrique : Finances locales>Fiscalité locale>Fiscalité directe locale>Taxe forfaitaire sur la cession à titre onéreux de terrains nus).

CHAMP D'APPLICATION

31440 Sous réserve de son institution dans les conditions ci-dessus, cette taxe s'applique aux cessions réalisées par les **personnes** physiques ou les sociétés et groupements relevant du régime d'imposition des plus-values des particuliers et par les contribuables domiciliés hors de France qui, assujettis à l'impôt sur le revenu, sont soumis au prélèvement prévu à l'article 244 bis A du CGI.

Seules sont soumises à la taxe les **cessions** de terrains réalisées à titre onéreux.

En sont **exonérées** :

– les cessions exonérées en matière de plus-values immobilières des particuliers figurant aux nos 32135 et 32655 (dépendances de la résidence principale ou du logement possédé en France par un non-résident), no 32145 (remembrement urbain ou aménagement foncier), no 32155 (vente inférieure à un certain montant), no 32600 (certaines expropriations) et no 32185 (immeuble destiné au logement social) ;

– les cessions de terrains classés constructibles depuis plus de dix-huit ans ;

– les cessions dont le prix de cession, défini au no 32210, est inférieur au triple du prix d'acquisition.

> **Précisions** **a.** N'entrent pas dans le champ d'application de la taxe les cessions de droits relatifs à un terrain (**nue-propriété, usufruit**), de **droits sociaux** ou de parts sociales (BOI-RFPI-TDC-10-10 no 200).
> Bien qu'en dehors du champ d'application de la taxe, les mutations à titre gratuit et les cessions de droits démembrés peuvent être taxées en cas d'**abus de droit** (Rép. Poniatowski : Sénat 15-10-2015 no 15558).
> **b. Constituent des cessions à titre onéreux** entrant dans le champ d'application de la taxe les ventes, les échanges, les expropriations (autres que celles exonérées), les apports en société ainsi que les partages et licitations de biens indivis (autres que les partages d'indivisions successorales ou conjugales) dans la limite des soultes.

CALCUL

La taxe est égale à 10 % de la différence entre le prix de cession du terrain (tel que défini nº 32210) et son prix d'acquisition (actualisé en fonction du dernier indice des prix à la consommation hors tabac publié par l'Insee) ou, en l'absence d'éléments de référence, des deux tiers du prix de cession du terrain (soit 6,2/3 %). 31450

> **Précisions a.** Les **frais de viabilisation** du terrain ne sont pas pris en compte pour déterminer l'assiette de la taxe.
> **b.** L'administration publie chaque année les **coefficients d'érosion monétaire** permettant de déterminer le prix d'acquisition actualisé. Ils figurent sur le BOI-ANNX-000097 (il convient de consulter la version de l'annexe se rapportant à l'année de la cession) (BOI-RFPI-TDC-10-20 nº 70).

DÉCLARATION ET PAIEMENT

La taxe est **due par** le cédant. Elle est **versée** lors du dépôt de la déclaration nº 2048-TAB dans les conditions prévues pour l'imposition des plus-values sur terrains à bâtir (voir nºs 32420 s.). 31460

La déclaration doit être **signée** par le cédant ou par son mandataire (CGI ann. II art. 317 A).

> **Précisions** Lorsque la **cession** est **exonérée** (exception faite de l'exonération des cessions dont le prix est inférieur au triple du prix d'acquisition), aucune déclaration ne doit être déposée. L'acte doit alors comporter certaines mentions obligatoires (CGI ann. II art. 317 B) permettant de justifier de l'exonération ou de l'absence de taxation de l'opération.

2. TAXE « NATIONALE »

CHAMP D'APPLICATION

Une taxe forfaitaire nationale sur la cession de terrains nus devenus constructibles s'applique aux cessions réalisées par les **personnes** physiques et les sociétés ou groupements quel que soit leur régime fiscal, qu'ils soient ou non domiciliés en France. Elle est exigible sur la première **cession** à titre onéreux de terrains nus (ou droits relatifs à ces biens) classés en zone constructible postérieurement au 13 janvier 2010, dès lors que le rapport entre le prix de cession et le prix d'acquisition (ou, à défaut, la valeur vénale) est supérieur à 10. 31470 CGI art. 1605 nonies **IMMO-V-38000 s**

La taxe **ne s'applique pas** : aux cessions de terrains pour lesquels une déclaration d'utilité publique a été prononcée en vue d'une expropriation ; aux terrains dont le prix de cession est inférieur à 15 000 € ; lorsque le terrain a été classé en zone constructible depuis plus de 18 ans.

> **Précisions** La taxe s'applique quelle que soit la **qualité du cédant.** Aucune exclusion n'est prévue par l'article 1605 nonies du CGI pour les **personnes morales,** qu'elles soient de droit public ou de droit privé. Par suite, les cessions réalisées notamment par les **collectivités territoriales** et leurs groupements (communautés de communes...) entrent, toutes conditions étant par ailleurs remplies, dans le champ d'application de la taxe (Rép. Morel-À-L'Huissier : AN 10-2-2015 nº 24169).

CALCUL

L'**assiette** de la taxe est constituée par la différence entre le prix de cession (tel que défini nº 32210) et le prix d'acquisition stipulé dans l'acte (ou, à défaut, la valeur vénale) actualisé en fonction du dernier indice des prix à la consommation hors tabac publié par l'Insee. 31475

Elle fait l'objet d'un **abattement** d'un dixième par année écoulée à compter de la 8e année suivant la date à laquelle le terrain est devenu constructible.

Le **taux d'imposition** est de :
– 5 % lorsque le rapport entre le prix de cession et le prix d'acquisition est supérieur à 10 et inférieur à 30 ;
– 10 % au-delà de cette limite (rapport supérieur à 30), sur la part de plus-value restant à taxer après application du taux de 5 %.

> **Précisions a.** Les **frais de viabilisation** du terrain ne sont pas pris en compte pour déterminer l'assiette de la taxe (Rép. Genevard : AN 28-7-2015 nº 79510).
> **b.** L'administration publie chaque année les **coefficients d'érosion monétaire** permettant l'actualisation du prix d'acquisition. Ils figurent sur le BOI-ANNX-000097 (il convient de consulter la version de l'annexe se rapportant à l'année de la cession) (BOI-RFPI-TDC-20-20 nº 70).

DÉCLARATION ET PAIEMENT

La taxe est **due par** le cédant. Elle est **versée** lors du dépôt de la déclaration nº 2048-TAB dans les conditions prévues pour l'imposition des plus-values sur terrains à bâtir (voir nºs 32420 s.). 31480

La déclaration doit être **signée** par le cédant ou par son mandataire (CGI ann. III art. 331 K bis).

> **Précisions** Lorsque la **cession** est **exonérée,** aucune déclaration n'est déposée. L'acte doit alors comporter certaines mentions obligatoires (CGI ann. III art. 331 K ter) permettant de justifier de l'exonération ou de l'absence de taxation de l'opération.

CHAPITRE 11

PLUS-VALUES RÉALISÉES PAR LES PARTICULIERS

SOMMAIRE

A. Plus-values immobilières

32000 CGI art. 150 U à 150 VH **IMMO-II-1 s**

Les plus-values réalisées par les particuliers à l'occasion de la cession de biens immobiliers ou de droits relatifs à ces biens sont soumises à l'impôt sur le revenu au taux de 19 % (majoré des prélèvements sociaux). La plus-value est déclarée et l'impôt est payé lors de la mutation, le plus souvent par l'intermédiaire du notaire.

De nombreuses plus-values échappent toutefois à cette imposition du fait des exonérations prévues par la loi.

Remarque : Des **taxes spéciales** peuvent en outre s'appliquer : taxe sur les plus-values excédant 50 000 € (n°s 32710 s.) et taxes sur les terrains devenus constructibles (n°s 31430 s.).

1. PLUS-VALUES IMPOSABLES

PERSONNES IMPOSABLES

32065 CGI art. 150 U, I **IMMO-II-650 s**

Le régime des plus-values immobilières privées s'applique aux plus-values réalisées par les **personnes physiques** dans le cadre de la gestion de leur patrimoine privé, soit directement, soit au travers :

– de **sociétés de personnes** relevant de l'impôt sur le revenu ; en pratique, les sociétés de personnes concernées sont essentiellement les sociétés civiles immobilières non passibles de l'impôt sur les sociétés qui vendent les immeubles qu'elles possèdent : voir à ce sujet n°s 32475 s. ;

– ou de fonds de placement dans l'immobilier (**FPI**). Les règles particulières applicables dans ce cas sont examinées n°s 30525 s.

› Précisions Le régime des plus-values privées ne s'applique ni aux profits ou plus-values qui se rattachent à une **activité professionnelle** (profits des marchands de biens, des lotisseurs ou des constructeurs imposables au titre des BIC), ni aux plus-values de cession de biens faisant partie du patrimoine professionnel et relevant par suite du régime des plus-values professionnelles.

BIENS IMPOSABLES

Ce sont tous les **immeubles bâtis ou non bâtis** (constructions ou terrains) ainsi que les droits relatifs à ces biens (usufruit, nue-propriété, servitudes…). 32075 IMMO-II-1200 s

Certains **titres de sociétés** sont également susceptibles de donner lieu à l'application du régime des plus-values immobilières (voir nos 32520 s.) ainsi que les parts de **FPI** (voir no 30535).

D'une manière générale, il n'est tenu compte ni de l'origine des biens vendus – ils ont pu être achetés ou reçus en héritage ou par donation – ni de leur affectation ou de leur destination.

› Précisions **a.** La première cession à titre onéreux de l'**usufruit temporaire** d'un bien immobilier relève du régime particulier d'imposition exposé nos 4780 s.

b. Les **terrains lotis** relèvent du régime des plus-values immobilières privées dès lors que le lotisseur ne les a pas acquis dans l'intention de les revendre après lotissement (voir no 30350).

OPÉRATIONS IMPOSABLES

Seules sont imposables les plus-values réalisées à l'occasion de cessions à titre onéreux. Il s'agit : 32085 IMMO-II-8200 s

– des **ventes** quels qu'en soient la forme, le caractère et les modalités de paiement du prix (qui peut consister notamment en une rente viagère) ;

– des **échanges,** même sans soulte ;

– dans la limite des soultes, des **partages** ou licitations de biens indivis autres que ceux mentionnés no 32090 ;

– des **apports** en société ;

– des **expropriations,** étant toutefois précisé qu'une exonération sous condition de remploi est prévue dans ce cas (nos 32570 s.).

› Précisions **a.** L'**inscription d'un bien à l'actif d'une entreprise** individuelle ne constitue pas une mutation imposable ; mais en cas de vente ultérieure du bien, la fraction de plus-value acquise pendant la période de détention dans le patrimoine privé est taxée selon le régime des plus-values privées, dans les conditions exposées nos 18470 s.

b. Les **mutations à titre gratuit** (donations ou successions) ne génèrent pas de plus-value imposable.

c. L'administration considère que l'**attribution d'un bien propre en paiement d'une prestation compensatoire** en capital constitue, pour l'ex-époux débiteur, une cession à titre onéreux imposable (BOI-RFPI-PVI-10-30 no 20). Corrélativement, en cas de cession ultérieure du bien, la plus-value réalisée par l'attributaire est déterminée à partir de la date et de la valeur vénale du bien au jour de l'attribution.

Exonération de certains partages Ne constituent pas des mutations à titre onéreux dans la limite des soultes les partages de biens reçus par **succession,** de biens acquis par des **époux** (quel que soit leur régime matrimonial) avant ou pendant le mariage ou de biens acquis par des **partenaires** d'un **Pacs** avant ou pendant le pacte (ou par des **concubins** pendant la période de concubinage : BOI-RFPI-PVI-10-40-100 no 40). Ces partages ne sont pas imposables dès lors qu'ils interviennent entre les membres originaires de l'indivision, leur conjoint, des ascendants, des descendants ou des ayants droit à titre universel de l'un ou plusieurs d'entre eux. Il en est de même des partages de **biens indivis issus d'une donation-partage.** 32090 CGI art. 150 U, IV IMMO-II-10500 s

TERRITORIALITÉ

La plupart des conventions fiscales internationales conclues par la France prévoient que les plus-values réalisées lors de la cession d'immeubles sont imposables, en vertu d'un droit exclusif ou non, dans l'État où les immeubles sont situés. Dès lors : 32100

– un **résident de France** n'est, sauf exception, pas imposable en France en cas de cession d'un immeuble situé dans un pays ayant conclu une convention avec la France ; en l'absence de convention, il est par contre en principe imposable en France ;

– un **non-résident** est en général imposable en France lors de la cession d'un bien immobilier situé en France (pour les règles particulières applicables dans ce cas, voir nos 32625 s.).

2. EXONÉRATIONS

Le champ d'application de l'imposition des plus-values immobilières se trouve sensiblement réduit par un certain nombre d'exonérations dont la liste complète figure dans le tableau ci-après, avec les références aux commentaires correspondants du Mémento. 32120 IMMO-II-20000 s

Nature des exonérations	Nos
Résidence principale	32130 s., 32500, 32530
Logement autre que la résidence principale (exonération sous condition de remploi)	32140
Ancienne résidence principale en France d'un non-résident	32652
Logement possédé en France par un non-résident	32655
Exonération liée à la durée de détention du bien	32245 s.
Expropriation (exonération sous condition de remploi)	32570 s.
Remembrement	32145
Vente n'excédant pas 15 000 €	32155
Retraités ou invalides de condition modeste	32165 s.
Immeuble sinistré (indemnité d'assurance)	32175
Cession d'un droit de surélévation (régime temporaire)	32180
Immeuble destiné au logement social (régime temporaire)	32185
Partage d'indivision conjugale ou de succession et assimilés	32090

RÉSIDENCE PRINCIPALE

32130
CGI art. 150 U, II-1°
IMMO-II-25000 s

La plus-value réalisée lors de la cession d'une résidence principale est exonérée, quel que soit le type de logement (maison individuelle ou appartement).

Seuls ouvrent droit à l'exonération les immeubles (ou parties d'immeubles) qui constituent la résidence habituelle et effective du propriétaire lui-même **au jour de la cession.** Les **immeubles donnés en location** et les immeubles **occupés gratuitement** par des membres de la famille du propriétaire ou des tiers ne peuvent donc pas en bénéficier.

Pour les **immeubles à usage mixte** d'habitation et professionnel, l'exonération est limitée à la fraction de la plus-value se rapportant à la partie d'habitation.

Lorsque la cession porte sur un immeuble dont la **nue-propriété** et l'**usufruit** appartiennent à des personnes différentes et que le logement constitue la résidence principale du seul usufruitier, seule la quote-part de plus-value correspondant aux droits de l'usufruitier peut bénéficier de l'exonération.

Dans tous les cas, l'exonération s'applique quels que soient les motifs de la cession, le montant de la plus-value et l'affectation future du bien cédé, y compris lorsque l'immeuble est destiné à être démoli en vue de l'édification de nouvelles constructions.

> **Précisions** **a.** Un **immeuble vacant au moment de la vente,** mais qui a été occupé comme résidence principale jusqu'à sa mise en vente, ouvre droit à l'exonération si la cession intervient dans un **délai normal de vente** (délai s'appréciant en fonction des circonstances de fait, un an maximum en règle générale : BOI-RFPI-PVI-10-40-10 n° 190).

b. En cas de cession par des **conjoints, des partenaires d'un Pacs ou des concubins divorcés ou séparés** du logement qui constituait leur résidence principale au moment de la séparation, chacun des ex-conjoints, partenaires ou concubins bénéficie de l'exonération sur sa part de plus-value (BOI précité nos 250 s.).

c. L'exonération s'applique aux **immeubles en construction** cédés par des époux en **instance de divorce, des partenaires qui rompent un Pacs ou des concubins qui se séparent** dès lors que l'immeuble était destiné à leur résidence principale et qu'ils n'étaient pas propriétaires du logement occupé pendant la construction (BOI précité nos 230 s.).

Elle s'applique sous les mêmes conditions aux immeubles en construction cédés à la suite d'une **mutation professionnelle,** du **décès du conjoint, partenaire ou concubin** ou pour cause d'**invalidité** du cédant ou de son conjoint, partenaire ou concubin (BOI précité nos 300 s.).

d. Les cessions de **péniches** non destinées à la navigation, qui sont soumises à la taxe foncière et qui sont effectivement utilisées en un point fixe à usage d'habitation principale par leurs propriétaires, peuvent bénéficier de l'exonération (BOI précité n° 320).

e. Lorsqu'un des époux est titulaire d'un **logement de fonction,** alors que son conjoint et ses enfants résident effectivement et en permanence dans une autre habitation, cette dernière peut être considérée comme la résidence principale du foyer (BOI précité n° 60).

32135
CGI art. 150 U, II-3°
IMMO-II-40000 s

Dépendances L'exonération profite aux dépendances **immédiates et nécessaires** de la résidence principale qui sont cédées en même temps que cette dernière. Elle profite également aux dépendances cédées à un **acquéreur distinct** de celui de la résidence principale dans le délai normal de vente mentionné n° 32130, précision a (BOI-RFPI-PVI-10-40-10 n° 390).

Les dépendances comprennent les bâtiments annexes tels que les garages (situés à moins d'un kilomètre) et les remises, les aires de stationnement, les passages, les cours et plus généralement l'ensemble du terrain entourant la résidence qui n'est pas vendu comme terrain à bâtir (sur cette notion, voir n° 58790).

LOGEMENT AUTRE QUE LA RÉSIDENCE PRINCIPALE

Les plus-values réalisées au titre de la première cession d'un logement autre que la résidence principale (ou de droits démembrés portant sur un tel logement) sont exonérées à la **double condition** que le cédant n'ait pas été propriétaire de sa résidence principale, directement ou par personne interposée, au cours des quatre années précédant la cession et qu'il remploie le prix de cession dans l'acquisition ou la construction d'un logement qu'il affecte, dès son achèvement ou son acquisition si elle est postérieure, à son habitation principale. L'**exonération** est **limitée** à la fraction du prix de cession effectivement remployé. 32140 CGI art. 150 U, II-1° bis et 3° IMMO-II-45000 s

Le **remploi** doit être effectué dans le **délai** de vingt-quatre mois à compter de la cession. À défaut, l'exonération est remise en cause au titre de l'année du manquement.

Chaque personne physique peut bénéficier de cette exonération **une fois** au titre de la cession de son choix réalisée depuis le 1er février 2012 (BOI-RFPI-PVI-10-40-30 nos 140 à 160). Le dispositif s'applique sur **demande** par la mention de sa nature et de son fondement **dans l'acte** de vente. Celui-ci doit indiquer l'identité du bénéficiaire de l'exonération, ses droits sur le prix de cession, la fraction destinée au remploi, le montant de la plus-value exonérée (CGI ann. III art. 41 duovicies-0 H).

L'exonération s'étend aux **dépendances** immédiates et nécessaires du logement cédées en même temps que celui-ci (voir no 32135).

› Précisions **a.** En cas de **pluralité de cédants,** le respect des conditions d'application et le bénéfice de l'exonération s'apprécient distinctement par cédant personne physique : chaque coïndivisaire en cas d'indivision, chacun des époux en cas de cession d'un bien commun, chaque associé en cas de cession d'un logement par une société ou groupement (BOI précité nos 380 à 410).

b. L'acquisition de la résidence principale avant la vente du logement (au moyen d'un **prêt-relais** par exemple) ne fait pas obstacle au bénéfice de l'exonération dès lors que le logement a été mis en vente antérieurement et que la vente effective intervient dans un délai normal (BOI précité no 70).

c. Le **remploi** du prix de cession est admis (BOI précité nos 190, 250 et 260) :

– dans le paiement de droits d'enregistrement liés à un logement reçu par donation ou succession ;

– dans le coût de travaux d'amélioration et d'agrandissement ou entraînant une modification importante du gros œuvre réalisés concomitamment à l'acquisition d'un logement ancien et achevés et payés dans les douze mois qui suivent cette acquisition ;

– dans l'acquisition d'un immeuble affecté à un usage autre que l'habitation, suivie de travaux de transformation en logement achevés et payés dans les vingt-quatre mois qui suivent cette acquisition.

Le prix de cession peut également servir au remboursement de l'emprunt contracté pour l'achat du logement cédé, l'achat de la résidence principale étant financé par un nouvel emprunt (Rép. Fromantin : AN 11-6-2013 no 20830).

REMEMBREMENT URBAIN OU AMÉNAGEMENT FONCIER

Sont exonérées les **plus-values d'échange** réalisées dans le cadre de certains remembrements urbains ou d'opérations d'aménagement foncier agricole, forestier et environnemental, ou d'opérations assimilées, effectués conformément à la réglementation. 32145 CGI art. 150 U, II-5° IMMO-II-77700 s

L'exonération de la plus-value n'est pas définitive, puisqu'en cas de revente du bien remembré ou échangé, la plus-value réalisée à cette occasion est calculée en considérant fictivement que l'immeuble cédé a été acquis au même prix (ou pour la même valeur vénale), à la même date et selon le même mode que l'immeuble apporté en échange au remembrement.

EXEMPLE

Un immeuble A acquis le 1er mars de l'année N pour un prix de 10 000 € est échangé dans le cadre d'un remembrement réalisé le 3 septembre de l'année N + 5 contre un immeuble B évalué à 11 000 €. Lors de la cession de l'immeuble B réalisée le 15 octobre de l'année N + 10, la plus-value sera calculée à partir d'un prix d'acquisition de 10 000 €. Mais compte tenu de l'abattement pour durée de détention (no 32245), la plus-value sera diminuée de 30 % pour le calcul de l'IR et de 8,25 % pour celui des prélèvements sociaux.

VENTE N'EXCÉDANT PAS 15 000 €

Les plus-values de cession d'immeubles, de parties d'immeubles ou de droits relatifs à ces biens sont exonérées lorsque le prix de cession est inférieur ou égal à 15 000 €. Ce plafond s'apprécie bien par bien et non pas annuellement. 32155 CGI art. 150 U, II-6° IMMO-II-82000 s

En cas de cession isolée de l'**usufruit** ou de la **nue-propriété,** le seuil s'apprécie par rapport à la valeur de la pleine propriété du bien.

En cas de cession d'un bien détenu en **indivision,** il s'apprécie au regard de chaque quote-part indivise (il en est de même en cas de cession d'un bien acquis en **tontine** : BOI-RFPI-PVI-10-40-70 no 90).

En cas de cession d'un **droit démembré détenu en indivision,** le seuil s'apprécie au regard de chaque quote-part indivise en pleine propriété.

› **Précisions** **a.** En cas de **cession par des époux,** même communs en biens, le seuil s'apprécie au regard de la quote-part de chaque époux (BOI précité n° 100).
b. En cas de **cession de plusieurs parcelles** ou lots à un **même acquéreur,** le seuil s'apprécie en tenant compte du prix de chaque transaction réalisée, indépendamment du nombre de biens ou lots vendus à l'occasion de cette transaction, sans qu'il y ait lieu de diviser le prix global de cession par le nombre de lots vendus (CE 15-11-2019 n° 421337 : RJF 2/20 n° 137). Toutefois, en cas de cession de plusieurs **parcelles non adjacentes,** le seuil s'apprécie parcelle par parcelle (BOI précité n° 80).

RETRAITÉS OU INVALIDES DE CONDITION MODESTE

32165 CGI art. 150 U, III IMMO-II-21000 s

Exonération générale Les titulaires d'une pension de retraite ainsi que les titulaires d'une carte mobilité inclusion portant la mention invalidité (ou d'une carte d'invalidité) échappent à la taxation des plus-values immobilières à la double condition que, au titre de l'avant-dernière année précédant celle de la cession :
– ils ne soient pas passibles de l'impôt sur la fortune (valeur nette du patrimoine imposable n'excédant pas 1,3 M€) ;
– leur revenu fiscal de référence ne dépasse pas un seuil fixé, pour les cessions réalisées en 2020, à 10 988 € pour la première part de quotient familial majoré de 2 934 € pour chaque demi-part supplémentaire, la situation de famille s'appréciant à la date de la cession.

› **Précisions** L'exonération s'applique même si c'est le **conjoint** du cédant, soumis à imposition commune, qui est titulaire d'une pension de vieillesse ou de la carte mobilité inclusion mention invalidité (BOI-RFPI-PVI-10-40-90 n° 40).
Le conjoint survivant qui perçoit une **pension de réversion** peut également bénéficier de l'exonération (BOI précité n° 50).
Lorsque le **cédant** est un **handicapé rattaché au foyer fiscal de ses parents,** l'administration admet que seuls ses revenus soient pris en compte pour apprécier la condition relative au niveau du revenu fiscal de référence (BOI précité n° 140).

32170 CGI art. 150 U, II-1° ter IMMO-II-65000 s

Exonération de l'ancienne résidence principale La plus-value réalisée par les **personnes âgées hébergées en maison de retraite** (Ehpa, Ehpad, logement-foyer, petite unité de vie ou unité pour personnes désorientées) ou les **personnes adultes handicapées placées en foyer d'accueil** (foyer de vie, foyer d'accueil médicalisé ou maison d'accueil spécialisée) lors de la cession de leur ancienne résidence principale est exonérée à condition que :
– au titre de l'avant-dernière année précédant celle de la cession, le cédant ne soit pas passible de l'impôt sur la fortune (valeur nette du patrimoine imposable n'excédant pas 1,3 M€) et son revenu fiscal de référence ne dépasse pas un seuil fixé, pour les cessions réalisées en 2020, à 25 839 € pour la première part de quotient familial majoré de 6 037 € pour la première demi-part et 4 572 € pour chaque demi-part supplémentaire ;
– l'immeuble n'ait fait l'objet d'aucune occupation depuis l'entrée de son propriétaire dans l'établissement ;
– la cession intervienne dans un délai inférieur à deux ans suivant l'entrée dans l'établissement.
L'exonération s'applique lorsque le **logement** est resté **occupé par un membre du foyer fiscal** du cédant ou son concubin (BOI-RFPI-PVI-10-40-20 n° 90).

IMMEUBLE SINISTRÉ

32175 CGI art. 150 VA, II IMMO-II-158550

En cas de revente d'un immeuble partiellement ou totalement sinistré (incendie, inondation, etc.), l'**indemnité d'assurance** perçue n'est pas prise en compte dans le calcul de la plus-value.

DROIT DE SURÉLÉVATION

32180 CGI art. 150 U, II-9° IMMO-II-90000 s

La plus-value réalisée au titre de la cession **jusqu'au 31 décembre 2020** d'un droit de surélévation est exonérée à **condition** que l'acquéreur s'engage à créer et à achever exclusivement des locaux destinés à l'habitation dans un délai de quatre ans calculé de date à date à compter de l'acquisition.
En cas de manquement à cet **engagement,** l'acquéreur est redevable d'une **amende** d'un montant égal à 25 % de la valeur de cession du droit de surélévation.

› **Précisions** **a.** L'engagement résulte de la mention de l'exonération dans l'**acte** de cession (BOI-RFPI-PVI-10-40-40 n° 110).
b. Le logement est achevé lorsque l'état d'avancement des travaux de construction est tel qu'il est habitable (BOI précité n° 100).
c. L'amende n'est pas due en cas de **licenciement,** d'**invalidité** de 2ᵉ ou 3ᵉ catégorie ou de **décès** du contribuable ou de l'un des époux soumis à imposition commune. Elle n'est pas due non plus lorsque l'acquéreur ne respecte pas son engagement en raison de **circonstances exceptionnelles** indépendantes de sa volonté.
d. En cas de **fusion de sociétés,** l'engagement souscrit par la société absorbée n'est pas rompu lorsque la société absorbante le reprend dans l'acte de fusion.

IMMEUBLE DESTINÉ AU LOGEMENT SOCIAL

32185 CGI art. 150 U, II-7° et 8° IMMO-II-98000 s

Sont exonérées les plus-values réalisées **jusqu'au 31 décembre 2022** lors de la **cession** d'immeubles (Loi 2019-1479 du 28-12-2019 art. 107 prorogeant de deux ans le dispositif) :
– **à un organisme chargé du logement social** (organisme HLM, société d'économie mixte gérant des logements sociaux, Association foncière logement, SCI dont cette association détient la majorité des parts pour les logements visés à l'article L 831-1, 4° du CCH et organisme bénéficiant de l'agrément relatif à la maîtrise d'ouvrage prévu à l'article L 365-2 du CCH) ;
– **à tout autre cessionnaire qui s'engage à réaliser** et à achever des **logements locatifs sociaux** visés à l'article L 831-1, 3° et 5° du CCH dans un délai de quatre ans ; l'exonération s'applique au prorata de la surface des logements sociaux construits par rapport à la surface totale des constructions mentionnées sur le permis de construire du programme immobilier. En cas de manquement à son engagement, le cessionnaire est redevable d'une amende égale à 10 % du prix d'acquisition (mais l'exonération partielle de la plus-value reste acquise au cédant : BOI-RFPI-PVI-10-40-110 n°s 220 et 230). En cas de fusion de sociétés, l'engagement souscrit par la société absorbée n'est pas rompu lorsque la société absorbante le reprend dans l'acte de fusion.

L'exonération s'applique également lorsque l'immeuble est vendu jusqu'à la même date **à une collectivité territoriale,** à un établissement public de coopération intercommunale (EPCI) ou à un établissement public foncier de l'État (EPF) en vue de sa rétrocession à l'un des organismes précités dans le délai d'un an (trois ans en cas de rétrocession par un EPF) à compter de son acquisition.

Ces dispositions ne s'appliquent **pas dans les quartiers faisant l'objet d'un projet de renouvellement urbain** au titre du NPNRU.

3. CALCUL DES PLUS-VALUES

32200 CGI art. 150 V IMMO-II-150100 s

La plus-value imposable est égale à la différence entre le prix de cession et le prix d'acquisition de l'immeuble. Lorsque la vente porte sur un immeuble détenu depuis plus de cinq ans, la plus-value est réduite d'un abattement pour durée de détention. Certaines plus-values bénéficient, par ailleurs, d'un abattement exceptionnel quelle que soit la durée de détention du bien.

Les précisions nécessaires à l'application de ces règles dans certains cas particuliers (démembrement de propriété par exemple) sont regroupées n°s 32285 s.

Un exemple chiffré illustrant les modalités de détermination de la plus-value figure n° 32450.

a. Règles générales

PRIX DE CESSION

32210 CGI art. 150 VA IMMO-II-150400 s

Le prix de cession s'entend du prix stipulé à l'acte, augmenté, le cas échéant, des charges en capital et indemnités stipulées dans le contrat de vente au profit du vendeur et diminué des **frais de cession.**

ATTENTION

Seuls les frais suivants effectivement supportés par le vendeur à l'occasion de la cession peuvent être pris en compte : sommes versées à un intermédiaire ou à un mandataire, frais liés aux certifications et diagnostics obligatoires (termites, amiante, etc.), frais de mainlevée d'hypothèque, honoraires d'architecte, indemnité d'éviction versée au locataire et TVA acquittée par le vendeur.

Le prix stipulé à l'acte fait foi, même en cas d'**insuffisance** d'évaluation. En revanche, lorsqu'une **dissimulation** de prix est établie (n° 78245), le prix porté dans l'acte peut être majoré en conséquence par l'administration.

› Précisions **a.** La **valeur du mobilier** n'est pas prise en compte pour la détermination de la plus-value immobilière imposable à condition que l'existence et la valeur vénale de ces biens soient justifiées (production de factures, inventaire de commissaires-priseurs, etc.) (BOI-RFPI-PVI-20-10-10 n° 10).

b. En cas d'**échange,** le prix de cession à retenir correspond à la valeur vénale réelle des biens reçus en contrepartie du bien remis à l'échange, majorée éventuellement du montant de la soulte reçue ou diminuée du montant de la soulte payée (BOI précité n° 120). Cette valeur doit tenir compte, le cas échéant, des insuffisances relevées pour la liquidation des droits de mutation.

c. Lors de la **cession d'un terrain contre remise d'immeubles à construire,** le prix de cession servant au calcul de la plus-value est le prix mentionné dans l'acte de vente du terrain, sauf si l'administration prouve une dissimulation du prix réellement convenu entre les parties. L'administration apporte cette preuve lorsqu'elle établit qu'il existe une disproportion manifeste entre la valeur réelle des droits représentatifs des locaux à construire, estimée à la date de l'acte de cession du terrain, et le prix mentionné dans l'acte (CE 9-4-1999 n° 137473 : RJF 6/99 n° 724 ; BOI précité n° 160).

d. Lorsque le **prix** est **payable à terme ou par annuités échelonnées,** le prix à retenir est égal au montant cumulé des versements (hors intérêts) afférents aux diverses échéances stipulées au contrat (BOI précité nº 130).
e. En cas de cession d'un immeuble en **indivision,** la plus-value est imposée au nom de chaque indivisaire à raison de la fraction du prix de vente correspondant à ses droits dans l'indivision à la date de la vente, même si les indivisaires ont convenu d'une répartition différente du prix (BOI précité nº 195).

PRIX D'ACQUISITION

32220 CGI art. 150 VB IMMO-II-162700 s et 170000 s

Acquisition à titre onéreux Le prix d'acquisition correspond au prix effectivement versé lors de l'achat du bien tel qu'il a été stipulé dans l'acte, augmenté des charges et indemnités stipulées au profit du cédant (si une dissimulation du prix est établie, le prix porté dans l'acte doit être majoré du montant de cette dissimulation).

Le prix d'acquisition est majoré forfaitairement de 7,5 % pour tenir compte des **frais d'acquisition.** Le vendeur peut toutefois choisir de substituer à ce forfait le montant réel des frais suivants, dûment justifiés : frais de contrat (notamment honoraires du notaire et commissions d'intermédiaires), droits d'enregistrement ou TVA.

Le prix d'acquisition peut également être majoré des dépenses de **travaux** définies nº 32230. Aucune autre dépense, par exemple les **intérêts d'emprunt** contractés pour l'acquisition ou la réparation de l'immeuble, ne peut être prise en compte.

› Précisions **a.** **À défaut de prix stipulé dans l'acte,** le prix d'acquisition s'entend de la valeur vénale réelle à la date d'entrée dans le patrimoine du cédant d'après une déclaration détaillée et estimative des parties.
b. Si le bien a été acquis dans le cadre d'une **vente d'immeuble à rénover,** le prix d'acquisition comprend, selon l'administration, à la fois le prix de l'existant et celui des travaux (BOI-RFPI-PVI-20-10-20-10 nº 140). Voir toutefois la jurisprudence citée nº 27325, précision e.
c. Lorsque l'**acquisition** a été **soumise à la TVA,** le forfait de 7,5 % est en règle générale calculé sur le prix TVA incluse (BOI-RFPI-PVI-20-10-20-20 nº 70).

32225 IMMO-II-166700 s et 171500 s

Acquisition à titre gratuit En cas d'acquisition par **succession ou donation,** le prix d'acquisition s'entend de la valeur retenue pour la liquidation des droits de succession ou de donation ou, à défaut, la valeur vénale réelle à la date de cette acquisition.

Cette valeur est majorée des **frais d'acquisition** retenus pour leur montant réel et justifié. Ces frais s'entendent exclusivement des frais d'acte ou de déclaration (tels que les honoraires de notaire ou les frais de publicité foncière, y compris ceux afférents à un partage), ainsi que des droits de succession ou de donation à proportion de leur valeur représentative des biens cédés.

EXEMPLE

Un contribuable reçoit par succession 300 000 € dont 200 000 € correspondant à une maison. On suppose que 60 000 € de droits de succession ont été payés au total. Lors de la vente de la maison, le prix d'acquisition est majoré pour le calcul de la plus-value de :

$$\frac{200\,000\text{ €} \times 60\,000\text{ €}}{300\,000\text{ €}} = 40\,000\text{ €}.$$

Le prix d'acquisition peut aussi être majoré des dépenses de **travaux** définies nº 32230. Aucune autre dépense ne peut être prise en compte.

› Précisions **a.** Lorsque la vente porte sur un immeuble qui constituait la **résidence principale du défunt** et de sa famille, dont la valeur a par suite été réduite de 20 % pour le calcul des droits de succession (CGI art. 764 bis), la valeur à retenir pour le calcul de la plus-value est la valeur du bien diminuée de cet abattement. Si le cédant a bénéficié d'autres abattements ou exonérations, ceux-ci n'ont en revanche pas d'incidence sur la valeur à retenir (BOI-RFPI-PVI-20-10-20-10 nº 290).
b. **À défaut de valeur retenue pour la détermination des droits de mutation à titre gratuit,** le cédant doit déterminer la valeur vénale réelle du bien à la date d'entrée dans son patrimoine. Lorsque la succession n'a pas donné lieu à imposition (ou n'était pas imposable en France), l'administration permet de retenir la valeur qui figure dans l'attestation immobilière à condition qu'elle corresponde à la valeur du bien au jour de la succession (BOI précité nº 30).
c. Lorsque la valeur du bien procède d'une rectification définitive par l'administration, le cédant peut demander la prise en compte de la valeur rectifiée pour l'imposition de la plus-value, y compris lorsque la rectification est **postérieure à la vente** dans le cadre d'un litige en cours relatif à cette imposition ou par voie de réclamation. (CE 27-11-2019 nº 418379 : RJF 2/20 nº 134).
d. Les **droits de donation** ne peuvent pas être pris en compte lorsque le donateur les a pris à sa charge (BOI-RFPI-PVI-20-10-20-20 nº 90).
e. En cas de donation avec **prise en charge par le donataire des dettes** contractées par le donateur pour acquérir le bien transmis, il convient de retenir la valeur du bien avant imputation des dettes admises en déduction de l'assiette des droits de donation (BOI-ENR-DMTG-20-30-10 nº 290).

Dépenses de travaux Les dépenses de **construction, reconstruction, agrandissement et amélioration** peuvent être ajoutées au prix d'acquisition pour leur **montant réel,** à l'exclusion : 32230 IMMO-II-172000 s

– de celles qui présentent le caractère de dépenses locatives : peintures, papiers peints, moquettes… (à moins que ces dépenses ne soient indissociables des travaux de construction, reconstruction, agrandissement ou amélioration : BOI-RFPI-PVI-20-10-20-20 n° 210) ;

– et de celles qui ont déjà été prises en compte pour le calcul de l'impôt sur le revenu (revenu global ou revenus catégoriels) ou qui ont été incluses dans la base d'une réduction ou d'un crédit d'impôt.

ATTENTION

Seuls peuvent être retenus les **travaux effectués par une entreprise** depuis l'achèvement de l'immeuble ou son acquisition si elle est postérieure, à l'exclusion des travaux réalisés par le contribuable lui-même. Le coût des **matériaux achetés directement par le contribuable** puis posés par une entreprise ne peut pas être pris en compte (BOI précité n° 220 ; CE 12-10-2018 n° 419294 et 421677 : RJF 1/19 n° 41).

Le contribuable doit en outre être en mesure de justifier du montant des travaux au moyen des **factures** des entrepreneurs si l'administration lui en fait la demande.

> **Précisions** **a.** En cas de cession d'un **immeuble donné en location,** les dépenses d'amélioration ayant engendré un **déficit** foncier qui n'a pu être intégralement imputé peuvent être prises en compte, à due concurrence, pour le calcul de la plus-value (BOI précité n° 270).
En revanche, les dépenses de travaux exposées au cours d'une année couverte par le **« micro-foncier »,** réputées prises en compte pour l'impôt sur le revenu, sont sans effet sur le prix d'acquisition (BOI précité n° 300).
Lorsque le logement a été placé sous les régimes d'**amortissement Borloo, Robien, Besson ou Périssol,** le montant des dépenses de reconstruction, d'agrandissement ou d'amélioration effectuées avant la première mise en location du logement et déduites au titre de l'amortissement peut venir en augmentation du prix d'acquisition (BOI précité n° 260). Il en va de même pour les dépenses prises en compte pour le calcul des réductions d'impôt **Scellier** et **Censi-Bouvard** ou la réduction **Demessine** pratiquée au titre de l'acquisition de logements touristiques à réhabiliter (BOI précité n° 265).
b. Les **travaux effectués sur les terrains nus** (drainage notamment) viennent en majoration du prix d'acquisition pour leur montant réel, toutes conditions étant par ailleurs remplies (BOI précité n° 370).
c. Les **frais de démolition** d'un bâtiment vétuste supportés pour vendre l'immeuble comme terrain à bâtir s'ajoutent au prix d'acquisition (BOI précité n° 180). Il en va de même des frais de **démolition-reconstruction** même si le projet est inachevé lors de la cession (CE 30-6-2016 n° 375547 : RJF 11/16 n° 966).

Les travaux effectués sur un **immeuble bâti acquis depuis plus de cinq ans** peuvent être pris en compte, sans justificatif, pour un montant fixé forfaitairement à 15 % du prix d'acquisition. Le **forfait de 15 %** s'applique sans que le cédant ait à établir la réalité des travaux, c'est-à-dire même en l'absence de travaux. Le fait que certaines dépenses aient déjà été prises en compte pour l'assiette de l'impôt sur le revenu est également sans incidence (BOI-RFPI-PVI-20-10-20-20 n° 390). 32231

En pratique, le vendeur a donc intérêt à demander l'application du forfait dans tous les cas où il ne peut justifier de dépenses réelles supérieures à 15 % du prix d'acquisition.

Frais de voirie, réseaux et distribution Qu'ils soient ou non imposés par les collectivités locales, ces frais viennent en augmentation du prix d'acquisition pour le calcul des plus-values sur **terrains à bâtir.** Peut, en particulier, être retenu l'ensemble des frais d'aménagement et de viabilisation engagés dans le cadre d'une opération de lotissement. 32235 IMMO-II-176400 s

ABATTEMENT POUR DURÉE DE DÉTENTION

Lorsque l'**immeuble** cédé est **détenu depuis plus de cinq ans,** la plus-value est diminuée d'un abattement pour durée de détention dont le montant diffère selon qu'il s'agit de calculer l'impôt sur le revenu ou les prélèvements sociaux. 32245 CGI art. 150 VC, I CSS art. L 136-7, VI IMMO-II-177260 s

a. Pour la détermination du **montant imposable à l'impôt sur le revenu,** l'abattement est de :

– 6 % pour chaque année de détention au-delà de la cinquième et jusqu'à la vingt et unième ;

– 4 % au titre de la vingt-deuxième année de détention.

L'exonération d'impôt sur le revenu est ainsi acquise après vingt-deux ans de détention. Par exemple, une plus-value réalisée le 1er juin 2020 est exonérée si l'immeuble a été acquis avant le 1er juin 1998.

b. Pour la détermination du **montant imposable aux prélèvements sociaux,** l'abattement est de :
– 1,65 % pour chaque année de détention au-delà de la cinquième et jusqu'à la vingt et unième ;
– 1,60 % pour la vingt-deuxième année de détention ;
– 9 % pour chaque année au-delà de la vingt-deuxième.

L'exonération des prélèvements sociaux est ainsi acquise après trente ans de détention et, entre vingt-trois et trente ans de détention, les plus-values ne sont soumises qu'aux prélèvements sociaux.

Cet abattement s'applique quelle que soit la nature de l'immeuble (bâti ou non). Il se calcule par période de douze mois, en faisant abstraction des fractions d'année. Le délai de détention court depuis la date d'acquisition (soit, en principe, la date de l'acte notarié pour les achats et les donations et la date du décès pour les immeubles reçus en héritage) jusqu'à la date de cession, constitutive du fait générateur de l'imposition.

Un **tableau récapitulatif des taux d'abattement** applicables en fonction de la durée de détention du bien figure en annexe, nº 97230.

ABATTEMENT EXCEPTIONNEL DE 70 OU 85 %

32250 Loi 2017-1775 du 28-12-2017 art. 28, II IMMO-II-177950 s.

Champ d'application Les plus-values réalisées lors de la cession de **biens immobiliers bâtis,** de **terrains à bâtir** définis à l'article 257, I-2-1º du CGI (nº 58790) ou de droits relatifs à ces mêmes biens sont, quelle que soit la durée de détention du bien, réduites d'un abattement exceptionnel pour la détermination de l'assiette imposable à l'impôt sur le revenu et aux prélèvements sociaux sous réserve du respect des conditions suivantes :
– le bien doit être situé dans une commune classée par arrêté dans les **zones géographiques** où le déséquilibre entre l'offre et la demande de logements locatifs est particulièrement important (zones **A bis et A**) ;
– la cession doit être précédée d'une **promesse de vente** ayant acquis date certaine **entre le 1er janvier 2018 et le 31 décembre 2020** ;
– la **cession** doit être réalisée **au plus tard le 31 décembre de la deuxième année suivant** celle au cours de laquelle la promesse de vente a acquis date certaine (soit au plus tard le 31 décembre 2022 pour les promesses ayant acquis date certaine en 2020) ;
– le **cessionnaire doit s'engager à construire** dans un délai de quatre ans à compter de la date d'acquisition, un ou plusieurs **bâtiments d'habitation collectifs** représentant un gabarit au moins égal à 75 % du maximal autorisé en application du PLU ou du document d'urbanisme en tenant lieu (s'il ne respecte pas cet engagement, le cessionnaire est, sauf cas de force majeure, redevable d'une amende égale à 10 % du prix d'acquisition). Il doit également le cas échéant s'engager à **démolir** les bâtiments existants en vue de réaliser cette construction.

> **Précisions** **a.** L'abattement exceptionnel ne s'applique pas aux **cessions entre personnes liées**, à savoir celles réalisées par le cédant au profit :
> – de son conjoint, son partenaire lié par un pacte civil de solidarité, son concubin notoire, un ascendant ou descendant du cédant ou de l'une ou de plusieurs de ces personnes ;
> – d'une personne morale dont le cédant, son conjoint, son partenaire lié par un pacte civil de solidarité, son concubin notoire, un ascendant ou descendant de l'une ou de plusieurs de ces personnes est un associé ou le devient à l'occasion de cette cession.
> **b.** Le **gabarit** s'entend de l'ensemble des plans verticaux, horizontaux ou obliques constituant la forme extérieure de la construction (BOI-RFPI-PVI-20-20 nº 310).
> **c.** La **démolition** des bâtiments existants doit en principe être **totale.**
> Toutefois, une démolition **partielle** répond à la condition de démolition des constructions si elle est imposée par la collectivité concernée en raison, notamment, du PLU ou du classement de certains éléments du bâti au titre des monuments historiques.
> Par ailleurs, il est admis que la **conservation** par le cessionnaire, de sa propre initiative, de certains **éléments mineurs** du bâti, ne soit pas de nature à remettre en cause la nature de ses engagements (BOI précité nº 360).

32255 **Taux** Le taux de l'abattement exceptionnel est en principe de **70 %.** Il est toutefois **majoré à 85 %** si l'acquéreur s'engage à ce que, dans le programme immobilier à construire, les **logements sociaux et intermédiaires** représentent **au moins 50 % de la surface totale des constructions.**

S'il ne respecte pas cet engagement, le cessionnaire est, sauf cas de force majeure, redevable d'une amende égale à 10 % du prix d'acquisition.

Cet abattement est appliqué après prise en compte, le cas échéant, de l'abattement pour durée de détention.

Un **tableau** figurant en annexe, nº 97230, fournit le **taux global d'abattement** (pour durée de détention et exceptionnel) applicable en fonction de la durée de détention du bien.

SORT DES MOINS-VALUES

Lorsqu'une cession immobilière dégage une moins-value, celle-ci n'est imputable ni sur les plus-values de même nature, hormis le cas de vente en bloc d'un immeuble acquis par fractions successives (voir nº 32360), ni sur le revenu global. 32265 CGI art. 150 VD IMMO-II-177880 s

b. Cas particuliers

DÉMEMBREMENT DE PROPRIÉTÉ

Des règles particulières s'appliquent pour le calcul de la plus-value imposable lorsque la cession porte sur des droits démembrés ou des biens faisant l'objet ou ayant fait l'objet d'un démembrement de propriété, étant précisé que la **première cession** à titre onéreux de l'**usufruit temporaire** d'un immeuble ne relève pas du régime des plus-values mais du régime spécifique exposé nºs 4780 s. 32285

Vente d'un immeuble après réunion de propriété En cas de cession de la pleine propriété d'un immeuble après **réunion de la nue-propriété** (acquise à titre gratuit ou onéreux) **et de l'usufruit par extinction** au décès de l'usufruitier ou au terme de l'usufruit, le **prix d'acquisition** servant au calcul de la plus-value est égal à la somme des valeurs vénales de chacun des droits (donc la valeur de la pleine propriété) à la date d'entrée de la nue-propriété dans le patrimoine du vendeur, bien que la valeur d'acquisition de l'usufruit soit nulle (BOI-RFPI-PVI-20-10-20-10 nºs 220 et 350). 32290 IMMO-II-3300 s

Le **délai de détention** est décompté à partir de l'acquisition de la nue-propriété (BOI-RFPI-PVI-20-20 nº 40).

EXEMPLE

Décès le 15 janvier 2016 d'un contribuable marié qui possède en propre un immeuble bâti évalué à 122 000 €. Son épouse, âgée de 75 ans, choisit d'en recueillir l'usufruit, soit 36 600 € (l'usufruit étant égal à 30 % de 122 000 €). Leurs trois enfants recueillent en indivision la nue-propriété de l'immeuble (85 400 €).

En 2017, les enfants procèdent au partage des biens en indivision et l'un d'eux acquiert les droits des deux autres sur l'immeuble évalué à cette date à 130 000 €. Il verse donc 60 666 € pour le rachat des 2/3 de la nue-propriété en indivision (2/3 de 70 % de 130 000 €).

En 2019, au décès de la mère, il acquiert l'usufruit par extinction.

En septembre 2020, il revend l'immeuble pour le prix de 140 000 €. La plus-value est calculée par différence entre ce prix de vente et la valeur vénale de l'immeuble déclarée lors de la succession du père, soit 122 000 € (le partage intervenu en 2016 n'est pas pris en compte : voir nº 32330). La plus-value de 18 000 € ne bénéficie d'aucun abattement pour durée de détention (durée de détention de la nue-propriété inférieure à cinq ans).

En cas de cession de la pleine propriété d'un immeuble lorsque la **nue-propriété et l'usufruit** ont été **acquis à titre onéreux,** le prix d'acquisition est égal à la somme des prix d'acquisition de chacun des droits démembrés stipulés dans chacun des actes d'acquisition (BOI-RFPI-PVI-20-10-20-10 nº 220). 32295

Lorsque l'immeuble est cédé après réunion de la **nue-propriété reçue par donation ou succession et de l'usufruit acquis à titre onéreux,** le prix d'acquisition est la somme de la valeur vénale de la nue-propriété retenue lors de la donation ou de la succession et du prix d'acquisition de l'usufruit (BOI précité nºs 220 et 350).

Lorsque le cédant de l'immeuble en pleine propriété a **acquis la nue-propriété et l'usufruit par donation ou succession** (hors extinction de l'usufruit : nº 32290), le prix d'acquisition est égal à la somme des valeurs vénales retenues lors de chacune des transmissions (BOI précité nº 350).

Dans tous les cas, la **durée de détention** doit être décomptée à partir de la première des deux acquisitions, qu'elles soient à titre onéreux ou à titre gratuit (BOI-RFPI-PVI-20-20 nº 40).

Cession conjointe par le nu-propriétaire et l'usufruitier d'un immeuble démembré En cas de cession conjointe par le nu-propriétaire et l'usufruitier de leurs droits respectifs avec répartition du prix de vente entre les intéressés, l'opération est susceptible de dégager une plus-value imposable au nom de chacun d'eux. 32300 IMMO-II-5000 s

Le **prix de vente** global de l'immeuble doit être ventilé de façon à faire apparaître distinctement le prix de cession de la nue-propriété et celui de l'usufruit, en fonction de leur valeur réelle au jour de la vente. À titre de règle pratique, l'administration admet toutefois que cette ventilation soit effectuée en application du barème de l'article 669 du CGI (nº 68460) en tenant compte de l'âge de l'usufruitier au jour de la vente (BOI-RFPI-PVI-20-10-10 nºs 300 et 320).

Le **prix d'acquisition** de chaque droit est celui stipulé dans l'acte ou, en cas d'acquisition à titre gratuit, la valeur vénale retenue pour le calcul des droits de mutation. Lorsque le démembrement a pour origine une succession antérieure à 2004, cette valeur est retraitée par application du barème de l'article 669 du CGI en retenant l'âge de l'usufruitier au jour de la cession (CGI art. 150 VB).

Que le droit cédé ait été acquis à titre gratuit ou à titre onéreux, le **délai de détention** se calcule à partir de la date d'acquisition de ce droit, conformément aux principes généraux.

Lorsque l'un des cocédants avait initialement acquis l'immeuble en pleine propriété (à titre onéreux ou à titre gratuit) avant d'opérer le démembrement, le prix d'acquisition du droit qu'il cède est déterminé comme indiqué nº 32310.

32305 IMMO-II-6000 s **Cession isolée de la nue-propriété ou de l'usufruit** Lorsque le **droit** cédé a été **acquis isolément,** le **prix d'acquisition** est le prix du droit stipulé dans l'acte ou, en cas d'acquisition à titre gratuit, la valeur vénale retenue pour le calcul des droits de mutation. Lorsque le démembrement a pour origine une succession antérieure à 2004, cette valeur est retraitée par application du barème de l'article 669 du CGI (nº 68460) en retenant l'âge de l'usufruitier au jour de la cession.

Que le droit cédé ait été acquis à titre gratuit ou à titre onéreux, le **délai de détention** se calcule à partir de la date d'acquisition de ce droit, conformément aux principes généraux.

32310 CGI ann. II art. 74 SE et 74 SF En cas de cession isolée de la nue-propriété ou de l'usufruit d'un **immeuble acquis en pleine propriété** (à titre onéreux ou à titre gratuit), la **valeur d'acquisition** du droit vendu à retenir pour le calcul de la plus-value correspond à la fraction de la valeur d'acquisition de la pleine propriété afférente à ce droit. Cette fraction est obligatoirement appréciée, au jour de la cession, à partir du barème de l'article 669 du CGI (nº 68460). Les charges et indemnités augmentatives du prix d'acquisition ainsi que les frais d'acquisition sont retenus dans la même proportion.

La **durée de détention** se calcule à partir de la date d'acquisition de l'immeuble en pleine propriété.

Pour l'**application du barème,** l'âge de l'usufruitier pris en compte est celui du vendeur à la date de la cession en cas de vente de la nue-propriété. Ce devrait être celui de l'acquéreur dans le cas, plus rare, de la vente de l'usufruit.

IMMEUBLE CÉDÉ (OU ACQUIS) MOYENNANT RENTE VIAGÈRE

32320 CGI art. 150 VA, I IMMO-II-152300, 152700 s et 163700 Lorsqu'un **immeuble** est **cédé moyennant une rente viagère,** le prix de cession à retenir est la valeur en capital de la rente, à l'exclusion des intérêts, augmentée le cas échéant de la fraction du prix payée comptant. Autrement dit, la plus-value est calculée à partir du prix fixé dans l'acte de vente et converti en rente.

En cas de **revente du bien acquis moyennant rente viagère,** le prix de cession à retenir s'entend du prix stipulé dans l'acte et comprend, s'il y a lieu, le montant des arrérages restant à courir. Le prix d'acquisition est en principe la valeur en capital de la rente majorée, le cas échéant, de la fraction du prix d'acquisition payée comptant. Le contribuable peut toutefois lui substituer le total suivant (BOI-RFPI-PVI-20-10-20-10 nº 80) :

– si la revente intervient avant le décès du crédirentier : annuités versées + capital représentatif de la rente à la date de la revente + fraction du prix payée comptant (le cas échéant) ;

– si la revente intervient après le décès du crédirentier : annuités versées + fraction du prix payée comptant (le cas échéant).

IMMEUBLE ATTRIBUÉ LORS D'UN PARTAGE OU D'UNE LICITATION

32330 IMMO-II-13000 s **a.** En cas de cession d'un immeuble attribué, dans les conditions visées nº 32090, lors d'un **partage de succession, d'une communauté conjugale, d'une indivision entre époux** (née avant ou pendant le mariage), **entre partenaires d'un Pacs** (avant ou pendant le pacte) **ou entre concubins** ou lors d'une **donation-partage,** la durée de détention court de la date d'ouverture de la succession, de la donation ou de l'acquisition du bien en commun, et la plus-value doit être calculée à partir de la valeur du bien à cette date telle qu'elle a été retenue pour la liquidation des droits d'enregistrement, sans tenir compte de la soulte éventuellement versée lors du partage.

b. En cas de revente d'un immeuble attribué, à charge de soulte, lors d'un **partage autre** que ceux visés ci-dessus au a, la plus-value est déterminée en tenant compte de **deux fractions distinctes** :

– la fraction relative aux **droits originaires** du cédant est déterminée à partir de la valeur de la quote-part détenue par le cédant lors de l'entrée dans l'indivision et la durée de détention court à compter de la date d'entrée du bien en indivision ;

– la fraction relative à la **part acquise lors du partage** est déterminée à partir du montant de la soulte versée et la durée de détention court à compter de la date de l'acte de partage (BOI-RFPI-PVI-20-10-20-10 nº 280).

Sur la **compensation** éventuelle entre plus et moins-values ainsi dégagées, voir nº 32360.

PROFITS DE CONSTRUCTION OCCASIONNELS

Les profits résultant de la vente d'un immeuble que le cédant a construit ou fait construire relèvent du régime des plus-values des particuliers lorsqu'ils présentent un caractère occasionnel (sur la distinction entre profits habituels ou occasionnels, voir nº 30405). **32340** IMMO-II-179550 s

La plus-value imposable est, selon l'administration, déterminée en distinguant la fraction de plus-value afférente au terrain et celle afférente à la construction. Le **prix de cession** doit ainsi être **ventilé** entre la part relative au terrain et celle relative à la construction.

Le **prix d'acquisition du terrain** est égal au prix d'acquisition stipulé dans l'acte d'acquisition ou à la valeur retenue pour la liquidation des droits de succession ou de donation. Le délai de détention se calcule à partir de cette acquisition (BOI-RFPI-PVI-20-10-20-10 nº 110). Lorsque l'acquisition du terrain remonte à plus de cinq ans, l'abattement pour durée de détention est applicable.

Le prix d'acquisition de la **construction** est égal au coût des travaux de construction, qui comprend notamment les frais d'architecte et les factures des entrepreneurs (BOI précité). La durée de détention est calculée à partir de la date du début d'exécution de ces travaux (BOI-RFPI-PVI-20-20 nº 40). Lorsque le début des travaux remonte à plus de cinq ans, l'abattement pour durée de détention est applicable.

› Précisions **a.** Lorsque les **travaux** ne sont **pas réalisés par une entreprise,** leur coût s'entend du prix d'achat des matériaux utilisés et, le cas échéant, du coût de la main-d'œuvre employée, à l'exclusion du travail personnel du contribuable (BOI-RFPI-PVI-20-10-20-10 nº 110).

b. Les travaux de construction sont pris en compte même s'ils ont ouvert droit aux **dispositifs Périssol, Besson, Robien, Borloo, Scellier ou Duflot-Pinel.**

c. Les **travaux** réalisés **après l'achèvement** de l'immeuble viennent en augmentation du coût initial dans les conditions exposées nºs 32230 s.

VENTE D'UN TERRAIN SUPPORTANT UNE CONSTRUCTION ÉDIFIÉE PAR LE LOCATAIRE

En cas de vente d'un terrain supportant une construction édifiée par le locataire et revenue au bailleur en fin de bail (bail à construction ou bail ordinaire), la plus-value imposable est déterminée en distinguant la fraction de plus-value afférente au terrain et celle afférente à la construction. Le **prix de cession** doit ainsi être **ventilé** entre la part relative au terrain et celle relative à la construction. **32350** IMMO-II-179680 s

Le **prix d'acquisition du terrain** s'entend du prix effectivement payé pour son acquisition ou de la valeur retenue pour la liquidation des droits de succession ou de donation. Le prix d'acquisition des **constructions** s'entend de leur prix de revient ou, si le transfert de propriété s'effectue moyennant le versement d'une indemnité au preneur, du montant de celle-ci, sauf si le prix de revient des constructions est supérieur (BOI-RFPI-PVI-20-10-20-10 nº 170).

Le **délai de détention** se calcule :

– pour le terrain, à partir de la date effective d'acquisition par le bailleur ;

– pour les constructions, à partir de la date d'expiration du bail ou de sa résiliation anticipée même si l'accession se réalise au fur et à mesure de la construction (BOI-RFPI-PVI-20-20 nº 40).

VENTE EN BLOC D'UN IMMEUBLE ACQUIS PAR FRACTIONS SUCCESSIVES

En cas de cession en bloc d'un immeuble acquis par fractions successives, une plus-value ou moins-value est calculée séparément pour chaque fraction. Une **compensation entre les plus-values et moins-values** ainsi dégagées est possible, à condition que la vente soit constatée par le même acte et intervienne entre les mêmes parties. Dans ce cas, la ou les moins-values brutes, réduites d'un abattement pour durée de détention calculé comme indiqué nºs 32245 s., s'imputent sur la ou les plus-values également corrigées, le cas échéant, de l'abattement pour durée de détention. En cas de résultat négatif, la moins-value n'est pas imputable. **32360** CGI art. 150 VD, II IMMO-II-179780 s

Cette règle concerne notamment la vente en bloc d'immeubles acquis par parts indivises successives, d'immeubles provenant de la fusion de deux unités d'habitation acquises à des dates différentes, d'immeubles que le vendeur a construits ou fait construire sur un terrain dont il était déjà propriétaire (nº 32340), d'immeubles construits par le locataire acquis à l'issue du bail (nº 32350).

› Précisions Lorsque la cession porte sur un bien immobilier résultant de la **fusion de deux unités d'habitation, acquises en propre par chacun des partenaires d'un Pacs antérieurement à la conclusion de leur Pacs,** cette règle n'est pas applicable, dès lors que chaque fraction du bien n'a pas été acquise par les deux acquéreurs ensemble (Rép. Maurey : Sén. 6-12-2018 nº 1484).

4. MODALITÉS D'IMPOSITION

ANNÉE D'IMPOSITION

32395 IMMO-II-179950 s

Le fait générateur de l'imposition est constitué par la **cession** à titre onéreux de l'immeuble. En pratique, la plus-value est donc généralement taxée à la date de l'acte notarié constatant la vente (ou la promesse synallagmatique de vente), quelles que soient les modalités de paiement du prix.

Lorsque la vente ou la promesse de vente est assortie d'une **condition suspensive** qui affecte l'existence même du contrat (obtention d'un prêt bancaire par exemple), le fait générateur est constitué par la date de réalisation de la condition (CGI ann. II art. 74 SA).

> Précisions Si, par la suite, la **vente** est **annulée, résolue ou rescindée,** le vendeur peut obtenir une restitution partielle ou totale de l'impôt payé à raison de la plus-value, en présentant une réclamation avant le 31 décembre de la deuxième année suivant la date de l'annulation, de la résolution ou de la rescision (BOI-RFPI-PVI-10-30 n° 30). En cas de versement d'un **complément de prix** par l'acquéreur dans le cadre d'une action en rescision, la plus-value en résultant est, comme il est de règle, imposable au titre de l'année de la cession (CE 9-11-2015 n° 371571 : RJF 2/16 n° 145).

CALCUL DE L'IMPÔT

32405 CGI art. 200 B IMMO-II-180450 s

L'imposition est établie au **taux proportionnel** de 19 %. S'y ajoutent les prélèvements sociaux dans les conditions prévues aux n°s 34430 s. et, le cas échéant, la surtaxe sur les plus-values excédant 50 000 € (n°s 32710 s.).

32410 CGI art. 150 VF, III

En cas de vente de **terrains forestiers,** l'impôt dû sur la plus-value est diminué d'un **abattement** de 10 € par année de détention et par hectare cédé. Il n'y a pas d'abattement sur les prélèvements sociaux.

> Précisions **a.** Bien que la loi réserve l'abattement à la plus-value réalisée sur le **peuplement forestier** (c'est-à-dire les arbres plantés), il est admis d'en faire application à l'ensemble de la plus-value de cession du terrain à usage de bois et forêt (terrain + arbres) (BOI-RFPI-PVI-30-30-10 n° 60).
>
> **b.** Le **délai de détention** est calculé par période de douze mois depuis la date d'acquisition jusqu'à la date de cession du terrain à usage forestier sur lequel sont situés les peuplements forestiers (BOI précité n° 50).

DÉCLARATION ET PAIEMENT

32420 CGI art. 150 VG et 150 VH IMMO-II-180700 s

a. La déclaration de plus-value est souscrite sur un **imprimé n° 2048-IMM** (immeuble autre qu'un terrain à bâtir) ou **n° 2048-TAB** (terrain à bâtir), disponible sur www.impots.gouv.fr. Elle est signée par le cédant ou par son mandataire (le mandat doit alors figurer dans l'acte ou être joint à la déclaration). Elle doit normalement être déposée en simple exemplaire, accompagnée du paiement de l'impôt, au **service de la publicité foncière** du lieu de situation de l'immeuble, dans le mois qui suit la date de l'acte notarié.

En pratique, c'est généralement le notaire chargé de la vente qui effectue ces opérations et qui prélève le montant de l'impôt dû sur le prix versé par l'acheteur.

Lorsque la **plus-value** est **exonérée** (notamment par l'effet de l'abattement pour durée de détention) ou lorsque l'opération se solde par une **moins-value,** aucune déclaration ne doit être déposée.

CGI art. 170, 1

b. Le montant net imposable de la plus-value doit être reporté par le cédant sur sa **déclaration d'ensemble des revenus n° 2042.** Il en est de même du montant de la plus-value exonérée sous condition de remploi du prix de cession d'un logement autre que l'habitation principale (n° 32140).

32425

> Précisions **a.** Pour les cessions de biens situés en **Alsace-Moselle,** la déclaration est remise lors de la présentation à l'enregistrement.
>
> **b.** La **déclaration** et le paiement de l'impôt sont adressés au **service des impôts** dont relève le domicile du vendeur, dans le mois de l'acte, dans les cas suivants :
>
> – lorsque l'impôt n'a pu être acquitté par le notaire en raison de la présence de **créanciers** détenteurs de garanties **primant le** privilège du **Trésor** ; c'est le vendeur qui doit alors régler l'impôt dû ;
>
> – lorsque la **cession** est constatée au profit d'une **collectivité publique,** l'impôt étant versé dans ce cas par le notaire dès la mise à disposition des fonds par la collectivité publique.
>
> Le service des impôts est également destinataire de la déclaration lorsque le transfert de propriété est constaté par une **ordonnance judiciaire** ou par un **acte** passé en la **forme administrative** (cas de certaines expropriations : voir n° 32590).
>
> **c.** En cas de cession d'un **immeuble acquis par fractions successives** (voir n° 32360), plusieurs formulaires de déclaration sont utilisés (un par fraction de plus-value) avec report du total sur un formulaire récapitulatif.
>
> **d.** L'**absence de déclaration** ou le **défaut de paiement** entraînent le refus du dépôt ou de la formalité de l'enregistrement.
>
> Le **défaut ou le retard de déclaration** sont par ailleurs susceptibles d'entraîner une taxation d'office (LPF art. L 66, 1°).
>
> **e.** Les **pièces justificatives** afférentes aux frais

et charges qui viennent en diminution du prix de cession ou en majoration du prix d'acquisition ne sont pas à joindre à la déclaration, mais doivent être communiquées à l'administration si celle-ci en fait la demande (CGI ann. II art. 74 SI).

L'administration peut d'ailleurs adresser au contribuable une **demande de justifications** sur les éléments servant de base au calcul de la plus-value (LPF art. L 16, al. 2). À défaut de réponse ou en cas de réponse insuffisante après notification d'une mise en demeure, la plus-value peut être évaluée d'office (LPF art. L 73, 5°).

f. Les **sanctions** applicables en cas de défaut ou de retard de déclaration ou de paiement sont celles exposées nos 79850 s.

Mentions obligatoires de l'acte de vente L'acte de cession doit préciser, sous peine de refus du dépôt ou de la formalité d'enregistrement : 32430 CGI art. 150 VG, III CGI ann. II art. 74 SJ **IMMO-II-180850 s**

– l'adresse du service des impôts dont le cédant dépend pour la déclaration de ses revenus ou bénéfices ;
– le prix de cession de chacun des biens ;
– le prix d'acquisition du bien, ou, s'il s'agit d'une acquisition à titre gratuit, le nom du précédent propriétaire, son domicile et, éventuellement, la date de son décès ;
– en cas de dispense de déclaration, la nature et le fondement de l'exonération ou de l'absence de taxation ;
– et, le cas échéant, la mention que l'impôt afférent à la plus-value ne peut être intégralement acquitté ou que la cession est constatée au profit d'une collectivité publique.

Des mentions complémentaires sont requises en cas d'exonération sous condition de remploi du prix de cession d'un logement autre que l'habitation principale (voir n° 32140) et en cas de cession d'un droit de surélévation (n° 32180).

5. EXEMPLE RÉCAPITULATIF

32450

EXEMPLE

Un particulier vend le 20 février 2020 une résidence secondaire acquise le 1er octobre 2008. Aucune exonération particulière n'est applicable. Le prix de vente est de 120 000 € et le prix d'achat de 60 000 €. Les travaux suivants ont été réalisés : réfection du système électrique l'année de l'acquisition (4 000 €) et changement de la chaudière l'année suivante (1 200 €).

a. Calcul de la plus-value

Prix de cession	120 000 €
Prix d'acquisition	60 000 €
Frais d'acquisition (forfait de 7,5 %)	4 500 €
Majoration du prix d'acquisition pour travaux (forfait de 15 %)	9 000 €
Prix d'acquisition corrigé	73 500 €
Plus-value	46 500 €
Abattement pour durée de détention applicable en matière d'impôt sur le revenu (voir n° 97230) : 46 500 € × 36 %	16 740 €
Plus-value imposable à l'impôt sur le revenu	29 760 €
Abattement pour durée de détention applicable en matière de prélèvements sociaux (voir n° 97230) : 46 500 € × 9,90 %	4 604 €
Plus-value imposable aux prélèvements sociaux	41 896 €

b. Calcul de l'impôt

Impôt sur le revenu afférent à la plus-value :	29 760 € × 19 % = 5 654 €
Prélèvements sociaux	41 896 € × 17,2 % = 7 206 €
Imposition globale	12 860 €

6. CAS PARTICULIERS

a. Sociétés

RÈGLES GÉNÉRALES

Le régime d'imposition des plus-values immobilières privées est susceptible de s'appliquer à un certain nombre d'opérations intéressant les sociétés, en particulier les sociétés immobilières. C'est le cas, par exemple, lors de l'apport en société d'un immeuble, lors de la vente 32475 CGI art. 150 U à 150 UB **IMMO-II-181700 s** d'un immeuble par une société immobilière relevant de l'impôt sur le revenu ou de la cession des parts d'une telle société.

L'application du régime dans un cadre social nécessite toutefois un certain nombre d'adaptations. Ce sont ces modalités particulières d'application qui sont examinées ci-après, sachant que les règles générales exposées aux nos 32065 s. s'appliquent chaque fois qu'une disposition spécifique (ou la nature même de l'opération) ne s'y oppose pas.

Les **sociétés immobilières** représentant l'essentiel des sociétés concernées, nous emploierons par commodité l'abréviation **SCI** (au sens de société civile immobilière relevant de l'**impôt sur le revenu** au titre des revenus fonciers) pour désigner l'ensemble des sociétés entrant dans le champ d'application du régime des plus-values immobilières, même si l'article 150 U du CGI vise en fait toutes les sociétés de personnes relevant de l'impôt sur le revenu (autres que celles dont l'activité relève des BIC, des BA ou des BNC).

Certaines sociétés immobilières sont par ailleurs dotées de la **transparence fiscale.** Cela signifie qu'elles n'ont pas de personnalité distincte de celle de leurs membres, qui sont considérés comme les propriétaires directs des immeubles de la société. Compte tenu de cette spécificité, leur régime fiscal fait l'objet d'une étude d'ensemble distincte nos 30770 s.

APPORT D'UN IMMEUBLE À UNE SOCIÉTÉ

32485 IMMO-II-181770 s L'apport d'un immeuble par une personne physique ou une SCI à une société non transparente – quels que soient la forme et le régime d'imposition de cette dernière – constitue une opération imposable. Pour le calcul de la plus-value réalisée par l'apporteur, le **prix de cession** à retenir est égal à la valeur réelle des titres reçus en contrepartie de l'apport.

VENTE D'UN IMMEUBLE PAR LA SOCIÉTÉ

32495 IMMO-II-181880 s **Champ d'application du régime des plus-values privées** Le régime d'imposition des plus-values immobilières prévu par l'article 150 U du CGI s'applique aux **cessions d'immeubles réalisées occasionnellement** par les SCI relevant de l'IR dont les **associés** directs ou indirects sont des **particuliers.**

En revanche, dans le cas où la SCI réalise des **opérations habituelles d'achat-revente** d'immeubles, les profits correspondants sont soumis aux règles des BIC.

De même, lorsque les **associés** sont des **entreprises** relevant de l'IS ou des BIC ou BA réels, la quote-part leur revenant est en principe imposée selon le régime des plus-values professionnelles : voir no 37631.

En ce qui concerne l'imposition de la quote-part revenant aux **associés non résidents,** voir no 32635.

32500 **Modalités d'imposition** Les **exonérations** citées nos 32120 s. sont en principe applicables aux plus-values réalisées par l'intermédiaire d'une SCI, à l'exception de l'exonération générale prévue en faveur des retraités et invalides de condition modeste visée no 32165. Lorsque, par exemple, un logement est mis en droit ou en fait à la disposition gratuite d'un associé à titre de **résidence principale,** cet associé peut, en cas de cession du logement par la société, bénéficier de l'exonération prévue pour la résidence principale à hauteur de sa quote-part de plus-value.

Lorsqu'elle est imposable, la **plus-value** est **calculée** au niveau de la société, en fonction du prix et de la date d'acquisition et de vente du bien par la société, en faisant application des règles générales exposées plus haut (nos 32200 s.).

L'**impôt** est **dû par** chaque associé présent à la date de cession de l'immeuble au prorata de ses droits sociaux. En pratique, il est **versé par** la société, ce versement étant libératoire pour les associés, lors du dépôt de la déclaration no 2048-IMM signée par le gérant ou par son mandataire (CGI art. 150 VF, II). Chaque associé doit reporter sur sa déclaration d'ensemble no 2042 la quote-part lui revenant de la plus-value nette imposable.

> **Précisions** Les associés étant redevables légaux de l'impôt, même s'il a été acquitté par la société, l'administration ne peut **mettre en recouvrement** d'éventuels **compléments d'imposition** qu'au nom des associés présents à la date de cession de l'immeuble (CE 11-4-2018 no 409827 : RJF 7/18 no 758).

DISSOLUTION OU RETRAIT D'UN ASSOCIÉ

32510 IMMO-II-182690 s, 182800 s Du fait de la transformation de l'actif social en indivision, la **dissolution** d'une SCI équivaut, du point de vue fiscal, à une cession à titre onéreux susceptible de dégager une plus-value imposable au nom de chaque associé au prorata de ses droits sociaux. Ce n'est toutefois qu'à la date de la publication de la clôture de la liquidation que cette plus-value doit être imposée (sauf en cas de cession d'éléments d'actif à un tiers en cours de liquidation). La plus-value est calculée par différence entre la valeur vénale des biens à cette date et leur prix d'acquisition par la société (ou leur valeur d'apport). Cependant, afin d'éviter une double taxation partielle de la plus-value pour les associés ayant acheté leurs parts en cours de société, la fraction de plus-value imposable à leur nom est calculée par rapport à la valeur des biens au jour de l'acquisition des parts (BOI-RFPI-PVI-20-10-20-10 nº 420).

Le **retrait** d'un associé en cours d'exploitation accompagné de l'attribution d'éléments du patrimoine social constitue également une cession à titre onéreux des biens attribués donnant lieu à imposition d'une plus-value.

› Précisions En cas de **revente d'un immeuble** attribué lors de la dissolution (ou du retrait d'un associé en cours de société), le bien est en principe réputé avoir été acquis à la date de la clôture de la liquidation (ou du retrait) pour la valeur réelle qu'il comportait à cette date (BOI précité nº 120). IMMO-II-182980 s

CESSION DE TITRES DE SOCIÉTÉS À PRÉPONDÉRANCE IMMOBILIÈRE

Lorsqu'elles sont réalisées par des **contribuables domiciliés en France,** les cessions occasionnelles de titres de sociétés dont l'actif est principalement constitué d'immeubles sont soumises : 32520 CGI art. 150 UB IMMO-II-185000 s

– au régime d'imposition des plus-values immobilières si la société relève de l'impôt sur le revenu ;

– au régime des plus-values de cession de valeurs mobilières et droits sociaux, étudié nºs 32805 s., si la société est soumise à l'impôt sur les sociétés.

Lorsqu'elles sont réalisées par des **contribuables non domiciliés** en France, ces plus-values sont soumises, quel que soit le régime d'imposition de la société, aux règles spéciales exposées nºs 32625 s.

› Précisions **a.** Lorsque les **cessions** de titres de sociétés à prépondérance immobilière sont suffisamment **fréquentes et importantes** pour présenter un caractère professionnel, les profits qui en résultent sont soumis au régime des BIC dans les mêmes conditions que les profits des marchands de biens.

b. La première cession de l'**usufruit temporaire de titres** de sociétés à prépondérance immobilière est soumise au régime particulier étudié nºs 4780 s.

Appréciation de la prépondérance immobilière Une société est à prépondérance immobilière lorsque son actif est, à la clôture de chacun des **trois exercices qui précèdent la cession,** constitué pour plus de 50 % de sa valeur réelle par des immeubles bâtis ou non bâtis (ou des droits portant sur ces biens). Si la société dont les droits sociaux sont cédés n'a pas encore clos son troisième exercice, la composition de l'actif est appréciée à la clôture du ou des seuls exercices clos ou, à défaut, à la date de la cession (CGI art. 150 UB, I). 32525

Les **immeubles affectés par une société à sa propre exploitation** industrielle, commerciale, agricole ou à l'exercice d'une profession non commerciale ne doivent pas être pris en compte pour l'appréciation du pourcentage de 50 %. En pratique, sont donc principalement concernées par ce régime les SCI.

› Précisions **a.** Les immeubles constituant le **stock immobilier** d'une société de construction-vente ou d'une société de marchands de biens ainsi que les **immeubles donnés en location** (y compris ceux loués en meublé ou munis de matériels nécessaires à leur exploitation) ne sont pas considérés comme étant affectés à l'exploitation et doivent donc être retenus pour l'appréciation du pourcentage de 50 %.

b. Ne doivent pas en revanche être pris en compte pour l'appréciation de ce pourcentage :
– les immeubles dans lesquels est exploité un fonds de commerce donné en **location-gérance** (Rép. Kert : AN 22-11-1993 nº 1368 non reprise dans Bofip) ;
– les droits détenus dans le cadre d'un contrat de **crédit-bail** immobilier (BOI-RFPI-SPI-10-20 nº 60).

Cessions imposables Comme pour les immeubles, seules sont imposables les **cessions à titre onéreux** : ventes, apports en société et échanges (sauf sursis d'imposition : voir nº 32535), etc. 32530

Les **cessions** de parts de sociétés à prépondérance immobilière ne sont **exonérées** que dans deux cas :

– lorsque les **titres** sont **détenus pendant un certain délai,** par le jeu de l'abattement pour durée de détention visé nº 32245 ;

– lorsqu'il s'agit des **titres détenus par des associés occupant un immeuble de la société** à titre de **résidence principale.** Dans ce cas, la plus-value est exonérée à proportion de la valeur du logement occupé par l'associé (et de ses dépendances immédiates et nécessaires) par rapport à la valeur globale de l'actif social (BOI-RFPI-SPI-10-20 nº 160).

Les autres exonérations visées nºs 32120 s. ne sont pas applicables aux cessions de titres de sociétés à prépondérance immobilière.

Les plus-values d'échange de titres de sociétés à prépondérance immobilière dans le cadre d'une **fusion,** d'une **scission ou** d'un **apport à une société passible de l'IS** bénéficient d'un 32535 CGI art. 150 UB, II et 150 VB, I IMMO-II-187500 s sursis d'imposition de la plus-value. La plus-value n'est pas imposable au titre de l'année d'échange (sauf cas d'échange avec soulte). Lors de la **cession ultérieure** des titres reçus, la plus-value est calculée par référence au prix et à la date d'acquisition des titres remis à l'échange et imposée selon le régime des plus-values immobilières si les titres se rapportent lors de la cession à une société à prépondérance immobilière ou selon le régime des plus-values de cession de valeurs mobilières dans le cas contraire (BOI-RFPI-SPI-10-30 n° 60).

› **Précisions** **a.** En cas d'**échange avec soulte,** le sursis d'imposition ne s'applique pas lorsque la soulte reçue excède 10 % de la valeur nominale des titres reçus. La plus-value d'échange est totalement imposable au titre de l'année d'échange. Lorsque la soulte reçue n'excède pas ce seuil de 10 %, la plus-value d'échange est imposable au titre de l'année d'échange à concurrence du montant de cette soulte. Lors de la cession ultérieure des titres reçus, la plus-value est déterminée à partir du prix d'acquisition des titres remis à l'échange, diminué du montant de la soulte reçue qui n'a pas fait l'objet d'une imposition au titre de l'année d'échange.

b. Pour les **échanges réalisés avant le 1er janvier 2000,** les plus-values restent soumises à l'ancien régime du report. À l'expiration du report, la plus-value d'échange (calculée et déclarée lors de l'échange) est imposable, comme la plus-value de cession, suivant le régime des plus-values immobilières ou celui des plus-values de cession de valeurs mobilières selon que les titres se rapportent ou non à cette date à une société à prépondérance immobilière (BOI précité n° 110).

32540 IMMO-II-186200 s

Calcul de la plus-value

Les règles prévues pour les plus-values immobilières exposées nos 32200 s. s'appliquent, sous réserve des particularités exposées ci-après et des règles qui, par hypothèse, ne peuvent concerner que les immeubles.

La plus-value est calculée par différence entre le prix de cession et le prix d'acquisition des titres (ou la valeur retenue pour l'assiette des droits d'enregistrement en cas d'acquisition à titre gratuit).

Le **prix d'acquisition** correspond en principe au montant de la contrepartie que le titulaire des titres a dû fournir pour en acquérir la propriété. Il est majoré des **frais d'acquisition** qui ne peuvent ici être pris en compte que pour leur montant réel. Il doit faire l'objet d'**ajustements** identiques à ceux prévus pour les plus-values professionnelles (n° 37740), afin d'éviter une double prise en compte des bénéfices et des déficits sociaux qui ont déjà été taxés chez le cédant ou déduits de ses revenus (CE 8-11-2017 n° 389990 : RJF 2/18 n° 173 ; BOI-RFPI-SPI-20 n° 30).

Lorsque les titres sont détenus depuis plus de cinq ans, le montant de la plus-value est ensuite diminué de l'**abattement pour durée de détention** visé n° 32245.

› **Précisions** **a.** Lorsqu'un associé d'une société à prépondérance immobilière cède en même temps que ses parts le **solde créditeur du compte courant** qu'il a dans la société, le montant de ce solde ne doit pas être pris en compte pour le calcul de la plus-value.

b. Le **délai de détention** est calculé à compter de la date exacte d'acquisition des titres et, selon l'administration, à défaut de pouvoir justifier de la date d'acquisition, le contribuable est réputé avoir acquis les titres depuis moins de cinq ans ; cependant, lorsque les **titres** ont été **acquis à des dates différentes** et que la date d'acquisition des titres cédés ne peut être déterminée, il convient de répartir le nombre de titres cédés au cours d'une même année au prorata du nombre de titres de même nature acquis aux diverses dates d'acquisition (BOI précité n° 40).

c. En cas de **cession en bloc,** à un ou plusieurs acquéreurs, de **tout ou partie des parts** d'une même société acquises par fractions successives, les **moins-values constatées sur certaines parts,** éventuellement réduites de l'abattement pour durée de détention, s'imputent sur les plus-values réalisées sur les autres parts (BOI précité n° 90).

32545 CGI art. 200 B IMMO-II-186700 s

Modalités d'imposition

L'impôt sur le revenu est établi au **taux** de 19 %.

S'y ajoutent les prélèvements sociaux dans les conditions prévues aux nos 34430 s. et, le cas échéant, la taxe sur les plus-values excédant 50 000 € (nos 32710 s.).

› **Précisions** Lorsque la cession porte sur des titres de sociétés ou de **groupements** qui détiennent des peuplements **forestiers,** l'impôt sur le revenu est diminué d'un abattement de 10 € par année de détention des titres et par hectare de peuplement, à concurrence de leur valeur (CGI art. 150 VF, III). Il n'y a pas d'abattement sur les prélèvements sociaux.

32550 CGI art. 150 VG, I-2° et III, et 150 VH IMMO-II-187000 s La plus-value est déclarée sur un **imprimé n° 2048-M** disponible sur www.impots.gouv.fr. Cette déclaration, signée par le cédant ou par son mandataire, doit être déposée en double exemplaire, accompagnée du paiement de l'impôt, au service des impôts des entreprises (**SIE**) territorialement compétent (selon le cas : SIE de la résidence du notaire s'il s'agit d'un acte notarié, SIE du domicile de l'une des parties s'il s'agit d'un acte sous signature privée ou SIE du domicile du vendeur dans les autres cas) dans le mois de la cession.

Aucune déclaration n'est à souscrire en l'absence de plus-value imposable.

› **Précisions** **a.** L'administration peut adresser au contribuable une **demande de justifications** des éléments servant de base au calcul de la plus-value (LPF art. L 16, al. 2). En cas d'absence de réponse ou de réponse insuffisante après notification d'une mise en demeure, la plus-value peut être évaluée d'office (LPF art. L 73, 5°). Le défaut ou le retard de déclaration sont, quant à eux, susceptibles d'entraîner une taxation d'office (LPF art. L 66, 1°).

b. Les contribuables qui bénéficiaient au 31 décembre 1999 d'un **report d'imposition** de plus-values réalisées dans le cadre d'un échange de titres de sociétés à prépondérance immobilière doivent, lors de la cession des titres, remplir l'**imprimé spécial n° 2048-M bis ou 2074-I** selon le régime d'imposition de la plus-value de cession (n° 32535, précision b).

c. Pour les cessions de titres de **SCPI**, ces obligations peuvent être accomplies par la société gestionnaire au SIE dont elle dépend (BOI-RFPI-SPI-40 n° 50).

d. Le montant net imposable de la plus-value doit être reporté par le cédant sur sa **déclaration d'ensemble des revenus n° 2042** (CGI art. 170, 1).

b. Expropriation

L'expropriation pour cause d'utilité publique étant assimilée à une cession à titre onéreux, la plus-value réalisée à cette occasion est en principe taxable suivant les règles habituelles. **32570**

Toutefois, en raison du caractère forcé de la cession, des règles particulières d'imposition sont prévues. La plus-value peut même être totalement exonérée en cas de remploi de l'indemnité d'expropriation dans l'achat d'un bien immobilier.

Ces règles, exposées ci-après, s'appliquent en principe uniquement aux plus-values réalisées à la suite d'une **déclaration d'utilité publique** prononcée en vertu du Livre I, titre II, du Code de l'expropriation pour cause d'utilité publique (ou en vertu du Livre V, titre I du même Code relatif à la suppression de l'**habitat insalubre**), sans distinguer suivant que le transfert de propriété s'opère en cours de procédure par voie d'accord amiable ou en vertu d'une ordonnance du juge de l'expropriation. L'administration accorde toutefois également le bénéfice de l'exonération sous condition de remploi (n° 32600) aux plus-values de cessions de **biens immobiliers exposés à un risque naturel majeur** effectuées dans le cadre de la procédure d'acquisition amiable mentionnée à l'article L 561-3 du Code de l'environnement (BOI-RFPI-PVI-10-40-60 n° 200).

PRIX DE CESSION

Le prix de cession à retenir pour la détermination de la plus-value est constitué par l'**indemnité principale d'expropriation,** à l'exclusion des indemnités accessoires non représentatives de la valeur des biens cédés (par exemple : indemnités de remploi, indemnités pour frais de déménagement, pour perte de loyer, pour trouble de jouissance, pour récoltes non levées, etc.). **32580** CGI ann. II art. 74 SC **IMMO-II-157200 s**

DÉCLARATION ET PAIEMENT DE L'IMPÔT

En cas d'expropriation constatée par une **ordonnance judiciaire,** la déclaration n° 2048-IMM est déposée et l'impôt acquitté par le contribuable au service des impôts de son domicile dans le mois qui suit le versement du prix. **32590** CGI art. 150 VG, II-1° et 2° **IMMO-II-181100 s et 181150 s**

En cas d'expropriation constatée par un **acte passé en la forme administrative,** la déclaration est remise à la collectivité publique cessionnaire préalablement à la formalité de publicité foncière. L'impôt est alors payé au service des impôts du domicile du cédant, par le comptable public assignataire, sur le prix dû au vendeur au vu de la déclaration transmise à la collectivité publique.

EXONÉRATION SOUS CONDITION DE REMPLOI

La plus-value peut être totalement exonérée à condition que le cédant procède au remploi intégral de l'indemnité principale dans l'acquisition, la construction, la reconstruction ou l'agrandissement d'un ou plusieurs immeubles. Cette condition est réputée satisfaite si 90 % de l'indemnité est effectivement utilisée à cet effet (BOI-RFPI-PVI-10-40-60 n° 80). **32600** CGI art. 150 U, II-4° **IMMO-II-75000 s**

Le remploi doit être effectué dans un **délai** de douze mois à compter de la date de perception de l'indemnité (ou de son solde en cas de paiement fractionné).

L'affectation du **bien acheté en remploi** peut être différente de celle du bien exproprié ; l'exonération est ainsi accordée en cas d'achat d'un immeuble bâti en remplacement d'un terrain nu (et inversement), ou en cas d'achat d'un immeuble à usage professionnel en remplacement d'un immeuble d'habitation. L'indemnité peut aussi être employée dans l'achat de droits relatifs à des immeubles (nue-propriété, usufruit, droits indivis), mais pas dans l'achat de parts ou actions de sociétés ou groupements même si l'actif est exclusivement composé d'immeubles (GFA, SCPI, SII, etc.) (BOI précité n°s 120, 140 et 150).

› Précisions **a.** L'indemnité peut être utilisée pour le paiement des **frais** afférents à l'acquisition (TVA, droits de mutation, frais d'actes) (BOI précité n° 110).

b. En cas de remploi dans la **construction**, la **reconstruction** ou l'**agrandissement** d'un immeuble, le contribuable doit être en mesure de justifier, dans les douze mois du paiement de l'indemnité, de la propriété du terrain destiné à servir d'assise à l'opération, de la conclusion d'un contrat d'architecte et d'engagements pris à l'égard des entrepreneurs. L'exonération est refusée si l'indemnité est affectée à de simples dépenses d'amélioration (BOI précité n° 150).

c. En cas d'expropriation d'un bien appartenant à une **SCI,** le remploi de l'indemnité peut être effectué soit par la société elle-même, soit par chacun des associés (BOI précité n° 90 ; IMMO-II-182245).

d. Le bien acquis en remploi peut être **situé en France ou** dans un autre État de l'**Espace économique européen** (BOI précité n° 110).

e. L'exonération sous condition de remploi s'applique également à la plus-value de cession réalisée par le cédant qui exerce son **droit de délaissement** dans les situations suivantes :

– lorsque le terrain, bâti ou non bâti, est réservé par un plan local d'urbanisme pour la mise en place de **servitudes** ;

– pour la création d'une **zone d'aménagement concerté** (ZAC) ;

– en cas de décision de **sursis à statuer sur** un **permis de construire** ;

– lorsque le bien se situe dans le périmètre d'un **plan de prévention des risques technologiques** (PPRT).

c. Contribuables non domiciliés en France

PRINCIPES D'IMPOSITION

32625 CGI art. 244 bis A IMMO-II-189000 s

Sous réserve des conventions internationales, les **plus-values réalisées à titre occasionnel** par des contribuables domiciliés hors de France lors de la cession d'immeubles ou de titres de sociétés à prépondérance immobilière supportent un prélèvement spécifique de 19 % ou 28 % selon le cas, libératoire de l'impôt sur le revenu ou imputable sur l'impôt sur les sociétés.

Les profits réalisés **à titre habituel** sont soumis également à un prélèvement étudié au n° 30155.

> Précisions Lorsqu'il n'existe pas de **convention fiscale,** le prélèvement sur les plus-values occasionnelles s'applique sans limitation ; mais en présence d'une convention, il faut vérifier si celle-ci donne à la France le droit d'imposer ces plus-values. Or, si les conventions donnent presque toujours à la France le droit d'imposer les plus-values réalisées directement lors de l'aliénation d'immeubles situés sur son territoire, il n'en va pas de même pour les plus-values de cession des parts ou actions de sociétés à prépondérance immobilière. Pour ces dernières, il faut donc systématiquement procéder à un examen attentif de la convention applicable pour déterminer si la France a ou non le droit d'imposer.

CHAMP D'APPLICATION DU PRÉLÈVEMENT

32635 CGI art. 244 bis A, I IMMO-II-189100 s

Le prélèvement s'applique :

– aux **personnes physiques** fiscalement domiciliées hors de France ;

– aux **personnes morales** ou organismes dont le siège social est situé **à l'étranger,** quelle que soit leur forme et quel que soit le lieu de résidence des associés ;

– aux **sociétés de personnes françaises** et sociétés ou groupements assimilés, relevant des articles 8 à 8 ter du CGI, au prorata des droits sociaux détenus par leurs associés non résidents ;

– et aux fonds de placement immobilier (**FPI**) au prorata des parts détenues par des non-résidents.

Sur le cas particulier des **organismes sans but lucratif** de droit étranger, voir n° 89701.

32640 Le prélèvement frappe les profits provenant de la cession à titre onéreux (CGI art. 164 B, I-e bis et e ter et art. 244 bis A, I) :

– d'**immeubles** bâtis ou non bâtis situés en France, à l'exclusion toutefois des immeubles affectés à une exploitation professionnelle en France, et des droits portant sur ces biens ;

– de parts de fonds de placement immobilier (**FPI**) ou de fonds étrangers équivalents ;

– d'**actions** de sociétés d'investissements immobiliers cotées (**SIIC**), d'actions de sociétés de placement à prépondérance immobilière à capital variable (**Sppicav**), d'actions de structures étrangères équivalentes ou de **parts ou d'actions de sociétés à prépondérance immobilière cotées** sur un marché français ou étranger (autres que les SIIC), lorsque le cédant détient directement ou indirectement au moins 10 % du capital de la société dont les parts ou actions sont cédées ;

– et de **parts, d'actions ou d'autres droits dans des organismes non cotés à prépondérance immobilière** autres que ceux mentionnés ci-dessus.

L'actif des sociétés et organismes précités doit être principalement constitué directement ou indirectement d'immeubles situés **en France** (ou de droits relatifs à ces immeubles).

> Précisions a. L'appréciation de la notion de société ou organisme à **prépondérance immobilière** s'effectue comme pour les résidents (n° 32525).

b. La première cession à titre onéreux de l'**usufruit temporaire** d'un bien immobilier relève du régime particulier d'imposition exposé n°s 4780 s.

EXONÉRATIONS

Les **non-résidents relevant de l'impôt sur le revenu** bénéficient, en cas de **cession d'immeubles,** des mêmes exonérations que les résidents, hormis l'exonération de la première cession d'un logement lorsque le cédant n'est pas propriétaire de sa résidence principale et celle de l'ancienne résidence principale des retraités et invalides de condition modeste. L'exonération générale prévue en faveur des retraités ou invalides de condition modeste est en outre en principe réservée aux ressortissants des États de l'Espace économique européen (Union européenne, Islande, Norvège et Liechtenstein) (CGI art. 244 bis A, II-2°) mais l'administration admet de l'appliquer également aux ressortissants d'un État tiers qui peuvent invoquer une clause de non-discrimination (BOI-RFPI-PVINR-10-10 n° 90). Les non-résidents bénéficient également de deux exonérations spécifiques, l'une au titre de la cession de l'ancienne résidence principale située en France (n° 32652), l'autre plus générale applicable sous certaines conditions (n° 32655). **32650** CGI art. 150 U, II-2° à 9° et III **IMMO-II-190100 s**

› Précisions a. En cas de cession de **titres de sociétés à prépondérance immobilière,** seule l'exonération pour durée de détention est applicable.
b. Les **personnes morales** étrangères en **liquidation judiciaire** peuvent, sous certaines conditions, être exonérées du prélèvement (n° 24892).

Ancienne résidence principale en France Une exonération est prévue en faveur des **personnes physiques** qui, ayant transféré leur domicile fiscal hors de France, cèdent depuis le 1er janvier 2019 leur ancienne résidence principale en France. L'exonération est soumise au respect des conditions suivantes : **32652** CGI art. 244 bis A, I-1

– le cédant doit avoir transféré sa résidence **vers** un État membre de l'**Union européenne ou** dans un **État** ou territoire ayant conclu avec la France une **convention** d'assistance administrative en vue de **lutter contre la fraude** et l'évasion fiscales **et** une convention d'**assistance** mutuelle en matière de **recouvrement** d'impôts. L'État ou territoire du lieu d'installation ne doit pas être non coopératif au sens de l'article 238-0 A du CGI ;
– la cession doit être réalisée **au plus tard le 31 décembre de l'année suivant celle du transfert** par le cédant de son domicile fiscal hors de France ;
– l'ancienne résidence principale de l'expatrié ne doit **pas** être **mise à la disposition de tiers,** à titre gratuit ou onéreux, entre le départ hors de France et la cession.

L'exonération s'applique quels que soient les motifs de la cession, la nature de l'habitation, le montant du prix de cession ou de la plus-value et l'affectation future du bien cédé, même s'il est destiné à être démoli en vue de l'édification de nouvelles constructions (BOI-RFPI-PVINR-10-20 n° 450).

EXEMPLE

Un contribuable domicilié en France s'expatriant dans un pays de l'Union européenne le 15 avril 2020 sera exonéré d'impôt sur la plus-value en totalité si l'acte authentique de cession de son ancienne résidence principale en France est daté au plus tard du 31 décembre 2021, à condition qu'il ne l'ait ni louée ni mise à disposition d'un tiers à titre gratuit dans l'intervalle.

L'exonération s'applique également aux **dépendances** immédiates et nécessaires de la résidence principale (sur cette notion, voir n° 32135), à condition que leur cession intervienne simultanément à celle de l'immeuble. Selon l'administration, la circonstance que la vente soit réalisée auprès d'**acquéreurs distincts** ne fait pas obstacle au bénéfice de l'exonération, la condition de cession simultanée étant considérée comme satisfaite lorsque les cessions interviennent dans un délai normal (BOI précité n° 540).

› Précisions a. L'exonération est applicable lorsque l'immeuble est détenu directement par le contribuable ou par l'intermédiaire d'une **société de personnes** (BOI précité n° 490).
b. Pour bénéficier de l'exonération, l'immeuble cédé devait constituer la résidence principale du cédant **à la date du transfert** de son domicile fiscal hors de France. Les **immeubles** qui, au jour du transfert étaient mis en **location, occupés gratuitement** ou **vacants,** sont exclus de l'exonération (BOI précité n° 510).
Des **assouplissements** sont toutefois prévus dans les situations suivantes : immeuble occupé par le futur acquéreur, immeuble cédé par des époux séparés ou divorcés, par des concubins séparés ou par des partenaires ayant rompu un Pacs, cession d'un immeuble en cours de construction réalisée à la suite d'une mutation professionnelle, cession d'une péniche ou d'un bateau à usage d'habitation principale du cédant (BOI précité n° 510).
c. Les non-résidents qui ont déjà bénéficié de l'**exonération** de la plus-value, à hauteur de 150 000 €, pour la **cession d'un logement** situé **en France** (n° 32655) ne peuvent pas prétendre au bénéfice de l'exonération de plus-value sur la cession de leur ancienne résidence principale.

Logement en France Une exonération particulière est prévue en faveur des **personnes physiques,** non résidentes, ressortissantes d'un État de l'Espace économique européen (ou d'un autre État si elles peuvent invoquer le bénéfice d'une clause de non-discrimi- **32655** CGI art. 150 U, II-2°

nation : BOI-RFPI-PVINR-10-20 nº 270) qui cèdent un logement situé en France. Cette exonération s'applique, dans la **limite d'une seule résidence** par contribuable, à la double condition que :

– le cédant ait été fiscalement domicilié en France de manière continue pendant au moins deux ans à un moment quelconque avant la cession ;

– la cession soit réalisée au plus tard le 31 décembre de la dixième année suivant celle du transfert par le cédant de son domicile fiscal hors de France ou qu'elle porte sur un bien dont le cédant a la libre disposition au moins depuis le 1er janvier de l'année précédant celle de la cession.

Elle est limitée à la **fraction de la plus-value** nette imposable qui n'excède pas **150 000 €,** le surplus étant imposable. Ce plafond s'apprécie après prise en compte, le cas échéant, de l'abattement pour durée de détention (et de l'abattement temporaire exceptionnel).

L'exonération s'applique également aux **dépendances** immédiates et nécessaires de la résidence (sur cette notion, voir nº 32135).

› **Précisions** **a.** Les non-résidents qui ont bénéficié de l'exonération pour la cession de leur ancienne **résidence principale** en France (nº 32652) ne peuvent pas prétendre au bénéfice de l'exonération (CGI art. 244 bis A, II-1º). Il en va de même des non-résidents qui ont bénéficié du **régime dans sa rédaction antérieure** à l'article 28 de la loi 2013-1278 du 29 décembre 2013 (applicable entre 2006 et 2013).
En revanche, il est fait abstraction pour l'application de ce dispositif des cessions qui ont bénéficié d'une **autre exonération** (y compris celle liée à la durée de détention) ou qui n'ont dégagé **aucune plus-value** (BOI-RFPI-PVINR-10-20 nº 380).

b. En cas de **cession par des époux,** même communs en biens, l'exonération de plus-value à hauteur de 150 000 € s'applique sur la quote-part de plus-value revenant à chacun des époux (BOI-RFPI-PVINR-10-20 nº 420).

c. La **justification de la domiciliation** continue **en France** pendant au moins deux ans peut être apportée par tout moyen, notamment par la production des avis d'imposition à la taxe d'habitation à titre de résidence principale ou par les avis d'imposition des deux années concernées. Le cédant peut se prévaloir des années au titre desquelles il était, en tant qu'enfant mineur, rattaché au foyer fiscal de ses parents eux-mêmes domiciliés fiscalement en France (BOI-RFPI-PVINR-10-20 nº 290).

CALCUL DE LA PLUS-VALUE

32665 CGI art. 244 bis A, II IMMO-II-191600 s

Cédant assujetti à l'impôt sur le revenu Lorsque le cédant est assujetti à l'impôt sur le revenu (**personne physique ou société de personnes**), la plus-value est en principe déterminée dans les mêmes conditions que pour les personnes domiciliées en France (nos 32200 s. et 32540). On notera que le prix de cession est diminué des honoraires de représentation fiscale éventuellement supportés par le cédant et que les plus-values d'échange de titres de sociétés à prépondérance immobilière peuvent le cas échéant bénéficier du sursis d'imposition visé nº 32535.

32670 CGI art. 244 bis A, III

Cédant passible de l'IS Lorsque le cédant est une **personne morale ou un organisme passible de l'IS,** les règles de détermination de la plus-value diffèrent selon le lieu de sa résidence.

a. S'il est **résident d'un État de l'Espace économique européen,** la plus-value est déterminée selon les mêmes règles d'assiette que pour les personnes morales résidentes de France soumises à l'IS.

b. Dans le **cas contraire,** la plus-value est déterminée par différence entre le prix de cession du bien et son prix d'acquisition diminué, pour les immeubles bâtis, d'une somme égale à 2 % de son montant par année entière de détention. L'administration a précisé que le prix d'acquisition s'entend ici du prix effectivement payé, majoré, le cas échéant, des seules dépenses de construction, reconstruction ou agrandissement qui présentent le caractère d'immobilisation par nature, à condition qu'elles aient été effectivement supportées par la société, que leurs montant et paiement soient justifiés (production des factures et des justificatifs des règlements) et qu'elles n'aient pas déjà été déduites pour la détermination du revenu imposable (BOI-RFPI-PVINR-20-10 nº 70).

TAUX DU PRÉLÈVEMENT

32675 CGI art. 244 bis A, III bis IMMO-II-192200 s

Le taux du prélèvement est fixé à **19 %** :

– pour les **personnes physiques,** les associés personnes physiques de sociétés de personnes et les porteurs de parts d'un FPI, quel que soit leur lieu de résidence (Espace économique européen ou État tiers) ;

– pour les **personnes morales** résidentes d'un État de l'**Espace économique européen** pour les opérations qui bénéficieraient de ce taux si elles étaient réalisées par une personne morale résidente de France (voir nº 18915).

Il est fixé au **taux normal de l'IS** dans les **autres cas** (soit 28 % pour 2020).

Outre le prélèvement, les plus-values réalisées (directement ou indirectement) par les non-résidents personnes physiques supportent les **prélèvements sociaux** dans les conditions prévues aux n°s 34430 s. S'y ajoutent, le cas échéant, pour les non-résidents relevant de l'impôt sur le revenu (personnes physiques ou sociétés de personnes), la **surtaxe sur les plus-values excédant 50 000 €** (n°s 32710 s.) et les **taxes sur les cessions de terrains devenus constructibles** (n°s 31430 s.). 32680

PAIEMENT ET OBLIGATIONS DÉCLARATIVES

Le prélèvement est acquitté au moment de l'accomplissement de la formalité de l'enregistrement ou, à défaut, dans le mois de la cession, au vu de la **déclaration** n° 2048-IMM (immeuble autre qu'un terrain à bâtir), n° 2048-TAB (terrain à bâtir) ou n° 2048-M (parts de sociétés à prépondérance immobilière). Les personnes physiques sont toutefois dispensées de déclaration lorsque la plus-value est exonérée en raison de la durée de détention du bien, d'un prix de cession inférieur ou égal à 15 000 € ou parce que le bien cédé était la résidence principale du cédant. 32685 CGI art. 244 bis A, II et IV **IMMO-II-192550 s et 192900 s**

En ce qui concerne les **mentions** à porter dans les **actes de vente,** voir n° 32430.

Le cédant est en principe tenu de désigner sur la déclaration un **représentant en France** qui peut être soit une banque, soit l'acheteur, soit encore un simple particulier agréé par l'administration, soit enfin un organisme ayant reçu une habilitation générale. Ce représentant s'engage à remplir les formalités et à acquitter le prélèvement pour le compte du non-domicilié (CGI ann. II art. 171 quater). Cette obligation ne s'applique toutefois **pas** lorsque le cédant est domicilié, établi ou constitué dans un État de l'**Union européenne,** en **Islande** ou en **Norvège.** Lorsque le cédant est une société de personnes, française ou européenne (dont le siège est situé dans un État de l'Union européenne, en Islande ou en Norvège), l'obligation s'apprécie au regard de la situation de chacun des associés. 32687

› Précisions L'**administration dispense** les personnes physiques domiciliées hors des États européens ci-dessus de désigner un représentant fiscal si le prix de cession est inférieur ou égal à 150 000 € (BOI-RFPI-PVINR-30-20 n°s 180 à 210). Cette dispense vaut également pour les personnes physiques associées de sociétés de personnes françaises ou européennes assimilées (ou membres de FPI). Dans ce cas, le seuil de 150 000 € s'apprécie en faisant la somme des quotes-parts correspondant aux droits de l'ensemble des associés ou membres non résidents européens (personnes physiques ou morales) (BOI précité n° 200). La dispense s'applique également, quel que soit le prix de cession, si la plus-value est totalement exonérée pour durée de détention (BOI précité n° 220) ou parce que le bien cédé constituait la résidence principale du cédant (BOI précité n° 225).

CARACTÈRE LIBÉRATOIRE OU IMPUTATION DU PRÉLÈVEMENT

Le prélèvement est libératoire de l'**impôt sur le revenu.** 32690 CGI art. 244 bis A, V **IMMO-II-192450 s**

Lorsque le cédant est assujetti à l'**impôt sur les sociétés,** il est imputable sur cet impôt. L'excédent est restitué (sur réclamation) aux personnes morales résidentes d'un État de l'Union européenne ou d'un État ayant conclu avec la France une convention fiscale contenant une clause d'assistance administrative en matière d'échange de renseignements et de lutte contre la fraude et l'évasion fiscales (sauf s'il s'agit d'États non coopératifs).

Les **personnes morales** étrangères **déficitaires** peuvent demander, sous certaines conditions, la restitution du prélèvement, voir n°s 24889 s.

SANCTIONS

Les infractions commises en matière de prélèvement entraînent la perception d'une amende fiscale égale à 25 % du montant des droits éludés. 32695 CGI art. 1761, 1 **IMMO-II-194100 s**

7. TAXE SUR CERTAINES PLUS-VALUES IMMOBILIÈRES

CHAMP D'APPLICATION

Une taxe s'applique sur les plus-values immobilières, autres que sur terrains à bâtir, imposables à l'impôt sur le revenu ou au prélèvement dû par les non-résidents, d'un montant supérieur à 50 000 €. Elle est due par les **personnes physiques** et les **sociétés ou groupements** relevant de l'impôt sur le revenu ainsi que par les **contribuables domiciliés hors de France** assujettis à l'impôt sur le revenu. 32710 CGI art. 1609 nonies G **IMMO-II-198000 s**

Les **cessions exonérées** d'impôt sur le revenu ou du prélèvement dû par les non-résidents n'y sont pas soumises (vente de la résidence principale, bien détenu depuis une certaine durée, etc.).

Les **terrains à bâtir exclus** du champ d'application de la taxe sont ceux visés à l'article 257, I-2-1° du CGI, définis n° 58790 (BOI-RFPI-TPVIE-10 n° 120).

SEUIL D'APPLICATION ET ASSIETTE DE LA TAXE

32715 IMMO-II-198900 s

La taxe est due lorsque la **plus-value nette imposable** est supérieure à **50 000 €.** Elle est assise sur le montant de cette plus-value, déterminé dans les conditions de droit commun.

Le seuil de 50 000 € et l'assiette de la taxe s'apprécient donc après prise en compte de l'abattement pour durée de détention et, le cas échéant, de l'abattement temporaire exceptionnel (ainsi que de la fraction de plus-value exonérée en cas de remploi partiel du prix de vente d'un logement dans l'achat d'une résidence principale : BOI-RFPI-TPVIE-20 nº 20).

> **Précisions** **a.** En cas de cession par une **société,** le seuil de 50 000 € et l'assiette de la taxe s'apprécient en principe au niveau de la société mais il est admis de ne pas tenir compte de la quote-part de plus-value revenant à des associés soumis à l'IS ou aux associés personnes physiques bénéficiant d'une exonération liée à la cession de la résidence principale ou à la cession d'un logement en vue de l'acquisition de celle-ci (BOI précité nº 60).
> **b.** En cas de **pluralité de cédants** (indivisaires, concubins, couple lié par un Pacs ou couple marié cédant un bien de communauté), le seuil de 50 000 € et l'assiette de la taxe s'apprécient séparément au regard de la quote-part de plus-value revenant à chacun des cédants (BOI précité nºs 30 à 50).

TARIF APPLICABLE

32720 IMMO-II-199250 s

Les plus-values imposables sont soumises à la taxe sur leur montant total, selon le **barème** suivant :

Montant de la plus-value imposable (€)	Montant de la taxe (€)
De 50 001 à 60 000	2 % PV – [(60 000 – PV) × 1/20]
De 60 001 à 100 000	2 % PV
De 100 001 à 110 000	3 % PV – [(110 000 – PV) × 1/10]
De 110 001 à 150 000	3 % PV
De 150 001 à 160 000	4 % PV – [(160 000 – PV) × 15/100]
De 160 001 à 200 000	4 % PV
De 200 001 à 210 000	5 % PV – [(210 000 – PV) × 20/100]
De 210 001 à 250 000	5 % PV
De 250 001 à 260 000	6 % PV – [(260 000 – PV) × 25/100]
Supérieur à 260 000	6 % PV
PV = montant de la plus-value imposable	

PAIEMENT ET DÉCLARATION

32725 IMMO-II-199500 s.

La taxe due par le cédant est **exigible** lors de la cession. Elle est acquittée lors du dépôt de la **déclaration nº 2048-IMM** ou **nº 2048-M,** sous la responsabilité, le cas échéant, du représentant fiscal accrédité par le cédant non résident.

Elle est contrôlée sous les mêmes garanties et sanctions qu'en matière d'impôt sur le revenu.

B. Plus-values sur biens meubles

32740 CGI art. 150 UA IMMO-II-195000 s

Les plus-values réalisées par les particuliers à l'occasion de la cession de biens meubles, dans le cadre de la gestion de leur patrimoine privé, sont en principe taxables à l'impôt sur le revenu au taux de 19 % auquel s'ajoutent les prélèvements sociaux dans les conditions prévues aux nºs 34430 s.

Mais, en pratique, les cas d'imposition sont très rares dès lors que :
– les plus-values sur cession de **valeurs mobilières et droits sociaux** relèvent de règles spécifiques (voir nºs 32805 s.), tout comme celles sur cession d'**actifs numériques** (voir nºs 33600 s.) ;
– les plus-values réalisées lors de la vente de **métaux précieux, bijoux, objets d'art, de collection ou d'antiquité** sont soumises à une taxation forfaitaire (lorsque le bien cédé se situe dans un État de l'Union européenne), à moins que le vendeur n'opte expressément pour le régime des plus-values lorsque cette option est autorisée (voir nºs 75915 s.).

CHAMP D'APPLICATION

32750 IMMO-II-195000 s

Les **personnes imposables** sont les personnes physiques et, sous réserve de celles dont l'activité relève des BIC, des BA ou des BNC, les sociétés de personnes relevant de l'impôt sur le revenu et les copropriétés de cheval de course visées à l'article 8 quinquies du CGI.

Les contribuables non domiciliés fiscalement en France échappent toujours à l'imposition.

Les **biens imposables** sont les biens meubles et les droits portant sur des biens meubles, à l'exception :

– des meubles meublants, des appareils ménagers et des voitures automobiles (sauf s'il s'agit d'objets d'art, de collection ou d'antiquité placés sur option sous le régime des plus-values) ;

– des biens, autres que les métaux précieux, dont le prix de cession n'excède pas 5 000 €.

Les cas d'imposition les plus courants résultent de ventes de bateaux de plaisance, de vins ou d'eaux-de-vie reçus en paiement de fermages ou de chevaux de course ou de sport.

› Précisions **a.** Les **copropriétaires d'étalons ou de navires**, également visés par la loi, ne relèvent pas du régime des plus-values privées mais du régime des plus-values professionnelles, dès lors qu'ils sont respectivement imposables dans la catégorie des BA et des BIC.
b. Pour le cas particulier des **péniches** et des bateaux utilisés en un point fixe comme habitation principale par leurs propriétaires, voir nº 32130, précision d.

CALCUL DE LA PLUS-VALUE

Les règles de détermination de la plus-value sont les mêmes que pour les plus-values immobilières (voir nos 32200 s.), sous réserve des précisions suivantes. **32760** CGI art. 150 V, 150 VB et 150 VC **IMMO-II-195800 s**

Les **frais** d'acquisition et les frais de restauration et de remise en état venant en augmentation du prix d'acquisition doivent toujours être pris en compte pour leur montant réel.

Le montant de la plus-value est réduit d'un **abattement** dont le taux est fixé à 5 % par année de détention au-delà de la deuxième, d'où une exonération totale de la plus-value après vingt-deux ans de détention.

MODALITÉS D'IMPOSITION

La plus-value réalisée est taxée au **taux** de base de 19 % auquel s'ajoutent les prélèvements sociaux dans les conditions prévues aux nos 34430 s. **32770** CGI art. 200 B **IMMO-II-196400**

Les **moins-values** ne sont pas prises en compte (CGI art. 150 VD, I).

DÉCLARATION ET PAIEMENT

Pour chaque bien cédé, les contribuables doivent se procurer et déposer spontanément au service des impôts de leur domicile une **déclaration nº 2048-M** dans le délai d'un mois à compter de la cession. La déclaration est accompagnée du paiement des droits. Lorsque la **plus-value** n'est **pas imposable,** la déclaration n'a pas à être souscrite. **32780** CGI art. 150 VG et 150 VH **IMMO-II-196600 s**

› Précisions L'administration peut adresser au contribuable une **demande de justifications** des éléments servant de base à la détermination des plus-values (LPF art. L 16, al. 2). À **défaut de réponse** ou en cas de **réponse insuffisante** après notification d'une mise en demeure, les éléments d'imposition peuvent être évalués d'office par l'administration (LPF art. L 73, 5º).
Le **défaut ou** le **retard de souscription de la déclaration** sont, quant à eux, susceptibles d'entraîner une taxation d'office (LPF art. L 66, 1º).

C. Plus-values sur valeurs mobilières et droits sociaux

PRINCIPES D'IMPOSITION

Les plus-values réalisées par les particuliers à l'occasion de la cession de valeurs mobilières ou de droits sociaux constituent l'une des catégories de revenus passibles de l'impôt sur le revenu. **32805** CGI art. 150-0 A à 150-0 E **RM-VI-1 s**

Une fois déterminées suivant les règles exposées dans le présent chapitre, les plus-values sont soumises de plein droit à un prélèvement forfaitaire unique (PFU) ou, sur option globale du contribuable, au barème progressif de l'impôt sur le revenu.

Les plus-values sont également soumises aux **prélèvements sociaux** au titre des revenus du patrimoine (nos 34430 s.).

Deux catégories de plus-values relèvent d'autres régimes que celui exposé ci-après : **32810**

1. Les plus-values de cession de titres de certaines **sociétés immobilières** ou de fonds immobiliers, qui relèvent des règles des plus-values immobilières. Sont concernés les titres de sociétés transparentes (nº 30800), les titres de sociétés à prépondérance immobilière non soumises à l'IS (nos 32520 s.) et les **parts de** fonds de placement immobilier (**FPI**) (nº 30535) ;

2. Les plus-values qui, en raison du contexte dans lequel elles sont réalisées, sont taxées selon le régime de droit commun des BNC. Cette situation recouvre en fait deux hypothèses différentes, toutes les deux exceptionnelles. **RM-VI-38500 s**

La première concerne les cessions de titres non cotés qui proviennent d'une véritable **activité lucrative** (CGI art. 92, 1). Peut par exemple se trouver dans cette situation un contribuable qui fait profession de reprendre des sociétés en difficulté en vue de les revendre après avoir procédé à leur redressement (CE 20-2-1989 n° 62397 : RJF 4/89 n° 440). En revanche, le fait pour un dirigeant de contribuer, en tant que tel, à la valorisation de sa société ne suffit pas à taxer en BNC la plus-value réalisée lors de la cession de ses droits sociaux (CE 18-1-2006 n° 265790 et 265791 : RJF 4/06 n° 378).

La seconde hypothèse vise les **opérations de bourse effectuées dans des conditions analogues à celles des professionnels** de la bourse (CGI art. 92, 2-1°). Pour qu'il en soit ainsi, il faut que le contribuable réalise personnellement des opérations nombreuses et sophistiquées, impliquant la détention, la maîtrise, l'utilisation et la recherche organisée d'informations et de techniques d'intervention spécialisées (CE 3-2-2003 n° 232040 : RJF 4/03 n° 432). L'utilisation même fréquente du réseau internet et du courtage en ligne pour gérer son portefeuille ne constitue pas à cet égard un critère suffisant (BOI-BNC-CHAMP-10-10-20-10 n° 100).

1. CHAMP D'APPLICATION

PERSONNES IMPOSABLES

32880 CGI art. 150-0 A RM-VI-250 s

Le régime des plus-values mobilières privées s'applique aux plus-values réalisées par les **personnes physiques,** dans le cadre de la gestion de leur patrimoine privé, soit directement, soit au travers d'une personne interposée ou d'une fiducie (nos 90900 s.).

Sont notamment considérées comme **personnes interposées** les sociétés relevant de l'impôt sur le revenu qui exercent une activité civile d'acquisition et de gestion d'un portefeuille-titres. Les associés de ces sociétés sont par suite imposables selon le régime des plus-values privées à hauteur de leur quote-part dans les plus-values sociales. Ils sont également soumis à ce régime lorsqu'ils cèdent les titres de la société interposée, dans la mesure où ils ont la qualité de simples apporteurs de capitaux.

> Précisions **a.** Le régime des plus-values privées s'applique également aux plus-values réalisées par les **entreprises** relevant de l'impôt sur le revenu lorsqu'elles cèdent des **titres inscrits à l'actif** qui ne sont pas affectés à l'activité (voir n° 18460). On notera aussi que certaines plus-values peuvent être imposées pour partie selon le régime d'imposition des plus-values privées et pour partie selon celui des plus-values professionnelles : c'est ce qui se passe par exemple lorsque les titres cédés ont été inscrits à l'actif et **affectés à l'activité professionnelle après avoir figuré dans le patrimoine privé** (ou l'inverse) ou lorsqu'ils ont été donnés en **location** (voir nos 18470 s.).

b. Les **parts de sociétés de personnes** relevant de l'impôt sur le revenu **détenues par des associés qui exercent dans la société leur activité professionnelle** sont par ailleurs réputées constituer un actif professionnel personnel dont la cession relève du régime des plus-values professionnelles. Voir nos 37715 s.

c. Relèvent également des plus-values professionnelles les cessions de parts de **FPI** dont l'actif est **constitué majoritairement d'immeubles loués meublés** lorsque le porteur de parts est considéré comme un **loueur professionnel** (voir n° 30535).

d. En ce qui concerne la personne imposable en cas de cession de **titres dont la propriété est démembrée,** voir n° 33155.

TITRES CONCERNÉS

32890 RM-VI-2000 s

Ils sont définis de manière large et comprennent :

– les **valeurs mobilières** françaises et étrangères (cotées ou non cotées) – actions, obligations, certificats d'investissement, titres participatifs et autres titres d'emprunts négociables mentionnés aux articles 118, 1° (titres français) et 120, 6° et 7° du CGI (titres étrangers) – ainsi que les droits de souscription ou d'attribution attachés à ces valeurs ;

– les **droits sociaux,** c'est-à-dire les actions et les parts de sociétés cotées ou non cotées (exception faite des titres de sociétés immobilières visées n° 32810) quels que soient le régime fiscal de la société et l'importance de la participation du cédant ;

– les **droits d'usufruit** et **de nue-propriété** portant sur les valeurs mobilières ou les droits sociaux imposables (particularités : n° 33155) ;

– les **titres représentatifs de valeurs ou droits imposables,** c'est-à-dire les titres de sociétés ou groupements dont l'actif est principalement constitué de ces valeurs ou droits. Sont visés les actions de **Sicav,** de **Sppicav,** de **Sicaf,** les parts de **FCP,** les titres de sociétés d'investissement ou de sociétés de portefeuille. Les parts de FPI ne sont en revanche pas concernées (n° 32810).

> Précisions **a.** Sont également considérés comme des valeurs mobilières au sens de l'article 150-0 A du CGI :
– les **titres de Sicomi** cotées ou non (CGI art. 150-0 A, II-3) ;
– les **parts de fonds communs de créances** et de **fonds communs de titrisation** dont la durée à l'émission est supérieure à cinq ans (CGI art. 150-0 A, II-5 et BOI-RPPM-PVBMI-10-10-10 n° 120).

Ce n'est en revanche le cas ni des **bons du Trésor,** ni des **bons de caisse,** ni des **titres de créances négociables.**
b. Sur les cessions de **créances** résultant d'une clause **de complément de prix,** voir nº 33140.

OPÉRATIONS IMPOSABLES

Ce sont les **cessions à titre onéreux** de valeurs mobilières et droits sociaux. La notion de cession à titre onéreux vise non seulement les négociations sur un marché réglementé ou organisé et les ventes réalisées de gré à gré, mais aussi : 32900 RM-VI-630 s
– les **rachats par les sociétés** de leurs propres titres ;
– dans la limite des **soultes,** les **partages** de titres indivis, autres que ceux visés en précision, d ci-après ;
– les **apports en société** et les **échanges** de titres (la plupart bénéficient toutefois de régimes de différés d'imposition : nºs 33300 s.) ;
– les **prêts** de titres s'ils se traduisent par un transfert de propriété.

Relèvent également du régime des plus-values de cession de valeurs mobilières les **distributions de plus-values par les OPCVM,** les placements collectifs relevant des articles L 214-24-24 à L 214-32-1, L 214-139 à L 214-147, L 214-152 à L 214-166 du Code monétaire et financier et les entités étrangères de même nature (nºs 26250 et 26365) ainsi que les **répartitions d'actifs** réalisées par les **FCPR,** les fonds professionnels spécialisés relevant de l'article L 214-37 du Code monétaire et financier dans sa rédaction antérieure à l'ordonnance 2013-673 du 25 juillet 2013, les fonds professionnels de capital-investissement et les entités étrangères de même nature (nº 26325).

› Précisions **a.** Sont assimilés à des cessions à titre onéreux :
– les **rachats** d'actions de **Sicav** ou de parts de **FCP** (autres que ceux fonctionnant dans le cadre de la participation des salariés) ou les **dissolutions** de tels fonds ou sociétés (nº 26295) ;
– les **rachats** d'actions de **Sppicav** (nº 30505) ;
– les retraits ou rachats sur un **PEA** avant cinq ans, sauf s'ils sont affectés à la création ou à la reprise d'une entreprise (nº 26185) ;
– le retrait des actifs (liquidités ou titres) d'un **compte PME innovation** (CPI ; nº 26220) ;
– les passages d'un compartiment à un autre dans les **OPCVM et placements collectifs à compartiments** (BOI-RPPM-PVBMI-10-10-10 nº 60).
b. Une cession pour un **prix de vente nul,** déterminé selon une **formule de calcul** préétablie, est une cession à titre onéreux en l'absence d'intention libérale (CE 25-1-2017 nº 392063 et 392065 : RJF 4/17 nº 330).
c. Les plus-values résultant de **mutations à titre gratuit** (donations ou successions) ne sont pas imposables, sauf s'il s'agit de donation en pleine propriété de titres cotés ouvrant droit à réduction d'IFI (nº 72130).
d. Les partages (même avec soulte) dépendant d'une succession ou d'une communauté conjugale qui interviennent uniquement entre les membres originaires de l'indivision ne sont pas imposables. Il en est de même des partages portant sur des biens indivis issus d'une **donation-partage** et des partages de biens indivis acquis par des partenaires ayant conclu un **Pacs** ou par des **époux** avant ou pendant le pacte ou le mariage (CGI art. 150-0 A, IV).
e. Les profits réalisés par les contribuables qui effectuent des **placements en report** constituent, non pas des plus-values (CGI art. 150-0 A, III-6), mais des revenus de créances (voir nº 25635).
f. Les sommes correspondant au gain net de **liquidation des titres inscrits sur un compte inactif** transférées à la Caisse des dépôts et consignations (CDC) puis reversées à leur bénéficiaire sont soumises à l'impôt sur le revenu selon le régime des plus-values de cessions de valeurs mobilières dans les conditions en vigueur l'année de leur versement. Le montant imposable du gain net est déterminé dans les conditions et modalités applicables à la date de la liquidation des titres (CGI art. 150-0 A, I-5).
g. En ce qui concerne :
– les cessions de titres détenus dans un **plan d'épargne retraite,** voir nº 88715, précision a ;
– les **partages de plus-values** de cession de titres avec les salariés, voir nº 88690, précision c.

TERRITORIALITÉ

Personnes fiscalement domiciliées en France Les personnes fiscalement domiciliées en France (voir nºs 495 s.) sont imposables à raison de l'ensemble de leurs cessions de titres, y compris celles qui portent sur des titres étrangers, ou déposés dans un établissement financier étranger. Ce principe peut cependant comporter des dérogations résultant des conventions internationales. 32935 RM-VI-3700 s

Les personnes **impatriées** bénéficient toutefois, sous certaines conditions, d'une exonération partielle (voir nºs 4715 s.).

Personnes fiscalement domiciliées hors de France Sous réserve du cas des plus-values mentionnées nºs 32625 s. et 32945, les personnes physiques ou morales non domiciliées en France sont exonérées d'impôt sur les plus-values réalisées en France à l'occasion de la cession de valeurs mobilières ou de droits sociaux. 32940 CGI art. 244 bis C

En ce qui concerne l'**exit tax** applicable lors du transfert du domicile fiscal hors de France, voir nºs 33360 s.

32945 CGI art. 244 bis B Les plus-values de cession de droits sociaux d'une **société soumise à l'impôt sur les sociétés** et ayant son siège en France, réalisées par des personnes physiques ou morales (quelle qu'en soit la forme) dont le domicile fiscal ou le siège social est situé à l'étranger, sont imposables en France dans les cas suivants :

– lorsque le cédant détient avec son conjoint, leurs ascendants et leurs descendants, directement ou indirectement, **plus de 25 % des droits dans les bénéfices sociaux** de la société à un moment quelconque au cours de la période de cinq ans précédant la cession. Les plus-values, déterminées selon le régime de droit commun des plus-values sur valeurs mobilières et droits sociaux (CGI art. 150-0 A à 150-0 E) sont alors soumises à un prélèvement au taux de 12,8 % pour les **personnes physiques** et à 28 % pour les **personnes morales** ou organismes quelle qu'en soit la forme, à condition bien sûr que les conventions internationales ne s'y opposent pas (voir nº 82820). Le prélèvement est **libératoire** de l'impôt sur le revenu ;

– **quel que soit le pourcentage** de droits détenus dans les bénéfices de la société lorsque le cédant est une personne ou un organisme domicilié, établi ou constitué hors de France dans un **État ou territoire non coopératif** (ETNC défini au nº 78310, 1º et 2º). Les plus-values sont en ce cas imposées au **taux de 75 %.** Ce taux majoré n'est pas applicable lorsque le contribuable apporte la preuve que les opérations ont principalement un objet et un effet non fiscaux.

Les plus-values imposables ne supportent pas les prélèvements sociaux.

L'imposition est acquittée dans les mêmes conditions que le prélèvement sur les plus-values immobilières des non-résidents, au vu d'un imprimé nº 2074 (voir nºs 32685 s.).

› **Précisions** **a.** Sont soumises aux mêmes règles d'imposition les **distributions d'actifs** de FCPR, de fonds professionnels spécialisés relevant de l'article L 214-37 du Code monétaire et financier dans sa rédaction antérieure à l'ordonnance 2013-673 du 25-7-2013 ou de FPCI afférentes à des actifs situés en France et les **distributions de plus-values de cession d'actifs** (situés en France) par les OPCVM ou les placements collectifs relevant des articles L 214-24-24 à L 214-32-1, L 214-139 à L 214-147, L 214-152 à L 214-166 du Code monétaire et financier. Les distributions par les entités étrangères de même nature ne sont pas concernées.
Le **seuil de 25 %** est alors apprécié en faisant la somme des droits détenus directement et indirectement par le bénéficiaire des distributions avec son groupe familial dans la société cible. Les droits détenus indirectement sont déterminés en multipliant le pourcentage détenu par le bénéficiaire et son groupe familial dans le fonds ou l'organisme par le pourcentage détenu par ce dernier dans la société cible.
b. Les **sociétés** étrangères **déficitaires** peuvent demander la restitution du prélèvement (voir nºs 24889 s.). Celles en **liquidation judiciaire** peuvent en être exonérées (voir nº 24892).
c. Le **taux** du prélèvement pour les **personnes morales** est ramené à 26,5 % en 2021 et à 25 % à compter de 2022.

2. CALCUL DES PLUS-VALUES

33020 RM-VI-5050 s Les plus-values (ou moins-values) sont calculées par différence entre le prix de cession et le prix d'acquisition. La prise en compte des moins-values est possible sous certaines conditions. Les plus-values subsistant après l'imputation des moins-values sont ensuite éventuellement réduites d'un abattement pour durée de détention (nºs 33070 s.).

Les précisions nécessaires à l'application de ces règles dans certains cas particuliers (clauses de variation de prix, démembrement de propriété, par exemple) sont regroupées nºs 33140 s.

a. Prix de cession

33030 CGI art. 150-0 D, 1 RM-VI-5100 s Il s'entend, pour les **titres non cotés,** du prix effectif convenu entre les parties et, pour les **titres cotés,** du cours de bourse auquel la transaction est conclue (en cas de transaction sur un marché hors zone euro, le cours doit être converti en euros par application du taux de change du jour de la transaction).

Le prix de cession comprend toutes les **charges et indemnités** stipulées au profit du cédant ou d'un tiers, à quelque titre que ce soit, en rémunération de l'opération (par exemple, prise en charge par l'acheteur d'une dette du cédant).

Il doit être diminué du montant des **frais et taxes** acquittés par le cédant. Il peut s'agir, par exemple, pour les titres non cotés, des commissions d'intermédiaires et honoraires d'experts chargés de l'évaluation des titres et, pour les titres cotés, des commissions de négociation et des courtages (lesquels sont en général déduits du prix de cession sur les bordereaux d'opérations adressés à leurs clients par les intermédiaires financiers) (BOI-RPPM-PVBMI-20-10-10-10 nºs 270 et 280).

Les conséquences des **clauses de variation de prix** sont examinées nºs 33140 s.

› **Précisions** **a.** Pour les **obligations,** il convient de retenir le prix auquel la transaction est conclue, qui inclut la fraction courue du coupon.
b. En cas de **partage avec soulte** imposable (voir nº 32900), le prix de cession des droits cédés aux autres copartageants est égal au montant des soultes reçues lors du partage.

c. Lorsque les titres sont cédés moyennant paiement d'une **rente viagère,** le prix de cession à retenir est la valeur en capital de la rente, à l'exclusion des intérêts, augmentée, le cas échéant, de la fraction du prix payée comptant.

d. En cas d'**échange de titres** n'ouvrant pas droit à un sursis d'imposition, le prix de cession est constitué par la valeur réelle des titres acquis en contrepartie des titres cédés, majorée éventuellement du montant de la soulte reçue ou diminuée de la soulte payée.

En ce qui concerne les opérations ouvrant droit à sursis d'imposition, voir n°s 33300 s.

b. Prix d'acquisition

PRINCIPES

33040 CGI art. 150-0 D, 1 RM-VI-6000 s

Le prix d'acquisition s'entend du prix pour lequel les titres ont été acquis **à titre onéreux** par le cédant ou, en cas d'acquisition **à titre gratuit** (succession ou donation), de la valeur retenue pour la détermination des droits de mutation.

Il doit dans tous les cas être majoré des **frais d'acquisition** personnellement acquittés par le redevable de l'impôt en sa qualité de cédant. Les frais à prendre en compte sont :

– pour les acquisitions à titre onéreux : les courtages, les commissions (notamment celles versées en rémunération du service de règlement différé), les honoraires d'experts, les droits d'enregistrement et frais d'acte ;

– pour les acquisitions à titre gratuit : les droits de succession ou de donation proprement dits, les frais d'acte et de déclaration et les honoraires du notaire.

Les conséquences des **clauses de variation de prix** sont examinées n°s 33140 s.

› Précisions **a.** Le prix d'acquisition s'entend du montant de l'ensemble des **contreparties** effectivement **mises à la charge de l'acquéreur,** quelles que soient les modalités selon lesquelles il s'acquitte de ces obligations (numéraire versé, dette contractée, etc.) (CE 7-2-2018 n° 399399 : RJF 5/18 n° 490).

b. En cas d'acquisition à titre onéreux, le prix doit être majoré le cas échéant de toutes les **charges et indemnités** stipulées au profit du cédant ou d'un tiers.

En cas d'acquisition à titre gratuit, la valeur d'acquisition est retenue **avant** toute **exonération partielle ou abattement** d'assiette (BOI-RPPM-PVBMI-20-10-20-30 n° 1 ; Rép. Duvernois : Sén. 2-12-2016 n° 22376).

c. Lorsque les titres cédés ont donné lieu à une **réduction d'impôt « Madelin »** (n°s 2600 s., 2660 s.) ou à la réduction d'impôt pour **investissements dans des sociétés foncières solidaires** (n°s 2685 s.), le prix d'acquisition est diminué de la réduction d'impôt effectivement obtenue. En cas de cession totale ou partielle des titres avant la fin du délai de conservation de cinq ans entraînant **remise en cause** de la réduction d'impôt, il n'y a pas lieu de diminuer le prix de souscription du montant de la réduction qui a été reprise (BOI-RPPM-PVBMI-20-10-20-10 n° 30). Lorsque le **plafonnement global des avantages fiscaux** a été appliqué (n°s 4840 s.), le montant de la réduction d'impôt effectivement obtenue venant en diminution du prix d'acquisition à retenir est égal à la différence entre le montant du plafonnement et le montant des autres avantages fiscaux soumis à ce plafonnement (BOI-RPPM-PVBMI-20-10-20-10 n° 35).

d. Les **droits de donation pris en charge par le donateur** pour le compte du donataire ne peuvent majorer le prix d'acquisition que si le donataire appartient au même foyer fiscal que le donateur (CAA Bordeaux 4-6-2008 n° 06-1412 : RJF 12/08 n° 1330 ; TA Paris 12-11-2012 n° 1113118 : RJF 4/13 n° 406).

e. Pour les **titres acquis avant le 1er janvier 1987,** les frais d'acquisition peuvent être évalués forfaitairement à 2 % du prix d'achat (ou de la valeur retenue pour les droits de mutation).

TITRES DE MÊME NATURE ACQUIS À DES PRIX DIFFÉRENTS

33045 CGI art. 150-0 D, 3 RM-VI-7330 s

En cas de cession d'un ou plusieurs titres appartenant à une série de titres de même nature acquis pour des prix différents, le prix d'acquisition à retenir est la **moyenne pondérée d'acquisition** de ces titres.

EXEMPLE

Soit un contribuable ayant réalisé les opérations suivantes :

– acquisition en 2013 de 100 actions au prix unitaire de 93 € ;

– acquisition en 2017 de 200 actions au prix unitaire de 105 € ;

– vente en 2020 de 250 actions au prix unitaire de 115 €.

Pour la détermination du gain net, la valeur moyenne pondérée d'acquisition des titres cédés est de :

[(100 × 93 €) + (200 × 105 €)]/300 = 101 €.

Le montant du gain net est donc de :

(250 × 115 €) − (250 × 101 €) = 3 500 €.

L'administration admet que le gain (et donc le prix de revient moyen pondéré) peut être déterminé **distinctement** pour chaque membre du foyer fiscal. Dans le cas où les titres sont déposés auprès de plusieurs intermédiaires financiers, il peut être déterminé une valeur moyenne d'acquisition pour chaque intermédiaire financier (BOI-RPPM-PVBMI-20-10-20-40 n° 40).

ÉVALUATION FORFAITAIRE DE TITRES ANCIENNEMENT ACQUIS

33055 RM-VI-7420 s **a. Titres acquis avant le 1er janvier 1996.** Les contribuables qui n'avaient pas dépassé le seuil d'imposition des plus-values alors en vigueur en 1993, 1994 et 1995 ont pu opter pour l'attribution d'un prix de revient forfaitaire – égal à 85 % du dernier cours connu au 29 décembre 1995 – à l'ensemble de leurs titres cotés détenus en portefeuille au 31 décembre 1995 (sauf titres d'OPCVM monétaires ou obligataires de capitalisation). Lorsque cette option a été exercée, les plus-values sont calculées à partir de ce prix de revient (BOI-RPPM-PVBMI-20-10-20-40 n° 80).

b. Titres cotés acquis avant le 1er janvier 1979. Leur prix d'acquisition peut également faire l'objet d'une évaluation forfaitaire (CGI art. 150-0 D, 4). Le contribuable peut substituer au prix d'acquisition (ou à la valeur déclarée lors d'une mutation à titre gratuit) le cours au comptant le plus haut de l'année 1978. S'agissant des actions françaises, il peut également retenir le cours moyen de cotation au comptant pendant l'année 1972. Ces règles ne sont pas applicables aux cessions de **participations supérieures à 25 %.** Pour ces dernières, il convient de retenir le prix d'acquisition effectif ou, si elle est supérieure, leur valeur au 1er janvier 1949.

AUTRES CAS PARTICULIERS

33060 **a. Titres de sociétés de personnes.** Selon le principe dégagé par le Conseil d'État, le **prix d'acquisition** doit, en cas de cession de parts de sociétés de personnes, faire l'objet d'ajustements identiques à ceux prévus pour les plus-values professionnelles (n° 37740), afin d'éviter une double prise en compte des bénéfices et des déficits sociaux qui ont déjà été taxés chez le cédant ou déduits de ses revenus (CE 25-11-2009 n° 310746 : RJF 2/10 n° 120).

b. Cession de titres ayant figuré sur un PEA. Voir n° 26205.

c. Titres acquis en exercice de **stock-options,** de **bons de souscription de parts de créateur d'entreprises** (BSPCE) ou d'**attribution d'actions gratuites.** Voir respectivement nos 88780 s., 88805 et 88825.

d. Rachat par une société de ses propres titres. Le gain net est égal à la différence entre le montant du remboursement et le prix ou la valeur d'acquisition ou de souscription des titres rachetés (CGI art. 150-0 D, 8 ter).

e. Droits de souscription ou d'attribution. La cession de ces droits par le contribuable qui les a lui-même détachés dégage une plus-value égale au montant même du prix de cession (diminué des frais et taxes), le prix de revient étant réputé nul. En contrepartie, lorsque les titres dont les droits ont été détachés sont vendus, la plus-value est calculée en fonction du prix d'acquisition originaire de ces titres, sans tenir compte par conséquent de la « diminution de prix de revient » consécutive au détachement des droits (CGI art. 150-0 D, 3). Ces règles sont également applicables aux cessions de **bons de souscription** d'actions (CAA Douai 25-6-2013 n° 12DA00962 : RJF 12/13 n° 1141 ; CE (na) 19-6-2014 n° 371556 : RJF 11/14 n° 1009). Le gain de cession de bons de souscription autonomes reçus en échange de bons de souscription détachés doit être calculé à partir du prix ou de la valeur d'acquisition des titres échangés ; ceux-ci étant des droits détachés de valeurs mobilières, leur prix d'acquisition est réputé nul (CE 21-11-2016 n° 388052 : RJF 2/17 n° 132).

f. Titres auxquels est attaché un sursis ou un report d'imposition. Voir nos 33300 s.

g. Titres obligataires à **primes de remboursement** ou intérêts capitalisés. Voir nos 25585 s.

h. Titres acquis par voie de crédit-bail. Le prix d'acquisition est égal au prix convenu pour la levée d'option, abstraction faite des versements effectués à titre de loyers (CGI art. 150-0 D, 8 bis).

i. Cession de parts de **FCPR ayant bénéficié d'une répartition partielle d'actifs.** Voir n° 26325, b.

j. Coup d'accordéon. Dans l'hypothèse où les titres cédés ont été acquis par le contribuable à l'occasion d'une augmentation de capital de la société émettrice consécutive à une réduction de ce même capital à zéro par annulation de titres, les sommes que l'intéressé avait acquittées pour acquérir les titres annulés ne peuvent pas être ajoutées au prix d'acquisition pour le calcul de la plus-value (CE 28-11-2018 n° 417875 : RJF 2/19 n° 155).

c. Imputation des moins-values

RÈGLES GÉNÉRALES

33065 CGI art. 150-0 D, 11 RM-VI-10050 s Les moins-values subies au cours d'une année sont imputables exclusivement sur les **plus-values de même nature** imposables au titre de la même année.

En cas de solde négatif (**moins-value annuelle globale**), l'excédent de moins-values non imputé est reporté et est imputable sur les plus-values des dix années suivantes.

En cas de solde positif (**plus-value annuelle globale**) et en présence de moins-values reportées imputables, le solde est réduit, dans la limite de son montant, de ces moins-values, les plus anciennes s'imputant prioritairement (BOI-RPPM-PVBMI-20-10-40 n° 470).

Lorsque l'imputation des moins-values (moins-values de l'année et moins-values reportées) laisse subsister des plus-values imposables, ces plus-values sont réduites, le cas échéant, de l'un des abattements pour durée de détention (nos 33070 s.).

EXEMPLE

Un contribuable cède en 2020 :
– 1 000 actions d'une société A au prix unitaire de 40 €. Ces titres ayant été acquis en 2010 au prix unitaire de 20 €, il réalise une plus-value de 20 000 € ;
– 500 actions d'une société B au prix unitaire de 10 €. Ces titres ayant été acquis en 2011 au prix unitaire de 20 €, il réalise une moins-value de 5 000 €.

Il dispose par ailleurs de moins-values reportées et non encore imputées d'un montant de 11 000 € correspondant :
– à une moins-value de 8 000 € subie en 2011 ;
– à une moins-value de 3 000 € subie en 2017.

La plus-value brute imposable d'un montant de 20 000 € est réduite :
– à hauteur de 5 000 €, de la moins-value subie au titre de 2020 ;
– puis à hauteur de 8 000 €, à raison de la moins-value reportable la plus ancienne subie au titre en 2011 ;
– et, enfin, à hauteur de 3 000 €, de la moins-value subie en 2017.

La plus-value imposable après imputation des moins-values s'élève à 4 000 €.

Si le contribuable opte pour le barème progressif, la plus-value brute imposable est réduite de l'abattement pour durée de détention de 65 % (titres acquis avant 2018 et détenus depuis au moins huit ans), soit un abattement de 2 600 € et une plus-value imposable selon le barème progressif de 1 400 €.

Les **plus-values et** les **moins-values de même nature** susceptibles de se compenser s'entendent de toutes celles réalisées à l'occasion de la cession de droits sociaux et de valeurs mobilières soumises au régime de l'article 150-0 A du CGI, quelles que soient leurs modalités d'imposition (BOI-RPPM-PVBMI-20-10-40 n° 10).

Sont également de même nature et donc pris en compte dans le cadre de cette compensation générale les profits et les pertes résultant des opérations occasionnelles sur les instruments financiers à terme (n° 33405), ceux retirés de la cession de titres souscrits en exercice de BSPCE (nos 88800 s.) ainsi que ceux retirés de la cession d'actions gratuites (nos 88825 s.) ou de la cession d'actions issues de la levée d'options sur titres (nos 88785 s.) lorsque ces gains relèvent du régime des plus-values.

> Précisions a. Une perte est imputable même si elle est subie dans le cadre d'une **opération exonérée** (CE 4-2-2015 n° 364197 : RJF 5/15 n° 406).

b. Une exception au principe d'imputation des pertes est prévue en cas de moins-value subie par l'associé d'une société soumise à l'IS qui investit **outre-mer** pour donner en location dans les conditions indiquées n° 91885.

c. Le contribuable ne peut pas décider de l'année d'imputation des moins-values mais il dispose en revanche de la faculté d'imputer les moins-values sur les plus-values de son choix (BOI-RPPM-PVBMI-20-10-40 n° 480).

PERTES SUR TITRES ANNULÉS

Les pertes constatées en cas d'annulation de titres dans le cadre d'une procédure collective sont imputables sur les plus-values de même nature (définies n° 33065) réalisées au cours de la même année ou des dix années suivantes, sous certaines conditions et dans certaines limites. **33067** CGI art. 150-0 D, 12 et 13 RM-VI-10400 s

a. Titres concernés. Le dispositif concerne l'ensemble des valeurs mobilières et des droits sociaux mentionnés à l'article 150-0 A du CGI, à l'exclusion toutefois des valeurs mobilières ou des droits sociaux détenus :
– dans le cadre d'engagements d'épargne à long terme (CGI art. 163 bis A) ;
– dans un plan d'épargne d'entreprise (CGI art. 163 bis B ; nos 88680 s.) ;
– ou dans un plan d'épargne en actions (CGI art. 163 quinquies D ; nos 26155 s.).

b. Conditions d'imputation. Trois conditions doivent cumulativement être remplies :
– les **titres** doivent être **annulés,** ce qui exclut les valeurs mobilières qui font l'objet d'une radiation de la cote d'un marché réglementé ;
– l'annulation doit intervenir dans le cadre d'une **procédure de redressement ou de liquidation judiciaire.** L'imputation est toutefois possible en cas d'annulation des titres dans le cadre de la procédure de l'article L 225-248 du Code de commerce lorsque les pertes sont égales ou supérieures aux capitaux propres (CE 22-11-2019 n° 431867 : RJF 2/20 n° 130) ;
– le titulaire des titres annulés ne doit pas avoir fait l'objet d'une **condamnation** en raison de son activité de gestion au sein de la société.

c. Date d'imputation. La perte est en principe constatée et déduite au titre de l'année au cours de laquelle intervient l'**annulation des titres** en exécution du jugement du tribunal de commerce.

Le contribuable peut toutefois opter pour son **imputation anticipée,** dès l'année au cours de laquelle intervient le jugement ordonnant la cession de l'entreprise ou prononçant la liquidation judiciaire, sans attendre l'annulation des titres. Cette **option,** qui doit être formulée expressément, est **globale** et porte nécessairement sur l'ensemble des valeurs mobilières et droits sociaux détenus dans la société faisant l'objet de la procédure collective.

La déduction anticipée peut toutefois être **remise en cause** par la suite, en cas d'infirmation du jugement ou de résolution du plan de cession, de condamnation du contribuable dans le cadre de la procédure, ainsi qu'en cas d'attribution de sommes ou valeurs en contrepartie des titres pour lesquels l'option a été exercée (ces sommes ou valeurs étant alors imposables).

d. Montant imputable. Il ne peut excéder le prix d'acquisition des titres ou la valeur retenue pour l'assiette des droits de mutation. Il doit en outre être diminué, le cas échéant :
– du montant des sommes ou valeurs remboursées ;
– et du montant des sommes ayant ouvert droit à la réduction d'impôt pour souscription au capital des Sofica (n° 2730).

d. Abattements pour durée de détention

33070 Lorsque le contribuable exerce l'option globale pour l'imposition selon le barème progressif, les plus-values de cession de titres acquis avant le 1er janvier 2018 sont réduites, selon le cas, d'un abattement proportionnel de droit commun (nos 33075 s.) ou renforcé s'agissant des PME de moins de dix ans (nos 33100 s.). Par ailleurs, les plus-values de cession de titres réalisées par les dirigeants partant à la retraite sont réduites d'un abattement fixe applicable quelles que soient les modalités d'imposition (PFU ou barème) (nos 33106 s.). L'abattement fixe n'est pas cumulable avec les abattements proportionnels.

Les abattements sont pratiqués sur le gain subsistant après imputation, le cas échéant, des **moins-values** (nos 33065 s.).

ABATTEMENTS PROPORTIONNELS EN CAS D'OPTION POUR LE BARÈME PROGRESSIF

33075 CGI art. 150-0 D, 1, 1 ter et 1 quinquies RM-VI-11300 s

Dispositif général Les gains et distributions mentionnés n° 33077 sont réduits d'un abattement de détention lorsqu'ils se rapportent à des **titres** détenus depuis au moins deux ans, qu'ils ont été **acquis ou souscrits avant le 1er janvier 2018** et que l'option globale pour l'imposition selon le barème progressif a été exercée.

› **Précisions** **a.** La condition tenant à l'imposition selon le barème progressif conduit à exclure du bénéfice de l'abattement les contribuables dont le **domicile fiscal est situé hors de France** dès lors que leurs plus-values sont imposées selon les modalités visées n° 32945 (BOI-RPPM-PVBMI-20-20-10 n° 10).
b. Selon l'administration, les titres acquis ou souscrits en indivision avant le 1er janvier 2018 et faisant l'objet d'un **partage** à compter de cette date ne sont pas éligibles à l'abattement sauf si ce partage est effectué dans les conditions précisées n° 32900, précision d (BOI-RPPM-PVBMI-20-20-10 n° 30).
c. Les titres reçus dans le cadre d'une **opération d'échange intervenue depuis le 1er janvier 2018** en contrepartie de titres acquis ou souscrits avant cette date sont éligibles à l'abattement si l'échange a été réalisé, dans les conditions prévues à l'article 150-0 B (n° 33300) ou 150 UB du CGI (n° 32535). Ils ne le sont pas, en revanche, si l'échange a été effectué dans le cadre d'un apport à une société contrôlée par l'apporteur dans les conditions prévues à l'article 150-0 B ter du CGI (nos 33310 s.) (BOI-RPPM-PVBMI-20-20-10 n° 40).

33077 L'abattement pour durée de détention est applicable aux gains nets retirés de la cession ou du rachat d'actions, de parts de sociétés, de droits démembrés portant sur ces parts ou actions (usufruit ou nue-propriété) ou de titres représentatifs de ces mêmes parts, actions ou droits (telles que parts ou actions d'OPCVM).

Il est également applicable :
– aux **distributions** d'une fraction des actifs d'un **FCPR,** d'un fonds professionnel spécialisé relevant de l'article L 214-37 du Code monétaire et financier dans sa rédaction antérieure à l'ordonnance 2013-673 du 25 juillet 2013, d'un fonds professionnel de capital-investissement ou d'une entité étrangère de même nature (n° 26325) et aux distributions prélevées sur des plus-values réalisées par une **SCR** ou une entité étrangère de même nature (n° 26420), y compris lorsque ces distributions sont effectuées au profit des salariés ou dirigeants détenteurs de parts ou actions de **« carried interest »** (n° 26440) ;
– aux distributions prélevées sur des plus-values de cession de titres réalisées par des **FPI** (n° 30530) ;
– aux distributions prélevées sur des plus-values réalisées par des **OPCVM** ou des placements collectifs relevant des articles L 214-24-24 à L 214-32-1, L 214-139 à L 214-147, L 214-152 à L 214-166 du Code monétaire et financier (nos 26250 et 26365) ou des entités étrangères de même nature ;

– aux **compléments de prix** perçus par le cédant en application d'une clause de variation de prix, quelle que soit la date à laquelle est intervenue la cession à laquelle ils se rapportent.
S'agissant de l'**avantage** tiré de l'attribution d'**actions gratuites,** voir n° 88825.

ATTENTION

L'abattement ne s'applique pas à l'avantage constaté lors de la levée d'options (**« stock-options »**) (nos 88780 s.), ni aux gains de cession des titres souscrits en exercice de **BSPCE** (nos 88800 s.), ni encore aux gains de cession de bons de souscription d'actions (**BSA**).

Il ne s'applique pas non plus, en principe, aux **plus-values** réalisées avant 2013 et placées en **report d'imposition** (Cons. const. 22-4-2016 n° 2016-538 QPC : RJF 7/16 n° 644 ; CE 19-7-2016 n° 394596, 396968 et 396413 : RJF 11/16 n° 963). S'agissant toutefois des opérations d'échange entrant dans le champ de la directive « fusions » 2009/133 du 19-10-2009, la CJUE a jugé que la plus-value en report d'imposition doit être traitée de la même façon (au regard du taux d'imposition et de l'application de l'abattement pour durée de détention) que la plus-value qui aurait été réalisée si l'opération d'échange n'était pas intervenue (CJUE 18-9-2019 aff. 662/18 et 672/18 : RJF 12/19 n° 1210).

L'application de l'abattement aux gains nets de cession ou de rachat de parts ou actions d'**OPCVM** ou des placements collectifs relevant des articles L 214-24-24 à L 214-32-1, L 214-139 à L 214-147, L 214-152 à L 214-166 du Code monétaire et financier ou des entités étrangères de même nature ou de dissolution de tels organismes ainsi qu'aux distributions de plus-values effectuées par ces mêmes organismes et aux répartitions d'actifs des fonds professionnels spécialisés est subordonnée à la condition que ces organismes respectent un **quota d'investissement de 75 %** de leurs actifs en actions ou parts de sociétés ou en droits portant sur ces actions ou parts. **33080**

Ce quota doit être respecté au plus tard lors de la clôture de l'exercice suivant celui de la constitution de l'organisme et, **de manière continue,** jusqu'à la date de cession ou de rachat des actions, parts ou droits ou de la dissolution de cet organisme ou jusqu'à la date de la distribution.

ATTENTION

Cette condition ne s'applique pas aux gains nets de cession ou de rachat de parts ou actions de **« carried interest »,** ni aux gains de cession ou de rachat de parts de **FCPR,** FCPI, FIP et FPCI, ni aux distributions effectuées par ces mêmes fonds.

L'abattement pratiqué est **égal à** : **33085** RM-VI-15800 s
– **50 %** du montant des gains nets ou des distributions lorsque les titres ou droits sont détenus depuis **au moins deux ans et moins de huit ans** à la date de la cession ou de la distribution ;
– **65 %** de leur montant lorsque les titres ou droits sont détenus depuis **au moins huit ans.**

La **durée de détention** est décomptée à partir de la date de souscription ou d'acquisition des titres ou droits dont la cession a fait apparaître des plus-values subsistant après imputation des moins-values et prend fin à la date du transfert de propriété (n° 33225).

› Précisions **a.** Le point de départ de la durée de détention est fixé comme suit dans certains cas particuliers :
– titres détenus par **personne interposée** : date d'acquisition des titres par cette personne ;
– titres reçus à la suite d'une opération d'**échange** placée en sursis d'imposition : date d'acquisition des titres remis à l'échange ;
– titres acquis dans un **PEA** et cédés après clôture du plan ou retrait : date à laquelle le cédant a cessé de bénéficier du régime fiscal du PEA (voir nos 26175 s.) ;
– titres reçus à l'occasion d'un **apport en société** (CGI art. 151 octies : nos 19710 s.), d'une opération de restructuration de SCP (CGI art. 151 octies A : n° 13875) ou d'un apport de brevet ou d'un logiciel protégé (CGI art. 93 quater, I : n° 13805) lorsque l'opération a donné lieu au report d'imposition des plus-values (ou lorsqu'elle n'a dégagé aucune plus ou moins-value) : date à laquelle l'apporteur, personne physique, a commencé son activité commerciale, industrielle, artisanale, libérale ou agricole ;
– titres cédés par une **fiducie** ou après retour dans le patrimoine du constituant : voir nos 90905 et 90911.

b. Pour les répartitions d'actifs d'un **FCPR,** d'un fonds professionnel spécialisé ou d'un **FPCI** et les plus-values distribuées par une **SCR,** un **FPI,** un **OPCVM** ou un placement collectif relevant des articles L 214-24-24 à L 214-32-1, L 214-139 à L 214-147, L 214-152 à L 214-166 du Code monétaire et financier, la durée de détention est décomptée à partir de la date d'acquisition ou de souscription des titres du fonds, de l'entité ou de la SCR concerné.

c. En cas de cession ou de rachat de parts ou actions d'**OPCVM** ou de placements collectifs soumis au quota d'investissement visé n° 33080 et **constitués avant le 1er janvier 2014** ou en cas de distributions effectuées par de tels organismes, la durée de détention est décomptée à partir :
– de la date de souscription ou d'acquisition de ces parts ou actions lorsque ces parts ou actions ont été souscrites ou acquises à une date où l'organisme respecte le quota d'investissement ;
– de la date de respect du quota lorsque les parts ou actions ont été souscrites ou acquises à une date antérieure.

d. Les contribuables doivent être en mesure de produire à l'administration, sur sa demande, tout document de nature à **justifier** la durée de détention des titres ou droits cédés et le caractère continu de cette détention (CGI ann. II art. 74-0 F bis).

33090
RM-VI-16100 s

En cas de cession de **titres** appartenant à une même série (ou de droits de même nature) non identifiables, **acquis ou souscrits à des dates différentes,** la cession est réputée porter en priorité sur les titres ou droits les plus anciens. Cette règle, dite du « premier entré, premier sorti », se combine avec la méthode de calcul de la plus-value à partir du prix moyen pondéré d'acquisition des titres (nº 33045).

Au cas où le contribuable aurait procédé auparavant à des cessions partielles de titres, ces cessions sont réputées porter sur les titres acquis ou souscrits aux dates les plus anciennes.

EXEMPLE

Un contribuable a effectué les opérations suivantes portant sur les actions de la société B :
– acquisition le 2-7-2010 de 150 actions au prix unitaire de 100 € ;
– acquisition le 5-5-2014 de 500 actions au prix unitaire de 150 € ;
– cession le 30-9-2017 de 100 actions au prix unitaire de 180 €. À cette date, le prix moyen pondéré d'acquisition est de 138,46 €, soit [(150 actions × 100 €) + (500 actions × 150 €)] / 650 actions. Le gain net réalisé à cette occasion est de 4 154 €, soit 100 × (180 – 138,46). Il est précisé que ces actions sont réputées avoir été prélevées sur celles acquises le 2-7-2010 ;
– acquisition le 12-1-2018 de 450 actions au prix unitaire de 190 €. Le prix moyen pondéré d'acquisition est alors de 161,65 €, soit [(550 actions restantes × 138,46 €) + (450 actions × 190 €) / 1000 actions.

Le 15-11-2020, le contribuable cède 700 actions pour un prix unitaire de 200 €. Il exerce au titre de cette année l'option globale pour l'imposition de ses gains suivant le barème progressif.

Les 700 actions sont réputées prélevées en priorité sur les actions acquises aux dates les plus anciennes à savoir :
– 50 actions acquises le 2-7-2010, détenues depuis plus de huit ans à la date de la cession (taux de l'abattement : 65 %) ;
– 500 actions acquises le 5-5-2014, détenues depuis plus de deux ans et moins de huit ans (taux de l'abattement : 50 %) ;
– 150 actions acquises le 12-1-2018 (pas d'abattement).

Le gain net réalisé en 2020 est de 26 845 €, soit 700 × (200 – 161,65), qui se répartit comme suit (par hypothèse, le contribuable ne dispose d'aucune moins-value disponible) :
– fraction du gain ouvrant droit à l'abattement de 65 % : 1 917 €, soit [26 845 € × (50/700)]. Après application de l'abattement (soit 1 246 €), cette fraction du gain s'élève à 671 € ;
– fraction du gain ouvrant droit à l'abattement de 50 % : 19 175 €, soit [26 845 € × (500/700)]. Après application de l'abattement (soit 9 588 €), cette fraction du gain s'élève à 9 587 € ;
– fraction du gain n'ouvrant pas droit à abattement : 5 753 €, soit [26 845 € × (150/700)].

Au total, le gain net de cession imposable à l'impôt sur le revenu selon le barème progressif s'élève à : 671 € + 9 587 € + 5 753 € = 16 011 €.

33100
CGI art. 150-0 D, 1 quater-B
RM-VI-12000 s

Titres de PME souscrits ou acquis dans les dix ans de sa création Les plus-values de cession de titres de PME de moins de dix ans ouvrent droit, sous certaines conditions, à un abattement proportionnel renforcé.

Comme l'abattement de droit commun (nº 33075), l'abattement renforcé n'est applicable qu'aux plus-values de cession de **titres acquis ou souscrits avant le 1er janvier 2018** lorsque l'option globale pour l'imposition selon le barème progressif a été exercée.

La société émettrice des titres ou droits cédés doit, en outre, remplir les conditions suivantes :
– être une **PME au sens du droit de l'Union européenne** (nº 92650). Cette condition est appréciée à la date de clôture du dernier exercice précédant la date de souscription ou d'acquisition des titres ou droits ou, à défaut d'exercice clos, à la date du premier exercice clos suivant la date de souscription ou d'acquisition des titres ou droits concernés ;
– être **créée depuis moins de dix ans** et ne pas être issue d'une concentration, d'une restructuration, d'une extension ou d'une reprise d'activités préexistantes, cette condition s'appréciant à la date de souscription ou d'acquisition des titres ou droits cédés. Le délai de dix ans est décompté de date à date (BOI-RPPM-PVBMI-20-30-10 nº 80) ;
– n'accorder aux souscripteurs que les seuls **droits résultant de leur qualité d'associés** ou d'actionnaires, à l'exclusion de tout autre avantage ou de **garantie en capital** ;
– être passible de l'**impôt sur les bénéfices** ou d'un impôt équivalent ;
– avoir son **siège social** dans un État de l'Espace économique européen ;
– exercer une **activité** commerciale au sens de l'article 34 ou 35 du CGI, industrielle, artisanale, libérale ou agricole. Les activités de gestion de son propre patrimoine mobilier ou immobilier sont exclues. Sur les activités éligibles, voir nº 33314, précision a.

Les quatre dernières conditions s'apprécient de manière continue depuis la date de la création de la société, qui s'entend, pour les sociétés établies en France, de la date d'immatriculation au registre du commerce et des sociétés (BOI-RPPM-PVBMI-20-30-10 nº 70).

Lorsque la société est une **société holding animatrice,** les conditions doivent être respectées tant par cette société holding que par chacune des sociétés du groupe.

› Précisions Les gains nets exclus du champ d'application de l'abattement de droit commun (nº 33077) sont également exclus du champ d'application de l'abattement renforcé.
En outre, l'abattement renforcé **ne s'applique pas** aux gains nets de cession ou de rachat de parts ou d'actions d'**OPCVM** ou de placements collectifs relevant des articles L 214-24-24 à L 214-32-1, L 214-139 à L 214-147, L 214-152 à L 214-166 du Code monétaire et financier (ou d'entités étrangères de même nature) ou encore de dissolution de tels organismes, ni aux distributions visées nº 33077 (CGI art. 150-0 D, 1 quater-C). Il ne s'applique pas non plus aux gains nets de cessions de titres de **Sicomi**, de rachats d'actions de **Sppicav**, de cessions de titres dans le cadre de leur gestion par les **FCP** ou les **FPI** lorsqu'ils ne sont pas exonérés et de cessions de parts de **FCC** dont la durée à l'émission est supérieure à cinq ans.

L'abattement renforcé, pratiqué sur le montant du gain net, est **égal à** : 33104 CGI art. 150-0 D, 1 quater-A RM-VI-11900 s
– **50 %** lorsque les titres ou droits sont détenus depuis **au moins un an et moins de quatre ans** à la date de la cession ;
– **65 %** lorsque les titres ou droits sont détenus depuis **au moins quatre ans et moins de huit ans** ;
– **85 %** lorsque les titres ou droits sont détenus depuis **au moins huit ans.**

La **durée de détention** est décomptée selon les mêmes modalités que l'abattement de droit commun (nº 33085).

En cas de cession de **titres** appartenant à une même série non identifiables, **acquis** ou souscrits **à des dates différentes,** les règles visées nº 33090 dans le cadre de l'abattement de droit commun sont applicables dans les mêmes conditions.

ABATTEMENT FIXE APPLICABLE AUX DIRIGEANTS PRENANT LEUR RETRAITE

Les plus-values réalisées par les dirigeants qui cèdent leur société à l'occasion de leur départ en retraite sont, sous certaines conditions, réduites d'un abattement fixe, quelles que soient les modalités d'imposition (PFU ou option pour le barème progressif). Il est applicable aux cessions et rachats réalisés du **1er janvier 2018 au 31 décembre 2022.** 33106 CGI art. 150-0 D ter RM-VI-13000 s

› Précisions **a.** L'abattement fixe n'est **pas cumulable** avec l'abattement proportionnel de droit commun ou renforcé (voir nº 33114, précision a).
b. Le dispositif n'est **pas applicable** aux plus-values de cession de titres de Sofica et de Sofipêche, aux gains nets de cession d'actions de sociétés d'investissement, de SCR, de Suir et de Sppicav (et des sociétés étrangères de même nature), à l'avantage constaté lors de la levée d'options (« stock-options ») (nºs 88780 s.), ainsi qu'aux gains de cession de certains titres souscrits en exercice de BSPCE (nº 88805).

Conditions relatives à la société La société cédée doit remplir les conditions suivantes : 33108
– elle répond à la **définition européenne des PME** visée au nº 92650, cette condition s'appréciant à la date de clôture de chacun des deux derniers exercices précédant la date de la cession ;
– elle doit avoir exercé, de manière continue au cours des cinq années précédant la cession, une **activité** opérationnelle telle que définie nº 33314 et sous la même exclusion, ou avoir eu pour objet exclusif de détenir des participations dans des sociétés exerçant l'une de ces activités (société holding) ;
– elle a son **siège social** dans un État de l'Espace économique européen ;
– elle est soumise à l'**impôt sur les sociétés** dans les conditions de droit commun ou y serait soumise dans les mêmes conditions si l'activité était exercée en France.

› Précisions **a.** En cas de cession de titres provenant d'une opération d'**échange** réalisée depuis moins de cinq ans et placée en **sursis d'imposition** (nº 33300), la condition tenant au **caractère continu de l'activité** est réputée remplie lorsque les deux sociétés ont exercé successivement et de manière continue une activité éligible pendant les cinq années précédant la cession (BOI-RPPM-PVBMI-20-40-10-20 nº 70).
b. L'abattement s'applique aux gains nets de cession de titres de **sociétés holdings animatrices** de leur groupe (BOI-RPPM-PVBMI-20-40-10-20 nº 40). Est animatrice de son groupe une société holding qui a pour activité **principale** la participation active à la conduite de la politique du groupe et au contrôle de ses filiales et, le cas échéant et à titre purement interne, la fourniture de certains services spécifiques (CE plén. 13-6-2018 nº 395495, 399121, 399122, 399124 : RJF 10/18 nº 965).

Conditions relatives au cédant Pendant les cinq années précédant la cession, le cédant doit, sans interruption : 33110
– avoir exercé au sein de la société dont les titres sont cédés les **fonctions** de gérant d'une SARL ou d'une société en commandite par actions, d'associé en nom d'une société de personnes, de président, directeur général, président du conseil de surveillance ou membre du directoire d'une société par actions ;
– avoir détenu au moins **25 % des droits** de vote ou des droits dans les bénéfices sociaux de la société soit directement, soit par personne interposée, soit par l'intermédiaire de son

groupe familial (c'est-à-dire son conjoint ou partenaire de Pacs, leurs ascendants, descendants ou frères et sœurs).

Le cédant doit en principe cesser toute fonction, de direction ou salariée, dans la société et faire valoir ses droits à la **retraite** dans les deux années suivant ou précédant la cession.

En cas de **cession des titres à une société,** le cédant ne doit pas, à la date de la cession et pendant les trois années suivantes, détenir directement ou indirectement de droits de vote ou de droits dans les bénéfices sociaux de cette société.

> **Précisions** **a.** La date à laquelle le dirigeant fait valoir ses **droits à la retraite** s'entend de la date d'entrée en jouissance des droits qu'il a acquis dans le régime obligatoire de retraite de base auprès duquel il était affilié à raison de ses fonctions de direction ou, à défaut, dans le régime obligatoire auquel il a été affilié au titre de sa dernière activité (CGI ann. II art. 74-0 P).
> **b.** Les **fonctions de direction** doivent être effectivement exercées et donner lieu à une rémunération normale au regard des rémunérations du même type versées au titre de fonctions analogues dans l'entreprise ou dans des entreprises similaires établies en France (voir nº 72825). La rémunération doit relever des catégories imposables à l'impôt sur le revenu des traitements et salaires, bénéfices industriels et commerciaux, bénéfices agricoles, bénéfices non commerciaux et revenus des gérants et associés mentionnés à l'article 62 du CGI.
> **c.** La condition tenant à la **durée d'exercice des fonctions de direction** s'apprécie comme suit :
> – en cas de reprise des fonctions de direction par le cédant à la suite du **décès** de son conjoint, les périodes d'exercice des fonctions par l'époux survivant et l'époux décédé sont cumulées (BOI-RPPM-PVBMI-20-40-10-40 nº 190) ;
> – en cas de cession de titres provenant d'une opération d'**échange** réalisée depuis moins de cinq ans et placée en **sursis d'imposition** (nº 33300), les périodes d'exercice des fonctions par le cédant dans la société dont les titres ont été remis à l'échange et dans celle dont les titres sont cédés sont cumulées. En revanche, selon l'administration, en cas de cession de titres reçus à la suite d'un **apport soumis au régime du report d'imposition** visé nº 33310, la période d'exercice des fonctions de direction est appréciée au niveau de la société dont les titres sont cédés pour la seule période allant de l'apport jusqu'à la cession (BOI-RPPM-PVBMI-20-40-10-40 nos 160 et 180).
> **d.** Le **départ à la retraite** et la **cessation des fonctions** peuvent intervenir indifféremment, l'un avant la cession et l'autre après la cession, sous réserve qu'il ne s'écoule pas un délai supérieur à quarante-huit mois (délai apprécié de date à date) entre le premier et le dernier des événements (CE 16-10-2019 nº 417364 : RJF 1/20 nº 31 ; BOI-RPPM-PVBMI-20-40-10-40 nos 280 et 300).
> **e.** En cas de **cessation des fonctions ou de départ à la retraite avant la cession** (dans le délai maximum de vingt-quatre mois précédant la cession), il est admis, pour apprécier la condition tenant à l'exercice pendant les cinq ans précédant la cession d'une fonction de direction, de ne pas tenir compte de la période comprise entre la date de cessation des fonctions et/ou du départ à la retraite (premier de ces deux événements) et la date de la cession (BOI-RPPM-PVBMI-20-40-10-40 nº 320).
> **f.** Les conditions relatives au cédant s'apprécient, dans le cas d'un **couple marié** ou de **partenaires liés par un Pacs,** au niveau de chaque conjoint pris isolément (à l'exception de celle tenant à la participation de 25 %). Lorsque les époux ou partenaires remplissent chacun l'ensemble des conditions, ils sont susceptibles de bénéficier chacun de l'abattement fixe, le reliquat non utilisé par l'un ne pouvant pas être reporté et imputé sur la plus-value réalisée par l'autre (BOI-RPPM-PVBMI-20-40-10-40 nº 10).
> **g.** En cas de **cession des titres à une société,** il est admis que le cédant puisse détenir seul, directement ou indirectement, au maximum 1 % des droits de vote ou des droits dans les bénéfices sociaux de la société acheteuse à la date de la cession et pendant les trois années qui suivent (BOI-RPPM-PVBMI-20-40-10-40 nº 490).

33112 **Conditions relatives aux titres cédés** Les titres cédés doivent avoir été **détenus depuis au moins un an** à la date de la cession suivant les modalités de décompte visées au nº 33085. La cession doit porter sur l'**intégralité** des titres ou droits détenus par le cédant dans la société ou, lorsque le cédant détient plus de 50 % des droits de vote, sur plus de 50 % de ces droits ou, dans le cas où seul l'usufruit est détenu, sur plus de **50 % des droits** dans les bénéfices sociaux. Permettent d'atteindre le quota requis plusieurs cessions réalisées à la même date au profit d'acquéreurs différents ou plusieurs **cessions étalées dans le temps,** au profit d'un ou de plusieurs acquéreurs (BOI-RPPM-PVBMI-20-40-10-30 nos 20 à 80). Dans ce dernier cas, pour déterminer si la condition de cession totale (ou majoritaire) est remplie, l'administration admet de prendre en compte :

– lorsque la **cessation des fonctions et le départ à la retraite** interviennent à la **même date,** les cessions intervenues avant et après le départ à la retraite (ou la cessation de fonctions), sous réserve qu'il ne s'écoule pas un délai supérieur à vingt-quatre mois entre la première et la dernière des cessions prises en compte ;

– lorsque la cessation des fonctions et le départ à la retraite interviennent à des **dates différentes** et qu'il ne s'écoule pas un délai supérieur à vingt-quatre mois entre ces deux événements, les cessions intervenues dans les vingt-quatre mois précédant la cessation de fonctions ou le départ à la retraite (dernier de ces deux événements) et, cumulativement, celles intervenues dans les vingt-quatre mois suivant la cessation de fonctions ou le départ à la retraite (premier de ces événements) à la condition qu'il ne s'écoule pas un délai supérieur à vingt-quatre mois entre la première et la dernière des cessions prises en compte. Lorsqu'un délai compris entre vingt-quatre mois et quarante-huit mois s'écoule entre la cessation de fonctions ou le départ à la retraite, ne peuvent être prises en compte, cumulativement, que les seules cessions distantes de moins de deux ans de chacun de ces deux événements.

› Précisions Lorsque le dirigeant d'une société détient les titres de cette société par l'intermédiaire d'une **personne interposée** (en général une société de personnes), la condition tenant à la cession totale ou partielle des titres s'apprécie en tenant compte des titres vendus par la personne interposée, à proportion du taux de participation du dirigeant dans celle-ci (BOI-RPPM-PVBMI-20-40-10-30 nº 90).

Modalités d'application L'abattement fixe, dont le **montant** s'élève à 500 000 €, est pratiqué sur le gain net. 33114

Il s'applique à l'ensemble des gains afférents à une même société cible et non par cession. Ainsi, en cas de **cessions échelonnées,** même au cours d'années différentes, le cédant ne bénéficie que d'un seul abattement de 500 000 € pour l'ensemble des cessions réalisées.

Sur les modalités d'application de l'abattement fixe aux **compléments de prix** perçus par le cédant en application d'une clause de variation de prix : voir nº 33140, précision b.

› Précisions **a.** L'abattement fixe n'est **pas cumulable** avec l'abattement proportionnel de droit commun ou renforcé applicable en cas d'option globale pour le barème progressif. Pour les plus-values de cession de titres acquis avant le 1er janvier 2018, un choix doit donc être opéré lorsque le cédant remplit les conditions d'application de l'abattement fixe et d'un abattement proportionnel.

Toutefois lorsque le dirigeant vend, en une seule fois, plus de 50 % des droits de vote sans céder l'intégralité de sa participation, la règle de non-cumul ne s'applique qu'au gain afférent à cette cession (elle s'applique alors à l'intégralité de ce gain, y compris sa fraction excédant le cas échéant 500 000 €). Le gain réalisé lors d'une éventuelle cession ultérieure est éligible, le cas échéant, à l'abattement proportionnel (BOI-RPPM-PVBMI-20-40-20 nº 130).

b. Si la société dont les titres sont cédés est issue d'une **scission** intervenue **au cours des deux années précédant la cession,** l'abattement fixe s'applique à l'ensemble des gains afférents aux sociétés issues de la scission.

c. En cas de **cession de titres de plusieurs sociétés,** l'abattement s'applique par société (Rép. Cadic : Sén. 1-9-2016 nº 14869).

Remise en cause Lorsque le dirigeant ne respecte pas les **conditions** du dispositif qui doivent être remplies pendant un certain **délai** ou au terme d'une certaine **échéance** (nos 33110 et 33112), l'abattement est remis en cause. La plus-value est alors réduite, le cas échéant, de l'abattement proportionnel de droit commun ou renforcé (CGI art. 150-0 D ter, IV). 33116

› Précisions En cas de remise en cause, à compter de l'imposition des revenus de 2018, de l'abattement pour durée de détention dont a bénéficié avant cette date un dirigeant lors de son départ à la retraite, la plus-value n'est réduite de l'abattement pour durée de détention de droit commun ou renforcé en vigueur au titre de l'année de sa réalisation que si le contribuable exerce l'option pour le barème progressif (Loi 2017-1837 du 30-12-2017 art. 28, VI-H).

e. Cas particuliers

CLAUSE D'« EARN OUT »

Une clause d'« earn out » est une clause du contrat de cession par laquelle l'acquéreur s'engage à verser au cédant un complément de prix exclusivement déterminé en fonction d'une **indexation** en relation directe avec l'activité de la société dont les titres sont l'objet du contrat. 33140 CGI art. 150-0 A, I-2, 150-0 D, 1 et 2 et 150-0 D ter, I-2 RM-VI-8880 s

Le **complément de prix perçu par le cédant** en exécution d'une telle clause est imposable selon le régime des plus-values de cession de valeurs mobilières et droits sociaux au titre de l'année au cours de laquelle il est reçu. Il est éventuellement réduit de l'**abattement pour durée de détention** proportionnel lorsque les conditions prévues aux nos 33075 s. (abattement de droit commun) ou 33100 s. (abattement renforcé des PME de moins de dix ans) sont remplies, ou fixe pour les dirigeants prenant leur retraite à hauteur de la fraction non utilisée lors de la cession (nos 33106 s.).

Les gains réalisés lors de la **cession** ou de l'**apport en société de la créance de complément de prix** sont imposés dans les mêmes conditions au titre de l'année de la cession ou de l'apport (sauf report d'imposition du gain d'apport : nº 33142), sans application de l'abattement pour durée de détention.

Lorsque l'acquéreur est un particulier, les sommes versées par celui-ci en exécution de la clause d'earn out viennent en augmentation du **prix d'acquisition** des titres qui devra être retenu lors de leur cession ultérieure pour le calcul de la plus-value (ou moins-value). La plus-value s'en trouvera donc réduite (ou la moins-value majorée) d'autant.

> **Précisions** **a.** Le taux de l'**abattement proportionnel** est fonction de la durée de détention des titres à la date de la cession à laquelle le complément de prix se rattache (BOI-RPPM-PVBMI-20-20-20-10 n° 80).
> **b.** Lorsque le cédant a bénéficié de l'**abattement fixe** réservé aux **dirigeants de PME prenant leur retraite** (nos 33106 s.), le complément de prix afférent à une cession ou à un rachat réalisé du 1er janvier 2018 au 31 décembre 2022 et perçu entre ces mêmes dates est réduit du reliquat d'abattement fixe non imputé sur la plus-value d'origine. Lorsque le complément de prix perçu à compter du 1er janvier 2018 est afférent à une cession antérieure à cette date pour laquelle s'est appliqué l'ancien l'abattement fixe, le contribuable peut soit bénéficier du reliquat d'abattement fixe non utilisé au moment de la cession, soit renoncer à l'abattement fixe et bénéficier de l'abattement proportionnel, sous réserve d'en respecter les conditions d'application (nos 33075 s. et 33100 s.).
> **c.** Lorsque le complément de prix prévu à l'occasion d'une cession est **à la fois indexé** sur l'activité de la société **et garanti** à hauteur d'un montant déterminé, la **fraction garantie** du complément de prix (dont la perception est certaine dès la conclusion du contrat) est imposable au titre de l'année de la cession, selon les règles de droit commun (CAA Nantes 19-1-2017 n° 15NT02188 : RJF 4/17 n° 331).

33142 CGI art. 150-0 B bis RM-VI-9210 s **Report d'imposition** Le gain retiré de l'**apport en société,** avant qu'elle soit exigible, d'une **créance de complément de prix** peut faire l'objet d'un report d'imposition, sur **option** de l'apporteur, jusqu'à la date de la transmission, du rachat, du remboursement ou de l'annulation des titres reçus en contrepartie de l'apport (ou jusqu'au transfert du domicile fiscal hors de France : nos 33360 s.). Ce report est subordonné au respect des **conditions** suivantes :
– le cédant doit avoir exercé des fonctions de direction, telles que définies en matière d'IFI (n° 72820), dans la société dont les titres ont été cédés, de manière continue pendant les cinq années précédant la cession ;
– si l'apport est un échange avec soulte, le montant de la soulte ne doit pas excéder 10 % de la valeur nominale des titres reçus. Toutefois, la plus-value est, à hauteur du montant de la soulte, imposée au titre de l'année de l'apport (voir à cet égard les précisions données n° 33305) ;
– le contribuable doit déclarer le montant du gain d'apport dans la **déclaration spéciale des plus-values** n° 2074 et dans sa déclaration d'ensemble de revenus n° 2042.
À l'expiration du report, le gain est imposé selon les **règles d'imposition** en vigueur à cette date (BOI-RPPM-PVBMI-20-10-10-20 n° 360).

CLAUSE DE GARANTIE DE PASSIF OU D'ACTIF NET

33145 CGI art. 150-0 D, 14 RM-VI-9350 s La clause de garantie de passif ou d'actif net est la clause du contrat de cession par laquelle le cédant s'engage à reverser au cessionnaire tout ou partie du prix de cession en cas de révélation, dans les comptes de la société dont les titres sont l'objet du contrat, d'une dette ayant son origine antérieurement à la cession ou d'une surestimation de valeurs d'actif figurant au bilan de cette même société à la date de la cession.

En cas de mise en œuvre d'une telle clause, le **cédant** peut demander, par voie de réclamation contentieuse, le dégrèvement de l'impôt qui a frappé la fraction de plus-value effacée par le reversement qu'il doit effectuer. Pour ce faire, il est procédé à un nouveau calcul de la plus-value sur la base du prix de cession initial diminué du montant du reversement effectué par le cédant, sans que cette nouvelle liquidation puisse toutefois, selon l'administration, avoir pour effet de dégager une perte (BOI-RPPM-PVBMI-20-10-10-30 n° 80).

Lors de la cession ultérieure des titres, les sommes perçues par l'**acquéreur** en exécution de la garantie viennent en diminution du prix d'acquisition des titres à retenir pour la détermination du gain net.

> **Précisions** Le contribuable qui demande la décharge ou la réduction de l'imposition initiale doit présenter une **réclamation** dans les délais prévus à l'article R 196-1, c du LPF (nos 81825 s.). Il doit y joindre une copie de la convention mentionnant les termes de la clause de garantie de passif ou d'actif net ainsi qu'une copie de tout document de nature à établir la réalité, la date et le montant du versement effectué ainsi que son caractère définitif (CGI ann. II art. 74-0 H).

DÉMEMBREMENT DE PROPRIÉTÉ

33155 RM-VI-7750 s Pour les plus-values de cession de titres dont la propriété a été démembrée depuis le 3 juillet 2001, l'administration retient les règles suivantes (BOI-RPPM-PVBMI-20-10-20-60 nos 40 s.).

a. Cession conjointe par le nu-propriétaire et l'usufruitier avec répartition du prix de vente ou cession isolée de la nue-propriété ou de l'usufruit. Lorsque le cédant n'a pas détenu la pleine propriété avant le démembrement, la plus-value réalisée est égale à la différence entre le prix de cession du droit et son prix d'acquisition ou, en cas d'acquisition à titre gratuit, la valeur retenue pour la détermination des droits de mutation (valeur déterminée en application du barème fiscal de l'usufruit).

Lorsque l'un des cédants a détenu la pleine propriété des titres avant leur démembrement, le prix d'acquisition peut être déterminé, au choix du contribuable, par valorisation économique ou en appliquant le barème fiscal. Quelle que soit la méthode retenue, il faut cependant que cela soit la même pour les deux droits. Le calcul est établi en fonction de l'âge de l'usufruitier au jour de la cession et non au jour de l'acquisition de l'usufruit par ce dernier.

b. Cession en pleine propriété sans répartition du prix de vente. La plus-value est en principe imposable soit au nom de l'usufruitier en cas de quasi-usufruit, soit au nom du nu-propriétaire en cas de remploi du prix de cession avec report du démembrement. Lorsque l'objet du démembrement est un portefeuille de valeurs mobilières issu d'une succession, il est toutefois admis que la plus-value soit imposable au nom du seul usufruitier, à condition que l'usufruitier et le nu-propriétaire formulent conjointement une option expresse et irrévocable en ce sens auprès de l'établissement financier teneur du compte.

La plus-value est déterminée par la différence entre le prix de cession de la pleine propriété des titres et :

– dans le cas où **ni le nu-propriétaire ni l'usufruitier n'ont disposé de la pleine propriété** des titres avant leur démembrement, le prix d'acquisition de la pleine propriété des titres ou la valeur globale retenue pour la détermination des droits de mutation à titre gratuit ;

– dans le **cas contraire,** le prix (ou la valeur) d'acquisition initiale de la pleine propriété majoré de l'accroissement de valeur du droit transmis constaté entre la date de l'acquisition initiale et la date de la transmission à titre gratuit ou onéreux (avec faculté, dans certains cas, d'utiliser le barème forfaitaire applicable en matière de droits d'enregistrement).

Pour l'application des abattements pour durée de détention, la **durée de détention** est calculée à partir de la date d'acquisition par le redevable de l'impôt de son droit démembré (BOI-RPPM-PVBMI-20-20-20-20 n° 40).

c. Cession de la pleine propriété des titres après réunion de l'usufruit à la nue-propriété. Dans ce cas, la plus-value est déterminée par la différence entre le prix de cession de la pleine propriété des titres et :

– lorsque l'**usufruit** a été **acquis par voie d'extinction,** le prix d'acquisition de la nue-propriété (ou sa valeur vénale) ; par exception, lorsque l'usufruit qui s'est éteint avait été transmis à l'usufruitier à titre gratuit en même temps que la nue-propriété au nu-propriétaire, le prix de revient pour le nu-propriétaire est égal à la somme des valeurs vénales déclarées pour chacun de ces droits lors de la transmission à titre gratuit qui est à l'origine du démembrement de propriété ;

– lorsque l'**usufruit** a été **acquis à titre gratuit ou onéreux,** la somme des prix d'acquisition ou des valeurs vénales.

Pour l'application des abattements pour durée de détention, la **durée de détention** est calculée à partir de la date de la première des deux acquisitions par le cédant des droits démembrés (BOI-RPPM-PVBMI-20-20-20-20 n° 40).

› Précisions **a.** En cas de cession conjointe, l'usufruitier est seul imposable lorsque l'acte à l'origine du démembrement lui donne le **pouvoir de réaliser seul la cession** et prévoit le **report du démembrement sur le prix de cession** (CE 12-12-2012 n° 336273 et 336303 : RJF 3/13 n° 296).

b. En cas de vente conjointe avec remploi du prix de cession et report du démembrement, le **nu-propriétaire,** imposable sur la plus-value globale, est en droit de se prévaloir de l'ensemble des frais et taxes qui ont grevé l'acquisition, tant de la nue-propriété que de l'usufruit, alors même que ces **frais** ont été **acquittés par l'usufruitier** (CE 11-5-2017 n° 402479 : RJF 8-9/17 n° 808).

c. Sur les modalités particulières de taxation du produit de la **première cession** à titre onéreux **d'un usufruit temporaire** (qu'elle soit conjointe avec la vente de la nue-propriété ou isolée), voir nos 4780 s.

3. MODALITÉS D'IMPOSITION

RÈGLES GÉNÉRALES

Les gains sur titres relevant du régime des plus-values de cession de valeurs mobilières et droits sociaux sont soumis de plein droit au prélèvement forfaitaire unique (**PFU**). **33220** CGI art. 158, 6 bis et 200 A, 2 RM-VI-17500 s

Le PFU, aussi appelé « flat tax », consiste en une imposition à l'impôt sur le revenu à un taux forfaitaire unique de 12,8 % à laquelle s'ajoutent les prélèvements sociaux au titre des revenus du patrimoine (nos 34550 s.).

Il est **assis** sur le montant des plus-values ou gains subsistant après l'imputation des pertes puis, le cas échéant, de l'abattement fixe pour les dirigeants partant à la retraite. Les abattements proportionnels pour durée de détention ne sont pas applicables.

Les contribuables y ayant intérêt peuvent toutefois opter pour l'imposition selon le barème progressif de l'impôt sur le revenu, ce qui leur permet, le cas échéant, de bénéficier des abattements proportionnels pour durée de détention (nos 33240 s.).

› Précisions **a.** Le PFU s'applique à l'ensemble des plus-values de cession de valeurs mobilières et droits sociaux réalisées par les particuliers dans le cadre de la gestion de leur patrimoine privée.
Sont également concernés les gains, profits et distributions relevant du régime des plus-values mobilières privées notamment : les **distributions de plus-values** par certains organismes (nº 32900), les **compléments de prix** (nº 33140), les gains réalisés lors de la clôture d'un **PEA** (nº 26185), les profits réalisés à titre occasionnel sur **instruments financiers à terme** (nº 33405), les gains résultant d'une donation de titres ouvrant droit à la réduction « **IFI-dons** » (nºs 72100 s.).
Le PFU s'applique également aux **revenus mobiliers** (voir nº 24170 s.).
b. Des modalités particulières d'imposition sont prévues pour :
– certains gains réalisés lors de la cession de titres souscrits en exercice de bons de souscription de parts de créateur d'entreprise (**BSPCE**) (nº 88805) ;
– les gains réalisés et distributions perçues par les **non-résidents** (nºs 32940 s.) ;
– les profits sur **instruments financiers à terme** lorsque le teneur de compte est établi dans un **ETNC** (nº 33405, précision d) ;
– certaines **plus-values en report** (nº 33313).

33225 **Fait générateur et exigibilité** Sous réserve des incidences de certaines clauses de variation de prix (nºs 33140 s.), l'imposition est établie au titre de l'année de son fait générateur. Celui-ci est, en général, constitué par le **transfert de propriété** à titre onéreux des valeurs mobilières, des droits sociaux ou des droits assimilés. Le transfert de propriété intervient et l'imposition doit donc être établie :
– en cas de vente de valeurs mobilières (nº 32890), lors de l'inscription des titres au compte de l'acquéreur ou, s'agissant des valeurs mobilières non cotées, dans un dispositif d'enregistrement électronique partagé ;
– et, dans les autres cas, dès l'échange des consentements ou, si elle est différente, à la date expressément fixée par les parties.
La plus-value réalisée est imposable au titre de l'année au cours de laquelle la cession intervient quelles que soient la date et les modalités de paiement du prix, et même si le prix n'est pas effectivement ou totalement payé.

› Précisions **a.** Si la **vente** est par la suite **annulée, résolue ou rescindée,** l'administration autorise le cédant à demander le dégrèvement de l'imposition initiale par voie de réclamation, dans les deux ans qui suivent (BOI-RPPM-PVBMI-30-10-10 nº 70). Il en va de même en cas d'impayé, lorsque les sommes dues s'avèrent définitivement irrécouvrables (Déb. Sén. 24-11-2001 p. 5435).
b. Les plus-values réalisées à l'occasion de certaines opérations d'échange de titres ou de cession sous condition de remploi bénéficient d'un mécanisme d'**imposition différée** (sursis ou report d'imposition : nºs 33300 s.).
c. Les **plus-values distribuées** par les **OPCVM** (et certains autres placements collectifs) et les **sommes réparties** par les **FCPR,** les fonds professionnels spécialisés et les fonds professionnels de capital-investissement qui proviennent de la cession d'actifs (nº 32900) sont imposées au nom du porteur de parts ou de l'actionnaire l'année de la distribution.
d. Le contribuable peut demander un **étalement du paiement** de l'impôt sur le revenu afférent aux gains nets de cession à titre onéreux de droits sociaux mentionnés au nº 32890, lorsqu'il accepte un paiement différé ou échelonné du prix de cession de la majorité du capital de sociétés répondant à la définition européenne des **petites entreprises** (nº 92650) qui ne sont pas contrôlées par le cédant à l'issue de la cession. Le paiement de l'impôt peut être étalé jusqu'au 31 décembre de la cinquième année qui suit celle de la cession, sans toutefois pouvoir excéder la durée prévue pour le paiement total du prix de cession. Le bénéfice de la mesure est subordonné au respect de la réglementation de minimis (nº 92660) (CGI art. 1681 F, I bis).

OPTION GLOBALE POUR LE BARÈME PROGRESSIF

33240 CGI art. 200 A, 2 Par dérogation à l'application du PFU, les plus-values et autres gains entrant dans son champ d'application peuvent, sur **option expresse et irrévocable** du contribuable, être soumis au barème progressif de l'impôt sur le revenu. L'option est globale et porte sur l'ensemble des revenus, gains nets, profits et créances entrant dans le champ d'application du PFU. Elle est exercée chaque année lors du dépôt de la **déclaration de revenus.**

ATTENTION
L'option est globale et concerne non seulement les **plus-values** et autres gains sur titres mais également les **revenus mobiliers.**
Il n'est pas possible de combiner au titre d'une même année l'imposition selon le barème progressif pour certains revenus ou gains et l'imposition au PFU pour d'autres.

33245 L'imposition selon le barème progressif permet l'application des **abattements pour durée de détention** proportionnels sur les plus-values de cession de titres acquis avant le 1er janvier 2018 (nºs 33075 s. et 33100 s.) ainsi que la déduction d'une fraction de la **CSG** (nº 34525).
L'option peut s'avérer plus favorable dans certaines hypothèses, ainsi que le montre le tableau ci-dessous (ces données ne prennent pas en compte la CSG déductible.

	PFU	Barème progressif (taux marginal)					
		0 %	11 % (1)	14 % (2)	30 %	41 %	45 %
Abattement de 50 %	12,8 %	0 %	5,5 %	7 %	15 %	20,5 %	22,5 %
Abattement de 65 %	12,8 %	0 %	3,85 %	4,9 %	10,5 %	14,35 %	15,75 %
Abattement de 85 %	12,8 %	0 %	1,65 %	2,1 %	4,5 %	6,15 %	6,75 %

(1) Taux applicable pour l'imposition des revenus de 2020.
(2) Taux applicable pour l'imposition des revenus de 2019.

Les plus-values de cession ponctuelles de titres peuvent bénéficier du **système du quotient** (Rép. Frassa : Sén. 9-6-2016 n° 17498) : voir n°s 4150 s.

OBLIGATIONS DÉCLARATIVES DES CONTRIBUABLES

Les contribuables qui réalisent des opérations imposables en application de l'article 150-0 A du CGI doivent en principe se procurer et produire, avec la déclaration d'ensemble des revenus n° 2042, une **déclaration spéciale** n° 2074. **33260** CGI art. 150-0 E et ann. II art. 74-0 F **RM-VI-19270 s**

Cette déclaration fait apparaître le montant du gain net (plus-value ou moins-value) ou de la distribution imposable assorti des éléments nécessaires à sa détermination et, le cas échéant, le montant des abattements pour durée de détention ainsi que les éléments nécessaires à leur détermination.

Sont toutefois **dispensés** de souscrire une déclaration n° 2074 les contribuables qui sont en mesure de fournir pour les titres en dépôt ou inscrits en compte auprès d'un intermédiaire habilité un document établi par ce dernier et faisant apparaître les mêmes éléments. Cette dispense n'est pas applicable lorsque le gain net ouvre droit au bénéfice de l'abattement pour durée de détention renforcé (PME de moins de dix ans : n°s 33100 s.) ou fixe (dirigeants prenant leur retraite : n°s 33106 s.), ou lorsque le contribuable a bénéficié de l'une des réductions d'impôt au titre de la souscription des titres cédés visées n° 33040, précision c.

Nota : nous publions tous les ans au Feuillet rapide un **guide** spécialement consacré à l'établissement de la déclaration n° 2074 et de ses annexes.

› Précisions a. En cas d'échange de titres, la plus-value en **sursis d'imposition** (n°s 33300 s.) n'a pas à être déclarée.

b. Un **état de suivi des plus-values en report** d'imposition (n°s 33310 s.) doit être souscrit au titre de l'année où un événement affecte le report d'imposition (expiration du report, nouvel échange des titres).

c. Le contribuable qui entend imputer des **pertes sur titres annulés** (n° 33067) doit joindre à la déclaration n° 2074 la copie du jugement, la copie d'un document justifiant du nombre de titres détenus à la date du jugement, le montant des pertes constatées ainsi que les éléments nécessaires à leur détermination (CGI ann. II art. 74-0 G).

d. En ce qui concerne les modalités particulières de déclaration des plus-values réalisées par les **non-résidents**, voir n° 32945.

Obligations des personnes interposées Les sociétés (ou groupements) qui réalisent en tant que personnes interposées des opérations relevant de l'article 150-0 A du CGI sont tenues de souscrire, outre une déclaration d'existence, la **déclaration n° 2074** accompagnée de l'imprimé n° 2075 indiquant l'identité des associés et la répartition entre eux des profits réalisés. Elles doivent également produire, comme les intermédiaires financiers, la déclaration « **IFU** » (voir n°s 26850 s.). **33265** CGI ann. II art. 74-0 I **RM-VI-19450 s**

Obligations des intermédiaires financiers Les prestataires de services d'investissement et les établissements de crédit ou organismes habilités à détenir et à négocier des valeurs mobilières pour le compte de particuliers doivent souscrire chaque année, avant le 16 février, une déclaration spéciale dite « **IFU** » indiquant le montant total, compte non tenu des frais, des cessions effectuées par chacun de leurs clients au cours de l'année précédente. Pour plus de précisions, voir n°s 26850 s. **33270** CGI ann. II art. 74-0 J **RM-VIII-3600 s**

MESURES DE CONTRÔLE

L'administration peut adresser au contribuable une **demande de justifications** des éléments servant de base à la détermination des gains nets de cession (n° 78000). À défaut de réponse ou en cas de réponse insuffisante, les éléments d'imposition peuvent être évalués d'office, selon la procédure examinée n° 79090. **33280** LPF art. L 16 et L 73, 4° **RM-VI-19650 s**

Le **défaut** (ou le retard) **de souscription** de la déclaration spéciale n° 2074 est susceptible d'entraîner une taxation d'office (n°s 79060 s.).

4. DIFFÉRÉS D'IMPOSITION

a. Échanges de titres

SURSIS D'IMPOSITION

33300 CGI art. 150-0 B et 150-0 D, 9 et 10 RM-VI-24650 s

Un dispositif de sursis d'imposition s'applique automatiquement aux plus-values et moins-values résultant de certaines opérations d'échange de titres réalisées à l'occasion :

– d'un **apport de titres** à une société soumise à l'IS (c'est-à-dire, selon l'administration, à une société qui entre, de plein droit ou sur option, dans le champ d'application de cet impôt sans en être exonérée de façon permanente par une disposition particulière), à condition que la société ne soit pas contrôlée par l'apporteur (dans le cas contraire, la plus-value fait l'objet d'un report d'imposition : voir nos 33310 s.) ;

– d'une opération d'**offre publique,** de **fusion,** de **scission,** ou d'**absorption d'un FCP par une Sicav** ;

– d'opérations de **conversion,** de **division** ou de **regroupement.**

Dans le cadre du sursis, la plus-value ou la moins-value d'échange n'est ni constatée ni imposée (ou imputée) l'année de l'échange. Elle n'est prise en compte que lors de la cession ultérieure (ou encore le rachat, le remboursement ou l'annulation) des titres reçus en échange : la plus-value réalisée à cette date est calculée à partir du prix (ou de la valeur) d'acquisition originelle des titres remis à l'échange ; elle peut, le cas échéant, bénéficier de l'abattement pour durée de détention dans les conditions exposées nos 33070 s. En cas d'échange avec soulte, voir no 33305.

Le sursis d'imposition est applicable aux **opérations effectuées hors de France** sous réserve que l'État dans lequel l'opération se déroule (ou, sauf pour les apports, l'État dans lequel le dépositaire des titres est établi) soit un État de l'Union européenne ou un État ayant conclu avec la France une convention fiscale contenant une clause d'assistance administrative en vue de lutter contre la fraude et l'évasion fiscales.

> Précisions **a.** Les **opérations de conversion** ouvrant droit au sursis d'imposition sont les opérations de conversion ou d'échange d'obligations en actions ainsi que les remboursements en actions d'obligations remboursables en actions (BOI-RPPM-PVBMI-30-10-20-10 nos 210 et 220).

b. Ouvrent également droit au sursis d'imposition :

– les échanges réalisés lors des opérations de **nationalisation** et de **privatisation** (CGI art. 248 B, 248 F et 248 G) ;

– les opérations de **transformation de FCP ou de Sicav** à une seule classe en FCP ou Sicav à plusieurs classes ainsi que les opérations de transformation de FCP ou de Sicav de distribution en FCP ou Sicav de capitalisation et inversement (BOI-RPPM-PVBMI-30-10-20-10 no 180).

c. Lorsqu'un contribuable a procédé à un **apport de titres** à une société passible de l'IS, l'administration considère que le **changement de régime fiscal de la société** bénéficiaire de l'apport (passage au régime fiscal des sociétés de personnes) met fin au sursis d'imposition (BOI-RPPM-PVBMI-30-10-20-20 no 230).

d. La plus-value en sursis est définitivement exonérée en cas de **transmission à titre gratuit** des titres reçus en échange (sauf s'il s'agit de dons ouvrant droit à la réduction IFI-dons : no 72100 s.).

e. Les plus-values d'échanges réalisées **avant 2000** ont pu bénéficier d'un **report d'imposition** (voir no 33320).

33305 **Échange avec soulte** En cas d'échange avec soulte, le sursis d'imposition est subordonné à la condition que le montant de la soulte reçue par le contribuable (lequel comprend, le cas échéant, le complément de prix perçu en numéraire) n'excède pas 10 % de la valeur nominale des titres reçus. Dans le cas contraire, la plus-value d'échange est imposable immédiatement (ou la moins-value, imputable dans les conditions de droit commun).

Lorsque la condition tenant à l'importance de la soulte est remplie (soulte n'excédant pas 10 % de la valeur nominale des titres), le sursis est, en principe, applicable. Toutefois, pour les opérations d'échange intervenues depuis le 1er janvier 2017, la plus-value correspondant à la soulte reçue est imposée immédiatement, au titre de l'**année de l'échange,** dans les conditions de droit commun (pour les opérations réalisées avant cette date, le sursis d'imposition s'applique à l'intégralité de la plus-value).

Lorsque la plus-value d'échange est inférieure à la soulte reçue, la totalité de la plus-value réalisée fait l'objet d'une imposition immédiate. Dans ce cas, le sursis ne trouve donc pas, en pratique, à s'appliquer (BOI-RPPM-PVBMI-30-10-20-20 no 40).

En cas de **cession ultérieure des titres** (ou du rachat, de l'annulation ou du remboursement), le gain net est calculé à partir du prix (ou de la valeur) d'acquisition des titres remis à l'échange, diminué du montant de la soulte reçue qui n'a pas fait l'objet d'une imposition au titre de l'année de l'échange, ou majoré de la soulte versée lors de cet échange.

EXEMPLE

En 2012, M. X a acquis 1 000 actions de la société A pour une valeur 470 000 €.

En 2018, il apporte ces titres à la société B (opération n'entrant pas dans le champ d'application de l'article 150-0 B ter) pour une valeur d'apport de 500 000 €. Il reçoit à cette occasion 1 000 actions de la société B pour une valeur de 460 000 € (correspondant au nominal) et une soulte de 40 000 €.

En 2020, Il revend ces titres au prix de 700 000 €.

Année de l'échange (2018)

Plus-value brute d'apport : 500 000 € – 470 000 € = 30 000 €.

La soulte reçue étant égale à 8,70 % du nominal (40 000 / 460 000), M. X bénéficie en principe du sursis d'imposition. Toutefois, la plus-value d'échange étant inférieure au montant de la soulte, l'intégralité de la plus-value est imposée immédiatement (soit 30 000 €) dans les conditions de droit commun (après imputation des moins-values disponibles puis le, cas échéant, de l'abattement pour durée de détention si M. X opte pour le barème progressif). Aucune plus-value n'est donc placée en sursis. Une partie de la soulte (10 000 €) n'est pas imposée.

Année de la cession (2020)

Prix de cession : 700 000 €.

Prix d'acquisition : 470 000 € – 10 000 € (partie de la soulte qui n'a pas fait l'objet d'une imposition en 2018) = 460 000 €.

Plus-value de cession : 700 000 € – 460 000 € = 240 000 €

REPORT D'IMPOSITION EN CAS D'APPORT-CESSION DE TITRES

33310 CGI art. 150-0 B ter et 200 A, 2 ter-a RM-VI-25460 s

Les plus-values, réalisées, depuis le 14 novembre 2012, directement ou par personne interposée, d'**apport de titres à des sociétés contrôlées par l'apporteur** sont exclues du sursis d'imposition (n° 33300) et soumises à un régime de report d'imposition de plein droit.

L'**apport** doit être réalisé en France, dans un État membre de l'Union européenne ou un État ou territoire ayant conclu avec la France une convention fiscale contenant une clause d'assistance administrative en vue de lutter contre la fraude et l'évasion fiscales, à une société soumise à l'impôt sur les sociétés (ou à un impôt équivalent).

La **société bénéficiaire** de l'apport doit être contrôlée par le contribuable (dans le cas contraire, l'apport est soumis au régime du sursis d'imposition). Cette condition est appréciée à la date de l'apport (ou de la donation dans le cas visé au n° 33318), en tenant compte des droits détenus par le contribuable à l'issue de celui-ci.

La plus-value d'apport réalisée est alors calculée et déclarée lors de sa réalisation mais son imposition est reportée au moment où s'opère l'un des événements visés n° 33312. Sur les modalités d'imposition, voir n° 33313.

> Précisions **a.** Un contribuable est **considéré comme contrôlant une société** :

– lorsqu'il détient directement ou indirectement, ou par l'intermédiaire de son groupe familial, la majorité des droits de vote ou des droits dans les bénéfices sociaux de la société. Le groupe familial est constitué de son conjoint (ou partenaire lié par un Pacs), de leurs ascendants ou descendants, ou de leurs frères et sœurs ;

– lorsqu'il dispose seul de la majorité des droits de vote ou des droits dans les bénéfices sociaux de cette société en vertu d'un pacte d'actionnaires ou d'associés ;

– lorsqu'il exerce en fait le pouvoir de décision.

Le contribuable est **présumé exercer ce contrôle** lorsqu'il dispose directement ou indirectement d'au moins un tiers des droits de vote ou des droits dans les bénéfices sociaux et qu'aucun associé ou actionnaire ne détient directement ou indirectement une participation supérieure à la sienne.

Par ailleurs, le contribuable et une ou plusieurs personnes agissant de concert sont considérés comme **contrôlant conjointement** une société lorsqu'ils déterminent en fait les décisions prises en assemblée générale.

b. En cas d'**apport avec soultes,** le report d'imposition est subordonné à la condition que la soulte n'excède pas 10 % de la valeur nominale des titres reçus. Toutefois la plus-value est à concurrence du montant de cette soulte imposée immédiatement au titre de l'année de l'apport. Voir à cet égard les précisions données à propos du sursis d'imposition n° 33305.

c. Les **titres reçus** en rémunération de l'apport doivent être des valeurs mobilières ou des droits sociaux représentatifs d'une quotité du capital de la société bénéficiaire de l'apport, ou des valeurs mobilières donnant droit à l'attribution de titres représentant une quotité du capital de cette même société **(obligations convertibles,** échangeables ou remboursables **en actions**) (BOI-RPPM-PVBMI-30-10-60-10 n° 20).

d. Les plus-values réalisées par l'intermédiaire d'une **fiducie** sont éligibles au mécanisme de report d'imposition (BOI-RPPM-PVBMI-30-10-60-10 n° 40).

33312 RM-VI-26100 s **Fin du report d'imposition** Le report d'imposition prend fin :

a. Lors de la **cession à titre onéreux,** du rachat, du remboursement ou de l'annulation des **titres reçus** en rémunération de l'apport, ou des parts ou droits dans les sociétés ou groupements interposés ;

b. Lors de la cession à titre onéreux, du rachat, du remboursement ou de l'annulation des **titres apportés** à la société bénéficiaire dans un délai de trois ans à compter de l'apport, sauf si cette société s'engage à réinvestir le produit de la cession dans une activité économique dans les conditions précisées n°s 33314 s. ;

c. Lorsque le contribuable **transfère son domicile fiscal hors de France** dans les conditions prévues à l'article 167 bis du CGI (n° 33360) antérieurement aux événements prévus aux a et b.

› Précisions **a.** Il n'est mis fin au report d'imposition qu'**à proportion des titres cédés** à titre onéreux, rachetés, remboursés ou annulés.

b. Lorsque les **titres reçus en rémunération de l'apport** (ou les titres des groupements ou sociétés interposés) font eux-mêmes l'objet d'un **apport ultérieur** placé sous le régime du sursis d'imposition (CGI art. 150-0 B) ou sous le régime du report (CGI art. 150-0 B ter), le report initial est maintenu de plein droit, quel que soit le nombre d'échanges successifs.

c. L'apport à une société contrôlée au sens de l'article 150-0 B ter du CGI ne met pas fin aux **reports d'imposition optionnels** visés aux n°s 33142, 33320 et 33330 s. Il est mis fin à ces reports lors de la survenance d'un événement mettant fin au report d'imposition de plein droit, ou en cas de transmission des titres reçus en rémunération de l'apport (ou des titres reçus en cas d'échanges successifs) dans les conditions prévues par certains de ces dispositifs de report optionnels.

d. En cas de cession (rachat, remboursement ou annulation) des titres apportés dans les trois ans de l'apport, la société bénéficiaire de l'apport mentionne sur une **attestation annexée à sa déclaration de résultat** les informations relatives à l'événement en cause, accompagnée, le cas échéant, d'un **engagement de remploi.** Le remploi ultérieur ou l'absence de remploi font également l'objet d'une attestation jointe à la déclaration de la société. Une copie de ces attestations est transmise au contribuable ayant réalisé l'apport (CGI ann. III art. 41 quatervicies A).

33313 La **plus-value** dont le report d'imposition expire est **imposée** selon les règles en vigueur au titre de l'année de sa réalisation.

Le taux d'imposition applicable aux plus-values placées en **report depuis le 1er janvier 2018** est, en principe, égal à 12,8 %. Toutefois, lorsque l'option globale pour le barème progressif est exercée par le contribuable, un taux spécifique d'imposition s'applique, déterminé comme suit :

[Impôt théorique (barème progressif de l'IR au titre de l'année du report) calculé sur la somme de la PV en report et des revenus déjà imposés – impôt dû (au titre de la même année)]/PV en report.

IR = impôt sur le revenu, PV = plus-values (étant précisé qu'elles sont réduites, le cas échéant, du seul abattement pour durée de détention proportionnel de droit commun ou renforcé : voir respectivement n°s 33075 s. et 33100 s.).

Le taux d'imposition applicable aux plus-values placées en report d'imposition **entre le 1er janvier 2013 et le 31 décembre 2017** est déterminé suivant la même formule que celle du taux spécifique mentionné ci-dessus (les plus-values étant réduites, le cas échéant, de l'abattement de droit commun ou renforcé mentionné à l'article 150-0 D, 1 du CGI en vigueur jusqu'au 31 décembre 2017).

Pour les plus-values placées en report d'imposition **entre le 14 novembre et le 31 décembre 2012,** l'abattement pour durée de détention n'est pas applicable à l'expiration du report. Ces plus-values sont imposées selon les règles d'assiette et au taux de 24 % (ou, sur option du contribuable et sous réserve de respecter certaines conditions, au taux de 19 %) en vigueur en 2012.

En ce qui concerne toutefois l'application de l'abattement pour durée de détention aux opérations d'échange entrant dans le champ de la directive « fusions », voir n° 33077.

› Précisions Les plus-values placées en report auxquelles l'article 244 bis B du CGI est applicable (**participations supérieures à 25 %** réalisées par des **personnes domiciliées** fiscalement **hors de France** : n°s 32940 s.) sont soumises au taux prévu à cet article dans sa rédaction applicable à la date de l'apport.

33314 RM-VI-26270 s **Exception en cas de réinvestissement économique** La cession des titres apportés par la société bénéficiaire dans les trois ans de l'apport ne met fin pas fin au report d'imposition lorsque la société s'engage à réinvestir, dans un délai de deux ans à compter de la cession, au moins **60 %** du produit de la cession (50 % s'agissant des cessions intervenues avant 2019) dans :

– le **financement de moyens permanents d'exploitation** affectés à son activité commerciale au sens de l'article 34 ou 35 du CGI, industrielle, artisanale, libérale, agricole ou finan-

cière. Les activités de gestion de son propre patrimoine mobilier ou immobilier sont exclues du bénéfice de cette dérogation ;
– l'**acquisition d'une fraction du capital** d'une ou de plusieurs sociétés exerçant une telle activité et répondant aux deux dernières conditions d'imposition et de siège social visées nº 33108. Ce réinvestissement doit avoir pour effet de lui conférer le contrôle de chacune de ces sociétés, au sens du nº 33310, précision a ;
– la **souscription** en numéraire **au capital initial ou à l'augmentation de capital** d'une ou de plusieurs sociétés répondant aux trois dernières conditions d'activité, d'imposition et de siège social visées nº 33108 ;
– la souscription de parts ou actions de certaines **structures d'investissement** (voir nº 33316).
Les biens ou titres objet du réinvestissement doivent être **conservés** pendant au moins douze mois à compter de la date de leur inscription à l'actif de la société (voir toutefois en cas de réinvestissement indirect nº 33316).

> **Précisions** **a.** Sont notamment éligibles au remploi les **activités de marchand de biens** ainsi que les activités de **promotion immobilière** (BOI-RPPM-PVBMI-30-10-60-20 nº 100).
> En revanche, selon l'administration, sont exclus du champ d'application du remploi les activités de **location d'immeubles meublés** ou équipés qui, bien qu'assimilées à des activités commerciales, constituent des activités de gestion de son propre patrimoine immobilier (BOI-RPPM-PVBMI-30-10-60-20 nº 110).
> **b.** Le **seuil de réinvestissement** est apprécié au regard du prix de cession des titres, net le cas échéant des **frais et charges** effectivement supportés par la société cédante et directement liés à la cession (BOI-RPPM-PVBMI-30-10-60-20 nº 70).
> **c.** Le **non-respect de la condition de réinvestissement** par la société bénéficiaire de l'apport met fin au report d'imposition au titre de l'année au cours de laquelle le délai de deux ans expire (toutefois, en cas de réinvestissement indirect, voir nº 33316). Dans ce cas, l'imposition de la plus-value d'apport est assortie du paiement de l'**intérêt de retard** décompté à partir de la date d'apport des titres.

La société cédante peut procéder à un réinvestissement indirect en souscrivant des parts ou actions de fonds communs de placement à risques (**FCPR**), de fonds professionnels de capital investissement (**FPCI**), de sociétés de libre partenariat (**SLP**) et de sociétés de capital-risque (**SCR**) ou d'organismes similaires à ces entités établis dans un autre État membre de l'Espace économique européen (Union européenne, Islande, Norvège et Liechtenstein). **33316**

La souscription est effectuée en deux temps (Loi 2019-1479 du 28-12-2019 art. 106 applicable aux cessions de titres apportés réalisées à compter du 1-1-2020) :

Dans les deux ans de la cession, la société cédante prend un ou plusieurs **engagements de souscrire** des parts ou actions auprès de fonds, sociétés ou organismes éligibles. Chaque engagement doit désigner la structure d'investissement (fonds, société ou organisme) destinataire des sommes ainsi que le montant minimal que la société s'engage à investir.

Le **versement effectif des sommes** doit intervenir dans les cinq ans suivant la signature de chaque engagement. Le non-respect de cette condition met fin au report d'imposition au titre de l'année au cours de laquelle expire le délai de cinq ans.

À l'expiration de ce même délai de cinq ans, l'**actif** de ces fonds, sociétés ou organismes doit être constitué à hauteur d'au moins **75 %** :
– de parts ou actions reçues en contrepartie d'une souscription au capital initial ou d'une augmentation de capital de sociétés répondant aux deux dernières conditions d'imposition et de siège social visées nº 33108 et exerçant une activité commerciale au sens de l'article 34 ou 35 du CGI, industrielle, artisanale, libérale, agricole ou financière. Les activités de gestion de son propre patrimoine mobilier ou immobilier sont exclues du bénéfice de cette dérogation (voir nº 33314, précision a) ;
– de parts ou actions émises par de telles sociétés et acquises par la structure d'investissement lorsque cette dernière en obtient le contrôle à l'issue de cette acquisition ou, pour les cessions réalisées depuis le 1er janvier 2020 (Loi 2019-1479 du 28-12-2019 art. 106), lorsque la structure est partie à un pacte d'associés ou d'actionnaires et détient à l'issue de l'acquisition plus d'un quart du capital et des droits de vote de la société concernée par le pacte.

Outre le quota de 75 %, les SLP doivent respecter les quotas juridiques des FCPR et des FPCI (Loi 2019-1479 du 28-12-2019 art. 106).

La société cédante doit **conserver** les parts ou actions des fonds, sociétés ou organismes jusqu'à l'expiration du délai de cinq ans susvisé.

> **Précisions** Pour les **cessions de titres apportés réalisés en 2019,** la notion de souscription s'entend de la souscription effective des parts ou actions matérialisée par le versement des sommes par la société cédante qui opère le réinvestissement (BOI-RPPM-PVBMI-30-10-60-20 nº 210).
> À l'issue du délai de cinq ans courant à compter de la souscription, l'actif des fonds, sociétés ou organismes doit être constitué à hauteur d'au moins 75 % de parts ou actions de sociétés opérationnelles (voir ci-dessus), dont les deux tiers (soit 50 %) sont des titres de sociétés non cotées ou cotées sur un marché où la majorité des instruments sont émis par des PME.

33317 Lorsqu'il est prévu le versement d'un ou de plusieurs **compléments de prix,** le produit de la cession s'entend du prix de cession augmenté des compléments de prix perçus. Le prix de cession doit être réinvesti, dans le délai de deux ans à compter de la date de cession, à hauteur d'au moins 60 % de son montant. Tout complément de prix perçu ultérieurement (y compris plus de deux ans après la cession : BOI-RPPM-PVBMI-30-10-60-20 n° 260) doit lui-même être réinvesti dans un délai de deux ans à compter de sa perception, à hauteur du reliquat nécessaire pour que le seuil minimal de réinvestissement demeure respecté. À défaut, le report d'imposition prend fin au titre de l'année au cours de laquelle ce nouveau délai de deux ans expire.

Lorsqu'une fraction de complément de prix est réinvestie dans la souscription de parts ou actions de fonds, sociétés et organismes éligibles au réinvestissement (dans les conditions prévues n° 33316), il est mis fin au report d'imposition, si le versement des sommes dans le délai de cinq ans suivant la signature de chaque engagement de souscription n'est pas effectué ou si les quotas d'investissement ne sont pas atteints à l'expiration de ce même délai.

33318 RM-VI-27000 s **Donation des titres reçus lors de l'apport** Lorsque les titres reçus en rémunération de l'apport font l'objet d'une donation (ou d'un don manuel), et que le donataire contrôle la société bénéficiaire de l'apport (dans les conditions prévues n° 33310), la plus-value en report est imposée au nom du donataire :
– en cas de **cession,** d'apport, de remboursement ou d'annulation **des titres reçus** dans un délai de cinq ans à compter de la donation (délai porté à dix ans lorsque les titres apportés ont été cédés par la société bénéficiaire et font l'objet d'un réinvestissement indirect), sauf en cas de licenciement, d'invalidité ou de décès du donataire ou de son conjoint ou partenaire de Pacs soumis à une imposition commune ;
– en cas de cession, d'apport, de remboursement ou d'annulation **des titres apportés** à la société bénéficiaire dans les trois ans de l'apport (sauf réinvestissement économique du produit de la cession dans les conditions énoncées au n° 33312).

› Précisions **a.** Les délais de cinq et dix ans sont applicables aux **transmissions** par voie de donation ou de don manuel réalisées **à compter du 1er janvier 2020** (Loi 2019-1479 du 28-12-2019 art. 106).
Pour les transmissions réalisées **avant cette date,** le délai de conservation des titres par le donataire est fixé à dix-huit mois. Passé ce délai, la plus-value en report d'imposition est définitivement exonérée en cas de cession des titres reçus par le donataire ou en cas de cession des titres apportés par la société bénéficiaire (BOI-RPPM-PVBMI-30-10-60-30 n° 150).
b. Le donataire mentionne dans la proportion des titres transmis le montant de la plus-value en report dans la **déclaration d'ensemble des revenus** s'il contrôle la société bénéficiaire de l'apport.
c. La plus-value en report est imposée après **déduction des frais de donation.**

REPORT D'IMPOSITION DES PLUS-VALUES D'ÉCHANGES RÉALISÉES AVANT 2000

33320 RM-VI-35610 s Les plus-values réalisées avant le 1er janvier 2000 à l'occasion d'un apport en société ou d'une opération d'offre publique, de fusion, de scission ou d'absorption d'un FCP par une Sicav ont pu bénéficier, sur demande du contribuable, d'un report d'imposition.

Les plus-values en report au 1er janvier 2000 sont restées soumises à ce régime. Le report prend **fin** et les plus-values en report deviennent imposables au moment de la cession, du rachat, du remboursement ou de l'annulation des titres reçus en échange (ou, en cas d'échange par l'intermédiaire d'une société ou d'un groupement non passible de l'IS, lors de la cession, du rachat ou de l'annulation des droits dans cette société ou ce groupement). Lorsque ces opérations ne portent que sur une **partie des titres** reçus en échange, seule la fraction correspondante de la plus-value initialement reportée est imposée ; le surplus continue à bénéficier du report. Les **règles d'imposition** sont celles en vigueur au titre de l'année d'expiration du report.

En cas de **nouvel échange** placé sous le régime de sursis d'imposition visé nos 33300 s., le report d'imposition est maintenu jusqu'au moment où s'opérera la cession, le rachat, le remboursement ou l'annulation des nouveaux titres reçus.

EXEMPLE

Soit un contribuable ayant, en 1999, échangé 10 titres A acquis au prix unitaire (après conversion) de 120 € contre 10 titres B d'une valeur unitaire à la date de l'échange égale à 180 €. En 2001, les 10 titres B ont eux-mêmes été échangés contre 10 titres C d'une valeur unitaire égale à 220 €.

En 2020, le contribuable vend la totalité des titres C pour un prix global de 3 000 €.

Lors de l'opération d'échange des titres A contre les titres B, le contribuable a réalisé une plus-value de : (10 × 180 €) − (10 × 120 €) = 600 € pour laquelle il a demandé le report d'imposition.

En 2001, l'opération d'échange des titres B contre les titres C a ouvert droit au sursis d'imposition.

En 2020, la cession des titres C entraîne l'imposition de la plus-value sur les titres C calculée à partir du prix d'acquisition des titres B remis à l'échange, soit 3 000 € − (10 × 180 €) = 1 200 €.
La cession des titres C entraîne par ailleurs l'expiration du report d'imposition de la plus-value de 600 € réalisée en 1999.

La plus-value en report d'imposition est définitivement exonérée en cas de **transmission à titre gratuit** des titres reçus en échange.

> **Précisions** **a.** Lorsqu'elle devient imposable, la plus-value en report ne peut pas, en principe, bénéficier de l'**abattement pour durée de détention.** En ce qui concerne toutefois les opérations d'échange entrant dans le champ de la directive « fusions », voir n° 33077.
> **b.** Le **transfert du domicile fiscal hors de France** met fin au report d'imposition de la plus-value d'échange (n°s 33360 s.).

b. Reports d'imposition sous condition de remploi

REMPLOI DANS UN PEA « PME-ETI » (2016-2017)

Les plus-values réalisées **entre le 1er avril 2016 et le 31 mars 2017** lors de la cession ou du rachat d'actions de Sicav ou de parts de FCP ou lors de la dissolution de telles entités ont pu, sous certaines conditions, bénéficier d'un report d'imposition lorsque le produit de la cession a été réinvesti dans un PEA « PME-ETI ». **33325** CGI art. 150-0 B quater RM-VI-38250

Il est mis **fin** au report en cas de retrait ou de rachat effectué sur le PEA « PME-ETI » avant l'expiration de la cinquième année suivant la date du versement effectué sur le plan ou, si cet événement est antérieur, lorsque le contribuable transfère son domicile hors de France (n°s 33360 s.). L'imposition est alors établie, dans les conditions de droit commun, au titre de l'année de réalisation de l'événement mettant fin au report d'imposition.

La **plus-value** en report est **définitivement exonérée** à l'issue du délai de cinq ans après le versement sur le PEA.

> **Précisions** L'exonération est acquise avant le délai de cinq ans en cas de **licenciement**, d'**invalidité** (2e ou 3e catégorie), de **décès** du contribuable ou de l'un des époux ou partenaires de Pacs soumis à imposition commune.

REMPLOI DANS DES SOCIÉTÉS SOUMISES À L'IS (2011-2013)

Sur demande expresse du contribuable, les plus-values de cession d'actions ou de parts de sociétés passibles de l'IS (ou de droits démembrés) réalisées **entre le 1er janvier 2011 et le 31 décembre 2013** ont pu bénéficier d'un report d'imposition sous réserve de réinvestir la plus-value dans la souscription au capital de sociétés passibles de l'IS. **33330** RM-VI-36200 s

Il est mis **fin** au report d'imposition en cas de transmission, rachat ou annulation des titres acquis en remploi avant cinq ans ou, si cet événement est antérieur, lorsque le contribuable transfère son domicile hors de France (n°s 33360 s.).

La **plus-value** en report est définitivement **exonérée** à l'issue du délai de cinq ans.

Compte tenu des délais de réinvestissement, certaines plus-values en report peuvent encore être remises en cause en 2020.

> **Précisions** **a.** Le **report** d'imposition peut être **prorogé**, à la demande du contribuable, lorsque les titres font l'objet d'une **opération d'échange** placée en sursis d'imposition (n° 33300). Dans ce cas, le délai de cinq ans est apprécié à compter de la date de souscription des titres échangés.
> **b.** L'exonération est acquise avant l'expiration du délai de cinq ans en cas de **licenciement**, d'**invalidité** (2e ou 3e catégorie), de **décès** du contribuable ou de l'un des époux soumis à une imposition commune, ou en cas de **liquidation judiciaire** de la société.
> **c.** Lorsqu'elle deviennent imposables, les **plus-values réalisées avant le 1er janvier 2013** placées en report ne peuvent pas bénéficier de l'abattement pour durée de détention (voir n° 33077).
> En revanche pour celles réalisées **en 2013**, l'abattement pour durée de détention alors en vigueur peut s'appliquer si le contribuable exerce l'option pour le barème progressif (Loi 2017-1837 du 30-12-2017 art. 28, VI-H).

REMPLOI EN TITRES DE PME (AVANT 2006)

Certains salariés et dirigeants de sociétés ont été autorisés, sur demande expresse de leur part, à reporter l'imposition des plus-values de cession de valeurs mobilières et droits sociaux réalisées avant le 1er janvier 2006, à condition de réinvestir le produit de la vente dans le capital d'une PME passible de l'IS. L'abrogation de ce dispositif, prévu par l'ancien article 150-0 C du CGI, n'a pas remis en cause les reports en cours au 1er janvier 2006. Le report d'imposition prend **fin** au moment de la transmission (à titre onéreux ou gratuit), du rachat ou de l'annulation des titres acquis en remploi. Les règles d'imposition sont celles en vigueur au titre de l'année d'expiration du report. **33340** RM-VI-37800 s

> **Précisions** **a.** Il n'est mis fin au report qu'**à proportion des titres transmis,** rachetés, remboursés ou annulés.
> **b.** Le **report** d'imposition est **prorogé** de plein droit en cas d'échange de titres bénéficiant du sursis d'imposition (n° 33300) et sur demande lorsque les titres font l'objet d'une cession dont le produit est de nouveau réinvesti dans le capital d'une PME (BOI-RPPM-PVBMI-30-10-40 n° 430).

c. Le **transfert du domicile fiscal hors de France** met fin au report d'imposition des plus-values de cession (nos 33360 s.).

5. TRANSFERT DU DOMICILE FISCAL HORS DE FRANCE (« EXIT TAX »)

33360 CGI art. 167 bis RM-VI-40500 s Le transfert du domicile fiscal hors de France entraîne la taxation à l'impôt sur le revenu et aux prélèvements sociaux des plus-values latentes, des créances trouvant leur origine dans une clause de complément de prix, et des plus-values en report d'imposition. Mais le contribuable peut bénéficier d'un sursis de paiement et un dégrèvement de l'impôt est prévu dans certaines situations.

CHAMP D'APPLICATION

33362 RM-VI-40700 s Les contribuables sont imposables sur les **plus-values latentes** constatées sur les droits sociaux, valeurs, titres ou droits mentionnés à l'article 150-0 A, I-1 du CGI détenus directement ou indirectement par les membres de leur foyer fiscal à la date du transfert, lorsque les conditions suivantes sont remplies :
– les contribuables ont été fiscalement domiciliés en France pendant au moins six des dix années précédant le transfert de leur domicile à l'étranger ;
– ces droits sociaux, valeurs, titres ou droits représentent au moins 50 % des bénéfices sociaux d'une société, ou leur valeur globale excède 800 000 €.

Les contribuables fiscalement domiciliés en France pendant au moins six des dix années précédant le transfert de leur domicile à l'étranger sont également imposables sur la valeur réelle des **créances** trouvant leur origine dans une **clause de complément de prix** définie no 33140.

Quelle que soit la durée de résidence en France, le transfert du domicile entraîne en outre l'imposition des **plus-values** de cession ou d'échange placées sous un des régimes de **report** d'imposition mentionnés no 33142 et nos 33310 à 33340.

> **Précisions** **a.** La **date de transfert du domicile** fiscal est fixée au jour précédant celui à compter duquel le contribuable cesse d'être soumis en France à une obligation fiscale sur l'ensemble de ses revenus.
> **b.** Sur l'ensemble des **droits sociaux, valeurs, titres ou droits** concernés, voir no 32890. À noter notamment que les parts d'**OPCVM** sont dans le champ d'application de l'exit tax sur les plus-values latentes.

CALCUL DE L'IMPOSITION

33364 RM-VI-41200 s **Assiette** Les **plus-values latentes** à la date du transfert sont déterminées par rapport à la valeur réelle des titres (comme en matière de mutation à titre gratuit : no 78240) ou, s'il s'agit de titres cotés, sur la base du dernier cours connu ou selon la moyenne des trente derniers jours qui précèdent la date d'imposition (comme pour l'IFI : no 71775). La plus-value est réduite, le cas échéant, de l'abattement pour durée de détention proportionnel en cas d'option globale pour le barème progressif ou fixe pour les dirigeants prenant leur retraite (dans les conditions visées nos 33070 s.).

Les **créances** trouvant leur origine dans une **clause de complément de prix** sont évaluées à leur valeur réelle lors du transfert du domicile fiscal hors de France.

> **Précisions** **a.** Lorsque les titres sont issus d'une **opération d'échange** placée en sursis d'imposition (no 33300), la valeur d'acquisition à retenir pour le calcul de la plus-value est celle des titres remis à l'échange, diminuée du montant de la soulte reçue qui n'a pas fait l'objet d'une imposition au titre de l'année de l'échange, ou majorée de la soulte versée lors de cet échange.
> **b.** Les **moins-values de cession** de droits sociaux subies entre le 1er janvier de l'année du transfert du domicile et la date de ce transfert et les **moins-values antérieures reportables** ne peuvent pas s'imputer sur les plus-values latentes (BOI-RPPM-PVBMI-50-10-20 no 90).
> **c.** Les **moins-values latentes** ne peuvent s'imputer ni sur les plus-values latentes imposables du fait du transfert ni sur d'autres plus-values (notamment celles subies sur des titres cédés l'année du transfert).
> **d.** La plus-value latente n'est réduite de l'abattement fixe applicable aux **dirigeants prenant leur retraite** (nos 33106 s.) que si le contribuable a fait valoir ses droits à la retraite avant le transfert de son domicile fiscal et qu'il cède ses titres dans les deux ans suivant son départ à la retraite.

33368 RM-VI-41500 s **Liquidation** Les plus-values et créances sont imposables au taux forfaitaire de 12,8 % (**PFU**), ou soumises au barème progressif de l'impôt sur le revenu en cas d'option globale du contribuable. Dans ce dernier cas, l'impôt dû au titre de l'exit tax est égal à la différence entre le montant de l'impôt résultant de l'application du barème progressif à l'ensemble des revenus de sources française et étrangère (auquel s'ajoutent les plus-values et créances imposables au titre de l'exit tax) et le montant de l'impôt résultant de l'application de ce même barème aux seuls revenus de sources française et étrangère. Le **taux d'imposition** est égal au rapport entre, d'une part, l'impôt dû au titre de l'exit tax et, d'autre part, la somme des plus-values et créances imposables à l'exit tax. Par exception, le taux d'imposition des plus-values en report en cas d'apport à une société contrôlée par l'apporteur (CGI art. 150-0 B ter) est déterminé dans les conditions prévues à l'article 200 A, 2 ter du CGI (voir nº 33313).

Les plus-values et créances sont également imposables aux **prélèvements sociaux** en vigueur lors du transfert du domicile fiscal hors de France (nº 34515).

SURSIS DE PAIEMENT

Le sursis de paiement est **automatique** lorsque le contribuable s'installe dans un État membre de l'Union européenne (UE) ou dans un autre État ou territoire ayant conclu avec la France une convention d'assistance en vue de lutter contre la fraude et l'évasion fiscales ainsi qu'une convention d'assistance en matière de recouvrement, et que cet État ou territoire n'est pas non coopératif (ETNC défini au nº 78310). 33370 RM-VI-41700 s

Si le contribuable s'installe dans un autre État ou territoire, le sursis est accordé sur **demande expresse** lors du transfert du domicile fiscal. Pour en bénéficier, le contribuable doit déclarer le montant des plus-values concernées, désigner un représentant fiscal établi en France et constituer auprès du comptable public compétent, préalablement à son départ, des garanties propres à assurer le recouvrement de la créance du Trésor.

› Précisions a. Le contribuable qui avait bénéficié du sursis de paiement automatique lors du transfert initial de son domicile fiscal hors de France en perd le bénéfice lorsqu'il **transfère à nouveau son domicile fiscal** dans un ETNC ou un État tiers à l'UE n'ayant pas conclu les conventions requises. Mais il peut procéder à une demande expresse de sursis sous réserve de respecter les conditions de représentation et de garantie.

b. Le montant de la **garantie** à constituer durant l'année du transfert du domicile fiscal, lorsque le contribuable demande à bénéficier du sursis, est égal à 12,8 % du montant total des plus-values et créances retenues pour leur montant brut, sans qu'il soit fait application des abattements pour durée de détention mentionnés aux nºs 33070 s. Pour les plus-values en report en cas d'apport à une société contrôlée par l'apporteur au sens de l'article 150-0 B ter du CGI, le montant de la garantie est déterminé en appliquant le taux spécifique d'imposition à ces plus-values (nº 33313). Lorsque le montant de l'impôt calculé l'année suivante diffère de celui de la garantie, un **complément de garantie** (ou une **restitution** le cas échéant) correspondant à cet écart est réalisé.

c. Le sursis de paiement suspend la **prescription** de l'action en **recouvrement** jusqu'à la date de l'événement entraînant son expiration.

Expiration du sursis de paiement Pour les **plus-values latentes,** le sursis de paiement prend fin lors de la survenance de l'un des événements suivants : 33372

– cession à titre onéreux (hors opérations d'échange ou d'apport visées nºs 33300 et 33310), rachat, remboursement ou annulation des titres concernés ;

– donation des titres lorsque le donateur est fiscalement domicilié dans un ETNC ou un État ou territoire tiers à l'UE n'ayant pas conclu les conventions visées au nº 33370, sauf s'il démontre que cette donation n'a pas été faite dans un but principalement fiscal.

Pour les **créances** trouvant leur origine dans une **clause de complément de prix,** le sursis de paiement prend fin lors de la survenance de l'un des événements suivants :

– perception du complément de prix,

– apport ou cession de la créance ;

– donation de la créance lorsque le donateur est fiscalement domicilié dans un ETNC ou un État ou territoire tiers à l'UE n'ayant pas conclu les conventions visées au nº 33370, sauf s'il démontre que cette donation n'a pas été faite dans un but principalement fiscal.

Pour les **plus-values** placées précédemment **en report d'imposition,** le sursis prend fin lors de la survenance de l'un des événements suivants :

– cession à titre onéreux (hors opérations d'échange ou d'apport visées nºs 33300 et 33310), rachat, remboursement ou annulation des titres reçus lors de l'échange ou de l'apport à l'origine du report ;

– donation des titres ou décès de leur détenteur lorsque l'imposition de la plus-value avait été reportée conformément aux dispositifs prévus aux anciens articles 92 B decies, 160, I ter-1-dernier alinéa, 160, II, 150-0 C et à l'article 150-0 B bis du CGI.

Pour les plus-values précédemment placées sous le régime visé nºs 33330 s. (**report et exonération sous condition de remploi**), l'événement motivant la fin du sursis d'imposition doit intervenir avant la fin de l'expiration du délai de cinq ans calculé à compter de la date du réinvestissement dans la société.

Pour les plus-values placées sous le régime visé nºs 33310 s. (**report en cas d'apport à une société contrôlée par l'apporteur**), le sursis de paiement expire lors de la cession à titre onéreux, du rachat, du remboursement ou de l'annulation des titres ou droits reçus en rémunération de l'apport ou des titres ou droits apportés dans les conditions visées à l'article 150-0 B ter du CGI.

Le sursis d'imposition prend également fin en cas de non-respect par le contribuable de ses **obligations déclaratives** (n° 33376) s'il ne régularise pas sa situation dans les trente jours suivant une mise en demeure.

33373 Le montant de l'**impôt dû** fait l'objet de **correctifs** destinés à tenir compte de la valeur des titres, de leur durée de détention ou du taux d'imposition applicable lors de la réalisation de l'événement mettant fin au sursis.

Lorsque l'opération qui met fin au sursis porte sur une **partie** seulement **des titres,** seule la fraction correspondante de l'imposition en sursis est exigible.

La **moins-value** réalisée par un contribuable résidant dans un État ou territoire membre de l'UE ou ayant conclu les conventions visées au n° 33370 et qui n'est pas un ETNC lors de la **cession effective de titres** grevés d'une plus-value latente est notamment imputable au titre de l'année de cession et des dix années suivantes sur l'assiette définitive des plus-values latentes déterminées lors de la cession de titres.

> Précisions a. Si la plus-value réelle réalisée par le contribuable concerne une **participation substantielle** imposable en France (n° 32945), l'imposition sur les plus-values latentes est dégrevée d'office ou restituée afin d'éviter une double imposition (mais les prélèvements sociaux restent dus). Si la plus-value de cession est soumise au **prélèvement immobilier des non-résidents** (n° 32625), l'imposition sur les plus-values latentes due lors du transfert est également dégrevée ou restituée, prélèvements sociaux inclus.

b. Un mécanisme d'élimination de la double imposition est également prévu dans l'hypothèse où la plus-value réelle est imposée à l'étranger. L'**impôt étranger** s'impute d'abord sur les prélèvements sociaux dus sur la plus-value latente puis sur l'impôt sur le revenu dû sur cette même plus-value. Pour ouvrir droit à imputation, l'impôt étranger doit être un impôt personnel sur le revenu calculé à partir du prix ou de la valeur d'acquisition des titres (CGI ann. III art. 41 tervicies F).

c. Le **délai de reprise** de l'administration en matière d'impôt sur le revenu et de prélèvements sociaux s'exerce jusqu'à la fin de la troisième année qui suit celle au cours de laquelle est intervenu le transfert du domicile fiscal (LPF art. L 169). Lorsque ce délai de reprise est expiré, l'administration dispose d'un nouveau droit de reprise qui s'exerce jusqu'à la fin de la troisième année qui suit l'événement mettant fin au sursis de paiement dont bénéficie le contribuable ou entraînant le dégrèvement ou la restitution de l'imposition (LPF art. L 171-0 A).

DÉGRÈVEMENT

33374 RM-VI-42400 s L'impôt établi à l'occasion du transfert fait l'objet d'un dégrèvement d'office (prélèvements sociaux inclus) ou d'une restitution s'il a été immédiatement acquitté lors du transfert :

– à la date à laquelle le contribuable **transfère** à nouveau son **domicile fiscal en France** ;

– en cas de **donation** des titres ou de la créance de complément de prix. Lorsque le contribuable avait transféré son domicile fiscal dans un ETNC ou un État ou territoire tiers à l'UE n'ayant pas signé les conventions visées au n° 33370, il doit démontrer que cette donation n'est pas faite avec pour motif principal d'éluder l'impôt ;

– en cas de **décès** du contribuable ;

– en ce qui concerne les **plus-values latentes,** à l'expiration d'un délai de deux ans suivant la date du départ, ou de cinq ans pour les contribuables dont la valeur globale des titres excède 2,57 M€ à la date du transfert (délais applicables aux transferts intervenus depuis le 1er janvier 2019).

En pratique, quatre **délais de dégrèvements** différents sont susceptibles de s'appliquer selon la date du transfert du domicile fiscal hors de France et la valeur des titres à cette date.

Date du transfert	2011[1] à 2013	2014 à 2018	Depuis 2019
Délai de dégrèvement	8 ans[2]	15 ans	2 ou 5 ans[3]

1. À compter du 3 mars 2011.
2. Dégrèvement uniquement en matière d'IR.
3. Valeur globale des titres lors du transfert > 2,57 M€.

> Précisions a. Pour les plus-values précédemment placées sous le régime visé n° 33330 (**report et exonération sous condition de remploi**), l'impôt est dégrevé (ou restitué) à l'expiration du **délai de cinq ans** calculé à compter de la date du réinvestissement dans la société.

b. Les **plus-values placées précédemment en report d'imposition** concernées par le dégrèvement ou la restitution en cas de **décès** ou de **donation** sont celles relevant des dispositifs mentionnés aux anciens articles 92 B, II, 160, I ter-1-al. 1, 160, I ter-4 et à l'article 150-0 B ter du CGI.

c. S'agissant du **délai spécifique de reprise** dont l'administration bénéficie à compter du dégrèvement, voir n° 33373, précision c.

OBLIGATIONS DÉCLARATIVES

Le contribuable concerné par l'exit tax doit souscrire une **déclaration 2074-ETD** l'année suivant celle du transfert du domicile fiscal hors de France au service des impôts des particuliers (SIP) dont dépendait son domicile avant le transfert, dans les mêmes délais et en même temps que sa **déclaration de revenus.** Une **déclaration 2074-ETS** doit être souscrite au titre des années suivant celle du transfert au SIP des non-résidents afin d'assurer un suivi des impositions en sursis de paiement. 33376 RM-VI-43250 s

› **Précisions** **a.** Le contribuable qui ne bénéficie du sursis de paiement qu'au titre de **plus-values latentes** ne doit en faire mention que dans la déclaration 2074-ETD souscrite l'année suivant celle du transfert et en cas d'expiration du sursis de paiement. En revanche, il n'est pas tenu de déposer chaque année une déclaration 2074-ETS de suivi des impositions de seules plus-values latentes en sursis de paiement.

b. Le contribuable qui entend bénéficier du **sursis de paiement sur option** doit en faire la demande en déposant, au SIP des non-résidents, le formulaire 2074-ETD accompagné d'une proposition de garantie. Cette demande doit être déposée au plus tard quatre-vingt-dix jours avant le transfert (CGI ann. III art. 41 tervicies A).

c. Le contribuable doit informer, sur papier libre, le SIP des non-résidents de tout transfert de domicile fiscal postérieur à son transfert initial.

D. Profits sur instruments financiers à terme

Les personnes physiques qui effectuent, directement, par personne interposée ou par l'intermédiaire d'une fiducie, des opérations sur les contrats financiers mentionnés à l'article L 211-1, III du Code monétaire et financier, également dénommés « instruments financiers à terme », relèvent de régimes d'imposition différents selon que ces opérations sont effectuées à titre occasionnel ou à titre habituel ou professionnel. 33400 RM-VII-17000 s

OPÉRATEURS OCCASIONNELS

Quel que soit le lieu de réalisation de l'opération (en France ou à l'étranger), les profits nets réalisés lors du dénouement ou de la cession des instruments financiers à terme sont soumis à l'impôt sur le revenu au taux forfaitaire de 12,8 % (**PFU**) ou, sur option globale du contribuable, au **barème progressif,** étant toutefois précisé que l'abattement pour durée de détention n'est pas applicable (voir nos 33220 s.). 33405 CGI art. 150 ter RM-VII-17300 s

Le **profit** (ou la perte) est **égal,** pour chaque contrat, à la différence entre les sommes reçues et les sommes versées, majorée ou minorée, lorsque le contrat se dénoue par la livraison d'un instrument financier ou d'une marchandise, de la différence entre le prix d'achat ou de vente de cet instrument financier ou de cette marchandise et de sa valeur au jour de la livraison. Le profit imposable est net des frais et taxes acquittés par le donneur d'ordre (commissions, courtages et TVA y afférente).

Les **pertes** subies au cours d'une année s'imputent exclusivement sur les profits de même nature réalisés au cours de la même année et des dix années suivantes.

Le contribuable doit indiquer le montant net (du profit ou de la perte) sur l'imprimé de **déclaration** des plus-values de cession de valeurs mobilières et droits sociaux (nº 33260) à joindre à la déclaration d'ensemble des revenus nº 2042 (ou directement sur cette dernière déclaration s'il n'a pas réalisé d'autres profits financiers) (CGI ann. III art. 41 septdecies I).

› **Précisions** **a.** Les **non-résidents** sont hors du champ de l'imposition.

b. Lorsque les **contrats présentant les mêmes caractéristiques** (même actif sous-jacent, même prix d'exercice, même date d'échéance) ont donné lieu à des achats ou des ventes effectués à des prix différents, le profit ou la perte est calculé sur le prix moyen pondéré.

c. Les **pertes** sur opérations **réalisées à l'étranger avant le 1er janvier 2014** (qui relevaient des revenus de capitaux mobiliers) et non encore imputées à cette date sont imputables pendant dix ans sur les profits des opérations réalisées à titre occasionnel en France ou à l'étranger. Le délai de dix ans est décompté à partir de l'année au cours de laquelle la perte a été réalisée (Loi 2013-1279 du 29-12-2013 art. 43-IV-B).

d. Les profits sur instruments financiers à terme lorsque le teneur de compte ou, à défaut, le cocontractant a son domicile fiscal ou est établi dans un **ETNC** au sens de l'article 238-0 A du CGI (défini au nº 78310, 1º et 2º) sont taxés au taux de 50 %, sauf si le contribuable démontre que les opérations auxquelles se rapportent ces profits réalisés dans un ETNC correspondent à des opérations réelles qui n'ont ni pour objet ni pour effet de permettre, dans un but de fraude fiscale, leur localisation dans un tel État ou territoire.

OPÉRATEURS HABITUELS

Régime de droit commun Quel que soit le lieu de réalisation de l'opération (en France ou à l'étranger), les produits des opérations réalisées à titre habituel sur les ins- 33415 CGI art. 92,

2-5° et 96 A RM-VII-19000 s truments financiers à terme sont soumis au barème progressif de l'impôt sur le revenu dans la catégorie des bénéfices non commerciaux (**BNC**) selon le régime de la déclaration contrôlée.

Les **pertes** subies dans le cadre de ces opérations ne sont imputables que sur les profits de même nature réalisés au cours de la même année ou des six années suivantes (CGI art. 156, I-2°).

33420 CGI art. 35, I-8° RM-VII-19300 s **Régime optionnel des opérateurs professionnels** Les personnes qui, à titre professionnel, effectuent en France ou à l'étranger, directement ou par personnes interposées, des opérations sur instruments financiers à terme peuvent être imposées dans la catégorie des bénéfices industriels et commerciaux (**BIC**), à condition d'**opter** pour ce régime dans les quinze jours du début du premier exercice d'imposition à ce titre. Cette option est irrévocable. Lorsqu'elle est exercée, les **déficits** peuvent s'imputer sur le revenu global de l'année ou des six années suivantes.

OBLIGATIONS DES OPÉRATEURS

33430 CGI art. 242 ter E et 1736, IX RM-VII-21000 s Les teneurs de compte des opérations réalisées sur les instruments financiers à terme ou, en l'absence de teneur de compte, les cocontractants doivent mentionner sur l'**IFU,** qu'ils doivent souscrire chaque année avant le 16 février (voir n°s 26850 s.), les coordonnées de leurs clients ou de leurs cocontractants ainsi que le montant des profits et pertes réalisés par ces derniers (CGI art. 242 ter E).

Le **défaut de déclaration** des opérations en cause est, en principe, sanctionné par une amende fiscale égale à 100 € par profit (ou perte) non déclaré dans la limite de 50 000 € par déclaration. Toutefois, aucune sanction n'est appliquée en cas de **première infraction** commise durant l'année en cours et les trois précédentes lorsque la personne tenue de souscrire la déclaration répare son omission soit spontanément, soit à la première demande de l'administration avant la fin de l'année au cours de laquelle la déclaration devait être souscrite (CGI art. 1736, IX).

> **Précisions** Les teneurs de compte (ou les cocontractants) doivent tenir **à la disposition de l'administration** tous les **documents** de nature à **justifier** de la date de réalisation et du montant des profits ou pertes réalisés sur ces opérations par leurs clients (ou leurs cocontractants) (LPF art. L 96 CA).

E. Plus-values de cession d'actifs numériques

33600 CGI art. 150 VH bis et 200 C Les plus-values réalisées à titre occasionnel par les personnes physiques fiscalement domiciliées en France, directement ou par personne interposée, lors d'une cession à titre onéreux d'actifs numériques, et notamment de cryptomonnaies (Bitcoins, Ethereum, etc.), sont passibles de l'impôt sur le revenu au taux de 12,8 % (auquel s'ajoutent les prélèvements sociaux au taux visé au n° 34515).

Toutefois, les opérations d'échange sans soulte d'actifs numériques bénéficient d'un **sursis d'imposition.**

Les contribuables sont **exonérés** d'imposition lorsque la somme des prix de cession, hors opération d'échange en sursis d'imposition, n'excède pas 305 € au cours de l'année d'imposition.

> **Précisions** **a.** Les gains issus d'une activité d'achat-revente d'actifs numériques exercée à titre habituel sont imposables dans la catégorie des **BIC** (BOI-RPPM-PVBMC-30-10 n° 70).
> **b.** Les gains de cession d'actifs numériques obtenus en contrepartie de la participation du contribuable à la création et au fonctionnement d'un système d'unité de compte virtuelle (ou activité de « minage ») sont imposables dans la catégorie des **BNC** (BOI-RPPM-PVBMC-30-10 n° 70).

CALCUL DES PLUS-VALUES

33610 La plus ou moins-value brute réalisée lors de la cession est égale à la différence entre, d'une part, le prix de cession et, d'autre part, le produit du prix total d'acquisition de l'ensemble du portefeuille d'actifs numériques par le quotient du prix de cession sur la valeur globale de ce portefeuille.

Le **prix de cession** à retenir pour le calcul de la plus-value est le prix réel perçu ou la valeur de la contrepartie en biens ou services obtenue par le cédant, sous déduction des frais supportés par le cédant.

Le **prix total d'acquisition** du portefeuille d'actifs numériques est égal à la somme des prix acquittés en monnaie ayant cours légal à l'occasion de l'ensemble des acquisitions réalisées avant la cession, et de la valeur des biens ou services fournis en contrepartie de ces acquisitions (hors opérations d'échange ayant bénéficié du sursis d'imposition). La **valeur globale**

du portefeuille d'actifs numériques lors de la **cession** est égale à la somme des valeurs des différents actifs numériques détenus par le cédant avant de procéder à la cession.

EXEMPLE

Un contribuable achète en janvier N trois bitcoins pour un montant de 15 000 €. En avril N, il échange un bitcoin contre 50 ethers, cette opération intercalaire n'étant pas imposable. En mars N + 1, il cède ses deux bitcoins pour un montant de 9 000 €, mais conserve ses 50 ethers qui ont une valeur de 8 000 €.

La situation globale du portefeuille est positive, dès lors que sa valeur lors de la cession s'élève à 17 000 € (9 000 + 8 000) et que le prix total d'acquisition du portefeuille est évalué à 15 000 €.

La cession des deux bitcoins génère une **plus-value de 1 059 €** [soit 9 000 – (15 000 × 9 000/ 17 000) = 9 000 – 7 941].

Lors des futures cessions, la quote-part de versement initial (soit 7 941 €) devra être déduite du prix total d'acquisition du portefeuille.

Les **moins-values** subies au cours d'une année d'imposition sont imputables exclusivement sur les plus-values brutes de même nature réalisées au titre de cette même année.

> Précisions **a.** Afin de tenir compte des cessions précédentes, le prix total d'acquisition est **réduit** de la **somme des fractions initiales** contenues dans la valeur ou le prix de chacune des différentes cessions d'actifs numériques à titre gratuit ou onéreux réalisées antérieurement.
Selon l'administration, les prix d'acquisition des **actifs cédés avant 2019** doivent être exclus du prix total d'acquisition du portefeuille déclaré à l'occasion de la première cession intervenant à compter de 2019 (BOI-RPPM-PVBMC-30-20 n° 130).
b. En cas d'**acquisition à titre gratuit,** le prix d'acquisition s'entend de la valeur retenue pour la détermination des droits de mutation à titre gratuit ou, à défaut de la valeur réelle de ces actifs numériques, au moment de leur entrée dans le patrimoine du cédant.
c. Les **frais de transaction** (correspondant aux frais payés à la plateforme d'échanges ou aux « mineurs » en contrepartie de la validation de la transaction) viennent en réduction du prix de cession (BOI-RPPM-PVBMC-30-20 n° 50).
d. La valeur globale du portefeuille correspond à la valeur globale de l'ensemble des actifs numériques et droits s'y rapportant détenus par les différents membres du **foyer fiscal,** quel que soit leur support de conservation (**plateformes d'échanges,** y compris étrangères, **serveurs personnels, dispositifs de stockage hors ligne,** etc.) (BOI-RPPM-PVBMC-30-20 n° 140).
Pour déterminer cette valeur, il est possible de recourir aux sites internet proposant des **historiques de cotation** moyenne journalière sur les principales plateformes d'échange (BOI-RPPM-PVBMC-30-20 n° 140).

OBLIGATIONS DÉCLARATIVES

33620 CGI ann. III art. 41 duovicies J et 41 duodecies K

Déclaration des plus-values Les redevables portent sur la déclaration annuelle de l'impôt sur le revenu le **montant global de la plus ou moins-value** réalisée au titre des cessions imposables de l'année. Ils joignent à cette déclaration une annexe sur laquelle ils mentionnent et évaluent l'ensemble des plus ou moins-values réalisées à l'occasion de **chacune des cessions** imposables effectuées au cours de l'année ou les prix de chacune des cessions exonérées. L'impôt sur le revenu correspondant est versé par la personne physique qui réalise, directement ou par personne interposée, la cession.

> Précisions **a.** Les **échanges sans soulte** d'actifs numériques bénéficiant du sursis d'imposition ne donnent pas lieu à déclaration (BOI-RPPM-PVBMC-30-30 n° 20).
b. En cas de cession réalisée par l'intermédiaire d'une **personne interposée,** le redevable ne mentionne sur l'annexe que la quote-part de la plus ou moins-value correspondant à ses droits, telle que déclarée par la personne interposée (CGI ann. III art. 41 duovicies J, IV).
c. L'administration peut demander au contribuable des **justifications** sur les éléments servant de base au calcul de la plus-value (LPF art. L 16, al. 2 dans sa rédaction issue de loi 2019-1479 du 28-12-2019 art. 176). À défaut de réponse ou en cas de réponse insuffisante, après notification d'une mise en demeure, la plus-value peut être évaluée d'office (LPF art. L 73, 5°).

33630 CGI art. 1649 bis C et 1736, X

Déclaration des comptes ouverts à l'étranger Les personnes physiques, les associations et les sociétés n'ayant pas la forme commerciale domiciliées ou établies en France sont tenues de déclarer, en même temps que leur déclaration de revenus ou de résultats, les **références des comptes d'actifs numériques** ouverts, détenus, utilisés ou clos auprès d'entreprises, personnes morales, institutions ou organismes établis à l'étranger.

L'**absence de déclaration** est sanctionnée d'une amende de 750 € par compte non déclaré, ou 125 € par omission ou inexactitude, dans la limite de 10 000 € par déclaration. Ces montants de 750 € et 125 € sont respectivement portés à 1 500 € et 250 € lorsque la valeur des comptes est supérieure à 50 000 € à un moment quelconque de l'année.

> Précisions Une personne est réputée **détenir** un compte d'actifs numériques lorsqu'elle en est titulaire, cotitulaire, bénéficiaire économique ou ayant droit économique.
Elle est réputée avoir **utilisé** un tel compte lorsqu'elle a effectué au moins une opération de crédit ou de débit au cours de l'année ou de l'exercice (CGI ann. III art. 344 G decies, III).

CHAPITRE 12

CSG ET AUTRES PRÉLÈVEMENTS SOCIAUX

SOMMAIRE

GÉNÉRALITÉS

34200 TD-XVI-1 s Nous examinons ci-après dans une étude commune les différents prélèvements dits sociaux, c'est-à-dire la **CSG** (contribution sociale généralisée) et les prélèvements similaires : la **CRDS** (contribution au remboursement de la dette sociale) et le **prélèvement de solidarité.**

Le champ d'application de ces prélèvements n'est pas identique. En effet, alors que la CSG et la CRDS s'appliquent tant aux revenus d'activité et de remplacement qu'aux revenus du capital financier et immobilier, le prélèvement de solidarité ne frappe que ces derniers.

Une **distinction** doit d'ailleurs être opérée selon les deux catégories de revenus :

– les contributions (CSG et CRDS) frappant les **revenus d'activité et de remplacement** sont soumises à des règles de calcul et de recouvrement similaires (sauf exceptions) à celles des cotisations de sécurité sociale. C'est pourquoi leur étude figure dans le Mémento Social (nos 25000 s.), un simple aperçu étant donné ci-après (nos 34350 s.) ;

– les contributions (CSG, CRDS et prélèvement de solidarité) afférentes aux **revenus du capital** (revenus du patrimoine et assimilés et revenus de placement) sont recouvrées selon les règles fiscales par l'administration des impôts. Elles sont examinées nos 34430 s.

34205 Il convient de signaler que :

a. la CRDS (et elle seule) frappe par ailleurs les produits des **cessions de métaux précieux, bijoux, objets d'art, de collection et d'antiquité** soumises à la taxe sur les métaux et objets précieux, réalisées par les personnes physiques fiscalement domiciliées en France (voir no 75930) ;

b. la CSG et la CRDS s'appliquent, selon des modalités spécifiques, aux sommes misées sur les **jeux** de la Française des jeux et aux produits des jeux réalisés dans les casinos (CSS art. L 136-7-1 ; Ord. 96-50 du 24-1-1996 art. 18 et 19).

A. CSG et CRDS sur les revenus d'activité et de remplacement

34350 CSS art. L 136-1 à L 136-5 et L 136-8 Ord. 96-50 du 24-1-1996 art. 14 et 19 TD-XVI-2000 s La CSG et la CRDS sur les revenus d'activité et de remplacement sont traitées dans le Mémento Social (nos 25000 s.).

Nous en rappelons seulement les grandes lignes ci-après.

Par ailleurs, la CSG est, à hauteur d'une certaine fraction, fiscalement déductible. Cette déductibilité partielle est évoquée no 34400.

La **CSG** est actuellement **affectée** (dans des proportions diverses), à la caisse nationale des allocations familiales, aux régimes obligatoires d'assurance maladie, à la caisse nationale d'assurance maladie, au fonds de solidarité vieillesse, à l'organisme gérant l'assurance chômage, à la caisse nationale de solidarité pour l'autonomie et à la caisse d'amortissement de la dette sociale ; la **CRDS** est affectée à cette dernière.

REVENUS CONCERNÉS

La CSG et la CRDS ont quasiment la même **assiette.** Celle-ci est très large : elle couvre l'ensemble des revenus des personnes physiques, sous réserve d'exonérations de portée limitée. 34370

Les revenus d'activité et de remplacement sont de trois sortes : **salaires** et assimilés, **revenus professionnels** non salariés et **revenus de remplacement** (pensions de retraite, allocations de chômage…).

› **Précisions** Les prestations de retraite issues de versements volontaires sur un **plan d'épargne retraite** ayant été déduits du revenu global sont exonérées de CSG et de CRDS sur les revenus d'activité et de remplacement (CSS art. L 136-1-2, II-11° créé par l'article 4, I-2° de l'ordonnance 2019-766 du 24-7-2019).

PERSONNES ASSUJETTIES

Ce sont les **personnes physiques** à la fois considérées comme **fiscalement domiciliées en France et** à la charge, à quelque titre que ce soit, d'un **régime obligatoire** français **d'assurance maladie.** 34380

› **Précisions a.** La **domiciliation** fiscale s'apprécie au moment de la perception du revenu.

b. Le critère tenant au **rattachement obligatoire à un régime** français **d'assurance maladie** entraîne au premier chef l'exonération des **travailleurs frontaliers** travaillant à l'étranger et assujettis au régime d'assurance maladie de leur lieu de travail.

Se trouvent également exonérés les **salariés détachés** en France depuis un autre État pendant la période de maintien au régime d'assurance maladie du pays d'origine et les salariés détachés de France vers un État étranger à partir du moment où ils deviennent assujettis au régime local d'assurance maladie.

CALCUL ET RECOUVREMENT

a. Le **taux** de la **CSG** sur les **revenus d'activité** (salaires et revenus non salariaux) est de 9,2 %. Les revenus de **remplacement** sont passibles du taux de 9,2 % pour les allocations de préretraite versées aux bénéficiaires dont la préretraite a pris effet depuis le 11 octobre 2007, du taux réduit de 8,3 % pour les autres allocations de préretraite et les pensions de retraite et d'invalidité, et de 6,2 % pour les autres revenus de remplacement (ces deux derniers taux pouvant être ramenés, dans certains cas, à 6,6 % ou 3,8 % pour le premier, et à 3,8 % pour le second). 34390

Le taux de la **CRDS** est de 0,5 %.

b. L'**assiette** de la CSG et de la CRDS et celle des cotisations sociales sont en principe similaires. S'agissant des salaires et des allocations de chômage, un abattement forfaitaire pour frais professionnels de 1,75 % calculé sur une base limitée à quatre plafonds de sécurité sociale est toutefois opéré sur l'assiette.

c. La CSG et la CRDS sur les revenus d'activité ou de remplacement sont en principe **recouvrées** comme les cotisations de sécurité sociale. Notamment, les contributions sur les salaires sont précomptées par l'employeur et reversées par lui à l'Urssaf.

› **Précisions a.** Par exception, pour certains revenus d'activité ou de remplacement, la CSG et la CRDS sont liquidées et recouvrées selon les règles prévues pour les revenus du patrimoine (CSS art. L 136-5, II bis), c'est-à-dire selon les mêmes règles que l'impôt sur le revenu (voir n° 34580). Sont concernés :

– les **revenus** d'activité et de remplacement **de source étrangère** (lorsque ces revenus font l'objet d'un précompte par l'employeur, voir n° 34380) ;

– les **gains de levées d'options** (« stock-options ») attribuées depuis le 28-9-2012 (n° 88785) et les **gains d'acquisition d'actions gratuites** attribuées depuis le 28-9-2012 en vertu d'une autorisation antérieure au 8-8-2015 ou attribuées en vertu d'une autorisation intervenue depuis le 31-12-2016 pour la fraction qui excède annuellement 300 000 € (n° 88825).

b. Les pensions de retraite et d'invalidité ainsi que les allocations de préretraite sont également soumises à la **contribution additionnelle de solidarité pour l'autonomie** de 0,3 % (CASF art. L 14-10-4, 1° bis ; voir Mémento Social n° 68380).

DÉDUCTIBILITÉ

Au regard de l'impôt sur le revenu, la **CSG** sur les revenus d'activité et de remplacement est déductible à hauteur de 6,8 % (5,9 % pour les pensions de retraite et d'invalidité soumises au taux de 8,3 % et pour les allocations de préretraite perçues par les salariés dont la préretraite a pris effet avant le 11 octobre 2007 ; 4,2 % pour les pensions de retraite et d'invalidité soumises au taux de 6,6 % ; 3,8 % pour les autres revenus de remplacement) des revenus ou bénéfices au titre desquels elle est acquittée. Pour les revenus assujettis au taux de 9,2 %, 8,3 %, 6,6 % ou 6,2 %, il reste donc une fraction non déductible de 2,4 %. 34400 CGI art. 154 quinquies, I **TD-XVI-800 s**

La **CRDS** n'est pas déductible au titre de l'impôt sur le revenu.

> Précisions La **CSG recouvrée** selon les **règles** prévues pour les **revenus** du **patrimoine** est déduite du revenu imposable de l'année de son paiement.

SANCTIONS, CONTRÔLE ET CONTENTIEUX

34410 Les **règles** applicables sont (sauf pour les revenus de source étrangère, les gains de levée d'option et les gains d'acquisition d'actions gratuites visés nº 34390, précision b) celles qui gouvernent les **cotisations de sécurité sociale.** Il en est ainsi aussi bien pour les garanties, majorations de retard et pénalités de recouvrement que pour la prescription, les contrôles pouvant être effectués par les organismes et le contentieux.

B. CSG et autres contributions sur les revenus du capital

34430 TD-XVI-100 s Les revenus du capital financier et immobilier sont assujettis à la CSG, à la CRDS et au prélèvement de solidarité dans des conditions qui diffèrent selon la catégorie de revenus, celle dite des revenus du patrimoine ou celle dite des produits de placement. Nous envisageons successivement ces deux catégories, après l'examen des caractères généraux.

> Précisions La CSG est **codifiée** aux articles L 136-6, L 136-7 et L 136-8 du CSS (auxquels renvoient les articles 1600-0 C à 1600-0 E du CGI). La CRDS est régie par les articles 15, 16 et 19 de l'ordonnance 96-50 du 24 janvier 1996 (auxquels renvoient les articles 1600-0 G à 1600-0 J du CGI). Le prélèvement de solidarité est codifié à l'article 235 ter du CGI.

1. CARACTÈRES GÉNÉRAUX

TAUX

34515 Le taux de la **CSG** sur les revenus du patrimoine et les produits de placement est de 9,2 %.
Pour la **CRDS,** le taux est de 0,5 %.
Le taux du **prélèvement de solidarité** est de 7,5 %.
Le **taux global** est ainsi de 17,2 %.

DÉDUCTIBILITÉ

34525 CGI art. 154 quinquies, II TD-XVI-700 s et 1050 s Au regard de l'impôt sur le revenu, la **CSG** sur les **revenus du patrimoine** imposables au barème progressif visés nos 34555 et 34560, à l'exception des plus-values et créances soumises à l'exit tax, est déductible, à hauteur de 6,8 %, du revenu global imposable de l'année de son paiement (le surplus, soit 2,4 %, n'est pas déductible). Est également déductible dans la même proportion et selon les mêmes modalités la CSG, prélevée à la source, sur les **revenus mobiliers imposables au barème** progressif de l'impôt sur le revenu visés nº 34615.

En revanche, la CSG sur les **revenus mobiliers soumis à prélèvement libératoire** (obligatoire ou sur option) ou à l'**impôt sur le revenu à un taux forfaitaire** ou encore **exonérés** d'impôt sur le revenu et la CSG sur les **plus-values immobilières** et sur certains biens meubles (respectivement nos 34615, 34620 et 34630) n'est pas déductible.

La **CRDS** et le **prélèvement de solidarité** ne sont pas déductibles.

> Précisions a. Pour certaines **plus-values de cession de valeurs mobilières et gains d'acquisition d'actions gratuites** bénéficiant d'**abattements** en matière d'impôt sur le revenu, la **CSG** est **déductible à hauteur** du rapport entre le montant du revenu soumis à cet impôt et le montant de ce revenu soumis à la CSG. Sont concernés :

– les plus-values de cession de titres de dirigeants de PME prenant leur retraite bénéficiant de l'abattement fixe (nos 33106 s.) ainsi que les plus-values de cession de titres de PME de moins de dix ans souscrits ou acquis avant 2018 bénéficiant de l'abattement renforcé (nos 33100 s.) ;

– les gains d'acquisition d'actions gratuites bénéficiant des abattements suivants : abattement fixe « dirigeants partant à la retraite », abattement de 50 %, abattement pour durée de détention normal ou renforcé (nº 88825).

b. La CSG sur les **revenus fonciers des non-résidents** n'est pas déductible.

2. REVENUS DU PATRIMOINE ET ASSIMILÉS

PERSONNES ASSUJETTIES

34550 TD-XVI-4000 s Sont redevables des prélèvements sociaux sur les revenus du patrimoine les **personnes physiques** fiscalement **domiciliées en France.**

Sont également redevables des prélèvements les **non-résidents** à raison de leurs revenus fonciers de source française.

Toutefois, ne sont pas redevables de la **CSG et** de la **CRDS** les personnes **relevant d'un régime de sécurité sociale au sein de l'EEE** (Union européenne, Islande, Norvège, Liechtenstein) **ou** de la **Suisse** et qui ne sont **pas à la charge** d'un **régime obligatoire de sécurité sociale français** (CSS art. L 136-6, I ter).

› Précisions a. La **condition d'affiliation** à un régime de sécurité sociale de l'EEE (hors France) ou de la Suisse s'apprécie pour les **gains et plus-values** placés **en report d'imposition** mentionnés à l'article 150-0 B bis du CGI (nº 33142) et à l'article 150-0 B ter, I du CGI (nº 34570, précision a) à la date de réalisation de ces gains ou plus-values.

b. Les **Français vivant à Monaco** et imposables à l'impôt sur le revenu en France en application de la convention franco-monégasque sont assujettis aux prélèvements sociaux lorsqu'ils peuvent être considérés comme domiciliés en France en application de l'un des critères de l'article 4 B du CGI (CE 11-6-2014 nº 358301 : RJF 10/14 nº 866).

REVENUS ASSUJETTIS

Revenus du patrimoine proprement dits et assimilés Ce sont les suivants : **34555**

– revenus **fonciers** ;

– **rentes viagères** constituées à titre onéreux ;

– revenus de **capitaux mobiliers** autres que ceux visés aux nºs 34610 s. ;

– **plus-values et profits suivants** (taxés à l'impôt sur le revenu au barème progressif ou à un taux proportionnel) : plus-values professionnelles à long terme (CGI art. 39 terdecies, 39 quindecies et 93 quater), plus-values sur valeurs mobilières et droits sociaux (CGI art. 150-0 A à 150-0 F ; nºs 32805 s. et 30530), profits réalisés sur les « instruments financiers à terme » (CGI art. 150 ter ; nºs 33400 s.), plus-values de cession d'actifs numériques (CGI art. 150 VH bis et 200 C ; nºs 33600 s.), plus-values sur titres de sociétés cotées en cas de donation ouvrant droit à réduction d'IFI (CGI art. 150 duodecies ; nº 72130), plus-values et créances soumises à l'exit tax (CGI art. 167 bis ; nºs 33360 s.), distributions de plus-values de sociétés de capital-risque (SCR) (CGI art. 163 quinquies C, II-1 ; nº 26420) ;

– **gains de levées d'options** (« stock-options »), attribuées avant le 28-9-2012 (nº 88785), et **gains d'acquisition d'actions gratuites,** attribuées avant le 28-9-2012 ou en vertu d'une autorisation intervenue depuis le 8-8-2015 (dans la limite annuelle de 300 000 € pour les gains issus d'actions attribuées en vertu d'une autorisation intervenue depuis le 31-12-2016 ; s'agissant de la fraction excédant cette limite, voir nºs 34390, précision b et 88825) ;

– revenus entrant dans la catégorie des **bénéfices industriels et commerciaux,** des **bénéfices agricoles** ou des **bénéfices non commerciaux,** lorsqu'ils n'ont pas été assujettis à la CSG et à la CRDS au titre des revenus professionnels.

› Précisions a. Parmi les revenus entrant dans la catégorie des **bénéfices non commerciaux,** des **bénéfices industriels et commerciaux** ou des bénéfices agricoles assujettis aux prélèvements sociaux sur les revenus du patrimoine, il faut citer les redevances perçues au titre de la mise en location-gérance des fonds de commerce (sauf si le loueur réalise des actes de commerce au titre de l'entreprise louée ou y exerce une activité et est par suite assujetti aux cotisations sociales obligatoires : voir Mémento Social nº 79945), les revenus de certains loueurs en meublé (voir nº 90710), les commissions ou honoraires rémunérant des prestations occasionnelles, les bénéfices perçus par les concessionnaires de droits communaux et par les membres de copropriété de navire, les profits sur les « instruments financiers à terme » réalisés à titre habituel.

Les **redevances** versées aux **artistes du spectacle** et aux **mannequins** à raison de la vente ou de l'exploitation de l'enregistrement de leur interprétation, exécution ou présentation (C. trav. art. L 7121-8 et L 7123-6) ou celles versées aux **sportifs et entraîneurs professionnels** pour l'exploitation commerciale de leur image, nom ou voix sont soumises aux contributions sociales au titre des revenus du patrimoine, mais celles-ci sont recouvrées comme en matière de cotisations de sécurité sociale (voir nº 34410) (CSS art. L 136-6, IV et V).

b. Les **plus-values immobilières** et sur certains biens meubles (CGI art. 150 U à 150 UC) sont soumises aux contributions sociales sur les revenus de placement (voir nºs 34600 s.).

c. Plus-values réalisées dans un **compte PME innovation** : voir nº 34610, précisions.

Revenus exonérés de l'impôt sur le revenu Bien qu'exonérés d'impôt sur le revenu (partiellement ou totalement), sont expressément assujettis aux prélèvements sociaux au titre des revenus du patrimoine : **34556**

– les **plus-values professionnelles à long terme** réalisées dans le cadre d'un **départ à la retraite** (nºs 19890 s.) ;

– les revenus, produits et gains de source étrangère visés nº 4730 perçus par des **impatriés** (revenus de capitaux mobiliers, produits des droits d'auteur et de la propriété industrielle ou certaines plus-values).

34560 **Autres revenus assujettis** Sont également assujettis aux prélèvements sociaux dans les mêmes conditions que les revenus du patrimoine :
– les revenus taxés en application des articles 168 ou 1649 quater-0 B ter (taxation d'après les « **signes extérieurs** » : nos 4220 s. et 78398), 1649 A, 1649 AA et 1649 quater A (taxation de certains **fonds transférés de ou vers l'étranger** : nos 78300 et 78305), 1649 quater-0 B bis du CGI (présomption de revenus d'activités illicites : no 78395) ;
– les **sommes taxées d'office** en application des articles L 66, 1° (sauf imposition aux contributions à un autre titre) ou L 69 du LPF (nos 79060 et 79090) ;
– tous autres revenus dont l'imposition est attribuée à la France par une **convention internationale** relative aux doubles impositions et qui n'ont pas supporté la contribution sur les revenus d'activité ou de remplacement.

CALCUL

34570 L'**assiette** des prélèvements est le montant net des revenus assujettis tel qu'il est pris en compte pour l'établissement de l'impôt sur le revenu (ou le serait, s'agissant des plus-values et revenus visés no 34556), exception faite des revenus de capitaux mobiliers qui sont retenus pour leur montant brut, c'est-à-dire avant déduction des dépenses effectuées en vue de l'acquisition ou de la conservation du revenu.

Par ailleurs, aucune déduction n'est à opérer au titre des abattements visés aux articles 150-0 D, 1 ter (nos 33075 s.), 150-0 D, 1 quater (nos 33100 s.) et 150-0 D ter (nos 33106 s.) (plus-values de cession de valeurs mobilières), 200 A, 3 (no 88825 : attributions gratuites d'actions) et 158, 3-2° du CGI (nos 24635 s. ; revenus distribués et assimilés).

Les pertes subies dans le cadre d'un financement participatif visées no 25655, d ainsi que la moins-value constatée lors de la clôture d'un compte PME innovation (no 26220, c) ne sont pas imputables.

Aucune compensation n'est possible entre le déficit d'une catégorie de revenu et le résultat positif d'une autre.

Les contributions sont calculées aux **taux** indiqués no 34515.

› **Précisions** **a.** Les **plus-values d'apport de titres** à une société contrôlée par l'apporteur placées en **report d'imposition obligatoire** en application de l'article 150-0 B ter, I du CGI (nos 33310 s.) sont soumises à la CSG, à la CRDS et au prélèvement de solidarité selon leur taux en vigueur l'année de réalisation de ces plus-values (Loi 2018-1203 du 22-12-2017 art. 26, XV applicable aux plus-values d'apport réalisées depuis le 1-1-2019 ; auparavant, ces plus-values étaient soumises aux prélèvements sociaux dont l'ancien prélèvement social et sa contribution additionnelle selon les mêmes modalités en application de l'article 34, II de la loi 2016-1918 du 29-12-2016. Concernant ces plus-values, l'exonération de CSG et de CRDS des personnes relevant d'un régime de sécurité sociale au sein de l'EEE ou de la Suisse et non affiliées obligatoirement au régime français [no 34550] s'applique aux plus-values placées en report d'imposition à compter de 2018).

b. Les prélèvements sociaux sont calculés sans tenir compte de la majoration d'assiette de 25 % appliquée pour le calcul de l'impôt sur le revenu, en ce qui concerne les **rémunérations et avantages occultes** (nos 24770 s.), les **revenus réputés distribués** visés à l'article 109, 1-2° du CGI résultant d'une **rectification de résultat** (no 24750), les **rémunérations exagérées** (no 8580), les **bénéfices des structures financières établies dans des paradis fiscaux** réputés distribués (no 78285) et les **revenus professionnels** (BIC, BNC, BA) des contribuables soumis à un **régime réel non adhérents d'un organisme de gestion agréé** (nos 87970 s.).

PAIEMENT

34580 Les contributions sociales sur les revenus du patrimoine, établies au vu de la déclaration d'ensemble des revenus no 2042, sont recouvrées par voie de rôle selon les mêmes règles que l'impôt sur le revenu. Elles figurent sur le même **avis d'imposition** que ce dernier, sous déduction des acomptes provisionnels acquittés dans le cadre du **prélèvement à la source** des contributions sociales (voir no 3760).

Lorsque le **solde** figurant sur l'avis d'imposition est **supérieur à 300 €**, il fait l'objet d'un prélèvement échelonné dans les conditions décrites au no 3861. Lorsqu'il est inférieur à 300 € et à défaut d'option contraire, il fait l'objet d'un prélèvement unique. Lorsqu'il n'est pas prélevé par l'administration, il doit être acquitté dans les quarante-cinq jours de la mise en recouvrement du rôle. À défaut, la **majoration** de 10 % prévue par l'article 1730 du CGI est applicable (CGI art. 1663 B).

› **Précisions** **a.** Il n'est pas procédé au **recouvrement** des contributions dont le montant total par article de rôle (avant déduction des contributions prélevées à la source) est inférieur à 61 € (CSS art. L 136-6, III).
b. La **solidarité** entre époux et partenaires de Pacs pour le **paiement** de l'impôt sur le revenu ne peut être étendue aux prélèvements sociaux (no 77280, c).
c. Cas particulier des **redevances** versées aux **artistes du spectacle**, aux **mannequins** et aux **sportifs** ou **entraîneurs professionnels** lors de l'utilisation de leur œuvre ou de leur image : voir no 34555, précision a.

3. PRODUITS DE PLACEMENT

PERSONNES IMPOSABLES

Les produits de placement sont assujettis aux prélèvements sociaux lorsqu'ils sont perçus par des **personnes physiques** fiscalement **domiciliées en France.** 34600 TD-XVI-6000 s

Les **non-résidents** personnes physiques sont également redevables des prélèvements sociaux à raison de leurs plus-values immobilières de source française réalisées directement ou indirectement.

Toutefois, ne sont pas redevables de la **CSG et** de la **CRDS** les personnes **relevant d'un régime de sécurité sociale au sein de l'EEE** (Union européenne, Islande, Norvège, Liechtenstein) ou de la Suisse et qui ne sont **pas à la charge** d'un **régime obligatoire de sécurité sociale français** (CSS art. L 136-7, I ter).

› **Précisions** Le contribuable qui entend échapper à ces impositions doit produire une **attestation d'affiliation à l'étranger** délivrée par l'institution compétente pour les plus-values immobilières et sur certains biens meubles, ou selon un modèle d'attestation sur l'honneur annexé à l'arrêté CPAE1920733A du 29-7-2019 pour les autres revenus (CSS art. D 136-1 et D 136-2 créés par décret 2019-633 du 24-6-2019).

REVENUS ASSUJETTIS

La catégorie des produits de placement recouvre la plupart des **revenus mobiliers,** y compris ceux exonérés de l'impôt sur le revenu. 34610

Cette catégorie englobe également les **plus-values immobilières** et sur certains biens meubles des particuliers taxées à l'impôt sur le revenu à un taux proportionnel lors de la cession.

› **Précisions** Sont également assujetties aux prélèvements sociaux dans la catégorie des produits de placement les plus-values réalisées au cours d'une année dans un **compte PME innovation** (CPI : n°s 26210 s.) (la taxation s'effectue au 31 décembre, ou, en cas de retrait en cours d'année, à la date du retrait ; les prélèvements sont versés au Trésor au plus tard le 15 du mois suivant). S'agissant de l'assiette des prélèvements : voir n° 34640, précision a.

Revenus mobiliers Il s'agit des **produits de placement à revenu fixe** définis n°s 25100 s. et des **produits** de bons ou **contrats de capitalisation** et d'assurance-vie souscrits auprès d'entreprises établies en France soumis aux prélèvements forfaitaires libératoires ou non libératoires de l'impôt sur le revenu ou, lorsque l'établissement payeur est établi en France, seulement soumis au prélèvement forfaitaire unique ou au barème progressif de l'impôt sur le revenu. 34615

Il s'agit également des **dividendes** et distributions assimilées définis n°s 24540 s. soumis au prélèvement à la source non libératoire de l'impôt sur le revenu ou, lorsque l'établissement payeur est établi en France, seulement soumis au prélèvement forfaitaire unique ou au barème progressif de l'impôt sur le revenu.

› **Précisions** **a.** Sont exclus les dividendes perçus dans le cadre d'un **PEA** (n° 26175), qui échappent aux prélèvements sociaux ou y sont soumis au titre des revenus du patrimoine selon qu'ils sont exonérés ou non d'impôt sur le revenu.

b. Sont également exclus les dividendes assujettis aux prélèvements sociaux au titre des **revenus d'activité** (voir notamment n° 23615).

c. Produits des **bons et contrats de capitalisation** et des **PEP** : voir n° 34655, précision c.

d. La fraction des **sommes** ayant le caractère de dividendes ou de produits de placement à revenu fixe **provenant de comptes bancaires inactifs** soumise à l'impôt sur le revenu en application de l'article 125 ter du CGI (n° 24160, précisions) et versée par la Caisse des dépôts et consignations à des bénéficiaires personnes physiques domiciliés en France est assujettie aux prélèvements sociaux au titre des produits de placement, à l'exception de celles ayant déjà supporté les prélèvements sociaux.

Revenus de l'épargne exonérés d'impôt sur le revenu Sont **assujettis** aux prélèvements sociaux : 34620

– les intérêts et primes des **comptes d'épargne-logement** ouverts jusqu'au 31-12-2017 (respectivement lors de leur inscription ou lors du dénouement du contrat) ;

– les intérêts et primes des **plans d'épargne-logement** ouverts jusqu'au 31-12-2017. Les intérêts sont taxés : pour les plans ouverts jusqu'au 28-2-2011, soit à la date du dixième anniversaire du plan puis annuellement lors de l'inscription en compte, soit lors du dénouement s'il intervient avant dix ans (pour les plans souscrits avant le 1-4-1992, à la date d'échéance ou au dénouement s'il est antérieur) ; pour les plans ouverts du 1-3-2011 au 31-12-2017, lors de chaque inscription en compte. Les primes afférentes à ces plans sont imposées lors de leur versement ;

– les produits attachés aux **bons et contrats de capitalisation** et contrats d'**assurance-vie,** (s'agissant des bons et contrats souscrits avant le 1-1-1983, voir n° 34620, précision f). La taxation s'effectue : lors de l'inscription en compte des produits des contrats en euros ou devises et des produits du compartiment en euros ou devises des contrats multisupports ou euro-croissance ; lors de l'atteinte de la garantie pour les engagements donnant lieu à la constitution d'une provision de diversification et pour lesquels un capital (ou une rente) est garanti à une échéance fixée au contrat (contrats euro-croissance) ; lors du dénouement du contrat (ou son rachat partiel) ou du décès de l'assuré pour les autres produits. Les produits attachés aux contrats d'épargne-handicap sont exonérés ;

– les produits et rente viagère des **plans d'épargne populaire** (PEP) (lors de leur inscription en compte pour les produits et lors du versement pour la rente viagère) ;

– le gain net réalisé ou la rente viagère versée lors du retrait ou de la clôture d'un **plan d'épargne en actions** (PEA) après cinq ans (n° 26195). Est toutefois exclue la fraction du gain net correspondant aux produits et plus-values afférents aux titres de FCPR et de SCR détenus dans le plan ;

– les produits (modalités d'assujettissement : voir n° 34655, précision b) de l'épargne salariale acquise au titre de la **participation** aux résultats de l'entreprise **ou** dans le cadre d'un **plan d'épargne** (PEE, PEI, Perco) lorsque les bénéficiaires demandent la délivrance de leurs droits, titres ou valeurs. Le montant de la participation elle-même et de l'abondement au plan d'épargne est soumis par ailleurs à la CSG et à la CRDS, qui sont précomptées dès la répartition individuelle des droits et le versement de l'abondement et versées à l'Urssaf : Mémento Social n° 25120 ;

– les répartitions et distributions effectuées par les **fonds communs de placement à risques** (FCPR), les **fonds communs de placement dans l'innovation** (FCPI), les **sociétés de capital-risque** (SCR) et les **sociétés unipersonnelles d'investissement à risques** (Suir) (n°s 26450 s.) (lors du versement), ainsi que les plus-values de cession après cinq ans de parts de FCPR (n° 26320) et d'actions de SCR acquises ou souscrites depuis le 1-1-2001 (n° 26420) ;

– la fraction exonérée des prélèvements (libératoires ou non) des revenus de capitaux mobiliers de source étrangère versés à des **impatriés** (n° 4730) (lors de la perception des revenus) ;

– les gains et produits de placement effectués en vertu d'un **engagement d'épargne à long terme** (Celt) (à l'expiration du contrat) ;

– les intérêts des **comptes épargne d'assurance pour la forêt** (n° 25665, j) (lors de leur inscription en compte).

> **Précisions** **a.** Les prélèvements acquittés lors de l'inscription en compte des intérêts sont régularisés dans le cas où le **plan d'épargne-logement est résilié dans les deux ans de l'ouverture** ce qui entraîne une révision à la baisse de la rémunération de l'épargnant (CSS art. L 136-7, III).

b. En cas de **transformation de** bons ou **contrats de capitalisation en euros ou devises en contrats en unités de compte ou en contrats euro-croissance,** les produits des bons ou contrats en euros ou devises (soumis aux contributions sociales lors de leur inscription en compte) sont assimilés, à partir de la transformation, à des primes versées.

c. Si le **gain final d'un bon ou d'un contrat de capitalisation multisupport est inférieur aux produits précédemment soumis aux prélèvements sociaux,** il est procédé au reversement des prélèvements perçus en excédent et correspondant au montant des prélèvements calculés sur la base de la moins-value nette constatée au dénouement ou au décès, cette restitution ne pouvant toutefois excéder le montant des prélèvements sociaux déjà acquittés (CSS art. L 136-7, III bis-1).

d. Les **contributions sociales** ne sont **pas applicables** aux autres produits de placement exonérés d'impôt sur le revenu et notamment :

– les intérêts des sommes inscrites sur le **livret A** ;

– les intérêts des sommes inscrites sur le **livret jeune** ;

– la rémunération des sommes déposées sur le livret d'épargne populaire (**LEP**) ;

– le produit des dépôts effectués sur un livret de développement durable (**LDD**) ;

– les intérêts des sommes inscrites sur un livret d'épargne-entreprise (**LEE**) ouvert avant 2014 ;

– les **lots et primes de remboursement** visés au n° 25575.

e. Dans le cadre du plan d'épargne retraite (**PER**) en vigueur depuis le 1er octobre 2019, sont assujettis aux prélèvements sociaux sur les revenus de placement :

– les **rentes** versées au titre de la liquidation des droits constitués dans un PER correspondant aux versements volontaires ayant donné lieu à déduction du revenu global (en cas d'option pour la non-déduction, voir à notre avis n° 34555), pour leur fraction déterminée selon les règles des rentes viagères à titre onéreux prévues à l'article 158, 6 du CGI (CSS art. L 136-7, I-3° créé par l'article 4, I-3° de l'ordonnance 2019-766 du 24-2019). La CSG est déductible des bases de l'impôt sur le revenu hauteur de 6,8 % (CGI art. 154 quinquies, I modifié par l'article 3, I de l'ordonnance 2019-766 du 24-7-2019) ;

– le revenu constitué par la différence entre les sommes versées lors de la sortie en **capital** du PER, et celles affectées au plan pendant la phase d'épargne, exonérées en application de l'article 81, 4° bis-a et b du CGI (CSS art. L 136-7, II-7° bis créé par l'article 4, I-3° de l'ordonnance 2019-766 du 24-7-2019).

f. Les produits des bons et contrats de capitalisation et **contrats d'assurance-vie souscrits avant 1983** sont assujettis aux prélèvements sociaux, qu'ils soient exonérés ou non d'impôt sur le revenu (voir n° 26085).

34630 **Plus-values immobilières et sur certains biens meubles** Sont assujetties aux contributions sociales en tant que produits de placement les plus-values immobilières (y compris de certains non-résidents : n° 34600) et sur certains biens meubles des particuliers taxées à l'impôt sur le revenu à un taux proportionnel lors de la cession (n°s 32000 s. et 32740 s.).

CALCUL

Les règles d'**assiette** sont, s'agissant des revenus mobiliers, les mêmes que pour les prélèvements visés aux articles 125 A (produits de placement à revenu fixe ; n° 25275) et 117 quater (revenus distribués et assimilés ; n° 24585) du CGI. 34640

S'agissant des plus-values immobilières, l'assiette des prélèvements n'est pas identique à celle de leur taxation forfaitaire à l'impôt sur le revenu (ou au prélèvement sur les non-résidents), du fait des taux d'abattement pour durée de détention différents (voir n° 32245). Pour les plus-values sur certains biens meubles, l'assiette des contributions est en revanche celle de leur taxation forfaitaire à l'impôt sur le revenu.

Les **taux** sont indiqués au n° 34515.

> **Précisions** **a.** Les prélèvements sociaux sur les plus-values réalisées au cours d'une année dans un **CPI** (n° 34610, précisions) sont déterminés après imputation des moins-values subies dans le compte au cours de cette année et, le cas échéant, des dix précédentes. Aucune déduction n'est à opérer au titre des abattements pour durée de détention visés aux n°s 33075 s. et 33106 s.
> **b.** En ce qui concerne les **revenus mobiliers exonérés d'impôt sur le revenu,** la règle dite des « taux historiques » selon laquelle seule la partie de ces revenus acquise ou constatée depuis l'entrée en vigueur de chaque contribution (ou depuis l'augmentation du taux des contributions) y est soumise ne s'applique plus que de façon marginale (Loi 2017-1836 du 30-12-2017 art. 8, V-B). L'exonération de CSG et de CRDS des personnes affiliées à un régime de sécurité sociale au sein de l'EEE ou de la Suisse sans l'être obligatoirement en France s'applique, pour les produits taxés selon cette règle, également à ceux acquis ou constatés avant 2019 (Loi 2018-1203 du 22-12-2018 art. 26, XIV-B).

PAIEMENT

Les contributions sur les **produits de placement** sont en principe recouvrées selon les mêmes règles, garanties et sanctions que les prélèvements forfaitaires sur les revenus mobiliers, c'est-à-dire en général précomptées par l'établissement payeur (en même temps que les prélèvements pour les placements qui y sont assujettis, à la date prévue pour les prélèvements forfaitaires pour les produits soumis au prélèvement forfaitaire unique ou au barème progressif de l'impôt sur le revenu et aux dates indiquées n° 34620 pour les autres placements) et reversées au service des impôts (ou virées au Trésor) ; voir n°s 25385 et 24590. 34650

En ce qui concerne les **plus-values immobilières et sur certains biens meubles,** les prélèvements sociaux sont recouvrés par le service de la publicité foncière ou le service des impôts en même temps que l'imposition forfaitaire à l'impôt sur le revenu de la plus-value (ou en même temps que le prélèvement, pour les non-résidents), au vu de l'imprimé de déclaration de cette plus-value.

34655

> **Précisions** **a.** S'agissant des **personnes relevant** d'un régime de **sécurité sociale au sein de l'EEE ou** de la **Suisse** mais non affiliées obligatoirement au régime français (qui sont exonérées de CSG et de CRDS : n° 34600), l'établissement payeur ne précompte pas la CSG et la CRDS sur leurs produits de placement lorsqu'elles peuvent justifier de leur qualité.
> En cas de **prélèvement indu,** le trop-perçu est soit restitué spontanément par l'établissement payeur, soit réclamé à l'administration fiscale (CSS art. L 136-7, I ter-2e et 3e al.).
> **b.** Lorsque les **produits de la participation et des plans d'épargne salariale** sont **réinvestis et bloqués** avec le principal, ce qui les exonère d'impôt sur le revenu, les contributions sociales doivent être prélevées, selon le cas, par l'employeur ou l'organisme chargé de la gestion des droits. Le précompte de la CSG, de la CRDS et du prélèvement de solidarité doit être effectué, au moment où les intéressés demandent la délivrance des droits constitués à leur profit, sur la différence entre le montant de ces droits et celui des sommes résultant de la répartition de la réserve spéciale de participation ou, pour le plan d'épargne, sur la différence entre le montant des sommes ou valeurs provenant du plan et celui des sommes qui y ont été versées.
> **c.** Les produits des **bons et contrats de capitalisation** et assimilés (assurances-vie) et des **PEP** qui ont été soumis aux contributions sociales lors de leur inscription en compte ou lors de l'atteinte de la garantie (n° 34620) ne le sont pas lors du dénouement.
> **d.** Les contributions sociales dues au titre des mois de **décembre** et **janvier** sur l'ensemble des produits de placement, exception faite des dividendes et distributions assimilées, des plus-values immobilières et des plus-values réalisées dans un CPI, font l'objet d'un versement provisionnel unique. Ce versement est calculé sur 90 % de ces produits de placement des mois de décembre et janvier de l'année précédente et acquitté le 15 octobre. La régularisation s'effectue respectivement en janvier et février.
> L'établissement payeur peut toutefois réduire le montant de ce versement provisionnel lorsqu'il estime qu'il est supérieur aux contributions sociales dues. En cas d'insuffisance de versement, les pénalités pour paiement tardif visées aux n°s 80160 s. sont applicables aux sommes non versées aux échéances prévues.

PARTIE 2

Impôts sur les bénéfices des sociétés

Sur le plan fiscal, deux grandes catégories de sociétés doivent être distinguées : 35500
– les sociétés de capitaux, et personnes morales assimilées, qui sont soumises à l'impôt sur les sociétés (n°s 35550 s.) ;
– les sociétés de personnes, et groupements assimilés, qui relèvent de l'impôt sur le revenu (n°s 37500 s.).

L'étude du régime fiscal de ces deux types de sociétés nous conduira aussi à examiner les conséquences fiscales des événements qui jalonnent leur existence : transformations, changements d'activité ou de régime fiscal, fusions et opérations assimilées (n°s 38500 s.).

Compte tenu de leurs spécificités, les groupes de sociétés appellent également des explications particulières, qu'il s'agisse du régime d'intégration fiscale ou du régime mère-fille (n°s 40000 s.).

CHAPITRE 1

SOCIÉTÉS RELEVANT DE L'IMPÔT SUR LES SOCIÉTÉS

SOMMAIRE

L'**impôt sur les sociétés** (en abrégé IS) frappe les bénéfices des sociétés de capitaux et des personnes morales qui leur sont fiscalement assimilées. Cet impôt est exigible lors de la réalisation des bénéfices, quelle que soit l'affectation qui leur est donnée par la suite (report à nouveau, mise en réserve, distribution, etc.). 35550
Certaines personnes morales passibles de l'IS sont également soumises à une **contribution sociale** assise sur l'IS (voir n°s 36690 s.).
Lorsque les **bénéfices** sont **distribués** aux associés, ces derniers doivent supporter personnellement, à raison des revenus de capitaux mobiliers correspondants, l'IR ou l'IS s'il s'agit d'associés relevant eux-mêmes dudit impôt (voir n°s 24265 s.).

A. Champ d'application de l'IS

1. SOCIÉTÉS ET COLLECTIVITÉS IMPOSABLES

Peuvent être soumises à l'IS non seulement les sociétés proprement dites, mais aussi les collectivités, privées ou publiques, qui se livrent à une exploitation ou à des opérations de caractère lucratif. 35600 CGI art. 206 IS-I-1 s

SOCIÉTÉS DE CAPITAUX

Sont en principe passibles de l'IS, quel que soit leur objet : 35665 CGI art. 206, 1 IS-I-300 s
– les **sociétés anonymes,** auxquelles sont assimilées les **sociétés par actions simplifiées** (CGI art. 1655 quinquies) ;
– les sociétés en **commandite par actions** ;
– les sociétés à responsabilité limitée (**SARL**) ;

– les sociétés **coopératives** et leurs unions (sous réserve cependant de certaines exonérations ou règles particulières : voir nos 37010 s.).

Ces sociétés sont généralement englobées, en matière fiscale, sous l'expression « sociétés de capitaux », bien que, sur le plan juridique, cette expression ne corresponde pas exactement aux caractéristiques des SARL, ni à celles des coopératives.

> **Précisions** Le principe de l'assujettissement à l'IS des sociétés dites de capitaux comporte trois **exceptions** qui concernent :
> – certaines sociétés (SARL de famille ; SA, SARL et SAS non cotées créées depuis moins de cinq ans) ayant exercé l'**option** pour le **régime** fiscal **des sociétés de personnes** (voir nos 36950 s.) ;
> – les **EURL** dont l'associé unique est une personne physique (voir no 37825) ;
> – les **sociétés immobilières de copropriété** dotées de la transparence fiscale (voir nos 30770 s.).

SOCIÉTÉS DE PERSONNES ET GROUPEMENTS ASSIMILÉS

35675 IS-I-3000 s Les sociétés de personnes (sociétés en nom collectif, en commandite simple ou en participation, sociétés civiles, sociétés de fait) et groupements assimilés ne sont pas, en règle générale, passibles de l'IS ; leurs bénéfices sont imposés au nom personnel des associés dans les conditions exposées aux nos 37500 s.

La loi (CGI art. 206, 2, 3 et 4) prévoit seulement trois cas d'assujettissement à l'IS qui sont mentionnés ci-après et pour lesquels des explications sont données dans l'étude d'ensemble consacrée aux sociétés de personnes :

– les sociétés de personnes et assimilées sont passibles de l'IS lorsqu'elles ont volontairement exercé l'**option** prévue à cet effet (voir nos 37575 s.) ;

– même à défaut d'option, les **sociétés civiles** sont passibles de l'IS (sous réserve de certaines exceptions) lorsqu'elles se livrent à une exploitation ou à des opérations présentant au sens fiscal un caractère industriel ou commercial (voir no 37785) ;

– même à défaut d'option, l'IS est applicable sur la part de bénéfices correspondant, dans les **sociétés en commandite simple,** aux droits des commanditaires et, dans les **sociétés en participation,** aux droits des associés qui ne sont pas indéfiniment responsables ou dont les noms et adresses n'ont pas été indiqués à l'administration (voir nos 37775 et 37800 s.).

COLLECTIVITÉS AUTRES QUE LES SOCIÉTÉS

35685 IS-I-8000 s **a.** Les **collectivités privées** autres que les sociétés (associations de la loi de 1901, fondations, syndicats professionnels, congrégations religieuses, etc.) sont susceptibles d'être soumises à l'IS selon deux régimes différents :

– celles qui se livrent à une exploitation ou à des opérations de caractère lucratif sont passibles de l'IS selon les règles et au taux de droit commun (sauf application éventuelle d'une franchise pour les opérations lucratives accessoires : nos 89460 s.) ;

– les collectivités qui, sans se livrer à une activité de caractère lucratif, perçoivent des revenus provenant de leur patrimoine (revenus fonciers, bénéfices agricoles, certains revenus mobiliers) sont imposées, à raison de ces revenus, selon des modalités allégées comportant notamment l'application d'un taux réduit.

Les modalités particulières d'imposition des **associations et organismes sans but lucratif** font l'objet d'une étude spéciale nos 89200 s.

b. Les cas d'assujettissement à l'IS des **collectivités publiques** sont exposés nos 37090 s.

EXONÉRATIONS ET RÉGIMES PARTICULIERS

35695 Certaines sociétés qui devraient normalement être passibles de l'IS sont, par l'effet de dispositions spéciales :

– soit exonérées purement et simplement d'impôt, en totalité ou en partie ;

– soit soumises à l'IS mais avec, sur certains points, des modalités spécifiques d'imposition.

Le tableau ci-après récapitule les principaux régimes particuliers et exemptions, et renvoie, pour chacun, aux commentaires correspondants du Mémento (ou pour ceux qui n'y sont pas étudiés, aux développements figurant dans notre Documentation experte).

Exonérations liées à l'aménagement du territoire	nos
Entreprises nouvelles créées dans certaines **zones prioritaires**	10260 s.
Sociétés exerçant en **zone franche urbaine – territoire entrepreneur**	10335 s.
Activités créées dans les **bassins d'emploi à redynamiser**	10370
Entreprises créées ou reprises dans les **zones de revitalisation rurale**	10365 s.
Entreprises créées dans les **bassins urbains à dynamiser**	10375
Activités créées dans les **zones de restructuration de la défense**	10380 s.
Entreprises créées dans les **zones de développement prioritaire**	10395
Sociétés exerçant dans les **DOM**	91490 s.

Autres régimes spéciaux	n^os
Sociétés créées pour la **reprise d'entreprises** industrielles **en difficulté**	10310 s.
Jeunes **entreprises innovantes**	10400 s.
Entreprises de **transport maritime**	10450 s.
Sociétés mères	40850 s.
Sociétés **coopératives** (et organismes similaires)	37010 s.
Sociétés mobilières d'investissement et assimilées (Sicav et Sicaf)	26360
Sociétés de capital-risque (**SCR**)	26380 s.
Sociétés unipersonnelles d'investissement à risque (**Suir**)	26450 s.
Sociétés de placement à prépondérance immobilière à capital variable (Sppicav)	30490 s.
Sociétés civiles de construction-vente et assimilées	30420 s.
Sociétés civiles de placement immobilier (**SCPI**)	30750
Sociétés immobilières de copropriété « **transparentes** »	30770 s.
Sociétés de « **pluripropriété** »	31000
Sociétés immobilières d'investissement et assimilées	IMMO-IV-25000 s.
Sociétés immobilières pour le commerce et l'industrie (**Sicomi**)	IMMO-IV-28000 s.
Sociétés d'investissements immobiliers cotées (**SIIC**)	30930 s.
Sociétés agréées pour le financement des télécommunications (**SFT**) (CGI art. 208, 3° quinquies)	IS-IV- 32100 s.
Établissements de crédit (caisses locales de crédit agricole mutuel, caisses de crédit mutuel non agricole : CGI art. 206, 6 et 7)	IS-I-5830 s. et IS-I-6000 s.
Sociétés d'assurances et mutuelles	IS-IV- 6500 s.
Organismes d'HLM et assimilés	37110
Unions d'économie sociale	37110
Sociétés d'économie mixte concessionnaires d'aménagement urbain	37100
Organisme de stockage des produits pétroliers (CGI art. 1655 quater)	IS-IV-34500 s.
Établissements d'enseignement supérieur consulaire (CGI art. 207, 1-13°)	IS-IV-26500 s.

2. TERRITORIALITÉ DE L'IS

L'IS ne frappe, en principe, que les bénéfices réalisés dans les entreprises exploitées en France (métropole et DOM), certains revenus et profits de source française réalisés par les entreprises étrangères ainsi que ceux dont l'imposition est attribuée à la France par une convention internationale relative aux doubles impositions. 35720 CGI art. 209, I-al. 1 IS-I-19000 s

IMPOSITION DES ENTREPRISES EXPLOITÉES EN FRANCE

Le principe d'imposition des bénéfices des exploitations situées en France entraîne les conséquences suivantes : 35725

– les **sociétés étrangères** sont, quelle que soit leur nationalité, imposables à l'IS français à raison des profits tirés de leurs entreprises exploitées en France (présumés distribués à des non-résidents, ces profits peuvent en outre être passibles dans certains cas d'une retenue à la source : n°s 24895 s.) ;

– les **sociétés françaises** ne sont en revanche pas soumises à l'IS français pour les bénéfices réalisés dans des entreprises exploitées à l'étranger, même si la comptabilité de ces exploitations est centralisée en France.

Il importe de souligner que l'extra-territorialité fiscale des résultats des entreprises exploitées hors de France ne se limite pas aux **profits** ; elle joue également à l'égard des **charges** et des **pertes.** Ainsi, une société française n'est pas autorisée, en principe, à retrancher de ses résultats imposables en France les déficits d'une exploitation à l'étranger. Selon la **CJUE** toutefois, une société établie dans un État membre qui détient un établissement stable dans un autre État membre peut déduire les pertes de cet établissement lorsqu'il n'existe plus aucune possibilité de prendre en compte ces pertes dans l'État d'implantation de l'établissement (CJUE gr. ch. 12-6-2018 aff. 650/16 : RJF 11/18 n° 1186). Mais les pertes ne sauraient être qualifiées de définitives s'il reste possible de faire valoir économiquement ces pertes en les transférant à un tiers avant la clôture de la liquidation (par exemple à la suite d'une cession de cet établissement pour un prix intégrant la valeur de l'avantage fiscal que représente la déductibilité des pertes pour le futur) (CJUE 19-6-2019 aff. 607/17 et 608/17 : RJF 10/19 n° 993).

Dérogations ou atténuations Le principe de territorialité appliqué en France connaît un certain nombre de dérogations ou d'atténuations, notamment afin de lutter contre l'**évasion fiscale internationale.** Elles concernent : 35730

– les transferts indirects de bénéfices à l'étranger entre entreprises dépendantes (CGI art. 57 ; voir n°s 78265 s.) ;
– certains paiements faits à des résidents de « paradis fiscaux » (CGI art. 238 A ; voir n° 78295) ;
– les bénéfices réalisés par certaines filiales ou certains établissements établis dans des pays à fiscalité privilégiée (CGI art. 209 B ; voir n° 78280) ;
– les résultats de la gestion d'éléments d'actif transférés hors de France à un trust ou un organisme chargé de les gérer ou d'assumer un engagement de l'entreprise (CGI art. 238 bis-0 I ; voir n° 78275) ;
– les sommes perçues par des personnes physiques ou morales étrangères en rémunération de services rendus par des personnes physiques ou morales domiciliées ou établies en France (CGI art. 155 A ; voir n° 78290).

NOTION D'ENTREPRISE EXPLOITÉE EN FRANCE (OU HORS DE FRANCE)

35740 IS-I-19600 s et 20300 s Cette notion n'est pas définie par la loi. Il faut à cet égard se référer soit à la jurisprudence, soit à la convention internationale lorsqu'il en existe une.

35745 **Critères applicables en l'absence de convention** L'analyse de la jurisprudence fait apparaître trois critères différents qui, dans le cas d'une société française, sont susceptibles de caractériser l'exercice d'une activité commerciale habituelle à l'étranger, non imposable en France :
– existence à l'étranger d'un **établissement,** c'est-à-dire d'une installation possédant un caractère de permanence et une autonomie propre (usine, succursale, comptoir de vente, etc.) ;
– présence à l'étranger de **représentants** n'ayant pas de personnalité professionnelle distincte de celle de l'entreprise, véritables préposés exerçant une activité commerciale pour le compte de l'entreprise ;
– réalisation à l'étranger d'opérations formant un **cycle commercial complet** se détachant des autres opérations de l'entreprise. Ne constituent pas un cycle commercial complet à l'étranger et sont donc taxables en France des **opérations d'achat et de revente** effectuées matériellement hors de France, dès lors que toutes ces opérations, ainsi que les mouvements financiers correspondants, sont décidées en France, où l'entreprise a son siège et son seul établissement (CE 14-3-1979 n° 7098 : RJF 5/79 n° 282 ; CE 4-7-1997 n° 146930 : RJF 8-9/97 n° 770).

Les mêmes critères sont utilisés pour déterminer dans quelles hypothèses les entreprises étrangères doivent être imposées en France.

› Précisions **a.** Ne sont pas imposables en France :
– les résultats d'un **chantier de construction ou de travaux publics** situé à l'étranger, en raison de la durée, de la continuité, de l'importance et de l'autonomie technique des opérations réalisées sur place, même si certaines tâches de gestion et de direction sont exécutées en France (CE 29-3-1978 n° 4883 : RJF 5/78 n° 230 ; CE 18-2-1987 n° 44545 : RJF 4/87 n° 383) ;
– les bénéfices tirés de la **livraison « clés en main » d'une usine** à l'étranger pour la fraction de ces bénéfices correspondant aux opérations effectivement réalisées sur place, telles que la passation et le suivi des contrats, l'étude et les négociations du financement de l'ensemble du marché, les travaux de construction des bâtiments et de montage des machines, les opérations de mise en service ainsi que la formation sur place des personnels chargés du fonctionnement de l'usine (CE sect. 23-6-1978 n° 99444 : RJF 9/78 n° 343 ; CE 17-5-1989 n° 34380 : RJF 7/89 n° 815).
b. Une **société étrangère** disposant d'une **installation en France** où elle exerce son activité par l'entremise de ses salariés et de prestataires recevant des instructions de sa part, mais qui ne dispose d'aucune **autonomie de gestion,** ne peut être considérée comme exploitant une entreprise autonome en France (CE 18-10-2018 n° 405468 : RJF 1/19 n° 19).
c. Les entreprises françaises doivent prendre en compte dans leurs résultats imposables en France, lorsqu'ils ne se rattachent pas à une activité exercée hors de France : les produits de cession ou de concession hors de France de **droits de propriété industrielle** ou commerciale ; les produits des **placements financiers** effectués **à l'étranger** ; les revenus des **immeubles** situés hors de France (BOI-IS-CHAMP-60-10-20 n°s 230, 240 et 270).
d. Ne sont pas considérés comme des bénéfices réalisés en France les bénéfices, déterminés dans les conditions fixées à l'article 57 du CGI (n° 78265), provenant de l'**exploitation de satellites de communication** localisés sur des positions orbitales géostationnaires dont l'entreprise exploitante n'est pas propriétaire (CGI art. 247).

35750 **Critères conventionnels** Les conventions internationales signées par la France retiennent la notion d'**établissement stable** comme critère de rattachement territorial des bénéfices.

Par conséquent :
– les entreprises étrangères sont imposables en France sur les bénéfices provenant d'opérations effectuées dans des « établissements stables » situés en France ;

– les entreprises françaises ne sont pas imposables en France sur les bénéfices provenant d'opérations effectuées dans des « établissements stables » situés dans le pays étranger.

Chaque convention fournit en principe une **définition** de l'établissement stable. Voir les précisions données à ce sujet au nº 82545.

Autres cas d'imposition en France des entreprises étrangères **a.** Les entreprises étrangères peuvent être imposables à l'IS en France, même si elles n'y exercent par ailleurs aucune activité, à raison : 35755 IS-I-21100 s

– de la **quote-part** des bénéfices des **sociétés de personnes** françaises dont elles sont membres (nº 37645) ;

– des **revenus et profits immobiliers de source française** mentionnés à l'article 164 B, I-a et e à e ter du CGI en matière d'impôt sur le revenu (voir nº 4330, a et f) (CGI art. 209, I-al. 1).

L'imposition des **plus-values** réalisées à l'occasion de cessions d'**immeubles** en France (ou de titres assimilés) se fait par la voie d'un prélèvement à la source non libératoire de l'IS, mais imputable le cas échéant sur cet impôt (voir nos 32625 s.).

Les **profits immobiliers habituels** sont également soumis à un prélèvement à la source imputable sur l'IS (voir nº 30155).

En plus de l'IS, les sociétés étrangères propriétaires d'immeubles en France peuvent être redevables d'une **taxe** annuelle de 3 % (voir nos 75965 s.).

b. Les **produits** visés aux **articles 182 B et 182 A bis du CGI** (sommes rémunérant des prestations fournies en France, produits de la propriété industrielle, etc.) perçus par des sociétés étrangères qui n'ont pas d'installation professionnelle permanente en France sont soumis à une **retenue à la source,** imputable le cas échéant sur l'IS (voir nos 4560 s et 4640 s.).

Cependant, dès lors que certaines conditions, tenant notamment à la forme des personnes morales, sont remplies, les redevances payées par une personne morale française à une personne morale de l'Union européenne qui lui est associée au moins à 25 % peuvent être **exonérées** de cette redevance (CGI art. 182 B bis).

c. Les revenus de **valeurs mobilières françaises** et de **placements financiers** effectués en France par une entreprise étrangère sont soumis à une retenue à la source ou à un prélèvement, sauf s'ils sont compris dans les résultats d'un établissement stable en France de cette entreprise ou s'ils bénéficient d'une des exonérations prévues par la loi (nos 24845 s. et 25445 s.).

Quant aux **plus-values** de cession de valeurs mobilières, elles ne sont en principe imposables que s'il s'agit de participations supérieures à 25 % dans des sociétés passibles de l'IS (nº 32945) ou de titres de société à prépondérance immobilière (voir ci-dessus, a).

DÉTERMINATION DU BÉNÉFICE IMPOSABLE EN FRANCE

Ventilation des résultats Lorsqu'une entreprise exerce son **activité tant en France qu'à l'étranger,** une ventilation doit être opérée afin de ne taxer en France que la part de bénéfice correspondant à l'entreprise exploitée en France. 35760 IS-I-21600 s

EXEMPLE

Si une entreprise possède un établissement de vente en France et une usine de fabrication à l'étranger, seul le bénéfice de vente doit être taxé en France, à l'exclusion du bénéfice de fabrication réalisé par l'établissement étranger (et inversement). Le bénéfice imposable en France doit alors être déterminé comme si les opérations entre la France et l'étranger avaient été réalisées avec des tiers dans des conditions normales.

La **ventilation** des résultats ne soulève pas de difficultés lorsque chaque exploitation a sa propre **comptabilité** ou lorsque la comptabilité générale de l'entreprise permet d'isoler les produits et les charges correspondant à chaque implantation. Si ce n'est pas le cas, deux méthodes peuvent être retenues :

– une méthode de **répartition proportionnelle,** utilisée le plus souvent pour répartir des frais communs entre le siège français et les établissements étrangers (ou l'inverse) en fonction de leurs chiffres d'affaires respectifs ;

– une méthode de **répartition par comparaison,** qui consiste à comparer l'exploitation étrangère à des entreprises similaires pour tirer de cette comparaison un pourcentage moyen de bénéfice, en fonction du chiffre d'affaires, valable pour cette exploitation.

Ventilation des frais et charges Une société qui possède des établissements à l'étranger doit exclure de ses résultats et imputer à chaque établissement les dépenses qui lui sont propres et une fraction des dépenses supportées dans l'intérêt de l'ensemble de l'entreprise. 35765 IS-I-29200 s

› **Précisions** **a.** Ne sont pas déductibles des résultats imposables en France d'une société française :

– la fraction des **frais généraux du siège** qui se rapporte à un établissement situé hors de France, calculée en fonction du rapport existant

entre le chiffre d'affaires de cet établissement et le chiffre d'affaires total de la société, à défaut de circonstances justifiant un autre mode de calcul (CE 16-2-1983 n° 28383 : RJF 4/83 n° 496) ;
– la part des **frais financiers** supportés pour l'**acquisition du siège social** correspondant à l'utilisation que font du siège des succursales étrangères (CE 7-10-1988 n° 45857 : RJF 12/88 n° 1297) ;
– les **pertes de change** et une **provision pour charges** se rapportant au remboursement d'un emprunt contracté dans un pays où la société possède un **établissement stable,** dès lors qu'il n'est pas établi que les sommes empruntées aient été affectées aux activités exercées en France (CE 18-3-1985 n° 38036 : RJF 5/85 n° 691).
En revanche, une société française peut déduire de ses résultats imposables en France les pertes subies ou régulièrement provisionnées résultant des **aides** apportées à sa **succursale étrangère** dans le cadre de relations commerciales favorisant le maintien ou le développement de l'activité de la société en France (CE sect. 16-5-2003 n° 222956 : RJF 7/03 n° 823). Lorsque seule une fraction des aides a eu pour objectif et contrepartie de favoriser l'activité en France, seules les pertes résultant de cette fraction sont déductibles ; il appartient à la société de justifier cette part déductible (CE 4-12-2013 n° 355694 : RJF 3/14 n° 228).
Sur la non-déduction des pertes constatées par un établissement stable situé dans un autre État membre, voir également la position de la **CJUE** analysée au n° 35725.
b. Lorsque des **intérêts** sont **versés à une société étrangère par sa succursale française** en rémunération des sommes mises à sa disposition, l'administration ne peut remettre en cause le choix opéré par la société étrangère de financer l'activité de sa succursale en lui consentant des prêts plutôt qu'en lui apportant des fonds propres (CE 11-4-2014 n°s 344990, 346687 et 349015, 359640 : RJF 7/14 n° 667). Mais les intérêts versés à la société étrangère ne peuvent être admis en déduction du bénéfice imposable en France, en raison de l'absence de personnalité juridique distincte de la succursale (BOI-IS-CHAMP-60-10-40 n° 380 ; CAA Paris 28-5-1991 n° 89PA02918 : RJF 8-9/91 n° 1152). Par exception, il est admis que les intérêts versés par les succursales bancaires françaises aux banques étrangères dont elles dépendent peuvent être pris en compte lorsqu'ils rémunèrent des avances inhérentes aux activités bancaires (BOI précité n° 410).

35770 CGI ann. III art. 38 terdecies A et 38 quaterdecies RIE-III-4580 s

Obligations déclaratives Les **sociétés** et personnes morales **françaises** exerçant partiellement leur activité à l'étranger sont tenues de produire deux séries de tableaux normalisés à l'appui de leur déclaration de résultat :
– la première série regroupe les éléments comptables concernant l'ensemble des activités exercées, quelle que soit leur localisation ;
– la seconde mentionne les éléments afférents aux seules opérations dont le résultat est imposable en France.
Pour les **sociétés étrangères** passibles de l'IS, les renseignements à fournir s'entendent exclusivement de ceux afférents aux exploitations sises en France.
En ce qui concerne le **lieu d'imposition** des société étrangères, voir n° 36350 et la désignation d'un **représentant** en France, voir n° 36405, b.
S'agissant des obligations déclaratives relatives aux **prix de transfert,** voir n°s 8967 s.

QUARTIERS GÉNÉRAUX ET CENTRES DE LOGISTIQUE

35775 IS-V-30000 s

Un **régime spécial,** d'origine administrative, est prévu pour les quartiers généraux des sociétés multinationales implantés en France, qui sont chargés de diriger, gérer, coordonner ou contrôler les activités du groupe dans un secteur géographique déterminé (BOI-SJ-RES-30-10), ainsi que pour les centres de logistique qui exercent au seul profit du groupe multinational dont ils dépendent des fonctions de stockage, de conditionnement, d'étiquetage ou de distribution de produits et les activités administratives liées à ces fonctions (BOI-SJ-RES-30-20).
Quelle que soit leur forme (société, simple établissement, etc.), les quartiers généraux et les centres de logistique peuvent, avec l'accord préalable de l'administration, déterminer leurs bénéfices imposables à partir d'une **marge bénéficiaire** calculée en appliquant un pourcentage donné au montant de leurs charges d'exploitation courantes (y compris les frais de restructuration récurrents : CAA Marseille 15-1-2013 n° 09MA01670 : RJF 5/13 n° 477). Le pourcentage, fixé pour une période de 3 à 5 ans, est susceptible d'être modifié avant l'expiration de ce délai en cas de modification des conditions d'exploitation. Les frais de **sous-traitance** sont pris en compte pour leur totalité dans les charges, mais peuvent donner lieu à la détermination d'un taux de marge spécifique.
Les **demandes d'application** de ce régime doivent être adressées à la direction des grandes entreprises (DGE), où les quartiers généraux peuvent en outre, sur demande, déposer leurs déclarations (BOI-IS-DECLA-30-10 n° 238).

> **Précisions** **a.** Avec l'accord de la DGE, les quartiers généraux et les centres de logistique peuvent aussi prendre en charge pour le compte de leurs **salariés détachés en France** l'impôt dû au titre de certaines **indemnités** versées aux intéressés (BOI-SJ-RES-30-40 n°s 50 à 120). Cette prise en charge est exclusive de l'exonération visée n° 4727.
> **b.** Un bénéfice propre aux prestations réalisées par les **centres de coordination de recherche et de développement** peut être déterminé selon la méthode du coût de revient majoré ou toute autre méthode pertinente (BOI-SJ-RES-30-30).

B. Détermination du bénéfice imposable

1. APPLICATION DES RÈGLES DES BIC

Les bénéfices passibles de l'IS sont déterminés, en principe, de la même manière que les bénéfices industriels et commerciaux soumis à l'impôt sur le revenu, en faisant application des règles du régime **réel normal ou** du réel **simplifié.** Le régime des **micro-entreprises** n'est pas applicable, quel que soit le montant du chiffre d'affaires réalisé. 35800 CGI art. 209 IS-II-1 s

À la différence de l'impôt sur le revenu, les règles prévues en matière de BIC s'appliquent quelle que soit la **nature de l'activité** de la société passible de l'IS, même lorsque cette activité n'est pas commerciale.

L'application des règles des BIC connaît toutefois des exceptions qui concernent la mise en œuvre de **dispositifs anti-abus** (nos 35810 s.), la déduction des **charges financières** (nos 35825 s.), les modalités de **report des déficits** (nos 35890 s.) et un certain nombre d'autres points, énumérés nos 35870 s., pour lesquels la loi édicte spécialement des règles propres à l'IS. 35805

En dehors de ces dispositions particulières, il convient de se reporter, pour tout ce qui concerne la détermination du bénéfice imposable à l'IS (**règles générales, stocks, produits, charges, amortissements, provisions**), aux explications données à propos des bénéfices industriels et commerciaux passibles de l'impôt sur le revenu (nos 7250 s.).

Le régime des **plus-values et moins-values** d'actif réalisées par les sociétés relevant de l'IS est examiné dans le cadre de l'étude d'ensemble consacrée aux plus-values professionnelles (nos 17500 s.), étant rappelé que, dans le cadre de l'IS, le régime des plus-values à long terme (exonération ou taxation à un taux réduit) ne concerne que certains titres du portefeuille (nos 18670 s.).

2. DISPOSITIFS ANTI-ABUS

a. Clause générale anti-abus

Pour l'établissement de l'IS, il n'est pas tenu compte des conséquences fiscales des **montages** (pouvant comprendre plusieurs étapes ou parties) ou des séries de montages qui, mis en place avec pour objectif principal ou un de leurs objectifs principaux d'obtenir un **avantage fiscal** allant à l'encontre de l'objet ou de la finalité du droit fiscal applicable, ne sont pas authentiques compte tenu de l'ensemble des faits et circonstances pertinents. Sont considérés comme non authentiques les montages ou séries de montages qui ne sont pas mis en place pour des motifs commerciaux valables qui reflètent la réalité économique, étant précisé que la notion de motifs commerciaux s'entend au sens large de toute justification économique (BOI-IS-BASE-70 no 40). 35810 CGI art. 205 A

› **Précisions** **a.** L'**objectif principal** d'un montage s'apprécie au regard de l'ensemble des gains ou avantages procurés par le montage. Un montage peut entrer dans le champ de la clause anti-abus même s'il poursuit plusieurs **objectifs concurrents** (BOI précité no 20).
b. La clause anti-abus s'applique à toutes les opérations relevant de l'IS, à l'exclusion des opérations de **fusion** ou assimilées encadrées par le dispositif qui leur est propre (no 39202) (BOI précité no 100).
c. Les entreprises peuvent solliciter de l'administration un **rescrit,** préalablement à la réalisation des opérations, pour s'assurer qu'elles ne tombent pas sous le coup de la clause anti-abus, l'absence de réponse dans un délai de six mois valant accord tacite (voir no 79565).

b. Dispositifs anti-abus propres aux hybrides

Des règles particulières s'appliquent, pour les **exercices ouverts à compter du 1er janvier 2020,** afin de neutraliser les **effets fiscaux asymétriques** (déduction/non-inclusion, double déduction) causés par certains dispositifs dits « hybrides » résultant de **différences entre la législation française et celle d'autres États** quant à la qualification de certains instruments financiers et/ou entités ou bien en matière d'attribution des paiements (Loi 2019-1479 du 28-12-2019 art. 45). Seuls sont concernés par l'application de ces règles « anti-hybrides » les effets d'asymétrie constatés dans le cadre de relations entre entreprises associées, entre un siège et son établissement, ou entre deux ou plusieurs établissements d'une même entité. Hormis le cas des dispositifs structurés, ces mesures ne s'appliquent pas aux paiements intervenant entre sociétés qui ne sont pas considérées comme associées. 35815 CGI art. 205 B

› **Précisions** **a.** Sont qualifiées d'**entreprises associées** du contribuable les sociétés filiales, les sociétés mères, les sociétés sœurs, les sociétés faisant partie du même groupe consolidé, ainsi que toute société qui exerce une influence notable sur la gestion du contribuable, ou sur la gestion de laquelle le contribuable exerce une influence notable.
b. Un **dispositif structuré** est un dispositif utilisant un dispositif hybride et dont les termes

intègrent la valorisation de l'effet d'asymétrie ou un dispositif qui a été conçu en vue de générer les mêmes conséquences qu'un dispositif hybride, lorsque le contribuable ne peut pas démontrer que lui-même ou une entreprise associée n'avaient pas connaissance du dispositif hybride et qu'ils n'ont pas bénéficié de l'avantage fiscal en découlant.

c. Pour les exercices ouverts à compter du 1er janvier 2022, des règles particulières s'appliqueront aux **dispositifs hybrides inversés** (CGI art. 205 C).

RÈGLES RELATIVES AUX DISPOSITIFS HYBRIDES

35817 CGI art. 205 B, I et II

Dispositifs hybrides concernés Les situations suivantes sont considérées par la loi comme des dispositifs hybrides :

– **paiement effectué au titre d'un instrument financier** donnant lieu à une charge déductible dans l'État de résidence du débiteur sans être inclus dans les revenus imposables dans l'État de résidence du bénéficiaire (cause : **différences de qualification fiscale de l'instrument ou du paiement** lui-même) ;

EXEMPLE

Les opérations de cession de titres avec obligation de rachat à terme peuvent générer des flux qualifiés de dividendes en France (exonérés par application du régime mère-fille) et d'intérêts (donc déductibles) dans un autre État.

– paiement **en faveur d'une entité hybride** donnant lieu à une charge déductible dans l'État de résidence du débiteur sans être inclus dans les revenus imposables dans l'État de résidence de l'entité hybride (cause : différences dans l'attribution des paiements versés à l'entité hybride entre les règles de l'État de résidence de l'entité hybride et les règles de l'État de résidence des détenteurs d'une participation dans cette entité hybride) ;

– paiement **en faveur d'une entité disposant d'un ou de plusieurs établissements** donnant lieu à une charge déductible dans l'État de résidence du débiteur sans être inclus dans les revenus imposables de cette entité (cause : différences dans l'attribution des paiements entre le siège et l'établissement ou entre deux ou plusieurs établissements de la même entité en application des règles des États dans lesquels l'entité exerce ses activités) ;

– paiement **en faveur d'un établissement** donnant lieu à une charge déductible dans l'État de résidence du débiteur sans être inclus dans les revenus imposables de cet établissement dans un autre État (cause : non prise en compte de cet établissement par cet autre État) ;

– paiement effectué **par une entité hybride** donnant lieu à une charge déductible dans son État de résidence sans être inclus dans les revenus imposables du bénéficiaire (cause : non-prise en compte du paiement par l'État de résidence du bénéficiaire) ;

– paiement réputé effectué **entre un établissement et son siège ou entre deux ou plusieurs établissements** donnant lieu à une charge déductible dans l'État où est situé cet établissement sans être inclus dans les revenus imposables du bénéficiaire (cause : non-prise en compte du paiement par l'État de résidence du bénéficiaire) ;

– **double déduction.**

› **Précisions** **a.** Pour l'application du **dispositif anti-hybrides relatif aux instruments financiers,** un paiement est considéré comme inclus dans les revenus imposables du bénéficiaire :

– s'il n'a pas ouvert droit dans l'État de résidence de ce bénéficiaire à une exonération, une réduction du taux d'imposition ou un crédit ou remboursement d'impôt, autre qu'un crédit d'impôt au titre d'une retenue à la source, en raison de la nature de ce paiement ;

– et si cette inclusion a lieu au titre d'un exercice qui commence dans les vingt-quatre mois suivant la fin de l'exercice au titre duquel la charge a été déduite.

b. Le **transfert hybride réalisé par un négociant financier** dans le cadre de ses activités habituelles n'est (hors le cas d'un dispositif structuré) pas concerné par le dispositif anti-hybrides relatif aux instruments financiers lorsque les revenus perçus au titre de ce transfert sont inclus dans ses revenus imposables.

c. Une **entité hybride** est définie comme toute entité ou tout dispositif qui est considéré comme une entité imposable par un État et dont les revenus ou les dépenses sont considérés comme les revenus ou les dépenses d'une ou de plusieurs autres personnes par un autre État.

35819 CGI art. 205 B, III

Modalités de neutralisation de l'asymétrie fiscale Des **mesures générales de neutralisation** s'appliquent lorsqu'un dispositif hybride tel que défini ci-avant nº 35817 est constaté.

Ainsi, lorsqu'un paiement effectué dans le cadre d'un **dispositif hybride de type déduction/non-inclusion** donne lieu :

– à une **charge déductible** de l'assiette de l'IS dans les conditions de droit commun **en France,** sans être inclus dans les résultats soumis à un impôt équivalent à l'IS dans l'État de résidence du bénéficiaire, cette charge n'est pas admise en déduction ;

– à une **charge déduite** du résultat soumis à un impôt équivalent à l'IS dans l'**État de résidence du débiteur,** ce paiement est ajouté au résultat soumis à l'IS en France dans les conditions de droit commun.

En présence d'un dispositif hybride entraînant une **double déduction** :
– la charge n'est pas admise en déduction des revenus de l'**investisseur établi en France** (l'investisseur étant défini comme toute personne autre que le débiteur qui bénéficie d'une déduction afférente à un dispositif hybride donnant lieu à une double déduction, par exemple un associé d'une entité hybride) ;
– lorsque l'investisseur est **établi dans un autre État** qui admet la déduction de la charge, celle-ci n'est pas admise en déduction des revenus du débiteur établi en France.

Ces dispositions ne sont toutefois pas applicables lorsque la double déduction concerne un **revenu soumis à double inclusion** au titre du même exercice ou au titre d'un exercice qui commence dans les vingt-quatre mois suivant la fin de l'exercice au titre duquel la charge a été initialement déduite.

Des **mesures correctives spéciales** sont applicables dans certaines situations particulières : **35821**
– **effet asymétrique indirect ou « importé »** : lorsqu'un paiement déductible du résultat imposable à l'IS en France compense un autre paiement afférent à un dispositif hybride, directement ou indirectement, par l'intermédiaire d'une transaction ou d'une série de transactions conclues entre des entreprises associées d'un même contribuable ou par l'intermédiaire d'un dispositif structuré, la déduction de la charge correspondant à ce premier paiement n'est pas admise (sauf si l'État de résidence d'une des entreprises concernées par la transaction ou la série de transactions a neutralisé les effets du dispositif hybride concerné, étant précisé que lorsque cette neutralisation est partielle la déduction de la charge n'est admise qu'à hauteur de la part du paiement neutralisée dans l'autre État) ;
– **établissement d'une entité française non pris en compte** : les revenus attribués à un tel établissement sont inclus dans le résultat de cette entité soumis à l'IS (sauf si la France est tenue d'exonérer ces revenus en vertu d'une convention fiscale) ;
– **transfert hybride** : lorsqu'un tel transfert est conçu pour donner lieu à un allègement au titre des retenues à la source pour un paiement provenant d'un instrument financier transféré à plusieurs des parties concernées par ce transfert, le bénéfice de cet allègement est limité au prorata des revenus nets imposables liés à ce paiement.

RÈGLES RELATIVES AUX ENTITÉS À DOUBLE RÉSIDENCE

Lorsque des paiements, des dépenses ou des pertes déductibles du résultat imposable d'un contribuable qui a sa **résidence en France et dans un autre État** en application des règles de cet État sont pris en compte dans ces deux États, leur déduction n'est pas admise en France, sauf en cas d'inclusion dans le revenu imposable du bénéficiaire ou si l'autre État est membre de l'Union européenne et refuse la déduction et que la convention fiscale le liant à la France fixe la résidence de ce contribuable en France. **35823** CGI art. 205 D

3. CHARGES FINANCIÈRES

a. Intérêts servis aux associés et aux entreprises liées

La déduction des intérêts servis par une société soumise à l'IS aux entreprises qui lui sont liées est limitée à un taux plafond (n° 35827). En revanche, elle n'est plus soumise, pour les exercices ouverts à compter du 1er janvier 2020, à la condition que l'entreprise créancière soit assujettie à raison de ces mêmes intérêts à une imposition minimale (CGI art. 212, I-b abrogé par l'art. 45 de la loi 2019-1479 du 28-12-2019). Les lecteurs intéressés par ce régime peuvent se reporter à l'édition 2019 du Mémento fiscal. Dans les situations transfrontalières, cette règle est remplacée, pour les exercices ouverts à compter du 1er janvier 2020, par les nouveaux mécanismes de lutte contre les dispositifs hybrides susceptibles de produire des effets fiscaux asymétriques (nos 35815 s.). **35825**

DÉDUCTION LIMITÉE EN FONCTION D'UN TAUX DE RÉFÉRENCE

Outre qu'elle est subordonnée à la libération intégrale du capital (voir n° 8825), la déduction des **intérêts servis aux associés** n'est admise que dans la limite de ceux calculés à un taux d'intérêt plafond (voir n° 8830). **35827** CGI art. 39, 1-3° et 212, I **BIC-XI-10200 s**

La déductibilité des **intérêts servis** par une société passible de l'IS à des **entreprises liées,** directement ou indirectement, au sens de l'article 39, 12 du CGI (voir n° 10425, précision a), est limitée au taux maximum précité ou au taux du marché s'il est supérieur. Ce dernier s'apprécie au regard des caractéristiques propres des prêts et de l'entreprise emprunteuse, indépendamment de son appartenance à un groupe. L'impossibilité pour une entreprise emprunteuse d'obtenir un emprunt auprès d'un organisme financier indépendant ne la dispense pas de la démonstration de la conformité du taux d'intérêt au taux du marché (CE 18-3-2019 n° 411189 : RJF 6/19 n° 513). Cette démonstration peut être apportée par tout moyen, notamment par comparaison avec les taux pratiqués sur les marchés obligataires par des sociétés tierces se trouvant dans des conditions économiques comparables si ces emprunts obligataires constituent une alternative réaliste à un prêt intragroupe (CE avis 10-7-2019 n° 429426 : RJF 10/19 n° 877).

› Précisions **a.** Le taux d'intérêt limite s'applique aux intérêts rémunérant les **sommes** que des associés ou des entreprises liées **mettent ou laissent à la disposition** d'une société : voir n° 8810, précision a.

b. Pour le calcul du taux d'intérêt limite, l'administration considère que toutes les sommes versées aux **entreprises liées non associées** en rémunération des avances définies n° 8820 doivent être retenues (BOI-BIC-CHG-50-50-10 n° 100) alors qu'à notre avis seuls les intérêts proprement dits qui leur sont versés sont soumis à la limitation de déduction.

b. Limitation de la déductibilité des charges financières nettes

35830 CGI art. 212 bis BIC-XI-11400 s. Les entreprises soumises à l'IS et **non membres d'un groupe fiscal** ne peuvent déduire leurs charges financières nettes que dans une certaine limite déterminée en fonction de leur résultat avant impôts, intérêts, dépréciations et amortissements (Ebitda fiscal), de leur appartenance ou non à un groupe consolidé et de leur situation de sous-capitalisation.

Règles applicables dans les **groupes intégrés** : voir n°s 40500 s.

ENTREPRISES CONCERNÉES

35832 Le dispositif vise les sociétés soumises à l'IS de plein droit ou sur option ainsi que les **établissements stables français** soumis à l'IS en France (BOI-IS-BASE-35-40-10-10 n° 1). Il en est de même des **sociétés de personnes** pour la détermination de la quote-part de résultat revenant à leurs associés soumis à l'IS (BOI-IS-BASE-35-40-10-20 n° 100).

Pour les **sociétés exonérées partiellement d'IS,** le dispositif concerne le seul secteur taxable. Quant aux **organismes sans but lucratif,** il est limité au secteur lucratif (BOI-IS-BASE-35-40-10-10 n° 10).

PÉRIMÈTRE DES CHARGES FINANCIÈRES NETTES

35835 CGI art. 212 bis, III BIC-XI-11560 s. Les charges financières nettes s'entendent de l'excédent de charges financières déductibles après application du dispositif mentionné n° 35827, par rapport aux produits financiers imposables et aux autres revenus équivalents perçus par l'entreprise. Ces charges et produits correspondent aux intérêts sur toutes les formes de dette, c'est-à-dire ceux afférents aux sommes laissées ou mises à disposition de l'entreprise ou par l'entreprise. Ils s'entendent des **charges engagées et** des **produits acquis** au cours de l'exercice.

› Précisions **a.** Sont à prendre en compte :
– les paiements effectués dans le cadre de **prêts participatifs ou** d'**emprunts obligataires** ;
– les montants déboursés au titre de **financements alternatifs** (financements opérés via des plateformes en ligne et instruments de finance islamique : BOI-IS-BASE-35-40-10-10 n°s 90 à 110) ;
– l'amortissement des **intérêts capitalisés inclus dans le coût d'origine d'un actif** et, le cas échéant, la part des intérêts inclus dans la valeur nette comptable des actifs sortis du bilan ;
– les montants mesurés par référence à un rendement financier déterminés par comparaison avec des entreprises similaires exploitées normalement au sens de l'article 57 du CGI (**prix de transfert**) ;
– les intérêts payés au titre d'**instruments dérivés** ou de **contrats de couverture** portant sur les emprunts de l'entreprise (y compris les swaps de taux et de devises : BOI précité n° 160) ;
– les **gains et pertes de change** relatifs à des prêts, des emprunts et des instruments liés à des financements (dont les gains et pertes de change latents : BOI précité n° 170) ;
– les **frais de garantie** relatifs à des opérations de financement ;
– les **frais de dossier** liés à la dette qui sont pris en compte pour le calcul du taux effectif global, à l'exception des frais payés ou dus à des intermédiaires (BOI précité n° 190) ;
– en cas d'opération de **crédit-bail, de location avec option d'achat** ou de **location de biens mobiliers conclue entre entreprises liées** (n° 10425, précision a), le montant des loyers, déduction faite de l'amortissement, de l'amortissement financier pratiqué par le bailleur en application de l'article 39 C, I du CGI et des frais et prestations accessoires facturés au preneur, étant précisé que la composante financière des loyers peut être déterminée au moyen d'une méthode dérogatoire élaborée par l'administration (BOI précité n°s 200 à 270) ;
– tous les **autres coûts ou produits équivalents** à des intérêts susceptibles d'être comptabilisés en charges ou produits financiers tels que les charges et produits afférents à des escomptes bancaires ou opérations équivalentes ou les versements réalisés dans le cadre d'avances en comptes courants d'associés (BOI précité n°s 280 et 290).

b. Sont **exclus** du périmètre des charges financières nettes les pertes sur créances liées à des participations, les charges ou gains nets sur cession de valeurs mobilières de placement et les dividendes et revenus distribués. Il en est de même, par tolérance, des charges et produits issus des escomptes commerciaux, des pénalités et intérêts de retard pour paiement tardif ainsi que des intérêts moratoires, des pénalités pour remboursement anticipé, y compris la composante financière des indemnités de résiliation anticipée d'un contrat de crédit-bail (BOI précité n° 300).

c. Charges financières nettes supportées pour financer des **projets d'infrastructures publiques** : voir n° 35860.

PLAFOND DE DROIT COMMUN

Les **entreprises non sous-capitalisées** (sur cette notion, voir n° 35845) peuvent déduire leurs charges financières nettes dans la limite de **30 %** de leur résultat avant impôts, intérêts, dépréciations et amortissements (**Ebitda fiscal**) **ou** de **3 M€** par exercice (le cas échéant ramené à 12 mois) lorsque ce montant est supérieur. 35840 CGI art. 212 bis, I et II BIC-XI-12250 s.

L'**Ebitda fiscal** est déterminé à partir du résultat fiscal soumis à l'IS au taux de droit commun ou au taux réduit en faveur des PME, avant imputation des déficits et avant application du plafonnement des charges financières nettes (Loi 2019-1479 du 28-12-2019 art. 45). Mais il est déterminé après application, le cas échéant, d'abattements et déductions retenus pour l'assiette de l'impôt (déductions de type « suramortissement » ou allègements en faveur d'entreprises implantées dans certaines zones).

Le **résultat fiscal** ainsi défini est **retraité** comme suit :
– il est **majoré** des charges financières entrant dans le périmètre des charges financières nettes, des dotations aux provisions pour dépréciation déductibles, des dotations aux amortissements déductibles, des revenus de la propriété industrielle taxés au taux de 10 % et des plus-values soumises aux taux de 15 % et 19 % ;
– il est **minoré** des produits financiers (entrant dans le périmètre des charges financières nettes), des reprises de provisions pour dépréciation imposables, des reprises d'amortissement imposables et de la fraction d'amortissement comprise dans les plus ou moins-values d'actif (que l'amortissement ait été déduit ou non pour le calcul de l'IS : BOI-IS-BASE-35-40-10-20 n° 70), et des moins-values soumises aux taux de 15 % et 19 %.

Aucun retraitement ne doit être appliqué aux **quotes-parts** de résultat issues de la participation de l'entreprise dans des **sociétés de personnes** (BOI précité n° 100).

Lorsque l'entreprise opte pour les règles dérogatoires applicables aux contrats de **financement d'infrastructures publiques** (n° 35860), l'Ebitda fiscal ne tient pas compte du résultat afférent à ces contrats.

EXEMPLE

Au cours de l'exercice clos le 31 décembre 2020, la société A (supposée ne pas être sous-capitalisée) constate 5,9 M€ de dotations aux amortissements hors amortissements sur cession d'actifs, ainsi que 2 M€ de dotations nettes aux provisions (dont 500 000 € pour dépréciation d'actifs). Ses charges financières nettes s'élèvent à 5 M€, et son résultat fiscal avant imputation des déficits est de 3 M€.

Elle a, par ailleurs, constaté une plus-value de cession sur des titres d'une société à prépondérance immobilière cotée de 500 000 € soumise au taux de 19 %.

Elle a également cédé, au 31 décembre 2020, un bien acquis le 1er janvier 2019 pour 1 M€, et amortissable sur 5 ans. Le bien a été cédé pour 1,2 M€. Les amortissements déduits s'élèvent à 400 000 €. Le montant de la plus-value est de 600 000 €, soit 1,2 – (1 – 0,4).

L'Ebitda fiscal de la société A est déterminé selon les modalités suivantes :

Résultat fiscal avant imputation des déficits de l'entreprise	3 M€
+ Charges financières nettes	5 M€
+ Amortissements nets de reprises imposables	5,9 M€
– Amortissement compris dans la plus-value de cession du bien	400 000 €
+ Provisions pour dépréciation déductibles nettes des reprises imposables	500 000 €
+ Plus-value de cession soumise au taux de 19 %	500 000 €
Ebitda fiscal	14,5 M€

La société A pourra donc déduire ses charges financières nettes dans la limite de 30 % × 14,5 M€, soit 4,35 M€. Si elle ne bénéficie pas de la déduction supplémentaire (nos 35842 s.), elle devra réintégrer dans son résultat fiscal 5 M€ – 4,35 M€ = 650 000 €.

DÉDUCTION SUPPLÉMENTAIRE

Champ d'application Lorsqu'elle est **membre d'un groupe consolidé,** l'entreprise peut bénéficier d'une déduction supplémentaire, à condition que le **ratio** entre ses fonds propres et l'ensemble de ses actifs soit égal ou supérieur à ce même ratio déterminé au niveau du groupe consolidé auquel elle appartient. Le ratio du groupe est considéré comme égal à celui de l'entreprise lorsque la différence entre les deux ratios est inférieure à deux points de pourcentage. 35842 CGI art. 212 bis, VI et VI bis BIC-XI-12370 s

Toutes les **entreprises autonomes** peuvent également bénéficier d'une déduction supplémentaire pour les exercices clos à compter du 31 décembre 2019 (Loi 2019-1479 du 28-12-2019 art. 45).

› Précisions a. Le **groupe consolidé** s'entend de l'ensemble des entreprises françaises et étrangères dont les comptes sont consolidés par intégration globale pour l'établissement des comptes consolidés. L'administration étend le bénéfice de la déduction aux entreprises membres d'un groupe formé par des entités non contraintes de tenir des comptes consolidés à condition qu'ils soient validés par les commissaires aux comptes (BOI-IS-BASE-35-40-10-20 n° 120). Les comptes consolidés peuvent être tenus soit en application des normes françaises ou des IFRS, soit lorsque ces deux référentiels ne sont pas applicables, en application des normes d'un autre État membre de l'UE, des normes américaines (US GAAP), chinoises, coréennes, canadiennes ou japonaises, toutes considérées comme équivalentes aux IFRS par décision de la Commission européenne (BOI précité n° 200).

b. Pour le calcul du **ratio,** l'entreprise peut, au choix, retenir les données du **bilan de clôture ou d'ouverture** de l'exercice (BOI précité n° 220).

c. Les **entreprises autonomes** s'entendent des entreprises non membres d'un groupe consolidé qui ne disposent d'aucun établissement hors de France ni d'aucune entreprise associée au sens de l'article 2, 4 de la directive 2016-1164 du 12 juillet 2016 (Loi précitée art. 45).

35843 **Montant de la déduction supplémentaire** La déduction supplémentaire est égale à 75 % du montant des charges financières nettes non admises en déduction en application du plafond de 30 % de l'Ebitda fiscal ou de 3 M€.

Ce supplément de déduction ne s'applique toutefois pas aux éventuelles charges financières nettes en report non admises en déduction au titre d'exercices antérieurs.

Les entreprises sous-capitalisées (n° 35845) ne peuvent pas bénéficier de cette déduction supplémentaire, sauf lorsqu'elles font jouer la clause de sauvegarde mentionnée n° 35850.

EXEMPLE

Si on reprend l'exemple n° 35840, la société A bénéficiera d'une déduction supplémentaire de 487 500 € [75 % × (5 M€ – 4,35 M€)] si elle remplit l'une ou l'autre des conditions mentionnées n° 35842. Le montant à réintégrer dans son résultat fiscal ne s'élèvera plus qu'à 162 500 € [5 M€ – (4,35 M€ + 487 500 €)].

PLAFOND RÉDUIT EN CAS DE SOUS-CAPITALISATION

35845
CGI
art. 212 bis, VII
BIC-XI-12100 s

Définition de la sous-capitalisation Une entreprise est sous-capitalisée lorsque le **montant moyen** de ses **dettes vis-à-vis d'entreprises liées** au sens de l'article 39, 12 du CGI (voir n° 10425, précision a) excède une fois et demie le montant de ses fonds propres, apprécié au choix de l'entreprise, à l'ouverture ou à la clôture de l'exercice.

› Précisions **a.** Sont **considérées** comme des sommes laissées ou mises à disposition par des **entreprises non liées** :
– les sommes afférentes à des opérations de financement réalisées, dans le cadre d'une convention de **gestion centralisée de la trésorerie d'entreprises liées,** par l'une de ces entreprises chargée de cette gestion centralisée au profit de laquelle les sommes sont mises à disposition ;
– les sommes afférentes à l'acquisition de biens donnés en location dans le cadre d'un **contrat de crédit-bail** ;
– les sommes laissées ou mises à disposition des **établissements de crédit** ou des sociétés de financement.

b. Le **montant moyen des dettes à retenir** est égal à la somme des dettes quotidiennes divisée par le nombre de jours de l'exercice (BOI-IS-BASE-35-40-20 n° 200).

35847
BIC-XI-12560 s

Conséquences de la sous-capitalisation Si l'entreprise est sous-capitalisée, elle doit déterminer la part respective des dettes non liées à la sous-capitalisation et des dettes liées à la sous-capitalisation. Pour les calculs de ces ratios, il est considéré que la dette envers des sociétés liées qui n'excède pas une fois et demie les fonds propres n'est pas liée à la sous-capitalisation.

$$\text{Ratio de dettes non liées à la sous-capitalisation (ratio NSC)} = \frac{(DNL + 1{,}5\ FP)}{(DNL + DL)}$$

$$\text{Ratio de dettes liées à la sous-capitalisation (ratio SC)} = \frac{(DL - 1{,}5\ FP)}{(DNL + DL)}$$

DNL représente les dettes auprès d'entreprises non liées ; DL les dettes auprès d'entreprises liées ; et FP les fonds propres.

Deux assiettes de charges financières nettes sont ensuite déterminées :
– la **première assiette** correspond aux intérêts relatifs à la dette non liée à la sous-capitalisation. Elle est calculée en appliquant au montant total des charges financières nettes le ratio de dettes non liées à la sous-capitalisation déterminé ci-dessus ;
– la **seconde assiette** correspond aux intérêts relatifs à la dette liée à la sous-capitalisation. Elle est déterminée en appliquant au montant total des charges financières nettes le ratio de dettes liées à la sous-capitalisation déterminé ci-dessus.

À la première assiette est appliqué un **premier plafond** égal à **30 % de l'Ebitda fiscal proratisé** (c'est-à-dire auquel le ratio des dettes non liées à la sous-capitalisation est appliqué), **ou 3 M€ proratisé** de la même façon si ce montant est plus élevé.

Un **second plafond** s'applique à la seconde assiette. Il s'élève à **10 % de l'Ebitda fiscal proratisé** (c'est-à-dire auquel le ratio des dettes liées à la sous-capitalisation est appliqué), **ou 1 M€ proratisé** de la même façon si ce montant est plus élevé.

Le montant des charges qui excède chacun de ces deux plafonds ne peut pas bénéficier de la déduction supplémentaire de 75 % mais est reportable sur les exercices ultérieurs dans les conditions indiquées nº 35852.

EXEMPLE

Reprenons les données de l'exemple nº 35840 en considérant cette fois que la société A est sous-capitalisée. Le montant de ses fonds propres s'élève à 20 M€, celui des dettes auprès d'entreprises liées à 60 M€ et celui des dettes vis-à-vis d'entreprises non liées à 40 M€. Pour rappel, le montant des charges financières nettes s'élève à 5 M€ et celui de l'Ebitda fiscal à 14,5 M€.

Calcul du ratio de dette non liée à la sous-capitalisation : [40 + (1,5 × 20)] / (60 + 40) = 70 %

Calcul du ratio de dette liée à la sous-capitalisation : [60 – (1,5 × 20)] / (60 + 40) = 30 %

Charges financières nettes soumises au premier plafond : 3,5 M€ (5 M€ × 70 %)

Charges financières nettes soumises au second plafond : 1,5 M€ (5 M€ × 30 %).

Calcul du premier plafond : 3,045 M€ (70 % × 30 % × 14,5 M€). Les charges soumises à ce plafond sont déduites à hauteur de 3,045 M€. Le solde non imputé de 455 000 € (3,5 M€ – 3,045 M€) est reportable sur les exercices suivants sans limitation dans le temps.

Calcul du second plafond : 435 000 € (30 % × 10 % × 14,5 M€). Les charges soumises à ce plafond sont déduites à hauteur de 435 000 €. Le solde non imputé de 1,065 M€ (1,5 M€ – 435 K€) est reportable sur les exercices suivants sans limitation dans le temps mais à hauteur du tiers de son montant, soit 355 000 € (1,065 M€ / 3).

Clause de sauvegarde Lorsque l'entreprise appartient à un **groupe consolidé** défini nº 35842, précision a, les dispositions prévues en cas de sous-capitalisation ne lui sont pas applicables si elle démontre que le ratio d'endettement du groupe consolidé est supérieur ou égal à son propre taux d'endettement, étant précisé que le premier ratio est considéré comme égal au deuxième lorsqu'il est inférieur à ce dernier de deux points de pourcentage au maximum. Les charges financières nettes de l'entreprise sont alors soumises au plafond de droit commun (nº 35840) et, si les conditions sont remplies, la déduction supplémentaire de 75 % peut s'appliquer. 35850 BIC-XI-12750 s

› Précisions Le **ratio d'endettement de l'entreprise** correspond au rapport existant entre le montant total de ses dettes et le montant de ses fonds propres. Le **ratio d'endettement du groupe consolidé** est déterminé en tenant compte des dettes autres que celles envers les entreprises du groupe consolidé.

MÉCANISMES DE REPORT

Report des charges non admises en déduction Le montant des charges financières nettes non admises en déduction après application du plafond de droit commun et, le cas échéant, de la déduction supplémentaire de 75 %, peut être reporté **sans limitation dans le temps** et faire l'objet d'une déduction au titre des exercices suivants. 35852 CGI art. 212 bis, VIII BIC-XI-12900 s

Lorsque l'**entreprise** est **sous-capitalisée,** les sommes excédant le premier plafond proratisé sont reportables dans les mêmes conditions. En revanche, celles qui excèdent le second plafond proratisé ne sont reportables qu'à hauteur du tiers de leur montant (voir l'exemple du nº 35847).

› Précisions **a.** Les charges financières non déductibles ne revêtent pas le caractère de **revenus distribués** (BOI-IS-BASE-35-40-10-20 nº 20 ; BOI-IS-BASE-35-40-20 nº 240).

b. La **fraction d'intérêts non encore déduits** à la clôture du dernier exercice ouvert avant le 1er janvier 2019, et résultant de l'**ancien dispositif de lutte contre la sous-capitalisation,** est reportable dans les mêmes conditions et sans application de la décote annuelle de 5 % antérieurement prévue.

c. Le report des charges financières non déduites ne s'applique pas à l'**entreprise autonome** visée nº 35842 pour l'exercice au titre duquel elle a bénéficié de la **déduction supplémentaire** (Loi 2019-1479 du 28-12-2019 art. 45).

d. Sort des charges financières en report en cas de **fusion ou opération assimilée** : voir nº 39530, précision a.

e. Un **état** doit être joint à la déclaration de résultats afin d'assurer le suivi des charges financières nettes non admises en déduction du résultat de l'exercice et des exercices précédents ainsi que les capacités de déduction inemployées au titre des cinq exercices précédents (CGI ann. III art. 46 quater-0 BA).

Modalités de déduction des charges reportées d'exercices antérieurs 35854

Les modalités de déduction des charges financières nettes reportées d'exercices antérieurs diffèrent selon que la société est sous-capitalisée ou non.

En l'**absence de sous-capitalisation** au titre de l'exercice de déduction des charges financières reportées d'exercices antérieurs, ces dernières peuvent être déduites à hauteur d'un montant égal à la différence positive entre la limite de droit commun (30 % de l'Ebitda fiscal ou 3 M€) et les charges financières de l'exercice.

En cas de **sous-capitalisation,** le stock de charges financières antérieures ne peut être déduit que dans la limite de la différence positive entre, d'une part, 30 % de l'Ebitda fiscal ou 3 M€ proratisés et, d'autre part, les charges financières nettes de l'exercice minorées de celles soumises au second plafond (10 % de l'Ebitda fiscal ou 1 M€ proratisés). Ainsi, aucune charge financière en report ne peut être déduite sur le second plafond.

EXEMPLE

À la clôture de l'exercice 2020, les données financières de la société S, non membre d'une intégration, sont les suivantes :
- Fonds propres : 100 M€
- Dettes moyennes vis-à-vis d'entreprises liées : 160 M€
- Dettes moyennes vis-à-vis d'entreprises non liées : 120 M€
- Ebitda fiscal : 60 M€
- Charges financières nettes : 12 M€

La société est sous-capitalisée car 160 > 100 × 1,5.

On suppose que les charges financières nettes reportées d'exercices antérieurs s'élèvent à 9 M€.

Les charges financières soumises au premier plafond s'élèvent à 12 × [120 + (1,5 × 100)] / 280 = 11 571 429 € et le premier plafond à 60 × 30 % × [120 + (1,5 × 100)] / 280 = 17 357 143 €. L'entreprise S ayant pu déduire la totalité de ses charges financières à ce stade, elle peut imputer son stock antérieur à hauteur de : 17 357 143 − 11 571 429 = 5 785 714 €. Il lui restera donc en report des charges financières d'un montant de 9 M€ – 5 785 714 €, soit 3 214 286 €.

Les charges financières soumises au second plafond s'élèvent à 12 M€ – 11 571 429 = 428 571 € et le second plafond à 60 × 10 % × [(160 – 1,5 × 100)] / 280 = 214 286 €. L'entreprise S peut imputer ses charges financières de l'exercice sur ce second plafond à hauteur de 214 286 €. Le solde est reportable à hauteur d'un tiers, soit 71 429 € [(428 571 – 214 286) / 3].

Au titre de l'exercice 2020, elle peut ainsi déduire la quasi-totalité de ses charges financières de l'exercice ainsi que 5 785 714 € de charges en report. Son stock de charges financières reportable à la clôture de l'exercice s'élève à 3 214 286 € (9 M€ – 5 785 714 €) auquel s'ajoute le tiers du montant des charges de l'exercice non déduites au titre du second plafond, soit 71 429 €.

35856 **Report de la capacité de déduction inemployée** La capacité de déduction inemployée correspond à la **différence positive** entre :
- la limite de droit commun appliquée au titre de l'exercice (3 M€ ou 30 % de l'Ebitda fiscal),
- et les charges financières nettes admises en déduction au titre de cet exercice, après application du plafond de droit commun, de la déduction supplémentaire de 75 % et de la déduction des charges reportées d'exercices antérieurs.

La capacité de déduction inemployée au titre d'un exercice peut être **utilisée** au titre des **cinq exercices suivants** pour déduire du résultat de ces exercices le montant de charges financières nettes non admises en déduction après application du plafond de droit commun et de la déduction supplémentaire de 75 %. La capacité de déduction inemployée reportée d'un exercice antérieur ne peut être utilisée pour déduire des **charges financières en report.**

> **Précisions** **a.** Les deux **plafonds applicables en cas de sous-capitalisation** ne peuvent générer de capacité de déduction inemployée à reporter.
> **b.** Sort de la capacité de déduction inemployée en cas de **fusion ou opération assimilée** : voir n° 39530, précision a.

CHARGES FINANCIÈRES NETTES RELATIVES AU FINANCEMENT D'INFRASTRUCTURES PUBLIQUES

35860 CGI art. 212 bis, III-3 et IV BIC-XI-13200 s

Les charges financières nettes afférentes à des emprunts utilisés exclusivement pour financer des projets d'infrastructures publiques à long terme peuvent, **sur option,** bénéficier de **modalités particulières de déduction** lorsqu'elles se rapportent à des contrats initiés avant le 28 décembre 2018 (pour les contrats initiés à compter de cette date, c'est le droit commun qui s'applique). Ainsi :
- pour les contrats **signés avant le 29 décembre 2012,** sont intégralement déductibles les charges financières nettes supportées par le délégataire, concessionnaire et partenaire privé et afférentes aux biens acquis ou construits par lui dans le cadre d'une délégation de service public, d'un contrat de concession de travaux publics, d'un contrat de concession, d'un contrat de partenariat, d'un bail emphytéotique ou d'un contrat ayant un objet équivalent à ces contrats conclu avec un pouvoir adjudicateur ou une entité adjudicatrice d'un autre État membre de l'Union européenne ;

– pour les contrats **signés à compter du 29 décembre 2012** et **initiés avant le 28 décembre 2018,** les charges financières nettes sont déductibles à hauteur de 30 % de l'Ebitda fiscal afférent à ces contrats (ou 3 M€ si ce montant est supérieur), majoré de 75 % des charges financières nettes excédant ce montant. Sont concernées les charges financières nettes supportées par le cocontractant d'un pouvoir adjudicateur, d'une entité adjudicatrice d'une autorité concédante et afférentes aux biens acquis ou construits par lui dans le cadre d'un marché de partenariat, d'un contrat de concession, d'un bail emphytéotique, d'un contrat ayant un objet équivalent à ces contrats conclu avec un pouvoir adjudicateur, une entité adjudicatrice ou une autorité concédante d'un autre État membre de l'Union européenne. Sont en revanche exclues les charges financières nettes supportées par les entreprises autonomes visées nº 35842 qui bénéficient d'une déduction supplémentaire (Loi 2019-1479 du 28-12-2019 art. 45).

L'**option** doit être exercée au plus tard à la date limite de dépôt de la déclaration de résultats de l'exercice au titre duquel elle s'applique. Elle est **irrévocable pendant dix ans.**

› Précisions **a.** Les règles dérogatoires ne peuvent s'appliquer que lorsque l'opérateur du projet, les charges financières, les actifs et les revenus se situent tous dans l'**Union européenne.**
b. Lorsque l'entreprise exerce **plusieurs activités,** elle peut affecter les charges et produits communs au moyen d'une clé de répartition appropriée à partir des données comptables (BOI-IS-BASE-35-40-30 nºs 70 et 120).
c. Pour tous ces contrats initiés avant le 28 décembre 2018, les dispositions prévues en cas de **sous-capitalisation** ne sont pas applicables.

4. AUTRES RÈGLES PARTICULIÈRES À L'IS

REVENUS MOBILIERS ENCAISSÉS PAR LA SOCIÉTÉ

Il faut distinguer suivant qu'ils relèvent du régime général ou du régime spécial des sociétés mères. **35870**

a. Régime général. Les dividendes perçus par la société et les produits courus des titres à revenu fixe doivent demeurer compris dans le bénéfice imposable à l'IS (nºs 7955 et 7960). Mais, à l'échéance, la société peut imputer sur le montant de l'impôt dont elle est redevable le **crédit d'impôt** auquel ouvrent droit certains de ces revenus (voir nºs 36115 s.).

b. Régime spécial des sociétés mères. Lorsqu'une société remplit les conditions requises pour avoir la qualité de société mère, les dividendes qu'elle reçoit de sa filiale peuvent être exonérés d'IS sous réserve de la taxation d'une quote-part de frais et charges (voir nºs 40850 s.).

DÉDUCTION DES RÉMUNÉRATIONS DES DIRIGEANTS

Le régime fiscal applicable, au regard tant de la société que des bénéficiaires, aux rémunérations perçues par les dirigeants des diverses sortes de sociétés est exposé aux nºs 23500 s. **35875**

AUTRES MESURES

Certains **crédits d'impôt** et certains dispositifs d'**amortissement exceptionnel** sont réservés aux entreprises soumises à l'IS : voir nºs 10470 s. et 9500 s. **35885**

En ce qui concerne le montant du profit imposable en cas de **rachat auprès d'un tiers d'une créance décotée** détenue sur une société cible suivie de son **incorporation au capital** de cette société, voir nº 8095, précision b.

C. Report déficitaire

Les entreprises soumises à l'IS ont le choix entre deux régimes de report des déficits : **35890** BIC-XIV-200 s
– un régime de droit commun, dit de report « en avant », qui permet d'imputer les déficits sur les bénéfices des exercices suivant l'exercice déficitaire (nºs 35905 s.) ;
– et un système optionnel de report « en arrière » des déficits (« carry-back ») sur le bénéfice de l'exercice précédent (nºs 35925 s.).
Les déficits subis à l'intérieur d'un **groupe fiscal** ouvrent droit aux deux dispositifs de report moyennant certaines adaptations examinées nºs 40385 et 40555 s.

Intérêt du report en avant **35895** BIC-XIV-900 s

Son principal intérêt tient à l'existence de la **contribution sociale** due par certaines sociétés : l'imputation en avant des déficits réduit ou annule le montant de l'IS dû au titre des exercices suivants et diminue d'autant le montant de cette contribution.

Avantages du report en arrière

Le report en arrière des déficits présente notamment les avantages suivants :
– il confère à l'entreprise la **certitude** de réaliser effectivement une **économie d'impôt,** car il fait naître une créance sur le Trésor public remboursable au bout de cinq ans si elle n'est pas utilisée dans ce délai pour le paiement de l'IS ;
– il améliore les **résultats comptables** et le bilan de l'entreprise du fait de l'inscription de la créance à l'actif ainsi que sa trésorerie lors du remboursement.

Incidence sur la participation des salariés

Le choix du mode de report des déficits n'est pas neutre à l'égard du montant de la participation des salariés aux résultats. Le report en avant des déficits réduit le montant de la participation calculée sur les bénéfices des exercices suivant l'exercice déficitaire, tandis que le report en arrière n'entraîne aucune réduction de la participation acquise au titre des exercices antérieurs.

REPORT EN AVANT

35905 CGI art. 209, I-al. 3 BIC-XIV-2000 s

Le droit au report en avant des déficits subis par les sociétés soumises à l'IS est illimité dans le temps. Le déficit subi au titre d'un exercice est considéré comme une charge de l'exercice suivant et déduit du bénéfice réalisé pendant ledit exercice, dans la **limite d'un montant** de 1 M€, majoré de 50 % de la fraction du bénéfice excédant ce seuil. Lorsque le déficit constaté au titre d'un exercice excède 1 M€ alors que le bénéfice de l'exercice suivant dépasse également ce seuil, l'entreprise doit donc acquitter un montant d'IS calculé sur 50 % de la fraction de ce bénéfice excédant 1 M€. La part de déficit qui ne peut pas être déduite en application de cette mesure est reportable sur les exercices suivants, sans limitation de durée, dans la même limite.

EXEMPLE

Une entreprise dont l'exercice coïncide avec l'année civile réalise au titre de 2020 un bénéfice de 1 200 000 €. Le déficit qu'elle a subi au titre de l'exercice 2019 s'élève à 1 500 000 €. Ce déficit n'est imputable sur le bénéfice 2020 qu'à hauteur de : 1 000 000 € + 50 % × (1 200 000 € – 1 000 000 €) = 1 100 000 €. Une fraction du bénéfice 2020, soit 100 000 € (1 200 000 € – 1 100 000 €) reste imposable à l'IS. La part du déficit 2019 qui reste reportable sur les exercices 2021 et suivants s'élève à 400 000 € (1 500 000 € – 1 100 000 €).

Pour les **sociétés bénéficiaires d'abandons de créances** consentis en application d'un accord homologué dans les conditions prévues à l'article L 611-8 du C. com. ou dans le cadre d'une procédure de sauvegarde, de redressement judiciaire ou de liquidation judiciaire (ou d'une procédure d'insolvabilité visée à l'annexe A du règlement 1346/2000/CE du 29 mai 2000 : BOI-IS-DEF-10-30 nº 220), la limite de 1 M€ est majorée du montant de ces abandons. Selon l'administration, ces abandons réduisent la seule **part variable** du plafond d'imputation (BOI précité nº 225).

› Précisions a. Les déficits de l'exercice peuvent être imputés sans limitation sur des **plus-values à long terme** imposables à 15 % ou 19 % et cessent alors d'être reportables (nº 18675).
En revanche, les déficits antérieurs ne sont imputables sur ces plus-values que dans la limite légale (BOI précité nº 210).
b. Dans le cas des **PME bénéficiaires du taux réduit** d'IS (nºs 36085 s.), la règle qui limite l'imputation des déficits s'applique avant de déterminer la part du bénéfice taxée à 15 % (BOI précité nº 190).
c. Le report déficitaire demeure possible même lorsque, en comptabilité, le déficit a été résorbé par une **réduction de capital** (y compris dans le cadre d'une opération de « coup d'accordéon » : nº 8095, précision c) ou a été imputé sur des **réserves** libérées de l'IS. En revanche, l'imputation du déficit sur des réserves non libérées de l'IS fait disparaître le droit au report sur les bénéfices des exercices postérieurs.

35910 BIC-XIV-3700 s

Contrôle des déficits reportés L'administration peut vérifier et rectifier les déficits subis au cours d'un **exercice prescrit,** du moment qu'ils sont reportés sur les bénéfices d'exercices non couverts par la prescription ; mais les rectifications ne peuvent bien entendu porter que sur la période non prescrite (notamment CE 13-11-1987 nº 56447 : RJF 1/88 nº 29).

Le contribuable doit justifier de l'existence et du montant de ses déficits, en principe par la production d'une comptabilité régulière et complète. L'expiration du **délai de conservation des documents comptables** prévu à l'article L 102 B du LPF (nº 78065) n'est alors pas opposable à l'administration (CE 1-10-1993 nº 116599 : RJF 11/93 nº 1437). Toutefois, en l'absence d'une telle comptabilité (notamment en cas de survenance d'événements ayant un caractère de **force majeure**), la réalité du déficit peut être établie par tout moyen de preuve (CE 10-1-1990 nº 90521 : RJF 3/90 nº 319 ; CAA Lyon 10-5-2000 nº 96LY00908 : RJF 11/00 nº 1245).

Perte du droit au report En vertu de la règle dite de l'« identité d'entreprise », les déficits ne sont susceptibles d'être reportés, en principe, qu'au sein de l'entreprise qui les a subis. C'est ainsi que le **changement de régime fiscal,** le changement **d'objet ou d'activité** réelle des sociétés, ou la **disparition des moyens de production,** qui emportent cessation d'entreprise, font perdre le droit au report des déficits (voir nos 38715 s. et 38770, 3). **35915** BIC-XIV-1600 s

En cas de **fusion** de sociétés ou opération assimilée, le déficit de la société absorbée peut toutefois être transféré à la société absorbante (voir no 39570).

REPORT EN ARRIÈRE (« CARRY-BACK »)

Le système du carry-back permet d'imputer le déficit constaté à la clôture d'un exercice sur le bénéfice de l'exercice précédent, dans la limite de la fraction non distribuée de ce bénéfice, ce qui fait naître une créance sur le Trésor correspondant à l'excédent d'impôt antérieurement versé. **35925** CGI art. 220 quinquies BIC-XIV-5900 s

L'**option** pour le report en arrière, qui constitue une décision de gestion opposable, vaut réclamation contentieuse. Elle est exercée dans le délai de dépôt de la déclaration de résultats de l'exercice de constatation du déficit (voir toutefois no 35945). Elle est formalisée sur le tableau no 2058 A-SD (entreprise relevant du régime réel d'imposition), ou no 2033 B-SD (régime simplifié), annexé à la déclaration de résultat (BOI-IS-DEF-20-10 no 270). L'entreprise doit en outre joindre une déclaration no 2039-SD au relevé de solde de l'IS (ou à sa déclaration de résultat si elle opte postérieurement à la date limite de dépôt du relevé de solde : BOI précité no 300).

> **Précisions** **a.** L'option ne peut pas être exercée au titre d'un exercice au cours duquel intervient une **cession ou cessation** totale d'entreprise, une **fusion** ou une opération assimilée, un jugement prononçant l'ouverture d'une mise en **liquidation** judiciaire de la société (CGI art. 220 quinquies, II) ou une mise en liquidation amiable (CE 20-11-2017 no 397027 : RJF 2/18 no 149). Cette interdiction ne s'applique pas aux entreprises qui cessent d'être soumises à l'IS en raison de leur option pour le régime de faveur des sociétés d'investissements immobiliers cotées, alors même qu'elles font l'objet d'une imposition immédiate de leurs bénéfices dans les mêmes conditions qu'en cas de cession ou de cessation (CE 7-6-2019 no 411648 : RJF 10/19 no 945). Par ailleurs, en cas de fusion ou d'opération assimilée, la société bénéficiaire de l'apport peut reporter en arrière, sur ses bénéfices propres, le déficit de l'exercice en cours lors de l'opération, à l'exclusion des déficits qui lui sont éventuellement transférés (BOI-IS-FUS-10-20-50 no 50). Elle ne peut pas exercer le report sur les bénéfices de la société absorbée réalisés antérieurement à la fusion (CAA Douai 17-5-2000 no 97DA01730 : RJF 11/00 no 1247).
> **b.** Une **société étrangère** soumise à l'IS peut exercer l'option à raison de la **quote-part de déficit** correspondant à ses droits dans une **société de personnes,** dans la limite de la fraction des bénéfices de cette société qu'elle n'a pas distribuée (CAA Paris 30-12-1997 no 94PA00686 : RJF 3/98 no 246).

Déficit reportable L'option pour le report en arrière ne peut être exercée que pour le déficit constaté au cours de l'exercice. Ce déficit est reportable sur le seul bénéfice de l'exercice précédent, dans la limite du **montant** le plus faible entre ledit bénéfice et un montant de 1 M€. Le déficit qui n'a pas pu être reporté en arrière demeure reportable en avant dans les conditions habituelles. **35930** BIC-XIV-6400 s

EXEMPLE

Soit une société dont l'exercice coïncide avec l'année civile qui subit un déficit de 1 200 000 € au cours de l'exercice 2020 et opte pour le report en arrière de ce déficit. Ce déficit ne peut être imputé que sur le bénéfice 2019 qui s'élève à 1 500 000 €. L'imputation ne pouvant excéder 1 000 000 €, la société ne peut reporter en arrière que 1 000 000 €. Le reliquat de 200 000 € reste reportable en avant.

Base d'imputation La base d'imputation du déficit reporté en arrière s'entend du **bénéfice fiscal** de l'exercice précédent soumis au taux normal ou au taux réduit de l'IS prévu en faveur des PME (BOI-IS-DEF-20-10 no 90), à l'**exclusion** de la fraction de ce bénéfice : **35940** BIC-XIV-6650 s

– qui a fait l'objet d'une **distribution** ;
– et de celle qui a donné lieu à un impôt payé au moyen de **crédits d'impôt.**

Les crédits d'impôt sont réputés affectés au paiement de l'IS dû au taux normal ou au taux réduit dans la proportion existant entre l'impôt dû à chacun de ces taux et le montant total de l'IS. Les crédits attachés aux **revenus mobiliers** sont présumés utilisés pour le paiement de l'IS avant les autres crédits d'impôt (BOI-IS-DEF-20-10 nos 130 à 150).

Sont également exclus de la base d'imputation : les **bénéfices exonérés** en application des dispositions particulières (entreprises nouvelles, entreprises implantées dans les zones franches urbaines-territoires entrepreneurs, entreprises créées ou reprises dans les zones de revitalisation rurale, jeunes entreprises innovantes, sociétés créées pour la reprise d'entreprises industrielles en difficulté, entreprises implantées dans les zones de restructuration de la défense, dans les zones franches outre-mer et entreprises créées dans un bassin urbain à dynamiser ou une zone de développement prioritaire) ainsi que les bénéfices exonérés en vertu des articles 207 à 208 sexies du CGI (sociétés et collectivités totalement ou partiellement exonérées d'IS). Il en est de même des **plus-values à long terme** et des **produits de la propriété intellectuelle** taxés à un taux réduit.

EXEMPLE

Une société bénéficiaire du taux réduit d'imposition de 15 % prévu en faveur des PME, dont le chiffre d'affaires est égal à 7 000 000 € et dont l'exercice coïncide avec l'année civile, souhaite reporter en arrière son déficit subi en 2020 (pour un exemple de report en arrière d'un déficit 2019, voir l'édition 2019 du Mémento fiscal). Elle a réalisé en 2019 un résultat de 638 120 €, soit :
– bénéfices imposés au taux normal de 31 % (fraction de bénéfices supérieure à 500 000 €) (BN1) : 138 120 € ;
– bénéfices imposés au taux normal de 28 % (fraction de bénéfices comprise entre 38 120 € et 500 000 €) (BN2) : 461 880 € ;
– bénéfices imposés au taux réduit de 15 % en faveur des PME (BR) : 38 120 €.
Montant de l'IS dû au titre de 2019 = 177 862 €, soit :
– IS à 31 % : 42 817 € ;
– IS à 28 % : 129 326 € ;
– IS à 15 % : 5 718 €.

Crédits d'impôt attachés à des revenus mobiliers de source étrangère (CI) : 40 000 €.

Crédit d'impôt recherche (CIR) : 30 000 €.

Distributions prélevées sur les bénéfices de 2019 soumis au taux normal d'IS : 100 000 €.

a. Fraction du bénéfice de l'exercice 2019 **exclue du bénéfice d'imputation**

Montant du bénéfice 2019 distribué (BD) : 100 000 €.

Montant du bénéfice ayant donné lieu à un impôt payé au moyen de crédits d'impôt :
– CI utilisés au paiement de l'IS au taux normal de 31 % : 9 629 € [40 000 € × (42 817 / 177 862)] ;
– CI utilisés au paiement de l'IS au taux normal de 28 % : 29 085 € [40 000 € × (129 326 / 177 862)] ;
– CI utilisés au paiement de l'IS au taux réduit de 15 % : 1 286 € [40 000 € × (5 718 / 177 862)] ;
– CIR utilisé en paiement de l'IS au taux normal de 31 % :
30 000 € × [(42 817 − 9 629) / (177 862 − 40 000)] = 7 222 € ;
– CIR utilisé en paiement de l'IS au taux normal de 28 % :
30 000 € × [(129 326 − 29 085) / (177 862 − 40 000)] = 21 814 € ;
– CIR utilisé en paiement de l'IS au taux réduit :
30 000 € × [(5 718 − 1 286) / (177 862 − 40 000)] = 964 € ;
– montant de l'IS au taux normal de 31 % payé au moyen de crédits d'impôt : 16 851 € (9 629 + 7 222) ;
– montant de l'IS au taux normal de 28 % payé au moyen de crédits d'impôt : 50 898 € (29 085 + 21 814) ;
– montant de l'IS au taux réduit payé au moyen de crédits d'impôt : 2 250 € (1 286 + 964) ;
– montant du bénéfice imposé au taux normal de 31 % ayant donné lieu à un impôt payé au moyen de crédits d'impôt (BCIN1) : 16 851 / 31 % = 54 359 € ;
– montant du bénéfice imposé au taux normal de 28 % ayant donné lieu à un impôt payé au moyen de crédits d'impôt (BCIN2) : 50 898 / 28 % = 181 780 € ;
– montant du bénéfice imposé au taux réduit ayant donné lieu à un impôt payé au moyen de crédits d'impôt (BCIR) : 2 250 / 15 % = 15 003 €.

b. Calcul du bénéfice d'imputation

Fraction non distribuée du bénéfice ayant donné lieu à un impôt payé au moyen de CI, les distributions étant par hypothèse effectuées sur le bénéfice soumis au taux normal de l'IS de 31 % :

[BCIN1 × (BN1 − BD) / (BN1)] + BCIN2 + BCIR = 54 359 × [(138 120 − 100 000) / 138 120] + 181 780 + 15 003 = 196 782 €.

Montant du bénéfice exclu du bénéfice d'imputation (BEX) :

BD + BCIN1 × [(BN1 − BD) / (BN1)] + BCIN2 + BCIR = 100 000 + 196 782 = 296 782 €.

Montant du bénéfice d'imputation :

(BN1 + BN2 + BR) − BEX = 638 120 − 296 782 = 341 338 €.

35945
BIC-XIV-6460 s et 6800 s

Rectification du déficit ou du bénéfice d'imputation Lorsqu'un **contrôle fiscal,** ou le dépôt d'une **déclaration rectificative** dans le délai de réclamation prévu à l'article R 196-1 du LPF, fait apparaître ou accroît le **déficit** subi au titre d'un exercice, la société peut opter pour son report en arrière sur le bénéfice de l'exercice précédent, dans la double limite du déficit rectifié et de 1 M€ (BOI-IS-DEF-20-10 n° 50).

Lorsqu'un contrôle fiscal, ou le dépôt d'une déclaration rectificative dans le délai de réclamation, a pour effet de faire apparaître ou de rehausser un **bénéfice d'imputation,** la société peut opter pour le report en arrière du déficit sur ce bénéfice rectifié, dans la double limite de ce bénéfice rectifié et de 1 M€ (CE 19-12-2007 nos 285588 et 294358 : RJF 3/08 n° 347 ; BOI précité n° 50). Si le contribuable avait déjà opté pour le report du déficit de l'exercice avant la mise en recouvrement des suppléments d'impôt, il ne peut demander l'imputation du déficit sur les bénéfices rectifiés qu'en présentant une nouvelle **réclamation contentieuse** (CE 19-7-2016 nos 385768 et 385774 : RJF 11/16 n° 1012).

Calcul de la créance La créance sur le Trésor est égale au produit du déficit imputé par le taux de l'IS applicable à l'exercice de réalisation du bénéfice (taux normal ou taux réduit dont bénéficient les PME). **35950** BIC-XIV-8100 s

EXEMPLE

Un déficit de 150 000 € subi au titre de l'exercice 2020 donne naissance, en cas de report en arrière sur les bénéfices de l'exercice 2019 (et à condition que ceux-ci soient soumis, à hauteur d'un montant au moins égal à 150 000 €, au taux de l'IS de 31 %), à une créance de 150 000 × 31 % = 46 500 €.

Sur le plan comptable, la créance constitue un produit de l'exercice déficitaire. Elle n'est cependant pas imposable et doit donc faire l'objet d'une **déduction extra-comptable.**

› **Précisions** Lorsqu'un déficit est susceptible d'être reporté en arrière sur les **bénéfices** d'un exercice soumis **pour partie au taux réduit** prévu en faveur des PME et pour partie au taux normal de l'IS, ce déficit est réputé imputé en priorité sur le bénéfice au taux normal puis sur le bénéfice soumis au taux réduit (BOI-IS-DEF-20-10 n° 100).

Utilisation de la créance La créance peut être utilisée pour le **paiement de l'IS** dû au titre des exercices clos au cours des cinq années suivant celle au cours de laquelle l'exercice déficitaire a été clos. Cette imputation est effectuée sur les acomptes, puis sur le solde de l'IS et, le cas échéant, sur les rappels d'impôt portant sur ces exercices. La créance ne peut pas en revanche servir au paiement de la **contribution sociale** (nos 36690 s.). **35960** BIC-XIV-8400 s

Au terme du délai de cinq ans, la fraction de la créance qui n'a pas pu être imputée sur l'IS fait l'objet d'un **remboursement.** Mais l'entreprise peut aussi choisir de l'utiliser pour s'acquitter d'**échéances fiscales à venir** (IS, TVA, taxes sur les salaires, taxe d'apprentissage…) en souscrivant le formulaire 3516-SD (BOI-REC-PRO-10-20-30).

Le **décompte du délai de cinq ans** est réalisé à partir de l'exercice d'origine du déficit et s'effectue par années civiles. Par exemple, la créance résultant du report en arrière du déficit d'un exercice ouvert le 1er juin 2020 et clos le 30 novembre de la même année peut être remboursée dès le 1er janvier 2026. En revanche, si la clôture de l'exercice intervient le 31 mai 2021, la créance ne pourra être remboursée qu'à partir du 1er janvier 2027.

Si le **remboursement** n'est **pas effectué spontanément** par l'administration, le contribuable peut lui présenter une demande de remboursement dans le délai de prescription quadriennale prévu par l'article 1er de la loi du 31 décembre 1968 et, en cas de rejet, porter le litige né de ce rejet devant le juge de plein contentieux (CE 9-3-2016 nos 385244 et 385265 : RJF 6/16 n° 515).

› **Précisions** **a.** Les entreprises qui font l'objet d'une procédure de **sauvegarde,** de **redressement** ou de **liquidation judiciaires** peuvent demander le **remboursement anticipé** de leur créance non utilisée à compter de la date du jugement qui a ouvert ces procédures. Le remboursement est effectué sous déduction d'un intérêt appliqué à la créance restant à imputer, calculé au taux de l'intérêt légal. L'administration précise que le remboursement immédiat concerne les créances nées antérieurement à l'ouverture des procédures ainsi que celles nées pendant la période couverte par ces procédures (BOI-IS-DEF-20-20 n° 140).

b. Au cours de la période qui précède son remboursement, la **créance** peut aussi être **mobilisée** auprès d'un établissement de crédit en application de la loi Dailly. L'établissement peut obtenir lui-même le remboursement de la créance dont la propriété lui a été transférée à titre de garantie, au terme du délai de cinq ans. Si, dans l'intervalle, l'entreprise recouvre la propriété de sa créance, celle-ci redevient imputable sur l'IS puis, s'il y a lieu, remboursable à l'issue des cinq ans.

c. La créance ne peut pas être offerte en **garantie** pour obtenir le **sursis de paiement** en cas de contestation d'impositions dues au titre d'exercices antérieurs à celui au cours duquel le déficit est constaté (CE 25-1-1989 n° 92439 : RJF 3/89 n° 383).

d. Dans le cadre de son droit de **contrôle,** l'administration est fondée à vérifier l'existence et la quotité de la créance de l'entreprise et à rectifier éventuellement son montant, même lorsque les éléments de calcul doivent être recherchés dans les résultats d'exercices prescrits (LPF art. L 171 A). Ce contrôle peut être exercé jusqu'à la fin de la troisième année qui suit celle au cours de laquelle la créance s'est éteinte, soit par remboursement, soit par imputation totale, soit par imputation du reliquat de la créance en cas d'imputation partielle antérieure (BOI-IS-DEF-20-20 n° 260).

Les irrégularités constatées peuvent donner lieu à l'application des **pénalités** de droit commun (nos 80000 s.) lorsqu'elles affectent la détermination du montant de la créance, son imputation ou son remboursement.

D. Calcul de l'IS

35990 CGI art. 219 IS-II-6500 s L'IS est calculé en appliquant le taux légal au bénéfice imposable arrondi à l'euro le plus proche. Pour obtenir l'impôt effectivement dû, il faut ensuite pratiquer les imputations prévues par la loi à raison des crédits d'impôt (nos 36115 s.).

À l'IS proprement dit s'ajoute pour certaines entreprises une **contribution sociale** (nos 36690 s.).

1. TAUX DE L'IMPÔT

TAUX NORMAL

36065 CGI art. 219, I IS-II-6680 s Le taux normal de l'IS concerne tous les bénéfices et plus-values imposables qui ne peuvent prétendre à l'application de l'un des dispositifs d'imposition atténuée mentionnés nos 36085 s.

Pour les **exercices ouverts à compter du 1er janvier au 31 décembre 2020,** il est fixé à **28 %.**

ATTENTION

Toutefois, s'agissant des entreprises dont le **chiffre d'affaires est au moins égal à 250 M€,** le taux de 28 % ne s'applique pour ces mêmes exercices que pour la fraction de bénéfices inférieure ou égale à 500 000 € (par période de douze mois). Pour la fraction supérieure à cette limite, le taux est fixé à 31 % (Loi 2019-1479 du 28-12-2019 art. 45).

On rappelle qu'une **diminution progressive** du taux normal de l'impôt, auparavant fixé uniformément à 33,1/3 %, est en cours depuis 2017. Elle a pour objectif de ramener ce taux à 25 % d'ici à 2022 pour toutes les entreprises et pour la totalité de leurs bénéfices : voir no 36100.

TAUX RÉDUITS

36085 CGI art. 219, I-b IS-II-8000 s **Taux réduit en faveur des PME** Les petites et moyennes entreprises bénéficient de plein droit d'un taux réduit de **15 %** dans la limite de **38 120 € de bénéfice imposable** par période de douze mois (abstraction faite des plus-values taxées à 15 % et des bénéfices exonérés ou situés hors du champ d'application de l'IS).

36090 Peuvent bénéficier du taux réduit l'ensemble des personnes morales passibles de l'IS de plein droit ou sur option (y compris les associations ayant un secteur lucratif imposable).

La mesure s'adresse aux PME qui réalisent au cours de l'exercice ou de la période d'imposition un **chiffre d'affaires** hors taxe, ramené le cas échéant à douze mois, inférieur à 7 630 000 €. S'il s'agit de sociétés, le **capital** doit en outre être entièrement libéré à la clôture de l'exercice (ou de la période d'imposition) concerné et détenu, de manière continue, pour 75 % au moins (droits de vote et droits à dividende) :

– par des personnes physiques ;

– ou par des sociétés dont le chiffre d'affaires est inférieur à 7 630 000 € et dont le capital, entièrement libéré, est directement détenu de manière continue pour 75 % au moins par des personnes physiques.

Pour la société mère d'un **groupe intégré,** le chiffre d'affaires s'apprécie en faisant la somme des chiffres d'affaires de chacune des sociétés membres du groupe. Les conditions relatives à la libération et à la détention du capital s'apprécient au niveau de la mère.

› Précisions a. Le **chiffre d'affaires** à retenir s'entend de l'ensemble des recettes provenant de l'activité professionnelle normale et courante de l'entreprise, à l'exclusion des produits financiers, des produits exceptionnels et des refacturations de frais qui présentent le caractère de débours tels que définis no 52335 (BOI-IS-LIQ-20-10 no 40).

Les sociétés exerçant une **activité à l'étranger** doivent tenir compte de leur seul chiffre d'affaires réalisé en France (BOI précité no 40).

b. Pour l'appréciation du seuil de détention, les **participations** des **SCR,** des **FCPR,** des fonds professionnels spécialisés, des fonds professionnels de capital investissement, des **SDR** et des **SFI** ne sont pas retenues, sauf s'il existe des liens de dépendance (tels que définis no 10425, précision a) entre ces sociétés ou fonds et la PME.

c. L'entreprise doit joindre à la déclaration de résultats de l'exercice un **état de détermination des bénéfices imposés au taux réduit** et, s'il s'agit d'une société, un état de répartition de son **capital** social (CGI ann. III art. 46 quater-0 ZZ bis A). Le non-respect de cette condition formelle non prévue par la loi ne peut toutefois pas faire obstacle à l'application du taux réduit (TA Rennes 30-12-2008 nos 06-2363, 06-2364, 07-392 et 07-393 : RJF 5/09 no 435).

36095 IS-II-9000 s **Autres taux réduits** Bénéficient d'un taux réduit d'IS :

– certaines **plus-values** (plus-values à long terme : voir nos 18670 s. ; plus-values de cession de locaux professionnels destinés à être transformés en logements : voir no 19447) ;

– le résultat net des opérations de cession, concession ou sous-concession de licences d'exploitation portant sur certains droits de **propriété industrielle** et les **logiciels** protégés : voir n°s 10420 s. ;
– les revenus du patrimoine des **collectivités sans but lucratif** : voir n°s 89700 s.

TABLEAU RÉCAPITULATIF

36100

Tranches de bénéfice imposable	Année d'ouverture de l'exercice 2019	2020	2021	2022
CA < 7,63 M€ [1]				
– 0 à 38 120 €	15 %	15 %	15 %	15 %
– 38 120 à 500 000 €	28 %	28 %	26,5 %	25 %
> 500 000 €	31 %			
7,63 M€ ≤ CA < 250 M€				
– 0 à 500 000 €	28 %	28 %	26,5 %	25 %
> 500 000 €	31 %			
CA ≥ 250 M€				
– 0 à 500 000 €	28 %	28 %	27,5 %	25 %
> 500 000 €	33,1/3 % [2]	31 %		

1. Sous réserve du respect des conditions fixées par l'article 219, I-b du CGI.
2. Le taux de 33,1/3 % s'applique aux exercices ouverts en 2019 et clos à compter du 6 mars 2019.

2. IMPUTATIONS

CRÉDITS D'IMPÔT ATTACHÉS À CERTAINS REVENUS MOBILIERS

Lorsque des revenus mobiliers assortis d'un crédit d'impôt sont compris dans le bénéfice imposable d'une société passible de l'IS, celle-ci est autorisée à retrancher ce crédit d'impôt pour le calcul de l'IS à verser. C'est le système dit de l'imputation « impôt sur impôt ». 36115 CGI art. 220 IS-II-10800 s

› Précisions **a.** Cette imputation ne peut être pas effectuée pour les crédits d'impôt attachés à des dividendes ouvrant droit au **régime mère-fille,** qui sont exonérés d'IS (n°s 40950 s.).
b. L'imputation des crédits d'impôt attachés aux revenus mobiliers perçus par les sociétés membres d'un groupe d'**intégration fiscale** s'effectue dans les conditions exposées au nº 40600.

Revenus ouvrant droit à imputation Les **revenus de valeurs mobilières de source étrangère** ouvrent droit en principe à un crédit d'impôt imputable sur le montant de l'IS de la société qui les perçoit lorsqu'ils proviennent d'un pays lié à la France par une convention internationale. Le montant de ce crédit est déterminé dans les conditions indiquées au nº 82980. 36125 CGI art. 220, 1-a-al. 1 IS-II-11150 s

Certains **revenus mobiliers de source française,** essentiellement des produits de bons de caisse, sont soumis à une retenue à la source (nº 25730) et, corrélativement, génèrent un crédit d'impôt imputable.

Lorsque les revenus sont encaissés en France, le montant du crédit d'impôt susceptible d'être imputé est mentionné sur le certificat remis au bénéficiaire par l'établissement payeur. Dans les autres cas, le bénéficiaire doit calculer lui-même le crédit d'impôt, comme indiqué nº 82580.

Modalités de l'imputation Les crédits d'impôt attachés aux revenus mobiliers compris dans le bénéfice imposable viennent en déduction de l'IS, sous réserve du respect de la « règle du butoir » (nº 36155). 36140

Les **revenus** concernés doivent, en principe, être inclus dans le bénéfice imposable pour leur **montant brut,** crédit d'impôt compris. Il est cependant admis en pratique que les crédits d'impôt ne soient pas ajoutés au bénéfice imposable, qui comprend alors seulement le **montant net** des revenus mobiliers effectivement perçus. Dans ce cas, la somme à imputer est égale à 66,2/3 %, 69 % ou 72 % des crédits d'impôt, selon que le taux normal de l'IS est de 33,1/3 %, 31 % ou 28 %. Lorsque les résultats imposables sont soumis à plusieurs taux d'imposition, la détermination du montant des crédits d'impôt imputables sur l'IS, conduit, en pratique, à rechercher à quels taux ces crédits d'impôt auraient été imposés s'ils avaient été compris dans les résultats imposables (BOI-IS-RICI-30-10-20-10 n°s 20 et 30).

Incidence de la **comptabilisation** des revenus mobiliers pour leur **montant net** sur le montant de la contribution sociale : voir nº 36720, précision e.

36145 EXEMPLE

Soit une société qui réalise, au cours de l'exercice clos le 31 décembre 2020, un chiffre d'affaires de 250 M€ et un bénéfice de 900 000 € (soumis à l'IS au taux de 28 % à hauteur de 500 000 € et 31 % pour le solde), dans lequel se trouve incluse une somme de 17 000 € représentant des dividendes de source étrangère perçus au cours de l'exercice. Le revenu brut correspondant est de 20 000 € mais, en raison d'une retenue à la source de 15 %, la société n'a effectivement perçu qu'une somme de 20 000 € – 3 000 € = 17 000 €. Elle bénéficie donc à ce titre d'un crédit d'impôt de 3 000 €.

1. L'IS dû par la société au titre de l'exercice devrait, théoriquement, être déterminé comme suit :

Bénéfice imposable : 900 000 + 3 000	903 000 €
Impôt correspondant : 500 000 × 28 %	140 000 €
Impôt correspondant : 403 000 × 31 %	124 930 €
À déduire : crédit d'impôt	– 3 000 €
IS effectivement dû	261 930 €

2. En pratique, la société peut prendre en compte les revenus nets mais, en contrepartie, ne peut déduire de l'IS que 69 % du crédit d'impôt. L'impôt dû est alors le suivant :

IS correspondant au bénéfice de 900 000 €	264 000 €
À déduire : 69 % du crédit d'impôt soit 3 000 × 69 % (pas d'imputation possible au taux de 72 %, le bénéfice excédant déjà 500 000 € avant prise en compte du crédit d'impôt).	– 2 070 €
IS effectivement dû	261 930 €

36150 Dans le cas de **PME** imposables à l'IS au taux réduit de 15 % qui comptabilisent leurs revenus mobiliers pour leur montant net, les crédits d'impôt sont imputables à raison de 85 % de leur montant, celui-ci étant limité à la différence, si elle est positive, entre 38 120 € et le bénéfice fiscal sans tenir compte des crédits d'impôt. En cas de différence négative, le surplus est par exemple imputable, s'agissant d'un exercice ouvert le 1er janvier 2020, pour 72 % de son montant (en ce sens : BOI-IS-RICI-30-10-20-10 n° 30).

EXEMPLE

Soit une entreprise éligible au taux réduit de 15 % qui clôture un exercice de douze mois le 31 décembre 2020.

Le bénéfice fiscal déterminé hors crédits d'impôt est de 450 000 €.

Le montant des crédits d'impôt est par hypothèse de 10 000 €. Le montant imputable sur l'IS est déterminé comme suit :

Montant imputable au taux de 85 % : pas d'imputation car 38 120 – 450 000 < 0	0
Montant imputable au taux de 72 % : 72 % x 10 000	7 200 €
Total imputable	7 200 €

36155 **Limitation de l'imputation** En vertu de la « **règle du butoir** », l'imputation à effectuer est limitée à la fraction de l'IS correspondant au montant des revenus de capitaux mobiliers donnant droit à crédit d'impôt. L'imputation des crédits d'impôt d'origine étrangère est en outre limitée au montant du crédit correspondant à l'impôt retenu à la source à l'étranger, tel qu'il est prévu par les conventions internationales.

CGI art. 220, 1-a et b
IS-II-11400 s

Le montant des **revenus étrangers** à prendre en compte pour déterminer la fraction de l'IS correspondant, et par suite le montant maximal du crédit d'impôt imputable, s'entend des revenus nets, après imputation, conformément aux dispositions de l'article 39 du CGI, de toutes les charges justifiées directement liées à l'acquisition, à la conservation ou à la cession des titres ayant donné lieu à la perception desdits revenus et n'ayant pas pour contrepartie un accroissement de l'actif, sauf exclusion par des dispositions spécifiques. L'article 122 du CGI qui détermine le montant du produit perçu au sens de l'article 38 du même Code, sans autre déduction que celle des impôts établis dans le pays d'origine, ne fait pas obstacle à l'application des règles fixées par l'article 39 régissant la déduction des charges pour le calcul du montant maximal du crédit d'impôt imputable (CE plén. 7-12-2015 n° 357189 : RJF 2/16 n° 123).

> **Précisions** **a.** Un **dispositif anti-abus** vise le cas où les titres auxquels sont attachés les crédits d'impôt font l'objet d'une **opération d'aller-retour autour de la date de détachement du coupon.** Il s'applique lorsque les titres ont été acquis auprès d'une personne, ou une personne liée à celle-ci au sens de l'article 39, 12 du CGI (n° 10425, précision a), qui s'est engagée à en retrouver ou s'est réservé la possibilité d'en retrouver ultérieurement la détention. Dans ce cas, le revenu à prendre en compte pour le calcul du crédit d'impôt imputable est diminué des charges engagées pour l'acquisition de ce revenu par le contribuable ou par une société liée, y compris les moins-values de cession des titres et les sommes (autres

que le prix d'acquisition) versées au cédant ou aux personnes qui lui sont liées. Les frais de garde et d'encaissement des titres doivent aussi être pris en compte selon l'administration (BOI-IS-RICI-30-10-20-20 n° 220).
Ce dispositif ne s'applique pas toutefois si le contribuable peut démontrer que la conclusion du contrat n'avait pas principalement pour objet ou pour effet d'obtenir le bénéfice du crédit d'impôt. L'administration a par ailleurs indiqué que les opérations conclues plus de soixante jours avant la date du détachement du dividende ou de l'acompte ne relèvent pas du dispositif, sauf s'il est établi que ces opérations avaient principalement pour objet ou pour effet de faire bénéficier le contribuable du crédit d'impôt (BOI précité n° 140).
b. Le Conseil d'État a saisi la CJUE d'une **question préjudicielle** portant sur le point de savoir si la règle du butoir est compatible avec la liberté de circulation des capitaux (CE plén. 24-4-2019 n° 399952 : RJF 7/19 n° 636).

Impôt servant de base d'imputation Qu'ils soient de source française ou étrangère, les crédits d'impôt s'imputent sur l'IS pris dans son ensemble, sans qu'il y ait lieu de distinguer selon que cet impôt est dû au taux normal ou au taux réduit (CE 26-6-2017 n°s 386269 et 406437 : RJF 10/17 n° 942). L'administration autorise ainsi l'imputation sur l'IS à taux réduit frappant les plus-values à long terme des crédits d'impôt d'origine française qui n'ont pu être déduits du montant de l'IS au taux normal ou au taux réduit prévu en faveur des PME (BOI-IS-RICI-30-10-20-20 n° 50). 36160

Lorsque la **somme à déduire est supérieure au montant de l'IS,** l'excédent ne peut ni être retranché de l'impôt dû au titre des exercices suivants (Cons. const. 28-9-2017 n° 2017-654 QPC : RJF 12/17 n° 1216) ni être restitué à la société (CE 27-6-2016 n° 388984 : RJF 10/16 n° 871). L'impôt acquitté à l'étranger conformément à une convention fiscale ne peut pas non plus être déduit des résultats (voir n° 8525).

Les crédits d'impôt attachés à des revenus encaissés au cours d'un **exercice déficitaire** sont donc définitivement perdus pour la société.

IMPUTATIONS DIVERSES

Comme les revenus mobiliers, les **intérêts de créances non négociables** et les **redevances** de **source étrangère** ouvrent droit en principe à un crédit d'impôt imputable sur l'impôt français lorsqu'ils proviennent d'un pays lié à la France par une convention internationale (voir n° 82580). 36170 IS-II-11900 s

La loi prévoit par ailleurs un certain nombre d'autres cas, de nature et de portée très diverses, où le montant de l'IS peut se trouver diminué par l'imputation de perceptions antérieures ou de crédits d'impôt (créance née du report en arrière des déficits ou crédits d'impôt attachés à certaines dépenses par exemple).

E. Établissement de l'IS

Selon le principe posé par l'article 221, 1 du CGI, l'IS est établi dans les mêmes conditions et sous les mêmes sanctions que l'impôt sur le revenu au titre des **BIC** (régime **réel normal ou** régime **réel simplifié**). 36200

1. PERSONNES IMPOSABLES ET LIEU D'IMPOSITION

L'IS est en principe établi au nom de la personne morale pour l'ensemble de ses activités imposables en France. 36350 CGI art. 218 et 218 A IS-II-14000 s

Dans le régime de l'**intégration fiscale,** la société tête de groupe est seule redevable de l'IS dû sur l'ensemble des résultats du groupe (voir n° 40590).

L'impôt est normalement établi au lieu du **principal établissement.** Toutefois, l'administration a la faculté de désigner comme lieu d'imposition soit celui où est assurée la **direction effective** de la société, soit celui de son **siège social.**

En ce qui concerne les **sociétés étrangères** qui exercent des activités en France ou y possèdent des biens (sans y avoir leur siège social), le lieu d'imposition est fixé (CGI ann. IV art. 23 ter) :

– soit au lieu du principal établissement ;
– soit, à défaut d'établissement en France, au service des impôts des entreprises étrangères ;
– soit, pour les sociétés qui, sans exercer en France d'activité autre qu'immobilière, disposent de propriétés immobilières données ou non en location, au lieu de situation de ces biens ; en cas de pluralité de lieux d'imposition, celle-ci est établie au service des impôts des entreprises étrangères.

> **Précisions a.** Lorsqu'une société fait l'objet d'une procédure de **liquidation** ou de **redressement judiciaires,** l'impôt doit continuer à être établi à son nom pour les profits réalisés aussi bien après qu'avant le jugement (CE 22-3-1985 n° 43441 : RJF 6/85 n° 895).
b. Domiciliation fiscale : lorsqu'une entreprise ne dispose pas de locaux pour y fixer son siège ou y exercer son activité, le lieu de souscription des déclarations fiscales dépend du **choix** opéré, au moment de l'immatriculation au registre du commerce, entre :
– une **domiciliation collective** dans des locaux occupés en commun avec d'autres entreprises ;
– ou une domiciliation dans le **local d'habitation** du chef d'entreprise, d'un associé ou du représentant légal.
Cette forme de domiciliation n'est pas limitée dans le temps sauf si la société est soumise à des dispositions législatives ou des stipulations contractuelles contraires, auquel cas elle ne peut excéder cinq ans (C. com. art. L 123-11-1).
Quelle que soit l'option retenue, les pièces de procédure doivent être envoyées à l'adresse de domiciliation ; c'est à cette adresse que se déroule, le cas échéant, la vérification de comptabilité.

2. OBLIGATIONS DES SOCIÉTÉS

OBLIGATIONS COMPTABLES

36375 Comme tous les commerçants, les sociétés passibles de l'IS doivent tenir une comptabilité complète et régulière dans les conditions exposées n°s 10950 s. (voir aussi n°s 86835 s. pour les sociétés relevant du régime réel simplifié).

Obligation propre aux entreprises relevant de l'IS : comptabiliser distinctement et faire approuver par l'assemblée certaines **dépenses somptuaires** (n° 9000, précision b).

DÉCLARATION DES RÉSULTATS

36385 Les sociétés et autres personnes morales passibles de l'IS sont tenues de souscrire chaque année **par voie électronique** les déclarations prévues pour les **bénéfices industriels et commerciaux** soumis à l'impôt sur le revenu, en se conformant selon le cas aux règles applicables pour le régime **réel normal** (n°s 10965 s.) **ou** pour le régime **réel simplifié** (n° 86845).

CGI art. 223, 1
RIE-III-400 s et 1100 s

La déclaration de résultats doit être souscrite sur un **formulaire** n° 2065-SD accompagné d'une annexe n° 2065 bis-SD. Une déclaration spéciale n° 2070-SD est prévue pour les collectivités sans but lucratif.

Nous publions, chaque année, au Feuillet rapide des **guides spéciaux** consacrés à l'établissement des déclarations de résultat.

36390 **Délai de déclaration** La déclaration des résultats, accompagnée des documents annexes, doit en principe être souscrite dans les **trois mois de la clôture** de chaque exercice.

RIE-III-630 s

Pour les **exercices arrêtés le 31 décembre, ou** lorsque **aucun exercice** n'est **clos au cours d'une année,** la déclaration peut être souscrite au plus tard le deuxième jour ouvré suivant le 1er mai (CGI art. 223, 1). L'administration accorde un délai supplémentaire de 15 jours calendaires dès lors qu'il s'agit de déclarations télétransmises (BOI-BIC-DECLA-30-10-10-20 n° 60).

> **Précisions a.** En cas de **cession ou cessation** d'entreprise, la déclaration doit être produite dans un délai spécial de 60 jours (voir n° 11095).
b. Pour les **sociétés nouvelles** passibles de l'IS qui n'arrêtent pas de bilan au cours de l'année de création, la première déclaration (et le paiement de l'IS correspondant) porte sur la période écoulée depuis le début d'activité jusqu'à la clôture du premier exercice (voir n° 7330).
c. Comme les entreprises individuelles, les sociétés peuvent, sous certaines conditions, être autorisées à produire une **déclaration provisoire** (voir n° 10975, précision a). Cette possibilité est admise notamment lorsque le bilan n'a pas encore été approuvé à la date d'expiration du délai de déclaration, faute d'avoir pu, à cette date, réunir l'assemblée appelée à statuer sur les comptes de l'exercice. La déclaration provisoire doit alors comporter l'indication des résultats qui seront soumis à l'assemblée (BOI-IS-DECLA-10-10-10 n° 200).

36395 **Documents à joindre à la déclaration**

a. Les sociétés relevant du régime **réel normal** sont tenues de joindre à leur déclaration les mêmes pièces et documents, énumérés aux n°s 10985 s., que les contribuables imposables à l'impôt sur le revenu dans la catégorie des BIC.

Les sociétés placées sous le régime **réel simplifié** doivent joindre à la déclaration n° 2065-SD les tableaux annexes n°s 2033 A à 2033 G (voir n° 86845).

CGI art. 223, 2
RIE-III-6810 s et RIE-III-6860 s

b. Les sociétés doivent en outre joindre à leur déclaration :
– l'**état de répartition des bénéfices distribués** aux associés et des sommes ou valeurs mises à leur disposition assimilées à des distributions ; ces renseignements sont portés dans un cadre spécialement prévu à cet effet sur l'annexe n° 2065 bis-SD (pour la procédure spéciale prévue lorsque la masse des revenus distribués excède le total des distributions indivi-

duelles déclarées par la société et l'application éventuelle de la pénalité fiscale sanctionnant les rémunérations et distributions occultes : voir n°s 24770 s.) ;
– les **comptes rendus ou extraits des délibérations** des conseils d'administration et des assemblées des actionnaires. L'administration a toutefois admis que les entreprises ne joignent que les seuls extraits ayant une incidence sur l'exigibilité des impôts de distribution, tels que la retenue à la source (Rép. Garrigue : AN 9-5-1994 n° 10833, non reprise dans Bofip).

c. Les sociétés autres que les sociétés anonymes sont également tenues de fournir chaque année un **état des rémunérations** versées à leurs membres. Un cadre spécial est prévu à cet effet sur le formulaire n° 2065 bis-SD. CGI art. 242, 2 **RIE-III-6840 s**

d. Les **revenus de valeurs étrangères** encaissés à l'étranger ou reçus directement de l'étranger sont déclarés sur le formulaire spécial n° 2066-SD à joindre au relevé de solde de l'IS.

Contrôle des déclarations et sanctions Les **règles** applicables sont les mêmes que celles prévues pour le contrôle des **déclarations de BIC** faites au titre de l'impôt sur le revenu. On se reportera donc à l'aperçu général donné aux n°s 11010 et 11020 qui, sur les différents points concernés, renvoie aux explications plus détaillées figurant dans l'étude d'ensemble consacrée au contrôle fiscal. **36400**

AUTRES OBLIGATIONS

a. Déclarations d'existence, de modification du pacte social et des conditions d'exercice de la profession. Ces déclarations sont à produire dans le mois de la constitution de la société ou des modifications du pacte social. En vertu d'autres dispositions, les personnes physiques ou morales assujetties à la TVA sont également astreintes à des déclarations de création d'entreprise ou d'activité ou de cessation (n°s 53385 s.). Ces diverses déclarations sont faites auprès des centres de formalités des entreprises (n°s 88200 s.). **36405** CGI art. 222 **RIE-V-1500 s**

b. Sociétés étrangères. Les personnes morales exerçant des activités en France ou y possédant des biens, sans y avoir leur siège social, peuvent être invitées par le service des impôts à désigner un **représentant** en France pour recevoir les communications relatives à l'assiette, au recouvrement et au contentieux de l'IS. Cette désignation doit être faite dans les 90 jours de la demande. Elle vaut, sauf mention contraire, pour l'IS et la taxe de 3 % sur les immeubles (n° 75975, précision c) (CE 16-3-2016 n° 376141 : RJF 6/16 n° 547). À défaut, les sociétés peuvent être taxées d'office. L'obligation de désigner un représentant fiscal ne s'applique toutefois pas aux personnes morales qui ont leur siège social dans un État membre de l'Union européenne ou dans un autre État partie à l'accord sur l'Espace économique européen ayant conclu avec la France une convention d'assistance administrative en vue de lutter contre la fraude et l'évasion fiscales ainsi qu'une convention d'assistance mutuelle en matière de recouvrement de l'impôt. CGI art. 223 quinquies A LPF art. L 72, 2° **RIE-V-1770 s**

3. CESSION OU CESSATION D'ENTREPRISE

Les règles applicables en cas de cession ou de cessation d'entreprise, en matière d'impôt sur le revenu (bénéfices industriels et commerciaux) et d'IS, font l'objet d'un **exposé d'ensemble** n°s 11045 s. **36430**

Des études spéciales sont par ailleurs consacrées au régime fiscal :
– des **fusions** de sociétés et opérations assimilées (n°s 39000 s.) ;
– des **transformations** et des **changements d'objet ou de régime fiscal** des sociétés (n°s 38500 s.).

F. Paiement de l'IS

L'IS est calculé par la société elle-même et versé spontanément au comptable de la DGFiP du lieu du dépôt de la déclaration de résultats. Ce système de **paiement spontané** comporte : **36460** CGI art. 1668 **IS-III-1 s**
– d'abord, le versement d'**acomptes trimestriels** (n°s 36525 s.) ;
– puis, après la clôture de l'exercice, la liquidation de l'impôt réellement dû et le versement du **solde** correspondant (n°s 36600 s.).

Chaque versement est effectué au vu d'un relevé de versement.

Les **règles générales** de paiement des impôts sont exposées n°s 76525 s. Seules sont données ci-après les règles spécifiques à l'IS.

1. ACOMPTES PROVISIONNELS

ÉPOQUE ET NOMBRE DES VERSEMENTS

36525 CGI art. 1668, 1 IS-III-500 s et 2000 s

Pour chaque exercice social, l'IS donne lieu normalement au versement de **quatre acomptes** à date fixe (sauf **cas de dispense** totale ou partielle d'acomptes, voir nos 36560 s.).

Ces acomptes doivent être payés au plus tard les 15 mars, 15 juin, 15 septembre et 15 décembre selon un ordre qui est fonction de la date de clôture de l'exercice précédent.

Le calendrier de versement des différents acomptes est fixé comme suit (CGI ann. III art. 360 bis) :

Date de clôture comprise entre	1er acompte	2e acompte	3e acompte	4e acompte
le 20 novembre et le 19 février inclus	15 mars	15 juin	15 septembre	15 décembre
le 20 février et le 19 mai inclus	15 juin	15 septembre	15 décembre	15 mars
le 20 mai et le 19 août inclus	15 septembre	15 décembre	15 mars	15 juin
le 20 août et le 19 novembre inclus	15 décembre	15 mars	15 juin	15 septembre

Un **tableau récapitulatif** des différentes échéances figure au no 36640.

Lorsque l'**exercice** au titre duquel sont versés les acomptes comporte une **durée inférieure ou supérieure à douze mois,** le nombre des acomptes est ramené ou porté au nombre des échéances trimestrielles comprises dans cette durée (BOI-IS-DECLA-20-10 no 60).

Le paiement des acomptes doit être effectué par **télérèglement** (CGI art. 1681 septies, 1) sous peine de sanctions (no 80200, b), au vu d'un relevé d'acompte (**formulaire no 2571-SD**).

Le **défaut ou** le **retard** de paiement entraîne l'application des pénalités visées aux nos 80160 s.

CALCUL DES ACOMPTES

36535 IS-III-700 s

Base de calcul La base de calcul des acomptes est déterminée d'après les résultats du dernier exercice clos à la date de leur échéance et dont le délai de déclaration est expiré (**exercice de référence**).

Le **premier acompte** est provisoirement calculé sur la base du bénéfice de référence de l'avant-dernier exercice. Une régularisation est ensuite opérée lors du versement du deuxième acompte sur la base des résultats du dernier exercice.

EXEMPLE

Pour un exercice ouvert le 1er janvier 2020, l'acompte du 15 mars 2020 est calculé sur la base du bénéfice de l'exercice 2018. Il est ensuite régularisé, lors du versement du deuxième acompte (payable au plus tard le 15 juin 2020), sur la base du bénéfice de l'exercice 2019.

Lorsque la durée de l'**exercice de référence** est **supérieure ou inférieure à un an,** les acomptes sont calculés sur la base des bénéfices rapportés à une période de douze mois.

› Précisions **a.** Pour le calcul du **premier acompte,** les sociétés peuvent faire état du bénéfice du dernier exercice (non encore déclaré à la date du paiement de l'acompte) lorsqu'elles estiment qu'il sera inférieur au bénéfice de l'exercice précédent ou se soldera par un déficit et ainsi réduire le montant de l'acompte ou s'en dispenser. Si elles n'utilisent pas cette possibilité, elles peuvent par la suite demander le remboursement des sommes indûment versées (BOI-IS-DECLA-20-10 nos 410 et 420 ; CE 6-7-1990 no 77720 : RJF 10/90 no 1170).

b. Pour le cas particulier du dernier acompte des **grandes entreprises,** voir no 36545.

36540 IS-III-1070 s

Montant des acomptes Le **montant total** de ces acomptes est égal à un montant d'IS calculé :

– sur le résultat taxé au taux normal (28 % ou 31 % pour les exercices ouverts à partir du 1er janvier 2020 : voir tableau récapitulatif no 36100) ;

– sur le bénéfice imposé au taux réduit des PME (15 %) ;

– et sur le résultat net de cession, concession ou sous-concession de licences d'exploitation de certains droits de propriété industrielle ou de logiciels protégés imposé au taux de 10 % (nos 10420 s.).

La plus-value nette à long terme provenant de la cession des éléments d'actif taxée à 15 % ou 19 % est exclue du calcul des acomptes.

Chacun des acomptes est égal au quart de l'impôt ainsi liquidé. En pratique, chaque acompte est égal à :

– 7,75 % du bénéfice taxé à 31 % ;

– 7 % du bénéfice taxé à 28 % ;

– 3,75 % du bénéfice des PME taxé à 15 % ;

– et 2,5 % du résultat net de cession, concession ou sous-concession de certains droits de propriété industrielle et de logiciels protégés taxé à 10 %.

Les entreprises doivent calculer leurs acomptes dus au titre d'un exercice ouvert en année N en appliquant le taux normal d'IS applicable au titre de ce même exercice (voir n° 36100) (BOI-IS-DECLA-20-10 n° 110).

Les créances nées du report en arrière des déficits et les réductions et crédits d'impôt reportables peuvent s'imputer sur le montant des acomptes ainsi déterminés (BOI précité n° 110). L'excédent de versement du précédent exercice peut par ailleurs être imputé sur le premier acompte (n° 36565).

Le montant obtenu est arrondi à l'euro le plus proche (n° 97510).

› **Précisions** **a.** L'administration autorise les entreprises dont une fraction importante des bénéfices est constituée par des **revenus mobiliers** à calculer leurs acomptes d'après l'impôt net de l'exercice précédent, c'est-à-dire après imputation des crédits d'impôt (méthode dite de « l'impôt fictif » : BOI-IS-DECLA-20-30 n° 100). Les sociétés qui entendent utiliser ce mode de calcul des acomptes, qui a perdu une grande partie de son intérêt avec la suppression de l'avoir fiscal, doivent en faire la demande auprès du comptable de la DGFiP lorsqu'elles ont déterminé l'impôt de leur dernier exercice (IS-III-1230 s.).

b. Pour les **sociétés en commandite simple** et les sociétés **en participation,** les acomptes sont calculés en fonction de la part de bénéfices correspondant soit aux droits des commanditaires (n° 37775), soit à ceux des associés dont les noms et adresses n'ont pas été indiqués à l'administration (n°s 37800 s.).

Dernier acompte des grandes entreprises Le dernier acompte (quatrième) à verser par les entreprises dont le chiffre d'affaires du dernier exercice clos (ramené le cas échéant à douze mois) ou de la dernière période d'imposition est au moins égal à 250 M€ est calculé par référence au **bénéfice estimé de l'exercice** (et non d'après les résultats du dernier exercice clos) lorsque celui-ci a augmenté par rapport à l'exercice précédent. Le **montant** de cet acompte ne peut être inférieur à la différence entre : **36545** CGI art. 1668, 1, al. 5 à 9 et 1731 A **IS-III-870 s**

– 95 % du montant de l'impôt calculé sur le bénéfice estimé et le montant des trois acomptes déjà versés pour les entreprises dont le **chiffre d'affaires** de l'exercice précédent est compris **entre 250 M€ et 1 Md €** ;

– 98 % du montant de l'impôt calculé sur le bénéfice estimé et le montant des trois acomptes déjà versés pour les entreprises dont le **chiffre d'affaires** est **supérieur à 1 Md €.**

Les quotités de 95 % et 98 % s'appliquent lorsque le bénéfice estimé des entreprises concernées augmente respectivement de plus de 5,26 % et 2,04 % par rapport à l'exercice précédent.

EXEMPLE

Une société réalise un chiffre d'affaires de 650 M€ au titre de l'exercice clos le 31 décembre 2019. Le résultat au titre de cet exercice s'élève à 332,5 M€. La société ne tire aucun revenu de la propriété intellectuelle.

En décembre 2020, la société a déjà versé trois acomptes d'IS d'un montant total de 77,295 M€ (soit 105 K€ au taux de 7 % et 77,190 M€ au taux de 7,75 %). Elle estime son résultat de 2020 à 386 M€, soit un IS estimé de 119,645 M€ (soit 140 K€ au taux de 28 % et 119,505 M€ au taux de 31 %).

Le résultat estimé de 2020 ayant augmenté de plus de 5,26 % par rapport au résultat de 2019 et le chiffre d'affaires réalisé au titre de l'exercice 2019 étant supérieur à 250 M€ (et inférieur à 1 Md €), le montant du dernier acompte que la société devra verser au plus tard le 15 décembre 2020 s'élève à 36 367 750 € [(119,645 M€ × 95 %) − 77,295 M€].

› **Précisions** **a.** Le **chiffre d'affaires** à retenir s'entend de l'ensemble des recettes provenant de l'activité professionnelle normale et courante de l'entreprise à l'exclusion des produits financiers, des produits exceptionnels et des refacturations de frais qui présentent le caractère de débours tels que définis n° 52335 (BOI-IS-DECLA-20-10 n° 180). **36550**

Les sociétés exerçant une **activité à l'étranger** doivent tenir compte de leur seul chiffre d'affaires réalisé en France (BOI-IS-DECLA-20-10 n° 190).

b. En ce qui concerne les modalités de calcul du dernier acompte des grandes entreprises par la société mère d'un **groupe fiscal,** voir n° 40595.

c. En cas d'**insuffisance de paiement,** les pénalités pour paiement tardif visées n°s 80160 s. s'appliquent à la différence entre respectivement 95 % ou 98 % de l'impôt dû et 95 % ou 98 % de l'impôt estimé, sous réserve que cette différence soit supérieure à la fois à 25 % du montant de l'impôt dû et à 8 M€ (sociétés réalisant un chiffre d'affaires supérieur à 1 Md €) ou 2 M€ (sociétés réalisant un chiffre d'affaires compris entre 250 M€ et 1 Md €).

Aucune pénalité n'est toutefois appliquée si le montant de l'impôt estimé a été déterminé à partir du compte de résultat prévisionnel révisé dans les quatre mois qui suivent l'ouverture du second semestre de l'exercice.

DISPENSE OU RÉDUCTION D'ACOMPTES

36560 CGI art. 1668, 4 bis IS-III-1400 s **Règles générales** Aucun acompte n'est exigible lorsque le **montant de l'impôt de référence** n'excède pas 3 000 € (CGI ann. III art. 359, 3).

Il en est de même, bien entendu, lorsque l'**exercice** de référence est fiscalement **déficitaire,** soit intrinsèquement, soit du fait du report de déficits antérieurs.

36565 Si les acomptes versés au titre du dernier exercice clos excèdent l'impôt réellement dû, l'entreprise peut demander l'imputation de l'excédent de versement sur le **premier acompte** du nouvel exercice (BOI-IS-DECLA-20-20 nº 60).

La société peut se dispenser de verser de nouveaux acomptes (ou en réduire le montant) si elle estime que le montant des **acomptes déjà versés** au titre d'un exercice est égal ou **supérieur à la cotisation totale** d'IS dont elle sera redevable pour cet exercice après imputation des crédits d'impôt attachés aux valeurs mobilières (imputation non prévue par la loi mais admise par l'administration : BOI-IS-DECLA-20-10 nº 440).

Si, par la suite, les versements effectués ne correspondent pas à l'impôt dû, les **pénalités pour paiement tardif** visées nºs 80160 s. sont applicables aux sommes non versées aux échéances prévues.

> **Précisions** **a.** La **cotisation** totale **d'impôt à retenir** est la cotisation réellement due en tenant compte notamment de l'impôt acquitté au taux réduit par les PME ainsi que de celui applicable aux plus et moins-values à long terme. Le résultat net de la concession de droits de propriété industrielle est pris en compte sous déduction de la moins-value nette à long terme de l'exercice, des moins-values à long terme et des déficits antérieurs reportables.
> **b.** Une société qui a versé des acomptes d'un montant supérieur à l'impôt dû peut également, après la clôture de l'exercice, récupérer l'**excédent** dans les conditions indiquées au nº 36620.

36570 **Sociétés nouvelles ou nouvellement soumises à l'IS** Les sociétés nouvelles ainsi que les sociétés préexistantes nouvellement soumises à l'IS (de plein droit ou sur option) sont dispensées du versement de tout acompte au cours de leur **premier exercice** d'activité ou de leur première période d'imposition à l'IS.

Au-delà de cet exercice (ou de cette période), ces sociétés sont, sauf exonération, redevables de l'IS dans les conditions de droit commun. Toutefois, il est admis qu'elles n'acquittent pas le **premier acompte** dès lors que le délai de dépôt de la déclaration de leur premier résultat n'est pas expiré à la date d'échéance de paiement de cet acompte (BOI-IS-DECLA-20-30 nº 10).

36575 **Sociétés temporairement exonérées d'IS** Les sociétés exonérées temporairement d'IS sont dispensées d'acomptes tant que dure cette exonération. Si l'exonération n'est que partielle, le montant des acomptes est réduit au titre des mêmes périodes et dans les mêmes proportions que l'exonération d'IS. Sont notamment concernées les sociétés nouvelles, les sociétés implantées dans les ZFU-TE, les sociétés créées ou reprises dans les zones de revitalisation rurale ou dans les bassins d'emploi à redynamiser, les jeunes entreprises innovantes.

36580 **Organismes sans but lucratif** Certains organismes sans but lucratif soumis à l'IS sont dispensés du versement des acomptes lorsque le chiffre d'affaires de leur dernier exercice clos est inférieur à 84 000 € (voir nºs 89620 et 89655).

2. LIQUIDATION DE L'IMPÔT

36600 CGI art. 1668, 2 IS-III-2500 s Lorsque, après la clôture de chaque exercice, la société établit la **déclaration des résultats** de cet exercice, elle doit procéder spontanément à la liquidation de l'IS correspondant.

Le montant de l'impôt calculé au taux normal (nº 36065) sur le bénéfice de l'exercice (ou au taux réduit sur les bénéfices des PME : nºs 36085 s.) et arrondi à l'euro le plus proche doit, s'il y a lieu :

– être augmenté du montant de l'impôt dû, aux taux réduits, sur certaines **plus-values** et sur le résultat net de cession, concession ou sous-concession de licences d'exploitation de certains droits de propriété industrielle et logiciels protégés (nº 36095) ;

– être diminué du montant des **imputations** autorisées par la loi (nºs 36115 s.).

Le montant de l'impôt ainsi liquidé (arrondi à l'euro le plus proche) est alors comparé au montant des acomptes déjà versés au titre de l'exercice. Cette comparaison fait apparaître soit un complément d'impôt à acquitter, soit un excédent de versement.

> **Précisions** Lorsque le résultat de la liquidation effectuée par la société fait apparaître une **discordance** avec celui auquel aboutit l'administration, celle-ci envoie au contribuable une lettre de rejet (absence d'excédent à restituer), de restitution ou encore de motivation des pénalités (insuffisance de versement). Ces lettres sont accompagnées ou suivies d'une situation rectifiée (BOI-IS-DECLA-20-20 nºs 200 à 240).

VERSEMENT DU SOLDE

Lorsque l'impôt finalement dû est supérieur au montant des acomptes déjà versés, la différence représente le solde de liquidation. Le paiement du solde est effectué lors du dépôt du relevé de solde (**formulaire n° 2572-SD**) au plus tard le 15 du quatrième mois qui suit la clôture de l'exercice. Si l'exercice est clos le 31 décembre ou si aucun exercice n'est clos au cours de l'année, ce versement doit intervenir au plus tard le 15 mai de l'année suivante. Voir au n° 36640 le tableau récapitulatif des dates limites de paiement selon la date de clôture des exercices. **36610** IS-III-2700 s et 3530 s

Le paiement doit être effectué par **télérèglement** (CGI art. 1681 septies, 1), sous peine de sanctions (voir n° 80200, b).

Le **défaut ou** le **retard** de paiement entraîne l'application des pénalités visées aux n°s 80160 s.

EXCÉDENT DE VERSEMENT

Lorsque la liquidation de l'IS fait apparaître un excédent de versement (impôt définitif inférieur au montant des acomptes déjà versés), cet excédent est, défalcation faite des autres impôts directs dus par la société, en principe, **remboursé** d'office à cette dernière dans les trente jours à compter de la date du dépôt du relevé de solde et de la déclaration de résultat. En pratique, ce délai est décompté à partir de la date de dépôt de celui de ces deux documents qui a été déposé le dernier. Sur l'obtention d'intérêts moratoires en cas de remboursement tardif, voir n° 81915, précision b. **36620** IS-III-3000 s

La société peut également demander l'**imputation** de l'excédent de versement sur le premier acompte de l'exercice suivant (voir n° 36565) ou sur sa prochaine échéance fiscale (voir n° 76720).

> **Précisions** **a.** Une société ne peut obtenir la **restitution** de l'excédent versé dès lors qu'elle n'a pas déposé de relevé de solde mais elle conserve néanmoins une **créance sur l'État** dont elle peut demander la restitution devant le juge de plein contentieux dans le délai de prescription quadriennale prévu par l'article 1er de la loi 68-1250 du 31 décembre 1968 (CAA Nancy 19-10-2017 n° 16NC00543 : RJF 4/18 n° 362).
> **b.** Excédent de versement en cas de **fusion avec effet rétroactif** : voir n° 39470, précision b.

3. TABLEAU RÉCAPITULATIF DES ÉCHÉANCES D'IS

Pour les sociétés dont l'exercice comptable correspond régulièrement à une période de douze mois, le tableau ci-après récapitule, en fonction de la date de clôture des exercices, l'ordre et la date de versement des quatre acomptes et du solde de liquidation. **36640**

Date de clôture des exercices	Date limite de paiement [1]				Solde de liquidation [1]
	1er ac.	2e ac.	3e ac.	4e ac.	
31 janv.	15 mars	15 juin	15 sept.	15 déc.	15 mai
28 févr.	15 juin	15 sept.	15 déc.	15 mars	15 juin
31 mars	15 juin	15 sept.	15 déc.	15 mars	15 juillet
30 avril	15 juin	15 sept.	15 déc.	15 mars	15 août
31 mai	15 sept.	15 déc.	15 mars	15 juin	15 sept.
30 juin	15 sept.	15 déc.	15 mars	15 juin	15 oct.
31 juillet	15 sept.	15 déc.	15 mars	15 juin	15 nov.
31 août	15 déc.	15 mars	15 juin	15 sept.	15 déc.
30 sept.	15 déc.	15 mars	15 juin	15 sept.	15 janv.
31 oct.	15 déc.	15 mars	15 juin	15 sept.	15 févr.
30 nov.	15 mars	15 juin	15 sept.	15 déc.	15 mars
31 déc.	15 mars	15 juin	15 sept.	15 déc.	15 mai

1. IS et contribution sociale (n° 36730). Si la date limite de paiement tombe un samedi, un dimanche ou un jour férié légal, elle est reportée au prochain jour ouvrable (n° 76650, Précisions).

G. Contribution sociale

Les personnes morales les plus importantes redevables de l'IS sont susceptibles d'être assujetties à une contribution sociale de 3,3 % juridiquement distincte de l'IS. Cette contribution n'est **pas déductible** des résultats imposables (CGI art. 213). **36690** CGI art. 235 ter ZC IS-VIII-200 s

CHAMP D'APPLICATION

36700 La contribution sociale est due par les personnes morales assujetties, de plein droit ou sur option, à l'IS et dont le montant de cet impôt excède 763 000 €.

> **Précisions** **a.** Les **collectivités sans but lucratif** assujetties à l'IS uniquement sur les revenus de leur patrimoine (nos 89700 s.) ne sont pas soumises à la contribution sociale.
> **b.** En ce qui concerne les sociétés membres d'un **groupe intégré,** voir nos 40605 s.

36705 **PME exonérées** Sont exonérées de la contribution sociale les PME remplissant les conditions suivantes :
– le **chiffre d'affaires** hors taxe réalisé au cours de l'exercice concerné (ramené à douze mois le cas échéant) doit être inférieur à 7 630 000 € ;
– le **capital** doit être entièrement libéré et détenu, de manière continue pendant toute la durée de l'exercice concerné, pour 75 % au moins par des personnes physiques (ou par des sociétés satisfaisant elles-mêmes à l'ensemble de ces conditions).

> **Précisions** **a.** Seul le **chiffre d'affaires** réalisé en **France** doit être pris en compte (BOI-IS-AUT-10-10 n° 20).
> **b.** Les participations des SCR, des FCPR, des fonds professionnels spécialisés, des fonds professionnels de capital investissement, des sociétés de libre partenariat, des SDR et des SFI ne sont pas prises en compte pour la détermination du **seuil de 75 %,** sauf s'il existe des liens de dépendance (tels que définis n° 10425, précision a) entre ces sociétés ou fonds et la PME.

ASSIETTE ET CALCUL

36715 IS-VIII-1000 s La contribution sociale due au titre d'un exercice est assise sur l'**IS** calculé au taux normal (n° 36065) sur le résultat de l'exercice et, le cas échéant, aux taux réduits de 10 % (applicable au résultat net de cession, concession ou sous-concession de licences d'exploitation de certains droits de propriété industrielle et logiciels protégés), 15 % et 19 % (n° 36095).
La contribution est égale à 3,3 % de l'IS de référence diminué d'un **abattement** de 763 000 € par période de douze mois (lorsqu'une période d'imposition ou un exercice est différent de douze mois, l'abattement est ajusté en conséquence).

EXEMPLE

Une société dont le chiffre d'affaires est de 10 M€ réalise, au cours de l'exercice de 12 mois clos le 31 décembre 2020, les résultats suivants :
– bénéfices imposés au taux normal de 28 % : 6 M€ ;
– résultat net de cession d'un brevet taxé au taux réduit de 10 % : 100 000 €.
Montant de l'IS dû au titre de 2020 :

– (6 M × 28 %) =	1,68 M€
– (100 000 × 10 %) =	10 000 €
	1,69 M€

La contribution sociale s'élève à (1 690 000 − 763 000) × 3,3 % = 30 591 €.

36720
> **Précisions** **a.** La contribution sociale est due pour chaque exercice clos, quelle que soit sa durée. Si **plusieurs exercices** sont clos au cours de la **même année,** l'entreprise doit procéder à la liquidation de la contribution pour chacun de ces exercices. Si **aucun exercice** n'est clos au cours d'une année donnée, la contribution est due au titre de la période écoulée depuis la clôture de l'exercice précédent jusqu'au 31 décembre de l'année considérée (BOI-IS-AUT-10-20 n° 30).
> **b.** L'impôt de référence servant de base au calcul de la contribution s'entend de l'IS effectivement dû, calculé sur les résultats déterminés dans les conditions de droit commun, notamment après imputation, des **déficits** et des **moins-values à long terme** dont le report est autorisé et application des **abattements** prévus par des régimes particuliers ou des dispositions prévoyant des **reports ou sursis** d'imposition (BOI précité n° 10).
> **c.** En cas de transformation d'une société soumise à l'IS en **Sppicav** ou d'option pour le régime spécial des **SIIC,** la contribution n'est pas due au titre des plus-values latentes taxées à cette occasion au taux réduit de 19 % (nos 30490 et 30950, b).
> **d.** Les **crédits d'impôt** afférents à l'exercice au titre duquel la contribution est due ne sont pas admis en déduction de l'impôt de référence. Il en est de même de la **créance née du report en arrière des déficits.**
> **e.** Lorsque la société comptabilise les **revenus mobiliers** qu'elle perçoit hors crédit d'impôt (voir nos 36140 s.), l'impôt de référence est établi à partir du montant net de ces revenus. Le recours à cette méthode de comptabilisation présente donc l'avantage de réduire le montant de la contribution.

PAIEMENT 36730 CGI art. 1668 D IS-VIII-1300 s

La contribution sociale doit être calculée et payée spontanément par télérèglement au comptable chargé du recouvrement de l'IS. Ce système de paiement spontané comporte :
– d'abord, le versement de quatre **acomptes** aux dates prévues pour le paiement des acomptes d'IS de l'exercice ou de la période d'imposition. Chaque acompte est égal à 0,825 % de l'impôt de référence (CGI ann. III art. 366 L) ;
– puis, à la fin de l'exercice, la liquidation des sommes réellement dues et le versement du **solde** correspondant au plus tard à la date de paiement du solde de liquidation de l'IS, c'est-à-dire le 15 mai au plus tard lorsque l'exercice coïncide avec l'année civile.

Chaque versement est accompagné du relevé de versement correspondant à l'IS à payer au plus tard à la même date.

La **créance née du report en arrière des déficits** n'est pas imputable sur la contribution. Il en va de même des **crédits d'impôt.** Toutefois, l'administration permet l'imputation des crédits d'impôt attachés à des revenus de source étrangère dont les conventions autorisent l'imputation sur l'IS et les impôts de même nature dus en France (BOI-IS-AUT-10-30 n° 100).

› Précisions **a.** Bénéficient d'une **dispense d'acomptes** :
– les sociétés pour lesquelles le montant de la **contribution sociale** calculée sur l'IS de référence **n'excède pas 3 000 €** (CGI ann. III art. 366 L) ;
– et, faute d'impôt de référence, les entreprises dont le montant d'IS réalisé au titre de l'exercice précédent est inférieur à l'**abattement annuel** de 763 000 €, ainsi que les **entreprises nouvelles** au cours de leur premier exercice (BOI précité n° 70).

b. Les entreprises qui considèrent que le montant des **sommes déjà versées** au titre d'un exercice est égal ou **supérieur à la contribution** dont elles s'estiment redevables pour cet exercice peuvent se dispenser du paiement de nouveaux acomptes. Mais si les versements effectués sont insuffisants, les pénalités pour paiement tardif (nos 80160 s.) sont dues.

c. Lorsque la liquidation de la contribution sociale fait apparaître un **excédent de versement,** cet excédent est remboursé d'office à l'entreprise dans les mêmes conditions que l'IS sous déduction des autres impôts directs éventuellement dus par cette dernière.

Contrôle et contentieux La contribution sociale est contrôlée comme l'IS et sous les mêmes garanties et sanctions. Ainsi, en cas de défaut ou de retard de paiement des acomptes ou du solde de liquidation, les pénalités visées nos 80160 s. sont applicables aux sommes non réglées. 36745 IS-VIII-2000 s

Les réclamations les concernant sont également présentées, instruites et jugées comme en matière d'IS.

H. Régimes particuliers

1. OPTION POUR LE RÉGIME DES SOCIÉTÉS DE PERSONNES

La loi offre deux possibilités d'option pour le régime fiscal des sociétés de personnes : 36950
– l'une, de caractère permanent, en faveur des SARL de famille ;
– l'autre, limitée à une durée de cinq ans, en faveur de l'ensemble des sociétés de capitaux non cotées de création récente.

Intérêt de l'option

L'option a pour effet de faire sortir les sociétés du champ d'application de l'IS et de les placer sous le régime fiscal des sociétés de personnes tel qu'il est exposé aux nos 37500 s.
Chaque associé est donc personnellement soumis à l'impôt sur sa quote-part de bénéfices, sans distinguer selon que ces derniers sont ou non distribués et sans qu'il y ait lieu d'en retrancher les rémunérations qu'il perçoit éventuellement pour les fonctions exercées dans la société. C'est ainsi que les rémunérations versées aux gérants majoritaires des SARL ayant opté cessent d'être déductibles. Mais les associés peuvent imputer sur la part des bénéfices sociaux imposables à leur nom les **dépenses exposées pour l'acquisition de leurs droits sociaux,** tels les frais et intérêts d'emprunts, sans limitation de montant.
Le principal intérêt du régime des sociétés de personnes réside, pour les associés, dans le fait de pouvoir appréhender immédiatement les **déficits** sociaux, au prorata de leurs droits, sans avoir à attendre que l'entreprise redevienne bénéficiaire. La quote-part de déficit transmise aux associés personnes morales est ainsi imputable sur leurs propres bénéfices et reportable le cas échéant de manière illimitée. Celle transmise aux associés personnes physiques suit les règles d'imputation propres à la nature de l'activité de la société (voir nos 800 s.) : déficits industriels et commerciaux (BIC), déficits non commerciaux (BNC) ou déficits agricoles (BA). On remarquera à cet égard que l'option est particulièrement avantageuse pour les associés exerçant leur activité au sein d'une société relevant des BIC ou des BNC, dont les déficits sont

imputables sans limitation. Dans tous les cas, l'imputation par les associés de leur quote-part de déficits leur permet de diminuer les coûts supportés lors de la création et la phase de démarrage de la société, période durant laquelle les dépenses sont les plus importantes.
L'option exercée par une **société déjà existante** est considérée comme une **cessation d'entreprise,** avec toutes les conséquences que cela implique. Mais des atténuations sont prévues. Voir sur ce point nos 38770 s.
On notera enfin que la **responsabilité** des associés reste limitée au montant de leurs apports. Leur patrimoine privé ne peut donc être engagé en cas de pertes de la société.

OPTION DES SARL DE FAMILLE

36960 CGI art. 239 bis AA IS-I-1110 s

Si elles le désirent, les sociétés à responsabilité limitée peuvent opter pour le régime fiscal des sociétés de personnes lorsque les deux **conditions** suivantes sont réunies :

a. La société doit exercer une **activité** industrielle, commerciale, artisanale ou agricole. L'option n'est pas possible si la société exerce une activité civile (par ex. : location d'immeubles nus) ou libérale (par ex. : laboratoire d'analyses médicales), sauf s'il s'agit d'une activité accessoire constituant le complément indissociable de l'activité industrielle, commerciale, artisanale ou agricole (CE 7-8-2008 no 283238 : RJF 11/08 no 1211) ;

b. La **société** doit être **formée uniquement entre parents** en ligne directe (enfants, parents, grands-parents, etc.), ou entre frères et sœurs, ainsi que les conjoints et les partenaires liés par un Pacs. La société peut comprendre simultanément des membres de l'un ou l'autre de ces groupes ; mais chacun des associés doit être directement uni aux autres soit par des liens de parenté directe ou collatérale jusqu'au deuxième degré, soit par le mariage, soit encore par un Pacs.

36965 IS-I-1480 s

Exercice de l'option

L'option ne peut être exercée qu'avec l'**accord de tous les associés.**

Elle doit être notifiée au service des impôts avant la date d'ouverture du premier exercice sur lequel elle porte. Cette **notification** doit être signée par l'ensemble des associés et comporter l'indication de la raison sociale, du lieu du siège social (et, s'il est différent de ce dernier, du lieu du principal établissement), de la répartition du capital social et des noms, prénoms, adresses et liens de parenté des associés. Il est recommandé de préciser également à partir de quel exercice la société désire opter.

Pour les **sociétés nouvelles,** l'option prend effet immédiatement si elle est formulée dans l'acte même de constitution (statuts). De même, lorsqu'une société déjà soumise au régime fiscal des **sociétés de personnes se transforme,** sans création d'une personne morale nouvelle, en SARL de famille ou lorsque l'associé d'une **EURL** cède des parts à un ou plusieurs membres de sa famille répondant aux conditions de parenté requises, l'option formulée dans l'acte qui constate soit la transformation, soit la cession de parts est d'effet immédiat.

› **Précisions** **a.** L'**option** est **tardive** si elle est notifiée à l'administration postérieurement à la date d'ouverture d'un exercice : elle ne peut alors, en principe, pas prendre effet au titre de cet exercice. Toutefois, une option tardive est opposable aux associés dès lors que la société a clairement manifesté son intention d'opter à compter du début de l'exercice de notification et que les déclarations fiscales correspondantes ont été souscrites, pour cet exercice, par la société et ses associés (CE 5-11-2014 no 367371 : RJF 2/15 no 127).

b. Selon la CAA de Versailles, l'option exprimée dans le **formulaire déposé au centre de formalités des entreprises** est valable même si elle n'est pas signée par tous les associés (CAA Versailles 16-12-2014 no 14VE00299 : RJF 6/15 no 503).

36970 IS-I-1640 et 2050 s

Durée de validité de l'option

Lorsqu'elle est exercée, l'option s'applique sans limitation de durée, sauf si la société ne remplit plus les conditions requises ou décide de révoquer l'option.

La **révocation** de l'option, signée par tous les associés, doit être notifiée au service des impôts avant la date d'ouverture du premier exercice auquel elle s'applique. Dans ce cas, la société est replacée dans le champ d'application de l'IS ; selon le texte réglementaire (CGI ann. III art. 46 terdecies C), elle perd pour l'avenir la possibilité d'exercer une nouvelle option pour le régime des sociétés de personnes.

› **Précisions** **a.** L'option n'a pas à être renouvelée lors de l'**entrée de nouveaux associés,** et ce, même en cas de changement de la totalité du collège d'associés dès lors que le nouveau groupe familial satisfait aux conditions de parenté requises. Dans ce cas, l'option exercée par la société leur est opposable automatiquement (CE 11-6-1986 no 46697 et 46698 : RJF 8-9/86 no 788 ; Rép. Valleix : AN 11-5-1987 no 14828, non reprise dans la base Bofip).

b. L'option cesse de produire ses effets en cas d'**abandon** par la société de son **activité** industrielle, commerciale, artisanale ou agricole, en cas de **transformation** en société d'une autre forme relevant de l'IS (ex. : société anonyme) ou, enfin, en cas de **perte du caractère familial**

(ex. : entrée dans la société de personnes non parentes ; divorce des parents dans le cas d'une société composée entre des parents et leur enfant commun : CAA Versailles 18-12-2014 n° 13VE02220 : RJF 4/15 n° 333).

L'administration admet cependant le maintien du régime des sociétés de personnes (BOI-IS-CHAMP-20-20-40 n° 20) :

– lorsque la condition de parenté est rompue à la suite du **décès** d'un associé si, dans les 6 mois, les titres sont cédés à une personne ayant un lien de parenté suffisant. La solution est identique en cas de **divorce** (Rép. Tailhades : Sén.16-2-1984 n° 13754, non reprise dans la base Bofip) ;

– lorsque, à la suite du décès d'un associé, ses **enfants** ou son **conjoint** entrent dans la société, quels que soient les liens de parenté unissant les nouveaux associés avec les autres.

OPTION DES SA, SAS ET SARL NON COTÉES

36980 CGI art. 239 bis AB **IS-I-2500 s**

Les sociétés anonymes (SA), les sociétés par actions simplifiées (SAS) et les sociétés à responsabilité limitée (SARL) peuvent opter pour le régime fiscal des sociétés de personnes lorsque les **conditions** suivantes sont réunies :

– la société est créée depuis moins de cinq ans à la date d'ouverture de l'exercice d'application de l'option ;

– les titres de la société ne sont pas admis aux négociations sur un marché réglementé ;

– son capital et ses droits de vote sont détenus à hauteur de 50 % au moins par des personnes physiques, 34 % devant être détenus directement par des dirigeants (président, directeur général, président du conseil de surveillance, membre du directoire ou gérant) et les membres de leur foyer fiscal ;

– la société exerce à titre principal une activité industrielle, commerciale, artisanale, agricole ou libérale, à l'exclusion de la gestion de son propre patrimoine mobilier ou immobilier ;

– elle emploie moins de 50 salariés et a réalisé un chiffre d'affaires annuel ou a total de bilan inférieur à 10 M€ au cours de l'exercice.

› Précisions **a.** Les sociétés d'exercice libéral (**Selarl, Selafa et Selas**) peuvent opter pour le régime des sociétés de personnes (BOI-IS-CHAMP-20-20-20-10 n° 20).

b. Pour l'appréciation des **seuils de détention** de 50 % et 34 %, il n'y a pas lieu de tenir compte des participations détenues par les sociétés de capital-risque (**SCR**), les fonds communs de placement à risques (**FCPR**), les fonds communs de placement dans l'innovation (**FCPI**), les fonds d'investissements de proximité (**FIP**), les **fonds professionnels spécialisés** relevant de l'article L 214-37 du Code monétaire et financier dans sa rédaction antérieure à l'ordonnance 2013-676 du 25-7-2013, les fonds professionnels de capital investissement, les sociétés de libre partenariat (**SLP**), les sociétés de développement régional (**SDR**), les sociétés financières d'innovation (**SFI**) et les sociétés unipersonnelles d'investissement à risque (**Suir**) ou les **structures équivalentes** établies dans un autre État de l'Union européenne ou dans un État ou territoire ayant conclu avec la France une convention fiscale qui contient une clause d'assistance administrative en vue de lutter contre la fraude ou l'évasion fiscale, à la condition qu'il n'y ait pas de liens de dépendance (au sens défini n° 10425, précision a) entre ces sociétés ou fonds et la société exerçant l'option.

c. Les sociétés ayant exercé l'option restent **réputées soumises à l'IS** pour l'application du **régime des FCPR** (CGI art. 163 quinquies B), des **Suir** (CGI art. 208 D), des **FCPI** (C. mon. fin. art. L 214-30), des **FIP** (C. mon. fin. art. L 214-31) et des **SCR** (Loi 85-695 du 11-7-1985).

d. La condition relative à l'**effectif salarié** est appréciée selon les modalités prévues à l'article L 130-1, I du CSS (n°s 73830 s.).

36985 **Exercice de l'option** L'option est exercée avec l'accord de tous les associés à l'exclusion des véhicules de capital-risque dont la participation n'est pas prise en compte pour la détermination des pourcentages de détention du capital. Elle doit être notifiée au service des impôts des entreprises dans les trois premiers mois du premier exercice au titre duquel elle s'applique.

L'option, effectuée selon le **modèle** établi par l'administration, est accompagnée de la **liste des associés** (y compris les véhicules d'investissement dont la participation est neutralisée) présents à la date d'ouverture du premier exercice d'application du régime (CGI ann. III art. 46 terdecies DA, I).

36990 **Durée de validité de l'option** L'option est valable pour une période de **cinq exercices,** sans renouvellement possible.

La société peut toutefois renoncer à l'option. La **renonciation** doit être notifiée au service des impôts dans les trois premiers mois de la date d'ouverture de l'exercice à compter duquel elle s'applique.

Par ailleurs, il est mis fin de manière anticipée à l'application du régime des sociétés de personnes en cas de **non-respect des conditions d'application** (détention du capital, activité exercée, taille de la société ; concernant la condition d'effectif, voir précisions ci-dessous). La société sort alors du régime fiscal des sociétés de personnes au 1er jour de l'exercice au cours duquel la condition n'est plus respectée. L'administration précise qu'il en va de même lorsque la société se transforme en société non éligible (BOI-IS-CHAMP-20-20-20-30 n° 70).

En cas de **sortie anticipée** (volontaire ou non), la société ne peut plus à nouveau opter pour ce régime.

› **Précisions** Si le **seuil** de **50 salariés** a été **atteint ou dépassé** au cours d'un exercice clos à compter du 31 décembre 2015 et **jusqu'au 31 décembre 2019** (Loi 2019-1479 du 28-12-2019 art. 41), le régime des sociétés de personnes continue de s'appliquer pour l'exercice en cours, ainsi que pour les deux exercices suivants, sauf expiration de la période de validité de l'option. Pour les exercices clos **depuis le 1er janvier 2020,** l'IS devient applicable lorsque le seuil d'effectif a été atteint ou dépassé pendant cinq années civiles consécutives conformément aux dispositions de l'article L 130-1, II du CSS (nº 73840) (Loi 2019-486 du 22-5-2019 art. 12, I-4° ; Loi 2019-1479 art. 41 précitée). Compte tenu de la durée de l'option indiquée ci-dessus, le dépassement du seuil d'effectif au cours d'un exercice couvert par l'option ne devrait donc plus entraîner, en pratique, la sortie du régime fiscal des sociétés de personnes.

2. SOCIÉTÉS COOPÉRATIVES

37010 IS-I-4500 s Les sociétés coopératives sont en principe passibles de l'IS, mais elles peuvent retrancher de leur base d'imposition les ristournes distribuées aux associés coopérateurs.

Cependant, plusieurs types de coopératives échappent à l'IS sous certaines conditions (coopératives agricoles et artisanales notamment). Certaines font l'objet de dispositions particulières.

DÉDUCTION DES RISTOURNES

37020 CGI art. 214 IS-II-1000 s **Dispositif légal** La loi autorise les sociétés **coopératives de consommation** à déduire de leur bénéfice imposable à l'IS les bonis (ristournes) provenant des opérations faites avec les associés et distribués à ces derniers au prorata de la commande de chacun d'eux.

Sont également déductibles :
– les bonis provenant des opérations faites avec les associés coopérateurs que les sociétés d'intérêt collectif agricole (**Sica**) distribuent à ceux-ci au prorata de leurs activités ;
– et la part des bénéfices distribuée par les **Scop** aux travailleurs dans les conditions prévues à l'article 33, 3° de la loi 78-763 du 19 juillet 1978.

Sont exclues du régime :
– les **coopératives de consommation** et les **Scop** dont plus de 50 % du **capital** est détenu par des **associés non coopérateurs** et des titulaires de certificats coopératifs d'investissement ou de certificats coopératifs d'associés. Échappent cependant à l'exclusion : les Scop dont plus de la moitié du capital est détenue par une autre Scop dans des conditions fixées par la loi ; les Scop d'amorçage et, sous certaines conditions, les Scop membres d'un groupement de Scop ;
– les **Sica,** lorsque les associés visés à l'article L 522-1 du Code rural et de la pêche maritime et les établissements de crédit et les sociétés de financement détiennent, directement ou par l'intermédiaire de leurs filiales, 80 % ou plus du capital et des voix et que les associés visés aux 1°, 2° et 3° du même article détiennent moins de 50 % du capital et des voix.

› **Précisions** **a.** En cas d'option pour le régime d'**intégration fiscale,** la déduction des ristournes est interdite pendant cinq ans (voir nº 40225, précision c).

b. Les ristournes sont normalement déductibles au moment de leur versement mais elles peuvent faire l'objet de **provisions,** déductibles de manière extra-comptable des résultats de l'exercice au titre duquel elles sont attribuées, à condition que leur versement et leur mode de calcul soient prévus par un engagement ferme et définitif antérieur à la clôture de l'exercice (CE 11-7-1973 nº 82432 ; BOI-IS-BASE-30-40-10 nos 130 à 150).

c. La **déduction** des ristournes peut être **remise en cause** et la **fraction** des sommes déduites **qui dépasse 50 % des excédents répartissables** d'un exercice peut être réintégrée au résultat du même exercice à concurrence des sommes remises à la disposition de la coopérative au cours des deux exercices suivants, sous forme d'apport en capital ou de prêt. Seules sont prises en compte les sommes mises à la disposition de la coopérative par ses associés en leur qualité d'associés à l'exclusion des avances ou acomptes consentis dans le cadre de leurs relations commerciales avec la coopérative, sous réserve que le montant de ces avances ou acomptes soit conforme aux usages en vigueur dans le secteur considéré (CE 23-12-2011 nº 322954 : RJF 3/12 nº 231).

d. Bien que les sociétés mixtes d'intérêt agricole (**SMIA**) ne soient pas soumises au statut de la coopération, elles bénéficient d'un système de déduction des ristournes analogue à celui des coopératives (CGI art. 217 quater ; IS-I-6610 s.).

37025 **Extension à d'autres organismes** L'administration a étendu le régime de déduction des ristournes, dans les mêmes conditions, aux autres **organismes coopératifs, mutualistes ou similaires** qui, par application des dispositions légales qui les régissent (et non pas seulement de simples dispositions statutaires), répartissent une fraction de leurs bénéfices entre leurs adhérents au prorata des opérations traitées avec chacun d'eux ou du travail fourni (BOI-IS-BASE-30-40-40 nos 1 à 120). Les sommes ainsi réparties viennent donc en diminution des bénéfices imposables de l'organisme.

Sont notamment concernées les **banques populaires** ; les **sociétés de caution mutuelle** ; les **coopératives de commerçants** détaillants.

> Précisions Les **coopératives de commerçants** détaillants dont plus de 50 % du capital est **détenu par d'autres coopératives de commerçants** sont admises à déduire, en proportion des droits des coopérateurs dans le capital, les ristournes versées à ces derniers (BOI-IS-BASE-30-40-50 n° 180).

COOPÉRATIVES EXONÉRÉES

Coopératives agricoles Sont exonérées de l'IS, à condition de fonctionner conformément aux dispositions qui les régissent : 37035 CGI art. 207, 1-2° et 3° IS-IV-200 s

a. Les sociétés coopératives agricoles **d'approvisionnement et d'achat** et leurs unions, sauf pour les opérations effectuées avec des non-sociétaires ;

b. Les sociétés coopératives de **production, transformation, conservation et vente** de produits agricoles, ainsi que leurs unions, sauf toutefois pour les opérations suivantes :

– ventes dans un magasin de détail distinct de l'établissement principal ; selon l'administration, sont considérées comme telles les **ventes au détail** effectuées dans des structures dédiées à cette activité et aménagées en conséquence (exemple : structure disposant d'un local où sont exposées les marchandises, de matériels ou équipements spécifiques tels qu'une caisse enregistreuse, ou un lieu de dégustation des produits vendus, et le cas échéant de dépliants présentant les produits vendus) (BOI-IS-CHAMP-30-10-10-20 n° 340) ;

– opérations de **transformation** portant sur des produits ou sous-produits autres que ceux destinés à l'alimentation de l'homme et des animaux ou pouvant être utilisés à titre de matières premières dans l'agriculture ou dans l'industrie ;

– **opérations** effectuées **avec des non-sociétaires.**

Les opérations relevant de l'objet statutaire principal des coopératives réalisées avec des non-sociétaires ne doivent pas par ailleurs excéder 20 % du chiffre d'affaires. Lorsque la limite de 20 % est franchie, le régime spécial est remis en cause et la coopérative devient passible de l'IS sur l'ensemble de ses opérations. Les opérations ne relevant pas de l'objet statutaire principal ne sont pas soumises à la limitation de 20 % et ne remettent pas en cause le régime spécial tant qu'elles restent conformes aux dispositions régissant les coopératives.

L'administration admet que les **Cuma** (coopératives d'utilisation en commun de matériel agricole) bénéficient du même régime que les coopératives agricoles de production ou transformation, dès l'instant où elles fonctionnent conformément aux dispositions qui les régissent. Il en est de même pour les **coopératives d'insémination artificielle** (BOI précité n° 130).

> Précisions **a.** Les coopératives agricoles et leurs unions qui émettent des **certificats coopératifs d'investissement** sont imposables à l'IS sur une fraction de leurs résultats (ristournes comprises) proportionnelle à la part des certificats dans leur capital social (CGI art. 207, 1 bis). 37040 IS-IV-1700 s

Lorsque **plus de 50 % du capital** est détenu par des titulaires de certificats coopératifs d'investissement et des associés non coopérateurs dont les parts peuvent donner lieu à rémunération, l'exonération d'IS n'est pas applicable (CGI art. 207, 1 quater).

b. Les **opérations réalisées pour le compte de filiales** et relevant de l'objet statutaire sont :

– si la filiale est associé coopérateur, exonérées d'IS ;

– si la filiale n'est pas associé coopérateur, soumises à l'IS et prises en compte dans le seuil de 20 % des activités réalisées avec les tiers non associés.

Lorsqu'elles ne relèvent pas de l'objet statutaire, ces opérations sont soumises à l'IS, l'administration admettant cependant de ne pas remettre en cause le régime fiscal spécial lorsque les conditions suivantes sont cumulativement réunies : la filiale est contrôlée au sens de l'article L 233-3 du Code de commerce par la société coopérative, les opérations sont réalisées à titre accessoire et sont conformes à l'intérêt de la coopérative (BOI-IS-CHAMP-30-10-10-40 n° 90).

c. Les **produits financiers** perçus sont couverts par l'exonération lorsqu'ils relèvent de la simple gestion de trésorerie. Il en est de même des intérêts rémunérant les parts sociales. En revanche, sont passibles de l'IS les dividendes perçus à raison des participations dans d'autres organismes, quel que soit le pourcentage de cette participation (sous réserve de l'application du régime des sociétés mères et filiales) (BOI-IS-CHAMP-30-10-10-30 n° 150).

d. Les **plus-values** réalisées par des coopératives totalement exonérées bénéficient de l'exonération. En revanche, lorsque la coopérative est partiellement imposable en raison notamment de la réalisation d'opérations avec des non-sociétaires, les plus-values suivent le régime fiscal de l'activité à laquelle étaient affectés les biens cédés (elles sont imposées en proportion des bénéfices taxables en cas d'affectation indifférenciée) (BOI précité nos 200 à 220).

e. Les **Sica** (IS-I-6300 s.) et les **SMIA** (IS-I-6500 s.) sont passibles en principe de l'IS, mais les ristournes versées aux adhérents peuvent être retranchées des bénéfices imposables, comme indiqué au n° 37020.

37045 CGI art. 207, 1-3° bis et 7° IS-IV-3000 s et 4500 s

Autres coopératives Lorsqu'elles fonctionnent conformément aux dispositions qui les régissent (Loi 83-657 du 20-7-1983), les **coopératives artisanales** et leurs unions, les coopératives d'entreprises de **transports,** les coopératives artisanales de **transport fluvial** ainsi que les **coopératives maritimes** et leurs unions sont exonérées de l'IS, sauf pour les affaires effectuées avec des non-sociétaires.

Sont également exonérés les sociétés **coopératives de construction,** les sociétés d'économie mixte et les groupements dits de « Castors » qui procèdent, sans but lucratif, au **lotissement et à la vente de terrains** leur appartenant.

Les coopératives sont toutefois assujetties partiellement à l'IS :

– lorsqu'elles émettent des **certificats coopératifs d'investissement** : imposition sur une fraction des résultats proportionnelle à la part des certificats dans le capital social (CGI art. 207, 1 bis) ;

– lorsque les **associés non coopérateurs** détiennent **plus de 20 %** du capital et que leurs parts sociales peuvent donner lieu à rémunération : imposition sur la fraction des résultats correspondant à la part des non-coopérateurs (CGI art. 207, 1 ter).

L'assujettissement à l'IS est total lorsque les associés non coopérateurs et les titulaires de certificats coopératifs d'investissement détiennent **plus de 50 %** du capital et que leurs parts sociales peuvent donner lieu à rémunération (CGI art. 207, 1 quater).

› Précisions a. Les règles applicables aux **produits financiers** et aux **plus-values** des coopératives artisanales, maritimes et de transport sont les mêmes que pour les coopératives agricoles (n° 37040, c et d).

b. Contrairement à la doctrine administrative (BOI-IS-CHAMP-30-10-20-10 n° 40), le Conseil d'État considère que les associations **coopératives artisanales** qui ont choisi de rester régies par les dispositions de la loi locale **d'Alsace-Moselle** du 1er mai 1989 modifiée ne constituent pas, compte tenu de leur régime de droit local, des coopératives artisanales au sens de l'article 207, 1-3° bis du CGI et ne peuvent pas bénéficier de l'exonération d'IS qu'il prévoit (CE 25-9-2015 n° 370687 : RJF 12/15 n° 999).

c. En ce qui concerne les coopératives d'**HLM** et les coopératives de construction en relation avec les organismes d'HLM, voir n° 37110.

DISPOSITIONS PARTICULIÈRES

37065 CGI art. 210 D IS-I-5000 s

Transformation d'une société en Scop Cette opération n'emporte ni création d'une personne morale nouvelle ni cessation d'entreprise et, pour faciliter sa réalisation, les mesures fiscales suivantes sont prévues.

1. Lorsque la transformation s'accompagne d'une augmentation des valeurs comptables des éléments d'actif, les **plus-values** correspondantes bénéficient d'un régime particulier qui consiste :

– à ne pas taxer immédiatement les plus-values dégagées sur les éléments non amortissables, l'imposition étant reportée au moment de la cession de ces biens par la Scop ;

– et à étaler, en principe sur cinq ans, l'imposition des plus-values dégagées sur les biens amortissables (en contrepartie, les amortissements et plus-values ultérieurs sont calculés par la Scop d'après la valeur comptable attribuée lors de la transformation).

Les sociétés placées sous ce régime de report d'imposition doivent joindre à leur déclaration de résultat un état spécial, sous peine d'une amende égale à 5 % des résultats omis (CGI art. 54 septies et 1763). Elles doivent, en outre, tenir à la disposition de l'administration un registre des plus-values dégagées sur les éléments non amortissables (voir n° 11000, précision a).

L'**écart de valorisation** constaté sur les parts annulées lors de la transformation ne peut donner lieu à aucune déduction du résultat fiscal au titre de l'exercice de réalisation de l'opération ou d'un exercice ultérieur.

2. Les **salariés** de la société transformée qui ont contracté un **emprunt** avant le 1er janvier 2017 pour souscrire au capital de la Scop peuvent retrancher de leur salaire imposable les intérêts correspondants (voir n° 21970).

37070 CGI art. 209, VIII IS-II-4000 s

Sociétés coopératives d'intérêt collectif (SCIC) Les SCIC sont passibles de l'IS et ne peuvent bénéficier d'aucune des exonérations prévues pour certaines coopératives. Mais elles peuvent déduire de leur résultat imposable l'ensemble du bénéfice affecté aux **réserves impartageables** (réserve légale et réserves statutaires).

3. COLLECTIVITÉS PUBLIQUES

COLLECTIVITÉS PUBLIQUES LOCALES

Sont totalement exonérés de l'IS les **régions** et les ententes interrégionales, les **départements** et les ententes interdépartementales, les **communes,** les établissements publics de coopération intercommunale à fiscalité propre ou **« EPCI »,** les **syndicats** de communes et les syndicats mixtes (constitués exclusivement de collectivités territoriales ou de groupements de ces collectivités) ainsi que leurs **régies de services publics.** 37090 CGI art. 207, 1-6° IS-IV-24050 s

L'exonération couvre l'ensemble des revenus de ces collectivités, y compris ceux qui proviennent de la gestion de leur patrimoine.

› Précisions L'exonération des **régies de services publics** ne concerne que les régies qui gèrent des services que les collectivités territoriales ont le devoir d'assurer, c'est-à-dire des services, quelle que soit leur nature (industrielle et commerciale ou administrative) indispensables à la satisfaction des besoins collectifs intéressant l'ensemble des habitants de la collectivité territoriale. Ces régies peuvent être dotées ou non de la personnalité morale (CE 7-3-2012 n° 331970 : RJF 6/12 n° 572 ; CE 20-6-2012 n° 341410 : RJF 10/12 n° 902). Les régies qui exploitent, de manière lucrative, un service non indispensable à la satisfaction des besoins collectifs des habitants de la collectivité territoriale sont en revanche passibles de l'IS dans les conditions de droit commun, sans distinguer selon qu'elles sont ou non dotées de l'autonomie financière ou de la personnalité morale (y compris donc s'il s'agit de régies directes non dotées de l'autonomie financière : BOI-IS-CHAMP-30-60 n° 170).

AUTRES ORGANISMES PUBLICS

Ils sont soumis à l'IS dans des conditions qui varient selon qu'ils se livrent ou non à une exploitation ou à des opérations de caractère lucratif (sauf cas particuliers d'exonération : n° 37100). 37095 CGI art. 206, 1 et 5 et 1654 IS-I-8240 s

a. Les établissements publics, les organismes de l'État jouissant de l'autonomie financière et les organismes des départements ou des communes sont passibles de l'IS selon les règles et au taux de droit commun lorsqu'ils exercent une **activité lucrative.** Lorsqu'ils perçoivent également des revenus fonciers, agricoles ou mobiliers, ces revenus sont inclus dans la base d'imposition taxable dans les conditions de droit commun s'ils se rattachent à l'activité lucrative ; dans le cas contraire, ils font l'objet, sous certaines conditions, d'une imposition distincte dans les conditions indiquées au b ci-après.

Ces règles concernent notamment les établissements publics à caractère industriel ou commercial (chambre de commerce exploitant un aéroport, par exemple) et les entreprises nationales.

Notons que tous les **organismes d'État** (manufactures nationales, arsenaux, etc.) sont en pratique exonérés de l'IS dès lors qu'ils ne sont **pas dotés de l'autonomie financière.**

b. Les organismes qui, sans se livrer à une activité de caractère lucratif, perçoivent des **revenus** provenant de leur **patrimoine** (revenus fonciers, bénéfices agricoles, certains revenus mobiliers) sont imposés, à raison de ces revenus, selon des modalités allégées comportant notamment l'application d'un taux réduit.

Ces modalités d'imposition peuvent notamment concerner les établissements publics à caractère administratif (chambres d'agriculture, chambres des métiers, hôpitaux et centres hospitaliers, etc.). Communes à tous les organismes sans but lucratif (publics ou privés), elles sont exposées dans le cadre de l'étude consacrée au régime fiscal des associations (voir n°s 89700 s.).

Sont **exonérés** de l'IS : 37100

– les **établissements publics scientifiques, d'enseignement et d'assistance,** pour les revenus de leur patrimoine (IS-IV-24600 s.) (exonération applicable pour les exercices ouverts jusqu'au 31-12-2023 : Loi 2019-1479 du 28-12-2019 art. 136) ;

– les **établissements publics de recherche,** les établissements publics **d'enseignement supérieur,** les personnes morales créées pour la gestion d'un pôle de recherche et d'enseignement supérieur ou d'un réseau thématique de recherche avancée et les communautés d'universités et établissements, ainsi que les fondations reconnues d'utilité publique du secteur de la recherche, pour leurs revenus tirés de leurs activités de service public (CGI art. 207, 1-9° à 11° : IS-IV-25510 s.) ;

– les établissements publics et sociétés d'économie mixte **concessionnaires d'opérations d'aménagement urbain** (exonération également applicable aux sociétés d'HLM pour la réalisation des mêmes opérations) (CGI art. 207, 1-6° bis : IS-IV-28920 s.) pour les opérations pour lesquelles l'appel d'offres prévu à l'article L 300-4 (al. 2) du Code de l'urbanisme a été réalisé au 1-1-2020 ou la demande de permis d'aménager ou la déclaration de travaux a été déposée avant le 1-1-2020 (Loi 2019-1479 du 28-12-2019 art. 29) ;

– les **établissements publics** pour leurs **opérations de lotissement** et de vente de terrains leur appartenant (CGI art. 208, 6° : IS-IV-29050).

4. ORGANISMES D'HLM ET ASSIMILÉS

37110 Sont exonérés de l'IS les organismes suivants : offices publics de l'habitat, sociétés anonymes d'HLM, fondations d'HLM, sociétés anonymes coopératives de production d'HLM, sociétés coopératives d'intérêt collectif d'HLM, sociétés d'économie mixte et sociétés anonymes de coordination, pour les opérations réalisées par ces organismes au titre du service d'intérêt général et pour les produits issus de la cession de certificats d'économies d'énergie (CGI art. 207, 1-4° ; IS-IV-27550 s.) ; sociétés coopératives de location-attribution d'HLM (BOI-IS-CHAMP-30-30-10-10 n° 40) ; unions d'économie sociale dont la gérance est désintéressée pour leurs activités effectuées en faveur du logement des personnes défavorisées (CGI art. 207, 1-4° quater ; IS-IV-5000 s.) ; sociétés coopératives de construction faisant appel à titre de prestataire de services à un organisme d'HLM (CGI art. 207, 1-8° et 1378 sexies ; IS-IV-5300).

› Précisions Les **coopératives** d'HLM et les coopératives de construction qui émettent des certificats coopératifs d'investissement sont imposables à l'IS sur une fraction de leurs résultats proportionnelle à la part des certificats dans leur capital social (CGI art. 207, 1 bis).

CHAPITRE 2

SOCIÉTÉS DE PERSONNES ET ASSIMILÉES

SOMMAIRE

« TRANSLUCIDITÉ FISCALE » DES SOCIÉTÉS DE PERSONNES

Pour la détermination et l'imposition de leurs bénéfices, les sociétés de personnes et groupements assimilés sont soumis – sauf option pour l'impôt sur les sociétés – à un régime de « semi-transparence » (souvent qualifié de « translucide »). Il s'agit d'un régime hybride, où les résultats sont déterminés, déclarés et vérifiés au niveau de la société ou du groupement lui-même, mais sont imposés au nom des associés, chacun pour la part lui revenant. 37500 CGI art. 8 DC-V-1 s

A. Champ d'application du régime

SOCIÉTÉS ET GROUPEMENTS CONCERNÉS

Le régime des sociétés de personnes s'applique, parfois sous certaines conditions ou selon des modalités particulières, et sauf option contraire, aux sociétés et groupements suivants, visés par l'article 8 ou d'autres articles du CGI : 37565 DC-V-250 s

	Précisions (n^{os})
– sociétés en nom collectif (CGI art. 8 ; DC-V-15100 s.)	
– sociétés en commandite simple pour la part de bénéfice des commandités (CGI art. 8)	37775
– sociétés civiles (CGI art. 8)	37785 s.
– sociétés en participation (y compris les syndicats financiers) pour les membres indéfiniment responsables et connus de l'administration (CGI art. 8)	37800 s.
– SARL de famille ayant opté pour le régime fiscal des sociétés de personnes (CGI art. 8)	36960 s.
– SA, SAS et SARL ayant opté pour le régime fiscal des sociétés de personnes (CGI art. 8)	36980 s.
– EURL pour l'associé personne physique (CGI art. 8)	37825
– EARL (exploitations agricoles à responsabilité limitée) (CGI art. 8)	16435
– groupements d'intérêt économique (CGI art. 239 quater et 239 quater C)	37835
– groupements d'intérêt public (CGI art. 239 quater B ; DC-V-26600 s.)	
– groupements de coopération sanitaire et groupements de coopération sociale et médico-sociale (CGI art. 239 quater D ; DC-V-26900 s.)	
– sociétés de fait (CGI art. 238 bis L)	37845 s.
– indivisions constitutives d'une société de fait	37860
– copropriétés de navires (CGI art. 8 quater)	37870 s.
– SCP (CGI art. 8 ter) et SCM (CGI art. 239 quater A)	13855 s. et 13895 s.
– associations d'avocats (CGI art. 238 bis LA)	37815
– Sisa (sociétés interprofessionnelles de soins ambulatoires) (CGI art. 8)	37840

	Précisions (n^{os})
– divers groupements de nature agricole : Gaec (Loi 62-917 du 8-8-1962), groupements forestiers (CGI art. 238 ter), syndicats forestiers (CGI art. 239 quinquies), groupements fonciers agricoles (C. rur. art. L 322-1), groupements fonciers ruraux (C. rur. art. L 322-22), copropriétés de cheval de course ou d'étalon constituées sous forme de sociétés en participation (CGI art. 8 quinquies)	16425 s.
– diverses sociétés immobilières : sociétés de construction-vente (CGI art. 239 ter), sociétés civiles de placement immobilier (SCPI) (CGI art. 239 septies), sociétés de copropriété « transparentes » (CGI art. 8 bis)	30420 s., 30750 et 30770 s.

OPTION POUR L'IMPÔT SUR LES SOCIÉTÉS

37575 CGI art. 206, 3 et 239 IS-I-3500 s

Champ d'application et modalités d'option Certaines sociétés de personnes et groupements assimilés **peuvent opter** pour leur assujettissement à l'impôt sur les sociétés : sociétés en nom collectif, sociétés en commandite simple, sociétés civiles, y compris SCP, sociétés en participation, associations d'avocats, EURL et EARL, groupements d'intérêt public, groupements de coopération sanitaire, groupements de coopération sociale et médico-sociale, sociétés interprofessionnelles de soins ambulatoires et sociétés de fait (ainsi que, par tolérance administrative, copropriétés de navires : BOI-IS-CHAMP-40 n° 60).

ATTENTION

Lorsqu'elle est exercée, l'**option** doit être **signée** dans les conditions prévues par les statuts ou, à défaut, par tous les associés, membres ou participants. Elle doit en principe être **notifiée** au plus tard avant la fin du troisième mois de l'exercice au titre duquel l'entreprise souhaite être soumise pour la première fois à l'impôt sur les sociétés. Elle peut donc être exercée avant le début de l'exercice.

D'autres sociétés de personnes en revanche ne sont **pas autorisées** à opter : sociétés civiles de moyens, groupements d'intérêt économique, groupements forestiers, sociétés de construction-vente, sociétés civiles de placement immobilier et sociétés immobilières de copropriété.

› Précisions **a.** Les **sociétés** de personnes **issues de la transformation de sociétés de capitaux** peuvent opter pour l'IS :
– soit lors de leur transformation, dans les trois mois de l'opération ;
– soit ultérieurement, à condition que la transformation remonte à au moins quinze ans (la condition d'ancienneté s'appréciant au premier jour de l'exercice au titre duquel la société souhaite être assujettie à l'IS).
Par exception, une société issue de la transformation d'une **SARL de famille** placée sous le régime fiscal des sociétés de personnes peut opter pour l'IS à tout moment, dans les conditions de droit commun (BOI-IS-CHAMP-40 n° 30).
b. En cas de **réunion de toutes les parts d'une SARL entre les mains d'une personne physique,** l'option pour l'assujettissement de l'EURL à l'IS peut prendre effet à la date de cet événement, à condition d'être notifiée avant la fin du troisième mois suivant.
c. Les sociétés ou groupements **notifient** leur option soit en l'adressant au **service des impôts** du lieu de leur principal établissement (CGI art. 239 et ann. III art. 350 F), soit en cochant expressément la case prévue à cet effet sur le formulaire de création ou de modification remis à leur **centre de formalités des entreprises** (CE 30-12-2011 n° 342566 : RJF 3/12 n° 227).

37577 **Renonciation à l'option.** Les sociétés de personnes ayant opté pour leur assujettissement à l'impôt sur les sociétés peuvent renoncer à cette option **jusqu'au cinquième exercice suivant celui** au titre duquel ladite **option** a été exercée.
La renonciation à l'option doit être **notifiée** au service des impôts auprès duquel est souscrite la déclaration de résultats avant la fin du mois précédant la date limite de versement du premier acompte d'impôt sur les sociétés (n° 36525) de l'exercice au titre duquel s'applique la renonciation. Les entreprises ayant ainsi renoncé à l'option ne peuvent **plus,** par la suite, **opter à nouveau** pour le régime des sociétés de capitaux.
En l'**absence de renonciation dans le délai** prévu, l'option pour l'impôt sur les sociétés devient irrévocable.

EXEMPLE

Une société de personnes a opté, le 1-6-2020, pour son assujettissement à l'impôt sur les sociétés au titre de l'exercice courant du 1-4-2020 au 31-3-2021. Si elle désire renoncer à l'option dès l'exercice suivant (1-4-2021 au 31-3-2022), elle doit notifier à l'administration sa renonciation à l'option avant le 31-5-2021 (soit avant la fin du mois précédant la date limite de versement du 1er acompte fixée, dans ce cas, au 15 juin). Elle ne pourra plus opter pour le régime des sociétés de capitaux au titre des exercices ultérieurs.

En tout état de cause, la société a la possibilité de renoncer à l'option jusqu'au 31-5-2025, la renonciation s'appliquant alors à l'exercice courant du 1-4-2025 au 31-3-2026. À défaut, l'option pour l'impôt sur les sociétés devient irrévocable.

La renonciation à l'option entraîne les **conséquences fiscales** de la cessation d'entreprise exposées nos 38770 s.

> Précisions a. Le droit de renonciation à l'option s'applique aux exercices clos depuis le 31 décembre 2018. Sont notamment concernées les sociétés de personnes ayant opté au titre d'**exercices clos antérieurement au 31 décembre 2018 et** pour lesquelles la **période de cinq exercices** pour renoncer à cette option n'est **pas forclose** (BOI-IS-CHAMP-20-20-30 no 20).
b. Par exception, les sociétés de personnes constituées entre membres d'une même famille et exerçant une activité industrielle, commerciale ou artisanale peuvent renoncer aux options qui ont été formulées avant 1981 sans limitation de délai.
c. Les **modifications statutaires** et le **changement d'activité** d'une société de personnes ne mettent pas fin à son existence et ne rendent donc pas caduque l'option pour l'IS, même s'ils emportent cessation d'entreprise (CE 11-6-2014 no 347355 : RJF 10/14 no 877).

Effets de l'option Au moment où il se produit, le **changement de régime** fiscal entraîne des conséquences en matière d'impôts directs et de droits d'enregistrement, qui sont examinées nos 38785 s. Par la suite, la société ou le groupement est soumis à l'ensemble des dispositions du **régime des sociétés de capitaux.** Il s'ensuit notamment que ses associés ou membres ne sont plus imposés sur les bénéfices que si ceux-ci sont distribués, et les rémunérations qui leur sont allouées, déductibles des résultats sociaux, sont taxables entre leurs mains en application de l'article 62 du CGI (no 23650). 37580

B. Imposition des bénéfices sociaux

Les bénéfices réalisés par les sociétés de personnes sont déterminés et déclarés au niveau de la société mais imposés au nom personnel des associés. Chacun d'eux est imposé à raison de la part des résultats sociaux correspondant à ses droits, soit à l'impôt sur le revenu s'il relève de cet impôt, soit à l'impôt sur les sociétés s'il est passible de cet impôt. 37600 CGI art. 8, 60 et 218 bis **DC-V-200 s**

1. DÉTERMINATION DU RÉSULTAT SOCIAL

Le résultat imposable des sociétés de personnes et assimilées est déterminé selon des modalités qui tiennent compte à la fois de la nature de l'activité de la société et de la qualité des associés, suivant qu'ils relèvent de l'impôt sur le revenu ou de l'impôt sur les sociétés. 37610

RÈGLES GÉNÉRALES

Sociétés exerçant une activité professionnelle Le résultat imposable est déterminé dans les conditions prévues pour les exploitants individuels, c'est-à-dire globalement au niveau de la société, suivant les règles propres à la **catégorie de résultats** dont relève l'activité de la société : bénéfices industriels et commerciaux (BIC), bénéfices des professions non commerciales (BNC) ou bénéfices agricoles (BA). Dans les sociétés exerçant une activité relevant des BIC ou des BA, cette règle s'applique sous réserve des règles particulières relatives aux opérations sans lien avec l'activité (no 7345). Le **régime d'imposition** de la société (bénéfice réel normal, régime simplifié…) dépend en principe du montant de ses recettes. 37615 CGI art. 60 et 238 bis K, II **DC-V-1250 s et 2880 s**

ATTENTION

Les sociétés de personnes sont exclues des régimes micro-BIC et micro-BNC. Les sociétés à activité agricole créées depuis le 1er janvier 1997 sont elles aussi obligatoirement soumises à un régime d'imposition d'après le bénéfice réel, sous réserve des exceptions mentionnées no 15520.

Pour tout ce qui concerne la **détermination des résultats,** on se reportera, selon la catégorie, à la rubrique correspondante du Mémento. Les sociétés de personnes sont soumises sur ce plan aux règles générales, sous réserve de certaines particularités – signalées dans ces rubriques – dues à la forme sociale : par exemple, limite d'application des régimes d'imposition, comptes courants d'associés, amortissement des biens donnés en location, crédit d'impôt recherche…

Pour la **déduction des charges,** voir nos 37670 s.

En cas de cession d'immobilisations, les **plus et moins-values** relèvent du régime des plus-values professionnelles à court ou à long terme. Les plus-values peuvent, le cas échéant, bénéficier de l'un ou l'autre des deux régimes d'exonération suivants (exclusifs l'un de l'autre) pour la part revenant aux associés soumis à l'impôt sur le revenu. 37620

Pour le cas particulier des cessions d'**éléments d'actif non exclusivement utilisés pour les besoins de l'activité** professionnelle relevant des BIC ou des BA, voir nos 18460 s.

a. Exonération en fonction des recettes : les plus-values réalisées par la société sont totalement ou partiellement exonérées en application de l'article 151 septies du CGI lorsque les conditions d'application de ce dispositif (nos 18200 s.), appréciées au niveau de la société, sont remplies : la société doit notamment exercer son activité depuis au moins cinq ans et le montant de ses recettes ne doit pas excéder certains seuils. Toutefois, lorsque l'exercice de l'activité au sein de la société a été précédé d'un exercice à titre individuel, le délai de cinq ans doit être apprécié en cumulant les durées d'exploitation (CE 13-1-2010 no 301985 : RJF 4/10 no 350).

Dans les **sociétés civiles agricoles** (notamment les Gaec), les conditions d'exonération tenant au montant des recettes et à la durée de l'activité s'apprécient au niveau des associés lorsque ceux-ci exercent leur activité professionnelle au sein de la société :
– la limite d'exonération est déterminée pour chaque associé en retenant sa quote-part dans les recettes sociales, éventuellement majorée de ses recettes individuelles et, s'il est membre d'une autre société civile agricole, de sa quote-part dans les recettes de celle-ci (CGI art. 70, al. 2 ; BOI-BA-BASE-20-20-30-30 no 90) ;
– la durée d'activité est appréciée, le cas échéant, en totalisant les périodes d'activité à titre individuel et dans la société de personnes. En cas de fusion de Gaec, les périodes d'activité au sein des deux groupements peuvent être cumulées (BOI-BA-BASE-20-20-30-30 no 70).

b. Exonération en cas de cession d'une branche d'activité : lorsque la valeur des éléments cédés n'excède pas 500 000 €, la société de personnes peut bénéficier de l'exonération totale ou partielle des plus-values prévue par l'article 238 quindecies du CGI (nos 19650 s.).

37625 **Sociétés exerçant une activité patrimoniale** Lorsque l'activité de la société est de nature patrimoniale, donc non professionnelle, le résultat social est déterminé suivant les règles applicables aux **revenus fonciers** ou aux revenus **mobiliers,** selon que la société gère un patrimoine immobilier ou un portefeuille-titres. Les plus-values réalisées par la société relèvent pour leur part du régime des plus-values privées : plus-values immobilières ou plus-values sur valeurs mobilières et droits sociaux.

ILLUSTRATIONS

Une société de personnes détenue par des personnes physiques et dont l'unique objet consiste à détenir des **participations dans des sociétés de personnes exerçant une activité industrielle ou commerciale,** sans participation aucune à l'activité de ces sociétés, exerce une activité civile par nature. En raison du mode de détermination de son résultat, elle ne peut donc pas déduire les charges financières supportées pour l'acquisition du capital des sociétés d'exploitation (BOI-BIC-DEF-10 no 100 ; CE 17-11-2006 no 254597 : RJF 2/07 no 173).

DÉTERMINATION DE LA PART REVENANT AUX ENTREPRISES ASSOCIÉES

37630 **Participation directe** Quelle que soit la nature de l'activité de la société de personnes, il convient en principe de déterminer le résultat imposable selon les règles qui régissent les opérations réalisées par les associés pour établir la part revenant aux deux catégories de membres suivantes :

CGI art. 238 bis K, I
DC-V-1200 s

– **société soumise à l'impôt sur les sociétés** dans les conditions de droit commun ;
– **entreprise industrielle, commerciale, artisanale ou agricole** relevant de l'**impôt sur le revenu** et placée **de plein droit sous un régime de bénéfice réel** (réel normal ou simplifié).

C'est ainsi que les résultats d'une société de personnes exerçant une activité agricole dont les parts sont inscrites à l'actif d'une autre société de personnes exerçant une activité commerciale perdent leur caractère agricole pour relever des règles des BIC et, en cas de déficit, du régime des déficits commerciaux (CE 7-8-2008 nos 290465 et 290555 : RJF 11/08 no 1209).

ATTENTION

Les règles de détermination de la part de bénéfice en fonction des règles propres à l'associé s'appliquent sous réserve des dispositions de l'article 155, II du CGI relatives aux opérations sans lien avec l'activité professionnelle (no 7345). Ainsi, la part de résultat provenant de **sociétés ayant pour objet la gestion du patrimoine privé de leurs membres** (SCI, sociétés civiles de portefeuille...) ne peut être considérée comme provenant d'une activité professionnelle au sens de cet article et est imposable au titre de la catégorie de revenus correspondant à la nature du bien géré (BOI-BIC-BASE-10-20 nos 190 et 195).

Lorsque la société comprend parmi ses associés à la fois des sociétés, des entreprises et des personnes physiques dont la quote-part de résultat est calculée selon des règles différentes, les résultats sociaux doivent faire l'objet d'une **double détermination** :
– pour établir la quote-part revenant aux **sociétés ou entreprises membres,** les résultats sont calculés, selon le cas, selon les règles de l'impôt sur les sociétés ou d'après les règles propres aux entreprises membres considérées ;
– pour établir la quote-part revenant aux **autres associés,** les résultats sont calculés conformément aux règles applicables à la société de personnes elle-même (BOI-BIC-BASE-10-20 no 130).

L'administration **dispense** toutefois d'une telle obligation les sociétés qui exercent une activité relevant des BIC ou des BA et comprennent parmi leurs membres des exploitants relevant de l'autre catégorie d'imposition soumis à un régime réel (BOI-BIC-BASE-10-20 no 180).

Lorsque le résultat imposable de la société est déterminé selon les règles applicables aux entreprises membres, les **cessions d'immobilisations** sont toujours soumises au régime des plus et moins-values professionnelles, mais elles obéissent à des règles différentes, notamment au regard de la distinction court terme/long terme selon que l'associé relève de l'IR ou de l'IS. Les associés soumis à l'IS ne bénéficient par exemple du régime du long terme que pour leur quote-part de plus-values afférente à des titres de participation (et assimilés). Seules les entreprises associées relevant de l'impôt sur le revenu peuvent par ailleurs bénéficier des dispositifs d'exonération des plus-values visés nº 37620. 37631 DC-V-1850 s

Une **société qui comprend à la fois des associés soumis à l'IS et** des associés soumis **à l'IR** doit donc procéder à une double détermination de ses plus et moins-values à court terme et à long terme en faisant application des règles propres à chaque catégorie d'associés. La compensation entre les plus et moins-values est effectuée de manière distincte pour chaque catégorie.

Pour le cas des cessions d'**éléments d'actif non exclusivement utilisés pour les besoins de l'activité** professionnelle relevant des BIC ou des BA, voir nºs 18460 s.

Sociétés de personnes interposées Dans la situation particulière où un associé est lui-même une société de personnes ayant pour activité la **gestion de son propre patrimoine mobilier ou immobilier,** ou exerçant une **activité agricole** à raison de laquelle elle relève du régime **micro-BA** ou du **régime simplifié d'imposition sur option,** les parts de résultats lui revenant suivent les règles applicables en matière d'impôt sur les sociétés (c'est-à-dire, en général, les règles de détermination des BIC). 37635 DC-V-2550 s

> **Précisions** S'il est établi qu'une fraction des droits dans la société participante est détenue directement ou indirectement par une personne physique ou une entreprise non visée nº 37630 (entreprise individuelle placée sur option sous un régime réel d'imposition, sous le régime micro-BA ou contribuable exerçant une profession non commerciale), cette disposition ne s'applique pas à la part de bénéfice correspondante.
> Un **état,** comportant notamment les renseignements permettant d'apporter cette preuve, doit être joint à la déclaration des résultats de la société de personnes (CGI ann. III art. 46 terdecies E).

OBLIGATIONS

Les sociétés de personnes exerçant une **activité professionnelle** sont tenues aux mêmes obligations que celles incombant normalement aux exploitants individuels. Elles doivent donc produire une **déclaration** de bénéfices faisant ressortir les résultats d'ensemble de l'entreprise. Elles doivent en outre déclarer les rémunérations et parts de bénéfices réparties (ou distribuées) entre les associés (CGI art. 242, 1). 37640 CGI art. 60 DC-V-3600 s

Les **sociétés immobilières** relevant de l'impôt sur le revenu doivent également produire une déclaration annuelle des résultats.

La procédure de **vérification** des déclarations est suivie directement entre l'administration fiscale et la société.

Les sociétés civiles de **gestion de portefeuille** sont quant à elles soumises aux obligations des établissements payeurs auxquels elles sont assimilées (voir nºs 26850 s.).

2. MODALITÉS D'IMPOSITION DU RÉSULTAT SOCIAL

IMPOSITION AU NOM DES ASSOCIÉS

Les résultats des sociétés de personnes ne sont pas directement imposables au nom de la personne morale (sauf option pour l'impôt sur les sociétés), mais au nom personnel des associés. Chacun d'eux est imposé à raison de la part des résultats sociaux correspondant à ses droits dans la société, soit à l'impôt sur le revenu s'il relève de cet impôt (particulier ou entreprise), soit à l'impôt sur les sociétés s'il est passible de cet impôt. 37645 DC-V-4400 s

Si les **résultats** de la société sont **déficitaires,** chaque associé peut imputer sur son revenu global (ou sur son bénéfice imposable à l'impôt sur les sociétés) la quote-part du déficit correspondant à ses droits dans la société, sous réserve des restrictions prévues en matière d'impôt sur le revenu (nºs 980 s.).

Les **associés qui résident à l'étranger** sont imposables en France sur leur quote-part de résultat dans la mesure où la société exerce son activité sur le territoire national, sauf stipulation contraire d'une convention internationale (CE 9-2-2000 nº 178389 : RJF 3/00 nº 342 ; CE 11-7-2011 nº 317024 : RJF 10/11 nº 1063).

Lorsqu'une société de personnes perçoit des produits provenant de la **propriété industrielle** ou de logiciels protégés ouvrant droit au régime prévu à l'article 238 du CGI, les associés peuvent dans certaines conditions bénéficier du taux réduit d'imposition de 10 % : voir nºs 10422 s.).

RÈGLES DE RÉPARTITION DU RÉSULTAT

37650 DC-V-4680 s et 8400 s

Le résultat social est réparti conformément aux **droits des associés** résultant soit du pacte social, soit d'un acte ou d'une convention antérieurs à la clôture de l'exercice et ayant pour objet de conférer expressément à l'un ou à l'autre des associés des droits différents (CE 26-4-1976 n° 93212 : RJF 6/76 n° 272 et en dernier lieu : CE 6-10-2010 n° 307969 : RJF 1/11 n° 58).

› Précisions En cas de **démembrement** de la propriété des parts sociales, l'usufruitier est en principe imposable à hauteur du bénéfice courant de l'exercice et le nu-propriétaire à raison des résultats exceptionnels correspondant aux plus-values de cession d'actif immobilisé. Le Conseil d'État a jugé que l'usufruitier des parts d'une société civile immobilière est titulaire de la part du **déficit** correspondant à ses droits (CE 8-11-2017 n° 399764 : RJF 2/18 n° 184). Cette décision infirme la doctrine administrative suivant laquelle la prise en compte des déficits fiscaux revient de droit au nu-propriétaire au motif qu'il doit répondre des dettes sociales en sa qualité d'associé (BOI-BIC-CHAMP-70-20-10-20 n° 150). Une répartition différente de la charge fiscale entre le nu-propriétaire et l'usufruitier peut toutefois être prévue dans les statuts ou dans une convention de répartition des résultats conclue et enregistrée avant la clôture de l'exercice.

En cas de conclusion d'une convention de **quasi-usufruit,** l'usufruitier est redevable de l'impôt dû à raison des bénéfices courants et des bénéfices exceptionnels (CE 18-12-2002 n° 230605 : RJF 3/03 n° 328).

Par ailleurs, les **rémunérations** versées par la société au **nu-propriétaire** de parts peuvent être déduites des bénéfices sociaux à la double condition que le nu-propriétaire ne soit pas associé en fait à l'exploitation et que les rémunérations versées correspondent à un travail effectif et ne présentent pas un caractère exagéré. Ces rémunérations sont imposées comme des salaires (BOI-RSA-CHAMP-10-10-30 n° 160).

FAIT GÉNÉRATEUR DE L'IMPOSITION

37655 DC-V-5040 s

Principes Les bénéfices sont considérés comme acquis par les associés à la date de leur réalisation, qui coïncide avec la **clôture de l'exercice.** Il s'ensuit :
- que les associés sont imposés sur la part des bénéfices à laquelle ils ont droit, même s'ils n'en ont pas effectivement disposé (cas par exemple où les bénéfices sont mis en réserve) ;
- et que, sauf exceptions, seuls les associés présents à la clôture de l'exercice sont imposables.

› Précisions **a.** En **comptabilité,** les **entreprises ou sociétés membres** ne prennent en principe en compte la part de résultat qui leur revient que lorsqu'elle est effectivement distribuée. À propos des conséquences de cette divergence, voir notre Mémento comptable n°s 36480 s.
b. Par exception à la règle exposée ci-dessus, les sociétés relevant du régime des sociétés de personnes exerçant une **activité de gestion de valeurs mobilières** (société civile de gestion de portefeuille, par exemple) sont réputées verser à chacun de leurs associés la quote-part des revenus correspondant à ses droits le jour où elles ont elles-mêmes encaissé lesdits revenus ou ont été créditées de leur montant (CGI ann. II art. 79, 4).

37660 DC-V-5500 s

Retrait ou décès d'un associé En cas de **départ** d'un associé **en cours d'année** (par suite de cession ou de rachat de ses parts), l'intégralité des résultats est en principe imposée au nom des seuls associés présents à la clôture de l'exercice (BOI-BNC-CESS-10-10 n°s 70 à 90). L'intention des parties à l'acte de cession peut être prise en compte afin d'apprécier la date à laquelle la cession des parts est intervenue (CE 26-9-2019 n° 419825 : RJF 12/19 n° 1160).

ATTENTION

Une répartition des résultats prorata temporis entre les nouveaux et anciens associés n'est pas opposable à l'administration pour l'assiette de l'impôt, même si un acte antérieur à la clôture de l'exercice a attribué les bénéfices de l'exercice aux anciens associés (CE 28-3-2012 n° 320570 : RJF 6/12 n° 616).

En cas de **décès** d'un associé en cours d'exercice, le Conseil d'État considère que les bénéfices de la société poursuivant l'exploitation ne sont imposables qu'entre les mains des associés présents à la clôture de l'exercice, et notamment au nom personnel des héritiers du membre décédé sans qu'une part quelconque de ces bénéfices puisse être rattachée aux revenus dont celui-ci disposait à la date de son décès (CE 10-6-1983 n° 28922 : RJF 8-9/83 n° 989). Il est dérogé à ce principe si les statuts de la société prévoient que les héritiers n'acquièrent pas la qualité d'associé (BOI-BNC-CESS-10-10 n° 80).

37661

La loi prévoit des **dérogations** au principe d'imposition des seuls associés présents à la clôture de l'exercice dans les cas suivants.

a. En cas de transmission ou de rachat en cours d'année par une personne physique de parts de sociétés de personnes exerçant une **activité professionnelle non commerciale,** l'associé sortant (ou ses ayants cause en cas de décès) peut être immédiatement imposé d'après un résultat intermédiaire déterminé à la date de la transmission ou du rachat, à concurrence de la quote-part correspondant à ses droits (CGI art. 93 B : BNC-III-12700 s.). Cette mesure s'applique sur demande conjointe de l'associé sortant (ou de ses ayants cause) et du (ou des) bénéficiaire(s) de la transmission, formulée dans le même délai que la déclaration de résultat intermédiaire.

b. Un dispositif identique s'applique en cas de retrait d'un membre d'une société de personnes exerçant une **activité agricole** (CGI art. 73 D : BA-VII-30600 s.).

c. Enfin, les plus-values réalisées par une société de personnes exerçant une **activité non professionnelle de nature immobilière,** lors de la cession d'immeubles ou de parts de sociétés ou de fonds de placement immobiliers, sont imposables au nom des associés présents à la date de la cession (CGI art. 150 VF, II, et 238 octies B). Lorsque ces associés sont des entreprises qui cèdent ensuite leurs parts avant la clôture de l'exercice, l'administration leur refuse l'attribution, à hauteur des droits cédés, des moins-values constatées par la société au cours de l'exercice (BOI-RFPI-PVI-30-20 n° 170).

MONTANT IMPOSABLE

Le montant de la part de chaque associé prend en compte les bénéfices résultant du pacte social, et le cas échéant, les **rémunérations** qui lui sont versées (non déductibles par nature du résultat social), les intérêts servis non déductibles et les **avantages particuliers** qui lui sont accordés en raison par exemple de la prise en charge de dépenses à caractère personnel. 37665 DC-V-6100 s DIR-III-750 s

EXEMPLE

Société en nom collectif composée de deux associés, A et B, ayant respectivement 60 % et 40 % des droits. A reçoit une rémunération de 50 000 € et 6 000 € d'intérêts pour sa part de capital. B reçoit une rémunération de 60 000 € et 4 000 € d'intérêts.

1e hypothèse : résultat imposable bénéficiaire de 100 000 € avant prise en compte des rémunérations et intérêts, fiscalement non déductibles. Soit 220 000 € après réintégration.

Part revenant à A : 50 000 + 6 000 + (100 000 × 60 %) = 116 000 €.

Part revenant à B : 60 000 + 4 000 + (100 000 × 40 %) = 104 000 €.

2e hypothèse : déficit fiscal de 30 000 € avant réintégration des rémunérations et intérêts. Soit un bénéfice de 90 000 € après réintégration.

Part revenant à A : 50 000 + 6 000 − (30 000 × 60 %) = 38 000 €.

Part revenant à B : 60 000 + 4 000 − (30 000 × 40 %) = 52 000 €.

3e hypothèse : déficit de 140 000 € avant réintégration, ramené à 20 000 € après réintégration.

Part revenant à A : 50 000 + 6 000 − (140 000 × 60 %) = − 28 000 €.

Part revenant à B : 60 000 + 4 000 − (140 000 × 40 %) = + 8 000 €.

CHARGES PERSONNELLES DES ASSOCIÉS

Les charges déductibles du **résultat social** à répartir entre les associés sont celles qui incombent normalement à la société, c'est-à-dire celles qui sont directement liées à l'activité sociale. Ce n'est pas le cas des frais personnels des associés, même engagés pour les besoins de l'activité sociale. 37670 DC-V-710 s et 6400 s

Mais les personnes physiques associées d'une société d'exploitation qui exercent leur activité professionnelle au sein de la société peuvent déduire de leur quote-part de résultat social certains frais qu'elles supportent personnellement.

Associés autorisés à déduire des charges personnelles La déduction des charges personnelles est ouverte aux **personnes qui exercent leur activité dans le cadre d'une société de personnes** visée aux articles 8 et 8 ter du CGI dont les bénéfices sont imposés à leur nom à l'impôt sur le revenu dans la catégorie des BIC, BA réels ou BNC. 37675 CGI art. 151 nonies, I DC-V-6450 s

ATTENTION

L'exercice de **l'activité professionnelle au sein de la société** suppose l'accomplissement d'actes précis et de diligences réelles qui la caractérisent, par exemple : présence sur les lieux de travail, réception et démarchage de clientèle, établissement de factures, participation directe à la conception et à l'élaboration de produits, participation aux décisions engageant l'exploitation... (Rép. Dumont : AN 28-1-1991 n° 34937 non reprise dans Bofip). La réalisation de tâches d'exécution par un **associé non gérant** peut caractériser, à elle seule, l'exercice d'une activité professionnelle (CE 8-6-2016 n° 387826 : RJF 10/16 n° 801).

Les parts sociales détenues par ces associés sont considérées fiscalement comme des éléments d'actif affectés à l'exercice de la profession, autrement dit comme un actif professionnel personnel distinct de l'actif social. Cette assimilation les autorise à déduire les frais d'acquisition des parts et certaines charges d'ordre personnel de leur quote-part de résultat social. Elle entraîne la taxation des plus-values de cession des parts suivant le régime des plus-values professionnelles.

> **Précisions** **a.** Ce régime ne s'applique ni aux **associés, simples apporteurs de capitaux,** qui n'exercent pas d'activité au sein de la société ni aux associés de sociétés de personnes qui n'exercent pas d'activité professionnelle, telles les sociétés de gestion patrimoniale.
> **b.** En l'**absence de gérant statutaire,** tous les associés d'une société en nom collectif ou d'une société en participation sont présumés exercer une activité professionnelle au sein de la société (CE 9-7-2003 nº 230116 : RJF 11/03 nº 1255). Tel n'est pas le cas lorsque la gérance de la société a été confiée à une SARL (CE 11-4-2008 nº 289798 : RJF 7/08 nº 836) et que le contribuable ne justifie pas d'un apport en industrie (CE 27-2-2019 nº 408456 : RJF 5/19 nº 444).
> **c.** Un mandat de gestion donné, par contrat, à un tiers ne peut suffire à remettre en cause le caractère professionnel de l'activité déployée par l'**associé-gérant d'une EURL** dans sa société (CE 28-12-2012 nº 340135 : RJF 3/13 nº 319).
> **d.** Les associés dont les parts sont constitutives d'un actif professionnel personnel ne sont pas soumis à ce titre aux **obligations comptables et déclaratives** des exploitants individuels (Comité MOA 3-4-1997, solution non reprise dans Bofip).
> **e.** Lorsque la société de personnes réalise des opérations ouvrant droit à une **réduction** ou à un **crédit d'impôt,** les associés peuvent l'imputer sur l'impôt sur les sociétés ou l'impôt sur le revenu dont ils sont redevables au prorata de leurs droits. S'agissant des associés relevant de l'impôt sur le revenu, cette imputation peut toutefois être subordonnée à la condition qu'ils exercent leur activité professionnelle au sein de la société (voir nº 10500 à propos du crédit d'impôt recherche et nº 10700 à propos de la réduction d'impôt en faveur du mécénat.

37680 DC-V-6680 s **Frais d'acquisition des droits ou parts** Les associés dont la participation a le caractère d'un actif professionnel personnel peuvent déduire de la quote-part de bénéfice leur revenant les intérêts d'emprunt, les frais d'acte et d'enregistrement, les frais de notaire et les commissions et honoraires versés à l'occasion de l'acquisition des droits sociaux, ainsi que les droits de mutation à titre gratuit acquittés lors de la transmission des parts.

ILLUSTRATIONS

Sont admis en déduction les intérêts d'**emprunts** contractés directement en vue de l'achat des parts sociales ou ceux consacrés à l'acquisition de biens ayant fait ensuite l'objet d'un apport à la société rémunéré par l'attribution de telles parts. Cette déductibilité s'applique même si l'emprunt a été contracté alors que la société était encore soumise à l'IS (CE 13-7-2007 nº 287364 : RJF 11/07 nº 1275).

Lorsque les frais sont **exposés avant le début de l'activité de la société** (par exemple, droits d'enregistrement versés pour l'achat de parts d'une SCP qui commence à exercer l'année suivante), ils donnent naissance, en l'absence de recettes sociales, à un déficit catégoriel imputable dans les conditions de droit commun sur le revenu global (CE 18-12-1987 nº 69382 : RJF 2/88 nº 166).

37685 DC-V-6840 s **Frais supportés pour les besoins de l'activité** Les frais professionnels dont l'associé a supporté personnellement la charge sont déductibles de sa quote-part de résultat à la condition :
– qu'ils lui incombent personnellement ;
– qu'ils présentent le caractère de dépense déductible dans le cadre d'une entreprise individuelle ;
– et qu'ils n'aient pas été pris en compte pour la détermination du résultat social.

Sont ainsi imputables, par **exemple,** les cotisations sociales et les frais de transport du domicile au lieu de travail.

ILLUSTRATIONS

Les **cotisations sociales personnelles** obligatoires et facultatives des associés (ou de leur conjoint collaborateur non rémunéré) constituent une charge déductible de leur quote-part de bénéfice dans les conditions exposées nºs 8680 s., même si la société les a prises en charge. Dans ce dernier cas, le montant des cotisations prises en charge doit être, au préalable, ajouté à la quote-part du résultat qui revient à l'associé (BOI-BNC-BASE-40-60-50-20 nº 210).

Les **frais de repas quotidiens** sont, selon nous, déductibles dans les conditions prévues pour les exploitants individuels : voir nº 8485, précision b.

Lorsque l'**exercice** social est différent de l'année civile, seules les charges personnelles supportées au cours de cet exercice sont déductibles (BOI-BIC-BASE-10-20 nº 280).

37690 **ATTENTION**

Les **frais de voiture** exposés par les associés pour les besoins de l'activité sociale (par exemple pour la visite de la clientèle) ne peuvent être déduits que du bénéfice social et non de la quote-part qui leur revient. Corrélativement, les associés n'ont pas à inclure dans cette quote-part les sommes qui leur sont remboursées à ce titre par la société.

Les frais en cause peuvent être pris en compte pour leur **montant réel,** ou, sur option de la société, selon le **barème kilométrique** fourni par l'administration (voir nº 97200), étant précisé qu'en matière de BNC cette option doit être exercée pour tous les véhicules utilisés pour l'exercice de l'activité sociale, qu'ils appartiennent à la société ou aux associés (BOI-BNC-BASE-40-60-40-20 nº 610). Les dépenses non couvertes par le barème kilométrique (frais de garage, de stationnement ou de péage) sont de même déductibles, sur justificatifs, du seul résultat de la société pour leur montant réel.

C. Régime des cessions de droits sociaux

1. DROITS SOCIAUX DÉTENUS PAR LES PERSONNES PHYSIQUES

PLUS-VALUES SUR LES DROITS OU PARTS CONSTITUTIFS D'UN ACTIF PROFESSIONNEL

Détermination et modalités d'imposition Lorsque les droits sociaux détenus par une personne physique dans une société de personnes exerçant une activité professionnelle (BIC, BA réels ou BNC) ont le caractère d'un actif professionnel personnel (n° 37675), les plus-values de cession de ces droits sont imposables selon le **régime** des plus-values professionnelles. 37715 CGI art. 151 nonies DC-V-9970 s

Les modalités de **calcul** de la plus ou moins-value de cession sont identiques à celles applicables lorsque les parts sont cédées par une entreprise membre (n° 37740).

Sauf cas d'exonération ou de report d'imposition prévu par la loi, la plus-value (ou moins-value) de cession est imposée, en tenant compte de la nature de l'activité de la société de personnes dont les droits sont cédés, au titre de l'**année** de sa réalisation en cas de **cession totale** des titres. Le Conseil d'État considère qu'il en est de même en cas de **cession partielle** des titres, y compris si le cédant poursuit son activité au sein de la société (CE 4-2-2013 n°s 347394 et 347426 : RJF 4/13 n° 383). L'administration estime au contraire que dans un tel cas l'imposition est établie au titre de l'année en cours à la clôture de l'exercice (BOI-BIC-PVMV-40-30-20 n° 80).

> Précisions En cas de constatation d'une **moins-value à long terme** alors que les titres cédés avaient été reçus en rémunération de l'apport d'une entreprise, l'administration autorise le cas échéant son imputation sur la **plus-value à long terme d'apport** des éléments non amortissables **en sursis d'imposition,** qui devient imposable du fait de la cession (n°s 19710 s.) ; s'il subsiste un excédent de moins-value et si la cession porte sur la totalité des titres détenus, une fraction de cet excédent peut être imputée sur la quote-part de résultat revenant à l'associé (BOI-BIC-PVMV-40-20-30-20 n° 90).

Cas d'exonération **Exonération en fonction des recettes.** La plus-value peut être totalement ou partiellement exonérée dans les conditions prévues à l'article 151 septies du CGI (n°s 18200 s.) lorsque les droits ou parts sont détenus en tant qu'**actif professionnel depuis au moins cinq ans** par l'associé et que la quote-part de recettes lui revenant (calculée à proportion de ses droits dans le bénéfice comptable : CE 14-11-2018 n°s 407063 et 407065 : RJF 2/19 n° 150), majorée le cas échéant de ses recettes individuelles, respecte certains seuils. Cette règle s'applique quelle que soit la nature de l'activité de la société (BIC, BNC ou BA). 37716 DC-V-10400 s

ILLUSTRATIONS

Lorsque l'associé cède l'intégralité de ses parts, la **condition de détention des droits** pendant au moins cinq ans est satisfaite si ce délai est atteint à la date de la cession. En cas de **cession partielle,** l'échéance du délai de cinq ans se situe à la clôture de l'exercice au cours duquel les parts sont cédées, sauf si l'associé cesse à cette occasion d'exercer une activité professionnelle au sein de la société. Dans ce dernier cas, il convient de retenir la date de cessation d'activité (BOI-BIC-PVMV-40-10-10-20 n° 150). Lorsque l'associé a précédemment exercé son **activité à titre individuel,** le Conseil d'État considère que la durée d'activité est appréciée en totalisant les périodes d'activité à titre individuel et au sein de la société de personnes (CE 13-1-2010 n° 301985 : RJF 4/10 n° 350). L'administration n'accepte un tel cumul que si l'activité a été apportée à la société dans les conditions prévues à l'article 151 octies du CGI (BOI-BIC-PVMV-40-10-10-20 n°s 130 et 140).

Exonération en fonction de la valeur des titres cédés. Les plus-values qui résultent de la transmission (à titre onéreux ou gratuit) de l'intégralité des droits ou parts détenus ouvrent droit au régime d'exonération en fonction de la valeur des éléments transmis prévu par l'article 238 quindecies du CGI, à condition notamment que l'**activité** ait été exercée pendant au moins **cinq ans** (n°s 19650 s.). 37717 DC-V-11000 s

ATTENTION

Lorsque l'activité a successivement été exercée à titre individuel puis en société, l'administration n'accepte le cumul des durées d'exploitation que si l'activité individuelle a été apportée à la société dans les conditions prévues à l'article 151 octies du CGI (BOI-BIC-PVMV-40-20-50 n° 220).

Exonération en cas de départ à la retraite. Lorsque l'associé cède l'intégralité de ses droits sociaux à l'occasion de son départ à la retraite, la plus-value peut être exonérée en vertu de l'article 151 septies A du CGI s'il a exercé son **activité** pendant au moins **cinq ans** et si la société répond à la définition communautaire des PME (voir n°s 19890 s.). 37718 DC-V-11400 s

ATTENTION

Lorsque l'associé a d'abord exercé à titre individuel, l'administration refuse de tenir compte de la période d'exploitation individuelle pour l'appréciation du délai de cinq ans, sauf si l'activité individuelle a été apportée à la société dans les conditions prévues à l'article 151 octies du CGI (BOI-BIC-PVMV-40-20-20-10 n° 170).

Les **rachats ou annulations de droits** ou parts par la société de personnes sont éligibles au dispositif (BOI-BIC-PVMV-40-20-20-10 n° 210).

37720 CGI art. 151 nonies, II DC-V-12000 s

Cas de report d'imposition **Transmission des droits ou parts à titre gratuit (donation ou succession) à une personne physique.** L'imposition de la plus-value constatée à cette occasion peut être reportée à la date de cession, de rachat ou d'annulation des titres. Le report s'applique sur option exercée lors de l'acceptation de la transmission par son ou ses bénéficiaires (qui doivent communiquer à l'administration un état des plus-values en report : CGI ann. III art. 41-0 A ter). Le report se transforme en **exonération définitive** lorsque l'activité est poursuivie pendant au moins cinq ans à compter de la date de la transmission.

Le **report** est par ailleurs **maintenu** lorsque, au cours de cette période de cinq ans, intervient :
– soit une nouvelle transmission à titre gratuit des titres, à condition que le bénéficiaire prenne l'engagement d'acquitter l'impôt sur la plus-value en cas de survenance d'un des événements mettant fin au report ;
– soit le partage, avec ou sans soulte, des droits sociaux entre les coïndivisaires bénéficiaires de la transmission, à condition que le ou les attributaires des parts reprennent eux aussi l'engagement d'acquitter le cas échéant l'impôt sur la plus-value en report.

Le report d'imposition ne peut être cumulé avec les régimes d'**exonération** prévus aux articles 151 septies (n°s 18200 s.) et 238 quindecies du CGI (n°s 19650 s.).

37721 CGI art. 151 nonies, III et IV DC-V-12400 s

Changement de régime fiscal de la société ou cessation d'activité d'un associé. L'imposition des plus-values constatées sur les droits sociaux lors du changement de régime fiscal de la société de personnes (assujettissement à l'IS ou transformation en société soumise à cet impôt), ou lors de la cessation d'activité au sein de la société d'un associé qui conserve la propriété de tout ou partie de ses parts, est automatiquement reportée à la date de cession, de rachat ou d'annulation des titres.

Le report est maintenu en cas de **transmission ultérieure à titre gratuit** des titres à une personne physique si celle-ci prend l'engagement de déclarer en son nom cette plus-value lors de la cession, du rachat ou de l'annulation des titres. Il peut en outre se transformer en exonération définitive à condition que, pendant les cinq ans suivant la transmission :
– le bénéficiaire de la transmission exerce dans la société soit une fonction de direction au sens de l'impôt sur la fortune immobilière (société soumise à l'IS : voir n°s 72820 s.), soit son activité professionnelle (société relevant de l'IR) ;
– la société poursuive son activité professionnelle.

ATTENTION

En cas de **transmission à titre gratuit au profit d'une indivision,** la condition d'exonération tenant à l'exercice d'une fonction de direction ou d'une activité dans la société pendant au moins cinq ans doit être respectée par chaque indivisaire, sauf en cas d'indivision successorale où il suffit qu'elle soit remplie par l'un seul d'entre eux pour que tous bénéficient de l'exonération (BOI-BIC-PVMV-40-30-10-20 n° 500).

Une exonération définitive est également accordée lorsque, après le changement de régime fiscal de la société, l'associé cède ses parts à l'occasion de son **départ en retraite** dans les conditions prévues par l'article 151 septies A du CGI : voir n° 19925.

› Précisions **a.** Si la **société** dont les parts ont été transmises est **soumise à l'IS,** ne font par ailleurs obstacle à l'exonération :
– ni le **changement de fonction** de direction ;
– ni la **fusion** ou la scission de la société, dès lors que le bénéficiaire continue d'exercer une fonction de direction au sein de la société bénéficiaire des apports (BOI-BIC-PVMV-40-30-10-20 n°s 460 et 470).

b. Lorsque la **cessation d'activité** de l'associé coïncide avec celle de la **société** et que l'associé constate à cette occasion une **moins-value à long terme** sur ses parts, cette moins-value peut, le cas échéant, être imputée sur la plus-value à long terme réalisée par la société du fait de sa cessation d'activité (BOI-BIC-PVMV-40-30-20 n° 40).

37722 CGI art. 151 nonies, IV bis DC-V-13050 s

Apport en société de la totalité des droits. L'imposition de la plus-value réalisée par un associé à l'occasion de l'apport de la totalité des droits ou parts qu'il détient dans la société au sein de laquelle il exerce son activité peut être reportée jusqu'à la date de cession, du rachat ou de l'annulation des droits reçus en contrepartie de l'apport, à condition :
– que l'actif de la société dont les titres sont apportés ne soit pas principalement constitué de biens ou droits immobiliers non affectés à l'exploitation ;

– et que la société bénéficiaire de l'apport (soumise à l'IR ou à l'IS), reçoive plus de 50 % des droits de vote de la société apportée.

Le report est maintenu en cas de **transmission à titre gratuit** des droits reçus en contrepartie de l'apport si le bénéficiaire prend l'engagement de déclarer cette plus-value lorsqu'un des événements mettant fin au report se réalise.

Notons aussi que la plus-value en report peut être exonérée si l'associé cède par la suite les titres reçus en échange à l'occasion de son **départ en retraite** dans les conditions prévues par l'article 151 septies A du CGI (voir nº 19925).

Règles communes aux différents régimes de report 37723

a. Les **reports** d'imposition sont **maintenus** (outre les hypothèses déjà mentionnées pour chacun d'eux) :

– en cas d'échange des droits sociaux résultant d'une opération de **fusion** ou de **scission** (à condition qu'elle n'ait pas un objectif de fraude fiscale : voir nº 39202), jusqu'à la date de cession, de rachat ou d'annulation des droits reçus lors de l'échange ;

– en cas de transfert en **fiducie,** jusqu'à la date de cession des droits transférés ou jusqu'à la date de fin de l'opération de fiducie (CGI art. 238 quater D) ;

– et, plus généralement, lorsque les événements censés y mettre fin génèrent eux-mêmes des **plus-values placées en report ou sursis d'imposition,** jusqu'à ce que ces dernières deviennent imposables (qu'elles soient imposées ou exonérées) ou que surviennent d'autres événements mettant fin au report à l'occasion desquels les plus-values constatées ne bénéficient pas d'un report ou d'un sursis d'imposition (CGI art. 151-0 octies). Par exemple, le report d'imposition d'une plus-value réalisée lors du changement fiscal de la société, maintenu une première fois lors de l'échange des droits sociaux résultant d'une fusion, sera à nouveau maintenu si les titres font l'objet d'un apport en société placé sous le régime de sursis d'imposition de l'article 150-0 B du CGI (nºs 33300 s.).

b. Lorsqu'un **report d'imposition** prend **fin,** la plus-value professionnelle (à court terme ou à long terme) est imposée dans tous les cas au titre de l'année en cours aux taux en vigueur à la date d'expiration du report. Il convient alors de soumettre à l'impôt, d'une part, la plus-value en report d'imposition, d'autre part, la plus-value constatée sur les parts ou actions à compter de l'événement ayant donné lieu au report d'imposition. Cette dernière plus-value est taxable selon le régime des particuliers en cas de changement de régime fiscal et de cessation d'activité ou de transmission à titre gratuit s'il s'agit d'un bénéficiaire autre que celui qui poursuit l'activité au sein de la société.

ATTENTION

Les bénéficiaires de reports d'imposition doivent joindre à leur déclaration de résultat de l'année du report et des années suivantes un **état de suivi des plus-values en report,** jusqu'à l'expiration du report (CGI ann. III art. 41-0 A ter). À défaut, une amende égale à 5 % des sommes omises est encourue conformément à l'article 1763 du CGI. (Non application de l'amende en cas de régularisation : voir nº 9055.)

PLUS-VALUES SUR LES DROITS OU PARTS APPARTENANT AU PATRIMOINE PRIVÉ

Les droits ou parts dans des **sociétés de gestion patrimoniale** (mobilière ou immobilière) ou dans des **sociétés** de personnes opérationnelles **dont l'activité relève des BIC, des BNC ou des BA,** détenus par des associés qui n'exercent pas eux-mêmes d'activité au sein de la société (simples apporteurs de capitaux) sont traités comme des éléments du patrimoine privé. Leur cession relève par conséquent du régime des plus-values ou moins-values des particuliers : 37725 DC-V-13400 s

– régime des plus-values sur valeurs mobilières et droits sociaux si les droits cédés sont détenus dans une société de gestion d'un portefeuille (CE 27-6-2019 nº 420262 : RJF 10/19 nº 901) ou dans une société de personnes exerçant une activité professionnelle dans laquelle le cédant n'exerce pas lui-même d'activité ;

– plus-values immobilières si les droits sont détenus dans une société à prépondérance immobilière.

La cession peut le cas échéant entraîner l'imposition d'une plus-value professionnelle précédemment placée en report d'imposition (nºs 37720 s.).

2. DROITS SOCIAUX DÉTENUS PAR LES ENTREPRISES

Lorsque les droits ou parts d'une société de personnes figurent à l'actif d'une entreprise, ils sont soumis au régime des autres éléments de l'actif immobilisé, notamment en ce qui concerne les **plus-values** de cession. Toute opération de cession de droits sociaux (vente, échange, apport en société, transmission à titre gratuit…) entraîne la réalisation d'une plus ou moins-value. Dans la très grande majorité des cas, les cessions de droits sociaux effectuées par les entreprises membres relèvent du régime des plus-values professionnelles. 37735 DC-V-9300 s

DÉTERMINATION DES PLUS-VALUES OU MOINS-VALUES

37740 DC-V-9350 s Selon la jurisprudence du Conseil d'État à laquelle l'administration s'est ralliée, la nécessité d'assurer la neutralité de l'application de la loi fiscale, compte tenu du régime d'imposition spécifique des sociétés de personnes, conduit à calculer la plus-value réalisée en ajustant le **prix de revient** des parts afin d'éviter que la cession ne se traduise par une double imposition ou une double déduction des résultats précédemment pris en compte par le cédant. Concrètement, pour le calcul des plus ou moins-values professionnelles, le prix de revient des parts à retenir s'entend du prix d'acquisition :

– **majoré,** d'une part, de la quote-part des **bénéfices** (y compris des plus-values) ayant été précédemment ajoutée aux résultats **imposés** de l'associé et, d'autre part, des **pertes** antérieures afférentes à des entreprises exploitées par la société en France ayant donné lieu de sa part à un **versement** en vue de les combler. Le prix d'acquisition des parts est également majoré de la quote-part des **bénéfices** de la société ou du groupement revenant à l'associé, **qui n'ont pas fait l'objet d'une imposition effective** en application d'une disposition par laquelle le législateur a entendu accorder un avantage fiscal définitif (CE 8-11-2017 n° 389990 : RJF 2/18 n° 173) ;

– puis **minoré,** d'une part, des **déficits** (y compris des moins-values) que l'associé a effectivement **déduits** (CE 15-12-2010 n° 297513 : RJF 3/11 n° 324), à l'exclusion de ceux qui trouvent leur origine dans une disposition par laquelle le législateur a entendu conférer aux contribuables un avantage fiscal définitif et, d'autre part, des **bénéfices** afférents à des entreprises exploitées en France par la société et ayant donné lieu à **répartition** à son profit (CE 16-2-2000 n° 133296, SA Ets Quémener : RJF 3/00 n° 334).

Pour corriger le prix de revient des parts, il convient de retenir les résultats réalisés par la société depuis la date d'acquisition des parts du cédant jusqu'à leur cession (TA Montreuil 2-12-2010 n°s 09-4802 et 10-11035 : RJF 7/11 n° 782 confirmé par CAA Versailles 11-12-2012 n° 11VE00629).

Lorsque les **parts** cédées ont été **acquises** ou souscrites **à des dates différentes,** la règle « Peps » est applicable (n° 18855). Le prix de revient des parts acquises ou souscrites à la même date est calculé distinctement suivant les modalités susmentionnées.

> **Précisions** **a.** Lorsque l'entreprise cédante relève de l'impôt sur le revenu, le montant des **plus-values** réalisées par la société de personnes, **exonéré** en application des articles 151 septies du CGI (n°s 18200 s.), ou 238 quindecies du CGI (n°s 19650 s.), vient majorer le prix d'acquisition des parts (BOI-BIC-PVMV-40-10-10-30 n° 40 ; BOI-BIC-PVMV-40-20-50 n° 410).
> **b.** Le prix d'acquisition des parts doit être majoré des **bénéfices non répartis** qui ont été **utilisés** par la société **pour le rachat des parts sociales** détenues par un autre associé (CE 3-5-2011 n° 311338 : RJF 7/11 n° 807).
> **c.** Les modalités de détermination des plus ou moins-values de cession des droits sociaux exposées ci-dessus s'appliquent en cas de **cession par une société de personnes** de parts détenues dans une société de même nature (CE 25-10-2004 n° 243841 : RJF 1/05 n° 47).
> Cette méthode s'applique également en cas de dissolution d'une société de personnes par **confusion de patrimoine.** Dans ce cas, le prix de revient des parts annulées doit être augmenté des bénéfices imposés et des pertes comblées par l'associé unique et diminué des bénéfices distribués et des pertes subies. Ces principes sont applicables dans l'hypothèse où une réévaluation des actifs a été opérée à la suite d'un **contrôle fiscal** (CE 27-7-2015 n° 362025 : RJF 11/15 n° 883) ou à la suite d'une **réévaluation libre** intervenue lors de la dissolution (CE 6-7-2016 n°s 377904 et 377906 : RJF 11/16 n° 982), sans qu'il y ait lieu de distinguer suivant que la société réalisant la dissolution supporte ou non une double imposition effective : le **profit de réévaluation** qui a été pris en compte dans le prix d'acquisition des parts n'a pas à être **retenu une seconde fois** dans les résultats de la société, au titre du résultat de l'opération de dissolution (CE plén. 24-4-2019 n° 412503 : RJF 7/19 n° 681).

IMPOSITION DES PLUS-VALUES

37745 CGI art. 238 bis K, I DC-V-9830 s Lorsque les parts de la société de personnes sont inscrites à l'actif d'une **personne morale passible de l'IS** dans les conditions de droit commun, les plus-values de cession des droits sociaux sont imposables selon le régime des plus-values professionnelles (n°s 18710 s.).

37748 CGI art. 238 bis K, I DC-V-9900 s Lorsque les parts de la société de personnes sont inscrites à l'actif d'une **entreprise industrielle, commerciale, artisanale ou agricole** relevant de l'**IR** et placée **de plein droit sous un régime de bénéfice réel,** les plus-values de cession des droits sociaux sont imposées selon le régime des plus-values à court terme et à long terme défini aux articles 39 duodecies et suivants du CGI, quelle que soit l'activité de la société, sous réserve toutefois que les droits sociaux soient utilisés pour l'exercice de l'activité de l'entreprise (CGI art. 155, II-2 et III-2 : n°s 18460 s.).

Ces plus-values peuvent bénéficier de l'**exonération** totale ou partielle prévue à l'article 151 septies du CGI lorsque les conditions d'application sont remplies. En particulier, la condition relative au montant des recettes s'apprécie en tenant compte de la quote-part des recettes de la société de personnes revenant à l'associé, majorée de ses recettes individuelles (CGI art. 151 septies, IV) (voir n°s 18200 s.).

Le régime des plus-values professionnelles s'applique également à la cession de droits ou parts détenus par une **société « interposée »** dont la quote-part de résultat relève de l'impôt sur les sociétés (nº 37635).

37750 CGI art. 238 bis K, II **DC-V-9940 s**

Les plus-values de cession des droits ou parts détenus dans une société de personnes exerçant une activité professionnelle par une **entreprise relevant sur option d'un régime réel (BIC ou BA)** ne peuvent relever du régime des plus-values professionnelles que si les parts cédées sont utilisées pour les besoins de l'activité (application combinée des articles 238 bis K, II et 155, II du CGI). Dans le cas contraire, le régime des plus-values des particuliers (sur valeurs mobilières et droits sociaux) s'applique. Les cessions de parts de société de personnes exerçant une activité patrimoniale de gestion sont soumises au régime des **plus-values des particuliers** (plus-values sur valeurs mobilières et droits sociaux (nºs 32805 s.) ou plus-values immobilières (nºs 32000 s.), selon l'activité de la société).

37755 CGI art. 238 bis K, II **DC-V-9950 s**

Les plus-values de cession des droits ou parts détenus par une **autre entreprise** (contribuable exerçant une profession non commerciale notamment) sont déterminées et imposées en tenant compte de la nature de l'activité de la société de personnes ou assimilée. Par suite, lorsque la société de personnes exerce une activité professionnelle, les plus-values relèvent du régime des plus-values professionnelles et peuvent être exonérées dans les mêmes conditions que celles exposées ci-dessus (nº 37745, précision a). Dans le cas contraire, elles sont soumises au régime prévu pour les particuliers (plus-values sur valeurs mobilières et droits sociaux (nºs 32805 s.) ou plus-values immobilières (nºs 32000 s.) selon l'activité de la société).

D. Particularités

SOCIÉTÉS EN COMMANDITE SIMPLE

37775 CGI art. 8 et 206, 4 **DC-V-15500 s** **DIR-IV-200 s**

Lorsque ces sociétés n'ont pas opté pour le régime fiscal des sociétés de capitaux, les associés **commandités** sont personnellement soumis à l'impôt pour la part de bénéfices sociaux correspondant à leurs droits dans la société, en application du régime des sociétés de personnes. En revanche, l'impôt sur les sociétés frappe dans tous les cas la part des bénéfices correspondant aux droits des **commanditaires.** L'impôt est alors établi au nom de la société : les bénéfices distribués aux commanditaires sont soumis à l'impôt sur le revenu au titre des revenus mobiliers.

Le **calcul de chaque fraction du bénéfice** social est effectué d'après les règles propres à l'impôt dont elle relève.

ILLUSTRATIONS

En pratique, on applique en premier les règles communes à l'impôt sur le revenu et à l'impôt sur les sociétés, et ensuite les règles particulières à chacun d'eux. C'est ainsi, par exemple, que :
– la réintégration des rémunérations des commandités ne doit affecter que la partie des bénéfices soumise à l'impôt sur le revenu ;
– les reports déficitaires ne sont déductibles que pour la détermination de la quote-part correspondant aux droits des commanditaires (les commandités imputent directement les déficits sur leur revenu imposable).

SOCIÉTÉS CIVILES

37785 CGI art. 8, 206, 1 et 2 **DC-V-16600 s**

Les sociétés civiles sont passibles de l'IS lorsqu'elles se trouvent dans l'un des trois cas ci-après.

1. La société se livre à une **exploitation commerciale,** industrielle, artisanale ou minière, ou à des opérations assimilées, du point de vue fiscal, à des opérations commerciales (opérations de « marchand de biens », etc.). Cette règle comporte deux exceptions qui concernent respectivement les **sociétés civiles de construction-vente** et les **sociétés civiles de moyens.** L'administration admet par ailleurs que les sociétés civiles qui se livrent **accessoirement à des opérations commerciales** ne soient pas soumises à l'impôt sur les sociétés lorsque le montant hors taxe de ces opérations n'excède pas 10 % de leurs recettes totales hors taxe ; en outre, le franchissement du seuil reste sans conséquence si, sur une période de 4 ans, la moyenne des recettes commerciales n'excède pas 10 % de la moyenne des recettes totales (BOI-IS-CHAMP-10-30 nºs 320 et 330). Voir, pour les sociétés civiles professionnelles, nº 13860, précision a, et, pour les sociétés civiles agricoles, nº 15210.

2. Quelle que soit son activité, la société revêt la forme d'une **société de capitaux.**

3. La société a **opté** volontairement pour son assujettissement à l'impôt sur les sociétés.

Dans tous les **autres cas,** les sociétés civiles sont soumises au régime fiscal des sociétés de personnes. Par exemple, dans une société civile immobilière ayant pour objet la location des immeubles lui appartenant, chaque associé est personnellement imposable, au titre des revenus fonciers, à raison de sa part dans les bénéfices sociaux.

ATTENTION

L'**entrée de nouveaux membres soumis à l'IS dans une SCI** jusqu'alors détenue exclusivement par des personnes physiques la contraint à déterminer son résultat selon les règles applicables aux BIC. Le point de départ de l'amortissement des biens est fixé à leur date de mise en service et non à la date du bilan d'ouverture du premier exercice dont les résultats sont déterminés selon les règles des BIC. Dès lors ne peuvent donner lieu à déduction que les seules dotations correspondant à la fraction du prix de revient qui n'est pas déjà réputée amortie à la date du changement d'associé (CE 10-7-2007 n° 287661 : RJF 11/07 n° 1274). En outre, la réévaluation libre pratiquée par une SCI avant l'entrée de membres soumis à l'impôt sur les sociétés est sans incidence sur la base amortissable des immeubles à retenir pour la détermination de la quote-part de son résultat imposable à l'IS (CE 19-9-2018 n° 409864 : RJF 12/18 n° 1250).

SOCIÉTÉS EN PARTICIPATION

37800 CGI art. 8, 206, 4 et 238 bis M DC-V-18000 s La société en participation (SEP) est une société que les associés sont convenus de ne pas immatriculer au registre du commerce et des sociétés. Elle peut être occulte ou ostensible. Elle n'a pas la personnalité morale et ne peut donc être ni titulaire de créances ou de dettes ni propriétaire de biens. Les associés ne peuvent par conséquent lui faire d'apport que sous forme d'apport en jouissance ou en industrie, ou encore en apportant des biens à une indivision constituée entre eux. C'est à cette dernière forme d'apport que se réfère l'article 238 bis M du CGI lorsqu'il impose aux SEP d'inscrire à leur actif les biens dont les associés sont convenus de mettre la propriété en commun.

Ces sociétés se trouvent ainsi dotées d'un **patrimoine « fiscal »** propre distinct de celui des associés. Les biens inscrits à ce bilan fiscal sont soumis aux mêmes règles que celles applicables, d'une manière plus générale, aux éléments formant l'actif commercial des entreprises (n°s 7450 s.). Principales conséquences :

– les **charges** afférentes à ces biens (frais d'acquisition, intérêts d'emprunts, amortissements, etc.) sont déductibles du bénéfice social ;

– les **plus-values** de cession éventuelles sont imposées selon le régime des plus-values professionnelles.

ILLUSTRATIONS

Une SEP peut déduire de son résultat les **intérêts** du prêt ayant financé l'**acquisition d'actions** dont ses associés sont convenus de mettre la propriété en commun alors même que, ne pouvant par nature être propriétaire de biens, ces actions ne lui ont pas été données en pleine propriété (CE 28-3-2014 n° 339119 : RJF 6/14 n° 605).

L'inscription au bilan fiscal de la SEP n'est pas obligatoire, mais seulement facultative, pour les **biens appartenant en propre à l'un des associés** que celui-ci affecte à l'exploitation sociale. L'absence d'une telle inscription évite l'imposition d'une plus-value à raison des biens apportés à l'exploitation commune. En cas d'inscription, les biens doivent figurer au bilan fiscal de la société, conformément aux règles générales, pour leur valeur réelle à la date de l'apport. La déduction des amortissements calculés sur la base de la valeur réelle des biens concernés est de nature à soulever une difficulté dès lors que ces biens sont inscrits en comptabilité dans les écritures de leur propriétaire pour leur coût d'acquisition d'origine.

37805 Les SEP ont une autre particularité : le régime des sociétés de personnes s'applique uniquement aux **associés en participation indéfiniment responsables,** dont les noms et adresses ont été communiqués à l'administration. Cette condition ne peut être regardée comme satisfaite du seul fait que les membres de la société ont compris la quote-part des bénéfices sociaux qui leur revient dans leurs propres résultats (CE 21-4-2000 n° 179092 : RJF 6/00 n° 759).

Lorsque la société comprend des **membres non indéfiniment responsables** ou dont l'identité n'est pas révélée, la quote-part de bénéfice correspondant aux droits de ces associés est passible de l'IS. Dans ce cas, l'impôt est établi au nom du gérant connu des tiers.

› Précisions **a.** Une convention de société en participation peut produire ses effets au plan fiscal même si les modalités de **répartition** des **pertes** ne sont pas expressément prévues (CE 23-11-2001 n° 205132 : RJF 2/02 n° 196).

b. Les **provisions pour risques** doivent être inscrites dans les comptes de la société et non dans les comptes de ses membres, qu'ils soient indéfiniment responsables ou pas (CE 5-9-2008 n° 286393 : RJF 12/08 n° 1344).

c. La **réunion en une seule main** des parts d'une société en participation entraîne la disparition immédiate de cette société et produit donc les conséquences fiscales d'une cession d'entreprise.

d. La **liquidation** d'une société en participation suivie de la **création d'une société de droit** entraîne les mêmes conséquences que la liquidation d'une société de fait suivie de la création d'une société de droit : voir n° 37850.

ASSOCIATIONS D'AVOCATS

Les règles d'imposition des **sociétés en participation** (nos 37800 s.) s'appliquent aux bénéfices réalisés par les associations d'avocats mentionnées à l'article 7 de la loi 71-1130 du 31 décembre 1971 portant réforme de certaines professions juridiques et judiciaires. Une association d'avocats peut être constituée à la fois de personnes physiques et de personnes morales (SEL, SCP notamment). 37815

CGI art. 238 bis LA
DC-V-22800 s

ATTENTION
La limitation de la **responsabilité** des membres de ces associations aux actes professionnels accomplis par chacun d'eux ne fait pas obstacle à ce qu'ils soient regardés comme des associés indéfiniment responsables au sens de l'article 206, 4 du CGI et imposés selon le régime des sociétés de personnes à raison de la quote-part de résultat correspondant à leurs droits (BOI-BNC-SECT-70-50-10 nos 110 à 130).

Les professionnels qui ont recours à ce mode d'exercice de la profession peuvent conserver leur **clientèle** ou décider de la mettre en commun, auquel cas elle doit être inscrite au bilan fiscal de l'entreprise.

Conséquences de la **transformation** d'une société de personnes en association d'avocats : voir no 38665.

ENTREPRISES UNIPERSONNELLES À RESPONSABILITÉ LIMITÉE (EURL)

Le régime d'imposition des EURL, sociétés à responsabilité limitée, varie selon la qualité de leur associé unique. 37825

CGI art. 8
DC-V-16100 s
DIR-II-12000 s

Bien qu'elle revête la forme de SARL, l'EURL dont l'**associé unique est une personne physique** n'est pas passible de l'impôt sur les sociétés (sauf option expresse pour cet impôt) ; elle relève du régime fiscal des sociétés de personnes. L'associé est donc personnellement imposé à l'impôt sur le revenu à raison des bénéfices sociaux et les **rémunérations** qu'il perçoit ne constituent pas une charge d'exploitation mais une attribution du bénéfice social (no 37665). La rémunération (justifiée) du gérant non associé est en revanche déductible du résultat social et imposée en tant que traitement et salaire.

Lorsque l'EURL est soumise à l'**IS sur option,** le statut de l'associé unique (gérant ou non) est celui du gérant majoritaire de SARL. Sa rémunération est déductible du résultat social et imposée dans les conditions prévues à l'article 62 du CGI.

Enfin, l'EURL dont l'associé unique est une **personne morale** est soumise obligatoirement à l'impôt sur les sociétés.

› Précisions En cas de **décès de l'associé unique,** la société constituée entre ses héritiers peut opter pour le régime des sociétés de personnes dans les conditions prévues pour les SARL de famille. L'option, exercée dans le délai de six mois après le décès et au plus tard lors de la déclaration des résultats de l'exercice en cours, prend effet au lendemain du décès.

GROUPEMENTS D'INTÉRÊT ÉCONOMIQUE (GIE ET GEIE)

Les **GIE** constitués et fonctionnant dans les conditions fixées par les articles L 251-1 et suivants du Code de commerce sont exclus du champ d'application de l'impôt sur les sociétés. Leur régime fiscal est comparable à celui des sociétés de personnes relevant de l'impôt sur le revenu (imposition des bénéfices, s'il y a lieu, au nom des membres, chacun pour sa quote-part). Les GIE dont l'activité n'est pas dans le prolongement de celle de leurs membres et auxiliaire à celle-ci enfreignent la législation commerciale et sont passibles de l'IS (CE 29-8-2008 no 299557 : RJF 12/08 no 1353 ; CE 18-5-2009 no 298038 : RJF 8-9/09 no 759). 37835

CGI art. 239 quater et 239 quater C
DC-V-24800 s

Les **GEIE** (groupements européens d'intérêt économique) sont soumis au même régime. Les membres d'un groupement dont le siège social est en France sont imposables en France, qu'ils soient ou non résidents de France.

› Précisions **a.** Comme les sociétés de moyens, les groupements d'intérêt économique doivent souscrire une **déclaration** de résultats accompagnée, s'il y a lieu, de la déclaration complémentaire 2036 bis (no 11000, précision b).

b. Sous réserve du respect de certaines conditions, des opérations de **transformation** affectant les GIE peuvent être réalisées sans entraîner de conséquences fiscales. Il en est ainsi par exemple en cas de transformation d'une société de capitaux en GIE ou en GEIE (DC-V-25640 s.). Des mesures de même nature sont prévues en matière de droits d'enregistrement.

SOCIÉTÉS INTERPROFESSIONNELLES DE SOINS AMBULATOIRES (SISA)

Les sociétés interprofessionnelles de soins ambulatoires (Sisa) mentionnées à l'article L 4041-1 du Code de la santé publique sont constituées entre professionnels de santé et ont pour objet la mise en commun de moyens pour faciliter l'exercice de l'activité professionnelle de chacun des associés et l'exercice en commun d'activités de coordination thérapeutique, d'éducation thérapeutique ou de coopération entre les professionnels de santé. 37840

CGI art. 8, 7°
DC-V-17800 s

Si les Sisa n'exercent pas l'option prévue à l'article 206, 3-j du CGI pour leur assujettissement à l'impôt sur les sociétés, les bénéfices qu'elles réalisent sont imposés au nom de chacun des professionnels de santé associés, à proportion de leurs droits dans la société, à l'impôt sur le revenu :
– dans la catégorie des BIC lorsque les droits détenus par l'associé sont inscrits à l'actif d'une entreprise dont les résultats sont imposables dans cette catégorie de revenus (cas notamment du pharmacien) ;
– dans la catégorie des BNC dans les autres cas (en principe des autres professionnels de santé) (BOI-BIC-CHAMP-70-20-90 n° 30).

SOCIÉTÉS DE FAIT

37845 CGI art. 238 bis L DC-V-20000 s ENR-VI-33700 s

Critères d'existence et modalités d'imposition L'existence d'une société créée de fait est établie lorsque les **éléments constitutifs** du **contrat de société** sont réunis dans les faits, c'est-à-dire lorsque deux ou plusieurs personnes participent aux apports (en capital ou en industrie), à la direction et au contrôle de l'entreprise, et aux résultats (bénéficiaires ou déficitaires).

ATTENTION

Dans l'hypothèse où une personne **salariée** d'une entreprise (notamment le conjoint de l'exploitant) peut être regardée comme **associée de fait** de l'exploitant, sa **rémunération** sera imposée en tant que bénéfice professionnel et non dans la catégorie des salaires.

L'article 238 bis L du CGI dispose que les bénéfices des sociétés de fait sont **imposables** selon les mêmes règles que ceux des sociétés en participation. L'obligation d'inscrire à l'actif les biens dont les associés ont mis la propriété en commun (n° 37800) s'impose donc également aux sociétés de fait.

› Précisions a. Le renvoi aux règles prévues pour les sociétés de participation porte uniquement sur les règles relatives à la **détermination du résultat** et à l'**imposition des bénéfices** ainsi arrêtés entre les mains des associés à proportion de leurs droits respectifs dans le cadre du régime des sociétés de personnes, et ne concerne pas la règle d'assujettissement à l'IS de plein droit visée à l'article 206, 4 du CGI (n° 37805) (CE 17-2-2016 n° 365943 : RJF 5/16 n° 452).
b. Alors même que les trois critères du contrat de société ne sont pas nécessairement réunis, la jurisprudence permet à l'administration de se prévaloir de l'**apparence** sous laquelle les contribuables ont entendu se placer en révélant l'existence de leur société (souscription de déclarations fiscales au nom de la société, inscription au registre du commerce et des sociétés, utilisation d'un papier à en-tête de la société...).
c. En l'absence de convention expresse ayant prévu la continuation de la société, le **décès d'un associé** de fait entraîne la dissolution de la société et donc les conséquences fiscales d'une cession d'entreprise. Mais l'administration ne se refuse pas à tenir compte des circonstances de fait pour admettre la continuation de l'entreprise (Rép. Chupin : Sén. 12-3-1981 n° 34832, non reprise dans Bofip).
d. La **réunion en une seule main** des parts de la société produit aussi immédiatement les conséquences d'une cession d'entreprise (Rép. Chauty : Sén. 14-2-1991 n° 11239 ; BOI-BIC-CHAMP-80-10-10-30 n° 360).

37850 DC-V-20000 s ENR-VI-33700 s

Transformation en société de droit Dès lors que les sociétés de fait sont dépourvues de personnalité morale, leur **liquidation suivie de la création d'une société de droit** entraîne nécessairement la création d'une personne morale nouvelle. Les conséquences fiscales devraient donc, en principe, être celles qui s'attachent à une cessation d'entreprise suivie de la constitution d'une société nouvelle. Mais l'administration a apporté des assouplissements à ce principe :
– en matière de **droits d'enregistrement,** les règles prévues en cas de transformation d'une société de droit sans création d'une personne morale nouvelle sont, sous réserve du cas particulier des immeubles, applicables (voir n° 38680) (BOI-ENR-AVS-40-40 n°s 190 à 320) ;
– en matière d'**impôts directs,** la liquidation d'une société de fait suivie de la création d'une société de droit, soumise au régime des sociétés de personnes ou des sociétés de capitaux, n'entraîne ni l'imposition immédiate des bénéfices réalisés avant la liquidation et non encore imposés, ni celle des plus-values acquises par les éléments inscrits à l'actif du bilan fiscal de la société liquidée, si ces éléments sont repris pour la même valeur à l'actif de la société de droit et si la transformation ne s'accompagne pas de modifications importantes du pacte social (BOI-IS-CESS-20-20 n°s 250 et 260), ce qui implique la présence des mêmes associés au sein de la nouvelle société (BOI-BNC-SECT-70-10-20-10 n° 540).

› Précisions a. L'administration a expressément admis à propos de la transformation d'une société de fait en SCP l'application d'un **report d'imposition** de la **plus-value** d'**annulation des parts** réalisée par les associés, qui est déterminée par la différence entre la valeur réelle des actifs qui leur sont attribués à l'occasion de la liquidation et le prix de revient fiscal des droits dans la société liquidée. Ces plus-values ne sont pas imposées à la date de la liquidation mais seulement lors de la perte de propriété des titres de la SCP bénéficiaire de l'apport de ces actifs (BOI-BNC-SECT-70-10-20-10 n° 550).
b. La **plus-value d'échange** constatée par les

associés d'une société créée de fait à l'occasion de sa transformation en une SARL assujettie à l'impôt sur les sociétés peut bénéficier d'un **report d'imposition** en vertu de l'article 151 nonies, III du CGI (BOI-IS-CESS-20-20 n° 260).

INDIVISIONS

L'indivision est la situation juridique où plusieurs personnes sont titulaires en commun d'un droit sur un même bien ou un ensemble de biens, sans qu'il y ait division de ce droit en parts. Le copropriétaire indivis d'une entreprise qui a, en principe, la qualité de **coexploitant** est imposable dans la catégorie correspondant à l'activité de l'indivision à proportion de ses droits dans les résultats de cette dernière, mais seulement dans la mesure où une fraction des bénéfices de l'exploitation a été effectivement mise à sa disposition. Ce n'est que s'il a constitué avec les autres membres de l'indivision, ou certains d'entre eux, une **société de fait,** que le copropriétaire indivis est imposé, comme dans les sociétés de personnes, sur sa quote-part de bénéfices, même si ces bénéfices ne sont pas mis à sa disposition (CE 6-3-1991 n° 61863, Baudrand : RJF 5/91 n° 544). **37860** DC-V-23000 s

La qualité de coexploitant n'est pas reconnue au coïndivisaire qui est seulement **nu-propriétaire**, sauf dans le cas où il a constitué une société de fait avec l'usufruitier (CE 28-4-2006 n° 278857 : RJF 7/06 n° 887).

La **cessation** d'une indivision équivaut à une cessation d'entreprise pour le seul indivisaire qui se retire.

> **Précisions** **a.** Les droits indivis qu'un **ex-conjoint** ou un **héritier** détient sur la valeur d'un actif affecté à l'exercice de la profession d'un autre coïndivisaire ont toujours, fiscalement, le caractère d'un élément du **patrimoine professionnel,** même dans le cas où leur détenteur ne peut pas lui-même participer à l'activité professionnelle faute de détenir les titres ou diplômes exigés (CE 3-9-1997 n° 133408 : RJF 10/97 n° 919 ; CE 11-2-1998 n° 160165 : RJF 4/98 n° 371), ou lorsqu'il est seulement nu-propriétaire des parts (CE 27-10-1999 n° 182500 : RJF 12/99 n° 1505). En cas de cession de ces droits, les plus-values relèvent donc du régime des plus-values professionnelles (CE 11-2-1998 précité).
> **b.** En cas de **divorce d'époux communs en biens,** c'est le partage de l'indivision postcommunautaire qui entraîne la taxation des plus-values sur le fonds ou la clientèle au nom de l'ex-conjoint qui ne poursuit pas l'activité ou au nom des deux ex-époux en cas de cession à un tiers de l'entreprise indivise (CE 3-9-1997 précité). En cas de poursuite de l'activité professionnelle par l'un des conjoints, celui qui se retire ne peut être imposé que sur les plus-values afférentes aux éléments qui ont quitté l'actif de l'entreprise pour entrer dans son patrimoine privé et non pas sur les biens maintenus au bilan (CE 28-7-1999 n° 162756 : RJF 10/99 n° 1216). Cette règle s'applique également aux héritiers en cas de cessation d'une **indivision successorale** (CAA Marseille 3-4-2008 n° 05MA00688 : RJF 12/08 n° 1346).
> **c.** Le **transfert d'un fonds de commerce** ayant la nature de bien propre dans la **communauté conjugale** ne donne pas lieu à l'imposition de la plus-value acquise par le fonds à la date du transfert dès lors qu'aucune modification n'est apportée aux écritures comptables (Rép. Guichon : AN 25-6-2001 n° 56627 non reprise dans Bofip).

COPROPRIÉTÉS DE NAVIRES

La détermination et l'imposition des résultats réalisés dans le cadre des copropriétés de navires sont soumises à des règles spéciales destinées à prendre en compte la nature juridique particulière de ces groupements. **37870**

Les copropriétés de navires sont tenues aux **obligations** qui incombent aux exploitants individuels et doivent donc produire une déclaration faisant ressortir les résultats d'ensemble de l'exploitation. Mais ce **résultat** est déterminé avant l'amortissement du navire. **37875** CGI art. 8 quater, 39 E et 61 A DC-V-27100 s

Chaque **copropriétaire est imposé** dans la catégorie des BIC à raison de la quote-part correspondant à ses droits dans les résultats déclarés par la copropriété, diminuée de l'amortissement du prix de revient de sa part de propriété (appelée « quirat »), qu'il constate suivant les modalités prévues à l'égard des navires (n° 9340 précisions). Les frais financiers supportés pour l'acquisition des parts par des personnes physiques ou des entreprises sont également admis en déduction des résultats imposables de chacun.

Pour la détermination des **plus-values de cession des parts** de copropriété, les amortissements pratiqués viennent en déduction du prix de revient.

> **Précisions** **a.** Lorsque le navire est donné en **location coque nue,** la déduction de l'amortissement est soumise, le cas échéant, à la limitation mentionnée n°s 9565 s. (CE 6-11-1998 n° 169121 : RJF 12/98 n° 1396).
> **b.** Les **copropriétaires non professionnels** souscrivent une déclaration BIC n° 2031 – à l'exclusion des tableaux annexes – ainsi qu'un tableau de calcul de l'amortissement de leur part de copropriété rempli conformément au modèle établi par l'administration (BOI-BIC-DECLA-30-10-10-10 n° 50).

CHAPITRE 3

TRANSFORMATIONS DE SOCIÉTÉS, CHANGEMENTS D'ACTIVITÉ OU DE RÉGIME FISCAL

SOMMAIRE

38500 Les transformations de sociétés ainsi que les changements d'objet ou d'activité ou les changements de régime fiscal peuvent entraîner les conséquences d'une cessation d'entreprise en matière d'impôts directs (impôt sur les bénéfices ou revenus, essentiellement) et celles d'une dissolution de société en matière de droits d'enregistrement.

1. TRANSFORMATION DE SOCIÉTÉS

38650 BIC-XIX-16700 s et 19200 s ENR-VI-15400 s La transformation d'une société est l'opération par laquelle celle-ci adopte une **forme juridique** différente de celle sous laquelle elle avait été constituée ou existait. Il en est ainsi par exemple lorsqu'une société anonyme se transforme en société en nom collectif ou lorsqu'une société civile se transforme en SARL. Les conséquences de cette opération sont différentes selon qu'elle entraîne ou non la création d'une personne morale nouvelle.

› **Précisions** Ne constitue pas un abus de droit la **transformation d'une société anonyme en société en nom collectif** (SNC) qui permet le transfert à sa société mère d'une quote-part des bénéfices réalisés et leur imputation par cette dernière sur la totalité des déficits reportables issus d'une précédente intégration (CE 15-2-2016 nº 374071 : RJF 5/16 nº 465). Pour se prononcer sur l'existence d'un **abus de droit,** le Conseil d'État attache une grande importance aux circonstances de fait : en l'espèce, la société a poursuivi une activité économique après sa transformation et n'a pas changé de forme sociale.

TRANSFORMATION ENTRAÎNANT CRÉATION D'UNE PERSONNE MORALE NOUVELLE

38660 BIC-XIX-17150 s ENR-VI-15450 s Cette situation est **exceptionnelle** car, en application de l'article 1844-3 du Code civil, la transformation régulière d'une société en une société d'une autre forme n'entraîne pas la création d'une personne morale nouvelle. Elle se rencontre par exemple en cas de changement de nature juridique de l'entreprise : transformation d'une société en un autre type de groupement tel qu'une association relevant de la loi de 1901 (voir toutefois, nº 38735, la position plus extensive de l'administration).

CGI art. 221, 2 BIC-XIX-17350 s et 19310 s Au regard des **impôts directs,** la transformation avec création d'une personne morale nouvelle emporte cessation d'entreprise et provoque en conséquence l'imposition immédiate des bénéfices non encore taxés (voir notamment nº 38770) ainsi que l'imposition, au nom des associés, du boni de liquidation (nºs 24510 s.).

ENR-VI-17000 s En matière de **droits d'enregistrement,** elle emporte dissolution de la société ancienne et constitution d'une société entièrement nouvelle. Elle motive donc l'exigibilité des droits relatifs à la dissolution de société (nº 67070) et à la constitution de société lorsqu'ils sont prévus (nºs 66710 s.).

La **transformation** d'une société de personnes (telle qu'une **SCP**) en **association d'avocats** n'entraîne pas les conséquences de la **cessation d'entreprise** en matière d'imposition des bénéfices si les trois conditions suivantes sont réunies : 38665 CGI art. 151 octies C DC-V-22870

– l'association comprend, à la date de la transformation, les mêmes **membres** que ceux de la société transformée ;

– aucune modification n'est apportée aux **écritures comptables** ;

– l'imposition des bénéfices, profits et plus-values non imposés lors de la transformation reste possible sous le nouveau régime fiscal applicable à l'association.

La **plus-value d'annulation de leurs parts** constatée par les associés lors de la transformation ne donne lieu à aucune imposition immédiate. Elle viendra majorer ou minorer l'assiette de la plus ou moins-value acquise sur les droits détenus dans l'association, imposable lors de la cessation fiscale de l'association ou du retrait (total ou partiel) du membre. Cette plus-value peut le cas échéant bénéficier d'un report d'imposition ou d'une exonération (BOI-BNC-SECT-70-50-20 nos 170 et 180).

Ces opérations sont également exonérées du **droit de partage** (CGI art. 749 B).

Le **report** d'imposition peut être **maintenu** en cas de réalisation d'opérations successives ouvrant droit à un sursis ou un report d'imposition. CGI art. 151-0 octies BIC-XIX-21380 s

> **Précisions** **a.** Le régime de neutralité fiscale peut bénéficier aux succursales des **structures de droit étranger,** telles que les limited liability partnerships de droit anglais (BOI-BNC-SECT-70-50-20 n° 50).
> **b.** Si des **plus-values en report d'imposition** sont attachées aux parts de la société transformée, ce report est maintenu jusqu'au retrait du membre ou jusqu'à la date de cessation fiscale de l'association.

TRANSFORMATION N'ENTRAÎNANT PAS CRÉATION D'UNE PERSONNE MORALE NOUVELLE

Impôts directs On doit distinguer selon que la transformation provoque ou non un **changement du régime fiscal** de la société (passage de l'impôt sur les sociétés à l'impôt sur le revenu et réciproquement). 38675 CGI art. 221, 2 BIC-XIX-16750 s et 19200 s

Dans le premier cas, il est fait application des règles relatives au changement de régime fiscal : cessation d'entreprise, avec atténuation conditionnelle des conséquences (nos 38755 s.). Les conséquences sont les mêmes lorsque la transformation s'accompagne d'un **changement d'activité** (nos 38715 s.).

Dans le second cas, c'est-à-dire lorsque la société issue de la transformation relève du **même régime fiscal** que la société transformée, l'opération reste fiscalement neutre.

Incidence sur les titres détenus dans une société de personnes transformée en société de capitaux : voir n° 38792.

Droits d'enregistrement Lorsque la transformation n'a **pas** pour effet de rendre la **société passible de l'impôt sur les sociétés** (et qu'elle ne donne pas naissance à une personne morale nouvelle), seul le droit fixe des actes innomés (n° 64035) est exigible. Pour le cas où la transformation a pour effet de rendre la **société passible de l'impôt sur les sociétés,** voir n° 38805. 38680 ENR-VI-16900 s

À défaut d'acte, la transformation donne lieu au dépôt d'une déclaration (voir n° 66670).

CAS PARTICULIERS

a. Transformations de sociétés ou associations en **GIE ou GEIE** et transformations de GIE ou GEIE en société : voir n° 37835, b. 38690

b. Liquidation d'une **société de fait ou en participation** suivie de la création d'une société de droit : voir n° 37850.

c. Transformation d'une société en société coopérative de production (**Scop**) : voir n° 37065.

d La transformation en **Sicav** d'une société non exonérée d'impôt sur les sociétés entraîne, au regard des impôts directs, les mêmes conséquences qu'une dissolution de société (CGI art. 221, 2 quater et 111 ter). RM-VII-7930

e. En ce qui concerne l'imposition des plus-values latentes qui résulte de l'option des **SIIC** pour le régime spécial prévu à l'article 208 C du CGI, voir n° 30950. En cas de transformation d'une société soumise à l'impôt sur les sociétés en **Sppicav,** les plus-values latentes sur actifs immobiliers sont taxées selon des modalités particulières : voir n° 30490 précision b.

2. CHANGEMENT D'ACTIVITÉ RÉELLE OU D'OBJET SOCIAL

IMPÔTS DIRECTS

38715 CGI art. 221, 5 et 202 ter, I BIC-XIX-15100 s et 18900 s

Le changement d'objet ou d'activité réelle d'une société (société passible de l'impôt sur les sociétés ou société relevant du régime des sociétés de personnes et exerçant une activité professionnelle) entraîne en principe **cessation d'entreprise.** Mais, en fait, le changement d'objet social n'est une cause de cessation que s'il s'accompagne d'un changement effectif d'activité (BOI-BIC-CESS-10-20-30 n° 80).

38720 Pour les **sociétés soumises à l'impôt sur les sociétés,** le changement d'activité réelle peut notamment résulter :

– de l'**adjonction d'une activité** entraînant, au titre de l'exercice de sa survenance ou de l'exercice suivant, une augmentation de plus de 50 % par rapport à l'exercice précédant celui de l'adjonction soit du chiffre d'affaires de la société, soit de l'effectif moyen du personnel et du montant brut des éléments de l'actif immobilisé de la société ;

– de l'**abandon** ou du **transfert,** même partiel, **d'une ou plusieurs activités** entraînant, au titre de l'exercice de sa survenance ou de l'exercice suivant, une diminution de plus de 50 % par rapport à l'exercice précédant celui de l'abandon ou du transfert soit du chiffre d'affaires de la société, soit de l'effectif moyen du personnel et du montant brut des éléments de l'actif immobilisé de la société.

Lorsque les opérations d'adjonction, d'abandon ou de transfert d'activité sont indispensables à la poursuite de l'activité à l'origine de déficits et à la pérennité des emplois, la cessation d'entreprise peut être évitée moyennant un **agrément** ministériel préalable.

BIC-XIX-2840 s

Constitue également une cause de cessation la **disparition des moyens de production** nécessaires à la poursuite de l'exploitation pendant une durée de plus de douze mois, sauf en cas de force majeure (événement climatique, par exemple) ou lorsque l'interruption et la reprise d'activité sont justifiées par des motivations principales autres que fiscales, sous réserve, dans ce dernier cas, de l'obtention d'un agrément ministériel préalable. La disparition des moyens de production emporte aussi cessation d'activité lorsqu'elle est suivie de la cession de la majorité des droits sociaux, sans aucune possibilité de dérogation.

› Précisions **a.** Pour des **illustrations jurisprudentielles** d'événements constitutifs de changements d'activité, voir n° 38725 précision a.
b. La mise en **location-gérance** d'un fonds de commerce ne constitue ni un cas de disparition des moyens de production, ni un changement d'activité (BOI-IS-CESS-10 n°s 110 et 360). De même, l'adjonction d'une **activité strictement identique** à celle déjà exercée n'est pas constitutive d'un tel changement (BOI précité n° 280). Dans le cas où il est procédé à l'adjonction ou à l'abandon d'une activité, l'appréciation du changement s'effectue sans tenir compte de la **quote-part** de la hausse ou de la baisse des seuils provenant de l'**activité préexistante ou poursuivie** (BOI précité n°s 290 et 350). Une simple diminution de l'activité, sans abandon ni transfert, n'est pas assimilable à un changement (BOI précité n° 340).

38725 Pour les **sociétés soumises à l'impôt sur le revenu,** la loi ne définit pas le changement d'activité. L'administration a précisé qu'il doit être profond. Un accroissement, ou une baisse, même important du volume des opérations réalisées ne constitue pas un tel changement (BOI-BIC-CESS-10-20-30 n° 90).

ILLUSTRATIONS

a. Exemples d'**événements constitutifs d'un changement d'activité** : changement de branche d'activité (notamment CE 3-2-1989 n° 65584 : RJF 3/89 n° 285) ; changement de métier à l'intérieur d'une même branche d'activité (notamment CE 29-1-1992 n° 61345 : RJF 3/92 n° 316) et plus particulièrement passage d'une activité de production à une activité de commercialisation du même produit (notamment CE plén. 8-2-1991 n° 75459 : RJF 3/91 n° 270) ou de location (CAA Bordeaux 7-5-2008 n° 06-1227 : RJF 10/08 n° 1057) ; passage d'une activité commerciale à une activité de sous-traitance (CE 11-6-2014 n° 362284 : RJF 10/14 n° 881) ; adjonction d'une activité de commercialisation à une activité de gestion de titres qui devient marginale (CE 10-7-2007 n° 288484 : RJF 11/07 n° 1219) ; filialisation de l'activité d'exploitation d'une société qui devient holding (CE 30-6-2010 n° 308531 : RJF 11/10 n° 1001).

b. Exemples d'événements **non constitutifs** de changements d'activité : modifications affectant l'importance de la place tenue par un secteur d'activité par rapport aux autres au sein de l'entreprise (BOI-BIC-CESS-10-20-30 n° 90) ; mise en location-gérance d'un fonds de commerce (BOI-précité n° 100) ; recentrage de l'activité exercée au sein d'un même métier (CE 8-7-1992 n° 80583 : RJF 11/92 n° 1480) ; recentrage de l'activité sur une partie de l'activité initiale dès lors que celle-ci ne présentait pas un caractère marginal (CE 30-11-2007 n° 284621 : RJF 2/08 n° 123) ; reprise, après trente mois d'interruption, d'une activité de vente de vêtements à laquelle est adjointe une nouvelle activité accessoire de vente de chaussures et d'articles de sport (CE 18-5-2005 n° 259275 : RJF 8-9/05 n° 834) ; interruption de l'activité principale pendant plusieurs années justifiée par des raisons économiques conjoncturelles (CE 25-2-2008 n° 287726 : RJF 5/08 n° 543) ; location de son immeuble d'exploitation par une entreprise placée en liquidation judiciaire (CAA Douai 11-6-2008 n° 07-115 : RJF 12/08 n° 1305).

Les **effets** de la cessation d'entreprise sont, pour la société, ceux que nous rappelons ci-après à propos du changement de régime fiscal, en distinguant les sociétés passibles de l'impôt sur les sociétés (n°s 38770 s.) et celles qui relèvent du régime des sociétés de personnes et exercent une activité professionnelle (n° 38790). Les atténuations des conséquences de la cessation prévues en cas de changement de régime fiscal sont également applicables aux changements d'activité. Les sociétés passibles de l'impôt sur les sociétés qui réalisent un changement d'activité doivent en outre réintégrer immédiatement aux résultats imposables les **provisions réglementées** antérieurement constituées. Mais, contrairement à ce qui se passe en cas de changement de régime fiscal, il n'est pas prévu d'imposition du « **boni de liquidation** » au nom de leurs associés. 38730

DROITS D'ENREGISTREMENT

Un changement d'objet ou d'activité n'entraîne pas, en principe, création d'une personne morale nouvelle dès lors qu'il est régulièrement opéré selon les règles prescrites par la loi en matière de droit des sociétés (notamment Cass. com. 7-3-1984 : RJF 6/84 n° 804). Il ne donne donc lieu, en principe, qu'au seul droit fixe des actes innomés (voir n° 38680). 38735 ENR-VI-15850 s

Pour l'administration cependant, la question de savoir si le changement d'objet social emporte ou non création d'une personne morale nouvelle doit être résolue en fonction des circonstances et modalités de chaque opération ; par principe, il y a création d'une société nouvelle (avec les conséquences indiquées n° 38660) si le changement d'objet, même prévu par les statuts, s'accompagne d'autres changements importants dont l'ensemble serait incompatible avec le maintien du pacte social primitif (BOI-ENR-AVS-20-30-20 n°s 200 et 240).

3. CHANGEMENT DE RÉGIME FISCAL

OPÉRATIONS CONCERNÉES

Il y a changement de régime fiscal lorsqu'une société passible de l'impôt sur les sociétés passe sous le régime des sociétés de personnes et réciproquement. 38755 BIC-XIX-16200 s, 18100 s et 18420 s ENR-VI-9200 s

Il peut résulter d'une transformation de la société, d'une option, de la renonciation à une option ou d'un changement d'activité. **Exemples** : transformation de société anonyme en société en nom collectif lorsque la nouvelle société n'exerce pas l'option pour son assujettissement à l'impôt sur les sociétés ; renonciation d'une société de personnes à son option pour l'IS ; interruption des activités commerciales d'une société civile…

> **Précisions** **a.** Dans certains cas particuliers, le changement de régime peut n'être que **partiel.** Exemple : option pour l'IS d'une société en commandite simple, déjà partiellement assujettie à cet impôt ; changement d'activité d'un organisme sans but lucratif qui exerçait exclusivement une activité lucrative et se met à réaliser à la fois des opérations lucratives et des opérations non lucratives... Le changement n'en entraîne pas moins les conséquences d'une cessation d'entreprise. 38760
> **b.** Les conséquences de l'assujettissement à l'IS d'une **société de personnes** doivent être tirées même si la totalité des parts de la société concernée est **détenue par des sociétés soumises à l'IS.**
> **c.** Sauf si elle opte pour l'IS, la réunion en une seule main des parts d'une SARL se traduit par sa transformation en **EURL**, et entraîne un changement de régime fiscal si l'associé unique est une personne physique.
> **d.** Lorsqu'une société de capitaux exerçant une activité réputée industrielle ou commerciale au sens fiscal se transforme en une **société civile** tout en conservant son activité, elle reste passible de l'impôt sur les sociétés dans sa nouvelle forme, en raison même de cette activité. La société ne change donc pas de régime fiscal.

CONSÉQUENCES POUR LES SOCIÉTÉS SOUMISES À L'IMPÔT SUR LES SOCIÉTÉS

En matière d'impôts directs, le changement de régime fiscal d'une société soumise à l'impôt sur les sociétés entraîne en principe toutes les conséquences d'une cessation d'entreprise (n°s 11045 s.) : 38770 CGI art. 221, 2 et 221 bis BIC-XIX-16250 s

1. Les **résultats d'exploitation de l'exercice** en cours à la date de l'opération font l'objet d'une imposition immédiate.

2. Il en est de même des **bénéfices en sursis d'imposition** (qui comprennent essentiellement les provisions non encore réintégrées aux résultats et les profits relevant de certains régimes spéciaux d'étalement d'imposition), des **plus-values latentes** acquises à la date de l'opération et des **profits latents** compris dans la valeur des **stocks.** Toutefois, en l'absence de création d'une personne morale nouvelle, une **atténuation conditionnelle** des conséquences de la cessation d'entreprise est prévue. L'imposition immédiate de ces résultats est écartée lorsque les deux conditions suivantes sont satisfaites :

– aucune modification n'est apportée aux valeurs comptables des éléments d'actif ;

– leur imposition demeure possible dans le cadre du nouveau régime fiscal dont relève l'entreprise.

3. Le changement de régime fiscal d'une société soumise à l'impôt sur les sociétés entraîne également la perte du droit au report des **déficits** reportables subis avant l'opération. Ces déficits peuvent toutefois être imputés sur les bénéfices et plus-values imposables au titre de l'exercice de cessation dans la limite fixée par l'article 209, I du CGI (n° 35905).

CGI art. 111 bis
RM-II-18000 s

4. Les associés sont en principe imposés à raison de l'intégralité du « **boni de liquidation** ». Mais l'administration admet que les bénéfices en sursis d'imposition et les plus-values latentes soient exclus de cette imposition lorsque les deux conditions ci-dessus (2) sont respectées (BOI-BIC-CHAMP-70-20-40-20 n° 140). La même solution devrait s'appliquer aux profits latents sur stocks. Les revenus ainsi réputés distribués ouvrent droit au régime des sociétés mères et filiales (BOI-IS-BASE-10-10-20 n° 30) et, pour les associés personnes physiques, au régime d'imposition des revenus de capitaux mobiliers exposé n°s 24155 s.

38775 **› Précisions a.** Sort des **réserves spéciales** des **plus-values à long terme** et pour **fluctuation des cours** : voir BIC-XIX-16360 s.

b. La condition relative à l'**absence de modification des écritures comptables,** qui est exigée pour **bénéficier de l'atténuation** des conséquences d'un changement de régime fiscal, s'apprécie au regard des valeurs figurant dans la comptabilité au moment de la transformation (CE 20-12-2013 n° 344309 : RJF 3/14 n° 225).

La condition concernant la faculté d'**imposer ultérieurement les plus-values latentes** à la date de l'opération n'est pas satisfaite en cas de **transformation** d'une société assujettie à l'impôt sur les sociétés en une société de personnes dont l'activité présente un caractère non professionnel, dès lors que les plus-values ultérieurement réalisées qui seraient imposables au nom des **associés personnes physiques** relèvent du régime des plus-values privées, ce qui ne permet pas de garantir l'imposition de l'intégralité du montant des plus-values constatées à la date de l'opération (CE 28-7-2000 n° 138342 : RJF 11/00 n° 1240).

c. Lors de la **cession d'éléments d'actif immobilisé postérieurement** au changement de régime fiscal, les plus-values acquises à la date du changement sont imposées, et ne peuvent bénéficier de l'exonération totale ou partielle en fonction du montant des recettes prévue par l'article 151 septies du CGI (n°s 18200 s.).

d. Le changement de régime fiscal d'une société soumise à l'impôt sur les sociétés n'entraîne pas en lui-même un **échange de titres** et ne donne donc pas lieu à la constatation d'une plus-value imposable au nom des associés à raison de ces titres (voir toutefois n° 33300, précision c).

e. Conséquences du changement de régime fiscal intervenant suite à la **cession de titres de participation** détenus depuis moins de deux ans à une entreprise liée : voir n° 19075.

f. En matière de **droits d'enregistrement,** le changement de régime fiscal d'une société soumise à l'impôt sur les sociétés n'entraîne aucune conséquence particulière.

CONSÉQUENCES POUR LES SOCIÉTÉS SOUMISES AU RÉGIME FISCAL DES SOCIÉTÉS DE PERSONNES

38785
CGI art. 202 ter
BIC-XIX-18000 s

Impôts directs L'assujettissement à l'impôt sur les sociétés d'une société précédemment soumise au régime fiscal des sociétés de personnes produit des conséquences différentes selon que la société exerce une activité professionnelle relevant de la catégorie des BIC, des BA ou des BNC, ou qu'au contraire son activité est de nature patrimoniale, donc non professionnelle.

38790 La cessation totale ou partielle d'assujettissement au régime des sociétés de personnes d'une société ou d'un organisme qui exerce une **activité professionnelle (BIC, BA ou BNC)** entraîne les conséquences fiscales de la cessation d'entreprise (n°s 11045 s.). Mais ces conséquences sont susceptibles d'être atténuées dans les mêmes conditions que pour les sociétés passibles de l'impôt sur les sociétés (voir ci-dessus n° 38770). Sous réserve du respect de ces conditions, l'opération se traduit exclusivement par l'imposition immédiate des résultats de l'exercice en cours. En ce qui concerne les règles dérogatoires prévues pour l'imposition des créances acquises des sociétés de personnes exerçant une activité libérale, voir n° 13665.

Les déficits constatés par la société de personnes à la date de son assujettissement à l'impôt sur les sociétés sont imputables selon les règles de droit commun sur le revenu imposable de chacun des associés.

ATTENTION

Le différé d'imposition des plus-values latentes n'est pas applicable à la **plus-value** résultant de la **réévaluation libre** de la valeur de la clientèle effectuée avant la transformation d'une SCP relevant de l'IR dans la catégorie des BNC en Selarl soumise à l'IS (CE 17-4-2017 n° 386896 : RJF 7/17 n° 666).

Les sociétés doivent produire le **bilan d'ouverture** de la première période d'imposition ou du premier exercice au titre duquel le changement prend effet. Comme les autres déclarations, ce document doit être fourni dans un délai de 60 jours à compter de l'événement qui entraîne le changement de régime. En cas d'option pour l'IS, le délai court à compter de la date de notification de l'option ou, si elle est exercée avant le premier exercice soumis à l'IS, à partir de la date d'ouverture de cet exercice (BOI-BIC-CESS-40 n° 240).

Lorsque l'atténuation conditionnelle des conséquences de l'opération ne peut s'appliquer, les **associés professionnels** peuvent opérer une **compensation** entre la quote-part des plus-values latentes incluses dans l'actif social qui leur revient et la moins-value constatée par les parts transférées dans leur patrimoine privé (BOI-BIC-PVMV-40-30-20 n° 70). 38792

Le changement de régime fiscal ne peut pas être considéré comme entraînant échange de titres et ne donne donc pas lieu à imposition immédiate des plus-values afférentes aux **titres détenus par les associés** personnes physiques, **apporteurs de capitaux** (BOI-RPPM-PVBMI-20-10-20-20 n° 350). Pour les associés professionnels, le changement de régime fiscal de la société entraîne la constatation d'une plus-value qui fait l'objet d'un report, voir n° 37721.

Lorsqu'une société ou un organisme exerçant une **activité non professionnelle** dont les revenus relèvent d'une catégorie autre que les BIC, BNC ou BA – tels que les revenus fonciers ou les revenus mobiliers – cesse totalement ou partiellement d'être soumis au régime des sociétés de personnes, les revenus et plus-values non encore imposés à la date du changement de régime, y compris ceux provenant des produits acquis non encore perçus, font l'objet d'une imposition immédiate. Les dépenses engagées et non encore payées à la date du changement sont admises en déduction des résultats de la dernière période d'imposition à l'impôt sur le revenu (CGI ann. III art. 46 E, I). Les produits encaissés et les dépenses payées au cours de la dernière période d'imposition à l'impôt sur le revenu qui correspondent à des créances acquises ou à des dettes devenues certaines postérieurement à cette période ne sont pas retenus pour la détermination du revenu imposable au titre de cette période (CGI ann. III art. 46 E, II). 38795

› Précisions **a.** Pour les **plus-values latentes** constatées lors du changement de régime fiscal, les sociétés ou organismes ont le choix entre : 38800
– leur imposition immédiate selon les règles qui régissent les plus-values privées, mobilières ou immobilières,
– et l'inscription au bilan d'ouverture de leur première période d'assujettissement à l'IS de la valeur d'origine des biens, d'une part, et des amortissements et provisions qui auraient pu être déduits si l'entreprise avait été soumise à cet impôt depuis leur acquisition, d'autre part.
Le choix des modalités d'imposition est opéré de manière globale, lors de l'établissement de ce bilan d'ouverture.
b. Si elles n'ont pas été imposées lors du changement, les **plus-values réalisées lors de la cession** des biens concernés, soumises à l'impôt sur les sociétés, sont déterminées d'après la différence existant entre leur prix de cession et leur prix d'acquisition diminué à la fois des amortissements effectivement déduits et des amortissements reconstitués depuis l'achat.
La période de détention des **titres de participation** qui conditionne le taux d'imposition des plus-values (n° 18670) est décomptée à partir de l'ouverture du premier exercice d'assujettissement à l'IS (CGI art. 39 duodecies, 10).
c. Le **bilan d'ouverture** visé au a doit être produit dans un délai de 60 jours à compter du changement de régime. Dans le même délai, l'entreprise doit fournir à l'administration les **déclarations** et autres documents qu'elle est normalement tenue de souscrire au titre d'une année d'imposition.
d. Conséquences du changement de régime à l'égard des **titres détenus par les associés** : voir n° 38792.

Droits d'enregistrement L'assujettissement à l'impôt sur les sociétés d'une personne morale dont les résultats n'étaient pas jusqu'alors soumis à cet impôt rend en principe exigible un **droit spécial** de mutation sur les **apports de fonds de commerce** et biens assimilés **et** d'**immeubles affectés à l'activité professionnelle** qui lui ont été faits. 38805 CGI art. 809, II et 810, III **ENR-VI-9200 s**

Ces apports peuvent être enregistrés gratuitement si les associés s'engagent à conserver pendant trois ans les titres détenus à la date du changement de régime fiscal.

En cas de non-respect de l'engagement, le droit spécial de mutation est immédiatement exigible. La reprise n'est toutefois pas effectuée en cas de décès ou de donation, si le donataire prend dans l'acte et respecte l'engagement de conserver les titres jusqu'au terme de la troisième année suivant le changement de régime fiscal.

› Précisions **a.** Les **apports concernés** par la taxation s'entendent exclusivement des apports faits depuis le 1er août 1965 par des personnes (physiques ou morales) non soumises à l'impôt sur les sociétés et portant sur des immeubles, droits immobiliers, fonds de commerce, clientèles, droits à un bail ou promesses de bail. 38810
Il convient de faire abstraction :
– des biens dont l'apport a été dispensé des droits d'enregistrement, parce que passible de la TVA (BOI-ENR-AVS-20-40 n° 120) ;
– des biens précédemment apportés dont la société n'est plus propriétaire à la date du changement de régime (CGI ann. II art. 295).
Sont seuls taxables les biens des sociétés françaises ou étrangères qui ont leur assiette matérielle (ou juridique s'il s'agit de biens incorporels) en France (CGI ann. II art. 301).
b. Le **droit spécial de mutation** est perçu, pour les immeubles, au **taux** de 5 % (auquel s'ajoute éventuellement la taxe additionnelle de 0,6 % visée n° 66240 lorsqu'il s'agit de bureaux, locaux commerciaux ou de stockage situés en Île-de-France) et, pour les fonds de commerce, au taux de 3 % sur la fraction comprise

38810 (suite) entre 23 000 € et 200 000 € et de 5 % sur celle excédant 200 000 €.

Il est calculé sur la **valeur vénale** des biens à la date du changement de régime fiscal (CGI ann. II art. 298).

c. S'il est moins élevé que le droit spécial de mutation, le **droit de vente** est applicable (BOI-ENR-AVS-20-40 nº 310).

d. Les droits exigibles sont liquidés au vu de la **déclaration** 2742. Cette déclaration est souscrite en double exemplaire au service des impôts des entreprises du lieu d'imposition à l'IS (nº 36350). Elle est déposée dans les trois mois de la clôture du premier exercice dont les résultats sont soumis à l'IS ou, en cas d'option pour l'IS, dans le délai prévu pour la notification d'option (nº 37575). Toutefois, si le changement résulte d'un acte obligatoirement soumis à l'enregistrement, la déclaration est déposée dans le même délai et au même service que cet acte (nº 66670).

e. Sur demande de la société assortie d'une offre de garantie, le paiement du droit spécial de mutation peut être **fractionné** en trois annuités égales (CGI ann. III art. 404 C), les annuités autres que la première étant assorties d'intérêts (nº 68930). Le fractionnement n'est pas accordé lorsque ce droit est réclamé suite au non-respect de l'engagement de conservation des titres (BOI-ENR-AVS-10-10-20 nº 410).

f. Lorsque la société n'a bénéficié que d'**apports en numéraire,** seul le droit fixe des actes innomés (nº 64035) est exigible si le changement de régime fiscal résulte d'une transformation, aucun droit n'étant exigible dans les autres cas en l'absence d'acte, par exemple en cas d'option pour l'impôt sur les sociétés.

CHAPITRE 4

RÉGIME SPÉCIAL DES FUSIONS DE SOCIÉTÉS ET OPÉRATIONS ASSIMILÉES

SOMMAIRE

DROIT INTERNE

39000 Afin de faciliter les regroupements d'entreprises, la loi prévoit, en faveur des fusions de sociétés et opérations assimilées, un régime spécial, de caractère permanent, comportant des avantages en matière d'impôt sur les sociétés, d'impôt sur la distribution des revenus mobiliers et de droits d'enregistrement.

CGI art. 115, 210-0 A à 210 C, 816 à 817 B
IS-VI-1 s
ENR-VI-18200 s

DROIT DE L'UNION EUROPÉENNE

39002 **a. Opérations transfrontalières.** La directive européenne 2009/133 du 19-10-2009 pose le principe de la neutralité fiscale des **fusions et opérations assimilées réalisées entre des sociétés d'États membres différents.** Elle reprend en fait, en les recodifiant, les dispositions de la directive 90/434 du 23-7-1990 à laquelle elle s'est substituée et intègre les modifications qui y avaient été apportées par la directive 2005/19 du 17-2-2005 et la directive 2006/98 du 20-11-2006. Le principe de neutralité concerne, outre les fusions, les apports d'actifs, les scissions et scissions partielles, certaines opérations d'échanges d'actions, notamment celles venant renforcer une participation déjà majoritaire, et les filialisations d'établissements stables. Selon la CJUE, les États membres doivent mettre en œuvre en droit national les objectifs poursuivis par la directive dans le respect des exigences de la **sécurité juridique,** et édicter à cette fin des règles précises, claires et prévisibles (qui ne doivent pas subordonner le régime de sursis d'imposition à des **conditions** s'ajoutant à celles prévues par la directive (CJCE 11-12-2008 aff. 285/07, A.T. : RJF 4/09 n° 421).

IS-VI-400 s

Une législation interne ne saurait subordonner l'application du régime de faveur à l'obtention d'un agrément administratif supposant le respect d'un certain nombre de conditions alors que les opérations de même nature réalisées dans le cadre interne peuvent en bénéficier de plein droit (CJUE 8-3-2017 aff. 14/16 : RJF 10/17 n° 916).

b. Opérations internes. La CJUE a jugé que la directive est susceptible d'être invoquée à propos d'opérations **entre sociétés d'un même État membre,** dès lors qu'à l'occasion de sa transposition, le législateur national a entendu appliquer le même traitement aux situations purement internes et à celles régies par la directive (CJCE 17-7-1997 aff. 28/95, Leur-Blœm : RJF 10/97 n° 1002). Le Conseil d'État s'est également prononcé en faveur d'une interprétation de la loi nationale conforme aux dispositions de la directive (voir, en ce qui concerne une transmission universelle de patrimoine réalisée entre deux sociétés françaises, CE 17-6-2011 n° 324392 : RJF 10/11 n° 1035). Il considère toutefois que la directive ne peut conduire à interpréter un **texte clair de droit interne** contrairement à sa lettre (CE 30-1-2013 n° 346683 : RJF 4/13 n° 392 ; CE 20-1-2016 n° 376980 : RJF 4/16 n° 321). Le Conseil d'État a par ailleurs jugé qu'en adoptant des textes de droit interne dont l'objet était de transposer la directive 90/434, le législateur a entendu assurer la **neutralité au plan fiscal** des fusions de sociétés et opérations assimilées et, à cette fin, regarder de telles opérations comme des **opérations intercalaires,** sauf lorsqu'il en a disposé autrement. Ce principe a reçu application pour déterminer la durée de détention de titres reçus dans le cadre d'une fusion ou opération assimilée placée sous le régime spécial (nº 39520), leur valeur d'acquisition (CE 20-3-2013 nº 349669 : RJF 6/13 nº 594) ou encore leur date d'acquisition, qui conditionnait la loi applicable à ces titres (CE 4-7-2014 nº 357264 : RJF 10/14 nº 880).

39005

Régime de droit commun et régime spécial des fusions

Lorsque les conditions d'application du régime spécial ne sont pas remplies, les opérations dont il s'agit sont soumises aux règles de droit commun.

a) Droit commun

1. Fusions et scissions

IS-VI-11100 s et 35000 s

a. Les fusions et scissions entraînent la dissolution des sociétés absorbées ou scindées. En matière **d'impôt sur les sociétés,** leurs conséquences sont donc celles d'une cessation d'entreprise. Elles se traduisent par l'imposition, en sus des bénéfices d'exploitation non encore taxés, des provisions et des plus-values d'actif (nos 11045 s.).

ENR-VI-20100 s et 20705

b. Au regard des **droits d'enregistrement,** ces opérations donnent ouverture aux droits d'apport en société, lorsqu'ils sont prévus, étant précisé que les apports à titre pur et simple effectués entre des sociétés soumises à l'impôt sur les sociétés sont enregistrés gratuitement (sauf cas visé nº 66870, précision a). Les droits exigibles en cas d'apports à titre onéreux varient suivant la nature des biens apportés (immeubles, fonds de commerce...) (nº 66900). La prise en charge du passif de la société absorbée ou scindée s'analyse en un apport à titre onéreux soumis au droit de mutation.

2. Apports partiels d'actif

IS-VI-51100 s ; ENR-VI-22300 s

En matière d'**impôt sur les sociétés,** la société apporteuse est imposable sur les plus-values d'apport et les provisions qui deviennent sans objet en raison de l'apport. Selon le Conseil d'État, dès lors que ces provisions ont été prises en compte dans l'évaluation de l'apport, elles ne peuvent faire l'objet d'aucune déduction extra-comptable lors de leur reprise ultérieure par la société bénéficiaire de l'apport, même si elles n'ont pas été déduites du résultat fiscal de la société apporteuse (CE 25-9-2013 nº 356382 : RJF 12/13 nº 1122). Les **droits d'enregistrement** sont exigibles selon les règles générales prévues pour les apports en société. Si la société apporteuse répartit entre ses associés les titres rémunérant l'apport, cette répartition est considérée comme une **distribution** de revenus mobiliers, sauf pour le montant qui correspondrait à un remboursement d'apports réels ou assimilés.

b) Combinaison des régimes

IS-VI-2500 s

1. Au regard de l'**impôt sur les sociétés,** la réglementation comptable qui impose de valoriser les apports aux valeurs réelles ou aux valeurs comptables suivant les situations (nº 39490) rend l'option pour le régime spécial plus favorable dans la plupart des cas. Placer l'absorption d'une société déficitaire sous le régime de droit commun afin de compenser tout ou partie de la plus-value de fusion avec les déficits en instance de report perd une large part de son intérêt lorsque la fusion est réalisée entre des sociétés placées sous contrôle commun, dès lors que la société absorbante ne pourra pas pour autant amortir les biens reçus d'après leur valeur réelle. Ce n'est que lors de la cession ultérieure des biens reçus par la société bénéficiaire des apports que l'intérêt pour le régime de droit commun se concrétisera. La plus-value de cession sera en effet calculée d'après la valeur réelle des biens concernés qui aura été prise en compte pour l'imposition de la plus-value d'apport (BOI-IS-FUS-30-20 nº 180). Le plafond d'imputation auquel sont soumis les reports déficitaires (nos 35905 s.) peut aussi réduire l'intérêt du régime de droit commun.

Le régime spécial peut également conduire à une double imposition des plus-values d'apport (voir nº 39457). Pour autant, le fait de placer une telle opération sous le régime de droit commun soulève d'autres difficultés et notamment celle de la valeur fiscale des titres reçus en échange de l'apport en cas de transcription aux valeurs comptables. Enfin, quelles que soient les modalités de transcription des apports, les parties peuvent avoir intérêt à renoncer au régime spécial lorsque l'apport concerne certains titres de participation : voir nº 39255.

2. En matière d'**impôt de distribution,** la répartition gratuite, dans le délai d'un an, des titres reçus en contrepartie d'un apport partiel d'actif est placée sous un régime de neutralité fiscale à la condition que l'apport soit placé sous le régime d'exonération d'IS.

3. Notons enfin qu'en matière de droits d'**enregistrement** les sociétés bénéficient du régime spécial (enregistrement gratuit : nº 39630) dès l'instant qu'elles remplissent les conditions correspondantes, même si les autres exonérations ne sont pas applicables, soit que l'on y ait renoncé (IS), soit qu'elles soient soumises à des conditions spéciales qui ne sont pas satisfaites.

A. Conditions d'application

1. OPÉRATIONS CONCERNÉES

Le régime spécial est susceptible de s'appliquer aux fusions proprement dites et, sous certaines conditions, aux scissions de sociétés et aux apports partiels d'actif. L'article 210-0 A du CGI donne une définition fiscale des opérations ouvrant droit aux régimes de faveur prévus en matière d'impôt sur les sociétés et d'impôt de distribution qui est proche de celle énoncée par la réglementation de l'Union européenne. 39200

Une définition généralement équivalente est donnée par les articles 301 B à 301 F de l'annexe II au CGI en matière de droits d'enregistrement.

Sont expressément **exclues du régime spécial** les opérations de fusion, de scission ou d'apport partiel d'actif ayant comme objectif principal ou comme un de leurs objectifs principaux la fraude ou l'évasion fiscales. Une opération est regardée comme telle, sauf preuve contraire, lorsqu'elle n'est pas effectuée pour des motifs économiques valables, tels que la restructuration ou la rationalisation des activités des sociétés participant à l'opération. 39202 CGI art. 210-0 A, III

ILLUSTRATIONS

Selon l'administration, les **apports de participations** assimilés à une branche complète d'activité **à une société étrangère** qui sont réalisés dans le but principal de bénéficier d'un régime d'exonération de taxation des plus-values de cession à l'étranger sont susceptibles d'être considérés comme ne poursuivant pas un motif économique valable (BOI-IS-FUS-10-20-20 n° 193).

La mise en œuvre de cette clause anti-abus par l'administration entraîne la déchéance rétroactive du bénéfice du régime de faveur (BOI-IS-FUS-10-20-20 n° 193).

Les entreprises peuvent demander à l'**administration,** préalablement à la réalisation de l'opération, la confirmation que cette exclusion ne leur est pas applicable, l'absence de réponse dans un délai de six mois valant accord (voir n° 79565).

a. Fusions de sociétés

Les fusions ouvrant droit aux différents régimes spéciaux prévus en matière d'**impôts directs** sont les opérations par lesquelles une ou plusieurs sociétés absorbées transmettent par suite et au moment de leur dissolution sans liquidation l'ensemble de leur patrimoine soit à une autre société préexistante absorbante, soit à une nouvelle société absorbante qu'elles constituent, moyennant l'attribution à leurs associés de titres de la société absorbante et, éventuellement, d'une soulte en espèces au plus égale à 10 % de la valeur nominale de ces titres. 39210

Dans le premier cas, la fusion entraîne la dissolution de la ou des sociétés absorbées et l'augmentation du capital de la société absorbante ; dans le second cas, toutes les sociétés disparaissent pour constituer une société nouvelle.

L'absorption par une société mère d'une filiale dont elle détient la totalité du capital peut être placée sous le régime spécial. L'article 44 de la loi 2019-1479 du 28-12-2019 étend en outre la définition fiscale des **fusions** ouvrant droit au régime de faveur aux opérations réalisées à compter du 21 juillet 2019 qui peuvent être effectuées **sans échange de titres** en application de l'article 32 de la loi 2019-744 du 19-7-2019 modifiant l'article L 236-11 du Code de commerce. Il s'agit des fusions de sociétés dont le capital est détenu à 100 % par la même société mère depuis le dépôt au greffe du tribunal de commerce du projet de fusion jusqu'à la date de réalisation de l'opération.

En matière de **droits d'enregistrement,** le régime est subordonné à la condition que les apports soient rémunérés par des titres ou par l'attribution d'une soulte n'excédant pas 10 % de la valeur nominale des titres attribués (CGI ann. II art. 301 F).

› Précisions **a.** Les opérations de **dissolution-confusion** visées à l'article 1844-5 du Code civil ouvrent droit au régime spécial, en matière d'IS et d'impôt de distribution (BOI-IS-FUS-10-20-10 n° 50). À cet effet, la société bénéficiaire doit souscrire dans la décision de dissolution l'engagement de respecter toutes les obligations prévues par l'article 210 A, 3 du CGI (voir n° 39500).
b. **Fusions transfrontalières** : voir n° 39260.
c. L'administration admet que la société bénéficiaire des apports rémunère les associés de la société absorbée ou scindée par des **actions propres** (BOI-IS-FUS-10-20-20 n°s 380 à 390).

b. Scissions de sociétés

Une scission est définie par l'article 210-0 A du CGI comme l'opération par laquelle la société scindée transmet, par suite et au moment de sa dissolution sans liquidation, l'ensemble de son patrimoine à deux ou plusieurs sociétés préexistantes ou nouvelles moyennant l'attribution aux associés de la société scindée, proportionnellement à leurs droits dans le capital, de titres des sociétés bénéficiaires des apports et éventuellement d'une soulte en espèces ne dépassant pas 10 % de la valeur nominale de ces titres. 39220

En matière de droits d'enregistrement, l'article 301 D de l'annexe II au CGI n'exige pas une répartition proportionnelle des titres.

La scission sans échange de titres, réalisée à compter du 21 juillet 2019 par une société dont le capital est détenu à 100 % par une société mère au profit de sociétés détenues à 100 % par cette même société mère, peut être placée sous le régime de faveur en matière d'impôt sur les sociétés conformément à l'article 44 de la loi 2019-1479 du 28-12-2019.

Pour que la scission bénéficie de **plein droit** du régime spécial des fusions en matière d'**IS,** les **conditions** suivantes doivent être réunies :

– la société scindée comporte au moins deux branches complètes d'activité (sur cette notion, voir nos 39245 s.) ;

– les sociétés bénéficiaires reçoivent chacune une ou plusieurs de ces branches d'activité.

Lorsque l'une ou l'autre de ces conditions n'est pas remplie, le régime spécial s'applique sur **agrément** préalable (no 39265).

Les régimes de faveur en matière de **droits d'enregistrement** et d'**impôt de distribution** s'appliquent en revanche de plein droit sans condition particulière.

39225 **› Précisions** **a.** Des **titres de participation** ne caractérisent pas une branche complète d'activité (CE 30-1-2013 no 346683 : RJF 4/13 no 392). La scission d'une société qui exerce une activité de **holding** ne relève donc pas de plein droit du régime spécial (BOI-IS-FUS-20-30-10 no 100).

b. Pour les **scissions réalisées avant le 1er janvier 2018,** certains associés devaient en outre s'engager à conserver pendant trois ans les titres de chaque société bénéficiaire des apports, des sanctions étant prévues en cas de non-respect de cette obligation ou d'absence de conservation des titres : voir l'édition 2017 du Mémento.

c. Lorsque la société scindée possède un **patrimoine étranger à l'exploitation** (actifs immobiliers ou financiers relevant d'une gestion patrimoniale) dont la valeur réelle est positive et n'excède pas 10 % de la valeur réelle de la société, l'opération peut relever de plein droit du régime spécial si ce patrimoine est réparti entre les sociétés bénéficiaires des apports proportionnellement à la valeur réelle des branches apportées (BOI-IS-FUS-20-30-10 no 120).

d. La réglementation de l'Union européenne a étendu le champ d'application de la neutralité fiscale aux **scissions partielles.** Il s'agit des opérations par lesquelles une société transfère, sans être dissoute, une ou plusieurs branches d'activité à une ou plusieurs sociétés préexistantes ou nouvelles, en laissant au moins une branche d'activité dans la société apporteuse, en échange de l'attribution à ses associés, au prorata, de titres représentatifs du capital social des sociétés qui bénéficient des éléments d'actif et de passif et, éventuellement, d'une soulte en espèces ne dépassant pas 10 % de la valeur nominale ou, à défaut de valeur nominale, du pair comptable de ces titres. La rémunération de l'apport est donc opérée directement au profit des associés de la société apporteuse. Sur les conséquences fiscales de ces opérations au regard du droit interne, voir no 39600.

c. Apports partiels d'actif

CONDITIONS GÉNÉRALES D'APPLICATION DU RÉGIME DE FAVEUR

39235 CGI art. 210-0 A, 210 B, 817 et 817 B IS-VI-41100 s ENR-VI-21440 s

L'apport partiel d'actif est l'opération par laquelle une société apporte, sans être dissoute, l'ensemble ou une ou plusieurs branches complètes de son activité à une autre société, moyennant la remise de titres représentatifs du capital social de la société bénéficiaire de l'apport. Contrairement à la fusion ou à la scission, l'apport partiel d'actif n'entraîne pas la disparition de la société apporteuse.

Pour pouvoir bénéficier de **plein droit** du régime spécial des fusions en matière d'**IS et de distribution** de revenus mobiliers, l'apport partiel d'actif doit porter sur une branche complète d'activité ou sur des éléments assimilés (sur cette notion, voir nos 39245 s.).

Lorsque ces conditions ne sont pas remplies, le régime spécial peut s'appliquer sur **agrément** préalable (no 39265).

En matière de **droits d'enregistrement,** le régime spécial est en principe subordonné à la condition que l'apport porte sur une branche complète et autonome d'activité (CGI ann. II art. 301 E). Ce régime est toutefois applicable quelle que soit la consistance de l'apport aux opérations agréées dans les conditions exposées no 39265 (CGI art. 817 B). L'apport peut être rémunéré sous une autre forme que l'attribution de titres dans la limite de 10 % de la valeur nominale des droits attribués (CGI ann. II art. 301 F).

> Précisions **a.** La détermination de la **parité d'échange** d'après les valeurs comptables des éléments transférés traduit l'octroi par la société apporteuse d'une subvention taxable à la société bénéficiaire (CAA Paris 21-12-2017 n° 17PA01635). L'administration a toutefois indiqué qu'il ne sera tiré aucune conséquence en matière d'IS d'un apport partiel d'actif rémunéré à la valeur comptable lorsque l'opération satisfait à certaines conditions strictement définies, qui sont en pratique satisfaites pour des apports à des sociétés nouvelles (BOI-IS-FUS-30-20 n° 40).

b. Pour les **apports partiels d'actif réalisés avant le 1er janvier 2018,** la société apporteuse devait en outre s'engager à conserver pendant trois ans les titres reçus en contrepartie de l'apport et à calculer la plus-value réalisée lors de leur cession ultérieure par référence à la valeur que les biens apportés avaient, du point de vue fiscal, dans ses propres écritures. L'administration a toutefois indiqué que l'application du régime spécial de plein droit à un apport partiel d'actif réalisé avant cette date ne sera pas remise en cause en cas de **cession** ou d'**apport, dans le cadre d'un apport partiel d'actif, d'une fusion ou d'une scission,** de titres grevés d'un engagement de conservation sur le seul motif de la rupture de cet engagement (BOI-RES-000028).

NOTION DE BRANCHE COMPLÈTE D'ACTIVITÉ

Définition en matière d'impôt sur les sociétés La directive européenne définit la branche complète d'activité comme l'ensemble des éléments d'actif et de passif d'une division d'une société qui constituent, du point de vue de l'organisation, une exploitation autonome, c'est-à-dire un ensemble capable de fonctionner par ses propres moyens. **39245** CGI art. 210 B IS-VI-43520 s

D'après le Conseil d'État, l'existence d'une **exploitation autonome** doit être établie aussi bien chez la société apporteuse que chez la société bénéficiaire de l'apport. Mais il suffit que le transfert porte sur les **éléments essentiels de l'activité** tels qu'ils existaient dans le patrimoine de la société apporteuse et dans des conditions permettant à la société bénéficiaire de l'apport de disposer durablement de tous ces éléments (CE 27-7-2005 n° 259052 : RJF 11/05 n° 1170). L'administration estime toutefois qu'en l'absence d'apport d'éléments de passif attachés à l'activité apportée ou d'éléments de « bas de bilan » l'application du régime de faveur nécessite l'octroi d'un agrément (BOI-SJ-AGR-20-10 n° 20).

ILLUSTRATIONS

L'administration apprécie l'**autonomie** de la branche apportée du point de vue de la société apporteuse au regard de différents **indices** (existence d'une clientèle, d'un personnel, d'installations et d'une comptabilité propres) (BOI-IS-FUS-20-20 nos 70 et 80).

L'apport d'une **activité de commercialisation** ou **de production** peut constituer une branche complète d'activité dès lors qu'une convention garantit l'approvisionnement de l'entreprise qui réalise les ventes et les débouchés de celle qui assure la production pour une durée au moins égale à cinq ans (BOI-IS-FUS-20-20 n° 260).

Se prononçant sur le caractère autonome d'une activité transmise dans le cadre d'un **changement de réseau de grande distribution,** le Conseil d'État a jugé que le **contrat d'enseigne et d'approvisionnement exclusif** liant une société apporteuse à un fournisseur du secteur de la grande distribution ne constitue pas un élément essentiel de l'activité apportée, dès lors que ce contrat est arrivé à expiration préalablement au transfert et qu'un nouveau contrat de même nature a été conclu, immédiatement après la vente, entre la société bénéficiaire de l'apport et un autre fournisseur (CE 22-9-2017 n° 400613 : RJF 12/17 n° 1167).

Pour ouvrir droit au régime spécial en matière d'**impôt sur les sociétés,** l'apport doit comprendre les éléments d'**actif** et de **passif** liés directement ou indirectement à la branche. Selon l'administration, l'apport implique également le transfert du **personnel** affecté à l'activité apportée (BOI-IS-FUS-20-20 n° 60). Mais le Conseil d'État estime que seul est exigé le transfert du personnel nécessaire à la poursuite de l'activité, eu égard à la nature de celle-ci et à la spécificité des emplois requis pour l'exercer (CE Avis 13-7-2012 n° 358931 : RJF 11/12 n° 986 et CE 23-10-2013 n° 359516 : RJF 1/14 n° 5). La Haute Juridiction a également jugé que seules les **créances** indispensables à l'exploitation autonome de l'activité chez la société apporteuse comme chez la société bénéficiaire de l'apport doivent obligatoirement être apportées (CE 10-6-2013 n° 337137 : RJF 10/13 n° 974). Les **éléments communs** à différentes branches doivent être répartis sur la base de critères adaptés à la nature de chaque élément et représentatifs des branches apportées (chiffre d'affaires, masse salariale…).

> Précisions **a.** La société qui réalise un **apport partiel d'actif** peut conserver des éléments de **passif** qui ne se rattachent pas directement et exclusivement à la branche apportée (emprunts généraux ou soldes créditeurs bancaires) (BOI-IS-FUS-20-20 n° 220).

b. Les **immeubles** et les **marques** nécessaires à l'exploitation de la branche apportée doivent en principe être transférés en pleine propriété. Toutefois, en cas **d'apport partiel d'actif,** la société apporteuse peut se contenter, à certaines conditions, de ne consentir que l'usage de ces biens à la société bénéficiaire de l'apport (voir, s'agissant d'une marque, CE 6-12-2013 n° 346809 : RJF 3/14 n° 226 et s'agissant d'un immeuble d'exploitation, CE 8-12-2017 n° 407128 : RJF 3/18 n° 244), et elle peut aussi, dans les mêmes conditions, s'abstenir de transférer les droits dont elle bénéficie en vertu de baux commerciaux ou de contrats de crédit-bail qui lui confèrent la disposition des locaux d'exploitation (BOI-IS-FUS-20-20 n°s 180 à 200).

c. Les **seuls éléments incorporels** d'une activité de transport, à l'exclusion des véhicules essentiels à l'activité apportée, ne constituent pas une branche complète d'activité (CAA Douai 31-1-2013 n° 12DA00345 : RJF 7/13 n° 707).

d. Pour les **apports partiels d'actif,** l'administration admet que les **services administratifs communs** restent dans la société apporteuse (BOI-IS-FUS-20-20 n°s 230 et 240).

e. Location-gérance d'une branche d'activité préalablement à son apport : voir n° 39470, précision c.

39250 IS-VI-44150 s **Titres assimilés à une branche complète d'activité.** Les **éléments assimilés** à une branche complète d'activité dont l'apport bénéficie de plein droit du régime spécial (notion spécifique à l'IS et à l'impôt de distribution) s'entendent :
- des **participations** portant sur plus de 50 % du capital de la société dont les titres sont apportés, ou, si un tel pourcentage est déjà détenu par la société bénéficiaire, les apports, venant renforcer cette détention, sous réserve que l'apporteur ne reçoive pas une soulte supérieure à 10 % et que celle-ci n'excède pas la plus-value réalisée ;
- des apports qui confèrent à la société bénéficiaire la détention directe de plus de 30 % des droits de vote si aucun associé ne détient une fraction supérieure et de ceux effectués au profit de sociétés détenant déjà 30 % de ces droits de vote si le bénéficiaire acquiert de ce fait la fraction des droits de vote la plus élevée dans la société.

ILLUSTRATIONS

L'administration a indiqué que les **apports concomitants** de participations détenues dans une même société peuvent être **totalisés** pour l'appréciation du seuil de 30 %, qu'ils soient placés ou non sous le régime spécial (BOI-IS-FUS-20-40-20 n°s 250 à 280).

Le régime s'applique de plein droit à un apport conférant une quotité de droits de vote supérieure à 30 % dans l'hypothèse où le bénéficiaire et l'un de ses coassociés détiennent strictement la **même quotité de droits** après l'opération (BOI précité n° 110).

Pour l'appréciation du caractère prépondérant de la quotité de droits détenus par l'entreprise qui recueille l'apport, il n'est pas tenu compte des **droits détenus indirectement par l'apporteur** (BOI précité n° 130).

Lorsque les apports concernent des **titres de participation** au sens de l'article 219, I-a quinquies du CGI **détenus depuis au moins deux ans** (autres que des titres de société à prépondérance immobilière), l'application du droit commun permet de bénéficier de l'exonération de la plus-value d'apport, sous réserve de la taxation d'une quote-part de frais et charges de 12 % (n° 18865). Mais la renonciation au régime spécial entraîne la remise en cause du régime d'exonération des dividendes prévu à l'article 145 du CGI en cas de cession des titres reçus dans les deux ans suivant l'apport (n° 41005).

39255 CGI ann. II art. 301 E ENR-VI-21510 s **Définition en matière de droits d'enregistrement** Au regard des droits d'enregistrement, la branche complète et autonome d'activité est définie d'après des critères semblables à ceux retenus au regard de l'impôt sur les sociétés, étant toutefois précisé que s'agissant des **immeubles,** un droit d'usage ne peut suppléer un apport en pleine propriété lorsque ce sont des unités de production « nécessaires et essentielles » aux activités de la société bénéficiaire de l'apport, « au point qu'elles en constituent de véritables outils de production » (Cass. com. 30-10-1989 n° 87-19.766 : RJF 2/90 n° 213).

› Précisions a. La notion d'apports de titres assimilés à une branche complète d'activité ne s'applique pas pour les droits d'enregistrement. Les **apports de titres** qui relèvent de plein droit du régime spécial en matière d'impôt sur les sociétés ne bénéficient donc pas du régime de faveur en droits d'enregistrement. Mais ils peuvent néanmoins être enregistrés gratuitement s'il s'agit d'apports à titre pur et simple (n° 66975).

b. Les apports partiels d'actif entre **associations** de la loi de 1901 peuvent bénéficier du régime de faveur même si l'apport est limité à un seul immeuble, à condition que ce dernier soit affecté à une activité ayant une finalité propre et dont la gestion est susceptible d'être assurée de manière autonome (par exemple : école, maison de retraite) et que cette affectation soit maintenue par l'association bénéficiaire de l'apport (BOI-ENR-AVS-20-80 n° 30 ; ENR-VI-18350).

d. Restructurations internationales

39260 CGI art. 210-0 A, 210 C et 1760 bis IS-VI-4240 s ENR-VI-19270 s, 19740 s, 20970 s et 21450 Le régime spécial en matière d'**impôts directs** s'applique aux opérations de fusion, de scission ou d'apport partiel d'actif d'une branche complète d'activité réalisés dans le cadre d'apports au profit de **personnes morales étrangères** par des personnes morales françaises, à condition que les éléments apportés soient effectivement rattachés à un **établissement stable** de la personne morale étrangère situé en France.

Outre les obligations incombant aux sociétés parties à une opération mettant en présence des sociétés françaises, la société apporteuse doit souscrire, par voie électronique, dans le même délai que sa déclaration de résultat de l'exercice au cours duquel l'opération a été réalisée, une **déclaration spéciale** qui doit permettre d'apprécier les motivations et conséquences économiques et fiscales de cette opération (CGI ann. III art. 46 quater-0 ZS ter). Le non-respect de cette obligation déclarative entraîne l'application, pour chaque opération, d'une **amende** de 10 000 € (CGI art. 1760 bis).

ATTENTION

Le régime de faveur ne s'applique pas aux opérations qui mettent en présence une société étrangère implantée dans un État ou territoire n'ayant pas conclu avec la France une **convention fiscale** comportant une **clause d'assistance administrative** en vue de lutter contre la fraude et l'évasion fiscales (nos 82600 s.). Cette restriction ne concerne pas les opérations auxquelles prennent part des sociétés de l'Union européenne (dans le champ d'application de la directive européenne).

En matière de **droits d'enregistrement,** le régime spécial est susceptible de s'appliquer, en principe, quelle que soit la nationalité des sociétés participant à l'opération.

> Précisions **a.** L'obligation de rattachement à un établissement stable n'est pas exigée pour les **apports à une société étrangère de titres assimilés à une branche complète d'activité** ou pour les opérations de fusions transnationales dont les éléments apportés sont exclusivement constitués de titres de participation (BOI-IS-FUS-10-20-20 n° 100).
b. L'administration a confirmé que dans l'hypothèse où l'apport comprend des **éléments provenant d'un établissement stable étranger,** ceux-ci n'ont pas à être rattachés à un établissement stable situé en France (BOI-IS-FUS-10-20-20 n° 100).
c. L'**apport par une société étrangère de sa succursale française** à une société française qui peut être considéré comme portant sur une branche complète d'activité n'est pas concerné par l'obligation de rattachement des titres à un établissement stable. Mais dans l'hypothèse où la **succursale française d'une société étrangère** procède elle-même à un apport partiel d'actifs **au profit d'une société française,** les titres remis en rémunération de l'apport doivent être rattachés à ladite succursale (BOI-IS-FUS-10-20-20 n° 140).

e. Application du régime de faveur sur agrément

39265 CGI art. 210 B, 3 IS-VI-45200 s et 32400 s

En l'absence d'apport d'une ou plusieurs branches complètes d'activité ou d'éléments assimilés, les **apports partiels d'actif** peuvent bénéficier du régime de faveur, en matière d'impôt sur les sociétés et de droits d'enregistrement, dans le cadre d'un agrément administratif. S'agissant des **scissions,** l'agrément ne concerne que l'impôt sur les sociétés. Cet agrément obéit aux règles générales en la matière (nos 90200 s.).

L'**agrément, de droit,** est délivré, lorsque, compte tenu des éléments faisant l'objet de l'apport :

– l'opération est justifiée par un motif économique, se traduisant notamment par l'exercice par la société bénéficiaire de l'apport d'une activité autonome et l'amélioration des structures, ainsi que par une association entre les parties, formalisée par un engagement de conservation pendant trois ans des titres remis en contrepartie de l'apport ;

– les dispositions de l'article 210-0 A du CGI sont respectées, en particulier l'opération n'a pas comme objectif principal ou comme un de ses objectifs principaux la fraude ou l'évasion fiscale (n° 39202) ;

– les modalités de l'opération permettent d'assurer l'imposition future des plus-values mises en sursis d'imposition.

ATTENTION

CGI art. 39 duodecies, 6-al. 3

Pour apprécier si le **délai de conservation des titres** reçus en contrepartie de l'apport est bien respecté, les cessions de titres dans le délai de trois ans sont réputées porter en priorité sur les titres acquis ou souscrits indépendamment de l'opération d'apport partiel d'actif ou de scission (avec application de la règle « Peps » – n° 18855 – pour cette catégorie de titres) et ensuite seulement sur les titres reçus en rémunération de l'apport, seuls concernés par l'engagement de conservation. Si les titres reçus sont affectés dans le délai de trois ans par une **fusion ou une opération assimilée,** le maintien du régime de faveur accordé sur agrément nécessite une décision expresse de l'administration (BOI-SJ-AGR-20-10 n° 280).

Les conditions légales de délivrance de l'agrément sont limitatives et l'administration ne peut pas y ajouter une condition supplémentaire et notamment l'exigence du calcul des parités d'échange sur les bases des valeurs réelles (CE 28-11-2016 n° 378793 : RJF 2/17 n° 170).

Agrément relatif au **report des déficits** subis par la société absorbée : voir n° 39565.

Répartition gratuite des titres par une société auteur d'un apport partiel d'actif à ses associés : voir n° 39600.

> Précisions **a.** Dans le cas où une **opération réalisée avant le 1er janvier 2018** a été placée sous le régime spécial sur agrément alors qu'elle aurait pu bénéficier de plein droit de ce régime si elle avait été effectuée à compter de cette date, l'administration a indiqué que l'application du régime de faveur ne sera pas remise en cause au seul motif de la rupture de l'engage-

ment de conservation des titres pendant trois ans qui a été souscrit à l'origine (BOI-RES-000040).

b. Pour les **scissions,** l'obligation de conservation des titres n'est exigée que des associés qui détiennent dans la société scindée, à la date d'approbation de la scission, 5 % au moins des droits de vote ou qui y exercent ou y ont exercé dans les six mois précédant cette date, directement ou par l'intermédiaire de leurs mandataires sociaux ou préposés, des fonctions de direction, d'administration ou de surveillance et détiennent au moins 0,1 % des droits de vote dans la société.

c. En application d'une obligation qui est supprimée pour les **scissions** placées sous le régime spécial réalisées au titre d'exercices clos à compter du 31 décembre 2018 (CGI art. 54 septies, III supprimé par loi 2018-1317 du 28-12-2018 art. 35), les sociétés bénéficiaires des apports peuvent encore être tenues de joindre à leur **déclaration** de résultats un état indiquant la situation de propriété des titres représentatifs des apports que les associés de la société scindée se sont engagés à conserver pendant trois ans. Le défaut de production de cet état, qui doit alors être joint à leurs déclarations de résultats souscrites au titre de la période couverte par l'engagement de conservation des titres, entraîne l'application d'une amende égale à 5 % des résultats de la société scindée non imposés (CGI art. 1763, II).

2. SOCIÉTÉS CONCERNÉES

39290 CGI art. 210 C, 1, 816 et 816 A, II **IS-VI-3740 s** **ENR-VI-19270 s, 20970 s et 21450**

Le régime spécial est réservé aux opérations auxquelles participent exclusivement des sociétés (ou autres personnes morales) passibles de l'**impôt sur les sociétés.**

ILLUSTRATIONS

Le régime spécial s'applique aux **sociétés en commandite simple** n'ayant pas opté pour l'IS dès lors qu'elles sont légalement passibles de cet impôt pour la partie de leur bénéfice correspondant aux droits des commanditaires, quelle que soit l'importance de cette part (CE 11-4-2018 n° 409027 : RJF 7/18 n° 735).

Cette règle comporte cependant une **exception,** de portée d'ailleurs très limitée : lorsque la société apporteuse n'est pas passible de l'IS, le régime prévu pour les **droits d'enregistrement** est applicable, mais à concurrence seulement des apports autres que ceux assimilés à des mutations à titre onéreux (ce qui exclut donc les apports portant sur des immeubles, fonds de commerce, droits au bail et autres biens visés au n° 66870).

› Précisions **a.** Le régime spécial n'est pas applicable aux opérations par lesquelles une société non exonérée de l'impôt sur les sociétés apporte tout ou partie de ses biens à une **Sicav** (CGI art. 115, 3 et 210 C, 3). En revanche, il profite aux fusions de Sicav entre elles. En ce qui concerne la fusion de Sicav et de FCP, voir n° 26250, précision b, et n° 26365, précision b.

b. Les fusions et scissions de **mutuelles,** de **sociétés d'assurance mutuelle** ou d'**institutions de prévoyance** soumises à l'IS ouvrent droit au régime spécial de plein droit à condition que les apports soient transcrits pour leur valeur nette comptable (BOI-IS-FUS-10-20-20 n°s 200 à 329).

c. Les opérations de fusion, scission et apport partiel d'actif de plusieurs **associations** régies par la loi du 1er juillet 1901 et assujetties à l'IS peuvent être placées sous le régime spécial dans les mêmes conditions que les mutuelles (BOI-IS-FUS-10-20-20 n°s 330 à 357). Concernant l'apport des activités du secteur lucratif d'une association : voir n° 89670.

d. En ce qui concerne les opérations auxquelles participent des sociétés d'investissement immobilier cotées **(SIIC),** voir n° 30960, précision f.

3. RENSEIGNEMENTS À FOURNIR

39310 CGI art. 54 septies, I et II et 1763 **RIE-III-5370 s**

Les sociétés qui se placent sous le régime spécial doivent joindre un **état de suivi** des plus-values non imposées immédiatement à leur déclaration de résultat de l'exercice de réalisation de l'opération et des exercices suivants, tant que subsistent à l'actif du bilan des éléments auxquels est attaché un report d'imposition.

Elles doivent également tenir à la disposition de l'administration un **registre** du suivi des plus-values sur éléments d'actif non amortissables donnant lieu à report d'imposition.

› Précisions **a.** La valeur du **mali technique** de fusion (n° 39540) n'a pas à être mentionnée sur les états de suivi joints aux déclarations de résultat.

b. Pour les opérations transcrites d'après les **valeurs nettes comptables** (n° 39495), l'état n'est exigé qu'au titre de l'exercice de leur réalisation lorsque la valeur comptable des biens compris dans l'apport correspond à leur prix de revient fiscal (BOI-IS-FUS-60-10-20 n°s 110 à 130).

c. Le **défaut de production** de l'état ou la production d'un état inexact ou incomplet entraîne l'application d'une amende égale à 5 % des résultats omis (CGI art. 1763, I-e). Même sanction en cas de défaut de présentation du registre ou de présentation d'un registre comportant des renseignements incomplets ou inexacts (CGI art. 1763, I-d). Non-application de l'amende en cas de régularisation, voir n° 9055, a.

d. Déclaration à souscrire par la société apporteuse en cas d'**apport à une société étrangère** : voir n° 39260.

B. Portée du régime spécial

Les avantages fiscaux attachés au régime spécial des fusions et opérations assimilées concernent l'impôt sur les sociétés, l'impôt de distribution et les droits d'enregistrement. Nous examinons successivement ces trois aspects ci-après. 39340

D'autres précisions concernant les fusions de sociétés et opérations assimilées sont données par ailleurs à propos de la **taxe foncière** et de la **cotisation foncière des entreprises** (nº 43695), de la **CVAE** (nºs 44030 et 44006) et de la **TVA** (nº 47520).

1. IMPÔT SUR LES SOCIÉTÉS

À la différence du régime de droit commun, le régime de faveur se traduit, pour la société apporteuse, par l'exonération des plus-values de fusion ainsi que des provisions qui conservent leur objet. En contrepartie, la société bénéficiaire des apports est soumise à diverses obligations destinées à rendre possible l'imposition ultérieure, à son nom, des plus-values et provisions exonérées lors de la fusion ou assimilée. Mais le régime de faveur a également pour effet de lui conférer certains droits. L'application de ce **régime** a un caractère **facultatif** au regard de l'impôt sur les sociétés. 39450 CGI art. 210 A **IS-VI-5100 s**

SITUATION DE LA SOCIÉTÉ APPORTEUSE

Plus-values sur les éléments de l'actif apportés Les plus-values nettes afférentes à l'ensemble des **éléments de l'actif apportés** ne sont pas soumises à l'impôt sur les sociétés lors de la fusion. 39455 CGI art. 210 A, 1, 5 et 6 **IS-VI-5160 s**

Cette exonération concerne l'actif immobilisé, amortissable ou non, aussi bien que les autres éléments de l'actif (stocks, titres de créances négociables…). Sont assimilés à des éléments de l'actif immobilisé les droits afférents à des contrats de crédit-bail, ainsi que les titres du portefeuille exclus du régime des plus-values à long terme.

> **› Précisions** Lorsque l'apport des **éléments amortissables** fait apparaître une **moins-value nette,** celle-ci peut être soit déduite des résultats imposables de la société apporteuse, soit transférée de plein droit à la société bénéficiaire des apports, qui l'imputera sur ses propres résultats dans les conditions et limites du report déficitaire (BOI-IS-FUS-10-20-30 nºs 130 et 140).

Plus-values de cession des titres remis en contrepartie de l'apport 39457 CGI art. 210 B, 2

La société apporteuse doit calculer ultérieurement les plus-values de cession afférentes aux titres reçus en contrepartie d'un apport partiel d'actif par référence à la valeur que les biens apportés avaient, du point de vue fiscal, dans ses propres écritures. Cette obligation faite à la société apporteuse peut conduire à une **double taxation** de la plus-value d'apport :

– une première fois chez la société bénéficiaire des apports, selon les modalités exposées nºs 39510 s. ;

– et une seconde fois chez la société apporteuse lors de la cession des titres ayant rémunéré l'apport. Lorsque ces titres ont le caractère de titres de participation dont la cession est exonérée par application du régime des plus-values à long terme, la double imposition est toutefois réduite : seule une quote-part de frais et charges fixée à 12 % du montant brut de la plus-value est alors taxée au taux de droit commun, étant précisé que cette taxation n'est due que si une plus-value nette à long terme est réalisée au titre de l'exercice (voir nº 18865).

> **ATTENTION**
>
> En cas d'apport partiel d'actif portant sur une **branche complète d'activité,** l'administration a indiqué que le **délai minimal de détention** de deux ans qui subordonne d'application du **régime des plus-values à long terme** est décompté à partir de la date d'inscription des titres reçus en contrepartie de l'apport à l'actif de la société apporteuse (BOI-IS-FUS-20-40-30 nº 173).
>
> En revanche, lorsque l'apport concerne des **titres assimilés à une branche complète d'activité,** le décompte de ce délai est effectué à partir de la date d'acquisition des titres par la société apporteuse (CGI art. 210 B, 1 bis),

Cette double imposition économique ne paraît pas justifiée au regard de la directive européenne. S'agissant de la possibilité d'invoquer la directive à propos d'opérations internes, voir nº 39002, b.

Provisions L'impôt sur les sociétés n'est applicable aux provisions figurant au bilan de la société apporteuse que si elles deviennent sans objet, situation qui ne peut concerner que les opérations transcrites d'après les valeurs réelles. 39460 CGI art. 210 A, 2 **IS-VI-5800 s**

Les provisions qui conservent leur objet échappent donc à l'impôt lors de la réalisation de l'opération (elles doivent d'ailleurs être reprises au bilan de la société bénéficiaire des apports : nº 39500). Tel est le cas, notamment, des provisions pour risques si la société bénéficiaire des apports est appelée à assumer effectivement les risques correspondants, ou encore des provisions « réglementées » telles que par exemple la provision pour hausse des prix.

39465 **Résultats imposables** L'impôt dû par la société apporteuse à la suite de l'opération porte sur le bénéfice d'exploitation réalisé depuis l'ouverture de l'exercice en cours à la date de l'opération (sous réserve cependant, en cas d'opération rétroactive, des indications données au n° 39470) et sur les provisions devenues sans objet.

> **Précisions** **a.** En ce qui concerne :
> – les indemnités compensatrices correspondant aux droits à **congés payés** acquis avant la fusion ou assimilée par les salariés de la société apporteuse, voir n° 9885, précision b ;
> – le sort des **subventions d'équipement** non encore imposées, voir n° 8050, précision a ;
> – le sort des **déficits** de la société apporteuse, voir n°s 39555 s. ;
> – le sort des **charges financières nettes non déduites** et de la **capacité de déduction** de charges financières nettes **inemployée** par la société absorbée, voir n° 39530, précision a ;
> – le cas où la société absorbée a cédé des **titres** de **participation** à une société liée moins de deux ans avant l'opération, voir n° 19075.
> **b.** La société absorbée ou scindée, comme dans les autres cas de cession ou cessation, doit souscrire la **déclaration** de cessation et la déclaration de ses résultats respectivement dans les 45 et 60 jours de la première publication dans un journal d'annonces légales de la fusion ou scission ou de la décision de dissolution en cas de confusion de patrimoine (n°s 11090 s.). Elle doit, en outre, verser s'il y a lieu le solde de l'**impôt** correspondant dans le délai de droit commun (n° 11105).

39470 IS-VI-12300 s **Rétroactivité des fusions et assimilées** Les fusions et opérations assimilées sont souvent conclues avec effet rétroactif au premier jour de l'exercice en cours de la société apporteuse. Dans ce cas, les résultats (bénéficiaires ou déficitaires) réalisés par la société apporteuse pendant la période courue depuis le début de l'exercice en cours à la date de la fusion sont englobés dans le résultat imposable de la société bénéficiaire, à condition que cette dernière n'ait pas elle-même ouvert l'exercice en cours à une date postérieure à celle de la prise d'effet de la fusion (CE 26-5-1993 n°s 78156 et 78157 : RJF 7/93 n° 982).

EXEMPLE

Par exemple, dans le cas d'une fusion décidée le 1er juillet 2020 avec effet au 1er janvier 2020, la société absorbante devra comprendre dans ses résultats imposables l'ensemble des produits et charges provenant des opérations réalisées par la société absorbée depuis le 1er janvier 2020 (et donc, le cas échéant, la perte subie au cours de cette période), à condition que l'exercice en cours de l'absorbante ait commencé au plus tard à cette date.

L'administration fait prévaloir une **rétroactivité forte** en admettant la neutralisation des opérations réalisées pendant la **période intercalaire** entre les parties au titre des activités apportées (cessions d'immobilisations, distributions…) (BOI-IS-FUS-40-10-30 n°s 50 et 60).

Un **apport partiel d'actif consenti à une société nouvelle** peut rétroagir fiscalement à une date antérieure à l'acquisition de la personnalité morale par la société bénéficiaire (fixée par l'article L 236-4 du Code de commerce à la date de son immatriculation au registre du commerce et des sociétés), pourvu que cette clause de rétroactivité soit sans incidence sur le bilan de clôture du dernier exercice arrêté par la société apporteuse (CE 29-6-2011 n° 317212 : RJF 10/11 n° 1036 ; BOI-IS-FUS-40-10-20 n° 60).

> **Précisions** **a.** Les immobilisations apportées sont **amorties** sur la base des valeurs d'apport à compter de la date d'effet de l'opération, même si elles sont cédées à la société absorbante pendant la période intercalaire.
> **b.** Les **acomptes d'IS** versés le cas échéant par la société absorbée ou scindée au cours de la période intercalaire sont transmis à la société bénéficiaire des apports qui peut les prendre en compte pour la réduction de ses propres versements (BOI-IS-FUS-40-10-30 n°s 110 et 120). Mais aucune restitution ne peut intervenir avant la liquidation définitive de l'impôt dû par la société bénéficiaire (CAA Bordeaux 13-3-2000 n° 97BX00820 : RJF 5/00 n° 614).
> **c.** En cas de mise en **location-gérance** d'une **branche d'activité** préalablement à son apport, le caractère complet et autonome de la branche apportée s'apprécie à la date d'effet de l'apport convenue entre les parties si le contrat est conclu pendant la période intercalaire (BOI-IS-FUS-20-20 n° 290).
> **d.** En cas de **cession** initiée par la société absorbée avant la date d'effet de la fusion, la plus-value correspondante doit être rattachée aux résultats de la société absorbante dès lors que la **condition suspensive** dont la cession est assortie se réalise pendant la période intercalaire (CE 26-1-2011 n° 312470 : RJF 4/11 n° 417).
> **e.** L'administration considère qu'une **confusion de patrimoine** est réalisée à la date de la transmission du patrimoine. Elle admet qu'un effet rétroactif exclusivement fiscal puisse être donné à l'opération si une clause de rétroactivité figure dans la décision de dissolution. Dans le cas où la confusion est décidée au cours du dernier mois de l'exercice, l'effet rétroactif fiscal peut être fixé à l'ouverture de l'exercice au cours duquel l'opération est réalisée, ou au premier jour de l'exercice en cours à la date de la décision (BOI-IS-FUS-40-40 n°s 20 à 120).
> **f.** **L'effet rétroactif** donné à une opération d'apport au profit d'une société étrangère ne peut pas être antérieur à la **date d'ouverture du premier exercice de l'établissement stable**

de la personne morale étrangère auquel doivent être rattachés les éléments apportés. Cet établissement doit être constitué avant la date de la dernière assemblée générale ayant approuvé l'opération (BOI-IS-FUS-40-10-20 n° 75).

g. Selon la cour administrative d'appel de Lyon, la société absorbante peut, conformément à l'article 238 quindecies du CGI, bénéficier de l'**exonération** de la **plus-value** réalisée lors de la **cession d'un fonds de commerce** pendant la période intercalaire par la société absorbée : voir n° 19650.

TRANSCRIPTION DES APPORTS AUX VALEURS COMPTABLES OU AUX VALEURS RÉELLES

Critères déterminant le mode de transcription La transcription des apports dans les comptes de la société bénéficiaire doit être réalisée dans le respect de la réglementation comptable, modifiée en dernier lieu par le règlement ANC 2017-01 (pour plus de détails sur cette réglementation, voir notre Mémento Fusions et Acquisitions n°s 7600 s.). Toutes les entités bénéficiaires des apports, confondantes ou absorbantes établies en France sont tenues par ces règles, quelle que soit leur **forme juridique,** dès lors qu'elles appliquent le **PCG de manière obligatoire** ou volontaire, ou un plan comptable dérivé du PCG ne prévoyant pas de disposition particulière pour les fusions et opérations assimilées. En conséquence, l'administration a précisé que l'absorption d'une société française par l'établissement stable d'une société étrangère ne relève pas de cette réglementation, l'opération étant considérée comme réalisée par l'entité absorbante étrangère (BOI-IS-FUS-30-10 n° 40). 39490 IS-VI-1500 s

Les valeurs d'apport qui doivent figurer dans le traité résultent de la **situation de contrôle** au moment de l'opération et du **sens** dans lequel elle est réalisée (PCG art. 740-1 à 744-3).

Les biens apportés doivent être transcrits à leur **valeur comptable** dans les opérations impliquant des entités placées sous **contrôle commun,** quel que soit le sens dans lequel elles sont réalisées. Il en est de même des opérations impliquant des entités sous **contrôle distinct,** lorsqu'elles sont réalisées **à l'envers.** En revanche, les apports doivent être transcrits aux **valeurs réelles** lorsque les entités participantes sont sous un **contrôle distinct,** si elles sont effectuées **à l'endroit.**

Le règlement ANC 2019-06 prévoit également la transcription aux valeurs comptables des apports réalisés dans le cadre d'opérations sans échange de titres, qui concernent la **fusion de sociétés sœurs** détenues à 100 % par la même société mère ou la scission d'une société détenue à 100 % par une société mère au profit de sociétés sœurs détenues à 100 % par la même société mère (voir n°s 39210 et 39220).

ATTENTION

Par dérogation à ces règles, les opérations de **filialisation d'une branche complète d'activité** assorties d'un **engagement préalable de cession** à une société sous contrôle distinct (ou d'introduction en bourse) doivent également être transcrites aux valeurs réelles. Toutefois, si cette perte de contrôle ne se réalise pas, l'opération doit à nouveau être analysée et les valeurs d'apport modifiées. Pour ces opérations, il est ainsi nécessaire de mentionner, dans le traité d'apport, à la fois les valeurs comptables et les valeurs réelles des actifs et passifs transférés.

Les apports doivent également être évalués d'après les valeurs réelles dans l'hypothèse où **l'actif net** apporté à une société préexistante est **insuffisant** pour permettre la libération du capital de la société absorbante ou bénéficiaire des apports. Toutefois, lorsque l'actif net comptable apporté est insuffisant mais néanmoins positif, cette dérogation ne s'applique qu'au seul cas d'apport à une entité ayant une activité préexistante, et ne peut pas s'appliquer en cas de création ex-nihilo d'une entité ni en cas d'aménagement d'une entité préexistante. Conformément à l'article 743-3 du PCG, la dérogation ne peut pas non plus s'appliquer en cas de fusion ou de scission réalisée sans échange de titres.

Ces règles impératives s'appliquent à toutes les opérations de restructuration concernées par le régime de faveur, y compris les apports de titres de participation conférant le contrôle de cette participation à l'entité bénéficiaire des apports.

Les opérations réalisées entre des **entités sans lien de contrôle entre elles** avant l'opération mais contrôlées par la même **personne physique** ou par un groupe de personnes physiques, sont considérées comme réalisées sous contrôle distinct. Les apports sont, dans cette situation, valorisés à la valeur réelle ou à la valeur comptable selon que l'opération est réalisée à l'endroit ou à l'envers.

Toutes les conséquences fiscales de ces règles comptables de transcription des apports doivent être tirées pour la détermination des résultats des sociétés participantes (CE 8-6-2005 n° 270967 : RJF 8-9/05 n° 885 ; BOI-IS-FUS-30-20 n° 1).

› Précisions a. La **notion de contrôle** sur laquelle se fonde cette réglementation est celle du contrôle exclusif pour l'établissement des comptes consolidés. Le contrôle s'entend du pouvoir de diriger les politiques financière et opérationnelle d'une entreprise afin de tirer avantage de ses activités. Il peut résulter :
– de la détention directe ou indirecte de la majorité des droits de vote ;
– de la désignation, pendant deux exercices

successifs, de la majorité des membres des organes d'administration, de direction ou de surveillance d'une autre entreprise (l'entreprise consolidante est présumée avoir effectué cette désignation lorsqu'elle a disposé au cours de cette période, directement ou indirectement, d'une fraction supérieure à 40 % des droits de vote et qu'aucun autre associé ou actionnaire ne détient, directement ou indirectement, une fraction supérieure à celle-ci) ;
– ou encore du droit d'exercer une influence dominante en vertu d'un contrat ou de clauses statutaires.
Pour plus de détails sur cette notion, voir notre Mémento Comptes consolidés n°s 2016 s.
b. Une **fusion** est réalisée **à l'endroit** lorsque, après l'opération, l'actionnaire principal de l'absorbante, bien que dilué (sauf dans le cas de fusion simplifiée), conserve son pouvoir de contrôle sur celle-ci.
Un **apport** est réalisé **à l'endroit** lorsque, après l'opération, l'entité apporteuse perd le contrôle de la branche d'activité apportée. Elle ne prend pas le contrôle de l'entité bénéficiaire des apports.
c. Une **fusion** est réalisée **à l'envers** lorsque, après l'opération, l'actionnaire principal de l'absorbée prend le contrôle de l'absorbante. Tel sera le cas lorsque la société absorbée est de taille nettement supérieure à la société absorbante.
Un **apport** est réalisé à **l'envers** lorsque, après l'opération, la société apporteuse prend le contrôle de la société bénéficiaire ou renforce son contrôle sur celle-ci.
d. Dans le cas où l'engagement de cession dont était assortie l'opération de **filialisation d'une branche complète d'activité** ne se réalise pas à la date limite prévue, l'administration admet sous certaines conditions l'application rétroactive du régime spécial dans l'hypothèse où il n'aurait pas été retenu à l'origine (BOI-IS-FUS-30-20 n°s 80 à 90).

39495 IS-VI-1840 s **Conséquences du mode de transcription appliqué** Lorsque les apports sont transcrits pour leur **valeur comptable,** les valeurs individuelles des actifs et passifs apportés correspondent aux valeurs de chaque actif et passif figurant dans les comptes de la société apporteuse à la date d'effet de l'opération. S'agissant des **actifs immobilisés reçus,** la société bénéficiaire des apports doit reprendre à son bilan les **valeurs d'origine, amortissements** et **provisions** qui figuraient au bilan de l'absorbée (BOI-IS-FUS-30-20 n° 10). Cette obligation ne concerne que les opérations placées sous le régime spécial des fusions.

Lorsque les apports sont transcrits pour leur **valeur réelle,** les valeurs individuelles des actifs et passifs apportés correspondent aux valeurs réelles attribuées à chacun desdits éléments, figurant ou non à l'actif ou au passif dans les comptes de la société apporteuse à la date d'effet de l'opération. La société absorbante doit ainsi reprendre à son bilan des **éléments non comptabilisés** par la société absorbée à l'actif de son bilan (marques, impôts différés actifs) ou qui ne figuraient pas à son passif (provisions pour retraite, impôts différés passifs).

Conformément à l'article 210 A, 3-e du CGI, lorsque l'opération est placée sous le régime spécial, la société absorbante doit inscrire à son bilan les **éléments autres que les immobilisations** pour la valeur qu'ils avaient du point de vue fiscal dans les écritures de l'absorbée. À défaut (cas où les apports sont transcrits aux valeurs réelles), elle doit en principe comprendre dans ses résultats de l'exercice au cours duquel intervient l'opération le profit correspondant à la différence entre la nouvelle valeur de ces éléments et la valeur qu'ils avaient du point de vue fiscal dans les écritures de la société apporteuse.

OBLIGATIONS DE LA SOCIÉTÉ BÉNÉFICIAIRE DES APPORTS

39500 CGI art. 210 A, 3 IS-VI-7020 s L'exonération d'impôt sur les sociétés prévue pour les plus-values d'apport et les provisions de la société apporteuse n'est applicable que si la société bénéficiaire des apports s'engage, dans l'acte de fusion (ou dans l'acte de dissolution en cas de transmission universelle de patrimoine), à respecter certaines obligations concernant les **inscriptions au bilan,** la **réintégration de bénéfices et de plus-values** et le calcul des **plus-values ultérieures** afférentes aux éléments non amortissables. Cette formalité substantielle, qui conditionne le bénéfice du régime spécial, est compatible avec le droit européen (CE 20-1-2016 n° 376980 : RJF 4/16 n° 321). Certains renseignements doivent également être fournis à l'administration : voir n° 39310.

› Précisions **a.** En cas de **fusion ou scission sans échange de titres** (voir n°s 39210 et 39220), la société absorbante ou bénéficiaire des apports n'augmente pas son capital et constate en report à nouveau la contrepartie des apports reçus. Conformément à l'article 38, 2 du CGI, modifié par l'article 43 de la loi 2019-1479 du 28-12-2019, l'augmentation d'actif net constatée du fait de l'opération n'est pas un élément de son résultat imposable.
b. Dans le cas particulier où la société absorbée disposerait d'une **réserve spéciale pour fluctuation des cours** à son bilan, celle-ci doit être reprise au bilan de la société bénéficiaire des apports (IS-VI-8450 s.).
c. Si la société absorbée a maintenu des sommes au compte de **réserve spéciale des plus-values à long terme** (voir n° 18685), l'absorbante doit la reprendre au passif de son bilan, selon des modalités précisées par l'administration (IS-VI-8270 s.).

Réintégration des bénéfices en sursis d'imposition chez l'apporteuse 39505 IS-VI-7800 s

La société bénéficiaire des apports doit se substituer à la société apporteuse pour la réintégration des résultats dont la prise en compte avait été différée chez cette dernière.

C'est le cas, par exemple, lorsque la société apporteuse a bénéficié d'un régime d'**imposition étalée des plus-values** (voir n° 19285) ou lorsqu'elle avait reçu des **éléments amortissables,** en apport-fusion ou assimilé, au cours des derniers exercices et que la nouvelle fusion ou assimilée intervient en cours de période de réintégration des **plus-values d'apport** de ces éléments (n° 39510) ; le montant et le nombre d'annuités restant à réintégrer doivent être alors précisés dans l'acte de fusion (BOI-IS-FUS-10-20-40-10 n° 140).

De même, le résultat constaté lors d'un **transfert de titres de compte à compte** effectué par la société apporteuse ne fait pas l'objet d'une réintégration immédiate ; il est imposé au nom de la société bénéficiaire des apports lorsque ces titres font l'objet d'une cession ne motivant pas un nouveau report ou sursis d'imposition.

Subventions d'équipement en instance de réintégration chez l'apporteuse : voir n° 8050.

Réintégration des plus-values d'apport sur éléments amortissables 39510 IS-VI-9350 s

Dans les situations où les apports sont transcrits aux valeurs réelles, la société bénéficiaire doit réintégrer dans ses bénéfices imposables au taux de droit commun les plus-values constatées sur les éléments amortissables lors de la fusion ou de l'opération assimilée.

La **somme à réintégrer** correspond aux plus-values nettes, résultant de la compensation entre les plus-values et les moins-values dégagées par l'apport des biens relevant d'une durée de réintégration identique.

La réintégration des plus-values est effectuée par parts égales sur une **période** de cinq ans. Cette période est portée à quinze ans pour les constructions et les droits s'y rapportant, ainsi que pour les plantations et les agencements et aménagements des terrains amortissables sur une période au moins égale à cette durée (période appréciée à la date de création du bien : BOI-IS-FUS-10-20-40-20 n° 70). Lorsque le total des plus-values nettes sur les constructions, les plantations et les agencements et aménagements de terrains excède 90 % de la plus-value nette globale sur éléments amortissables, sa réintégration s'effectue sur la durée moyenne pondérée d'amortissement de ces biens.

Par ailleurs, la **cession** d'un bien amortissable entraîne l'imposition immédiate de la fraction de la plus-value afférente à ce bien qui n'a pas encore été réintégrée.

EXEMPLE

Plus-value nette réintégrable sur 5 ans = 150 000 (soit 30 000 par an).

Plus-value nette sur autres éléments = 1 650 000, dont 1 000 000 sur une construction A apportée pour 2 000 000 et amortissable par la société bénéficiaire des apports sur une durée de 30 ans, et 650 000 sur une construction B apportée pour 900 000 et amortissable en 20 ans (valeur totale d'apport de ces éléments : 2 900 000).

Plus-value globale nette sur les éléments amortissables = 1 800 000.

La plus-value sur les constructions est supérieure à 90 % de la plus-value globale (1 650 000 / 1 800 000 = 91,66 %).

Durée moyenne pondérée d'amortissement des constructions : 30 × 2 000 000 / 2 900 000 + 20 × 900 000 / 2 900 000 = 26,90 ans, durée arrondie au montant le plus proche, soit 27 ans.

Réintégration annuelle : 1 650 000 / 27 = 61 111.

› Précisions 39515

a. La société bénéficiaire des apports peut, lorsqu'elle y a intérêt, et notamment en vue de l'imputation de reports déficitaires, procéder à la **réintégration anticipée** de tout ou partie des plus-values d'apport (sachant qu'à la fin de chaque exercice le montant cumulé des réintégrations opérées doit être au moins égal à celui qui aurait résulté d'une réintégration linéaire).

b. S'agissant des **constructions,** la réintégration sur quinze années concerne à la fois la structure de l'immeuble et l'ensemble de ses composants.

c. En cas de **mise au rebut d'un composant,** aucune réintégration anticipée de la plus-value d'apport n'a à être opérée.

d. Lorsque l'**opération** de restructuration prend effet **en cours d'exercice,** la société bénéficiaire des apports ne peut pas limiter le montant de la **première réintégration** de la plus-value d'apport (CAA Marseille 22-3-2018 n° 16MA04863 : RJF 7/18 n° 734).

Reconstitution et reprise des provisions afférentes aux éléments reçus en apport 39517 La société bénéficiaire des apports doit inscrire **au passif** de son bilan toutes les **provisions** constituées par la société apporteuse qui conservent leur objet (provisions pour risques et charges et provisions pour dépréciation).

La **reprise ultérieure de ces provisions** est comprise dans son résultat imposable. Toutefois, les **provisions non déductibles** au plan fiscal qui ont été constituées par l'absorbée restent sans incidence sur le résultat imposable de la société absorbante lors de leur reprise comptable (BOI-IS-FUS-10-20-40-10 n° 220).

39520 IS-VI-7220 s **Plus-values afférentes aux éléments non amortissables** Lors de la cession des immobilisations non amortissables reçues, la société bénéficiaire des apports calcule les plus ou moins-values d'après leur valeur fiscale pour l'apporteuse (et non par rapport à leur valeur d'apport).

Ces plus-values sont en principe soumises au **taux** normal de l'impôt sur les sociétés. Toutefois les cessions de titres de participation relèvent du régime des plus-values à long terme lorsqu'ils sont détenus depuis au moins deux ans, ce délai étant décompté à partir de leur acquisition par la société absorbée ou apporteuse (CE 11-2-2013 n° 356519 : RJF 5/13 n° 474 ; BOI-IS-FUS-10-20-40-10 n° 60).

Cession de titres de participation à une société liée moins de deux ans après leur acquisition par la société apporteuse : voir n° 19075.

DROITS DE LA SOCIÉTÉ BÉNÉFICIAIRE DES APPORTS

39530 IS-VI-10300 s **Amortissements et autres charges** En cas de fusion ou d'opération assimilée transcrite aux **valeurs nettes comptables,** la société bénéficiaire des apports poursuit les plans d'amortissement en cours dans les écritures de la société apporteuse.

Lorsque les apports sont transcrits aux **valeurs réelles,** l'amortissement est pratiqué selon les règles de droit commun. Il appartient à la société absorbante de procéder à la décomposition des biens reçus.

Les éléments apportés peuvent faire l'objet de l'amortissement **dégressif,** lorsqu'ils relèvent par nature de ce régime.

La société bénéficiaire des apports ne peut déduire de ses résultats les **charges** qu'elle vient à acquitter et qui **se rattachent à la gestion de la société apporteuse,** dès lors qu'elles étaient connues ou prévisibles à la date de la fusion ou assimilée ; ces charges, propres à l'apporteuse, représentent un élément du prix d'acquisition de l'actif de cette dernière (CE 6-11-1974 n°s 89562 et 89564 : RJF 1/75 n° 11).

> **Précisions a.** En cas de fusion placée sous le régime spécial, les **charges financières nettes** dont la déduction a été différée (n° 35852) et que la société absorbée n'a pas pu imputer peuvent être transférées sur agrément à la société bénéficiaire des apports dans les conditions prévues à l'article 209, II du CGI (n° 39570). Dans les mêmes conditions, la société absorbante peut bénéficier du transfert de la **capacité de déduction** de charges financières nettes **inemployée** par la société absorbée. Pour les **opérations réalisées à compter du 1er janvier 2020,** ces transferts sont dans certaines situations dispensés d'agrément : voir n° 39555.
>
> **b.** La société bénéficiaire des apports peut poursuivre la déduction étalée des **frais d'acquisition** que la société absorbée a dû incorporer au prix de revient de ses **titres de participation** (n° 7575). En revanche, l'annulation des titres de la société absorbée empêche la société absorbante de continuer à déduire les frais d'acquisition correspondants (BOI-IS-BASE-30-10 n°s 290 à 320).
>
> **c.** Cas où la société apporteuse disposait de **produits de la propriété industrielle** soumis au régime de l'article 238 du CGI, voir n° 40495.

39535 CGI art. 210 A, 1- al. 2 et 3-d **Plus-values** Comme pour les amortissements, c'est d'après la valeur d'apport des **biens amortissables** que sont calculées les plus-values, en cas de **cession ultérieure** de ces biens (alors que la règle est différente pour les éléments non amortissables : n° 39520).

Dans le cas où la fusion est réalisée entre **sociétés apparentées,** la société absorbante est conduite à annuler soit sa participation dans la société apporteuse, soit ceux de ses propres titres qu'elle reçoit en apport. Dans les deux cas, la **plus-value d'annulation des titres** éventuellement dégagée est exonérée d'impôt sur les sociétés lorsque l'opération est placée sous le régime spécial.

39540 CGI art. 210 A, 1- al. 3 et 4 IS-VI-19220 s **Mali de fusion** Il résulte des articles 745-3 et suivants du PCG que le mali de fusion qui représente l'écart négatif entre l'actif net reçu par la société absorbante à hauteur de sa participation détenue dans la société absorbée et la valeur comptable de cette participation peut être décomposé en deux éléments :

– un **mali technique** (ou « **faux mali** ») généralement constaté pour les fusions ou confusions de patrimoine évaluées à la valeur comptable lorsque la valeur nette des titres de la société absorbée figurant à l'actif de l'absorbante (valeur brute – provision) est supérieure à l'actif net comptable apporté ;

– au-delà du mali technique, le solde du mali qui peut être représentatif d'un complément de dépréciation de la participation détenue dans la société absorbée (ou **« vrai mali »**).

Au **plan comptable,** le mali technique est comptabilisé à l'actif du bilan de l'absorbante, en fonction des différentes natures d'actifs sous-jacents auxquels il a été affecté. Il doit donc être amorti si l'actif sous-jacent est amortissable. Le vrai mali est quant à lui comptabilisé en charge. Pour plus de détails sur cette question, voir notre Mémento Fusions et Acquisitions nos 8320 s.

ATTENTION

Pour calculer la valeur de l'actif apporté et l'éventuel **« vrai » mali** de fusion, la société absorbante doit tenir compte de l'économie d'impôt résultant du **transfert des déficits de la société absorbée** (actif d'impôt différé) à la date d'effet rétroactif retenue par les parties, quand bien même l'agrément autorisant le transfert des déficits subis par l'absorbée n'est délivré qu'après la réalisation définitive de la fusion (CE 18-1-2017 no 389004 : RJF 4/17 no 309).

Au **plan fiscal,** pour les opérations placées sous le régime de faveur, l'article 210 A, 1-al. 3 du CGI interdit toute déduction à raison du **mali technique.** En conséquence, la constatation au titre de ce mali d'un amortissement, d'une provision pour dépréciation ou d'une charge de sortie de l'actif doit faire l'objet d'une réintégration extracomptable (BOI-IS-FUS-10-50-20 no 130).

Le régime du **vrai mali** dépend de la nature des titres annulés et constitue :

– une moins-value non déductible si les titres annulés sont des titres de participation détenus depuis au moins deux ans relevant du secteur exonéré (no 18865) ;

– une moins-value à long terme relevant du taux de 19 % si la société absorbée est une société à prépondérance immobilière cotée (no 18780) dont les titres sont détenus depuis au moins deux ans ;

– une perte déductible des résultats de la société absorbante, en principe, dans les autres cas. Plusieurs dispositifs peuvent toutefois faire obstacle à la déduction de cette perte. Lorsque les titres de la société absorbée ont été acquis par la société absorbante moins de deux ans avant la fusion, la moins-value à court terme réalisée à l'occasion de l'annulation de ces titres n'est pas déductible à hauteur du montant des distributions qui ont ouvert droit au régime mère-fille depuis leur acquisition (CGI art. 210 A, 1-al. 4). Lorsque la société absorbée est à prépondérance financière (no 18800), la moins-value d'annulation n'est pas déductible à hauteur du produit des titres qui a ouvert droit au régime mère-fille au cours de l'exercice et des cinq précédents (no 19015).

En cas de transmission d'un **actif net négatif** à l'occasion d'une opération de **confusion de patrimoine,** d'une **fusion ou scission sans échange de titres** (passif supérieur à la valeur réelle de l'actif transféré), la charge correspondant à cet excédent ne peut être déduite.

Titres reçus lors d'un apport à une filiale en difficulté : voir no 18916.

› **Précisions a.** Dans le cas où une partie du **mali technique** correspond à une **« prime de contrôle »** (quote-part du prix d'acquisition des titres représentative du fonds de commerce de l'absorbée), la fraction de la moins-value correspondante constatée lors de l'annulation des titres de l'absorbée n'est pas déductible.

b. Compte tenu de la réglementation comptable, les sociétés qui réalisent une opération transcrite aux valeurs comptables sont tenues d'évaluer la valeur réelle de chaque actif apporté pour permettre l'**affectation du mali technique.**

SORT DES DÉFICITS ANTÉRIEURS

Règles générales Les **déficits que la société apporteuse a subis antérieurement** à la date d'effet de la fusion ou assimilée ne sont pas déductibles des bénéfices ultérieurs de la société bénéficiaire des apports (application du principe d'identité d'entreprise). 39555 IS-VI-17050 s

Toutefois, pour les opérations de **fusion** réalisées **à compter du 1er janvier 2020,** la société absorbante bénéficie de plein droit du transfert des déficits antérieurs, des charges financières nettes non déduites et de la capacité de déduction de charges financières nettes non déduites de la société absorbée lorsque leur montant cumulé est inférieur à 200 000 €. Ce transfert est subordonné à la condition que la société absorbée n'ait pas cédé ou cessé l'exploitation d'un fonds de commerce au cours de la période déficitaire, et que les déficits et intérêts transférés ne proviennent pas de la gestion d'un patrimoine mobilier ou immobilier (Loi 2019-1479 du 28-12-2019 art. 45).

ATTENTION

La société absorbante peut imputer sur des plus-values à long terme réalisées après la fusion les **provisions pour dépréciation** de titres constituées par l'absorbée qui suivent le régime des **moins-values à long terme** et que l'absorbante a reprises à son bilan en application de l'article 210 A, 3 du CGI à l'occasion d'une opération transcrite aux valeurs nettes comptables (CE 30-12-2011 no 316194 : RJF 3/12 no 233).

En cas d'**apport partiel d'actif,** les déficits subis antérieurement par la société apporteuse peuvent faire l'objet d'une imputation sur ses bénéfices ultérieurs dans les conditions de droit commun, dès lors que l'opération ne s'est pas traduite par un changement d'activité (voir nos 38715 s.).

Déficits subis par l'apporteuse pendant la **période intercalaire** : voir no 39470.

39560 Dès lors que la **société bénéficiaire des apports** ne change pas d'activité à l'occasion de l'opération (voir n°s 38715 s.), les déficits qu'elle a subis au titre d'exercices antérieurs restent reportables de plein droit sur ses résultats bénéficiaires dans les conditions de droit commun. L'administration ne peut valablement s'y opposer en invoquant l'abus de droit dès lors que la fusion présente un intérêt économique et n'a pas un caractère fictif (CE 21-3-1986 n° 53002 : RJF 5/86 n° 470). Tel n'est pas le cas d'une fusion de deux sociétés « coquilles » qui n'a pu être inspirée par aucun autre motif que celui de permettre l'imputation des reports déficitaires de la société absorbante sur le bénéfice imposable de la société absorbée sans avoir à solliciter l'agrément prévu à l'article 209, II du CGI (CE 11-4-2014 n° 352999 : RJF 7/14 n° 709).

39565 CGI art. 220 quinquies, II IS-VI-18000 s

Lorsque la société apporteuse détient une **créance** sur le Trésor provenant du **report en arrière** de ses déficits, elle peut la transférer à la société bénéficiaire des apports. Ce transfert s'effectue de plein droit pour les opérations définies à l'article 210-0 A du CGI (voir n°s 39200 s.). En cas d'apport partiel, il est facultatif.

ATTENTION

En cas de **scission** ou **d'apport partiel,** la **créance de carry-back** est transmise au prorata du montant de l'actif net apporté à la ou aux sociétés bénéficiaires des apports, apprécié à la date d'effet de l'opération.

En ce qui concerne l'**option** pour le **report en arrière** des déficits exercée au titre de l'exercice de la fusion ou assimilée, voir n° 35925, précision a.

39570 CGI art. 209, II IS-VI-17700 s

Transfert sur agrément du droit au report des déficits de la société apporteuse En cas de fusion ou d'opération assimilée bénéficiant du régime de faveur, les **déficits** antérieurs non encore déduits subis par la **société apporteuse** et qui ne bénéficient pas du transfert de plein droit mentionné n° 39555, peuvent être reportés dans leur intégralité sur les bénéfices ultérieurs de la société bénéficiaire des apports si un **agrément spécial** est délivré.

L'agrément est **de droit** lorsque :
– l'opération est placée sous le régime de l'article 210 A du CGI ;
– elle est justifiée du point de vue économique et obéit à des motivations principales autres que fiscales ;
– l'activité à l'origine des déficits n'a pas subi de changements significatifs (appréciés au moyen de critères relatifs à la clientèle, à l'emploi, aux moyens d'exploitation mis en œuvre, ainsi qu'à la nature et au volume d'activité) pendant la période de constatation des déficits, étant précisé que cette condition s'applique à la seule activité transmise à la société absorbante (CE 25-10-2017 n° 401403 : RJF 1/18 n° 11) ;
– l'activité à l'origine des déficits dont le transfert est demandé doit être poursuivie pendant un délai minimum de trois ans, sans faire l'objet, pendant cette période, de changement significatif apprécié selon les modalités décrites ci-dessus ;
– les déficits ne proviennent ni de la gestion d'un patrimoine mobilier par des sociétés holdings ni de la gestion d'un patrimoine immobilier.

ATTENTION

Le **montant du déficit** transféré par voie d'agrément peut être revu à la baisse par l'administration dans le cadre de son droit de contrôle (BOI-SJ-AGR-20-30-10-10 n° 230). Il peut également être revu à la hausse sur réclamation contentieuse du contribuable présentée dans le délai légal (CE 4-2-2015 n° 365269 : RJF 5/15 n° 391).

La société bénéficiaire des apports peut imputer les déficits transférés sur ses résultats dans les conditions de droit commun.

› Précisions **a.** La **demande** d'agrément doit être préalable à l'opération (CGI art. 1649 nonies).

b. L'**agrément** relatif au transfert des déficits est délivré par le **ministre chargé du budget** lorsque :
– la demande est présentée par une société mère d'un groupe fiscal à raison de déficits d'ensemble ;
– la demande est présentée par une entreprise déposant ses déclarations fiscales auprès de la Direction des grandes entreprises ;
– la demande porte, pour une même opération, sur des déficits dont le montant global est supérieur à 10 M€ (1,5 M€ pour les demandes reçues avant le 1-6-2019) (Arrêté CPAE1913973A du 14-5-2019) ;
– l'opération présente des difficultés particulières ou est évoquée par le ministre.

Dans les autres cas, il est délivré par le **directeur départemental ou régional des finances publiques** du département au chef-lieu duquel est localisée la direction de contrôle fiscal dans le ressort de laquelle l'entreprise a son siège (CGI ann. IV art. 170 sexies).

c. L'entreprise doit, au moment de la demande d'agrément, déterminer l'**origine des déficits** transférables au moyen de sa comptabilité analytique (BOI-SJ-AGR-20-30-10-10 n° 150).

d. Alors même que l'agrément pour le transfert des déficits subis par la société absorbée est délivré après la réalisation définitive de la fusion, ce transfert est regardé comme remontant à la date d'**effet rétroactif** retenue par les parties (CE 18-1-2017 n° 389004 : RJF 4/17 n° 309). En ce qui concerne l'incidence de cette règle sur le calcul du mali de fusion, voir n° 39540, précision c.

e. L'exclusion du transfert des déficits provenant de la gestion d'un patrimoine immobilier ne s'applique pas aux restructurations réalisées par les **organismes d'habitation à loyer modéré** mentionnés aux articles L 411-2 et L 481-1 du Code de la construction et de l'habitation.

2. IMPÔT DE DISTRIBUTION

ATTRIBUTION GRATUITE DES TITRES REPRÉSENTATIFS DE L'APPORT

39595 CGI art. 115, 1 IS-VI-23100 s

À la suite d'une **fusion** ou d'une **scission** définie à l'article 210-0 A du CGI, même non effectivement placée sous le régime spécial, l'attribution gratuite des titres représentatifs de l'apport aux membres de la société apporteuse n'est pas considérée comme une distribution de **revenus mobiliers** et elle est exonérée de l'impôt sur le revenu.

Par ailleurs, les **plus-values** réalisées par les associés à l'occasion de l'**échange** de titres bénéficient d'un sursis ou d'un report d'imposition applicable quel que soit le régime fiscal des opérations, que les titres soient détenus par des particuliers (voir n°s 33300 s.) ou qu'ils figurent à l'actif d'une entreprise (voir n°s 19055 s.).

39600 CGI art. 115, 2

L'**apport partiel d'actif** d'une **branche complète d'activité** suivi de la répartition des titres reçus en contrepartie entre tous les associés de la société apporteuse peut être réalisé de plein droit sous un régime de neutralité fiscale en matière d'**impôt direct** et d'**impôt de distribution.** Ces dispositions s'appliquent lorsque les conditions cumulatives suivantes sont remplies :

– l'apport est placé sous le régime spécial ;
– la société apporteuse dispose encore au moins d'une branche complète d'activité après la réalisation de l'apport, ce qui n'est pas le cas lorsqu'elle ne détient plus que des participations ou d'autres actifs isolés après l'opération (BOI-IS-FUS-20-40-40 n° 90) ;
– l'attribution des titres représentatifs de l'apport partiel d'actif, proportionnelle aux droits des associés dans le capital, a lieu dans un délai d'un an décompté de date à date à compter de la réalisation de l'apport (BOI-IS-FUS-20-40-40 n° 150).

Conformément à l'article 121, 1, al. 2 du CGI, ce dispositif s'applique aux associés résidents d'une **société étrangère** qui réalise un apport placé sous un régime comparable à celui de l'article 210 A du CGI, y compris lorsque la législation étrangère permet d'attribuer directement les titres émis en rémunération de l'apport aux associés de la société apporteuse (« scission partielle »), sous réserve que toutes les autres conditions prévues pour l'application de ce dispositif soient remplies (BOI-IS-FUS-20-40-40 n° 80).

39605 CGI art. 115, 2 bis

Lorsque l'**apport** partiel d'actif n'est **pas représentatif d'une branche complète** d'activité, y compris s'il porte sur des **titres assimilés à une telle branche** (BOI-IS-FUS-20-40-40 n° 60), ou lorsque la société apporteuse ne dispose plus d'au moins une branche complète d'activité après la réalisation de l'apport, le régime de neutralité fiscale peut s'appliquer sur agrément délivré à la société apporteuse. Cet **agrément,** qui doit être demandé préalablement à la réalisation de l'apport, est délivré lorsque les conditions cumulatives suivantes sont remplies :

– les conditions mentionnées n° 39265 sont remplies ;
– l'attribution est justifiée par un motif économique, se traduisant notamment par l'exercice par la société apporteuse d'une activité autonome et l'amélioration des structures, ainsi que par une association entre les parties formalisée par un engagement de conservation des titres de la société apporteuse par ses associés pendant trois ans à compter de la réalisation de l'apport.

ATTENTION

L'administration refuse l'agrément à une société qui, ayant filialisé ses branches complètes et autonomes d'activité, ne détiendrait plus, après l'attribution des titres, que des participations non significatives ou des actifs isolés (BOI-SJ-AGR-20-20 n° 110).

L'obligation de conservation des titres de la société apporteuse, ainsi que l'obligation de conservation des titres représentatifs de l'apport partiel d'actif, ne sont exigées que des associés qui détiennent dans cette société, à la date d'approbation de l'apport, 5 % au moins des droits de vote ou qui y exercent ou y ont exercé, dans les six mois précédant cette date, directement ou par l'intermédiaire de leurs mandataires sociaux ou préposés, des fonctions de direction, d'administration ou de surveillance et détiennent au moins 0,1 % des droits de vote dans la société.

En outre, l'administration accepte de dispenser certains de ces associés de l'engagement de conservation en cas d'émiettement du capital de la société apporteuse et de disproportion marquée entre les valeurs économiques de la société apporteuse et de la société bénéficiaire (BOI-SJ-AGR-20-20 n° 230).

L'administration refuse l'agrément lorsque les titres attribués rémunèrent une opération consistant à séparer des **actifs patrimoniaux** de l'activité opérationnelle (BOI-SJ-AGR-20-20 n° 100).

39610 ATTENTION

Lorsque l'**attribution** des titres est faite **au profit d'une entreprise,** celle-ci doit les inscrire à l'**actif de son bilan** pour une somme égale à une fraction du coût de revient de la participation détenue dans la société distributrice, correspondant au pourcentage que représente la valeur réelle des titres reçus gratuitement par rapport à ce qu'était la valeur réelle de la participation au moment de l'apport ; elle doit réduire d'autant le coût de revient de sa participation dans la société distributrice. La plus-value de cession ultérieure de cette participation ou des titres reçus gratuitement est calculée par rapport à leur valeur comptable. Mais si la valeur fiscale des titres de la société distributrice est différente de leur valeur comptable (titres reçus à l'occasion d'une fusion ou assimilée, par exemple), c'est la valeur fiscale qui est retenue, répartie selon les mêmes modalités que ci-dessus (IS-VI-46030 s.).

Lorsque l'attribution est faite au profit d'une **personne physique,** le prix d'acquisition des titres est réputé être nul pour le calcul de la plus-value de cession ultérieure (BOI-IS-FUS-20-40-40 n° 250).

DISTRIBUTIONS POSTÉRIEURES À L'OPÉRATION PAR LA SOCIÉTÉ BÉNÉFICIAIRE DES APPORTS

39620
IS-VI-23500 s

Les remboursements par la société bénéficiaire des apports de sommes qui ont été incorporées au capital ou aux réserves (primes de fusion) à l'occasion d'une fusion ou scission de sociétés, ou d'un apport partiel d'actif ayant donné lieu à une répartition des titres en franchise d'impôt en vertu de l'article 115, 2 du CGI sont considérés comme des distributions de revenus mobiliers. L'article 43 de la loi 2019-1479 du 28-12-2019 étend cette règle à la répartition des sommes incorporées aux capitaux propres à l'occasion d'une fusion ou scission sans échange de titres. Toutefois, l'administration admet que les sommes versées à la suite d'une fusion ou d'une scission assortie d'un échange de titres peuvent être considérées comme des **remboursements d'apports** exonérés d'impôt, dans la mesure où elles correspondent aux apports réels faits à la société absorbée ou scindée (BOI-RPPM-RCM-10-20-30-30 n°s 120 et 170). Cette solution devrait également s'appliquer aux sommes réparties à la suite d'une fusion ou scission sans échange de titres.

3. DROITS D'ENREGISTREMENT

39630
CGI art. 816
ENR-VI-18200 s

Les actes constatant des fusions de sociétés et opérations assimilées relevant du régime spécial sont enregistrés gratuitement.

Lorsqu'il en existe, les **apports à titre onéreux** (tels que définis au n° 66900) sont soumis au régime suivant :

– la **prise en charge du passif** de la société apporteuse, par la société bénéficiaire des apports, ne donne ouverture à aucun droit ;

– les **autres** apports à titre onéreux (exemple : apport contre remise d'obligations) sont soumis aux droits de mutation dans les conditions indiquées n° 66900.

Les **cessions de droits sociaux** intervenant dans les conditions des articles 210 A et 210 B du CGI sont par ailleurs expressément exclues du droit de vente d'actions ou de parts sociales autres que de sociétés à prépondérance immobilière (CGI art. 726, II ; voir n° 67155).

CHAPITRE 5 GROUPES DE SOCIÉTÉS

SOMMAIRE

Bien que les groupes de sociétés n'aient pas de personnalité juridique, leur existence est néanmoins reconnue par diverses dispositions, en matière fiscale notamment. **40000**
Indépendamment de certaines constructions jurisprudentielles ou administratives (subventions et abandons de créances ; quartiers généraux de sociétés multinationales...), les groupes font l'objet de deux régimes légaux que nous examinons successivement ci-après :
– le régime d'**intégration fiscale** ;
– le régime des **sociétés mères et filiales.**
Les régimes de groupes dont il est question ici sont de nature exclusivement fiscale. Un système de **consolidation** est applicable par ailleurs en matière **comptable**.

Intérêt de l'intégration fiscale des groupes **40010**

Le régime d'intégration se caractérise essentiellement par deux **mécanismes favorables** au fonctionnement des groupes. Ils consistent :
– à soumettre à l'impôt sur les sociétés un résultat global, obtenu en faisant la somme algébrique des résultats des sociétés du groupe ;
– à neutraliser certaines opérations internes au groupe.
Le premier est important au regard de l'**imputation des déficits.** Dès lors que l'on peut faire masse des résultats, les résultats positifs et négatifs des différentes sociétés du groupe peuvent être immédiatement compensés. L'intégration permet ainsi d'éviter que certains résultats ne soient imposés alors qu'il existe par ailleurs des déficits qui, dans le meilleur des cas, ne pourraient être imputés qu'ultérieurement.
Le second aspect concerne les conséquences des **relations intragroupe.**
Pour le calcul des **résultats,** certaines de ces opérations font l'objet d'ajustements destinés à en neutraliser les effets. Les **ajustements** consistent à corriger le résultat d'ensemble du groupe en réintégrant, pour les opérations considérées, les montants déduits au niveau des sociétés et en déduisant les montants inclus dans leurs résultats. On notera en outre que les opérations internes de fusion, d'apport partiel d'actif ou de cession peuvent se succéder en franchise d'impôt.
Lorsque certaines sociétés du groupe sont déficitaires ou faiblement bénéficiaires, l'application du régime de groupe diminue ou supprime le risque de déperdition des crédits d'impôt afférents aux revenus de valeurs mobilières étrangères et optimise l'utilisation de crédits d'impôt accordés à raison d'opérations particulières (crédit d'impôt recherche, par exemple).

En contrepartie, le régime d'intégration n'est pas sans **inconvénients.** Son champ d'application est assez restreint, en raison du taux de participation (95 % au moins) exigé de la société mère (ou de l'entité mère européenne dans le cas d'une intégration horizontale) dans le capital des filiales. Des modalités plutôt complexes et l'obligation d'un suivi précis des opérations intragroupe peuvent alourdir la gestion. En outre, certains ajustements du résultat sont temporaires et susceptibles d'être remis en question si les sociétés concernées sortent du groupe. Soulignons enfin que le régime de groupe peut être à l'origine de certains **surcoûts,** par exemple au regard de la contribution sociale sur les bénéfices.

Ces inconvénients doivent être pris en considération lorsqu'il s'agit d'apprécier l'intérêt de recourir à d'**autres procédés** de nature à faciliter eux aussi le fonctionnement des groupes. Pour obtenir, par exemple, l'imputation des déficits de filiales sur les résultats de la société mère, n'est-il pas plus simple de donner à ces filiales la forme de **sociétés de personnes** ? De même, le régime fiscal des **sociétés mères et filiales** ne permet-il pas d'aboutir à un résultat similaire à celui de l'intégration en matière de distributions ? Un examen cas par cas est en fait nécessaire pour pouvoir se prononcer.

Mais on remarquera que ces autres procédés, outre qu'ils ne sont pas toujours eux-mêmes sans inconvénients, ne répondent que de façon sectorielle, et donc limitée, aux besoins des groupes de sociétés, tandis que le régime d'intégration fiscale présente l'avantage d'un système global.

I. RÉGIME D'INTÉGRATION FISCALE

40150 CGI art. 223 A à 223 Q IS-V-5000 s

Ce régime permet à une société mère, dite « tête de groupe », de se constituer seule redevable de l'impôt sur les sociétés pour l'ensemble du groupe qu'elle forme soit avec ses filiales (intégration « verticale »), soit avec ses sociétés sœurs établies en France détenues par une même entité européenne (intégration dite « horizontale »).

1. CHAMP D'APPLICATION

SOCIÉTÉS CONCERNÉES

40225 Le régime d'intégration est applicable aux sociétés (sociétés mères et filiales) soumises en France, de plein droit ou sur option, à l'**impôt sur les sociétés** au taux de droit commun sur la totalité des résultats de leurs exploitations françaises.

Sont **exclues** du régime les sociétés dont tout ou partie du bénéfice échappe à l'impôt en vertu d'une disposition particulière : par exemple, les sociétés de capital-risque, les jeunes entreprises innovantes, les coopératives agricoles. Cette exclusion ne concerne pas les sociétés implantées en zones franches urbaines, en zones franches outre-mer, dans un bassin d'emploi à redynamiser ou dans une zone de restructuration de la défense.

› Précisions **a.** L'administration admet l'application du régime aux personnes morales **autres que les sociétés** (BOI-IS-GPE-10-10-10 n° 50).

b. Les **établissements stables de sociétés étrangères,** dès lors qu'ils sont soumis en France à l'impôt sur les sociétés, peuvent prendre le statut de tête de groupe d'une intégration verticale (BOI-IS-GPE-10-30-40 n° 150). Ils peuvent également être intégrés en tant que filiales (CGI art. 223 A, I-al. 1). Dans ce dernier cas, l'appartenance au groupe des sociétés dont le capital est détenu à 95 % au moins par la société étrangère est subordonnée à l'inscription de leurs titres à l'actif du bilan fiscal de l'établissement stable (CGI ann. III art. 46 quater-0 ZF).

c. Les sociétés **coopératives** et organismes similaires entrant dans le champ d'application du régime de déduction des ristournes (n°s 37020 s.) peuvent faire partie d'un groupe en tant que société mère à condition de renoncer à la déduction des ristournes pendant cinq ans (CGI art. 214, 1 bis).

40230 Groupes non capitalistiques

a. Le régime de groupe est ouvert aux **entreprises d'assurance dépourvues de capital** qui sont unies à la société mère par un lien de combinaison comptable, étant précisé que certaines adaptations ponctuelles sont prévues pour tenir compte de cette situation particulière (IS-V-24410 s.).

b. Un groupe intégré peut être constitué avec l'ensemble des sociétés qui composent un **réseau bancaire mutualiste** (IS-V-24740 s.).

c. Les **Epic** peuvent constituer un groupe fiscal lorsque leurs comptes sont consolidés par l'un d'entre eux qui assure aussi pour l'ensemble du groupe le contrôle et le pilotage stratégique et des missions transversales ou mutualisées (IS-V-25100 s.).

NIVEAUX DE PARTICIPATIONS

40240 CGI art. 223 A, I al. 1 et 3 à 6 IS-V-5420 s

Selon qu'il s'agit du capital de la mère ou des filiales, les conditions exigées sont exactement inverses.

Le **capital de la société mère** tête de groupe ne doit pas être détenu, directement ou indirectement, à 95 % au moins, par une autre personne morale soumise à l'impôt sur les sociétés dans les conditions de droit commun ou selon les modalités prévues à l'article 214 du CGI (sociétés coopératives : voir nos 37020 s.). Toutefois, le capital de la mère peut être détenu indirectement à 95 % au moins par une autre personne morale soumise à l'IS dans les conditions susvisées, lorsque ce seuil est atteint du fait de l'interposition d'une ou plusieurs sociétés non soumises à cet impôt dans ces mêmes conditions (société étrangère, par exemple) ou du fait de l'interposition d'une ou plusieurs personnes morales qui y sont soumises mais dont le capital n'est pas détenu, directement ou indirectement, à 95 % au moins par cette autre personne morale.

Le **capital des filiales** doit être détenu à 95 % au moins, directement ou indirectement, par la société mère de manière continue pendant toute la durée de l'exercice. Une filiale pour laquelle le seuil est franchi en cours d'exercice ne peut être incorporée au groupe qu'à partir de l'exercice suivant (abaissement au-dessous du seuil : voir no 40260, b et c).

Le taux de détention de 95 % de la société (mère ou filiale) est, dans la limite de 10 % du capital, calculé abstraction faite des titres nouvellement émis dans le cadre d'**options de souscription ou d'achat d'actions** consenties aux salariés, dans le cadre d'une **attribution gratuite d'actions** ou d'une **augmentation de capital réservée aux adhérents d'un plan d'épargne entreprise.** Ne sont pas non plus retenus les titres attribués dans les mêmes conditions, après rachat, aux salariés non mandataires. Cette règle de calcul ne s'applique plus à compter de l'exercice au cours duquel le salarié cède ses titres ou cesse ses fonctions dans la société.

Les règles propres aux **groupes horizontaux** sont examinées nos 40265 s.

› Précisions a. La **détention** de 95 % du capital s'entend de la détention en pleine propriété de 95 % des droits à dividende et de 95 % des droits de vote.

b. S'agissant du taux de détention d'une filiale qui revêt la forme d'une **société en commandite par actions** (SCA), le Conseil d'État a jugé, en se référant aux dispositions de l'article L 226-1 du Code de commerce, selon lesquelles le capital d'une SCA est composé des actions détenues par les commanditaires qui ont seuls la qualité d'actionnaire, que le seuil de détention de 95 % des droits de vote d'une telle société s'apprécie en prenant en compte les seuls titres détenus par les commanditaires, à l'exclusion de ceux détenus par les commandités (CE 13-12-2017 no 397601 : RJF 3/18 no 255). En revanche, l'administration retient une solution contraire pour le calcul du taux de détention de la société mère en considérant que la détention des droits de vote est appréciée distinctement pour chaque collège d'associés (BOI-IS-GPE-10-20-20 no 30).

c. Lorsqu'une société détient des **actions** représentatives de son **propre capital,** il est fait abstraction de ces titres pour le calcul du pourcentage de participation (BOI-IS-GPE-10-20-20 no 30).

d. Une société dont le **capital est détenu par deux ou plusieurs sociétés françaises** peut se constituer tête de groupe si aucune d'entre elles ne détient directement ou indirectement 95 % de son capital. Même possibilité lorsque le capital est entièrement détenu par une **société étrangère** qui ne dispose pas d'un établissement stable en France soumis à l'IS ou par une **entreprise exonérée d'IS,** ou lorsque le capital est détenu indirectement à 95 % au moins par une personne morale soumise à l'IS, par l'**intermédiaire** d'une **société de personnes** non soumise à cet impôt (BOI-IS-GPE-10-20-10 no 60).

e. La création d'un **établissement stable français** par une **société étrangère** détenant 95 % au moins d'une société mère française ne remet pas en cause le groupe fiscal formé par cette société si ses titres ne sont pas inscrits à l'actif de l'établissement stable (BOI-IS-GPE-50-10-20 no 170).

f. Conséquences du **transfert de titres en fiducie** sur l'appréciation du seuil de détention du capital : voir no 90880 précision d.

Notion de détention indirecte Les droits détenus indirectement par la société mère sont ceux qui sont détenus par l'**intermédiaire d'une ou plusieurs sociétés membres du groupe.** Le **pourcentage** est apprécié en multipliant entre eux les taux de détention successifs dans la chaîne des participations. La détention à 95 % au moins est assimilée à une détention à 100 %, sauf lorsqu'il s'agit d'apprécier le niveau de détention indirecte de la société mère (CGI ann. III art. 46 quater-0 ZF). La société mère peut donc dans certains cas choisir entre le statut de tête de groupe ou celui de filiale. 40245 CGI ann. III art. 46 quater-0 ZF IS-V-5600 s

Lorsqu'une filiale est détenue par deux ou plusieurs sociétés intermédiaires, ces participations s'additionnent.

Au regard du capital de la société tête de groupe, les droits détenus par l'intermédiaire d'une **filiale étrangère** sont considérés comme une détention indirecte.

EXEMPLE

a. M détient 95 % de F1. F1 détient 95 % de F2. F2 peut faire partie du groupe, sauf si F1 n'en fait pas partie.

b. M détient 95 % de F1, qui détient 50 % de F3. M détient également 95 % de F2, qui détient 45 % de F3. F3 peut faire partie du groupe, si F1 et F2 en font partie, M étant censée détenir indirectement dans F3 : (100 × 50 %) + (100 × 45 %) = 95 %.

c. M détient 95 % de F1, qui détient 50 % de F3. M détient également 44 % de F3 et 90 % de F2, qui détient 6 % de F3. F2 n'est pas intégrable (participation inférieure à 95 %). Par voie de conséquence, la participation de F2 dans F3 ne peut être prise en compte et F3 n'est pas non plus intégrable (participation directe et indirecte de M égale à : [(100 × 50 %) + 44 %] = 94 %.

d. H détient 95 % de A, qui détient 94 % de M. H détient également 95 % de B, qui détient 1 % de M. M peut se constituer tête de groupe car son capital est considéré comme détenu par H à hauteur de (95 % × 94 %) + (95 % × 1 %), soit 90,25 %.

e. M détient 90 % de F qui détient 100 % de G. M détient par ailleurs 80 % de B qui détient 10 % de F. F peut se constituer tête de groupe avec sa filiale G car sa détention à 95 % au moins par M [90 % + (80 % × 10 %)] est réalisée par l'intermédiaire de B dont le capital est détenu à moins de 95 % par M.

40250 CGI art. 223 A IS-V-5970 s

Filiales détenues par une société intermédiaire étrangère Les sous-filiales françaises détenues par l'intermédiaire de sociétés étrangères (ou d'établissements stables) **implantées au sein de l'Union européenne** ou en Islande, en Norvège ou au Liechtenstein peuvent être incorporées dans un groupe fiscal.

La **société intermédiaire,** qui demeure exclue du groupe en raison de son non-assujettissement à l'IS en France, doit néanmoins respecter les mêmes **conditions** que les sociétés membres : détention directe ou indirecte à 95 % au moins par la tête de groupe, abstraction faite des participations détenues par les salariés (n°s 40240 s.), étant précisé qu'en cas de détention indirecte par la société mère le pourcentage est apprécié comme indiqué n° 40245 (BOI-IS-GPE-10-30-30 n° 60), assujettissement à une imposition équivalente à l'IS, coïncidence des exercices comptables (n° 40295), sauf si la réglementation étrangère y fait obstacle. Elle doit en outre donner son accord à l'entrée de sa filiale dans le groupe (n° 40285).

Lorsque la **sous-filiale** française est elle-même à la **tête d'un groupe** intégré, elle peut choisir de conserver son statut de mère intégrante ou rejoindre le groupe formé par la société qui la détient (CGI art. 223 L, 6-i). Dans ce dernier cas, le passage sans transition d'un groupe à l'autre de la sous-filiale et de ses propres filiales entraîne les conséquences énumérées n°s 40745 s.

40260 CGI art. 223 L, I-6-d-1er al. IS-V-22050 s

Conséquences du franchissement du seuil de 95 %

a. Cas où le **capital de la société mère vient à être détenu à 95 % au moins** en cours de régime d'intégration par une autre personne morale soumise à l'impôt sur les sociétés dans les conditions visées ci-dessus n° 40240 : le dépassement du seuil entraîne en principe cessation du groupe à compter de la clôture de l'exercice du dépassement (voir n° 40660).

Toutefois, si le pourcentage est redevenu inférieur à 95 % à la clôture de l'exercice, ce **dépassement temporaire** n'emporte aucune conséquence, à condition que les sociétés concernées indiquent à l'administration, de manière précise, la nature, les circonstances et les justifications juridiques, économiques ou sociales de l'opération qui a été cause du dépassement (CGI ann. III art. 46 quater-0 ZD, 3).

CGI art. 223 A, I-al. 6 IS-V-6090 s

b. Cas où la **participation** au capital d'une filiale intégrée **s'abaisse au-dessous de 95 %** : la condition de détention devant être remplie de façon continue au cours de l'exercice, cet abaissement, même temporaire, au-dessous du seuil entraîne pour la filiale la sortie du groupe à compter du premier jour de l'exercice. L'administration admet cependant que la cession des titres d'une filiale le dernier jour de l'exercice ne remet pas en cause l'application du régime au titre de cet exercice (BOI-IS-GPE-10-20-10 n° 230). La réduction du pourcentage est par ailleurs sans conséquence lorsqu'elle résulte de la cession de ses titres par le salarié ou de la cessation de ses fonctions dans la société comme indiqué au n° 40240, si le taux de 95 % est à nouveau atteint à la clôture de l'exercice.

c. Lorsque le **pourcentage de 95 % dans la filiale n'est plus atteint** du fait d'une **augmentation de son capital,** cette société peut constituer immédiatement un nouveau groupe avec ses propres filiales, à condition que cette augmentation de capital soit réalisée le premier jour de l'exercice et que l'option pour le régime de l'intégration fiscale soit exercée dans le délai prévu pour le dépôt de la déclaration de résultat de l'exercice précédent (BOI-IS-GPE-10-20-10 n° 200). Lorsqu'une **filiale** est **cédée** le premier jour de l'exercice et que cette cession entraîne sa sortie du groupe, elle peut **entrer sans transition** dans le périmètre d'intégration de la société cessionnaire, à condition que les dates d'ouverture de ces deux groupes coïncident (BOI-IS-GPE-10-20-10 n° 200).

RÈGLES SPÉCIFIQUES AUX GROUPES HORIZONTAUX

Un groupe horizontal peut être constitué entre sociétés filiales, sœurs, ou cousines qui sont soumises à l'impôt sur les sociétés et détenues à 95 % au moins par une entité mère non résidente, directement ou indirectement par l'intermédiaire de sociétés étrangères. L'entité mère non résidente et les sociétés étrangères doivent être soumises à un **impôt équivalent à l'IS** dans un État membre de l'**Union européenne,** en **Islande,** au **Liechtenstein** ou en **Norvège.** 40265 CGI art. 223 A, I-al. 2 et 3 IS-V-6700 s

L'**entité mère non résidente** peut être implantée dans l'un de ces États par l'intermédiaire de l'établissement stable d'une société implantée dans un autre État étranger. Son capital ne doit pas être détenu à 95 % au moins (directement ou indirectement) par une autre personne morale soumise à l'IS dans les conditions de droit commun, ou selon les modalités prévues à l'article 214 du CGI à l'égard des coopératives, ni par une autre personne morale soumise à un impôt équivalent à l'IS dans un État de l'Union européenne, en Islande, au Liechtenstein ou en Norvège. Ce seuil de 95 % peut être franchi temporairement au cours de l'exercice dans les mêmes conditions qu'en cas d'intégration verticale (CGI ann. III art. 46 quater-0 ZD) : voir n° 40260. En outre, le capital de l'entité mère non résidente peut être détenu indirectement à 95 % au moins par une autre personne morale soumise à l'IS ou à un impôt équivalent dans l'un des États précités dans les deux cas suivants : si ce seuil de détention est atteint par l'intermédiaire d'une ou plusieurs sociétés qui ne sont soumises ni à l'IS ni à un impôt équivalent ; ou s'il est atteint par l'intermédiaire d'une ou plusieurs personnes morales soumises à l'IS ou à un impôt équivalent, à condition que le capital de ces entreprises interposées ne soit pas lui-même détenu à 95 % au moins, directement ou indirectement, par cette autre personne morale. 40267

Les **sociétés étrangères** sont des sociétés ou établissements stables par l'intermédiaire desquels l'entité mère non résidente détient indirectement à 95 % au moins la société mère. Elles-mêmes doivent être détenues à 95 % au moins par l'entité mère non résidente. Ce seuil de détention peut être atteint indirectement par l'intermédiaire d'autres sociétés étrangères, de sociétés membres du groupe ou de sociétés intermédiaires (BOI-IS-GPE-10-30-50 n° 140). Leur capital ne peut être détenu à 95 % au moins par une société soumise à l'IS, étant précisé qu'un dépassement temporaire de ce seuil est admis dans les conditions précisées n° 40260 (BOI-IS-GPE-50-20-10 n° 180). L'établissement stable d'une société établie dans un État tiers peut avoir la qualité de société étrangère s'il est soumis à un impôt équivalent à l'IS dans un État de l'Union européenne, en Islande, en Norvège ou au Liechtenstein (BOI-IS-GPE-10-30-50 n° 120). 40270

La **société** qui se constitue **mère** d'un groupe horizontal doit être détenue à 95 % au moins par une entité non résidente, directement ou par l'intermédiaire d'une société étrangère. Son capital ne doit pas être détenu indirectement par l'entité non résidente par l'intermédiaire de sociétés ou établissements stables pouvant eux-mêmes se constituer société mère d'un groupe horizontal, sauf si cette participation indirecte n'est pas nécessaire à l'entité mère non résidente pour atteindre le taux de détention de 95 % dans le capital de la société mère (BOI-IS-GPE-10-30-50 n° 50). Lorsque plusieurs personnes remplissent les conditions pour prendre la tête d'un groupe horizontal, l'une ou l'autre peut exercer cette option (BOI-IS-GPE-10-30-50 n° 70). Les établissements stables de l'entité mère non résidente et ceux des sociétés étrangères, imposables en France à l'IS sur la totalité des résultats d'un exercice peuvent se constituer tête de groupe (BOI-IS-GPE-10-30-50 n° 40). 40272

Peuvent être **membres** d'un groupe horizontal les sociétés soumises à l'IS dont les exercices coïncident avec ceux de la tête de groupe lorsqu'elles sont détenues, de manière continue au cours de l'exercice, à 95 % par l'entité mère non résidente, directement ou indirectement par l'intermédiaire d'une société étrangère, d'une société intermédiaire ou d'autres membres du groupe. L'établissement stable français de l'entité mère non résidente ou d'une société étrangère peut appartenir à un groupe horizontal (BOI-IS-GPE-10-30-50 n° 140). 40275

2. FORMATION DU GROUPE INTÉGRÉ

L'intégration fiscale est facultative. Les groupes qui souhaitent se placer sous ce régime doivent donc formuler une option en ce sens. La société mère, lors de cette option, délimite le périmètre d'intégration, qui ne peut toutefois englober que des sociétés à l'égard desquelles la condition de taux de participation est remplie et qui arrêtent leur exercice comptable à la même date. **Intérêt** de l'option : voir n° 40010. 40280

OPTION POUR L'INTÉGRATION

40285 CGI art. 223 A IS-V-6290 s Le groupe naît de l'exercice d'une option par la société mère et se maintient de **cinq ans** en cinq ans par le renouvellement tacite de cette option. L'intégrante peut toutefois mettre fin à l'existence du groupe au cours de la période quinquennale en évinçant toutes ses filiales (application du principe suivant lequel le périmètre du groupe est révisable annuellement : voir nos 40290 s.).

L'option pour l'**intégration horizontale** est exercée pour la même période par une société détenue à 95 % au moins par l'entité mère non résidente, directement ou par l'intermédiaire d'une société étrangère.

Le **délai** d'exercice de l'option expire à la date de dépôt de la déclaration de résultat de l'exercice précédant celui au titre duquel elle est exercée. Elle est accompagnée de la **liste** des sociétés qui seront membres du groupe ainsi que de leur **accord** formel (CGI ann. III art. 46 quater-0 ZD et ZE).

> **Précisions** **a.** L'administration considère que les **sociétés nouvelles** doivent clore un exercice avant de devenir membres d'un groupe, que ce soit en qualité de société mère ou de filiale (BOI-IS-GPE-10-40 nos 30 et 100). Bien que cette exigence puisse paraître discutable au regard notamment de la jurisprudence du Conseil d'État (CE 7-3-2012 nos 335046 et 335047 : RJF 6/12 no 577), il est préférable, à titre de règle pratique, de clore un premier exercice avant d'exercer l'option pour le régime de groupe.

b. L'option de la société mère et l'accord des filiales sont établis conformément aux **modèles** fixés par l'administration (BOI-LETTRE-000065 et BOI-LETTRE-000067).

c. Lorsque l'**établissement français d'une société établie hors de France** se constitue tête de groupe, l'option est établie par cette société située à l'étranger (BOI-IS-GPE-10-40 no 1).

d. Les **sociétés de personnes** peuvent opter pour leur assujettissement à l'impôt sur les sociétés en même temps qu'elles optent pour le régime des groupes (ou qu'elles donnent leur accord).

e. L'**accord des sociétés** est valable pour la durée de l'option de la société mère et se reconduit tacitement jusqu'à leur sortie du périmètre d'intégration.

f. Si le groupe souhaite inclure des sous-filiales détenues par des **sociétés intermédiaires** (no 40250), la société mère doit adresser à l'administration la liste de ces sociétés ainsi que leur accord (CGI ann. III art. 46 quater-0 ZD, 1-a bis et b bis ; BOI-LETTRE-000068).

g. La **société mère** d'un **groupe horizontal** doit joindre à son option la désignation et l'accord de l'entité mère non résidente et des sociétés étrangères en précisant la répartition de leur capital et l'impôt étranger équivalent à l'IS auquel elles sont soumises. Les filiales doivent joindre à leur propre accord celui de l'entité mère non résidente et des sociétés étrangères interposées (CGI ann. III art. 46 quater-0 ZD, 1-b ter). Elles sont toutefois dispensées de cette formalité, lorsqu'elles sont détenues par une autre société membre du groupe dans les conditions prévues pour l'intégration verticale (BOI-IS-GPE-10-40 no 343). Lorsque l'établissement stable de l'entité mère non résidente ou d'une société étrangère se constitue tête d'un groupe horizontal, l'entité mère non résidente ou la société étrangère établit l'option pour le compte de son établissement stable, en l'accompagnant de son propre accord en ce sens (BOI-IS-GPE-10-40 no 343).

h. Le refus opposé par l'administration à l'option pour la constitution d'un groupe intégré peut faire l'objet d'un **recours pour excès de pouvoir** (CE 1-7-2019 no 421460 : RJF 10/19 no 965).

PÉRIMÈTRE D'INTÉGRATION

40290 La société mère peut **délimiter librement** le périmètre d'intégration du groupe et n'y inclure que certaines de ses filiales. De même, ces dernières peuvent s'opposer à leur intégration dans le groupe ou décider d'en sortir à l'échéance du renouvellement de l'option. Le contenu et la délimitation du périmètre d'intégration sont fixés par exercice et peuvent, en conséquence, varier au cours de la période de validité de l'option.

Mais bien entendu le groupe ne peut inclure que des personnes morales entrant dans le champ d'application du régime.

40295 Les **exercices comptables** de la société mère et des filiales doivent coïncider. Ces exercices ont en principe une durée de douze mois. Cette condition s'impose dès le premier jour d'application du régime. Les ajustements éventuellement nécessaires doivent donc intervenir avant.

Les groupes sont cependant autorisés à tout moment à écourter ou allonger la durée d'un exercice afin de décaler la date de clôture. Cette modification ne peut intervenir qu'une seule fois au titre d'une période couverte par une même option. Elle doit être notifiée à l'administration dans le délai de dépôt de la déclaration de résultat de l'exercice précédant celui dont la date de clôture est modifiée. Autre possibilité de modification de l'exercice comptable en cas d'absorption, de scission, de scission partielle ou d'acquisition à 95 % de la société mère : voir no 40745.

> **ATTENTION**
> L'entité mère non résidente et les sociétés étrangères doivent ouvrir et clore des exercices de douze mois aux mêmes dates que les membres du **groupe horizontal.** Cette obligation est toutefois écartée si la réglementation étrangère applicable rend impossible le respect de cette condition (BOI-IS-GPE-10-30-50 no 20).

Le périmètre du groupe est **révisable** annuellement. Pour chacun des exercices arrêtés au cours de la période de validité de l'option, la société mère notifie à l'administration, dans le même délai que celui prévu pour l'exercice de l'option (nº 40285), la liste des sociétés membres du groupe (avec désignation, le cas échéant, de l'entité mère non résidente, des sociétés intermédiaires et des sociétés étrangères) ainsi que la liste de celles qui cessent d'en faire partie (ou cessent d'être qualifiées de sociétés intermédiaires ou de sociétés étrangères) (CGI art. 223 A, III 3e al.). Elle adresse également les accords des filiales qui seront membres du groupe (ainsi que, le cas échéant, ceux des sociétés qui seront qualifiées de sociétés intermédiaires et les attestations par lesquelles l'entité mère non résidente et les sociétés étrangères font connaître leur accord pour que leurs filiales soient membres du groupe) (CGI ann. III art. 46 quater-0 ZD, 2-b, 2-b bis et 2-b ter). Les filiales qui cessent d'être prises en compte par décision de la société mère doivent, dans le même délai, en informer le service des impôts dont elles relèvent, par lettre conforme au modèle établi par l'administration (CGI ann. III art. 46 quater-0 ZE, al. 2 et 3 ; BOI-LETTRE-000216). Dans les groupes horizontaux, lorsqu'une **société étrangère** acquiert en cours d'exercice les titres d'une société du groupe, d'une société étrangère ou de la société mère, la société tête de groupe adresse à l'administration dans les trois mois de cette acquisition une attestation indiquant l'accord de la société étrangère cessionnaire pour le maintien de la société acquise comme membre du groupe ou société mère (BOI-IS-GPE-10-40 nº 347). **40300** IS-V-6440 s

En outre, la société mère doit déposer avec son **relevé de solde** la liste des sociétés membres du groupe au titre de l'exercice précédent, des sociétés intermédiaires et, dans les groupes horizontaux, l'identité de l'entité mère non résidente et la liste des sociétés étrangères. Elle doit aussi adresser la liste des sociétés qui cessent de faire partie du groupe ou qui cessent d'être qualifiées de sociétés intermédiaires, d'entité mère non résidente ou de société étrangère pour cet exercice (CGI ann. III art. 46 quater-0 ZK).

3. DÉTERMINATION DU RÉSULTAT D'ENSEMBLE

Le résultat d'ensemble du groupe intégré est déterminé par la société mère. Il est constitué par la **somme algébrique** : **40320** CGI art. 223 B s. IS-V-7000 s
– des résultats des sociétés du groupe, ainsi que des plus-values et moins-values nettes à long terme de ces sociétés ;
– et des rectifications, positives ou négatives, qui doivent leur être apportées.

a. Résultats des sociétés du groupe

Dans une première étape, chaque société du groupe (y compris la société tête de groupe) détermine son propre résultat fiscal tel qu'il doit être retenu dans le résultat d'ensemble, qu'il s'agisse du résultat « ordinaire » ou des plus-values ou moins-values d'actif. Ce résultat est calculé dans les conditions de **droit commun,** sous réserve de règles particulières concernant notamment les déficits et moins-values à long terme, certaines transactions intragroupe ainsi que les produits de filiales éligibles au régime mère fille. **40380**

RÈGLES PARTICULIÈRES AUX DÉFICITS ET MOINS-VALUES À LONG TERME

Les déficits et moins-values nettes à long terme subis par les sociétés du groupe **pendant l'intégration** sont pris en compte par la société mère pour la détermination du résultat (ou de la plus-value nette à long terme) d'ensemble et ne peuvent plus être reportés sur leurs propres résultats. Voir toutefois nº 40675 le cas où la sortie de groupe est liée à une procédure collective. **40385** CGI art. 223 E IS-V-7160 s

ATTENTION

La règle selon laquelle les pertes subies par des filiales implantées dans d'**autres États de l'Union européenne** et détenues à 95 % au moins par la société mère ne sont pas imputables sur le résultat d'ensemble n'est pas contraire à la liberté d'établissement, alors même qu'en **application des législations étrangères** ces sociétés ne peuvent plus reporter leurs pertes sur leurs propres résultats (CE 15-4-2015 nº 368135 : RJF 7/15 nº 660). Mais en s'appuyant notamment sur une décision de la CJUE du 12 juin 2018 (nº 35725), le tribunal administratif de Montreuil a jugé que les **pertes définitives** d'une filiale européenne peuvent être imputées sur le résultat d'ensemble du groupe dès lors que cette société répond aux autres exigences de l'intégration fiscale (TA Montreuil 17-1-2019 nº 170036 : RJF 4/19 nº 402).

Les déficits et moins-values à long terme subis par les sociétés du groupe au titre d'exercices **antérieurs à leur entrée dans le groupe** ne sont imputables que sur leur bénéfice propre, et non sur le résultat d'ensemble. Sous réserve des spécificités exposées ci-après (plafonnement du bénéfice d'imputation), le report s'effectue ensuite dans les conditions de droit commun (le cas échéant, plafonnement des déficits antérieurs imputables : nº 35905). **40387** CGI art. 223 I, 1-a, 2 et 4

Le bénéfice d'imputation est déterminé après déduction des amortissements pratiqués au titre de l'exercice (CE 10-4-2015 nº 369667 : RJF 7/15 nº 568 ; BOI-IS-DEF-10-30 nº 100).

Spécificités liées à l'intégration : les sociétés ne peuvent pas utiliser la totalité de leur bénéfice pour l'imputation des déficits antérieurs à l'intégration. Le bénéfice d'imputation est en effet diminué des montants ci-après :

– profits résultant des abandons de créances ou subventions directes ou indirectes consentis à la société lorsqu'ils sont déductibles pour le calcul du bénéfice net de la société qui les consent ;
– profits ou plus-values donnant lieu à neutralisation au niveau du résultat d'ensemble ;
– plus-values de réévaluation libre d'éléments d'actif ;
– profits ou plus-values extériorisés résultant d'apports antérieurs réalisés à partir du 1er janvier 1989 et placés sous le régime spécial des fusions : profits provenant de la réintégration échelonnée des plus-values sur immobilisations amortissables et plus-values en sursis d'imposition sur immobilisations non amortissables devenant taxables pour cause de cession.

Les **moins-values nettes à long terme** antérieures à l'intégration ne peuvent s'imputer ni sur des plus-values à long terme provenant d'une cession à une autre société du groupe, ni sur les plus-values en sursis d'imposition visées ci-dessus.

La base d'imputation des déficits et moins-values nettes à long terme antérieurs à l'intégration est en revanche augmentée du montant des moins-values résultant des cessions intragroupe d'immobilisations ou de titres (nos 40465 s.).

40390 CGI art. 223 I, 1-b et 3 IS-V-10540 s

Réévaluations libres antérieures à l'entrée dans le groupe Lorsqu'une société du groupe, ayant procédé à une réévaluation au cours d'un exercice clos entre le 31 décembre 1986 et la date de son entrée dans le groupe, subit un **déficit après son intégration,** la quote-part de déficit qui correspond aux suppléments d'amortissements résultant de la réévaluation doit être réintégrée au résultat d'ensemble.

En outre, en cas de cession ou d'apport d'une immobilisation ainsi réévaluée, le déficit (ou la moins-value nette à long terme) éventuellement constaté au titre de l'exercice de cession est rapporté au résultat ou à la plus-value à long terme d'ensemble de cet exercice à concurrence de la plus-value de réévaluation diminuée des sommes réintégrées comme indiqué précédemment. Si la cession ou l'apport sont consentis à une autre société du groupe, l'intégralité de ce dernier montant est rapportée au résultat d'ensemble.

> **Précisions** Pour l'application de ce mécanisme, le déficit (ou la moins-value à long terme) est, selon l'administration, majoré des mêmes éléments que ceux que l'on retranche du bénéfice ou de la plus-value d'imputation des déficits antérieurs à l'intégration (nº 40387). Corrélativement, le déficit (ou la moins-value à long terme) devrait selon nous être minoré du montant des pertes provenant de cessions intragroupe dès lors qu'elles majorent cette base d'imputation.

TRANSACTIONS INTRAGROUPE À UN PRIX INFÉRIEUR À LA VALEUR RÉELLE

40392 CGI art. 223 B 5e al.

L'avantage consenti entre des sociétés du groupe résultant de la livraison de biens, autres que ceux composant l'actif immobilisé, ou de la prestation de services, pour un **prix inférieur à leur valeur réelle** mais au moins **égal à leur prix de revient,** n'est pas pris en compte pour la détermination du bénéfice net et ne constitue pas un revenu distribué.

PRODUITS OUVRANT DROIT AU RÉGIME MÈRE-FILLE

40394 Les produits de participation exonérés en application du régime mère-fille perçus par une société membre d'un groupe intégré en provenance de filiales du même périmètre ou, dans certaines conditions, de filiales étrangères, entraînent, pour la société participante, la taxation d'une **quote-part de frais et charges** à un taux réduit par rapport au droit commun : voir nº 40970.

b. Ajustements à opérer pour obtenir le résultat d'ensemble

40410 IS-V-7670 s

Après totalisation (somme algébrique) des résultats et des plus-values ou moins-values nettes à long terme des sociétés du groupe, déterminés dans les conditions indiquées ci-dessus, la société mère doit procéder aux ajustements suivants, dont l'objet est de neutraliser les effets des opérations entre les sociétés du groupe.

Retraitements à effectuer dans les groupes incluant des **filiales détenues par des sociétés intermédiaires** et dans les **groupes horizontaux** : voir nos 40530 s.

PROVISIONS POUR CRÉANCES DOUTEUSES ET RISQUES INTRAGROUPE

Le résultat d'ensemble est majoré des **provisions pratiquées** par chaque société à raison des créances qu'elle détient sur d'autres sociétés du groupe ou des risques qu'elle encourt de leur fait. Cette réintégration porte sur les dotations constituées par la société après son entrée dans le groupe et déduites de son résultat imposable. **40420** CGI art. 223 B, 3e al. IS-V-7740 s

À l'inverse, les **reprises ultérieures** de ces dotations sont déductibles du résultat d'ensemble, à condition que les sociétés en cause (société créancière et société débitrice) soient toujours membres du groupe au moment des reprises – ou qu'elles soient membres d'un groupe créé ou élargi à la suite de l'absorption, de la scission, de la prise de contrôle à 95 % de l'ancienne société mère ou d'une scission partielle du groupe (nos 40710 s.). Dès lors que les reprises de ces provisions peuvent s'imputer en priorité sur les dotations les plus récentes, elles sont déductibles du résultat d'ensemble tant que leur montant cumulé n'atteint pas le montant des dotations constatées pendant l'intégration. La reprise d'une provision constituée par la société mère pour dépréciation de sa créance sur une filiale du groupe peut être neutralisée alors même que cette dernière a été absorbée par une autre société du groupe dès lors que la provision conserve son objet après l'absorption (CE 27-3-2019 no 419613 : RJF 6/19 no 521).

EXEMPLE

Une société S1 détient une créance de 500 000 € sur une société S2. Les deux sociétés font actuellement partie du même groupe. La créance avait fait l'objet d'une provision de 300 000 € avant l'entrée de S1 dans le groupe. Après son entrée, S1 effectue une dotation complémentaire de 120 000 €, réintégrable au résultat d'ensemble. Elle opère ensuite une reprise de 200 000 € à la clôture de l'exercice 2020. Cette reprise de provision peut être imputée en priorité sur la dotation de 120 000 € qui avait été neutralisée. À hauteur de ce montant, elle est déductible du résultat d'ensemble. Le solde de la reprise (80 000 €) est en revanche pris en compte pour la détermination du résultat d'ensemble.

PROVISIONS POUR DÉPRÉCIATION D'ÉLÉMENTS D'ACTIFS

a. Le résultat d'ensemble doit également être majoré des provisions pratiquées par une société membre à raison de la dépréciation d'éléments d'actif **acquis auprès d'autres sociétés du groupe,** à hauteur de la fraction de leur montant qui correspond à la plus-value nette antérieurement neutralisée lors de la cession interne (voir nos 40470 s.). En ce qui concerne les titres de sociétés à prépondérance immobilière non cotées et les immeubles de placement, ces retraitements ne concernent que la fraction de la dotation admise en déduction du résultat individuel (voir no 18900 et no 9805). **40430** CGI art. 223 B, 3e al., et 223 D, 6e al. IS-V-7795 s

Les **reprises ultérieures** de ces dotations seront déduites du résultat d'ensemble, quel que soit le motif de la reprise (modification de l'évaluation du bien, cession à une société membre ou à une société extérieure). L'administration considère qu'en cas de reprise partielle de la provision, celle-ci s'impute en priorité sur la fraction de la provision qui n'a pas été neutralisée, puis sur la fraction qui a été neutralisée (BOI-IS-GPE-20-20-30-30 no 90).

Le même système s'applique aux provisions pour dépréciation de titres de participation dans des sociétés à prépondérance immobilière cotées acquis auprès d'autres sociétés du groupe lorsqu'elles ont été déduites pour la détermination de la plus-value nette à long terme individuelle. Dans la limite de la plus-value de cession antérieurement neutralisée, les dotations sont ajoutées à la plus-value nette à long terme d'ensemble ou retranchées de la moins-value nette. La reprise ultérieure de ces provisions entraîne un ajustement de sens contraire, avec mise en œuvre de la règle d'imputation prioritaire prévue par l'administration.

Conséquence de la **sortie de groupe** de la société cédante ou de la société propriétaire du bien concerné, voir no 40655.

b. Pour la détermination du résultat d'ensemble, doivent également être neutralisées les dotations (admises en déduction du résultat individuel) et reprises de provisions pour dépréciation des **titres exclus du régime du long terme** (tels que notamment les titres de sociétés à prépondérance immobilière non cotées, les titres de sociétés à prépondérance financière : voir no 18800) **détenus dans d'autres sociétés du groupe.**

ABANDONS DE CRÉANCES ET SUBVENTIONS INTERNES AU GROUPE

Les abandons de créances et les subventions directes ou indirectes, consentis entre des sociétés du même groupe, ne sont plus neutralisés pour la détermination du résultat d'ensemble des exercices ouverts depuis le 1er janvier 2019. **40440** IS-V-8000 s

› Précisions **a.** Sont constitutives d'une **subvention indirecte** les renonciations à recettes provenant des prêts ou avances consentis sans intérêt ou à un taux inférieur à celui du marché, ainsi que les excédents de charges provenant d'emprunts contractés ou d'avances reçues assortis d'un taux d'intérêt supérieur à ce taux. Il en est de même pour les livraisons de biens ou prestations de services sans contrepartie ou pour un prix inférieur à leur prix de revient (ou à leur valeur réelle s'il s'agit d'éléments de l'actif immobilisé, ou de titres du portefeuille exclus du régime des plus-values à long terme), ainsi que les achats de biens ou de services moyennant un prix majoré (CGI ann. III art. 46 quater-0 ZG).

b. La neutralisation des **abandons de créances et subventions consentis entre sociétés du groupe** au titre des **exercices ouverts avant le 1er janvier 2019** étant susceptible d'être remise en cause (voir n° 40455), la société mère est tenue de joindre à la déclaration du résultat d'ensemble de chaque exercice un **état** de ces abandons de créances et subventions non retenus pour la détermination du résultat d'ensemble (CGI art. 223 Q et CGI ann. III art. 46 quater-0 ZL). Le défaut de production de cet état, ou son caractère inexact ou incomplet, entraîne l'application de l'**amende** prévue à l'article 1763 du CGI, égale à 5 % des sommes omises (taux ramené à 1 % lorsqu'elles sont déductibles du résultat propre de la société aidante). Cette amende peut être infligée même si les aides non déclarées sont sans incidence sur le résultat ou si la procédure de rectification des résultats est irrégulière (CE 10-2-2014 nos 356125 et 357117 : RJF 5/14 n° 442). Elle s'applique au seul exercice au titre duquel l'infraction est mise en évidence, ce qui ne fait pas obstacle à ce qu'un nouveau manquement déclaratif au titre d'un exercice postérieur soit également sanctionné, même s'il porte sur une subvention de même nature (CE 20-12-2013 n° 357884 : RJF 3/14 n° 230). Non-déductibilité de cette amende, voir n° 8905. Non-application de l'amende en cas de régularisation, voir n° 9055 a.

40455 CGI art. 223 R IS-V-18370 s

Remise en cause ultérieure des neutralisations de subventions et abandons de créances antérieures à 2019 Les neutralisations de subventions et abandons de créances qui ont été opérées au niveau du résultat d'ensemble au titre des exercices ouverts avant le 1er janvier 2019 n'ont pas toujours un caractère définitif et peuvent être remises en cause en cas de **sortie** de groupe de la société qui a consenti l'aide ou de celle qui l'a reçue, ainsi qu'en cas de **cessation du groupe** (nos 40640 s.).

Ces événements entraînent la réintégration dans le résultat d'ensemble de l'exercice de sortie ou de cessation :

– des **subventions indirectes provenant d'une remise d'éléments de l'actif immobilisé, ou de titres du portefeuille** exclus du régime des plus-values à long terme, pour un prix différent de leur valeur réelle et qui ont été déduites pour la détermination du résultat d'ensemble des exercices ouverts avant le 1er janvier 2019. Voir exemple 1 ci-après ;

– des **autres subventions indirectes ainsi que des subventions directes et des abandons de créances,** déduits du résultat d'ensemble de l'un des cinq exercices précédant celui de la sortie s'il a été ouvert avant le 1er janvier 2019. Si les aides avaient donné lieu à la fois à déduction et à réintégration lorsqu'elles ont été consenties, la régularisation se traduit aussi par la déduction de ces aides, au titre de l'exercice de sortie. Voir exemple 2 ci-après.

Toutefois, il n'y a pas lieu de procéder à la réintégration des abandons et subventions précédemment neutralisés lorsque la sortie du groupe de la société ayant consenti l'aide ou en ayant bénéficié résulte d'une **fusion** soumise au régime spécial de l'article 210 A du CGI avec une autre société du groupe, une société intermédiaire, une société étrangère ou l'entité mère non résidente (CGI art. 223 R). Dans ces cas, le report d'imposition cesse lorsque l'absorbante sort du groupe ou perd la qualité de société intermédiaire, de société étrangère ou d'entité mère non résidente. Il en est de même en cas de fusions successives placées sous le régime spécial (avec une société membre, une société intermédiaire, une société étrangère ou l'entité mère non résidente), lorsque la dernière société absorbante sort du groupe ou perd la qualité de société intermédiaire, de société étrangère, ou d'entité mère non résidente.

EXEMPLES

1. Le 31 décembre 2018, cession intragroupe d'un matériel (par hypothèse, non décomposé), de la société A à la société B, au prix de 200 000 €, représentant la valeur nette comptable alors que sa valeur réelle est estimée à 500 000 €. B a pu néanmoins, selon l'administration, inscrire le bien à son bilan pour sa valeur réelle et l'amortir à un taux supposé fixé à 10 % par an. A sort du groupe en 2021. L'opération affecte comme suit les résultats :

Exercice	Résultat A	Résultat B	Rectif. de la subv. indirecte	Résultat d'ensemble
2018	+ 300 000	+ 300 000	– 300 000 [1]	+ 300 000
2019		– 50 000		– 50 000
2020		– 50 000		– 50 000
2021		– 50 000	+ 300 000	+ 250 000

1. Pour les exercices ouvert avant le 1er janvier 2019, en cas de cession intragroupe d'une immobilisation pour un prix inférieur à sa valeur vénale, seule la subvention perçue par la société cessionnaire était neutralisée pour la détermination du résultat d'ensemble.

2. Depuis le 1er janvier 2010, la société M accorde à sa filiale F, qui commercialise ses produits, une avance de 1 M€ moyennant un intérêt inférieur de 3 points au taux du marché. L'aide est considérée comme normale. F sort du groupe en 2020.

L'incidence sur le résultat d'ensemble est la suivante :
– exercices 2010 à 2018 : la société tête de groupe réintègre chaque année un montant de 30 000 € (1 M€ × 3 %) au titre de M (considérée comme ayant implicitement minoré ses produits imposables) et déduit la même somme au titre de F (subvention indirecte implicitement comprise dans les résultats de F) ;
– exercice 2019 : aucun impact sur le résultat d'ensemble ;
– exercice 2020 : le résultat d'ensemble est diminué de 120 000 € (correspondant aux réintégrations opérées au titre des quatre exercices 2015 à 2018) et majoré du même montant (correspondant aux déductions).

CESSIONS D'IMMOBILISATIONS OU DE TITRES AU SEIN DU GROUPE

Les plus-values ou moins-values résultant de cessions intragroupe d'immobilisations ou de titres sont neutralisées pour la détermination du résultat d'ensemble. Cette régularisation s'accompagne d'une autre correction en ce qui concerne les biens amortissables. Elle peut être ultérieurement remise en cause, notamment en cas de cession hors du groupe. 40465 CGI art. 223 F IS-V-10150 s IS-V-11200 s

› Précisions La société mère est tenue de joindre à la déclaration du résultat d'ensemble de chaque exercice un **état de suivi** des plus ou moins-values de cession intragroupe n° 2058-PV-SD. À défaut, elle encourt l'amende prévue à l'article 1763 du CGI au titre de l'exercice au titre duquel l'infraction est mise en évidence (sur cette notion, voir n° 40440, précision b). CGI art. 223 Q

Neutralisation des plus-values ou moins-values La neutralisation concerne les plus ou moins-values constatées à l'occasion de **toute opération de cession** (y compris les échanges, partages et apports) portant sur les immobilisations ou les titres du portefeuille. En sont exclus les apports réalisés sous le régime fiscal des fusions et les cessions de biens visés à l'article 39, 4 du CGI, tels que les voitures de tourisme (nos 9000 s.). 40470

En vertu de ce **mécanisme,** la plus-value de cession est déduite du résultat d'ensemble (s'il s'agit d'une plus-value à court terme) ou de la plus-value nette d'ensemble (plus-value à long terme). En cas de moins-value, celle-ci est réintégrée au résultat ou à la plus-value nette à long terme d'ensemble de l'exercice de cession.

Le **montant neutralisé** est celui acquis depuis l'inscription du bien au bilan de la société du groupe qui a effectué la première cession à une autre société du groupe. Il inclut le cas échéant les résultats antérieurement constatés lors du transfert de titres de compte à compte (n° 18810).

La neutralisation des plus-values à long terme afférentes aux **titres de participation** et assimilés est sans portée dès lors que ces plus-values sont exonérées. La **quote-part de frais et charges** comprise dans le résultat ordinaire de la société cédante (si celle-ci constate une plus-value nette à long terme au titre de l'exercice de cession : voir n° 18865), assise sur le montant brut de la plus-value de cession de l'exercice et calculée au taux de 12 % n'est plus neutralisée pour la détermination du résultat d'ensemble des exercices ouverts à compter du 1er janvier 2019. 40475

› Précisions La société mère doit joindre à la déclaration du résultat d'ensemble un **état** des plus-values ou moins-values de cession de titres de participation neutralisées au titre des exercices ouverts avant le 1er janvier 2019 et pour lesquelles la quote-part de frais et charges n'a pas encore été appliquée (CGI ann. III art. 46 quater-0 ZL, 1 ter).

Dans le cas où les biens cédés au sein du groupe ont été **recueillis dans le cadre d'un apport interne** placé sous le régime spécial des fusions, la plus-value est entièrement neutralisée, tant pour la part acquise avant l'apport que pour celle acquise depuis l'inscription du bien concerné au bilan de la société cédante. 40476

En revanche, si l'**apport** a été effectué entre une **société extérieure** au groupe et la société cédante, et transcrit aux valeurs réelles, seule la plus-value acquise postérieurement est neutralisée.

EXEMPLE

Titres de société à prépondérance immobilière reçus à l'occasion d'un apport placé sous le régime fiscal des fusions et transcrit aux valeurs réelles, avant l'intégration, pour une valeur de 10 000 €, alors qu'ils avaient été acquis pour 2 000 € par la société absorbée. La société absorbante membre du groupe cède ces titres à une autre société du groupe pour 13 000 €.

La plus-value fiscale est égale à : 13 000 – 2 000 = 11 000 €. La neutralisation ne porte néanmoins que sur 3 000 € (13 000 – 10 000), montant acquis depuis l'apport.

En cas de **cessions successives** du même bien à l'intérieur du groupe, les plus-values ou moins-values réalisées par chaque société sont calculées par rapport à la valeur du bien lors de la précédente cession.

40480 IS-V-10230 s **Correction relative aux immobilisations amortissables** Ces immobilisations pouvant être amorties par la société cessionnaire sur la valeur d'acquisition inscrite au bilan, il y a lieu de réintégrer au résultat d'ensemble de chaque exercice les **suppléments d'amortissements** qui en résultent (ce qui correspond à une reprise de la plus-value de cession étalée sur la durée d'amortissement du bien).

La réintégration porte sur la différence entre :
– l'annuité fiscale d'amortissement pratiquée par la société cessionnaire ;
– et l'annuité calculée dans les mêmes conditions et au même taux que celle-ci sur la valeur nette fiscale que l'immobilisation avait dans les écritures de la société cédante (valeur éventuellement diminuée des amortissements irrégulièrement différés par le cédant).

EXEMPLE

Immobilisation amortissable non décomposée d'une valeur comptable de 300 000 € cédée par F, au prix de 500 000 €, à une autre société du groupe, F2, qui décide de l'amortir sur 5 ans (taux de 20 %).

Annuité d'amortissement de F2 = 100 000 €. Réintégration égale à : 100 000 – (300 000 × 20 %) = 40 000 €.

Pour le calcul de ces suppléments d'amortissements, en présence d'**immobilisations décomposées,** il convient de considérer par principe que la plus-value réalisée est répartie entre les composants proportionnellement à leur valeur d'acquisition par la société cessionnaire.

40485 CGI art. 223 F IS-V-10380 s **Possibilité de remise en cause ultérieure de la neutralisation des plus-values et moins-values** La neutralisation des plus-values ou moins-values de cessions internes au groupe **prend fin** lorsque l'un des événements suivants intervient :
– cession hors du groupe des immobilisations ou titres concernés ;
– sortie du groupe de la société propriétaire ou d'une de celles qui avait cédé les biens à l'intérieur du groupe ;
– cessation du groupe ;
– ou apport des immobilisations amortissables concernées entre sociétés du groupe lorsque cet apport est placé sous le régime spécial des fusions.

Ces opérations entraînent donc la **réintégration,** au résultat ou à la plus ou moins-value nette à long terme d'ensemble de l'exercice correspondant, des plus ou moins-values antérieurement neutralisées. Corrélativement, pourront être déduites du résultat d'ensemble ou de la plus ou moins-value nette d'ensemble les provisions pour dépréciation qui ont été réintégrées dans les conditions visées nº 40430. Toutefois, il n'y a pas lieu de procéder à ces retraitements lorsque la sortie du groupe de la société propriétaire du bien ou d'une de celles qui l'avait cédé à l'intérieur du groupe résulte d'une **fusion** soumise au régime de faveur prévu à l'article 210 A du CGI avec une autre société du groupe, une société intermédiaire, une société étrangère ou l'entité mère non résidente (CGI art. 223 R). Dans ces cas le report d'imposition cesse lorsque l'absorbante sort du groupe ou perd la qualité de société intermédiaire, de société étrangère ou d'entité mère non résidente. Il en est de même en cas de fusions successives placées sous le régime de l'article 210 A du CGI (avec une société membre, une société intermédiaire, une société étrangère ou l'entité mère non résidente), lorsque la dernière société absorbante sort du groupe ou perd la qualité de société intermédiaire, de société étrangère, ou d'entité mère non résidente.

40490 CGI ann. III art. 46 quater-0 ZH, II-2 et III En cas de cession hors du groupe du bien (autre que des titres d'une société du groupe), il convient de comprendre dans le résultat ou dans la plus ou moins-value à long terme d'ensemble la différence entre le prix de vente (ou son équivalent) et la valeur d'origine chez la société qui a réalisé la première cession du bien à l'intérieur du groupe. Pour les biens amortissables, cette valeur est minorée de la différence entre les amortissements déduits des résultats des sociétés qui les ont détenus et les suppléments d'amortissement déjà réintégrés (comme indiqué ci-dessus, nº 40480).Dans le cas de sortie ou de cessation du groupe, le premier terme de la différence est la valeur nette comptable du bien chez la société propriétaire (ou le prix d'acquisition pour les éléments non amortissables).

40492 Dans le cas où des plus-values et moins-values de cession de **titres de participation** ont été neutralisées au titre d'exercices ouverts avant le 1er janvier 2019, la **quote-part de frais et charges** s'applique au montant brut des plus-values de cession afférentes aux mêmes titres lors de leur première cession (y compris interne au groupe) intervenant au cours d'un exercice ouvert à compter du 1er janvier 2019 ou lorsque, à compter de cet exercice, la société qui en est propriétaire sort du groupe ou perd la qualité de société intermédiaire, de société étrangère d'un groupe horizontal ou d'entité mère non résidente (CGI art. 223 F, 3e al.).

Par exception, cette déneutralisation ne s'applique pas dans les cas de **fusion** visés au nº 40485 (CGI art. 223 R, 2e al.).

› Précisions **a.** La quote-part est prise en compte dans le résultat d'ensemble y compris dans le cas où, au cours de l'exercice de cession des titres ouvert avant le 1er janvier 2019, la société cédante a constaté une **moins-value nette à long terme** et que par suite aucune quote-part de frais et charges n'a alors été neutralisée dans le résultat d'ensemble.

b. Le **montant brut de la plus-value** servant de base de calcul de la quote-part de frais et charges diffère selon les situations (CGI ann. III art. 46 quater-0 ZH, IV). Il est égal :

– en cas de cession de titres autres que ceux d'une société du groupe : à la différence entre le prix de vente des titres et leur valeur d'origine dans les écritures de la société du groupe qui a effectué la première cession à une autre société membre ;

– en cas de sortie du groupe de la société propriétaire de titres autres que ceux d'une société du groupe : à la différence entre le prix d'acquisition des titres par la société sortante et leur valeur d'origine chez la société qui a effectué la première cession à une autre société du même groupe ;

– en cas de cession de titres d'une société du groupe, ou lorsqu'une société propriétaire de tels titres sort du groupe ou perd la qualité de société intermédiaire, de société étrangère ou d'entité mère non résidente : le résultat d'ensemble ou la plus ou moins-value nette à long terme d'ensemble doit prendre en compte le montant cumulé des plus ou moins-values qui n'ont pas encore été retenues pour le calcul du résultat ou de la plus ou moins-value nette à long terme d'ensemble en application de l'article 223 F du CGI.

PRODUITS DE LA PROPRIÉTÉ INDUSTRIELLE ET LOGICIELS PROTÉGÉS PAR LE DROIT D'AUTEUR

Un régime d'imposition au taux réduit de 10 % est applicable sur option à certains produits issus de droits de la propriété intellectuelle. Dans les groupes intégrés, l'**option** est exercée par la société mère. Le régime s'applique alors dans les mêmes conditions que celles prévues pour les entreprises non intégrées (nos 10420 s.). **40495** CGI art. 223 H

Le **résultat net d'ensemble** de cession, de concession ou de sous-concession est déterminé par la société mère en faisant la somme algébrique des résultats nets d'un même groupe d'actifs déterminés par chaque société du groupe, cédante, concédante ou sous-concédante.

Sous réserve de l'application, après obtention d'un agrément, d'un ratio de remplacement (nº 10425), le **ratio « nexus » du groupe** à appliquer au résultat net bénéficiaire afin de déterminer la fraction de ce résultat soumise au taux réduit est calculé, pour chaque exercice, par le rapport existant entre :

– au numérateur : les dépenses de R&D en lien direct avec la création et le développement de l'actif incorporel réalisées directement par une société membre du groupe ou par des entreprises sans lien de dépendance au sens de l'article 39, 12 du CGI (nº 10425, précision a) avec une société du groupe. Ces dépenses peuvent être majorées de 30 % (nº 10425) ;

– au dénominateur : les dépenses figurant au numérateur, les dépenses externalisées à des entreprises liées à une société membre du groupe ainsi que les coûts d'acquisition d'actifs incorporels éligibles, étant toutefois précisé qu'il n'en est pas tenu compte lorsque cette acquisition a été effectuée entre sociétés membres du même groupe (BOI-IS-GPE-20-20-120 nº 130).

Le ratio « nexus » du groupe est calculé en prenant en compte les dépenses de l'exercice et des exercices antérieurs (voir toutefois nº 10425, précision c). S'agissant des dépenses réalisées par une société membre du groupe, seules sont retenues les dépenses effectuées pendant la période au cours de laquelle l'actif éligible est détenu ou sous-concédé par une société membre.

Après application du ratio « nexus », le résultat net d'ensemble ainsi obtenu est déduit extra-comptablement du résultat d'ensemble pour être soumis au taux réduit. Toutefois, légalisant la doctrine administrative (BOI précité nº 190), la loi autorise, pour la détermination des résultats des exercices clos à compter du 31 décembre 2019, l'imputation du résultat net bénéficiaire sur le déficit d'ensemble de l'exercice (CGI art. 223 C modifié par la loi 2019-1479 du 28-12-2019 art. 50).

Lorsque le **résultat net d'ensemble** est **négatif,** il est imputé sur les résultats nets d'ensemble de cession, de concession ou de sous-concession du même actif, du même bien ou service ou de la même famille de biens ou services, réalisés au cours des exercices suivants tant que les actifs concernés sont détenus ou sous-concédés par une société membre du groupe.

› Précisions **a.** Le **résultat net négatif** réalisé par une société **antérieurement à son entrée dans le groupe** n'est pas transféré au groupe mais pourra, en cas de sortie ultérieure du périmètre, être récupéré par cette société pour être imputé sur ses futurs résultats nets bénéficiaires. La société reprendra également, pour le calcul de son ratio « nexus », les dépenses réalisées antérieurement à son entrée dans le groupe.

b. Lorsqu'une société qui **entre dans le groupe** détient des **actifs incorporels éligibles,** leur valeur vénale à la date d'entrée dans le groupe constitue une dépense d'acquisition retenue pour le calcul du résultat net d'ensemble au titre du premier exercice au cours duquel la société mère exerce l'option et prise en compte au dénominateur du ratio « nexus » du groupe.
c. Lorsque des **dépenses de R&D** réalisées par une société du groupe sont **refacturées à une autre société membre** qui perçoit les revenus de l'actif, ces dépenses ne sont prises en compte qu'une seule fois pour la détermination du résultat net, à hauteur du montant refacturé (BOI précité n° 50). Il en est de même pour le ratio « nexus » du groupe (BOI précité n° 100).
d. Les **obligations déclaratives et documentaires** (n° 10425, précisions e et f) incombent à la société mère, celle-ci devant détailler pour chaque actif, bien ou service ou famille de biens ou services le montant de revenu brut perçu et le montant de dépenses éligibles réalisées par chaque société membre (BOI précité n° 30).

LIMITATION DE LA DÉDUCTION DES CHARGES FINANCIÈRES NETTES DU GROUPE

40500 CGI art. 223 B bis Les charges financières nettes supportées par le groupe (entendues comme la somme algébrique des charges et produits financiers de l'ensemble des sociétés membres du groupe définis n° 35835) ne sont déductibles du résultat d'ensemble que dans une certaine limite déterminée en fonction de l'Ebitda fiscal du groupe, de son appartenance ou non à un groupe consolidé et de sa situation de sous-capitalisation.
Lorsque le **groupe** n'est **pas sous-capitalisé,** les charges susmentionnées sont déductibles dans la limite de **30 % de l'Ebitda fiscal du groupe ou** de **3 M€** par exercice, le cas échéant ramené à douze mois, si ce montant est plus élevé. Lorsque le ratio entre les fonds propres et l'ensemble des actifs déterminé au niveau du groupe est égal ou supérieur à celui du groupe consolidé auquel les sociétés intégrées appartiennent, le résultat d'ensemble du groupe est en outre minoré de 75 % du montant des charges financières nettes non admises en déduction en application du plafond précité. Pour l'application de cette règle, lorsque le ratio du groupe intégré est inférieur à celui du groupe consolidé de deux points de pourcentage au maximum, il est considéré comme égal à ce dernier.
Lorsque le **groupe** est **sous-capitalisé,** un plafond minoré, déterminé selon des modalités similaires à celles exposées n° 35847 mais mises en œuvre aux bornes du groupe, s'applique et la déduction supplémentaire de 75 % n'est pas applicable. Ces conséquences sont écartées si le groupe apporte la preuve que le ratio d'endettement du groupe consolidé auquel les sociétés membres du groupe intégré appartiennent est supérieur ou égal au ratio d'endettement déterminé au niveau de l'intégration (le premier ratio étant considéré comme égal au deuxième lorsqu'il est inférieur à ce dernier de deux points de pourcentage au maximum).

› Précisions **a.** L'**Ebitda fiscal du groupe** est déterminé en corrigeant le **résultat d'ensemble** soumis à l'impôt sur les sociétés, avant imputation des déficits (y compris les déficits propres des sociétés membres) et tenant compte des déductions ou abattements prévus pour l'assiette de l'impôt, des montants suivants :
– charges financières nettes ;
– somme des amortissements admis en déduction du résultat de chaque société membre du groupe, nette des reprises imposables et des fractions de plus ou moins-values correspondant à des amortissements déduits, à des amortissements expressément exclus des charges déductibles, ou à des amortissements irrégulièrement différés ;
– somme des provisions pour dépréciation admises en déduction du résultat de chaque société membre du groupe, nette des reprises de provision pour dépréciation imposables ;
– somme algébrique des gains et pertes constatés par chaque société membre du groupe et soumis aux taux de 10 %, 15 % ou 19 % (BOI-IS-GPE-20-20-110 n° 60).
Pour les exercices clos à compter du 31 décembre 2019, est légalisée la doctrine administrative précitée selon laquelle, d'une part, le résultat d'ensemble servant au calcul de l'Ebitda fiscal du groupe est celui obtenu avant application du dispositif de limitation de déduction des charges financières nettes du groupe, et, d'autre part, les montants d'amortissements, de provisions et de gains et pertes s'entendent des montants qui ne donnent pas lieu à retraitements pour la détermination du résultat d'ensemble (Loi 2019-1479 du 28-12-2019 art. 45, I-6°).
b. Des règles dérogatoires s'appliquent, selon les modalités exposées n° 35860 mais mises en œuvre au niveau du groupe, aux emprunts utilisés exclusivement pour financer des projets d'**infrastructures publiques à long terme.** Lorsque la société mère opte (de manière irrévocable et pour une durée de dix ans renouvelable) pour l'application de ces règles, l'Ebitda fiscal du groupe ne tient pas compte du résultat afférent aux contrats concernés.
c. La **sous-capitalisation du groupe** est caractérisée lorsque le montant moyen des sommes laissées ou mises à disposition d'entreprises membres par l'ensemble des entreprises non membres liées directement ou indirectement au sens de l'article 39, 12 du CGI au cours d'un exercice, excède, au titre de cet exercice, une fois et demie le montant des fonds propres déterminés au niveau du groupe, apprécié au choix de l'entreprise à l'ouverture ou à la clôture de l'exercice. Pour déterminer ces fonds propres, il convient de se fonder sur les états financiers consolidés établis par le groupe consolidé auquel appartiennent les sociétés membres du groupe fiscal et de constituer un sous-groupe de consolidation aux bornes de l'intégration fiscale (BOI précité n° 140).
d. Aucune réintégration n'est effectuée au **résultat individuel** des sociétés membres du

groupe, l'article 212 bis du CGI ne leur étant pas applicable : voir n° 35830. Toutefois, le calcul du montant qui aurait dû, le cas échéant, être réintégré si la société n'avait pas été membre du groupe reste nécessaire pour l'établissement du formulaire 2058-A-bis-SD (calcul du résultat de la société comme si elle était imposée séparément), utilisé notamment pour le calcul de la **participation des salariés** (BOI précité n° 10).

e. Le mécanisme de plafonnement de la déduction des charges financières du groupe s'applique avant le dispositif de « l'**amendement Charasse** » (n° 40510) (BOI précité n° 270).

Mécanismes de report Des mécanismes de report des **charges financières nettes non déduites** et de la **capacité de déduction inemployée** s'appliquent selon les mêmes modalités que pour les entreprises non membres d'un groupe (n°s 35852 s.) mais sont mises en œuvre au niveau du groupe (BOI-IS-GPE-20-20-110 n° 210). Les charges financières nettes ou la capacité de déduction inemployée en report dont dispose une société lors de son **entrée dans le groupe** ne pourront être utilisées que par cette société après sa sortie du groupe. Le délai de cinq ans pour utiliser la capacité de déduction inemployée est suspendu pendant toute la période d'appartenance au groupe. 40505

Sort des charges financières nettes du groupe non déduites et de la capacité de déduction inemployée en cas de **cessation du groupe** : voir n° 40665.

› Précisions a. Le **solde des intérêts non neutralisés** restant en report à la **clôture du dernier exercice ouvert avant le 1er janvier 2019** en application de l'ancien dispositif de lutte contre la sous-capitalisation est déductible dans les mêmes conditions que les charges financières nettes non admises en déduction, sans application de la décote de 5 % prévue par l'ancien dispositif (CGI art. 223 B al. 13).

b. Un **état** doit être joint à la déclaration de résultats afin d'assurer le suivi des charges financières nettes non admises en déduction du résultat d'ensemble de l'exercice et des exercices précédents ainsi que les capacités de déduction inemployées au titre des cinq exercices précédents (CGI ann. III art. 46 quater-0 ZL, 9).

CHARGES FINANCIÈRES LIÉES À L'ACHAT D'UNE SOCIÉTÉ EN VUE DE SON INTÉGRATION

Ce cas de retraitement (souvent appelé « **amendement Charasse** ») s'applique lorsqu'une société du groupe a acheté, à un actionnaire extérieur qui contrôle le groupe, ou auprès d'une société que cet actionnaire contrôle au sens de l'article L 233-3 du Code de commerce, les titres d'une société qui est ou devient membre du même groupe. Ce dispositif s'applique même si la société rachetée n'entre pas dans le même groupe que la société cessionnaire, en raison de son absorption par celle-ci ou par une autre société appartenant à ce périmètre d'intégration ou appelée à le rejoindre ou en raison de la dissolution sans liquidation de la cible (BOI-IS-GPE-20-20-80-10 n°s 70 et 80). Il peut également concerner des situations dans lesquelles la société cessionnaire est devenue membre du groupe après l'exercice d'acquisition des titres (BOI précité n° 60). 40510 CGI art. 223 B, 6e al. IS-V-8700 s

La société mère doit alors rapporter au résultat d'ensemble les charges financières présumées liées à cet achat qui sont évaluées forfaitairement.

› Précisions a. Sont considérées comme exerçant un **contrôle conjoint** sur une société tierce deux ou plusieurs personnes qui, agissant de concert, déterminent en fait les décisions prises au sein de l'assemblée générale ou des organes sociaux. Le dispositif de réintégration s'applique dans le cas où l'actionnaire qui contrôlait seul la société cédée exerce de concert avec d'autres actionnaires le contrôle de la société cessionnaire (CE 1-2-2018 n° 412155 : RJF 4/18 n° 421 ; CE 15-3-2019 n° 412155 : RJF 6/19 n° 523). À cet égard, l'existence d'une action de concert entre tous les associés d'une société peut être établie à la date de l'achat de la société cible et non en fonction de la politique commune effectivement suivie par la société cessionnaire (CE 15-3-2019 précité).

b. La situation de **contrôle** de la société cessionnaire doit s'apprécier à la **date** d'acquisition de la société cible, sans que l'administration puisse se référer à la période antérieure à l'opération (CE 13-7-2011 n° 312285 : RJF 11/11 n° 1136). L'administration s'estime toutefois fondée à examiner la situation de contrôle dans les douze mois précédant l'acquisition de la cible (BOI précité n° 210).

c. La réintégration est calculée d'après les charges financières déduites pour la détermination du résultat d'ensemble. Les agios bancaires ou les rémunérations d'avances de trésorerie consenties entre sociétés du groupe sont retenus dans la base de calcul de la réintégration, même s'ils sont dépourvus de liens avec les opérations d'acquisition (CE 11-3-2015 n° 369048 : RJF 6/15 n° 475).

Le **montant de la réintégration** est égal, pour un exercice donné, au produit de ces charges par le rapport : prix d'acquisition des titres/montant moyen des dettes du groupe au cours de l'exercice.

Le prix d'acquisition peut être réduit du montant des fonds apportés à la société cessionnaire lors d'une augmentation de capital réalisée simultanément à l'achat des titres (fonds versés dans les trois mois qui précèdent ou qui suivent l'achat) (BOI-IS-GPE-20-20-80-20 n° 140), à la condition que ces fonds soient apportés à la société cessionnaire par une personne autre qu'une société membre du groupe ou, s'ils sont apportés par une société du groupe, qu'ils ne proviennent pas de crédits consentis par une personne non membre de ce groupe (tout accroissement de l'endettement externe du groupe dans les six mois qui précèdent ou suivent l'achat des titres est présumé financer cette acquisition) (BOI-IS-GPE-20-20-80-20 nº 110). Lorsque le montant moyen des dettes est inférieur au prix d'achat des titres, la réintégration est limitée au montant des charges financières du groupe.

d. La réintégration s'effectue pendant une **période** qui débute en principe au titre de l'exercice d'acquisition des titres et expire au terme du huitième exercice qui suit celui de l'achat. La réintégration ne peut toutefois commencer ni avant l'exercice d'entrée dans le groupe de la société cessionnaire si celle-ci n'est pas encore membre du groupe lors de l'achat, ni avant l'exercice précédant celui de l'entrée de la société rachetée lorsque cette entrée ne suit pas immédiatement le rachat (sauf cas où la société rachetée est absorbée avant son intégration). Elle s'interrompt au cours des exercices durant lesquels la société rachetée n'est plus membre du groupe, sauf lorsque sa sortie du périmètre d'intégration résulte de son **absorption par une autre société du groupe,** quel que soit le régime sous lequel cette fusion intragroupe a été placée. En revanche, la réintégration s'interrompt en cas de **modification définitive du contrôle** de la société détenant les titres de la société acquise.

e. Les **cessions de titres réalisées entre sociétés du même groupe** échappent au dispositif de réintégration, étant précisé que la condition d'appartenance au même groupe s'apprécie à la date de la cession, de telle sorte que la formation ultérieure par la société cessionnaire d'un nouveau groupe n'incluant pas la société cédante n'entraîne pas l'application du dispositif (CAA Versailles 29-11-2011 nº 10VE00785 : RJF 6/12 nº 578). Il en est de même des cessions de titres qui ont été acquis immédiatement auparavant auprès de tiers, en vue de leur **rétrocession,** y compris lorsque les titres rétrocédés sont ceux d'une filiale ou d'une sous-filiale de la société acquise. Le mécanisme de réintégration ne s'applique pas non plus en cas de **rachat** par une société de ses **propres actions.**

f. Articulation du dispositif de l'amendement Charasse **avec le plafonnement** de la déduction des **charges financières nettes** du groupe : voir nº 40500, précision e.

PRODUITS DE PARTICIPATION

40520 CGI art. 223 B, 2e al.

Les produits de participation **inéligibles au régime mère-fille** doivent être retranchés du résultat d'ensemble à hauteur de 99 % de leur montant lorsqu'ils sont versés à une société membre du groupe par :

– une **autre société membre,** cette neutralisation ne s'appliquant toutefois pas si les produits sont versés au cours du premier exercice d'intégration de la société distributrice ;

– une **filiale étrangère** soumise à un impôt équivalent à l'impôt sur les sociétés dans un État de l'Union européenne, en Islande, en Norvège ou au Liechtenstein qui, si elle était établie en France, remplirait depuis plus d'un exercice les conditions pour être membre de ce groupe, autres que celle d'être soumise à l'impôt sur les sociétés en France. Les produits perçus à raison de participations dans des **sociétés établies au Royaume-Uni** jusqu'à la clôture par la société bénéficiaire de la distribution de l'exercice en cours lors du retrait du Royaume-Uni (**« Brexit »**) sont réputés provenir de sociétés établies dans l'Union européenne (BOI-RES-000035).

Incidence, sur le résultat individuel de la société, des **produits de participation ouvrant droit au régime mère-fille** : voir nº 40394.

40522 Dans le cas où les titres de la société distributrice sont **cédés** (ou échangés) **moins de deux ans après leur acquisition,** la plus ou moins-value de cession est déterminée en minorant leur prix de revient du montant des produits de participation qui a été retranché du résultat d'ensemble à hauteur de 99 %. Lorsque la **cession** est **consentie à une autre société du groupe,** la moins-value est placée sous le régime de report d'imposition prévu par l'article 219, I-a septies du CGI (nº 19075). Aucun retraitement de son montant n'est donc nécessaire et elle ne fait pas l'objet de la neutralisation prévue par l'article 223 F du CGI (nº 40465). Si aucun événement ne met fin au report dans le délai de deux ans suivant l'acquisition des titres par la cédante, la moins-value relève du régime du long terme. S'agissant des titres de **sociétés à prépondérance financière** (nº 18800) **conservés pendant au moins deux ans,** la moins-value constatée lors de leur cession est déterminée en minorant leur prix de revient du montant des produits de participation qui a été retranché du résultat d'ensemble à hauteur de 99 % au cours de l'exercice de réalisation de la plus-value et des cinq exercices précédents.

AUTRES AJUSTEMENTS

40528 CGI art. 223 B, 4e al.

a. Le montant de la **rémunération prévue à l'article L 225-45 du Code de commerce** et des **tantièmes** distribués par les filiales du groupe qui est déductible en application de l'article 210 sexies du CGI est rapporté au résultat d'ensemble. Dans les **groupes horizontaux,** cette rémunération et ces tantièmes déduits du résultat individuel de la société mère sont également réintégrés au résultat d'ensemble.

CGI art. 223 L, 3

b. Le résultat d'ensemble est majoré des déductions effectuées par les sociétés du groupe à raison de **souscriptions au capital** d'autres sociétés du même groupe qui exercent leur activité **outre-mer** (nºs 91975 s.).

c. Retraitement des opérations réalisées avec une entité mère non résidente et des sociétés étrangères ou intermédiaires

Dans certaines conditions, les opérations réalisées par les sociétés du périmètre avec une société intermédiaire ou, dans les groupes horizontaux, avec l'entité mère non résidente ou des sociétés étrangères sont **assimilées à des opérations intragroupe** et donnent lieu à des neutralisations pour la détermination du résultat d'ensemble. 40530 CGI art. 223 B et 223 D **IS-V-10650 s**

PRODUITS DE PARTICIPATION

Les produits de participation **exclus du régime des sociétés mères** versés par une société intermédiaire ou par une société étrangère ou une entité mère non résidente, à une société du périmètre sont neutralisés à hauteur de 99 % de leur montant pour la détermination du résultat d'ensemble (nº 40520). 40535

Produits **ouvrant droit au régime des sociétés mères et filiales** perçus par une société du groupe en provenance d'une société intermédiaire, de l'entité mère non résidente ou d'une société étrangère : voir nº 40970.

PLUS ET MOINS-VALUES DE CESSION DE TITRES

La **plus ou moins-value** constatée par une société du groupe à l'occasion de la **cession de titres d'une autre société membre à une société intermédiaire, à une société étrangère** ou **à l'entité mère non résidente,** est neutralisée, pour la détermination du résultat ou de la plus ou moins-value nette à long terme d'ensemble (CGI art. 223 F, 1er al.). Lorsque la cession porte sur des titres placés sous le régime de quasi-exonération, la **quote-part de frais et charges** comprise dans le résultat individuel de la société cédante n'est pas neutralisée pour la détermination du résultat d'ensemble des exercices ouverts depuis le 1er janvier 2019. Le montant de la plus ou moins-value antérieurement neutralisé est rapporté au résultat ou à la plus ou moins-value nette à long terme d'ensemble en cas de sortie du groupe de la société cédante ou de la société dont les titres ont été cédés, de cession des titres à une société extérieure au groupe, autre qu'une société intermédiaire, une société étrangère ou l'entité mère non résidente du groupe horizontal, ou encore en cas de perte de la qualité de société intermédiaire ou de société étrangère dans un groupe horizontal. Toutefois, le report d'imposition est maintenu lorsque la sortie du groupe ou la perte de la qualité de société intermédiaire ou de société étrangère résulte d'une fusion placée sous le régime de l'article 210 A du CGI avec une autre société membre du groupe, une société intermédiaire, une société étrangère ou l'entité mère non résidente (CGI art. 223 R, 2e al.). 40537

Déneutralisation, au titre d'un exercice ouvert à compter du 1er janvier 2019, d'une quote-part de frais et charges neutralisée au cours d'un exercice ouvert avant le 1er janvier 2019 : voir nº 40492.

> **Précisions** La **remise en cause** de la neutralisation est seulement **partielle** en cas de cession ultérieure d'une partie des titres au profit d'une société extérieure au groupe autre qu'une société intermédiaire ou étrangère ou l'entité mère non résidente, à la condition que la société dont les titres ont été cédés demeure dans le groupe. Il en est ainsi chaque fois que le capital de la société dont les titres sont cédés reste détenu, directement ou indirectement, à 95 % au moins par l'entité mère non résidente, des sociétés étrangères, des sociétés intermédiaires ou des sociétés membres du groupe.

ABANDONS DE CRÉANCES ET SUBVENTIONS

Pour les exercices ouverts depuis le 1er janvier 2019, les subventions et abandons de créances consentis par les sociétés du groupe à une société intermédiaire, une société étrangère ou à l'entité mère non résidente, et les aides reçues de ces sociétés par les sociétés du groupe ne sont plus neutralisés. 40540

La neutralisation des abandons de créances et des subventions opérée au niveau du résultat d'ensemble au titre d'un exercice ouvert avant le 1er janvier 2019 est susceptible d'être remise en cause, dans les cas visés nº 40455 (ainsi qu'en cas de perte de la qualité de société intermédiaire ou de société étrangère, sauf lorsqu'elle résulte d'une fusion placée sous le régime de l'article 210 A du CGI avec une société du groupe, une société intermédiaire, une société étrangère ou l'entité mère non résidente (CGI art. 223 R, 2e al.).

PROVISIONS

Le résultat d'ensemble est majoré des dotations aux provisions déduites du résultat individuel d'une société membre à raison des **créances douteuses** qu'elle détient sur une société intermédiaire, ou dans le cas d'une intégration horizontale sur une société étrangère ou sur l'entité mère non résidente, ou des **risques** qu'elle encourt du fait de ces sociétés. La même réintégration doit être opérée à raison des provisions déduites pour faire face à la **déprécia-** 40542

tion des titres détenus dans de telles sociétés, que ces titres ouvrent droit au régime du long terme ou non.

Aucune réintégration n'est exigée à raison de la fraction de ces dotations pour laquelle la société mère apporte la preuve, par tout moyen (BOI-IS-GPE-20-20-30-30 n° 230), qu'elle n'est pas liée directement ou indirectement à des pertes fiscales du groupe (déficits et moins-values à long terme).

Les **reprises** ultérieures des provisions qui ont été **réintégrées** au résultat individuel sont déduites du résultat d'ensemble à condition que les sociétés qui les ont constituées ainsi que les sociétés détenues par la société intermédiaire ou par la société étrangère ou par l'entité mère non résidente soient toujours membres du groupe.

CHARGES FINANCIÈRES

40545 Le mécanisme de limitation du droit à déduction de certaines charges financières (« **amendement Charasse** ») s'applique en cas d'acquisition de titres d'une sous-filiale française (membre ou non du groupe) auprès d'une société intermédiaire ou, dans le cadre d'une intégration horizontale, en cas d'acquisition des titres d'une société (membre ou non du groupe) auprès d'une société étrangère ou de l'entité mère non résidente. Ce mécanisme s'applique également en cas d'acquisition de titres d'une société intermédiaire ou, dans le cas d'une intégration horizontale, d'une société étrangère, auprès des personnes qui contrôlent le groupe ou auprès d'une société que ces personnes contrôlent.

OBLIGATIONS DÉCLARATIVES

40549 Un **état** n° 2058-PAP-SD mentionnant les rectifications afférentes aux opérations réalisées par les sociétés du groupe avec les sociétés intermédiaires et étrangères et l'entité mère non résidente doit être joint à la déclaration du résultat d'ensemble (CGI ann. III art. 46 quater-0 ZL). À défaut, la société mère encourt l'amende prévue à l'article 1763 du CGI, égale à 5 % des sommes omises (taux ramené à 1 % lorsqu'elles sont déductibles), au titre de l'exercice au titre duquel l'infraction est mise en évidence. Non-application de l'amende en cas de régularisation, voir n° 9055 a.

4. IMPOSITION DU RÉSULTAT D'ENSEMBLE

MODALITÉS D'IMPOSITION

40555 CGI art. 223 C IS-V-12400 s Lorsque le résultat d'ensemble est **bénéficiaire,** il est soumis à l'impôt sur les sociétés au nom de la société tête de groupe. Le taux applicable est le taux normal (voir n° 36065) pour les bénéfices « ordinaires » – sous réserve de l'application du taux de 15 % en faveur de certaines PME (n°s 36085 s.) – et le taux réduit de 15 % ou de 19 % pour la plus-value nette à long terme (n° 40570).

Lorsque le résultat d'ensemble est **déficitaire,** ce déficit constitue une charge des exercices suivants, sauf option pour le report en arrière de ce déficit.

ATTENTION

Le résultat net d'ensemble de cession, de concession ou de sous-concession portant sur les actifs de **propriété industrielle** peut être imposé séparément au taux de 10 % (n° 40495).

40560 **Report déficitaire en avant** Le **déficit d'ensemble** est reportable en avant dans les conditions de droit commun, de façon illimitée dans le temps, avec application de la règle de plafonnement exposée n° 35905.

La **majoration du plafond d'imputation** des déficits prévue au profit des sociétés en difficulté bénéficiaires d'abandons de créances (n° 35905) s'applique pour la détermination du résultat du groupe lorsqu'une ou plusieurs sociétés membres ont bénéficié d'abandons de créances consentis par des personnes non membres du groupe dans le cadre d'un accord de conciliation ou d'une procédure de sauvegarde, de redressement ou de liquidation judiciaires, à condition que cette faculté n'ait pas déjà été utilisée par la filiale bénéficiaire des abandons de créances pour la détermination de son résultat propre (BOI-IS-GPE-30-10 n°s 260 et 270).

> **Précisions** Le déficit d'ensemble peut être imputé sur le résultat net d'ensemble bénéficiaire taxable au taux réduit de 10 % résultant d'opérations réalisées par des sociétés du groupe sur certains droits de la **propriété industrielle** (n° 40495).

40565 CGI art. 223 G **Report déficitaire en arrière** La société tête de groupe peut opter pour le report en arrière du **déficit d'ensemble.** Ce déficit est alors imputé sur le bénéfice d'ensemble de l'exercice précédent ou sur le bénéfice que la société mère a personnellement réalisé au cours de l'exercice précédant l'application du régime de groupe, dans les conditions visées n°s 35925 s. Il ne peut en revanche être imputé sur le bénéfice d'ensemble d'un précédent groupe intégré dissous qui avait été constitué par la même société mère que celle du nouveau groupe (CE 2-12-2019 n° 420910 : RJF 2/20 n° 98).

De leur côté, les **filiales** du groupe ne peuvent plus exercer l'option pour le report en arrière de leur déficit. Si elles disposent de créances nées du report en arrière avant l'intégration, elles peuvent les céder à la société mère pour leur valeur nominale. Cette dernière peut alors les utiliser pour le paiement de l'impôt dû sur le résultat d'ensemble, dans la limite du montant de l'impôt dont la filiale aurait été redevable si elle avait été imposée distinctement (BOI-IS-GPE-60 n° 510).

L'imputation doit se faire dans l'ordre où les créances sont nées (BOI-IS-GPE-30-30-30-10 n° 40). Le droit de les utiliser cesse du jour où la filiale concernée quitte le groupe, mais les créances non utilisées seront remboursées à l'échéance à la société mère (BOI-IS-GPE-30-30-30-10 n° 50).

Plus-value ou moins-value à long terme La **plus-value** nette à long terme d'ensemble est, sauf compensation avec le déficit d'ensemble de l'exercice ou des exercices antérieurs ou avec les moins-values nettes à long terme d'ensemble subies au titre des dix exercices antérieurs et restant à reporter (n° 18675), imposée séparément à un taux de 15 % ou, pour les titres de participation au sein de sociétés immobilières cotées, de 19 %. Le montant net de la plus-value à long terme d'ensemble afférente aux autres titres de participation et assimilés, visés n° 18770, est exonérée, sous réserve de la taxation au taux de droit commun d'une quote-part de frais et charges, déterminée comme indiqué n° 40475. 40570 CGI art. 223 D IS-V-11810 s

La **moins-value** nette d'ensemble constatée au titre d'un exercice et qui relève du taux de 15 %, ou de 19 % ne peut en principe être imputée que sur les plus-values nettes à long terme d'ensemble réalisées au cours des dix exercices suivants (n° 18680), quel que soit le taux réduit dont elles relèvent. La fraction de la moins-value nette d'ensemble qui se rapporte à des titres de participation exonérés ne peut faire l'objet d'aucune imputation.

> **Précisions** Les **plus-values nettes d'une société** ne sont transmises au groupe que dans la mesure où elles ne sont pas imputées par cette société sur le déficit de l'exercice ou sur des déficits ou moins-values antérieurs à l'intégration qui demeurent reportables dans les conditions indiquées n° 40385.

DÉCLARATIONS

Chaque société du groupe (société tête de groupe et filiales) souscrit la déclaration de ses **résultats propres** tels qu'ils seront retenus dans le résultat d'ensemble (et qui doivent donc être corrigés en conséquence). 40580 CGI art. 223 Q IS-V-13500

En outre, elle détermine, au moyen de tableaux fiscaux n°s 2058-A-bis-SD et 2058-B-bis-SD, le résultat de l'exercice comme si elle était imposée séparément et n'avait donc jamais fait partie du groupe. Ce résultat « hors groupe » est utilisé pour le calcul de la réserve spéciale de participation des salariés et pour l'utilisation par la société mère des créances nées (avant l'intégration) du report en arrière des déficits dont disposent les filiales (n° 40565), ainsi que pour la répartition de l'impôt d'ensemble entre les sociétés (n° 40615).

En plus de sa déclaration propre, la société tête de groupe doit souscrire la déclaration du **résultat d'ensemble** de chaque exercice. Elle souscrit à cet effet une série de documents spécifiques énumérés à l'article 46 quater-0 ZL de l'annexe III au CGI.

Cas où les sociétés du groupe relèvent de la compétence de la **direction des grandes entreprises,** voir nos 87400 s.

Toutes ces déclarations doivent être transmises par **voie électronique.**

PAIEMENT DE L'IMPÔT

Redevable La société mère est seule redevable de l'impôt sur les sociétés dû sur le résultat d'ensemble et de la contribution sociale. 40590 CGI art. 223 A IS-V-14400 s

Chaque société membre du groupe est tenue solidairement au paiement de l'IS et, le cas échéant, des intérêts de retard, majorations et amendes fiscales correspondants, dont la société mère est redevable, à hauteur de l'impôt et des pénalités qu'elle devrait acquitter si elle n'était pas membre du groupe.

Le paiement de l'impôt s'effectue selon les règles habituelles, sous réserve des spécificités décrites ci-après.

En ce qui concerne l'obligation de paiement des impôts auprès de la **direction des grandes entreprises,** voir n° 87455.

Répartition de la charge d'impôt entre les différentes sociétés du groupe, voir n° 40615.

Acomptes provisionnels d'impôt sur les sociétés Ils sont dus par la société mère et s'imputent sur l'impôt dû à raison du résultat d'ensemble. Cette règle comporte toutefois des dérogations lors de la constitution du groupe et de l'entrée ou de la sortie d'une société. 40595 CGI art. 223 N IS-V-15650 s

Lorsque la **somme des chiffres d'affaires** des sociétés membres du groupe au titre du dernier exercice clos (y compris celui des filiales nouvellement entrées) est au moins égal à

250 M€ et que le bénéfice d'ensemble a augmenté dans certaines proportions par rapport à l'exercice précédent, la mère intégrante doit calculer le **dernier acompte** en fonction du bénéfice estimé de l'exercice en cours selon les modalités décrites nº 36545. Pour apprécier si elle est tenue à cette règle particulière, la société mère doit normalement retenir le résultat d'ensemble estimé, imposable au taux de droit commun, majoré du résultat net d'ensemble provenant de la concession, de la sous-concession ou de la cession de droits de la propriété industrielle ou de logiciels protégés par le droit d'auteur (nº 40495), sans tenir compte du résultat afférent aux sociétés sorties du groupe au cours de l'exercice (BOI-IS-GPE-30-30-10 nºs 160 s.). Mais elle peut aussi se fonder, si elle y a intérêt, sur la somme des résultats comptables prévisionnels des sociétés membres établis dans les conditions prévues à l'article L 232-2 du Code de commerce, qu'elles soient ou non légalement tenues de produire elles-mêmes un tel compte (BOI-CF-INF-10-30 nºs 230 et 235).

Sur les pénalités applicables en cas d'insuffisance de paiement, voir nº 36545.

> Précisions **a. Exercice de constitution du groupe** : chaque société reste tenue au paiement de ses propres acomptes calculés sur ses résultats précédents. Ces acomptes sont à valoir sur l'impôt qui sera dû par la société mère à raison du résultat d'ensemble ; en cas d'excédent, celui-ci sera remboursé d'office à la société mère. Ils peuvent être limités en fonction du résultat prévisionnel propre de chaque société (ou en fonction du résultat prévisionnel d'ensemble, étant précisé que cette modulation des acomptes reste selon nous possible dans le cas où une des sociétés membres est tenue de calculer son dernier acompte conformément aux modalités exposées nº 36545).

b. Exercice suivant celui de la constitution : pour le calcul du premier acompte de cet exercice, l'exercice de référence (avant-dernier exercice) correspond à l'exercice de la société mère qui précède la date d'effet de son option. Mais cette société peut demander la dispense ou la réduction de cet acompte en fonction du résultat prévisionnel d'ensemble.

c. Entrée de nouvelles sociétés dans le groupe : mécanisme analogue à celui de l'exercice de constitution. Chaque société entrante est tenue de verser ses propres acomptes pour la période de douze mois ouverte à compter de son entrée dans le groupe. Ces acomptes peuvent être limités en fonction de son propre résultat prévisionnel ou du résultat prévisionnel d'ensemble, sous réserve qu'elle soit toujours membre du groupe à la clôture de l'exercice. Ils sont pris en compte par la société tête de groupe pour l'exercice de sa propre faculté de limitation, appréciée en fonction du résultat prévisionnel d'ensemble. La société mère peut se dispenser du versement des acomptes si le résultat prévisionnel du groupe est déficitaire avant prise en compte du résultat prévisionnel bénéficiaire de la filiale entrante (BOI-IS-GPE-30-30-10 nº 40).

d. Exercice de sortie d'une société du groupe : c'est à la société mère d'acquitter les acomptes dus par la société sortante pour la période de douze mois à partir de la sortie. Ces acomptes, calculés d'après les résultats de la société sortante, sont payés au comptable du lieu d'imposition de cette société (CGI ann. III art. 46 quater-0 ZJ).

e. Dissolution du groupe suivie de la constitution d'un nouveau groupe ou opération de scission partielle : voir nº 40770.

40600 CGI art. 223 O IS-V-14880 s

Montant net de l'IS Le montant des **crédits et réductions d'impôt** obtenus par l'ensemble des sociétés du groupe en raison de l'engagement de dépenses diverses (recherche, mécénat… : voir nºs 10470 s.) ou afférents à des revenus de capitaux mobiliers de source étrangère reste calculé au niveau individuel. Il est imputable sans limitation sur l'impôt sur les sociétés dû par la société tête de groupe à raison du résultat d'ensemble.

En particulier, le montant du crédit d'impôt **recherche** imputable sur l'IS d'ensemble est égal à la somme des crédits d'impôt calculés par chaque société du périmètre. Le crédit excédentaire non imputé constitue une créance sur l'État au profit de la société mère, qui peut être utilisée dans les conditions exposées nº 10495. Le remboursement de la créance est demandé par la société mère. Une société membre du groupe ne peut se substituer à cette dernière que si elle dispose d'un mandat régulièrement confié par elle (CE 10-5-2017 nº 395447 : RJF 8-9/17 nº 863).

Imputation sur l'impôt dû par la société tête de groupe des créances des filiales nées d'un report en arrière des déficits : voir nº 40565.

ATTENTION

La réduction d'impôt **mécénat** constatée par une société **avant son entrée dans le groupe** ne peut pas être transmise à la société mère (CE 29-5-2017 nº 404610 : RJF 8-9/17 nº 785 ; BOI-BIC-RICI-20-30-30 nº 180).

40605 CGI art. 235 ter ZC, II IS-V-16010 s

Contribution sociale La société mère est redevable de la contribution sociale de 3,3 % (nºs 36690 s.) lorsque la somme des chiffres d'affaires de toutes les sociétés du groupe excède 7,63 M€. Pour les groupes ayant une activité à l'étranger, seul doit être pris en compte le chiffre d'affaires réalisé en France (BOI-IS-AUT-10-10 nº 20). La contribution sociale est assise sur l'impôt sur les sociétés calculé sur le résultat d'ensemble et sur la plus-value nette d'ensemble du groupe avant imputation des crédits d'impôt.

> **Précisions** L'**abattement** de 763 000 € qui doit être pratiqué pour le calcul du montant à payer ne s'applique qu'une seule fois, au niveau de l'impôt d'ensemble.
Les filiales sont dispensées du paiement de la contribution dès leur **premier exercice d'intégration,** mais l'administration considère, à tort à notre avis, qu'elles sont néanmoins tenues d'acquitter les quatre acomptes (BOI-IS-GPE-30-30-20 n° 20).
Les filiales doivent acquitter la contribution au titre de l'exercice de **sortie.** L'administration considère, de manière contestable à notre avis, que la société mère doit, comme en matière d'IS, verser les quatre acomptes au titre de cet exercice pour le compte de celles-ci (BOI-IS-GPE-30-30-20 n° 30).

RÉPARTITION DE L'IMPÔT D'ENSEMBLE ET CONVENTIONS D'INTÉGRATION

La loi ne comporte aucune précision quant à la **répartition,** entre les sociétés du groupe, des **impôts acquittés par la société mère** au nom du groupe, ni de l'**économie d'impôt** résultant, le cas échéant, de l'application du régime de groupe. Il revient donc aux sociétés du groupe d'en décider par une convention établie à cet effet. Selon le Conseil d'État, la répartition peut être décidée librement en toute **neutralité fiscale,** à condition qu'elle ne porte atteinte ni à l'**intérêt social propre** de chaque société ni aux droits des **associés minoritaires** (CE 12-3-2010 n° 328424 : RJF 5/10 n° 469). 40615 IS-V-23800 s

L'administration, qui s'est ralliée à cette position, considère que la méthode retenue doit faire référence, pour le calcul des économies d'impôt et des versements corrélatifs, aux résultats individuels des sociétés membres du groupe déterminés comme si elles étaient imposées séparément, et ne doit pas conduire à faire supporter à une filiale une charge d'impôt supérieure à celle qu'elle aurait dû supporter en cas d'imposition séparée. Une telle méthode serait en effet constitutive d'un acte anormal de gestion, sauf circonstances particulières qui en justifieraient la normalité (BOI-IS-GPE-30-30-10 n° 250).

ILLUSTRATIONS

Les conventions peuvent notamment prévoir, sans que ne soit constitutive d'une **subvention** versée par la société mère aux filiales :
– la **réallocation aux filiales déficitaires** d'une somme égale aux **économies d'impôt** générées par leurs déficits (CE 24-11-2010 n° 334032 : RJF 2/11 n° 151) ;
– la **répartition de l'impôt du groupe** au **prorata des résultats des filiales** (CE 12-3-2010 n° 328424 précité : RJF 5/10 n° 469) ;
– le **maintien au niveau de la société mère de la charge définitive de l'impôt,** sans refacturation aux filiales (CE 5-7-2013 n° 351874 : RJF 10/13 n° 914).
Par exception, l'administration admet qu'une filiale puisse supporter une charge de **contribution sociale** supérieure à celle qu'elle aurait dû supporter si elle était restée imposée séparément (BOI-IS-GPE-30-30-10 n° 290).

Les **stipulations d'une convention** d'intégration peuvent être **amendées par une note interne** au groupe signée par la société mère qui traduit l'existence d'un accord avec la filiale (CE 13-10-2016 n° 388410 : RJF 1/17 n° 18). Les **écritures comptables** de la mère et de la fille peuvent également traduire leur volonté de déroger ponctuellement à la convention (CAA Bordeaux 14-2-2017 n° 15BX00359 : RJF 5/17 n° 420).

Pour des **modèles** de convention d'intégration, voir Mémento Intégration fiscale n°s 27500 s.
Comptabilisation de l'impôt : voir Mémento Comptable n°s 52765 s.

En cas de sortie de groupe, **l'indemnisation** par la société mère des **filiales sortantes** dépossédées de l'usage de leurs déficits ne constitue pas une subvention imposable (CE 11-12-2009 n° 301341 : RJF 2/10 n° 107 ; BOI-IS-GPE-30-30-10 n° 260). Il en est de même lorsque la convention d'intégration ne fixe pas les modalités de l'indemnisation mais se borne à en poser le principe, en renvoyant à un accord ultérieur à intervenir entre les parties lors de la sortie de la filiale déficitaire (CE 24-11-2010 n° 333867 : RJF 2/11 n° 150 ; BOI-IS-GPE-30-30-10 n° 270). L'administration a toutefois précisé que le montant de l'**indemnité versée à une filiale sortante** ne peut excéder celui résultant de l'évaluation du préjudice subi par cette dernière du fait de l'attribution définitive de ses déficits (BOI-IS-GPE-30-30-10 n° 280). L'évaluation de ce préjudice doit, à notre avis, tenir compte également des réductions et crédits d'impôt transmis à la société mère durant sa période d'appartenance au groupe. 40620

5. SORTIE ET CESSATION DU GROUPE

SORTIE D'UNE FILIALE

Cas de sortie Il y a sortie d'une filiale du groupe lorsqu'elle **cesse de remplir les conditions** d'accès au régime. 40640 CGI art. 223 S IS-V-17700 s

ILLUSTRATIONS

Il en est ainsi notamment en cas de :
– réduction à moins de 95 % du taux de détention par la société mère ;
– modification de la date de clôture de l'exercice ;
– modification du régime fiscal de la société filiale ;
– décision de la société mère de ne plus retenir la filiale dans le périmètre d'intégration ;
– dissolution, y compris en cas de transmission universelle du patrimoine à l'associé unique ;
– transformation entraînant création d'une personne morale nouvelle ;
– transfert du siège à l'étranger (dans le cas où il entraîne les conséquences de la cessation d'entreprise) ;
– absorption par fusion, même si l'absorbante est une autre société du groupe ;
– apport des titres d'une filiale dans le cadre de la scission partielle du groupe.

La sortie d'une filiale entraîne celle des **filiales détenues par son intermédiaire,** à moins que leurs titres ne soient recueillis par d'autres sociétés du groupe.

En cas de **liquidation,** la sortie de groupe intervient en principe à la date de clôture de la période de liquidation qui marque la cessation d'activité de la société. Cette règle vaut tant pour la **liquidation amiable** (CE 11-2-1987 n° 47157 : RJF 3/87 n° 273-a) que pour la liquidation **judiciaire** (CE 10-4-2015 n° 371765 : RJF 7/15 n° 570). Le maintien dans le groupe de la société en liquidation reste subordonné à l'établissement de **comptes annuels,** afin d'assurer le respect de l'exigence de coïncidence des exercices sociaux des sociétés du périmètre.

40650 S'agissant des **groupes horizontaux,** la sortie d'une société peut également résulter des événements spécifiques suivants :
– réduction à moins de 95 % du taux de détention par l'**entité mère non résidente** (direct ou indirect par l'intermédiaire d'une chaîne de participation éligible) ;
– changement affectant une **société étrangère** entraînant la sortie des filiales détenues par son intermédiaire (réduction à moins de 95 % du taux de détention par l'entité mère non résidente, changement de régime fiscal, modification de la date de clôture de son exercice alors que la législation étrangère permet l'alignement sur celle du groupe).

40655
CGI art. 223 R
IS-V-17970 s

Conséquences de la sortie Les **résultats** de la société qui sort cessent d'être pris en compte dans le groupe au titre de l'exercice de sortie (la sortie intervenant toujours au premier jour de l'exercice au cours duquel se produit l'événement entraînant sortie, sauf cession des titres au dernier jour de l'exercice, voir n° 40260).

La filiale sortante ne peut pas déduire de ses résultats ultérieurs les **déficits et les moins-values à long terme** subis pendant l'intégration. Ceux antérieurs à l'intégration et non encore imputés restent en revanche reportables dans les conditions de droit commun. Il n'est pas possible à la filiale sortante d'opter pour le report en arrière d'un déficit ultérieur sur un bénéfice qui a été compris dans le résultat d'ensemble (CGI art. 223 E et 223 K).

Sauf si elle résulte d'une fusion soumise au régime spécial de l'article 210 A du CGI avec une autre société du groupe, ou une société intermédiaire ou, dans le cas d'une intégration horizontale, une société étrangère ou l'entité mère non résidente, la sortie entraîne par ailleurs la **réintégration** au résultat d'ensemble de l'exercice de sortie :
– des plus-values ou moins-values de cessions internes au groupe antérieurement neutralisées : voir n°s 40485 s. ;
– des subventions et abandons de créances ayant fait l'objet d'une neutralisation au titre d'un exercice ouvert avant le 1er janvier 2019 : voir n° 40455.

La sortie du groupe de la **société propriétaire** d'un bien ayant fait l'objet d'une cession intragroupe ou de l'une des **sociétés cédantes** permet la **déduction** du résultat d'ensemble des provisions pour dépréciation qui ont été réintégrées dans les conditions exposées n° 40430.

Régime des **acomptes d'IS** : voir n° 40595.

Sortie d'une société ayant, avant son entrée dans le groupe, opté pour le **régime spécial d'imposition des produits de la propriété industrielle** : voir n° 40495 précision a.

CESSATION DU RÉGIME DE GROUPE

40660
CGI art. 223 S
IS-V-17900 s

Cas de cessation **Deux situations** emportent cessation du régime de groupe et sortie de toutes les sociétés qui le composent :
– la société mère reste seule membre du groupe ;
– le groupe ne satisfait plus à l'une ou l'autre des conditions d'application du régime d'intégration fiscale. Par exemple : non-respect des règles de détention prévues à l'égard de la société mère (n° 40240), absorption, dissolution, certains cas de transfert à l'étranger, changement de régime fiscal de la société mère.

La cessation d'un groupe d'**intégration horizontale** doit également être constatée en cas de non-respect des conditions relatives à la détention de la société mère ou de l'entité mère non résidente (n° 40265), ou encore en cas d'absorption ou de dissolution de l'entité mère non résidente, de changement de régime fiscal de l'entité mère non résidente ou d'une société étrangère, ou lorsqu'une personne morale, autre que la société mère, opte pour en devenir société mère. Il n'y a en revanche pas cessation lorsque l'entité mère non résidente ou une société étrangère absorbe une société étrangère du même groupe, sous réserve que les conditions prévues pour former un groupe demeurent remplies (BOI-IS-GPE-50-10-20 n° 46).

Option pour une autre forme de groupe La **dénonciation** par une société mère **de l'option** pour le régime de l'intégration fiscale qu'elle a exercée n'entraîne pas la cessation de son groupe si elle formule une autre des options prévues pour former un groupe vertical, un groupe horizontal, un groupe combiné d'assurances mutuelles, un groupe bancaire mutualiste, ou un groupe d'établissements publics industriels et commerciaux (CGI art. 223 S). Cette mesure permet notamment le passage d'un groupe vertical à un groupe horizontal ou inversement. 40662

Conséquences de la cessation La dissolution d'un groupe prend **effet** à l'ouverture de l'exercice au cours duquel survient l'événement qui la provoque. 40665 CGI art. 223 R et 223 S **IS-V-18740 s**

Elle entraîne les mêmes **réintégrations** qu'en cas de sortie d'une société (n° 40655), mais ces réintégrations concernent tout le groupe et représentent le total des sommes à réintégrer au titre de chacune des sociétés du groupe. Ces réintégrations d'ensemble doivent être comprises par la société tête de groupe dans son propre résultat de l'exercice de fin de groupe.

Le **déficit** d'ensemble (ou la moins-value à long terme d'ensemble relevant du secteur d'imposition au taux réduit) subi par le groupe pendant la période d'intégration et encore reportable lors de sa dissolution appartient à l'ancienne société mère, qui peut l'imputer sur ses résultats de l'exercice de sortie et des exercices suivants dans les conditions de droit commun (n° 35905). De même, seule l'ancienne société mère peut reporter en arrière sur le bénéfice d'ensemble ses propres déficits postérieurs à la fin du groupe, dans les conditions de droit commun exposées n°s 35925 s.

Les **charges financières** nettes non déduites et la **capacité de déduction inemployée** (n° 40505), qui sont encore reportables à l'expiration de la période d'application du régime de groupe sont utilisables par l'ancienne société mère, sur ses résultats selon les modalités prévues pour les sociétés non membres d'un groupe (voir n° 35852 s.)

› Précisions La société mère qui procède à **l'absorption de toutes les filiales du groupe,** et de ce fait change d'activité, conserve le droit au report du déficit et de la moins-value à long terme d'ensemble relevant du taux réduit sauf pour la fraction qu'elle a elle-même transmise au groupe (fraction calculée exercice par exercice, en appliquant au déficit d'ensemble le rapport entre les déficits de la société mère et ceux de l'ensemble des sociétés déficitaires du groupe).

Opérations affectant la société mère 40667

a. Les conséquences de la cessation ne s'appliquent pas en cas d'**absorption,** à la suite d'une fusion placée sous le régime spécial prévu à l'article 210 A du CGI, **de la société mère par une autre société du groupe** qui exerce une option pour former un des groupes énumérés au n° 40662 (CGI art. 223 S, 7e al.). Dans cette situation, il n'est pas procédé à la réintégration au résultat d'ensemble ou à la plus-value ou moins-value nette à long terme d'ensemble des sommes qui devrait résulter de la sortie du groupe de la société mère (n° 40455 et n°s 40485 s.). Ces dernières sont comprises dans le résultat d'ensemble lors de la cessation du groupe formé par la société absorbante. En cas d'absorptions successives, également placées sous le régime spécial, de la société mère par un membre du groupe se constituant société mère, la réintégration des sommes est reportée à la cessation du groupe formé par la dernière société absorbante (CGI art. 223 R).

b. Lorsque **l'absorption de la société mère entraîne une cessation,** c'est à la société absorbante qu'il incombe de procéder aux réintégrations au titre de l'exercice de réalisation de la fusion. Elle peut imputer sur ces réintégrations, dans la limite de leur montant, le déficit d'ensemble ou la moins-value nette à long terme d'ensemble imposée au taux réduit dont dispose la société absorbée à la date d'effet de la fusion. Sort du reliquat éventuel : voir n° 40750. Si les réintégrations se traduisent par une perte, celle-ci est comprise dans le résultat (ou la plus-value nette à long terme taxable au taux réduit) de la société absorbante au titre de l'exercice de la fusion et ne vient pas s'ajouter au déficit d'ensemble (ou à la moins-value relevant du taux réduit) de l'ancien groupe (BOI-IS-GPE-50-30-10 n° 130, concernant la scission de la société mère mais transposable au cas d'une absorption). CGI art. 223 L, 6-c-3e al. **IS-V-19950 s**

En cas d'**absorption d'une entité mère non résidente** d'un **groupe horizontal** par une autre société qui remplit les conditions pour avoir le statut d'entité mère non résidente ou de société étrangère, ces réintégrations sont effectuées par la société mère du nouveau groupe, la société absorbante n'étant pas soumise à l'impôt sur les sociétés (CGI art. 223 L,

6-c-7e al.). Si, en revanche, l'absorbante est soumise à l'IS et forme un nouveau groupe avec les membres du groupe précédent, il lui incombe de réaliser les réintégrations de sortie.

CGI art. 223 L, 6-c et 6-d IS-V-21120 s IS-V-22290 s **c.** Régime analogue lorsque la cessation résulte de la **scission de la société mère** ou de l'**entité mère non résidente.** Les réintégrations de sortie sont opérées, et les déficits imputés, par les sociétés bénéficiaires des apports, chacune pour ce qui la concerne ou par la société mère du nouveau groupe.

d. Si le **capital de la société mère** ou de l'entité mère non résidente **vient à être détenu à 95 % au moins** par une autre personne morale soumise à l'impôt sur les sociétés dans les conditions visées nº 40240 ou nº 40265, ce dépassement entraîne cessation du groupe (sauf cas de simple dépassement temporaire en cours d'exercice : nº 40260). La cessation prend effet à la clôture de l'exercice du dépassement, par dérogation à la règle normale. La société mère doit néanmoins tirer les conséquences de la disparition future de son groupe et procéder aux réintégrations correspondantes au titre de l'exercice en cause. Le déficit (ou la moins-value relevant du taux réduit) d'ensemble est, le cas échéant, imputable sur ces réintégrations. Sort du reliquat éventuel : voir nº 40750.

e. En cas d'absorption, de scission ou de prise de contrôle à 95 % de la société mère ou de l'entité mère non résidente dans le cas d'une intégration horizontale, un dispositif particulier est prévu pour permettre la **constitution immédiate d'un nouveau groupe,** sans rupture dans l'application du régime : voir nos 40710 s.

RETRAIT D'UN ÉTAT DE L'UNION EUROPÉENNE OU DE L'EEE

40670 CGI art. 223 L, 6-k et 6-l Dans le cas où une société intermédiaire ou l'entité mère non résidente d'un groupe horizontal, ou une société étrangère de ce groupe, ne satisfait plus aux conditions d'éligibilité requises en raison du retrait de l'État, dans lequel elle est soumise à un impôt équivalent à l'impôt sur les sociétés, de l'Union européenne ou de l'accord sur l'EEE, elle est réputée remplir ces conditions jusqu'à la clôture de l'**exercice au cours duquel le retrait est survenu.**

En cas de perte de la qualité de **société intermédiaire,** la société mère doit ajouter au résultat d'ensemble de l'exercice de retrait les sommes dont la réintégration est prévue aux articles 223 F et 223 R du CGI du fait de la perte de cette qualité ou de la sortie du groupe des sociétés ne remplissant plus les conditions pour faire partie du groupe (CGI art. 223 L, 6-l).

Dans le cadre d'un **groupe horizontal,** une société étrangère établie hors de l'État de retrait et détenue directement ou indirectement par l'entité mère non résidente peut se substituer à cette dernière (établie dans l'État de retrait) si elle satisfait aux conditions requises (CGI art. 223 L, 6-k). Cette substitution n'entraîne pas la cessation du groupe, et la société mère n'a pas à exercer de nouvelle option pour le régime de groupe. En outre, les sociétés intermédiaires, les sociétés étrangères ou les sociétés qui remplissent encore les conditions pour être membres du groupe ne doivent pas formuler de nouvel accord. La société mère doit toutefois adresser à l'administration l'accord de la société étrangère pour cette substitution, au plus tard à l'expiration du délai de dépôt de la déclaration de résultat de l'exercice de retrait. La société mère ajoute au résultat d'ensemble de l'exercice au cours duquel le retrait est survenu les sommes dont la réintégration est prévue aux articles 223 F et 223 R du CGI du fait :

– de la perte de la qualité d'entité mère non résidente, de société étrangère, ou de société intermédiaire ;

– ou de la sortie du groupe des sociétés ne remplissant plus les conditions pour y appartenir.

SORTIE DE GROUPE LIÉE À UNE PROCÉDURE COLLECTIVE

40675 CGI art. 223 E IS-V-19000 s Lorsque les titres des filiales sont cédés dans le cadre d'une **liquidation judiciaire de la société mère** entraînant la cessation du groupe, ces filiales retrouvent la disposition de la fraction du **déficit** et de la **moins-value nette à long terme** d'ensemble encore reportables qu'elles ont transmises au groupe pendant l'intégration. Ce montant correspond à celui qui reste en report à la clôture de l'exercice précédant celui au cours duquel intervient la cession des titres. Il est donc déterminé avant prise en compte des réintégrations de sortie visées nº 40655. La part du déficit d'ensemble ou de la moins-value nette à long terme d'ensemble réallouée à chaque filiale sortante est imputable sur ses résultats et plus-values des exercices ultérieurs dans les conditions de droit commun. En ce qui concerne la possibilité de reconstituer immédiatement un nouveau groupe, voir nº 40790.

Le même dispositif s'applique dans le cas où une **filiale** fait l'objet d'une **procédure collective** et sort du groupe du fait de la cession de ses titres. La fraction du déficit d'ensemble reportable qui lui est allouée ne peut toutefois pas porter sur le déficit d'ensemble qui est susceptible d'être reporté en arrière par la société mère (nº 40565).

> **Précisions** **a.** Lorsque la société mère fait l'objet d'une procédure de sauvegarde ou de redressement judiciaire, le dispositif s'applique à condition que le **transfert de propriété des titres** des filiales intervienne dans les dix-huit mois suivant le jugement d'ouverture par le tri-

bunal de commerce. Aucun délai n'est fixé en cas de procédure de liquidation judiciaire.
b. En cas de procédure collective de la société mère, la **quotité des déficits** dont la filiale retrouve la disposition est égale pour chaque exercice au montant du déficit qu'elle a transmis au groupe, affecté du rapport entre, d'une part, le déficit d'ensemble de l'exercice et, d'autre part, la somme des déficits des sociétés du périmètre pris en compte pour la détermination du résultat d'ensemble de l'exercice. Ce dernier montant est majoré du déficit que la filiale aurait pu imputer sur son bénéfice en sortant du groupe au cours de l'exercice précédent (CGI ann. III art. 46 quater-0 ZJ bis, 3). Ce calcul implique de remonter jusqu'à l'exercice le plus ancien au titre duquel subsiste un déficit d'ensemble en instance de report. S'il ne peut être mené à son terme, il peut être interrompu d'un commun accord entre la société mère et la filiale cédée, qui perd alors le droit de récupérer ses déficits antérieurs (BOI-IS-GPE-60 n° 190). Les réintégrations de sortie sont imputées sur le déficit d'ensemble et la moins-value nette à long terme d'ensemble qui trouvent leur origine dans les résultats de la société mère et, le cas échéant, des filiales qui restent dans le groupe. Le solde éventuel est perdu.

6. RESTRUCTURATIONS DU GROUPE

a. Incidences possibles des restructurations sur le régime d'intégration

FUSIONS, SCISSIONS ET APPORTS PARTIELS D'ACTIF

40700 IS-V-19300 s

L'absorption, la confusion ou la scission d'une société du périmètre entraîne sa sortie du groupe, étant précisé que ces conséquences peuvent être atténuées si la société absorbante est membre du même groupe ou a la qualité de société intermédiaire ou, dans le cas d'une intégration horizontale, de société étrangère ou d'entité mère non résidente (nos 40455 et 40485). Une mesure spéciale est également prévue en cas d'absorption d'une société mère par une société du groupe (n° 40667). Un apport partiel d'actif à une société extérieure peut avoir des incidences sur le périmètre du groupe si l'opération réduit le taux de participation de la société mère sur une filiale (n° 40290).

En cas de fusion, confusion, scission ou apport partiel d'actif réalisé **entre sociétés du même groupe,** aucune plus-value d'apport n'est extériorisée dès lors que ces opérations sont obligatoirement transcrites aux valeurs comptables. Pour les fusions, confusions et les scissions, l'option pour le régime de faveur de l'article 210 A du CGI permet de reporter l'imposition des plus-values latentes sur les biens apportés (amortissables ou non) au moment de leur cession hors du groupe.

En ce qui concerne les apports partiels d'actif internes, les sociétés ont le choix entre l'application du régime prévu par l'article 210 B du CGI et le dispositif de neutralisation des plus-values de cessions intragroupe (n° 40470).

On notera par ailleurs que les opérations de fusion ou assimilées placées sous le régime de faveur ainsi que les opérations de cession peuvent se succéder en franchise d'impôt lorsqu'elles sont réalisées au sein du groupe, et ce quel que soit l'ordre dans lequel elles interviennent (voir n° 40485 en ce qui concerne le maintien de la neutralisation des plus-values intragroupe).

Dans le cas où l'apport concerne des **titres de participation** ou assimilés visés au n° 18770, l'application des règles de droit commun permet d'obtenir l'exonération de la plus-value à long terme constatée, comprenant le cas échéant les plus-values en report ou en sursis d'imposition, sous réserve de la taxation d'une quote-part de frais et charges (voir n° 40475). L'application du régime spécial des fusions présente néanmoins un intérêt si la cession des titres reçus est envisagée dans un délai de deux ans afin d'éviter la retaxation des dividendes antérieurement placés sous le régime mère-filles et l'imposition d'une plus-value à court terme.

CHANGEMENT D'OBJET SOCIAL OU D'ACTIVITÉ RÉELLE

Perte des déficits subis avant l'entrée dans le groupe par la société qui change d'activité : voir nos 38715 s. 40705

Pour la société mère, perte du droit au report du déficit et de la moins-value à long terme d'ensemble pour la fraction qu'elle a elle-même transmise au groupe, lorsqu'elle a absorbé toutes les filiales du groupe et a changé d'activité de ce fait (n° 40665, précisions).

b. Absorption, scission, prise de contrôle ou scission partielle et constitution d'un nouveau groupe

Un dispositif particulier est applicable en cas d'absorption, de scission, de scission partielle du groupe ou de prise de participation à 95 % au capital de la société mère. Il a pour but 40710 de favoriser la constitution d'un nouveau groupe en évitant toute interruption dans l'application du régime d'intégration. Il ne permet pas d'éviter la cessation du groupe initial (nº 40660), et donc notamment les réintégrations qui peuvent en découler, mais il comporte des mesures d'accompagnement qui en atténuent les conséquences.

Ce régime comporte des spécificités concernant les opérations de restructuration d'un groupe horizontal qui affectent la société mère ou l'entité mère non résidente.

CAS D'APPLICATION DU RÉGIME SPÉCIAL

40715 CGI art. 223 L, 6-c, et 223 I, 5 IS-V-19950 s

Absorption de la société mère La société qui absorbe une société mère d'un groupe peut **constituer un nouveau groupe** avec les filiales du groupe dissous dès l'ouverture de l'exercice de fusion si, avant ou du fait de cette fusion, elle remplit les conditions requises pour être tête de groupe (nº 40240 ou nº 40272). Si elle est déjà mère d'un groupe, elle peut donc **élargir** celui-ci aux filiales de l'ancien groupe.

N'ouvrent droit à création d'un nouveau groupe que les fusions dont la **date d'effet** est fixée au premier jour de l'exercice de la société absorbée en cours lors de l'opération. Lorsque la date d'effet de la fusion est antérieure à la date d'ouverture de l'exercice de la société absorbante, les opérations réalisées par la société absorbée entre la date d'effet de la fusion et l'ouverture de l'exercice de la société absorbante sont imposées au nom de la société absorbée, dans le cadre d'une déclaration distincte déposée par la société absorbante. Ces résultats ne peuvent pas être pris en compte pour la détermination du résultat d'ensemble du nouveau groupe.

La société absorbante doit exercer **l'option** pour le régime d'intégration ou, si elle est déjà mère d'un groupe, pour l'élargissement de son périmètre, au plus tard à l'expiration du délai prévu pour le dépôt de la déclaration de résultat. Ce délai est décompté de la date de réalisation de la fusion (date de la dernière assemblée générale approuvant l'opération). Cette option sera reconduite tacitement au terme d'un délai de cinq ans ou à l'expiration de l'option déjà exercée si l'absorbante est déjà mère d'un groupe. La nouvelle société mère doit fournir en annexe à l'option la liste des sociétés entrant dans son groupe ainsi que l'identité et l'accord des sociétés intermédiaires et, dans les groupes horizontaux, des sociétés étrangères et de l'entité mère non résidente.

ATTENTION

Ce dispositif est distinct de celui prévu en cas d'**absorption de la société mère par une société du groupe** (nº 40667) dès lors que dans cette dernière situation il n'y a pas de cessation du groupe et formation d'un nouveau groupe.

40720 **Absorption d'une entité mère non résidente ou d'une société étrangère**

Le dispositif décrit au nº 40715 s'applique aussi à l'absorption **par une personne morale passible de l'IS** d'une entité mère non résidente ou d'une société étrangère. La société absorbante peut, dès l'ouverture de l'exercice de fusion, former une nouvelle intégration horizontale ou verticale avec les sociétés du groupe précédemment constitué par la société mère que détient la société absorbée.

La continuité d'application du régime de groupe est également prévue lorsqu'une entité mère non résidente, ou une société étrangère (BOI-IS-GPE-50-10-20 nº 46), est absorbée **par une autre entité mère non résidente ou par une société étrangère.** Une société qui remplit les conditions peut alors se constituer société mère d'un groupe vertical ou horizontal, depuis l'ouverture de l'exercice de fusion, avec les sociétés membres du groupe horizontal qui cesse.

40725 CGI art. 223 L, 6-g, et 223 I, 7 IS-V-22790 s

Scission partielle du groupe La réalisation d'une scission partielle se décompose en plusieurs étapes. Dans un premier temps, une société mère **apporte,** sous le bénéfice du régime de l'article 210 B du CGI, les **titres** de certaines de ses filiales à une société tierce. Elle **répartit** ensuite les **titres reçus en rémunération** de cet apport entre ses associés, sous le bénéfice du régime de l'article 115, 2 du CGI (sur agrément prévu à l'article 115, 2 bis du CGI) si les conditions prévues sont respectées (nº 39600). La société bénéficiaire de l'apport peut alors **constituer un groupe** avec les filiales dont elle a recueilli le contrôle immédiatement après leur sortie du périmètre d'intégration de la société apporteuse, si elle remplit les conditions pour être tête de groupe à la clôture de l'exercice de réalisation de l'apport.

N'ouvrent droit au dispositif que les apports dont la **date d'effet** est fixée au premier jour de l'exercice des sociétés apportées en cours lors de l'opération.

La société bénéficiaire des apports doit exercer l'**option** pour le régime d'intégration au plus tard à l'expiration du délai de trois mois décompté de la date de réalisation de l'apport (date de la dernière assemblée générale approuvant l'opération), en respectant les modalités détaillées nº 40285.

Dans le cadre de l'**intégration horizontale,** ce dispositif s'applique en cas de **scission partielle** de **l'entité mère non résidente** qui, à la suite de l'opération, ne détient plus le capital de certaines sociétés membres du groupe (autres que la société mère) dans les conditions prévues nos 40265 s. Une société qui remplit les conditions à la clôture de l'exercice de l'apport peut, à compter de cet exercice, se constituer société mère d'un groupe (vertical ou horizontal) formé avec lesdites sociétés. La société bénéficiaire de l'apport peut par exemple devenir la nouvelle entité mère non résidente d'un groupe horizontal dès lors qu'une société soumise à l'IS satisfait aux conditions prévues pour prendre la tête de ce groupe (BOI-IS-GPE-50-40 n° 260).

Scission de la société mère Les **règles** prévues en cas d'**absorption** de la société mère sont également applicables lorsque celle-ci fait l'objet d'une scission placée sous le régime fiscal des fusions et opérations assimilées. 40730 CGI art. 223 L, 6-e, et 223 I, 5 IS-V-21050 s

Chaque société attributaire d'une partie des apports peut en conséquence former un nouveau groupe (ou élargir son propre groupe) avec les sociétés de l'ancien groupe dont les titres lui sont apportés. Chacun de ces nouveaux groupes prend effet à l'ouverture de l'exercice de scission.

La **particularité** en matière de scission est qu'il est nécessaire de distinguer, le cas échéant, la part qui revient aux différentes sociétés bénéficiaires des apports dans les réintégrations de sortie (n° 40655) et dans le déficit d'ensemble de l'ancien groupe.

Ces mesures s'appliquent, dans les **groupes horizontaux,** en cas de **scission de l'entité mère non résidente.**

Acquisition de 95 % au moins du capital de la société mère La société qui acquiert 95 % du capital de la société mère d'un groupe vertical ou horizontal peut, dès lors qu'elle remplit les conditions requises (n° 40240 ou n° 40272), **former un nouveau groupe** avec les sociétés membres du groupe dissous qui donnent leur accord ou, si elle est déjà mère d'un groupe, faire entrer celles-ci dans son propre groupe ; si cette société est filiale d'un groupe intégré, la société mère de ce dernier peut également élargir celui-ci aux sociétés de l'ancien groupe. 40735 CGI art. 223 L, 6-d, et 223 I, 5 IS-V-22050 s

La société cessionnaire peut également inclure dans le nouveau groupe une filiale contrôlée par la société rachetée mais qui ne faisait pas partie de son périmètre d'intégration (BOI-IS-GPE-50-20-20-10 n° 90).

Le nouveau groupe prend naissance dès l'ouverture de l'**exercice** suivant celui de la prise de contrôle, à condition que la nouvelle société mère exerce l'option pour le régime d'intégration, ou fasse connaître sa décision d'élargir son propre groupe, au plus tard à l'expiration du délai prévu pour le dépôt de la déclaration de résultat de l'exercice de la prise de contrôle. Cette option doit être accompagnée de la liste des sociétés entrant dans le groupe et de leur accord. Elle sera reconduite dans les mêmes conditions que l'option exercée par la société absorbante (voir n° 40715).

Dans le cas où la société mère est acquise à 95 % au moins par une **société ayant le statut de société intermédiaire** (n° 40250) et choisit de rejoindre le groupe formé ou élargi par la société qui la contrôle, son intégration dans ce groupe peut intervenir dès l'exercice suivant son acquisition ou ultérieurement (CGI art. 223 L, 6-i).

Acquisition de 95 % au moins du capital d'une entité mère non résidente ou d'une société étrangère Le dispositif décrit au n° 40735 s'applique également lorsque le capital de l'entité mère non résidente ou d'une société étrangère vient à être détenu à 95 % au moins **par une autre personne morale passible de l'IS,** directement ou indirectement par l'intermédiaire de sociétés également soumises à cet impôt. La personne morale qui a procédé à la prise de contrôle peut constituer un groupe vertical ou horizontal avec les sociétés qui composaient le groupe qui cesse, ou les faire entrer dans le groupe dont elle est déjà membre, depuis l'ouverture de l'exercice suivant l'acquisition. 40737

De même, lorsque la cessation du groupe horizontal résulte de l'acquisition de 95 % au moins du capital de l'entité mère non résidente, ou d'une société étrangère (BOI-IS-GPE-50-20-20-10 n° 350) par une société remplissant les conditions pour avoir la qualité d'**entité mère non résidente** ou de **société étrangère,** une société soumise à l'IS peut prendre la tête d'un groupe formé avec les sociétés membres du groupe horizontal qui cesse, ou les faire entrer dans le groupe dont elle est membre.

Passage d'un groupe vertical à un groupe horizontal Lorsque le **capital de la société mère** d'un groupe vertical est détenu ou vient à être détenu dans les conditions prévues pour les groupes horizontaux, elle peut entrer dans le groupe formé par la société mère d'un groupe horizontal (CGI art. 223 L, 6-j). L'option pour élargir le groupe préexistant doit être formulée au plus tard à l'expiration du délai de dépôt de la déclaration de résultat de l'exercice précédant celui au titre duquel elle est exercée. 40740

Une société mère d'un groupe vertical peut exercer l'**option pour un groupe horizontal** sans entraîner de cessation : voir n° 40662.

PORTÉE DU RÉGIME SPÉCIAL

40745 **Ajustement de la durée des exercices** La durée du premier exercice des sociétés du nouveau groupe peut être inférieure ou supérieure à douze mois, afin de permettre l'harmonisation des exercices des différentes sociétés (en cas de scission, chacun des nouveaux groupes peut clore son exercice à la date de son choix) (BOI-IS-GPE-50-30-20 n° 90). L'administration admet que cet ajustement de la durée du premier exercice ne fasse pas obstacle à ce que le groupe puisse par la suite, au cours de la période d'option, **modifier** la date d'arrêté des comptes des sociétés du groupe en application de la règle décrite n° 40295 (BOI-IS-GPE-50-30-20 n° 110).

S'il en résulte une **absence de bilan** au titre d'une année, pour l'une quelconque des sociétés du groupe, une déclaration provisoire du résultat d'ensemble doit être souscrite par la société mère, tenant compte, pour chacune des sociétés du groupe, des opérations réalisées depuis le début de leurs exercices respectifs jusqu'au 31 décembre.

Lors de la notification de l'option, la mère doit préciser la durée du premier exercice du nouveau groupe et la durée de l'exercice de chaque société membre.

40750 **Imputation du déficit de l'ancien groupe** Lorsque le groupe disparu dispose d'un déficit (ou d'une moins-value nette à long terme relevant du taux réduit) d'ensemble encore reportable à la date d'effet de l'opération (fusion, scission ou prise de contrôle), ce déficit s'impute en **priorité sur les réintégrations** résultant de la cessation. En cas de scission, cette imputation s'opère au niveau des sociétés bénéficiaires des apports après répartition entre elles des réintégrations et des déficits.

Le **reliquat** subsistant, le cas échéant, après cette imputation tombe en non-valeur, sauf **transfert** par voie d'agrément aux sociétés bénéficiaires des apports (CGI art. 223 I, 6). Le transfert est autorisé à condition que l'opération soit soumise au régime spécial, soit justifiée du point de vue économique et obéisse à des motivations principales autres que fiscales. En outre, les déficits transmis ne doivent pas provenir de la gestion d'un holding financier ou de la gestion d'un patrimoine immobilier. L'activité à l'origine des déficits ne doit pas avoir subi de changements significatifs, selon les critères précisés n° 39570, pendant la période au cours de laquelle ces déficits ont été constatés et elle doit être poursuivie au sein du nouveau groupe pendant un délai minimum de trois ans en respectant les critères précités. L'agrément ne peut porter que sur la part du déficit d'ensemble qui provient de l'ancienne société mère (dans les conditions prévues au n° 39570) et sur celle qui provient des filiales de l'ancien groupe qui ont été sélectionnées pour le dispositif de l'imputation sur une base élargie exposée ci-après n° 40755.

Pour les fusions réalisées à compter du 1er janvier 2020, l'agrément n'est pas requis lorsque le montant cumulé des déficits, des charges financières non déduites et de la capacité de déduction inemployée (n° 40505) transférés est inférieur à 200 000 €, qu'il provient de la société absorbée ou des sociétés membres de l'ancien groupe sélectionnées pour le dispositif d'imputation du déficit sur une base élargie et que les autres conditions prévues par l'article 209, II-2 du CGI sont remplies (voir n° 39555) (Loi 2019-1479 du 28-12-2019 art. 53).

Contrairement à la fusion ou à la scission, la **prise de contrôle à 95 %** laisse subsister la société mère de l'ancien groupe. S'il existe un déficit d'ensemble reportable à la clôture de l'exercice de cessation (après réintégrations de sortie), c'est donc cette société qui en est titulaire et qui peut l'imputer sur ses bénéfices propres. Lorsque cette imputation n'est pas possible, le déficit est imputable sur la base élargie comme indiqué ci-après. En l'occurrence, il n'y a pas de transfert de déficit ; aucun agrément n'est donc nécessaire.

En cas de **scission partielle,** voir n° 40755.

40755 **Imputation du déficit sur une base élargie** Le déficit transféré à la nouvelle société mère à la suite de l'absorption, de l'acquisition à 95 % au moins, de la scission ou de la scission partielle de la société tête de groupe peut être imputé sur les résultats des filiales passées de l'ancien au nouveau groupe lorsqu'il n'a pas pu être utilisé pour effacer le bénéfice de la nouvelle société mère dans les conditions qui régissent les déficits nés avant l'intégration (n° 40387).

CGI art. 223 I, 5
IS-V-20690 s

Le montant ainsi imputable est déterminé en appliquant au déficit restant à reporter après compensation avec les réintégrations de sortie le rapport existant, pour chaque exercice, entre les déficits des sociétés sélectionnées à cet effet et les déficits totaux ; il ne peut excéder le montant dont le transfert a été admis, le cas échéant, par agrément (CGI ann. III art. 46 quater-0 ZJ bis, 1). En cas de scission, ce calcul prend en compte bien entendu, pour chaque nouveau groupe, la part de déficits qui lui est attribuée. En cas de **scission partielle** (n° 40725), le transfert est autorisé dans les mêmes conditions que celles exigées pour la fusion, étant précisé qu'il ne peut porter que sur la part du déficit d'ensemble provenant des sociétés apportées et imputable sur une base élargie. Le déficit transféré sur agrément n'est pas affecté par les réintégrations liées à la sortie des filiales transférées : l'administration considère en effet que ces déneutralisations sont imputées sur le déficit d'ensemble dont le groupe apporteur reste titulaire (BOI-SJ-AGR-20-30-10-20 n° 260).

L'imputation du déficit de l'ancien groupe sur une base élargie est opérée dans les limites et conditions prévues au 3e alinéa de l'article 209, I du CGI (n° 35905), c'est-à-dire dans la **limite** de 1 M€, majorée de 50 % du bénéfice d'imputation excédant ce seuil. Le solde de déficit excédant ce plafond pourra être imputé sur une base élargie au titre des exercices suivants, dans la même limite. Selon le tribunal administratif de Montreuil, le mécanisme d'imputation sur une base élargie peut se cumuler avec celui relatif à l'imputation des déficits propres antérieurs à l'intégration (CGI art. 209, II et 223 I, 1-a) et avec celui concernant l'imputation du déficit d'ensemble (CGI art. 223 C). Le plafond susvisé, auquel chacune de ces dispositions renvoie, s'applique pour chaque mécanisme d'imputation de déficit mais lorsque l'un de ces mécanismes a été appliqué, le montant de bénéfice imposable à retenir pour le calcul de ce plafond doit être minoré des montants de déficit déjà imputés (TA Montreuil 19-4-2018 n° 1703586 : RJF 8-9/18 n° 835).

La **base d'imputation élargie maximale** pour un exercice est égale au total des bénéfices de la société nouvelle tête de groupe et des filiales de l'ancien groupe (ou, en cas de scission partielle, du groupe apporteur) qui font partie du nouveau groupe et qui ont été sélectionnées pour l'application du dispositif, même si certaines n'ont pas contribué au déficit transféré. Ces bénéfices sont déterminés dans les conditions prévues pour l'imputation des déficits antérieurs à l'intégration (n° 40387).

En cas de **sortie du nouveau groupe** d'une filiale de l'ancien groupe qui avait contribué à la formation du déficit d'ensemble imputable sur une base élargie, le déficit encore reportable réputé provenir de cette société tombe en non-valeur. Ce déficit est calculé de façon favorable, en considérant que les déficits déjà imputés correspondent à ceux de la filiale sortante ; il vient en diminution du déficit reportable le plus ancien. L'imputation du déficit peut toutefois être poursuivie lorsque la sortie de la filiale résulte de son **absorption** par une autre société du groupe placée sous le **régime spécial** de l'article 210 A du CGI. Cette règle s'applique également en cas d'absorption d'une ancienne **société mère** précédemment acquise à 95 %. Le déficit de **l'ancien groupe** dont elle était titulaire demeure imputable sur une base élargie lorsqu'il est transféré sur agrément à la société du nouveau groupe qui l'absorbe (CGI art. 223 R). **40757**

Le dispositif d'imputation des déficits sur une base élargie s'applique suivant les modalités précisées n° 40755 en cas d'**absorption, scission ou scission partielle** de la société mère d'un **groupe horizontal.** L'administration accepte également sa mise en œuvre lorsqu'une telle opération de restructuration affecte l'**entité mère non résidente** ou une **société étrangère** et entraîne la cessation du groupe horizontal. En cas d'absorption ou de scission, le déficit d'ensemble est alors transmis à l'ancienne société mère et imputable sur une base élargie à la condition que l'ancienne société mère fasse partie du nouveau groupe (BOI-IS-GPE-50-10-30 n° 380 et BOI-IS-GPE-50-30-30 nos 270 s.), sans que l'obtention d'un agrément soit nécessaire. En cas de scission partielle, une fraction du déficit d'ensemble du groupe horizontal dissous peut être transférée à l'entité bénéficiaire de l'apport lorsque celle-ci est soumise à l'IS et forme un nouveau groupe ou élargit un groupe préexistant (BOI-IS-GPE-50-40 n° 290). **40760**

L'imputation sur une base élargie du déficit d'ensemble en instance de report s'applique également à la suite de différentes opérations de **prise de contrôle** affectant un **groupe horizontal.** Tel est le cas à la suite de l'acquisition de 95 % au moins du capital de la société mère ou de l'entité mère non résidente, ou lorsqu'une société mère devient membre du groupe formé par une société qui opte pour se constituer à sa place société mère de son groupe. Il peut également être mis en œuvre si la société mère entre dans un autre groupe parce qu'elle est détenue ou vient à être détenue par une société intermédiaire ou encore lorsque la société mère d'un groupe vertical entre dans un groupe horizontal parce qu'elle est détenue ou vient à être détenue dans les conditions prévues pour l'intégration horizontale.

EXEMPLE **40765**

L'année N, une société H absorbe un groupe constitué de la société mère A et des filiales A1, A2 et A3, et constitue un nouveau groupe à partir du 1er janvier N.

Au 31-12 de N – 1, le groupe A dispose d'un déficit d'ensemble reportable de 34 000 € se décomposant comme suit :

Exercice d'origine	A	A1	A2	A3	Total
N – 3	– 10 000	+ 5 000	– 1 500	– 6 000	– 12 500
N – 2	– 3 000	+ 500	+ 100	+ 200	– 2 200
N – 1	– 2 000	– 15 000	– 800	– 1 500	– 19 300
					– 34 000

La société H envisage de manière certaine la cession des titres de A3 à une société extérieure au groupe au cours de l'exercice N + 1 et ne souhaite donc pas retenir cette société pour l'imputation du déficit sur une base élargie. On suppose que les réintégrations liées à la cessation du groupe A s'élèvent à 500.

1. Imputation sur les réintégrations. Le déficit d'ensemble au titre de N – 3 est imputé en premier lieu sur les réintégrations. Reliquat : 12 500 – 500 = 12 000.

2. Imputation sur une base élargie. H demande l'agrément visant à obtenir le transfert de la part du déficit d'ensemble provenant de A, A1 et A2.

– Fraction du déficit d'ensemble de N – 3 susceptible d'être transférée à H : 12 000 × (11 500 / 17 500) = 7 886.

Part correspondant à A : 7 886 × (10 000 / 11 500) = 6 857.

Part correspondant à A2 : 7 886 × (1 500 / 11 500) = 1 029.

– Déficit d'ensemble de N – 2 (2 200) imputable en totalité.

– Déficit d'ensemble de N – 1 susceptible d'être transféré à H : 19 300 × (17 800 / 19 300) = 17 800.

Part correspondant à A : 17 800 × (2 000 / 17 800) = 2 000.

Part correspondant à A1 : 17 800 × (15 000 / 17 800) = 15 000.

Part correspondant à A2 : 17 800 × (800 / 17 800) = 800.

40767 CGI art. 223 I, 6

Charges financières En cas d'absorption ou de scission de la société mère, les **charges financières nettes non déduites** et la **capacité de déduction inemployée** (n° 40505) peuvent, sous réserve de l'obtention d'un agrément délivré dans les conditions indiquées n° 40750 (cet agrément n'étant toutefois pas requis, sous certaines conditions, pour les fusions réalisées à compter du 1er janvier 2020), être transférées au profit de la ou des sociétés bénéficiaires des apports et être utilisées dans les conditions indiquées n° 40505.

40770 CGI art. 223 L, 6-c-4e al.

Paiement des acomptes d'IS Au titre de l'année ou de l'exercice d'entrée dans le nouveau groupe après **absorption** ou **scission de l'ancienne société mère,** les acomptes d'IS dus par les sociétés membres de l'ancien groupe passées sans transition dans le nouveau groupe – à l'exception donc de celles qui y sont entrées à l'ouverture de l'exercice de fusion ou scission – sont acquittés par la société mère absorbante ou bénéficiaire des apports (et non par les filiales comme il est de règle). En cas de **scission partielle,** il convient d'appliquer la règle prévue pour la sortie de groupe (n° 40595, précision d).

L'administration admet qu'en cas de **prise de contrôle à 95 %,** le paiement des acomptes d'IS soit fait par la société mère de l'ancien groupe, qui se substitue ainsi aux sociétés de cet ancien groupe qui font partie du nouveau groupe (BOI-IS-GPE-50-20-20-10 n° 270).

7. CRÉATION D'UN NOUVEAU GROUPE APRÈS LIQUIDATION DE LA SOCIÉTÉ MÈRE

40790 CGI art. 223 L, 6-h **IS-V-19200 s**

Les filiales du groupe dont les titres sont cédés dans le cadre de la procédure collective de la société mère peuvent constituer un nouveau groupe dès l'ouverture de l'exercice au titre duquel elles ont cessé de faire partie de l'ancien groupe. La société mère du nouveau groupe peut être une filiale de l'ancien groupe ou une société extérieure (qu'il s'agisse de la société cessionnaire des titres ou de la société qui la détient à 95 % au moins) (BOI-IS-GPE-60 nos 250 et 260). La filiale cédée dans ces circonstances peut également constituer un groupe horizontal avec les sociétés qu'elle détient à 95 % au moins et celles détenues par l'entité mère non résidente dans les conditions prévues au nos 40265 s.

La société mère du nouveau groupe doit exercer l'**option** pour le régime de groupe (ou, si elle est déjà mère, pour l'élargissement de son périmètre), dans un délai de trois mois à compter de la date de transfert de propriété des titres. Elle doit également fournir la liste des sociétés entrant dans son groupe et, s'il y a lieu, celle des sociétés intermédiaires, des sociétés étrangères et de l'entité mère non résidente, accompagnée de leur accord. La **durée** du premier **exercice** du nouveau groupe doit être précisée lors de la notification de l'option : elle peut être inférieure ou supérieure à douze mois, afin de permettre l'harmonisation des exercices des différentes sociétés.

Les **déficits** et les **moins-values nettes à long terme** réalloués aux filiales selon les modalités exposées nº 40675 ont la nature de déficits et moins-values antérieurs à l'intégration et ne sont donc pas imputables sur le résultat d'ensemble (nº 40385).

8. CONTRÔLE ET PÉNALITÉS

Les résultats de **chaque société** sont vérifiés dans les conditions habituelles et c'est à l'égard de chaque société que s'exerce la procédure de rectification. Toutefois, afin de faciliter la constatation sur le résultat d'ensemble des conséquences des rehaussements apportés au résultat des filiales, l'administration est autorisée à soumettre la société **tête de groupe,** si besoin est, à une seconde vérification de comptabilité. **40810** CGI art. 1727, II-4 LPF art. L 51 et L 169 **IS-V-23200 s**

Lorsqu'un **déficit (ou une moins-value) d'ensemble subi en période prescrite** est imputé sur le bénéfice d'ensemble d'un exercice non prescrit, l'administration est également autorisée, en vertu d'une disposition spéciale, à remettre en cause les résultats individuels, positifs ou négatifs, des sociétés du groupe, qui ont concouru à la détermination du déficit ou de la moins-value d'ensemble imputés. Cette faculté vaut également, après disparition du groupe, en cas d'imputation du déficit (ou de la moins-value) d'ensemble sur les résultats de l'ancienne société mère.

Du fait de l'intégration, la société tête de groupe supporte seule, au regard des droits et pénalités, les conséquences des **rectifications** apportées aux résultats de ses filiales au titre des exercices au cours desquels celles-ci ont été membres du groupe. Ainsi, la proposition de rectification adressée à la filiale interrompt la prescription à l'égard de la société mère du groupe (CE 13-12-2013 nº 338133 : RJF 3/14 nº 231).

ATTENTION

L'absence de déclaration de son résultat par une société membre ne peut, à elle seule, faire obstacle à sa prise en compte dans la détermination du résultat d'ensemble (CE 31-3-2017 nº 393253 : RJF 6/17 nº 540).

À l'issue de la vérification, l'administration doit indiquer, selon la règle générale, le montant des droits et pénalités résultant des rectifications. Dans le cas des sociétés membres d'un groupe, cette information ne porte que sur le montant des impôts et pénalités correspondantes dont la société vérifiée serait redevable en l'absence de son appartenance à un groupe (LPF art. L 48, 2e al.). Dans le cas où c'est la mère intégrante qui est contrôlée, la proposition de rectification qui lui est en outre adressée en sa qualité de tête de groupe doit l'informer des conséquences des rehaussements sur le résultat d'ensemble sans autre obligation (CE 19-11-2008 nº 298728 : RJF 2/09 nº 115). **40812**

Après achèvement de la procédure de rectification, l'administration adresse à la tête de groupe un document l'informant du montant global par impôt des droits, pénalités et intérêts de retard dont elle est redevable. L'**avis de mise en recouvrement** fait référence à ce document (LPF art. R 256-1), mais l'absence de cette référence n'entraîne pas la décharge des droits et pénalités mis en recouvrement (CAA Nantes 17-1-2019 nº 17NT01944 : RJF 5/19 nº 422). Le Conseil d'État a jugé qu'avant la mise en recouvrement, la société mère doit être informée par une référence aux procédures de rectification qui ont été menées avec les filiales et un tableau chiffré qui en récapitule les conséquences sur le résultat d'ensemble. Il n'est pas nécessaire de reprendre l'exposé de la nature des motifs et des conséquences de chacun des chefs de rectification concernés (CE 7-2-2007 nº 279588 : RJF 4/07 nº 407 ; CE 2-6-2010 nº 309114 : RJF 8-9/10 nº 784). L'information donnée à la société mère doit toutefois comporter, en ce qui concerne les pénalités, l'indication de leur montant et des modalités de détermination mises en œuvre par l'administration (CE 13-12-2013 nº 338133 : RJF 3/14 nº 231). Si le document d'information est émis concomitamment avec l'avis de mise en recouvrement, ce dernier est irrégulier (TA Montreuil 1-12-2016 nº 1510172 : RJF 3/17 nº 222). En revanche, il importe peu que le document d'information parvienne à la société mère avant que la société contrôlée ne reçoive la proposition de rectification (CE 15-2-2019 nº 407694 : RJF 5/19 nº 421). Le défaut d'information de la société mère entraîne la décharge des impositions (CE 21-10-2011 nº 325619 : RJF 1/12 nº 16). Après paiement d'une imposition par la mère en sa qualité de redevable de l'impôt pour le groupe, la filiale ne peut contester le bien-fondé de l'imposition que si elle est titulaire d'un mandat régulier l'autorisant à agir pour le compte de la société mère (CE 10-6-2013 nº 337137 : RJF 10/13 nº 974). En revanche, lorsque la **réclamation** tend au rétablissement du résultat déficitaire d'une société membre, tant la société mère que cette société membre du groupe peuvent, en l'absence d'imposition supplémentaire mise à la charge de la société mère, contester la rectification de ce résultat déficitaire (CE 21-2-2018 nº 403988 : RJF 5/18 nº 539).

En l'absence de disposition particulière, les **pénalités** exigibles sont celles qui résultent des infractions commises individuellement par les sociétés vérifiées. Pour l'application de la tolérance prévue à l'article 1727 du CGI (nº 80030), l'insuffisance des chiffres déclarés s'apprécie au niveau de chaque société (CGI art. 1727, II-4). Cette règle s'applique y compris lorsque la **40815** filiale vérifiée est déficitaire et le reste à l'issue du contrôle. Les **intérêts de retard** dont est redevable la mère intégrante sont calculés sur le rehaussement du bénéfice d'ensemble qui résulte de la réduction du déficit de la filiale contrôlée (CE 2-6-2010 n° 309114 : RJF 8-9/10 n° 784). Dans le cas où le résultat de certaines filiales fait l'objet d'un rehaussement alors que celui d'autres membres du groupe est réduit à l'issue du contrôle, l'intérêt de retard est appliqué au supplément d'impôt sur les sociétés résultant de la correction du résultat d'ensemble (TA Cergy-Pontoise 18-2-2010 n° 06-4085 : RJF 10/10 n° 883).

ATTENTION

Selon le tribunal de Paris, le **décompte de l'intérêt de retard** s'arrête à la date de la proposition de rectification régulièrement adressée à la société vérifiée, qui interrompt la prescription à l'égard de la mère intégrante (TA Paris 11-6-2008 n° 03-5260 : RJF 12/08 n° 1307). Mais pour la cour de Versailles, il convient de retenir la date de la proposition de rectification notifiée à la société tête de groupe (CAA Versailles 28-5-2019 n° 17VE03964 : RJF 11/19 n° 1021).

II. RÉGIME DES SOCIÉTÉS MÈRES ET FILIALES

40850 CGI art. 145 et 216 IS-V-200 s

Ce régime optionnel, qui peut se combiner avec le régime d'intégration fiscale étudié ci-dessus, permet aux sociétés mères de bénéficier de l'exonération des dividendes reçus de leurs filiales, sous réserve de la taxation d'une quote-part de frais et charges (n° 40970). Il évite que les bénéfices des filiales ne soient soumis à une double imposition à l'IS, d'abord au niveau de la filiale puis, lors de leur distribution, au niveau de la société mère.

40855 L'administration peut écarter le régime des sociétés mères lorsque les produits des titres de participation sont distribués dans le cadre d'un montage ou d'une série de montages qui, mis en place avec pour objectif principal ou un de leurs objectifs principaux d'obtenir un avantage fiscal allant à l'encontre de l'objet ou de la finalité de droit applicable, ne sont pas authentiques compte tenu de l'ensemble des faits et circonstances pertinents (**clause anti-abus générale** : voir n° 35810).

L'**objectif** du régime des sociétés mères et filiales, en cherchant à supprimer ou à limiter la succession d'impositions susceptibles de frapper les produits que les sociétés mères perçoivent de leurs participations dans des sociétés filles et de ceux qu'elles redistribuent à leurs propres actionnaires, est de favoriser l'implication des sociétés mères dans le développement économique des sociétés filles pour les besoins de la structuration et du renforcement de l'économie française (CE 23-6-2014 n° 360708 et n° 360709 : RJF 10/14 n° 925 ; BOI-IS-BASE-70 n° 30).

L'application du régime des sociétés mères et filiales peut par ailleurs être remise en cause sur le fondement de la procédure de répression des **abus de droit** (n° 79185) en présence d'actes fictifs ou de montages mis en place dans un but exclusivement fiscal. L'abus de droit peut être caractérisé lorsque le motif autre que fiscal apparaît négligeable et sans commune mesure avec l'avantage fiscal retiré de l'opération (CE 17-7-2013 n° 352989 : RJF 11/13 n° 1064 ; BOI précité n° 80).

› Précisions Le Conseil d'État a ainsi refusé l'exonération des dividendes distribués par une **filiale ayant cessé toute activité,** dont l'actif était uniquement constitué de trésorerie, en s'appuyant sur l'objectif du législateur consistant à favoriser l'implication des sociétés mères dans le développement économique des filiales (CE 17-7-2013 précité). Il a par ailleurs jugé qu'était constitutive d'un abus de droit l'acquisition d'une filiale réalisée dans le but exclusivement fiscal de bénéficier du régime mère-fille à raison de sommes qui, sans l'interposition de cette filiale, **auraient été taxées en France comme des intérêts** (CE 11-5-2015 n° 365564 : RJF 8-9/15 n° 718).

1. CHAMP D'APPLICATION DU RÉGIME SPÉCIAL

SOCIÉTÉS ET ORGANISMES BÉNÉFICIAIRES

40900 CGI art. 145 IS-V-550 s

Les **sociétés mères** bénéficiaires du régime spécial sont les personnes morales ou organismes soumis de plein droit ou sur option à l'**impôt sur les sociétés au taux normal** (voir nos 36065 s.) sur tout ou partie de leur activité.

Les **PME** qui relèvent de l'IS au taux réduit de 15 % sur une fraction de leur bénéfice (n° 36085) peuvent avoir le statut de société mère (BOI-IS-BASE-10-10-10-10 n° 110).

Il en est de même des **sociétés étrangères** disposant d'un établissement stable en France, pour les titres inscrits au bilan fiscal de cet établissement soumis à l'impôt sur les sociétés (BOI précité n° 90). En revanche, les **sociétés de personnes** non soumises à l'impôt sur les sociétés sont exclues du régime (CE 24-11-2014 n° 363556 : RJF 2/15 n° 102).

› Précisions Les **sociétés en commandite simple** peuvent bénéficier du régime, pour l'ensemble de leurs bénéfices si elles optent pour le régime des sociétés de capitaux ou, en l'absence d'une telle option, pour la part des bénéfices correspondant aux droits des commanditaires et à ceux des associés autres que ceux indéfiniment responsables ou dont les noms sont inconnus de l'administration (CE 27-11-2019 n° 405496 : RJF 2/20 n° 100 ; BOI-IS-BASE-10-10-10-10 n° 80 et 90). Peuvent également bénéficier de ce régime les **organismes sans but lucratif** qui satisfont à la condition d'assujettissement à l'IS au taux normal (BOI précité n° 120), ce qui exclut ceux qui bénéficient des taux réduits prévus pour l'application de l'article 206, 5 du CGI (n° 89700).

FILIALES DISTRIBUTRICES

Le régime spécial s'applique quelle que soit la **forme juridique** de la filiale distributrice. Il est également indépendant du **lieu d'implantation** de son siège social (distributions effectuées par les sociétés établies dans des **États ou territoires non coopératifs,** voir n° 40965). **40905** IS-V-620 s

Ne peuvent constituer des filiales pour l'application du régime les **sociétés de personnes** qui n'ont **pas opté pour leur assujettissement à l'impôt sur les sociétés,** dont les résultats sont imposés au nom de leurs membres (BOI-IS-BASE-10-10-10-10 n° 150).

Le régime des sociétés mères n'est applicable qu'aux **participations qu'une société détient directement** dans une autre société. Des titres détenus par une société française dans une sous-filiale américaine par l'intermédiaire d'un general partnership soumis à un régime de transparence fiscale aux États-Unis ne constituent pas une participation éligible à ce régime (CE 24-11-2014 n° 363556 : RJF 2/15 n° 102).

NATURE DES TITRES CONCERNÉS

Les titres détenus par la mère doivent revêtir la forme nominative ou être déposés ou inscrits dans un compte tenu par un intermédiaire habilité à recevoir des titres au porteur. Une liste des intermédiaires habilités est établie à l'article 145, 1-a du CGI. Ces intermédiaires peuvent être établis en France ou hors de France, sous certaines conditions. Les titres doivent être détenus en **pleine propriété** ou en **nue-propriété.** **40910** CGI art. 145, 1-a et b IS-V-800 s

Ceux détenus en **usufruit** sont exclus du régime, alors même que la société a obtenu contractuellement la jouissance des droits de vote qui y sont attachés (CE 20-2-2012 n° 321224 : RJF 5/12 n° 454). Cette exclusion s'applique même si la société détient par ailleurs au moins 5 % des titres de la société cible en pleine propriété (CE 23-3-2012 n° 335860 : RJF 7/12 n° 688).

Les titres ayant fait l'objet d'une **remise en garantie** (n° 19085) ainsi que ceux **mis en pension** (n°s 19080 s.) ne peuvent être pris en compte par aucune des deux sociétés parties à l'opération pour l'application du régime.

Il en est de même des **titres prêtés** (n° 19085), la cour administrative d'appel de Versailles considérant toutefois que cette exclusion ne concerne pas ceux qui sont susceptibles de faire l'objet, pendant la durée du prêt, du détachement d'un droit à dividendes (CAA Versailles 15-10-2019 n° 17VE02377 : RJF 1/20 n° 12).

NIVEAU DE PARTICIPATION REQUIS

Les titres de participation, détenus en pleine propriété ou en nue-propriété, doivent représenter au moins **5 % du capital** de la société émettrice ou au moins 2,5 % du capital et 5 % des droits de vote de la société émettrice lorsque la **société mère** est **contrôlée par un ou plusieurs organismes à but non lucratif** mentionnés à l'article 206, 1 bis du CGI (n° 89460). **40915** CGI art. 145, 1-b IS-V-1150 s

Ce pourcentage est apprécié à la date de **mise en paiement du dividende,** c'est-à-dire à la date de sa mise à disposition de l'associé. Cette condition tenant au pourcentage de détention n'a pas à être satisfaite de manière continue sur une période de deux ans (voir n° 18770, précision j).

Lorsque, à la date de mise en paiement des dividendes, le pourcentage de participation est inférieur à 5 % du fait de la levée d'options de souscription d'actions par les salariés (n°s 88780 s.), le régime spécial demeure applicable si ce pourcentage est de nouveau atteint à la suite de la première augmentation de capital et au plus tard dans les trois ans suivant la date de sa mise en paiement des dividendes.

› Précisions **a.** Lorsqu'une société détient ses **propres actions,** ces titres sont pris en compte pour le calcul du pourcentage de participation de chaque actionnaire (BOI-IS-BASE-10-10-10-20 n° 90).

b. Par exception, aucun pourcentage minimal de participation n'est exigé dans les cas suivants, lorsque le prix de revient des participations, apprécié individuellement ou collectivement, est au moins égal à 22,8 M€ (CGI art. 145, 9) :

– participations détenues par les entités locales de certains **groupes bancaires mutualistes** (crédit agricole, crédit mutuel, caisses d'épargne et banques populaires) dans les organes de niveau supérieur ;

– participations détenues par les **sociétés anonymes coopératives d'intérêt collectif** pour l'accession à la propriété (Sacicap) dans le Crédit immobilier de France développement et les établissements de crédit sur lesquels il exerce un contrôle.

c. Conséquences du **transfert de titres en fiducie** sur l'appréciation du niveau de participation détenu par le constituant : voir n° 90880.
d. Pour l'appréciation du pourcentage de capital requis, les titres représentatifs du capital de la filiale sont retenus qu'ils soient ou non assortis de **droits de vote.** Ainsi, le régime s'applique dès lors que la société mère détient 5 % du capital de sa filiale, même si le pourcentage de droits de vote est inférieur à 5 % (CE 5-11-2014 n° 370650 : RJF 1/15 n° 9), notamment en raison de droits de vote double octroyés à d'autres actionnaires (CE 3-12-2014 n° 363819 : RJF 3/15 n° 191).

2. PRODUITS EXONÉRÉS

40950 CGI art. 216 IS-V-2000 s Lorsqu'ils bénéficient du régime, les produits de filiales ne donnent lieu qu'à l'imposition d'une quote-part forfaitaire de frais et charges. Les crédits d'impôt attachés à des revenus de source étrangère ne peuvent faire l'objet d'aucune imputation sur l'impôt sur les sociétés (n° 36115).

TITRES CONCERNÉS

40955 Lorsque la société mère remplit la condition de détention (voir n° 40915), la totalité des **dividendes** perçus peut bénéficier de l'exonération, que les titres soient pourvus ou dépourvus de **droit de vote** (actions de préférence, actions à dividende prioritaire, certificats d'investissement et actions d'autocontrôle).

En cas de **démembrement de titres,** le nu-propriétaire peut bénéficier de l'exonération, dans le cas particulier où il perçoit des dividendes.

Produits des titres transférés en **fiducie** : n° 90880.

NATURE DES PRODUITS CONCERNÉS

40960 L'exonération s'applique à tous les **produits** qui trouvent leur origine dans les résultats que dégagent les filiales et dont le versement à la société mère procède des **droits attachés aux participations** détenues dans lesdites filiales. Outre les dividendes annuels, et, dans leur totalité, les acomptes sur dividendes, même si leur montant est supérieur à celui du résultat et des réserves distribuables constaté à la clôture de l'exercice (CE 12-4-2019 n° 410315 : RJF 7/19 n° 634), sont donc concernés : le boni de liquidation, les distributions de réserves, les sommes allouées à titre de partage partiel ou de rachat de droits sociaux, les avances, prêts ou acomptes consentis aux associés lorsque ces sommes constituent des revenus distribués au sens de l'article 111, a du CGI, ainsi que les intérêts excédentaires versés à la société mère et réintégrés dans le bénéfice imposable de la filiale en vertu des dispositions de l'article 39, 1-3°-al. 1 du CGI (BOI-IS-BASE-10-10-20 n° 30).

PRODUITS EXCLUS

40965 CGI art. 145, 6 Sont exclus du régime de faveur :
– la **rémunération de l'activité des administrateurs** (anciennement dénommée jetons de présence) ou **l'avantage consenti** par la filiale à la mère en lui cédant à prix minoré des titres d'une tierce société (CE 6-6-1984 n° 35415 et 36733 : RJF 8-9/84 n° 940) ;
– les produits perçus dans la proportion où les **bénéfices distribués** sont **déductibles** des résultats de la filiale distributrice ;
– les distributions effectuées par les sociétés établies dans des **États ou territoires non coopératifs** définis n° 78310 1° et 2° , sauf si l'entreprise établit que les opérations de cette société correspondent à des opérations réelles qui n'ont ni pour objet ni pour effet de permettre, dans un but de fraude fiscale, la localisation de bénéfices dans ces États ou territoires. La société mère apporte cette preuve par tous moyens (BOI-IS-BASE-10-10-20 n° 70) ;
– les distributions effectuées par une **société immobilière** au profit de sa **société mère** exerçant une activité de **marchand de biens** au sens de l'article 35, I-1° du CGI lorsqu'elle a inscrit les titres de sa filiale parmi les stocks ;
– les produits des actions des **sociétés d'investissement,** des sociétés agréées pour le financement des télécommunications et les produits et plus-values répartis par des **sociétés de capital-risque** (SCR) ;
– les produits distribués aux actionnaires de différentes catégories de sociétés à statut spécial agissant dans le domaine de l'**immobilier** : sociétés immobilières pour le commerce et l'industrie (Sicomi), sociétés d'investissements immobiliers cotées (SIIC) et leurs filiales ainsi que les sociétés de placement à prépondérance immobilière à capital variable (Sppiccav) et leurs filiales, dans la mesure où ces produits sont prélevés sur des bénéfices exonérés d'IS.

› **Précisions** **a.** L'exclusion relative à la proportion des **bénéfices distribués déductibles** frappe tous les produits admis en déduction de l'assiette taxable de la filiale, indépendamment du traitement fiscal appliqué au résultat sur lequel sont prélevés les versements. Applicable à des instruments hybrides, considérés comme un prêt dans l'État étranger et des capitaux propres en France, cette mesure concerne aussi les titres considérés comme des capitaux propres dans les deux États si la législation étrangère autorise la déduction fiscale des dividendes (BOI-IS-BASE-10-10-20 nº 65).

b. Les mesures de **lutte contre les dispositifs hybrides,** applicables aux exercices ouverts à compter du 1er janvier 2020, peuvent dans certaines situations conduire à écarter l'application du régime mère-fille (voir nos 35817 s.).

c. Pour caractériser une **opération réelle** réalisée par une société établie dans un **ETNC,** la loi n'exclut pas les activités financières ni de détention patrimoniale pourvu que le but autre que fiscal soit justifié par la société mère. De même, la domiciliation de filiales dans un ETNC répondant à une contrainte juridique peut être regardée comme correspondant à une opération réelle dès lors que cette domiciliation permet à la mère et à son groupe de mener à bien des opérations réelles (BOI-IS-BASE-10-10-20 nº 70).

QUOTE-PART DE FRAIS ET CHARGES IMPOSABLE

L'exonération porte sur les produits nets de participation, défalcation faite d'une quote-part de frais et charges fixée forfaitairement à **5 %** du produit total des participations, crédits d'impôt étrangers compris, quel que soit le montant des frais et charges exposés par la société mère. **40970**

Toutefois, le taux de cette quote-part de frais et charges est fixé à **1 %** pour les produits de participation perçus par une société membre d'un **groupe d'intégration fiscale** à raison d'une participation :
– dans une société membre de ce groupe ;
– ou dans une filiale étrangère soumise à un impôt équivalent à l'impôt sur les sociétés dans un État de l'Union européenne, en Islande, en Norvège ou au Liechtenstein, qui, si elle était établie en France, remplirait les conditions pour faire partie du groupe fiscal de sa société mère, autres que l'assujettissement à l'IS.

EXEMPLE

Au cours de l'exercice, une société mère appartenant à un groupe fiscal a reçu 77 000 € de produits de filiales, se décomposant comme suit :
– dividende de 30 000 € d'une filiale française extérieure à son groupe fiscal ;
– dividende de 10 000 € d'une filiale membre du même périmètre d'intégration ;
– dividende net de 17 000 € d'une filiale établie en dehors de l'UE détenue à hauteur de 10 % du capital (ouvrant droit, par hypothèse, à un crédit d'impôt de 15 % du montant brut du dividende, soit 20 000 € × 15 % = 3 000 €).
– dividende net de 20 000 € d'une filiale allemande détenue à 96 %.

Calcul de la quote-part de frais et charges :
[(30 000) + (17 000 + 3 000)] × 5 % + [(10 000 + 20 000) × 1 %] = 2 800 €.

La somme effectivement déductible des résultats de l'exercice au titre des produits de filiales sera donc de : 77 000 − 2 800 = 74 200 €.

Le taux de 1 % s'applique également aux produits de participation perçus par une **société non membre d'un groupe intégré fiscalement** à raison d'une participation dans une filiale soumise à un impôt équivalent à l'IS dans un des États visés ci-dessus sous réserve que ces deux sociétés eussent satisfait les conditions pour appartenir à un groupe fiscalement intégré si la filiale étrangère était établie en France. Mais ce taux réduit ne s'applique pas si la non-appartenance de la société française à un groupe est uniquement due à l'absence des options et des accords à formuler pour le régime de l'intégration fiscale.

Pour l'application du taux réduit de quote-part de frais et charges, les produits perçus à raison de **participations dans des sociétés établies au Royaume-Uni** jusqu'à la clôture par la société bénéficiaire de la distribution de l'exercice en cours lors du retrait du Royaume-Uni de l'Union européenne (« Brexit ») sont réputés provenir de sociétés établies dans l'Union européenne (BOI-RES-000035).

Imputation des **crédits d'impôt** de source étrangère attachés aux dividendes perçus sur la retenue à la source exigible lors de leur redistribution : voir INT-GEN-19620 s.

3. OBLIGATION DE CONSERVATION DES TITRES

L'exonération des dividendes prévue par le régime spécial revêt un caractère définitif lorsque les titres de participation sont conservés pendant un délai de deux ans. La portée de cette obligation doit être interprétée à la lumière de la **directive européenne** concernant le régime des sociétés mères et filiales : elle ne concerne par conséquent que les titres de participation représentant au moins 5 % du capital de la société émettrice qui donnent droit à la qualité de société mère (CE 15-12-2014 nº 380942 : RJF 3/15 nº 190 ; BOI-IS-BASE-10-10-10-20 nº 210). **41000** CGI art. 145, 1-c **IS-V-1400 s**

Le délai minimal de conservation est porté à cinq ans pour les **sociétés mères contrôlées par un ou plusieurs organismes sans but lucratif** qui bénéficient de l'exonération des dividendes grâce à une détention limitée à 2,5 % du capital et 5 % des droits de vote de la filiale (nº 40915).

En cas de **non-respect** de l'obligation de conservation, la société mère est tenue de verser au Trésor, dans les trois mois suivant la cession, une somme égale au montant de l'impôt dont elle a été exonérée, majoré de l'intérêt de retard.

› Précisions **a.** Une société peut bénéficier du régime spécial dès la **première année de détention des titres** dès lors qu'elle conserve pendant au moins deux ans 5 % du capital de la filiale (TA Montreuil 15-6-2015 nº 1307241 : RJF 11/15 nº 893).

b. Un **prêt de titres,** qui entraîne leur transfert de propriété, caractérise la rupture de l'engagement de conservation, même si aucun dividende n'a été versé durant la période concernée (CE 26-9-2014 nº 363555 : RJF 12/14 nº 1088).

c. Les **opérations de regroupement ou de division d'actions** réalisées en application de l'article 38, 7 ter du CGI (nº 19107) n'interrompent pas le délai de conservation.

d. Lorsque la **remise en cause** du régime concerne des **dividendes de filiales étrangères,** la société mère peut imputer le **crédit d'impôt** attribué à raison de la retenue acquittée à l'étranger suivant le système « impôt sur impôt » (nºs 36115 s.).

e. Obligation de conservation dans le cas de transfert de titres à une **fiducie** : voir nº 90850, précision d.

41005 IS-V-1550 s **Incidences des restructurations** L'obligation de conservation des titres durant deux ans fait l'objet d'atténuation en cas de réalisation de certaines opérations de restructuration.

L'apport de titres par la société mère à une autre société, bien qu'il entraîne leur transfert de propriété, n'est pas constitutif d'un événement entraînant la rupture de l'obligation de conservation si l'opération est placée sous le régime spécial des fusions (nºs 39000 s.). Le délai de conservation à respecter reste décompté à partir de la date de souscription ou d'acquisition des titres par la société apporteuse (en cas d'opérations successives, seule la date de souscription ou d'acquisition des titres par la première société absorbée ou apporteuse est prise en compte). Le respect de cette obligation est suffisant pour que la société bénéficiaire de l'apport bénéficie de l'exonération des dividendes qu'elle perçoit.

De même, **l'absorption d'une filiale** par une **société autre que la société mère** dans le délai de deux ans suivant l'acquisition des titres est sans conséquence sur l'exonération appliquée aux dividendes à la double condition que les titres reçus en échange soient conservés jusqu'à l'expiration du délai initialement prévu, et que la société mère opte pour le sursis d'imposition de la plus ou moins-value d'échange prévu à l'article 38, 7 bis du CGI. Les titres attribués en échange ne sont pas soumis à une nouvelle obligation de conservation (BOI-IS-BASE-10-10-10-20 nº 300).

L'annulation de titres résultant de la **fusion entre la mère et la fille** n'est pas assimilée à une cession interrompant le délai de conservation si l'opération est placée sous le régime spécial des fusions prévu à l'article 210 A du CGI. Toutefois, lorsque les titres de la filiale ont été acquis depuis moins de deux ans à la date de la fusion, l'exonération des dividendes ne peut être cumulée avec la déduction d'une moins-value à court terme provenant de l'annulation des titres (nº 39540).

À compter du 21 juillet 2019, en cas de **fusion** (ou scission) entre sociétés sœurs détenues par la même société mère et **ne donnant pas lieu à échange de titre** placée sous le régime spécial des fusions (nºs 39210 et 39220), les titres de la société absorbée (ou scindée) sont réputés détenus par la société mère depuis la date de leur souscription ou acquisition jusqu'à la date de cession des titres de la société absorbante (ou bénéficiaire) (Loi 2019-1479 du 28-12-2019 art. 43, I-4º). Si les titres de la société absorbante (ou bénéficiaire) sont cédés moins de deux ans après l'opération de fusion (ou de scission), la cession est réputée porter dans une certaine proportion sur les titres de la société absorbée (ou scindée).

› Précisions **a.** L'assujettissement d'un **apport de titres** au **régime de droit commun** emporte, d'une part, la remise en cause de l'exonération des dividendes à l'encontre de la société apporteuse si elle a acquis ces titres depuis moins de deux ans, d'autre part, l'application à la société bénéficiaire d'un nouveau délai de conservation pour l'obtention de l'exonération des dividendes qu'elle perçoit elle-même.

b. Le défaut d'option pour le sursis d'imposition d'une **plus ou moins-value d'échange** de titres acquis depuis moins de deux ans entraîne également la remise en cause de l'exonération des dividendes. La déduction d'une moins-value d'échange ne peut donc être cumulée avec le maintien de l'exonération des dividendes précédemment perçus.

c. La remise de titres dans le cadre d'une **offre publique d'échange** n'est pas assimilée à une cession pour l'appréciation de l'obligation de conservation.

4. OPTION POUR LE RÉGIME

41050 IS-V-250 s Dans la mesure où elle permet l'exonération des produits de filiales à hauteur de 95 % ou 99 % de leur montant suivant les cas, l'option pour le régime des sociétés mères est d'une manière générale avantageuse pour les entreprises. Il en est ainsi notamment pour les **produits de filiales étrangères** assortis d'un crédit d'impôt, même si l'option prive la société mère de la possibilité de pratiquer l'imputation du crédit d'impôt sur l'impôt sur les sociétés. L'exercice de l'option par une **société déficitaire** permet à la société mère de préserver son déficit reportable. **41050** (suite)

Pour les sociétés appartenant à un **groupe fiscalement intégré,** l'option est indispensable pour éviter l'imposition des distributions intragroupe. Une société intégrée disposant de déficits reportables antérieurs à l'intégration et percevant des dividendes d'une filiale étrangère non intégrée peut toutefois avoir intérêt à renoncer au régime en vue de transférer à la société tête de groupe un crédit d'impôt imputable sur l'IS.

L'option a un caractère annuel et n'est soumise à aucun formalisme. Elle découle des mentions portées sur la **liasse fiscale** et s'applique à l'ensemble des produits reçus d'une même filiale. Mais le choix peut varier d'une filiale à l'autre. La **renonciation** expresse à l'option constitue une décision de gestion opposable (CE 16-11-2016 n° 387576 : RJF 2/17 n° 111). En revanche, si une société n'a pas expressément renoncé au régime, elle peut exercer l'option dans le délai de **réclamation** prévu à l'article R 196-1 du LPF (CE 20-12-2017 n° 414974 : RJF 3/18 n° 254).

PARTIE 3

Impôts directs locaux

CARACTÉRISTIQUES GÉNÉRALES

On désigne sous le nom d'« impôts locaux » les impôts directs annuels qui sont perçus non au profit de l'État (comme, par exemple, l'impôt sur le revenu ou l'impôt sur les sociétés), mais **au profit** : 41500 LOC-I-15 s

– des collectivités territoriales (communes, départements, régions) et des établissements publics de coopération intercommunale (groupements de communes tels que les communautés de communes, les communautés d'agglomération, les métropoles, etc.) ;

– de certains établissements publics, tels que les établissements publics fonciers ;

– des organismes consulaires : chambres de commerce et d'industrie, chambres de métiers et de l'artisanat, chambres d'agriculture.

Ces impôts comprennent actuellement quatre taxes principales :

– deux **taxes foncières,** qui frappent l'une les propriétés bâties, l'autre les propriétés non bâties, dont le contribuable est propriétaire ;

– la **taxe d'habitation,** qui porte sur les locaux dont le contribuable dispose pour son habitation (ou pour certaines activités administratives) ;

– la **contribution économique territoriale,** qui est composée elle-même de deux cotisations, la **cotisation foncière des entreprises,** assise sur la valeur locative des biens passibles d'une taxe foncière dont le contribuable dispose pour les besoins de sa profession, et la **cotisation sur la valeur ajoutée des entreprises.**

À ces quatre taxes s'ajoutent différentes **taxes annexes** ou additionnelles, telles que les taxes spéciales d'équipement et la taxe d'enlèvement des ordures ménagères.

Des dispositifs spécifiques d'exonération et d'allégement sont prévus dans les **départements d'outre-mer** et en **Corse** : voir respectivement n°s 91525 s. et n°s 92300 s. 41505

BASE D'IMPOSITION COMMUNE

Les quatre principaux impôts locaux ont, pour partie, une base d'imposition commune : il s'agit de la **valeur locative cadastrale** des propriétés bâties ou non bâties imposables, qui est censée 41515 CGI art. 1516 FB-III-300 s FNB-III-300 s représenter le loyer annuel que produiraient ces propriétés si elles étaient louées.

La valeur locative cadastrale des **propriétés bâties et non bâties, autres que les locaux professionnels,** doit, en théorie, être déterminée lors de **révisions périodiques générales** effectuées tous les six ans, complétées par des actualisations triennales. En pratique, la dernière révision générale a été réalisée de 1970 à 1973 sur la base des valeurs de 1970 et ses résultats, mis en application en 1974, ont été actualisés une seule fois en 1980. Les **actualisations** qui auraient dû intervenir ultérieurement ont été remplacées par des majorations forfaitaires annuelles (voir n°s 42225 s. et 42570).

La valeur locative des **locaux professionnels** a, quant à elle, fait l'objet d'une **révision,** dont les résultats sont pris en compte depuis 2017 (voir n° 42100). Le dispositif est assorti d'un dispositif spécifique d'actualisation (voir n°s 42240 s.).

La base d'imposition est par ailleurs mise à jour chaque année pour tenir compte des **changements** qui affectent les propriétés (voir n°s 42160 s. et 42580).

> **Précisions** **a.** En ce qui concerne les **propriétés non bâties,** la dernière révision générale a été effectuée suivant une procédure allégée consistant à actualiser, au moyen de coefficients d'adaptation tenant compte du cours des baux ruraux au 1er janvier 1970, les revenus cadastraux qui avaient été établis lors de la précédente révision à la date du 1er janvier 1961 (CGI art. 1515 ; FNB-III-10000 s.).
b. Une **révision** des valeurs locatives des **locaux d'habitation** est programmée pour 2026 (voir n° 42090, précision c).

FIXATION DES TAUX D'IMPOSITION PAR LES COLLECTIVITÉS TERRITORIALES

41525 Les collectivités territoriales et les établissements publics de coopération intercommunale dotés d'une fiscalité propre votent chaque année le taux des principaux impôts locaux qu'ils perçoivent. Toutefois, pour certains impôts, la loi fixe elle-même le taux ou le tarif. Tel est le cas notamment de la cotisation sur la valeur ajoutée des entreprises ou de l'imposition forfaitaire sur les entreprises de réseaux.

Les taux d'imposition, qui sont fonction à la fois des besoins des collectivités et de leur potentiel fiscal, peuvent ainsi varier d'une année à l'autre et d'une commune à l'autre, de sorte que des impositions portant sur des biens similaires peuvent être très différentes selon les communes. La fixation des taux par les collectivités territoriales obéit cependant à certaines conditions de variation et de plafonnement.

Cas particulier des taux de la taxe d'habitation pour les années 2020 à 2022 : voir n° 43120.

PRÉLÈVEMENTS AU PROFIT DE L'ÉTAT

41535 CGI art. 1641, 1644 et 1647, XV **LOC-I-4000 s**

C'est l'État qui assure l'assiette et le recouvrement des impôts directs locaux. Il supporte également la charge de la plupart des dégrèvements éventuellement prononcés en faveur des contribuables.

En contrepartie, l'État prélève des **frais de gestion** égaux à :
– 1 % du montant de la taxe d'habitation due pour les locaux meublés affectés à l'habitation principale et de la cotisation sur la valeur ajoutée des entreprises ;
– 3 % du montant des taxes foncières, de la taxe additionnelle à la taxe foncière sur les propriétés non bâties, de la cotisation foncière des entreprises, de la taxe pour la gestion des milieux aquatiques et la prévention des inondations et de l'imposition forfaitaire sur les entreprises de réseaux ;
– 4,5 % du montant de la taxe d'habitation due pour les locaux meublés non affectés à l'habitation principale (3 % à compter de 2021 : Loi 2019-1479 du 28-12-2019 art. 16) ;
– 8 % du montant de la taxe d'habitation sur les logements vacants, de la taxe sur les friches commerciales, de la taxe pour frais de chambres d'agriculture, de la redevance des mines, de la taxe spéciale au profit de la région Île-de-France, des impositions au profit des syndicats de communes et de la taxe d'enlèvement des ordures ménagères (taux ramené pour cette dernière taxe à 3 % pendant cinq ans en cas d'institution, à compter de 2018, de la part incitative variable) ;
– 9 % du montant des taxes perçues au profit des chambres de commerce et d'industrie et des chambres de métiers et de l'artisanat, des taxes spéciales d'équipement et de la taxe sur les logements vacants.

41540 En sus des frais de gestion mentionnés ci-dessus, l'État perçoit jusqu'en 2020 un **prélèvement sur les valeurs locatives** servant de base à la **taxe d'habitation,** lorsque ces valeurs locatives excèdent un certain montant (n° 43160).

DÉCLARATIONS DES CONTRIBUABLES

41545 En principe, les impôts locaux ne sont pas des impôts déclaratifs. Des déclarations présentant les éléments nécessaires à la détermination de la base d'imposition doivent néanmoins être souscrites :

– par les propriétaires de biens passibles d'une **taxe foncière** en cas de construction nouvelle et en cas de changements apportés à leurs propriétés bâties et non bâties (consistance, affectation utilisation ou méthode d'évaluation : voir n°s 42160 s. et 42580) ;
– chaque année, par les locataires de **locaux professionnels,** dans le cadre de la mise à jour des évaluations de ces locaux (voir n° 42100, précision b) ;
– par les redevables de la **cotisation foncière des entreprises** en cas de création ou de changement d'exploitant ou en cas de modification dans les éléments d'imposition (voir n°s 43755 s.) ;
– chaque année, par les redevables de la **cotisation sur la valeur ajoutée des entreprises** (voir n°s 44035 s.).

Les redevables de la **taxe d'habitation** ne sont tenus à aucune obligation de cette nature.

PAIEMENT DES IMPOSITIONS

Taxes foncières et taxe d'habitation Les taxes foncières, la taxe d'habitation et les taxes annexes ou additionnelles sont établies et perçues par voie de **rôle** (n°s 76525 s.). 41555 HAB-IV-1400 s FB-IV-5350 s

Les rôles généraux (ou primitifs) sont normalement **mis en recouvrement** avant la fin de l'**année** à laquelle ils se rapportent. Mais l'administration est autorisée à les mettre en recouvrement dans le même délai que les rôles supplémentaires, c'est-à-dire dans le délai de reprise indiqué au n° 77735 (CGI art. 1659 A).

Dans chaque commune où il est imposable, le redevable est informé par un **avis d'imposition** du montant à payer et des conditions d'exigibilité de l'impôt.

Les taxes foncières, la taxe d'habitation et les taxes annexes doivent être payées dans le **délai** porté sur l'avis d'imposition, sous peine d'une majoration de 10 % (n° 80150).

Lorsque leur **montant excède 300 €,** ces taxes doivent obligatoirement être acquittées par **prélèvement** (mensuel ou à l'échéance) ou par **téléréglement** (paiement direct en ligne), sous peine d'une majoration de 0,2 % (n° 80200, b) (CGI art. 1681 sexies, 2 et 1681 septies, 6).

41560 **› Précisions a.** Le système de **prélèvement mensuel** comporte dix prélèvements automatiques, égaux au dixième de l'impôt établi l'année précédente, opérés en principe le 15 de chaque mois de janvier à octobre, et suivis d'une régularisation lors de la mise en recouvrement du rôle (CGI art. 1681 ter). L'option pour ce système prend effet dans des conditions différentes selon la date à laquelle elle est exercée (CGI ann. III art. 382-0 C bis) et est tacitement reconduite les années suivantes.
La mensualisation de la taxe d'habitation sur les logements vacants (n° 43000, précision e) n'est pas possible.
b. L'option pour le **prélèvement à l'échéance** peut être exercée jusqu'à la fin du mois qui précède la date limite de paiement de l'impôt concerné (CGI ann. III art. 382 C) et est tacitement reconduite les années suivantes.
L'option pour le **télérèglement** doit, quant à elle, être exercée expressément à chaque échéance d'impôt. Pour les personnes physiques, elle peut être formulée, sans application de la majoration de 10 %, jusqu'à cinq jours après la date limite de paiement (CGI ann. III art. 382 D).
En cas de prélèvement à l'échéance comme en cas de télérèglement, les prélèvements sont opérés dix jours après la date limite de paiement.
c. Les entreprises relevant de la **direction des grandes entreprises** peuvent opter pour le télérèglement centralisé de leurs taxes foncières (voir n° 87465).

Contribution économique territoriale Les modalités de paiement de la **cotisation foncière des entreprises** et de la **cotisation sur la valeur ajoutée des entreprises** sont exposées respectivement aux n°s 43770 s. et 44040 s. 41565

CHAPITRE 1

TAXES FONCIÈRES

SOMMAIRE

A. Règles communes

Tout propriétaire d'un immeuble bâti ou non bâti est soumis en principe à la **taxe foncière** (parfois dénommée **« impôt foncier »**). Suivant le cas, il s'agit : 41650
– soit de la taxe foncière sur les **propriétés bâties** ;
– soit de la taxe foncière sur les **propriétés non bâties.**

Ces deux taxes ont chacune leur réglementation propre. Il existe cependant sur plusieurs points des dispositions communes que nous examinons ci-après.

LIEU D'IMPOSITION

Toute propriété foncière, bâtie ou non bâtie, doit être imposée dans la **commune où elle est située.** 41655 CGI art. 1399 FB-IV-200 s FNB-IV-1

Toutefois, la valeur locative des **chutes d'eau** et de leurs aménagements utilisés par les entreprises hydrauliques concédées ou d'une puissance supérieure à 500 kW est répartie entre les communes concernées suivant des règles particulières.

DÉBITEUR DE L'IMPÔT

Qu'il s'agisse de propriétés bâties ou de propriétés non bâties, la taxe foncière est établie au nom du **propriétaire** (personne physique ou morale). Celui-ci est en principe seul redevable de la taxe vis-à-vis de l'administration fiscale, même si le bien est donné en location. 41665 CGI art. 1400 FB-IV-2000 s FNB-IV-1000 s

> **Précisions** En cas de **bail rural,** le preneur (fermier ou métayer) doit payer au bailleur une **fraction** du montant global de la taxe foncière portant sur les biens pris à bail, correspondant aux dépenses afférentes aux voies communales et aux chemins ruraux qui lui incombent. À défaut d'accord amiable entre les parties, cette fraction est fixée à un cinquième (Code rural et de la pêche maritime art. L 415-3). Mais ces dispositions ne permettent pas à l'administration de recouvrer directement sur le fermier la part de la taxe mise à sa charge.

Cas particuliers **1.** Lorsque l'immeuble est grevé d'un **usufruit,** la taxe foncière est établie au nom de l'usufruitier. En revanche, le propriétaire d'un immeuble sur lequel une autre personne est titulaire d'un droit d'habitation à vie sans en être ni usufruitière ni emphytéote est seul redevable de la taxe, à charge pour celui-ci d'en demander le remboursement à l'occupant sur le fondement de l'article 635 du Code civil (CE 25-7-1986 nº 41921 : RJF 11/86 nº 990). 41670

2. Dans les **sociétés immobilières de copropriété** dotées de la « transparence fiscale », la taxe foncière est établie non pas globalement au nom de la société, mais au nom de chaque associé pour la part qui lui revient.

3. Dans les sociétés d'attribution d'immeubles en jouissance à temps partagé (dites de **pluripropriété** ou multipropriété), la taxe foncière est établie au nom de la société.

4. En cas de **bail emphytéotique,** de **bail à construction,** de bail réel solidaire ou de **bail à réhabilitation,** la taxe foncière est à la charge du preneur.

5. En cas de **vente à terme,** la taxe foncière doit être établie au nom du vendeur jusqu'au transfert de propriété (CE 2-7-1990 nº 51672 : RJF 10/90 nº 1216).

6. Lorsque l'immeuble fait l'objet d'une **autorisation d'occupation temporaire du domaine public** constitutive d'un droit réel, la taxe foncière est établie au nom du titulaire de cette autorisation.

7. En ce qui concerne les **terres incultes** (terres « vaines et vagues », landes, bruyères, terrains habituellement inondés ou dévastés par les eaux), les propriétaires ont la possibilité de s'affranchir de la taxe foncière en faisant abandon de ces biens à la commune par déclaration écrite faite à la mairie (CGI art. 1401).

8. La taxe foncière afférente à des **biens construits par le locataire** sur le terrain loué est due par le locataire jusqu'à l'expiration du bail, sauf clause de transfert immédiat de la propriété de ces biens au propriétaire du terrain (CE 24-2-2017 nº 387972 : RJF 5/17 nº 439).

9. En cas de **liquidation judiciaire,** le propriétaire, même s'il est dessaisi de l'administration et de la disposition de ses biens, reste redevable de la taxe foncière (CE 10-3-2017 nº 386251 : RJF 7/17 nº 697).

ANNUALITÉ DE L'IMPÔT

41680 CGI art. 1415 FB-IV-1200 s FNB-IV-200 s et 5230 s

La taxe foncière est établie pour l'**année entière** d'après les faits existant au **1er janvier** de l'année d'imposition.

L'impôt est donc dû, en principe, par celui qui est propriétaire au 1er janvier de l'année d'imposition, alors même qu'il se dessaisirait de l'immeuble en cours d'année. C'est également à cette date que doit être déterminée la base de l'imposition.

> **Précisions a.** Par exception, on tient compte des changements intervenant au cours de l'année d'imposition lorsqu'il s'agit de la **vacance** d'une maison ou de l'**inexploitation** d'un immeuble à usage commercial ou industriel (nº 42335) ou de la **disparition d'un immeuble** non bâti (nº 42615).
> **b.** En cas de **vente** de l'immeuble **après le 1er janvier** de l'année d'imposition, le vendeur ne peut pas obtenir la réduction de l'impôt au prorata du nombre de mois pendant lesquels il a été propriétaire. Le vendeur et l'acquéreur peuvent prévoir, dans l'acte de vente, le partage de cet impôt, mais une telle convention n'est pas opposable à l'administration.
> Lorsque la **vente** est **antérieure au 1er janvier** de l'année considérée, la taxe est due par l'acquéreur (propriétaire au 1er janvier). Si l'imposition demeure, à tort, établie au nom du vendeur, celui-ci peut en demander le dégrèvement par voie de réclamation adressée au service des impôts. Sous réserve de la publication préalable au fichier immobilier de l'acte ou de la décision judiciaire constatant la modification de la situation juridique de l'immeuble, le dégrèvement lui est automatiquement accordé. Parallèlement, une imposition est établie au nom de l'acquéreur, redevable légal de la taxe (CGI art. 1404), au plus tard à la fin de l'année suivant celle du dégrèvement du vendeur (CE 2-12-2016 nº 399678 : RJF 3/17 nº 242).
> Le changement de débiteur peut également être effectué soit d'office par l'administration, soit sur réclamation de l'acquéreur.

PAIEMENT DES TAXES FONCIÈRES

41690 Voir nos 41555 s.

B. Taxe foncière sur les propriétés bâties

1. PROPRIÉTÉS IMPOSABLES

41900 FB-I-1 s

La taxe foncière s'applique aux propriétés bâties (et biens assimilés) situées en France, à l'exception de celles qui en sont exonérées par une disposition spéciale.

CONSTRUCTIONS PROPREMENT DITES

41905 CGI art. 1380 FB-I-200 s

Sont imposables les constructions fixées au sol à perpétuelle demeure et présentant le caractère de véritables **bâtiments** (y compris les aménagements faisant corps avec eux).

> **Précisions a.** La construction doit être reliée au sol de telle façon qu'il soit impossible de la déplacer sans la démolir. Tel est le cas si elle repose sur des **fondations** ou une assise en maçonnerie ou en ciment, quelle que soit la nature des **matériaux** ayant servi à la construction du bâtiment lui-même (BOI-IF-TFB-10-10-10 nº 10). Cependant, une **habitation légère de loisirs** posée au sol sur un socle de béton est imposable (CE 28-12-2005 nº 266558 : RJF 3/06 nº 266), de même qu'une piscine en kit semi-enterrée ayant nécessité des travaux de terrassement (CE 13-4-2016 nº 376959 : RJF 7/16 nº 627), dès lors qu'une telle construction n'est pas normalement destinée à être déplacée.
> **b.** Un immeuble devenu **impropre à toute utilisation** dans son ensemble ne peut plus être regardé comme une propriété bâtie soumise à la taxe foncière sur les propriétés bâties mais doit être assujetti à la taxe foncière sur les propriétés non bâties. Tel peut être le cas d'un immeuble dégradé et en ruine (CE 16-2-2015

n° 364676 : RJF 5/15 n° 410) ou encore, pendant la durée des travaux, d'un immeuble en cours de démolition puis de reconstruction (CE 16-2-2015 n° 369862 : RJF 5/15 n° 410).

AUTRES BIENS

41915 CGI art. 1381 FB-I-3000 s, 5500 s et 6500 s

Les biens suivants sont également passibles de la taxe foncière sur les propriétés bâties :

a. Installations destinées à **abriter** des personnes ou des biens (ex. : ateliers, hangars…) ou à **stocker** des produits (ex. : réservoirs, cuves, silos, trémies, gazomètres), à l'exclusion des matériels de stockage pouvant être déplacés sans faire appel à des moyens de levage exceptionnels. Sont de même imposables les **ouvrages en maçonnerie** présentant le caractère de véritables constructions tels que, notamment, les cheminées d'usines, les réfrigérants atmosphériques, les formes de radoub, les ouvrages servant de support aux moyens matériels d'exploitation (à l'exclusion notamment des pylônes métalliques, des tours de craquage des raffineries, etc. et des biens de très faibles dimensions, tels que les dés en béton dans lesquels sont fixés des pylônes) ;

b. Ouvrages d'art et voies de communication, à l'exception des voies publiques. Il s'agit des ouvrages et voies utilisés par les établissements industriels pour les besoins de leur exploitation (CE 18-6-1984 nos 42502, 42503, 42506, 42510 et 42511 : RJF 8-9/84 n° 993) ;

c. Bateaux utilisés en un point **fixe** et **aménagés** pour l'habitation, le commerce ou l'industrie (même s'ils sont seulement retenus par des amarres) ;

d. Sols des bâtiments de toute nature et **terrains** formant une **dépendance** indispensable et immédiate de ces constructions (cours, passages, emplacements de parking) ;

e. Terrains non cultivés employés à un **usage commercial ou industriel,** tels que chantiers, terrains occupés par des carrières, mines et tourbières faisant l'objet d'une exploitation industrielle (CE 22-6-1973 n° 81716 : Dupont 1973 p. 305 ; CE 15-12-2010 n° 309678 : RJF 3/11 n° 319), lieux de dépôt de marchandises et autres emplacements de même nature. Sont toutefois exclus les terrains de golf visés au n° 42500 ;

f. Terrains sur lesquels sont édifiées des **installations industrielles** (outillages, etc.), elles-mêmes exonérées comme indiqué au n° 41955 ;

g. Terrains, cultivés ou non, utilisés pour la **publicité** commerciale ou industrielle.

2. PROPRIÉTÉS EXONÉRÉES

EXONÉRATIONS PERMANENTES

41940 CGI art. 1382, 1° et 1° bis FB-II-300 s, 6700 s et 8800 s

Propriétés publiques Les immeubles de l'État, des régions, des départements, des communes, des établissements publics de coopération intercommunale, des syndicats mixtes, des pôles métropolitains et des ententes interdépartementales, ainsi que les immeubles appartenant aux établissements publics scientifiques, d'enseignement et d'assistance ou à certains groupements de coopération sanitaire, sont exonérés de la taxe foncière sur les propriétés bâties lorsqu'ils sont affectés à un **service public** ou d'utilité générale et **non productifs de revenus.**

› Précisions **a.** L'exonération ne s'applique pas aux immeubles des **organismes publics** ayant un caractère industriel ou commercial.

b. Les immeubles qui sont incorporés gratuitement au domaine de l'État, des collectivités locales ou des établissements publics en vertu de contrats de **concession** ou d'**occupation temporaire** sont imposables jusqu'à l'expiration de ceux-ci.

De même, sont, en principe, passibles de la taxe les propriétés domaniales affectées à un usage industriel ou commercial lorsqu'elles font l'objet d'une concession ou d'une autorisation d'occupation temporaire à titre onéreux (BOI-IF-TFB-10-50-10-40 n° 10).

Les immeubles construits dans le cadre de **contrats de partenariat** et de contrats visés à l'article L 2122-15 du Code général de la propriété des personnes publiques ou au premier alinéa de l'article L 6148-5 du Code de la santé publique et qui, à l'expiration du contrat, sont incorporés au domaine de la personne publique sont, en revanche, exonérés pendant toute la durée du contrat lorsqu'ils sont affectés à un service public ou d'utilité générale et non productifs de revenus.

Les **immeubles universitaires** construits ou rénovés dans le cadre de contrats constitutifs de droits réels au profit de sociétés constituées exclusivement entre personnes publiques peuvent également être exonérés, sur délibération des collectivités territoriales et de leurs groupements à fiscalité propre pendant toute la durée du contrat, lorsqu'ils sont affectés à un service public ou d'utilité générale et non productifs de revenus (CGI art. 1382 D).

c. Les immeubles possédés **en dehors de son territoire** par une commune, un département ou une région ne bénéficient que d'une exonération partielle. Ils sont cependant exonérés de la taxe d'enlèvement des ordures ménagères (BOI-IF-AUT-90-10 n° 90).

d. L'exonération des propriétés publiques et des immeubles construits dans le cadre de contrats de partenariat et assimilés n'est pas remise en cause lorsque les immeubles servent de support à l'exercice d'une activité de production d'**électricité photovoltaïque,** que cette activité soit productive de revenus ou non.

41945 CGI art. 1382, 6° FB-II-3500 s

Bâtiments ruraux Les **bâtiments qui servent aux exploitations rurales** (tels que granges, écuries, greniers, caves, celliers, pressoirs et autres, destinés soit à loger les bestiaux des fermes et métairies ainsi que le gardien de ces bestiaux, soit à serrer les récoltes) sont exonérés de la taxe foncière.

Il en va de même des **bâtiments des sociétés coopératives agricoles,** des sociétés d'intérêt collectif agricole et autres collectivités agricoles, dans lesquels sont effectuées des opérations de la nature de celles entrant dans les usages normaux de la pratique agricole, lorsque ces collectivités fonctionnent conformément aux dispositions qui les régissent, ainsi que des **bâtiments des groupements d'intérêt économique constitués entre exploitations agricoles.**

› Précisions a. Pour que l'exonération soit applicable, il faut qu'il y ait affectation à un **usage agricole,** c'est-à-dire à la réalisation d'opérations qui s'insèrent dans le cycle biologique de la production animale ou végétale ou qui constituent le prolongement de telles opérations (CE 14-10-2015 n° 378329 : RJF 1/16 n° 39). Il faut également, en principe, que cette **affectation** soit **permanente et exclusive** (BOI-IF-TFB-10-50-20-10 n° 20 ; BOI-IF-TFB-10-50-20-20 n° 20).

Toutefois, en ce qui concerne les bâtiments servant aux exploitations rurales, l'exonération est maintenue lorsque ces bâtiments ne sont **plus utilisés** pour un usage agricole mais ne sont pas affectés à un autre usage (en pratique, cette exception concerne les bâtiments qui ne trouvent pas preneur à la suite du départ en retraite de l'exploitant et restent ainsi inutilisés). Par ailleurs, l'exercice d'une **activité accessoire** dans un bâtiment servant à l'exploitation rurale ne fait pas obstacle à l'exonération lorsque la moyenne des recettes tirées de cette activité au cours des trois années précédant celle de l'imposition n'excède pas 10 % de la moyenne des recettes totales réalisées dans le bâtiment au cours des mêmes années.

b. L'exonération n'est pas remise en cause lorsque les bâtiments servent de support à l'exercice d'une activité de production d'**électricité photovoltaïque,** que cette activité soit productive de revenus ou non.

c. Les terrains occupés par des **serres** affectées à un usage agricole sont soumis à la taxe foncière sur les propriétés non bâties, la construction bénéficiant de l'exonération permanente de taxe foncière sur les propriétés bâties.

41950 CGI art. 1382 B FB-II-5700 s

Bâtiments affectés à la déshydratation de fourrages Lorsqu'ils ne bénéficient pas de l'exonération visée au n° 41945 (en raison, notamment, de leur caractère industriel), les bâtiments affectés à l'activité de déshydratation de fourrages, à l'exclusion de ceux abritant les presses et les séchoirs, peuvent être exonérés sur délibération des collectivités territoriales et de leurs groupements dotés d'une fiscalité propre.

41952 CGI art. 1382 H et 1382 I FB-II-29000

Commerces de proximité Sur délibération des collectivités territoriales ou de leurs groupements dotés d'une fiscalité propre, les immeubles situés dans les **zones de revitalisation des centres-villes ou** dans les zones de revitalisation des commerces **en milieu rural** définies au n° 92540 et qui sont rattachés à un établissement remplissant les conditions requises pour bénéficier des exonérations de cotisation foncière des entreprises applicables dans ces zones peuvent bénéficier d'une exonération partielle ou totale de taxe foncière au titre des années 2020 à 2023.

Les conditions d'application de ces exonérations, communes pour l'essentiel à la taxe foncière et à la cotisation foncière des entreprises, sont exposées respectivement aux n°s 43592 (milieu rural) et 43614 (centres-villes).

› Précisions Ces exonérations ont été instituées par les articles 110 et 111 de la loi 2019-1479 du 28 décembre 2019. Bien que leur application ait été fixée dans un premier temps pour une durée déterminée, elles sont présentées comme des exonérations destinées à devenir permanentes.

41955 CGI art. 1382, 3°, 4°, 11°, 12° et 14° FB-II-6200 s

Exonérations diverses Sont exonérés de plein droit de la taxe foncière :

– les **ouvrages** établis pour la **distribution de l'eau potable** (châteaux d'eau, citernes, réservoirs, etc.) et appartenant à des communes rurales ou à des syndicats de communes ;

– les **édifices** affectés à l'exercice public **du culte** ;

– les **locaux** appartenant à des États étrangers et affectés à la résidence officielle de leurs missions **diplomatiques** ou consulaires (conventions de Vienne sur les immunités diplomatiques et consulaires) ;

– les **outillages et autres installations et moyens matériels d'exploitation** des établissements industriels, à l'exception des installations foncières (n° 41915, a) et des ouvrages d'art et voies de communication (n° 41915, b). Selon l'administration, l'exonération s'applique également aux moyens matériels d'exploitation utilisés pour des activités autres qu'industrielles (BOI-IF-TFB-10-50-30 n° 160). Les terrains sur lesquels les biens concernés sont édifiés restent imposés à la taxe foncière sur les propriétés bâties (n° 41915, f) ;

– les **immobilisations** destinées à la **production d'électricité d'origine photovoltaïque** ;

– les **installations** et bâtiments de toute nature affectés à la production, par un ou plusieurs exploitants agricoles, de biogaz, d'électricité et de chaleur par la **méthanisation** issue pour au moins 50 % de matières provenant de l'exploitation **agricole.**

Les collectivités territoriales et leurs groupements dotés d'une fiscalité propre peuvent, chacun pour la part qui lui revient, exonérer de la taxe foncière : 41958

CGI art. 1382 C, 1382 C bis, 1382 G, 1383 G, 1383 G bis et 1383 G ter

– les immeubles affectés aux activités médicales de certains **groupements de coopération sanitaire,** appartenant à des établissements assurant le service public hospitalier ;
– les locaux occupés par des **maisons de santé,** appartenant à une collectivité territoriale ou à un groupement de collectivités. Les collectivités délibérantes fixent le taux de l'exonération (25 %, 50 %, 75 % ou 100 %) et peuvent en limiter la durée ;
– les **hôtels** et autres locaux **meublés** destinés au **tourisme,** situés dans les zones de revitalisation rurale (voir nº 90680) ;
– à concurrence de 15 % ou de 30 %, les constructions affectées à l'habitation achevées antérieurement à la mise en place d'un **plan de prévention des risques technologiques** (PPRT) et situées dans le périmètre d'exposition aux risques prévu par le plan. L'exonération est, le cas échéant, majorée de 15 % (secteurs de risques où un droit de délaissement peut être instauré) ou de 30 % (secteurs de risques où l'expropriation peut être reconnue d'utilité publique) ;
– à concurrence de 25 % ou 50 %, les constructions affectées à l'habitation situées à moins de trois kilomètres d'une **installation classée « Seveso »,** achevées avant la construction de l'installation. Les constructions ne doivent pas être situées dans le périmètre d'exposition aux risques prévu par un PPRT ;
– à concurrence de 25 % ou de 50 %, les constructions affectées à l'habitation situées dans les zones de danger délimitées par un **plan de prévention des risques miniers,** achevées antérieurement à la mise en place de ce plan ;
– les **parties d'une installation hydroélectrique** destinées à la préservation de la biodiversité et de la continuité **écologique** (passes à poissons, par exemple).

Les **grands ports maritimes** bénéficient d'allégements spécifiques (CGI art. 1382, 2°, 1382 E et 1388 septies). 41960

EXONÉRATIONS TEMPORAIRES

Constructions nouvelles Les **constructions nouvelles, reconstructions et additions de construction** sont exonérées pendant **deux ans** de la taxe foncière sur les propriétés bâties. 41965

CGI art. 1383
FB-II-9000 s

Cette exonération est de portée générale. Elle s'applique aux immeubles affectés à l'habitation (principale ou secondaire) ainsi qu'aux immeubles à usage industriel, commercial, artisanal ou professionnel.

Cependant, en ce qui concerne les **immeubles autres que ceux à usage d'habitation,** l'exonération ne porte que sur la part départementale de la taxe, à l'exclusion de la part communale.

Pour les **immeubles d'habitation,** l'exonération est en principe totale. Mais la commune (ou le groupement de communes à fiscalité propre) peut décider, pour la part de taxe qui lui revient, de supprimer l'exonération soit totalement (c'est-à-dire pour l'ensemble des immeubles situés sur son territoire), soit partiellement (c'est-à-dire pour les logements autres que ceux financés au moyen de prêts conventionnés, de prêts aidés par l'État ou de prêts à taux zéro).

› Précisions **a.** L'exonération en faveur des constructions nouvelles court à compter du 1er janvier de l'année suivant celle de **l'achèvement de la construction.** À cet égard, un immeuble est considéré comme achevé lorsque l'état d'avancement des travaux en permet l'utilisation effective, c'est-à-dire, d'une manière générale, quand le gros œuvre, la maçonnerie et la couverture étant entièrement terminés, les escaliers, parquets, portes extérieures et fenêtres posés, l'alimentation en eau et en électricité assurée et le branchement sur les réseaux extérieurs des eaux usées effectué, il ne reste plus à réaliser que des travaux d'aménagement (installation de chauffage et d'électricité, serrurerie, seconde couche de peinture, pose de papiers peints, etc.). 41966

Pour les immeubles collectifs, la date d'achèvement doit être appréciée distinctement pour chaque logement.

Par ailleurs, un immeuble non destiné à l'habitation est regardé comme achevé dès lors qu'il peut être utilisé pour une activité industrielle ou commerciale quelconque, même s'il ne s'agit pas de celle à laquelle son propriétaire le destinait initialement (CE 16-2-2015 nº 371476 : RJF 5/15 nº 411).

b. L'exonération est subordonnée à la souscription d'une **déclaration,** dans les 90 jours de l'achèvement de la construction (voir nos 42170 s.).

c. L'exonération s'applique en cas de **conversion d'un bâtiment rural** en logement, en usine ou en local professionnel, lorsque cette conversion s'accompagne de travaux importants de transformation, ou en cas d'**affectation de terrains** à des usages commerciaux ou industriels, tels que chantiers, lieux de dépôt de marchandises et autres emplacements de même nature (BOI-IF-TFB-10-60-10 nº 1).

d. Les **bâtiments anciens rénovés ou restaurés** peuvent bénéficier de l'exonération si la nature et l'importance des travaux dont ils ont fait l'objet permettent de considérer qu'il y a eu reconstruction ou addition de construction (BOI-IF-TFB-10-60-10 nº 70).

e. Un bien exploité au sein d'une **résidence de tourisme** pour être donné en location pour des séjours de courte durée ne constitue pas un immeuble d'habitation susceptible de bénéficier de l'exonération totale (CE 24-10-2014 nº 376645 : RJF 1/15 nº 31).

f. Logements neufs **économes en énergie** : voir nº 41970.

g. Sous certaines conditions, les constructions de **logements « sociaux »** bénéficient d'une exonération spécifique de longue durée : voir nº 41995.

h. À compter de **2021,** l'exonération restera en principe totale pour les **constructions à usage d'habitation,** sauf délibération de la commune (ou l'EPCI) pour la limiter à 50, 60, 70, 80 ou 90 % de la base imposable. Les **autres constructions** seront exonérées à hauteur de 50 % de la base imposable. En outre, au titre de 2021, l'exonération sera maintenue pour les locaux qui auraient dû en bénéficier en application des dispositions en vigueur au 31 décembre 2020 (Loi 2019-1479 du 28-12-2019 art. 16).

41970 CGI art. 1383-0 B et 1383-0 B bis FB-II-43000 s

Logements économes en énergie **a.** Les collectivités territoriales et leurs groupements dotés d'une fiscalité propre peuvent exonérer temporairement de la taxe foncière, à concurrence de 50 % ou 100 % les **logements achevés avant le 1er janvier 1989** qui ont fait l'objet, par le redevable de la taxe, de dépenses d'équipement entrant dans le champ du crédit d'impôt sur le revenu pour la transition énergétique (nº 3065), lorsque le montant total des dépenses payées au cours de l'année qui précède la première année d'application de l'exonération est supérieur à 10 000 € par logement ou lorsque le montant total des dépenses payées au cours des trois années qui précèdent la première année d'application de l'exonération est supérieur à 15 000 € par logement. L'exonération s'applique pendant une durée de **cinq ans** à compter de l'année qui suit celle au cours de laquelle le seuil de 10 000 € ou 15 000 € est atteint. À l'issue de cette période de trois ans, l'exonération ne peut pas être renouvelée avant l'expiration d'un délai de dix ans ;

b. Ces collectivités et groupements peuvent également exonérer temporairement de la taxe foncière, à concurrence de 50 % ou 100 % les **logements neufs achevés à compter du 1er janvier 2009** dont le niveau de performance énergétique globale est supérieur à celui qu'impose la réglementation en vigueur. L'exonération s'applique à compter de l'année qui suit celle de l'achèvement de la construction (ou à compter de la troisième année suivant celle de l'achèvement lorsque le logement bénéficie de l'exonération visée au nº 41965), pendant une **durée** que chaque collectivité territoriale ou groupement détermine et qui **ne peut être inférieure à cinq ans.**

› **Précisions** **a.** La durée de l'exonération visée au a est réduite de cinq à trois ans pour les logements qui bénéficieront pour la première fois de l'exonération à compter des impositions établies au titre de 2021. Par ailleurs, à compter des impositions établies au titre de 2022, le taux de l'exonération pourra être fixé entre 50 % et 100 % (Loi 2019-1479 du 28-12-2019 art. 118).

b. Dans les deux cas, l'exonération est subordonnée à la souscription d'une **déclaration** avant le 1er janvier de la première année au titre de laquelle elle est applicable.

c. En l'absence de label permettant de certifier un niveau de performance énergétique supérieur à la réglementation thermique RT 2012 applicable à tous les bâtiments neufs depuis 2013, l'exonération prévue en faveur des **logements neufs** achevés à compter du 1er janvier 2009 ne peut plus concerner que les logements neufs titulaires d'un label « bâtiment basse consommation énergétique, BBC 2005 » (CGI ann. III art. 315 quaterdecies) dont le permis de construire a été déposé avant le 1er janvier 2013 (Rép. Meunier : AN 8-5-2018 nº 3521).

41975 CGI art. 1383 A FB-II-40100 s

Entreprises créées ou reprises Les entreprises créées ou reprises peuvent être exonérées par les collectivités territoriales et leurs groupements dotés d'une fiscalité propre de la taxe foncière dont elles sont redevables pour les établissements qu'elles ont **créés ou repris,** pour une durée comprise **entre deux et cinq ans** à compter de l'année suivant celle de leur création ou de leur reprise.

Les **conditions** d'application de cette exonération, communes pour l'essentiel à la taxe foncière et à la cotisation foncière des entreprises, sont exposées au nº 43595.

41980 CGI art. 1383 D FB-II-41000 s

Jeunes entreprises innovantes Les immeubles appartenant à de jeunes entreprises innovantes qui réalisent des projets de recherche et de développement ou à de jeunes entreprises universitaires qui ont pour activité principale la valorisation des travaux de recherche d'un établissement d'enseignement supérieur peuvent bénéficier d'une exonération de taxe foncière d'une durée de **sept ans,** sur décision des collectivités territoriales.

Les **conditions** d'application de cette exonération, communes pour l'essentiel à la taxe foncière et à la cotisation foncière des entreprises, sont exposées au nº 43600.

41985 CGI art. 1383 C ter FB-II-28200

Quartiers prioritaires de la politique de la ville Sauf délibération contraire des collectivités territoriales ou de leurs groupements dotés d'une fiscalité propre, les immeubles situés dans les quartiers prioritaires de la politique de la ville (QPPV) définis au nº 92540 peuvent bénéficier d'une exonération de taxe foncière d'une durée de **cinq ans.**

L'exonération s'applique aux immeubles existant au 1er janvier 2017 et rattachés à cette même date à un établissement remplissant les **conditions** pour bénéficier de l'exonération de cotisation foncière des entreprises visée au nº 43612, ainsi qu'aux immeubles rattachés, entre le 1er janvier 2017 et le 31 décembre 2022, à un établissement remplissant les mêmes conditions.

Pour les immeubles rattachés, le bénéfice de l'exonération est en outre subordonné à l'existence d'un **contrat de ville** au 1er janvier de l'année de rattachement.

L'exonération est soumise à la réglementation européenne concernant les aides de minimis (nos 92660 s.).

> Précisions **a.** Pour les immeubles existant au 1er janvier 2017, l'exonération s'applique depuis 2017. Dans les autres cas, elle s'applique à **compter** du 1er janvier de l'année qui suit celle du rattachement à un établissement remplissant les conditions requises.

b. Une exonération similaire s'applique aux immeubles rattachés en 2015 ou 2016 à l'établissement d'une très petite entreprise remplissant les conditions pour bénéficier de l'exonération de cotisation foncière des entreprises visée au nº 43613, précision a.

c. En cas de **changement d'exploitant** au cours d'une période d'exonération, celle-ci est maintenue pour la période restant à courir et dans les conditions prévues pour l'ancien exploitant.

d. L'exonération de taxe foncière est susceptible de s'appliquer même si l'exonération de cotisation foncière des entreprises a été supprimée par délibération (BOI-IF-TFB-10-160-60 nº 80).

e. L'exonération est subordonnée à la souscription d'une **déclaration** avant le 1er janvier de la première année au titre de laquelle elle est applicable (CGI ann. III art. 315 quindecies A).

Autres zones

41990

CGI art. 1383 H FB-II-27000 s

a. Sauf délibération contraire des collectivités territoriales et de leurs groupements dotés d'une fiscalité propre, les immeubles situés dans les **bassins d'emploi à redynamiser** (nº 92540) et rattachés au plus tard le 31 décembre 2020 à un établissement remplissant les conditions requises pour bénéficier de l'exonération de cotisation foncière des entreprises applicable dans ces bassins sont exonérés de taxe foncière pour une durée de **cinq ans.**

Les conditions d'application de cette exonération, communes pour l'essentiel à la taxe foncière et à la cotisation foncière des entreprises, sont exposées au nº 43620.

CGI art. 1383 I FB-II-28000 s

b. Sur délibération des collectivités territoriales ou de leurs groupements dotés d'une fiscalité propre, les immeubles situés dans les **zones de restructuration de la défense** (nº 92540) et rattachés à un établissement remplissant les conditions requises pour bénéficier de l'exonération de cotisation foncière des entreprises applicable dans ces zones peuvent bénéficier d'une exonération de taxe foncière d'une durée de **cinq ans.**

Les conditions d'application de cette exonération, communes pour l'essentiel à la taxe foncière et à la cotisation foncière des entreprises, sont exposées au nº 43625.

CGI art. 1383 F FB-II-28500

c. Les immeubles situés dans les **bassins urbains à dynamiser** (nº 92540) et rattachés à un établissement remplissant les conditions requises pour bénéficier de l'exonération de cotisation foncière des entreprises applicable dans ces bassins peuvent bénéficier d'une exonération de taxe foncière d'une durée de **sept ans,** puis d'un abattement dégressif pendant **trois ans.** L'exonération s'applique de plein droit pour la **moitié** de la base d'imposition et sur **délibération** des collectivités territoriales ou de leurs groupements dotés d'une fiscalité propre pour l'autre moitié.

Les conditions d'application de cette exonération, communes pour l'essentiel à la taxe foncière et à la cotisation foncière des entreprises, sont exposées au nº 43565.

CGI art. 1383 J FB-II-28700

d. Les immeubles situés dans les **zones de développement prioritaire** (nº 92540) et rattachés à un établissement remplissant les conditions requises pour bénéficier de l'exonération de cotisation foncière des entreprises applicable dans ces zones peuvent bénéficier d'une exonération de taxe foncière d'une durée de **sept ans,** puis d'un abattement dégressif pendant **trois ans.** L'exonération s'applique de plein droit pour la **moitié** de la base d'imposition et sur **délibération** des collectivités territoriales ou de leurs groupements dotés d'une fiscalité propre pour l'autre moitié.

Les conditions d'application de cette exonération, communes pour l'essentiel à la taxe foncière et à la cotisation foncière des entreprises, sont exposées au nº 43567.

41995

CGI art. 1384, 1384-0 A et 1384 A FB-II-11000 s

Constructions de logements « sociaux » Les **constructions neuves** de logements « sociaux » affectés à l'**habitation principale** qui sont financées au moyen de prêts spéciaux ou de subventions sont susceptibles de bénéficier d'une exonération de longue durée. Dans le cadre des dispositifs actuels de financement du logement social, ouvrent droit à une telle exonération :

a. Les **logements à usage locatif** et les logements-foyers conventionnés visés à l'article L 831-1, 3º et 5º du CCH qui sont financés à concurrence de plus de 50 % de leur coût (30 % s'il s'agit de droits immobiliers démembrés) à l'aide de **prêts aidés par l'État** relevant de l'article R 331-1 du même Code (prêts PLA-I, PLUS ou PLS) et, pour les logements achevés avant 2019, qui bénéficient du taux réduit de TVA ; ces constructions appartiennent en général aux bailleurs sociaux – organismes d'HLM, sociétés d'économie mixte, collectivités territoriales – ou, plus rarement, à des investisseurs privés bénéficiaires de PLS. La durée de l'exonération est au minimum de quinze ans. Elle peut aller jusqu'à trente ans pour les logements respectant certains critères environnementaux ;

b. Les logements destinés à être occupés par les titulaires de contrats de **location-accession,** financés au moyen d'un prêt PSLA, ayant fait l'objet d'une convention et agréés par le préfet depuis le 26 mars 2004. L'exonération s'applique pendant quinze ans ;

c. Les **logements à usage locatif** appartenant à l'**Association foncière logement** ou aux sociétés civiles immobilières dont cette association détient la majorité des parts qui sont financés à concurrence de plus de 50 % de leur coût par des **subventions** versées au titre de la **participation des employeurs à l'effort de construction** et qui bénéficient du taux réduit de TVA. La durée de l'exonération est de quinze ans (durée portée à vingt-cinq ans pour les logements bénéficiant d'une décision d'octroi de subvention prise entre le 1er mars 2007 et le 31 décembre 2018) ;

d. Les **logements intermédiaires** réalisés dans le cadre d'opérations de construction mixtes, **comprenant** en principe la construction d'**au moins 25 % de logements sociaux** qui ont bénéficié du taux intermédiaire de TVA. L'exonération est réservée aux logements loués dans les conditions de ressources et de loyers prévues aux nos 2812 et 2813. Sa durée est de vingt ans.

Dans tous les cas, l'exonération s'applique à compter de l'année suivant celle de l'achèvement de la construction, tel qu'il est défini au no 41966, précision a. Elle est subordonnée à la souscription d'une **déclaration,** dans les 90 jours de l'achèvement (voir nos 42170 s.).

41996 **› Précisions** **a.** Pour l'application des exonérations visées aux a et b du no 41995, les **reconstructions** et **additions de construction,** assimilées à des constructions nouvelles, peuvent également bénéficier de l'exonération (BOI-IF-TFB-10-80 no 50). Il en va de même pour les bâtiments restaurés ou rénovés dans les conditions exposées au no 41965, précision d. Par ailleurs, si l'**affectation à la résidence principale** de l'occupant doit, en principe, être effective au 1er janvier de l'année qui suit celle de l'achèvement de la construction, l'administration admet que l'exonération s'applique lorsque le local se trouve affecté à l'habitation principale avant le 1er janvier de la troisième année suivant celle de son achèvement (BOI-IF-TFB-10-80 no 70). Le droit à l'exonération est supprimé si la construction cesse d'être affectée à l'habitation principale.

b. Les logements financés grâce aux **anciens dispositifs de prêts aidés par l'État** bénéficiaient également d'exonérations de longue durée qui continuent à s'appliquer jusqu'au terme de la période prévue : c'est le cas, par exemple, des logements à usage locatif (prêts PLA) et des logements en accession à la propriété (prêts PAP).

c. Les logements construits ou acquis à l'aide des **prêts à taux zéro** (CCH art. R 317-1 s.) ne bénéficient pas de l'exonération prévue en faveur du logement social mais seulement de l'exonération de deux ans des constructions nouvelles (no 41965).

d. Les constructions neuves issues d'opérations de **démolition-reconstitution** d'un quartier en **renouvellement urbain** ne peuvent bénéficier de ces exonérations, lorsque les immeubles auxquels elles se substituent, au sein du périmètre du même quartier prioritaire, ont bénéficié d'une exonération de longue durée, si le nombre total de logements locatifs sociaux représente sur le territoire de la commune au moins 50 % des résidences principales (CGI art. 1384 G).

e. Les **logements anciens réhabilités** affectés à l'habitation principale et faisant l'objet d'un contrat **location-accession** peuvent bénéficier d'une exonération d'une durée de quinze ans, sur délibération des collectivités territoriales et de leurs groupements à fiscalité propre. Sont concernés les logements réhabilités financés au moyen d'un prêt PSLA, ayant fait l'objet d'une convention et agréés par le préfet. L'exonération s'applique à compter de l'année suivant celle de l'achèvement des travaux (Loi 2019-1479 du 28-12-2019 art. 25).

42000
CGI art. 1384 C, I et 1383 E
FB-II-17000 s, 18000 s et 26100 s

Acquisitions de locaux « sociaux » à usage locatif Les logements à usage locatif conventionnés, y compris les logements-foyers, visés à l'article L 831-1, 3° et 5°, du CCH, acquis avec le **concours financier de l'État** ou avec une **subvention de l'Agence nationale pour la rénovation urbaine** sont exonérés de la taxe foncière pendant quinze ans. La durée de l'exonération est portée à vingt-cinq ans pour les logements bénéficiant d'une décision de subvention ou de prêt prise entre le 1er juillet 2004 et le 31 décembre 2022, à l'exclusion des logements acquis à compter de 2009 auprès des filiales de la Caisse des dépôts et consignations. L'exonération ne s'applique pas aux logements qui ont bénéficié d'une exonération de longue durée.

Sont également exonérés de la taxe foncière pendant quinze ans les logements visés à l'article L 831-1, 4°, du CCH, acquis par des **organismes sans but lucratif** titulaires de l'agrément relatif à l'intermédiation locative et la gestion locative sociale prévu à l'article L 365-4 du même Code et améliorés au moyen d'une aide financière de l'Agence nationale de l'habitat, en vue de leur location ou attribution à titre temporaire à des personnes défavorisées. La durée de l'exonération est portée à vingt-cinq ans pour les logements bénéficiant d'une décision de subvention prise entre le 1er juillet 2004 et le 31 décembre 2022. Les communes ou leurs groupements dotés d'une fiscalité propre peuvent supprimer l'exonération pour les logements qui ont bénéficié d'une exonération de longue durée, lorsque les logements locatifs sociaux sur leur territoire représentent au moins 50 % des résidences principales.

Enfin, dans les **zones de revitalisation rurale** définies au nº 92540, les collectivités territoriales et leurs groupements à fiscalité propre peuvent aussi exonérer de taxe foncière, pour une durée de quinze ans, les logements visés à l'article L 831-1, 4º du CCH qui sont acquis par des personnes physiques puis améliorés au moyen d'une aide financière de l'Agence nationale de l'habitat, en vue de leur location.

› Précisions **a.** Lorsque l'opération est subventionnée par l'**Agence nationale de l'habitat,** le bénéfice de l'exonération est subordonné à la condition que la **décision de subvention** intervienne dans un délai de deux ans au plus à compter de l'année suivant celle de l'acquisition des logements.
b. L'exonération s'applique à compter du 1er janvier de l'année suivant, selon le cas, celle de l'acquisition du logement ou de l'achèvement des travaux d'amélioration, à condition que le redevable ait souscrit une **déclaration** avant cette date. Si la déclaration est souscrite hors délai, l'exonération ne s'applique que pour la période restant à courir après le 31 décembre de l'année de la souscription.

Structures d'hébergement temporaire ou d'urgence

42005 CGI art. 1384 D FB-II-19500 s

Les locaux acquis, aménagés ou construits avec une **aide financière de l'État,** en vue de la création de structures d'hébergement temporaire ou d'urgence faisant l'objet d'une **convention** signée avec l'État et destinées à des **personnes défavorisées,** sont exonérés de la taxe foncière pendant une **durée** de quinze ans. La durée de l'exonération est portée à vingt-cinq ans lorsque la décision d'aide de l'État intervient entre le 1er juillet 2005 et le 31 décembre 2022.

Certaines constructions neuves issues d'**opérations de démolition-reconstitution** sont exclues du bénéfice de cette exonération : voir nº 41996, précision d.

› Précisions L'exonération s'applique à compter de l'année suivant celle de l'achèvement des travaux d'aménagement ou celle de l'acquisition ou de la construction des locaux.
En ce qui concerne les **obligations déclaratives** du contribuable, voir nº 42000, précision b.

Baux à réhabilitation

42010 CGI art. 1384 B et 1586 B FB-II-16500 s

Les logements pris à **bail à compter du 1er janvier 2005** dans le cadre d'un bail à réhabilitation visé aux articles L 252-1 à L 252-4 du CCH sont exonérés de plein droit de la taxe foncière pendant toute la durée du bail (pour les logements pris à **bail avant 2005,** l'exonération était subordonnée à une délibération de la collectivité intéressée, qui en fixait l'étendue et la durée).

Certaines constructions neuves issues d'**opérations de démolition-reconstitution** sont exclues du bénéfice de cette exonération : voir nº 41996, précision d.

Par ailleurs, les communes ou leurs groupements dotés d'une fiscalité propre peuvent supprimer l'exonération lorsque les **logements locatifs sociaux** sur leur territoire représentent au moins **50 %** des résidences principales.

› Précisions Le titulaire du bail doit souscrire une **déclaration** avant le 1er janvier de la première année d'application de l'exonération. Si la déclaration est souscrite hors délai, l'exonération ne s'applique que pour la période restant à courir après le 31 décembre de l'année de la souscription.

Logements issus de la transformation de bureaux

42015 CGI art. 1384 F FB-II-45000 s

Les collectivités territoriales et leurs groupements dotés d'une fiscalité propre peuvent, chacun pour la part qui lui revient, exonérer de taxe foncière pour une durée de **cinq ans** les logements affectés à l'**habitation principale** issus de la transformation de locaux à usage de bureaux, tels que définis au nº 31390 (bureaux proprement dits et dépendances, à l'exclusion des locaux commerciaux, des locaux de stockage, des surfaces de stationnement et des locaux dans lesquels s'exerçait une activité de production ou de transformation).

Certaines constructions neuves issues d'**opérations de démolition-reconstitution** sont exclues du bénéfice de cette exonération : voir nº 41996, précision d.

› Précisions **a.** L'**affectation à l'habitation principale** doit intervenir au 1er janvier de l'année qui suit celle de la transformation du local (BOI-IF-TFB-10-200 nº 40). L'exonération s'applique **à compter** de cette date.
b. Le propriétaire doit souscrire une **déclaration** avant le 1er janvier de la première année d'application de l'exonération.

3. BASE ET CALCUL DE L'IMPOSITION

42030 CGI art. 1388 FB-III-1 s FB-IV-5300

La base d'imposition de la taxe foncière sur les propriétés bâties est constituée par la **valeur locative cadastrale** (ou revenu cadastral) de ces propriétés, diminuée d'un **abattement** forfaitaire pour frais de 50 %.

Le montant de la taxe s'obtient en multipliant le revenu cadastral par les **taux** fixés par les collectivités territoriales.

À la taxe elle-même s'ajoutent les frais de gestion de la fiscalité locale (n° 41535).

› Précisions **a.** La valeur locative des logements locatifs à usage d'habitation principale des organismes d'**HLM** et des **sociétés d'économie mixte,** ayant bénéficié d'une exonération de longue durée en faveur des constructions neuves ou acquises avant le 1-1-1998 avec le concours financier de l'État et situés dans un **quartier prioritaire de la politique de la ville** (n° 92540), fait l'objet d'un abattement supplémentaire de 30 %, jusqu'en 2022, à condition que ces organismes et sociétés aient signé un contrat de ville et une convention d'entretien et gestion du parc (CGI art. 1388 bis).

b. Les collectivités territoriales et leurs groupements dotés d'une fiscalité propre peuvent instituer un abattement de 30 % sur la valeur locative des **logements** situés dans des immeubles collectifs et **issus de la transformation de locaux industriels ou professionnels,** à condition que ces locaux soient localisés dans des communes comportant un ou plusieurs **quartiers prioritaires de la politique de la ville** définis au n° 92540 (CGI art. 1518 A ter). Cet abattement concerne également la taxe d'habitation.

c. Les collectivités territoriales et leurs groupements dotés d'une fiscalité propre peuvent instituer un abattement de 50 % sur la base d'imposition des locaux situés dans le périmètre d'un **projet d'intérêt général** au sens de l'article L 102-1 du Code de l'urbanisme, justifié par la **pollution de l'environnement** (CGI art. 1388 quinquies B).

d. Les collectivités territoriales et leurs groupements dotés d'une fiscalité propre peuvent instituer un abattement de 30 % sur la base d'imposition des logements faisant l'objet d'un **bail réel solidaire** (CGI art. 1388 octies).

e. Les collectivités territoriales et leurs groupements dotés d'une fiscalité propre peuvent instituer un abattement pouvant varier de 1 % à 15 % sur la base d'imposition des **magasins et boutiques** dont la surface principale est inférieure à 400 mètres carrés et qui ne sont pas intégrés à un ensemble commercial. L'abattement est soumis à la réglementation européenne concernant les aides de minimis visée aux n°s 92660 s. (CGI art. 1388 quinquies C).

f. La base d'imposition des **logements** affectés exclusivement aux **salariés agricoles saisonniers** et aux **apprentis** est calculée au prorata de la durée d'utilisation (en nombre de jours) de ces logements par ces personnes l'année précédant celle au titre de laquelle l'imposition est établie (CGI art. 1388 quater ; mesure également applicable pour la taxe d'habitation : CGI art. 1411 bis).

a. Valeur locative de base

42080 CGI art. 1494 s FB-III-200 s

Les valeurs locatives cadastrales des propriétés bâties sont déterminées de façon différente selon la nature et l'affectation des biens imposables.

Tous les ans, les valeurs locatives de base sont **mises à jour** pour tenir compte, d'une part, des changements affectant les propriétés, d'autre part, de la revalorisation des évaluations. Les **constructions nouvelles** doivent être déclarées afin que l'administration leur attribue une valeur locative cadastrale qu'elle détermine à partir des valeurs de base revalorisées (sous réserve du cas particulier des établissements industriels relevant de la méthode comptable).

LOCAUX D'HABITATION

42090 CGI art. 1496, I et II FB-III-3200 s

Il s'agit des locaux affectés à l'habitation ou servant à l'exercice d'une activité salariée à domicile.

Que ces locaux soient loués ou non, leur valeur locative est déterminée par comparaison avec celle de **locaux de référence** choisis dans la commune pour chaque nature et catégorie de locaux (la valeur locative des locaux de référence ayant elle-même été fixée en fonction du cours des loyers libres normaux, en tenant compte du caractère de l'immeuble, de la qualité de la construction, des éléments d'équipement ou de confort). Les valeurs locatives de base résultent actuellement, en principe, de la dernière révision générale des évaluations foncières de 1974, effectuée sur la base des valeurs de 1970, dont les résultats ont été actualisés une seule fois en 1980. L'opération d'évaluation de chaque local consiste essentiellement à :

– classer celui-ci dans les diverses **catégories de constructions** représentées dans la commune ;

– calculer sa **surface pondérée** en appliquant à la surface réelle des coefficients de pondération destinés à tenir compte de la situation et de l'entretien de l'immeuble, de l'importance relative des pièces, de l'existence d'ascenseurs, et en y ajoutant des « équivalences superficielles » représentant l'équipement du local (eau courante, gaz, électricité, chauffage central, baignoires, lavabos, etc.) ;

– appliquer à la surface pondérée totale ainsi déterminée le **tarif au mètre carré** correspondant au local de référence de la catégorie concernée.

› Précisions a. Pour les **locaux loués** sous le régime de la **loi du 1er septembre 1948,** la valeur locative à retenir pour la taxe foncière est plafonnée au montant du loyer réel au 1er janvier 1970 majoré d'un coefficient d'actualisation, variable selon la catégorie du local, fixé comme suit et inchangé depuis 1979 : II A : 2,83 ; II B : 2,49 ; II C : 2,14 ; III A : 1,93 ; III B : 1,75 ; IV : 1,00 ; loyer forfaitaire : 1,93 (CGI art. 1496, III).

b. Les locaux d'habitation présentant un **caractère exceptionnel** (certains châteaux, par exemple) sont évalués selon les règles qui étaient applicables aux locaux commerciaux jusqu'en 2016, c'est-à-dire d'après les baux en cours au 1er janvier 1970, par comparaison ou par appréciation directe (application d'un taux d'intérêt à la valeur vénale estimée au 1er janvier 1970) (CGI art. 1497).

c. À compter de 2026, la valeur locative des locaux d'habitation (y compris ceux à caractère exceptionnel) sera déterminée selon une **nouvelle méthode,** basée sur l'état du marché locatif (méthode tarifaire) ou par voie d'appréciation directe, à la date de référence du 1er janvier 2023 (Loi 2019-1479 du 28-12-2019 art. 146).

LOCAUX PROFESSIONNELS

Les locaux professionnels s'entendent des biens autres que les locaux d'habitation et assimilés (no 42090), que les établissements industriels relevant de la méthode comptable (nos 42110 s.) et que les installations particulières évaluées au moyen de barèmes (no 42135, a). **42100** CGI art. 1498 **FB-III-57000 s**

Sont concernés les **locaux à usage commercial ou agricole,** les locaux **à usage professionnel spécialement aménagés** pour l'exercice d'une activité particulière (gymnases, par exemple), les locaux servant à l'exercice d'une activité professionnelle non commerciale (**professions libérales,** par exemple), les établissements industriels ne relevant pas de la méthode comptable, les locaux occupés par les **administrations** publiques, les associations, les établissements d'enseignement privé, etc.

La valeur locative cadastrale des locaux professionnels est déterminée selon une **grille tarifaire** par mètre carré, fixée à partir des loyers moyens constatés dans chaque **secteur d'évaluation** par **catégorie de propriétés** à la date de référence du 1er janvier 2013. Si les loyers sont en nombre insuffisant ou ne peuvent pas être retenus (en raison, notamment, d'erreurs déclaratives ou de conditions particulières de location), les tarifs sont déterminés par comparaison avec les tarifs fixés pour d'autres locaux du même secteur d'évaluation ou de secteurs présentant des niveaux de loyers similaires.

Les tarifs peuvent être majorés ou minorés par application d'un **coefficient de localisation** destiné à tenir compte de la situation de la parcelle d'assise de la propriété au sein du secteur d'évaluation.

Ils s'appliquent à la surface pondérée du local.

La méthode tarifaire n'est pas applicable aux propriétés présentant des **caractéristiques exceptionnelles.** La valeur locative de ces propriétés est déterminée en appliquant un taux de 8 % à la valeur vénale estimée au 1er janvier 2013 ou, pour celles créées après le 1er janvier 2017, au 1er janvier de l'année de leur création.

› Précisions a. Plusieurs correctifs sont mis en œuvre, afin d'atténuer ou d'étaler les effets de la révision. Il s'agit :

– du **coefficient de neutralisation,** qui a pour but d'éviter la surimposition des locaux professionnels par rapport aux autres locaux. Ce coefficient, déterminé au 1er janvier 2017 pour chaque taxe et chaque collectivité territoriale, s'applique à la valeur locative brute révisée de chaque local, jusqu'à l'intégration de la révision des valeurs locatives des locaux d'habitation prévue en 2026 (CGI art. 1518 A quinquies, I et II) ;

– de la **réduction de moitié** des **variations des valeurs locatives,** à la hausse ou à la baisse, appréciées après application du coefficient de neutralisation. Ce dispositif, dit « du planchonnement », s'applique de 2017 à 2025 (CGI art. 1518 A quinquies, III) ;

– du **lissage** par dixièmes des **variations de cotisations,** à la hausse ou à la baisse, constatées en 2017 pour chaque local. Ce dispositif s'applique de 2017 à 2025 (CGI art. 1518 E).

b. Les entreprises soumises à un **régime réel d'imposition** de leurs bénéfices doivent déclarer chaque année le montant du loyer des locaux dont elles sont **locataires** (CGI art. 1498 bis). Cette déclaration s'effectue dans le même délai que la déclaration de résultat, suivant la procédure spécifique Decloyer.

ÉTABLISSEMENTS INDUSTRIELS

Bâtiments et terrains concernés Revêtent un caractère industriel les bâtiments et terrains servant à l'exercice d'une **activité de fabrication ou de transformation** de biens corporels mobiliers qui nécessite d'importants **moyens techniques,** ainsi que les bâtiments et terrains servant à l'exercice d'**autres activités** nécessitant d'importants moyens techniques (activité de stockage, par exemple) lorsque le rôle des installations techniques, matériels et outillages mis en œuvre est prépondérant. **42110** CGI art. 1499-00 A et 1500, I **FB-III-17000 s**

Toutefois, depuis 2019, les biens des **entreprises artisanales** sont exclus des règles d'évaluation des établissements industriels et sont évalués selon les règles prévues pour les locaux professionnels. À compter de 2020, il en est de même des équipements indissociables des **installations de stockage de déchets,** à l'issue de leur phase d'exploitation (Loi 2019-1479 du 28-12-2019 art. 121).

Par ailleurs, à compter de 2020, lorsque la valeur d'origine des **installations techniques,** matériels et outillages présents sur place et détenus par l'exploitant ou le propriétaire pendant au moins six mois **n'excède pas 500 000 €,** les bâtiments et terrains affectés à une activité entrant dans le champ de la cotisation foncière des entreprises ne peuvent être qualifiés d'industriels et sont également évalués comme des locaux professionnels.

› **Précisions** **a.** Les **entreprises artisanales** concernées s'entendent des entreprises répondant aux conditions d'immatriculation au répertoire des métiers prévues par la loi 96-603 du 5 juillet 1996.

En cas de **cessation d'activité** de l'entreprise artisanale, le bien reste évalué dans les mêmes conditions tant qu'il ne fait pas l'objet d'une nouvelle affectation ou d'une nouvelle utilisation.

b. Pour la détermination de la méthode d'évaluation applicable en 2020, les exploitants qui ont respecté le **seuil de 500 000 €** en 2019 doivent en informer les propriétaires avant le 15 janvier 2020, ceux-ci devant souscrire une **déclaration** avant le 1er février 2020.

Par la suite, le **franchissement du seuil,** à la hausse ou à la baisse, n'entraîne un changement de qualification qu'au terme de trois années. Par exception, en cas de **construction nouvelle** ou de début d'activité au cours d'une année N, le franchissement à la hausse du seuil en N + 1 est pris en compte dès l'année N + 2.

c. Par dérogation au **droit de reprise** de l'administration (nº 77735), si le contribuable est de bonne foi, les contrôles fiscaux engagés avant le 31 décembre 2019 et aboutissant à une modification de la qualification des locaux ne peuvent donner lieu à aucune imposition supplémentaire (sauf mise en recouvrement avant le 31 décembre 2018). Par la suite, le droit de reprise de l'administration en matière de cotisation foncière des entreprises ne pourra s'exercer que jusqu'à la fin de l'année suivant celle de l'imposition pour les contrôles engagés en 2020, et jusqu'à la fin de la deuxième année suivant celle de l'imposition pour les contrôles engagés en 2021 (Loi 2018-1317 du 28-12-2018 art. 156, II).

42112 CGI art. 1500, II

Règles d'évaluation Les bâtiments et terrains industriels sont évalués selon la méthode « comptable » décrite au nº 42115, lorsqu'ils figurent à l'**actif du bilan** de leur propriétaire ou de leur exploitant et que celui-ci est soumis à l'impôt sur les bénéfices selon un **régime réel** ou à l'actif du bilan d'une entreprise qui a pour **activité principale** la **location** de ces biens.

Les bâtiments et terrains industriels sont évalués selon les règles prévues pour les locaux professionnels présentées au nº 42100 si ces conditions ne sont pas satisfaites ou s'ils sont détenus par des entreprises artisanales.

› **Précisions** **a.** Lorsque le propriétaire ou l'exploitant de bâtiments et terrains industriels n'a pas, en **méconnaissance** de ses **obligations comptables,** inscrit ceux-ci à l'actif de son bilan, l'administration peut corriger cette omission et évaluer les biens en cause selon la méthode comptable (CE 24-2-2017 nº 394158 : RJF 5/17 nº 443).

b. Le caractère principal d'une **activité de location** est avéré lorsque le chiffre d'affaires ou les recettes y afférentes (loyers et compléments de loyer éventuels) représentent plus de 50 % du chiffre d'affaires ou des recettes totales de l'entreprise (BOI-IF-TFB-20-10-50-20 nº 85).

c. Le **changement du régime d'imposition** sur les bénéfices de l'entreprise propriétaire est sans incidence sur les évaluations déjà effectuées. Mais, en cas de **construction nouvelle,** reconstruction ou changement d'affectation, le nouveau bien doit être évalué selon la méthode découlant du régime d'imposition applicable à la date d'achèvement des travaux (BOI-IF-TFB-20-10-50-20 nº 80).

d. En cas de **cession** d'immobilisations industrielles, il y a lieu de procéder à une nouvelle évaluation dès lors que le cédant et/ou le cessionnaire relèvent d'un régime réel d'imposition ou ont pour activité principale la location d'immeubles industriels. Cette évaluation est faite selon la méthode comptable si le cessionnaire relève du régime du bénéfice réel ou a pour activité principale la location d'immeubles industriels, selon la méthode prévue pour les locaux professionnels dans le cas contraire. La règle de la valeur locative plancher (nº 43695) est applicable (BOI-IF-TFB-20-10-50-20 nos 120 à 136 ; BOI-IF-CFE-20-20-20-20 nº 40).

e. Valeur locative minimale applicable en cas d'acquisition ou de cession de biens immobiliers industriels dans le cadre d'un contrat de **crédit-bail** ou de **location** : voir nº 42135, e.

f. Mécanisme de lissage applicable en cas de **variation importante de la valeur locative** due à un **changement de qualification ou d'affectation** d'un immeuble industriel ou professionnel : voir nº 42200.

42115 CGI art. 1499

Méthode comptable Dans le cadre de la méthode comptable, la valeur locative des immobilisations industrielles passibles de la taxe foncière s'obtient en appliquant au **prix de revient** de leurs différents éléments, éventuellement revalorisé, des taux d'intérêt variables selon la date d'acquisition.

Le prix de revient à retenir s'entend de la **valeur d'origine** pour laquelle les immobilisations doivent être inscrites au bilan (CGI ann. III art. 324 AE). Il n'est pas tenu compte des réévaluations ultérieures éventuelles (exception faite de la réévaluation légale de 1959).

Les modalités de calcul de la valeur locative, qui varient suivant la nature des biens et leur date d'acquisition ou de construction, sont présentées dans le tableau ci-après.

	Détermination du prix de revient	Taux d'intérêt applicable
Sols et terrains		
acquis avant 1959	valeur d'origine × majoration spéciale [1] × coefficient de réévaluation des bilans (nº 97470)	8 %
acquis de 1959 à 1969	valeur d'origine × majoration spéciale [1]	8 %
acquis depuis 1970	valeur d'origine	8 %
Autres immobilisations foncières		
acquises avant 1959	valeur d'origine × coefficient de réévaluation des bilans (nº 97470)	12 % × 25 % (réfaction forfaitaire) = 9 %
acquises de 1959 à 1975	valeur d'origine	12 % × 25 % (réfaction forfaitaire) = 9 %
acquises depuis 1976	valeur d'origine	12 % × 1/3 (réfaction forfaitaire) = 8 %

1. Majoration de 3 % pour chaque année écoulée depuis l'entrée dans le patrimoine du propriétaire jusqu'au 1er janvier 1970.

› Précisions Les locaux à usage de **bureau, cantine, magasin, garage,** etc. sont incorporés à l'établissement industriel et évalués selon la méthode comptable dès lors qu'ils sont situés dans l'enceinte de l'établissement et concourent à la même exploitation (BOI-IF-TFB-20-10-10-30 nº 570). Il en va de même, pour le Conseil d'État, du **logement** affecté au gardien (CE 21-5-2014 nº 365751 : RJF 8-9/14 nº 816). L'administration considère cependant que les locaux d'habitation et les locaux affectés à l'exercice d'une activité commerciale distincte (magasins de vente au détail, par exemple) doivent être évalués selon les règles qui leur sont propres (BOI-IF-TFB-20-10-50-10 nº 110).

CAS PARTICULIERS

a. Pour certaines installations existant dans différentes communes et présentant des caractéristiques analogues (production et distribution d'**électricité,** de **gaz,** distribution d'**eau** potable, **transport ferroviaire, radio, télévision**), les évaluations sont faites : **42135** CGI art. 1501 **FB-III-21000 s, 22000 s et 23000**

– à partir de barèmes s'il s'agit d'immobilisations acquises ou créées avant le 1er janvier 1974 ;

– selon la méthode comptable exposée au nº 42115 pour les immobilisations acquises ou créées depuis cette date, sous réserve des biens appartenant aux collectivités publiques.

Un barème est également prévu pour l'évaluation des **autoroutes** concédées, exonérées de taxe foncière mais passibles de la cotisation foncière des entreprises et pour celle des **ports de plaisance.**

b. Une réduction est pratiquée sur la valeur locative des **aéroports** et de certaines **installations antipollution** et **installations spécifiques de manutention portuaire,** dans les conditions indiquées aux nos 43684 et 43685. CGI art. 1518 A et 1518 A bis **FB-III-19550 s et 19900 s**

c. Un abattement peut être appliqué, sur délibération des collectivités territoriales, à la valeur locative des **bâtiments industriels affectés à la recherche,** dans les conditions indiquées au nº 43686. CGI art. 1518 A quater **FB-III-20200**

d. La valeur locative des immobilisations corporelles acquises à la suite d'**apports,** de **scissions,** de **fusions de sociétés,** de **cessions d'établissements** ou de transmissions universelles du patrimoine ou cédées entre entreprises liées et **rattachées au même établissement** après la cession ne peut être inférieure à une fraction (voire à la totalité) de la valeur locative retenue avant l'opération, qualifiée de valeur locative « plancher » : voir nº 43695. CGI art. 1518 B **FB-III-20040 s**

e. Une valeur locative minimale est également susceptible de s'appliquer en cas d'acquisition ou de cession de **biens immobiliers industriels,** dans le cadre d'un contrat de crédit-bail ou de location, postérieurement au 31 décembre 2006. CGI art. 1499-0 A **FB-III-20100 s**

Ainsi, lorsque les biens pris en **crédit-bail** sont **acquis par le crédit-preneur,** leur valeur locative ne peut, pour les impositions établies au titre des années suivantes, être inférieure à celle qui devait être effectivement retenue l'année de l'acquisition pour l'imposition du crédit-bailleur. Cette règle s'applique y compris dans le cas où les biens étaient, lors de l'acquisition, évalués selon la méthode particulière (CE 18-9-2015 nº 378676 et 378677 : RJF 12/15 nº 1023). Cependant, elle ne s'applique que si elle est supérieure à la valeur locative comptable telle que calculée selon des modalités spécifiques : le prix de revient à retenir est le coût de levée de l'option majoré de la fraction hors intérêt des loyers prévus par le contrat et versés antérieurement à la levée d'option qui excède le coût de la mise à disposition du bien. À défaut de ces éléments, le prix de revient s'entend de la différence entre, d'une part, la valeur du bien au moment de la signature du contrat de crédit-bail et, d'autre part, le total des dotations aux amortissements qui auraient été enregistrées si le bien avait été acquis dès ce moment, au regard notamment des engagements hors bilan (CE 18-7-2018 n° 414120 : RJF 11/18 n° 1122). L'administration ne peut rectifier la valeur locative minimale qu'à l'égard du crédit-bailleur. Ce dernier dispose, quant à lui, d'un droit de réclamation (CE 2-12-2019 n° 421454 : RJF 2/20 n° 144).

Par ailleurs, lorsque les biens font l'objet d'un contrat de **crédit-bail** ou de **location au profit de la personne qui les a cédés,** leur valeur locative ne peut, pour les impositions établies au titre des années suivantes, être inférieure à celle retenue au titre de l'année de cession.

f. Abattements applicables à la valeur locative de certains **logements** : voir les précisions au n° 42030.

b. Constatation annuelle des changements

42160 CGI art. 1517 FB-III-50100 s

Les évaluations sont mises à jour chaque année des changements qui affectent les propriétés. Les changements pris en compte sont rangés en différentes catégories :

a. Constructions nouvelles ;

b. Changements de consistance résultant de travaux ayant pour effet de modifier le volume ou la superficie d'une propriété préexistante (agrandissement, surélévation, démolition totale ou partielle…) ;

c. Changements **d'affectation,** ayant pour effet de rendre imposable une propriété précédemment exonérée (conversion d'un bâtiment rural en maison, par exemple), ou de la faire passer dans un groupe différent de celui qui avait été retenu lors de sa précédente évaluation (par exemple : logement transformé en magasin) ;

d. Changements d'**utilisation** des locaux professionnels ;

e. Changements de nature à modifier la **méthode d'évaluation** des locaux industriels (passage de la méthode d'évaluation des locaux professionnels à la méthode comptable et inversement) ;

f. Changements de **caractéristiques physiques,** tels qu'adjonction d'équipements nouveaux (chauffage central, salle de bains, etc.), transformations intérieures, travaux de rénovation et de gros entretien ;

g. Changements **d'environnement** (rénovation urbaine, création d'espaces verts, création ou suppression d'installations voisines génératrices de nuisances, modification des conditions de desserte…).

CHANGEMENTS À DÉCLARER

42170 CGI art. 1406 FB-III-51140 s

Les propriétaires doivent déclarer les **constructions nouvelles** et les **changements de consistance ou d'affectation,** ainsi que les **changements d'utilisation** des locaux professionnels et les **changements de méthode d'évaluation** des locaux industriels.

Les déclarations doivent être effectuées dans les 90 jours de la réalisation définitive du changement (achèvement de la construction, des travaux…). Elles sont souscrites auprès du service des impôts fonciers du lieu de situation des biens, sur des imprimés fournis par l'administration.

Le bénéfice des **exonérations** temporaires de taxe foncière est subordonné à l'accomplissement de cette formalité. Si la déclaration est souscrite hors délai, l'exonération s'applique pour la période restant éventuellement à courir après le 31 décembre de l'année suivante.

Par ailleurs, afin de procéder à la mise à jour permanente de la valeur locative des propriétés bâties, l'administration peut demander au contribuable de souscrire une déclaration (à déposer auprès du service susvisé dans les trente jours suivant la réception de la demande).

42175

> Précisions a. Les acquéreurs de **constructions nouvelles** (appartements ou maisons individuelles) devenus propriétaires après l'achèvement de la construction disposent d'un délai spécial de 90 jours à compter de l'acquisition pour souscrire la déclaration, lorsque celle-ci n'a pas été faite par le constructeur dans les 90 jours de l'achèvement des travaux. Mais la période d'exonération reste calculée à partir de la date d'achèvement des travaux (BOI-IF-TFB-10-60-20 n° 230).

b. Les **imprimés** à utiliser pour les locaux d'habitation et les établissements industriels sont les suivants :

– constructions nouvelles : modèles H1 pour les maisons individuelles, H2 pour les logements situés dans des immeubles collectifs et U pour les établissements industriels ;

– changements de consistance ou d'affectation : modèle IL.

Pour les locaux professionnels, les changements de consistance, d'affectation ou d'utilisation doivent être déclarés sur l'imprimé n° 6660-REV.

c. Le **défaut de production** de la déclaration entraîne l'application d'une amende de 150 €. **Les omissions ou inexactitudes** relevées dans la déclaration sont sanctionnées par une amende de 15 € par omission ou inexactitude, sans que le total des amendes applicables par déclaration puisse être inférieur à 60 € ni supérieur à 150 € (CGI art. 1729 C). L'amende est recouvrée comme la taxe foncière (CGI art. 1754, III bis).

d. Les **omissions ou insuffisances d'évaluation** résultant du défaut ou de l'inexactitude de la déclaration peuvent être réparées à tout moment par l'administration par voie de **rôles particuliers.** Calculées d'après le taux en vigueur pour l'année en cours, les cotisations afférentes aux rehaussements sont multipliées par le nombre d'années écoulées depuis le 1er janvier de l'année suivant celle du changement, sans toutefois pouvoir être plus que quadruplées (CGI art. 1508 et LPF art. L 175 ; CF-II-2270 s.).

CHANGEMENTS CONSTATÉS PAR L'ADMINISTRATION

42185 FB-III-52260 s

Les changements de **caractéristiques physiques** ou d'**environnement** n'ont pas à être déclarés. Ils sont constatés d'office par l'administration à partir d'informations de sources diverses (constatation sur place, déclaration de revenus du propriétaire faisant apparaître d'importantes dépenses d'amélioration, par exemple).

ÉVALUATION DES CHANGEMENTS

42195 FB-III-52450 s

La nouvelle valeur locative cadastrale résultant de la prise en compte des changements est déterminée en fonction de la nature et de l'affectation des biens imposables, suivant les règles exposées aux nos 42080 s. Elle est appréciée à la date de référence de la dernière révision (1er janvier 1970 pour les locaux d'habitation ou assimilés ; 1er janvier 2013 pour les locaux professionnels), sauf pour les établissements industriels relevant de la méthode comptable, évalués à partir du prix de revient effectif.

La valeur locative de base « 1970 ou 2013 » est ensuite actualisée dans les conditions indiquées aux nos 42225 s.

› Précisions a. Les collectivités territoriales et leurs groupements dotés d'une fiscalité propre peuvent **étaler sur trois ans** l'augmentation de la valeur locative des **locaux d'habitation** résultant exclusivement de la constatation de **changements de caractéristiques physiques ou d'environnement** lorsque cette augmentation est supérieure à 30 % de la valeur locative de l'année précédant celle de la prise en compte de ces changements. Dans ce cas, l'augmentation est retenue à hauteur d'un tiers la première année, des deux tiers la deuxième année et en totalité à compter de la troisième année suivant celle de la constatation des changements.

b. Pour les **locaux professionnels** présentant des **caractéristiques exceptionnelles** créés après le 1er janvier 2017 (no 42100), la date de référence à retenir pour l'évaluation des changements est le 1er janvier de l'année de la création.

CAS PARTICULIER DES ÉTABLISSEMENTS INDUSTRIELS

42200 CGI art. 1518 A sexies FB-III-53520

Un mécanisme de lissage s'applique en cas de **variation de plus de 30 %** de la valeur locative consécutive au **changement de méthode d'évaluation** d'un bâtiment ou terrain industriel (no 42110) ou à un **changement d'affectation** d'un local industriel nouvellement affecté à une activité professionnelle ou inversement d'un local professionnel nouvellement affecté à un usage industriel.

La variation de valeur locative est prise en compte à hauteur de :
- 15 % la première année où le changement est pris en compte ;
- 30 % la deuxième année ;
- 45 % la troisième année ;
- 60 % la quatrième année ;
- 75 % la cinquième année ;
- 90 % la sixième année ;
- 100 % la septième année.

› Précisions a. La **variation** doit excéder 30 % de la valeur locative **calculée** avant la prise en compte du changement et, le cas échéant, après application de l'abattement de 30 % visé au no 43680 ainsi que du coefficient de neutralisation et du mécanisme de « planchonnement » visés au no 42100, précision a.

b. Le mécanisme de lissage **cesse** de s'appliquer en cas de changement d'exploitant ou d'intervention de l'un des changements visés au no 42170, à compter de l'année suivant celle du changement.

c. Lorsqu'un **rôle particulier** est établi en raison du défaut ou de l'inexactitude de la déclaration de changement (no 42175, d), le mécanisme de lissage s'applique à compter de la première année au titre de laquelle les bases rectifiées sont prises en compte dans les rôles généraux.

c. Actualisations périodiques

LOCAUX D'HABITATION ET ÉTABLISSEMENTS INDUSTRIELS

42225 CGI art. 1518 FB-III-54540 s

Actualisation triennale La seule actualisation triennale des **locaux d'habitation** et assimilés réalisée depuis la révision générale appliquée en 1974 (sur la base des valeurs de 1970) est intervenue en 1980, avec le 1er janvier 1978 pour date de référence. Les actualisations triennales qui auraient dû intervenir ultérieurement ont été remplacées par des revalorisations forfaitaires annuelles.

> **Précisions** Bien que l'actualisation triennale ne concerne pas en principe les **établissements industriels** évalués selon la **méthode comptable,** la valeur locative des sols, terrains et bâtiments industriels relevant de cette méthode et existant au 1er janvier 1978 a été majorée d'un tiers lors de l'actualisation de 1980.

42230 CGI art. 1518 bis FB-III-54850 s

Majorations forfaitaires annuelles Dans l'intervalle de deux actualisations, les valeurs locatives des locaux d'habitation et assimilés et des établissements industriels sont majorées chaque année par application de coefficients forfaitaires fixés au niveau national. Ces coefficients sont destinés à porter les valeurs locatives cadastrales au niveau des loyers constaté au 1er janvier de l'avant-dernière année précédant celle de l'imposition (date de référence). Ils s'appliquent aux valeurs locatives retenues pour l'établissement des impositions au titre de l'année précédant celle de l'imposition.

Les **coefficients de majoration** ont été successivement les suivants :

– pour les **propriétés bâties autres que les établissements industriels** évalués selon la méthode comptable : 1,10 en 1981, 1,11 en 1982, 1,13 en 1983, 1,12 en 1984, 1,08 en 1985 et en 1986, 1,05 en 1987, 1,03 en 1988, 1,04 en 1989, 1,01 en 1990, 1,03 en 1991, 1,01 en 1992, 1,03 en 1993 et 1994, 1,02 en 1995, 1,01 en 1996 et 1997, 1,011 en 1998, 1,01 de 1999 à 2002, 1,015 en 2003 et 2004, 1,018 de 2005 à 2007, 1,016 en 2008, 1,025 en 2009, 1,012 en 2010, 1,02 en 2011, 1,018 en 2012 et 2013, 1,009 en 2014 et 2015 ; 1,01 en 2016, 1,004 en 2017, 1,012 en 2018, 1,022 en 2019 et 1,012 en 2020 ;

– pour les **établissements industriels** évalués selon la **méthode comptable** : 1,10 en 1981, 1,11 en 1982, 1,08 en 1983, 1,10 en 1984, 1,06 en 1985 et en 1986, 1,03 en 1987, 1,01 en 1988, 1,02 en 1989, 1,00 en 1990, 1,01 en 1991, 1,00 en 1992, 1,01 en 1993 et 1994, 1,00 de 1995 à 1998, 1,01 de 1999 à 2002, 1,015 en 2003 et 2004, 1,018 de 2005 à 2007, 1,016 en 2008, 1,025 en 2009, 1,012 en 2010, 1,02 en 2011, 1,018 en 2012 et 2013, 1,009 en 2014 et 2015, 1,01 en 2016, 1,004 en 2017, 1,012 en 2018, 1,022 en 2019 et 1,012 en 2020.

Les coefficients se cumulent chaque année. Les **coefficients cumulés** applicables en 2020 à la valeur locative actualisée en 1980 sont récapitulés dans le tableau ci-après.

> **Précisions** En ce qui concerne les **établissements industriels** évalués selon la méthode comptable, seules sont applicables les majorations forfaitaires dont la date de référence est postérieure à la date de construction ou d'acquisition des biens (BOI-IF-CFE-20-20-20-10 n° 30).
> Par exemple, en 2020, pour un établissement créé en 2010, on applique la majoration 2013 (date de référence : 1-1-2011) et les majorations ultérieures. Cela donne donc un coefficient cumulé de 1,1 (soit 1,018 × 1,009 × 1,009 × 1,01 × 1,004 × 1,012 × 1,022 x 1,012).

Coefficients cumulés applicables en 2020			
Propriétés bâties autres que les établissements industriels évalués selon la méthode comptable			3,23
Établissements industriels évalués selon la méthode comptable, acquis ou créés :			
Avant le 1-1-1979	2,426	En 2001	1,289
En 1979	2,205	En 2002	1,270
En 1980	1,987	En 2003	1,247
En 1981	1,840	En 2004	1,225
En 1982	1,672	En 2005	1,204
En 1983	1,578	En 2006	1,185
En 1984	1,488	En 2007	1,156
En 1985	1,445	En 2008	1,142
En 1986	1,431	En 2009	1,120
En 1987 ou 1988	1,403	En 2010	1,100
En 1989 ou 1990	1,389	En 2011	1,081
En 1991	1,375	En 2012	1,071
De 1992 à 1996	1,361	En 2013	1,061
En 1997	1,348	En 2014	1,051
En 1998	1,335	En 2015	1,047
En 1999	1,321	En 2016	1,034
En 2000	1,308	En 2017	1,012
Après le 1-1-2018	pas de majoration		

LOCAUX PROFESSIONNELS

Mise à jour annuelle des tarifs Les tarifs sont mis à jour chaque année, en vue de l'établissement des impositions de l'année suivante, par application des **coefficients d'évolution** aux derniers tarifs publiés. 42240 CGI art. 1518 ter FB-III-59530

Ces coefficients sont calculés, pour chaque catégorie et chaque **secteur d'évaluation,** à partir de l'évolution des **loyers** constatés chaque année dans les déclarations des locataires (n° 42100, précision b), à condition que ces loyers soient suffisamment significatifs (CGI ann. II art. 334 A). Si tel n'est pas le cas, il est fait application de **coefficients d'évolution départementaux,** calculés à partir des loyers suffisamment significatifs constatés pour les locaux professionnels relevant des catégories qui regroupent le plus grand nombre de locaux et qui, ensemble, représentent au total plus de la moitié des locaux du département.

Mise à jour annuelle des valeurs locatives La valeur locative des locaux professionnels est mise à jour chaque année par application du nouveau **tarif par mètre carré** à la surface pondérée du local. 42245 FB-III-59560

Pour les propriétés présentant des **caractéristiques exceptionnelles,** la valeur locative est mise à jour, chaque année, par application du **coefficient départemental** visé au n° 42240.

Modification annuelle des coefficients de localisation La **commission départementale des valeurs locatives des locaux professionnels** peut, après avis des commissions communales ou intercommunales des impôts directs, modifier chaque année le coefficient de localisation dont elle a affecté chaque parcelle d'assise des propriétés. Les décisions de la commission doivent être transmises à l'administration fiscale avant le 31 décembre de l'année précédant celle de leur prise en compte pour l'établissement des bases. 42250 FB-III-59590

Actualisation des paramètres d'évaluation L'année qui suit le renouvellement général des conseils municipaux (soit tous les **six ans**), la délimitation des **secteurs d'évaluation,** les **tarifs** par mètre carré, ainsi que la définition des parcelles auxquelles s'applique un **coefficient de localisation** (n° 42100), doivent être revus. 42255 FB-III-59620

De nouvelles **catégories** de locaux professionnels peuvent être créées à cette occasion.

d. Rectification des valeurs locatives

RÉCLAMATION DES CONTRIBUABLES

Le propriétaire qui conteste la valeur locative attribuée à son immeuble peut en demander la réduction par voie de réclamation présentée dans les formes indiquées aux n°s 81800 s. et dans le **délai** visé au n° 81835. 42265 CGI art. 1507 et 1518 F FB-III-2750 s

S'agissant des **locaux autres que les locaux professionnels,** les réclamations peuvent porter, par exemple, sur le classement de l'immeuble ou la détermination de sa surface. En revanche, le tarif communal d'évaluation a un caractère définitif et ne peut pas être contesté.

Pour les **locaux professionnels,** les réclamations peuvent porter, par exemple, sur le choix de la catégorie ou la répartition des surfaces. En revanche, les paramètres généraux d'évaluation, tels que la délimitation des secteurs d'évaluation ou le tarif applicable à la catégorie dont relève le local, ne peuvent pas être contestés dans le cadre d'une réclamation contre une évaluation individuelle.

> Précisions **a.** Pour s'assurer de l'exactitude de l'évaluation, les contribuables peuvent demander au service des impôts fonciers une copie de la **fiche de calcul** de la valeur locative établie par l'administration. Ils peuvent également consulter les **documents cadastraux** à la mairie du lieu où sont situés les immeubles, au service des impôts ou sur Internet (www.cadastre.gouv.fr).

b. Les rectifications apportées à la valeur locative cadastrale à la suite d'une réclamation portant sur la taxe foncière s'appliquent également à la **taxe d'habitation** et à la **cotisation foncière des entreprises,** et inversement, même si les impositions sont établies au nom de contribuables différents (propriétaire et occupant) (BOI-IF-TFB-50-10 n° 340).

RÉPARATION DES OMISSIONS OU INSUFFISANCES D'ÉVALUATION

Les omissions ou insuffisances **imputables à l'administration** constatées au titre d'une année donnée peuvent être réparées par voie de rôle supplémentaire dans le délai de reprise, soit jusqu'au 31 décembre de l'année suivante (n° 77735). 42275 CGI art. 1416 CF-II-2220 s

Quant aux omissions ou insuffisances d'évaluation consécutives à l'**absence** ou à l'**insuffisance de la déclaration** que doit fournir le propriétaire en cas de construction nouvelle ou de changements, elles peuvent être réparées par l'administration dans les conditions indiquées au n° 42175, d.

4. EXONÉRATIONS ET DÉGRÈVEMENTS SPÉCIAUX

EXONÉRATIONS ET DÉGRÈVEMENTS LIÉS AU REVENU

42315 **Personnes âgées ou invalides de condition modeste** Sont **exonérés** de la taxe foncière sur les propriétés bâties afférente à leur **habitation principale** :

CGI art. 1390, 1391, 1391 B, 1391 B bis et 1417
FB-V-5000 s
HAB-II-4520 s

– les **titulaires de l'allocation de solidarité aux personnes âgées** ou de l'**allocation supplémentaire d'invalidité** ;
– les **redevables âgés de plus de 75 ans** au 1er janvier de l'année de l'imposition dont le revenu fiscal de référence de l'année précédente n'excède pas la limite visée au n° 42325, f ;
– les **titulaires de l'allocation aux adultes handicapés** (AAH) dont le revenu fiscal de référence de l'année précédente n'excède pas la limite visée au n° 42325, f (BOI-IF-TFB-10-50-40 n° 10).

Lorsqu'ils ne sont pas exonérés, les **redevables âgés de plus de 65 ans** au 1er janvier de l'année d'imposition dont le revenu fiscal de référence de l'année précédente n'excède pas la limite visée au n° 42325, f bénéficient d'un **dégrèvement** de 100 € de la taxe afférente à leur habitation principale.

Dans tous les cas, l'avantage fiscal est subordonné à la **condition** que les intéressés **habitent** :
– soit seuls ou avec leur conjoint ;
– soit avec des personnes qui sont à leur charge au sens des dispositions applicables en matière d'impôt sur le revenu ;
– soit avec d'autres personnes titulaires de l'allocation de solidarité aux personnes âgées ou de l'allocation supplémentaire d'invalidité ou dont le revenu fiscal de référence de l'année précédente n'excède pas la limite visée au n° 42325, f.

Par ailleurs, les personnes visées ci-dessus (autres que les titulaires de l'AAH) qui résident durablement en **maison de retraite** ou dans un **établissement de soins de longue durée** peuvent bénéficier de ces allègements de taxe pour leur ancienne habitation principale, à condition que celle-ci reste libre de toute occupation.

42325 **› Précisions** **a.** L'exonération en faveur des **contribuables âgés de plus de 75 ans** s'étend à la taxe foncière afférente à la résidence secondaire (CE 20-10-2000 n° 205635 : RJF 1/01 n° 51).

b. Lorsqu'un contribuable donne en **location** une **partie de l'immeuble** où il a son habitation principale, il peut, si les locaux loués ont fait l'objet d'une évaluation distincte, bénéficier d'une exonération partielle correspondant au logement qu'il occupe (BOI-IF-TFB-10-50-40 n° 180).

c. L'exonération de taxe foncière ne peut être obtenue que si le logement est un bien de communauté ou un bien propre du **conjoint** handicapé ou âgé (BOI-IF-TFB-10-50-40 n° 175).

d. Dans le cas d'**indivision** entre une personne remplissant les conditions requises et d'autres coïndivisaires, l'exonération ne peut être accordée qu'à concurrence des droits de cette personne dans l'indivision. Par dérogation, en cas d'indivision successorale, l'exonération est accordée en totalité au conjoint survivant qui remplit les conditions légales, quels que soient ses droits sur le logement (BOI-IF-TFB-10-50-40 n° 170).

e. Les contribuables qui **ne bénéficient plus de l'une des exonérations** visées au n° 42315 demeurent exonérés la première et la deuxième année suivant la dernière année d'application de cette exonération, puis bénéficient, pour le calcul de la taxe due, d'un abattement sur la valeur locative de deux tiers la troisième année et d'un tiers la quatrième année.

f. Le **montant limite** du revenu fiscal de référence (tel que défini n° 42332) est fonction du nombre de parts de **quotient familial.** Il est revalorisé chaque année.

Pour la taxe établie au titre de 2020 (revenus de 2019), ce montant s'élève ainsi à 11 098 € pour la première part de quotient familial et à 2 963 € pour chaque demi-part supplémentaire (majoration divisée par deux pour les quarts de part). Ainsi, par exemple, un contribuable marié titulaire de l'AAH sans personne à charge (quotient familial : 2 parts) sera exonéré de la taxe en 2020 si les revenus du ménage n'excèdent pas 17 024 € au titre de 2019.

Le montant limite correspondant à la première part est porté à 14 061 € pour 2020, pour l'application de l'exonération de taxe foncière en faveur des redevables âgés de plus de 75 ans, ainsi que pour l'application de l'exonération de taxe d'habitation visée au n° 43060 en faveur des redevables âgés de plus de 60 ans et des veufs et veuves, si les intéressés ont bénéficié en 2014 du maintien exceptionnel de cette dernière exonération. Ainsi, par exemple, un contribuable marié âgé de plus de 75 ans sans personne à charge (quotient familial : 2 parts) sera exonéré de la taxe en 2020 si les revenus du ménage n'excèdent pas 19 987 € au titre de 2019.

g. Lorsque le **revenu** ou le nombre de personnes à charge ou encore le quotient familial à raison desquels l'allègement a été octroyé font l'objet d'une **rectification,** le droit de reprise de l'administration s'exerce dans le même délai que celui prévu en matière d'impôt sur le revenu (n° 77710).

Plafonnement de la taxe foncière en fonction du revenu Les contribuables qui ne bénéficient pas des mesures d'exonération totale (nº 42315) et dont le revenu fiscal de référence de l'année précédente n'excède pas un certain montant bénéficient, sur réclamation, du dégrèvement de la taxe foncière afférente à leur **habitation principale** pour sa **fraction excédant 50 %** de ce **revenu.** 42330 CGI art. 1391 B ter FB-V-9000 s

Pour les impositions établies au titre de 2020, le dégrèvement est accordé aux contribuables dont le revenu fiscal de référence de 2019 n'excède pas la somme de 26 097 € pour la première part de quotient familial, majorée de 6 097 € pour la première demi-part supplémentaire et 4 800 € à compter de la deuxième demi-part (majorations divisées par deux pour les quarts de part).

Le montant du dégrèvement est **réduit** d'un montant égal au produit de la base nette imposable au profit des collectivités territoriales ou de leurs groupements à fiscalité propre par la différence entre le taux global de taxe foncière constaté dans ces collectivités ou établissements au titre de l'année d'imposition et ce même taux global constaté en 2011.

Le dégrèvement est accordé au titre de la cotisation de taxe foncière et de ses taxes additionnelles (à l'exclusion de la taxe d'enlèvement des ordures ménagères) établies au nom du foyer fiscal compte tenu, le cas échéant, des diverses mesures d'exonération et de dégrèvement partiels.

> Précisions **a.** Le plafonnement de la taxe foncière ne bénéficie pas aux personnes passibles de l'**impôt sur la fortune** immobilière (IFI) au titre de l'année précédente.

b. Le revenu pris en considération pour l'octroi et le calcul du dégrèvement correspond au **revenu fiscal de référence** tel que défini au nº 42332, affecté de certains **correctifs** (notamment, prise en compte des produits des livrets d'épargne [livret A, livret jeune, CEL, PEL, PEP...], des sommes versées par l'entreprise au titre des plans d'épargne salariale [PEE, Perco...] ou de celles disponibles au titre de la participation et de l'intéressement, réintégration des déficits catégoriels et des abattements visés aux nºs 1490 et 1500 imputés sur le revenu global). Ce revenu est revalorisé chaque année.

Lorsque la taxe foncière est établie **au nom de plusieurs personnes** appartenant à des foyers fiscaux distincts, le revenu pris en compte s'entend de la somme des revenus de chacun de ces foyers fiscaux. Le cas échéant, il est également tenu compte du revenu des foyers fiscaux de chacun des **cohabitants** qui n'appartiennent pas au foyer fiscal redevable de la taxe.

c. Les **réclamations** visant à obtenir le dégrèvement sont présentées sur le formulaire nº 2041-DPTF-SD, dans le délai précisé au nº 81835.

d. **Délai de reprise** de l'administration : voir nº 42325, g.

Revenu fiscal de référence 42332

Le revenu fiscal de référence s'entend du **revenu net imposable** (y compris les plus-values) **majoré,** le cas échéant, du montant de certaines charges déductibles (cotisations versées sur un Perp ou un régime assimilé), du montant de l'abattement de 40 % applicable sur les revenus distribués, du montant des abattements pour durée de détention appliqués sur les plus-values de cession de valeurs mobilières et droits sociaux, du montant des plus-values réalisées par les non-résidents et soumises au prélèvement visé au nº 32625 ou au nº 32945, du montant des plus-values de cession d'OPC monétaires en report d'imposition sous condition de remploi dans un PEA-PME, du montant de certains revenus exonérés (notamment rémunération des salariés détachés à l'étranger et des impatriés, revenus exonérés en application d'une convention fiscale internationale, bénéfices professionnels des JEI ou réalisés dans certaines zones du territoire, revenus de FCPR, SCR et SUIR) et du montant des sommes ou revenus suivants : revenus soumis à des prélèvements libératoires (revenus mobiliers, prestations de retraite versées sous forme de capital), revenus versés à des non-résidents et soumis à une retenue à la source libératoire, revenus réalisés par les contribuables relevant du régime des micro-entreprises soumis au versement libératoire, retenus pour leur montant diminué de l'abattement forfaitaire prévu en faveur de ces contribuables, sommes correspondant aux droits constitués par les salariés sur leur compte épargne-temps et utilisés en vue de l'épargne retraite.

Les revenus exceptionnels ou différés soumis au système du quotient (nºs 4150 s.) ne sont retenus que pour leur montant imposable après division par le quotient.

VACANCE DE MAISON OU INEXPLOITATION D'IMMEUBLE

Les contribuables peuvent obtenir le dégrèvement de la taxe foncière en cas de vacance d'une maison normalement destinée à la location ou d'inexploitation d'un immeuble utilisé par le propriétaire lui-même à usage commercial ou industriel, à partir du premier jour du mois suivant celui du début de la vacance ou de l'inexploitation et jusqu'au dernier jour du mois au cours duquel la vacance ou l'inexploitation a pris fin. 42335 CGI art. 1389 FB-V-100 s

Le dégrèvement est subordonné à la **triple condition** que la vacance ou l'inexploitation :
– soit indépendante de la volonté du propriétaire. Par dérogation, les organismes d'HLM et les sociétés d'économie mixte bénéficient, sous certaines conditions, du dégrèvement pour leurs logements sociaux à usage locatif laissés vacants en vue de leur démolition ou de travaux de mise aux normes minimales d'habitabilité subventionnés par l'État ;
– ait une durée de trois mois au moins (délai décompté de quantième à quantième) ;
– et affecte soit la totalité de l'immeuble, soit une partie susceptible de location ou d'exploitation séparée.

Les **réclamations** visant à obtenir le dégrèvement sont présentées dans les formes indiquées aux n°s 81800 s. et dans le délai précisé au n° 81835.

> **Précisions** a. S'agissant des immeubles à usage commercial ou industriel, le propriétaire doit en principe **avoir utilisé personnellement les locaux** avant l'interruption de l'exploitation. Toutefois, le contribuable qui **acquiert,** en vue de l'exploiter lui-même, un immeuble dont l'exploitation est interrompue du fait de circonstances indépendantes de sa volonté peut prétendre au bénéfice du dégrèvement (CE 19-9-2014 n° 361566 : RJF 12/14 n° 1117). Par ailleurs, le propriétaire qui a donné son bien en **location-gérance** est regardé comme ayant utilisé lui-même l'immeuble et peut donc bénéficier du dégrèvement si l'exploitation est interrompue pour un motif indépendant de sa volonté (CE 26-7-2018 n° 409385 : RJF 11/18 n° 1120).
> b. D'une façon générale, l'inexploitation d'un immeuble à usage commercial ou industriel liée à des **difficultés économiques** n'est pas regardée comme indépendante de la volonté du contribuable (notamment, CE 6-11-1991 n° 70491 : RJF 1/92 n° 74).
> c. S'agissant des maisons normalement destinées à la location, il n'est **pas nécessaire** pour bénéficier du dégrèvement que la **maison** ait été **effectivement louée antérieurement** à la période de vacance pour laquelle les propriétaires sollicitent l'exonération (CE 16-3-2016 n° 385771 : RJF 6/16 n° 534).

PROPRIÉTAIRES DE LOGEMENTS « SOCIAUX »

42345 Les organismes d'HLM, les sociétés d'économie mixte, ainsi que certains organismes d'aide au logement peuvent obtenir un dégrèvement sur leur cotisation de taxe foncière à raison :
– du montant des dépenses engagées pour l'accessibilité et l'**adaptation des logements aux handicapés** (CGI art. 1391 C : FB-V-7100 s.) ;
– du montant des **travaux** de protection des constructions **prescrits par un plan de prévention des risques technologiques** (CGI art. 1391 D : FB-V-8000 s.) ;
– du quart des dépenses engagées au titre de certains **travaux d'économies d'énergie** et de fluides (CGI art. 1391 E : FB-V-8300 s.).

C. Taxe foncière sur les propriétés non bâties

1. PROPRIÉTÉS IMPOSABLES

42500 CGI art. 1393 FNB-I-1 s
La taxe foncière s'applique aux propriétés non bâties de toute nature situées en France, à l'exception de celles qui en sont exonérées par une disposition spéciale.

Elle est notamment due pour les terrains occupés par les chemins de fer, les étangs, les salines et marais salants, les serres affectées à une exploitation agricole, ainsi que pour ceux occupés par des carrières, mines et tourbières inexploitées (celles faisant l'objet d'une exploitation industrielle relèvent de la taxe foncière sur les propriétés bâties : n° 41915, e).

La taxe foncière sur les propriétés non bâties est également due pour les parties des terrains de golf dont l'aménagement ne nécessite pas de véritables constructions en maçonnerie.

2. PROPRIÉTÉS EXONÉRÉES

EXONÉRATIONS PERMANENTES

42520 CGI art. 1394 FNB-II-60 s
Exonérations totales Les propriétés qui bénéficient d'une exonération totale de la taxe foncière sur les propriétés non bâties sont essentiellement :
– les **propriétés publiques** (de l'État, des régions, des collectivités territoriales et de certains établissements et organismes publics), ainsi que les propriétés des grands ports maritimes, affectées à un service public ou d'utilité générale et improductives de revenus ;
– les **voies publiques** ;
– les fleuves et **rivières** navigables ou flottables ;
– les chemins des **associations foncières** d'aménagement foncier agricole et forestier ;
– les sols et **terrains passibles de la taxe foncière sur les propriétés bâties** (voir n° 41915).

> **Précisions** a. L'exonération ne s'applique pas aux propriétés qu'une commune possède sur le **territoire d'une autre commune.**

b. Les **immeubles incorporés gratuitement** au domaine des collectivités publiques en vertu d'une convention, par exemple un contrat de concession, sont imposables jusqu'à l'expiration de la convention.

c. Les **terrains soumis à des obligations réelles environnementales** peuvent être exonérés de façon permanente de la totalité de la taxe, sur décision des communes ou de leurs groupements à fiscalité propre (CGI art. 1394 D : FNB-II-4950 s.).

Exonération partielle des propriétés agricoles Sont exonérées de la taxe foncière sur les propriétés non bâties à concurrence de **20 %** les propriétés agricoles suivantes : 42525 CGI art. 1394 B bis **FNB-II-4020 s**

– terres, prés et prairies naturels, herbages et pâturages ;
– vignes, vergers et cultures fruitières d'arbres et arbustes, etc. ;
– bois, aulnaies, saussaies, oseraies, etc. ;
– landes, pâtis, bruyères, marais, terres vaines et vagues, etc. ;
– lacs, étangs, mares, abreuvoirs, fontaines, etc., canaux non navigables et dépendances, salins, salines et marais salants ;
– jardins autres que les jardins d'agrément, terrains affectés à la culture maraîchère, florale et d'ornementation, pépinières, etc.

Les propriétaires de certaines parcelles peuvent, en outre, bénéficier d'un dégrèvement de la taxe (nos 42645 et 42655).

› Précisions Qu'ils fassent ou non l'objet d'une exploitation agricole, les terrains plantés en **oliviers** classés dans la catégorie des vergers peuvent être exonérés de façon permanente de la totalité de la taxe, sur décision des communes ou de leurs groupements à fiscalité propre. Cette exonération est subordonnée à une déclaration spéciale des propriétaires, assortie de pièces justificatives (CGI art. 1394 C : FNB-II-4700 s.).

EXONÉRATIONS TEMPORAIRES

Applicables de plein droit ou sur décision des collectivités bénéficiaires de la taxe (communes ou groupements à fiscalité propre), ces exonérations sont récapitulées dans le tableau ci-après. Toutes sont subordonnées à la **déclaration** du changement qui les motive (n° 42580). 42540

Propriétés concernées	Nature de l'exonération
Terrains ensemencés, plantés ou replantés en bois (CGI art. 1395, 1° : FNB-II-6200 s.)	Exonération de plein droit pendant dix, trente ou cinquante ans
Terrains boisés en nature de **futaies** ou de taillis sous futaie, autres que des peupleraies, ayant fait l'objet d'une **régénération naturelle** (CGI art. 1395, 1° bis : FNB-II-6900 s.) [1]	Exonération de plein droit pendant trente ou cinquante ans
Terrains boisés présentant un état de **futaie irrégulière en équilibre de régénération** (CGI art. 1395, 1° ter : FNB-II-7300 s.) [1]	Exonération de plein droit pendant quinze ans, renouvelable, de 25 % du montant de la taxe
Terrains nouvellement plantés en **noyers** (CGI art. 1395 A : FNB-II-8000 s.)	Exonération d'une durée maximale de huit ans sur décision des collectivités
Vergers, cultures fruitières d'arbres et arbustes, vignes (CGI art. 1395 A bis : FNB-II-8500 s.)	Exonération d'une durée maximale de huit ans sur décision des collectivités
Terrains plantés en **arbres truffiers** (CGI art. 1395 B, II : FNB-II-8900 s.) :	Exonération de plein droit pendant cinquante ans
Terrains situés en **zones humides** (CGI art. 1395 B bis : FNB-II-9300 s.)	Exonération de plein droit pendant cinq ans, renouvelable, égale à 50 % ou 100 % (zones naturelles) du montant de la taxe
Terrains situés dans un **site Natura 2000** gérés dans le cadre d'un contrat ou d'une charte Natura 2000 (CGI art. 1395 E : FNB-II-9900 s.) [1]	Exonération de plein droit pendant cinq ans
Terrains agricoles nouvellement exploités selon le mode de **production biologique** (CGI art. 1395 G : FNB-II-10500 s.) [1]	Exonération pendant cinq ans sur décision des collectivités

1. Une déclaration spéciale accompagnée de justificatifs doit être souscrite par le propriétaire ou, le cas échéant, par le preneur ou l'Office national des forêts.

3. BASE ET CALCUL DE L'IMPOSITION

42560 CGI art. 1396, I FNB-III-1 s La base d'imposition de la taxe foncière sur les propriétés non bâties est constituée par la **valeur locative cadastrale** (ou revenu cadastral) de ces propriétés, diminuée d'un **abattement** forfaitaire pour frais de 20 %.

Le montant de la taxe s'obtient en multipliant le revenu cadastral par les **taux** fixés par les collectivités bénéficiaires (communes et groupements à fiscalité propre).

À la taxe elle-même s'ajoutent les frais de gestion de la fiscalité locale (n° 41535).

VALEUR LOCATIVE CADASTRALE

42570 CGI art. 1509 s, 1518 et 1518 bis FNB-III-300 s et 12500 s La valeur locative cadastrale de chaque parcelle résulte d'un tarif à l'hectare établi dans chaque commune par nature de culture ou de propriété et, le cas échéant, par classe.

Ce tarif est issu de la **révision générale des évaluations** opérée en 1961, dont les résultats ont été actualisés à deux reprises, d'abord en 1974 puis en 1980. Les actualisations triennales et sexennales qui auraient dû intervenir ultérieurement n'ont pas été effectuées. Depuis 1981, le tarif est simplement majoré chaque année à l'aide de coefficients forfaitaires fixés au niveau national.

Les **coefficients annuels de majoration** ont été successivement les suivants : 1,09 en 1981 et 1982, 1,10 en 1983, 1,08 de 1984 à 1986, 1,01 en 1987, 1,00 en 1988, 1,01 en 1989, 1,00 de 1990 à 1998, 1,01 de 1999 à 2002, 1,015 en 2003 et 2004, 1,018 de 2005 à 2007, 1,016 en 2008, 1,015 en 2009, 1,012 en 2010, 1,02 en 2011, 1,018 en 2012 et 2013, 1,009 en 2014 et 2015, 1,01 en 2016, 1,004 en 2017, 1,012 en 2018, 1,022 en 2019 et 1,012 en 2020. Ils se cumulent chaque année, de sorte que le **coefficient cumulé applicable en 2020** à la valeur locative actualisée en 1980 s'établit à 2,264.

> Précisions **a.** Les propriétés non bâties sont classées en treize **groupes,** prévus par une instruction ministérielle du 31 décembre 1908 : 1. Terres, 2. Prés, 3. Vergers, 4. Vignes, 5. Bois, 6. Landes, 7. Carrières, 8. Lacs et étangs, 9. Jardins, 10. Terrains à bâtir, 11. Terrains d'agrément, 12. Chemins de fer et canaux, 13. Sols des propriétés bâties. Chaque parcelle est rattachée à un de ces groupes et à une classe au sein du groupe.

b. Les **terres incultes** récupérables et les terres manifestement **sous-exploitées,** figurant à l'état prévu à l'article L 125-5 du Code rural et de la pêche maritime, sont classées dans la catégorie des meilleures terres labourables de la commune jusqu'à leur mise en exploitation.

c. La valeur locative cadastrale des **terrains constructibles situés dans les zones urbaines ou à urbaniser** délimitées par un document d'urbanisme approuvé peut, sur délibération du conseil municipal, être majorée d'une valeur forfaitaire comprise entre 0 et 3 € par mètre carré (après réduction de 200 mètres carrés, sauf délibération contraire de la commune) et éventuellement plafonnée.

Cette majoration ne s'applique pas aux parcelles supportant une construction passible de la taxe d'habitation, aux terrains classés depuis moins d'un an dans une zone urbaine ou à urbaniser et aux terrains utilisés pour les besoins d'une exploitation agricole par un agriculteur ou un groupement d'agriculteurs (CGI art. 1396, II).

d. Les **terrains** qui ne sont pas classés comme terrains à bâtir, mais dont la **cession** est **soumise à la TVA,** sont imposés rétroactivement comme terrains à bâtir au titre de l'année de la cession et des deux années précédentes. La valeur locative à retenir est déterminée en appliquant à la moitié du prix de vente le taux d'intérêt retenu pour l'évaluation des terrains à bâtir. L'imposition est établie, par voie de rôle supplémentaire, sous déduction de la taxe foncière acquittée au titre de ces mêmes années ; elle est due par le cédant.

CONSTATATION ANNUELLE DES CHANGEMENTS

42580 CGI art. 1517 FNB-III-12600 s Comme pour les propriétés bâties, il est procédé chaque année à la mise à jour des évaluations des propriétés non bâties pour tenir compte, le cas échéant, des changements de **consistance** (envahissement par les eaux, alluvions…), d'**affectation** (changements durables de nature de culture, retour dans le champ d'application de la taxe d'une parcelle précédemment exonérée), **de caractéristiques physiques** (par exemple, améliorations durables par drainage, érosion…) ou d'**environnement** (amélioration des dessertes notamment).

Les **changements de consistance ou d'affectation** doivent être déclarés dans les mêmes conditions que pour les propriétés bâties, sous peine d'amendes (nos 42170 s.). Mais, en matière de foncier non bâti, les omissions ou insuffisances d'évaluation résultant du défaut ou de l'inexactitude de déclaration ne peuvent être réparées que par voie de rôles supplémentaires, dans le délai de reprise (n° 77735).

Les **changements de caractéristiques physiques** ou **d'environnement** sont constatés d'office par l'administration.

La **nouvelle valeur locative cadastrale** résultant de la prise en compte des changements est déterminée en se plaçant à la date du 1er janvier 1961 et en appliquant les tarifs arrêtés pour des propriétés de même nature ou, à défaut, des tarifs spécialement établis. Les valeurs locatives ainsi déterminées sont ensuite actualisées dans les conditions indiquées au n° 42570.

RECTIFICATION DES VALEURS LOCATIVES

Comme pour les propriétés bâties, les **propriétaires** peuvent contester les valeurs locatives attribuées à leurs propriétés non bâties et en demander la réduction sur justification, chaque année, en formulant une **réclamation** au plus tard le 31 décembre de l'année suivant celle de la mise en recouvrement de la taxe (voir nº 42265). 42590 FNB-III-1120 s CF-II-2220

De son côté, l'**administration** peut réparer par voie de **rôles supplémentaires** les omissions ou insuffisances d'évaluation, quelle qu'en soit l'origine, jusqu'au 31 décembre de l'année suivant celle au titre de laquelle l'imposition est due (CGI art. 1416).

4. DÉGRÈVEMENTS SPÉCIAUX

DISPARITION D'UN IMMEUBLE NON BÂTI

En cas de disparition d'un immeuble non bâti par suite d'un événement extraordinaire (inondation, avalanche, rupture d'un barrage), le dégrèvement de la taxe foncière est accordé au contribuable à partir du premier jour du mois suivant la disparition, sur **réclamation** présentée dans les formes indiquées aux nos 81800 s. et dans le délai visé au nº 81835. 42615 CGI art. 1397 FNB-V-30 s

> Précisions **a.** La **demande de dégrèvement** peut être présentée, soit par le contribuable inscrit au rôle, soit par le preneur (fermier ou métayer) des parcelles en cause, les intéressés ayant la faculté d'agir séparément ou de produire une réclamation commune.

b. Le dégrèvement est **accordé** au propriétaire, débiteur légal de la taxe. Mais en cas de fermage ou de métayage, le propriétaire doit en faire bénéficier le preneur dans les conditions prévues par les articles L 411-24 et L 417-8 du Code rural et de la pêche maritime.

PERTE DE RÉCOLTES

En cas de perte de récoltes sur pied par suite de grêle, gelée, inondation, incendie ou autres événements extraordinaires (sécheresse, maladies…), il est accordé au contribuable, sur **réclamation,** un dégrèvement de la taxe foncière afférente, pour l'année en cours, aux parcelles atteintes, en proportion de la perte subie. 42625 CGI art. 1398, al. 1 à 3 FNB-V-300 s

Le dégrèvement est également accordé, s'il y a lieu, pour les années suivantes au cours desquelles les effets du sinistre continuent à se faire sentir (BOI-IF-TFNB-50-10-20 nº 210).

> Précisions **a.** La **demande de dégrèvement** peut être présentée, dans les conditions habituelles (nos 81800 s.), soit par le propriétaire inscrit au rôle, soit par le fermier ou métayer. Lorsque les pertes de récoltes affectent une partie notable de la commune, le maire peut formuler une réclamation collective au nom de l'ensemble des contribuables intéressés. Qu'elles soient individuelles ou collectives, les demandes doivent être formulées dans le délai spécial indiqué au nº 81835.

b. En ce qui concerne le **bénéficiaire** du dégrèvement, voir nº 42615, précision b.

PERTE DE BÉTAIL

En cas de perte de bétail par suite d'**épizootie,** l'exploitant peut demander un dégrèvement de la taxe foncière correspondant au montant des pertes subies sur son cheptel, à condition de présenter une attestation du maire de sa commune, accompagnée d'un certificat dûment établi par le vétérinaire traitant. 42635 CGI art. 1398, al. 4 et 5 FNB-V-800 s

> Précisions **a.** La **demande de dégrèvement** est présentée, dans les formes habituelles (nos 81800 s.), soit par le propriétaire inscrit au rôle, soit par le fermier ou métayer. Mais, relevant de la juridiction gracieuse (nº 82270), elle n'est soumise à aucun délai de présentation et peut donc être présentée à tout moment, après la mise en recouvrement du rôle qu'elle concerne (BOI-IF-TFNB-50-20 nº 70).

b. En ce qui concerne le **bénéficiaire** du dégrèvement, voir nº 42615, précision b.

TERRES GÉRÉES PAR UNE ASSOCIATION PASTORALE

Il est accordé jusqu'en 2020 un dégrèvement total de la taxe foncière afférente aux parcelles classées en prés et prairies naturels, herbages et pâturages, landes, pâtis, bruyères, marais, terres vaines et vagues, lorsque ces parcelles sont comprises dans le périmètre d'une association foncière pastorale à laquelle adhère leur propriétaire. Ce dégrèvement est subordonné à la condition que les **recettes de l'association** provenant d'activités autres qu'agricoles ou forestières n'excèdent ni 50 % du chiffre d'affaires tiré de l'activité agricole et forestière ni 100 000 €. Ces montants s'apprécient remboursements de frais inclus et taxes comprises. 42645 CGI art. 1398 A FNB-V-1400 s

> Précisions Les associations pastorales doivent souscrire, pour le compte des propriétaires concernés, avant le 31 janvier de chaque année, une **déclaration,** accompagnée des justifications nécessaires, indiquant par commune et par propriétaire la liste des parcelles concernées au 1er janvier.

JEUNES AGRICULTEURS

42655 CGI art. 1647-00 bis FNB-V-1700 s

Les jeunes agriculteurs qui bénéficient de la **dotation d'installation** ou de **prêts à moyen terme spéciaux** (MTS) bénéficient de plein droit d'un dégrèvement de 50 % de la taxe foncière pendant les cinq années suivant celle de leur installation. Ils peuvent en outre être dégrevés des 50 % restants, sur décision des collectivités bénéficiaires (communes ou groupements à fiscalité propre), pendant tout ou partie de la même période.

Si, au cours de la période de cinq ans suivant leur installation, les jeunes agriculteurs sont associés ou deviennent **associés d'une société civile** (Gaec, EARL, société civile d'exploitation…) au sein de laquelle ils exercent personnellement leur activité, le dégrèvement s'applique aux parcelles qu'ils apportent à la société ou qu'ils mettent à sa disposition.

> **Précisions a.** Pour bénéficier du dégrèvement, le jeune agriculteur doit souscrire, avant le 31 janvier de l'année suivant celle de son installation, une **déclaration,** par commune et par propriétaire, des parcelles exploitées au 1er janvier. En cas de modification de la consistance de l'exploitation au cours des quatre années suivantes, les changements doivent être déclarés avant le 31 janvier de chaque année.
> Lorsque ces déclarations sont souscrites **hors délai,** le dégrèvement est accordé pour la durée restant à courir après le 31 décembre de l'année de souscription.
> **b.** Le dégrèvement est accordé au propriétaire, débiteur légal de la taxe, qui, en cas de **fermage,** doit en faire bénéficier le fermier dans les conditions prévues par l'article L 411-24 du Code rural et de la pêche maritime.
> **c.** Le dégrèvement peut être **remis en cause** lorsque les aides financières accordées lors de l'installation sont elles-mêmes remises en cause.

CHAPITRE 2 TAXE D'HABITATION

SOMMAIRE

1. CHAMP D'APPLICATION

LOCAUX IMPOSABLES

La taxe d'habitation est due : 43000 CGI art. 1407, I et 1407 bis HAB-I-200 s

– pour tous les locaux meublés affectés à l'**habitation** (locaux d'habitation proprement dits et dépendances), qu'il s'agisse de l'habitation principale ou d'une résidence secondaire. À compter de 2023, toutefois, la taxe d'habitation sera supprimée pour tous les locaux affectés à l'habitation principale (Loi 2019-1479 du 28-12-2019 art. 16) ;

– pour les locaux meublés occupés par les **sociétés, associations et organismes privés** et non soumis à la cotisation foncière des entreprises ;

– pour les locaux meublés sans caractère industriel ou commercial occupés par les **organismes de l'État** et des **collectivités territoriales** ainsi que par les **établissements publics** autres que les établissements publics scientifiques, d'enseignement et d'assistance.

› **Précisions** **a.** Les locaux d'habitation doivent être pourvus d'un **ameublement** suffisant pour en permettre l'occupation effective (CE 28-12-2012 n° 347252 : RJF 3/13 n° 306). Peu importe que l'ameublement soit sommaire ou que certaines des pièces de l'habitation soient dégarnies de meubles (CE 10-5-2019 n° 411898 : RJF 8-9/19 n° 811) ou encore que le mobilier soit ou non la propriété de l'occupant (CE 26-11-1982 n° 30956 : RJF 1/83 n° 86).

S'agissant des locaux non affectés à l'habitation sont visés notamment les locaux meublés à usage de **bureaux** ou de **salles de réunion** (BOI-IF-TH-10-10-20 n°s 50 et 60 et BOI-IF-TH-10-10-30 n° 10).

b. Les **dépendances** d'une habitation s'entendent de tout local ou terrain qui, en raison de sa proximité par rapport à cette habitation, de son aménagement ou de sa destination, peut être considéré comme y étant rattaché même s'il n'est pas contigu (BOI-IF-TH-10-10-10 n° 160). Une imposition distincte est établie lorsque la dépendance est située à une adresse différente de celle du logement (BOI-IF-TH-20-20-20 n° 90). Les dépendances comprennent en particulier les **garages** et les **emplacements de stationnement** dont l'occupant a la disposition privative et qui sont situés à proximité de l'habitation. À titre de règle pratique, l'administration admet que l'imposition n'est pas exigible, en tout état de cause, lorsque la distance est supérieure à un kilomètre (BOI-IF-TH-10-10-10 n° 180).

c. Les **caravanes** et les **maisons mobiles** ne sont pas imposables à la taxe d'habitation, quelles que soient les conditions de leur stationnement et de leur utilisation, dès lors qu'elles disposent en permanence de moyens de mobilité (CE 11-4-1986 n° 63824 : RJF 6/86 n° 609 ; CE 13-4-1988 n° 64547 : RJF 6/88 n° 746). En revanche, sont imposables à la taxe d'habitation les **baraquements** et **habitations légères,** qui sont simplement posés sur le sol ou sur des supports de toute nature (BOI-IF-TH-10-10-10 n° 60).

d. Même s'ils sont passibles de la cotisation foncière des entreprises, les **locaux professionnels** qui font partie de l'habitation personnelle du redevable sont soumis à la taxe d'habitation, sauf s'ils comportent des aménagements spéciaux les rendant impropres à l'habitation (BOI-IF-TH-10-10-10 n° 110).

e. Bien que non meublés, les **logements vacants** depuis plus de deux ans au 1er janvier de l'année d'imposition (autres que certains logements « sociaux ») peuvent, sur délibération, être soumis à la taxe d'habitation dans les communes dans lesquelles la taxe sur les logements vacants (n° 75980) n'est pas applicable. La vacance s'apprécie comme pour cette taxe.

PERSONNES IMPOSABLES

La taxe d'habitation est établie au nom des personnes physiques ou morales qui ont la disposition ou la jouissance des locaux imposables, que ce soit en qualité de **propriétaire,** de **locataire ou** à tout **autre** titre (occupation gratuite, par exemple). 43010 CGI art. 1408, I HAB-I-4500 s

L'impôt est dû si le contribuable a la possibilité d'**occuper à tout moment** le local meublé, même si, en fait, il ne l'occupe pas effectivement (ou n'y fait que de brefs séjours).

L'occupation doit être **privative.** S'agissant des locaux d'habitation, le contribuable doit donc disposer d'un **logement distinct** réservé à son usage personnel. De même, en ce qui concerne les locaux occupés par les collectivités privées ou par les organismes et établissements publics, la taxe n'est pas due pour les **locaux ouverts au public.**

> **Précisions** **a.** Le contribuable habitant l'immeuble dont il est **propriétaire** est donc soumis à la fois à la taxe foncière (en tant que propriétaire) et à la taxe d'habitation (en tant qu'occupant).
> Si, au contraire, l'immeuble est loué, c'est le **locataire** qui est assujetti à la taxe d'habitation, le propriétaire étant soumis à la taxe foncière.
> Pour les **logements vacants** depuis plus de deux ans, la taxe est établie au nom du propriétaire, de l'usufruitier, de l'emphytéote ou du preneur à bail à construction ou à réhabilitation qui dispose du local depuis le début de la période de vacance.
> Cas particulier des **locations meublées** : voir n° 90675.
> **b.** Les personnes disposant d'un **logement de fonction** sont personnellement imposables à la taxe d'habitation, que la jouissance des locaux leur soit accordée à titre onéreux ou à titre gratuit. Toutefois, les locaux mis à la disposition des **employés de maison** chez leur employeur sont imposés au nom de ce dernier (BOI-IF-TH-10-20-10 n°s 180 et 230).
> **c.** Les travailleurs logés dans un **foyer** d'hébergement collectif sont imposables à la taxe d'habitation lorsque la durée de leur séjour et les conditions d'occupation des chambres permettent de considérer qu'ils en ont la disposition privative (BOI-IF-TH-10-20-20 n° 240).
> **d.** Les résidents des **maisons de retraite** gérées sans but lucratif ne sont pas passibles de la taxe d'habitation pour les logements qu'ils occupent lorsque le règlement intérieur de l'établissement comporte des restrictions à l'usage des logements de nature à ôter à l'occupation son caractère privatif. L'imposition des logements est établie sous une cote unique au nom du gestionnaire. Toutefois, les établissements d'hébergement pour personnes âgées dépendantes et les petites unités de vie bénéficient, sur réclamation, d'un dégrèvement égal aux montants des exonérations et dégrèvements (n°s 43060 à 43080) auxquels leurs résidents auraient eu droit s'ils avaient été redevables de la taxe au titre du logement qu'ils occupent (CGI art. 1414 D). Ces établissements seront exonérés de la taxe à compter de 2021 (Loi 2019-1479 du 28-12-2019 art. 16).
> Lorsqu'ils occupent leur logement à titre privatif, les résidents sont assujettis à la taxe dans les conditions de droit commun.
> **e.** Les sociétés d'attribution d'immeubles en jouissance à temps partagé (dites « de **pluripropriété** » ou « multipropriété ») sont redevables de la taxe d'habitation afférente aux locaux attribués en jouissance à leurs membres.
> **f.** En cas d'**indivision,** la taxe d'habitation est établie au nom de l'occupant du bien indivis (BOI-IF-TH-10-20-20 n° 160). Si le bien est inoccupé, en cas d'indivision successorale notamment, la taxe est établie au nom de l'indivision, mais l'obligation de payer incombant à chaque indivisaire ne peut, en l'absence de solidarité, excéder ses droits dans l'indivision (CE 30-9-2019 n° 419384 : RJF12/19 n° 1158).

2. EXONÉRATIONS ET DÉGRÈVEMENTS

EXONÉRATIONS LIÉES AUX LOCAUX

43030 CGI art. 1407, II et III **HAB-II-200 s**

Sont exonérés de plein droit de la taxe d'habitation :
– les **locaux passibles de la cotisation foncière des entreprises** lorsqu'ils ne font pas partie intégrante de l'habitation personnelle du redevable ;
– les bâtiments servant aux **exploitations rurales** (au sens indiqué au n° 41945) ;
– les locaux destinés au **logement des élèves** dans les écoles et pensionnats ;
– les locaux affectés au **logement des étudiants** dans les résidences universitaires lorsque la gestion de ces locaux est assurée par un Crous ou par un organisme en subordonnant la disposition à des conditions financières et d'occupation analogues ;
– les **bureaux des fonctionnaires** publics.

> **Précisions** **a.** L'exonération prévue en faveur des logements des élèves dans les écoles et pensionnats s'étend aux locaux affectés à l'**instruction des élèves** ainsi qu'aux locaux destinés au logement des enfants dans certaines **colonies de vacances** (BOI-IF-TH-10-40-10 n°s 110 à 130).
> **b.** Les locaux classés **meublés de tourisme** et les **chambres d'hôtes** situés dans les **zones de revitalisation rurale** peuvent également être exonérés sur délibération de la collectivité (n° 90675).

EXONÉRATIONS ET DÉGRÈVEMENTS LIÉS AUX PERSONNES

43040 CGI art. 1408, II **HAB-II-2500 s**

Sont exonérés de plein droit de la taxe d'habitation :
– les établissements publics **scientifiques,** d'**enseignement** et d'**assistance** ;
– les membres du **corps diplomatique et consulaire** de nationalité étrangère ainsi que certains hauts fonctionnaires des organisations internationales établies en France et les représentants nationaux auprès de ces organisations, pour leur résidence officielle (sous réserve de réciprocité) ;

– les habitants reconnus **indigents** par la commission communale des impôts directs, en accord avec l'administration fiscale.

De façon générale, les personnes âgées ou invalides, les veufs ou veuves et les personnes ayant des revenus n'excédant pas certaines limites peuvent bénéficier d'exonérations ou de dégrèvements d'office : voir n°s 43050 s.

EXONÉRATIONS ET DÉGRÈVEMENTS LIÉS AU REVENU

Les **personnes âgées ou invalides** et les **veufs ou veuves** de condition modeste sont exonérés ou dégrevés d'office de la totalité de la taxe d'habitation afférente à leur **habitation principale** (n°s 43060 s.). Les autres contribuables peuvent bénéficier d'un **dégrèvement progressif,** total ou partiel, de la taxe d'habitation afférente à leur habitation principale, sous condition de ressources (n° 43080). **43050** CGI art. 1413 bis à 1414 C et 1417 **HAB-II-3800 s**

› **Précisions** **a.** À la différence de l'exonération prévue en faveur des personnes désignées comme **indigentes** par les autorités compétentes (n° 43040), les mesures d'allégement de la taxe exposées ci-après s'appliquent de plein droit aux contribuables qui remplissent les conditions requises. Sous réserve du cas particulier visé au n° 43070, les dégrèvements sont **effectués d'office** par l'administration, mais les contribuables qui recevraient un avis d'imposition n'en tenant pas compte pourraient en demander le bénéfice par voie de **réclamation** (n°s 81800 s.). Il en est de même des personnes bénéficiant d'une exonération, dans le cas où une imposition serait établie à leur nom.

b. Les allégements de taxe sont également applicables, sous réserve qu'il ne soit pas affecté au logement de tiers, à l'ancien domicile dont les redevables conservent la jouissance alors qu'ils résident durablement en **maison de retraite** ou dans un **établissement de soins de longue durée** (CGI art. 1414 B). Sur demande gracieuse des intéressés, l'administration étend le bénéfice de cette mesure aux personnes qui abandonnent leur ancien domicile pour être hébergées **chez des parents** ou des **tiers** (BOI-IF-TH-10-50-30-10 n° 100).

En ce qui concerne l'allégement de taxe d'habitation accordé sur demande aux **établissements d'hébergement pour personnes âgées dépendantes** et aux **petites unités de vie** dont les résidents ne sont pas personnellement imposés, voir n° 43010, précision d.

Exonération et dégrèvement total des personnes âgées, veuves ou invalides Sont exonérés totalement de la taxe d'habitation afférente à leur **habitation principale** : **43060** CGI art. 1414, I, I bis et IV **HAB-II-5500 s**

– les **titulaires de l'allocation de solidarité** aux **personnes âgées** ou de **l'allocation supplémentaire** d'invalidité ;

– les personnes **âgées de plus de 60 ans,** ainsi que les **veufs** ou les **veuves** quel que soit leur âge, sous réserve que leur revenu fiscal de référence (n° 42332) de l'année précédente n'excède pas la limite visée au n° 42325, f, et qu'ils ne soient pas passibles de l'impôt sur la fortune immobilière (IFI) au titre de l'année précédente ;

– les personnes atteintes d'une **invalidité** ou d'une **infirmité** les empêchant de subvenir par leur travail aux nécessités de l'existence, les titulaires de l'**allocation aux adultes handicapés,** ainsi que les personnes hébergeant sous leur toit un enfant lui-même atteint d'une telle invalidité ou infirmité ou titulaire de cette allocation (Rép. Cuillandre : AN 15-1-2001 n° 49739 non reprise dans le Bofip), lorsque leur revenu fiscal de référence (n° 42332) de l'année précédente n'excède pas la limite visée au n° 42325, f.

Dans tous les cas, le bénéfice de l'exonération est subordonné à la **condition** que les intéressés **habitent** :

– soit seuls ou avec leur conjoint ;

– soit avec des personnes qui sont à leur charge au sens des dispositions applicables en matière d'impôt sur le revenu (n°s 1700 s.) ;

– ou encore avec d'autres personnes titulaires de l'allocation de solidarité aux personnes âgées ou de l'allocation supplémentaire d'invalidité ou dont le revenu fiscal de référence (n° 42332) de l'année précédente n'excède pas la limite visée au n° 42325, f.

Ce dispositif d'exonération sera supprimé à compter des impositions établies au titre de 2021 (Loi 2019-1479 du 28-12-2019 art. 16).

Les contribuables qui **ne bénéficient plus de l'une des exonérations** visées au n° 43060 demeurent exonérés pour leur habitation principale la première et la deuxième année suivant la dernière année d'application de l'exonération s'ils occupent cette habitation dans les conditions requises et ne sont pas passibles de l'impôt sur la fortune immobilière (IFI) au titre de l'année précédente. Ils bénéficient ensuite en principe, pour le calcul de la taxe due et avant application des abattements visés aux n°s 43130 s., d'un abattement sur la valeur locative de deux tiers la troisième année et d'un tiers la quatrième année. **43065**

Par exception, la période de maintien de l'exonération a été prolongée à plusieurs reprises. Ainsi, les contribuables qui satisfaisaient aux conditions d'application de l'abattement au titre de 2018 ont été exonérés de la taxe établie au titre de 2019 (Loi 2019-1479 du 28-12-2019 art. 19).

Ce dispositif sera supprimé à compter des impositions établies au titre de 2021 (Loi 2019-1479 du 28-12-2019 art. 16).

43070 Les contribuables **âgés de plus de 60 ans** et les **veufs** ou les **veuves** dont le revenu fiscal de référence (nº 42332) de l'année précédente n'excède pas la limite visée au nº 42325, f bénéficient, sur réclamation, d'un dégrèvement total de la taxe d'habitation afférente à leur **habitation principale** lorsqu'ils cohabitent avec un **enfant majeur** non compté à charge, qui est inscrit comme **demandeur d'emploi** et qui dispose de ressources très modestes.

Pour les impositions établies au titre de 2020, les ressources de l'enfant majeur ne doivent pas excéder la somme de 5 660 € pour la première part de quotient familial, majorée de 1 638 € pour chacune des quatre premières demi-parts supplémentaires et 2 895 € pour chacune des autres demi-parts (majorations divisées par deux pour les quarts de part). Ces montants sont revalorisés chaque année.

43080 CGI art. 1414 C HAB-II-7100 **Dégrèvement progressif total ou partiel** Les contribuables qui ne remplissent pas les conditions d'application des mesures d'exonération ou de dégrèvement total exposées aux nºs 43060 s. bénéficient d'un dégrèvement d'office de la taxe d'habitation afférente à leur **habitation principale** lorsque leur **revenu fiscal de référence** (nº 42332) de l'année précédente n'excède pas une certaine **limite.**

Pour les impositions établies au titre de **2020,** cette limite est fixée à 28 732 € pour la première part de quotient familial, majorée de 8 722 € pour chacune des deux demi-parts suivantes et 6 157 € pour chaque demi-part supplémentaire à compter de la troisième (majorations divisées par deux pour les quarts de part).

Le dégrèvement est égal à 100 % de la cotisation pour les contribuables dont le **revenu fiscal de référence** de l'année précédente **n'excède pas la somme de 27 706 €** pour la première part de quotient familial, majorée de 8 209 € pour chacune des deux demi-parts suivantes et 6 157 € pour chaque demi-part supplémentaire à compter de la troisième (majorations divisées par deux pour les quarts de part).

Pour ceux dont le revenu fiscal de référence de l'année précédente **excède cette limite,** le dégrèvement est dégressif. Il est égal au montant du dégrèvement de 100 % multiplié par le rapport suivant :

$$\frac{\text{Limite de 28 732 €, majorée pour les demi-parts – revenu fiscal de référence}}{\text{Limite de 28 732 €, majorée pour les demi-parts – limite de 27 706 €, majorée pour les demi-parts}}$$

> Précisions **a.** Le dégrèvement ne bénéficie pas aux personnes passibles de l'**impôt sur la fortune immobilière** (IFI) au titre de l'année précédente.

b. Les **limites** de revenu fiscal de référence fixées pour l'octroi et le calcul du dégrèvement sont **revalorisées** chaque année.

c. Lorsque la taxe est établie **au nom de plusieurs personnes** appartenant à des foyers fiscaux distincts ou lorsque la personne au nom de laquelle la taxe est établie **cohabite** avec des personnes n'appartenant pas au même foyer fiscal, le revenu fiscal de référence est déterminé selon les règles exposées au nº 42330, précision b.

d. Les étudiants qui disposent d'un logement indépendant mais qui sont **rattachés** au foyer fiscal de leurs parents peuvent prétendre au bénéfice du dégrèvement en fonction du revenu fiscal de référence de leurs parents (Rép. Morisset : Sén. 31-1-2019 nº 7787).

e. À compter des impositions établies au titre de 2020, la cotisation servant de base au calcul du dégrèvement est égale à la somme de la **cotisation de taxe d'habitation** de l'année d'imposition et des cotisations de taxes spéciales d'équipement et de taxe pour la gestion des milieux aquatiques et la prévention des inondations additionnelles à la taxe d'habitation (Loi 2019-1479 du 28-12-2019 art. 16).

f. À compter des impositions établies au titre de 2021, les contribuables remplissant les conditions de revenu indiquées ci-dessus (après revalorisation) bénéficieront d'une exonération de taxe d'habitation calculée comme le dégrèvement (éventuellement complétée, pour la part subsistante, par l'exonération générale visée ci-après). Les **autres contribuables** bénéficieront **sans condition de revenu** d'une exonération de 30 % en 2021 et de 65 % en 2022, avant la suppression totale, en 2023, de la taxe d'habitation afférente aux locaux affectés à l'habitation principale (Loi 2019-1479 du 28-12-2019 art. 16).

DÉGRÈVEMENT DES GESTIONNAIRES DE LOGEMENTS « SOCIAUX »

43090 CGI art. 1414, II HAB-II-7400 s Sont dégrevés d'office de la taxe d'habitation, sous réserve de la souscription d'une déclaration annuelle :

– les **gestionnaires** de foyers d'hébergement (**foyers de jeunes travailleurs** ou de **travailleurs migrants, résidences sociales**), à raison des logements situés dans ces foyers ;

– les **organismes sans but lucratif,** agréés ou conventionnés, à raison des logements qu'ils prennent en location en vue de leur sous-location ou de leur mise à disposition temporaire à des **personnes défavorisées.**

DÉGRÈVEMENT EN FAVEUR DES CONTRIBUABLES RELOGÉS

Les contribuables relogés en raison de la démolition de leur logement dans le cadre d'un projet conventionné au titre du **programme national de rénovation urbaine** (opérations « Anru ») bénéficient, sur réclamation, d'un dégrèvement partiel de la taxe d'habitation pendant les **trois années suivant celle de leur relogement.** Ce dégrèvement est égal à la différence entre leur imposition à la taxe d'habitation postérieure à leur relogement et leur imposition à la taxe d'habitation acquittée au titre de l'année de leur relogement. Pour les impositions établies au titre de 2020 sont ainsi concernés les contribuables relogés au cours des années 2017 à 2019. **43100** CGI art. 1414, V HAB-II-8600 s

Ce dégrèvement sera supprimé à compter des impositions établies au titre de 2021 (Loi 2019-1479 du 28-12-2019 art. 16).

DÉGRÈVEMENT EN FAVEUR DES VICTIMES DU TERRORISME ET DES FORCES DE L'ORDRE DÉCÉDÉES EN MISSION

Il est accordé aux **ayants droit** et, le cas échéant, aux **cohabitants** redevables des personnes décédées du fait d'un **acte de terrorisme,** de la participation à des **opérations militaires** ou dans des circonstances ayant entraîné une **citation à l'ordre de la Nation** (sapeurs-pompiers, policiers, gendarmes ou agents de douane), un dégrèvement, au titre de l'année du décès, de l'imposition établie au nom du défunt pour sa **résidence principale.** **43110** CGI art. 1691 ter HAB-II-9000

3. BASE ET CALCUL DE L'IMPOSITION

La base d'imposition à la taxe d'habitation est constituée par la **valeur locative cadastrale** des locaux et de leurs dépendances, éventuellement diminuée, s'il s'agit de l'habitation principale, d'**abattements** à la base ou pour charges de famille. **43120** CGI art. 1409 HAB-III-1 s HAB-IV-100 s

Le montant de la taxe d'habitation s'obtient en multipliant la base d'imposition par les **taux** fixés par les conseils municipaux et les organes délibérants des établissements publics de coopération intercommunale à fiscalité propre (EPCI). À titre exceptionnel, pour les impositions établies au titre de 2020, 2021 et 2022, les taux de la taxe d'habitation sont égaux à ceux appliqués en 2019, qu'il s'agisse de l'habitation principale ou d'autres locaux (Loi 2019-1479 du 28-12-2019 art. 16).

À la taxe d'habitation ainsi calculée s'ajoutent les frais de gestion de la fiscalité locale (n° 41535) ainsi que, dans certains cas, un prélèvement sur la valeur locative (n° 43160) et une majoration pour les résidences secondaires (n° 43170).

› Précisions La **valeur locative** servant de base à la taxe d'habitation est, en principe, la même que celle retenue pour l'établissement de la **taxe foncière** sur les propriétés bâties. Toutefois, la limitation prévue pour les locaux à loyers réglementés (n° 42090, précision a), l'abattement forfaitaire pour frais de 50 % (n° 42030) et, le cas échéant, les abattements spéciaux visés au n° 42030, précisions a, c et d ne sont pas applicables en matière de taxe d'habitation. En outre, pour l'établissement de la taxe d'habitation, la valeur locative des locaux affectés à l'**habitation principale** est, au titre de 2020, majorée par application d'un coefficient de 1,009 (au lieu du coefficient indiqué au n° 42230) et ne sera pas revalorisée au titre de 2021 et 2022 (Loi 2019-1479 du 28-12-2019 art. 16).

ABATTEMENTS CONCERNANT L'HABITATION PRINCIPALE

Pour le logement affecté à l'habitation principale du contribuable, la base d'imposition à la taxe d'habitation est diminuée d'un abattement obligatoire pour charges de famille. **43130** CGI art. 1411 HAB-III-1500 s

Elle peut également être diminuée de deux abattements à la base facultatifs (leur institution étant laissée à la discrétion des collectivités bénéficiaires), l'un général, l'autre en faveur des personnes disposant de faibles revenus.

› Précisions **a.** Pour la part de taxe d'habitation revenant à la commune, les abattements sont calculés en fonction de la **valeur locative moyenne** des habitations de la commune constatée l'année précédente et majorée, au titre de 2020, du coefficient de 1,009 visé au n° 43170. À cette valeur locative moyenne sont appliqués les **taux** choisis par les conseils municipaux, dans les limites fixées par la loi (n°s 43135 s.). Pour les impositions établies au titre de 2020, 2021 et 2022, les taux sont ceux appliqués en 2019 (Loi 2019-1479 du 28-12-2019 art. 16).

b. Les établissements publics de coopération intercommunale à fiscalité propre peuvent également instituer leurs propres abattements dans les mêmes conditions que les communes. Ces abattements sont calculés en fonction de la valeur locative moyenne des habitations situées dans leur ressort. À défaut de délibération, ce sont les abattements applicables aux communes qui sont en vigueur.

La taxe d'habitation peut ainsi comporter des **bases « nettes » différentes** pour chaque collectivité bénéficiaire ; ces bases apparaissent distinctement sur les avis d'imposition.

c. Il existe un **dispositif facultatif** de neutralisation des **effets** du **transfert** de la **part départementale** de la taxe d'habitation aux communes et aux EPCI à fiscalité propre opéré en 2011, ainsi que de celui de la **part intercom-**

munale aux communes appartenant à la Métropole du **Grand Paris.**
d. En ce qui concerne les abattements dont peuvent bénéficier les **contribuables ayant auparavant bénéficié** d'une **exonération en raison de leur revenu,** voir n° 43065.

43135 HAB-III-2490 s **Abattement obligatoire pour charges de famille** Applicable de plein droit, il est égal à **10 %** de la valeur locative moyenne des habitations situées dans le ressort de la collectivité considérée pour chacune des deux premières personnes à charge et à **15 %** pour chacune des suivantes.

Ces taux ont pu être **majorés** par le conseil municipal et l'organe délibérant de l'EPCI d'un ou plusieurs points sans excéder 10 points.

Sont considérés comme des **personnes à charge** pour le calcul des abattements :
– les **enfants** pris en compte pour le calcul de l'impôt sur le revenu du contribuable (nos 1850 s.), y compris ceux qui ont demandé leur rattachement à son foyer ;
– les **ascendants** du contribuable et ceux de son conjoint, s'ils sont âgés de plus de 70 ans ou infirmes, lorsqu'ils résident avec lui et que le montant de leur revenu fiscal de référence (n° 42332) de l'année précédente n'excède pas la limite visée au n° 42325, f.

> **Précisions** **a.** Les charges de famille prises en considération sont celles qui résultent de la **déclaration** de revenus souscrite au cours de l'**année d'imposition** (BOI-IF-TH-20-20-10 nos 250 et 260). Ainsi, pour l'établissement de la taxe d'habitation au titre de l'année 2020, il est tenu compte des enfants à charge retenus pour l'imposition des revenus de 2019 déclarés en 2020.
> **b.** Pour ouvrir droit à abattement, les **enfants à charge mariés** (ou non mariés chargés de famille) doivent résider sous le même toit que le contribuable (BOI-IF-TH-20-20-10 n° 120). Il en va de même pour les enfants liés par un Pacs.
> **c.** Les taux et majorations de taux indiqués ci-dessus concernent les personnes à charge à **titre exclusif ou principal.** Ces taux et majorations sont divisés par deux pour les enfants réputés à charge égale de l'un et l'autre de leurs parents. En outre, lorsque le nombre total de personnes à charge est supérieur à deux, ces enfants sont décomptés en premier pour le calcul de l'abattement.

43140 HAB-III-2650 s **Abattement général facultatif à la base** Les communes et les EPCI à fiscalité propre qui décident l'application de cet abattement ont pu fixer son taux **entre 1 à 15 %** de la valeur locative moyenne des habitations situées dans leur ressort.

43145 HAB-III-2750 s **Abattement spécial facultatif en faveur des personnes de condition modeste** Indépendamment des abattements visés aux nos 43140 et 43150, les communes et les EPCI à fiscalité propre ont pu instituer un abattement représentant **de 1 à 15 %** (exprimé en nombre entier) de la valeur locative moyenne des habitations situées dans leur ressort.

Cet abattement bénéficie aux contribuables dont :
– le montant du **revenu fiscal de référence** (n° 42332) de l'année précédente n'excède pas la limite visée au n° 42325, f ;
– et l'habitation principale a une **valeur locative** inférieure à 130 % de la valeur locative moyenne des habitations situées dans le ressort de la collectivité considérée, ce pourcentage étant augmenté de 10 points par personne à charge au sens indiqué au n° 43135 (5 points lorsqu'il s'agit d'un enfant réputé à charge égale de l'un et l'autre de ses parents).

43150 HAB-III-2900 s **Abattement spécial facultatif en faveur des personnes invalides** Indépendamment des abattements visés aux nos 43140 et 43145, les communes et les EPCI à fiscalité propre ont pu instituer un abattement représentant **de 10 à 20 %** (exprimé en nombre entier) de la valeur locative moyenne des habitations situées dans leur ressort en faveur des contribuables qui sont titulaires de l'allocation supplémentaire d'invalidité, de l'allocation aux adultes handicapés ou de la carte d'invalidité (ou de la CMI-invalidité), ou qui sont atteints d'une infirmité ou d'une invalidité les empêchant de subvenir par leur travail aux nécessités de l'existence ou encore qui, sans remplir ces conditions, occupent leur habitation avec une ou plusieurs personnes handicapées ou invalides au sens sus-indiqué.

Pour bénéficier de l'abattement, le contribuable doit adresser au service des impôts de sa résidence principale, avant le 1er janvier de la première année au titre de laquelle il peut bénéficier de l'abattement, une **déclaration** comportant tous les éléments justifiant de sa situation ou de l'hébergement de personnes handicapées ou invalides au sens sus-indiqué.

PRÉLÈVEMENT SUR LA VALEUR LOCATIVE

43160 CGI art. 1641, I-B-3 LOC-I-4110 s Les redevables de la taxe d'habitation qui disposent d'un local imposable d'une **valeur locative supérieure à 4 573 €** sont soumis à un prélèvement opéré au profit de l'État.

Toutefois, les personnes qui bénéficient de l'une des exonérations ou de l'un des dégrèvements totaux ou partiels décrits aux nos 43060 à 43080 et 43100 en sont exonérées pour leur habitation principale.

Le prélèvement est assis sur la valeur locative servant de base à la taxe d'habitation diminuée, le cas échéant, des abattements visés aux nos 43130 s.

Le **taux** du prélèvement est fixé à 0,2 % pour les locaux affectés à l'**habitation principale et** les locaux non affectés à l'habitation mais imposables à la taxe d'habitation (**locaux des collectivités** privées ou des organismes et établissements publics visés au no 43000) dont la valeur locative est supérieure à 4 573 €.

Pour les **résidences secondaires,** il est de :
– 1,2 % si la valeur locative est supérieure à 4 573 € et inférieure ou égale à 7 622 € ;
– 1,7 % si la valeur locative est supérieure à 7 622 €.

Ce prélèvement sera supprimé à compter des impositions établies au titre de 2021 (Loi 2019-1479 du 28-12-2019 art. 16).

MAJORATION POUR LES RÉSIDENCES SECONDAIRES

Les communes dans lesquelles s'applique la taxe sur les logements vacants visée au no 75980 peuvent voter une **majoration de 5 à 60 %** de la part de taxe d'habitation leur revenant au titre des **logements meublés non affectés à l'habitation principale.** **43170** CGI art. 1407 ter **HAB-IV-200 s**

Toutefois peuvent bénéficier d'un dégrèvement :
– les personnes contraintes de résider dans un lieu distinct de leur habitation principale pour **raisons professionnelles** ;
– les personnes de **condition modeste** hébergées durablement dans une **maison de retraite** ou un **établissement de soins de longue durée** et qui, en application de l'article 1414 B du CGI (no 43050, précision b), bénéficient pour leur ancienne résidence principale de l'une des exonérations ou de l'un des dégrèvements totaux ou partiels décrits aux nos 43060 à 43080 ;
– plus généralement, les personnes qui, pour une **cause étrangère à leur volonté,** ne peuvent affecter le logement à un usage d'habitation principale (cas, notamment, des logements destinés à faire l'objet de travaux de réhabilitation ou de démolition dans un délai d'un an et des logements mis en location ou en vente au prix du marché et ne trouvant pas preneur ou acquéreur : BOI-IF-TH-70 no 250).

Le dégrèvement est accordé sur **réclamation contentieuse** à présenter dans les formes indiquées aux nos 81800 s. et dans le délai précisé au no 81835.

4. ÉTABLISSEMENT ET PAIEMENT DE L'IMPÔT

La taxe d'habitation est due dans la **commune** où sont situés les locaux imposables. Elle est établie, pour l'année entière, d'après la situation existant au **1er janvier** de l'année de l'imposition. **43190** CGI art. 1415 **HAB-IV-550 s et 800 s**

Les impositions dues au titre de 2020 sont établies d'après la situation au 1er janvier 2020, même si le contribuable occupe, dans le courant de l'année, un appartement plus petit ou plus grand, ou si ses charges de famille augmentent ou diminuent au cours de l'année.

Le **paiement** de la taxe d'habitation s'effectue dans les conditions indiquées aux nos 41555 s. Les propriétaires peuvent être mis en cause pour le paiement de la taxe due par leurs locataires (voir no 77280, d).

> **Précisions** Lorsque la taxe d'habitation est établie, au titre d'une année, au nom d'une personne qui a **quitté le logement avant le 1er janvier,** la cotisation fait l'objet d'un dégrèvement, d'office ou sur réclamation de l'intéressé. Parallèlement, une imposition est établie au nom du nouvel occupant, en fonction de sa propre situation de famille.
> Par dérogation, la cotisation peut être mise à la charge du propriétaire de l'immeuble si celui-ci est une **personne morale** et n'a pas souscrit, dans les délais, la déclaration de mutation de jouissance à laquelle il est tenu. Le montant de cette imposition est égal à celui de la cotisation établie à tort. Le propriétaire ainsi mis en cause peut ensuite demander le remboursement de l'imposition au nouvel occupant, mais à concurrence seulement de la somme que celui-ci aurait dû payer s'il avait été normalement imposé (CGI art. 1413, II : HAB-IV-1200 s.).

CONTRÔLE ET RÉCLAMATIONS

Les **omissions ou insuffisances d'imposition** imputables à l'administration peuvent être réparées par voie de rôle supplémentaire jusqu'au 31 décembre de l'année suivante (no 77735). Toutefois, lorsque le revenu ou le nombre de personnes à charge ou encore le quotient familial à raison desquels le contribuable a bénéficié des abattements visés aux nos 43135 et 43145 et/ou d'une des mesures d'exonération ou de dégrèvement visées aux nos 43050 à 43080 fait l'objet d'une rectification, le droit de reprise de l'administration au titre de la taxe d'habitation s'exerce dans le même délai que celui prévu en matière d'impôt sur le revenu (no 77710). **43200** LPF art. L 173 **HAB-IV-1600 s CF-II-2220 s**

Les omissions ou insuffisances d'évaluation, consécutives à l'**absence ou à l'insuffisance de la déclaration** que doit fournir le propriétaire en cas de construction nouvelle ou de change-

43200 (suite) ments, peuvent être réparées par l'administration dans les conditions indiquées au nº 42175, d.

Les contribuables qui s'estiment imposés à tort ou surtaxés peuvent présenter une **réclamation** au plus tard le 31 décembre de l'année suivant celle de la mise en recouvrement de la taxe (nº 81835). Pour le cas où la contestation porte sur la valeur locative retenue, voir nº 42265.

CHAPITRE 3

CONTRIBUTION ÉCONOMIQUE TERRITORIALE

SOMMAIRE

COMPOSANTES DE LA CONTRIBUTION ÉCONOMIQUE TERRITORIALE

La contribution économique territoriale (CET) est composée de deux éléments distincts : la cotisation foncière des entreprises (CFE : n°s 43520 s.) et la cotisation sur la valeur ajoutée des entreprises (CVAE : n°s 43850 s.). Le total de ces deux cotisations est susceptible de faire l'objet d'un plafonnement en fonction de la valeur ajoutée produite par l'entreprise (n°s 44100 s.). **43500** CGI art. 1447-0 CET-I-1 s

SECTION 1

COTISATION FONCIÈRE DES ENTREPRISES

CET-II-1 s

A. Champ d'application de la CFE

CET-II-200 s

La CFE frappe toutes les personnes exerçant en France une activité professionnelle non salariée qui n'entre pas dans l'un des cas d'exonération, de plein droit ou facultative, limitativement prévus par la loi. **43520**

1. PERSONNES ET ACTIVITÉS IMPOSABLES

DÉFINITION DES ACTIVITÉS IMPOSABLES

43525 CGI art. 1447 CET-II-1850 s

Règles générales Une activité est passible de la CFE lorsqu'elle remplit simultanément les conditions suivantes.

a. L'activité présente un **caractère habituel,** ce qui implique que les opérations soient effectuées de manière répétitive. Lorsque le nombre et l'importance des actes effectués (appréciés, le cas échéant, sur plusieurs années) caractérisent l'exercice habituel d'une profession, l'imposition est due même si l'activité n'est que saisonnière, intermittente, voire précaire.

b. L'activité est exercée **à titre professionnel,** ce qui exclut les personnes qui se bornent à gérer leur patrimoine privé (sous réserve du cas visé au n° 43527) et les activités sans but lucratif. En revanche, le fait qu'une activité soit exercée dans des conditions illicites ne permet pas d'échapper à l'imposition.

c. Il s'agit d'une activité **non salariée.** Les titulaires de traitements et salaires au sens de l'impôt sur le revenu (y compris, notamment, les VRP salariés ou « statutaires » et les travailleurs à domicile) ne sont pas assujettis à la CFE. Mais les titulaires de revenus non commerciaux ayant opté pour le régime fiscal des salariés au regard de l'impôt sur le revenu (nos 13715 s.) demeurent imposables.

d. L'activité est **exercée en France.** La cotisation est due par les personnes (quelle que soit leur nationalité) qui exercent une activité professionnelle en France. Elle n'est pas due à raison des activités qui ne sont assujetties ni à l'impôt sur les sociétés ni à l'impôt sur le revenu en raison des règles de territorialité propres à ces impôts.

> **Précisions** Le **caractère professionnel** de l'activité suppose la recherche – mais non la réalisation effective – d'un bénéfice.
> De même, l'appréciation du **but lucratif** dépend non de la forme juridique ou de l'objet social d'un organisme, mais des conditions concrètes dans lesquelles il exerce son activité.
> Ainsi, une association ne se trouve hors du champ d'application de la CFE que si sa gestion est effectivement conduite de façon désintéressée et si son activité s'exerce selon des modalités plus favorables à l'intérêt général ou aux usagers que celles du secteur concurrentiel fournissant des prestations analogues.
> Pour plus de précisions sur ces critères, communs à la CFE et aux autres impôts commerciaux (impôt sur les sociétés, TVA), voir nos 89400 s.
> Pour la mise en **location-gérance** d'un fonds de commerce, voir n° 96020.

43527 CET-II-10770 s 11490 s et 11650 s

Cas particulier des locations ou sous-locations d'immeubles Les activités de location ou de sous-location d'immeubles, **autres que** les activités de location ou sous-location d'**immeubles nus à usage d'habitation,** sont réputées exercées à titre professionnel et donc passibles de la CFE. Toutefois, cette cotisation n'est pas due lorsque l'activité de location ou de sous-location d'immeubles nus est exercée par des personnes qui, au cours de la période de référence visée au n° 43665, en retirent des recettes brutes hors taxes inférieures à 100 000 € ou un chiffre d'affaires, au sens indiqué au n° 43915, inférieur à 100 000 €.

Lorsque la période de référence ne correspond pas à une période de douze mois, le montant des recettes ou du chiffre d'affaires est ramené ou porté, selon le cas, à douze mois.

> **Précisions a.** La location ou la sous-location de **locaux meublés** constitue par nature une activité imposable à la CFE, sauf exonération expresse (voir n° 90670).
> **b.** Les activités de location ou de sous-location d'**immeubles nus à usage d'habitation** placées hors du champ de la CFE s'entendent de celles consistant, pour le propriétaire ou le locataire d'un bien immobilier, à le louer ou le sous-louer nu à, respectivement, un preneur ou un sous-locataire dans le cadre d'un bail d'habitation (CE 4-5-2018 n° 402897 : RJF 7/18 n° 762).
> **c.** S'agissant des **activités de location ou de sous-location d'immeubles nus à usage autre que l'habitation,** le **seuil de 100 000 €** s'apprécie en fonction des recettes pour les entreprises relevant des régimes de valeur ajoutée des titulaires de revenus fonciers et des titulaires de bénéfices non commerciaux soumis à une comptabilité de caisse, et en fonction du chiffre d'affaires pour les autres entreprises (BOI-IF-CFE-10-20-30 n° 110).

PERSONNES REDEVABLES DE LA COTISATION

43530 CGI art. 1447 et 1476 CET-II-300 s

La CFE est due par les personnes physiques ou morales ou par les sociétés non dotées de la personnalité morale qui exercent l'activité imposable.

Lorsqu'il s'agit d'une **personne physique ou morale,** l'imposition est établie à son nom.

Lorsque l'activité est exercée par une **société non dotée de la personnalité morale** (société de fait, société en participation), la CFE est établie au nom du ou des gérants. Lorsque l'activité est exercée par un **organisme** (autre qu'une société) **non doté de la personnalité morale,** la CFE est due par la personne morale dont émane cet organisme ou, le cas échéant, par le fiduciaire (BOI-IF-CFE-10-10-20 n° 20).

2. EXONÉRATIONS DE PLEIN DROIT

Les exonérations de plein droit s'appliquent aux contribuables qui en remplissent les conditions, sans qu'une délibération des collectivités bénéficiaires de la cotisation (communes et établissements publics de coopération intercommunale dotés d'une fiscalité propre) soit nécessaire et sans que ces collectivités puissent s'y opposer. **43540** CET-II-17700 s et 50000 s

À l'exception de celles prévues en faveur des jeunes avocats (n° 43555) ou des établissements situés dans un bassin urbain à dynamiser (n° 43565) ou une zone de développement prioritaire (n° 43567), les exonérations de plein droit sont permanentes.

ACTIVITÉS ARTISANALES

Artisans et façonniers Les artisans et façonniers sont exonérés de la CFE lorsqu'ils **travaillent seuls** ou avec des **concours limités** : main-d'œuvre familiale (conjoint ou partenaire d'un Pacs, enfants, gendres et belles-filles) ; un ou plusieurs apprentis sous contrat (à condition qu'ils aient au plus 20 ans au début de l'apprentissage). La veuve qui continue, avec l'aide d'un seul ouvrier et d'un ou plusieurs apprentis, la profession exercée par son mari est également exonérée. **43545** CGI art. 1452 CET-II-28400 s

L'exonération concerne les **personnes physiques** ainsi que les entreprises unipersonnelles à responsabilité limitée (**EURL**) dont l'associé unique est une personne physique soumise au régime fiscal des sociétés de personnes.

> **Précisions** **a.** Les bénéficiaires de l'exonération s'entendent des travailleurs dont l'**activité** se caractérise par la prépondérance du travail manuel, l'absence de spéculation sur la matière première (ce qui exclut en principe, notamment, les boulangers, bouchers et charcutiers) et la faible importance du capital engagé (BOI-IF-CFE-10-30-10-90 n°s 30 à 50).
> **b.** Les conditions relatives aux **concours autorisés** s'apprécient au cours de la période de référence définie au n° 43665.
> **c.** Lorsqu'ils ne sont pas exonérés mais emploient **au plus trois salariés,** les artisans sont susceptibles de bénéficier d'une réduction de leur base d'imposition (voir n° 43687).

Activités assimilées Sont exonérés de la CFE : **43546** CGI art. 1453 à 1457

– les chauffeurs de **taxi** ou **d'ambulance** remplissant certaines conditions ;

– les **pêcheurs** utilisant au plus deux bateaux, les inscrits maritimes se livrant personnellement à la pêche et les sociétés de pêche artisanale ;

– les sociétés **coopératives d'artisans ou de patrons bateliers,** leurs unions, et les sociétés **coopératives maritimes,** lorsque ces organismes fonctionnent conformément aux dispositions qui les régissent. L'exonération n'est toutefois pas applicable aux coopératives ou unions dont les parts sont admises aux négociations sur un marché réglementé ou offertes au public sur un système multilatéral de négociation, ou dont le capital est détenu pour au moins 20 % par des associés non coopérateurs et/ou des titulaires de certificats coopératifs d'investissement lorsque les statuts prévoient qu'ils peuvent être rémunérés. Une réduction de moitié de la base d'imposition peut cependant être accordée dans certains cas (voir n° 43688, b) ;

– les sociétés **coopératives de production** qui fonctionnent conformément aux dispositions qui les régissent, à l'exception de celles dont les parts sont admises aux négociations sur un marché réglementé ou offertes au public sur un système multilatéral de négociation ou dont plus de 50 % du capital est détenu par des associés non coopérateurs et/ou des titulaires de certificats coopératifs d'investissement ;

– les sociétés coopératives de production issues de la transformation d'autres sociétés (**Scop d'amorçage**) et dont l'ensemble des associés non coopérateurs s'engage au moment de la transformation à céder ou à obtenir le remboursement d'un nombre de titres permettant aux associés coopérateurs d'atteindre le seuil de détention de 50 % du capital au plus tard le 31 décembre de la septième année suivant celle de la transformation en Scop ;

– les sociétés coopératives de production qui ont constitué entre elles un groupement (**groupements de Scop**) et dont la majorité du capital est détenue par une ou plusieurs sociétés coopératives membres de ce groupement ou par des salariés employés par les autres sociétés coopératives membres de ce groupement ou conjointement par ces deux groupes d'associés ;

– les **vendeurs à domicile indépendants** lorsque la rémunération brute (toutes taxes comprises) qu'ils perçoivent au titre de cette activité au cours de la période de référence (n° 43665) est inférieure à 16,5 % du montant annuel du plafond de la sécurité sociale (n° 97260) en vigueur au 1er janvier de cette période. Les exonérations accordées à ces redevables sont soumises à la réglementation européenne concernant les aides de minimis (n°s 92660 s.).

ACTIVITÉS ET ORGANISMES AGRICOLES

43550 CGI art. 1450 et 1451 CET-II-19920 s **Exploitants agricoles** Les exploitants agricoles sont exonérés de la CFE. L'exonération concerne toutes les **personnes physiques ou morales** qui exercent une **activité agricole** au sens de l'article 63 du CGI (nos 15155 s.), soit les agriculteurs proprement dits, mais aussi notamment les éleveurs, les sylviculteurs, les obtenteurs de nouvelles variétés végétales.

Toutefois, l'activité de production de graines, semences et plants effectuée par l'intermédiaire de tiers (contrats de production ou de multiplication) est imposable lorsque l'entreprise réalise, au cours de la période de référence (no 43665), un chiffre d'affaires supérieur à 4 573 000 € hors taxe.

43551 **Coopératives agricoles et Sica** **a.** Les sociétés coopératives agricoles et les Sica (sociétés d'intérêt collectif agricole) sont exonérées de la CFE dans les conditions indiquées au no 43550 lorsqu'elles exercent elles-mêmes une activité agricole ou lorsque leur activité est le prolongement normal des opérations agricoles de leurs membres auprès desquels elles se fournissent exclusivement (CE 10-7-2017 no 392752 : RJF 11/17 no 1056).

Par ailleurs, sont exonérées de la CFE :
– les sociétés coopératives agricoles et leurs unions, ainsi que les Sica, lorsqu'elles emploient au plus trois salariés ou, quel que soit leur effectif, lorsqu'elles se consacrent à l'électrification, à l'habitat ou à l'aménagement rural, à l'utilisation de matériel agricole, à l'insémination artificielle, à la lutte contre les maladies des animaux et des végétaux, au conditionnement des fruits ou légumes, à l'organisation de ventes aux enchères ;
– les coopératives agricoles et vinicoles, pour leurs activités autres que la vinification (embouteillage, conditionnement et commercialisation de la production de leurs adhérents) et quel que soit le mode de commercialisation employé, lorsque l'effectif salarié correspondant n'excède pas trois personnes.

L'**effectif salarié** est **déterminé,** en application des articles L 130-1, I du Code de la sécurité sociale et 1451, I du CGI combinés, en prenant en compte la moyenne du nombre de personnes employées au cours de chacun des mois de l'avant-dernière année précédant celle de l'imposition. Lorsqu'une société coopérative bénéficiant déjà de l'exonération constate un **dépassement du plafond d'effectif** pendant cinq années civiles consécutives, elle perd le bénéfice de l'exonération (Loi 2019-486 du 22 mai 2019 art. 12, I-6°, applicable à compter des impositions établies au titre de 2020 aux termes de la Loi 2019-1479 du 28 décembre 2019 art. 41).

EXEMPLE

Une société de coopérative agricole, qui employait trois salariés durant l'année N a bénéficié de l'exonération de CFE en N + 2. Si son effectif passe durablement à quatre salariés de l'année N + 1 à l'année N + 5, elle perd le bénéfice de l'exonération de CFE en N + 7.

Les coopératives agricoles et Sica qui ne remplissent pas les conditions susvisées peuvent néanmoins être **exonérées sur délibération des collectivités territoriales** bénéficiaires de la CFE si elles emploient moins de onze salariés : voir no 43647.

Celles qui ne peuvent prétendre ni à l'exonération de plein droit, ni à l'exonération sur délibération des collectivités territoriales bénéficient, quant à elles, d'une **réduction** de leur **base d'imposition** : voir no 43688, a.

b. Sont **exclues** du bénéfice de l'exonération et imposables sans réduction de base :
– les sociétés coopératives agricoles, leurs unions et les Sica dont les parts sont admises aux négociations sur un marché réglementé ou offertes au public sur un système multilatéral de négociation ou dont le capital est détenu à concurrence de 20 % au moins par des associés non coopérateurs et/ou des titulaires de certificats coopératifs d'investissement lorsque les statuts prévoient qu'ils peuvent être rémunérés ;
– les Sica dans lesquelles plus de 50 % du capital ou des voix sont détenus par des associés non agriculteurs ;
– les coopératives et Sica qui ne fonctionnent pas conformément aux règles qui les régissent ;
– les sociétés mixtes d'intérêt agricole.

43552 **Organismes agricoles divers** Sont exonérés de la CFE les organismes suivants : associations syndicales agricoles, associations foncières, syndicats professionnels agricoles, sociétés d'élevage, chambres d'agriculture, caisses locales d'assurances mutuelles agricoles ayant au plus deux salariés ou mandataires rémunérés, Gaec, groupements d'employeurs constitués exclusivement d'exploitants individuels agricoles ou de sociétés civiles exerçant une activité agricole, groupements d'intérêt économique constitués entre exploitations agricoles.

> **Précisions** **a.** Les **sociétés de courses de chevaux** sont exonérées pour l'organisation de compétitions ayant pour but l'amélioration de la race chevaline, mais elles sont imposables pour l'organisation du pari mutuel urbain ou du pari mutuel sur les hippodromes (BOI-IF-CFE-10-30-10-30 nos 420 et 430).

b. Les modalités d'appréciation de l'effectif salarié des **caisses locales d'assurances mutuelles agricoles** et les conséquences d'un dépassement du plafond d'effectif sont les mêmes que celles prévues pour les coopératives agricoles (nº 43551, a).

Méthanisation agricole Sont exonérées de la CFE les activités de production par un ou plusieurs exploitants agricoles de biogaz, d'électricité et de chaleur par la méthanisation issue pour **au moins 50 %** de matières provenant de l'**exploitation agricole.** 43553

ACTIVITÉS NON COMMERCIALES

Sont exonérés de la CFE : 43555 CGI art. 1460, 2º à 9º CET-II-42270 s et 50050 s
– les peintres, sculpteurs, graveurs et dessinateurs ne vendant que le produit de leur art ;
– les artistes lyriques et dramatiques, les auteurs et compositeurs ;
– les photographes-auteurs, pour leur activité relative à la réalisation de prises de vues et à la cession de leurs œuvres d'art ou de leurs droits patrimoniaux sur ces œuvres ;
– les professeurs de lettres, sciences et arts d'agrément (s'ils ne possèdent pas de véritable établissement ouvert au public) ;
– les sages-femmes, les gardes-malades et les aidants familiaux ne tenant pas de maternité ni de maison de repos ou de soins ;
– les sportifs, pour la seule pratique sportive ;
– les avocats ayant suivi le cursus de formation sanctionné par le Capa, pour les deux années suivant celle du début d'exercice de la profession ;
– les membres du corps de réserve sanitaire, pour leurs activités exercées à ce titre.

ÉTABLISSEMENTS D'ENSEIGNEMENT PRIVÉ

Sont exonérés de la CFE : 43556 CGI art. 1460, 1º, 1º bis et 3º CET-II-46460 s
– les établissements scolaires privés du **premier degré,** à condition qu'ils dispensent un enseignement conforme aux programmes officiels (tel est le cas notamment des établissements ayant passé un contrat avec l'État) ;
– les établissements privés du **second degré,** lorsqu'ils ont passé avec l'État un contrat en application de l'article L 442-1 du Code de l'éducation ;
– les établissements d'**enseignement supérieur** privés, lorsqu'ils ont été reconnus d'utilité publique ou ont passé une convention avec un établissement d'enseignement supérieur public en application de l'article L 718-16 du Code de l'éducation ;
– les établissements d'**enseignement supérieur consulaire** pour leurs activités de recherche et de formation professionnelle initiale et continue, ainsi que les organismes à gestion désintéressée visés au nº 89480 au titre de leur participation dans ces établissements ou au titre du financement de leurs activités.

› Précisions **a.** Lorsque les conditions sont remplies, l'exonération porte sur l'ensemble des **activités d'enseignement** et sur celles qui en constituent le prolongement (**hébergement** des élèves et fourniture des **repas**).
b. Les établissements privés d'**enseignement** et de **formation professionnelle agricole** ayant passé un contrat avec l'État en application des articles L 813-1 à L 813-7 du Code rural et de la pêche maritime bénéficient de l'exonération (BOI-IF-CFE-10-30-10-60 nºs 90 et 100).

ACTIVITÉS INDUSTRIELLES OU COMMERCIALES

Sont exonérés de la CFE : 43560 CGI art. 1458, 1458 bis et 1463 CET-II-36480 s et 38400 s
– les **éditeurs de publications périodiques** lorsque la partie littéraire, scientifique ou d'information forme le corps même de leurs publications, les annonces et la publicité n'en constituant que l'accessoire. L'exonération vise l'édition proprement dite, ainsi que l'impression et la diffusion lorsque ces opérations sont effectuées par les éditeurs ou par des sociétés de groupage et de distribution dont ces éditeurs détiennent majoritairement le capital. L'exonération s'applique également, sous certaines conditions, aux imprimeries de labeur-presse, aux entreprises de photocomposition et aux entreprises de brochage ;
– les **sociétés coopératives de groupage de presse** et les sociétés agréées de distribution de la presse en raison de l'activité de distribution groupée des journaux et publications périodiques (Loi 2019-1479 du 28-12-2019 art. 119 applicable à la CFE due à compter de 2020) ;
– les **services de presse** en ligne reconnus par la commission paritaire des publications et agences de presse ;
– les **agences de presse** agréées ;
– les **correspondants locaux de la presse** régionale ou départementale ;
– les **vendeurs-colporteurs de presse** ;
– les établissements qui vendent au public des écrits périodiques en qualité de mandataires inscrits à la commission du réseau de la diffusion de la presse et qui revêtent la qualité de **diffuseur de presse spécialiste** (Loi 2019-1063 du 18-10-2019 art. 6). L'exonération est réservée aux établissements relevant, au cours de la période de référence (nº 43665), d'une petite ou moyenne entreprise au sens indiqué au nº 92650, qui n'est pas liée à une autre entreprise

par un contrat de franchise et dont le capital est détenu de manière continue à hauteur de 50 % au moins soit par des personnes physiques, soit par une société répondant aux conditions ci-dessus et détenue à hauteur de 50 % au moins par des personnes physiques. L'exonération est soumise à la réglementation européenne concernant les aides de minimis (n°s 92660 s.). L'entreprise doit formuler une demande d'exonération pour chaque établissement concerné dans la déclaration n° 1447 C (n° 43756), s'il s'agit d'une création ou d'une reprise d'établissement, ou dans la déclaration annuelle n° 1447 M (n° 43755), dans les autres cas ;

– les **concessionnaires de mines,** les amodiataires ou sous-amodiataires de concessions minières, les titulaires de permis d'exploitation de mines et les explorateurs de mines de pétrole et de gaz combustibles, mais seulement pour les opérations d'extraction, de manipulation et de vente de matières extraites. Mais les entreprises minières qui procèdent à l'agglomération du minerai de fer sont imposables pour cette activité. Il en est de même pour la fabrication de produits chimiques ou la production d'électricité.

En ce qui concerne l'exonération des **loueurs en meublé** qui louent ou sous-louent tout ou partie de leur habitation personnelle, voir n° 90670, a et b.

> **Précisions** L'article 1er de la loi 2019-1063 du 18 octobre 2019 a substitué aux sociétés coopératives de messageries de presse les **sociétés coopératives de groupage de presse,** et leur a donné la possibilité de recourir au service de **sociétés agréées de distribution de la presse** sans condition de participation majoritaire. L'exonération prévue à l'article 1458, 1° bis du CGI, dans sa rédaction antérieure à l'article 48 decies, I de la loi de finances pour 2020, reste applicable aux personnes morales qui assurent la distribution de la presse jusqu'à l'année au cours de laquelle prendront effet les agréments délivrés par l'Autorité de régulation des communications électroniques, des postes et de la distribution de la presse (Loi 2019-1479 du 28-12-2019 art. 119, II).

BASSINS URBAINS À DYNAMISER

43565
CGI art. 1463 A et 1466 B
CET-II-51200

Les entreprises implantées dans un bassin urbain à dynamiser (BUD : voir n° 92540, g) et qui bénéficient de l'exonération d'impôt sur les bénéfices prévue à l'article 44 sexdecies du CGI (n° 10375) bénéficient également d'une exonération de CFE et de taxe foncière sur les propriétés bâties.

En matière de CFE, l'exonération concerne les **créations** d'établissements réalisées dans un BUD entre le 1er janvier 2018 et le 31 décembre 2020.

En matière de taxe foncière, l'exonération s'applique aux immeubles rattachés, entre le 1er janvier 2018 et le 31 décembre 2020, à un établissement remplissant les conditions requises pour bénéficier de l'exonération de CFE.

L'exonération porte, pendant **sept années** après la création, sur la **moitié de la base nette** imposée au profit de chaque collectivité territoriale ou établissement public de coopération intercommunale à fiscalité propre. À l'issue de la période d'exonération et au titre des **trois années suivant** l'expiration de celle-ci, la moitié de la base nette imposable fait l'objet d'un **abattement.** Le montant de cet abattement est égal, la première année, à 75 % de la base exonérée de la dernière année d'application de l'exonération, à 50 % la deuxième année et à 25 % la troisième année. Cet abattement ne peut réduire la moitié de la base d'imposition de l'année considérée de plus de 75 % de son montant la première année, 50 % la deuxième année et 25 % la troisième année.

Les collectivités territoriales et leurs groupements dotés d'une fiscalité propre peuvent, par **délibération,** adopter un dispositif identique d'exonération de CFE et de taxe foncière, puis d'abattement dégressif de la base imposable pour la **moitié non exonérée de plein droit** (n° 43627).

L'exonération est soumise à la même **réglementation européenne** que l'exonération d'impôt sur les bénéfices correspondante (n° 10375, précision d).

> **Précisions** **a.** En matière de CFE, l'exonération s'applique à compter de l'**année qui suit** celle de la **création.** Elle se poursuit après l'expiration de la période d'exonération d'impôt sur les bénéfices mais cesse de s'appliquer si les conditions prévues à l'article 44 sexdecies du CGI ne sont plus remplies (BOI-IF-CFE-10-30-45 n°s 430 à 450).
> En matière de taxe foncière, la période d'exonération court également à compter de l'année qui suit celle de la création. Mais l'exonération ne peut en pratique s'appliquer qu'à compter du 1er janvier de l'année qui suit celle au cours de laquelle est intervenu l'achèvement ou le changement d'affectation qui marque le **rattachement** de l'immeuble à un établissement remplissant les conditions requises. Elle cesse de s'appliquer à compter du 1er janvier de l'année suivant celle où les immeubles ne sont plus affectés à une activité entrant dans le champ d'application de la CFE ou exercée par une entreprise répondant aux conditions d'exonération de la CFE (BOI-IF-TFB-10-160-70 n°s 350 à 370).
> **b.** En cas de **reprise d'établissement** au cours d'une période d'exonération par un exploitant bénéficiant lui-même de l'exonération au titre des BUD, les exonérations en cours sont maintenues pour la période restant à courir (BOI-IF-CFE-10-30-45 n° 140 ; BOI-IF-TFB-10-160-70 n° 220).
> **c.** Pour bénéficier de l'exonération de CFE, les entreprises doivent formuler leur **demande**

pour chaque établissement concerné au plus tard, en principe, le 31 décembre de l'année de la création de l'établissement, dans la déclaration n° 1447 C (n° 43756) ou sur papier libre. Les personnes concernées par l'exonération de taxe foncière doivent quant à elles déclarer au service des impôts du lieu de situation des biens, sur un modèle établi par l'administration, les éléments d'identification des immeubles avant le 1er janvier de la première année d'application de l'exonération. Elles doivent également établir une déclaration sur l'honneur relative aux conditions de l'exonération d'impôt sur les bénéfices (BOI-IF-TFB-10-160-70 n° 520).

À défaut du dépôt des déclarations dans ces délais, l'exonération n'est pas accordée au titre de l'année concernée.

ZONES DE DÉVELOPPEMENT PRIORITAIRE

Les entreprises implantées dans une zone de développement prioritaire (ZDP : voir n° 92540, h) et qui bénéficient de l'exonération d'impôt sur les bénéfices prévue à l'article 44 sepdecies du CGI (n° 10395) bénéficient également d'une exonération de CFE et de taxe foncière sur les propriétés bâties. **43567** CGI art. 1463 B et 1466 B bis **CET-II-51500**

En matière de CFE, l'exonération concerne les **créations** d'établissements réalisées dans une ZDP entre le 1er janvier 2019 et le 31 décembre 2020.

En matière de taxe foncière, l'exonération s'applique aux immeubles rattachés à un établissement remplissant les conditions requises pour bénéficier de l'exonération de CFE.

Le régime de faveur s'applique dans les mêmes conditions que celles prévues pour les entreprises créées dans les bassins urbains à dynamiser au n° 43565 : exonération pendant **sept années** après la création sur la **moitié de la base nette,** puis application d'un **abattement** dégressif au titre des trois années suivantes.

Les collectivités territoriales et leurs groupements dotés d'une fiscalité propre peuvent, par **délibération,** adopter un dispositif identique d'exonération de CFE et de taxe foncière, puis d'abattement dégressif de la base imposable pour la **moitié non exonérée de plein droit** (n° 43628).

L'exonération est soumise à la même **réglementation européenne** que l'exonération d'impôt sur les bénéfices correspondante (n° 10395).

› Précisions **a.** En matière de CFE, l'exonération s'applique à compter de l'**année qui suit** celle de la **création.** En matière de taxe foncière, l'exonération s'applique à compter du 1er janvier de l'année qui suit celle où est intervenu le **rattachement** à un établissement remplissant les conditions requises. Elle cesse de s'appliquer à compter du 1er janvier de l'année suivant celle où les immeubles ne sont plus affectés à une activité entrant dans le champ d'application de la CFE.

b. Pour bénéficier de l'exonération de CFE, les entreprises doivent formuler leur **demande** pour chaque établissement concerné au plus tard le 31 décembre de l'année de la création de l'établissement, dans la déclaration n° 1447 C (n° 43756). Les personnes concernées par l'exonération de taxe foncière doivent quant à elles déclarer au service des impôts du lieu de situation des biens, sur un modèle établi par l'administration, les éléments d'identification des immeubles avant le 1er janvier de la première année d'application de l'exonération.

À défaut du dépôt des déclarations dans ces délais, l'exonération n'est pas accordée au titre de l'année concernée.

COLLECTIVITÉS PUBLIQUES

Les services et organismes de l'**État,** les **régions,** les **départements,** les **communes** (ou leurs groupements) et leurs **régies** non dotées de la personnalité morale, ainsi que les **établissements publics,** sont exonérés de la CFE pour leurs **activités** présentant un **caractère essentiellement culturel ou éducatif** (établissements d'enseignement public, centres des œuvres universitaires et scolaires, musées…), **sanitaire ou social** (hôpitaux, maisons de retraite, distribution de l'eau, traitement des ordures ménagères, abattoirs…), **sportif ou touristique** (campings, piscines, remontées mécaniques…), à condition que ces activités ne soient pas concédées ou affermées (ni confiées à des entreprises gestionnaires). **43570** CGI art. 1447 bis et 1449 **CET-II-17760 s**

Sont également exonérés les grands **ports** maritimes, les ports autonomes, ainsi que les autres ports, à l'exception des ports de plaisance.

En revanche, les collectivités publiques sont imposables pour leurs autres **activités industrielles et commerciales** qui n'entrent pas dans ces exonérations, ni dans celles visées au n° 43645 (manufactures nationales, Imprimerie nationale, Monnaie de Paris, arsenaux, production et distribution du gaz et de l'électricité, transport de voyageurs ou de marchandises…).

ORGANISMES OU GROUPEMENTS DIVERS

Sont, sous certaines conditions, exonérés de la CFE : **43575** CGI art. 1461 et 1462 **CET-II-47400 s**

– les organismes d'habitations à loyer modéré (notamment, sociétés anonymes d'HLM et offices publics de l'habitat), ainsi que certaines structures regroupant des organismes d'HLM (notamment, sociétés anonymes de coordination) ;

– les sociétés de bains-douches et les sociétés de jardins ouvriers, les associations de jardins familiaux, les groupements d'emprunts de sinistrés ;
– l'association Action Logement Groupe et les sociétés Action Logement Services et Action Logement Immobilier, pour certaines activités ;
– les syndicats professionnels et leurs unions, pour leurs activités portant sur l'étude et la défense des droits et intérêts collectifs de leurs membres ou des personnes qu'ils représentent (Loi 2019-1479 du 28-12-2019, art. 65) ;
– certains organismes, pour les opérations de gestion et d'administration qu'ils réalisent pour le compte de l'Agirc et de l'Arrco.

3. EXONÉRATIONS FACULTATIVES

43580 CET-II-51800 s

Les exonérations facultatives s'entendent des exonérations qui dépendent de la **décision des collectivités** bénéficiaires de la cotisation (communes et établissements publics de coopération intercommunale dotés d'une fiscalité propre). Les unes sont subordonnées à une délibération positive, les autres à l'absence d'opposition de ces collectivités. Les délibérations doivent être prises avant le 1er octobre d'une année pour être applicables l'année suivante (CGI art. 1639 A bis).
Les exonérations facultatives sont pour la plupart **limitées dans le temps.** Toutefois, les exonérations visées aux nos 43635 s. s'appliquent tant que les collectivités concernées n'ont pas rapporté la délibération les instituant.
Les exonérations présentées ci-après ne peuvent en principe ni se cumuler entre elles ni avec celles de plein droit visées aux nos 43565 et 43567. Le contribuable qui remplit les conditions pour bénéficier de plusieurs de ces régimes doit opter pour l'un d'entre eux. L'**option,** irrévocable, peut s'exercer distinctement pour chaque établissement. Toutefois, les exonérations applicables sauf délibération contraire prévalent en règle générale sur les exonérations accordées sur délibération et le contribuable n'a alors aucune possibilité d'option.

AMÉNAGEMENT DU TERRITOIRE

43582 CGI art. 1465 et 1465 B CET-II-65000 s

Règles générales Dans certaines zones, les collectivités bénéficiaires peuvent exonérer totalement ou partiellement de la CFE les entreprises qui procèdent sur leur territoire aux opérations suivantes :
– création ou extension d'activités industrielles ou de recherche scientifique et technique, ou de services de direction, d'études, d'ingénierie et d'informatique ;
– reconversion dans le même type d'activités ;
– reprise d'établissements en difficulté exerçant le même type d'activités.
L'exonération s'applique aux opérations réalisées **jusqu'au 31 décembre 2020,** dans les zones d'aide à finalité régionale (zones AFR), ainsi que, pour les petites et moyennes entreprises (CGI art. 1465 B), dans les zones d'aide à l'investissement des PME.
Dans les **zones AFR** (no 92540), l'exonération s'applique à l'investissement initial dans les conditions et limites prévues par la réglementation européenne relative aux aides à finalité régionale (nos 92625 s.). Si l'entreprise n'est pas une PME, l'investissement initial doit être réalisé en faveur d'une nouvelle activité économique dans la zone concernée.
Dans les **zones d'aide à l'investissement des PME** (no 92540), l'exonération s'applique aux PME dans les limites prévues par la réglementation européenne relative aux aides aux PME (no 92645).
L'exonération est soit accordée sur **simple demande,** soit subordonnée à l'obtention d'un **agrément** préalable individuel, suivant la nature de l'opération.
La durée de l'exonération, fixée par les collectivités concernées, est de **cinq ans** au maximum. L'exonération cesse de s'appliquer avant son terme normal lorsque l'entreprise **ne remplit plus les conditions** requises ou lorsque le plafond résultant des règles européennes est atteint.
Par ailleurs, si l'entreprise **cesse** volontairement **son activité** pendant la période d'exonération, ou dans les cinq années suivant la fin de celle-ci, elle est tenue de reverser rétroactivement les sommes qu'elle n'a pas acquittées au titre de la CFE du fait de l'exonération.

> **Précisions a.** Pour l'application de la présente exonération, les **petites et moyennes entreprises** s'entendent des entreprises qui, au cours de la période de référence (no 43665), satisfont aux conditions d'effectif et de seuils financiers prévues par la réglementation européenne (no 92650).
> Dans les zones d'aide à l'investissement des PME, le capital des ces entreprises, entièrement libéré, doit être détenu de manière continue pour 75 % au moins par des personnes physiques ou une société répondant aux mêmes conditions dont le capital est détenu, pour 75 % au moins, par des personnes physiques. Pour la détermination de ce pourcentage, les participations de certaines structures de capital-risque ne sont pas prises en compte.
> **b.** La **durée** de l'exonération se décompte, selon le cas, à partir de l'année suivant celle de la création, de la reprise ou de la reconversion d'activité ou à partir de la deuxième année suivant celle de l'extension d'établissement.

Exonération sans agrément L'exonération est acquise sans agrément, sur simple demande, en cas de **création ou d'extension d'établissements industriels ou** d'établissements **de recherche** scientifique et technique, dès lors que ces opérations se traduisent par la **création** d'un nombre **d'emplois** permanents et/ou la **réalisation** d'un volume **d'investissements** supérieurs à certains seuils (CGI ann. III art. 322 G). 43583

Ces conditions de seuils s'apprécient en principe au 31 décembre de l'année de réalisation de l'opération (ou, en cas d'extension et pour les seuls investissements, à la fin de l'exercice de douze mois au cours duquel l'opération a été faite). Cependant, si les conditions ne sont pas remplies à cette date, l'entreprise peut demander à bénéficier de l'exonération **à titre provisoire,** en s'engageant à réaliser les conditions requises au plus tard au 31 décembre de la deuxième année suivant celle de l'opération (ou, pour les investissements, à la fin de l'exercice de douze mois clos au cours de cette même année) (CGI ann. III art. 322 J et 322 K).

L'exonération porte sur l'**augmentation nette des bases d'imposition** correspondant aux investissements réalisés (y compris les biens pris en crédit-bail).

› Précisions **a.** Le montant des **investissements réalisés** est calculé déduction faite des immobilisations prises en location ou mises gratuitement à la disposition de l'entreprise.

En cas d'**extension** d'établissement, les **seuils** d'emploi et d'investissements s'apprécient par rapport à la dernière année précédant l'opération ou à la moyenne des trois dernières années si elle est supérieure.

b. L'entreprise doit formuler la **demande d'exonération** sur un imprimé spécial n° 1465 à joindre à la déclaration n° 1447 C (n° 43756) s'il s'agit d'une création, ou à la déclaration n° 1447 M (n° 43755) s'il s'agit d'une extension. En outre, l'entreprise doit **déclarer** chaque année les éléments entrant dans le champ d'application de l'exonération, sur l'imprimé spécial n° 1465 à déposer dans le délai prévu pour la déclaration n° 1447 M.

c. Lorsque l'entreprise a bénéficié de l'exonération **à titre provisoire,** elle doit justifier que les conditions requises sont effectivement réalisées à la date limite prévue dans l'engagement, en déposant, au plus tard le 31 décembre de l'année en cause, une déclaration sur l'imprimé spécial n° 1465. À défaut, les cotisations dont l'entreprise avait été dispensée deviennent immédiatement exigibles.

Par ailleurs, lorsque, au cours d'une année, les investissements ou les emplois **deviennent inférieurs** aux seuils requis, l'exonération cesse de s'appliquer à compter du 1er janvier suivant (CGI ann. III art. 322 L).

Exonération sur agrément L'exonération est soumise à agrément préalable pour ce qui concerne les opérations suivantes : 43584

– **création ou extension** de **services de direction, d'études, d'ingénierie et d'informatique** ;

– **reconversion** d'activités industrielles ou de recherche scientifique et technique ou de services de direction, d'études, d'ingénierie et d'informatique ou **reprise d'établissements en difficulté** exerçant le même type d'activités.

L'agrément fixe les **conditions à remplir** par l'entreprise pour bénéficier de l'exonération. Dans tous les cas, l'exonération est subordonnée à la création ou au maintien d'un nombre d'emplois permanents supérieur à certains seuils (CGI ann. IV art. 121 quinquies DB sexies). Elle peut en outre être subordonnée à la réalisation d'un montant minimum d'investissements.

L'agrément précise l'**étendue de l'exonération.** En règle générale, celle-ci porte sur les éléments nouveaux d'imposition, mais elle peut, dans certains cas, être limitée à une partie de ceux-ci par la décision d'agrément.

› Précisions **a.** La **demande d'agrément** doit être adressée à la Direction générale des finances publiques, avant la réalisation de l'opération concernée (voir n° 90202). Elle doit être établie selon un modèle fixé par arrêté.

b. Les installations agréées doivent en principe être exploitées par le bénéficiaire de l'agrément. Toutefois, dans certains cas (fusions de sociétés, apports partiels d'actif, etc.), l'agrément peut être transféré au **nouvel exploitant.**

c. Les entreprises bénéficiaires doivent **déclarer** chaque année les éléments entrant dans le champ d'application de l'exonération, sur l'imprimé spécial n° 1465 à déposer dans le délai prévu pour la déclaration n° 1447 M (n° 43755).

ZONES DE REVITALISATION RURALE

Dans les zones de revitalisation rurale (ZRR) définies au n° 92540, les entreprises qui procèdent aux opérations définies ci-après sont exonérées de la CFE pendant **cinq ans,** sauf délibération contraire des collectivités bénéficiaires. 43590 CGI art. 1465 A **CET-II-74000 s**

L'exonération concerne tout d'abord l'ensemble des **opérations visées à l'article 1465 du CGI,** c'est-à-dire les opérations de création ou d'extension d'activités industrielles ou de recherche scientifique et technique, ou de services de direction, d'études, d'ingénierie et d'informatique, les opérations de reconversion dans le même type d'activités et les opérations de reprise d'établissements en difficulté exerçant le même type d'activités, lorsqu'elles sont réalisées dans les ZRR. Elle est soumise aux mêmes conditions d'emploi, d'investissement et, éventuellement, d'agrément que l'exonération prévue au titre de l'aménagement du territoire et s'applique selon les mêmes modalités (étendue de l'exonération, obligations déclaratives…) : voir nos 43582 s.

L'exonération s'applique également :

– aux **créations d'activités** réalisées en ZRR **par des artisans** qui répondent aux deux conditions d'activité et de rémunération visées au no 43687 ou par des **entreprises qui exercent une activité professionnelle non commerciale,** même si l'activité exercée dans l'établissement créé n'est pas principalement une activité artisanale ou non commerciale ;

– et, dans les **communes de moins de 2 000 habitants** situées en ZRR, aux **créations d'activités commerciales** et aux **reprises d'activités commerciales, d'activités artisanales ou d'activités professionnelles non commerciales,** réalisées par des entreprises exerçant le même type d'activité, à condition que, au cours de l'année de la création ou de la reprise, l'effectif de l'établissement créé ou repris soit inférieur à cinq salariés.

Pour ces deux catégories d'opérations, l'exonération est acquise sans agrément et sans condition tenant à la création d'emplois ou à la réalisation d'investissements.

Dans tous les cas, l'exonération est soumise à la **réglementation européenne** concernant les aides de minimis (voir nos 92660 s.). Toutefois, pour les opérations réalisées jusqu'au 31 décembre 2020 dans une zone située à la fois en ZRR et dans une zone d'aide à finalité régionale (no 92540), l'entreprise peut opter pour l'application de la réglementation relative aux aides à finalité régionale (nos 92625 s.). Cette option s'exerce distinctement pour chacun des établissements concernés.

> **Précisions a.** La **durée** de l'exonération est décomptée selon les modalités indiquées au no 43582, précision b.
> **b.** Lorsque la **commune** d'implantation de l'entreprise **cesse d'être classée en ZRR** après la date de la création ou de la reprise de l'activité, l'exonération reste applicable pour sa durée restant à courir.
> **c.** S'agissant des **opérations autres que celles visées à l'article 1465 du CGI,** les **conditions tenant à la nature de l'activité** exercée dans l'entreprise ou dans l'établissement (activité artisanale, commerciale ou non commerciale) doivent être remplies dès l'année de création ou de reprise de l'établissement. Si, par la suite, ces conditions ne sont **plus remplies,** l'exonération cesse de s'appliquer à compter de la deuxième année suivant celle du constat du changement d'activité.
> Dans ce cadre, les immobilisations prises en location sont retenues dans le calcul des **immobilisations exonérées** (BOI-IF-CFE-10-30-40-40 no 490).
> Par ailleurs, l'exonération doit être demandée sur la **déclaration** no 1447 C à souscrire avant le 1er janvier de l'année suivant celle de la création ou de la reprise (no 43756).

ZONES DE REVITALISATION DES COMMERCES EN MILIEU RURAL

43592
CGI art. 1464 G

Les établissements exerçant une **activité commerciale** dans une zone de revitalisation des commerces en milieu rural (ZRCR) définie au no 92540 peuvent bénéficier d'une exonération partielle ou totale de CFE et/ou de taxe foncière sur les propriétés bâties au titre des années 2020 à 2023 sur délibération des communes ou de leurs établissements publics de coopération intercommunale à fiscalité propre (Loi 2019-1479 du 28 décembre 2019 art. 110).

Pour bénéficier de l'exonération, l'établissement doit dépendre d'une entreprise répondant aux conditions relatives à l'importance de l'**effectif salarié,** et au montant du **chiffre d'affaires** ou du **total du bilan** présentées dans le tableau ci-après.

ZRCR : conditions relatives à la taille de l'entreprise	
Effectif	Moins de 11 salariés[1]
Chiffre d'affaires ou total de bilan	Chiffre d'affaires annuel hors taxe[2] ou total de bilan inférieur à 2 millions d'euros

1. L'effectif salarié est déterminé, en application des articles L 130-1, I du Code de la sécurité sociale et 1464 G du CGI combinés, en prenant en compte la moyenne du nombre de personnes employées au cours de chacun des mois de l'avant-dernière année précédant celle de l'imposition. Lorsqu'une entreprise bénéficie déjà de l'exonération, un franchissement du seuil d'effectif n'entraîne la perte de l'exonération qu'au terme de cinq années consécutives.
2. Le chiffre d'affaires réalisé au cours de la période de référence mentionnée au no 43665 est éventuellement corrigé pour correspondre à une année pleine.

L'exonération **cesse de s'appliquer** à compter du 1er janvier de l'année suivant celle au cours de laquelle l'établissement met fin à l'exercice de son activité commerciale.

L'exonération est soumise à la **réglementation européenne** relative aux aides de minimis (voir nos 92660 s.).

> **Précisions a.** Par dérogation à l'article 1639 A bis, I du CGI (no 43580), les collectivités concernées ont pu **délibérer** jusqu'au 21 janvier 2020 afin d'instituer une exonération des impositions de CFE et de taxe foncière sur les propriétés bâties établies au titre de 2020.
> **b.** Pour bénéficier de l'exonération de **CFE,** l'entreprise doit formuler une **demande d'exonération** pour chaque établissement concerné dans la déclaration no 1447 C (no 43756), s'il

s'agit d'une création ou d'une reprise d'établissement, ou dans la déclaration annuelle n° 1447 M (n° 43755), dans les autres cas. Toutefois, l'entreprise qui souhaite bénéficier de l'exonération en 2020 adresse sa demande au service des impôts dont relève chacun des établissements concernés au plus tard le 29 février 2020.

Pour bénéficier de l'exonération de **taxe foncière sur les propriétés bâties,** le redevable déclare au service des impôts du lieu de situation des biens sur un modèle établi par l'administration, avant le 1er janvier de l'année au titre de laquelle l'exonération est applicable, les éléments d'identification du ou des immeubles concernés. Toutefois, les propriétaires des locaux souhaitant bénéficier de l'exonération au titre de l'année 2020 en adressent la demande accompagnée des éléments entrant dans le champ d'application des exonérations au service des impôts du lieu de situation des biens au plus tard le 29 février 2020.

c. La demande d'exonération de CFE vaut **option irrévocable** pour ce régime, à l'exclusion de certains régimes d'exonération de plein droit ou facultatif dont le contribuable bénéficiait le cas échéant avant l'exercice de cette option.

ENTREPRISES CRÉÉES OU REPRISES

Les entreprises créées ou reprises peuvent bénéficier d'une exonération temporaire de CFE et/ou de taxe foncière sur les propriétés bâties et/ou de taxes pour frais de chambres de métiers, sur délibération des collectivités et/ou des organismes bénéficiaires de ces taxes. 43595 CGI art. 1464 B et 1464 C **CET-II-57870 s**

L'exonération concerne :

– les entreprises créées dans certaines zones du territoire, qui exercent une **activité réellement nouvelle** et bénéficient de l'exonération d'impôt sur les bénéfices prévue par l'article 44 sexies du CGI (nos 10260 s.) ;

– et/ou les sociétés créées pour la **reprise d'établissements** à une entreprise industrielle **en difficulté** et qui bénéficient de l'exonération d'impôt sur les bénéfices prévue par l'article 44 septies du CGI (nos 10310 s.), quel que soit leur lieu d'implantation ;

– et/ou les entreprises créées ou reprises dans les **zones de revitalisation rurale** et qui bénéficient de l'exonération d'impôt sur les bénéfices prévue par l'article 44 quindecies du CGI (nos 10365 s.).

La durée de l'exonération, comprise **entre deux et cinq ans,** est fixée par la délibération. L'exonération s'applique aux **établissements créés ou repris,** à compter de l'année suivant celle de la création ou de la reprise de l'entreprise elle-même.

EXEMPLE

Si l'exonération est instituée pour deux ans, une entreprise créée en 2019 sera susceptible d'en bénéficier au titre des années 2020 et 2021, pour les établissements créés ou repris en 2019, mais seulement au titre de 2021 pour les établissements créés ou repris en 2020.

En matière de CFE et de taxe foncière, l'exonération est soumise à la même **réglementation européenne** que l'exonération d'impôt sur les bénéfices correspondante. L'exonération de taxe pour frais de chambres est, quant à elle, soumise à la réglementation européenne concernant les aides de minimis (voir nos 92660 s.).

Lorsque l'entreprise **ne remplit plus les conditions** requises pour bénéficier de l'exonération d'impôt sur les bénéfices, elle perd également le bénéfice de l'exonération d'impôts locaux (pour l'avenir, ou même rétroactivement dans certains cas).

Par ailleurs, si l'entreprise **cesse** volontairement **son activité** dans un délai pouvant aller, en matière de CFE, jusqu'à cinq ans après la fin de l'exonération, elle peut être tenue de reverser rétroactivement les sommes qu'elle n'a pas acquittées du fait de l'exonération.

› Précisions a. S'agissant de la **reprise d'établissements** (entreprises relevant de l'article 44 septies du CGI), il suffit que l'entreprise remplisse les conditions propres à l'exonération des bénéfices. Peu importe la durée réelle d'exonération des bénéfices.

b. Les **délibérations** des diverses collectivités bénéficiaires prises avant le 1er octobre d'une année (n° 43580) s'appliquent aux entreprises créées ou reprises à compter du 1er janvier de cette année.

c. Pour bénéficier de l'exonération, les entreprises sont tenues à certaines **obligations déclaratives** :

– en ce qui concerne la **CFE,** elles doivent formuler une **demande d'exonération** pour chaque établissement concerné sur la déclaration n° 1447 C à souscrire avant le 1er janvier de l'année suivant celle de la création ou de la reprise (n° 43756) ;

– pour la **taxe foncière,** les entreprises doivent **déclarer** leurs acquisitions au service des impôts du lieu de situation des biens dans les quinze jours de la signature de l'acte.

d. L'exonération temporaire de **taxe pour frais de chambres de commerce et d'industrie** est supprimée à compter du 1er janvier 2020. Toutefois, les exonérations dont bénéficient les entreprises au 1er janvier 2020 restent applicables jusqu'à leur terme (Loi 2019-1479 du 28 décembre 2019 art. 59).

L'exonération temporaire de **taxe pour frais de chambres de métiers** est supprimée à compter du 1er janvier 2021 (Loi précitée art. 194).

JEUNES ENTREPRISES INNOVANTES

43600 CGI art. 1466 D CET-II-89860 s Sur délibération des collectivités bénéficiaires, les entreprises bénéficiant du statut de jeune entreprise innovante (ou de jeune entreprise universitaire), créées jusqu'au 31 décembre 2022 (Loi 2019-1479 du 28-12-2019 art. 46), peuvent bénéficier d'une exonération de CFE et/ou de taxe foncière sur les propriétés bâties d'une durée de **sept ans.**

L'exonération concerne les entreprises de moins de sept ans au 1er janvier de l'année d'imposition, qui remplissent les **conditions** définies au nº 10400, tenant à leur taille, à la réalisation de dépenses de recherche ou à la valorisation de travaux de recherche universitaires, à la détention du capital, ainsi qu'au caractère réellement nouveau de l'activité, ces conditions étant appréciées au cours de la période de référence visée au nº 43665.

L'exonération est soumise à la **réglementation européenne** concernant les aides de minimis (voir nos 92660 s.).

L'exonération **cesse définitivement de s'appliquer** à compter de l'année qui suit le septième anniversaire de l'entreprise ou, si elle est antérieure, de la deuxième année qui suit la période de référence pendant laquelle l'entreprise ne remplit plus les conditions de l'exonération.

> **Précisions** **a.** En matière de taxe foncière, l'exonération concerne les **immeubles** appartenant à une entreprise répondant aux conditions décrites ci-dessus et dans lesquels cette entreprise exerce son activité au 1er janvier de l'année d'imposition. Elle peut s'appliquer même si l'entreprise ne bénéficie pas effectivement de l'exonération de CFE.
> **b.** En cas de **changement d'exploitant,** le nouvel exploitant bénéficie d'une nouvelle période d'exonération s'il remplit l'ensemble des conditions requises (BOI-IF-TFB-10-170-20 nº 210 ; BOI-IF-CFE-10-30-60-20 nº 290).
> **c.** Pour bénéficier de l'exonération, les entreprises sont tenues à certaines **obligations déclaratives :**
> – en ce qui concerne la **CFE,** elles doivent formuler une demande d'exonération pour chaque établissement concerné dans la déclaration nº 1447 C (nº 43756) s'il s'agit d'une création ou d'une reprise d'établissement, ou dans la déclaration nº 1447 M (nº 43755) dans les autres cas ;
> – pour la **taxe foncière,** les entreprises doivent déclarer sur papier libre les immeubles concernés avant le 1er janvier de la première année d'application de l'exonération, auprès du service des impôts fonciers.

QUARTIERS PRIORITAIRES DE LA POLITIQUE DE LA VILLE

43610 CGI art. 1466 A, I CET-II-78100 s **Petites et moyennes entreprises** Les collectivités bénéficiaires peuvent instituer une exonération temporaire de CFE en faveur des **créations** ou **extensions d'établissement** réalisées dans les quartiers prioritaires de la politique de la ville (QPPV) définis au nº 92540. Les délibérations des collectivités fixent le **taux** de l'exonération, sa **durée,** qui ne peut excéder **cinq ans,** ainsi que le ou les quartiers prioritaires concernés.

L'exonération est réservée aux **établissements** employant **moins de 150 salariés** et dépendant d'une entreprise :

– qui emploie **moins de 250 salariés** (effectif moyen apprécié en tenant compte de l'ensemble des établissements) ;

– qui réalise un **chiffre d'affaires** annuel hors taxe n'excédant pas 50 millions d'euros ou qui dispose d'un **total de bilan** n'excédant pas 43 millions d'euros ;

– et dont le **capital** ou les **droits de vote** ne sont pas détenus, directement ou indirectement, à hauteur de 25 % ou plus par une ou plusieurs entreprises ne répondant pas aux conditions d'effectif, de chiffre d'affaires ou de total de bilan ci-dessus. Pour la détermination de ce pourcentage, les participations de certaines structures de capital-risque ne sont pas prises en compte.

L'ensemble des conditions concernant l'établissement et l'entreprise exploitante s'apprécie au cours de la période de référence (nº 43665) (au terme de cette période, pour le total du bilan). Lorsque, au cours d'une année de la période d'exonération, ces conditions ne sont plus remplies, l'exonération cesse de s'appliquer à compter de la deuxième année suivante.

L'exonération est limitée à un **montant** de base nette imposable fixé à 29 532 € pour 2020 (BOI-IF-CFE-10-30-50 nº 50). Ce montant est actualisé chaque année en fonction de la variation des prix.

> **Précisions** **a.** Le **chiffre d'affaires** à prendre en compte pour apprécier les conditions d'application de l'exonération est éventuellement corrigé pour correspondre à une année pleine. Pour la société mère d'un groupe intégré, il s'entend de la somme des chiffres d'affaires de chacune des sociétés membres du groupe.
> **b.** La **durée** de l'exonération se décompte, selon le cas, à partir de l'année suivant celle de la création ou à partir de la deuxième année suivant celle de l'extension d'établissement. Deux périodes d'exonération ne peuvent courir simultanément du fait d'opérations successives.
> **c.** En cas d'**extension d'établissement,** l'exonération porte sur l'augmentation des bases d'imposition de l'établissement, corrigée de la variation des prix. En cas d'extension ultérieure d'un établissement bénéficiant déjà de l'exonération, les nouvelles bases sont également exo-

nérées, dans le cadre de l'exonération en cours, sous réserve que la limite de base exonérée ne soit pas atteinte pour l'établissement.

d. L'entreprise doit formuler une **demande d'exonération** pour chaque établissement concerné dans la déclaration n° 1447 C (n° 43756) s'il s'agit d'une création, ou dans la déclaration n° 1447 M (n° 43755) s'il s'agit d'une extension.

Petites entreprises exerçant une activité commerciale Sauf délibération contraire des collectivités bénéficiaires, les **créations et extensions d'établissement** réalisées entre le 1er janvier 2017 et le 31 décembre 2022 dans les quartiers prioritaires de la politique de la ville (QPPV) définis au n° 92540, ainsi que les **établissements existant** au 1er janvier 2017 situés dans ces mêmes quartiers, peuvent bénéficier d'une exonération de CFE d'une durée de **cinq ans.** 43612

CGI art. 1466 A, I septies
CET-II-81400 s

Pour bénéficier de l'exonération, l'établissement doit dépendre d'une **entreprise commerciale,** répondant aux conditions relatives à l'importance de l'**effectif salarié,** au montant du **chiffre d'affaires** ou du **total du bilan** et à la **détention du capital** présentées dans le tableau ci-après.

QPPV-petites entreprises : conditions relatives à la taille de l'entreprise	
Effectif	Moins de 50 salariés.[1]
Chiffre d'affaires ou total de bilan	Chiffre d'affaires annuel hors taxe[2, 3] ou total de bilan[4] inférieur à 10 millions d'euros.
Capital	Capital ou droits de vote non détenus, directement ou indirectement, à hauteur de 25 % ou plus[5] par une ou plusieurs entreprises dont l'effectif dépasse 250 salariés et dont le chiffre d'affaires annuel hors taxe[3] excède 50 millions d'euros ou dont le total du bilan annuel excède 43 millions d'euros.

1. Pour les créations ou extensions d'établissement à compter de 2020, le seuil d'effectif s'apprécie au titre de chaque exercice en fonction des données de l'année civile précédente (CSS art. L 130-1). Lorsqu'une entreprise bénéficie déjà de l'exonération, un franchissement du seuil d'effectif n'entraîne la perte de l'exonération qu'au terme de cinq années consécutives.
Pour les créations ou extensions d'établissement avant 2020, le seuil d'effectif s'apprécie au 1er janvier 2017 ou à la date de la création de l'établissement sollicitant l'exonération si celle-ci est postérieure.
2. Chiffre d'affaires réalisé par l'entreprise au cours de la période de référence (n° 43665) retenue au titre de 2017 pour l'établissement concerné (établissements existant au 1-1-2017), au cours de la première année d'activité dans l'établissement concerné (création ou extension d'établissement entre 2017 et 2019) ou, à notre avis, au cours de chaque période de référence (création ou extension d'établissement à compter du 1-1-2020).
3. Le chiffre d'affaires est éventuellement corrigé pour correspondre à une année pleine. Pour la société mère d'un groupe intégré, il s'entend de la somme des chiffres d'affaires de chacune des sociétés membres du groupe.
4. Total de bilan de l'entreprise au terme de la période de référence (n° 43665) retenue au titre de 2017 pour l'établissement concerné (établissements existant au 1-1-2017), au 31 décembre de la première année d'activité dans l'établissement concerné (création ou extension d'établissement entre 2017 et 2019) ou, à notre avis, au cours de chaque période de référence (création ou extension d'établissement à compter du 1-1-2020).
5. Pourcentage apprécié au cours de chaque période de référence (n° 43665). Pour la détermination de ce pourcentage, les participations de certaines structures de capital-risque ne sont pas prises en compte.

L'exonération est limitée à un **montant** de base nette imposable fixé à 79 661 € pour 2020 (BOI-IF-CFE-10-30-50 n° 70). Ce montant est actualisé chaque année en fonction de la variation des prix.

À l'issue de la période initiale d'exonération de cinq ans, les établissements concernés bénéficient, sauf délibération contraire des collectivités bénéficiaires, d'un **abattement dégressif** pendant trois ans. Cet abattement est égal, la première année, à 60 % de la base exonérée de la dernière année d'application du dispositif initial d'exonération, à 40 % de cette base la deuxième année et à 20 % la troisième année. Toutefois, le montant de l'abattement est plafonné, la première année à 60 %, la deuxième année à 40 % et la troisième année à 20 % de la base d'imposition de l'année considérée.

L'exonération et l'abattement sont soumis à la **réglementation européenne** concernant les aides de minimis (voir nos 92660 s.).

› Précisions **a.** Les modalités d'appréciation des conditions relatives à l'importance de l'effectif salarié, et au montant du chiffre d'affaires ou du total du bilan, ont été modifiées au titre des créations ou extensions d'établissement réalisées **à compter du 1er janvier 2020** (Loi 2019-486 du 22-5-2019 art. 12, I-8°, dont l'entrée en vigueur est modifiée par la Loi 2019-1479 du 28 décembre 2019 art. 41).

b. Un dispositif similaire, réservé aux **très petites entreprises** (effectif de moins de 11 salariés et chiffre d'affaires annuel hors taxe ou total de bilan inférieur à 2 millions d'euros), s'applique, sauf délibération contraire des collectivités territoriales, aux établissements qui ont fait l'objet d'une création ou d'une extension entre le 1er janvier 2015 et le 31 décembre 2016 dans les QPPV. Ces établissements continuent à béné- 43613

ficier de l'exonération pour la durée restant à courir au 1er janvier 2017.
c. Les activités de gestion ou de **location d'immeubles nus ou meublés** sont exclues du dispositif d'exonération, à l'exception des locations assimilées à des **activités hôtelières** ou parahôtelières (BOI-IF-CFE-10-30-50-60 nº 230).
d. Pour les établissements qui font l'objet d'une création, le bénéfice de l'exonération est subordonné à l'existence d'un **contrat de ville** au 1er janvier de l'année d'implantation.
e. La **période d'exonération** court à compter de 2017 pour les établissements existant à cette date ou, en cas de création d'établissement, à compter de l'année qui suit celle de la création ou, en cas d'extension d'établissement, à compter de la deuxième année qui suit celle de l'extension. Deux périodes d'exonération ne peuvent courir simultanément du fait d'opérations successives.
f. En cas d'**extension d'établissement,** les bases exonérées sont déterminées dans les conditions indiquées au nº 43610, précision c.
g. En cas de **changement d'exploitant** au cours de la période d'exonération, celle-ci est maintenue au bénéfice du nouvel exploitant pour la période restant à courir et dans les conditions prévues pour le prédécesseur.
h. L'entreprise doit formuler une **demande d'exonération** pour chaque établissement concerné dans la déclaration nº 1447 C (nº 43756) s'il s'agit d'une création, ou dans la déclaration nº 1447 M (nº 43755) s'il s'agit d'une extension.

ZONES DE REVITALISATION DES CENTRES-VILLES

43614 CGI art. 1464 F

Les établissements exerçant une **activité commerciale ou artisanale** dans une zone de revitalisation des centres-villes (ZRCV) définie au nº 92540 peuvent bénéficier d'une exonération partielle ou totale de CFE et/ou de taxe foncière sur les propriétés bâties au titre des années 2020 à 2023 sur délibération des communes ou de leurs établissements publics de coopération intercommunale à fiscalité propre (Loi 2019-1479 du 28 décembre 2019 art. 111).

Pour bénéficier de l'exonération, l'établissement doit, au cours de la période de référence mentionnée au nº 43665, être exploité par une entreprise répondant à la **définition européenne des PME** visée au nº 92650.

L'exonération **cesse de s'appliquer** à compter du 1er janvier de l'année suivant celle au cours de laquelle l'établissement met fin à l'exercice de son activité commerciale ou artisanale.

L'exonération est soumise à la **réglementation européenne** relative aux aides de minimis (voir nos 92660 s.).

> **Précisions a.** Par dérogation à l'article 1639 A bis, I du CGI (nº 43580), les collectivités concernées ont pu **délibérer** jusqu'au 21 janvier 2020 afin d'instituer une exonération des impositions de CFE et de taxe foncière sur les propriétés bâties établies au titre de 2020.
b. Pour bénéficier de l'exonération de **CFE,** l'entreprise doit formuler une **demande d'exonération** pour chaque établissement concerné dans la déclaration nº 1447 C (nº 43756), s'il s'agit d'une création ou d'une reprise d'établissement, ou dans la déclaration annuelle nº 1447 M (nº 43755), dans les autres cas. Toutefois, l'entreprise qui souhaite bénéficier de l'exonération en 2020 adresse sa demande au service des impôts dont relève chacun des établissements concernés au plus tard le 29 février 2020.
Pour bénéficier de l'exonération de **taxe foncière sur les propriétés bâties,** le redevable déclare au service des impôts du lieu de situation des biens sur un modèle établi par l'administration, avant le 1er janvier de l'année au titre de laquelle l'exonération est applicable, les éléments d'identification du ou des immeubles concernés. Toutefois, les propriétaires des locaux souhaitant bénéficier de l'exonération au titre de l'année 2020 en adressent la demande accompagnée des éléments entrant dans le champ d'application des exonérations au service des impôts du lieu de situation des biens au plus tard le 29 février 2020.
c. La demande d'exonération de CFE vaut **option irrévocable** pour ce régime, à l'exclusion de certains régimes d'exonération de plein droit ou facultatif dont le contribuable bénéficiait le cas échéant avant l'exercice de cette option.

ZONES FRANCHES URBAINES

43615 CGI art. 1466 A, I sexies CET-II-84720 s

Sauf si une délibération contraire a été prise par les collectivités bénéficiaires avant le 1er octobre 2013, les **créations et extensions d'établissement** réalisées jusqu'au 31 décembre 2014 dans les zones franches urbaines – territoires entrepreneurs (ZFU) définies au nº 92540 peuvent bénéficier d'une exonération de CFE d'une durée de **cinq ans** à compter de l'année suivant celle de la création ou de la seconde année suivant celle de l'extension.

L'exonération est réservée aux établissements relevant d'une entreprise remplissant les conditions suivantes :
– l'entreprise employait au plus 50 salariés au 1er janvier 2006 ou à la date de sa création ou de son implantation dans la ZFU si cette date était postérieure ;
– elle a réalisé un **chiffre d'affaires** annuel hors taxe inférieur à 10 millions d'euros au 31 décembre de la première année d'activité dans l'établissement ou avait un **total de bilan** inférieur à 10 millions d'euros au 31 décembre de la première année d'activité dans l'établissement ;
– son **capital** ou ses **droits de vote** ne sont pas détenus, directement ou indirectement, à hauteur de 25 % ou plus par une ou plusieurs entreprises dont l'effectif dépasse 250 salariés

et dont le chiffre d'affaires annuel hors taxe excède 50 millions d'euros ou dont le total du bilan annuel excède 43 millions d'euros. Cette condition doit être respectée au cours de chaque période de référence (nº 43665). Pour la détermination du pourcentage de détention, les participations de certaines structures de capital-risque ne sont pas prises en compte.

Par ailleurs, sont **exclus** du bénéfice de l'exonération les établissements dont l'**activité** principale relève des **secteurs** de la construction automobile, de la construction navale, de la fabrication de fibres artificielles, de la sidérurgie ou des transports routiers de marchandises.

L'exonération est limitée à un **montant** de base nette imposable fixé à 79 661 € pour 2020 (BOI-IF-CFE-10-30-50 nº 60). Ce montant est actualisé chaque année en fonction de la variation des prix.

À l'issue de la période initiale d'exonération de cinq ans, les établissements concernés peuvent bénéficier d'un **abattement dégressif** pendant trois ou neuf ans : voir nº 43616.

L'exonération et l'abattement dégressif sont soumis à la **réglementation européenne** concernant les aides de minimis (voir nos 92660 s.).

› Précisions **a.** Le **chiffre d'affaires** à prendre en compte pour apprécier les conditions d'application de l'exonération est éventuellement corrigé pour correspondre à une année pleine. Pour la société mère d'un groupe intégré, il s'entend de la somme des chiffres d'affaires de chacune des sociétés membres du groupe.

b. La **durée** de l'exonération se décompte selon les modalités indiquées au nº 43610, précision b.

c. En cas d'**extension d'établissement,** les bases exonérées sont déterminées dans les conditions indiquées au nº 43610, précision c.

d. En cas de **changement d'exploitant** au cours de la période d'exonération, l'exonération est maintenue au bénéfice du nouvel exploitant pour la période restant à courir et dans les conditions prévues pour l'ancien exploitant (BOI-IF-CFE-10-30-50-50 nº 140).

Abattement dégressif Sauf délibération contraire des collectivités bénéficiaires, les établissements qui ont bénéficié d'une exonération au titre du régime des ZFU jusqu'à son terme bénéficient par la suite d'un abattement annuel décroissant. **43616**

Dans la **généralité des cas,** l'abattement s'applique sur la base d'imposition des **trois années suivant l'expiration de la période initiale d'exonération** de cinq ans. Il est égal, la première année, à 60 % de la base exonérée de la dernière année d'application du dispositif initial d'exonération, à 40 % de cette base la deuxième année et à 20 % la troisième année. Toutefois, le montant de l'abattement est plafonné, la première année à 60 %, la deuxième année à 40 % et la troisième année à 20 % de la base d'imposition de l'année considérée.

Pour les établissements situés en ZFU et dépendant d'une **entreprise de moins de cinq salariés,** l'abattement dégressif s'applique pendant **neuf ans.** Il est égal, les cinq premières années, à 60 % de la base exonérée de la dernière année d'application du dispositif initial d'exonération, à 40 % de cette base les sixième et septième années et à 20 % les huitième et neuvième années. Toutefois, le montant de cet abattement est plafonné, les cinq premières années à 60 %, les deux années suivantes à 40 % et les deux dernières années à 20 % de la base d'imposition de l'année considérée. L'effectif de l'entreprise s'apprécie au cours de la période de référence retenue pour la dernière année d'application du dispositif initial d'exonération.

BASSINS D'EMPLOI À REDYNAMISER

Sauf délibération contraire des collectivités bénéficiaires, les entreprises implantées dans les bassins d'emploi à redynamiser (BER : voir nº 92540) bénéficient d'une exonération de CFE et de taxe foncière sur les propriétés bâties d'une durée de **cinq ans.** **43620**

CGI art. 1466 A, I quinquies A
CET-II-88630 s

En matière de CFE, l'exonération concerne les **créations et extensions d'établissements** réalisées dans ces bassins jusqu'au 31 décembre 2020.

En matière de taxe foncière, l'exonération s'applique aux **immeubles** situés dans ces bassins et rattachés, au plus tard le 31 décembre 2020, à un établissement qui remplit les conditions requises pour bénéficier de l'exonération de CFE (même s'il ne bénéficie pas effectivement de cette exonération).

L'exonération est soumise à la **réglementation européenne** concernant les aides de minimis (voir nos 92660 s.). Toutefois, si l'entreprise dispose d'au moins un établissement situé à la fois dans un BER et dans une zone d'aide à finalité régionale (nº 92540), elle peut opter pour l'application de la réglementation concernant les AFR (nos 92625 s.). Cette option vaut pour l'ensemble des établissements de l'entreprise situés dans un BER et pour toutes les exonérations applicables au titre des BER (impôts locaux et impôt sur les bénéfices : nº 10370).

› Précisions **a.** En matière de CFE, la **durée** de l'exonération se décompte selon les modalités indiquées au nº 43610, précision b. En matière de taxe foncière, l'exonération s'applique à compter du 1er janvier de l'année qui suit celle au cours de laquelle est intervenu le rattachement à un établissement remplissant les conditions requises.

En cas de **changement d'exploitant** au cours de la période d'exonération, celle-ci est maintenue au bénéfice du nouvel exploitant pour la période restant à courir et dans les conditions prévues pour le prédécesseur.

b. En cas d'**extension d'établissement,** les

bases exonérées sont déterminées dans les conditions indiquées au n° 43610, précision c.

c. Pour bénéficier de l'exonération de CFE, les entreprises doivent remplir les **obligations déclaratives** indiquées au n° 43610, précision d. Les personnes concernées par l'exonération de taxe foncière doivent quant à elles souscrire une déclaration spéciale n° 6693 avant le 1er janvier de la première année d'application de l'exonération, auprès du service des impôts fonciers.

ZONES DE RESTRUCTURATION DE LA DÉFENSE

43625 CGI art. 1466 A, I quinquies B CET-II-93300 s

Les collectivités bénéficiaires peuvent instituer une exonération de CFE et/ou de taxe foncière sur les propriétés bâties d'une durée de **cinq ans** en faveur des entreprises implantées dans les zones de restructuration de la défense (ZRD de première ou de deuxième catégorie : voir n° 92540).

En matière de CFE, l'exonération concerne les **créations et extensions d'établissements** réalisées dans le périmètre de ces zones pendant une **période de six ans** débutant à la date de publication de l'arrêté délimitant les zones ou au 1er janvier de l'année précédant celle au titre de laquelle le territoire est reconnu comme ZRD, si cette seconde date est postérieure.

En matière de taxe foncière, l'exonération s'applique aux immeubles situés dans ces zones et rattachés à un établissement qui remplit les conditions requises pour bénéficier de l'exonération de CFE (même s'il ne bénéficie pas effectivement de cette exonération).

L'exonération est soumise à la **réglementation européenne** concernant les aides de minimis (voir nos 92660 s.). Toutefois, si l'entreprise dispose d'au moins un établissement situé à la fois dans une ZRD et dans une zone d'aide à finalité régionale (n° 92540), elle peut opter pour l'application de la réglementation concernant les aides à finalité régionale (nos 92625 s.). Cette option vaut pour l'ensemble des établissements de l'entreprise situés dans une ZRD et pour toutes les exonérations applicables au titre des ZRD (impôts locaux et impôt sur les bénéfices : nos 10380 s.).

> Précisions a. En matière de CFE, la **durée** de l'exonération se décompte selon les modalités indiquées au n° 43610, précision b. En matière de taxe foncière, l'exonération s'applique à compter du 1er janvier de l'année qui suit celle au cours de laquelle est intervenu le rattachement à un établissement remplissant les conditions requises.

En cas de **changement d'exploitant** au cours de la période d'exonération, celle-ci est maintenue au bénéfice du nouvel exploitant pour la période restant à courir et dans les conditions prévues pour le prédécesseur.

b. En cas d'**extension d'établissement,** les bases exonérées sont déterminées dans les conditions indiquées au n° 43610, précision c.

c. Pour bénéficier de l'exonération de CFE, les entreprises doivent remplir les **obligations déclaratives** indiquées au n° 43610, précision d. Les personnes concernées par l'exonération de taxe foncière doivent quant à elles souscrire une déclaration spéciale avant le 1er janvier de la première année d'application de l'exonération, auprès du service des impôts fonciers.

BASSINS URBAINS À DYNAMISER

43627 CGI art. 1466 B, CET-II-95700

Les collectivités bénéficiaires peuvent exonérer de CFE et de taxe foncière sur les propriétés bâties les entreprises implantées dans des bassins urbains à dynamiser qui bénéficient de l'exonération visée au n° 43565, pour la **moitié non exonérée de plein droit.** L'exonération facultative s'applique dans les mêmes proportions et pendant la même durée de sept années que l'exonération de plein droit. Elle est suivie du même abattement dégressif pendant trois ans.

ZONES DE DÉVELOPPEMENT PRIORITAIRE

43628 CGI art. 1466 B bis, CET-II-97000

Les collectivités bénéficiaires peuvent exonérer de CFE et de taxe foncière sur les propriétés bâties les entreprises implantées dans des zones de développement prioritaire qui bénéficient de l'exonération visée au n° 43567, pour la **moitié non exonérée de plein droit.** L'exonération facultative s'applique dans les mêmes proportions et pendant la même durée de sept années que l'exonération de plein droit. Elle est suivie du même abattement dégressif pendant trois ans.

MÉDECINS, AUXILIAIRES MÉDICAUX ET VÉTÉRINAIRES RURAUX

43630 CGI art. 1464 D CET-II-63000 s

Les collectivités bénéficiaires peuvent instituer une exonération en faveur :

– des **médecins et auxiliaires médicaux** qui, exerçant leur activité à titre libéral, s'installent ou se regroupent dans une **commune de moins de 2 000 habitants ou** dans une commune située dans une **zone de revitalisation rurale** (ZRR) définie au n° 92540 ;

– des **médecins et auxiliaires médicaux** qui, exerçant leur activité à titre libéral, s'installent ou se regroupent sur un **site distinct** de leur **résidence professionnelle habituelle** et situé dans une commune répondant aux conditions précitées ou dans une zone caractérisée par une offre de soins insuffisante ou par des difficultés dans l'accès aux soins au sens de l'article L 1434-4 du Code de la santé publique ;

– des vétérinaires habilités comme **vétérinaires sanitaires** au sens de l'article L 203-1 du Code rural et de la pêche maritime, quel que soit leur lieu d'établissement, dès lors que cette habilitation concerne au moins 500 bovins de plus de deux ans en prophylaxie obligatoire ou équivalents ovins/caprins.

La durée de l'exonération, comprise **entre deux et cinq ans,** est fixée par la délibération. L'exonération s'applique à compter de l'année suivant celle de l'établissement du praticien.

L'exonération est soumise à la **réglementation européenne** concernant les aides de minimis (n°s 92660 s.).

> **Précisions** **a.** Les **auxiliaires médicaux** concernés sont les praticiens mentionnés au livre Ier et au livre III de la quatrième partie du Code de la santé publique et soumis à l'impôt sur le revenu dans la catégorie des bénéfices non commerciaux. L'exonération peut donc viser les chirurgiens-dentistes, les infirmiers et infirmières, les masseurs-kinésithérapeutes, les pédicures-podologues, les orthophonistes, les orthoptistes, les diététiciens. Sont, en revanche, exclus de la mesure les opticiens-lunetiers, les audioprothésistes et les pharmaciens. Mais les **médecins propharmaciens** peuvent en bénéficier.
>
> Quant aux sages-femmes, elles bénéficient de plein droit d'une exonération permanente (n° 43555).
>
> **b.** L'exonération ne s'applique pas aux créations d'établissement résultant d'un **transfert,** lorsque le redevable a, au titre d'une ou plusieurs des cinq années précédant celle du transfert, bénéficié de l'exonération au titre de l'installation dans une **ZRR.**
>
> **c.** Les **délibérations** des collectivités peuvent porter sur une ou plusieurs des catégories visées. Elles doivent être prises avant le 1er octobre d'une année (n° 43580, précision) pour s'appliquer à compter de l'année suivante aux praticiens visés qui s'installent ou se regroupent à compter du 1er janvier de l'année de la délibération.
>
> **d.** Les intéressés doivent formuler une **demande d'exonération** dans la déclaration n° 1447 C à souscrire avant le 1er janvier de l'année suivant celle de leur établissement (n° 43756) en apportant les justifications nécessaires.

ENTREPRISES DE SPECTACLES

Les collectivités bénéficiaires peuvent instituer une exonération de CFE en faveur des **entreprises de spectacles vivants** qui relèvent des catégories suivantes : **43635** CGI art. 1464 A CET-II-52100 s

- les **théâtres** nationaux ;
- les autres théâtres fixes ;
- les lieux de diffusion de **spectacles vivants** ayant une capacité moyenne d'accueil du public inférieure à 1 500 places et exploités par une entreprise exerçant l'activité d'exploitant de lieux de spectacles aménagés pour les représentations publiques au sens de l'article L 7122-1 du Code du travail ;
- les **tournées** théâtrales et les théâtres démontables exclusivement consacrés à des spectacles d'art dramatique, lyrique ou chorégraphique ;
- les **concerts** symphoniques et autres, les orchestres divers et les chorales ;
- les théâtres de marionnettes, les **cabarets** artistiques, les cafés-concerts, les music-halls et **cirques,** à l'exclusion des établissements où il est d'usage de consommer pendant les séances ;
- les **spectacles musicaux** et de **variétés.**

Les collectivités bénéficiaires fixent la quotité de l'exonération, dans la limite de 100 %.

Ces collectivités peuvent également exonérer de CFE :

- dans la limite de 100 %, soit l'ensemble des **établissements de spectacles cinématographiques** qui ont réalisé un nombre d'entrées inférieur à 450 000 au cours de l'année précédant celle de l'imposition, soit uniquement les établissements qui ont réalisé un **nombre d'entrées** inférieur à 450 000 au cours de l'année précédant celle de l'imposition et qui, en outre, bénéficient d'un classement « art et essai » au titre de l'année de référence (n° 43665) ;
- dans la limite de 33 %, les autres établissements de spectacles cinématographiques.

> **Précisions** Les spectacles forains, les exhibitions de chants et danses dans les lieux publics ne bénéficient pas de l'exonération. Sont également exclues les entreprises donnant des représentations théâtrales à caractère pornographique ainsi que les établissements spécialisés dans la projection de films à caractère pornographique ou d'incitation à la violence.

LIBRAIRIES

Librairies indépendantes de référence Les collectivités bénéficiaires peuvent exonérer de la CFE les **établissements** de **vente de livres neufs au détail** qui disposent, au 1er janvier de l'année d'imposition, du **label** de librairie indépendante de référence. **43640** CGI art. 1464 I CET-II-54000 s

Pour bénéficier de cette exonération, l'établissement doit, au cours de la période de référence (n° 43665), relever d'une **petite ou moyenne entreprise** au sens indiqué au n° 92650, qui n'est pas liée à une autre entreprise par un contrat de **franchise** et dont le **capital** est détenu de manière continue à hauteur de 50 % au moins soit par des personnes physiques, soit par une société répondant aux conditions ci-dessus et détenue à hauteur de 50 % au moins par des personnes physiques.

L'exonération est soumise à la **réglementation européenne** concernant les aides en faveur de la culture (n° 92730).

> **Précisions** L'entreprise doit formuler une **demande d'exonération** pour chaque établissement concerné, dans la déclaration n° 1447 C (n° 43756), s'il s'agit d'une création ou d'une reprise d'établissement, ou dans la déclaration annuelle n° 1447 M (n° 43755) dans les autres cas.

43642 CGI art. 1464 I bis CET-II-55100

Autres librairies Les collectivités bénéficiaires qui ont décidé d'exonérer de la CFE les **établissements** disposant du label de librairie indépendante de référence (n° 43640) peuvent également exonérer de la CFE les établissements réalisant, dans un **local librement accessible au public,** une activité de **vente de livres neufs au détail** représentant au minimum 50 % du chiffre d'affaires au cours de la période de référence et qui ne disposent pas du label précité.

Pour bénéficier de cette exonération, l'établissement doit soit disposer du label de librairie de référence au 1er janvier de l'année d'imposition, soit relever au cours de la période de référence (n° 43665), d'une **petite ou moyenne entreprise** au sens indiqué au n° 92650 ou d'une entreprise de **taille intermédiaire** au sens de l'article 3 du décret 2008-1354 du 18 décembre 2008. L'entreprise ne doit pas être liée à une autre entreprise par un contrat de **franchise.**

L'exonération est soumise à la **réglementation européenne** concernant les aides en faveur de la culture.

> **Précisions** L'entreprise doit formuler une **demande d'exonération** pour chaque établissement concerné, dans la déclaration n° 1447 C (n° 43756), s'il s'agit d'une création ou d'une reprise d'établissement, ou dans la déclaration annuelle n° 1447 M (n° 43755) dans les autres cas.

DISQUAIRES INDÉPENDANTS

43645 CGI art. 1464 M CET-II-56300

Les collectivités bénéficiaires peuvent exonérer de la CFE les établissements ayant pour activité principale la vente au détail de phonogrammes.

Pour bénéficier de cette exonération, l'établissement doit, au cours de la période de référence (n° 43665), relever d'une **petite ou moyenne entreprise** au sens indiqué au n° 92650, qui n'est pas liée à une autre entreprise par un contrat de **franchise** et dont le **capital** est détenu de manière continue à hauteur de 50 % au moins soit par des personnes physiques, soit par une société répondant aux conditions ci-dessus et détenue à hauteur de 50 % au moins par des personnes physiques.

L'exonération est soumise à la **réglementation européenne** concernant les aides de minimis (nos 92660 s.).

> **Précisions** L'entreprise doit formuler une **demande d'exonération** pour chaque établissement concerné dans la déclaration n° 1447 C (n° 43756), s'il s'agit d'une création ou d'une reprise d'établissement, ou dans la déclaration annuelle n° 1447 M (n° 43755) dans les autres cas.

COOPÉRATIVES AGRICOLES

43647 CGI art. 1464 E CET-II-56400

Les collectivités bénéficiaires peuvent exonérer de la CFE :

– les sociétés coopératives agricoles et leurs unions ainsi que les Sica (sociétés d'intérêt collectif agricole) qui emploient entre plus de trois et moins de onze salariés ;

– les coopératives agricoles et vinicoles, pour leurs activités autres que la vinification (embouteillage, conditionnement et commercialisation de la production de leurs adhérents) et quel que soit le mode de commercialisation employé, lorsque l'effectif salarié correspondant est compris entre **plus** de trois et moins de onze personnes.

Cette exonération n'est pas applicable dans les cas visés au n° 43551, b.

Elle est soumise à la **réglementation européenne** concernant les aides de minimis (nos 92660 s.).

> **Précisions** **a.** Cette exonération résulte de l'article 12, I-7° de la loi 2019-486 du 22 mai 2019 et s'applique, en pratique, à compter des impositions établies au titre de 2020.
> **b.** Les modalités **d'appréciation de l'effectif salarié** et les conséquences d'un **dépassement du plafond d'effectif** sont les mêmes que celles prévues pour l'exonération de plein droit des coopératives agricoles employant au plus trois salariés (n° 43551, a)
> **c.** L'entreprise doit formuler une **demande d'exonération** pour chaque établissement concerné dans la déclaration n° 1447 C (n° 43756), s'il s'agit d'une création ou d'une reprise d'établissement, ou dans la déclaration annuelle n° 1447 M (n° 43755) dans les autres cas.
> **d.** Les coopératives agricoles et Sica qui ne peuvent prétendre ni à la présente exonération, ni à l'exonération de plein droit exposée au n° 43551, a bénéficient d'une **réduction** de leur **base d'imposition** : voir n° 43688, a.

AUTRES EXONÉRATIONS FACULTATIVES

a. Les **caisses de crédit municipal** peuvent être exonérées de la CFE, en tout ou partie, sur délibération des collectivités bénéficiaires. 43650 CGI art. 1464 CET-II-51890 s CGI art. 1464 H CET-II-53000 s

b. Les **activités industrielles et commerciales des établissements publics d'enseignement** supérieur ou de recherche peuvent être exonérées de la CFE, sur délibération des collectivités bénéficiaires, à condition que ces activités soient gérées par un service spécial (**SAIC**). Les établissements concernés doivent formuler une demande d'exonération dans la déclaration n° 1447 C (n° 43756), s'il s'agit d'une création ou d'une reprise d'établissement, ou dans la déclaration n° 1447 M (n° 43755) dans les autres cas.

c. En ce qui concerne l'exonération facultative des **loueurs en meublé** qui louent ou sous-louent tout ou partie de leur habitation personnelle, voir n° 90670, c et d.

B. Base d'imposition

La base d'imposition à la CFE est constituée par la **valeur locative des biens passibles d'une taxe foncière.** 43660 CGI art. 1467 CET-II-105000 s

Cette valeur locative peut faire l'objet de **réductions et abattements** : n°s 43684 s. Par ailleurs, une **valeur locative « plancher »** s'applique dans certaines hypothèses de restructurations d'entreprises ou de cessions de biens ou d'établissements : n° 43695.

À noter enfin que la base d'imposition ainsi déterminée est dans certains cas remplacée par une **base minimum** utilisée pour le calcul de la cotisation minimum visée au n° 43715.

PÉRIODE DE RÉFÉRENCE

La période de référence retenue pour déterminer la base d'imposition est constituée par l'**avant-dernière année** précédant celle de l'imposition ou par le dernier exercice de douze mois clos au cours de cette même année s'il ne coïncide pas avec l'année civile. 43665 CGI art. 1467 A CET-II-105100 s

C'est ainsi que, dans le cas général des entreprises dont l'exercice coïncide avec l'année civile, on prendra en considération les immobilisations de 2018 (déclarées en 2019, le cas échéant) pour l'établissement de la **CFE** en **2020.**

Pour le cas où il y a :
– diminution des bases d'imposition, voir n° 43720 ;
– changement d'exploitant ou création d'établissement, voir nos 43746 et 43748.

DÉFINITION DES BIENS IMPOSABLES

La CFE est assise sur la valeur locative des biens passibles d'une taxe foncière (terrains, constructions, installations…) situés en France. 43670 CET-II-105600 s

Les biens passibles d'une taxe foncière s'entendent des biens qui entrent dans le champ d'application de la taxe foncière sur les **propriétés bâties** (nos 41900 s.) **ou** de la taxe foncière sur les propriétés **non bâties** (nos 42500 s.), même s'ils bénéficient, en matière de taxe foncière, d'une exonération temporaire (exemple : constructions nouvelles) ou permanente (exemple : bâtiments utilisés par une coopérative agricole). Par exception, les outillages et autres installations et **moyens matériels d'exploitation des établissements industriels** (autres que les installations foncières et les ouvrages d'art et voies de communication), ainsi que les immobilisations destinées à la **production d'électricité d'origine photovoltaïque,** qui sont exonérés de taxe foncière (n° 41955), n'entrent pas dans la base d'imposition à la CFE.

Sont également exonérés de cette cotisation :
– les biens destinés à la fourniture et à la distribution de l'eau lorsqu'ils sont utilisés pour l'**irrigation** pour les 9/10es au moins de leur capacité. Les biens sont exonérés, même s'ils ne sont pas destinés à l'arrosage de terres agricoles (CE 22-9-2014 n° 352632 : RJF 12/14 n° 1113) ;
– les **parties communes** des immeubles dont dispose l'entreprise qui exerce une activité de **location** ou de sous-location **d'immeubles.**

Enfin, certaines immobilisations, telles que les installations antipollution, peuvent être exonérées sur délibération des collectivités bénéficiaires de la cotisation (voir n° 43685).

Disposition pour les besoins de la profession La valeur locative des biens passibles d'une taxe foncière n'est retenue dans les bases d'imposition que si ces biens sont à la disposition du redevable, pour les besoins de son activité professionnelle, à l'expiration de la période de référence définie au n° 43665. 43675

Sont visés les biens placés sous le contrôle du redevable et matériellement utilisables pour la réalisation des opérations qu'il effectue, qu'ils fassent ou non l'objet d'une utilisation effective (CE 18-2-2002 n° 220796 : RJF 5/02 n° 520 ; BOI-IF-CFE-20-20-10-10 n° 30).

Il est tenu compte des biens **appartenant au contribuable,** ainsi que de ceux qu'il a pris en **location** ou en **crédit-bail,** ou qu'il **utilise à titre gratuit.**

> **Précisions** **a.** Les biens pris en **crédit-bail** sont imposables au nom du preneur pendant la durée du contrat. Mais, lorsque ces biens sont restitués à l'expiration ou en cas de résiliation du contrat, ils n'ont pas à être imposés au nom du crédit-bailleur qui n'a pas vocation à les utiliser lui-même matériellement (CE 27-7-2001 n° 219281 : RJF 11/01 n° 1391 ; BOI-IF-CFE-20-20-10-10 n° 40).
> **b.** Les locaux donnés en **location** ou en sous-location pour une **courte durée** sont considérés comme demeurant sous le contrôle du fournisseur de l'hébergement (CE (na) 4-10-2013 n° 360179 : RJF 12/13 n° 1154 ; BOI-IF-CFE-20-20-10-10 n° 30).
> **c.** Les personnes qui exercent **conjointement** une **activité exonérée** et une **activité imposable** ne sont soumises à la CFE que pour les moyens d'exploitation nécessaires à cette dernière activité. Si les deux activités sont exercées dans des locaux communs, la valeur locative des biens est prise en compte au prorata de leur temps d'utilisation pour l'activité imposable (CE 3-10-2003 n° 220280 : RJF 12/03 n° 1383).
> **d.** Les bases taxables des **sociétés civiles de moyens** (SCM) comprennent la valeur locative des locaux à usage non privatif des membres de la SCM (comme, par exemple, le local du secrétariat et de la salle d'attente servant à l'ensemble des membres de la SCM), dont elle assure la gestion et l'entretien. La base d'imposition de chaque membre de la SCM correspond à la valeur locative des seuls locaux dont il a la jouissance exclusive (BOI-IF-CFE-20-20-10-10 n° 50).

DÉTERMINATION DE LA VALEUR LOCATIVE IMPOSABLE

43680 CET-II-106700 s

La valeur locative à retenir dans les bases de la CFE est calculée suivant les **règles fixées pour** l'établissement de la **taxe foncière** sur les propriétés bâties et, le cas échéant, de la taxe foncière sur les propriétés non bâties (n°s 42030 s. et 42560 s.).

Cependant, il n'est pas tenu compte de l'**actualisation** qui s'est appliquée au 1er janvier 1980 pour ces impôts (n°s 42225 et 42570). Par ailleurs, la valeur locative retenue est la valeur locative cadastrale brute : les abattements forfaitaires prévus en matière de taxe foncière (n°s 42030 et 42560) ne sont pas applicables en matière de CFE.

Enfin, pour le calcul de la CFE, la valeur locative des **établissements industriels** évalués selon la méthode comptable (n°s 42110 s.) fait l'objet d'un **abattement** de 30 %.

RÉDUCTIONS DE LA BASE D'IMPOSITION

43684 CGI art. 1518 A bis CET-II-108070

Installations de manutention portuaire Une réduction dégressive s'applique à la valeur locative des installations spécifiques de manutention portuaire cédées ou ayant fait l'objet d'une **cession** de droits réels par les grands ports maritimes à des **opérateurs de terminaux** dans les conditions prévues aux articles 7 à 9 de la loi 2008-660 du 4 juillet 2008 portant réforme portuaire. Cette réduction est égale à 100 % pour les deux premières années au titre desquelles les biens cédés entrent dans la base d'imposition des opérateurs et à 75 %, 50 % et 25 % respectivement pour chacune des trois années suivantes.

La réduction de valeur locative est soumise à la **réglementation européenne** concernant les aides de minimis (n°s 92660 s.).

43685 CGI art. 1518 A CET-II-107950, 107970 s et 108300 s

Aéroports et installations antipollution Une réduction d'un tiers est pratiquée sur la valeur locative des **aéroports.**

Par ailleurs, une réduction de moitié s'applique à la valeur locative des **installations antipollution achevées avant 2011** ayant fait l'objet d'un amortissement exceptionnel. Pour les installations achevées à compter de 1992 (et avant 2011), les collectivités territoriales et leurs groupements dotés d'une fiscalité propre peuvent porter cette réduction de 50 à 100 %. Lorsqu'une telle décision est prise, les redevables de la CFE doivent formuler une demande d'exonération dans la déclaration n° 1447 M (n° 43755) ou, en cas de création d'établissement ou de changement d'exploitant, dans la déclaration n° 1447 C (n° 43756).

À noter que, pour les installations acquises à compter du 1er janvier 2002 (et avant 2011) et qui ouvraient droit à amortissement exceptionnel, la réduction de 50 ou 100 % est accordée même si l'entreprise n'a pas comptabilisé cet amortissement.

43686 CGI art. 1518 A quater CET-II-108600 s

Bâtiments affectés à la recherche Les collectivités territoriales et leurs groupements dotés d'une fiscalité propre peuvent instituer un abattement de 50 % sur la valeur locative des bâtiments qui font l'objet d'une **première imposition à compter du 1er janvier 2016,** affectés directement à des **opérations de recherche scientifique et technique** ouvrant droit au crédit d'impôt recherche (n° 10475) et évalués selon la **méthode comptable** (n°s 42110 s.).

L'abattement est soumis à l'**encadrement européen** des aides à la recherche (n° 92710).

> **Précisions** **a.** Il n'est pas nécessaire, pour l'application de l'abattement, que le contribuable bénéficie effectivement du **crédit d'impôt recherche** (BOI-IF-CFE-20-20-30 n° 270).

b. Pour bénéficier de l'abattement, le redevable doit, en matière de CFE, en faire la **demande** dans la déclaration n° 1447 M (n° 43755) ou, en cas de création d'établissement ou de changement d'exploitant, dans la déclaration n° 1447 C (n° 43756). En matière de taxe foncière, le contribuable doit déclarer au service des impôts, avant le 1er janvier de chaque année au titre de laquelle l'abattement est applicable et sur un imprimé n° 6670-D, les bâtiments concernés.

Artisans Lorsqu'ils ne sont pas exonérés de la CFE (nos 43545 s.), les chefs d'entreprise immatriculés au répertoire des métiers, ainsi que les personnes physiques qui, exerçant une activité artisanale et bénéficiant du régime du micro-social (Mémento social n° 80230), sont dispensées de l'obligation d'immatriculation au répertoire des métiers, bénéficient d'une réduction de leur base d'imposition, s'ils remplissent simultanément les trois **conditions** suivantes : **43687** CGI art. 1468, I-2° CET-II-107630 s

– employer **au plus trois salariés** ;
– effectuer **principalement des travaux** de fabrication, de transformation, de réparation **ou des prestations de services.** Pour apprécier cette condition, il y a lieu de comparer les recettes correspondant d'une part à ces activités et d'autre part aux reventes en l'état, après avoir divisé les recettes procurées par chaque activité par le chiffre d'affaires limite approprié fixé pour le régime micro-BIC ;
– exercer une activité véritablement artisanale, c'est-à-dire une activité dans laquelle le **montant de la rémunération du travail** (bénéfice + salaires versés + cotisations sociales y afférentes) représente plus de 50 % du chiffre d'affaires global TTC.

La réduction de base bénéficie également, à compter de 2020, aux entreprises de **batellerie artisanale** immatriculées au répertoire des métiers qui emploient au plus trois salariés (Loi 2019-1479 du 28 décembre 2019 art. 120).

Le **montant** de la réduction est égal :
– aux trois quarts de la base lorsque le redevable emploie un salarié (ou moins de deux) ;
– à la moitié lorsqu'il emploie deux salariés (ou moins de trois) ;
– à un quart lorsqu'il emploie trois salariés.

> **Précisions** **a.** Le **nombre de salariés** comme le **chiffre d'affaires** s'apprécient au cours de la période de référence (n° 43665). Pour déterminer le nombre de salariés, on prend en considération tous les salariés (y compris, le cas échéant, le conjoint de l'exploitant) employés par le redevable, dans l'ensemble de ses établissements. Les salariés à temps partiel sont retenus à concurrence de leur durée de travail effective. Il en va de même pour les travailleurs saisonniers et les salariés embauchés ou débauchés au cours de l'année de référence. Il est fait abstraction des apprentis sous contrat et des handicapés physiques.
> **b.** La réduction n'est pas applicable aux contribuables dont l'activité présente un **caractère commercial prépondérant** (bouchers, charcutiers, boulangers, pâtissiers, traiteurs, confiseurs), ou qui tirent l'essentiel de leurs ressources du capital investi et non de leur travail (exploitants de laveries automatiques, de salles de cinéma...).

Coopératives

CGI art. 1468, I-1° CET-II-107580 s **43688**

a. Lorsqu'elles ne sont pas exonérées de la CFE (nos 43551, a et 43647), les coopératives et unions de **coopératives agricoles** et les **Sica** (sociétés d'intérêt collectif agricole) bénéficient d'une **réduction de moitié** de leur base d'imposition. Toutefois, cette réduction n'est pas applicable dans les cas visés au n° 43551, b.

b. Les sociétés **coopératives d'artisans ou de patrons bateliers,** ainsi que leurs unions, et les sociétés **coopératives maritimes** sont imposables à la CFE (n° 43546), mais sur des **bases réduites de moitié,** lorsque leur capital est détenu à concurrence de 20 % au moins et de 50 % au plus par des associés non coopérateurs et/ou des titulaires de certificats coopératifs d'investissement et que les statuts prévoient qu'ils peuvent être rémunérés. CGI art. 1468, I-3° CET-II-107610

En revanche, aucune réduction n'est applicable lorsque la part du capital ainsi détenu excède 50 %, lorsque les parts sont admises aux négociations sur un marché réglementé ou offertes au public sur un système multilatéral de négociation ou, enfin, lorsque les coopératives ne fonctionnent pas conformément aux dispositions qui les régissent.

Entreprises saisonnières La valeur locative fait l'objet de plein droit d'une réduction prorata temporis en fonction de la période d'inactivité pour les **hôtels de tourisme** saisonniers classés, les **restaurants,** les **cafés,** les **discothèques,** les **établissements de spectacles** ou **de jeux** et les établissements **thermaux,** exerçant une activité à **caractère saisonnier** (c'est-à-dire comprise entre 12 et 41 semaines dans l'année, que l'ouverture de l'établissement soit continue ou fractionnée sur plusieurs périodes). **43689** CGI art. 1478, V CET-II-107810 s

Cette réduction peut s'appliquer également, sur délibération des collectivités bénéficiaires, aux **parcs d'attractions** et de loisirs exerçant une activité saisonnière.

VALEUR LOCATIVE « PLANCHER »

43695 CGI art. 1518 B CET-II-106900 s

La valeur locative des immobilisations corporelles acquises à la suite d'**apports, de scissions, de fusions de sociétés** ou de **cessions d'établissements** ne peut être inférieure :

– aux 2/3 de la valeur locative retenue l'année précédant l'opération pour les opérations réalisées entre le 1er janvier 1976 et le 31 décembre 1988 ;

– à 85 % ou aux 2/3 de cette même valeur locative selon que les bases d'imposition de l'établissement représentaient, l'année précédant l'opération, plus ou moins de 20 % des bases de taxe professionnelle de la commune d'implantation, pour les opérations réalisées entre le 1er janvier 1989 et le 31 décembre 1991 ;

– à 80 % de la valeur locative retenue l'année même de l'opération pour les opérations réalisées à compter du 1er janvier 1992.

De même, la valeur locative des immobilisations corporelles acquises à la suite d'opérations de **transmissions universelles de patrimoine** réalisées à compter du 1er janvier 2010 ne peut être inférieure à 80 % de la valeur locative retenue l'année de l'opération.

Par exception, le seuil de 80 % est porté à 90 % pour les opérations d'apports, de scissions, de fusions de sociétés ou de cessions d'établissements réalisées à compter du 1er janvier 2006, ainsi que pour les opérations de transmissions universelles de patrimoine réalisées à compter du 1er janvier 2010, lorsque ces opérations interviennent entre sociétés membres d'un **groupe fiscalement intégré.** Le seuil est porté à 100 % pour les opérations d'apports, de scissions, de fusions de sociétés, de cessions d'établissements ou de transmissions universelles de patrimoine réalisées à compter du 1er janvier 2010 (pour ce qui concerne la CFE) ou du 1er janvier 2011 (pour ce qui concerne la taxe foncière), lorsque ces opérations interviennent entre **entreprises liées,** c'est-à-dire lorsque, directement ou indirectement, l'entreprise cessionnaire ou bénéficiaire de l'apport contrôle l'entreprise cédante, apportée ou scindée ou est contrôlée par elle, ou que ces deux entreprises sont contrôlées par la même entreprise.

En revanche, le seuil est ramené à 50 % pour certaines opérations de reprise des actifs d'une **entreprise en difficulté** réalisées à compter du 1er janvier 2005.

Par ailleurs, la valeur locative d'une **immobilisation corporelle isolée cédée** à compter du 1er janvier 2010 (pour ce qui concerne la CFE) ou du 1er janvier 2011 (pour ce qui concerne la taxe foncière) et **rattachée au même établissement avant et après la cession** ne peut être inférieure à 100 % de son montant avant l'opération, lorsque cette cession intervient entre **entreprises liées** au sens indiqué ci-dessus.

> **Précisions a.** La **valeur locative plancher** s'applique aux seules **immobilisations directement concernées** par l'opération. Elle s'apprécie distinctement pour chaque **catégorie** d'immobilisations (terrains et constructions).
> Elle est revalorisée chaque année par application des **coefficients forfaitaires annuels** visés au n° 42230.
> **b.** Pour les opérations réalisées en 2005, la valeur locative plancher de 50 % s'applique en cas de reprise d'immobilisations d'une entreprise en **redressement judiciaire,** pendant la procédure et les deux années suivant la clôture de celle-ci. Pour les opérations réalisées à compter du 1er janvier 2006, elle s'applique (sous réserve des règles propres aux groupes intégrés ou aux entreprises liées) aux opérations de reprise d'immobilisations prévues par un plan de cession ou comprises dans une cession d'actifs en **sauvegarde,** en **redressement** ou en **liquidation judiciaire,** jusqu'à la deuxième année suivant celle du jugement ordonnant la cession ou autorisant la cession d'actifs en cours de période d'observation.

C. Montant de la CFE

43710 CET-II-110000 s

Le montant de la CFE s'obtient en multipliant la **base d'imposition** (arrondie à l'euro le plus proche) par les **taux** d'imposition fixés dans les conditions indiquées au n° 41525.

Ce montant est susceptible d'être affecté par l'application de **mesures spéciales,** examinées ci-après.

> **Précisions a.** Lorsque le redevable est **imposable dans plusieurs communes** (ou parties d'une même commune où s'appliquent des taux d'imposition différents), les éléments d'imposition rattachés à chaque commune sont taxés selon les taux propres à cette commune (ou partie de commune).
> **b.** À la taxe ainsi déterminée s'ajoutent les frais de gestion de la fiscalité locale (n° 41535).

COTISATION MINIMUM

43715 CGI art. 1647 D CET-II-110120 s

Les redevables de la CFE sont assujettis à une cotisation minimum établie au lieu de leur **principal établissement.** Cette cotisation est établie à partir d'une base dont le montant est fixé par la commune (ou l'établissement public de coopération intercommunale doté d'une fiscalité propre) selon un **barème** qui est revalorisé chaque année comme le taux prévisionnel d'évolution des prix. Les délibérations fixant le montant de la base doivent intervenir, en principe, avant le 1er octobre d'une année pour être applicables l'année suivante (CGI art. 1639 A bis). 43715 (suite)

En ce qui concerne les délibérations prises avant le 1er octobre 2019 pour la CFE due au titre de 2020, le barème est le suivant :

Montant du chiffre d'affaires ou des recettes [1] (en €)	Montant de la base minimum compris (en €)
Inférieur ou égal à 10 000	Entre 221 et 526
Supérieur à 10 000 et inférieur ou égal à 32 600	Entre 221 et 1 050
Supérieur à 32 600 et inférieur ou égal à 100 000	Entre 221 et 2 207
Supérieur à 100 000 et inférieur ou égal à 250 000	Entre 221 et 3 679
Supérieur à 250 000 et inférieur ou égal à 500 000	Entre 221 et 5 254
Supérieur à 500 000	Entre 221 et 6 833

1. Montant hors taxe réalisé au cours de la période de référence et éventuellement rapporté à douze mois (nº 43665).

› Précisions a. La cotisation minimum n'est **pas due** :

– par les contribuables qui bénéficient d'une exonération de CFE (nos 43540 s. et 43580 s.) ;

– par les contribuables dont l'établissement principal est exonéré pour l'année de la création (nº 43748) ;

– par les redevables de la taxe pour frais de chambres de métiers et de l'artisanat assujettis au seul droit fixe (nº 45535) ;

– par les contribuables qui bénéficient de la réduction de 100 % des installations antipollution visée au nº 43685 ;

– par les redevables réalisant un montant de chiffre d'affaires ou de recettes inférieur ou égal à 5 000 €. L'exonération est soumise à la réglementation européenne concernant les aides de minimis (voir nos 92660 s.) ;

– ainsi, bien entendu, que par tous les contribuables dont la CFE, calculée suivant les règles normales, excède la cotisation minimum.

b. Pour les **praticiens libéraux,** les **redevances de collaboration** doivent être déduites des recettes à prendre en compte pour le collaborateur et incluses dans les recettes à prendre en compte pour le titulaire (BOI-IF-CFE-20-20-40-10 nº 170).

c. Les montants de base minimum fixés par les délibérations sont, à compter de l'année suivant celle au titre de laquelle ils s'appliquent pour la première fois, **revalorisés** chaque année comme le taux prévisionnel d'évolution des prix.

d. Le barème à six tranches de chiffre d'affaires ou de recettes s'applique depuis le 1er janvier 2014. À **défaut de délibération** prise après cette date pour l'application de ce barème, les montants de base minimum antérieurement fixés continuent de s'appliquer (après leur revalorisation annuelle). Toutefois, pour les contribuables dont le montant du chiffre d'affaires ou des recettes au cours de la période de référence définie au nº 43665 est inférieur ou égal à 100 000 €, ces montants ne peuvent excéder les plafonds résultant du barème à six tranches.

De même, les délibérations ayant institué avant 2014 une **réduction du montant de la base minimum** pour les redevables exerçant leur activité à temps partiel ou pendant moins de neuf mois dans l'année, ou pour ceux réalisant moins de 10 000 € de chiffre d'affaires ou de recettes au cours de la période de référence, continuent de s'appliquer (sauf délibération contraire), sans que les montants réduits puissent excéder les plafonds résultant du barème à six tranches.

e. Le **principal établissement** est celui dans lequel s'exerce l'activité à titre principal (CE 10-7-2019 nº 413946, Sté Coloralp : RJF 10/19 nº 924). Quand ils ne disposent d'aucun local ou terrain :

– les redevables domiciliés en application d'un contrat de **domiciliation commerciale** ou d'une autre disposition contractuelle sont redevables de la cotisation minimum au lieu de leur domiciliation ;

– les **redevables non sédentaires** sont redevables de la cotisation minimum établie au lieu de la commune d'élection de domicile mentionné sur le récépissé de consignation (nº 78415) ou, à défaut de ce récépissé, au lieu de leur habitation principale ;

– les **redevables situés à l'étranger** qui réalisent une activité de **location ou** de **vente** portant sur un ou plusieurs **immeubles situés en France** sont redevables de la cotisation minimum au lieu de situation de l'immeuble dont la valeur locative foncière est la plus élevée au 1er janvier de l'année d'imposition ;

– les **redevables domiciliés fiscalement au lieu de leur habitation** sont redevables de la cotisation minimum à ce lieu.

DÉGRÈVEMENT POUR DIMINUTION DES BASES D'IMPOSITION

43720 CGI art. 1647 bis CET-II-111400 s

Les entreprises dont les bases d'imposition à la CFE diminuent entre l'année de référence (avant-dernière année : n° 43665) et l'année précédant celle de l'imposition bénéficient, sur leur demande, d'un **dégrèvement correspondant à la différence** entre les bases afférentes à ces deux années. Ainsi, pour les impositions de l'année N, il s'agit de la différence entre les bases de l'année N – 2 imposées en N et les bases de l'année N – 1 qui seront imposées en N + 1.

Selon l'administration, le montant du dégrèvement se calcule comme suit (BOI-IF-CFE-40-30-20-20 n° 40) :

$$[\text{Imposition N} - (\text{imposition N} \times \frac{\text{bases N} - 1 \text{ imposées en N} + 1}{\text{bases N} - 2 \text{ imposées en N}})]$$

Le Conseil d'État retient une méthode de calcul différente, mais qui aboutit en principe au même résultat. Le dégrèvement doit, selon la Haute Assemblée, être calculé en appliquant à la différence entre les bases d'imposition de l'année de référence et de l'année précédant celle de l'imposition le taux effectif de CFE de l'année d'imposition, ce taux résultant du rapport entre la cotisation globale acquittée à raison de l'ensemble des établissements du contribuable et ses bases d'imposition (CE 1-3-1989 n° 70810 : RJF 5/89 n° 586 ; CE 27-7-2015 n° 375342 : RJF 11/15 n° 918).

> **Précisions a.** Les **bases à comparer** s'entendent des bases de l'ensemble des établissements de l'**entreprise,** à condition toutefois que ces établissements soient encore en activité au 1er janvier de l'année d'imposition (CE 16-9-1998 n° 160479 : RJF 10/98 n° 1129). Il est tenu compte des bases après imputation des réductions visées au n° 43687 (artisans), au n° 43688 (coopératives) ou encore au n° 43689 (entreprises saisonnières). En revanche, l'abattement applicable en Corse (n° 92320) ne vient pas en diminution des bases. De même, la diminution des bases résultant d'une modification des règles d'assiette décidée par le législateur ou la variation des bases temporairement exonérées est sans incidence sur le montant du dégrèvement.
> Par ailleurs, il n'y a pas lieu d'appliquer à la valeur locative foncière de l'année précédant celle de l'imposition le **coefficient de majoration forfaitaire** (nos 42230 et 42570) applicable au titre de l'année suivant celle de l'imposition (CE 23-11-2007 n° 299769 : RJF 2/08 n° 156).
> **b.** Le dégrèvement s'impute sur le total des cotisations de CFE et des taxes annexes.
> **c.** La **demande de dégrèvement,** formulée sur papier libre, doit être présentée dans le délai normal de réclamation en matière d'impôts locaux (n° 81835), au service des impôts dont dépend le principal établissement de l'entreprise (auprès duquel est souscrite la déclaration annuelle de résultats). Pour les redevables relevant de la direction des grandes entreprises, voir n° 87475.

CRÉDIT D'IMPÔT DANS LES ZONES DE RESTRUCTURATION DE LA DÉFENSE

43725 CGI art. 1647 C septies CET-II-112200 s

Les établissements réalisant, à titre principal, une **activité commerciale ou artisanale** peuvent bénéficier d'un crédit de CFE lorsqu'ils sont situés, au 1er janvier de l'année au titre de laquelle le crédit d'impôt est demandé pour la première fois, dans une commune classée dans la seconde catégorie des zones de restructuration de la défense (ZRD : voir n° 92540).

Le crédit d'impôt est réservé aux établissements relevant d'une entreprise :
– qui emploie **moins de 11 salariés** au 1er janvier de chaque année d'application du crédit d'impôt (Loi 2019-486 du 22-5-2019 art. 12, applicable à compter des impositions établies au titre de 2020 aux termes de la Loi 2019-1479 du 28 décembre 2019 art. 41) ;
– et qui a réalisé soit un **chiffre d'affaires** hors taxe inférieur à 2 millions d'euros au cours de la période de référence (n° 43665), soit un **total de bilan** inférieur à 2 millions d'euros.

Le crédit d'impôt est égal à **750 € par salarié** employé dans l'établissement. Cependant, les emplois transférés depuis un autre établissement situé dans une zone autre qu'une ZRD (de première ou de seconde catégorie) n'ouvrent pas droit au crédit d'impôt.

Le crédit d'impôt s'applique pendant **trois ans** à compter du 1er janvier de l'année au titre de laquelle la commune est reconnue comme ZRD.

Il est soumis à la **réglementation européenne** concernant les aides de minimis (voir nos 92660 s.).

> **Précisions a.** Le crédit d'impôt concerne les redevables de la CFE ainsi que les entreprises qui bénéficient de l'une des exonérations visées aux nos 43595 à 43630, 43640 et 43642.
> **b.** Le **chiffre d'affaires** à prendre en compte est éventuellement corrigé pour correspondre à une année pleine. Pour la société mère d'un groupe intégré, il s'entend de la somme des chiffres d'affaires de chacune des sociétés membres du groupe.
> **c.** Le **plafond d'effectif** (moins de 11 salariés, sans condition d'ancienneté) est apprécié selon les règles de **décompte** prévues par l'article L 130-1, I du Code de la sécurité sociale. Lorsqu'une entreprise bénéficiant déjà du crédit d'impôt constate un **dépassement** du plafond d'effectif, le bénéfice du crédit d'impôt est maintenu pour les impositions établies au titre de l'année du dépassement et de l'année suivante (Loi 2019-486 du 22-5-2019

art. 12, applicable à compter des impositions établies au titre de 2020 aux termes de la Loi 2019-1479 du 28 décembre 2019 art. 41).

d. En cas de **changement d'exploitant,** le nouvel exploitant peut demander le bénéfice du crédit d'impôt pour la période restant à courir et dans les conditions prévues pour son prédécesseur.

e. Le crédit d'impôt s'impute sur la totalité des cotisations figurant sur l'avis d'imposition de CFE mises à la charge du redevable. S'il est supérieur à la cotisation, l'**excédent** non imputé est remboursé.

f. En cas de **transfert hors de l'Espace économique européen,** pendant la période d'application du crédit d'impôt ou dans les cinq années suivant la fin de celle-ci, des emplois ayant ouvert droit au crédit d'impôt, le redevable est tenu de reverser les sommes dont il a bénéficié à ce titre.

D. Établissement de la CFE

LIEU D'IMPOSITION

La CFE est établie **dans chaque commune où** le contribuable dispose de **locaux ou** de **terrains.** 43740 CGI art. 1473 CET-II-115300 s

Lorsqu'une entreprise dispose de locaux ou de terrains **dans plusieurs communes,** elle est donc imposable sur la valeur locative des biens passibles d'une taxe foncière dans chaque commune où ces biens sont situés.

› Précisions a. La CFE due à raison des **activités de remplacement** (médecins, notamment) est établie au lieu du principal établissement mentionné par les intéressés sur leur déclaration de résultats lorsqu'ils ne disposent pas de locaux ou de terrains. Lorsqu'un médecin a effectué au cours de la même année plusieurs remplacements, il est imposable à l'adresse du cabinet où son activité a été prépondérante (CE 15-2-2012 n° 333677 : RJF 5/12 n° 478).

b. En ce qui concerne le lieu d'établissement de la **cotisation minimum** susceptible d'être due par les redevables qui ne disposent pas de locaux ou de terrains (**redevables non sédentaires,** notamment), voir n° 43715, précision e.

c. Les entreprises exploitant, dans une commune partiellement couverte par une **zone d'activités économiques,** des établissements situés dans la ZAE et des établissements situés hors de la ZAE doivent ventiler leurs éléments d'imposition entre les deux catégories d'établissements en vue de la souscription de deux déclarations distinctes.

d. La valeur locative des **ouvrages hydroélectriques** concédés ou d'une puissance supérieure à 500 kW fait l'objet d'une répartition suivant des règles particulières (CGI art. 1475).

ANNUALITÉ DE L'IMPÔT

En principe, la CFE est due pour l'année entière par le **redevable qui exerce** l'activité **au 1er janvier.** 43745 CGI art. 1478 CET-II-115900 s

Cette règle appelle cependant des précisions dans les cas suivants.

Changement d'exploitant Pour **l'année du changement,** les règles suivantes sont applicables : 43746 CET-II-119550 s

– lorsque le changement intervient **en cours d'année,** le cédant reste redevable de la cotisation pour l'année entière, aucune imposition n'étant établie au nom du successeur. Si l'acte de cession comporte une clause mettant tout ou partie de l'imposition à la charge du successeur, cette convention ne produit effet qu'entre les cocontractants, le cédant demeurant le seul débiteur légal vis-à-vis de l'administration ;

– lorsque le changement prend effet le **1er janvier,** le nouvel exploitant est imposé sur les bases relatives à l'activité de son prédécesseur, qui ont été déclarées au début du mois de mai de l'année précédant celle du changement par le cédant. Toutefois, lorsque le changement porte sur une seule partie de l'activité exercée, le nouvel exploitant n'est imposé que sur les bases correspondant aux éléments qu'il a acquis, tandis que le cédant reste imposé sur les éléments rattachables à l'activité qu'il poursuit (CE 30-3-1990 n° 57883 : RJF 5/90 n° 553 ; BOI-IF-CFE-20-50-30 n° 1).

Pour les **deux années suivantes,** le nouvel exploitant est imposé d'après la valeur locative des immobilisations dont il a disposé au 31 décembre de sa première année d'activité.

› Précisions a. Il y a changement d'exploitant, pour l'application de la CFE, lorsqu'un nouvel exploitant poursuit dans l'établissement la **même activité** que son prédécesseur (en cas de cession de fonds de commerce, par exemple), même dans des conditions assez différentes (réduction de l'effectif salarié, par exemple).

En revanche, lorsqu'un établissement est repris par un nouvel exploitant qui y exerce une **activité différente,** l'opération peut, selon la jurisprudence, s'analyser en une cessation d'activité suivie d'une création d'établissement.

b. Une opération de **restructuration** constitue un changement d'exploitant. Lorsqu'une convention de fusion conclue en cours d'année contient une clause de rétroactivité au 1er janvier, celle-ci n'est pas opposable à l'administration pour l'établissement de l'imposition (CE 16-3-2001 n° 202548 : RJF 6/01 n° 804).

43748 CET-II-116200 s

Création d'établissement Lorsqu'une personne entreprend une activité en cours d'année sans avoir eu de prédécesseur (ouverture d'établissement) :

– pour **l'année de la création,** la CFE n'est pas due ;

– pour les **deux années suivantes,** la base d'imposition est calculée d'après les immobilisations dont le redevable a disposé au 31 décembre de l'année de la création.

Cependant, la base d'imposition de la **première année suivant celle de la création** (première année d'imposition) est réduite de moitié.

> **Précisions** **a.** Peuvent être assimilées à une création d'établissement les opérations suivantes :
> – la **reprise** d'un établissement préexistant en vue de l'exercice d'une activité différente (voir n° 43746, précision a) ;
> – le **transfert** d'une activité dans une autre commune, à condition que le redevable n'ait pas de prédécesseur dans l'établissement où il s'installe et que l'opération ne s'analyse donc pas en un changement d'exploitant ;
> – la reprise de l'activité après **suspension** dans les conditions décrites au n° 43750, précision b.
> En revanche, l'**extension** d'une activité dans le cadre d'un établissement préexistant ne constitue pas une création d'établissement.
> **b.** Par exception, les établissements produisant de l'**énergie électrique** sont redevables de la cotisation à compter de leur raccordement au réseau.
> **c.** Les entreprises sans salariés (ce qui peut notamment être le cas des **auto-entrepreneurs** et des **micro-entreprises**) doivent être considérées comme n'ayant pas encore débuté leur activité, et ne sont donc pas imposables à la CFE, tant qu'elles ne réalisent pas de chiffre d'affaires ou de recettes (BOI-IF-CFE-20-50-10 n° 20).
> **d.** Cas particulier des **associations sans but lucratif** cessant de bénéficier de la **franchise** d'impôt à raison de leurs **activités commerciales accessoires** : voir n° 89490.

43750 CET-II-117000 s

Cessation d'activité Le contribuable qui cesse toute activité dans **un établissement** n'est pas redevable de la CFE pour les mois restant à courir, sauf en cas de **cession de l'activité exercée** dans l'établissement ou de **transfert d'activité.**

Il peut donc obtenir un dégrèvement prorata temporis (calculé par mois entiers), sur demande présentée dans le délai normal de réclamation en matière d'impôts locaux (n° 81835).

> **Précisions** **a.** La jurisprudence assimile à une cessation d'activité l'installation dans l'établissement d'un nouvel exploitant exerçant une activité différente (voir n° 43746, précision a).
> **b.** Une **suspension d'activité** s'analyse en une cessation d'activité suivie d'une création d'établissement lorsque sa durée est d'au moins 12 mois consécutifs (CGI ann. II art. 310 HT).
> **c.** En ce qui concerne les **associations sans but lucratif** remplissant en cours d'année les conditions pour bénéficier de la **franchise** d'impôt à raison de leurs **activités commerciales accessoires,** voir n° 89490.

DÉCLARATIONS

43755 CGI art. 1477 CET-II-120100 s

Déclaration annuelle Légalement, tous les redevables de la CFE doivent souscrire une déclaration annuelle contenant les éléments servant à l'établissement de la cotisation.

La déclaration doit être produite pour **chaque commune** d'imposition au plus tard le deuxième jour ouvré suivant le 1er mai de l'année précédant celle de l'imposition (CGI ann. III art. 344 I-0 bis).

Cependant, l'administration n'exige la souscription d'une déclaration **n° 1447 M** (dite **déclaration modificative**) que dans les cas où, au cours de la période de référence (n° 43665), soit la **consistance des locaux** a varié, soit un quelconque des éléments de la déclaration précédemment déposée a été modifié, c'est-à-dire essentiellement si la **surface du ou des locaux** imposés est modifiée, si le redevable demande le bénéfice d'une **exonération facultative** (nos 43580 s.) ou si le **prorata** de la base imposable, en cas d'exercice conjoint d'une activité imposable et d'une activité non imposable (n° 43675, précision c) est modifié (BOI-IF-CFE-30-10 n° 10).

En cas de **défaut ou** de **retard de déclaration,** ou si la déclaration souscrite comporte des **inexactitudes** ou des omissions, les pénalités étudiées aux nos 80000 s. et 80075 s. sont applicables.

> **Précisions** **a.** Les contribuables qui n'emploient aucun salarié en France et qui n'y disposent d'**aucun établissement** mais qui y exercent une activité de location ou de vente d'immeubles doivent déposer leurs **déclarations** au **lieu** de situation de l'immeuble dont la valeur locative foncière est la plus élevée au 1er janvier de l'année d'imposition.
> **b.** Les **éléments à déclarer** sont ceux de l'année précédente. Mais, du fait du décalage de la période de référence, ces éléments servent de base pour le calcul de la cotisation due, non pas au titre de l'année même de la déclaration, mais au titre de l'année suivante. C'est ainsi qu'en 2019 les entreprises doivent, le cas échéant, déclarer les éléments de 2018, qui seront utilisés pour l'assiette de la cotisation en 2020.
> **c.** Les imprimés n° 1447 M sont fournis par l'administration. Toutefois, les redevables peuvent déposer des **déclarations reproduites par voie informatique** (logiciels d'édition).
> **d.** Nous publions chaque année au Feuillet rapide un guide consacré à la souscription de la déclaration n° 1447 M.

Déclarations à souscrire en cas de création d'établissement ou de changement d'exploitant En cas de création d'établissement ou de changement d'exploitant, le **nouvel exploitant** doit souscrire une **déclaration n° 1447 C,** dite aussi déclaration **initiale,** avant le 1er janvier de l'année suivant celle de la création ou du changement. 43756

Ainsi, en cas de création ou de changement en 2020, le redevable doit souscrire une déclaration n° 1447 C au plus tard le 31 décembre 2020 pour l'établissement de la CFE en 2021.

› **Précisions** **a.** Le redevable qui peut bénéficier d'une **exonération facultative** (nos 43580 s.) dès la première année suivant la création de l'établissement doit en faire la demande dans la déclaration n° 1447 C (BOI-IF-CFE-30-20 n° 10).

b. Sur le lieu de dépôt de la déclaration n° 1447 C pour les contribuables qui n'emploient **aucun salarié en France** et qui n'y disposent d'**aucun établissement** mais qui y exercent une activité de location ou de vente d'immeubles, voir n° 43755, précision a.

c. Comme l'imprimé n° 1447 M (n° 43755, précision c), l'imprimé n° 1447 C peut être reproduit par voie informatique.

d. Nous publions chaque année au Feuillet rapide un guide consacré à la souscription de la déclaration n° 1447 C.

43757 En cas de changement d'exploitant, l'**ancien exploitant** doit en faire la déclaration auprès du service des impôts dont dépend l'établissement cédé, qu'il s'agisse d'une **cession totale ou partielle d'établissement.** Cette déclaration, sur papier libre, doit être souscrite avant le 1er janvier de l'année suivant celle du changement si le changement intervient en cours d'année, ou avant le 1er janvier de l'année du changement lorsque celui-ci prend effet au 1er janvier.

S'il s'agit d'une cession partielle, l'ancien exploitant doit en outre souscrire, dans les mêmes délais, une déclaration rectificative de ses bases de CFE.

EXEMPLE

En cas de changement partiel d'exploitant au cours de l'année 2020, l'ancien exploitant doit déclarer la cession avant le 1er janvier 2021. Il doit en outre souscrire, dans le même délai, une déclaration rectificative n° 1447 M pour l'imposition de 2021, à moins que la cession, antérieure à la date limite de dépôt de la déclaration annuelle (n° 43755), n'ait déjà été prise en compte dans celle-ci.

E. Paiement de la CFE

43770 CET-II-121100 s La CFE est perçue par voie de rôle. Dans chaque commune où ils sont imposables, les redevables sont informés par un **avis d'imposition** dématérialisé du montant à payer et des conditions d'exigibilité de l'impôt. La CFE doit être payée dans le **délai** porté sur cet avis, sous peine d'une majoration de 5 % (n° 80170).

Le **régime de droit commun** consiste dans le paiement d'une **cotisation annuelle,** après mise en recouvrement du rôle, certains redevables étant toutefois tenus de verser un **acompte** sans attendre la mise en recouvrement. Toutes les entreprises doivent s'acquitter de leurs cotisations par télérèglement (paiement direct en ligne) ou par prélèvement à l'échéance, quel que soit le montant du chiffre d'affaires et le régime d'imposition de l'entreprise. Le paiement par virement est proscrit (CGI art. 1681 sexies, 3 et 4 et art. 1681 septies, 6). Le non-respect de ces dispositions entraîne l'application d'une majoration de 0,2 % (n° 80200, b).

Les redevables ont cependant la faculté d'opter pour un **régime de mensualisation.**

› **Précisions** **a.** Les redevables peuvent, pour chaque échéance d'impôt, ordonné le **télérèglement** jusqu'à la date limite de paiement (CGI ann. III art. 382 E). Le prélèvement est opéré le lendemain de cette date limite.

Ils peuvent également exercer l'option pour le **prélèvement à l'échéance** jusqu'à la fin du mois qui précède la date limite de paiement indiquée sur l'avis d'imposition. Elle vaut pour l'échéance en cours et les échéances suivantes et peut être dénoncée jusqu'à la fin du mois qui précède la date limite de paiement d'une échéance. Dans ce cas, le prélèvement est opéré à la date limite de paiement (CGI ann. III art. 382 C).

En ce qui concerne l'option pour le paiement par **prélèvements mensuels,** voir n° 43790.

b. Les **impositions supplémentaires** peuvent être acquittées par télérèglement ou par un mode traditionnel de paiement, autre que le virement (BOI-IF-CFE-40-10 n° 410). Toutefois, elles doivent obligatoirement faire l'objet d'un télérèglement lorsque leur montant excède 50 000 €.

c. Les entreprises relevant de la **direction des grandes entreprises** doivent obligatoirement acquitter l'ensemble de leurs paiements par **télérèglement** quel qu'en soit le montant (voir n° 87460).

d. Les **propriétaires** peuvent être mis en cause pour le paiement de la CFE due par leurs **locataires** : voir n° 77280, d.

RÉGIME DE DROIT COMMUN

43775
CGI art. 1679 quinquies
CET-II-121300 s

Acompte Les redevables dont la **cotisation de l'année précédente** (CFE et taxes annexes), mise en recouvrement avant le 1er avril de l'année courante, a été **au moins de 3 000 €** sont tenus de verser un acompte, égal à **50 %** du montant de cette cotisation, qui vient ensuite s'imputer sur le montant de l'impôt finalement dû. En cas de pluralité d'établissements, un acompte est dû pour chacune des cotisations excédant cette limite.

L'acompte est exigible le 31 mai et doit être **réglé** au plus tard le **15 juin** (à défaut, les sanctions visées au nº 80170 sont applicables). Le solde n'est exigible qu'à partir du 1er décembre (en fonction de la date de la mise en recouvrement du rôle).

Les redevables sont informés du montant de l'acompte qu'ils ont à verser par un **avis d'acompte** dématérialisé.

> **Précisions a.** S'il en fait la demande écrite au comptable chargé du recouvrement quinze jours au moins avant la date d'exigibilité (soit au plus tard le 15 mai) par une déclaration datée et signée, le contribuable peut obtenir une **réduction de l'acompte** dans les cas suivants :
– s'il estime que sa base d'imposition sera réduite de 25 % au moins par rapport à l'année précédente ;
– ou s'il prévoit la cessation de son activité en cours d'année ;
– ou encore s'il a demandé le plafonnement en fonction de la valeur ajoutée (nos 44100 s.) de ses cotisations de CET de l'année précédente. Dans ce cas, il peut déduire la moitié du dégrèvement obtenu ou attendu (BOI-IF-CFE-40-10 nº 40 ; BOI-IF-CFE-40-30-20-30 nos 240 et 250).
Si, à la suite de la mise en recouvrement du rôle, cette déclaration se révèle inexacte de plus de 10 %, les sanctions visées au nº 80170 s'appliquent aux sommes non réglées.
b. L'**acompte** n'est **pas dû** lorsque son montant réduit selon les modalités visées au a ci-dessus est inférieur à 1 500 €.
c. Les impositions de CFE étant, d'une manière générale, mises en recouvrement en octobre, la **date limite de paiement** du solde est fixée, en pratique, au 15 décembre (BOI-IF-CFE-40-10 nº 110).

43780 **Cotisation annuelle** Le paiement de la CFE (ou du **solde,** pour les redevables ayant déjà acquitté l'acompte) intervient après la mise en recouvrement du rôle, dans les **délais** indiqués aux nos 76650 s. (à défaut, les sanctions visées au nº 80170 sont applicables).

Les redevables qui bénéficient du **plafonnement** de la CET en fonction de la **valeur ajoutée** (nos 44100 s.) peuvent, sous leur responsabilité, déduire du montant du solde de la CFE le montant du dégrèvement auquel ils estiment avoir droit au titre de l'année d'imposition, en joignant à leur versement une déclaration datée et signée précisant le mode de calcul des imputations (cette opération ne donne pas lieu à inscription du privilège du Trésor : voir nº 77230).

> **Précisions a.** En ce qui concerne les redevables tenus au paiement de l'acompte, si l'acompte a été régulièrement versé, le solde de la cotisation n'est exigible qu'à partir du 1er décembre (nº 43775) ; mais si tout ou partie de l'acompte n'a pas été versé le 15 juin, l'impôt restant dû est exigible en totalité dès la mise en recouvrement du rôle.
b. S'il s'avère qu'au titre du **plafonnement** en fonction de la **valeur ajoutée** le redevable a imputé sur le solde de sa cotisation un montant supérieur au dégrèvement auquel il a réellement droit, les sanctions visées au nº 80170 sont encourues. Toutefois les contribuables peuvent imputer sans pénalité sur le solde de la CFE dont ils sont redevables le dégrèvement au titre du plafonnement en fonction de la valeur ajoutée obtenu l'année précédente (BOI-IF-CFE-40-30-20-30 nº 280).

RÉGIME DE LA MENSUALISATION

43790
CGI art. 1681 quater A
CET-II-122000 s

Quel que soit le montant de leur cotisation, les redevables (autres que les entreprises relevant de la DGE) ont la faculté d'opter auprès de l'administration fiscale pour un système de paiement mensuel de la CFE et des taxes additionnelles par prélèvements mensuels.

L'**option** est exercée est tacitement reconduite d'année en année, sauf dénonciation.

Le système comporte dix **prélèvements automatiques** opérés, le 15 du mois, de janvier à octobre, à l'initiative de l'administration fiscale, sur un compte ouvert par le contribuable dans un établissement bancaire. Chacun de ces prélèvements est égal au dixième des taxes mises en recouvrement au titre de l'année précédente, diminuées du montant du dégrèvement attendu, au titre de cette même année, du **plafonnement** de la CET en fonction de la **valeur ajoutée** (nos 44100 s.).

La situation du redevable fait l'objet d'une **régularisation** lors de la mise en recouvrement du rôle.

> **Précisions a.** L'**option** est formulée selon les modalités fixées par l'administration et prend effet dans des conditions différentes selon la date où elle intervient (CGI ann. III art. 382-0 C à 382-0 C ter). Il en va de même pour la dénonciation de l'option (CGI ann. III art. 382-0 C quater).
b. Lorsque le dégrèvement effectivement prononcé au titre du **plafonnement** en fonction de la **valeur ajoutée** se révèle inférieur au dégrèvement attendu qui a servi de base au calcul des mensualités, le complément résultant de la régularisation de la base des prélèvements est acquitté avec le prélèvement suivant. Si, au contraire, le dégrèvement prononcé est supé-

rieur au dégrèvement attendu, l'excédent résultant de la même régularisation est remboursé dans le délai d'un mois (CGI ann. III art. 382-0 C sexies).

c. Si la cotisation est mise en recouvrement au plus tard le 31 octobre, le **solde restant dû** est prélevé en novembre à concurrence du montant de l'une des mensualités précédentes, le complément éventuel étant prélevé en décembre.

Si la cotisation est mise en recouvrement après le 31 octobre, le solde doit être acquitté dans les 45 jours suivant la mise en recouvrement du rôle.

Si la mise en recouvrement fait apparaître un **trop-perçu,** celui-ci est remboursé au contribuable au plus tard à la fin du mois qui suit.

d. Pour tenir compte d'une éventuelle variation de la cotisation d'une année à l'autre, le contribuable est autorisé à demander, sous sa responsabilité :

– soit la **modification** (à la hausse ou à la baisse) du montant de ses prélèvements, s'il estime que le montant de la cotisation dont il sera redevable différera de celui qui a servi de base aux prélèvements ;

– soit la **suspension** de ses prélèvements, s'il estime que leur montant a atteint celui de la cotisation dont il sera redevable.

Dans les deux cas, la **demande** doit être formulée au plus tard le dernier jour du mois qui précède celui du prélèvement effectif. Elle ne peut être postérieure au 30 septembre de l'année.

Si le montant des impositions présumé par le contribuable est inférieur de plus de 20 % au montant mis en recouvrement, la différence entre la moitié des impositions dues et les prélèvements opérés entre le mois de janvier et le mois de juin (majorée de 5 %) est prélevée avec la seconde mensualité suivant la mise en recouvrement du rôle.

e. Si un **prélèvement** mensuel n'est **pas opéré** à la date fixée, pour insuffisance de provision du compte, la somme qui devait être acquittée est réglée avec le prélèvement suivant. Si un **deuxième retard** est constaté au cours de la **même année** le contribuable perd le bénéfice de son option pour cette année et est soumis aux règles de paiement de droit commun (n°s 43775 s.) (CGI art. 1724 quinquies).

F. Contrôle et contentieux

CET-II-123100 s

RÔLES SUPPLÉMENTAIRES

43800 Les **erreurs ou omissions** concernant la CFE peuvent être **réparées** par l'administration, par voie de rôles supplémentaires, dans le délai indiqué au nº 77735.

RÉCLAMATIONS

43810 Le contribuable qui s'estime imposé à tort à la CFE ou surtaxé peut présenter une réclamation, dans le délai prévu en matière d'impôts locaux (nº 81835) ou, le cas échéant, dans le délai spécial prévu en cas de procédure de reprise ou de rectification (nº 81830).

La réclamation peut porter sur des éléments propres à la CFE (application d'une exonération ou d'une réduction de base, par exemple), mais aussi sur la valeur locative des biens dont le contribuable dispose, même s'il n'en est pas propriétaire (sur les motifs possibles de contestation de la valeur locative cadastrale et les effets de celle-ci, voir nº 42265).

En ce qui concerne le dégrèvement lié au plafonnement de la CET en fonction de la valeur ajoutée, voir nos 44100 s.

Pour les possibilités de recours gracieux, voir nos 82270 s.

SECTION 2

COTISATION SUR LA VALEUR AJOUTÉE DES ENTREPRISES

CET-III-1 s

43850 La cotisation sur la valeur ajoutée des entreprises (CVAE) constitue le deuxième élément de la cotisation économique territoriale. Bien que son champ d'application soit lié à celui de la cotisation foncière des entreprises, il s'agit d'une cotisation distincte qui s'ajoute à cette dernière cotisation et obéit à des règles sensiblement différentes.

A. Champ d'application de la CVAE

PERSONNES ET ACTIVITÉS IMPOSABLES

43855 CGI art. 1586 ter, I CET-III-330 s

La CVAE est due par les personnes physiques ou morales ainsi que les sociétés non dotées de la personnalité morale qui exercent une **activité imposable à la CFE** dans les conditions indiquées aux nos 43525 s. et dont le **chiffre d'affaires** hors taxe est supérieur à un certain montant (no 43860).

MONTANT DU CHIFFRE D'AFFAIRES

43860 CET-III-500 s

Sont **légalement** assujetties à la CVAE – et doivent par conséquent souscrire une déclaration de valeur ajoutée (no 44035) – les personnes dont le chiffre d'affaires hors taxe est supérieur à **152 500 €.** Cependant, l'application du **dégrèvement** visé au no 44000 aboutit à ne soumettre effectivement à cette cotisation que les redevables dont le chiffre d'affaires hors taxe est supérieur ou égal à **500 000 €.**

> Précisions Le **chiffre d'affaires** pris en compte pour l'appréciation du seuil de 152 500 € s'entend du chiffre d'affaires défini aux nos 43910 s., réalisé au cours de la période de référence mentionnée aux nos 43900 s. Il s'apprécie **au niveau de l'entreprise,** sans tenir compte de la consolidation prévue, en cas de restructuration, pour l'application du dégrèvement lié au taux effectif d'imposition (no 44006) (BOI-CVAE-CHAMP-10-20 no 50).
Par ailleurs, on retient le chiffre d'affaires afférent à l'ensemble des activités entrant dans le champ d'application de la CVAE, que ces **activités** soient **imposables** ou **exonérées** de plein droit ou de manière facultative (BOI-CVAE-CHAMP-10-20 no 10).

EXONÉRATIONS

43870 CET-III-1200 s

L'ensemble des **exonérations de plein droit** applicables à la **CFE** (exonérations non liées à une délibération des communes ou des EPCI bénéficiaires de cette cotisation : nos 43540 s.), qu'il s'agisse d'exonérations permanentes ou temporaires, s'applique à la CVAE.

43875 CGI art. 1586 nonies

En ce qui concerne les conséquences, sur la CVAE, des **exonérations facultatives** prévues en matière de **CFE** (exonérations liées à une délibération des communes ou des EPCI bénéficiaires de cette cotisation : nos 43580 s.), il y a lieu de distinguer la part de la CVAE revenant à la commune de la part revenant au département et à la région.

S'agissant de la **fraction taxée au profit de la commune** ou de l'EPCI, lorsque la commune ou l'EPCI a délibéré en faveur de l'application d'une exonération de CFE, l'entreprise peut demander l'application de l'exonération en matière de CVAE. Si l'exonération de CFE est partielle, l'exonération de CVAE s'applique dans la même proportion.

Lorsqu'il s'agit d'une exonération de CFE applicable sauf délibération contraire de la commune ou de l'EPCI, l'entreprise peut également demander l'application de l'exonération pour la fraction de CVAE revenant à la commune ou à l'EPCI, sauf délibération contraire de ces collectivités.

S'agissant de la **fraction taxée au profit du département ou de la région,** que la commune ou l'EPCI ait délibéré ou non, le département et/ou la région peuvent délibérer en faveur de l'exonération de CVAE (ou ne pas délibérer contre l'application de l'exonération, selon le dispositif dont il s'agit), pour la fraction taxée à leur profit. L'exonération est là encore applicable à la demande de l'entreprise. Pour les établissements pouvant être exonérés de CFE en application des articles 1464 A du CGI (entreprises de spectacles : no 43635), 1465 (aménagement du territoire : nos 43582 s.) et de l'article 1466 A, I (quartiers prioritaires de la politique de la ville – PME : no 43610), la délibération détermine la proportion exonérée de la valeur ajoutée taxée au profit de la collectivité délibérante.

> Précisions **a.** La **demande d'exonération** de CVAE doit être formulée, selon le cas, sur la déclaration de CFE no 1447 M (no 43755), no 1465 (nos 43583 s.) ou no 1447 C (no 43756) (BOI-CVAE-CHAMP-20-10 no 80).
b. En ce qui concerne le dispositif prévu dans les **quartiers prioritaires de la politique de la ville** et auparavant dans les zones urbaines sensibles pour les **petites et moyennes entreprises** (no 43610), l'exonération de CVAE s'applique dans la limite de 140 736 € de valeur ajoutée par établissement pour l'imposition due au titre de 2018. En ce qui concerne le dispositif prévu dans les **quartiers prioritaires de la politique de la ville** depuis 2017 pour les **petites entreprises commerciales** (no 43612) et auparavant pour les très petites entreprises (no 43612, précision a) et dans les **zones franches urbaines** (no 43615), cette limite est de 382 469 € pour l'imposition due au titre de 2018 (BOI-CVAE-CHAMP-20-10 no 100).
c. Le bénéfice des exonérations de CVAE est perdu lorsque les **conditions** de l'exonération correspondante de CFE ne sont plus réunies. En outre, le bénéfice de l'exonération de CVAE est, le cas échéant, subordonné au respect du même **règlement communautaire** que celui appliqué pour l'exonération de CFE dont l'établissement bénéficie.

B. Montant de la CVAE

La CVAE est égale à une **fraction de la valeur ajoutée** définie aux n°s 43910 s., produite par l'entreprise au cours de la **période de référence** définie aux n°s 43900 s. 43885 CGI art. 1586 ter, II-1 CET-III-3000 s

Au montant de la CVAE proprement dite s'ajoutent les **frais de gestion de la fiscalité locale** (n° 41535).

› Précisions **a.** Pour déterminer le montant de la CVAE, on retient la valeur ajoutée produite par les **activités imposables** à cette cotisation, à l'exception par conséquent de celle afférente aux **activités exonérées** de plein droit ou de manière facultative.

b. En ce qui concerne les **entreprises de navigation maritime ou aérienne** qui exercent des activités conjointement en France et à l'étranger, la valeur ajoutée est retenue proportionnellement à la part, dans les recettes totales hors taxe de l'entreprise afférentes aux opérations directement liées à l'exploitation d'aéronefs et de navires armés au commerce, des recettes provenant de celles de ces opérations dont le point de départ (embarquement) et le point d'arrivée (débarquement) sont situés en France. Toutefois, lorsque le trafic assuré par l'entreprise est majoritairement en provenance ou à destination de la France, la proportion retenue ne peut être inférieure au dixième (CGI ann. II art. 317 septies E).

PÉRIODE DE RÉFÉRENCE

La CVAE est déterminée en fonction du chiffre d'affaires réalisé et de la valeur ajoutée produite au cours de l'**année d'imposition** ou au cours du dernier **exercice de douze mois** clos au cours de cette même année lorsque cet exercice ne coïncide pas avec l'année civile. 43900 CGI art. 1586 quinquies CET-III-770 s

Lorsque l'exercice clos au cours de l'année d'imposition est d'une **durée de plus ou de moins de douze mois,** on retient le chiffre d'affaires réalisé et la valeur ajoutée produite au cours de cet exercice.

Lorsque **aucun exercice** n'est **clôturé** au cours de l'année d'imposition, la CVAE est établie à partir du chiffre d'affaires réalisé et de la valeur ajoutée produite entre le premier jour suivant la fin de la période retenue pour le calcul de la CVAE de l'année précédente et le 31 décembre de l'année d'imposition. En cas de **création d'entreprise** au cours de l'année d'imposition, la période retenue correspond à la période comprise entre la date de création et le 31 décembre de l'année d'imposition.

Lorsque **plusieurs exercices** sont **clôturés** au cours de l'année d'imposition, on retient le chiffre d'affaires réalisé et la valeur ajoutée produite au cours de ces exercices, quelles que soient leurs durées respectives.

ATTENTION

Dans ces trois situations, le **chiffre d'affaires** est, pour l'appréciation du **seuil d'assujettissement** à la CVAE (n° 43860), la détermination du **taux d'imposition** (n° 44000), l'application du **dégrèvement complémentaire** en faveur des petites entreprises (n° 44010) et de la **cotisation minimum** de CVAE (n° 44015), **corrigé** pour correspondre à une **année pleine.** En revanche, cette correction n'est pas effectuée pour le **calcul de la cotisation,** même si la période de référence retenue n'est pas de douze mois.

Dans tous les cas, il n'est pas tenu compte, pour la détermination de la période de référence, de la fraction d'exercice clos qui se rapporte à une **période retenue** pour l'établissement de l'impôt dû au titre d'**une ou de plusieurs années précédant celle de l'imposition.** 43905

1. CALCUL DU CHIFFRE D'AFFAIRES ET DE LA VALEUR AJOUTÉE

La valeur ajoutée qui constitue l'assiette de la CVAE est déterminée à partir du chiffre d'affaires, majoré d'autres produits et diminué de certaines charges. Pour l'ensemble de ces éléments, sont prévues, d'une part, une définition de droit commun et, d'autre part, des définitions spécifiques pour les entreprises relevant de secteurs particuliers (finance et assurances). 43910 CGI art. 1586 sexies CET-III-6000 s

› Précisions Sont pris en compte le chiffre d'affaires réalisé et la valeur ajoutée produite au cours de la **période de référence** définie aux n°s 43900 s.

Toutefois, lorsque les **plus-values** de cessions d'immobilisations ou de titres de nature à être comprises dans le chiffre d'affaires et la valeur ajoutée sont **réalisées l'année de création de l'entreprise,** elles sont comprises dans le chiffre d'affaires et la valeur ajoutée retenus au titre de l'année suivante.

a. Règles de droit commun

GÉNÉRALITÉ DES ENTREPRISES

43915 CET-III-6430 s **Chiffre d'affaires** Pour la généralité des entreprises, le chiffre d'affaires est égal à la **somme** :
– des **ventes** de produits fabriqués, prestations de services et marchandises ;
– des **redevances** pour concessions, brevets, licences, marques, procédés, logiciels, droits et valeurs similaires ;
– des **plus-values** de cession d'immobilisations corporelles et incorporelles se rapportant à une activité normale et courante ;
– des **refacturations** de frais inscrites au compte de transfert de charges.

› Précisions Le chiffre d'affaires d'un **commissionnaire** est égal au montant total du prix des biens vendus ou des prestations assurées (CE 25-9-2013 n° 350794 : RJF 12/13 n° 1151). Il en va de même pour une société de **portage salarial** (CAA Lyon 13-10-2015 n° 14LY01968 : RJF 1/16 n° 37).

43916 CET-III-7280 s **Valeur ajoutée** La valeur ajoutée est égale à la **différence** entre :
a) d'une part, le **chiffre d'affaires** défini au n° 43915, majoré :
– des autres produits de gestion courante, à l'exception de ceux pris en compte dans le chiffre d'affaires et des quotes-parts de résultat sur opérations faites en commun ;
– de la production immobilisée, à hauteur des seules charges qui ont concouru à sa formation et qui figurent parmi les charges déductibles de la valeur ajoutée. Il n'est pas tenu compte de la production immobilisée, hors part des coproducteurs, afférente à des œuvres audiovisuelles ou cinématographiques inscrites à l'actif du bilan d'une entreprise de production audiovisuelle ou cinématographique, ou d'une entreprise de distribution cinématographique pour le montant correspondant au versement du minimum garanti au profit d'un producteur, à condition que ces œuvres soient susceptibles de bénéficier de l'amortissement fiscal sur douze mois ;
– des subventions d'exploitation ;
– de la variation positive des stocks ;
– des transferts de charges déductibles de la valeur ajoutée, autres que ceux pris en compte dans le chiffre d'affaires ;
– des rentrées sur créances amorties lorsqu'elles se rapportent au résultat d'exploitation ;
b) et, d'autre part :
– les **achats** stockés de matières premières et autres approvisionnements, les achats d'études et prestations de services, les achats de matériel, équipements et travaux, les achats non stockés de matières et fournitures, les achats de marchandises et les frais accessoires d'achat, diminués des rabais, remises et ristournes obtenus sur achats ;
– la **variation** négative des **stocks** (y compris celle résultant des dons de marchandises consentis au profit d'organismes caritatifs : CE 16-3-2016 n° 383536 : RJF 6/16 n° 532) ;
– les **services extérieurs** diminués des rabais, remises et ristournes obtenus, à l'exception des loyers ou redevances afférents aux biens corporels pris en location ou en sous-location pour une durée de plus de six mois ou en crédit-bail ainsi que des redevances afférentes à ces biens lorsqu'elles résultent d'une convention de location-gérance. Toutefois, lorsque les biens pris en location par le redevable sont donnés en sous-location pour une durée de plus de six mois, les loyers sont retenus à concurrence du produit de cette sous-location. Lorsque le bien fait l'objet de plusieurs sous-locations, il y a lieu, pour apprécier si cette règle s'applique, de retenir la durée globale de sous-location (CE 23-11-2015 n° 377390 : RJF 2/16 n° 149) ;
– les **taxes** sur le chiffre d'affaires et assimilées, les contributions indirectes et la taxe intérieure de consommation sur les produits énergétiques ;
– les autres **charges** de gestion courante, autres que les quotes-parts de résultat sur opérations faites en commun ;
– les dotations aux **amortissements** pour dépréciation afférentes aux biens corporels donnés en location ou en sous-location pour une durée de plus de six mois, donnés en crédit-bail ou faisant l'objet d'un contrat de location-gérance, en proportion de la seule période de location, de sous-location, de crédit-bail ou de location-gérance ;
– les **moins-values** de cession d'éléments d'immobilisations corporelles et incorporelles se rapportant à une activité normale et courante.
La valeur ajoutée ainsi déterminée fait l'objet d'un **plafonnement** (voir n° 43930).

› Précisions **a.** Les **remboursements de charges communes** versés à une **société civile de moyens** par ses associés constituent pour ces derniers des paiements de services extérieurs déductibles de leur valeur ajoutée (BOI-CVAE-BASE-20 n° 250).

b. Les **dépenses de mécénat** sont déductibles de la valeur ajoutée lorsqu'elles relèvent de l'activité habituelle et ordinaire de l'entreprise et sont comptabilisées en charges d'exploitation (CE plén. 9-5-2018 n° 388209 : RJF 7/18 n° 764).

c. Les **taxes** sur le chiffre d'affaires et assimilées **déductibles** de la valeur ajoutée sont la TVA et les seules autres taxes qui, en application des normes comptables, grèvent le prix des biens et services vendus par l'entreprise : CE 29-6-2018 nº 416346 : RJF 10/18 nº 973).

TITULAIRES DE BNC SOUMIS À UNE COMPTABILITÉ DE CAISSE

Chiffre d'affaires Pour les titulaires de bénéfices non commerciaux soumis à une comptabilité de caisse (nº 13250), le chiffre d'affaires est égal à la somme : 43920 CET-III-6830 s
– du montant hors taxe des honoraires ou recettes encaissés en leur nom, diminué des rétrocessions ;
– et des gains divers.

> **Précisions** Les praticiens libéraux exerçant leur activité dans le cadre d'un **contrat de collaboration** doivent, pour la détermination de leur chiffre d'affaires, déduire des honoraires qu'ils perçoivent les **redevances** de collaboration versées. Les praticiens titulaires doivent de leur côté ajouter à leurs autres gains divers les redevances perçues (BOI-CVAE-BASE-20 nº 85).

Valeur ajoutée La valeur ajoutée est égale à la différence entre : 43921 CET-III-8600 s
– d'une part, le chiffre d'affaires défini au nº 43920 ;
– et, d'autre part, les dépenses de même nature que les charges admises en déduction de la valeur ajoutée pour la généralité des entreprises, à l'exception de la TVA déductible ou décaissée.

La valeur ajoutée ainsi déterminée fait l'objet d'un **plafonnement** (voir nº 43930).

TITULAIRES DE REVENUS FONCIERS

Chiffre d'affaires Pour les redevables de la CVAE imposables à l'impôt sur le revenu dans la catégorie des revenus fonciers, le chiffre d'affaires comprend les recettes brutes hors taxe : loyers encaissés, dépenses mises par convention à la charge des locataires et recettes brutes diverses (nºs 27260 s.). 43925 CET-III-7040 s

Valeur ajoutée La valeur ajoutée est égale à la différence entre : 43926 CET-III-8860 s
– d'une part, le chiffre d'affaires défini au nº 43925 ;
– et, d'autre part, les charges de la propriété déductibles des revenus fonciers (nºs 27325 s.), à l'exception des impôts et taxes (autres que ceux incombant normalement à l'occupant) et des intérêts d'emprunts.

La valeur ajoutée ainsi déterminée fait l'objet d'un **plafonnement** (voir nº 43930).

PLAFONNEMENT DE LA VALEUR AJOUTÉE

La valeur ajoutée définie aux nºs 43916, 43921 et 43926 ne peut excéder un **pourcentage du chiffre d'affaires** mentionné respectivement aux nºs 43915, 43920 et 43925. Ce pourcentage est fixé à : 43930 CET-III-9320 s
– **80 %** pour les contribuables dont le chiffre d'affaires est inférieur ou égal à 7 600 000 € ;
– **85 %** pour les contribuables dont le chiffre d'affaires est supérieur à 7 600 000 €.

Pour l'application de ce dispositif, la période retenue pour le chiffre d'affaires est la même que celle retenue pour la valeur ajoutée.

b. Définitions particulières

ÉTABLISSEMENTS DE CRÉDIT, SOCIÉTÉS DE FINANCEMENT ET ENTREPRISES D'INVESTISSEMENT AGRÉÉES

Pour les établissements de crédit, les sociétés de financement et, lorsqu'elles sont agréées par l'Autorité de contrôle prudentiel, les entreprises mentionnées à l'article L 531-4 du Code monétaire et financier, le **chiffre d'affaires** comprend l'ensemble des produits d'exploitation bancaires et des produits divers d'exploitation autres que les produits suivants : 43950 CET-III-9800 s
– 95 % des dividendes sur titres de participation et parts dans les entreprises liées ;
– plus-values de cession sur immobilisations figurant dans les produits divers d'exploitation autres que celles portant sur les autres titres détenus à long terme ;
– reprises de provisions spéciales et de provisions sur immobilisations ;
– quotes-parts de subventions d'investissement ;
– quotes-parts de résultat sur opérations faites en commun.

La **valeur ajoutée,** quant à elle, est égale à la différence entre : 43951
a) d'une part, le chiffre d'affaires défini au nº 43950, majoré des reprises de provisions spéciales et des récupérations sur créances amorties lorsqu'elles se rapportent aux produits d'exploitation bancaire ;
b) et, d'autre part :
– les charges d'exploitation bancaires autres que les dotations aux provisions sur immobilisations données en crédit-bail ou en location simple ;

– les services extérieurs, à l'exception des loyers ou redevances afférents aux biens corporels pris en location ou en sous-location pour une durée de plus de six mois ou en crédit-bail ainsi que des redevances afférentes à ces biens lorsqu'elles résultent d'une convention de location-gérance. Toutefois, lorsque les biens pris en location par le redevable sont donnés en sous-location pour une durée de plus de six mois, les loyers sont retenus à concurrence du produit de cette sous-location ;
– les charges diverses d'exploitation, à l'exception des moins-values de cession sur immobilisations autres que celles portant sur les autres titres détenus à long terme et des quotes-parts de résultat sur opérations faites en commun ;
– les pertes sur créances irrécouvrables lorsqu'elles se rapportent aux produits d'exploitation bancaire.

ENTREPRISES DE GESTION D'INSTRUMENTS FINANCIERS

43955 CET-III-11600 s Sont visées les entreprises, autres que celles entrant dans les autres catégories (établissements de crédits : nº 43950 et entreprises d'assurances : nº 43965), qui ont pour **activité principale** la gestion d'instruments financiers. Il s'agit des entreprises qui remplissent au moins une des deux conditions suivantes :
– les immobilisations financières ainsi que les valeurs mobilières de placement détenues par l'entreprise ont représenté en moyenne au moins 75 % de l'actif net au cours de la période de référence définie aux nºs 43900 s. ;
– le chiffre d'affaires de l'activité de gestion d'instruments financiers correspondant aux produits financiers et aux produits sur cession de titres réalisé au cours de la période de référence définie aux nºs 43900 s. est supérieur au total des chiffres d'affaires des autres activités.

› Précisions Ces deux conditions, afférentes aux immobilisations et au chiffre d'affaires, s'apprécient :
– soit au niveau de l'entreprise lorsque celle-ci est une filiale d'un groupe bancaire ou d'assurance : sont visées les entreprises dont au moins 50 % des droits de vote sont détenus, directement ou indirectement, par une entreprise qui est soit un établissement de crédit, soit une entreprise d'assurance ou conjointement par des établissements de crédit ou des entreprises d'assurance ;
– soit au niveau du groupe dans les autres cas : dans cette hypothèse, l'actif et le chiffre d'affaires du groupe auquel appartient la société au sens de l'article L 233-16 du Code de commerce sont calculés sur la base des comptes consolidés.

43956 **Chiffre d'affaires** Pour les entreprises concernées, le chiffre d'affaires comprend :
– le chiffre d'affaires tel qu'il est déterminé pour la généralité des entreprises (nº 43915) ;
– les produits financiers, à l'exception des reprises sur provisions et de 95 % des dividendes sur titres de participation ;
– les plus-values sur cession de titres, à l'exception des plus-values de cession de titres de participation.

43957 **Valeur ajoutée** La valeur ajoutée est égale à la différence entre :
– d'une part, le chiffre d'affaires défini au nº 43956, majoré des rentrées sur créances amorties lorsqu'elles se rapportent à ce chiffre d'affaires ;
– et, d'autre part, les services extérieurs mentionnés dans la définition de la valeur ajoutée de droit commun (nº 43916), les charges financières à l'exception des dotations aux amortissements et aux provisions, les moins-values de cession de titres autres que les titres de participation et les pertes sur créances irrécouvrables lorsqu'elles se rapportent au chiffre d'affaires défini au nº 43956.

SOCIÉTÉS CRÉÉES POUR UNE OPÉRATION DE FINANCEMENT D'IMMOBILISATIONS CORPORELLES

43960 CET-III-12900 s Pour les sociétés et groupements créés pour la réalisation d'une opération unique de financement d'immobilisations corporelles qui soit sont détenues à 95 % au moins par un établissement de crédit ou une société de financement et réalisent l'opération pour le compte de l'établissement de crédit ou de la société de financement ou d'une société elle-même détenue à 95 % au moins par l'établissement de crédit ou la société de financement, soit sont soumis aux dispositions de l'article 39 C, II-1 du CGI (sociétés ou groupements réalisant une activité de louage de biens corporels) ou à celles des articles 217 undecies ou 217 duodecies (entreprises réalisant des investissements outre-mer) du CGI, le **chiffre d'affaires** comprend :
– le chiffre d'affaires tel qu'il est déterminé pour la généralité des entreprises (nº 43915) ;
– les produits financiers et les plus-values résultant de la cession au crédit-preneur des immobilisations financées dans le cadre de l'opération unique de financement.

43961 La **valeur ajoutée,** quant à elle, est égale à la différence entre :
– d'une part, le chiffre d'affaires défini au nº 43960, majoré des rentrées sur créances amorties lorsqu'elles se rapportent à ce chiffre d'affaires ;

– et, d'autre part, les services extérieurs et les dotations aux amortissements mentionnés dans la définition de la valeur ajoutée de droit commun (n° 43916), les charges financières et les moins-values résultant de la cession au crédit-preneur des immobilisations financées dans le cadre de l'opération unique de financement et les pertes sur créances irrécouvrables lorsqu'elles se rapportent au chiffre d'affaires défini au n° 43960.

ENTREPRISES D'ASSURANCE ET ASSIMILÉES

Sont visés les **mutuelles** et unions régies par le livre II du Code de la mutualité, les mutuelles et unions de retraite professionnelle supplémentaire mentionnées à l'article L 214-1 du même Code, les **institutions de prévoyance** régies par le titre III du livre IX du Code de la sécurité sociale, les institutions de retraite professionnelle supplémentaire mentionnées à l'article L 942-1 du même Code, les **entreprises d'assurance et de réassurance** régies par le Code des assurances et les fonds de retraite professionnelle supplémentaire mentionnés à l'article L 381-1 du même Code. Pour ces personnes, le **chiffre d'affaires** comprend : **43965** CET-III-13900 s

– les primes ou cotisations ;
– les autres produits techniques ;
– les commissions reçues des réassureurs ;
– les produits non techniques, à l'exception de l'utilisation ou de reprises des provisions ;
– les produits des placements, à l'exception des reprises de provisions pour dépréciation, des plus-values de cession et de 95 % des dividendes afférents aux placements dans des entreprises liées ou dans des entreprises avec lien de participation, des plus-values de cession d'immeubles d'exploitation et des quotes-parts de résultat sur opérations faites en commun.

La **valeur ajoutée,** quant à elle, est égale à la différence entre : **43966**

a) d'une part, le chiffre d'affaires défini au n° 43965, majoré des subventions d'exploitation, de la production immobilisée, à hauteur des seules charges qui ont concouru à sa formation et qui sont déductibles de la valeur ajoutée, et des transferts ;
b) et, d'autre part :
– les prestations et frais payés ;
– les achats ;
– le montant des secours exceptionnels accordés par décision du conseil d'administration ou de la commission des secours lorsque celle-ci existe ;
– les autres charges externes ;
– les autres charges de gestion courante ;
– les variations des provisions pour sinistres ou prestations à payer et des autres provisions techniques, y compris les provisions pour risque d'exigibilité pour la seule partie qui n'est pas admise en déduction du résultat imposable en application de l'article 39, 1-5° du CGI ;
– la participation aux résultats ;
– les charges des placements, à l'exception des moins-values de cession des placements dans des entreprises liées ou dans des entreprises avec lien de participation et des moins-values de cessions d'immeubles d'exploitation.

Toutefois, ne sont pas déductibles de la valeur ajoutée :
– les loyers ou redevances afférents aux biens corporels pris en location ou en sous-location pour une durée de plus de six mois ou en crédit-bail ainsi que les redevances afférentes à ces immobilisations lorsqu'elles résultent d'une convention de location-gérance. Toutefois, lorsque les biens pris en location par le redevable sont donnés en sous-location pour une durée de plus de six mois, les loyers sont retenus à concurrence du produit de cette sous-location ;
– les charges de personnel ;
– les impôts, taxes et versements assimilés, à l'exception des taxes sur le chiffre d'affaires et assimilées, des contributions indirectes et de la taxe intérieure de consommation sur les produits énergétiques ;
– les quotes-parts de résultat sur opérations faites en commun ;
– les charges financières afférentes aux immeubles d'exploitation ;
– les dotations aux amortissements d'exploitation ;
– les dotations aux provisions autres que les provisions techniques.

ENTREPRISES RELEVANT DU RÉGIME MICRO-BIC

La valeur ajoutée des entreprises soumises au régime micro-BIC (voir n°s 85420 s.) est calculée selon les règles retenues pour le calcul du plafonnement de la contribution économique territoriale en fonction de la valeur ajoutée définies au n° 44130. Elle est donc égale à 80 % de la différence entre le montant des recettes et, le cas échéant, celui des achats réalisés au cours de l'année d'imposition. **43970**

2. TAUX D'IMPOSITION

44000 CGI art. 1586 ter, II-2 et 1586 quater, I CET-III-3300 s

Le taux d'imposition à la CVAE est théoriquement fixé à **1,5 %** pour l'ensemble des redevables.

Toutefois, les **entreprises dont le chiffre d'affaires hors taxe n'excède pas 50 000 000 €** bénéficient d'un **dégrèvement** dont le montant varie en fonction du chiffre d'affaires.

Ce dégrèvement aboutit en pratique à une **exonération** de cotisation lorsque le chiffre d'affaires est inférieur à 500 000 € et à une taxation de la valeur ajoutée à un **taux variable** selon le chiffre d'affaires lorsque le chiffre d'affaires est compris entre 500 000 € et 50 000 000 €.

Le tableau ci-après donne le **taux d'imposition effectivement appliqué** à l'entreprise, après application du dégrèvement :

Montant du chiffre d'affaires hors taxe	Taux effectif d'imposition
< 500 000 €	0 %
500 000 € ≤ chiffre d'affaires ≤ 3 000 000 €	$\frac{0{,}5\ \% \times (\text{chiffre d'affaires} - 500\,000\ €)}{2\,500\,000\ €}$
3 000 000 € < chiffre d'affaires ≤ 10 000 000 €	$\frac{0{,}9\ \% \times (\text{chiffre d'affaires} - 3\,000\,000\ €)}{7\,000\,000\ €} + 0{,}5\ \%$
10 000 000 € < chiffre d'affaires ≤ 50 000 000 €	$\frac{0{,}1\ \% \times (\text{chiffre d'affaires} - 10\,000\,000\ €)}{40\,000\,000\ €} + 1{,}4\ \%$
> 50 000 000 €	1,5 %

> **Précisions** **a.** Le **chiffre d'affaires** pris en compte pour calculer le taux effectif d'imposition s'entend du chiffre d'affaires défini aux n°s 43910 s., réalisé au cours de la période de référence mentionnée aux n°s 43900 s. Il s'agit du chiffre d'affaires afférent à l'ensemble des activités entrant dans le champ d'application de la CVAE, que ces **activités** soient **imposables** ou **exonérées** de plein droit ou de manière facultative (BOI-CVAE-LIQ-10 n° 40).
> En principe, le chiffre d'affaires s'apprécie **au niveau de l'entreprise.** Par exception, une mesure de **consolidation du chiffre d'affaires** s'applique aux **sociétés remplissant les conditions pour être membres d'un groupe fiscalement intégré** dont le chiffre d'affaires consolidé est supérieur ou égal à 7 630 000 € (voir n° 44003). Un dispositif de même nature est prévu pour les **entreprises parties à une opération de restructuration** (voir n° 44006).
> **b.** Les **taux** déterminés par application des formules ci-dessus sont exprimés en pourcentage et arrondis au centième le plus proche.
> **c.** Les redevables concernés bénéficient de **plein droit** du dégrèvement. En pratique, les intéressés font **directement application du taux effectif d'imposition** au moment du versement des acomptes et du solde de CVAE.

44001

EXEMPLE

1. Chiffre d'affaires hors taxe = 2 700 000 €.

$$\text{Taux effectif d'imposition} = \frac{0{,}5\ \% \times (2\,700\,000\ € - 500\,000\ €)}{2\,500\,000\ €} = 0{,}44\ \%.$$

2. Chiffre d'affaires hors taxe = 6 200 000 €.

$$\text{Taux effectif d'imposition} = \frac{0{,}9\ \% \times (6\,200\,000\ € - 3\,000\,000\ €)}{7\,000\,000\ €} + 0{,}5\ \% = 0{,}91\ \%.$$

CONSOLIDATION DU CHIFFRE D'AFFAIRES POUR LE CALCUL DU TAUX EFFECTIF D'IMPOSITION

44003 CGI art.1586 quater, I bis CET-III-3500 s

Entreprises appartenant à un groupe économique Lorsqu'une entreprise, quels que soient son régime d'imposition des bénéfices, le lieu d'établissement, la composition du capital et le régime d'imposition des bénéfices des entreprises qui la détiennent, remplit les **conditions de détention pour être membre d'un groupe fiscalement intégré** (n°s 40150 s.), le chiffre d'affaires à retenir s'entend de la somme de son chiffre d'affaires et des chiffres d'affaires des entreprises, assujetties ou non, qui remplissent les mêmes conditions pour être membres du même groupe. Toutefois, cette règle n'est pas applicable lorsque la somme des chiffres d'affaires est inférieure à 7 630 000 €.

> **Précisions** **a.** La consolidation du chiffre d'affaires s'applique à toutes les entreprises, qu'elles soient soumises à l'**impôt sur les sociétés dans les conditions de droit commun ou non.** Sont notamment concernés les entreprises exonérées totalement ou partiellement d'impôt

sur les bénéfices (sociétés coopératives et leurs unions, sociétés de capital-risque, sociétés immobilières de gestion, sociétés immobilières d'investissement, etc.), les groupements d'intérêt économique, les sociétés de personnes non soumises à l'impôt sur les sociétés (sociétés en nom collectif, sociétés civiles, etc.), les sociétés en commandite simple, les entreprises unipersonnelles à responsabilité limitée, les sociétés en participation (SEP) (BOI-CVAE-LIQ-10 n° 72).

b. Les **entreprises individuelles** sont exclues du champ d'application de la consolidation du chiffre d'affaires (BOI-CVAE-LIQ-10 n° 73).

c. Le chiffre d'affaires des **entités dépourvues de capital,** telles les sociétés en participation, doit être consolidé avec celui des entreprises qu'elles détiennent. En revanche, les chiffres d'affaires de ces entités ne sont pas consolidés entre eux (BOI-CVAE-LIQ-10 nos 72 et 73).

d. La consolidation s'applique au chiffre d'affaires d'entreprises françaises détenues par des entreprises établies hors de France, mais pas à celui de ces **sociétés mères étrangères** (BOI-CVAE-LIQ-10 n° 74).

e. Le chiffre d'affaires consolidé est égal à la somme des **chiffres d'affaires du dernier exercice clos** de chacune des entreprises membres du groupe. Peu importe les dates d'ouverture et de clôture d'exercice de chacune d'entre elles (BOI-CVAE-LIQ-10 nos 77 et 78).

f. Pour apprécier si une société est membre d'un groupe économique (cas des **entrées et sorties de groupe**), il y a lieu de se placer au 1er janvier de l'année d'imposition (sauf règles particulières en cas de sortie d'un groupe au cours d'une année et de pluralité d'exercices clos cette même année) (BOI-CVAE-LIQ-10 nos 82 à 87).

44006 CGI art. 1586 quater, III CET-III-3700 s

Entreprises parties à une opération de restructuration En cas d'**apport,** de **cession d'activité** ou de **scission d'entreprise** réalisés à compter du 22 octobre 2009 ou de **transmission universelle de patrimoine** réalisée à compter du 1er janvier 2010, le chiffre d'affaires à retenir pour calculer le taux effectif d'imposition de chacune des entreprises parties à l'opération est égal à la somme des chiffres d'affaires de ces entreprises lorsque les conditions suivantes sont remplies :

– l'entité à laquelle l'activité est transmise est, à un moment quelconque au cours des six mois qui précèdent la date de réalisation de l'opération, détenue, directement ou indirectement, à plus de 50 %, soit par l'entreprise cédante ou apporteuse ou les associés de l'entreprise scindée réunis, soit par une entreprise qui détient, directement ou indirectement, à plus de 50 % l'entreprise cédante ou apporteuse ou les entreprises issues de la scission réunies, soit par une entreprise détenue, directement ou indirectement, à plus de 50 % par l'entreprise cédante ou apporteuse ou par les associés de l'entreprise scindée réunis ;

– la somme des cotisations dues (minorées des dégrèvements visés aux nos 44000 et 44010), d'une part, par l'entreprise cédante, apporteuse ou scindée et, d'autre part, par le nouvel exploitant est inférieure d'au moins 10 % aux impositions de CVAE (minorées des dégrèvements visés aux nos 44000 et 44010) qui auraient été dues par ces mêmes entreprises en l'absence de réalisation de l'opération ;

– l'activité continue d'être exercée par ces dernières ou par une ou plusieurs de leurs filiales ;

– les entreprises en cause ont des activités similaires ou complémentaires.

Ces dispositions peuvent se combiner avec celles visées au n° 44003 lorsque l'opération implique une entreprise appartenant à un groupe économique (BOI-CVAE-LIQ-10 n° 95).

Ces dispositions ne s'appliquent plus à compter de la huitième année suivant celle de l'apport, de la cession d'activité, de la scission d'entreprise ou de la transmission universelle de patrimoine.

DÉGRÈVEMENT COMPLÉMENTAIRE POUR LES PETITES ENTREPRISES

44010 CGI art. 1586 quater, II CET-III-3880

La CVAE calculée d'après le taux effectif d'imposition est dégrevée d'un montant complémentaire de 1 000 € lorsque le **chiffre d'affaires** hors taxe de l'entreprise est **inférieur à 2 000 000 €.** Le chiffre d'affaires est apprécié comme pour la détermination du seuil d'assujettissement à la CVAE (n° 43860) (BOI-CVAE-LIQ-10 n° 170).

Ce dégrèvement complémentaire est pris en compte pour le calcul des acomptes et du solde de CVAE.

3. MONTANT MINIMUM DE CVAE

44015 CGI art. 1586 septies CET-III-3960 s

La CVAE due par les entreprises dont le **chiffre d'affaires** hors taxe **excède 500 000 €** ne peut être inférieure à 250 €. Le chiffre d'affaires est apprécié comme pour la détermination du seuil d'assujettissement à la CVAE (n° 43860).

Les entreprises qui bénéficient d'une **exonération** totale de CVAE ne sont pas redevables du montant minimum de 250 € (BOI-CVAE-LIQ-10 n° 180).

C. Établissement et paiement de la CVAE

ANNUALITÉ DE L'IMPÔT

44030 CGI art. 1586 octies, I CET-III-22030 s

La CVAE est due par le redevable qui exerce l'activité au **1er janvier** de l'année d'imposition.
Toutefois, en cas d'**apport,** de **cession d'activité,** de **scission d'entreprise** ou de **transmission universelle de patrimoine** intervenant au cours de l'année d'imposition, la CVAE est due également par le redevable qui n'exerce aucune activité imposable au 1er janvier de l'année et auquel l'activité est transmise. Il en va ainsi que ce redevable existe ou non au 1er janvier (BOI-CVAE-CHAMP-10-10 n° 30).

DÉCLARATION DE LA VALEUR AJOUTÉE

44035 CGI art. 1586 octies, II et III et 1649 quater B quater, IV CET-III-17000 s et 22190 s

Les entreprises dont le chiffre d'affaires hors taxe est supérieur à 152 500 € doivent déclarer **par voie électronique** le montant de la valeur ajoutée sur un formulaire n° 1330-CVAE. Une déclaration papier est toutefois admise pour les entreprises assujetties relevant du régime micro-BIC (BOI-CVAE-BASE-20 n° 445).
Légalement, cette déclaration doit être souscrite **au plus tard** le deuxième jour ouvré suivant le 1er mai de l'année suivant celle au titre de laquelle la CVAE est due. Mais l'administration accorde aux entreprises concernées un délai supplémentaire de quinze jours calendaires pour accomplir leur obligation déclarative (notamment BOI-BIC-DECLA-30-10 n° 20).
La déclaration doit mentionner, par établissement ou par lieu d'emploi, le **nombre de salariés** employés au cours de la période pour laquelle elle est établie. Les salariés exerçant leur activité dans plusieurs établissements ou lieux d'emploi sont déclarés dans celui où la durée d'activité est la plus élevée, y compris si l'entreprise ne dispose pas de locaux dans ce lieu d'emploi dès lors que le salarié y exerce son activité plus de trois mois.
Par exception, les entreprises **mono-établissement,** à l'exception de celles relevant du régime micro-BIC, sont dispensées, sous certaines conditions, de déposer la déclaration n° 1330-CVAE (BOI-CVAE-DECLA-10 n° 20 ; BOI-CVAE-BASE-20 n° 445).
Remarque : Nous publions chaque année au Feuillet Rapide un **guide** consacré à la souscription de la déclaration n° 1330-CVAE.

44036 **› Précisions** **a.** En cas de **transmission universelle de patrimoine,** de **cession** ou de **cessation d'entreprise ou de l'exercice d'une profession commerciale,** d'ouverture d'une procédure de **sauvegarde,** de **redressement** ou de **liquidation** judiciaires ou de **décès** du contribuable, la déclaration n° 1330-CVAE, ainsi que la déclaration liquidative n° 1329-DEF (n° 44050), doit être souscrite dans un **délai** de soixante jours. Ce délai est décompté soit dans les conditions prévues pour les délais de dépôt des déclarations de résultat en cas de cession ou cessation d'entreprise ou d'activité ou de décès (nos 11095 et 13675), soit au jour du jugement d'ouverture de la procédure collective.
Par exception, en cas d'ouverture d'une **procédure collective** qui ne met pas fin à la **poursuite de l'activité,** le redevable doit souscrire, dans un délai de soixante jours à compter du jour du jugement d'ouverture de la procédure, une déclaration liquidative n° 1329-DEF mentionnant une estimation du montant de la CVAE due au titre de l'année au cours de laquelle la procédure collective a été ouverte, déterminée en fonction du chiffre d'affaires et de la valeur ajoutée mentionnés dans la dernière déclaration de résultat exigée. Cette **obligation déclarative anticipée** ne se substitue pas aux obligations déclaratives de droit commun. Le redevable doit donc procéder l'année suivante au dépôt de la déclaration n° 1330-CVAE et à un nouveau dépôt de la déclaration n° 1329-DEF.
b. Les **entreprises de transport** doivent en principe déclarer les **effectifs affectés aux véhicules,** au local ou au terrain qui constitue le lieu de stationnement habituel des véhicules ou, s'il n'en existe pas, au local où ils sont entretenus ou réparés par le redevable ; à défaut, les effectifs sont déclarés au principal établissement de l'entreprise.
c. Les contribuables qui n'emploient **aucun salarié en France** et ne disposent d'**aucun établissement en France** mais qui y exercent une **activité de location ou de vente d'immeubles** doivent déposer leur déclaration n° 1330-CVAE, ainsi que leur déclaration liquidative n° 1329-DEF (n° 44050), au lieu de dépôt de leur déclaration de résultat. Ils doivent mentionner dans leur déclaration n° 1330-CVAE l'adresse des immeubles loués ou vendus.
d. En cas de **défaut ou retard de production de la déclaration** n° 1330-CVAE ou d'**insuffisance de déclaration,** l'entreprise est passible des pénalités exposées aux nos 80000 s. et 80075 s.
En outre, tout manquement, omission ou erreur concernant l'indication du **nombre de salariés** est sanctionné par une amende spécifique égale à 200 € par salarié concerné, dans la limite d'un montant fixé à 100 000 € (CGI art. 1770 decies).
Enfin, en cas de **non-respect de l'obligation de télédéclaration,** la majoration visée au n° 80200 est applicable.

PAIEMENT

La CVAE est recouvrée comme la TVA. Elle doit être acquittée spontanément par les entreprises, dans les délais légaux (voir nº 76525). Tout **défaut ou retard de paiement** entraîne l'application des sanctions exposées aux nos 80160 s. 44040 CGI art. 1681 septies, 3 CET-III-22620 s

Le paiement de la CVAE doit être effectué par **télérèglement** (en cas de paiement par un autre moyen, la majoration visée au nº 80200 est applicable).

Acomptes Les entreprises dont la **CVAE** de l'**année précédant** celle de l'imposition est **supérieure à 3 000 €** doivent verser : 44045 CGI art. 1679 septies, al. 1 à 9 CET-III-22730 s

– au plus tard le 15 juin de l'année d'imposition, un premier acompte égal à 50 % de la CVAE ;

– au plus tard le 15 septembre de l'année d'imposition, un second acompte égal à 50 % de la CVAE.

La cotisation retenue pour le paiement des acomptes est calculée d'après la valeur ajoutée mentionnée dans la dernière **déclaration de résultat** exigée à la date du paiement des acomptes. Le cas échéant, le montant du second acompte est ajusté de manière à ce que le premier acompte corresponde à la valeur ajoutée mentionnée dans la déclaration de résultat exigée à la date du paiement du second acompte.

Le calcul des acomptes s'effectue sur un **relevé** nº 1329-AC.

› Précisions **a.** Les redevables peuvent, sous leur responsabilité, **réduire le montant de leurs acomptes** de manière que l'ensemble des acomptes versés ne soit pas supérieur au montant de la cotisation qu'ils estiment effectivement due au titre de l'année d'imposition. Pour déterminer cette réduction, ils tiennent compte de la réduction de leur valeur ajoutée imposable du fait des **exonérations** (de plein droit et facultatives) visées aux nos 43870 s. et du **dégrèvement lié au taux effectif d'imposition** mentionné aux nos 44000 s. Si, à la suite de la liquidation définitive de la CVAE, il s'avère que les versements effectués sont inexacts de plus du dixième, les sanctions exposées aux nos 80160 s. s'appliquent (CGI art. 1731, 3).

b. Pour l'**application des exonérations facultatives,** les entreprises sont autorisées à limiter le paiement des acomptes de leur CVAE dans la proportion entre :

– d'une part, le montant total correspondant aux exonérations et abattements de CFE au titre de l'année précédente, en application des dispositifs d'exonérations facultatives ;

– et, d'autre part, ce même montant majoré du montant total des CFE dû au titre de l'année précédente.

Les entreprises qui appliquent cette méthode n'encourent aucune sanction, même s'il apparaît lors de la liquidation définitive de la CVAE que les versements effectués sont inexacts de plus du dixième (BOI-CVAE-DECLA-20 nº 110).

Liquidation définitive L'année suivant celle de l'imposition, l'entreprise redevable doit procéder à la liquidation définitive de la CVAE sur une **déclaration** spécifique à télétransmettre au plus tard le deuxième jour ouvré suivant le 1er mai (déclaration de liquidation et de régularisation nº 1329-DEF). 44050 CGI art. 1679 septies, al. 10 CET-III-22930 s

Cette déclaration doit s'accompagner, le cas échéant, du **versement du solde** correspondant. Si la liquidation définitive fait apparaître que les acomptes versés sont supérieurs à la cotisation effectivement due, l'**excédent,** déduction faite des autres impôts directs dus par le redevable, est restitué dans les soixante jours suivant la date limite de dépôt de la déclaration (ou dans les soixante jours suivant la date de dépôt de la déclaration lorsque celle-ci est déposée après la date limite : BOI-CVAE-DECLA-20 nos 40 et 130).

› Précisions **a.** Délai spécial de dépôt de la déclaration liquidative en cas de **transmission universelle de patrimoine,** de **cession** ou de **cessation d'entreprise ou de l'exercice d'une profession commerciale,** d'**ouverture d'une procédure collective** ou de **décès** du contribuable : voir nº 44036, a.

b. Lieu de dépôt de la déclaration liquidative pour les contribuables exerçant en France, **sans salariés ni établissement,** une **activité de location ou de vente d'immeubles** : voir nº 44036, c.

D. Contrôle et contentieux

La CVAE est recouvrée et contrôlée selon les mêmes procédures et sous les mêmes sanctions, garanties, sûretés et privilèges que la TVA. Toutefois, le **délai de reprise** de l'administration est celui visé au nº 77735. 44060 CGI art. 1586 ter, II-3 CET-III-24000 s

Les **réclamations** relatives à la CVAE sont présentées, instruites et jugées selon les règles applicables à la CFE (nº 43810).

CGI art. 1647 B sexies CET-IV-200 s

SECTION 3

PLAFONNEMENT EN FONCTION DE LA VALEUR AJOUTÉE

44100 Outre les dégrèvements propres à la CFE ou à la CVAE, la loi prévoit un dégrèvement applicable à la contribution économique territoriale prise dans son ensemble : le dégrèvement lié au plafonnement de la contribution en fonction de la valeur ajoutée produite par l'entreprise.

Lorsque le montant de la contribution définie au nº 44120 excède **3 % de la valeur ajoutée** définie au nº 44130, l'excédent peut faire l'objet d'un **dégrèvement.**

Ce dégrèvement est accordé sur **demande** du redevable, présentée dans le délai de réclamation prévu pour la CFE (nº 43810). Il **s'impute** sur cette cotisation. Il peut être imputé par anticipation sur le solde de la cotisation de l'année dans les conditions exposées au nº 43780. Il est ordonnancé dans les six mois suivant celui du dépôt de la demande.

› Précisions **a.** Le plafonnement s'apprécie **au niveau de l'entreprise,** pour l'ensemble de ses établissements.

b. Le dégrèvement ne peut avoir pour effet de ramener la CET à un montant inférieur à celui de la **cotisation minimum de CFE** visée au nº 43715.

Par ailleurs, les contribuables soumis à la **cotisation minimum de CVAE** visée au nº 44015 peuvent, le cas échéant, imputer sur cette cotisation la part du dégrèvement qui excède leur CFE (BOI-IF-CFE-40-30-20-30 nº 300).

c. La **demande** de dégrèvement doit être formulée sur un imprimé spécial nº 1327-CET (cas général) ou nº 1327-S-CET (redevables soumis au régime des micro-entreprises). Elle doit être adressée au service des impôts dont dépend le principal établissement de l'entreprise (auprès duquel est souscrite la déclaration annuelle de résultats). Pour les redevables relevant de la direction des grandes entreprises, voir nº 87475.

d. Le reversement des **sommes indûment restituées** est demandé selon les mêmes règles de procédure et sous les mêmes sanctions qu'en matière de CFE. Les **réclamations** sont présentées, instruites et jugées selon les règles de procédure applicables à cette cotisation.

e. Le dégrèvement ouvre droit au paiement d'**intérêts moratoires** (nº 81915) s'il est prononcé par l'administration au-delà du délai de six mois ou fait suite à une instance contentieuse (CE 20-10-2000 nºˢ 207798 et 207800 : RJF 1/01 nº 111).

44120 CET-IV-400 s **Cotisation plafonnée** Le plafonnement s'applique sur la **CFE** et la **CVAE** diminuées, le cas échéant, de l'ensemble des réductions et dégrèvements dont ces cotisations peuvent faire l'objet, à l'exception du crédit d'impôt applicable dans les zones de restructuration de la défense (nº 43725). L'administration admet également que le dégrèvement pour cessation d'activité (nº 43750) ne soit pas pris en compte pour le calcul de la cotisation à plafonner (BOI-IF-CFE-40-30-20-30 nº 30).

Le plafonnement ne s'applique pas aux taxes pour frais de chambres de commerce ou de métiers (ni aux frais de gestion prélevés par l'État sur ces taxes), ni à la cotisation minimum de CFE visée au nº 43715.

› Précisions **a.** La **CFE** à prendre en compte s'entend de la somme des cotisations de chaque établissement établies au titre de l'année d'imposition.

La cotisation de chaque établissement est majorée du montant des taxes spéciales d'équipement additionnelles à la CFE et de la taxe spéciale au profit de la région Île-de-France (BOI-IF-AUT-130 nº 220).

b. La cotisation prise en compte comprend les **frais de gestion** y afférents perçus au profit de l'État (BOI-IF-CFE-40-30-20-30 nº 60).

c. Le montant des **réductions et dégrèvements** à déduire des cotisations servant de base au calcul du plafonnement (dégrèvement pour diminution des bases d'imposition, dégrèvements contentieux ou gracieux...) est retenu pour la seule part afférente à la CFE ou à la CVAE (à l'exclusion de la part afférente aux taxes consulaires).

44130 CET-IV-550 s **Détermination de la valeur ajoutée** La valeur ajoutée servant au calcul du plafonnement est en **règle générale** déterminée suivant les règles fixées pour la CVAE (nºˢ 43910 s.). La valeur ajoutée à prendre en compte est celle produite au cours de la période de référence retenue en matière de CVAE (nºˢ 43900 s.). Sauf en cas de cession ou de cessation d'entreprise, le montant de la valeur ajoutée est corrigé pour correspondre à une année pleine lorsque, au cours de l'année d'imposition, l'exercice clos est d'une durée de plus ou moins de douze mois, ou bien aucun exercice n'est clôturé, ou bien encore plusieurs exercices sont clôturés. 44130 (suite)

Par exception, pour les contribuables soumis au régime des **micro-entreprises,** la valeur ajoutée est égale à 80 % de la différence entre le montant des recettes et, le cas échéant, celui des achats réalisés au cours de l'année d'imposition.

CHAPITRE 4 TAXES ASSIMILÉES

GÉNÉRALITÉS

45500 En plus des principaux impôts directs locaux (taxes foncières sur les propriétés bâties et non bâties, taxe d'habitation, contribution économique territoriale composée de la cotisation foncière et de la cotisation sur la valeur ajoutée des entreprises), il peut être perçu, au profit de certaines collectivités ou de certains organismes, diverses taxes annexes.

Certaines de ces **taxes,** étudiées ci-après nos 45510 s., sont **additionnelles** à un ou plusieurs **impôts locaux.**

> **Précisions** Il existe également d'autres **taxes** ayant une **base spécifique.** Il s'agit :
> – de la taxe sur la **cession de terrains devenus constructibles** que les communes peuvent instituer et qui est due par le cédant (voir nos 31430 s.) ;
> – des redevances communale et départementale des **mines,** dues par les concessionnaires de mines et assimilés, d'après les quantités de produit extraites (CGI art. 1519 et 1587 à 1589) ;
> – de l'imposition forfaitaire sur les **pylônes électriques,** perçue au profit des communes ou des groupements de communes traversés par des lignes dont la tension est au moins égale à 200 kilovolts et due par l'exploitant de ces lignes (CGI art. 1519 A) ;
> – de la taxe sur les **éoliennes maritimes,** perçue au profit des communes d'où elles sont visibles et des usagers de la mer et assise sur le nombre de mégawatts installés dans chaque éolienne. Cette taxe est due par l'exploitant de ces installations (CGI art. 1519 B et 1519 C) ;
> – de l'imposition forfaitaire sur les **entreprises de réseaux** (Ifer) applicable à certaines catégories d'installations : éoliennes terrestres et hydroliennes ; centrales nucléaires ou thermiques à flamme ; centrales de production d'énergie photovoltaïque ou hydraulique ; centrales de production d'électricité par géothermie (CGI art. 1519 HB issu de l'article 143 de la loi 2019-1479 du 28-12-2019) ; transformateurs électriques ; stations radioélectriques ; réseaux et installations de gaz naturel et autres hydrocarbures et de produits chimiques ; matériel roulant ferroviaire utilisé pour le transport de voyageurs ; équipements de télécommunications. Cette imposition est due, selon les cas, par les propriétaires, les exploitants ou les concessionnaires des installations. Elle est perçue au profit des collectivités territoriales et des groupements de communes, à l'exception de celle sur le matériel roulant utilisé pour les transports en commun en Île-de-France, affectée à l'établissement public Société du Grand Paris (CGI art. 1635-0 quinquies, 1519 D à 1519 HA, 1599 quater A, 1599 quater A bis et 1599 quater B).

TAXES SPÉCIALES D'ÉQUIPEMENT

45510 Ces taxes sont **additionnelles** aux deux taxes foncières, à la taxe d'habitation et à la cotisation foncière des entreprises.

CGI art. 1607 bis, 1607 ter, 1609 G et 1636 C
ASS-I-13000 s

Elles sont **perçues au profit** :

a. Des établissements publics fonciers locaux visés à l'article L 324-1 du Code de l'urbanisme, ainsi que de l'Office foncier de Corse ;

b. Des établissements publics fonciers d'État mentionnés à l'article L 321-1 du Code de l'urbanisme ;

c. De l'établissement public Société du Grand Paris.

Les taxes sont **dues par** toutes les personnes physiques ou morales assujetties aux taxes foncières, à la taxe d'habitation et à la cotisation foncière des entreprises dans les communes comprises dans le ressort de la région d'Île-de-France (pour la taxe visée au c ci-dessus) ou dans la zone de compétence de l'établissement public. Toutefois, les propriétés agricoles visées no 42525 échappent à l'ensemble de ces taxes (CGI art. 1607 A). Par ailleurs, les taxes ne sont **pas dues** par les organismes d'HLM et les sociétés d'économie mixte pour les logements sociaux dont ils sont propriétaires et qui sont attribués sous condition de ressources ni par les locataires redevables de la taxe d'habitation au titre de ces locaux.

À chacune des taxes s'ajoutent les **frais de gestion** de la fiscalité locale (no 41535).

TAXE ADDITIONNELLE À LA TAXE FONCIÈRE SUR LES PROPRIÉTÉS NON BÂTIES

45515 **Perçue au profit** des communes et des groupements de communes, la taxe additionnelle **concerne** les propriétés suivantes :

CGI art. 1519 I
ASS-I-25000 s

– carrières, ardoisières, sablières ;
– terrains à bâtir, rues privées ;
– terrains d'agrément, parcs et jardins et pièces d'eau ;
– chemins de fer, canaux de navigation et dépendances ;
– sols des propriétés bâties et des bâtiments ruraux, cours et dépendances.

L'**assiette** de la taxe est constituée par la valeur locative cadastrale de ces propriétés (nº 42560). Son **taux** est en principe égal à la somme des taux départemental et régional de la taxe foncière sur les propriétés non bâties appliqués en 2010 sur le territoire de la commune ou du groupement de communes, multipliée par un coefficient de 1,0485. Toutefois, pour la métropole du Grand Paris, le taux de la taxe est le taux appliqué en 2015 sur le territoire de chacune des communes membres.

À la taxe s'ajoutent les **frais de gestion** de la fiscalité directe locale (nº 41535).

TAXE SPÉCIALE AU PROFIT DE LA RÉGION ÎLE-DE-FRANCE

Perçue au profit de la région Île-de-France, cette taxe prend la forme de **deux taxes additionnelles,** l'une à la taxe foncière sur les propriétés bâties et l'autre à la cotisation foncière des entreprises (CFE). **Due par** toute personne redevable de la taxe principale à laquelle elle s'ajoute, elle est assise sur les mêmes bases que la part communale (ou intercommunale) de cette taxe principale. 45517 CGI art. 1599 quater D **ASS-I-29000**

Deux **taux** distincts sont fixés chaque année pour chacune des deux taxes en fonction notamment du produit voté par le conseil régional d'Île-de-France, des règles spécifiques étant prévues pour les EPCI dont le territoire n'est pas situé intégralement en Île-de-France.

À la taxe elle-même s'ajoutent les **frais de gestion** de la fiscalité locale (nº 41535).

TAXE D'ENLÈVEMENT DES ORDURES MÉNAGÈRES

Les communes et groupements de communes assurant la collecte des déchets ménagers ont la faculté d'instituer cette taxe qui **porte sur** toutes les propriétés assujetties à la taxe foncière sur les propriétés bâties ou temporairement exemptées de cette contribution. 45520 CGI art. 1520 à 1526 **ASS-I-200 s**

La taxe porte sur le revenu net servant de base à la taxe foncière sur les propriétés bâties (nº 42030). Les collectivités susvisées peuvent toutefois décider de plafonner la valeur locative des locaux et de leurs dépendances sur laquelle est assise la taxe.

L'imposition est **établie au nom** des propriétaires ou usufruitiers.

À la taxe s'ajoutent les **frais de gestion** de la fiscalité locale (nº 41535).

› Précisions **a.** Sont assujettis, quelle que soit leur situation au regard de la taxe foncière, les **grands ports maritimes,** pour les propriétés situées dans leur emprise.

b. Sont **exonérés** les usines, les locaux sans caractère industriel ou commercial loués pour un service public et, sur délibération des conseils municipaux et des organes délibérants des groupements de communes, les locaux à usage commercial, les locaux utilisés par les entreprises industrielles mais situés en dehors de l'enceinte de l'établissement industriel (siège social, locaux administratifs...) ainsi que les immeubles munis d'un incinérateur d'ordures.

Les locaux situés dans la partie de la commune où ne fonctionne pas le service d'enlèvement des ordures sont, en principe, exonérés sauf délibération contraire des collectivités concernées. Les immeubles qui bénéficient d'une exemption permanente de taxe foncière (nºs 41940 s.) sont également exonérés de la taxe d'enlèvement des ordures ménagères. Toutefois, les fonctionnaires logés dans des bâtiments publics exonérés de taxe foncière sont nominativement imposés à cette taxe pour les locaux qu'ils occupent.

c. Les communes ont la possibilité d'instituer une redevance sur les **terrains de camping ou de caravaning** (CGCT art. L 2333-77) ; pour les exploitants de ces terrains, cette redevance se substitue à la taxe d'enlèvement des ordures ménagères.

d. Les communes ou leurs groupements qui assurent au moins la collecte des déchets des ménages ont la faculté d'instituer une **redevance** d'enlèvement des ordures ménagères calculée en fonction de l'importance du service rendu (CGCT art. L 2333-76). L'établissement de cette redevance entraîne la suppression de la taxe d'enlèvement des ordures ménagères et de la redevance sur les terrains de camping visée au c ci-dessus.

e. Les communes ou leurs groupements n'ayant institué ni la taxe d'enlèvement des ordures ménagères ni la redevance prévue au d ci-dessus doivent instituer une **redevance spéciale** pour l'élimination des déchets non ménagers calculée en fonction de l'importance du service rendu. Les conseils municipaux peuvent décider d'exonérer de la taxe d'enlèvement des ordures ménagères les assujettis à cette redevance.

Cette redevance se substitue, pour les déchets concernés, à la redevance sur les terrains de camping visée au c ci-dessus (CGCT art. L 2333-78).

f. Dans une même commune (ou dans un groupement de communes), il peut être distingué plusieurs **zones de ramassage** dans lesquelles s'appliquent des taux de taxe différents, prenant en compte l'importance du service rendu à l'usager ou la présence sur le territoire communal d'une installation de transfert ou d'élimination des déchets prévue par un plan départemental (CGI art. 1636 B undecies, 2). Ce zonage ne peut pas concerner la part incitative de la taxe visée au g ci-après (BOI-IF-AUT-90-30-20 nº 10).

g. Les communes et groupements de communes peuvent instituer (le cas échéant, à titre expérimental, sur une part seulement de leur territoire et pour une durée limitée) une **part variable incitative de la taxe,** assise sur la quantité et, éventuellement, la nature des déchets produits ou le mode de collecte.

TAXE POUR FRAIS DE CHAMBRES D'AGRICULTURE

45525 CGI art. 1604 ASS-II-8050 s

Il s'agit d'une **imposition additionnelle** à la taxe foncière sur les propriétés non bâties **perçue** sur la même **base.**

Les **taux** de cette imposition varient suivant les besoins budgétaires des diverses chambres d'agriculture.

À la taxe elle-même s'ajoutent les **frais de gestion** de la fiscalité locale (nº 41535).

Nonobstant toute clause ou disposition contraire, les propriétaires de terrains donnés en location ou en métayage sont autorisés à se faire rembourser directement par leurs **fermiers** ou métayers la moitié de la taxe pour frais de chambres d'agriculture mise à leur charge.

TAXE POUR FRAIS DE CHAMBRES DE COMMERCE ET D'INDUSTRIE

45530 CGI art. 1600, et 1602 A ASS-II-200 s

La taxe pour frais de chambres de commerce et d'industrie est constituée de deux contributions :

– une **taxe additionnelle à la cotisation foncière des entreprises,** due par toute personne redevable de cette cotisation et assise sur la même base. Le taux applicable à chaque établissement dépend de la chambre de région dont il relève.

– une **taxe additionnelle à la cotisation sur la valeur ajoutée des entreprises,** assise sur cette cotisation retenue après application du dégrèvement visé nºs 44000 s. Elle n'est donc pas due par les entreprises réalisant moins de 500 000 € de chiffre d'affaires. La taxe est perçue à un taux national, fixé à 1,73 % pour 2020.

À la taxe s'ajoutent les **frais de gestion** de la fiscalité locale (Loi 2019-1479 du 28-12-2019 art. 59 ; nº 41535).

› Précisions **a.** Sont **exonérés** de la taxe :
– les redevables exerçant exclusivement une activité non commerciale au sens du 1 de l'article 92 du CGI (voir nºs 13150 s.) ;
– les artisans inscrits au répertoire des métiers et non portés sur la liste électorale de la chambre de commerce de leur circonscription ;
– les loueurs de chambres ou appartements meublés, les chefs d'institution et maîtres de pension, certains organismes mutualistes ;
– les coopératives agricoles et les Sica ;
– les artisans pêcheurs et les sociétés de pêche artisanale ;
– les redevables réalisant un montant de chiffre d'affaires ou de recettes inférieur ou égal à 5 000 € et exonérés de cotisation minimum de CFE (voir nº 43715, précision a).
Sur l'exonération dont peuvent bénéficier les entreprises créées ou reprises avant le 1er janvier 2020, voir nº 43595, précision d.

b. Pour les artisans inscrits au répertoire des métiers et qui restent portés sur la liste électorale de la chambre de commerce, la **base d'imposition** de la taxe additionnelle à la cotisation foncière des entreprises est réduite de moitié.

c. Les personnes qui relèvent du régime du micro-social sont assujetties à une **taxation spécifique** proportionnelle au chiffre d'affaires, perçue à un taux compris entre 0,007 % et 0,044 % et recouvrée comme en matière de cotisations sociales (CGI art. 1600 A).

d. À compter des impositions établies au titre de 2023, le taux de la taxe additionnelle à la CFE sera fixé non plus par chaque chambre régionale mais uniformément, au niveau national, à 0,89 % (Loi 2019-1479 du 28-12-2019 art. 59).

TAXE POUR FRAIS DE CHAMBRES DE MÉTIERS ET DE L'ARTISANAT

45535 CGI art. 1601 à 1602 A ASS-II-5000 s

Cette taxe est **due par** les chefs d'entreprises individuelles et les sociétés soumis à l'obligation de s'inscrire au répertoire des métiers ou qui y demeurent immatriculés.

La taxe comprend :

– un **droit fixe** par ressortissant, égal à la somme des droits fixes arrêtés par CMA France ainsi que par la chambre régionale de métiers ou par la chambre de métiers de région dont le montant maximum, proportionnel au montant annuel du plafond de la sécurité sociale en vigueur au 1er janvier de l'année d'imposition, est fixé respectivement à 17 € et 118 € pour 2020 ;

– un **droit additionnel à la cotisation foncière des entreprises** (qui n'est donc payable que par les redevables de cette cotisation) dont le montant est fixé par les chambres de niveau régional, dans la limite de 60 % du produit du droit fixe leur revenant. Toutefois, les chambres peuvent, dans le cadre d'une convention d'objectifs et de moyens conclue avec le préfet de région, être autorisées à porter cette limite à 90 % de ce produit pour financer des actions ou réaliser des investissements.

À compter du 1er janvier 2021, le montant des droits est arrêté uniquement par CMA France (Loi 2019-1479 du 28-12-2019 art. 194).

À la taxe s'ajoutent les **frais de gestion** de la fiscalité locale (nº 41535).

› Précisions **a.** Sont **exonérés** les redevables réalisant un montant de chiffre d'affaires ou de recettes inférieur ou égal à 5 000 € et exonérés de cotisation minimum de CFE (voir nº 43715, précision a).
Les **entreprises créées ou reprises** avant le 1er janvier 2021 peuvent, sous certaines conditions, bénéficier d'une exonération d'une durée de deux à cinq ans (nº 43595, précision d).

b. Les personnes qui relèvent du régime du **micro-social** sont assujetties à une taxation spécifique proportionnelle au chiffre d'affaires, perçue à un taux compris entre 0,22 % et 0,83 % et recouvrée comme en matière de cotisations sociales (CGI art. 1601-0 A).

c. La taxe pour frais de chambres de métiers

fait l'objet de règles particulières dans les départements du **Bas-Rhin,** du **Haut-Rhin** et de la **Moselle.**

d. S'agissant de la **contribution** due par les artisans au titre de la **formation professionnelle,** voir n° 74280.

TAXE SUR LES FRICHES COMMERCIALES

45540 CGI art. 1530 **ASS-I-19000 s**

Les communes ou leurs groupements à fiscalité propre ayant une compétence d'aménagement des zones d'activités commerciales peuvent instituer une taxe annuelle sur les friches commerciales situées sur leur territoire.

La taxe est **due par** le redevable de la taxe foncière (n°s 41665 s.).

Cette taxe est **due pour** les biens professionnels visés au n° 42100, à l'exception des bâtiments et terrains industriels qui ne figurent pas à l'actif d'une entreprise soumise à un régime réel d'imposition, lorsque ces biens ne sont plus affectés à une activité entrant dans le champ de la cotisation foncière des entreprises (n°s 43525 s.) depuis au moins deux ans au 1er janvier de l'année d'imposition et sont restés inoccupés au cours de la même période.

Toutefois, la taxe n'est **pas due** lorsque l'inexploitation des biens est indépendante de la volonté du contribuable.

L'**assiette** de la taxe est constituée par le revenu net servant de base à la taxe foncière sur les propriétés bâties (n° 42030). Son **taux** est fixé à 10 % la première année d'imposition, 15 % la deuxième et 20 % à compter de la troisième année, ces taux pouvant être **majorés** dans la limite du double.

À la taxe elle-même s'ajoutent les **frais de gestion** de la fiscalité locale (n° 41535).

TAXE POUR LA GESTION DES MILIEUX AQUATIQUES ET LA PRÉVENTION DES INONDATIONS

45545 CGI art. 1530 bis **ASS-I-27000 s**

Cette taxe est **additionnelle** aux taxes foncières sur les propriétés bâties et non bâties, à la taxe d'habitation et à la cotisation foncière des entreprises.

Les communes ou leurs groupements à fiscalité propre ayant une compétence de gestion des milieux aquatiques et de prévention des inondations peuvent instituer et percevoir une taxe en vue de financer l'exercice de cette mission sur leur territoire.

La **base** de la taxe est déterminée dans les mêmes conditions que pour la part communale ou intercommunale de la taxe principale à laquelle la taxe s'ajoute.

Les organismes d'habitations à loyer modéré et les sociétés d'économie mixte sont **exonérés** de la taxe au titre des locaux d'habitation et des dépendances dont ils sont propriétaires et qui sont attribués sous conditions de ressources. Les redevables au nom desquels une cotisation de taxe d'habitation est établie au titre de ces locaux sont exonérés de la taxe.

À la taxe elle-même s'ajoutent les **frais de gestion** de la fiscalité locale (n° 41535).

PARTIE 4

Taxe sur la valeur ajoutée

La taxe sur la valeur ajoutée **(en abrégé : TVA)** constitue la pièce maîtresse de notre système des taxes sur le chiffre d'affaires. Il s'agit d'un **impôt général de consommation** qui atteint, en principe, tous les biens et services consommés ou utilisés en France, qu'ils soient d'origines nationale ou étrangère. 46000

D'autres **taxes diverses** sur le chiffre d'affaires, souvent perçues dans les mêmes conditions que la TVA, sont traitées dans la septième partie du présent ouvrage (nos 73000 s.). 46005

CARACTÈRES GÉNÉRAUX DE LA TVA

Le très rapide aperçu ci-après suit l'ordre de l'étude, de façon à permettre au lecteur de se reporter aux commentaires susceptibles de l'intéresser. 46015

1. Le **champ d'application** de la TVA (nos 46100 s.) est très large. Les **opérations imposables** (nos 46300 s.) comprennent les opérations effectuées à titre onéreux par un assujetti et celles spécialement désignées par la loi.
La loi prévoit cependant un certain nombre d'**exonérations** (no 46580). Certaines opérations normalement exonérées peuvent être taxées par voie d'**option** (no 46600).

2. Par ailleurs, la TVA comporte un caractère territorial, en ce sens qu'elle s'applique seulement aux **opérations** imposables considérées comme **localisées en France.** L'imposition pouvant résulter de l'application des règles de territorialité peut cependant se trouver neutralisée par l'effet de certaines exonérations prévues notamment en faveur des **exportations** et des **livraisons intracommunautaires,** des **services liés aux échanges extracommunautaires,** ou encore des **transports internationaux** (nos 48500 s.).

3. Après avoir défini les opérations qui sont effectivement soumises à la TVA, il convient de procéder au **calcul** et au **paiement** de la taxe (nos 52000 s.), c'est-à-dire à la détermination :
– de son **assiette** (ou base d'imposition) (nos 52200 s.) ;
– de son **fait générateur** et de son **exigibilité** (nos 52500 s.) ;
– du **taux** applicable (nos 52760 s.) ;

– des droits à déduction concernant la taxe ayant grevé les éléments du prix des opérations réalisées (voir le 4 ci-après) ;
– des **obligations** des assujettis (comptabilité, facturation, déclarations de chiffre d'affaires et paiement de l'impôt, etc.) (nos 53320 s.).

4. La TVA repose sur le **régime des déductions** (nos 55000 s.). L'**objectif** est de faire en sorte qu'à chaque **stade** de la production et de la distribution la taxe frappe seulement la « valeur ajoutée » (c'est-à-dire la plus-value conférée au produit), de telle façon qu'à la fin du cycle suivi par ce produit, la charge fiscale globale l'ayant finalement grevé corresponde à la taxe calculée sur le prix de vente au consommateur.

5. L'étude de la TVA ne serait pas complète sans l'exposé de divers **régimes particuliers.**

Le premier régime particulier a trait aux **opérations immobilières** (nos 58700 s.).

Les autres régimes particuliers (nos 59420 s.) concernent : l'**agriculture,** les **opérations bancaires et financières,** les **biens d'occasion, œuvres d'art,** objets de collection ou d'antiquité, le régime de la **suspension** de taxe, les **produits pétroliers,** les **commissionnaires** et autres intermédiaires, les **agents de voyages,** la **presse,** les **auteurs** et artistes-interprètes, les **spectacles,** et enfin l'**or d'investissement.**

Les particularités concernant les **DOM** et la **Corse** sont respectivement étudiées nos 91560 s. et 92360 s.

Le régime des **petites entreprises** (régime simplifié, franchise en base) est étudié nos 85100 s.

LA TVA ET L'EUROPE

46025 Chacun des **États membres de l'Union** européenne a instauré un système de TVA, en principe totalement conforme à la **directive 2006/112/CE du 28 novembre 2006** relative au système commun de TVA. Cette directive, qui a procédé à la refonte des règles de TVA contenues, pour l'essentiel, dans la 6e directive du 17 mai 1977, s'est substituée à cette dernière à compter du 1er janvier 2007. L'article 411, 2 de la directive 2006/112/CE précise à cet égard que les références faites à la 6e directive s'entendent comme faites à la directive 2006/112/CE et sont à lire selon le tableau de correspondance qui lui est annexé.

La directive 2006/112/CE intègre, en particulier, les modifications qui avaient été apportées à la 6e directive par la directive du 16 décembre 1991 fixant le régime applicable aux **opérations intracommunautaires.** Les modifications législatives nécessaires à la transposition de la directive du 16 décembre 1991 ont été l'œuvre, en France, pour l'essentiel, de la loi 92-677 du 17 juillet 1992.

Ultérieurement, la directive 2006/112/CE (que l'on dénommera dans les développements qui suivent « directive TVA ») a été modifiée, notamment, par la directive 2008/8/CE du 12 février 2008 qui a modifié en profondeur, à compter du 1er janvier 2010, les règles de **territorialité** applicables aux **prestations de services.** La directive du 12 février 2008 a été transposée en France par l'article 102 de la loi 2009-1673 du 30 décembre 2009.

Le mécanisme prévu par la directive TVA (qui, sauf exception, prévoit l'exigibilité de la TVA de l'État où est établi l'acquéreur ou le preneur) n'a été mis en place à l'origine qu'à titre provisoire, l'objectif initialement prévu étant à terme de parvenir, dans les relations entre résidents de l'Union, à une taxation généralisée des biens et services dans le pays d'origine (Dir. TVA art. 402).

Mais, devant la difficulté pour les États membres d'atteindre cet objectif, la Commission européenne, dans une communication du 6 décembre 2011, a proposé de pérenniser le principe de l'imposition dans l'État de destination, en l'améliorant afin d'éviter les fraudes et d'alléger les obligations des redevables. À cette fin, elle a présenté une proposition de directive le 25 mai 2018, qui prévoit l'instauration du **régime définitif des opérations intracommunautaires entre assujettis.** Dans l'attente de la mise en place du système de TVA définitif, des solutions provisoires visant à renforcer le régime actuel (« quick fixes ») ont été adoptées et s'appliquent depuis le 1er janvier 2020.

Remarque : De la **primauté du droit communautaire** il résulte notamment que les lois et règlements français ne sont applicables que pour autant qu'ils sont compatibles avec les objectifs définis par les directives en vigueur.

CHAPITRE 1

CHAMP D'APPLICATION DE LA TVA

SOMMAIRE

Les **opérations** qui sont situées **dans le champ** d'application de la TVA sont des opérations **imposables** à la TVA. Cela signifie qu'elles sont **soit imposées** à la TVA, **soit exonérées** de la TVA. 46100

Les **opérations** situées **hors du champ** d'application de la TVA ne sont **pas imposables** à la TVA.

SECTION 1

RÈGLES GÉNÉRALES

Les **opérations imposables** à la TVA peuvent être classées en **deux groupes** (le premier étant bien plus étendu que le second) : 46300
– à titre général, les opérations **effectuées à titre onéreux par un assujetti** (nos 46450 s.) ;
– les opérations **désignées expressément par la loi** (no 46560).

Bien qu'entrant en principe dans le champ d'application de la TVA, diverses **opérations** en sont **exonérées** par une disposition particulière de la loi (no 46580).

Enfin, pour certaines opérations normalement exonérées de la TVA, les intéressés peuvent, s'ils le désirent, renoncer à cette exonération en exerçant une **option pour** l'imposition à **la TVA** (no 46600).

A. Opérations effectuées à titre onéreux par un assujetti

Ce premier groupe d'opérations imposables est de beaucoup le plus important. 46450 CGI art. 256 et 256 A TVA-II-20 s

Aux termes de l'article 256, I du CGI, sont soumises à la TVA les **livraisons de biens et les prestations de services** effectuées **à titre onéreux par un assujetti** agissant en tant que tel. Nous allons préciser ces diverses notions.

LIVRAISONS DE BIENS CORPORELS

46455 TVA-II-55 s La livraison d'un bien corporel s'entend, selon l'article 256, II-1° du CGI (qui reprend les termes de la directive TVA), du **transfert du pouvoir de disposer** de ce bien comme un propriétaire.

› Précisions Selon la CJUE, cette définition va au-delà du transfert de propriété au sens formel du transfert juridique et englobe toute opération de transfert d'un bien corporel par une partie qui habilite l'autre à en disposer comme si elle était propriétaire de ce bien (CJUE 8-2-1990 aff. 320/88 : RJF 4/90 n° 504).

46460 **Biens concernés** Les biens concernés sont tous les **biens corporels.** Cela inclut les biens **meubles** (véhicules, meubles meublants, vêtements, produits alimentaires, animaux, etc.) mais également les biens **immeubles.** En pratique, cependant, les opérations concourant à la production ou à la livraison de biens immeubles obéissent à un ensemble de règles particulières exposées aux n°s 58700 s.

Sont en revanche exclus les **biens meubles incorporels,** les opérations portant sur ces biens étant considérées comme des prestations de services (voir n° 46475).

› Précisions **a.** Le **gaz, l'électricité,** la **chaleur,** le **froid** et les biens similaires sont considérés comme des biens meubles corporels (voir les précisions données n° 52620).
b. La plupart des **droits réels immobiliers** sont également assimilés à des biens corporels et suivent le régime du bien immeuble auquel il se rapportent (n° 58810).

46465 **Opérations concernées** Les livraisons de biens corporels s'identifient en premier lieu aux ventes portant sur de tels biens, mais il peut s'agir aussi du transfert de propriété d'un bien meuble corporel opéré en vertu d'une réquisition de l'autorité publique.

La remise matérielle d'un bien meuble corporel est assimilée à une livraison de bien lorsqu'elle est faite en exécution d'un contrat qui prévoit la **vente à tempérament** ou la location de ce bien pendant une période donnée et qui est assorti d'une clause selon laquelle la propriété de ce bien est normalement acquise au détenteur ou à ses ayants droit au plus tard lors du paiement de la dernière échéance **(location-vente).** En ce qui concerne ces opérations, on se reportera aux explications données n°s 52600 s.

Est également assimilée à une livraison de bien la remise matérielle d'un bien meuble corporel opérée en vertu d'un contrat de **vente** comportant une clause de **réserve de propriété** (à cet égard, voir les explications données n° 52615).

Sont également considérés comme des livraisons de biens corporels :
- l'**apport en société** ;
- l'**échange** d'un bien contre un autre bien ;
- le **prêt de consommation** ;
- le **transfert** par un assujetti d'un bien de son entreprise **à destination d'un autre État membre de l'Union européenne.**

Pour les opérations d'**entremise,** voir n°s 61440 s.

Pour les transactions portant sur certains titres représentant de l'**or d'investissement,** voir n° 61875.

PRESTATIONS DE SERVICES

46475 TVA-II-200 s Sont considérées comme des prestations de services les opérations autres que les livraisons de biens corporels.

Tel est le cas notamment :
- des **cessions de biens meubles incorporels** : cessions définitives ou temporaires (concessions) de droits, de brevets, de marques de fabrique, etc. (toutes ces opérations ne sont pas effectivement imposées, voir les précisions données n°s 47500 s.) ;
- du fait de **s'obliger à ne pas faire** ou à tolérer un acte ou une situation ;
- des opérations de **façon** ;
- des **locations** de biens meubles ou immeubles ;
- des **transports** et prestations accessoires ;
- des **travaux immobiliers** ;
- de l'exécution des obligations du **fiduciaire** (n° 91060) ;
- des **ventes à consommer sur place** de produits alimentaires ou de boissons (restaurants, débits de boissons). Pour la **définition** de ces ventes, voir n° 53195 ;
- des opérations d'entremise des **intermédiaires agissant au nom d'autrui** (voir explications n°s 61440 s.) ;
- des opérations de **change** ou sur **titres** décrites n°s 60335 et 60340 ;
- des **travaux d'études, de recherches et d'expertises** ;
- d'une manière générale, de toutes les activités qui relèvent du **louage d'industrie** ou du **contrat d'entreprise** par lequel une personne s'oblige à exécuter, moyennant une rémunération déterminée ou en échange d'un autre service, un travail quelconque ou à exercer des activités qui donnent lieu à la perception de profits divers (primes, participations, redevances).

> Précisions a. La question peut parfois se poser de savoir si l'on est en présence d'une **opération unique,** et dans l'affirmative, si cette opération unique doit être qualifiée de **livraison de biens ou de prestation** de services **ou,** au contraire si l'on est en présence de **plusieurs opérations dissociables** qui revêtent le caractère de livraisons de biens et/ou de prestations de services.

La jurisprudence, essentiellement communautaire, a dégagé à cet égard quelques principes d'analyse et **critères** de qualification :

– lorsqu'une opération est constituée par un faisceau d'éléments ou d'actes, il faut d'abord prendre en considération l'**ensemble des circonstances** dans lesquelles se déroule l'opération et rechercher ses **éléments caractéristiques** pour déterminer si l'on est en présence de plusieurs opérations principales distinctes ou d'une opération unique pouvant être qualifiée de livraison de biens ou de prestation de services (CJUE 27-10-2005 aff. 41/04 : RJF 1/06 n° 112 ; CJUE 11-2-2010 aff. 88/09 : RJF 5/10 n° 553) ;

– lorsque **plusieurs éléments ou actes,** formellement distincts et pouvant être fournis séparément, fournis par un assujetti à un consommateur envisagé comme un consommateur moyen, sont si **étroitement liés** qu'ils forment objectivement, sur un plan économique, un tout dont la dissociation revêtirait un caractère artificiel, l'ensemble de ces éléments ou actes constitue une opération unique, le sort fiscal de celle-ci étant alors déterminé par celui de la prestation prédominante au sein de cette opération (CJUE 27-10-2005 précité ; CJUE 19-11-2009 aff. 461/08 : RJF 2/10 n° 191 ; CJUE 21-2-2013 aff. 18/12 : RJF 5/13 n° 569) ;

– une opération unique doit également être constatée en présence d'une **opération principale assortie de prestations accessoires** partageant alors le sort fiscal de l'opération principale (les éléments accessoires doivent ainsi, notamment, être taxés au taux dont relève l'élément principal même si le prix de chaque élément composant le prix total payé peut être identifié). Tel est en particulier le cas lorsque l'opération « accessoire » ne constitue pas pour la clientèle une fin en soi mais le moyen de bénéficier dans les meilleures conditions de l'opération principale (CJUE 25-2-1999 aff. 349/96 : RJF 4/99 n° 512 ; CJUE 17-1-2013 aff. 224/11 : RJF 4/13 n° 449 ; CJUE 18-1-2018 aff. 463/16 : RJF 4/18 n° 457). Afin de déterminer si l'opération en cause constitue ou non pour la clientèle une fin en soi, le juge communautaire examine les circonstances dans lesquelles se déroule l'opération et recherche en particulier si celle-ci présente un **caractère facultatif** et si elle peut être fournie par un autre opérateur (en ce sens CJUE 16-7-2015 aff. 584/13 : RJF 11/15 n° 981). Le Conseil d'État ainsi que l'administration font même du caractère facultatif ou obligatoire de l'opération le critère déterminant (CE 24-4-2019 n°s 411007-411013 et 418912 : RJF 7/19 n°s 645 et 646 ; BOI-TVA-CHAMP-30-10-60-10 n° 260 ; BOI-RES-000057) ;

– si, parmi les éléments composant la prestation complexe unique, il n'est pas possible de déterminer un élément principal et un ou plusieurs éléments accessoires, les **éléments** composant cette prestation doivent être considérés comme étant **équivalents,** la prestation complexe unique n'étant alors pas susceptible de bénéficier d'un taux réduit ou d'une exonération (en ce sens CJUE 19-7-2012 aff. 44/11 : RJF 11/12 n° 1090 ; CJUE 10-11-2016 aff. 432/15 : RJF 2/17 n° 203) ;

– le fait qu'un **prix unique** soit facturé ou, au contraire, que des **prix distincts** soient contractuellement prévus peut constituer un indice en ce qui concerne le caractère unique ou non d'une prestation, mais n'a pas une importance décisive (CJUE 25-2-1999, 27-10-2005 précités ; CJUE 17-1-2013 aff. 224/11 : RJF 4/13 n° 449) ;

– alors même que le caractère matériel de la fourniture d'un bien corporel et du transfert du droit d'en disposer comme un propriétaire caractérisent une livraison de biens, l'opération peut être qualifiée de prestation de services si, compte tenu de l'**importance** que les **services complémentaires** revêtent pour la clientèle, de leur **ampleur,** du **temps nécessaire à leur exécution** et de la **part de leur coût** dans le coût total, ceux-ci ne sont ni mineurs ni accessoires mais présentent un caractère prédominant par rapport à la livraison de sorte qu'ils constituent une **fin en soi pour le client** (CJUE 11-2-2010 précité ; CE 10-6-2010 n° 296591 : RJF 10/10 n° 889).

b. La question de savoir si deux ou plusieurs opérations constituent des prestations distinctes et indépendantes ou une prestation unique se pose principalement lorsque ces opérations sont réalisées par le même opérateur. Selon la CJUE, cette question peut toutefois également se poser lorsque les **prestations** sont effectuées par des **opérateurs économiques distincts.** Si, en principe, de telles opérations doivent être regardées comme distinctes et indépendantes, elles peuvent, dans certains cas, en raison des circonstances et des éléments caractéristiques de ces opérations, être regardées comme une opération unique (en ce sens, concernant des opérations d'assurance, CJUE 16-7-2015 aff. 584/13 précité ; voir également, en ce qui concerne une opération de cession-bail, CJUE 27-3-2019 aff. 201/18 : n° 57295, précision b).

OPÉRATIONS EFFECTUÉES À TITRE ONÉREUX

Pour être imposables, les livraisons de biens meubles corporels et les prestations de services doivent (sous réserve du cas des transferts : n°s 49280 s.) être effectuées à titre onéreux. **46485** TVA-II-510 s

Les opérations effectuées à titre onéreux s'entendent de celles qui comportent la fourniture par l'acquéreur ou le bénéficiaire du service d'une **contrepartie,** quelle qu'en soit la nature (somme d'argent, bien livré ou service rendu, etc.) ou la valeur.

La taxe s'applique, en principe, à toutes les livraisons de biens et prestations de services effectuées à titre onéreux par un assujetti, quels qu'en soient les buts ou les résultats. Peu importe, à cet égard, que les opérations soient effectuées sans **but** lucratif ou sans **bénéfice.**

La notion d'opération effectuée à titre onéreux suppose toutefois l'existence d'un **« lien direct »** entre le service rendu (ou le bien livré) et la contre-valeur reçue.

46490 TVA-II-520 s **Notion de lien direct** La notion de « lien direct » contribue à limiter le domaine d'application de la TVA (par la mise hors champ de divers « opérateurs » et la non-imposition de certaines recettes). Progressivement affinée par la jurisprudence nationale mais aussi communautaire, cette notion peut être présentée comme suit :
– il n'est pas de service taxable en l'absence d'un lien direct **entre celui qui fournit le service et son bénéficiaire** (en ce qui concerne les livraisons, voir n° 46495, précision a) ;
– un tel lien n'est caractérisé que si **deux conditions** sont remplies : d'une part, le **service** doit être rendu directement à un bénéficiaire déterminé (autrement dit, doit être **individualisé** ou individualisable) ; d'autre part, il doit exister une **« relation nécessaire »** (mais pas forcément équivalente) **entre le niveau des avantages** retirés par le bénéficiaire du service **et la contre-valeur** qu'il verse au prestataire (CJUE 8-3-1988 aff. 102/86 : RJF 8-9/88 n° 970 ; CE 9-5-1990 n° 82611 : RJF 6/90 n° 676 ; CE 6-7-1990 n° 88224 : RJF 8-9/90 n° 989).

46495 Reprenant à son compte la notion de « lien direct », l'administration a apporté, à cet égard, les précisions suivantes (BOI-TVA-CHAMP-10-10-10 n°s 30 à 180).

a. La première condition (service individualisé) est remplie lorsqu'il y a un **engagement** exprès du prestataire **de fournir un service déterminé** à la personne qui assure le financement ou, en l'absence d'engagement exprès, lorsqu'une action a été entreprise ou que des moyens ont été mis en œuvre qui permettent d'établir l'existence d'un tel engagement.

L'existence d'un service individualisé n'est pas incompatible avec le fait que le **service** rendu soit **collectif** (à condition que les cotisants en tirent un avantage direct), ne soit **pas mesurable** avec précision ou s'inscrive dans le cadre d'une **obligation légale** (par exemple, services rendus par les associations interentreprises de médecine du travail).

b. L'existence d'une relation entre le service rendu et le prix perçu (seconde condition) ne fait pas de doute lorsqu'un prix est fixé dans le cadre de **relations contractuelles** définies par un contrat proprement dit, un **barème,** les **statuts** d'une association, etc.

Cette relation peut exister alors même que le prix :
– ne reflète pas la **valeur normale** de l'opération : la relation entre le prix et le service peut donc exister en cas d'**opération à perte.** Toutefois, lorsque le prix est fixé à un niveau très inférieur au prix du marché et dans des conditions telles qu'il traduit en réalité une **libéralité,** le prestataire ne peut être regardé comme exerçant une activité économique et, par suite, l'opération n'est pas imposable (pour l'application de ce principe dans le domaine locatif, voir n° 46895). De même, une opération effectuée gratuitement est hors du champ d'application de la TVA ;
– prend la forme d'un **rabais ;**
– n'est pas **payé par** le bénéficiaire mais par **un tiers** (voir n° 52220) ;
– est acquitté sous forme d'**abonnement.**

Si le **paiement volontaire** par le bénéficiaire du service laisse présumer qu'il existe un lien direct avec le service rendu, inversement le **caractère obligatoire du financement** laisse présumer qu'un tel lien n'existe pas, mais ces présomptions peuvent être renversées.

› **Précisions** **a.** La notion de lien direct peut concerner les **livraisons de biens.** Toutefois, à l'égard des critères examinés ci-dessus, cette catégorie d'opérations est, par nature, moins susceptible de susciter des difficultés.

b. La notion de lien direct permet notamment d'analyser le régime des **aides** et **subventions** et des **indemnités** : voir n°s 46920 s. et 46970.

46500 TVA-II-760 s **Remboursements de frais** Les livraisons de biens et les prestations de services sont imposables à la TVA même si elles sont **effectuées à prix coûtant (« remboursement de frais »).**

› **Précisions** Certains services rendus à prix coûtant sont cependant exonérés par des dispositions spéciales (voir n°s 47280 à 47315).

Par ailleurs, les sommes reçues en remboursement des dépenses exposées pour le compte d'un commettant sont exclues de la base d'imposition (n°s 52335 s.).

NOTION D'ASSUJETTI

46510 TVA-II-850 s TVA-II-1770 s L'« assujetti » à la TVA s'entend de toute personne qui **effectue de manière indépendante** (n°s 46525 s.) une des **activités économiques** mentionnées à l'article 256 A du CGI (n°s 46515 s.). De plus, l'assujetti doit **agir en tant que tel** (n° 46540).

Remarque : La qualité d'assujetti est indépendante du **statut juridique** des personnes, de leur situation au regard des **autres impôts,** de la forme ou de la **nature de leur intervention.** Par ailleurs, il importe peu que les opérations réalisées **donnent** effectivement **lieu au paiement** de la TVA **ou** soient **exonérées.** La notion d'assujetti est donc plus large que celle de redevable de la taxe (pour cette dernière notion, voir n° 53705).

Exercice d'une activité économique La qualité d'assujetti à la TVA résulte de l'exercice (de manière indépendante) d'une des activités économiques mentionnées à l'article 256 A du CGI. Sont visées par ce texte toutes les activités de producteur, de commerçant ou de prestataire de services, y compris les activités libérales, agricoles, civiles ou extractives, exercées à titre habituel. 46515 TVA-II-880 s

Le **caractère habituel** implique la réalisation répétée de prestations de services ou de livraisons de biens. Correspond notamment à cette définition l'exploitation d'un bien meuble corporel ou incorporel en vue d'en retirer des recettes ayant un caractère de permanence. En revanche, la personne qui réalise à titre occasionnel une opération économique n'a pas, en principe, la qualité d'assujetti (BOI-TVA-CHAMP-10-10-20 n° 330 ; en ce sens également CJUE 26-9-1996 aff. 230/94 : RJF 11/96 n° 1370).

› Précisions La notion d'activité économique pour les **organismes de droit public** est appréciée par la CJUE selon des critères plus stricts que ceux qu'elle utilise pour les opérateurs privés. Cette plus grande rigueur se traduit, essentiellement, d'une part, par la distinction qu'il convient d'opérer en ce qui les concerne entre la notion de prestation de services effectuée à titre onéreux au sens de l'article 2, 1-c de la directive TVA et celle de « rémunération » caractérisant une activité économique au sens de l'article 9, 1 de la même directive (la Cour précisant à cet égard que l'existence d'une prestation de services à titre onéreux ne suffit pas pour constater l'existence d'une activité économique) et, d'autre part, par l'examen des conditions dans lesquelles la prestation de services est effectuée par l'organisme (en ce sens, voir CJUE 29-10-2009 aff. 246/08 ; CJUE 12-5-2016 aff. 520/14 : RJF 8-9/16 n° 775).

Les **activités** économiques **concernées** sont les suivantes. 46520

a. Activités de nature industrielle ou commerciale. Il s'agit en particulier des opérations d'entremise, façons, transports, locations de biens meubles, ventes à consommer sur place, ventes de biens achetés en vue de la revente, etc.

b. Activités libérales. Les activités libérales se situent dans le champ d'application de la TVA **quelles que soient** leurs **modalités** d'exécution ou la **forme juridique** des entreprises qui les réalisent. Toutefois, **certaines** activités libérales touchant à la médecine et aux « soins » sont expressément **exonérées** de la TVA (n°s 47110 s.).

c. Activités agricoles. Les activités agricoles entrent dans le champ d'application de la TVA. Cependant, les exploitants sont en pratique placés de plein droit sous le régime dit du « remboursement forfaitaire » dès lors qu'ils ne sont pas imposés en vertu de dispositions expresses de la loi ou d'une option (n°s 59420 s.).

d. Activités civiles. La TVA est applicable (sauf exonération expresse prévue par la loi) aux activités civiles, telles que la **location** de terrains non aménagés ou de locaux nus (voir n°s 46800 s.) ou la cession de brevets par les inventeurs ou leurs héritiers (n° 47510).

e. Activités extractives. Les activités extractives entrent dans le champ d'application de la TVA dans la mesure où elles se concrétisent par des livraisons de biens ou des prestations de services imposables à cette taxe. Voir les précisions données au n° 47530 à propos des carrières et des mines.

› Précisions **a.** La vente par un **particulier** de biens tels que diamant, or ou vins (par exemple) acquis sans intention de les revendre ne relève pas d'une activité économique. Même solution pour la livraison de biens en vente publique effectuée occasionnellement par un particulier.

b. Ne relève pas d'une activité économique le simple fait pour un **syndicat de copropriétaires** d'assurer sa mission de gestion patrimoniale privée (conservation et entretien de l'immeuble, administration des parties communes) et de prendre en charge les éléments d'équipement communs et les services collectifs nécessaires à cette mission. En revanche, relève d'une activité économique la fourniture aux copropriétaires de biens et services sans lien avec cette mission (CE 7-12-2001 n° 212273 : RJF 2/02 n° 148).

c. Les recettes résultant de la **refacturation de frais par un holding** à ses filiales sont susceptibles de constituer la rémunération d'une activité économique imposable à moins que cette activité ne soit exercée qu'à titre occasionnel. Une refacturation de frais effectuée à titre occasionnel peut toutefois être imposable lorsqu'elle est opérée par un holding assujetti à la TVA pour une autre activité économique exercée de manière permanente (CE 13-12-2017 n° 397580 : RJF 3/18 n° 264).

d. En ce qui concerne les **produits financiers**, voir n° 55765.

Exercice de manière indépendante La qualité d'assujetti à la TVA résulte de l'exercice d'une activité économique de manière indépendante. Les personnes qui agissent de manière indépendante sont celles qui exercent une activité sous leur propre **responsabilité** et jouissent d'une totale **liberté** dans l'organisation et l'exécution des travaux qu'elle comporte. 46525 TVA-II-1210 s

Tel est le cas, notamment, des personnes qui exercent une activité professionnelle en vertu d'un contrat d'entreprise ou d'un contrat de mandat (voir également les précisions n° 46535).

> **Précisions** Selon la CJUE, l'expression « d'une façon indépendante » exprime, comme celle « d'une manière autonome », le besoin d'apprécier le **lien de subordination** dans l'exercice d'une activité économique. Les critères d'appréciation de la condition d'indépendance, qui sont l'accomplissement par une personne de ses activités en son nom, pour son propre compte et sous sa propre responsabilité et la prise en charge du risque économique lié à l'exercice de ces activités, sont applicables à toutes les personnes, physiques ou morales, aussi bien publiques que privées (en ce sens CJUE 29-9-2015 aff. 276/14 : RJF 12/15 n° 1080).
> L'exercice à titre indépendant est essentiellement une appréciation d'**éléments de fait.**

46530 Ne sont pas considérés comme agissant de manière indépendante, et ne sont donc **pas assujettis à la TVA** :
– les **salariés** et les autres personnes qui sont liées par un contrat de travail, ou par tout autre rapport juridique créant des liens de subordination en ce qui concerne les conditions de travail, les modalités de rémunération et la responsabilité de l'employeur (exemples : journalistes, simples vacataires des associations sans but lucratif) ;
– les **représentants de commerce** statutaires ou salariés ;
– les **travailleurs** (et ouvriers) **à domicile** dont les gains sont considérés comme des salaires, lorsqu'ils exercent leur activité dans les conditions prévues par les articles L 7412-1, L 7412-2 et L 7413-2 du Code du travail (Mémento pratique social n°s 74100 s.) ;
– les **présidents** des **établissements publics,** fonctionnaires et assimilés qui assument en tant que **représentants de l'État ou d'organismes de droit public** des tâches de direction, de contrôle ou de conseil dans le secteur public ou parapublic et dont les rémunérations relèvent, en matière d'IR, de la catégorie des traitements et salaires ;
– les **dirigeants de sociétés** personnes physiques dont les rémunérations sont fiscalement soumises au régime des traitements et salaires ou perçues dans l'exercice normal de leurs fonctions de direction, d'administration et de contrôle. En revanche, les rémunérations perçues par les personnes morales en leur qualité de dirigeantes de sociétés doivent être soumises à la TVA.

46535 > **Précisions** **a.** Les **expertises** effectuées de manière indépendante par des **fonctionnaires** désignés en raison des compétences développées dans leurs fonctions sont soumises à la TVA (BOI-TVA-CHAMP-10-10-60-50 n° 180).
b. Mandataires, les **syndics d'immeubles** sont assujettis à la TVA. Mais les retraités ou salariés qui se bornent à remplir les fonctions de syndic dans un immeuble dont ils sont eux-mêmes copropriétaires ne sont pas recherchés en paiement de la TVA (BOI-TVA-CHAMP-10-10-20 n° 310).
c. Les **GIE** étant dotés d'une personnalité morale distincte de celle de leurs membres, les opérations qu'ils réalisent avec leurs membres ou des tiers sont imposables dans les conditions de droit commun. Même solution pour les GEIE.
d. La **location d'un bien** à une **société civile par** un **associé** constitue une activité économique exercée de manière indépendante (CJUE 27-1-2000 aff. 23/98 : RJF 3/00 n° 438).
e. Selon la **doctrine administrative** (BOI précité n° 280), les **services que rend un établissement français** (succursale, par exemple) **à son siège,** installé en France ou à l'étranger, sont situés hors du champ d'application de la TVA (les mouvements de fonds entre le siège et l'établissement échappent donc à la taxe) car il s'agit d'opérations internes à une même entité juridique, même si l'établissement français se comporte de manière autonome. Sur ce dernier point, toutefois, la solution ne paraît pas en totale adéquation avec la jurisprudence de la **Cour de justice** (CJUE 23-3-2006 aff. 210/04 : RJF 6/06 n° 806 ; CJUE 24-1-2019 aff. 165/17, Morgan Stanley : RJF 4/19 n° 406) ni avec celle du **Conseil d'État** (CE 5-4-2019 n° 389105 : RJF 6/19 n° 533).
Par ailleurs, la CJUE a jugé que les services fournis par un siège à sa succursale membre d'un groupement TVA constituent des opérations imposables (CJUE 17-9-2014 aff. 7/13 : RJF 12/14 n° 1161). Selon nos informations, l'administration considère toutefois que l'existence d'un groupement TVA dans un autre État membre n'a aucune incidence en France, dès lors que la France n'a pas mis en œuvre un tel régime, et qu'il n'y a pas lieu de modifier la doctrine administrative visée ci-dessus.
Droits à déduction du siège et de la succursale, voir n° 55750, d.

46540
TVA-II-1900 s

Assujetti agissant en tant que tel Pour qu'une opération effectuée à titre onéreux puisse être regardée comme imposable à la TVA, il ne suffit pas qu'elle soit réalisée par un assujetti. Encore faut-il, comme l'exige l'article 256, I du CGI, que celui-ci agisse « en tant que tel ».

> **Précisions** **a.** Ne constituent pas des opérations réalisées par un assujetti agissant en tant que tel et sont, par suite, placées hors du champ d'application de la TVA :
> – dans le cas d'une vente, par un assujetti, d'un immeuble qu'il exploite et dont une partie a été affectée dès l'acquisition à son usage privé, la vente de cette partie du bien (CJUE 4-10-1995 aff. 291/92 : RJF 12/95 n° 1447) ;
> – la revente par une société, même commerciale par son objet ou par sa forme, de biens (lingots d'or en l'espèce) qu'elle a acquis non comme objet de négoce mais à titre de simple placement (CE 29-12-1995 n° 118754 : RJF 2/96 n° 186).
> **b.** En ce qui concerne les produits financiers, voir n° 55765.

B. Opérations imposables en vertu d'une disposition spéciale

Même si elles n'entrent pas dans le groupe général que nous venons d'examiner (opérations effectuées à titre onéreux par un assujetti), certaines opérations sont cependant soumises à la TVA en vertu d'une disposition spéciale de la loi. **46560** CGI art. 257 TVA-II-22400 s

L'article 257 du CGI donne une liste d'opérations que le législateur a entendu ainsi soumettre expressément et obligatoirement à la TVA. On trouvera dans le **tableau** ci-après la **liste** de ces opérations avec, pour chacune, les références aux commentaires correspondants.

Outre l'article 257 du CGI, il existe quelques autres textes créant des cas spéciaux d'imposition. Les plus notables sont l'article 256 bis pour les **acquisitions intracommunautaires** (nos 49150 s.), l'article 291 pour les **importations** en provenance de pays tiers (nos 49600 s.) ainsi que l'article 298 bis, II pour certains **exploitants agricoles** (nos 59700 s.).

Cas de taxation prévus à l'article 257 du CGI	Commentaires (nos)
Livraisons à soi-même de biens ou services (CGI art. 257, II)	47370 s.
Livraisons à soi-même de certains **travaux immobiliers** réalisés dans le cadre de la **politique sociale du logement** (CGI art. 257, I-3-1°)	59120 s.
Livraisons à soi-même d'immeubles du secteur social réalisées **en dehors d'une activité économique** (CGI art. 257, I-3-2°)	58700, précision a
Contribution à l'audiovisuel public (CGI art. 257, III-3°)	47490
Changement d'affectation de **matériel naval ou aéronautique** (CGI art. 257, III-1° et 2°)	50485 et 50515
Gains de courses perçus par des propriétaires de **chevaux** (CGI art. 257, III-4°)	60010, précision d

C. Opérations exonérées

Il y a exonération lorsqu'une **opération** entrant **dans le champ d'application** de la TVA est **dispensée** de cette taxe **par une disposition particulière** de la loi. **46580** TVA-V-1 s

L'**énumération** des exonérations donnée par la loi est **limitative.**

On trouvera dans le **tableau** ci-après la **liste** des exonérations de TVA actuellement en vigueur avec, pour chacune, les références aux commentaires correspondants.

Nature de l'exonération	Commentaires (nos)
Exportations et opérations assimilées	49690 s.
Livraisons intracommunautaires	49260 s.
Certaines importations	49640 s.
Certaines acquisitions intracommunautaires	49190 s.
Transports internationaux	50180 s.
DOM (exonérations spéciales)	91590 s.
Professions médicales et paramédicales	47120
Établissements de santé (y compris les maisons de retraite médicalisées et les lieux de vie et d'accueil)	47170 s.
Enseignement et formation professionnelle par certains organismes	47030 s.
Certaines opérations bancaires et financières	60310 s.
Opérations portant sur l'or d'investissement	61850 s.
Opérations d'assurance et de réassurance	47460
Certaines locations immobilières (terres et bâtiments agricoles ; terrains non aménagés ; locaux nus)	46830 et 46835
Certaines locations en meublé	90615 s.
Livraisons de **terrains non à bâtir** et d'**immeubles achevés depuis plus de cinq ans**	58830
Remboursements de frais par les adhérents de **groupements de moyens**	47280 s.
Sociétés de « pluripropriété »	47315
Organismes sans but lucratif (y compris organismes philosophiques, religieux, politiques, civiques ou syndicaux)	47270
Monuments aux morts	47565
Certains objets usagés vendus par leurs utilisateurs	61010 s.

Nature de l'exonération	Commentaires (nos)
Entraide agricole	59800
Pêche	47555
Maisons de jeux	47575
Jeux et paris (casinos ; courses et paris sportifs ; loto ; jeux de cercle en ligne)	47575
Transports sanitaires	47160
Analyses de biologie médicale	47130
Fournitures de prothèses dentaires par les prothésistes	47140
Organes, sang et lait humains	47150
Marchés à terme de marchandises	47560
Timbres fiscaux, timbres-poste	47570
Crèches et haltes-garderies	47580
Service universel postal	47585
Mandataires judiciaires à la protection des majeurs	47590

46585 **Remarques** : **a.** L'exonération d'une opération entraîne en principe la **perte du droit à déduction** de la TVA qui a grevé les éléments du prix de cette opération. Si le client de l'entreprise exonérée est lui-même redevable de la TVA, il ne pourra donc pas (aucune taxe ne pouvant légalement lui être facturée par le fournisseur exonéré) déduire de la **taxe** dont il est redevable celle qui a grevé « en **amont** » le prix de revient de son fournisseur.

b. Cependant, l'exonération des **exportations** et opérations assimilées, y compris **les livraisons intracommunautaires** (nos 49690 s. et 49260 s.), ainsi que celle des **transports internationaux** (nos 50180 s.), ont une portée plus large. En effet, ces opérations ouvrent **droit à récupération** de la taxe « d'amont » (no 55550). Les exportateurs et assimilés bénéficient même d'une possibilité d'**achats en franchise** ou « suspension » (nos 50550 s.).

Les opérations portant sur l'**or d'investissement,** quant à elles, ouvrent un **droit à déduction spécifique** (no 61895).

c. Le régime des exonérations ne doit pas être confondu avec le régime de **suspension** de taxe qui, dans les cas où il s'applique, a pour objet, sans altérer les droits à déduction, de reporter à un stade ultérieur l'exigibilité de l'impôt normalement dû (nos 61250 s.). Il doit être également distingué du régime de **dispense de TVA** dont bénéficient les **transmissions d'universalités de biens** (no 47520).

d. Du mécanisme des exonérations peut être rapproché le régime de « **franchise en base** » ouvert aux « petits redevables » (no 86540).

e. Pour certaines des opérations exonérées de la TVA (mais pas pour toutes), les intéressés peuvent, s'ils le désirent, renoncer à cette exonération en exerçant une **option pour** l'imposition à la **TVA** (no 46600).

Mais, en dehors de ces cas d'option, les opérations exonérées ne peuvent pas donner lieu au paiement volontaire de la TVA.

D. Opérations imposées sur option

46600 TVA-II-25200 s Les personnes physiques ou morales qui exercent **certaines activités exonérées** de la TVA (**ou même** placées **hors** de son **champ** d'application s'agissant des collectivités locales) se voient reconnaître, par une disposition expresse de la loi (articles 260 et suivants du CGI, principalement), la possibilité de se soumettre volontairement à la TVA, par le biais d'une option prévue à cet effet.

On trouvera la **liste** de ces options dans le tableau ci-après, avec les références aux commentaires correspondants. Cette liste est **limitative** : l'option n'est pas possible pour les activités exonérées (ou non imposables) qui n'y figurent pas.

Personnes pouvant opter	Commentaires (nos)
Bailleurs d'immeubles nus à usage professionnel	46875 s.
Bailleurs de biens ruraux	46885
Collectivités locales au titre de certains services publics	47235 s.
Assujettis réalisant des livraisons de **terrains « non à bâtir »** ou d'**immeubles achevés depuis plus de cinq ans**	58830
Établissements bancaires et financiers (pour certaines opérations)	60375 s.

Personnes pouvant opter	Commentaires (nos)
Personnes effectuant des opérations portant sur l'**or d'investissement** (pour certaines opérations)	61880 s.
Bailleurs de **baux à construction ou** de baux **emphytéotiques**	31040
Exploitants agricoles	59760 s.

Cette option ne doit pas être confondue avec celle ouverte aux personnes désireuses d'échapper à la franchise en base évoquée nº 86540, ni avec celle propre aux acquisitions intracommunautaires des personnes bénéficiant du régime dit « dérogatoire » qui est signalée nº 49230.

Conséquences et intérêt de l'option Celui qui exerce l'option est tenu d'**acquitter la TVA** sur ses opérations **et** de se soumettre à l'**ensemble des obligations** (déclarations, comptabilité, contrôle, etc.) incombant aux redevables de la TVA. D'une manière plus générale, il est placé à tous égards sous le **même régime que les redevables de plein droit.** 46605

En particulier, il peut **déduire** de la **taxe** dont il est redevable celle grevant ses **investissements et frais d'exploitation** (sauf, bien entendu, ceux expressément exclus du droit à déduction : voitures de tourisme notamment). Au début de son assujettissement, un droit à déduction lui est ainsi reconnu au titre de certains de ses investissements en cours d'utilisation depuis moins de vingt ans (immeubles) ou de cinq ans (autres biens) : nos 57365 s. Par ailleurs, la **taxe** dont il est redevable et qui est **facturée au client** est **récupérable** par ce dernier, s'il est lui-même redevable de la TVA.

C'est dire que la **composition de la clientèle** (et spécialement la présence de clients ayant la possibilité de récupérer la TVA facturée) constitue un élément essentiel à prendre en considération lorsqu'il s'agit d'apprécier si l'option peut ou non être avantageuse. Un autre élément dont il doit être tenu compte est l'**importance des investissements** que l'intéressé envisage de réaliser, ainsi que la part des dépenses d'exploitation grevées de la TVA.

Il ne faut pas oublier enfin (et ce facteur est parfois loin d'être négligeable) que l'option entraîne l'**exonération de la taxe sur les salaires** (nº 73380).

SECTION 2 EXPOSÉS CATÉGORIELS

Nous avons examiné ci-dessus (nos 46300 s.) les **règles générales** qui définissent le champ d'application de la TVA. Les commentaires ci-après concernent exclusivement **certaines catégories d'activités ou d'opérations** pour lesquelles la mise en œuvre de ces règles appelle des **explications particulières.** 46680

Il en est ainsi notamment lorsque, dans un domaine donné, on se trouve simultanément en présence d'opérations susceptibles, selon le cas, soit d'être effectivement soumises à la TVA, soit d'en être exonérées, soit encore de se situer hors du champ d'application de la taxe. De tels problèmes de frontière se présentent, par **exemple,** pour les locations immobilières (nos 46800 s.), pour certains organismes publics (nos 47200 s.), ou encore pour certaines collectivités de droit privé (nos 47260 s.).

Parmi les autres situations appelant des explications particulières, on peut citer le cas où il est nécessaire de préciser la définition de certaines « opérations » de caractère purement fiscal, dont la taxation est prévue par une disposition spéciale de la loi. C'est le cas notamment des « livraisons à soi-même » de biens ou de services (nos 47370 s.).

Remarques : **a.** Lorsque, à la lumière des explications qui lui sont consacrées dans la présente section, une opération donnée apparaît comme devant être effectivement imposée à la TVA, elle obéit en principe, pour tout ce qui concerne ses **modalités d'imposition,** aux règles de droit commun exposées dans les études d'ensemble consacrées aux différents stades du processus d'imposition (territorialité, calcul et paiement, déductions, etc.). Si toutefois, sur un point quelconque de ce processus, l'opération en cause présente une particularité appelant une précision, celle-ci est intégrée dans l'étude d'ensemble correspondante. 46685

b. Il s'agit là d'une différence marquante avec les activités pour lesquelles la loi a institué de véritables **régimes particuliers** : ceux-ci, en effet, sont susceptibles d'affecter (souvent profondément) les différents aspects du processus d'imposition, et pas seulement la définition des opérations taxables. Les régimes particuliers sont examinés plus loin (nos 58500 s.).

c. Par **exception** aux indications données dans la remarque a ci-dessus, sont étudiées ci-après quelques rubriques dans lesquelles, en vue de faciliter la compréhension d'une matière à la fois spécifique et très complexe, il a été jugé préférable, après avoir défini les opérations imposables, d'aborder immédiatement le problème de leurs modalités d'imposition. Il en est ainsi, en particulier, pour le cas, déjà mentionné, des « livraisons à soi-même » (nos 47370 s.).

1. LOCATIONS

46800
TVA-II-6400 s

Les locations, qui constituent des prestations de services, sont soumises en **principe** à la TVA. Ce principe général vaut notamment pour les **locations immobilières,** avec cependant des exceptions résultant des exonérations spécialement prévues pour plusieurs d'entre elles (nos 46820 s.). Parmi les locations immobilières ainsi exonérées, certaines (mais pas toutes) peuvent être soumises à la TVA par **option** (nos 46870 s.). Restera enfin à évoquer le cas particulier des **locations à prix très faible** (no 46895).

› Précisions **a.** Les locations soumises à la TVA sont exonérées de **contribution sur les revenus locatifs** (voir nos 74800 s.).
b. Pour les loyers perçus dans le cadre des opérations de **crédit-bail** (mobilier, immobilier ou fonds de commerce), il est fait application des règles prévues pour les locations (portant sur des biens de même nature).
c. Les personnes uniquement redevables de la TVA au titre de **locations civiles** sont réputées exploiter une **entreprise unique** (même si ces locations sont réalisées dans des immeubles ou ensembles d'immeubles situés en des lieux différents). Pour celles qui exercent d'autres activités imposables à la TVA (locations commerciales ou toute autre activité professionnelle), il faut distinguer : les personnes morales sont toujours considérées comme constituant une entreprise unique ; quant aux **personnes physiques,** si leurs diverses activités relèvent de secteurs juridiquement différents dotés de moyens propres, elles sont considérées comme exploitant des « **entreprises distinctes** ».
Ces distinctions sont, en principe, nécessaires pour l'application des différents **régimes d'imposition** et notamment pour l'appréciation de leurs chiffres limites. En cas d'entreprise unique, l'ensemble des opérations réalisées est retracé sur une même déclaration, tandis qu'en cas d'entreprises distinctes, il y a lieu de souscrire des **déclarations** séparées pour chaque « entreprise ».
d. Suivant la terminologie juridique, le « **preneur** » désigne celui qui « prend » le bien en location, c'est-à-dire, dans le langage courant, le locataire ou fermier. Le « **bailleur** » est évidemment celui qui donne le bien en location, c'est-à-dire le propriétaire.

LOCATIONS DE BIENS MEUBLES CORPORELS

46810
TVA-II-6410 s

De manière générale, les locations de biens meubles corporels, neufs ou d'occasion, constituent des opérations soumises à la TVA. Il en est ainsi, en particulier, des locations de tous matériels, de véhicules, de wagons, d'animaux, de livres, de films, de vêtements (cette liste n'est évidemment pas limitative).

LOCATIONS IMMOBILIÈRES

46815
TVA-II-6600 s

Sont considérés comme **biens immeubles** pour l'application de la directive TVA :

a. toute **partie déterminée de la terre,** située à ou sous sa surface, à laquelle peuvent être attachés des droits de propriété et de possession ;

b. tout **immeuble ou** toute **construction fixé(e) au sol** ou dans le sol au-dessus ou au-dessous du niveau de la mer, qui ne peut être aisément démonté(e) ou déplacé(e) ;

c. tout **élément installé** et **faisant partie intégrante d'un immeuble** ou d'une construction sans lequel l'immeuble ou la construction est incomplet, tel que portes, fenêtres, toitures, escaliers et ascenseurs ;

d. tout élément, matériel ou **machine, installé à demeure** dans un immeuble ou une construction qui ne peut être déplacé sans destruction ou modification de l'immeuble ou de la construction (Règl. UE 282/2011 art. 13 ter).

46820

Selon les **distinctions** ci-après, les locations d'immeubles bâtis ou non bâtis sont **imposables** à la TVA ou, au contraire, **exonérées.**

46825
TVA-II-6920 s

Locations d'immeubles aménagés Toutes les locations d'immeubles aménagés constituent des opérations de nature commerciale normalement soumises à la TVA sur le prix de location. Doit être regardée comme une location d'immeubles aménagés celle qui porte sur des locaux (**locaux à usage professionnel**) ou des **terrains** (exemple : terrains de camping) qui sont **pourvus des aménagements nécessaires,** sans lesquels l'**exploitation commerciale** à laquelle ces immeubles sont destinés n'est pas possible (CE 26-12-2013 no 360124 : RJF 3/14 no 234).

Le principe de l'imposition comporte cependant une **exception** qui concerne la plupart des **locations meublées** à usage d'**habitation** (le régime fiscal de ces locations en meublé fait l'objet d'une étude spéciale aux nos 90615 s.).

Locations de terres et bâtiments agricoles Les locations de terres et bâtiments à usage agricole sont exonérées de la TVA. Ces opérations revêtent en principe un caractère civil. 46830 CGI art. 261 D, 1° TVA-II-7990 s

Il s'agit essentiellement des **baux à ferme** qui donnent lieu au versement de « fermages » par le preneur (fermier). Ces baux portent souvent, non seulement sur les terres et bâtiments, mais encore sur le matériel à usage agricole et sur le cheptel. L'exonération s'applique à la totalité du bail, quelle qu'en soit par ailleurs la forme (bail écrit ou location verbale) et même s'il y a participation du bailleur aux résultats du fermier.

> **Précisions** **a.** Certaines de ces locations peuvent, si le bailleur le désire, être taxées par voie d'**option** (n° 46885).
> **b.** En ce qui concerne les locations ou concessions de **droits incorporels** (droit d'affichage, de chasse, de pêche, etc.) portant sur les biens en cause, voir ci-après n° 46860.

Locations de terrains non aménagés et de locaux nus Ces locations sont, en **principe,** exonérées de la TVA. 46835 CGI art. 261 D, 2° TVA-II-7370 s

L'exonération s'applique à toutes les opérations de l'espèce (locations d'habitations, locations d'établissements à usage industriel, commercial ou professionnel, etc.), dès lors qu'elles s'analysent en des opérations de caractère civil, et quand bien même elles seraient réalisées par une société à forme commerciale.

Le principe de l'exonération comporte cependant deux **exceptions** qui concernent, l'une, les locations d'emplacements de parking (n° 46845), l'autre, certaines situations spécialement visées par la loi dans lesquelles les locations sont réputées commerciales (n° 46840).

> **Précisions** **a.** Certaines des locations ainsi exonérées peuvent, si le bailleur le désire, être taxées par voie d'**option** (nos 46875 s.).
> **b.** En ce qui concerne les locations ou concessions de **droits incorporels** (droit d'affichage, de chasse, de pêche, etc.) portant sur les biens en cause, voir ci-après n° 46860.
> **c.** On rappelle que les **locations en meublé** font l'objet d'une étude spéciale aux nos 90615 s. À cet égard, il est précisé que la location de locaux nus ou meublés dont la destination finale est le logement meublé est assimilée à une location en meublé (n° 90635).
> **d.** La **sous-location** de locaux nus doit être regardée comme une location de locaux nus au sens de l'article 261 D, 2° du CGI. Ainsi jugé à propos de la sous-location de locaux nus consentie par une société qui disposait de ces locaux en vertu d'un contrat de crédit-bail (CE 16-11-2005 n° 257532 : RJF 2/06 n° 130).

Locations d'immeubles nus réputées commerciales En vertu d'une disposition expresse de l'article 261 D, 2° du CGI, les locations de terrains non aménagés et de locaux nus sont **exclues de l'exonération** visée au n° 46835 (et sont donc soumises à la TVA) lorsque l'on se trouve dans l'une des trois situations suivantes (situations dans lesquelles la location de l'immeuble est en fait réputée commerciale) : 46840 TVA-II-7640 s

a. La location constitue pour le bailleur le moyen de **poursuivre,** sous une autre forme, l'**exploitation d'un actif commercial** (par exemple, cas d'une personne qui, ayant apporté son fonds de commerce à une société, lui donne en location l'immeuble nécessaire à l'exploitation de ce fonds).

b. La location constitue pour le bailleur un moyen d'**accroître ses débouchés** (tel peut être le cas lorsque le bailleur et les locataires font tous partie d'un « ensemble commercial intégré »).

c. Le bailleur **participe aux résultats** de l'entreprise locataire (cette participation devant s'entendre d'une association aux profits et aux aléas de l'exploitation du locataire).

Locations d'emplacements de stationnement En vertu d'une disposition expresse de l'article 261 D, 2° du CGI, les **locations d'emplacements pour le stationnement de véhicules** (garages, parkings, etc.) sont **exclues de l'exonération** visée au n° 46835. Elles sont donc, en principe, obligatoirement soumises à la TVA. 46845 TVA-II-7500 s

Il en est ainsi quels que soient le véhicule pour le stationnement duquel l'emplacement est loué (automobiles, avions, bateaux, etc.), le type de l'emplacement loué (garages individuels, box, simples emplacements), le statut juridique de la personne qui loue les emplacements (collectivités locales, concessionnaires de parkings communaux, garagistes, simples particuliers, etc.), la périodicité de la location ou son mode de rémunération. Peu importe également que la location s'accompagne ou non de prestations commerciales annexes telles que le gardiennage.

Par **exception,** la location d'un emplacement pour le stationnement des véhicules échappe à l'imposition lorsqu'elle est étroitement liée à la location – non soumise à la TVA – d'un local destiné à un autre usage, si les conditions suivantes sont réunies : l'emplacement et le local sont situés dans le même ensemble immobilier ; ils sont loués par le même bailleur au même locataire ; l'emplacement constitue (même si les baux et loyers sont distincts) l'accessoire d'un local ne donnant pas lieu lui-même à imposition (local d'habitation nu ou loué en meublé, local professionnel nu n'ayant pas donné lieu à l'option pour la TVA).

› **Précisions** **a.** La **franchise en base** (nº 86540) est susceptible, le cas échéant, de faire échapper à la taxation les locations d'emplacements de stationnement.
b. Les **redevances** perçues par les collectivités locales pour le **stationnement sur les voies publiques** (le long des trottoirs, notamment) ne sont pas imposables à la TVA (BOI-TVA-CHAMP-10-10-30 nº 190 ; CJUE 14-12-2000 aff. 446/98 : RJF 3/01 nº 421).

LOCATIONS DE BIENS OU DROITS INCORPORELS

46855 TVA-II-8100 s
Ces locations entrent dans le champ d'application de la TVA et sont en **principe** imposables. C'est notamment le cas pour la location (ou mise en gérance libre) d'un **fonds de commerce.** On se reportera à cet égard à la rubrique spécialement consacrée, sous les nºs 47500 s., aux diverses opérations sur fonds de commerce.
Voir également les explications données :
– au nº 47510, pour les **brevets d'invention** ;
– au nº 47530, pour la concession du droit d'exploitation de **mines ou** de **carrières.**

46860 CGI art. 261 D, 3º TVA-II-8110 s
Le principe de l'imposition posé au nº 46855 comporte une exception pour les droits portant sur des immeubles dont les locations bénéficient des exonérations visées au nº 46830 (**terres et bâtiments à usage agricole**) et au nº 46835 (**terrains non aménagés et locaux nus**).
La cession à titre temporaire, c'est-à-dire la location ou la concession d'un **droit incorporel** portant sur ces biens est également exonérée de la TVA, dans la mesure où elle relève de la gestion d'un **patrimoine foncier,** c'est-à-dire lorsque les droits incorporels concernés ne font pas partie d'un actif commercial ou ne constituent pas un élément qu'il est d'usage de trouver dans un actif commercial.
Il en est ainsi de la location du **droit d'affichage** lorsque son produit entre dans la catégorie des revenus fonciers et ne constitue pas un élément de recettes d'une entreprise commerciale.
En revanche, les locations d'**emplacements publicitaires** sur les terrains de sport, consenties par les clubs sportifs, et les concessions par les organisateurs d'une foire du droit de publicité sur les palissades de cette foire sont soumises à la TVA.
La concession pure et simple d'un **droit de chasse ou de pêche,** non assortie d'autres prestations (telles qu'hébergement et nourriture des chasseurs ou pêcheurs, fourniture de personnel spécialisé), bénéficie également de l'exonération de la TVA, son produit entrant dans la catégorie des revenus fonciers.

LOCATIONS POUVANT ÊTRE IMPOSÉES PAR OPTION

46870 TVA-II-25400 s
Parmi les **locations immobilières exonérées** de la TVA, **certaines** peuvent faire l'objet d'une option pour le paiement volontaire de la TVA. Il s'agit :
– des locations de **biens nus à usage professionnel** (nºs 46875 s.) ;
– des locations de **biens ruraux** (nº 46885).
Sur les **conséquences et l'intérêt de l'option,** on se reportera aux explications données au nº 46605.

46875 CGI art. 260, 2º TVA-II-25410 s
Option concernant les locaux nus à usage professionnel Cette option pour la TVA peut être exercée par toute personne (physique ou morale) qui donne en **location** des locaux nus **pour les besoins de l'activité du preneur** (locataire), que celui-ci soit :
– **assujetti** à la TVA (industriel, commerçant, prestataire de services, profession libérale, etc.) ;
– ou, même, **non assujetti** à la TVA (exemples : bureau à usage professionnel donné en location à un VRP statutaire ; locaux à usage de bureaux donnés en location à une commune qui les utilise pour des activités non taxables). Cependant, en cas de location à un non-assujetti, l'option n'est autorisée que si le **bail** fait **mention expresse** de l'option exercée par le bailleur.
En tout état de cause, sont **exclus** du champ de l'option les locaux que les locataires utilisent pour des besoins autres que ceux de leur activité économique ou administrative. Tel est le cas des **locaux** destinés à l'**habitation** (ou à tout autre besoin privé). L'exclusion vise également les **locaux** destinés à un **usage agricole** ; mais ceux-ci peuvent éventuellement être concernés par l'option spécialement prévue pour les locations de biens ruraux (nº 46885).
Pour les personnes qui donnent en location **plusieurs immeubles** ou ensembles d'immeubles situés **en des lieux différents,** l'option doit être exercée distinctement immeuble par immeuble. Elle couvre alors tous les locaux que le bailleur possède dans l'immeuble considéré et qu'il loue à des assujettis (et, le cas échéant, tout ou partie de ceux loués à des non-assujettis).

Lorsque plusieurs bâtiments constituent un **même ensemble immobilier,** l'option couvre la totalité des locaux situés dans cet ensemble que le bailleur loue à des assujettis (et, le cas échéant, tout ou partie de ceux loués à des non-assujettis).

Au regard du **droit à déduction,** chaque immeuble ou ensemble d'immeubles ayant fait l'objet d'une option constitue un secteur d'activité distinct (n° 56050). En conséquence, les loueurs qui ont exercé des options afférentes à plusieurs immeubles sont tenus de suivre distinctement les déductions propres à chaque immeuble. De même, les loueurs qui exercent par ailleurs des activités passibles de la TVA sont tenus de séparer les deux catégories d'activités.

> **Précisions** **a.** L'option pour la TVA est ouverte même lorsque l'**immeuble** n'est **pas encore achevé.**
b. L'**usufruitier** d'un immeuble qui conclut un bail commercial a seul qualité pour opter.
c. L'option relative à un immeuble en **indivision** est – en raison de la nature juridique de l'indivision (entité distincte des membres qui la composent) – nécessairement globale. Elle est exercée, au nom de l'indivision, par le gérant ou un coïndivisaire muni d'un mandat exprès. Le juge admet toutefois une ratification implicite, par les indivisaires n'ayant pas donné leur consentement exprès, de l'option irrégulièrement exercée lorsque ceux-ci ont régulièrement acquitté au Trésor la TVA sur les loyers (CAA Paris 29-3-2007 n° 05-2104 : RJF 8-9/07 n° 904).
d. Quelle que soit la qualité du preneur, il n'est pas possible d'opter pour des locaux nus d'**habitation** (même si le contrat porte également sur des locaux à usage **professionnel,** commercial par exemple, pour lesquels l'option est possible). Mais l'option est possible au titre d'un local à **usage mixte** (Inst. 3 A-2-89, non reprise dans Bofip), y compris lorsque l'usage professionnel n'est pas prépondérant (CE 2-7-1986 n° 54743 : RJF 10/86 n° 876), l'option couvrant dans ce cas tout le local. Par local à usage mixte, on entend un local qui est à la fois et de façon indissociable professionnel et d'habitation (en ce sens, n'est pas un local à usage mixte un appartement dans lequel certaines pièces sont affectées à l'habitation et d'autres à l'exercice de l'activité ; dans ce cas, seules ces dernières pièces sont donc couvertes par l'option).
e. L'option peut être exercée pour l'ensemble des locaux nécessaires à l'activité professionnelle du locataire. Elle couvre l'ensemble des locaux affectés à des personnels exerçant des **fonctions impliquant** par nature et au regard de l'activité exercée par le preneur une **résidence permanente sur les lieux mêmes du travail** et, en particulier, le logement du personnel chargé de fonctions permanentes de surveillance ou de sécurité (CE 7-9-2009 n° 313138 : RJF 12/09 n° 1074 ; BOI-TVA-CHAMP-50-10 n° 200).
f. Lorsque l'**immeuble** ou l'ensemble d'immeubles **regroupe à la fois** des **locaux couverts** par l'option **et** des locaux **non couverts par l'option,** la **TVA** afférente à la construction ou à l'acquisition de l'immeuble ou de l'ensemble d'immeubles concerné n'est **déductible** qu'à concurrence de la surface des locaux effectivement couverts par l'option (BOI précité n° 160). Même solution en cas de réparation (Rép. Zimmermann : AN 23-11-2010 n° 78147, non reprise dans Bofip).

Modalités et durée de l'option L'**option,** qui doit être **expresse,** revêt en principe la forme d'une déclaration écrite adressée au service des impôts territorialement compétent (voir à cet égard la précision a ci-dessous ; voir par ailleurs, au n° 53720, précision a les indications concernant le service des impôts gestionnaire). 46880

Elle prend **effet** le premier jour du mois au cours duquel elle a été déclarée au service des impôts.

L'option peut être dénoncée à partir du 1er janvier de la neuvième année civile qui suit celle au cours de laquelle elle a été exercée (ou l'immeuble achevé dans le cas d'une option exercée au titre d'un immeuble non encore achevé). La **dénonciation** prend effet à compter du premier jour du mois au cours duquel elle a été formulée auprès du service des impôts. L'option couvre donc obligatoirement une **période minimale** de huit années et un mois.

À défaut de dénonciation, l'option continue de produire ses effets tant qu'il n'y est pas mis fin.

EXEMPLES

1. Une option formulée le 25 janvier 2020 prend effet le 1er janvier 2020 et pourra être dénoncée à compter du 1er janvier 2029. Si l'option est dénoncée en janvier 2029, la dénonciation prendra effet à compter du 1er janvier 2029 (application de l'exonération à compter de cette date).

2. Une option exercée le 5 décembre 2020 prend effet le 1er décembre 2020 et pourra être dénoncée à compter du 1er janvier 2029. Si l'option est dénoncée en mars 2029, la dénonciation prendra effet à compter du 1er mars 2029 (application de l'exonération à compter de cette date).

3. Une option est exercée en mars 2020 pour un immeuble non encore achevé ; celui-ci est achevé au cours de l'année 2021. L'option pourra être dénoncée à compter du 1er janvier 2030.

> **Précisions** **a.** Comme indiqué ci-dessus, l'option doit en principe revêtir la forme d'une **déclaration écrite** (lettre simple) **adressée au service des impôts** territorialement compétent. Toutefois, en cas de **création d'entreprise,** l'option peut être exercée sur la **déclaration de création d'entreprise ou d'activité** (n° 53390), à condition que cette dernière comporte des indications suffisamment précises pour identifier le ou les immeubles auxquels l'option

se rapporte (CE 23-12-2011 n° 323189 : RJF 3/12 n° 236).

b. Retenant une position moins restrictive que celle adoptée par le Conseil d'État (CE 13-1-2006 n° 253404 : RJF 4/06 n° 366), l'administration considère que la **validité de l'option** n'est **pas subordonnée à** ce que la déclaration d'option soit accompagnée d'un **bail,** d'une promesse de bail ou de tout document analogue (BOI-TVA-CHAMP-50-10 n° 210). L'option peut être exercée et produire ses effets alors même que celui qui opte n'est **pas encore propriétaire** ou n'a **pas encore la jouissance** de l'immeuble sur lequel porte l'option ; l'option peut ainsi être formulée au stade des avant-contrats de vente, d'apport, de bail ou de crédit-bail ou même à la constitution d'une société ayant vocation à donner à bail un immeuble (l'immeuble affecté à l'activité locative doit être désigné dans la lettre d'option) (BOI précité n° 230). Lorsque l'option a été formulée en bonne et due forme, l'assujetti peut donc exercer son **droit à déduction** immédiatement même s'il n'a pas encore conclu de baux ou perçu de loyers dès lors qu'il peut être établi, par des éléments objectifs, qu'il offre des immeubles à la location (BOI précité n° 170).

c. Le **changement d'utilisation des locaux** est sans incidence sur la validité de l'option lorsqu'il s'agit d'un simple changement d'activité (exemple : assujetti qui change d'activité et devient un non-assujetti). En revanche, si le locataire n'utilise plus les locaux pour son activité économique ou administrative, l'option cesse de plein droit de produire ses effets pour les locaux concernés.

d. Le **changement de locataire** n'affecte pas la validité de l'option sous réserve que, si le nouveau bail est conclu avec un preneur non assujetti, il contienne bien la clause indiquant que l'option est exercée par le bailleur. Au cas où le nouveau preneur non assujetti n'accepte pas l'option, celle-ci cesse ses effets de plein droit pour les locaux concernés.

e. En cas de **renouvellement du bail sans changement de locataire,** l'option continue de produire ses effets jusqu'à son terme même si, le locataire étant un non-assujetti, le nouveau bail ne contient pas la clause requise pour l'exercice de l'option.

f. Dans l'hypothèse d'actes emportant **substitutions de détenteurs de l'immeuble** (tels que notamment les promesses de vente), l'option exercée peut être transférée à la personne venant aux droits sur l'immeuble.

Lors de la **transmission d'une universalité totale ou partielle** d'une activité locative soumise à la TVA sur option (n° 47520), l'option exercée par le cédant au titre de l'immeuble exploité peut être transmise au cessionnaire dès lors que ce dernier entend poursuivre une telle activité soumise à la taxe (BOI précité n° 240).

46885 CGI art. 260, 6° TVA-II-26430 s

Option concernant les biens ruraux

Les **locations de terres et bâtiments** d'exploitation à usage **agricole** (qui sont en principe exonérées de la TVA : n° 46830) peuvent, si le bailleur (personne physique ou morale) en décide ainsi, faire l'objet d'une option pour le paiement volontaire de la TVA, à condition que le preneur (**fermier**) soit lui-même **redevable de la TVA** de plein droit ou par option (ce qui exclut les exploitants placés sous le régime du remboursement forfaitaire : n°s 60040 s.).

Les **locaux** à usage d'**habitation** sont exclus de l'option, qui porte seulement sur les terres et bâtiments d'exploitation à usage agricole.

L'option est **globale et indivisible,** en ce sens qu'elle couvre la totalité du bail (CE 29-7-1998 n° 193473 : RJF 10/98 n° 1104) et s'applique à tous les baux conclus avec des agriculteurs redevables de la TVA. Elle s'étend aux baux conclus avec un preneur devenant redevable de la TVA en cours de période d'option. Lorsque, pendant la même période, un fermier cesse d'être redevable de la TVA, l'option continue à produire ses effets.

L'option revêt la forme d'une **lettre** signée par le bailleur et accompagnée de la déclaration de création d'activité ou d'entreprise pour cette activité. Le bailleur joint à son option la preuve de la qualité de redevable du preneur (copie de sa déclaration de création d'entreprise ou d'activité ou de sa dernière déclaration de TVA).

L'option prend **effet** le premier jour du mois au cours duquel elle a été déclarée au service des impôts.

Elle peut être dénoncée à partir du 1er janvier de la cinquième année civile qui suit celle au cours de laquelle elle a été exercée. La **dénonciation** prend effet à compter du premier jour du mois au cours duquel elle a été formulée auprès du service des impôts. L'option couvre donc obligatoirement une **période minimale** de quatre années et un mois.

À défaut de dénonciation, l'option continue de produire ses effets tant qu'il n'y est pas mis fin.

EXEMPLES

1. Une option formulée le 25 janvier 2020 prend effet le 1er janvier 2020 et pourra être dénoncée à compter du 1er janvier 2025. Si l'option est dénoncée en janvier 2025, la dénonciation prendra effet à compter du 1er janvier 2025 (application de l'exonération à compter de cette date).

2. Une option exercée le 5 décembre 2020 prend effet le 1er décembre 2020 et pourra être dénoncée à compter du 1er janvier 2025. Si l'option est dénoncée en mars 2025, la dénonciation prendra effet à compter du 1er mars 2025 (application de l'exonération à compter de cette date).

L'option exercée en 2020 est dénoncée auprès du service des impôts le 20 mars 2027. Cette dénonciation prendra effet le 1er mars 2027 (application de l'exonération à compter de cette date).

› Précisions a. Le **bailleur** qui a opté est imposable à la TVA selon le **régime simplifié agricole** examiné nos 59790 s. (CGI art. 298 bis, II-6° ; TVA-II-26760 s.).

En ce qui concerne l'exercice des droits à déduction, il est admis que l'ensemble des baux soumis à la TVA soit regroupé au sein d'un seul secteur distinct d'activité. Cependant, deux secteurs sont nécessaires lorsque le bailleur exerce également une activité agricole (dans ce cas, l'intéressé doit néanmoins regrouper l'ensemble de ses opérations sur la même déclaration de TVA).

b. Il est admis, sous certaines conditions, que l'option puisse être exercée (et le droit à déduction transféré) pour des baux consentis à des preneurs non personnellement redevables de la TVA qui, à la date de conclusion du contrat, sont **membres d'un groupement** (Gaec, etc.) **ou d'une société d'exploitation agricole** (SCEA, EARL, etc.) au profit desquels les biens pris à bail sont mis à disposition (TVA-II-26560).

c. L'option prévue par l'article 260, 6° du CGI est ouverte au **bailleur à métayage.** Ce dernier peut également exercer l'option prévue pour les exploitants agricoles (n° 59760, précision b).

LOCATIONS CONSENTIES À PRIX TRÈS FAIBLE

46895 TVA-II-8270 s

Dans cette situation (susceptible de se présenter, notamment, pour certains baux immobiliers), il convient d'opérer les distinctions suivantes :

a. Locations consenties par des personnes privées. Lorsque des locations sont consenties entre des personnes **liées** juridiquement ou économiquement, il arrive que le loyer soit fixé à un prix manifestement inférieur à celui du marché. Dans cette hypothèse (qui est celle d'un acte anormal de gestion), la location se trouve placée **hors** du champ d'application de la **TVA** ; d'où le caractère inopérant de l'option qui aurait été exercée (qu'il s'agisse d'immeubles à usage professionnel ou de biens ruraux) et l'**obligation de reverser** :

– la totalité de la TVA déduite, lorsque les loyers sont anormalement faibles depuis le début de l'activité ;

– une fraction de la TVA déduite (calculée dans les conditions indiquées nos 57400 s.), l'année où les loyers fixés à un niveau normal deviennent anormalement bas ; dans cette situation, la sortie de l'option est effective à compter du 1er janvier de l'année considérée.

b. Locations consenties par des collectivités locales. En vertu d'une disposition expresse, les collectivités locales qui financent l'acquisition, la construction ou la livraison d'un immeuble à usage professionnel qu'elles destinent à la location à titre onéreux soumise à la TVA peuvent déduire la taxe ayant grevé les différents éléments constitutifs du prix du loyer (Loi 2005-157 du 23-2-2005 art. 11). Ces collectivités peuvent donc déduire la TVA grevant ledit immeuble même si le montant des **loyers** ne couvre pas l'amortissement normal de ce bien.

2. AIDES ET SUBVENTIONS

46920 TVA-II-3700 s

Le bénéficiaire de sommes qualifiées d'aides, de subventions, d'abandons de créances ou de dons doit suivre la démarche suivante :

– rechercher tout d'abord si les **sommes versées** constituent la **contrepartie d'une opération** réalisée au profit de la partie versante. Dans l'affirmative, il s'agit du **prix payé** pour un service rendu ou pour une vente. Les sommes versées sont donc taxables (sauf exonération expresse de l'opération), quel que soit le statut de la partie versante (personne de droit public ou de droit privé) ou la dénomination donnée à ces sommes (subventions, crédits budgétaires, aides, abandons de créances, etc.) ;

– à défaut, rechercher si les sommes versées **complètent le prix** d'une opération imposable. Dans l'affirmative, elles doivent être comprises dans la base d'imposition à la TVA et doivent donc être taxées sauf si l'opération est expressément exonérée ;

– en cas de réponse négative aux deux premiers points, la subvention, l'aide ou le don n'est jamais imposable à la TVA (BOI-TVA-BASE-10-10-10 n° 320).

› Précisions a. Les **dons** sont soumis aux mêmes règles de TVA que les subventions. Les sommes qualifiées de dons sont donc imposables à la TVA lorsqu'elles rémunèrent en réalité un service. Tel est le cas des sommes versées en contrepartie d'une prestation de publicité ou de parrainage (par exemple, dons versés dans le cadre du parrainage de sportifs : n° 47010).

b. Incidence des subventions au regard des **déductions,** voir nos 55790 s.

c. Pour les **aides entre entreprises,** la distinction entre aides à caractère commercial et aides à caractère financier, qui prévaut en matière de BIC (nos 8920 s.), est sans portée en matière de TVA.

d. Les remises de dettes consenties dans le cadre des procédures de **redressement ou de liquidation judiciaires des entreprises** (C. com. art. L 631-1 s. et L 640-1 s.), de **conciliation des entreprises** (C. com. art. L 611-4 s.) ou de **sauvegarde des entreprises** (C. com. art. L 620-1 s.) ne sont pas soumises à la TVA. L'entreprise qui consent la remise de dette peut récupérer la TVA facturée dans les conditions exposées aux nos 53780 s.

SUBVENTIONS CONSTITUANT LA CONTREPARTIE D'UNE OPÉRATION

46930

Lorsque les circonstances de droit ou de fait permettent d'établir l'existence d'un **engagement de fournir un bien ou un service** déterminé ou de constater la réalisation d'un tel engagement par le bénéficiaire de la subvention, les sommes versées constituent la contrepartie d'une prestation de services (ou de la fourniture d'un bien) entrant dans le champ d'application de la TVA.

En revanche, les subventions versées à des bénéficiaires qui n'ont **souscrit aucune obligation** en contrepartie de l'octroi de ces sommes ne constituent pas la rémunération d'un service rendu.

› Précisions Seraient ainsi imposables selon l'administration (BOI-TVA-BASE-10-10-10 n°s 340 et 350), notamment, les sommes versées par une collectivité locale à une radio locale en contrepartie de diverses obligations contractuelles : information sur la vie locale, bulletins d'information, etc. (solution peu compatible avec l'arrêt CAA Nantes 29-6-1994 nº 93-509 : RJF 12/94 nº 1313) et les crédits budgétaires alloués par l'État aux organismes publics de recherche pour financer des prestations de recherche fondamentale ou appliquée contractuellement déterminées par des conventions.
Ne constituent pas la rémunération d'un service rendu, en revanche, les subventions globales versées par une ville et une chambre de commerce en fonction des « perspectives générales d'action » d'un organisme qui, dans le but de favoriser l'expansion économique d'une région, effectue des études, informe et conseille les communes et les entreprises de cette région (CE 6-7-1990 nº 88224 sect. : RJF 8-9/90 nº 989).

SUBVENTIONS COMPLÉMENT DE PRIX

46940 Lorsque la contrepartie d'une prestation de services (ou d'une livraison de biens) imposée à la TVA est versée par un **tiers** qui n'est pas le client, il n'y a pas de service rendu au tiers, mais la subvention versée par celui-ci au prestataire est imposable chez ce dernier, sur le fondement d'une règle d'assiette (CGI art. 266, 1-a), dès lors qu'elle constitue pour lui une **contrepartie obtenue à raison de son activité imposable et directement liée au prix.**

S'inspirant des critères dégagés par la Cour de justice (CJUE 22-11-2001 aff. 184/00 : RJF 2/02 nº 250 ; CJUE 15-7-2004 aff. 144/02, 381/01, 463/02 et 495/01 : RJF 11/04 nº 1214), l'administration a défini les « subventions directement liées au prix » comme celles répondant aux **conditions cumulatives** suivantes (BOI-TVA-BASE-10-10-10 nº 370) :

1. La subvention est versée par un tiers à celui qui réalise la livraison ou la prestation. Elle implique donc nécessairement la présence de **trois parties** : la personne qui accorde la subvention, la personne qui en bénéficie et l'acheteur ou le preneur ;

2. La subvention constitue la **contrepartie totale ou partielle d'une livraison de biens ou d'une prestation de services.** Le principe du versement de la subvention doit exister en droit ou en fait avant l'intervention du fait générateur des opérations dont elle constitue la contrepartie. En outre, le prix du bien ou du service doit être déterminé, quant à son principe, au plus tard au moment du fait générateur. Il doit exister une relation entre la décision de la partie versante d'octroyer la subvention et la diminution des prix pratiqués par le bénéficiaire. La subvention doit être spécifiquement versée à l'organisme subventionné afin qu'il fournisse un bien ou effectue un service déterminé. Elle doit donc être identifiable comme la contrepartie d'une opération taxable et non versée globalement pour couvrir les coûts de l'organisme subventionné (il ne suffit pas que son versement permette indirectement à cet organisme de pratiquer des prix moins élevés). Cette relation, qui résulte de l'intention des parties, doit apparaître de manière non équivoque au terme d'une **analyse au cas par cas** des circonstances qui sont à l'origine du versement de la subvention. Les acheteurs du bien ou les preneurs du service doivent tirer profit de la subvention octroyée au bénéficiaire. En effet, il est nécessaire que le prix à payer par l'acheteur ou le preneur soit fixé de telle façon qu'il diminue à proportion de la subvention accordée au vendeur, laquelle constitue alors un élément de détermination du prix exigé. Ainsi une subvention ne saurait être qualifiée de complément de prix dès lors qu'elle n'est pas calculée de manière à couvrir spécialement l'insuffisance de recettes résultant de la tarification mais a pour objet de prendre en charge des coûts fixes et/ou variables ;

3. La subvention permet au client de payer un **prix inférieur au prix du marché,** ou, à défaut, au prix de revient.

Les subventions complément de prix sont soumises aux **règles d'imposition** (taux, exonération éventuelle, etc.) applicables aux opérations dont elles complètent le prix.

ILLUSTRATIONS

À la lumière des critères définis ci-dessus, **constituent notamment des subventions directement liées au prix** d'opérations imposables les subventions suivantes :
– sommes **versées à un organisme de recherche** assujetti à la TVA en complément des recettes afférentes aux prestations de recherche qu'il réalise au profit d'une entreprise et contractuellement destinées à abaisser le prix de ces prestations en dessous de leur prix de marché ;
– subventions **versées à un organisateur de spectacles** afin que ce dernier diminue, en deçà du prix du marché, les prix qu'il pratique vis-à-vis du public et ce, en rapport avec le montant des subventions octroyées (BOI précité nº 380) ;
– **subventions** versées par des collectivités **publiques** à des **Sicomi** qui se sont conventionnellement engagées à les **répercuter sur les loyers de crédit-bail du crédit-preneur,** qui s'est lui-

même engagé conventionnellement à en **répercuter** l'effet sur les **loyers** qu'il demande à son **sous-locataire,** une société étrangère dont il s'agit de favoriser l'implantation en France (CE 27-1-2010 n° 299113 : RJF 4/10 n° 339 ; BOI précité n° 390) ;
– **subvention d'équilibre** versée seulement en cas de **déficit d'exploitation** par des collectivités publiques à l'exploitant de patinoires en contrepartie d'**obligations quant à la nature et au prix** des prestations offertes, qui ont été **souscrites avant le fait générateur** de la taxe (CE 10-6-2010 n° 301586 : RJF 10/10 n° 884) ;
– **abandon de créance** consenti par une société mère à sa **filiale structurellement déficitaire,** afin de compenser les pertes dues aux tarifs trop bas que lui impose une convention de groupe pour les services rendus à ses sociétés sœurs (CE 16-4-2012 n° 323232 : RJF 7/12 n° 693).
En revanche, même si économiquement elles participent indirectement à la formation du prix, **ne constituent pas des subventions directement liées au prix** d'opérations imposables **notamment** les subventions suivantes :
– subventions qui sont, au moment de leur versement, allouées pour le financement total ou partiel d'un bien d'investissement déterminé (**subvention d'équipement**) ;
– subventions dites **« à l'achat »,** destinées à prendre financièrement en charge l'achat par le bénéficiaire de biens ou de services déterminés auprès d'un autre assujetti (subventions de l'État versées aux entreprises dans le cadre des aides à l'emploi, de l'implantation dans certaines zones défavorisées, « chèques-conseils », etc.) ;
– subventions dites de **fonctionnement,** destinées à couvrir exclusivement une partie des frais d'exploitation d'un organisme (exemples : avances consenties puis abandonnées par le Centre national de la cinématographie aux producteurs de films) ;
– subventions d'**équilibre** versées à une entreprise afin de compenser a posteriori un **déficit résultant de la conjoncture économique,** d'erreurs de gestion imputables à l'entreprise ou de tout événement ne relevant pas de sujétions particulières imposées par un tiers ;
– subventions dont le **montant** est **déterminé globalement** compte tenu des **coûts totaux d'exploitation** de l'activité économique du bénéficiaire, et qui ne sont pas directement liées à une opération taxable de celui-ci (BOI précité n° 410).

SOLUTIONS DIVERSES

46950 **a.** Les **subventions non agricoles versées par l'Union européenne** ne sont pas à soumettre à la TVA (BOI-TVA-BASE-10-10-40 n° 20).
b. En ce qui concerne le régime applicable : aux **aides versées dans le secteur agricole** (y compris le secteur agroalimentaire), voir n° 59810, b ; aux **virements financiers internes,** voir n° 47225, a.

3. INDEMNITÉS

46970 TVA-II-5200 s Pour être imposées à la TVA, les indemnités doivent constituer la **contrepartie d'une prestation de services individualisée** rendue à celui qui la verse.
À l'inverse, une indemnité qui a pour objet exclusif de réparer un **préjudice commercial,** fût-il courant, n'a pas à être soumise à cet impôt, dès lors qu'elle ne constitue pas la contrepartie d'une prestation de services.
Pour déterminer les règles de TVA applicables à une indemnité, il convient donc, dans chaque situation de fait, d'analyser les **conditions de son versement.** Si la somme représente, pour la personne qui la verse, la contrepartie d'un service qui lui est rendu, il convient de conclure au caractère taxable de cette somme indépendamment du fait qu'elle résulte de l'application du contrat ou de la loi ou qu'elle est fixée par le juge (BOI-TVA-BASE-10-10-10 n°s 260 et 270).

› Précisions a. Le fait que le versement de l'indemnité soit subordonné à la renonciation par le bénéficiaire à tout recours juridictionnel ne saurait être assimilé à un service rendu à la partie versante (BOI-TVA-BASE-10-10-10 n° 270).
b. Selon l'**administration** le versement d'**indemnités dites de résiliation,** notamment dans le cadre de l'interruption prématurée d'un contrat de crédit-bail, ne permet pas, à lui seul, de conclure au caractère taxable de cette somme (BOI précité n° 270). Sur ces indemnités, voir les solutions jurisprudentielles figurant précision c ci-après et n° 46975.
c. S'agissant des contrats de **location d'immeubles,** la **CJUE** estime que le régime de l'**indemnité de résiliation** anticipée doit être aligné sur celui du bail lui-même (exonération ou taxation, selon le cas), le régime d'un même bail ne pouvant faire l'objet d'un fractionnement (CJUE 15-12-1993 aff. 63/92 : RJF 3/94 n° 367). En la matière, le **Conseil d'État** recherche si l'indemnité de résiliation a pour contrepartie une prestation de services. Il a ainsi jugé que la libération de locaux consécutive à la résiliation anticipée d'un bail commercial, afin de permettre au bailleur de récupérer la jouissance des locaux et de conclure un nouveau bail dans des conditions plus avantageuses, doit être regardée comme un service rendu (par le preneur au bailleur) nettement individualisable et a, par suite, soumis à la TVA l'indemnité de résiliation versée par le bailleur au preneur à cette occasion (CE 27-2-2015 n° 368661 : RJF 7/15 n° 576).

Sommes considérées comme la contrepartie d'un service

46975 ILLUSTRATIONS

Peuvent **notamment** être considérés comme la contrepartie d'un service et sont, par suite, taxables :
– le dépôt de garantie conservé par un promoteur immobilier en cas de désistement du candidat acquéreur d'un logement, cette somme constituant la rémunération du service de réservation du bien (CE 23-10-1998 nº 154039 : RJF 12/98 nº 1406 ; BOI précité nº 280) ;
– l'« indemnité » versée en contrepartie d'une réservation de capacité de production non suivie d'une vente (CE 15-12-2000 nº 194696, SA Polyclad Europe : RJF 3/01 nº 293) ;
– l'indemnité versée dans le cadre de la résiliation d'un contrat de travaux immobiliers, lorsqu'elle constitue, en fait, la rémunération d'un commencement d'exécution (nº 52440) ;
– les indemnités de mutations (temporaires ou définitives) versées entre les clubs de football professionnel lors du transfert de joueurs (BOI précité nº 300) ;
– l'indemnité de résiliation anticipée d'un contrat de crédit-bail immobilier rémunérant la réalisation d'un local individualisé adapté aux besoins spécifiques du preneur (CE 30-7-2003 nº 241371 : RJF 11/03 nº 1232) ;
– l'indemnité versée en contrepartie de travaux non prévus au contrat (CE 17-5-2013 nº 339526 : RJF 8-9/13 nº 811) ;
– les sommes conservées par une compagnie aérienne au titre de la vente de billets d'avion émis mais non utilisés par les clients, que ces billets soient non remboursables (CJUE 23-12-2015 aff. 250/14 et 289/14 : RJF 3/16 nº 309 ; CE 13-4-2016 nº 365173 : RJF 7/16 nº 608) ou remboursables (CE 10-7-2019 nºs 419398, 423126 et 423128 : RJF 11/19 nº 1023) ;
– le montant prédéterminé perçu par un opérateur économique en cas de résiliation anticipée par son client, ou pour un motif imputable à ce dernier, d'un contrat de prestation de services (en l'occurrence des services de télécommunication) prévoyant une période minimale d'engagement, lequel montant correspond au montant que cet opérateur aurait perçu pendant le reste de ladite période en l'absence de résiliation (CJUE 22-11-2018 aff. 295/17 : RJF 2/19 nº 232) ;
– les sommes conservées par un exploitant de salle de cinéma au titre des entrées comprises dans les carnets de tickets ou les cartes à entrées multiples qui ne sont pas utilisées par les clients (CE 15-4-2016 nº 373591 : RJF 7/16 nº 609) ;
– les sommes versées au titre de la capture de cartes bancaires frauduleuses ou en opposition (CAA Versailles 15-11-2016 nº 14VE03680 : RJF 3/17 nº 224) ;
– l'indemnité de résiliation prévue par le contrat de crédit-bail en cas de rupture anticipée du contrat du fait du preneur et dont le montant est égal à la somme de tous les loyers non payés sur toute la durée du crédit-bail, une telle somme devant être regardée comme constituant la rémunération de l'opération faisant l'objet du contrat de crédit-bail (CJUE 3-7-2019 aff. 242/18 : RJF 10/19 nº 997).

Sommes considérées comme n'étant pas la contrepartie d'un service

46980 ILLUSTRATIONS

En revanche, ne peuvent pas être considérées comme la contrepartie d'un service, et ne sont donc pas taxables, **notamment,** les indemnités suivantes :
– indemnités de résiliation versées à un loueur de véhicules dans le cadre de l'article L 311-25 du Code de la consommation (CE 20-3-2013 nº 346990 : RJF 6/13 nº 600) ;
– arrhes conservées par un fournisseur ou un prestataire en cas de dédit de son client, ces sommes constituant des indemnités forfaitaires de résiliation perçues en réparation du préjudice subi du fait de cette défaillance (CJUE 18-7-2007 aff. 277/05 : RJF 11/07 nº 1363 ; BOI-TVA-SECT-60 nº 230). La circonstance que ces sommes aient été improprement qualifiées d'acomptes dans les documents contractuels est sans incidence à cet égard dès lors qu'il ressort des conditions générales de vente que leur conservation par le fournisseur ou le prestataire vise à l'indemniser forfaitairement du préjudice consécutif à l'annulation (CAA Bordeaux 25-10-2007 nº 04-1631 : RJF 3/08 nº 294) ;
– indemnité d'immobilisation conservée par le vendeur d'un immeuble en cas de défaut de réalisation de la vente du fait de la défaillance de l'acquéreur (CAA Lyon 31-10-2007 nº 06-525 : RJF 4/08 nº 420) ;
– indemnité d'occupation sans titre de locaux professionnels accordée au bailleur par le juge judiciaire au titre de l'occupation illégale par le preneur qui s'est maintenu dans les lieux après résiliation du bail, même si son montant a été fixé à celui de l'ancien loyer (CE 30-5-2018 nº 402447 : RJF 8-9/18 nº 840) ;
– indemnités versées par les compagnies d'assurance à leurs assurés à la suite de sinistres (incendie, vol, etc.) ou en exécution d'un contrat d'assurance-crédit (BOI-TVA-BASE-10-10-30 nºs 130 et 150) ;
– indemnité pour perte de véhicule perçue par un bailleur ou un crédit-bailleur de l'assureur du client qui correspond à la valeur vénale du bien au moment du sinistre et indemnité complémentaire versée par le client pour que la compensation à ce titre soit totale (CE 29-7-1998 nº 146333 : RJF 8-9/98 nº 926 ; BOI précité nºs 160 et 170) ;
– indemnité perçue par un équipementier visant à réparer le préjudice subi du fait de la résiliation unilatérale d'un contrat de fabrication par le constructeur automobile et résidant dans les coûts qu'il a exposés à perte (CE 28-5-2004 nº 250817 : RJF 8-9/04 nº 916) ;

– indemnité perçue d'un importateur par une société de distribution de tabacs, visant à réparer le préjudice subi par la société du fait de la résiliation du contrat de commercialisation (CE 21-11-2011 n° 316485 : RJF 2/12 n° 108) ;
– indemnité pour rupture abusive du contrat de franchise perçue par un franchiseur, visant à réparer le préjudice subi du fait de la résiliation unilatérale du contrat de franchise par le franchisé (CE 10-6-2010 n° 308495 : RJF 10/10 n° 880) ;
– indemnité perçue par un agent commercial à raison de la rupture de son contrat par le mandant (BOI-TVA-BASE-10-10-10 n° 290) ;
– pénalités pour retard de livraison ou d'exécution versées par un fournisseur ou un prestataire à son client (BOI-TVA-BASE-10-10-30 n° 70).

4. ACTIVITÉS LIBÉRALES

Conformément aux règles générales déjà exposées (nos 46510 à 46525), les opérations relevant de l'exercice d'une activité libérale sont, en **principe,** obligatoirement soumises à la TVA, dès lors qu'elles sont effectuées par des personnes agissant à titre indépendant. **46990** TVA-II-10650 s

Toutefois, certaines activités libérales, peu nombreuses, bénéficient d'**exonérations.** La principale intéresse les **professions médicales et paramédicales** ; cette exonération ainsi que celles concernant d'autres activités relevant du secteur de la santé (analyses de biologie médicale, prothèses dentaires, opérations sur les organes, sang et lait humains) sont examinées dans l'exposé spécialement consacré à ce secteur (nos 47110 s.). Certaines activités d'**enseignement** sont également exonérées de la TVA, comme on le verra à la rubrique suivante (nos 47030 s.).

Sous réserve de ces exonérations, la TVA est applicable à l'ensemble des « activités libérales », cette expression désignant ici les **professions libérales** proprement dites, les **charges et offices** (officiers publics et ministériels) et aussi les **autres activités** dont les profits sont soumis à l'impôt sur le revenu dans la catégorie des **bénéfices non commerciaux** (nos 13000 s.). À titre d'illustration, nous mentionnons ci-après un certain nombre de professions ou activités entrant dans l'un de ces trois sous-groupes (cette énumération est purement indicative et ne présente en aucune façon un caractère limitatif) : architectes et autres prestataires d'ingénierie et d'architecture (métreurs, ingénieurs-conseils, bureaux d'études, etc.) ; conseils dans les divers domaines (tels que conseils en brevets d'invention, en informatique, en publicité, en formation, en organisation, en finance, etc.) ; experts des diverses spécialités (tels qu'experts fonciers, agricoles, maritimes, en assurances, en automobiles, en objets d'art, en diagnostic d'entreprise, etc.) ; géomètres experts ; experts-comptables ; commissaires aux comptes ; avocats, avocats au Conseil d'État et à la Cour de cassation ; notaires ; greffiers des tribunaux de commerce ; huissiers de justice ; mandataires-liquidateurs, administrateurs judiciaires ; commissaires-priseurs judiciaires ; agents commerciaux ; traducteurs (s'il s'agit de traductions d'œuvres de l'esprit, le régime particulier visé au n° 47005 est applicable) ; dresseurs d'animaux (en ce qui concerne les dresseurs et entraîneurs de chevaux, voir n° 60010) ; voyants, parapsychologues, cartomanciens.

La TVA s'applique à l'ensemble des honoraires perçus au titre de l'exercice des activités libérales, quelles que soient les **modalités de leur exécution,** la **forme juridique** des entreprises qui les réalisent (entreprises individuelles, sociétés civiles professionnelles, sociétés de personnes, sociétés de capitaux, associations sans but lucratif, établissements publics, etc.). **46995**

Les membres des professions libérales sont soumis aux mêmes **obligations** que les autres redevables, notamment au regard des règles de facturation.

Plus généralement, les **modalités d'imposition** des opérations réalisées dans le cadre d'une activité libérale sont régies en principe, aux différents stades (détermination de la base d'imposition, taux de TVA, régime des déductions, déclarations et autres obligations), par les **règles de droit commun** applicables à l'ensemble des assujettis. **47000**

Lorsque toutefois, sur tel ou tel point, des **particularités** se présentent pour les activités libérales ou pour certaines d'entre elles, les explications nécessaires sont incorporées dans l'étude correspondante. C'est ainsi, par **exemple,** que, pour les professions judiciaires ou juridiques, la détermination de la base d'imposition appelle des précisions concernant les honoraires rétrocédés (n° 52225) et les remboursements de débours (n° 52350). Un autre exemple, concernant les avocats : ils peuvent bénéficier d'un système spécifique de franchise en base plus avantageux (n° 85585). Plus généralement, dans l'exposé consacré aux régimes d'imposition des petites entreprises (nos 85100 s.), on trouvera les explications qu'appelle, en cette matière, la situation des redevables exerçant une activité non commerciale.

47005 **Auteurs et artistes-interprètes** Les auteurs des œuvres de l'esprit, les artistes-interprètes et les artistes du spectacle agissant à titre indépendant sont, en principe, passibles de la TVA. Mais ils bénéficient d'un **régime particulier** qui est exposé aux nos 61680 s.

47010 TVA-II-11785 s **Sportifs** Les prestations effectuées à titre onéreux et **indépendant** par les sportifs sont imposables de plein droit à la TVA. Il en est ainsi notamment des **prestations publicitaires** rendues par les sportifs en dehors d'un contrat de travail, qui peuvent prendre la forme de la participation à des campagnes publicitaires ou de la concession du droit d'utiliser le nom et l'image du sportif.

En revanche, les sommes perçues dans le cadre d'un rapport juridique impliquant un **lien de subordination** ou qui n'ont pas de lien direct avec la fourniture d'une prestation de services ne sont pas imposables à la TVA. Ainsi, ne sont pas imposables, notamment, les sommes perçues dans le cadre d'un contrat de travail, les cachets, **prix ou primes** perçus à l'occasion de **compétitions,** l'aide personnalisée allouée aux athlètes de haut niveau.

› **Précisions** **a.** La TVA s'applique non seulement aux versements monétaires mais aussi, comme en matière d'échange (nos 52230 s.), aux **biens ou services reçus** le cas échéant **en contrepartie** de la prestation publicitaire rendue par le sportif.
b. Toutes les sommes perçues par un sportif dans le cadre d'un contrat de **parrainage** constituent la contrepartie de prestations de publicité et sont donc imposables.

47015 TVA-II-11570 s **Vétérinaires** L'exonération prévue pour les soins médicaux et paramédicaux (no 47120) concerne exclusivement la santé humaine et n'est donc pas applicable aux vétérinaires. Ceux-ci sont soumis à la **TVA** pour toutes les **opérations suivantes** : prestations de soins concourant au diagnostic, à la prévention ou au traitement des maladies des animaux, opérations effectuées sous couvert d'un mandat de police sanitaire et activités de prophylaxie collective ; fourniture de médicaments vétérinaires (accompagnant ou non un acte médical) ; fourniture de produits ne constituant pas des médicaments ; toilettage, prise en pension, tatouage.

› **Précisions** **a.** Sont placées hors du champ d'application de la TVA les activités qui ne sont pas effectuées à titre indépendant. Ainsi en est-il des prestations d'**enseignement** effectuées par les vétérinaires dans le cadre d'établissements scolaires ou universitaires et en contrepartie desquelles ils perçoivent des **rémunérations** soumises à l'IR dans la catégorie des traitements et salaires.
b. Les ventes de **médicaments** administrés comme prolongement direct d'un acte médical ou chirurgical figurant sur une note globale d'honoraires sont soumises à la taxe, non lors de la livraison des médicaments mais, comme les prestations de soins qu'elles accompagnent, lors de l'**encaissement** du prix.

5. ENSEIGNEMENT

47030 TVA-II-8600 s Les activités d'enseignement entrent, en **principe,** dans le **champ** d'**application de la TVA.** Toutefois, un **grand nombre** d'entre elles sont **exonérées** par la loi.

À cet égard, il faut **distinguer** entre les opérations de **formation professionnelle continue** (FPC) **et** les **autres** activités d'enseignement.

ACTIVITÉS D'ENSEIGNEMENT AUTRES QUE LA FPC

47040 TVA-II-8640 s Sont **exonérés** de la TVA :
– l'**enseignement scolaire et universitaire** (no 47050) ;
– les **leçons ou cours particuliers** dispensés par des personnes physiques (no 47055).

Ces enseignements ne peuvent **pas** être soumis à la TVA par **option.**

47045 Toutes les catégories d'enseignement (autres que la FPC) qui se situent **en dehors** de ces deux cas d'**exonération** sont soumises à la TVA.

Tel est le cas **notamment** :
– des écoles ou laboratoires de **langues** ;
– des établissements d'enseignement de la **conduite automobile** (auto-écoles) et du pilotage des **bateaux** ou des **aéronefs** ;
– des établissements d'enseignement des **arts d'agrément** ou des diverses **disciplines sportives** (voile, tennis, équitation, judo, etc.).

En ce qui concerne :
– les activités d'enseignement musical ou artistique exercées par les **organismes publics,** voir no 47215 ;
– les services de caractère éducatif rendus à leurs membres par des **organismes sans but lucratif,** voir no 89525.

47050 **Enseignement scolaire et universitaire** L'exonération de TVA concerne : CGI art. 261, 4-4° -a TVA-II-8695 s
– les établissements publics du **1er degré** (primaire), du **2e degré** (secondaire) ou **supérieur,** ainsi que les établissements comparables du secteur privé ;
– les établissements du secteur public qui dispensent un enseignement **universitaire** ; de même que les établissements privés visés aux articles L 613-7, L 714-2 et L 718-16 du Code de l'éducation ;
– les écoles techniques publiques ou privées qui dispensent un enseignement **technique ou professionnel** du 2e degré ou supérieur (centres de formation d'apprentis, notamment) ;
– les établissements qui dispensent un enseignement et une formation professionnelle **agricoles** organisés par la loi du 2 août 1960 ;
– les établissements publics ou les organismes privés régis par les articles L 444-1 à L 444-11 du Code de l'éducation et les textes subséquents qui dispensent, **à distance,** un enseignement primaire, secondaire, technique ou supérieur.

Pour les divers établissements visés ci-dessus, l'exonération s'applique aux **prestations d'enseignement** proprement dites ainsi qu'aux prestations de **services ou livraisons** de biens qui sont **étroitement liées à cet enseignement** : logement et nourriture des internes ou demi-pensionnaires ; articles ou fournitures scolaires, tels que livres ou cahiers, qui constituent le complément obligé et inséparable de l'enseignement dispensé (BOI-TVA-CHAMP-30-10-20-50 n° 40) ; mise à disposition d'un enseignant par un établissement d'enseignement à un autre établissement d'enseignement lorsque celle-ci présente un caractère indispensable à l'enseignement dispensé par l'établissement destinataire et qu'elle n'est pas essentiellement destinée à procurer des recettes supplémentaires par la réalisation d'une opération effectuée en concurrence directe avec des entreprises commerciales (CJUE 14-6-2007 aff. 434/05 : RJF 10/07 n° 1181). S'agissant de l'enseignement à distance, l'exonération s'applique aux ventes aux élèves de supports pédagogiques, que ces supports soient transmis par la voie postale ou diffusés en ligne via Internet (BOI-TVA-CHAMP-20-50-40-20 n° 200).

› Précisions **a.** L'exonération bénéficie, dans les mêmes conditions que pour les établissements d'enseignement français, aux **établissements étrangers,** implantés en France, lorsqu'ils ont été agréés en qualité d'établissement d'enseignement par l'autorité de tutelle concernée de l'État dont ils relèvent et lorsque leur cycle d'enseignement correspond à leur programme général national. L'exonération ne s'applique qu'aux opérations effectuées dans le cadre de cet agrément.

b. Les **ventes** d'objets fabriqués et les **services** rendus par les **élèves** dans le cadre de la mise en pratique de l'enseignement dispensé sont exonérés tant que ces opérations ne revêtent pas une importance telle qu'elles concurrencent les opérations d'entreprises ou de professions soumises à la TVA et sous réserve de l'absence de recours à des méthodes commerciales de gestion. Ces principes sont notamment applicables aux **travaux de recherche** réalisés par des étudiants.

c. Indépendamment de l'exonération des prestations d'enseignement, les établissements publics d'enseignement supérieur (**universités, grandes écoles**) doivent, le cas échéant, acquitter la TVA sur les **opérations imposables** qu'elles réalisent, telles que notamment : travaux d'études et de recherches effectués au profit de tiers ; exploitation de droits intellectuels ; ventes de publications ; ventes de matériel pédagogique (sauf si elles sont étroitement liées à l'enseignement) (TVA-II-19260 s.).

d. L'exonération prévue par le a de l'article 261, 4-4° du CGI est limitée à l'éventuelle rémunération des cours et leçons donnés dans les établissements susvisés et perçue par ces derniers. Cette exonération ne s'étend pas à celle perçue par un **enseignant exerçant à titre libéral** au sein de l'un de ces établissements, dont les droits à exonération, lorsqu'il est assujetti à la TVA, sont exclusivement régis par le b du même article (n° 47055) (CE 11-4-2014 n° 353219 : RJF 7/14 n° 675).

47055 **Leçons ou cours particuliers** Sont exonérés de la TVA, selon l'article 261, 4-4°-b du CGI, les cours ou leçons particuliers dispensés par des **personnes physiques** qui perçoivent directement de leurs élèves la rémunération de leur activité enseignante (noter, cependant, que la Cour de justice n'exige pas de lien contractuel direct entre l'élève et l'enseignant : CJUE 14-6-2007 aff. 445/05 : RJF 10/07 n° 1182). CGI art. 261, 4-4°-b TVA-II-9000 s

L'exonération s'applique aux cours ou leçons :
– relevant de l'enseignement **scolaire** (mathématiques, français, langues étrangères, etc.), **universitaire, professionnel, artistique** (chant, piano, danse, etc.), **sportif** (éducation physique, natation, tennis, ski, judo, etc.) à l'exclusion de disciplines telles que le bridge, les autres jeux de cartes, le yoga, etc. ;
– dispensés par des personnes indépendantes exerçant leur activité **sans** l'aide d'aucun **salarié** (CE 27-1-2017 n° 391373 : RJF 4/17 n° 316).

› Précisions **a.** Compte tenu du rôle d'enseignement qui leur est conféré par la réglementation, les **guides** et accompagnateurs **de montagne** non salariés bénéficient de l'exonération lorsqu'ils sont rémunérés directement par leurs élèves et qu'ils facturent distinctement les autres prestations fournies telles que logement ou restauration. TVA-II-11765 s
b. En ce qui concerne l'application de l'exonération aux cours ou leçons d'**équitation,** voir n° 60010, précision f.

FORMATION PROFESSIONNELLE CONTINUE (FPC)

47065 Pour les opérations de formation professionnelle continue (FPC), les règles diffèrent selon la nature de l'organisme qui les effectue. Il faut, en premier lieu, **distinguer** les **organismes publics** des **organismes privés.**

CGI art. 261, 4-4°-a
TVA-II-9650 s

› Précisions Le livre III de la 6e partie du Code du travail consacré à la formation professionnelle continue a été modifié par l'article 4 de la loi 2018-771 du 5 septembre 2018 (JO 6) relative à la liberté de choisir son avenir professionnel. En particulier, le **champ de la formation professionnelle** continue (dénommée désormais « formation professionnelle ») a été **étendu aux actions de formation par l'apprentissage** (C. trav. art. L 6313-1). La question se pose de savoir si les organismes qui seraient désormais amenés à fournir des prestations de services (et des livraisons de biens qui leur sont étroitement liées) dans le cadre de ces actions de formation par l'apprentissage sont susceptibles de bénéficier de l'exonération de TVA prévue par l'article 261, 4-4°-a (5e et 6e alinéas) du CGI, dont le texte n'a, à ce jour, pas été modifié.

47070 **Organismes publics** Les personnes morales de droit public (y compris les chambres de commerce et d'industrie, des métiers, d'agriculture et certains organismes à statut spécial assimilés : Banque de France, Comédie-Française, Ucanss, unions régionales d'organismes de sécurité sociale et centres de formation à la profession d'avocat) sont **exonérées** de TVA (sans possibilité d'option) pour les opérations qu'elles effectuent dans le cadre de la FPC, telle qu'elle est définie par les dispositions législatives et réglementaires qui la régissent.

L'exonération s'applique aux opérations de **formation** professionnelle continue proprement dites ainsi qu'aux **services** ou **livraisons** de biens qui leur sont étroitement liés (logement et nourriture des stagiaires, fourniture de documents pédagogiques).

47075 **Organismes privés** Les actions de FPC assurées par des organismes privés ne sont exonérées qu'à certaines conditions. En pratique, il y a lieu de **distinguer ceux** qui sont **« reconnus »** (n° 47080) **des autres** (n° 47085).

Cette distinction permet à nombre d'organismes privés de choisir le régime – imposition ou exonération – qui leur est le plus favorable.

47080 Les **organismes** de droit privé, personnes physiques ou morales, quelle que soit leur forme juridique (association loi de 1901, société commerciale, etc.), qui réalisent des opérations de FPC, peuvent être exonérés de TVA s'ils sont **« reconnus »** (les opérateurs de compétence, ou Opco, relèvent du même dispositif). Pour ce faire, ils doivent obtenir de l'autorité administrative dont relèvent leurs actions de formation une **attestation** reconnaissant qu'ils remplissent les conditions fixées par la réglementation en vigueur pour exercer leur activité dans le cadre de la FPC. L'obtention de l'attestation entraîne l'**exonération** de TVA pour toutes les opérations de FPC réalisées par l'organisme ainsi « reconnu ». Cette exonération s'impose à l'organisme, qui ne peut pas y renoncer ; l'assujettissement des opérations ne peut résulter que du retrait de l'attestation ou de la remise en cause de l'exonération que peut opérer le service des impôts à l'encontre d'un organisme, même titulaire de l'attestation, dont les opérations ne s'inscrivent pas dans le cadre de la FPC.

L'exonération couvre les opérations de **formation** professionnelle continue proprement dites ainsi que les prestations de **services** et **livraisons** de biens qui leur sont étroitement liées (logement, nourriture des stagiaires, fourniture de documents pédagogiques).

› Précisions a. Sont également couverts par l'exonération : la réalisation de **bilans de compétences** ; la réalisation de **bilans de compétences approfondis** mis en œuvre au bénéfice des **demandeurs d'emploi** et s'inscrivant dans un parcours de formation ou d'accès à l'emploi ; les **prestations d'accompagnement** des demandeurs d'emploi, y compris les prestations « Trajectoire Emploi » (BOI-TVA-CHAMP-30-10-20-50 nos 340 et 350).

b. Selon certains juges du fond, le droit de contrôle que l'administration tient de l'article 202 D de l'annexe II au CGI ne peut être exercé pour **remettre rétroactivement en cause l'exonération** appliquée par un organisme bénéficiaire de l'attestation délivrée par l'autorité administrative compétente, en l'absence de mauvaise foi de l'organisme (notamment CAA Bordeaux 16-1-2006 n° 02-955 : RJF 5/06 n° 513 ; CAA Lyon 23-12-2010 n° 08-242 : RJF 5/11 n° 569). Mais cette position n'est pas partagée par certaines autres cours administratives d'appel (CAA Nantes 30-12-2005 n° 03-1635 ; CAA Marseille 28-6-2007 n° 03-2088 ; CAA Douai 3-7-2018 n° 17DA00107 : RJF 12/18 n° 1120).

c. Selon certains juges du fond, l'article 261, 4-4°-a du CGI en tant qu'il prévoit que l'attestation n'est délivrée que sur demande du contribuable a pour effet de créer un droit d'option en dehors des cas limitativement prévus par l'article 137 de la **directive TVA** et n'est par suite, dans cette mesure, pas compatible avec ladite directive (CAA Marseille 12-6-2007 n° 04-1438 : RJF 1/08 n° 25 ; CAA Lyon 5-1-2012 n° 10LY00987 : RJF 6/12 n° 583).

47085 Pour les **organismes non « reconnus »,** c'est-à-dire ceux n'ayant pas d'attestation, les activités de FPC réalisées sont, dans leur ensemble, **taxables** au taux normal.

Par dérogation à la règle générale, certains organismes non « reconnus » peuvent bénéficier d'**exonérations spécifiques.** Il s'agit :

– d'une part, des **organismes sans but lucratif** : organismes dits « **fermés** » agissant au profit de leurs membres, la formation professionnelle étant assimilée pour eux à un service de caractère éducatif (voir n° 89525) ; organismes dits « **ouverts** » exerçant des activités de FPC, dès lors que les critères de non-lucrativité sont remplis (n°s 89400 s.) ;

– d'autre part, des **organisations syndicales ou politiques** pour la formation de leurs militants (voir n° 89550, c).

6. SECTEUR DE LA SANTÉ

Dans ce secteur, **certaines** activités (au premier rang desquelles figurent les soins médicaux et paramédicaux) bénéficient d'**exonérations.** 47110

Les **autres** activités, pour lesquelles aucune exonération n'est expressément prévue par la loi, sont soumises à la **TVA.** C'est **notamment** le cas pour la fabrication et la distribution des **produits pharmaceutiques.**

SOINS MÉDICAUX ET PARAMÉDICAUX

Sont exonérés de la TVA (sans possibilité d'option) les soins dispensés aux personnes par les membres des professions médicales et paramédicales. 47120 CGI art. 261, 4-1° TVA-II-11975 s

On définira d'abord les **professions** puis les **prestations** concernées par l'exonération.

Seuls, en principe, les **praticiens et auxiliaires** dont les **professions** sont **réglementées** par une disposition législative ou par un texte pris en application d'une telle disposition peuvent bénéficier de l'exonération au titre des soins qu'ils dispensent. Sont ainsi visés les médecins (omnipraticiens ou spécialistes), les chirurgiens-dentistes, les sages-femmes, les masseurs-kinésithérapeutes, les pédicures-podologues, les infirmiers ou infirmières, les orthoptistes, les orthophonistes, les diététiciens, les psychomotriciens et, depuis le 15 octobre 2019, les pharmaciens (Loi 2019-1479 du 28-12-2019 art. 31).

Par **exception** à cette règle, les praticiens autorisés à faire usage légalement du titre d'ostéopathe, de chiropracteur, de psychologue ou de psychothérapeute ainsi que les psychanalystes non médecins mais titulaires d'un des diplômes requis par la réglementation, à la date de sa délivrance, pour être recrutés comme psychologues dans la fonction publique hospitalière sont exonérés, alors même que leur profession n'est pas « réglementée » au sens défini ci-dessus.

Sont exonérées au premier chef les **prestations de soins** dispensées aux personnes, c'est-à-dire les prestations qui concourent à l'établissement des diagnostics médicaux ou au traitement des maladies humaines.

Selon l'administration, l'exonération s'étend à certaines **fournitures de biens** effectuées par les praticiens et auxiliaires concernés, dans la mesure où elles constituent le prolongement direct des soins dispensés à leurs malades. Tel est le cas des semelles orthopédiques ou appareils podologiques fabriqués par des pédicures-podologues et vendus aux personnes auxquelles ils prodiguent leurs soins (BOI-TVA-CHAMP-30-10-20-10 n° 10). Sont également exonérées les fournitures de prothèses et d'implants dentaires par les dentistes ou les stomatologues (CGI art. 261, 4-1° ; BOI-RES-000009). À noter toutefois que, selon la CJUE, les fournitures de biens (médicaments ou autres biens) ne peuvent pas bénéficier de l'exonération, à moins qu'elles soient strictement nécessaires au moment de la prestation de soins et, par suite, matériellement et économiquement indissociables (CJUE 13-3-2014 aff. 366/12 : RJF 6/14 n° 649). Le **Conseil d'État** a jugé à cet égard que pouvaient ainsi bénéficier de l'exonération les livraisons de médicaments cytostatiques prescrits dans le cadre d'un traitement ambulatoire contre le cancer par des médecins exerçant à titre indépendant au sein d'un hôpital (CE 4-6-2019 n° 423435 et CE 4-6-2019 n° 423436 : RJF 8-9/19 n° 772 repris au BOI-TVA-CHAMP-30-10-20-20 n° 90).

› Précisions **a.** Nous n'envisageons pas ici la situation des **établissements de santé,** qui est examinée aux n°s 47170 s.

b. L'exonération des soins médicaux et paramédicaux ne dépend pas de la forme juridique de l'assujetti qui fournit ces soins. Elle s'applique donc aux prestations de soins effectuées par des **personnes morales.** Ainsi jugé à propos : de prestations de soins à caractère thérapeutique effectuées par une société de capitaux gérant un service de soins ambulatoires fournis par du personnel infirmier qualifié (CJUE 10-9-2002 aff. 141/00 : RJF 12/02 n° 1433) ; de traitements psychothérapeutiques dispensés par une fondation de droit privé à l'aide de psychothérapeutes employés par cette dernière (CJUE 6-11-2003 aff. 45/01 : RJF 1/04 n° 105).

c. En matière de **médecine et** de **chirurgie esthétique,** les actes qui bénéficient de l'exonération de TVA sont ceux qui sont pris en charge totalement ou partiellement par l'assurance maladie, c'est-à-dire notamment les actes de chirurgie réparatrice et certains actes de chirurgie esthétique justifiés par un risque pour la santé du patient ou liés à la reconnaissance d'un grave préjudice psychologique ou social. Lorsqu'ils ne sont pas pris en charge par l'assurance maladie, lesdits actes peuvent toutefois bénéficier de l'exonération s'ils présentent un intérêt diagnostique ou thérapeutique reconnu dans un avis rendu par l'autorité sanitaire compétente (BOI-TVA-CHAMP-30-10-20-10 n°s 40 et 43). Un acte de médecine ou de chirurgie esthétique non pris en charge par la sécurité sociale et dont l'intérêt thérapeutique n'a pas été reconnu doit donc être soumis à la TVA, quel que soit le type d'établissement (établissements de soins privés ou hôpitaux publics) dans lequel cet acte est pratiqué (BOI précité n° 45).

d. Les personnes qui réalisent des actes médicaux ou rendent des services en **dehors du cadre de l'exercice légal de la médecine** – notamment, acupuncteurs, étiopathes, iridologues, sophrologues, thanatologues, ainsi que naturothérapeutes non reconnus par le ministère de la santé – ne peuvent bénéficier de l'exonération. Il en est de même, bien entendu, des mages, magnétiseurs, guérisseurs et autres rebouteux.

e. La **directive TVA** renvoyant à la réglementation nationale la définition de la notion de professions paramédicales, des qualifications requises pour exercer ces professions et des activités spécifiques de soins à la personne qui relèvent de telles professions, la **limitation de l'exonération aux** seuls soins dispensés par les membres des **professions** médicales et paramédicales **réglementées** n'est par principe pas contraire à la directive (CE 16-4-2010 n° 318941 : RJF 8-9/10 n° 786). Toutefois, l'exclusion d'une profession ou d'une activité spécifique de soins à la personne de la définition des professions paramédicales exonérées serait contraire au **principe de neutralité fiscale** s'il pouvait être démontré que les personnes exerçant cette profession ou activité disposent, pour la fourniture de telles prestations de soins, de qualifications professionnelles aptes à assurer à ces prestations un niveau de qualité équivalant à celles fournies par des personnes bénéficiant, en vertu de la réglementation nationale, de l'exonération (CJUE 27-4-2006 aff. 443/04 et 444/04 : RJF 7/06 n° 973 ; CJUE 27-6-2019 aff. 597/17 : RJF 11/19 n° 1107 ; CE 16-4-2010 précité ; dans le même sens CE 30-12-2014 n° 360809 : RJF 3/15 n° 199, à propos des psychothérapeutes).

f. Les soins que les **masseurs-kinésithérapeutes** sont habilités à dispenser dans l'exercice de leur profession réglementée sont exonérés, même s'ils ne sont pas effectués sur ordonnance médicale. Sont ainsi exonérés les massages même non prescrits (CE 15-2-1999 n°s 176931 et 176932 : RJF 4/99 n° 396).

g. Les **expertises** médicales, qu'elles soient réalisées dans le cadre d'une instance ou dans celui d'un contrat d'assurance, sont soumises à la TVA (BOI précité n° 80). Sont toutefois exonérées les expertises médicales réalisées par les comités médicaux dans le cadre de visites d'aptitude pour l'admission à un emploi public, la réintégration à la suite de congés maladie, l'aménagement des conditions de travail ou le reclassement dans un autre emploi (Rép. Urvoas : AN 29-7-2014 n° 53452).

h. L'exonération des « prestations de soins à la personne » ne couvre pas l'**activité de collecte, d'analyse, de traitement de sang de cordon ombilical** et de stockage des cellules souches qu'il contient, ni l'**activité de transport d'organes** et de **prélèvements d'origine humaine** exercée par un tiers indépendant en faveur d'hôpitaux et de laboratoires. Ces activités ne bénéficient pas non plus de l'exonération prévue pour les établissements de santé (CJUE 10-6-2010 aff. 262/08 : RJF 10/10 n° 974 ; CJUE 2-7-2015 aff. 334/14 : RJF 10/15 n° 874).

En revanche, l'**extraction** et la **culture de cellules cartilagineuses** humaines en vue de leur réimplantation à des fins thérapeutiques constituent, selon la Cour, des prestations de soins à la personne exonérées (CJUE 18-11-2010 aff. 156/09 : RJF 2/11 n° 259).

i. L'exonération s'applique également aux sommes reversées (**honoraires rétrocédés**) par un médecin remplacé au médecin **remplaçant** dès lors qu'elles rémunèrent une prestation de soins. En revanche, la redevance perçue par le médecin remplacé en contrepartie de la mise à disposition de ses installations techniques et locaux au médecin remplaçant est soumise à la TVA, sauf si le remplacement revêt un caractère occasionnel.

j. En revanche, lorsque, dans le cadre d'un **contrat de collaboration,** le propriétaire du cabinet reçoit de son confrère une **redevance** en contrepartie de la mise à disposition des installations, cette redevance doit être soumise à la TVA (pour les conventions d'exercice conjoint, voir n° 47325, 1).

k. La TVA est également exigible sur les opérations ci-après : ventes de médicaments que les **médecins propharmaciens** délivrent à leurs malades même si elles constituent le prolongement direct de leurs prestations de soins (ces médecins sont évidemment également taxables sur les autres ventes auxquelles ils peuvent procéder : médicaments ordonnés par d'autres praticiens, cosmétiques, etc.) (voir toutefois ci-dessus la position de la CJUE et du Conseil d'État sur les fournitures de médicaments) ; ventes de **prothèses** ou d'articles orthopédiques à des personnes auxquelles les praticiens n'ont pas prodigué de soins ; prestations de **conseils** effectuées au profit de laboratoires de produits pharmaceutiques ou de toute autre entreprise.

TRAVAUX D'ANALYSES DE BIOLOGIE MÉDICALE

47130 CGI art. 261, 4-1° TVA-II-13090 s

Sont exonérés de la TVA (sans possibilité d'option) les travaux d'analyses de biologie médicale, c'est-à-dire tous les examens biologiques destinés à faciliter la prévention, le diagnostic ou le traitement des maladies humaines, effectués dans des laboratoires qui fonctionnent conformément aux dispositions légales relatives aux **laboratoires** d'analyses de biologie médicale (CSP art. L 6212-1 s.).

L'exonération s'applique également aux opérations de **contrôle** facultatif des analyses de biologie médicale que réalisent les laboratoires, contrôles qui sont effectués par des organismes publics ou des associations agréées.

L'**honoraire de transmission** perçu par le laboratoire non habilité à effectuer certaines analyses qui en confie le soin à un laboratoire spécialisé bénéficie également de cette exonération (CJUE 11-1-2001 aff. 76/99 : RJF 4/01 nº 575 ; BOI-TVA-CHAMP-30-10-20-10 nº 280).

FOURNITURES DE PROTHÈSES DENTAIRES PAR LES PROTHÉSISTES

On a vu au nº 47120 que les ventes de prothèses par les dentistes à leurs patients sont exonérées de la TVA. **47140** CGI art. 261, 4-1° TVA-II-13230 s

Une exonération similaire (sans possibilité d'option) s'applique aux fournitures de prothèses dentaires ou d'éléments séparés de prothèse par les prothésistes dentaires, sous les conditions suivantes :

– la **prothèse ou** l'**élément séparé de prothèse,** spécialement fabriqué pour l'usage exclusif d'un patient déterminé, est réalisé sur **commande** directe **d'un praticien prescripteur** à partir d'une prise d'empreinte préalable qu'il a effectuée ou de spécifications techniques qu'il a établies, mais il n'est pas exigé que le prothésiste fabricant soit en relation directe avec le praticien (il peut donc intervenir en tant que **sous-traitant)** ;

– le prothésiste doit être en mesure de **justifier,** par tout moyen, du nom et des coordonnées du praticien qui a passé commande et des spécifications techniques définies par ce dernier (BOI-TVA-CHAMP-30-10-20-10 nº 310).

Sont également exonérées les **prestations** de réparation, adaptation, amélioration, ou travail à façon réalisées directement ou en sous-traitance et portant sur des prothèses dentaires ou des éléments séparés de prothèse, dès lors que ces prestations sont réalisées sur commande préalable et spécifications formulées par un praticien et dont le prothésiste peut justifier (BOI précité nº 320).

› Précisions **a.** La **vente de matières** servant à la fabrication de prothèses ou d'éléments séparés ainsi que de tout élément standard qui n'est pas spécialement adapté pour l'usage d'un patient déterminé est exclue de l'exonération. Il en va de même des prestations de services autres que celles visées ci-dessus qui ne se rattachent pas à la fourniture de prothèses dentaires (mise à disposition de personnel, location de chevilles, etc.).

b. Les **reventes en l'état** de prothèses ou d'éléments séparés de prothèse sont soumises à la TVA lorsque le prothésiste n'intervient ni dans leur fabrication ni dans leur mise au point. Elles peuvent toutefois bénéficier du régime particulier d'imposition sur la marge prévu pour les biens d'occasion (nºs 60785 s.) (BOI précité nº 340).

c. Les prothésistes sont dispensés du paiement de la TVA lorsqu'ils cèdent, **en fin d'activité,** leur stock à prix coûtant (BOI précité nº 350).

OPÉRATIONS PORTANT SUR LES ORGANES, LE SANG ET LE LAIT HUMAINS

L'ensemble des opérations de livraison, de commission, de courtage ou de façon portant sur les organes, le sang et le lait humains est exonéré de la TVA (sans possibilité d'option). **47150** CGI art. 261, 4-2° TVA-II-13500 s

L'exonération est applicable aux opérations en cause effectuées par les établissements de transfusion sanguine ou par les établissements de santé publics, privés et privés d'intérêt collectif selon les modalités fixées par le Code de la santé publique.

L'exonération s'étend à d'autres produits d'origine humaine (urines, sperme, etc.) à condition qu'ils soient utilisés à des fins médicales (BOI-TVA-CHAMP-30-10-20-30 nºs 1 à 20).

Les opérations non visées ci-dessus (transports de ces produits, en particulier) sont taxables.

› Précisions L'exonération vise non seulement le sang total mais aussi les produits dérivés du sang total (tels les concentrés de globules rouges, plaquettes, plasma, etc.) lorsqu'ils sont destinés à un usage thérapeutique direct (BOI précité ; CJUE 5-10-2016 aff. 412/15 : RJF 12/16 nº 1142).

TRANSPORTS SANITAIRES

Sont exonérés les transports de malades ou de blessés, à l'aide de véhicules (terrestres ou non) **spécialement aménagés** à cet effet, qu'effectuent les personnes titulaires de l'**agrément administratif** visé à l'article L 6312-2 du Code de la santé publique. **47160** CGI art. 261, 4-3° TVA-V-13680 s

L'exonération ne s'applique pas aux transports sanitaires terrestres effectués à l'aide de **véhicules sanitaires légers** ni aux **transports mortuaires.** Ces activités doivent être constituées en secteur distinct (nº 56045, précisions).

› Précisions Les **transports effectués à l'aide d'hélicoptères** pour les vols de service médical d'urgence et les vols d'ambulance ne bénéficient pas de l'exonération car ces engins ne sont pas « spécialement aménagés » au sens de l'article 261, 4-3° du CGI (BOI-TVA-CHAMP-30-10-20-40 nº 90 ; CAA Lyon 8-6-2010 nº 08-2111 : RJF 12/10 nº 1156 ; position non partagée par CAA Paris 9-12-2005 nº 03-1109 : RJF 4/06 nº 368).

ÉTABLISSEMENTS DE SANTÉ

Nous n'envisageons pas ici la situation des hôpitaux publics, qui sont en principe placés hors du champ d'application de la TVA (nº 47215, 1). **47170** CGI art. 261,

4-1° bis TVA-V-5510 s Dans les établissements de santé **privés titulaires de l'autorisation** mentionnée à l'article L 6122-1 du Code de la santé publique, les **frais d'hospitalisation et de traitement** (y **compris** les frais de mise à disposition d'une **chambre individuelle**) sont exonérés de la TVA (sans possibilité d'option).

Pour être exonérés, les actes envisagés doivent être consécutifs à une **prescription médicale** mais ils n'impliquent pas nécessairement la présence permanente du patient en milieu hospitalier. L'exonération concerne en effet toutes les formes d'hospitalisation (hôpital de jour ou de nuit, hospitalisation à domicile, établissements de soins ne disposant pas de moyens d'hospitalisation mais dotés d'équipements importants tels les centres de dialyse, etc.).

Les **prestations exonérées** sont :

– les **frais d'hospitalisation** qui comprennent en particulier les frais de **séjour** et de **soins** tels que logement (y compris le supplément chambre individuelle), nourriture et boissons, chauffage, fourniture et blanchissage du linge de maison, service infirmier, produits sanguins, ainsi que les frais de **salle d'opération** ou d'accouchement ;

– et les **frais de traitement,** c'est-à-dire les médicaments et pansements, prothèses, appareils orthopédiques, stimulateurs cardiaques, etc. fournis au cours du séjour dans l'établissement et en prolongement direct et immédiat des soins.

Sont, en revanche, **taxables** toutes les opérations qui ne présentent pas le caractère de frais d'hospitalisation et de traitement. Il en est ainsi par **exemple** : des suppléments correspondant à des exigences particulières du malade telles que boissons, nourriture, location de téléviseurs ; des sommes versées à l'établissement par les praticiens libéraux qui y soignent leur clientèle (redevance pour clinique ouverte) ; des locations diverses.

Les recettes correspondant aux repas et chambres fournis aux **personnes accompagnant les malades** sont taxables, sauf lorsque la présence d'une personne auprès du malade est consécutive à une prescription médicale. En pratique, il est admis que la fourniture exceptionnelle de repas à un visiteur ou la location d'une chambre pour une très courte période répondent à un souci thérapeutique (BOI-TVA-CHAMP-30-10-20-20 n° 80).

> **Précisions** **a.** Les **établissements qui ne répondent pas à la définition** donnée ci-dessus sont redevables de la TVA à moins, bien entendu, qu'ils ne soient gérés par une collectivité publique ou un groupement sans but lucratif à objet social ou philanthropique, et qu'ils puissent alors bénéficier des dispositions d'ordre général correspondantes (non-assujettissement pour les organismes publics : n° 47215, 1 ; exonération pour les groupements sans but lucratif : n°s 89400 s.).
> Cette remarque vaut notamment pour :
> – les **établissements** privés qui dispenseraient des soins **sans** avoir obtenu une **autorisation** de l'autorité compétente, ou après le retrait de celle-ci ;
> – les **établissements sociaux ou médico-sociaux** énumérés à l'article L 312-1 du Code de l'action sociale et des familles, à savoir, notamment, les maisons d'enfants à caractère social, les établissements médico-éducatifs qui reçoivent des jeunes handicapés ou inadaptés, les établissements d'aide par le travail, les foyers de jeunes travailleurs et les établissements qui assurent l'hébergement des adultes handicapés ou inadaptés, ou des personnes âgées (sur les maisons de retraite, voir cependant le n° 47175 ci-après et, sur les lieux de vie et d'accueil, le n° 47177).
> **b.** Est exonéré le forfait technique perçu par les **groupements exploitant** un appareil d'imagerie médicale par résonance magnétique (**IRM**) (BOI-TVA-CHAMP-10-10-50-70 n° 220).
> **c.** En ce qui concerne :
> – les actes de **médecine** ou de **chirurgie esthétique,** voir n° 47120, précision c ;
> – l'activité de **prélèvement de sang de cordon ombilical** et de stockage des cellules souches qu'il contient et l'activité de **transport d'organes et de prélèvements d'origine humaine** en faveur d'hôpitaux et de laboratoires, voir n° 47120, précision h ;
> – les **livraisons de médicaments** cytostatiques effectuées par les établissements de soins dans le cadre de **traitements ambulatoires contre le cancer** prescrits par des médecins exerçant à titre indépendant au sein de ces établissements, voir n° 47120.

47175 CGI art. 261, 4-1° ter TVA-V-6600 s

Maisons de retraite privées médicalisées

Sont exonérés de la TVA les « **forfaits soins** » (forfaits de soins annuels globaux) versés par l'**assurance maladie** au bénéfice des personnes âgées hébergées dans les maisons de retraite privées médicalisées.

(Sur l'application du taux réduit à diverses autres prestations fournies par les maisons de retraite privées, voir n° 90650.)

> **Précisions** Le « forfait soins » constitue la contrepartie de prestations de soins réalisées à titre onéreux au profit des résidents. Il relève donc du champ d'application de la TVA (CJUE 27-3-2014 aff. 151/13 : RJF 6/14 n° 648). Étant exonéré, il doit être inscrit au seul dénominateur du cœfficient de taxation forfaitaire (CE 20-10-2014 n° 364715 ; RJF 1/15 n° 19).
> S'agissant de la possibilité pour les établissements d'hébergement pour personnes âgées dépendantes (Ehpad) de **déduire** intégralement la TVA ayant grevé leurs dépenses de fonctionnement, voir n° 55235, précision a.

Lieux de vie et d'accueil Sont exonérées de la TVA les prestations de **services et** les **livraisons de biens** qui leur sont **étroitement liées** effectuées dans les lieux de vie et d'accueil mentionnés au III de l'article L 312-1 du Code de l'action sociale et des familles, conformément à leur objet. 47177 CGI art. 261, 7-1° quater TVA-V-7700 s

Établissements thermaux À la différence des hôpitaux publics, les établissements thermaux gérés par des collectivités publiques ne sont pas placés hors du champ d'application de la TVA (n° 47215, 2). La TVA est donc applicable en principe aux opérations réalisées par tous les établissements thermaux, qu'ils soient gérés par des exploitants **privés** ou par des **collectivités publiques** (commune, régie, etc.). 47180 CGI art. 279, a quinquies TVA-II-16450 s

Cependant la TVA est calculée au **taux intermédiaire** pour les **prestations de soins** fournies par les établissements thermaux qui sont titulaires de l'autorisation de dispenser des soins aux assurés sociaux prévue à l'article L 162-21 du Code de la sécurité sociale.

D'autre part, lorsqu'un établissement thermal (public ou privé) exerce soit exclusivement, soit en complément de son activité de cure thermale, une **activité de réadaptation ou de rééducation fonctionnelle** pour laquelle il est titulaire de l'autorisation mentionnée à l'article L 6122-1 du Code de la santé publique, les soins dispensés dans le cadre de cette activité spécifique ne sont pas soumis à la TVA.

Remarque : Le taux intermédiaire ne concerne pas les prestations des établissements de **thalassothérapie,** qui demeurent soumises au taux normal (comme les établissements thermaux, ces établissements sont imposables même lorsqu'ils sont exploités par des collectivités publiques : n° 47215, 2).

7. ORGANISMES DE DROIT PUBLIC

Les personnes morales de droit public ne sont obligatoirement **imposables** qu'à raison de **certaines** de leurs **activités.** Après avoir indiqué lesquelles, on examinera l'**option** ouverte, au titre de cinq services publics, aux collectivités locales. 47200

(Pour les activités d'**enseignement** ou de formation professionnelle continue, voir l'exposé spécial aux nos 47030 s.)

ACTIVITÉS IMPOSABLES DES ORGANISMES PUBLICS

En vertu de l'article 13, 1 de la directive TVA (transposé à l'article 256 B du CGI), les personnes morales de droit public ne sont **pas** considérées comme des **assujettis** pour les **activités ou opérations** qu'elles accomplissent **en tant qu'autorités publiques,** même lorsque, à l'occasion de ces activités ou opérations, elles perçoivent des droits, redevances, cotisations ou rétributions. 47210 CGI art. 256 B TVA-II-17800 s

Toutefois, lorsqu'elles effectuent de telles activités ou opérations, elles doivent être considérées comme des **assujettis pour ces activités ou opérations** dans la mesure où leur non-assujettissement conduirait à des **distorsions de concurrence** d'une certaine importance.

En tout état de cause, les organismes de droit public ont la qualité d'**assujettis** pour certaines **activités expressément désignées** et dans la mesure où celles-ci ne sont pas négligeables.

Activités accomplies en tant qu'autorités publiques dont le non-assujettissement entraînerait des distorsions de concurrence d'une certaine importance Selon le Conseil d'État (Avis CE 12-4-2019 n° 427540 : RJF 7/19 n° 642), il résulte de l'article 13 de la directive TVA, tel qu'interprété par la Cour de justice (notamment CJUE 29-10-2015 aff. 174/14 : RJF 1/16 n° 104), que le **non-assujettissement** à la TVA prévu en faveur des personnes morales de droit public, qui déroge à la règle générale d'assujettissement de toute **activité de nature économique,** est subordonné à deux **conditions cumulatives.** 47215

1. La première condition tient à ce que l'activité soit exercée par un **organisme agissant en tant qu'autorité publique.** Selon la jurisprudence de la CJUE, les activités exercées en tant qu'autorité publique sont celles accomplies par les organismes de droit public dans le cadre du **régime juridique qui leur est particulier** en vertu du droit national, à l'exclusion des activités qu'ils exercent dans les mêmes conditions juridiques que les opérateurs économiques privés. Tel est le cas lorsqu'il est fait usage de prérogatives de puissance publique (en ce sens, CJUE 14-12-2000 aff. 446/98 : RJF 3/01 n° 421 ; CJUE gr. ch. 16-9-2008 aff. 288/07, Isle of Wight Council et autres : RJF 1/09 n° 100 ; CE 16-2-2015 n° 364793 : RJF 5/15 n° 395 et Avis CE 12-4-2019 précité). Il en va de même, selon le Conseil d'État, notamment lorsque l'activité est accomplie en raison d'une obligation légale ou dans le cadre d'un monopole ou encore lorsqu'elle relève par nature des attributions d'une personne publique (Avis CE 12-4-2019 précité).

Lorsqu'une activité économique exercée par un organisme de droit public n'est **pas accomplie** par celui-ci **en tant qu'autorité publique,** ce dernier est nécessairement assujetti à la

TVA à raison de cette activité sans préjudice des éventuelles **exonérations** applicables, notamment celles prévues à l'article 132 de la directive TVA et reprises, pour la plupart, en droit interne à l'article 261 du CGI (Avis CE 12-4-2019 précité).

2. La seconde condition tient à ce que le non-assujettissement ne conduise pas à des **distorsions de concurrence d'une certaine importance.** Selon le Conseil d'État, il résulte de la directive TVA, telle qu'interprétée par la jurisprudence de la Cour de justice (CJUE 16-9-2008 précité et CJUE 19-1-2017 aff. 344/15 : RJF 4/17 n° 398), que les distorsions de concurrence mentionnées à l'article 13, 1 de la directive **s'apprécient à la fois au regard de l'activité en cause et des conditions d'exploitation** de cette activité. L'existence de telles distorsions ne saurait, dès lors, résulter de la seule constatation que des prestations réalisées par un organisme de droit public sont identiques à celles réalisées par un opérateur privé, sans examen de l'état de la **concurrence réelle ou,** à défaut, **potentielle,** sur le marché en cause (Avis CE du 12-4-2019 précité ; en ce sens également CE 23-12-2010 n° 307856 : RJF 3/11 n° 296).

L'expression « d'une certaine importance » doit être comprise dans le sens que les distorsions de concurrence (actuelles ou potentielles) doivent être plus que négligeables (CJUE 16-9-2008 précité).

47217 **Critères administratifs des distorsions de concurrence.**

Selon la doctrine administrative (BOI-TVA-CHAMP-10-20-10-10 n°s 100 à 170 et BOI-TVA-CHAMP-10-20-10-30 n°s 20 s.), sauf circonstances particulières qui ne peuvent être appréciées que cas par cas, les activités des services des personnes morales de droit public également susceptibles d'être effectuées par des opérateurs privés peuvent être réparties en **trois catégories.**

1. Activités pour lesquelles la non-concurrence doit être présumée. Ces activités sont, **en principe,** placées **hors du champ** d'application **de la TVA,** étant toutefois précisé que la présomption de non-concurrence n'est qu'une **présomption simple** qui souffre la démonstration inverse.

Il s'agit des activités suivantes :

– opérations étroitement liées à l'**assistance sociale** et à la **sécurité sociale** (sont notamment concernées les activités fournies dans les maisons de retraite et les foyers-logements, ainsi que l'exploitation des **campings municipaux** lorsqu'elle procure à la commune moins de recettes annuelles que le seuil inférieur de la franchise en base concernant les prestations de services (n° 85565) ;

– **hospitalisation et soins médicaux** pour lesquels les établissements privés bénéficient d'une exonération (n° 47170), ainsi que les activités qui leur sont étroitement liées. Dans le cas contraire, les opérations réalisées par les hôpitaux publics entrent nécessairement en concurrence avec celles effectuées par les établissements de soins privés et doivent être soumises à la TVA (tel est notamment le cas des actes de médecine ou de chirurgie esthétique : voir n° 47120, précision c) ;

– prestations de services et livraisons de biens étroitement liées à la **protection de l'enfance et de la jeunesse** (centres de loisirs, centres de vacances) ;

– **prestations sportives et culturelles.** Sont notamment placés, en principe, hors du champ d'application de la TVA : les droits d'entrée perçus au titre de l'exploitation d'une **piscine** traditionnelle, d'une **patinoire,** d'une **bibliothèque,** de musées, de monuments historiques ; les droits d'entrée perçus au titre de l'organisation d'**expositions** d'intérêt local ; les recettes afférentes aux activités d'**enseignement musical ou artistique.**

Pour les **musées et monuments historiques** exploités par des organismes de droit public, la non-imposition concerne également les recettes assimilées aux droits d'entrée (droits de photographier, filmer, reproduire) et les subventions. En revanche, les activités accessoires (exploitation de buvettes, vente de cartes postales, etc.) sont taxables.

Les musées et monuments historiques exploités par des organismes sans but lucratif gérés de manière désintéressée bénéficient quant à eux, lorsqu'ils sont subventionnés, de l'exonération visée aux n°s 89400 s., pour les droits d'entrée et les subventions.

2. Activités pour lesquelles la concurrence doit être présumée. Ces activités sont, en principe, situées **dans le champ** d'application **de la TVA.**

Il s'agit des activités qui sont par leur nature, leur étendue ou la clientèle à laquelle elles s'adressent et les moyens mis en œuvre (publicité, tarifs pratiqués), en concurrence directe avec des entreprises commerciales qui proposent des services similaires.

Tel est le cas, par **exemple,** de l'exploitation d'un golf, d'un parc zoologique ou botanique, d'un parc d'attractions, d'une salle de spectacle ou de cinéma, de l'organisation de spectacles de son et lumière ou de festivals (musique, théâtre), de l'exploitation d'établissements thermaux ou de thalassothérapie (pour ces établissements, voir les précisions données au n° 47180), des régies communales de pompes funèbres, des régies communales et intercommunales exploitant un crématorium.

3. Autres activités. Le régime de TVA applicable aux autres activités des personnes morales de droit public doit être apprécié au cas par cas compte tenu de la possibilité ou non pour le secteur privé de satisfaire les besoins concernés.
Lorsqu'une activité exercée par une personne morale de droit public n'est pas située hors du champ d'application de la TVA au regard des critères énoncés ci-dessus, elle est nécessairement située dans le champ d'application de la taxe, c'est-à-dire soit taxée, soit exonérée.

Activités expressément imposées L'imposition à la TVA de certaines activités des personnes morales de droit public est expressément prévue par la loi. 47220
Il s'agit des activités **désignées à l'article 256 B du CGI** : télécommunications ; fourniture d'eau dans les communes d'au moins 3 000 habitants ou par les établissements publics de coopération intercommunale dont le champ d'action s'exerce sur un territoire d'au moins 3 000 habitants ; distribution de gaz, d'électricité et d'énergie thermique ; transports de biens ; prestations de services portuaires et aéroportuaires ; transports de personnes (voir les précisions au n° 47225, b) ; livraisons de biens neufs fabriqués en vue de la vente ; opérations des organismes d'intervention agricoles portant sur les produits agricoles et effectuées en application du règlement portant organisation commune du marché de ces produits ; organisation d'expositions à caractère commercial ; entreposages de biens meubles ; organisation de voyages et de séjours touristiques ; opérations des économats et établissements similaires ; diffusion ou redistribution de programmes de radiodiffusion ou de télévision.
Sont ainsi assujetties, par **exemple,** les Manufactures nationales ou encore les collectivités locales qui sont concessionnaires de ports de pêche, de commerce ou de plaisance.

> **Précisions** **a.** Les **virements financiers internes,** constatés **entre différents budgets** de l'État, des collectivités locales ou des établissements publics ne répondent pas à la définition des subventions dès lors qu'ils ne sont pas versés par une personne différente du bénéficiaire. Ces mouvements comptables ne doivent donc pas (ni ne peuvent) être soumis à la TVA (BOI-TVA-BASE-10-10-10 n° 370) (TVA-II-4020). 47225
> **b.** Lorsqu'elle exploite directement un **service public de transports de voyageurs** (réseau routier, rail, métro, remontées mécaniques, etc.), la collectivité locale concernée (autorité organisatrice) est soumise au régime suivant : imposition des sommes provenant des usagers, non-imposition des « recettes » provenant du versement de transport et des virements internes (BOI précité n°s 370 et 410) (TVA-II-21550 s.).
> Au titre des **transports scolaires,** la TVA n'est exigée des collectivités locales que si elles exploitent aussi, avec le même matériel, une ou plusieurs lignes régulières de transport de voyageurs. Lorsqu'elles n'effectuent que des opérations de transport scolaire à l'aide d'équipements non affectés à d'autres opérations, elles peuvent être exonérées (ce qui a pour contrepartie l'absence de tout droit à déduction) (BOI-TVA-CHAMP-10-20-10-30 n° 270). Par ailleurs, l'administration considère que lorsque la somme des participations financières perçues par un conseil régional auprès des familles d'élèves couvre moins de 10 % du coût de revient annuel des prestations relatives à l'ensemble des contrats de transports scolaires, l'activité de transport scolaire est située hors du champ d'application de la TVA (Rép. Bruneel : AN 15-5-2018 n° 4573).
> **c.** La **redevance d'affermage** perçue, dans le cadre de la **délégation d'un service public,** par une collectivité publique de son délégataire en contrepartie de la mise à disposition à titre onéreux des investissements qu'elle a réalisés doit être soumise à la TVA, à moins que cette redevance soit dérisoire ou symbolique auquel cas la mise à disposition est considérée comme fournie à titre gratuit. Sont visés les contrats d'affermage, par lesquels le délégataire perçoit, pour son propre compte, les recettes sur les usagers du service. En revanche, ne sont pas concernés les contrats (même qualifiés de délégations de services publics), telles les régies intéressées, par lesquels le délégataire perçoit la rémunération sur l'usager au nom et pour le compte de la collectivité. Ne sont pas non plus concernés les contrats de concession dans lesquels le concessionnaire réalise les investissements nécessaires à l'exploitation du service. Pour les contrats en cours au 1er janvier 2014, les parties peuvent soit réputer hors taxe le montant de la redevance initialement prévu par la convention (et calculer la TVA sur ce montant), soit écarter l'assujettissement à la TVA (BOI-TVA-CHAMP-10-20-10-10 n°s 93 et 97) (TVA-II-18120).

OPTION DES COLLECTIVITÉS LOCALES

Les collectivités locales, leurs groupements ou leurs établissements publics (communes, départements, régions, ententes interrégionales, institutions ou organismes interdépartementaux, syndicats mixtes, établissements de coopération intercommunale visés à l'article L 5210-1-1 du CGCT) peuvent opter pour leur assujettissement à la TVA au titre des seuls services publics suivants : **fourniture de l'eau** (étant souligné que ce service est obligatoirement imposé dans certaines collectivités, voir n° 47220) ; **assainissement** collectif et non collectif ; **abattoirs publics ; marchés d'intérêt national ; enlèvement et traitement des ordures,** déchets et résidus, lorsque ce service donne lieu au paiement de la redevance pour services rendus (on rappelle que l'institution de cette redevance entraîne la suppression de la taxe d'enlèvement des ordures ménagères : n° 45520, précision d). 47235 CGI art. 260 A **TVA-II-26960 s**

L'option doit être exercée **distinctement pour chacun des services** ci-dessus énumérés, même si la collectivité ou l'organisme entend simultanément soumettre plusieurs de ces services à la TVA. L'option couvre l'**ensemble des opérations** relatives au **service** considéré.

Remarque : L'**intérêt** de l'option pour le paiement de la TVA par les collectivités locales a **diminué depuis** que, par le biais du Fonds de compensation de la TVA (**FCTVA**), elles peuvent également récupérer l'intégralité de la TVA ayant grevé leurs investissements.

47240 La **demande d'option** doit être formulée par l'autorité compétente et être accompagnée d'un extrait du registre des délibérations de l'assemblée qui a pris la décision d'option. Celle-ci prend **effet** à compter du premier jour du mois suivant celui au cours duquel elle est déclarée.

L'option peut être dénoncée à partir du 1er janvier de la cinquième année civile qui suit celle au cours de laquelle elle a été exercée. La **dénonciation** prend effet à compter du premier jour du mois suivant celui au cours duquel elle a été formulée auprès du service des impôts. L'option couvre donc obligatoirement une **période minimale** de quatre années et un mois. À défaut de dénonciation, l'option continue de produire ses effets tant qu'il n'y est pas mis fin.

EXEMPLES

1. Une option formulée le 15 janvier 2020 prend effet le 1er février 2020 et pourra être dénoncée à compter du 1er janvier 2025. Si l'option est dénoncée en janvier 2025, la dénonciation prendra effet à compter du 1er février 2025.

2. Une option exercée le 5 décembre 2020 prend effet le 1er janvier 2021 et pourra être dénoncée à compter du 1er janvier 2025. Si l'option est dénoncée en mars 2025, la dénonciation prendra effet à compter du 1er avril 2025.

8. COLLECTIVITÉS DE DROIT PRIVÉ

47260 Comme il a déjà été indiqué (no 46510), le statut juridique de l'assujetti est sans influence sur l'exigibilité de la TVA. Par suite, les associations, fondations, organismes divers (tels que coopératives et groupements d'achats), sociétés de toutes formes et, plus généralement, toutes les collectivités de droit privé sont, en **principe,** passibles de la TVA lorsqu'ils réalisent des opérations entrant dans le champ d'application de cette taxe.

Cependant, **certaines** collectivités bénéficient d'**exonérations** expressément prévues par la loi. Pour **certaines autres,** non exonérées, l'application de la TVA appelle des **explications particulières,** compte tenu notamment de la spécificité de leur objet et de leur fonctionnement.

Remarque : En ce qui concerne les exonérations prévues pour :
– les établissements d'**enseignement** (y compris la formation professionnelle continue), voir nos 47030 s. ;
– les établissements de **santé,** voir nos 47170 s.

ORGANISMES SANS BUT LUCRATIF

47270 Ils sont passibles, en principe, de la TVA lorsqu'ils se livrent à des opérations entrant dans le champ d'application de cette taxe.

Cependant, des exonérations (exclusives, en principe, de toute option) sont spécialement prévues en faveur de diverses opérations réalisées par certains de ces organismes.

Ces **exonérations** sont **exposées dans l'étude spéciale** consacrée aux **associations et organismes sans but lucratif** qui figure aux nos 89200 s. Elles **concernent** les opérations suivantes :
– opérations réalisées au profit de leurs membres par les organismes sportifs, culturels ou socio-éducatifs légalement constitués agissant sans but lucratif et dont la gestion est désintéressée (**organismes dits « fermés »**) (CGI art. 261, 7-1o-a : voir no 89525) ;
– opérations faites au profit de toutes personnes par les œuvres sans but lucratif qui présentent un caractère social ou philanthropique et dont la gestion est désintéressée (**organismes dits « ouverts »**) (CGI art. 261, 7-1o-b : voir nos 89400 s.) ;
– recettes de **six manifestations de bienfaisance ou de soutien** réalisées **dans l'année** par les organismes visés ci-dessus, ainsi que par les organismes permanents à caractère social des collectivités locales et des entreprises (CGI art. 261, 7-1o-c : voir no 89530) ;
– prestations de services et livraisons de biens qui leur sont étroitement liées, fournies à leurs membres par des **organismes** légalement constitués agissant sans but lucratif et gérés de manière désintéressée qui poursuivent un **objectif de nature philosophique, religieuse, politique, patriotique, civique ou syndicale** (CGI art. 261, 4-9o : voir nos 89535 s.).

Pour les **publications** des organismes sans but lucratif, voir no 61610, a.

GROUPEMENTS DE MOYENS

Les **services** rendus **à leurs adhérents** par les groupements constitués par des personnes physiques ou morales exerçant une activité exonérée de la TVA ou pour laquelle elles n'ont pas la qualité d'assujetti sont **exonérés** de cette taxe **à la condition qu'ils concourent** directement et exclusivement **à** la réalisation de ces **opérations exonérées ou exclues** du champ d'application **de la TVA,** et **que** les **sommes réclamées aux adhérents** correspondent **exactement** à la **part** leur incombant dans les **dépenses.** 47280 CGI art. 261 B TVA-V-8500 s

› Précisions Selon la **CJUE** :
– cette exonération ne vise que les groupements dont les **membres** exercent une **activité d'intérêt général** mentionnée à l'article 132, 1 de la directive TVA. Par suite, les services rendus par un groupement, dont les membres exercent une activité économique dans le domaine des **services financiers** ou dans celui des **assurances,** qui ne constituent pas de telles activités d'intérêt général, ne bénéficient pas de cette exonération (CJUE 21-9-2017 aff. 326/15 et 605/15 : RJF 12/17 n° 1266) ;
– l'application de l'exonération ne se limite pas aux groupements dont les membres exercent exclusivement une activité exonérée ou pour laquelle ils n'ont pas la qualité d'assujetti. Ainsi, les services rendus par un groupement dont les **membres exercent** également des **activités imposables** peuvent en bénéficier, mais seulement dans la mesure où ces services sont directement nécessaires pour les activités exonérées desdits membres ou pour lesquelles ils n'ont pas la qualité d'assujetti. À cet égard, la Cour semble admettre, s'agissant des services mixtes, une facturation des services hors TVA en fonction de la part qu'occupent dans l'ensemble des activités de ses membres les activités exonérées ou non imposables ;
– les membres du groupement ne peuvent pas déduire la TVA grevant les biens et services fournis au groupement pour les besoins de ses activités ;
– les services fournis par un membre au groupement doivent être considérés comme des opérations entre deux assujettis entrant dans le champ d'application de la TVA (CJUE 4-5-2017 aff. 274/15 : RJF 7/17 n° 761).
À la date du présent ouvrage, l'administration n'a tiré aucune conséquence de ces arrêts.

Groupements concernés **a.** Il n'est pas exigé que le **groupement** soit légalement constitué, de sorte que la notion de groupement recouvre aussi bien des entités dotées de la **personnalité juridique** que de simples groupements **de fait.** 47285 TVA-V-8550 s

Parmi les groupements susceptibles de bénéficier de l'exonération on peut citer : les **GIE** ; les **sociétés civiles de moyens** ; les **groupements de fait** constitués entre entreprises ; certaines **associations sans but lucratif** (telles qu'organismes professionnels, syndicats patronaux ou ouvriers, groupements d'employeurs, etc.).

(Pour le régime applicable aux opérations internes des sociétés de fait ou en participation ou aux conventions d'exercice conjoint, voir n° 47325, 1).

b. Les **membres du groupement** (qui peuvent être des personnes physiques ou morales) doivent exercer une **activité exonérée ou** pour laquelle ils n'ont **pas** la **qualité d'assujetti.** Parmi les personnes ainsi visées, figurent **notamment,** selon la doctrine administrative : les personnes physiques qui n'exercent pas une activité indépendante (salariés, travailleurs à domicile, VRP, etc.) ; la plupart des organismes de droit public pour les activités de leurs services administratifs, sociaux, éducatifs, culturels et sportifs ; les organismes légalement constitués, agissant sans but lucratif et dont la gestion est désintéressée ; les membres des professions médicales et paramédicales ; la plupart des établissements d'enseignement ; les établissements bancaires ou financiers ; les compagnies d'assurances ; les entreprises qui donnent en location des terrains nus ou des immeubles non aménagés ; les exportateurs ; les entreprises de constructions navales ou aéronautiques ; les compagnies de navigation maritime et certaines compagnies de navigation aérienne ; les entreprises qui rendent des services se situant hors du champ d'application territorial de la TVA française (BOI-TVA-CHAMP-30-10-40 n° 40).

c. Il peut arriver que certaines des **personnes** physiques ou morales en cause soient **redevables de la TVA pour certaines de leurs opérations,** à titre obligatoire ou sur option. Cette circonstance n'exclut pas a priori le groupement du bénéfice de l'exonération au titre des services qu'il leur rend, dès lors que, **pour chacune** d'entre elles, le pourcentage des recettes donnant lieu au paiement de la taxe par rapport aux recettes totales traduit le **caractère** nettement **prépondérant des opérations qui échappent à l'imposition.** Cette condition est présumée remplie si ce **pourcentage** est inférieur à 20 %. Au-delà, l'exonération n'est admise que si l'activité imposée présente tous les caractères d'autonomie liés à l'obligation de sectorisation (nos 56040 s.) (BOI précité nos 50 et 60).

› Précisions **a.** L'exonération est applicable aux services rendus à leurs membres par des **groupements transfrontaliers** si les conditions suivantes sont remplies :
– ces services sont, en vertu des règles de territorialité, situés en France ;
– le groupement et ses membres satisfont aux conditions posées par le BOI précité (a, b et c ci-dessus et nos 47290 s.). La transposition de l'article 132, 1-f de la directive TVA par les autres États membres n'est donc pas une condition nécessaire ;

– les prestations taxables à l'étranger en vertu des règles de territorialité n'ouvrent pas droit à déduction pour le groupement établi en France ;
– le bénéficiaire de l'exonération doit pouvoir justifier qu'il remplit toutes les conditions prévues par la réglementation (BOI précité n° 30).

b. La convention prévoyant la simple **mise à disposition de moyens par une société mère au profit de sa filiale** ne constitue pas un groupement de moyens, même si la mise à disposition est facturée à prix coûtant (CE 10-7-2012 n° 345595 : RJF 11/12 n° 1001).

47290 TVA-V-8900 s **Opérations susceptibles d'être exonérées** Ne sont exonérées de la TVA que les **prestations de services** à l'exclusion, par conséquent, des livraisons de biens.

Parmi les prestations de services le plus couramment susceptibles de donner lieu à la perception de **simples remboursements de frais** on peut citer **notamment** : la mise à disposition de personnels ou de matériels, le recrutement, la gestion et la paie du personnel, la gestion et l'entretien de locaux ou d'installations, les travaux d'informatique.

47295 Pour pouvoir bénéficier de l'exonération, les services doivent remplir **trois conditions** tenant à la qualité du **client,** à l'**utilisation** qui est faite du service et au mode de **rémunération.**

1. Les **services** doivent, à titre principal, être **rendus aux adhérents** du groupement (étant observé qu'ils peuvent être fournis à un seul ou à quelques-uns seulement des adhérents : CJUE 11-12-2008 aff. 407/07 : RJF 3/09 n° 304).

Les groupements de moyens peuvent rendre des **services** non seulement à leurs adhérents mais aussi **à des personnes** qui leur sont **étrangères,** ces services étant alors soumis à la TVA dans les conditions de droit commun (BOI-TVA-CHAMP-30-10-40 n° 120).

Toutefois, selon l'administration, **si** au titre d'une **prestation déterminée** les recettes provenant des non-adhérents atteignent ou **dépassent la moitié** de celles perçues au total, le groupement doit soumettre à la TVA l'ensemble des sommes afférentes à cette prestation, y compris donc celles facturées à ses adhérents (doctrine applicable par année civile) (BOI précité n° 130). La CJUE et le Conseil d'État admettent également la possibilité pour les groupements de moyens de rendre des services à des tiers, mais, contrairement à l'administration, ils ne fixent pas de seuil au-delà duquel les services rendus au tiers feraient perdre le bénéfice de l'exonération pour les services rendus aux adhérents (CE 8-7-2002 n° 212867 : RJF 10/02 n° 1086 ; CJUE 20-11-2019 aff. 400/18 : 2/20 n° 191).

2. Les services rendus par le groupement doivent **concourir directement et exclusivement à** la réalisation d'**opérations exonérées ou exclues du champ d'application de la TVA.**

Les **services** qui ne sont **pas directement nécessaires** à l'exercice des activités des adhérents du groupement ne peuvent pas bénéficier de l'exonération. Tel est le cas, en particulier, des opérations de restauration ou d'hébergement ; des ventes à consommer sur place d'aliments ou de boissons ; de la mise à disposition de moyens, en personnel ou en matériel, destinés à la satisfaction des besoins privés des adhérents.

En droit strict, les services rendus par le groupement devraient n'être utilisés par l'adhérent que **pour** la réalisation d'**opérations ne donnant pas lieu au paiement de la TVA.** L'administration estime cependant que cette condition doit être appréciée avec **largeur de vue,** et qu'il convient d'accorder l'exonération au titre des services qui sont **essentiellement** destinés à la réalisation d'opérations échappant à l'imposition (BOI précité n° 160).

3. Les **sommes réclamées aux adhérents** doivent correspondre **exactement** à la **part** leur incombant dans les **dépenses communes.**

Selon l'administration, le groupement ne peut réclamer à ses adhérents que des sommes couvrant le montant des **dépenses** communes **effectivement payées** au cours de la période de référence, et l'exonération ne peut être accordée lorsque le groupement perçoit des remboursements présentant un caractère forfaitaire. Il est admis toutefois que l'exonération bénéficie aux groupements qui réclament à leurs adhérents des sommes n'excédant pas leurs **charges communes de fonctionnement,** charges qui s'entendent : des charges comptables certaines dans leur principe et leur montant engagées au cours de l'exercice, même si elles n'ont pas été réglées, en tout ou partie, au cours de cet exercice ; des amortissements linéaires ou dégressifs régulièrement comptabilisés au titre des biens communs ; le cas échéant, de la provision pour congés payés (BOI précité n° 170).

La **répartition des dépenses** communes, qui doit être opérée au moins une fois par an, doit se faire :

– en imputant à chaque membre le **coût exact** des dépenses afférentes aux services qui lui sont rendus **ou,** lorsque ce coût ne peut être déterminé, en évaluant son montant de manière aussi équitable que possible, en fonction de **critères** (clef de répartition) **significatifs** ;

– en répartissant, dans la même proportion, les amortissements régulièrement comptabilisés de l'année, les frais à payer et, le cas échéant, la provision pour congés payés.

Le groupement peut, entre deux apurements, demander des **avances** à ses membres à condition que ces avances n'excèdent pas de façon notable le montant des charges grevant la période comprise entre ces deux apurements (BOI précité nos 180 à 200).

Obligations déclaratives des groupements **Avec** leur **déclaration de résultats,** les groupements de moyens bénéficiant de l'exonération de TVA doivent souscrire une déclaration complémentaire indiquant, pour la période en cause, les éléments nécessaires à l'identification des associés et à leurs droits dans le capital, ainsi que le montant, par nature, des charges réparties entre eux. 47305 CGI ann. III art. 96 A TVA-V-9200 s

Au regard des obligations de **déclaration des opérations** réalisées, les groupements de moyens qui réalisent des opérations **soumises à la TVA** (de manière habituelle ou ponctuelle) doivent souscrire des déclarations de TVA dans les conditions de droit commun.

SOCIÉTÉS DE « PLURIPROPRIÉTÉ »

Ces sociétés, dont l'**objet** est de **transférer gratuitement à leurs associés la jouissance d'un bien,** meuble ou immeuble, bénéficient en matière d'impôt sur les sociétés d'un régime particulier exposé nº 31000. Par ailleurs, elles sont exonérées de TVA pour les **services indispensables** à **l'utilisation** des biens et fournis aux associés moyennant, indépendamment des apports, le **strict remboursement de la part** qui leur incombe dans les **dépenses communes.** 47315 CGI art. 261 A TVA-V-10000 s

Les organismes concernés ne doivent donc réaliser aucun excédent de recettes et la répartition des dépenses doit se faire en imputant à chaque associé le coût réel des services le concernant.

En cas de réalisation d'**excédents,** c'est l'ensemble des sommes perçues qui est taxable et non la seule fraction excédant les dépenses communes.

> **Précisions** Les recettes des **sociétés privées concessionnaires de ports de plaisance** dont les actions confèrent un droit de mouillage relevant de l'exploitation du service public portuaire sont passibles de la TVA, tandis que celles relevant de la partie privée échappent en principe à l'impôt. Sont ainsi exonérées de TVA celles afférentes aux services rendus aux membres, dans la mesure, bien sûr, où ces services sont indispensables à l'utilisation du bien et où ces recettes correspondent au strict remboursement de la part incombant aux associés dans les dépenses communes ; ce qui exclut que ces recettes puissent couvrir des provisions et amortissements des biens.

SOCIÉTÉS EN PARTICIPATION ET SOCIÉTÉS DE FAIT

La situation de ces sociétés (définies aux nºs 37800 s. et 37845) appelle certaines explications particulières en matière de TVA. 47325 TVA-II-15600 s

1. Les **mouvements financiers internes** aux sociétés en participation (et, par analogie, ceux effectués au sein de conventions d'exercice conjoint) ou aux sociétés de fait ne constituent pas des opérations imposables à la TVA. Tel est le cas des règlements relatifs à la répartition des dépenses sous réserve que cette répartition s'effectue exactement et porte sur de véritables dépenses (à l'exclusion donc des charges n'ayant pas ce caractère, comme les amortissements, provisions, etc.). Ne sont, bien entendu, pas imposables les règlements relatifs à la répartition des bénéfices (ou des pertes).

2. En revanche, les **opérations réalisées avec des tiers** sont soumises à la TVA selon les règles de droit commun.

Il en est de même pour les **opérations « externes »** (**autres** que celles visées en 1) éventuellement réalisées avec des **associés.**

3. Les droits à **déduction** afférents aux biens utilisés pour les besoins de l'exploitation en société de fait ou en société en participation sont exercés dans le cadre de ces sociétés (l'administration considérant qu'elles constituent un « **secteur distinct** » quelle que soit la durée du contrat de société). Il en est ainsi, non seulement pour les **biens indivis,** mais également pour les biens **propres** à chacun des associés.

Ce régime s'applique même dans l'hypothèse où les membres (ou certains des membres) de la société n'exerceraient par ailleurs aucune activité soumise à la TVA (société de fait, « pools » de wagons).

4. Les opérations réalisées dans le cadre de sociétés en participation (ou de société de fait) sont en principe **déclarées** par le gérant en même temps que ses propres affaires. Si les opérations réalisées dans ce cadre ont une certaine permanence, la souscription d'une déclaration séparée peut être autorisée par le service des impôts.

UNIONS COMMERCIALES

On peut brièvement résumer comme suit le régime de TVA applicable aux diverses activités des unions commerciales généralement constituées sous la forme d'associations de la loi de 1901 ou de GIE. 47345 TVA-VI-8300 s

a. Activités de **défense des intérêts** matériels ou moraux des membres :
- si ces activités présentent un **caractère collectif,** exonération dans les conditions indiquées nºs 89535 s. ;
- s'il s'agit de prestations de **caractère individuel,** imposition à la TVA.

b. Activités de **promotion commerciale** : imposition à la TVA.
Des solutions particulières sont prévues en cas d'utilisation du procédé du **timbre-escompte** ou de procédés similaires (**carte de fidélité**) pour l'octroi de **ristournes** aux clients des membres commerçants.

9. LIVRAISONS À SOI-MÊME

47370 TVA-II-22500 s L'**article 257 du CGI** rend imposables à la TVA certaines opérations particulières, communément qualifiées de « livraisons à soi-même ».

Le **I** de l'article 257 prévoit la taxation de certaines **livraisons à soi-même** de travaux **relatives au logement social.** Ces dispositions sont examinées sous les n°s 59120 s.

Quant au **II** de l'article 257, il prévoit la taxation, dans le cadre de la TVA de droit commun, de certaines **livraisons à soi-même de biens** (mobiliers ou immobiliers) **ou de services.** Il s'agit des dispositions examinées ci-après n°s 47380 à 47415, étant précisé que les livraisons à soi-même de biens immobiliers comportent des spécificités étudiées aux n°s 59010 s.

47380 La livraison à soi-même est l'opération par laquelle une personne obtient, avec ou sans le concours de tiers, un bien ou une prestation de services à partir de biens, d'éléments ou de moyens lui appartenant.

En réalité, la technique de la livraison à soi-même est étroitement **associée au régime des déductions** (n°s 55000 s.).

EXEMPLES

1. Bien destiné à l'exploitation fabriqué par l'entreprise elle-même. Une entreprise décide de réaliser un investissement dans un nouveau bien (outillage, matériel, aménagements ou installations dans des locaux existants, etc.) destiné à l'exploitation :
– ou bien (cas le plus courant) elle acquiert ce bien auprès d'un fournisseur ; sur la TVA facturée par celui-ci, elle pourra exercer son droit à déduction ; mais si ce droit est supprimé ou réduit par l'effet de l'une des exclusions ou limitations prévues par la loi, elle conservera la charge de la taxe (ou fraction de taxe) non récupérable ;
– ou bien elle décide de fabriquer elle-même le bien par ses propres moyens (travail de son personnel, notamment). En l'absence d'une disposition spéciale, ces opérations purement internes ne seraient pas soumises à la TVA et l'entreprise échapperait ainsi à la « rémanence » de taxe susceptible d'être constatée dans la première hypothèse ; d'où une distorsion entre les deux situations. C'est précisément pour respecter la neutralité fiscale que la loi prévoit, en cas de fabrication en interne, pour les déducteurs non intégraux, le recours à la technique de la livraison à soi-même. En pratique, l'entreprise sera considérée, par une sorte de « fiction » fiscale, comme étant à la fois le « fournisseur » et l'« acquéreur » du bien. En tant que « fournisseur », elle sera redevable de la TVA sur le prix de revient du bien. En tant qu'« acquéreur », elle pourra exercer son droit à déduction, mais (comme dans l'hypothèse d'une acquisition externe) ce droit sera supprimé ou réduit par l'effet des exclusions ou limitations légales.

2. Bien meuble cessant d'être utilisé pour les besoins de l'entreprise. Lorsqu'un bien meuble initialement affecté aux besoins de l'entreprise, et qui, à ce titre, a donné droit à la déduction (totale ou partielle) de la TVA correspondante, reçoit ultérieurement une autre affectation étrangère aux besoins de l'entreprise (par exemple, prélèvement pour les besoins privés de l'exploitant), le droit à déduction précédemment exercé n'est pas remis en cause, mais le changement d'affectation donne lieu à une imposition au titre de la livraison à soi-même.

Outre les biens, la taxation des livraisons à soi-même peut également s'appliquer à des **prestations de services** rendues **pour des besoins autres** que ceux de l'entreprise.

CAS D'IMPOSITION DES LIVRAISONS À SOI-MÊME DE BIENS

47390 CGI art. 257, II-1 TVA-II-22600 s Il faut distinguer selon qu'il s'agit :
– de biens affectés aux besoins de l'entreprise (n° 47395) ;
– ou de biens affectés à des besoins autres que ceux de l'entreprise (n° 47400).

Remarque : L'**articulation** entre les **livraisons à soi-même de biens** et les **régularisations** des déductions initiales n'est pas toujours aisée, certains des événements susceptibles de déclencher une régularisation de la déduction initiale pouvant, légalement, également donner lieu à une livraison à soi-même (cas notamment du transfert d'un bien immobilisé vers un secteur exonéré, de la cession à titre gratuit d'un immeuble immobilisé, de la cessation d'activité). Dans ces hypothèses, il convient, selon l'administration, d'opérer une distinction selon que le bien est un bien meuble ou un bien immeuble. S'il s'agit d'un bien meuble, il y a lieu de constater une livraison à soi-même. S'il s'agit d'un bien immeuble, il y a lieu d'effectuer une régularisation (BOI-TVA-CHAMP-10-20-20 n° 160 ; BOI-TVA-DED-60-20-10 n°s 60 et 110). Le Conseil d'État semble, quant à lui, privilégier la régularisation (voir en ce sens CE 9-10-2019 n° 418100 : n° 57400).

Biens affectés aux besoins de l'entreprise **a.** La **taxation** de la livraison à soi-même d'un bien affecté aux besoins de l'entreprise (sont essentiellement concernés les biens fabriqués : voir le b ci-après) n'est **effectivement exigible** que lorsque l'acquisition d'un tel bien auprès d'un autre assujetti n'ouvrirait pas droit à **déduction** complète parce que le droit à déduction de la taxe afférente au bien fait l'objet d'une **exclusion** ou d'une **limitation.** 47395

Cette règle s'applique quelle que soit la nature du bien (**immobilisation ou stock**).

b. La taxation de la livraison à soi-même est susceptible de s'appliquer, lors de leur mise en service, aux **biens fabriqués** (c'est-à-dire : produits, construits, extraits ou transformés) **par l'entreprise elle-même.**

Quant aux **biens acquis par l'entreprise** (achat, importation, acquisition intracommunautaire), ils ne sont pas susceptibles d'être soumis lors de leur acquisition à l'imposition de la livraison à soi-même, lorsque (ce qui est le cas le plus courant) ils sont immédiatement utilisés en l'état pour les besoins d'une activité taxable (la taxe y afférente étant déduite selon les règles de droit commun). Il n'y a pas non plus lieu à taxation d'une livraison à soi-même lorsque le bien, n'ayant **pas, au départ,** été **utilisé pour** les besoins d'une **activité taxable,** reçoit une telle **affectation par la suite.** En effet, dans cette hypothèse, cette affectation déclenche une régularisation (nos 57365 s. et 57500).

Dans une situation inverse, des biens acquis **au départ** pour les besoins d'une **activité taxable** sont susceptibles **par la suite** d'être imposés au titre de la livraison à soi-même s'ils viennent à être affectés à un **secteur d'activité exonéré** n'ouvrant pas droit à déduction (voir la précision b ci-après).

> **Précisions** **a.** Les **stocks** fabriqués par une entreprise qui font l'objet d'un changement d'affectation (**passage en immobilisation ; nouvelle affectation** de biens en stocks conservant leur caractère de stocks) dans le cadre de la même activité, ou dans le cadre d'un transfert entre secteurs d'activités, doivent faire l'objet d'une taxation de la livraison à soi-même si le passage en immobilisation ou l'affectation nouvelle n'ouvre pas droit à déduction complète.
> **b.** En vertu d'une disposition expresse (CGI art. 257, II-1-3°), l'affectation d'un bien à un **secteur d'activité exonéré** n'ouvrant pas droit à déduction doit être imposée au titre de la livraison à soi-même (sans déduction possible), dès lors que ce bien a ouvert droit à une déduction complète ou partielle de la TVA lors de son acquisition ou de sa précédente affectation. S'il s'agit d'un immeuble, il n'y a pas lieu de procéder à cette livraison à soi-même, mais à une régularisation de la déduction initiale dans les conditions décrites aux nos 57320 s. (voir la remarque figurant au n° 47390).
> (Noter que le transfert entre deux secteurs d'activité imposables, qu'il s'agisse d'un bien meuble ou immeuble, donne lieu à régularisation : nos 57320 s.).

Biens affectés à des besoins autres que ceux de l'entreprise Le prélèvement par un assujetti d'un bien de son entreprise pour ses besoins privés ou ceux de son personnel ou qu'il transmet à titre gratuit ou, plus généralement, qu'il affecte à des fins étrangères à son entreprise, entraîne en principe, au moment où il se produit, une imposition à la TVA selon les règles des livraisons à soi-même. 47400

Ce principe a valeur générale (sous réserve des précisions ci-après), que le bien considéré constitue un **stock** ou une **immobilisation,** ou encore qu'il ait été **acquis** par l'entreprise (achat, importation, acquisition intracommunautaire) **ou fabriqué** directement par elle.

Cependant, l'**imposition** n'est exigible **que si la taxe ayant grevé ce bien** (ou les éléments le composant) a été totalement ou partiellement **déductible lors de son acquisition** (ou de son affectation initiale aux besoins de l'exploitation). Par exemple, une entreprise ayant acquis pour les besoins de son exploitation une voiture particulière totalement exclue du droit à déduction (n° 55905, précision a) ne supportera aucune taxation si cette voiture vient à être affectée aux besoins privés de l'exploitant ou d'un dirigeant. En revanche, la livraison à soi-même sera imposable si la taxe d'origine a fait l'objet d'une déduction, même seulement partielle en raison d'une limitation légale.

Il faut souligner que, lorsqu'elle est exigible, la taxe motivée par le changement d'affectation d'un bien ne peut elle-même donner lieu à aucune déduction.

> **Précisions** **a.** Selon la CJUE, la taxation au titre de la livraison à soi-même prévue dans le cas d'un **prélèvement** par un assujetti **d'un bien** de son entreprise **qu'il transmet à titre gratuit** s'applique même lorsque cette opération est effectuée **pour les besoins de l'entreprise.** Ainsi jugé à propos de cadeaux remis contre des bons obtenus lors d'achats d'essence dans les stations-service (CJUE 27-4-1999 aff. 48/97 : RJF 6/99 n° 813).
> **b.** Pour les **immeubles immobilisés,** la technique de la livraison à soi-même ne trouve pas application car leur sort est réglé par le dispositif des régularisations des déductions initiales (voir la remarque figurant au n° 47390).
> **c.** Il est admis que les **prélèvements (« autoconsommation »)** effectués pour les besoins privés normaux de l'**exploitant** d'une entreprise individuelle et de sa famille (mais non ceux des dirigeants de sociétés) ne soient pas considérés comme constituant des livraisons à soi-même taxables, ce qui implique la régularisation de la taxe d'amont ayant grevé les biens prélevés (voir n° 57540).

En ce qui concerne les **prélèvements** (nourriture et autres) effectués **pour** les besoins du **personnel,** voir les explications données au nº 57545.

d. Les **cadeaux de faible valeur,** soit 69 € au maximum, prélevés pour les besoins de l'exploitation ne donnent pas lieu à imposition au titre des livraisons à soi-même (en pratique, le droit à déduction initialement exercé dans les conditions de droit commun reste donc acquis).

La limite de 69 €, fixée par l'article 23 N de l'annexe IV au CGI, est réévaluée tous les cinq ans et s'apprécie selon les règles indiquées au nº 55980.

e. Les **échantillons** prélevés pour les besoins de l'entreprise ne donnent pas non plus lieu à imposition au titre des livraisons à soi-même, ni à la remise en cause de la déduction de la taxe ayant grevé ces biens, et cela, **quelle que soit la valeur** de ces biens. Selon l'administration, les échantillons, qui sont de petites quantités de marchandises destinées à donner une idée des produits disponibles sur le marché, sont cédés gratuitement aux clients potentiels dans un conditionnement différent de celui des produits commercialisés, qui les rend impropres à la vente. Ainsi, dans le domaine de la parfumerie et des cosmétiques, un bien constitue un échantillon si sa contenance est réduite et s'il comporte la mention « vente interdite » (en ce qui concerne les produits dits « presse-plus », voir nº 61600, d). La remise d'un bien à titre gratuit qui ne correspond pas à cette définition entraîne l'imposition d'une livraison à soi-même, sous réserve des règles applicables aux cadeaux (d, ci-dessus), et la taxe exigible à cette occasion n'est pas déductible (BOI-TVA-DED-30-30-50 nº 170).

Les règles ci-dessus sont également applicables, selon l'administration, aux produits **« spécimens »** (biens identiques aux biens commercialisés, distribués en nombre limité à certaines personnes qui sont en mesure, en raison de leur activité professionnelle, de faire connaître au public les produits concernés), sous réserve que la mention « spécimen » soit apposée de manière claire et indélébile sur le produit et que le nombre de spécimens similaires remis gratuitement par une entreprise à une même personne soit fondé (s'agissant des disques et cassettes spécimens, les professionnels peuvent ainsi distribuer à une même station de radio ou chaîne de télévision jusqu'à cinq exemplaires d'un même enregistrement par année, et un seul exemplaire pour les autres catégories de bénéficiaires). Les entreprises distributrices doivent conserver une liste des bénéficiaires des spécimens qui mentionne la qualité commerciale de ces derniers (BOI précité nº 190).

À noter que la définition administrative de la notion d'échantillon et de spécimen est plus restrictive que celle donnée par la **CJUE** qui considère que cette notion ne se limite pas aux spécimens donnés sous une forme non disponible à la vente et qui admet par ailleurs que la remise d'une quantité considérable de spécimens d'un même produit à un destinataire donné puisse, dans certains cas, être nécessaire (CJUE 30-9-2010 aff. 581/08 : RJF 12/10 nº 1243).

f. En cas de **transmission d'une universalité de biens** (fonds de commerce, par exemple) **à titre gratuit** (donation ou succession) entre redevables, les biens faisant partie de cette universalité sont dispensés d'imposition (voir nº 47520).

En ce qui concerne l'exercice du droit à déduction lorsque la transmission d'un bien à titre gratuit est imposable, voir nº 47405, précision a.

g. En cas de **cessation d'activité,** le fait, pour l'exploitant, de conserver son stock pour son usage constitue, selon l'administration, une livraison à soi-même imposable, à moins que, les prélèvements pouvant être considérés comme répondant à des besoins privés normaux, on puisse faire jouer la dispense visée au c ci-dessus.

Les biens mobiliers d'investissement (matériel et outillage, mobilier de bureau, etc.) existant à la date de la cessation et prélevés pour être transférés dans le patrimoine privé de l'intéressé (ou de ses ayants droit) doivent également faire l'objet d'une taxation au titre de la livraison à soi-même, dès lors qu'ils ont ouvert droit à la déduction totale ou partielle de la taxe les ayant grevés (BOI-TVA-CHAMP-10-20-20 nº 150).

Cette imposition ne concerne pas les immeubles qui demeurent passibles des régularisations prévues à l'article 207, III-1-5° de l'annexe II au CGI (nos 57400 s.).

h. Dans le cas d'un bien prélevé qui n'a **pas** ouvert droit à **déduction lors de son achat** et qui a fait l'objet, **postérieurement** à son acquisition, de **travaux** pour lesquels la **TVA a été déduite,** seuls les éléments corporels intégrés au bien (c'est-à-dire ceux ne restant pas séparables et autonomes du bien) qui ont ouvert droit à déduction et qui ont entraîné une augmentation durable de la valeur du bien non totalement consommée lors du prélèvement donnent lieu à la taxation d'une livraison à soi-même (CJUE 17-5-2001 aff. 322/99 et 323/99 : RJF 8-9/01 nº 1165).

MODALITÉS D'IMPOSITION DES LIVRAISONS À SOI-MÊME DE BIENS

47405 CGI art. 266, 1-c TVA-II-23760 s

Dans les cas d'imposition effective définis aux nos 47395 et 47400, les livraisons à soi-même de biens sont taxées selon les modalités ci-après (étant précisé que pour les livraisons à soi-même d'immeubles il existe des spécificités examinées aux nos 59010 s.).

La **base d'imposition** est constituée :

– soit par le prix d'achat des biens en cause ou de biens similaires (en pratique, il s'agira de la valeur vénale du bien au jour de l'événement justifiant la livraison à soi-même) ;

– soit, à défaut de prix d'achat, par le prix de revient (voir la précision d ci-dessous).

Ces prix sont déterminés dans le lieu et au moment où la taxe devient exigible.

La **date d'exigibilité** de la taxe est fixée à la date de la première utilisation du bien ou du changement d'affectation.

S'agissant du droit à **déduction,** la taxe acquittée au titre de la livraison à soi-même d'un bien affecté aux besoins de l'entreprise (n° 47395) est, selon le cas, soit non déductible (cas des biens exclus du droit à déduction), soit déductible seulement partiellement (cas des biens ayant un cœfficient de déduction inférieur à un).

Bien entendu, comme déjà indiqué au n° 47400, la taxe due sur les livraisons à soi-même effectuées pour des besoins autres que ceux de l'entreprise n'est jamais déductible.

› Précisions **a.** En cas de **transmission** d'un bien **à titre gratuit** donnant lieu à livraison à soi-même imposable, le **nouveau propriétaire** exerce ses droits à déduction dans les conditions de droit commun (au vu de la facture établie par l'assujetti et faisant apparaître la taxe qu'il a dû payer au titre de la livraison à soi-même).

b. Lorsque des **services** ont été **utilisés** de façon exclusive pour la réalisation d'une livraison à soi-même imposable, la taxe afférente à ces services est intégralement déductible.

c. Les livraisons à soi-même imposables d'immobilisations (mais pas les autres) restent en dehors du calcul du **cœfficient de taxation forfaitaire** (n° 55750, c).

d. Selon l'administration, pour les **biens extraits, fabriqués ou transformés,** il y a lieu, en toute hypothèse, de retenir le prix de revient comme base de la taxation (BOI-TVA-BASE-10-20-50 n° 30). Mais cette position n'est pas partagée par la Cour de justice qui estime que le critère du « prix d'achat de biens similaires » doit être utilisé pour les biens qui n'ont pas été obtenus par l'assujetti au moyen d'un achat et que ce n'est qu'à défaut de prix d'achat des biens ou de biens similaires que la base d'imposition est constituée par le « prix de revient » (CJUE 23-4-2015 aff. 16/14 : RJF 7/15 n° 665).

e. Le **défaut de déclaration** de la taxe exigible au titre d'une livraison à soi-même entraîne l'application de l'**amende** de 5 % calculée sur le montant de la taxe déductible à ce titre (n° 56290). Toutefois, conformément à la loi, dans le cas des livraisons à soi-même, le montant de l'amende doit être multiplié par le rapport entre les coûts ou les dépenses non grevés de TVA figurant dans la base d'imposition de la livraison à soi-même et la totalité de cette base d'imposition (CGI art. 1788 A, 4-al. 2).

CAS D'IMPOSITION DES LIVRAISONS À SOI-MÊME DE SERVICES

L'imposition de l'opération par laquelle une personne réalise une prestation de services à partir de biens, d'éléments ou moyens lui appartenant n'est exigée que si deux conditions sont réunies : **47410** CGI art. 257, II-2 **TVA-II-23985 s**

– ces prestations sont faites pour des **besoins autres que ceux de l'entreprise** (tels que besoins privés de l'exploitant, de dirigeants, d'associés, du personnel, de tiers, ou autres fins étrangères à l'entreprise) ;

– la **taxe** ayant grevé les **biens ou éléments utilisés** pour réaliser ces prestations a ouvert droit à une **déduction** totale ou partielle.

Lorsque l'une de ces deux conditions fait défaut, l'imposition n'est pas exigible. C'est notamment le cas lorsque les biens et services utilisés pour réaliser la prestation en cause sont tous exclus du droit à déduction (exemple : utilisation, pour des besoins privés, d'une voiture de tourisme de société exclue de toute déduction).

En revanche, lorsque les deux conditions ci-dessus sont remplies, l'imposition de la livraison à soi-même est due, **même si** le service est rendu **à titre gratuit.**

EXEMPLES

Prestations de services à soi-même imposables : utilisation partielle de l'ordinateur d'une entreprise pour les besoins privés d'un dirigeant ou d'un membre du personnel ; prestations de conseil rendues gratuitement par un cabinet d'avocats à l'un de ses dirigeants ; bateau de plaisance affecté à la location mais utilisé un mois de l'année, à titre privé, par le dirigeant de la société de location.

Comme le montrent ces différents exemples, l'**utilisation** s'entend de l'emploi d'un bien pour effectuer une prestation **sans** qu'il y ait **changement d'affectation** du bien, auquel cas il y aurait imposition de la livraison à soi-même visée au n° 47400 (biens affectés à des besoins autres que ceux de l'entreprise) ou, s'agissant d'immeubles, régularisation de la déduction initiale comme indiqué au n° 47400, précision b.

› Précisions **a.** En aucun cas l'utilisation d'un bien pour les **besoins de l'entreprise** au titre d'**opérations situées hors du champ d'application de la TVA** n'est susceptible de donner lieu à l'imposition d'une prestation de services à soi-même. Pour les conséquences de pareille utilisation au regard des déductions, voir n°s 57400 s.

b. Chauffeurs de **taxi** utilisant leur véhicule à des fins personnelles, voir n° 55915, précision a.

MODALITÉS D'IMPOSITION DES LIVRAISONS À SOI-MÊME DE SERVICES

Dans les cas d'imposition effective définis au n° 47410, la TVA s'applique selon les modalités ci-après. **47415** CGI art. 266, 1-c **TVA-II-24180 s**

La **base d'imposition** est constituée par le prix de revient du service. Elle correspond donc à la valeur hors taxe des biens (autres que les immobilisations) et des services utilisés pour la réalisation de la prestation (pour autant qu'ils aient ouvert droit à déduction). En cas d'utilisation d'un bien immobilisé (ayant ouvert droit à déduction), il est également tenu compte de l'amortissement linéaire correspondant à la durée d'utilisation du bien.

Lorsqu'un bien destiné à la location est également utilisé à des fins privées, la base d'imposition de la prestation de services à soi-même est calculée en fonction de la durée effective de l'utilisation privée.

Fixée à la date de l'exécution du service, l'**exigibilité** de la taxe intervient au fur et à mesure de la réalisation des prestations.

La taxe résultant de l'imposition de la livraison à soi-même du service n'est **jamais déductible** (en revanche, celle supportée en amont l'est dans les conditions de droit commun).

Les prestations de services à soi-même imposables figurent aux deux termes du rapport servant au calcul du coefficient de taxation forfaitaire (nº 55750, c).

10. SITUATIONS DIVERSES

47450 Les explications ci-après concernent la situation, au regard du champ d'application de la TVA, d'un certain nombre d'activités ou opérations, de nature très diverse, qui ne se rattachent à aucune des neuf catégories déjà examinées.

Remarque : En ce qui concerne :

– les **opérations bancaires et financières,** voir nºs 60300 s. ;

– les **commissionnaires et autres intermédiaires,** voir nºs 61440 s.

OPÉRATIONS D'ASSURANCE ET DE RÉASSURANCE

47460 CGI art. 261 C, 2º TVA-V-11000 s Sont **exonérées** de la TVA (sans possibilité d'option) « les opérations d'assurance et de réassurance ainsi que les prestations de services afférentes à ces opérations effectuées par les courtiers et intermédiaires d'assurances ».

a. Les « **opérations d'assurance** » se caractérisent par le fait qu'un assureur se charge de procurer à un assuré une prestation convenue (argent ou assistance) dans le cadre d'un contrat, d'une convention ou de tout autre document les liant, moyennant le paiement d'une prime. Ces opérations impliquent donc par nature l'existence d'une **relation contractuelle entre le prestataire** du service d'assurance **et l'assuré.** Est sans incidence sur le bénéfice de l'exonération le fait que l'opération d'assurance soit réalisée par un assujetti qui ne possède pas la qualité d'assureur (CJUE 25-2-1999 aff. 349/96 : RJF 4/99 nº 512 ; CJUE 17-1-2013 aff. 224/11 : RJF 4/13 nº 449 ; CJUE 16-7-2015 aff. 584/13 : RJF 11/15 nº 981 ; en ce sens également BOI-TVA-CHAMP-30-10-60-10 nº 260).

Est ainsi exonéré l'octroi d'une couverture d'assurance par un opérateur qui n'est pas lui-même assureur mais qui, dans le cadre d'une assurance collective, procure à ses clients une telle couverture, dès lors qu'il existe une relation contractuelle entre le prestataire du service d'assurance et la personne dont les risques sont couverts (CJUE 25-2-1999 aff. 349/96 précité ; BOI précité nº 270). De même, un crédit-bailleur qui assure lui-même les biens qu'il donne en crédit-bail et qui refacture le coût exact de l'assurance au crédit-preneur bénéficie de l'exonération au titre de l'opération de refacturation (CJUE 17-1-2013 aff. 224/11 précité). Même solution pour une société qui refacture à l'euro l'euro à ses filiales la quote-part d'une prime de contrat d'assurance de groupe souscrit auprès d'un assureur (BOI-RES-000058). En revanche, en l'absence d'une telle relation contractuelle, l'exonération ne peut pas s'appliquer à des évaluations de dommages causés à des véhicules automobiles effectuées par une association dont les membres sont des sociétés d'assurance (CJUE 20-11-2003 aff. 8/01 : RJF 2/04 nº 208).

Selon l'administration, les sociétés ou compagnies d'assurance qui font souscrire des contrats d'assurance pour le compte d'autres entreprises agréées ou qui gèrent ou exploitent un portefeuille ou une branche de portefeuille d'une autre compagnie d'assurance peuvent bénéficier de l'exonération pour ces opérations. En revanche, l'exonération ne s'applique pas aux entreprises régies par le Code de la mutualité qui effectuent de telles opérations (BOI précité nºs 270 et 320). Selon la CJUE, ne peut en revanche bénéficier de l'exonération l'engagement d'une compagnie d'assurance d'exercer, en contrepartie d'une rémunération calculée sur la base des prix du marché, les activités d'une autre compagnie d'assurance, qui est sa filiale à 100 %, sans toutefois en assurer les risques (la filiale continuant de conclure les contrats d'assurance en son propre nom), dès lors qu'il n'existe, dans cette hypothèse, aucune relation juridique entre la compagnie gestionnaire et les clients de sa filiale (CJUE 8-3-2001 aff. 240/99 : RJF 6/01 nº 892).

Les opérations autres que celles d'assurance ou de réassurance (fabrication et vente d'imprimés, notamment) doivent être soumises à la TVA (BOI précité nº 270).

b. Les « **prestations de services afférentes à des opérations d'assurance effectuées par les courtiers et intermédiaires d'assurance** » sont définies par le contenu même des activités en cause, lequel suppose la réunion de deux conditions (le fait que l'opérateur n'ait pas la qualité formelle de courtier ou d'intermédiaire d'assurance étant sans incidence) : d'une part, le prestataire doit être en relation avec l'assureur et avec l'assuré (cette relation pouvant n'être qu'indirecte si le prestataire est en relation avec le courtier ou l'intermédiaire), d'autre part, les prestations en cause doivent être liées à la nature même du métier de courtier ou d'intermédiaire d'assurance, lequel consiste en la recherche de clients et la mise en relation de ceux-ci avec l'assureur, en vue de la conclusion de contrats d'assurance (étant précisé que dans l'hypothèse d'un sous-traitant, il importe que celui-ci participe à la conclusion de ces contrats) (CJUE 17-3-2016 aff. 40/15 : RJF 6/16 n° 585 ; CE 9-10-2019 n° 416107 : RJF 2/20 n° 20).

Sont notamment **exclues** de l'exonération les prestations suivantes : des activités de « back office » (CJUE 3-3-2005 aff. 472/03 : RJF 5/05 n° 516 ; CE 9-10-2019 n° 416107 : RJF 1/20 n° 16) ; des services de règlement des sinistres fournis au nom et pour le compte d'un assureur (CJUE 17-3-2016 aff. 40/15 : RJF 6/16 n° 585 ; BOI précité n° 290) ; des évaluations de dommages causés à des véhicules automobiles effectuées par une association dont les membres sont des sociétés d'assurance (CJUE 20-11-2003 précité) ; des prestations consistant uniquement en la mise à disposition d'un système informatique ou encore des prestations s'analysant comme un démembrement des activités exercées par les entreprises d'assurance (BOI précité n° 290).

L'administration admet, en revanche, que soit exonérée la gestion ou l'exploitation par un courtier d'assurance d'un portefeuille de courtage qui ne lui appartient pas, si ce portefeuille appartient à un courtier habilité (BOI précité n° 290).

› Précisions **a.** L'exonération bénéficie aux établissements de crédit et sociétés de financement qui interviennent pour le placement des **contrats d'assurance de groupe,** ainsi qu'aux associations qui gèrent les sinistres couverts par un contrat d'assurance de groupe souscrit par elles (BOI précité n° 310).

b. La **cession** à titre onéreux **de contrats d'assurance** ou de réassurance ne constitue pas une opération d'assurance ou de réassurance au sens de l'article 135, 1-a précité (CJUE 22-10-2009 aff. 242/08 : RJF 1/10 n° 91), mais une telle cession peut bénéficier de la dispense de TVA visée au n° 47520 (BOI précité n° 260).

c. Lorsqu'une vente de bien ou une prestation de services s'accompagne d'une prestation d'assurance du bien ou du service, réalisées par le même assujetti ou des assujettis indépendants, la prestation d'assurance ne peut bénéficier de l'exonération si elle constitue, eu égard aux critères exposés n° 46475, précision a, une **prestation accessoire à** l'opération principale de **vente** du bien **ou** de **prestation** de services. À et égard, les primes d'assurance dommages-ouvrage refacturées par un constructeur à ses clients constituent une prestation d'assurance distincte qui ne peut être regardée comme accessoire à l'activité de construction. Elle bénéficie de l'exonération dès lors qu'elle intervient pour un montant inchangé (BOI-RES-000057).

d. Bien qu'exonérées, les opérations d'assurance et de réassurance (ainsi que les commissions ou courtages) concernant, soit des **assurés** ou réassurés domiciliés ou **établis en dehors de l'Union européenne,** soit des **exportations** de biens à destination de pays situés hors de l'Union européenne, ouvrent droit à **déduction** (CGI art. 271, V. a).

BONS

Les bons, tels que définis ci-après, font l'objet, au regard de la TVA, de **règles particulières** prévues par les articles 256 ter et 266, 1-a bis du CGI. **47470** CGI art. 256 ter **TVA-II-2960 s**

Est considéré comme un bon tout instrument qui remplit les conditions suivantes : il est remis **à titre onéreux** à son bénéficiaire par son émetteur ou un tiers ; il est assorti d'une obligation de l'accepter comme **contrepartie totale ou partielle d'une ou plusieurs livraisons de biens ou prestations de services** ; les biens à livrer ou les services à fournir ou l'identité de leurs fournisseurs ou prestataires potentiels sont **indiqués** soit sur l'instrument même, soit dans la documentation correspondante, notamment dans les conditions générales d'utilisation de cet instrument (BOI-TVA-CHAMP-10-10-40-50 n°s 1, 10 et 30).

Il existe deux catégories de bons : le bon à usage unique (BUU) et le bon à usages multiples (BUM)

› Précisions Sont **exclus** du champ des dispositions de l'article 256 ter du CGI (BOI-TVA-CHAMP-10-10-40-50 n°s 10 et 20) :

– les instruments pour lesquels, au moment de leur émission, la **livraison des biens ou** la **fourniture de services** pouvant être obtenus en contrepartie du transfert du bon ne sont **pas garanties** par l'émetteur ou soumises à un aléa (par exemple, certificats ou **jetons d'usage,** émis par une société en échange d'un financement participatif, pouvant donner droit à des services ou biens futurs réalisés par la société, non encore déterminés lors de l'émission de ces instruments. En revanche, si l'offre de jetons au public permet l'acquisition non de jetons d'usage mais de jetons donnant accès à un ensemble de biens ou de services déterminés au moment de l'émission, les règles prévues en matière de bons sont susceptibles de s'appliquer) ;

– les **actifs numériques** au sens du 2° de l'article L 54-10-1 du Code monétaire et financier contenant des unités de valeur non monétaire **acceptés** par des personnes physiques ou morales comme un **moyen d'échange** (« Bitcoins », par exemple) et les **jetons** mentionnés à l'article L 552-2 du Code précité qui remplissent les caractéristiques des **instruments financiers** mentionnés à l'article L 211-1 dudit Code ;

– les **monnaies électroniques** au sens de l'article L 315-1 du Code monétaire et financier,

qui sont des **moyens de paiement** ;
– les **titres-restaurant,** les **chèques-vacances** et les **chèques emploi-service universel** (Cesu) en ce qu'ils constituent des titres spéciaux de paiement ou des moyens de paiement ;
– les **bons de réduction** ou tout autre instrument permettant à leur détenteur de bénéficier d'une remise lors de l'achat de biens ou services mais n'incorporant pas un droit à recevoir ces biens ou services, ni l'obligation pour le fournisseur du bien ou le prestataire de services de les accepter ;
– les **timbres-poste** (dont le régime de TVA relève des dispositions du 3° de l'article 261 C du CGI : n° 17140) ;
– les **packages de voyages** commercialisés par les agences de voyage en leur nom (ces packages relèvent du régime particulier de la marge des agences de voyage : n°s 83700 s.).

47472 Est considéré comme un **bon à usage unique (BUU)** un bon pour lequel le lieu de la livraison des biens ou de la prestation des services à laquelle le bon se rapporte et la TVA due sur ces biens ou services sont connus au moment de l'émission du bon (assiette, taux, territorialité).

Chaque **transfert** à titre onéreux d'un tel bon effectué par un assujetti agissant en son nom propre est considéré comme une livraison des biens ou une prestation des services à laquelle il se rapporte. La remise matérielle des biens ou la prestation effective des services en échange d'un BUU accepté en contrepartie totale ou partielle par le fournisseur ou le prestataire n'est pas considérée comme une opération distincte. Lorsque le fournisseur de biens ou le prestataire de services n'est pas l'assujetti qui a, en son nom propre, émis le bon à usage unique, ce fournisseur ou ce prestataire est néanmoins réputé avoir livré ou fourni à cet assujetti les biens ou la prestation des services en lien avec ce bon.

La **base d'imposition** de la livraison de biens ou de la prestation de services effectuée en échange d'un BUU est déterminée conformément au 1 de l'article 266 du CGI (n°s 52200 s.). À chaque transfert du bon effectué par un assujetti agissant en son nom propre, le **fait générateur** se produit et la taxe devient **exigible** dans les conditions applicables à l'opération sous-jacente en application des dispositions de l'article 269 du CGI (n°s 52500 s.) (BOI-TVA-CHAMP-10-10-40-50 n°s 40 et 60). Le taux applicable dans le cadre de chaque transfert d'un BUU est le **taux** applicable à la prestation de services ou à la livraison de bien à laquelle le bon se rapporte (BOI-BASE-10-40 n° 270).

EXEMPLE

Un bon est émis et commercialisé par une société A qui permet à son bénéficiaire d'obtenir l'accès à une séance d'initiation à la conduite sportive sur circuit dans le cadre d'un encadrement spécialisé et sur des modèles de véhicules de collection. La prestation est offerte sur le territoire français (sur trois circuits automobiles différents) et par trois entreprises différentes (B, C, D).

Le lieu d'imposition de la prestation (la France) et le montant de la TVA due au titre de la prestation (taux normal) étant déterminés dès l'émission du bon, celui-ci constitue un BUU. La TVA est due lors de la vente du bon par l'émetteur A au consommateur.

Lorsque ce dernier choisit d'utiliser le bon auprès de l'entreprise C, cette dernière est réputée avoir fourni la prestation, non pas au porteur du bon, mais à son émetteur. Elle doit donc soumettre à la TVA la contrepartie financière obtenue auprès de ce dernier en remboursement du bon.

De son côté, l'émetteur est fondé à déduire la taxe correspondante dans les conditions de droit commun. Lorsqu'il en a été convenu contractuellement, la commission conservée par l'émetteur est elle-même soumise à la TVA et doit être facturée en tant que telle même si elle fait l'objet d'une compensation. Lorsque le porteur du BUU est un assujetti, l'utilisation du bon auprès de l'entreprise C ne doit pas donner lieu à la délivrance d'une facture au sens de l'article 289 du CGI (BOI-TVA-CHAMP-10-10-40-50 n° 60).

› Précisions Les BUU qui ne sont **pas échangés** contre la remise d'un bien ou d'un service ne donnent pas droit au remboursement de la TVA collectée par l'émetteur, mais la déduction de la taxe grevant l'acquisition du bon n'est pas remise en cause (BOI-TVA-CHAMP-10-10-40-50 n° 70).

47475 Est considéré comme un **bon à usages multiples (BUM)** un bon autre qu'un bon à usage unique. Dès lors qu'une des modalités de taxation (lieu de la livraison de biens ou de la prestation de services, TVA due) n'est pas établie de façon précise lors de l'émission du bon, le bon constitue un BUM (BOI-TVA-CHAMP-10-10-40-50 n° 50). Pour cette catégorie de bons, en **l'absence de lien direct** entre la fourniture d'une livraison de biens ou d'un service et une contre-valeur perçue, les **sommes versées par les acquéreurs de BUM** à l'émission ou lors des transferts successifs sont situées hors du champ d'application de la TVA (les documents éventuellement émis à l'occasion de la délivrance du BUM ne doivent comporter aucune TVA facturée). Lorsque l'opération sous-jacente se réalise **(remise matérielle** des biens **ou** la **prestation effective** de services en échange du BUM accepté en contrepartie totale ou partielle par le fournisseur ou le prestataire), elle est soumise à la TVA, tous les éléments de nature à permettre la liquidation de la TVA étant alors connus (BOI-TVA-CHAMP-10-10-40-50 n° 80 ; dans le même sens : BOI-TVA-BASE-10-40 n° 280).

La **base d'imposition** de la livraison de biens ou de la prestation de services effectuée en lien avec un BUM est égale à la contrepartie payée en échange du bon. Il s'agit soit des sommes perçues lors de l'émission du BUM lorsqu'il y a identité entre l'émetteur et le fournisseur ou le prestataire, soit des sommes versées par la société émettrice en remboursement de la fourniture du bien ou du service à l'opérateur final (cette dernière est réputée TTC). Les sommes retenues au titre de la rémunération de sa prestation de services par la société émettrice sur le remboursement auquel donnent droit les bons ne peuvent venir en diminution de la base d'imposition des prestataires ou fournisseurs qui ont accepté les bons, mais ceux-ci peuvent déduire la TVA grevant les frais de gestion facturés par la société émettrice dans les conditions de droit commun. La taxe est **exigible** dans les conditions suivantes : dans le cas de ventes de biens, à la date de l'acceptation des bons par les fournisseurs dès lors qu'il peut être considéré que la livraison de ces biens est effectuée à l'instant où les bons sont repris en échange par les points de vente ; dans le cas des prestations de services, à l'encaissement du prix de l'opération, c'est-à-dire au moment de l'encaissement du remboursement effectué par la société émettrice, ou lors de la reprise du bon lorsque le prestataire est l'émetteur du bon (BOI-TVA-BASE-10-40 n° 280).

EXEMPLE

Un coffret-cadeau contenant un chèque-cadeau sans valeur faciale d'une durée limitée peut être utilisé par son bénéficiaire dans plusieurs pays de l'Union européenne pour acquérir des prestations de bien-être ou de loisirs. Les formalités de réservation sont réalisées par le bénéficiaire lui-même directement auprès d'un des prestataires partenaires. Ce coffret-cadeau, qui peut être commercialisé directement par la société émettrice ou par l'intermédiaire de distributeurs, après avoir été remis par le bénéficiaire au prestataire qu'il a choisi, est ensuite adressé par ce dernier à la société émettrice qui procède à son remboursement à hauteur d'un prix contractuellement convenu avec lui, sous déduction d'une rémunération correspondant aux frais de gestion. Ce type d'instrument constitue un BUM dans la mesure où lors de son émission, la taxe due sur les différentes prestations ne peut être liquidée, la nature et le taux des prestations qui seront réalisées en échange n'étant pas connus ou le lieu des prestations proposées n'est pas déterminé (BOI-TVA-CHAMP-10-10-40-50 n° 40).

› Précisions Si, à l'échéance de la date d'utilisation des BUM, ils ne sont **pas échangés** contre la remise d'un bien ou d'un service aucune TVA n'est due (BOI-TVA-CHAMP-10-10-40-50 n° 90).

CONTRIBUTION À L'AUDIOVISUEL PUBLIC

La contribution à l'audiovisuel public, perçue au profit des organismes de télévision et de radiodiffusion du **service public** (n°s 75940 s.), est passible de la TVA. C'est le taux de 2,1 % qui s'applique (CGI art. 281 nonies). **47490** CGI art. 257, III-3° TVA-II-24520 s

OPÉRATIONS SUR FONDS DE COMMERCE ET OPÉRATIONS SIMILAIRES

La **location (ou mise en gérance libre) d'un fonds de commerce** constitue une prestation de services imposable à la TVA. La base d'imposition comprend, non seulement la redevance payée pour le **fonds,** mais aussi le loyer de l'**immeuble** commercial (même si le bailleur du fonds n'est que locataire de l'immeuble, et même si en pareil cas le loyer de cet immeuble est versé directement par le gérant du fonds au propriétaire des murs). **47500** TVA-II-14250 s

Lorsque, au moment de la mise en gérance du fonds, le **stock** de marchandises neuves est **cédé** au nouvel exploitant, cette cession rend exigible la TVA, laquelle pourra être récupérée par l'intéressé dans les conditions du droit commun.

La **cession globale d'un fonds de commerce** constitue une opération normalement imposable à la TVA. Cependant cette opération, lorsqu'elle est réalisée au profit d'un redevable de la TVA, est susceptible de bénéficier de la dispense de taxation prévue pour les transmissions d'universalités de biens (voir n° 47520). **47505**

Les **cessions isolées d'un** ou plusieurs **éléments** corporels ou incorporels du fonds de commerce constituent des actes normaux de la profession qui entraînent l'exigibilité de la TVA. Elles sont toutefois dispensées de cette taxe lorsqu'elles s'accompagnent d'une cession, même implicite, de clientèle et sont de ce fait soumises au droit proportionnel d'enregistrement (n° 65495).

La **cession d'une marque de fabrique** exploitée donne ouverture au droit proportionnel d'enregistrement et se trouve donc exonérée de TVA, lorsqu'il y a cession de la clientèle attachée à la marque. Dans les autres cas (et, notamment, s'il s'agit d'une marque non exploitée), la TVA est exigible (BOI-TVA-CHAMP-10-10-30 n° 220 ; CE 3-9-2008 n°s 300420, 300421, 300422 : RJF 12/08 n° 1292) (voir n° 65550).

Opérations concernant les brevets d'invention et droits similaires Les **cessions** de brevets, les **concessions** de licences d'exploitation de brevets, ainsi que les cessions ou concessions d'autres droits similaires faisant l'objet d'une protection par l'Institut national de la propriété industrielle, constituent des prestations de services soumises à la **TVA** (voir toutefois n° 47520 le cas où ces opérations sont réalisées lors de la transmission d'une universalité de biens). **47510** TVA-II-14670 s

Peu importe à cet égard que de telles opérations soient effectuées par l'**inventeur** lui-même, par ses **héritiers** ou par des **tiers** qui cèdent des brevets ou concèdent des licences d'exploitation de brevets précédemment acquis de l'inventeur ou de ses héritiers.

> **Précisions** La cession à titre onéreux d'un brevet par son inventeur constitue une opération imposable, quel que soit le mode de rémunération de la cession et alors même qu'il n'en aurait retiré qu'une **recette unique** (CE 20-10-2000 nº 204129 : RJF 1/01 nº 19).

TRANSMISSION D'UNE UNIVERSALITÉ DE BIENS

47520 CGI art. 257 bis TVA-II-13810 s

Les livraisons de biens et les prestations de services, réalisées entre redevables de la TVA, sont dispensées de cette taxe lors de la **transmission à titre onéreux ou à titre gratuit,** ou sous forme d'**apport** à une société, d'une universalité totale ou partielle de biens.

La notion de « transmission à titre onéreux ou à titre gratuit, ou sous forme d'apport à une société, d'une universalité totale ou partielle de biens » concerne le **transfert d'un fonds de commerce ou d'une partie autonome d'une entreprise,** comprenant des éléments corporels et, le cas échéant, incorporels qui, ensemble, constituent une entreprise ou une partie d'une entreprise susceptible de poursuivre une activité économique autonome. Sont **notamment** regardés comme la transmission d'une universalité totale ou partielle de biens : les **apports globaux,** effectués dans le cadre d'une opération de **fusion,** d'**absorption** ou de **scission,** et les **apports partiels** d'actifs constatés à l'occasion, par exemple, de la **restructuration** d'un groupe (apport d'une branche complète d'activité) ; les **mutations** à titre onéreux et **apports de fonds de commerce ou d'exploitations** agricoles, commerciales ou professionnelles ; la transmission d'une entreprise à la suite d'une **procédure d'apurement collectif du passif** ; la transmission universelle de patrimoine réalisée dans le cadre d'une opération de **dissolution sans liquidation** ; le transfert en **fiducie** et la sortie de fiducie de biens constituant une universalité totale ou partielle de biens (nºs 91045 et 91085).

La dispense de taxation, qui présente un **caractère obligatoire,** concerne l'**ensemble des biens et des services appartenant à l'universalité** transmise : marchandises neuves et autres biens détenus en stocks ; biens mobiliers corporels d'investissement ayant ouvert droit à déduction (nº 60995) ; biens mobiliers incorporels d'investissement ; immeubles et terrains à bâtir.

Le **bénéficiaire** de la transmission est **réputé continuer la personne du cédant** en poursuivant l'exploitation de l'universalité transmise (il n'est toutefois pas exigé qu'il ait préalablement exercé ni qu'il poursuive strictement la même activité que le cédant : en ce sens BOI-TVA-CHAMP-10-10-50-10 nº 20). Le bénéficiaire doit donc, s'il y a lieu, procéder aux régularisations du droit à déduction (nºs 57205 s. et 57270 s.) et aux taxations des cessions ou des livraisons à soi-même (nºs 47370 s.) qui deviendraient exigibles postérieurement à la transmission et qui auraient en principe incombé au cédant si ce dernier avait continué à exploiter lui-même l'universalité (un engagement formel du bénéficiaire n'est pas nécessaire). Les transferts de biens d'investissement réalisés dans le cadre de la transmission ne donnent pas lieu, chez le **cédant,** aux régularisations du droit à déduction (nº 57430). Ce dernier peut par ailleurs déduire la TVA ayant grevé les dépenses exposées pour réaliser la transmission (en ce sens CJUE 22-2-2001 aff. 408/98 : RJF 6/01 nº 894 ; CAA Versailles 10-10-2017 nº 16VE00567 : RJF 6/18 nº 606 ; CAA Paris 21-3-2019 nº 18PA02009 : RJF 8-9/19 nº 773).

> **Précisions** **a.** La dispense de taxation ne s'applique pas aux transferts de biens et de services réalisés au profit d'une **personne qui n'entend pas exploiter l'universalité transmise** mais simplement liquider immédiatement l'activité concernée.
> **b.** La dispense de taxation ne s'applique pas lorsque le **bénéficiaire** de la transmission n'est **pas redevable** de la TVA (voir toutefois nº 59860, a s'agissant de la cession d'une exploitation agricole par un exploitant assujetti à un non-assujetti). En revanche, la dispense s'applique lorsque la transmission est réalisée entre deux personnes ayant toutes deux ou pour l'une seulement d'entre elles la qualité de **redevable partiel** au titre de l'universalité transmise.
> **c.** La dispense de taxation (ou de régularisation) s'applique à la **cession d'un immeuble affecté à une activité de location immobilière** (immeubles non destinés à la revente) **soumise à la TVA** (de plein droit ou sur option) **avec reprise,** avec ou sans négociation, **du ou des baux en cours,** qui intervient au bénéfice d'un cessionnaire qui continue de soumettre la location à la TVA, la cession en cause s'inscrivant dans une logique de transmission d'entreprise (BOI-TVA-DED-60-20-10 nºs 282 et 285 ; dans le même sens CE 23-11-2015 nºs 375054 et 375055 : RJF 2/16 nº 129). La cession peut également bénéficier de la dispense si, au moment de la cession, l'**immeuble** est provisoirement **vacant** du fait par exemple d'un changement de locataire, dès lors que le cédant est en mesure de démontrer qu'il recherche activement un locataire (Rép. Gérard : AN 8-3-2016 nº 90962). La circonstance qu'à la suite d'une telle transmission le cédant continue par ailleurs d'affecter d'autres immeubles de son patrimoine à une telle activité de location soumise à la TVA est sans incidence. Elle est écartée en revanche lorsque l'**immeuble** cédé n'était **affecté** que de **manière partielle à une activité locative** de sorte qu'il ne constituait pas dans son ensemble une partie d'entreprise susceptible d'être qualifiée d'universalité partielle (BOI-TVA-CHAMP-10-10-50-10 nº 30). La

dispense de taxation (ou de régularisation) ne bénéficie pas non plus aux assujettis ayant une activité d'achat-revente d'immeubles (**marchands de biens**...) qui, dans le cadre de cette activité, procède à la vente isolée d'un immeuble inscrit en stock, même si, dans l'attente de sa revente, cet immeuble a fait l'objet d'une location soumise à la TVA (BOI-TVA-DED précité nº 285).

d. Concernant les opérations de transmissions effectuées dans le cadre d'un **contrat de crédit-bail,** la dispense de taxation (ou de régularisation) couvre :

– la situation dans laquelle un immeuble, loué dans le cadre d'un contrat de crédit-bail immobilier soumis à la TVA, est cédé au crédit-preneur lors de sa levée d'option d'achat et que celui-ci, qui affectait l'immeuble à une activité de sous-location taxée, entend soit continuer à affecter l'immeuble à une telle activité locative soumise à la TVA (BOI-TVA-DED précité nº 286), soit revendre l'immeuble le jour même de la levée d'option à un nouvel acquéreur qui entend inscrire l'immeuble à son actif immobilisé et l'affecter à une activité de location soumise à la TVA (CE 23-11-2015 nºs 375054 et 375055 précités). Dans cette seconde situation, les deux ventes successives de l'immeuble bénéficient de la dispense (Rép. Grau : AN 10-7-2018 nº 7359) ;

– les transferts de l'immeuble opérés pour le changement de crédits-bailleurs, au profit du crédit-preneur (qui lève l'option d'achat), puis d'un groupement de crédits-bailleurs (BOI-TVA-DED précité nº 286) ;

– la cession de ses droits sur un contrat de crédit-bail immobilier par un crédit-preneur assujetti à la TVA (BOI-TVA-CHAMP-50-10 nº 240).

e. Constitue la transmission d'une universalité totale ou partielle de biens le **transfert de la propriété du stock de marchandises et de l'équipement** commercial d'un **magasin de détail,** concomitant à la **location,** au cessionnaire, **des locaux** dudit magasin pour une **durée indéterminée,** mais **résiliable à court terme** par les deux parties, à condition que les biens transférés suffisent pour que ledit cessionnaire puisse poursuivre de manière durable une activité économique autonome (CJUE 10-11-2011 aff. 444/10 : RJF 2/12 nº 202). En revanche, ne constitue pas une telle transmission l'opération par laquelle un **bien immeuble qui servait à une exploitation commerciale** est **donné en location, avec tous les biens d'équipement** et consommables **nécessaires** à cette exploitation, même si le locataire poursuit l'activité du bailleur sous la même enseigne (CJUE 19-12-2018 aff. 17/18 : RJF 3/19 nº 311).

f. La **cession des actions d'une société** ne peut, indépendamment de l'importance de la participation transmise, être assimilée à la transmission totale ou partielle d'une universalité de biens que si elle s'accompagne de la transmission d'actifs permettant au cessionnaire de poursuivre une activité économique indépendante (CJUE 30-5-2013 aff. 651/11 : RJF 10/13 nº 994).

g. Si le bénéficiaire de la transmission d'universalité réalise des opérations dont la base d'imposition est assise sur la **marge** (nºs 58870, 61535 et 60785 s.), il doit la calculer en retenant au deuxième terme de la différence le montant qui aurait été retenu par le cédant si celui-ci avait réalisé l'opération.

h. Le montant total hors taxe de la transmission (ou de l'apport) doit être mentionné sur la **déclaration de chiffre d'affaires** du cédant (ou de l'apporteur) et sur celle du bénéficiaire.

CARRIÈRES ET MINES

Ainsi qu'il a déjà été indiqué (nº 46520, e), les activités extractives entrent dans le champ d'application de la TVA. **47530** TVA-II-14820 s

Par suite, la **vente, par l'exploitant, des matériaux** extraits d'une carrière, d'une sablière ou d'une mine est soumise à la TVA, même si l'exploitant est propriétaire du sol et du sous-sol.

De même, la **redevance** perçue par le propriétaire ou l'exploitant d'une carrière ou d'une sablière pour **décharge de déblais ou remblaiement** se situe dans le champ d'application de la TVA.

Mais les recettes perçues par le **titulaire du droit de propriété** ou d'usufruit sur le terrain, au titre de la **concession du droit d'exploitation** d'une carrière, bénéficient de l'exonération visée au nº 46860, même si elles sont proportionnelles au tonnage extrait, dans la mesure où la location ne porte pas sur un établissement muni du matériel nécessaire à son exploitation et ne s'accompagne pas de la location d'éléments incorporels du fonds de commerce précédemment exploité par le propriétaire. Même solution en cas de **concession,** par le titulaire du droit de propriété ou d'usufruit, **du droit de décharger des déblais.**

OPÉRATIONS SUR LOGICIELS

En ce qui concerne le régime de TVA des fournitures de logiciels, les précisions suivantes peuvent être données : **47540** TVA-II-16580 s

a. Les **auteurs** de logiciels sont imposables à la TVA. Ils sont exclus du bénéfice de la franchise particulière et du taux intermédiaire prévus (nºs 61680 s.) pour les auteurs des œuvres de l'esprit (CGI art. 279, g et 293 B, III-2).

b. Les **cessions** de logiciels s'analysent :

– en des **ventes** de biens meubles corporels, lorsqu'elles portent sur des logiciels de série (logiciels **standards**), sauf si le contrat s'analyse en une cession de droits d'auteur ou si la cession intervient en l'absence de support matériel (transmission par voie électronique, par exemple) ;

– en des prestations de **services** dans les autres situations : cession de logiciels **spécifiques** (il s'agit des logiciels dont l'adaptation aux exigences du client n'est ni mineure ni accessoire, mais revêt au contraire un caractère prépondérant : CJUE 27-10-2005 aff. 41/04 : RJF 1/06 n° 112), cession de droits portant sur un logiciel standard ou absence de support matériel. Ces prestations sont imposables ou non en France conformément aux règles exposées aux n°s 49870 s. (si le preneur est un assujetti) ou n°s 50020 s. et 50050 s. (si le preneur est un non-assujetti).

c. La **location** de logiciels (mise à disposition moyennant redevance périodique) constitue une prestation de services.

d. L'**installation** de logiciels consécutive à leur cession constitue, en principe, l'accessoire de l'opération de cession et suit le même régime. Toutefois, si elle peut être détachée de la cession, elle constitue une prestation de services. Dans cette dernière hypothèse, si elle consiste en une intervention matérielle chez le client, elle relève des règles de territorialité applicables aux travaux et expertises sur biens meubles corporels (n°s 49870 s. si le preneur est un assujetti et n° 50005 si le preneur est un non-assujetti) ; lorsque le logiciel est installé à distance (téléchargement) ou que l'intervention du fournisseur se limite à une assistance téléphonique, l'opération constitue une prestation « immatérielle » et est imposable ou non en France conformément aux règles exposées aux n°s 49870 s. (si le preneur est un assujetti) ou aux n°s 50050 s. (si le preneur est un non-assujetti).

e. Les services de **formation** fournis à l'occasion de la cession de logiciels constituent, en principe, l'accessoire de l'opération de cession et suivent le même régime. Toutefois, s'ils peuvent être détachés de l'opération de cession, ils peuvent, le cas échéant, être éligibles au bénéfice de l'exonération prévue pour la formation professionnelle continue mentionnée n°s 47065 s.

f. Les opérations de **maintenance** suivent le régime de l'opération de cession d'un logiciel lorsqu'elles peuvent être regardées comme constituant l'accessoire de cette opération. Dans le cas contraire, elles constituent des prestations de services imposables selon les règles habituelles. Dans cette dernière hypothèse, celles qui se traduisent par une intervention à distance ou qui sont réalisées en exécution d'un contrat d'assistance par abonnement constituent des prestations « immatérielles » et sont ou non imposables en France conformément aux règles exposées aux n°s 49870 s. (si le preneur est un assujetti) ou aux n°s 50050 s. (si le preneur est un non-assujetti). Celles qui consistent en une intervention matérielle chez le client ou qui résultent d'un contrat d'assistance sur site constituent des travaux et expertises sur biens meubles corporels et sont ou non imposables en France conformément aux règles exposées aux n°s 49870 s. (si le preneur est un assujetti) ou au n° 50005 (si le preneur est un non-assujetti).

g. Lorsque l'opération d'**adaptation** d'un logiciel standard est effectuée en fonction des besoins spécifiques d'un client, les opérations d'adaptation de ce logiciel constituent des prestations de services. Lorsque l'adaptation est elle-même standard, le régime des livraisons de biens s'applique (sous réserve, comme précisé ci-dessus, que l'adaptation soit fournie sur support matériel). Les opérations d'adaptation de logiciels spécifiques constituent toujours des prestations de services.

h. La qualification des opérations de fourniture de **mises à jour** doit s'opérer selon les critères définis ci-dessus en b.

TVA-IV-15095 s **i.** Les logiciels (standard ou spécifiques) **importés** de pays tiers sur supports physiques sont imposables sur leur valeur totale (élément intellectuel compris).

EXONÉRATIONS DIVERSES

47550 Nous allons pour conclure cette rubrique passer en revue quelques exonérations de caractère spécifique, qui ne se rattachent à aucune autre rubrique.

47555 CGI art. 261, 2-4° TVA-V-12500 s

Pêche Sont exonérées de la TVA les opérations effectuées par les **pêcheurs et armateurs à la pêche** et portant sur la **vente** des produits de leur pêche (poissons, crustacés, coquillages frais ou conservés à l'état frais par un procédé frigorifique).

Cette exonération ne s'applique pas cependant aux **pêcheurs** professionnels **en eau douce,** qui relèvent du régime applicable aux exploitants agricoles (n°s 59420 s.) : ils sont donc, soit imposables à la TVA selon le régime simplifié agricole, soit bénéficiaires du remboursement forfaitaire agricole.

Remarque : Sont également exonérées (par d'autres dispositions) les **importations** et **acquisitions intracommunautaires** des produits de la pêche maritime (n°s 49645 et 49190) et les opérations portant sur les **bateaux** ainsi que sur les **engins et filets de pêche** (n°s 50460 s.).

Marché à terme sur marchandises Les opérations à terme sur marchandises réalisées sur un marché réglementé sont exonérées de la TVA (à l'exception toutefois de celles qui déterminent l'arrêt de la filière et à la suite desquelles le dernier acheteur se fait livrer réellement le lot de marchandises). 47560 CGI art. 261, 1-4° TVA-V-12750 s

Monuments aux morts Sont exonérées de la TVA les opérations qui remplissent simultanément les trois conditions suivantes : 47565 CGI art. 261, 4-10° TVA-V-12600 s

1. Constituer des travaux de construction, d'aménagement, de réparation ou d'entretien.

2. Porter sur des monuments, **cimetières ou sépultures** commémoratifs des combattants, héros, victimes ou morts **des guerres.**

3. Être effectuées pour des collectivités publiques (État, départements, communes, etc.) ou pour des organismes légalement constitués agissant sans but lucratif (associations d'anciens combattants, de déportés, de résistants, de victimes de guerre, etc.).

Bien qu'exonérées, ces opérations ouvrent droit à **déduction** (n° 55550). La déduction peut notamment concerner la taxe facturée à l'entrepreneur titulaire du marché par les fournisseurs et sous-traitants, lesquels ne sont pas eux-mêmes couverts par l'exonération.

Timbres Sont exonérées de la TVA les livraisons, à leur valeur officielle, de **timbres fiscaux** et de **timbres-poste ayant cours** ou valeur d'affranchissement en France. 47570 CGI art. 261 C, 3° TVA-V-13000 s

Cette exonération ne concerne que les « livraisons », c'est-à-dire les **ventes,** à l'exclusion de toutes autres opérations (impression, transports, etc.).

Remarques : Les opérations portant sur les **timbres de collection** sont soumises à la TVA selon les règles prévues pour l'ensemble des objets de collection (n°s 60540 s. et, notamment, n° 60580).

En ce qui concerne les prestations d'affranchissement proposées en complément d'une autre prestation, voir n° 52255, h.

Jeux de hasard ou d'argent Sont exonérés de la TVA : 47575 CGI art. 261 E, 1° et 2° TVA-V-13100 s

– l'organisation de jeux de hasard ou d'argent soumis aux prélèvements progressifs mentionnés à l'article 1560 du CGI (**maisons de jeux** : n° 75655), aux articles L 2333-56 et L 2333-57 du CGCT (**casinos**) et à l'article 34 de la loi 2017-1775 du 28 décembre 2017 (**clubs de jeux**) ;

– le produit de l'exploitation des **paris mutuels hippiques,** de la loterie nationale et des jeux assimilés, du **loto** national, des **paris sur** des **compétitions sportives** et des **jeux de cercle en ligne, à l'exception** des rémunérations perçues par les **organisateurs** et les **intermédiaires** qui participent à l'organisation de ces jeux et paris.

› Précisions a. L'exonération prévue pour les **clubs et maisons de jeux et les casinos** s'applique à l'**ensemble des recettes perçues en contrepartie de l'organisation de jeux** de hasard ou d'argent, y compris celles qui ne sont pas retenues dans l'assiette des prélèvements progressifs, tel que les droits d'entrée perçus par les casinos, les droits de carte ou de table perçus par les clubs et maisons de jeux et les cotisations des membres (CE 10-5-1999 n° 176468 : RJF 8-9/99 n° 981 ; BOI-TVA-CHAMP-30-10-10 n° 30).

b. L'exclusion de l'exonération des **intermédiaires** ne concerne que les intermédiaires transparents ; les intermédiaires opaques qui interviennent dans des opérations relevant d'une exonération bénéficient en effet, comme indiqué n° 61480 en précisions, de la même exonération.

En pratique, les **intermédiaires du loto** national sont dispensés du paiement de la TVA, leur rémunération étant comprise dans la base d'imposition de l'organisateur (BOI-TVA-LIQ-20-20 n° 350). Néanmoins, cette rémunération est assimilée, au regard des droits à **déduction,** à une recette soumise à la taxe (n° 55550) (BOI-TVA-DED-10-20 n° 140).

c. La rémunération des **organisateurs de jeux en ligne** qui est soumise à la TVA ne comprend ni les prélèvements de l'État sur les mises, ni les gains des joueurs. La **base d'imposition** de ces opérateurs est donc déterminée en retranchant du montant des mises les prélèvements opérés au profit de l'État et les diverses sommes versées aux joueurs. Le produit ainsi obtenu constitue la rémunération TVA comprise de l'organisateur qui doit par conséquent calculer la TVA due « en dedans » de cette somme (BOI-TVA-CHAMP-30-10-10 n° 85).

Pour les **organisateurs de paris à cote fixe,** la base d'imposition à la TVA est constituée par le résultat brut des opérations au cours d'une période donnée d'imposition : les pertes éventuellement constatées au titre d'une opération peuvent faire l'objet d'une imputation sur la rémunération perçue au titre des autres opérations de jeux de l'opérateur, qu'il s'agisse des autres paris à cote ou des jeux ou paris en la forme mutuelle organisés au cours de la même période d'imposition (BOI-RES-000033).

Crèches et haltes-garderies Sont exonérées de la TVA les prestations de services et les livraisons de biens qui leur sont étroitement liées, effectuées dans le cadre de la garde d'enfants par les établissements visés aux deux premiers alinéas de l'article L 2324-1 du Code de la santé publique et assurant l'accueil des enfants de moins de trois ans. 47580 CGI art. 261, 4-8° bis TVA-V-7520 s

L'exonération vise l'ensemble des **organismes** assurant l'accueil des enfants de moins de trois ans (crèches, haltes-garderies, etc.), quelle que soit la personne qui les gère (collectivité publique, association, entreprise). L'exonération n'est pas remise en cause si ces organismes reçoivent occasionnellement des enfants de moins de six ans (BOI-TVA-CHAMP-30-10-60-10 nº 420).

L'exonération s'applique à toutes les sommes qui constituent la contrepartie de **prestations de garde d'enfants,** quelles que soient, d'une part, leur dénomination (réservation de berceaux, subventions, prestation de services unique, participation des familles) et, d'autre part, la qualité de la personne qui les verse (parents, entreprises, collectivités publiques, caisses d'allocations familiales). Elle s'applique également à toutes les **prestations de services et livraisons de biens étroitement liées** à la garde d'enfants (fourniture de repas, délivrance de menus matériels, etc.).

En revanche, elle ne s'applique pas aux achats de biens ou de services effectués en amont par le gestionnaire (matériels de puériculture, denrées alimentaires, prestations de gestion administrative et financière, d'études ou de montage de projet, par exemple).

47585 CGI art. 261, 4-11º TVA-II-18770 s

Service universel postal Sont exonérées de la TVA les prestations de **services et** les **livraisons de biens accessoires** à ces prestations, à l'exception des transports de personnes et télécommunications, qui relèvent du service universel postal tel que défini par l'article L 1 du Code des postes et télécommunications électroniques, effectuées par le prestataire en France du service universel postal tel que désigné à l'article L 2 du même Code (en l'occurrence « La Poste »).

En ce qui concerne les prestations d'affranchissement proposées en complément d'une autre prestation, voir nº 52255, h.

47590 CGI art. 261, 4-8º ter TVA-V-14000 s

Mandataires judiciaires à la protection des majeurs Sont exonérées de la TVA les prestations de services réalisées par les mandataires judiciaires à la protection des majeurs au sens de l'article L 471-2 du Code de l'action sociale et des familles.

CHAPITRE 2 TERRITORIALITÉ

SOMMAIRE

PRÉSENTATION GÉNÉRALE

Très large quant à la définition des opérations imposables, le **champ d'application de la TVA** n'est pas illimité dans l'espace ; il comporte au contraire un **caractère territorial.** 48500 TVA-III-1 s TVA-IV-1 s

En présence d'une opération normalement imposable à la TVA, l'application des règles de territorialité permet de **déterminer** si, compte tenu de sa localisation, cette opération doit effectivement être soumise à la **TVA française ou bien** si, au contraire, elle doit y échapper comme se situant hors du champ d'application territorial de cette taxe (opération dite « **extraterritoriale** »).

Les **critères** à retenir à cet égard sont **différents** selon qu'il s'agit d'**opérations portant sur des biens** (livraisons, acquisitions) ou de **prestations de services.**

Ainsi qu'il a déjà été indiqué (n° 46025), les règles actuelles de territorialité résultent de la **directive** européenne 2006/112/CE **du 28 novembre 2006** modifiée dont les dispositions ont été **transposées dans le CGI.**

C'est ce qui explique les **distinctions** à faire (dans tous les cas pour les opérations portant sur les biens et dans certains cas pour les prestations de services), **selon** que les **échanges** interviennent **avec des États membres** de l'Union européenne **ou avec des pays « tiers ».**

Dans certains cas, l'imposition qui résulterait de l'application des règles de territorialité peut se trouver neutralisée par l'effet des **exonérations** spécialement prévues, **notamment** en faveur des **exportations** vers les pays tiers, des **livraisons intracommunautaires** (notion qui a remplacé celle d'exportation, pour les relations entre États membres), des **services liés aux échanges extracommunautaires** de biens, ou encore des **transports internationaux.**

C'est à cet ensemble, fort complexe, de dispositions que sont consacrés les développements qui suivent. On y traitera successivement des **opérations portant sur des biens** (n°s 48900 s.), des **prestations de services** (n°s 49840 s.) et enfin de **dispositions diverses** susceptibles d'intéresser ces deux catégories d'opérations (n°s 50400 s.). 48505

Au préalable, nous donnerons quelques explications générales concernant la **définition des territoires** (n°s 48515 s.), la **terminologie** employée (n° 48550) et le cas des **opérations « extra-territoriales »** (n°s 48560 s.).

Remarque : Les critères d'application territoriale de la TVA sont déterminés par **référence** au **lieu où l'opération** concernée est **réputée se situer.**

Le **lieu de signature** des contrats, celui du **paiement,** la nature de la **monnaie** utilisée, la **nationalité** des opérateurs n'ont **aucune influence** sur l'exigibilité de la TVA.

DÉFINITION DES TERRITOIRES

48515 TVA-III-70 s et 1940 s Pour l'application des règles de territorialité de la TVA, il faut, en précisant leur contenu, distinguer trois groupes de territoires : France, Union européenne, pays tiers.

48520 **France** Au regard de la TVA, l'expression **« en France »** englobe :

– la France continentale, y compris les zones franches du pays de Gex et de Savoie et les îles du littoral ;
– la Corse (voir n°s 92360 s. les règles particulières prévues sur certains points) ;
– la principauté de Monaco où la législation française est introduite (sous réserve des adaptations nécessaires) par ordonnances princières ;
– les eaux territoriales ;
– le plateau continental.

Quant aux départements d'outre-mer, ils appellent des explications particulières (données aux n°s 91560 s.).

48525 L'expression « en France » ne couvre pas les **territoires** ci-après, qui sont donc **assimilés à des pays tiers** (n° 48540) : collectivités d'outre-mer de Saint-Pierre-et-Miquelon, de Saint-Barthélemy, de Saint-Martin, de Nouvelle-Calédonie, de Wallis-et-Futuna et de la Polynésie française ; les îles et territoires composant les Terres australes et antarctiques françaises ; Andorre.

48530 CGI art. 256-0 **Union européenne** Pour l'application de la TVA, l'Union européenne comprend, outre la France (telle que définie ci-dessus), les États membres suivants : Allemagne, Autriche, Belgique, Bulgarie, Chypre (y compris les zones de souveraineté britannique à Akrotiri et Dhekelia), Croatie, Danemark, Espagne, Estonie, Finlande, Grèce, Hongrie, Irlande, Italie, Lettonie, Lituanie, Luxembourg, Malte, Pays-Bas, Pologne, Portugal, Roumanie, Slovénie, Slovaquie, Suède et République tchèque.

L'Union européenne est donc constituée (France comprise) de **vingt-sept États membres.**

> **› Précisions** Les électeurs britanniques se sont prononcés par référendum le 23 juin 2016 en faveur de la sortie du **Royaume-Uni** de l'Union européenne (**Brexit**), lequel a enclenché le processus de sortie le 29 mars 2017. Conformément à l'article 50 du traité sur l'Union européenne, ce pays devait normalement sortir de l'UE le 29 mars 2019. Cependant, le délai prévu à l'article 50 précité a été prorogé à plusieurs reprises : une première fois jusqu'au 12 avril 2019 (Décision UE/2019/476 du Conseil européen) ; une deuxième fois jusqu'au 31 octobre 2019 (Décision UE/2019/584 du Conseil européen du 11-4-2019) et enfin une troisième fois jusqu'au 31 janvier 2020 (Décision UE/2019/1810 du Conseil européen du 29-10-2019). Suite à la ratification de l'accord de retrait, une **période transitoire** s'est ouverte, pendant laquelle le droit de l'UE continuera de s'appliquer, au moins jusqu'au 31-12-2020.

48535 Au regard de la TVA, les **territoires** suivants sont **exclus** du territoire communautaire et sont donc **assimilés à des pays tiers** (n° 48540) :

– l'île de Helgoland et le territoire de Büsingen pour l'Allemagne ;
– Ceuta, Melilla et les îles Canaries pour l'Espagne ;
– les îles Åland pour la Finlande ;
– le mont Athos pour la Grèce ;
– Livigno, Campione d'Italia et les eaux nationales du lac de Lugano pour l'Italie ;
– les îles Anglo-Normandes.

48540 **Pays tiers** Les pays tiers, ou **hors Union européenne,** s'entendent de tous les pays autres que la France et les autres États membres de l'Union européenne.

En outre, les **territoires** visés aux n°s 48525 et 48535 ci-dessus sont **assimilés** à des pays tiers.

TERMINOLOGIE

48550 Nous ne reviendrons pas ici sur les notions générales déjà définies par ailleurs (exemples : livraisons de biens, n°s 46455 s. ; prestations de services, n° 46475 ; assujettis, n°s 46510 s.).

Nous nous en tenons à des expressions et abréviations qui concernent plus spécialement la territorialité de la TVA.

a. Sens de certaines expressions

– **États membres** : États membres de l'Union européenne (n° 48530).
– **Pays tiers** : pays n'appartenant pas à l'Union européenne et territoires assimilés à ces pays tiers (n° 48540).
– **Opérations intracommunautaires** : opérations réalisées entre la France et d'autres États membres de l'Union européenne. Les **acquisitions intracommunautaires** (équivalent de ce

PRINCIPALES NOUVEAUTÉS

20

Chère lectrice, cher lecteur,

Afin de vous garantir une documentation fiable et directement opérationnelle, votre Mémento fait l'objet d'une mise à jour intégrale et régulière par notre équipe de rédaction.

Pour vous aider à faire le point face à une actualité très riche, il nous a paru utile de signaler dans ce cahier les principales nouveautés qui ont été intégrées au millésime 2020.

Ce cahier suit le plan de votre Mémento, partie par partie, chapitre par chapitre et paragraphe par paragraphe, et renvoie aux développements complets dans le corps de l'ouvrage.

Vous souhaitant une bonne lecture.

La rédaction

Impôt sur le revenu

Personnes imposables

Domicile fiscal des dirigeants : le critère de l'activité professionnelle est étendu

Les dirigeants exerçant des fonctions exécutives, dans des entreprises dont le siège est situé en France et qui y réalisent un chiffre d'affaires annuel supérieur à 250 millions d'euros sont présumés avoir leur domicile fiscal en France.

Pour en savoir plus, consultez les § **495 s.**

Calcul de l'impôt sur le revenu

Une baisse d'impôt sur les revenus de 2020, perceptible dès le début de l'année

Les foyers fiscaux faiblement imposés bénéficieront d'une baisse d'impôt sur leurs revenus de 2020 via une réduction de 14 % à 11 % du taux de la deuxième tranche du barème de l'impôt et un aménagement de la décote. Les prélèvements à la source opérés à compter du 1er janvier 2020 anticipent cette baisse d'impôt.

Pour en savoir plus, consultez les § **2145, 2235, 3792 s. et 3811**

La réduction d'impôt Madelin est aménagée

Dans le cadre de la mise en conformité du dispositif au droit européen, le taux dérogatoire de la réduction pour les souscriptions des parts de « FIP Corse » est abaissé et le régime spécifique applicable aux sociétés foncières solidaires agréées (Esus) est aligné sur le droit commun. En contrepartie, la période d'application du taux majoré de droit commun est prolongée d'un an.

Pour en savoir plus, consultez les § **2600 s.**

Création d'une réduction d'impôt au titre de la souscription au capital de sociétés foncières solidaires

La souscription, à compter du 1er janvier 2020, au capital de sociétés foncières solidaires agréées (Esus) ouvre droit à une réduction d'impôt égale à 25 % (18 % à partir de 2021) des versements retenus dans la limite de 50 000 € ou 100 000 € selon la situation de famille.

Pour en savoir plus, consultez les § **2685 s.**

Le dispositif Denormandie est prorogé et son fonctionnement assoupli

L'avantage fiscal est prorogé d'un an jusqu'au 31 décembre 2022. Les logements ouvrant droit à l'avantage fiscal qui devaient être situés dans le centre des communes éligibles, peuvent, à compter du 1er janvier 2020, être situés indifféremment en tout lieu sur le territoire de ces communes.

Pour en savoir plus, consultez les § **2805 s.**

La réduction « Malraux » dans l'ancien dégradé est prolongée

Pour les opérations de restauration d'immeubles situés dans un quartier bénéficiaire du programme national de requalification des quartiers anciens dégradés ou dans un quartier présentant une concentration élevée d'habitat ancien dégradé, le dispositif, qui devait initialement prendre fin pour les dépenses supportées à compter de 2020, continue à s'appliquer pour les dépenses supportées jusqu'au 31 décembre 2022.

Pour en savoir plus, consultez le § **2842**

Le Cite, prorogé jusqu'à fin 2020, est réformé et placé sous condition de ressources

Le Cite est prorogé d'un an pour les ménages aux revenus intermédiaires, son champ de dépenses est modifié et il est instauré un barème forfaitaire d'impôt par type de dépenses.

Les ménages les plus modestes bénéficient à compter du 1er janvier 2020 d'une prime de transition énergétique versée par l'Anah dès la réalisation des travaux.

Pour en savoir plus, consultez les § **3045 s.**

Les dons aux organismes luttant contre la violence conjugale bénéficient d'une réduction d'impôt majorée

Les versements effectués, en 2020 et 2021, au profit d'organismes d'aide aux victimes de violence domestique ouvrent droit à une réduction d'impôt au taux de 75 %, retenus dans la limite de 552 € pour l'imposition des revenus de 2020.

Pour en savoir plus, consultez le § **3195**

Modalités de perception de l'impôt sur le revenu

Fin de l'obligation de déposer une déclaration des revenus pour certains contribuables

Le dispositif dit de « Déclaration tacite » mis en place à compter de 2020 permet de s'acquitter de son obligation en s'abstenant de rectifier les données fiscales détenues par l'administration. Ce dispositif concerne les contribuables dont les revenus sont intégralement déclarés par des tiers.

Pour en savoir plus, consultez les § **3672 s.**

Imposition des personnes non domiciliées en France

Le régime d'imposition des non-domiciliés est aménagé

La retenue à la source sur les salaires, pensions et rentes viagères versés à des non-domiciliés demeure applicable en l'état en 2020. Elle sera aménagée à compter de 2021.

Pour en savoir plus, consultez les § **4595 s.**

Bénéfices industriels et commerciaux

Nue-propriété inscrite à l'actif : la renonciation de l'usufruitier entraîne une augmentation d'actif

La reconstitution de la pleine propriété d'un bien dont la nue-propriété figure à l'actif d'une entreprise, en raison de la renonciation de l'usufruitier à son droit de jouissance, se traduit par l'acquisition de droits nouveaux et donc par une augmentation de l'actif net.

Pour en savoir plus, consultez le § **7340**

L'évaluation de l'usufruit de titres selon les flux de trésorerie doit se fonder sur les distributions

L'évaluation de l'usufruit de titres non cotés selon la méthode des flux de trésorerie actualisés (ou méthode des « Discounted cash flows » – DCF) doit se fonder non pas sur les résultats imposables prévisionnels de la société mais sur ses distributions prévisionnelles.

Pour en savoir plus, consultez le § **7625**

Les commissions pour frais de dossier perçues par une banque sont imposables l'année de leur perception

Les commissions pour frais de dossier perçues par un établissement bancaire à l'occasion de l'octroi de prêts à sa clientèle rémunèrent la prestation d'instruction du dossier de demande de prêt qui prend fin à la date de la proposition de prêt. Elles doivent être rattachées à l'exercice au cours duquel elles sont perçues.

Pour en savoir plus, consultez le § **7885**

Cession d'un actif circulant à prix minoré : preuve de l'anormalité

Pour démontrer l'anormalité d'une cession à bas prix d'un élément de l'actif circulant, l'administration doit établir l'existence d'un écart significatif entre la valeur vénale du bien cédé et son prix de vente mais aussi l'intention de l'entreprise d'agir contre son intérêt.

Pour en savoir plus, consultez le § **8155**

Les versements volontaires sur les PER d'entreprise ou individuels sont déductibles

Depuis le 1er octobre 2019, les versements volontaires des indépendants aux PER d'entreprise ou individuels sont en principe déductibles, sauf pour la part correspondant à la garantie de la valeur de rachat du contrat à la date de la retraite ou en cas de décès de l'assuré.

Pour en savoir plus, consultez le § **8685**

Les détournements de fonds par un tiers au détriment de l'entreprise sont toujours déductibles

Le comportement ou la carence des dirigeants ne peuvent pas faire obstacle à la déduction des pertes résultant de détournements de fonds commis par un tiers au détriment de l'entreprise. Il n'en va pas de même si les détournements sont commis par un salarié ou un dirigeant.

Pour en savoir plus, consultez le § **8885**

Le plafond de déductibilité de l'amortissement des véhicules est révisé pour les nouveaux véhicules

Le montant de la fraction d'amortissement des véhicules de tourisme déductible des résultats de l'entreprise en application des dispositions de l'article 39, 4 du CGI est ajusté pour les seuls véhicules relevant du nouveau dispositif d'immatriculation.

Pour en savoir plus, consultez le § **9020**

Investissements des PME dans la robotique et le numérique : l'administration apporte des précisions

Les commentaires administratifs du dispositif de déduction exceptionnelle des investissements dans la transformation numérique et la robotisation détaillent les biens éligibles et précisent les conditions dans lesquelles les investissements doivent être réalisés.

Pour en savoir plus, consultez le § **9615**

Le dispositif de suramortissement des véhicules peu polluants est élargi

Le régime de déduction exceptionnelle est étendu aux véhicules acquis du 1er janvier 2020 au 31 décembre 2021 qui utilisent pour leur motorisation une combinaison de gaz naturel et de gazole ou le carburant B 100.

Pour en savoir plus, consultez le § **9625**

Le dispositif de suramortissement prévu pour la transition énergétique des navires et bateaux est modifié

Le régime de déduction exceptionnelle concernant les investissements en faveur des énergies propres utilisées pour le transport fluvial et maritime est largement réécrit afin de le rendre conforme aux règles européennes.

Pour en savoir plus, consultez le § **9635**

Un régime de suramortissement prévu en faveur des engins non routiers peu polluants est instauré

Certaines entreprises, notamment du bâtiment et des travaux publics, peuvent pratiquer une déduction exceptionnelle relative aux engins non routiers, limitativement énumérés, acquis à l'état neuf du 1er janvier 2020 au 31 décembre 2022.

Pour en savoir plus, consultez le § **9640**

Les installations de stockage et de distribution de gazole peuvent faire l'objet d'un suramortissement

Un dispositif de suramortissement est prévu en faveur des PME de commerce de détail de gazole non routier qui acquièrent à l'état neuf du 1er janvier 2020 au 31 décembre 2022 des installations leur permettant de stocker et de distribuer du gazole non tracé, si elles ne disposaient pas au 1er janvier 2020 de ces équipements.

Pour en savoir plus, consultez le § **9645**

Bon de parrainage ou bon de réduction : les modalités de calcul de la provision sont identiques

De la même manière que pour les bons de réduction, le montant de la provision déductible constituée à raison des bons de parrainage émis mais non utilisés à la clôture est limité au coût de revient des articles dont le prix sera acquitté au moyen de ces bons.

Pour en savoir plus, consultez le § **9950**

Le critère d'effectif pour bénéficier du régime des ZFU est modifié

Sont éligibles à l'exonération prévue en faveur des activités implantées dans une zone franche urbaine (ZFU) – territoire entrepreneur les PME qui emploient moins de 50 salariés au titre de chaque exercice pour les activités créées à compter du 1er janvier 2020. Ce décompte s'apprécie depuis cette date conformément aux règles prévues à l'article L 130-1, I du CSS.

Pour en savoir plus, consultez le § **10340**

le régime des jeunes entreprises innovantes est prorogé et son accès est facilité

Le régime des jeunes entreprises innovantes est prorogé aux entreprises créées jusqu'au 31 décembre 2022 et le critère de volume minimal de dépenses de recherche et de développement est assoupli.

Pour en savoir plus, consultez le § **10400**

Régime de la propriété industrielle : deux mesures légalisent la doctrine administrative

La possibilité d'imputer le résultat soumis au taux de 10 % sur les déficits de l'exercice et les modalités d'application du taux de 10 %

dans les sociétés de personnes sont désormais prévues par la loi qui légalise la doctrine administrative sur ces deux points.

Pour en savoir plus, consultez les § **10422 et 10425**

Plusieurs modifications sont apportées au crédit d'impôt recherche

Le taux forfaitaire des dépenses de fonctionnement est abaissé pour les dépenses de personnel exposées à compter du 1er janvier 2020. À compter de cette même date, les modalités de prise en compte des opérations confiées à des sous-traitants sont davantage encadrées.

Par ailleurs, le seuil de l'obligation d'information sur la nature des dépenses de recherche est relevé et il est créé pour certaines entreprises une obligation documentaire allégée portant sur les titulaires d'un doctorat.

Pour en savoir plus, consultez les § **10481 s.**

Crédit d'impôt métiers d'art : le dispositif est prolongé

Le dispositif en faveur des entreprises relevant des métiers d'art est prorogé jusqu'au 31 décembre 2022.

Pour en savoir plus, consultez le § **10535**

Crédit d'impôt en faveur de la production phonographique : la condition de francophonie est allégée

Le critère de francophonie est assoupli pour les microentreprises concernant les exercices ouverts à compter du 1er janvier 2020.

Pour en savoir plus, consultez le § **10575**

Plafonnement des dépenses concernant le crédit d'impôt en faveur du cinéma

La prise en compte de certaines dépenses est plafonnée pour les exercices ouverts à compter du 1er janvier 2020.

Pour en savoir plus, consultez le § **10585**

Instauration d'un taux majoré concernant le crédit d'impôt pour production de films et œuvres audiovisuelles étrangers

Un taux majoré est instauré pour les œuvres de fiction intensives en effets visuels concernant les dépenses engagées au titre des exercices clos à compter du 31 décembre 2020. Certaines dépenses ouvrant droit au crédit d'impôt sont par ailleurs plafonnées.

Pour en savoir plus, consultez le § **10605**

Les sociétés de tiers financements éligibles au crédit d'impôt prêt à taux zéro

La possibilité d'accorder l'éco-PTZ est ouverte aux sociétés de tiers financement pour les logements situés en régions Île-de-France et Hauts-de-France à compter du 1er avril 2020.

Pour en savoir plus, consultez le § **10635**

Le régime du mécénat d'entreprise est modifié

Le champ d'application du mécénat est élargi, le taux de la réduction d'impôt est abaissé pour les dons dépassant 2 M€ tandis que le plafond alternatif qui limite le montant de la réduction d'impôt est augmenté.

Par ailleurs, le coût de revient à prendre en compte lors d'une mise à disposition de salariés est désormais plafonné et l'utilisation de la réduction d'impôt par les associés d'une société de personnes est précisée.

Pour en savoir plus, consultez les § **10695 s.**

Le transfert d'actif isolé dans l'UE ou l'EEE est éligible au régime d'étalement des plus-values

En cas de transfert d'actif isolé dans l'UE, en Norvège ou en Islande, l'imposition des plus-values afférentes à l'actif transféré au cours d'un exercice ouvert à compter du 1er janvier 2020 peut être étalée sur cinq exercices.

Pour en savoir plus, consultez le § **11057**

Bénéfices non commerciaux

Les associations de gestion et de comptabilité exercent une activité non commerciale

L'activité exercée par une association de gestion et de comptabilité conformément aux règles prévues par l'ordonnance 45-2138 du 19 décembre 1945 relève des bénéfices non commerciaux, même si l'association a recours à du personnel pour assurer ses missions.

Pour en savoir plus, consultez le § **13165**

Les conséquences du passage du micro-BNC à la déclaration contrôlée sont précisées

Lorsqu'un contribuable sort du régime micro-BNC et opte pour la détermination de ses résultats à partir des créances acquises, le premier bénéfice imposable selon la déclaration contrôlée fait l'objet de correctifs à compter de l'imposition des revenus de 2020.

Pour en savoir plus, consultez le § **13255**

Bénéfices agricoles

L'impôt sur le revenu afférent à certains stocks agricoles peut être étalé en cas de passage à l'IS

En cas de passage à l'IS, les entreprises agricoles peuvent demander l'étalement sur cinq ans de l'impôt sur le revenu dû sur les avances aux cultures et les stocks à rotation lente non encore imposés du fait des règles spécifiques d'évaluation qui leur sont applicables.

Pour en savoir plus, consultez le § **16340**

Les conséquences d'un changement de régime fiscal sont précisées

Lorsqu'un contribuable passe du régime micro-BA à un régime réel et inversement, la loi précise les correctifs qui doivent être apportés au bénéfice imposable.

Pour en savoir plus, consultez les § **16120 et 16142**

Plus-values professionnelles

Qualification des titres reçus par une banque lors de la recapitalisation de sa filiale

La qualification des titres reçus par un établissement de crédit dans le cadre d'une recapitalisation de sa filiale peut être différente de celle donnée aux titres déjà détenus, en fonction de l'intention de l'acquéreur à la date de leur achat ou souscription.

Pour en savoir plus, consultez le § **18770**

Appréciation de la prépondérance immobilière d'une société

Lorsque les titres d'une société font l'objet d'une provision pour dépréciation, la prépondérance immobilière de cette société doit s'apprécier soit à la date de clôture du dernier exercice de cette société précédant la constitution de la provision, soit à la date de clôture de l'exercice de la société mère au cours duquel la provision a été constituée.

Pour en savoir plus, consultez le § **18780**

Cession de titres d'une société issue d'une fusion sans échange de titres

Des règles particulières s'appliquent pour la détermination du régime fiscal applicable à la cession de titres d'une société issue d'une opération de fusion ou de scission sans échange de titres, lorsque les titres de la société absorbée (ou scindée) ont été acquis depuis moins de deux ans alors que les titres de la société absorbante (ou des sociétés bénéficiaires des apports) ont été acquis depuis au moins deux ans, ou inversement.

Pour en savoir plus, consultez le § **18865**

Cession de titres de participation à une société liée : application du sursis en cas d'échange

L'échange de titres de participation détenus dans la société absorbée contre des titres nouvellement émis par la société absorbante est constitutif d'une cession des titres de la société absorbée pour l'application du dispositif de mise en suspens de la moins-value en cas de cession à une société liée.

Pour en savoir plus, consultez le § **19075**

L'apport de titres à un fonds de pérennité bénéficie d'un sursis d'imposition

La plus-value ou moins-value réalisée lors de la transmission, à titre gratuit et irrévocable, de titres à un fonds de pérennité est placée en sursis jusqu'à la cession ultérieure de ces titres par le fonds bénéficiaire de cette transmission.

Pour en savoir plus, consultez le § **19110**

Extension du régime de cession de locaux professionnels destinés à être transformés en logements

L'imposition à taux réduit est étendue aux cessions réalisées au profit d'un organisme de foncier solidaire pour les exercices clos à compter du 31 décembre 2019.

Pour en savoir plus, consultez le § **19447**

Location-gérance rompue la veille de la cession du fonds : quelles conditions d'exonération ?

Le respect des conditions propres à la location-gérance pour le bénéfice de l'exonération des plus-values professionnelles en fonction de la valeur des éléments cédés prévu à l'article 238 quindecies du CGI n'est pas requis lorsque le contrat de location-gérance a été rompu la veille de la cession du fonds à un tiers. Seules les conditions générales d'exonération doivent donc être satisfaites.

Pour en savoir plus, consultez le § **19680**

Traitements, salaires, pensions et rentes

L'avantage en nature résultant de la mise à disposition d'un véhicule électrique bénéficie d'un abattement pour son évaluation

À compter du 1er janvier 2020, les dépenses prises en compte pour calculer l'avantage en nature résultant de l'usage privé par un salarié d'un véhicule exclusivement électrique mis à disposition par l'employeur ne tiennent pas compte des frais d'électricité et sont évaluées après application d'un abattement de 50 % limité à 1 800 € par an.

Pour en savoir plus, consultez le § **21565**

Le dispositif d'étalement sur quatre ans de l'imposition des indemnités de départ en retraite est supprimé

Pour les indemnités perçues à compter du 1er janvier 2020, le dispositif qui permettait, sur option du contribuable, d'étaler sur quatre années (celle de la perception et les trois suivantes) la fraction imposable des indemnités de départ volontaire en retraite, de mise à la retraite ou de départ en préretraite est supprimé. Il en va de même pour les sommes qui, issues d'un CET, étaient transférées vers un Perco ou sous certaines conditions vers un PEE, qui bénéficiaient également de cet étalement.

Pour en savoir plus, consultez le § **21850**

Le dispositif de fractionnement prévu pour l'indemnité compensatrice de préavis est supprimé

Pour les indemnités perçues à compter du 1er janvier 2020, le dispositif qui permettait sur option du contribuable, lorsque le délai de préavis se répartit sur plus d'une année civile, de fractionner l'imposition de l'indemnité compensatrice due en application du Code du travail est supprimé.

Pour en savoir plus, consultez le § **21850**

Le régime fiscal de la prise en charge facultative par l'employeur des frais de transport du domicile au lieu de travail est aménagé

L'indemnité forfaitaire de covoiturage et l'indemnité kilométrique de vélo sont remplacées par un « forfait mobilités durables », la prise en charge facultative des frais de carburant est étendue aux véhicules à hydrogène, et le plafond d'exonération est transformé en un plafond global d'exonération de 400 € pour la prise en charge facultative par l'employeur des différents frais de transport personnels.

Pour en savoir plus, consultez le § **21735**

L'exonération de la prime exceptionnelle de pouvoir d'achat est reconduite et aménagée

L'exonération à hauteur de 1 000 € de la « prime Macron » versée par les employeurs est reconduite, à condition que la prime soit versée entre le 28-12-2019 et le 30-6-2020 et que l'employeur ait mis en œuvre un accord d'intéressement à la date de versement.

Pour en savoir plus, consultez le § **21735**

Rémunérations des dirigeants

Les avantages de nourriture des dirigeants peuvent être évalués forfaitairement

À compter du 1er janvier 2020, l'avantage en nature consenti aux dirigeants salariés résultant de la prise en charge par l'entreprise de leurs frais de nourriture peut être évalué forfaitairement, comme pour les salariés.

Pour en savoir plus, consultez le § **23740**

Revenus de capitaux mobiliers

Les sociétés étrangères déficitaires peuvent obtenir la restitution des retenues à la source

Pour les exercices ouverts à compter du 1er janvier 2020, les sociétés étrangères déficitaires peuvent demander la restitution des retenues à la source pratiquées sur les revenus distribués, les revenus des artistes, certains revenus non salariaux, les profits immobiliers habituels ou occasionnels et les plus-values de certaines participations. Les sociétés étrangères en liquidation judiciaire peuvent être exonérées de ces mêmes retenues.

Pour en savoir plus, consultez les § **24889 s.**

Bénéfices des sociétés étrangères : un nouveau cas de révision de la retenue à la source

Pour les exercices ouverts à compter du 1er janvier 2020, les sociétés étrangères européennes peuvent demander la restitution de la retenue à la source sur leurs bénéfices de source française si elles justifient qu'ils n'ont pas été désinvestis hors de France.

Pour en savoir plus, consultez le § **24896**

Fin de l'exonération pour les contrats d'assurance-vie conclus avant 1983

Les produits perçus à compter du 1er janvier 2020 se rattachant à des primes versées depuis le 10 octobre 2019 sur des contrats d'assurance-vie (et bons ou contrats de capitalisation) souscrits avant 1983 deviennent taxables.

Pour en savoir plus, consultez les § **26030 s.**

L'administration précise l'imputation des pertes de cession de contrats de capitalisation

La perte est imputée en priorité sur les gains imposables au taux de 7,5 % puis sur ceux imposables au taux de 12,8 %. Seule la perte constatée lors de la cession d'un contrat dont les produits sont imposables à l'impôt sur le revenu est imputable.

Pour en savoir plus, consultez le § **26060**

Revenus fonciers

Le dispositif « Cosse » est prolongé et éco-conditionné

Le dispositif, qui devait arriver à échéance le 31 décembre 2019, reste applicable aux conventions conclues entre le 1er janvier 2020 et le 31 décembre 2022.

Par ailleurs, pour les conventions conclues à compter du 1er juillet 2020, la déduction est réservée aux logements pour lesquels le propriétaire justifie du respect d'un certain niveau de performance énergétique.

Pour en savoir plus, consultez les § **27850 s.**

Fiscalité immobilière

Taxe sur les bureaux en Île-de-France : le zonage est redéfini

À compter de 2020, une zone « premium » est créée avec un tarif majoré. Le nombre de circonscriptions tarifaires passe ainsi de 3 à 4.

Pour en savoir plus, consultez le § **31400**.

Plus-values réalisées par les particuliers

L'exonération en cas de cession d'immeuble destiné au logement social est prolongée de deux ans

Le dispositif temporaire d'exonération des plus-values réalisées par les particuliers lors de la cession d'immeubles destinés au logement social est prolongé jusqu'au 31 décembre 2022.

Pour en savoir plus consultez le § **32185**

Les abattements proportionnels pour durée de détention sont réservés aux résidents

Les contribuables dont le domicile fiscal est situé hors de France sont exclus du champ d'application des abattements proportionnels pour durée de détention.

Pour en savoir plus, consultez le § **33075**.

Abattement dirigeant : quatre ans peuvent séparer la fin des fonctions du départ en retraite

Pour bénéficier de l'abattement dirigeant, le cédant doit cesser ses fonctions dans la société cédée et prendre sa retraite au cours de la période de quatre ans allant de deux ans avant à deux ans après la cession.

Pour en savoir plus, consultez le § **33110**

Les modalités d'application du sursis d'imposition en cas d'échange avec soulte sont précisées

Le sursis d'imposition ne trouve pas à s'appliquer lorsque la plus-value d'échange est inférieure au montant de la soulte.

Pour en savoir plus, consultez le § **33305**

Apport-cession : le financement d'une activité de loueur en meublé n'est pas éligible au remploi

L'administration précise que le réinvestissement du produit de la cession ne peut pas être effectué dans le financement de moyens permanents affectés à une activité de location meublée ou équipée.

Pour en savoir plus, consultez le § **33314**

Apport-cession : les modalités du réinvestissement indirect sont précisées

Pour les cessions de titres apportés réalisées à compter du 1er janvier 2020, lorsque la société cédante procède à un réinvestissement indirect, l'acte de souscription des parts ou actions des fonds ou sociétés d'investissement est détaché de la libération des fonds.

Pour en savoir plus, consultez le § **33316**

Apport-cession : le délai de conservation des titres en cas de donation est allongé

Pour les transmissions par voie de donation ou de don manuel réalisées à compter du 1er janvier 2020, le délai minimal de conservation des titres par le donataire est porté à cinq ans (dix ans dans certains cas).

Pour en savoir plus, consultez le § **33318**

Plus-values de cession d'actifs numériques : renforcement des moyens de contrôle

La procédure de demande de justifications est étendue aux éléments servant de base au calcul des plus-values de cession d'actifs numériques.

Pour en savoir plus, consultez le § **33620**

Impôts sur les bénéfices des sociétés

Sociétés relevant de l'impôt sur les sociétés

Les mesures relatives à la lutte contre les dispositifs hybrides sont transposées

Pour les exercices ouverts à compter du 1er janvier 2020, des règles particulières visent à neutraliser les effets fiscaux asymétriques (déduction/non-inclusion, double déduction) constatés dans le cadre de relations entre entreprises associées, entre un siège et son établissement, ou entre deux ou plusieurs établissements d'une même entité et causés par les différences entre la législation française et celle d'autres États quant à la qualification de certains instruments financiers et/ou entités ou bien en matière d'attribution des paiements.

Pour en savoir plus, consultez les § **35815 s.**

Intérêt servi entre entreprises liées : le taux des marchés obligataires peut servir de référentiel

Pour établir la conformité du taux d'intérêt pratiqué entre sociétés liées au taux du marché, le Conseil d'État admet le recours à des comparables tirés du marché obligataire à la condition que l'emprunt obligataire constitue une alternative réaliste à un prêt intragroupe.

Pour en savoir plus, consultez le § **35827**

Charges financières nettes : les entreprises autonomes bénéficient d'une déduction supplémentaire

Au titre des exercices clos à compter du 31 décembre 2019, les entreprises autonomes sont autorisées à déduire 75 % du montant de leurs charges financières nettes non admises en déduction après application du plafond de 30 % de l'Ebitda fiscal ou de 3 M€.

Pour en savoir plus, consultez le § **35842**

La trajectoire de la baisse de l'impôt sur les sociétés est modifiée pour les grandes entreprises

Le taux normal d'IS pour les entreprises dont le chiffre d'affaires est égal ou supérieur à 250 M€ est, par dérogation, rehaussé pour les exercices ouverts du 1er janvier au 31 décembre 2020 à 31 % pour la fraction supérieure à 500 000 € de bénéfice imposable par période de douze mois.

Pour en savoir plus, consultez le § **36065**

Fusions de sociétés et opérations assimilées

Fusions ou scissions sans échange de titres : le régime fiscal de faveur est applicable

Le régime de faveur s'applique aux opérations qui, depuis le 21 juillet 2019, peuvent être réalisées sans échange de titres : fusions de sociétés sœurs détenues à 100 % par la même société mère et scissions d'une société détenue à 100 % par une société mère au profit de sociétés également détenues à 100 % par cette société.

Pour en savoir plus, consultez les § **39210 s., 39490, 39500 et 39620**

Transfert de déficits en cas de fusion : l'agrément n'est plus systématiquement exigé

À certaines conditions, le transfert à la société absorbante des déficits antérieurs, des charges financières nettes en report et de la capacité de déduction inemployée de la société absorbée est dispensé d'agrément si le montant des sommes transférées est inférieur à 200 000 €.

Pour en savoir plus, consultez le § **39555**

Groupes de sociétés

Fusions ou scissions sans échange de titres : conditions d'application du régime mère-fille

Les conditions d'application du régime mère-fille aux dividendes reçus par la société mère de sociétés participant à une opération de fusion ou de scission entre sociétés sœurs sans échange de titres et placée sous le régime de faveur des fusions sont précisées.

Pour en savoir plus, consultez le § **41005**

Impôts directs locaux

Taxe d'habitation

La taxe d'habitation est progressivement supprimée pour toutes les résidences principales

Alors que le dégrèvement sous condition de ressources est renforcé au titre de 2020, une exonération progressive des résidences principales s'appliquera sans condition à partir de 2021. Elle aboutira en 2023 à la suppression totale de la taxe d'habitation sur les résidences principales, pour tous les contribuables.

Pour en savoir plus, consultez les § **43000 et 43080**.

Contribution économique territoriale

De nouvelles exonérations facultatives de CET et de taxe foncière pour les commerces de proximité

De nouvelles exonérations facultatives de CET et de taxe foncière sur les propriétés bâties sont créées pour les commerces de proximité se trouvant, d'une part, dans des zones de revitalisation des commerces en milieu rural et, d'autre part, dans des zones de revitalisation des centres-villes.

Pour en savoir plus, consultez les § **43592 et 43614**

Taxe sur la valeur ajoutée

Champ d'application

La démarche à adopter pour déterminer si l'activité d'un organisme public est assujettie à la TVA est précisée

Le non-assujettissement à la TVA des organismes publics est subordonné à deux conditions cumulatives : l'activité doit être exercée par un organisme agissant en tant qu'autorité publique (condition préalable) et le non-assujettissement ne doit pas conduire à des distorsions de concurrence d'une certaine importance.

Pour en savoir plus, consultez les § **47210 s.**

Un groupement de moyens peut rendre des services à des tiers sans remise en cause de l'exonération

Selon la CJUE, un groupement de moyens peut rendre des services à des tiers non membres sans perdre le bénéfice de l'exonération pour les services rendus à ses membres, même si les services aux tiers prévalent quantitativement par rapport à ceux fournis aux membres.

Pour en savoir plus, consultez le § **47295**.

Des prestations de « back office » rendues à un agent d'assurances ne sont pas exonérées

Reprenant la grille d'analyse de la CJUE, le Conseil d'État considère que des services de « back office » rendus à un agent d'assurances ne constituent pas des prestations de services effectuées par un courtier ou un intermédiaire d'assurances et ne sauraient dès lors être exonérées.

Pour en savoir plus, consultez le § **47460**.

Des précisions ont été apportées sur le régime TVA des bons

L'administration a précisé quels instruments doivent être considérés comme des bons et les modalités de taxation selon que les bons sont qualifiés de bons à usage unique ou de bons à usages multiples.

Pour en savoir plus, consultez les § **47470 s.**

Territorialité

Opérations intracommunautaires : les mesures dites « quick fixes » sont transposées

Plusieurs modifications sont apportées au régime de TVA des opérations intracommunautaires à compter du 1er janvier 2020, afin de transposer la directive « quick fixes ». Ainsi, l'exonération des livraisons intracommunautaires de biens sera subordonnée au respect de conditions supplémentaires.

Par ailleurs, les règles de taxation des ventes en chaîne seront clarifiées et le régime des stocks sous contrat de dépôt sera harmonisé.

Pour en savoir plus, consultez les § **49270 s.**

Taux

Offres composites à prix forfaitaire comportant des services de livres en ligne

La détermination de l'assiette pouvant bénéficier du taux de 5,5 % s'agissant d'offres composites comprenant un service de livres en ligne est encadrée par la loi.

Pour en savoir plus, consultez le § **53045**

Obligations

Autoliquidation de la TVA sur les transferts de certificats relatifs à l'électricité

Les transferts de certificats de garantie d'origine et de garanties de capacité concernant l'électricité entre assujettis établis en France sont soumis à autoliquidation de la TVA.

Pour en savoir plus, consultez le § **53705**

Solidarité en paiement de la TVA des opérateurs de plateforme en ligne

Les opérateurs de plateforme en ligne peuvent être solidairement tenus au paiement de la TVA due par certains de leurs utilisateurs, à l'issue d'une procédure de signalement et de mise en demeure par l'administration.

Pour en savoir plus, consultez le § **53708**

Déductions

La preuve de la fraude TVA incombe à l'administration et doit reposer sur des éléments objectifs

Saisi d'une affaire de fraude « carrousel », le Conseil d'État juge que la preuve de la fraude TVA, qui incombe à l'administration, doit être étayée par des éléments objectifs et ne peut être établie par la seule référence aux mentions de la proposition de rectification.

Pour en savoir plus, consultez le § **55270**

Les modalités de détaxation des dépenses engagées dans les relations siège/succursale sont précisées

Selon la CAA de Versailles, les modalités de détaxation des dépenses d'une succursale engagées pour les besoins de son siège étranger issues de l'arrêt Morgan Stanley de la CJUE sont transposables dans l'hypothèse inverse, sauf si la succursale fait partie d'un groupe TVA.

Pour en savoir plus, consultez le § **55750**

Cessation d'activité : seule la désaffectation définitive des biens entraîne une régularisation

En cas de cessation d'activité, la régularisation de la TVA déduite au titre des immobilisations n'est exigible qu'à compter de la désaffectation définitive du bien à une opération taxable et ne peut être exigée tant que le sort final du bien n'est pas définitivement établi.

Pour en savoir plus, consultez les § **57400 s.**

Régimes particuliers

Le taux de certaines opérations portant sur les logements locatifs sociaux est ramené de 10 % à 5,5 %

Le taux de TVA applicable aux livraisons, livraisons à soi-même ou travaux portant sur les logements financés par certains prêts aidés est abaissé de 10 % à 5,5 % pour les opérations intervenant à compter du 1er décembre 2019.

Pour en savoir plus, consultez les § **58895, 59060 et 59120 s.**

Non-taxation des frais d'avis à tiers détenteur facturés par une banque à ses clients

Les frais facturés par une banque à ses clients lors du traitement d'un avis à tiers détenteur ne rémunèrent aucune prestation de services, ni au bénéfice desdits clients ni au bénéfice du Trésor public.

Pour en savoir plus, consultez le § **60330**.

Des services fournis à une banque pour la gestion de distributeurs de billets ne sont pas exonérés

Des services fournis par une société à une banque exploitant des distributeurs automatiques de billets, consistant à rendre et à maintenir opérationnels ces distributeurs et à les approvisionner ne constituent pas une opération concernant les paiements exonérée de TVA.

Pour en savoir plus, consultez le § **60330**.

Les organismes de placement collectif dont la gestion est exonérée de TVA sont redéfinis

Les organismes dont la gestion est exonérée sont désormais les OPCVM mentionnés au paragraphe 2 de l'article 1er de la directive OPCVM ainsi que les autres organismes de placement collectif présentant des caractéristiques similaires.

Pour en savoir plus, consultez le § **60345**.

Offres composites incluant des abonnements au cinéma : l'assiette du taux de 5,5 % est précisée

Le taux de 5,5 % est applicable au supplément de prix payé par le client par rapport à une offre identique, mais ne comprenant pas tout ou partie de ces mêmes prestations, commercialisée dans des conditions comparables.

Pour en savoir plus, consultez le § **61770**.

Activités culturelles, ludiques, éducatives... : application uniforme du taux de 10 %

Sont soumis au taux de 10 % les droits d'admission aux expositions, sites et installations à caractère culturel, ludique, éducatif ou professionnel.

Pour en savoir plus, consultez le § **61775**.

Droits d'enregistrement

Baux

Plus d'enregistrement obligatoire des concessions perpétuelles dans les cimetières

À compter du 1er janvier 2020, les concessions perpétuelles dans les cimetières sont dispensées de la formalité de l'enregistrement.

Pour en savoir plus, consultez le § **65255**

Droits sur les sociétés

Les actes de prorogation et de dissolution de société n'ont plus à être enregistrés

La formalité obligatoire d'enregistrement des actes de prorogation et de dissolution de société est supprimée pour les actes établis à compter du 1er janvier 2020.

Pour en savoir plus, consultez le § **66670**

Cession de parts de sociétés civiles agricoles : droit fixe sous condition

Le bénéfice du régime de faveur applicable en cas de cession de parts de sociétés civiles à objet principalement agricole (qui prend la forme d'un droit fixe de 125 €) est réservé aux cessions de parts de sociétés constituées depuis au moins trois ans.

Pour en savoir plus, consultez le § **67215**

Droits de succession et de donation

Pactes Dutreil : l'obligation déclarative annuelle pour les transmissions d'entreprises est supprimée

Les obligations déclaratives prévues pour l'application du régime des transmissions d'entreprises individuelles sont alignées sur celles prévues pour les transmissions de parts ou actions de sociétés.

Pour en savoir plus, consultez le § **68105**

Règles de taxation des sommes versées en cas de décès du titulaire d'un plan d'épargne retraite

Les sommes versées en cas de décès, après l'âge de soixante-dix ans, du titulaire d'un plan d'épargne retraite donnent ouverture aux droits de succession. En cas de décès avant soixante-dix ans, ces sommes sont susceptibles d'être assujetties au prélèvement sur les capitaux décès.

Pour en savoir plus, consultez les § **68225 s.**

Conventions diverses

Baisse du droit de partage sur les divorces à compter de 2021

Le droit de partage applicable en cas de divorce, rupture de Pacs ou séparation de corps sera ramené à 1,8 % en 2021 puis à 1,1 % à compter de 2022.

Pour en savoir plus, consultez le § **70410**

Impôt sur la fortune immobilière

Assiette et calcul de l'impôt

L'abattement de 30 % sur la résidence principale ne s'applique que si l'immeuble est la propriété du redevable

L'abattement de 30 % ne s'applique pas lorsque l'immeuble qui constitue la résidence principale du redevable appartient à une SCI dont celui-ci détient les parts.

Pour en savoir plus, consultez le § **71760**

Taxes diverses

Taxes et participations sur les salaires

Le transfert du recouvrement des contributions-formations aux Urssaf est reporté d'un an

Le transfert du recouvrement des contributions à la formation professionnelle et à l'alternance aux Urssaf est décalé d'une année (soit au plus tard le 1er janvier 2022) et est étendu à la seconde fraction de la taxe d'apprentissage.

Pour en savoir plus, consultez le § **73605**

Les modalités de gestion des deux fractions de la taxe d'apprentissage sont précisées

Le montant des dépenses déductibles de la première fraction de la taxe pour les entreprises disposant de leur propre CFA ne peut excéder 8,7 % de la taxe due et les acomptes exigibles au titre de cette fraction par les employeurs d'au moins 11 salariés sont portés à 60 % et 38 %. Les dépenses libératoires de la seconde fraction de la taxe devront, quant à elles, être réalisées avant le 1er juin.

Pour en savoir plus, consultez les § **73730 s.**

Participation-construction : les règles concernant le seuil et le franchissement d'effectif sont modifiées

À compter du 1er janvier 2020, le seuil d'assujettissement à la participation-construction est porté de vingt à cinquante salariés. L'effectif salarié et le franchissement du seuil sont déterminés selon les modalités prévues à l'article L 130-1 du Code de la sécurité sociale.

Pour en savoir plus, consultez le § **74310**

Taxe sur les véhicules de sociétés

La taxe est révisée pour tenir compte des véhicules relevant du nouveau dispositif d'immatriculation

À compter d'une date fixée par décret et au plus tard le 1er juillet 2020, le tarif de la taxe est allégé pour certains véhicules qui relèvent du nouveau dispositif d'immatriculation. L'exonération de la première composante de la taxe, dont les conditions d'application sont adaptées, est par ailleurs étendue aux véhicules combinant l'énergie électrique et le gaz.

Pour en savoir plus, consultez les § **75130 s.**

Taxe générale sur les activités polluantes

Le recouvrement de quatre composantes de la TGAP sur cinq est confié à la DGFiP

La TGAP (à l'exception de sa composante « déchets » dont la gestion relève de la compétence de l'administration des douanes jusqu'au 31-12-2020) est déclarée et acquittée auprès de l'administration fiscale selon les règles applicables aux taxes sur le chiffre d'affaires.

Pour en savoir plus, consultez les § **75200 s.**

Autres taxes

Taxe sur les conventions d'assurances : télédéclaration et télépaiement seront obligatoires avant 2022

À compter d'une date fixée par décret et au plus tard à compter du 1er janvier 2022, la taxe sur les conventions d'assurances devra être déclarée et payée par voie électronique.

Pour en savoir plus, consultez le § **76000**

Les prélèvements sur les jeux de hasard sont modifiés

Les taux et l'assiette des prélèvements sur les jeux et paris sont modifiés. Les entrées en vigueur de ces réformes diffèrent selon les prélèvements.

Pour en savoir plus, consultez le § **76025**

Plusieurs modifications portent sur les cartes grises (certificats d'immatriculation)

À compter du 1er janvier 2020, deux nouvelles exonérations de taxe régionale sont instituées.

À compter de cette même date, le champ d'application de la taxe due au titre de la première immatriculation des véhicules de tourisme les plus polluants (malus) est étendu aux véhicules qui, lors de leur première immatriculation, n'étaient pas des véhicules de tourisme ou étaient des véhicules accessibles en fauteuil roulant (exonérés) et dont une modification de leurs caractéristiques techniques les fait répondre à la définition d'un véhicule de tourisme ou leur fait perdre le bénéfice de l'exonération.

Pour en savoir plus, consultez les § **76035 s.**

Une taxe sur les services numériques est instituée

La taxe, dite « taxe Gafa », vise certaines prestations réalisées par les plus gros opérateurs du numérique et s'applique, au taux unique de 3 %, sur la part de chiffre d'affaires liée à l'utilisation de ces services en France.

Pour en savoir plus, consultez le § **76150**

Dispositions communes

Contrôle de l'impôt

Certains dispositifs transfrontières doivent être déclarés

Les intermédiaires, ou le cas échéant les contribuables, ayant participé à la mise en œuvre de dispositifs transfrontières (accords, montages ou plans impliquant la France et un autre État) qui, du fait de leurs caractéristiques, présentent un risque potentiel d'évasion fiscale sont tenus de porter, dans un certain délai et sous peine d'amende, une liste d'informations à la connaissance de l'administration.

Pour en savoir plus, consultez le § **78308**

Le dispositif autorisant la rémunération des lanceurs d'alerte est codifié et élargi

Mis en place à titre expérimental en 2016 puis pérennisé en 2018, le dispositif autorisant l'administration fiscale à rémunérer les lanceurs d'alerte lorsqu'ils ont fourni des informations mettant au jour des comportements frauduleux, est désormais intégré au LPF. Initialement centré sur la recherche de manquements aux règles de territorialité et aux dispositifs anti-évasion, il voit son champ d'application étendu, notamment, aux infractions à la TVA.

Pour en savoir plus, consultez le § **78352**

L'administration peut exploiter les données ouvertes des plateformes en ligne

Pour identifier les manquements déclaratifs résultant d'une activité occulte ainsi que les insuffisances de déclaration liées au non-respect des règles de domiciliation fiscale, l'administration est autorisée à collecter et à exploiter les contenus, librement accessibles, publiés par les utilisateurs des réseaux sociaux et des sites de vente de biens et services.

L'utilisation de cette procédure, prévue à titre expérimental et pour trois ans, est encadrée par des règles strictes, aussi bien pour le recueil et la conservation des données que pour l'exploitation qui en est faite.

Pour en savoir plus, consultez le § **78414**

Un nouveau guichet de régularisation ouvert pour les entreprises

L'administration a mis en place, au sein de la DGE, un service de conformité fiscale auprès duquel les entreprises et leurs dirigeants peuvent régulariser spontanément certaines anomalies (impliquant, par exemple, des structures à l'étranger ou des questions tenant à la fiscalité des dirigeants).

La régularisation s'accompagne, par voie de transaction, d'une réduction des pénalités.

Pour en savoir plus, consultez le § **79869**

L'identité des opérateurs de plateforme non coopératifs peut être publiée

Sous réserve d'obtenir l'accord de la commission des infractions fiscales, l'administration fiscale peut rendre publique sur son site internet l'identité des opérateurs de plateforme de transactions en ligne qui n'ont pas, de manière répétée, respecté leurs obligations vis-à-vis du fisc.

Pour en savoir plus, consultez le § **80330**

Contentieux

Les décisions du Conseil constitutionnel ne rouvrent pas le délai de réclamation

Une déclaration d'inconstitutionnalité intervenue à la suite d'une question prioritaire de constitutionnalité ne constitue pas un évènement susceptible d'ouvrir un nouveau délai de réclamation. Il en va de même d'une décision des Sages déclarant une disposition législative conforme à la Constitution sous une réserve d'interprétation.

Pour en savoir plus, consultez le § **81960**

Régimes spéciaux

Régimes d'imposition des petites entreprises

Les seuils de chiffre d'affaires prévus pour le régime micro-BIC sont actualisés

Le seuil de chiffre d'affaires à retenir pour l'application du régime micro-BIC est porté de 170 000 € à 176 200 €, s'agissant des ventes de marchandises à emporter ou à consommer sur place et de fourniture de logement, et de 70 000 € à 72 600 € s'agissant des autres activités commerciales. Ces seuils sont applicables en 2020, 2021 et 2022.

Pour en savoir plus, consultez le § **85420**

Les seuils de chiffre d'affaires prévus pour le régime réel simplifié sont actualisés

Le seuil de chiffre d'affaires à retenir pour l'application du régime réel simplifié est porté de 789 000 € à 818 000 €, s'agissant des ventes de marchandises à emporter ou à consommer sur place et de fourniture de logement, et de 238 000 € à 247 000 € s'agissant des autres activités commerciales. Ces seuils sont applicables en 2020, 2021 et 2022.

Pour en savoir plus, consultez le § **85450**

Le seuil de recettes prévu pour le régime micro-BNC est actualisé

Le seuil de recettes à retenir pour l'application du régime micro-BNC est porté de 70 000 € à 72 600 €. Ce seuil est applicable en 2020, 2021 et 2022.

Pour en savoir plus, consultez le § **85490**

Les seuils de chiffre d'affaires prévus pour l'application de la franchise de TVA sont actualisés

Le seuil de chiffre d'affaires à retenir pour l'application de la franchise en base de TVA est porté de 82 800 € à 85 800 €, s'agissant des ventes de marchandises à emporter ou à consommer sur place et de fourniture de logement, et de 33 200 € à 34 400 € s'agissant des autres activités de prestations de services (les seuils majorés sont portés respectivement de 91 000 € à 94 300 € et de 35 200 € à

36 500 €). Les seuils des franchises particulières à certaines professions sont également revalorisés. Ces seuils sont applicables en 2020, 2021 et 2022.

Pour en savoir plus, consultez les § **85565, 85585**

Passage du régime de la déclaration contrôlée au micro-BNC : une précision est apportée

À compter de l'imposition des revenus de 2020, dans le cas où un contribuable qui a opté pour la comptabilité d'engagement sort du régime de la déclaration contrôlée, des correctifs sont apportés au premier bénéfice imposé selon le régime micro-BNC.

Pour en savoir plus, consultez le § **86495**

Régime réel simplifié : les seuils de chiffre d'affaires prévus pour la dispense de bilan sont actualisés

Le seuil de chiffre d'affaires au-delà duquel les entreprises individuelles et les sociétés civiles de moyen soumises au régime réel simplifié doivent tenir un bilan est porté de 158 000 € à 164 000 €, s'agissant des ventes de marchandises à emporter ou à consommer sur place et de fourniture de logement, et de 55 000 € à 57 000 € s'agissant des autres activités commerciales. Ces seuils sont applicables en 2020, 2021 et 2022.

Pour en savoir plus, consultez le § **86840**

Direction des grandes entreprises

Compétence de la DGE pour les demandes de mise en conformité fiscale

La compétence de la DGE est étendue à l'assiette et au recouvrement de l'ensemble des impositions résultant des déclarations de mise en conformité fiscale déposées par les entreprises, y compris pour celles qui ne relèvent pas de son champ de compétence.

Pour en savoir plus, consultez le § **87410**

Centres de formalités des entreprises

Un guichet électronique unique se substituera aux différents réseaux de CFE

Un guichet électronique unique, créé au plus tard le 1er janvier 2021, se substituera aux différents réseaux de CFE et constituera l'interface entre les organismes actuellement destinataires des informations collectées par les CFE et les entreprises.

Pour en savoir plus, consultez le § **88200**

Le statut du conjoint du chef d'entreprise doit être mentionné dans le dossier déposé auprès du CFE

L'exercice ou non par le conjoint du chef d'entreprise (ou son partenaire lié par un Pacs) d'une activité professionnelle régulière dans l'entreprise et le statut choisi doivent être mentionnés dans le dossier unique de déclaration d'entreprise déposé auprès du CFE.

Pour en savoir plus, consultez le § **88210**

Participation financière et actionnariat des salariés

Le PEE peut recevoir des versements issus du dispositif de partage des plus-values de cession de titres avec les salariés

Le PEE peut recevoir des versements issus du dispositif de partage des plus-values de cession de titres avec les salariés.

Les versements sur le PEE issus d'un engagement de partage de plus-value avec les salariés bénéficient d'un régime fiscal favorable.

Pour en savoir plus, consultez le § **88700**

Plan d'épargne retraite d'entreprise collectifs (Pereco) : quelles règles ?

Les entreprises peuvent mettre en place depuis le 1-10-2019 des plans d'épargne retraite d'entreprise collectifs (Pereco) assortis d'un régime fiscal particulier.

Pour en savoir plus, consultez le § **88715**

Le régime des BSPCE est élargi à certaines sociétés étrangères

Le régime fiscal des BSPCE s'applique aux bons attribués par les sociétés dont le siège est établi dans un État de l'UE ou dans certains États tiers et soumises, dans cet État, à un impôt équivalent à l'impôt sur les sociétés.

Pour en savoir plus, consultez le § **88800**

Associations et organismes sans but lucratif

Le montant de la franchise des impôts commerciaux est relevé

Alors qu'il aurait dû être fixé, pour 2020, à 63 690 €, le seuil de la franchise des impôts commerciaux applicable aux activités lucratives accessoires des organismes sans but lucratif et assimilés est relevé, de manière forfaitaire, à 72 000 €.

Pour en savoir plus, consultez les § **89460 s.**

Locations en meublé

La condition d'inscription au RCS du loueur en meublé professionnel est abrogée

La condition prévue par l'article 155, IV du CGI tenant à l'inscription d'un des membres du foyer fiscal au RCS à laquelle est notamment subordonné l'octroi de la qualité de loueur en meublé professionnel est abrogée.

Pour en savoir plus, consultez le § **90520**

Appréciation du caractère professionnel d'une activité de loueur en meublé

Pour apprécier le caractère professionnel d'une activité de loueur en meublé, il ne peut être tenu compte des loyers inscrits au débit des comptes courants des associés, en l'absence de contrat de location, de décompte précis des périodes louées et de taxe de séjour versée.

Pour en savoir plus, consultez le § **90535**

Outre-mer

Les ventes de biens en Martinique et en Guadeloupe à des touristes en croisière sont exonérées

Un dispositif temporaire d'exonération de TVA pour les ventes de biens, réalisées en Martinique et en Guadeloupe, au profit des touristes effectuant des croisières maritimes et qui emportent ces marchandises dans leurs bagages personnels est institué jusqu'au 31 décembre 2023.

Pour en savoir plus, consultez le § **91600**

Corse

Crédit d'impôt pour investissements en Corse : des assouplissements à l'exclusion des meublés de tourisme

Des assouplissements sont apportés à l'exclusion du crédit d'impôt des meublés de tourisme pour les transferts de propriété ou les engagements antérieurs au 1er janvier 2019. En outre, certaines chambres d'hôtes ne sont pas concernées par l'exclusion.

Pour en savoir plus, consultez le § **92270**

Les règles d'application du taux majoré du crédit d'impôt pour investissements sont modifiées

Les règles de décompte et de franchissement du seuil d'effectifs sont modifiées pour l'application du taux majoré du crédit d'impôt concernant les très petites entreprises.

Pour en savoir plus, consultez le § **92275**

que sont les importations en matière extracommunautaire) se traduisent par des transferts de biens d'un autre État membre vers la France (nos 49150 s.). Les **livraisons intracommunautaires** (équivalent de ce que sont les exportations en matière extracommunautaire) se traduisent par des transferts de biens de France vers un autre État membre (nos 49260 s.).
– **Opérations extracommunautaires** : opérations réalisées entre la France et des pays tiers (ou assimilés). C'est seulement en ce domaine qu'interviennent les notions d'**importation** (nos 49600 s.) et d'**exportation** (nos 49690 s.).
– **Opérations extraterritoriales** : opérations placées hors du champ d'application territorial de la TVA française (nos 48560 s.).
– **Preneur** : en matière de prestations de services, le « preneur » s'entend de la personne qui est le bénéficiaire effectif de la prestation.
– **Donneur d'ordres** : généralement le « preneur » (c'est-à-dire le client), en matière de prestations de services.
– **Identification** : numéro individuel d'identification TVA attribué aux assujettis redevables de la TVA, aux assujettis et personnes morales non assujetties qui effectuent des acquisitions intracommunautaires de biens, aux personnes ne bénéficiant plus du régime dérogatoire en matière d'acquisitions intracommunautaires de biens, aux assujettis effectuant en France des acquisitions intracommunautaires de biens pour les besoins de leurs opérations effectuées à l'étranger, aux prestataires et aux preneurs de services au titre desquels le preneur est redevable de la taxe (no 53420).
– **Représentant fiscal** : à désigner, le cas échéant, par les entreprises étrangères établies dans un pays tiers n'ayant pas conclu de convention d'assistance au recouvrement des créances fiscales avec la France (nos 50645 s.).
– **Mandataire fiscal** : mandataire auquel peuvent avoir recours les entreprises étrangères établies dans un autre État membre de l'Union européenne ainsi que les entreprises établies dans un pays tiers ayant conclu une convention d'assistance au recouvrement des créances fiscales avec la France (nos 50635 et 50640).

b. Abréviations

– **UE** : Union européenne.
– **DAU** : document administratif unique pour les exportations (no 49705).
– **DEB** : déclaration d'échanges de biens dans l'Union (nos 49420 s.).
– **DES** : déclaration européenne des services (no 49890).
– **PBRD** : personnes bénéficiant du régime dérogatoire en matière d'acquisitions intracommunautaires (nos 49225 s.).

OPÉRATIONS « EXTRATERRITORIALES »

Il s'agit des opérations dont le lieu d'imposition ne se situe pas en France, au sens défini par la loi (nos 48950 s., pour les opérations portant sur des biens ; nos 49840 s., pour les prestations de services). Ces opérations ne sont **pas taxables en France,** dès lors qu'elles n'entrent pas dans le champ d'application territorial de la TVA française. **48560**
Situation des **intermédiaires** intervenant dans les opérations extraterritoriales : voir no 50160.

Le fait, pour une opération « extraterritoriale », de ne pas être imposée en France ne signifie nullement qu'elle puisse pour autant échapper à toute **taxation dans le pays étranger** où elle est réputée réalisée. **48565**

S'il s'agit d'un **pays tiers,** l'imposition suppose évidemment qu'il existe dans ce pays un système de taxes sur le chiffre d'affaires et, d'autre part, que la réglementation propre à ce système prévoie effectivement la taxation de l'opération en cause.

S'il s'agit d'un **autre État membre** de l'UE, une corrélation existe normalement entre la non-taxation en France et la taxation dans cet autre État, dès lors que la directive TVA prévoit des règles de territorialité communes à tous les États membres. Autrement dit, lorsqu'une opération « à cheval » entre la France et un autre État membre est réputée ne pas se situer en France et échappe ainsi à la TVA française, elle sera considérée comme se situant dans l'autre État et y sera donc soumise en principe à la TVA. Bien entendu, cette taxe sera calculée au taux propre à cet État et elle sera, en principe, perçue selon les modalités fixées par la réglementation de cet État, ces modalités pouvant sur certains points comporter des différences selon les États.

Bien que n'étant pas soumises à la TVA française, les **opérations « extraterritoriales »** ouvrent **droit à déduction de la taxe** ayant grevé les éléments de leur prix. **48570**

CGI art. 271, V-d **TVA-IX-8360 s**

Cette déduction n'est cependant autorisée que **dans la mesure** où les opérations en cause ouvriraient droit à déduction (c'est-à-dire seraient effectivement **soumises** à la TVA) **si** leur **lieu d'imposition** se situait **en France.** Cette condition a pour effet d'exclure du droit à déduction les opérations exonérées en régime intérieur ou réalisées par des non-assujettis.

Pour les **assujettis établis en France** (ainsi que pour les assujettis non établis en France mais qui y réalisent des opérations imposables), la **récupération** de la taxe déductible peut se faire selon les **règles ordinaires,** c'est-à-dire par imputation ou remboursement (nos 56480 s.).

Pour les **assujettis établis hors de France** et qui ne réalisent en France aucune opération imposable, le droit à déduction ne peut s'exercer qu'en suivant la **procédure spéciale de remboursement** décrite nos 50675 s.

SECTION 1

OPÉRATIONS PORTANT SUR DES BIENS

48900 On exposera tout d'abord les règles de **territorialité** de la TVA applicables aux opérations portant sur des biens, ce qui revient à préciser leurs **cas d'imposition en France** (nos 48950 s.).

Seront ensuite examinées les dispositions particulières de TVA prévues en matière de **trafic international des biens.** Ces dispositions diffèrent selon qu'il s'agit d'**échanges « intracommunautaires »** entre États membres de l'Union européenne (nos 49030 s.) ou d'**échanges « extracommunautaires »** avec des pays tiers (nos 49460 s.).

A. Cas d'imposition en France

48950 Les **critères** d'application territoriale de la TVA sont déterminés par **référence au lieu où** les opérations concernées sont réputées être **réalisées,** tel que ce lieu est défini par la loi.

À cet égard, s'agissant des opérations portant sur des biens meubles corporels, il faut distinguer entre les **livraisons de biens** (nos 48955 s.) et les **acquisitions intracommunautaires** (no 49005). (Les règles prévues pour les prestations de services sont exposées nos 49840 s.)

Deux situations peuvent se présenter :

– ou bien le **lieu** où l'opération est réputée réalisée se situe **hors de France** : il s'agit alors d'une opération « extraterritoriale » n'entrant **pas** dans le champ d'application de la **TVA** française (nos 48560 s.) ;

– ou bien ce **lieu** se situe **en France** : l'opération est alors passible de la **TVA** française.

Malgré la valeur générale de ces principes, leur portée peut cependant être affectée, **dans certains cas,** par l'effet des **dispositions particulières** intéressant les **échanges intracommunautaires** (nos 49030 s.) **ou** les échanges **extracommunautaires** (nos 49460 s.). On citera **notamment** à cet égard les dispositions concernant :

– les **exonérations** prévues pour les **livraisons intracommunautaires** (nos 49260 s.) et pour les **exportations** vers les pays tiers (nos 49690 s.) ;

– le régime particulier des **ventes à distance** à l'intérieur de l'Union (nos 49315 s.).

LIEU DES LIVRAISONS DE BIENS

48955 Les règles diffèrent selon que les biens sont livrés en l'état (nos 48960 s.) ou après montage ou installation (no 48995).

CGI art. 258, I
TVA-III-800 s

48960 **Biens livrés en l'état** Plusieurs situations peuvent se présenter selon le point de départ de l'expédition ou du transport (nos 48965 à 48975), ou en l'absence d'expédition ou de transport (no 48980), ou encore pour les ventes à bord d'un bateau, avion ou train (no 48985). Des règles particulières sont prévues pour les livraisons de gaz naturel, d'électricité, de chaleur et de froid (no 48990).

48965 **Lieu de départ situé en France** Lorsque le bien est expédié ou transporté à partir de la France, et **quel que soit le lieu de destination** (France, autre État membre, pays tiers), le lieu de la livraison est situé en France et la TVA française est donc applicable (sous réserve notamment des exonérations prévues pour les livraisons intracommunautaires et pour les exportations).

TVA-III-840

Il en est ainsi que l'expédition ou le transport soit effectué par l'acquéreur ou pour son compte, ou par le vendeur ou pour son compte (sous réserve, dans ce second cas, de l'application éventuelle du régime des ventes à distance : nos 49315 s.).

Lieu de départ situé dans un autre État membre Lorsque le lieu de départ du bien expédié ou transporté se situe dans un autre État membre, le **lieu d'arrivée** se situant **en France,** le lieu de la livraison est situé dans cet autre État membre. 48970 TVA-III-850

Il en est ainsi que l'expédition ou le transport soit effectué par l'acquéreur ou pour son compte, ou par le vendeur ou pour son compte (sous réserve, dans ce second cas, de l'application éventuelle du régime des ventes à distance : n°s 49315 s.).

Lieu de départ situé dans un pays tiers Lorsque le lieu de départ du bien expédié ou transporté se situe dans un pays tiers, le **lieu d'arrivée** se situant **en France,** il faut **distinguer** selon que la livraison est ou non effectuée par l'importateur (ou pour son compte). 48975 TVA-III-860 s

a. La **livraison** est imposable en France lorsqu'elle est effectuée **par l'importateur.** Tel est le cas de la livraison d'un bien expédié ou transporté à partir d'un pays tiers par une entreprise qui l'importe en France et le livre à son client. Il en est de même des livraisons portant sur ce même bien et qui suivent celle effectuée par l'importateur, étant entendu que le point de départ du bien est toujours situé hors Union.

› Précisions Dans cette hypothèse, l'entreprise importatrice (ou son mandataire ou son représentant) acquitte, en principe, la taxe sur la livraison du bien, sous déduction, dans les conditions de droit commun, de la taxe versée lors de l'importation (n°s 49600 s.). Les livraisons subséquentes sont également soumises à la taxe, sous déduction de celle qui a été acquittée par le vendeur précédent.

Toutefois, si le client est identifié à la TVA en France, ce dernier est redevable de la taxe sur la livraison de l'entreprise étrangère en application du mécanisme d'autoliquidation décrit au n° 50695.

Cependant, l'autoliquidation de la taxe sur ladite livraison n'est pas exigée lorsque la marchandise est transportée directement chez l'acheteur établi et identifié à la TVA en France dans l'état où elle a été présentée à la douane, à condition que le nom de cet acheteur figure sur la déclaration d'importation (ou les documents en tenant lieu) en tant que destinataire. Corrélativement, l'acheteur français peut déduire directement, dans les conditions ordinaires, la TVA à l'importation qui est à sa charge. Par voie de conséquence, le vendeur étranger ne peut lui-même en opérer la déduction. Si c'est le fournisseur étranger qui se charge des formalités en douane et acquitte la TVA à l'importation, il ne doit pas facturer la TVA à son client mais se borner à lui demander le remboursement du montant exact de la taxe payée en douane, au moyen d'un compte rendu. Ce compte rendu doit comporter notamment les références à la déclaration d'importation. Il indique en outre que la taxe qui est mentionnée a été versée au service des douanes et que le document n'est pas une pièce justificative pour la déduction de la TVA (BOI-TVA-DED-40-10-30 n° 150).

b. Lorsque la **livraison** n'est **pas** effectuée **par l'importateur,** elle n'est pas imposable en France. Il en est ainsi lorsque la livraison du bien a été effectuée hors de l'Union européenne ou avant dédouanement de la marchandise et que l'acquéreur procède lui-même à l'importation du bien. Seule l'imposition à l'importation est exigible (lors du passage en douane) (BOI-TVA-CHAMP-20-20-10 n°s 140 et 150).

Absence d'expédition ou de transport Lorsque le bien ne donne pas lieu à une expédition ou à un transport, la livraison est imposable si le bien est situé en France lors de sa **mise à disposition** de l'acquéreur. En revanche, elle échappe à l'imposition si le bien est situé à l'étranger lors de cette mise à disposition. 48980 CGI art. 258, I-c TVA-III-900

Ventes à bord d'un bateau, aéronef ou train à destination d'un autre État membre La livraison des biens meubles corporels vendus à bord d'un bateau, d'un aéronef ou d'un train est en principe imposable en France lorsque les biens se trouvent en France au moment du départ d'un transport dont le lieu d'arrivée est situé sur le territoire d'un autre État membre de l'Union européenne. 48985 CGI art. 258, I-d TVA-III-930 s

Il est toutefois admis de ne pas taxer les ventes de biens destinés à être consommés à bord (BOI-TVA-CHAMP-20-20-10 n° 480) (en ce qui concerne les ventes à consommer sur place de produits alimentaires réalisées à bord d'un bateau, d'un aéronef ou d'un train : voir n° 49980).

› Précisions a. La disposition ci-dessus ne concerne pas le cas où l'**arrivée** du moyen de transport se situe **dans un pays tiers.** En pareille hypothèse, le critère à retenir est normalement celui indiqué au n° 48980 (s'agissant de biens qui se trouvent déjà à bord, au moment de la vente).

Cependant, comme on le verra au n° 49735, les ventes faites à bord d'avions ou navires à destination de pays tiers, et dont le lieu est en France en application de ce critère, sont exonérées en tant qu'exportations.

Nota : Les trajets à destination d'un État membre de l'UE avec escale dans un pays tiers doivent être considérés comme des voyages à destination de pays tiers (BOI-TVA-CHAMP-20-20-20 n° 110), étant précisé que constitue une escale en dehors de l'UE tout arrêt effectué dans un pays tiers au cours duquel les voyageurs peuvent quitter le moyen de transport, même pour une courte période (CJUE 15-9-2005 aff. 58/04 : RJF 12/05 n° 1495).

b. La disposition ci-dessus ne concerne pas les livraisons de biens destinés à l'**avitaillement** des moyens de transport. Pour ces livraisons, le critère à retenir est celui indiqué au n° 48965. Lorsqu'elles sont destinées à certains navires ou aéronefs, ces livraisons bénéficient de l'exonération visée au n° 50525.

48990 CGI art. 258, III TVA-III-1000 s

Livraisons de gaz naturel, d'électricité, de chaleur et de froid Des règles particulières sont prévues pour les livraisons de gaz naturel et d'électricité acheminés par réseau de transport et/ou de distribution à destination de l'acquéreur, ainsi que pour les livraisons de chaleur et de froid via les réseaux de chauffage ou de refroidissement à destination de l'acquéreur.

Le **lieu** de ces livraisons est situé **en France** :

– lorsque ces biens sont consommés ou utilisés effectivement en France, quel que soit par ailleurs le lieu d'établissement de l'acquéreur ou du vendeur (le lieu de consommation ou d'utilisation effective est l'endroit où se trouve le compteur de gaz naturel, d'électricité, de chaleur ou de froid) ;

– dans les autres cas, c'est-à-dire en l'absence de consommation ou d'utilisation effective de ces biens en France, lorsque l'acquéreur a en France le siège de son activité économique ou un établissement stable pour lequel les biens sont livrés ou, à défaut, son domicile ou sa résidence habituelle (opérations d'achat-revente notamment).

Compte tenu de ces règles de territorialité, ni le régime prévu pour les échanges intracommunautaires de biens (nos 49030 s.) ni le régime fiscal des exportations (nos 49690 s.) ne s'appliquent aux livraisons de gaz naturel, d'électricité, de chaleur et de froid. Ainsi, l'introduction en France de gaz naturel, d'électricité, de chaleur ou de froid à partir d'un autre État membre pour les besoins d'une livraison dont le lieu est situé en France n'est **pas** assimilée à une **acquisition intracommunautaire** (n° 49205, précision a) ; de même, le transfert de ces biens dans un autre État membre de l'UE pour les besoins d'une livraison dont le lieu y est situé n'est **pas** assimilé à une **livraison intracommunautaire** (n° 49280, précisions).

Pour les livraisons de gaz naturel, d'électricité, de chaleur ou de froid imposables en France effectuées par des fournisseurs établis hors de France ainsi que pour les livraisons de gaz naturel et d'électricité (et services liés visés au n° 50025, 9) faites à des fins autres que leur consommation ou leur utilisation effective en France (achat-revente) par des fournisseurs établis en France, la **taxe** doit être **acquittée** par l'acquéreur si celui-ci est identifié à la TVA en France (CGI art. 283, 2 quinquies). Dans les autres cas d'imposition en France, la taxe doit être acquittée par le fournisseur.

> **Précisions** **a.** Le montant total, hors TVA, des livraisons de gaz naturel, d'électricité, de chaleur ou de froid imposables sur le territoire d'un autre État membre de l'UE doit être identifié dans la **déclaration de chiffre d'affaires** (CGI art. 287, 5-a). Il en va de même du montant, hors TVA, des livraisons de gaz naturel, d'électricité, de chaleur ou de froid imposables en France et pour lesquelles l'acquéreur est désigné comme redevable de la taxe (CGI art. 287, 5-b).
> **b.** Les **entreprises étrangères non établies dans l'UE** qui réalisent uniquement des livraisons de gaz naturel, d'électricité, de chaleur ou de froid pour lesquelles la taxe est due en France par l'acquéreur sont dispensées de désigner un représentant fiscal (CGI art. 289 A, I-2°).
> **c.** Les entreprises étrangères non établies en France qui réalisent des livraisons de gaz naturel, d'électricité, de chaleur ou de froid pour lesquelles la taxe est due en France par l'acquéreur peuvent bénéficier de la procédure spéciale de remboursement de la TVA visée au n° 50675.
> **d.** Les assujettis peuvent **acquérir ou importer en franchise** de TVA le gaz naturel, l'électricité, la chaleur ou le froid qu'ils destinent à une livraison située hors de France (nos 50550 s.).
> **e.** Les entreprises **gestionnaires des réseaux** électriques, gaziers, de chauffage ou de refroidissement doivent fournir des déclarations d'échanges de biens (n° 49420) pour les flux physiques à destination ou en provenance d'un autre État membre.

48995 CGI art. 258, I-b TVA-III-950 s

Biens livrés après montage ou installation Le lieu de livraison des biens est situé **en France** lorsque le bien se trouve en France lors du **montage** ou de l'installation **par le vendeur ou pour son compte.**

En pratique, compte tenu de la définition des biens immeubles selon laquelle est considéré comme un bien immeuble tout élément, matériel ou machine, installé à demeure dans un immeuble ou une construction qui ne peut être déplacé sans destruction ou modification de l'immeuble ou de la construction (n° 46815) et du principe selon lequel constitue une prestation de services se rattachant à un bien immeuble l'installation ou le montage de machines ou de matériel qui, après installation ou montage, sont considérés comme des biens immeubles (n° 49970), la règle ci-dessus ne trouve à s'appliquer que lorsque l'opération dans son ensemble (livraison et montage ou installation par le vendeur ou pour son compte) constitue une opération unique considérée comme une livraison de biens (au sens de la jurisprudence analysée n° 46475, précisions).

> **Précisions** Lorsque la règle de territorialité ci-dessus trouve à s'appliquer, une **entreprise étrangère** non établie en France qui introduit en France des matériels, transportés à partir d'un autre **État membre,** destinés à être montés ou installés par elle-même ou pour son compte, est redevable de la TVA en France au titre de la livraison si le client n'est pas identifié à la TVA en France (dans le cas contraire, le client doit, en principe, autoliquider la taxe : nos 50695 s.). Le montant hors TVA de cette livraison doit être identifié dans la déclaration de chiffre d'affaires de l'entreprise étrangère lorsqu'elle est redevable (CGI art. 287, 5-b). L'introduction en France des matériels n'est pas considérée comme une acquisition intracommunautaire

taxable (nº 49210). L'entreprise étrangère redevable est tenue de s'identifier à la TVA en France directement (ou par l'intermédiaire d'un mandataire fiscal) auprès de l'administration lorsqu'elle est établie dans l'UE ou dans un pays tiers ayant conclu une convention d'assistance au recouvrement des créances fiscales avec la France (nº 50635) ou de faire accréditer un représentant assujetti établi en France lorsqu'elle est établie dans un pays tiers n'ayant pas conclu une telle convention (nº 50645).

De même, une entreprise étrangère non établie en France qui importe d'un **pays tiers** en France des matériels dont elle assure le montage ou l'installation chez l'acquéreur doit acquitter la taxe, d'une part, lors de l'importation des matériels, d'autre part, si le client n'est pas identifié à la TVA en France (nos 50695 s.), sur la livraison de ces matériels montés ou installés (sous déduction de la taxe payée à l'importation). À cet effet, elle est tenue de s'identifier à la TVA en France directement (ou par l'intermédiaire d'un mandataire fiscal) auprès de l'administration lorsqu'elle est établie dans l'UE ou dans un pays tiers ayant conclu une convention d'assistance au recouvrement des créances fiscales avec la France (nº 50635) ou de faire accréditer un représentant assujetti établi en France lorsqu'elle est établie dans un pays tiers n'ayant pas conclu une telle convention (nº 50645).

LIEU DES ACQUISITIONS INTRACOMMUNAUTAIRES

a. Le lieu d'une acquisition intracommunautaire de biens meubles corporels est réputé se situer en France lorsque les **biens** se trouvent **en France** au moment de l'**arrivée** de l'expédition ou du transport à destination de l'acquéreur. 49005 CGI art. 258 C TVA-III-1600 s

› Précisions Par **« acquéreur »,** il faut entendre, selon le cas :
– la personne établie ou identifiée à la TVA en France ou y ayant désigné un représentant fiscal en application de l'article 289 A, I du CGI à laquelle le bien a été vendu ;
– l'assujetti qui a réalisé en France l'affectation d'un bien de son entreprise pour les besoins de celle-ci ;
– l'assujetti agissant en son nom propre mais pour le compte d'autrui (intermédiaire « opaque » agissant pour le compte du vendeur ou de l'acquéreur) (BOI-TVA-CHAMP-20-30 nº 10).

b. Par exception à cette règle, lorsque les **biens** ne sont **pas expédiés** ou transportés **en France,** le lieu de l'acquisition est réputé néanmoins se situer en France si l'acquéreur a donné au vendeur son **numéro d'identification** à la TVA **en France** et s'il n'établit **pas** que l'acquisition a été soumise à la **TVA dans l'État membre** de destination des biens (mécanisme dit du « **filet de sécurité** »). Dans ce cas, la taxe due sur cette acquisition intracommunautaire n'ouvre pas droit à déduction dans la mesure où les biens ne sont pas réellement introduits en France (CJUE 22-4-2010 aff. 536/08 et 539/08 : RJF 7/10 nº 758 ; CE 23-12-2011 nº 330608 : RJF 3/12 nº 241). Mais, si l'acquisition est ultérieurement soumise à la taxe dans l'État membre où est arrivé le bien expédié ou transporté, la base d'imposition en France est diminuée du montant de celle qui a été retenue dans cet État.

B. Échanges intracommunautaires de biens

Dans l'espace sans frontières que constitue aujourd'hui l'Union européenne, les notions d'importation et d'exportation ont été remplacées respectivement par celles d'acquisition intracommunautaire et de livraison intracommunautaire. 49030 TVA-IV-200 s

Ainsi, un assujetti se livrant à des opérations intracommunautaires est considéré, selon le cas, comme effectuant :
– soit une **acquisition intracommunautaire** taxable dans l'État d'arrivée des biens (nos 49150 s.) ;
– soit une **livraison intracommunautaire** qui, bien qu'entrant en principe dans le champ d'application de la TVA dans l'État de départ des biens, s'y trouve le plus souvent exonérée (nos 49260 s.).

En contrepartie de la suppression des frontières, les intéressés sont soumis à des obligations particulières, qui se traduisent notamment :
– par l'attribution d'un **numéro individuel d'identification** (nº 53420) ;
– par une **déclaration des échanges de biens (DEB),** à déposer auprès du service des douanes (nos 49420 s.).

Les **particuliers** ne sont **pas concernés** directement par la réglementation des échanges intracommunautaires. C'est ainsi que les achats effectués par un particulier dans un autre État membre supportent en principe la seule TVA de cet État. Cependant des dispositions spécifiques visant à limiter les risques de distorsion de concurrence sont prévues pour les **ventes à distance** (nos 49315 s.) et pour les **moyens de transport neufs** (nos 49340 s.).

Signalons enfin, pour les opérations des assujettis, les mesures particulières concernant les **opérations triangulaires** (nº 49375), les **stocks sous contrat de dépôt** et les **ventes à l'essai** (nos 49385 à 49395).

Remarques : **1.** Les opérations portant sur des **biens** placés ou destinés à être placés **sous un régime douanier communautaire ou un entrepôt fiscal** font l'objet de dispositions spéciales exposées aux nos 50740 s.

2. Les échanges intracommunautaires de **biens d'occasion, œuvres d'art, objets de collection ou d'antiquité** sont examinés avec le régime particulier de ces biens (nos 60870 s.).

1. ACQUISITIONS INTRACOMMUNAUTAIRES

49150 CGI art. 256 bis **TVA-IV-500 s**

La **vente,** par un assujetti d'un **État membre,** d'un **bien** meuble corporel qui est **expédié** ou transporté **en France,** par le vendeur, par l'acquéreur ou pour leur compte, à destination de l'**acquéreur,** constitue une acquisition intracommunautaire.

Dès lors que le **lieu** de cette acquisition, tel qu'il est défini au no 49005, est réputé situé **en France,** la **TVA** française est exigible en principe, selon les règles générales exposées nos 49160 s.

Ainsi qu'il a déjà été indiqué (no 49030), ce régime n'intéresse pas les achats effectués par des particuliers. Il concerne, en revanche, les **acquisitions intracommunautaires** réalisées, non seulement par des **assujettis,** mais encore par des **personnes morales non assujetties, sous réserve** toutefois (pour ces personnes morales et pour certains assujettis) de l'application éventuelle **du régime dérogatoire** décrit nos 49225 s.

Doivent également être examinées les dispositions particulières visant :

– les **exonérations** prévues pour certaines acquisitions intracommunautaires (no 49190) ;

– les **opérations assimilées** à des acquisitions intracommunautaires (nos 49200 s.).

RÈGLES GÉNÉRALES

49160 CGI art. 283, 2 bis **TVA-III-1610**

Redevable Le redevable de la taxe due au titre d'une acquisition intracommunautaire dont le lieu (déterminé comme indiqué au no 49005) se situe en France est l'acquéreur. S'il n'est pas établi en France, il est tenu de s'identifier à la TVA en France directement (ou par l'intermédiaire d'un mandataire fiscal) auprès de l'administration lorsqu'il est établi dans l'UE ou dans un pays tiers ayant conclu une convention d'assistance au recouvrement des créances fiscales avec la France (no 50635) ou de désigner un représentant fiscal lorsqu'il est établi dans un pays tiers n'ayant pas conclu une telle convention (no 50645). Le vendeur est solidairement tenu au paiement de la taxe lorsque l'acquéreur n'est pas établi en France.

49165 CGI art. 266, 1-a **TVA-IV-1750 s**

Base d'imposition La base d'imposition des acquisitions intracommunautaires est constituée, comme en régime intérieur, par toutes les sommes, valeurs, biens ou services reçus ou à recevoir par le fournisseur en contrepartie de l'opération, y compris les subventions directement liées au prix.

En ce qui concerne les opérations facturées en **devises étrangères** : voir no 52400.

49170 CGI art. 269, 1-a et 2-d **TVA-IV-1940 s**

Fait générateur et exigibilité Le **fait générateur** de la taxe intervient au moment où l'acquisition intracommunautaire est effectuée, c'est-à-dire au moment où la livraison à l'intérieur du pays de biens similaires est considérée comme effectuée ; voir à cet égard nos 52585 s.

Acquisition par un intermédiaire opaque : voir no 61490.

La taxe est **exigible** le 15 du mois suivant celui au cours duquel s'est produit le fait générateur. Toutefois, la taxe devient exigible lors de la délivrance de la facture, à condition qu'elle précède la date d'exigibilité prévue ci-dessus et qu'il ne s'agisse pas d'une facture d'acompte.

› **Précisions** **a.** La **date de délivrance de la facture** doit s'entendre comme la date de la facture.

b. Les **factures émises avant l'intervention du fait générateur,** qui ne peuvent s'analyser (sous réserve d'éventuels cas de facturation irrégulière) que comme des factures d'acompte, n'entraînent pas l'exigibilité de la TVA, sauf cependant dans les cas suivants (BOI-TVA-BASE-20-30 nos 50 à 70) :

– établissement d'une **facture** mentionnant le prix total de l'opération **au moment de l'expédition** de la marchandise alors que le transfert de propriété ne s'opère qu'à la réception du bien. Dans cette situation où la facture précède le fait générateur d'une période équivalente aux délais d'acheminement du bien, la taxe peut être acquittée à la date de la facture ; cette facture est alors également prise en considération pour l'exercice des droits à déduction ;

– **périodiques vendus par abonnements** (journaux, revues ou magazines hebdomadaires, mensuels, trimestriels). Dans cette situation où la facture est délivrée au début de la période d'abonnement (le client acquittant dès ce moment le prix de toutes les livraisons à venir), il est admis, par mesure de simplification, que la facture délivrée au début de la période d'abonnement détermine l'exigibilité de la taxe pour l'ensemble des acquisitions de biens comprises dans la période d'abonnement.

c. Toute **facture établie après** la réalisation du **fait générateur** (mais avant le 15 du mois qui suit sa réalisation) rend la taxe exigible pour le montant total de l'opération, même si cette facture ne comporte de façon irrégulière que la mention d'une partie du prix.

Obligations déclaratives La TVA afférente aux acquisitions intracommunautaires est liquidée et déclarée sur les **déclarations** de chiffre d'affaires : CA 3 pour les redevables au réel normal, CA 12/CA 12E pour le régime simplifié d'imposition et CA 12A pour les agriculteurs au RSA. Les données à déclarer sont le montant total hors taxe des acquisitions intracommunautaires et la taxe correspondante. 49175 CGI art. 287, 5-b TVA-IV-2340 s

Déclaration des échanges de biens « DEB » : voir n°s 49420 s.

Droits à déduction La taxe acquittée par les redevables au titre d'une acquisition intracommunautaire est déductible selon les principes de droit commun à condition qu'ils aient fait figurer sur leurs déclarations de chiffre d'affaires les données requises et qu'ils détiennent les factures correspondantes établies conformément à la réglementation communautaire (mention notamment du prix hors taxe et des numéros d'identification du fournisseur et de l'acquéreur). 49180 CGI art. 271, II-1-d et 2 TVA-IV-2500 s

S'agissant de la nécessité de détenir une facture pour exercer le droit à déduction, voir toutefois n° 56265.

> **Précisions** **a.** La taxe qui n'a pas été portée sur les déclarations de chiffre d'affaires est déductible en cas de **rappel** si les conditions de fond sont réunies, la taxe ainsi déductible étant imputée par l'administration dans le cadre de la procédure de rectification. Mais le rappel des droits déductibles est assorti d'une amende de 5 % (n° 56290).
> **b.** Non-déductibilité de la taxe acquittée au titre du mécanisme dit du « **filet de sécurité** » : voir n° 49005, b.

ACQUISITIONS INTRACOMMUNAUTAIRES EXONÉRÉES

Sont exonérées les acquisitions intracommunautaires : 49190 CGI art. 262 ter, II TVA-IV-3600 s

– de biens dont la **livraison en France** serait **exonérée** (notamment prothèses dentaires fournies par les prothésistes ; organes, sang et lait humains ; timbres) ou assimilée aux échanges internationaux (navires, aéronefs et objets y afférents visés aux n°s 50450 s. ; or, sous toutes ses formes, acquis par les instituts d'émission) ;

– de biens dont l'**importation** serait **exonérée** de TVA en application du II de l'article 291 du CGI (la liste de ces biens est donnée au n° 49645) ;

– pour lesquelles l'**acquéreur non établi en France** bénéficierait, en application de l'article 271, V du CGI (n° 50675), du **remboursement** total de la taxe qui serait due au titre de l'acquisition.

Acquisitions intracommunautaires d'or d'investissement : voir n°s 61870 s.

OPÉRATIONS ASSIMILÉES À DES ACQUISITIONS INTRACOMMUNAUTAIRES

Les opérations définies ci-après (n°s 49205 à 49215) sont assimilées à des acquisitions intracommunautaires. 49200 CGI art. 256 bis, II TVA-IV-700 s

Remarque : Ces opérations sont susceptibles de bénéficier, **le cas échéant**, des **exonérations** des acquisitions intracommunautaires prévues au n° 49190.

Affectation en France d'un bien de l'entreprise en provenance d'un autre État membre Est **assimilée à une acquisition intracommunautaire,** soumise à ce titre à la TVA française, l'affectation par un assujetti pour les besoins de son entreprise en France d'un bien de son entreprise expédié ou transporté, par l'assujetti ou pour son compte, à partir d'un autre État membre dans lequel le bien a été produit, extrait, transformé, acheté, a fait l'objet d'une acquisition intracommunautaire ou a été importé par l'assujetti, dans le cadre de son entreprise. 49205

Il s'agit principalement des **mouvements de stocks ou de biens d'investissement,** intervenant **sans changement de propriété.**

La **base d'imposition** de l'affectation est constituée, selon le cas, soit par le prix d'achat des biens ou de biens similaires soit, à défaut de prix d'achat, par le prix de revient.

L'**exigibilité** de la taxe intervient le 15 du mois suivant le **fait générateur** constitué par le départ de l'expédition ou du transport.

> **Précisions** **a.** Ne constituent **pas** des **affectations** assimilées à des acquisitions intracommunautaires les expéditions et les transports de biens à partir d'un État membre à destination de la France, lorsque les biens font l'objet : d'une livraison soumise au régime des **ventes à distance** (n°s 49315 s.) ; d'une **exportation** à partir de la France (les biens doivent, dans ce cas, immédiatement faire l'objet des formalités douanières d'exportation) ; ou d'une expédition ou d'un **transport** dont une **partie** du trajet est effectuée **en France** alors que les lieux de **départ et d'arrivée** sont situés sur le territoire d'**autres États** membres. Dans les deux dernières situations, les biens peuvent être éventuellement transbordés, en France, d'un moyen de transport à un autre.
> N'est pas non plus assimilée à une acquisition intracommunautaire l'affectation en France de **gaz naturel,** d'**électricité,** de **chaleur** ou de **froid** à partir d'un autre État membre pour les besoins d'une livraison imposable en France (n° 48990).

b. Un **assujetti étranger qui expédie des biens** de l'État membre de départ **directement chez son client** établi et identifié à la TVA en France peut choisir de traiter cette opération comme une affectation de biens assimilée à une acquisition intracommunautaire suivie d'une livraison interne audit client. Le fournisseur étranger réalise alors une acquisition intracommunautaire exonérée (nº 49190, 3e tiret) au titre de laquelle il doit s'identifier à la TVA en France (il n'est pas tenu de souscrire à ce titre une déclaration de chiffre d'affaires) ; la taxe afférente à la livraison interne est autoliquidée par le client identifié (nºs 50695 s.) (en ce sens, BOI-TVA-CHAMP-20-30 nºs 50 et 60). À notre avis, cette tolérance devrait pouvoir s'appliquer dans l'hypothèse où le client est seulement identifié à la TVA en France (en ce sens Inst. 3 A-9-06 nº 26 ; BOI-TVA-DECLA-10-10-20 nº 80).

49210 Par **exception,** la réception en France, par l'assujetti, d'un bien de son entreprise n'est pas assimilée à une acquisition intracommunautaire dans les situations ci-après :
– bien destiné à être **utilisé temporairement** en France dans des conditions qui ouvriraient droit à l'assujetti, si ce bien était importé, au bénéfice de l'admission temporaire en exonération totale de droits à l'importation ;
– bien destiné à être utilisé **temporairement** en France pour les besoins de **prestations de services** effectuées par l'assujetti ;
– bien destiné à faire l'objet de **travaux** ou d'**expertises,** à condition que le bien soit réexpédié ou transporté à destination de l'assujetti dans l'État membre de départ de l'expédition ou du transport (des mesures de simplification sont cependant admises dans certains cas : Documentation experte, TVA-IV-8250 s.) ;
– bien destiné à être **monté ou installé en France** par l'assujetti établi dans un autre État membre ou pour son compte (la livraison est alors imposable en France : nº 48995) ;
– bien destiné à faire l'objet d'une **livraison à bord d'un moyen de transport,** effectuée par l'assujetti, dans les conditions mentionnées au nº 48985 (sont ici visés en pratique les biens destinés à la vente à bord qui n'ont pas été vendus lors de l'arrivée du moyen de transport en France).

49215 **Réception en France, par une personne morale non assujettie, d'un bien qu'elle a importé sur le territoire d'un autre État membre** La réception en France, par une personne morale non assujettie **ne bénéficiant pas du régime dérogatoire** (décrit nºs 49225 s.), d'un bien qu'elle a importé sur le territoire d'un autre État membre doit être soumise à la TVA. La taxe acquittée à l'importation est remboursable dans l'État membre d'importation.

RÉGIME DÉROGATOIRE

49225 CGI art. 256 bis, I-2º et 260 CA **TVA-IV-2900 s**

Lorsqu'elles réalisent des **acquisitions intracommunautaires** d'un montant **ne dépassant pas** globalement **10 000 € par an,** certaines personnes bénéficient d'un régime dérogatoire qui leur permet de ne pas soumettre ces opérations à la TVA. Il s'agit des **personnes suivantes,** désignées par l'abréviation **PBRD** (c'est-à-dire « personnes bénéficiant du régime dérogatoire ») :
– personnes morales non assujetties à raison de l'activité pour laquelle l'acquisition est réalisée ;
– assujettis ne réalisant que des opérations n'ouvrant pas droit à déduction (bénéficiaires de la franchise en base, par exemple) ;
– exploitants agricoles au remboursement forfaitaire (nºs 60040 s.).

Sont cependant **exclues** de l'application de ce régime dérogatoire les acquisitions intracommunautaires :
– de **moyens de transport neufs** (qui relèvent du régime spécifique exposé nºs 49340 s.) ;
– de **produits** soumis à **accises** (alcools, boissons alcooliques, huiles minérales, tabacs manufacturés), toujours taxables selon le régime général.

Pour toutes les **autres acquisitions** en provenance d'autres États membres, réalisées par les personnes susvisées, le régime dérogatoire est applicable, dans la limite d'un **seuil annuel** fixé à **10 000 €** (pour l'appréciation et le calcul de ce seuil : voir nº 49235, précision a).

En dessous du seuil, les acquisitions en cause ne sont **pas** soumises en tant que telles à la **TVA.**

Elles sont traitées comme les achats des particuliers, la **taxation** se situant exclusivement au niveau du **fournisseur** lors de la **livraison** (avec application, s'il y a lieu, des règles prévues pour les ventes à distance : nºs 49315 s.).

En revanche, **au-dessus du seuil,** ces acquisitions suivent le **régime général** des acquisitions intracommunautaires et ces personnes ont un numéro d'identification TVA (nº 53420). La taxe due sur les acquisitions intracommunautaires **taxables** doit obligatoirement être liquidée et déclarée sur des déclarations **CA 3.**

› Précisions **a.** L'**attribution** d'un **numéro d'identification** à la TVA à une PBRD en application du 4° ou du 5° de l'article 286 ter (voir nº 53420, 4ᵉ et 5ᵉ tirets) ne lui fait pas perdre sa qualité de PBRD. En conséquence, l'intéressée doit préciser, dans sa demande d'attribution d'un numéro de TVA, si elle souhaite continuer à bénéficier ou non du régime dérogatoire en matière d'acquisitions intracommunautaires de biens. Toutefois, si elle **communique** ce **numéro à un fournisseur** dans le cadre d'une acquisition intracommunautaire de biens, elle est réputée avoir opté pour l'application du régime général (nº 49230) (Règl. UE 282/2011 art. 4).

b. S'agissant des **produits soumis à accises,** il convient de noter que l'**exclusion nationale** n'est **plus en phase avec** l'exclusion résultant de l'article 3, 1-b de la **directive TVA.** En effet, l'article 256 bis, I-2° du CGI vise les seuls produits qui étaient initialement soumis à accises (alcools, boissons alcooliques, huiles minérales et tabacs manufacturés), alors que l'article 3, 1-b de la directive TVA ne liste pas les produits exclus mais emploie la formule générique « produits soumis à accises ». Or, depuis l'intervention de la directive 2003/96 du 27-10-2003, tous les produits énergétiques (y compris donc, notamment, le charbon, le coke et la houille, et non plus seulement les huiles minérales) sont soumis à accises. Il en résulte que l'exclusion communautaire est devenue plus large que l'exclusion nationale.

La personne bénéficiant du régime dérogatoire peut, si elle le désire, y renoncer en choisissant de soumettre par option toutes ses acquisitions intracommunautaires à la TVA selon le **régime général.** 49230

L'option prend effet au premier jour du mois au cours duquel elle est exercée. Elle expire le 31 décembre de la deuxième année qui suit celle au cours de laquelle elle a été exercée. Elle est tacitement reconduite, par période de deux années civiles, sauf dénonciation formulée avant l'expiration de chaque période.

› Précisions **a.** Pour l'**appréciation du seuil de 10 000 €,** on retient le total, hors TVA, des acquisitions (autres que de moyens de transport neufs et de produits soumis à accises) ayant donné lieu, dans un autre État membre, à une livraison soumise à la TVA par le vendeur dans cet État (à l'exception, par conséquent, des livraisons exonérées dans ledit État). 49235

Le régime dérogatoire s'applique si le montant d'achats ainsi déterminé n'a pas excédé durant l'**année précédente,** et n'excède pas durant l'**année en cours,** le seuil de 10 000 €.

Exemple : une PBRD, dont les achats de l'année N – 1 n'ont pas dépassé 10 000 €, a réalisé durant le premier trimestre de l'année N 7 600 € d'achats, qui ont bénéficié du régime dérogatoire. Si, durant le deuxième trimestre, elle réalise un nouvel achat de 4 600 € (franchissement du seuil), cet achat sera entièrement taxable selon le régime général. De même pour les achats suivants qui interviendront avant la fin de l'année N ou durant toute l'année N + 1.

b. Dès qu'elles **ne remplissent plus les conditions** pour bénéficier du régime dérogatoire (dépassement du seuil, notamment), les personnes en cause doivent en informer par écrit et sans délai le service des impôts et, lorsqu'elles n'ont pas déjà satisfait à l'obligation de déclaration de création d'entreprise ou d'activité visée au nº 53390, souscrire un document en vue de l'attribution du numéro individuel d'identification à la TVA (CGI art. 286 bis et ann. II art. 242 decies).

c. Même si le régime dérogatoire ne concerne directement que les acquisitions intracommunautaires, la situation des **PBRD** présente cependant certaines **autres particularités,** notamment en matière de **livraisons intracommunautaires** (nº 49270), de **ventes à distance** (nº 49315) et d'opérations sur **moyens de transport neufs** (nº 49340). On notera également que ces personnes sont dispensées de la production de **DEB** (nº 49430, précision a).

d. Des **régimes dérogatoires analogues** à celui décrit ici pour la France existent également (avec des seuils propres à chaque pays) dans les **autres États membres** de l'Union européenne.

2. LIVRAISONS INTRACOMMUNAUTAIRES

Dès lors qu'elles sont réputées faites en France (au sens défini nº 48965), les livraisons intracommunautaires de biens, c'est-à-dire les **livraisons de France à destination d'un autre État membre,** entrent en principe dans le champ d'application de la **TVA** française. Mais elles en sont **exonérées** lorsque sont réunies les conditions indiquées au nº 49270. 49260 CGI art. 262 ter, I **TVA-IV-4300 s**

La situation est la même pour les **transferts** de biens **assimilés** à des livraisons intracommunautaires (nº 49280).

Bien qu'exonérées, ces deux catégories d'opérations ouvrent **droit à déduction.** Les assujettis qui les réalisent peuvent donc déduire la TVA qui a grevé les éléments du prix des biens expédiés à l'étranger. Ils sont en droit, lorsqu'ils ne peuvent pas récupérer la taxe par imputation, d'en obtenir le **remboursement** (nºˢ 56620 s.).

Par ailleurs, ils ont la faculté d'**acquérir** ou d'importer **en franchise** de taxe les biens qu'ils destinent à des livraisons à l'étranger en l'état ou après transformation (nºˢ 50550 s.).

Le montant total des livraisons intracommunautaires de biens exonérées (y compris les transferts) doit être mentionné, de manière apparente, sur les **déclarations** de chiffre d'affaires

(CGI art. 287, 5-a). Elles doivent être portées sur ces déclarations (ainsi que sur la DEB) le 15 du mois suivant celui au cours duquel s'est produit le fait générateur (CGI art. 269, 2-d).

Mentions que doivent comporter les **factures et délai de facturation** : voir nos 53625 et 53585.

Nota : En ce qui concerne :
– le régime particulier des **ventes à distance** : voir nos 49315 s. ;
– le régime spécifique des **moyens de transport neufs** : voir nos 49340 s. ;
– les livraisons intracommunautaires et transferts de **biens d'occasion, œuvres d'art, objets de collection ou d'antiquité** : voir nos 60875 et 60880, précision b.

LIVRAISONS INTRACOMMUNAUTAIRES EXONÉRÉES

49270 CGI art. 262 ter, I-1° TVA-IV-4350 s

Sont exonérées de TVA les livraisons de **biens** expédiés ou **transportés sur le territoire d'un autre État membre** de l'Union européenne **à destination d'un autre assujetti** ou d'une personne morale non assujettie.

L'exonération s'applique lorsque les **conditions** suivantes sont réunies :

1. La livraison est effectuée **à titre onéreux** ;

2. Le **vendeur** est un **assujetti** agissant en tant que tel ;

3. L'**acquéreur** est un **assujetti** ou une **personne morale non assujettie** qui ne bénéficie **pas,** dans son État membre, du **régime dérogatoire** (du type décrit nos 49225 s.) autorisant à ne pas soumettre à la TVA les acquisitions intracommunautaires **(PBRD)** ;

4. Le bien est **expédié ou transporté hors de France** à destination d'un autre État membre (quelle que soit la personne qui effectue le transport). Selon la doctrine administrative en vigueur à la date du présent ouvrage, l'existence du transport ou de l'expédition est justifiée par tout moyen de **preuve** ; l'ensemble des indications résultant des documents commerciaux usuels (document de transport, facture du transporteur, bon de livraison, confirmation écrite par l'acquéreur de la réception des biens, etc.) doit permettre, en principe, d'apporter cette preuve (BOI-TVA-CHAMP-30-20-10 n° 50) (la réglementation européenne applicable depuis le 1er janvier 2020 pourrait s'avérer plus contraignante : voir les précisions d ci-dessous).

5. L'**acquéreur** (assujetti ou personne morale non assujettie) est **identifié aux fins de la TVA** dans un **État membre autre que celui du départ** de l'expédition ou du transport des biens et **a communiqué son numéro d'identification** TVA au vendeur (voir les précisions e ci-après) ;

6. Le **vendeur** doit satisfaire à l'**obligation de déposer une** déclaration des échanges de biens (**DEB** : nos 49420 s.) laquelle doit **contenir toutes les informations correctes** concernant sa livraison (le manquement à cette obligation ne remet toutefois pas en cause l'exonération si le vendeur peut dûment en justifier à la satisfaction de l'administration fiscale).

Les **deux dernières conditions** (mentionnées aux 5 et 6 ci-dessus) s'appliquent à compter du **1er janvier 2020** (Loi 2019-1479 du 28-12-2019 art. 34).

› Précisions a. Ces dispositions ne s'appliquent pas aux livraisons réalisées par les bénéficiaires de la **franchise en base** (nos 85565 et 86540 s.), puisqu'elles sont déjà exonérées au titre de ladite franchise.

b. Lorsque l'acquéreur est une **PBRD bénéficiant** effectivement, dans son État membre, **du régime dérogatoire,** la livraison dont le lieu est réputé se situer en France ne bénéficie pas de l'exonération, sauf toutefois s'il s'agit de **produits soumis à accises** (voir n° 49225, précision b). Dans ce dernier cas, en effet, l'acquisition intracommunautaire sera taxée dans l'autre État membre, puisque les produits en cause sont exclus du régime dérogatoire (n° 49225).

c. Les livraisons en France de biens destinés à y faire l'objet de **travaux ou d'expertises** bénéficiant des mesures de simplification (Documentation experte, TVA-IV-8250 s.) sont assimilées à des livraisons intracommunautaires exonérées.

d. L'article 45 bis du règlement d'exécution 282/2011 du 15 mars 2011 modifié prévoit, depuis le 1er janvier 2020, une **présomption réfragable** (pouvant être réfutée par l'administration) de l'expédition ou du **transport** des biens dans un autre État membre de l'UE, assuré par le vendeur ou pour son compte, lorsque le vendeur dispose soit d'au moins deux documents (non contradictoires) relatifs à l'expédition ou au transport des biens (tels qu'un document ou une lettre CMR signé, un connaissement, une facture de fret aérien ou une facture du transporteur des biens) délivrés par deux parties différentes qui sont indépendantes l'une de l'autre, du vendeur et de l'acquéreur, soit d'un seul de ces documents et de l'un des documents suivants (non contradictoires), confirmant l'expédition ou le transport, délivrés par deux parties différentes qui sont indépendantes l'une de l'autre, du vendeur et de l'acquéreur : police d'assurance concernant l'expédition ou le transport des biens ou documents bancaires prouvant le paiement de l'expédition ou du transport des biens ; documents officiels délivrés par une autorité publique, telle qu'un notaire, confirmant l'arrivée des biens dans l'État membre de destination ; récépissé délivré par un entrepositaire dans l'État membre de destination attestant l'entreposage des biens dans cet État membre. Lorsque l'expédition ou le transport des biens est assuré par l'acquéreur ou pour son compte, le vendeur doit, en outre, être en possession d'une attestation de transport délivrée par l'acquéreur au plus tard le dixième jour du mois suivant la livraison et portant les mentions suivantes : État membre de destination ; date d'émission ; nom et adresse de l'acquéreur ; quantité et nature des biens ; date et lieu d'arrivée des biens ; si le bien est un moyen de transport, son numéro d'identification ; identification de la personne acceptant le bien au nom de l'acquéreur.

e. L'**absence** de **numéro d'identification de l'acquéreur sur la facture** constitue une présomption de non-communication de son numéro par l'acquéreur. Dès lors, le vendeur doit être en mesure de prouver qu'au moment de la livraison l'acquéreur était effectivement identifié à la TVA (copie de la DEB où est mentionnée l'opération, par exemple) (BOI-TVA-CHAMP-30-20-10 n° 110).

f. Lorsque plusieurs **livraisons successives** portant sur les mêmes biens donnent lieu à une expédition ou un **transport intracommunautaire unique** (les biens étant expédiés ou transportés d'un État membre vers un autre État membre, directement du premier fournisseur au dernier client dans la chaîne), cette expédition ou ce transport ne peut être imputé qu'à une seule de ces livraisons, qui sera la seule exonérée en tant que livraison intracommunautaire (CJUE 6-4-2006 aff. 245/04 : RJF 7/06 n° 971).

Depuis le 1er janvier 2020, l'opération à laquelle doit être imputé l'expédition ou le transport est déterminée comme suit :

– en **principe,** l'expédition ou le transport n'est imputé qu'à la livraison effectuée à l'opérateur intermédiaire (lequel s'entend d'un fournisseur dans la chaîne autre que le premier fournisseur, qui expédie ou transporte les biens, soit lui-même, soit par l'intermédiaire d'un tiers agissant pour son compte) ;

– par **dérogation,** l'expédition ou le transport n'est imputé qu'à la livraison de biens effectuée par l'opérateur intermédiaire (au sens défini ci-dessus) lorsque ce dernier a communiqué à son fournisseur le numéro d'identification TVA qui lui a été attribué par l'État membre à partir duquel les biens sont expédiés ou transportés (CGI art. 262 ter, 1° bis issu de l'article 34 de la loi 2019-1479 du 28-12-2019).

Ce dispositif ne trouve donc à s'appliquer que si un **fournisseur** au sein de la chaîne **autre que le premier** fournisseur **effectue** (ou fait effectuer pour son compte) l'expédition ou le **transport des biens,** ce fournisseur étant alors désigné par les termes « opérateur intermédiaire ». Lorsque tel est le cas, l'exonération au titre de la livraison intracommunautaire bénéficie donc :

– soit à la seule livraison effectuée à l'opérateur intermédiaire par son fournisseur (ce dernier pouvant, selon le cas, être ou non le premier dans la chaîne) à condition que l'opérateur intermédiaire n'ait **pas communiqué** à son fournisseur un **numéro d'identification TVA** attribué par l'**État membre de départ** des biens (les autres livraisons dans la chaîne sont alors taxées, sauf application de la mesure de simplification décrite n° 49375) ;

– soit à la seule livraison effectuée par l'opérateur intermédiaire si ce dernier **a communiqué** à son fournisseur le **numéro d'identification TVA** attribué par l'**État membre de départ** des biens (les autres livraisons dans la chaîne sont alors taxées, sauf application de la mesure de simplification décrite n° 49375).

Lorsque l'expédition ou le **transport des biens** est effectué par le **premier fournisseur ou le dernier client** (ou pour leur compte), le dispositif prévu par l'article 36 bis ne s'applique pas. Dans ces hypothèses, l'expédition ou le transport des biens est imputable à la livraison du premier fournisseur ou à celle du dernier fournisseur selon que l'expédition ou le transport des biens est réalisé par le premier fournisseur ou le dernier client.

g. En ce qui concerne :

– les livraisons intracommunautaires réalisées par l'entremise d'un **intermédiaire « opaque »** ou d'un **GIE** : voir les précisions données aux nos 61495 s. ;

– les livraisons intracommunautaires de **moyens de transport neufs** : voir n° 49360 ;

– les livraisons intracommunautaires d'**or d'investissement** : voir nos 61870 s. ;

– les **stocks sous contrat de dépôt** : voir n° 49390.

Refus de l'exonération en cas de fraude L'exonération ne s'applique pas lorsqu'il est démontré que le fournisseur savait ou ne pouvait ignorer que le **destinataire** présumé de l'expédition ou du transport n'avait **pas d'activité réelle.** 49275

L'**administration doit démontrer** :

– d'une part, que le destinataire présumé n'a pas d'activité réelle. L'absence d'activité réelle est caractérisée en cas d'absence de substance du destinataire (défaut de locaux, de matériels, de personnel…) ou en cas d'absence d'activité économique du destinataire en rapport avec les marchandises acquises. Cette démonstration nécessite de rassembler un faisceau d'indices ;

– d'autre part, que le fournisseur savait (l'administration doit fournir des éléments objectifs incontestables) ou ne pouvait ignorer l'absence d'activité réelle de l'acquéreur. Pour démontrer que le fournisseur ne pouvait ignorer l'absence d'activité réelle de l'acquéreur, l'administration peut s'appuyer, notamment, sur les indices suivants, classés par ordre d'importance : liens juridiques, économiques et personnels existant entre les opérateurs participant à la fraude ; livraisons répétées et portant sur un montant important avec le même destinataire ; adresse de domiciliation de l'acquéreur, absence de personnel et de moyens d'exploitation en adéquation avec le volume des transactions alléguées ; activité économique de l'acquéreur sans lien avec les livraisons de biens effectuées ; mode de règlement des achats ne correspondant pas à un usage commercial normalement établi dans la profession (BOI-TVA-CHAMP-30-20-10 nos 190 à 230).

> Précisions À noter que, selon la CJUE, l'administration ne peut obliger un **fournisseur,** qui a agi **de bonne foi** et présenté des **preuves** justifiant à première vue son droit à l'exonération d'une livraison intracommunautaire de biens, à acquitter ultérieurement la TVA sur ces biens lorsque les preuves se révèlent être fausses sans que soit établie la participation du fournisseur à la fraude fiscale, pour autant que ce dernier a pris toute mesure raisonnable en son pouvoir pour s'assurer que la livraison qu'il effectue ne le conduit pas à participer à une telle fraude (CJUE 27-9-2007 aff. 409/04 : RJF 12/07 nº 1511). À cet égard, lorsque le vendeur ne dispose pas d'éléments lui permettant de soupçonner l'existence d'une fraude, son droit à exonération ne peut pas être remis en cause au seul motif qu'il n'a pas procédé à la **vérification** de la **validité du numéro d'identification à la TVA** de l'acquéreur dans la base administrative de données (CE 25-2-2011 nº 312290 : RJF 5/11 nº 562). En revanche, lorsque le fournisseur a dissimulé l'identité du véritable acquéreur afin de lui permettre d'éluder le paiement de la TVA, l'exonération de la livraison peut être refusée (CJUE 7-12-2010 aff. 285/09 : RJF 3/11 nº 394).

TRANSFERTS ASSIMILÉS À DES LIVRAISONS INTRACOMMUNAUTAIRES

49280 CGI art. 256, III et 262 ter, I-2º TVA-IV-4950 s

Le transfert, par un assujetti en France, d'un bien de son entreprise à destination d'un autre État membre de l'Union européenne pour les besoins de son entreprise est assimilé à une livraison de biens. Il s'agit principalement des **mouvements de stocks ou de biens d'investissement,** intervenant **sans changement de propriété.**

Ce transfert entre, en **principe,** dans le **champ d'application** de la TVA.

Mais, à l'instar des livraisons intracommunautaires, le transfert est **exonéré** si l'assujetti dispose d'un numéro d'identification dans l'État membre d'arrivée des biens, s'il justifie de la réalité du transport ou de l'expédition par lui-même ou pour son compte du bien dans l'autre État membre et s'il a déposé une DEB contenant toutes les informations correctes concernant son transport.

Symétriquement, l'affectation du bien dans l'autre État membre est assimilée à une acquisition intracommunautaire (nº 49205).

> Précisions Ne constituent **pas** des **transferts** les expéditions ou les transports de biens à partir de la France à destination d'un autre État membre lorsque les biens font l'objet : d'une livraison soumise au régime des **ventes à distance** (nºs 49315 s.) ; ou d'une **exportation** à partir d'un autre État membre (cette exportation doit être immédiate et sa réalité doit être justifiée par la production du document douanier).

N'est pas non plus assimilé à une livraison intracommunautaire le transfert de **gaz naturel,** d'**électricité,** de **chaleur** ou de **froid** vers un autre État membre pour les besoins d'une livraison dont le lieu y est situé (nº 48990).

49285 Par **exception,** ne constitue pas un transfert entrant dans le champ d'application de la TVA l'expédition ou le transport, par un assujetti, d'un bien destiné :

– à être **utilisé temporairement** dans l'autre État membre dans des conditions qui ouvriraient droit, si ce bien était importé dans cet État, au bénéfice de l'admission temporaire en exonération totale de droits à l'importation ;

– à être utilisé **temporairement** dans l'autre État membre pour les besoins de **prestations de services** effectuées par l'assujetti ;

– à faire l'objet dans l'autre État membre de **travaux** ou d'**expertises,** à condition que le bien soit réexpédié ou transporté en France à destination du donneur d'ordres assujetti (des mesures de simplification sont cependant admises dans certains cas : Documentation experte, TVA-IV-8250 s.) ;

– à être **monté ou installé** par le vendeur ou pour son compte dans l'État membre d'arrivée du transport ou de l'expédition (la livraison est alors imposable dans cet État membre ; son montant doit néanmoins être mentionné sur la déclaration de chiffre d'affaires : CGI art. 287, 5-a) ;

– à faire l'objet d'une **livraison à bord d'un moyen de transport,** effectuée par l'assujetti, dans les conditions mentionnées à l'article 37 de la directive TVA (sont ici visés en pratique les biens destinés à la vente à bord qui n'ont pas été vendus lors de l'arrivée du moyen de transport dans l'autre État membre).

CGI art. 286 quater, I TVA-IV-5150 s

> Précisions Tout assujetti doit tenir un **registre des biens expédiés** ou transportés dans un État membre dans les cas ci-dessus **à titre temporaire** (à l'exception par conséquent des biens montés ou installés ou destinés à être livrés à bord d'un moyen de transport). Ce registre comporte, dans l'ordre chronologique, les mentions suivantes (CGI ann. IV art. 41 bis) : désignation des biens ou matériaux ; quantité exprimée en poids, volume ou unité ; lieu de destination ; date de l'expédition ou du transport ; date du retour ; nature de l'opération ; s'il y a lieu, désignation par son numéro d'assujetti à la TVA du prestataire établi dans un autre État membre, auquel les biens ont été expédiés en vue de travaux. Modalités de tenue de ce registre et sanctions : voir nº 52385.

3. MESURES PARTICULIÈRES

VENTES À DISTANCE

L'expression « ventes à distance » désigne des échanges intracommunautaires présentant simultanément trois caractéristiques : 49315 CGI art. 258 A et 258 B TVA-IV-6010 s

– la **livraison** porte sur des **biens expédiés ou transportés par le vendeur** ou pour son compte, **à destination de l'acquéreur** ;

– la livraison est faite **de France vers un autre État membre, ou inversement** d'un autre État membre vers la France ;

– l'acquéreur est un **particulier** (personne physique non assujettie) **ou** une **PBRD** (bénéficiant d'un régime dérogatoire à la taxation des acquisitions intracommunautaires tel que celui applicable en France, décrit n°s 49225 s.).

La vente à distance ainsi définie constitue toujours une **livraison taxable** au niveau du **vendeur.**

Mais la **localisation** de cette livraison est régie par des règles particulières :

– **jusqu'à un certain seuil** de chiffre d'affaires, le lieu de la livraison est réputé se situer dans l'**État de départ** des biens avec, par conséquent, application de la **TVA de cet État** (ce qui correspond aux règles territoriales de droit commun : n° 48965) ;

– **au-delà du seuil** (et c'est ici qu'apparaît la spécificité du système), le lieu de la livraison est réputé se situer dans l'**État d'arrivée** des biens, ce qui entraîne l'application de la **TVA de cet État.**

Cependant le vendeur peut, s'il le désire, exercer une **option** afin que ses ventes à distance vers un État membre déterminé soient, pour leur **totalité** (et donc sans considération de seuil), soumises à la TVA de cet **État d'arrivée** des biens.

Les modalités de fonctionnement de ce système varient selon que les ventes à distance sont faites à partir de la France (n°s 49320 et 49325) ou à destination de la France (n° 49330).

› **Précisions** **a.** Le régime des ventes à distance ne s'applique pas aux **moyens de transport neufs,** qui relèvent d'un dispositif spécifique (n°s 49340 s.).

En ce qui concerne les **produits soumis à accises** (sur cette notion voir n° 49225, précision b), il faut distinguer :

– si l'acquéreur est une **PBRD,** leur livraison relève des règles territoriales de droit commun (la livraison est donc située dans l'État de départ mais bénéficie de l'exonération prévue pour les livraisons intracommunautaires ; corrélativement, l'acquisition intracommunautaire réalisée par la PBRD est taxée dans l'État d'arrivée : n° 49270, précision b) ;

– si l'acquéreur est un **particulier** (personne physique non assujettie), la livraison est toujours censée se situer (et la taxation est donc exigible) dans l'État d'arrivée des biens, quel que soit le montant de la vente.

En tout état de cause, les ventes de moyens de transport neufs et de produits soumis à accises ne sont pas retenues pour l'appréciation des seuils visés aux n°s 49320 et 49330.

b. Le montant total, hors TVA, des ventes à distance réalisées à partir de la France et taxables dans l'État d'arrivée des biens doit être identifié dans la **déclaration de chiffre d'affaires** (CGI art. 287, 5-a). Il en va de même du montant total, hors TVA, des ventes à distance réalisées à partir d'un autre État membre et taxables en France (CGI art. 287, 5-b).

c. Les ventes à distance (et acomptes y afférents) réalisées à partir de la France et taxables dans l'État d'arrivée des biens doivent donner lieu à l'établissement de **factures** quelle que soit la qualité du client (assujetti ou non-assujetti). Il en va de même des ventes à distance (et acomptes y afférents) réalisées à partir d'un autre État membre et taxables en France (n° 53565).

d. Conformément à l'article 147 de la loi 2019-1479 du 28-12-2019 (pris pour la transposition des directives UE/2017/2455 du 5-12-2017 et UE/2019/1995 du 21-11-2019) le **régime** des ventes à distance sera profondément **modifié à compter du 1er janvier 2021.** Ainsi, notamment, le seuil dont le dépassement conduit à localiser la **vente à distance de biens intracommunautaires** dans l'État d'arrivée des biens sera harmonisé et ramené à 10 000 €. Ce seuil sera apprécié non plus par État membre, mais pour l'ensemble des ventes à distances réalisées par un opérateur dans l'Union européenne. La liquidation de la taxe due pourra intervenir par le biais d'un guichet unique.

Par ailleurs, une **nouvelle catégorie** de ventes à distance verra le jour : les **ventes à distance de biens importés,** définies comme les livraisons de biens effectuées pour une PBRD ou toute autre personne non assujettie, les biens étant expédiés par le fournisseur ou pour son compte à partir d'un pays tiers. Elles seront soumises à un régime spécifique (possibilité, notamment, d'utiliser un guichet unique pour le paiement de la TVA) lorsque la valeur intrinsèque des envois n'excède pas 150 € (les ventes à distance de biens importés n'étant pas concernés par le seuil de 10 000 €).

En outre, des règles particulières seront applicables lorsque les ventes à distance sont réalisées par le biais de **plateformes électroniques** (sur les règles applicables à ces dernières, voir également Règl. UE/2019/2026 du 21-11-2019 modifiant le règlement UE/282/2011).

Ventes à distance à partir de la France Le lieu de la livraison n'est pas situé en France mais dans l'État membre d'arrivée des biens (d'où application de la TVA de cet État) 49320 lorsque le vendeur a réalisé des ventes à distance à destination de cet État pour un **montant supérieur au seuil** retenu par cet État. Le lieu de la livraison est situé en France (d'où application de la TVA française) **lorsque** le montant des ventes à distance à destination de cet État **n'excède pas** ce seuil.

Le tableau ci-après indique, en euros ou en monnaies nationales pour certains États n'appartenant pas à la zone euro, les seuils retenus par les différents États membres.

États	Seuils	États	Seuils
Allemagne	100 000 €	Lettonie	35 000 €
Autriche	35 000 €	Lituanie	35 000 €
Belgique	35 000 €	Luxembourg	100 000 €
Bulgarie	70 000 BGN	Malte	35 000 €
Chypre	35 000 €	Pays-Bas	100 000 €
Croatie	270 000 HRK	Pologne	160 000 PLN
Danemark	280 000 DKK	Portugal	35 000 €
Espagne	35 000 €	République tchèque	1 140 000 CZK
Estonie	35 000 €	Roumanie	118 000 RON
Finlande	35 000 €	Royaume-Uni	70 000 GBP [1]
Grèce	35 000 €	Slovaquie	35 000 €
Hongrie	35 000 €	Slovénie	35 000 €
Irlande	35 000 €	Suède	320 000 SEK
Italie	35 000 €		

1. Sur la situation du Royaume-Uni au regard de l'Union européenne à la date du présent ouvrage (Brexit), voir les précisions sous le nº 48530.

> **Précisions** L'**appréciation du seuil** est faite distinctement pour chaque État membre, à partir du montant hors taxe des ventes à distance réalisées à destination de cet État.
> Le seuil doit avoir été dépassé durant l'année civile précédente ou, à défaut, durant l'année civile en cours.
> Lorsque le montant d'une livraison a pour effet le franchissement du seuil, elle est réputée se situer dans l'État d'arrivée (avec application de la TVA de cet État) ; de même pour les livraisons ultérieures, quel qu'en soit le montant.

49325 Un vendeur dont le montant des ventes à distance vers un État membre considéré n'atteint pas le seuil fixé par cet État peut opter auprès de l'administration française pour que le lieu d'imposition de ses livraisons se situe dans cet État. L'**option,** qui doit être exercée séparément pour chaque État, prend effet le premier jour du mois au cours duquel elle est déclarée et expire le 31 décembre de la deuxième année suivant celle au cours de laquelle elle a été exercée. Elle est renouvelée, par tacite reconduction, par période de deux années civiles, sauf dénonciation formulée avant l'expiration de chaque période.

49330 **Ventes à distance d'un État membre vers la France** Le lieu de la livraison est situé en France (d'où application de la TVA française) lorsque le vendeur a réalisé, l'année civile précédente ou l'année civile en cours, un montant hors taxe de ventes à distance à destination de la France supérieur au **seuil de 35 000 €.**

Le lieu de la livraison dont le montant a pour effet le franchissement du seuil est situé en France.

Lorsque le vendeur n'atteint pas ce seuil, il peut **opter** dans son État pour la taxation de ses livraisons en France.

Dans tous les cas d'imposition en France, le vendeur qui n'est pas établi en France doit **s'identifier** à la TVA en France directement (ou par l'intermédiaire d'un mandataire) auprès de l'administration lorsqu'il est établi dans l'UE ou dans un pays tiers ayant conclu une convention d'assistance au recouvrement des créances fiscales avec la France (nº 50635) ou désigner un **représentant fiscal** lorsqu'il est établi dans un pays tiers n'ayant pas conclu une telle convention (nº 50645).

ÉCHANGES INTRACOMMUNAUTAIRES DE MOYENS DE TRANSPORT NEUFS

49340 CGI art. 298 sexies TVA-IV-6520 s

Lorsqu'ils sont effectués par des **particuliers** ou par des **PBRD** (bénéficiaires d'un régime dérogatoire à la taxation des acquisitions intracommunautaires tel que celui applicable en France, décrit nos 49225 s.), ces échanges font l'objet de **règles particulières.** Elles reposent sur l'idée que les achats intracommunautaires de moyens de transport neufs (définis au nº 49345) doivent être soumis à la TVA dans l'État membre de destination. Par suite, la personne résidant ou établie en France qui **achète** un tel bien **dans un autre État membre** est redevable **en France** de la **TVA** sur son **acquisition** (nº 49350). Par symétrie, les **livraisons** de ces biens expédiés ou transportés **dans un autre État membre** sont **exonérées** de la TVA française (n° 49360).

> **Précisions** **a.** Pour les opérations entre **redevables habituels** de la TVA, ce sont les **règles générales** des échanges intracommunautaires et des déductions qui s'appliquent (avec possibilité d'acquérir en franchise de taxe, dans les conditions prévues aux n°s 50550 s., les moyens de transport neufs destinés à faire l'objet d'une livraison intracommunautaire ou d'une exportation exonérée).
> Cependant ces redevables habituels sont également concernés par celles des dispositions du régime particulier qui visent la **définition** des moyens de transport neufs (n° 49345), le **certificat fiscal** exigé pour les moyens de transport provenant d'un autre État membre (n° 49355) et les **obligations de facturation** en cas de livraison intracommunautaire (n° 49365). Par ailleurs, les redevables habituels (ainsi que les personnes morales non assujetties identifiées à la TVA) sont, en la matière, tenus à une obligation déclarative particulière : ils doivent en effet fournir à l'administration un **relevé détaillé** de leurs acquisitions de moyens de transport provenant d'un autre État membre (n° 49355).
> **b.** Les présents commentaires ne concernent pas les opérations portant sur des **moyens de transport d'occasion,** qui relèvent du régime des biens d'occasion exposé aux n°s 60540 s. (voir notamment, pour les véhicules automobiles d'occasion, les explications et le tableau récapitulatif figurant aux n°s 61050 s.).
> Noter cependant que, même s'ils sont d'occasion, les moyens de transport provenant d'un autre État membre doivent faire l'objet du **certificat fiscal** et être mentionnés sur le **relevé détaillé,** visés au n° 49355.

Définition Sont considérés comme **moyens de transport** au sens de ces dispositions : 49345
- les bateaux de plus de 7,5 m, à l'exception de ceux visés au n° 50460 ;
- les aéronefs dont le poids total au décollage excède 1 550 kg, à l'exception de ceux visés au n° 50495 ;
- les véhicules terrestres à moteur d'une puissance supérieure à 7,2 kW ou d'une cylindrée de plus de 48 cm^3.

Ces moyens de transport sont considérés comme **neufs** lorsqu'ils remplissent l'une des deux conditions suivantes, lesquelles doivent être appréciées au moment de la livraison du bien en cause au sens du n° 46455 (CJUE 18-11-2010 aff. 84/09 : RJF 2/11 n° 257) :
- être livrés dans les six mois suivant la première mise en service pour les véhicules terrestres, ou dans les trois mois pour les autres véhicules ;
- avoir parcouru moins de 6 000 km pour les véhicules terrestres, ou navigué moins de 100 heures pour les bateaux, ou volé moins de 40 heures pour les avions.

Nota : Cette définition des moyens de transport neufs vaut aussi (comme indiqué au n° 49340, précision a) pour les opérations réalisées par les redevables habituels.

Acquisitions L'achat d'un moyen de transport neuf **dans un autre État membre** par un non-redevable – particulier ou PBRD – est une acquisition intracommunautaire **taxable en France.** 49350

Le redevable de la taxe est l'acquéreur. La taxe est due au taux applicable au bien en France. La base d'imposition est constituée par le prix mentionné sur la facture délivrée à l'acquéreur, converti, le cas échéant, en euros comme indiqué n° 52400.

La taxe doit être acquittée auprès du service des impôts dans le **délai** de 15 jours suivant la livraison.

> **Précisions** Pour les acquisitions réalisées par les **particuliers,** le **règlement de la TVA** doit, en principe, être obligatoirement effectué par l'acquéreur (auprès du service des impôts ou par un chèque, émis par lui, libellé à l'ordre du Trésor public), même en cas de recours à un **intermédiaire transparent.** Dans cette dernière hypothèse, celui-ci est tenu d'informer son mandant de cette obligation, par écrit à la signature du contrat, sous peine de nullité de ce dernier (CGI art. 298 sexies, V ter). Toutefois, si l'intermédiaire est en mesure de produire le contrat de mandat faisant apparaître une telle information ainsi que la volonté expresse de l'acquéreur de faire procéder au paiement de la TVA par un chèque émis par l'intermédiaire lui-même, il est admis que le service des impôts accepte ce moyen de paiement (BOI-TVA-SECT-70-30-10 n° 90).

Tout acquéreur d'un moyen de transport en provenance d'un autre État membre de l'UE est tenu de faire viser par l'**administration fiscale** un **certificat** attestant que le moyen de transport est en situation régulière au regard de la TVA, que ledit moyen de transport soit neuf ou d'occasion, que son introduction en France constitue ou non une acquisition intracommunautaire et que l'acquéreur procède ou non à son immatriculation en France ou à sa francisation (lorsque l'immatriculation ou la francisation est sollicitée, le certificat fiscal doit être obligatoirement présenté aux services compétents). Cette obligation concerne tant les particuliers et les PBRD que les redevables habituels (comme indiqué au n° 49340, précision a). 49355

En outre, les **redevables habituels** (ainsi que les personnes morales non assujetties, identifiées à la TVA) doivent joindre à leur déclaration de chiffre d'affaires un **relevé détaillé** (établi sur papier libre) indiquant, pour la période couverte par la déclaration, l'identification, le prix et la date de chacune de leurs acquisitions (taxables ou non) de moyens de transport (neufs ou d'occasion) en provenance d'un autre État membre. Cette obligation n'est toutefois pas exigée des assujettis bénéficiant d'une dispense de certificat fiscal (voir précision c ci-après) et des assujettis qui ne réalisent qu'une seule acquisition intracommunautaire de moyen de transport au cours de la période couverte par la déclaration (BOI-TVA-SECT-70-30-40 n°s 10 et 20).

> **Précisions** **a.** Les **certificats fiscaux** ne sont en principe **visés** par l'administration qu'**au moment où** la **taxe** due au titre de l'opération est **effectivement acquittée** ou qu'au vu des documents présentés attestant que l'opération n'est pas taxable.
> Pour les **véhicules d'occasion** acquis par les acheteurs-revendeurs ou par l'intermédiaire d'un mandataire, le certificat fiscal n'est délivré que si le demandeur justifie du régime de TVA appliqué par le titulaire du certificat d'immatriculation (nº 61055, b).
> **b.** Par dérogation à la règle exposée au 1er alinéa du a ci-dessus, les certificats fiscaux des assujettis et personnes morales non assujetties (autres que les PBRD) peuvent être **visés par anticipation,** dès la réalisation de l'acquisition intracommunautaire et avant le dépôt de la déclaration périodique de TVA, lorsque les intéressés ont soit présenté une **caution** solvable solidaire agréée par l'administration, soit obtenu de l'administration une **dispense de caution.**
> La dispense de caution, qui vaut pour une durée de trois mois renouvelable par tacite reconduction, ne peut être accordée qu'aux demandeurs qui présentent des garanties suffisantes de solvabilité. L'administration statue sur la demande de dispense dans un délai de trente jours ; l'absence de prise de position dans ce délai vaut accord tacite. Si au cours de la période de validité de la dispense l'administration constate que le demandeur ne présente plus de garanties suffisantes de solvabilité, la dispense est rapportée. Cette décision, qui doit être motivée, est notifiée au demandeur.
> **c.** Les assujettis qui ont obtenu une dispense de caution peuvent également solliciter une **dispense de certificat fiscal** pour les moyens de transport qu'ils destinent à la revente, lorsque le nombre de certificats à établir au cours d'une année représente une gêne marquée pour l'assujetti (ce peut être le cas, par exemple, des professionnels de l'automobile). Lorsqu'ils ont obtenu une telle dispense, les intéressés doivent tenir à l'appui de leur comptabilité un état récapitulant par année civile les véhicules ainsi dispensés de certificat fiscal (BOI-TVA-SECT-70-30-30 n°s 1 à 30).

49360 **Livraisons** Les particuliers et les PBRD sont considérés comme des **assujettis occasionnels** lorsqu'ils procèdent à la livraison intracommunautaire d'un moyen de transport neuf.

La livraison est **exonérée,** mais ouvre droit pour le vendeur (selon les modalités prévues par l'article 242 duodecies de l'annexe II au CGI) au **remboursement** de la TVA qu'il a supportée lors de l'achat, de l'importation ou de l'acquisition intracommunautaire de ce bien. Le remboursement est limité au montant de la taxe qui serait due si la livraison n'était pas exonérée.

Nota : Les assujettis bénéficiant de la **franchise en base** (n°s 85565 s.) sont soumis au régime ici décrit, pour leurs livraisons intracommunautaires de moyens de transport neufs.

49365 Toute personne effectuant une livraison intracommunautaire d'un moyen de transport neuf doit obligatoirement délivrer à l'acquéreur (quelle que soit sa qualité) une **facture comportant** les noms et adresses du vendeur et de l'acquéreur, l'État membre de destination, l'identification complète du moyen de transport (nature, genre, marque, type et numéro de série, cylindrée, date de première mise en circulation, immatriculation), la date de la livraison, la distance parcourue, le prix de vente HT et la mention « Exonération de TVA, art. 298 sexies du CGI ».

> **Précisions** **a.** Pour les livraisons entre **redevables habituels,** qui (comme indiqué au nº 49340, précision a) sont également concernées par cette obligation de facturation, les éléments d'identification des moyens de transport peuvent être portés sur des documents annexés à la facture. Dans la mention « Exonération de TVA », on se réfère alors à l'article 262 ter (au lieu de 298 sexies) du CGI.
> **b.** Pour les livraisons qu'ils effectuent à destination de personnes non identifiées à la TVA, les redevables habituels doivent, afin de justifier de l'exonération, conserver une copie d'une pièce d'identité de l'acquéreur et d'un document justifiant d'un domicile ou d'un établissement hors de France.

OPÉRATIONS TRIANGULAIRES

49375 CGI art. 258 D TVA-IV-7450 s Est ainsi qualifiée l'opération dans laquelle un assujetti A, identifié dans un État membre 1 de l'Union européenne, vend un bien meuble corporel à un assujetti B, identifié pour cette opération dans un État membre 2, qui revend ce bien à un client C identifié dans un État membre 3, le bien étant directement expédié ou transporté de l'État membre 1 dans l'État membre 3.

Les principes d'imposition des opérations intracommunautaires impliquent, normalement, que l'acheteur-revendeur B soit identifié soit dans l'État membre 1 (à partir duquel il réalise alors une livraison intracommunautaire exonérée à destination du client C), soit dans l'État membre 3 (dans lequel il réalise alors une acquisition intracommunautaire, suivie d'une livraison interne TTC au client C). En pratique, sauf application du premier alinéa de l'article 262 ter, 1° bis du CGI (n° 49270, précision f), l'acheteur-revendeur B ne peut être considéré comme réalisant une acquisition intracommunautaire dans l'État membre 3 (impliquant son identification dans cet État membre et ayant pour corollaire une livraison intracommunautaire exonérée effectuée par A) que si le transfert, au client C, du pouvoir de disposer du bien comme un propriétaire a lieu après la réalisation du transport intracommunautaire (notamment CJUE 26-7-2017 aff. 386/16 : RJF 11/17 n° 1141 ; CJUE 21-2-2018 aff. 628/16 : RJF 5/18 n° 566).

La directive TVA a prévu toutefois une **mesure de simplification** pour des opérations qui mettent en relation **trois opérateurs identifiés** à la TVA **dans trois États membres différents.**

En application de cette mesure, l'acheteur-revendeur B, lorsqu'il est placé dans la deuxième hypothèse visée ci-dessus, est dispensé du paiement de la taxe sur les opérations qu'il réalise dans l'État membre 3 et, par suite, de s'y faire identifier à la TVA, le client C étant alors redevable de la taxe afférente à la livraison consécutive réalisée par B dans cet État membre.

Les explications détaillées concernant le fonctionnement de ce système sont données dans la Documentation experte (TVA-IV-7510 s.).

AUTRES MESURES PARTICULIÈRES

Les dispositions mentionnées ci-après résultent de mesures de simplification prévues pour certains contrats passés dans le cadre des échanges intracommunautaires. 49385

Stocks sous contrat de dépôt Les stocks sous contrat de dépôt se caractérisent par le fait que le fournisseur place chez son client des biens qui deviennent la propriété de ce dernier au moment où celui-ci les revend lui-même en l'état à un sous-acquéreur ou les prélève pour les intégrer dans son processus de fabrication. 49390 CGI art. 256, III bis

Depuis le 1er janvier 2020, une **mesure de simplification harmonisée** (Loi 2019-1479 du 28-12-2019 art. 34, transposant l'article 17 bis de la directive TVA) est prévue pour les stocks sous contrat de dépôt, intracommunautaires, qui permet, lorsque certaines conditions sont réunies, de ne pas faire application du régime des transferts/affectations (nos 49280 et 49205).

La mesure de simplification s'applique sous les **conditions** suivantes :

– les biens sont expédiés ou transportés par le fournisseur assujetti (ou par un tiers pour son compte) vers un autre État membre afin d'y être livrés à un stade ultérieur et après leur arrivée, à un client assujetti qui a le droit de devenir propriétaire de ces biens en vertu d'un accord existant entre le fournisseur et son client ;

– le fournisseur n'est pas établi ou ne dispose pas d'un établissement stable dans l'État membre d'arrivée des biens ;

– le client est identifié à la TVA dans l'État membre d'arrivée des biens et tant son identité que le numéro d'identification TVA qui lui a été attribué par ledit État membre sont connus du fournisseur au moment du départ de l'expédition ou du transport ;

– le fournisseur inscrit le transfert des biens dans un registre (voir précisions a) et indique l'identité et le numéro d'identification TVA de son client dans l'état récapitulatif des biens (DEB).

Si ces conditions sont remplies, les règles suivantes s'appliquent lors du **transfert du pouvoir de disposer des biens comme un propriétaire** au client, pour autant que le transfert ait lieu **dans les douze mois** suivant l'arrivée des biens dans l'État membre où ils sont stockés : le fournisseur est réputé effectuer une livraison intracommunautaire exonérée dans l'État membre de départ de l'expédition ou du transport (il n'a à déclarer ni transfert intracommunautaire dans l'État membre de départ, ni affectation intracommunautaire dans l'État membre d'arrivée) ; le client est réputé effectuer une acquisition intracommunautaire taxable dans l'État membre d'arrivée.

> **Précisions** **a.** Les fournisseurs et les acquéreurs doivent tenir un **registre** des biens qu'ils transfèrent ou qui leur sont livrés dans le cadre du régime des stocks sous contrat de dépôt (CGI art. 286 quater, I-2). Les informations à consigner dans ces registres sont fixées par l'article 54 bis du règlement UE/282/2011 du 15-3-2011 modifié.

b. Dans le délai de douze mois susvisé, le fournisseur a la possibilité, sans être tenu de déclarer un transfert au titre de l'expédition ou du transport des biens :

– de **remplacer le client par un autre,** pour autant que toutes les autres conditions requises pour l'application de la mesure de simplification sont remplies et que ce remplacement soit inscrit par le fournisseur dans le registre susvisé ;

– ou de **renvoyer les biens** dans l'État membre de départ lorsque le droit d'en disposer comme un propriétaire n'a pas été transféré, pour autant que le retour soit inscrit dans le registre susvisé.

Le fournisseur est, en revanche, tenu de déclarer un transfert/affectation intracommunautaire :

– au moment où, **dans le délai de douze mois, une des conditions** d'application de la mesure de simplification **cesse d'être remplie** ;

– le jour suivant l'**expiration de ce délai** pour les biens restant en stock.

49395 TVA-IV-8150 s **Ventes à l'essai** Lorsque les **biens** sont **expédiés** ou transportés de la France **vers un autre État membre,** l'expédition ou le transport n'est pas considéré comme un transfert assimilé à une livraison ; le fournisseur réalise une livraison intracommunautaire qui doit être constatée lors du transfert de propriété.

Lorsque les **biens** sont **expédiés** ou transportés d'un autre État membre **vers la France,** la réception des biens en France n'est pas considérée comme une affectation assimilée à une acquisition intracommunautaire ; le client réalise une acquisition intracommunautaire lors du transfert de propriété (BOI-TVA-CHAMP-10-10-40-10 n°s 200 et 210 et CHAMP-10-10-40-20 n°s 300 et 310).

4. DÉCLARATION DES ÉCHANGES DE BIENS DANS L'UNION EUROPÉENNE (DEB)

49420 CGI art. 289 B et 289 C TVA-IV-8800 s L'obligation de déclarer les échanges de biens entre États membres de l'Union européenne incombe, en principe, à toute personne physique ou morale qui réalise en France des **livraisons (expéditions)** ou des **acquisitions (introductions)** de biens à destination ou en provenance d'un **État membre.**

Cette déclaration (dite « DEB ») a une double finalité : statistique (collecte des renseignements destinés à l'établissement mensuel des statistiques du commerce extérieur) et fiscale (surveillance de la bonne application du régime de TVA intracommunautaire). La DEB doit être remise **au service des douanes.** Elle est produite sur **support papier** ou par voie **informatique** (voir n° 49430, d).

Le **contenu** de la DEB varie **selon le niveau d'obligation** auquel est soumis le redevable. Deux niveaux d'obligation déclarative sont prévus ; ils sont déterminés par un **seuil unique,** applicable tant à l'introduction qu'à l'expédition, fixé à **460 000 €** (CGI ann. IV art. 41 sexies B) :

– les opérateurs ayant réalisé au cours de l'année civile précédente des introductions d'un montant inférieur ou égal à 460 000 € sont dispensés de fournir une déclaration ; ceux ayant réalisé au cours de ladite année des introductions d'un montant excédant ce seuil doivent déposer une déclaration détaillée à l'introduction ;

– les opérateurs ayant réalisé au cours de l'année civile précédente des expéditions d'un montant inférieur ou égal à 460 000 € doivent fournir une déclaration simplifiée ; ceux ayant réalisé au cours de ladite année des expéditions d'un montant excédant ce seuil doivent fournir une déclaration détaillée à l'expédition.

Un même opérateur peut relever de niveaux d'obligation différents pour les introductions et pour les expéditions. Il peut également, s'il le souhaite, fournir des informations d'un niveau plus détaillé que celui auquel il est tenu. Par ailleurs, en cas de dépassement du seuil en cours d'année, l'entreprise est tenue aux obligations du niveau supérieur dès le mois du dépassement.

La DEB est une déclaration **mensuelle,** qui est produite en principe dans les dix jours ouvrables qui suivent le mois au cours duquel la TVA est devenue exigible au titre des livraisons et acquisitions intracommunautaires de biens ou le mois au cours duquel a eu lieu le mouvement de marchandises pour les autres opérations.

Le contenu et les modalités de la DEB, fixés par les articles 96 J à 96 M de l'annexe III au CGI, sont précisés dans la Documentation experte (TVA-IV-8900 s.).

49425 CGI art. 1788 A TVA-IV-10600 s En ce qui concerne les **sanctions,** le défaut de production de la déclaration dans les délais fait l'objet d'une **amende** de 750 € (portée à 1 500 € à défaut de production dans les trente jours d'une mise en demeure) et chaque omission ou inexactitude, d'une amende de 15 € avec un maximum de 1 500 €. L'amende est prononcée, dans le même délai de reprise qu'en matière de TVA, par l'administration (des douanes ou des impôts) qui constate l'infraction. Le recouvrement et le contentieux de cette amende suivent les mêmes règles que celles prévues pour la TVA.

49430 **› Précisions** **a.** Sont dispensés de la DEB les **particuliers** et les personnes bénéficiant du régime dérogatoire **(PBRD)** ainsi que, à l'expédition, les assujettis qui bénéficient de la **franchise en base.**

b. Depuis le 1er janvier 2020, s'agissant des **livraisons intracommunautaires** (y compris les transferts assimilés à de telles livraisons), le dépôt de la DEB comportant les informations correctes concernant les livraisons (ou transferts) est une **condition** expresse de l'exonération des livraisons ou transferts (n° 49270).

c. Il doit être déposé une déclaration distincte par nature de **flux** : introduction/acquisition ou expédition/livraison.

d. La DEB est **obligatoirement** souscrite par **voie électronique** (en utilisant le service en ligne « DEB sur Pro.Dou@ne » disponible sur le site des douanes https://pro.douane.gouv.fr) par les redevables qui ont réalisé au cours de l'année civile précédente des expéditions ou des introductions d'un montant hors taxe supérieur à 2 300 000 €, ou atteint ce seuil en cours d'année. Le non-respect de cette obligation est sanctionné par une amende de 15 € par déclaration déposée selon un autre procédé, sans que le total puisse être inférieur à 60 € ni supérieur à 150 € (C. douanes art. 467, 4 bis).

Les autres redevables ont la possibilité d'utiliser ce mode de transmission, après enregistrement auprès du service des douanes. À défaut, ils doivent souscrire leurs déclarations sur **support papier**, lesquelles doivent, en principe, être obligatoirement établies sur les **formulaires Cerfa.**

e. Pour les **entreprises étrangères** non établies en France, la DEB doit être souscrite par l'entreprise elle-même (ou son mandataire) lorsqu'elle est établie dans l'UE ou dans un pays tiers ayant conclu une convention d'assistance au recouvrement des créances fiscales avec la France (nº 50635) ou par son représentant fiscal lorsqu'elle est établie dans un pays tiers n'ayant pas conclu une telle convention (nº 50645).

f. Les **documents** nécessaires à l'établissement de la DEB doivent être **conservés** par les assujettis pendant un délai de **six ans** à compter de la date de l'opération faisant l'objet de cette déclaration (C. douanes art. 467, 3 bis).

g. Indépendamment du droit d'enquête (nº 78345), les **agents des douanes** peuvent adresser au redevable de la déclaration des **demandes** de renseignements et de documents ou le convoquer. En outre, ils peuvent exiger sans préavis, à des fins de contrôle statistique, la communication des documents nécessaires à l'établissement de la déclaration chez toute personne physique ou morale tenue de souscrire celle-ci. Le refus de déférer à une convocation, le défaut de réponse à une demande de renseignements ou la non-remise des documents demandés donnent lieu à l'application d'une amende de 1 500 €. Le recouvrement et le contentieux de cette amende suivent les mêmes règles que celles prévues pour la TVA (C. douanes art. 467, 5).

h. Indépendamment de la DEB, les mouvements de biens dans l'Union peuvent donner lieu à la tenue des **registres** suivants : registre des biens expédiés (nº 49285, précisions), registre des stocks sous contrat de dépôt (nº 49390, précision a) ; registre des biens meubles corporels provenant d'un autre État membre et faisant l'objet de travaux ou expertises (nº 49870, précision b), registre des façonniers (nº 52385).

i. Bien entendu, la production de la DEB ne dispense pas le redevable de se conformer aux **autres obligations** prévues par la réglementation (nᵒˢ 53320 s.), **notamment** en ce qui concerne les **déclarations de chiffre d'affaires** à souscrire auprès du service des impôts.

C. Échanges extracommunautaires de biens

Après les échanges « intracommunautaires » se situant à l'intérieur de l'Union européenne (nᵒˢ 49030 s.), nous en arrivons aux échanges « extracommunautaires » qui résultent d'**opérations** réalisées **avec des pays tiers** (**ou** territoires **assimilés**), tels qu'ils sont définis au nº 48540. 49460

C'est seulement dans ce domaine que l'on retrouve les notions d'« **importation** » et d'« **exportation** » qui, en matière communautaire, ont été respectivement remplacées par celles d'« acquisition intracommunautaire » et de « livraison intracommunautaire ».

En réalité, les deux réglementations présentent entre elles certaines analogies, mais aussi de notables différences :

– comme les acquisitions intracommunautaires (nᵒˢ 49150 s.), les **importations** en provenance **de pays tiers** sont passibles en principe de la TVA française, mais avec d'importantes particularités liées notamment à son mode de perception (nᵒˢ 49600 s.) ;

– comme les livraisons intracommunautaires (nᵒˢ 49260 s.), les **exportations vers des pays tiers,** placées en principe dans le champ d'application de la TVA, en sont le plus souvent exonérées, ici également selon des règles spécifiques (nᵒˢ 49690 s.).

Remarques : **1.** Les opérations portant sur des **biens** placés ou destinés à être placés **sous un régime douanier communautaire ou un entrepôt fiscal** font l'objet de dispositions spéciales exposées aux nᵒˢ 50740 s.

2. Les échanges extracommunautaires de **biens d'occasion, œuvres d'art, objets de collection ou d'antiquité** sont examinés avec le régime particulier de ces biens (nᵒˢ 60900 s.).

3. En ce qui concerne les **prestations de services liées aux échanges extracommunautaires** de biens, on se reportera aux nᵒˢ 50110 s.

1. IMPORTATIONS (EN PROVENANCE DE PAYS TIERS)

L'introduction en France de biens en provenance de pays tiers ou assimilés (au sens défini nº 48540) donne lieu, selon les modalités indiquées ci-après (nᵒˢ 49610 s.), à **perception de la TVA par** le service des **douanes, lors de l'importation.** Celle-ci est constituée, selon le cas, par : 49600 CGI art. 291, I TVA-IV-12000 s

– l'**entrée du bien** sur le territoire communautaire, lorsque ce bien est mis à la consommation en France (ou, éventuellement, placé sous un entrepôt fiscal ; dans cette dernière hypothèse, l'importation est effectuée en suspension de taxe : nº 50750) ;

– la **mise à la consommation** en France d'un bien précédemment placé sous l'un des régimes douaniers communautaires suivants : conduite en douane, installations de stockage temporaire et lieux agréés aux fins du dépôt temporaire, zone franche, entrepôt d'importation, perfectionnement actif, admission temporaire en exonération totale de droits, transit externe ou transit communautaire interne (l'article 291, I-2-b du CGI vise également l'entrepôt franc, mais ce régime est supprimé depuis le 1er mai 2016).

Certaines **importations** sont cependant **exonérées** de TVA, en vertu de dispositions particulières (nos 49640 s.).

Remarques : **a.** En ce qui concerne les **prestations de services** se rapportant aux **importations,** voir nos 50120 s.

b. Il est rappelé qu'un régime spécifique s'appliquera aux **ventes à distance de biens importés** à compter du **1er janvier 2021** (voir no 49315, précision d). En outre, la **gestion et le recouvrement de la TVA due à l'importation par les assujettis** (ainsi que celle due lors de la sortie d'un régime suspensif) seront transférés de la douane à la **DGFiP** à compter du **1er janvier 2022** (Loi 2019-1479 du 28-12-2019 art. 181).

PERCEPTION DE LA TVA À L'IMPORTATION

49610 CGI art. 292 à 293 A TVA-IV-12100 s

Sous réserve du cas de l'autoliquidation examiné ci-après no 49612, la TVA à l'importation est perçue comme en matière de **douane** (CGI art. 1695, I-1o).

L'impôt devient **exigible** au moment où le bien est considéré comme importé, au sens indiqué no 49600.

La taxe doit être acquittée par la personne désignée comme **destinataire réel** des biens sur la déclaration d'importation. Toutefois, cette taxe est solidairement due par le **déclarant en douane** qui agit dans le cadre d'un mandat de **représentation indirecte,** tel que défini par l'article 5 du Code des douanes communautaire (repris à l'article 18 du Code des douanes de l'Union).

Le **taux** de la TVA applicable à l'importation est celui applicable à l'intérieur, au moment de la déclaration de mise à la consommation.

En ce qui concerne la **base d'imposition,** voir les explications données nos 49615 s.

La TVA supportée à l'importation par une entreprise redevable de la TVA peut faire l'objet d'une **déduction** dans les conditions et sous les réserves prévues par la réglementation générale des déductions (nos 55000 s., notamment no 56280).

› Précisions **a.** Les opérateurs ayant recours à la **procédure du crédit d'enlèvement,** qui permet de bénéficier d'un report de paiement des droits et taxes dus à l'importation (y compris la TVA) et de disposer des marchandises avant acquittement de ces droits et taxes, peuvent, sur demande, acquitter à la douane la TVA exigible à l'importation dans le cadre d'une **échéance mensuelle unique** de paiement, fixée au 25 du mois suivant l'importation. Ce report de paiement n'est pas subordonné à la présentation d'une **caution** par les opérateurs ; une telle caution peut cependant être exigée des personnes suivantes : celles qui font l'objet d'une inscription non contestée du privilège du Trésor ou de la sécurité sociale et celles qui font l'objet d'une procédure de redressement ou de liquidation judiciaires (C. douanes art. 114, 1 bis et 1 ter).

b. Les opérateurs ayant recours à la procédure du crédit d'enlèvement doivent obligatoirement effectuer le paiement des droits et taxes dus à l'importation (y compris la TVA) par **télérèglement** directement opéré sur le compte du Trésor à la Banque de France. La méconnaissance de cette obligation entraîne l'application d'une majoration de 0,2 % du montant des sommes dont le versement a été effectué selon un autre moyen de paiement (C. douanes art. 114, 3 et 4).

c. Selon l'administration, les **opérateurs établis dans un pays tiers n'ayant pas conclu de convention au recouvrement** des créances fiscales avec la France qui réalisent des importations en France sont tenus, en application de l'article 289 A du CGI (no 50645), de désigner et de faire accréditer auprès de l'administration fiscale un **représentant fiscal** chargé d'accomplir à leur place les formalités déclaratives et de paiement de la TVA à l'importation (BOI-TVA-DECLA-20-30-40-10 no 30).

Lorsque l'opérateur établi dans un pays tiers n'ayant pas conclu de convention de recouvrement des créances fiscales avec la France réalise en France **exclusivement** des **importations suivies de livraisons internes soumises à autoliquidation** de la taxe par le client selon le dispositif général d'autoliquidation, il n'a pas à s'identifier à la TVA en France. Mais conformément à la règle exposée ci-dessus, il doit désigner un représentant fiscal afin de remplir à sa place les formalités déclaratives et de paiement de la TVA à l'importation (BOI-TVA-DECLA-20-10-20 no 105). À l'occasion de cette désignation, il doit indiquer au service des impôts compétent que, compte tenu des opérations qu'il réalise en France, il n'a pas à y être identifié (Lettre DLF 10-4-2007).

d. La TVA due à l'importation qui n'a pas été acquittée dans le délai légal donne lieu au versement d'un **intérêt de retard** qui s'applique à compter du premier jour du mois suivant celui au cours duquel la TVA devait être acquittée jusqu'au dernier jour du mois du paiement. Son taux est fixé à 0,20 % par mois. Sous certaines conditions (tenant notamment à la bonne foi du redevable), ce taux est réduit de 50 % en cas de régularisation spontanée par le contribuable des erreurs, inexactitudes, omissions ou insuffisances dans les déclarations souscrites dans les délais. La réduction est limitée à 30 % si la régularisation a lieu au cours d'un contrôle de l'administration (C. douanes art. 440 bis).

e. Perception de la TVA due au titre de l'importation d'**or industriel** : voir no 61850, précision b.

f. Les opérateurs de **plateformes en ligne** peuvent être solidairement tenus de payer la TVA due par des personnes qui effectuent par leur intermédiaire des importations taxables en France (no 53708).

Autoliquidation de la TVA due à l'importation En application de l'article 1695, II du CGI, les assujettis à la TVA établis dans l'UE peuvent, sur autorisation du service des douanes, **déclarer et déduire la TVA** due au titre de leurs importations sur leur **déclaration de TVA** déposée mensuellement ou trimestriellement auprès de la DGFiP lorsqu'ils remplissent les conditions suivantes : avoir effectué au moins 4 importations au cours des 12 mois précédant la demande, disposer d'un système de gestion des écritures douanières et fiscales permettant le suivi des opérations d'importation, justifier de l'absence d'infractions graves ou répétées des entreprises aux dispositions douanières et fiscales et d'une solvabilité financière leur permettant de s'acquitter de leurs engagements au cours des 12 mois précédant la demande. Ces conditions sont réputées remplies pour les personnes titulaires du statut d'opérateur économique agréé (**OEA**) mentionné à l'article 38, 2 du règlement UE/952/2013 du 9 octobre 2013. La même possibilité est ouverte aux entreprises non établies dans l'UE lorsque leur représentant en douane auquel elles ont recours pour effectuer leurs importations est titulaire d'une autorisation d'OEA agréé pour les simplifications douanières mentionnée au a de l'article 38, 2 précité. 49612 TVA-IV-16370 s.

L'**autorisation** pour l'autoliquidation, qui doit être demandée à l'administration des douanes sur un formulaire conforme au modèle fixé par l'administration, s'applique à compter du premier jour du mois suivant la décision de l'administration des douanes jusqu'au 31 décembre de la troisième année suivante. Elle est **renouvelable** par tacite reconduction par périodes de trois années civiles sauf dénonciation formulée au moins deux mois avant l'expiration de chaque période. Elle peut être rapportée lorsque l'administration des douanes constate que les conditions requises ne sont plus remplies.

Les **conditions formelles** d'exercice du droit à **déduction** pour les personnes ayant reçu l'autorisation sont celles prévues pour les redevables qui réalisent des importations de biens meubles corporels (nº 56280) (en ce sens BOI-TVA-DECLA-20-20-10-20 nº 370).

> **Précisions** Peut également être autoliquidée dans le cadre de ce dispositif la TVA due lors de la sortie de l'un des régimes douaniers mentionnés aux a, g et h du nº 50750 ou lors de la sortie ou du retrait de l'autorisation d'ouverture du régime fiscal suspensif mentionné au b du nº 50750.

Base d'imposition La base d'imposition à l'importation est constituée, selon l'article 292 du CGI, par la « **valeur** définie par la législation **douanière** conformément aux règlements communautaires en vigueur », cette valeur devant être **ajustée** comme indiqué ci-après. 49615 TVA-IV-14200 s

La définition de la valeur en douane, donnée par le Code des douanes de l'Union, se fonde sur la notion de **valeur transactionnelle,** qui est constituée en principe par le **prix facturé.** Pour les opérations facturées en devises étrangères : voir nº 52400.

La base d'imposition est constatée par l'administration des douanes, y compris en cas de régularisation.

Sont **à comprendre** dans la base d'imposition les **impôts,** droits, prélèvements **et autres taxes** dus en raison de l'importation, à l'exception de la TVA elle-même. Sont notamment à inclure dans la base d'imposition les droits de douane, les taxes fiscales perçues comme en matière de TVA, les droits d'accises sur les produits de tabac manufacturé et les alcools et boissons alcooliques. Sont toutefois expressément exclus de la base d'imposition à l'importation dans les DOM l'octroi de mer et l'octroi de mer régional (Loi 2004-639 du 2-7-2004 art. 45). 49620

Viennent **en diminution** de la base d'imposition les remises, escomptes pour paiement anticipé, rabais et autres **réductions de prix** acquis au moment de l'importation (soit, en pratique, les réductions de prix figurant sur la facture présentée à l'appui de la déclaration d'importation, pour autant qu'elles correspondent à des pratiques commerciales normales).

Sont à comprendre dans la base d'imposition à l'importation les **frais accessoires** (tels que les frais de commission, d'emballage, de transport et d'assurance) **intervenant jusqu'au premier lieu de destination** des biens **à l'intérieur** du pays. Par « premier lieu de destination », il faut entendre le lieu mentionné sur la lettre de voiture ou tout autre document de transport sous le couvert duquel les biens sont importés ; à défaut de cette mention, le premier lieu de destination est celui de la première rupture de charge. 49625

Les frais accessoires visés ci-dessus sont également à retenir lorsqu'ils découlent du **transport jusqu'à un autre lieu de destination** à l'intérieur de l'**Union** européenne (c'est-à-dire jusqu'au lieu de destination réelle des biens à l'intérieur de l'Union), si ce lieu est connu au moment de l'importation (ce lieu pouvant être un autre État membre ou un autre lieu de destination à l'intérieur du pays).

> **Précisions** **a.** Les frais accessoires ne sont à comprendre dans la base d'imposition que dans la mesure où ils sont **facturés distinctement et à l'identique** au destinataire final des biens (BOI-TVA-BASE-10-20-60-10 nº 180). 49630
> Lorsqu'ils ne sont **pas encore facturés,** les opé-

rateurs peuvent évaluer les frais accessoires à inclure dans la base d'imposition. Cette évaluation est réputée conforme aux dispositions de l'article 292, 2° et 3° du CGI dès lors qu'elle a été faite de façon économiquement rationnelle et qu'il n'y a pas d'écart manifestement anormal avec le prix des prestations facturées. Lorsque les frais **ne peuvent être ni connus ni évalués** de façon économiquement rationnelle au moment de la déclaration d'importation, il est alors admis qu'ils ne soient pas compris dans la base d'imposition à condition d'avoir été soumis à la TVA en régime intérieur lors de leur facturation (BOI précité n° 240).

b. Les frais accessoires sont ceux relatifs à des **prestations qui concourent directement** à la réalisation de l'**opération d'importation** des marchandises proprement dite (BOI précité n° 190). Tel n'est pas le cas, notamment, des frais suivants : frais d'évaluation des dommages subis par les marchandises importées ; frais de contrôles de qualité et/ou de quantité ; frais de contrôle sanitaire ; pénalités ; frais bancaires. En revanche, les surestaries intervenant entre le lieu d'introduction des biens dans l'UE et le premier lieu de destination doivent (sous réserve de la mesure de tolérance exposée au a ci-dessus et sauf exonération de la prestation à laquelle elles se rapportent) être comprises dans la base d'imposition (BOI précité n° 330).

c. Dans le cas où les **frais connexes au transport** (frais de stationnement des marchandises, de manutention, de magasinage, d'emballage, honoraires de commissionnaires en douane) **intervenant après le premier lieu de destination** ne font pas l'objet d'une facturation distincte de celle du transport auprès du destinataire des marchandises ou d'une mention distincte sur la facture afférente au transport, ils ne doivent pas être retranchés de la base d'imposition à l'importation. Tout dépend en pratique des mentions portées sur le contrat de vente (BOI précité n° 220).

d. Lorsqu'un **bien** placé **sous l'un des régimes douaniers** mentionné au n° 49600 est **mis à la consommation,** sont également à comprendre dans la base d'imposition les prestations de services effectuées sous le régime en suspension de taxe (n° 50750, f) et celles directement liées au placement du bien sous le régime, lors de son entrée sur le territoire (n° 50755, précision c), autres que les frais accessoires visés au n° 49625.

e. Les biens exportés temporairement et réimportés après avoir fait l'objet d'une réparation, d'une transformation, d'une adaptation, d'une façon ou d'une ouvraison hors de l'Union européenne (**réimportation en suite d'ouvraison ou de réparation** dans le cadre du régime de perfectionnement passif ou indépendamment de ce régime) sont soumis à la taxe, lors de leur réimportation, sur la valeur des biens et services fournis par le **prestataire étranger** (CGI art. 293). La base d'imposition est en conséquence constituée par le montant de la facture du prestataire étranger, augmentée éventuellement des droits de douane et impositions dus en raison de l'importation ainsi que des frais accessoires intervenant jusqu'au lieu de destination (TVA-IV-14910 s). Dans une telle hypothèse, il est admis que la prestation, lorsqu'elle est située en France en raison du fait qu'elle est fournie à un preneur assujetti établi en France (n° 49870), ne soit pas effectivement soumise à la taxe dès lors qu'elle est déjà taxée lors de la réimportation des biens (n° 49875).

f. Pour les importations de **logiciels** : voir n° 47540, i.

IMPORTATIONS EXONÉRÉES DE TVA

49640 CGI art. 291, II et III TVA-IV-12600 s

Diverses exonérations de TVA à l'importation sont prévues par le II de l'article 291 du CGI (nos 49645 et 49650) et par le III du même article (nos 49655 s.).

› Précisions **a.** Les **biens destinés à une exportation** ou à une livraison intracommunautaire peuvent être importés en franchise de TVA (nos 50550 s.).

b. Les **personnes morales non assujetties** qui ont acquitté la TVA lors de l'importation d'un bien en France et qui expédient ce bien vers un autre État membre peuvent obtenir le remboursement de la TVA acquittée, si elles justifient que l'acquisition intracommunautaire a été soumise à la TVA dans cet État (CGI art. 293 A bis : TVA-IV-17800).

c. En ce qui concerne les **biens placés sous un régime douanier** communautaire, deux exonérations sont spécialement prévues, en matière de TVA à l'importation :
– la première (CGI art. 291, II-1) intéresse, lors de leur **sortie du régime** douanier, les **biens** qui, pendant leur placement sous ce régime, ont fait l'objet d'une ou plusieurs livraisons en suspension de taxe (voir n° 50765) ;
– la seconde (CGI art. 291, III-2) concerne les **services liés au placement,** sous l'un des régimes douaniers, **de biens** en provenance d'un pays tiers (voir n° 50755, précision c).

d. Importations d'**or d'investissement** : voir n° 61875.

49645 TVA-IV-12640 s

Exonérations de l'article 291, II du CGI

Les **produits suivants** sont exonérés de TVA à l'importation :
– produits de la pêche (en l'état ou ayant fait l'objet d'opérations destinées à les préserver en vue de leur commercialisation) importés par les entreprises de pêche maritime ;
– navires, aéronefs, objets incorporés, engins et filets pour la pêche maritime, définis aux nos 50460, 50475 et 50495 ;
– prothèses dentaires et éléments séparés de prothèses importés par les dentistes, les prothésistes dentaires ou les négociants en prothèses (sous réserve, pour ces deux dernières catégories d'importateurs, du respect des conditions exposées au n° 47140) ;

– organes, sang total et produits dérivés employés pour des soins de santé ou à des fins thérapeutiques (nº 47150, précisions) et lait humains ou autres produits d'origine humaine (urines, sperme, par exemple), utilisés à des fins médicales ;
– devises, billets de banque et monnaies qui sont des moyens de paiement légaux (à l'exception des billets et monnaies de collection) ;
– or, sous toutes ses formes, importé par les instituts d'émission ;
– œuvres d'art originales, timbres, objets de collection ou d'antiquité, lorsque leur importation est réalisée directement à destination d'établissements agréés par le ministre de la culture (nº 60920) ;
– gaz naturel (gaz naturel liquéfié et gaz naturel à l'état gazeux non utilisé comme carburant), électricité, chaleur et froid.

Sont également exonérés de TVA à l'importation les biens importés définitivement dans le cadre des **franchises fiscales communautaires** et désignés par les articles 50 septies à 50 octies C de l'annexe IV au CGI (TVA-IV-42500). Parmi les biens ainsi visés figurent notamment ceux faisant l'objet des précisions a et b ci-après. 49650 TVA-IV-12800 s
Les dispositions en cause ont cessé d'avoir effet dans les relations intracommunautaires, mais elles conservent leur intérêt pour les relations avec les pays tiers.

› Précisions **a.** Les marchandises contenues dans les **bagages personnels** (et les coffres ou habitacles des voitures) **des voyageurs en provenance de pays tiers** bénéficient de la franchise des taxes sur le chiffre d'affaires et des droits de douane normalement exigibles à l'importation, à condition que ces marchandises ne traduisent, par leur nature ou leur quantité, aucune préoccupation d'ordre commercial et que leur valeur globale ne dépasse pas 430 € (utilisation d'un mode de transport aérien ou maritime) ou 300 € (utilisation d'un autre moyen de transport) par personne (150 € pour les enfants de moins de 15 ans, quel que soit le mode de transport ; pour les frontaliers, les montants sont fixés à 75 €, pour les personnes de 15 ans et plus, et 40 € pour les moins de 15 ans).
Par ailleurs, des limites quantitatives sont fixées pour certains produits : tabacs, boissons alcoolisées. La valeur des marchandises soumises à limitation quantitative n'est pas prise en considération pour la détermination de la franchise.
b. Les marchandises en provenance de pays tiers faisant l'objet de **petits envois** sans caractère commercial, **entre particuliers,** bénéficient de la franchise des taxes sur le chiffre d'affaires lorsque leur valeur globale n'excède pas 45 €, des limites quantitatives étant par ailleurs prévues pour certaines marchandises (tabac, boissons alcoolisées, parfums).
c. Par ailleurs, peuvent être importés en franchise de TVA les biens dont la **valeur** globale n'excède **pas 22 €,** à l'exception toutefois des biens vendus par correspondance.
Cette franchise sera supprimée à compter du 1er janvier 2021, en application de la directive UE/2017/2455 du 5 décembre 2017.

Exonérations de l'article 291, III du CGI Est exonérée de TVA la **réimportation,** par la personne qui les a exportés, **de biens dans l'état où** ils ont été **exportés** et qui bénéficient de la franchise des droits de douane (ou qui en bénéficieraient s'ils étaient soumis à des droits de douane). 49655 TVA-IV-13600 s

Les **radoubs, réparations et transformations de navires** français à l'étranger sont exonérés de la TVA, à l'exception toutefois de celles de ces opérations qui portent sur des bateaux de sport ou de plaisance. 49660

Il peut arriver que des biens dont le **point de départ** se situe dans un **pays tiers** soient importés en France, alors que le **lieu d'arrivée** de l'expédition ou du transport est situé sur le territoire d'un **autre État membre** de l'UE. En pareil cas, l'importation est exonérée de la TVA française lorsque, sitôt après dédouanement, les biens font l'objet, par l'**importateur** lui-même, d'une **livraison intracommunautaire exonérée** dans les conditions indiquées au nº 49270. 49665
Lorsque l'importateur est une **entreprise étrangère** non établie en France, elle doit s'identifier à la TVA en France directement (ou par l'intermédiaire d'un mandataire fiscal) auprès de l'administration lorsqu'elle est établie dans l'UE ou dans un pays tiers ayant conclu une convention d'assistance au recouvrement des créances fiscales avec la France ou désigner un représentant fiscal lorsqu'elle est établie dans un pays tiers n'ayant pas conclu une telle convention, afin d'accomplir les formalités lui incombant ; elle peut toutefois, selon la même distinction, recourir aux services d'un mandataire ponctuel sans avoir à solliciter un numéro d'identification (nº 50640, e) ou désigner un représentant ponctuel (nº 50650).

› Précisions **a.** L'exonération de l'importation s'applique lorsque l'expédition du bien vers un autre État membre est consécutive à son importation et que l'assujetti importateur **fournit,** au moment de l'importation, les **informations suivantes** :
– s'agissant de l'**importateur** lui-même, son numéro d'identification à la TVA en France, ou, le cas échéant, lorsqu'il est établi à l'étranger et qu'il est dispensé de s'identifier à la TVA en France, le numéro d'identification attribué à son mandataire ponctuel ou son représen-

tant fiscal ponctuel ;
– s'agissant du **destinataire des biens,** le numéro d'identification à la TVA qui lui a été attribué dans un autre État membre ou, en cas de transfert exonéré de TVA, celui qui a été attribué à l'importateur dans l'État membre d'arrivée de l'expédition ou du transport des biens ;
– s'agissant des **biens importés,** un élément de preuve justifiant que ces biens sont destinés à être transportés ou expédiés vers un autre État membre. À cette fin, l'assujetti importateur peut, notamment, produire l'un des documents suivants : un document de transport, une facture du transporteur ou un contrat d'assurance relatif au transport des biens vers un autre État membre, un contrat conclu avec l'acquéreur ou une correspondance commerciale mentionnant un lieu de destination dans un autre État membre, un bon de commande écrit émanant de l'acquéreur et indiquant que les biens doivent être expédiés ou transportés vers un autre État membre, un bon de livraison ou un bon d'enlèvement mentionnant un lieu de destination dans un autre État membre (CGI ann. III art. 96 P). Lorsqu'il utilise la procédure de dédouanement Delta, l'importateur n'est pas tenu de produire un document de preuve à l'appui du DAU, mais il doit pouvoir le présenter à toute réquisition du service des douanes (Inst. douanes 11-034 : BOD 6912).

b. Selon la **CJUE,** l'exonération de l'importation ne peut pas être refusée :
– au seul motif que, à la suite d'un changement de circonstances intervenu après l'importation, les **biens** ont été **livrés à un assujetti autre** que celui dont le numéro d'identification TVA était indiqué dans la déclaration d'importation, si l'importateur a communiqué à l'administration toutes les informations relatives au nouvel acquéreur et si la livraison subséquente était bien une livraison intracommunautaire exonérée ;
– au motif que les biens ont été **pris en charge par des entreprises de transport et des entrepôts fiscaux** désignés par l'acquéreur, lorsque le pouvoir de disposer des biens comme un propriétaire a été transféré à ce dernier par l'importateur ;
– si la **livraison intracommunautaire subséquente** ne remplit pas les conditions de l'exonération en raison d'une **fraude de l'acquéreur,** sauf si l'importateur savait ou aurait dû savoir que l'acquéreur commettait une fraude et qu'il n'a pas pris toutes les mesures raisonnables en son pouvoir pour éviter d'y participer (CJUE 20-6-2018 aff. 108/17 : RJF 12/18 n° 1302).

L'exonération ne peut pas non plus être refusée lorsque le **destinataire de la livraison** intracommunautaire subséquente commet une **fraude sur une opération postérieure** à cette livraison qui n'est pas liée à cette dernière, sauf si l'importateur savait ou aurait dû savoir que cette opération postérieure était impliquée dans une fraude commise par le destinataire (CJUE 14-2-2019 aff. 531/17 : RJF 5/19 n° 506).

2. EXPORTATIONS (À DESTINATION DE PAYS TIERS)

49690 CGI art. 262, I et II-12° TVA-IV-20000 s

L'article 262, I du CGI vise les livraisons de biens expédiés ou transportés **en dehors de l'Union européenne.** Les territoires d'exportation s'entendent donc **uniquement** des **pays tiers** (ou territoires **assimilés**) tels qu'ils sont définis au n° 48540.

Selon une conception générale comparable à celle retenue pour les livraisons intracommunautaires (n°s 49260 s.), les exportations de France vers des pays tiers entrent en principe dans le champ d'application de la **TVA** française. Mais elles en sont **exonérées** lorsque sont remplies les conditions fixées par la loi. Ces **conditions** sont **différentes** selon que l'**exportation** est réalisée **par le vendeur** (n°s 49700 s.) **ou par un acheteur non établi en France** (n°s 49715 s.).

Une exonération spéciale est prévue, d'autre part, pour les **livraisons d'or aux instituts d'émission** (n° 49745).

Remarque : En ce qui concerne :
– les **prestations de services liées aux exportations** : voir n°s 50135 s. ;
– les livraisons de **biens** placés ou destinés à être placés **sous régime douanier ou entrepôt** fiscal : voir n°s 50740 s. ;
– les exportations d'**or d'investissement** : voir n°s 61870 s.

EXPORTATIONS PAR LE VENDEUR (OU POUR SON COMPTE)

49700 CGI art. 262, I-1° TVA-IV-20150 s

Sont exonérées de TVA, lorsque sont remplies les conditions indiquées au n° 49705, les livraisons de biens expédiés ou transportés par le vendeur ou pour son compte en dehors de l'Union européenne.

L'exonération s'applique, qu'il s'agisse de **livraisons directes** par l'exportateur ou de livraisons réalisées par l'entremise d'un **intermédiaire « transparent »** agissant au nom et pour le compte d'autrui.

Malgré l'exonération, les exportateurs conservent leur **droit à déduction.** Ils peuvent donc déduire la TVA qui a grevé les éléments du prix des biens exportés. Ils sont en droit, lorsqu'ils ne peuvent pas récupérer la taxe par imputation, d'en obtenir le **remboursement** (n°s 56620 s.). Par ailleurs, ils ont la faculté d'**acquérir** ou d'importer **en franchise** de taxe les biens qu'ils destinent à l'exportation en l'état ou après transformation (n°s 50550 s.).

› Précisions a. Sont assimilées à des exportations les livraisons faites par les membres d'un **GIE** à ce groupement agissant en leur nom, lequel, ayant pour unique activité l'exportation des biens de ses membres, les exporte en l'état. Le GIE est considéré comme intervenant en qualité de commissionnaire-exportateur.
Les membres du GIE doivent conserver un exemplaire de la facture délivrée au GIE et qui est visée par une personne habilitée ou autorisée à déclarer en douane et annotée des références permettant d'identifier la déclaration en douane correspondante (BOI-TVA-CHAMP-30-30-10-10 n°s 203 et 208).

b. Les exportations réalisées par l'entremise d'un **intermédiaire « opaque »** agissant en son nom propre mais pour le compte d'autrui appellent des explications données aux n°s 61495 s.

c. Il est admis que les personnes ayant leur résidence principale en France qui sont en instance d'**affectation ou** de **transfert de** leur **résidence principale vers un pays tiers** puissent acquérir des biens pour l'exportation en exonération de TVA, y compris des moyens de transport (BOI-TVA-CHAMP-30-30-10-20 n°s 440 à 510).

Conditions de l'exonération L'exonération est subordonnée à la **justification de la réalité de l'exportation.** 49705 TVA-IV-20500 s

Cela implique (CGI ann. III art. 74) :

– l'inscription des envois dans les **livres comptables** (ou, le cas échéant, sur le livre spécial visé au n° 53450) ;

– la production soit de la **certification électronique de** la **sortie** du territoire de l'UE dans le cadre du dispositif communautaire ECS (Expert Control System) ou de l'**exemplaire n° 3 du DAU visé au verso** par le bureau des douanes du point de sortie de l'Union européenne en cas d'utilisation de la procédure papier dite « procédure de secours », soit de l'un des éléments de preuve alternatifs dont la liste figure ci-dessous précision b.

› Précisions a. Les conditions d'utilisation de la **déclaration d'exportation** sont les suivantes dans les cas les plus courants.
Exportation directe : lorsque la déclaration d'exportation est établie dans le cadre de la **procédure électronique,** l'assujetti exportateur doit fournir la **certification électronique de sortie** délivrée par le bureau de douane de sortie et envoyée au bureau de douane d'exportation auprès duquel la déclaration d'exportation a été initialement déposée dans le système de téléprocédure Delt@. L'assujetti exportateur pourra se rapprocher de son déclarant pour obtenir cette certification électronique. En cas de recours à la **procédure papier,** l'exportateur conserve l'exemplaire « exportateur » qui lui est remis, après visa au verso, par le service des douanes ; s'il est souscrit par un commissionnaire en douane, cet exemplaire, visé, est remis à l'exportateur.
Exportation par l'entremise d'un intermédiaire transparent : lorsque l'intermédiaire est désigné comme expéditeur des biens sur la déclaration d'exportation, le fournisseur doit conserver un exemplaire des factures visées par la personne habilitée ou autorisée à déclarer en douane et annotée des références permettant d'identifier la déclaration en douane correspondante ou le document informatique remis par le commissionnaire en douane dans le cadre de la procédure de dédouanement exprès.
Groupage : lorsque des opérateurs interviennent dans le cadre d'une opération de groupage, chaque assujetti exportateur figure nommément dans la rubrique exportateur de la déclaration dématérialisée en case 2 bis. Le DAU généré par le système de téléprocédure Delt@ ne reprend en case 2 que le premier expéditeur renseigné par le déclarant en douane et comporte la mention « **expéditeurs multiples** ».
Chaque assujetti exportateur justifie de l'exonération de TVA dès lors qu'il est repris en tant que tel dans la rubrique 2 bis de la déclaration d'exportation. Ils peuvent également conserver à l'appui de leur comptabilité, comme justificatif de l'exportation, un exemplaire de leur facture visée par la personne habilitée en douane ou qui s'est chargée de réaliser le dépôt de la déclaration auprès du bureau de douane d'exportation et annotée des références permettant d'identifier la déclaration en douane d'exportation concernée (BOI-TVA-CHAMP-30-30-10-10 n° 210).
En cas de recours à la procédure papier, la justification de sortie de l'exportateur est constituée par un exemplaire de sa facture visé par la personne habilitée ou autorisée à déclarer en douane et annoté des références permettant d'identifier la déclaration en douane correspondante (CGI ann. III art. 74).
Exportation par GIE : voir n° 49700, précision a.

b. Lorsqu'il ne détient **pas** la **certification de sortie ou l'exemplaire n° 3 du DAU visé au verso** par le bureau des douanes compétent, l'exportateur doit, pour justifier de l'exonération, détenir l'un des **éléments de preuve alternatifs** suivants : pour les **exportations effectuées par le vendeur** ou pour son compte, déclaration d'importation authentifiée par l'administration des douanes du pays d'importation ou attestation de cette administration (accompagnée, le cas échéant, d'une traduction officielle), tout document de transport des biens vers un pays ou territoire tiers ou tout document afférent au chargement du moyen de transport quittant l'UE, documents douaniers de surveillance s'il s'agit de biens soumis à des contrôles particuliers, documents d'accompagnement ou tout autre élément de preuve alternatif accepté par la douane s'il s'agit de produits soumis à accises ; pour les **exportations effectuées par l'acheteur non établi en France** ou pour son compte, déclaration du transporteur ou du transitaire qui a pris en charge les biens, accompagnée de la preuve du paiement des biens par le client, étant précisé que, pour les produits soumis à accises ou à des contrôles particuliers, la preuve de l'exportation demeure constituée, pour la TVA, par la certification de sortie ou l'exemplaire n° 3 du DAU visé au verso.

c. Pour les marchandises d'une **valeur inférieure à 1 000 €** et d'un **poids net inférieur à 1 000 kg**, le DAU peut être remplacé par une simple facture commerciale dont l'exportateur doit conserver le deuxième exemplaire visé par le service des douanes. Cette facilité ne concerne pas les produits agricoles, les produits accompagnés de titres particuliers et les produits sensibles ou stratégiques soumis à prohibitions ou restrictions diverses.
Par ailleurs, les expéditions de biens par **paquets-poste** ou **colis postaux** d'une valeur inférieure à 8 000 € peuvent être justifiées par des documents particuliers.

EXPORTATIONS PAR L'ACHETEUR NON ÉTABLI EN FRANCE (OU POUR SON COMPTE)

49715 CGI art. 262, I-2° TVA-IV-22000 s

Sont exonérées de TVA les livraisons de biens expédiés ou transportés, hors de l'Union européenne, par l'acheteur qui n'est pas établi en France, ou pour son compte, qu'il s'agisse d'exportations à caractère commercial (nº 49720) ou d'exportations à caractère touristique (nºs 49725 s.).

Sont **toutefois** exclues de l'exonération et, par conséquent, **taxables** en tout état de cause les livraisons de biens d'**équipement** et d'**avitaillement** des bateaux de plaisance, des avions de tourisme ou de tous autres **moyens de transport à usage privé** (voiture automobile notamment).

› Précisions **a.** Les livraisons exonérées portant sur des marchandises dont l'exportation est justifiée ouvrent droit chez le **vendeur** aux **déductions** prévues pour les exportations (nº 49700). Les vendeurs peuvent, en outre, bénéficier des possibilités d'**acquisitions en franchise** (nºs 50550 s.).
Pour ces livraisons, les intéressés doivent tenir la **comptabilité** propre aux exportateurs et annexer à leurs **déclarations** périodiques un **relevé global** des opérations de l'espèce réalisées au cours de la période considérée.
b. Un fournisseur a droit à l'exonération prévue en matière d'exportation par l'acheteur en cas de **falsification** par ce dernier de la **preuve de l'exportation,** dès lors qu'il ne pouvait pas s'en rendre compte, même en déployant toute la diligence d'un commerçant avisé (CJUE 21-2-2008 aff. 271/06 : RJF 6/08 nº 763).

49720 **Exportations à caractère commercial** L'exonération est applicable dans les situations où l'acheteur prend livraison des biens en France et en assure le transport par ses soins ou par l'intermédiaire d'un transporteur, lorsque les biens lui sont livrés, par exemple, aux conditions départ wagon, usine ou locaux du vendeur. Dans ces différents cas, les livraisons réalisées par le vendeur sont exonérées en application de l'article 262, I-2° du CGI, les opérations douanières d'exportation étant effectuées par l'acheteur (ou son représentant) (en ce qui concerne les justifications de la réalité de l'exportation, voir nº 49705).

49725 **Exportations à caractère touristique** Lorsque la livraison porte sur des biens à emporter dans les bagages personnels de voyageurs, l'exonération s'applique si les **conditions** suivantes sont réunies :
– le **voyageur** n'a **pas** son domicile ou sa **résidence** habituelle en **France** (y compris les DOM) ou dans un autre État membre de l'**Union** européenne (la qualité de résident hors UE doit être établie par des pièces justificatives : passeport, carte consulaire, carte d'identité, carte de séjour) ;
– la livraison ne doit **pas** porter sur les **produits ci-après** : tabacs manufacturés, marchandises qui correspondent par leur nature ou leur qualité à un approvisionnement commercial ainsi que celles qui sont frappées d'une prohibition de sortie ;
– les biens sont **transportés en dehors de l'Union** européenne **avant la fin du troisième mois** suivant celui au cours duquel la livraison est effectuée ;
– la **valeur** globale de la livraison (totalité des achats réalisés par le client, dans le délai de trois jours calendaires, dans un même magasin, dans plusieurs magasins disséminés dans une même ville et identifiés sous le même numéro de TVA intracommunautaire ou dans différents magasins d'un même centre commercial lorsque ces achats sont regroupés sur un seul bordereau de vente), TVA comprise, doit **excéder 175 €.**
L'exonération est accordée selon la **procédure du bordereau de vente** (nº 49730, précision a).

49730 **› Précisions** **a.** Avec le système du **bordereau de vente,** le vendeur peut faire profiter son client de la franchise de TVA, de deux façons :
– soit lui accorder la **remise immédiatement** ;
– soit au contraire encaisser la taxe et lui en **ristourner** le montant **après** accomplissement des formalités de détaxe.
Dans les deux cas, il doit remettre à l'acheteur un bordereau de vente. Ce bordereau est en principe obligatoirement émis dans le cadre du téléservice **Pablo** (CGI ann. III art. 75). Il comporte un code-barres et le logo Pablo et mentionne les frais de gestion retenus par le vendeur. Le voyageur doit présenter le bordereau au visa du service des douanes du point de sortie définitive de France (bureaux de route, ports, aéroports, gares frontières) ou, pour les touristes transitant par un autre État membre, au visa de l'autorité compétente du dernier État membre de sortie définitive de l'UE.
L'octroi définitif de l'exonération est lié à l'**apu-**

rement des bordereaux dans la base de données dédiée (visa par lecture optique à la borne de sortie Pablo). Pour justifier l'exonération, le bordereau doit avoir été visé à une date antérieure au dernier jour du troisième mois suivant celui de la vente.
Le bénéfice de la procédure du bordereau de vente concerne une large gamme de marchandises, y compris les produits alimentaires solides et liquides et les pierres précieuses non montées. Sont toutefois exclus de la procédure notamment : les biens visés n° 49715 et n° 49725, les biens soumis à embargo commercial, les biens à double usage, certaines armes et munitions.
À noter qu'il existe également une procédure simplifiée d'exportation en exonération pour les petites quantités de vin emportées par les touristes étrangers.
b. Le vendeur peut également avoir recours aux services d'un **opérateur de détaxe,** spécialisé dans la gestion des opérations de détaxe qui intervient soit en son nom et pour son compte, soit au nom et pour le compte du vendeur affilié. En application de l'article 262-0 bis du CGI, l'opérateur de détaxe doit être agréé et, pour cela, il doit remplir les critères fixés par l'article 262-0 bis précité. Les modalités pour l'obtention de l'agrément sont fixées par les articles 202 E et suivants de l'annexe II au CGI et par l'article 50 sexies L de l'annexe IV audit Code.
L'opérateur de détaxe est soumis à un certain nombre d'**obligations** : transmission à l'administration des données électroniques des bordereaux de vente dans un délai fixé par décret ; utilisation d'un système d'évaluation et de gestion des risques liés au processus de détaxe ; formation et information régulière de son personnel et de ses clients ; information de l'administration, dans un délai fixé par décret, de toute modification de ses statuts et de tout changement ne lui permettant plus d'assurer le respect des conditions requises pour être agréé. Le non-respect de ces obligations peut entraîner l'application d'une **amende** dont le montant est fixé par l'article 202 L de l'annexe II au CGI.

La procédure du bordereau de vente ne concerne pas les opérations suivantes, qui peuvent donc bénéficier de l'exonération à l'exportation sans condition de valeur ou de résidence : 49735
– **livraisons à destination de pays tiers,** faites dans les **comptoirs de vente** « hors douane » installés dans certains **ports ou aéroports** ;
– **ventes** faites **à bord des navires ou aéronefs** à destination de **pays tiers.**

LIVRAISONS D'OR AUX INSTITUTS D'ÉMISSION

Les livraisons d'or, sous toutes ses formes, à la Banque de France et aux autres instituts d'émission sont exonérées de TVA. 49745 CGI art. 262, II-12° TVA-IV-23400
Ces opérations ouvrent droit à déduction (n° 60450).
Remarque : Une exonération semblable est prévue en matière d'importations (n° 49645).

SECTION 2 PRESTATIONS DE SERVICES

En ce qui concerne les prestations de services (définies au n° 46475), les **critères d'application territoriale de la TVA** sont déterminés **par référence au lieu où** ces opérations sont **réputées se situer,** tel que ce lieu est défini par la loi. 49840
Cette idée de base est comparable à celle précédemment évoquée pour les opérations portant sur les biens (n°s 48950 s.). Mais ce sont des **dispositions spécifiques,** particulièrement complexes, qui doivent être mises en œuvre lorsqu'il s'agit d'apprécier les **cas** dans lesquels les **prestations de services** doivent être **considérées** comme se **situant en France** et donc comme entrant dans le champ d'**application de la TVA française.**
Nous exposerons tout d'abord les **cas d'imposition en France** des prestations de services (**règles générales et règles particulières** de territorialité qui leur sont applicables). Nous examinerons ensuite les régimes d'exonération prévus pour les **services liés aux échanges extracommunautaires de biens** (n°s 50110 s.) et pour certains **transports internationaux** (n°s 50180 s.).
Remarque : Nous avons précisé au n° 48550 le sens de diverses **expressions et abréviations** utilisées dans l'étude de la territorialité de la TVA.
On rappelle notamment, s'agissant des prestations de services, que le **« preneur »** de la prestation **ou** encore le **« donneur d'ordres »** (expressions fréquemment utilisées dans les commentaires qui vont suivre) désigne la personne qui est le bénéficiaire effectif de la prestation (CE 9-10-2015 n° 371794 : RJF 1/16 n° 14).

A. Cas d'imposition en France

49845 TVA-III-1900 s Après avoir défini un certain nombre de **notions utiles** pour la détermination du lieu des prestations de services (nos 49850 s.), nous exposerons les **règles générales** de territorialité applicables aux prestations de services tant dans les relations entre assujettis (relations dites « B to B » pour « Business to Business ») que dans les relations entre prestataires assujettis et preneurs non assujettis (relations dites « B to C » pour « Business to Consumer ») (nos 49865 s.).

Nous exposerons ensuite les **règles particulières** de territorialité applicables à certaines prestations de services, étant précisé que certaines de ces règles sont communes aux relations « B to B » et « B to C » (nos 49955 s.), alors que d'autres sont spécifiques aux seules relations « B to B » (no 49985) ou aux seules relations « B to C » (nos 49990 s.).

1. DÉFINITIONS

49850 Aux fins de l'application des règles relatives au lieu des prestations de services, il convient de définir les notions de preneur assujetti et d'établissement en France.

NOTION DE PRENEUR ASSUJETTI

49855 CGI art. 259-0 TVA-III-2100 s Les règles de territorialité applicables aux services sont en principe différentes selon que le preneur est un assujetti ou une personne non assujettie. La qualité du preneur est dès lors déterminante pour localiser le lieu de taxation des prestations de services.

Doit être considéré comme ayant la qualité de preneur assujetti au regard des règles de territorialité des services :

– l'**assujetti de « droit commun »** (tel que défini no 46510), peu important le fait que les opérations qu'il réalise soient effectivement taxées ou exonérées ou bénéficient d'un régime de franchise ;

– pour tous les services qui lui sont fournis, un assujetti de « droit commun » qui exerce également des activités ou réalise des opérations placées hors du champ d'application de la TVA. Un tel **assujetti « partiel »** a donc la qualité d'assujetti au regard des règles de territorialité des services même si la prestation est acquise pour les besoins de ses activités ou opérations situées hors champ de la TVA ;

– une **personne morale non assujettie** qui est **identifiée à la TVA** ou tenue de l'être.

En revanche, un assujetti de « droit commun » ou une personne morale non assujettie mais identifiée à la TVA n'a pas la qualité d'assujetti au regard des règles de territorialité des services lorsque la **prestation** est **acquise pour** ses **besoins privés ou ceux de son personnel.** Dans une telle hypothèse, le preneur n'est **pas** en effet considéré comme un **assujetti agissant en tant que tel** au sens de l'article 259, 1° du CGI.

› **Précisions** **a.** Sauf s'il dispose d'informations contraires, le prestataire peut considérer qu'un preneur établi dans l'Union européenne a le **statut d'assujetti** et que les **services** sont **destinés aux fins** de son **activité économique** lorsque ce dernier lui a communiqué son **numéro d'identification TVA** et s'il obtient la confirmation de la validité de ce numéro d'identification ainsi que du nom et de l'adresse y associés (Règl. UE/282/2011 du 15-3-2011 art. 18, 1 et 19). De son côté, l'administration fiscale française a indiqué que la communication par le preneur à son prestataire de son numéro d'identification à la TVA en cours de validité à la date de l'opération, la mention de ce numéro sur la facture ainsi qu'une référence à l'article 44 de la directive TVA faisant apparaître que le preneur a déclaré utiliser le service aux fins de son entreprise, constituent une présomption simple que le preneur agit bien en tant qu'assujetti, mais elle ne dispense pas le prestataire de son obligation de vigilance et notamment de vérifier la validité du numéro d'identification de son preneur (BOI-TVA-CHAMP-20-50-20 no 230).

b. La définition de preneur assujetti donnée ci-dessus est également applicable aux **preneurs,** personnes physiques ou morales, **établis dans un pays tiers.** Il appartient alors au prestataire dans le cadre des relations d'affaires qu'il entretient avec son client de s'assurer de la position de son client au regard de cette définition par tout moyen (numéro d'identification propre au pays d'établissement, certificat d'assujettissement, documents commerciaux ou site internet du preneur attestant de l'exercice d'une activité économique...) (BOI-TVA-CHAMP-20-50-10 nos 80 et 90).

c. Lorsqu'une prestation de services est destinée **en partie à des besoins privés et** en partie **à des besoins professionnels** d'un preneur assujetti, le lieu de la prestation doit être déterminé, pour la totalité, selon les règles applicables aux relations « B to B » (BOI-TVA-CHAMP-20-50-20 no 250).

d. L'**usage** effectif du service acquis par un preneur (usage professionnel ou usage privé) doit être **pris en considération uniquement au moment** où le **service est fourni.** Sauf abus de droit, le lieu d'imposition du service ne sera pas remis en cause par la modification ultérieure de l'utilisation qui en sera faite (BOI-TVA-CHAMP-20-50-20 no 260).

e. La seule circonstance qu'une **prestation** de services soit **rendue au profit de plusieurs preneurs** ne permet pas de la regarder comme comportant plusieurs prestations distinctes pour l'application des règles de territorialité. Il convient de rechercher si la prestation présente un caractère divisible permettant de la décomposer en plusieurs prestations ou si elle doit être regardée comme une prestation indivisible rendue au profit d'une unique entité économique (CE 9-2-2012 n° 330852 : RJF 5/12 n° 458).

NOTION D'ÉTABLISSEMENT EN FRANCE

Est considéré comme établi en France l'assujetti, prestataire ou preneur, qui a en France le siège de son activité économique ou un établissement stable à partir duquel le service est fourni ou utilisé ou, à défaut, son domicile ou sa résidence habituelle. 49860 TVA-III-2250 s

a. Pour déterminer le lieu du **siège de l'activité** économique d'un assujetti, il convient de prendre en considération un faisceau d'indices (siège statutaire de la société, lieu de son administration centrale, lieu de réunion de ses dirigeants sociaux, lieu où est arrêtée la politique générale de la société…). En cas de contradiction d'indices, le lieu du siège de l'activité économique est en définitive le lieu où sont adoptées les décisions essentielles concernant la direction générale de la société et où sont exercées les fonctions d'administration centrale de celle-ci (CJUE 28-6-2007 aff. 73/06 : RJF 11/07 n° 1367).

La présence d'une société « boîte aux lettres » ou « écran » ne saurait conférer à un lieu le statut de siège d'une activité économique d'un assujetti s'il ne satisfait pas aux conditions précitées.

b. Si l'endroit où l'assujetti a établi le siège de son activité économique apparaît comme le point de rattachement prioritaire, la prise en considération d'un autre établissement stable s'impose toutefois dans le cas où le rattachement au siège ne conduit pas à une solution fiscale rationnelle ou crée un conflit avec un autre État membre.

Un **établissement stable** en matière de TVA est caractérisé par un degré suffisant de permanence et une structure apte, du point de vue de l'équipement humain et technique, à rendre possible :

– soit la fourniture par cet établissement d'un service au sens de l'article 259, 2° du CGI (« **établissement stable prestataire** ») (voir à cet égard précision a) ;

– soit l'utilisation par cet établissement des services qui lui sont rendus au sens de l'article 259, 1° du CGI (« **établissement stable preneur** »). À cet égard, il n'est pas indispensable que l'établissement stable preneur exerce lui-même une activité économique (voir précision b).

› **Précisions a.** Un **immeuble** situé en France et **donné en location** n'est pas considéré comme un établissement stable du loueur non établi en France.

Une **société de leasing** établie dans un État membre, qui loue dans un autre État membre à des clients y établis des **voitures particulières** en vertu de contrats de leasing (établis et signés à son siège) par l'entremise d'intermédiaires indépendants établis dans ce même autre État, n'effectue pas ses prestations à partir d'un établissement stable situé dans cet État dès lors qu'elle n'y dispose ni de bureau ni de lieu d'entreposage des voitures (CJUE 17-7-1997 aff. 190/95 : RJF 10/97 n° 999).

Cas d'une **filiale** établie dans un État membre agissant en **simple auxiliaire** de la société mère établie dans un autre État membre : voir n° 61528, précisions.

b. Une **succursale** française d'une société étrangère qui ne réalise que des opérations internes au profit de son siège n'entrant pas dans le champ d'application de la TVA constitue un « établissement stable preneur » si elle présente une consistance minimum rendant possible l'utilisation de services pour les besoins d'opérations exclusivement réalisées au profit du siège. De même, les **bureaux de représentation** et les **chantiers** n'ont pas, en principe, le caractère d'établissement stable prestataire mais peuvent néanmoins avoir une consistance suffisante pour constituer des établissements stables au regard de l'utilisation des services (BOI-TVA-CHAMP-20-50-10 n°s 150 et 160).

c. Le lieu de **domicile** d'une personne physique, assujettie ou non assujettie, est en principe celui qui résulte de l'adresse figurant dans le registre national de la population ou un registre similaire ou de celle déclarée à l'administration fiscale (à moins qu'il n'existe des preuves indiquant que cette adresse n'est pas conforme à la réalité). Sa **résidence habituelle** est le lieu où, au moment où les services sont fournis, cette personne réside habituellement en raison d'attaches professionnelles et/ou personnelles.

2. RÈGLES GÉNÉRALES

Pour la détermination du lieu des prestations de services (autres que celles visées aux n°s 49955 s. et n° 49985), il convient de distinguer selon que la prestation est fournie à un preneur assujetti ou à un preneur non assujetti au sens défini au n° 49855. 49865

Remarques :

1. Lorsqu'une **prestation de services** est **réputée se situer en France** au sens des règles exposées ci-après, elle entre dans le champ d'application de la TVA française et elle est donc **imposable en France.**

Cette imposition ne sera **cependant** pas effective si la prestation en cause se trouve par ailleurs couverte :
– soit par l'une des **exonérations** légales récapitulées dans le tableau du nº 46580 ;
– soit par l'un des régimes de **suspension** de taxe énumérés dans le tableau du nº 61260.

2. Lorsque, au contraire, une **prestation de services** est **réputée se situer hors de France** au sens des règles exposées ci-après, elle constitue une **opération « extraterritoriale »** n'entrant **pas** dans le champ d'application de la **TVA française** (nºs 48560 s.).

Cependant, comme indiqué au nº 48570, elle ouvre droit à déduction de la taxe ayant grevé les éléments de son prix, dans la mesure où elle serait effectivement soumise à la taxe si son lieu d'imposition se situait en France.

PRESTATIONS DE SERVICES FOURNIES À UN PRENEUR ASSUJETTI

49870 CGI art. 259, 1º TVA-III-2910 s

Le lieu des prestations de services (autres que celles visées aux nºs 49955 s. et nº 49985) est, en **principe,** situé en France lorsque le **preneur** est un **assujetti agissant en tant que tel** qui a **en France** :
– le siège de son activité économique, sauf lorsqu'il dispose d'un établissement stable non situé en France auquel les services sont fournis ;
– ou un établissement stable auquel les services sont fournis ;
– ou, à défaut, son domicile ou sa résidence habituelle.

› Précisions **a.** Sont **notamment concernés** par ces dispositions les prestations des intermédiaires transparents qui ne se rattachent pas à un bien immeuble, les transports de biens, qu'il s'agisse de transports internationaux, intracommunautaires ou nationaux et leurs prestations accessoires, les expertises ou travaux portant sur des biens meubles corporels, les prestations immatérielles (de la nature de celles visées aux nºs 50020 et 50025), les prestations de stockage consistant dans la fourniture d'une prestation complexe (voir nº 49970, précision c), les locations de moyens de transport (notamment en vertu d'un contrat de crédit-bail) autres que de courte durée et les prestations de services qui ont pour objet des activités culturelles, artistiques, sportives, scientifiques, éducatives, de divertissement ou similaires mais qui ne consistent pas à donner accès à des manifestations de cette nature.

S'agissant des prestations de télécommunication, de radiodiffusion et de télévision et des prestations de services électroniques, des **présomptions** relatives à la **localisation du preneur** assujetti sont prévues (voir nº 50060, précision a).

b. Les prestataires de services, autres que les façonniers, qui réalisent des travaux et expertises portant sur des biens meubles corporels doivent tenir un **registre spécial** indiquant, pour les **biens** expédiés à partir **d'un autre État membre** de l'UE par un assujetti identifié à la TVA dans cet État (ou pour son compte), la date de réception et celle où les biens quittent l'entreprise, la nature et la quantité des biens concernés, le nom et l'adresse du donneur d'ordres ainsi que son numéro de TVA intracommunautaire (CGI art. 286 quater, II-3). Modalités de tenue de ce registre et sanctions : voir nº 52385.

49875 **Prestations utilisées hors de l'UE** **Toutefois,** par dérogation à la règle générale (nº 49870), il est admis que certaines prestations ne soient **pas soumises à la TVA en France** lorsqu'elles sont effectivement utilisées ou exploitées hors de l'UE, cette caractérisation résultant du fait qu'elles sont matériellement exécutées hors de l'UE (il s'agit ici de l'utilisation, par la doctrine administrative, de la faculté offerte aux États membres par l'article 59 bis, a de la directive TVA). Sont concernés par cette mesure de tolérance (**liste limitative**) : les transports de marchandises et commissions y afférentes, les prestations de convoyage de moyens de transport pour les besoins de transport de marchandises, les locations de véhicules et de matériels pour les besoins de transport de marchandises, le gardiennage, le magasinage, la **manutention,** le **chargement** et le **déchargement** des marchandises, les prestations de réparation, de transformation, d'adaptation, de façon ou d'ouvraison portant sur les biens qui lors de leur réimportation sont soumis aux règles énoncées nº 49630, précision e (BOI-TVA-CHAMP-20-50-20 nºs 170, 180 et 200) ainsi que les locations de bateaux de plaisance (voir nº 49960, précision c).

› Précisions À titre de **règle pratique,** les critères suivants peuvent être retenus :
– la distance parcourue hors de l'UE, s'agissant des transports de marchandises, des prestations de convoyage de moyens de transport, des locations de véhicules et de matériels et des commissions afférentes aux transports ;
– le lieu d'exécution matérielle, s'agissant du gardiennage, de la manutention ou du chargement et du déchargement (BOI-TVA précité nº 190).

49885 CGI art. 283, 2 TVA-III-3250 s

Liquidation de la taxe Lorsque les prestations mentionnées au nº 49870 sont fournies par un prestataire non établi en France au sens de l'article 283-0 du CGI (voir nº 50692), le **redevable** de la taxe est le **preneur** assujetti établi en France (**autoliquidation**). La taxe est alors **exigible** au moment où la prestation est effectuée, ou lors de l'encaissement des acomptes s'il en est perçu avant (CGI art. 269, 2-b bis). Si les prestations ont lieu de manière continue sur une période supérieure à une année et ne donnent pas lieu à des décomptes ou à des paiements durant cette période, la taxe est exigible à l'expiration de chaque année civile tant qu'il n'est pas mis fin à la prestation (CGI art. 269, 1-a quater).

La taxe est autoliquidée par le preneur sur sa **déclaration de chiffre d'affaires** (pour les preneurs assujettis non par ailleurs redevables, elle est obligatoirement autoliquidée sur un formulaire CA 3). Aux fins de recoupement avec la déclaration européenne des services (voir ci-après n° 49890), le montant hors taxe des achats de prestations de services fournies par un prestataire établi dans un autre État membre de l'UE doit être déclaré, par le preneur, sur une ligne spécifique de la déclaration (« Achats de prestations de services intracommunautaires : art. 283-2 du CGI ») ; le montant hors taxe des achats de prestations de services fournies par un prestataire établi en dehors de l'UE est déclaré sur la ligne « Autres opérations imposables ».

La taxe ainsi acquittée peut être déduite dans les conditions de droit commun (n°s 55000 s. et notamment n° 56290).

Lorsque le **prestataire et** le **preneur** assujetti sont tous les deux **établis en France,** la taxe est due par le prestataire dans les conditions de droit commun (sauf application d'un dispositif spécifique d'autoliquidation : n° 53705).

> **Précisions** **a.** La **facture** délivrée par le prestataire établi hors de France relative aux opérations pour lesquelles le **preneur** est **redevable** de la taxe en France en application de l'article 283, 2 du CGI peut être soumise, selon le cas, aux règles de facturation françaises ou aux règles de facturation d'un autre État membre si le prestataire est établi dans cet État membre (n° 53500, remarque 1).
> Lorsque ce sont les règles de facturation françaises qui s'appliquent, la mention « autoliquidation » doit figurer sur la facture (CGI ann. II art. 242 nonies A, I-13°).
> **b.** Lorsque le **prestataire** est **redevable,** le **preneur** est **solidairement tenu** au paiement de la taxe s'il savait ou ne pouvait ignorer que tout ou partie de la taxe due sur cette prestation ou toute prestation antérieure ne serait pas reversée de manière frauduleuse (CGI art. 283, 4 bis).
> **c.** Le **preneur établi en France** non déjà identifié à la TVA en raison de son activité ou d'acquisitions intracommunautaires de biens est tenu de s'**identifier** à la TVA lorsqu'il est redevable de la taxe en France en application de l'article 283, 2 du CGI (n° 53420).

Déclaration européenne des services Toute personne physique ou morale, établie ou domiciliée en France (à l'exclusion des DOM), doit déclarer, dès le premier euro, sur un état récapitulatif (dénommé « déclaration européenne des services » ou « DES » en France) les prestations de services relevant de la règle générale « B to B » (n° 49870) réalisées au profit de **preneurs assujettis** agissant en tant que tels qui sont **établis** ou domiciliés **dans un autre État membre** de l'UE et pour lesquelles la taxe est autoliquidée par le preneur en application de l'article 196 de la directive TVA. **49890** CGI art. 289 B, III **TVA-III-9600 s**

Il s'agit d'une déclaration **mensuelle** qui doit être produite, obligatoirement par voie informatique (ou sur support papier pour les prestataires bénéficiant du régime de la franchise en base : n°s 85565 s.), dans les dix jours ouvrables du mois qui suit celui au cours duquel la TVA est devenue exigible dans l'autre État membre au titre des prestations de services réalisées ou celui au cours duquel une régularisation commerciale est notifiée au preneur.

Le contenu et les modalités de la DES, fixés par l'article 96 N de l'annexe III au CGI, sont précisés dans la Documentation experte (TVA-III-9650 s.).

> **Précisions** **a.** Le prestataire n'a pas à déclarer sur sa DES les prestations de **services exonérées** dans l'État membre du preneur.
> **b.** Le téléservice DES est accessible via le **portail électronique** de l'administration des douanes (pro.douane.gouv.fr) qui permet la saisie en ligne et l'importation de fichiers.
> **c.** Les **sanctions** pour défaut de déclaration dans les délais de la DES et pour omission ou inexactitude sont identiques à celles prévues pour la DEB (voir n° 49425).
> **d.** Le **prestataire établi en France** non déjà identifié à la TVA en raison de son activité ou d'acquisitions intracommunautaires de biens est tenu de s'**identifier** à la TVA lorsqu'il fournit une prestation de services au titre de laquelle seul le preneur est redevable de la taxe dans un autre État membre de l'UE en application de l'article 196 de la directive TVA (n° 53420).
> **e.** En ce qui concerne le délai de facturation des prestations de services autoliquidées par le preneur établi dans un autre État membre de l'UE en application de l'article 196 de la directive TVA, voir n° 53585.

PRESTATIONS DE SERVICES FOURNIES À UN PRENEUR NON ASSUJETTI

Le lieu des prestations de services (autres que celles visées aux n°s 49955 s. et n°s 49990 s.) fournies à un preneur non assujetti au sens défini n° 49855 est situé en France lorsque le **prestataire** : **49895** CGI art. 259, 2° et 259 C **TVA-III-3400 s**

– a **établi en France** le siège de son activité économique, sauf s'il dispose d'un établissement stable non situé en France à partir duquel les services sont fournis ;
– ou dispose d'un établissement stable en France à partir duquel les services sont fournis ;
– ou, à défaut, a en France son domicile ou sa résidence habituelle.

Le lieu de ces prestations est également situé en France lorsqu'elles sont fournies à un **preneur établi dans l'UE** par un **prestataire établi en dehors de l'UE** et que ces **services** sont **utilisés** ou exploités **en France.**

> **Précisions a.** Sont **notamment concernées** par ces dispositions les prestations destinées à la consommation des particuliers (coiffure, soins corporels...), les prestations immatérielles (visées au n° 50025) fournies à un preneur non assujetti établi dans l'UE, les prestations d'exécution testamentaire, les locations de moyens de transport autres que celles de courte durée (pour plus de précisions, voir n°s 49960 s.).
> **b.** Les prestations de services fournies à des **collectivités publiques non assujetties établies hors de l'UE** par un prestataire établi en France sont considérées comme situées hors de l'UE et non soumises à la TVA en France dès lors qu'en règle générale l'utilisation de ces services s'effectue sur le territoire de ces collectivités (BOI-TVA-CHAMP-20-50-20 n° 320).

3. RÈGLES PARTICULIÈRES

49950 Par dérogation au critère du lieu d'établissement du preneur (relations « B to B » : n° 49870) ou au critère du lieu d'établissement du prestataire (relations « B to C » : n° 49895), des règles particulières sont prévues par les articles 259 A à 259 D du CGI, afin de déterminer le lieu d'imposition de certaines prestations de services.

Certaines de ces **règles particulières** sont **communes aux relations « B to B »** et aux relations **« B to C »,** c'est-à-dire qu'elles s'appliquent aussi bien lorsque le preneur a la qualité d'assujetti que lorsque ce dernier est un non-assujetti. En revanche, un certain nombre d'**autres règles** sont **spécifiques soit** aux **seules relations « B to B », soit** aux **seules relations « B to C ».**

RÈGLES PARTICULIÈRES COMMUNES AUX RELATIONS « B TO B » ET « B TO C »

49955 Les règles particulières de territorialité communes aux relations « B to B » et aux relations « B to C » concernent les prestations suivantes : **locations de moyens de transport de courte durée** (pour une meilleure lisibilité du régime, les développements figurant aux n°s 49960 s. reprennent l'ensemble des règles de territorialité applicables aux locations de moyens de transport qu'elles soient ou non de courte durée) ; **prestations se rattachant à un immeuble** ; **transport de passagers** ; **ventes à consommer sur place.**

49960 CGI art. 259, 259 A, 1° et 259 C TVA-III-7000 s

Locations de moyens de transport Des règles particulières de territorialité sont prévues, par l'article 259 A, 1° du CGI, pour les locations de moyens de transport de courte durée fournies tant à des preneurs assujettis qu'à des preneurs non assujettis. Toutefois, comme déjà indiqué (n° 49955), pour une meilleure lisibilité du régime, les développements ci-après reprennent l'ensemble des règles de territorialité applicables aux locations de moyens de transport **qu'elles soient ou non de courte durée.**

a. Le lieu des **locations** de moyens de transport de **courte durée** est situé en France lorsque le moyen de transport est effectivement mis à disposition du preneur, assujetti ou non assujetti, **en France,** c'est-à-dire lorsque le moyen de transport se trouve en France au moment où le preneur en prend effectivement et physiquement possession.

b. Les **locations** de moyens de transport **autres que** celles **de courte durée** relèvent des règles suivantes :

– lorsqu'elles sont fournies à des **preneurs assujettis,** elles relèvent de la règle générale « B to B » (n° 49870) avec application, le cas échéant, de la mesure de tolérance exposée n° 49875 lorsque la location du moyen de transport est utilisée en dehors de l'UE ;

– lorsqu'elles sont fournies à des **preneurs non assujettis,** il convient de distinguer :

• si elles portent sur des **moyens de transport autres que des bateaux de plaisance,** leur lieu est situé en France lorsque le preneur est établi ou domicilié en France (quels que soient le lieu d'établissement du prestataire et le lieu d'utilisation de la prestation) ou lorsque le preneur est établi en dehors de l'UE et que l'utilisation ou l'exploitation effective de la location du moyen de transport s'effectue en France (quel que soit le lieu d'établissement du prestataire) (voir précision e) ;

• si elles portent sur des **bateaux de plaisance,** leur lieu est situé en France dans les cas suivants : le preneur est établi ou domicilié en France ; le preneur est établi à l'étranger (autre État membre ou pays tiers), le prestataire est établi en France et le bateau est effectivement mis à la disposition du preneur en France ; le preneur est établi dans un autre État membre, le prestataire est établi en dehors de l'UE et la location est utilisée en France ; le preneur est établi dans un pays tiers, le prestataire est établi à l'étranger (autre État membre ou pays tiers) et la location est utilisée en France (la location n'est toutefois pas située en France si le prestataire est établi dans l'État membre, autre que la France, où a lieu la mise à disposition du bateau).

> Précisions **a.** Pour l'application des règles ci-dessus, sont **considérés comme des moyens de transport** les véhicules, motorisés ou non, et les autres dispositifs ou équipements conçus pour transporter des personnes ou des objets d'un endroit à un autre, pouvant être tirés, tractés ou poussés par des véhicules (wagons, remorques...) et normalement conçus et utilisés pour le transport. Ainsi, constituent **notamment** des moyens de transport les véhicules terrestres motorisés ou non (automobiles, motocyclettes, bicyclettes, tricycles, caravanes non fixées au sol...), les bateaux et les aéronefs motorisés ou non, les véhicules spécialement conçus pour le transport de malades ou de blessés, les tracteurs et autres véhicules agricoles, les véhicules militaires (autres que ceux destinés au combat) et les véhicules de surveillance ou de défense passive, les véhicules à propulsion mécanique pour personnes handicapées.
En revanche, les **conteneurs** sont des biens meubles corporels autres que des moyens de transport ; leur location suit donc les règles exposées aux n°s 49870 ou 50035 (BOI-TVA-CHAMP-20-50-30 n°s 10 et 20).
b. La location de **courte durée s'entend** de la possession ou de l'utilisation continue du moyen de transport pendant une période ne dépassant pas trente jours ou, dans le cas d'un moyen de transport maritime, quatre-vingt-dix jours, étant précisé que ces notions s'apprécient au cas par cas, selon leur durée réelle, et que la durée contractuelle de possession ou d'utilisation continue n'est qu'une présomption simple. En cas de contrats de location successifs (interruption de moins de 48 heures) entre les mêmes parties sur un même moyen de transport, la durée du premier contrat est prise en compte pour évaluer si le deuxième contrat est de courte durée. L'existence d'une clause de reconduction tacite ne suffit pas pour considérer que la location n'est pas de courte durée.
c. S'agissant des **bateaux de plaisance,** il est admis de ne taxer les locations situées en France qu'à proportion du temps passé dans les eaux territoriales communautaires, ce temps pouvant être estimé de manière forfaitaire à **50 %** du temps total de location, quelle que soit la catégorie du navire de plaisance concerné. Cette règle est applicable que la location soit ou non de courte durée et que le preneur soit ou non un assujetti (BOI-TVA-CHAMP-20-50-30 n° 40 ; BOI-TVA-CHAMP-20-50-20 n° 80 ; BOI-TVA-CHAMP-20-50-40-10 n° 40).
Un BOI mis en consultation publique jusqu'au 1-3-2020 **supprime la règle des 50 %** pour les **contrats** conclus **à compter du 30-3-2020** et la remplace par une exonération de la part des loyers (évaluée par le redevable) correspondant à la proportion de la durée d'utilisation ou d'exploitation effective du bateau en dehors des eaux territoriales françaises ou communautaires (BOI-TVA-CHAMP-20-50-30 précité).
d. Les locations de véhicules consenties à des preneurs assujettis pour les besoins de transport de marchandises et qui sont **effectivement utilisées** ou exploitées **hors de l'UE** ne sont pas soumises à la TVA en France (n° 49875).
e. Les locations de moyens de transport autres que de courte durée sont **réputées être utilisées ou exploitées en France** à proportion des distances qui y sont parcourues. Afin d'apprécier ces éléments, le prestataire doit obtenir les informations nécessaires du preneur et en vérifier l'exactitude au moyen, le cas échéant, des dispositifs de localisation dont serait équipé le moyen de transport loué et qui permettent d'en déterminer la position géographique. À défaut de pouvoir établir de manière précise la proportion de l'utilisation en France sur la base de ces éléments, les véhicules dont l'immatriculation en France est imposée par la réglementation nationale sont présumés faire l'objet d'une utilisation ou exploitation effective en France (BOI-TVA-CHAMP-20-50-40-10 n° 330).
f. Lorsque la location de moyens de transport autre que de courte durée est fournie à un **preneur non assujetti,** il est **présumé** que ce preneur est **établi** ou domicilié au lieu identifié comme tel par le prestataire sur la base de deux éléments de preuve non contradictoires figurant parmi les éléments suivants : adresse de facturation du preneur ; coordonnées bancaires (lieu de tenue du compte bancaire utilisé pour le paiement, adresse de facturation du preneur connue par la banque) ; informations détaillées sur l'immatriculation du moyen de transport loué si celle-ci est requise à l'endroit où le véhicule est utilisé ou autres informations similaires ; autres informations commerciales pertinentes (Règl. UE282/2011 art. 24 quater et 24 sexies).
g. En ce qui concerne l'**exonération** prévue pour **certaines locations de navires ou aéronefs** : voir n°s 50450 s.

Le **tableau** ci-après récapitule le **lieu** des **locations de moyens de transport autres que celles de courte durée** consenties à des preneurs assujettis ou non assujettis. Il est rappelé que les locations de moyens de transport de courte durée consenties à des preneurs assujettis ou non assujettis sont situées en France lorsque le moyen de transport est effectivement mis à la disposition du preneur en France. **49965**

Lieu d'établissement du preneur		Lieu d'établissement du prestataire		
		France	Autre État de l'UE	Pays Tiers
France	**a.** Il s'agit d'un assujetti	France [1]	France [1]	France [1]
	b. Il s'agit d'un non-assujetti	France	France	France
Autre État de l'UE	**a.** Il s'agit d'un assujetti	État membre où est établi le preneur [2]	État membre où est établi le preneur [2]	État membre où est établi le preneur [2]
	b. Il s'agit d'un non-assujetti	État membre où est établi le preneur, [2, 4]	État membre où est établi le preneur, [2, 6]	État membre où est établi le preneur, [2, 5]

Lieu d'établissement du preneur		Lieu d'établissement du prestataire		
		France	Autre État de l'UE	Pays Tiers
Pays tiers	a. Il s'agit d'un assujetti	Pays tiers [3]	Pays tiers [3]	Pays tiers [3]
	b. Il s'agit d'un non-assujetti			
	Service utilisé en France	France	France [6]	France
	Service non utilisé en France	Pays tiers [4]	Pays tiers, [3, 6]	Pays tiers [3]

1. Sous réserve des locations de véhicules pour les besoins de transport de marchandises lorsqu'elles sont effectivement utilisées ou exploitées en dehors de l'UE (n° 49875).
2. Sauf si le service est utilisé dans un pays tiers et que l'État membre d'établissement du preneur a fait usage de la faculté offerte par l'article 59 bis, a de la directive TVA, auquel cas le lieu de la prestation est situé dans ce pays tiers.
3. Sauf si le service est utilisé dans un État membre autre que la France et que cet État membre a fait usage de la faculté offerte par l'article 59 bis, b de la directive TVA, auquel cas le lieu de la prestation est situé dans cet autre État membre.
4. S'agissant de la location de bateau de plaisance, lieu de la location en France si mise à disposition effective du bateau en France.
5. S'agissant de la location de bateau de plaisance, lieu de la location en France si utilisation en France.
6. Sauf si, s'agissant de la location de bateau de plaisance, le prestataire est établi dans l'État membre de mise à disposition du bateau.

49970 CGI art. 259 A, 2° TVA-III-4030 s

Prestations se rattachant à un immeuble Les prestations de services se rattachant à un immeuble ne sont imposables en France que lorsque l'**immeuble** est **situé en France.** C'est donc le lieu de situation de l'immeuble qui détermine le lieu d'imposition des prestations qui s'y rapportent.

› Précisions a. Sur la définition des biens immeubles, voir n° 46815.

b. Sont **notamment** considérés comme des prestations de services se rattachant à un immeuble : l'établissement de plans d'un immeuble ou de parties d'un immeuble destiné à être érigé sur une parcelle de terrain déterminée, indépendamment du fait que la construction ait effectivement lieu ; la prestation de surveillance ou de sécurité sur place ; la construction, la démolition, l'entretien, la rénovation et la réparation d'immeubles ou de parties d'immeubles, y compris les travaux, tels que le nettoyage, la pose de carrelage, de papier peint et de parquet ; la construction, la démolition, l'entretien, la rénovation et la réparation de structures permanentes telles que les réseaux de canalisations pour le gaz et l'eau, les égouts et les structures analogues ; les travaux effectués sur des terrains, y compris des services agricoles tels que le labourage, l'ensemencement, l'irrigation et la fertilisation ; l'étude et l'évaluation du risque et de l'intégrité du bien immeuble ; l'évaluation du bien immeuble, y compris à des fins d'assurance ; le crédit-bail ou la location d'un bien immeuble (autres que les services de publicité impliquant l'utilisation de biens immeubles), y compris l'entreposage de biens dans une partie spécifique du bien immeuble affectée à l'utilisation exclusive du preneur ; l'installation ou le montage de machines ou de matériel qui, après installation ou montage, sont considérés comme des biens immeubles ; l'entretien et la réparation, l'inspection et le contrôle de ces machines ou matériel ; la gestion de propriété, autre que la gestion des portefeuilles d'investissements immobiliers, consistant en l'exploitation de biens immobiliers commerciaux, industriels ou résidentiels, par le propriétaire ou pour le compte de celui-ci ; les services d'intermédiaire concernant la vente, le crédit-bail ou la location de biens immeubles et l'octroi ou le transfert de certains droits sur un bien immeuble ou de droits réels immobiliers ; les services juridiques relatifs au transfert d'un titre de propriété immobilière, à l'octroi ou au transfert de certains droits sur un bien immeuble ou de droits réels immobiliers ; la location de matériel aux fins de l'exécution de travaux sur un bien immeuble (échafaudages, par exemple) lorsque le prestataire est responsable de l'exécution des travaux.

En revanche, ne constituent pas des prestations de services se rattachant à un immeuble, et relèvent par suite des règles qui leur sont propres, l'établissement de plans d'immeuble ou de parties d'immeubles si l'immeuble n'est pas destiné à être érigé sur une parcelle de terrain déterminée, l'entreposage de biens dans un immeuble si aucune partie spécifique du bien n'est affectée à l'usage exclusif du preneur, les services de publicité même s'ils impliquent l'utilisation de biens immeubles, les services d'intermédiaire dans la prestation de services d'hébergement dans le secteur hôtelier ou similaire si l'intermédiaire agit au nom et pour le compte d'autrui, l'installation ou le montage, l'entretien et la réparation, l'inspection ou le contrôle de machines ou de matériel qui ne font pas partie du bien immeuble ou n'en deviennent pas partie, la gestion de portefeuilles d'investissements immobiliers, les services juridiques relatifs à des contrats autres que ceux visés ci-dessus (Règl. UE 282/2011 art. 31 bis et 31 ter). Il en va de même des opérations portant sur les parts de sociétés immobilières non transparentes (BOI-TVA-CHAMP-20-50-30 n° 190).

c. Les **prestations de stockage** relèvent de la règle générale « B to B » (n° 49870) ou « B to C » (n° 49895) lorsqu'elles consistent dans la fourniture d'une prestation complexe comprenant par exemple diverses prestations de conservation ou de logistique. En revanche, lorsque la prestation s'analyse en une simple location d'espace (garde-meubles...) dans une partie spécifique d'un bien immeuble affectée à l'usage exclusif du preneur, elle est considérée comme une prestation de services se rattachant à un immeuble (BOI-TVA-CHAMP-20-50-20 n° 80 ; CHAMP-20-50-30 n° 140 ; en ce sens également CJUE 27-6-2013 aff. 155/12 : RJF 11/13 n° 1101).

d. La **mise à disposition** temporaire et, le cas échéant, le **transport** et le **montage** d'un **stand de foire ou d'exposition** à des exposants ne constitue pas une prestation de services se rattachant à un bien immeuble ; cette prestation ne présente en effet aucun lien direct avec un bien immeuble, le seul fait qu'un stand de foire ou d'exposition doive être ponctuellement et temporairement installé sur un bien immeuble, ou à l'intérieur d'un tel bien, n'étant pas suffisant à cet égard (CJUE 27-10-2011 aff. 530/09 : RJF 1/12 n° 87 ; BOI-TVA-CHAMP-20-50-30 n° 525). De telles prestations relèvent donc, dans les relations « B to B », de la règle générale exposée au n° 49870.

49975 CGI art. 259 A, 4° TVA-III-4600 s

Transports de passagers Les prestations de transport de passagers sont situées en France en fonction des **distances** qui y sont **parcourues.**

› Précisions a. Lorsqu'une **partie seulement du transport** est effectuée **en France,** la base d'imposition à la TVA française est constituée par la somme correspondant au **prix de cette fraction.** Si ce prix est déterminé (cas des transports ferroviaires, par exemple), il constitue la base de l'imposition. S'il ne l'est pas, c'est-à-dire lorsque le transport est effectué pour un prix global, la somme imposable est déterminée en appliquant au prix du transport le rapport entre la longueur du transport effectué en France et la longueur totale du transport.

b. La règle exposée ici n'a qu'une portée pratique limitée, compte tenu des régimes particuliers d'exonération prévus par ailleurs en matière de **transports internationaux** (voir n°s 50180 s.).

c. En ce qui concerne :

– les transports entre la France continentale et la **Corse** : voir n°s 92405 s. ;

– les transports effectués par des **entreprises étrangères** non établies en France : voir n° 50660 ;

– les **locations** de moyens de transport : voir n°s 49960 s.

49980 CGI art. 259 A, 5°-b et c TVA-III-5000 s

Ventes à consommer sur place Les ventes à consommer sur place (telles que définies n° 53195), y compris celles réalisées par les restaurants placés sous douane, entrent dans le champ d'application de la TVA française lorsqu'elles sont **matériellement exécutées ou ont effectivement lieu en France.**

Sont, par ailleurs, réputées effectuées en France les ventes à consommer sur place lorsqu'elles sont réalisées matériellement **à bord de navires, d'aéronefs ou de trains** au cours de la partie d'un transport de passagers effectuée à l'intérieur de l'UE et que le lieu de départ du transport de passagers est situé en France.

› Précisions a. La « **partie d'un transport de passagers effectuée à l'intérieur de l'UE** » est la partie d'un transport dont le point de départ et le point d'arrivée se situent à l'intérieur de l'UE sans escale en dehors de l'UE. Est inclus dans la « partie d'un transport de passagers effectuée à l'intérieur de l'UE » le trajet effectué en dehors de l'UE sans escale, entre le lieu de départ et le lieu d'arrivée du transport de passagers qui sont situés dans l'UE. Sur la notion d'escale, voir n° 48985, précision a.

Le lieu de départ d'un transport de passagers est le premier point d'embarquement de passagers prévu dans l'UE, le cas échéant après escale en dehors de l'UE.

Le lieu d'arrivée d'un transport de passagers est le dernier point de débarquement prévu dans l'UE, pour les passagers ayant embarqué dans l'UE, le cas échéant avant escale en dehors de l'UE.

En présence d'un transport de passagers **aller-retour,** le retour est considéré comme un transport distinct.

b. Les ventes à consommer à bord des **cars de tourisme** circulant sur le territoire français sont situées en France, de même que les ventes à consommer sur place réalisées en France par des **entreprises étrangères à l'occasion,** par exemple, de **foires** ou d'expositions.

RÈGLES SPÉCIFIQUES AUX SEULES RELATIONS « B TO B »

49985 CGI art. 259 A, 5° bis TVA-III-6560 s

Des règles de territorialité spécifiques sont prévues dans le cadre des seules relations « B to B » (preneur assujetti) en ce qui concerne les **prestations de services consistant à donner accès** à des **manifestations culturelles, artistiques, sportives, scientifiques, éducatives, de divertissement ou similaires.**

Les prestations de services consistant à donner accès à de telles manifestations (telles les foires et les expositions), ainsi que celles qui leur sont accessoires, fournies à un assujetti, entrent dans le champ d'application de la TVA française lorsque ces **manifestations ont effectivement lieu en France.**

› Précisions a. L'accès à des manifestations culturelles, artistiques, sportives, scientifiques, éducatives, de divertissement ou similaires comprend les prestations de services dont les caractéristiques essentielles consistent, en échange d'un billet ou d'une rémunération, à octroyer un droit d'accès à une manifestation y compris une rémunération sous forme d'un abonnement ou d'une cotisation périodique. Font **notamment** partie de ces prestations : le droit d'accès à des spectacles, représentations théâtrales, spectacles de cirque, foires, parcs

d'attraction, concerts, expositions, ainsi qu'à d'autres manifestations culturelles similaires ; le droit d'accès à des manifestations sportives telles que matchs ou compétitions, à l'exclusion des droits d'engagement versés par les compétiteurs en contrepartie du droit de concourir ; le droit d'accès à des manifestations éducatives et scientifiques telles que des conférences, des séminaires et des formations (dès lors qu'elles n'excèdent pas sept jours ouvrés consécutifs : BOI-TVA-CHAMP-20-50-30 n° 325), à l'exclusion, selon l'administration, de celles dans le cadre desquelles les prestations sont dispensées au profit d'un seul assujetti (BOI précité n° 320).
Ne font pas partie de ces prestations l'utilisation d'installations telles que des salles de gymnastique ou autres, en échange du paiement d'une cotisation.
b. Il est rappelé que les **prestations** de services, fournies à un assujetti, qui ont pour objet des activités culturelles, artistiques, sportives, scientifiques, éducatives, de divertissement ou similaires mais **qui ne consistent pas à donner accès** à des manifestations de cette nature relèvent de la règle générale « B to B » (n° 49870).
c. Les **services accessoires** comprennent les services qui sont en relation directe avec l'accès à des manifestations culturelles, artistiques, sportives, scientifiques, éducatives, de divertissement ou similaires et qui sont fournis séparément à la personne qui assiste à une manifestation, moyennant une contrepartie distincte. De tels services accessoires comprennent notamment l'utilisation de vestiaires ou d'installations sanitaires, mais ne comprennent pas les simples services d'intermédiaires relatifs à la vente de billets.
d. Mise à disposition de **stands** de **foire** ou d'exposition, voir n° 49970.

RÈGLES SPÉCIFIQUES AUX SEULES RELATIONS « B TO C »

49990 Des règles de territorialité spécifiques sont prévues dans le cadre des seules relations « B to C », c'est-à-dire pour des prestations de services fournies à des **preneurs non assujettis.**
Ces règles spécifiques concernent les prestations suivantes : **transports intracommunautaires de biens, transports de biens autres** qu'intracommunautaires, **prestations accessoires** aux transports (de biens ou de passagers), **prestations culturelles, artistiques, sportives, scientifiques, éducatives,** de divertissement ou similaires, **travaux et expertises sur biens meubles corporels,** prestations des **intermédiaires transparents, certaines prestations immatérielles** lorsqu'elles sont fournies à des preneurs établis hors de l'UE, **services de télécommunication, de radiodiffusion et de télévision** et **services électroniques.**

49995 CGI art. 259 A, 3° TVA-III-5250 s

Transports intracommunautaires de biens Sont considérés comme transports intracommunautaires de biens les transports dont le lieu de **départ** et le lieu d'**arrivée** se trouvent **dans deux États membres** différents de l'UE.
Le lieu des transports intracommunautaires de biens fournis à des preneurs non assujettis est situé en France lorsque le lieu de **départ** est situé **en France.**

› Précisions **a.** Le **lieu de départ** est le lieu où commence effectivement le transport des biens, sans tenir compte des trajets effectués pour se rendre au lieu où se trouvent les biens. Le **lieu d'arrivée** est celui où s'achève effectivement le transport des biens.
b. Les transports intracommunautaires de biens dont le lieu est situé en France sont susceptibles de bénéficier, le cas échéant, des **exonérations** prévues pour les **transports internationaux** de marchandises (n°s 50180 s.). Tel est le cas, notamment, des **transports d'approche intracommunautaires** portant sur des marchandises destinées à une **exportation hors de l'UE** (voir explication et exemple au n° 50215, c). Ils sont également susceptibles de bénéficier d'une **suspension de la TVA** lorsque le bien est placé ou destiné à être placé sous un régime douanier ou un entrepôt fiscal (n° 50755, précision b).
c. Transports intéressant **Madère** et les **Açores** : voir n° 50245.

49997 CGI art. 259 A, 4° TVA-III-5400 s

Transports de biens autres qu'intracommunautaires Les transports de biens autres que les transports intracommunautaires, effectués pour des preneurs non assujettis, sont passibles de la TVA française pour la **distance parcourue en France** (dans le cas où le transport est effectué pour partie en France, les dispositions figurant n° 49975, précision a, s'appliquent).

› Précisions **a.** La règle exposée ici n'a qu'une portée pratique limitée, compte tenu des régimes particuliers d'exonération prévus par ailleurs en matière de **transports internationaux** (voir n°s 50180 s.).
b. En ce qui concerne :
– les transports entre la France continentale et la **Corse** : voir n°s 92405 s. ;
– les transports effectués par des **entreprises étrangères** non établies en France : voir n° 50660 ;
– les transports de biens placés ou destinés à être placés sous un **régime douanier** ou un **entrepôt fiscal** : voir n° 50755, précisions b et c ;
– les **locations** de moyens de transport : voir n° 49960.

50000 CGI art. 259 A, 6°-a TVA-III-5500 s

Prestations accessoires aux transports Les prestations accessoires aux transports, de biens ou de passagers, de tous types (national, intracommunautaire…) rendues à des preneurs non assujettis sont imposables en France lorsqu'elles y sont **matériellement exécutées.** Sont notamment visés le chargement, le déchargement, la manutention et les activités similaires.

› Précisions Les prestations accessoires aux transports de biens dont le lieu est réputé se situer en France peuvent, le cas échéant, bénéficier des **exonérations** prévues pour les services liés aux **échanges extracommunautaires** (nos 50110 s.). Il peut en être ainsi, notamment, lorsque les prestations concernent un transport portant sur des marchandises destinées à une **exportation hors de l'UE** (no 50135). Elles sont également susceptibles de bénéficier d'une **suspension de la TVA** lorsqu'elles se rapportent à des biens placés ou destinés à être placés sous un régime douanier ou un entrepôt fiscal (no 50755, précision b).

Prestations culturelles, artistiques, sportives, scientifiques, éducatives, de divertissement ou similaires Les prestations de services ayant pour objet des activités de cette nature, ainsi que les prestations des organisateurs de telles activités et les prestations accessoires à ces activités, fournies à des preneurs non assujettis, entrent dans le champ d'application de la TVA française lorsqu'elles sont **matériellement exécutées ou ont effectivement lieu en France.** 50002 CGI art. 259 A, 5°-a TVA-III-6650 s

Sont concernées :

– les prestations délivrées à l'occasion d'événements ponctuels de nature culturelle, artistique (tels que concerts, spectacles, expositions), sportive (compétitions, matchs, rencontres sportives), scientifique (colloques, congrès), foires, salons, qui se tiennent en France, qu'il s'agisse des droits d'accès à ces événements lorsqu'il en est perçu ou, en amont, des prestations réalisées pour leur organisation ;

– les prestations qui, sans pouvoir être rattachées à un événement, sont fournies pour l'exercice d'une activité de cette nature telles que notamment la pratique d'un sport (adhésion à un club, abonnement à une salle de sport), l'accès à une installation sportive, à un musée, à un parc d'attractions situé en France, le suivi d'un enseignement dispensé par un établissement de formation situé en France (autre que les prestations d'enseignement fournies par voie électronique et sous réserve des exonérations prévues aux nos 47030 s.).

› Précisions **a.** Doit être considérée comme une activité de divertissement ou similaire la prestation de services consistant à permettre au public d'utiliser, contre rémunération, des **machines à sous installées dans des salles de jeu** établies sur le territoire d'un État membre (CJUE 12-5-2005 aff. 452/03 : RJF 8-9/05 no 983).

b. Doivent être considérées comme des prestations accessoires les **prestations** de **sonorisation de manifestations artistiques ou récréatives,** dès lors qu'elles constituent une condition nécessaire à la réalisation de la prestation principale (CJUE 26-9-1996 aff. 327/94 : RJF 12/96 no 1498).

Travaux et expertises sur biens meubles corporels Les **travaux** (**entretien, façon, réparation, transformation, analyses,** travaux divers) **et expertises** portant sur des biens meubles corporels réalisés au profit de preneurs non assujettis entrent dans le champ d'application de la TVA française lorsque ces prestations sont **matériellement exécutées en France.** 50005 CGI art. 259 A, 6°-b TVA-III-5600 s

› Précisions **a.** Une **prestation de services complexe** consistant à collecter, à trier, à transporter et à éliminer des **déchets** et des ordures ménagères relève de la règle générale exposée au no 49870 et non des règles particulières prévues pour les travaux sur biens meubles corporels, même lorsqu'un élément de cette prestation est sous-traité dans un État membre autre que celui où le titulaire du contrat principal est établi (CJUE 25-1-2001 aff. 429/97 : RJF 4/01 no 578).

b. En ce qui concerne les **expertises** sur biens meubles corporels réalisées à la suite d'un **sinistre** : voir no 50030, c.

Prestations des intermédiaires « transparents » Les intermédiaires transparents sont ceux qui agissent au nom et pour le compte d'autrui (no 61445). La disposition examinée ici concerne les prestations réalisées par ces intermédiaires transparents **dans les opérations** (livraisons de biens ou prestations de services) **autres que les prestations se rattachant à un immeuble** (no 49970), pour le compte de preneurs non assujettis. 50010 CGI art. 259 A, 7° TVA-III-5800 s

Les prestations d'entremise des intermédiaires transparents dans ces opérations sont **imposables en France lorsque** le lieu de l'**opération principale** sur laquelle porte la prestation est situé **en France.**

› Précisions **a.** Pour la détermination du lieu d'une activité d'intermédiaire, il est indifférent que l'opération principale soit soumise à la TVA ou qu'il s'agisse d'une opération non imposable. Dans ce dernier cas, le lieu de l'opération principale est déterminé selon les critères retenus pour les opérations de même nature situées dans le champ d'application de la TVA (BOI-TVA-CHAMP-20-50-40-10 no 210).

b. Les prestations d'entremise dont le lieu est réputé se situer en France en application des règles exposées ci-dessus sont **exonérées** de la TVA lorsqu'elles portent sur des **exportations** ou opérations assimilées (no 50160).

c. Les intermédiaires transparents qui s'entremettent, pour le compte de preneurs non assujettis, dans un service d'hébergement dans le **secteur hôtelier** ou des secteurs similaires relèvent de la présente règle.

50020 CGI art. 259, 2°, 259 B et 259 C TVA-III-5900 s

Prestations « immatérielles » Des règles particulières de territorialité sont prévues, par l'article 259 B du CGI pour certaines prestations dites « immatérielles » lorsqu'elles sont fournies à des preneurs non assujettis établis hors de l'UE. Pour une meilleure lisibilité du régime, les développements ci-après reprennent l'**ensemble des règles de territorialité applicables aux prestations « immatérielles »** fournies à des **preneurs non assujettis.**

Remarque : La situation des **services de télécommunication, de radiodiffusion et de télévision et des services électroniques** fournis à des preneurs non assujettis, qui obéissent à des règles de territorialité spécifiques, n'est pas examinée ici mais dans la rubrique suivante (nos 50050 s.). En effet, ces prestations, par nature « immatérielles », obéissent à des règles de territorialité spécifiques.

50025 **Prestations concernées.** Les prestations « immatérielles » sont énumérées à l'article 259 B du CGI. Ces prestations sont les suivantes :

1. Cessions et concessions de droits d'auteur, de brevets, de droits de licences, de marques de fabrique et d'autres droits similaires (voir n° 50030, précision a) ;

2. Locations de biens meubles corporels (y compris opérations de crédit-bail) autres que des moyens de transport (pour ces derniers : voir nos 49960 s.) ;

3. Prestations de **publicité** (voir n° 50030, précision b) ;

4. Prestations des **conseillers, ingénieurs, bureaux d'études** dans tous les domaines, y compris ceux de l'organisation, de la recherche et du développement, prestations des **experts-comptables** (voir n° 50030, précision c) ;

5. Traitement de données et fournitures d'information (ainsi des prestations des traducteurs et interprètes de langues étrangères, de la fourniture par une entreprise des noms et adresses de personnes figurant sur son fichier) ;

6. Opérations bancaires et financières et d'assurance et de réassurance, à l'exception de la location de coffres-forts. (Pour les opérations bancaires et financières : voir les précisions données dans l'étude spéciale nos 60300 s., notamment n° 60415 ; en ce qui concerne l'exonération de TVA prévue pour les opérations d'assurance et de réassurance : voir n° 47460) ;

7. Mise à disposition de personnel, y compris le personnel indépendant, non employé à titre salarié par le prestataire (CJUE 26-1-2012 aff. 218/10 : RJF 4/12 n° 434) ;

8. Obligation de ne pas exercer même à titre partiel une activité professionnelle ou un droit mentionné à l'article 259 B ;

9. Accès aux réseaux de transport et de distribution **d'électricité ou de gaz naturel,** accès aux réseaux de **chauffage** ou de **refroidissement, acheminement** par ces réseaux et tous les autres services qui lui sont directement liés (voir n° 50030, précision d).

Remarque : Services de télécommunication, de radiodiffusion et de télévision et **services électroniques** : voir nos 50050 s.

50030 **› Précisions a.** Voici des exemples de **cessions et concessions de droits** visés au 1 du n° 50025 : concession de droits d'utilisation d'un logiciel spécifique ; cession du droit d'utilisation d'une photographie ; exploitation des droits « voisins du droit d'auteur » que détient un artiste-interprète.

b. Doivent être regardées comme des **prestations de publicité** visées au 3 du n° 50025 toutes les opérations, quels qu'en soient les auteurs, la nature ou la forme, dont l'objet est de transmettre un message destiné à informer le public de l'existence et des qualités d'un bien ou d'un service dans le but d'en augmenter les ventes, ou qui font indissociablement partie d'une campagne publicitaire (CJUE 17-11-1993 aff. 68/92, 69/92 et 73/92 : RJF 1/94 n° 115 ; CE 21-8-1996 nos 133816-133878 : RJF 10/96 n° 1147 ; BOI-TVA-CHAMP-20-50-50 n° 100).

Constituent notamment des prestations de publicité les opérations qui consistent à concevoir des projets de campagnes publicitaires, à conseiller les annonceurs, à céder ou louer un espace publicitaire, à concevoir et assurer la diffusion d'annonces publicitaires, à fabriquer ou faire fabriquer des supports publicitaires (films, photographies, messages radiodiffusés ou télévisés, documents divers, objets destinés à être distribués gratuitement), à vendre des biens en vue de leur distribution gratuite aux consommateurs à l'occasion notamment de jeux ou concours, à organiser des manifestations de relations publiques (cocktails, séances récréatives, etc.), à promouvoir l'action de l'annonceur (promotion de l'image de marque de l'organisme, diffusion d'informations sur la vie de l'organisme...).

Lorsque les diverses opérations effectuées par le prestataire en exécution du contrat conclu avec le preneur forment un ensemble indissociable d'actions à finalité publicitaire, la prestation s'analyse globalement comme une prestation de publicité.

Remarque : le fait pour le prestataire de confier en totalité ou en partie l'exécution matérielle de la prestation de publicité à un ou plusieurs **sous-traitants** ne remet pas en cause la qualification de l'opération réalisée par le prestataire.

c. Les précisions ci-après concernent les prestations des **conseillers, ingénieurs, bureaux d'études et experts-comptables** visées au 4 du n° 50025.

Sont concernés **notamment** les commissaires aux comptes, avocats, notaires, conseillers en brevets d'invention, conseils en organisation, conseils en matière d'études de marchés, conseils en informatique, conseils en ingénierie. En revanche, ne relèvent pas de cette catégorie : les prestations d'un **membre d'un tribunal arbitral** (CJUE 16-9-1997 aff. 145/96 : RJF 11/97 n° 1093), les prestations réalisées par un **exécuteur testamentaire** (CJUE 6-12-2007 aff. 406/06 : RJF 2/08 n° 251 ; BOI-TVA-CHAMP-20-50-20 n° 300), les actes de poursuite effectués par les huissiers de justice (BOI-TVA-CHAMP-20-50-50 n° 220). Ces prestations relèvent de la règle générale exposée au n° 49895. Ne relève pas non plus de la catégorie des prestations « immatérielles » la rédaction d'actes par lesquels des droits réels ou personnels sont consentis sur un immeuble (n° 49970).

Entrent dans la catégorie des prestations « immatérielles » les **expertises sur biens meubles corporels** réalisées à la suite d'un sinistre qui ne comportent pas la réalisation de constatations matérielles : il en est ainsi des expertises consistant à rechercher les causes des sinistres et les responsabilités des parties. En revanche, si l'expertise appelle des constatations matérielles, la règle applicable est celle indiquée au n° 50005 pour les travaux et expertises sur biens meubles corporels.

Les **expertises** judiciaires sur **biens meubles incorporels** sont considérées comme des prestations « immatérielles ». C'est le tribunal qui a commis l'expert qui est « preneur » de la prestation.

On rappelle enfin que les **expertises** portant sur des **immeubles** figurent parmi les prestations visées au n° 49970 (imposition en France, si l'immeuble est situé en France).

d. Constituent, notamment, des prestations visées au 9 du n° 50025 en matière de gaz naturel les prestations d'**accès au réseau** et d'**acheminement** du **gaz** (raccordement, réservations de capacité, acheminement, comptage, prestations optionnelles offertes par les gestionnaires de réseau de transport ou de distribution...), le service d'accès aux terminaux méthaniers ou aux stockages souterrains ; en matière d'**électricité,** les prestations d'accès et de transmission d'électricité sur le réseau de transport et de distribution (raccordement, acheminement, comptage, regroupement tarifaire de plusieurs points de livraison, suivi de la continuité et de la qualité du service de transport et de distribution...), les prestations liées au maintien de l'équilibre entre la production et la consommation et à la sûreté du réseau, les services liés à l'interconnexion frontalière des réseaux de transport au transit d'électricité.

Les prestations de mise à disposition d'installation de stockage, d'injection du gaz dans les installations de stockage et de soutirage hors de ces installations, ainsi que les prestations de conversion du gaz, relèvent de la catégorie des prestations « immatérielles » lorsqu'elles sont directement liées à des opérations de transport et/ou de distribution de gaz naturel.

Règles de territorialité applicables aux prestations « immatérielles ». Les règles de territorialité applicables aux prestations « immatérielles » énumérées au n° 50025, fournies à un **preneur non assujetti,** sont les suivantes. **50035** CGI art. 259, 2°, 259 B et 259 C

a. Lorsqu'elles sont réalisées par un **prestataire établi en France,** les prestations « immatérielles » sont **imposables en France** si le **preneur** est **établi dans l'UE** (France ou autre État membre).

b. Lorsqu'elles sont réalisées par un **prestataire établi en dehors de l'UE,** ces prestations sont **imposables en France** si le preneur est établi dans l'UE (France ou autre État membre) et si le **service** est **utilisé en France.**

c. Dans toutes les **hypothèses autres** que celles énumérées ci-dessus a et b, les prestations immatérielles ne sont **pas imposables en France.**

Il en est ainsi, notamment, dans les cas suivants :

– prestataire établi en France et preneur établi en dehors de l'UE ;

– prestataire établi en dehors de l'UE et preneur établi dans l'UE (France ou autre État membre) mais utilisant le service hors de France ;

– prestataire établi dans un autre État membre de l'UE, quel que soit le lieu d'établissement du preneur non assujetti (France, autre État membre ou pays tiers).

d. Le **tableau** ci-après récapitule le **lieu** des **prestations « immatérielles »** énumérées au n° 50025 fournies à des preneurs non assujettis.

Lieu d'établissement du preneur	Lieu d'établissement du prestataire			
	France	Autre État de l'UE	Pays tiers	
			Service non utilisé en France	Service utilisé en France
France	France	État membre où est établi le prestataire [1]	Pays tiers [2]	France
Autre État de l'UE	France [3]	État membre où est établi le prestataire [1]	Pays tiers [2]	France

Lieu d'établissement du preneur	Lieu d'établissement du prestataire			
	France	Autre État de l'UE	Pays tiers	
			Service non utilisé en France	Service utilisé en France
Pays tiers	Pays tiers [2]	Pays tiers [2]	Pays tiers [2]	Pays tiers

1. Sauf si le service est utilisé dans un pays tiers et que l'État membre d'établissement du prestataire a fait usage de la faculté offerte par l'article 59 bis, a de la directive TVA, auquel cas le lieu de la prestation est situé dans ce pays tiers.
2. Sauf si le service est utilisé dans un État membre autre que la France et que cet État membre a fait usage de la faculté offerte par l'article 59 bis, b de la directive TVA, auquel cas le lieu de la prestation est situé dans cet autre État.
3. Sauf prestations fournies à certaines organisations internationales (nº 50040, a).

50040 TVA-III-6460 s

> Précisions a. Normalement imposables en France, les prestations « immatérielles » rendues par des entreprises françaises à des **organisations internationales,** établies **dans un autre État membre** de l'UE (sans y être assujetties) et bénéficiant d'accords internationaux leur garantissant l'effacement de l'incidence de la TVA, sont directement exonérées de TVA (tout en ouvrant droit à déduction). Cette exonération concerne les prestations immatérielles rendues à l'**Union européenne** dans le cadre des opérations qu'elle réalise conformément à l'article 308 du traité de Rome et pour les programmes comportant une contribution financière de l'Union (BOI-TVA-CHAMP-20-50-40-10 nº 350 ; Lettre 12-6-1981).

b. Il est admis qu'échappent à l'imposition les prestations « immatérielles » rendues par des entreprises françaises à des **ministères** (ou organismes publics) français lorsqu'elles concernent des **pays ou organismes** situés **hors de l'UE** (exemple : travaux d'études effectués dans le cadre de la **coopération africaine**) (BOI-TVA-CHAMP-20-50-40-10 nº 370 : TVA-III-6475).

c. Les **critères d'utilisation ou d'exploitation effective** tiennent compte de la nature de chaque service et des conditions dans lesquelles celui-ci est utilisé ou exploité. L'**analyse** doit donc être effectuée **au cas par cas.**

À titre d'**exemple,** les prestations de **publicité** sont situées en France lorsque l'endroit à partir duquel sont diffusés les messages publicitaires au public cible est situé en France, c'est-à-dire, notamment dans le cadre d'une campagne publicitaire par voie d'affichage, si les panneaux publicitaires sont situés en France, ou dans le cadre d'une campagne de presse si le média écrit est diffusé à titre principal en France, ou encore dans le cadre d'une campagne audiovisuelle, si le média émet à destination du public français. Le fait que le média puisse être reçu au-delà de la France est sans incidence lorsque le public cible est effectivement situé en France (BOI-TVA-CHAMP-20-50-40-10 nºs 310 et 320).

50050 CGI art. 259 D TVA-III-7600 s

Services de télécommunication, de radiodiffusion et télévision et services électroniques Le lieu des prestations de services de télécommunication, de radiodiffusion et de télévision et des prestations de services électroniques fournies à un preneur non assujetti est, en principe, le lieu où le preneur est établi, a son domicile ou sa résidence habituelle, quel que soit le lieu d'établissement du prestataire. Toutefois, le lieu des prestations est, sous certaines conditions, le lieu d'établissement du prestataire (Dir. TVA art. 58 et CGI art. 259 D).

50055 **Prestations concernées.** Les prestations concernées sont les suivantes.

a. Prestations de télécommunication. Celles-ci comprennent notamment les services de téléphonie fixe et mobile pour la transmission et la commutation de la voix, de données et d'images, y compris les services téléphoniques comportant une composante d'imagerie (services de vidéophonie) ; les services téléphoniques fournis via Internet, y compris le protocole de téléphonie vocale via Internet [VoIP] (voir les précisions ci-dessous s'agissant des services fournis par des intermédiaires) ; la messagerie vocale, l'appel en instance, le transfert d'appel, l'identification de l'appelant, la conversation à trois et les autres services de gestion d'appels ; les services de radiomessagerie ; les services d'audiotexte ; la télécopie, le télégraphe et le télex ; l'accès à Internet, y compris le World Wide Web ; les connexions privées fournissant des liens de télécommunication à l'usage exclusif du preneur (Règl. UE 282/2011 art. 6 bis).

b. Services de radiodiffusion et de télévision. Il s'agit des services consistant en la fourniture de contenus audio et audiovisuels tels que les programmes de radio ou de télévision fournis au grand public via des réseaux de communication par un fournisseur de services de médias et sous la responsabilité éditoriale de celui-ci, pour l'écoute ou le visionnage simultanés, sur la base d'une grille de programmes (Règl. UE 282/2011 art. 6 ter).

c. Services fournis par voie électronique. Les services électroniques comprennent les services fournis sur Internet ou sur un réseau électronique et dont la nature rend la prestation largement automatisée, accompagnée d'une intervention humaine minimale, et impossible à assurer en l'absence de technologie de l'information (Règl. UE 282/2011 art. 7). Seuls sont donc concernés les services fournis par voie d'Internet ou de réseaux électroniques qui ne correspondent ni à des livraisons de biens meubles corporels, ni à des prestations de services « traditionnels » accessibles par d'autres procédés de communication (tels que services financiers, services de conseil ou de publicité, services de réservation en ligne de billets d'accès à des manifestations culturelles, artistiques, sportives, scientifiques, éducatives, de divertissement ou autres manifestations similaires ou services d'hébergement, de location de voiture, de restauration, de transport de passagers ou services similaires), ni à des services de télécommunication (BOI-TVA-CHAMP-20-50-40-20 nos 100 à 130).

Sont notamment visés (**liste indicative et non exhaustive** fixée par l'article 98 C de l'annexe III au CGI) :

– la fourniture et l'hébergement de sites informatiques, la maintenance à distance de programmes et d'équipements ;
– la fourniture en ligne de logiciels et la mise à jour de ceux-ci ;
– la fourniture d'images, de textes et d'informations, et la mise à disposition de bases de données ;
– la fourniture de musique, de films et de jeux, y compris les jeux de hasard ou d'argent, et d'émissions ou de manifestations politiques, culturelles, artistiques, sportives, scientifiques ou de divertissement ;
– la fourniture de services d'enseignement à distance.

› **Précisions** Lorsque des **services électroniques** ou des **services téléphoniques fournis via Internet,** y compris le protocole de téléphonie vocale via Internet (VoIP), sont fournis par l'intermédiaire d'un **réseau de télécommunication,** d'une **interface** ou d'un **portail** tel qu'une **plateforme de téléchargement,** l'assujetti qui s'entremet dans cette prestation est **présumé agir,** en son nom propre mais pour le compte du fournisseur de ces services (« **intermédiaire opaque** »). Cette présomption peut être réfutée si le fournisseur est explicitement reconnu comme étant le prestataire par l'intermédiaire et que cela ressort des accords contractuels entre les parties. Pour combattre cette présomption, les conditions suivantes doivent être réunies : chaque facture émise ou mise à disposition de chaque assujetti participant à la fourniture du service électronique doit préciser les services rendus ainsi que le prestataire de ceux-ci ; il en est de même de la facture remise au consommateur final.
En revanche, dès lors que l'intermédiaire autorise la facturation au preneur ou la fourniture des services ou qu'il fixe les conditions générales, il est obligatoirement considéré comme un intermédiaire opaque.
Cette présomption d'opacité ne s'applique pas, en revanche, aux prestataires qui assurent uniquement le traitement des paiements et qui ne participent pas à la fourniture du service (Règl. UE 282/2011 art. 9 bis).

Règles de territorialité applicables aux services de télécommunication, de radiodiffusion et de télévision et aux services électroniques. a. En principe, le lieu de ces prestations de services est réputé se situer en France lorsqu'elles sont effectuées en faveur de **personnes non assujetties** qui sont **établies,** ont leur domicile ou leur résidence habituelle **en France,** quel que soit le lieu d'établissement du prestataire. 50060

Par dérogation, le lieu des prestations n'est pas réputé situé en France lorsqu'elles sont fournies par un **prestataire** qui est établi **dans un autre État membre** de l'UE ou, en l'absence d'établissement, qui a dans cet autre État membre son domicile ou sa résidence habituelle, à des personnes non assujetties qui sont établies ou ont leur domicile ou leur résidence habituelle en France et que la valeur totale, hors TVA, des prestations en cause ne dépasse pas, au cours de l'année civile en cours, un **seuil de 10 000 €** (ou sa contre-valeur en monnaie nationale), et n'a pas dépassé ce seuil au cours de l'année civile précédente (sur ce seuil, voir précision e ci-après). Lorsque, au cours d'une année civile, ce seuil est dépassé, les prestations en cause sont situées en France à compter de ce moment. Les prestataires dont les services ne dépassent pas ce seuil peuvent toutefois **opter,** dans leur État membre, pour que le lieu de ces prestations soit fixé en France, cette option s'appliquant alors pour une période de deux années civiles.

b. Le lieu de ces prestations est également réputé situé en France lorsqu'elles sont fournies par un **prestataire** établi **en France** ou, en l'absence d'établissement, qui a en France son domicile ou sa résidence habituelle, à des personnes non assujetties qui sont établies, ont leur domicile ou leur résidence habituelle dans d'autres États membres de l'UE et que la valeur totale de ces prestations n'a pas excédé, pendant l'année civile en cours au moment de la prestation et pendant l'année civile précédente, le **seuil de 10 000 €** hors TVA. Lorsque, au cours d'une année civile, le seuil de 10 000 € est dépassé, les prestations fournies à compter du jour de ce dépassement ne sont pas situées en France. Les prestataires établis en France dont les prestations ne dépassent pas ce seuil peuvent **opter,** auprès de l'administration fiscale française, pour que le lieu de ces prestations se situe dans l'État membre où les preneurs non assujettis sont établis. Cette option couvre une période de deux années civiles.

> Précisions **a.** Lorsqu'un prestataire de services de télécommunication, de radiodiffusion ou de télévision ou d'un service électronique fournit ces services dans un lieu tel qu'une cabine téléphonique, une zone d'accès sans fil, un café internet, un restaurant ou le foyer d'un hôtel, où la présence physique du **preneur** est requise, il est **présumé** que le preneur est **établi** ou domicilié dans ce lieu (cette présomption vaut également lorsque le preneur est un assujetti). Si ce lieu se situe à bord d'un bateau, d'un avion ou d'un train effectuant un transport de passagers à l'intérieur de l'UE, le lieu de localisation du preneur est le pays de départ du transport (Règl. UE 282/2011 art. 24 bis).

b. Lorsque des services de télécommunication, de radiodiffusion ou de télévision ou des services électroniques sont fournis à une personne non assujettie :

– par l'intermédiaire de sa ligne fixe, le preneur est présumé établi ou domicilié au lieu d'installation de la ligne fixe ;

– à partir de réseaux mobiles, le preneur est présumé établi ou domicilié dans le pays identifié par le code mobile national de la carte SIM utilisée ;

– au moyen d'un décodeur, d'un dispositif similaire ou d'une carte de décryptage sans utilisation d'une ligne fixe, le preneur est présumé établi ou domicilié au lieu où se trouve le décodeur ou le dispositif similaire ou, si ce lieu n'est pas connu, au lieu où la carte de décryptage est envoyée pour y être utilisée ;

– dans d'autres conditions que celles visées ci-dessus, le preneur est présumé établi ou domicilié au lieu identifié comme tel par le prestataire sur la base de deux éléments de preuve non contradictoires figurant sur la liste donnée précision d ci-dessous ou, si le chiffre d'affaires du prestataire n'excède pas 100 000 € au cours de l'année civile en cours et de l'année civile précédente, sur la base d'un seul de ces éléments (hormis les « autres informations commerciales ») fourni par une personne participant à la prestation autre que le prestataire ou le preneur (Règl. UE 282/2011 art. 24 ter).

c. Un prestataire peut **réfuter** les **présomptions** mentionnées aux a et b ci-dessus sur la base de trois éléments de preuve non contradictoires indiquant que le preneur est établi ou domicilié à un autre endroit (voir la liste des éléments autorisés en précision d ci-dessous). L'administration fiscale ne peut réfuter une présomption que lorsqu'il existe des indications d'abus ou de fraude. Le preneur du service ne peut jamais les réfuter (Règl. UE 282/2011 art. 24 quinquies).

d. Les **éléments de preuve** permettant de déterminer la localisation du preneur (précision b ci-dessus) ou de réfuter des présomptions (précision c ci-dessus) sont les suivants : adresse de facturation du preneur ; adresse IP du dispositif utilisé par le preneur ou toute autre méthode de géolocalisation ; coordonnées bancaires (lieu de tenue du compte utilisé pour le paiement ou adresse de facturation du preneur connue par la banque) ; code mobile national (MCC) de l'identité internationale de l'abonné mobile (IMSI) enregistré sur la carte SIM utilisée par le preneur ; localisation de la ligne fixe du preneur par l'intermédiaire de laquelle le service lui est fourni ; autres informations commerciales pertinentes (Règl. UE 282/2011 art. 24 septies).

e. Le **seuil de 10 000 €** (ou sa contre-valeur en monnaie nationale) s'apprécie en tenant compte de l'ensemble des prestations concernées fournies à des personnes non assujetties établies dans des États membres autres que celui dans lequel le prestataire est établi (à compter du 1er janvier 2021, ce seuil devra s'apprécier en tenant compte également des ventes à distance intracommunautaires de biens effectuées par l'assujetti : Dir. TVA art. 59 quater).

50065 CGI art. 298 sexdecies F et 298 sexdecies G **TVA-III-8400 s**

Régimes spéciaux dits de « guichet unique ». Pour l'imposition des **services de télécommunication, de radiodiffusion et** de **télévision** et des **services électroniques** fournis **à des preneurs non assujettis établis dans l'UE,** les prestataires établis ou non dans l'UE ont la possibilité, sur **option,** d'appliquer un régime spécial dit de « guichet unique » pour la liquidation de la taxe due dans les différents États membres de l'Union européenne qui leur permet de satisfaire à toutes leurs obligations (identification, déclaration et paiement) par voie électronique auprès d'**un seul portail électronique.** Deux régimes cœxistent : le premier concerne les prestataires de services non établis dans l'UE ; le second concerne les prestataires établis dans l'UE mais dans un État membre autre que celui de consommation des services.

Remarque : À compter du 1er janvier 2021, le champ des guichets uniques sera étendu à l'ensemble des prestations de services rendues à des non-assujettis par des assujettis non établis dans l'État membre du preneur (Dir. UE/2017/2455 du 5-12-2017 transposée par l'article 147 de la loi 2019-1479 du 28-12-2019)

a. Régime UE. Ce régime permet aux **prestataires** qui ont le siège de leur activité ou un établissement stable **en France** et qui fournissent des services de télécommunication, de radiodiffusion ou de télévision ou des services électroniques à des preneurs non assujettis établis dans un État membre autre que la France dans lequel sont consommés ces services de se prévaloir, en France, d'un régime particulier de déclaration et de paiement de la taxe afférente auxdits services lorsqu'ils ne sont pas par ailleurs établis dans l'État membre de consommation. Un assujetti qui n'a pas établi le siège de son activité dans l'UE mais qui y dispose d'établissements stables, dont l'un est situé en France, peut également se prévaloir de ce régime en France.

Remarques : 1. Des dispositifs similaires sont en principe prévus dans chacun des autres États membres pour les prestataires qui y sont établis.

2. Lorsqu'un assujetti voulant appliquer le régime UE a établi le siège de son activité dans un État membre, cet État membre est obligatoirement l'État membre d'identification. L'assujetti est donc tenu d'utiliser le guichet unique de cet État.

b. Régime non UE. Ce régime, qui s'applique à l'ensemble des services de télécommunication, de radiodiffusion et de télévision et des services électroniques fournis par des **prestataires établis hors de l'UE** à des **preneurs non assujettis établis dans l'UE,** permet aux intéressés de s'identifier, de déclarer leurs prestations et de s'acquitter des taxes dues à ce titre dans les différents États membres auprès de l'État membre de leur choix (l'ensemble de ces obligations s'effectuant par voie électronique). Lorsqu'ils optent pour le « guichet » français, les prestataires établis dans un pays tiers n'ayant pas conclu de convention d'assistance au recouvrement des créances fiscales avec la France sont ainsi dispensés de désigner un représentant fiscal. **50065** (suite)

Pour se prévaloir du régime spécial, l'assujetti ne doit pas avoir établi le siège de son activité économique dans l'UE, ni disposer d'un établissement stable dans l'UE (un assujetti non établi dans l'UE mais qui y est identifié à la TVA peut donc se prévaloir du régime spécial).

c. Modalités de fonctionnement. Qu'il s'agisse du **régime UE** ou du **régime non UE,** l'assujetti doit informer l'administration du moment où il commence son activité imposable, la cesse ou la modifie au point de ne plus pouvoir se prévaloir du régime spécial. Il est mis fin au régime spécial dans les cas suivants : l'assujetti notifie (ou l'administration présume) qu'il ne fournit plus de services ; il ne remplit plus les conditions requises pour se prévaloir dudit régime ; de manière systématique, il ne se conforme pas aux règles relatives audit régime.

Pour chaque trimestre civil, l'assujetti doit déposer (par voie électronique) une **déclaration** de TVA (même si aucun service n'a été fourni au titre de cette période) qui doit être libellée en euros et accompagnée du paiement de la taxe effectué sur un compte bancaire libellé en euros. Cette déclaration doit comporter le numéro d'identification du prestataire (communiqué par l'administration) et, pour chaque État membre de consommation dans lequel la taxe est due, la valeur totale hors TVA des services pour la période imposable et le montant total de la taxe correspondante ventilé par taux d'imposition. Les taux applicables et le montant total de la taxe due sont également indiqués. Toute période déclarative est une période de déclaration indépendante : les éventuelles modifications apportées ultérieurement aux montants qui y figurent ne peuvent s'effectuer que par une modification de cette déclaration et non par des ajustements sur des déclarations ultérieures.

La taxe d'amont ne peut pas être **déduite** sur cette déclaration ; elle est remboursée selon la procédure spéciale visée au nº 50675 (étant précisé à cet égard que les assujettis établis hors de l'Union européenne sont dispensés de désigner un représentant fiscal : CGI ann. II art. 242-0 Z decies). Toutefois, un assujetti communautaire non établi dans l'État membre de consommation des services, se prévalant du guichet unique, qui exerce également dans ce dernier État d'autres activités que les prestations de services relevant du guichet unique et pour lesquelles il est tenu de se faire identifier, déduit, sur la déclaration de TVA de droit commun qu'il est tenu de déposer, les montants de TVA qui sont liés à ses activités de prestataires de services de télécommunication, de radiodiffusion ou de télévision ou de services électroniques.

Les assujettis ayant recours aux régimes de guichet unique sont soumis, par dérogation aux règles de droit commun, aux règles de **facturation** de l'État dans lequel ils sont identifiés à cette fin (Dir. TVA art. 219 bis). Ainsi un assujetti qui est identifié aux fins du guichet unique en France est soumis aux règles de facturation françaises, quel que soit le lieu d'établissement du preneur (CGI art. 289-0).

L'assujetti doit tenir (et conserver pendant dix ans) un **registre** des opérations relevant du régime spécial qui doit, sur demande, être mis (par voie électronique) à la disposition des administrations de l'État d'identification et des États de consommation.

› Précisions Le régime UE ne s'applique pas pour les services fournis à des preneurs non assujettis établis en France par un **prestataire** qui a le **siège** de son activité ou un **établissement stable en France.** Ces prestations sont déclarées à l'administration fiscale française sur une déclaration de TVA dans les conditions de droit commun. À cet égard, le fait que l'établissement stable ne participe pas à la réalisation de la prestation de services demeure sans incidence.

En revanche, lorsque l'assujetti, qui se prévaut du régime de guichet unique en France, dispose d'un ou **plusieurs établissements** stables situés **ailleurs qu'en France** à partir desquels des services sont fournis dans des États de consommation où l'assujetti n'est pas établi, il déclare auprès du portail français la valeur totale des services qui relèvent de ce régime particulier, ventilée par État membre de consommation, pour chaque État membre dans lequel il dispose d'un établissement, ainsi que le numéro individuel à la TVA ou le numéro d'enregistrement fiscal de cet établissement.

Par ailleurs, un prestataire dont les services sont situés dans l'État membre où il est établi parce que la valeur des prestations réalisées est inférieure à 10 000 € (nº 50060) ne peut pas utiliser le guichet unique, à moins d'exercer l'option pour l'imposition au lieu d'établissement du preneur. Une telle option lui permet de continuer d'utiliser le guichet unique si au cours d'une année civile son chiffre d'affaires est exceptionnellement inférieur à ce **seuil de 10 000 €** (en ce sens exposé des motifs de la directive UE/2017/2455 du 5-12-2017).

B. Services liés aux échanges extracommunautaires de biens

50110 TVA-IV-27000 s
Sous les n°s 49460 s., nous avons exposé le régime de TVA applicable aux échanges extracommunautaires de biens qui résultent d'**opérations** (**importations et exportations**) réalisées **avec des pays tiers** (ou territoires assimilés) tels qu'ils sont définis au n° 48540.

Plusieurs catégories de **prestations de services** liées à ces échanges extracommunautaires de biens sont **exonérées de TVA,** dans les conditions que nous allons maintenant examiner. Il faut souligner que, bien qu'exonérées, ces prestations ouvrent, en principe, **droit à déduction** de la taxe d'amont ayant grevé les éléments de leur prix (n° 55550).

Remarques : **1.** Les **transports de marchandises à l'importation ou à l'exportation,** qui figurent parmi les prestations de services liées aux échanges extracommunautaires de biens, font l'objet de commentaires particuliers sous la rubrique consacrée aux transports internationaux (n°s 50180 s.).

2. Les services portant sur des biens placés ou destinés à être placés sous **un régime douanier ou un entrepôt fiscal** sont régis par des dispositions particulières exposées aux n°s 50740 s.

SERVICES SE RAPPORTANT AUX IMPORTATIONS

50120 CGI art. 262, II-14° TVA-IV-28500 s
Les prestations de services se rapportant à l'importation de biens en France ou dans un autre État membre de l'UE et **dont la valeur est comprise dans la base d'imposition à l'importation** sont exonérées de TVA.

Il s'agit des prestations de services intervenant **jusqu'au lieu de destination** des biens visé au n° 49625.

› Précisions **a.** La même règle est applicable pour les **transports** de biens à l'importation (n° 50200).
b. Lorsque la valeur des **services** n'est **pas comprise** dans la **base d'imposition à l'importation,** le montant de ces services est imposable, en principe, dans les conditions de droit commun (voir toutefois la mesure de tolérance exposée au n° 49875).
c. Les prestations de **services se rapportant à des importations exonérées** sont elles-mêmes exonérées, alors même qu'elles n'ont pas été soumises à la TVA en douane lors de l'importation (CJUE 4-10-2017 aff. 273/16 : RJF 12/17 n° 1265).

50125 TVA-IV-35160 s
Prestations des intermédiaires « transparents »

a. Les commissions perçues lors d'opérations d'entremise se rapportant à des importations de **biens vendus aux conditions de livraison en France** et effectuées par des intermédiaires « transparents » (agissant au nom et pour le compte d'autrui) qui ne prennent pas une part effective dans l'exécution de la vente ne sont pas soumises à la TVA dans la mesure où elles sont comprises dans la base d'imposition des biens à l'importation (n° 50120).

› Précisions Pour bénéficier de cette exonération, les intermédiaires doivent apporter la **preuve** que leur commission est effectivement comprise dans la base d'imposition à l'importation. À relever en la matière le caractère peu formaliste de la jurisprudence (CE 7-5-1986 n° 62591 : RJF 7/86 n° 681).

b. Les intermédiaires « transparents » qui ne prennent pas une part effective dans l'exécution de la vente et dont l'entremise se rapporte à des importations de **biens vendus avant dédouanement ou aux conditions de livraison hors de France** sont exonérés de TVA en vertu de l'article 263 du CGI (n° 50160), dans la mesure où ils justifient (au moyen de factures, correspondance…) que leur entremise porte sur de telles ventes (BOI-TVA-CHAMP-30-30-40 n° 20).

SERVICES LIÉS AUX EXPORTATIONS

50135 CGI art. 262, I-1° et 2° TVA-IV-27100 s
Les prestations de services directement liées à l'exportation de biens meubles corporels (à destination de pays tiers ou territoires assimilés) sont **exonérées** de TVA.

Ces dispositions présentent un **caractère général.** Elles s'appliquent, quels que soient la qualité et le lieu d'établissement du donneur d'ordres (preneur), aux opérations portant sur des biens destinés à l'exportation telle que cette notion est définie aux n°s 49690 s.

Outre les **transports** de marchandises à l'exportation (dont le régime est examiné n°s 50210 s.), ces dispositions concernent notamment les opérations suivantes :
– **prestations accessoires aux transports** à l'exportation ;
– **chargement et déchargement** des moyens de transport et **manutentions accessoires** des marchandises ;
– **locations des moyens de transport,** des contenants et des matériels pour la protection des marchandises exportées ;
– **gardiennage, magasinage et emballage** de ces marchandises.

> **Précisions** **a.** Voici d'**autres exemples** de prestations couvertes par l'exonération : travaux à façon portant sur des produits destinés à l'exportation ; expertises d'assurances sur les biens destinés à l'exportation et effectivement exportés ; opérations effectuées par les commissionnaires en douane et inhérentes à l'exportation ; convoyage de moyens de transport entre deux points sans transport à titre onéreux de passagers ou de marchandises ; cession de certificats d'exportation dans le cadre de la politique agricole commune.
> **b.** Il est admis que les **services liés aux exportations** de marchandises **effectuées depuis un autre État membre** de l'UE soient, lorsque leur lieu d'imposition est en France, exonérés sur le fondement de l'article 146, 1-e de la directive TVA (en ce sens Lettre DLF 30-10-2009).
> **c.** En ce qui concerne les prestations des **intermédiaires « transparents »** intervenant dans les exportations ou dans les prestations de services énumérées ci-dessus : voir n° 50160.
> **d.** À noter que la CJUE interprète de manière très restrictive la notion de « prestations directement liées à l'exportation » : elle refuse, en effet, le bénéfice de l'exonération aux prestations qui sont liées à des exportations mais qui sont réalisées par des **sous-traitants** (n° 50215, précision b).

Formalités Pour les prestations ci-dessus, autres que les transports de marchandises (spécialement visés aux n°s 50220 s.), les conditions d'octroi de l'exonération diffèrent selon que le donneur d'ordres est établi en France ou à l'étranger, étant observé que dans le second cas (donneur d'ordres établi à l'étranger), il ne peut s'agir que d'un donneur d'ordres non assujetti (si le donneur d'ordres établi à l'étranger est un assujetti, la prestation n'est, en effet, pas imposable en France : n° 49870). **50140** TVA-IV-27450 s

a. Dans le premier cas (**donneur d'ordres établi en France**), c'est normalement au prestataire d'établir, par tout moyen reconnu valable, la **preuve** que le service rendu porte sur des biens destinés à l'exportation. S'il éprouve des difficultés pour apporter cette preuve, il peut demander à son donneur d'ordres de lui délivrer une **attestation** par laquelle celui-ci certifie que les prestations demandées portent sur des marchandises destinées à l'exportation et s'engage à acquitter la TVA au cas où ces marchandises ne recevraient pas cette affectation.

Les solutions exposées pour les transports de marchandises, en ce qui concerne le moment de la délivrance de l'attestation et les mentions que doit comprendre celle-ci (n° 50235, b), sont transposables aux services liés aux exportations.

Remarque : Les **emballeurs** et les **façonniers** peuvent éventuellement demander à leur donneur d'ordres la délivrance d'attestations d'achats en franchise (voir n° 50555, précision d).

b. Dans le second cas (**donneur d'ordres non assujetti établi à l'étranger**), la preuve résulte normalement de l'**attestation** que le **donneur d'ordres** (ou la personne agissant pour son compte) doit délivrer au prestataire, certifiant que les services exécutés portent sur des marchandises destinées à l'exportation. En outre, le **prestataire** est tenu à des **obligations** similaires à celles indiquées, pour les transporteurs, au n° 50230, b (inscription au jour le jour en comptabilité, conservation des attestations et copies de factures délivrées par le donneur d'ordres).

Toutefois, si le **prestataire** apporte la **preuve,** par tout moyen reconnu valable, que le service rendu a porté sur des marchandises destinées à l'exportation, il est dispensé d'exiger de son donneur d'ordres tant les attestations que les copies des factures.

TRAVAUX PORTANT SUR DES BIENS EXPÉDIÉS ENSUITE HORS DE L'UNION EUROPÉENNE

Sont exonérées de la TVA les prestations de services consistant en travaux (façon, réparation, entretien) portant sur des **biens** meubles **acquis ou importés en vue** de faire l'objet **de ces travaux** et qui sont **ensuite expédiés** ou transportés **en dehors** du territoire des États membres **de l'Union** européenne par le prestataire de services ou par le **preneur** établi **hors de France** ou pour leur compte. **50150** CGI art. 262, II-1° TVA-IV-27700 s

> **Précisions** **a.** La portée de cette exonération est limitée aux travaux effectués pour le compte de **preneurs non assujettis** établis hors de France, dès lors que les travaux sur biens meubles effectués pour le compte de preneurs assujettis établis hors de France ne sont pas imposables en France (n° 49870).
> **b.** L'exonération concerne exclusivement les biens dont l'**état** nécessite **lors de leur acquisition ou de leur importation** des travaux que le preneur étranger fait effectuer en France avant leur expédition ou leur transport hors de l'Union européenne.
> Elle ne s'applique pas aux travaux de réparation et d'entretien (y compris la fourniture de biens d'équipement et de pièces détachées incorporées) portant sur des véhicules routiers, des bateaux de plaisance, des avions de tourisme ou tout autre **moyen de transport à usage privé,** et qui sont devenus nécessaires à la suite d'une **panne** ou d'un **accident** survenu **pendant le séjour en France** de ces moyens de transport. Ces travaux demeurent donc imposables, sous réserve de la suspension de la TVA qui s'attache aux biens placés sous un régime douanier ou un entrepôt fiscal (n° 50755, précision b).
> **c.** L'exonération ne s'applique pas aux travaux portant sur des **biens** qui sont ensuite **expédiés** ou transportés **dans un autre État membre** de l'UE. Elle ne s'applique pas non plus aux travaux de réparation et d'entretien portant sur des **bateaux fluviaux** ayant leur port d'attache dans un autre État membre ou sur des **bateaux de plaisance** battant pavillon **d'un autre État membre.**

PRESTATIONS DES INTERMÉDIAIRES « TRANSPARENTS » DANS LES EXPORTATIONS ET OPÉRATIONS HORS UNION EUROPÉENNE

50160 CGI art. 263 TVA-IV-35000 s

Les prestations de services effectuées par les intermédiaires « transparents » (agissant au nom et pour le compte d'autrui) sont **exonérées** de TVA, lorsqu'ils interviennent soit dans les exportations et opérations assimilées exonérées par l'article 262 du CGI, soit dans les opérations réalisées hors de l'Union européenne.

> **Précisions** **a.** Cas où l'intervention concerne des **importations** : voir n° 50125, b.
b. La présente disposition ne s'applique pas aux **agences de voyages** et organisateurs de circuits touristiques. Mais l'article 262 bis du CGI exonère les prestations réalisées par les entreprises en cause, lorsqu'elles se rapportent à des services utilisés hors de l'Union européenne (voir n° 61530).

C. Transports internationaux

50180 TVA-III-17000 s

Selon la règle énoncée au n° 49975, les transports de passagers ou de voyageurs sont passibles en principe de la TVA française pour la distance parcourue en France, quelle que soit la qualité du preneur (preneur assujetti ou non assujetti).

Les transports de marchandises ou de biens effectués pour le compte de preneurs assujettis établis en France sont passibles en principe de la TVA française pour la distance totale du transport (n° 49870).

Les transports de marchandises ou de biens effectués pour le compte de preneurs non assujettis sont, quant à eux, passibles en principe de la TVA française :
– pour la distance totale du transport lorsqu'il s'agit d'un transport intracommunautaire et que le lieu de départ du transport se trouve en France (n° 49995) ;
– pour la distance parcourue en France lorsqu'il s'agit d'un transport autre qu'un transport intracommunautaire (n° 49997).

Toutefois, l'application effective de la TVA française en vertu de ces règles est limitée aux transports (de marchandises ou de voyageurs) qui ne bénéficient pas de l'une des **exonérations** expressément prévues en matière de **transports internationaux** et que nous allons maintenant examiner.

Il faut souligner que les transports ainsi exonérés ouvrent, en principe, **droit à déduction** de la taxe d'amont ayant grevé les éléments de leur prix (n° 55550).

Remarques : **1.** Les **autres services** (et notamment les prestations accessoires aux transports) liés aux **échanges extracommunautaires** de biens sont susceptibles d'être également exonérés de TVA dans les conditions exposées sous la rubrique précédente (nos 50110 s.).
2. En ce qui concerne :
– les transports entre la France continentale et la **Corse,** voir nos 92405 s. ;
– les transports réalisés par des **entreprises étrangères,** voir les précisions données au n° 50660 ;
– les transports de biens placés ou destinés à être placés sous **un régime douanier ou un entrepôt fiscal,** voir n° 50755, précisions b et c ;
– les **opérations** portant sur les **navires et aéronefs,** voir nos 50450 s.

TRANSPORTS INTERNATIONAUX DE VOYAGEURS

50190 CGI art. 262, II-8° à 10° TVA-III-17200 s

Sont exonérés de TVA, même pour la partie du trajet située sur le territoire national :
– les transports **aériens ou maritimes** de voyageurs **en provenance ou à destination** de l'étranger ou des territoires et départements d'outre-mer ;
– les transports **ferroviaires** de voyageurs en provenance et à destination de l'étranger **(transit),** les transports de voyageurs effectués par les **trains internationaux** et sur des relations comprenant certains parcours, ainsi que les transports effectués dans le cadre de la **liaison fixe transmanche** ;
– les transports **par route** de voyageurs étrangers en provenance et à destination de l'étranger, circulant en **groupe** d'au moins dix personnes (il doit s'agir de voyageurs de nationalité étrangère ou de voyageurs français résidant à l'étranger). L'exonération s'applique, y compris dans l'hypothèse où les pays de provenance et de retour sont identiques. L'interruption du transport routier ne fait pas obstacle à l'exonération (tel est le cas lorsque les voyageurs s'arrêtent dans une ou plusieurs villes françaises ou lorsque les voyageurs disposent, pendant la durée du transport en France, de journées libres, le temps du passage en France ne devant cependant pas revêtir la forme d'un véritable séjour) (BOI-TVA-CHAMP-20-60-10 nos 90 à 140).

TRANSPORTS DE MARCHANDISES À L'IMPORTATION

50200 CGI art. 262, II-14° TVA-III-18250 s

Les transports se rapportant à l'importation de biens en France ou dans un autre État membre de l'UE et dont la **valeur** est **comprise dans la base d'imposition à l'importation** sont exonérés de TVA, quel que soit le mode de transport utilisé.

Il s'agit des transports intervenant **jusqu'au lieu de destination** visé au nº 49625.

> **Précisions** **a.** La même règle est applicable pour les **autres services** se rapportant aux importations (nº 50120).
> **b.** Les **transports** de marchandises à l'importation dont le lieu est situé en France et qui sont effectués **à partir du lieu de destination** susvisé sont imposables dans les conditions de droit commun (sauf si les biens importés sont placés ou destinés à être placés sous un régime douanier ou un entrepôt fiscal, ces transports étant exonérés ou effectués en suspension de la TVA : nº 50755, précisions b et c).

TRANSPORTS DE MARCHANDISES À L'EXPORTATION

50210 CGI art. 262, I TVA-III-17950 s

Les prestations de services directement liées à l'exportation sont **exonérées** de TVA (nºs 50135 s.).

Il en est ainsi des transports de marchandises à destination de pays situés en dehors de l'Union européenne (c'est-à-dire à destination de pays tiers ou territoires assimilés).

50215

> **Précisions** **a.** Il est admis que les **transports portant sur des marchandises exportées depuis un autre État membre** de l'UE soient, lorsque le lieu d'imposition est en France, exonérés sur le fondement de l'article 146, 1-e de la directive TVA (Lettre DLF 30-10-2009).
> **b.** Selon l'administration, les **transports effectués en sous-traitance** peuvent bénéficier de l'exonération prévue par l'article 262, I du CGI (en ce sens BOI-TVA-CHAMP-20-60-20 nº 140). La jurisprudence du Conseil d'État est dans le même sens (CE 18-2-1976 nº 98967 : RJF 4/76 nº 168).
> En revanche, selon la CJUE, les transports de biens à destination d'un pays tiers sont exclus de l'exonération lorsque ces services ne sont pas fournis directement à l'expéditeur ou au destinataire des biens mais au transporteur principal par un transporteur sous-traitant (CJUE 29-6-2017 aff. 288/16 : RJF 10/17 nº 1009).
> **c.** L'exonération, qui s'applique aux **transports d'approche** effectués en vue d'acheminer des marchandises hors de l'UE, concerne aussi bien les transports d'approche **nationaux** que les transports d'approche **intracommunautaires** de marchandises qui sont (directement ou à la suite de transbordement) immédiatement exportées à partir de la France ou éventuellement d'un autre État membre.
> Exemple : une entreprise française confie à un transporteur français le transport de Paris à Gênes de marchandises qu'elle exporte en Asie. Cette prestation peut être exonérée par le transporteur, dès lors qu'elle porte sur des biens dont l'exportation est justifiée (pour les formalités : voir nº 50225) (BOI-TVA-CHAMP-20-60-20 nºs 40 et 50).
> **d.** L'exonération s'applique aux opérations de **déménagements** à destination de pays tiers ou territoires assimilés.
> En revanche, les opérations de déménagements en provenance de ces pays tiers ou assimilés dont le lieu est situé en France sont imposables dans les conditions de droit commun. Il en va de même des opérations de déménagements de France vers un autre État membre de l'UE ou inversement dont le lieu est situé en France.
> Déménagements en provenance ou à destination de la Corse : voir nº 92410.

50220 TVA-III-18050 s

Formalités L'exonération des transports de marchandises à l'exportation est subordonnée à la réalisation de formalités qui diffèrent selon la nature de ces transports.

Transports de marchandises vers un port ou aéroport en vue de leur transbordement

50225

a. Pour ces transports, l'exonération est en principe subordonnée à la présentation d'une **attestation** délivrée par le **donneur d'ordres** (propriétaire, expéditeur ou commissionnaire de transports), visée par le service des impôts dont dépend ce donneur d'ordres et certifiant la destination des produits. L'attestation doit être délivrée au plus tard lors de la facturation du transport. Elle mentionne le nom du donneur d'ordres, la destination des produits et leurs caractéristiques.

Les donneurs d'ordres qui réalisent de nombreuses expéditions vers l'étranger peuvent, sur demande justifiée, être dispensés du visa des attestations. La facture du transporteur doit alors mentionner le numéro et la date de la décision de dispense.

b. L'attestation n'est pas exigée si le **transporteur** peut apporter la **preuve** par tout moyen reconnu valable (feuille de route ou récépissé de transport, par exemple) que le transport des marchandises est effectué à destination d'un port ou d'un aéroport en vue de leur transbordement vers un pays situé en dehors de l'Union européenne.

> **Précisions** Les transporteurs qui éprouvent des difficultés pour présenter les justificatifs exigés pour bénéficier de l'exonération peuvent facturer en franchise de taxe sous le couvert des **attestations d'achats en franchise** (voir à cet égard nº 50555, précision d).

50230 **Transports exécutés pour le compte de donneurs d'ordres non assujettis établis à l'étranger**

a. Là aussi, l'exonération est subordonnée, en principe, à la délivrance par le **donneur d'ordres** (ou la personne agissant pour son compte) d'une **attestation** certifiant la destination à l'exportation des marchandises transportées.

b. En outre, le **transporteur** est tenu :
– d'inscrire, jour par jour, dans sa **comptabilité** ou sur le livre spécial (nº 53450) les transports effectués pour le compte d'entreprises étrangères (avec la date de l'inscription et les noms et adresses des donneurs d'ordres étrangers) ;
– de mettre **à l'appui de sa comptabilité** les attestations qui lui sont délivrées par ses clients étrangers et les copies des factures que ces derniers doivent lui renvoyer, annotées des références aux déclarations d'exportation des marchandises transportées.

c. Toutefois, les formalités visées aux a et b ne sont pas exigées si le transporteur peut présenter l'**attestation** prévue au nº 50225, a.

d. Par ailleurs, les **transporteurs** qui apportent, par tout moyen, la **preuve** que les transports ont été effectués en vue d'acheminer des marchandises destinées à l'exportation sont dispensés d'exiger de leurs clients étrangers les attestations et copies de factures.

Il est rappelé que les transports exécutés pour le compte de **donneurs d'ordres assujettis** établis à l'étranger ne sont pas imposables en France (nº 49870).

50235 **Autres transports de marchandises** Il s'agit essentiellement des transports de marchandises afférents aux expéditions directes vers un pays tiers et des transports d'approche (autres que ceux à destination d'un port ou d'un aéroport), effectués pour le compte d'un donneur d'ordres établi en France.

a. Pour ces transports, l'exonération est subordonnée à la **preuve** que les transports exécutés entrent dans les prévisions de l'article 262, I du CGI ; cette preuve, qui est fournie par tout moyen, incombe aux **transporteurs** ; mais il appartient à l'administration d'apprécier, sous le contrôle du juge de l'impôt, les justifications fournies.

b. Les transporteurs qui éprouvent des difficultés pour apporter cette preuve peuvent demander à leur **donneur d'ordres** de leur délivrer une **attestation** par laquelle celui-ci certifie la destination des marchandises et s'engage à acquitter la TVA au cas où ces marchandises ne recevraient pas cette destination.

L'attestation doit être délivrée, au plus tard, au moment de la facturation du transport. Elle mentionne, outre le nom du donneur d'ordres et la destination des marchandises, les caractéristiques des marchandises transportées et, le cas échéant, tout renseignement concernant cette destination (notamment la référence à la déclaration d'exportation). Lorsqu'ils ne sont pas connus au moment de la délivrance de l'attestation, les renseignements peuvent être communiqués au transporteur, après cette délivrance, au moyen d'une note complémentaire portant référence à l'attestation concernée.

> **Précisions** Les transporteurs qui éprouvent des difficultés pour présenter les justificatifs exigés pour bénéficier de l'exonération peuvent facturer en franchise de taxe sous le couvert des **attestations d'achats en franchise** (voir à cet égard nº 50555, précision d).

TRANSPORTS DE BIENS INTÉRESSANT MADÈRE ET LES AÇORES

50245 Les prestations de transport intracommunautaire de biens effectuées à destination ou en provenance des Açores ou de Madère sont **exonérées** de la TVA.

CGI art. 262, II-11º bis
TVA-III-18500

SECTION 3 DISPOSITIONS DIVERSES

50400 Pour en terminer avec l'étude de la territorialité de la TVA, nous examinerons diverses dispositions particulières qui, bien que concernant des sujets différents, ont entre elles un **point commun** : elles sont toutes susceptibles d'intéresser **à la fois,** de façon globale ou partielle, des **opérations portant sur des biens** et des **prestations de services.**

1. OPÉRATIONS PORTANT SUR LES NAVIRES ET LES AÉRONEFS

50450 Plusieurs catégories d'opérations portant sur les navires, aéronefs et leur cargaison sont **exonérées** de la TVA. Nous examinerons successivement les règles prévues en cette matière,

TVA-IV-30000 s

d'abord pour les navires (nos 50460 s.), puis pour les aéronefs (nos 50495 s.), l'exposé s'achevant sur une disposition commune relative à l'avitaillement des navires et aéronefs (no 50525).

Remarques : **1.** Bien qu'exonérées, ces opérations ouvrent, en principe, **droit à déduction** de la taxe d'amont ayant grevé les éléments de leur prix (no 55550).

2. Les entreprises qui réalisent des opérations exonérées sont soumises à certaines **formalités** particulières concernant les **justifications** à fournir (CGI ann. IV art. 42 à 46) : TVA-IV-30600 s., TVA-IV-31060 s. et TVA-IV-32220 s.

OPÉRATIONS AFFÉRENTES AUX NAVIRES

Les opérations définies aux nos 50470, 50475 et 50480 sont exonérées de TVA lorsqu'elles portent sur les navires suivants : **50460** CGI art. 262, II-2°, 3° et 7° TVA-IV-30200 s

– navires de **commerce maritime** d'une longueur hors tout supérieure ou égale à 15 mètres affectés à la navigation **en haute mer** qui remplissent cumulativement les conditions suivantes : inscription comme navires de commerce sur un registre commercial (pour les navires battant pavillon étranger, l'inscription s'entend de la reconnaissance par une autorité étrangère de l'affectation à une activité commerciale), présence à bord d'un équipage permanent, affectation à une activité commerciale, navigation en dehors des eaux territoriales françaises représentant au moins 70 % de l'ensemble des trajets du navire. Les sorties en mer doivent constituer l'activité principale du navire par rapport à son activité à quai (BOI-TVA-CHAMP-30-30-30-10 nos 10 et 30) ;

– bateaux utilisés pour l'exercice d'une **activité industrielle en haute mer** ;

– bateaux affectés à la **pêche professionnelle maritime** ;

– bateaux de **sauvetage** et d'**assistance en mer.**

› **Précisions** **a.** Selon la CJUE, l'exonération ne s'applique pas aux prestations de **location et d'affrètement de bateaux** fournies à des personnes qui les utilisent exclusivement **à des fins d'agrément ou de plaisance** et non dans un but lucratif, en dehors de toute activité économique (CJUE 22-12-2010 aff. 116/10 : RJF 3/11 no 395). Ces prestations de location et d'affrètement effectuées pour les besoins de voyages d'agrément sont donc soumises à la TVA selon les règles de droit commun déterminées pour les besoins des navires de plaisance à usage privé. Il en va de même des opérations effectuées par des intermédiaires qui s'entremettent entre l'exploitant du navire et la personne qui l'utilise à des fins d'agrément (BOI précité no 180).

En revanche, l'exonération s'applique aux opérations autres que la location et l'affrètement (livraison, réparation, transformation, entretien, avitaillement, amarrages, services portuaires, importation...) portant sur les navires mis à disposition avec équipage pour les besoins de l'agrément du client (en ce sens Rép. Marie-Jeanne : AN 20-9-2016 no 84681).

À cet égard, il est précisé que, dans le cas de ces navires, pour le respect du critère de 70 % de la navigation hors des eaux territoriales nationales (voir précision c ci-dessous), un contrat de charter constitue un unique trajet dès lors qu'aucun passager nouveau n'est embarqué ou qu'aucun passager n'est débarqué définitivement au cours d'une escale. Dans le cas contraire, il sera décompté autant de trajets que le contrat compte d'escales.

Une exonération particulière est prévue pour les locations de courte durée de navires de grande plaisance en Guadeloupe et à la Martinique (voir no 91590).

b. S'agissant des **bateaux de sauvetage et d'assistance en mer,** seuls ceux effectivement utilisés à de telles missions peuvent prétendre à l'exonération, sans toutefois qu'une utilisation marginale à d'autres missions leur en fasse perdre le bénéfice (CE 23-12-2010 no 309886 : RJF 3/11 no 293).

c. S'agissant des navires de commerce maritime, le **pourcentage de 70 %** est déterminé chaque année et doit être justifié. Il résulte du rapport entre le nombre de trajets au cours desquels le navire de commerce maritime sort des eaux territoriales françaises au cours de l'**année civile précédant** l'année d'application de l'exonération de TVA et l'ensemble des trajets effectués au cours de la même période. Des modalités spécifiques de calcul de ce pourcentage sont prévues pour les navires ayant une activité spécifique et dont les sorties en mer sont aléatoires (navires chimiquiers ou câbliers, etc.). (BOI précité no 20).

d. Les **exploitants** des **navires de commerce maritime** affectés à la navigation en haute mer doivent remettre à leurs fournisseurs une attestation établie sous leur propre responsabilité certifiant que le navire remplit les conditions visées ci-dessus et sur laquelle ils s'engagent à acquitter la taxe au cas où les conditions de l'exonération ne seraient pas remplies (BOI précité no 140 ; BOI-LETTRE-000235).

Les bateaux qui n'entrent pas dans l'une des catégories visées ci-dessus sont **exclus** de l'exonération. C'est notamment le cas des bateaux industriels utilisés **à l'intérieur des eaux territoriales,** des bateaux de **sport** ou de plaisance, des bâtiments de la **marine nationale,** des bateaux naviguant sur les **fleuves internationaux.** Les opérations portant sur ces bâtiments obéissent aux règles générales de territorialité (nos 48955 s. et 49870 s. ; voir également no 50480, précision c). **50465**

50470 CGI art. 262, II-2° TVA-IV-30450 s

Opérations concernant les navires eux-mêmes Sont exonérées de la TVA les opérations de **livraison,** de **réparation,** de **transformation,** d'**entretien,** d'**affrètement** (total ou partiel) et de **location** qui portent sur les bâtiments visés au n° 50460.

Les entreprises qui participent à des opérations de construction, de transformation ou de réparation en qualité de **sous-traitants** sont exonérées au même titre que le maître d'œuvre.

> **Précisions** Les opérations destinées à **transformer en navire de commerce maritime** un navire n'ayant pas encore cette affectation ne bénéficient pas de l'exonération (Comité MOA 23-5-2002 non repris dans Bofip).

50475 CGI art. 262, II-3° TVA-IV-30820 s

Opérations portant sur les objets incorporés dans les navires et sur les engins et filets de pêche Les opérations de **livraison,** de **location,** de **réparation** et d'**entretien** portant sur les objets destinés à être incorporés dans les navires et bateaux visés au n° 50460 ou utilisés pour leur exploitation sont exonérées de TVA. Il en est de même pour les engins et filets de pêche et certains vêtements utilisés pour la pêche professionnelle maritime.

Les **objets concernés** sont :
– les produits, appareils et articles destinés soit à former le corps du bâtiment avec tous ses appareils et instruments de bord, soit à constituer l'outillage de celui-ci (conteneurs maritimes), l'ameublement des salons et cabines, leur mobilier et leur décoration ;
– les engins et filets pour la pêche maritime (c'est-à-dire les produits et objets susceptibles d'attirer, d'appâter, de prendre et de conserver le poisson) ;
– les vêtements professionnels (bottes, cirés, gants) livrés à des armateurs à la pêche ou à des patrons pêcheurs.

50480 CGI art. 262, II-7° TVA-IV-31400 s

Services rendus pour les besoins directs des bateaux et de leur cargaison

a. Les **services** effectués **pour les besoins directs des bateaux** visés au n° 50460 sont exonérés.

Il s'agit notamment des **prestations suivantes** (CGI ann. III art. 73 B) : pilotage, remorquage, amarrage (y compris halage, lamanage et désamarrage) ; utilisation des installations portuaires ; opérations d'entretien du navire et du matériel de bord (désinfection, dératisation, désinsectisation, nettoyage et dégazage des cales, blanchissage du linge de bord) ; gardiennage et services de prévention et de lutte contre l'incendie ; visites de sécurité, examens de carènes, expertises techniques ; assistance et sauvetage du navire ; enlèvement d'une épave à l'entrée d'un port mais non les travaux de dragage ; opérations effectuées dans l'exercice de leur profession par les courtiers conducteurs et interprètes de navires, les consignataires et agents maritimes et les gérants de navires ; expertises d'assurances ; visa et paraphe du journal de mer, enregistrement ou affirmation du rapport de mer par les greffiers des tribunaux de commerce.

b. Bénéficient également de l'exonération les prestations de **services** effectuées **pour les besoins directs de la cargaison** des bateaux visés au n° 50460.

Les **opérations concernées** sont notamment les suivantes (CGI ann. III art. 73 C) : chargement et déchargement du bateau ; manutention de la marchandise accessoire au chargement et au déchargement du bateau ; location de matériel pour le chargement et le déchargement ; location de contenants et de matériel de protection de la marchandise ; gardiennage de la marchandise ; stationnement et traction des wagons de marchandises sur les voies de quai ; magasinage de la marchandise nécessaire au transport par voie d'eau, dans la limite des quinze jours qui précèdent l'embarquement ou qui suivent le débarquement de la marchandise ; usage des halles à marée pour la vente aux enchères des produits de la pêche maritime ; embarquement et débarquement des passagers et de leurs bagages ; location de matériels d'équipement nécessaires aux opérations d'embarquement ou de débarquement des passagers et de leurs bagages, usage des gares maritimes ; expertises d'assurances.

> **Précisions** **a.** Les services en cause sont susceptibles d'être exonérés, qu'ils interviennent au stade final de commercialisation du service ou à un stade antérieur (service fourni par un **sous-traitant**...), dès lors que la finalité du service, eu égard à sa nature, peut être tenue pour certaine (CJUE 4-5-2017 aff. 33/16 : RJF 7/17 n° 763). En revanche, si le service est susceptible d'être détourné de sa finalité première (cas, par exemple, des prestations de transport de carburant), l'exonération n'est susceptible de s'appliquer qu'au stade final de commercialisation (CJUE 14-9-2006 aff. 181/04 : RJF 12/06 n° 1648).
>
> **b.** Sont également exonérées les **participations financières** réclamées par les **grands ports maritimes** (ou port autonome) à certains usagers au titre des frais d'équipement, lorsqu'elles se rapportent aux prestations énumérées ci-dessus (exemple : surtaxe à la tonne déchargée) (BOI-TVA-CHAMP-30-30-30-10 n° 600).
>
> **c.** Les services effectués pour les besoins de la cargaison des bateaux exécutant des transports internationaux sur les **fleuves, rivières et canaux** ne bénéficient pas de l'exonération. Toutefois, certaines prestations directement liées aux transports de marchandises à destination de pays tiers peuvent être exonérées en tant que presta-

tions liées à des **exportations** (n° 50135). Mais les prestations effectuées pour les besoins de la cargaison des bateaux de rivière exécutant des transports internationaux à l'**importation** sont taxables dans les conditions de droit commun (sous réserve de l'exonération applicable lorsque les prestations sont incluses dans la base d'imposition à l'importation : n° 50120).

Changement d'affectation Lorsque les **bateaux ou matériels** visés aux n°s 50460 et 50475 **cessent d'être affectés** exclusivement à la destination qui justifie l'exonération (notamment en cas de non-respect des conditions visées au n° 50460), la TVA devient exigible ; cette imposition est perçue par la douane (BOI-TVA-CHAMP-10-20-40 n° 200 ; BOI-TVA-CHAMP-30-30-30-10 n° 130). 50485 CGI art. 257, III-2° TVA-IV-30700 s et 31200 s

› Précisions La **revente d'un navire d'occasion par un négociant** est exonérée si l'acquéreur l'utilise pour une navigation privilégiée. Dans le cas contraire, elle est imposable dans les conditions indiquées aux n°s 60750 s. ; cette imposition est indépendante de celle qu'a pu opérer la douane lorsque la vente se traduit par un changement d'affectation.

OPÉRATIONS AFFÉRENTES AUX AÉRONEFS

Les opérations définies aux n°s 50500, 50505 et 50510 sont exonérées de TVA lorsqu'elles portent sur les aéronefs utilisés par des **compagnies, françaises ou étrangères, de navigation aérienne** dont les services à destination ou en provenance de l'étranger (Union européenne ou pays tiers) ou des territoires et départements d'outre-mer, à l'exclusion de la France métropolitaine, représentent au moins 80 % des services qu'elles exploitent. 50495 CGI art. 262, II-4°, 5° et 7° TVA-IV-32000 s

Pour que les exonérations soient applicables, il faut donc que le **trafic international** de la compagnie représente **au moins 80 %** des services qu'elle exploite.

› Précisions **a.** La condition tenant au seuil de 80 % est appréciée au vu des déclarations souscrites par les compagnies aériennes auprès de leur ministère de tutelle, sur la base des passagers/kilomètres ou des tonnes/kilomètres transportés (BOI-TVA-CHAMP-30-30-30-20 n° 10). Sont réputées satisfaire à cette condition l'ensemble des compagnies aériennes étrangères ainsi que les compagnies aériennes françaises figurant sur la liste publiée au BOI-ANNX-000215. À noter que, pour la CJUE, les exonérations bénéficient aux compagnies aériennes, y compris celles pratiquant des vols charters (CJUE 19-7-2012 aff. 33/11 : RJF 11/12 n° 1089), dont les activités autres qu'internationales se révèlent sensiblement moins importantes que leurs activités internationales. Pour apprécier l'importance respective de ces activités, peuvent être pris en compte tous les éléments qui donnent une indication de l'importance relative du type de trafic concerné, notamment le chiffre d'affaires (CJUE 16-9-2004 aff. 382/02 : RJF 12/04 n° 1291).

b. Les exonérations bénéficient aux **aéronefs utilisés pour des vols intérieurs** par les compagnies aériennes internationales concernées (CJUE 16-9-2004 précité).

Opérations concernant les aéronefs eux-mêmes Sont exonérées de la TVA les opérations de **livraison,** de **transformation,** de **réparation,** d'**entretien,** d'**affrètement** et de **location** portant sur les aéronefs visés au n° 50495. 50500 CGI art. 262, II-4° TVA-IV-32010 s

Les entreprises qui participent à des opérations de construction, de transformation ou de réparation en qualité de **sous-traitants** sont exonérées au même titre que le maître d'œuvre.

› Précisions L'exonération s'applique également :
– à la **cession d'un contrat de crédit-bail** sur un aéronef intervenant entre compagnies aériennes qui remplissent la condition tenant au seuil de 80 % visée au n° 50495 (BOI-TVA-CHAMP-30-30-30-20 n° 1) ;
– à la **livraison** d'un aéronef **à un opérateur qui n'est pas lui-même une compagnie remplissant la condition** susvisée mais qui acquiert cet aéronef aux fins de son utilisation exclusive par une telle compagnie (CJUE 19-7-2012 aff. 33/11 : RJF 11/12 n° 1089).

Opérations portant sur les objets incorporés dans les aéronefs Les opérations de **livraison,** de **location,** de **réparation** et d'**entretien** portant sur les objets destinés à être incorporés dans les aéronefs visés n° 50495 ou utilisés pour leur exploitation en vol sont exonérées de TVA. 50505 CGI art. 262, II-5° TVA-IV-32400

Services rendus pour les besoins directs des aéronefs et de leur cargaison **a.** Les **services** effectués **pour les besoins directs des aéronefs** visés n° 50495 sont exonérés de TVA. 50510 CGI art. 262, II-7° TVA-IV-32500 s

Ces **prestations** sont notamment les **suivantes** (CGI ann. III art. 73 D) : atterrissage et décollage ; usage des dispositifs d'éclairage ; stationnement, amarrage et abri des aéronefs ; usage des installations aménagées pour la réception des passagers et des marchandises ; usage des installations destinées à l'avitaillement des aéronefs ; opérations techniques afférentes à l'arrivée, au stationnement et au départ des aéronefs ; opérations de nettoyage, d'entretien et de réparation de l'aéronef et des matériels et équipements de bord ; gardiennage et service de prévention et de lutte contre l'incendie ; visites de sécurité, expertises techniques ; relevage et sauvetage des aéronefs ; opérations réalisées dans l'exercice de leur profession par les consignataires d'aéronefs et agents aériens ; expertises d'assurances.

b. Bénéficient également de l'exonération de TVA les prestations de **services** effectuées **pour les besoins directs de la cargaison** des aéronefs visés nº 50495.

Les **opérations concernées** sont notamment les suivantes (CGI ann. III art. 73 E) : embarquement et débarquement des passagers et de leurs bagages ; chargement et déchargement des aéronefs ; manutention des marchandises accessoire au chargement et déchargement des aéronefs ; opérations d'assistance aux passagers ; opérations relatives à l'enregistrement des passagers et à celui de leurs bagages ; émission et réception de messages de trafic ; opérations de trafic et de transit-correspondance ; location de matériels et d'équipements nécessaires au trafic aérien et utilisés sur l'aire des aéroports ; location de contenants et de matériels de protection des marchandises ; gardiennage des marchandises ; magasinage des marchandises nécessaire au transport par voie aérienne, dans la limite des quinze jours qui précèdent l'embarquement ou qui suivent le débarquement des marchandises ; expertises d'assurances.

50515 CGI art. 257, III-1º TVA-IV-32270

Changement d'affectation Lorsque les **aéronefs** visés au nº 50495 sont **revendus** à d'autres compagnies ne remplissant pas les conditions requises pour bénéficier de la franchise, l'exonération accordée lors de l'achat ou de l'importation n'est pas remise en cause, mais la cession entraîne la perception de la TVA ; cette perception est assurée par le service des impôts.

AVITAILLEMENT DES NAVIRES ET AÉRONEFS

50525 CGI art. 262, II-6º TVA-IV-33000 s

Les produits embarqués pour l'avitaillement des navires et aéronefs (**provisions de bord** destinées à la consommation à bord par l'équipage et les passagers (vivres, boissons, tabacs manufacturés) ; **produits utilisables à bord** pour les besoins particuliers du personnel navigant) sont exonérés de TVA.

La franchise s'applique à l'avitaillement :
– des navires visés au nº 50460 ainsi que des navires de guerre ;
– des aéronefs visés au nº 50495.

Les provisions de bord destinées aux bateaux affectés à la petite pêche côtière n'ouvrent, toutefois, pas droit à l'avitaillement en franchise (étant précisé que la petite pêche côtière s'entend de la pêche pratiquée au moyen de bateaux dont la longueur hors tout est inférieure à douze mètres, n'utilisant que des engins non remorqués et dont la sortie n'excède pas vingt-quatre heures).

Les navires visés au nº 50460 ainsi que les aéronefs définis au nº 50495 peuvent s'approvisionner en **produits pétroliers** en franchise de TVA. Il en est de même des bateaux de guerre relevant de la sous-position 89-06 du tarif des douanes (bâtiments de la marine nationale, vedettes de la gendarmerie).

› Précisions **a.** Constituent également des biens destinés à l'avitaillement des aéronefs les **magazines et journaux** qu'une compagnie aérienne met à la disposition de ses passagers (BOI-RES-000038).

b. Pour bénéficier de l'exonération, le fournisseur doit établir, pour chaque livraison, une **déclaration en douane** conforme au modèle fourni par l'administration **ou** tout autre document en tenant lieu prévu par la réglementation douanière (**facture**) et conserver en comptabilité ces documents, après visa du service des douanes.

c. Seules les **livraisons de biens faites à l'exploitant** de bateaux ou d'aéronefs qui utilisera ces biens pour l'avitaillement peuvent bénéficier de l'exonération, à l'exclusion des livraisons de biens faites à un stade antérieur de commercialisation (CJUE 26-6-1990 aff. 185/89 : RJF 11/90 nº 1413).

Dans le même sens à propos de livraisons de biens (carburants) destinés à l'avitaillement de bateaux affectés à la navigation en haute mer faites à des intermédiaires agissant en leur nom propre, la Cour jugeant que l'exonération n'est, en principe, pas applicable même si, à la date de la livraison, la destination finale des biens est connue, dûment établie et que des preuves la confirmant sont présentées. La Cour a toutefois précisé que l'exonération peut s'appliquer si le transfert auxdits intermédiaires de la propriété des biens concernés est intervenu au plus tôt concomitamment au moment où les exploitants des bateaux se sont vu habiliter à disposer de ces biens comme s'ils en étaient les propriétaires, car dans ce cas les livraisons doivent être regardées comme étant faites directement aux exploitants des bateaux et non comme étant faites aux intermédiaires (CJUE 3-9-2015 aff. 526/13 : RJF 12/15 nº 1082).

2. ACHATS EN FRANCHISE

Les entreprises qui réalisent des **opérations relevant du commerce extérieur** ont, si elles le désirent, la possibilité d'**acquérir en franchise** de TVA les **biens ou services** destinés à ces opérations (n° 50555). **50550** CGI art. 275 TVA-IV-37000 s

L'**intérêt** de ce régime suspensif se situe évidemment sur le plan de la **trésorerie,** puisqu'il évite d'avoir à faire l'avance d'une taxe d'amont qui, sinon, ne serait récupérée qu'ultérieurement par voie d'imputation ou de remboursement.

Les possibilités offertes par ce système sont cependant limitées par l'existence d'un **contingent annuel** d'achats en franchise (n° 50565).

En outre, les entreprises qui utilisent ce mécanisme sont soumises à des **formalités** particulières essentiellement destinées à sauvegarder les droits du Trésor (n°s 50575 et 50580).

Remarque : Des dispositions spéciales sont prévues par les II et III de l'article 275 du CGI, en ce qui concerne respectivement :
- les achats en franchise effectués par des **organismes sans but lucratif** (voir n° 89555, c) ;
- les achats en franchise effectués par des revendeurs de **biens d'occasion, œuvres d'art, objets de collection ou d'antiquité** (voir n° 60835).

› Précisions a. Le Conseil d'État considère que l'exigence d'une attestation de l'« exportateur » visée par l'administration fiscale, établissant la vocation des biens à être exportés ou expédiés dans un autre État membre, afin de bénéficier du régime des livraisons en franchise, ne méconnaît pas le principe de proportionnalité et est donc compatible avec le **droit communautaire** (CE 20-3-2013 n° 351365 : RJF 6/13 n° 599).
Selon la CAA de Nantes, le régime des achats en franchise, qui est entré en vigueur avant la consultation du comité consultatif de la TVA, constitue une transposition de la **directive TVA** intervenue en violation de celle-ci et est dès lors inapplicable (CAA Nantes 9-12-2010 n° 07-3555 : RJF 4/11 n° 422).
b. En cas de **non-respect** des **conditions de fond** (marchandises ne faisant pas l'objet d'une livraison mentionnée n° 50555, non-respect du contingent d'achats en franchise visé n° 50565), le paiement de la TVA est à la charge de l'exportateur (notamment CE 25-2-2011 n° 309574 : RJF 5/11 n° 563). En revanche, en cas de non-respect des **conditions de forme** (attestation préalable à la livraison, visa de l'attestation, certification que les biens sont effectivement destinés à faire l'objet d'une livraison exonérée et engagement d'acquitter à défaut la TVA), c'est le fournisseur qui est redevable de la taxe (notamment CE 14-1-2002 n° 219318 : RJF 4/02 n° 381).

CHAMP D'APPLICATION

Peuvent être **acquis en franchise** de TVA (dans la limite du contingent annuel visé au n° 50565) les **biens,** ainsi que les **services** portant sur ces biens, **acquis en France ou dans l'Union européenne ou importés, que** l'entreprise **destine** à faire l'objet : **50555** TVA-IV-37150 s
- d'une livraison à l'**exportation** (n°s 49690 s.) ;
- d'une **livraison intracommunautaire** exonérée (n° 49270) ;
- d'une livraison dont le lieu est situé dans un autre État membre de l'Union européenne et qui relève du régime des **ventes à distance** (n°s 49320 s.) ou qui concerne des **biens livrés après montage ou installation** par le vendeur ;
- d'une livraison de **gaz naturel, d'électricité,** de **chaleur** ou de **froid** située hors de France (n° 48990).

› Précisions a. Il n'est **pas exigé** que les marchandises ainsi livrées ou exportées soient **identiquement** celles qui ont été reçues en franchise de taxe ; ainsi, les assujettis peuvent reporter la totalité de leurs droits à la franchise sur les achats effectués auprès de quelques fournisseurs, quelle que soit la destination ultérieure des marchandises commandées.
La franchise ne peut toutefois s'appliquer qu'à des biens susceptibles de faire l'objet d'une livraison mentionnée ci-dessus, **en l'état ou après transformation** (produits finis, semi-produits, matières premières ou agents de fabrication) (BOI-TVA-CHAMP-30-30-50-10 n°s 140 et 150).
b. Les **fournisseurs** qui livrent en franchise ne peuvent pas eux-mêmes s'approvisionner en franchise. Mais ils peuvent récupérer la taxe ayant grevé les éléments du prix des produits livrés en franchise, en l'imputant sur la taxe applicable à d'autres opérations ou, à défaut de possibilité d'imputation, en en demandant le remboursement (n°s 56620 s.).
c. Lorsque l'exportation ou la livraison intracommunautaire est réalisée avec **entremise d'un commissionnaire ou intermédiaire « opaque »** (agissant en son nom propre pour le compte d'autrui), l'application du système des achats en franchise appelle des explications particulières que l'on trouvera au n° 61500.
Ces explications sont également valables pour le bureau d'achat de maisons étrangères agissant en son nom propre ou pour le **GIE** agissant en son nom propre dont l'activité consiste exclusivement à expédier en l'état hors de France les biens de la fabrication ou du négoce de ses membres et que ceux-ci lui ont livrés.
d. Les **services** portant sur des biens acquis en franchise ne sont évidemment pas concernés eux-mêmes par le système de la franchise, lorsqu'ils sont **déjà exonérés** par une disposition particulière. C'est notamment le cas des services liés aux exportations (n° 50135) et des transports à l'exportation (n° 50210).
Cependant, lorsque des **emballeurs** ou des **fa-**

çonniers travaillant pour le compte d'entreprises exportatrices éprouvent des difficultés pour apporter la preuve que leurs prestations portent sur des biens destinés à l'exportation (preuve nécessaire pour l'octroi de l'exonération ; n° 50140, a), il est admis qu'ils puissent facturer les prestations en franchise de TVA sous le couvert d'attestations visées au n° 50575 délivrées par le donneur d'ordres.

Il en est de même pour les **transporteurs** qui effectuent, pour le compte d'entreprises exportatrices, des transports de biens qui, en l'état ou après transformation, font normalement l'objet du négoce à l'exportation de ces entreprises.

CONTINGENT ANNUEL D'ACHATS EN FRANCHISE

50565 TVA-IV-38000 s

Le montant des achats de biens ou de services que l'entreprise peut effectuer chaque année en franchise de taxe est égal au **montant des livraisons** visées au n° 50555 que l'entreprise a réalisées au cours **de l'année précédente** et qui ont porté sur des biens normalement passibles de la taxe.

Lorsque ce contingent est atteint, les achats restant à effectuer jusqu'à la fin de l'année en cours doivent, en principe, être effectués avec paiement de la TVA. Bien entendu, cette taxe d'amont pourra ensuite être récupérée par voie d'imputation ou de remboursement, selon les règles de droit commun.

› Précisions **a.** La valeur des **produits** passibles de la TVA qui, **sans être vendus,** font l'objet d'une **sortie définitive** de France (matériel loué, articles publicitaires, marchandises en dépôt...) peut être ajoutée au montant des ventes, pour le calcul du contingent (BOI-TVA-CHAMP-30-30-50-10 n° 200).

b. Comme **année de référence,** les entreprises peuvent retenir soit l'année civile précédente, soit les douze derniers mois lorsqu'il apparaît, en cours d'année, que les livraisons à prendre en compte faites pendant cette période sont plus élevées que celles de l'année précédente.

c. Le service local des impôts, lorsqu'il est saisi d'une **demande** à cet effet, peut accorder le cas échéant (avec dispense éventuelle du cautionnement visé au n° 50580) :

– un **dépassement** du contingent légal, en cas d'augmentation des commandes ;

– pour les **entreprises nouvelles** ou réalisant nouvellement des ventes à l'étranger (et qui n'ont donc pas, au départ, de base de référence), un contingent fondé sur les approvisionnements nécessaires à la réalisation des marchés dont l'entreprise justifie qu'elle est titulaire avec l'étranger.

FORMALITÉS

50575 TVA-IV-38400 s

Pour bénéficier de la franchise, les intéressés doivent adresser à leurs fournisseurs, en principe avant la livraison des marchandises ou la facturation des services, une **attestation certifiant** que les produits commandés par eux sont destinés à faire l'objet, en l'état ou après transformation, d'une livraison visée au n° 50555 ou que les services commandés portent directement sur de tels produits, et **comportant l'engagement** d'acquitter la TVA au cas où ces produits ne recevraient pas la destination ayant motivé la franchise.

Les entreprises qui effectuent des **acquisitions intracommunautaires** de biens en franchise de taxe n'adressent pas cette attestation à leurs fournisseurs mais doivent la conserver à l'appui de leur comptabilité.

Le bénéfice de la franchise **à l'importation** est subordonné à la présentation au service des douanes, par les intéressés, d'un **avis** d'importation modèle **A I 2.** Pour les opérateurs qui utilisent une **procédure dématérialisée Delt@,** la présentation d'un avis A I 2 au service des douanes est toutefois remplacée par l'utilisation de **codes spécifiques** et par une **mention spéciale** dans la **déclaration en douane** dématérialisée. L'avis A I 2 doit cependant être conservé à l'appui de la comptabilité lorsque l'opérateur n'est pas dispensé de visa ; dans le cas inverse, il doit seulement présenter au service des douanes, en début d'année, une copie de la dispense de visa (sur cette dispense, voir la précision a ci-après).

› Précisions **a.** Les attestations et les avis A I 2 doivent en principe, préalablement à leur remise aux fournisseurs ou au service des douanes, **être visés par le service des impôts** dont relèvent les assujettis.

Cette formalité n'est cependant exigée que des entreprises nouvelles ou nouvellement exportatrices (sauf dispense exceptionnelle) et des entreprises ayant manqué à leurs obligations fiscales ou douanières. Les autres entreprises sont, sur leur demande, **dispensées de cette formalité.** La dispense de visa délivrée par l'administration est annuelle ; elle est renouvelée chaque année par celle-ci sans que l'entreprise ait à effectuer une nouvelle demande. La dispense de visa peut être retirée à tout moment (BOI-TVA-CHAMP-30-30-50-20 n°s 150 et 160).

Les entreprises dispensées de visa en informent chaque année leurs fournisseurs au moyen d'une copie de la dispense délivrée pour l'année en cours. Les attestations délivrées et les avis A I 2 doivent comporter les références de la dispense.

b. Les attestations et les avis A I 2 doivent, en principe, être établis pour un **montant déterminé.**

Les **entreprises dispensées de visa** ne sont toutefois **pas tenues de chiffrer les attestations** correspondant à des **achats en France** (elles doivent, en revanche, chiffrer les attestations correspondant à des acquisitions intracommunautaires et les avis A I 2).

c. Les compléments de prix facturés dans le cadre de marchés de fournitures comportant des **clauses de révision de prix** peuvent bénéficier de la franchise de taxe à condition qu'une attestation complémentaire soit délivrée.

d. Dans certains secteurs (céréales, produits laitiers, cuirs et peaux, notamment), les redevables peuvent être autorisés, s'ils justifient de circonstances particulières, à délivrer des **attestations** d'achat en franchise de TVA **après la livraison des biens.**

Sauf décision exceptionnelle, cette délivrance ne peut intervenir plus d'un mois jour pour jour après la comptabilisation de la livraison en franchise.

e. Les entreprises doivent déclarer le montant de leurs achats en franchise sur leurs **déclarations de TVA.**

f. Le **défaut de déclaration,** par une entreprise ayant bénéficié de la franchise, de la TVA dont le paiement lui incombe finalement lorsque ne sont **pas respectées** les **conditions d'application** de la livraison en franchise (CGI art. 284, I) est passible de l'**amende de 5 %** prévue par l'article 1788 A du CGI, dans les conditions exposées au n° 56290 (BOI-CF-INF-20-20 n° 90).

Cautionnement Les entreprises effectuant des acquisitions en franchise peuvent être tenues de présenter une **caution** pour la garantie des droits et des pénalités. **En fait,** le cautionnement n'est exigible que des **entreprises nouvelles** ou réalisant nouvellement des ventes à l'étranger, de celles qui demandent une **augmentation** de leur **contingent** ou de celles dont la **solvabilité** est **douteuse.** 50580 CGI art. 276 TVA-IV-39150 s

3. ENTREPRISES ÉTRANGÈRES

D'une manière générale, les entreprises (ou personnes) étrangères qui effectuent des **opérations** dont le **lieu d'imposition** se situe **en France** supportent la **même imposition que les entreprises françaises** réalisant les mêmes opérations. 50600 TVA-III-11000 s

Sont ainsi concernées : 50605
- les **livraisons de biens** effectuées en France (selon les critères énoncés nos 48950 s.) par des entreprises étrangères ou pour leur compte (à l'exception de celles visées au n° 50695, pour lesquelles le redevable de la taxe est l'acquéreur des biens ou le destinataire de la livraison) ainsi que les livraisons relevant du régime des **ventes à distance** imposables en France (nos 49315 s.) ;
- les **acquisitions intracommunautaires** de biens dont le lieu est situé en France ;
- les **prestations de services** imposables en France réalisées par des entreprises étrangères ou pour leur compte (à l'exception de celles visées au n° 50690, pour lesquelles le redevable de la taxe est le preneur de la prestation) ;
- et enfin les opérations au titre desquelles une personne établie hors de France doit accomplir des **obligations déclaratives** en France **sans y être redevable** de la taxe (livraisons et acquisitions intracommunautaires de biens exonérées, par exemple).

Pour les modalités d'imposition de ces diverses opérations, il faut **distinguer selon que** les entreprises étrangères sont **établies en France** (n° 50620) **ou non établies en France** (nos 50630 s.). Sur la notion d'établissement en France, on se reportera au n° 49860. 50610

Comme on le verra, la **situation** des **entreprises étrangères non établies en France diffère selon** qu'elles sont **établies dans un autre État membre de l'UE ou** dans un **pays tiers ayant conclu une convention d'assistance au recouvrement** des créances fiscales avec la France (nos 50635 s.) **ou dans un pays tiers n'ayant pas conclu une telle convention** (nos 50645 s.). Une **procédure spéciale de remboursement** de la taxe ayant grevé leurs acquisitions faites en France est, par ailleurs, prévue pour les entreprises non établies en France qui n'y réalisent pas de livraisons de biens ou de prestations de services (n° 50675).

Nous examinerons enfin les dispositions concernant les **opérations** pour lesquelles l'acquéreur des biens, le destinataire de la livraison ou le preneur de la prestation (c'est-à-dire le **client**) est **redevable** de la TVA (**autoliquidation**) (nos 50690 s.).

ENTREPRISES ÉTRANGÈRES ÉTABLIES EN FRANCE

Pour les opérations visées au n° 50605, ces entreprises sont soumises aux mêmes formalités et doivent acquitter la **TVA dans les mêmes conditions que les entreprises françaises** exerçant une activité identique imposable en France. 50620 TVA-III-11070 s

Ce régime s'applique notamment :
- aux **succursales** d'entreprises étrangères établies en France, et, d'une manière générale, à tout **établissement de vente** en France appartenant à une firme étrangère ;
- aux **personnes étrangères** qui n'ont ni leur siège d'activité ni établissement **en France,** mais qui y ont établi leur **domicile ou** leur **résidence habituelle** et y réalisent des opérations imposables.

ENTREPRISES ÉTRANGÈRES NON ÉTABLIES EN FRANCE

50630 Lorsqu'elles réalisent en France des **opérations** visées au n° 50605, ces entreprises sont, en principe, passibles de la **TVA.**

TVA-III-11100 s

Toutefois la portée de ce principe se trouve réduite du fait des dispositifs d'**autoliquidation de la taxe** par le **client** visés au n° 50690.

Cela dit, pour les **opérations pour lesquelles les entreprises non établies** en France **demeurent redevables de la TVA** (ou au titre desquelles elles doivent accomplir en France des obligations déclaratives sans y être redevables de la TVA), il faut **distinguer** selon que ces entreprises sont **établies dans un autre État membre de l'UE ou dans un pays tiers ayant conclu une convention d'assistance au recouvrement** des créances fiscales avec la France (n°s 50635 s.) **ou dans un pays tiers n'ayant pas conclu une telle convention** (n°s 50645 s.).

Par ailleurs, les entreprises étrangères non établies en France qui n'y réalisent **pas de livraisons de biens ou de prestations de services** entrant dans le champ d'application territorial de la TVA peuvent, sous certaines conditions, obtenir le remboursement de la **taxe** ayant grevé certains **biens ou services acquis en France** selon une **procédure spéciale de remboursement** examinée n°s 50675 s.

50635 Entreprises étrangères établies dans l'UE ou dans un pays tiers ayant conclu une convention d'assistance au recouvrement des créances fiscales

TVA-III-11110 s

Les assujettis établis dans un autre État membre de l'UE ou dans un pays tiers ayant conclu une convention d'assistance au recouvrement des créances fiscales avec la France, qui réalisent en France des opérations visées au n° 50605 pour lesquelles ils sont redevables de la TVA (ou au titre desquelles ils sont tenus d'accomplir en France des obligations déclaratives sans y être redevables de la TVA), n'ont ni l'obligation ni la possibilité de désigner un représentant fiscal. Ils doivent **s'identifier** à la TVA, **déclarer** les opérations imposables réalisées en France et, le cas échéant, **acquitter la taxe directement** auprès de l'administration.

Ces assujettis ont **toutefois** la **possibilité de désigner un mandataire** fiscal chargé d'effectuer à leur place tout ou partie des formalités déclaratives leur incombant et d'acquitter, le cas échéant, la taxe en leur nom (CGI ann. III art. 95, III). Mais, à la différence du représentant fiscal (n° 50645), ce mandataire **agit sous la responsabilité exclusive de l'assujetti** mandant qui reste seul redevable de la taxe. Ainsi, en cas d'absence d'accomplissement ou d'accomplissement partiel des formalités déclaratives et de paiement dont le mandataire a été chargé, l'assujetti communautaire mandant est responsable des formalités omises, de même qu'il est responsable en cas d'absence de restitution par le mandataire d'un trop-perçu.

La **liste** des **pays tiers** ayant conclu avec la France une convention d'assistance au recouvrement des créances fiscales a été fixée par l'arrêté du 15 mai 2013 (modifié par un arrêté du 28 février 2017). Les assujettis établis dans ces pays sont soumis, en matière d'identification, de déclaration et de paiement de la TVA, aux mêmes règles que les assujettis établis dans un autre État membre de l'UE. Il s'agit des pays suivants : Australie, Azerbaïdjan, Géorgie, Inde, Islande, Mexique, Moldavie, Norvège, République de Corée, Saint-Barthélemy et, depuis le 25 mars 2017, Afrique du Sud, Aruba, Curaçao, Ghana, Groenland, îles Féroé, Japon, Maurice, Nouvelle-Zélande, Polynésie française, Saint-Martin, Sint Maarten, Tunisie, Ukraine. L'Argentine a été retirée de cette liste à compter de la même date (Arrêté 28-2-2017 JO 22-4 du 24-3 avec rectificatif au JO du 22-4).

50640 **› Précisions a.** L'assujetti communautaire ou établi dans un pays tiers ayant conclu une convention d'assistance au recouvrement des créances fiscales qui fait appel à un mandataire fiscal doit **adresser l'original du mandat au service des impôts** compétent. Ce **mandat** doit être **exclusif,** rédigé en langue française, signé par une personne habilitée à engager l'entreprise et accepté du mandataire. Il doit faire apparaître, de manière obligatoire, certaines informations (notamment les formalités que le mandataire est habilité à accomplir) (BOI-TVA-DECLA-20-30-40-20 n°s 20 et 30). La qualité de **représentant fiscal désigné dans le cadre de l'ancien régime** (soit avant le 1-1-2002 s'agissant des assujettis communautaires, avant le 1-1-2013 ou le 25-3-2017 s'agissant des assujettis établis dans un pays tiers ayant conclu une convention d'assistance au recouvrement des créances fiscales avec la France : voir n° 50635) et non révoqué après cette date donne nécessairement mandat à ce représentant pour accomplir l'ensemble des formalités pouvant être confiées à un mandataire fiscal en application de l'article 95, III de l'annexe III au CGI (CE 30-7-2010 n° 308854 : RJF 11/10 n° 1014).

b. Les assujettis établis dans l'UE ou dans un pays tiers ayant conclu une convention d'assistance au recouvrement des créances fiscales avec la France qui commencent à exercer une activité en France doivent procéder aux **formalités d'identification** à la TVA auprès du service suivant : Service des impôts des entreprises étrangères, 10 rue du Centre, 93465 Noisy-le-Grand Cedex. S'agissant des loueurs d'immeubles, le lieu d'identification de ces assujettis est identique au lieu de dépôt des déclarations de TVA des intéressés (voir précision c ci-après). En cas de **cessation d'activité,** de modification de dénomination sociale, d'adresse du siège social ou de correspondance tant en France que dans l'État membre ou le pays tiers où se trouve le siège social, ces assujettis doivent en informer expressément le service des impôts compétent, de même qu'en cas de **rupture de mandat** ou de modification d'un de ses termes (BOI-TVA-DECLA-20-30-40-20 n° 110).

c. Les entreprises établies dans un autre État membre de l'UE ou dans un pays tiers ayant conclu une convention d'assistance au recouvrement des créances fiscales avec la France ont l'obligation de souscrire leur déclaration par voie électronique (**télédéclaration**). Il en va de même pour les demandes de remboursement des crédits de TVA (n° 56650).

Cette obligation de télétransmettre les déclarations rend en pratique sans portée les dispositions de l'article 95, I de l'annexe III au CGI fixant le lieu de dépôt de ces déclarations. Les principes résultant de ces dispositions gardent cependant un intérêt pour déterminer le **service des impôts dont dépendent les redevables** et auquel ils doivent s'adresser en cas de besoin (courriers, réclamations...). Ces principes sont les suivants :

– le service dont ces redevables dépendent est, en **principe,** le service des impôts des entreprises étrangères de la direction des impôts des non-résidents, 10 rue du Centre, 93465 Noisy-le-Grand Cedex. Toutefois, pour les **assujettis** établis dans un pays tiers ayant conclu une convention d'assistance au recouvrement des créances fiscales avec la France qui avaient désigné un **représentant fiscal en France avant le 1er janvier 2013, ou** avant le **25 mars 2017** (voir n° 50635), le service compétent est le service des impôts du lieu d'imposition de l'ancien représentant ;

– en outre, les assujettis qui disposent en France d'**immeubles donnés en location** et ne réalisent pas d'autres opérations pour lesquelles ils sont redevables de la taxe en France dépendent du service des impôts du lieu de situation de l'immeuble. Si l'application de cette règle conduit à une pluralité de services, les redevables sont rattachés au service des impôts des résidents étrangers (les propriétaires d'immeubles loués meublés et dont les loyers sont imposés dans la catégorie des BIC relèvent toutefois, dans cette hypothèse, du service des impôts du lieu de situation du bien générateur du chiffre d'affaires le plus élevé).

La **date limite de dépôt** des déclarations de TVA est fixée, pour les assujettis soumis au régime réel normal d'imposition qui dépendent du service des impôts des résidents étrangers, au 19 du mois suivant celui des opérations au titre desquelles la déclaration est effectuée. Pour ceux qui dépendent du service des impôts du lieu de situation des immeubles ou au lieu d'imposition de l'ancien représentant fiscal, elle est fixée au 24 du même mois.

d. Les entreprises établies dans un autre État membre de l'UE ou dans un pays tiers ayant conclu une convention d'assistance au recouvrement des créances fiscales avec la France ont également l'obligation de régler la TVA par voie électronique (**télérèglement**) si elles détiennent un compte bancaire ouvert dans une banque domiciliée en France ou auprès d'un établissement étranger acceptant les prélèvements SEPA interentreprises. À défaut, elles doivent régler la TVA par virement bancaire.

e. Les assujettis communautaires ou établis dans un pays tiers ayant conclu une convention d'assistance au recouvrement des créances fiscales avec la France peuvent, sans avoir à s'identifier à la TVA, recourir aux services d'un **mandataire ponctuel** lorsqu'ils réalisent, en France, **exclusivement** les opérations suivantes pour lesquelles ils sont dispensés du paiement de la TVA :

– **sorties** de biens d'un **régime douanier** ou d'un **entrepôt fiscal** lorsque ces biens font l'objet d'une **exportation ou** d'une **livraison intracommunautaire** exonérée (CGI art. 277 A, II-4 : n° 50765, remarque 1) ;

– **importations** de biens faisant l'objet par l'importateur, après dédouanement, d'une **livraison intracommunautaire** exonérée (CGI art. 291, III-4° : n° 49665).

Ce mandataire ponctuel, tacitement désigné, est chargé d'accomplir, au nom et pour le compte de ses mandants, les formalités leur incombant et, le cas échéant, d'acquitter la taxe devenue exigible.

Le mandataire ponctuel, auquel est attribué (outre un numéro d'identification à la TVA qui lui est propre) un numéro d'identification spécifique unique pour l'ensemble de ses mandants, doit souscrire, au lieu et place des déclarations habituelles de chiffre d'affaires, un état trimestriel qui regroupe l'ensemble des opérations pour lesquelles il a été mandaté. Cet état doit être souscrit, sur support papier ou informatique, auprès du service des impôts des non-résidents au plus tard le 25 du mois qui suit chaque trimestre civil (CGI ann. III art. 95 B).

Le mandataire ponctuel est réputé agir exclusivement sous la responsabilité de l'assujetti mandant qui reste seul redevable légal de la taxe lorsque les conditions de la dispense de paiement ou de l'exonération ne sont pas remplies.

Les assujettis qui ont recours à un mandataire ponctuel peuvent demander, selon la procédure examinée nos 50675 s., le **remboursement** de la TVA française qui leur a été facturée.

f. Lorsqu'ils réalisent uniquement des **opérations en suspension de TVA** portant sur des biens placés ou destinés à être placés **sous un régime douanier ou un entrepôt fiscal,** les assujettis communautaires sont dispensés de s'identifier à la TVA en France (n° 50755, précision d).

Entreprises étrangères établies dans un pays tiers n'ayant pas conclu de convention d'assistance au recouvrement des créances fiscales Les assujettis établis dans un pays tiers n'ayant pas conclu de convention d'assistance au recouvrement des créances fiscales avec la France qui réalisent en France des opérations visées au n° 50605 pour lesquelles ils sont redevables de la taxe (ou au titre desquelles ils sont tenus d'accomplir en France des obligations déclaratives sans y être redevables de la TVA) doivent faire accréditer, auprès du service des impôts, un **représentant** assujetti établi en France 50645 CGI art. 289 A, I TVA-III-11700 s

50645 (suite) **qui s'engage à remplir les formalités** leur incombant **et,** en cas d'opérations imposables, à **acquitter la taxe** à leur place.

Dans certaines situations où aucune taxe n'est due en France, ces assujettis ont la possibilité de recourir à une forme simplifiée de représentation fiscale : voir n° 50650.

Les assujettis établis dans un pays tiers n'ayant pas conclu de convention d'assistance au recouvrement des créances fiscales ne peuvent désigner qu'un **seul représentant** pour l'ensemble des opérations concernées qu'ils réalisent en France.

Le service des impôts qui agrée la désignation du représentant fiscal attribue à chaque assujetti représenté un **numéro d'identification** à la TVA.

Le **représentant** fiscal doit lui-même être **assujetti** à la TVA.

Lorsque la TVA est acquittée par le représentant fiscal de l'assujetti étranger, c'est à lui qu'il appartient normalement de délivrer les **factures** (il doit alors indiquer expressément sur les factures qu'il agit en qualité de représentant de l'assujetti étranger). L'assujetti étranger a cependant la faculté de procéder lui-même à cette formalité ; mais il doit, dans un tel cas, préciser, sur les factures qu'il délivre, le nom, l'adresse et le numéro d'identification à la TVA de son représentant fiscal.

À **défaut de** désignation d'un **représentant** accrédité, la taxe et, le cas échéant, les pénalités qui s'y rapportent sont dues par le **destinataire** de l'opération imposable (celui-ci n'ayant, toutefois, que la qualité de débiteur solidaire et non de redevable de la taxe, les rehaussements ne peuvent lui être directement notifiés : CE 5-4-2006 n° 276602 : RJF 6/06 n° 699 et BOI-TVA-DECLA-20-30-40-10 n° 130). Noter que la portée pratique de cette disposition paraît limitée du fait des mécanismes d'autoliquidation de la taxe par le client visés au n° 50690.

D'autre part, en cas de non-désignation d'un représentant ou d'inexécution par celui-ci de ses obligations, **l'intermédiaire** peut être recherché en paiement de la taxe au lieu et place de l'entreprise étrangère (n° 50655).

› Précisions **a.** Selon l'administration, l'obligation de désigner un représentant fiscal s'applique également aux opérateurs établis dans un pays tiers n'ayant pas conclu de convention d'assistance au recouvrement des créances fiscales avec la France qui réalisent des **importations** en France (n° 49610, précision c).

b. Sont dispensés de désigner un représentant fiscal les assujettis qui réalisent uniquement des **opérations en suspension** de TVA portant sur des **biens** placés ou destinés à être **placés sous un régime douanier ou un entrepôt fiscal** (n° 50755, précision d ; pour les opérations de sortie de ces biens, voir n° 50650) ou qui réalisent uniquement des opérations pour lesquelles la taxe est due en France par le client (dispositif d'autoliquidation) (n° 50690 s.). Il en va de même des prestataires non établis dans l'UE qui fournissent des **services de télécommunication, de radiodiffusion ou de télévision** ou des **services électroniques** et qui relèvent du **régime spécial** décrit au n° 50065.

c. Cas des opérateurs établis dans un pays n'ayant pas conclu de convention d'assistance au recouvrement des créances fiscales avec la France et qui y réalisent **exclusivement** des **importations suivies de livraisons internes soumises à autoliquidation** de la taxe par le client : voir n° 50695, précision c.

d. Le représentant fiscal doit acquitter pour le compte de l'entreprise étrangère la totalité de la taxe dont celle-ci est redevable, que cette taxe résulte des déclarations qu'il dépose ou des redressements opérés par l'administration. Dans ce dernier cas, alors même que l'entreprise étrangère demeure l'unique redevable de la taxe, l'administration est fondée à conduire avec le représentant les **procédures de contrôle et de redressement** des déclarations et, le cas échéant, la procédure d'établissement des pénalités (CE 24-7-2009 n°s 304672 et 309278 : RJF 11/09 n°s 930 et 931).

e. Le représentant fiscal dépose les **déclarations de chiffres d'affaires** et **acquitte la TVA,** le cas échéant.

Il doit obligatoirement souscrire la déclaration de chiffre d'affaires par voie électronique **(télédéclaration)** (BOI-TVA-DECLA-20-20-20-10 n° 70). Il en va de même pour la demande de remboursement des crédits de TVA (n° 56650)

En revanche, le **télérèglement** demeure facultatif pour les entreprises en cause, sauf si elles détiennent un compte bancaire ouvert dans une banque domiciliée en France ou auprès d'un établissement étranger acceptant les prélèvements SEPA interentreprises, auquel cas le télérèglement est obligatoire (en ce sens BOI précité et communiqué DGFip du 19-11-2015).

f. Le **représentant fiscal** est **unique** pour l'ensemble des obligations incombant à l'entreprise étrangère notamment en matière de TVA, de contribution de solidarité territoriale, de prélèvements sur les jeux et paris, de retenue à la source sur les salaires, pensions et rentes viagères, de contributions sur les boissons non alcooliques et de TGAP (CGI art. 302 decies).

Les accréditations des représentants obtenues avant le 1-1-2019 demeurent valides et sont étendues à l'ensemble des obligations des entreprises étrangères concernées.

Les obligations concernant l'entreprise représentée en matière de TVA sont en principe remplies auprès du service des impôts dont relève le représentant fiscal. Toutefois, dans le cas où ce représentant doit également accomplir les obligations de l'entreprise étrangère en matière de retenue à la source sur salaires, pensions et rentes viagères, le service compétent est le service des impôts des entreprises étrangères de la direction des impôts des non-résidents (10 rue du Centre, 93465 Noisy-le-Grand Cedex (CGI ann. III art. 111 quinquies).

Une **forme simplifiée de représentation** fiscale est prévue pour les entreprises (ou personnes) qui réalisent **exclusivement** les opérations suivantes, pour lesquelles elles sont dispensées du paiement de la TVA : 50650 CGI art. 289 A, III TVA-III-12050 s

– **sorties** de biens **d'un régime douanier ou** d'un **entrepôt fiscal,** lorsque ces biens font l'objet d'une **exportation ou d'une livraison intracommunautaire** exonérée (CGI art. 277 A, II-4 : n° 50765, remarque 1) ;

– **importations** de biens faisant l'objet par l'importateur, après dédouanement, d'une **livraison intracommunautaire** exonérée (CGI art. 291, III-4° : n° 49665).

Ces entreprises peuvent charger un assujetti établi en France, accrédité par le service des impôts des non-résidents, d'accomplir les **obligations déclaratives** afférentes à l'opération en cause (« **représentant fiscal ponctuel** »). À la différence du régime de droit commun (n° 50645), plusieurs représentants ponctuels peuvent ainsi être désignés par un même assujetti.

Ce représentant « ponctuel », auquel est attribué (outre un numéro d'identification à la TVA qui lui est propre) un numéro d'identification spécifique unique pour l'ensemble des entreprises représentées, doit souscrire, au lieu et place des déclarations habituelles de chiffre d'affaires, un **état trimestriel,** qui regroupe l'ensemble des opérations pour lesquelles il a été désigné. Cet état doit être souscrit, sur support papier ou informatique, auprès du service des impôts des entreprises étrangères de la direction des impôts des non-résidents (10 rue du Centre, 93465 Noisy-le-Grand Cedex) au plus tard le 25 du mois qui suit chaque trimestre civil (CGI ann. III art. 95 A).

› Précisions a. Le représentant fiscal ponctuel est redevable de la taxe afférente à l'opération pour laquelle il doit effectuer les obligations déclaratives, ainsi que des pénalités qui s'y rapportent, **lorsque** les **conditions** auxquelles sont subordonnées la dispense de paiement ou l'**exonération** ne sont **pas remplies.**

b. Les entreprises qui ont désigné un représentant ponctuel peuvent demander, selon la procédure examinée n°s 50675 s., le **remboursement** de la TVA française qui leur a été facturée.

Sont passibles de la **TVA sur le montant total de la transaction** les personnes établies en France agissant au nom et pour le compte d'autrui (**intermédiaires « transparents »**) qui s'entremettent dans la livraison de biens ou l'exécution de services par des entreprises étrangères établies dans un pays tiers n'ayant pas conclu de convention d'assistance au recouvrement des créances fiscales avec la France. Cette disposition particulière ne trouve cependant à s'appliquer **qu'en l'absence** de désignation (dans les conditions indiquées au n° 50645) **d'un représentant fiscal** par l'entreprise étrangère, ou en cas d'inexécution de ses obligations par la personne ainsi désignée, et pour autant que la prestation de l'intermédiaire est imposable en France. 50655 CGI art. 266, 1-b TVA-III-12400 s

› Précisions a. Sont concernés par cette disposition les intermédiaires qui prennent une **part active à l'exécution** des opérations imposables : mandataires qui concluent les contrats de vente avec les clients des firmes étrangères pour le compte de celles-ci ou qui participent à l'exécution de services imposables rendus par ces firmes ; représentants des entreprises étrangères qui soumettent les marchandises au choix des acheteurs et réexportent les produits non retenus ; dépositaires qui assurent les livraisons suivant les instructions des entreprises étrangères.

b. Ne sont **pas concernés** en revanche : les courtiers qui se bornent à rapprocher acheteurs et vendeurs sans traiter eux-mêmes les opérations et sans intervenir dans leur exécution ; les représentants de commerce dont l'activité se limite à recueillir les ordres des clients et à les transmettre aux entreprises étrangères qu'ils représentent sans intervenir dans l'exécution des commandes ; les transitaires ou commissionnaires en douane qui se bornent à effectuer leurs opérations professionnelles de dédouanement et de réexpédition en l'état des marchandises.

c. Selon la CAA de Paris, les dispositions de l'article 266, 1-b du CGI examinées ci-dessus ne sont pas compatibles avec les dispositions de l'article 73 de la **directive TVA** qui limitent la base d'imposition des prestations de services à la seule contrepartie obtenue ou à obtenir par le prestataire (CAA Paris 26-10-2005 n° 04-2889 et 04-3936 : RJF 3/06 n° 249).

Cas des transports a. Les **entreprises étrangères établies dans un pays tiers n'ayant pas conclu de convention d'assistance au recouvrement des créances fiscales avec la France** et n'ayant pas désigné de représentant fiscal en France qui réalisent des transports maritimes, par route ou par voies d'eau intérieures, dont le lieu d'imposition est situé en France et qui ne sont pas exonérés ou effectués en suspension de la TVA, doivent, lorsqu'elles sont redevables de la taxe exigible, acquitter celle-ci auprès du **service des douanes** dans les mêmes conditions que les droits de douane (CGI art. 1695, I-al. 4 et 5). 50660

b. Les **entreprises communautaires non établies en France** ainsi que les entreprises établies dans un pays tiers ayant conclu une convention d'assistance au recouvrement des créances fiscales avec la France qui réalisent des **transports** maritimes, par route ou par voies d'eau intérieures **de voyageurs,** dont le lieu d'imposition est situé en France et qui ne sont pas exonérés, doivent, lorsqu'elles sont redevables de la taxe exigible, s'identifier à la TVA en France et acquitter la taxe directement (ou par l'intermédiaire d'un mandataire fiscal) auprès du service des impôts compétent.

50665 TVA-III-12270 **Cas de revente en France de produits achetés en France** Lorsqu'une entreprise étrangère, non établie en France, y revend, à un client non identifié à la TVA en France, des produits qu'elle y a achetés, le **vendeur** français peut être dispensé du paiement de la taxe sur son propre prix de vente s'il acquitte cette taxe pour le compte de l'entreprise étrangère. La taxe est alors facturée par le vendeur français au client de l'entreprise étrangère (BOI-TVA-CHAMP-20-70 n° 140).

Cette mesure de tolérance ne s'applique pas lorsque le **client final** est **identifié à la TVA en France** (BOI-TVA-DECLA-10-10-20 n° 70).

PROCÉDURE SPÉCIALE DE REMBOURSEMENT DE LA TVA AUX ENTREPRISES ÉTRANGÈRES NON ÉTABLIES EN FRANCE

50675 CGI art. 271, V-d CGI ann. II art. 242-0 M TVA-III-13700 s Les **entreprises étrangères** qui réalisent des **opérations** dont le lieu est situé **en France** et pour lesquelles elles sont **redevables** de la TVA (ou au titre desquelles elles sont tenues d'accomplir en France des obligations déclaratives sans y être redevables de la TVA) ou qui, à partir d'un **établissement stable** en France, effectuent des opérations ouvrant droit à déduction sont placées au regard du **droit à déduction** dans la **même situation que les entreprises françaises.**

Quant aux **entreprises (ou personnes) non établies en France et qui n'y réalisent pas de livraisons de biens ou de prestations de services** entrant dans le champ d'application territorial de la TVA, elles peuvent, dans les limites et selon la **procédure spéciale** indiquées ci-après, obtenir le **remboursement de la taxe** ayant grevé leurs **acquisitions faites en France** à des fins professionnelles.

a. Les **personnes concernées** par la procédure spéciale sont les **assujettis** qui, au cours de la période sur laquelle porte la demande de remboursement, sont **établis à l'étranger** (États autres que la France et Monaco), dans les collectivités d'outre-mer, en Guyane ou à Mayotte (à l'exclusion des autres DOM) et qui n'ont **pas réalisé de livraisons de biens ou de prestations de services situées en France.**

La réalisation en France d'acquisitions intracommunautaires de biens visées aux articles 256 bis et 258 C du CGI ne fait donc pas obstacle à l'application de la procédure spéciale.

Par ailleurs, certaines opérations ne sont **pas considérées comme réalisées en France** et ne font donc pas perdre le bénéfice de la procédure spéciale. Il s'agit, **notamment,** des opérations pour lesquelles la **taxe** est **due par le client** (n°s 50690 s.) et de certaines **opérations exonérées** de TVA, comme les transports à l'exportation (n° 50210), les prestations accessoires (n° 50135), les transports internationaux de voyageurs ou de marchandises (n°s 50180 s.), les services rendus pour les besoins des bateaux et aéronefs (n°s 50480 et 50510) ou les services de télécommunication de radiodiffusion ou de télévision et les services électroniques qui relèvent du régime spécial (n° 50065).

Peuvent également obtenir, selon cette procédure, le remboursement de la TVA supportée en France pour les besoins de leurs opérations les **transporteurs** non établis dans l'UE qui réalisent en France des transports (de marchandises, de voyageurs, de déménagement) taxables pour lesquels ils acquittent la **TVA** auprès des **services douaniers** (n° 50660, a), les **assujettis** non établis en France qui ont désigné un **mandataire ponctuel** (n° 50640, e) ou un **représentant ponctuel** (n° 50650).

b. Quel que soit le lieu où sont établis les intéressés (Union européenne ou pays tiers), la **taxe remboursable** est celle ayant grevé tous les services qui leur ont été rendus et les biens meubles qu'ils ont acquis ou importés en France au cours de la période de référence (sous réserve des exclusions et limitations de droit commun applicables dans ces pays), pour la réalisation ou pour les besoins :

– d'opérations dont le lieu d'imposition se situe à l'étranger, mais qui ouvriraient droit à déduction si leur lieu d'imposition était situé en France ;

– d'opérations dont le lieu est réputé ne pas être situé en France (désignées ci-dessus au a).

> **Précisions** **a.** Pour bénéficier du remboursement, un **assujetti communautaire** doit effectuer des opérations ouvrant droit à déduction dans son État membre. S'il a la qualité de **redevable partiel,** le remboursement ne peut porter que sur la seule quote-part de la TVA française afférente aux opérations ouvrant droit à déduction, déterminée conformément à l'article 173 de la directive TVA tel qu'appliqué dans son État membre. Si après l'introduction d'une demande de remboursement, ce prorata de déduction est corrigé, l'intéressé doit rectifier le montant dont le remboursement a été demandé (au moyen d'une demande de remboursement corrigée ou, à défaut, au moyen d'une déclaration spéciale via le portail électronique de son État membre).
> Pour les **assujettis établis hors de l'UE,** la taxe à rembourser est en principe déterminée selon les règles de droit à déduction applicables en France.

b. Comme indiqué au n° 49885, les entreprises étrangères disposant d'un simple **« établissement stable preneur de services »** en France (succursale, bureau de représentation, chantier... : n° 49860) sont tenues d'autoliquider la taxe relative à la prestation fournie par un assujetti établi hors de France audit établissement stable en France, sur une déclaration de chiffre d'affaires. Dans cette hypothèse, l'entreprise étrangère peut opérer la déduction de la TVA grevant l'ensemble de ses dépenses supportées en France dans les conditions de droit commun (BOI-TVA-DED-50-20-30-10 n° 60).

c. Cas d'une **TVA facturée à tort** à un assujetti étranger : voir n° 53780, précision d.

Cas des **factures rectificatives** mentionnant une TVA déductible qui ne figurait pas dans la facture initiale du fournisseur : voir n° 56340, précision d.

S'agissant des **modalités du remboursement,** il faut **distinguer** selon que les entreprises sont établies dans un autre État membre de l'UE ou en dehors de l'UE. **50680**

a. Les demandes de remboursement des **assujettis établis dans un autre État membre** de l'UE doivent être adressées au service des impôts via le **portail électronique** mis à leur disposition par leur **État membre,** accompagnées d'une copie électronique des factures ou documents d'importation lorsque la base d'imposition est au moins égale à 1 000 € ou 250 € pour les factures portant sur des dépenses de carburant. Elles doivent être introduites au plus tard le 30 septembre de l'année civile qui suit la période de remboursement (laquelle ne peut être supérieure à une année civile, ni inférieure à trois mois civils sauf si elle constitue le solde d'une année civile). L'État membre d'établissement vérifie que le requérant a la qualité d'assujetti avant de transmettre sa demande à l'administration fiscale française.

La demande de remboursement n'est recevable que si le montant à rembourser est au moins égal à 400 € si elle porte sur une période comprise entre trois mois et une année civile ou à 50 € si la période correspond à une année civile ou au solde de l'année civile.

La **décision d'accorder ou de rejeter** la demande de remboursement des assujettis communautaires doit en principe être prise dans le **délai** de quatre mois à compter de la réception de la demande. Ce délai est porté à six mois au minimum et sept mois au maximum en cas de première demande d'informations complémentaires et à huit mois au maximum en cas d'autres demandes d'informations complémentaires. Lorsque le remboursement est accepté, il doit faire l'objet d'un paiement au plus tard dans les dix jours ouvrables à compter de l'expiration de ces délais. À défaut, le requérant a droit au versement d'**intérêts moratoires** selon les modalités prévues au n° 81915.

b. Les demandes de remboursement des **assujettis établis en dehors de l'UE** doivent être adressées au Service de remboursement de la TVA, 10 rue du Centre, 93465 Noisy-le-Grand Cedex, avec les originaux des factures ou documents d'importation. Elles doivent être souscrites sur le formulaire français (**imprimé 3559**) téléchargeable à partir de l'adresse suivante : http://www.impots.gouv.fr, rubrique « formulaires ». Elles ne sont recevables que si elles portent sur une somme minimale fixée à 400 € pour les demandes trimestrielles et 50 € pour les demandes annuelles.

Les demandes peuvent être adressées au cours du mois suivant la période (trimestre civil ou année civile) à laquelle elles se rapportent. En tout état de cause, elles doivent être déposées avant la fin du sixième mois suivant l'année civile au cours de laquelle la taxe à restituer est devenue exigible.

Les assujettis établis en dehors de l'UE sont tenus de faire accréditer auprès du service des impôts susvisé un représentant assujetti en France qui s'engage à remplir les obligations qui leur incombent.

Les demandes de remboursement sont, sous réserve des dispositions particulières relatives aux délais de présentation, introduites et les décisions notifiées dans des conditions analogues à celles concernant les demandes de remboursement de crédits de taxe présentées par les entreprises établies en France. Les remboursements aux assujettis établis hors de l'UE donnent lieu au paiement d'intérêts moratoires dans les mêmes conditions que pour les demandes de remboursement de crédit de TVA présentées par les entreprises établies en France (n° 56650, précision c).

OPÉRATIONS POUR LESQUELLES LE CLIENT EST REDEVABLE DE LA TVA

Nous examinons ci-après le cas des opérations réalisées par des **fournisseurs ou** des **prestataires non établis en France** pour lesquelles l'acquéreur, le destinataire ou le preneur (c'est-à-dire le **client**) est, en vertu de dispositions particulières, **redevable** de la TVA. Il s'agit, autrement dit, des opérations pour lesquelles le client doit procéder à l'**autoliquidation** de la taxe. **50690** CGI art. 283-0, 283, 1 et 2 et 289 A, II **TVA-III-12500 s**

Il existe **plusieurs dispositifs** d'autoliquidation de la taxe par le client, qui répondent, chacun, à leurs règles propres. Sont ainsi prévus :

– un **dispositif général** d'autoliquidation, qui s'applique (sauf exceptions et sous réserve des dispositifs spécifiques d'autoliquidation) à l'ensemble des opérations (livraisons de biens et prestations de services) réalisées par des fournisseurs ou prestataires non établis en France

à destination de clients agissant en tant qu'assujettis et identifiés à la TVA en France. Ce dispositif est examiné ci-après n°s 50695 s. ;
– un **dispositif spécifique** d'autoliquidation qui concerne les **prestations de services** relevant de la **règle générale de territorialité « B to B »** réalisées par des prestataires non établis en France à destination de preneurs assujettis établis en France. Ce dispositif a été examiné ci-avant dans le cadre de l'étude de cette règle générale de territorialité (n° 49885) ;
– d'**autres dispositifs spécifiques** d'autoliquidation qui concernent **certaines opérations** particulières **réalisées** par des **fournisseurs** non établis en France et qui sont examinés dans d'autres parties : n° 48990 (livraisons de gaz, d'électricité, de chaleur ou de froid) ; n° 49160 (acquisitions intracommunautaires) ; n° 49375 (opérations triangulaires intracommunautaires).

› Précisions À noter qu'il existe également d'autres dispositifs d'autoliquidation qui s'appliquent notamment dans des secteurs particuliers (voir la liste figurant n° 53705).

50692 CGI art. 283-0 TVA-III-12510 s

Notion de fournisseur ou de prestataire établi en France pour la détermination du redevable L'autoliquidation de la taxe par le preneur implique, en principe, que le fournisseur ou le prestataire ne soit pas établi en France (n° 50690).

À cet égard, l'article 283-0 du CGI prévoit expressément qu'un assujetti qui réalise, à partir du siège de son activité économique, d'un établissement stable ou de son domicile situé hors de France, une **livraison de biens ou** une **prestation de services** située **en France** en application des règles de territorialité est considéré, pour les seuls besoins de la détermination du redevable, comme non établi en France quand bien même il disposerait d'un **établissement stable en France,** dès lors que ce dernier **ne participe pas** à la réalisation de cette opération.

A contrario, lorsque l'établissement stable français d'un tel assujetti participe à l'opération imposable en France, cet assujetti est considéré comme établi en France et est donc redevable de la taxe due au titre de cette opération. Dans une telle hypothèse, le preneur n'a donc pas à autoliquider la taxe.

Les dispositions de l'article 283-0 du CGI demeurent sans incidence dans le cas d'un assujetti ayant établi le **siège** de son activité économique **en France** qui y réalise par ailleurs des opérations imposables. Dans cette hypothèse, l'assujetti doit être considéré comme établi en France pour la détermination du redevable même si ce siège ne participe pas à la réalisation de ces opérations (BOI-TVA-DECLA-10-10-10 n°s 1, 10 et 40).

Remarque : Ces dispositions ont une portée très large : elles concernent non seulement les prestations de services mais également les livraisons de biens et ont vocation à s'appliquer dans tous les cas où il est prévu un mécanisme d'autoliquidation de la taxe par le client au titre d'opérations réalisées par un opérateur établi à l'étranger.

› Précisions a. La notion d'établissement stable « participant à la réalisation de l'opération », au sens défini ci-après, s'entend uniquement d'un établissement stable qui exerce lui-même une activité économique (caractérisée par la réalisation de livraisons de biens ou de prestations de services à titre onéreux au profit de personnes tierces à l'entreprise). En d'autres termes, un établissement d'une entreprise étrangère qui est considéré comme « **établissement stable preneur de services** » au sens du 2e tiret du b du n° 49860, mais qui n'exerce pas lui-même une activité économique, ne constitue pas un établissement stable au sens de l'article 283-0 du CGI (en ce sens, Règl. UE 282/2011 art. 11, 2 et 53, 1).

b. Un établissement stable est **considéré comme participant** à la réalisation des opérations imposables en France lorsque les moyens techniques et humains de cet établissement sont utilisés à cette fin, avant ou pendant la réalisation de l'opération (Règl. UE 282/2011 art. 53, 2). Selon la doctrine administrative française, l'établissement doit également être considéré comme participant à la réalisation de l'opération lorsqu'il intervient après la réalisation de l'opération (« service après-vente ») en application du contrat ou de clauses de garanties (BOI-TVA-DECLA-10-10-10 n° 10). Un établissement stable n'est, en revanche, pas considéré comme participant à la réalisation de l'opération lorsqu'il ne mobilise ses moyens que pour des tâches de support administratif (comptabilisation, facturation, recouvrement des créances...).

Le fait qu'un assujetti dispose en France d'un établissement stable identifié à la TVA ne suffit pas en tant que tel pour que cet assujetti soit regardé comme établi en France au sens de l'article 283-0 du CGI, c'est-à-dire que cet établissement participe à l'opération en cause et soit redevable en lieu et place du preneur. Toutefois, lorsque la facture mentionne le numéro d'identification à la TVA attribué à un établissement stable situé en France, ce dernier est présumé participer à la réalisation de l'opération (BOI-TVA précité n° 20).

c. Lorsque l'assujetti est considéré comme établi en France (pour les besoins de la détermination du redevable) du fait de la présence de son siège ou d'un établissement stable participant à la réalisation de l'opération, la TVA afférente à cette opération doit être déclarée par le siège ou cet établissement stable sur sa déclaration de chiffre d'affaires alors même que cette opération ne sera pas à prendre en compte pour la détermination du résultat imposable en matière d'impôt direct (BOI-TVA précité n° 50).

d. L'attractivité du siège économique et de

l'établissement stable participant à l'opération n'a de portée qu'au regard de la détermination du redevable de la TVA. Elle est **sans incidence** pour la détermination du **lieu** de taxation des opérations et des **droits à déduction.** Ainsi, il n'y a pas lieu de prendre en compte dans le calcul du coefficient de taxation forfaitaire du siège (ou de l'établissement stable) français les opérations réalisées par un établissement stable (ou le siège) étranger mais pour lesquelles le siège (ou l'établissement stable) français est redevable de la taxe (BOI-TVA précité n° 60).

Dispositif général d'autoliquidation Lorsqu'une **livraison de biens** ou une **prestation de services** est **effectuée par un assujetti non établi en France,** la TVA doit être acquittée par l'acquéreur, le destinataire ou le **preneur** qui **agit en tant qu'assujetti** (c'est-à-dire le client) dès lors que ce dernier **dispose d'un numéro d'identification à la TVA en France.** 50695 CGI art. 283, 1-al. 2 TVA-III-12700 s

Ce dispositif d'autoliquidation de la taxe par le client est **obligatoire,** en ce sens que les opérateurs ne peuvent y déroger.

Ce dispositif d'autoliquidation est général, en ce sens qu'il s'applique, en principe, à l'**ensemble des livraisons de biens et des prestations de services** réalisées par des assujettis établis à l'étranger (États membres de l'UE ou pays tiers) et ne disposant pas en France d'un établissement participant à l'opération (au sens défini n° 50692) au bénéfice de clients agissant en tant qu'assujettis (au sens défini n° 49855) et identifiés à la TVA en France (sur le domaine d'attribution du numéro d'identification TVA : voir n° 53420), que ces clients soient eux-mêmes établis ou non en France.

Toutefois, ce dispositif d'autoliquidation **ne s'applique pas,** en principe, aux **opérations soumises à un dispositif spécifique d'autoliquidation.**

Il ne s'applique pas non plus aux **opérations** suivantes, **pour lesquelles le CGI fixe des règles particulières** : locations de locaux nus ou de terres et bâtiments d'exploitation à usage agricole soumises à la TVA sur option (n°s 46875 à 46885) ; opérations portant sur les biens d'occasion, œuvres d'art, objets de collection ou d'antiquité soumises à la TVA « sur marge » (n°s 60750 s.) ; opérations réalisées sous régime suspensif (n°s 50550 s., 50740 s. et 61355 s.) ; importations (n°s 49600 s.).

Enfin, ce dispositif d'autoliquidation ne s'applique pas, bien entendu, lorsque le **client** n'est **pas identifié à la TVA en France.** Dans cette hypothèse, le fournisseur ou le prestataire étranger demeure redevable de la TVA.

En pratique, sont **notamment concernées** les opérations suivantes : livraisons internes, livraisons après montage ou installation, prestations de services se rattachant à un immeuble situé en France, prestations consistant à donner accès à des manifestations culturelles, artistiques, sportives, scientifiques, éducatives, récréatives, prestations de transport de passagers, locations de moyens de transport de courte durée, prestations des agents de voyages.

La taxe est **liquidée** par le client (ou par son mandataire ou son représentant fiscal) sur sa déclaration de chiffre d'affaires ; le montant total hors taxe de l'opération doit être identifié sur une ligne spécifique de cette déclaration : ligne « Achats de biens ou de prestations de services réalisés auprès d'un assujetti non établi en France (article 283, 1 du CGI) ». La taxe ainsi acquittée peut être **déduite** par l'intéressé dans les conditions de droit commun (n°s 55000 s. et notamment n° 56290).

› Précisions a. La **facture** délivrée par le fournisseur ou le prestataire établi hors de France relative aux opérations couvertes par le dispositif général d'autoliquidation peut être soumise, selon le cas, aux règles de facturation françaises ou aux règles de facturation d'un autre État membre si le fournisseur ou le prestataire est établi dans cet État membre (n° 53500, remarque 1).

Lorsque ce sont les règles de facturation françaises qui s'appliquent, la facture ne doit pas faire **mention** de la TVA exigible (Rép. Cresta : AN 9-12-2014 n° 19197). En revanche, la mention « autoliquidation » doit être indiquée (CGI ann. II art. 242 nonies A, I-13°).

b. Lorsque le **fournisseur** ou le prestataire non établi en France est tenu au dépôt de **déclarations de chiffre d'affaires** en France (parce qu'il réalise, par exemple, d'autres opérations au titre desquelles il est redevable de la taxe), il doit mentionner dans sa déclaration sur la ligne prévue à cet effet (ligne « Ventes de biens ou de prestations de services réalisées par un assujetti non établi en France : CGI art. 283, 1 ») le montant total hors taxe de ses opérations relevant du dispositif général d'autoliquidation.

c. Les opérateurs établis dans un pays tiers n'ayant pas conclu de convention d'assistance au recouvrement des créances fiscales avec la France qui réalisent en France **exclusivement** des **importations suivies de livraisons internes soumises à autoliquidation** de la taxe par le client selon le dispositif général d'autoliquidation n'ont pas à s'identifier à la TVA en France, mais doivent y désigner un représentant fiscal (voir n° 49610, précision c).

4. BIENS SOUS RÉGIME DOUANIER OU ENTREPÔT FISCAL

50740 CGI art. 277 A TVA-IV-25000 s

Un dispositif de **suspension du paiement de la TVA** (ou régime « suspensif ») est prévu pour les opérations portant sur des biens placés ou destinés à être placés sous un régime douanier communautaire ou un entrepôt fiscal.

Comme les autres régimes « suspensifs », ce dispositif a pour objet de **reporter** à un stade ultérieur l'**exigibilité de l'impôt** normalement dû (nº 61250).

Bien qu'effectuées en suspension de taxe, les opérations concernées par ce dispositif ouvrent, en principe, **droit à déduction** de la taxe d'amont ayant grevé les éléments de leur prix (nº 55550).

OPÉRATIONS CONCERNÉES

50750 TVA-IV-25045 s et 25530 s

Sont effectuées en suspension du paiement de la TVA les opérations suivantes :

a. Livraisons de biens destinés à être placés sous l'un des **régimes douaniers** suivants prévus par les règlements communautaires en vigueur : conduite en douane, installations de stockage temporaire et lieux agréés aux fins du dépôt temporaire, entrepôts d'importation ou d'exportation, perfectionnement actif ;

b. Livraisons de biens destinés à être placés sous l'un des régimes d'**entrepôt fiscal** suivants :

– **régime fiscal suspensif** ;

– **entrepôt de stockage de biens négociés** sur un marché à terme international et dont la liste est fixée par l'article 29 A de l'annexe IV au CGI ;

– **entrepôt destiné à la fabrication de biens réalisée en commun** par des entreprises, dont une au moins n'a pas d'établissement en France, en exécution d'un contrat international fondé sur le partage de cette fabrication et la propriété indivise des biens produits entre les entreprises contractantes ;

c. Importations de biens destinés à être placés sous un régime d'**entrepôt fiscal** ;

d. Acquisitions intracommunautaires de biens destinés à être placés sous l'un des **régimes douaniers ou entrepôts fiscaux** mentionnés aux a et b ci-dessus ;

e. Prestations de services (visées au nº 50755, précision b) **afférentes aux opérations** mentionnées aux a, b, c et d ci-dessus ;

f. Livraisons de biens et prestations de **services** (visées au nº 50755, précision b) effectuées **sous les régimes** énumérés aux a et b ci-dessus, avec maintien, selon le cas, d'une des situations mentionnées auxdits a et b ;

g. Livraisons de biens placés sous le régime de l'**admission temporaire** en exonération totale des droits à l'importation, du **transit** externe ou du transit communautaire interne, avec maintien du même régime, ainsi que les prestations de **services** (visées au nº 50755, précision b) afférentes à ces livraisons ;

h. Importations de **biens en provenance d'un DOM** (nº 91570) **ou d'un territoire assimilé à un pays tiers** (nºs 48525 et 48535) **qui rempliraient** les **conditions** pour bénéficier du régime d'**admission temporaire** en exonération totale s'il s'agissait de biens en provenance de pays tiers, ainsi que les livraisons de ces biens, avec maintien du même régime ou situation et les prestations de services (visées au nº 50755, précision b) y afférentes.

50755 **› Précisions** **a.** L'ouverture d'un **entrepôt fiscal** (ou la **modification** de l'un de ses éléments constitutifs) est soumise à une **autorisation** de l'administration qui est délivrée dans les conditions et selon les modalités prévues par les articles 85 à 85 B de l'annexe III et 29 B de l'annexe IV au CGI. La **fermeture** d'un entrepôt fiscal est prononcée sur demande du titulaire de l'autorisation d'ouverture ou à l'initiative de l'administration, dans les conditions prévues par l'article 85 C de l'annexe III précitée.
Les articles 85 F et 85 G de la même annexe III définissent les biens pouvant être admis sous les différents entrepôts fiscaux ainsi que les interdictions et limites.

b. Les **prestations de services** visées aux e, f, g et h du nº 50750 s'entendent des prestations suivantes : **transports de marchandises** et commissions afférentes à ces transports ; **chargement et déchargement** des véhicules de transport et **manutentions accessoires** des marchandises ; **locations de véhicules et de matériels** utilisés pour les opérations mentionnées ci-avant et locations de contenants et de matériels pour la protection des marchandises ; **gardiennage, magasinage et emballage** des marchandises ; opérations effectuées par les **commissionnaires en douane** et inhérentes à l'exportation ou aux régimes douaniers ; **manipulations et ouvraisons** autorisées par les règlements communautaires en vigueur et portant sur des marchandises soumises à l'un des régimes douaniers ; manipulations et ouvraisons identiques à celles mentionnées ci-avant portant sur des biens placés sous le régime fiscal suspensif ; manipulations usuelles destinées à assurer la conservation des marchandises placées en entrepôt de stockage de biens négociés sur un marché à terme international, à améliorer leur présentation ou leur qualité marchande ou à préparer leur distribution ou leur revente ; manipulations, montage, assemblage, adaptation à d'autres marchandises, transformation, réparation, remise en état et mise au point de marchandises placées en entrepôt destiné à la fabrication de biens réalisée en commun par des entreprises, en exécution d'un contrat international.

Remarque : La **location des biens** placés sous un régime douanier ou un entrepôt fiscal demeure imposable dans les conditions de droit commun. Il en est de même des **prestations réalisées** éventuellement **avec ces biens** (travaux immobiliers, par exemple).

c. L'introduction en France de **biens** provenant d'un **pays tiers, placés sous un régime douanier** communautaire (y compris la zone franche) lors de leur entrée sur le territoire, ne donne pas non plus lieu au paiement de la TVA, ces biens n'étant considérés comme importés que s'ils sont mis à la consommation en France (n° 49600).

Les **prestations de services** directement **liées au placement,** en France ou dans un autre État membre de l'UE, de biens sous un régime douanier sont **exonérées** de TVA (CGI art. 291, III-2°).

Sont concernés par cette exonération les prestations visées au b ci-dessus (sous réserve bien entendu des manipulations et ouvraisons) ainsi que le convoyage de moyens de transport entre deux points sans transport à titre onéreux de voyageurs ou de marchandises (CGI ann. III art. 73 G).

Le bénéfice de l'exonération est subordonné à la délivrance, par le donneur d'ordres, au prestataire, d'une **attestation** certifiant que les marchandises sur lesquelles porte le service sont placées sous un régime douanier. Le prestataire est par ailleurs tenu d'inscrire, jour par jour, dans sa **comptabilité** ou sur le livre spécial (n° 53450), les services rendus (avec la date de l'inscription et les noms et adresses des donneurs d'ordres) et de mettre à l'appui de sa comptabilité les attestations qui lui sont délivrées par les donneurs d'ordres (CGI ann. III art. 73 H).

À noter que, selon la CJUE, l'exonération des services directement liés à des importations de biens placés sous un régime douanier (Dir. TVA art. 146, 1-c que transpose l'article 291, III-2° du CGI) ne vaut que pour les prestations rendues directement à l'importateur ; celles réalisées par un **sous-traitant** sont exclues de l'exonération (CJUE 29-6-2017 aff. 288/16 : RJF 10/17 n° 1009).

d. Les **entreprises étrangères non établies** en France qui réalisent uniquement des opérations en suspension de TVA mentionnées au n° 50750 sont **dispensées** de **s'identifier** à la TVA en France lorsqu'elles sont établies dans l'UE ou dans un pays tiers ayant conclu une convention d'assistance au recouvrement des créances fiscales avec la France et de déposer une déclaration (CGI ann. III art. 95, II) ou dispensées de désigner un **représentant fiscal** lorsqu'elles sont établies dans un pays tiers n'ayant pas conclu une telle convention (CGI art. 289 A, I-al. 3). Lorsque ces entreprises effectuent des **acquisitions intracommunautaires** de biens destinés à être placés sous un régime douanier ou un entrepôt fiscal, et qu'elles ne sont pas elles-mêmes titulaires du régime, elles doivent communiquer au vendeur le **numéro d'identification spécifique attribué au titulaire du régime** douanier ou de l'entrepôt fiscal.

e. Il est admis que les **comptoirs de vente** exploités dans les ports ou aéroports où les flux de voyageurs à destination des pays tiers et des autres États membres de l'UE ne sont pas séparés ainsi que les boutiques exploitées à bord des navires ou aéronefs dont les approvisionnements sont réalisés indifféremment pour les besoins de ventes à emporter à bord de navires ou d'aéronefs se rendant dans un pays tiers ou dans un autre État membre de l'UE exercent leur activité sous le couvert de l'entrepôt douanier d'importation ou sous le régime fiscal suspensif. Ils peuvent toutefois renoncer au bénéfice du régime suspensif et opter pour la procédure des achats en franchise décrite aux nos 50550 s. (BOI-TVA-CHAMP-20-20-20 nos 120, 130 et 200).

SORTIE DE RÉGIME

La **sortie** du bien de l'un des régimes visés au n° 50750 **met fin à la suspension** du paiement de la TVA, de même que le **retrait de l'autorisation** d'ouverture d'un entrepôt fiscal. **50765** TVA-IV-25230 s et 26540 s

a. Redevable de la taxe. Lorsque le bien n'a fait l'objet d'**aucune livraison pendant** son **placement** sous le régime, la taxe doit être acquittée, selon le cas, par l'une des personnes suivantes :

– pour les livraisons de biens, le destinataire ;
– pour les importations, la personne désignée comme destinataire réel sur la déclaration d'importation ;
– pour les acquisitions intracommunautaires, l'acquéreur ;
– pour les prestations de services, le preneur.

Lorsque le bien a fait l'objet d'**une ou plusieurs livraisons pendant** son **placement** sous le régime (n° 50750, f, g et h), la taxe doit être acquittée par le destinataire de la dernière de ces livraisons.

Selon la loi, la personne qui a obtenu l'autorisation du régime est **solidairement tenue** au paiement de la taxe. Mais il faut noter que, selon la CJUE, le gérant d'un entrepôt autre que douanier ne peut pas être tenu solidairement au paiement de la taxe lorsqu'il est de bonne foi ou qu'aucune faute ou négligence ne peut lui être reprochée (CJUE 21-12-2011 aff. 499/10 : RJF 4/12 n° 436).

b. Taxe due. Lorsque le bien n'a fait l'objet d'**aucune livraison pendant** son **placement** sous le régime, la taxe due est, selon le cas, la taxe afférente à la livraison, l'importation ou l'acquisition intracommunautaire effectuée avant le placement du bien sous le régime et, le cas échéant, la taxe se rapportant aux prestations de services afférentes à cette opération et aux prestations de services effectuées sous le régime.

Lorsque le bien a fait l'objet d'**une ou plusieurs livraisons pendant** son **placement** sous le régime (nº 50750, f, g et h), la taxe due est la taxe afférente à la dernière de ces livraisons, augmentée, le cas échéant, de la taxe afférente aux prestations de services effectuées en suspension (nº 50750, e à h) soit après cette dernière livraison, soit avant si le preneur est le destinataire de cette dernière livraison. Dans cette hypothèse, pour les biens en provenance de pays tiers à l'UE placés sous un régime douanier, la sortie du régime est traitée comme une importation (nº 49600), mais cette importation est exonérée de TVA (CGI art. 291, II-1º).

Lorsque le bien ne représente qu'une partie des biens placés sous le régime (**sortie partielle des biens**), la taxe due est la taxe afférente, selon le cas, aux opérations visées ci-dessus pour leur quote-part se rapportant audit bien.

Lorsque les biens placés sous le régime fiscal suspensif en vue de leur expédition ou de leur exportation hors de France sont reversés sur le marché local, la taxe due est assortie de l'intérêt de retard (calculé à compter du premier jour du mois suivant celui au cours duquel la taxe devenue exigible a été suspendue jusqu'au dernier jour du mois précédant celui au cours duquel les biens sont sortis du régime).

c. Modalités de perception de la taxe. La TVA due lors de la sortie (ou du retrait de l'autorisation d'ouverture) de l'**entrepôt fiscal** de stockage de **biens négociés sur un marché à terme international** et de l'entrepôt fiscal **destiné à la fabrication de biens réalisée en commun** par des entreprises en exécution d'un contrat international doit être liquidée sur les déclarations de chiffre d'affaires.

En revanche, et sauf autorisation pour l'autoliquidation de la TVA exigible sur la déclaration de chiffre d'affaires (nº 49612), la TVA due lors de la sortie (ou du retrait de l'autorisation d'ouverture) du **régime fiscal suspensif** est perçue comme en matière de douane, de même que la TVA due lors de la sortie des **régimes douaniers** ou du régime d'importation mentionné au h du nº 50750 (CGI art. 1695, I).

Remarques : **1.** La personne qui doit acquitter la taxe est **dispensée du paiement** lorsque le bien fait l'objet d'une **exportation** ou d'une **livraison intracommunautaire** exonérée. Lorsque cette personne n'est pas établie en France, elle doit s'identifier à la TVA en France directement (ou par l'intermédiaire d'un mandataire fiscal) auprès de l'administration lorsqu'elle est établie dans l'UE ou dans un pays tiers ayant conclu une convention d'assistance au recouvrement des créances fiscales avec la France ou désigner un représentant fiscal afin d'accomplir les formalités lui incombant lorsqu'elle est établie dans un pays tiers n'ayant pas conclu une telle convention ; elle peut toutefois, selon la même distinction, recourir aux services d'un mandataire ponctuel sans avoir à solliciter un numéro d'identification (nº 50640, e) ou désigner un représentant ponctuel (nº 50650).

2. Par ailleurs, aucune taxe ne doit être acquittée lors de la sortie du régime si l'opération en cause (livraison, importation, acquisition intracommunautaire ou prestation de services) bénéficie d'une **exonération** légale ou a été **soumise à la TVA pendant le placement** du bien sous le régime.

> **Précisions** La **gestion et le recouvrement de la TVA** due par les assujettis lors de la sortie du régime fiscal suspensif ou des régimes douaniers seront transférés de la douane à la **DGFiP** à compter du **1er janvier 2022** (Loi 2019-1479 du 28-12-2019 art. 181).

OBLIGATIONS ET FORMALITÉS

50775 TVA-IV-26300 s La personne **titulaire de l'autorisation** d'ouverture d'un **entrepôt fiscal** doit, au lieu de situation des biens :

– tenir un **registre des stocks et des mouvements de biens** et un **registre des opérations réalisées sous l'entrepôt.** Les assujettis peuvent être autorisés, sur demande, à regrouper les informations contenues dans ces registres dans une comptabilité matières identifiant les biens placés sous les régimes d'entrepôt ainsi que la date d'entrée et de sortie desdits régimes ;

– être en possession du **double des factures** et des différentes pièces justificatives relatifs aux opérations effectuées en suspension.

> **Précisions** **a.** Les registres doivent comporter, dans l'ordre chronologique des opérations, les **mentions** suivantes :
> – **registre des stocks et des mouvements de biens** : la désignation du bien ; la quantité exprimée en masse nette, volume ou unité ; les éléments nécessaires à l'identification et au suivi du bien pendant la durée du placement ; la date d'entrée et de sortie du bien ; l'adresse complète des lieux de provenance et de destination du bien ; la fonction utilisée, lorsque le titulaire de l'autorisation d'ouverture d'un régime fiscal suspensif a sollicité l'application de plusieurs fonctions (stockage à l'importation ou à l'exportation et transformation) ; à l'issue de ces opérations, pour chaque bien, les stocks détenus sous le régime, le cas échéant par fonction pour le régime fiscal suspensif ; pour le régime fiscal suspensif et l'entrepôt de fabrication de biens réalisée en commun, les indications né-

cessaires au suivi et à l'identification des biens qui font l'objet de prestations de services ;
– **registre des opérations réalisées sous l'entrepôt,** pour chaque bien et par livraison, importation ou acquisition intracommunautaire : la date de l'opération ; le montant de l'opération avec sa contre-valeur en euros, lorsqu'il est exprimé en devises ; les nom et adresse et, s'il y a lieu, le numéro d'identification à la TVA du fournisseur et du client ; la désignation du bien et la référence dans le registre des stocks et mouvements ; la fonction utilisée, lorsque le titulaire de l'autorisation d'ouverture d'un régime fiscal suspensif a sollicité l'application de plusieurs des fonctions (stockage à l'importation ou à l'exportation et transformation). Pour les prestations de services, le registre doit contenir, en outre, la nature de l'opération et, s'il y a lieu, la désignation du bien auquel est afférente la prestation ainsi que la référence dans le registre des stocks et mouvements.
Les registres doivent être conservés pendant le délai et selon les modalités énoncés au nº 78065.
b. Les **registres et factures** sont conservés au lieu de situation ou d'utilisation des biens ou des installations mentionné sur la demande d'autorisation d'ouverture du régime. Sur justifications présentées lors du dépôt de la demande d'autorisation, une **dispense de détention** permanente **du double des factures** peut être accordée lorsque cette obligation est susceptible de provoquer des difficultés sérieuses pour les opérateurs (respect du secret commercial, par exemple).
c. Les **manquements aux obligations** et formalités ci-dessus, qui peuvent être recherchés par l'administration des douanes et l'administration des impôts dans le cadre du droit de contrôle (nº 78345, précision c), peuvent entraîner le **retrait de l'autorisation** d'ouverture de l'entrepôt.
Par ailleurs, le défaut de présentation ou de tenue des registres, du double des factures et des différentes pièces justificatives est sanctionné d'une **amende** de 750 € et chaque omission ou inexactitude relevée dans les renseignements devant figurer sur les registres, d'une amende de 15 €. En outre, les manquants ou excédents constatés dans le cadre du droit de contrôle donnent lieu à des amendes d'un montant égal à 80 % de la TVA calculée sur la valeur d'achat sur le marché intérieur, à la date de constatation de l'infraction, de biens ou services similaires. L'amende est prononcée, dans le même délai de reprise qu'en matière de TVA, par l'administration (des douanes ou des impôts) qui constate l'infraction. Le recouvrement et le contentieux de cette amende suivent les mêmes règles que celles prévues pour la TVA. Lorsqu'une infraction a fait l'objet d'une amende prononcée par l'une des deux administrations, elle ne peut plus être sanctionnée par l'autre (CGI art. 1788 A).

Chaque **entrée** et chaque **sortie** d'un bien d'un régime fiscal suspensif doit faire l'objet d'une **déclaration** (distincte de la déclaration d'échanges de biens) conforme au modèle prescrit par l'administration, qui est remise au service chargé de la gestion du régime en cause. Cette déclaration doit être souscrite par l'assujetti propriétaire des biens, le titulaire de l'autorisation ou le mandataire agissant en son nom et pour son compte. Toutefois, lorsque les biens sont destinés à faire l'objet d'opérations d'ouvraison, les déclarations peuvent être déposées par l'un des opérateurs chargés d'effectuer les opérations d'ouvraison et mentionnés sur l'autorisation d'ouverture du régime. **50780** TVA-IV-25935 s

Sur sa demande, le déclarant peut être autorisé à déposer, dans les conditions fixées par l'administration, au lieu et place d'une déclaration pour chaque entrée et chaque sortie, une **déclaration globale** (qui peut, dans les conditions fixées par l'administration, être constituée par l'extrait de la comptabilité matières afférente au mois concerné) reprenant l'ensemble des entrées et des sorties du régime au titre d'une période n'excédant pas un mois ; dans ce cas, une déclaration distincte doit être déposée pour les entrées et les sorties. Lorsque le régime fiscal suspensif a été autorisé pour plusieurs fonctions, la globalisation doit permettre de suivre distinctement les données relatives à chacune des fonctions autorisées.

> Précisions **a.** La déclaration ci-dessus doit également être souscrite pour les entrées et sorties de biens des **régimes douaniers** mentionnés au nº 50750, a, sauf si une déclaration est déjà exigée par les règlements communautaires en vigueur. Les déclarations d'entrée et de sortie doivent être souscrites par la personne qui doit accomplir les formalités de placement et d'apurement en vertu de ces mêmes règlements (TVA-IV-25160 s.).
b. La réglementation n'exige plus que les destinataires des livraisons mentionnées au nº 50750, a et b, et les preneurs des prestations de services mentionnées au nº 50750, e à h, remettent aux fournisseurs ou aux prestataires une **attestation** certifiant, selon le cas, que les biens sont destinés à être placés sous un régime douanier ou un entrepôt fiscal ou que les prestations de services se rapportent à des biens qui sont placés ou destinés à être placés sous un tel régime ou entrepôt. La délivrance de telles attestations reste toutefois possible afin de justifier du bénéfice de la suspension de TVA.

Les personnes qui effectuent des livraisons ou des prestations de services sous un régime douanier ou un entrepôt fiscal (nº 50750, f, g et h) sont tenues d'**indiquer sur leurs factures** le numéro d'autorisation du régime douanier ou de l'entrepôt fiscal ainsi que les nom et adresse du titulaire du régime et du gestionnaire ou de l'entreposeur lorsqu'il s'agit d'une personne distincte. **50790** TVA-IV-25180 et 26395

Les entreprises qui reçoivent en suspension de la TVA des biens ou des services en application de l'article 277 A du CGI peuvent être tenues de présenter une **caution** pour la garantie **50795** TVA-IV-26425 s

50795 (suite) des droits et des pénalités. En fait, le cautionnement n'est, a priori, exigible que dans les cas suivants : exercice de l'activité depuis moins d'un an (sous réserve des exceptions qui peuvent être consenties), solvabilité douteuse, absence de dépôt de déclarations, retard persistant dans le paiement de l'impôt, soupçon de fraude fortement motivé, contentieux né de fraudes caractérisées.

CHAPITRE 3 CALCUL ET PAIEMENT DE LA TVA

SOMMAIRE

Après avoir défini les opérations imposables et celles de ces opérations qui sont effective- **52000**
ment soumises à la TVA française compte tenu des règles de territorialité, nous allons examiner les règles de calcul et de paiement de la taxe.

Le calcul de la TVA comporte deux étapes : le calcul de la taxe « d'aval » due sur les opérations réalisées par le redevable, puis le calcul de la taxe « d'amont » qui lui a été facturée et dont il peut opérer la déduction.

Le redevable ne verse au Trésor que la différence entre ces deux sommes.

Le régime des déductions faisant l'objet d'une étude distincte (n°s 55000 s.), on examinera ici les questions suivantes :

– **sur quelle base** l'opération doit-elle être soumise à la TVA ? Il s'agit de déterminer la **base d'imposition** (ou « assiette ») de la TVA ;

– **à quel moment** la taxe est-elle due ? C'est le problème de son **« exigibilité »** ;

– quel est le **taux** applicable ?

– quelles sont les **modalités de paiement** de la TVA ? Cela nous conduira à envisager l'ensemble des **obligations** des assujettis.

SECTION 1 BASE D'IMPOSITION DE LA TVA

La base d'imposition (ou assiette) de la TVA réside dans la contrepartie des livraisons de **52200**
biens et des prestations de services soumises à la taxe. CGI art. 266 et 267
La détermination de cette base d'imposition s'opère selon les **règles générales** exposées ci- **TVA-VI-1 s**
après n°s 52220 s.

Sauf exceptions, nous ne traiterons pas, dans la présente section, des opérations ou des **52205**
catégories de redevables pour lesquelles la détermination de la base d'imposition à la TVA obéit à des **règles spécifiques** ou n'est que l'un des éléments d'un **régime particulier**.

Le **tableau récapitulatif** ci-dessous présente la liste des opérations en cause avec, pour chacune, la référence aux commentaires correspondants du Mémento.

Opérations soumises à des règles d'assiette particulières	Commentaires (nos)
Livraisons à soi-même	47405, 47415
Acquisitions intracommunautaires, affectation en France d'un **bien transféré** et **importations**	49165, 49205 et 49615 s.
Opérations des commissionnaires et autres **intermédiaires**	61440 s.
Agents de voyages	61535 s.
Agriculture	59805 s.
Rétrocessions aux agriculteurs par les coopératives ou les entreprises privées	59970 et 59980
Opérations immobilières	58700 s.
Produits pétroliers	61370
Biens d'occasion, œuvres d'art, objets de collection ou d'antiquité	60750 s.
Consignations d'emballages	61025 s.
Travaux immobiliers	52440
Opérations bancaires et financières	60425
Bail à construction	31040
Tabacs	52435
Fiducie	91045 s.

52210 CGI art. 268 bis TVA-VI-20 **Remarque** : Lorsqu'une personne effectue concurremment des **opérations** se rapportant à **plusieurs catégories,** la base d'imposition à la TVA est déterminée en appliquant à chaque groupe d'opérations les règles qui lui sont propres.

Sur les critères permettant de déterminer si l'on est en présence d'une opération **unique ou** d'**opérations dissociables** soumises à leur régime propre, voir n° 46475, précision a.

DÉFINITION GÉNÉRALE

52220 TVA-VI-200 s La base d'imposition est constituée, pour les livraisons de biens et les prestations de services, par **toutes les sommes, valeurs, biens ou services reçus ou à recevoir** par le fournisseur ou le prestataire **en contrepartie de l'opération** réalisée.

La contrepartie peut être **acquittée** soit **par l'acheteur** du bien ou le preneur du service, soit pour tout ou partie **par un tiers** (par le biais, en particulier, de subventions ; voir à cet égard précisions nos 46920 s.).

En cas de **paiement en nature,** il faut tenir compte de la valeur de tous les biens ou services qui constituent la contrepartie des prestations de services ou des livraisons de biens (BOI-TVA-BASE-10-10 n° 30).

> **Précisions** Lorsque le **prix** est **payé par** l'acheteur au moyen d'une **carte de crédit** ou de débit et versé au vendeur par l'émetteur de la carte après retenue d'une commission, cette retenue doit être comprise dans la base d'imposition du vendeur (CJUE 25-5-1993 aff. 18/92 : RJF 8-9/93 n° 1251 ; Règl. UE 282/11 du 15-3-2011 art. 42).
> De même, en cas de **vente avec crédit gratuit** accordé par un tiers (société de financement, notamment) qui paie directement au vendeur, après déduction d'une commission, le prix des marchandises achetées (l'acheteur remboursant au tiers un montant égal au prix de vente qui lui est facturé par le vendeur), la base d'imposition du vendeur est constituée par le montant total dû par l'acheteur, sans que puisse être déduite la commission retenue par le tiers (CJUE 15-5-2001 aff. 34/99 : RJF 8-9/01 n° 1166). Même solution lorsque le vendeur verse à l'établissement prêteur une somme égale au coût du crédit qu'auraient supporté les clients emprunteurs (CE 20-11-2013 n° 358331 : RJF 2/14 n° 136).
> En ce qui concerne les **bons,** voir nos 47470 s.

52225 TVA-VI-310 s La base d'imposition est déterminée sans tenir compte de l'**échelonnement dans le temps du versement** des contreparties. Peu importe que ces versements interviennent avant, au moment ou après la conclusion du contrat ou la réalisation de l'opération.

Pour les **livraisons** de biens (ventes, notamment), la base d'imposition est constituée par le **prix** convenu entre les parties, sans prise en compte du fait que ce prix peut se décomposer en versements d'acomptes, du prix principal et du solde.

Pour les **prestations de services,** la base d'imposition comprend la totalité des sommes constituant la contrepartie du service rendu (acomptes, rémunération principale, solde, etc.), y compris celles destinées à être rétrocédées (honoraires des notaires ou avocats, en particulier).

> **Précisions** **a.** Dans les cas, rares, où certains **éléments accessoires** du prix ne sont pas déterminés de façon précise lors de la livraison de la marchandise (n° 52585), toutes les sommes perçues postérieurement à celle-ci donneront lieu à imposition dès leur encaissement.
> **b.** Quand un prestataire a opté pour le paiement de la taxe en fonction de ses **débits** (n° 52665), sa base d'imposition est constituée par le montant total de la facture, sous ré-

serve des exclusions expressément prévues par la loi (par exemple, débours : nos 52335 s.). Si des **factures complémentaires ou rectificatives** sont établies après que le prix principal a été réglé, les suppléments de prix qu'elles comportent doivent être soumis à la taxe lors de leur inscription au débit du compte client (BOI-TVA-BASE-10-20-40-10 n° 320).

c. Arrhes conservées en cas de dédit du client : voir n° 46980.

Échanges En cas d'échange de **biens,** chacun des échangistes est considéré comme effectuant une vente. La taxe est assise sur la **valeur des produits reçus en paiement** du bien livré, augmentée, le cas échéant, du montant de la soulte encaissée. 52230 CGI ann. III art. 76, 1 TVA-VI-2100 s

Ainsi, dans le cas d'une **vente de voiture avec reprise** d'une voiture usagée, la base d'imposition est égale à la somme de la soulte versée par l'acheteur et de la valeur réelle de la voiture reprise.

De même, lorsque des **déchets** sont livrés **en échange d'un bien neuf,** leur valeur entre dans la base d'imposition lorsqu'elle est imputée sur le prix du bien neuf.

La règle est la même en cas d'**échange standard** d'une pièce ou d'un organe (moteur, par exemple), lorsque le montant de la soulte demandée au client est fixé forfaitairement d'après la nature des pièces ou organes échangés, et non d'après le coût réel des réparations à effectuer sur les pièces en mauvais état (échange-vente) : la cession au client de la nouvelle pièce est imposable sur la valeur de la pièce usagée augmentée de la soulte, étant précisé que si la nouvelle pièce est une pièce simplement réparée (et non rénovée), le régime d'imposition est celui des biens d'occasion (nos 60540 s.). Au contraire, si le montant de la soulte est fixé d'après le coût des réparations à effectuer (échange-réparation), la taxe porte sur la somme versée par le client, à l'exclusion de la valeur de la pièce usagée abandonnée par ce dernier.

En ce qui concerne les ventes de véhicules avec reprise d'un véhicule usagé dans le cadre d'opérations promotionnelles, voir n° 61065.

Les échanges de **services** doivent être imposés à la TVA sur la base des services rendus mutuellement. 52235

De la même façon, l'échange d'un **bien contre un service** est normalement imposable.

› Précisions a. En cas de rémunération de la présentation de nouveaux clients par la livraison d'articles constitutifs d'une **prime en nature,** la base d'imposition de cette livraison, au titre de l'échange de biens contre des services, comprend, outre le prix d'achat de l'article par le fournisseur, les frais d'expédition que celui-ci prend en charge (CJUE 3-7-2001 aff. 380/99 : RJF 10/01 n° 1341).

b. En cas de remise d'objets de faible valeur par des **entreprises de vente à domicile** à des **hôtesses** qui organisent à titre indépendant des réunions à leur domicile, il est admis de ne pas prendre en considération cet échange lorsque le prix d'achat ou de revient de l'objet remis n'excède pas le montant mentionné n° 55980 par an et par hôtesse et que cette dernière n'est pas, par ailleurs, redevable de la TVA (BOI-TVA-DED-30-30-50 n° 210).

Aides En ce qui concerne la prise en compte dans la base d'imposition des aides et **subventions,** voir nos 46920 s. 52240

FRAIS DIVERS ACQUITTÉS PAR LE CLIENT

La base d'imposition inclut tous les frais acquittés par le client et qui peuvent être considérés comme des **compléments de prix,** ainsi que les **frais accessoires** aux livraisons de biens ou services, tels que frais d'emballage ou de transport demandés aux clients. 52250 CGI art. 267, I-2° TVA-VI-3520 s

Doivent **notamment** être compris dans la base d'imposition : 52255

a. Les **frais de brevets** ou les **redevances** perçues en contrepartie de l'utilisation des brevets ;

b. Les **primes et bonifications** que le client s'engage à verser **pour** obtenir une **livraison rapide** ;

c. Les suppléments de prix que les vendeurs facturent à leurs clients à titre de **frais d'emballage,** que ces frais soient calculés de manière forfaitaire ou en pourcentage de la valeur du bien (pour les **consignations** d'emballages, voir nos 61030 s.) ;

d. Les **frais d'assurance** qui sont normalement à la charge du fournisseur (tel est le cas des primes d'assurance-crédit, sous réserve de l'exemption prévue pour les débours : nos 52335 s.) ;

e. Les **majorations** de prix pour frais de facturation (par exemple, pour « **faible facture** ») ;

f. Les sommes perçues à titre de **droits d'entrée, loyers d'avance, pas-de-porte, etc.**, que les **loueurs** réclament à leurs clients (pour lesquels elles constituent des compléments de loyers) ; les sommes ainsi perçues sont passibles de la TVA dès leur perception, dès lors que la location est elle-même taxable à titre obligatoire ou par option (nos 46800 s.). Selon l'administration, les sommes versées par les preneurs à titre de **dépôt de garantie** (ou de **caution-**

nements) en sus du loyer deviennent passibles de la TVA lorsqu'elles cessent d'être remboursables à ces derniers. Mais, si le dépôt n'est pas intégralement destiné à prémunir le loueur d'un bien meuble contre les aléas normaux du contrat, celui-ci doit soumettre à la TVA, dès leur encaissement, les sommes excédant le **risque réel encouru** (risque évalué forfaitairement à 15 % de la valeur TTC des voitures de tourisme et des motos prises en **crédit-bail** de quatre ou cinq ans) (BOI-TVA-BASE-10-10-10 n°s 20 et 30) ;

g. Les **frais de déplacement** (billet de train ou d'avion, location d'un véhicule, frais d'hôtel, etc.) qu'un prestataire de services engage **à l'occasion de la mission** qu'il est chargé de réaliser ;

h. Les frais d'**affranchissement** des simples **correspondances.** Telle est du moins la position de l'administration, qui estime que ces frais ne peuvent être exclus de la base d'imposition que si, engagés pour le compte des destinataires et leur étant réclamés à l'euro près, ils font l'objet d'une facturation exacte et distincte, exception non applicable en cas de « vente par correspondance » (BOI-TVA-BASE-10-10-10 nº 530). Elle considère, par ailleurs, que les frais d'affranchissement des **colis** et **paquets** suivent le régime des frais de transport (nº 52285) mais admet que l'exception mentionnée ci-avant pour les frais d'affranchissement des simples correspondances peut jouer en cas de vente « départ » (BOI-TVA-BASE-10-20-10 nº 280). Pour le Conseil d'État, lorsque les prestations d'affranchissement sont proposées en complément d'une autre prestation, celles-ci doivent être considérées comme des **opérations distinctes** devant suivre leur régime propre (exonération en application des articles 261, 4-11º et 261 C, 3º du CGI : n°s 47570 et 47585) si elles sont facultatives et font l'objet d'une facturation séparée (CE 24-4-2019 nº 411007 : RJF 7/19 nº 645).

52260 TVA-VI-3550 s Les **frais** normalement inclus dans le coût d'une opération et qui sont **payés directement par le client, en l'acquit du fournisseur** de biens ou du prestataire de services, **entre les mains d'un tiers** (d'un sous-traitant, par exemple) sont à comprendre dans la base d'imposition. Il en est de même pour les **commissions** versées à des intermédiaires. Ces divers frais constituent en effet des charges d'exploitation pour le fournisseur.

Dans le même ordre d'idées, sont à comprendre dans le prix imposable d'une entreprise de louage de main-d'œuvre les frais de transport, de nourriture et de logement du personnel mis à la disposition de son client et qu'assume ce dernier.

Mais n'ont pas, bien entendu, à être compris dans ce prix les **frais à la charge de l'acheteur** qui sont réglés directement par ses soins.

52265 TVA-VI-4300 s **Intérêts** Aux termes de l'article 267, I-2º du CGI, les intérêts demandés aux clients sont au nombre des frais accessoires aux livraisons de biens ou prestations de services à inclure dans la base d'imposition.

Il faut toutefois distinguer les intérêts pour délais de paiement, les intérêts moratoires et les autres sommes réclamées aux clients.

En ce qui concerne les **intérêts dus sur les arrhes** versées par les clients, voir nº 52325, a.

52270 **a. Intérêts pour délais de paiement.** Les intérêts facturés par un fournisseur qui accorde à son client un sursis de paiement pour une période postérieure au fait générateur (n°s 52585 et 52645) constituent la contrepartie d'une **opération de crédit** exonérée (nº 60315).

En l'absence de facturation distincte d'intérêts au client, l'ensemble du prix est soumis à la TVA.

52275 **b. Intérêts moratoires.** Les intérêts acquittés, à l'issue ou non d'une procédure juridictionnelle, par un **client** qui n'a **pas payé** le prix à l'**échéance** sont hors du champ d'application de la TVA.

De tels intérêts peuvent notamment être réclamés en application de l'article 1231-6 du Code civil, de l'article L 441-10 du Code de commerce ou encore en matière d'exécution des marchés publics.

52280 **c. Autres sommes.** Les sommes qui ne constituent ni des intérêts pour délais de paiement exonérés ni des intérêts moratoires entrent dans la **base d'imposition** à la TVA si l'opération à laquelle elles se rattachent est elle-même taxée.

Il s'agit principalement :

– des intérêts réclamés au titre d'une période antérieure au fait générateur ;
– des sommes qui ne sont pas facturées en tant qu'intérêts.

Tel est le cas notamment lorsque le fournisseur ne diffère pas la date d'encaissement du prix au-delà des délais de paiement prévus par les conditions générales de vente ou le contrat, les usages de la profession, ou, éventuellement, par la réglementation.

52285 TVA-VI-5055 s **Frais de transport** Les frais de transport que le fournisseur d'un bien facture à son client constituent en principe des frais accessoires à la livraison de ce bien et doivent, à ce titre, être inclus dans la base d'imposition de cette livraison (alors même qu'ils feraient l'objet d'un décompte distinct ou qu'ils seraient réglés directement par l'acquéreur à une tierce personne).

Cependant, le prix du transport peut être **dissocié** du montant de la vente et soumis au régime propre aux opérations de transport (notamment en ce qui concerne la territorialité, l'exigibilité et le taux de la taxe), à **condition** qu'il constitue la rémunération effective et normale d'une prestation de services que l'acquéreur et le vendeur ont entendu expressément disjoindre et rémunérer distinctement de l'opération de vente elle-même (BOI-TVA-BASE-10-20-10 nº 140).

Pourboires Les **majorations de prix** réclamées à la clientèle au titre du « service » par certaines entreprises commerciales (hôtels, restaurants, cafés, salons de coiffure, etc.), également qualifiées de « pourboires obligatoires », doivent être comprises dans la base d'imposition à la TVA de l'entreprise prestataire, qu'elles soient centralisées par l'employeur ou perçues directement auprès de la clientèle par les employés (CJUE 29-3-2001 aff. 404/99 : RJF 6/01 nº 893 ; BOI-TVA-BASE-10-20-40-20 nº 100). 52290 TVA-VI-4700 s

En revanche, les **simples gratifications** versées spontanément par les clients aux employés d'une entreprise où le service est déjà incorporé dans les prix facturés ne sont pas imposables.

IMPÔTS, DROITS ET TAXES

La base d'imposition ne comprend **pas** la **TVA elle-même.** Autrement dit, la partie du prix qui représente la TVA est exclue de la base d'imposition. 52300 CGI art. 267, I-1º TVA-VI-2920 s

Les **taux légaux** de la taxe s'appliquent donc à des **prix hors TVA.**

De même que la TVA, l'**octroi de mer** et l'octroi de mer régional (perçus dans les DOM) ne sont pas compris dans la base d'imposition à la TVA.

La solution est la même pour la **taxe de séjour,** mais la taxe de séjour **forfaitaire** est à comprendre dans la base imposable à la TVA.

Quelle que soit leur nature, tous les **autres impôts, taxes, droits et prélèvements** doivent en principe être **compris dans la base d'imposition** à la TVA. 52305

C'est le cas notamment :

– des **taxes spéciales** perçues comme en matière de TVA, notamment les contributions sur les boissons non alcooliques ;

– des **droits indirects** et taxes diverses perçus selon des taux spécifiques, notamment (sauf dans les DOM) la **cotisation** sur les boissons **alcooliques** ;

– des taxes d'urbanisme, lorsqu'elles sont exigibles ;

– de la **taxe** générale sur les **activités polluantes** ;

– de la **contribution** pour la **collecte et** l'**élimination des déchets d'équipements électriques et électroniques ménagers** ;

– des taxes départementale et communale sur les **remontées mécaniques** ;

– de la rémunération pour **copie privée** due par les fabricants et importateurs de supports d'enregistrement ;

– des **redevances** perçues par les gestionnaires des services **des eaux et d'assainissement** des collectivités locales.

Dans le même ordre d'idées, les **abattoirs** doivent soumettre à la TVA le montant des redevances sanitaires qu'ils encaissent auprès de leurs usagers (la taxe d'usage est également imposable).

› Précisions **a.** Les **officiers** publics et **ministériels** et les auxiliaires de justice doivent calculer la TVA en sus des **rémunérations tarifées,** lesquelles sont réputées hors TVA par le décret 94-757 du 26-8-1994.

b. En ce qui concerne la **taxe** sur les **acquisitions de titres,** voir nº 60425, précisions.

RÉDUCTIONS DE PRIX

Les réductions de prix que consentent à leurs clients les fournisseurs et les prestataires de services peuvent être déduites de la base d'imposition à la TVA. Il en est ainsi quelles que soient leur dénomination – **escomptes de caisse, remises, rabais, ristournes, etc.** – et les modalités suivant lesquelles elles sont accordées. 52315 CGI art. 267, II-1º TVA-VI-1000 s

Pour pouvoir être exclues de la base d'imposition, les réductions de prix doivent répondre aux deux **conditions** suivantes :

1. Elles doivent **bénéficier** effectivement et pour leur montant exact à l'acheteur. Lorsque la réduction de prix est versée par l'**entremise** de commissionnaires, groupements d'achats, etc., le vendeur doit pouvoir justifier du montant individuel des avoirs réellement versés à chaque client (ce qui implique une reddition de comptes exacte des ristournes réparties par ces intermédiaires) ;

2. Les réductions de prix ne doivent **pas** constituer en fait la rémunération d'un service ou la **contrepartie d'une prestation** quelconque.

52320 Les **réductions acquises** et chiffrables **lors de l'opération** et **directement liées à celle-ci** doivent être mentionnées sur les factures (sur chaque ligne de la facture, sauf lorsqu'elles ne peuvent être connues qu'en fin de facture, par exemple dans le cas de remises liées au montant global de la facture) (n° 53625).

Lorsque la réduction de prix est **accordée après** la délivrance de la facture, la diminution de la base d'imposition (qui doit entraîner corrélativement une régularisation des déductions chez le client) est subordonnée à la **rectification** du prix et de la taxe portés sur la facture primitive. Cette rectification est opérée par l'envoi d'une **nouvelle facture** ou d'une **note d'avoir** (voir les explications données n° 53795). Relève de cette catégorie une ristourne convenue avant la vente mais utilisable par le client seulement après l'opération ; dans ce cas, la base d'imposition n'est réduite qu'au moment où la ristourne est utilisée par le client (CJUE 29-5-2001 aff. 86/99 : RJF 8-9/01 n° 1167).

52325 **› Précisions** **a.** Peuvent également être exclus de la base d'imposition à la TVA les **intérêts** des sommes exigées des clients à titre **d'acomptes,** lorsque ces intérêts viennent en déduction du montant nominal de la vente.

b. Les fabricants peuvent soustraire de leur base d'imposition à la TVA les sommes remboursées aux détaillants ou aux consommateurs au titre des **bons de réduction ou de remboursement** qu'ils ont émis, même en l'absence de relation directe avec les détaillants ou les consommateurs (CJUE 24-10-1996 aff. 317/94, Elida Gibbs Ltd : RJF 2/97 n° 192 ; CJUE 15-10-2002 aff. 427/98 : RJF 1/03 n° 129). Les bons de réduction ou de remboursement doivent se rapporter à des opérations réalisées par les fabricants au titre desquelles ils sont redevables de la TVA en France. Le montant à déduire à ce titre s'entend de la valeur nominale des bons, ramenée hors taxe, à l'exclusion des frais remboursés en sus. Les fabricants doivent être en mesure de présenter les bons remboursés ainsi que la preuve du remboursement correspondant (les comptes rendus des organismes de gestion des bons peuvent servir de justificatifs) (BOI-TVA-BASE-10-20-10 n°s 60 à 90).

Les **détaillants** doivent inclure dans leur base d'imposition les sommes perçues des fabricants en remboursement des bons de réduction qu'ils ont acceptés de la part des consommateurs (CJUE 16-1-2003 aff. 398/99 : RJF 4/03 n° 525 ; BOI précité n° 100).

Nota : Les principes définis par la Cour de justice dans l'arrêt Elida Gibbs susvisé ne s'appliquent pas lorsqu'un intermédiaire (en l'occurrence une agence de voyages) accorde au consommateur final, de sa propre initiative et à ses propres frais, une réduction de prix sur la prestation fournie par l'opérateur principal (en l'occurrence l'organisateur de circuits touristiques) (CJUE 16-1-2014 aff. 300/12 : RJF 4/14 n° 421).

Le régime des bons décrit aux n°s 47470 s. ne s'applique pas au bons de réduction ou de remboursement.

c. Les **primes de « volume » ou « d'objectifs » versées,** notamment dans le secteur automobile, par un constructeur **à** ses **filiales françaises** de distribution, aux **concessionnaires indépendants** ou à des **sociétés de location,** en fonction du volume des achats ou des objectifs de vente réalisés par les acquéreurs, s'analysent comme des rabais.

Il en va de même des primes de « volume » **versées** par un constructeur **à la société mère d'un groupe** en contrepartie d'achats réalisés par ses filiales françaises ou européennes (directement auprès du constructeur ou auprès de son réseau primaire) sous réserve du respect des conditions suivantes (à défaut, la prime constitue la contrepartie d'un service « d'apport d'affaires » taxable) : les relations contractuelles (contrat-cadre de distribution, etc.) doivent faire apparaître que la société mère agit au nom et pour le compte de ses filiales pour la répartition des primes ; le constructeur peut justifier, par le double des notes d'avoir qu'il a émises et la reddition de comptes établie par la société mère, que le montant des primes bénéficie effectivement et pour son montant exact aux filiales. Même solution pour les primes de « volume » **versées** par un constructeur **à la société « chef d'une chaîne de location »** en contrepartie des achats réalisés par les sociétés de location.

Enfin, les primes de « volume » **versées** par un constructeur **à des organismes financiers** en contrepartie d'achats de biens destinés à être donnés en location à des sociétés de location peuvent être considérées comme des rabais si les parties respectent strictement le formalisme qui s'y attache (BOI-TVA-BASE-10-10-40 n°s 30 à 180).

d. Constituent également des rabais :

– les **primes de « conjoncture »** versées par un constructeur à ses concessionnaires afin de permettre à ces derniers de vendre à leurs clients à des prix concurrentiels ;

– les **remises « additionnelles »** accordées aux concessionnaires à l'occasion d'une campagne promotionnelle portant sur un type de véhicule donné (BOI précité n° 40).

e. L'administration fiscale admet que lorsqu'en application de l'article L 441-3, III-3° du Code de commerce les **obligations destinées à favoriser la relation commerciale** entre le fournisseur et le distributeur ou le prestataire de services auxquelles s'engage ce dernier constituent des éléments de formation du prix de l'opération de vente, ces obligations ne sont pas constitutives de services distincts de l'opération de vente et doivent donner lieu à des réductions de prix de la part du fournisseur. En revanche, les services dits « de coopération commerciale » visés à l'article L 441-3, III-2° du Code précité doivent faire l'objet d'une facture de la part du distributeur ou du prestataire de services (BOI-TVA-DECLA-30-20-10 n° 30).

DÉBOURS

(Remboursements de débours pour le compte d'autrui) Les **intermédiaires** n'ont pas à soumettre à la TVA les sommes que leur remboursent leurs commettants dans la mesure où ces remboursements, qui correspondent bien à des **dépenses engagées au nom et pour le compte de leurs mandants,** ont donné lieu à une reddition de comptes précise, sont inscrits dans des comptes de passage et sont justifiés dans leur nature ou leur montant exact auprès de l'administration des impôts. 52335 CGI art. 267, II-2° TVA-VI-6200 s

Remarques : a. Les dispositions de l'article 267, II-2° ne concernent que les sommes versées à des tierces personnes par un mandataire, au nom et pour le compte de son commettant, à l'exclusion, par conséquent, des dépenses engagées par un redevable pour les **besoins de sa propre entreprise** (salaires versés au personnel, frais de transport de ce personnel, prix d'acquisition de biens ou services, etc.). Voir toutefois nº 52350 pour les avocats collaborateurs.

b. Jugé par le Conseil d'État qu'elles ne s'appliquent qu'aux personnes qui interviennent pour l'**exécution d'actes juridiques** dans l'intérêt de leurs mandants (CE 15-2-1982 nº 27954 : RJF 4/82 nº 351).

c. Ces dispositions ne s'appliquent pas, selon la législation française, aux **agents de voyages,** un régime spécifique étant prévu à leur égard (nºs 61535 s.).

La non-imposition des débours est subordonnée aux **conditions** suivantes, qui doivent être remplies **simultanément** par l'intermédiaire. 52340

1. Il doit agir en vertu d'un **mandat préalable et explicite** (ce qui exclut toute opération réalisée de la propre initiative de l'intermédiaire). Le mandat **tacite** peut toutefois être admis dès lors qu'il est suffisamment vraisemblable pour n'être pas mis en doute.

La preuve du contrat de mandat peut être apportée par tous moyens, même en l'absence d'écrit (CE 4-3-1987 nº 70321 : RJF 5/87 nº 503).

2. Il doit **rendre compte** exactement à son commettant de l'engagement et du montant de ces dépenses.

Relevons à cet égard que le Conseil d'État a une conception peu formaliste de la reddition de comptes.

3. Il doit **justifier,** auprès du service des impôts compétent, de la **nature ou** du **montant exact des débours,** par tous moyens appropriés (factures des fournisseurs de biens ou services, copie des comptes rendus ou factures détaillées adressées aux mandants, etc.). Cette dernière condition est destinée à éviter que ne soient dissociées arbitrairement du prix de l'opération réalisée des dépenses constituant de simples charges d'exploitation.

4. Les dépenses doivent être portées en comptabilité dans des **comptes de passage** (en pratique dans des comptes de tiers pour les redevables astreints aux règles de la comptabilité commerciale, dans des comptes spécifiques pour les autres redevables).

Intermédiaires Les **commissionnaires, courtiers** ou autres intermédiaires visés aux nºs 61440 s. peuvent, pour leurs remboursements de frais, invoquer les dispositions ci-dessus (si, bien entendu, ils remplissent les conditions requises). Mais il est souligné que ces dispositions ne sont susceptibles de s'appliquer qu'aux remboursements de **dépenses engagées au nom d'autrui** et qui **ne se rattachent pas à l'opération d'entremise.** 52345

› Précisions L'intermédiaire doit faire apparaître au fournisseur du bien ou du service qui fait l'objet du remboursement qu'il est le représentant de la personne au nom de qui il agit.

Il ne doit **pas** s'agir de **dépenses d'exploitation** de l'intermédiaire engagées pour les besoins de l'opération d'entremise mais de frais extérieurs à celle-ci.

Par ailleurs, les **frais** remboursés doivent être clairement **détachables** de la livraison du bien ou de la prestation de services objet de la **transaction** dans laquelle l'intermédiaire s'entremet.

À titre d'**exemple,** sont exclus de la base d'imposition d'un intermédiaire, dont la seule mission est d'assurer l'achat en son nom propre de biens pour le compte d'un commettant, les frais d'entreposage engagés pour le compte de ce dernier lorsque le contrat passé avec l'entrepositaire fait apparaître le commettant, clairement identifié, en qualité de bénéficiaire réel de la prestation.

Professions judiciaires ou juridiques Les membres des professions judiciaires ou juridiques peuvent au titre des débours exclure de leur base d'imposition les **frais de procédure** engagés au nom et pour le compte des clients (si, bien entendu, les conditions visées nº 52340 sont remplies). 52350

› Précisions a. Il en est ainsi notamment des sommes suivantes : dépenses des **notaires** couvertes par un mandat légal (dépenses de délivrance d'états hypothécaires ou d'extraits cadastraux, notes de géomètre, documents d'arpentage et frais d'insertions légales) ; pour les **huissiers de justice,** droits d'enregistrement des exploits et autres actes de procédure, honoraires des avocats engagés au nom et pour le compte des clients, indemnités de déplacement versées aux personnes (commissaires, etc.) dont l'intervention est requise, rémunérations dues aux témoins, frais de gardiennage des biens saisis, frais réels d'affranchissement des lettres recommandées prévues par la loi comme formalité obligatoire de procédure, droits fiscaux effectivement dus ; pour les **mandataires-liquidateurs,** sommes versées aux officiers publics et ministériels, aux experts et avocats dont le concours est nécessaire à leur mission, taxes et droits fiscaux payés pour le compte de l'entreprise ; pour les **greffiers** près les **tribunaux de commerce,** frais d'affranchissement effectivement supportés pour renvoyer les bordereaux d'inscription ou de radiation du privilège aux comptables du Trésor ; pour les **avocats,** frais de procédure, droits de plaidoirie, frais de publicité légale, de greffe, honoraires d'experts, frais et émoluments des huissiers.

b. Il est admis que les **avocats collaborateurs** rémunérés sous forme de rétrocession d'honoraires puissent exclure de leur base d'imposition les remboursements de frais de transport, d'hôtellerie et de restauration perçus de l'avocat « en premier » s'ils remplissent les conditions visées aux 1, 2 et 4 du nº 52340 et si les factures des fournisseurs sont établies au nom de l'avocat « en premier » ; les avances qu'ils peuvent, le cas échéant, percevoir n'échappent à l'imposition que si la nature et le montant exact des frais qui seront exposés pour le compte de l'avocat « en premier » sont mentionnés en tant que débours sur le document qui lui est adressé (BOI-TVA-BASE-10-20-40-30 nº 150).

52355 **Impôts ou charges répercutés sur les locataires par les bailleurs** Le traitement de ces charges diffère selon qu'il s'agit de charges locatives ou de charges incombant aux bailleurs.

a. Charges locatives. Bien qu'agissant en leur nom propre, les propriétaires de locaux faisant l'objet d'une location soumise à la TVA (de plein droit ou sur option) peuvent exclure de leur base d'imposition les remboursements perçus des locataires au titre des **charges et réparations locatives** lorsque les **conditions** suivantes sont réunies :

– les remboursements doivent concerner des charges récupérables ou des réparations locatives visées par les décrets 87-712 et 87-713 du 26-8-1987 et 82-955 du 9-11-1982, à l'exclusion toutefois des impositions et redevances y figurant, et ce même si la location en cause n'est pas régie par ces textes ;

– les conditions visées aux 2, 3 et 4 du nº 52340 doivent être satisfaites.

Il est admis que les **provisions pour charges** soient exclues de la base d'imposition du bailleur à condition qu'il soit procédé à leur régularisation au moins une fois par an (BOI-TVA-BASE-10-10-30 nºs 240 à 320).

b. Charges incombant aux bailleurs. À la différence des charges locatives, ces sommes sont remboursées au propriétaire, auquel elles incombent normalement, en contrepartie de la location consentie : elles doivent donc être incluses dans l'assiette de la TVA. Cette interprétation, qui était déjà celle de l'administration, a été confirmée par la Cour de cassation à propos de la taxe foncière remboursée au propriétaire d'un local commercial par son locataire (Cass. com. 4-12-2007 nº 06-21.149 F-D : RJF 4/08 nº 433).

EXPLICATIONS PARTICULIÈRES

52365 Voici les précisions qu'appelle, pour certaines opérations, l'application des règles générales concernant la détermination de la base d'imposition.

52370 **Services comportant des fournitures** La réalisation d'un service entraîne souvent l'utilisation de fournitures ou de pièces détachées.

TVA-VI-7110 s

1. Les **fournitures** sont les matières ou produits indispensables à la réalisation du service et dont l'incorporation dans l'objet réparé nécessite un façonnage, une transformation ou une adaptation préalable (exemple : tissu utilisé pour la réparation d'un fauteuil par le tapissier), ou qui disparaissent avec la réalisation de la prestation (exemple : friction faite par le coiffeur).

En règle générale, la valeur des fournitures constitue un élément du **prix du service.**

2. Les **pièces détachées** sont des objets normalisés qui ont un rôle déterminé dans un ensemble, font l'objet d'une simple opération de pose et qui peuvent être ultérieurement enlevés sans détérioration de l'objet réparé (exemple : remplacement d'un pare-chocs, d'une roue de voiture, d'un bloc moteur). Les menues fournitures telles que vis, fil électrique, etc. suivent le régime défini au 1.

En règle générale, les pièces détachées doivent être considérées comme faisant l'objet d'une **vente.** Cependant, si leur valeur est inférieure à celle de l'opération de pose (ces deux valeurs étant exprimées hors taxe) ou si elles ont dû subir un travail d'adaptation préalable, tel qu'ajustage, découpage, soudure, pour être incorporées, au même titre que les fournitures, dans l'objet réparé, les pièces détachées constituent un élément de l'opération de réparation.

› **Précisions** **a.** L'administration admet que la **comparaison** entre la valeur des pièces et celle de l'opération de pose s'opère globalement, en retenant la valeur totale des pièces et fournitures, d'une part, et le coût total de la réparation, d'autre part. Ainsi, les pièces détachées et les fournitures suivent le régime de la prestation si leur valeur globale n'excède pas 50 % du coût total. Il en va ainsi, en particulier, dans le secteur automobile (BOI-TVA-BASE-10-20-40-20 nos 150 et 160).

b. Travaux dans les locaux d'habitation comportant la fourniture d'équipements, voir nos 53048 et 53280.

Réparations On entend par « réparation » l'opération qui aboutit **à remettre en état,** c'est-à-dire à restituer les caractéristiques initiales de l'objet à l'état neuf. Il s'agit d'une prestation de services, pour laquelle la TVA est exigible sur le prix réclamé au client (pour le cas où la livraison entraîne l'utilisation de fournitures ou de pièces détachées, voir no 52370). **52375** TVA-VI-7250 s

La réparation doit être **distinguée** de la **transformation** et de la **rénovation**, qui sont définies au no 60570, précision a, et dont le régime d'imposition est celui des produits neufs.

Façons Travailler à façon signifie que l'on transforme un produit appartenant à un tiers. **52380** TVA-II-2480 s

Pour qu'il y ait contrat de façonnage, les façonniers doivent remplir les **quatre conditions** suivantes :

– ils ne doivent pas devenir propriétaires des produits mis en œuvre ;

– la valeur des matières complémentaires qu'ils apportent doit être inférieure à celle des matières confiées par le donneur d'ouvrage augmentée du coût de l'intervention ;

– il doit y avoir restitution à l'identique des matières fournies par le donneur d'ouvrage ou, sous certaines conditions et entre assujettis seulement, restitution à l'équivalent (voir précisions ci-après) ;

– à partir des matériaux mis en œuvre, un produit nouveau est réalisé.

Si ces conditions sont remplies, il y a opération de façon, forme particulière de service (no 46475).

Si l'une de ces conditions n'est pas remplie, l'opération réalisée est une fabrication.

En matière de **base d'imposition,** le façonnier est en principe, comme les autres prestataires de services, imposable à la TVA sur le prix de son intervention ; s'il n'y a pas façon, la taxe est due sur le tout.

En matière de **taux,** la distinction entre façon et fabrication est en principe sans portée. En revanche, la distinction entre la façon et les autres prestations de services revêt un intérêt particulier lorsqu'il s'agit de produits ne relevant pas du taux normal de TVA. En effet, les façons sont en principe imposées selon le taux applicable au produit obtenu, alors que les autres prestations sont, en règle générale, soumises au taux normal.

Pour les **règles de territorialité** applicables aux façons, voir nos 49870 s. (relations « B to B ») et no 50005 (relations « B to C »). Pour les façons à l'**exportation,** voir nos 50135 s. Pour les façons portant sur les **déchets neufs d'industrie et matières de récupération,** voir no 53705.

› Précisions La condition de **restitution à l'identique** n'est **pas exigée,** pour les opérations **entre assujettis,** si les **conditions** suivantes sont remplies : les matières premières mises en œuvre sont fournies par les donneurs d'ordre préalablement au façonnage ; les quantités de produit livrées par le façonnier aux donneurs d'ordre correspondent aussi exactement que possible aux quantités mises en œuvre par le façonnier ; le façonnier tient à disposition du service des impôts sa comptabilité matière (BOI-TVA-CHAMP-10-10-50-40 no 40).

Obligations particulières. Tout façonnier doit tenir un **registre spécial.** Ce registre mentionne, dans l'ordre chronologique de la réception des biens et matériaux : **52385** CGI art. 286 quater, II-1 RIE-IV-15180 s

– l'identité du donneur d'ordre, c'est-à-dire son nom ou sa désignation sociale ainsi que son adresse ou le lieu de son siège social. Lorsque les biens à façonner sont expédiés à partir d'un autre État membre de l'Union européenne par un assujetti (ou pour son compte) identifié à la TVA dans cet État, le registre doit comporter le numéro d'identification à la TVA du donneur d'ordre ;

– pour chaque donneur d'ordre et lors de chacune des opérations d'entrée et de sortie : la nature et la quantité de matériaux devant faire l'objet du travail à façon ainsi que la date d'entrée ; la nature et la quantité de produits transformés ainsi que la date de sortie.

À l'issue de ces opérations, le registre indique les **stocks** détenus. La situation du stock peut être tenue mensuellement.

Le registre est tenu et conservé (pendant le délai et selon les modalités énoncés no 78065) dans chaque établissement, lieu de dépôt ou lieu de stockage des biens, matériaux ou produits transformés. Ainsi, pour une même entreprise, plusieurs registres de même nature peuvent être tenus en des lieux différents. Le défaut de présentation ou de tenue est sanctionné par une amende fiscale de 750 € et chaque omission ou inexactitude relevée d'une amende de 15 € (CGI art. 1788 B).

Nota : Les précisions données dans l'alinéa ci-dessus valent aussi pour le **registre des biens expédiés** décrit au no 49285, précisions, et pour le **registre des biens meubles corporels faisant l'objet de travaux ou expertises** décrit au no 49870, précision b.

52390 CGI art. 283, 5 TVA-II-2625 s Lorsque le façonnier réalise directement ou indirectement (cas de sous-traitance) **plus de 50 % de son chiffre** d'affaires **avec** un même **donneur d'ordre,** ce dernier est **solidairement** tenu au **paiement** de la taxe à raison des opérations qu'ils ont réalisées ensemble. Le pourcentage de 50 % s'apprécie pour chaque déclaration mensuelle ou trimestrielle (ou annuelle s'agissant des redevables au régime simplifié) : il doit donc être déterminé à partir des factures encaissées (ou établies, en cas d'option pour les débits) au titre de chaque période considérée. Cette solidarité n'est toutefois pas mise en œuvre lorsque le donneur d'ordre établit qu'il n'a pas eu connaissance du non-respect par le façonnier de ses obligations fiscales afférentes à la période au titre de laquelle ils ont réalisé des opérations ensemble.

Le donneur d'ordre peut s'**exonérer de la solidarité** en produisant une **attestation,** fournie par le façonnier et délivrée à ce dernier par le service des impôts dont il dépend, certifiant du respect de ses obligations déclaratives et du paiement de la TVA due au Trésor (Inst. 12 C-3-99, non reprise dans la base Bofip ; CE 18-11-2015 nº 369162 : RJF 2/16 nº 130). Cette attestation doit être exigée du façonnier lors de la conclusion du contrat puis à chaque échéance annuelle lorsque la durée de celui-ci est supérieure à un an (Inst. 12 C-3-99 précitée).

52395 TVA-VI-700 s **Opérations imposables non soumises à la TVA** Lorsque des opérations imposables n'ayant pas, à tort, été soumises à la TVA lors de leur réalisation sont taxées après coup par le redevable lui-même ou l'administration (procédure de rectification), la base d'imposition doit être déterminée à partir du **prix convenu ferme et définitif** entre les parties (c'est-à-dire le prix dont le vendeur ou le prestataire peut exiger le paiement de son client en application des règles de droit privé).

a. Lorsque le **redevable** de la taxe est le **vendeur ou** le **prestataire,** le prix convenu doit toujours être considéré comme TTC même si le prix est expressément mentionné hors taxe (ventes en franchise, ventes à l'exportation, etc.). Autrement dit, dans cette hypothèse, pour obtenir la base d'imposition, il faut retrancher du prix réputé TTC la taxe elle-même (conformément à la règle générale indiquée nº 52300).

EXEMPLE

1. Livraison non soumise à la TVA imposable au taux de 20 % (cœfficient de conversion : 0,833).

Prix mentionné sur la facture initiale : 1 000 €.

Base d'imposition : 1 000 × 0,833 = 833 €.

TVA exigible : 833 × 20 % = 166,60 €.

Facture rectificative à établir sur cette base.

Il n'en va autrement que dans le seul cas où les parties ont expressément convenu d'ajouter au prix mentionné, en cas d'assujettissement de l'opération à la TVA, un supplément de prix égal au montant de la TVA : dans ce cas, la base d'imposition est égale au montant total du prix mentionné (considéré donc comme hors taxe).

EXEMPLE

2. Mêmes données que l'exemple 1 mais une clause du contrat prévoit que, en cas d'imposition à la TVA, le client acquittera un supplément de prix égal à la TVA.

Le prix convenu ferme et définitif est dans ce cas de : 1 200 € (1 000 € mentionnés sur la facture initiale + supplément de prix convenu 200 €).

Base d'imposition : 1 000 €.

TVA exigible : 1 000 × 20 % = 200 €.

Facture rectificative à établir sur cette base.

Toutefois, si l'exigibilité de la TVA n'est pas intervenue en ce qui concerne le supplément de prix lors de la constatation du caractère imposable de l'opération, le prix mentionné doit être considéré comme TTC et le supplément de prix (considéré également comme TTC) doit être soumis à la TVA lorsque la taxe y afférente devient exigible.

EXEMPLE

3. Mêmes données que l'exemple 2 mais il s'agit d'une prestation de services initialement facturée 1 000 € « HT ».

Lors de la constatation du caractère imposable de l'opération, l'exigibilité de la TVA n'est intervenue qu'à hauteur de la somme effectivement encaissée, soit 1 000 €, considérée comme TTC.

Base d'imposition : 1 000 × 0,833 = 833 €.

TVA exigible : 833 × 20 % = 166,60 €.

Lors de l'encaissement du supplément de prix (200 €) prévu au contrat, celui-ci doit être soumis à la TVA dans les conditions suivantes :

Base d'imposition : 200 × 0,833 = 166,60 €.

TVA exigible : 166,60 × 20 % = 33,32 €.

Nota : Les règles ci-dessus ne concernent, bien entendu, que le cas où le prix est stipulé sans mentionner la TVA. Lorsque celle-ci est réclamée au client, la base d'imposition est en effet constituée du prix déterminé hors TVA.

b. Lorsque le **redevable** est l'**acquéreur du bien ou** le **bénéficiaire du service,** le prix convenu ferme et définitif doit toujours être considéré comme hors taxe, même dans le cas exceptionnel où le vendeur ou le prestataire aurait, par une stipulation expresse, accepté, en cas d'imposition à la TVA, d'accorder à son client une réduction de prix égale au montant de la TVA.

c. Les règles ci-dessus s'appliquent de la même façon lorsqu'il s'avère qu'une **opération** a été **taxée à un taux erroné inférieur au taux légal** : la base d'imposition au taux légalement applicable doit être déterminée compte tenu du prix convenu ferme et définitif, ce prix devant en principe être diminué du montant de la TVA légalement exigible si le redevable est le vendeur ou le prestataire.

Remarque : Les règles ci-dessus résultent de la doctrine administrative (BOI-TVA-BASE-10-20-20 nos 100 s.) laquelle s'appuie sur les principes dégagés par le Conseil d'État (CE 14-12-1979 nº 11798 : RJF 2/80 nº 99 ; CE 28-7-1993 nº 62865 : RJF 8-9/93 nº 1140).

Mais il faut noter que :

– la Cour de cassation n'applique pas les mêmes principes lorsque le vendeur et le client sont des commerçants. Elle a, en effet, jugé que, selon un usage constant entre commerçants, les prix s'entendent hors taxe, sauf convention contraire (Cass. com. 9-1-2001 nº 97-22.212 FP-P : RJF 4/01 nº 476) ;

– selon la CJUE, le prix convenu sans mention de la TVA doit être considéré comme incluant déjà cette taxe dans le cas où le fournisseur (redevable de la TVA) n'a pas la possibilité de récupérer auprès de l'acquéreur la TVA réclamée par l'administration fiscale (CJUE 7-11-2013 aff. 249/12 et 250/12 : RJF 1/14 nº 109).

Opérations libellées en devises Il est prévu que lorsque les éléments servant à déterminer la base d'imposition sont exprimés dans une monnaie autre que l'euro, le taux de change à appliquer est celui du dernier taux publié par la Banque centrale européenne, connu au jour de l'exigibilité de la taxe. **52400** CGI art. 266, 1 bis **TVA-VI-10600 s**

Cette disposition concerne tous les assujettis qui, dans le cadre de **contrats internationaux,** facturent et règlent en devises étrangères certaines opérations soumises à la TVA en France. Elle s'applique également, le cas échéant, pour la détermination de la base d'imposition des **acquisitions intracommunautaires** mais, en pratique, les opérateurs sont autorisés à évaluer ces acquisitions selon le **taux de change** utilisé pour déterminer la **valeur en douane** des **importations** et servant pour déterminer la valeur statistique (à condition de s'en tenir à cette méthode pour toute opération intracommunautaire de l'année considérée) (BOI-TVA-DECLA-30-20-20-10 nº 410).

› **Précisions** **a.** À propos des règles de **facturation** : lorsque l'exigibilité intervient lors de l'encaissement, l'entreprise peut indiquer à son client que la TVA sera fonction du taux de change fixé lors de l'encaissement des acomptes ou du prix (BOI précité nº 400) et, ultérieurement, lui délivrer un document faisant référence à la facture initiale et mentionnant le montant du règlement ainsi que le taux de change.

b. En cas de **non-paiement** ou de résiliation, la TVA à récupérer selon la procédure décrite nos 53780 s. est celle acquittée lors de l'exigibilité.

c. Le taux de change retenu pour déterminer la valeur en douane peut être utilisé également pour calculer la taxe exigible sur les biens sortant d'un **régime douanier communautaire** ou d'un **entrepôt fiscal** (BOI-TVA-CHAMP-40-10-30 nº 170 et BOI-TVA-CHAMP-40-20-50 nº 160).

SOLUTIONS DIVERSES

Services après-vente Certains fabricants assurent aux concessionnaires revendeurs de leurs marques une rémunération particulière (souvent attribuée sous forme de remise) pour tenir compte des « services après-vente » que les revendeurs s'engagent à rendre aux clients, notamment dans le cadre de l'exécution de la **clause de garantie** attachée à la vente. Les fabricants ne peuvent déduire cette rémunération de leur prix de vente initial. **52415** **TVA-VI-7270**

Les sommes perçues d'un acheteur en contrepartie d'une **garantie complémentaire** sont imposables au taux normal. Le vendeur peut déduire la taxe grevant les dépenses exposées pour la réparation des biens ainsi garantis.

Maisons à succursales multiples Dans le cas des maisons à succursales multiples, il est admis que la TVA soit acquittée sur les **livraisons faites par la maison mère à ses succursales.** Les livraisons ainsi effectuées sont imposées avec un décalage d'un mois (exemple : les livraisons faites en janvier à ses succursales par la maison mère sont déclarées en mars). **52420** **RIE-IV-2130 s**

La **valeur imposable** est constituée par le prix de vente pratiqué par la succursale. Cette valeur doit tenir compte des variations de prix éventuellement intervenues entre la livraison à la succursale et la vente aux consommateurs.

52425 TVA-VI-9450 s **Travaux en régie** Les entrepreneurs de travaux en régie qui rendent compte au maître d'œuvre de toutes les dépenses qu'ils ont engagées au nom et pour le compte de celui-ci ne sont redevables de la TVA que sur leur rémunération (qui ne doit couvrir que leurs frais généraux et leur bénéfice).

Bien entendu, ils ne peuvent soustraire de leur base d'imposition le montant des salaires versés à leur propre personnel.

52430 TVA-VI-8600 s **Concessionnaires de droits communaux** Les concessionnaires, adjudicataires et fermiers de droits communaux sont imposables à la TVA soit sur le montant de leurs recettes atténué de la redevance versée aux communes s'ils perçoivent les droits de place pour leur propre compte, soit sur la rémunération fixe ou proportionnelle qu'ils reçoivent des communes lorsqu'ils recouvrent les droits pour le compte de ces dernières.

52435 CGI art. 298 quaterdecies TVA-VI-15500 s **Tabacs** Les tabacs manufacturés sont soumis à la TVA sur la base du **prix de vente** au détail, y compris le droit de consommation (nº 75675), mais à l'exclusion de la TVA elle-même.

Seuls les **fournisseurs** sont en principe redevables de la TVA, qui est liquidée et acquittée dans les mêmes conditions que le droit de consommation.

Les **débitants de tabac** ne sont redevables de la TVA ni sur les ventes de tabac ni sur les remises qui leur sont allouées. Néanmoins, ils peuvent opérer, dans les conditions habituelles, la déduction de la taxe grevant les dépenses (y compris d'investissement) supportées au titre de l'activité de débit de tabac (BOI-TVA-DED-20-10-20 nº 310). En ce qui concerne les commissions qu'ils perçoivent en tant qu'intermédiaires ou détaillants du loto, voir nº 47575, précision b.

Les **hôteliers, restaurateurs, débitants de boissons,** exploitants de stations-service, compagnie internationale des wagons-lits, etc., **autorisés à rétrocéder** les tabacs doivent uniquement soumettre à la TVA, dans les conditions de droit commun, le supplément de prix qu'ils réclament en sus du prix de vente au détail.

> **Précisions** Lorsqu'ils sont titulaires du statut d'acheteur-revendeur de tabacs manufacturés, les assujettis exploitant des **comptoirs de vente** situés dans les ports et aéroports ou à bord de moyens de transport sont redevables de la TVA, dans les conditions de droit commun, au titre des ventes faites à des voyageurs se rendant à l'étranger. Ils peuvent corrélativement déduire la taxe supportée lors de l'achat, de l'importation ou de l'acquisition intracommunautaire de ces produits, ou lors de la sortie d'un régime suspensif (BOI-TVA-CHAMP-20-20-20 nº 310).

52440 CGI art. 266, 1-f TVA-XV-14840 s **Travaux immobiliers** Pour les travaux immobiliers, la base d'imposition est constituée par le **montant des marchés, mémoires ou factures.**

Ce montant comprend **notamment** : les primes et bonifications pour avance dans la livraison des ouvrages ; les indemnités de résiliation correspondant au prix des travaux déjà exécutés ; la retenue de garantie ; les frais de transport des matériaux utilisés pour l'exécution des travaux ; de manière générale, toute somme versée pour un motif quelconque en sus du prix fixé au marché de travaux (BOI-TVA-BASE-10-20-50 nº 70).

SECTION 2 FAIT GÉNÉRATEUR ET EXIGIBILITÉ DE LA TVA

52500 CGI art. 269 TVA-VII-1 s Le **fait générateur** de la taxe est défini par l'article 62 de la directive 2006/112/CE comme « le fait par lequel sont réalisées les conditions légales nécessaires pour l'exigibilité de la taxe ».

Quant à l'**exigibilité,** elle est définie comme « le droit que le Trésor peut faire valoir aux termes de la loi, à partir d'un moment donné, auprès du redevable pour le paiement de la taxe, même si le paiement peut en être reporté ».

52505 Pour certaines opérations, le fait générateur de la taxe et son exigibilité coïncident, c'est-à-dire interviennent **au même moment.** C'est essentiellement le cas des livraisons de biens meubles corporels (nos 52585 s.).

Pour d'autres opérations au contraire, les deux dates **ne coïncident pas.** Il en est ainsi, en principe, pour les prestations de services (nos 52645 s.).

52510 Des deux notions que nous venons d'évoquer, c'est celle de l'**exigibilité** qui revêt la plus grande **importance pratique.**

a. En effet, c'est l'exigibilité (et non le fait générateur) qui **détermine la période** (mois, trimestre, etc.) au titre de laquelle le montant des opérations imposables doit faire l'objet d'une **déclaration,** avec **paiement** de l'impôt correspondant (nos 53700 s.).

De même, c'est le moment où la taxe applicable aux biens ou services acquis, importés ou livrés à soi-même, devient exigible qui détermine la **date** à laquelle le droit à **déduction** prend naissance **chez l'utilisateur** de ces biens ou services (no 56320).

b. Quant au **fait générateur,** il est utilisé, en pratique, pour déterminer en cas de **changement de législation** le régime applicable. Cette notion est parfois retenue également en cas de **changement de taux** (bien qu'un tel changement ne s'analyse pas en un changement de législation).

52515 **Règles particulières** Indépendamment des dispositions générales concernant, d'une part, les livraisons de biens corporels (nos 52585 s.) et, d'autre part, les prestations de services (nos 52645 s.), le fait générateur et l'exigibilité de la TVA sont déterminés, pour **certaines opérations,** selon des règles spécifiques.

Le tableau récapitulatif figurant ci-après présente la liste de ces opérations avec, pour chacune, la référence aux commentaires correspondants.

Opérations soumises à des règles particulières en matière de fait générateur et d'exigibilité	Commentaires (nos)
Livraisons à soi-même	47405, 47415
Acquisitions intracommunautaires, importations, affectation en France d'un **bien transféré**	49170, 49610, 49205
Prestations de services pour lesquelles la **taxe** doit être **autoliquidée par le preneur** en vertu de l'article 283, 2 du CGI	49885
Agriculture	59820
Opérations immobilières	58700 s.
Opération dans laquelle intervient un **commissionnaire**	61490
Produits pétroliers	61370
Presse	61600, 61630
Spectacles	61755
Travaux immobiliers	52680 s.
Appareils automatiques	61815
Bons	47470 s.

52520 **Remarque** : Les **entreprises qui cessent leur activité,** ou qui perdent la qualité de redevable, doivent soumettre à la TVA les sommes perçues après la date de la cessation d'activité dès lors qu'elles se rapportent à des opérations réalisées avant cette date et pour lesquelles l'exigibilité intervient lors de l'encaissement. Ces sommes doivent alors faire l'objet d'une déclaration CA 3.

1. LIVRAISONS DE BIENS CORPORELS

RÈGLES GÉNÉRALES

52585 CGI art. 269, 1-a, 1-a bis et 2-a TVA-VII-300 s

Pour les livraisons de biens corporels, le fait générateur de la TVA et son exigibilité coïncident et se situent tous deux au moment où l'opération est effectuée.

Ainsi, la TVA afférente aux opérations en cause (ventes, échanges, prêts de consommation, etc.) devient exigible, en principe, lors du transfert de propriété ou du « **pouvoir** de **disposer du bien comme un propriétaire** ».

L'administration donne à cet égard les précisions suivantes.

1. Le transfert du pouvoir de disposer comme un propriétaire intervient généralement lors de l'**échange des consentements** même si le bien n'a pas été délivré ou si le prix n'a pas été payé (C. civ. art. 1583).

2. Toutefois, ce principe comporte des **exceptions** et notamment celles-ci :

a. Il ne s'applique qu'aux **choses certaines** : ainsi, à l'exception des ventes dans lesquelles la marchandise est déterminée par sa localisation (ventes en bloc visées à l'article 1586 du Code civil), le transfert de propriété des biens vendus au poids, au compte ou à la mesure n'intervient qu'au moment où ceux-ci sont pesés, comptés ou mesurés (C. civ. art. 1585). Par ailleurs, le transfert de propriété de biens meubles futurs n'intervient qu'à l'achèvement du bien (la vente d'une récolte non encore à maturité n'est parfaite qu'au moment de la récolte) ;

b. Il n'est pas d'ordre public : les parties peuvent retarder la formation du contrat et donc du transfert de propriété en prévoyant une **condition suspensive.** Dans ce cas, le transfert de propriété ne s'opère qu'au moment de la réalisation de la condition. Ce type de clause doit être distingué de la **condition résolutoire** ; avec celle-ci, le transfert de propriété intervient dès la conclusion du contrat, celui-ci pouvant être rétroactivement résilié si la condition se réalise.

Les conséquences fiscales sont les suivantes :

– dans le cas d'une vente sous condition suspensive, le fait générateur n'intervient qu'au moment de la réalisation de la condition ;

– dans le cas d'une vente sous condition résolutoire, le fait générateur intervient dès l'échange des consentements (BOI-TVA-BASE-20-10 n°s 40 à 57).

EXPLICATIONS PARTICULIÈRES

52595 Pour les opérations visées ci-après, la détermination de la date d'exigibilité de la TVA appelle des explications particulières.

52600 TVA-VII-830 **Ventes payables à terme ou à tempérament** La circonstance que le prix ait été stipulé payable à terme ou à tempérament n'emporte aucune incidence sur la validité de la vente, laquelle doit être soumise à la TVA lors de la **remise matérielle** du bien vendu.

Pour les ventes assorties d'une clause de réserve de propriété, voir n° 52615.

52605 TVA-VII-840 s **Location-vente de biens meubles** La location-vente est une convention qui prévoit qu'à l'expiration d'un contrat de louage de chose la propriété du bien loué sera transférée à la personne qui en était jusque-là simplement locataire.

Bien que la location-vente se décompose fiscalement en un contrat de louage de chose suivi d'une vente, chacune de ces conventions suivant son régime propre, les livraisons de biens meubles effectuées dans le cadre d'un tel contrat sont soumises à la TVA lors de la **remise matérielle** (BOI-TVA-BASE-20-10 n° 120).

Dès la remise matérielle, la taxe, **assise** sur le montant cumulé des loyers prévus (ou, le cas échéant, sur le prix prévisionnel du bien tel qu'il peut ressortir du contrat), peut être **facturée** par le bailleur et **déduite** par le locataire (si le bien loué ouvre droit à déduction).

52610 **Remarques** : **a.** Seuls les **biens meubles corporels** sont concernés par cette disposition, à l'exclusion par conséquent des biens immobiliers (CGI art. 256, II-3°-c).

b. Selon l'administration, sont également exclus de cette disposition les **contrats de leasing ou de crédit-bail mobilier,** c'est-à-dire les contrats qui s'analysent en des locations, assorties pour le preneur d'une simple faculté d'achat moyennant un prix convenu qui tient compte, au moins pour partie, des versements effectués au titre des loyers (BOI-TVA-BASE-20-10 n° 120). Pour les loyers perçus dans le cadre de ces opérations, la taxe est exigible selon les règles prévues pour les prestations de services (n°s 52645 s.).

Pour les dépôts de garantie éventuellement exigés, voir n° 52255.

Lorsqu'en fin de contrat l'option d'achat est levée par le preneur, la cession opérée suit le régime des cessions de biens mobiliers d'investissement (n°s 60985 s.).

À noter que, selon la CJUE, s'il peut être déduit des conditions financières du contrat que l'exercice de l'option apparaît comme le seul choix économiquement rationnel que le preneur sera susceptible de faire si le contrat est exécuté jusqu'à son terme (versement d'une somme symbolique pour l'exercice de l'option, par exemple), l'opération doit alors être considérée comme une livraison rendant la TVA exigible dès la remise matérielle du bien (CJUE 4-10-2017 aff. 164/16 : RJF 12/17 n° 1263).

52615 TVA-VII-890 s **Ventes assorties d'une clause de réserve de propriété** Pour se garantir contre le non-paiement de leur créance, les vendeurs peuvent inclure dans le contrat une clause différant le transfert de propriété à l'acheteur jusqu'au paiement intégral du prix.

En pareil cas, la TVA est exigible dès la remise matérielle du bien à l'acheteur, sans qu'il y ait lieu d'attendre le paiement du prix et donc le transfert de propriété (une règle semblable est prévue en matière de BIC : n° 7880).

La taxe afférente à la vente est **deductible chez l'acquéreur** dans les conditions de droit commun ; le droit à déduction prend naissance à la date d'exigibilité de cette taxe, c'est-à-dire à la date de la remise matérielle du bien.

En cas de **non-paiement du prix** entraînant la **reprise du bien** par le vendeur, la taxe précédemment acquittée peut être récupérée par celui-ci dans les conditions prévues pour les opérations résiliées, annulées ou impayées (nos 53780 s.). Corrélativement, l'acquéreur doit reverser la taxe initialement déduite (no 53795).

Livraisons à exécution échelonnée Pour les livraisons de biens meubles corporels donnant lieu à l'établissement de **décomptes** ou à des **encaissements successifs,** le fait générateur de la taxe est réputé intervenir lors de l'expiration des périodes auxquelles ces décomptes ou encaissements se rapportent. 52620 TVA-VII-1600 s

L'exigibilité intervient soit, comme le fait générateur, lors de l'**expiration des périodes** auxquelles les décomptes ou encaissements se rapportent, soit, sur option, au moment du **débit** (no 52665) et, en tout état de cause, à concurrence de leur montant, dès la perception d'**acomptes** s'il en est demandé avant l'intervention du fait générateur ou du débit.

Sont concernées les livraisons de biens meubles corporels effectuées en vertu de contrats « à exécution échelonnée » qui ne portent pas, en fait, sur des quantités de biens finies ou déterminées avec précision, mais en vertu desquels les quantités de biens livrées dépendent seulement de la volonté de l'une des parties ; il s'agit essentiellement des fournitures de biens effectuées de façon continue dans le cadre de contrats d'**abonnement,** tels que le **gaz** ou l'**électricité,** l'**eau** ou le **chauffage urbain** (qui donnent lieu à des relevés périodiques).

2. PRESTATIONS DE SERVICES

RÈGLES GÉNÉRALES

Pour les prestations de services, le fait générateur de la taxe ne coïncide pas, en principe, avec son exigibilité (voir no 52510 la portée de cette observation). 52645 CGI art. 269, 1-a, 1-a bis et 2-c TVA-VII-2500 s

1. Le **fait générateur** intervient lorsque la prestation est effectuée. Il est donc constitué par l'**exécution** des services ou des travaux.

Lorsque les services donnent lieu à l'établissement de **décomptes** ou à des **encaissements successifs,** le fait générateur est réputé intervenir lors de l'expiration des périodes auxquelles ces décomptes et ces encaissements se rapportent.

2. Pour ce qui concerne l'**exigibilité** (notion qui, on le rappelle, présente le plus d'intérêt pratique), le principe est que la TVA afférente aux prestations de services est exigible lors de l'**encaissement** des acomptes, du prix ou de la rémunération.

La taxe peut cependant, sur **option,** être exigible d'après les **débits** (no 52665).

Opérations concernées Les règles qui viennent d'être exposées sont applicables à toutes les opérations considérées comme des prestations de services (no 46475) : réparations, façons, transports, cessions ou concessions de biens meubles incorporels (brevets, marques, mines et carrières, etc.), locations (sauf les locations-ventes visées au no 52605), ventes à consommer sur place, etc. 52650

Elles s'appliquent aussi aux travaux immobiliers, avec cependant la particularité indiquée aux nos 52680 s.

Des règles spécifiques d'exigibilité sont, on le rappelle, prévues pour les prestations de services pour lesquelles la **taxe** est **autoliquidée par le preneur** en vertu de l'article 283, 2 du CGI (no 49885).

Définition de l'encaissement La détermination du moment où intervient l'encaissement des acomptes, du prix ou de la rémunération appelle quelques précisions. Par « encaissements imposables », il faut entendre notamment toutes les sommes perçues du chef de la réalisation de l'opération ou de l'exécution des travaux, à quelque titre que ce soit (**avances, acomptes, règlements pour solde**) et quelle que soit la destination de ces sommes (achats de matières ou matériaux, paiement de sous-traitants, versements d'agios, etc.). Le versement d'avances ou d'acomptes ne donne toutefois lieu à exigibilité de la taxe que si les services qui sont l'objet de la future prestation sont désignés avec précision (CJUE 21-2-2006 aff. 419/02 : RJF 5/06 no 647 ; CJUE 31-5-2018 aff. 660/16 et 661/16 : RJF 8-9/18 no 920). 52655 TVA-VII-2700 s

› **Précisions a.** En cas de paiement par **chèque,** la taxe n'est exigible, en principe, que lors de l'**encaissement** de ce chèque soit directement, soit par inscription au compte.

Cependant, **en pratique,** le redevable soumis au paiement de la TVA d'après les encaissements et qui reçoit un chèque en paiement doit acquitter la taxe **dès remise** du chèque par son client.

Mais le paiement n'est confirmé que lorsque le chèque est encaissé. Dès lors, si le **chèque** n'est **pas provisionné,** l'exigibilité doit être considérée comme n'étant pas effectivement intervenue et le redevable peut opérer l'**imputation** de la taxe acquittée lors de la remise du chèque. Pour cela, il n'a pas à suivre la procédure spéciale décrite nos 53780 s. Il lui suffit de faire figurer le montant de la taxe à imputer sur sa prochaine déclaration CA 3 (ou s'il est soumis au régime simplifié d'imposition et n'a pas renoncé aux formalités simplifiées prévues pour ce régime, de ne pas comprendre l'opération dans les opérations imposables à porter sur la déclaration annuelle CA 12). Bien entendu, si par la suite il obtient de son client le remboursement en espèces du montant du chèque en cause, il doit soumettre à la taxe la somme correspondante.

b. Lorsque le paiement est fait par **virement** bancaire ou postal, c'est la date de l'inscription au compte du fournisseur qui constitue la date d'exigibilité de la taxe.

c. Lorsque le paiement est effectué par **effet de commerce,** l'encaissement (et, par conséquent, l'exigibilité de la taxe) est considéré comme intervenant à la date d'échéance de l'effet (ou, si celui-ci n'est pas honoré à cette date, au moment du règlement effectif par le client), même si l'effet est remis à **l'escompte.**

d. En cas de **transmission de créance,** l'exigibilité de la taxe intervient à la date du paiement de la dette transmise entre les mains du bénéficiaire de la transmission. Cette règle vaut, quel que soit le mode de transmission de la créance (cession pure et simple, cession ou nantissement par bordereaux « Dailly », affacturage, titrisation, etc.).
Il en est de même pour les avances consenties par un établissement de crédit au titulaire d'un **marché public** imposable sur ses encaissements (BOI-TVA-BASE-20-20 n°s 90 et 100).

e. Le **paiement direct** d'un **sous-traitant** par le maître de l'ouvrage vaut, selon l'administration, encaissement chez le titulaire du marché qui doit donc acquitter la taxe correspondante au titre du mois au cours duquel il est informé du règlement du sous-traitant (Lettre SLF 2-6-1981).

f. Un **abandon de créances** par un prestataire de services n'équivaut pas à un encaissement et ne rend pas la TVA exigible (CE 2-5-2018 n° 404161 : RJF 7/18 n° 740).

OPTION POUR LE PAIEMENT D'APRÈS LES DÉBITS

52665 TVA-VII-4000 s Les redevables qui effectuent des **opérations pour lesquelles l'exigibilité** est constituée par l'**encaissement** (prestataires de services, agriculteurs, éditeurs de publications de presse, etc.) peuvent opter pour le paiement de la taxe d'après leurs débits. Il en va de même des redevables qui effectuent des livraisons de biens meubles corporels donnant lieu à l'établissement de décomptes ou à des encaissements successifs (**livraisons à l'exécution échelonnée**), pour lesquelles l'exigibilité intervient normalement lors de l'expiration des périodes auxquelles les décomptes ou encaissements se rapportent (n° 52620).

À cet effet, ils doivent adresser, par lettre simple, une **déclaration écrite** au service des impôts dont ils relèvent. Cette option peut être formulée à tout moment.

L'**option** prend **effet** pour les opérations réalisées (ou pour les périodes qui expirent) à compter du premier jour du mois suivant celui au cours duquel elle a été exercée. Elle est **globale** et s'applique donc à l'ensemble des opérations réalisées ; elle demeure valable tant que les intéressés n'expriment pas par écrit leur désir de revenir au régime de droit commun. En cas de renonciation à l'option, le régime de droit commun s'applique aux opérations réalisées (ou aux périodes qui expirent) à compter du premier jour du mois suivant celui au cours duquel cette renonciation a été déclarée.

Le débit (c'est-à-dire l'inscription de la somme correspondante au débit du compte « client ») coïncide, en principe, avec la **facturation.** L'administration considère cependant que le paiement de l'impôt d'après les débits ne peut **pas** avoir pour effet de permettre au contribuable de **s'acquitter** de la TVA **postérieurement à l'encaissement** des acomptes, du prix ou de la rémunération des services, même s'ils ne correspondent pas à une exécution partielle du service fourni (BOI-TVA-BASE-20-50-10 n° 70).

Pour permettre à leurs clients redevables de la TVA d'opérer les déductions dans des conditions régulières (n°s 56310 s.), il est **recommandé** aux redevables ayant opté pour le paiement de la TVA d'après les débits de faire **mention** de cette **option sur leurs factures.**

52670 **Remarques** : **1.** En cas de **ventes et prestations de services faisant l'objet d'une facturation unique,** l'exigibilité de la TVA est constituée, en principe, par la livraison des marchandises en ce qui concerne les ventes et par les encaissements en ce qui concerne les prestations de services.

En exerçant l'**option** pour le paiement de la taxe d'après les **débits,** c'est-à-dire pratiquement lors des facturations, les redevables intéressés peuvent supprimer les difficultés résultant de cette différence dans les dates d'exigibilité.

2. Même s'il n'a pas effectivement opté pour les débits, un redevable est lié par la référence à cette option portée sur ses factures.

TRAVAUX IMMOBILIERS

52680 CGI art. 269, 2-c-al. 3 TVA-XV-15310 s Les travaux immobiliers sont considérés comme des **prestations de services.** Conformément à la règle générale prévue pour l'ensemble des prestations de services (n°s 52645 s.), l'exigibilité de la TVA applicable aux travaux immobiliers intervient donc, en **principe,** lors de l'**encaissement** des acomptes, des avances constituant un paiement anticipé ou du montant des mémoires ou factures.

Comme tous les redevables pour lesquels la taxe devient normalement exigible lors de l'encaissement, les entrepreneurs de travaux immobiliers peuvent opter pour le paiement de la **TVA d'après les débits** (n° 52665).

Les entrepreneurs de travaux immobiliers disposent également d'une **autre possibilité** qui leur est propre : ils peuvent en effet **opter pour** le paiement de la **TVA lors de la livraison** des travaux.

Cette livraison s'entend de la **remise des ouvrages** en la possession du maître de l'ouvrage, sans pouvoir cependant se situer après l'occupation ou l'utilisation réelle des locaux ou installations. La **date** de livraison à retenir est donc celle de la réception provisoire des travaux par le maître de l'ouvrage, ou celle de l'occupation ou de l'utilisation effective si elle intervient avant.

La possibilité de payer la TVA lors de la livraison concerne les travaux immobiliers qui sont exécutés dans le cadre d'un **marché unique comportant à la fois la fourniture de biens meubles et l'installation** ou l'incorporation à un ouvrage immobilier **des matériels ou appareils** fournis. En outre, la **valeur** de vente (tous frais et taxes compris) des matériels ou appareils fournis et indispensables au fonctionnement de l'installation ou incorporés à l'ouvrage immobilier doit excéder 50 % du montant total du marché. **52685**

Sont **exclus de l'option** les travaux immobiliers concourant :

– à la construction, à la livraison, à la réparation ou à la réfection des **voies et bâtiments de l'État et des collectivités locales,** ainsi que de leurs établissements publics autres que ceux à caractère industriel ou commercial assujettis à la TVA ;

– à la construction et à la livraison des **immeubles destinés à être affectés à l'habitation pour les trois quarts au moins de leur superficie** ;

– à la réparation et à la réfection des **locaux d'habitation** ainsi que des parties communes des immeubles dont les trois quarts au moins de la superficie sont affectés à l'habitation ;

– à la construction, à la livraison, à la réparation et à la réfection des immeubles affectés à **l'exercice public du culte** et des locaux annexes nécessaires à cette activité.

Sont également exclus de l'option les **travaux** immobiliers réalisés **par** les **redevables** inscrits au **répertoire des métiers** placés par **option** sous le **régime simplifié** d'imposition.

› Précisions **a.** L'exercice de l'option est subordonné au dépôt par l'entrepreneur, auprès du service des impôts dont il dépend, d'une déclaration par laquelle il prend l'**engagement** d'acquitter la taxe lors de la livraison des travaux immobiliers pour tous les marchés qui seront passés à compter de la date de cette déclaration et rempliront les conditions indiquées ci-dessus.

b. Par la suite, l'entrepreneur doit indiquer, par une **mention expresse** dans les **contrats** établis pour les marchés en cause et sur tous les **mémoires** y afférents, qu'il a opté pour le paiement de la TVA lors de la livraison. Pour permettre à ses clients redevables de la TVA d'opérer les déductions dans des conditions régulières (n°s 56310 s.), il est, de plus, **recommandé** à l'entrepreneur de reproduire cette indication sur toutes les **factures** qu'il délivre.

Par ailleurs, la **facturation de la TVA** ne peut être faite avant que la livraison des travaux soit intervenue.

Le non-respect de ces deux conditions entraînerait l'annulation de l'option et rendrait la taxe immédiatement exigible sur les encaissements reçus au titre des marchés en cours.

c. L'option exercée n'est pas irrévocable et l'entrepreneur peut y renoncer à tout moment. Cette **renonciation,** qui doit faire l'objet d'une déclaration auprès du service des impôts, prend effet à la date de cette déclaration et rend exigible le paiement immédiat de la taxe afférente aux encaissements reçus au titre des marchés en cours.

La renonciation n'est pas non plus irrévocable. Cependant une **nouvelle option** ne peut être formulée qu'à l'expiration d'un délai d'un an à compter de la date de renonciation.

SECTION 3 TAUX DE LA TVA

Une fois fixée la base d'imposition d'une opération donnée, il faut déterminer quel **taux** doit être **appliqué** à cette **base d'imposition** pour obtenir le montant de TVA exigible à raison de l'opération. **52760**

STRUCTURE DES TAUX

À la base du système français, on trouve en **France continentale** trois taux légaux : le taux normal et les taux réduits de 5,5 % et de 10 %. À ces taux correspondent dans les **DOM** où la TVA est applicable deux taux particuliers moins élevés (voir n° 91610). **52770** TVA-VIII-40 s

52775 Aux taux visés au n° 52770 s'ajoutent des **taux particuliers** applicables à certains produits et opérations et pouvant différer selon le territoire concerné (France continentale, Corse, DOM) ainsi qu'à de nombreuses opérations faites en Corse.

Si l'on additionne taux généraux et taux particuliers de quotités différentes, on voit que s'appliquent 4 taux de TVA en France continentale, 6 en Corse et 4 dans les DOM, soit pour l'ensemble du **territoire français 9 tarifs différents** (allant de 0,9 % à 20 %).

Sous réserve du taux de 2,1 % applicable à certains médicaments et aux produits sanguins étudié aux n°s 53065 s., les taux particuliers sont examinés dans les exposés où il est traité des biens, opérations et territoires auxquels ils se rapportent.

En **France continentale,** ne s'applique qu'un seul taux particulier, celui de 2,1 % (coefficient de conversion : 0,979). Voici la liste des produits ou opérations concernés par ce taux particulier : publications de presse et presse en ligne (n° 61600), contribution à l'audiovisuel public (n° 47490), médicaments remboursables par la sécurité sociale, médicaments soumis à autorisation temporaire et produits sanguins (n°s 53065 s.), 140 premières représentations théâtrales ou de cirques (n° 61785), ventes d'animaux de boucherie et de charcuterie à des non-assujettis (n° 59835).

Pour la **Corse** et pour les **DOM,** voir respectivement n°s 92370 s. et n° 91610.

52780 En France continentale, les **taux principaux** sont les suivants :
- le taux normal de 20 % ;
- le taux réduit de 5,5 % ;
- le taux réduit de 10 %.

Les taux de 5,5 % et de 10 % s'appliquent exclusivement à certaines opérations expressément et limitativement énumérées par la loi. Sauf application d'un taux spécifique, toutes les autres opérations relèvent du taux de 20 %.

Remarque : Les taux de 5,5 % et de 10 % sont tous les deux légalement considérés comme des taux « réduits ». Cependant, pour des raisons de commodité, nous utilisons les termes de « **taux réduit** » pour désigner le taux de **5,5 %** et ceux de « **taux intermédiaire** » pour désigner le taux de **10 %.**

52785 › **Précisions** **a.** Les **taux légaux** s'appliquent **à des prix hors TVA** (voir les précisions données au n° 52300).

Les **coefficients de conversion** qui permettent d'obtenir le prix hors TVA en partant du prix TVA comprise sont calculés à partir de la formule 100 / (100 + T).

Pour les principaux taux légaux, les coefficients de conversion fixés par l'administration sont les suivants :
- taux normal de 20 % : 0,833 ;
- taux réduit de 5,5 % : 0,947 ;
- taux intermédiaire de 10 % : 0,909.

b. Quand ils réalisent des **opérations relevant de taux différents,** les redevables doivent **ventiler** les recettes correspondantes suivant chacun des régimes d'imposition applicables (voir les précisions données à ce sujet au n° 53460, précision c et aux n°s 53470 s.).

Lorsque des opérations sont passibles de taux différents mais sont vendues sous un **prix global,** chacune d'elles doit être, en principe, imposée à raison de son prix et au taux qui lui est propre. En ce qui concerne les produits de presse composites, voir n° 61600, d et e.

Par ailleurs, un produit composé d'éléments relevant de taux différents est passible en principe du taux propre au produit composé lui-même.

c. En ce qui concerne les opérations taxées à un **taux erroné** inférieur au taux légal, voir n° 52395.

A. Taux normal

52900 Le taux normal, qui est le **taux de droit commun,** est fixé à **20 %.**

CGI art. 278
TVA-VIII-750 s

Le champ d'application du taux normal n'est pas défini de manière limitative, puisqu'il englobe toutes les opérations imposables pour lesquelles un autre taux n'est pas spécialement prévu.

Il ne nous paraît donc pas utile de donner ici une liste d'opérations ou de produits relevant du taux normal.

La situation de certains biens ou services relevant de ce taux fait cependant l'objet de commentaires dans des rubriques spéciales (auxquelles on voudra bien, en conséquence, se reporter). Il s'agit :
- des prestations des agents de voyages (n° 61535) ;
- de certains produits alimentaires solides et des boissons alcooliques (n°s 52945 s.) ;
- des matières premières, aliments composés et additifs destinés aux animaux dits de compagnie (n°s 53120) ;
- des produits pétroliers énumérés au tableau B de l'article 265 du Code des douanes (n°s 61370 et 61385) ;
- de certains spectacles (n° 61790) ;
- des opérations liées aux productions à caractère pornographique ou d'incitation à la violence (n°s 53045, e et 61795).

B. Taux réduit

Le taux réduit de 5,5 % s'applique à **certains produits ou biens et prestations de services,** limitativement désignés par la loi. Le **tableau récapitulatif** ci-dessous en donne la liste avec référence aux commentaires du Mémento. 52930

Produits et services relevant du taux réduit	Commentaires (n^{os})
Eau	52935
Produits alimentaires (à l'exclusion, d'une part, des boissons alcooliques et de quelques produits alimentaires solides et, d'autre part, des ventes à consommer sur place et des ventes à emporter ou à livrer en vue d'une consommation immédiate)	52945 s.
Certains appareillages et **équipements** pour **handicapés**	52990 s.
Certaines prestations (logement et nourriture notamment) fournies dans les **maisons de retraite** et dans les **établissements** accueillant des **personnes handicapées**	90650
Prestations de logement et de nourriture fournies dans les **logements-foyers,** les **établissements** de réadaptation, de préorientation et **de rééducation** professionnelle, les centres d'accueil notamment d'urgence, les foyers de jeunes travailleurs ; prestations d'hébergement et d'accompagnement social dans certaines **résidences hôtelières à vocation sociale**	90650
Produits de **protection hygiénique** féminine	53010
Certains **services d'aide aux personnes âgées dépendantes et aux personnes handicapées**	53015
Fourniture de repas dans les **cantines scolaires**	53025
Abonnements au **gaz,** à l'**électricité** de petite puissance et à l'énergie calorifique, **fourniture de chaleur**	53035
Livres	53040 s.
Travaux d'amélioration de la **qualité énergétique des logements**	53048
Spectacles vivants (théâtres, théâtres de chansonniers, cirques, concerts, spectacles de variétés), **cinéma** (ainsi que certaines cessions de droits portant sur les œuvres cinématographiques), **réunions sportives, parcs zoologiques**	61770
Commissions, courtages et façons sur **produits au taux réduit**	52932

Remarques : **1.** Pour les opérations se rattachant à une activité faisant l'objet d'une étude particulière (spectacles, etc.), les commentaires relatifs aux taux sont intégrés dans cette étude.

2. Le taux réduit s'applique également :
– à certaines opérations portant sur certains locaux et **logements sociaux** (n°s 58895, 59060 et 59120) ;
– aux importations d'**œuvres d'art** et d'**objets de collection** ou **d'antiquité** et à certaines acquisitions intracommunautaires portant sur ces biens, ainsi qu'aux livraisons d'œuvres d'art réalisées par leur auteur (n°s 60600 s.) ;
– aux droits d'accès pour l'utilisation des installations sportives d'un **centre équestre** (n° 60010, précision c) ;
– aux **préservatifs,** aux trousses de prévention de la contamination par les virus du sida et des hépatites et aux **autotests de dépistage du VIH** (n° 53080).

3. À compter du **1er janvier 2021,** le taux réduit s'appliquera également à certaines prestations de **gestion des déchets** (n° 53235, précision f).

Opérations concernées par l'application du taux réduit Sauf indication contraire, en ce qui concerne les **produits** énumérés dans le tableau du n° 52930, les opérations qui relèvent du taux réduit sont les opérations d'**achat,** d'**importation,** d'**acquisition intracommunautaire,** de **vente,** de **livraison,** de **commission,** de **courtage** ou de **façon** portant sur ces produits. 52932

EAU

Les ventes et autres opérations visées au n° 52932 relèvent du taux réduit lorsqu'elles portent sur l'eau délivrée par les **réseaux d'adduction.** 52935

CGI art. 278-0 bis, A-1°
TVA-VIII-1250 s

Il en est ainsi quelle que soit la personne qui réalise ces opérations (**service public** municipal de l'eau, **associations syndicales autorisées** propriétaires de leurs installations ou **entreprises privées**) et quelle que soit la **destination** de l'eau : alimentation en eau potable, usages industriels, agricoles (irrigation), sanitaires, ménagers, etc. (BOI-TVA-LIQ-30-10-10 n° 40).

Le taux réduit s'applique également aux **eaux minérales** (naturelles ou gazéifiées), eaux de source, eaux de table commercialisées après emballage comme boissons, au même titre qu'aux autres boissons non alcooliques (voir n° 52960).

> **Précisions** **a.** Les **prestations** relatives à la **fourniture** et à l'**évacuation** de l'eau sont soumises au taux intermédiaire (voir n° 53215).
> **b.** Les **eaux de laboratoire** filtrées, stérilisées ou pasteurisées et les **eaux distillées** relèvent du taux normal (BOI-TVA-LIQ-30-10-10 n° 60).

PRODUITS ALIMENTAIRES

52945 Les produits destinés à l'alimentation humaine relèvent, en **principe,** du taux réduit.

CGI art. 278-0 bis, A-1° TVA-VIII-1500 s

Ce principe comporte toutefois certaines **exceptions** concernant les boissons alcooliques, la confiserie, les margarines et graisses végétales, certains chocolats et produits composés de chocolat et le caviar qui relèvent du taux normal (voir n°s 52960 à 52980).

Ne bénéficient pas non plus du taux réduit (mais relèvent du taux intermédiaire) les ventes à consommer sur place de produits alimentaires (autres que les boissons alcooliques) ainsi que les ventes à emporter ou à livrer de produits alimentaires préparés en vue d'une consommation immédiate (à l'exclusion de celles relatives aux boissons alcooliques) (voir n°s 53195 et 53205 s.).

52950 Hormis ces exceptions, le taux réduit s'applique à toutes les opérations visées au n° 52932, portant sur les produits alimentaires, c'est-à-dire ceux qui, **par nature,** constituent des aliments, simples ou composés, **susceptibles d'être utilisés en l'état** pour l'alimentation (pain, lait, viandes, poissons, conserves, etc. ; voir aussi les précisions du n° 53092).

Ces produits peuvent être affectés à un autre usage que l'alimentation humaine (alimentation animale ou industrie) sans perdre le bénéfice du taux réduit (en ce sens : BOI-TVA-LIQ-30-10-20 n° 1 ; voir toutefois n° 52955, précision a pour les huiles végétales).

52955 **› Précisions** **a.** Le taux réduit est applicable :
– aux **vinaigres** comestibles, aux vins, lies de vin, cidres et alcools utilisés pour la fabrication de ces vinaigres, ainsi qu'au Melfor et aux produits analogues ;
– aux **huiles** fluides alimentaires, aux graines, fruits oléagineux et huiles végétales utilisés pour la fabrication des huiles fluides alimentaires, ainsi qu'aux huiles concrètes d'origine exclusivement végétale (pour les margarines et graisses végétales, voir n° 52965). Noter que les huiles végétales livrées à des fins non alimentaires, notamment pour la production de biocarburants, sont passibles du taux normal (BOI-TVA-LIQ-30-10-10 n° 130).

b. Les corps gras composés allégés, issus du mélange de graisses végétales et animales, dénommés « **pâtes à tartiner allégées** ou à teneur lipidique réduite », relèvent du taux réduit si les matières grasses qui les composent sont exclusivement d'origine laitière et du taux normal dans le cas contraire (BOI-TVA-LIQ-20-10 n° 230).

c. Les **additifs alimentaires** (tels qu'arômes, agents de sapidité, colorants, épaississants, améliorants de boulangerie, etc.) bénéficient du taux réduit lorsqu'ils constituent des aliments par nature, utilisables en l'état pour la consommation humaine (épices, amidon, lécithine de soja, etc.). Les additifs constituant des produits de synthèse relèvent du taux normal ; ils relèvent toutefois du taux réduit lorsqu'ils sont fixés sur des supports qui sont eux-mêmes des aliments par nature soumis à ce taux réduit (sucre, sel, poudre de lait, etc.) (BOI-TVA-LIQ-30-10-10 n°s 330 et 340).

d. Les **compléments alimentaires,** qui s'entendent des denrées alimentaires dont le but est de compléter le régime alimentaire normal et qui constituent une source concentrée de nutriments ou d'autres substances ayant un effet nutritionnel ou physiologique seuls ou combinés, commercialisés sous forme de doses (gélules, pastilles, comprimés, sachets de poudre, ampoules, etc.), qui en permettent la consommation humaine en l'état, bénéficient du taux réduit, sauf s'ils sont qualifiés de médicaments par l'ANSM (BOI précité n°s 350 et 360). Le Conseil d'État exclut quant à lui l'application de ce taux réduit lorsque les compléments alimentaires se présentent comme des médicaments (CE 29-8-2008 n° 295806 : RJF 12/08 n° 1313).

e. Les **produits « diététiques » ou de « régime »** sont soumis au même taux que les produits ordinaires correspondants.

f. Pour les **biscuits chocolatés,** voir n° 52975.

52960 **Boissons** Le taux réduit s'applique à l'eau et au lait, comme on l'a vu aux n°s 52935 et 52950, mais aussi à l'ensemble des boissons **autres que les boissons alcooliques** (tel est le cas notamment des jus de fruits, des limonades et des sodas).

CGI art. 278-0 bis, A-1° TVA-VIII-1310 s

Le taux réduit s'applique également à tous les **produits,** commercialisés sous forme liquide ou solide, qui sont utilisés **pour la confection de boissons,** notamment, les sirops, les produits concentrés liquides, solides ou congelés, les préparations en poudre, tablettes ou granulés, les sels, etc., destinés à être additionnés de lait ou d'eau, ainsi qu'aux plantes destinées à la préparation d'infusions (BOI-TVA-LIQ-30-10-10 n° 70).

Les **boissons alcooliques** relèvent en revanche du taux normal. Sont considérées comme alcooliques les boissons qui sont soumises à accises conformément à l'article 302 B du CGI et dont le titre alcoométrique volumique excède 1,2 % vol., ou, dans le cas des bières, au sens de l'article 520 A du CGI, 0,5 % vol. (CGI art. 298 octodecies, 2° issu de l'article 38 de la loi 2019-1479 du 28-11-2019).

› Précisions Les **produits alimentaires composés de fruits et d'alcool** ainsi que les produits en bocaux baignant dans l'alcool relèvent également du taux normal, sauf lorsque l'élément liquide entrant dans leur composition n'est pas prépondérant (auquel cas ils bénéficient du taux réduit) (BOI précité).

Margarines et graisses végétales Elles relèvent du taux **normal.** Il en est de même des **margarines allégées** et produits similaires dont les matières grasses ne sont pas exclusivement d'origine laitière (voir n° 52955, précision b). Pour les huiles concrètes végétales, voir n° 52955, précision a. 52965 CGI art. 278-0 bis, A-1° -c TVA-VIII-2030 s

Produits de confiserie Les produits de confiserie (tels que bonbons, dragées, pralines, caramels, nougats, chewing-gums, fruits confits, pâtes d'amandes, etc.) relèvent du taux **normal** (pour les bonbons de chocolat, voir toutefois n° 52975). Les confitures, purées, gelées et marmelades bénéficient du taux réduit. 52970 CGI art. 278-0 bis, A-1° -a TVA-VIII-2005 s

Chocolats Les chocolats et produits composés contenant du chocolat ou du cacao relèvent en principe du taux normal. Cependant, comme indiqué ci-après, le taux réduit est applicable à certaines catégories de chocolats, aux fèves de cacao et au beurre de cacao. Certains produits composés de chocolat ou de cacao sont également admis au bénéfice de ce taux réduit. 52975 CGI art. 278-0 bis, A-1° -b TVA-VIII-1630 s et 2020

a. Produits bénéficiant du taux réduit. Bénéficient de ce taux :

– l'ensemble des produits de chocolat relevant de la catégorie « chocolat » visée au point 3 du A de l'annexe I au décret 76-692 du 13-7-1976 modifié, quelle que soit leur présentation (tablettes, bâtons, vermicelles, flocons, moulages de sujets ou d'objets composés de « chocolat ») ;

– les produits de chocolat relevant de la catégorie « chocolat de ménage au lait » visée au point 5 du A de ladite annexe, compte tenu de leur mode traditionnel de conditionnement ;

– les bonbons de chocolat visés au point 10 du A de ladite annexe. Selon l'administration, sont concernés, en pratique, les produits dont la dimension n'excède pas cinq centimètres et la masse vingt grammes (BOI-TVA-LIQ-30-10-10 n° 180) ;

– les fèves, les beurres, la pâte et la poudre de cacao ;

– les produits suivants composés de chocolat ou de cacao : petits déjeuners chocolatés ; pâtisserie au chocolat ; desserts et entremets chocolatés (ainsi que préparations pour nappage ou glaçage contenant du chocolat ou cacao) ; crèmes desserts au chocolat ; pâtes à tartiner à base de cacao ; crèmes glacées au chocolat (et préparation pour glaces contenant du chocolat ou cacao) ; biscuits ou gaufrettes additionnés de chocolat ou d'un succédané lorsque ce composant (auquel est ajoutée la confiserie contenue éventuellement dans le produit) représente en poids au maximum 50 % du poids du produit total ; barres céréalières sous la même condition ; laits et autres boissons chocolatés.

b. Produits relevant du taux normal. Relèvent du taux normal les produits de chocolat relevant des catégories visées aux points 4 (« chocolat au lait »), 6 (« chocolat blanc »), 7 (« chocolat fourré »), 8 (« chocolate a la taza ») et 9 (« chocolate familiar a la taza ») du A de l'annexe I au décret 76-692 du 13-7-1976 modifié, ainsi que tous les produits composés contenant du chocolat ou du cacao autres que ceux énumérés ci-dessus.

Caviar Le caviar (œufs d'esturgeon) relève du taux **normal** (CGI art. 278-0 bis, A-1° -d). 52980

APPAREILLAGES ET ÉQUIPEMENTS POUR HANDICAPÉS

Appareillages Le taux réduit s'applique aux appareillages visés aux chapitres 1er, 3 à 7 du titre II et aux titres III et IV de la **liste des produits et prestations remboursables** prévue à l'article L 165-1 du Code de la sécurité sociale **ou pris en charge au titre des prestations d'hospitalisation** définies aux articles L 162-22-6 et L 162-22-7 du même Code et dont la liste est fixée par l'article 30-0 A de l'annexe IV au CGI. Sont ainsi concernés : orthèses (bandages herniaires, colliers cervicaux, etc.), appareils électroniques de surdité, prothèses externes non orthopédiques (prothèses de seins, canules trachéales, etc.), prothèses oculaires et faciales, podo-orthèses (chaussures orthopédiques, etc.), orthoprothèses (prothèses des membres, appareillage du tronc, etc.), dispositifs médicaux implantables, véhicules pour handicapés physiques (étant précisé que les fauteuils roulants et scooters médicaux non inscrits sur la liste susvisée sont également susceptibles de bénéficier de ce taux réduit, voir n° 52995, précisions). 52990 CGI art. 278-0 bis, A-2° TVA-VIII-2400 s

Voir également les précisions ci-dessous.

Le taux réduit s'applique aux **opérations** visées au n° 52932 qui portent sur les appareillages désignés ci-dessus ainsi que sur leurs **pièces détachées** et adjonctions lorsqu'elles sont inscrites sur la liste des produits et prestations remboursables (les piles et accumulateurs pour audioprothèses, lorsqu'ils ne sont pas remboursables, ainsi que les chargeurs, cassettes de rechange et batteries nécessaires au fonctionnement des prothèses vocales sont soumis au taux normal sauf s'ils sont livrés avec la prothèse).

Il est admis que les opérations de rechange et de **réparation** bénéficient du taux réduit lorsqu'elles portent sur des appareillages soumis à ce taux et qu'elles sont elles-mêmes prévues aux chapitres concernés de la liste des produits et prestations remboursables.

Précisions **a.** Même s'ils ne font pas l'objet d'une inscription nominative par produit sur la liste des produits et prestations remboursables, les **stimulateurs cardiaques** et les **prothèses auditives** bénéficient du taux réduit dès lors qu'ils sont titulaires du marquage CE (BOI-TVA-LIQ-30-10-50 n°s 50 et 110).
b. Les systèmes haute fréquence destinés à être adaptés sur les **audioprothèses** sont admis au bénéfice du taux réduit (BOI précité n° 50).
Bénéficie également de ce taux réduit la prestation d'adaptation (ou de réglage) associée à l'acquisition d'une audioprothèse, qu'elle apparaisse distinctement ou non sur la facture remise au patient (Rép. Vannson : AN 17-4-2007 n° 119943, non reprise dans Bofip).
c. Il est admis que les appareillages suivants, qui relèvent du titre I de la liste des produits et prestations remboursables, bénéficient du **taux intermédiaire** : cannes, béquilles et déambulateurs, couteaux et couteaux-fourchettes pliants avec étui, destinés aux handicapés ayant des prothèses de mains, urinaux (BOI précité n° 100).
d. Les **implants dentaires** ne sont pas au nombre des produits remboursables mentionnés au titre III de la liste des prestations et produits remboursables et ne peuvent, par suite, bénéficier du taux réduit (CE 16-12-2005 n° 272618 : RJF 3/06 n° 294).

52995
TVA-VIII-2900 s

Équipements spéciaux Le taux réduit s'applique également aux équipements spéciaux, dénommés **aides techniques** et autres appareillages, conçus exclusivement pour les personnes handicapées en vue de la compensation d'incapacités graves et dont la liste est fixée par l'article 30-0 B de l'annexe IV au CGI (voir les précisions ci-après).
Le taux réduit s'applique aux **opérations** visées au n° 52932, aux **réparations** et aux **locations** qui portent sur les équipements désignés ci-dessous.

Précisions La **liste** des équipements bénéficiant du taux réduit est la suivante :
– pour les **handicapés moteurs** : commandes adaptées pour le contrôle de l'environnement et la communication (au souffle, linguales, joysticks, défilement, contacteurs, casques et licornes), appareils de communication à synthèse vocale et désigneurs, cartes électroniques et logiciels spécifiques de communication, claviers spéciaux pour ordinateurs et machines à écrire, aides mécaniques ou électriques aux mouvements des bras, tourne-pages automatiques, matériels de transfert (élévateurs et releveurs hydrauliques ou électriques, lève-personnes ; en ce qui concerne les ascenseurs et appareils similaires, voir n° 53005 ci-après), systèmes de douche et de bain incorporant les éléments indispensables à leur accessibilité par des handicapés (à l'exclusion des équipements médicaux ou à finalité thérapeutique), fauteuils roulants et scooters médicaux dont la vitesse n'excède pas 10 km/h qu'ils soient ou non inscrits sur la liste des produits et prestations remboursables prévue à l'article L 165-1 du Code de la sécurité sociale (les véhicules automobiles pour handicapés ne sont pas concernés), appareils modulaires de verticalisation, appareils de soutien partiel de la tête, casques de protection pour enfants handicapés ;
– pour les **aveugles et malvoyants** : appareils ou objets à lecture, écriture ou reproduction de caractères ou signes en relief (braille), téléagrandisseurs et systèmes optiques télescopiques, cartes électroniques et logiciels spécialisés ;
– pour les **sourds et malentendants** : vibrateurs tactiles, orthèses vibratoires (amplificateurs de voix), implants cochléaires, logiciels spécifiques ;
– pour d'**autres handicapés** : filtres respiratoires et protections trachéales pour laryngectomisés, appareils de photothérapie et appareils de recueil des saignées ;
– pour l'**ensemble des handicapés afin de faciliter la conduite ou l'accès des véhicules** : siège orthopédique (siège pivotant, surélevé, etc.), treuils, rampes et autres dispositifs pour l'accès des personnes handicapées en fauteuil roulant (y compris les aménagements non spécifiques pour les personnes handicapées qui sont strictement nécessaires à l'installation ou au fonctionnement de ces dispositifs : modification de la roue de secours, du pare-chocs arrière, du réservoir à essence, rehaussement du pavillon et des portes arrière du véhicule, etc.), commande d'accélérateur à main (cercle, arc de cercle, secteur, manette, poignée tournante, etc.), sélecteur de vitesses sur planche de bord, modification de la position ou de la commande du frein principal et du frein de secours, modification de la position ou de la commande des commutateurs de feux, de clignotants, d'avertisseur sonore, d'essuie-glace, dispositif de commande groupée (frein principal, accélérateur, etc.), permutation ou modification de la position des pédales (pédales d'embrayage et de frein rapprochées ou communes, pédales surélevées, faux planchers), modification de la colonne de direction, dispositif de maintien du tronc par sangle ou par harnais, dispositifs d'ancrage des fauteuils roulants à l'intérieur du véhicule. Ces équipements bénéficient du taux réduit même lorsqu'ils sont **livrés avec** un **véhicule** automobile. Le taux réduit s'applique également aux **frais d'installation** de ces équipements dans le véhicule. Les équipements doivent être mentionnés distinctement sur la facture délivrée à l'acheteur pour bénéficier de ce taux réduit.
Le taux réduit s'applique à l'ensemble des **éléments constitutifs** qui participent au fonctionnement direct de l'appareil et qui ne peuvent être dissociés de l'appareil lui-même (par exemple, microphone ou processeur vocal liés aux implants cochléaires).
Les appareillages conçus exclusivement pour les personnes handicapées qui ne figurent pas sur la liste ci-dessus ne peuvent en revanche pas bénéficier du taux réduit (en ce sens : CE 21-6-2019 n° 411740 : RJF 10/19 n° 895).

Appareillages pour personnes diabétiques, stomisées ou incontinentes

53000 TVA-VIII-3130 s

Le taux réduit est applicable aux opérations visées au nº 52932 et aux réparations portant sur :

– les autopiqueurs (y compris les embases, lancettes et systèmes d'autopiqûre), les appareils pour lecture automatique chiffrée de la glycémie (agréés ou non), les seringues pour insuline (voir précision d ci-après), les stylos injecteurs, les pompes à insuline (pour ces dernières, le taux réduit s'applique aussi aux locations) et les produits pour l'**autocontrôle du diabète** (bandelettes, comprimés, capteurs, électrodes) ;

– les appareillages de recueil pour **incontinents** et **stomisés** digestifs ou urinaires, les appareillages d'irrigation pour colostomisés, les sondes d'urétérostomie cutanée pour stomisés urinaires, les solutions d'irrigation vésicale et les sondes vésicales pour incontinents urinaires.

› Précisions **a.** Bénéficient également du taux réduit les **accessoires** nécessaires à l'utilisation des stylos injecteurs et des pompes à insuline. Il en va de même des accessoires pour appareillages de recueil (y compris les pâtes ou barrettes de protection péristomiale) ainsi que des accessoires stériles nécessaires à la pose des sondes vésicales.

b. Les « **kits** » destinés aux diabétiques qui sont composés principalement d'objets relevant eux-mêmes du taux réduit bénéficient également de ce taux réduit dans leur ensemble.

c. Les **solutions de contrôle** du diabète **utilisées par les laboratoires** demeurent soumises au taux normal.

d. Le taux réduit s'applique aux **seringues pour insuline** ou hormone de croissance (à usage unique ou réutilisables) **quels que soient** leur **usage** effectif (utilisation pour une personne diabétique ou pour toute autre personne) et la **nature du produit** effectivement injecté (insuline, hormone de croissance, interféron, etc.) (BOI-TVA-LIQ-30-10-50 nº 310).

Ascenseurs et matériels assimilés

53005 TVA-VIII-3450 s

Le taux réduit s'applique aux **ascenseurs** et matériels assimilés, spécialement conçus pour les personnes handicapées et dont les caractéristiques sont fixées par l'article 30-0 C de l'annexe IV au CGI (voir les précisions ci-après).

Le taux réduit s'applique aux **opérations** visées au nº 52932, aux opérations d'**installation,** aux frais d'**entretien** et de **réparation** (y compris les pièces détachées utilisées pour ces opérations) et aux **locations** portant sur les matériels désignés ci-dessous.

› Précisions Le taux réduit s'applique aux matériels suivants spécialement conçus pour le déplacement d'une personne handicapée :

a. Appareils **élévateurs verticaux,** installés à demeure, comportant une plate-forme aménagée en vue du transport d'une personne handicapée, debout ou en fauteuil roulant, avec ou sans accompagnateur, qui répondent aux conditions suivantes :
– ils permettent le déplacement entre deux niveaux définis, avec éventuellement un ou plusieurs niveaux intermédiaires ;
– leur vitesse n'excède pas 0,15 mètre par seconde ;
– ils comportent un frein de sécurité ou autre dispositif d'arrêt d'urgence et un dispositif protégeant l'accès de la gaine à chaque palier ;
– leur charge nominale minimale est de 200 kilogrammes, à l'exception des appareils élévateurs manuels, pour lesquels la charge nominale ne doit pas excéder 200 kilogrammes.

b. **Élévateurs à déplacement incliné** spécialement conçus pour le déplacement d'une personne handicapée accompagnée ou non, installés à demeure, se déplaçant le long de guides inclinés, desservant des niveaux définis, circulant ou non le long d'une ou de plusieurs parois ou éléments de parois, qui répondent aux conditions suivantes :
– ils circulent le long d'un escalier ou d'un plan incliné ;
– ils comportent un plateau accessible au fauteuil roulant ou un siège ;
– leur inclinaison par rapport à l'horizontale n'excède pas 45° ;
– leur vitesse n'excède pas 0,15 mètre par seconde ;
– ils comportent un frein de sécurité ou autre dispositif d'arrêt d'urgence et un dispositif de maintien des personnes lors du fonctionnement de l'appareil ;
– leur charge nominale n'excède pas 200 kilogrammes.

L'application du taux réduit aux ascenseurs et matériels assimilés est subordonnée à la **certification** par le vendeur que le matériel livré satisfait à l'ensemble des critères prévus pour la catégorie à laquelle il appartient. La certification peut résulter des mentions portées sur les factures de vente. Ces mentions constituent une présomption que les matériels peuvent bénéficier du taux réduit (BOI-TVA-LIQ-30-10-50 nº 240).

PRODUITS DE PROTECTION HYGIÉNIQUE FÉMININE

53010 CGI art. 278-0 bis, A-1° bis TVA-VIII-2200 s.

Les produits de protection hygiénique féminine bénéficient du taux réduit.

Sont concernés, qu'ils soient à usage unique ou lavables, notamment les serviettes périodiques, les tampons, les protège-slips et les coupes menstruelles (BOI-TVA-LIQ-30-10-60 nº 80).

SERVICES D'AIDE AUX PERSONNES ÂGÉES DÉPENDANTES ET AUX PERSONNES HANDICAPÉES

53015 CGI art. 278-0 bis, D TVA-VIII-5700 s

Le taux réduit s'applique aux prestations de services exclusivement liées aux gestes essentiels de la vie quotidienne des personnes âgées dépendantes et des personnes handicapées qui sont dans l'incapacité de les accomplir, fournies par les associations, entreprises ou **organismes** qui remplissent les **conditions** exposées au n° 53260.

Les **services** doivent être **effectués au domicile** des personnes physiques situé en France (ou dans l'environnement immédiat de celui-ci s'ils contribuent au maintien à domicile des personnes en constituant une alternative à l'hospitalisation ou au long séjour en établissement spécialisé).

Les services bénéficiant du taux réduit sont les suivants (CGI ann. III art. 86, I) : **assistance** aux personnes handicapées ou aux personnes âgées dépendantes qui ont besoin d'une aide personnelle à domicile, à l'exclusion d'actes de soins relevant d'actes médicaux ; **garde-malade,** à l'exclusion des soins ; assistance aux personnes handicapées, y compris les activités d'interprète en langue des signes, de technicien de l'écrit et de codeur en langage parlé complété ; prestation de **conduite du véhicule personnel** des personnes dépendantes, du domicile au travail, sur le lieu de vacances, pour les démarches administratives, à la condition que la prestation soit **comprise dans une offre de services** incluant un ensemble d'activités réalisées à domicile ; **aide à la mobilité et transport** de personnes ayant des difficultés de déplacement, à la condition que la prestation soit **comprise dans une offre de services** incluant un ensemble d'activités réalisées à domicile ; **accompagnement** des personnes âgées ou handicapées dans leurs **déplacements en dehors de leur domicile** (promenades, transport, actes de la vie courante), à la condition que la prestation soit **comprise dans une offre de services** incluant un ensemble d'activités réalisées à domicile.

Les autres services à la personne fournis par les structures concernées sont, en principe, soumis au taux intermédiaire (n° 53260).

> **Précisions** **a.** Les personnes qui ont une activité de services relative à l'assistance aux personnes âgées, aux personnes handicapées ou aux autres personnes qui ont besoin d'une aide personnelle à leur domicile ou d'une aide à la mobilité doivent obtenir un **agrément** (C. trav. art. L 7232-1) ou une **autorisation** (Code de l'action sociale et des familles art. L 313-1). Cet agrément ou cette autorisation sont, en principe, distincts de la déclaration visée au n° 53260 qui conditionne l'application du taux réduit.
> **b.** Les **associations** exerçant une activité d'aide à la personne soumise à agrément ou à autorisation, qu'elles soient ou non déclarées en application de l'article L 7232-1-1 du Code du travail, sont susceptibles d'être exonérées (voir n° 89555, a).
> **c.** Lorsque le prestataire rend des **services** aux personnes handicapées ou âgées dépendantes **relevant de taux différents** (par exemple : assistance aux actes de la vie quotidienne et entretien du domicile), il doit **ventiler** les recettes correspondant à chaque taux, de manière simple et économiquement réaliste. À défaut, le prix doit être soumis dans sa totalité au taux le plus élevé.
> **d.** Un donneur d'ordre agréé ne peut faire appel qu'à un **sous-traitant** agréé pour les mêmes activités et la même zone géographique. Par ailleurs, le donneur d'ordre et le sous-traitant doivent être déclarés pour les mêmes activités pour bénéficier des avantages fiscaux. La **facture** remise par le sous-traitant à son donneur d'ordre doit être établie au taux normal de la TVA. Lorsque les deux prestataires de services à la personne sont déclarés pour les mêmes activités, la facture remise par le donneur d'ordre à son client pour les prestations de services à la personne matériellement réalisées par son sous-traitant est établie au taux réduit (ou intermédiaire s'il s'agit de services d'aide à la personne visés n° 53260) (BOI-TVA-LIQ-30-20-80 n°s 225 et 227 ; dans le même sens s'agissant de l'application du taux normal à la prestation facturée par le sous-traitant au donneur d'ordre : CAA Bordeaux 7-4-2016 n° 14BX03392 : RJF 7/16 n° 613).

FOURNITURE DE REPAS DANS LES CANTINES SCOLAIRES

53025 CGI art. 278-0 bis, E TVA-VIII-6200 s

Le taux réduit s'applique à la fourniture de repas par des **prestataires extérieurs** dans les établissements publics ou privés d'**enseignement du premier et du second degré** (écoles maternelles, écoles élémentaires, collèges et lycées, que ceux-ci dispensent un enseignement général, technologique, professionnel ou agricole) (BOI-TVA-LIQ-30-20-10-20 n° 290).

Le taux réduit s'applique aux repas fournis par des **prestataires extérieurs** agissant comme **gestionnaires de la cantine** dans les établissements visés ci-dessus.

Le taux réduit concerne la **fourniture des repas aux élèves** des établissements susvisés, y compris s'ils relèvent de l'enseignement supérieur (élèves de classes préparatoires dans les lycées, par exemple) ainsi qu'**aux enseignants** et **au personnel administratif** de ces établissements (BOI précité n° 300).

La fourniture de repas par des prestataires extérieurs dans d'autres cantines dont ils sont gestionnaires est soumise au taux intermédiaire (n° 53195).

> **Précisions** Lorsque l'**établissement d'enseignement** est le **gestionnaire de la cantine,** la fourniture de repas par un fournisseur extérieur qui constitue une livraison de denrées alimentaires demeure soumise au taux réduit sur le fondement du 1° de l'article 278-0 bis, A du CGI

(n°s 52945 s.). Dans cette configuration, les repas servis aux élèves par l'établissement d'enseignement sont exonérés (nº 47050).

ABONNEMENTS AU GAZ, À L'ÉLECTRICITÉ DE PETITE PUISSANCE ET À L'ÉNERGIE CALORIFIQUE, FOURNITURE DE CHALEUR

Le taux réduit s'applique aux abonnements relatifs aux livraisons d'électricité d'une puissance maximale inférieure ou égale à 36 kilovolt-ampères (kVA), d'énergie calorifique et de gaz naturel combustible, **distribués par réseaux,** ainsi qu'à la **fourniture de chaleur** lorsqu'elle est **produite** au moins à 50 % **à partir de certaines énergies renouvelables** : biomasse, géothermie, déchets et énergie de récupération, énergie solaire thermique. Pour les abonnements à l'électricité, la puissance maximale prise en compte correspond à la totalité des puissances maximales souscrites par un même abonné sur un même site. 53035 CGI art. 278-0 bis, B **TVA-VIII-5200 s**

Le taux réduit s'applique également aux abonnements relatifs aux gaz de pétrole liquéfiés distribués par réseaux (BOI-TVA-LIQ-30-20-20 nº 10).

L'abonnement s'entend de la part fixe du tarif de livraison de l'électricité, de l'énergie calorifique ou du gaz.

› Précisions **a.** Les abonnements relatifs à des livraisons d'électricité d'une puissance maximale supérieure à 36 kVA sont soumis au **taux normal.** Le taux normal est également applicable aux consommations de gaz et d'électricité (quelle que soit la puissance souscrite), ainsi qu'aux sommes ou redevances diverses facturées au client en sus de l'abonnement (frais de raccordement, petites interventions, etc.) et aux locations de matériels de stockage.

b. Les abonnements à l'énergie calorifique distribuée par réseaux (réseaux de « chaleur » ou de « chauffage urbain ») sont soumis au taux réduit quels que soient l'origine de cette énergie et le mode d'exploitation du réseau.

Lorsque l'**énergie calorifique** est produite **au moins** à **50 %** à partir de la **biomasse,** de la **géothermie,** de l'**énergie solaire thermique,** des **déchets** ou d'**énergie récupérable,** le taux réduit s'applique également aux livraisons (consommations). En revanche, les livraisons d'énergie calorifique produite à partir de ces énergies renouvelables mais ne répondant pas au seuil de 50 % relèvent du taux normal. Il en va de même des livraisons d'énergie calorifique produite à partir d'autres énergies renouvelables (éolienne, houlomotrice, marémotrice, hydraulique, etc.) ou d'énergies non renouvelables (gaz, etc.).

L'appréciation du **seuil** de 50 % se fait de manière globale pour **chaque réseau,** même s'il comporte plusieurs sites de production. Il est toutefois admis pour le cas où l'exploitant du réseau concédé est contraint, compte tenu notamment des spécificités géographiques du territoire communal, de distribuer la chaleur via deux réseaux techniquement distincts, que le seuil soit apprécié à l'échelle de l'ensemble du réseau concédé à l'opérateur (BOI précité nº 150).

La période de référence à retenir pour l'appréciation du seuil de 50 % est l'année civile précédant celle de la facturation (N – 1) ou une période de douze mois consécutifs différente de l'année civile sur la base de laquelle l'exploitant établit habituellement son rapport technique d'exploitation (saison de chauffe). En cas de circonstances particulières affectant de manière temporaire la composition habituelle du bouquet énergétique du réseau, la période de référence peut être la moyenne des années N – 2 et N – 3 ou, si ces circonstances affectent les deux années N – 1 et N – 2, la moyenne des années N – 3 et N – 4 (BOI précité nº 160).

LIVRES

Le taux réduit s'applique aux livres sur tout type de support physique et à ceux fournis par téléchargement, y compris les livres audio (Loi 2019-1479 du 28-12-2019 art. 35). La **définition** du livre est la suivante : un livre, qu'il s'agisse d'un livre sur support physique (ensemble imprimé, disque compact, cédérom, clé USB, etc.) ou d'un livre téléchargé, a pour objet la reproduction et la représentation d'une œuvre de l'esprit créée par un ou plusieurs auteurs, constituée d'éléments graphiques (textes, illustrations, dessins, etc.) et publiée sous un titre. 53040 CGI art. 278-0 bis, A-3º **TVA-VIII-3800 s**

Pour être considéré comme un livre, un ouvrage doit remplir les **trois conditions cumulatives** suivantes :

– comporter une partie rédactionnelle suffisante pour permettre de conférer à l'ensemble le caractère d'une œuvre intellectuelle. Peuvent toutefois bénéficier du taux réduit les ouvrages qui, bien que dépourvus de contenu rédactionnel au sens strict, comportent un apport éditorial avéré, caractérisé par la recherche, la sélection et la mise en forme de données conférant à l'ensemble une homogénéité et une cohérence globale ;

– ne pas présenter un caractère commercial ou publicitaire marqué ;

– ne pas contenir un espace important destiné à être rempli par le lecteur.

En pratique, pour l'appréciation de ces deux derniers critères, la surface consacrée à la publicité (annonces commerciales, noms de marques, logos professionnels, etc.) ou à des blancs intégrés au texte en vue d'être utilisés par le lecteur ne doit pas dépasser le tiers de la surface totale de l'ouvrage (BOI-TVA-LIQ-30-10-40 nº 40).

› Précisions Le Conseil d'État n'exige pas que l'**apport intellectuel,** dont le rôle doit être apprécié au cas par cas en fonction des caractéristiques de l'ouvrage, soit prépondérant (CE 16-7-2014 nº 364477 : RJF 11/14 nº 1000).

53042 ILLUSTRATIONS

Pour un certain nombre d'ouvrages, la question de savoir s'ils répondent ou non à cette définition peut poser quelques problèmes. À titre d'exemples, on citera :
– parmi ceux que l'administration **considère comme des livres** : les dictionnaires, encyclopédies, formulaires scientifiques, annuaires de personnalités, répertoires portant sur un secteur d'activité particulier, guides touristiques, guides d'hôtels-restaurants, méthodes et partitions de musique, répertoires juridiques, catalogues et répertoires bibliographiques donnant des renseignements sur les livres parus ou disponibles, recueils de photographies et de reproduction d'œuvres, catalogues artistiques, ouvrages de cotation, cartes géographiques (reliées ou pliables) et atlas, albums et livres de coloriage (lesquels sont réputés satisfaire à la dernière condition visée au n° 53040), cahiers d'exercice ou de vacances, documents de propagande électorale (bulletin de vote, profession de foi, circulaire, journal de campagne, programme électoral) ;
– parmi ceux auxquels elle **refuse le régime des livres** : les annuaires téléphoniques, barèmes, tarifs, distanciers, indicateurs, livres muraux, livres-maquette, livres-frise, livres conçus pour être découpés, affiches électorales.

53045 En ce qui concerne le taux à retenir pour les différentes **opérations** portant sur les livres, il convient de faire les distinctions suivantes :

a. Lorsqu'il s'agit de livres répondant à la définition donnée ci-dessus, le **taux réduit** s'applique non seulement aux opérations d'achat, d'importation, d'acquisition intracommunautaire, de vente, de livraison, de commission, de courtage, et aux opérations de façon concourant à la fabrication du livre (composition, impression, brochage, massicotage, reliure, dorure, etc.), mais aussi aux opérations de location. En revanche, les **cessions de tous droits** portant sur les livres sont soumises au **taux intermédiaire** (CGI art. 279, g).

b. Le **taux normal** s'applique aux opérations portant sur les ouvrages ne répondant pas à la définition des livres.

Relèvent également de ce taux même s'ils se rapportent à des ouvrages répondant à la définition des livres :
– les matières premières (papiers, cartons, encres, colles, ficelles, toiles, etc.) utilisées pour l'impression et la fabrication des livres. Cependant, la livraison des matériaux nécessaires aux travaux d'impression (papier, encre) des ouvrages considérés comme des livres bénéficie du taux réduit si elle n'est pas mentionnée distinctement sur la facture des travaux (BOI-TVA-SECT-40-20-20 n°s 90 et 140) ;
– les reliures mobiles, étuis, emboîtages, etc., non vendus en même temps que le livre, lorsque, compte tenu de leur aspect (forme, dimensions, titre, etc.), ils n'apparaissent pas comme conçus pour la présentation d'un livre bien déterminé, mais comme des éléments « banalisés » et non personnalisés.

c. Lorsqu'un livre imprimé est **vendu accompagné** d'un **disque compact,** d'un **cédérom** ou d'un **DVD** ne répondant pas lui-même à la définition du livre, chaque élément doit être soumis à son taux propre (taux réduit pour le livre, taux normal pour le disque, le cédérom ou le DVD).

d. Lorsque des **services de livres en ligne** sont **compris dans une offre composite,** composée ou non de plusieurs autres offres, qui comprend l'accès à un réseau de communications électroniques (ou à un équipement terminal) ou la fourniture de services de télévision, le taux réduit est applicable au supplément de prix payé par le client par rapport à une offre identique, mais ne comprenant pas tout ou partie de ces mêmes prestations, commercialisée dans des conditions comparables. Le cas échéant, cette assiette est majorée de celle établie pour l'application du taux réduit à cette offre. À défaut d'une telle autre offre, le taux de TVA réduit est applicable aux sommes payées, par client, pour l'acquisition de ces services de livres en ligne, dans la limite, le cas échéant, du prix auquel ces services sont commercialisés par ailleurs par le fournisseur (Loi 2019-1479 du 28-12-2019 art. 36).

e. En vertu d'une disposition spéciale (CGI art. 279 bis, 1°), sont exclues du bénéfice des taux réduit et intermédiaire et relèvent donc du **taux normal** les opérations (y compris les cessions de droits) portant sur les **publications de toute nature** (livres, journaux, albums, etc.) qui, présentant un caractère **pornographique** ou d'incitation à la violence, tombent sous le coup d'au moins **deux** des **interdictions** prévues par la loi du 16 juillet 1949 (interdiction de vente aux mineurs ; interdiction d'exposition à la vue du public et de publicité par voie d'affiche ; interdiction de toute publicité). Les publications visées sont désignées par arrêtés du ministre de l'intérieur publiés au JO.

TRAVAUX D'AMÉLIORATION DE LA QUALITÉ ÉNERGÉTIQUE DES LOCAUX D'HABITATION

53048 Les travaux d'amélioration de la qualité énergétique des locaux à usage d'habitation achevés depuis plus de deux ans bénéficient, sous certaines conditions, du taux réduit.

CGI art. 278-0 bis A
TVA-VIII-6800 s

Le taux réduit concerne les travaux réalisés dans les **locaux à usage d'habitation achevés depuis plus de deux ans** (sur cette notion, voir n° 53275).

Les **travaux concernés** par l'application du taux réduit sont les travaux d'**amélioration de la qualité énergétique des logements.** Il s'agit des travaux portant sur la pose, l'installation et l'entretien des matériaux et équipements mentionnés à l'article 200 quater, 1 du CGI, dans sa rédaction antérieure à celle résultant de l'article 79 de la loi 2017-1837 du 30 décembre 2017, dès lors qu'ils respectent des caractéristiques techniques et des critères de performance minimale fixés par arrêté (il s'agit des matériaux et équipements figurant au tableau du n° 3065, y compris les chaudières au fioul à haute et très haute performance énergétique ainsi que les matériaux d'isolation thermique des parois vitrées, les volets isolants ou portes d'entrée donnant sur l'extérieur). Bénéficient également de ce taux, les **travaux induits** qui sont indissociablement liés aux travaux de pose, d'installation ou d'entretien des matériaux et équipements susvisés (par exemple : travaux de remise en état suite à la dégradation due aux travaux). En revanche, sont **exclus** du taux réduit et doivent être soumis au taux normal de la taxe, les travaux, réalisés sur une période de deux ans ou plus, qui concourent à la production d'un immeuble neuf ou augmentant la surface de plancher des locaux existants de plus de 10 %.

Le taux réduit s'applique, toutes autres conditions étant remplies, quelle que soit la **qualité du preneur** des travaux et qu'il soit une personne physique ou une personne morale, pour autant que les prestations rendues correspondent à des travaux éligibles.

Les **modalités d'application** du taux réduit sont les suivantes : le **client** doit, en principe, remettre au prestataire une **attestation** (en utilisant les modèles d'attestation fixés par l'administration ou, pour les petits travaux, en portant certaines mentions sur la facture : n° 53285), mentionnant que l'immeuble est achevé depuis plus de deux ans, qu'il est affecté à un usage d'habitation et que les travaux ne concourent pas à la production d'un immeuble neuf ou n'aboutissent pas à une augmentation de surface de plus de 10 % ; cette attestation doit également préciser la nature des travaux de rénovation énergétique et/ou des travaux induits réalisés.

En ce qui concerne le moment de la remise de l'attestation, l'obligation concernant sa conservation, les conséquences en cas de défaut d'attestation ou d'informations manquantes, incomplètes ou inexactes et la dispense prévue pour les petits travaux, voir n° 53285 les indications données pour l'application de l'article 279-0 bis du CGI, qui sont transposables pour l'application de l'article 278-0 bis A du même Code.

› Précisions **a.** Le taux réduit de TVA bénéficie également à la **fourniture des matériaux, équipements et appareils** eux-mêmes lorsqu'ils sont fournis et facturés par le prestataire qui réalise les travaux (BOI-TVA-LIQ-30-20-95 n° 40).

b. Pour bénéficier du taux réduit, les **travaux induits** :

– doivent porter sur la même pièce que celle sur laquelle ont porté les travaux d'amélioration de la qualité énergétique ou sur les éléments du bâti directement affectés par les travaux d'amélioration de la qualité énergétique (par exemple, les travaux de plâtrerie et de peinture dans une salle de bains après la pose d'une fenêtre double vitrage dans cette pièce bénéficient du taux réduit). Les autres travaux de rénovation réalisés concomitamment suivent leur régime propre (par exemple, les travaux de peinture réalisés dans une cuisine en même temps que les travaux de peinture réalisés dans la salle de bains où a été posée une fenêtre double vitrage sont exclus du taux réduit) ;

– doivent être **facturés** dans un **délai maximum** de trois mois à compter de la date de facturation des travaux d'amélioration de la qualité énergétique bénéficiant du taux réduit auxquels ils sont liés. Lorsque les travaux induits précèdent ces travaux d'amélioration (par exemple : les travaux de forage et de terrassement nécessaires à l'installation de l'échangeur de chaleur souterrain des pompes à chaleur géothermique), ces derniers doivent être facturés dans un délai maximum de trois mois à compter de la facturation des travaux induits. À défaut, les travaux induits s'apprécient comme des travaux indépendants qui doivent être soumis au taux qui leur est propre (BOI précité n° 50).

C. Taux intermédiaire

Le taux intermédiaire de 10 % s'applique à **certains produits ou biens et prestations de services,** limitativement désignés par la loi. Le **tableau récapitulatif** ci-dessous en donne la liste avec référence aux commentaires du Mémento. 53050

Produits et services relevant du taux intermédiaire	Commentaires (n^{os})
I. Produits	
Médicaments non remboursables	53065
Produits d'origine agricole, de la pêche, de la pisciculture et de l'aviculture	53090 s.
Bois de chauffage	53110
Certains produits destinés à l'alimentation animale	53120

Produits et services relevant du taux intermédiaire	Commentaires (nos)
Produits à usage agricole (engrais et amendements calcaires biologiques…)	53135
Ventes à emporter ou à livrer de produits alimentaires préparés en vue d'une consommation immédiate	53205 s.
II. Prestations de services	
Soins dispensés par les **établissements thermaux autorisés**	47180
Transports de voyageurs	53165
Fourniture de logement en hôtel ou en meublé et dans les **terrains de camping** classés	90640 s.
Locations d'emplacements sur les **terrains de camping** classés	53175
Locations d'**aires d'accueil** ou de terrains de passage des **gens du voyage**	53185
Ventes à consommer sur place de produits alimentaires ou de boissons	53195
Prestations relatives à la **fourniture et à l'évacuation de l'eau**	53215
Prestations de **balayage des caniveaux et voies publiques** et prestations de **déneigement des voies publiques**	53225
Collecte et tri sélectifs ainsi que **traitement** des **déchets ménagers**	53235 s.
Travaux forestiers réalisés **au profit d'exploitants agricoles**	53250
Services d'**aide à la personne**	53260
Travaux portant sur des **locaux d'habitation**	53270 s.
Commissions, courtages et façons sur **produits au taux intermédiaire**	53060
Presse :	
– cessions d'informations entre des entreprises de presse	61605, c
– fourniture d'éléments d'information par les agences de presse	61625
Certains spectacles, jeux et divertissements (attractions foraines, musées, monuments, expositions, certains parcs et jardins…)	61775 s.
Abonnements télévisions privées (ainsi que rémunérations versées par les collectivités territoriales aux télévisions locales ayant conclu un contrat d'objectifs et de moyens)	61825
Cessions de droits par les **auteurs des œuvres de l'esprit** et **artistes-interprètes**	61690 s.
Cessions de droits portant sur les livres et sur les œuvres cinématographiques	53045, a et 61770, précision c

Remarques : **1.** Pour les opérations se rattachant à une activité faisant l'objet d'une étude particulière (spectacles, etc.), les commentaires relatifs au taux sont intégrés dans cette étude.
2. Le taux intermédiaire s'applique également :
– à certaines **livraisons à soi-même de travaux portant sur certains locaux et logements sociaux** (nos 59120 s.) ;
– à certaines **livraisons et livraisons à soi-même de logements locatifs dans le secteur intermédiaire** et le secteur du logement social (no 58895 et 59060) ;
– aux livraisons d'**œuvres d'art** par des assujettis-utilisateurs (voir 60605).

53060 **Opérations concernées par l'application du taux intermédiaire** Sauf indication contraire, en ce qui concerne les **produits** énumérés dans le tableau du no 53050, les opérations qui relèvent du taux intermédiaire sont les opérations d'**achat,** d'**importation,** d'**acquisition intracommunautaire,** de **vente,** de **livraison,** de **commission,** de **courtage** ou de **façon** portant sur ces produits.

MÉDICAMENTS

53065 **Médicaments remboursables** Les ventes et autres opérations visées au no 53060 relèvent du taux de 2,1 % ou du taux intermédiaire selon qu'elles portent sur des médicaments pris en charge ou non par la sécurité sociale.

CGI art. 278 quater et 281 octies
TVA-VIII-11400 s

Par médicaments, on entend les produits regroupés sous les dénominations suivantes :
– **préparations magistrales** préparées selon une prescription médicale destinée à un malade déterminé en raison de l'absence de spécialité pharmaceutique disponible ;
– **médicaments officinaux** qui sont des médicaments préparés en pharmacie, inscrits à la **pharmacopée** (française ou européenne) ou au formulaire national et destinés à être dispensés directement aux patients ;
– **médicaments** ou **produits pharmaceutiques** destinés à l'**usage de la médecine humaine** et faisant l'objet de l'**autorisation de mise sur le marché** prévue à l'article L 5121-8 du Code de la santé publique.

Les produits énumérés ci-dessus bénéficient du taux de 2,1 % lorsqu'ils sont, soit **remboursables** aux assurés sociaux conformément à l'article L 162-17 du Code de la sécurité sociale, soit **agréés à l'usage des collectivités publiques** et divers services publics (en particulier établissements de soins) en application des articles L 5123-2 et L 5123-3 du Code de la santé publique.

Les produits énumérés ci-dessus qui ne sont ni remboursables par la sécurité sociale ni agréés relèvent en revanche du taux intermédiaire.

Médicaments soumis à autorisation temporaire Les opérations d'importation, d'acquisition intracommunautaire ou de livraison portant sur les médicaments soumis à l'autorisation temporaire d'utilisation visés à l'article L 5121-12 du Code de la santé publique relèvent du taux de 2,1 %. 53070

Produits sanguins Le taux de 2,1 % s'applique aux opérations visées au n° 53060 portant sur les **produits sanguins** d'origine humaine qui ne sont **pas à usage thérapeutique direct** régis par l'article L 1221-8 du Code de la santé publique : concentrés de globules, plasma et produits dérivés. 53075

On rappelle que le sang total ainsi que les produits sanguins à usage thérapeutique direct sont exonérés (n° 47150).

Solutions diverses Nous donnons ici des précisions concernant divers produits : 53080
– relèvent du taux normal les **formes pharmaceutiques** (seringues autres que celles visées au n° 53000, flacons, poches à sang vides, etc.) et les **médicaments** à usage **vétérinaire** ;
– il est admis que la **gélatine destinée à la fabrication de gélules** renfermant des médicaments soit soumise au taux réduit (BOI-TVA-LIQ-30-10-60 n° 40) ;
– le taux réduit s'applique aux opérations visées au n° 53060 portant sur les **préservatifs** (masculins ou féminins) (BOI précité n° 60) ;
– les **trousses de prévention** de la contamination par les virus du **sida** et des **hépatites,** y compris les trousses dites « modèle de rue », sont soumises au taux réduit (BOI-TVA-LIQ-30-10-50 n° 270) ;
– le taux réduit est également applicable aux **autotests de détection de l'infection** par les virus de l'immunodéficience humaine (**VIH**) (CGI art. 278-0 bis, K). Ces dispositifs médicaux de diagnostic in vitro doivent être revêtus du marquage CE pour leur mise sur le marché (BOI-TVA-LIQ-30-10-60 n° 90).

En ce qui concerne les **compléments alimentaires** : voir n° 52955, précision d.

PRODUITS D'ORIGINE AGRICOLE, DE LA PÊCHE, DE LA PISCICULTURE ET DE L'AVICULTURE

Pour ceux de ces produits qui sont des **produits alimentaires** (œufs, viandes, etc.), il est fait application des règles exposées : n°s 52945 s. pour l'alimentation humaine ; n° 53120 pour l'alimentation animale. 53090 CGI art. 278 bis, 3° TVA-VIII-8600 s

Les produits d'origine agricole, de la pêche, de la pisciculture et de l'aviculture qui ne constituent **pas** des **produits alimentaires** par nature relèvent du taux intermédiaire à la double condition de n'avoir subi **aucune transformation** et d'être normalement (c'est-à-dire, selon l'administration, **à titre habituel et de manière générale**) destinés à être **utilisés dans la préparation des denrées alimentaires ou dans la production agricole.** Cette dernière condition ne concerne pas les produits de l'horticulture et de la floriculture d'ornement (n° 53095).

Ne constitue pas une transformation faisant obstacle à l'application du taux intermédiaire le simple **séchage** des produits dès lors qu'il ne modifie pas la nature et la structure des produits. De même, les **mélanges** de grains, graines, etc., non transformés demeurent, en principe, soumis au taux intermédiaire.

Les **produits réfrigérés, congelés ou surgelés** sont assimilés aux produits frais.

Sous réserve du respect de la double condition visée n° 53090, relèvent notamment du taux intermédiaire (lorsqu'ils ne sont pas des produits par nature destinés à l'alimentation humaine : n°s 52945 s. ; voir aussi précision a ci-après) : 53092
– les **animaux** vivants ou morts ;
– les **sous-produits** du règne animal ;
– les **céréales** (blé, orge, colza, etc.), grains, **graines, bulbes,** tubercules, **semences et plants.**

› Précisions **a.** Les semences des **pommes de terre,** la pomme de terre fécule, les **betteraves** sucrières et les variétés de **raisin** utilisées en viticulture sont soumises au taux intermédiaire. Les pommes de terre consommées en l'état par l'homme, les betteraves rouges et les variétés de raisin dites de table sont soumises au taux réduit (BOI-TVA-LIQ-30-10-20 n° 60).

b. S'agissant des **animaux de boucherie et de charcuterie** (définis n° 59430), les **carcasses, demi-carcasses,** la **viande en quartier** et les **produits du cinquième quartier** constituent des produits destinés à l'alimentation humaine et bénéficient donc du taux réduit. Il en va de même du **sang** classé « **alimentaire** » et des **os à moelle** (BOI précité n° 27). En revanche, les produits extraits de ces animaux et non destinés à être consommés par l'homme (dépouille, sang et graisses non alimentaires, os, plumes, laine, etc.) sont soumis au taux normal.

c. Les **produits de la pêche et de la pisciculture** vendus directement aux professionnels de la distribution, de la restauration ou aux consommateurs et ceux vendus pour être mis dans un espace de pêche sont soumis au taux réduit quelle que soit leur taille. Les produits vendus à un atelier, à un abattoir ou destinés à une phase de grossissement avant consommation sont soumis au taux intermédiaire lorsque la condition de destination visée n° 53090 est remplie. Les plateaux de fruits de mer contenant des coquillages déjà ouverts sont également soumis au taux intermédiaire, en application de l'article 279, n du CGI (n° 53205) (BOI précité n° 25). Les poissons, crustacés et fruits de mer d'ornement sont soumis au taux normal.

d. Les **ventes d'animaux de compagnie** (notamment les chiens) sont soumises au taux normal (BOI précité n° 40).

e. Sur les taux applicables aux opérations portant sur les **chevaux,** voir n° 60010, précisions.

f. Les **produits de la sylviculture** sont en principe soumis au taux normal. Il en est ainsi pour les arbres sur pied, les arbres abattus simplement ébranchés et éventuellement tronçonnés et les bois abattus (grumes, rondins d'une longueur au moins égale à un mètre et bois de trituration) ainsi que pour les travaux à façon portant sur ces produits (sauf s'ils sont réalisés au profit d'exploitants agricoles : n° 53250).

Bénéficient cependant du taux intermédiaire les **semences et plants d'essences ligneuses forestières** pouvant être utilisés pour le reboisement et les plantations d'alignement, les semences et plans utilisés pour l'horticulture maraîchère et les **arbres fruitiers** (BOI précité n° 60), de même que les **arbres et arbustes d'ornement** (n° 53095).

En ce qui concerne le bois de chauffage et les produits assimilés, voir n° 53110.

53095 CGI art. 278 bis, 3° bis-d TVA-VIII-9050 s

Relèvent également du taux intermédiaire les **produits de l'horticulture et de la floriculture d'ornement** à la seule condition qu'ils n'aient subi **aucune transformation** : plants horticoles d'ornement, plantes vivantes, fleurs fraîches ou séchées, etc.

> Précisions a. Relèvent du taux intermédiaire les **assemblages de fleurs** et/ou de plantes (sous forme de bouquets ou de bottes) sur un support ou dans un contenant, dès lors qu'au cours de l'assemblage n'intervient aucune manipulation des autres éléments de décoration et que le support ou contenant est exclusivement destiné à en assurer le transport, la protection ou la conservation. Dans une telle hypothèse, le taux intermédiaire s'applique à l'ensemble de l'assemblage lorsque le prix d'achat HT des éléments autres que les éléments végétaux naturels n'excède pas 25 % du prix d'achat HT de ces derniers, ou seulement à ces derniers dans le cas contraire. Les compositions florales qui ne satisfont pas aux conditions ci-dessus (parures, colliers, guirlandes, couronnes, etc.) relèvent du taux normal, tout comme les fleurs ou plantes qui ont fait l'objet d'un traitement spécifique (colorées, teintées, stabilisées, lyophilisées ou givrées) (BOI-TVA-LIQ-30-10-20 n° 70). Le Conseil d'État retient un critère similaire et considère que le taux normal s'applique aux fleurs ayant subi une modification substantielle au moyen d'une part importante de main-d'œuvre ou de l'usage d'un procédé technologique (CE 28-1-2015 n° 370455 : RJF 4/15 n° 310).

b. Le **gazon en plaque** bénéficie du taux intermédiaire (BOI précité).

53100 **Opérations concernées** Le taux intermédiaire s'applique aux opérations visées au n° 53060. À cet égard, sont, **notamment,** considérés comme des **travaux à façon** portant sur des produits d'origine agricole non transformés et normalement destinés à être utilisés dans la préparation de denrées alimentaires ou dans la production agricole (ou sur des produits de l'horticulture ou la floriculture d'ornement) et relèvent par conséquent du taux intermédiaire :

a. les travaux de préparation de la terre (labourage, binage, hersage et disquage). En revanche, les services tels que semis, traitements culturaux et épandage d'engrais relèvent du taux normal. À relever, toutefois, que les prestations rendues à l'aide d'un matériel unique qui, au cours du même passage, effectue des travaux passibles du taux intermédiaire et du taux normal peuvent être soumises au taux intermédiaire sur la totalité du prix.

Nota : Les travaux de préparation de la terre ne bénéficient pas du taux intermédiaire lorsqu'ils sont réalisés dans le cadre de travaux d'aménagement et d'entretien des espaces verts ;

b. les opérations de monte et de saillie ;

c. l'engraissement et la prise en pension d'animaux effectués durant le cycle de croissance (s'agissant des chevaux, voir n° 60010, précision b).

Remarques : **1.** Les travaux forestiers réalisés au profit d'exploitants agricoles bénéficient également du taux intermédiaire, même lorsqu'ils ne constituent pas des travaux à façon (voir n° 53250).

2. Les activités de dressage d'animaux sont exclues du taux intermédiaire et soumises au taux normal.

BOIS DE CHAUFFAGE

53110 CGI art. 278 bis, 3° bis, a à c TVA-VIII-9300 s

Le taux intermédiaire s'applique aux opérations visées au n° 53060 portant sur les bois de chauffage (y compris les produits de la sylviculture agglomérés et les déchets de bois). Il importe peu que le bois de chauffage soit destiné à un **usage domestique** (chauffage de locaux d'habitation) **ou** à un **autre usage** (chauffage de locaux professionnels, commerciaux ou industriels, production et revente de la chaleur, revente en l'état du bois de chauffage, etc.).

PRODUITS DESTINÉS À L'ALIMENTATION ANIMALE

Le taux intermédiaire est applicable aux **matières premières, aliments composés et additifs** utilisés pour l'alimentation des **animaux nourris, élevés ou détenus pour la production de denrées alimentaires** destinées à la **consommation humaine** (Loi 2019-1479 du 28-12-2019 art. 136). 53120 CGI art. 278 bis, 4° TVA-VIII-9800 s

En revanche, les matières premières, aliments composés et additifs utilisés pour l'alimentation d'autres animaux (chiens, chats, oiseaux, etc.) relèvent du taux normal.

PRODUITS À USAGE AGRICOLE

Le taux intermédiaire est applicable aux opérations visées au n° 53060 portant sur les produits suivants à usage agricole : 53135 CGI art. 278 bis, 5° TVA-VIII-10500 s

a. Engrais et amendements calcaires mentionnés à l'annexe I au règlement CE/889/2008 de la Commission du 5 septembre 2008, portant modalités d'application du règlement CE/834/2007 du Conseil relatif à la **production biologique** et à l'étiquetage des produits biologiques en ce qui concerne la production biologique, l'étiquetage et les contrôles.

b. Matières fertilisantes ou supports de culture d'origine organique agricole autorisés à la vente dans les conditions prévues à l'article L 255-2 du Code rural et de la pêche maritime. Ces engrais organiques sont issus de déchets naturels, végétaux ou animaux.

c. Produits phytopharmaceutiques utilisables en agriculture biologique. Il convient de se référer à la liste des produits phytopharmaceutiques utilisables en agriculture biologique établie par le ministère chargé de l'agriculture et l'Institut national de l'origine et de la qualité (Inao) dans le « guide des intrants (produits phytopharmaceutiques) utilisables en agriculture biologique en France » (BOI-TVA-LIQ-30-10-30 n° 290).

› Précisions Les **supports de culture** avec matières organiques végétales prépondérantes (tourbes, écorces, fibres de bois, terre de bruyère ou assimilé, différents substrats de matières en mélange, terreaux, etc.) constituant des **mélanges composés en majorité de matières organiques végétales** mais pouvant intégrer des amendements organiques, des matières minérales ou des matières synthétiques sont éligibles au taux intermédiaire (BOI précité n° 255).

TRANSPORTS DE VOYAGEURS

Le taux intermédiaire s'applique à tous les transports de voyageurs **quel que soit leur mode** (rail, route, mer, eau, air, taxis, remontées mécaniques). 53165 CGI art. 279, b quater TVA-VIII-15550 s

Le taux intermédiaire est également applicable :

– aux **suppléments** de prix réclamés pour les **bagages** accompagnés ou pour des prestations se rattachant étroitement au transport lui-même (supplément pour **couchettes** ou **wagons-lits, locations** de places, droits de **consigne,** etc.) ;

– aux **transports de petits véhicules** (bicyclettes, etc.) qui ne sont que l'**accessoire** d'un transport de voyageurs ;

– aux **commissions** versées aux entreprises de transport de personnes ;

– à la **rémunération des prestataires de services qui gèrent** les réseaux de transport public de voyageurs de l'autorité exploitante. Cette rémunération est constituée des sommes qu'ils reçoivent ou conservent pour couvrir leurs dépenses propres (en particulier, charges du personnel qu'ils fournissent et financement du matériel demeurant leur propriété).

En revanche, c'est le taux normal (et non le taux intermédiaire) qui est applicable :

– aux recettes de **messageries** ;

– aux transports de **marchandises** ;

– aux **portages de bagages** réalisés en dehors du cadre d'un contrat de transport de voyageurs, par une entreprise de manutention distincte de l'entreprise de transport.

› Précisions a. Les **locations, avec chauffeur, de véhicules** conçus pour le transport des personnes bénéficient du taux intermédiaire lorsqu'elles s'analysent en de véritables contrats de transport (compte tenu des termes du contrat, notamment en ce qui concerne l'assurance et la responsabilité du propriétaire du véhicule, et des conditions concrètes d'exploitation : modalités de tarification, maîtrise du déplacement par le propriétaire du véhicule, etc.). Dans le cas contraire, elles relèvent du taux normal (BOI-TVA-LIQ-30-20-60 n°s 20 et 220 ; dans le même sens, CE 20-3-2013 n° 337259 : RJF 6/13 n° 608 ; CE QPC 7-10-2015 n° 389306 : RJF 1/16 n° 21). Pour l'application de ces principes aux opérations de mise à disposition de bateaux fluviaux avec équipage, voir ci-après précision d.

b. Les entreprises de **pompes funèbres** relèvent du taux normal pour l'ensemble de leurs prestations, à l'exception des transports de corps avant et après mise en bière réalisés au moyen de véhicules spécialement aménagés lesquels sont soumis au taux intermédiaire (les transports de corps par porteurs relèvent, en revanche, du taux normal) ; le taux intermédiaire est également applicable aux transports de voyageurs éventuellement réalisés par elles (BOI précité n°s 160 à 190). Cette application de taux différenciés aux opérations des entreprises de pompes funèbres a été jugée compatible avec la réglementation de l'Union (CJUE 6-5-2010 aff. 94/09 : RJF 8-9/10 n° 868).

c. L'activité des services de « **radio-taxis** » (répartition par radio des appels des clients) relève du taux normal.

d. Les **croisières et excursions maritimes ou fluviales,** dans lesquelles les divers services proposés aux passagers (hébergement, restauration, visites de sites, etc.) ne sont que l'accessoire du transport, doivent être considérées comme constituant des prestations uniques de transport soumises dans leur totalité au taux intermédiaire.
Dès lors que les bateaux sont affectés de manière exclusive à ces activités de transport, la taxe grevant les dépenses y afférentes est déductible (BOI précité n°s 90, 100 et 210).

LOCATIONS D'EMPLACEMENTS SUR TERRAINS DE CAMPING CLASSÉS

53175 CGI art. 279, a TVA-VIII-12300 s Les locations d'emplacements sur les terrains de camping-caravaning classés relèvent du taux intermédiaire.

› **Précisions** **a.** Les **locations par des exploitants à des intermédiaires** ne sont pas exclues de ce régime. En revanche, les locations par les propriétaires des terrains aux exploitants des campings ne bénéficient pas du taux intermédiaire (CE 30-12-2009 n° 301077 : RJF 4/10 n° 342).
b. Sont admis à ce régime les terrains de **« camping à la ferme »** subventionnés (BOI-TVA-LIQ-30-20-10-30 n° 90).
c. Il résulte d'un arrêt du Conseil d'État, rendu sous l'empire de la procédure de classement des campings antérieure à la loi 2009-888 du 22-7-2009, que le bénéfice du taux intermédiaire ne peut être refusé à des locations d'emplacements sur des **terrains de camping** qui n'ont **pas** été **autorisés** par arrêté de classement (CE 10-5-2012 n° 328216 : RJF 8-9/12 n° 809).
d. En ce qui concerne la **fourniture de logement** sur les terrains de camping classés, voir n° 90645.
En ce qui concerne les **locations d'aires d'accueil** ou de terrains de passage des **gens du voyage,** voir n° 53185.

LOCATIONS D'AIRES D'ACCUEIL OU DE TERRAINS DE PASSAGE DES GENS DU VOYAGE

53185 CGI art. 279, a-dernier al. TVA-VIII-12900 s Les locations d'aires d'accueil ou de terrains de passage des gens du voyage relèvent du taux intermédiaire.

VENTES À CONSOMMER SUR PLACE DE PRODUITS ALIMENTAIRES

53195 CGI art. 279, m TVA-VIII-13100 s Les ventes à consommer sur place de produits alimentaires ou de boissons bénéficient du taux intermédiaire.

Les ventes à consommer sur place consistent en la fourniture de nourriture préparée ou non et/ou de boissons, destinées à la consommation humaine, accompagnée de services connexes suffisants pour permettre leur consommation immédiate sur place. Sont ainsi visés les **établissements spécialisés dans la restauration** et/ou la consommation de boissons (restaurants traditionnels, restauration rapide, cafétérias, bars, cafés, etc.) ainsi que les exploitants de tous **autres espaces dédiés à la consommation** situés par exemple dans des établissements de spectacles, des enceintes sportives, des stations-service, des centres commerciaux, etc.

Les **boissons alcooliques** (telles que définies n° 52960) sont toutefois exclues du bénéfice du taux intermédiaire. Les alcools incorporés dans les plats préparés ne constituent pas des boissons alcooliques.

En revanche, les autres produits alimentaires qui relèvent du taux normal lorsqu'ils sont vendus à emporter (n°s 52965 s.) bénéficient du taux intermédiaire lorsqu'ils font l'objet d'une vente à consommer sur place.

› **Précisions** **a.** Dans l'hypothèse de ventes à consommer sur place présentées sous forme de menu comprenant des produits relevant de taux différents (exemple : **formule vin compris**), le redevable doit ventiler les recettes correspondant à chaque taux de manière simple et économiquement réaliste, par exemple en proportion du prix de revient (calculé à partir du prix d'achat) des intrants respectifs ou par l'utilisation d'une répartition forfaitaire tirée des caractéristiques de l'établissement (BOI-TVA-LIQ-30-20-10-20 n° 80).
b. Lorsqu'il réalise des ventes à consommer sur place, le **traiteur** peut facturer sa prestation pour un prix global comprenant, outre la fourniture de nourriture préparée ou non, un ensemble de services tels que le service à table (comprenant le service de préparation des mets), la fourniture de matériels nécessaires à la consommation du repas (vaisselles, tables, chaises, équipements mobiles de réchauffage des mets, etc.), la mise en place et la décoration des espaces dédiés à la consommation (tables, buffets, etc.) ainsi que la fourniture d'espaces fixes ou mobiles (salles, tentes, etc.) permettant la consommation sur place. Le taux intermédiaire s'applique sur l'ensemble de la prestation, que celle-ci soit facturée globalement (prix global par personne) ou que les différentes composantes de la prestation soient facturées distinctement (BOI précité n° 100).
En revanche, les prestations de mise à disposition d'hôtesses, de vestiaire, de voiturier et de chauffeur sont soumises au taux normal de la taxe.
c. Les **ventes** de produits alimentaires solides ou liquides **au moyen de distributeurs automatiques** sont considérées soit comme des ventes à consommer sur place (soumises au taux intermédiaire, hormis les boissons alcooliques), soit comme des ventes à emporter (soumises, selon le cas, soit au taux du produit : n°s 52945 s., soit au taux intermédiaire : n°s 53205 s.), que le prix soit payé directement par le consommateur lors de la délivrance du

produit par l'appareil doté d'un système de paiement intégré (à pièces, à jetons, magnétique ou électronique) ou globalement par la société dépositaire lorsque celle-ci prend en charge les dépenses d'approvisionnement de l'appareil automatique mis gratuitement à la disposition de son personnel (BOI-TVA-LIQ-30-10-10 n° 520).

d. Les **cantines d'entreprises** (gestionnaire et prestataire extérieur) et les **prestataires extérieurs** fournissant des repas dans les **établissements d'enseignement** (autres que les établissements d'enseignement du premier et du second degré, dans lesquels la fourniture de repas peut bénéficier du taux réduit : voir n° 53025), ainsi que dans les **établissements de santé ou à vocation sociale** (autres que ceux visés n° 90650, dans lesquels la fourniture de nourriture bénéficie du taux réduit) peuvent bénéficier du taux intermédiaire en application du dispositif de l'article 279, m du CGI dans les conditions exposées ci-dessus. Ils peuvent également bénéficier du taux intermédiaire (hors boissons alcooliques) sur le fondement de l'article 279, a bis du CGI s'agissant des cantines d'entreprises et de la doctrine administrative s'agissant des prestataires extérieurs des établissements d'enseignement, de santé ou à vocation sociale (TVA-VIII-14700 s. et TVA-VIII-15240 s.). L'application du taux intermédiaire dans le cadre de ces derniers dispositifs est toutefois soumise à des conditions plus restrictives, et a, de ce fait, aujourd'hui perdu tout intérêt en France continentale (pour la Corse : voir n° 92380).

VENTES À EMPORTER OU À LIVRER DE PRODUITS ALIMENTAIRES PRÉPARÉS EN VUE D'UNE CONSOMMATION IMMÉDIATE

Les ventes à emporter ou à livrer de produits alimentaires préparés en vue d'une consommation immédiate relèvent du taux intermédiaire (sous réserve des exceptions visées ci-après). Le taux intermédiaire s'applique **indépendamment du lieu de vente** (établissements de restauration rapide, grandes surfaces alimentaires, vendeurs ambulants, marchés, bars, salles de cinémas, boulangeries, stations-service, maisons de la presse, services de restauration à bord des trains, etc.). **53205** CGI art. 279, n **TVA-VIII-14100 s**

Sont concernées par le taux intermédiaire les ventes à emporter ou à livrer, consistant en la fourniture de nourriture préparée et/ou de boissons, destinées à une consommation immédiate, c'est-à-dire dans les instants suivant l'achat. Ces produits ne sont pas destinés à être conservés par le consommateur. Cette situation découle des **caractéristiques du produit** lorsqu'il est nécessaire de le consommer très rapidement pour que son goût ne s'altère pas ou pour que le produit ne se gâte pas. La circonstance que le client n'entend pas consommer immédiatement le produit en question ne fait pas obstacle à sa taxation au taux intermédiaire.

En tout état de cause, ne peuvent pas bénéficier du taux intermédiaire les ventes à emporter ou à livrer, en vue d'une consommation immédiate, de **boissons alcooliques** et autres aliments visés n°s 52970 s. (produits de confiserie, etc.), lesquelles relèvent du taux normal (CGI art. 279, n ; BOI-TVA-LIQ-30-10-10 n° 430).

À titre d'**exemple,** sont visés par le taux intermédiaire : les kebabs, les quiches, les pizzas, les hamburgers, les pop-corns, les hot-dogs, les crêpes salées ou sucrées (à l'exception des crêpes natures vendues non réchauffées), les frites, les sushis, les falafels, les boissons non alcooliques, etc., lorsqu'ils sont destinés à une consommation immédiate. Toutefois, si ces mêmes produits sont vendus surgelés, leur vente n'est pas considérée comme une vente à emporter mais comme une vente de produits alimentaires taxée au taux réduit (n°s 52945 s.), sauf si ces produits sont consommés immédiatement dans les locaux du vendeur (auquel cas ils relèvent du taux intermédiaire) (BOI-TVA-LIQ-30-10-10 n° 430). **53207**

Les produits vendus sous un **emballage permettant leur conservation** ne sont pas considérés comme destinés à la consommation immédiate. Par exception, les **sandwichs** et les **salades** salées ou sucrées **avec assaisonnement ou couverts** sont toujours considérés comme des ventes en vue d'une consommation immédiate, quel que soit leur emballage (BOI précité n° 440).

› Précisions **a.** Restent **en toute hypothèse** soumis au **taux réduit** les **produits suivants** : les viennoiseries, pâtisseries et produits de boulangerie ; les sachets de chips ; les yaourts (même vendus avec une cuillère) ; les fruits (BOI précité n° 480).

b. Les **glaces vendues à l'unité** relèvent du taux intermédiaire (BOI précité n° 480).

c. Les **boissons non alcooliques** sont destinées à une consommation immédiate lorsqu'elles sont servies dans des contenants ne permettant pas leur conservation, tels que gobelets, verres en plastique, tasses en carton, etc. Elles restent soumises au taux réduit lorsqu'elles sont vendues dans des contenants permettant leur conservation, tels que les bouteilles, cannettes, ou briques (BOI précité n° 470).

d. Les ventes de nourriture préparée (pizzas chaudes, sushis, etc.) et/ou de boissons destinées à une consommation immédiate, directement livrées au client (à son domicile, sur son lieu de travail, etc.), et les ventes de **plateaux-repas** sont soumises au taux intermédiaire (BOI précité n° 450).

e. Lorsque des **produits** soumis à des taux différents font l'objet d'une **facturation globale et forfaitaire,** le redevable doit **ventiler** les recettes correspondant à chaque taux, de manière simple et économiquement réaliste. À défaut, le prix doit être soumis dans sa totalité au taux le plus élevé. Dans l'hypothèse de ventes à emporter présentées sous forme de menu comprenant des produits relevant de taux différents, le redevable peut, par **exemple,** ventiler le prix du menu en proportion du prix de revient (calculé à partir du prix d'achat) ou du prix pratiqué hors formule des intrants respectifs, ou encore utiliser une répartition forfaitaire, tirée des caractéristiques de l'établissement et appliquée de manière cohérente, lorsque la gamme des produits est homogène (BOI-TVA-LIQ-30-30 nos 240 et 250).

PRESTATIONS RELATIVES À L'EAU

53215 CGI art. 279, b TVA-VIII-16350 s

Le taux intermédiaire s'applique aux prestations relatives à la fourniture et à l'évacuation de l'eau effectuées dans le cadre de la gestion municipale du service public municipal de l'eau ou de l'assainissement (collectif et non collectif).

En pratique, les prestations doivent répondre à trois critères :
– un critère d'**objet** : les prestations doivent être effectuées pour permettre aux communes d'assurer la **gestion du service public** municipal de l'eau ;
– un critère relatif aux **biens** sur lesquels elles portent : ne sont concernées que les prestations portant sur l'**eau** (eau captée, distribuée, évacuée et traitée dans le cadre de la gestion du service municipal de l'eau) ou les **installations** nécessaires au service public municipal (réseaux de distribution, d'évacuation, etc.) ;
– un critère relatif à la **nature des prestations** fournies : soit prestations portant sur les installations (entretien, nettoyage, etc.) à l'exclusion des travaux immobiliers, soit prestations effectuées sur l'eau (étude, assainissement, etc.).

Quant aux **personnes** susceptibles de bénéficier du taux intermédiaire, ce sont :
– soit l'exploitant du service municipal de l'eau lui-même (commune ou groupement de communes ; concessionnaire ou fermier du service public ; mandataire agissant pour leur compte) ;
– soit les personnes qui fournissent les prestations concernées pour le compte de l'exploitant du service municipal de l'eau ou d'une agence régionale de santé.

On rappelle que les **ventes** d'eau effectuées par le service public municipal de l'eau bénéficient du taux réduit (n° 52935).

PRESTATIONS DE BALAYAGE DES CANIVEAUX ET VOIES PUBLIQUES

53225 CGI art. 279, k et l TVA-VIII-16900 s

Les remboursements et les rémunérations versés par les communes ou leurs groupements aux exploitants assurant les prestations de **balayage des caniveaux et voies publiques** ainsi que les **prestations de déneigement des voies publiques** bénéficient du taux intermédiaire lorsqu'elles se rattachent au **service public de voirie communale.**

Le taux intermédiaire s'applique également aux prestations de **déneigement** des voies publiques réalisées pour le compte des départements ou de leurs groupements, lorsqu'elles se rattachent au **service public de voirie départementale.**

› **Précisions** **a.** Le balayage, qui peut être manuel ou mécanisé, recouvre l'ensemble des **opérations de nettoiement** des déchets et détritus divers situés au sol (exemples : déjections animales, papiers, emballages alimentaires, sacs en plastique vides ou pleins, sables, graviers, graisses, huiles, mégots, feuilles mortes, etc.). Sont, en revanche, exclus du taux intermédiaire l'**évacuation** des balayures vers les lieux de déchargement ou de dépôt, la collecte des ordures ménagères (sauf si les conditions de l'article 279, h du CGI sont réunies : voir n° 53235), l'enlèvement des dépôts sauvages et des objets encombrants, le dégraffitage, le nettoyage et le dégorgement des canalisations, etc. (BOI-TVA-LIQ-30-20-100 n° 450).
b. Les **sous-traitants** qui, tout en intervenant dans le cadre du service public de voirie communale, ne sont pas fournisseurs directs des communes ou de leurs groupements, doivent soumettre leurs opérations au taux propre à la prestation qu'ils effectuent (BOI précité n° 480).
c. Les prestations de balayage des caniveaux et voies publiques qui se rattachent au service public de voirie départementale sont exclues du bénéfice du taux intermédiaire.
d. Lorsqu'elles se rattachent au **service public municipal de l'eau,** les prestations de balayage des caniveaux et voies publiques peuvent bénéficier du taux intermédiaire en application de l'article 279, b du CGI (n° 53215) (BOI-TVA-LIQ-30-20-30 n° 100).
e. Les **opérations préventives de salage,** qu'elles soient effectuées dans le cadre d'une opération de déneigement ou réalisées indépendamment des opérations de déneigement, bénéficient du taux intermédiaire (BOI-TVA-LIQ-30-20-100 n° 530).

COLLECTE, TRI ET TRAITEMENT DES DÉCHETS MÉNAGERS

53235 CGI art. 279, h TVA-VIII-17360 s

Opérations concernées Le taux intermédiaire s'applique aux prestations de collecte, de tri et de traitement des déchets visés aux articles L 2224-13 et L 2224-14 du CGCT (déchets ménagers et assimilés), portant sur des **matériaux ayant fait l'objet d'un contrat** conclu entre une commune ou un établissement public de coopération intercommunale et un organisme ou une entreprise agréé au titre de l'article L 541-2 du Code de l'environnement.

Les déchets ménagers et assimilés susceptibles de faire l'objet d'un tel contrat sont les **emballages** composés des matériaux suivants : verre, plastique, acier, aluminium, papier-carton.

En pratique, il convient de **distinguer** :
– lorsque la collectivité a conclu un **contrat monomatériau,** le taux intermédiaire s'applique aux seules prestations de collecte et de tri sélectifs portant sur les matériaux faisant l'objet du contrat ;
– lorsque la collectivité a conclu un **contrat multimatériaux,** il est admis, pour la population effectivement concernée par la collecte et le tri sélectifs (voir précision e), d'appliquer le taux intermédiaire à l'ensemble des opérations de collecte, de tri et de traitement (incinération, compostage, mise en décharge) des déchets ménagers et assimilés, y compris donc les prestations de collecte et de traitement des déchets ménagers et assimilés ne constituant pas des emballages (prospectus, journaux et magazines, encombrants, déchets organiques, etc.) (BOI-TVA-LIQ-30-20-70 n°s 200 et 210).

› Précisions **a.** Les prestations relatives aux déchets ménagers et assimilés réalisées dans les **déchetteries** bénéficient du taux intermédiaire dans les mêmes conditions que ci-dessus.

b. Bénéficient également du taux intermédiaire les **prestations** suivantes **qui concourent au bon déroulement des opérations** de collecte, de tri et de traitement bénéficiant de ce taux : location et maintenance de bacs roulants ou de conteneurs ; transport et transit des déchets ; conditionnement des déchets ; transport et stockage des résidus du traitement ; entretien des installations ou du matériel nécessitant des fournitures représentant une part minime du coût total des prestations ; réparation et entretien des véhicules acquis ou pris en location pour transporter les déchets ; communication auprès des usagers destinée à faciliter la collecte sélective.

c. La **fourniture de sacs plastiques** destinés à la collecte sélective bénéficie du taux intermédiaire lorsque les sacs sont soit repris, après utilisation, par la collectivité en vue de leur recyclage par le fournisseur, soit produits par le fournisseur à partir de matières plastiques issues du tri sélectif qui lui sont fournies par la collectivité cliente, ou lorsque la fourniture de sacs constitue un élément du prix de la prestation de collecte facturée pour un montant global à la collectivité (Rép. Dubois : Sén. 17-11-2005 n° 19430, non reprise dans Bofip).

d. Les recettes issues du recyclage des matériaux (**valorisation matière**) ou de l'incinération (**valorisation énergétique** : vente de vapeur, par exemple) doivent être soumises au taux normal. En revanche, la **vente de compost** issu de la valorisation biologique ou énergétique peut bénéficier du taux intermédiaire dès lors qu'il s'agit d'engrais (n° 53135).

e. Dans le cadre des **contrats multimatériaux,** deux situations doivent être distinguées :
1. La **totalité de la population** de la collectivité ayant conclu le contrat est **concernée par la collecte et le tri sélectifs** : le taux intermédiaire s'applique alors à l'ensemble des opérations de collecte, de tri et de traitement des déchets ménagers et assimilés ainsi qu'à celles concourant au bon déroulement de ces opérations.
2. **Seule une partie de la population** est **concernée** par la collecte et le tri sélectifs :
– les prestations de collecte, de tri et de traitement réalisées exclusivement au profit de la population concernée sont soumises au taux intermédiaire ;
– celles réalisées exclusivement au profit de la population non concernée sont soumises au taux normal ;
– celles réalisées pour partie au profit de la population concernée bénéficient du taux intermédiaire en proportion de cette population par rapport à la population totale de la collectivité.
La population concernée par la collecte sélective est déterminée en prenant en compte, d'une part, la population réelle effectivement concernée par une collecte sélective en porte-à-porte et, d'autre part, le nombre de points d'apport volontaire constitués d'au moins deux conteneurs différents affectés à la collecte de matériaux d'emballage, pour la partie de la population uniquement concernée par un dispositif d'apport volontaire (chaque point d'apport étant réputé couvrir cinq cents personnes).

f. À compter du **1er janvier 2021,** les prestations de **collecte séparée**, de **collecte en déchetterie**, de **tri** et de **valorisation matière** des **déchets ménagers** et des déchets assimilés ainsi que les prestations qui concourent au bon déroulement de ces opérations seront soumises au taux de 5,5 %. Lorsqu'elles ne relèveront pas du taux de 5,5 %, les prestations de collecte et de traitement des déchets des ménages et assimilés ainsi que les prestations de services qui concourent au bon déroulement de ces opérations seront soumises au taux de 10 % (CGI art. 278-0 bis, M et art. 279, h dans leur rédaction issue de l'article 190 de la loi 2018-1317 du 28-12-2018).

Personnes bénéficiaires Les personnes bénéficiant du taux intermédiaire sont les suivantes : 53240
– **collectivités** locales **titulaires du service** de collecte et de traitement des ordures ménagères lorsqu'elles ont conclu un contrat avec une entreprise ou un établissement agréé (ou lorsqu'elles ont recours pour l'exécution du service à une commune ou à un établissement public de coopération intercommunale ayant conclu un tel contrat), dans la mesure bien entendu où elles ont exercé l'option pour l'assujettissement à la TVA du service en cause (n° 47235) ;
– **collectivités** locales **effectuant les opérations** de collecte, de tri ou de traitement **pour le compte** des collectivités titulaires du service, lorsqu'elles ont elles-mêmes conclu un contrat avec une entreprise ou un établissement agréé ou lorsque la collectivité bénéficiaire des prestations a elle-même conclu un tel contrat ou est membre d'un établissement public

de coopération intercommunale ayant conclu un tel contrat ou dont des membres ont conclu un tel contrat ;
– **entreprises privées** prestataires de collectivités locales qui ont conclu un contrat avec une entreprise ou un établissement agréé ou qui sont membres d'un établissement public de coopération intercommunale ayant conclu un tel contrat ou dont des membres ont conclu un tel contrat.

Le taux intermédiaire s'applique à la **part de la rémunération** (ou de la redevance d'enlèvement des ordures ménagères, s'agissant des collectivités titulaires du service) correspondant aux prestations bénéficiant de ce taux. Lorsqu'il s'agit d'un contrat multimatériaux, ce taux réduit s'applique à l'**intégralité** (ou à la part se rapportant à la population effectivement concernée par la collecte et le tri sélectifs : n° 53235, précision e) de la rémunération ou de la redevance.

› **Précisions** **a.** Le taux intermédiaire s'applique également aux **redevances** spécifiques perçues, le cas échéant, par les collectivités à raison du **dépôt volontaire** dans les déchetteries des déchets ménagers et assimilés.

b. La prestation fournie par le partenaire privé d'une collectivité locale dans le cadre d'un **contrat de partenariat public-privé** relatif à la construction et l'exploitation d'un réseau de collecte pneumatique d'ordures ménagères bénéficie du taux intermédiaire lorsqu'elle peut être considérée dans son ensemble comme une prestation de collecte des déchets ménagers et que toutes les conditions d'application de ce taux sont remplies (Rép. Fourcade : Sén. 11-3-2010 n° 3270, non reprise dans Bofip).

c. Le taux intermédiaire peut s'appliquer à un **syndicat mixte** auquel la commune a transféré en totalité ou partie sa compétence de collecte et de traitement des déchets des ménages, sous réserve que les autres conditions d'éligibilité prévues soient respectées (Rép. Gilard : AN 13-8-2013 n° 12191).

TRAVAUX FORESTIERS AU PROFIT D'EXPLOITANTS AGRICOLES

53250 CGI art. 279, b septies TVA-XII-7220 s

Le taux intermédiaire s'applique aux travaux sylvicoles et d'exploitation forestière réalisés au profit d'exploitants agricoles jusqu'au 31 décembre 2023 (Loi 2019-1479 du 28-12-2019 art. 136). Sont concernés l'**ensemble des travaux forestiers** (qu'il s'agisse ou non de travaux à façon) et notamment les opérations suivantes : déboisement et reboisement, plantations, taille des arbres et des haies, élagage des arbres, abattage et tronçonnage des arbres, débardage des bois, stockage du bois dans le cadre de l'exploitation forestière et location d'aires de stockage du bois, opérations de défrichage, dessouchage, débroussaillage, brûlage, andainage forestier, entretien des sentiers forestiers. Il s'applique aussi à l'épandage de produits phytosanitaires (Rép. Dutreil : AN 15-1-2001 n° 51351, non reprise dans Bofip). Le bénéfice du taux intermédiaire est, en principe, réservé aux travaux forestiers **réalisés au profit d'exploitants agricoles,** c'est-à-dire au profit de personnes relevant du régime de la TVA agricole, **pour les besoins de leur activité agricole.** Cette définition englobe l'ensemble des exploitants agricoles quels que soient l'activité exercée (sylviculture, arboriculture, agriculture générale, élevage, etc.), leur statut juridique (personne physique ou morale : société, établissement public, commune forestière, etc.), le mode juridique d'exploitation (propriétaire, fermier, métayer) et le régime de TVA agricole (remboursement forfaitaire ou régime simplifié agricole). Les travaux de **prévention des incendies de forêt** menés **par** des associations syndicales autorisées (**ASA**) ayant pour objet la réalisation de ces travaux bénéficient toutefois du taux intermédiaire même si le client n'a pas la qualité d'exploitant agricole.

› **Précisions** **a.** Ne constituent pas des travaux forestiers, et relèvent donc du taux qui leur est propre, les **travaux** réalisés **sur les arbres après** les opérations de **débardage ou** de **stockage,** et en particulier les prestations fournies aux industriels ou transformateurs qui utilisent les produits des exploitations forestières pour la réalisation de leurs opérations (exemple : travaux de sciage).

b. Les travaux forestiers réalisés au profit d'entreprises ayant des activités agricoles et des activités non agricoles, dont les recettes provenant de ces dernières activités excèdent les limites fixées par l'article 298 bis, III bis du CGI (n° 59960, a) et qui n'ont pas été autorisées à confondre toutes leurs activités en un seul secteur relevant du régime général de la TVA, peuvent bénéficier du taux intermédiaire lorsqu'ils sont réalisés pour les besoins de leur activité agricole (BOI-TVA-SECT-80-30-10 n° 150).

c. Hormis le cas des travaux de prévention des incendies de forêt menés par des ASA mentionnés ci-dessus, les **travaux** forestiers qui ne sont **pas réalisés pour les besoins d'une activité agricole** demeurent soumis, en principe, au taux normal. Tel est le cas : des travaux réalisés au profit de l'État ou des collectivités locales à raison des arbres plantés en bordure des voies, sur les places et dans les parcs et jardins ; des travaux réalisés au profit d'exploitants agricoles ou de particuliers à raison des arbres situés dans les parcs et jardins d'agrément.

d. Demeurent également soumises au taux normal les prestations comprenant l'exécution de **travaux immobiliers,** tels que la construction d'aires de stockage du bois (BOI précité n° 180).

SERVICES D'AIDE À LA PERSONNE

Le taux intermédiaire s'applique aux prestations de services d'aide à la personne (autres que celles visées nº 53015, qui bénéficient du taux réduit) fournies par les associations, entreprises ou **organismes déclarés** en application de l'article L 7232-1-1 du Code du travail et qui exercent leur **activité** de services à la personne **à titre exclusif ou** qui bénéficient d'une **dérogation** à la condition d'activité exclusive selon l'article L 7232-1-2 du même Code. Bénéficient d'une telle dérogation, notamment, les communes et centres d'action sociale, les établissements et services médico-sociaux (tels les établissements et services d'aide par le travail), les régies de quartiers, les résidences-services et les prestataires des copropriétés avec services. 53260 CGI art. 279, i TVA-VIII-18000 s

Les activités de services à la personne doivent être **effectuées au domicile** des personnes physiques situé en France (ou dans l'environnement immédiat de celui-ci si elles contribuent au maintien au domicile des personnes en constituant une alternative à l'hospitalisation).

Les activités bénéficiant du taux intermédiaire sont **limitativement énumérées** à l'article 86, II de l'annexe III au CGI. À titre d'exemple, on peut citer notamment l'entretien de la maison et les travaux ménagers, les prestations « hommes toutes mains », la garde d'enfant à domicile, le soutien scolaire à domicile, la préparation de repas à domicile, la livraison de repas à domicile lorsqu'elle est comprise dans une offre de service incluant un ensemble d'activités effectuées à domicile, l'assistance administrative à domicile.

> **Précisions** **a.** Les **associations** exerçant une activité d'aide à la personne agréées ou autorisées, qu'elles soient ou non déclarées en application de l'article L 7232-1-1 du Code du travail, sont en principe exonérées pour les services fournis aux personnes en situation de fragilité ou de dépendance (voir nº 89555, a).
> **b.** Recours à la **sous-traitance,** voir 53015, précision d.

TRAVAUX PORTANT SUR DES LOCAUX D'HABITATION

La TVA est perçue au taux intermédiaire sur les travaux d'amélioration, de transformation, d'aménagement et d'entretien, autres que les travaux d'amélioration de la qualité énergétique (lesquels bénéficient du taux réduit : voir nº 53048), portant sur des locaux à usage d'habitation achevés depuis plus de deux ans. 53270 CGI art. 279-0 bis TVA-VIII-19200 s

Locaux concernés Pour bénéficier du taux intermédiaire, les travaux doivent porter sur des locaux **à usage d'habitation** (maisons individuelles, logements situés dans des immeubles collectifs, établissements affectés à titre principal ou accessoire à l'hébergement de personnes physiques, logements de fonction) qui sont achevés depuis plus de deux ans à la date du début d'exécution des travaux. 53275

1. Locaux affectés totalement à l'habitation. Dès lors que l'ensemble des pièces de la maison individuelle ou du logement situé dans l'immeuble collectif est à usage d'habitation, le taux intermédiaire s'applique à la totalité des travaux portant sur ces locaux, qu'ils soient effectivement **occupés ou** bien **vacants** et qu'il s'agisse d'**habitations principales ou secondaires.**

Le taux intermédiaire s'applique également aux travaux portant :

– sur certains **locaux d'habitation atypiques** : habitations légères et structures préfabriquées (mobile homes, etc.) incorporées au sol et non aisément démontables et déplaçables ; péniches amarrées en un point fixe ;

– sur les **dépendances usuelles** des locaux à usage d'habitation : caves, greniers, loggias, terrasses, cours d'immeubles, garages même non attenants lorsque les travaux ne sont pas à la charge d'une personne les exploitant à titre professionnel. Demeurent, en revanche, au taux normal les travaux portant sur les bâtiments à usage agricole (écuries, granges, serres et autres communs) ou sur les dépendances particulières des bâtiments hors normes tels que les châteaux (chapelle, pigeonnier).

2. Locaux affectés partiellement à l'habitation. Le taux intermédiaire s'applique à l'ensemble des travaux portant sur des locaux **principalement** (au moins à 50 % de la superficie totale hors dépendances) **affectés à** l'**habitation.**

Pour les locaux **affectés pour plus de 50 % à un usage autre** que l'habitation, le taux intermédiaire s'applique, en tout état de cause, aux travaux réalisés dans les pièces affectées exclusivement à l'habitation.

3. Locaux affectés exclusivement à un usage autre que l'habitation. Les travaux portant sur des locaux exclusivement affectés à une activité professionnelle, commerciale, industrielle, agricole ou administrative sont soumis au taux normal. En ce qui concerne les **établissements d'hébergement,** sont considérés comme exploités à titre commercial les établissements (hôtels notamment) dont la location ou l'exploitation n'est pas exonérée de TVA en application notamment des articles 261 D, 4º (locations meublées) ou 261, 7-1º (organismes sans but lucratif) du CGI ; le taux normal s'applique aux travaux portant sur ces établissements même si l'exploitant bénéficie de la franchise en base de TVA.

› Précisions **a.** Il est admis que le taux intermédiaire s'applique aux travaux portant sur les **établissements à caractère social ou médico-social,** indépendamment du caractère taxable ou non de leur activité, lorsque la **durée moyenne de séjour** des personnes permet de considérer que l'activité d'hébergement constitue l'objet prépondérant de ces établissements (à titre de règle pratique, sont considérés comme entrant dans cette catégorie les établissements dont la durée moyenne de séjour est supérieure à un mois). Sont notamment concernés : les résidences universitaires ou étudiantes, les logements-foyers de jeunes travailleurs, les maisons de retraite et assimilées, les établissements psychiatriques, les foyers d'hébergement d'enfants, adolescents ou adultes, handicapés ou confrontés à des problèmes sociaux, y compris les orphelinats (à l'exclusion des crèches). Ces établissements sont éligibles au taux intermédiaire même lorsqu'ils comportent une unité de soins ou lorsqu'ils sont rattachés à un hôpital (dans cette hypothèse, le taux intermédiaire ne s'applique pas aux travaux afférents aux parties communes à ces structures et à d'autres structures). En revanche, les travaux portant sur des établissements de soins (cliniques, hôpitaux) autres que ceux visés ci-dessus sont exclus du taux intermédiaire, à l'exception de ceux portant sur les « maisons des parents ».

b. Peuvent également bénéficier du taux intermédiaire les travaux afférents aux locaux affectés à l'hébergement (chambres, dortoirs, sanitaires, etc.) des **établissements dont l'activité d'hébergement n'est que l'accessoire** d'une autre activité : établissements scolaires avec internats ; établissements d'éducation spéciale pour l'enfance et la jeunesse handicapée ; couvents et monastères ; casernes militaires, de gendarmerie ou de pompiers, établissements pénitentiaires ou relevant de la protection judiciaire de la jeunesse (à l'exclusion des centres d'action éducative réservés à l'accueil de jour). Les travaux réalisés dans les locaux de ces établissements affectés à titre principal à l'usage des personnes hébergées (cuisines, cantines, réfectoires, etc., à l'exclusion des équipements sportifs) bénéficient également du taux intermédiaire.

c. Les **travaux** réalisés dans les **parties communes des immeubles collectifs** qui comprennent au moins 50 % de locaux à usage d'habitation relèvent en totalité du taux intermédiaire (la proportion de 50 % est appréciée par rapport aux tantièmes généraux ou spéciaux de copropriété ou, si l'immeuble appartient à une seule personne, par rapport à l'état de répartition des charges récupérables). Pour les immeubles collectifs comprenant moins de 50 % de locaux à usage d'habitation, le taux intermédiaire s'applique à proportion des locaux affectés à l'habitation ; la répartition entre les logements et les autres locaux est effectuée une fois par an au moment de l'assemblée générale des copropriétaires, à partir des éléments communiqués par ces derniers. Les règles ci-dessus s'appliquent aux travaux portant sur les équipements communs des lotissements (voiries, réseaux).

d. Le taux normal s'applique aux travaux portant sur des **locaux** à usage d'habitation **achevés depuis moins de deux ans.** Peuvent toutefois bénéficier du taux intermédiaire les **travaux d'urgence** réalisés dans ces locaux, c'est-à-dire les travaux nécessaires pour maintenir ou rendre au logement une habitabilité normale (travaux de plomberie en cas de fuite, travaux de serrurerie en cas d'effraction, de perte de clés, réfection d'une toiture ou d'une façade suite à sinistre naturel, assèchement de locaux suite à dégâts des eaux, etc.). Peuvent également bénéficier du taux intermédiaire les travaux de **transformation en logement** d'un local affecté préalablement à un autre usage, dès lors que l'immeuble est achevé depuis plus de deux ans et que la transformation ne concourt pas à la production d'un immeuble neuf.

e. Lorsqu'ils ne remplissent pas les conditions d'application du taux intermédiaire prévu par l'article 279-0 bis du CGI, les travaux portant sur certains locaux et **logements sociaux** sont néanmoins susceptibles de bénéficier de ce taux (ou du taux réduit de 5,5 %) dans le cadre d'un dispositif de livraison à soi-même (n°s 59120 s.).

53280 **Travaux concernés** Le taux intermédiaire s'applique aux travaux d'**amélioration,** de **transformation,** d'**aménagement** et d'**entretien** autres que les travaux d'amélioration de la qualité énergétique (lesquels bénéficient du taux réduit : voir n° 53048). Sont concernées non seulement les prestations de **main-d'œuvre** directement liées à l'exécution de ces travaux ainsi que les **matières premières et fournitures** (pièces de faible valeur) nécessaires à la réalisation des travaux lorsqu'elles sont fournies et facturées par le prestataire, mais également la **fourniture de certains équipements** (voir précision b).

Bénéficient également du taux intermédiaire les **prestations d'études** réalisées par un prestataire qui assure également la maîtrise d'œuvre ou la réalisation des travaux éligibles.

En revanche, c'est le taux normal qui s'applique aux travaux suivants :

– travaux, réalisés sur une période de deux ans au plus, qui concourent à la production d'un **immeuble neuf** au sens de l'article 257, I-2-2° du CGI (voir n° 58800) ;

– travaux, réalisés sur une période de deux ans au plus, à l'issue desquels la **surface de plancher** des locaux existants est **augmentée de plus de 10 %.** Il est toutefois admis que soient soumis au taux intermédiaire les travaux conduisant à une augmentation de la surface de plancher ou de la surface au sol n'excédant pas 9 m² (cas notamment des travaux d'installation d'une chaudière ou d'un ascenseur rendant nécessaire la création d'une addition de construction) ;

– travaux de **nettoyage,** sauf lorsqu'ils sont préalables ou consécutifs à des travaux éligibles au taux intermédiaire et que l'ensemble de l'opération est facturé par un même prestataire (voir également la précision f ci-après) ;

– travaux d'aménagement et d'entretien des **espaces verts** (voir toutefois la précision c ci-après) ;

53280 (suite)

– **travaux de démolition** qui ne s'inscrivent pas dans le cadre de travaux éligibles au taux intermédiaire (travaux de démolition totale suivie ou non de travaux de reconstruction).

› Précisions **a.** Seuls les travaux **facturés directement au client** peuvent être soumis au taux intermédiaire. Ce taux s'applique quelle que soit la qualité du preneur (propriétaire, locataire, syndicat de copropriétaires, marchand de biens, compagnie d'assurance, agence immobilière, etc.). Le taux intermédiaire est applicable dans les mêmes conditions aux travaux réalisés par l'intermédiaire d'une société d'économie mixte intervenant comme **tiers financeur.**

En cas de **sous-traitance,** les travaux facturés par le sous-traitant à l'entrepreneur principal relèvent du taux normal. En cas de paiement effectué directement par le maître d'ouvrage (client) au sous-traitant, les sommes ainsi versées incluent une TVA au taux normal, mais elles ne peuvent excéder le montant du marché principal passé entre le client et l'entrepreneur principal ; ce dernier doit adresser au client une facture définitive soumise au taux intermédiaire.

b. Les **équipements** suivants bénéficient du taux intermédiaire lorsqu'ils sont **fournis et facturés par le prestataire** dans le cadre de sa prestation de travaux : équipements sanitaires (baignoires y compris à remous, bacs à douche, lavabos, etc.) ; équipements de sécurité (alarmes, digicodes, caméras de surveillance, etc.) ; équipements électriques et d'éclairage (tableaux électriques, prises, spots intégrés, etc.) ; équipements divers (escaliers, antennes de télévision, cheminées, etc.).

En revanche, tous ces biens restent soumis au taux normal lorsqu'ils sont **achetés directement** par le client.

Sont également exclus du taux intermédiaire, même s'ils sont fournis et facturés par le prestataire :

– les **gros équipements** suivants fournis dans le cadre de travaux d'installation ou de remplacement du système de chauffage, des ascenseurs, de l'installation sanitaire ou du système de climatisation : équipements collectifs de chauffage situés dans un immeuble comportant plusieurs locaux (chaudière utilisée comme mode de chauffage ou de production d'eau chaude, cuve à fioul, citerne à gaz et pompe à chaleur) ; ascenseurs (les ascenseurs conçus pour les handicapés bénéficient toutefois du taux réduit : n° 53005) ; cabines hammam ou sauna prêtes à poser ; tous systèmes de climatisation ainsi que les pompes à chaleur de type air/air ;

– les **équipements ménagers ou mobiliers.** Le taux intermédiaire s'applique toutefois aux équipements de cuisine, de salle de bains et de rangement qui s'encastrent ou s'incorporent au bâti et qui ne restent pas à l'état d'éléments dont le désassemblage serait possible sans détériorer le bâti ou le meuble.

c. S'agissant des **travaux effectués en extérieur ou dans les espaces verts,** peuvent bénéficier du taux intermédiaire les travaux afférents au tracé, au revêtement et à l'aménagement des voies d'accès principales à la maison d'habitation, de même que les travaux de clôture (construction et réparation) d'un terrain entourant une maison d'habitation. Relèvent en revanche du taux normal les travaux portant sur les équipements sportifs et de détente (piscine, spa, court de tennis, etc.) et sur les constructions de jardin (serre, abri, etc.).

Les **travaux d'abattage, de tronçonnage, d'élagage et d'enlèvement des arbres** qui constituent le **préalable nécessaire à des travaux d'entretien** (même lorsque ces derniers sont réalisés par un prestataire distinct ou par le client lui-même) portant sur des locaux d'habitation achevés depuis plus de deux ans (locaux d'habitation proprement dits, dépendances usuelles, voies d'accès principales à l'habitation, murs de clôture et portails) ou qui constituent des travaux d'urgence bénéficient du taux intermédiaire (BOI-TVA-LIQ-30-20-90-30 n° 40).

d. Les travaux de rénovation ou d'entretien portant sur les **balcons, loggias, terrasses, vérandas,** cours d'immeubles et emplacements de parking non couverts, achevés depuis plus de deux ans, bénéficient du taux intermédiaire. Il en va de même des travaux de fermeture d'un balcon ou d'une loggia s'ils ne conduisent pas à une augmentation de plus de 10 % de la surface de plancher des locaux d'habitation existants. En revanche, les travaux de construction et/ou d'extension de balcon, loggia, terrasse ou véranda ne bénéficient pas du taux intermédiaire, sauf lorsque la surface créée n'excède pas 9 m^2.

e. La part privative des travaux de **raccordement aux réseaux publics** (électricité, gaz, assainissement, adduction d'eau, etc.) bénéficie du taux intermédiaire. Il en va de même des **travaux d'assainissement non collectif** (installation, mise aux normes et entretien des systèmes d'assainissement individuel), des travaux d'installation de captage d'eau (même si l'immeuble d'habitation desservi est par ailleurs raccordé au réseau d'eau public), des travaux d'évacuation et récupération des eaux pluviales et des travaux de terrassement, de drainage et de creusement des tranchées.

f. Les travaux d'**entretien,** de **désinfection et** de **dépannage** (y compris les contrats de maintenance ou d'entretien) bénéficient du taux intermédiaire, dans la mesure où ils portent sur des locaux ou des équipements (même pris en location) éligibles à ce taux. Bénéficient également du taux intermédiaire les travaux de **« nettoyage »** nécessitant le **recours à des équipements et à des techniques** qui dépassent le stade de la simple opération de nettoyage courant et ont pour objet de contribuer au maintien et au bon fonctionnement d'un équipement (nettoyage des cuves à fioul, etc.).

Pour les contrats d'entretien d'installations de **chauffage collectif** comportant une **clause de « garantie totale »,** il est admis que la part de la redevance correspondant à l'éventuel remplacement d'appareils de chauffage relevant du taux normal soit fixée forfaitairement à 20 % du montant total hors taxe du contrat.

53285 **Modalités d'application du taux intermédiaire** Pour bénéficier du taux intermédiaire, le **client** doit, en principe, **remettre au prestataire,** avant le commencement des travaux ou au plus tard au moment de la facturation ou de l'achèvement des travaux, une **attestation** remplie, datée et signée par lui. Cette attestation doit mentionner que l'immeuble est achevé depuis plus de deux ans, qu'il est affecté à un usage d'habitation et que les travaux ne concourent pas à la production d'un immeuble neuf ou n'aboutissent pas à la création de surfaces significatives au sens du nº 53280, 1er et 2e tirets (les preneurs des travaux doivent utiliser les modèles d'attestation fixés par l'administration, lesquels ont un caractère impératif : modèle nº 1300-SD pour les travaux affectant les composantes du gros œuvre et/ou les éléments de second œuvre ; modèle simplifié nº 1301-SD pour les autres travaux ; voir également la mesure de simplification ci-dessous). Le client doit **conserver copie** de cette **attestation,** ainsi que les **factures** ou notes émises par le prestataire, jusqu'au 31 décembre de la cinquième année suivant la réalisation des travaux.

Le **prestataire,** quant à lui, doit **conserver** cette **attestation** à l'appui de sa comptabilité. Il doit également faire apparaître distinctement dans sa **comptabilité** et sur les **factures** la part des travaux relevant du taux intermédiaire et, le cas échéant, celle relevant du taux normal.

À défaut d'attestation ou lorsque les informations que l'attestation (ou la facture : voir mesure de simplification ci-dessous) doit comporter sont manquantes, incomplètes ou inexactes, le taux normal s'applique à l'ensemble des travaux réalisés. Il en est de même lorsque l'attestation n'a pas été conservée par le prestataire. Le preneur est solidairement tenu au paiement du complément de taxe si les mentions portées sur l'attestation s'avèrent inexactes de son fait.

À titre de **simplification,** pour les **travaux de réparation et d'entretien** dont le **montant** est **inférieur à 300 € TTC,** l'attestation simplifiée peut être remplacée par les mentions suivantes sur la facture : nom et adresse du client et de l'immeuble objet des travaux, nature des travaux et mention selon laquelle l'immeuble est achevé depuis plus de deux ans (BOI-TVA-LIQ-30-20-90-40 nº 90).

› **Précisions** **a.** Pour les **travaux sur parties communes,** lorsque des informations erronées sur l'affectation des différents lots de l'immeuble ont été communiquées au prestataire, le syndic (ou l'administrateur de biens) peut être recherché en paiement du complément de taxe si c'est lui-même qui a déterminé sous sa propre responsabilité la proportion de l'immeuble affectée à usage d'habitation ou s'il n'a pas fidèlement reporté les informations communiquées par les copropriétaires.

b. Lorsqu'une entreprise effectue des **interventions multiples** de maintenance, d'entretien ou de réparation, **pour** le compte d'**un même opérateur gérant un parc important** de logements (qu'il soit bailleur ou gestionnaire), ce dernier peut remettre à l'entreprise une attestation qui vaut pour l'année. À cette attestation doit alors être annexé un document comportant notamment la liste des immeubles concernés (BOI précité nº 100).

c. Lorsque les **travaux d'urgence** (nº 53275, précision d) sont réalisés en l'absence de l'occupant du local et que la facturation ne peut être différée, il est admis que le taux intermédiaire s'applique à condition que le prestataire mentionne sur sa facture que sa prestation a été effectuée dans une urgence telle que la délivrance de l'attestation avant les travaux ou leur facturation était impossible et que, au vu des éléments dont il dispose, son intervention a eu lieu dans un local d'habitation.

d. Il est admis que le taux intermédiaire s'applique dès le premier **acompte** même si l'attestation n'est remise par le client qu'au moment de la facturation finale ou de l'achèvement des travaux (BOI précité nº 70).

e. En cas de facturation de travaux à tort au taux normal, le prestataire peut envoyer au client une **facture rectificative** faisant apparaître le taux intermédiaire, à condition que l'attestation lui soit délivrée au plus tard à la date de la nouvelle facture (en ce sens, Cass. com. 3-4-2012 nº 11-14.631 F-D : RJF 7/12 nº 699). La doctrine administrative est dans le même sens (BOI précité nº 230).

SECTION 4 OBLIGATIONS DES ASSUJETTIS ET PAIEMENT DE LA TVA

53320 RIE-IV-200 s Les personnes assujetties à la TVA sont tenues de respecter un certain nombre d'obligations et formalités que nous examinons ci-après.

Ces obligations et formalités présentent :
- les unes, un **caractère général** car elles intéressent l'ensemble des assujettis ;
- les autres, un **caractère particulier** dans la mesure où elles concernent seulement certaines catégories d'assujettis ou d'opérations.

Le **tableau récapitulatif** figurant ci-après présente la liste de ces obligations ou formalités avec, pour chacune, la référence aux commentaires correspondants du Mémento. 53320 (suite)

Obligations des assujettis à la TVA	Commentaires (nos)
I. Obligations de caractère général	
Déclarations administratives de création d'entreprise ou d'activité ou de cessation ; identifiant communautaire	53385 s.
Obligations d'ordre comptable (tenue de la comptabilité ; ventilation des recettes par taux d'imposition ; utilisation de logiciels certifiés)	53440 s.
Obligations relatives à l'établissement des factures	53500 s.
Déclarations des opérations réalisées et paiement de l'impôt	53700 s.
II. Obligations ou formalités particulières (personnes ou opérations concernées)	
Redevables relevant du régime simplifié	86870 s.
Redevables relevant du régime simplifié agricole	59870 s.
Bénéficiaires de la franchise en base	86545
Redevables de la TVA sur les opérations immobilières	58900, 59070
Redevables utilisant des logiciels ou systèmes de caisse	53485
Exploitants de salles de spectacles	61805
Entreprises étrangères établies dans un pays tiers n'ayant pas conclu de convention d'assistance au recouvrement des créances fiscales avec la France	50645 s.
Organismes sans but lucratif	89625, b
Forains	78415
Façonniers	52385 s.
Personnes versant des droits d'auteur	61705 s.
Exploitants d'entrepôts ou de plateformes logistiques	78040 s.
Opérations sur biens placés ou destinés à être placés sous entrepôt fiscal ou régime douanier	50775 s.
Échanges de biens dans l'Union européenne (déclaration et registre)	49420 s., 49285, précisions 49390, précision a
Prestations de services à destination d'assujettis communautaires (déclaration)	49890
Prestations de télécommunication, de radiodiffusion et de télévision, et services électroniques (régimes de « guichet unique »)	50065
Exportations	49705
Livraisons en franchise aux exportateurs et au titre des livraisons UE	50575
Acquisitions intracommunautaires	49175
Importations	49610
Travaux et expertises sur biens meubles corporels en provenance d'un autre État membre de l'Union européenne (registre)	49870, précision b
Acquisitions de moyens de transport en provenance d'un autre État membre de l'Union européenne (certificat fiscal et relevé des acquisitions)	49355
Déclaration d'option pour la TVA	46600
Déclaration d'option pour le paiement de la TVA d'après les débits	52665
Déclaration d'option pour le paiement de la TVA sur les livraisons (travaux immobiliers)	52680 s.
Déclaration d'option pour la centralisation du paiement de la TVA	53752
Mise à la consommation de produits pétroliers	61370
Récupération de la taxe sur opérations résiliées, annulées ou impayées	53780 s.
Remboursements de crédits de taxe	56620 s.
Création de secteurs distincts d'activités	56070
Transfert du droit à déduction (produits pétroliers)	61375, précision c
Travaux portant sur des locaux d'habitation bénéficiant du taux réduit ou du taux intermédiaire	53048, 53285
Opérations portant sur l'or d'investissement	61900

A. Déclarations administratives et numéro d'identification

DÉCLARATIONS ADMINISTRATIVES

53385 CGI art. 286, I-1° et 2° RIE-V-1050 s
Toute personne (physique ou morale) assujettie à la TVA doit, dans certains cas fixés par la loi, souscrire des déclarations concernant son activité.

53390
Ces déclarations doivent être produites dans trois circonstances.

1. Dans les quinze jours du **commencement** de ses opérations, l'assujetti doit normalement souscrire une **déclaration de création** d'entreprise ou d'activité. Il doit fournir en outre, sur un imprimé remis par l'administration, tous **renseignements** relatifs à son **activité professionnelle.**

2. Ces déclarations doivent être renouvelées en cas de **modification substantielle des conditions d'exercice** de l'activité (ouverture d'un établissement secondaire, d'une agence ou d'une succursale ; une déclaration identique doit être faite également au service dans le ressort duquel se trouve cet établissement, agence ou succursale) ou de modification de la forme juridique de l'entreprise (CGI ann. IV art. 35).

3. En cas de **cessation de l'exercice de leur activité,** les redevables de la TVA doivent, dans les trente jours de cette cessation, en faire la déclaration (CGI ann. IV art. 36).

> Précisions **a.** En pratique, l'accomplissement des formalités administratives auprès du centre de formalités des entreprises **(CFE)** (n° 88200 s.) vaut tant à l'égard des obligations TVA que des obligations prévues pour les redevables des BIC (n° 11090), des BNC (n° 13675) ou pour les personnes morales passibles de l'IS (n° 36405, a). Notons toutefois que les délais prévus en matière de TVA sont inférieurs, pour la déclaration de création d'entreprise ou d'activité, à celui prévu pour l'IS et, pour la déclaration de cession ou cessation, à celui prévu pour les BIC et BNC.
b. Les assujettis bénéficiant du régime dérogatoire (**PBRD**) au régime général de taxation des acquisitions intracommunautaires (n° 49225) sont également concernés par cette déclaration de création d'entreprise ou d'activité. Même obligation, le cas échéant, pour les **entreprises étrangères** non établies en France qui y réalisent des opérations (n°s 50630 s.).
c. Cas particulier des **auteurs** soumis à la retenue de TVA : voir n°s 61705 s.
d. Le **défaut de production,** ou la production tardive des déclarations, est sanctionné par une amende fiscale (n° 80190).
e. **Renonciation** à la **franchise** en base en début d'activité : voir n° 85565, b.

53400 CGI ann. IV art. 32 et 33 RIE-V-1250
Service compétent pour recevoir les déclarations En principe, les articles 32 et 33 de l'annexe IV au CGI prévoient que les déclarations administratives de création et de cessation visées au n° 53390 doivent (comme les déclarations de TVA : n° 53720) être souscrites par les redevables de la TVA auprès du service des impôts auquel doit parvenir leur déclaration de bénéfice ou de revenu ou, pour les bailleurs d'immeubles, auprès du service des impôts du lieu de situation de l'immeuble.

En pratique, cependant, comme indiqué n° 53390, précision a, ces formalités doivent obligatoirement être accomplies auprès du **centre de formalités des entreprises** compétent (n°s 88200 s.), par l'établissement d'un document commun.

NUMÉRO INDIVIDUEL D'IDENTIFICATION

53420 CGI art. 286 ter RIE-IV-15500 s
Un numéro individuel d'identification est attribué :

– aux assujettis redevables de la taxe ou réalisant des opérations au titre desquelles ils bénéficient d'un droit à déduction sans être redevables (DOM mis à part : n° 91575, précision a) ;

– aux assujettis et personnes morales non assujetties qui effectuent des acquisitions intracommunautaires soumises à la TVA ainsi qu'aux personnes (PBRD) visées au n° 49225 lorsqu'elles sont imposables, de plein droit ou sur option, au titre de leurs acquisitions intracommunautaires ;

– aux assujettis qui effectuent en France des acquisitions intracommunautaires de biens pour les besoins de leurs opérations effectuées à l'étranger ;

– aux assujettis établis en France qui sont preneurs d'une prestation de services au titre de laquelle ils doivent autoliquider la TVA en application de l'article 283, 2 du CGI (n° 49885, précision c) ;

– aux prestataires établis en France qui fournissent une prestation de services au titre de laquelle seul le preneur est redevable de la taxe dans un autre État membre de l'UE en application de l'article 196 de la directive TVA (n° 49890, précision d).

Cet « identifiant » à treize caractères (dont le préfixe « FR » pour France) vise à garantir la sûreté des **échanges** entre assujettis au sein de l'**Union européenne.** Il peut être **vérifié,** par le biais de la base administrative électronique européenne VIES, en particulier par les partenaires communautaires de son attributaire (de son côté, celui-ci peut vérifier les identifiants, à structure variable selon les États membres, desdits partenaires).

En pratique, le numéro d'identification doit figurer sur les **factures** (voir n° 53625) ainsi que sur la déclaration des échanges de biens (visée au n° 49420) et la déclaration européenne des services (visée au n° 49890). Il en est également fait mention sur les déclarations de TVA (il est normalement prérempli).

Dans le cadre des échanges intracommunautaires de biens, la communication au fournisseur par l'acquéreur de son numéro d'identification constitue, depuis le 1er janvier 2020, une **condition** de l'**exonération des livraisons intracommunautaires** de biens (n° 49270).

> Précisions **a.** En ce qui concerne :
– le numéro d'identification spécifique aux « **mandataires et représentants fiscaux ponctuels** » : voir n°s 50640, e et 50650 ;
– le numéro spécifique du titulaire du **régime douanier** ou de l'**entrepôt fiscal** pour les acquisitions intracommunautaires réalisées sous un tel régime par les entreprises étrangères : voir n° 50755, d.
b. L'administration peut, avant ou après la délivrance du numéro individuel d'identification, **demander** aux opérateurs des **informations complémentaires** pour statuer sur l'attribution ou le maintien de leur numéro d'identification ; elle peut également demander aux opérateurs de justifier de la réalisation ou de l'intention de réaliser des activités économiques (LPF art. L 10 BA). À noter que, pour la CJUE, l'administration ne peut, en principe, refuser d'attribuer un numéro TVA sauf suspicion de fraude (CJUE 14-3-2013 aff. 527/11 : RJF 7/13 n° 795).

B. Obligations d'ordre comptable

Les personnes assujetties à la TVA doivent : 53440 CGI art. 286, I-3° RIE-IV-300 s
– **tenir une comptabilité** leur permettant de justifier du détail des opérations qu'elles réalisent **ou,** à défaut, un **livre spécial** (n°s 53450 s.) ;
– lorsque leurs **recettes** sont passibles de taux différents, les **ventiler par taux d'imposition** (n°s 53470 s.).

Par ailleurs, les assujettis qui enregistrent leurs opérations au moyen d'un **logiciel ou** d'un **système de caisse** ont en principe l'obligation d'utiliser un logiciel ou un système **sécurisé et certifié** (n° 53485).

TENUE D'UNE COMPTABILITÉ

Les personnes assujetties à la TVA (y compris les personnes, dites « PBRD », visées au n° 49225 53450 RIE-IV-360 s
lorsqu'elles sont imposables, de plein droit ou sur option, au titre de leurs acquisitions intracommunautaires) doivent tenir une comptabilité leur permettant de **justifier les opérations,** imposables ou non, qu'elles effectuent. Ces justifications concernent la nature des opérations réalisées et le montant des recettes encaissées. D'une manière générale, la comptabilité doit permettre à l'assujetti de fournir l'ensemble des renseignements demandés et dont la mention figure sur les formulaires de déclaration des opérations.

À défaut d'une telle comptabilité, les assujettis doivent tenir un **livre spécial** aux pages numérotées sur lequel ils inscrivent jour par jour, sans blanc ni rature, le montant de chacune des opérations, en distinguant, au besoin, leurs opérations taxables de celles qui ne le sont pas. Le livre spécial n'a pas à être coté ou paraphé. Les **opérations au comptant** peuvent cependant être inscrites globalement à la fin de chaque journée lorsque leur valeur n'excède pas 76 € taxes comprises, limite qui s'apprécie par opération de vente et non article par article.

Cette mesure de simplification s'applique à l'ensemble des contribuables (BIC, BNC, BA) pour la détermination de leurs bénéfices imposables. La faculté ainsi offerte ne dispense pas ceux qui l'utilisent de produire à l'appui de leur livre spécial tous documents propres à justifier du montant de ces opérations (bandes de caisse enregistreuse, fiches de caisse, livres brouillards, etc.). Sur les conséquences de l'absence de ces documents : voir n°s 78815 s.

Outre les opérations imposables, la comptabilité ou le livre spécial doit notamment faire 53455
apparaître d'une manière distincte :
– les **opérations** non taxables à la TVA ;
– les opérations faites en suspension de ladite taxe ;
– pour chaque **acquisition** de biens, services et travaux, l'indication de son montant, de la TVA correspondante, ainsi que le nom et l'adresse du fournisseur ;
– pour chaque opération ayant donné lieu à l'émission d'une **facture** comportant mention de la TVA, le montant hors TVA de l'opération, le montant de la TVA au taux exigible facturé, ainsi que le nom et l'adresse du client.

53460 **› Précisions a.** La comptabilité doit faire apparaître le **chiffre d'affaires hors taxe** (le montant des opérations à déclarer devant être déterminé hors TVA : n° 52300).
Cependant, les redevables qui pratiquent ordinairement des recettes taxes comprises (**détaillants** notamment) peuvent les inscrire en comptabilité taxes comprises. Lors de l'établissement des déclarations, ils reconstituent leur base d'imposition hors taxe en appliquant aux recettes taxes comprises les **coefficients de conversion** appropriés (voir n° 52785).
Cette reconstitution leur permet de présenter leur compte de résultat hors taxe (voir n° 7415).
b. Possibilité pour les redevables relevant du régime simplifié d'imposition et n'ayant pas renoncé aux formalités simplifiées de ne tenir qu'une **comptabilité de trésorerie** : voir n° 86840.
c. L'obligation de **comptabiliser séparément** les recettes **exonérées** et les recettes **taxables** s'impose aux assujettis. À défaut, l'administration risque d'exiger le paiement de la TVA sur la totalité des recettes.
La même obligation exige de comptabiliser distinctement les opérations dont le **taux** d'imposition n'est **pas identique** (pour les commerçants : voir nos 53470 s.). À défaut, le redevable est passible de la TVA au taux le plus élevé, sur la totalité de ses opérations et selon les règles d'**exigibilité** propres à celles relevant de ce taux.
Redevables qui effectuent des opérations portant sur des **biens d'occasion,** des **œuvres d'art,** des **objets de collection ou d'antiquité** : voir n° 60830.
Comptabilisation séparée des **opérations situées hors du champ** d'application de la TVA et des opérations imposables : voir n° 55505.
d. Bien entendu, il peut être satisfait aux obligations comptables au moyen d'une comptabilité établie par **informatique** (sur le contrôle des comptabilités informatisées : voir n° 78140 ; sur le recours obligatoire à des systèmes sécurisés, voir n° 53485).

VENTILATION DES OPÉRATIONS PAR TAUX D'IMPOSITION

53470 Les entreprises qui commercialisent des **produits** soumis à la TVA à des **taux différents** (**ou** éventuellement **exonérés** de cette taxe) sont tenues de répartir les recettes qu'elles réalisent par catégories d'opérations et par taux d'imposition.
Les méthodes de vente ainsi que les modalités de comptabilisation des recettes de ces entreprises doivent donc être adaptées en conséquence.

53475 Cette obligation peut soulever des difficultés pour les entreprises dont les **ventes, faites au comptant à des consommateurs,** ne donnent pas lieu à une facturation (cas des négociants qui exploitent des magasins à rayons multiples ou qui vendent des produits soumis à plusieurs taux). C'est pourquoi l'administration autorise ces entreprises à répartir leurs recettes au moyen de l'une des **trois méthodes de reconstitution** de caractère **empirique** qu'elle a définies (sur autorisation spéciale de l'administration, une entreprise peut éventuellement choisir une autre méthode mieux adaptée à sa situation propre).
Ces trois méthodes (ainsi que les formalités de leur adoption) sont exposées dans notre Documentation experte (RIE-IV-1350 s.).

UTILISATION DE LOGICIELS OU SYSTÈMES DE CAISSE CERTIFIÉS

53485 Les assujettis qui effectuent des **opérations** (livraisons et prestations de services) **ne donnant pas lieu à facturation** conformément à l'article 289 du CGI et qui enregistrent ces opérations au moyen d'un logiciel ou d'un système de caisse ont l'obligation d'utiliser un logiciel ou un système sécurisé satisfaisant à des conditions d'inaltérabilité, de sécurisation, de conservation et d'archivage des données en vue du contrôle de l'administration fiscale, attestées par un certificat délivré par un organisme accrédité ou par une attestation individuelle délivrée par l'éditeur (CGI art. 286, I-3° bis).
Les assujettis exonérés de TVA, ceux bénéficiant de la franchise en base (nos 85565 s.) ainsi que ceux placés sous le régime du remboursement forfaitaire agricole (nos 60040 s.) sont expressément **exclus de cette obligation** (CGI art. 286, I-3° bis-2). Il en va de même des entreprises étrangères immatriculées à la TVA non établies en France. En revanche, les succursales et filiales de sociétés étrangères sont concernées par cette obligation (BOI-TVA-DECLA-30-10-30 n° 20).

› Précisions a. Les assujettis qui réalisent l'intégralité de leur chiffre d'affaires avec un ou des professionnels sont exclus du dispositif, puisque les **opérations réalisées entre professionnels** uniquement font obligatoirement l'objet d'une facturation. En revanche, les assujettis qui réalisent **à la fois des opérations avec** des clients **assujettis** à la TVA (clients professionnels) **et des non-assujettis** (clients particuliers) relèvent du champ d'application du dispositif.
Un assujetti qui décide de délivrer des **factures à un particulier** sans que la réglementation fiscale ne l'y oblige ne s'exonère pas, par cette délivrance de facture, du respect de l'obligation de sécurisation de son logiciel ou système de caisse (BOI précité n° 10).
b. Un **logiciel ou système de caisse** est un système informatique doté d'une fonctionnalité de caisse, laquelle consiste à **mémoriser** et à **enregistrer extra-comptablement des paiements** reçus en contrepartie d'une vente de marchandises ou de prestations de services, c'est-à-dire que le paiement enregistré ne génère pas concomitamment, automatiquement et

obligatoirement la passation d'une écriture comptable.

Sont visés tous les logiciels ou systèmes de caisse permettant l'enregistrement des règlements des clients, **quel que soit le mode de règlement** (espèces, chèques, CB, virements, prélèvements...). Cette obligation s'applique y compris en cas d'enregistrement sur un logiciel ou système accessible en ligne.

Par tolérance, lorsque tous les paiements reçus en contrepartie d'une vente ou d'une prestation de services sont réalisés avec l'**intermédiation directe d'un établissement de crédit** auprès duquel l'administration peut exercer son droit de communication (ou d'un établissement bancaire établi au sein d'un pays de l'Union européenne soumis à l'obligation d'échange automatique d'informations), l'assujetti est dispensé de l'obligation d'utiliser un logiciel ou système de caisse certifié.

Par ailleurs, il est précisé que dans le cas de **logiciels multifonctions** (comptabilité/gestion/caisse), seule la fonctionnalité de caisse enregistreuse/encaissement, et non l'ensemble du logiciel, doit être certifiée (BOI précité n°s 30 à 40).

c. Les logiciels ou systèmes de caisse concernés doivent permettre d'assurer l'inaltérabilité, la sécurisation, la conservation et l'archivage des données en vue du contrôle de l'administration fiscale, et doivent notamment à cette fin permettre un **accès de l'administration** aux données enregistrées, comporter un **procédé technique fiable** garantissant la restitution de celles-ci, prévoir une clôture et un archivage périodiques, etc. (BOI précité n°s 60 à 260).

Les **données concernées** sont toutes les données de règlement liées à la réalisation d'une transaction, qu'il s'agisse d'une opération de vente d'un bien ou d'une prestation de services et qui peut conduire à l'émission, qu'elle soit antérieure, simultanée ou consécutive au règlement, d'un justificatif (note, ticket, facture, etc.) ainsi que de toutes les données liées à la réception (immédiate ou attendue) du paiement en contrepartie (BOI précité n° 50).

d. L'utilisation d'un logiciel ou système de caisse respectant les conditions visées ci-dessus doit être justifiée par la production d'un **certificat établi par un organisme accrédité ou** d'une **attestation** individuelle **délivrée par l'éditeur** (BOI précité n°s 270 à 390). Afin de s'assurer de la détention de ces documents, l'administration dispose d'une nouvelle procédure de **contrôle inopiné** (LPF art. L 80 O). En cas de manquement, l'**amende** prévue par l'article 1770 duodecies du CGI, fixée à 7 500 € par logiciel ou système de caisse concerné, pourra être appliquée.

C. Obligations tenant à la facturation

La réglementation de la TVA comporte des dispositions qui définissent : 53500 RIE-IV-2400 s

– les cas dans lesquels les assujettis ont l'**obligation de délivrer des factures** (n°s 53565 s.) ;

– les **mentions à porter sur ces factures** (n°s 53625 s.) ;

– les conséquences que peut entraîner une **mention abusive de la TVA** sur les factures (n°s 53650 s.).

Remarques : **1.** Les règles de facturation décrites ci-après n°s 53565 à 53630 s'appliquent aux **opérations suivantes** : opérations réputées situées en France, à l'exclusion de celles réalisées par un assujetti établi dans un autre État membre de l'UE et pour lesquelles l'acquéreur ou le preneur doit autoliquider la taxe (sauf si l'assujetti leur a donné mandat pour facturer en son nom et pour son compte) ; opérations réalisées par un assujetti établi en France mais situées dans un autre État membre et pour lesquelles la taxe doit être autoliquidée dans cet autre État par l'acquéreur ou le preneur (sauf si l'assujetti leur a donné mandat pour facturer en son nom et pour son compte) ; opérations réalisées par un assujetti établi en France et dont le lieu est situé dans un pays tiers (BOI-TVA-DECLA-30-20-10 n°s 150 à 260).

En ce qui concerne les règles de territorialité des factures applicables aux prestataires fournissant des services de télécommunication, de radiodiffusion et de télévision et des services électroniques, voir n° 50065.

2. Lorsqu'elles affectent le calcul de l'impôt, les **infractions** commises en matière de facturation peuvent évidemment donner lieu à des **rectifications** de la base d'imposition, qui sont effectuées dans les conditions (**et** avec application des **sanctions**) prévues par les règles **de droit commun** (n°s 77500 s.).

En outre, des **sanctions particulières** sont prévues pour les achats et ventes sans facture, pour les factures « de complaisance » et pour les omissions ou inexactitudes constatées dans les factures (n° 80195).

Il est insisté sur le fait que les manquements aux règles de facturation peuvent être recherchés dans le cadre du **droit d'enquête** examiné au n° 78345.

3. En ce qui concerne le **délai et le mode de conservation** des factures : voir n° 78065.

4. Nous traitons uniquement **ici** de l'**obligation fiscale** de facturer, telle qu'elle résulte des textes applicables en matière de TVA.

Cette obligation se juxtapose, sans y faire échec, à l'**obligation** de même nature prévue dans certains cas par la **réglementation économique.** Pour l'étude de ces dernières règles, on pourra se reporter à notre Mémento pratique Concurrence-Consommation.

1. DÉLIVRANCE DES FACTURES

OPÉRATIONS DONNANT LIEU À FACTURATION

53565 CGI art. 289, I

Tout **assujetti** est tenu de s'assurer qu'une facture est émise, par lui-même, ou en son nom et pour son compte, par son client ou par un tiers :

– pour les **livraisons de biens** ou les **prestations de services** qu'il effectue **pour un autre assujetti, ou pour une personne morale non assujettie** et qui ne sont **pas exonérées** en application des articles 261 à 261 E du CGI ;

– pour les ventes à distance (nos 49315 s.), pour les **livraisons** et transferts **intracommunautaires** de biens exonérés en application des règles énoncées aux nos 49260 s. et pour les livraisons intracommunautaires exonérées de moyens de transport neufs (no 49365) (quelle que soit la qualité du client, s'agissant de ces dernières opérations) ;

– pour les **acomptes** qui lui sont versés avant que l'une des opérations visées aux deux tirets ci-dessus ne soit effectuée, même lorsque ces acomptes ne donnent pas lieu à exigibilité de la taxe. Il n'y a toutefois pas lieu d'établir une facture pour les acomptes versés au titre des livraisons intracommunautaires de biens (y compris de moyens de transport neufs) exonérées ;

– pour les **livraisons aux enchères publiques de biens d'occasion, d'œuvres d'art, d'objets de collection ou d'antiquité** (no 60960).

L'assujetti doit **conserver un double** de tous les documents émis.

> Précisions a. Pour l'application des règles ci-dessus, il faut entendre :

– par « **assujetti** », toute personne qui réalise une activité économique à titre indépendant (même si non effectivement soumise à la TVA), étant rappelé que sont également considérées comme des assujettis les personnes effectuant à titre occasionnel la livraison intracommunautaire d'un moyen de transport neuf ;

– par « **facture** », tout document délivré dans les conditions prévues par le CGI et ses annexes, notamment au regard des mentions obligatoires (no 53625), quelle que soit la qualification donnée à ce document par les parties (quittance, note, relevé, compte rendu, etc.).

b. Tout **document ou message qui modifie la facture** initiale (y compris lorsque celle-ci est dématérialisée : no 53595) et qui fait référence à la facture initiale de façon spécifique et non équivoque est assimilé à une facture. Il doit comporter l'ensemble des mentions requises (no 53625) (cas particulier des opérations résiliées, annulées ou impayées : voir nos 53795 et 53800).

c. Les assujettis sont dispensés de l'obligation de délivrer une facture pour les opérations (livraisons de biens et prestations de services) qui sont exonérées en application des articles 261 à 261 E du CGI. Il s'agit des **opérations exonérées de TVA en régime interne** et plus particulièrement des opérations bancaires. Cette disposition s'applique également aux factures d'acompte afférentes à de telles opérations (BOI-TVA-DECLA-30-20-10 no 30).

Ne sont, en revanche, pas concernées par la **dispense de facturation** les opérations qui sont exonérées de TVA en vertu d'autres dispositions : exportations et opérations assimilées (nos 49690 s.) ; livraisons intracommunautaires (nos 49260 s.) dont on rappelle qu'elles font l'objet d'une obligation de facturation spécifique (voir ci-dessus) ; transports internationaux (nos 50180 s.), opérations portant sur l'or d'investissement (no 61875) ; opérations exonérées dans les DOM (nos 91590 s.).

Ne sont pas non plus concernés par la dispense de facturation les opérations bénéficiant d'un régime suspensif (nos 61250 s.), les opérations bénéficiant de la franchise en base (nos 86540 s.), les agriculteurs soumis au régime du remboursement forfaitaire agricole (nos 60040 s.), les opérations qui auraient pu être exonérées de taxe mais pour la taxation desquelles l'assujetti a opté (BOI précité).

d. En vue de réprimer le travail clandestin, les **prestations de services comportant l'exécution de travaux immobiliers** fournis par un commerçant ou un artisan à un **particulier** doivent donner lieu à l'établissement d'une note (CGI art. 290 quinquies). La note remise en original au client, et dont le double est conservé par le prestataire dans la limite du droit de reprise de l'administration, doit comporter : le nom et l'adresse des parties, la nature et la date de l'opération, le montant du prix et le montant de la TVA.

Le retard ou le défaut de délivrance ou de conservation de la note sont sanctionnés par une amende fiscale égale à 50 % du montant, taxes comprises, des transactions en cause (CGI art. 1737, I-4). Les omissions ou inexactitudes affectant l'une des mentions obligatoires de la note sont sanctionnées par l'amende visée au no 80195, c.

ÉMETTEUR DE LA FACTURE

53575 L'obligation de facturation repose normalement sur l'assujetti (vendeur ou prestataire de services). Toutefois, les factures peuvent être matériellement émises par le client (**autofacturation**) ou par un tiers (**sous-traitance de la facturation**) lorsque l'assujetti leur donne **mandat** à cet effet avant l'émission des factures ; sous réserve de son acceptation par l'assujetti, chaque facture est alors émise en son nom et pour son compte. Le mandat de facturation peut être délivré pour une série d'opérations données ou pour tout ou partie des opérations réalisées par le mandant sur une période donnée déterminée par le contrat.

› Précisions a. Le contrat de mandat doit répondre aux **exigences** suivantes.

Lorsque le **mandataire** est établi **en France,** dans un **autre État membre ou** dans un **pays tiers** ayant conclu une **convention d'assistance au recouvrement des créances fiscales** avec la France (dont la liste est donnée au n° 50635), **aucun formalisme** n'est requis et le mandat peut être matérialisé par un écrit ou prendre la forme d'un mandat tacite. En tout état de cause, les parties doivent cependant être en mesure de démontrer l'existence du mandat si l'administration leur en fait la demande (BOI-TVA-DECLA-30-20-10 n°s 390 et 400).

Lorsque le **mandataire** est établi dans un **pays tiers** n'ayant **pas** conclu une **convention d'assistance au recouvrement des créances fiscales** avec la France, le mandat est nécessairement un **mandat écrit** et l'administration doit être informée de son existence lorsque le mandataire établit de manière régulière des factures en son nom et pour son compte (CGI ann. II art. 242 nonies). À cette fin, l'assujetti dépose auprès de son service des impôts un état mentionnant l'identité et les coordonnées des clients ou tiers ainsi désignés, dans les mêmes délais que sa déclaration de résultats ou de bénéfices, étant précisé que le dépôt de cet état n'est pas exigé si le nombre d'opérations facturées n'excède pas dix par année civile (BOI précité n° 540). Les factures doivent être émises dès l'intervention du fait générateur sans que puisse être utilisée la possibilité de délivrer des factures périodiques (CGI ann. II art. 242 nonies).

Les modalités du mandat de facturation, et notamment son champ d'application, sont librement définies par le fournisseur et son mandataire. Le mandat peut ainsi porter sur les seules factures initiales ou également sur les factures rectificatives (BOI précité n° 410).

b. Afin d'éviter toute ambiguïté, il est recommandé, en cas de sous-traitance de la facturation, de porter sur les factures concernées une **mention** du type « Facture établie par A au nom et pour le compte de B ». Lorsque la facture est établie par le client, la mention « Autofacturation » est obligatoire.

c. Il est admis qu'un mandat de facturation entre un assujetti et son mandataire (client ou tiers) puisse prévoir que l'**établissement matériel des factures** peut être **effectué par un sous-traitant du mandataire,** sous réserve du respect de certaines conditions (notamment : le fournisseur ou le prestataire doit donner son accord ; l'administration doit être informée si le sous-traitant est établi dans un pays tiers n'ayant pas conclu une convention d'assistance au recouvrement des créances fiscales avec la France) (BOI précité n°s 370 et 550).

d. Lorsque la TVA est acquittée par le **représentant fiscal** d'une entreprise étrangère (n° 50645), c'est à lui qu'il appartient normalement d'établir les factures. L'entreprise étrangère concernée a cependant la faculté de procéder elle-même à cette formalité mais elle doit, dans un tel cas, préciser sur les factures qu'elle délivre non seulement ses propres coordonnées et numéro d'identification à la TVA en France, mais encore le nom (ou la raison sociale), l'adresse (ou le lieu du siège social) et le numéro d'identification à la TVA de son représentant (BOI précité n°s 320 et 330).

MOMENT DE LA REMISE

La **facture** doit, en principe, être émise dès la réalisation de la livraison ou de la prestation de services. Pour les livraisons intracommunautaires de biens (y compris de moyens de transports neufs) exonérées et pour les prestations de services pour lesquelles la taxe est autoliquidée par le preneur en application de l'article 196 de la directive TVA, la facture doit être délivrée au plus tard le 15 du mois suivant celui du fait générateur. 53585

La facture **peut être établie de manière périodique** pour plusieurs livraisons de biens ou prestations de services distinctes réalisées entre l'assujetti et son client au titre du même mois civil. Elle doit alors être établie à la fin de ce même mois. Il est rappelé que les factures périodiques ne sont pas admises dans le cadre du mandat de facturation confié à un client ou un tiers établi dans certains pays tiers : voir n° 53575, précision a (il en est de même en cas de sous-traitance de la facturation confiée à un tiers établi dans ces mêmes pays).

› Précisions Un **différé de facturation** est admis **à titre général** s'il ne dépasse pas les quelques jours que peuvent justifier les nécessités de la gestion administrative des entreprises.

Un différé de facturation est également admis dans certaines **situations particulières** (livraisons de biens meubles corporels dont le fait générateur intervient lors du transfert de propriété avant la remise du bien au client ; ventes dont le prix n'est pas fixé au moment de la vente) (BOI-TVA-DECLA-30-20-10 n°s 590 à 610).

FORME DE LA FACTURE

Les factures sont transmises sous forme **papier ou,** sous réserve de l'acceptation du destinataire, sous une **forme électronique,** quelle qu'elle soit. 53595 CGI art. 289, VI et VII

Toutefois, l'**authenticité** de l'origine, l'**intégrité** du contenu et la **lisibilité** de la facture doivent être assurées à compter de son émission et jusqu'à la fin de sa période de conservation.

Tel est le cas lorsque la facture est transmise par voie électronique soit au moyen d'une **signature électronique « qualifiée »,** soit sous la forme d'un **message structuré selon une norme convenue entre les parties,** permettant une lecture par ordinateur et pouvant être traité automatiquement et de manière univoque.

Lorsque la facture est transmise sous forme **papier ou** sous une **forme électronique autre** que celles visées ci-dessus, des **contrôles** documentés et permanents doivent être mis en

53595 (suite) place par l'entreprise et doivent permettre d'établir une **piste d'audit fiable** entre la facture émise ou reçue et la livraison de biens ou prestation de services qui en est le fondement. Ces contrôles sont soumis à leur vérification par l'administration.

Les factures ainsi transmises tiennent lieu de facture d'origine.

› Précisions a. L'échange de factures par voie électronique est permis tant pour les opérations internes que pour les opérations intracommunautaires ou extracommunautaires.

b. La **signature électronique « qualifiée »** est une signature électronique avancée fondée sur un certificat qualifié et créée par un dispositif sécurisé de création de signature électronique. Les caractéristiques que doit présenter la signature électronique « qualifiée » sont définies par l'article 96 F de l'annexe III au CGI. Elle s'appuie sur un certificat électronique, délivré par un prestataire de services de certification, qui doit être communiqué au destinataire des factures afin que ce dernier puisse procéder aux vérifications relatives à l'authenticité et l'intégrité des factures transmises.

c. Les systèmes de transmission des factures par la voie d'un **échange de données structuré,** dont le fonctionnement peut être contrôlé de manière inopinée par l'administration, doivent être conformes aux spécifications définies par les articles 96 G et 96 H de l'annexe III au CGI et par l'article 41 septies de l'annexe IV au même Code : identité du message émis et reçu, constitution d'une liste récapitulative séquentielle des messages émis et reçus et d'un fichier des partenaires avec lesquels sont échangées des factures dématérialisées, archivage des données dans leur contenu originel et dans les conditions et délais prévus au n° 78065 et restitution des données en langage clair (le cas échéant, sur support papier) sur demande de l'administration.

d. Les assujettis qui transmettent par voie électronique au même destinataire un **lot comprenant plusieurs factures** peuvent, sous certaines conditions, ne mentionner qu'une seule fois les mentions communes à ces factures.

e. Les contrôles internes établissant la **piste d'audit fiable** doivent être organisés et permanents.

La piste d'audit doit permettre : de **reconstituer,** dans un ordre chronologique, la **totalité du processus** de facturation, depuis son origine (par exemple, le bon de commande) jusqu'au document facture, c'est-à-dire de reconstituer le processus documenté (bons de commande, bons de livraisons, extraits de compte, etc.) d'une opération et de relier les différents documents de ce processus ; de garantir que la facture émise ou reçue **reflète l'opération** qui a eu lieu, en permettant d'établir un lien entre la facture et la livraison de biens ou la prestation de services qui la fonde ; de **justifier** toute opération par une pièce d'origine à partir de laquelle il doit être possible de remonter par un cheminement ininterrompu à la facture et réciproquement. Dans tous les cas, le point de départ de la piste d'audit fiable doit correspondre au point de départ du processus de facturation (BOI-TVA-DECLA-30-20-30-20 n°s 130 et 140).

La piste d'audit peut être constituée de **documents** établis par l'entreprise elle-même (devis, bon de commande) ou par des tiers (extraits de compte) (BOI précité n° 140).

La taille de l'entreprise, la nature de son activité, ses systèmes d'information, la volumétrie des factures qu'elle émet et qu'elle reçoit sont des paramètres à prendre en compte pour déterminer le niveau adéquat de contrôles. Dans une **très petite entreprise,** une comparaison manuelle des factures avec les documents commerciaux (devis, bons de commande, bons de livraison, justificatifs de paiement) peut constituer un contrôle suffisant mis en place par l'assujetti (BOI précité n°s 50 et 70).

L'**absence** ou l'**insuffisance** de ces **contrôles internes chez l'émetteur de la facture,** soumis à vérification par l'administration (LPF art 13 D et 13 E), peut entraîner, sauf justification contraire, la remise en cause du droit à déduction de la TVA chez le récepteur de la facture. La taxe reste en revanche due par l'émetteur (BOI précité n°s 90 à 110). L'absence ou l'insuffisance des **contrôles internes chez le récepteur de la facture** entraîne automatiquement la remise en cause de la déduction de la taxe (BOI-TVA-DECLA-30-20-30-50 n°s 90 à 110). Sur le rejet du droit à déduction en cas d'absence ou d'insuffisance de la piste d'audit fiable, voir toutefois la jurisprudence de la CJUE examinée n° 56265.

Les **éléments constitutifs** de ces **contrôles internes** peuvent être **conservés** pendant le délai de six ans sur support papier ou informatique, au choix de l'entreprise, quelle que soit leur forme originale (LPF art. L 102 B, I bis). Les modalités de **numérisation** de ces documents (ainsi que de la documentation décrivant les modalités de réalisation des contrôles internes) sont fixées par l'article A 102 B-1 du LPF.

f. L'**acceptation du destinataire** des factures électroniques est matérialisée soit dans le contrat liant les parties, soit par le traitement ou le paiement de la facture reçue ou, à défaut, par l'octroi d'un délai raisonnable au destinataire pour réclamer une facture papier, soit encore par la conclusion d'un contrat d'interchange entre entreprises qui ont recours à la dématérialisation des factures ou d'un contrat de services avec un prestataire de facturation par voie électronique (BOI-TVA-DECLA-30-20-30-10 n° 190).

g. Selon l'administration, une facture créée sous forme électronique qui est envoyée et reçue sous format papier ne constitue pas une facture électronique. De même, une **facture initialement conçue sur support papier puis numérisée,** envoyée et reçue par courrier électronique ne constitue pas une facture électronique mais une facture papier (BOI précité n° 80). Toutefois, il est admis temporairement, sous certaines conditions, qu'une facture papier numérisée constitue une facture électronique (tolérance applicable jusqu'au 1-1-2020 pour les micro-entreprises. Les grandes entreprises et les personnes publiques ont pu bénéficier de la tolérance jusqu'au 1-1-2017, les entreprises de taille intermédiaire jusqu'au 1-1-2018 et les petites et moyennes entreprises jusqu'au 1-1-2019) (BOI précité n°s 90 et 95).

h. La **facturation électronique** sera progressivement rendue **obligatoire entre assujettis à compter de 2023** (Loi 2019-1479 du 28-12-2019 art. 153).

2. MENTIONS À PORTER SUR LES FACTURES

TABLEAU RÉCAPITULATIF

Les obligations incombant aux assujettis résultent de l'article 242 nonies A de l'annexe II au CGI. Elles sont résumées dans le tableau suivant. **53625** RIE-IV-3600 s

Opérations concernées	Destinataire de la facture	Mentions obligatoires
Cas général : livraisons de biens ou prestations de services ainsi qu'acomptes perçus au titre de ces opérations	Un autre assujetti ou une personne morale non assujettie	**Obligations générales** consistant en : **a.** Mentions relatives aux parties : – noms du fournisseur et du client (ou désignation sociale) ; – leur adresse (ou lieu du siège social) ; – **numéro** individuel d'identification à la **TVA du fournisseur** ou prestataire de services **b.** Date et numéro de la facture **c.** Mentions concernant les opérations réalisées : – devant figurer sur chaque ligne de la facture : • date de l'opération lorsqu'elle diffère de la date de la facture ; • quantité et dénomination précise des biens livrés ou des services fournis ; • prix unitaire hors TVA ; • rabais ou ristournes acquis et chiffrables lors de l'opération et directement liés à celle-ci ; • taux de TVA applicable ou bénéfice d'une exonération – relatives à l'ensemble des opérations facturées : • montant de la taxe à payer et, par taux d'imposition, total hors taxe et taxe correspondante ; • rabais ou ristournes non rattachables à des opérations particulières ; • référence à la disposition pertinente du CGI, de la directive 2006/112/CE ou à toute autre mention indiquant que l'opération bénéficie d'une exonération ; • mention indiquant que l'opération est soumise à l'autofacturation
Livraisons de biens et prestations de services pour lesquelles l'acquéreur ou le preneur est redevable de la TVA (**opérations soumises à autoliquidation**)	Un autre assujetti ou une personne morale non assujettie	Obligations générales mentionnées ci-dessus (voir cependant la remarque 6 ci-dessous) + le numéro d'identification à la TVA fourni par l'acquéreur + la mention « Autoliquidation »
Opérations soumises à un **régime particulier de marge bénéficiaire**	Un autre assujetti ou une personne morale non assujettie	Obligations générales mentionnées ci-dessus + la mention du régime particulier applicable (par exemple : « Régime particulier – agences de voyage », « Régime particulier – biens d'occasion », « Régime particulier – objets d'art »)
Livraisons de biens visées aux articles 258 A et 258 B du CGI (**ventes à distance**) et acomptes y afférents (nos 49315 s.)	Assujetti ou non assujetti	Obligations générales mentionnées ci-dessus
Livraisons exonérées désignées à l'article 262 ter, I du CGI ainsi qu'acomptes y afférents (**livraisons intracommunautaires** et transferts assimilés : nos 49260 s.)	Assujetti ou non assujetti	Obligations générales mentionnées ci-dessus + le numéro d'identification à la TVA de l'acquéreur (étant précisé que, pour les transferts, il s'agit du numéro d'identification à la TVA attribué à l'assujetti par l'État membre d'arrivée des biens)

Opérations concernées	Destinataire de la facture	Mentions obligatoires

Remarques : 1. Les factures peuvent mentionner l'**adresse** de l'**établissement principal ou** d'un établissement **secondaire** de l'entreprise cliente, au lieu de celle de son siège social, à condition que le nom ou la raison sociale figurant sur les factures adressées à ces établissements correspondent exactement au nom ou à la raison sociale de l'entreprise cliente (BOI-TVA-DECLA-30-20-20-10 n° 20).

2. Les **montants** figurant sur la facture peuvent être exprimés **dans toute monnaie,** pour autant que le montant de taxe à payer ou à régulariser soit déterminé en euros en utilisant le mécanisme de conversion prévu au n° 52400.

Lorsqu'elle est rédigée dans une **langue étrangère,** le service des impôts peut, à des fins de contrôle, exiger une traduction en français certifiée par un traducteur juré (CGI art. 289, IV).

3. Par **« prix hors TVA »,** on entend le prix retenu pour la base d'imposition de la TVA (nos 52200 s.).

4. La mention du **taux** de TVA (ou du bénéfice d'une **exonération**), au lieu d'être répétée pour chaque ligne, peut être indiquée une seule fois sur la facture, pour chaque rubrique de fournitures soumises au même taux d'imposition (ou à la même mesure d'exonération), à condition qu'il n'en résulte aucune ambiguïté.

5. Les factures dont le **montant** total HT est **inférieur ou égal à 150 € et** les **documents faisant référence à la facture initiale** peuvent prendre une **forme simplifiée** : elles peuvent (sauf exceptions) ne pas mentionner le numéro TVA du fournisseur ou du prestataire et la disposition exonérant l'opération. Cette mesure de simplification ne s'applique toutefois pas aux factures relatives aux ventes à distance, aux livraisons intracommunautaires et aux opérations soumises à autoliquidation dans un autre État membre (ces dernières bénéficient cependant d'une mesure de simplification propre ; elles peuvent, en effet, ne pas faire mention de la TVA exigible : voir remarque 6 ci-dessous).

6. Les factures délivrées par des **fournisseurs ou prestataires établis en France** et relatives à des **opérations** soumises à **autoliquidation en France** ne doivent pas faire **mention** de la TVA exigible (BOI-TVA-DECLA-10-10-20 nos 290, 370, 440, 510 et 536). Il en va de même des factures relatives à des opérations soumises au **dispositif général d'autoliquidation** de la taxe par le client prévu par l'article 283, 1-al. 2 du CGI (n° 50695, précision a).

Les factures relatives aux opérations soumises à **autoliquidation dans un autre État membre** peuvent ne pas mentionner les rabais ou ristournes acquis, le prix unitaire hors taxe, le taux de la taxe applicable et la TVA exigible (CGI ann. II art. 242 nonies A, II-c).

7. Les **factures d'acomptes** peuvent ne pas mentionner l'ensemble des mentions obligatoires lorsque les informations nécessaires à leur établissement ne sont pas connues au moment de leur émission (par exemple : la quantité ou le prix exact du bien lorsqu'ils sont variables ou aléatoires) (BOI-TVA-DECLA-30-20-20-20 nos 160 et 170).

8. Pour les **opérations exonérées** qui n'entrent pas dans le champ de la dispense de facturation (n° 53565, précision c), les factures ne comportent pas d'indication de taux ni de montant de TVA. Il en va de même pour les opérations réalisées par les négociants en **biens d'occasion,** en **œuvres d'art, objets de collection** ou **d'antiquité** imposables sur la **marge** : voir n° 60825. En ce qui concerne les **agents de voyages** : voir n° 61550.

9. Des mentions spécifiques sont exigées dans les situations suivantes :
- bénéficiaires de la **franchise** de l'article 293 B du CGI (n° 86545) ;
- **livraisons intracommunautaires** de **moyens de transport** neufs (n° 49365) ;
- opérations portant sur l'**or d'investissement** imposées sur option (n° 61885) ;
- livraisons de biens déjà placés sous **entrepôt fiscal** ou sous **régime douanier** (n° 50790) ;
- opérations portant sur les **animaux de boucherie et de charcuterie** (n° 59930).

53630 RIE-IV-4200 s et 4500 s

Cas particuliers **a.** Les opérateurs (vendeurs ou prestataires de services) n'ont aucune obligation de mentionner sur leurs factures le montant des **taxes particulières** ou des taxes spéciales sur le chiffre d'affaires dont ils sont redevables, sauf disposition expresse contraire.

b. Les entreprises installées en France qui sont amenées à facturer à leurs clients étrangers la **taxe sur la valeur ajoutée d'un pays tiers** à l'Union européenne doivent préciser clairement sur leurs factures la nature de cette taxe.

c. Les **avocats** qui procèdent au recouvrement direct de leurs prestations auprès de la partie condamnée aux dépens doivent porter sur le compte détaillé remis aux parties la mention suivante : « TVA récupérable dans les conditions prévues par l'article 271 du CGI, uniquement par le ou les clients de l'avocat soussigné ».

d. Les **reçus** délivrés aux **péages** d'autoroutes sont considérés comme des factures dès lors qu'ils comportent un espace réservé aux informations suivantes à fournir par l'usager : nom ou raison sociale, adresse ou lieu du siège social, numéro d'immatriculation du véhicule et nom de l'utilisateur, objet du déplacement. Les mêmes dispositions s'appliquent aux notes délivrées par les **automates** (tickets de parking, etc.) (BOI-TVA-DECLA-30-20-20-20 nos 80 à 120).

e. Afin de tenir compte des spécificités pratiques du **secteur de la restauration,** il est admis que les éléments d'identification du client (nom, raison sociale, adresse ou lieu du siège social) ne soient pas mentionnés sur la facture par l'entreprise qui émet celle-ci, mais inscrits par le client lui-même dans un espace réservé sur le document remis. Cet assouplissement ne concerne pas les factures d'un montant total hors taxe supérieur à 150 €. La déduction de la TVA figurant sur le document remis est notamment subordonnée à la mention, par le client, de son identification complète sur la partie du document prévue à cet effet (BOI précité nos 130 à 150).

3. MENTION ABUSIVE DE LA TVA SUR LES FACTURES

La mention de la TVA sur une **facture délivrée à un redevable** ouvre droit en principe, chez ce dernier, à une **déduction** d'égal montant (nos 55000 s.). 53650 CGI art. 283, 3 et 4 RIE-IV-6900 s

Toutefois, en vue de prévenir les **fraudes** susceptibles de se produire en ce domaine, il est fait échec à cette règle en cas de facturation erronée ou d'opérations fictives.

› Précisions Il existe d'**autres dispositions** ayant également pour objet de prévenir les fraudes en matière de TVA et notamment les **fraudes de type « carrousel »** (CGI art. 262 ter, I-1°-al. 2 concernant la remise en cause de l'exonération appliquée à des livraisons intracommunautaires de biens : voir n° 49275 ; CGI art. 283, 4 bis et 4 ter concernant la solidarité en paiement de la taxe pesant sur l'acquéreur : voir n° 53707 et n° 61050, remarque ; CGI art. 272, 3 concernant la remise en cause du droit à déduction de l'acquéreur : voir n° 55270).

FACTURATION ERRONÉE

Règle générale L'article 283, 3 du CGI prévoit que toute personne qui mentionne la TVA sur une facture est **redevable de la taxe du seul fait de sa facturation.** 53655 CGI art. 283, 3

Cette disposition vise principalement le cas de facturation de taxe à un **taux erroné** ou à l'occasion d'une **opération non passible** de la TVA.

Dans cette situation, la taxe acquittée à tort est due par le **fournisseur,** dès lors qu'il l'a facturée.

Malgré cela, le **client** ne peut pas en principe déduire la taxe facturée à tort, car l'article 271, II-1-a du CGI prévoit que la taxe n'est déductible que si elle pouvait légalement figurer sur la facture (voir la position du Conseil d'État à cet égard : n° 56275, précision b).

Ce principe admet toutefois un important **assouplissement** qui consiste à laisser une possibilité de régularisation à l'émetteur de la facture (voir n° 53660).

› Précisions a. Un non-redevable n'ayant facturé la TVA que pour certaines opérations ne peut pas être constitué redevable sur ce fondement pour ses autres opérations (CE 11-12-1987 n° 49894 : RJF 2/88 n° 157).

b. En matière de **TVA immobilière,** le seul fait de mentionner dans un **acte authentique** un prix de vente comprenant la TVA équivaut à la facturation de cette taxe (CE 24-11-1986 n° 50200 : RJF 1/87 n° 30).

c. Un assujetti qui n'a pas contesté le montant erroné de TVA mentionné sur la **facture émise par** le **destinataire** des biens ou des services est redevable du montant indiqué (CJUE 17-9-1997 aff. 141/96 : RJF 11/97 n° 1095).

Assouplissement Dans la mesure où la **bonne foi** des parties n'est pas contestée, l'**administration** admet que la personne qui a **facturé la TVA** au titre d'**opérations non passibles** de cette taxe **ou** pour lesquelles la taxe a été facturée à **un taux supérieur au taux légalement applicable** peut **récupérer** la taxe acquittée à tort. Cette récupération est effectuée par voie d'**imputation ou** de **restitution,** dans les conditions prévues pour les opérations résiliées ou annulées (voir nos 53780 s.). 53660

Le fournisseur intéressé doit envoyer à son client une **facture nouvelle** annulant et remplaçant la précédente, faisant référence à la facture initiale et portant mention explicite de l'annulation de cette dernière. À la réception de ce document, le client est tenu de reverser la taxe déduite à tort (n° 56262) (BOI-TVA-DECLA-30-20-20-30 n° 390).

› Précisions a. Cette **doctrine** est **plus restrictive que** la jurisprudence. En effet, la **CJUE** (CJUE 13-12-1989 aff. 342/87 : RJF 2/90 n° 237 ; CJUE 19-9-2000 aff. 454/98 : RJF 1/01 n° 125 ; CJUE 18-6-2009 aff. 566/07 : RJF 10/09 n° 901) et le **Conseil d'État** (CE 14-4-2008 n° 297059 : RJF 7/08 n° 801 ; CE 16-5-2011 n° 330153 : RJF 8-9/11 n° 934 ; CE 15-2-2016 n° 375667 : RJF 5/16 n° 450) opèrent une distinction selon que le **risque de perte de recettes fiscales** a été complètement **éliminé ou non** :

– lorsque le risque de perte de recettes fiscales n'a pas été complètement éliminé, la récupération de la TVA par l'émetteur de la facture peut être subordonnée par les États membres à une condition de bonne foi de l'émetteur et à la condition qu'il ait envoyé au bénéficiaire des services effectués une facture rectifiée ne mentionnant pas ladite taxe ;

– en revanche, lorsque ce risque a été complètement éliminé (par exemple, lorsque l'émetteur de la facture a récupéré et détruit la facture avant son utilisation par le destinataire ou lorsque l'administration a annulé ou remis en cause, par un avis devenu définitif, la déduction opérée par le destinataire) ou lorsqu'il est inexistant (somme facturée par erreur comme TVA par une personne non assujettie à un preneur également non assujetti : CJUE 6-11-2003 aff. 78/02 à 80/02 : RJF 1/04 n° 107), le **principe de neutralité** de la TVA implique qu'une possibilité de régularisation de la taxe facturée à tort ne dépendant pas du pouvoir discrétionnaire de l'administration fiscale soit laissée à l'émetteur de la facture, sans condition de bonne foi. En outre, dans une telle hypothèse, selon la **CJUE,** la récupération de la taxe par le fournisseur ne peut **pas** être subordonnée à la **rectification de la facture** erronée (CJUE 11-4-2013 aff. 138/12 : RJF 8-9/13 n° 894).

b. En ce qui concerne la TVA acquittée pour une opération non passible de cette taxe ou faisant l'objet d'une réduction de prix réalisée avec un **client assujetti étranger non établi en France,** voir n° 53780, précision d.

OPÉRATIONS FICTIVES

53670 CGI art. 283, 4 Lorsque la **facture ne correspond pas à** la livraison d'une **marchandise ou** à l'exécution d'une prestation de **services,** ou fait état d'un **prix** qui ne doit **pas** être **acquitté effectivement** par l'acheteur, la taxe est due par la personne qui l'a facturée.

Dans cette situation (qui est notamment celle des factures correspondant à des opérations fictives), la taxe est due par la personne qui l'a facturée (application de l'article 283, 4 du CGI) mais ne peut faire l'objet d'aucune déduction par la personne qui a reçu la facture (CGI art. 272, 2 : nº 56275).

> **Précisions** Même dans une telle situation, la **récupération** de la **taxe par l'émetteur** de la facture est toutefois possible, selon la CJUE, dans les mêmes conditions que celles prévues pour la récupération de la TVA en cas de facturation erronée (nº 53660, précision a). À noter cependant que, contrairement à la position de la CJUE, le Conseil d'État exige que le fournisseur émette une **facture rectificative** lorsqu'il s'agit d'opérations fictives même si le risque de perte de recettes fiscales a été complètement écarté (CE 15-2-2016 nº 374458 : RJF 5/16 nº 424).

D. Déclaration des opérations et paiement

53700 RIE-IV-8000 s Les redevables de la TVA qui relèvent, de plein droit ou sur option, du **régime réel normal** d'imposition peuvent déclarer les opérations réalisées selon deux méthodes :

– le **régime de droit commun,** dans lequel le redevable doit souscrire une déclaration mensuelle (ou, dans certains cas, trimestrielle) des opérations réalisées au cours du mois (ou du trimestre civil) précédent et verser l'impôt correspondant (nºs 53710 s.) ;

– le **régime des acomptes provisionnels** que certains redevables peuvent choisir avec l'autorisation de l'administration et qui leur permet de disposer d'un délai supplémentaire d'un mois pour souscrire leurs déclarations (nºs 53740 s.).

Des **règles spéciales** sont prévues en matière de déclarations et de paiement de l'impôt :

– pour les **groupes de sociétés** : ils peuvent, sous certaines conditions, opter pour un régime de **centralisation** (ou de consolidation) du **paiement de la TVA** (nºs 53750 s.) ;

– pour les redevables relevant du **régime simplifié** (nºs 86870 s.) ;

– pour les redevables de la **TVA** sur **opérations immobilières** (nºs 58700 s.) ;

– pour les redevables placés sous le **régime simplifié agricole** (nºs 59885 s.).

Remarques : Les bénéficiaires de la **franchise en base** (nº 86540) sont dispensés, au regard de la TVA, de toute déclaration (et paiement).

En ce qui concerne les **entreprises étrangères** non établies en France qui y réalisent des opérations, voir nºs 50630 s. S'agissant des **organismes sans but lucratif** redevables de la TVA, voir nº 89625, a et b.

53705 CGI art. 283 RIE-IV-8120 s **Notion de redevable** Le paiement de la TVA incombe en règle générale aux **personnes qui réalisent les opérations imposables** et elles seules peuvent normalement être recherchées en paiement. Ainsi, un acheteur ne peut se voir réclamer une taxe qui aurait dû être acquittée par son fournisseur ; de même, l'administration ne dispose d'aucune action directe contre les clients d'un commerçant en liquidation pour en récupérer le montant.

Cette règle comporte cependant des **exceptions** récapitulées dans le tableau ci-après.

Opérations concernées	Redevable (ou débiteur solidaire) de la TVA	Commentaires (nºs)
Acquisitions intracommunautaires	L'**acquéreur**	nº 49160
Opérations triangulaires intracommunautaires **bénéficiant de la mesure de simplification**	Le **destinataire** des marchandises	nº 49375
Livraisons de biens et prestations de services autres que celles visées ci-dessous ou expressément exclues, réalisées par un **fournisseur** ou un **prestataire établi à l'étranger**	Le **client** dès lors qu'il **agit en tant qu'assujetti** et qu'il dispose d'un numéro d'**identification** à la TVA **en France**	nº 50695
Prestations de services relevant de la règle générale de territorialité de l'**article 259, 1º du CGI** fournies par un **prestataire établi à l'étranger**	Le **preneur** lorsqu'il est un **assujetti établi en France**	nº 49885
Livraisons de gaz naturel, d'électricité, de chaleur ou de froid effectuées par un fournisseur établi à l'étranger	L'**acquéreur** lorsqu'il est **identifié** à la TVA **en France**	nº 48990

53705 (suite)

Opérations concernées	Redevable (ou débiteur solidaire) de la TVA	Commentaires (n^os^)
Livraisons de gaz naturel et d'électricité par un fournisseur établi en France, à des fins autres que leur consommation ou leur utilisation effective en France	L'**acquéreur** lorsqu'il est **établi et identifié** à la TVA **en France**	nº 48990
Livraisons et prestations de façon portant sur les **déchets neufs d'industrie et matières de récupération**	Le **destinataire ou** le **preneur** lorsque celui-ci est **identifié** à la TVA **en France**	précision b et remarque 1 ci-après
Livraisons d'or d'investissement imposées sur option et livraisons d'**or industriel** sous forme de matière première ou de produits semi-ouvrés d'une pureté égale ou supérieure à 325 millièmes	Le **destinataire**	nºs 61890 et 61850, précision b
Droits d'auteur (lorsqu'ils donnent lieu à retenue à la source de la TVA)	La personne qui verse les droits (sauf renonciation de l'auteur au système de retenue à la source)	nº 61705
Sortie des biens d'un **régime douanier ou** d'un **entrepôt fiscal**	Selon les cas, le destinataire, l'acquéreur ou le preneur des prestations de services	nº 50765
Transferts de quotas d'émission de gaz à effet de serre	L'**assujetti bénéficiaire** du transfert lorsqu'il est établi en France	précision c et remarque 1 ci-après
Transferts de certificats de garantie d'origine de l'électricité et de garantie de capacités d'électricité	L'**assujetti bénéficiaire** du transfert lorsqu'il est établi en France	précision c et remarque 1 ci-après
Services de communication électronique non soumis à la taxe fiscale de l'article 302 bis KH du CGI	Le **preneur établi et identifié** à la TVA **en France** si le prestataire est également établi en France	précision d et remarque 1 ci-après
Travaux dans le bâtiment effectués par une **entreprise sous-traitante**	Le **preneur assujetti**	précision e et remarque 1 ci-après

Remarques : **1.** Lorsque le **prestataire** est **établi à l'étranger,** il y a lieu d'appliquer, s'agissant des prestations de **façon portant sur les déchets neufs d'industrie et matières de récupération,** des **transferts de quotas** d'émission de gaz à effet de serre, des **transferts de certificats** de garantie de l'**électricité** et de garantie de capacités d'électricité et des **services de communication électronique,** le dispositif d'autoliquidation prévu par l'article 283-2 du CGI étudié au nº 49885.

S'agissant des **travaux en sous-traitance** dans le bâtiment, lorsque le prestataire est établi à l'étranger, le BOI-TVA-DECLA-10-10-20 nº 180 fait primer le dispositif général d'autoliquidation (nº 50695) sur le dispositif spécifique prévu pour ces prestations par l'article 283, 2 nonies du CGI (précision f ci-dessous). Ces dispositions sont en contradiction avec le nº 30 du même BOI qui prévoit que, notamment, les opérations soumises à autoliquidation en application de l'article 283, 2 nonies précité restent soumises aux règles qui leur sont propres. Par conséquent, en application du paragraphe 30, les opérations de sous-traitance de travaux immobiliers ne devraient pas, en principe, être soumises au dispositif général d'autoliquidation prévu à l'article 283, 1-al. 2 du CGI.

2. Lorsqu'il est constaté une urgence impérieuse tenant à un **risque de fraude à la TVA** présentant un caractère soudain, massif et susceptible d'entraîner pour le Trésor des pertes financières considérables et irréparables, un arrêté du ministre chargé du budget peut prévoir que la taxe est acquittée par l'assujetti destinataire des biens ou le preneur de services (CGI art. 283, 2 decies).

3. Sur l'amende applicable en cas de **défaut d'autoliquidation** : voir nº 56290.

4. Outre les dispositifs mentionnés ci-dessus, il existe deux autres dispositifs communément désignés sous le terme d'« autoliquidation » concernant les importations (nº 49612) et les livraisons à soi-même (nºs 47370 s.).

› Précisions **a.** Toute **personne** (qu'elle soit ou non redevable de la TVA) qui a été **autorisée à recevoir** des biens ou services **en franchise,** en **suspension de taxe ou** sous le bénéfice d'un **taux réduit,** est tenue au paiement de l'impôt ou du complément de l'impôt, lorsque les conditions auxquelles est subordonné l'octroi de cette franchise, de cette suspension ou de ce taux réduit ne sont pas remplies (CGI art. 284, I).

b. Pour les livraisons et les prestations de façon portant sur des **déchets neufs d'industrie et** des **matières de récupération,** la taxe est acquittée par le destinataire ou le preneur qui dispose d'un numéro d'identification à la TVA en France (CGI art. 283, 2 sexies).

Le dispositif spécifique d'autoliquidation est **obligatoire** dès lors que le client dispose d'un numéro d'identification à la TVA, à quelque titre que ce soit. En revanche, lorsque le client ne dispose pas d'un tel numéro, la taxe est acquittée par le fournisseur ou le façonnier.

Les opérations concernées par le dispositif spécifique d'autoliquidation sont les **livraisons** de déchets neufs d'industrie (entendus de façon générale comme les chutes de fabrication inutilisables en l'état, c'est-à-dire qui ne peuvent être normalement reprises en fabrication sans une préparation ou un traitement préalable) et de matières de récupération (produits et objets hors d'usage ou mis au rebut et récupérés en vue d'être valorisés ou recyclés dans un nouveau processus de production, provenant des particuliers, des entreprises ou des collectivités), ainsi que les prestations de **façon.** Les acquisitions intracommunautaires et les importations de ces produits sont imposées dans les conditions de droit commun (nºs 49160 s. et 49610 s.).

c. Pour les **transferts de quotas d'émission de**

gaz à effet de serre, au sens de l'article 3 de la directive 2003/87/CE du 13 octobre 2003, et d'autres unités pouvant être utilisées par les opérateurs en vue de se conformer à cette directive, la taxe doit être autoliquidée par l'assujetti bénéficiaire du transfert (CGI art. 283, 2 septies).

Il en va de même, depuis le 1er janvier 2020, pour les **transferts de certificats de garanties d'origine et de garanties de capacités** mentionnées aux articles L 314-14 et L 335-3 du Code de l'énergie (Loi 2019-1479 du 28-12-2019 art. 170).

d. S'agissant des **services de communication électroniques** non soumis à la taxe fiscale de l'article 302 bis KH du CGI, la taxe doit être autoliquidée par l'acquéreur identifié à la TVA en France (CGI art. 283, 2 octies).

Sont concernés par ce dispositif les **services** de communication électroniques **acquis en vue de leur revente** par les fournisseurs de communications électroniques : ventes en gros de services fixes (abonnement de téléphonie fixe et Internet, services à valeur ajoutée) ou mobiles (voix et messagerie, Internet, SMS, MMS, email, services à valeur ajoutée), dont la fourniture de services de télécommunication sous forme de cartes prépayées ou de recharge ; ventes en gros de services de capacité ; prestations d'interconnexion et d'accès, accès dégroupé au réseau local de télécommunication, fourniture en gros de bandes passantes ; prestations d'itinérance (BOI-TVA-DECLA-10-10-20 n° 490).

e. Pour les **travaux de construction,** y compris ceux de réparation, de nettoyage, d'entretien, de transformation et de démolition effectués en relation avec un bien immobilier situé en France, **par** une **entreprise sous-traitante,** au sens de l'article 1er de la loi 75-1334 du 31 décembre 1975 relative à la sous-traitance, **pour** le compte d'un **preneur assujetti,** la taxe est acquittée par le preneur (CGI art. 283, 2 nonies).

53707 **Solidarité en paiement de la TVA** L'assujetti en faveur duquel a été effectuée une livraison de biens ou une prestation de services et qui savait, ou ne pouvait ignorer, que tout ou partie de la TVA due sur cette livraison, ou sur toute livraison antérieure des mêmes biens, ou sur cette prestation ou toute prestation antérieure des mêmes services ne serait pas reversée, de manière frauduleuse, est solidairement tenu, avec la personne redevable, d'acquitter cette taxe. Ces dispositions, destinées à lutter notamment contre la **fraude de type « carrousel »,** et celles prévues par l'article 272, 3 du CGI (n° 55270) ne peuvent pas être cumulativement mises en œuvre pour un même bien ou un même service (CGI art. 283, 4 bis). Toutefois, cette règle de non-cumul ne vaut, selon le Conseil d'État, qu'à l'égard d'un même opérateur, les deux dispositifs pouvant être mis en œuvre de manière cumulative à l'égard de deux opérateurs distincts de la chaîne frauduleuse (CE 29-5-2017 n° 396896 : RJF 8-9/17 n° 798).

L'**administration** doit apporter la **preuve,** sur la base d'éléments objectifs incontestables, que l'acquéreur des biens ou le preneur des services avait connaissance de la fraude.

À défaut de tels éléments, elle doit prouver, à partir d'éléments de fait, que l'acquéreur des biens ou le preneur des services ne pouvait ignorer l'existence de la fraude. La solidarité ne concerne que la taxe non reversée par le redevable principal, à l'exclusion des pénalités ou intérêts de retard (BOI-TVA-DECLA-10-10-30).

› Précisions Un dispositif similaire a été mis en place pour combattre la **fraude** liée à l'utilisation indue du régime de la **marge** sur les ventes de **véhicules d'occasion** : voir n° 61050, remarque.

D'**autres dispositifs** de solidarité en paiement de la TVA (ou du complément de taxe) sont également prévus concernant :
– les opérateurs de **plateforme en ligne** : voir ci-après n° 53708 ;
– le **donneur d'ordre de travaux à façon** : voir n° 52390 ;
– le **preneur de travaux dans le logement** bénéficiant du taux réduit ou du taux intermédiaire : voir nos 53048 et 53285 ;
– le **vendeur** s'agissant des **livraisons d'or** d'investissement imposées sur option et des livraisons d'or industriel : voir nos 61890 et 61850, précision b.

53708 Depuis le **1er janvier 2020,** les entreprises qui, en qualité d'**opérateurs de plateforme en ligne,** mettent en relation à distance, par voie électronique, des personnes en vue de la vente d'un bien, de la fourniture d'un service ou de l'échange ou du partage d'un bien ou d'un service peuvent, quel que soit leur lieu d'établissement, être **solidairement tenus** de payer la **TVA due par les personnes suivantes** :
– les **assujettis,** quel que soit leur lieu d'établissement (France, autre État membre de l'UE, pays tiers), qui effectuent ou fournissent à destination ou **au profit de personnes non assujetties,** par l'intermédiaire d'une plateforme en ligne, des **livraisons de biens ou** des **prestations de services dont le lieu d'imposition est situé en France** (CGI art. 283 bis) ;
– les **personnes,** quel que soit leur lieu d'établissement (France, autre État membre de l'UE, pays tiers), qui réalisent, par le biais d'une plateforme en ligne, des **importations taxables en France** (CGI art. 293 A ter).

Le mécanisme de solidarité en paiement peut être mis en œuvre à la suite d'un signalement effectué par l'administration fiscale auprès de l'opérateur de la plateforme en ligne selon lequel il existe des présomptions que l'assujetti concerné se soustrait à ses obligations en matière de déclaration ou de paiement de la TVA.

Lorsqu'un assujetti lui a été signalé, l'**opérateur de la plateforme en ligne** doit **prendre les mesures** de nature à permettre à cette personne de régulariser sa situation et notifier à l'administration les mesures prises. Si les présomptions persistent après un délai d'un mois à compter de la notification des mesures par l'opérateur ou, s'il n'a pas procédé à une telle notification, à compter du signalement qui lui a été fait, l'administration peut mettre l'opérateur en demeure de prendre des mesures supplémentaires ou, à défaut, d'exclure la personne concernée de la plateforme en ligne. L'opérateur doit notifier à l'administration les mesures prises. En l'**absence de mise en œuvre** des mesures ou de l'exclusion susvisées après un délai d'un mois à compter de la notification des mesures supplémentaires ou, à défaut d'une telle notification, à compter de la mise en demeure de l'opérateur par l'administration, la taxe dont est redevable la personne est solidairement due par l'opérateur.

› Précisions a. Les **modalités d'application** du mécanisme de solidarité en paiement sont fixées par les articles 190 à 192 bis de l'annexe IV au CGI.

b. L'**identité des opérateurs de plateforme** en ligne qui ont fait l'objet d'une mise en recouvrement de la taxe en tant que redevables solidaires est **susceptible d'être publiée** sur le site Internet de l'administration (nº 80330).

c. À compter du **1er janvier 2021**, les opérateurs de plateformes en ligne ne seront plus concernés par ce dispositif pour les ventes à distance de biens importés de pays ou de territoires tiers contenus dans des envois dont la valeur intrinsèque n'excède pas 150 € ou des livraisons de biens dans l'UE réalisées par des assujettis établis hors de l'UE, opérations pour lesquelles ils seront considérés à compter de cette date comme ayant reçu et livré les biens (c'est-à-dire comme des acheteurs-revendeurs).

RÉGIME DE DROIT COMMUN

Principes Les redevables de la TVA soumis, de plein droit ou sur option, au régime réel normal d'imposition sont tenus de souscrire **chaque mois** une **déclaration CA 3** indiquant, pour le mois précédent, d'une part, le montant total **des opérations** réalisées et, d'autre part, le détail des opérations taxables (par exemple, les opérations réalisées en janvier doivent être déclarées en février). **53710** CGI art. 287, 1 et 2-al. 1 et 3 et 1692 RIE-IV-10100 s

Cependant, lorsque la **taxe** exigible annuellement est **inférieure à 4 000 €,** ils sont admis à souscrire leurs déclarations par **trimestre civil.**

Le **paiement de l'impôt** intervient **au moment** même de la souscription **de la déclaration.**

Les **dates limites** de souscription des déclarations de chiffre d'affaires et de paiement des taxes correspondantes sont fixées sur le plan national selon l'**échéancier** donné au nº 53725.

Les entreprises possédant **plusieurs établissements** ne doivent souscrire qu'un seul relevé pour les opérations réalisées dans l'ensemble de leurs établissements.

53715

› Précisions a. Si, au cours d'un mois (ou d'un trimestre), il n'a été effectué aucune opération donnant ouverture à l'impôt, le redevable doit néanmoins souscrire une **déclaration « néant ».**

Les redevables qui exercent une **activité saisonnière** peuvent, sur demande expresse adressée au service des impôts dont ils relèvent, être dispensés de cette formalité pendant la période de fermeture de leurs établissements.

D'autre part, les personnes qui réalisent d'une manière constante et exclusive des **opérations exonérées** de la TVA peuvent être dispensées de la souscription de déclaration par le service des impôts.

Les titulaires de **revenus non commerciaux** placés sous un régime réel d'imposition qui n'effectuent **pas plus de quatre opérations taxables par an** (conseils de sociétés, par exemple) peuvent, sur demande adressée au service des impôts dont ils dépendent, être autorisés à ne souscrire des déclarations CA 3 que lors de la perception des honoraires taxables (souscription à effectuer le mois suivant cette perception).

Sur la situation des **auteurs** n'ayant pas renoncé à la retenue à la source et qui perçoivent des droits de plusieurs sources : voir nº 61710, a.

b. Durant la **période des congés payés,** les entreprises sont autorisées à verser, dans le délai légal et au titre du mois dont la comptabilité ne peut être arrêtée à temps, un acompte au moins égal à 80 % soit de la somme acquittée le mois précédent (au titre de la TVA et des taxes assimilées), soit de la somme réellement exigible (au même titre). La situation de l'entreprise doit être régularisée lors de la déclaration souscrite au titre du mois suivant.

c. Les entreprises connaissant d'importantes difficultés de trésorerie peuvent se voir accorder des **délais supplémentaires de paiement** : voir nos 76670 s.

d. Les **entreprises** dont le montant de taxe exigible annuellement est inférieur à 4 000 € et qui ont été **autorisées à souscrire des déclarations trimestrielles** peuvent **revenir à** une **périodicité mensuelle** (afin de bénéficier notamment du remboursement mensuel de leurs crédits de taxe non imputables : nº 56640). Le choix pour le retour à une périodicité mensuelle de souscription des déclarations doit être formulé au plus tard dans le mois qui précède la souscription de la première déclaration mensuelle de TVA. Il prend effet à compter du 1er jour du trimestre civil au cours duquel le choix a été exprimé et vaut pour l'année entière (Inst. 3 D-2-09 nos 14 et 15, non reprise dans Bofip).

e. Les **insuffisances** de déclaration peuvent, en principe, être **corrigées spontanément** en ajoutant les recettes non déclarées au chiffre d'affaires taxable porté sur la déclaration relative au mois de la découverte de l'omission. Le montant des recettes omises, ventilées par taux, doit alors être inscrit dans le cadre réservé à la correspondance, avec l'indication de la TVA correspondante et de la période de réalisation des opérations. Toutefois, dans les cas suivants, la correction des omissions ne peut être faite que par la souscription de déclarations rectificatives : **déclaration initiale** (à laquelle est rattachée l'erreur) **créditrice** suivie d'un remboursement de crédits de taxe ; **déclaration initiale débitrice** pour laquelle le montant de TVA rectifié excède 4 000 € en droits (BOI-TVA-DECLA-20-20-20-10 n°s 240 et 245).

53720 CGI art. 1649 quater B quater, III et 1695 quater RIE-IV-11400 s

Mode de déclaration et de paiement de l'impôt **Toutes les entreprises** ont l'**obligation** de déclarer et payer la TVA par voie électronique (**télédéclaration et télérèglement**) (BOI-BIC-DECLA-30-60-40 n° 1).

Cette obligation concerne donc, en principe, non seulement les entreprises établies en France (y compris les DOM), mais également celles établies à l'étranger qui réalisent sur le territoire national des opérations imposables à la TVA (s'agissant du télérèglement par les entreprises établies à l'étranger, voir toutefois n°s 50640, précision d et 50645, précision e).

> Précisions **a.** L'obligation, pour tous les redevables, de télétransmettre leurs déclarations de chiffre d'affaires, qui sont par définition dématérialisées, rend en pratique sans portée les dispositions des articles 32 et 33 de l'annexe IV au CGI fixant le lieu de dépôt de ces déclarations. Les principes résultant de ces dispositions gardent cependant un intérêt pour déterminer le **service des impôts dont dépendent les redevables** et auquel ils doivent s'adresser en cas de besoin (courriers, réclamations, etc.). Ces principes sont rappelés ci-après.

1. Le service des impôts dont dépendent les redevables est, en **principe,** le suivant :
– entreprises ou sociétés non soumises à l'IS : service du lieu de leur direction ou de celui d'exercice de la profession ;
– sociétés passibles de l'IS : service du lieu du principal établissement (n° 36350).

Dans certains cas, les adresses de domiciliation peuvent être retenues pour déterminer le service compétent.

2. Les commentaires concernant le service compétent pour les **loueurs en meublé** sont exposés au n° 90635, précision b.

3. Les règles suivantes s'appliquent aux personnes qui sont redevables de la TVA à raison de **locations de nature civile** (locations d'immeubles nus à usage professionnel imposées par option, locations d'emplacements de parking).

Les **personnes physiques** propriétaires d'immeubles loués ou de monuments historiques ouverts au public dont les loyers ou les recettes taxables sont imposables à l'**IR dans la catégorie des revenus fonciers** dépendent du service des impôts du lieu de situation de l'immeuble ou, en cas de pluralité d'immeubles, du service du lieu de situation du bien dont le chiffre d'affaires est le plus élevé. Pour les immeubles en indivision, cette règle s'applique à l'indivisaire ou au mandataire qui encaisse les loyers.

Dans les **autres situations** (**personnes physiques** dont les loyers sont imposables à l'IR dans la catégorie des **BIC, personnes morales**), les redevables dépendent du service des impôts des entreprises du lieu de souscription de la déclaration de revenus correspondante. Pour les immeubles indivis, le service compétent est celui dont dépend la personne qui encaisse les loyers.

Les mêmes règles s'appliquent aux redevables résidant dans les **DOM** qui louent en métropole des locaux visés ci-dessus. Ceux résidant en Guyane ou à Mayotte dépendent, en métropole, du service des impôts du lieu de situation de l'immeuble loué, ou, en cas de pluralité d'immeubles, du service du lieu de situation du plus important (BOI-TVA-DECLA-20-20-10-20 n°s 200 à 240).

b. Les **collectivités locales** relèvent également de l'obligation de télédéclarer et télépayer la TVA et les taxes assimilées (BOI-BIC-DECLA-30-60-40 n° 60).

53722 Les **déclarations** de TVA **concernées par** l'obligation de **télédéclaration** et de télérèglement visée n° 53720 sont, pour les redevables au **réel normal** (ou mini-réel), les déclarations 3310-CA3-SD (CA 3) et, le cas échéant, leurs annexes n° 3310-A-SD (taxes spéciales) et 3310-ter-SD (secteurs d'activités distincts), les déclarations 3515-SD (acomptes provisionnels), ainsi que les demandes n° 3519-SD (demandes de remboursement de crédits de TVA). À noter que cette obligation s'applique également aux déclarations 3517-S-SD (CA 12/CA 12E) et aux relevés d'acomptes semestriels 3514-SD (**régime simplifié**), aux déclarations 3517-AGR-SD (CA 12A/CA 12AE) et aux bulletins d'échéance 3525-BIS-SD (**régime simplifié agricole**).

Le **non-respect de l'obligation** de télédéclaration et/ou de télérèglement est sanctionné par une **majoration** de 0,2 % du montant des droits correspondant à la déclaration déposée suivant un autre procédé et/ou du montant des sommes dont le versement a été effectué selon un autre mode de paiement (n° 80200). En cas de **souscription tardive** de la déclaration en contravention avec l'obligation de télédéclaration ou en cas de **paiement tardif** par un moyen autre que le télérèglement, seules les sanctions de droit commun visées au n° 53730 sont appliquées (BOI-CF-INF-10-40-50 n° 30).

53725 CGI ann. IV art. 39

Échéancier des dates limites de souscription des déclarations et de paiement Le tableau figurant ci-après présente la date limite à laquelle les redevables au **réel normal** de chaque catégorie doivent, chaque mois au titre du mois précédent (ou, le cas échéant, dans le premier mois de chaque trimestre civil, au titre du trimestre précédent), déclarer et acquitter la TVA. C'est également cet échéancier que doivent respecter les redevables relevant du **régime simplifié.**

En cas de **cession** ou de **cessation d'activité,** les redevables relevant du **réel normal** doivent souscrire leur **dernière déclaration** CA 3 dans les **30 jours** (CGI art. 287, 4) pour les redevables relevant du régime simplifié : voir nº 86900.

Catégories d'entreprises	Date limite
I. Paris, Hauts-de-Seine, Seine-Saint-Denis et Val-de-Marne	
a. Entreprises individuelles	
Nom patronymique de l'exploitant commençant par :	
– A, B, C, D, E, F, G, H	15
– I, J, K, L, M, N, O, P, Q, R, S, T, U, V, W, X, Y, Z	17
b. Toutes sociétés autres que les sociétés anonymes	
Numéro d'identification attribué par l'Insee commençant par l'un ou l'autre des groupes de deux chiffres ci-après :	
– 00 jusqu'à 68 inclus	19
– 69 jusqu'à 78 inclus	20
– 79 jusqu'à 99 inclus	21
c. Sociétés anonymes	
Numéro d'identification attribué par l'Insee commençant par l'un ou l'autre des groupes de deux chiffres ci-après :	
– 00 jusqu'à 74 inclus	23
– 75 jusqu'à 99 inclus	24
d. Autres redevables (collectivités locales, associations, etc.)	24
II. Autres départements	
a. Entreprises individuelles	
Nom patronymique de l'exploitant commençant par :	
– A, B, C, D, E, F, G, H	16
– I, J, K, L, M, N, O, P, Q, R, S, T, U, V, W, X, Y, Z	19
b. Toutes sociétés autres que les sociétés anonymes	21
c. Sociétés anonymes	24
d. Autres redevables (collectivités locales, associations, etc.)	24

Remarques : **1.** Ainsi qu'il est indiqué dans le tableau, les dates sont différentes selon que le lieu d'imposition du redevable est situé soit à Paris (ou départements limitrophes), soit dans les autres départements, et aussi, pour les sociétés de la région parisienne, selon le **numéro d'identification** attribué par l'Insee, lequel ne doit pas être confondu avec le numéro de code « Activité principale exercée », ou code APE, également attribué par l'Insee.

2. Pour les **exploitantes individuelles mariées,** la date d'échéance est déterminée en fonction de leur nom de jeune fille (et non pas de leur nom d'épouse).

3. Lorsque la **date limite** prévue par l'échéancier pour la souscription des déclarations et le paiement des taxes tombe **un samedi, un dimanche ou un jour férié,** la date d'expiration du délai est reportée au premier jour ouvrable suivant (CGI ann. IV art. 39, 1-3º).

Sanctions Le **défaut ou retard de** souscription de **la déclaration** CA 3 est susceptible d'entraîner la taxation d'office au titre de la période correspondant à cette déclaration (mois ou trimestre) et l'application d'un intérêt de retard et d'une majoration de droits (voir nºs 79060 s. et 80075 s.). Lorsque la déclaration ne donne pas lieu à paiement de taxe (déclaration négative, par exemple), l'infraction est sanctionnée par une amende fiscale (voir nº 80190). 53730

Quant au simple **retard de paiement** de l'impôt exigible, il entraîne l'application d'un intérêt de retard et d'une majoration (voir nºs 80160 s.).

Non-respect de l'obligation de **télédéclaration** ou de **télérèglement** : voir nº 53722.

RÉGIME DES ACOMPTES PROVISIONNELS

53740
CGI art. 287, 2-al. 2 et 1693
RIE-IV-12200 s

Ce régime permet aux redevables qui éprouvent des difficultés pour transmettre leurs déclarations de chiffre d'affaires dans les délais réglementaires de bénéficier d'un **délai supplémentaire d'un mois** pour souscrire leur **déclaration** ; corrélativement, ils doivent verser, **dans le délai normal,** un **acompte** évalué dans des conditions prévues par la loi, la **régularisation** étant effectuée le mois suivant lors de la transmission de la déclaration.

L'application de ce régime, qui ne concerne que les redevables souscrivant des déclarations mensuelles, est subordonnée à une **autorisation préalable** de l'administration. À cet effet, le redevable doit présenter une **demande motivée** au service des impôts dont il dépend pour le paiement de la TVA. Il doit **justifier** qu'en raison de la nature de ses activités ou de la structure particulière de son entreprise il n'est pas en mesure d'établir ses déclarations dans le délai normal.

L'autorisation peut être retirée à tout moment lorsque les conditions requises cessent d'être remplies.

53745 Dans la pratique, le **fonctionnement** du régime des acomptes provisionnels est le suivant :
1. Pour les opérations réalisées au cours du **premier mois** (m) d'application du régime, les redevables versent au cours du **deuxième mois** (m + 1), et dans le délai habituel de paiement (nº 53725), un acompte qu'ils évaluent eux-mêmes et qui doit être au moins égal à 80 % de la somme réellement due.

Ce versement est accompagné d'une déclaration CA 3 portant :
– dans le cadre réservé à la correspondance, la mention « Acompte pour le mois de… (m) »,
– dans le cadre « Décompte de la TVA à payer », ligne 5B (« sommes à ajouter »), le montant de l'acompte versé.

2. Ils transmettent au cours du **troisième mois** (m + 2), la déclaration de chiffre d'affaires proprement dite établie dans les conditions habituelles et servie dans toutes ses parties. Ils transmettent (par voie électronique : nº 53722) également un bulletin de régularisation nº 3515-SD faisant apparaître la somme à verser effectivement, compte tenu de l'impôt dû, de l'acompte déjà versé et du nouvel acompte évalué pour le deuxième mois (m + 1). Les lignes 5B (« sommes à ajouter ») et 2C (« sommes à imputer ») de la déclaration CA 3 sont servies d'après le bulletin nº 3515-SD. Enfin, la somme à payer est acquittée.

3. Pour chacun des **mois suivants,** il est opéré comme indiqué au 2 ci-dessus, chaque déclaration CA 3 – transmise dans le délai normalement imparti majoré d'un mois – étant accompagnée du bulletin de régularisation correspondant.

> **Précisions** **a.** Lorsque l'**acompte** versé se révèle **inférieur à 80 %** de la somme réellement due, le redevable encourt l'**intérêt de retard** et la majoration mentionnés aux nºs 80160 s. (CGI art. 1784) ; cet intérêt est appliqué sur la différence entre l'acompte théorique de 80 % et l'acompte réellement versé.
> **b.** Pendant la **période de congés payés,** les entreprises placées sous le régime des acomptes provisionnels peuvent bénéficier de la tolérance signalée au nº 53715, précision b, sous réserve cependant de modalités particulières de régularisation (BOI-TVA-DECLA-20-20-10-10 nº 290).
> **c.** Un régime particulier est prévu pour les **agriculteurs** (nºs 59885 s.).

GROUPES DE SOCIÉTÉS

53750
CGI art. 1693 ter
RIE-IV-12600 s

Les groupes de sociétés remplissant les conditions ci-après (nº 53751) peuvent opter pour la **centralisation,** au niveau de la société tête de groupe, du **paiement de la TVA et des taxes assimilées** dues par l'ensemble (ou seulement certaines) des sociétés membres du groupe ou, le cas échéant, du remboursement par l'administration des crédits de taxe déductible dont celles-ci bénéficient.

Le régime de consolidation s'applique à compter du premier jour du **premier exercice comptable suivant la formulation de l'option.**

53751 **Groupes concernés** Peuvent opter pour le régime de la consolidation du paiement de la TVA les groupes remplissant les conditions suivantes :
– la société **tête de groupe** doit **détenir,** directement ou indirectement, **plus de 50 %** du **capital ou des droits de vote** des filiales. La détention doit être continue sur toute la période couverte par l'option ;
– les **membres du groupe** (y compris la tête de groupe) doivent, d'une part, relever de la Direction des grandes entreprises (**DGE** : voir nº 87410), d'autre part, ouvrir et clôturer leurs **exercices comptables aux même dates** et, enfin, relever du **régime réel** normal d'imposition en matière de **TVA** (sans être soumis au régime des acomptes provisionnels exposé nºs 53740 s., ni souscrire de déclarations trimestrielles).

> **Précisions** Pour les **groupes bancaires mutualistes,** la condition tenant aux liens en capital n'est pas exigée : l'option pour la consolidation du paiement de la TVA peut être exercée par l'organe central ou une caisse départementale ou interdépartementale, à condition que le groupe soit placé sous le régime de l'intégration fiscale (nºs 40150 s.).

53752
CGI ann. III art. 384 D

Modalités et durée de l'option L'option doit être formulée par la société tête de groupe **auprès de la DGE** avant le début du premier exercice au titre duquel il demande l'application du régime de groupe. Elle ne peut être exercée qu'avec l'**accord des membres** du groupe intéressés (formalisé dans une attestation conforme au modèle établi par l'administration).

Elle couvre obligatoirement une **période initiale** de trois exercices comptables : elle prend **effet** pour la taxe exigible à compter du premier jour du premier exercice comptable suivant celui au cours duquel elle aura été exprimée, et peut être dénoncée au cours du premier mois du troisième exercice comptable suivant la prise d'effet de l'option. La dénonciation prend effet le premier jour de l'exercice au cours duquel elle est formulée. À défaut de dénonciation, l'option continue de produire ses effets tant qu'il n'y est pas mis fin.

Exemple : Une société tête de groupe, dont les membres ont des exercices comptables coïncidant avec l'année civile, formule l'option le 15 mars 2019. Cette option s'appliquera à compter du 1er janvier 2020 et pourra être dénoncée entre le 1er janvier et le 31 janvier 2023, avec effet au 1er janvier 2023.

> **Précisions** **a.** L'option est notifiée sur papier libre selon le **modèle** établi par l'administration. Doivent être **joints** les **documents** suivants : la liste des membres du groupe (formulaire n° 3310-CA3-P-SD) et les attestations par lesquelles les membres font connaître leur accord pour que le redevable du groupe s'acquitte à leur place de la TVA et des taxes assimilées.
>
> **b.** Le **périmètre de la consolidation** du paiement de la TVA peut être modifié au cours de la période couverte par l'option : la société tête de groupe peut, avec leur accord, exclure certains membres du groupe ou en introduire de nouveaux. Les **modifications** du périmètre de consolidation du paiement de la TVA ne peuvent cependant prendre effet qu'à compter du second exercice compris dans la période initiale de l'option et n'ont pas d'incidence sur la durée de cette période.
>
> Le redevable du groupe adresse à la DGE, au plus tard à la date de la clôture de chacun des exercices arrêtés au cours de la période de validité de l'option, la liste des personnes morales membres du groupe mise à jour pour l'exercice suivant (formulaire 3310-CA3-P-SD). Dans le même délai, il adresse, le cas échéant, les attestations produites par les entités devenant membres du groupe.
>
> **c.** L'**appartenance** d'un membre **au groupe cesse** à compter du 1er jour du mois suivant celui au cours duquel les conditions mentionnées au n° 53751 cessent d'être remplies. Le membre en informe le service des impôts dont il dépend au plus tard avant la date limite de souscription des déclarations présentée n° 53725.

Fonctionnement du régime de consolidation Une fois l'option entrée en vigueur, le fonctionnement de la consolidation du paiement de la TVA est le suivant. 53753

Les sociétés **membres du groupe** (y compris la société mère) ne sont pas déliées de leurs obligations déclaratives : elles doivent donc, dans les délais habituels, transmettre leur **déclaration CA 3** de TVA, sans toutefois l'accompagner d'un paiement ni d'une demande de remboursement (la case 0005 de la CA 3 doit être cochée).

La société **tête de groupe** transmet **en outre,** chaque mois, une **déclaration récapitulative** (formulaire n° 3310-CA3G-SD). En cas de solde positif entre la somme des taxes nettes dues et la somme des crédits de taxe résultant des déclarations souscrites par les membres concernés, la déclaration est accompagnée d'un **paiement** de TVA égal à ce solde. En cas de solde négatif, la société tête de groupe pourra soit en **demander le remboursement,** soit le reporter sur la déclaration récapitulative suivante. La déclaration récapitulative doit également être accompagnée du paiement des taxes assimilées à la TVA dues par les membres.

La date limite particulière pour la transmission de la déclaration récapitulative est fixée au 24 du mois suivant celui concerné par la déclaration.

Remarque : Même si le redevable commun du groupe est la société tête de groupe, **chaque membre** reste **solidairement tenu** avec la tête de groupe au paiement de la TVA et des taxes assimilées (et, en cas d'infraction, des pénalités correspondantes) à hauteur des droits et pénalités dont il serait redevable en l'absence d'option. En revanche, le redevable du groupe encourt seul les pénalités pour infractions liées au recouvrement de la TVA et des taxes assimilées.

> **Précisions** **a.** Le **crédit de TVA** constaté par une société membre du groupe au titre d'une **période antérieure à l'entrée en vigueur de l'option** pour la consolidation du paiement de la TVA est obligatoirement remboursé à cette société et ne peut pas être reporté sur une déclaration dont les éléments sont pris en compte au niveau de la déclaration récapitulative.
>
> Inversement, le crédit de TVA constaté sur la déclaration d'un membre du groupe **pendant l'application du régime de consolidation** ne peut pas faire l'objet d'un report sur une déclaration ultérieure de cette société ; il ne peut être utilisé que par la société tête du groupe. En cas de dénonciation ou de caducité de l'option, le crédit de TVA existant à l'issue de la période couverte par l'option fait l'objet d'une restitution à la société tête de groupe (CGI art. 1693 ter A).
>
> Par exception, lorsqu'un membre mentionne sur une déclaration souscrite pendant l'application du régime de groupe, dans le délai prévu n° 56340, un montant de TVA collectée à tort ou dont la déduction a été omise sur une déclaration souscrite avant la prise d'effet du régime, ce montant est pris en compte pour la détermination de la TVA due par le groupe (BOI-TVA-DECLA-20-20-50 n° 340).
>
> **b.** Les déclarations de TVA des membres concernés restent soumises au **contrôle** de l'administration dans les conditions habituelles (n° 53755), sous réserve des dispositions spécifiques suivantes :
>
> – lorsque des rectifications sont envisagées, l'**indication des conséquences financières** de ces rectifications dans la proposition de rectification ou dans la notification des bases d'imposition d'office adressée à la société porte, en ce qui concerne la TVA, les taxes assimilées et les pénalités correspondantes, sur les montants dont elle aurait été redevable en l'absence d'appartenance au groupe (LPF art. L 48, al. 3) ;
>
> – la taxe mentionnée sur les déclarations des membres du groupe et qui a concouru à la détermination du crédit de taxe dont bénéficie la société tête de groupe peut être remise en cause à hauteur du montant de ce crédit, même si le

délai de reprise visé n° 77725 est expiré. Si le groupe a cessé d'exister, cette règle demeure applicable pour le contrôle des crédits de taxe constatés sur les déclarations des membres du groupe pendant l'application du régime de consolidation et transmis à la société tête de groupe (LPF art. L 176, al. 5 et 6) ;
– l'obligation de **justifier** du montant de la taxe déductible et du crédit de taxe dont le bénéfice est demandé, par la présentation de documents même établis antérieurement à l'ouverture de la période non prescrite, s'applique aux membres d'un groupe consolidé pour la taxe déductible et le crédit de taxe dont la société tête de groupe a demandé à bénéficier (LPF art. L 177, al. 2).

53754 **Cessation du régime** Le régime de groupe prend fin pour tous ses membres lorsque le **redevable du groupe dénonce** l'option à l'issue de la période minimale de trois exercices comptables. Il en va de même lorsque le redevable du groupe **reste seul membre,** lorsqu'il **ne relève plus du régime normal** d'imposition à la TVA ou lorsqu'il **cesse d'être assujetti** à la TVA en France.

En cas de cessation du régime de groupe, le **crédit de TVA** constaté sur la déclaration récapitulative souscrite au titre du dernier mois d'application du régime est transmis définitivement au redevable du groupe. Il donne lieu à remboursement à ce dernier, sans que lui soient opposés les seuils minimums de remboursement prévus n°s 56630 et 56640.

Tout assujetti faisant partie d'un groupe qui a cessé devient à nouveau redevable de la TVA et des taxes assimilées liquidées sur ses propres opérations à compter du premier jour du mois suivant celui de la fin du groupe et doit acquitter les taxes exigibles dans les conditions de droit commun.

› Précisions **a.** Lorsque le **redevable du groupe est absorbé** par un assujetti à la TVA pendant l'application du régime de groupe de consolidation, le groupe cesse à moins que l'absorbante ne se constitue redevable de la TVA et des taxes assimilées dues par le groupe.
Elle informe l'administration au cours du mois de la fusion de la modification du périmètre du groupe et joint les attestations d'accord des membres. L'absorbant doit satisfaire les conditions pour être membre et redevable du groupe. Son exercice comptable doit notamment clôturer à la même date que les membres du groupe. La durée d'application du régime optionnel de consolidation est décomptée à partir de la prise d'effet de l'option notifiée initialement par la société absorbée.
Lorsque la société absorbante avait elle-même constitué, précédemment à l'opération de fusion, un groupe de consolidation, elle peut élargir le périmètre de ce groupe et se constituer seule redevable de la TVA et des taxes assimilées dues par ses membres et les membres du groupe dont le redevable commun est absorbé. Tous les membres du groupe ainsi formé doivent clôturer leur exercice comptable à la même date. L'absorbante informe l'administration au cours du mois de la fusion de l'élargissement du périmètre de son groupe et joint les attestations d'accord des nouveaux membres. La durée d'application du régime optionnel de consolidation est alors décomptée à partir de la prise d'effet de l'option notifiée par la société absorbante (BOI-TVA-DECLA-20-20-50 n°s 570 et 580).
b. Pour les **groupes bancaires mutualistes,** le régime de paiement consolidé de la TVA cesse également du fait de la seule sortie d'une des banques, caisses et sociétés membres du groupe bancaire (BOI précité n° 590).

CONTRÔLE DES DÉCLARATIONS

53755 Toute personne redevable de la TVA est tenue de fournir aux agents des impôts, ainsi qu'à ceux des autres services financiers désignés par décret pour chaque catégorie de redevables, tant au principal établissement que dans les succursales ou agences, toutes justifications nécessaires à la fixation des opérations imposables (CGI art. 286, I-4°).

D'une manière plus générale, la loi confère à l'administration fiscale le pouvoir de vérifier et, s'il y a lieu, de rectifier les déclarations de chiffre d'affaires.

L'ensemble des règles applicables en cette matière est exposé n°s 77500 s.

On se reportera aux explications données dans cette étude pour ce qui concerne **notamment** :
– l'exercice par l'administration de son droit de contrôle (n°s 77860 s.), dont l'une des formes est constituée par les vérifications de comptabilité (n°s 78110 s.) ;
– le délai de reprise (prescription ; n°s 77700 s.) ;
– les procédures de rectification (procédure normale ; imposition d'office ; n°s 78480 s.) ;
– les pénalités pour insuffisance de déclaration (n°s 80000 s.) ;
– les réclamations que les contribuables peuvent formuler contre les bases d'imposition retenues par l'administration (n°s 81650 s.).

› Précisions On rappelle que des **particularités** sont prévues en ce qui concerne le contrôle des membres d'un **groupe ayant opté pour la centralisation du paiement de la TVA** (voir n° 53753, précision b).

E. Récupération de la taxe en cas d'opérations résiliées, annulées ou impayées

La **TVA** acquittée **à l'occasion** d'opérations (**ventes ou services**) qui sont par la suite **résiliées, annulées ou** dont les créances correspondantes sont devenues définitivement irrécouvrables (opérations **impayées**) peut être récupérée par le **redevable qui l'a acquittée** ; cette récupération se fait par voie d'imputation sur les taxes dues ultérieurement ou, le cas échéant, par voie de remboursement. 53780 CGI art. 272, 1 TVA-IX-30400 s

Il en est de même lorsqu'une partie seulement du prix demeure impayée, notamment en cas de **rabais,** ristournes ou remises consentis après l'établissement de la facture initiale (nos 52315 et 52320).

Dans cette hypothèse, de même qu'en cas d'**impayé partiel,** la récupération ne peut porter que sur la fraction de la taxe afférente à la partie du prix qui reste finalement impayée.

Au contraire, lorsque l'opération est entièrement résiliée, annulée ou impayée, c'est la totalité de la taxe correspondante qui peut être récupérée.

› Précisions **a.** Il n'y a pas lieu à reversement de la **taxe « d'amont »,** que l'impayé soit total ou partiel.

b. En ce qui concerne les **impayés, la procédure** spéciale décrite ici n'est pas applicable aux opérations pour lesquelles la **TVA** est **exigible lors de l'encaissement** du prix. Pour le cas où cette taxe a été acquittée dès la remise d'un **chèque** qui s'est ensuite révélé **sans provision,** on se reportera aux explications données au no 52655, précision a.

c. L'administration autorise le redevable de bonne foi à récupérer, selon la procédure décrite ici, la **taxe** qu'il a **acquittée par erreur** (voir no 53660). Toutefois, lorsque la taxe n'a pas été facturée, le recours à cette procédure n'est pas indispensable. Ainsi les **excédents de déclaration** signalés par l'administration ou constatés par les entreprises peuvent être imputés directement ligne 2C de la déclaration CA 3 assortie d'une note justificative.

d. Lorsqu'un **client assujetti étranger non établi en France** a été **facturé à tort** d'une TVA française et que cette taxe lui a déjà été remboursée selon la procédure décrite aux nos 50675 s., l'envoi d'une facture rectificative n'est pas admis (les notes d'avoir éventuelles doivent préciser que les rabais ou ristournes sont nets de taxe) et le fournisseur ou le prestataire n'est pas en droit de récupérer la taxe en cause.

En revanche, lorsque le client étranger n'a pas demandé le remboursement de cette TVA, le fournisseur ou le prestataire peut récupérer cette taxe dans les conditions suivantes : le client étranger doit informer le service des impôts de sa volonté de renoncer à obtenir le remboursement de la taxe en lui joignant la facture litigieuse ; le service des impôts doit lui adresser en retour un justificatif prenant acte de sa renonciation ; au vu de ce document, le fournisseur ou le prestataire peut adresser à son client une facture rectificative (BOI-TVA-DED-50-20-30-20 nos 30 et 40).

e. Les **commissionnaires en douane** ne peuvent pas récupérer selon cette procédure la taxe qu'ils ont versée en douane et qui ne leur a pas été remboursée par l'importateur.

f. Les fournisseurs de **tabac** peuvent récupérer selon la procédure des opérations impayées la TVA afférente aux marchandises restées impayées par les débitants.

CONDITIONS EXIGÉES POUR LA RÉCUPÉRATION

Il faut distinguer selon qu'il s'agit ou non d'opérations impayées. 53790

Opérations annulées, résiliées ou faisant l'objet d'un rabais Pour ces opérations, la récupération de la taxe est subordonnée à la **rectification de la facture initiale.** 53795

À cet effet, le redevable doit envoyer à son client :

– soit une **facture nouvelle** annulant et remplaçant la précédente ; cette facture de remplacement doit porter référence exacte à la facture initiale et la mention expresse de l'annulation de celle-ci ; elle doit, en outre, comporter l'ensemble des mentions requises ;

– soit une **note d'avoir** portant référence à la facture initiale et indiquant le montant « hors taxe » du rabais consenti ainsi que le montant de la TVA correspondante ; en cas d'impossibilité de mentionner la référence à la facture initiale (remises de fin d'année, etc.), la note d'avoir peut faire référence à un ensemble de factures ou au contrat auquel se rapportent les factures en cause (dans ce cas, la note doit préciser la période au cours de laquelle ces factures ont été émises). La note doit, en outre, mentionner les noms et adresses des parties ainsi que le montant du total hors taxe et de la TVA due après application de la réduction de prix.

Corrélativement, le client assujetti à la TVA est tenu, s'il a déjà opéré la déduction de la taxe figurant sur la facture initiale, de **rectifier** le montant de cette **déduction** à concurrence de la taxe figurant sur la facture de remplacement ou la note d'avoir.

› Précisions **a.** Si elle renonce à la récupération de la taxe (par exemple, en cas de reprise de produits périmés), la personne qui a réalisé l'opération taxable peut faire connaître à son client que l'**avoir** est **« net de taxe ».** Sous la double réserve qu'une mention dans ce sens soit apposée sur la note d'avoir et que le montant de la TVA porté sur la facture initiale ne soit pas modifié, le client est alors dispensé de procéder à la rectification de la déduction opérée au vu de cette facture.

b. Lorsqu'une facture porte mention d'un **escompte** qui sera **consenti en cas de paiement comptant ou sous un certain délai,** l'administration admet que le vendeur soit dispensé d'adresser ultérieurement une note d'avoir à ses clients, sous réserve qu'une mention apposée sur la facture précise que, dans le cas où ceux-ci usent de la faculté de bénéficier d'un escompte qui leur est offerte, seule la taxe correspondant au prix effectivement payé par eux ouvre droit à déduction. Par analogie avec la solution visée au a ci-dessus, le vendeur peut aussi renoncer à l'imputation de la taxe correspondant à l'escompte offert ; il doit, dans ce cas, apposer sur sa facture une mention précisant que l'escompte offert est « net de taxe ». La CAA de Paris a cependant accordé au client un droit à déduction intégrale de la TVA facturée (y compris donc la taxe correspondant à l'escompte) en l'absence d'une telle mention (CAA Paris 12-6-1990 n° 1927).

53800 **Opérations impayées** Dans le cas de non-paiement, total ou partiel, d'une facture, le redevable doit envoyer à son client défaillant un **duplicata de la facture** initiale avec ses indications réglementaires (prix « net » et montant de la TVA correspondante) surchargées de la **mention** ci-après en caractères très apparents :

« Facture demeurée impayée pour la somme de… € (prix net) et pour la somme de… € (TVA correspondante) qui ne peut faire l'objet d'une déduction (article 272 du CGI) ».

Les entreprises titulaires de **plusieurs** créances **impayées** à l'encontre d'un **même débiteur** peuvent remplacer les duplicata par un **état récapitulatif** de ces différentes créances.

Le duplicata ou l'état récapitulatif **tient lieu de rectification** de la facture initiale.

Au reçu du duplicata ou de l'état récapitulatif, le client doit rectifier ses déductions en conséquence.

› Précisions La rectification de la facture initiale doit être justifiée auprès de l'administration fiscale. Selon le Conseil d'État, cette **justification** est requise même en cas de liquidation judiciaire du client (CE 28-3-2012 n° 320470 : RJF 6/12 n° 587). Mais elle peut intervenir après la clôture de la liquidation ; en revanche, la demande de récupération doit être faite dans le délai prévu n° 53815 (CE 28-7-2011 n° 318872 : RJF 11/11 n° 1145).

53805 La récupération de la taxe ne peut être obtenue que si le redevable est en mesure d'établir, par tous moyens de droit ou de fait, que sa **créance** est **réellement irrécouvrable.**

En **pratique,** une créance est considérée comme définitivement irrécouvrable à la date où le créancier, dans l'impossibilité de recouvrer ce qui lui est dû et ayant épuisé son droit de poursuites à l'égard du débiteur, inscrit sa créance à un compte de charge définitif.

Bien entendu **si, par la suite,** tout ou partie des sommes impayées pouvait être **récupéré,** leur montant devrait être soumis à la taxe.

› Précisions **a.** La constitution d'une **provision pour dépréciation de la créance** n'est pas suffisante pour permettre de récupérer la taxe correspondante.

En revanche, le versement d'une indemnité dans le cadre d'un contrat d'**assurance-crédit** permet d'attester du caractère définitivement irrécouvrable de la créance, l'assuré constatant par ailleurs dans ses écritures comptables l'extinction de la créance et l'enregistrement d'une perte (BOI-TVA-DED-40-10-20 n° 40).

b. Lorsque le débiteur fait l'objet d'une des **procédures collectives** régies par les articles L 620-1 s. du Code de commerce, la récupération de la taxe peut être effectuée :

– en cas de **liquidation judiciaire,** dès la date de la décision de justice qui prononce la liquidation (CGI art. 272, 1), étant observé que ces dispositions ne font pas obstacle à ce qu'à tout moment et par tout moyen, dès avant le prononcé de la liquidation judiciaire, le créancier établisse le caractère définitivement irrécouvrable de la créance notamment dans les cas où il ne l'aurait pas déclarée en temps utile, ou en aurait fait totalement ou partiellement abandon (CE 1-6-2005 n° 260401 : RJF 8-9/05 n° 848) ;

– si l'**entreprise** défaillante **poursuit son activité,** à la date du jugement arrêtant le plan de redressement qui fixe la quotité des créances demeurant impayées (BOI précité n° 50).

La récupération de la taxe peut être justifiée par un extrait du registre du commerce et des sociétés ou du bulletin officiel des annonces civiles et commerciales mentionnant cette décision de justice.

En cas de procédure de **conciliation** (C. com. art. L 611-4 s.) ou de **sauvegarde,** ni la conclusion de l'accord de conciliation ni le prononcé du jugement arrêtant le plan de sauvegarde ne justifient à eux seuls la récupération de la TVA facturée aux clients et versée au Trésor. Mais la taxe peut être récupérée lorsqu'une remise de dettes est consentie dans le cadre de l'une ou l'autre de ces procédures (BOI précité n° 120).

c. Le vendeur qui établit avoir été payé par un **chèque volé** démontre le caractère irrécouvrable de sa créance. Il en est de même lorsqu'il établit que le prix a été réglé au moyen d'un **chèque sans provision** et qu'il a exercé toutes les voies de recours prévues par la loi (BOI précité n° 40).

d. L'irrécouvrabilité peut résulter de la **disparition** dûment établie du **débiteur.**

e. Le fournisseur d'un bien (ou le prestataire d'un service en cas d'option pour le paiement sur les débits) qui fait appel à une société d'**affacturage** pour recouvrer sa créance peut émettre une facture rectificative et récupérer la TVA acquittée au titre du bien ou du service lorsque le factor l'**informe** de l'échec des poursuites intentées contre le débiteur et lui fournit les indications nécessaires pour établir le caractère irrécouvrable de la créance. Même solution lorsque la créance a été cédée à un **fonds commun de créances ou de titrisation** et que son recouvrement est confié à un tiers.

MODALITÉS DE LA RÉCUPÉRATION

La récupération s'opère en principe par **imputation,** la taxe à récupérer étant portée ligne 21 de la déclaration CA 3. Lorsque l'imputation n'est pas possible, la récupération peut s'opérer par voie de **remboursement,** selon les modalités prévues pour les remboursements de crédits de taxe non imputables (nos 56620 s.). 53815

Lorsque le redevable a cessé d'être assujetti à la TVA à raison de l'activité génératrice des taxes en cause (cas de **cession, cessation ou décès**), une demande en **restitution** peut être adressée au directeur des finances publiques du lieu d'imposition, dans la forme prévue pour les réclamations ordinaires (nos 81800 s.).

Les **demandes** d'imputation ou de restitution doivent être faites **au plus tard le 31 décembre de la seconde année** suivant celle au cours de laquelle s'est produit l'événement ouvrant droit à récupération.

› Précisions Un jugement condamnant un contribuable à reverser une somme TTC à un client alors qu'il avait cessé d'être redevable de la TVA constitue un événement ouvrant, à compter de sa notification, le délai dont dispose le contribuable pour demander la restitution de la taxe versée (CE 11-5-1994 no 98309 : RJF 7/94 no 789).

CHAPITRE 4 DÉDUCTIONS TVA

SOMMAIRE

INTRODUCTION

55000 TVA-IX-1 s Comme son nom l'indique, la TVA tend à frapper, **à chaque stade** de la production ou de la commercialisation, la « **valeur ajoutée** », c'est-à-dire la plus-value conférée au produit considéré, de sorte qu'à la fin du cycle industriel et commercial suivi par le produit – et quelle que soit la longueur de ce cycle – la charge fiscale globale ayant grevé finalement ce produit corresponde à la taxe calculée sur le prix de vente au consommateur.

Pour atteindre cet objectif, le législateur a choisi le **mécanisme des déductions** qui, schématiquement, se présente comme suit.

À chaque stade de la production ou de la distribution, le redevable calcule et facture à son client une taxe (**taxe « d'aval »**) correspondant au **prix de vente** qu'il pratique. Mais, **lors du règlement au Trésor,** l'intéressé **impute** sur cet impôt le montant de la taxe **(taxe « d'amont ») qui a grevé** les éléments de son **prix de revient** (matières premières achetées, marchandises en stock, immobilisations, prestations de services, etc.) et il **ne verse que la différence** entre la taxe facturée au client et la taxe déductible.

C'est à ce mécanisme essentiel du droit à déduction que sont consacrés les développements qui suivent. On y examinera, successivement, les principes généraux de déduction (n°s 55200 s.), puis la détermination du montant de taxe déductible (n°s 55360 s.), les conditions d'exercice du droit à déduction (n°s 56140 s.), les modalités de récupération de la taxe déductible (n°s 56480 s.) et enfin les régularisations à opérer sur les déductions initiales (n°s 56800 s.).

Remarque : Indépendamment de ce régime général de déduction de la taxe « d'amont », une **procédure particulière** permet la **récupération de la taxe « d'aval »** acquittée par une entreprise pour des **opérations** qui, par la suite, sont **résiliées, annulées,** font l'objet de **rabais** ou demeurent **impayées.** Cette procédure est examinée aux n°s 53780 s.

55005 Concrètement, la taxe déductible relative à chaque bien ou service est déterminée en proportion de son « **coefficient de déduction** », qui constitue une formule synthétique tenant compte à la fois de son degré d'utilisation pour des opérations ouvrant droit à déduction et des restrictions éventuelles prévues par la loi ou le règlement. Résultant du **produit de trois coefficients** – coefficient **d'assujettissement,** coefficient **de taxation** (le cas échéant déterminé de manière forfaitaire ; il s'agit alors peu ou prou de l'ancien prorata de déduction) **et** coefficient **d'admission** – qui expriment toute la diversité des situations rencontrées, ce coefficient de déduction permet à la fois de déterminer les montants de taxe déductible et, au travers de ses variations, les régularisations de taxe auxquelles l'assujetti est tenu.

SECTION 1

PRINCIPES GÉNÉRAUX DE DÉDUCTION

Le principe fondamental sur lequel repose tout le système de la TVA est que la taxe qui a grevé les éléments du prix d'une opération imposable **(taxe « d'amont »)** est **déductible de la** taxe applicable à cette opération **(taxe « d'aval »).** 55200 CGI art. 271, I-1 TVA-IX-250 s

En réalité, ce principe ne peut s'appliquer à la lettre, car les redevables n'acquittent **pas** l'impôt **opération par opération.** Comme ils procèdent à la **liquidation** de la taxe pour l'ensemble des opérations réalisées au cours d'une période déterminée (mois, trimestre, année), ils sont nécessairement conduits à opérer **globalement** l'imputation de la taxe qui a grevé l'ensemble des acquisitions de biens ou de services réalisées au cours d'une **période** de même durée (CGI art. 271, III).

L'application du mécanisme des déductions, qui vise à assurer la **neutralité** du système de TVA (n° 55215), est déterminée par l'acquisition d'un bien ou d'un service par un **assujetti agissant en tant que tel** (n° 55225) auprès d'un autre assujetti. Encore faut-il, cependant, que ce bien ou ce service entretienne un **lien direct et immédiat avec une ou plusieurs opérations en aval ouvrant droit à déduction,** ou, à défaut, avec l'ensemble de l'activité économique de l'assujetti (**frais généraux**) (nos 55235 s.). 55205

PRINCIPE DE NEUTRALITÉ DU SYSTÈME DE TVA

Le régime des déductions vise à **soulager** entièrement l'entrepreneur du **poids de la TVA,** due ou acquittée, dans le cadre de toutes ses activités économiques. Le système commun de la TVA garantit, par conséquent, la parfaite neutralité quant à la charge fiscale de toutes les activités économiques, quels que soient les buts ou les résultats de ces activités, à condition que lesdites activités soient elles-mêmes soumises à la TVA (notamment, CJUE 14-2-1985 aff. 268/83, Rompelman : Rec. 1985-2 p. 655 ; CJUE 21-9-1988 aff. 50/87, Commission c/ France : RJF 11/88 n° 1255 ; CJUE plén. 22-6-1993 aff. 333/91, SA Satam : RJF 7/93 n° 986 ; CJUE 9-7-2015 aff. 183/14 : RJF 11/15 n° 979). 55215 TVA-IX-350 s

Le principe de neutralité de la TVA ne joue donc que pour autant que l'on se situe **dans le cadre d'activités soumises à la TVA.**

> **Précisions** **a.** Le principe de neutralité de la TVA quant à la charge fiscale de l'entreprise exige que les **premières dépenses d'investissement** effectuées pour les besoins et en vue d'une entreprise soient considérées comme des **activités économiques.** Il serait contraire à ce principe que lesdites activités ne débutent qu'au moment où un bien immeuble est effectivement exploité, c'est-à-dire où le revenu taxable prend naissance. Quiconque accomplit de tels actes d'investissement étroitement liés et nécessaires pour l'**exploitation future** d'un bien immeuble doit, par conséquent, être considéré comme assujetti et peut exercer le droit à déduction de la taxe y afférente (CJUE 14-2-1985 précité). En pratique, s'agissant des sociétés, les États membres doivent accorder ce droit à déduction soit aux fondateurs de la société en création, soit à cette dernière une fois créée (CJUE 1-3-2012 aff. 280/10 : RJF 5/12 n° 545).
>
> **b.** En application du principe de neutralité de la TVA, lorsque l'administration fiscale a admis la qualité d'assujetti à la TVA d'une **société qui a déclaré son intention** de commencer une activité économique donnant lieu à des opérations imposables, elle **ne** peut pas, **sauf** en cas de **situations frauduleuses ou abusives,** lui retirer cette qualité de manière rétroactive et remettre en cause le droit à déduction lorsque la société concernée renonce finalement à réaliser de telles opérations (CJUE 29-2-1996 aff. 110/94, Inzo : RJF 5/96 n° 690 ; CJUE 17-10-2018 aff. 249/17, Ryanair Ltd : RJF 2/19 n° 236).
>
> De même, le droit à déduction de la taxe afférente à des **biens et services destinés à être utilisés** dans le cadre d'opérations ouvrant droit à déduction n'est pas, dans son principe, remis en cause lorsque, en raison de **circonstances étrangères** à sa volonté, l'assujetti ne fait, **en définitive, pas usage** de ces biens et services pour la réalisation d'opérations ouvrant droit à déduction (CJUE 15-1-1998 aff. 37/95, Ghent Coal Terminal NV : RJF 3/98 n° 359 ; CJUE 17-10-2018 précité).
>
> Ce droit à déduction subsiste même lorsque l'**administration** fiscale **sait, dès** la première **liquidation** de la taxe, **que l'activité économique envisagée,** qui devait donner lieu à des opérations taxées, **ne sera pas exercée** (CJUE 8-6-2000 aff. 400/98, Brigitte Breitsohl : RJF 11/00 n° 1394) ou lorsqu'une **modification législative**

postérieure à la fourniture de biens ou services acquis en vue de réaliser certaines opérations de location **mais antérieure au début desdites opérations prive** cet assujetti **du droit de renoncer à l'exonération** de celles-ci, même si la TVA a été liquidée sous réserve d'un contrôle a posteriori (CJUE 8-6-2000 aff. 396/98 : RJF 11/00 n° 1393).

Dans les situations visées ci-dessus, la déduction initialement opérée est susceptible de faire l'objet des **régularisations** prévues par la directive TVA (voir à cet égard n° 56695, précision c).

ACQUISITION D'UN BIEN OU D'UN SERVICE PAR UN ASSUJETTI AGISSANT EN TANT QUE TEL

55225 TVA-IX-700 s

Le droit à déduction est subordonné à la **qualité d'assujetti** (CJUE 20-6-1991 aff. 60/90, Polysar Investments Netherlands BV : RJF 10/91 n° 1324).

Mais pour que le droit à déduction de la taxe grevant un bien ou un service puisse être exercé, encore faut-il que ce bien ou ce service ait été acquis par l'assujetti agissant en tant que tel.

C'est l'acquisition des biens (ou des services) par un assujetti agissant en tant que tel qui détermine l'application du système de TVA et, partant, du mécanisme de déduction. L'**utilisation** qui est faite des marchandises (ou des services), ou qui est envisagée pour elles, **ne détermine que l'étendue de la déduction initiale** à laquelle l'assujetti a droit **et l'étendue des** éventuelles **régularisations** au cours des périodes suivantes. Il s'ensuit qu'une acquisition faite à des **fins privées** puis affectée ultérieurement à des fins professionnelles n'ouvre pas droit à déduction (CJUE 11-7-1991 aff. 97/90, Lennartz : RJF 10/91 n° 1325). Il en va de même d'une acquisition faite par un **organisme de droit public** en tant qu'autorité publique, c'est-à-dire en qualité de non-assujetti (CJUE 2-6-2005 aff. 378/02 : RJF 8-9/05 n° 991).

Pour déterminer si une personne (notamment un particulier ou un organisme public) acquiert des biens en tant qu'assujetti – lorsqu'il n'y a **pas utilisation immédiate des biens** à des activités économiques – il faut se référer à son **intention,** laquelle est mise en évidence par des éléments de fait comme la **nature des biens** concernés ou la **période écoulée** entre acquisition et utilisation professionnelle (CJUE 11-7-1991 précité ; CJUE 22-3-2012 aff. 153/11 : RJF 6/12 n° 671 ; CJUE 22-10-2015 aff. 126/14 : RJF 1/16 n° 108 ; CJUE 25-7-2018 aff. 140/17 : RJF 12/18 n° 1304) ou encore l'**enregistrement en tant qu'assujetti à la TVA avant** la livraison et **l'acquisition** du bien en cause (CJUE 25-7-2018 aff. 140/17 précité).

Si une **déclaration univoque et expresse** de l'intention d'affecter le bien à un usage économique lors de son acquisition peut être suffisante pour conclure que le bien a été acquis par l'assujetti agissant en tant que tel, l'absence d'une telle déclaration n'exclut pas qu'une telle **intention** puisse **apparaître de manière implicite.** À cet égard, l'intention affichée d'affecter le bien à une activité hors champ et la concrétisation d'une telle affectation n'excluent pas en soi que ledit bien, eu égard à sa nature, soit utilisé à des fins économiques (CJUE 25-7-2018 aff. 140/17 précité).

> Précisions En **France,** le **coefficient d'assujettissement** d'un bien ou d'un service est égal à sa proportion d'utilisation pour la réalisation d'opérations situées dans le champ d'application de la TVA, imposées ou légalement exonérées. Il est donc égal à zéro pour un bien utilisé exclusivement pour la réalisation d'opérations placées hors champ d'application de la TVA (n° 55510). Par ailleurs, les **régularisations** annuelles et globales ne sont **pas applicables** aux biens immobilisés dont le **coefficient d'assujettissement de référence** est **nul** (n°s 57245 et 57430). Le mécanisme du coefficient d'assujettissement et son articulation avec les règles de régularisation font dès lors obstacle à la mise en œuvre de la règle exposée ci-dessus selon laquelle c'est l'acquisition d'un bien ou d'un service par un assujetti agissant en tant que tel qui détermine le mécanisme des déductions et des régularisations, et non pas l'utilisation qui peut être faite initialement du bien ou du service (qui ne détermine que l'étendue de la déduction initiale). En effet, les **biens immobilisés utilisés initialement pour** la réalisation d'**opérations placées hors du champ** d'application de la TVA et qui sont **ensuite utilisés pour** la réalisation d'**opérations imposables** ouvrant droit à déduction se voient automatiquement attribuer un coefficient d'assujettissement égal à zéro, ce qui les exclut du dispositif des régularisations. Par suite, de tels biens ne peuvent pas ouvrir droit, en pratique, à une déduction complémentaire, alors même qu'ils auraient été acquis par un assujetti agissant en tant que tel. Une modification de la réglementation française sur ce point serait souhaitable.

LIEN DIRECT ET IMMÉDIAT ENTRE BIENS ET SERVICES UTILISÉS ET OPÉRATIONS TAXÉES

55235 CGI art. 271, II-1 TVA-IX-800 s

Le droit à déduction de la TVA ayant grevé des biens ou des services implique, en principe, que ceux-ci soient utilisés pour la **réalisation d'une opération soumise à la TVA.**

Pour la CJUE, l'existence d'un **lien direct et immédiat** entre une **opération** particulière **en amont** et une ou plusieurs **opérations en aval** ouvrant droit à déduction est, en principe, nécessaire pour qu'un droit à déduction de la TVA d'amont soit reconnu à l'assujetti et pour déterminer l'étendue d'un tel droit. Ce lien direct et immédiat présuppose que les dépenses effectuées pour acquérir les biens et les services fassent partie des éléments constitutifs du

55235 (suite)

prix des opérations en aval ouvrant droit à déduction. À défaut d'un tel lien, un droit à déduction peut néanmoins être reconnu si les dépenses font partie des **frais généraux** de l'entreprise, lesquels sont, en tant que tels, des éléments constitutifs du prix des produits d'une entreprise et entretiennent ainsi, en principe, un **lien direct et immédiat avec l'ensemble de l'activité économique de l'assujetti** (CJUE 8-6-2000 aff. 98/98, Midland Bank plc : RJF 9-10/00 n° 1187 ; CJUE 22-2-2001 aff. 408/98, Abbey National plc : RJF 6/01 n° 894 ; CJUE 27-9-2001 aff. 16/00, Cibo Participations SA : RJF 12/01 n° 1611 ; CJUE 26-5-2005 aff. 465/03, Kretztechnik : RJF 8-9/05 n° 982 ; CJUE 8-2-2007 aff. 435/05, Investrand : RJF 4/07 n° 524 ; CJUE 29-10-2009 aff. 29/08, AB SKF : RJF 1/10 n° 90 ; CJUE 16-7-2015 aff. 108/14 et 109/14, Larentia + Minerva et Marenave Schiffahrts : RJF 11/15 n° 982). Le lien direct et immédiat entre une opération effectuée en amont et une ou plusieurs opérations assurées en aval ou l'ensemble de l'activité économique de l'assujetti est fonction du **contenu objectif du bien ou du service** acquis par cet assujetti (apprécié à partir de toutes les circonstances d'espèce dans lesquelles s'est déroulée l'acquisition), la cause exclusive de l'opération en amont constituant un critère de détermination du contenu objectif (CJUE 21-2-2013 aff. 104/12 : RJF 5/13 n° 570 ; CJUE 17-10-2018 aff. 249/17, Ryanair Ltd : RJF 2/19 n° 236).

› Précisions a. Pour les dépenses constituant des **frais généraux,** les **redevables partiels,** c'est-à-dire les redevables qui réalisent des opérations imposables dont certaines n'ouvrent pas droit à déduction, peuvent uniquement déduire la partie de la TVA qui est proportionnelle au montant afférent aux opérations ouvrant droit à déduction (CJUE 22-2-2001 précité). **En pratique,** les dépenses constituant des frais généraux devant être affectées en totalité à l'ensemble de l'activité imposable de l'assujetti, leur coefficient d'assujettissement sera toujours égal à un (n° 55510), le montant de la taxe déductible étant en définitive fonction du seul coefficient de taxation (n°s 55540 s.) dans la mesure bien entendu où ces dépenses ne font pas l'objet d'une exclusion ou d'une limitation du droit à déduction (n°s 55860 s.).

Selon la **CJUE,** la **répercussion financière** du coût des **frais généraux** dans le prix des opérations taxées ou exonérées des redevables partiels n'a pas pour effet de les requalifier en « dépenses en lien direct et immédiat avec des opérations en aval taxées ou exonérées » et n'a donc pas d'incidence sur l'étendue du droit à déduction les concernant. Par conséquent, même lorsque les frais généraux sont répercutés **dans le prix des seules opérations exonérées,** ils doivent néanmoins être considérés comme un élément constitutif du prix de l'opération imposable et peuvent être détaxés (CJUE 18-10-2018 aff. 153/17, Volkswagen Financial Services : RJF 1/19 n° 119). Cette jurisprudence pourrait remettre en cause le critère de la répercussion financière des dépenses dans le prix des opérations en aval en tant que critère décisif pour l'appréciation du premier lien direct et immédiat (qui est notamment retenu s'agissant de dépenses engagées à l'occasion d'une cession de titres exonérée : voir n° 55255).

À noter que, pour sa part, le **Conseil d'État,** dans un arrêt antérieur à l'arrêt Volkswagen susvisé, a fait prévaloir la répercussion financière des coûts sur l'utilisation effective des dépenses mixtes dans l'hypothèse particulière où le redevable partiel est tenu de répercuter l'intégralité de leur coût dans le prix de ses seules opérations taxées et admis la déduction totale de la TVA grevant ces dépenses. Ainsi jugé à propos des **Ehpad** dont l'intégralité du coût des dépenses d'administration générale et de fonctionnement et d'entretien général de leurs bâtiments est obligatoirement incorporée dans les tarifs de leurs seules opérations taxées (tarifs hébergement et dépendance), en application des articles R 314-158 et suivants du CASF, l'incorporation de ces dépenses au secteur soins exonéré n'étant pas légalement possible (CE 5-10-2016 n° 390874 : RJF 12/16 n° 1077).

La **CJUE** admet par ailleurs que la **déduction** puisse être **totale** si les dépenses font partie des frais généraux afférents à une partie des activités économiques de l'assujetti qui est clairement délimitée et dont toutes les opérations sont soumises à la TVA, de telles dépenses présentant ainsi un lien direct et immédiat avec cette partie de ses activités économiques (CJUE 22-2-2001 précité). Pour des services utilisés en conséquence et à la suite d'une opération ouvrant droit à déduction (tels que des frais d'avocat exposés pour se défendre contre une action en responsabilité), la déduction peut également être totale si l'assujetti établit, par des éléments objectifs, que les dépenses en cause font partie du coût de l'opération en aval (CJUE 8-6-2000 précité).

b. À titre d'**exemple,** ont été rangées soit par l'administration, soit par la jurisprudence, dans la catégorie des **frais généraux** d'une entreprise les dépenses suivantes : dépenses supportées pour la réalisation d'opérations en capital (n° 55250) ; dépenses occasionnées par l'entremise d'une personne dans la vente d'un fonds de commerce (n° 55245) ; dépenses engagées pour percevoir les pénalités de retard (BOI-TVA-DED-40-10-20 n° 210) ; honoraires des commissaires aux comptes (CJUE 6-4-1995 aff. 4/94 : RJF 6/95 n° 804).

c. La circonstance que des **dépenses** engagées par un assujetti **profitent également à un tiers** ne fait pas obstacle à leur détaxation au titre des frais généraux, la déduction devant toutefois être limitée à la TVA ayant grevé la partie de ces dépenses qui est objectivement nécessaire pour lui permettre d'effectuer ses opérations taxées (CJUE 14-9-2017 aff. 132/16 : RJF 12/17 n° 1268).

En outre, peuvent être détaxées au titre des frais généraux les dépenses d'acquisition ou de production de **biens d'investissements mis gratuitement à la disposition du public** (il s'agissait en l'espèce d'un parcours récréatif), dès lors qu'elles peuvent être considérées comme un moyen de réaliser l'activité économique envisagée (en l'occurrence la vente de souvenirs, d'aliments et de boissons aux visiteurs dudit parcours) (CJUE 22-10-2015 aff. 126/14 : RJF 1/16 n° 108).

55240 Le principe indiqué au n° 55235 comporte cependant un correctif : bien que non soumises à la TVA, certaines **opérations** (exportations, livraisons intracommunautaires, par exemple) sont, en vertu de dispositions spéciales, **assimilées à des opérations taxées,** pour l'exercice du droit à déduction. Les opérations effectivement soumises à la TVA et les opérations qui leur sont assimilées forment la catégorie des **« opérations ouvrant droit à déduction »,** dont la **liste** est donnée n° 55550.

55245 TVA-IX-2520 s **Entremise pour la vente de fonds de commerce** La TVA facturée par celui qui s'est entremis dans la vente globale du fonds (éléments corporels et incorporels) est déductible au titre des **frais généraux** chez le vendeur même s'il fait usage de la dispense de taxation prévue par l'article 257 bis du CGI (voir n° 47520).

Même droit à déduction pour la taxe facturée à l'occasion de la cession d'éléments incorporels du fonds non effectivement soumise à la TVA en raison de sa soumission aux droits proportionnels d'enregistrement (n° 47505).

55250 TVA-IX-1700 s **Dépenses supportées pour la réalisation d'opérations en capital** Selon l'administration, les dépenses exposées par les entreprises assujetties à la TVA pour la réalisation de leurs opérations en capital (introduction en bourse, augmentation de capital, prise de participation s'accompagnant ou non d'une immixtion dans la gestion de l'entreprise, fusion, scission, apport d'une universalité totale ou partielle) font partie des **frais généraux** de l'entreprise (au sens défini n° 55235) et ouvrent donc droit à **déduction** dans les **conditions** suivantes :

– si toutes les opérations imposables de l'entreprise ouvrent droit à déduction, le montant de la taxe est déductible en totalité dans les conditions de droit commun ;

– si aucune de ses opérations imposables n'ouvre droit à déduction, l'entreprise ne peut pas, en revanche, déduire la TVA grevant ces dépenses ;

– si ses opérations imposables n'ouvrent pas toutes droit à déduction, la TVA grevant les dépenses en cause est, en principe, déductible partiellement à raison du coefficient de taxation déterminé de manière forfaitaire comme indiqué n°s 55740 s. (BOI-TVA-DED-20-10-20 n°s 480 et 490). Toutefois, en pareil cas, un droit à déduction intégral peut être exercé si l'entreprise établit que les dépenses entretiennent un lien direct et immédiat avec une partie de l'activité économique taxable (CJUE 22-2-2001 aff. 408/98, Abbey National plc : RJF 6/01 n° 894).

› Précisions **a.** On insistera sur le fait que, pour l'administration, les dépenses exposées à l'occasion d'une prise de participation présentent le caractère de frais généraux, que cette prise de participation s'accompagne ou non d'une immixtion dans la gestion de l'entreprise (sur la notion d'immixtion, voir précision d ci-dessous). De même, selon elle, la circonstance que l'entreprise perçoive par ailleurs des recettes non imposables (dividendes, produits financiers non imposables, etc.) est sans incidence (BOI précité). En d'autres termes, pour l'administration, les dépenses supportées pour la réalisation d'opérations en capital constituent en totalité des frais généraux même lorsque l'entreprise a la qualité d'**assujetti partiel** (assujetti réalisant à la fois des activités économiques et des activités non économiques).

La jurisprudence de la CJUE, à laquelle s'est rallié le Conseil d'État, est moins favorable. Faisant application du principe de l'affectation, la Cour estime, en effet, que les dépenses en cause supportées par les assujettis partiels, au nombre desquels elle range les sociétés holdings ne s'immisçant pas à titre onéreux dans la gestion de leurs filiales mais exerçant néanmoins une autre activité économique ou ne s'immisçant à titre onéreux dans la gestion que de certaines filiales, ne sont détaxables que dans la mesure où elles peuvent être imputées aux activités économiques de l'assujetti (en ce sens, CJUE 13-3-2008 aff. 437/06, Securenta : RJF 6/08 n° 764 ; CJUE 16-7-2015 aff. 108/14 et 109/14, Larentia + Minerva : RJF 11/15 n° 982 ; CJUE 5-7-2018 aff. 320/17, Marle Participations SARL : RJF 10/18 n° 1053 ; CE 20-5-2016 n° 371940 : RJF 8-9/16 n° 703 ; CE 19-12-2018 n° 396945 : RJF 3/19 n° 259).

À noter que si l'administration a cité les arrêts CJUE 16-7-2015 et CE 20-5-2016 précités dans un BOI-TVA-SECT-50-40 n° 280 en date du 7-12-2016, elle n'en a tiré aucune conséquence s'agissant du BOI-TVA-DED-20-10-20 susvisé, maintenant en l'état la doctrine exprimée par ce dernier.

b. Les dépenses exposées par un holding dans le cadre d'une opération, même assujettie à la TVA, réalisée non par le holding dans le cadre de son exploitation propre mais par une filiale ne peuvent pas être incluses dans les frais généraux du holding. Par suite, la taxe grevant les honoraires exposés par un holding à l'occasion de l'acquisition, par l'une de ses filiales, de participations dans une société n'est pas déductible (CE 6-10-2008 n° 299265 : RJF 12/08 n° 1318). Toutefois, un **holding mixte** peut déduire la TVA grevant les dépenses qu'il a exposées en vue d'une **prise de participation réalisée par** une de ses **filiales ayant un objet purement patrimonial,** à **condition** de justifier que, compte tenu de l'organisation du groupe, lui seul effectuera des prestations de services taxables au profit des sous-filiales acquises ; de telles dépenses constituent en tout état de cause des frais généraux lorsque la prise de participation dans des sociétés qui étaient appelées à devenir des filiales ou des sous-filiales ne se réalise pas (CE 24-6-2013 n° 350588 : RJF 10/13 n° 927).

c. Les **dépenses exposées** par un **holding en vue de conserver une participation** (telles des dépenses relatives à des actions judiciaires) peuvent être regardées comme faisant partie de ses frais généraux si elles ne se rattachent pas à une activité purement patrimoniale de gestion de titres mais peuvent être imputées à l'activité économique du holding (CE 26-12-2013 n° 350797 : RJF 4/14 n° 328).

d. Notion d'immixtion dans la gestion. L'immixtion directe ou indirecte d'un holding dans la gestion de ses filiales doit être considérée comme une **activité économique** (lui permettant de déduire la taxe grevant ses frais généraux, comme les frais liés à l'acquisition de participations dans ses filiales). Elle doit être entendue comme recouvrant **toutes les opérations constitutives d'une activité économique,** au sens de la directive TVA, **effectuées par un holding au profit de ses filiales** (CJUE 5-7-2018 aff. 320/17 précité). Tel est notamment le cas :

– de la fourniture de **services administratifs, financiers, commerciaux et techniques** par le holding à ses filiales (notamment, CJUE 20-6-1991 aff. 60/90, Polysar Investments : RJF 10/91 n° 1324 ; CJUE 27-9-2001 aff. 16/00, Cibo Participations SA : RJF 12/01 n° 1611 ; CJUE 16-7-2015 aff. 108/14 et 109/14 précité) ;

– de la **location taxable d'un immeuble** par un holding à sa filiale (CJUE 5-7-2018 aff. 320/17 et CE 19-12-2018 n° 396945 précités) ;

– des **refacturations de frais** aux filiales taxables (en ce sens, a contrario, CJUE ord. 12-1-2017 aff. 28/16, MVM : RJF 4/17 n° 401 ; sur la notion de refacturation de frais taxable, voir n° 46520, précision c).

En revanche, l'**immixtion à titre gratuit** d'un holding dans la gestion de ses filiales ne constitue pas une activité économique (CJUE ord. 12-1-2017 aff. 28/16 précité).

S'agissant des **dépenses engagées à l'occasion** d'une opération de **cession de titres** réalisée en dehors des opérations visées n° 55250, la **CJUE** a estimé dans son arrêt AB SKF que la TVA les ayant grevées, quel que soit le régime de l'opération de cession (hors champ ou dans le champ de la TVA mais exonérée de cette taxe), peut être déduite si ces dépenses ont un lien direct et immédiat avec l'ensemble de l'activité économique de l'assujetti (frais généraux). Tel est le cas, dans l'hypothèse d'une cession de titres exonérée, lorsque ces dépenses ne sont pas incorporées dans le prix de cession des titres et qu'elles sont imputables aux activités économiques de l'assujetti (CJUE 29-10-2009 aff. 29/08, AB SKF : RJF 1/10 n° 90 ; en même sens, CJUE 30-5-2013 aff. 651/11 : RJF 10/13 n° 994). Sur la condition tenant à la non-**répercussion financière** du coût des dépenses dans le prix des opérations en aval exonérées, voir toutefois l'arrêt CJUE 18-10-2018 aff. 153/17 (n° 55235, précision a) qui semble marquer une évolution. 55255

S'agissant de la détaxation des dépenses exposées à l'occasion d'une cession d'actions **hors champ,** on notera cependant qu'un arrêt ultérieur de la Cour de justice (CJUE 8-11-2018 aff. 502/17 (n° 55765, précisions) est susceptible de semer le doute : alors même qu'elle était saisie d'une question concernant la détaxation de frais de conseils engagés en vue d'une cession de titres, la Cour s'est focalisée dans cet arrêt sur le point de savoir si cette opération entrait ou non dans le champ d'application de la TVA ; la réponse étant négative, elle en a déduit de manière lapidaire que la TVA afférente aux prestations préparatoires à cette cession n'était pas déductible. La portée à donner à cette décision au regard de la jurisprudence évoquée ci-dessus n'est pas évidente et méritera d'être confirmée.

Le **Conseil d'État,** auquel la doctrine administrative s'est ralliée, fait quant à lui la **distinction** suivante s'agissant des frais de cession de **titres de participation** :

– les **dépenses exposées en vue de la préparation de la cession** (frais d'expertise, de conseils, etc.) sont réputées faire partie des frais généraux et peuvent être détaxées à ce titre, sous réserve de produire des pièces justificatives. Il en va ainsi lorsque la cession des titres ne se réalise pas. Lorsque la cession est intervenue (que celle-ci soit hors champ ou dans le champ mais exonérée), l'administration peut toutefois remettre en cause la déduction quand, compte tenu des éléments portés à sa connaissance et au vu des pièces qu'il appartient le cas échéant à l'assujetti qui les détient de produire, elle établit que cette opération a revêtu un caractère patrimonial du fait de la distribution du produit de cette cession (quelles que soient les modalités de cette distribution) ou que, en l'absence d'éléments contraires produits par l'assujetti, ces dépenses ont été incorporées dans le prix de cession des titres ;

– les **dépenses inhérentes à la transaction** elle-même (frais d'intermédiation bancaire, courtages, etc.) présentent, en principe, un lien direct et immédiat avec la cession et ne peuvent donc être détaxées. L'assujetti peut néanmoins déduire la taxe si, compte tenu de la nature des titres cédés (titres cotés dont le prix de cession correspond à leur cotation) ou par tous éléments probants tels que sa comptabilité analytique, il établit que ces dépenses n'ont pas été incorporées dans leur prix de cession et que, par suite, elles doivent être regardées comme faisant partie de ses frais généraux. Ces derniers principes trouvent à s'appliquer même si les dépenses ont été payées à un même intermédiaire chargé à la fois de préparer la cession et de réaliser la transaction, dès lors que ces deux catégories de prestations n'ont pas donné lieu à une rémunération distincte (CE 23-12-2010 n° 307698 : RJF 3/11 n° 301, CE 26-12-2013 n° 350797 : RJF 4/14 n° 328 et CE 4-2-2015 n° 370525 : RJF 4/15 n° 312 ; BOI-TVA-DED-20-10-20 n° 70).

› Précisions **a.** Selon l'administration, les critères ainsi dégagés par le Conseil d'État ont vocation à s'appliquer à d'**autres opérations que celles portant sur les cessions de titres** (BOI précité nº 70).

b. S'agissant de la **présomption de déductibilité** de la TVA grevant les dépenses exposées en vue de préparer une cession de titres de participation par une société holding, on notera qu'en pratique il suffit à l'administration d'alléguer que les dépenses en cause ont été incorporées dans le prix de cession des titres pour renverser cette présomption et qu'en l'absence d'éléments contraires produits par la société la déduction sera refusée (en ce sens, CE 4-2-2015 nº 370525 précité).

c. La **preuve,** par l'assujetti, que les dépenses en cause n'ont pas été incorporées dans le prix de cession des titres peut notamment être apportée, outre par la nature des titres cédés (comme indiqué ci-dessus), par le **contenu des actes de cession** excluant expressément ces dépenses des frais incombant au cédant (CAA Douai 30-4-2013 nº 12DA01108 : RJF 8-9/13 nº 817) ou en se fondant sur la nature particulière de la **procédure de fixation du prix** des titres cédés lorsqu'une telle procédure (telle celle dite d'« open bid ») n'est pas susceptible d'intégrer dans le prix de cession les dépenses en cause (CAA Paris 30-4-2013 nº 11PA02843 : RJF 8-9/13 nº 818).

d. Des frais de courtage acquittés par une société à l'occasion d'une cession de **titres de placement** (opération située hors du champ d'application) font partie des frais généraux de l'entreprise et peuvent être détaxés, dès lors qu'en raison de graves et durables difficultés financières, cette cession était nécessaire au maintien de l'activité économique taxable de la société (CE 10-6-2010 nº 292389 : RJF 10/10 nº 893).

e. Selon le Conseil d'État, les **dépenses** d'honoraires d'avocat versés par un holding à l'occasion d'un accord transactionnel le conduisant à verser une indemnité **à raison de la garantie de passif** qu'il a consentie au cessionnaire des titres de ses filiales se rattachent à l'opération de cession des titres, opération en l'occurrence exonérée n'ouvrant pas droit à déduction (CE 13-7-2012 nº 345204 : RJF 11/12 nº 1004). À noter toutefois que, saisie pour régler l'affaire au fond, la cour de Douai s'est prononcée dans le sens de la détaxation au titre des frais généraux en se fondant sur la convention de garantie de passif dont il résultait que les conséquences financières du litige étaient exclues du champ de la garantie (CAA Douai 30-4-2013 précité).

f. Selon la cour administrative d'appel de Versailles, les dépenses exposées par un holding à raison de la **cession de titres de participation** détenus non par ce holding mais **par une filiale** font partie de ses frais généraux dès lors que cette cession, décidée par le holding afin de pérenniser son activité et son développement et dont le produit lui a été finalement versé, s'inscrit dans le cadre d'une stratégie consistant à **recentrer son activité sur son cœur de métier** en se désengageant de certaines activités et participations minoritaires. Par suite, la TVA ayant grevé de tels frais est déductible dès lors qu'il est établi qu'ils n'ont pas été incorporés dans le prix de cession des titres et que l'opération n'a pas revêtu un caractère patrimonial (CAA Versailles 31-3-2015 nº 13VE02435 : RJF 8-9/15 nº 686).

CAS DES BIENS OU SERVICES PARTIELLEMENT UTILISÉS POUR LA RÉALISATION D'OPÉRATIONS IMPOSABLES

55260
TVA-IX-1200 s

Le droit à déduction n'est pas subordonné dans son principe à une utilisation exclusive des biens ou services pour la réalisation d'opérations imposables (c'est-à-dire situées dans le champ d'application de la TVA). Mais ce droit ne se justifie qu'à **proportion de l'utilisation** des biens ou services pour la réalisation de telles opérations. Autrement dit, leur utilisation pour partie pour la réalisation d'opérations non imposables (situées hors du champ d'application de la TVA) implique un correctif qui met en œuvre le **principe de l'affectation** (en ce sens, CJUE 13-3-2008 aff. 437/06, Securenta : RJF 6/08 nº 764 ; CJUE 16-7-2015 aff. 108/14 et 109/14, Larentia + Minerva : RJF 11/15 nº 982 ; CE 20-5-2016 nº 371940 : RJF 8-9/16 nº 703).

Ce correctif résulte de l'application du **coefficient d'assujettissement** (nºs 55500 s.).

Il est susceptible de jouer également pour les dépenses partiellement utilisées à des fins étrangères à l'entreprise. À cet égard, il y a lieu de distinguer deux hypothèses (mis à part le cas des biens ou services utilisés à plus de 90 % à des fins étrangères à l'entreprise, pour lesquels toute déduction est, par simplification, exclue : voir nº 55875) :

a. En cas d'**utilisations distinctes,** il est souvent possible de recourir, dès la naissance du droit à déduction, à des **critères physiques.** C'est ainsi par **exemple** qu'un commerçant qui a acheté un immeuble neuf comprenant un niveau affecté à des locaux à usage commercial et un niveau affecté à l'appartement qu'il occupe peut opérer la déduction : de la TVA ayant grevé l'**immeuble** au prorata de la surface du niveau occupé par les locaux à usage commercial par rapport à la surface totale de l'immeuble (à défaut de ventilation du prix dans l'acte) ; de la taxe ayant grevé l'installation **électrique** selon le même critère ; de la taxe ayant grevé l'installation du **chauffage** central en proportion du nombre des éléments de radiateurs installés dans les locaux commerciaux ; d'une partie (celle à finalité professionnelle) de la taxe grevant les dépenses de **téléphone** ;

b. Lorsqu'un même bien (plus rarement un service) affecté initialement à l'entreprise fait l'objet d'**utilisations alternatives ou successives** d'une part pour les besoins de l'entreprise, d'autre part à des fins étrangères à l'entreprise, il n'existe pas de critères fiables permettant de déterminer au préalable la quotité du droit à déduction correspondant à l'utilisation professionnelle du bien ou service. En conséquence, **au moment de l'acquisition,** les biens et services concernés ouvrent droit à **déduction** comme s'ils étaient exclusivement affectés aux besoins de l'exploitation (coefficient d'assujettissement égal à 1). Mais, en **contrepartie** de l'exercice du droit à déduction ainsi accordé, l'utilisation du bien ou service pour des besoins étrangers à l'exploitation donne lieu à **taxation** dans le cadre des **livraisons de services à soi-même** (n°s 47410 et 47415).

› Précisions La **perception de dividendes** par un holding mixte ne constitue pas une activité économique ; elle n'entre donc pas dans le champ d'application de la TVA, qu'il y ait **ou non immixtion dans la gestion de la filiale** (sur cette notion, voir n° 55250, précision d). Elle n'est donc pas susceptible d'entraîner une dégradation des **droits à déduction** du holding (CJUE plén. 22-6-1993 aff. 333/91, SA Satam : RJF 7/93 n° 986 ; CJUE 14-11-2000 aff. 142/99, Floridienne SA, Berginvest SA : RJF 1/01 n° 127 ; CJUE 27-9-2001 aff. 16/00, Cibo Participations SA : RJF 12/01 n° 1611 ; CJUE 29-10-2009 aff. 29/08, AB SKF : RJF 1/10 n° 90 ; CJUE 16-7-2015 aff. 108/14 et 109/14, Larentia + Minerva : RJF 11/15 n° 982 ; CE 20-5-2016 n° 371940 : RJF 8-9/16 n° 703, repris au BOI-TVA-SECT-50-40 n° 280).

FRAUDE

55270 TVA-IX-2850 s

En vertu d'une disposition expresse (CGI art. 272, 3), la TVA afférente à une **livraison de biens** ou à une **prestation de services** ne peut faire l'objet d'aucune déduction lorsqu'il est démontré que l'acquéreur savait ou ne pouvait ignorer que, par son acquisition, il participait à une fraude consistant à ne pas reverser la taxe due à raison de cette livraison ou de cette prestation. Ces dispositions, dont l'application pour un même bien ou un même service ne peut se cumuler, à l'égard d'un même opérateur, avec la solidarité en paiement décrite au n° 53707, reprennent en substance la jurisprudence de la CJUE relative à la **fraude** à la TVA **de type « carrousel »** (notamment, CJUE 6-7-2006 aff. 439/04 et 440/04, Kittel : RJF 10/06 n° 1301 ; CJUE 18-12-2014 aff. 131/13, 163/13 et 164/13, « Italmoda » : RJF 3/15 n° 286), étant observé qu'inversement la Cour a jugé qu'un assujetti ayant participé à son insu à un circuit de fraude ne perd pas le droit de déduire la TVA acquittée en amont (CJUE 12-1-2006 aff. 354/03, 355/03 et 484/03, Optigen : RJF 4/06 n° 488).

En ce qui concerne la remise en cause du droit à déduction de la taxe facturée au titre d'**opérations fictives** : voir n° 53670.

› Précisions a. L'application du dispositif est limitée aux **relations directes entre assujettis.**

La remise en cause du droit à déduction ne peut donc s'exercer qu'à raison de la seule taxe facturée directement à l'acquéreur par son fournisseur défaillant (BOI-TVA-DED-10-30 n° 20).

b. L'**administration doit démontrer** :

– d'une part, l'existence d'une fraude réalisée par le fournisseur direct et consistant pour celui-ci à ne pas reverser au Trésor la TVA facturée à son client et déduite par ce dernier dans le cadre d'un circuit frauduleux ;

– d'autre part, que l'acquéreur savait (l'administration doit fournir des éléments objectifs incontestables) ou ne pouvait ignorer participer à une fraude consistant à ne pas reverser la TVA.

Pour démontrer que l'acquéreur ne pouvait ignorer participer à une fraude, l'administration peut s'appuyer, notamment, sur les indices suivants, classés par ordre d'importance : l'existence de liens juridiques, économiques et personnels entre les opérateurs participant au carrousel ; un prix payé soit inférieur au prix le plus faible que l'acquéreur pouvait raisonnablement s'attendre à payer pour ces biens sur le marché, soit inférieur au prix exigé pour toute livraison antérieure des mêmes biens ; des acquisitions sur de courtes périodes et pour des montants importants auprès de fournisseurs successifs qui s'avèrent défaillants ; une adresse de domiciliation du fournisseur, l'absence de personnel et de moyens d'exploitation en adéquation avec le volume des transactions alléguées ; l'absence de documents relatifs à la livraison des marchandises ; une activité économique du fournisseur sans lien avec les livraisons de biens effectuées ; un mode de règlement des achats qui ne correspond pas à un usage commercial normalement établi dans la profession (paiements rapides, par chèque de banque, etc.) (BOI précité n°s 30 à 50).

Nota : Les précisions ci-dessus ont été données par l'administration pour les livraisons de biens. Mais on peut penser qu'elles sont transposables aux prestations de services qui ont été expressément ajoutées dans l'article 272, 3 du CGI par l'article 91 de la loi 2015-1786 du 29-12-2015.

c. Faisant application de la jurisprudence communautaire susvisée, le **Conseil d'État** a jugé que lorsque les indices permettent de soupçonner une méconnaissance, par un fournisseur de biens ou de services, de ses obligations de déclaration ou de paiement de la TVA, l'assujetti qui a acquis certains de ces biens ou services en vue de les revendre doit s'assurer qu'en ce qui concerne ces biens et/ou ces services, son fournisseur s'est acquitté de ses obligations. Mais il incombe à l'**administration** fiscale d'**établir les éléments objectifs** permettant de conclure que l'assujetti **savait ou aurait dû savoir** que l'opération était impliquée dans une **fraude.** Lorsque sont en cause des opérations similaires réalisées par des **sociétés différentes** pendant une courte période, ces éléments doivent porter sur chacune d'elles, qu'il s'agisse de l'existence de la fraude reprochée, des indices permettant à l'assujetti mis en cause de la soupçonner ou encore des mesures qui peuvent raisonnablement être exigées. Les juges du fond ne peuvent dès lors, sans méconnaître les règles relatives à la charge de la preuve, considérer que de tels éléments ont été établis en se bornant à se référer aux seules allégations de l'administration mentionnées dans la proposition de rectification (CE 14-10-2019 n° 421925 : RJF 1/20 n° 20).

ABSENCE DE CONDITION DE NÉCESSITÉ AUX BESOINS DE L'EXPLOITATION

55280 TVA-IX-4150 s La déduction de la taxe grevant les biens et services acquis par les redevables n'est pas subordonnée à la condition que ces biens et services soient nécessaires à l'exploitation. Les assujettis peuvent ainsi déduire la TVA qui grève leurs **dépenses,** pour autant que ces dépenses ne soient pas visées par une mesure d'exclusion particulière (nos 55860 s.) et qu'elles soient **utilisées pour les besoins de leurs opérations ouvrant droit à déduction.** Il importe donc uniquement que la dépense en cause soit affectée par l'assujetti à son activité économique, c'est-à-dire qu'elle réponde aux besoins de son exploitation (BOI-TVA-DED-30-10 n° 10).

ABSENCE DE CONDITION TENANT À LA PROPRIÉTÉ DU BIEN

55290 TVA-IX-4550 s Le fait qu'un redevable ne soit pas propriétaire des biens qu'il utilise ne s'oppose pas à la déduction de la taxe les ayant grevés, dès lors que les investissements en cause ont été constatés et supportés par le redevable lui-même dans le cadre de son exploitation (BOI-TVA-DED-40-30 n° 20).

S'agissant des **biens** pour lesquels la **remise matérielle** est **assimilée à un transfert de propriété,** voir nos 52605 et 52615.

ASSUJETTIS ÉTRANGERS

55300 D'une manière générale, et sous réserve des cas d'autoliquidation de la taxe par le client (nos 50690 s.), les entreprises (ou personnes) étrangères qui effectuent des **opérations** dont le **lieu d'imposition** se situe **en France** supportent la **même imposition que les entreprises françaises** réalisant les mêmes opérations.

Les **règles de déduction** édictées par la législation française leur sont donc, **en principe, applicables** pour les opérations qu'elles réalisent en France.

S'agissant du remboursement de la TVA aux **assujettis étrangers non établis en France** et qui n'y réalisent **pas d'opérations imposables,** voir nos 50675 s.

SECTION 2 DÉTERMINATION DU MONTANT DE TAXE DÉDUCTIBLE

55360 CGI ann. II art. 205 et 206, I TVA-IX-7000 s La TVA grevant un bien ou un service qu'un assujetti à cette taxe acquiert, importe ou se livre à lui-même est déductible à proportion de son **coefficient de déduction.**

Le montant de la taxe déductible s'obtient donc de la manière suivante :

TVA déductible = TVA acquittée en amont × coefficient de déduction

Le coefficient de déduction permet à la fois de déterminer les montants de **taxe déductible initialement** et, au travers de ses variations, les **régularisations** de taxe auxquelles l'assujetti pourra être tenu (nos 56800 s.). Il doit donc être déterminé **même** si l'opérateur est un **redevable intégral.**

Le coefficient de déduction est lié à un bien ou à un service et peut donc varier d'un bien ou d'un service à l'autre. Les assujettis doivent ainsi calculer un coefficient de déduction **pour chaque bien ou service grevé de TVA.**

Le coefficient de déduction est égal au **produit de trois coefficients** : coefficients d'assujettissement, de taxation et d'admission. Il se calcule donc de la manière suivante :

Coefficient de déduction = coefficient d'assujettissement × coefficient de taxation × coefficient d'admission

Après avoir examiné les coefficients d'assujettissement (nos 55500 s.), de taxation (nos 55540 s.) et d'admission (nos 55860 s.), nous examinerons les règles applicables en cas de secteurs d'activités distincts (nos 56030 s.).

Remarque : Les **règles de déduction** étudiées ci-après sont **identiques pour tous les biens (immobilisés ou non) et services.**

> **Précisions a.** Préalablement au calcul du produit, chacun des trois coefficients (assujettissement, taxation et admission) doit être **arrondi** à la deuxième décimale par excès. Le produit des trois coefficients (qui donne le coefficient de déduction) est lui-même arrondi à la deuxième décimale par excès (CGI ann. II art. 206, V-2).
> **b.** Si l'**un des trois coefficients** est **égal à zéro,** l'opérateur n'a aucun droit à déduction.

L'opérateur doit néanmoins calculer le coefficient de déduction du bien ou du service considéré (qui sera par définition égal à zéro).
c. Si les assujettis n'ont pas l'obligation de suivre les coefficients en **comptabilité,** ils doivent cependant être en mesure de justifier auprès de l'administration que le montant de taxe déduite ou régularisée correspond à l'application des règles prévues par les articles 205 à 209 de l'annexe II au CGI (BOI-TVA-DED-20-10 n° 30).

55365 CGI ann. II art. 206, V-2 TVA-IX-7200 s

Coefficients provisoires et coefficients définitifs Chacun des coefficients est **d'abord déterminé de façon provisoire** lors de l'acquisition du bien ou du service. Ils doivent ensuite être **définitivement arrêtés avant le 25 avril de l'année suivante** ou, pour ceux qui deviennent redevables de la TVA, avant le 31 décembre de l'année suivante.
La différence constatée entre le montant définitif de la taxe déductible et le montant de la déduction opérée au titre de l'année fait l'objet d'une **déduction complémentaire ou** d'un **reversement** selon que cette différence est positive ou négative. Cette régularisation doit être effectuée **quel que soit l'écart** entre le coefficient de déduction provisoire et le coefficient de déduction définitif.

EXEMPLE

Une société acquiert le 1er mars de l'année N un ordinateur pour un prix hors taxe de 4 000 €, soit une TVA correspondante de 800 €. Lors de l'acquisition du bien, le coefficient d'assujettissement est égal à 1, le coefficient de taxation à 0,45 et le coefficient d'admission à 1. Le coefficient de déduction provisoire attaché à cette dépense au moment de son acquisition en N est ainsi égal à : 1 × 0,45 × 1, soit 0,45. L'entreprise a pu ainsi déduire provisoirement 800 × 0,45, soit 360 €. Avant le 25 avril de l'année N + 1, l'entreprise arrête définitivement ses coefficients. Les coefficients d'assujettissement et d'admission restent égaux à 1, tandis que le coefficient de taxation est finalement égal à 0,5. La société peut donc déduire, en complément de la déduction opérée lors de l'acquisition du bien, un montant égal à : 800 × 0,5 − 360, soit 40 €.

Sur les **incidences** de cette régularisation en matière d'impôt sur les **bénéfices,** voir n° 7612.

> Précisions a. Les **coefficients d'assujettissement et de taxation provisoires** sont déterminés en fonction de l'utilisation du bien ou du service au moment de son achat ou de sa première utilisation.
b. Les **coefficients d'assujettissement et de taxation définitifs** doivent être déterminés par rapport à l'utilisation réelle du bien ou du service sur la **durée d'utilisation réelle.** Lorsqu'un bien est utilisé pendant une durée inférieure à l'année civile (acquisition ou cession en cours d'année, transfert entre secteurs d'activités, etc.), il n'y a **pas** lieu d'appliquer un **prorata temporis** (en ce sens, BOI-TVA-DED-60-20-40 n° 30).
c. Lorsque le **coefficient de taxation** doit être calculé de manière **forfaitaire** (nos 55740 s.), il convient d'appliquer, pour la détermination du coefficient **provisoire,** le dernier rapport définitif connu (Inst. 3 D-1-07 n° 23, non reprise dans la base Bofip). Le coefficient de taxation forfaitaire provisoire est donc en principe calculé sur la base des opérations de l'année précédente. Ce n'est que lorsqu'une telle référence fait défaut ou lorsqu'elle n'est pas significative que le coefficient de taxation provisoire peut être estimé provisoirement sur la base du chiffre d'affaires prévisionnel de l'année en cours.
d. En ce qui concerne l'hypothèse d'une **régularisation globale antérieure à la détermination des coefficients définitifs** (cas des biens cessant d'être utilisés à des opérations ouvrant droit à déduction ou devenant utilisés à des opérations ouvrant droit à déduction au cours de la première année), voir n° 57455.
e. Les **établissements publics administratifs de l'État** sont dispensés de procéder à la régularisation normalement exigée lors du calcul du coefficient de taxation définitif lorsque l'écart constaté entre les coefficients provisoire et définitif n'excède pas un dixième en valeur absolue (BOI-TVA-DED-20-10-20 n° 460).

55370

Lorsque le **bien** est **utilisé** au cours de l'année ou de la période d'utilisation dans une **proportion différente** pour des opérations imposables, il y a lieu de calculer une **moyenne pondérée** pour déterminer la valeur du **coefficient d'assujettissement définitif.** Celle-ci permet de traduire de manière exacte l'affectation du bien à des opérations imposables au titre de l'année.

EXEMPLE

Si un bien est acquis le 1er janvier de l'année N et que l'assujetti l'affecte au moment de son acquisition à des opérations imposables dans une proportion de 60 %, le coefficient d'assujettissement provisoire du bien est de 0,6. Toutefois, si après les huit premiers mois, il modifie cette affectation en ramenant cette proportion à 40 %, l'assujetti devra tenir compte de cette nouvelle valeur avant le 25 avril de l'année N + 1 lorsqu'il arrêtera définitivement le coefficient d'assujettissement du bien (qui sera ici également le coefficient de référence : nos 57140 s.). Le coefficient d'assujettissement définitif sera ainsi égal à (0,6 × 8 + 0,4 × 4) / 12 = 0,5333... arrondi à 0,54.

S'agissant du **coefficient de taxation,** quelle que soit la valeur retenue à titre provisoire ou l'utilisation du bien en fin d'année, la valeur retenue à titre définitif doit également traduire l'utilisation du bien à des opérations ouvrant droit à déduction sur la base de l'année entière (BOI-TVA-DED-20-10-40 n° 10). Dès lors, si un bien est utilisé au cours de l'année ou de la période d'utilisation alternativement ou successivement à des opérations ouvrant droit à déduction et à des opérations n'ouvrant pas droit à déduction, le coefficient de taxation définitif sera obligatoirement un coefficient de taxation forfaitaire (nos 55740 s.).

A. Coefficient d'assujettissement

55500 CGI ann. II art. 206, II TVA-IX-7300 s

Le coefficient d'assujettissement est égal, pour chaque bien ou service, à la **proportion d'utilisation** de ce bien ou de ce service pour la **réalisation d'opérations imposables.**

Il est rappelé que les opérations imposables s'entendent des opérations situées dans le champ d'application de la TVA, qu'elles soient imposées ou légalement exonérées (no 46100).

Dès l'acquisition, l'importation ou la première utilisation d'un bien ou d'un service, l'assujetti doit donc procéder à son **affectation** afin de déterminer la valeur du coefficient d'assujettissement.

55505 Les **opérations** situées **hors du champ** d'application de la TVA et les **opérations imposables** doivent être comptabilisées dans des **comptes distincts** pour l'application du droit à déduction (CGI ann. II art. 209, I). Cette obligation est remplie dès lors que la comptabilité tenue l'est de manière suffisamment précise pour que le suivi de la proportion d'utilisation des biens et services soit possible. En revanche, il n'est pas exigé qu'il y ait deux comptabilités distinctes (D. adm. 3 D-1625 no 2, non reprise dans la base Bofip mais dont la solution nous paraît conserver sa valeur).

55510 Le coefficient d'assujettissement d'un **bien ou** d'un **service utilisé exclusivement pour** la réalisation d'**opérations** non imposables (opérations placées **hors du champ** d'application de la TVA) est égal à zéro.

Le coefficient d'assujettissement d'un bien ou d'un service utilisé **exclusivement pour** la réalisation d'**opérations imposables** est égal à l'unité, que ces opérations soient effectivement taxées ou légalement exonérées.

Le coefficient d'assujettissement d'un bien ou d'un service utilisé **à la fois** pour la réalisation d'**opérations non imposables et** pour la réalisation d'opérations **imposables** est égal à la proportion d'utilisation de ce bien ou de ce service pour la réalisation d'opérations imposables. La **proportion** d'utilisation pour la réalisation d'opérations imposables est **déterminée par l'assujetti** sous sa propre responsabilité. Elle doit traduire correctement l'utilisation réelle de chaque bien ou service.

Une fois calculé, le coefficient d'assujettissement est, on le rappelle, **arrondi** par excès à la deuxième décimale (no 55360, précision a).

EXEMPLE

Un entrepreneur individuel acquiert un immeuble neuf de 245 m², qu'il entend affecter en partie à son entreprise. Il décide de conserver dans son patrimoine privé la partie de l'immeuble qu'il réserve à son usage privatif (logement à usage d'habitation), d'une surface de 85 m². Le coefficient d'assujettissement de l'immeuble, déterminé l'année de son acquisition, est égal à (245 − 85) / 245, soit 0,65306... arrondi à 0,66.

Comme indiqué aux nos 55365 s., le coefficient d'assujettissement est d'abord déterminé de façon **provisoire.** Il doit ensuite être **définitivement arrêté** avant le 25 avril de l'année suivante ou, pour ceux qui deviennent redevables de la TVA, avant le 31 décembre de l'année suivante.

POSSIBILITÉ D'UTILISER UN COEFFICIENT D'ASSUJETTISSEMENT UNIQUE

55520 CGI ann. II art. 206, V-1-1° TVA-IX-7650

L'assujetti doit, en principe, calculer un coefficient d'assujettissement pour chacun des biens et services qu'il acquiert (no 55500). Toutefois, il peut, **par année civile,** sans formalité préalable et sous réserve d'être en mesure d'en justifier, retenir pour l'**ensemble des biens et des services utilisés à la fois pour** des **opérations imposables et** pour des **opérations non imposables** un coefficient d'assujettissement unique.

POSSIBILITÉ D'APPLIQUER UNE CLÉ DE RÉPARTITION FINANCIÈRE À L'ENSEMBLE DES DÉPENSES

55525 TVA-IX-7700

Par dérogation au principe de l'affectation, l'administration peut autoriser les entreprises à appliquer pour l'ensemble de leurs **dépenses (mixtes ou non mixtes)** une clé de répartition calculée en fonction de la **quote-part des recettes taxables par rapport aux recettes totales.** Autrement dit, toutes les dépenses sont réputées mixtes.

Cette **autorisation** doit être sollicitée sur papier libre et s'applique pendant une **année civile entière.** Elle est renouvelée par tacite reconduction sauf dénonciation par le contribuable ou par l'administration avant le 31 décembre de l'année considérée (BOI-TVA-DED-20-10-10 nos 30 et 40).

B. Coefficient de taxation

Le coefficient de taxation traduit le principe posé par l'article 271, II-1 du CGI selon lequel, au sein des **opérations imposables,** seule peut être déduite la taxe grevant des **biens ou des services utilisés pour la réalisation d'opérations ouvrant droit à déduction** (nº 55550). **55540** CGI ann. II art. 206, III **TVA-IX-7850 s**

La **détermination** du coefficient de taxation doit être effectuée lors de l'acquisition, de l'importation ou de la première utilisation du bien ou du service.

Cette détermination se fait de manière **identique quelle que soit la nature du bien ou du service** (immobilisation, autre bien ou service).

Comme indiqué aux nºs 55365 s., le coefficient de taxation est d'abord déterminé de façon **provisoire** lors de l'acquisition du bien ou du service. Il doit ensuite être **définitivement arrêté** avant le 25 avril de l'année suivante ou, pour ceux qui deviennent redevables, avant le 31 décembre de l'année suivante.

OPÉRATIONS OUVRANT DROIT À DÉDUCTION

Les opérations ouvrant droit à déduction comprennent, au premier chef, les **opérations** effectivement **soumises à la TVA.** **55550** CGI art. 271, I-1, V et VI **TVA-IX-8100 s**

Les **opérations n'entrant pas dans le champ d'application** de la TVA n'ouvrent pas droit à déduction. Il en est de même, en principe, des **opérations entrant dans le champ d'application** de la taxe **mais** qui en sont **exonérées** par une disposition expresse.

Toutefois, **certaines opérations exonérées** (exportations et livraisons intracommunautaires, notamment) sont, en vertu de dispositions spéciales, expressément **assimilées à des opérations soumises à la TVA,** pour l'exercice du droit à déduction. Il s'agit **essentiellement** d'opérations que l'on peut considérer comme relevant du **commerce extérieur.**

Dans le **tableau** ci-après, on trouvera la **liste** des opérations ouvrant droit à déduction avec, pour chacune, la référence aux commentaires correspondants.

Opérations ouvrant droit à déduction	Références (nºs)
Opérations soumises à la TVA	46300 s.
Livraisons intracommunautaires	49260 s.
Exportations (vers des pays tiers)	49690 s.
Services liés aux échanges extracommunautaires de biens	50110 s.
Transports internationaux	50180 s.
Opérations portant sur les navires et les aéronefs	50450 s.
Opérations extraterritoriales qui seraient soumises à la **TVA si leur lieu d'imposition** se situait **en France**	48570
Opérations légalement effectuées en suspension de taxe	61250 s.
On rappelle que ces opérations comprennent **notamment** les **achats en franchise** visés à l'article 275 du CGI (nºs 50550 s.) et les opérations sous régimes douaniers et entrepôts fiscaux (nºs 50740 s.)	
Opérations d'assurance concernant soit des **assurés** domiciliés ou établis **hors de l'Union européenne,** soit des **exportations** de biens	47460, précision d
Services bancaires ou financiers rendus à des **personnes** domiciliées ou établies **hors de l'Union européenne** ou se rapportant à des **exportations** de biens	60450
Livraisons d'or d'investissement	61895
Opérations d'entremise des **mandataires de presse**	61650
Opérations des **intermédiaires du Loto**	47575, précision b
Travaux de construction, d'aménagement ou d'entretien des **monuments aux morts** effectués pour certaines collectivités	47565
Prestations des **agents de voyages** se rapportant aux services exécutés **hors de l'Union européenne**	61545
Livraisons de biens en **Martinique** et en **Guadeloupe** à des **touristes en croisière**	91600

› Précisions **a.** Selon le Conseil d'État, les **opérations** légalement imposables et non expressément exonérées par la loi ouvrent droit à déduction même si elles ne sont **pas** effectivement **taxées** en raison d'une **tolérance** administrative (CE sect. 3-11-1978 nº 2409 : RJF 12/78 nº 530 ; CE plén. 28-6-1991 nº 63066 : RJF 8-9/91 nº 1073).

Dans une situation un peu différente, la **CJUE** a toutefois jugé que lorqu'un assujetti n'a pas acquitté la TVA sur ses opérations en raison d'une **exonération** prévue par le droit national **en violation** des dispositions de la **directive TVA,** il ne peut pas se prévaloir d'un droit à déduction de la taxe d'amont (CJUE 28-11-2013 aff. 319/12 : RJF 2/14 nº 204 ; CJUE 26-2-2015 aff. 144/13, 154/13 et 160/13 : RJF 5/15 nº 456).

b. Les **exportations ou** les **livraisons intracommunautaires de biens dont les ventes en France sont exonérées** n'ouvrent pas droit à déduction, même si, s'agissant des opérations intracommunautaires, l'État membre de destination des biens soumet lesdites ventes à la TVA (CJUE 7-12-2006 aff. 240/05 : RJF 2/07 nº 245).

c. Celui qui a **facturé à tort la TVA** pour une **opération non taxable** est de ce seul fait redevable de cette taxe (CGI art. 283, 3 : nos 53655 s.). Pour autant, il n'a aucun droit à déduction de la taxe d'amont ayant grevé cette opération (CE 22-11-1978 no 4012 : RJF 1/79 no 10 ; CE 16-11-1983 no 36970 : RJF 1/84 no 29).

d. Le droit à déduction ouvert aux opérations mentionnées dans le tableau figurant ci-avant peut, le cas échéant, se trouver supprimé ou réduit par l'effet des **exclusions ou restrictions particulières** visées au no 55865.

1. COEFFICIENT DE TAXATION ÉGAL À L'UNITÉ

55700
TVA-IX-8800 s

Le coefficient de taxation d'un bien ou d'un service est égal à l'unité lorsque les **opérations imposables** pour lesquelles il est utilisé **ouvrent toutes droit à déduction.**

Le fait qu'un bien ou un service utilisé pour des opérations imposables ouvrant droit à déduction soit **également utilisé pour** la réalisation d'**opérations non imposables** est sans incidence sur le calcul de son coefficient de taxation ; dans une telle hypothèse, l'utilisation du bien ou du service pour la réalisation d'opérations non imposables est en effet prise en compte au niveau du seul coefficient d'assujettissement (nos 55500 s.).

EXEMPLE

Le coefficient de taxation d'un bien utilisé à la fois pour la réalisation d'opérations imposables et pour la réalisation d'opérations non imposables sera égal à l'unité si les opérations imposables auxquelles il est affecté ouvrent toutes droit à déduction (le coefficient d'assujettissement d'un tel bien sera, en revanche, inférieur à l'unité).

2. COEFFICIENT DE TAXATION ÉGAL À ZÉRO

55720
TVA-IX-8900 s

Le coefficient de taxation d'un bien ou d'un service est nul lorsque les **opérations** pour lesquelles il est utilisé **n'ouvrent pas droit à déduction.**

Il peut s'agir des hypothèses suivantes :

– soit le bien ou le service est utilisé **uniquement** pour la réalisation d'**opérations non imposables.** Dans ce cas, le coefficient de taxation et le coefficient d'assujettissement défini aux nos 55500 s. sont tous les deux égaux à zéro (pour les besoins des éventuelles régularisations : nos 56800 s., il est nécessaire de déterminer les coefficients d'assujettissement et de taxation, y compris lorsqu'ils sont tous les deux égaux à zéro) ;

– soit le bien ou le service est utilisé **uniquement** pour la réalisation d'**opérations imposables mais n'ouvrant pas droit à déduction.** Dans ce cas, le coefficient d'assujettissement est égal à un et le coefficient de taxation est égal à zéro ;

– soit le bien ou le service est utilisé **concurremment** pour la réalisation d'**opérations non imposables** et pour la réalisation d'opérations **imposables n'ouvrant pas droit à déduction.** Dans ce cas, le coefficient d'assujettissement, calculé comme indiqué au no 55510, est compris entre zéro et un et le coefficient de taxation est égal à zéro.

3. COEFFICIENT DE TAXATION FORFAITAIRE

55740
TVA-IX-9000 s

Le coefficient de taxation est déterminé de manière forfaitaire lorsque le **bien** ou le **service** est **utilisé concurremment pour** la réalisation d'**opérations imposables ouvrant droit à déduction et** pour la réalisation d'opérations imposables **n'ouvrant pas droit à déduction.**

Comme dans le cas examiné au no 55700, il importe peu que le bien ou le service soit ou non **utilisé également pour** la réalisation d'**opérations non imposables.** L'utilisation du bien ou du service pour la réalisation d'opérations non imposables est, en effet, prise en compte au niveau du seul coefficient d'assujettissement (nos 55500 s.).

55745

Pour les biens et les services d'utilisation mixte, le coefficient de taxation est égal au **rapport** entre :

a. Au **numérateur,** le montant total annuel du chiffre d'affaires afférent aux opérations ouvrant droit à déduction (no 55550), y compris les subventions directement liées au prix de ces opérations ;

b. Au **dénominateur,** le montant total annuel du chiffre d'affaires afférent aux opérations imposables, y compris les subventions directement liées au prix de ces opérations. On doit donc retenir ici :

– le chiffre d'affaires correspondant aux opérations ouvrant droit à déduction (qui figure déjà au numérateur) ;

– et le chiffre d'affaires correspondant aux opérations n'ouvrant pas droit à déduction (tel est le cas, notamment, de la plupart des opérations exonérées de TVA en régime intérieur).

Les sommes mentionnées aux deux termes de ce rapport s'entendent **tous droits et taxes compris, à l'exclusion de la TVA.**

Comme indiqué aux n°s 55365 s., le coefficient de taxation est d'abord déterminé de façon **provisoire** en fonction du **chiffre d'affaires de l'année précédente.** Il doit ensuite être **définitivement arrêté** avant le 25 avril de l'année suivante ou, pour ceux qui deviennent redevables de la TVA, avant le 31 décembre de l'année suivante.

Il est **arrondi** par excès à la deuxième décimale (n° 55360, précision a).

> Précisions a. Cette détermination forfaitaire du coefficient de taxation correspond peu ou prou à l'**ancien « prorata de déduction ».** Si les modalités de calcul de ce forfait sont assez proches de l'ancien prorata, elles s'en différencient sur quelques points notables. Parmi ces **différences,** on notera les suivantes :

– le coefficient de taxation forfaitaire s'applique uniquement lorsqu'il s'agit d'un **bien ou** d'un **service** utilisé de façon **mixte,** c'est-à-dire concurremment pour des opérations imposables ouvrant droit à déduction et pour des opérations imposables n'ouvrant pas droit à déduction ;

– les **subventions** qui ne constituent ni la contrepartie d'un bien ou d'un service ni un complément de prix d'une opération imposable ne sont pas prises en compte dans le calcul du coefficient de taxation forfaitaire ;

– un coefficient de taxation doit être calculé pour chacun des biens et services acquis par l'assujetti, ce dernier pouvant toutefois, pour l'ensemble des biens et services acquis, retenir un **coefficient unique,** calculé de manière forfaitaire sans autorisation préalable (n° 55830).

b. Le **chiffre d'affaires à retenir** pour le calcul du rapport (numérateur et dénominateur) est celui correspondant aux opérations pour lesquelles l'exigibilité de la taxe (au sens défini n° 52500) est intervenue au cours de l'année considérée (les opérations exonérées doivent être prises en compte à la date à laquelle l'exigibilité serait intervenue en cas de soumission à la TVA) (BOI-TVA-DED-20-10-20 n° 50).

c. Le coefficient de taxation d'un bien ou d'un service utilisé à la fois pour réaliser des opérations imposables ouvrant droit à déduction et des opérations imposables n'ouvrant pas droit à déduction est toujours déterminé de manière forfaitaire, le cas échéant dans le cadre des secteurs d'activités distincts (n° 55805). En revanche, selon l'**administration,** quand bien même une affectation plus fine serait possible, les montants de chiffres d'affaires à prendre en compte au numérateur et au dénominateur ne peuvent **en aucun cas** être limités au **chiffre d'affaires auquel la dépense concourt effectivement.**

Par exemple, si le chiffre d'affaires d'une entreprise réalisant exclusivement des opérations imposables s'élève au titre des opérations ouvrant droit à déduction à 150 k€ et au titre des opérations n'ouvrant pas droit à déduction à 50 k€ et que cette entreprise supporte une dépense qui concourt à des opérations ouvrant droit à déduction à hauteur de 12 k€ et à des opérations n'ouvrant pas droit à déduction à hauteur de 30 k€, le coefficient de taxation forfaitaire de cette dépense mixte est égal à 150 / 200 = 0,75 (et non à 12 / 42) (BOI précité n° 80).

Cette position de l'administration n'est peut-être plus aussi évidente que par le passé au regard de la jurisprudence récente de la **CJUE.** Si, jusqu'alors, il ne faisait pas de doute qu'un assujetti ne pouvait utiliser qu'un seul et même prorata de déduction pour l'ensemble de ses dépenses mixtes (sauf sectorisation), la question de l'utilisation de prorata multiples (en dehors de toute sectorisation) se pose aujourd'hui suite à l'arrêt « Morgan Stanley » du 24-1-2019 (aff. 165/17), dans lequel la Cour a considéré, s'agissant des dépenses à usage mixte d'une succursale affectées exclusivement à la fois aux opérations taxées et aux opérations exonérées de son siège étranger, que la succursale devait calculer un prorata de déduction tenant compte de ces seules opérations (voir n° 55750, d).

d. Les **travaux en cours** qui n'ont pas encore été livrés ou qui n'ont pas donné lieu à l'établissement de décomptes et/ou à des encaissements d'acomptes ne doivent pas être inclus dans le dénominateur du rapport (CJUE 26-5-2005 aff. 536/03 : RJF 8-9/05 n° 988).

e. Les **redevables** qui sont **imposables** à la TVA **sur une assiette particulière** retiennent, pour le calcul du rapport, le chiffre d'affaires réalisé et non pas la seule base d'imposition à la taxe (différence représentant la marge). Il s'agit notamment des agents de voyages (n° 61535) et des assujettis revendeurs de biens d'occasion, œuvres d'art, objets de collection ou d'antiquité (n°s 60785 s.) (BOI précité n° 80).

Remarques a. À la différence des recettes provenant d'opérations « dans le champ » n'ouvrant pas droit à déduction (qui doivent figurer au dénominateur du coefficient de taxation forfaitaire : n° 55745), les sommes qui se rapportent à des **opérations situées hors du champ d'application** de la TVA sont exclues des deux termes du rapport qui détermine ce coefficient (CJUE plén. 22-6-1993 aff. 333/91, SA Satam : RJF 7/93 n° 986 ; CE 29-12-1997 n° 140829 : RJF 2/98 n° 151 ; CE 11-2-1998 n° 142871 : RJF 3/98 n° 255 ; CE 2-6-1999 n° 191937 : RJF 7/99 n° 851). 55750

b. La question de savoir dans quels cas les **produits financiers** perçus par les entreprises ou sociétés doivent ou non être pris en compte pour le calcul du coefficient de taxation forfaitaire appelle des commentaires particuliers, donnés sous les n°s 55760 s.

Il en est de même pour les **recettes immobilières** (n° 55780) et pour les **subventions** (n°s 55790 s.).

c. Les **sommes** suivantes sont expressément **exclues du calcul du coefficient de taxation forfaitaire** (c'est-à-dire n'ont à figurer ni au numérateur ni au dénominateur) alors même qu'elles sont afférentes à des opérations situées dans le champ d'application de la TVA (BOI-TVA-DED-20-10-20 n° 150) :

– **livraisons à soi-même de biens immobilisés** imposées à la TVA (les autres livraisons ou prestations à soi-même imposables figurent aux deux termes du rapport : nos 47405, précision c, et 47415) ;
– **cessions de biens d'investissement** corporels ou incorporels, que ces cessions soient imposées ou exonérées de la TVA (CGI ann. II art. 206, III-3-3°-a). Toutefois, les cessions de biens d'investissement qui font partie intégrante des activités économiques habituelles de l'entreprise (telles les cessions de véhicules par une entreprise de crédit-bail à l'issue des contrats de location-vente) doivent être prises en compte pour le calcul du coefficient de taxation forfaitaire (en ce sens, CJUE 6-3-2008 aff. 98/07 : RJF 5/08 n° 625 ; CE 20-3-2015 n° 371914 : RJF 6/15 n° 522) ;
– recettes correspondant à la **taxe sur les conventions d'assurance** recouvrée par les assureurs sur leurs clients ;
– encaissements d'un **mandataire** qui, ne correspondant **pas** à de **véritables recettes,** n'entrent pas dans sa base d'imposition à la taxe, à savoir : remboursement de débours, du type frais de procédure (nos 52335 s.) ; recettes encaissées pour le compte d'un tiers pour lui être reversées (à l'exclusion, bien sûr, des honoraires rétrocédés imposables, à prendre en compte aux deux termes du rapport) et sommes perçues avec mandat de les répartir au bénéfice d'autres personnes et d'en rendre un compte exact ;
– pour le calcul du coefficient de taxation forfaitaire des éditeurs, producteurs ou organismes de gestion collective de droits : **droits d'auteur** sur lesquels ils acquittent la TVA par retenue (n° 61705).

d. Selon la Cour de justice, il n'est pas possible d'appliquer un « **prorata mondial** » intégrant le chiffre d'affaires des succursales étrangères : un assujetti ne peut pas prendre en compte pour le calcul de son « prorata » de déduction (coefficient de taxation forfaitaire en France), même dans le cadre d'un secteur d'activité, le chiffre d'affaires total de ses succursales établies dans d'autres États membres, ni celui de ses succursales établies dans des pays tiers (CJUE 12-9-2013 aff. 388/11 : RJF 12/13 n° 1192 ; dans le même sens, CE 28-5-2014 n° 301849 : RJF 8-9/14 n° 864). Par ailleurs, la Cour de justice a jugé qu'une **succursale** (**non autonome** vis-à-vis de son siège : n° 46535, e) immatriculée dans un État membre est en droit de déduire, dans cet État, la TVA grevant les biens et les services acquis présentant un lien direct et immédiat avec la réalisation des opérations taxées, y compris celles de son siège établi dans un autre État membre, avec lequel cette succursale forme un **seul assujetti,** à condition que ces dernières opérations ouvrent également droit à déduction si elles avaient été effectuées dans l'État d'immatriculation de la succursale. En ce qui concerne les **dépenses supportées par** une telle **succursale,** qui sont **affectées, exclusivement, à la fois à des opérations taxées et** à des opérations **exonérées** de cette taxe, **réalisées par son siège,** il y a lieu d'appliquer un **prorata de déduction** dont le dénominateur est formé par le chiffre d'affaires, hors TVA, constitué par ces seules opérations et dont le numérateur est formé par les opérations taxées qui ouvriraient également droit à déduction si elles étaient effectuées dans l'État membre de la succursale, y compris lorsque ce droit à déduction résulte de l'exercice d'une option. S'agissant des **frais généraux** d'une telle succursale, qui concourent à la réalisation à la fois de ses propres opérations et des opérations réalisées par son siège, il convient, si l'activité économique de l'assujetti consiste à la fois en des opérations taxées et des opérations exonérées, de faire application d'un prorata de déduction dont le dénominateur doit tenir compte des opérations réalisées tant par la succursale que par son siège et au numérateur duquel doivent figurer, outre les opérations taxées effectuées par la succursale, les seules opérations taxées réalisées par ledit siège qui ouvriraient également droit à déduction si elles étaient effectuées dans l'État d'immatriculation de la succursale (CJUE 24-1-2019 aff. 165/17, Morgan Stanley : RJF 4/19 n° 406 repris par CE 5-4-2019 n° 389105 : RJF 6/19 n° 533). Selon la CAA de Versailles, ces modalités de calcul du droit à déduction sont transposables dans l'hypothèse inverse de **dépenses** à usage mixte engagées par un **siège pour les besoins** de sa **succursale** située dans un autre État membre (CAA Versailles 4-7-2019 n° 16VE02700 : RJF 11/19 n° 1037 ; CAA Versailles 19-9-2019 nos 15VE00454 et 17VE01071 : RJF 2/20 n° 115), mais ne sont pas applicables lorsque la succursale fait partie d'un **groupe TVA** au sens de l'article 11 de la directive TVA, dès lors que, dans cette hypothèse, le siège et la succursale constituent des assujettis distincts (n° 46535, e) (CAA Versailles 19-9-2019 précité).

PRODUITS FINANCIERS

55760 CGI ann. II art. 206, III-3-3°-b **TVA-IX-10300 s**

Indépendamment des établissements bancaires ou financiers (qui font l'objet d'une rubrique spéciale : nos 60300 s. et, notamment, n° 60455), de nombreuses entreprises ou sociétés perçoivent des produits financiers de diverses natures (dividendes d'actions, produits d'obligations, de Sicav ou FCP, intérêts de dépôts, prêts ou placements, etc.).

Le sort de ces produits au regard du droit à déduction nécessite d'examiner leur situation au regard du champ d'application de la TVA.

Situation au regard du champ d'application de la TVA Comme déjà indiqué nº 55260, précisions, la perception de **dividendes** n'étant pas la contrepartie d'une activité économique, elle n'entre pas dans le champ d'application de la TVA, même dans l'hypothèse où le holding qui perçoit des dividendes s'immisce dans la gestion de ses filiales en leur fournissant des prestations de services soumises à la taxe. 55765

Il en est de même de l'**achat** et de la **vente de titres** négociables, tels que des actions, des participations dans des fonds d'investissement (Sicav, FCP, etc.), des obligations, des bons du Trésor et autres titres de créances négociables (CJUE 29-4-2004 aff. 77/01, EDM : RJF 7/04 nº 827 ; CJUE 29-10-2009 aff. 29/08, AB SKF : RJF 1/10 nº 90 ; BOI-TVA-CHAMP-10-10-30 nº 310). Tel est également le cas de l'achat et de la vente d'actions et d'autres titres dans le cadre de la gestion d'un trust caritatif (CJUE 20-6-1996 aff. 155/94, Wellcome Trust : RJF 8-9/96 nº 1111). Toutefois, les opérations portant sur des titres relèvent du champ d'application de la TVA lorsqu'elles sont effectuées dans le cadre d'une activité commerciale de négociation de titres, pour réaliser une immixtion directe ou indirecte dans la gestion (sur cette notion, voir nº 55250, précision d) des sociétés dans lesquelles s'est opérée la prise de participation ou qu'elles constituent le prolongement direct, permanent et nécessaire de l'activité taxable au sens défini nº 55770 (CJUE 20-6-1996 précité ; CJUE 6-2-1997 aff. 80/95, Harnas & Helm CV : RJF 4/97 nº 407 et CJUE 29-10-2009 précité).

Des placements dans des **fonds d'investissement** ne constituent pas des prestations de services effectuées à titre onéreux au sens de l'article 2, 1-c de la directive TVA ; les **produits** de tels placements ne relèvent donc pas du champ d'application de la TVA (CJUE 29-4-2004 précité).

Des **placements par une entreprise dans des dépôts bancaires** ou dans des titres tels que des **bons du Trésor** ou des **obligations** constituent des prestations de services effectuées à titre onéreux par un assujetti agissant en tant que tel consistant en la mise à disposition d'un capital au profit d'un tiers. Les **intérêts** perçus en rémunération de ces placements sont situés dans le champ d'application de la TVA (CJUE 29-4-2004 précité ; BOI précité nºs 380 et 390). À relever cependant, s'agissant des **intérêts d'obligations,** qu'une solution inverse (mise hors champ desdits intérêts) a été prise expressément par la Cour de justice dans un arrêt antérieur (CJUE 6-2-1997 précité) et implicitement par le Conseil d'État dans un arrêt postérieur (CE 5-3-2018 nº 393647 : RJF 5/18 nº 480).

Sont également situés dans le champ d'application de la TVA les **intérêts** perçus par un holding en rémunération **de prêts** accordés aux sociétés dans lesquelles il détient une participation, quelles que soient les raisons pour lesquelles ces prêts sont octroyés (soutien économique, placement d'excédents de trésorerie, etc.) (CJUE 29-4-2004 précité et BOI précité nºs 380 et 390). Cette solution, qui a une portée générale, a vocation à s'appliquer à toute entreprise.

> **Précisions** Selon la **CJUE,** une **opération de cession d'actions envisagée mais non réalisée** qui ne trouve **pas** sa **cause exclusive directe dans l'activité économique taxable** de la société mère **ou** qui ne constitue **pas** le **prolongement direct, permanent et nécessaire** de cette activité économique ne relève pas du champ d'application de la TVA (ce qui fait obstacle à la déduction de la taxe grevant les dépenses exposées à l'occasion de cette cession : sur ce point, voir toutefois nº 55255). Tel est le cas lorsque l'opération n'est **pas** effectuée en vue d'**affecter le produit de la cession à l'activité économique** taxable de la société mère (ou du groupe dont elle fait partie). Ainsi jugé à propos d'une cession, par une société mère, des actions de sa sous-filiale (dans la gestion de laquelle elle s'immisçait), finalement non réalisée, qui visait uniquement à acquitter les dettes dues à l'établissement bancaire, qui avait racheté le groupe en raison de la défaillance de l'ancien propriétaire du groupe dans le remboursement d'un prêt qui lui avait été consenti (CJUE 8-11-2018 aff. 502/17, C&D Foods Acquisition ApS : RJF 1/19 nº 118).

Situation au regard du droit à déduction Elle repose sur les distinctions ci-après. 55770

1. Lorsque les opérations se situent **hors du champ d'application de la TVA,** leurs **recettes** sont sans influence sur le calcul du coefficient de taxation forfaitaire (nº 55750). Quant aux **dépenses** engagées à l'occasion de ces opérations, elles peuvent bénéficier d'un coefficient d'assujettissement supérieur à zéro dans la mesure où elles présentent le caractère de frais généraux (nº 55235) (pour les dépenses supportées pour la réalisation d'opérations en capital, voir nº 55250).

On rappelle que la perception de **dividendes,** bien que n'entrant pas dans le champ d'application de la TVA, n'est pas susceptible d'entraîner une dégradation des droits à déduction (nº 55260, précisions).

2. Lorsque les opérations se situent **dans le champ d'application de la TVA,** elles sont prises en compte pour le calcul du coefficient de taxation forfaitaire.

En fait, la plupart des produits financiers sont **exonérés** de la TVA en vertu de l'article 261 C du CGI (nºs 60310 s.) et n'ouvrent donc pas droit à déduction. Conformément à la règle déjà indiquée (nº 55745), ces produits doivent donc, en **principe,** être portés **au dénominateur du coefficient de taxation forfaitaire** (ce qui a évidemment pour effet de réduire les déductions calculées sur la base de ce coefficient de taxation forfaitaire).

Cependant, une **dérogation** est apportée à ce principe par l'article 206, III-3-3°-b de l'annexe II au CGI. Ce texte exclut pour le calcul du coefficient de taxation forfaitaire les produits des **opérations financières accessoires.** Sont accessoires, selon ce texte, les opérations financières qui ont un lien avec l'activité principale de l'entreprise et dont la réalisation nécessite une utilisation limitée au maximum à un dixième des biens et des services grevés de TVA qu'elle a acquis. En pratique, cependant, le Conseil d'État, auquel s'est ralliée l'administration, se fondant sur la jurisprudence de la Cour de justice (notamment CJUE 29-10-2009 aff. 174/08 : RJF 1/10 n° 92), exige en outre, pour leur reconnaître un caractère accessoire, que les opérations financières ne soient pas dans le **prolongement direct, permanent et nécessaire** de l'activité taxable de l'assujetti (CE 21-10-2011 n° 315469 : RJF 1/12 n° 24 ; BOI-TVA-DED-20-10-20 n° 210) (voir à cet égard les précisions a et b ci-dessous).

Pour l'application du **critère de la faible utilisation** de biens et services grevés de TVA (fixée à 10 % par l'article 206, III-3-3°-b susvisé), il est nécessaire de déterminer, pour chaque bien ou service grevé de TVA, la proportion d'utilisation pour la réalisation d'opérations financières présentant un lien avec l'activité principale de l'entreprise. La proportion d'utilisation ainsi calculée doit ensuite être appliquée à la valeur d'acquisition de chacun de ces biens et services pour déterminer la valeur d'utilisation.

Le seuil de 10 % est apprécié au regard du rapport existant entre la somme des valeurs d'utilisation des biens et services grevés de TVA et le montant total de leur valeur d'acquisition.

> Précisions **a.** Dans sa jurisprudence postérieure à l'arrêt du 21-10-2011 susvisé, le **Conseil d'État** retient une **interprétation extensive** du critère **du prolongement direct, permanent et nécessaire** de l'activité taxable de l'assujetti en ne faisant **pas** dépendre le caractère nécessaire des opérations financières de leur **caractère indispensable** à la viabilité de l'entreprise. Il a en effet jugé, à propos d'une société exerçant une activité d'émission et de vente de titres-restaurant qui place auprès d'un établissement financier les sommes correspondant à la valeur faciale des titres cédés aux employeurs dans l'attente de leur reversement aux restaurateurs, que ces opérations financières, **indissociablement liées** à l'activité et normalement pratiquées par les organismes en question, en constituent non seulement le prolongement direct et permanent mais aussi le prolongement nécessaire, la double circonstance que ces opérations financières ne sont pas rendues obligatoires par la réglementation et qu'elles ne conditionnent pas la rentabilité de la société étant à cet égard indifférente (CE 1-10-2015 n° 369846 : RJF 12/15 n° 1008).

b. S'agissant des **opérations de prêts** rémunérés réalisées avec ses fonds propres par un holding s'immisçant dans la gestion de ses **filiales,** au profit de ces dernières, le critère du prolongement direct, permanent et nécessaire est **inopérant** pour déterminer si les **intérêts** correspondant constituent ou non des opérations financières accessoires ; seul peut donc trouver à s'appliquer, dans ce cas, le critère tenant à la faible utilisation de biens et services grevés de TVA (CJUE 14-11-2000 aff. 142/99 : RJF 1/01 n° 127 ; CJUE 29-4-2004 aff. 77/01 : RJF 7/04 n° 827 ; CE 5-3-2018 n° 393647 : RJF 5/18 n° 480).

c. Pour l'application de l'article 206, III-3-3°-b de l'annexe II au CGI, l'administration a admis les solutions suivantes :

– à titre de **règle pratique,** la condition liée à la faible utilisation des biens et services grevés de TVA est également réputée satisfaite lorsque le produit des opérations financières exonérées présentant un lien avec l'activité principale n'excède pas 5 % du chiffre d'affaires TTC de l'entreprise (BOI précité n° 230) ;

– lorsque la perception de produits financiers présente un lien avec l'activité principale mais **ne répond pas à la condition liée à la très faible utilisation des biens et services** grevés de TVA, les opérations financières peuvent être sectorisées sous réserve que le redevable se soumette à l'ensemble des dispositions de l'article 209, I de l'annexe II au CGI (n°s 56030 s.) (BOI précité n° 240).

d. L'administration considère qu'il doit être fait abstraction des dépenses de **frais généraux** (au sens défini au n° 55235) pour le calcul du rapport servant à apprécier le **seuil des 10 %.** Ce rapport doit donc être calculé en retenant au numérateur la somme des dépenses grevées de TVA supportées pour la réalisation des opérations financières exonérées (hors frais généraux) et au dénominateur les dépenses totales de l'entreprise grevées de TVA (hors frais généraux) (BOI précité n° 220).

RECETTES IMMOBILIÈRES

55780 CGI ann. II art. 206, III-3-3°-b TVA-IX-10900 s

Les explications ci-après concernent les recettes d'opérations immobilières lorsqu'elles sont **exonérées** de la TVA (c'est essentiellement le cas, rappelons-le, des locations de terres et bâtiments agricoles : n° 46830, des locations de terrains non aménagés et de locaux nus : n° 46835, et des locations meublées à usage d'habitation : n° 90625).

Dès lors qu'elles n'ouvrent pas droit à déduction, les recettes immobilières ainsi exonérées de la TVA doivent, en **principe,** être portées au **dénominateur du rapport** servant au calcul du coefficient de taxation forfaitaire.

Cependant, pour les recettes immobilières **accessoires,** l'article 206, III-3-3°-b de l'annexe II au CGI prévoit une **dérogation** semblable à celle prévue pour les produits financiers accessoires. Lorsque cette dérogation est applicable (ce qui implique que les opérations en cause présentent un caractère accessoire au sens défini au n° 55770), les recettes immobilières en cause sont **exclues du rapport** servant à déterminer le coefficient de taxation forfaitaire.

Les opérations immobilières concernées doivent être exonérées de TVA et ne doivent pas consister en des cessions d'immobilisations puisque celles-ci ne sont pas prises en compte, en tout état de cause, pour le calcul du rapport (nº 55750, c).

> Précisions Selon la CJUE, l'article 174, 2-b de la directive TVA doit être interprété en ce sens que, dans le cas d'une **entreprise de construction,** la vente par celle-ci d'immeubles réalisés pour son propre compte (opération en l'occurrence exonérée) ne saurait être qualifiée d'« opération accessoire immobilière » au sens de cette disposition, dès lors que cette activité constitue le prolongement direct, permanent et nécessaire de son activité taxable, sans qu'il y ait lieu d'apprécier in concreto la mesure dans laquelle cette activité de vente, considérée isolément, implique une utilisation de biens ou de services grevés de TVA (CJUE 29-10-2009 aff. 174/08 : RJF 1/10 nº 92).

SUBVENTIONS

Nous l'avons vu au nº 55745, il convient de prendre en compte pour le calcul du **coefficient de taxation forfaitaire** : **55790** CGI ann. II art. 206, III-3-1º TVA-IX-10150 s

– au numérateur du rapport servant à déterminer ce coefficient, le montant total annuel du chiffre d'affaires afférent aux opérations ouvrant droit à déduction, y compris les subventions directement liées au prix de ces opérations ;

– au dénominateur, le montant total annuel du chiffre d'affaires afférent aux opérations imposables (ouvrant ou non droit à déduction), y compris les subventions directement liées au prix de ces opérations.

Il en résulte que, pour la détermination du coefficient de taxation forfaitaire, **seules** les **subventions directement liées au prix des opérations imposables** (ouvrant ou non droit à déduction) **ou constituant la contrepartie de telles opérations** sont à prendre en compte pour le calcul du rapport (et non l'ensemble des subventions).

Les **subventions qui doivent être prises en compte** pour le calcul du coefficient de taxation forfaitaire sont ainsi les suivantes : **55795**

– subventions constituant la **contrepartie d'une opération imposable** réalisée au profit de la partie versante. Il s'agit en fait du prix payé pour un service rendu ou pour une vente (nº 46930). Ces subventions sont à inscrire **aux deux termes du rapport** si elles constituent la contrepartie d'une opération imposable ouvrant droit à déduction ou **au seul dénominateur** du rapport si elles constituent la contrepartie d'une opération imposable n'ouvrant pas droit à déduction ;

– subventions **complétant le prix d'une opération imposable** (nº 46940). Ces subventions sont à inscrire **aux deux termes du rapport** si elles complètent le prix d'une opération imposable ouvrant droit à déduction ou **au seul dénominateur** du rapport si elles complètent le prix d'une opération imposable n'ouvrant pas droit à déduction.

Les subventions qui n'entrent dans aucune de ces deux catégories ne sont pas prises en compte pour le calcul du coefficient de taxation forfaitaire.

> Précisions a. Les subventions constituant la contrepartie ou complétant le prix d'une opération imposable n'ouvrant pas droit à déduction (subventions non imposables à inscrire au seul dénominateur du rapport) devraient être rares en pratique.

b. En ce qui concerne les subventions perçues dans le **domaine agricole,** voir nº 59810, b.

SECTEURS D'ACTIVITÉS DISTINCTS

Lorsqu'un assujetti a constitué des secteurs d'activités distincts (nºs 56030 s.), le **chiffre d'affaires à retenir** pour le calcul du rapport servant à déterminer le coefficient de taxation forfaitaire est celui du ou des secteurs pour lesquels le bien ou le service est utilisé. **55805** CGI ann. II art. 206, III-3-2º TVA-IX-15100 s

Lorsque le bien ou le service est utilisé pour plusieurs secteurs d'activités sans être utilisé pour tous les secteurs d'activités, le coefficient de taxation est déterminé au vu du chiffre d'affaires de ces quelques secteurs.

EXEMPLE

Un entrepreneur exerce trois activités distinctes au regard des règles applicables en matière de TVA : une activité de conseil soumise à la taxe de plein droit ; une activité de formation professionnelle exonérée ; enfin il décide de louer une partie de ses locaux nus à usage professionnel, en optant pour la taxation de ses loyers. Il a constitué trois secteurs distincts, au sens de l'article 209 de l'annexe II au CGI, pour chacune de ses activités qui ont dégagé respectivement un chiffre d'affaires annuel hors taxe de 100, 50 et 150. Le coefficient de taxation de l'immeuble, utilisé pour les trois secteurs d'activités distincts, est égal à 100 + 150 / 100 + 50 + 150, soit 0,8333... arrondi à 0,84. L'assujetti fait également appel à un prestataire afin de l'aider dans son activité de formation professionnelle et de location. Le coefficient de taxation retenu pour cette dépense d'un montant de 4 000 € HT est égal à 150 / 50 + 150, soit 0,75. Par ailleurs, l'assujetti a acquis une voiture d'une valeur de 15 000 € HT qu'il utilise pour ses activités de formation et de conseil. Le coefficient de taxation retenu pour cette dépense est égal à 100 / 100 + 50, soit 0,6666... arrondi à 0,67. Pour l'usage de ce véhicule, il achète sur l'année 1 000 € HT de gazole, dont le coefficient de taxation est également de 0,67.

4. COEFFICIENT DE TAXATION UNIQUE

55830 CGI ann. II art. 206, V-1-2° TVA-IX-11300 s

En principe, l'assujetti doit calculer un coefficient de taxation pour chacun des biens et services qu'il acquiert (n° 55540). Toutefois, **sans** avoir besoin de l'**autorisation préalable** de l'administration, il peut, par année civile, retenir pour l'ensemble des biens et services acquis un coefficient de taxation unique, calculé de manière forfaitaire.

C. Coefficient d'admission

55860 CGI ann. II art. 206, IV TVA-IX-11390 s

Contrairement au coefficient d'assujettissement et au coefficient de taxation, qui dépendent de l'activité de l'assujetti et de l'utilisation qu'il fait des biens et services qu'il achète, le coefficient d'admission d'un bien ou d'un service dépend uniquement de la réglementation en vigueur. Il a en effet pour objet de prendre en compte l'existence de dispositifs particuliers d'**exclusion ou de restriction du droit à déduction.**

Il exprime la proportion maximale de taxe que la réglementation autorise à déduire sur une dépense, avant prise en compte des spécificités propres à l'activité de l'assujetti.

Le coefficient d'admission d'un bien ou d'un service est :

– **égal à un** lorsque ce bien ou ce service ne fait l'objet d'aucune mesure d'exclusion ou de restriction du droit à déduction ;

– **nul** lorsque le bien ou le service fait l'objet d'une mesure d'exclusion du droit à déduction ;

– **compris entre zéro et un** lorsque le bien ou le service fait l'objet d'une restriction du droit à déduction.

> **Précisions** **a.** Si le **coefficient d'admission** est **égal à zéro,** l'opérateur n'a aucun droit à déduction.
> L'opérateur doit néanmoins calculer le coefficient de déduction du bien ou du service (qui sera par définition égal à zéro). Il devra en outre conserver dans son système de gestion les éléments de ce calcul et son résultat afin de justifier auprès de l'administration le montant déduit ou régularisé (n° 55360, précision c).
> **b.** Comme indiqué aux n°s 55365 s., le coefficient d'admission est d'abord déterminé de façon **provisoire** lors de l'acquisition du bien ou du service. Il doit ensuite être **définitivement arrêté** avant le 25 avril de l'année suivante ou, pour ceux qui deviennent redevables de la TVA en cours d'année, avant le 31 décembre de l'année suivante.
> Dans la plupart des cas, il ne devrait subir aucune variation (sauf, bien entendu, en cas de changement de réglementation : voir précision c ci-dessous).
> **c.** Lorsqu'il intervient un **changement de réglementation** se traduisant soit par la création d'une nouvelle exclusion du droit à déduction, soit au contraire par la suppression d'une exclusion existante, cette modification réglementaire peut entraîner une régularisation pour les immobilisations en cours d'utilisation (voir n°s 57350 s.).
> En cas de **changement de réglementation en cours d'année,** la **valeur** du coefficient d'admission **à retenir au titre d'une année** est celle constatée en début de période, quelles que soient les évolutions de la réglementation intervenues au cours de ladite année (BOI-TVA-DED-20-10-30 n° 10). Cette règle ne concerne que les **immobilisations en cours d'utilisation au moment de la modification** législative ou réglementaire créant ou supprimant une exclusion du droit à déduction. Elle reflète la combinaison des règles prévues aux n°s 57350 s. (obligation de procéder à une régularisation globale en cas de modification des règles d'exclusion) et aux n°s 57445 s. (prise en compte des modifications des coefficients de référence seulement pour le calcul des régularisations annuelles à compter de l'année suivant celle de la modification législative ou réglementaire).
> Pour les **autres biens et services** ou pour les **immobilisations acquises postérieurement au changement de réglementation,** il convient de prendre la valeur du coefficient d'admission en vigueur au moment de la dépense ou de l'acquisition.

55865 TVA-IX-11530

Tableau récapitulatif Le tableau récapitulatif figurant ci-après présente la liste des exclusions et restrictions du droit à déduction avec, pour chacune, la référence aux commentaires correspondants. On notera que, pour les dispositions concernant certains biens ou entreprises qui font l'objet d'une étude spéciale (par exemple : produits pétroliers), les explications correspondantes sont intégrées dans cette étude.

Biens, services ou redevables pour lesquels le droit à déduction comporte des exclusions ou restrictions particulières	Commentaires (n^os)
Produits pétroliers :	
– industries pétrolières	61375
– utilisateurs	61395 s.
Bien ou service utilisé à plus de 90 % à des fins étrangères à l'entreprise	55875
Dépenses de logement au profit des dirigeants ou du personnel	55885 s.

Biens, services ou redevables pour lesquels le droit à déduction comporte des exclusions ou restrictions particulières	Commentaires (nos)
Véhicules de transport des personnes	55900 s.
Transports de personnes et opérations accessoires	55955 s.
Biens fournis sans rémunération	55970 s.
Services afférents à des biens exclus du droit à déduction	55995
Publicités prohibées (boissons)	56005
Agents de voyages	61545
Négociants en biens d'occasion, œuvres d'art, objets de collection ou d'antiquité	60815

BIEN OU SERVICE UTILISÉ À PLUS DE 90 % À DES FINS ÉTRANGÈRES À L'ENTREPRISE

Le coefficient d'admission est nul lorsque le bien ou le service est utilisé par l'assujetti à plus de 90 % à des fins étrangères à l'entreprise. **55875** CGI ann. II art. 206, IV-2-1° **TVA-IX-11540 s**

Les hypothèses visées sont les suivantes :

a. Biens et services acquis par une entreprise **pour** être mis à la disposition ou utilisés principalement par le **chef d'entreprise,** le **dirigeant,** le **personnel** ou un **tiers** ou plus généralement à des **fins étrangères à l'entreprise** : le coefficient d'admission provisoire et le coefficient d'admission définitif sont nuls.

EXEMPLES

Acquisition ou prise en crédit-bail d'un lecteur DVD mis à la disposition du dirigeant et devant servir exceptionnellement pour des besoins de formation professionnelle interne ; bateau de plaisance utilisé principalement à des fins privées et donné en location une semaine par an.

b. Biens et services **normalement affectés aux besoins de l'entreprise** lors de leur acquisition mais qui **dans les faits,** à l'issue de l'année d'acquisition, ont fait l'**objet d'une utilisation privée pour plus de 90 %** : le coefficient d'admission provisoire est égal à l'unité et le coefficient d'admission définitif est nul. Dans cette situation, l'entreprise devra reverser intégralement la TVA qu'elle aura déduite initialement. Si le bien, après avoir ouvert droit à déduction, devient, au cours de la période de régularisation, exclu du droit à déduction par suite d'une utilisation à des fins étrangères à l'entreprise supérieure à 90 %, la taxe à reverser est calculée dans le cadre du dispositif des régularisations annuelles (nos 57205 s.).

> **Précisions** La valeur du **coefficient d'assujettissement** d'un bien ou d'un service utilisé à plus de 90 % à des fins étrangères à l'entreprise est **obligatoirement** comprise **entre 0,01 et 0,09.** Des régularisations annuelles pourront donc être constatées si le bien cesse d'être utilisé à plus de 90 % à des fins étrangères à l'entreprise, et pour autant que le produit des coefficients d'assujettissement et de taxation de l'année vienne à différer du produit des coefficients d'assujettissement et de taxation de référence de plus d'un dixième (BOI-TVA-DED-30-10 n° 10).

DÉPENSES DE LOGEMENT AU PROFIT DES DIRIGEANTS OU DU PERSONNEL

Le coefficient d'admission est nul lorsque le bien ou le service est relatif à la **fourniture à titre gratuit** du logement des dirigeants ou du personnel de l'entreprise, à l'**exception** de celui du **personnel de gardiennage, de sécurité ou de surveillance** sur les chantiers ou dans les locaux de l'entreprise. **55885** CGI ann. II art. 206, IV-2-2° **TVA-IX-11620 s**

En revanche, la fourniture à titre gratuit du logement à des **tiers** à l'entreprise ouvre droit à déduction dans les conditions de droit commun. La fourniture à titre gratuit du logement à des tiers est donc affectée, en principe, d'un coefficient d'admission de un.

> **Précisions** **a.** La notion de dépenses de logement inclut les dépenses d'**hébergement** occasionnel, tels que les frais d'hôtel (CE 5-4-2004 n° 250356 : RJF 6/04 n° 602).
> **b.** Lorsque les **dépenses de logement** sont supportées **concurremment** au bénéfice de **tiers** et de **dirigeants ou salariés,** la taxe déductible peut être déterminée en proportion du nombre de tiers par rapport à l'ensemble des personnes ayant bénéficié des dépenses portées sur la facture. À cette fin, l'identité et la qualité des bénéficiaires doivent être portées sur les factures délivrées par les fournisseurs (BOI-TVA-DED-30-30-10 n° 1).

Exception Par exception à la règle selon laquelle sont exclues du droit à déduction les dépenses de logement fourni à titre gratuit supportées au bénéfice des dirigeants ou du personnel de l'entreprise, ouvrent droit à déduction les dépenses relatives à la fourniture à titre gratuit du **logement** sur les chantiers ou dans les locaux d'une entreprise **du personnel de surveillance, de sécurité ou de gardiennage.** Pour ces dépenses, le coefficient d'admission est donc égal à un. **55890** **TVA-IX-11820 s**

› Précisions Sont concernés, en particulier, les loges ou appartements de **concierge** ou de **gardien** compris dans les immeubles ou ensembles immobiliers à usage d'ateliers ou de bureaux.
La déduction peut s'appliquer dès lors que les fonctions de surveillance et de sécurité rendent nécessaire l'utilisation d'un logement sur le lieu de travail, même si, ces fonctions n'étant pas exclusives, les intéressés sont affectés en outre à d'autres tâches. Mais la déduction ne s'étend pas à l'ensemble des dépenses des **logements de fonction** des personnels (cadres, maîtrise ou autres) et de leur famille, même si le logement sur place répond aux nécessités de l'entreprise (BOI-TVA-DED-30-30-10 n° 40).

VÉHICULES DE TRANSPORT DES PERSONNES

55900 CGI ann. II art. 206, IV-2-6° et 7° TVA-IX-12500 s

Le coefficient d'admission est nul pour les **véhicules ou engins,** quelle que soit leur nature, **conçus pour transporter des personnes ou à usages mixtes.**
Le coefficient d'admission est également nul pour les **éléments constitutifs, pièces détachées et accessoires** de ces véhicules ou engins.
L'exclusion comporte cependant les exceptions indiquées aux n°s 55910 s. ; la plus importante concerne les véhicules acquis par les entreprises de transports publics de voyageurs.
Sous réserve de ces exceptions, sont exclus du droit à déduction tous les véhicules ou engins, **terrestres, maritimes ou aériens,** conçus pour transporter des personnes ou à usages mixtes.
L'exclusion est toutefois limitée pour les avions et les hélicoptères compte tenu de la doctrine administrative qui admet la déduction de la taxe grevant ces biens lorsqu'ils sont utilisés pour la fourniture de prestations de services aériens soumises à la TVA (voir n° 55905, b).
Remarques : **1.** Comme on le verra au n° 55995, les **services** (réparations, etc.) afférents à des véhicules n'ouvrant pas droit à déduction sont eux-mêmes exclus, en principe, du droit à déduction.
2. L'article 206, IV-2-6° de l'annexe II au CGI, en ce qu'il exclut la déductibilité de la TVA afférente aux moyens de transport utilisés à des fins professionnelles, ne contrevient pas aux dispositions de la directive TVA. La CJUE a en effet jugé que la clause de gel de l'article 176 de la directive autorise le maintien de l'exclusion du droit à déduction de la TVA afférente aux moyens de transport qui constituent l'outil même de l'activité de l'assujetti (ou un outil indispensable à son exercice) ou qui ne peuvent pas faire l'objet d'une utilisation privée (CJUE 18-6-1998 aff. 43/96 : RJF 8-9/98 n° 1062 ; CJUE 5-10-1999 aff. 305/97 : RJF 12/99 n° 1632).

55905 **› Précisions** **a.** Dans le domaine des véhicules **automobiles,** l'exclusion du droit à déduction vise notamment tous les véhicules qui sont réceptionnés par le service des mines comme autocars ou autobus (sauf les exceptions visées aux n°s 55910 s.) ou comme voitures particulières (conduite intérieure, break, etc.). Ne sont pas frappés d'exclusion, en revanche, les triporteurs, camionnettes, camions, tracteurs, ainsi que les véhicules classés par le Code de la route sous les rubriques **« véhicules très spéciaux »** qui ne sont pas conçus pour le transport de personnes ou à usages mixtes.
La catégorie dans laquelle un véhicule a été réceptionné par le service des mines ne saurait à elle seule faire échec aux critères d'exclusion. Ainsi, par exemple, sont exclus du droit à déduction les **camping-cars,** lesquels – bien que classés dans les catégories « véhicules automoteurs spécialisés » – sont des véhicules à usages mixtes.
En ce qui concerne les véhicules de type **« 4 × 4 pick-up »,** l'exclusion du droit à déduction ne s'applique pas lorsqu'ils sont pourvus d'une simple cabine, c'est-à-dire lorsqu'ils ne comportent que deux sièges ou une banquette, ou comprennent une simple cabine approfondie dans laquelle sont placés, outre les sièges ou la banquette avant, des strapontins destinés à faire l'objet d'un usage occasionnel. En revanche, les autres véhicules, qui comportent quatre ou cinq places assises hors strapontins (notamment ceux rangés dans la catégorie des véhicules dits à double cabine), sont exclus du droit à déduction (BOI-TVA-DED-30-30-20 n° 20), étant précisé qu'il existe cependant une exception en ce qui concerne les véhicules affectés exclusivement à l'exploitation des remontées mécaniques et des domaines skiables (voir n° 55940).
L'exclusion du droit à déduction ne s'applique pas aux **véhicules dits « dérivés VP »** qui ne comportent que deux places, également commercialisés sous les appellations « société », « affaire » ou « entreprise » (BOI précité n° 20).
Les véhicules dénommés **« quads »** ouvrent droit à déduction lorsqu'ils présentent les caractéristiques propres aux véhicules agricoles ou forestiers. En revanche, les quads de loisir sont exclus du droit à déduction (BOI précité n°s 340 à 370).
Les **motocyclettes** et les **scooters** sont exclus du droit à déduction, même si des **transformations** ont été apportées avant toute utilisation (par exemple, pour les besoins d'une activité de livraison de colis ou de pizzas) qui en modifient les caractéristiques et les transforment en véhicules utilitaires inaptes au transport d'un passager (CAA Paris 28-3-2002 n° 97-3169 : RJF 2/03 n° 172 ; Rép. Vignal : AN 22-12-2015 n° 50403).
b. Dans le domaine **aéronautique,** ouvrent droit à déduction (outre les aéronefs qui ne sont pas conçus pour le transport des personnes) les avions et les hélicoptères conçus pour le transport des personnes ou à usages mixtes qui sont utilisés, même de façon alternative, pour la réalisation à titre onéreux de pres-

tations de services aériens soumises à la TVA, notamment : transport public de voyageurs, transport de fret, enseignement du pilotage, manutention de matériel, hélitreuillage et levage, publicité, prise de vues, vols panoramiques, vols de démonstration, largage de parachutistes, opérations aériennes agricoles, etc. Les entreprises concernées doivent être en mesure de justifier de l'utilisation effective des aéronefs, ce qui suppose que les obligations résultant de la réglementation qui régit l'aéronautique civile soient respectées. Lorsqu'une entreprise utilise de façon alternative un appareil pour les besoins d'opérations ouvrant droit à déduction et d'opérations n'ouvrant pas droit à déduction (transport sanitaire, par exemple), il convient de lui affecter un coefficient de taxation forfaitaire (nos 55740 s.). Lorsque les aéronefs sont également utilisés à d'autres fins (utilisation privative, par exemple), cette utilisation donne lieu en principe à la taxation d'une prestation de services à soi-même (nos 47410 s.).

c. Les **véhicules** – voitures de **course,** motocyclettes de **compétition** – non réceptionnables par le service des mines et dès lors non susceptibles d'être autorisés, à titre permanent, à circuler sur la voie publique ouvrent droit à déduction.

Même solution pour les **voiliers** exclusivement conçus pour les **compétitions** de vitesse. Jugé à cet égard que l'exclusion du droit à déduction ne trouve pas à s'appliquer aux véhicules ou engins qui, en raison des caractéristiques de leur conception, n'ont pas pour fonction d'assurer le transport des personnes, même s'ils ne peuvent se déplacer sans la présence à leur bord d'un conducteur, d'un pilote ou d'un équipage (CE 21-12-1994 nos 134131-134137 et 134133-134135 : RJF 2/95 nos 176).

d. N'ouvrent pas droit à déduction les véhicules acquis par des unions commerciales pour être offerts à titre de **cadeaux publicitaires** à l'occasion de manifestations promotionnelles.

e. Les **remonte-pentes** ou les **téléphériques** acquis par les entreprises de transports publics de voyageurs et utilisés exclusivement pour ces transports ouvrent droit à déduction (no 55915). Il en est de même des téléphériques ou **télébennes** utilisés pour le transport des minerais ou matériaux (BOI précité no 20).

55910

Exceptions

La règle selon laquelle les véhicules conçus pour le transport des personnes sont exclus du droit à déduction comporte un certain nombre d'exceptions. Nous avons déjà examiné au no 55905, b, celle concernant les avions et les hélicoptères. Les autres exceptions sont examinées nos 55915 s. Pour les véhicules ou engins concernés par ces exceptions, le coefficient d'admission est donc égal à un.

Remarque : En ce qui concerne les véhicules terrestres fonctionnant exclusivement au moyen de l'énergie électrique, une disposition particulière ouvre droit à déduction, non pour les véhicules eux-mêmes, mais pour l'électricité consommée par eux (no 55945).

55915 CGI ann. II art. 206, IV-2-6o-f TVA-IX-13175 s

Entreprises de transports publics de voyageurs. Les véhicules ou engins, acquis par les entreprises de transports publics de voyageurs et affectés de façon exclusive à la réalisation desdits transports, ouvrent droit à déduction (coefficient d'admission égal à un), quelle que soit la nature des véhicules : voitures particulières, autocars, autobus, bateaux de plaisance, aéronefs, remonte-pentes, téléphériques.

La déduction est subordonnée à une **affectation exclusive** à une activité de transports publics de personnes. La déduction n'est toutefois pas remise en cause du seul fait que les entreprises en question soient amenées à réaliser, **à titre accessoire ou occasionnel,** des transports de **marchandises ou** de **messageries** (BOI-TVA-DED-30-30-20 no 130).

Pour les avions et les hélicoptères, voir no 55905, b.

Remarque : La condition d'affectation exclusive des véhicules à la réalisation des transports publics de voyageurs est compatible avec l'objectif de la directive TVA (CE 24-3-1999 no 188968 : RJF 5/99 no 553).

› Précisions **a.** Pour les **exploitants de taxis,** la déduction est possible même si leur véhicule est utilisé durant leurs jours de repos pour leurs déplacements personnels et il est admis de ne pas taxer la valeur de cette utilisation privée (BOI-TVA-CHAMP-10-20-20 no 190).

Comme indiqué ci-dessus, la déduction n'est pas remise en cause du seul fait des transports de marchandises ou de messageries réalisés à titre accessoire ou occasionnel. Pour les artisans taxis, on considère en pratique que les transports de l'espèce ont un caractère accessoire ou occasionnel lorsque les recettes correspondantes sont inférieures à 7 630 € TTC par an et n'excèdent pas 30 % des recettes totales annuelles TTC (BOI-TVA-DED-30-30-20 no 140).

b. Ne peuvent pas bénéficier de la déduction les entreprises (supermarchés, hôteliers, etc.) qui affectent des **véhicules à l'usage** de leur **clientèle** (BOI précité no 170).

En revanche, ouvrent droit à déduction (coefficient d'admission égal à un) :

– les **véhicules de transports sanitaires légers** affectés exclusivement à l'activité taxable de transports de malades ou de blessés (BOI précité no 180) ;

– les corbillards servant tant au transport des corps qu'à celui des familles, dès lors qu'ils sont utilisés exclusivement pour les **transports funéraires** (BOI précité no 180) ;

– les véhicules utilisés par les **entreprises d'aide à la personne** qui les affectent au **transport de personnes handicapées,** de personnes **âgées** ou d'**enfants** (Rép. Lesage : AN 29-1-2013 no 7457).

Bateaux utilisés pour des **croisières et excursions maritimes ou fluviales,** voir no 53165, précision d.

55920 CGI ann. II art. 206, IV-2-6°-a TVA-IX-13065 s

Véhicules destinés à être revendus à l'état neuf. Les véhicules ou engins, conçus pour transporter des personnes ou à usages mixtes, destinés à être revendus à l'état neuf ouvrent droit à déduction (coefficient d'admission égal à un).

Sont ici visés, notamment, les véhicules et engins acquis par les **concessionnaires** ou **négociants en automobiles** qu'ils destinent à la revente à l'état neuf.

Le régime applicable aux **voitures de démonstration** est exposé au n° 61060.

55925 CGI ann. II art. 206, IV-2-6°-b TVA-IX-13085 s

Véhicules donnés en location. Les véhicules ou engins, conçus pour transporter des personnes ou à usages mixtes, donnés en location ouvrent droit à déduction (coefficient d'admission égal à un).

Cette situation concerne, **en particulier,** les véhicules ou engins acquis par les **entreprises de location.**

› Précisions a. Cette exception à l'exclusion du droit à déduction s'applique non seulement aux locations consenties par le propriétaire des biens mais également aux **sous-locations consenties par le locataire au sous-locataire** (en ce sens, BOI-TVA-CHAMP-20-50-20 n° 160 à propos de l'affrètement d'aéronefs par des courtiers aériens).

b. Selon la cour administrative d'appel de Nantes, les véhicules donnés en location n'ouvrent droit à déduction que si la location est permanente. En l'absence de contrat de location, une **location ponctuelle,** établie par une facture isolée, est insuffisante pour qu'un véhicule entre dans le champ de l'exception prévue par l'article 206, IV-2-6°-b de l'annexe II au CGI (CAA Nantes 7-12-2017 n° 16NT01619 : RJF 4/18 n° 367).

55930 CGI ann. II art. 206, IV-2-6°-c TVA-IX-13115 s

Véhicules amenant le personnel sur le lieu de travail. Ouvrent droit à déduction (coefficient d'admission égal à un) les véhicules ou engins comportant, outre le siège du conducteur, plus de huit places assises et qui sont utilisés par des entreprises pour amener leur personnel sur les lieux du travail.

En cas de versement d'une participation, de la part des travailleurs, pour utiliser ces transports, cette participation est taxable.

55935 CGI art. 273 septies A et CGI ann. II art. 206, IV-2-6°-d TVA-II-9420 s

Véhicules affectés à l'enseignement de la conduite. Ouvrent droit à déduction (coefficient d'admission égal à un) les véhicules ou engins de transport de personnes ou à usages mixtes (véhicules routiers automobiles, motocyclettes, avions, hélicoptères, bateaux, etc.) affectés de façon exclusive à l'enseignement de la conduite.

› Précisions a. La condition d'**affectation exclusive** à l'enseignement de la conduite est compatible avec la directive TVA (CJUE 14-6-2001 aff. 345/99 : RJF 10/01 n° 1342).

Il est admis que cette condition soit réputée remplie lorsque le véhicule est affecté, en dehors de l'activité d'enseignement, à l'une ou plusieurs des activités autorisant la déduction sur les véhicules ou engins de transport des personnes ou à usages mixtes (transport public de voyageurs, location imposable de véhicules, etc.), à l'exclusion du transport de marchandises (BOI-TVA-DED-30-30-20 n° 320).

Par ailleurs, le fait que le véhicule affecté à l'enseignement soit également utilisé à des fins étrangères à l'entreprise (**besoins privés** du dirigeant, etc.) ne fait pas obstacle au droit à déduction, mais cette utilisation privative constitue une prestation de services à soi-même taxable (n° 47410).

En ce qui concerne les avions et les hélicoptères, voir n° 55905, b.

b. La circonstance que des motocyclettes utilisées pour l'enseignement de la conduite ne sont **pas munies d'équipements spéciaux** destinés à cet usage ne fait pas obstacle à la déduction (CAA Nantes 17-12-2003 n° 00-923 : RJF 5/04 n° 475).

c. Selon le Conseil d'État, le fait que la prestation d'enseignement soit exercée dans un contexte de loisir et n'ait pas un caractère diplômant est sans incidence sur le bénéfice du droit à déduction. Les véhicules de transport de personnes utilisés pour une **activité d'initiation au pilotage sur circuit** peuvent ainsi ouvrir droit à déduction si, compte tenu de l'activité effective exercée, ils peuvent être regardés comme affectés de façon exclusive à l'enseignement professionnel de la conduite (CE 11-7-2018 n° 410924 : RJF 11/18 n° 1093).

55940 CGI art. 273 septies C et CGI ann. II art. 206, IV-2-6°-e TVA-IX-13140 s

Véhicules tout-terrain affectés aux remontées mécaniques et aux domaines skiables. Ouvrent droit à déduction (coefficient d'admission égal à un) les véhicules ou engins de type tout-terrain (il s'agit en pratique de véhicules **« 4 × 4 pick-up »** double ou simple cabine) affectés exclusivement à l'exploitation des remontées mécaniques et des domaines skiables, selon les conditions fixées par l'article 84 A de l'annexe III au CGI.

› Précisions Ouvrent droit à déduction, compte tenu de leurs caractéristiques techniques, des **scooters des neiges** acquis par une société exploitant le parc de remontées mécaniques d'une station de sports d'hiver (CE 25-11-2009 n° 319649 : RJF 2/10 n° 114).

55945 CGI art. 273 septies B TVA-IX-12560

Véhicules électriques. À défaut de dérogation spécifique prévue à leur égard (et sauf, évidemment, lorsqu'ils entrent dans l'une des exceptions visées aux n°s 55910 à 55940), les véhicules fonctionnant exclusivement au moyen de l'énergie électrique sont, conformément à la règle générale, **exclus** du droit à déduction, dès lors qu'ils sont conçus pour transporter des personnes ou à usages mixtes.

Cependant, en vertu d'une disposition particulière, ouvre **droit à déduction** (coefficient d'admission égal à un) **l'électricité consommée** par les **véhicules terrestres** exclus de ce droit, lorsque ces véhicules sont utilisés pour les besoins d'opérations ouvrant droit à déduction et qu'ils fonctionnent exclusivement au moyen de l'énergie électrique. Il en va de même lorsque les véhicules de cette nature sont pris en location et que la taxe relative à cette location n'est pas déductible (n° 55995).

TRANSPORTS DE PERSONNES

Le coefficient d'admission est nul pour les prestations de transport de personnes. Il en est ainsi quels que soient la voie et les moyens utilisés (**route, fer, air, eau**). 55955 CGI ann. II art. 206, IV-2-5° TVA-IX-13310 s

L'exclusion s'étend aux **opérations accessoires,** c'est-à-dire à l'ensemble des opérations en relation étroite avec le transport lui-même : location de places, etc.

Exceptions La déduction est autorisée (coefficient d'admission égal à un) dans les deux cas suivants : 55960

a. Transports réalisés **pour** le compte d'une **entreprise de transports publics** de voyageurs ; ces entreprises bénéficient ainsi de la déduction de la taxe qui leur est facturée par d'autres transporteurs ;

b. Transports réalisés en vertu d'un **contrat permanent de transport** conclu par les entreprises redevables (y compris agricoles) pour amener leur **personnel** sur les lieux de travail.

BIENS FOURNIS SANS RÉMUNÉRATION OU POUR UN PRIX TROP BAS

Sous réserve des exceptions mentionnées au n° 55980 et au n° 55985, le coefficient d'admission est nul lorsque le bien est cédé sans rémunération ou moyennant une rémunération très inférieure à son prix normal, **notamment** à titre de **commission, salaire, gratification, rabais, bonification, cadeau.** Il en est ainsi quelle que soit la qualité du **bénéficiaire** (client, fournisseur, personnel, etc.) ou la **forme** de la distribution, et quand bien même l'opération serait effectuée dans l'**intérêt de l'entreprise.** 55970 CGI ann. II art. 206, IV-2-3° TVA-IX-11960 s

› Précisions **a.** S'agissant des cessions faites moyennant une **« rémunération très inférieure à leur prix normal »,** l'exclusion joue en principe lorsque la différence entre le prix normal (c'est-à-dire le prix pratiqué par l'entreprise pour des biens similaires, ou, à défaut, le prix de marché, ou encore leur prix de revient incluant une quote-part des charges d'amortissement) et le prix effectif dépasse très largement les rabais et remises couramment pratiqués. 55975

b. Ne tombe pas sous le coup de l'exclusion du droit à déduction la **fourniture d'articles supplémentaires** (treize à la douzaine ou remise d'articles par les concessionnaires automobiles, par exemple) faite à des clients, dès lors que cette fourniture s'analyse en une réduction du prix, ce qui suppose, selon l'administration (BOI-TVA-DED-30-30-50 n° 130), qu'il en soit fait état sur une facture (exigence partagée par CAA Bordeaux 30-12-1994 n° 93-856 : RJF 4/95 n° 472, mais non par CAA Nancy 20-10-1994 n° 92-548 : RJF 3/95 n° 318).

c. Le Conseil d'État estime que les cessions gratuites qui présentent un **caractère obligatoire** et dont le coût est un **élément inévitable du prix de revient** des opérations imposables réalisées échappent à l'exclusion du droit à déduction. Ainsi jugé pour des travaux de superstructure remis gratuitement par un aménageur de zone à la commune avec laquelle il avait contracté (CE 7-5-1986 n° 49991 : RJF 7/86 n° 685).

d. L'exclusion du droit à déduction ne s'applique pas à la taxe grevant le prix d'achat des décorations offertes aux membres du personnel qui deviennent titulaires de la **médaille d'honneur du travail,** dès lors que cette dépense d'intérêt social présente un caractère exceptionnel et que la décision de son attribution est prise par une autorité publique (BOI précité n° 140).

e. Selon l'administration, lorsque le bien cédé gratuitement ou pour un prix trop bas a, lors de son **acquisition,** donné lieu à une **déduction** totale ou partielle (parce qu'il était destiné à une opération ouvrant droit à déduction) **ou** a été **fabriqué** par le cédant, celui-ci doit acquitter la TVA au titre de la **livraison à soi-même** de ce bien et la taxe résultant de cette imposition n'est pas déductible (n° 47400).

Mais le droit à déduction exercé au titre d'**échantillons** ou de produits **« spécimens »** reste acquis sans qu'il y ait lieu à imposition au titre des livraisons à soi-même (voir n° 47400, précision e).

f. L'article 206, IV-2-3° de l'annexe II, objet des développements ci-dessus, ne vise que des biens meubles corporels (CE 6-10-2004 n° 250715 : RJF 12/04 n° 1240). Il en résulte que les **services gratuits rendus dans l'intérêt de l'entreprise** ouvrent droit à déduction (sauf, bien entendu, s'ils sont exclus du droit à déduction par une disposition particulière du type de celles décrites aux nos 55875, 55885, 55955 et 55995).

En revanche, les **services rendus sans aucune contrepartie** pour l'entreprise (pures « libéralités ») sont exclus du droit à déduction, en application des principes généraux (nos 55200 s.). Cette exclusion se traduira, s'il y a lieu, par une taxation à titre de livraison de services à soi-même (voir n° 47410).

g. S'agissant des **programmes de fidélisation de clientèle,** que le gestionnaire du programme livre directement les cadeaux aux clients des enseignes adhérentes ou qu'il recoure à un fournisseur pour réaliser cette livraison, il peut, selon l'administration, déduire dans les conditions de droit commun la TVA d'amont qu'il supporte (BOI précité n° 290). À noter toutefois que le

Conseil d'État a, à cet égard, une position moins favorable (CE 7-12-2016 nos 396460 à 396463 : RJF 3/17 no 230).
En revanche, les enseignes adhérentes du programme ne peuvent pas déduire la fraction de la taxe qui leur est facturée au titre de la livraison des cadeaux à leurs clients (sauf biens de très faible valeur). La fraction de la TVA grevant les autres prestations, telle celle de gestion, est déductible dans les conditions de droit commun (BOI précité).
h. En ce qui concerne les **produits « presse-plus »,** voir no 61600, d.

55980 TVA-IX-12195 s **Exceptions** **Biens de très faible valeur.** L'exclusion du droit à déduction ne joue pas quand il s'agit de biens de très faible valeur (conçus spécialement ou non pour la publicité). La condition de valeur est considérée comme remplie lorsque la **valeur unitaire** des objets n'excède pas 69 €, taxes comprises (CGI ann. IV art. 28-00 A).
Pour les biens qui remplissent cette condition de valeur, le coefficient d'admission est donc égal à un.

La **valeur à retenir** est soit le prix d'achat par l'entreprise distributrice, soit le prix de revient si elle procède elle-même, ou fait procéder pour son compte, à la fabrication des objets.

Lorsque la **distribution** gratuite **se renouvelle,** la valeur des objets donnés ne doit pas excéder la limite de 69 € au cours de l'année pour un même bénéficiaire.

À noter que, lorsque cette condition de valeur est remplie, il n'y a ni exclusion du droit à déduction ni livraison à soi-même taxable (no 47400, précision d).

› **Précisions** Le montant mentionné ci-dessus fait l'objet d'une **réévaluation tous les cinq ans,** proportionnellement à la variation de l'indice mensuel des prix à la consommation, hors tabac, de l'ensemble des ménages, et arrondi à l'euro supérieur (Arrêté BUDF0500039A du 12-10-2005 art. 3). Il est fixé à 69 € depuis le 1er janvier 2016 (Arrêté FCPE1607430A du 10-6-2016) et sera réévalué au 1er janvier 2021.

55985 TVA-IX-12135 s **Objets de nature publicitaire.** Ouvrent droit à déduction dans les conditions de droit commun (coefficient d'admission égal à un) les matériels et objets de nature publicitaire remis gratuitement à un bénéficiaire, directement ou par l'intermédiaire d'un grossiste, par un fabricant ou une entreprise commercialisant des produits, lorsque les **conditions** suivantes sont réunies :
– le bénéficiaire contribue à la commercialisation des produits de ce fabricant ou de cette entreprise ;
– le coût des biens est supporté par ledit fabricant ou ladite entreprise ;
– le bien remis est, par nature, destiné à assurer la **promotion,** la **vente,** le **rangement** ou la **présentation des produits** du fabricant ou de l'entreprise. Sont notamment visés les présentoirs publicitaires (affiches, panonceaux, pancartes, enseignes, meubles, etc.) utilisés chez le client comme support matériel pour la présentation commerciale d'un produit ou d'une marque sur le lieu de vente, les matériels de tirage de pression et accessoires de terrasse remis par les fournisseurs de boissons, les enseignes lumineuses. Mais la déduction n'est pas subordonnée à la mention de la marque des produits sur les biens ainsi remis ;
– la remise des biens est justifiée par les besoins de l'activité commerciale du fabricant ou de l'entreprise qui en supporte le coût (BOI-TVA-DED-30-30-50 no 280).

SERVICES AFFÉRENTS À DES BIENS EXCLUS

55995 CGI ann. II art. 206, IV-2-10o TVA-IX-13480 s Sont exclues du droit à déduction (coefficient d'admission égal à zéro) les prestations de services de toute nature, notamment la location, afférentes aux biens dont le coefficient d'admission est nul en application des dispositions des 1o à 8o de l'article 206, IV-2 (nos 55875 à 55985, 56005 et 61395 s.).

Sont **notamment concernées,** outre la location, les opérations de réparation, de transport, de commission, de courtage portant sur des biens exclus du droit à déduction.

Ne sont pas concernés par l'exclusion, en revanche, les services afférents aux biens acquis ou construits par les opérateurs imposés sur la marge.

Remarque : Ouvre droit à déduction la taxe afférente aux **emplacements de stationnement** achetés ou loués pour être mis à la disposition des clients et des membres du personnel, dirigeants ou non, sur le lieu de travail (BOI-TVA-DED-40-40 no 30).

PUBLICITÉS PROHIBÉES

56005 CGI ann. II art. 206, IV-2-4o TVA-IX-13435 s Le coefficient d'admission est égal à zéro lorsque le bien ou le service est utilisé pour des publicités prohibées par les articles L 3323-2, L 3323-4 et L 3323-5 du Code de la santé publique. Il s'agit des publicités pour **boissons alcooliques.** En pratique, la déduction est refusée lorsque le redevable a été frappé de l'amende prévue en pareil cas.

D. Secteurs d'activités distincts

L'article 209, I-al. 2 de l'annexe II au CGI prévoit que les secteurs d'activités qui ne sont pas soumis à des dispositions identiques au regard de la TVA doivent être comptabilisés dans des comptes distincts pour l'application du droit à déduction. 56030 CGI ann. II art. 209 TVA-IX-14000 s

Remarque : S'agissant de dispositions concernant l'application des règles de la TVA, on ne parle, en principe, de « secteur distinct » qu'à propos d'**opérations** situées **dans le champ d'application de la TVA.**

CAS DE CONSTITUTION DE SECTEURS DISTINCTS

Le texte légal prévoit l'application du régime spécial lorsqu'un assujetti a des **secteurs d'activités « qui ne sont pas soumis à des dispositions identiques** au regard de la TVA ». 56040 TVA-IX-14100 s

Les cas de constitution de secteurs distincts résultent :
– soit de l'application du principe énoncé à l'article 209, I-al. 2 de l'annexe II au CGI (nº 56045) ;
– soit de l'application des dispositions particulières prévues aux alinéas 3 et suivants du I du même article et à l'article 260 B de l'annexe II au CGI (nº 56050).

En **application du principe général** énoncé par l'article 209, I-al. 2 de l'annexe II au CGI, il y a lieu de constituer des secteurs distincts lorsque les **deux conditions** suivantes sont réunies : 56045

a. Exercice par un même assujetti de **plusieurs activités.** Cette condition s'apprécie en retenant un certain nombre de **critères** tenant à la fois à la nature économique de chaque activité et, surtout, à l'utilisation de moyens différents d'exploitation (investissements, personnels distincts), et à la tenue d'une comptabilité séparée (BOI-TVA-DED-20-20 nº 20) ;

b. Activités différentes **non soumises à des dispositions identiques** au regard de la TVA. Tel est le cas lorsqu'un redevable exerce à la fois une activité imposable et une activité exonérée. En revanche, le régime des secteurs distincts ne trouve pas son application si toutes les activités de l'assujetti comprennent exclusivement des opérations ouvrant droit à déduction (BOI précité nº 30).

Lorsque les **conditions** énoncées ci-dessus sont **réunies,** la **constitution** de secteurs distincts est **de droit** et elle s'impose, tant aux entreprises qu'à l'administration, dès le début de l'activité considérée. Si une **contestation** survient sur le point de savoir s'il existe ou non des secteurs répondant effectivement à la définition donnée par le texte, c'est à la juridiction administrative qu'il appartient de se prononcer (BOI précité nºs 10 et 120).

EXEMPLES

On trouvera ci-après une **liste (non limitative)** de situations imposant la constitution de secteurs distincts en application du principe général :
– activités civiles, libérales ou commerciales exonérées, exercées concurremment avec une activité économique (libérale ou commerciale) imposable (par exemple, ambulancier effectuant des transports mortuaires ou des transports en véhicule sanitaire léger : nº 47160) (BOI précité nº 60) ;
– sociétés en participation et sociétés de fait (quelle que soit la durée du contrat) (nº 47325) ;
– Cridon dépourvu de la personnalité juridique (afin de traiter dans des secteurs distincts les activités propres des chambres et les activités de prestations de services aux notaires) (BOI-TVA-CHAMP-10-10-50-50 nº 120) ;
– activités de l'État et des collectivités locales (BOI-TVA-DED-20-20 nº 220).
Pour les activités financières exercées à titre accessoire, voir nº 55770, précision c.

En application des **dispositions** réglementaires **particulières,** doivent être constituées en secteurs distincts pour l'exercice des déductions les activités ou personnes suivantes : 56050
– **location** d'immeubles nus à usage professionnel **imposée par option** (nº 46875) ;
– **activité agricole** imposable selon le régime **simplifié** agricole (nºs 59735, 59740 et 59960) ;
– **collectivités locales** ayant plusieurs services soumis à la TVA par option (nº 47235) ;
– **organismes sans but lucratif** (nºs 89625, c, et 61610, a) ;
– chaque opération de **lotissement ou** d'**aménagement de zone** réalisée par les collectivités territoriales ou leurs groupements (CGI ann. II art. 209, I-5º) ;
– livraisons à soi-même de **logements sociaux à usage locatif** ou de certains travaux de réhabilitation réalisés dans les mêmes logements (nº 59125, précisions).

CONSÉQUENCES DE LA SECTORISATION

En cas de fractionnement, les **secteurs** font l'objet de **comptes distincts pour** l'application du **droit à déduction.** 56060 CGI ann. II art. 209, I TVA-IX-14900 s

Il en résulte les conséquences suivantes.

a. La **comptabilité** de l'entreprise doit **suivre distinctement** pour chaque secteur les acquisitions de biens ou de services, le montant des opérations taxables et exonérées, les cessions d'immobilisations ou leur transfert à d'autres secteurs (BOI-TVA-DED-20-20 n° 130).
b. La **détermination du montant déductible** de la taxe ayant grevé les biens et services afférents à un secteur distinct s'effectue dans les conditions de **droit commun** (n°s 55360 s.). En ce qui concerne le coefficient de taxation à appliquer pour les biens et services communs à plusieurs secteurs, voir n° 55805.
c. En cas de **transfert d'immobilisations entre secteurs,** il faut procéder à une régularisation, dans les conditions indiquées n°s 57320 s. (et sous la réserve énoncée n° 47395, précision b, à propos de certaines affectations à un secteur exonéré).
d. Les **transferts** de biens en **stock** d'un secteur à un autre secteur ne donnent pas lieu à imposition, sauf s'ils s'analysent en une livraison à soi-même imposable à la TVA (n° 47395, précision a).
En ce qui concerne les **immeubles nus à usage professionnel,** au titre desquels une option pour la TVA a été exercée, qui regroupent à la fois des locaux couverts et non couverts par cette option, voir n° 46875, précision f.

56065 TVA-IX-15330 s

Déclarations Les personnes qui exercent plusieurs activités n'ont pas **en principe** à établir une déclaration de chiffre d'affaires pour chacun de leurs secteurs d'activités. Elles doivent souscrire **une seule déclaration** sur laquelle sont **regroupés** les éléments propres à chaque secteur d'activité.
Cette déclaration récapitule la TVA brute afférente aux **recettes** provenant de l'ensemble des activités de l'entreprise, ainsi que la totalité des **droits à déduction, tous secteurs confondus.**
Avant leur globalisation sur la déclaration unique, les **droits à déduction** doivent être préalablement **calculés par secteur,** en fonction des limitations particulières éventuellement applicables à chacun de ces secteurs.
Les entreprises peuvent joindre à leur déclaration CA 3 un **formulaire n° 3310 ter-SD** (transmis par voie électronique) destiné à justifier de la quotité des droits à déduction mentionnés sur leur déclaration. Son utilisation spontanée est susceptible d'accélérer l'instruction des demandes de remboursement (BOI-TVA-DED-20-20 n° 170).

56070 CGI ann. IV art. 40, 2 TVA-IX-15600 s

Formalités Les assujettis qui adoptent un **coefficient de taxation forfaitaire distinct pour** une **activité nouvellement créée** doivent, dans les quinze jours, en faire la déclaration au service des impôts dont ils dépendent (en sont dispensées les personnes pour lesquelles la constitution d'un secteur distinct est prévue par une disposition particulière : n° 56050).
Par ailleurs, doivent être déclarées les modifications aboutissant à la **création d'un secteur exonéré.**

SECTION 3

CONDITIONS D'EXERCICE DU DROIT À DÉDUCTION

56140 TVA-IX-17000 s

Après avoir examiné les principes généraux de déduction (n°s 55200 s.) et la détermination du montant de taxe déductible (n°s 55360 s.), nous allons voir maintenant **comment** le droit à déduction peut être **effectivement exercé** par son titulaire.
Cet exercice du droit à déduction est subordonné à la fois à des **conditions formelles** tenant à la justification de la TVA déductible (n°s 56250 s.) et à des **conditions de fond** ayant trait notamment à l'application de la déduction dans le temps (n°s 56310 s.).

1. CONDITIONS FORMELLES : JUSTIFICATION DE LA TVA DÉDUCTIBLE

56250 CGI art. 271, II TVA-IX-17100 s

Le redevable qui procède à la **déduction** de la taxe ayant grevé des biens ou des services doit être en mesure d'en **justifier.**
Dans le **cas général,** cette justification est constituée par la mention de la taxe sur les **factures d'achat** (n°s 56260 s.).
Des **règles particulières** sont prévues lorsque la taxe est perçue à l'**importation** (n° 56280) **ou** lorsqu'elle a été **acquittée par le redevable lui-même** (n° 56290).

MENTION SUR LES FACTURES D'ACHAT

Qu'il s'agisse de biens ou de services, la taxe dont le redevable peut opérer la déduction est, en principe, selon les textes, celle qui figure sur les **factures établies conformément** aux dispositions de l'**article 289 du CGI** et si la taxe pouvait **légalement figurer** sur lesdites factures. **56260** CGI art. 271, II et 272, 2 TVA-IX-17200 s

En outre, la déduction ne peut être opérée que si le redevable est **en possession de la facture** correspondante **au moment** où il opère la **déduction.**

56262 Lorsque les **factures** font l'objet d'une **rectification,** le client redevable doit apporter les rectifications correspondantes dans ses déductions et les mentionner sur la déclaration qu'il souscrit au titre du mois au cours duquel il a connaissance de cette rectification (CGI art. 271, II-3).

Voir également les précisions données :

– au nº 53660, pour la rectification de factures ayant fait état d'une TVA non exigible en réalité ou calculée à un taux supérieur au taux légalement applicable ;

– au nº 56340, précision d, pour les factures rectificatives faisant suite à un redressement opéré chez le fournisseur ;

– aux nºs 53795 et 53800, pour les rectifications de factures se rapportant à des opérations annulées, résiliées, faisant l'objet d'un rabais ou impayées.

56265 **Nécessité d'une facture** En application de l'article 271, II-2 du CGI, le redevable doit, pour pouvoir exercer son droit à déduction, être en possession de la facture.

La facture (au sens défini au nº 56267) constitue, selon l'**administration,** un document fondamental pour l'exercice du droit à déduction (BOI-TVA-DED-40-10-10 nº 55). Le fait de ne pas être en possession de la facture d'achat mentionnant la TVA fait obstacle, selon elle, à l'imputation de cette taxe (Rép. Alduy : AN 31-1-1970 nº 8548).

Le **Conseil d'État** refuse également tout droit à déduction de la taxe en l'absence de facture (notamment, CE 12-5-1980 nº 13883 : RJF 7-8/80 nº 586 ; CE 20-4-1983 nº 29468 : RJF 6/83 nº 777), la production d'autres documents qui ne constituent pas des factures ne pouvant suppléer à cette absence.

Ceci étant dit, il faut toutefois noter que la **CJUE,** dont la jurisprudence était sur la même ligne (CJUE 5-12-1996 aff. 85/95, John Reisdorf : RJF 6/97 nº 638 ; CJUE 29-4-2004 aff. 152/02, Terra Baubedarf-Handel GmbH : RJF 7/04 nº 834), a désormais (depuis un arrêt du 21-11-2018) une position beaucoup plus souple en la matière. Dans cet arrêt, la Cour a en effet considéré que le **défaut de production de la facture d'achat elle-même** (qui n'est qu'une exigence formelle du droit à déduction) **ne saurait entraîner le refus du droit à déduction, si l'assujetti établit** que les **conditions matérielles** de ce droit sont **satisfaites.** Il lui appartient dès lors de fournir des preuves objectives que les biens ou services en cause lui ont effectivement été fournis par des assujettis, pour les besoins de ses propres opérations taxables et qu'il s'est effectivement acquitté de la TVA correspondante. Ces **preuves objectives** peuvent comprendre, notamment, des pièces se trouvant en possession de ses fournisseurs ou prestataires. En l'espèce, la Cour a considéré qu'une estimation du montant de TVA déductible résultant d'une expertise ordonnée par une juridiction n'est pas, à elle seule, suffisante mais peut, le cas échéant, compléter les preuves objectives précitées ou renforcer leur crédibilité (CJUE 21-11-2018 aff. 664/16, Lucreţiu Hadrian Vădan : RJF 2/19 nº 237).

ATTENTION

On insistera cependant sur le fait que, même si la présente décision de la CJUE apporte un net assouplissement s'agissant de la justification de la TVA déductible, la **facture d'achat** demeure le **document principal** pour l'exercice du droit à déduction.

56267 **Conditions d'établissement de la facture** Aux termes de l'article 271, II-1-a du CGI, pour ouvrir doit à déduction, la facture détenue par le redevable doit avoir été établie **conformément aux dispositions de l'article 289 du CGI** (voir nºs 53500 s. l'exposé d'ensemble consacré aux obligations tenant à la facturation ; on y trouvera notamment les mentions qui doivent être portées sur les factures).

Tout document délivré dans les conditions prévues par le CGI et ses annexes, au regard notamment des mentions obligatoires, peut constituer une facture quelle que soit la qualification donnée à ce document par les parties (nº 53565, précisions a et b).

Lorsque les factures sont établies sur support **papier,** seul le **document original** permet en principe de justifier la déduction de la taxe. Cette règle est appliquée strictement par le juge national qui n'admet aucune exception (notamment, CE 3-2-1989 nº 56965 : RJF 3/89 nº 297 ; CE 22-4-1992 nº 75784 : RJF 6/92 nº 871). Il est toutefois rappelé que, pour la **CJUE,** le défaut de production de la facture d'achat ne fait pas nécessairement obstacle à la déduction (voir nº 56265).

Les **factures** peuvent également être **transmises par voie électronique** dans les conditions exposées n° 53595. Les factures ainsi transmises tiennent alors lieu de facture d'origine.

> Précisions a. L'article L 102 B, I du LPF autorise les assujettis à recourir, pour leur conservation, à la **numérisation des factures papier** reçues de leurs fournisseurs, dans les conditions fixées par l'article A 102 B-2 du même Livre (n° 78065). Si la facture d'origine (émise et transmise dans son format initial) reste en principe la **pièce justificative** pour la déduction de la TVA, l'archivage numérique de cette facture est toutefois considéré, par l'administration, comme une pièce justificative valable pour la déduction de la TVA à la condition que les modalités de numérisation des factures papier fixées par l'article A 102 B-2 précité soient respectées. Si le contribuable présente à l'administration une **facture numérisée qui ne remplit pas** ces **conditions** et que ce dernier n'est plus en possession de la facture papier, l'administration considère qu'elle n'est pas en mesure de s'assurer de l'authenticité de la facture et qu'elle peut, dans un tel cas qu'elle assimile à un défaut de facture, remettre en cause la déduction de la taxe opérée (BOI-CF-COM-10-10-30-10 n° 107). Sur le défaut de production de la facture d'achat, voir toutefois n° 56265 la position de la CJUE.

b. Sur les conséquences, en matière de droit à déduction, de l'inexistence ou de l'insuffisance des contrôles internes pour établir une **piste d'audit fiable** entre les factures et les opérations réalisées, voir n° 53595, précision e.

56270 Conséquences des omissions ou inexactitudes affectant la facture

L'**administration** admet que la seule **omission ou inexactitude de l'une des mentions obligatoires** devant figurer sur la facture n'entraîne pas nécessairement la remise en cause de la validité d'une facture pour l'exercice des droits à déduction dès lors que l'opération est justifiée dans sa réalité et qu'elle satisfait par ailleurs aux autres conditions posées pour l'exercice du droit à déduction. La facture doit, en tout état de cause, permettre de justifier la naissance et l'exercice du droit à déduction par le client (BOI-TVA-DED-40-10-10 n° 55).

De même, la **CJUE** a jugé que les autorités fiscales d'un État membre ne sauraient refuser le droit à déduction de la TVA pour la seule raison que l'assujetti détient une facture qui ne remplit pas les conditions requises par l'article 226 de la directive TVA, alors que ces autorités disposent de toutes les informations nécessaires pour vérifier que les conditions de fond relatives à l'exercice de ce droit sont satisfaites (CJUE 15-9-2016 aff. 516/14, Barlis 06 : RJF 12/16 n° 1145 ; en ce sens également, CJUE 15-9-2016 aff. 518/14, Senatex GmbH : RJF 12/16 n° 1146). En tout état de cause, la directive n'interdit pas de procéder à la rectification de factures erronées afin de permettre la déduction (CJUE 8-5-2013 aff. 271/12 : RJF 8-9/13 n° 892). À cet égard, la Cour a précisé que la rectification d'une facture visant une mention obligatoire produit un effet rétroactif de sorte que le droit à déduction de la taxe mentionné sur la facture rectifiée porte sur l'année au cours de laquelle cette facture a été initialement établie et non sur l'année au cours de laquelle elle a été rectifiée (Arrêt Senatex GmbH précité). On rappelle par ailleurs que, comme déjà indiqué n° 56265, la Cour considère même que le droit à déduction ne peut être refusé pour défaut de production de la facture elle-même, si l'assujetti établit que les conditions matérielles de ce droit sont satisfaites.

Le **Conseil d'État** a jugé pour sa part que l'**absence du nom et** de l'**adresse du client** sur la facture, ou leur **caractère erroné,** n'empêche pas celui-ci de déduire la taxe y mentionnée à condition qu'il apporte la preuve par tout moyen du règlement effectif par lui-même de cette facture pour les besoins de ses propres opérations imposables (CE 26-3-2012 n° 326333 : RJF 6/12 n° 589).

> Précisions a. S'agissant des **dépenses de restaurant,** le Conseil d'État considère qu'une entreprise ne peut pas déduire la TVA mentionnée sur des factures établies au nom de salariés, à l'occasion de leurs déplacements professionnels, et non pas à son nom (CE 17-4-2013 n° 334423 : RJF 7/13 n° 718). Il est toutefois rappelé que l'administration a prévu en matière de restauration une mesure de tolérance concernant les éléments d'identification du client (n° 53630, e).

b. La taxe qui a grevé une acquisition faite par un **fondateur** dans l'intérêt d'une **société** non encore créée peut ouvrir droit à déduction pour la société si celle-ci a ratifié cet achat et si le fondateur n'a pas utilisé le bien acquis pour exercer lui-même une activité taxable (CE plén. 30-4-1980 n° 15506 : RJF 6/80 n° 485 ; en ce sens également, CJUE 1-3-2012 aff. 280/10 : RJF 5/12 n° 545).

56275 Facturation irrégulière de la TVA

Comme déjà indiqué au n° 56260, la taxe n'est déductible que si elle pouvait **légalement figurer** sur la facture.

Cette règle a une portée générale et conduit en principe à interdire dans tous les cas la déduction de la TVA irrégulièrement facturée, qu'il s'agisse de factures afférentes à des opérations fictives ou frauduleuses ou de simples erreurs de facturation (voir toutefois les précisions a et b ci-dessous).

> Précisions a. Une facture correspondant à des opérations fictives ou de complaisance (facture par prête-nom, etc.) n'ouvre droit à aucune déduction pour celui qui a reçu la facture, bien que la taxe soit due par celui qui l'a facturée (voir n° 53670).

Toutefois, selon la CJUE, lorsque la prestation a été effectivement fournie, la déduction de la TVA facturée par une personne autre que le fournisseur, ou par un opérateur considéré comme inexistant au regard de la réglementation nationale sans qu'il soit possible d'établir l'identité du véritable fournisseur (**facture de complaisance**), ne peut être refusée qu'à la **double condition** que les faits soient constitutifs d'un comportement frauduleux et qu'il soit établi, au vu d'éléments objectifs, que le client savait ou aurait dû savoir que l'opération était impliquée dans cette fraude (CJUE 13-2-2014 aff. 18/13 : RJF 5/14 n° 525 ; CJUE 22-10-2015 aff. 277/14 : RJF 1/16 n° 109 ; en ce sens également, CE 30-12-2015 n° 374816 : RJF 3/16 n° 264 ; CE 11-10-2017 n° 392121 : RJF 1/18 n° 21).

En présence d'une **opération fictive,** la remise en cause du droit à déduction n'est **pas** subordonnée à la **preuve de la mauvaise foi** du contribuable, la preuve de l'absence d'une livraison ou d'une prestation effective par l'administration fiscale étant en soi suffisante (CJUE 27-6-2018 aff. 459/17 et 460/17, SGI et Valériane SNC : RJF 10/18 n° 1054 repris par CE 24-10-2018 n°s 394101 et 394102 : RJF 1/19 n° 27).

Cas des livraisons de biens ou des prestations de services faites à des acquéreurs ayant participé à une fraude consistant à ne pas reverser la taxe due à ce titre (**fraude de type « carrousel »** notamment) : voir n° 55270.

b. Le **Conseil d'État** s'est souvent prononcé pour des cas de **taxe** déduite alors qu'elle avait été **irrégulièrement facturée** (taxe facturée pour une opération non taxable ou selon une assiette ou un taux erronés) :

– cette jurisprudence autorise le **client de bonne foi** à déduire la taxe facturée par un fournisseur qui se présente plausiblement comme redevable (autrement dit, par un fournisseur dont il n'est pas manifeste que l'activité n'est pas taxable) (CE 22-11-1978 n° 2419 : RJF 1/79 n° 12). Cette jurisprudence concerne notamment les cas où la taxe est facturée au titre d'opérations exonérées mais ouvrant droit à option sans qu'une mention relative à l'option ait à figurer sur les factures ;

– lorsque la taxe est facturée à tort au titre d'**opérations** qui sont **exonérées,** sans ouvrir droit au paiement par option et sans dérogation, le Conseil d'État estime qu'elle n'est pas déductible du fait qu'elle n'est manifestement pas due (CE 25-5-1977 n° 52307 ; CE 16-11-1983 n° 38029 : RJF 1/84 n° 31). Il en est de même de la taxe facturée à tort grevant une indemnité de résiliation n'entrant pas dans le champ d'application de la TVA (CE 21-11-2011 n° 316485 : RJF 2/12 n° 108) ;

– lorsque la taxe a été calculée à un **taux erroné** (par exemple au taux normal, alors que le produit ou le service relevait en réalité d'un taux réduit), cette jurisprudence considère que la déduction doit être limitée à la fraction de la taxe correspondant au montant qui serait résulté d'une liquidation correcte (CE 29-12-1978 n° 9405 : RJF 2/79 n° 70).

De façon plus générale, on peut dire que cette jurisprudence sanctionne d'un refus de droit à déduction la méconnaissance d'une règle objective que l'acquéreur d'un bien ou service doit connaître

La position de l'**administration** en ce qui concerne la taxe illégalement facturée entre personnes de bonne foi est fondée sur le système des **factures rectificatives,** voir n° 53660.

TAXE DUE À L'IMPORTATION

La TVA qui peut être déduite à l'importation est celle qui est acquittée par les redevables eux-mêmes dans le cadre du régime de l'autoliquidation de la taxe à l'importation prévu par l'article 1695, II du CGI (n° 49612) ou, dans le cas contraire, celle qui est due pour les importations auprès des services des douanes dans les conditions exposées n°s 49600 s. La déduction peut être opérée si le redevable est en possession des **documents douaniers** ou assimilés (déclaration d'importation, note de frais délivrée par le commissionnaire en douane, etc.) qui le désignent comme **destinataire réel** des biens (BOI-TVA-DED-40-10-30 n° 30). **56280** CGI art. 271, II TVA-IX-20000 s

Lorsque ces documents font l'objet d'une **rectification,** le redevable doit régulariser sa situation dans les conditions déjà indiquées à propos des factures rectificatives (n° 56262).

TAXE ACQUITTÉE PAR LE REDEVABLE MÊME

Les redevables peuvent déduire la taxe qu'ils ont acquittée eux-mêmes, dans les différents cas prévus par la loi : acquisitions intracommunautaires (n°s 49150 s. et spécialement 49180) ; livraisons à soi-même d'immeubles et d'autres biens ou de services (n°s 47370 s.) ; livraisons de biens et prestations de services visées à l'article 283, 1-al. 2 du CGI lorsque le fournisseur ou le prestataire n'est pas établi en France (n° 50695) ; prestations de services visées à l'article 283, 2 du CGI lorsque le prestataire n'est pas établi en France (n° 49885) ; livraison consécutive désignée à l'article 258 D, I-2° du CGI (n° 49375) ; livraisons de gaz naturel, d'électricité, de chaleur ou de froid mentionnées à l'article 258, III du CGI (n° 48990) ; paiement de la taxe en lieu et place d'une entreprise établie dans un pays tiers n'ayant pas conclu de convention d'assistance au recouvrement des créances fiscales avec la France (n° 50645) ; livraisons d'or industriel (n° 61850, précision b) et livraisons d'or d'investissement taxées sur option (n° 61890) ; livraisons et façons portant sur les déchets neufs d'industrie et matières de récupération (n° 53705) ; transferts de quotas de gaz à effet de serre (n° 53705) ; services de communications électroniques non soumis à la taxe fiscale de l'article 302 bis KH du CGI (n° 53705) ; transferts de certificats de garanties d'origine de l'électricité et de garanties de capacité d'électricité (n° 53705) ; travaux effectués dans le secteur du bâtiment par les entreprises sous-traitantes (n° 53705). S'agissant de l'autoliquidation de la TVA due à l'importation **56290** CGI art. 271, II TVA-IX-20800 s ou en sortie de régimes suspensifs sur les déclarations de chiffre d'affaires : voir n° 49612 ; de la taxe donnant lieu à la retenue à la source sur droits d'auteur par les éditeurs, voir n° 61705.

Dans ces différents cas, la justification de la déduction est apportée par la **mention** de l'opération **sur les déclarations** que le redevable souscrit lui-même pour le paiement de la taxe dont il opère la déduction (étant rappelé que pour les acquisitions intracommunautaires de biens, des mentions spécifiques sur la facture sont également nécessaires : n° 49180).

Lorsque la taxe exigible n'a pas été déclarée et fait l'objet d'un **rappel,** le redevable se voit appliquer une **amende** égale à 5 % de la somme déductible (CGI art. 1788 A, 4), les sanctions de droit commun (intérêt de retard visé n° 79860, augmenté le cas échéant de la majoration visée n° 80040) s'appliquant à la taxe non déductible. Cette amende n'est toutefois pas appliquée à un contribuable qui régularise sa situation en souscrivant de façon spontanée, avant toute action de l'administration, une **déclaration rectificative** (BOI-CF-INF-20-20 n° 100). Sur la base de calcul de l'amende applicable en cas de défaut de déclaration d'une livraison à soi-même de biens, voir n° 47405, précisions e.

> **Précisions** **a.** Lorsque les conditions de fond du droit à déduction sont remplies, seule l'amende de 5 % calculée sur la TVA déductible est notifiée et motivée dans la **proposition de rectification** ; il n'est pas procédé au rappel de la TVA non déclarée suivi de son imputation (BOI précité n° 90).
> **b.** Un assujetti, qui est redevable, en tant que destinataire de services, de la TVA y afférente, conformément aux articles 193 à 197 de la directive TVA, n'est pas obligé d'être en possession d'une **facture** établie en conformité avec les articles 220 et suivants de ladite directive pour pouvoir exercer son droit à déduction (CJUE 1-4-2004 aff. 90/02, Bockemühl : RJF 6/04 n° 673).

2. CONDITIONS DE FOND

56310 Ces conditions ont trait, en premier lieu, à la **naissance du droit et** à la **date de la déduction** (n° 56320). Par ailleurs, la taxe déductible doit faire l'objet d'une **mention sur les déclarations** de chiffre d'affaires (n° 56330).

Enfin, il est nécessaire de préciser :
– jusqu'à quel moment la déduction peut être valablement opérée, ce qui pose le problème de la **péremption du droit à déduction** (n° 56340) ;
– si la déduction, une fois pratiquée, présente un caractère définitif ou si, au contraire, elle peut dans certains cas être **remise en cause** et faire l'objet de **régularisations** (nos 56350 s.).

NAISSANCE DU DROIT À DÉDUCTION ET DATE DE LA DÉDUCTION

56320 CGI art. 271, I-2 et 3 TVA-IX-21530 s

En suivant l'ordre chronologique, il faut déterminer tout d'abord le moment où le **droit à déduction** est censé prendre **naissance,** la date de la déduction étant définie par rapport à ce moment.

Le droit à déduction prend naissance **lorsque la taxe « d'amont »** afférente à l'opération motivant la déduction (vente, prestation de services, etc.) **devient exigible** chez le redevable de cette taxe, c'est-à-dire **chez le fournisseur** des biens ou des services dans le cas général (ou chez l'assujetti lui-même dans le cas particulier où c'est lui qui est redevable de la taxe « d'amont » : nos 56280 et 56290).

La naissance du droit à déduction coïncide donc avec la date d'exigibilité de la taxe « d'amont » correspondante. Cette date d'exigibilité, qui peut varier selon la nature des opérations, est déterminée dans les conditions indiquées aux nos 52500 s.

La **déduction** de la taxe est opérée par imputation **sur la taxe due** par le redevable **au titre du mois pendant lequel le droit à déduction a pris naissance.**

> EXEMPLE
> Une entreprise achète des marchandises (destinées à la revente) et en prend livraison le 15 mai. C'est à cette date que la taxe correspondante devient exigible chez le fournisseur (n° 52585) et que, par conséquent, prend naissance le droit à déduction. La déduction de cette taxe doit donc être opérée au titre du mois de mai. Conformément à la règle indiquée au n° 56330, la mention de la taxe déductible sera portée sur la déclaration des opérations de mai souscrite en juin.

Les règles exposées ci-dessus s'appliquent qu'il s'agisse de biens constituant des immobilisations, de biens autres que les immobilisations ou de services.

> **Précisions** **a.** Pour les achats de biens, c'est en principe la livraison qui déclenche en même temps l'exigibilité de la taxe chez le fournisseur et la naissance du droit à déduction chez l'acheteur. Par suite, la taxe afférente à des **acomptes** versés avant la **livraison** d'un bien ne peut pas donner lieu à déduction avant l'intervention de cette livraison, alors même qu'ils doivent faire l'objet d'une facturation (n° 53565).
> **b.** Par exception à la règle générale, les per-

sonnes qui effectuent des **opérations occasionnelles** soumises à la TVA n'exercent leur droit à déduction qu'au moment de la livraison (CGI art. 271, I-2-al. 2.).

c. Selon l'**administration,** pour pouvoir exercer son droit à déduction, c'est-à-dire pour mentionner le montant de taxe déductible sur sa déclaration de chiffre d'affaires, l'assujetti doit (comme indiqué nº 56265 et 56267) être en **possession de la facture** (sur cette condition de forme, voir toutefois la position de la CJUE au nº 56265 précité) et, en matière d'importation, d'une déclaration à l'importation le désignant comme le destinataire réel des biens importés.

Lorsque l'exigibilité est intervenue, c'est-à-dire lorsque le droit à déduction a pris naissance chez l'assujetti, et que ce dernier est entré en possession du document, la question qui se pose est de savoir sur quelle déclaration de chiffre d'affaires il peut exercer son droit à déduction. Il convient de considérer que, dès lors que l'assujetti est en possession du document **à la date de souscription de sa déclaration** de chiffre d'affaires **couvrant la période d'imposition** au cours de laquelle la **taxe** est **devenue exigible,** il est en mesure d'exercer son droit à déduction sur cette déclaration, la condition formelle justifiant la déduction de la taxe pour laquelle le droit à déduction est né étant respectée. La circonstance qu'il soit effectivement entré en possession de la facture à une date postérieure à l'échéance de la période d'imposition en cause est indifférente (BOI-TVA-DED-10-30 nº 10 ; BOI-TVA-DED-40-20 nº 20).

Dans l'**exemple** précédent, si l'assujetti se voit délivrer la facture non pas au cours du mois de mai mais le 5 juin, il est fondé à exercer son droit à déduction en mentionnant la TVA déductible sur sa déclaration des opérations de mai souscrite en juin.

MENTION DE LA TAXE DÉDUCTIBLE SUR LES DÉCLARATIONS

Les redevables doivent mentionner le montant de la taxe déductible sur les déclarations qu'ils souscrivent pour le paiement de la TVA. En ce qui concerne la **date** à laquelle le droit à déduction doit être ainsi mentionné sur les déclarations, on se reportera aux explications données au nº 56320. **56330** CGI ann. II art. 208, I **TVA-IX-22300 s**

On notera cependant que, lorsque la **mention** du droit à déduction a été **omise** sur la déclaration ainsi définie, cette omission peut être réparée dans les conditions et délais indiqués au nº 56340.

La **récupération de la taxe déductible** mentionnée sur les déclarations est opérée selon les modalités exposées nºs 56480 s.

PÉREMPTION DU DROIT À DÉDUCTION

Lorsque la **mention** d'une taxe déductible a été **omise** dans la déclaration sur laquelle elle aurait dû normalement figurer, le redevable conserve cependant la **possibilité de réparer** cette omission : en effet, la taxe dont la déduction a été ainsi omise peut valablement figurer sur les déclarations ultérieures souscrites jusqu'au 31 décembre de la deuxième année qui suit celle de l'omission. **56340** CGI ann. II art. 208, I **TVA-IX-22500 s**

Exemple : Pour une déduction qui aurait dû être mentionnée sur la déclaration des opérations de septembre 2019, le délai de réparation de l'omission expirera le 31 décembre 2021. Passé cette date, le droit à déduction sera définitivement perdu.

› **Précisions** **a.** Le **montant** de taxe **reporté** sur les déclarations suivantes est, bien entendu, identique à celui omis : il est calculé selon les règles en vigueur à la date à laquelle le droit à déduction a pris naissance (BOI-TVA-DED-40-20 nº 90).

b. En cas de réparation de l'omission, la déduction doit être mentionnée sur une **ligne particulière** de la **déclaration de TVA.** Selon la cour administrative d'appel de Paris, cette formalité est incompatible avec la directive TVA (CAA Paris 19-2-2009 nº 07-1498 : RJF 7/09 nº 630), mais cette analyse n'est pas partagée par l'administration, qui a réaffirmé la nécessité de la mention de la déduction omise sur une ligne spécifique (BOI précité nº 60).

c. L'administration admet que le redevable qui fait l'objet d'une **procédure de rectification** peut obtenir, dans le cadre de la **compensation** opérée en vertu des règles générales de procédure (nºs 81940 s.), le bénéfice de la déduction au titre de la taxe déductible dont il aurait omis la mention sur les déclarations souscrites au cours de la période vérifiée (BOI-CF-PGR-30-50 nº 60). Cependant, le Conseil d'État exclut la compensation lorsque le droit à déduction est atteint de péremption (CE 10-1-1990 nº 74020 : RJF 3/90 nº 336).

d. Pour déduire la TVA dont la déclaration a été omise, il incombe à l'assujetti qui a acquitté une **facture ne faisant pas apparaître** le montant de la **taxe déductible,** alors qu'il **a acquitté cette taxe auprès du fournisseur** et qu'il n'ignore pas que le fournisseur en est redevable, de se faire délivrer une **facture rectificative** dans le délai de péremption courant à compter de la date d'exigibilité de la taxe (en ce sens, CE 31-12-2008 nºs 305517 et 307142 : RJF 4/09 nº 326 ; BOI-TVA-DED-40-20 nºs 40 et 50). À noter toutefois que cette jurisprudence, qui pouvait se recommander de la jurisprudence de la Cour de justice qui conditionnait l'exercice du droit à déduction à la détention d'une facture (CJUE 29-4-2004 aff. 152/02, Terra Baubedarf-Handel GmbH : RJF 7/04 nº 834), nous paraît aujourd'hui fragilisée par la jurisprudence la plus récente de cette Cour qui n'interdit pas la déduction, en l'absence de détention de la facture, si les conditions matérielles du droit à déduction sont satisfaites (voir nº 56265).

Lorsque la **facture initiale** a été **émise HT** (parce que l'opération a été considérée comme non taxable) **ou mentionne un taux inférieur au taux légalement applicable,** le délai de péremption du droit à déduction ouvert à l'assujetti court **en principe** à compter de la réception de la facture rectificative. **Toutefois, si l'assujetti** ne **pouvait pas objectivement ignorer que la taxe était due** au titre de l'opération en cause (ou qu'un taux de taxe supérieur était applicable), le délai de péremption court à compter de la date d'exigibilité de la taxe. Tel est le cas lorsque l'assujetti fait preuve d'un **manque de diligence** ou dans l'hypothèse d'une **situation abusive ou** d'une **collusion frauduleuse** entre le fournisseur et son client (CJUE 21-3-2018 aff. 533/16 : RJF 6/18 n° 711 ; CJUE 12-4-2018 aff. 8/17 : RJF 8-9/18 n° 919). Ces principes valent notamment en cas de factures rectificatives faisant suite à un **redressement du fournisseur.** La **doctrine administrative** admet toutefois, dans cette hypothèse, que l'assujetti opère la déduction complémentaire de taxe jusqu'au 31 décembre de la deuxième année qui suit celle de la facturation rectificative sans exiger, contrairement à la CJUE, que l'assujetti soit de bonne foi (BOI précité n° 80). Le Conseil d'État admet également, dans une l'hypothèse où l'entreprise ignorait que son fournisseur serait finalement redevable de la TVA (par exemple à la suite d'un rehaussement), la récupération de la taxe par l'assujetti via la procédure de réclamation (CE 23-6-1976 n°s 97388 et 97389 : RJF 9/76 n° 421).

Pour le cas où le client a cessé son activité, voir n° 56690.

e. Le délai de péremption ne concerne que la mention de la TVA déductible. Il ne concerne pas la **date de la récupération effective,** laquelle n'est pas limitée dans le temps (n°s 56600 et 56650).

f. Le délai de prescription de deux ans prévu par l'article 208, I de l'annexe II au CGI n'est pas contraire aux dispositions de la **directive TVA,** dont l'article 180 n'interdit pas que soient prévues en droit national des forclusions du droit à déduction (CE 31-12-2008 n°s 305517 et 307142 : RJF 4/09 n° 326).

g. Un redevable peut régulariser spontanément un défaut de déclaration d'**opérations « autoliquidées »** sans que lui soit opposé le délai de prescription du droit à déduction (BOI-CF-INF-20-20 n° 100).

REMISE EN CAUSE DE LA DÉDUCTION

56350 TVA-IX-23000 s

La **déduction** présente, en principe, un caractère définitif lorsqu'elle a été **opérée à bon escient** (CGI ann. II art. 207, I).

Elle peut cependant être remise en cause **dans certains cas** limitativement fixés. Appelées **« régularisations »,** ces révisions des déductions initiales diffèrent selon qu'elles concernent soit des immobilisations, soit d'autres biens ou des services. L'ensemble de ces régularisations fait l'objet d'un exposé spécial : n°s 56800 s.

56355

Lorsque la **déduction** a été **opérée à tort,** l'administration peut procéder aux **rectifications** nécessaires dans le cadre de son pouvoir de contrôle. Il peut en être ainsi, par **exemple,** lorsque la déduction concerne des biens ou services exclus du droit à déduction (n°s 55860 s.), ou lorsque l'entreprise ne peut présenter les documents justificatifs prévus par la réglementation (n°s 56250 s.), ou encore en cas d'erreurs commises par le redevable dans le calcul des déductions.

Pour tout ce qui concerne les conditions d'exercice de ce contrôle (vérifications de comptabilité, délai de reprise de l'administration, procédures de rectification, sanctions, recours contentieux, etc.), il est fait application des règles générales exposées n°s 77500 s.

SECTION 4

MODALITÉS DE RÉCUPÉRATION DE LA TAXE DÉDUCTIBLE

56480 TVA-IX-27000 s

La récupération, par les redevables, de la TVA ayant grevé les biens ou services ouvrant droit à déduction s'opère normalement par voie d'**imputation** sur la taxe due au titre des opérations imposables (n° 56600).

Cependant, les crédits de taxe déductible peuvent, sous certaines conditions, faire l'objet d'un **remboursement** direct (n°s 56620 s.).

Remarques : **1.** Nous exposerons **ici** le mécanisme général concernant la **récupération de la taxe « d'amont » supportée en France par** les **assujettis qui y réalisent** des **opérations ouvrant droit à déduction.**

S'agissant des **assujettis établis en France** qui y réalisent des opérations ouvrant droit à déduction **et qui supportent** de la **TVA dans un autre État membre** de l'Union européenne dans lequel ils ne sont pas établis, ils peuvent, conformément à l'article 289 D du CGI, en demander le remboursement en souscrivant une demande, par voie électronique, sur le portail mis à leur disposition à cet effet (sur le site www.impots.gouv.fr). Cette demande doit être faite avant le 30 septembre qui suit l'année civile au cours de laquelle la taxe est devenue exigible. Le service des impôts accuse réception, par voie électronique, de la demande – qui est réputée introduite lorsque toutes les informations exigées par l'État membre de remboursement sont fournies – dans les meilleurs délais. Le requérant est informé par voie électronique de la décision de transmettre ou non à l'autre État membre la demande de remboursement, qui est ensuite traitée conformément à la législation applicable dans cet État. La demande n'est pas transmise par l'administration lorsque, au cours de la période de remboursement, le requérant établi en France n'était pas assujetti à la TVA, ou n'a effectué que des livraisons de biens ou des prestations de services exonérées sans droit à déduction de la TVA payée à un stade antérieur en vertu des articles 261 à 261 E du CGI, ou a bénéficié de la franchise en base, ou du remboursement forfaitaire agricole (Directive 2008/9/CE du 12-2-2008 ; CGI ann. III art. 96 0).

S'agissant du remboursement de la TVA supportée en France par les **assujettis étrangers non établis en France** et qui n'y réalisent **pas d'opérations imposables** : voir nos 50675 s.

2. Les **dispositions particulières** qui permettent la récupération de la **taxe « d'aval »** acquittée par une entreprise pour des **opérations** qui, par la suite, sont **résiliées, annulées,** font l'objet de **rabais** ou demeurent **impayées** sont exposées aux nos 53780 s.

1. IMPUTATION

Normalement et **en priorité,** c'est par voie d'**imputation** que doit s'opérer la récupération de la taxe déductible mentionnée sur les déclarations. Cette imputation s'effectue **sur la TVA dont l'entreprise est elle-même redevable** du chef de ses opérations imposables (ou, le cas échéant, à raison de la régularisation des déductions opérées antérieurement). **56600** CGI art. 271, I-3 et III-al. 1 et CGI ann. II art. 208, II **TVA-IX-27150 s**

Si le montant de la taxe déductible mentionné sur une déclaration excède le montant de la taxe due d'après les éléments qui figurent sur cette déclaration, l'**excédent** – lorsqu'il ne fait pas l'objet d'une demande de remboursement (nos 56620 s.) – est **reporté,** jusqu'à épuisement, sur la ou les déclarations suivantes.

EXEMPLES

1. Si la déclaration fait apparaître une taxe due de 2 000 € et une taxe déductible de 1 500 €, le montant du versement à faire effectivement au Trésor, compte tenu de l'imputation, sera de : 2 000 – 1 500 = 500 €.

2. Si, la taxe due étant toujours de 2 000 €, la taxe déductible s'élève à 3 000 €, aucun versement n'aura à être fait au titre de la période considérée. L'excédent de 1 000 € (3 000 – 2 000) sera reporté sur la ou les déclarations suivantes, sauf s'il fait l'objet d'une demande de remboursement.

En cas d'**omission de report** sur les déclarations de chiffre d'affaires suivantes **d'un excédent** de taxe déductible, le redevable peut réparer cette omission dans le délai prévu à l'article 208, I de l'annexe II au CGI, soit jusqu'au 31 décembre de la deuxième année qui suit celle de l'omission (no 56340) (CE 28-12-2005 no 263982 : RJF 3/06 no 253).

2. REMBOURSEMENT DES CRÉDITS DE TAXE NON IMPUTABLES

La taxe déductible dont l'imputation n'a pu être opérée peut faire l'objet d'un remboursement. Ce **remboursement** est en principe **annuel** (no 56630). Il peut cependant, sous certaines conditions, être **mensuel** ou **trimestriel** (no 56640). De toute façon, il nécessite la présentation d'une **demande** (no 56650). **56620** CGI art. 271, IV **TVA-IX-27400 s**

Il est susceptible de s'appliquer, en **principe,** à **tous les redevables** de la TVA, quel que soit leur régime d'imposition. Cependant, **pour certaines catégories** de redevables, la procédure de remboursement comporte des **particularités** (nos 56680 s.).

Remarques : **1.** Le remboursement ne peut porter, bien entendu, que sur une **taxe déductible,** ce qui écarte la taxe grevant des biens ou services exclus du droit à déduction (nos 55860 s.). De même, pour les biens et services dont le coefficient de déduction est inférieur à un mais supérieur à zéro (nos 55360 s.), le remboursement possible est limité à la fraction de la taxe qui est déductible en application dudit coefficient.

2. La remise en cause d'un **remboursement de crédit de taxe obtenu indûment** entraîne l'application des majorations en cas d'insuffisance de déclaration (voir no 80040).

3. En ce qui concerne les **industriels du pétrole,** voir no 61375, précision c ; les **groupes** de sociétés **ayant opté pour la consolidation** du paiement de la TVA, voir no 53753.

› **Précisions** Le principe de neutralité de la TVA fait obstacle à ce qu'une demande de remboursement de crédit de taxe soit acceptée lorsque la **taxe d'aval** correspondante n'est plus **exigible.** À cet égard, le droit au remboursement d'un crédit de taxe doit s'apprécier non à la date à laquelle l'assujetti a présenté sa demande de remboursement, mais à la **date à laquelle l'administration**

prend sa décision sur cette demande (CE 10-6-2013 n° 293478 : RJF 8-9/13 n° 820). Solution rendue à propos du remboursement d'un crédit de TVA à l'importation, mais qui pourrait avoir valeur générale.

REMBOURSEMENT ANNUEL

56630 CGI ann. II art. 242-0 A et 242-0 C, I-1 TVA-IX-27820 s

Le **crédit remboursable** est constaté au terme de chaque année civile.

Les entreprises peuvent obtenir le remboursement intégral du crédit de taxe dont elles disposent en fin d'année, à la seule condition que ce crédit soit au moins égal à **150 €.**

REMBOURSEMENT MENSUEL OU TRIMESTRIEL

56640 CGI ann. II art. 242-0 C, II TVA-IX-27860 s

Les crédits remboursables des redevables qui souscrivent des **déclarations** de chiffre d'affaires **selon une périodicité mensuelle** peuvent être remboursés au terme de l'un quelconque des onze premiers mois de l'année civile à condition que la demande de remboursement porte sur un montant **minimum de 760 €.** Les redevables qui souscrivent des **déclarations selon une périodicité trimestrielle** peuvent bénéficier d'un remboursement trimestriel de leurs crédits de TVA dès lors que la demande de remboursement porte sur un montant minimum de 760 €.

> **Précisions** La procédure du remboursement mensuel intéresse seulement les **onze premiers mois** de l'année civile (ou, s'agissant des redevables souscrivant des déclarations trimestrielles, les **trois premiers trimestres** civils) car, au terme du mois de décembre (ou du dernier trimestre), il est fait application des règles (plus souples) prévues pour le remboursement annuel.

DEMANDES DE REMBOURSEMENT

56650 CGI ann. II art. 242-0 A et 242-0 C TVA-IX-28020 s

Le remboursement est accordé sur demande. Cette demande est faite, en principe, sur le formulaire n° 3519-SD qui est obligatoirement transmis par **voie électronique** en même temps que la déclaration de TVA (n° 53722).

Dans la procédure de **remboursement annuel,** la demande doit être souscrite au cours du mois de janvier de l'année suivante, en même temps que la déclaration CA 3 afférente aux opérations de décembre (ou du dernier trimestre).

Lorsqu'il s'agit d'un **remboursement mensuel** (**ou trimestriel** pour les redevables déclarant par trimestre), la demande doit être souscrite au cours du mois suivant le mois (ou le trimestre) considéré, en même temps que la déclaration CA 3 afférente aux opérations du mois (ou du trimestre) considéré.

Les entreprises qui ne respectent pas ces **délais** ne perdent pas pour autant le droit de demander ultérieurement le remboursement d'un crédit de taxe tant que celui-ci subsiste, à condition toutefois d'être reporté sur les déclarations suivantes (CE 28-12-2005 n° 263982 : RJF 3/06 n° 253 ; CE 27-7-2009 n° 297474 : RJF 11/09 n° 928).

> **Précisions** **a.** La première demande de remboursement des entreprises nouvelles (n° 56695) doit être accompagnée du relevé des **factures d'achat.** Pour les autres demandes, ce relevé n'est à fournir que s'il est réclamé par le service des impôts (BOI-TVA-DECLA-20-30-10-20 n° 150).
> **b.** Pour instruire les demandes de remboursement, l'administration peut, après l'envoi d'un avis d'**instruction sur place,** procéder dans les locaux de l'assujetti à des constats matériels et consulter les livres ou documents comptables et les pièces justificatives. Elle peut également prendre copie de ces documents dans les conditions indiquées au n° 78125, e.
> En cas d'opposition du contribuable à l'instruction sur place, la demande de remboursement peut être rejetée pour défaut de justification.
> En tout état de cause, l'administration doit prendre sa **décision** dans le double **délai** de quatre mois à compter de la notification au contribuable de l'avis d'instruction sur place et de soixante jours à compter de la première intervention sur place. À défaut, il est fait droit à la demande (LPF art. L 198 A).
> **c.** La demande de remboursement constituant une réclamation contentieuse, son **rejet,** partiel ou total, qui doit être motivé, peut être attaqué devant le **tribunal administratif** dans les délais et formes habituels (n°s 82110 s.) (CE plén. 8-1-1982 n° 9766 : RJF 3/82 n° 300). Si, à la suite du rejet (exprès ou tacite) de cette réclamation, le redevable obtient le remboursement qui lui avait été refusé initialement, il a droit à des **intérêts moratoires** qui courent à compter de la date de la demande de remboursement (CE 20-10-2000 n°s 194730 et 198304 : RJF 1/01 n°s 109 et 110 ; CE 20-5-2016 n° 390927 : RJF 8-9/16 n° 705).
> **d.** Exceptionnellement, l'administration peut accorder des **dégrèvements d'office** (n° 82310) :
> – au redevable qui n'aurait pas, pour une raison indépendante de sa volonté, souscrit en temps voulu sa demande ;
> – à celui qui n'aurait plus la possibilité d'utiliser son crédit par voie d'imputation ou d'en obtenir ultérieurement le remboursement (redevable ayant cessé son activité, par exemple ; voir également n° 56690) (BOI-CTX-DRO-10 n° 180).
> **e.** L'administration fiscale et les juges du fond ne peuvent pas se fonder sur les seules **écritures comptables** pour remettre en cause le bien-fondé d'un crédit de TVA, le traitement comptable d'une créance de TVA (même erronée ou injustifiée), de même que les mentions de cette créance dans les déclarations d'impôt sur les sociétés, étant sans influence sur le droit au remboursement de celle-ci en matière de TVA (CE 21-12-2018 n° 412984 : RJF 4/19 n° 327).

Cautionnement Tout redevable qui demande un remboursement de crédit peut, **à la demande de l'administration,** être tenu de présenter une caution solvable qui s'engage, solidairement avec lui, à reverser les sommes dont il aurait obtenu indûment le remboursement. 56655 CGI ann. II art. 242-0 J TVA-IX-29750 s

En pratique, le cautionnement n'est exigé qu'**exceptionnellement** lorsqu'il apparaît que la restitution demandée est de nature à mettre en péril les intérêts du Trésor, en raison, d'une part, de son importance relative et, d'autre part, de la situation financière et fiscale de l'entreprise en cause. Il peut être exigé des **entreprises nouvelles** (nº 56695, précision c) (BOI-TVA-DECLA-20-30-10-30 nºs 20 à 50).

> **Précisions** La demande de présentation d'une caution ne constitue qu'une proposition faite au contribuable pour lui permettre de bénéficier d'une avance provisoire de trésorerie sous réserve de caution ; elle ne peut donc faire l'objet d'aucun recours (CE sect. 27-5-2002 nº 241670 : RJF 8-9/02 nº 926 ; CE 30-12-2011 nº 316741 : RJF 4/12 nº 354). Mais l'absence de présentation d'une caution est sans incidence sur le droit à remboursement et ne saurait constituer un motif de rejet d'une demande de remboursement (CE 30-12-2002 nº 244645 : RJF 4/03 nº 428).

CONSÉQUENCES DU REMBOURSEMENT

L'entreprise qui fait une demande de remboursement doit, **dès la souscription de sa demande,** réduire son crédit du montant du remboursement demandé. 56665 CGI ann. II art. 242-0 E TVA-IX-27940 s

Lorsque le remboursement a été effectué, le **crédit remboursé** est définitivement **annulé.** Si le montant remboursé est égal à celui qui figurait sur la demande, l'entreprise ne modifie pas la réduction opérée lors de la souscription de celle-ci ; dans le cas contraire, elle la rectifie.

> **Précisions** Lorsqu'un **bénéficiaire de la franchise** en base (franchise de droit commun ou franchises propres aux avocats ou aux auteurs et artistes-interprètes) a **opté** pour le paiement de la TVA et **obtient,** au cours ou à l'issue d'une période d'option, **un remboursement** de crédit de taxe déductible, il ne peut pas renoncer à l'**option** à la fin de cette période (nº 85970). L'option est **reconduite de plein droit pour une nouvelle période.** Il en va de même pour l'**auteur ayant renoncé à la retenue** de TVA à la source (nº 61710, b).
> En revanche, un tel remboursement ne fait pas obstacle à la dénonciation des options concernant les locations immobilières (nºs 46875 s. et nº 46885), les collectivités locales (nºs 47235 s.), les exploitants agricoles (nºs 59760 s.) et les opérations bancaires et financières (nºs 60375 s.).

PARTICULARITÉS CONCERNANT CERTAINS REDEVABLES

Pour diverses catégories de redevables, la procédure de remboursement des crédits de taxe comporte, sur certains points, des modalités spécifiques. 56680

Outre celles visées aux nºs 56685 à 56695, des règles particulières sont prévues en ce qui concerne les **entreprises étrangères** non établies en France (nºs 50675 s.) ainsi que les **exploitants agricoles** (nº 59850).

Redevables placés sous le régime simplifié Pour ceux qui n'ont pas choisi de renoncer aux formalités simplifiées et **qui ne souscrivent** donc **pas** de déclarations **CA 3** mais une déclaration de régularisation CA 12 ou CA 12E (nºs 86870 s.), les modalités particulières de remboursement sont les suivantes. 56685 CGI ann. II art. 242-0 C, I-2 et III, 242 septies J TVA-IX-28465 s

Chaque année ou chaque exercice, lors de la souscription de la **déclaration CA 12** ou CA 12E (nºs 86900 s.), les redevables déterminent, pour la période écoulée, la TVA nette due ou le crédit de taxe non imputé. Ce crédit peut leur être remboursé en totalité à condition que la somme à rembourser soit au moins égale à 150 € (les éventuels excédents de versement d'acomptes, pour leur part, sont remboursables quel que soit leur montant). La demande de **remboursement** est formulée directement sur la déclaration de régularisation (au cadre prévu à cet effet).

Les assujettis peuvent, toutefois, demander un **remboursement semestriel** du **crédit** constitué par la **taxe déductible** ayant grevé l'acquisition de biens constituant des **immobilisations** lorsque son montant est au moins égal à 760 €. Ce remboursement a un caractère **provisionnel** et donne lieu à régularisation lors de la souscription de la déclaration annuelle. Les **modalités** de ce remboursement provisionnel de crédits de taxe, mentionnés sur les relevés d'acomptes semestriels (nºs 86880 s.), **diffèrent** selon que l'entreprise souscrit une déclaration annuelle en fonction de l'année civile ou de l'exercice :

– pour les entreprises qui souscrivent une **déclaration annuelle en fonction de l'année civile,** le montant de ce remboursement provisionnel peut être sollicité exclusivement sur le relevé de l'acompte de juillet. Le montant du remboursement, indiqué sur ce relevé, est calculé en fonction des opérations réalisées entre le 1er janvier et le 30 juin. En revanche, les entreprises n'ont pas la possibilité de demander un remboursement de crédit de TVA sur investissements à l'appui du relevé d'acompte du mois de décembre, cette demande s'effectuant directement sur la déclaration annuelle, souscrite au plus tard le deuxième jour ouvré suivant le 1er mai (BOI-TVA-DECLA-20-30-10-20 nº 283) ;

– pour les entreprises qui souscrivent une **déclaration annuelle en fonction de l'exercice,** le montant du remboursement provisionnel peut être indiqué sur le relevé d'acompte du mois de juillet (il est alors calculé en fonction des opérations réalisées sur la période d'imposition en cours au 30 juin comprise entre le 1er décembre de l'année précédente ou la date d'ouverture de la période d'imposition si elle est postérieure au 1er décembre de l'année précédente et le 30 juin de l'année en cours) ou du mois de décembre (il est alors calculé en fonction des opérations réalisées sur la période d'imposition en cours au 30 novembre comprise entre le 1er juillet ou la date d'ouverture de la période d'imposition si elle est postérieure au 1er juillet et le 30 novembre).

La demande de remboursement est effectuée, par voie électronique, sur le formulaire n° 3519-SD, simultanément à la souscription des relevés d'acompte semestriel susvisés. Elle doit être accompagnée de la ou des factures (originaux) qui mentionnent notamment la taxe déductible sur les immobilisations à l'origine du crédit (BOI précité n° 300).

> **Précisions** **a.** La taxe afférente aux **acquisitions intracommunautaires ou livraisons à soi-même d'immobilisations** ne peut pas faire l'objet de remboursements provisionnels (BOI précité n° 290). Cette taxe est liquidée sur la déclaration de régularisation.
> **b.** La **TVA déductible** afférente aux **immobilisations** peut également être imputée sur le montant des **acomptes** semestriels dans les conditions exposées au n° 86890.

56690 CGI ann. II art. 242-0 G TVA-IX-29340 s

Redevables qui perdent cette qualité Cette situation se présente en cas de **cessation d'activité ou** encore lorsque l'intéressé, bien que continuant son activité, **cesse d'être imposable** (par exemple, au terme d'une période d'option). Lorsqu'un redevable perd ainsi cette qualité, la **totalité du crédit** de taxe qu'il détient lui est **remboursée.**

Le cas échéant, le crédit à lui rembourser est déterminé **après** qu'ont été opérées les **régularisations** lui incombant (nos 56800 s.) (BOI-TVA-DED-50-20-20 n° 130).

Les redevables peuvent, dans les mêmes conditions, demander le remboursement de la taxe figurant sur des **factures rectificatives reçues postérieurement à leur cessation** (tel peut être le cas lorsque le fournisseur a fait l'objet d'un redressement, voir n° 56340, précision d).

> **Précisions** **a.** Selon le Conseil d'État, la perte de la qualité de redevable ouvrant droit à remboursement d'un crédit de TVA résulte de l'impossibilité pour l'assujetti de récupérer, par voie d'imputation sur les taxes dont il est redevable, le crédit dont il disposait. Un assujetti, quelle que soit l'activité qu'il a exercée, doit être regardé comme ayant perdu la qualité de redevable lorsqu'il n'est **plus en mesure** de **réaliser** aucune **opération donnant lieu à collecte de TVA.** Tel est le cas non seulement lorsqu'il ne peut plus effectuer aucune des opérations qui constituaient son activité normale (soit qu'il ait cédé l'ensemble des marchandises qu'il avait pour objet de vendre, soit qu'il ait cessé totalement d'effectuer les prestations de services qu'il avait pour objet de rendre) mais également lorsqu'il ne dispose plus de biens, stocks ou éléments d'actif immobilisé, dont la cession est soumise à la TVA (CE 30-12-2011 n° 323188 : RJF 3/12 n° 242).
> À noter, toutefois, que l'administration ne semble pas vouloir, selon nos renseignements, modifier sa doctrine qui est fondée sur la jurisprudence antérieure à l'arrêt du 30-12-2011 précité, et selon laquelle la date de cessation d'activité, pour les entreprises dont l'activité consiste en la vente de marchandises, correspond à la date à laquelle elles ont vendu la totalité de leur stock de marchandises même si elles ont procédé à la cession d'éléments d'actif immobilisé à une date ultérieure. Elle retient cependant cette dernière date en cas de procédure d'apurement collectif du passif (BOI précité n° 130).
> **b.** La taxe grevant les **charges** liées à l'activité taxée mais **supportées postérieurement à la cessation** de cette activité peut, sauf fraude ou abus, être récupérée s'il existe un lien direct et immédiat entre ces charges et l'activité qui était exercée ; cas, par exemple, du loyer et des charges afférentes au local ayant servi pour l'activité que l'entreprise continue à payer du fait d'une clause de non-résiliation du bail (CJUE 3-3-2005 aff. 32/03 : RJF 5/05 n° 519).
> Le Conseil d'État a aussi admis la déductibilité de la TVA grevant les travaux réalisés pour le compte d'une entreprise de construction ayant cessé son activité mais tenue de réaliser ces travaux au titre de la garantie décennale (CE 30-4-2004 n° 253488 : RJF 7/04 n° 702). En revanche, il n'a pas admis la déduction de la TVA grevant la refacturation au cédant par la société cessionnaire de **travaux de dépollution des sols,** exécutés **en application d'arrêtés préfectoraux antérieurs à la cession,** dans la mesure où le cessionnaire n'a fourni aucune prestation de services au cédant, peu important le fait que ces travaux auraient constitué le prolongement de l'activité antérieure du cédant dès lors que l'activité polluante sur les sites était exercée par une de ses filiales (CE 30-12-2011 n° 319835 : RJF 4/12 n° 353).
> **c.** Les redevables qui perdent cette qualité doivent présenter leur demande de remboursement de crédit de taxe déductible dans les **délais** prévus par l'article R 196-1 du LPF (n° 81825) (CE 28-12-2005 n° 263982 : RJF 3/06 n° 253).
> **d.** En cas de **fusion-absorption** de sociétés et de **dissolution sans liquidation** au sens de l'article 1844-5 du Code civil, la société absorbée (ou confondue) peut transférer à la société absorbante (ou confondante) le crédit de TVA dont elle dispose à la date où elle cesse juridiquement d'exister, dans la mesure où cette dernière peut être considérée comme pleinement subrogée aux droits et obligations de la société absorbée (ou confondue). À cet égard, il est précisé que la charge résultant, le cas échéant, de la remise en cause par l'administration de tout

ou partie du montant d'un crédit de TVA injustifié et transféré à tort à la société absorbante (ou confondante) sera supportée par cette dernière (BOI précité nº 130).

Nouveaux redevables Les nouveaux redevables peuvent récupérer la taxe déductible dans les mêmes conditions que les autres redevables, c'est-à-dire par voie d'imputation ou, éventuellement, par voie de remboursement. Ce remboursement peut être obtenu selon les **règles générales** exposées aux nos 56620 s., avec cependant quelques **particularités** signalées ci-après. 56695 TVA-IX-29040 s

Lorsqu'il s'agit d'une **entreprise nouvelle redevable de plein droit** de la TVA, le droit à déduction peut être exercé par voie de remboursement, toutes autres conditions étant supposées remplies, dès que l'entreprise a manifesté l'intention d'effectuer des opérations imposables (la sincérité de cette intention devant toutefois être étayée par des éléments d'information : voir précision c), même si de telles opérations n'ont pas encore été réalisées à la date de souscription de la demande de remboursement. Lorsqu'il s'agit d'une **entreprise ayant exercé l'option** pour le paiement de la taxe, le droit à déduction peut être exercé à compter de la **date d'effet** de l'option (voir notamment nº 46880, précision b, s'agissant de l'option concernant les locaux nus à usage professionnel).

Cependant, conformément à la règle générale, le remboursement implique la souscription préalable d'une **déclaration** de chiffre d'affaires, négative le cas échéant.

› Précisions **a.** La première demande de remboursement doit être accompagnée du relevé des **factures d'achat** (BOI-TVA-DECLA-20-30-10-20 nº 150).

b. L'administration semble subordonner le droit à déduction à la condition que le nouveau redevable ait au préalable déposé une **déclaration de création d'entreprise** ou d'activité (nº 53390) (BOI-TVA-DED-50-20-10 nº 90).

Selon la CJUE, cependant, le fait qu'un assujetti ne se serait **pas identifié** à la TVA **avant d'utiliser les biens** acquis pour son activité taxable ne s'oppose pas à ce qu'il puisse déduire la taxe grevant ces biens, dans la mesure où il remplit les conditions de fond pour déduire celle-ci et s'identifie auprès de l'administration dans un délai raisonnable à partir de la réalisation des opérations qui donnent lieu au droit à déduction (CJUE 21-10-2010 aff. 385/09 : RJF 1/11 nº 126 ; en ce sens également, CJUE 9-7-2015 aff. 183/14 : RJF 11/15 nº 979). De même, le **refus** par l'administration d'attribuer un numéro **d'identification** à la TVA ne peut, en principe, exercer aucune influence sur le droit à déduction de l'assujetti s'il respecte lesdites conditions (CJUE 14-3-2013 aff. 527/11 : RJF 7/13 nº 795).

c. Lorsque l'entreprise demande le remboursement alors même qu'elle n'a **pas encore réalisé effectivement d'opérations** imposables, le service des impôts examine s'il y a lieu de demander un **cautionnement** à l'entreprise (nº 56655).

Par ailleurs, le service des impôts est en droit d'exiger de l'entreprise des **éléments d'information** confirmant son intention de réaliser des opérations imposables : acquisition de moyens d'exploitation propres à la réalisation des opérations projetées, embauche de salariés, réalisation d'une étude de marché, dépenses de publicité, ouverture d'un compte bancaire professionnel, accomplissement de stages professionnels par le déclarant, souscription d'une assurance spécifique à l'activité envisagée, etc. À défaut d'éléments confirmant l'intention de réaliser des opérations imposables, le remboursement est refusé ; il en va de même en cas de fraude ou d'abus. En présence d'éléments confirmant une telle intention mais faisant également apparaître que l'entreprise a cessé ultérieurement d'effectuer des actes de nature à permettre la réalisation d'opérations imposables (sans pour autant avoir déclaré sa cessation d'activité), seule la taxe dont le droit à déduction a pris naissance avant la cessation (diminuée des régularisations éventuellement exigibles) est remboursée (BOI précité nº 100).

À partir du moment où une entreprise sait que, pour un motif quelconque, elle **ne concrétisera pas** son intention de réaliser des opérations imposables, elle doit souscrire, dans un délai de trente jours, une déclaration de cessation d'activité (nº 53390). Elle doit alors procéder, dans les conditions de droit commun, à la régularisation de la taxe remboursée au titre de la période antérieure à la date de la perte de la qualité d'assujetti et reverser intégralement la taxe remboursée au titre de la période postérieure à cette date (BOI précité nº 110).

SECTION 5 RÉGULARISATIONS

Sous réserve du droit de contrôle de l'administration, la **taxe initialement déduite** par un assujetti lui est en principe **définitivement acquise.** La réglementation prévoit toutefois un certain nombre de cas où la déduction initiale doit être régularisée. 56800 TVA-IX-33000 s

Ces régularisations obéissent à des règles différentes selon qu'elles concernent des immobilisations (nos 56950 s.) ou d'autres biens et services (nos 57490 s.).

Sur la distinction entre les immobilisations et les autres biens et services, voir nos 56810 s.

DISTINCTION ENTRE LES IMMOBILISATIONS ET LES AUTRES BIENS OU SERVICES

56810 TVA-IX-33100 s Les régularisations prévues par la réglementation obéissent à des règles différentes selon qu'elles concernent des immobilisations ou d'autres biens et services. Il convient donc de définir ces notions.

56815 **Définition des biens constituant des immobilisations** Comme pour les impôts directs (nº 7500), la notion d'immobilisation recouvre les biens et valeurs (meubles ou immeubles, corporels ou incorporels) qui sont acquis ou créés par l'entreprise, non pour être vendus ou transformés, mais pour être **utilisés durablement dans l'entreprise** (durée d'utilisation supérieure à douze mois).

EXEMPLES

Terrains ; constructions ; matériel et outillage ; matériel de transport ; mobilier, agencements (rayonnages, etc.), installations ; immobilisations incorporelles (éléments du fonds de commerce, brevets, licences, etc.).

Par ailleurs, en matière de bénéfices, il est admis que certains **petits matériels,** outillages ou mobiliers soient passés immédiatement en charges déductibles (nº 7540). L'entreprise qui utilise cette possibilité doit considérer les biens concernés comme ne constituant pas des immobilisations pour l'exercice du droit à déduction en matière de TVA.

> Précisions **a.** En ce qui concerne les **emballages,** biens pour lesquels il y a lieu de distinguer selon qu'ils sont ou non récupérables, on se reportera aux nos 61025 s.
b. Des **immeubles** conservés **en stock** doivent, dans certaines conditions, être considérés comme immobilisés : voir nº 58915.

56820 **Définition des biens autres que les immobilisations et des services**
a. Les **biens** ne constituant pas des immobilisations sont tous les biens qui, dans la comptabilité des entreprises, doivent figurer parmi les **stocks et productions en cours** (valeurs d'exploitation) et qui sont destinés à la vente en l'état ou au terme d'un processus de production à venir ou en cours (nos 7675 s.).

EXEMPLES

Marchandises, matières premières, matières et fournitures consommables, etc.

b. S'agissant de la notion de **services,** sont concernés les services les plus divers qu'une entreprise est susceptible d'acquérir pour les besoins de son exploitation.

EXEMPLES

Locations et charges locatives des locaux professionnels ; services d'entretien et de réparation ; frais d'études, de recherches, de documentation ; redevances pour brevets, marques ou licences ; prestations de services d'entremise ; frais de transport, etc.

Bien qu'il s'agisse de prestations de services, l'administration considère que les **services immobilisés** (installation d'une immobilisation, par exemple) suivent le sort de l'immobilisation au point de vue du droit à déduction (en ce sens, D. adm. 3 D-1221 nº 4, non reprise dans Bofip).

A. Régularisations applicables aux immobilisations

56950 CGI ann. II art. 207 TVA-IX-33300 s Le dispositif prévu par l'article 207 de l'annexe II au CGI distingue deux catégories de régularisations : les **régularisations dites « annuelles »,** qui tiennent compte de l'évolution de l'utilisation d'un bien immobilisé dans le temps, et les **régularisations dites « globales »,** qui sont déclenchées par la survenance de certains événements.

La régularisation annuelle traduit le fait que, l'année en cause, le bien a été utilisé différemment de ce que la situation initiale laissait présager (nos 57205 s.).

La régularisation globale traduit le fait que, pour l'avenir, le bien sera utilisé différemment de ce que la situation initiale laissait présager (nos 57270 s.).

Ces deux types de régularisation sont appréhendés à partir de la **variation** dans le temps **de la valeur des éléments du coefficient de déduction** (coefficient d'assujettissement, coefficient de taxation et coefficient d'admission).

Avant d'étudier ces deux types de régularisation, il convient de définir certaines notions utiles pour effectuer lesdites régularisations. Il s'agit :

– de la période de régularisation (nº 57100) ;
– de la taxe initiale servant au calcul des régularisations (nº 57120) ;
– des coefficients de référence (nos 57140 s.).

1. PÉRIODE DE RÉGULARISATION

La **régularisation** (annuelle ou globale) de la **taxe initialement déduite** ne doit être opérée **que pendant une certaine période** dont le point de départ et la durée sont fixés par l'article 207, II de l'annexe II au CGI. 57100 TVA-IX-33400 s

La période de régularisation est de **cinq ans** pour les **biens meubles** immobilisés et de **vingt ans** pour les **immeubles** immobilisés.

Le **point de départ** de la période de régularisation se situe l'année au cours de laquelle le bien a été acquis, importé, achevé, utilisé pour la première fois ou transféré entre secteurs d'activités distincts.

EXEMPLE

Pour un immeuble acquis en 2020, la période de régularisation court jusqu'au 31 décembre 2039. Un matériel acquis au cours de l'année 2020 sera sujet à régularisation jusqu'au 31 décembre 2024 ; il en sera dispensé au-delà.

Remarque : Le délai de régularisation est indépendant de la **durée d'amortissement.**

› **Précisions** **a.** L'**année au cours de laquelle** le **bien** immobilisé **a été acquis,** importé, achevé, utilisé pour la première fois ou transféré entre secteurs d'activités compte pour une année entière.

b. Il n'est prévu d'ouvrir un nouveau délai de régularisation que pour les **biens qui changent de patrimoine** ou, par assimilation, qui sont transférés d'un secteur d'activité à un autre secteur d'activité.

c. Par « immeubles » il faut entendre non seulement les **immeubles bâtis** au sens de la fiscalité immobilière (ceux entrant dans le champ d'application de l'article 257, I-2 du CGI), mais aussi, les **droits assimilés aux immeubles** visés à l'article 257, I-1 du CGI (n° 58810), ainsi que les travaux d'**amélioration** ou d'**agrandissement.** En revanche, les **agencements commerciaux** sont à considérer comme des immobilisations autres que les immeubles. Sur la notion de biens immeubles, voir aussi n° 46815.

d. Dès lors que le bénéficiaire d'une **transmission d'une universalité de biens** (n° 47520) est réputé continuer la personne de l'apporteur ou du cédant, le point de départ et la durée de la période de régularisation des biens transmis demeurent inchangés pour le bénéficiaire. Il n'y a donc pas remise à zéro du délai de régularisation.

e. Pour les **immeubles donnés en location par** contrat de **crédit-bail,** le délai de régularisation est égal au nombre d'années qui courent jusqu'à l'échéance du contrat de bail, arrondi à l'entier supérieur, sans pouvoir excéder vingt ans, et la régularisation s'opère par fractions égales à l'inverse de cette durée.

f. S'agissant des **régularisations globales,** si l'un des événements mentionnés n° 57290 intervient au cours de l'année N + 4 pour les biens meubles ou de l'année N + 19 pour les immeubles, le mode de calcul des régularisations globales (qui prend en compte les années restantes jusqu'au terme de la période de régularisation à partir de l'année suivant celle de l'événement) aboutit en fait à un reversement ou à une déduction complémentaire nuls. **En pratique** donc, aucun reversement ne sera exigible ou aucune déduction complémentaire ne bénéficiera à l'assujetti si l'événement intervient après le 31 décembre de l'année N + 3 (meubles) ou N + 18 (immeubles) (en ce sens, BOI-TVA-DED-60-20-10 n°s 190 et 200 et BOI-TVA-DED-60-20-20 n° 30).

g. Lorsque la **livraison à soi-même** d'un bien immobilisé affecté aux besoins de l'entreprise n'est **pas exigée** (biens fabriqués par un assujetti déducteur intégral), le **point de départ** du délai de régularisation est fixé, **pour les immeubles,** à la date d'achèvement du bien immobilier réputé être intervenu lors du dépôt en mairie de la déclaration prévue par la réglementation relative au permis de construire en application de l'article 244, I de l'annexe II au CGI. Pour les **biens meubles** immobilisés, il est fixé en principe à la date de la première utilisation du bien (BOI-TVA-DED-60-20-10 n°s 150 et 170).

Lorsqu'un assujetti a procédé ou fait procéder à la construction d'un bien et qu'une **livraison à soi-même** doit être **constatée** en application de l'article 257, II-1-2° du CGI, le **point de départ** du délai de régularisation se situe : pour les **immeubles,** à la date à laquelle la taxe est devenue exigible chez l'assujetti au titre de la livraison à soi-même de l'immeuble ; pour les **biens meubles,** au moment de la première utilisation (BOI précité).

2. TAXE INITIALE SERVANT AU CALCUL DES RÉGULARISATIONS

La taxe initiale s'entend, selon le cas : 57120 CGI ann. II art. 207, V-1 TVA-IX-33600

– de la taxe mentionnée sur les **factures d'achat** (n°s 56260 s.) ;

– de la taxe perçue à l'**importation** (n° 56280) ;

– de la **taxe acquittée par les redevables eux-mêmes** en vertu du mécanisme d'autoliquidation (acquisition intracommunautaire, achat auprès d'un assujetti non établi en France, livraison à soi-même, etc.) (n° 56290) ;

– de la taxe mentionnée sur les attestations lors du **transfert du droit à déduction** en cas de vente non soumise à la taxe ou de transfert entre secteurs (n°s 57305 et 57325).

> **Précisions** **a.** La notion de **taxe initiale** est différente de celle de taxe initialement déduite. La taxe initiale correspond à la **taxe acquittée en amont,** laquelle est supérieure à la taxe initialement déduite lorsque le coefficient de déduction d'un bien ou d'un service est inférieur à un.
> **b.** Selon nos renseignements, lorsque la **livraison à soi-même** d'un **bien immobilisé affecté aux besoins de l'entreprise** n'est **pas exigée** (biens fabriqués par un assujetti déducteur intégral : n° 47395), la base de la régularisation est constituée par les seules dépenses ayant réellement supporté de la TVA, et non par le prix de revient global du bien.

3. COEFFICIENTS DE RÉFÉRENCE

57140 TVA-IX-33650 s Comme indiqué au n° 56950, les régularisations afférentes aux immobilisations sont appréhendées à partir de la **variation** dans le temps **de la valeur des éléments du coefficient de déduction** (qui se compose, on le rappelle, de trois éléments : coefficient d'assujettissement, coefficient de taxation et coefficient d'admission). Les variations de ces valeurs sont mesurées à partir d'un coefficient de référence.

57145 CGI ann. II art. 207, V-2 Chaque bien immobilisé possède trois coefficients de référence **initialement égaux** aux trois **coefficients** retenus pour le calcul de la déduction opérée **lors de l'acquisition** (ou de l'achèvement ou de la première utilisation du bien fabriqué pour le cas visé n° 57100, précision g), **l'importation ou la livraison à soi-même** :
– un coefficient d'assujettissement de référence ;
– un coefficient de taxation de référence ;
– un coefficient d'admission de référence.

Le **coefficient de déduction de référence** est égal au **produit** de ces **trois coefficients de référence.**

Les coefficients de référence sont **susceptibles de varier** au cours du temps, en fonction de la **survenance de certains événements limitativement énumérés** qui déclenchent une régularisation globale. Il s'agit des **quatre** événements suivants :
– transfert d'un bien entre secteurs d'activités ;
– modification législative ou réglementaire des règles d'exclusion ;
– bien utilisé, en tout ou partie, pour des opérations imposables dont aucune n'ouvre droit à déduction venant à être utilisé pour la réalisation d'opérations ouvrant droit à déduction ;
– bien utilisé pour la réalisation d'opérations ouvrant droit à déduction venant à être utilisé pour des opérations imposables n'ouvrant pas droit à déduction ou pour des opérations non imposables.

Lorsque l'une de ces régularisations globales a été effectuée, les coefficients de référence prennent une **nouvelle valeur** qui sera utilisée pour d'éventuelles régularisations futures.

> **Précisions** **a.** Les coefficients de référence initiaux décrits ci-dessus sont égaux aux **coefficients provisoires** attribués aux biens immobilisés lors de leur acquisition, achèvement, importation ou première utilisation. Si aucun événement motivant une régularisation globale de nature à modifier leur valeur n'est intervenu au cours de l'année d'acquisition, importation ou première utilisation, les coefficients de référence prennent la valeur des coefficients définitifs.
> **b.** Bien entendu, ce n'est que lorsque l'événement intervient **pendant la période de régularisation** qu'il y a lieu d'attribuer une nouvelle valeur aux coefficients de référence. En effet, une fois la période de régularisation expirée, les coefficients de référence n'ont plus à être modifiés lors de la survenance de l'un des événements mentionnés ci-dessus.
> **c.** S'agissant des **biens immobilisés en cours d'utilisation au 1er janvier 2008** pour lesquels le délai de régularisation n'était pas expiré à cette date, les assujettis ont dû déterminer, selon des modalités particulières, la valeur des coefficients d'assujettissement, de taxation, d'admission et de déduction de référence (voir Documentation experte TVA-IX-33700 s.).

4. RÉGULARISATIONS ANNUELLES

CAS DE RÉGULARISATION ANNUELLE

57205 TVA-IX-33900 s Chaque année durant la période de régularisation (n° 57100) et sous réserve des exceptions mentionnées au n° 57245, une régularisation de la taxe initialement déduite sur les biens immobilisés doit être opérée lorsque la **différence entre** le **produit des coefficients d'assujettissement et de taxation de l'année,** d'une part, et le **produit des coefficients d'assujettissement et de taxation de référence** (nos 57140 s.), d'autre part, est **supérieure, en valeur absolue, à un dixième.**

En d'autres termes, il y a donc lieu d'opérer une régularisation de la taxe initialement déduite uniquement si la proportion d'utilisation du bien immobilisé à des opérations ouvrant droit à déduction, le cas échéant déterminée en partie de façon forfaitaire, a varié de plus d'un dixième, **à la hausse ou à la baisse,** par rapport à la situation exprimée par le biais des coefficients de référence (BOI-TVA-DED-60-10 n° 1).

› Précisions a. Le produit du coefficient d'assujettissement par le coefficient de taxation traduit la **proportion d'utilisation du bien à des opérations ouvrant droit à déduction,** le cas échéant déterminée en partie de façon forfaitaire. La régularisation annuelle s'opère uniquement au vu de cette variation de l'utilisation du bien. C'est pour cette raison qu'il n'est tenu compte que des coefficients d'assujettissement et de taxation (à l'exclusion du coefficient d'admission) pour le calcul du produit servant à déterminer s'il y a lieu ou non à régularisation annuelle.

b. Le **produit des coefficients** d'assujettissement et de taxation de l'année et celui des coefficients d'assujettissement et de taxation de référence ne doivent **pas** être **arrondis à la deuxième décimale par excès** pour déterminer si la différence entre ces deux produits est ou non supérieure à un dixième. Seuls les coefficients eux-mêmes doivent être arrondis (n° 55360, précision a) et non leur produit.

c. Sur les **incidences** de cette régularisation en matière d'impôt sur les **bénéfices,** voir n° 7612.

Les **coefficients d'assujettissement et de taxation** de l'année sont déterminés au titre d'une **année civile** y compris pour les redevables dont l'exercice comptable ne coïncide pas avec l'année civile. Ils doivent refléter la réalité de l'utilisation du bien à des opérations imposables ouvrant droit à déduction pendant l'année. 57210

› Précisions Si le **bien** n'est **utilisé qu'une partie de l'année** (cas des biens qui quittent le patrimoine de l'assujetti ou par assimilation sont transférés à un autre secteur), il n'y a **pas** lieu d'effectuer un calcul **prorata temporis.**

En revanche, lorsque l'**utilisation du bien varie en cours d'année,** les coefficients de l'année doivent tenir compte de cette variation de l'utilisation (voir n° 55370).

FORME ET MONTANT DE LA RÉGULARISATION ANNUELLE

Pour les **immeubles immobilisés,** la régularisation opérée au titre d'une année est égale au **vingtième** du produit de la taxe initiale par la différence entre le coefficient de déduction de ladite année et le coefficient de déduction de référence. Le calcul de la régularisation s'effectue de la manière suivante : 57220 TVA-IX-34100 s

Montant de la régularisation = taxe initiale × (coefficient de déduction de l'année – coefficient de déduction de référence) / 20

Pour les **biens immobilisés autres que les immeubles,** la régularisation opérée au titre d'une année est égale au **cinquième** de ce produit. Ce calcul est le suivant :

Montant de la régularisation = taxe initiale × (coefficient de déduction de l'année – coefficient de déduction de référence) / 5

› Précisions a. S'il n'est pas tenu compte de la valeur du **coefficient d'admission** au titre d'une année pour déterminer s'il y a lieu ou non de procéder à une régularisation annuelle (n°s 57205 s.), en revanche la valeur du coefficient d'admission de l'année est prise en compte pour le calcul de cette régularisation. En ce qui concerne la détermination du coefficient d'admission de l'année, voir n° 55860, précision c.

b. Si la **valeur de l'un des trois coefficients de référence** (assujettissement, taxation, admission) constituant le coefficient de déduction de référence est **modifiée en cours d'année** en raison de la survenance de l'un des événements affectant cette valeur (n° 57145), la **valeur des coefficients de référence à retenir pour le calcul de la régularisation annuelle** à opérer au titre de ladite année est la valeur des coefficients de référence avant l'intervention de cet événement (n° 57445).

La régularisation, calculée comme indiqué n° 57220, prend la forme : 57225

– **soit** d'une **déduction complémentaire** si le coefficient de déduction de l'année est supérieur au coefficient de référence (le résultat de l'opération est alors positif) ;

– **soit** d'un **reversement** de taxe lorsque le coefficient de déduction de l'année est inférieur au coefficient de référence (le résultat de l'opération est alors négatif).

EXEMPLE

Une société acquiert le 1er mars de l'année N un ordinateur pour un prix hors taxe de 4 000 €, soit une TVA correspondante de 800 €. Le coefficient d'assujettissement définitif de cette dépense est égal à 1, son coefficient de taxation définitif est égal à 0,5 et le coefficient d'admission définitif est de 1. Ces coefficients deviennent les coefficients de référence de l'ordinateur. Le coefficient de déduction de référence est donc égal à : 1 × 0,5 × 1 = 0,5.

À l'issue de l'année N + 1 la société constate que le coefficient de taxation à retenir pour les dépenses mixtes est égal à 0,62. L'écart entre le produit des coefficients d'assujettissement et de taxation de l'année (1 × 0,62) et le produit des coefficients d'assujettissement et de taxation de référence (1 × 0,5) étant supérieur à un dixième, l'entreprise doit opérer une déduction complémentaire égale à (1 × 0,62 × 1 – 1 × 0,5 × 1) × 800 € / 5, soit 19,20 €. En N + 2, le coefficient de taxation applicable aux dépenses mixtes s'avère égal à 0,44. L'écart entre (1 × 0,44) et (1 × 0,5) n'étant pas supérieur à un dixième, aucune régularisation n'est effectuée. À l'issue de l'année N + 3, le coefficient de taxation applicable aux dépenses mixtes est égal à 0,2. L'écart entre (1 × 0,2) et (1 × 0,5) étant supérieur à un dixième, il doit être procédé à une régularisation qui, en l'occurrence, prend la forme d'un reversement pour un montant égal à (1 × 0,2 × 1 − 1 × 0,5 × 1) × 800 € / 5, soit − 48 €.

MODALITÉS DE RÉGULARISATION

57235 TVA-IX-34200 s

La régularisation annuelle (déduction complémentaire ou reversement) doit intervenir, en principe, **avant le 25 avril de l'année suivante.**

En pratique, pour les redevables souscrivant des déclarations CA 3, la régularisation est opérée au plus tard lors de la souscription de la **déclaration** CA 3 afférente aux opérations de mars ou du premier trimestre (en utilisant les lignes prévues à cet effet : lignes « Autre TVA à déduire » ou « TVA antérieurement déduite à reverser »). Pour les redevables qui souscrivent des déclarations annuelles (redevables au réel simplifié n'ayant pas renoncé aux formalités simplifiées, exploitants agricoles ne souscrivant pas de CA 3), la régularisation est opérée sur ces déclarations.

Dans l'hypothèse où la **déduction complémentaire** à laquelle le cas échéant le redevable est en droit de prétendre n'a **pas** été **opérée dans ce délai,** il peut la faire figurer sur les déclarations ultérieures jusqu'au 31 décembre de la deuxième année qui suit celle de l'omission (Lettre DLF 26-12-2005).

EXCEPTIONS À LA RÉGULARISATION

57245 CGI ann. II art. 207, II-5 TVA-IX-34300

En vertu de l'article 207, II-5-1° de l'annexe II au CGI, aucune régularisation ne doit être opérée (il ne peut donc y avoir, en vertu de ce texte, ni reversement ni déduction complémentaire) pour les biens immobilisés dont le **coefficient d'assujettissement de référence** est **nul.** Il s'agit des biens qui sont dès l'origine (ou au cours de leur utilisation) exclusivement utilisés à la réalisation d'opérations placées hors du champ d'application de la taxe (BOI-TVA-DED-60-10 n° 30).

On rappelle toutefois que ce texte, qui privilégie le critère de l'utilisation du bien et non celui de la qualité (assujetti agissant en tant que tel ou non) en laquelle la personne a acquis le bien, n'est pas en phase avec la jurisprudence de la CJUE (voir n° 55225).

> **Précisions** Aucune régularisation n'est, bien entendu, plus nécessaire pour les **immeubles livrés,** acquis, apportés ou utilisés pour la première fois **avant le 1er janvier 1996** (CGI ann. II art. 207, II-5-2°), dans la mesure où le délai de régularisation de la TVA qui leur était applicable était fixé à dix ans. En revanche, les **travaux immobiliers** immobilisés réalisés depuis le 1er janvier 1996 dans les immeubles livrés, acquis, apportés ou utilisés avant cette date sont compris dans le délai de régularisation de vingt ans. La TVA initialement déduite à ce titre est donc susceptible de faire l'objet d'une régularisation annuelle.

5. RÉGULARISATIONS GLOBALES

57270 TVA-IX-34600 s

La taxe initialement déduite sur les biens immobilisés doit faire l'objet d'une régularisation lorsque certains **événements** interviennent **avant l'expiration de la période de régularisation** (n° 57100).

Ces régularisations dites « globales », qui correspondent à la **somme des régularisations annuelles** qui devraient intervenir jusqu'au terme de la période de régularisation, conduisent l'assujetti à procéder globalement et en une fois à toutes ces régularisations annuelles auxquelles il serait tenu jusqu'à l'expiration de la période de régularisation si sa situation, telle qu'elle résulte de l'événement en cause, demeurait en l'état jusqu'à ce terme.

Les régularisations globales sont **exigibles** dès la survenance des événements qui en sont à l'origine et doivent être **effectuées en une seule fois** pour tout le temps de la période de régularisation restant à courir.

> **Précisions** La **régularisation** globale doit être calculée et **prise en compte même si** la **différence** entre le produit des coefficients d'assujettissement et de taxation considérés pour les années restant à courir, d'une part, et le produit des coefficients d'assujettissement et de taxation de référence, d'autre part, est **inférieure ou égale, en valeur absolue, à un dixième.**

MODALITÉS DE CALCUL

57280 CGI ann. II art. 207, III-2 TVA-IX-34700 s

Concrètement, l'**événement** qui motive la régularisation **va entraîner la modification de la valeur de l'un des coefficients de l'année** parmi les trois coefficients d'assujettissement, de taxation et d'admission. La valeur des coefficients de l'année qu'il convient de retenir au titre des années restantes afin de déterminer chacune des régularisations annuelles qui devront être sommées pour établir le montant de la régularisation globale est fixée par l'article 207, III-2 de l'annexe II au CGI.

Hormis dans le cas prévu à l'article 207, III-1-2° (vente d'un bien en TVA pendant la période de régularisation : nos 57335 s.), l'article 207, III-2 précité **ne fixe pas** la **valeur** qu'il convient de retenir **pour les trois coefficients de l'année** (coefficients d'assujettissement, de taxation et d'admission de l'année) – dont on déduit aisément la valeur du coefficient de déduction de l'année – **mais uniquement** la **valeur** qu'il convient de retenir **pour l'un d'entre eux,** selon le cas le coefficient d'assujettissement de l'année, le coefficient de taxation de l'année ou le coefficient d'admission de l'année.

En effet, la valeur des deux autres coefficients de l'année qu'il convient de retenir pour pouvoir effectuer le calcul découle de la logique même du mécanisme des régularisations globales, à savoir anticiper les régularisations annuelles qui auraient été opérées à raison d'événements qui affectent, par nature, un seul coefficient sur les trois. Les **deux autres coefficients de l'année** doivent donc être **réputés égaux à leur valeur de référence,** puisque aucun événement n'a entraîné leur modification.

Le calcul de la régularisation globale s'effectue sur la base de la **TVA initiale** qui a été définie n° 57120.

CAS DE RÉGULARISATION GLOBALE

Les cas de régularisation globale sont **au nombre de six** : 57290 CGI ann. II art. 207, III-1 TVA-IX-34800 s

- cession ou apport non soumis à la TVA sur le prix total, la valeur totale ou la marge (nos 57295 s.) ;
- transferts entre secteurs distincts d'activités (nos 57320 s.) ;
- cession ou apport soumis à la TVA sur le prix total, la valeur totale ou la marge (nos 57335 s.) ;
- modification législative ou réglementaire des règles d'exclusion du droit à déduction (nos 57350 s.) ;
- biens devenant utilisés à des opérations ouvrant droit à déduction (nos 57365 s.) ;
- biens cessant d'être utilisés à des opérations ouvrant droit à déduction (nos 57385 s.).

Des **exceptions à la régularisation** sont toutefois prévues (nos 57430 s.).

Cession ou apport non soumis à la TVA sur le prix total, la valeur totale ou la marge Toutes les formes de cession (à titre onéreux ou à titre gratuit) et d'apport (apports purs et simples ou à titre onéreux, apports globaux ou partiels) sont visées. Mais elles ne constituent une cause de régularisation que lorsque la cession ou l'apport ne sont **pas soumis à la TVA** sur le prix total ou la valeur totale du bien (ou sur la marge), de sorte que la régularisation ne concerne guère en pratique que les **immeubles.** 57295 TVA-IX-34850 s

En effet, la cession ou l'apport en société, par leurs utilisateurs, de **biens mobiliers** d'investissement (outillage, matériels, etc.) usagés est imposable à la TVA lorsque (ce qui est fréquent) ces biens ont ouvert droit à déduction complète ou partielle de la TVA lors de leur acquisition (nos 60985 s.). Corrélativement, de telles cessions n'entraînent pas de régularisation de la déduction antérieure, même lorsque les biens font l'objet d'une exportation ou d'une livraison intracommunautaire exonérée (n° 61005, b) ou lorsqu'ils bénéficient de la dispense d'imposition prévue en cas de transmission ou d'apport en société d'une universalité totale ou partielle de biens (n° 47520). En revanche, la régularisation est exigible lorsque la cession bénéficie d'une autre exonération (sauf celle visée au n° 61010, bien entendu) (BOI-TVA-DED-60-20 n° 1).

Échappent également à la régularisation globale les immeubles dont la cession ou l'apport est imposable à la TVA (nos 58770 s.), même si cette cession ou cet apport sont dispensés de TVA dans le cadre de la transmission d'une universalité totale ou partielle de biens (n° 47520).

› **Précisions** **a.** Sont **notamment** visées par ce cas de régularisation globale les cessions d'immeubles immobilisés non soumises à la TVA : cession d'un **terrain** qui ne répond **pas** à la définition des terrains **à bâtir** ou d'un **immeuble** achevé depuis **plus de cinq ans** lorsque l'**option** pour l'imposition à la TVA n'a **pas** été **exercée.**

b. Selon la **CJUE,** échappe à la régularisation une **opération de cession-bail** (ou « sale and lease back ») non soumise à la TVA, consistant pour l'assujetti à donner un droit d'emphytéose sur cet immeuble, moyennant une redevance immédiate, à des institutions financières, lesquelles lui ont concédé immédiatement l'usage du bien en vertu d'un crédit-bail immobilier avec option d'achat prévoyant le paiement d'un loyer sur 15 mois dont le montant total correspond à celui de la redevance, augmenté des intérêts. Dans une telle situation, les opérations en cause forment en effet, en application de la jurisprudence relative aux opérations complexes (n° 46475, précisions), une opération financière unique ne pouvant être qualifiée de « livraison de biens » au sens de l'article 188 de la directive (CJUE 27-3-2019 aff. 201/18, Mydibel SA : RJF 7/19 n° 734).

Dans cette hypothèse, il y a lieu de procéder à une régularisation globale (en une seule fois) en **réputant que le bien** sera **utilisé, pour chacune des années restantes** de la période de 57300 régularisation, **à une activité exonérée** n'ouvrant pas droit à déduction. La régularisation est ainsi égale à la **somme des régularisations annuelles** qui auraient été effectuées jusqu'au terme de la période de régularisation en considérant que, pour chacune des années restantes, le **coefficient de taxation** sera égal à **zéro.**

Cette régularisation prend nécessairement la forme d'un **reversement** de la TVA initialement déduite.

57305 Lorsque le bien cédé constitue également une immobilisation pour le **nouveau détenteur** (bénéficiaire de la cession ou de l'apport), le cédant peut lui « **transférer** » une partie de la TVA initiale, à proportion de la durée de régularisation non encore courue.

Le nouveau détenteur peut ainsi déduire une **fraction du montant de la TVA ayant grevé initialement le bien,** à proportion du rapport entre le nombre d'années restant à courir, pour le cédant ou l'apporteur, jusqu'au terme de la période de régularisation et le nombre d'années total de celle-ci.

Montant de la taxe transférée = TVA initiale × nombre d'années restant à courir / nombre total d'années de la période de régularisation

La déduction que le nouveau détenteur est en droit d'opérer est calculée dans les mêmes conditions que celles décrites aux n°s 55360 s. Le nouveau détenteur doit ainsi calculer un nouveau coefficient de déduction pour le bien immobilisé et appliquer ce coefficient au montant de la « taxe transférée ».

Montant du droit à déduction du nouveau détenteur = TVA transférée × coefficient de déduction du nouveau détenteur

Pour que ce mécanisme puisse fonctionner, l'**ancien détenteur** (cédant ou apporteur) est tenu de **délivrer** au nouveau un **document** mentionnant le montant de la taxe que ce dernier est en droit de déduire. L'article 207, III-3 de l'annexe II au CGI parle à cet égard d'une « **attestation** » mentionnant le montant de la taxe qu'il est en droit de déduire. Mais, à notre avis, l'ancien détenteur peut, en pratique, délivrer à l'acquéreur une **facture « complétée »** comportant, outre les mentions habituelles (date, identification des parties, description sommaire des biens et prix), la date d'acquisition par l'ancien détenteur, la date de cession et le montant de la taxe susceptible d'être déduite.

57310 **› Précisions** **a.** L'acquisition du bien ouvre une **nouvelle période de régularisation** pour le nouveau détenteur (n° 57100). La **taxe initiale** servant de base au calcul des régularisations éventuelles auxquelles le nouveau détenteur peut être tenu est égale au montant de la « taxe transférée ».

b. Le mécanisme décrit au n° 57305 peut jouer également si l'**ancien détenteur** n'a pu opérer **aucune déduction au moment où il a acquis** le bien, en raison soit de sa situation personnelle au regard de la TVA (entreprise exonérée, agriculteur non soumis à la TVA), soit d'une exclusion du droit à déduction frappant le bien.

Mais bien entendu, le nouveau détenteur ne peut utiliser ce droit à déduction que s'il est lui-même redevable et si le bien ne tombe pas pour lui sous le coup d'une exclusion. Il peut en être ainsi, par **exemple,** en cas de cession par une entreprise commerciale d'une voiture de tourisme que l'acquéreur utilisera pour une activité de taxi. Dans de telles situations, l'ancien détenteur peut délivrer au nouveau le document visé au n° 57305, alors même qu'il n'est tenu à aucun versement ni à taxation de la cession.

En revanche, un **non-assujetti** n'est pas en droit de délivrer des attestations ou des factures « complétées ».

57315 EXEMPLE

Une entreprise acquiert en l'année N un immeuble neuf pour un montant HT d'un million d'euros, auxquels s'ajoutent 200 000 € de TVA. Il s'avère que le coefficient d'assujettissement de ce bien est de 0,8 et son coefficient de taxation de 0,5. Son coefficient d'admission étant égal à l'unité, le coefficient de déduction de ce bien est égal à 0,4 et l'entreprise a pu déduire initialement pour 80 000 € de TVA. Ces coefficients ne varient pas tout au long de la vie de l'entreprise. Au cours de l'année N + 7, l'entreprise cède son immeuble à une autre entreprise. Cette cession n'étant pas soumise à la TVA (l'option visée n° 58830 n'ayant pas été exercée), l'entreprise cédante est tenue à une régularisation globale, qui est égale à la somme des régularisations qui auraient eu lieu au cours des années N + 8 à N + 19 (soit 12 années), si, pour chacune de ces années, elle avait constaté que le coefficient de taxation de l'immeuble était nul. Cette régularisation, qui prend la forme d'un reversement, est donc égale à :

$$\sum_{8}^{19} (0 - 0{,}4) \times 200\,000 / 20$$, soit − 48 000 €.

L'immeuble acquis par l'entreprise cessionnaire constituant pour elle une immobilisation, l'entreprise cédante peut lui transférer un montant de TVA égal à 12 / 20 × 200 000, soit 120 000 €. Il s'avère que, pour le nouveau détenteur, le coefficient d'assujettissement de l'immeuble est égal à 1 et son coefficient de taxation est égal à 0,35. Le nouveau détenteur pourra donc déduire : 120 000 € × 0,35 = 42 000 €. Il sera lui-même tenu aux régularisations éventuelles pendant les dix-neuf années suivant son acquisition, sur la base d'une TVA initiale égale à la TVA transférée, soit 120 000 €.

Transfert entre secteurs d'activités Il s'agit du cas où un redevable ayant des secteurs d'activités distincts transfère une immobilisation d'un secteur à un autre secteur (sur la notion de secteurs d'activités distincts, voir nos 56030 s.). 57320 TVA-IX-35250 s

Un tel transfert est traité **comme une cession non soumise à la TVA** suivie d'un **éventuel « transfert » du droit à déduction** au profit du **secteur d'activité « d'arrivée »** si le bien y est immobilisé.

Dans cette hypothèse, il y a lieu de procéder à une régularisation globale (en une fois) en **réputant que le bien** sera **utilisé,** pour **chacune des années restantes** de la période de régularisation, à une **activité exonérée n'ouvrant pas droit à déduction.** La régularisation est ainsi égale à la **somme des régularisations annuelles** qui auraient été effectuées jusqu'au terme de la période de régularisation en considérant que, pour chacune des années restantes, le **coefficient de taxation** sera égal à **zéro.** 57325

Cette régularisation prend, en **principe,** la forme d'un **reversement** de la TVA initialement déduite. **Toutefois,** le calcul de cette régularisation conduit à un résultat nul lorsque le **bien transféré n'a pas ouvert droit à déduction** dans le secteur « de départ » (bien utilisé dans un secteur exonéré ou bien utilisé pour la réalisation d'opérations n'ouvrant pas droit à déduction dans un secteur taxable), le coefficient de taxation du bien étant déjà égal à zéro.

Lorsque le **bien transféré** est immobilisé dans le secteur « d'arrivée », l'opérateur « **transfère** » dans ce secteur **une partie de la TVA initiale** dans les mêmes conditions que celles décrites au no 57305.

> **Précisions** **a.** Le **transfert d'un bien mobilier d'investissement vers un secteur exonéré** donne lieu à imposition d'une livraison à soi-même sur le fondement de l'article 257, II-1-3° du CGI (no 47395, précision b). Le montant de la taxe transférée (non déductible, bien entendu, dans le secteur d'arrivée) doit correspondre, dans cette hypothèse, au montant de la TVA déclarée au titre de la livraison à soi-même.
> **b.** Le transfert d'un bien immobilisé entre secteurs d'activités ouvre une **nouvelle période de régularisation** (no 57100). La taxe initiale servant de base au calcul des régularisations dans le secteur « d'arrivée » est égale au montant de la « taxe transférée ».
> **c.** Le transfert entre secteurs d'activités fait partie des événements qui entraînent la **modification des coefficients de référence** du bien (no 57145). Lorsque, dans le nouveau secteur, le bien est également immobilisé, l'opérateur a pu déduire une partie de la taxe transférée en fonction des coefficients d'assujettissement, de taxation et d'admission découlant de la nouvelle utilisation du bien. Les coefficients de référence prennent alors la valeur de ces nouveaux coefficients.

EXEMPLE 57330

Une entreprise acquiert en l'année N un immeuble neuf pour un montant hors taxe d'un million d'euros, auxquels s'ajoutent 200 000 € de TVA. Elle l'affecte aux besoins d'un premier secteur d'activité. Il s'avère que le coefficient de taxation de ce bien est de 0,4. Ses coefficients d'assujettissement et d'admission étant égaux à l'unité, le coefficient de déduction de ce bien est égal à 0,4 et l'entreprise a pu déduire initialement pour 80 000 € de TVA. Ces coefficients ne varient pas tout au long de la vie de l'entreprise. Au cours de l'année N + 7, l'entreprise transfère son immeuble vers un second secteur d'activité, dans lequel le coefficient de taxation de l'immeuble est de 0,35. L'entreprise est tenue au titre de ce premier secteur à une régularisation globale, qui est égale à la somme des régularisations qui auraient eu lieu au cours des années N + 8 à N + 19 (soit 12 années), si, pour chacune de ces années, elle avait constaté que le coefficient de taxation de l'immeuble était nul. Cette régularisation, qui prend la forme d'un reversement, est donc égale à :

$$\sum_{8}^{19} (0 - 0{,}4) \times 200\,000 / 20, \text{ soit } - 48\,000 €.$$

Symétriquement, si le bien constitue également une immobilisation dans son nouveau secteur d'activité, une partie de la taxe initiale est « transférée ». Son montant est égal à : 200 000 € × 12 / 20 = 120 000 €. Le montant du droit à déduction dans le secteur « d'arrivée » est égal à : 120 000 € × 0,35 = 42 000 €.

Avant le transfert, l'entreprise avait constaté que les coefficients de référence du bien étaient égaux, pour le coefficient d'assujettissement à 1, pour le coefficient de taxation à 0,4 et pour le coefficient d'admission à 1. Après le transfert, les coefficients de référence du bien seront égaux, pour le coefficient d'assujettissement à 1, pour le coefficient de taxation à 0,35 et pour le coefficient d'admission à 1.

57335 TVA-IX-35550 s **Cession ou apport soumis à la taxe sur le prix total, la valeur totale ou la marge** Ce cas de régularisation concerne l'hypothèse où une **cession ou un apport soumis** à la TVA porte sur des **biens** qui précédemment, **lors de leur acquisition,** n'ont **pas** fait l'objet d'une **détaxation totale,** qu'il y ait eu soit seulement une déduction partielle, soit même aucune déduction (exclusion).

Sont **notamment** visés les **biens mobiliers d'investissement** (outillage, matériel, etc.) **usagés,** dont la cession par leur utilisateur est imposable à la TVA dès lors qu'ils ont antérieurement donné lieu, lors de leur acquisition, à une déduction partielle (n° 60995) (si la déduction initiale a été totale, il n'y a évidemment pas matière à la présente régularisation).

Sont également concernés les **immeubles** cédés ou apportés soumis de plein droit ou sur option à la TVA (nos 58770 s.).

> **Précisions** **a.** Ce cas de régularisation trouve aussi à s'appliquer lorsque la cession n'est pas effectivement soumise à la TVA parce que le **bien** est **exporté** ou fait l'objet d'une **livraison intracommunautaire** : exportation ou livraison intracommunautaire directes ou cession à un exportateur ou à une personne effectuant des livraisons intracommunautaires, y compris s'il s'agit d'un bien exclu du droit à déduction (véhicule de tourisme, par exemple).
> **b.** Parmi les cessions répondant aux conditions examinées ici, on peut également citer le cas des biens mobiliers exclus du droit à déduction lors de leur acquisition lorsque, la **cession** étant faite **à un négociant en biens d'occasion,** le cédant choisit, comme il en a le droit (n° 61015, b), de la soumettre à la TVA.
> **c.** Une personne qui **achète un bien en qualité de non-assujetti** et qui, par la suite, **vend ce bien en qualité d'assujetti** ne bénéficie pas d'un droit à régularisation en vue d'opérer une déduction de TVA acquittée lors de l'achat dudit bien (n° 55225).

57340 Le bien est réputé avoir été utilisé, **pour chacune des années restantes** de la période de régularisation, à une activité telle que son **coefficient de déduction** (produit des trois coefficients) est **égal à un.**

La régularisation est égale à la **somme des régularisations annuelles** qui auraient été effectuées jusqu'au terme de la période de régularisation en considérant que, **pour chacune des années restantes** de cette période, le **coefficient de déduction** est **égal à l'unité.**

Elle se traduit nécessairement par une **déduction complémentaire** de TVA.

57345 EXEMPLE

Une banque achète au début de l'année N des ordinateurs auprès d'un fournisseur belge pour un montant total de 100 000 € HT. La TVA déclarée par la banque au titre de l'acquisition intracommunautaire de ces biens est donc de 20 000 €. Les ordinateurs portables sont immobilisés et affectés à l'ensemble de l'activité de la banque. Le coefficient de taxation de ces biens étant de 0,05 et les deux autres coefficients égaux à l'unité, le coefficient de déduction est égal à 0,05. La TVA déclarée sur l'acquisition intracommunautaire de biens est donc déduite à hauteur de 1 000 € (20 000 € × 0,05). À la fin de l'année N + 2, la banque revend les ordinateurs à un négociant établi hors de l'Union européenne. La vente de ces biens exportés est exonérée de TVA. La banque doit donc procéder à une régularisation globale qui est égale à la somme des régularisations annuelles qui auraient eu lieu au cours des années N + 3 à N + 4 (soit deux années), si, pour chacune de ces années, elle avait constaté que le coefficient de déduction des ordinateurs était égal à l'unité. La régularisation, qui prend la forme d'une déduction complémentaire, est égale à la somme des deux régularisations annuelles, chacune étant égale à (1 − 0,05) × 20 000 / 5 = 3 800 €, soit une déduction complémentaire de 2 × 3 800 € = 7 600 €. Une régularisation de même nature aurait été également possible si, au lieu d'une exportation, les ordinateurs d'occasion avaient fait l'objet d'une livraison interne imposable à la TVA ou bien d'une livraison intracommunautaire exonérée de TVA ou encore d'une cession en franchise de TVA à un négociant effectuant lui-même des exportations ou des livraisons intracommunautaires.

57350 TVA-IX-35850 s **Modification législative ou réglementaire des règles d'exclusion** Il s'agit du cas (peu fréquent) où un changement de réglementation affecte la situation, au regard du droit à déduction, d'une **immobilisation en cours d'utilisation.**

Cette modification se traduit par un **changement** de la valeur du **coefficient d'admission de référence du bien.**

> **Précisions** Ce cas de régularisation ne concerne **pas** la situation dans laquelle le **bien** devient **exclu du droit à déduction** du fait d'une **utilisation à des fins étrangères** à l'entreprise **supérieure à 90 %.** Dans cette situation, en effet, il y a lieu de procéder à une régularisation annuelle dans la mesure où une telle utilisation affecte également le coefficient d'assujettissement du bien (n° 55875).

57355 La régularisation est égale à la **somme des régularisations annuelles** qui auraient été effectuées jusqu'au terme de la période de régularisation en considérant que, **pour chacune des années restantes** de cette période, le **coefficient d'admission** est **égal à sa nouvelle valeur.**

Si le bien **cesse d'ouvrir droit à déduction** (coefficient d'admission passant à zéro), le redevable doit procéder à un **reversement** d'une fraction de la taxe initialement déduite.

Si le **bien cesse d'être exclu** du droit à déduction (coefficient d'admission devenant supérieur à zéro), le redevable peut bénéficier d'une **déduction complémentaire.**

› Précisions a. Dès lors que le bien est maintenu dans le même patrimoine, ce cas de régularisation ne conduit **pas** à **reprendre à zéro** le décompte du **délai de régularisation** (nº 57100, précision b). Le délai d'origine se poursuit.

b. Une fois la régularisation globale effectuée, le **coefficient d'admission de référence** est **modifié** et prend la valeur qui résulte de la modification législative ou réglementaire des règles d'exclusion. Les **coefficients d'assujettissement et de taxation de référence** restent quant à eux **inchangés.**

EXEMPLE 57360

Une entreprise dont l'activité est intégralement soumise à la TVA a acquis l'année N un bien meuble immobilisé exclu du droit à déduction pour un montant de 10 000 € HT. La TVA y afférente, soit 2 000 €, n'a pas été déduite car le coefficient d'admission attaché à ce bien était nul, les coefficients d'assujettissement et de taxation du bien étant, quant à eux, égaux à l'unité. En N + 2, une disposition réglementaire ouvre partiellement le droit à déduction à hauteur de 65 % pour les biens de cette nature. Une régularisation globale est effectuée en considérant que, pour l'ensemble des années restant à courir dans la période de régularisation, le coefficient d'admission du bien est égal à 0,65. L'entreprise peut opérer une déduction complémentaire égale à :

$$\sum_{3}^{4} (1 \times 1 \times 0{,}65 - 1 \times 1 \times 0) \times 2\,000 / 5, \text{ soit } 520\text{ €}.$$

Pour le calcul des régularisations ultérieures, globales ou annuelles, le coefficient d'admission de référence du bien devient égal à 0,65. En N + 3, une nouvelle disposition réglementaire vient cette fois lever totalement l'exclusion. L'entreprise pourra opérer une nouvelle déduction complémentaire égale à :

$$\sum_{4}^{4} (1 \times 1 \times 1 - 1 \times 1 \times 0{,}65) \times 2\,000 / 5, \text{ soit } 140\text{ €}.$$

Une fois cette régularisation opérée, le coefficient d'admission de référence sera égal à 1.

Biens devenant utilisés pour des opérations ouvrant droit à déduction 57365 TVA-IX-36050 s

Il s'agit du cas où des **biens** immobilisés, **utilisés jusqu'alors,** en tout ou partie, pour la réalisation d'**opérations imposables dont aucune n'ouvre droit à déduction, viennent à être utilisés** pour la réalisation d'**opérations imposables ouvrant droit à déduction.**

En revanche, lorsqu'un **bien** est **utilisé initialement pour** la réalisation d'**opérations non imposables** (coefficient d'assujettissement de référence nul) et que ce bien est **ensuite utilisé pour** la réalisation d'**opérations imposables ouvrant droit à déduction,** aucune régularisation ne peut être opérée, selon l'article 207, III-4-2º-b de l'annexe II au CGI et aucun coefficient de référence n'est modifié. Voir toutefois sur ce point la jurisprudence de la CJUE analysée nº 55225.

Selon la réglementation française, les **biens concernés** par ce cas de régularisation sont donc ceux dont le coefficient d'assujettissement de référence est compris entre zéro et un ou encore est égal à l'unité et dont le coefficient de taxation de référence est nul.

EXEMPLE

Dans son BOI-TVA-DED-60-20-30 nº 80, l'administration donne l'exemple suivant, étant observé que, selon nous, l'impossibilité de constater une déduction complémentaire ne vaut que si l'immeuble a été acquis par la collectivité locale en tant qu'autorité publique (voir sur ce point la jurisprudence de la CJUE analysée nº 55225).

Une collectivité locale acquiert l'année N un immeuble, pour un montant d'un million d'euros hors taxe, auxquels s'ajoutent 200 000 € de TVA. Cet immeuble a été affecté à 100 % à une activité placée hors du champ de la taxe en application de l'article 256 B du CGI ; son coefficient d'assujettissement de référence est donc égal à 0. En N + 3, la collectivité décide d'utiliser ce bien à une activité soumise de plein droit à la taxe en application de ce même article. Elle ne peut prétendre à aucune déduction complémentaire.

Ce cas de régularisation concerne en particulier les **nouveaux redevables** pour l'ensemble de leurs immobilisations neuves ou en cours d'utilisation à la date à laquelle ils deviennent redevables. Mais il peut également concerner un **bien immobilisé pris isolément.**

La régularisation est égale à la **somme des régularisations annuelles** qui auraient été effectuées jusqu'au terme de la période de régularisation en considérant que, **pour chacune des** 57370

années restantes de cette période, le **coefficient de taxation** est **égal à sa nouvelle valeur,** laquelle découle de la nouvelle utilisation du bien.

Cette régularisation se traduit par une **déduction complémentaire.**

> **Précisions** **a.** Dès lors que le bien est maintenu dans le même patrimoine, il n'y a **pas** à **reprendre à zéro** le décompte du **délai de régularisation** (nº 57100, précision b). Le délai d'origine se poursuit.
> **b.** Une fois la régularisation opérée, le **coefficient de taxation de référence** est **modifié** et prend la valeur qui découle du nouvel usage du bien. Les **coefficients d'assujettissement et d'admission de référence** du bien restent **inchangés.**
> **c.** Sur les règles applicables lorsque cette **régularisation** globale intervient **au cours de l'année d'acquisition** (ou de l'achèvement ou de la première utilisation du bien fabriqué pour le cas visé nº 57100, précision g), de l'importation ou de la livraison à soi-même, voir nº 57455.

57375 EXEMPLE

Un entrepreneur individuel a acquis l'année N un immeuble pour un montant d'un million d'euros hors taxe, auxquels s'ajoutent 200 000 € de TVA. Cet immeuble a été affecté à 20 % à un usage privé (son coefficient d'assujettissement est donc égal à 0,8). L'entrepreneur individuel exerce une activité de formation professionnelle, exonérée de TVA. Le coefficient de taxation de l'immeuble est donc nul, tandis que son coefficient d'admission est égal à l'unité. En N + 9, cet entrepreneur débute une activité de conseil, soumise à la taxe, de telle sorte que le coefficient de taxation de l'immeuble, affecté de manière mixte aux activités, se révèle égal à 0,3. L'entrepreneur est en droit de déduire une fraction de la taxe initialement supportée, égale à :

$$\sum_{10}^{19} (0{,}8 \times 0{,}3 \times 1 - 0) \times 200\,000 / 20, \text{ soit } 24\,000 €.$$

Pour le calcul des régularisations ultérieures, globales ou annuelles, le coefficient de taxation de référence est égal à 0,3.

57380 La **taxe initiale** ayant grevé l'acquisition d'un **bien immobilisé non encore utilisé** et venant à être utilisé pour la réalisation d'opérations ouvrant droit à déduction peut être **déduite à proportion du coefficient de déduction résultant de ce changement d'utilisation** (CGI ann. II art. 207, IV-2).

57385 Biens cessant d'être utilisés à des opérations ouvrant droit à déduction

TVA-IX-36350 s

Deux situations sont à distinguer :

– soit les **biens,** qui cessent d'être utilisés pour la réalisation d'opérations ouvrant droit à déduction, **restent utilisés pour** la réalisation d'**opérations imposables** (nºs 57390 s.) ;

– soit les **biens cessent d'être utilisés pour** la réalisation d'**opérations imposables** (nºs 57400 s.).

57390 **Biens restant utilisés à des opérations imposables.** Il s'agit du cas où les biens cessent d'être utilisés pour la réalisation d'opérations ouvrant droit à déduction mais continuent à être utilisés pour la réalisation d'opérations situées dans le champ qui sont exonérées sans ouvrir droit à déduction. Il peut s'agir **notamment** des cas suivants : dénonciation ou non-renouvellement d'une option pour l'imposition à la TVA ; disposition légale exonérant à compter d'une certaine date les opérations pour la réalisation desquelles les biens sont utilisés ; chiffre d'affaires s'abaissant au-dessous de la limite de la franchise en base ; bien immobilisé pris isolément, jusqu'alors utilisé uniquement à des opérations imposables ouvrant droit à déduction ou concurremment à des opérations imposables ouvrant droit à déduction et à des opérations imposables n'ouvrant pas droit à déduction, devenant utilisé à des opérations imposables n'ouvrant pas droit à déduction.

57395 La régularisation est égale à la **somme des régularisations annuelles** qui auraient été effectuées jusqu'au terme de la période de régularisation en considérant que, **pour chacune des années restantes** de cette période, le **coefficient de taxation** est **égal à zéro.**

Cette régularisation prend nécessairement la forme d'un **reversement** de la TVA initialement déduite.

> **Précisions** **a.** Dès lors que le bien est maintenu dans le même patrimoine, ce cas de régularisation ne conduit **pas** à **reprendre à zéro** le décompte du **délai de régularisation** (nº 57100, précision b). Le délai d'origine se poursuit.
> **b.** Une fois la régularisation effectuée, le **coefficient de taxation de référence** est **modifié** et devient nul. Les **coefficients d'assujettissement et d'admission de référence** restent **inchangés.**
> **c.** Dès lors que le coefficient d'assujettissement du bien demeure non nul, le **bien** reste dans le cycle des régularisations. Il est **disponible,** le cas échéant, **pour une nouvelle régularisation** (qui s'effectuerait selon les règles prévues aux nºs 57365 s.) durant la période de régularisation restant à courir, dans le cas où il serait

de nouveau utilisé, en tout ou partie, à des opérations ouvrant droit à déduction.
d. Sur les règles applicables lorsque cette **régularisation** globale intervient **au cours de l'année d'acquisition** (ou de l'achèvement ou de la première utilisation du bien fabriqué pour le cas visé n° 57100, précision g), de l'importation ou de la livraison à soi-même, voir n° 57455.

Biens cessant d'être utilisés à des opérations imposables. Dans ce cas, le **coefficient d'assujettissement** du bien devient **nul,** ainsi que son coefficient de taxation. Il y a donc lieu de procéder à une régularisation globale. Ce cas de régularisation globale recouvre des situations très variées, et **notamment** les cas suivants : affectation des biens aux services administratifs, sociaux, éducatifs, culturels et sportifs non imposables des personnes morales de droit public ; affectation des biens aux services non imposables des organismes collecteurs de taxes obligatoires ou des organismes à but non lucratif percevant des dons et des legs ; locations gratuites de locaux précédemment affectés à la location à titre onéreux imposable à la TVA de plein droit ou sur option ; prélèvement de biens par l'assujetti pour ses besoins privés ou ceux de son personnel ou à des fins étrangères à l'entreprise et prélèvement de biens lors de la cessation d'activité par l'assujetti ou par ses ayants droit (ce cas de régularisation ne vaut que pour les immeubles, s'agissant des biens mobiliers d'investissement voir les précisions ci-dessous) ; biens distraits de l'actif de l'entreprise sans faire l'objet d'une destruction, d'un vol ou d'un détournement justifiés (disparition pure et simple). 57400

› Précisions L'administration précise que, s'agissant des **biens mobiliers d'investissement,** le prélèvement par un assujetti pour ses besoins privés ou la cessation d'activité donne lieu non pas à régularisation mais à la taxation d'une **livraison à soi-même,** lorsque ce bien ou les éléments le composant ont ouvert droit à déduction complète ou partielle de la TVA (BOI-TVA-DED-60-20-10 n°s 50 et 60 ; voir également n° 47400, précision g). Le Conseil d'État, quant à lui, semble considérer que, dans une telle situation, il y a lieu de procéder à une régularisation et non pas à une livraison à soi-même (CE 9-10-2019 n° 418100 : RJF 1/20 n° 22).

Selon le **Conseil d'État,** en cas de **cessation d'activité,** une entreprise n'est tenue de procéder à une régularisation globale qu'à compter de l'évènement qui caractérise de façon certaine la **désaffectation définitive d'une immobilisation à la réalisation d'opérations taxables** (CE 9-10-2019 n° 418100 : RJF 1/20 n° 22). 57402

En d'autres termes, lorsqu'un assujetti cesse, au cours de la période de régularisation, d'exercer l'activité taxable à laquelle était affecté un bien immobilisé, cette seule désaffectation et la conservation du bien dans le patrimoine de l'entreprise ne peuvent être regardées comme caractérisant la cessation de son utilisation à des opérations imposables, entraînant une régularisation globale. Ce n'est qu'une fois le destin du bien définitivement scellé qu'une telle régularisation doit, le cas échéant, être opérée.

› Précisions Cette solution infirme la **doctrine administrative** selon laquelle, en cas de cessation d'activité (ou dans l'hypothèse d'entreprises en sommeil), la régularisation doit être opérée nonobstant la conservation des biens immobilisés dans le patrimoine de l'entreprise (BOI-TVA-DED-60-20-10 n°s 40 à 60).

La régularisation globale est égale à la **somme des régularisations annuelles** qui auraient été effectuées jusqu'au terme de la période de régularisation en considérant que, **pour chacune des années restantes** de cette période, le **coefficient d'assujettissement** du bien est **égal à zéro.** 57405

Cette régularisation prend nécessairement la forme d'un **reversement** de la TVA initialement déduite.

› Précisions **a.** Cet événement (bien cessant d'être utilisé à des opérations imposables) entraîne la modification du **coefficient d'assujettissement de référence** du bien qui devient **nul.** Le coefficient de taxation de référence devient également nul.
b. Selon l'**administration,** une fois la régularisation effectuée, le bien sort définitivement du cycle des régularisations de sorte qu'**aucune déduction complémentaire** ne pourra plus à l'avenir être effectuée même si le bien est à nouveau utilisé à des opérations imposables ouvrant droit à déduction (BOI-TVA-DED-60-20-30 n° 100). Voir toutefois la jurisprudence de la **CJUE** analysée n° 55225, qui nous paraît pouvoir jouer également dans ce cas de figure.

EXEMPLE 57410

L'année N, un entrepreneur individuel, exerçant une activité intégralement soumise à la TVA, fait l'acquisition d'un immeuble neuf, qu'il décide d'affecter à son exploitation. Le coût d'acquisition s'élève à 100 000 € hors taxe. Il déduit 20 000 €. En N + 6, l'immeuble est affecté au patrimoine privé de l'exploitant. Celui-ci est tenu à un reversement égal à :

$$\sum_{7}^{19} (0 \times 0 \times 1 - 1 \times 1 \times 1) \times 20\,000 / 20, \text{ soit } - 13\,000\ €.$$

Le coefficient d'assujettissement de référence du bien devient nul, ainsi que le coefficient de taxation de référence. En N + 8, il réaffecte son immeuble à son activité professionnelle. Il ne peut prétendre, selon l'administration (nº 57405, précision b), à aucune déduction complémentaire.

Nota : Selon l'administration, le prélèvement dans les mêmes conditions d'un **bien mobilier d'investissement** ne donnerait pas lieu à une régularisation mais à la taxation d'une livraison à soi-même (nº 57400, précisions).

MODALITÉS DE RÉGULARISATION

57420 TVA-IX-36950 s

Le **reversement ou la déduction complémentaire** auxquels donne lieu la régularisation de la taxe doivent être mentionnés sur la déclaration souscrite au titre de la période (mois, trimestre, année) au cours de laquelle l'événement qui motive la régularisation est intervenu.

› Précisions **a.** En pratique, pour les redevables souscrivant des CA 3, la régularisation doit être mentionnée distinctement (ligne « TVA antérieurement déduite à reverser » ou ligne « Autre TVA à déduire ») sur la **déclaration** souscrite au titre du mois ou du trimestre durant lequel s'est produit l'événement qui motive cette régularisation.

Pour les redevables souscrivant des déclarations annuelles (redevables au régime simplifié n'ayant pas renoncé aux formalités simplifiées, exploitants agricoles ne souscrivant pas de CA 3), la régularisation est opérée sur ces déclarations.

Lorsque la **déduction complémentaire** n'a **pas** été **opérée dans le délai** indiqué ci-dessus, le redevable peut la faire figurer sur ses déclarations ultérieures jusqu'au 31 décembre de la deuxième année qui suit celle de l'omission (Lettre DLF du 26-12-2005).

b. Le **reversement** de TVA consécutif à une cession d'immobilisations ne peut pas être retardé jusqu'à la date du **paiement du prix** par l'acheteur ; l'obligation de reversement existe alors même que la **créance** du vendeur sur l'acquéreur des immobilisations serait **douteuse** (CE 27-7-1988 nº 65933 : RJF 11/88 nº 1209).

EXCEPTIONS À LA RÉGULARISATION

57430 CGI ann. II art. 207, III-4 TVA-IX-37150 s

L'article 207, III-4 de l'annexe II au CGI prévoit que les assujettis n'ont pas à procéder à la régularisation de la taxe afférente aux biens immobilisés dans les cas suivants :

– biens dont la cession ou l'apport sont dispensés du paiement de la TVA en application de l'article 257 bis du CGI relatif aux **transmissions d'universalité totale ou partielle de biens** (nº 47520) ;

– biens qui ont été **volés** ou **détruits** dès lors que ce vol ou cette destruction fait l'objet d'une justification (nº 57435) ;

– biens dont le **coefficient d'assujettissement de référence** est **nul** (cette exception a pour objet d'interdire aux opérateurs concernés de bénéficier d'une déduction complémentaire : voir toutefois sur ce point la jurisprudence de la CJUE analysée nº 55225).

Rappelons qu'il n'y a pas non plus lieu de procéder à une régularisation globale pour les **immeubles acquis,** livrés, apportés ou utilisés pour la première fois **avant le 1er janvier 1996** (voir nº 57245, précisions).

57435 La régularisation n'est pas exigée :

– en cas de **destruction** du bien, à condition qu'il en soit **justifié,** cette destruction pouvant être fortuite (sinistre) ou volontaire (outillage mis au rebut et détruit) ;

– en cas de cession de biens devenus inutilisables et destinés à la **mise au rebut,** à la **casse** ou à la ferraille ;

– en cas de **vol ou détournement** des biens, à condition qu'il en soit **justifié** (par le dépôt d'une plainte pour vol ou pour abus de confiance).

ARTICULATION ENTRE RÉGULARISATIONS ANNUELLES ET RÉGULARISATIONS GLOBALES

57445 TVA-IX-37500 s

Les quatre événements mentionnés nº 57145 entraînent une modification des valeurs des coefficients de référence.

Les **modifications des valeurs des coefficients de référence** induites par une régularisation globale doivent être **prises en compte** :

– pour le **calcul** des **régularisations annuelles à compter de l'année suivante** ;

– pour le **calcul** des **régularisations globales ultérieures,** y compris celles qui interviendraient lors de l'année en cours.

En revanche, les modifications des valeurs des coefficients de référence induites par une régularisation globale ne doivent **pas** être **prises en compte pour** le **calcul** de la **régularisation annuelle due au titre de l'année au cours de laquelle est intervenue la régularisation globale,** et ce même si cette régularisation annuelle peut être liquidée jusqu'au 25 avril de l'année suivante, donc postérieurement à la régularisation globale.

57450

EXEMPLES

1. Cession soumise à la taxe sur le prix total. Une banque ayant opté pour le paiement de la TVA acquiert l'année N un immeuble grevé de 200 000 € de TVA. Ses coefficients d'assujettissement, de taxation et d'admission de référence sont égaux, respectivement, à 1, 0,25 et 1. Le 1er juillet N + 4, la banque vend l'immeuble en TVA. Elle peut prétendre à une déduction complémentaire, égale à :

$$\sum_{5}^{19} (1 \times 1 \times 1 - 1 \times 0,25 \times 1) \times 200\,000 / 20 = 112\,500\text{ €}.$$

Sur le premier semestre, le bien avait été utilisé de manière mixte et la banque constate, avant le 25 avril N + 5, que le coefficient de taxation des biens utilisés de manière mixte est égal à 0,1. Elle est alors tenue à une régularisation annuelle au titre de l'année N + 4 sur l'immeuble qu'elle a cédé au 1er juillet, qui prend la forme d'un reversement d'un montant égal à $(1 \times 0,1 \times 1 - 1 \times 0,25 \times 1) \times 200\,000 / 20$, soit 1 500 €.

2. Transfert entre secteurs d'activités. Une entreprise ayant constitué deux secteurs d'activités acquiert l'année N un immeuble grevé de 200 000 € de TVA. Ce bien est utilisé exclusivement pour les besoins de son premier secteur d'activité. Son coefficient de déduction provisoire, auquel s'avérera égal son coefficient de déduction définitif – et, par conséquent, son coefficient de déduction de référence – est égal à 0,6. Elle a donc déduit 120 000 €. Le 15 mai de l'année N + 1, elle transfère cet immeuble à son autre secteur d'activité, dans lequel le coefficient de déduction provisoire du bien est égal à 0,9. Elle procède tout d'abord à une régularisation globale, égale à un reversement de :

$$\sum_{2}^{19} (0 - 0,6) \times 200\,000 / 20 = -\,108\,000\text{ €}.$$

Elle transfère d'un secteur à l'autre un montant de taxe déductible égal à 200 000 × 18 / 20 = 180 000 €, que l'entreprise déduit à proportion du coefficient de déduction du bien dans le second secteur d'activité (soit une déduction de : 180 000 € × 0,9 = 162 000 €). Avant le 25 avril de l'année N + 2, l'entreprise constate que, au titre de l'année N + 1, le coefficient de déduction des biens utilisés sur le premier secteur est égal à 0,4 et que le coefficient de déduction des biens utilisés sur le second secteur est égal à 0,95. Dès lors que le transfert entre secteurs est assimilé à une vente, l'entreprise ne doit pas considérer que le bien a été utilisé concurremment aux deux secteurs au cours de l'année N + 1. Elle doit au contraire constater, au titre du premier secteur, qu'elle est tenue d'opérer une régularisation annuelle, qui, au cas présent, prend la forme d'un reversement de (0,4 – 0,6) × 200 000 / 20 = – 2 000 € (étant précisé que l'écart entre le produit des coefficients d'assujettissement et de taxation de l'année, d'une part, et le produit des coefficients d'assujettissement et de taxation de référence, d'autre part, est supérieur à un dixième). Elle constate également, au titre du second secteur, que le coefficient de déduction définitif diffère du coefficient de déduction provisoire retenu au moment du transfert et à ce titre procède à une déduction complémentaire égale à 0,95 × 180 000 € – 162 000 € = 9 000 €. Le fait que l'écart entre le coefficient de déduction définitif et le coefficient de déduction provisoire soit inférieur à un dixième est, bien entendu, sans incidence. Le coefficient de déduction de référence du bien est désormais égal à 0,95.

Régularisation globale la première année **Deux cas** de régularisation globale sont ici visés. Il s'agit des cas suivants : 57455 TVA-IX-37550

– un bien utilisé exclusivement à des opérations n'ouvrant pas droit à déduction au début de l'année N (année de l'acquisition, de l'importation, de l'achèvement ou de la première utilisation du bien fabriqué pour le cas visé n° 57100, précision g ou de la livraison à soi-même) vient, au cours de ladite année, à être utilisé exclusivement à des opérations ouvrant droit à déduction (n° 57365) ;

– un bien utilisé exclusivement à des opérations ouvrant droit à déduction au début de l'année N (année de l'acquisition, de l'importation, de l'achèvement, de la première utilisation du bien ou de la livraison à soi-même) vient, au cours de ladite année, à être utilisé exclusivement à des opérations imposables n'ouvrant pas droit à déduction (n° 57390).

Dans ces deux hypothèses, l'opérateur doit procéder à une **régularisation globale** dès la survenance de ces événements qui se traduira par un reversement d'une partie de la TVA initialement déduite ou par une déduction complémentaire. Cette régularisation globale étant antérieure à la détermination des coefficients définitifs, les coefficients de référence utilisés pour l'effectuer seront les coefficients provisoires. La régularisation globale portera sur les quatre années (biens mobiliers) ou les dix-neuf années (biens immobiliers) suivant celle de l'acquisition.

Au titre de l'année N, les biens ayant été utilisés successivement pour des opérations ouvrant droit et n'ouvrant pas droit à déduction, leur **coefficient de taxation définitif arrêté le 25 avril N + 1** est obligatoirement forfaitaire (n° 55370). L'opérateur doit opérer un reversement ou une déduction complémentaire de TVA avant le 25 avril N + 1 en raison de la différence existant entre le coefficient de taxation définitif et le coefficient de taxation provisoire. Le calcul de ce reversement ou de cette déduction complémentaire ne doit porter que sur le montant de TVA correspondant à l'année N, soit un cinquième (biens mobiliers) ou un vingtième (biens immobiliers) de la TVA initiale.

B. Régularisations applicables aux biens autres que les immobilisations et aux services

57490 CGI art. 271, III et CGI ann. II art. 207, IV-2 et VI TVA-IX-38000 s

Alors que les régularisations précédentes intéressent seulement les immobilisations, les régularisations ici examinées se rapportent exclusivement aux biens (marchandises, etc.) autres que les immobilisations et aux services (tels que ces biens et services sont définis au nº 56820).

Ces régularisations s'appliquent dans les **cas** suivants :
– **biens devenant utilisés à des opérations ouvrant droit à déduction** (nº 57500) ;
– **disparition** des marchandises (nºs 57510 s.) ;
– **utilisation** des biens ou services pour une **opération n'ouvrant pas droit à déduction** (nºs 57530 s.).

Lorsque l'un de ces événements intervient, la régularisation doit être opérée **quelle que soit la date** où il se produit (contrairement à ce qui se passe pour les immobilisations, il n'existe pas ici de date limite au-delà de laquelle la régularisation ne serait plus obligatoire).

BIENS DEVENANT UTILISÉS À DES OPÉRATIONS OUVRANT DROIT À DÉDUCTION

57500 TVA-IX-38850 s

Lorsqu'un bien en stock cesse d'être utilisé exclusivement pour la réalisation d'opérations exonérées et vient à être utilisé pour la réalisation d'opérations ouvrant droit à déduction (coefficient de taxation cessant d'être nul), la **taxe initiale** ayant grevé l'acquisition de ce bien peut être **déduite à proportion du coefficient de déduction résultant de ce changement d'utilisation** (nºs 55360 s.).

Ce cas de régularisation, qui se traduit donc par une déduction complémentaire, concerne en particulier les **nouveaux redevables** pour leurs biens en stock à la date à laquelle ils deviennent redevables. Mais il peut également concerner un **bien en stock pris isolément.**

Cette déduction complémentaire doit être mentionnée sur la **déclaration** souscrite au titre de la période (mois, trimestre, année) au cours de laquelle le changement d'utilisation est intervenu.

DISPARITION DES MARCHANDISES

57510 TVA-IX-38150 s

Les redevables sont tenus de procéder à une régularisation des déductions antérieures lorsque les marchandises ont disparu **avant** d'avoir reçu l'**utilisation** en vue de laquelle elles avaient été acquises.

Il en est ainsi : quel que soit le lieu où ces biens ont disparu (usines, entrepôts, chez un tiers, en cours de transport, etc.) ; que ces marchandises aient été destinées à la revente (en l'état ou après transformation) ou aient correspondu à des frais généraux de l'entreprise.

C'est à la personne qui est **propriétaire** des biens au moment de leur disparition qu'il appartient d'opérer la régularisation (BOI-TVA-DED-60-30 nº 20).

57515 TVA-IX-38350 s

Exceptions **a.** La régularisation n'est pas exigée en cas de **destruction** des biens, à condition qu'il soit **justifié** de cette destruction, qui peut être accidentelle (incendie, inondation, etc.) ou volontaire (destruction de biens devenus inutilisables en l'état pour l'usage auquel ils étaient destinés).

b. De même, la régularisation n'est pas exigée en cas de **vol** ou de **détournement justifiés** (par le dépôt d'une plainte pour vol ou pour abus de confiance).

Il est admis que dans le secteur de la distribution (détaillants ou grandes surfaces) la **« démarque inconnue »** n'entraîne pas de régularisation dès lors que son taux n'est pas exagéré (et sans que le dépôt d'une plainte soit exigé) (BOI-TVA-DED-60-30 nº 50).

c. L'obligation de régulariser ne s'impose pas non plus en cas de **déperdition justifiée des marchandises** subie à l'occasion de l'accomplissement d'opérations imposables et du fait des **modalités de l'activité.** Caractérise une telle déperdition le non-retour par les destinataires, malgré leur engagement, des livres à l'essai qu'une société de vente par correspondance leur a adressés, à leur demande, en vue d'une éventuelle commande (CE 23-2-2000 nº 174240 : RJF 4/00 nº 480).

57520 TVA-IX-39100

Forme et modalités de la régularisation La régularisation consiste dans le **reversement de l'intégralité de la taxe** dont la déduction avait été opérée.

Pour le calcul du reversement, il est admis que l'assujetti utilise, le cas échéant, des **méthodes forfaitaires,** sous réserve du droit de contrôle de l'administration (BOI-TVA-DED-60-30 n° 120). Il peut en être ainsi notamment en cas de fourniture gratuite de repas au personnel (n° 57545).

Le reversement doit être opéré **avant le 25 du mois qui suit** l'événement qui le motive.

En pratique, pour les redevables souscrivant des CA 3, la régularisation doit être mentionnée distinctement (ligne « TVA antérieurement déduite à reverser ») sur la **déclaration** souscrite au titre **du mois** durant lequel s'est produit l'événement. Pour les redevables qui souscrivent des déclarations annuelles (entreprises placées sous le régime simplifié qui n'ont pas renoncé aux formalités simplifiées, exploitants agricoles ne souscrivant pas de CA 3), le reversement est opéré lors de la souscription de ces déclarations.

Il est également admis que les régularisations relatives aux **prélèvements** effectués pour les **besoins privés normaux** du chef d'une entreprise individuelle (n° 57540) s'effectuent en fin d'année (BOI précité n° 130).

UTILISATION DES BIENS OU SERVICES POUR UNE OPÉRATION N'OUVRANT PAS DROIT À DÉDUCTION

La taxe ayant grevé des **services** doit faire l'objet d'une régularisation lorsque ceux-ci sont utilisés pour une opération qui n'est pas effectivement soumise à la TVA parce que exonérée de taxe (sauf s'il s'agit d'une opération exonérée qui ouvre droit à déduction : n° 55550) ou non réalisée. **57530** TVA-IX-38600 s

La taxe ayant grevé des **biens** qui ne constituent pas des immobilisations ne doit être régularisée que lorsqu'ils ne sont pas effectivement utilisés pour une opération ouvrant droit à déduction et que cette utilisation n'est pas soumise à l'imposition au titre d'une livraison à soi-même de biens (n°s 47370 s). Les opérations en cause s'entendent des opérations non imposables ou exonérées (et n'ouvrant pas droit à déduction). Tel est également le cas des prélèvements, utilisations, affectations, cessions non soumis à l'imposition au titre d'une livraison à soi-même de biens, comme par exemple les prélèvements effectués pour les besoins normaux du chef d'une entreprise individuelle (n° 57540), ainsi que de l'utilisation de biens détenus en stock par les personnes qui deviennent bénéficiaires de la **franchise en base** (n° 86540).

La régularisation, qui prend ici la forme d'un **reversement,** doit être opérée selon les mêmes **modalités** que celles exposées au n° 57520.

> Précisions **a.** Les **cessions et apports de marchandises** peuvent, dans certains cas, échapper à la TVA sans pour autant donner lieu à reversement (voir n° 47520). **57535**
b. Il n'y a pas lieu de reverser la taxe d'amont dans le cas des **opérations** imposables qui, étant demeurées **impayées,** ouvrent droit à restitution de la taxe correspondante (n° 53780, précision a).
c. Pour la TVA ayant grevé les **dons** faits **aux œuvres humanitaires,** voir n° 89555, c.

Prélèvements pour les besoins du chef d'entreprise Les prélèvements sur stocks, effectués pour les **besoins privés normaux** du **chef d'une entreprise individuelle et** pour les besoins des membres de sa **famille à sa charge** (**« autoconsommation »**), ne sont pas considérés comme des livraisons à soi-même taxables (n° 47400, précision c). Corrélativement, cette dispense d'imposition rend obligatoire la **régularisation** de la taxe d'amont grevant les biens prélevés pour cette consommation (TVA déduite lors de l'achat des produits correspondants ou des matières et des services ayant servi à les fabriquer). **57540** TVA-II-23390

Nota : Les **prélèvements manifestement exagérés** ne bénéficient pas de la dispense d'imposition. Étant ainsi taxables à titre de livraison à soi-même, ils ne s'accompagnent donc pas d'une régularisation de la taxe d'amont.

Il en est de même pour les prélèvements opérés par les **dirigeants d'entreprises en société,** ces prélèvements étant considérés comme des livraisons à soi-même taxables (BOI-TVA-CHAMP-10-20-20 n° 110).

Prélèvements pour les besoins du personnel **a.** Pour les **entreprises qui nourrissent gratuitement** leur personnel, la taxe comprise dans le coût de revient des repas fournis au personnel doit donner lieu à reversement dans les conditions suivantes : **57545** TVA-II-24070 s

– soit pour son montant exact (justifié comptablement) ;

– soit selon des bases forfaitaires : le prix du repas – évalué selon les règles exposées au n° 21555 – étant réputé correspondre pour 85 % à des produits relevant du taux réduit de 5,5 % et pour 15 % à des produits taxés au taux normal de 20 % (BOI-TVA-CHAMP-10-20-20 n° 100).

b. Les **autres prélèvements** opérés pour les besoins du personnel donnent lieu obligatoirement à imposition des livraisons à soi-même (attributions de charbon par les houillères, par exemple).

c. Certaines particularités sont à signaler dans le domaine de l'**agriculture** (voir n° 59810, c).

CHAPITRE 5

RÉGIMES PARTICULIERS

SOMMAIRE

58500 Outre les régimes particuliers étudiés dans le présent chapitre, la réglementation de la TVA comporte des **particularités** plus ou moins importantes pour **certains produits, opérations, activités ou territoires** dont la liste est reprise ci-après.

Autres régimes particuliers de TVA	Commentaires (n^os)
Exonérations	46580 s.
Échanges intracommunautaires	49030 s.
Importations	49600 s.
Exportations et opérations assimilées	49690 s.
Livraisons à soi-même	47370 s.
Transports internationaux	50180 s.
Régime des petites entreprises (régime simplifié, franchise)	85100 s.
Corse	92360 s.
Départements d'outre-mer	91560 s.

SECTION 1

OPÉRATIONS IMMOBILIÈRES

Les opérations immobilières réalisées par un **assujetti agissant en tant que tel dans le cadre de son activité économique** obéissent aux règles générales de la TVA, sous réserve de certaines particularités. 58700 CGI art. 257, I IMMO-I-500 s

Entrent dans le champ d'application de la TVA :

– les **livraisons** d'immeubles réalisées à titre onéreux (nos 58770 s.) ;

– certaines **livraisons à soi-même d'immeubles neufs** (nos 59000 s.) ;

– les **livraisons à soi-même** de divers **travaux** portant sur des **locaux sociaux** (nos 59120 s.).

› Précisions a. Même réalisée **en dehors d'une activité économique,** est soumise à la TVA la livraison à soi-même de **logements sociaux** visés à l'article 278 sexies du CGI (CGI art. 257, I-3-2°). Est essentiellement visée l'hypothèse d'un primo-accédant dans une **zone de rénovation urbaine** faisant réaliser les travaux de construction (soumis à la TVA au taux normal) en dehors d'un contrat unique de construction (IMMO-I-15795 s.).

b. Ne sont pas étudiées ici les opérations techniques telles que les **travaux d'aménagement du terrain ou de construction et d'équipement de l'immeuble** exécutés par les différents corps de métiers. Ces travaux immobiliers sont soumis à la TVA selon les règles de droit commun (sous réserve des spécificités signalées nos 52440 et 52680 s.).

c. Les règles applicables en matière de **droits d'enregistrement** sont étudiées nos 66000 s.

NOTION D'ASSUJETTI AGISSANT EN TANT QUE TEL

Conformément au droit commun, une livraison d'immeuble est imposable à la TVA lorsqu'elle est réalisée dans le cadre d'une **activité économique** par un assujetti agissant en tant que tel (nos 46510 s.). Selon l'administration (BOI-TVA-IMM-10-10-10-10 nos 10 s.), il convient de distinguer : 58720

– s'agissant des opérations réalisées par un **investisseur** (particulier, société civile) : celles qui relèvent de l'activité d'un investisseur agissant à titre **privé** et qui tiennent au simple exercice du droit de propriété, et celles d'un investisseur **professionnel** dont les opérations constituent une activité économique ;

– s'agissant des opérations d'une **personne assujettie au titre de son activité courante** (professionnels de l'immobilier, autres entreprises industrielles, commerciales, artisanales, libérales ou agricoles) : celles qui sont réalisées dans le cadre d'une activité économique, et celles qui sont réalisées dans un cadre patrimonial (hors du champ de la TVA).

La qualité d'assujetti permet par ailleurs de bénéficier de régimes de faveur en matière de droits d'enregistrement (voir nos 66275 s. et 66290 s.).

› Précisions a. Un **particulier qui cède des immeubles** est présumé ne pas réaliser une activité économique. Mais cette présomption peut être renversée en présence d'un **faisceau d'indices** concordants alors qu'isolément ils ne suffisent pas : nombre et mode d'acquisition des immeubles vendus, durée sur laquelle s'étalent les opérations, importance des recettes tirées au regard des autres ressources, engagement de dépenses d'aménagement significatives voire prépondérantes dans la valeur des cessions réalisées, démarches actives de commercialisation, etc. (BOI précité nos 60 à 70).

b. La cession d'un **actif inscrit au bilan** présente normalement le caractère d'une opération économique réalisée en tant que telle. En revanche, la cession d'un immeuble par une entreprise qui, à cette occasion, vise seulement à mieux tirer parti d'un bien devenu étranger à son activité économique peut être considérée, selon l'administration, comme en dehors du champ d'application de la TVA. De même, un **agriculteur** qui vend des **terrains non inscrits** au bilan n'agit pas, en principe, en tant qu'assujetti. Il en ira à l'inverse, notamment, s'il réalise sur ces terrains des travaux, par exemple de viabilisation, et met en œuvre des moyens de commercialisation avérés (BOI précité nos 80 et 90 ; dans le même sens : CJUE 15-9-2011 aff. 180/10 et 181/10 : RJF 12/11 no 1406).

c. Les livraisons d'immeubles réalisées à titre onéreux par les **personnes morales de droit public** entrent en concurrence avec celles des opérateurs privés et sont soumises à la TVA lorsqu'elles s'inscrivent dans une démarche économique d'aménagement de l'espace ou de maîtrise d'ouvrage (BOI précité no 120).

TERRITORIALITÉ DE LA TVA

Les livraisons d'immeubles et opérations assimilées sont imposables en France si elles portent sur un **immeuble situé en France.** Cette expression désigne les territoires où s'applique la TVA française (nos 48520 et 91560). 58730 CGI art. 258, II

Peu importe le lieu de signature des contrats ou du paiement du prix, ainsi que la nationalité ou le lieu d'établissement des parties au contrat.

1. LIVRAISONS D'IMMEUBLES

58770 Le régime d'imposition des livraisons d'immeubles à titre onéreux diffère selon la nature de l'immeuble (ou des droits immobiliers qui lui sont assimilés). Certaines livraisons sont imposables de plein droit. Les autres sont exonérées mais peuvent être imposées sur option.

NOTION DE LIVRAISON À TITRE ONÉREUX

58775 La livraison s'entend du **transfert du pouvoir de disposer** de l'immeuble comme un propriétaire (voir nos 46455 s.). Sont visés les ventes ou cessions, les apports en société (qu'il s'agisse d'apports purs et simples ou à titre onéreux), ainsi que les fusions, scissions de sociétés et apports partiels d'actif, les expropriations ou les échanges (ces dernières opérations s'analysent en une double vente).

Pour entrer dans le champ d'application de la TVA, les livraisons d'immeubles doivent être réalisées à titre onéreux.

› Précisions **a.** En ce qui concerne les opérations réalisées entre redevables de la TVA dans le cadre de la **transmission d'une universalité de biens,** voir n° 47520.
b. Le cas particulier des **ventes** de terrains à bâtir **moyennant remise d'immeubles à construire** est examiné n° 58860, précision b.
c. Le régime des **baux à construction** (également applicable aux **baux emphytéotiques** concourant à la production d'immeubles) est étudié n° 31040.
d. Selon l'administration, si une **expropriation** est supposée ne pas constituer une opération économique pour l'exproprié dès lors que la contrepartie reçue a le caractère d'une indemnité, il en va autrement lorsque l'exproprié établit que cette livraison répond par ailleurs aux besoins de son entreprise (BOI-TVA-IMM-10-10-10-10 n° 100).

LIVRAISONS IMPOSABLES DE PLEIN DROIT

58780 Sont imposables de plein droit à la TVA les livraisons à titre onéreux de terrains à bâtir, d'immeubles bâtis dans les cinq ans qui suivent leur achèvement, ou de droits assimilés à ces immeubles.

CGI art. 257, I-1 et 2
IMMO-I-2800 s

58790 **Définition des terrains à bâtir** Sont considérés comme terrains à bâtir pour l'application de la TVA les terrains sur lesquels des **constructions peuvent être autorisées** en application d'un **plan local d'urbanisme,** d'un document d'urbanisme en tenant lieu, d'une **carte communale** ou de l'article L 111-3 du Code de l'urbanisme. Sont essentiellement visés les terrains classés, **au moment de la livraison,** dans les zones urbaines, les zones ouvertes immédiatement à l'urbanisation des zones à urbaniser et les périmètres constructibles des zones naturelles et forestières d'un plan local d'urbanisme.

La définition, objective, des terrains à bâtir est indépendante de tout critère de constructibilité effective (surface, densité, consistance, etc.), de l'**intention de l'acquéreur** du terrain et de l'emploi qui en est effectivement fait (BOI-TVA-IMM-10-10-10-20 nos 10 et 20). Ces derniers éléments ont en revanche une incidence en matière de droits d'enregistrement (voir nos 66290 s.).

› Précisions **a.** Un terrain qui comporte des **constructions,** même destinées à être substantiellement rénovées voire démolies, ne constitue pas un terrain à bâtir. Toutefois, un immeuble dont l'état le rend **impropre à un quelconque usage** est assimilé à un terrain à bâtir : ruine, bâtiment durablement abandonné, immeuble frappé d'un arrêté de péril, etc. (BOI précité n° 120). Une **construction nouvelle inachevée** qui n'est utilisable d'aucune façon est assimilée à un terrain à bâtir (BOI précité n° 300). Il en est de même d'un immeuble achevé depuis plus de cinq ans rendu inutilisable à la suite de **travaux de rénovation inachevés** (BOI-TVA-IMM-10-10-10-30 n° 10).
b. **Droits à construire** attachés à un immeuble bâti : voir n° 58800, précision b.
c. Un terrain classé en **zone agricole** peut être considéré comme un terrain à bâtir si l'acte de cession indique qu'il bénéficie d'une autorisation de construire (BOI-TVA-IMM-10-10-10-20 n° 100).
d. Un terrain sur lequel a été autorisé, en application d'un document d'urbanisme, la construction d'**habitations légères de loisirs** constitue un terrain à bâtir dès lors que ces dernières doivent être regardées comme des constructions au sens de l'article 257, I-2-1° du CGI dans la mesure où elles sont posées sur des murets faits de parpaing scellés au béton et fixés au sol par des fondations et n'ont pas vocation, dans une utilisation normale et courante, à être déplacées (CE (na) 21-10-2019 n° 429940 : RJF 1/20 n° 15).

58800 **Définition des immeubles neufs** Sont considérés comme immeubles neufs pour l'application de la TVA les immeubles qui ne sont **pas achevés depuis plus de cinq ans** (sur la date d'achèvement, voir n° 59040). Sont visés les **constructions nouvelles,** les **surélévations** d'immeubles existants et les **immeubles rénovés** lorsque les travaux rendent à l'état neuf :

– soit la majorité des fondations ;
– soit la majorité des éléments hors fondations déterminant la résistance et la rigidité de l'ouvrage ;

– soit la majorité de la consistance des façades hors ravalement ;
– soit l'ensemble des éléments de second œuvre mentionnés à l'article 245 A de l'annexe II au CGI, dans une proportion au moins égale aux deux tiers pour chacun d'eux.

› Précisions **a.** Les **éléments de second œuvre** pris en compte pour l'appréciation du dernier critère sont : les planchers non porteurs, les huisseries extérieures, les cloisons intérieures, les installations sanitaires et de plomberie, les installations électriques et, en métropole, le système de chauffage. Chacun de ces six éléments doit être rendu à l'état neuf pour les 2/3 au moins. Un immeuble ne comportant pas l'un des lots (**planchers non porteurs,** par exemple) ne peut donc pas être considéré comme neuf au regard de ce critère pour l'application de la TVA (BOI-TVA-IMM-10-10-10-20 n° 250). Il peut l'être en revanche pour l'application des régimes de faveur en matière de droits de vente visés n°s 66270 et 66290 s. (BOI-ENR-DMTOI-10-40 n° 120).
b. Le régime applicable à la cession d'un immeuble bâti auquel sont attachés des **droits à construire résiduels** (notamment par surélévation) est déterminé en fonction de la date d'achèvement du bâti existant (BOI-TVA-IMM-10-10-10-40 n° 30).
c. En cas d'**addition de construction** ou de **surélévation d'un immeuble achevé depuis plus de cinq ans** qui n'est pas lui-même rénové, chacune des deux fractions d'immeuble suit, lors de la cession de l'ensemble, le régime de TVA (champ d'application, exigibilité, base d'imposition) qui lui est propre.
d. **Immeuble inachevé** : voir n° 58790, précision a.

Droits assimilés Certains droits immobiliers sont assimilés à des biens corporels et suivent le régime de l'immeuble auquel ils se rapportent. Tel est le cas des : **58810** IMMO-I-4500 s
– **droits réels immobiliers,** à l'exception des locations résultant des baux qui confèrent un droit de jouissance : sont visés les droits démembrés (nue-propriété et usufruit), les droits indivis, le droit de superficie, les servitudes, etc. ;
– **droits relatifs aux promesses de vente** : sont visés notamment les droits du preneur d'un crédit- bail immobilier ;
– **parts d'intérêt ou actions** de sociétés dont la **possession** assure en droit ou en fait la propriété ou la jouissance de l'**immeuble,** quelle que soit la destination de l'immeuble en cause ;
– droits au titre d'un contrat de **fiducie** représentatifs d'un immeuble.
Les opérations portant sur ces droits sont soumises de plein droit à la TVA si les droits se rapportent à un terrain à bâtir ou un immeuble neuf.

› Précisions **a.** À l'exception des droits relatifs aux promesses de vente, les opérations portant sur des droits personnels, telles les **locations immobilières,** suivent le régime applicable aux biens meubles incorporels (n° 46475).
b. Droits réels attachés à un **bail à construction** : voir n° 31065.

LIVRAISONS EXONÉRÉES IMPOSABLES SUR OPTION

Les livraisons de **terrains qui ne répondent pas à la définition des terrains à bâtir** ainsi que les livraisons d'**immeubles achevés depuis plus de cinq ans** sont exonérées de TVA. Il en va de même des opérations portant sur des droits assimilés à de tels immeubles (n° 58810). Lorsqu'elles sont réalisées par un assujetti agissant en tant que tel, ces opérations sont toutefois imposables sur option. **58830** CGI art. 261, 5 et 260, 5° bis IMMO-I-3800 s
L'**option** pour l'imposition à la TVA des livraisons exonérées doit être **expresse.** Elle doit être exprimée dans l'**acte** constatant la mutation, et de manière distincte lorsque des immeubles, fractions d'immeuble ou droits immobiliers relèvent de règles différentes pour la détermination de la base d'imposition (prix total ou marge du cédant : voir n°s 58860 s.) (CGI ann. II art. 201 quater).

› Précisions **a.** En cas de **cession par lots** d'un immeuble achevé depuis plus de cinq ans, l'option peut n'être formulée que pour une partie des lots cédés. Si un lot présenté sous un prix global résulte de la réunion d'une fraction d'immeuble pouvant être taxée sur la marge du cédant et d'une autre fraction devant être taxée sur le prix total, sa cession peut être soumise à la TVA, sur le prix total, sous réserve que le montant de la taxe soit mentionné dans l'acte (BOI-TVA-IMM-10-10-10-30 n° 40).
b. L'option ne peut pas être exercée lorsqu'un immeuble est cédé dans le cadre de la **transmission d'une universalité de biens** bénéficiant de la dispense de TVA visée n° 47520.

MODALITÉS D'IMPOSITION

Redevable de la TVA La taxe est due par le **vendeur.** Cette règle s'applique à toutes les opérations, qu'elles portent sur des immeubles, des fractions d'immeuble ou des droits sociaux. **58850** CGI art. 283, 1 IMMO-I-5200 s
Toutefois, en application du dispositif général d'**autoliquidation** exposé n° 50695, la taxe est due par l'acquéreur agissant en tant qu'assujetti et disposant d'un numéro d'identification à la TVA en France lorsque le cédant est un assujetti non établi en France.

58860 CGI art. 266, 2-b IMMO-I-5400 s

Assiette de la TVA L'assiette de la TVA est en principe constituée :
– par le **prix** de cession hors taxe, le montant de l'indemnité ou la valeur des droits sociaux rémunérant l'apport, augmenté des charges qui s'y ajoutent (à l'exclusion, en principe, des intérêts du prix lorsque celui-ci est payable à terme : voir n° 52270) ;
– ou, si elle est supérieure, par la **valeur vénale** réelle des biens, sous réserve que l'administration établisse que la différence de prix résulte de la fraude ou de l'évasion fiscale (BOI-TVA-IMM-10-20-10 n° 190).

En ce qui concerne le coefficient à appliquer lorsque le **prix** est fixé **taxe comprise,** voir n° 58890.

› Précisions a. Constituent notamment des charges augmentatives du prix à inclure dans la base d'imposition la **commission** de l'intermédiaire payée par l'acquéreur pour le compte du vendeur et les prestations supplémentaires imposées contractuellement à l'acquéreur (BOI précité n°s 140 et 150).
b. En cas de **vente** d'un terrain à bâtir **moyennant l'obligation pour l'acquéreur de remettre des locaux neufs au vendeur,** l'assiette de la taxe est représentée par la valeur vénale, au jour de la livraison du terrain, des constructions remises au vendeur (BOI précité n° 450).

58870 CGI art. 268 IMMO-I-5850 s

En cas de livraison d'un **terrain à bâtir** (imposable de plein droit) ou d'un **immeuble bâti achevé depuis plus de cinq ans** (imposable sur option), la base d'imposition est constituée de la marge du cédant s'il est établi que l'**acquisition** du terrain à bâtir ou de l'immeuble bâti par le cédant **n'a pas ouvert droit à déduction.** À défaut, l'opération est taxée sur le prix total.
La **marge** est égale à la différence entre, d'une part, le prix exprimé majoré des charges et, d'autre part, les sommes versées par le cédant, à quelque titre que ce soit, pour l'acquisition du bien, ou la valeur nominale des droits sociaux rémunérant l'apport. Le « prix exprimé » s'entend de la différence entre le montant payé au cédant par le cessionnaire ou, pour tout ou partie, par un tiers et le montant de la TVA afférente à la marge résultant de ce prix (BOI-TVA-IMM-10-20-10 n° 250).
La marge taxable peut donc être calculée de la manière suivante :

Marge taxable = (montant payé par le cessionnaire ou par un tiers + charges augmentatives – prix d'achat) / [(100 + taux applicable à l'opération) / 100]

Le prix d'achat comporte toutes les dépenses qui ont été supportées par l'acquéreur à ce titre, notamment les droits de mutation, à l'exception des frais et honoraires d'acquisition grevés d'une TVA déductible.

› Précisions a. Est considérée comme n'ayant **pas ouvert droit à déduction** l'acquisition d'un bien :
– qui n'était pas soumise à la TVA ;
– ou pour laquelle le coefficient d'assujettissement visé n°s 55500 s. était nul lors de l'affectation initiale du bien, le fait que celui-ci ait par la suite été affecté à la réalisation d'opérations taxables demeurant, selon l'administration, sans incidence (BOI précité n° 40 ; voir toutefois sur ce point la jurisprudence de la CJUE analysée n° 55225) ;
– ou lorsque aucune taxe déductible ne figurait dans l'acte d'acquisition ou dans tout autre document valant facture.
Mais le régime de la marge ne peut pas s'appliquer lorsque le cédant a bénéficié lors de son acquisition d'un transfert de droits à déduction en application de l'article 207, III-3 de l'annexe II au CGI (n° 57305).
L'acquisition d'un terrain avant le 11 mars 2010 qui a fait l'objet d'un engagement de construire et d'une autoliquidation de la TVA (CGI ancien art. 285, 3°) est réputée ne pas avoir ouvert droit à déduction. Le régime de la marge est applicable lors de la revente des mêmes surfaces comme terrain à bâtir (BOI précité n° 230).
b. Selon l'administration, la taxation sur la marge implique nécessairement que le **bien revendu** soit **identique au bien acquis quant** à sa **qualification juridique.** La TVA sur la marge ne peut donc pas trouver à s'appliquer dans le cas d'un lot revendu comme terrain à bâtir qui a été acquis comme terrain d'assiette d'un immeuble bâti et comme tel assimilé à ce dernier (Rép. Vogel : Sén. 17-5-2018 n° 4171 ; Rép. Falorni : AN 24-9-2019 n° 1835 ; position non partagée par TA Montpellier 4-12-2017 n° 1602770 : RJF 6/18 n° 603 ; TA Bordeaux 14-2-2018 n° 1601235 : RJF 2/19 n° 140 ; CAA Lyon 20-12-2018 n° 17LY03359 : RJF 4/19 n° 323 ; CAA Marseille 12-4-2019 n° 18MA00802 : RJF 1/20 n° 14).
En revanche, l'**administration n'exige plus** que le **bien revendu** soit **identique au bien acquis** quant à ses **caractéristiques physiques.** Ainsi, il est admis, dans le cas de l'acquisition d'un terrain ou d'un immeuble répondant aux conditions de l'article 268 du CGI qui n'a pas ouvert droit à déduction par un lotisseur ou un aménageur qui procède ensuite à sa **division** en vue de la revente **en plusieurs lots,** que ces ventes puissent bénéficier du régime de la marge dès lors que seule la condition d'identité juridique est respectée (Rép. Vogel et Falorni précitées).
c. Lorsque l'immeuble a été acquis dans le cadre de la **transmission d'une universalité de biens** (n° 47520), la condition d'acquisition n'ayant pas ouvert droit à déduction s'apprécie chez le cédant de l'universalité, et la marge se calcule par rapport au prix d'achat par ce dernier.
d. Lorsque la **marge** est **nulle ou négative,** la base d'imposition est égale à zéro.
e. En cas de **cession de parts ou actions** d'une société donnant vocation à l'**attribution** d'un terrain à bâtir ou d'un immeuble achevé depuis plus de cinq ans, l'imposition sur la marge peut s'appliquer :

– lorsque les **droits** ont été **reçus** en contrepartie d'un apport en nature, sans que l'acquisition du bien immeuble apporté ait ouvert droit à déduction pour l'apporteur ;
– ou lorsque les **droits** portant respectivement sur un terrain à bâtir ou un immeuble bâti ont été **acquis** sans que leur acquisition ait ouvert droit à déduction.

f. Opération réalisée par un **fiduciaire** : voir nº 91067.

Fait générateur et exigibilité de la TVA La TVA est en règle générale exigible à la date du fait générateur, c'est-à-dire **au moment de la livraison** de l'immeuble, indépendamment du fait qu'un acte ait été ou non établi et présenté à la formalité. 58880 CGI art. 269, 1-a et 269, 2-a et a bis **IMMO-I-6350 s**

La date de paiement du prix est également sans incidence. Toutefois, en cas de **livraisons d'immeubles à construire** (vente en l'état futur d'achèvement essentiellement), la taxe y afférente est exigible lors de chaque versement des sommes correspondant aux différentes échéances prévues par le contrat en fonction de l'avancement des travaux.

Taux de la TVA Le taux de droit commun applicable aux livraisons d'immeubles est le **taux normal de 20 %.** En cas de fixation d'un prix taxe incluse, le prix hors taxe s'obtient en appliquant le coefficient de 0,833. 58890 CGI art. 278 **IMMO-I-6500 s**

En ce qui concerne les tarifs spéciaux applicables en **Corse** et dans les **DOM,** voir nºs 92370 s. et 91610.

Dans le secteur du **logement locatif social,** certaines livraisons d'immeubles bénéficient d'un taux réduit d'imposition dans les conditions suivantes (applicables aux opérations intervenant depuis le 1-12-2019 : Loi 2019-1479 du 28-12-2019 art. 30). Sont soumises au **taux réduit de 5,5 %** les livraisons de logements locatifs sociaux financés par un prêt locatif aidé d'intégration (PLAI) ou financés par un prêt locatif à usage social (PLUS) et relevant de la politique de renouvellement urbain, lorsque le destinataire de l'opération est bénéficiaire des aides ou des prêts ouvrant droit à l'APL pour le logement livré, les cessions de droits immobiliers démembrés de ces logements lorsque l'usufruitier bénéficie du PLAI ou du PLUS et a conclu la convention conditionnant l'application de l'APL, ainsi que les livraisons de locaux dans le cadre de l'acquisition-amélioration financées par un PLAI ou un PLUS. Tel est également le cas des livraisons de locaux dans les secteurs de l'accession sociale à la propriété, de l'hébergement temporaire ou d'urgence, de l'accueil des personnes âgées, handicapées ou de jeunes travailleurs, et des opérations réalisées en vue de la conclusion d'un bail réel et solidaire. 58895 CGI art. 278 sexies, 278 sexies-0 A et 279-0 bis A **IMMO-I-12000 s et 19900 s**

Sont soumises au **taux intermédiaire de 10 %** les livraisons de logements locatifs sociaux autres que ceux mentionnés ci-dessus et de logements assimilés à des logements locatifs sociaux en vertu du C de l'article 278 sexies, II du CGI, ainsi que les livraisons de terrains à bâtir destinés à la construction de logements sociaux (à l'exception des livraisons de terrains à bâtir à un organisme de foncier solidaire, soumises au taux de 5,5 %), lorsque l'acquéreur atteste de cette destination dans l'acte de vente.

Le taux réduit ou le taux intermédiaire appliqué à la première livraison des logements, terrains et locaux mentionnés ci-dessus est applicable à toutes les **livraisons postérieures de ces mêmes logements,** terrains et locaux (quelles que soient les modifications de taux intervenues entre ces deux opérations).

Dans le secteur du **logement locatif intermédiaire,** les livraisons de certains logements à des organismes de logement social ou à des filiales de la société Action Logement Immobilier ou à des personnes morales détenues en totalité par des sociétés soumises à l'IS, des établissements publics administratifs ou, à compter du 1-1-2020, des caisses de retraite et de prévoyance (Loi 2019-1479 du 28-12-2019 art. 32) sont également soumises au **taux intermédiaire de 10 %** lorsqu'elles sont réalisées dans le cadre d'une opération de construction nouvelle agréée, comprenant au moins 25 % de logements sociaux ; cette dernière obligation ne s'applique pas dans les communes comportant déjà 35 % de logements sociaux, ni dans les quartiers faisant l'objet d'une convention prévue à l'article 10-3 de la loi 2003-710 du 1-8-2003 dans le cadre d'un projet de renouvellement urbain.

En ce qui concerne les taux applicables en **Corse** et dans les **DOM,** voir nºs 92370 s. et 91610.

› Précisions Lorsque les **conditions d'application** d'un des **taux** réduit ou intermédiaire prévus pour les livraisons visées à l'article 278 sexies **cessent d'être remplies** dans un délai de quinze ans (ramené à dix ans dans certains cas) ou, s'agissant des organismes de **foncier solidaire,** ne sont **pas remplies** dans les cinq ans qui suivent le fait générateur de l'opération, un complément de TVA (égal à la différence entre le taux normal et ce taux) doit en principe être versé, assorti de l'intérêt de retard (CGI art. 284, II). Il en va de même en cas de non-respect des conditions d'application du taux intermédiaire prévu par l'article 279-0 bis A dans un délai de vingt ans (CGI art. 284, II bis).

Le **droit de reprise** de l'administration s'exerce jusqu'à la fin de la troisième année suivant celle au cours de laquelle les conditions cessent d'être remplies (LPF art. L 176, al. 4).

58900 IMMO-I-8000 s **Déclaration et paiement de la TVA** Les assujettis doivent déclarer leurs opérations immobilières imposables sur les **déclarations CA 3** habituellement utilisées pour toutes les opérations relevant de la TVA selon le régime réel normal (nos 53700 s.).
La mutation doit être portée sur la déclaration établie au titre du mois au cours duquel elle est intervenue (ou au titre du trimestre dans certains cas : voir no 53710). Les déclarations mentionnent l'ensemble des opérations effectuées au cours de la période considérée et font état, globalement, des droits à déduction ouverts pendant la même période.
La déclaration est obligatoirement souscrite par la voie électronique (**télédéclaration**).
Le **paiement** de l'impôt, qui doit également être opéré par la voie électronique (**télépaiement**), intervient en principe au moment de la souscription de la déclaration.

› Précisions Les opérations immobilières sont en principe exclues du **régime simplifié d'imposition** de la TVA (no 85600). L'administration semble toutefois admettre que les redevables relevant du régime simplifié au titre d'autres opérations mentionnent les livraisons d'immeubles sur la déclaration CA 12/CA 12E (nos 86900 s.).

58910 IMMO-I-9500 s **Régime des déductions** Tel qu'il est étudié nos 55000 s., le régime des déductions est applicable aux opérations immobilières. La **TVA ayant grevé les éléments du prix d'une livraison d'immeuble soumise à la TVA,** de plein droit ou sur option, est donc déductible dans les conditions de droit commun. Le coefficient de déduction est déterminé par immeuble (ou fraction d'immeuble identifiée lors de son affectation initiale).
Lorsque l'immeuble est destiné à la revente, son utilisation dans l'attente de sa cession peut entraîner des régularisations particulières : voir no 58915.

› Précisions **a.** Selon l'administration, la TVA ayant grevé les **frais directement attachés à la livraison** d'un immeuble imposable de plein droit est immédiatement déductible. En revanche, lorsque la livraison porte sur un terrain qui n'est pas à bâtir ou sur un immeuble achevé depuis plus de cinq ans, la TVA ayant grevé ces frais ne peut être déduite qu'une fois effectivement exercée l'option (BOI-TVA-IMM-10-30 no 80 ; dans le même sens, CAA Paris 6-2-2019 nos 18PA01278 et 18PA01279 : RJF 7/19 no 651). La TVA afférente aux frais d'une cession d'immeuble non soumise à la TVA peut être déduite au titre des **frais généraux** (nos 55235 s.) à condition que le redevable établisse que, dans les circonstances propres à cette cession et à son activité, les frais de cession sont normalement intégrés dans les charges courantes (BOI précité no 90).
b. Est déductible la TVA ayant grevé des **travaux** non immobilisés effectués sur un **immeuble affecté à une activité n'ouvrant pas droit à déduction** mais engagés en vue de sa **cession soumise à la TVA.** Les règles de péremption du droit à déduction (no 56340) ne sont pas applicables dans cette hypothèse (BOI précité no 100).

58915 La TVA ayant **grevé l'acquisition ou la construction d'un immeuble inscrit en stock** en vue de sa revente est, selon la doctrine administrative, immédiatement déductible (BOI-TVA-IMM-10-30 no 310 ; position non partagée par CAA Paris 6-2-2019 nos 18PA01278 et 18PA01279 : RJF 7/19 no 651).
Mais l'**utilisation de l'immeuble** dans l'attente de sa revente peut entraîner une régularisation de la déduction :
– si l'immeuble est utilisé à une activité ou une **opération située hors du champ** d'application de la TVA, la taxe déjà déduite doit être reversée (no 57530). Si cette affectation ne concerne qu'une fraction de l'immeuble, cette dernière doit faire l'objet d'une livraison à soi-même au titre de l'article 257, II-1-1o du CGI (no 47400) ;
– si l'immeuble (ou une fraction d'immeuble) est utilisé pour une **opération relevant d'une activité économique** pendant plus d'un an au-delà du 31 décembre de la deuxième année suivant celle de son achèvement, il est assimilé à une immobilisation pour l'application des régularisations annuelles visées nos 57205 s. et des régularisations globales dues en cas de cession visées nos 57295 s. et 57335 s. (CGI ann. II art. 207, IV-3). Cette assimilation est définitive et constitue le point de départ de la période de régularisation.

2. LIVRAISONS À SOI-MÊME D'IMMEUBLES NEUFS

59000 IMMO-I-7000 s L'**achèvement de l'immeuble** peut, dans certains cas limités, constituer pour le constructeur un chef d'imposition à la TVA. Il s'agit ici de l'application aux opérations immobilières de la pratique de la livraison à soi-même qui, dans certaines situations, consiste à considérer, en l'absence de toute cession ou opération équivalente, que le redevable est néanmoins censé, par une sorte de fiction purement fiscale, « se livrer à lui-même » certains biens ou services (nos 47370 s.).
Sur la **notion d'achèvement** de l'immeuble, voir no 59040.

CAS D'IMPOSITION

L'imposition à la TVA de la livraison à soi-même des immeubles neufs est exigée, en application des dispositions générales de l'article 257, II-1-2° du CGI, lorsque les immeubles sont construits en vue de leur **affectation à l'exploitation** et que l'**assujetti** réalisant l'opération n'est **pas** un **déducteur intégral,** c'est-à-dire lorsque les immeubles en cause sont susceptibles de faire l'objet d'une exclusion ou d'une limitation du droit à déduction. 59010 IMMO-I-7100 s

Il en résulte en pratique :

– que les **immeubles construits en vue de la vente** (stock) ne sont pas soumis à livraison à soi-même, dès lors qu'ils ouvrent droit à déduction intégrale pour le constructeur (voir nº 58915) ;

– que les **immeubles construits en vue de leur affectation à l'exploitation** (immobilisation) ne sont pas soumis à livraison à soi-même au titre de l'achèvement si l'activité de l'entreprise ouvre droit à la récupération intégrale de la TVA d'amont. La livraison à soi-même est en revanche exigible dans le cas contraire (location exonérée, par exemple).

MODALITÉS D'IMPOSITION

Redevable de la TVA Le redevable de la TVA sur les livraisons à soi-même d'immeubles neufs est la personne assujettie qui construit elle-même l'immeuble ou qui a confié la construction, pour son compte, à des tiers. 59030 CGI art. 283, 1 IMMO-I-7300 s

Fait générateur et exigibilité de la TVA Le fait générateur et l'exigibilité de la TVA sur les livraisons à soi-même d'immeubles neufs sont fixés à la date de livraison des immeubles, qui intervient lors du dépôt à la mairie de la **déclaration attestant l'achèvement et la conformité** des travaux (Dact), prévue par la réglementation relative au permis de construire. 59040 CGI art. 269, 1-b et 2-a

Dans le mois qui suit la date du dépôt en mairie de cette déclaration, le redevable de la livraison à soi-même doit informer l'administration, par un **imprimé spécial nº 940-SD,** de la date à laquelle est intervenu l'achèvement de l'immeuble (CGI ann. II art. 244).

Sur les **délais de paiement** de la TVA, voir nº 59070.

> **Précisions** **a.** En l'**absence de dépôt** de la Dact par le constructeur, le fait générateur de la livraison à soi-même est réputé intervenu lorsque sont réunies les circonstances de fait qui rendent exigible cette déclaration (construction complètement exécutée sur tous les points relevant du permis de construire, conforme à ses prescriptions et respectant la destination qui y est énoncée).
> **b.** Dans le cas de la construction d'un **groupe d'immeubles,** la livraison à soi-même doit être réalisée au fur et à mesure de l'achèvement de chacun des immeubles.

Assiette de la TVA C'est le **prix de revient** total des immeubles, y compris le coût des terrains ou leur valeur d'apport, qui constitue la base imposable à la TVA. 59050 CGI art. 266, 1-c et 2-a

Le prix de revient comprend notamment les frais financiers exposés pour la construction, sauf pour les immeubles ou fractions d'immeuble destinés à l'habitation (BOI-TVA-IMM-10-20-10 nº 340). Il comprend également les frais généraux supportés pour la construction, ainsi que les taxes et redevances dues par les constructeurs (nºs 31090 s.).

Le prix de revient doit être déterminé « **hors TVA** ».

> **Précisions** **a.** Selon l'administration, lorsque le **prix d'acquisition du terrain n'est pas connu,** c'est sa valeur vénale qui doit être retenue (BOI précité).
> **b.** Le coût du **terrain acquis par un office public HLM auprès d'une collectivité territoriale** sans avoir donné lieu à déduction de la TVA peut être exclu du prix de revient pour la fraction destinée à la construction de logements (BOI-TVA-IMM-20-10-10-10 nº 230).
> **c.** Données à propos des livraisons à soi-même taxées au titre de l'article 257, I du CGI (CGI art. 266, 2-a, d'application très marginale : nº 58700, précision a), les précisions ci-dessus sont valables pour l'imposition au titre de l'article 257, II,1-2° du CGI des livraisons à soi-même d'immeubles neufs (en ce sens, BOI-TVA-IMM-10-20-10 nº 330).

Taux de la TVA Les livraisons à soi-même imposables donnent lieu, en principe, à l'application du **taux normal** de 20 %. 59060 CGI art. 278, 278 sexies, 278 sexies-0 A et 278 sexies A IMMO-I-7750 et 12000 s

Par dérogation, les articles 278 sexies et 278 sexies-0 A du CGI soumettent au **taux** réduit de **5,5 % ou** au taux intermédiaire de **10 %** les livraisons à soi-même d'immeubles relevant du secteur du **logement social** dont l'acquisition aurait bénéficié de ces taux (voir nº 58895). L'administration étend de même aux livraisons à soi-même de certains logements neufs dans le **secteur locatif intermédiaire** le bénéfice du taux de **10 %** prévu pour les livraisons par l'article 279-0 bis A du CGI (BOI-TVA-IMM-30 nº 140). Sur la remise en cause du taux réduit ou intermédiaire lorsque les conditions d'application ne sont plus remplies, voir nº 58895, précisions.

Les taux de **5,5 %** ou de **10 %** sont par ailleurs applicables à la livraison à soi-même des travaux d'**extension ou remise à l'état neuf** de certains logements sociaux faisant l'objet d'une convention conditionnant l'application de l'APL ou de locaux du secteur social et médico-social faisant l'objet d'une convention entre le bailleur et l'État, sous réserve de la prise en compte de ces opérations dans la convention ; le taux réduit de 5,5 % s'applique aux livraisons à soi-même des travaux réalisés dans le cadre de l'**acquisition-amélioration** financés par un PLAI ou un PLUS (CGI art. 278 sexies A, I-1° et 2° dans sa rédaction issue de la loi 2019-1479 du 28-12-2019 art. 30, applicable aux opérations intervenant depuis le 1-12-2019). Sur la remise en cause du taux réduit ou intermédiaire, voir n° 59125.

Des taux particuliers sont applicables en **Corse** et dans les **DOM,** voir n°s 92370 s. et 91610.

59070 CGI art. 270, II IMMO-I-8600 s

Déclaration et paiement de la TVA Le constructeur dispose d'un délai qui court jusqu'au **31 décembre de la deuxième année** qui suit celle au cours de laquelle est intervenu l'achèvement (quelle qu'en soit la date) pour déclarer et liquider la TVA due sur la livraison à soi-même d'un immeuble neuf. Ce délai peut être prorogé une ou plusieurs fois, sur demande motivée, lorsque la base d'imposition ne peut pas être définitivement arrêtée à cette date (CGI ann. II art. 245).

Toutefois, pour les livraisons à soi-même de **certains logement locatifs sociaux** neufs, ce délai est réduit. Il court jusqu'au **dernier jour du troisième mois** qui suit celui au cours duquel est intervenu l'achèvement de l'immeuble. Ce délai ne peut faire l'objet d'**aucune prorogation.**

La livraison à soi-même doit être déclarée distinctement sur la déclaration CA 3 utilisée pour l'ensemble des opérations imposables (n° 58900). Il doit y être fait référence à la déclaration spéciale d'achèvement visée n° 59040.

Le **défaut de déclaration** de la TVA due sur la livraison à soi-même dans le délai imparti entraîne l'application d'une amende égale à 5 % de la TVA effectivement déductible (n° 56290). Pour la base de calcul de l'amende, voir n° 47405, précision e.

> **Précisions** **a.** Si l'immeuble est cédé pendant le délai prorogé, la TVA sur la livraison à soi-même doit être liquidée avant cette mutation (CGI ann. II art. 245).
> **b.** Les redevables relevant d'un régime simplifié déclarent au plus tard leurs livraisons à soi-même imposables sur la déclaration annuelle CA 12 /CA 12E (n°s 86900 s.) ou CA12 A s'agissant des exploitants agricoles (n°s 59885 s.) souscrite la troisième année qui suit la date d'achèvement de l'immeuble (BOI-TVA-IMM-10-20-30 n° 270).

59080 IMMO-I-9600 s

Régime des déductions La TVA qui a **grevé les dépenses de construction** d'un immeuble neuf (acquisition et aménagement du terrain, travaux de construction, services utilisés pour la construction) est déductible dans les conditions de droit commun. En effet, les immeubles sont destinés à une livraison à soi-même imposable. Le coefficient de déduction (n°s 55360 s.) est donc égal à l'unité.

> **Précisions** **a.** En cas de construction par une personne qui n'effectue que des **opérations occasionnelles** soumises à la TVA et ne dispose pas d'un numéro individuel d'identification (n° 53420), le droit à déduction de la TVA afférente aux dépenses de construction ne peut être exercé qu'au moment de la livraison à soi-même (BOI-TVA-IMM-10-30 n° 10).
> **b.** Sur l'obligation de constituer des **secteurs distincts d'activité** dans le secteur du logement social, voir n° 59125, précisions.
> **c.** S'agissant du cas des **immeubles** conservés en stock mais **utilisés dans l'attente de leur revente,** voir n° 58915.

59085 La TVA qui a **grevé la livraison à soi-même d'un immeuble immobilisé** est, selon le cas, non déductible (cas notamment des immeubles affectés à une activité n'ouvrant pas droit à déduction), soit déductible seulement partiellement (cas des immeubles ayant un coefficient de déduction inférieur à un : n°s 55360 s.).

Le **coefficient de déduction** doit être déterminé à la date d'achèvement de l'immeuble. Ce coefficient de référence peut être fixé par immeuble ou fraction d'immeuble identifiée lors de l'affectation initiale des locaux.

Le point de départ de la période de **régularisation** étant fixé à la date d'achèvement de l'immeuble, des régularisations annuelles rétroactives peuvent être nécessaires au moment de la liquidation de la taxe due sur la livraison à soi-même, dans les conditions indiquées n°s 57205 s.

La cession ultérieure de l'immeuble, selon qu'elle est ou non soumise à TVA, peut entraîner une régularisation globale de la TVA initialement déduite (n°s 57270 s.).

3. LIVRAISON À SOI-MÊME DE TRAVAUX DANS LES LOGEMENTS SOCIAUX

Afin de les soumettre à un taux de TVA inférieur à celui auquel ils ont été facturés par le prestataire, donnent lieu à livraison à soi-même imposable certains travaux réalisés dans les logements sociaux. 59120 CGI art. 257, I-3-1° et 278 sexies A IMMO-I-17400 s

L'article 278 sexies A du CGI (dans sa rédaction issue de la loi 2019-1479 du 28-12-2019 art. 30, applicable aux opérations intervenant depuis le 1-12-2019) soumet au **taux réduit de 5,5 %** les livraisons à soi-même de travaux d'**amélioration,** de **transformation,** d'**aménagement** ou d'**entretien** (autres que des espaces verts et de nettoyage) portant sur des logements locatifs sociaux situés dans les quartiers relevant de la politique de renouvellement urbain (et les travaux de démolition de ces mêmes logements) et au **taux intermédiaire de 10 %** les livraisons à soi-même des mêmes travaux portant sur les autres logements locatifs sociaux, sur les logements faisant l'objet d'un contrat de location-accession et sur les locaux relevant du secteur social et médico-social. Ces taux ne s'appliquent pas aux travaux pour lesquels l'article 278-0 bis A du CGI (n° 53048) prévoit un taux réduit inférieur à celui mentionné ci-dessus.

En ce qui concerne les **travaux d'extension ou de mise à l'état neuf** de certains logements sociaux et les travaux réalisés dans le cadre d'une opération d'**acquisition-amélioration,** voir n° 59060.

Le bailleur doit liquider la TVA sur le prix de revient total des travaux (CGI art. 266, 6), en principe dès leur achèvement. Toutefois, le fait générateur de la taxe due sur les travaux d'entretien intervient, et la taxe est exigible, le dernier jour du trimestre civil au cours duquel ils ont été réalisés (CGI art. 269, 1-d et 2-a). 59125

Si les **conditions** d'application des taux réduits **cessent d'être remplies** dans un délai de trois ans, un complément de TVA est dû (CGI art. 284, III).

L'imposition de la livraison à soi-même permet la déduction de la TVA ayant grevé les travaux. En revanche, la TVA due sur la livraison à soi-même n'est elle-même pas déductible, l'activité de location des logements étant exonérée de TVA.

› Précisions Qu'il s'agisse de **logements sociaux** construits ou réhabilités, chaque immeuble, fraction d'immeuble ou ensemble d'immeubles constitue un secteur distinct d'activité (CGI ann. II art. 209, I-1° ; voir nos 56030 s.). Un secteur peut regrouper l'ensemble des travaux de réhabilitation et d'entretien effectués, par année civile, par un bailleur pour l'ensemble des logements locatifs sociaux lui appartenant (BOI-TVA-IMM-20-10-20-20 n° 280).

SECTION 2 AGRICULTURE

Les **exploitants agricoles** – s'ils sont tous des « assujettis » à la TVA, au sens défini nos 46510 s. – ne constituent pas tous pour autant des redevables de cette taxe. 59420 TVA-XII-1 s

Certains d'entre eux (en réalité, les **plus nombreux**) sont, à titre obligatoire ou par option, effectivement soumis à l'imposition à la **TVA** d'après le **régime simplifié de l'agriculture,** désigné dans les commentaires qui suivent par l'abréviation **« RSA »** (nos 59550 s.). Les exploitants non soumis à l'imposition d'après le RSA (en pratique, les non-redevables de la TVA) sont de plein droit placés sous le **régime du remboursement forfaitaire,** qui est destiné à compenser la charge de la TVA ayant grevé leurs achats (nos 60040 s.).

Notion d'exploitant agricole Est exploitant agricole quiconque obtient des produits au cours ou à la fin d'un **cycle de production végétal ou animal** (céréalier, forestier, betteravier, horticulteur, viticulteur, éleveur, apiculteur, aviculteur, pisciculteur, ostréiculteur, conchyliculteur, mytiliculteur, etc.). 59425 TVA-XII-80 s

Toute personne qui exerce des activités de nature agricole a, pour ces opérations, la qualité d'exploitant agricole :

– quel que soit son statut : personne physique ou morale, association, groupement, collectivité locale, établissement public, EARL, etc. (ou encore, société de capitaux) ;

– quelle que soit sa situation au regard de la mutualité sociale agricole ;

– quel que soit le mode juridique d'exploitation : propriétaire, fermier, métayer (voir précision a ci-après).

› **Précisions** **a.** En cas de bail à **métayage,** le bailleur (propriétaire) est réputé exercer conjointement l'activité agricole avec son métayer. Ils ont donc tous deux la qualité d'exploitant agricole.
La situation est différente dans le **bail à ferme** : seul le fermier est considéré comme un exploitant agricole. Quant au bailleur (même s'il reçoit des fermages en nature qu'il commercialise par la suite), il n'exerce pas une activité agricole. Sur le régime de TVA applicable aux baux à ferme, voir nº 46830.
b. Comme en matière d'impôt sur le revenu (nº 15165), l'**élevage** d'animaux de toutes espèces (bovins, ovins, porcins, volailles, chèvres, etc.) constitue une activité de caractère agricole, quelle que soit la provenance des aliments utilisés.
En cas d'élevage par un tiers, l'éleveur à façon et le propriétaire (éleveur sans sol) sont tous deux considérés comme des exploitants agricoles (BOI-TVA-SECT-80 nº 80).
(En ce qui concerne plus spécialement la définition des animaux de boucherie et de charcuterie : voir nº 59430).
c. Constituent également des activités de nature agricole les **activités équestres** telles que la préparation et l'entraînement des équidés domestiques en vue de leur exploitation (voir nº 60010).
d. La situation particulière des exploitants agricoles qui exercent aussi des **activités non agricoles** est examinée aux nºs 59955 s.

59430 CGI ann. III art. 65 A

Définition des animaux de boucherie et de charcuterie Par « animaux de boucherie et de charcuterie », il faut entendre, pour l'application tant de la TVA que du remboursement forfaitaire, les animaux ci-après :
Équidés : chevaux et juments, mulets, mules et bardots, ânes et ânesses, baudets, étalons ;
Bovidés : bœufs et taureaux, vaches, veaux, bouvillons, taurillons et génisses ;
Ovidés : béliers et moutons, brebis et agneaux gris, agneaux de lait ;
Suidés : porcs mâles et femelles, cochons de lait ;
Caprins : boucs et chèvres ainsi que les chevreaux dont le poids après l'abattage est supérieur à 7 kg de viande nette.

A. Régime de la TVA dans l'agriculture

59550

Compte tenu de leur situation propre, certains exploitants agricoles (en fait les plus nombreux) sont **obligatoirement redevables** de la TVA (nºs 59700 s.).
Les autres ont la faculté de se soumettre volontairement à la TVA par voie d'**option** (nºs 59760 s.).
Qu'ils soient imposables à titre obligatoire ou à la suite d'une option, les intéressés sont soumis à la TVA d'après le **régime simplifié de l'agriculture (RSA),** qui diffère sur divers points du régime général de droit commun (nºs 59790 s.).
En terminant, nous examinerons la **situation particulière** de certaines personnes ou collectivités qui, malgré leur spécificité, font partie ou sont proches du monde agricole et pour lesquelles se pose notamment un problème de frontière entre le RSA et le régime de droit commun : il s'agit des **activités non agricoles** exercées par certains exploitants agricoles (nºs 59955 s.), des **coopératives agricoles** (nºs 59970 s.), des **négociants en bestiaux** (nºs 59995 s.) et des **activités équestres** ou liées au cheval (nº 60010).

1. EXPLOITANTS REDEVABLES DE LA TVA À TITRE OBLIGATOIRE

59700 CGI art. 298 bis **TVA-XII-650 s**

Le premier cas d'imposition obligatoire (le plus important, en pratique) est lié à l'**importance du chiffre d'affaires** réalisé : il concerne tous les exploitants agricoles dont les recettes annuelles dépassent un seuil de 46 000 € (nºs 59710 s.).
Il existe deux autres cas d'imposition obligatoire fondés sur des critères particuliers liés à la **nature des opérations** réalisées (nºs 59730 s.).

EXPLOITANTS DONT LES RECETTES DÉPASSENT 46 000 €

59710 CGI art. 298 bis, II-5º **TVA-XII-700 s**

Sont obligatoirement imposables, à compter du 1er janvier de l'année suivante, les exploitants agricoles dont le **montant moyen des recettes** d'exploitation, calculé sur les **deux années** civiles consécutives **précédentes,** dépasse 46 000 €.
Par **exemple,** un exploitant (non soumis jusqu'alors à la TVA), qui a réalisé au cours des années 2018 et 2019 des recettes s'élevant respectivement à 38 000 € et 61 000 €, sera soumis au RSA à compter du 1er janvier 2020, puisque la moyenne des recettes des années 2018 et 2019 s'établit à 49 500 €.

› **Précisions** **a. Exploitation en métayage** (TVA-XII-16250 s.) :
1. Chaque coexploitant (bailleur et métayer) est soumis à la TVA, selon l'administration, dès lors que les recettes totales tirées de la métairie (ou de plusieurs métairies exploitées conjointe-

ment) dépassent 46 000 € (moyenne de deux années consécutives) (BOI-TVA-SECT-80-10-20-10 nos 210 et 220) ;
2. Lorsqu'un coexploitant de métairie, non imposable à raison du critère figurant au 1 ci-dessus, exerce d'autres activités agricoles (faire-valoir direct, fermage, métairie avec un autre co-exploitant), il devient obligatoirement soumis à la TVA si la moyenne de l'ensemble des recettes agricoles lui revenant en propre, appréciée sur deux ans, dépasse le seuil de 46 000 € (BOI précité nos 230 et 240).

b. Exploitation en Gaec (TVA-XII-19265 s.).
Lorsque tous les associés participent effectivement et régulièrement par leur travail personnel à l'activité du Gaec, il y a imposition obligatoire lorsque la moyenne des recettes de deux années consécutives dépasse, selon le nombre d'associés, les montants suivants :
– 2 associés : 92 000 € ;
– 3, 4 et 5 associés : 138 000 € ;
– 6 associés et plus : 60 % de la limite prévue pour les exploitants individuels (soit 27 600 €) multiplié par le nombre d'associés (exemple : 276 000 € pour 10 associés).

Les **recettes à retenir pour l'appréciation du seuil** de 46 000 € s'entendent de toutes celles reçues par l'exploitant en contrepartie des opérations agricoles réalisées dans l'ensemble de ses exploitations non dotées d'une personnalité juridique distincte. Il est tenu compte du montant (hors TVA et hors remboursement forfaitaire) des recettes **encaissées** (et non des créances acquises) au cours de chacune des deux années de référence. **59715** TVA-XII-830 s

Il est fait **abstraction** des recettes accessoires ne relevant pas du RSA (no 59955) et de divers produits (autoconsommation, rétrocessions pour les besoins de la consommation familiale, cessions d'éléments d'actif immobilisé, entraide agricole, subventions d'équipement, ristournes et intérêts statutaires de coopératives, prix obtenus à l'occasion de foires-expositions ou concours).

Par contre doit être **pris en compte** pour l'appréciation du seuil d'imposition l'ensemble des recettes provenant des opérations agricoles (y compris notamment les subventions compléments de prix, les indemnités d'assurance, les fermages en nature versés) même si ces recettes, au cas où la limite est atteinte, échappent à l'imposition.

› Précisions **a.** Certaines recettes exceptionnelles peuvent n'être retenues que pour un tiers de leur montant. Il en est ainsi, tout spécialement, de celles perçues par les éleveurs d'animaux à cycle long victimes d'**épizootie** et du produit des ventes par les sylviculteurs (exploitants privés ou communes forestières) de coupes de **bois sinistrés** (BOI-TVA-SECT-80-10-20-10 no 300). Les aides versées aux victimes de la **sécheresse** et destinées à couvrir l'achat ou le transport de fourrage n'ont pas à être prises en compte (Rép. Chassaigne : AN 27-7-2004 no 28423, non reprise dans Bofip).
b. Les **communes forestières** doivent, pour l'appréciation de la limite de 46 000 €, retenir non seulement les recettes provenant de la vente des bois communaux, mais aussi la valeur vénale des bois distribués en nature dans le cadre de l'affouage ou remis en échange d'un service. La taxe d'affouage n'a pas à être retenue (BOI-TVA-SECT-80-10-20-20 nos 230 et 250). Pour les bois sinistrés, voir la précision a ci-dessus.

Durée de l'assujettissement. L'assujettissement selon le RSA porte obligatoirement sur une **première période de trois ans** (ou de trois exercices s'agissant des redevables ayant opté pour la souscription d'une déclaration annuelle par exercice : no 59890), quel que soit le montant des recettes réalisées au cours de cette période. **59720** TVA-XII-1260 s

Par la suite, l'assujettissement est, en principe, obligatoirement **reconduit,** par périodes d'un an (ou d'un exercice).

Cependant, si la moyenne des recettes (hors TVA) de trois périodes annuelles d'imposition (année ou exercice) tombe au-dessous du seuil de 46 000 €, l'exploitant peut **cesser** d'être assujetti à compter du 1er janvier ou du 1er jour de l'exercice suivant, à condition :
– d'une part, de le signaler au service des impôts (lettre recommandée) avant le 1er février ou avant le 1er jour du deuxième mois de l'exercice (à défaut, l'assujettissement serait tacitement reconduit pour une durée d'un an ou d'un exercice) ;
– d'autre part, de ne pas avoir bénéficié d'un remboursement de crédit de taxe (no 59850), au cours de ces trois périodes annuelles d'imposition (si un tel remboursement est intervenu, la sortie du régime ne pourra se faire en tout état de cause avant le 1er janvier de la quatrième année ou le 1er jour du quatrième exercice suivant l'année ou l'exercice de ce remboursement).

EXEMPLES

Soit un exploitant (non soumis jusqu'alors à la TVA et n'ayant pas opté pour la souscription d'une déclaration annuelle par exercice) qui, ayant réalisé en 2017 et 2018 une moyenne de recettes dépassant 46 000 €, est devenu obligatoirement assujetti à compter du 1er janvier 2019.

Il est obligatoirement imposé selon le RSA pour les trois années 2019, 2020 et 2021, quel que soit le montant des recettes réalisées au cours de cette période.

a. Supposons que les recettes de l'intéressé soient les suivantes : en 2019 : 49 000 € ; en 2020 : 46 000 € ; en 2021 : 40 000 € ; soit une moyenne de 45 000 €.

Cette moyenne se situant au-dessous du seuil de 46 000 €, l'exploitant pourra, s'il n'a pas perçu de remboursement de crédit de taxe durant la période 2019 à 2021, cesser d'être assujetti à compter du 1er janvier 2022, à condition d'informer le service des impôts avant le 1er février 2022.

b. Supposons maintenant que les recettes réalisées aient été les suivantes : en 2019, 46 000 € ; en 2020, 48 700 € ; en 2021, 47 200 € ; soit une moyenne de 47 300 €.

Cette moyenne excédant le seuil de 46 000 €, l'assujettissement sera obligatoirement reconduit pour l'année 2022.

Fin 2022, lorsque sera connu le montant des recettes de ladite année, il y aura lieu d'apprécier si la moyenne des recettes des trois dernières années d'assujettissement (2020-2021-2022) est supérieure à 46 000 €, auquel cas l'assujettissement sera reconduit pour un an, et ainsi de suite.

AUTRES CAS D'ASSUJETTISSEMENT OBLIGATOIRE

59730 TVA-XII-1500 s

Les exploitants agricoles qui se trouvent dans l'une des **deux situations** visées aux nos 59735 et 59740 sont, en vertu de dispositions particulières, obligatoirement assujettis à la TVA, même si leur **chiffre d'affaires** est **inférieur à 46 000 €.**

Remarque : La **portée pratique** de ces deux cas d'imposition obligatoire est, en réalité, assez **limitée** dans la mesure où les exploitants en cause réalisent, le plus souvent, sur l'ensemble de leurs opérations agricoles, des recettes annuelles dépassant le seuil de 46 000 €. Ils entrent alors, pour l'ensemble de ces opérations, dans le cas général d'assujettissement en fonction des recettes, qui prime les autres cas d'assujettissement.

59735 CGI art. 298 bis, II-1° TVA-XII-1520 s

Exploitants agricoles utilisant des méthodes commerciales ou des procédés industriels Sont obligatoirement imposables à la TVA les exploitants agricoles dont les activités sont, par leur nature ou leur importance, assimilables à celles exercées par des industriels ou des commerçants, même si ces opérations constituent le prolongement de l'activité agricole.

Ces activités sont les suivantes (CGI ann. II art. 260 A) :

a. Ventes de produits agricoles (en l'état ou transformés) dans les trois hypothèses suivantes :

– ventes sur les **marchés,** à place fixe, avec un personnel exclusivement affecté à ces ventes ;

– ventes dans un **magasin** ou une installation spécialement agencés pour la vente (voir cependant no 59955, précision a) ;

– ventes à l'aide de **moyens publicitaires** relevant des usages commerciaux ou avec le concours de **représentants** ou placiers, lorsque ces produits sont vendus sous un **conditionnement** et présentés sous une **marque.**

b. Ventes de **produits** agricoles **transformés,** préparés ou conservés, lorsque l'intéressé utilise, pour les opérations de transformation, de préparation ou de mise en conserve, des **moyens** (installations, agencements ou matériels) **importants** de la nature de ceux dont se servent, pour les opérations semblables, les industriels et les commerçants.

Ne sont **toutefois** pas imposables sur ce fondement les opérations entrant dans les **usages normaux et habituels** de l'agriculture. Tel est le cas, notamment, des opérations suivantes : transformation de lait en beurre ou fromage, vinification et mise en bouteilles, fabrication d'huile d'olive, de choucroute, confection, mise en conserve et vente de terrines et de foies (dont les foies gras), abattage d'arbres, transformation de l'osier produit en vue de la vente d'articles de vannerie (BOI-TVA-SECT-80-10-20-30 no 140).

› **Précisions** **a.** Malgré les similitudes qu'elles présentent avec les activités des industriels et commerçants, les opérations visées par cette disposition particulière sont considérées comme conservant un **caractère agricole** (et sont donc taxables dans le cadre du RSA), lorsqu'elles portent sur des produits provenant de l'exploitation agricole de l'intéressé.

Mais la situation est différente lorsqu'un exploitant agricole se livre à des opérations qui, dans les conditions où elles sont réalisées, apparaissent comme constitutives d'une véritable activité commerciale, industrielle ou non commerciale (exemple : vente de produits achetés ne provenant pas de l'exploitation). Ces **activités non agricoles** relèvent en principe de la TVA de droit commun, dans les conditions précisées plus loin nos 59955 s.

b. Pour la raison déjà indiquée (no 59730, remarque), l'application de la disposition particulière examinée ici se limite pratiquement aux **exploitants** qui réalisent, pour l'ensemble de leurs opérations agricoles, **moins de 46 000 €** de recettes annuelles.

En pareil cas, l'imposition, établie selon les règles du RSA (nos 59790 s.), porte **seulement** sur les **ventes remplissant les conditions** prévues par la disposition particulière. Cette imposition s'effectue, dans le cadre de l'exploitation agricole, comme celle d'un **secteur d'activité distinct** des autres activités agricoles demeurant exonérées (CGI ann. II art. 260 B).

Exploitants ayant une activité commerciale portant sur des animaux de boucherie et de charcuterie Sont soumises obligatoirement à la TVA, pour leurs **activités agricoles,** les personnes qui effectuent également des **opérations commerciales** d'achat, d'importation, d'acquisition intracommunautaire, de vente, de commission et de courtage portant sur des **animaux vivants** de boucherie et de charcuterie (voir nº 59430 la définition de ces animaux). **59740** CGI art. 298 bis, II-3° TVA-XII-1950 s

Dans cette situation, les activités agricoles de l'intéressé sont obligatoirement soumises à la TVA, même si le montant des recettes correspondantes n'atteint pas le seuil de 46 000 € au-delà duquel on entre dans le cas général d'assujettissement en fonction des recettes.

Cette disposition particulière peut concerner notamment les négociants en bestiaux et professionnels de la viande (bouchers, charcutiers, chevillards, fabricants de salaisons, etc.) qui ont des activités d'élevage.

> **Précisions** **a.** Il est indifférent que les activités agricoles et les opérations commerciales susvisées soient **complémentaires ou non** les unes des autres (CE 12-4-1996 nº 138363 : RJF 6/96 nº 727).
>
> **b.** Pour que la disposition particulière soit applicable, il faut que, outre ses activités agricoles, l'intéressé réalise des **« opérations commerciales ».** Le Conseil d'État a jugé que tel n'était pas le cas pour les ventes réalisées par un éleveur auprès de la boucherie exploitée par son épouse et d'autres bouchers détaillants et qui portaient sur des animaux nés sur son élevage ou achetés par lui, mais conservés plus de six mois à l'embouche avant leur revente (CE 17-3-1982 nº 28189 : RJF 5/82 nº 466).
>
> **c.** Le **régime d'imposition** à la TVA de ces activités agricoles est le **RSA** (nºs 59790 s.). Comme indiqué au nº 59995, les **négociants en bestiaux éleveurs** relèvent du RSA pour l'ensemble de leurs opérations d'élevage et de négoce.
>
> **d.** Pour leurs **bénéfices agricoles,** ces exploitants sont obligatoirement imposables d'après leur bénéfice réel (nº 15600).
>
> **e.** Les **bouchers, charcutiers, chevillards, fabricants de salaisons,** qui élèvent des animaux de boucherie et de charcuterie, relèvent en principe du régime général de la TVA pour leur activité commerciale et du RSA pour leurs activités agricoles.
> Ils peuvent cependant demander au directeur départemental ou régional des finances publiques l'autorisation de confondre toutes leurs activités en un seul secteur soumis au régime général de la TVA (BOI-TVA-SECT-80-10-20-40 nº 20).

2. EXPLOITANTS IMPOSÉS À LA TVA SUR OPTION

Lorsqu'ils n'entrent pas dans l'un des cas d'assujettissement obligatoire à la TVA (nºs 59700 s.), les exploitants agricoles (propriétaires exploitants, fermiers, métayers) sont normalement placés sous le régime du remboursement forfaitaire (nºs 60040 s.). Ils peuvent cependant se soumettre volontairement à la TVA au titre de leurs activités agricoles, en exerçant une option expresse. **59760** CGI art. 298 bis, I et III TVA-XII-2500 s

Cette option couvre l'**ensemble des opérations agricoles, y compris** les **ventes** ou livraisons d'**animaux de boucherie et de charcuterie** (voir nº 59430 la définition de ces animaux).

Lorsque l'option est exercée, les opérations agricoles sont soumises à la **TVA** selon les règles du **RSA** exposées nºs 59790 s.

Les exploitants ayant exercé l'**option** doivent notamment se conformer aux **obligations particulières** visant les opérations sur **animaux de boucherie et de charcuterie** (voir nºs 59915 s.).

> **Précisions** **a.** L'option couvre les activités agricoles de l'exploitant même réalisées dans **plusieurs exploitations,** dès lors que celles-ci relèvent d'une même entité juridique (BOI-TVA-SECT-80-20-10 nº 10).
>
> **b.** En cas de **métayage,** l'option peut être exercée soit **conjointement,** par le métayer et le bailleur, soit **séparément** par l'un des deux. L'option de l'un des exploitants de métairie entraîne l'assujettissement à la TVA de sa part des recettes de la métairie comme de l'ensemble de ses activités agricoles sous quelque statut juridique qu'elles soient exercées (BOI précité nºs 40 et 50).
> Sur les règles de déduction lorsqu'un seul des coexploitants de métairie est assujetti et sur les obligations de facturation : voir nºs 59845, précision b et 59910, précision a.
>
> **c.** L'option pour l'imposition à la TVA est totalement indépendante des options prévues en matière de **bénéfice agricole** (nºs 15640 s.).
>
> **d.** Indépendamment de l'option des exploitants agricoles examinée ici, l'article 260, 6° du CGI ouvre une possibilité spéciale d'option pour la TVA aux **bailleurs de biens ruraux,** y compris aux bailleurs à métayage (voir nº 46885, précision c).

Modalités d'exercice et durée de l'option L'option ne nécessite aucune formalité particulière auprès de l'administration : elle est **exercée** par l'accomplissement pour la première fois des obligations déclaratives et liquidatives qu'elle entraîne, c'est-à-dire **par le paiement** et la déclaration **pour la première fois de la TVA** par l'exploitant (nºs 59885 s.). **59765** TVA-XII-2660 s

L'option porte sur une **première période de trois ans.** À la fin de cette première période, elle est renouvelable par **tacite reconduction** pour des périodes successives de **cinq ans.**

L'option prend obligatoirement **effet** au 1er janvier de la première année de la période qu'elle recouvre (les périodes de trois et de cinq ans qu'elle peut recouvrir se comptent donc en années civiles).

> Précisions **a.** Lorsque le **début de l'exploitation** agricole est **postérieur au 1er janvier,** l'option prend effet à la date du début d'exploitation et est réputée avoir été exercée au 1er janvier pour le décompte des périodes de trois et cinq ans qu'elle recouvre.
b. Pour les exploitants qui ont exercé, à la fois, l'option pour le RSA et l'option pour la souscription d'une **déclaration annuelle en fonction de l'exercice** (no 59890), l'option pour le RSA est prorogée jusqu'au dernier jour de l'exercice couvert par cette option. Soit, par **exemple,** un exploitant dont l'exercice comptable débute le 1er juin et se termine le 31 mai et qui exerce une option pour le RSA en 2020. Cette option pour le RSA prend effet le 1er janvier 2020. L'exploitant opte également pour la souscription d'une déclaration annuelle en fonction de l'exercice. Le terme de l'option pour le RSA devrait être normalement le 31 décembre 2022. Mais cette option est prorogée jusqu'au 31 mai 2023, qui est le terme de la période annuelle d'imposition couverte par l'option.
c. En cas de décès d'un exploitant ayant exercé l'option, le conjoint, l'héritier ou l'indivision reprenant l'activité sont dispensés de formalités pour le maintien de l'option (voir no 59875, précisions).

59770 La **renonciation à l'option** doit être formulée, par lettre recommandée adressée au service des impôts, au moins deux mois avant l'expiration de la période couverte par l'option.
La renonciation à l'option fait perdre la qualité de redevable et entraîne certaines **régularisations** des déductions déjà opérées : no 59860, b.

3. RÉGIME SIMPLIFIÉ D'IMPOSITION DE L'AGRICULTURE (RSA)

59790 CGI art. 298 bis, I TVA-XII-5000 s
Les exploitants agricoles assujettis à la TVA, que ce soit à titre obligatoire (nos 59700 s.) ou sur option (nos 59760 s.), sont placés, pour leurs opérations agricoles, sous un régime simplifié d'imposition propre à l'agriculture (en abrégé : RSA).
Ce régime comporte sur certains points des **dispositions particulières** qui le différencient du régime de droit commun. C'est ainsi que :
– l'exigibilité de la taxe est toujours constituée par l'encaissement du prix (no 59820) ;
– des règles spéciales tenant compte des pratiques propres aux transactions agricoles sont prévues pour la déclaration des opérations et le paiement de l'impôt (nos 59885 s.).
Sur tous les points (en fait les plus nombreux) ne faisant pas l'objet de dispositions particulières, ce sont les **règles de droit commun** qui sont applicables. Cependant, même en ces matières, la situation des exploitants agricoles peut appeler diverses précisions que l'on trouvera dans les commentaires qui suivent.

OPÉRATIONS IMPOSABLES ET BASE D'IMPOSITION

59800 TVA-XII-5200 s
Conformément aux règles de droit commun (nos 46300 s.), les exploitants agricoles assujettis à la TVA sont imposables, dans le cadre du RSA, sur l'ensemble des opérations à caractère agricole qu'ils effectuent, c'est-à-dire en particulier sur :
– les **ventes** ;
– les **livraisons aux coopératives** ;
– les **livraisons à soi-même** (voir no 59810, c) ;
– les **façons** (exemples : élevage ou engraissement d'animaux appartenant à des tiers, saillies, insémination de testage) ;
– les **échanges** (échanges **céréales-aliments,** notamment).
Remarques : **a.** L'imposition n'est évidemment pas applicable aux opérations qui bénéficient d'une **exonération** prévue par une disposition spéciale (no 46580). C'est notamment le cas :
– des prestations réalisées dans le cadre de l'**entraide** entre agriculteurs (CGI art. 261, 2-3o) ;
– de la simple concession du **droit de chasse ou de pêche** sans prestations annexes (voir no 46860) ;
– des **exportations** à destination de pays tiers (nos 49690 s.).
b. Pour leurs **livraisons intracommunautaires,** les exploitants agricoles relevant du RSA sont, comme l'ensemble des autres redevables, placés sous le régime exposé aux nos 49260 s. (avec, généralement, exonération de la TVA française). Cependant, le régime particulier des ventes à distance (nos 49315 s.) leur est également applicable, s'il y a lieu. Dans l'hypothèse où une livraison intracommunautaire réalisée par un exploitant agricole est effectivement soumise à la TVA française, cette taxe est exigible lors de l'encaissement des acomptes ou du prix, conformément à la disposition particulière mentionnée no 59820.
Quant aux **acquisitions intracommunautaires** réalisées par des exploitants agricoles relevant du RSA, elles sont soumises aux règles énoncées nos 49150 s. L'exigibilité de la taxe correspondante intervient dans les conditions prévues pour toutes les entreprises (voir no 49170).

59805 En ce qui concerne la détermination de la **base d'imposition,** les règles générales exposées aux n°s 52200 s. sont applicables, en principe, aux opérations imposables relevant du RSA.

C'est ainsi que, pour les **ventes,** la base imposable comprend l'ensemble des paiements en espèces ou en nature qui incombent au client en contrepartie de la fourniture du bien, à l'exclusion de la partie du prix qui représente la seule TVA.

Pour les **livraisons à des coopératives,** les exploitants agricoles imposables à la TVA doivent acquitter la taxe sur les versements effectués par ces coopératives, quelle que soit leur dénomination : acomptes, primes, ristournes ou compléments de prix en fin de campagne, etc. Seuls les intérêts statutaires versés aux sociétaires, porteurs de parts, échappent à l'imposition. À défaut d'encaissements en espèces, le prix imposable est constitué par la valeur du produit reçu en paiement (BOI-TVA-SECT-80-30-20-20 n° 70). Les **rétrocessions** faites par les coopératives à leurs sociétaires appellent des explications particulières que l'on trouvera aux n°s 59970 et 59980.

Les prélèvements opérés sur le prix de vente par les coopératives ou les groupements de producteurs au profit de **fonds de péréquation** ou de régularisation doivent être incorporés à la base d'imposition. En contrepartie, les sommes distribuées par les caisses de péréquation ne sont pas imposables (BOI précité n° 100).

59810 **› Précisions** **a.** Les **prix** reçus à l'occasion de concours ou de foires-expositions ne sont pas imposables, ni à retenir pour le calcul du coefficient de taxation forfaitaire (BOI-TVA-SECT-80-30-20-10 n° 60).

De même pour les **fermages payés en nature,** dès lors qu'ils constituent, pour le fermier, non une vente, mais le règlement du prix d'une location (BOI-TVA-SECT-80-30-20-20 n° 250).

S'agissant de la livraison, par un exploitant agricole à une entreprise de transformation, de **produits destinés à lui revenir après fabrication pour** les besoins de sa **consommation familiale,** voir n° 59980.

b. Les **aides et subventions** versées aux exploitants agricoles passibles de la TVA suivent les règles générales prévues en cette matière pour l'ensemble des entreprises (n°s 46920 s. et 55790 s.). Ainsi, les aides et subventions qui ne constituent ni la contrepartie directe ni un complément de prix d'opérations imposables n'ont pas à être soumises à la TVA et ne sont pas prises en compte pour la détermination du coefficient de taxation forfaitaire. À cet égard, ne constituent pas un complément de prix d'opérations imposables :

– les aides versées par les **offices agricoles** pour **soutenir le fonctionnement des marchés** (BOI-TVA-BASE-10-10-10 n° 410) ;

– les aides versées pour compenser une **perte de revenus** consécutive par exemple à un **changement ou** à **l'abandon d'une production** ou à une nouvelle politique agricole (aides compensatoires versées sous certaines conditions aux producteurs de cultures arables, aides à l'élevage, primes de reconversion des vignobles, primes au retrait de production des terres arables ou indemnités compensatrices de handicaps naturels) ;

– les aides versées pour financer un équipement déterminé (primes de restructuration des vignobles, aides aux investissements dans les serres, etc.) ;

– les aides dites **« à l'achat »** (aides d'État dans le cadre des opérations de prophylaxie, aides en réparation de calamités agricoles, etc.).

c. Le régime des **livraisons à soi-même** (n°s 47370 s.) est applicable aux exploitants agricoles relevant du RSA, mais avec certaines adaptations (TVA-XII-5350 s).

C'est ainsi que la livraison à soi-même de biens affectés aux besoins de l'exploitation (n° 47395) n'est imposable, le cas échéant, que s'il s'agit de biens constituant des **immobilisations** (BOI-TVA-SECT-80-30-10 n° 260).

On a vu au n° 57540 que les prélèvements (**« autoconsommation »**) effectués pour les besoins privés normaux de l'**exploitant** et de sa **famille** ne sont pas taxables au titre des livraisons à soi-même, ce qui entraîne la régularisation de la taxe d'amont. Pour les exploitants agricoles, cette dispense s'étend à la consommation du **personnel,** mais seulement lorsqu'il est d'usage que les repas soient pris en commun par le personnel, l'exploitant et sa famille.

Les vins (provenant de l'exploitation) distribués pendant la période des **vendanges** au personnel permanent ou saisonnier ne sont pas taxables, dans la limite du maximum prévu par les conventions collectives départementales.

EXIGIBILITÉ DE LA TVA

59820 CGI art. 298 bis, I-2° **TVA-XII-6250 s**

Dans le cadre du RSA, la TVA est exigible sur l'**encaissement des acomptes ou du prix.**

Tous les encaissements perçus par l'exploitant agricole pendant la période d'imposition sont taxables, quelle que soit la date de la conclusion de l'opération ou de la livraison correspondante. Toutefois, pendant les **trois premiers mois** de l'imposition, les encaissements qui se rapportent à des ventes faites, avant la date d'effet de l'imposition, à des clients non redevables de la TVA ne sont pas imposables.

Les encaissements postérieurs à la **cessation d'activité** ou à la **renonciation à l'option** sont imposables lorsqu'ils se rapportent à des ventes pour lesquelles la délivrance des biens est intervenue avant cet événement.

En ce qui concerne :

– le cas où le paiement est effectué par **effet de commerce** : voir n° 52655, précision c ;

– les **acquisitions et livraisons intracommunautaires** : voir nº 59800, remarque b ;
– la possibilité d'opter pour le **paiement** de la TVA d'**après les débits** : voir nº 52665.

TAUX DE LA TVA

59830 TVA-XII-6800 s Les **règles générales** exposées aux nºs 52760 s., qui fixent les champs d'application respectifs du **taux normal** de 20 %, du **taux intermédiaire** de 10 % et du **taux réduit** de 5,5 %, sont applicables dans le cadre du RSA.

En ce qui concerne le taux applicable au **secteur hippique,** voir nº 60010.

59835 CGI art. 281 sexies, 296 bis et 297 TVA-XII-7500 s Une disposition particulière est prévue pour les **ventes d'animaux vivants de boucherie et de charcuterie** (définis au nº 59430) faites **à des non-assujettis** à la TVA (particuliers, collectivités locales) et aux agriculteurs soumis au remboursement forfaitaire : ces ventes bénéficient d'un taux spécifique de 2,1 % en France continentale, de 0,9 % en Corse et de 1,75 % dans les DOM.

À ces taux correspondent, pour un prix taxe comprise, les coefficients de conversion suivants : 0,979 (France continentale), 0,991 (Corse), 0,982 (DOM).

› Précisions a. Le défaut de mention sur la **facture** de la qualité de non-assujetti de l'acheteur (nº 59930) n'est pas de nature à priver le vendeur d'animaux vivants de boucherie ou de charcuterie du bénéfice du taux de 2,10 % (CE 30-12-2009 nº 312277 : RJF 4/10 nº 343).

b. Le taux spécifique ne peut pas être appliqué aux ventes à des personnes non assujetties d'animaux vivants (équidés, etc.) **non immédiatement destinés** à l'usage de boucherie et de charcuterie (CJUE 8-3-2012 aff. 596/10 : RJF 6/12 nº 669 ; BOI-TVA-SECT-80-10-30-30 nº 50 et BOI-TVA-SECT-80-10-30-50 nº 10).

RÉGIME DES DÉDUCTIONS

59845 TVA-XII-7700 s Pour la récupération de la taxe « d'amont » ayant grevé les différents éléments de leurs prix de revient, les exploitants agricoles imposés selon le RSA sont soumis aux **règles générales** gouvernant le régime des déductions, telles qu'elles sont exposées aux nºs 55000 s.

Pour les intéressés, l'application de ces règles appelle cependant, outre les quelques précisions ci-après, certaines explications particulières concernant, d'une part, le remboursement des crédits de taxe (nº 59850) et, d'autre part, les cas de régularisation des déductions initiales (nºs 59855 s.).

› Précisions a. Sur la situation des **aides et subventions** perçues par les exploitants : voir nº 59810, b.

b. Cas particulier du **métayage** (TVA-XII-16545 s.) : **lorsqu'un seul** des coexploitants est **redevable** de la TVA (obligatoirement ou sur option) au titre de son activité de métayage, il doit déterminer un coefficient de taxation forfaitaire (nºs 55740 s.) au dénominateur duquel il doit inscrire l'ensemble des recettes de métairie. Si les recettes du coexploitant ne sont pas connues, elles sont appréciées, dans la proportion du contrat, sur la base de celles du redevable.

Dans cette hypothèse, il est toutefois admis que l'activité en métayage puisse être sectorisée si elle diffère par nature de celle exploitée sous un autre statut (exemple : élevage et viticulture). Cette sectorisation entraîne les conséquences énoncées nºs 56060 s.

c. Certaines règles de déduction ont été adaptées pour tenir compte de la situation des exploitants qui ont exercé l'option pour la souscription d'une **déclaration annuelle en fonction de l'exercice** (nº 59890) : le **coefficient de taxation forfaitaire** (nºs 55740 s.) qui est appliqué, le cas échéant, par ces exploitants doit être calculé par période annuelle d'imposition (et non par année civile), étant précisé qu'il y a lieu pour ce calcul de se référer à la période annuelle d'imposition précédente lorsque la période d'imposition est inférieure à un an (BOI-TVA-SECT-80-30-40 nº 210) ; la faculté d'appliquer, pour l'ensemble des biens et services utilisés concurremment à des opérations imposables et à des opérations non imposables, un **coefficient d'assujettissement unique** (nº 55520) et la possibilité d'appliquer, pour l'ensemble des biens et services, un **coefficient de taxation unique** (nº 55830) s'exercent par période d'imposition ; les **régularisations** visées aux nºs 55365 s. (calcul des coefficients définitifs) et nºs 57205 s. (régularisations annuelles) doivent être effectuées avant le cinquième jour du cinquième mois suivant la clôture de l'exercice (en ce sens, CGI ann. II art. 260 K).

59850 TVA-IX-28630 s **Remboursement des crédits de taxe non imputables** Lorsque la taxe « d'aval » dont ils sont redevables est insuffisante pour absorber par imputation la taxe « d'amont », les exploitants agricoles imposés selon le RSA peuvent utiliser la procédure de remboursement des excédents de taxe déductible décrite aux nºs 56620 s.

À cet égard, les modalités de présentation des demandes de remboursement diffèrent selon le régime déclaratif des exploitants :

1. Exploitants placés sous le régime des **acomptes trimestriels** (nº 59890). Ces exploitants peuvent effectuer des demandes de remboursement lors de la souscription de leur déclaration annuelle de régularisation CA 12A (un cadre est prévu à cet effet sur cette déclaration).

Ils peuvent demander le remboursement total du crédit relatif à une année ou à un exercice qui figure sur la déclaration CA 12A, si ce crédit est au moins égal à 150 € (n° 56630).
Ces exploitants ne peuvent pas bénéficier de remboursements mensuels.

Remarque : Les exploitants qui ont exercé l'option pour la souscription d'une déclaration annuelle en fonction de l'exercice (n° 59890) peuvent faire des demandes de remboursement lors de la souscription de déclarations relatives à des périodes inférieures à un an.

2. Exploitants ayant **opté pour** le régime des **déclarations trimestrielles ou mensuelles CA 3** (n° 59895). Ces exploitants peuvent obtenir, dans les conditions prévues pour les personnes redevables de la TVA selon le régime général, des remboursements soit annuels, soit éventuellement mensuels ou trimestriels si leur déclaration CA 3 mensuelle ou trimestrielle fait apparaître un crédit minimum de 760 € (n° 56640).

Régularisations des déductions initiales Pour les exploitants agricoles relevant du RSA comme pour l'ensemble des autres redevables, les cas nécessitant une régularisation des déductions antérieures et les modalités de cette régularisation obéissent aux **règles générales** exposées n°s 56800 s. 59855 TVA-XII-7730 s

Remarque : Dans les exploitations agricoles, les biens qui constituent des **immobilisations,** et qui sont par suite susceptibles d'être soumis aux régularisations décrites aux n°s 56950 s., sont les immeubles, le matériel agricole et les véhicules, ainsi que les plantations et les animaux si l'exploitant veut les considérer comme tels et pratique les amortissements correspondants dans sa comptabilité (voir n° 1915 la liste des animaux susceptibles d'être considérés comme des immobilisations).

› Précisions Les précisions ci-après concernent plus particulièrement les régularisations à effectuer (ou non) en cas de **perte de la qualité de redevable** (TVA-XII-7800 s.). 59860

a. Mutation (à titre onéreux ou gratuit) portant sur l'ensemble de l'exploitation. Si le cédant (ou le de cujus) et le cessionnaire (ou le successeur) sont redevables de la TVA, le cédant (ou la succession) est, conformément à la règle énoncée au n° 47520, dispensé à la fois de la TVA sur les livraisons de biens et prestations de services réalisées dans le cadre de la mutation et des régularisations en matière de déduction, le cessionnaire (ou le successeur) devant soumettre à la TVA les cessions ultérieures des biens et les livraisons à soi-même et procéder le cas échéant aux régularisations auxquelles le cédant aurait dû procéder lui-même s'il avait continué son exploitation. Lorsque le cédant est redevable de la TVA et que le cessionnaire ne l'est pas, il est admis que la même solution s'applique à condition que le cessionnaire apporte simultanément les biens à une entreprise elle-même redevable de la TVA et que cette dernière soumette à la TVA les cessions ultérieures et procède, le cas échéant, aux régularisations susvisées (BOI-TVA-CHAMP-10-10-50-10 n° 30).

Nota : Il est admis que la dispense de taxation et de régularisation s'applique même lorsque le **cédant conserve** une **parcelle de subsistance,** ou les **stocks, ou** encore les **bâtiments d'exploitation** qu'il donne à bail au nouvel exploitant. Dans ce dernier cas, l'ancien exploitant n'a pas de régularisation à effectuer au titre des immeubles concernés s'il opte pour le paiement de la TVA au titre de sa location (n° 46885) (BOI précité n° 30).

b. Renonciation à l'option. Lorsqu'un exploitant agricole ayant volontairement opté pour son assujettissement à la TVA renonce par la suite à cette option (n° 59770), il doit procéder aux régularisations des déductions opérées au titre :
– des biens constituant des immobilisations (n°s 57390 s.) ;
– des biens neufs ne constituant pas des immobilisations : engrais, semences, etc. (pour les animaux nés sur l'exploitation, le reversement doit porter sur la taxe déduite au titre des biens utilisés pendant leur croissance : aliments du bétail, produits vétérinaires, etc.) ;
– de la préparation des récoltes en terre (engrais, semences, etc.).

c. Cessation d'activité. À la différence de la situation visée au a, la cessation d'activité s'entend de l'**abandon** de l'ensemble de l'activité. Selon l'administration, la cessation d'activité intervient seulement au moment de la **liquidation finale des stocks** (sur la position du Conseil d'État : voir n° 56690, précision a). La date de cessation d'activité ne coïncide donc pas nécessairement avec la date de cessation de l'exploitation, lorsque l'exploitant déclare avoir l'intention de vendre les produits en stock après la cessation de l'exploitation.

L'exploitant demeure redevable de la taxe au titre de ses ventes de stocks, même si elles interviennent après la cessation de l'exploitation (sauf dans l'hypothèse où, s'agissant d'un exploitant ayant opté, il aurait dénoncé son option antérieurement aux ventes).

Les stocks conservés par l'ancien exploitant lors de la cessation d'activité donnent normalement lieu à taxation au titre de livraison à soi-même. Il peut toutefois bénéficier de la dispense indiquée au n° 57540 pour les prélèvements effectués pour les besoins privés normaux de l'exploitant et de sa famille, cette dispense entraînant la régularisation de la taxe d'amont.

La régularisation des déductions opérées au titre des biens constituant des **immobilisations** doit être effectuée dans les conditions examinées aux n°s 57400 s.

OBLIGATIONS DES EXPLOITANTS AGRICOLES RELEVANT DU RSA

59870 TVA-XII-8400 s

Ces exploitants sont tous soumis à diverses obligations d'ordre administratif (n°s 59875 à 59900) et comptable (n°s 59905 et 59910). S'y ajoutent, le cas échéant, des obligations particulières relatives aux opérations portant sur des animaux de boucherie et de charcuterie (n°s 59915 s.).

59875 TVA-XII-8440 s

Formalités administratives Comme les autres personnes assujetties à la TVA, les exploitants agricoles doivent souscrire, dans les quinze jours du commencement de leurs opérations, une **déclaration de création d'entreprise ou d'activité** et fournir, sur un imprimé remis par l'administration, tous les **renseignements** relatifs à leur **activité professionnelle** (nº 53390).

› Précisions En cas de **décès** d'un exploitant soumis au RSA (de plein droit ou sur option), ce régime continue de s'appliquer dans les mêmes conditions au **conjoint,** à l'**héritier** ou à l'indivision **reprenant l'exploitation** (CGI art. 298 bis, II bis). Par conséquent, le nouvel exploitant est dispensé de ces formalités administratives.

59880 TVA-XII-8500

L'exploitant agricole redevable de la TVA qui cesse d'exercer toute activité doit, dans les trente jours, adresser au service des impôts dont il dépend une **déclaration de cessation** (nº 53390).

Toutefois, si l'intéressé est soumis au système de paiement de l'impôt par acomptes trimestriels examiné au nº 59890, la déclaration annuelle de régularisation (CA 12A) afférente à la dernière année ou fraction d'année d'activité peut être souscrite jusqu'au deuxième jour ouvré suivant le 1er mai de l'année suivante (ou, s'agissant des exploitants ayant opté pour la souscription d'une déclaration annuelle en fonction de l'exercice, jusqu'au cinquième jour du cinquième mois suivant la date de clôture du dernier exercice).

En ce qui concerne :

– la **renonciation à l'option** : voir nº 59770 ;

– les **régularisations** à effectuer dans les différents cas de perte de la qualité de redevable : voir nº 59860.

59885 CGI art. 298 bis, I-1° et 1693 bis TVA-XII-9500 s

Déclarations et paiement de l'impôt Les dispositions spécifiques prévues en cette matière dans le cadre du RSA comportent, d'une part, un système (général) de paiement par acomptes trimestriels et, d'autre part, un système (optionnel) de paiement sur déclarations trimestrielles ou mensuelles.

59890

Dans le premier système, l'exploitant acquitte la TVA en cours d'année par **acomptes trimestriels.** Le montant de chaque acompte est au moins égal au **cinquième de l'impôt** dû au titre **de l'année précédente.**

Cette référence faisant évidemment défaut pour la **première année d'imposition,** les nouveaux assujettis sont autorisés, pour ladite année, à acquitter la TVA par acomptes trimestriels dont ils déterminent eux-mêmes le montant, mais dont chacun doit représenter plus de 70 % de l'impôt réellement dû pour le trimestre correspondant (l'évaluation prévisionnelle doit être faite avec précaution, car les sanctions pour retard de paiement seraient encourues si les acomptes versés étaient inférieurs de plus de 30 % au montant de l'impôt réellement dû : CGI art. 1785).

Le paiement des acomptes trimestriels doit s'accompagner de la souscription, par voie électronique (nº 59900, a), d'un **bulletin d'échéance** (nº 3525 bis-SD).

La **date** limite pour remplir ces obligations est respectivement fixée, pour chacun des quatre trimestres, au 5 des mois de mai, août, novembre et février (CGI ann. IV art. 39, 1-1º-a).

Au début de l'année suivante, l'impôt ayant donné lieu au versement des acomptes trimestriels est définitivement liquidé au vu d'une **déclaration annuelle de régularisation** (modèle CA 12A) qui indique, pour l'année écoulée, le montant des opérations taxables et les éléments de liquidation de la TVA. Cette déclaration doit être souscrite par voie électronique (nº 59900, a), chaque année, au plus tard le deuxième jour ouvré suivant le 1er mai (CGI ann. III art. 344 I-0 bis) soit le 5 mai pour les déclarations à souscrire en 2020. Le **complément d'impôt** éventuellement exigible au vu de la déclaration de régularisation doit être versé lors de la souscription de celle-ci.

Remarque : Les exploitants dont l'exercice comptable ne coïncide pas avec l'année civile peuvent, sur **option,** souscrire par voie électronique une **déclaration annuelle correspondant à cet exercice** (modèle CA 12AE) avant le cinquième jour du cinquième mois qui suit la clôture de celui-ci. L'option doit être formulée, par lettre recommandée avec accusé de réception adressée au service des impôts dont dépend l'exploitation, avant le début du premier exercice pour lequel elle est souscrite. Elle porte sur une **première période de cinq ans** et est ensuite renouvelable par **tacite reconduction** pour des périodes de cinq ans. La **renonciation** à cette option doit être formulée, par lettre recommandée adressée au service des impôts dont dépend l'exploitation, deux mois au moins avant son expiration.

> **Précisions a.** Pour les exploitants ayant exercé l'**option** pour la souscription d'une **déclaration annuelle correspondant à l'exercice,** les **acomptes trimestriels** sont déterminés par référence à l'impôt dû au titre du dernier exercice clos.
> **b.** Les exploitants ayant exercé ladite option doivent, au titre de la **période comprise entre le 1er janvier et la date d'ouverture du premier exercice concerné par l'option,** souscrire une déclaration liquidant l'impôt dû au titre de cette période entre le deuxième jour ouvré suivant le 1er mai et le cinquième jour du cinquième mois de cet exercice.
> Dans l'hypothèse d'une **modification de la date de clôture** de l'exercice, ils doivent souscrire deux déclarations au titre de l'exercice de « raccordement » si celui-ci est supérieur à douze mois, la première concernant la période comprise entre le premier jour de l'exercice et le dernier jour du douzième mois qui suit (souscription avant le cinquième jour du cinquième mois qui suit le dernier jour de la période couverte), la seconde déclaration couvrant les mois restants (souscription avant le cinquième jour du cinquième mois qui suit la clôture de l'exercice) ; si l'exercice considéré est inférieur à douze mois, une seule déclaration doit être souscrite à ce titre (avant le cinquième jour du cinquième mois qui suit la clôture de l'exercice). Noter que, dans cette hypothèse également, l'option est, le cas échéant, prorogée jusqu'au dernier jour de la nouvelle période annuelle d'imposition choisie par l'exploitant.
> **c.** Dans le cas des exploitants ayant exercé, **à la fois, l'option pour le RSA** (nos 59760 s.) **et l'option** pour la souscription d'une **déclaration annuelle en fonction de l'exercice,** la durée de cette dernière option est alignée sur celle de l'option pour le RSA (dont l'échéance est elle-même alignée sur celle de l'option pour la déclaration annuelle en fonction de l'exercice : no 59765, précision b). Les deux options sont ainsi calées l'une sur l'autre : elles sont exercées pour une première période de trois ans et sont ensuite renouvelables, par périodes de cinq ans, par tacite reconduction. Soit, par **exemple,** un exploitant agricole dont l'exercice commence le 1er juin et se clôture le 31 mai, qui opte en 2020 pour le RSA. Cette option prend effet au 1er janvier 2020. Par ailleurs, il opte pour la souscription d'une déclaration annuelle en fonction de son exercice. Dans cette hypothèse, le terme de l'option pour le RSA est le 31 mai 2023 (no 59765, précision b). La durée de l'option pour la déclaration en fonction de l'exercice s'aligne alors sur celle de l'option pour le RSA. Les deux options arrivent ainsi à échéance le 31 mai 2023 et sont renouvelables par tacite reconduction par période de cinq ans.

S'ils le désirent, les exploitants relevant du RSA peuvent, sur **option,** choisir d'acquitter la TVA au vu de **déclarations trimestrielles ou mensuelles** (régime dit de l'effectif). **59895**

Ces déclarations, souscrites sur des formulaires **CA 3** habituels, mentionnent, pour le mois ou le trimestre, le montant total des opérations réalisées, le détail des opérations taxables ainsi que le montant des droits à déduction. Les déclarations trimestrielles doivent être souscrites, et les paiements correspondants effectués, au plus tard le 5 des mois de mai, août, novembre et février (ces délais sont donc identiques à ceux prévus dans le système des acomptes trimestriels). Les déclarations mensuelles doivent être souscrites aux dates prévues par l'échéancier figurant au no 53725.

L'option pour le système des déclarations trimestrielles ou mensuelles, qui est exercée pour une **période de cinq ans** tacitement reconductible, doit être formulée par lettre recommandée. Il en va de même pour la renonciation à l'option, qui doit intervenir avant le 31 janvier ou, pour les déclarations trimestrielles, au plus tard le 5 février de l'année du retour au régime de la déclaration annuelle.

L'option prend effet à compter du 1er janvier de l'année au cours de laquelle elle est exercée si elle est notifiée avant la date limite de souscription de la déclaration annuelle CA 12A (no 59890) ou le 1er janvier de l'année suivante si elle est notifiée après cette date.

Remarques : 1. Les exploitants dont l'exercice ne coïncide pas avec l'année civile et qui ont opté pour le régime des déclarations trimestrielles doivent souscrire ces déclarations selon les trimestres civils.

2. Les **exploitants qui avaient opté pour l'imposition annuelle selon l'exercice comptable** ont également la possibilité d'opter pour le paiement de la TVA suivant des déclarations mensuelles ou trimestrielles. S'ils souhaitent souscrire des **déclarations mensuelles,** ils doivent renoncer au préalable à leur option pour une imposition annuelle selon l'exercice comptable deux mois au moins avant l'expiration de cet exercice. L'option pour la souscription de **déclarations trimestrielles** entraîne la renonciation à la déclaration selon l'exercice comptable et le retour à des déclarations selon les trimestres civils ; celle-ci peut être formulée à tout moment. Pour la période comprise entre la date de clôture du dernier exercice entièrement couvert par l'option et le 31 décembre de la dernière année d'imposition selon l'exercice comptable, ils doivent souscrire une déclaration au plus tard le cinquième jour du cinquième mois de l'année suivante (BOI-TVA-SECT-80-30-60-20 nos 150 et 190).

Inversement, les exploitants qui avaient opté pour le régime dit de l'effectif qui désirent **revenir à une imposition annuelle selon l'exercice comptable** doivent d'abord renoncer au régime de l'effectif puis opter expressément pour la déclaration annuelle en fonction de l'exercice. Les impositions dues au titre de la période allant du 1er janvier à la date de début de l'exercice comptable doivent être acquittées au plus tard le cinquième jour du cinquième mois suivant cette période au moyen d'une déclaration annuelle CA 12AE, sous déduction des acomptes versés. L'exploitant agricole souscrit ensuite des déclarations CA12 AE calées sur l'exercice comptable (BOI précité n° 140).

59900 **› Précisions** La précision a concerne les deux systèmes (acomptes trimestriels et déclarations trimestrielles ou mensuelles) examinés ci-dessus. La précision b concerne uniquement le système des acomptes trimestriels.

a. Les **modalités de déclaration et de paiement** sont les modalités de droit commun :

– **transmission par voie électronique** des **déclarations** (CA 3, CA 12A ou CA 12AE, bulletin d'échéance) et du **paiement** de la TVA (voir nos 53720 s.) ;

– **sanctions** pour **défaut ou retard** de déclaration ou de paiement (voir n° 53730) ;

– **contrôle** des déclarations et les sanctions pour insuffisance de déclaration (voir n° 53755).

b. Un exploitant agricole peut **suspendre le versement des acomptes** trimestriels s'il estime que les acomptes déjà payés atteignent le montant de l'impôt dont il sera finalement redevable. Cette disposition, qui peut jouer dès le premier acompte dû au titre d'une année ou d'un exercice, ne dispense pas de la souscription du bulletin d'échéance.

La décision de suspendre le versement des acomptes implique une évaluation prévisionnelle à faire avec précaution, car les sanctions pour retard de paiement seraient encourues si le montant de l'impôt finalement dû se révélait supérieur de plus de 30 % au montant des acomptes versés.

Les exploitants agricoles sont **dispensés du versement d'acomptes** (et de la souscription des bulletins d'échéance) lorsque la taxe due au titre de l'**année civile précédente** ou du dernier exercice clos, avant déduction de la TVA relative aux biens constituant des immobilisations, est **inférieure à 1 000 €.** Ces redevables acquittent ainsi la taxe en une seule fois lors de la souscription de la déclaration annuelle.

59905 TVA-XII-8540 s **Obligations comptables** La comptabilité des exploitants agricoles imposables à la TVA doit comporter au minimum un **livre des ventes** avec ventilation des encaissements et un **livre des achats** avec ventilation des droits à déduction.

59910 TVA-XII-8640 s **Facturation** Les exploitants agricoles imposables selon le RSA doivent, en principe, se conformer aux **règles générales** exposées nos 53500 s. concernant la facturation (voir notamment au n° 53625 les mentions à porter sur les factures).

Comme les autres redevables, les exploitants agricoles peuvent confier l'établissement matériel de leurs factures à un tiers (sous-traitance de la facturation) ou à leur client (**autofacturation**) dans les conditions et selon les modalités exposées au n° 53575. Cependant les deux **tempéraments** ci-après, prévus par la doctrine administrative, sont admis à cet égard (BOI-TVA-SECT-80-30-50-10 nos 140 à 160) :

1. Les **clients** des exploitants agricoles peuvent établir des **décomptes de livraison** ou de règlement (ou toutes autres pièces analogues, émises notamment par des coopératives agricoles) valant factures, dès lors qu'ils sont **certifiés par** la signature des **exploitants** agricoles ;

2. Les **clients** (coopératives agricoles, par exemple) des exploitants agricoles peuvent **rédiger matériellement les factures** que ces derniers doivent établir.

Cette seconde formule est subordonnée à la détention par les clients d'une attestation du fournisseur certifiant qu'il est redevable de la TVA. En outre, le fournisseur qui a opté doit mentionner sur l'attestation son numéro d'identification.

› Précisions **a.** Lorsqu'un **métayer, seul redevable** de la TVA, commercialise sa part de production et tout ou partie de celle du propriétaire, et que le **partage** est fait en fonction des **recettes**, il doit établir des factures mentionnant distinctement la part taxable et la part non taxable du prix (BOI précité n° 210).

b. Les dispositions qui répriment la **facturation abusive** de la TVA (nos 53650 s.) sont susceptibles de s'appliquer, le cas échéant, en matière agricole. Ainsi, un **agriculteur** soumis au régime du **remboursement forfaitaire** (nos 60040 s.) est redevable de la TVA s'il l'a facturée à l'un de ses clients (BOI précité n° 180).

c. Factures concernant les **animaux** de boucherie ou de charcuterie : voir n° 59930.

59915 CGI ann. II art. 267 quater TVA-XII-8800 s **Obligations particulières concernant les opérations sur animaux de boucherie et de charcuterie** En plus des obligations générales examinées ci-dessus, certains exploitants agricoles sont soumis à des obligations particulières concernant les opérations d'achat, d'importation, d'acquisition intracommunautaire, de vente, de commission ou de courtage portant sur des animaux vivants de boucherie et de charcuterie (définis au n° 59430). Ces obligations concernent : le marquage ou identification des animaux (n° 59920) ; la tenue d'une comptabilité-matières (n° 59925) ; la facturation (n° 59930).

Les **personnes concernées** par ces obligations sont : les exploitants agricoles relevant de la TVA à titre obligatoire ou par option ; les négociants et commissionnaires en bestiaux ; les professionnels de la viande qui effectuent des achats commerciaux d'animaux en vue de vendre la viande après l'abattage (chevillards, bouchers, charcutiers, etc.), mais seulement en ce qui concerne la deuxième obligation (comptabilité-matières).

Remarque : Outre les obligations fiscales décrites ci-après, les personnes concernées sont tenues d'utiliser, pour le transport des animaux de boucherie et de charcuterie, les **documents d'accompagnement** prévus par la **réglementation sanitaire.**

Identification. Cette obligation concerne normalement tous les animaux dont le redevable est propriétaire ou dont il a la garde. 59920 TVA-XII-8850 s

Cependant, il n'est pas tenu d'identifier ou de marquer les animaux qui font déjà l'objet d'une identification. Dans ce cas, en effet, les animaux conservent la même identification, même lorsqu'ils changent de propriétaire ou de gardien. Dès lors, un redevable de la TVA qui acquiert des animaux identifiés n'a pas à refaire l'opération d'identification pour son compte.

Les animaux sont identifiés grâce à un système d'identification permanente et généralisée (IPG). Les dispositions relatives à cette identification sont codifiées dans le Code rural et de la pêche maritime aux articles D 212-17 s. pour les bovins, aux articles D 212-24 s. pour les ovins et les caprins ; aux articles D 212-34 s. pour les porcins et aux articles D 212-46 s. pour les équidés.

Tenue d'une comptabilité-matières. Cette comptabilité-matières doit comporter les **mentions** indispensables suivantes : 59925 TVA-XII-9000 s

– aux entrées : description des animaux, avec l'indication du numéro d'identification ; nature de l'événement ou de l'opération motivant la prise en charge (naissance, acquisition, réception) ; nom et adresse du fournisseur (ou du propriétaire en cas de garde) ; date correspondante ;

– aux sorties : même description des animaux (lorsque l'opération de sortie est portée sur la même ligne que l'opération d'entrée, cette description n'a pas à être renouvelée) ; nature de l'événement ou de l'opération (perte, vente, livraison) ; nom et adresse du client (ou du propriétaire en cas de garde) ; date correspondante.

Cette comptabilité-matières doit être **tenue** au jour le jour. Elle doit comporter les résultats d'inventaires réels qui doivent être effectués en nombre d'animaux tous les mois pour les négociants et les exploitants agricoles ayant également une activité de négoce et tous les ans pour les exploitants agricoles.

Les exploitants agricoles ayant également une activité de **négoce** ou ayant des animaux en **garde** doivent tenir deux comptabilités-matières.

Nota : Un **registre des bovins** doit également être tenu par tout propriétaire ou détenteur d'animaux de l'espèce bovine (C. rur. art. D 212-19, III).

Factures : mentions particulières. Les redevables concernés doivent délivrer des factures comportant, outre les mentions habituelles, les mentions particulières suivantes : espèce, numéro d'identification ; qualité de non-assujetti de l'acheteur lorsque la vente, en raison même de cette qualité, est soumise à un taux spécifique (voir n° 59835). 59930 TVA-XII-9090 s

Remarque : L'exigence de ces mentions particulières ne paraît pas en phase avec la jurisprudence de la Cour de justice (CJUE 18-7-2013 aff. 78/12 : RJF 12/13 n° 1191).

4. EXPLICATIONS PARTICULIÈRES

ACTIVITÉS NON AGRICOLES EXERCÉES PAR DES EXPLOITANTS AGRICOLES

Les exploitants agricoles qui exercent des **activités économiques** (non salariées) relevant, en matière d'impôt sur le revenu, d'une catégorie autre que les bénéfices agricoles – essentiellement **BIC ou BNC** – sont, à ce titre, obligatoirement redevables de la **TVA.** Cette imposition résulte des **dispositions générales** des articles 256 et 256 A du CGI (nos 46450 s.) et doit donc, en principe, être établie selon les **règles de droit commun** applicables à la généralité des redevables, et non selon le RSA. 59955 TVA-XII-15100 s

À titre d'**exemples** de ces activités non agricoles, on peut citer :

– la vente, en l'état ou après transformation ou mise en conserve, de produits d'achat ne provenant pas de l'exploitation agricole de l'intéressé ;

– des prestations diverses, telles que : transports, travaux agricoles ou forestiers effectués pour le compte de tiers, prestations parahôtelières, prise en pension ou gardiennage d'animaux autrement qu'à des fins d'élevage (la prise en pension de chevaux constitue toutefois une activité agricole : n° 60010), cession ou concession de brevets ou de certificats d'obtention de variétés végétales, activités d'expertise ;

– la production et la vente d'électricité.

› Précisions a. Comme on l'a vu au n° 59735, la **vente** au détail de **produits de l'exploitation dans un magasin ou une installation** spécialement agencés pour la vente figure parmi les procédés qui, sans pour autant faire perdre leur caractère agricole aux opérations réalisées par l'exploitant, ont pour effet de le rendre obligatoirement imposable à la TVA (selon le RSA). L'administration considère cependant que, lorsque l'installation a un **caractère perma-**

nent, la taxation correspondante doit être établie selon les règles prévues pour les activités non agricoles (BOI-TVA-SECT-80-10-10 n° 1 et BOI-TVA-SECT-80-10-20-30 n° 60).

b. Lorsque les opérations non agricoles sont couvertes par une **exonération** prévue par une disposition particulière (n° 46580), elles échappent évidemment à la taxation, dès lors que sont bien remplies les conditions requises pour l'octroi de cette exonération.

59960 Dans la situation examinée ici, seules les **activités non agricoles** exercées par l'exploitant agricole sont **imposées** à la TVA selon les **règles de droit commun.**

Quant aux **opérations agricoles,** elles sont taxables si l'exploitant se trouve dans l'un des cas d'assujettissement obligatoire examinés n°s 59700 s., ou s'il a exercé l'option visée n°s 59760 s. ; ces opérations agricoles sont alors soumises à la **TVA,** mais selon les règles spéciales du **RSA** (n°s 59790 s.).

Ainsi, l'exploitant concerné doit, en **principe,** constituer **deux secteurs d'activités distincts,** l'un pour les activités non agricoles (règles de droit commun), l'autre pour les opérations agricoles (RSA).

Cependant, en vue de simplifier la gestion des intéressés, des **exceptions** sont possibles dans les deux situations ci-après :

CGI art. 298 bis, III bis
TVA-XII-15560 s

a. La première exception vise le cas où les **activités non agricoles** ne présentent qu'un **caractère accessoire** aux activités agricoles. Les activités non agricoles considérées comme accessoires (au sens défini ci-après) **peuvent être imposées selon le RSA.**

Sont considérées comme ne présentant qu'un caractère accessoire par rapport aux recettes agricoles les **recettes non agricoles** dont la moyenne annuelle, taxes comprises, des trois années d'imposition précédentes n'excède pas **100 000 € et 50 %** de la moyenne annuelle, taxes comprises, des recettes agricoles desdites années. Pour les trois **premières années d'activité,** le caractère accessoire s'apprécie au regard des mêmes seuils en retenant les recettes réalisées l'année civile précédente.

Les redevables qui souhaitent bénéficier de ce dispositif doivent en informer le service des impôts par simple lettre (cette formalité n'a pas à être renouvelée les années suivantes).

Si, au cours d'une période de référence, les recettes non agricoles réalisées sur l'exploitation deviennent supérieures aux limites de 100 000 € ou 50 %, elles doivent être imposées au titre de la période annuelle suivante selon les règles de droit commun et le redevable doit en informer le service des impôts.

Des dispositions analogues existent en matière de bénéfices agricoles : voir n° 15200.

TVA-XII-15980 s

b. Lorsqu'il **ne désire pas user de la possibilité mentionnée au a** ci-dessus **ou** lorsque ses **recettes non agricoles excèdent les limites** visées au a ci-dessus, l'exploitant peut, sur demande adressée à l'administration, être autorisé à confondre les activités non agricoles et agricoles en **un seul secteur** relevant du **régime de droit commun** (et non du RSA), cela à la condition cependant que les **activités** agricoles et non agricoles soient **économiquement liées.**

EXEMPLE

Viticulteurs exerçant le négoce des vins ; éleveurs exploitant un abattoir ; négociants en bestiaux exerçant une activité de chevillard, de boucher ou de fabricant de produits de charcuterie.

Remarque : Le bénéfice de l'une ou l'autre des deux solutions visées aux a et b ci-dessus entraîne, pour les intéressés, renonciation à la franchise en base visée aux n°s 86540 s.

COOPÉRATIVES AGRICOLES

59970
TVA-XII-19450 s

Les coopératives de **production, de transformation, de conservation et de vente** de produits agricoles sont imposables à la TVA de plein droit, quels que soient les moyens et méthodes employés pour la réalisation de leurs opérations. Il en est de même de leurs unions. Ces coopératives (et leurs unions) sont soumises au régime de **droit commun de la TVA** et non pas au RSA (sous réserve de celles assimilées à des négociants en bestiaux : voir n°s 59995 et 60000, précision a).

› Précisions Les **rétrocessions** de produits faites par des coopératives agricoles à leurs sociétaires pour les besoins de leur **consommation familiale** (y compris les vins) suivent les mêmes règles que les cessions faites par des entreprises privées à leurs fournisseurs agriculteurs (voir n° 59980).

59980
CGI art. 267 bis
TVA-XII-19650 s

Cessions faites par des entreprises privées à leurs fournisseurs agriculteurs Les ventes faites à des exploitants agricoles (redevables ou non de la TVA), pour leur **consommation familiale,** de produits fabriqués par des entreprises de transformation à partir de produits agricoles fournis par ces agriculteurs sont imposées sur une **base réduite.** Cette base est constituée par la **différence** entre la valeur des produits fabriqués et la valeur des produits correspondants fournis par les agriculteurs concernés. Les valeurs à retenir s'entendent tous frais et taxes compris, à l'exception de la TVA et des prélèvements de toute nature assis en addition à cette taxe.

> **Précisions** Les **livraisons** de produits effectuées **par les exploitants agricoles** dans le cadre de ces rétrocessions ne sont **pas imposables,** même si ces exploitants sont redevables de la TVA.
> Jugé en conséquence qu'aucun agriculteur n'est en droit de faire figurer la TVA sur les **factures** correspondant à ces fournitures et que, corrélativement, l'entreprise de transformation à laquelle une telle taxe aurait été irrégulièrement facturée ne peut la déduire (CE plén. 26-4-1985 n° 40746 : RJF 6/85 n° 852).
> D'ailleurs, pour ces transactions, les exploitants agricoles ne versent en général aux entreprises de transformation que le « prix de façon » et ne perçoivent aucun prix pour leurs propres livraisons. Lorsque tel n'est pas le cas, il appartient aux entreprises de transformation d'indiquer aux agriculteurs la valeur, non taxable, des produits qu'ils ont livrés en vue de leur rachat après transformation ; les agriculteurs déduisent ensuite les valeurs ainsi indiquées de leurs encaissements à soumettre à la TVA ou qui donnent lieu au remboursement forfaitaire (BOI-TVA-SECT-80-30-20-20 n° 150).

Coopérative d'utilisation de matériel agricole ou d'insémination artificielle Les coopératives d'utilisation de matériel agricole **(Cuma)** et les coopératives d'insémination artificielle **(CIA)** sont imposables de plein droit selon les règles du RSA (nos 59790 s.) pour les opérations qu'elles réalisent conformément à leur objet au bénéfice de leurs sociétaires et dans les limites de leur circonscription territoriale. Il en va de même pour les ventes de semences effectuées à l'étranger par les unions de coopératives. **59985** CGI art. 298 bis, II-7° TVA-XII-19920 s

Pour leurs autres opérations, les Cuma et les CIA relèvent du **régime de droit commun.** Elles peuvent toutefois soumettre l'**ensemble** de leurs activités au RSA si les opérations ne bénéficiant pas de ce régime n'excèdent pas les limites de 100 000 € et 50 % indiquées n° 59960, a ; dans le cas contraire, ou si elles ne désirent pas user de cette faculté, elles peuvent soumettre toutes leurs activités, sous réserve qu'elles soient économiquement liées (n° 59960, b), au régime de droit commun (BOI-TVA-SECT-80-40-10 n° 60).

NÉGOCIANTS EN BESTIAUX

Les négociants en bestiaux sont obligatoirement **imposables** à la TVA pour leurs opérations de négoce. **59995** CGI art. 298 bis, II-4° TVA-XII-17000 s

S'ils sont **également exploitants** agricoles, leur activité agricole est elle-même obligatoirement imposable à la TVA. Ils sont alors passibles de la **taxe pour l'ensemble** de leurs opérations (CGI art. 298 bis, II-3° : voir n° 59740).

Qu'ils exercent ou non une activité agricole, les négociants en bestiaux relèvent du **RSA** (nos 59790 s.).

Ils sont notamment soumis aux **obligations** particulières décrites nos 59915 s.

> **Précisions** **a.** Les **coopératives agricoles** et les sociétés d'intérêt collectif agricole **(Sica)** qui commercialisent des animaux de boucherie et de charcuterie sont **assimilées** à des négociants en bestiaux. **60000**
> Il en est de même des associations ou des syndicats qui, reconnus **groupements de producteurs,** commercialisent soit en tant qu'acheteurs et vendeurs fermes, soit en tant que commissionnaires, des animaux de boucherie et de charcuterie.
> **b.** En application des principes énoncés nos 61440 s., les **commissionnaires** en bestiaux sont imposables à la TVA sur le montant total des ventes, effectuées en leur nom propre, dans lesquelles ils s'entremettent (que leurs commettants soient imposables à la TVA ou non).
> **c.** Les **négociants** en bestiaux qui sont **également exploitants** agricoles doivent suivre distinctement en **comptabilité** (comptabilité commerciale et comptabilité-matières) les deux activités (négoce et agriculture). Toutefois, ces deux activités peuvent être confondues dans une déclaration globale.
> Leur **bénéfice agricole** est déterminé selon les règles du réel (n° 15600).
> **d.** Les négociants en bestiaux **également bouchers ou chevillards** peuvent, sur demande, regrouper l'ensemble de leurs activités en un seul secteur relevant de la TVA de droit commun (voir n° 59960, b).

ACTIVITÉS ÉQUESTRES OU LIÉES AU CHEVAL

Les activités de préparation et d'entraînement des équidés domestiques en vue de leur exploitation (à l'exclusion des activités de spectacles) constituent des **activités de nature agricole.** **60010** TVA-XII-17400 s

Les activités suivantes sont ainsi soumises à la TVA selon les modalités du régime agricole (RSA de plein droit ou sur option) quels que soient le mode d'exploitation et la situation au regard de l'imposition des bénéfices :

– activités d'**entraînement,** de **préparation** (prédébourrage, dressage, etc.) et de **prise en pension de chevaux de course** exercées, ensemble ou séparément, par les **éleveurs,** les **propriétaires** ou les **entraîneurs** ;

60010 (suite) – activités d'**enseignement de l'équitation** (voir précision f ci-après), de **prise en pension** de chevaux, de **location d'équidés** quelle que soit leur finalité (promenades, randonnées, travail, etc.), de **dressage** (débourrage notamment) et d'**entraînement de chevaux** exercées par les **centres équestres,** les éleveurs, les agriculteurs ou les cavaliers professionnels.

Ces activités, qui constituent des prestations de services, ne sont pas éligibles au remboursement forfaitaire.

› Précisions **a.** Les **ventes de chevaux** (et de poulains) sont en principe soumises au taux normal. Elles peuvent toutefois bénéficier, dans certains cas, du taux intermédiaire (nos 53090 s.) ou du taux spécifique de 2,1 % (no 59835).

b. Le taux normal de la TVA s'applique en principe à toutes les **prises en pension de chevaux,** sauf s'ils sont destinés à être utilisés dans la production agricole ou à des fins reproductives (étalons, poulinières) (nos 53090 s.). Dans ce dernier cas, le taux de 10 % s'applique également aux poulains. En revanche, le taux normal redevient applicable aux jeunes chevaux, une fois sevrés, tant que leur qualité d'animal reproducteur n'est pas déterminée (Rép. Carrez : AN 28-7-2015 no 84680).

Les **frais accessoires à la pension** (soins vétérinaires, tonte des chevaux, maréchalerie, transport, etc.) suivent les règles applicables à celle-ci lorsqu'ils sont compris dans le prix global réclamé au titre de la pension. Lorsqu'ils ne sont pas compris dans le prix global, les remboursements perçus à ce titre ne sont pas à soumettre à la TVA si les conditions d'application du régime des débours sont remplies (nos 52335 s.). Si tel n'est pas le cas, la refacturation de ces frais peut suivre le régime de TVA agricole s'ils s'inscrivent bien dans le cadre de l'activité d'entraînement, de préparation ou de prise en pension des équidés.

c. Les **autres opérations relatives à des équidés** destinés à être utilisés à l'occasion d'activités encadrées par une fédération sportive (à savoir notamment : l'enseignement, l'animation et l'encadrement de l'équitation ; l'entraînement, la préparation – prédébourrage, débourrage, dressage – d'équidés utilisés dans le cadre des activités susvisées) sont soumises au **taux normal.** Bénéficient toutefois du **taux intermédiaire** de 10 %, sur le fondement de l'article 278 bis, 3° du CGI, les opérations (locations, etc.) portant sur des chevaux destinés à être utilisés dans la préparation des denrées alimentaires ou dans la production agricole (nos 53090 s.), ainsi que les ventes de fumier (BOI-TVA-SECT-80-10-30-30 no 50).

Le **taux réduit** de 5,5 % est applicable aux animations, activités de démonstration et visites des installations sportives aux fins de découverte et de familiarisation avec l'environnement équestre et à l'accès au centre à des fins d'utilisation des installations à caractère sportif des établissements équestres (manège, carrière, parcours, écurie et équipements sportifs recensés en application de l'article L 312-2 du Code du sport). Ces activités sont totalement distinctes des opérations exclues du champ d'application du taux réduit visées ci-dessus et doivent faire l'objet d'une facturation spécifique. Le droit d'accès est facturé en prenant en compte les charges subies par l'entreprise (BOI-TVA-SECT-80-10-30-50 no 20).

d. Les **gains de course** sont soumis à la TVA (CGI art. 257, III-4°) au taux normal, selon les modalités du régime agricole lorsqu'ils sont perçus par les propriétaires éleveurs, les entraîneurs et les propriétaires entraîneurs ou selon le régime général lorsqu'ils sont perçus par les propriétaires non éleveurs et non entraîneurs (étant précisé que les gains de courses perçus par ceux de ces propriétaires dont l'activité n'est pas considérée comme exercée à titre professionnel au regard de l'impôt sur le revenu ne sont pas taxables). En contrepartie, les intéressés peuvent **déduire,** dans les conditions de droit commun, la taxe relative aux dépenses exposées pour l'exercice de cette activité telles que les frais d'entretien, de prise en pension, le prix d'acquisition ou de revient du cheval (BOI-TVA-SECT-80-10-30-10 no 200).

Les **gains de concours hippiques** ne sont pas imposables à la TVA.

e. Les **centres équestres** relèvent pour les **activités** suivantes du **régime général** de la TVA (avec application du taux propre à ces activités) : ventes de denrées alimentaires, ventes et locations d'objets divers, prestations de restauration et d'hébergement, spectacles. Lorsqu'elles présentent un caractère accessoire et qu'elles sont passibles de la TVA, ces activités peuvent toutefois être imposées selon le RSA dans les conditions indiquées no 59960, a.

Les **locations de boxes sans entretien du cheval** ne constituent pas des opérations de prise en pension, mais des opérations de mise à disposition de locaux spécialement aménagés de plein droit soumises à la TVA selon le régime général (no 46825), quelle que soit la qualité de celui qui loue les boxes.

f. Les **leçons ou cours d'équitation** dispensés par une personne physique rémunérée directement par ses élèves sans le concours de salariés participant à l'enseignement bénéficient de l'exonération mentionnée no 47055 (BOI-TVA-SECT-80-10-30-50 no 60).

g. Les **syndicats d'étalons** sont soumis à la TVA, selon les modalités du régime agricole, au titre des opérations suivantes : saillies supplémentaires et saillies dites gratuites (les saillies individuelles, même mises « en pool », sont taxables chez les copropriétaires) ; gains de courses. Les saillies bénéficient du taux intermédiaire (no 53100). Les opérations doivent être déclarées par l'un des copropriétaires et être érigées, pour l'exercice des droits à déduction, en secteur d'activité distinct des activités propres des membres du syndicat ou de son gérant.

B. Régime du remboursement forfaitaire

Les **exploitants agricoles** qui ne sont **pas redevables de la TVA** peuvent tous bénéficier du **remboursement forfaitaire,** dont l'**objet** est de compenser d'une manière forfaitaire la charge de la TVA ayant grevé les achats de produits et de biens effectués par ces exploitants ainsi que les services qui leur ont été rendus. Il consiste en un **versement** effectué directement **par l'État** aux intéressés et dont le montant est **liquidé annuellement** en appliquant un **pourcentage** fixé par la loi au montant des **ventes ou livraisons** faites par eux à certaines catégories de personnes ou à l'exportation (au sens large). **60040** CGI art. 298 quater et 298 quinquies TVA-XII-12000 s

En ce qui concerne :

– l'**incidence** du remboursement forfaitaire **sur le bénéfice** agricole imposable : voir nº 15875 ;

– les **acquisitions intracommunautaires** des agriculteurs au remboursement forfaitaire : voir nº 49225.

OPÉRATIONS OUVRANT DROIT AU REMBOURSEMENT FORFAITAIRE

Il faut distinguer selon que ces opérations portent ou non sur des animaux de boucherie ou de charcuterie. **60050** TVA-XII-12250 s

Les opérations de vente ou de livraison (à l'exclusion de toutes autres opérations telles que les services, façons, locations, etc.) portant sur des **produits agricoles autres que les animaux de boucherie et de charcuterie,** provenant de la propre exploitation de l'agriculteur, ouvrent droit au remboursement forfaitaire dans les trois situations suivantes : **60055**

1. Livraisons (ventes) de produits agricoles faites **en France** à des assujettis autres que les agriculteurs bénéficiant en France du remboursement forfaitaire, c'est-à-dire les livraisons **à des assujettis** (commerçants, industriels, exploitants au RSA, etc.) **redevables de la taxe** en France ;

2. Livraisons de produits agricoles **intracommunautaires** (c'est-à-dire à destination d'un autre État membre de l'Union européenne), dans les cas indiqués sous la précision ci-après ;

3. Exportations de produits agricoles à destination des **pays** et territoires **tiers** à l'Union européenne.

> **Précisions** Les **livraisons intracommunautaires** de produits agricoles ouvrent droit au remboursement forfaitaire dans les cas ci-après (BOI-TVA-SECT-80-60-10-10 nº 60) :
a. Livraisons faites soit à des assujettis redevables de la TVA dans l'État d'arrivée, soit à des personnes morales non assujetties (ou à des assujettis qui ne réalisent que des opérations n'ouvrant pas droit à déduction) qui effectuent des acquisitions intracommunautaires imposables dans l'État d'arrivée. En pratique, le remboursement forfaitaire est accordé pour les livraisons intracommunautaires effectuées au profit d'un acquéreur qui a fourni son numéro d'identification à la TVA dans un autre État membre ;
b. Livraisons faites à destination d'un autre exploitant agricole qui bénéficie dans l'État d'arrivée du régime forfaitaire des producteurs agricoles.

En ce qui concerne les opérations portant sur des **animaux vivants de boucherie et de charcuterie** (définis nº 59430), le remboursement forfaitaire est accordé dans les cas suivants : **60060**

1. Livraisons en France : à un assujetti redevable de la taxe lors de la vente des mêmes animaux (négociant en bestiaux, notamment) ; en vue de l'abattage, à un chevillard ou à un boucher ; à un exploitant lui-même au remboursement forfaitaire lorsqu'il destine les animaux aux opérations précitées ;

2. Livraisons dans un autre État membre de l'Union européenne : à un assujetti redevable ; à un exploitant agricole soumis au régime forfaitaire des producteurs agricoles ; à une personne morale non assujettie lorsqu'elle réalise des acquisitions intracommunautaires imposables dans l'État d'arrivée. Il en va de même des livraisons à une personne assujettie dans un autre État membre qui ne réalise que des opérations n'ouvrant pas droit à déduction lorsqu'elle effectue des acquisitions intracommunautaires taxables dans l'État d'arrivée (BOI-TVA-SECT-80-60-20 nº 60) ;

3. Exportations à destination des **pays** et territoires **tiers** à l'Union européenne.

Pour les différentes opérations définies ci-dessus, le **fait générateur** du remboursement forfaitaire (c'est-à-dire le moment où ce droit prend naissance) est constitué, en principe, par l'**encaissement du prix** de la vente ou de la livraison par l'exploitant agricole concerné. **60065** TVA-XII-12700 s

Remarque : Ouvrent droit, cependant, au remboursement forfaitaire les ventes dont l'**irrécouvrabilité** est établie dans le cadre d'une procédure de redressement ou de liquidation judiciaire.

BASE DE CALCUL DU REMBOURSEMENT FORFAITAIRE

60075 TVA-XII-12900 s Cette base de calcul (à laquelle seront ensuite appliqués les taux indiqués au n° 60090, ce qui donnera le montant du remboursement) est déterminée selon les règles ci-après.

En vertu de l'article 263 de l'annexe II au CGI, le remboursement forfaitaire est liquidé sur le **montant net des encaissements** correspondant aux ventes ou aux livraisons qui ouvrent droit à ce remboursement.

Par « montant net des encaissements », il faut entendre la somme perçue par l'agriculteur, déduction faite des **commissions et taxes** à la charge du producteur se rapportant à la transaction ou aux produits vendus. À cet égard, il convient de déduire du montant des encaissements toutes les taxes afférentes aux produits vendus, notamment les **taxes spécifiques** à la charge du producteur agricole. Cependant, la perception des taxes spécifiques est généralement assurée par l'intermédiaire de l'acheteur ; dans ce cas, le prix sur lequel est calculé le remboursement forfaitaire est évidemment le prix net payé par l'acheteur à l'agriculteur.

En cas de vente par l'intermédiaire d'un commissionnaire, la **commission** versée à celui-ci par l'exploitant agricole doit être déduite du prix vendu. Il en est de même de tous **frais assimilables** à une commission et facturés par les coopératives ou les Sica en cas de vente par leur intermédiaire.

60080 **› Précisions** **a.** Pour les **animaux de boucherie et de charcuterie dont le prix de cession dépasse la valeur courante** en poids de viande (reproducteurs, par exemple), le remboursement forfaitaire est, en principe, calculé sur la base d'un prix déterminé par référence au poids de l'animal (ce prix est égal au produit d'un prix de vente au kilogramme de viande – fixé annuellement par arrêté – par le poids de l'animal).

Nota : En l'absence d'arrêté (ce qui est le cas depuis plusieurs années), le remboursement forfaitaire doit être calculé sur le montant net des encaissements (n° 60075).

b. Pour les **ventes d'animaux de boucherie** et de charcuterie **entre un naisseur et un éleveur** bénéficiant tous deux du remboursement forfaitaire, ce remboursement est liquidé comme suit :
– le naisseur perçoit le remboursement sur le montant des encaissements provenant de ses ventes à l'éleveur ;
– l'éleveur perçoit le remboursement sur la différence entre le montant des encaissements provenant de ses ventes et le montant des paiements faits au naisseur.

TAUX DU REMBOURSEMENT FORFAITAIRE

60090 TVA-XII-13300 s Ce taux diffère selon la nature des produits :
– **5,59 %** pour le **lait,** les **animaux de basse-cour,** les **œufs,** les **animaux de boucherie et de charcuterie** (n° 59430) ainsi que les **céréales,** les **graines oléagineuses** et les **protéagineux** mentionnés à l'annexe I de l'ancien règlement CE/73/2009 du Conseil du 19 janvier 2009 ;
– **4,43 %** pour les **autres produits.**

MESURES D'APPLICATION

60100 CGI art. 290 bis et CGI ann. II art. 265 et 266 TVA-XII-13500 s Le **remboursement forfaitaire** est **liquidé annuellement** à raison des opérations de l'année précédente **et** son montant est **versé** directement **par l'État** aux exploitants concernés.

Pour que le remboursement soit accordé, il est cependant nécessaire que certaines **formalités** soient accomplies, d'une part, par les **clients** (n° 60105) et, d'autre part, par les **exploitants** eux-mêmes (n° 60110).

60105 TVA-XII-13540 s **Obligations des acheteurs** Les **clients français** d'un exploitant agricole redevables de la TVA doivent délivrer à ce dernier :
– un **bulletin d'achat** ou un bon de livraison lors de tout paiement d'un achat ; ce bulletin doit mentionner le nom, la profession et l'adresse de l'acheteur, le nom et l'adresse de l'exploitant agricole vendeur, la date, la nature et la valeur de l'achat ;
– au début de chaque année, une **attestation récapitulant** tous les paiements effectués à cet exploitant au cours de l'année civile précédente pour les achats ouvrant droit au remboursement forfaitaire.

Ces formalités s'imposent également lorsque le client de l'exploitant agricole est lui-même exploitant agricole, bénéficiaire du remboursement forfaitaire.

60110 TVA-XII-13770 s **Obligations des exploitants agricoles** Pour obtenir le remboursement forfaitaire, les exploitants agricoles doivent adresser au service des impôts une **déclaration annuelle** récapitulant les **encaissements de l'année précédente** ouvrant droit au remboursement (s'agissant des **documents justificatifs,** voir ci-après précision a).

Établies en double exemplaire sur un **imprimé** n° 3520-SD, les déclarations sont recevables **jusqu'au 31 décembre** de l'année suivant celle des encaissements concernés. L'administration recommande cependant aux exploitants de les déposer avant le 1er mars de ladite année (pour accélérer la procédure de liquidation du remboursement, les exploitants ont intérêt à déposer leur déclaration aussi tôt que possible).

En cas de production de la **déclaration hors délai,** la procédure de dégrèvement d'office (n° 82310) est susceptible d'être appliquée.

> **Précisions** **a.** Les **documents justificatifs** ci-après n'ont plus à être fournis à l'appui de la déclaration, mais ils doivent être conservés par les exploitants car ils pourront être réclamés ultérieurement par le service instructeur de la demande : pour les ventes en France, attestations annuelles des clients ; pour les livraisons intracommunautaires, soit double des factures correspondantes, soit relevé de ces factures comportant l'identification exacte des clients et leur éventuel numéro d'identification à la TVA ; pour les exportations, copie des déclarations en douane, ou attestation du commissionnaire certifiant l'exportation effectuée par son intermédiaire.
>
> **b.** La production de **déclarations ou** de **justifications inexactes** est sanctionnée par l'application, le cas échéant, des majorations pour insuffisance visées au n° 80040, décomptées sur la base des remboursements indus.
>
> **c.** Les exploitants au remboursement forfaitaire sont tenus d'établir des **factures** dans les conditions de droit commun (n°s 53500 s.) (sans mention, bien sûr, de TVA).
>
> **d.** Ceux qui réalisent des **livraisons intracommunautaires** doivent demander l'attribution d'un **numéro d'identification** à la TVA (n° 53420).
>
> **e.** Les exploitants agricoles placés sous le régime du remboursement forfaitaire ne sont **pas** soumis à l'obligation d'utiliser un **logiciel** ou un système **de caisse certifié** (n° 53485).

SECTION 3

OPÉRATIONS BANCAIRES ET FINANCIÈRES

A. Champ d'application de la TVA

Les opérations se rattachant aux activités bancaires et financières entrent en principe dans le champ d'application de la TVA. Mais seules certaines d'entre elles sont effectivement **taxables de plein droit** en raison des nombreux cas d'**exonération** prévus par la loi. Cependant, pour certaines opérations normalement exonérées, il est prévu une possibilité d'imposition par **option** réservée à certains opérateurs. **60300** TVA-XV-28000 s

Autrement dit, les opérations bancaires et financières se classent en trois catégories selon qu'elles sont exonérées de TVA, imposables par option ou imposables de plein droit.

Un régime particulier est prévu pour les opérations portant sur l'**or d'investissement** (voir n°s 61850 s.).

OPÉRATIONS EXONÉRÉES

La loi fixe une liste limitative d'opérations de nature bancaire ou financière qui sont exonérées de TVA. **60310** CGI art. 261 C, 1° TVA-XV-28130 s

L'exonération, liée à la nature de l'opération, est applicable quelle que soit la **qualité des personnes** qui réalisent les opérations et même si ces personnes ne les réalisent qu'à titre **accessoire.**

Opérations relatives au crédit Sont exonérés l'**octroi** et la **négociation** de crédits, la **gestion** de crédits effectuée par celui qui les a octroyés (aussi bien lorsque celui-ci assume seul le risque de l'opération que lorsqu'il joue le rôle de « chef de file » d'un pool prêteur : CE 18-6-1997 n° 133230 : RJF 8-9/97 n° 778). Les recettes concernées sont, par exemple, les intérêts de crédit et rémunérations assimilées, les commissions d'attente, d'engagement, d'ouverture ou de confirmation de crédit, du plus fort découvert, d'ouverture d'accréditif, les frais de dossier de prêt. **60315**

> **Précisions** **a.** En ce qui concerne la gestion de crédit effectuée par les **intermédiaires,** voir n° 60350.
>
> **b.** Les opérations dites de « **cessions de crédit** » ou de « **désencadrement** » réalisées **entre établissements financiers,** assujettis à l'obligation de réserves, sont exonérées de TVA, même chez les organismes bénéficiaires ayant exercé l'option.
>
> **c.** La **mise à disposition de cartes de carburants** par une société mère au profit de ses filiales, permettant à ces dernières le ravitaillement en carburant des véhicules dont elles assurent le transport peut être qualifiée de service d'octroi de crédit exonéré de TVA au sens de l'article 135, 1-b de la directive (transposé en droit interne à l'article 261 C, 1°-a du CGI), dès lors que, en finançant à l'avance l'achat du carburant, la société mère fournit à ses filiales un service financier, dont la majoration de 2 % appliquée lors de la refacturation du carburant constitue la rémunération, et agit à ce titre

comme une institution financière ou de crédit ordinaire (CJUE 15-5-2019 aff. 235/18 : RJF 8-9/19 nº 868 ; dans le même sens s'agissant de la vente d'essence au crédit-preneur d'un véhicule financée par le crédit-bailleur, CJUE 6-2-2003 aff. 185/01 : RJF 4/03 nº 524).

60320 **Prêts et pensions de titres** Sont exonérés les prêts de titres effectués dans les conditions fixées par les articles L 211-22 à L 211-26 du Code monétaire et financier et les pensions de titres réalisées dans les conditions fixées par les articles L 211-27 à L 211-34 dudit Code.

60325 **Opérations relatives à la constitution de garanties** Sont exonérées la **négociation** et la **prise en charge** d'engagements, de cautionnements et d'autres sûretés et garanties, ainsi que la **gestion** de garanties de crédits effectuée par celui qui a octroyé les crédits (voir toutefois nº 60350). Cette exonération vise, par **exemple,** les commissions de caution, d'aval, de ducroire, de confirmation de crédit documentaire, commissions de gestion de contrat de cautionnement réclamées en sus de la commission de caution proprement dite.

› **Précisions** L'exonération ne s'applique pas aux **engagements autres que financiers,** tels que l'engagement de rénovation d'un bien immeuble (CJUE 19-4-2007 aff. 455/05 : RJF 7/07 nº 875).

60330 **Opérations relatives aux dépôts de fonds, paiements, créances, effets de commerce** Sont exonérées les opérations, y compris la négociation, concernant les dépôts de fonds à vue ou à échéance, comptes courants, paiements, virements, créances, bons de caisse, chèques bancaires ou postaux et autres effets de commerce, à l'**exception** du **recouvrement** de créances.

Sous cette seule réserve, toutes les opérations concernant les créances (négociation, garantie, gestion, etc.) sont exonérées quelle que soit la nature de la créance : commerciale ou civile, court ou long terme, hypothécaire ou chirographaire, etc.

› **Précisions** **a.** La CJUE définit la **notion de « recouvrement de créances »** comme étant des opérations financières tendant à obtenir le paiement d'une dette d'argent (CJUE 26-6-2003 aff. 305/01 : RJF 10/03 nº 1193). À cet égard, sont sans incidence le fait que le service soit fourni au moment de l'échéance des dettes concernées et non après leur échéance (la notion de « recouvrement de créances » n'étant pas limitée à des créances pour lesquelles le débiteur est déjà en situation de défaut de paiement) et l'absence d'application de mesures coercitives en vue du paiement des dettes concernées (CJUE 28-10-2010 aff. 175/09 : RJF 2/11 nº 258).

Entre dans la notion de « recouvrement de créances », selon la Cour, l'**affacturage,** qui constitue donc selon elle une opération taxable de plein droit (CJUE 26-6-2003 précité). À noter toutefois que l'administration définit les opérations d'affacturage comme des achats fermes de créances exonérés (BOI-TVA-SECT-50-10-10 nº 110).

b. Selon la CJUE, un opérateur qui **achète,** à son propre risque, des **créances douteuses à un prix inférieur à leur valeur nominale** n'effectue pas une prestation de services à titre onéreux, au sens de l'article 2, 1 de la directive TVA, et n'accomplit pas une activité économique relevant du champ d'application de cette directive lorsque la **différence** entre la valeur nominale desdites créances et le prix d'achat de celles-ci **reflète** la **valeur économique effective des créances** en cause au moment de leur cession (CJUE 27-10-2011 aff. 93/10 : RJF 1/12 nº 88).

c. Les **frais** facturés par une banque à ses clients lors du traitement d'un **avis à tiers détenteur** ne rémunèrent aucune prestation de services, ni au bénéfice desdits clients ni au bénéfice du Trésor public. Par suite, ces opérations ne sont pas soumises à la TVA (CE 24-4-2019 nº 412570 : RJF 7/19 nº 641).

d. Les **frais supplémentaires** facturés par un prestataire de services de télécommunications à ses clients en raison de l'**utilisation** par ceux-ci de **certains modes de paiement** ne constituent pas la contrepartie d'une prestation de services distincte et indépendante de la prestation principale susceptible de bénéficier de l'exonération (CJUE 2-12-2010 aff. 276/09 : RJF 4/11 nº 532).

e. Des **services de messagerie électronique** fournis à des établissements financiers afin de leur permettre de réaliser des paiements interbancaires et des opérations portant sur des titres ne bénéficient pas de l'exonération en cause ni de celle (visée au nº 60340) prévue pour les opérations sur titres, dès lors qu'ils n'ont pas pour objet de transférer des fonds ou des titres et que la responsabilité du prestataire est limitée aux aspects techniques des opérations financières concernées (CJUE 28-7-2011 aff. 350/10 : RJF 11/11 nº 1253).

f. Des services fournis par une société à une banque pour la **gestion de distributeurs automatiques de billets,** consistant à rendre et à maintenir opérationnels ces distributeurs, à les approvisionner, à y installer du matériel informatique et des logiciels afin de lire les données des cartes bancaires, à transmettre une demande d'autorisation de retrait d'espèces à la banque émettrice de la carte bancaire utilisée, à distribuer les espèces demandées et à enregistrer les opérations de retrait ne constituent pas une opération concernant les paiements, exonérée de TVA (CJUE 3-10-2019 aff. 42/18 : RJF 12/19 nº 1207).

g. Des **cartes** donnant droit à des **réductions** de prix sur des produits ou services vendus par des entreprises affiliées ne constituent ni des titres ni des effets de commerce au sens de la directive TVA de sorte que leur vente n'est pas exonérée (CJUE 12-6-2014 aff. 461/12 : RJF 10/14 nº 968).

h. Concernant l'intervention des **intermédiaires,** voir nº 60350.
i. L'émission de **titres-restaurant** et de **chèques-vacances** est exonérée.
j. Les établissements émetteurs de **cartes de paiement ou de crédit** sont exonérés pour les droits d'adhésion ou cotisations annuelles versées par les titulaires de cartes, ainsi que pour les commissions prélevées sur le montant des factures présentées en paiement par les commerçants. S'agissant des opérations portant sur les machines destinées au fonctionnement du système des cartes, voir nº 60365, précision b.

Opérations sur devises, billets et monnaies ayant cours légal Sont exonérées les opérations de toute nature, y compris la négociation, portant sur les devises, les billets de banque et les monnaies qui sont des moyens de paiement légaux (à l'exception des monnaies et billets de collection : nº 60360). L'exonération concerne toutes les opérations de **change** : rémunérations perçues lors de l'achat ou de la vente des monnaies étrangères (change manuel), commissions perçues lors de l'émission ou de l'encaissement de chèques de voyage, profits résultant des opérations de change scriptural, etc. 60335

Sont de même exonérées les opérations de change de la devise virtuelle « bitcoin » contre des devises traditionnelles (CJUE 22-10-2015 aff. 264/14 : RJF 1/16 nº 105).

En ce qui concerne les **importations et acquisitions intracommunautaires** de devises, voir nºs 49645 et 49190.

Opérations sur titres et valeurs mobilières Sont exonérées les opérations, **autres que** celles de **garde** et de **gestion,** portant sur les actions, les parts de sociétés ou d'associations, les obligations et les autres titres (à l'exclusion des titres représentatifs de marchandises et des parts d'intérêts dont la possession assure en droit ou en fait l'attribution en propriété ou en jouissance d'un bien immeuble ou d'une fraction d'un bien immeuble). 60340

À l'exception des opérations de garde ou de gestion (nº 60360), cette exonération concerne toutes les opérations (commissions sur ordres de bourse, commissions de souscription ou de placement, etc.) qui portent sur des titres tels qu'actions, parts de fondateur ou parts bénéficiaires, certificats représentatifs d'actions ou de parts, obligations ou bons des sociétés, associations, groupements, organismes de droit public, rentes et valeurs d'État, etc.

› Précisions **a.** Concernant la notion de **négociation sur titres,** voir nº 60350.
b. S'agissant des opérations réalisées par les participants au **Matif,** sont exonérées la **commission** d'enregistrement perçue par la chambre de compensation et la commission de négociation versée aux adhérents (intermédiaires financiers) ; il en est de même des **profits** réalisés par les donneurs d'ordres.
c. Les concours financiers apportés par les **Sofica** au moyen de souscriptions au capital de sociétés agréées (et l'encaissement des dividendes correspondants) sont situés hors du champ d'application de la TVA. Les versements en numéraire réalisés par contrat d'association à la production et les droits sur les recettes sont exonérés (sans pouvoir faire l'objet d'une option). Ces versements ne sont pas imposables chez le producteur et ne viennent pas restreindre son coefficient de taxation forfaitaire.
d. L'exonération couvre les services fournis par un établissement de crédit sous la forme d'une **garantie d'émission** et contre rémunération à une société souhaitant émettre des actions, en application de laquelle cet établissement s'engage à acquérir les actions qui ne seraient pas souscrites à l'expiration de la période de souscription (CJUE 10-3-2011 aff. 540/09 : RJF 6/11 nº 765).
e. Les prestations de **gestion de portefeuille** qui consistent à prendre des décisions autonomes d'achat et de vente de valeurs mobilières et à exécuter ces décisions par l'achat et la vente de valeurs mobilières ne bénéficient pas de l'exonération en cause ni de celle, visée nº 60345, concernant la gestion des OPCVM (CJUE 19-7-2012 aff. 44/11 : RJF 11/12 nº 1090).
f. En ce qui concerne :
– des **services de messagerie électronique** au profit d'établissements financiers, voir nº 60330, précision e ;
– des **cartes** donnant droit à des **réductions** de prix sur des produits ou services vendus par des entreprises affiliées, voir nº 60330, précision g.

Gestion des OPCVM et organismes similaires Est exonérée la gestion des organismes de placement collectif en valeurs mobilières ou OPCVM mentionnés au paragraphe 2 de l'article 1er de la directive 2009/65/CE du 13 juillet 2009 (revêtant la forme de Sicav ou de fonds commun de placement, y compris les fonds à capital fixe : CJUE 28-6-2007 aff. 363/05 : RJF 11/07 nº 1366) ainsi que les organismes de placement collectif présentant des caractéristiques similaires. La liste des organismes concernés, qui doit être fixée par un décret (non encore paru à la date du présent ouvrage), comprend notamment les fonds d'investissement alternatifs (**FIA**) relevant des paragraphes 1, 2 et 6 de la sous-section 2, du sous-paragraphe 1 du paragraphe 1 ou du paragraphe 2 de la sous-section 3 ou de la sous-section 4 de la section 2 du chapitre IV du titre Ier du livre II du Code monétaire et financier (Loi 2019-1479 du 28-12-2019 art. 33). 60345

Sont également concernés les fonds communs de créances ou de titrisation.

S'agissant des OPCVM, sont ainsi exonérés les frais et commissions perçus pour les services de **gestion du portefeuille** (émission et rachat des parts, par exemple) et pour les services de **gestion administrative et comptable** (y compris ceux fournis par un gestionnaire tiers) qui sont **indissociables** de l'activité des organismes (comptabilité achats/ventes, établissement des valeurs liquidatives, inventaire des actifs, surveillance des ratios réglementaires, etc.). En revanche, les fonctions de **dépositaire,** qui relèvent du contrôle et de la surveillance de ces fonds, ne bénéficient pas de cette exonération (CJUE 4-5-2006 aff. 169/04 : RJF 7/06 nº 972).

L'administration considère que sont également exonérées les rémunérations perçues lors du **placement** des parts d'OPCVM ou de fonds communs de créances ou de titrisation (BOI-TVA-SECT-50-10-10 nº 340).

› Précisions **a.** En ce qui concerne la **gestion de portefeuille sous mandat,** voir nº 60340, précision e.

b. Bénéficient de l'exonération les prestations de **conseil en placement de valeurs mobilières fournies par un tiers à un gestionnaire de fonds** commun de placement, quand bien même le tiers n'aurait pas agi en exécution d'un mandat (CJUE 7-3-2013 aff. 275/11 : RJF 6/13 nº 683).

60350 **Entremise dans des opérations bancaires et financières** La qualification à donner à l'intervention d'intermédiaires en opérations bancaires et financières a fait l'objet de décisions de jurisprudence à propos :

– d'opérations de **crédit** et de **garanties de crédit** : jugé qu'est exonérée l'activité d'un organisme, servant d'intermédiaire entre ses adhérents et une banque, qui consiste notamment à préparer les dossiers de prêt, à apprécier les risques financiers et les garanties offertes et à exécuter les instructions de la banque, car une telle activité se rattache exclusivement à l'octroi et la négociation de crédits ou à la négociation et à la prise en charge de cautionnements (CE 21-1-1991 nº 86017 : RJF 3/91 nº 273 et CE 11-12-1992 nº 119138 : RJF 2/93 nº 204). Il en résulte que sont exonérés les **actes de gestion** qui ne sont pas réellement **détachables** d'opérations de négociation de crédits ou de garanties de crédits (sauf revendication du bénéfice de la doctrine administrative de large imposition des intermédiaires exprimée dans BOI-TVA-SECT-50-10-10 nº 20 et SECT-50-10-20 nº 20) ;

– d'opérations sur **titres** : jugé que les **services d'un « call center »** se limitant à fournir des informations sur un produit financier, à réceptionner et traiter les demandes de souscription des titres correspondants sans les émettre, ne constituent pas une opération de négociation sur titres bénéficiant de l'exonération (CJUE 13-12-2001 aff. 235/00 : RJF 3/02 nº 353) ;

– d'opérations sur **virements et paiements** : jugé que les prestations relatives à des opérations de virement, paiement ou portant sur des titres fournis à des banques par un **centre informatique** sont elles-mêmes exonérées si elles forment un ensemble distinct et sont spécifiques et essentielles pour les opérations exonérées (CJUE 5-6-1997 aff. 2/95 : RJF 8-9/97 nº 871) ;

– d'opérations relatives à la **constitution de garanties** : jugé que les opérations qui se résument à la **simple délivrance** par une société à un courtier mandaté par une société d'assurance, d'**informations** sur les personnes susceptibles d'être intéressées par la conclusion d'un contrat de garantie, sans qu'elles soient assorties de prestations d'entremise visant à la conclusion individuelle d'un tel contrat, ne constituent pas des opérations de négociation de garantie bénéficiant de l'exonération de TVA (CE 17-9-2010 nº 307508 : RJF 12/10 nº 1154).

OPÉRATIONS IMPOSABLES DE PLEIN DROIT

60360 TVA-XV-29600 s Il s'agit en premier lieu de toutes les **opérations bancaires et financières** qui ne sont pas exonérées dans les conditions indiquées aux nºs 60310 s. soit parce qu'elles sont expressément exclues de l'exonération, soit parce qu'elles ne sont pas visées par les textes d'exonération.

Tel est notamment le cas des opérations suivantes :

– opérations de **recouvrement** de créances (sur la définition de cette notion : voir nº 60330, précision a) ;

– opérations de **garde** ou de **gestion** portant sur des **valeurs mobilières** (sont notamment imposables à ce titre les droits de garde, commissions de gestion, commissions d'encaissement de coupons, commissions de remboursement de titres) ;

– opérations de **gestion de crédits ou** de gestion **de garanties** de crédits effectuées par des personnes autres que celle qui a octroyé les crédits (voir toutefois nº 60350) ;

– opérations portant sur les **monnaies** (pièces ou billets) **de collection** (voir la définition au nº 60580, précision b) ;

– commissions perçues en rémunération de **conseils** ou d'**études financières,** commissions de renseignements commerciaux, etc.

60365 Sont en second lieu imposables à la TVA selon les règles du droit commun les **diverses opérations réalisées par les banques** ou les établissements financiers mais qui ne se rattachent pas au commerce des valeurs et de l'argent. Tel est, par exemple, le cas des locations de matériels, des opérations de fabrication et de vente d'imprimés, de certaines prestations informatiques ou télématiques (voir toutefois nº 60350), des consultations juridiques ou fiscales.

> **Précisions** **a.** Les **locations de coffres-forts** sont considérées comme des locations de biens immobiliers aménagés et sont imposables de plein droit à la TVA, dès lors qu'elles se rattachent à un immeuble situé en France, quelle que soit la nationalité du locataire.
> **b.** Les **émetteurs de cartes bancaires** sont imposables pour leurs opérations (locations, ventes) portant sur les machines destinées au fonctionnement du système des cartes de paiement.
> **c.** Les opérations de **crédit-bail** suivent le même régime que les locations de biens (mobiliers ou immobiliers selon le cas) sur lesquels elles portent (voir nºs 46800 s., 49870 s., 49960 s. et 50025, 2 ; pour les déductions, voir nº 60450, précisions).

OPÉRATIONS IMPOSABLES PAR OPTION

Certaines opérations bancaires et financières, normalement exonérées, peuvent sur option être soumises à la TVA. L'option, qui ne peut être exercée que par certains opérateurs, couvre obligatoirement toutes les opérations qui entrent dans son champ d'application. 60375 CGI art. 260 B et 260 C TVA-XV-29860 s

Personnes pouvant exercer l'option Ce sont les personnes physiques ou morales qui appartiennent à l'une des deux catégories suivantes : 60380 TVA-XV-29870 s

1. Professionnels du commerce des valeurs et de l'argent (établissements de crédit, prestataires de services d'investissement, changeurs, escompteurs et remisiers) ;

2. Personnes, autres que celles visées au 1, qui réalisent **à titre habituel** des opérations se rattachant aux activités **bancaires ou financières.** Si ce critère cesse d'être rempli, l'option exercée devient caduque.

> **Précisions** **a.** Pour cette seconde catégorie de personnes, le critère de l'exercice à titre habituel a été substitué, par la doctrine administrative, à celui (plus restrictif), prévu par l'article 70 sexies de l'annexe III au CGI, de l'exercice à titre principal (BOI-TVA-SECT-50-10-30-20 nº 60).
> **b.** L'option exercée par un **siège (ou un établissement stable)** établi **en France** pour ses propres opérations ne couvre pas les prestations réalisées par un **établissement stable (ou le siège)** établi **à l'étranger** et dont le lieu est situé en France. Néanmoins, une **option distincte** peut être exercée pour ces dernières prestations (BOI-TVA-SECT-50-10-30-10 nº 140).

Modalités et effets de l'option L'option est **globale** et s'applique en principe à l'ensemble des opérations pour lesquelles elle est possible. 60385 TVA-XV-30720 s

Elle revêt la **forme** d'une déclaration écrite rédigée sur papier à en-tête de l'entreprise et prend **effet** le premier jour du mois suivant son dépôt au service des impôts du lieu d'exercice de la profession. Elle peut être **dénoncée** à partir du 1er janvier de la cinquième année qui suit celle au cours de laquelle elle a été exercée. La dénonciation prend effet à compter du premier jour du mois suivant celui au cours duquel elle a été formulée auprès du service des impôts. L'option couvre donc obligatoirement une **période minimale** de quatre années et un mois. À défaut de dénonciation, l'option continue de produire ses effets tant qu'il n'y est pas mis fin.

Portée de l'option Les opérations bancaires ou financières normalement exonérées de TVA peuvent être imposées par voie d'option, sauf lorsqu'elles entrent dans l'une des catégories expressément exclues de l'option par l'article 260 C du CGI. 60390 TVA-XV-29990 s

Remarque : Lorsqu'une **prestation** de services financiers, taxable sur option, est **accessoire** à une prestation financière exonérée sans possibilité d'option, la prestation accessoire est couverte par l'option exercée et donc soumise à la TVA, alors que la prestation principale reste exonérée (BOI-TVA-SECT-50-10-30-10 nº 150).

Opérations exonérées ne pouvant pas faire l'objet de l'option (liste limitative) :
Intérêts, agios et rémunérations assimilables [1]
Profits sur prêts de titres et pensions de titres
Frais et commissions perçus lors de l'émission et du placement des actions (y compris de Sicav) [2]
Commissions sur l'émission et le placement d'emprunts obligataires
Sommes perçues lors des cessions de créances et en rémunération de la gestion des créances cédées [4]
Profits sur le Matif
Cessions de valeurs mobilières et de titres de créance négociables
Financement d'exportations, de livraisons intracommunautaires exonérées et d'opérations situées hors de France [5]
Opérations sur les devises et monnaies
Certaines opérations effectuées par les Sofica (voir nº 60340, précision c)
Opérations portant sur les produits de capitalisation relevant du Code des assurances
Opérations soumises à la taxe sur les conventions d'assurance

Sommes versées par le Trésor à la Banque de France Opérations effectuées entre eux par certains organismes : caisses d'épargne et banques populaires, caisses de crédit mutuel, caisses de crédit agricole mutuel
Opérations exonérées entrant dans le champ de l'option : Opérations de crédit et de garantie, sauf les intérêts et rémunérations assimilées [1] Opérations sur effets de commerce, sauf les agios d'escompte et rémunérations assimilées [1] Opérations sur comptes et chèques bancaires Commissions sur ordres de bourse Opérations de gestion des OPCVM et des autres organismes de placement collectif présentant des caractéristiques similaires [2] Opérations d'affacturage [3] Émission de titres-restaurant (sauf les recettes ayant la nature d'intérêts de placement des fonds) Commissions d'enregistrement et de négociation perçues par les intermédiaires intervenant sur le Matif Toutes autres opérations exonérées non expressément exclues de l'option
1. La liste des **rémunérations assimilables à des intérêts ou agios** (et donc exclues, comme ceux-ci, de l'option) est la suivante (CGI ann. IV art. 23 O) : – commissions : du plus fort découvert ; d'endos ; d'attente, d'engagement, d'ouverture ou de confirmation de crédit ; de caution, d'aval ou de ducroire ; d'acceptation ; de garantie de placement d'obligations ou de bonne fin d'augmentation de capital ; de garantie de bonne fin d'opérations immobilières ; – frais de gestion réglementés perçus par les sociétés de crédit différé ; – rémunération perçue par l'intermédiaire placeur d'emprunts émis par voie d'adjudication. 2. Bien qu'elles ne soient pas visées par l'article 260 C du CGI, les commissions perçues lors de l'**émission et du placement des parts de fonds communs de placement ou de fonds communs de créances ou de titrisation** sont également exclues de l'option (CE 24-5-2000 nº 183483 : RJF 7-8/00 nº 915 ; BOI-TVA-SECT-50-10-30-10 nº 230). 3. L'administration considère que l'**affacturage** est exonéré de TVA (nº 60330) mais qu'il peut faire l'objet de l'option (BOI-TVA-SECT-50-10-10 nº 150) ; selon leur intérêt, les sociétés d'affacturage peuvent inclure dans l'option l'ensemble des rémunérations perçues (BOI-TVA-50-10-30-10 nº 90) ou en exclure celles, assimilées à des intérêts ou agios, correspondant à la mobilisation des créances avant leur échéance (CE 5-6-1989 nº 96641 : RJF 8-9/89 nº 945). 4. L'administration considère que seule la **gestion de créances** consécutive à leur cession est exclue de l'option (BOI-TVA-SECT-50-10-10 nº 140). 5. L'option ne s'applique pas, en principe, aux opérations bancaires afférentes au **financement d'exportations, de livraisons intracommunautaires** exonérées (nºs 49260 s.) ou d'opérations situées hors de France, dont la liste est fixée par l'article 23 P de l'annexe IV au CGI. Toutefois, l'option englobe ces commissions, lorsque, par l'effet de l'option, les commissions de même nature afférentes au financement de livraisons internes sont soumises à la TVA. L'administration a donné à cet égard les précisions suivantes : – lorsqu'elles sont englobées par l'option, les commissions afférentes au financement d'exportations sont exonérées par l'article 262, I du CGI (nºs 50135 s.) ; elles ouvrent cependant droit à déduction, comme indiqué au nº 60450 ; – les commissions liées au financement de livraisons intracommunautaires exonérées doivent être soumises à la TVA lorsque l'option a été exercée et qu'elles sont situées en France en application des règles de territorialité (nº 60415).

B. Modalités de taxation

TERRITORIALITÉ DE LA TAXE

60415 TVA-XV-31050 s

Les opérations bancaires ou financières relèvent de la règle générale de territorialité exposée nºs 49870 s. (relations « B to B ») ou des règles de territorialité exposées nºs 50020 s. (relations « B to C »), selon que le preneur a ou non la qualité d'assujetti.

Les opérations autres que les opérations bancaires ou financières réalisées par les banques ou les établissements de crédit relèvent des règles de territorialité qui leur sont propres.

Pour les locations de **coffres-forts** et les opérations de **crédit-bail,** on se reportera aux explications données nº 60365.

LIQUIDATION DE LA TAXE

60425 TVA-XV-31370 s

Pour les opérations bancaires ou financières imposables (de plein droit ou par option), la **base d'imposition** à la TVA est constituée par le montant brut des profits réalisés, même dans le cas où l'opération s'analyse en un achat-revente (BOI-TVA-SECT-50-30 nº 10).

Peuvent être déduits de la base d'imposition les **frais** dont la charge n'incombe pas normalement au banquier et que celui-ci se borne à avancer pour le compte du client (le remboursement doit toutefois correspondre exactement au seul montant effectif des frais engagés par le banquier).

Par contre, ne sont pas déductibles, notamment : les frais d'affranchissement d'avis d'exécution d'ordres de bourse, les frais de port et d'assurance des titres achetés en bourse, les frais de garde des titres confiés par l'établissement dépositaire à un autre établissement qui en assure la conservation matérielle (BOI-TVA-SECT-50-30 nº 20).

› Précisions La refacturation éventuelle de la **taxe sur les acquisitions de titres** (prévue par l'article 235 ter ZD du CGI) par le prestataire de services d'investissement ou le teneur du compte conservateur au client final qui a acquis les titres n'est pas soumise à la TVA (BOI-TVA-BASE-10-10-30 n° 445).

En ce qui concerne le **fait générateur** et l'**exigibilité** de la taxe, il est fait application des règles générales exposées n°s 52500 s. La taxe est donc, en principe, exigible lors de l'encaissement, dans le cas général des prestations de services (avec possibilité d'opter pour le paiement d'après les débits : n° 52665). 60430

L'ensemble des opérations bancaires ou financières imposables (de plein droit ou par option) relève du **taux** normal de la TVA. 60435

DÉDUCTIONS

Pour les opérations bancaires et financières, le système des déductions fonctionne, en principe, selon les règles générales exposées nos 55000 s. Cependant, certaines particularités doivent être signalées ou rappelées en ce qui concerne la nature des opérations ouvrant droit à déduction (n° 60450) et le coefficient de taxation forfaitaire (n° 60455). 60445 TVA-XV-31730 s

Remarque : Nous n'examinons pas spécialement ici la situation, en matière de déductions, des produits financiers de toute nature (dividendes d'actions, produits d'obligations, etc.) perçus par des redevables (entreprises, sociétés, etc.) **autres que les établissements bancaires ou financiers.** Cette situation (très courante, dans la pratique) fait l'objet d'un exposé particulier aux nos 55760 s.

Opérations ouvrant droit à déduction Conformément aux **règles générales,** ouvrent droit à déduction : 60450

– les opérations imposables soit de plein droit (nos 60360 s.), soit à la suite d'une option valablement formulée (nos 60375 s.) ;

– les opérations qui, étant placées hors du champ d'application territorial de la TVA, ne sont pas imposables en France, dans la mesure où elles donneraient lieu effectivement au paiement de la TVA si leur lieu d'imposition se situait en France.

Ouvrent également droit à déduction, en vertu de **dispositions propres** au secteur des opérations bancaires et financières :

– les opérations bancaires ou financières visées aux nos 60315 à 60340 lorsqu'elles sont faites au profit de personnes domiciliées ou établies hors de l'Union européenne ou se rapportent à des exportations de biens (CGI art. 271, V-b). S'agissant des intérêts de prêts consentis par le siège d'une banque à ses succursales ou inversement : voir n° 60455, précision d ;

– les livraisons d'or aux instituts d'émission.

› Précisions La taxe afférente aux biens exclusivement affectés à une activité de **crédit-bail** imposable est intégralement déductible (au sein du secteur distinct constitué pour cette activité, selon l'administration).

Coefficient de taxation forfaitaire Le rôle et les modalités de calcul du coefficient de taxation forfaitaire font l'objet d'un **exposé d'ensemble** auquel il convient de se reporter (nos 55740 s.). 60455

› Précisions a. Qu'ils proviennent de titres de placement ou de participation, immobilisés ou non, les **dividendes** perçus par les établissements financiers et assimilés n'ont pas à être inscrits au dénominateur du rapport servant au calcul du coefficient de taxation forfaitaire. La perception de dividendes étant une opération située hors du champ d'application de la TVA, les dépenses exclusivement utilisées pour la réalisation de cette opération sont affectées d'un coefficient d'assujettissement égal à zéro (n° 55510) et n'ouvrent donc pas droit à déduction, selon l'administration (BOI-TVA-SECT-50-40 n° 210 ; sur ce dernier point, voir toutefois les précisions données n° 55260, précisions).

b. La situation de certaines opérations au regard des droits à déduction a été précisée par la doctrine administrative reprise dans notre documentation experte, à laquelle il convient de se reporter. Tel est le cas, notamment :

– des cessions de titres réalisées pour leur propre compte par les établissements de crédit et assimilés (BOI-TVA-SECT-50-40 nos 200 à 220 : TVA-XV-31920 s.) ;

– des transmissions de créances (BOI-TVA-SECT-50-40 nos 230 à 260 : TVA-XV-32120) ;

– des opérations de change (BOI-TVA-SECT-50-40 nos 60 à 110 : TVA-XV-32140 s.) ;

– des opérations sur instruments financiers à terme portant sur les taux d'intérêt, les actions et les indices boursiers (BOI-TVA-SECT-50-40 nos 310 à 380 : TVA-XV-32000 s.).

c. Le montant des recettes à inscrire au dénominateur du rapport servant au calcul du coefficient de taxation forfaitaire au titre des **opérations de crédit** est constitué par toutes les sommes, et notamment par les intérêts, versées par les emprunteurs, sans qu'il y ait lieu d'en déduire les frais que le prêteur a pu devoir exposer pour se procurer les fonds prêtés (CE 16-9-1998 n° 177005 : RJF 11/98 n° 1286).

d. Les **intérêts de prêts** consentis par le **siège** d'une banque situé en France à ses **succursales** situées **hors Union** européenne n'ont pas le caractère de recettes entrant dans le champ d'application de la TVA et ne peuvent donc figurer ni au numérateur ni au dénominateur du rapport servant à calculer le coefficient de taxation forfaitaire du siège, même lorsque ces succursales sont des établissements stables se comportant de manière autonome (CE 29-6-2001 nº 176105 : RJF 10/01 nº 1217), étant précisé que sur ce dernier point la solution ne paraît pas en totale conformité avec la jurisprudence de la CJUE. De même, les intérêts qu'une **succursale** bancaire **française** reçoit de son **siège** situé **hors Union** européenne au titre du prêt qu'elle lui a consenti ne peuvent figurer ni au numérateur ni au dénominateur du rapport servant à calculer le coefficient de taxation forfaitaire de la succursale lorsqu'elle rend par ailleurs des services à des tiers (Rép. Guéna : AN 23-11-1987 nº 29039, non reprise dans Bofip).

OBLIGATIONS

60465 TVA-XV-32350 s Les personnes physiques ou morales qui réalisent des opérations bancaires ou financières imposables (de plein droit ou par option) sont soumises à toutes les obligations des assujettis (nos 53320 s.).

Il en est ainsi notamment pour les obligations relatives à l'établissement des **factures** (nos 53500 s.), étant toutefois rappelé que les opérations exonérées en régime interne bénéficient d'une dispense de facturation (nº 53565, précision c). Lorsque les banques sont soumises à l'obligation de facturation, les **bordereaux ou relevés** qu'elles délivrent à leurs clients peuvent valoir facturation, à condition de comporter les mentions visées au nº 53625. Il est toutefois admis que ces mentions ne soient pas portées sur les factures ou documents délivrés à des particuliers, c'est-à-dire à toutes les personnes autres que les commerçants, industriels, artisans et prestataires de services.

Les entreprises qui réalisent des opérations bancaires ou financières peuvent, le cas échéant (si elles remplissent les conditions requises à cet effet), être imposées selon le **régime simplifié** (nos 86870 s.).

SECTION 4

BIENS D'OCCASION, ŒUVRES D'ART, OBJETS DE COLLECTION OU D'ANTIQUITÉ

60540 CGI art. 297 A à 297 G TVA-XV-5 s Des **règles particulières** sont prévues, en matière de TVA, à l'égard des opérations portant sur les biens d'occasion, œuvres d'art, objets de collection et d'antiquité.

Tels qu'ils sont définis ci-après nos 60565 s., les **biens** appartenant à l'une **des quatre catégories** concernées suivent en principe le **même régime,** avec toutefois quelques **particularités** pour les œuvres d'art, les objets de collection ou d'antiquité. La première de ces particularités concerne les **taux** de TVA (nos 60595 s.). Les autres particularités seront signalées dans l'exposé (nos 60775, 60805, 60915, 60920).

60545 Le régime spécial est essentiellement axé sur la situation des **« assujettis-revendeurs »,** qui acquièrent, pour les revendre, des biens d'occasion, des œuvres d'art, des objets de collection ou d'antiquité. La loi prévoit à leur égard un système de **taxation sur la marge,** c'est-à-dire sur la différence entre le prix de vente et le prix d'achat (nos 60750 s.).

Certaines opérations portant sur les biens en cause appellent des développements ou commentaires particuliers. Il s'agit : des **échanges internationaux** intervenant soit à l'intérieur de l'Union européenne, soit avec des pays tiers (nos 60870 s.) ; des opérations de **commission et courtage** (nº 60945) ; des **ventes aux enchères publiques** (nos 60955 s.).

60550 Quant aux **opérations** portant également sur des biens d'occasion, des œuvres d'art ou des objets de collection ou d'antiquité, mais qui se situent **en amont du régime spécial** (c'est-à-dire qui sont réalisées au stade antérieur à l'application de ce régime), elles obéissent en principe aux règles de droit commun ; leur situation au regard de la TVA peut d'ailleurs dépendre à la fois de la nature de ces opérations et de la personne qui les réalise.

C'est ainsi qu'en matière d'œuvres d'art un **artiste** (tel que peintre, sculpteur, etc.) qui vend ses œuvres relève en principe de la TVA au taux réduit de 5,5 % ; mais il est susceptible de bénéficier de la franchise en base particulière prévue pour les auteurs d'œuvres de l'esprit (nº 85585).

La vente de biens d'occasion (voitures, par exemple), d'œuvres d'art, d'objets de collection ou d'antiquité par de **simples particuliers** n'est pas imposable dès lors qu'elle ne constitue pas une activité économique.

La situation est différente pour les **ventes de biens mobiliers d'investissement usagés** faites **par** les personnes (« **assujettis-utilisateurs** ») qui les ont utilisés pour les besoins de leur exploitation. Ces ventes sont soumises à la TVA lorsque les biens cédés ont auparavant ouvert droit à déduction totale ou partielle de la TVA chez le cédant (CGI art. 261, 3-1°-a). Cette disposition ne fait pas partie intégrante du régime proprement dit des biens d'occasion (CGI art. 297 A s.), mais elle en est cependant très proche. Elle fait l'objet d'un commentaire particulier, sous les nos 60985 s.

Des rubriques spéciales seront consacrées enfin : 60555

– aux **emballages,** pour lesquels il faut distinguer selon qu'ils sont consignés ou vendus avec la marchandise (nos 61025 s.) ;

– aux **véhicules d'occasion,** qui relèvent de l'ensemble des règles applicables aux biens d'occasion, mais pour lesquels il paraît utile de récapituler les solutions à retenir dans les différentes situations susceptibles de se présenter dans la pratique (nos 61050 s.).

Nota : Les **déchets neufs d'industrie et matières de récupération** ne constituent pas des biens d'occasion et sont soumis, le cas échéant, à un dispositif d'autoliquidation (voir n° 53705).

BIENS CONCERNÉS PAR LE RÉGIME SPÉCIAL

Les quatre catégories de biens concernés par le régime spécial, à savoir les biens d'occasion, les œuvres d'art, les objets de collection et les objets d'antiquité, sont respectivement définies comme suit. 60565
CGI ann. III art. 98 A
TVA-XV-20 s

Définition des biens d'occasion Les biens d'occasion sont les **biens meubles corporels susceptibles de remploi, en l'état ou après réparation,** autres que des objets d'art, de collection ou d'antiquité et autres que des métaux précieux ou des pierres précieuses. 60570
CGI ann. III art. 98 A, I
TVA-XV-30 s

Ce sont donc les biens qui, sortis de leur cycle de production, par suite d'une vente ou d'une livraison à soi-même réalisée par un producteur, ont fait l'objet d'une utilisation, mais sont encore propres à être employés en l'état ou après réparation.

› Précisions **a.** Les objets d'occasion peuvent éventuellement subir une **réparation,** dès lors qu'elle aboutit simplement à une **remise en état,** c'est-à-dire à une restitution des caractéristiques initiales de l'objet à l'état neuf.

En revanche, les opérations qui se traduisent soit par une **transformation** par rapport à l'objet initial avant usage, soit par une véritable **rénovation** de l'objet usagé, font perdre à ce dernier la qualification de bien d'occasion ; il devient un **produit nouveau** dont le regime d'imposition est celui des produits neufs. On entend par « **transformation** » les opérations ayant pour but de modifier les caractéristiques essentielles de l'objet initial (**exemples** : substitution d'un moteur Diesel à un moteur à essence, montage d'une pelle mécanique sur un châssis-cabine de camion, adjonction d'un moteur à un chaland constitué d'une simple coque, substitution d'une carrosserie d'apparence différente de l'ancienne).

Il y a **rénovation** lorsque la valeur des éléments, neufs ou d'occasion, utilisés pour la remise en état est **supérieure** à celle de l'objet usagé augmentée du coût de l'opération.

b. Constituent des biens d'occasion les **pièces usagées** provenant de véhicules automobiles hors d'usage et destinées à être **revendues comme pièces de rechange** (CJUE 18-1-2017 aff. 471/15 : RJF 4/17 n° 400).

c. Les **métaux précieux** (en barres, lingots, feuilles, plaques, fils, tubes et matériaux similaires) ainsi que les **pierres précieuses** (brutes ou taillées, mais non montées) ne sont jamais considérés comme des biens d'occasion.

d. La notion de biens d'occasion concerne les objets mobiliers. La situation des **immeubles** bâtis revendus par leurs utilisateurs fait l'objet de dispositions spécifiques (nos 58700 s.).

Des règles particulières sont également prévues à l'égard de certains **navires et aéronefs** (nos 50485 et 50515).

e. Les **animaux vivants** peuvent être considérés comme des biens d'occasion. Ainsi jugé pour des chevaux achetés à des particuliers et revendus après dressage (CJUE 1-4-2004 aff. 320/02 : RJF 6/04 n° 672).

Définition des œuvres d'art Sont réputées œuvres d'art les réalisations ci-après : 60575
CGI ann. III art. 98 A, II
TVA-XV-280 s

1. Tableaux, collages et tableautins similaires, peintures et dessins, entièrement exécutés à la main par l'artiste, à l'exclusion des dessins d'architectes, d'ingénieurs et autres dessins industriels, commerciaux, topographiques ou similaires, des articles manufacturés décorés à la main, des toiles peintes pour décors de théâtre, fonds d'ateliers ou usages analogues ;

2. Gravures, estampes et **lithographies** originales tirées en nombre limité directement en noir ou en couleurs, d'une ou plusieurs planches entièrement exécutées à la main par l'artiste quelle que soit la technique ou la matière employée, à l'exception de tout procédé mécanique ou photomécanique ;

3. Productions originales de l'art statuaire ou de la **sculpture** en toutes matières dès lors que les productions sont exécutées entièrement par l'artiste ; fontes de sculptures à tirage limité à huit exemplaires et contrôlé par l'artiste ou ses ayants droit ;
4. Tapisseries et textiles muraux faits à la main sur la base de cartons originaux fournis par les artistes, à condition qu'il n'existe pas plus de huit exemplaires de chacun d'eux ;
5. Exemplaires uniques de **céramique**, entièrement exécutés par l'artiste et signés par lui ;
6. Émaux sur cuivre, entièrement exécutés à la main, dans la limite de huit exemplaires numérotés et comportant la signature de l'artiste ou de l'atelier d'art ;
7. Photographies prises par l'artiste, tirées par lui ou sous son contrôle, signées et numérotées dans la limite de trente exemplaires, tous formats et supports confondus. Tout autre critère que ceux mentionnés ci-avant, en particulier celui tenant au caractère artistique des photographies, est exclu (CJUE 5-9-2019 aff. 145/18 : RJF 11/19 nº 1113, repris par CE 4-12-2019 nº 400837 : RJF 2/20 nº 110).

› Précisions Ne répondent pas à cette définition des œuvres d'art :
– les articles d'**orfèvrerie,** de **bijouterie** et de **joaillerie** (même ayant perdu leur fonction première) ;
– les **objets manufacturés** fabriqués par des artisans ou des industriels dits « **artisans ou industriels d'art** ».

60580 CGI ann. III art. 98 A, III TVA-XV-800 s

Définition des objets de collection Sont considérés comme objets de collection, à l'exception des biens neufs :
– les **timbres**-poste, timbres fiscaux, marques postales, enveloppes « premier jour », entiers postaux et analogues, oblitérés, ou bien non oblitérés mais n'ayant pas cours et n'étant pas destinés à avoir cours ;
– les **collections et spécimens** pour collections de zoologie, de botanique, de minéralogie, d'anatomie, ou présentant un intérêt historique, archéologique, paléontologique, ethnographique ou numismatique.

Les **véhicules automobiles** sont considérés comme véhicules de collection lorsqu'ils sont âgés d'au moins 30 ans, qu'ils correspondent à un modèle ou type dont la production a cessé et qu'ils sont dans leur état d'origine (c'est-à-dire sans modification substantielle du châssis, de la carrosserie, du système de direction, de freinage, de transmission ou de suspension ni du moteur). Il en va de même des véhicules automobiles ayant participé à un événement historique et des véhicules automobiles conçus et utilisés exclusivement pour la compétition et possédant un palmarès sportif significatif (Inst. douanes 8-9-2014 texte 14-028 : BOD 7032).

Lorsqu'ils respectent certains critères (rareté, utilisation différente de la destination initiale, transactions spéciales en dehors du commerce habituel des objets similaires utilisables, valeur élevée, réalisation d'un pas caractéristique de l'évolution des réalisations humaines ou illustration d'une période de cette évolution : mobilier Art nouveau ou Arts déco, par exemple), les **meubles meublants de moins de cent ans d'âge,** les articles de **joaillerie,** d'**orfèvrerie** et de **bijouterie** ainsi que les articles des **arts de la table** et de **mode vestimentaire** répondent à la définition d'objets de collection (BOI-TVA-SECT-90-10 nº 360).

› Précisions a. Lorsqu'ils constituent des **biens neufs,** les objets de collection ne sont pas concernés par le régime spécial. Voir cependant la solution indiquée au nº 60890, c, pour certains **timbres.**

b. Sont considérés comme des **monnaies et billets de collection** les pièces en or (autres que les pièces d'or d'investissement visées au nº 61860), en argent ou autre métal, ainsi que les billets qui ne sont pas normalement utilisés dans leur fonction comme moyen de paiement légal ou qui présentent un intérêt numismatique (CGI art. 256, IV-2º-a).

60585 CGI ann. III art. 98 A, IV TVA-XV-920

Définition des objets d'antiquité Les objets d'antiquité sont les biens meubles, autres que des œuvres d'art et des objets de collection, ayant plus de cent ans d'âge.

TAUX DE TVA POUR LES BIENS CONCERNÉS

60595 CGI art. 278-0 bis, I et 278 septies TVA-XV-1100 s

Le taux de TVA applicable aux biens d'occasion, œuvres d'art, objets de collection ou d'antiquité est, en principe, le taux normal (le taux réduit de 5,5 % pour les livres : voir nºs 53040 s.).

Toutefois, le **taux réduit** de 5,5 % ou le taux **intermédiaire** de 10 % sont applicables à **certaines opérations** portant soit sur les œuvres d'art et les objets de collection ou d'antiquité (nº 60600), soit uniquement sur les œuvres d'art (nº 60605).

60600 Le **taux réduit de 5,5 %** s'applique aux **importations d'œuvres d'art, d'objets de collection ou d'antiquité.** Le taux réduit est applicable quelle que soit la qualité de l'importateur (assujetti revendeur, intermédiaire opaque, particulier, etc.).

Le taux réduit de 5,5 % s'applique également aux **acquisitions intracommunautaires,** effectuées par un assujetti ou une personne morale non assujettie, d'œuvres d'art, d'objets de collection ou d'antiquité qu'ils ont **importés** sur le territoire d'un **autre État membre** de l'Union européenne.

En ce qui concerne uniquement les **œuvres d'art,** le **taux réduit** de 5,5 % s'applique aux **acquisitions intracommunautaires** d'œuvres d'art qui ont fait l'objet d'une livraison dans un autre État membre par d'autres assujettis que des assujettis-revendeurs ainsi qu'aux **livraisons** d'œuvres d'art effectuées **par leur auteur** ou ses ayants droit (lorsque, bien entendu, ils ne sont pas couverts par la franchise en base particulière visée au n° 85585). **60605**

Le **taux intermédiaire** de 10 % s'applique aux **livraisons d'œuvres d'art** effectuées à titre occasionnel par les personnes qui les ont utilisées pour les besoins de leurs exploitations et chez qui elles ont ouvert droit à déduction de la TVA. Il s'agit des livraisons effectuées par des **entreprises** autres que des assujettis-revendeurs qui ont acheté, dans le cadre du **mécénat,** des œuvres d'art qu'elles ont comptabilisées comme immobilisations et pour lesquelles elles ont eu un droit à déduction.

Nota : Le taux intermédiaire est également applicable aux **cessions des droits** reconnus aux auteurs des œuvres (n° 61690).

1. VENTES PAR LES « ASSUJETTIS-REVENDEURS »

Les « assujettis-revendeurs » sont les **assujettis qui achètent en vue de les revendre** des biens d'occasion, œuvres d'art, objets de collection ou d'antiquité : négociants en biens d'occasion, antiquaires, brocanteurs, galeristes, etc. **60750** CGI art. 297 A à 297 F **TVA-XV-1500 s**

Les assujettis-revendeurs sont passibles de la **TVA.** Mais (et c'est la spécificité de leur régime particulier) cette TVA s'applique seulement, en principe, **sur la marge,** c'est-à-dire sur la différence entre le prix de vente et le prix d'achat.

Pour leurs **opérations autres** que celles relevant de ce régime particulier, les intéressés demeurent soumis aux règles de **droit commun,** c'est-à-dire à la **taxation** sur le **prix de vente** total.

› Précisions Selon la CJUE, une entreprise qui, dans l'exercice normal de son activité, revend des **véhicules** qu'elle a **acquis d'occasion** en vue de les **affecter** à son **activité de location-vente** et pour laquelle la **revente** n'est pas, au moment de l'opération d'acquisition du bien d'occasion, l'objectif principal mais seulement son **objectif secondaire,** accessoire à celui de la location, peut être considérée comme un « assujetti-revendeur » (CJUE 8-12-2005 aff. 280/04 : RJF 4/07 n° 523).

CHAMP D'APPLICATION DU RÉGIME DE TAXATION SUR LA MARGE

La taxation sur la marge s'applique, en principe, aux livraisons par un assujetti-revendeur de **biens** d'occasion, d'œuvres d'art, d'objets de collection ou d'antiquité qui lui ont été **livrés** : **60755** CGI art. 297 A, I-1° **TVA-XV-1550 s**

– **par un non-redevable** de la TVA (particulier, assujetti exonéré au titre de la cession du bien ou assujetti exonéré au titre de l'ensemble de son activité) ;

– **ou par une personne** qui n'est **pas autorisée à facturer la TVA** au titre de cette livraison (assujetti bénéficiant de la franchise en base, autre assujetti-revendeur soumis au régime de la marge pour cette livraison).

Dans ces différents cas, le bien n'a **pas** ouvert de droit à **déduction** chez l'assujetti-revendeur.

› Précisions Un assujetti-revendeur peut, en principe, appliquer le régime particulier de taxation sur la marge lors de la revente d'un bien d'occasion acquis en France auprès d'un autre assujetti-revendeur (ou, s'agissant d'un bien d'occasion acquis dans un autre État membre de l'UE auprès d'un assujetti-revendeur, bénéficier du régime de non-taxation de l'acquisition intracommunautaire et appliquer le régime de la marge lors de la revente : n° 60885) sans autre **condition** que celle tenant à la détention d'une **facture** délivrée par le fournisseur mentionnant explicitement que celui-ci a appliqué lors de la vente le régime particulier de la marge. Mais l'**administration** peut **remettre en cause** l'application du régime de faveur en démontrant que l'assujetti-revendeur ne pouvait ignorer que son fournisseur n'était pas autorisé à appliquer lui-même le régime de la marge (CE 4-8-2006 n° 278274 : RJF 11/06 n° 1335 ; CE 29-10-2008 n° 292894 et 292895 : RJF 1/09 n° 20 ; dans le même sens CJUE 18-5-2017 aff. 624/15 : RJF 8-9/17 n° 896).

En revanche, le régime de la marge n'est **pas applicable si** le bien vendu a ouvert droit à **déduction** lors de son acquisition par l'**assujetti-revendeur.** **60760**

Il en est ainsi lorsque les reventes portent sur des **biens** qui ont été soit **importés,** soit **achetés** auprès d'un assujetti qui a **facturé** de la taxe au titre de sa livraison, ou bien encore qui ont fait l'objet d'une **acquisition intracommunautaire** taxable.

De telles reventes sont normalement imposables selon les règles de droit commun, c'est-à-dire sur le prix de vente total (et avec exercice du droit à déduction dans les conditions habituelles).

› Précisions Le régime de la marge n'est, par hypothèse, pas non plus applicable aux ventes de **biens collectés gratuitement** (Rép. Idrac : AN 2-4-2001 n° 51128, non reprise dans Bofip).

60765 Les principes ainsi énoncés peuvent cependant faire l'objet, à l'initiative des redevables, d'une **double dérogation** permettant soit d'appliquer le régime général à des opérations relevant normalement du régime particulier de la marge (n° 60770), soit, à l'inverse, d'appliquer le régime de la marge à certaines opérations relevant normalement du régime général (n° 60775).

60770 CGI art. 297 C TVA-XV-1660 s **Option pour l'imposition sur le prix de vente total** Pour chaque livraison de biens d'occasion, d'œuvres d'art, d'objets de collection ou d'antiquité relevant normalement du régime de la marge (selon le principe énoncé au n° 60755), les assujettis-revendeurs peuvent, s'ils le désirent, appliquer le régime général de la TVA, au lieu du régime particulier de la marge.

Peuvent être ainsi concernées les ventes faites en France et celles à destination d'un autre État de l'Union européenne ou à destination d'un pays tiers. Ces opérations sont alors soumises au régime général de la TVA, c'est-à-dire qu'elles sont **taxables sur leur prix de vente total,** sous réserve des **exonérations** accordées (lorsque les conditions sont réunies) pour les **livraisons intracommunautaires et les exportations.**

L'**option** pour le régime général s'effectue **sans formalité** particulière, **opération par opération.** L'option pour le régime général ouvre droit pour l'assujetti-revendeur à la **déduction** de la TVA ayant grevé les biens en cause.

Nota : Lorsque l'assujetti-revendeur, ayant également exercé l'option pour la marge visée au n° 60775, décide finalement (comme il en a le droit) de soumettre à la TVA sur leur prix total certaines ventes d'œuvres d'art ou d'objets de collection ou d'antiquité, il peut déduire la taxe y afférente. Mais cette déduction ne peut intervenir qu'au moment de la livraison des biens en cause (CGI art. 297 D, II).

60775 CGI art. 297 B TVA-XV-1750 s **Option pour la marge** Selon cette mesure (qui, contrairement à la précédente, ne s'étend pas aux biens d'occasion), les assujettis-revendeurs peuvent opter pour l'application du régime de la marge pour les livraisons d'**œuvres d'art**, de **biens de collection ou d'antiquité** subséquentes à une importation, une **acquisition** intracommunautaire ou une livraison **soumises au taux réduit** ou au taux **intermédiaire** dans les conditions indiquées aux n°s 60600 et 60605 (en l'absence d'option, ces opérations seraient taxées selon le régime général, conformément au principe énoncé au n° 60760).

L'**option** doit être **formulée expressément** par lettre adressée au service des impôts des entreprises dont relève l'assujetti-revendeur. Elle prend effet le premier jour du mois suivant celui au cours duquel elle est formulée et vaut jusqu'à la fin de la deuxième année civile suivante. Elle est **renouvelable** par tacite reconduction par périodes de deux années civiles, sauf **dénonciation** formulée avant l'expiration de chaque période.

› Précisions **a.** La **base d'imposition** de la livraison est constituée par la différence entre le prix de vente et le prix d'achat TVA comprise (CGI art. 297 A, I-4°).

b. L'option pour la marge **prive** l'assujetti-revendeur **de la déduction** de la TVA au taux réduit ou intermédiaire payée lors de l'achat du bien, lors de son importation ou lors de son acquisition intracommunautaire (n° 60815).

c. Bien qu'ayant exercé l'option, l'assujetti-revendeur conserve cependant la **possibilité,** s'il le souhaite, d'appliquer la **TVA** sur le **prix de vente total** et d'exercer un droit à **déduction** au titre des biens en cause (voir n° 60770, Nota).

FONCTIONNEMENT DU RÉGIME DE TAXATION SUR LA MARGE

60785 CGI art. 297 A, I-1° TVA-XV-1950 s Pour les opérations placées sous le régime de la marge, la **base d'imposition** est constituée par la **différence entre le prix de vente et le prix d'achat.**

Dans l'hypothèse la plus classique, qui est celle où l'assujetti-revendeur indique à son client un prix taxe comprise, la marge à soumettre à la TVA est la différence entre le prix de vente TTC et le prix d'achat (net de taxe ou TTC, selon le cas) **ramenée hors taxe** par application du coefficient de conversion adéquat (n° 52785).

EXEMPLE

Soit un bien acheté auprès d'un particulier 1 000 € et revendu, après remise en état, 1 500 €, taxe comprise. La base d'imposition est de 500 € taxe comprise et de 500 × 0,833 = 416,50 € hors taxe (on suppose qu'il s'agit d'un bien relevant du taux normal de 20 %). Le montant de la taxe due sera de : 416,50 × 20 % = 83,30 €.

60790 Le **système** ainsi décrit est souvent désigné par l'expression **« coup par coup »**, puisqu'il nécessite un calcul distinct **pour chaque opération** (ce qui implique de connaître lors de chaque vente le prix d'achat correspondant et exclut la compensation entre opérations bénéficiaires et opérations déficitaires).

Les assujettis-revendeurs peuvent, s'ils le désirent, appliquer un autre **système,** dit **de la « globalisation ».** Il consiste à calculer, **chaque mois,** la base imposable en retenant la **différence** existant entre le montant **total des ventes** et le montant **total des achats** de biens d'occasion, d'œuvres d'art, d'objets de collection ou d'antiquité réalisés au cours du mois considéré. **60795** CGI art. 297 A, II TVA-XV-2100 s

La marge globale ainsi obtenue est une marge TTC qui doit être ramenée au montant hors taxe par application du coefficient de conversion approprié (nº 52785).

› Précisions a. Dans ce système de la globalisation, la valeur d'achat des **objets exportés** ou ayant fait l'objet d'une **livraison intracommunautaire** exonérée doit venir en diminution des achats déductibles.
b. Lorsque le montant des **achats** d'un mois **dépasse** celui des **ventes,** l'excédent est ajouté aux achats du mois suivant.
c. Le système nécessite une **régularisation annuelle** destinée à tenir compte des variations enregistrées dans la valeur des **stocks** au début et à la fin de chaque année :
– si, à la fin d'une année donnée, la valeur du stock a diminué, la différence représente la valeur d'achat de marchandises vendues au cours de l'année écoulée ; elle s'ajoute aux achats de l'année suivante et vient, comme ceux-ci, en atténuation du montant des ventes imposables sur la « marge » ;
– corrélativement, si cette valeur a augmenté, la différence représente la valeur d'achat de marchandises mises en stock au cours de l'année écoulée et vient réduire à due concurrence le montant des achats de l'année suivante à retenir pour le calcul de la « marge ».

Lots hétérogènes (produits dont la nature est indéterminée au moment de l'acquisition). Les acquéreurs de lots hétérogènes (usine désaffectée, par exemple) sont obligés de procéder à un tri à la suite duquel ils déterminent la nature exacte des produits qu'ils revendent. Ceux-ci peuvent être soit des matières de récupération destinées à entrer dans un nouveau circuit de fabrication, soit des **articles d'occasion** susceptibles de remploi. Pour ces derniers, à défaut d'une connaissance exacte du prix d'achat correspondant, la base d'imposition peut être fixée à la **moitié du prix de cession.** **60800** TVA-XV-2010 s

La même solution est admise lorsque certains éléments susceptibles de remploi sont vendus après la **casse** d'un matériel ancien ou accidenté.

Lorsque le vendeur indique à son client un **prix taxe comprise,** la **base d'imposition** est **reconstituée** en appliquant à ce prix un coefficient de conversion correspondant à un taux effectif égal à la moitié du taux légal et en ne retenant que la moitié du résultat obtenu.

EXEMPLE

Bien vendu 1 000 € TTC (TVA à 20 %). Calcul du prix HT : 1 000 × 0,909 (coefficient correspondant à un taux effectif de 20/2 = 10 %) = 909 €. Base d'imposition : 909/2 = 454,50 €. TVA correspondante : 454,50 × 20 % = 90,90 €.

Marge forfaitaire à retenir éventuellement pour les œuvres d'art. Pour les livraisons d'œuvres d'art, lorsqu'il n'est **pas possible de déterminer** avec précision le **prix d'achat** payé par un assujetti-revendeur au vendeur **ou** lorsque ce prix n'est **pas significatif,** la base d'imposition peut être constituée par une **fraction du prix de vente** égale à **30 %** de celui-ci. **60805** CGI art. 297 A, III TVA-XV-2290 s

Lorsque le vendeur indique au client un prix TTC, la reconstitution de la base d'imposition HT s'opère en appliquant au prix TTC le coefficient de conversion correspondant au taux effectif de 30 % du taux légal, puis en ne retenant que 30 % du résultat obtenu.

EXEMPLE

Tableau vendu pour 10 000 € TTC (TVA à 20 %). Calcul du prix HT : 10 000 × 0,943 (coefficient correspondant à un taux effectif de 20 × 30 % = 6 %) = 9 430 €. Base d'imposition : 9 430 × 30 % = 2 829 €. TVA correspondante : 2 829 × 20 % = 565,80 €.

› Précisions a. La marge forfaitaire ne concerne que les **œuvres d'art** définies au nº 60575.
Elle peut cependant s'appliquer également aux **pièces d'ébénisterie** de plus de cent ans d'âge dont la rareté et l'estampille attestent l'originalité.
b. L'assujetti-revendeur doit **justifier d'actions de promotion** en faveur d'artistes ou d'œuvres **ou** de l'existence **de contrats** avec des artistes. Pour les assujettis-revendeurs remplissant cette condition, l'application de la marge forfaitaire n'est pas limitée aux seules œuvres des artistes objet de ces actions de promotion ou contrats.
c. La marge forfaitaire est également applicable aux livraisons d'œuvres d'art en **stock depuis** plus de **six ans.**

Déductions

L'application du régime de la marge **exclut** toute déduction par l'**assujetti-revendeur** de la TVA afférente à l'achat, l'acquisition intracommunautaire ou l'importation des biens. **60815** CGI art. 297 D, I TVA-XV-2420 s

Mais quel que soit le système appliqué (coup par coup, globalisation, marge forfaitaire), l'assujetti-revendeur dispose néanmoins d'un droit à déduction limité aux éléments qui ont grevé le **coût de son intervention** (frais d'entremise ou de commission afférents à l'achat des biens sur lesquels porte son négoce, frais de réparation et de remise en état de ces biens, y compris les frais afférents aux matières premières utilisées pour cette remise en état).

Pour le calcul du **coefficient de taxation forfaitaire,** les intéressés portent tant au numérateur qu'au dénominateur du rapport servant à ce calcul le montant total des recettes afférentes à ces opérations (n° 55745, précision e).

60820 De son côté, l'**acquéreur** de biens d'occasion, d'œuvres d'art, d'objets de collection ou d'antiquité taxés sur la marge par l'assujetti-revendeur ne bénéficie d'**aucun droit à déduction** de la taxe incluse dans le prix de son acquisition.

60825 CGI art. 297 E TVA-XV-2545 s **Facturation et comptabilisation** Les assujettis-revendeurs qui appliquent le régime de la marge (au coup par coup, globalement, de plein droit ou sur option) ne peuvent **pas** faire apparaître la **TVA** sur leurs factures. Ils doivent, en revanche, y indiquer l'une des mentions suivantes : « Régime particulier-Biens d'occasion », « Régime particulier-Objets d'art » ou « Régime particulier-Objets de collection et d'antiquité » (n° 53625).

60830 CGI art. 297 F TVA-XV-2580 s Les assujettis qui effectuent des opérations portant sur des biens d'occasion, des œuvres d'art, des objets de collection ou d'antiquité doivent comptabiliser **distinctement par mode d'imposition** – marge ou régime général – leurs opérations portant sur ces biens.

60835 CGI art. 275, III TVA-XV-3420 s **Achats en franchise** Les assujettis-revendeurs ne peuvent **pas** taxer sur la **marge,** lors de la revente, les biens d'occasion, œuvres d'art, objets de collection ou d'antiquité qu'ils ont reçus ou importés en franchise de TVA dans les conditions indiquées aux n°s 50550 s.

Les biens ainsi acquis ou importés en franchise doivent donc, lors de leur revente, être obligatoirement soumis au régime général.

2. ÉCHANGES INTERNATIONAUX

60860 Conformément à la notion de base gouvernant la territorialité de la TVA (n°s 48500 s.), il faut distinguer selon qu'il s'agit d'**échanges intracommunautaires** (entre États membres de l'Union européenne) ou d'**échanges avec les pays tiers.**

ÉCHANGES INTRACOMMUNAUTAIRES

60870 TVA-XV-2810 s Quelle que soit la qualité de l'acheteur, les échanges intracommunautaires de biens d'occasion, d'œuvres d'art, d'objets de collection et d'antiquité relevant du **régime de la marge** sont en principe taxés (sur la marge) dans l'État de l'assujetti-revendeur.

Mais, comme sur le marché interne, les assujettis-revendeurs ont la faculté, pour chaque opération, d'opter pour les règles du **régime général.**

D'où une possible dualité de régimes, tant pour les livraisons intracommunautaires (ventes de France vers un autre État membre) que pour les acquisitions intracommunautaires (ventes d'un autre État membre vers la France).

60875 CGI art. 262 ter, I-1 TVA-XV-2870 s **Livraisons intracommunautaires** Pour les livraisons de biens d'occasion, d'œuvres d'art, d'objets de collection ou d'antiquité effectuées en France par un assujetti-revendeur à destination d'un autre État membre, deux cas peuvent se présenter.

a. Le premier cas est celui où l'opération relève soit de plein droit (n° 60755), soit sur option (n° 60775), du **régime de la marge.** En pareil cas, l'exonération prévue pour les livraisons intracommunautaires (n°s 49260 s.) n'est pas applicable.

Quelle que soit la qualité de l'acquéreur, l'assujetti-revendeur doit acquitter la **TVA sur la marge** au taux applicable en France, comme pour les opérations internes (n°s 60785 s.), et ne peut pas faire figurer la taxe sur sa **facture** (mais il doit néanmoins y indiquer clairement que l'opération bénéficie du régime particulier de la marge : voir n° 60825).

b. Le second cas est celui où l'opération relève soit de plein droit (n° 60760), soit sur option (n° 60770), du **régime général.** En pareil cas, l'opération bénéficie, dès lors que sont remplies les conditions prévues à l'article 262 ter, I-1° du CGI, de l'**exonération** des livraisons intracommunautaires, avec ouverture du droit à **déduction** (voir n°s 49260 et 49270 s.).

60880 › **Précisions** **a.** Le régime des **« ventes à distance »** décrit aux n°s 49315 s. n'est pas applicable aux livraisons de biens d'occasion, d'œuvres d'art, d'objets de collection ou d'antiquité, lorsqu'elles relèvent du régime de la marge, c'est-à-dire dans le cas visé au a du n° 60875 (CGI art. 258 A, III).

En revanche, lorsque ces livraisons relèvent du régime général (cas visé au b du n° 60875), le régime des ventes à distance est susceptible d'être utilisé le cas échéant (sous réserve, bien entendu, que soient remplies les conditions requises à cet effet).

b. Cas des **« transferts »** (CGI art. 297 A, I-3°) ; TVA-XV-3030 s : le **déplacement de biens** d'occasion, d'œuvres d'art, d'objets de collection ou d'antiquité dans l'UE **sans** qu'il y ait **vente** (notamment à l'occasion de **foires** ou de **salons**

au cours desquels les biens sont présentés en vue d'une vente éventuelle) constitue un transfert assimilé à une livraison suivie d'une acquisition par le même assujetti-revendeur dans l'autre État membre. Lorsque le bien est placé sous le régime de la marge, la livraison est taxable en France sur la différence entre la valeur de transfert et le prix d'achat du bien ; ces deux montants étant en principe identiques, la base d'imposition est nulle. L'acquisition dans le pays d'arrivée n'est pas taxable.

La taxation du transfert selon ce schéma peut n'intervenir qu'au terme d'un certain délai ou lors de la vente. C'est le cas des biens qui sont déplacés dans un autre État membre et qui auraient pu être importés dans cet État membre sous le régime douanier de l'admission temporaire s'ils provenaient de pays tiers.

La **livraison subséquente** au transfert est soumise à la TVA sur la marge dans l'État membre où se trouve le bien.

Acquisitions intracommunautaires On retrouve ici une distinction analogue à celle indiquée au n° 60875 pour les livraisons intracommunautaires. 60885

CGI art. 256 bis, I-2° bis TVA-XV-2890 s

a. Les acquisitions de biens d'occasion, d'œuvres d'art, d'objets de collection ou d'antiquité par un assujetti ou une personne morale non assujettie ne sont **pas taxables en France lorsque le vendeur** est un assujetti-revendeur qui a appliqué le **régime de la marge** dans son **État membre.**

La taxe étrangère incluse dans le prix des biens taxés dans ces conditions ne peut faire l'objet d'aucune déduction.

Comme en régime interne (n° 60825), cette taxe étrangère ne peut pas apparaître distinctement sur la **facture.** Toutefois, les négociants doivent veiller à ce que la facture mentionne clairement que l'opération a bénéficié du régime particulier de la marge dans l'État membre du vendeur (cette seule mention suffit, en principe, pour justifier du caractère non taxable de l'acquisition intracommunautaire : voir n° 60755, précisions). À défaut, l'acquéreur français risquerait d'être présumé avoir effectué une acquisition intracommunautaire et de se voir réclamer la taxe en France sur le montant total de la transaction.

La **revente ultérieure,** par l'assujetti-revendeur français, est taxable sur la marge (différence entre le prix de vente et le prix d'achat TVA étrangère incluse).

b. Lorsque, dans l'**autre État membre,** l'opération a été placée non sous le régime particulier de la marge mais sous le **régime général** (livraison intracommunautaire exonérée chez le vendeur), elle se traduit, du côté français, par une **acquisition intracommunautaire taxable** selon les règles indiquées aux n°s 49150 s. (pour les taux applicables : voir n°s 60595 à 60605).

La **revente** ultérieure, par l'assujetti-revendeur français, est taxable sur le prix de vente total, avec déduction de la taxe ayant grevé l'acquisition intracommunautaire.

Bien entendu, cette revente peut être exonérée (avec maintien du droit à déduction) si elle constitue à son tour soit une livraison intracommunautaire vers un autre État membre (n° 60875, b), soit une exportation vers un pays tiers (n° 60905).

› Précisions a. Le régime des **« ventes à distance »** décrit aux n°s 49315 s. n'est pas applicable aux livraisons de biens d'occasion, d'œuvres d'art, d'objets de collection ou d'antiquité, lorsqu'elles relèvent du régime de la marge, c'est-à-dire dans le cas visé au a du n° 60885 (CGI art. 258 B, III). 60890

En revanche, lorsque les livraisons relèvent du régime général (cas visé au b du n° 60885), le régime des ventes à distance est susceptible d'être utilisé le cas échéant (sous réserve, bien entendu, que soient remplies les conditions requises à cet effet).

b. Exonération des acquisitions intracommunautaires destinées à des **établissements agréés** par le ministre de la **culture** : voir n° 60920.

c. Cas des **timbres non oblitérés vendus à leur valeur faciale** et ayant **valeur d'affranchissement dans le pays d'émission** (TVA-XV-2970). Lorsque ces timbres livrés dans un autre État membre à un assujetti-revendeur français sont exonérés de TVA sur la base de l'article 135, 1-h de la directive TVA, il est admis qu'il n'y ait pas d'acquisition taxable en France. À l'importation, ces timbres, bien que neufs, peuvent être soumis au taux réduit (il en va de même des timbres non oblitérés ayant valeur d'affranchissement en France mais vendus à une valeur supérieure à leur valeur faciale). La livraison subséquente peut être soumise au régime de la marge comme les autres biens de collection.

Ces dispositions ne s'appliquent qu'aux timbres proprement dits à l'exclusion des autres productions philatéliques telles que, par exemple, les enveloppes « premier jour d'émission » ou les notices, qui suivent le régime de droit commun des biens neufs ou des biens de collection selon le cas (BOI-TVA-SECT-90-60 n° 80 ; Inst. douanes 99-132 : BOD 6364).

ÉCHANGES EXTRACOMMUNAUTAIRES

Comme on l'a vu dans l'étude générale sur la territorialité de la TVA (n°s 49460 s.), c'est dans ce domaine des échanges **avec des pays tiers** que l'on retrouve les notions d'**« exportation »** et d'**« importation ».** 60900

60905 TVA-XV-3200 s **Exportations** Les livraisons directes à l'exportation, à destination de pays tiers, de biens d'occasion, d'œuvres d'art, d'objets de collection ou d'antiquité sont **exonérées** de TVA (nos 49690 s.).

La **taxe** ayant éventuellement grevé ces biens est néanmoins **déductible** par les assujettis-revendeurs, à condition que cette taxe figure distinctement sur la facture (ou l'avis d'importation) relative à l'acquisition (ou ait été régulièrement déclarée et liquidée, en cas d'acquisition intracommunautaire).

60910 TVA-XV-3230 s **Importations** Les **importations de biens d'occasion** sont imposées comme des importations de biens neufs (nos 49600 s.).

Les ventes ultérieures de ces biens sont également imposées selon les règles prévues pour les biens neufs (avec déduction de la taxe payée à l'importation).

60915 Les **importations d'œuvres d'art, d'objets de collection ou d'antiquité** sont soumises à la TVA sur la valeur en douane, au taux réduit (no 60600).

La revente ultérieure par les assujettis-revendeurs est taxée, en principe, au taux normal :
– soit selon le régime de la marge, en cas d'option visée au no 60775 ;
– soit selon le régime général : taxation sur le prix de vente total et déduction de la TVA payée à l'importation.

60920 CGI art. 291, II-8o TVA-XV-3280 s Sont **exonérées** de TVA les **importations d'œuvres d'art** originales, timbres, objets de **collection** ou d'**antiquité** directement **destinés à des établissements agréés** par le ministre de la culture.

Cette exonération s'applique également aux **acquisitions intracommunautaires** de ces biens effectuées par lesdits établissements (CGI art. 262 ter, II-2o).

3. AUTRES OPÉRATIONS

OPÉRATIONS DE COMMISSION ET DE COURTAGE

60945 TVA-XV-3650 s Dans l'exposé qui leur est spécialement consacré (nos 61440 s.), on verra que la situation des intermédiaires au regard de la TVA repose sur une **distinction** faite entre l'**intermédiaire « transparent » agissant au nom d'autrui** (courtier, etc.) et l'**intermédiaire « opaque » agissant en son nom propre** (commissionnaire, etc.).

L'intervention d'un intermédiaire « opaque » est assez fréquente dans les transactions portant sur des biens d'occasion (véhicules notamment), œuvres d'art, objets de collection ou d'antiquité (galeries agissant comme intermédiaires d'artistes, ventes sur offres de biens de collection, etc.).

Dans de telles hypothèses, l'**intermédiaire « opaque »** est réputé avoir personnellement acquis et vendu le bien, et il est donc traité selon les **règles des assujettis-revendeurs** (nos 60750 s.). Lorsqu'il est taxable sur la marge, celle-ci est constituée par la différence entre le montant total facturé à l'acheteur par l'intermédiaire et le montant net payé par cet intermédiaire à son commettant ; cette marge TTC est ramenée hors taxe par application du coefficient de conversion (no 60785).

Quant aux **intermédiaires « transparents »,** ils sont imposables à la TVA sur leur rémunération. Il en est ainsi, même lorsqu'il s'agit d'une cession elle-même exonérée (sous réserve du cas des exportations : no 50160).

Le **taux** de TVA applicable est le taux du bien.

VENTES AUX ENCHÈRES PUBLIQUES

60955 TVA-XV-3785 s Les ventes aux enchères publiques de biens d'occasion, d'œuvres d'art, d'objets de collection ou d'antiquité sont, en principe, soumises à la **TVA** lorsque le **vendeur** est un **assujetti redevable** de la taxe.

En fait, ces ventes impliquent l'intervention d'un **intermédiaire** qui est **le plus souvent** (mais pas toujours) un **commissaire-priseur.** Selon la distinction rappelée au no 60945, il peut s'agir soit d'un **intermédiaire « transparent »** agissant au nom d'autrui, soit d'un **intermédiaire « opaque »** agissant en son nom propre. Dans cette seconde situation (qui est généralement celle des commissaires-priseurs), l'opération est censée se décomposer en une double vente, d'abord du vendeur à l'intermédiaire, puis de l'intermédiaire à l'acquéreur.

En définitive, la situation des ventes en cause au regard de la TVA se présente comme suit.

a. Les ventes réalisées par un **intermédiaire « opaque »** sont soumises à la TVA selon les règles prévues pour les assujettis-revendeurs (nos 60750 s.). Selon les distinctions indiquées aux nos 60755 s., l'intermédiaire « opaque » est donc taxable sur la marge ou sur le prix d'adjudication total. La marge de l'intermédiaire est constituée par la différence entre le prix total payé par l'adjudicataire et le montant net reversé par l'intermédiaire à son commettant (CGI art. 297 A, I-2°), c'est-à-dire, en fait, par le montant total des commissions (sur l'acheteur et sur le vendeur) ; cette marge TTC est ramenée hors taxe par application du coefficient de conversion (n° 60785).

Si le bien fait l'objet d'une livraison intracommunautaire ou d'une exportation, on applique les règles respectivement indiquées au n° 60875 et au n° 60905.

b. Pour les ventes réalisées avec l'intervention d'un **intermédiaire « transparent »,** la commission de celui-ci est taxable (sauf en cas d'exportation : n° 50160).

La vente elle-même est soumise à la TVA lorsque le vendeur est un assujetti redevable de la taxe. Si le vendeur est un assujetti-revendeur, il est taxable sur la marge ou sur le prix total, selon les distinctions faites aux n°s 60755 s. (en cas de livraison intracommunautaire ou d'exportation, on applique les règles respectivement indiquées au n° 60875 et au n° 60905).

Lorsque le vendeur n'est pas assujetti à la TVA ou est exonéré, la vente n'est pas imposable.

› Précisions Les assujettis-revendeurs, y compris les commissaires-priseurs « opaques », sont tenus de s'assurer qu'une **facture** est émise, par eux-mêmes, ou en leur nom et pour leur compte, par leur client ou par un tiers, pour les livraisons aux enchères publiques de biens d'occasion, d'œuvres d'art, d'objets de collection ou d'antiquité (CGI art. 289, I-1-d). 60960

Le **compte rendu** qui est obligatoirement remis par le commissaire-priseur à son commettant peut tenir lieu de facture pour ce dernier.

4. EXPLICATIONS PARTICULIÈRES

CESSIONS DE BIENS MOBILIERS D'INVESTISSEMENT

Il ne s'agit plus ici de l'« assujetti-revendeur » (nos 60750 s.), mais de l'« assujetti-utilisateur », qui vend des biens usagés qu'il a utilisés pour les besoins de son exploitation. 60985 CGI art. 261, 3-1°-a TVA-XV-5900 s

Lorsque ces **biens** n'ont précédemment ouvert **aucun droit à déduction** chez l'intéressé (voiture de tourisme, par exemple), leur **cession** est **exonérée** de TVA (nos 61010 s.).

Au contraire, s'il s'agit (ce qui est fréquent) de **biens** qui ont ouvert droit à **déduction totale ou partielle** de la taxe les ayant grevés, leur **cession** est **imposable** à la TVA (nos 60995 s.).

Une **dispense de taxation** est cependant prévue lorsque la cession intervient dans le cadre d'une **transmission d'une universalité de biens** (n° 47520).

› Précisions **a.** Les biens « usagés » visés par le texte légal s'entendent, en règle générale, des **biens mobiliers d'investissement** de toute nature utilisés par le redevable (exemples : matériel et outillage industriel ou commercial, matériel de transport, matériel et mobilier de bureau et informatique, etc.). Le critère commun est l'utilisation préalable du bien par l'entreprise, sans condition de durée minimale d'affectation à ses besoins. 60990

En revanche, les **immeubles** ne sont pas concernés par le régime particulier. Mais les cessions ou apports d'immeubles qui interviennent durant la période visée au n° 57100 sont susceptibles de donner lieu à une régularisation des déductions initiales, dans les conditions indiquées aux nos 57295 s.

b. Le dispositif concerne en principe toutes les **cessions** à titre onéreux de biens mobiliers d'investissement ainsi que les **apports en société** effectués à titre onéreux ou à titre pur et simple (sous réserve de la dispense de taxation prévue en cas de transmission d'une universalité de biens : n° 47520).

c. Qu'elles soient imposables ou non à la TVA, les cessions de biens usagés faites par leurs utilisateurs ne sont pas prises en compte pour le calcul du **coefficient de taxation forfaitaire** (voir n° 55750, c).

d. Le régime examiné ici est applicable aux objets cédés en fin de **contrat de crédit-bail mobilier** (voir n° 52610).

e. Le présent dispositif ne concerne pas les ventes de **navires et aéronefs** spécialement régies par les 1° et 2° du III de l'article 257 du CGI (voir nos 50485 et 50515).

Régime de l'imposition Sauf application de la dispense examinée au n° 47520, sont imposables les ventes de **biens usagés ayant ouvert droit à déduction complète ou partielle** de la TVA lors de leur acquisition, acquisition intracommunautaire, importation ou livraison à soi-même, faites par des personnes qui les ont utilisés pour les besoins de leur exploitation industrielle, commerciale ou agricole ou pour l'exercice d'une activité libérale. 60995 TVA-XV-6100 s

La taxation doit être appliquée dès lors que le bien a ouvert droit à déduction, totalement ou partiellement, préalablement à sa cession, que ce droit à déduction ait été effectivement exercé ou non. Peu importe que (au lieu de coïncider avec l'acquisition du bien, ce qui est le cas général) l'ouverture du droit à déduction se soit située à une date postérieure (par exemple à la suite du changement d'affectation du bien).

De même, la durée de détention des biens et la qualité de l'acheteur (autre utilisateur, négociant en biens d'occasion, simple particulier) sont sans incidence sur le régime applicable lors de leur cession.

› **Précisions** Un assujetti personne physique qui acquiert un bien d'investissement pour l'utiliser à la fois à des fins professionnelles et à des fins privées (**bien à usage mixte**) peut choisir : soit de le conserver entièrement dans son patrimoine privé, sa cession n'est alors pas taxable ; soit de l'intégrer entièrement dans son patrimoine professionnel, sa cession est alors intégralement soumise à la TVA ; soit de ne l'intégrer dans son patrimoine professionnel que pour la partie utilisée à des fins professionnelles, seule la cession de cette partie est alors soumise à la TVA. L'**affectation** du bien au **patrimoine privé ou professionnel** ne dépend ni de son utilisation effective ni de l'exercice du droit à déduction sur des dépenses d'entretien du bien (CJUE 8-3-2001 aff. 415/98 : RJF 6/01 nº 891).

61000 Pour ces cessions imposables de biens mobiliers d'investissement, la **TVA** est **exigible** lors de la livraison des biens cédés.

Elle doit être mentionnée sur les **déclarations** de chiffre d'affaires du redevable (ligne 02 de la déclaration CA 3, ou ligne 11 de la déclaration annuelle CA 12, selon que l'intéressé relève du régime du réel normal ou du régime simplifié).

La **base d'imposition** est constituée par le prix de vente total du bien cédé (ou, en cas d'apport, par la valeur de l'apport). Les cessions de l'espèce sont en effet exclues du régime de la « marge » (noter d'ailleurs que, si le bien est cédé à un « assujetti-revendeur », la revente par celui-ci ne pourra pas non plus être placée sous le régime de la marge, dès lors que l'acquisition aura été facturée avec TVA : nº 60760).

Le cédant doit établir dans les conditions réglementaires une **facture** mentionnant la TVA.

L'**acquéreur** pourra ainsi bénéficier du droit à **déduction** de la taxe correspondante, selon les conditions de droit commun.

61005 › **Précisions** **a.** Lorsque les biens cédés font l'objet d'une **livraison intracommunautaire** (à destination d'un autre État membre de l'Union européenne) **ou** d'une **exportation** (à destination d'un pays tiers), la cession est **exonérée** de TVA, en application des dispositions propres à ces opérations (nºs 49260 s. et 49690 s.).

Les cessions ainsi exonérées n'en restent pas moins assimilables par ailleurs aux cessions de même nature taxables en régime interne (avec, notamment, les conséquences indiquées aux b et c ci-après).

b. L'imposition à la TVA de la cession des biens mobiliers d'investissement a pour effet de **dispenser** le cédant **de toute régularisation des déductions initiales** (nº 57295). Ces déductions n'ont donc pas à être remises en cause, même si la cession intervient au cours du délai de cinq ans visé au nº 57100.

Cette dispense de régularisation vaut également dans le cas (mentionné au a ci-dessus) où le bien cédé fait l'objet d'une livraison intracommunautaire ou d'une exportation exonérée de TVA.

c. En cas de cession imposable d'un **bien** n'ayant donné lieu antérieurement qu'à une **déduction partielle** de la taxe l'ayant grevé, le cédant peut éventuellement pratiquer une **déduction complémentaire,** dans les conditions exposées aux nºs 57335 s. Cette déduction complémentaire peut être pratiquée même dans le cas (mentionné au a ci-dessus) où le bien considéré fait l'objet d'une livraison intracommunautaire ou d'une exportation exonérée de TVA (voir nº 57335, précision a).

61010
TVA-XV-6300 s

Régime de l'exonération Les ventes, par leurs utilisateurs, de **biens usagés qui n'ont pas ouvert droit à déduction** de la TVA lors de leur acquisition, acquisition intracommunautaire, importation ou livraison à soi-même sont exonérées de la TVA.

L'exonération s'applique donc aux cessions de biens mobiliers d'investissement suivants : biens exclus du droit à déduction (voitures de tourisme, par exemple), biens n'ayant pas ouvert droit à déduction en raison de leur affectation à une activité exonérée ou hors du champ d'application de la TVA, biens dont la cession est expressément exonérée ou qui ne pouvaient pas être soumis à la taxe lors de leur acquisition.

L'exonération est applicable quelle qu'ait été la durée de détention du bien par le cédant. Elle est acquise, que le bien soit cédé sur le marché intérieur, dans un autre État de l'Union européenne (livraison intracommunautaire) ou dans un pays tiers (exportation) (pour ces deux derniers cas : voir nº 61015, précision c).

61015 › **Précisions** **a.** Lorsque le bien qui n'a pas ouvert droit à déduction chez l'utilisateur est **cédé avant** l'expiration du délai de **cinq ans** visé au nº 57100, le **nouveau détenteur** du bien peut se voir attribuer un **droit à déduction** dans les conditions exposées aux nºs 57305 s. (voir notamment la précision b au nº 57310).

b. Lorsque la **cession** dans les cinq ans est faite **à un négociant en biens d'occasion,** la mesure indiquée en a ne peut pas s'appliquer, puisque l'acquéreur n'utilisera pas le bien comme une immobilisation.

Mais dans cette situation, la cession d'un bien exclu du droit à déduction peut être **volontairement** soumise à la **TVA** par le **cédant.** Celui-ci bénéficiera alors d'une **déduction complémentaire** dans les conditions exposées aux nºs 57335 s.

c. Le cédant peut également bénéficier d'une **déduction complémentaire** lorsque le bien est **exporté ou** fait l'objet d'une **livraison intracommunautaire.** À cet égard, on se reportera aussi aux explications données nºs 57335 s.

EMBALLAGES

Pour l'application de la TVA aux emballages (comme d'ailleurs en matière de BIC : nos 7520, a et 7910), il faut distinguer selon qu'il s'agit d'emballages **consignés** destinés à être récupérés ou d'emballages **vendus avec la marchandise.** 61025 CGI art. 267, III TVA-XV-4260 s

Emballages consignés Lors de la livraison des marchandises, les sommes perçues au titre de la consignation des emballages sont exclues de la base d'imposition, à condition que la taxe afférente à ces sommes ne soit pas facturée. Elles deviennent imposables ultérieurement, lorsque les emballages n'ont pas été rendus au terme des délais en usage dans la profession. 61030

Les emballages consignés qui ne sont **pas restitués** dans le délai en usage dans la profession sont considérés comme **vendus** pour un prix représenté par le montant de la **consignation** (la détermination du nombre des emballages qui ne sont pas restitués peut être faite au moyen d'une méthode statistique, si les calculs peuvent s'appliquer à un grand nombre d'opérations).

Comme on l'a vu lors de l'examen de leur situation en matière de BIC (no 7520, a), les emballages consignés constituent en principe des **immobilisations** ; toutefois, ceux qui ne sont pas commodément identifiables peuvent être, le cas échéant, assimilés à des **stocks.** 61035

a. Régime des **immobilisations** : les emballages qui ne sont **pas restitués** dans le délai en usage dans la profession sont considérés comme vendus et suivent le régime des ventes de biens usagés (nos 60985 s.). La consignation est imposable à la TVA sur son montant total et au taux propre à ces emballages ; il n'y a pas lieu à régularisation de la déduction initiale (no 61005, b).

b. Régime des **marchandises** : les emballages qui ne sont **pas restitués** dans le délai en usage dans la profession sont soumis à la TVA sur le montant total de la consignation, à leur taux propre selon l'administration. Lorsque, pour se prémunir contre l'exigibilité de la TVA en cas de non-restitution des emballages dans ce délai, les fournisseurs facturent la TVA lors de leur remise aux clients, ils doivent se conformer aux règles concernant les emballages vendus avec la marchandise (no 61040).

Emballages vendus avec la marchandise Pour déterminer le **taux** applicable aux emballages vendus avec la marchandise, la doctrine administrative se fonde sur la jurisprudence de la CJUE relative aux **opérations complexes uniques** (no 46475, précision a), étant toutefois précisé que, dans l'hypothèse où les éléments de l'opération en cause doivent être considérés comme étant équivalents, elle considère qu'il convient d'appliquer le taux de TVA le plus élevé, alors que la CJUE estime que dans une telle hypothèse il ne saurait être appliqué un taux réduit à la prestation unique (Rép. Pradié AN : 21-5-2019 no 18012). 61040

VÉHICULES AUTOMOBILES D'OCCASION

Les opérations portant sur des véhicules automobiles d'occasion sont soumises, en principe, au **régime des objets d'occasion,** tel qu'il est exposé nos 60540 s. 61050 TVA-XV-4740 s

En raison du nombre et de la diversité de ces opérations, il nous a paru utile d'établir un **tableau récapitulatif** (figurant ci-après) qui présente, de façon schématique (avec des renvois aux commentaires correspondants), le régime de TVA applicable dans les différents cas de **ventes de véhicules automobiles d'occasion** (voitures de tourisme ou autres) faites par des redevables, non seulement sur le **marché intérieur,** mais aussi à destination d'autres États de l'Union européenne (**livraisons intracommunautaires**) ou de pays tiers (**exportations**). On y rappelle également les règles applicables en France aux **acquisitions intracommunautaires** et aux **importations.**

Selon la **définition** générale des biens d'occasion (no 60570), un **véhicule automobile** doit, en principe, être considéré comme **d'occasion** dès lors qu'il a fait l'objet d'une utilisation et qu'il est susceptible de remploi, quels que soient son kilométrage ou sa date de première mise en circulation. Cependant, comme on le verra au no 61055, a, une définition spéciale est prévue pour les échanges intracommunautaires.

Pour les opérations de **commission** et de **courtage** et les **ventes aux enchères publiques,** qui ne figurent pas dans le tableau, on se reportera aux nos 60945 à 60960.

Par ailleurs, on trouvera ci-après des explications particulières concernant les **voitures de démonstration** (no 61060) et certaines **opérations promotionnelles** (no 61065).

Remarque : L'assujetti en faveur duquel a été effectuée une livraison de véhicules terrestres à moteur et qui savait ou ne pouvait ignorer que tout ou partie de cette livraison ou de toute livraison antérieure des mêmes véhicules ne pouvait pas bénéficier du régime particulier de la marge (nos 60750 s.) est **solidairement tenu d'acquitter,** avec tout assujetti partie à cette livraison ou à toute livraison antérieure des mêmes véhicules, la **taxe frauduleusement éludée** (CGI art. 283, 4 ter).

Une autre **mesure anti-fraude** est également prévue s'agissant des achats de véhicules terrestres à moteur d'occasion provenant d'un autre État membre (voir nº 61055, b).

Nature des opérations	Régime applicable
I. Vente par un utilisateur non assujetti à la TVA (particulier) Pas de distinction à faire selon la nature du véhicule (voiture de tourisme ou autre), la qualité de l'acquéreur (particulier, utilisateur professionnel, assujetti-revendeur, négociant en biens d'occasion, etc.) ou la destination du véhicule (marché intérieur, autre État membre de l'Union européenne, pays tiers).	Pas de TVA (nº 60550).
II. Vente par un utilisateur professionnel assujetti à la TVA **A. Véhicule n'ayant donné lieu, lors de son acquisition, à aucune déduction de TVA** : cas général des voitures de tourisme (nºˢ 55900 s.).	Pas de TVA (nºˢ 61010 et 61015).
B. Véhicule ayant donné lieu, lors de son acquisition, à une déduction totale ou partielle de la TVA (véhicules utilitaires en général, ou encore voiture de tourisme appartenant à un exploitant de taxi, à une société de location ou à une auto-école : nºˢ 55910 s.).	TVA exigible sur le prix de vente (nºˢ 60995 s.), sauf si le véhicule vendu fait l'objet d'une livraison intracommunautaire [1] ou d'une exportation. Possibilité de déduction complémentaire si la déduction initiale de TVA n'a été que partielle (nº 61005, c).
III. Vente par un assujetti-revendeur (négociant en biens d'occasion, etc.) **A. Vente sur le marché intérieur**	TVA exigible : – sur la « marge » (nºˢ 60785 s.) dans les cas visés au nº 60755 (sauf si l'option visée au nº 60770 a été exercée) ; – sur le prix de vente total, dans les cas visés au nº 60760 (ou si l'option visée au nº 60770 a été exercée).
B. Vente dans un autre État de l'Union européenne (livraisons intracommunautaires) [1]	– Dans les cas visés au nº 60755 (et sauf si l'option visée au nº 60770 a été exercée) : TVA exigible sur la « marge » (nºˢ 60875, a et 60880). – Dans les cas visés au nº 60760 (ou si l'option visée au nº 60770 a été exercée) : exonération de TVA (nº 60875, b).
C. Vente dans un pays tiers (exportation)	Exonération de TVA (nº 60905).
IV. Acquisition intracommunautaire [1] (véhicule acquis dans un autre État de l'Union européenne)	– Acquisition non taxable en France si, dans l'autre État membre, le vendeur a appliqué le régime de la marge (nºˢ 60885, a et 60890). [2] – Dans le cas contraire, taxation en France, en tant qu'acquisition intracommunautaire (nºˢ 60885, b et 60890). [2]
V. Importation (véhicule acquis dans un pays tiers)	TVA exigible à l'importation (nº 60910).

1. Pour les **échanges intracommunautaires** : voir également les **précisions** au nº 61055.
2. Lorsqu'elle porte sur un véhicule acquis auprès d'un assujetti-utilisateur n'ayant donné lieu chez ce dernier à aucune déduction de TVA, l'acquisition est exonérée dès lors que la même livraison en France serait exonérée (nº 49190).

61055 **Remarque concernant les échanges intracommunautaires** : Le tableau consacré aux véhicules automobiles d'occasion ne reprend évidemment pas les dispositions particulières prévues pour les échanges intracommunautaires de moyens de transport neufs, telles qu'elles sont décrites aux nºˢ 49340 s. Cependant, ces dispositions affectent sur trois points le régime des véhicules automobiles d'occasion faisant l'objet de livraisons ou d'acquisitions intracommunautaires :

a. L'article 298 sexies du CGI donne une **définition spéciale** des moyens de transport neufs en matière d'échanges intracommunautaires (nº 49345). Corrélativement, doivent seuls être considérés comme **des véhicules automobiles d'occasion,** lorsqu'ils font l'objet de livraisons ou d'acquisitions intracommunautaires, les véhicules qui sont livrés plus de six mois après leur première mise en service et qui ont parcouru plus de 6 000 kilomètres.

b. Le **certificat fiscal** visé au nº 49355 est, en principe, exigé de tout acquéreur d'un moyen de transport provenant d'un autre État membre, même s'il s'agit d'un véhicule d'occasion. À noter que, pour obtenir la délivrance du certificat fiscal et bénéficier du régime de la marge, l'assujetti-revendeur qui effectue une opération portant sur un **véhicule terrestre à**

moteur d'occasion doit justifier, dans les conditions fixées par l'article 242 quaterdecies, 4° de l'annexe II au CGI, du régime de TVA appliqué par le titulaire du certificat d'immatriculation du véhicule. La même justification doit être apportée par les mandataires pour obtenir la délivrance du certificat fiscal qu'ils sont tenus de demander pour le compte de leur mandant (CGI art. 298 sexies A).

c. Le **relevé détaillé** mentionné au n° 49355, qui est en principe exigé des assujettis et personnes morales non assujetties identifiés à la TVA, doit reprendre toutes les acquisitions de moyens de transport provenant d'un autre État membre réalisées par ces personnes, y compris les acquisitions portant sur des véhicules d'occasion.

Nota : Sur le libellé des **factures,** lorsque la livraison ou l'acquisition intracommunautaire est taxée sur la **marge,** voir les précisions données au n° 60875, a et au n° 60885, a.

Voitures de démonstration Les véhicules automobiles **acquis neufs** qu'une entreprise, garagiste ou simple concessionnaire, a **utilisés** comme véhicules de **démonstration** constituent lors de leur **revente** des véhicules automobiles d'**occasion** et non des véhicules neufs (CE 22-4-1985 n° 35962 : RJF 6/85 n° 854 ; CE 7-10-1985 n° 52012 : RJF 12/85 n° 1509). **61060** TVA-XV-5370 s

La **taxe grevant** des voitures acquises pour être utilisées comme véhicules de démonstration n'est en principe pas déductible par le concessionnaire. De la même manière, lorsqu'un véhicule est prélevé sur le stock pour être affecté à la démonstration, la taxe initialement déduite est normalement reversée.

Les **ventes** de véhicules de démonstration sont normalement soumises au régime des ventes de biens d'occasion par des assujettis-revendeurs (n°s 60750 s.). Toutefois, l'administration admet que le concessionnaire qui a déduit la taxe ne procède à aucun reversement lors de l'affectation du véhicule à la démonstration. La revente du véhicule est alors soumise au régime des ventes de biens neufs.

Pour les voitures de tourisme, le choix suivant s'offre donc au vendeur :

– acquitter la taxe sur la différence entre le prix de vente et le prix d'achat. La taxe d'amont ne doit pas avoir été déduite au moment de l'achat (coefficient d'admission égal à zéro) ou doit avoir été reversée spontanément (le coefficient d'admission égal à l'unité devient nul). Elle est alors définitivement exclue du droit à déduction (n° 60815) ;

– ou acquitter la taxe sur le prix de vente total. La vente est imposée obligatoirement de cette manière si la taxe d'amont a été déduite (coefficient d'admission égal à un) ou n'a pas été reversée. Si tel n'a pas été le cas (coefficient d'admission égal à zéro), le vendeur peut déduire, au moment de la vente, la totalité de la taxe supportée lors de l'achat (le coefficient d'admission devient égal à un).

› Précisions **a.** Le **choix** peut être exercé au coup par coup et au moment de la vente. Cependant, le régime peut être déterminé par les déductions pratiquées.
b. Le régime décrit vaut aussi, notamment, pour les **motocyclettes** de démonstration.
c. Sur la situation des voitures de démonstration en matière de **BIC** : voir n° 7520, c.

Opérations promotionnelles Il s'agit ici d'opérations promotionnelles dans lesquelles les concessionnaires automobiles s'engagent, lors de la vente d'un nouveau véhicule (neuf ou d'occasion), à **reprendre l'ancien véhicule** de leur client **pour une somme minimale forfaitaire.** **61065** TVA-XV-5220 s

Le régime applicable diffère selon que le véhicule repris est **destiné à la revente ou à la casse.**

Dans le premier cas, la vente du nouveau véhicule est taxable sur l'intégralité du prix de vente ; le véhicule repris et revendu ensuite est soumis au régime des biens d'occasion.

Dans le second cas (ancien véhicule détruit), le montant de la reprise est considéré comme un rabais qui vient en déduction de la base d'imposition du nouveau véhicule. Les sommes reçues (du constructeur, notamment) par le concessionnaire en contrepartie de cette opération sont taxées. Le véhicule repris ne doit pas figurer dans les achats du mois (système de la globalisation).

SECTION 5

AUTRES RÉGIMES PARTICULIERS

1. RÉGIME SUSPENSIF

61250 TVA-XV-7200 s

Le régime de la suspension de taxe (ou régime « suspensif ») a pour objet de **reporter à un stade ultérieur l'exigibilité de l'impôt** normalement dû.

L'application de ce régime est généralement assortie de **conditions** soit formelles (attestation), soit de fait (qualité du client ou utilisation du produit) ; lorsque ces conditions ne sont pas satisfaites ou cessent de l'être, la taxe devient exigible (CGI art. 284, I : n° 53705, précision a).

L'administration peut éventuellement exiger la garantie d'une **caution** (CGI art. 276).

61255 Les opérations légalement effectuées en suspension de la taxe ouvrent **droit à déduction** (n° 55550). Les assujettis qui réalisent de telles opérations peuvent donc récupérer la **taxe « d'amont »** y afférente, soit par voie d'imputation s'ils ont un secteur taxable (n° 56600), soit, à défaut, par voie de remboursement (n°s 56620 s.).

Comme l'ensemble des opérations ouvrant droit à déduction, les opérations faites en suspension de taxe figurent aux deux termes du rapport établissant le **coefficient de taxation forfaitaire** (n° 55745).

61260 On trouvera dans le tableau ci-après la **liste** (limitative) **des régimes suspensifs** existants.

Cas d'application de la suspension de taxe	Commentaires (n^{os})
Livraisons aux personnes réalisant des opérations relevant du commerce extérieur	50550 s.
Régimes douaniers et entrepôts fiscaux	50740 s.
Matières premières textiles	61265
Produits pétroliers (avant mise à la consommation)	61355

61265 Décisions ministérielles 28-12-1967 et 12-7-1974 TVA-XV-7240 s

Matières premières textiles Le régime de la suspension de TVA s'applique aux **importations** (et, par analogie, aux **acquisitions intracommunautaires**) ainsi qu'aux **reventes en l'état** portant sur les matières désignées ci-après :

– peaux d'agneaux et regords lainées, fraîches ou salées vertes ; peaux d'agneaux et regords lainées, salées sèches et séchées, pour délainage ; peaux lainées de moutons, fraîches ou salées vertes, pour délainage ; peaux lainées de moutons, salées sèches et séchées, pour délainage ; peaux lainées d'autres ovins, fraîches, salées ou séchées ;

– laines en suint ; lin brut ou roui ; étoupes de lin (à l'exclusion des effilochés) ; ramie en lanières, broyée, teillée ou en étoupe ; coton en masse ; chanvre brut ou roui, étoupes (à l'exclusion des effilochés) ; abaca ou chanvre de Manille, en filasse et étoupe ; jute en filasse et étoupe ; autres fibres textiles végétales brutes (à l'exclusion des effilochés).

2. PRODUITS PÉTROLIERS

61340 CGI art. 298 TVA-XIV-1 s

Le régime d'imposition à la TVA des opérations réalisées en France métropolitaine sur les produits pétroliers et assimilés présente un certain nombre de particularités. Les règles applicables diffèrent selon que ces opérations se situent **avant** la mise à la consommation des produits, **au moment** de celle-ci, **ou après** celle-ci (voir n° 61370 ce qu'il faut entendre par **« mise à la consommation »**).

Les deux premiers stades de ce processus concernent essentiellement les entreprises pétrolières (industrie et distribution). En revanche, le troisième stade (après la mise à la consommation) intéresse les très nombreux redevables qui utilisent des produits pétroliers, la question la plus importante pour eux étant évidemment celle de savoir s'ils peuvent ou non récupérer, par voie de déduction, la TVA ayant grevé ces produits.

Le régime spécial exposé ci-après concerne les **produits pétroliers et assimilés** qui sont énumérés au **tableau B de l'article 265 du Code des douanes.**

Ce tableau rassemble :

– d'une part, les **produits pétroliers proprement dits,** qui comprennent essentiellement le pétrole brut, des hydrocarbures naturels et des produits issus de la distillation du pétrole (essences, gazoles, fiouls, lubrifiants, bitumes, butane, propane, etc.) ;

– d'autre part, les **« préparations » pétrolières** qui sont des mélanges à base de produits pétroliers.

Remarque : À compter du **1er janvier 2021,** l'**administration fiscale** deviendra **compétente,** en lieu et place de l'administration des douanes, pour la gestion et le recouvrement de la TVA sur les produits pétroliers. Ce transfert aura notamment pour conséquences l'application (avec quelques adaptations) du régime fiscal suspensif de TVA (CGI art. 277 A, I-2°-a) aux produits pétroliers placés sous régime suspensif d'accises (Loi 2018-1317 du 28-12-2018 art. 193).

> Précisions **a.** Bien que contenant des produits pétroliers, certaines préparations ne figurent pas au tableau B (et ne sont donc pas soumises au régime particulier). Les critères fixant la frontière entre les **préparations pétrolières** qui figurent au tableau B et celles qui n'y figurent pas varient selon la nature, la composition ou l'utilisation des produits. Le service des douanes peut être saisi des difficultés rencontrées pour classer un produit. 61345

b. Certains **gaz naturels** sont soumis au régime des produits pétroliers, mais avec des particularités (n° 61415).

c. Les **résidus d'hydrocarbures** repris au tableau B de l'article 265 du Code des douanes ainsi que les **déchets d'hydrocarbures** valorisés de telle sorte qu'ils répondent aux normes douanières et fiscales des produits pétroliers (ou à un produit du tableau B) sont soumis au régime de TVA applicable aux produits pétroliers prévu par l'article 298 du CGI, tandis que les résidus et déchets d'hydrocarbures repris au tableau C de l'article 265 du Code des douanes sont soumis au régime de TVA de droit commun.

d. Pour le taux applicable aux produits pétroliers livrés en **Corse** : voir n° 92390.

e. Dans les **départements d'outre-mer,** les opérations portant sur les produits pétroliers sont exonérées de TVA (n° 91590).

f. L'**avitaillement** en produits pétroliers de certains **navires et aéronefs** peut se faire en franchise de TVA (n° 50525).

RÉGIME APPLICABLE AVANT LA MISE À LA CONSOMMATION

Les opérations portant sur les produits pétroliers réalisées antérieurement à leur mise à la consommation sont effectuées en **suspension** de la TVA. 61355 CGI art. 298, 1-2° TVA-XIV-600 s

Le régime suspensif s'applique aux **transports par pipe-line** et aux **opérations qui portent directement sur les produits pétroliers** (livraison, commission, courtage, façon, entreposage…).

En revanche, les transports réalisés **autrement** que par pipe-line et les opérations qui ne portent pas directement sur les produits pétroliers sont imposés à la TVA dans les conditions de **droit commun.** Celle-ci est assise et perçue par les services des impôts. 61360

Au nombre de ces opérations imposables figurent **notamment** : les livraisons de matières premières non pétrolières (catalyseurs, produits chimiques, savons), d'agents de fabrication (électricité…), de matériels et installations, d'emballages ; les réparations d'immeubles, de machines ; les locations de véhicules, de matériel de lutte contre l'incendie, de bacs ; les cessions de licences d'exploitation de brevets, ingénierie ; les services de gardiennage ; la publicité.

RÉGIME APPLICABLE LORS DE LA MISE À LA CONSOMMATION

La **mise à la consommation** est une opération effectuée auprès du service des douanes qui comporte une **déclaration** par laquelle une personne manifeste sa volonté de libérer de la surveillance et des sujétions douanières des produits qui y étaient auparavant soumis. 61370 CGI art. 298, 1-1° et 2-1° TVA-XIV-900 s

Toute opération de mise à la consommation sur le marché intérieur de produits pétroliers et assimilés rend la **TVA exigible.** C'est le **service des douanes** qui perçoit l'ensemble des taxes : taxe intérieure de consommation, taxes annexes et TVA (CGI art. 1695, I-al. 6). Ce régime s'applique quelle que soit la provenance des produits (France, pays de l'Union européenne ou pays tiers).

La **valeur imposable** lors de la mise à la consommation est fixée **forfaitairement,** pour chaque produit, à partir du prix moyen des produits importés ou faisant l'objet d'une acquisition intracommunautaire vendus en France, augmenté des droits et taxes autres que la TVA.

Le **taux** applicable est le taux normal.

Le montant de la TVA ainsi liquidée est mentionné distinctement sur les **quittances** délivrées aux redevables par le service des douanes.

> Précisions **a.** Les produits ayant **déjà** fait l'objet d'une **mise à la consommation dans un autre État membre** de l'Union européenne suivent le régime général des acquisitions intracommunautaires, la TVA étant versée au service des impôts (nos 49150 s.).

b. Pour les **gaz naturels** non destinés à être utilisés comme carburants : voir la particularité indiquée n° 61415.

Sur la TVA dont ils sont redevables au titre de la mise à la consommation, les industriels peuvent opérer la **déduction de la TVA** qui a grevé les éléments constitutifs de leur **prix de revient.** 61375 CGI art. 298, 3 TVA-XIV-1100 s

> **Précisions a.** La **TVA qui a grevé** les biens et les services utilisés pour l'**extraction,** la **fabrication,** le **transport par pipe-line** ou le **stockage** des produits pétroliers ne peut être déduite, lorsque ces opérations sont effectuées sous douane, que de la TVA due lors de la mise à la consommation de ces produits (CGI art. 298, 4-2°). Exemple : le raffineur qui exerce également une activité de fabrication de produits chimiques ne peut pas opérer la déduction de la TVA qui a grevé la construction d'une unité de raffinage de la taxe dont il est redevable au titre de la vente des produits chimiques.
> Une dérogation est cependant admise en cas de livraison à soi-même d'installations pétrolières (BOI-TVA-SECT-10-30 n°s 60 à 90).
> **b.** Lorsqu'un redevable désire exercer ses droits à déduction sur la TVA due sur ses mises à la consommation de produits pétroliers, il doit obtenir l'**autorisation** d'acquitter la TVA par **déclaration mensuelle.** Cette autorisation permet de différer jusqu'au 15 du mois suivant le paiement de la TVA liquidée sur les déclarations de mise à la consommation d'un mois considéré.
> **c.** Les industriels du pétrole qui ne peuvent opérer l'imputation de cette taxe en raison de l'existence du régime suspensif sont autorisés à **transférer** leurs **droits à déduction** (CGI art. 298, 4-4°). Ces transferts ne peuvent être opérés qu'au profit d'autres industriels qui mettent des produits pétroliers à la consommation ; ils sont effectués sous le couvert de **certificats** de transfert établis par le redevable et visés par le service des douanes. Les opérateurs éprouvant des difficultés à mettre en œuvre cette procédure peuvent solliciter le remboursement de leur crédit de TVA non imputable auprès du service des impôts des entreprises dont ils dépendent, dans les conditions de droit commun exposées n°s 56620 s. (BOI-TVA-DED-10-20 n° 120).

RÉGIME APPLICABLE APRÈS LA MISE À LA CONSOMMATION

61385 (CGI art. 298, 2-2°, 4-3° et 5 ; TVA-XIV-1500 s) Les opérations de livraison, de commission, de courtage et de façon qui portent sur les produits pétroliers après leur mise à la consommation (produits « en acquitté ») sont passibles de la **TVA** dans les conditions **de droit commun.**

Le **taux** applicable est le taux normal.

Les livraisons de produits « en acquitté » sont imposables à la **TVA sur leur prix total** hors TVA, qu'elles soient faites par des grossistes ou des détaillants (pompistes) et qu'elles portent sur des carburants, des combustibles, des lubrifiants ou d'autres produits.

61390 La TVA acquittée lors de la mise à la consommation et qui figure sur les quittances délivrées par le service des douanes (n° 61370) est **déductible** de la TVA afférente à la **première livraison** faite après la mise à la consommation (CGI art. 298, 4-3°).

Les **opérations ultérieures** de livraison, commission, courtage ou façon, dont l'ensemble constitue la **« distribution »** des produits pétroliers, ouvrent droit à la **déduction** de la taxe qui a grevé les éléments constitutifs du prix (acquisition des produits eux-mêmes, immobilisations, transports, frais généraux divers…). La déduction peut être indifféremment opérée sur la taxe due auprès de la Direction générale des douanes et droits indirects ou auprès de la Direction générale des finances publiques (CGI art. 298, 5).

61395 (CGI art. 298, 4-1° et 1° bis ; TVA-XIV-2200 s) **Restrictions au droit à déduction chez l'utilisateur final** Lorsqu'il est redevable de la TVA, l'utilisateur final des produits pétroliers peut, en principe, déduire la taxe ayant grevé les achats, importations, acquisitions intracommunautaires, livraisons et services portant sur ces produits.

Cependant, la portée de ce principe se trouve restreinte en pratique par l'effet de dispositions spéciales qui, **pour certains produits,** prévoient une **exclusion** du droit à déduction, **totale** (n° 61400) **ou partielle** (n° 61405).

Il faut souligner que, pour tous les **produits non visés** par ces dispositions, le **droit à déduction** subsiste pour l'utilisateur final et peut être exercé selon les règles de droit commun.

> **Précisions a.** Les restrictions au droit à déduction ne concernent que l'utilisateur final et ne s'appliquent pas aux **produits vendus** en l'état ou sous forme d'autres produits pétroliers (CGI art. 298, 4-1° bis). Les **revendeurs** de carburants et lubrifiants (pompistes notamment) peuvent donc déduire la taxe ayant grevé ces produits.
> **b.** Tous les produits pétroliers utilisés comme **combustibles** (et non comme carburants) ouvrent droit à déduction.

61400 **Produits totalement exclus du droit à déduction** (coefficient d'admission égal à zéro : n°s 55860 s.)

a. Les produits pétroliers désignés aux n°s 29 et 49 du tableau B de l'article 265 du Code des douanes sont exclus du droit à déduction lorsqu'ils sont utilisés pour la **lubrification des véhicules et engins exclus du droit à déduction** ainsi que des véhicules et engins pris en location quand le preneur ne peut pas déduire la taxe relative à cette location (n°s 55900 s. et 55995).

Nota : 1. Les lubrifiants ouvrent droit à déduction lorsqu'ils sont utilisés pour des **véhicules** ou engins **ouvrant droit à déduction** (tels que camions, camionnettes, voitures d'auto-écoles…), y compris lorsqu'ils sont pris en location.

2. Les **huiles neuves mises dans** les moteurs, vidangés et nettoyés, de **véhicules vendus d'occasion** sont réputées vendues en l'état et ouvrent donc droit à déduction (CE 12-11-1990 nº 71042 : RJF 1/91 nº 47).

b. Les **carburéacteurs** mentionnés à la position 27-10-00 du tableau B de l'article 265 du Code des douanes (produits identifiés 13 bis, 13 ter, 17 bis et 17 ter) sont exclus du droit à déduction lorsqu'ils sont utilisés pour les **aéronefs et engins exclus du droit à déduction** ainsi que pour les aéronefs et engins pris en location quand le preneur ne peut pas déduire la taxe relative à cette location (nºs 55900 s. et 55995).

Nota : La déduction est possible pour les carburéacteurs consommés dans des **aéronefs** et engins **ouvrant droit à déduction,** y compris lorsqu'ils sont pris en location (nº 55905, précision b).

Produits exclus partiellement du droit à déduction (coefficient d'admission compris entre zéro et un : nºs 55860 s.) 61405

a. N'ouvrent droit à déduction qu'à hauteur de **80 %** du montant de la taxe les ayant grevés (coefficient d'admission égal à 0,8) les **gazoles** et le **superéthanol E85,** mentionnés aux indices d'identification 20, 22 et 55 du tableau B de l'article 265 du Code des douanes, utilisés comme carburants pour des **véhicules** et engins **exclus du droit à déduction** ainsi que pour des véhicules et engins pris en location quand le preneur ne peut pas déduire la taxe relative à cette location (nºs 55900 s. et 55995).

Est toutefois déductible en totalité la taxe grevant ces produits utilisés pour les **essais** effectués pour les besoins de la fabrication de moteurs ou d'engins à moteur quelle que soit la situation au regard des droits à déduction des véhicules ou engins dans lesquels ces gazoles sont utilisés.

Nota : La déduction totale est également possible lorsque ces produits (gazoles et superéthanol E85) sont utilisés comme carburants pour des **véhicules** ou engins **non exclus du droit à déduction,** y compris lorsqu'ils sont pris en location.

b. N'ouvrent droit à déduction qu'à hauteur de **50 %** du montant de la taxe les ayant grevés (coefficient d'admission égal à 0,5) les **gaz de pétrole et autres hydrocarbures** présentés **à l'état gazeux** (nº 2711-29 du tarif des douanes) et le **pétrole lampant** (nº 27-10-19-15 du tarif des douanes) lorsqu'ils sont utilisés comme carburants pour des **véhicules** et engins **exclus du droit à déduction** ainsi que pour des véhicules et engins pris en location quand le preneur ne peut pas déduire la taxe relative à cette location (nºs 55900 s. et 55995).

Nota : 1. La déduction totale est possible lorsque ces produits sont utilisés pour des **véhicules** ou engins **non exclus du droit à déduction.**

2. La taxe afférente au **GPL** (gaz de pétrole liquéfié), au **propane liquéfié,** au **butane liquéfié** et au **GNV** (gaz naturel comprimé) utilisés comme carburants est déductible en totalité, quelle que soit la situation au regard du droit à déduction des véhicules ou engins dans lesquels sont utilisés ces carburants.

c. N'ouvrent droit à déduction qu'à hauteur de **60 %** du montant de la taxe les ayant grevées (coefficient d'admission égal à 0,6), à compter du **1er janvier 2020,** les **essences** (supercarburant, essence d'aviation, etc.) **utilisées comme carburants** mentionnés au tableau B du Code des douanes (en 2019, la proportion de TVA déductible était de 40 % – coefficient d'admission égal à 0,4). La déduction partielle s'applique que le véhicule ou l'engin dans lequel les essences sont utilisées soit ou non exclu du droit à déduction (nºs 55900 s. et 55995). Cette déduction atteindra 80 % à compter du 1er janvier 2021 s'agissant des essences utilisées dans des véhicules ou engins exclus du droit à déduction ou dans des véhicules ou engins pris en location quand le preneur ne peut pas déduire la taxe relative à cette location. Pour les essences utilisées comme carburants dans des véhicules ou engins non exclus du droit à déduction, la déduction sera également de 80 % en 2021 et atteindra 100 % à compter du 1er janvier 2022.

Est déductible en totalité la taxe grevant les essences utilisées pour les **essais** effectués pour les besoins de la fabrication de moteurs, de véhicules ou d'engins à moteur ou d'équipements de moteurs ou d'engins à moteur (pneumatiques, etc.), ainsi que celle grevant les essences utilisées pour la mise au point de carburants.

GAZ NATURELS

Les gaz de pétrole et hydrocarbures gazeux (autres que le gaz naturel liquéfié), repris aux nºs 27-11-14, ex.-27-11-19, ex.-27-11-21 et 27-11-29 du tarif des douanes, sont soumis au régime des produits pétroliers exposé ci-dessus, avec toutefois les **particularités** suivantes : 61415 CGI art. 298, 2-1º et 6 **TVA-XIV-3810 s**

a. Lors de leur **mise à la consommation,** les gaz visés ci-dessus et non destinés à être utilisés comme carburants sont imposés sur leur valeur réelle et non sur une valeur forfaitaire ;

b. Les **déductions** auxquelles peuvent prétendre les **entreprises qui produisent, stockent et distribuent** les gaz visés ci-dessus peuvent être indifféremment opérées sur la taxe due auprès de la Direction générale des douanes et droits indirects ou auprès de l'administration des impôts.

3. COMMISSIONNAIRES ET AUTRES INTERMÉDIAIRES

61440 TVA-VI-16000 s De façon générale, l'intermédiaire **s'entremet entre** deux personnes, la personne pour le compte de laquelle il agit (ou **« commettant ») et un tiers.**
Son activité se caractérise :
– juridiquement, par l'existence d'un **mandat,** qui lui permet d'agir pour le compte d'autrui (l'intermédiaire n'agit pas de sa propre initiative) ;
– économiquement, par le fait qu'il ne fournit **pas** avec ses propres **moyens d'exploitation** les biens et services objet de la transaction dans laquelle il s'entremet.
L'intermédiaire n'est donc jamais propriétaire des biens qu'il est chargé d'acheter ou de vendre (BOI-TVA-CHAMP-10-10-40-40 nº 10).
S'il intervient toujours **pour le compte d'un commettant,** l'intermédiaire peut opérer de deux façons différentes :
– ou bien il se présente comme **agissant au nom d'autrui** ; il est dit alors **« transparent »** ;
– ou bien il se présente vis-à-vis des tiers comme **agissant en son nom propre** ; il est dit alors **« opaque ».**
Cette distinction est importante au regard de la TVA : l'intéressé sera considéré, dans le premier cas, comme un simple prestataire de services taxable sur sa rémunération et, au contraire, dans le second cas, comme un « acheteur-revendeur » taxable sur le montant total de la transaction.
Après avoir précisé la définition de ces deux catégories d'intermédiaires, nous exposerons le régime applicable à chacune d'elles.
Nota : Les présents commentaires ne concernent évidemment pas les **représentants de commerce** salariés ou statutaires, dès lors qu'ils ne sont pas assujettis à la TVA (nº 46530).

61445 **Définition de l'intermédiaire « transparent »** Dans ses relations avec les tiers cocontractants (acheteurs ou vendeurs), l'intermédiaire **agissant au nom d'autrui apparaît clairement** comme le représentant du commettant. C'est pourquoi il est dit « transparent ».

› Précisions a. Il convient de considérer qu'un intermédiaire agit au nom d'autrui (et est donc « transparent ») s'il **met en relation deux personnes qui contractent entre elles** (l'intermédiaire est alors un **courtier**).
Il en est de même pour l'**intermédiaire qui contracte personnellement avec le tiers** lorsque :
– le **contrat** mentionne expressément qu'il agit au nom d'autrui (cette condition n'est remplie que si le contrat indique le nom ou la raison sociale, l'adresse ainsi que le numéro d'assujetti du commettant) ;
– en l'absence de contrat écrit, la **facture** est établie directement par le commettant (entremise « à la vente ») ou adressée directement par le tiers au commettant (entremise « à l'achat ») ; si la facture est établie par l'intermédiaire ou adressée à l'intermédiaire, elle doit faire apparaître que celui-ci agit au nom d'autrui dans les mêmes conditions qu'à l'alinéa ci-dessus ;
– en l'absence de facture (opérations réalisées avec des non-assujettis), les **circonstances de droit** (notamment, l'examen des clauses du contrat unissant l'intermédiaire au commettant) **ou de fait** permettent d'établir que le tiers avait connaissance du fait que l'intermédiaire agissait au nom d'autrui et de tous les éléments d'information mentionnés ci-dessus (BOI-TVA-CHAMP-10-10-40-40 nº 20).
b. À noter que, selon le **Conseil d'État,** une société qui, en l'absence de contrat de mandat, met en relation deux entreprises, de sa propre initiative, n'agit pas au nom et pour le compte de l'une des deux entreprises et ne peut pas être regardée comme un intermédiaire transparent (CE 26-3-2012 nº 323375 : RJF 6/12 nº 580).
Par ailleurs, selon la Haute Assemblée, n'a pas la qualité d'intermédiaire opaque, mais celle d'intermédiaire transparent, celui qui ne devient jamais propriétaire des biens objet de la transaction dans laquelle il s'entremet (CE 21-11-2011 nº 320089 : RJF 2/12 nº 113).

61450 **Définition de l'intermédiaire « opaque »** L'intermédiaire **agit en son nom propre** (et est donc dit « opaque ») lorsqu'il ne remplit pas les conditions (énoncées au nº 61445) permettant de considérer qu'il agit au nom d'autrui.
Le **commissionnaire** appartient à cette catégorie dès lors que l'article L 132-1 du Code de commerce le définit comme celui qui agit en son propre nom ou sous un nom social pour le compte d'un commettant (BOI-TVA-CHAMP-10-10-40-40 nº 30).

› Précisions a. Sur la définition de l'intermédiaire opaque donnée par le Conseil d'État, voir nº 61445, précision b.
b. En ce qui concerne la **présomption d'opacité** des intermédiaires intervenant dans la fourniture de **services électroniques** ou de services **téléphoniques** fournis **via Internet** à des non-assujettis, voir nº 50055, précisions.

RÉGIME APPLICABLE AUX INTERMÉDIAIRES « TRANSPARENTS »

61460 TVA-VI-16260 s

Dès lors que ces intermédiaires agissent au nom d'autrui (au sens défini au nº 61445), leurs opérations d'entremise sont regardées comme des **prestations de services** et sont soumises à l'ensemble des règles correspondantes.

C'est ainsi notamment que la **base d'imposition** est constituée par toutes les sommes reçues en contrepartie du service rendu (nº 52225). Les remboursements de débours sont traités comme indiqué aux nºs 52335 s.

De même, en ce qui concerne la **territorialité** de la TVA, les règles applicables sont celles prévues pour les prestations de services : lorsque la prestation d'intermédiation transparente est rendue à un preneur assujetti, elle est située au lieu d'établissement du preneur (nº 49870) ; lorsque la prestation est rendue à un preneur non assujetti, elle est située au lieu où l'opération principale est elle-même située (nº 50010).

Intermédiaires transparents intervenant dans des opérations portant sur l'or d'investissement : voir nºs 61870 s.

RÉGIME APPLICABLE AUX INTERMÉDIAIRES « OPAQUES »

61470 CGI art. 256, V, 256 bis, III, 266, 1-b et 269, 1-a ter TVA-VI-16300 s

Lorsqu'il s'entremet dans une livraison de biens ou une prestation de services, l'intermédiaire « opaque » agissant en son nom propre (au sens défini au nº 61450) est **considéré,** au regard de la TVA, **comme ayant personnellement acquis et livré le bien,** ou reçu et fourni les services considérés (CGI art. 256, V). De même, si l'intermédiaire « opaque » s'entremet dans une acquisition intracommunautaire, il est réputé avoir personnellement acquis et livré le bien (CGI art. 256 bis, III).

Par **exemple,** un commissionnaire « à la vente » de biens est réputé acheter les biens à son commettant et les vendre au tiers acheteur. Un commissionnaire « à l'achat » de biens est réputé acheter les biens au tiers fournisseur et les vendre à son commettant.

61475

Autrement dit, les intermédiaires « opaques » sont **considérés comme des « acheteurs-revendeurs »** de biens ou de services. Il en résulte les **conséquences** suivantes.

a. L'intermédiaire « opaque » est réputé livrer lui-même le bien ou rendre lui-même le service au commettant s'il agit « à l'achat », au tiers cocontractant s'il agit « à la vente ». Sa **base d'imposition** est égale au montant total de la transaction (CGI art. 266, 1-b). Elle correspond au **prix acquitté par le tiers ou le commettant,** commission comprise (s'agissant de la commission, voir les précisions ci-après).

EXEMPLES

1. Hypothèse d'un intermédiaire « à la vente » qui commercialise un bien auprès d'un client établi en France pour le prix de 100 € HT et qui retient 20 € à titre de commission, la somme de 80 € HT étant restituée au commettant (établi en France). La base d'imposition de l'intermédiaire, pour cette opération, est de 100 €.

2. Hypothèse d'un intermédiaire « à l'achat » qui achète à un fournisseur établi en France un bien de 200 € HT et le livre à son commettant (établi en France) pour le prix HT de 240 € (commission = 40 €). La base d'imposition de l'intermédiaire, pour la livraison au commettant, est de 240 €.

3. Hypothèse d'un intermédiaire « à l'achat » qui achète un bien de 300 € HT à un fournisseur assujetti établi en Italie et qui le livre à son commettant (établi en France) pour le prix HT de 360 € (commission = 60 €).

La base d'imposition de l'intermédiaire est :
– de 300 € pour l'acquisition intracommunautaire au fournisseur italien ;
– de 360 € pour la livraison de bien au commettant.

b. L'intermédiaire peut soustraire de sa base d'imposition les **frais remboursés** par son commettant dès lors qu'ils ne se rattachent pas à l'opération d'entremise. À cet égard : voir précisions nº 52345.

Le fournisseur du bien ou service (c'est-à-dire le **tiers** cocontractant en cas d'entremise « à l'achat » **ou** le **commettant** en cas d'entremise « à la vente ») est réputé livrer le bien ou rendre le service à l'intermédiaire. La **base d'imposition** de cette opération est égale au **prix hors commission.**

› Précisions Selon la CJUE, le libellé de l'article 28 de la directive TVA (qui concerne les intermédiaires opaques intervenant dans des prestations de services) ne prévoit **aucune condition tenant au caractère onéreux de l'entremise** dans la prestation de services (CJUE 19-12-2019 aff. 707/18 : RJF 3/20 nº 291). Il en va de même du libellé de l'article 14, 1-c de ladite directive (qui concerne les intermédiaires opaques intervenant dans des livraisons de biens).
Il en résulte que, pour la CJUE, le régime des intermédiaires opaques s'applique même si l'intermédiaire ne perçoit aucune rémunération de la part de son mandant, dès lors que les conditions d'application dudit régime sont réunies.

61480 Sous réserve de certaines particularités examinées nos 61485 s., les opérations ainsi qualifiées des intermédiaires « opaques », des commettants et des tiers cocontractants sont soumises aux **règles de droit commun** de la TVA.

C'est ainsi notamment que le **taux** applicable aux opérations des intermédiaires « opaques » est toujours le taux du bien ou du service objet de la transaction dans laquelle ils s'entremettent.

Les intermédiaires « opaques » doivent facturer la TVA sur la vente du bien ou la fourniture du service qu'ils sont réputés réaliser. L'obligation de facturation incombe également aux commettants qui font appel à des intermédiaires « opaques ». Les intermédiaires « opaques » ainsi que leurs commettants sont, en ce qui concerne l'**obligation de facturation,** soumis en principe aux règles de droit commun. Il est toutefois admis que le compte-rendu délivré par un intermédiaire à la vente à son commettant dispense ce dernier de lui adresser une facture à condition que ce document fasse clairement apparaître le montant de l'opération du commettant et que l'intermédiaire détienne un mandat de facturation écrit de son commettant ou, à défaut, que ce dernier ait signé le compte-rendu (BOI-TVA-DED-40-10-10 no 230).

Les intermédiaires « opaques » exercent leurs **droits à déduction** dans les conditions de droit commun.

Lorsque des **règles particulières** s'appliquent en matière de **base d'imposition,** ces règles s'appliquent également à l'intermédiaire « opaque » : tel est notamment le cas pour un intermédiaire en vente de biens d'occasion (voir nos 60540 s.).

Pour l'application notamment des règles de la franchise en base (no 86540) et des **régimes d'imposition** (nos 85100 s.), le chiffre d'affaires des intermédiaires « opaques » est déterminé compte tenu du montant total des transactions dans lesquelles ils s'entremettent.

> **Précisions** Les intermédiaires opaques qui **interviennent dans des opérations relevant d'une exonération** bénéficient de la même exonération au titre de leur activité d'entremise (en ce sens : CJUE 14-7-2011 aff. 464/10 : RJF 11/11 no 1254).

61485 Sur certains points, le régime applicable aux opérations que réalisent ou dans lesquelles interviennent les intermédiaires « opaques » comporte des **particularités.** Celles-ci concernent le fait générateur de la TVA (no 61490) et les opérations du commerce extérieur (nos 61495 et 61500).

61490 CGI art. 269, 1-a ter TVA-VI-16420 s

Fait générateur de la taxe Pour les livraisons de biens, les prestations de services et les acquisitions intracommunautaires réputées être effectuées à un intermédiaire « opaque » ou par lui, le fait générateur se produit « au moment où l'opération dans laquelle cet assujetti s'entremet est effectuée ». La livraison de biens ou la prestation de services dont le fait générateur sert de référence est celle qui intervient entre l'intermédiaire et le tiers cocontractant (**opération qui est l'objet de l'entremise**).

EXEMPLES

1. Entremise **à la vente** de biens ou de services : si le fait générateur de la livraison de biens (ou de la prestation de services) effectuée par l'intermédiaire « opaque » au profit du tiers cocontractant intervient le 30 mars, le fait générateur de la livraison de biens (ou de la prestation de services) réputée effectuée par le commettant au profit de l'intermédiaire intervient également le 30 mars.

2. Entremise **à l'achat** de biens ou de services : si le fait générateur de la livraison de biens (ou de la prestation de services) effectuée par le tiers cocontractant au profit de l'intermédiaire « opaque » intervient le 25 mai, le fait générateur de la livraison de biens (ou de la prestation de services) réputée effectuée par l'intermédiaire au profit du commettant intervient le 25 mai.

Lorsqu'un intermédiaire « opaque » intervient dans une **livraison de biens en provenance d'un autre État membre** de l'Union européenne, le fait générateur de l'acquisition intracommunautaire que réalise cet intermédiaire intervient au moment où la livraison au tiers cocontractant est effectuée.

61495 TVA-VI-16570

Intermédiaires « opaques » intervenant dans les opérations du commerce extérieur Les intermédiaires « opaques » intervenant dans des **opérations intracommunautaires** sont soumis aux règles applicables aux **livraisons** et aux **acquisitions** intracommunautaires de biens et aux obligations qui en découlent (voir nos 49030 s.).

Le régime des **exportateurs** s'applique aux intermédiaires « opaques » lorsque leur entremise aboutit à l'expédition des biens vers un pays ou un territoire tiers (nos 49700 s.).

61500 > **Précisions** L'application du système des **achats en franchise** décrit aux nos 50550 s. appelle des explications particulières lorsque les exportations ou les livraisons intracommunautaires sont réalisées avec **entremise d'un intermédiaire « opaque »** (généralement, un commissionnaire en marchandises) (TVA-IV-39510 s.).

a. Le **commissionnaire** en marchandises (intermédiaire « opaque ») **qui s'entremet dans des exportations ou des livraisons intracommunautaires** exonérées peut, dès lors qu'il est réputé réaliser personnellement ces opérations, **acquérir en franchise** (dans les conditions visées aux n°s 50550 s.) les biens faisant l'objet de l'exportation ou de la livraison intracommunautaire qui sont livrés par son fournisseur (l'assujetti dont les biens font l'objet de l'exportation ou de la livraison intracommunautaire) ainsi que les services portant sur ces biens. Il doit toutefois remettre à son fournisseur une attestation particulière faisant apparaître qu'il agit en son nom propre mais pour le compte d'autrui et devant, en principe, être établie pour un montant déterminé. Cependant, s'il est dispensé du visa de ses attestations par le service des impôts, le commissionnaire n'est pas tenu de chiffrer les attestations correspondant à des achats en France.

Le **fournisseur du commissionnaire** peut également acquérir en franchise les biens qu'il livre à cet intermédiaire et qui font l'objet par celui-ci d'une exportation ou d'une livraison intracommunautaire ; pour la détermination du contingent d'achats en franchise du fournisseur, il y a lieu de retenir le montant des livraisons en franchise effectuées l'année précédente par ce fournisseur à des commissionnaires agissant en leur nom propre.

Ces dispositions sont applicables au bureau d'achat de maisons étrangères qui agit en son nom propre et au GIE agissant en son nom propre dont l'activité consiste exclusivement à expédier en l'état hors de France les biens de la fabrication ou du négoce de ses membres et que ceux-ci lui ont livrés.

b. Le commissionnaire à la vente ou à l'achat (intermédiaire « opaque ») qui **s'entremet entre une personne réalisant une exportation ou une livraison intracommunautaire** de biens exonérée **et le fournisseur** des biens peut acquérir en franchise, auprès de ce fournisseur, les biens qu'il livre à la personne réalisant l'exportation ou la livraison intracommunautaire.

Pour la détermination du contingent d'achats en franchise, il y a lieu de retenir le montant des livraisons hors taxe faites l'année précédente par le commissionnaire aux personnes réalisant des exportations ou des livraisons intracommunautaires, sous couvert d'attestations en franchise délivrées par ces personnes.

4. AGENTS DE VOYAGES

61520 TVA-XV-16500 s

Un régime particulier s'applique aux opérations d'entremise réalisées par tous les **opérateurs économiques, titulaires ou non d'une licence** d'agent de voyages, qui organisent en leur nom propre des voyages ou des circuits touristiques et qui, pour fournir les prestations de services généralement attachées à ce type d'activité, recourent à des tiers assujettis (CJUE 22-10-1998 aff. 308/96 et 94/97 : RJF 12/98 n° 1521) ainsi que, le cas échéant, d'organismes non assujettis (BOI-TVA-SECT-60 n° 50).

Les opérations d'entremise effectuées dans ces conditions sont constitutives d'une **prestation de services unique** (CGI art. 259 A, 8°-2e al.).

Les spécificités de ce régime particulier concernent la territorialité, la détermination de la base d'imposition et, corrélativement, des droits à déduction.

Remarque : Le bénéfice du régime particulier n'est pas limité au cas de vente de voyages aux voyageurs mais s'étend aux **ventes à tout client** (notamment CJUE 26-9-2013 aff. 296/11 : RJF 12/13 n° 1190). Il peut ainsi s'appliquer, notamment, aux recettes perçues de personnes relevant elles-mêmes de ce régime dès lors qu'elles résultent de la vente de voyages (BOI-TVA-SECT-60 n° 40).

61525

› Précisions **a.** Seules les **opérations d'entremise** sont susceptibles d'être concernées par le régime particulier des agents de voyages. Ne relèvent donc pas de ce régime les services qu'un agent de voyages rend à ses clients à l'aide de moyens d'exploitation dont il est propriétaire ou locataire (BOI-TVA-SECT-60 n°s 50 et 60) (à cet égard voir également n° 61540, b).

b. Seules les opérations d'entremise effectuées par l'agent de voyages ou l'organisateur de circuits touristiques **en son nom propre** à l'égard du client (intermédiation opaque) entrent dans le champ du régime particulier. Lorsqu'il intervient en tant qu'intermédiaire agissant au nom et pour le compte d'autrui, ce sont les règles propres aux prestations des intermédiaires transparents qui s'appliquent (voir n° 61460). Notamment, lorsqu'un agent de voyages vend des billets de transport d'une compagnie aérienne, il est considéré comme intervenant en tant qu'intermédiaire transparent dans la **vente de billets d'avion** et non en tant que prestataire d'un service de transport de voyageurs. La commission qu'il perçoit de ses clients doit, dès lors, être soumise à la TVA (au taux normal) pour la distance parcourue sur le territoire français (elle est toutefois exonérée lorsqu'elle concerne un transport à destination ou en provenance de l'étranger ou des DOM-TOM : n° 50160). Les clients assujettis peuvent déduire dans les conditions de droit commun la taxe ainsi facturée par l'agent de voyages (Rép. Franco : AN 7-6-2005 n° 60261 non reprise dans Bofip).

c. Pour que le régime particulier trouve à s'appliquer, la prestation d'entremise doit comprendre **au moins le transport et/ou l'hébergement.**

Mais, même dans le cas où l'agent de voyages ne fournit qu'une prestation de transport ou

d'hébergement, le régime particulier trouve à s'appliquer dès lors que la prestation offerte ne se réduit pas à la fourniture de ladite prestation mais comprend des prestations annexes telles que la délivrance d'informations ou de conseils propres à orienter le client dans son choix (CJUE 12-11-1992 aff. 163/91 : RJF 3/93 n° 3/93 ; BOI-TVA-SECT-60 n° 50).
Ainsi, une société qui exploite un **site Internet** proposant à ses clients, afin d'assurer leurs déplacements lors de leurs voyages, de comparer les tarifs de différents loueurs de voitures de tourisme, avec lesquels elle est liée par contrat, de réserver leur véhicule et qui, outre la **location de véhicules** (sous-traitée à des tiers), fournit des **prestations d'information et de conseil pour la réservation** des véhicules, exerce une activité d'agence de voyages (CE 7-12-2015 n° 371403 : RJF 3/16 n° 235).
d. En revanche, les **ventes ou prestations** de services effectuées par les agents de voyages qui ne sont **pas comprises dans un voyage ou un séjour** proposé à la clientèle pour un prix global et forfaitaire ne relèvent pas du régime spécifique (locations de places de spectacle, opérations de change, vente de guides ou de photos...) (BOI-TVA-SECT-60 n° 70 ; CJUE 9-12-2010 aff. 31/10 : RJF 10/11 n° 1110).

61528 CGI art. 259 A, 8° TVA-XV-16790 s

Territorialité La prestation de services unique d'un agent de voyages (au sens défini n° 61520) est taxable **en France** lorsque celui-ci y a le **siège de son activité économique** (sauf si la prestation est fournie à partir d'un établissement stable situé à l'étranger) **ou** lorsque, ayant le siège de son activité économique à l'étranger, il dispose en France d'un **établissement stable** à partir duquel la prestation de services unique est fournie.
Les prestations fournies par un agent de voyages ne répondant pas à la définition de la prestation de services unique suivent les règles de territorialité qui leur sont propres.

› Précisions Lorsqu'un organisateur de **circuits touristiques** établi dans un État membre fournit à des voyageurs des prestations de services **par l'intermédiaire d'une filiale** (dont il détient la totalité du capital) opérant en qualité d'agent dans un autre État membre, ces prestations sont imposables à la TVA dans ce dernier État dès lors que cette filiale, qui agit comme un simple auxiliaire de l'organisateur, dispose des moyens humains et techniques qui caractérisent un établissement stable (CJUE 20-2-1997 aff. 260/95 : RJF 4/97 n° 406).

61530 CGI art. 262 bis

Les opérations d'entremise des agents de voyages constitutives de prestations de services uniques (au sens défini n° 61520) sont en principe **exonérées** pour la partie qui se rapporte à des **services utilisés hors de l'Union européenne.** La partie de ces opérations qui se rapporte à des services utilisés en France ou dans un autre État membre de l'Union européenne est en revanche normalement taxable.

› Précisions Les opérations d'entremise relatives à la vente de **voyages organisés** dans les **DOM** sont exonérées lorsque les services sont facturés par une agence métropolitaine ou une agence située dans un DOM autre que celui de réalisation du voyage (sous réserve du cas particulier des relations entre la Guadeloupe et la Martinique : n° 91565).

61535 CGI art. 266, 1-e TVA-XV-16920 s

Base d'imposition La base d'imposition des prestations de services uniques (au sens défini n° 61520) effectuées par des agents de voyages est constituée par la **différence,** calculée par période d'imposition (mois ou trimestre), entre les **encaissements** perçus et les **dépenses** (factures reçues) (BOI-TVA-SECT-60 n° 200), autrement dit par la **marge.**
Le montant de cette différence étant taxe comprise, il faut, pour déterminer la **valeur hors taxe** de la base d'imposition, lui appliquer le **coefficient de conversion** correspondant au taux normal (n° 52785).
À chacun des deux termes de la différence, ne doit être retenu que ce qui se rapporte aux **opérations** situées **dans le champ d'application territorial** de la TVA. Pour chaque encaissement ou dépense, il y a donc lieu de **ventiler** dans les écritures comptables la part taxable et celle correspondant à des opérations exonérées en application des règles de territorialité.
Pour les **voyages organisés** se déroulant à la fois **dans l'Union européenne et hors** de celle-ci, une solution pratique facilitant cette ventilation est prévue. Ainsi, les organisateurs d'un voyage peuvent ventiler leurs encaissements proportionnellement au pourcentage global de dépenses se rapportant à des opérations taxables et non taxables, constaté pour ce voyage.

61540

› Précisions **a.** Pour les **autres prestations** de services effectuées par les agents de voyages (en particulier celles qu'ils effectuent en tant qu'intermédiaires transparents ou celles pour lesquelles ils utilisent des biens ou des services fournis par eux-mêmes), la base d'imposition est constituée par le montant de la commission ou de la rémunération.
b. Lorsqu'un opérateur effectue, contre le paiement d'un **prix forfaitaire,** des opérations composées de **prestations** de services **fournies en partie par lui-même et** en partie **par d'autres** assujettis, la taxation sur la marge s'applique uniquement aux prestations de services fournies par les tiers (CJUE 22-10-1998 aff. 308/96 et 94/97 : RJF 12/98 n° 1521 ; CJUE 25-10-2012 aff. 557/11 : RJF 2/13 n° 243). La partie du forfait qui correspond à ses prestations propres doit être isolée par l'opérateur sur la base de leur **valeur de marché,** dès lors que cette valeur peut être déterminée ; l'opérateur peut toutefois utiliser le critère des coûts réels s'il est en mesure de démontrer que ce critère rend fidèlement compte de la structure réelle du forfait ;

les deux critères peuvent être combinés dans le cas où la valeur de marché ne peut pas être déterminée pour l'intégralité des prestations propres (CJUE 6-10-2005 aff. 291/03 : RJF 12/05 nº 1496). L'opérateur peut également recourir, le cas échéant, à d'autres critères que ceux de la valeur de marché ou des coûts effectifs, à condition d'en justifier (CE 15-11-2006 nº 276006 : RJF 2/07 nº 138).
Ces règles s'appliquent en particulier aux **transporteurs routiers organisant des voyages** (Lettre DLF 7-8-2008).

c. Les **sommes conservées** par les tour-opérateurs **en cas d'annulation,** par le client, du voyage commandé ne peuvent pas être considérées comme la contrepartie d'un service fourni et ne sont donc pas soumises à la TVA. Elles peuvent ainsi venir en majoration des sommes remboursées aux clients pour la détermination des dépenses à prendre en considération dans le deuxième terme du calcul de la marge (BOI-TVA-SECT-60 nº 230).

d. À noter que, selon la **CJUE,** la marge bénéficiaire des agents de voyages doit être déterminée en se référant à chaque prestation de services unique fournie par l'agence de voyages prise isolément, et non **pas de manière globale** (CJUE 26-9-2013 aff. 189/11 : RJF 12/13 nº 1190).
En cas de versement d'**acomptes** (pour lesquels la taxe est exigible au moment de l'encaissement), lorsque le montant de l'acompte correspond au prix total du service touristique ou à une partie significative de ce prix et que l'agence n'a encore supporté aucun coût effectif, ou seulement une part limitée du coût total individuel de ce service, ou encore lorsque le coût effectif individuel du voyage supporté par l'agence ne peut pas être déterminé au moment du paiement de l'acompte, la marge bénéficiaire peut être déterminée sur le fondement d'une **estimation du coût effectif total** (en tenant compte des coûts déjà effectivement supportés lors de l'encaissement de l'acompte) (CJUE 19-12-2018 aff. 422/17 : RJF 4/19 nº 407).

Déductions Dès lors qu'ils sont imposables seulement sur leur marge, les agents de voyages ne peuvent pas déduire la **TVA** qui leur est facturée par les **prestataires qui exécutent matériellement** les services utilisés par les clients (hôteliers, restaurateurs, transporteurs…). Le coefficient d'admission applicable à ces services est donc égal à zéro. **61545** CGI ann. II art. 206, IV-2-9º TVA-XV-17220 s
Ils ont en revanche la possibilité de déduire, dans les conditions de droit commun, la TVA qui grève les divers éléments de leur propre prestation d'entremise (**immobilisations, frais généraux** : publicité, notamment).
L'exonération visée au nº 61530 ne réduit pas leurs droits à déduction (nº 55550).
Pour le calcul du **coefficient de taxation forfaitaire** : voir nº 55745, précision e.

Facturation Les agents de voyages peuvent se **dispenser de mentionner** distinctement **la TVA** afférente à leurs prestations de services uniques (au sens défini nº 61520), même sur les factures remises à des redevables (BOI-TVA-SECT-60 nº 360). **61550** TVA-XV-17275 s

5. PRESSE

Les publications périodiques remplissant les conditions requises pour avoir la qualité de **publications de presse** (presse « papier ») ainsi que les services de **presse en ligne** sont soumis à la TVA, avec cependant certaines particularités comportant notamment le bénéfice d'un taux spécifique de 2,1 % (nºs 61585 s.). **61570** CGI art. 298 septies à 298 terdecies TVA-XV-23400 s
Quant à la situation des **fournisseurs de la presse** écrite (imprimeurs, agences de presse, etc.), elle appelle des explications particulières (nºs 61620 s.).

Remarques : **1.** Les publications **périodiques n'ayant pas la qualité de publications de presse** sont en principe imposables, soit au taux normal, soit au taux réduit de 5,5 %, si elles répondent à la définition fiscale du livre (nºs 53040 s.). **61575**
Pour les publications pornographiques : voir nº 53045, e.
2. Les publications des **organismes sans but lucratif** et celles des **collectivités publiques** et de leurs établissements publics appellent des précisions que l'on trouvera au nº 61610.

PUBLICATIONS DE PRESSE ET PRESSE EN LIGNE

Publications papier S'agissant des publications de presse, les articles 72 et 73 de l'annexe III au CGI définissent les deux catégories de publications susceptibles de bénéficier du régime spécial de la presse. **61585** TVA-XV-23840 s CGI ann. III art. 72 et 73 TVA-XV-23460 s
a. Dans la **première catégorie (article 72)**, entrent les publications présentant un lien direct avec l'actualité (apprécié au regard de l'objet de la publication) et présentant un apport éditorial significatif, qui remplissent simultanément les conditions suivantes :
– présenter un caractère d'intérêt général quant à la diffusion de la pensée ;
– satisfaire aux obligations de la loi du 29 juillet 1881 sur la liberté de la presse ;
– paraître régulièrement au moins une fois par trimestre sans qu'il puisse y avoir un intervalle supérieur à quatre mois entre deux parutions ;
– faire l'objet d'une vente effective au public, au numéro ou par abonnement, à un prix marqué ayant un lien réel avec les coûts, sans que la livraison de la publication soit accompa-

gnée de la fourniture gratuite ou payante de marchandises ou de prestations de services n'ayant aucun lien avec son objet principal ;

– ne pas avoir plus des deux tiers de leur surface consacrés aux annonces classées (sans que celles-ci excèdent la moitié de la surface totale), à la publicité et aux annonces judiciaires et légales ;

– ne pas être assimilables à certains écrits tels que notamment : feuilles d'annonces, tracts, guides, prospectus, catalogues, almanachs, répertoires, index, lexiques, cotations, horaires, programmes ; les publications ayant pour objet essentiel l'insertion à titre d'information des programmes de radiodiffusion et de télévision ou des cotes de valeurs mobilières sont toutefois susceptibles de bénéficier du régime de la presse au titre de l'article 72 ;

– ne pas être susceptibles de choquer le lecteur par une représentation dégradante de la personne humaine portant atteinte à sa dignité et à la décence ou présentant sous un jour favorable la violence.

Des dispositions spéciales sont applicables aux suppléments, numéros spéciaux et hors-série.

b. Dans la **deuxième catégorie (article 73)**, figurent :

– les publications d'anciens combattants, mutilés ou victimes de guerre ;

– les publications éditées par les organisations syndicales de salariés ;

– les publications politiques, sauf celles qui sont éditées par ou pour le compte d'une personne morale de droit public ;

– les publications mutualistes ;

– les publications, de diffusion nationale ou internationale, éditées par les organismes à but non lucratif et ayant pour objet de contribuer, à titre manifestement désintéressé, à lutter par des actions ou programmes contre les atteintes ou menaces graves à la dignité, à la santé et à la vie humaines, sous réserve d'être destinées à un public large et diversifié et de faire appel au soutien du lecteur ;

– les journaux scolaires publiés ou imprimés sous la direction et la responsabilité des instituteurs ou des professeurs.

Les publications relevant de l'article 73 doivent répondre aux conditions tenant au caractère d'intérêt général, au respect de la loi sur la liberté de la presse et à la périodicité mentionnées au a ci-dessus.

Elles doivent en outre présenter un lien avec l'actualité et ne doivent entrer dans aucune des catégories visées au dernier tiret du a. La publicité et les annonces ne doivent pas excéder 20 % de la surface totale de ces publications.

> **Précisions** Le respect des conditions réglementaires par les publications de presse est apprécié par l'administration fiscale après avis de la **commission paritaire** des publications et agences de presse (CPPAP). Pour pouvoir bénéficier du régime spécial de la presse, les diverses publications de presse visées ci-dessus (première et deuxième catégories) doivent donc : obtenir d'abord un **certificat d'inscription** à la CPPAP délivré pour une durée de cinq ans maximum (Décret 97-1065 du 20-11-1997 art. 7 modifié) ; obtenir ensuite une **décision favorable** du directeur départemental **des services fiscaux** (sur demande accompagnée d'une copie du certificat ci-dessus et d'au moins deux numéros différents de la publication).
> Le refus par la commission paritaire de délivrer le certificat d'inscription (refus qui doit être motivé) ainsi que le retrait de ce certificat par la commission (CE 27-5-1994 n° 142878 : RJF 1/95 n° 17) peuvent faire l'objet d'un **recours** pour excès de pouvoir. Il en est de même de la lettre du directeur des services fiscaux notifiant le retrait du certificat prononcé par la commission.

61590 TVA-XV-25120 s **Presse en ligne** Constitue un service de presse en ligne, en application de l'article 1er de la loi 86-897 du 1er août 1986 portant réforme du régime de la presse, tout service de communication au public en ligne édité à titre professionnel par une personne physique ou morale qui a la maîtrise éditoriale de son contenu, consistant en la production et la mise à disposition du public d'un contenu original, d'intérêt général, renouvelé régulièrement, composé d'informations présentant un lien avec l'actualité et ayant fait l'objet d'un traitement à caractère journalistique, qui ne constitue pas un outil de promotion ou un accessoire d'une activité industrielle ou commerciale (BOI-TVA-SECT-40-40 n° 10).

Pour bénéficier du régime particulier de la presse, les services de presse en ligne doivent être **reconnus par** la commission paritaire des publications et agences de presse (**CPPAP**) qui procède à leur inscription sur la liste des services de presse en ligne en application du décret 97-1065 du 20 novembre 1997. Pour être reconnus comme tels, ils doivent remplir les conditions prévues par l'article 1er du décret 2009-1340 du 29 octobre 2009.

> **Précisions** **a.** Pour répondre aux **conditions** de l'article 1er du décret 2009-1340 du 29 octobre 2009, le service de presse en ligne doit :
> – satisfaire aux obligations de l'article 6, III-1 de la loi 2004-575 du 21 juin 2004 ;
> – répondre aux obligations fixées par l'article 93-2 de la loi 82-652 du 29 juillet 1982, à savoir notamment disposer d'un directeur de la publication ;
> – être édité à titre professionnel ;
> – offrir, à titre principal, un contenu utilisant essentiellement le mode écrit, faisant l'objet

d'un renouvellement régulier et non pas seulement de mises à jour ponctuelles et partielles (tout renouvellement doit être daté) ;
– mettre à disposition du public un contenu original, composé d'informations présentant un lien avec l'actualité et ayant fait l'objet, au sein du service de presse en ligne, d'un traitement à caractère journalistique, notamment dans la recherche, la vérification et la mise en forme de ces informations ;
– avoir un contenu présentant un caractère d'intérêt général quant à la diffusion de la pensée (instruction, éducation, information, récréation du public) et non susceptible de choquer l'internaute par une représentation de la personne humaine portant atteinte à sa dignité et à la décence ou présentant la violence sous un jour favorable ;
– ne pas avoir pour objet principal la recherche ou le développement des transactions d'entreprises commerciales, industrielles, bancaires, d'assurances ou d'autre nature, dont il serait en réalité l'instrument de publicité ou de communication, et ne pas apparaître comme étant l'accessoire d'une activité industrielle, artisanale, commerciale ou de prestation de services autre que la mise à disposition du public d'informations ayant fait l'objet d'un traitement journalistique ;
– avoir un éditeur qui a la maîtrise éditoriale du contenu publié à son initiative ;
– mettre en œuvre des dispositifs appropriés de lutte contre les contenus illicites sur les espaces de contribution personnelle des internautes.

b. Le service de presse en ligne bénéficie du taux de 2,1 % du seul fait de sa reconnaissance par la CPPAP, **sans** qu'il soit nécessaire d'obtenir un **agrément fiscal.**

Régime des ventes de publications de presse et de la presse en ligne

61600 TVA-XV-25240 s

Quelle que soit leur périodicité, les ventes, **au numéro ou par abonnement,** des publications de presse (y compris leurs versions numérisées) et des services de presse en ligne sont, en matière de TVA, régies sur certains points par les dispositions particulières mentionnées ci-après.

Sur les autres points, et notamment en ce qui concerne la déduction de la taxe « d'amont » ou les obligations des redevables (déclarations, facturation…), ce sont les règles de droit commun qui sont applicables en principe.

a. La TVA est calculée au **taux** spécifique **de 2,1 %** en France métropolitaine (y compris la Corse) et de 1,05 % dans les DOM (coefficients de conversion respectifs : 0,979 et 0,989) (CGI art. 298 septies).

Pour les publications exportées de la métropole vers les DOM, la TVA est due par l'éditeur au taux applicable dans les DOM.

b. L'**exigibilité** de la TVA, pour les publications de presse imprimées, intervient lors de l'**encaissement** des acomptes ou du prix (CGI art. 298 nonies) (il en va de même, bien entendu, pour les services de presse en ligne : n° 52645).

Il s'agit là d'une dérogation à la règle selon laquelle la TVA afférente aux ventes est exigible lors de la livraison (n° 52585). Cette dérogation ne s'étend d'ailleurs pas aux autres opérations visées au n° 61605, pour lesquelles le fait générateur de la TVA obéit aux dispositions de droit commun.

c. Les éditeurs doivent acquitter la **TVA sur le prix de vente total** au public (CGI art. 298 undecies). Il en est ainsi même lorsque les publications sont vendues au numéro par l'intermédiaire de distributeurs rémunérés par une partie du prix de vente, ces distributeurs étant eux-mêmes dispensés du paiement de la TVA sur leur rémunération (n° 61650).

d. Pour les **produits de presse composites** comportant une **publication imprimée** (bénéficiant du régime de la presse) assortie pour un prix global d'un bien dit « plus-produit » (cédérom, compact-disc…), il convient de faire application des règles suivantes à ce « plus-produit » :
– lorsqu'il est proposé moins d'une fois par mois avec une publication hebdomadaire ou moins d'une fois par trimestre avec une publication mensuelle et que son prix de revient n'excède pas 15 % du prix de vente hors taxe de la publication ou, quelle que soit la fréquence, lorsque son prix de revient n'excède pas 7 % du prix de vente hors taxe de la publication, le « plus-produit » doit être considéré comme un **échantillon ou cadeau** et ne donne pas lieu à imposition (mais il convient alors, pour le droit à déduction, de faire application des règles exposées aux n°s 55970 s.) ;
– dans les autres cas, le « plus-produit » constitue une **composante intrinsèque de l'offre** et doit être imposé séparément au taux qui lui est propre (la taxe l'ayant grevé étant alors déductible dans les conditions de droit commun) (BOI-TVA-SECT-40-10-10 n° 230).

e. Les services de presse en ligne et les versions numérisées de publications de presse éligibles au taux de 2,1 % peuvent être commercialisés dans le cadre d'**offres associant d'autres services** (téléphonie, internet, télévision, livres numériques, etc.) ou des produits (téléphones portables, tablettes, clés 3G/4G, etc.) relevant de taux différents, selon diverses modalités commerciales (offres couplées, options facultatives ou obligatoires donnant ou non lieu à des réductions commerciales). Selon l'administration, qui s'inspire des critères dégagés par la CJUE en matière d'opérations complexes (n° 46475, précision a), lorsque l'ana-

lyse des éléments caractéristiques et des circonstances de l'opération conduit à considérer que l'offre constitue :
– une **prestation complexe unique composée d'éléments formant un tout indissociable,** celle-ci doit être soumise au taux le plus élevé des éléments composant l'offre (en ce sens, BOI-TVA-LIQ-30-20-100 nº 97) ;
– une prestation complexe unique dont l'**élément principal** est le **service de presse** en ligne, les **autres éléments** devant être considérés comme **accessoires,** le taux de 2,1 % s'applique seulement au service de presse en ligne (les prestations accessoires relevant de leur taux propre).

Ce n'est que lorsque l'**offre** ne constitue **pas** une **prestation complexe unique** qu'il convient de faire application des règles de ventilation prévues aux 3e et 4e alinéas de l'article 298 septies du CGI : le taux de 2,1 % doit alors être appliqué au supplément de prix payé par le client par rapport à une offre composite identique mais ne comprenant pas tout ou partie des services de presse en ligne, commercialisée dans des conditions comparables (l'assiette du taux de 2,1 % est, le cas échéant, majorée de celle établie pour l'application de ce même taux à cette offre composite identique). À défaut d'une telle autre offre, le taux de 2,1 % est applicable aux seules sommes payées, par client, pour l'acquisition des services de presse en ligne, nettes des frais de mise à disposition du public acquittés par les éditeurs de presse au fournisseur du service, dans la limite, le cas échéant, du prix auquel les services sont commercialisés par ailleurs par ce fournisseur (BOI-TVA-SECT-40-40 nos 40 à 150).

61605 TVA-XV-25870 s

Régime des autres opérations Certaines opérations portant sur des publications de presse appellent des précisions.

a. La taxation des publications **importées** ou faisant l'objet d'une **acquisition intracommunautaire,** au taux applicable à ces publications en régime intérieur, s'opère en général selon des modalités particulières.

b. Les **commissions et courtages** sont passibles du taux applicable aux publications ou services de presse en ligne auxquels ils se rapportent.

c. Les autres opérations sont passibles de la TVA au taux qui leur est propre. Tel est notamment le cas pour :
– les recettes de **publicité** ou d'**annonces** (taux normal) ;
– les **cessions** et rétrocessions **d'éléments d'information** entre entreprises de presse pour des publications bénéficiant du régime privilégié (taux intermédiaire de 10 %) (CGI art. 298 octies, al. 2) ;
– les cessions **de titres** (taux normal).

d. La livraison à soi-même des exemplaires **distribués gratuitement** pour les besoins de la **promotion des ventes** d'une publication de presse n'est pas taxée.

e. Les **« tirages à part »,** qui ne diffèrent des publications de presse dont ils portent le titre que par la qualité du papier utilisé pour leur impression, sont admis au même régime fiscal que ces publications.

Il en est de même pour les **recueils d'invendus brochés,** à condition que leur vente n'ait qu'un caractère accessoire et qu'ils soient composés non pas d'un tirage spécial, mais exclusivement d'invendus. Ne remplit pas cette condition la personne qui se borne à se procurer auprès de l'éditeur des invendus en vue de les revendre.

Les **« bouillons » de presse** vendus (à l'unité ou groupés sous un emballage) à des fins de lecture sont soumis au même régime que les publications dont ils émanent, quelle que soit la qualité du vendeur : éditeur de la publication, mandataire ou professionnel de la vente d'objets soldés. Lorsqu'ils ne sont pas destinés à la lecture, ils sont considérés comme des matières de récupération et sont soumis, le cas échéant, à un régime d'autoliquidation (voir nº 53705).

Les ventes à l'unité ou par abonnement des **versions numérisées** d'une publication de presse imprimée bénéficiant du taux de 2,1 % en bénéficient également.

61610 CGI art. 298 duodecies TVA-XV-27400 s

Publications périodiques des organismes désintéressés Il faut à cet égard distinguer deux catégories de publications.

a. Publications des organismes sans but lucratif Lorsque ces publications ont la qualité de **publications de presse** au sens défini nº 61585 (ce qui suppose l'obtention d'un certificat d'inscription à la commission paritaire), elles bénéficient du régime de la presse exposé ci-dessus. Un secteur d'activité distinct doit être constitué pour l'ensemble des titres passibles de la taxe.

Dans le **cas contraire,** les opérations de vente, commission et courtage portant sur ces publications sont exonérées de la TVA, à condition que la publicité et les annonces ne couvrent pas plus des deux tiers de leur surface et que l'ensemble de la publicité ou des annonces d'un même annonceur ne soit pas, dans une même année, supérieur au dixième de la surface totale des numéros parus.

b. Publications des collectivités publiques et de leurs établissements publics Les livraisons des publications des administrations de l'État et des établissements publics sont susceptibles d'être placées hors du champ d'application de la TVA en vertu de l'article 256 B du CGI (nos 47210 s.). Si l'article 256 B n'est pas applicable, les livraisons des publications de ces organismes publics sont soumises au régime de la presse lorsqu'elles remplissent les conditions prévues à l'article 72 de l'annexe III au CGI (no 61585, a). Les publications ne remplissant pas les conditions prévues par l'article 72 peuvent bénéficier de l'exonération exposée au a ci-dessus.

FOURNISSEURS DE LA PRESSE

La situation de certains fournisseurs de la presse appelle des explications que l'on trouvera ci-après nos 61625 s. 61620 TVA-XV-26350 s

Remarques : **1.** Les **journalistes** professionnels ne sont pas soumis à la TVA (no 46530).

2. Les **correspondants locaux** de presse suivent le régime de TVA des auteurs des œuvres de l'esprit (voir nos 61680 s.).

Agences de presse Celles figurant sur la liste fixée par arrêté, après avis favorable de la CPPAP, bénéficient du taux intermédiaire de 10 % au titre de l'ensemble de leurs fournitures d'éléments d'information (CGI art. 298 octies, al. 2). 61625 TVA-XV-26360 s

Matières premières Quel que soit leur acquéreur, toutes les matières premières nécessaires à l'impression des publications de presse (**papiers, encres, solvants,** etc.) sont passibles du taux normal (voir toutefois no 61640, pour les matières fournies dans le cadre de travaux d'impression). 61630 TVA-XV-26470 s

› Précisions L'**exigibilité** de la taxe due sur les **ventes de papier de presse** intervient au moment de l'encaissement des acomptes ou du prix pour les entreprises qui participent à la constitution, au maintien et au financement d'un **« stock de précaution »** (CGI art. 298 nonies).

Travaux de composition et d'impression Par « travaux de composition et d'impression », on entend : 61635 CGI art. 298 octies, 1er al. TVA-XV-26600 s

– les travaux de **composition** manuelle, mécanique, photographique, planographique qui se matérialisent par la fourniture des clichés d'imprimerie (et leurs épreuves photographiques accessoires) ou aboutissent aux « formes imprimantes » (offset), sans distinguer les « clichés d'information » et les « clichés de publicité » ;

– les travaux d'**impression** proprement dits (typographie, héliographie, taille-douce, offset…) ;

– les opérations de **brochage** ou de **massicotage** (calibrage ou mise à dimension).

Tous ces travaux sont imposables à la TVA :

– au **taux** intermédiaire de 10 % lorsqu'ils portent sur des **écrits périodiques** (ce terme recouvre ici toutes les publications périodiques, qu'elles aient ou non obtenu un certificat d'inscription à la CPPAP) ; au taux réduit de 5,5 % lorsqu'ils portent sur des ouvrages répondant à la définition fiscale du **livre** (no 53045) ;

– au taux normal pour les affiches, tarifs et autres ouvrages ne répondant pas à la définition fiscale du livre.

61640

› Précisions **a.** Lorsque les travaux de composition et d'impression sont réalisés dans le cadre de **travaux d'édition informatisés,** il est admis que la **mise au point de la maquette** soit assimilée à des travaux de composition. Tel est le cas de la saisie et de la mise en page d'un texte et des photographies, dessins ou graphiques illustrant ce texte sur un support informatique et se matérialisant par la remise d'une disquette, ou d'un support équivalent, au photograveur pour impression (BOI-TVA-SECT-40-20-20 no 80).

b. La livraison des matériaux nécessaires aux travaux d'impression de périodiques (**papier, encre**) bénéficie du taux intermédiaire de 10 %, pour autant que la fourniture de ces matériaux ne soit pas mentionnée distinctement sur la facture des travaux (BOI-TVA précité nos 90 et 160).

c. Selon l'administration, l'application du taux intermédiaire aux travaux de composition et d'impression est subordonnée à la condition que l'éditeur assure pleinement la **responsabilité éditoriale** de la publication, ce qui est notamment le cas lorsque l'éditeur effectue lui-même la rédaction du contenu de la publication ou en assure le contrôle au moyen d'un « bon à tirer » (BOI-TVA précité no 120).

d. Suivent leur régime propre (taux normal) :

– les **matières** premières, **surfaces sensibles et matériels** (« flans de clicherie » notamment), utilisés **pour** la fabrication des **clichés d'imprimerie** ;

– les prestations de **services** se situant à un stade **antérieur aux travaux de composition** (agences fournissant des mannequins, dessinateurs, photographes, etc.).

e. Quant aux **déchets d'imprimerie,** ce sont des déchets neufs d'industrie. Ils relèvent, le cas échéant, du régime d'autoliquidation décrit no 53705.

61645 TVA-XV-27100 s

Opérations de routage et de transport Sont imposables au taux normal :
– les prestations de services rendues par les entreprises spécialisées dans le routage des publications vendues par abonnement ;
– l'acheminement des publications par les entreprises de transport.

61650 CGI art. 298 undecies TVA-XV-26910 s

Diffusion des publications vendues au numéro Les opérations réalisées par les **messageries de presse,** les **dépositaires** centraux de presse, les **sous-dépositaires** de presse (marchands en boutique, en kiosque, en terrasse…), ainsi que les **personnes vendant en « ambulance »** sont dispensées du paiement effectif de la TVA, l'éditeur devant obligatoirement acquitter cette taxe sur le montant total du prix de vente au public (nº 61600, c).

Cette dispense est cependant subordonnée à la justification par les intéressés de leur qualité de mandataires régulièrement inscrits à la Commission du réseau de la diffusion de la presse.

Bien que non effectivement taxées, ces opérations sont cependant considérées comme l'ayant été au regard des droits à déduction.

Nota : Situation des éditeurs effectuant des ventes au numéro de publications en métropole et dans les **DOM** : voir nº 91575, précision b.

61655 TVA-XV-27010 s

Intermédiaires pour la souscription d'abonnements Les intermédiaires pour la souscription d'abonnements (agences d'abonnement, libraires…), qui possèdent la qualité de commissionnaire à la vente, peuvent bénéficier du régime défini au nº 61650 s'ils sont inscrits à la Commission du réseau de la diffusion de la presse.

Dans le cas contraire, ils doivent acquitter la taxe sur leurs opérations selon le régime propre aux intermédiaires (nºs 61440 s.) et au taux prévu pour la publication correspondante.

6. AUTEURS ET ARTISTES-INTERPRÈTES

61680 TVA-XV-17800 s

Les livraisons de biens et les prestations de services effectuées par les auteurs des œuvres de l'esprit, les artistes-interprètes et les artistes du spectacle **agissant à titre indépendant** sont, en principe, soumises à la TVA de plein droit (nº 61690).

Pour la perception de la TVA sur les **droits d'auteur,** un mécanisme particulier de **retenue à la source** est prévu (nº 61705).

Remarques : **1.** L'assujettissement à la TVA s'étend aux **ayants droit** des auteurs et des artistes-interprètes ainsi qu'aux **organismes de gestion** collective de droits.

2. Le fait que les **auteurs des œuvres de l'esprit** soient soumis à l'impôt sur le revenu selon les règles des traitements et salaires (nºs 13735 s.) ne modifie pas leur situation au regard de la TVA.

RÈGLES D'ASSUJETTISSEMENT

61690 TVA-XV-17830 s

a. Sont imposables les sommes perçues par les **auteurs** au titre de l'**exploitation des droits d'auteur** et de l'exercice du droit de reproduction.

Les **interprètes** des œuvres de l'esprit et artistes du spectacle sont imposables au titre de l'**exploitation du droit d'autoriser** (pour les sommes n'ayant pas le caractère de salaires) et de la rémunération « équitable ».

b. La **base d'imposition** des auteurs et artistes-interprètes comprend l'ensemble des sommes taxables qui leur reviennent, avant tout prélèvement effectué pour leur compte par les organismes de gestion collective de droits, les éditeurs ou les producteurs.

c. Les cessions taxables des droits patrimoniaux reconnus par la loi aux auteurs des œuvres de l'esprit et aux artistes-interprètes (droits de représentation, de reproduction, d'autoriser et droit à rémunération équitable) sont soumises au **taux intermédiaire** de 10 % (CGI art. 279, g).

Ne bénéficient cependant pas de l'application du taux intermédiaire :
– les cessions de droits portant sur des œuvres d'architecture et des logiciels (CGI art. 279, g-2e al.) ;
– les cessions de droits portant sur des publications et spectacles pornographiques ou violents (nºs 53045, e et 61795) (CGI art. 279 bis, 1º , 2º et 3º).

En ce qui concerne le taux applicable aux cessions de droits portant sur les œuvres cinématographiques et sur les livres, voir respectivement nº 61770, précision c, et nº 53045, a.

d. Les auteurs et les artistes-interprètes bénéficient d'une **franchise en base particulière** (voir nº 85585).

61695

› Précisions **a.** Les sommes perçues en France au titre de la **rémunération pour copie privée** par les auteurs, artistes-interprètes et producteurs n'ont plus à être soumises à la TVA par ces derniers (Décision de rescrit du 8-6-2018 publiée sur le site de l'Afnum ; en ce sens également CJUE 18-1-2017 aff. 37/16 : RJF 4/17 nº 397).

Les sommes perçues au titre du **droit de suite** prévu à l'article L 122-8 du Code de la propriété intellectuelle ne doivent pas non plus être soumises à la TVA.

b. Les sommes perçues par les auteurs et artistes-interprètes à titre de **prix,** de **récompense** ou d'**aide** ne sont pas non plus imposables à la

TVA, dès lors qu'elles ne rémunèrent pas une livraison de biens ou une prestation de services. Par ailleurs, les rémunérations reçues par les intéressés de leurs élèves, pour des cours ou leçons relevant de l'**enseignement** scolaire, universitaire, professionnel ou artistique sont susceptibles de bénéficier de l'exonération visée au n° 47055.

c. Le terme **« cession de droits »** recouvre en pratique toutes les opérations relatives à l'exploitation des droits protégés, que le cédant personne physique ou morale soit l'auteur lui-même ou agisse en qualité de cessionnaire des droits et quelle que soit la nature de l'activité exercée par le bénéficiaire de la cession.

RETENUE À LA SOURCE DE LA TVA SUR LES DROITS D'AUTEUR

Les **éditeurs,** les **organismes de gestion collective** de droits et les **producteurs** qui versent des droits d'auteur taxables doivent retenir le montant de la TVA due par l'auteur, sous déduction de droits à déduction fixés forfaitairement à 0,8 % des droits (0,4 % dans les DOM), et déclarer et verser ce montant au Trésor dans les mêmes conditions et sous les mêmes sanctions que la TVA afférente à leurs propres opérations. La **déduction forfaitaire** est exclusive de toute autre déduction par l'auteur. 61705 CGI art. 285 bis TVA-XV-20400 s

EXEMPLE

Droits dus (HT) par l'éditeur : 100 €.

Montant de la TVA retenu par l'éditeur et à acquitter au Trésor : 10 − 0,80 = 9,20 €.

Versement de l'éditeur à l'auteur : 110 − 9,20 = 100,80 €.

Taxe déductible par l'éditeur : 10 €.

Sauf **renonciation** expresse de l'auteur (voir n° 61710, b), ce régime particulier (autorisé par le Conseil de l'Union européenne) s'applique, y compris à l'égard des auteurs situés dans le champ de la franchise visée au n° 85585.

Les auteurs soumis à la retenue ne sont astreints, en matière de TVA, qu'à des **obligations** très allégées (c'est d'ailleurs la raison d'être du régime particulier). C'est ainsi que, s'ils ne perçoivent que des droits soumis à retenue, ils sont dispensés des déclarations de création d'entreprise ou d'activité ou de cessation, ainsi que des déclarations de chiffre d'affaires. Ils ne sont par ailleurs tenus à aucune obligation d'ordre comptable au titre de la TVA ; ils doivent cependant conserver les relevés de droits que leur adresse la partie versante.

› **Précisions** **a.** Les auteurs n'ayant pas renoncé à la retenue et qui **perçoivent des droits taxables d'autres personnes** que celles tenues de la pratiquer souscrivent au titre de ces droits, lorsqu'ils ne bénéficient pas de la franchise particulière visée n° 85585, une déclaration annuelle et appliquent la déduction au taux forfaitaire. 61710

b. La **renonciation à la retenue à la source** doit être notifiée par l'auteur à tous les éditeurs, organismes de gestion collective de droits ou producteurs qui lui versent des droits ainsi qu'à son service des impôts. Elle vaut pour l'ensemble des droits qu'il perçoit.

La renonciation prend effet le premier jour du mois qui suit celui au cours duquel elle est déclarée. Elle couvre obligatoirement une période de cinq années, y compris celle au cours de laquelle elle est déclarée. Elle est renouvelable par tacite reconduction, sauf dénonciation à l'expiration de chaque période. Elle est reconduite de plein droit pour la période de cinq années suivant celle au cours ou à l'issue de laquelle l'auteur a bénéficié d'un remboursement de crédit de taxe.

c. Incidence de la retenue à la source en matière d'**impôt sur le revenu** : voir n° 13740, précision c.

7. SPECTACLES, JEUX ET DIVERTISSEMENTS

Les spectacles proprement dits (cinéma, théâtre, spectacles de variétés ou de music-hall, concerts, cirques, etc.) ainsi que les jeux et divertissements sont, pour la plupart, soumis à la TVA. Cette imposition est établie selon les règles de droit commun, avec cependant certaines particularités qui sont examinées ci-après. 61730 TVA-XV-7800 s

Seuls sont **exonérés** de la TVA l'organisation de **jeux de hasard ou d'argent** dans les **casinos, clubs et maisons de jeux** et le produit de l'exploitation des **paris mutuels** hippiques, du **loto** national et des jeux assimilés, des paris sur des compétitions sportives et des jeux de cercle en ligne (n° 47575).

Le cas particulier des **appareils automatiques** installés dans les lieux publics et destinés à procurer un divertissement ou un jeu est examiné n° 61815.

Remarques : **1.** Quelle que soit la nature du spectacle auquel elles se rapportent, les **recettes accessoires** (ventes de programmes, de confiseries, ventes à consommer sur place, recettes de vestiaires, etc.) supportent la TVA selon le régime et au taux qui leur sont propres. 61735

2. Les règles de **territorialité** de la TVA pour les spectacles sont indiquées aux n°s 49985 et 50002.

BASE D'IMPOSITION

61745 TVA-XV-9580 s La base imposable à la TVA est constituée par le **prix exigé du spectateur,** à l'exclusion de la TVA elle-même. Pour les recettes perçues dans les **salles de cinéma,** la base imposable comprend la **taxe** sur le prix des entrées aux séances de cinéma.

› Précisions a. Les **entrées gratuites** dans les salles de spectacle ne sont pas imposables à la TVA sauf lorsqu'elles sont délivrées en contrepartie de la fourniture d'un bien ou d'un service (service de publicité, d'affichage, élément de rémunération du personnel, etc.).
b. En ce qui concerne les **cartes de cinéma** non utilisées, voir n° 46975.

EXIGIBILITÉ DE LA TVA

61755 TVA-XV-9650 s La TVA applicable aux spectacles est normalement exigible lors de l'**encaissement** du prix du billet d'entrée.

Les entreprises de spectacles peuvent cependant opter pour le paiement de la TVA d'après les **relevés de recettes** établis à l'issue de chaque journée ou représentation (n° 61805). Cette option est exercée dans les mêmes conditions que l'option pour le paiement de la TVA d'après les débits (n° 52665).

TAUX DE LA TVA

61765 TVA-XV-9700 s Selon le cas, les spectacles (spectacles proprement dits, jeux et divertissements) sont soumis à la TVA soit au **taux réduit de 5,5 %,** soit au **taux intermédiaire de 10 %,** soit à un **taux spécifique** de 2,1 % prévu pour les premières représentations, soit enfin au **taux normal** de 20 %.

Remarques :
1. Les **commissions** perçues par le prestataire de services qui se borne à assurer dans ses bureaux ou agences la **vente des billets,** pour le compte de l'organisateur du spectacle, ne peuvent pas bénéficier des taux réduit ou intermédiaire ni du taux spécifique de 2,1 % (CAA Bordeaux 28-12-1995 n° 94-617 : RJF 4/96 n° 435).
2. Des taux particuliers s'appliquent dans les **DOM** et en **Corse** (voir n°s 91610 et 92370 s.).

61770 CGI art. 278-0 bis, F, G, H, J et L TVA-XV-9715 s **Spectacles, jeux et divertissements relevant du taux réduit** La TVA est perçue au taux réduit de 5,5 % pour les spectacles, jeux ou divertissements suivants :
– **théâtre** et théâtre de **chansonniers** ;
– **concerts** et spectacles de **variétés** (y compris music-hall) ;
– **cirque** ;
– **cinéma** (voir précisions c et d ci-après) ;
– droits d'entrée perçus par les organisateurs de **réunions sportives** (voir précision e ci-après) ;
– droits d'entrée perçus dans les **parcs zoologiques** (zoos, aquarium, vivarium) répondant à des conditions fixées par l'arrêté DEVN0430016A du 25 mars 2004.

› Précisions a. Lorsque le spectacle est donné dans un établissement où il existe un **service de consommations** payantes, la règle est la suivante (TVA-XV-9780 s.) :
– s'agissant des interprétations originales d'œuvres musicales nécessitant la présence physique d'au moins un artiste du spectacle percevant une rémunération (**concerts, spectacles de disc-jockeys** notamment) données dans des établissements où il est servi facultativement des consommations pendant le spectacle, le taux réduit de 5,5 % s'applique à l'ensemble du prix du billet à l'exclusion, s'il y a lieu, de la part relative aux ventes à consommer sur place et de la part relative aux boissons alcooliques ;
– s'agissant des **spectacles** donnés dans des établissements où il est d'usage de consommer pendant les séances (notamment cabarets, cafés-théâtres, dancings, discothèques), le taux réduit de 5,5 % s'applique à la part du prix du billet donnant accès au spectacle à condition que ces établissements soient affiliés au Centre national de la musique (CNM), le taux intermédiaire s'appliquant sur la part relative aux ventes à consommer sur place à l'exclusion de celles relatives aux boissons alcooliques. Pour les établissements non affiliés au CNM, la part du prix du billet donnant accès au spectacle est soumise au taux normal, sauf si le service des consommations est totalement interrompu pendant toute la durée du spectacle et si le caractère non obligatoire des consommations servies avant ou après le spectacle est établi, en droit comme en fait, de manière certaine, cette part pouvant alors bénéficier du taux réduit de 5,5 % (BOI-TVA-LIQ-30-20-40 n°s 60 à 125).
Le taux allégé mentionné n° 61785 ne s'applique pas aux spectacles susvisés (BOI-TVA-LIQ-40-20 n° 70).
b. Le taux réduit de 5,5 % s'applique non seulement aux rémunérations perçues par les organisateurs et entrepreneurs qui assument le risque commercial du spectacle, mais également aux **cessions ou concessions du droit d'exploitation** effectuées par les producteurs de ces spectacles, même si leur rémunération est indépendante des gains ou pertes réalisés par l'organisateur (TVA-XV-10565 s.).
Lorsqu'il s'agit de « premières représentations » visées au n° 61785, c'est également le taux de 5,5 % (et non le taux spécifique de 2,1 %) qui doit, selon l'interprétation administrative, s'appliquer aux sommes perçues par le producteur du spectacle au titre de la cession ou

concession du droit d'exploitation de ce spectacle (en ce sens BOI-TVA-LIQ-30-20-40 n° 200 et LIQ-40-20 n° 230).
c. En ce qui concerne le **cinéma,** le taux réduit de 5,5 % s'applique aux **droits d'entrée dans les salles,** quels que soient le procédé de fixation ou de transmission et la nature du support des œuvres ou documents audiovisuels qui sont présentés. Il s'applique également aux **cessions de droits** (sur cette notion : voir n° 61695, b) portant sur les œuvres cinématographiques représentées au cours de **séances** de spectacles cinématographiques à **caractère non commercial,** mentionnées à l'article L 214-1 du Code du cinéma et de l'image animée, ou dans le cadre de **festivals de cinéma.** Dans les autres situations, les cessions de tous droits portant sur les œuvres cinématographiques sont soumises au taux intermédiaire de 10 % (CGI art. 279, g).
d. Lorsque des **abonnements au cinéma** sont **compris dans une offre composite,** composée ou non de plusieurs autres offres, qui comprend l'accès à un réseau de communications électroniques (ou à un équipement terminal) ou la fourniture de services de télévision, le taux de 5,5 % est applicable au supplément de prix payé par le client par rapport à une offre identique, mais ne comprenant pas tout ou partie de ces mêmes prestations, commercialisée dans des conditions comparables. Le cas échéant, cette assiette est majorée de celle établie pour l'application du taux réduit à cette offre.
À défaut d'une telle autre offre, le taux réduit est applicable aux sommes payées, par client, pour l'acquisition de ces abonnements au cinéma, dans la limite, le cas échéant, du prix auquel ces abonnements sont commercialisés par ailleurs par le fournisseur (Loi 2019-1479 du 28-12-2019 art. 36).
e. Les droits d'entrée perçus par les organisateurs de **réunions sportives** soumis au taux de 5,5 % sont les sommes acquittées par les spectateurs pour assister aux manifestations ou compétitions sportives organisées, agréées ou autorisées par une fédération sportive ayant reçu un agrément du ministre chargé des sports ou dans le cas d'une compétition internationale à l'exclusion des droits d'engagement perçus par les organisateurs et versés par les participants (BOI-TVA-LIQ-30-20-40 n° 40).

61775
CGI
art. 279, b bis et b nonies
TVA-XV-11840 s

Spectacles, jeux et divertissements relevant du taux intermédiaire

La TVA est perçue au taux intermédiaire de 10 % pour les spectacles, jeux ou divertissements suivants :
– **loteries foraines** ;
– droits d'admission aux **expositions, sites et installations à caractère culturel, ludique, éducatif ou professionnel,** étant précisé que ces dispositions ne s'appliquent pas aux opérations relevant du taux réduit de 5,5 % (n° 61770) ou aux sommes payées pour utiliser des installations ou équipements sportifs, assister à des spectacles, faire fonctionner des appareils automatiques (n° 61815) ou participer à des jeux d'argent et de hasard (Loi 2019-1479 du 28-12-2019 art. 37).

› Précisions a. En ce qui concerne les **loteries foraines,** le taux intermédiaire s'applique aux loteries quels que soient les produits offerts.
b. Relèvent, **notamment,** du taux intermédiaire les droits d'entrée (ou recettes) perçus pour les activités suivantes : **foires, salons,** expositions (industrielles et/ou commerciales) autorisées ; **jeux et manèges forains** à l'exception des appareils automatiques ; **parcs botaniques, musées, monuments, grottes, sites** et **expositions culturelles** ; **parcs à décors animés** qui illustrent un **thème culturel** ; **parcs aquatiques.**
c. Les recettes perçues par les propriétaires de **châteaux** présentant un caractère historique ou artistique, classés ou non, sont exonérées de TVA, par tolérance administrative, sous réserve que leur aménagement n'ait pas été effectué dans un but commercial, mais reste dans les limites d'une simple mise en valeur artistique du domaine et que les recettes proviennent uniquement des droits d'entrée et de la vente de cartes postales ou autres menus objets évoquant la vie du château (BOI-TVA-CHAMP-30-10-60-20 n° 1). Les personnes concernées peuvent toutefois renoncer de manière irrévocable à cette exonération (TVA-XV-12300 s.).
d. Sont exonérés de la TVA les droits de visite perçus par les propriétaires de **grottes** naturelles non dotées d'aménagements importants (autres que ceux strictement nécessaires à l'accès du site naturel), qui ne font pas une large publicité, n'utilisent pas un personnel nombreux et ne mettent pas à la disposition des visiteurs des services commerciaux indissociables de l'exploitation de la visite des grottes (BOI-TVA-CHAMP-30-10-50 n° 80 ; TVA-XV-12265 s.).
e. Pour les musées et monuments historiques exploités par des **organismes de droit public ou sans but lucratif** : voir n° 47217, 1.

61785
CGI
art. 281 quater
TVA-XV-9990 s

« Premières représentations » bénéficiant d'un taux spécifique de 2,1 %

La taxe est perçue au taux de 2,1 % pour les recettes réalisées aux entrées des **140 premières représentations théâtrales** d'œuvres dramatiques, lyriques, **musicales** ou **chorégraphiques** nouvellement créées en France, ou d'œuvres classiques faisant l'objet d'une nouvelle mise en scène.

Parmi les représentations susceptibles de bénéficier de l'allégement figurent les spectacles (récitals, concerts, tours de chant, etc.) donnés par un **artiste de variétés** ou un **groupe musical,** quel que soit le genre musical abordé (musique de variétés, rock, pop…), les spectacles donnés dans les théâtres de **chansonniers** dès lors qu'ils ne comportent que des œuvres nouvelles et sont conçus autour d'un thème central, ainsi que les spectacles nouveaux composés de **monologues** et de **sketches.**

Bénéficient également du taux de 2,1 % les 140 premières représentations de **spectacles de cirque** comportant exclusivement des créations originales (numéros et tours de cirque dont les auteurs sont juridiquement protégés) conçues et produites par l'entreprise, et faisant appel aux services réguliers d'au moins deux musiciens.

> Précisions **a.** Il est admis que le **décompte** des 140 représentations ne soit pas interrompu en cas de cession et se poursuive au niveau du cessionnaire lorsque le spectacle est cédé à un nouveau diffuseur qui l'exploite avec la même mise en scène (notamment spectacle partant en tournée). Bien entendu, si le cessionnaire exploite le spectacle avec une nouvelle mise en scène, le décompte des 140 premières représentations repart de zéro (BOI-TVA-LIQ-40-20 n° 170).
b. Cas de **cession ou concession du droit d'exploitation** du spectacle : voir n° 61770, précision b.

61790 TVA-XV-10450 s
Spectacles, jeux et divertissements soumis au taux normal Outre les spectacles pornographiques (n° 61795), il s'agit de tous les spectacles, jeux et divertissements qui ne relèvent pas du taux réduit de 5,5 % (n° 61770), du taux intermédiaire de 10 % (n° 61775) ou du taux spécifique de 2,1 % (n° 61785).

On peut citer comme **exemples** : les courses d'animaux et corridas ; les golfs miniatures ; les défilés de chars organisés lors de certaines fêtes locales, les spectacles de catch (BOI-TVA-LIQ-30-20-40 n° 50).

61795 CGI art. 279 bis, 2° à 4° TVA-XV-9220 s et 10360 s
Spectacles pornographiques (ou d'incitation à la violence) Le taux normal s'applique au prix d'entrée dans les salles où sont données des œuvres désignées comme pornographiques ou violentes, qu'il s'agisse de la projection de **films** cinématographiques ou d'œuvres sur support vidéographique ou de la représentation de **spectacles théâtraux** (sans application possible dans ce cas du taux mentionné n° 61785). Le taux normal s'applique en outre aux **cessions de droits** portant sur ces œuvres et sur leur interprétation. Le taux normal s'applique également aux prestations de services (shows) et aux ventes (livres, revues, articles divers, à l'exception des préservatifs visés au n° 53080) réalisées dans les établissements (**sex-shops et autres** mirodromes) qui, en raison de leur caractère licencieux ou pornographique, sont **interdits d'accès aux mineurs** soit en vertu des pouvoirs de police des maires et des préfets (CGCT art. L 2212-2, L 2212-3 et L 2215-1), soit en application de l'ordonnance 59-28 du 5 janvier 1959.

OBLIGATIONS

61805 CGI art. 290 quater TVA-XV-10710 s
Outre les **obligations générales** imposées à l'ensemble des assujettis à la TVA (voir nos 53320 s.), les exploitants d'un lieu de spectacle comportant un **prix d'entrée** (y compris les cafés-théâtres) doivent délivrer un **billet** à chaque spectateur ou enregistrer et conserver dans un système informatisé les données relatives à l'entrée (**billet dématérialisé**), avant l'accès au lieu du spectacle. Ils sont également tenus d'établir, dès la fin de chaque journée ou représentation, un **relevé** comportant, pour chaque catégorie de places : le nombre de billets émis, le prix de la place et la **recette** correspondante ainsi que, pour les billets qui ne sont pas émis par le biais de systèmes informatisés, les numéros des premiers et derniers billets délivrés. Pour les exploitants de cinéma, le titre de chaque film projeté doit être indiqué. Tous registres ou documents comportant ces indications peuvent tenir lieu de relevés. En cas d'utilisation de caisses automatisées ou de systèmes informatisés, des états récapitulatifs d'entrées et de recettes se substituent à ce relevé.

Les **infractions** en matière de billets sont recherchées, constatées, poursuivies et sanctionnées selon les règles propres aux contributions indirectes, sous deux réserves : l'amende prévue à l'article 1791, I du CGI est remplacée par une amende de 15 à 30 € (CGI art. 1791, II) et seuls les agents des impôts sont compétents.

> Précisions **a.** Échappent à l'obligation de billetterie les activités qui ne sont pas le fait d'établissements de spectacle à proprement parler, notamment les visites de **châteaux, de musées**, de **monuments,** de **grottes** ou de **sites aménagés** et de **parcs zoologiques** comportant pour seule attraction la présence d'animaux.
b. En ce qui concerne les exploitants de **discothèques** et **cafés dansants,** il faut distinguer deux situations :
– lorsqu'ils ne font pas payer un prix d'entrée et qu'ils ne disposent pas d'un système informatisé, les intéressés sont tenus de remettre à leurs clients un ticket (émis par une caisse enregistreuse présentant certaines caractéristiques) en même temps que les consommations servies ;
– lorsqu'ils font payer un prix d'entrée, ils peuvent choisir entre la délivrance d'un billet d'entrée (ou l'enregistrement et la conservation des données relatives à l'entrée dans un système informatisé) ou la remise d'un ticket, émis par caisse enregistreuse, non seulement pour les recettes provenant des consommations servies, mais aussi pour celles correspondant aux entrées (BOI-TVA-DECLA-20-30-20-40 nos 60 à 90).
c. La tenue d'une billetterie permettant l'enregistrement des règlements acquittés par les spectateurs relève, selon nous, de l'obligation d'utiliser un **logiciel ou système de caisse sécurisé et certifié** (n° 53485).

EXPLOITATION D'APPAREILS AUTOMATIQUES

Le produit de l'exploitation des appareils automatiques est **passible de la TVA.** Sont notamment visés les appareils automatiques (tels que billards électriques, jeux vidéo...), installés dans les lieux publics, qui procurent un spectacle, une audition, un jeu ou un divertissement et qui sont pourvus d'un dispositif mécanique, électrique ou autre permettant leur mise en marche, leur fonctionnement ou leur arrêt. **61815** TVA-XV-12600 s

La TVA est due sur les **encaissements,** qui, matériellement, sont constatés lors du relevé des caisses. Le **taux** applicable est le taux normal (nº 61775) ; les recettes étant réputées comprendre la TVA, la base d'imposition est déterminée par application du coefficient de conversion correspondant (nº 52785).

La **base d'imposition** est constituée par la recette totale, sans que puisse en être distraite la remise versée au dépositaire de l'appareil, et sur laquelle celui-ci est lui-même taxable.

L'exercice des **droits à déduction** des exploitants d'appareils automatiques s'effectue selon les règles de droit commun exposées aux nºs 56140 s.

Les **fiches de caisse** établies par les exploitants peuvent, si elles sont aménagées en conséquence, valoir **facture** de la TVA relative à la **remise** versée au dépositaire.

> **Précisions** Les compteurs de recettes des appareils automatiques doivent, selon nous, être certifiés (nº 53485).

TÉLÉVISION-AUDIOVISUEL

Les **abonnements** à des services de télévision (dits « **télévisions privées** ») par voie hertzienne ou sur réseau de communications électroniques relèvent du taux intermédiaire de 10 %. **61825** CGI art. 279, b octies TVA-XV-12900 s

Les services de télévision éligibles au taux de 10 % peuvent être commercialisés dans le cadre d'**offres associant d'autres services** (téléphonie, internet, télévision, livres numériques, etc.) ou des produits (téléphones portables, tablettes, clés 3G/4G, etc.) relevant de taux différents, selon diverses modalités commerciales (offres couplées, options facultatives ou obligatoires donnant ou non lieu à des réductions commerciales). Selon l'administration, qui se fonde sur les critères dégagés par la CJUE en matière d'opérations complexes (nº 46475, précision a), lorsque l'analyse des éléments caractéristiques et des circonstances de l'opération conduit à considérer que l'offre constitue :

– une **prestation complexe unique composée d'éléments formant un tout indissociable,** celle-ci doit être soumise au taux le plus élevé des éléments composant l'offre ;

– une prestation complexe unique dont les **services de télévision** constituent l'**élément principal,** les **autres éléments** devant être considérés comme **accessoires,** celle-ci bénéficie du taux de 10 %.

Ce n'est que lorsque l'**offre** ne constitue **pas** une **prestation complexe unique** qu'il convient de faire application des règles de ventilation prévues aux 2e et 3e alinéas de l'article 279, b octies du CGI : le taux de 10 % doit alors être appliqué au supplément de prix payé par le client par rapport à une offre composite identique, mais ne comprenant pas tout ou partie de ces services de télévision, commercialisée dans des conditions comparables (le cas échéant, cette assiette est majorée de celle établie pour l'application de ce même taux à cette autre offre). À défaut d'une telle autre offre, le taux de 10 % est applicable aux sommes payées, par client, pour l'acquisition des droits de distribution de ces services, dans la limite, le cas échéant, du prix auquel les services de télévision afférents aux mêmes droits sont commercialisés par ailleurs par le fournisseur (BOI-TVA-LIQ-30-20-100 nºs 70 à 110).

> **Précisions** **a.** Bénéficie du taux intermédiaire l'**abonnement collectif** souscrit auprès des télédistributeurs par des **sociétés** de gestion privées agissant dans le cadre d'une délégation de service public et qui **servent d'interface** entre ces télédistributeurs et les patients d'un établissement hospitalier. Il en va de même de la **quote-part facturée distinctement** par la société titulaire de l'abonnement collectif aux patients hospitalisés qui est représentative dudit abonnement (Rép. Gaultier : AN 16-6-2009 nº 41881 non reprise dans Bofip).
> **b.** Le taux intermédiaire est également applicable aux rémunérations versées par les collectivités territoriales aux **télévisions locales** ayant conclu un contrat d'objectifs et de moyens (CGI art. 279, j).
> **c.** En ce qui concerne la contribution à l'audiovisuel public, voir nº 47490.

8. OR D'INVESTISSEMENT

Les opérations portant sur l'or d'investissement sont soumises, en matière de TVA, à un **régime particulier** que nous exposons ci-après (nºs 61870 s.) après avoir donné la définition de l'or d'investissement (nº 61860). **61850** CGI art. 298 sexdecies A à 298 sexdecies E TVA-XV-21510 s

› Précisions a. Ce régime particulier s'applique quelle que soit la qualité de l'opérateur. Est donc concerné **tout assujetti** effectuant des opérations visées par le régime particulier, **qu'il soit ou non un professionnel du commerce des valeurs et de l'argent** ou une personne qui en fait son activité principale.
On rappelle, toutefois, que les ventes de lingots d'or acquis par un assujetti à titre de simple placement constituent des opérations se situant hors du champ d'application de la TVA (nº 46540), de même que les ventes d'or monétaire que des particuliers effectuent dans le cadre de la gestion de leur patrimoine (nº 46520, précision a). Ces opérations ne sont donc pas concernées par le régime ici décrit.
b. L'**or industriel,** défini comme l'or qui ne correspond pas aux spécifications de l'or d'investissement, n'est pas concerné par le régime particulier ici examiné. Les opérations portant sur l'or industriel sont soumises à la **TVA** dans les **conditions de droit** commun (TVA-XV-22700 s.). **Deux particularités** doivent toutefois être signalées ici :
– pour les **livraisons** à un autre assujetti d'or industriel sous forme de matière première ou de produits semi-ouvrés d'une pureté égale ou supérieure à 325 millièmes, la **taxe** est **acquittée par le destinataire.** Toutefois, le vendeur est solidairement tenu au paiement de la taxe (CGI art. 283, 2 quater) ;
– la taxe afférente à l'**importation** d'or industriel sous forme de matière première ou de produits semi-ouvrés d'une pureté égale ou supérieure à 325 millièmes est acquittée sur la **déclaration de chiffre d'affaires** (et non auprès des douanes) par l'assujetti désigné comme destinataire réel du bien sur la déclaration d'importation (CGI art. 293 A, 2).

DÉFINITION DE L'OR D'INVESTISSEMENT

61860 CGI art. 298 sexdecies A, 2 TVA-XV-21640 s

Sont considérés comme or d'investissement :
– l'or sous la forme d'une **barre,** d'un **lingot** ou d'une **plaquette** d'un poids **supérieur à 1 gramme** et dont la pureté est égale ou supérieure à **995 millièmes,** représenté ou non par des titres ;
– les **pièces** d'une pureté égale ou supérieure à **900 millièmes** qui ont été **frappées après 1800,** ont ou ont eu **cours légal** dans leur pays d'origine et dont le **prix de vente** n'excède pas de plus de 80 % la valeur de l'or qu'elles contiennent.

› Précisions a. Le critère de pureté de l'or sous forme de **barre, lingot ou plaquette** est présumé satisfait lorsque l'or répond aux caractéristiques de **marquage** (insculpation) ou de **certification** (bulletin d'essai) qui attestent un degré de pureté au moins égal à 995 millièmes. À défaut de marquage ou de certification, l'acquéreur ou l'importateur doit produire les éléments justifiant de la pureté de l'or pour bénéficier du régime particulier. S'agissant du critère de forme, est considéré comme or d'investissement l'or présenté en barres, lingots ou plaquettes d'un poids supérieur à 1 gramme qui répondent aux **formes** conformes aux normes commerciales qui sont **admises sur les marchés internationaux de l'or** (BOI-TVA-SECT-30-10 nºs 50 et 60).
b. À titre de règle pratique, la Commission européenne publie en principe chaque année une **liste des pièces** devant être considérées comme de l'or d'investissement pendant l'année suivante. Pour l'année 2020, cette liste a été publiée au JOUE C 364 du 29 octobre 2019. Les pièces en or qui ne figurent pas sur cette liste peuvent néanmoins bénéficier du régime particulier dès lors qu'elles remplissent les critères énoncés ci-dessus.
c. Les pièces qui ne répondent pas à la définition de l'or d'investissement sont susceptibles de relever du régime des objets de collection (nº 60580) ou de bénéficier de l'exonération prévue pour les monnaies qui sont des moyens de paiement légaux (nº 60335).

RÉGIME APPLICABLE

61870 Le régime particulier repose sur un **principe d'exonération** des opérations portant sur l'or d'investissement (nº 61875) qui est **assorti d'un droit à déduction spécifique** (nº 61895). Des **possibilités de taxation sur option** sont toutefois prévues en faveur de certains opérateurs (nºs 61880 s.). Enfin, des **obligations spécifiques** sont mises à la charge des opérateurs (nº 61900).

61875 CGI art. 298 sexdecies A, 1 TVA-XV-21800 s

Principe d'exonération Sont exonérées de la TVA :
– les **livraisons** (internes, intracommunautaires ou à l'exportation), les **acquisitions intracommunautaires** et les **importations** d'or d'investissement, **y compris** lorsque l'or d'investissement est négocié sur des **comptes or** ou sous la forme de **certificats ou** de **contrats qui confèrent** à l'acquéreur **un droit de propriété ou de créance** sur cet or (les négociations ou transactions portant sur de tels comptes, certificats ou contrats sont ainsi assimilées à des livraisons, acquisitions intracommunautaires ou importations d'or d'investissement) ;
– les prestations de services rendues par les assujettis qui interviennent au nom et pour le compte d'autrui dans les opérations visées ci-dessus (**intermédiaires transparents**).

› Précisions a. Les autres opérations portant sur l'or d'investissement ne sont pas concernées par le régime particulier. Il s'agit essentiellement des **prestations de services à caractère financier.** Tel est le cas, notamment, des négociations portant sur des contrats d'option qui ne transmettent pas un droit de créance sur l'or physique, mais confèrent à leur titulaire le droit d'acheter ou de vendre à une échéance donnée une quantité d'or déterminée à un prix convenu. Ces prestations sont susceptibles de bénéficier de l'exonération prévue par l'article 261 C, 1°-g du CGI lorsqu'elles sont réalisées par des professionnels du commerce des valeurs et de l'argent, sans possibilité d'option pour l'imposition à la TVA (CGI art. 260 C, 11°).

b. Il est rappelé que des textes particuliers (CGI art. 262, II-12°, 262 ter, II-2°, et 291, II-4°) exonèrent également les **livraisons d'or aux instituts d'émission** (n° 49745) ainsi que les **acquisitions intracommunautaires** et les **importations d'or par ces mêmes instituts** (nos 49190 et 49645).

c. Bien qu'exonérées, les opérations visées ci-dessus ne bénéficient pas de la dispense de facturation mentionnée au n° 53565, précision c.

Afin de pouvoir bénéficier de l'exonération au titre des opérations portant sur les **pièces d'or** d'investissement, les **factures** correspondantes **doivent mentionner** : la dénomination des pièces ; l'année et le pays de leur émission ; leur poids en or ; le cours de l'or fin sur le marché libre au jour de la livraison (CGI ann. III art. 98 B). Toutefois, les deux dernières mentions ne sont pas exigées lorsque les pièces cédées figurent sur la liste annuelle visée au n° 61860, précision b (BOI-TVA-SECT-30-10 n° 430).

Option pour la taxation Certains opérateurs ont la possibilité de soumettre volontairement à la TVA certaines de leurs opérations. Sont concernées les personnes et les opérations suivantes : **61880** CGI art. 298 sexdecies B **TVA-XV-21900 s**

a. Assujettis qui produisent de l'or d'investissement (exploitation aurifère) **ou qui transforment de l'or en or d'investissement** (fondeurs, affineurs). Ces assujettis peuvent, sur option, soumettre à la TVA les **livraisons d'or d'investissement** (sous toutes ses formes, y compris les pièces d'or) réalisées **au profit d'un autre assujetti.**

En revanche, les livraisons d'or d'investissement à des non-assujettis ne peuvent pas donner lieu à option. Il en va de même des acquisitions intracommunautaires et des importations d'or d'investissement.

Nota : L'option exercée par le vendeur dans un autre État membre au titre de sa livraison intracommunautaire n'a pas pour effet de rendre taxable l'acquisition intracommunautaire correspondante qui demeure, en tout état de cause, exonérée (sans possibilité d'option).

b. Assujettis qui réalisent habituellement des livraisons d'or d'investissement destiné à un usage industriel. Ces assujettis peuvent, sur option, soumettre à la TVA les **livraisons à un autre assujetti** qui portent sur l'**or d'investissement** sous la **forme** de barres, lingots ou plaquettes mentionnées au n° 61860. Les livraisons de pièces d'or ne peuvent donc pas donner lieu à option.

Nota : Les banques et établissements financiers sont susceptibles de bénéficier de ce dispositif d'option (BOI-TVA-SECT-30-10 n° 200).

c. Assujettis qui interviennent au nom et pour le compte d'autrui (**intermédiaires transparents**) dans des livraisons, des acquisitions intracommunautaires ou des importations d'or d'investissement. Ces assujettis peuvent, sur option, soumettre leur prestation à la TVA lorsque l'**opération dans laquelle ils s'entremettent** est **elle-même** soumise **à la TVA sur option** (cas visés aux a et b ci-dessus). Les intermédiaires intervenant à l'achat dans des opérations transfrontalières ne peuvent donc pas soumettre leur prestation à la TVA sur option, dès lors que l'opération réalisée par le mandant est une acquisition intracommunautaire ou une importation qui ne peut, elle-même, donner lieu à option.

Modalités d'exercice de l'option. L'option pour la taxation peut être exercée pour chaque livraison ou prestation de services (**option au coup par coup**). **61885** **TVA-XV-21970**

Cette option ponctuelle, qui ne nécessite aucune formalité particulière auprès de l'administration, est **exercée** directement **sur la facture** en y portant la **mention** « Application des articles 348 à 351 de la directive TVA ». En l'absence de cette mention sur la facture, l'option est réputée ne pas avoir été exercée.

Conséquences de l'option. L'exercice de l'option pour la taxation a pour effet de soumettre l'opération concernée au **régime général de la TVA.** Le fait générateur, l'exigibilité, le taux de la taxe et les droits à déduction sont donc déterminés dans les conditions habituelles. Il en va de même pour la base d'imposition, qui est ainsi constituée pour les livraisons par le prix total de la transaction (et non par le profit brut) même en cas de dématérialisation de l'or. **61890** **TVA-XV-22000 s et 22140 s**

Une particularité est cependant prévue en ce qui concerne le **redevable** de la **taxe due au titre des livraisons** d'or d'investissement imposées sur option : la taxe exigible à ce titre doit en effet être acquittée par le destinataire (la taxe ne doit donc pas être facturée par le vendeur). Le vendeur est toutefois solidairement tenu au paiement de la taxe. CGI art. 298 sexdecies D

› Précisions Les livraisons d'or d'investissement pour lesquelles l'option a été exercée sont susceptibles de bénéficier des exonérations prévues pour les **exportations** (nos 49690 s.) et les **livraisons intracommunautaires** (nos 49270 s.). On rappelle que, dans ce dernier cas, l'acquisition intracommunautaire correspondante demeure soumise au régime particulier (exonération sans possibilité d'option) (n° 61880, a).

Les prestations de services des intermédiaires transparents pour lesquelles l'option a été exercée peuvent bénéficier de l'exonération visée au nº 50160 lorsqu'elles se rapportent à des exportations d'or d'investissement.

61895 CGI art. 298 sexdecies C TVA-XV-22270 s

Droit à déduction Les livraisons d'or d'investissement et les prestations d'entremise soumises à la TVA sur option ouvrent droit à déduction dans les conditions habituelles (nº 61890).

Lorsque l'option n'a pas été exercée, les **livraisons d'or d'investissement,** bien qu'**exonérées,** ouvrent un **droit à déduction spécifique.** À cet égard, il faut distinguer :

a. Situation commune à tous les assujettis effectuant des livraisons d'or d'investissement. Les assujettis qui réalisent des livraisons d'or d'investissement exonérées peuvent déduire la TVA qui a grevé :

– leurs **achats d'or d'investissement** lorsque ces achats ont été **soumis à la taxe** sur option du vendeur (nº 61880) ;

– leurs achats d'or autre que d'investissement (**achats d'or industriel**) lorsque cet or a été acquis ou importé en vue de sa transformation en or d'investissement ;

– les **prestations de services** ayant pour objet un **changement de forme, de poids ou de pureté** de l'or, y compris l'or d'investissement.

b. Assujettis produisant de l'or d'investissement ou transformant de l'or en or d'investissement. Lorsqu'ils réalisent des livraisons d'or d'investissement exonérées, les assujettis qui produisent de l'or d'investissement ou transforment de l'or en or d'investissement peuvent déduire (outre la taxe visée au a ci-dessus) la TVA qu'ils ont supportée au titre des livraisons, des acquisitions intracommunautaires et des importations des **biens ou** des **services directement liés à la production ou à la transformation** de cet or.

61900 CGI art. 298 sexdecies E TVA-XV-22420 s

Obligations Les assujettis qui réalisent des opérations portant sur l'or d'investissement sont soumis aux **obligations spécifiques** suivantes.

a. Les **assujettis qui achètent et revendent** de l'or d'investissement doivent **conserver** pendant six ans à l'appui de leur comptabilité les **documents permettant d'identifier** leurs **clients** pour toutes les opérations d'un **montant** égal ou **supérieur à 15 000 €.**

Lorsqu'ils sont astreints à la tenue du registre prévu à l'article 537 du CGI, les assujettis peuvent répondre à l'obligation d'identification susvisée par la production dudit registre.

b. Les assujettis doivent **comptabiliser distinctement** les opérations portant sur l'or d'investissement **en** les **distinguant** selon qu'elles sont **exonérées** ou ont fait l'objet de l'**option.**

c. Mentions à porter sur les **factures** :

– correspondant aux opérations portant sur les **pièces d'or** d'investissement : voir nº 61875, précision c ;

– en cas d'**option** pour la taxation : voir nº 61885.

PARTIE 5

Droits d'enregistrement

Les droits d'enregistrement (fixes, proportionnels ou progressifs) sont des impôts perçus sur certains **actes juridiques et mutations verbales.** Les ventes d'immeubles ou de fonds de commerce, les échanges, les partages, certains actes ou opérations concernant la vie des sociétés, les donations et successions en sont les principaux exemples. Ils ont ainsi le caractère d'impôts indirects ou d'impôts sur le capital. **63500** ENR-I-1 s

L'**impôt sur la fortune immobilière** (IFI), dont les règles d'assiette et de recouvrement s'apparentent à celles des droits de succession, est étudié dans une autre partie de l'ouvrage (nos 71000 s.).

CHAPITRE 1

RÉGLEMENTATION GÉNÉRALE DES DROITS D'ENREGISTREMENT

SOMMAIRE

Certains actes juridiques ou, en l'absence d'acte, certaines transmissions de biens sont soumis à enregistrement auprès des services compétents de l'administration. Cette formalité, dite « formalité de l'enregistrement » (nos 63550 s.), donne lieu généralement à un prélèvement fiscal, ou droit d'enregistrement, calculé et acquitté selon les règles exposées nos 63865 s. 63510

A. Formalité de l'enregistrement

La formalité de l'enregistrement s'applique soit à des actes juridiques, soit à des mutations verbales, énumérés par la loi. 63550

De caractère essentiellement fiscal (sur ses effets juridiques, voir nos 63830 s.), elle peut se combiner avec une autre formalité de finalité différente, celle de publicité foncière, qui joue un rôle d'information en matière immobilière. Lorsque les deux formalités sont associées, on parle de « formalité fusionnée » (ou « unique »), qui s'opère au service chargé de la publicité foncière. Lorsqu'elles sont exécutées de façon autonome, la formalité de l'enregistrement est de la compétence du service des impôts et la formalité de publicité foncière, de celle du service chargé de la publicité foncière. On distingue ainsi trois types de formalités : la formalité fusionnée (ou unique), la formalité « autonome » de l'enregistrement et la formalité « autonome » de publicité foncière.

1. ACTES ET MUTATIONS ASSUJETTIS À LA FORMALITÉ

Certains **actes** sont soumis obligatoirement à la formalité de l'enregistrement du seul fait de leur rédaction : 63700

CGI art. 635 s.
ENR-I-100 s

– en raison de la **qualité des personnes** qui les rédigent et quelle que soit la nature des conventions qu'ils contiennent : il en est ainsi des actes notariés, des actes d'huissiers de justice et des actes des avocats (toutefois, certains de ces actes sont dispensés de la formalité de l'enregistrement et les droits auxquels ces actes donnent ouverture sont payés, en principe, sur états) ;

– en considération de la **nature des conventions** qu'ils renferment (par exemple : cessions de fonds de commerce, augmentation de capital ou fusion de sociétés).

La formalité de l'enregistrement s'applique en outre obligatoirement à certaines **mutations** même s'il n'a pas été dressé d'acte pour les constater ou si l'acte qui a été rédigé est tenu secret (par exemple : les transmissions par succession, certaines locations verbales). Les parties doivent alors souscrire une déclaration de mutation dans un délai de rigueur. À défaut, l'administration est en droit de réclamer l'impôt en prouvant l'existence de la mutation.

Les **actes sous seing privé** autres que ceux expressément soumis à la formalité de l'enregistrement par les dispositions du CGI sont dispensés de cette formalité. Mais ils peuvent être volontairement présentés à la formalité (en vue, par exemple, de leur conférer date certaine), moyennant la perception d'un droit fixe (nº 64035).

2. FORMALITÉ FUSIONNÉE (OU UNIQUE)

CHAMP D'APPLICATION

63725 CGI art. 647, I et II ENR-I-170 s

La formalité fusionnée de l'enregistrement et de la publicité foncière ne peut s'appliquer qu'à des **actes,** à l'exclusion des mutations verbales. Selon le cas, elle est obligatoire ou facultative. Certains actes en sont expressément exclus.

63730 **Actes soumis obligatoirement à la formalité fusionnée** Sauf exceptions limitativement énumérées (nº 63740), la formalité fusionnée s'applique de plein droit aux **actes qui relèvent obligatoirement à la fois de l'enregistrement et de la publicité foncière.** Il en est ainsi, quels que soient le régime fiscal (actes soumis aux droits d'enregistrement ou à la TVA, par exemple) ou la forme de ces actes (civils, administratifs, extrajudiciaires, etc.), que ce soient des actes dont toutes les dispositions sont soumises à publicité ou des **actes mixtes,** c'est-à-dire des actes qui contiennent à la fois des dispositions soumises à publicité et d'autres qui ne le sont pas. Il faut toutefois, en principe, qu'il s'agisse d'actes **authentiques,** c'est-à-dire établis par notaire ou autre officier public, car le défaut d'authenticité est une cause de refus de la formalité (nº 63760).

63735 **Actes soumis facultativement à la formalité fusionnée** La formalité fusionnée peut s'appliquer aux **actes soumis facultativement à publicité foncière** (promesses unilatérales de vente ou de bail de plus de douze ans, conventions relatives à l'exercice des servitudes légales et documents auxquels sont annexés ou dans lesquels sont reproduits des actes soumis ou admis à publicité, même si ces derniers n'ont pas été dressés en la forme authentique).

Pour ces actes, la formalité fusionnée doit être **expressément requise** (CGI ann. III art. 253, IV). La réquisition de la formalité fusionnée doit intervenir obligatoirement dans le délai imparti pour la formalité de l'enregistrement, soit, en général, dans le mois de la date de l'acte. À défaut, les deux formalités (enregistrement et publicité foncière) doivent être effectuées distinctement.

63740 **Actes exclus de la formalité fusionnée** Sont expressément écartés de la formalité fusionnée les décisions judiciaires, les baux de plus de douze ans à durée limitée (dispensés d'enregistrement : nºs 65150 s.), les actes pour lesquels il est impossible de procéder à la formalité fusionnée (CGI art. 647, I-al. 2). Ces actes sont donc en principe successivement soumis à la formalité de l'enregistrement et à celle de la publicité foncière selon les modalités propres à chacune d'elles.

› Précisions **a.** Les actes pour lesquels la formalité fusionnée est impossible sont (CGI ann. III art. 249) :
— d'une part, les actes relatifs à des **immeubles situés dans** les départements de la **Moselle,** du **Bas-Rhin et** du **Haut-Rhin,** où la publicité des transactions immobilières est assurée au moyen d'un livre foncier tenu par les magistrats de l'ordre judiciaire. Toutefois, les actes relatifs à des immeubles situés pour partie dans ces départements et pour partie dans d'autres départements sont soumis à la formalité fusionnée si le rédacteur de ces actes réside en dehors de ces trois départements (CGI ann. III art. 250). Lorsque la formalité fusionnée n'est pas applicable, la perception est néanmoins fusionnée ;
— d'autre part, les **actes** ayant fait l'objet d'un **refus de publier** (nº 63760) et dont la régularisation ne peut être opérée ; dans ce cas, les deux formalités sont données distinctement et l'enregistrement est alors subordonné à la seule justification du refus, ainsi qu'à l'affirmation du déposant qu'il n'est pas en mesure de procéder à la régularisation demandée.
b. Les **cessions de droits sociaux,** constituant en toute hypothèse, au point de vue juridique, des transmissions de droits mobiliers, échappent dans tous les cas à la formalité de publicité foncière et, par voie de conséquence, à la formalité fusionnée (voir nº 66675, a).

EXÉCUTION DE LA FORMALITÉ FUSIONNÉE

63750 CGI art. 657 et 647, III ENR-I-800 s, 860 s et 1000 s

La formalité est accomplie au **service chargé de la publicité foncière** (service de la conservation de la propriété immobilière à Mayotte) où est tenu, par commune, un « fichier immobilier » (à ne pas confondre avec le cadastre, tenu dans chaque mairie) assurant la publicité juridique des immeubles. Le service compétent est celui du **lieu** de situation de l'immeuble, quelle que soit la résidence du rédacteur de l'acte. Le **délai** imparti pour requérir la formalité est d'un mois à compter de la date de l'acte (deux mois en cas d'adjudication notariée). Le dépassement des délais donne lieu à application des pénalités de retard.

Lorsqu'un acte concerne des immeubles ou droits immobiliers situés dans le ressort de **plusieurs services,** la formalité fusionnée est exécutée, dans le délai d'un mois, au service où la formalité est requise en premier lieu, au choix du requérant. La publicité foncière doit néanmoins être faite dans les autres services, moyennant un délai supplémentaire d'un mois (CGI ann. III art. 251 et 253, II).

› **Précisions** **a.** Pour les actes obligatoirement soumis à la formalité fusionnée, l'enregistrement, avec tous les effets qu'il produit, résulte de la seule publication au service chargé de la publicité foncière dans le délai légal. L'institution de la formalité fusionnée a pour corollaire l'**interdiction** faite aux comptables de la DGFiP **d'enregistrer** les actes qui y sont soumis à titre obligatoire. Cette interdiction ne s'applique pas aux actes ayant fait l'objet d'un refus de publier et dont la régularisation est impossible (nº 63740, précision a). De même, et sur réquisition, la formalité de l'enregistrement peut être réalisée par les comptables de la DGFiP pour un acte soumis à la formalité fusionnée, après exécution de celle-ci (ENR-I-5440 s.).
b. Certains actes notariés doivent obligatoirement être déposés au service de la publicité foncière sous forme dématérialisée via l'application informatique **Télé@ctes** (Décret 2017-770 du 4-5-2017 ; Arrêté CPAE1716114A du 2-6-2017).

REFUS OU REJET

Refus du dépôt Le refus du dépôt des actes entraîne le refus d'exécuter la formalité fusionnée. L'acte dont le dépôt est refusé est **réputé non enregistré** et les documents présentés ainsi que la provision versée sont restitués au déposant (sur les conséquences du refus de publier, voir également nos 63740, précision a et 63765). **63760** CGI ann. III art. 257 **ENR-I-1400 s**

Le refus de dépôt peut être prononcé par le service de la publicité foncière pour différentes **causes** dont les principales sont les suivantes : défaut d'authenticité des actes ; présentation défectueuse en la forme des documents déposés ; défaut de mention de certification de l'identité des parties ; défaut de désignation individuelle des immeubles ; absence d'extrait cadastral et d'extrait d'acte, etc.

Rejet de la formalité Après avoir accepté un acte en dépôt, le service chargé de la publicité foncière peut refuser d'accomplir la formalité de publicité foncière. On dit alors qu'il y a « rejet de la formalité ». **63765** **ENR-I-1650 s**

Outre la possibilité de prononcer un rejet pour une cause de refus de dépôt (par hypothèse non opposée par le service), les principales **causes** de rejet sont : l'omission de l'une des mentions non essentielles exigées obligatoirement dans la désignation des parties et dans celle des immeubles ; la discordance entre, d'une part, l'identification des parties ou la désignation des immeubles contenue dans le document à publier et, d'autre part, les énonciations correspondantes contenues dans les titres de propriété déjà publiés depuis le 1er janvier 1956 ; les inexactitudes, omissions ou imprécisions dans la mention de certification de l'identité des parties, etc.

À compter de la notification de la cause du rejet (qui doit, en principe, être faite dans le mois qui suit le dépôt), le contribuable a un mois pour **régulariser** sa situation.

En cas de rejet définitif de la formalité faute de régularisation, l'acte est néanmoins **réputé enregistré** à la date de son dépôt au service chargé de la publicité foncière (CGI art. 647, IV) ; les droits et taxes perçus ne sont pas restituables.

3. FORMALITÉ « AUTONOME » DE L'ENREGISTREMENT

La formalité de l'enregistrement n'est effectuée de manière autonome (c'est-à-dire hors formalité fusionnée) que pour les actes soumis obligatoirement ou volontairement à l'enregistrement mais qui **ne relèvent pas de la formalité fusionnée,** ainsi que pour les mutations assujetties réalisées sans acte (qui ne peuvent en aucun cas relever de la formalité fusionnée). **63790** **ENR-I-2550 s**

Elle s'applique également aux actes qui, soumis à la formalité fusionnée, ont fait l'objet d'un **refus de publier** au service chargé de la publicité foncière et dont la régularisation ne peut pas être opérée (nº 63740, précision a).

Cette formalité doit être accomplie au **service des impôts.** Pour les actes notariés, le service des impôts compétent est celui de la résidence du notaire. Pour les actes sous seing privé, c'est soit celui de la situation des biens, soit celui du domicile des parties. **63795** CGI art. 650 s. **ENR-I-3500 s, 3950 s et 4900 s**

Le **délai** d'enregistrement des actes soumis obligatoirement à la formalité est en général d'un mois à compter de leur date (CGI art. 635 s.).

Lorsque les prescriptions légales relatives à l'accomplissement de la formalité ne sont pas respectées (en particulier s'il s'agit d'un acte qui doit obligatoirement être soumis à la formalité fusionnée), la **formalité** est **refusée.**

4. FORMALITÉ DE PUBLICITÉ FONCIÈRE

63810 ENR-I-7000 s Régie par les décrets 55-22 du 4 janvier 1955 et 55-1350 du 14 octobre 1955, la publicité foncière a pour **objet** d'informer les tiers de la transmission ou de la constitution de droits réels immobiliers. La formalité de publicité foncière se distingue donc par nature de la formalité de l'enregistrement.

Son **champ d'application** s'étend à la quasi-totalité des actes affectant des droits réels immobiliers. Toutefois, comme on l'a vu, elle est fusionnée avec la formalité de l'enregistrement pour la plupart des actes soumis à publication (n° 63730).

La formalité de publicité foncière ne concerne donc en tant que formalité autonome – outre les inscriptions d'hypothèques et les « mentions en marge » – que certains actes exclus de la formalité fusionnée. Ce sont notamment :

– les décisions judiciaires comportant des dispositions sujettes à publication ;

– les baux de plus de douze ans à durée limitée ;

– les actes concernant des immeubles situés dans les départements de la Moselle, du Bas-Rhin et du Haut-Rhin (voir n° 63740, précision a) ;

– les actes ayant fait l'objet d'un refus de publier et dont la régularisation ne peut pas être opérée (voir n° 63740, précision a).

Les actes admis à titre facultatif à la formalité fusionnée (n° 63735) peuvent être publiés séparément lorsque la formalité fusionnée n'a pas été requise.

En principe, seuls les actes établis en la **forme** authentique peuvent donner lieu à publication. Le défaut d'authenticité entraîne le rejet de la formalité (voir à ce sujet n° 63765).

63815 La formalité de publicité foncière est accomplie par le service chargé de la publicité foncière (voir toutefois n° 63740, précision a, pour les départements de la Moselle, du Bas-Rhin et du Haut-Rhin).

Le **service compétent** est celui de la situation des immeubles.

Le **délai** d'accomplissement de la formalité de publicité foncière est en général de trois mois à compter de la date des actes ou des documents (sauf délais spéciaux notamment pour les décisions judiciaires et les attestations notariées).

5. EFFETS JURIDIQUES DE LA FORMALITÉ DE L'ENREGISTREMENT

63830 ENR-I-5900 s La formalité de l'enregistrement est essentiellement une formalité fiscale. Toutefois, elle n'est pas totalement dépourvue d'effets juridiques, qu'elle soit exécutée comme formalité autonome ou, sous réserve des adaptations nécessaires, comme formalité fusionnée.

Tout d'abord, l'enregistrement donne **date certaine** aux actes sous seing privé à l'égard des tiers et peut constituer entre les parties un commencement de preuve par écrit ou, tout au moins, une présomption d'existence d'un titre.

En second lieu, la formalité de l'enregistrement permet d'assurer la **surveillance de la forme** des actes, en matière domaniale et en matière de publicité foncière, ainsi que de leur **contenu** (mesure préventive contre les faux en écriture).

Enfin, exceptionnellement, l'enregistrement peut être une **condition de validité** des actes :

– il est formellement prévu par la loi civile pour certaines conventions (contrat de gage notamment) et pour des promesses unilatérales de vente (voir n° 63835) ;

– les publications de mutations de fonds de commerce doivent, à peine de nullité, être précédées de l'enregistrement des mutations.

63835 C. civ. art. 1589-2 ENR-I-6200 s Toute **promesse unilatérale de vente** afférente à un immeuble, à un droit immobilier, à un fonds de commerce, à un droit à un bail portant sur tout ou partie d'un immeuble, ou aux titres des sociétés visées aux articles 728 et 1655 ter du CGI (sociétés immobilières de copropriété) est nulle et de nul effet si elle n'est pas constatée par un acte authentique ou par un acte sous seing privé enregistré – au service des impôts du domicile de l'une des parties – dans le délai de dix jours à compter de la date de son acceptation par le bénéficiaire. L'acceptation d'une promesse unilatérale de vente par le bénéficiaire ne s'entend pas de la levée de l'option ayant pour effet de transformer la promesse unilatérale de vente en promesse synallagmatique, mais uniquement du fait, pour le bénéficiaire, de prendre acte de l'offre de vente, sans assumer aucune obligation d'acheter. Cette acceptation a pour seul effet de transformer une simple pollicitation – c'est-à-dire une offre exprimée mais non encore acceptée – en une promesse unilatérale de vente, liant le promettant pendant la durée de la promesse.

La sanction est la même pour toute **cession portant sur lesdites promesses** qui n'a pas fait l'objet d'un acte authentique ou d'un acte sous seing privé enregistré dans les dix jours de sa date.

Sur le **montant** du droit applicable à une promesse unilatérale de vente, voir n° 64100.

B. Calcul et paiement des droits d'enregistrement

Les impositions auxquelles donne lieu la formalité de l'enregistrement sont désignées de deux façons différentes selon le service administratif compétent pour l'exécuter (CGI art. 662 à 664) : elles portent l'appellation de **« droits d'enregistrement »** lorsqu'il s'agit des services des impôts et celle de **« taxes de publicité foncière »** pour les actes formalisés au service chargé de la publicité foncière. 63865

Les actes relevant de la formalité fusionnée, accomplie au service de la publicité foncière (n° 63750), sont donc assujettis à une imposition unique dite « taxe de publicité foncière » – à laquelle s'ajoute toutefois la contribution de sécurité immobilière – tandis que les actes et mutations relevant de la seule formalité de l'enregistrement, effectuée par le service des impôts (n° 63795), sont soumis à un droit d'enregistrement. Quant aux actes exclus de la formalité fusionnée et relevant de la double formalité de l'enregistrement et de la publicité foncière (n° 63740), ils sont (à l'exception des baux de plus de douze ans à durée limitée dispensés d'enregistrement) soumis à une perception unique de l'impôt au service des impôts (droit d'enregistrement) ; la publication ultérieure de ces actes au service chargé de la publicité foncière est alors dispensée de la taxe de publicité foncière (CGI art. 665) et ne donne lieu qu'à la perception de la contribution de sécurité immobilière. Les actes admis facultativement à la formalité fusionnée mais pour lesquels cette formalité n'a pas été requise (n° 63735) sont éventuellement, lorsqu'ils sont présentés volontairement à la formalité de publicité foncière, soumis successivement à une double perception au titre du droit d'enregistrement (droit fixe) et de la taxe de publicité foncière.

Notons, en ce qui concerne la **terminologie,** que les impositions afférentes à la formalité fusionnée et à celle de l'enregistrement représentent un seul et même impôt obéissant à des règles uniformes d'exigibilité, d'assiette, de liquidation et de paiement, impôt que l'on peut, par simplification, désigner sous l'appellation générique de « droit d'enregistrement » (la taxe de publicité foncière désignant alors plus particulièrement l'imposition afférente à la formalité « autonome » de publicité foncière).

Sur la **contribution de sécurité immobilière,** voir n° 97350.

1. RÈGLES D'EXIGIBILITÉ

Les droits d'enregistrement, comme la formalité de même nom, sont exigibles soit sur des actes juridiques, soit sur certaines conventions, même non constatées par acte. On les distingue ainsi parfois en « **droits d'actes** », dus seulement en cas de rédaction d'un écrit, et « **droits de mutation** », exigibles même en l'absence d'acte, par le seul fait de l'existence d'une convention taxable. Ils sont perçus, respectivement, à l'occasion de la présentation des actes à la formalité ou de la déclaration des mutations. 64000 ENR-I-8700, 9300 s

Le droit prévu pour une opération juridique déterminée n'est dû que si celle-ci a un effet actuel et certain. Les actes ou mutations verbales affectés d'une **condition suspensive** (par exemple, condition de passer un acte, d'obtenir un prêt, de fournir une caution) donnent seulement ouverture, sauf exceptions, au droit fixe des actes innomés (n° 64035) ; c'est la réalisation de la condition – même non constatée par acte – qui rend exigible l'impôt afférent à l'opération. En revanche, la condition **résolutoire** ou le **terme** n'affectent pas l'exigibilité du droit (cependant, la réalisation d'une condition résolutoire autorise la restitution des droits perçus sur l'acte résolu s'il s'agit de résolution légale ou pour cas fortuit ou force majeure).

Les **faits juridiques dérivant directement de la loi** ne peuvent donner ouverture, en principe, au droit proportionnel ou progressif. Exemple : acquisition par accession ou prescription.

Dans la plupart des cas, les actes dispensés de la **formalité** de l'enregistrement sont également exonérés d'impôt. S'ils sont présentés volontairement à la formalité, ils sont soumis au droit fixe des actes innomés (CGI art. 679, 3°) ou au droit visé n° 64045 pour les baux à durée limitée d'immeubles, de fonds de commerce et de clientèles. Les actes soumis à la formalité mais exonérés d'impôt sont « enregistrés gratis ».

En vertu de la règle dite **« non bis in idem »,** la même opération juridique ne peut être frappée deux fois du droit proportionnel ou progressif (n° 64055) prévu d'après sa nature, quel que soit le nombre des actes qui la constatent (exemple : actes sous seing privé en plusieurs exemplaires). 64005

Lorsqu'un acte contient **plusieurs dispositions,** il est dû un seul droit (en principe le plus élevé) pour l'ensemble si ces dispositions sont **dépendantes** ; si elles sont **indépendantes** ou ne dérivent pas nécessairement les unes des autres, et sont toutes soumises à des droits proportionnels ou progressifs, un droit distinct est dû pour chacune d'elles, selon sa nature (si elles sont toutes soumises à des droits fixes, le droit le plus élevé est seul perçu ; s'il est dû à la fois des droits proportionnels ou progressifs et des droits fixes, ces derniers ne sont pas perçus, sauf, le cas échéant, le plus élevé comme minimum de perception) (CGI art. 670, 671 et 672).

Si elle estime que les stipulations de l'acte ne correspondent pas aux conventions réellement conclues, l'administration peut restituer à l'acte son véritable objet en mettant en œuvre la procédure d'abus de droit (nos 79185 s.). Elle peut établir qu'une vente **dissimule** une donation ou inversement.

En application de la théorie de la **propriété apparente,** l'administration est fondée par ailleurs à tenir pour propriétaire véritable d'un bien celui qui apparaît comme tel aux yeux des tiers, en vertu de clauses formelles de titres, de la loi ou de ses agissements. Il en résulte que toute modification ultérieure de cette situation opère une mutation taxable, même s'il est établi que ce changement ne correspond pas, au regard des parties, à une véritable transmission (cas, par exemple, d'acquisition et de revente par un prête-nom).

2. MONTANT DES DROITS

64020 ENR-I-8700 s Les droits d'enregistrement sont fixes, proportionnels ou progressifs.

DROITS FIXES

64030 Les droits fixes atteignent tous les actes non expressément assujettis à un droit proportionnel ou progressif ainsi que ceux exemptés de l'enregistrement mais présentés volontairement à cette formalité.

Il existe deux catégories de **tarifs** de droits fixes.

64035 **Droit fixe de 125 €** C'est tout d'abord le tarif des **actes innomés,** c'est-à-dire ceux qui ne se trouvent ni exonérés ni tarifés par aucun autre article du CGI et qui ne peuvent donner lieu à une imposition proportionnelle ou progressive (CGI art. 680). Il s'applique en général aux actes, notamment sous seing privé, qui sont **soumis volontairement à l'enregistrement.**

Il s'applique par ailleurs, en vertu de dispositions spécifiques, à de nombreuses opérations.

64045 **Droit fixe de 25 €** Ce droit est perçu sur divers actes, notamment les actes constatant des baux à durée limitée d'immeubles, de fonds de commerce et de clientèles lorsque ces actes sont présentés volontairement à la formalité (no 65150). Le droit fixe de 25 € constitue par ailleurs le **minimum de perception** des droits proportionnels et progressifs (CGI art. 674).

DROITS PROPORTIONNELS ET PROGRESSIFS

64055 Les **droits proportionnels** s'appliquent essentiellement aux mutations à titre onéreux d'immeubles – à l'exclusion des obligations (engagements de payer une somme d'argent) ou des libérations (acquittements de dettes) –, aux actes de partage et d'échange et aux mutations à titre gratuit entre certains collatéraux et entre non-parents.

Les **droits progressifs** atteignent les mutations à titre onéreux de fonds de commerce et certaines successions et donations.

Les **tarifs** des droits proportionnels et progressifs sont indiqués dans l'étude consacrée à chaque type d'opération taxable.

64060 CGI art. 666 ENR-I-13120 s **Assiette** Les droits proportionnels et progressifs sont normalement calculés sur la base du **prix stipulé** (ventes) ou de l'**évaluation fournie** à défaut de prix (échanges, partages, mutations à titre gratuit). Mais l'administration est en droit de démontrer que le prix ou l'évaluation sont inférieurs à la **valeur vénale réelle** du bien (voir nos 78215 s.).

En ce qui concerne le **barème** servant à déterminer la valeur de la **nue-propriété** et de l'**usufruit** pour la liquidation des droits d'enregistrement, voir no 68460.

3. PAIEMENT DES DROITS

64080 ENR-I-14000 s Le paiement de l'impôt est, en principe, **préalable** à l'accomplissement de la formalité **et indivisible** comme cette dernière (CGI art. 1701).

Toutefois, dans certains cas spécialement prévus par l'article 1717 du CGI, le paiement des droits d'enregistrement peut être **fractionné ou différé** ; il en est ainsi de certains droits de succession (nos 68930 s.) ou de donation (no 69360, b), du droit d'apport en société d'immeubles ou de fonds de commerce lorsqu'il s'agit d'apports purs et simples soumis au droit de mutation (et des taxes additionnelles) (no 66880) ou des droits de mutation sur certaines opérations : acquisitions par les rapatriés ou acquisitions d'entreprises en difficulté (no 65410).

> Précisions a. Les contractants sont solidairement **débiteurs des droits** pour le paiement au Trésor public (CGI art. 1705), mais la charge est supportée en définitive (sauf conventions contraires) par l'acquéreur ou le bénéficiaire de la convention (CGI art. 1712).
b. Les redevables doivent acquitter les droits qui leur sont réclamés. S'ils estiment la perception excessive, ils peuvent demander la restitution du trop-versé par voie de **réclamation** (voir nos 81650 s.).

4. TABLEAU DES TARIFS

Nous donnons ci-après dans l'**ordre alphabétique** les tarifs applicables à **certains actes,** 64100 ENR-I-22000 s
conventions **ou opérations** non étudiés par ailleurs. Sauf exonération, la plupart de ces actes ou opérations donnent ouverture à un **droit fixe** ; dans ce cas, la **mention « DF »** est portée dans la dernière colonne avec renvoi au numéro qui indique le tarif de ce droit fixe (les tarifs des droits proportionnels et progressifs sont indiqués dans l'étude consacrée à chaque type d'opération taxable).

Actes de dépôt (sommes ou valeurs ne dépassant pas 75 €) (CGI art. 1116)	Exemption
Actes de notoriété (à l'exception des actes constatant l'usucapion qui donnent ouverture à la TPF [1]) (CGI art. 846 bis, al. 1)	DF (nº 64045)
Adjudication	
Adjudication aux enchères publiques de biens meubles incorporels non soumis à un tarif différent (CGI art. 733)	1,20 %
Adjudication sur réitération des enchères de biens immeubles (à prix identique ou inférieur) (CGI art. 685)	DF (nº 64035)
Arrêts, voir Jugements et arrêts	
Attestation notariée de propriété après décès (BOI-ENR-DG-20-30-30-10 nº 50)	DF (nº 64035)
Command (déclaration de) sous certaines conditions (CGI art. 686)	DF (nº 64035)
Consentement à une procréation médicalement assistée (CGI art. 847 bis, issu de l'article 6 de la loi 2019-222 du 23-3-2019)	Exemption
Contrat créant une obligation réelle environnementale avec une collectivité publique, un établissement public ou une personne morale de droit privé (C. envir. art. L 132-3, al. 4)	Exemption
Contrat de mariage lorsqu'il ne donne pas lieu à la perception d'une imposition progressive ou proportionnelle plus élevée (CGI art. 847, 1º)	Exemption
Apport d'immeuble en communauté par contrat de mariage ou changement de régime matrimonial : publication obligatoire au service chargé de la publicité foncière et TPF [1] sur les droits qu'un époux se voit conférer sur un immeuble (ENR-I-7120 s. et 7150 s.)	
Déclaration d'insaisissabilité ou de renonciation (et états descriptifs de division) **des immeubles non professionnels** de l'entrepreneur individuel (CGI art. 846 bis, al. 2)	DF (nº 64045)
Délivrance de legs (BOI-ENR-DG-20-30-30-20 nº 20)	DF (nº 64035)
Hypothèques (ENR-XI-1600 s.)	
Inscription hypothécaire (taxe de publicité foncière) : selon les cas, taxe proportionnelle [1] ou taxe fixe (nº 64045) (CGI art. 844)	
Exonération pour certains prêts spéciaux à la construction et au logement (CGI art. 845)	
Mainlevée d'hypothèque (CGI art. 846 bis, al. 1)	DF (nº 64045)
Reconstitution de la documentation hypothécaire détruite par un cas de force majeure (CGI art. 1125)	Exemption
Jugements et arrêts (ENR-IX-7450 s.)	
A. Décisions des juridictions judiciaires : exemption générale (CGI art. 1089 A) Exceptions **a.** Les décisions demeurent soumises à la formalité dans les conditions de droit commun, lorsqu'elles donnent ouverture à un droit proportionnel (adjudication d'immeuble ou de fonds de commerce, partage, etc.) ou progressif (reconnaissance de don manuel, par exemple). Les décisions qui ne portent pas mutation de propriété ou d'usufruit, tout en donnant normalement ouverture à un droit proportionnel ou progressif, sont exonérées de ce droit lorsque l'une des parties à l'instance au moins bénéficie de l'aide juridictionnelle (CGI art. 1090 A, I). **b.** Les décisions des juridictions répressives (et des juridictions des forces armées : Code de justice militaire art. L 269-1 et CGI art. 1018 A bis) sont soumises à un droit fixe de procédure dont le tarif varie de 31 € à 527 € selon la juridiction (CGI art. 1018 A) (tarif majoré de 210 € en cas de condamnation pour conduite après usage de stupéfiants : arrêté 29-2-2012). Le droit fixe n'est pas dû : lorsque le condamné est un mineur ; lorsque l'une des parties au moins bénéficie de l'aide juridictionnelle ; lorsque les juridictions répressives statuent uniquement sur les intérêts civils. **B.** Décisions des juridictions administratives : aucune imposition (BOI-ENR-DG-20-30-10 nº 200)	

64100 (suite)

C. Actes des secrétariats des juridictions judiciaires et administratives : dispense générale de tout droit ou taxe (CGI art. 1089 B)	
D. Introduction des instances d'appel devant les juridictions judiciaires : droit fixe, voir n° 76103	
Mandat (ou procuration)	
Mandat à effet posthume (BOI-ENR-DMTG-10-40-20-10 n° 310)	DF (n° 64035)
Autres mandats (ou procurations) par acte notarié (ou SSP présenté volontairement à la formalité) (CGI art. 846 bis)	DF (n° 64045)
Nantissement (BOI-ENR-DG-20-30-30-20 n° 20)	DF (n° 64035)
Notoriété, voir Actes de notoriété	
Procuration, voir Mandat	
Promesse unilatérale de vente (BOI-ENR-DG-20-30-30-20 n° 20)	DF (n° 64035)
Réméré (ou vente avec faculté de rachat) (acte authentique) si retrait dans le délai	DF (n° 64035)
Salaires différés en agriculture (CGI art. 1037)	Exemption

1. 0,70 % auquel s'ajoute le prélèvement pour frais d'assiette et de recouvrement visé n° 66230, portant le **taux global** à 0,71498 %.

CHAPITRE 2 BAUX

SOMMAIRE

Nous examinons ci-après les formalités et droits d'enregistrement auxquels sont soumises certaines locations. 65000 ENR-III-1 s

1. BAUX À DURÉE LIMITÉE D'IMMEUBLES, DE FONDS DE COMMERCE OU DE CLIENTÈLE

Les baux écrits à durée limitée d'immeubles, de fonds de commerce, de clientèle sont dispensés de la **formalité de l'enregistrement.** 65150 ENR-III-1450 s

La **présentation volontaire** à la formalité d'un acte constatant un bail à durée limitée d'immeuble, de fonds de commerce ou de clientèle donne ouverture à un droit fixe de 25 € (CGI art. 739).

Les **cessions, subrogations, rétrocessions et résiliations de baux à durée limitée de biens de toute nature,** présentées à la formalité, sont passibles du droit fixe de 125 € (CGI art. 738, 1°). 65155

La cession d'un bail ne doit pas être confondue avec celle du droit au bail qui supporte en principe un droit progressif (voir nos 65620 s.).

Les **baux** à durée limitée **d'immeubles de plus de douze ans** sont soumis à publicité au service chargé de la publicité foncière (n° 63810). Ils donnent ouverture à la **taxe de publicité foncière** de 0,70 %. La taxe est liquidée sur le prix exprimé, augmenté des charges, pour toute la durée du bail (CGI art. 742), limitée toutefois à vingt années (BOI-ENR-JOMI-10 n° 80). 65160 ENR-III-1800 s

À cette taxe s'ajoute le prélèvement pour frais d'assiette et de recouvrement visé n° 66230, portant le taux global à 0,71498 %.

Lorsque le bail est soumis à la TVA, il est fait abstraction de cette dernière taxe pour le calcul de la taxe de publicité foncière.

Sont **exonérés** de la taxe de publicité foncière :

– les baux ruraux à long terme et les baux cessibles hors du cadre familial (CGI art. 743, 2° et 4°) et les cessions de ces baux ;

– les baux à construction (CGI art. 743, 1°), les baux emphytéotiques concourant à la production d'immeubles ainsi que les baux réels immobiliers conclus dans le cadre des articles L 254-1 s. du CCH et consentis à un preneur avec obligation de construire (BOI-ENR-JOMI-10 n° 150) ;

– sur délibération du conseil départemental, les baux à réhabilitation (CGI art. 1594 J) et les baux portant sur des résidences de tourisme soumises au classement prévu à l'article L 321-1 du Code du tourisme (CGI art. 1594 J bis). En ce qui concerne les départements dans lesquels cette exonération est applicable, voir n° 97320 ;

– les baux réels solidaires conclus en application de l'article L 255-3 du CCH (CGI art. 743, 5°), c'est-à-dire les baux réels solidaires conclus entre l'organisme de foncier solidaire (OFS) et l'opérateur ainsi que ceux conclus entre l'OFS et le ménage bénéficiaire acquéreur des droits réels immobiliers (BOI-ENR-JOMI-10 n° 160).

Les baux conclus par une personne publique et les autorisations d'occupation temporaire du domaine public (notamment dans le cadre de contrats de partenariat) ne donnent ouverture qu'au **droit fixe** des actes innomés visé n° 64035 (CGI art. 1048 ter).

2. BAUX À DURÉE ILLIMITÉE OU À VIE D'IMMEUBLES, DE FONDS DE COMMERCE OU DE CLIENTÈLE

65180 CGI art. 744 ENR-III-3000 s

Les baux à vie ou à durée illimitée portant sur des immeubles, des fonds de commerce ou des clientèles sont **assimilés aux ventes** de ces biens. Ils sont soumis aux mêmes impositions (et, le cas échéant, aux mêmes régimes de faveur) que les ventes des biens en cause.

> **Précisions** **a.** Les baux écrits à durée illimitée ou à vie sont soumis, dans le délai d'un mois à compter de leur date, à la **formalité** fusionnée s'ils se rapportent à des immeubles et à la formalité de l'enregistrement s'ils se rapportent à des fonds de commerce ou de clientèle.
> **b.** Pour les baux à durée illimitée, la valeur servant de **base** à l'impôt est de vingt fois la rente ou le prix annuel augmenté des charges. Pour les baux à vie, elle est de dix fois la même somme.
> **c.** Les **cessions, résiliations et rétrocessions** de baux à vie ou à durée illimitée d'immeubles donnent ouverture au droit d'enregistrement dans les mêmes conditions que les baux eux-mêmes (BOI-ENR-JOMI-10 n° 260).

3. BAUX DE NATURE PARTICULIÈRE

BAIL À CONSTRUCTION

65205 Sur cette question, voir n° 31040.

BAIL EMPHYTÉOTIQUE

65215 ENR-III-5020 s

a. L'**acte constitutif** d'un bail emphytéotique est soumis à la taxe de publicité foncière dans les conditions indiquées n° 65160 lors de sa publication au fichier immobilier (CGI art. 689), sauf lorsqu'il concourt à la production d'immeubles (dans ce cas, il est assujetti, sur option, à la TVA selon les règles applicables aux baux à construction et, par suite, exonéré de la taxe de publicité foncière).

b. Les **cessions des droits du bailleur et du preneur** d'un bail emphytéotique sont soumises au régime fiscal des mutations d'immeubles (CGI art. 1378 bis).

c. Les **résiliations et résolutions volontaires** de baux emphytéotiques ne donnent ouverture qu'au droit fixe de 125 € prévu à l'article 738, 1° du CGI (BOI-ENR-JOMI-30 n° 100).

d. Les actes relatifs aux **baux emphytéotiques administratifs** conclus par les **collectivités territoriales,** leurs groupements ou leurs établissements publics et aux **baux emphytéotiques hospitaliers** sont passibles du droit fixe des actes innomés visé n° 64035 (CGI art. 1048 ter, 4°). Il en est de même des **baux emphytéotiques administratifs conclus par l'État** ou certains de ses établissements publics en vue de la restauration, la réparation ou la mise en valeur de leurs biens immobiliers (CGI art. 1048 ter, 1°).

LOCATION-VENTE

65225 ENR-V-2000 s

Lorsqu'elles comportent un **transfert immédiat de propriété,** les opérations qualifiées de « locations-ventes » sont soumises au droit de vente, selon la nature du bien qui en fait l'objet.

Lorsqu'elle s'analyse en une **location assortie d'une promesse de vente,** la location est imposable en tant que telle suivant la nature des biens loués et, le cas échéant, l'option exercée par le bailleur.

CRÉDIT-BAIL (LEASING)

65235 ENR-III-5500 s

Les contrats de **crédit-bail immobilier** dont la durée est supérieure à douze ans sont soumis à la taxe de publicité foncière dans les conditions indiquées n° 65160. L'assiette de la taxe est réduite du montant de la quote-part des loyers correspondant aux frais financiers versés par le preneur, qui doit être indiquée distinctement dans le contrat de crédit-bail (CGI art. 743 bis).

Les contrats conclus par l'État, les collectivités territoriales ou leurs établissements publics ne sont passibles que du droit fixe des actes innomés visé n° 64035 (CGI art. 1048 ter, 3°).

En ce qui concerne l'acquisition des immeubles par les sociétés de crédit-bail dans le cadre de contrats de cession-bail (ou lease-back) et l'acquisition des immeubles par le crédit-preneur, voir n° 66345.

65240 ENR-III-5400 s

Les contrats de **crédit-bail mobilier,** portant sur des biens corporels, ne sont pas soumis au droit de mutation lors de l'acquisition des biens par le locataire.

65245 ENR-III-6200 s

Dans le cadre d'un **crédit-bail sur fonds de commerce,** le bail n'est pas soumis à la formalité de l'enregistrement. L'acquisition du fonds par le locataire donne lieu au paiement du droit de mutation de fonds de commerce liquidé seulement sur le prix de cession (voir n°s 65400 s.), quelle que soit la valeur vénale du bien à la date de son acquisition par le locataire (BOI-ENR-DMTOM-10-30-30 n° 140).

CONCESSIONS DANS LES CIMETIÈRES

Les **concessions perpétuelles** dans les cimetières sont dispensées de la formalité de l'enregistrement (CGI art. 637 bis issu de l'article 21 de la loi 2019-1479 du 28-12-2019, applicable aux actes établis à compter du 1er janvier 2020). En cas de présentation volontaire à l'enregistrement, les actes de concessions perpétuelles sont soumis aux mêmes droits que les baux d'immeubles à durée illimitée (voir n° 65180). 65255 ENR-III-6400 s

Les **concessions temporaires** dans les cimetières sont dispensées de la formalité de l'enregistrement. En cas de présentation volontaire à l'enregistrement, la concession temporaire est assujettie au droit fixe visé n° 65150 pour les baux d'immeubles à durée limitée (BOI-ENR-JOMI-30 n° 400).

BAUX DE PÊCHE ET DE CHASSE

Quelle que soit leur durée, les locations de droits de chasse ou de droits de pêche sont dispensées de la **formalité de l'enregistrement.** 65265 ENR-III-6750

La **présentation volontaire** à la formalité des actes constatant des **baux** de droits de chasse ou de droits de pêche donne ouverture au droit fixe des actes innomés (sur le tarif de ce droit, voir n° 64035). Il en est de même de la présentation à la formalité des **cessions, subrogations, rétrocessions et résiliations de baux à durée illimitée** de droits de chasse ou de pêche (BOI-ENR-JOMI-30 n° 550).

CHAPITRE 3

CESSIONS DE FONDS DE COMMERCE ET OPÉRATIONS ASSIMILÉES

SOMMAIRE

65400 Les cessions de fonds de commerce et de clientèles, les conventions de successeur, les cessions de droit au bail et les cessions d'offices publics et ministériels sont, sauf régime spécial, soumises à un barème progressif (voir nos 65520 s.).

Remarque Ces opérations échappent d'une manière générale à la **TVA** (voir no 47505).

65405 **Formalités à accomplir** Les cessions de fonds de commerce et opérations assimilées sont en principe constatées par un **acte** qui doit être enregistré dans le mois de sa date.

À **défaut d'acte,** ces opérations doivent être déclarées dans le mois de l'entrée en possession (CGI art. 638).

> **Précisions** En ce qui concerne les cessions de fonds de commerce et de clientèles (constatées ou non par un acte), les parties doivent en outre souscrire en triple exemplaire les **imprimés no 2672-SD** (identification de la mutation) et **no 2676-SD** (état détaillé et estimatif du matériel et des marchandises neuves cédées).

65410 **Paiement** Conformément au principe général, le droit doit en principe être intégralement acquitté avant l'enregistrement de l'acte (voir no 64080). Sauf convention contraire, il est supporté par l'**acquéreur.**

> **Précisions** Des possibilités de **paiement fractionné** sont prévues en faveur des acquisitions totales ou partielles d'entreprises dans le cadre d'une procédure de sauvegarde, de redressement ou de liquidation judiciaires (CGI ann. III art. 396, 3° et 404 D), des suppressions d'office (CGI ann. III art. 396, 4° et 404 E) et des acquisitions par les Français rapatriés d'outre-mer à l'aide de prêts de reclassement (CGI ann. III art. 396, 5° et 404 F).

A. Cessions de fonds de commerce et de clientèles

CHAMP D'APPLICATION

65485 Le droit s'applique aux mutations à titre onéreux ayant pour objet tout ou partie d'un fonds de commerce ou d'une clientèle.
CGI art. 719
ENR-IV-200 s

> **Précisions** La **notion de mutation à titre onéreux** est similaire à celle retenue en matière de vente d'immeuble (no 66160). C'est ainsi que sont principalement taxables les ventes et les adjudications. Échappent en revanche à la taxation les concessions de l'usage d'un nom commercial (Cass. com. 12-1-1993 no 90-18.616 P : RJF 5/93 no 741) et les reprises de contrat de crédit-bail (Cass. com. 24-1-1995 no 93-12.420 P : RJF 4/95 no 556).

Cession globale de fonds de commerce L'imposition s'applique aux mutations à titre onéreux ayant pour objet l'ensemble des **éléments constitutifs** du fonds de commerce. 65490

> **Précisions** Les éléments constitutifs du fonds sont :
> – les éléments **incorporels** : clientèle, droit au bail, brevets d'invention, marques de fabrique, marchés en cours, licences et autorisations administratives (les créances ne font pas partie du fonds) ;
> – les éléments **corporels** : matériel, mobilier, approvisionnements, marchandises neuves.

Cession isolée d'éléments du fonds La cession isolée d'éléments corporels ou incorporels du fonds est soumise en principe au régime fiscal qui lui est propre (régime des ventes de meubles ordinaires pour le matériel et le mobilier, etc.) dès lors que la **séparation** de ces éléments est **sérieuse et effective.** Toutefois, une telle cession est soumise au régime des cessions de fonds de commerce lorsqu'elle s'accompagne d'une **cession explicite ou implicite de clientèle.** 65495

Le point de savoir si une cession d'éléments du fonds de commerce constitue ou non une cession du fonds est une **question de fait.**

EXEMPLES

Le droit prévu à l'article 719 du CGI a été reconnu applicable dans les cas suivants :
– cessions successives au même acquéreur et à des dates rapprochées (ou non) des divers éléments composant un fonds de commerce ;
– cession d'un droit au bail à un commerçant appelé, en fait, à recueillir la clientèle du quartier ;
– cession de matériel corrélative à l'apport pur et simple en société des éléments incorporels.

Cession de clientèle Le droit est applicable : 65500
– aux cessions de **clientèles commerciales** ;
– aux cessions de **clientèles civiles** attachées à des professions exercées au moyen d'un courant d'affaires avec le public (architectes, avocats, experts-comptables, etc.). (S'agissant des conventions entre médecins prévoyant la présentation du successeur à la clientèle, voir n° 65580.)

ASSIETTE

Le droit exigible sur les cessions de fonds de commerce et de clientèles est liquidé sur le **prix** exprimé augmenté des charges. L'administration peut toutefois substituer au prix exprimé la **valeur vénale** si elle est supérieure (n°s 78215 s.). 65510 ENR-IV-5030 s

> **Précisions a.** Les ventes de **marchandises neuves** corrélatives à la cession du fonds sont exonérées de droit d'enregistrement lorsqu'elles sont soumises à la TVA (n° 47505) ou en sont dispensées en application de l'article 257 bis du CGI (n° 47520) (CGI art. 723).
> **b.** La notion de **charges** en matière de cession de fonds de commerce est identique à celle retenue en matière de vente d'immeubles (n° 66205).

DROITS EXIGIBLES

Les cessions de fonds de commerce et de clientèles sont soumises au droit prévu par l'article 719 du CGI (droit budgétaire perçu au profit de l'État) auquel s'ajoutent des taxes locales additionnelles départementale (CGI art. 1595) et communale (CGI art. 1584 et 1595 bis). 65520 ENR-IV-6550 s

Ces droits et taxes sont calculés en faisant application du barème suivant :

Fraction du prix (ou de la valeur vénale)	Droit budgétaire	Taxe départementale	Taxe communale	Imposition totale
N'excédant pas 23 000 € [1]	0 %	0 %	0 %	0 %
Comprise entre 23 000 € et 107 000 €	2 %	0,60 %	0,40 %	3 %
Comprise entre 107 000 € et 200 000 €	0,60 %	1,40 %	1 %	3 %
Supérieure à 200 000 €	2,60 %	1,40 %	1 %	5 %

1. Les cessions n'excédant pas 23 000 € sont soumises au minimum de perception (n° 64045) (BOI-ENR-DMTOM-10-20-20 n° 10).

RÉGIMES SPÉCIAUX

Acquisitions dans certaines zones géographiques Les acquisitions de fonds de commerce ou de clientèles situés dans les **zones franches urbaines-territoires entrepreneurs** ou dans les **zones de revitalisation rurale** (définition des zones : n° 92540) sont soumises, sous réserve que l'acquéreur prenne l'engagement de maintenir l'exploitation du fonds pendant cinq ans, au barème de taxation suivant : 65530 CGI art. 722 bis ENR-IV-6700 s

Fraction du prix (ou de la valeur vénale)	Droit budgétaire	Taxe départementale	Taxe communale	Imposition totale
N'excédant pas 23 000 € [1]	0 %	0 %	0 %	0 %
Comprise entre 23 000 € et 107 000 €	0 %	0,60 %	0,40 %	1 %
Comprise entre 107 000 € et 200 000 €	0,60 %	1,40 %	1 %	3 %
Supérieure à 200 000 €	2,60 %	1,40 %	1 %	5 %

1. Les acquisitions n'excédant pas 23 000 € sont soumises au minimum de perception (BOI-ENR-DMTOM-10-20-20 nº 10) (nº 64045).

Remarques

a. Le bénéfice de la réduction de tarif est subordonné au respect du règlement communautaire concernant l'application des aides « de minimis » (voir nos 92660 s.).

b. L'administration admet d'appliquer la réduction de tarif aux cessions d'**offices publics ou ministériels** et opérations assimilées (nos 65665 s.) (BOI-ENR-DMTOM-10-30-20 nº 30).

65535 CGI art. 732 ter ENR-IV-5850 s

Abattement applicable à certaines cessions aux salariés ou aux proches

La cession en pleine propriété de **fonds de commerce,** de fonds artisanaux, de clientèles d'une entreprise individuelle, de fonds agricoles ou de **parts ou actions d'une société (à concurrence de la fraction de la valeur des titres représentative du fonds** ou de la clientèle) bénéficie d'un **abattement** de 300 000 € sur l'assiette des droits de mutation si les **conditions** suivantes sont remplies :

– l'entreprise ou la société exerce une activité industrielle, commerciale, artisanale, agricole ou libérale ;

– les acquéreurs sont soit titulaires d'un contrat de travail à durée indéterminée depuis deux ans au moins exerçant leurs fonctions à temps plein ou d'un contrat d'apprentissage, soit des proches du cédant (conjoint, partenaire d'un Pacs, ascendants ou descendants en ligne directe, frères ou sœurs) ;

– les acquéreurs poursuivent à titre d'activité professionnelle unique et de manière effective et continue, pendant cinq ans à compter de la cession, l'exploitation du fonds ou l'activité de la société. Par ailleurs, l'un d'eux assure, pendant la même période, la direction effective de l'entreprise ;

– les biens ou les droits sociaux sont détenus depuis plus de deux ans par le cédant si ce dernier les avait acquis à titre onéreux.

› **Précisions** **a.** L'acquéreur peut être une **EURL,** une **EARL unipersonnelle,** une **Selarl unipersonnelle** ou une **Sasu** (BOI-ENR-DMTOM-10-20-20 nº 160).

b. L'**engagement** de poursuivre l'exploitation pendant cinq ans doit être pris **dans l'acte d'acquisition** ou dans un acte complémentaire déposé auprès du service chargé de l'enregistrement avant le 31 décembre de la deuxième année qui suit la date de l'acte initial.

c. L'abattement **ne s'applique qu'une fois** entre un même cédant et un même acquéreur. Si la valeur de cession est inférieure à 300 000 €, le **reliquat d'abattement** ne peut pas être utilisé ultérieurement à l'occasion d'une autre cession entre les mêmes personnes (BOI-ENR-DMTOM-10-20-20 nº 270).

d. La **liquidation judiciaire** de l'entreprise au cours des cinq années suivant la cession n'entraîne pas la déchéance du régime de faveur. De même, la **mise en société** de l'entreprise individuelle au cours des cinq années suivant la cession ne remet pas en cause le bénéfice de l'abattement lorsque les biens transmis sont apportés à une société créée pour l'occasion et détenue en totalité par les bénéficiaires de l'abattement et lorsque les titres reçus en contrepartie de cet apport sont conservés par les associés jusqu'au terme de la période de cinq ans (BOI-ENR-DMTOM-10-20-20 nº 200).

65540 CGI art. 731 et 738, 2º ENR-IV-8530 s

Brevets d'invention Lorsqu'il est **exploité,** le brevet d'invention s'analyse en un élément du fonds de commerce, support d'une clientèle. Sa **cession** constitue une cession de fonds de commerce qui doit être obligatoirement enregistrée (nº 65405) moyennant cependant le paiement d'un simple droit fixe (tarif : nº 64035). Sa **concession** constitue une location du fonds (dispensée d'enregistrement : nº 65150).

Lorsqu'il n'est **pas exploité,** le brevet d'invention s'analyse en un meuble incorporel. Sa **cession,** lorsqu'elle est soumise (obligatoirement ou volontairement) à la formalité de l'enregistrement, donne ouverture au droit fixe (tarif : nº 64035). Sa **concession** n'est pas taxable, s'agissant d'un bail à durée limitée de meuble autre qu'un fonds de commerce.

› **Précisions** **a.** Lorsqu'un brevet (exploité ou non) est cédé en même temps que les autres éléments du fonds, les parties sont admises à déterminer, au moyen d'une déclaration estimative, la partie du prix applicable au brevet afin de la soustraire au droit de l'article 719 du CGI.

b. En ce qui concerne la situation des cessions et des concessions de licences d'exploitation de brevets au regard de la **TVA** : voir nº 47510.

Droits de possession industrielle Les cessions de droits de possession industrielle (**savoir-faire, secret de fabrication,** etc.) et les concessions de licences d'exploitation de ces droits sont soumises : 65545 ENR-IV-8700 s
– au régime des cessions de fonds de commerce, si les droits sont cédés en même temps que le fonds dont ils dépendent (nº 65520) ;
– au régime des cessions et concessions de licences d'exploitation de brevets d'invention dans le cas contraire (nº 65540).

Marques de fabrique Les **cessions de marques** de fabrique **exploitées** sont soumises au tarif des cessions de fonds de commerce : 65550 ENR-IV-8800 s
– lorsqu'elles sont cédées en même temps que le fonds ;
– lorsque la clientèle qui leur est attachée est transmise.

Les **cessions de marques non exploitées,** de même que les **concessions** de licence d'exploitation de marques (exploitées ou non), sont soumises au même régime fiscal que celui prévu pour les cessions et concessions de licences d'exploitation de brevets d'invention (nº 65540).

EXONÉRATIONS

65555 **a.** Les **achats** de fonds de commerce effectués **en vue de la revente** par des assujettis à la TVA sont exonérés de tous droits et taxes de mutation lorsque les conditions prévues à l'article 1115 du CGI sont réunies (nos 66275 s.).

b. Les **acquisitions** de fonds de commerce réalisées **par les collectivités locales** sont exonérées de toute imposition (droit d'enregistrement) (CGI art. 1042, I-al. 2).

B. Conventions de successeur

Toute convention à titre onéreux ayant pour effet de permettre à une personne d'exercer une **profession,** une fonction ou un emploi occupé par un précédent titulaire est soumise au régime des cessions de fonds de commerce (tarif : nº 65520, avec application, le cas échéant, des régimes spéciaux : nos 65530 s.), même si elle ne s'accompagne pas d'une cession de clientèle. 65580 CGI art. 720 ENR-IV-800 s

ILLUSTRATIONS

Peu importe la nature de l'activité transmise (civile ou commerciale : BOI-ENR-DMTOM-10-10-30 nº 10).

L'article 720 du CGI est ainsi applicable aux conventions passées entre **médecins, vétérinaires, chirurgiens-dentistes** contenant engagement de ne pas se rétablir et de présenter son successeur à la clientèle (BOI-ENR-DMTOM-10-10-30 nº 250). Sont également susceptibles de relever de cette disposition les cessions de portefeuille d'**agent d'assurances** ou d'**agent général d'assurances,** de cartes de **VRP** non salarié, d'autorisation de **taxi,** de licences de **débits de boissons,** de cabinets d'**experts-comptables** (BOI-ENR-DMTOM-10-10-30 nos 280 s.).

L'application de l'article 720 du CGI est subordonnée à la réunion des **conditions** suivantes : 65585
– l'opération résulte d'un **accord contractuel** entre l'ancien et le nouveau titulaire de l'activité ;
– la convention est conclue **à titre onéreux** ;
– l'**activité** exercée par l'acquéreur est **identique** à celle exercée par le cédant, cette identité pouvant être partielle ;
– l'opération n'entre **pas** dans les prévisions d'une **autre disposition fiscale.** C'est ainsi que ne relèvent pas de la taxation des conventions de successeur les actes de cession d'un fonds agricole composé en tout ou partie des éléments énumérés au dernier alinéa de l'article L 311-3 du Code rural et de la pêche maritime (CGI art. 732) ou de cession de gré à gré d'un navire de pêche artisanale (CGI art. 732 A) ; ces actes sont expressément enregistrés au droit fixe de 125 €.

C'est à l'administration d'apporter la **preuve** que les différentes conditions d'application de l'article 720 du CGI sont réunies (Cass. com. 22-7-1986 nº 85-11.604 et nº 85-11.605).

ILLUSTRATIONS

Convention à titre onéreux. Une **cession de biens entre sociétés d'un même groupe** peut être taxée comme convention de successeur. Le fait que cette opération soit réalisée dans le cadre d'une **réorganisation interne du groupe** ne lui ôte pas son caractère onéreux, celui-ci résultant du seul paiement d'un prix de cession (Cass. com. 3-4-2013 nº 12-10.042 P : RJF 7/13 nº 775).

Identité des activités successives. L'article 720 du CGI n'est pas applicable lorsqu'un médecin résilie la **concession** qui lui avait été accordée pour exercer dans une clinique et cède à cette clinique en qualité de gérant d'une **société civile de moyens** le matériel installé pour l'exercice de l'activité (Cass. com. 21-1-1997 nº 94-20.411 P : RJF 5/97 nº 493).

Opération entrant dans le champ d'une autre disposition fiscale. Ne peuvent pas être taxées en tant que conventions de successeur les **mutations de jouissance temporaire** (Cass. com. 5-3-1991 nº 89-17.515 P : RJF 5/91 nº 697), les **apports en société** (Cass. com. 17-12-1991 nº 89-17.028 P : RJF 3/92 nº 411) et les **cessions de droits sociaux** (Cass. com. 22-3-1988 nº 86-15.264 : RJF 5/88 nº 679), à l'exception toutefois des cessions de parts de sociétés civiles de moyens corrélatives à la cessation d'activité du cédant (Cass. com. 8-11-1983 nº 81-15.482 : RJF 7/84 nº 913).

ASSIETTE

65590 ENR-IV-6100 s Lorsqu'une convention est taxable en tant que convention de successeur, le droit est calculé sur **toutes les sommes** dont le paiement est imposé au successeur, sous quelque dénomination que ce soit, ainsi que sur **toutes les charges** lui incombant au même titre.

C. Cessions de droit au bail et assimilées

65610 CGI art. 725 ENR-IV-10000 s L'article 725 du CGI soumet au tarif des cessions de fonds de commerce les cessions de droit au bail d'immeubles ainsi que les opérations ayant pour effet de transférer le droit à la jouissance de locaux industriels et commerciaux.

CESSION DE DROIT AU BAIL

65620 Toute cession de droit au bail ou d'une promesse de bail portant sur tout ou partie d'un immeuble est assujettie au même **tarif** que les cessions de fonds de commerce (nº 65520), quelle que soit sa forme ou sa qualification (cession de pas-de-porte, indemnité de départ, etc.).

Pour que cette taxation s'applique, il faut :
– qu'un bail ait été conclu ou une promesse de bail, consentie ;
– que la cession intervienne entre un **preneur sortant** et un **preneur entrant** (Cass. com. 4-5-1993 nº 91-15.160 P : RJF 7/93 nº 1072), c'est-à-dire entre l'ancien et le nouveau locataire ;
– que le droit au bail soit cédé indépendamment du fonds (dans le cas contraire, il est taxé en tant qu'élément incorporel du fonds, sa valeur étant alors incluse dans le prix de vente global : voir nº 65490).

> **Précisions** **a.** La somme exigée par le propriétaire à titre de **droit d'entrée** lors de la conclusion d'un bail revêt en principe, quelle que soit son importance, le caractère d'un supplément de loyer.
> **b.** Bail faisant suite à la **résiliation d'un bail précédent** : voir nº 65635, précision c.

65625 **Assiette** Le droit est liquidé :
– soit sur le montant du **prix** ou de l'**indemnité** stipulée au profit du cédant ;
– soit sur la **valeur vénale** du droit, déterminée par une déclaration estimative des parties, si elle est supérieure ou qu'aucun prix n'a été stipulé.

TRANSFERT DU DROIT À LA JOUISSANCE DE LOCAUX INDUSTRIELS OU COMMERCIAUX

65635 Les actes ou conventions ayant pour effet de transférer de quelque manière que ce soit le droit à la jouissance de locaux entrant dans les prévisions des articles L 145-1 à L 145-3 du Code de commerce sont soumis au régime des cessions de droit au bail.

Pour qu'il en soit ainsi, l'administration doit pouvoir invoquer des **éléments de fait** de nature à établir que les actes ou conventions en cause dissimulent en réalité une cession de droit au bail.

> **Précisions** **a.** Les articles L 145-1 et L 145-2 du Code de commerce visent essentiellement les **locaux à usage commercial, industriel ou artisanal,** les locaux des **entreprises publiques** ou des établissements publics à caractère industriel ou commercial ainsi que ceux abritant des **établissements d'enseignement.**
> **b.** Pour **prouver** la cession de droit au bail, l'administration peut notamment invoquer la brièveté du délai écoulé entre le départ de l'ancien occupant et l'arrivée du nouveau locataire, la valeur vénale du droit au bail, le montant du loyer, les liens d'intérêt unissant les parties ou encore leur intention manifestée.
> **c.** Le régime des cessions de droit au bail n'est **pas applicable notamment** dans les cas suivants :
> – location d'un **local neuf** ou précédemment **occupé par son propriétaire** ;
> – **résiliation (ou non-renouvellement) du bail** d'un local dont le propriétaire veut se réserver la jouissance ou qu'il désire vendre libre ;
> – convention attribuant un **droit de jouissance** à l'occupant des lieux sans constituer un bail commercial (Cass. com. 15-5-1990 nº 89-10.166 P : RJF 7/90 nº 925).

D. Cessions d'offices publics ou ministériels et opérations assimilées

CESSIONS PROPREMENT DITES

Les cessions à titre onéreux d'offices publics ou ministériels (**notaires, huissiers de justice, commissaires-priseurs judiciaires,** avocats au Conseil d'État et à la Cour de cassation, **greffiers** des tribunaux de commerce) sont soumises au même droit d'enregistrement que les cessions de fonds de commerce (**tarif** : n°s 65520 et 65530). **65665** CGI art. 724, I ENR-IV-12020 s

Ce droit est **exigible** dès l'acte de cession bien que les cessions d'offices soient conclues sous la condition suspensive de l'agrément du successeur par le ministre de la justice (CGI art. 859).

Il est restituable en totalité ou en partie en cas de refus de l'agrément ou de réduction du prix par le ministre (CGI art. 1964).

Assiette Le droit progressif est liquidé sur le **prix** exprimé dans l'acte augmenté des **charges.** Il s'applique ainsi au prix principal, aux honoraires restant dus par les clients au cédant ou encore aux objets mobiliers même s'ils font l'objet d'un prix particulier. **65670**

OPÉRATIONS ASSIMILÉES

Sont assimilées à des cessions d'offices et taxées comme telles les **créations** et **suppressions** d'offices (création d'une nouvelle charge, nomination d'un nouveau titulaire lorsque l'ancien a été destitué, changement de résidence du titulaire, etc.). **65680** CGI art. 724, II et III ENR-IV-12500 s et 12600 s

Le droit est exigible sur l'indemnité imposée aux nouveaux titulaires ou à ceux bénéficiant de la suppression (aucun droit n'est dû si aucune indemnité n'est fixée).

> **Précisions** **a.** Le **fait générateur** de l'imposition est constitué par l'arrêté ministériel fixant le montant et la répartition de l'indemnité et non, comme en matière de cession d'office, par l'accord des parties (Cass. com. 5-2-1980 n° 78-12.233 : RJF 9/80 n° 739 ; Cass. com. 22-1-1985 n° 83-14.633 : RJF 7/85 n° 1142).
> **b.** **Paiement fractionné** en cas de suppression d'office : voir n° 65410, précisions.

CHAPITRE 4 VENTES D'IMMEUBLES

SOMMAIRE

ÉCONOMIE DU DISPOSITIF

66000 ENR-V-1 s Le droit de vente d'immeubles est exigible sur la plupart des mutations à titre onéreux d'immeubles, qu'elles soient ou non par ailleurs soumises à la TVA. Il est en principe perçu au taux global de 5,09 % (taux que la plupart des départements ont décidé de porter à 5,80 %). Un certain nombre de mutations bénéficient toutefois d'un taux réduit de taxation ou échappent à l'imposition du fait de régimes spéciaux prévus par la loi. Certaines ventes de bureaux en Île-de-France sont, par ailleurs, soumises à une taxe additionnelle de 0,6 %. En ce qui concerne les règles applicables en matière de **TVA,** voir n°s 58700 s.

> **› Précisions** Sur un plan **terminologique,** dans les développements qui suivent, les mutations à titre onéreux sont désignées par le terme **« ventes »** (principale mutation concernée) sauf lorsque le régime applicable dépend de l'acquéreur (auquel cas elles sont désignées par le terme **« acquisitions »**).
> Les droits exigibles sont quant à eux désignés par la terminologie générale de **droit de vente d'immeubles.**

FORMALITÉS À ACCOMPLIR

66015 Les ventes d'immeubles doivent être constatées par **acte authentique** (acte notarié ou émanant d'une autorité administrative ou judiciaire) qui doit être enregistré et publié au fichier immobilier.

Cette formalité produit :
– des effets juridiques, en conférant à la vente une date certaine et en la rendant opposable aux tiers ;
– des effets fiscaux, puisque le droit de vente est perçu à cette occasion.

Les actes sont en principe soumis à la **formalité fusionnée** au service chargé de la publicité foncière dans le mois de leur date.

Toutefois, s'il s'agit d'actes relevant de la **double formalité** (voir n° 63740), ils doivent être enregistrés au service des impôts dans le délai général d'un mois et être soumis à la publicité foncière au service qui en est chargé dans les trois mois.

> **ATTENTION**
> Les ventes constatées par **acte sous seing privé** ne peuvent être ni enregistrées, ni publiées au fichier immobilier (CGI art. 660) ; elles doivent néanmoins être présentées à la formalité afin que le droit de vente puisse être perçu. Il en va de même dans le cas exceptionnel d'**absence d'acte,** les parties étant alors tenues d'y suppléer par des déclarations estimatives et détaillées dans le mois de l'entrée en possession.

PAIEMENT DU DROIT DE VENTE

66025 Conformément au principe général, le droit de vente d'immeubles doit en principe être intégralement acquitté avant l'accomplissement de la formalité. Sauf convention contraire, il est supporté par l'**acquéreur.**

A. Champ d'application

66150 CGI art. 683, I-al. 1 ENR-V-300 s Pour délimiter le champ d'application du droit de vente d'immeubles, il convient de préciser les conventions imposables (n°s 66160 s.), les biens imposables (n° 66170) puis les règles de territorialité (n° 66175).

› Précisions Certaines opérations sont expressément exonérées du droit de vente. Ces **exonérations,** qui sont liées soit à la qualité des contractants, soit au but poursuivi à travers l'opération, sont répertoriées dans le tableau figurant n° 66260.

CONVENTIONS IMPOSABLES

Le droit de vente s'applique aux mutations à titre onéreux telles que les **ventes** proprement dites, **adjudications, transactions, rétrocessions, annulations et résolutions amiables, soultes d'échanges,** soultes **de partages** (autres que de successions ou de communautés conjugales et assimilées : voir n° 70425). **66160** ENR-V-400 s

Il ne s'applique pas en revanche aux annulations judiciaires (CGI art. 1961, al. 3), aux déclarations de command (n° 64100), aux retraits dans le cadre de l'exercice d'une clause de rachat (BOI-ENR-DMTOI-10-10-30-40 n° 70), aux apports en société (nos 66710 s.) ni aux échanges (nos 70505 s.).

Pour que le droit de vente d'immeubles soit exigible, il faut que la **vente** soit parfaite et produise des **effets certains et actuels.** **66165**

Une vente est **parfaite** lorsqu'il y a accord réciproque entre le vendeur et l'acheteur sur un immeuble ou un droit immobilier moyennant un prix déterminé ou déterminable.

› Précisions a. Les **promesses unilatérales de vente** (dispensées de la formalité de l'enregistrement et soumises au paiement sur états) ne donnent ouverture qu'au droit fixe des actes innomés (tarif : n° 64035).

b. En cas de **vente sous condition suspensive** (condition qui affecte l'existence même du contrat), la convention est enregistrée au droit fixe des actes innomés, le droit proportionnel de vente d'immeubles ne devenant exigible que lors de la réalisation de la condition.

En cas de **vente sous condition résolutoire** (condition qui ne s'oppose pas au transfert de la propriété), le droit de vente d'immeubles est immédiatement exigible. En cas de réalisation de la condition, le contrat de vente est anéanti, mais, sauf en cas de résolution légale ou fondée sur un cas de force majeure, l'impôt ne peut pas être restitué (CGI art. 1961, al. 1).

En ce qui concerne les acquisitions en commun avec clause d'accroissement **(tontine)**, voir n° 68250.

c. Les droits de vente acquittés initialement ne sont restituables que si l'**annulation** de la vente a été prononcée par une décision **judiciaire** passée en force de chose jugée (CGI art. 1961, al. 2).

Les **annulations amiables** ne peuvent pas, en revanche, donner lieu à restitution des droits acquittés initialement (ENR-VII-15210 s.).

BIENS IMPOSABLES

Sont imposables les mutations à titre onéreux ayant pour objet des immeubles tels qu'ils sont définis par le Code civil. Sont ainsi visés les **immeubles** par nature (terrains, constructions, etc.), par destination (matériel affecté à l'exploitation d'un fonds agricole ou industriel, etc.), par l'objet auquel ils s'appliquent (usufruit d'immeubles, droit d'usage ou d'habitation, hypothèques, etc.) ou encore par détermination de la loi (cas de certaines indemnités attachées à des immeubles). **66170** ENR-V-3600 s

Le droit de vente d'immeubles est également susceptible de s'appliquer aux cessions de titres de sociétés immobilières dotées de la transparence fiscale (voir n° 67195).

En ce qui concerne par ailleurs le cas des **ventes simultanées de meubles et d'immeubles,** voir n° 66210.

TERRITORIALITÉ

Seules les ventes d'**immeubles situés en France** (y compris dans les Drom) sont en principe imposables. Lorsque la vente est constatée par un **acte passé à l'étranger,** elle doit être déclarée au service des impôts de la situation des biens dans le mois de l'entrée en possession et donne ouverture au droit de vente d'immeubles dans les conditions de droit commun. **66175** ENR-V-4400 s

Les ventes d'**immeubles situés à l'étranger** (ou dans les collectivités d'outre-mer où l'enregistrement n'est pas établi) constatées par un **acte passé en France** sont soumises à un droit unique de 5 % lorsque l'acte est assujetti à la formalité en raison de sa forme (acte notarié essentiellement) (CGI art. 714). Ce droit n'est dû que sous réserve de l'application des **conventions internationales** (voir n° 82950 la liste des conventions visant les droits d'enregistrement).

B. Calcul du droit de vente

Les ventes d'immeubles et mutations assimilées donnent ouverture à un droit départemental et à des impositions additionnelles calculés sur le prix indiqué dans l'acte translatif de propriété. **66185**

> Précisions Lors de leur publication au service chargé de la publicité foncière, les actes de vente d'immeubles donnent également ouverture à la **contribution de sécurité immobilière** : voir nº 97350.

En ce qui concerne par ailleurs les **honoraires (ou émoluments) de notaire** : voir nos 97370 s.

ASSIETTE DU DROIT DE VENTE

66190 CGI art. 683, I-al. 2 ENR-V-5000 s

Le droit de vente d'immeubles est liquidé sur le prix exprimé en y ajoutant toutes les charges en capital ainsi que toutes les indemnités stipulées au profit du cédant à quelque titre et pour quelque cause que ce soit.

L'administration peut toutefois substituer au prix exprimé la valeur vénale de l'immeuble si elle est supérieure (voir nos 78215 s.).

ATTENTION

En cas de **vente** de l'**usufruit ou** de la **nue-propriété** d'un immeuble, les dispositions de l'article 669 du CGI (**barème** en fonction de l'âge de l'usufruitier : nº 68460) priment sur celles de l'article 683 du CGI (liquidation sur le prix exprimé) (BOI-ENR-DMTOI-10-10-10 nº 125).

66195 **Prix proprement dit** Le prix est généralement constitué par une **somme d'argent** payable comptant. Le droit de vente est alors assis sur le prix exprimé dans l'acte (sous réserve du contrôle de la valeur vénale du bien cédé).

Le prix exprimé s'entend du prix hors TVA lorsque le montant de la **TVA** (sur le prix total ou sur la marge) due par le cédant est mentionné distinctement dans l'acte et sur le prix payé par l'acquéreur incluant la TVA dans le cas contraire (BOI-ENR-DMTOI-10-10-20-20 nº 210).

ILLUSTRATIONS

Lorsque le prix consiste en une **rente viagère,** l'impôt s'applique au capital de la rente exprimé dans l'acte ou déterminé par une déclaration estimative des parties (BOI-ENR-DMTOI-10-10-20-10 nº 60).

Lorsque des **biens mobiliers corporels ou incorporels** sont remis en paiement, le prix est réputé égal à la valeur de ces biens (BOI-ENR-DMTOI-10-10-20-10 nº 50).

Dans le cas où le **prix est payable par annuités,** l'impôt s'applique au total des annuités, sans déduction des intérêts sauf si, dans l'intention des parties, la ventilation du prix et des intérêts est sérieuse et correspond à la fixation d'un prix en capital avec stipulation d'intérêts (BOI-ENR-DMTOI-10-10-20-10 nº 70).

Lorsque le **prix** est **payable à terme,** l'impôt ne s'applique pas aux intérêts afférents à la période postérieure à l'entrée en jouissance de l'acquéreur (BOI-ENR-DMTOI-10-10-20-10 nº 20).

Si le prix stipulé à terme est assorti d'une **clause d'indexation,** il convient d'opérer la distinction suivante (BOI-ENR-DMTOI-10-10-20-10 nos 100, 110 et 140) :

– le **prix** est **définitif** : l'impôt est liquidé définitivement sur le prix stipulé dans l'acte ou sur l'estimation faite par les parties (cas où l'indexation a seulement pour effet de faire varier l'expression monétaire du prix à chaque échéance) ;

– la détermination du montant du prix **dépend** d'**événements ultérieurs** : l'impôt est liquidé provisoirement sur l'évaluation faite par les parties.

66205 **Charges augmentatives du prix** Elles s'entendent des prestations supplémentaires incombant au vendeur et imposées à l'acquéreur.

Tel peut être le cas :

– des **frais de vente** (hors frais d'acte, d'emblée à la charge de l'acquéreur) ;

– de certains **impôts** (par exemple, taxe foncière pour la période antérieure à l'entrée en jouissance des locaux).

ILLUSTRATIONS

La **commission de l'agent immobilier** mise contractuellement à la charge du vendeur et versée en ses lieu et place par l'acquéreur consitute une charge augmentative du prix (BOI-ENR-DMTOI-10-10-20-20 nº 40). En revanche, la commission mise contractuellement dans le mandat à la charge de l'acquéreur ne constitue pas une charge augmentative du prix (Cass. com. 12-12-1995 nº 94-10.791 D : RJF 3/96 nº 383 ; BOI-ENR-DMTOI-10-10-20-20 nº 30).

Le reliquat du **prêt immobilier** contracté par le vendeur et repris par l'acquéreur constitue une charge augmentative du prix (Rép. Reynès : AN 7-3-2017 nº 98694).

66210 CGI art. 735 ENR-V-6300 s

Ventes simultanées de meubles et d'immeubles Les actes portant mutation simultanée de meubles et d'immeubles donnent ouverture au droit de vente d'immeubles sur la totalité du prix à moins qu'il ne soit stipulé un **prix particulier** pour les objets mobiliers et qu'ils ne soient désignés et estimés article par article dans le contrat.

TAUX DU DROIT DE VENTE

Taux de droit commun En principe fixé à 5,09 % (5,09006 % exactement), le **taux global** de taxation s'élève en pratique à **5,80 %** (5,80665 % précisément) dans la plupart des départements. Ce taux concerne toutes les ventes d'immeubles imposables qui ne peuvent bénéficier d'un régime plus favorable. 66220 ENR-V-7000 s ENR-XI-280 s

Ce taux se compose :

– d'un **droit départemental** normalement égal à 3,80 % mais que les conseils départementaux peuvent **modifier** tous les ans, avec effet au 1er juin, dans une fourchette comprise entre 1,20 % et 4,50 % (CGI art. 1594 D, al. 2 et art. 1594 E). En pratique, la plupart des départements ont voté un taux de 4,50 % ;

– d'une **taxe** additionnelle perçue **au profit de la commune** ou d'un fonds de péréquation départemental de 1,20 % (CGI art. 1584 et 1595 bis) ;

– d'un **prélèvement pour frais d'assiette et de recouvrement** du droit départemental calculé sur le montant du droit départemental (et non sur la base imposable) de 2,37 % (CGI art. 1647, V-a).

> **Précisions** **a.** La **liste des départements** ayant relevé le taux du droit départemental est donnée nº 97290 (avec indication du taux voté et de la date de prise d'effet du relèvement).
b. En présence d'une **promesse unilatérale de vente** signée avant la date d'entrée en vigueur de la délibération du conseil départemental, le taux du droit départemental applicable est celui en vigueur à la date de signature de l'acte authentique de vente (BOI-ENR-DMTOI-10-20 nº 105).
c. Le droit perçu au profit du département prend le nom, selon le cas, de **taxe de publicité foncière** (acte soumis à la formalité fusionnée) ou de **droit d'enregistrement** (acte soumis à la double formalité).

EXEMPLE 66225

Un appartement situé à Paris est vendu entre particuliers, le 1er février 2020, pour un prix de 500 000 €. Montant des droits exigibles :

Droit départemental : 500 000 € × 4,50 % =	22 500 €
Taxe communale : 500 000 € × 1,20 % =	6 000 €
Prélèvement pour frais d'assiette : 22 500 € × 2,37 % =	533 €
Total :	29 033 €

Taux réduit Certaines mutations bénéficient d'un régime spécial se traduisant par l'application d'un taux réduit de **0,715 %** (plus précisément 0,71498 %). 66230 ENR-V-7350 s

Il se décompose de la manière suivante : 0,70 % de **droit départemental** (non modulable) auquel s'ajoutent 2,14 % de **prélèvement pour frais d'assiette et de recouvrement** calculés sur le montant du droit départemental (CGI art. 1647, V-b).

TAXE ADDITIONNELLE SUR LES VENTES DE BUREAUX EN ÎLE-DE-FRANCE

Une taxe additionnelle au droit de vente est perçue **au profit de la région Île-de-France** sur les mutations à titre onéreux, autres que celles visées nº 66270 (mutations d'immeubles neufs soumises de plein droit à la TVA sur le prix total), de bureaux, de locaux commerciaux ou de stockage. 66240 CGI art. 1599 sexies ENR-XI-750 s

Le taux de cette taxe est fixé à **0,6 %**.

> **Précisions** **a.** Les **bureaux,** les **locaux commerciaux** ou **de stockage** s'entendent de ceux entrant dans le champ de la taxe pour création de bureaux en Île-de-France (voir nº 31315).
b. La taxe ne s'applique pas aux **mutations exonérées** du droit de vente (BOI-ENR-DG-60-10-20 nº 110).
c. La taxe est **assise, recouvrée et contrôlée** selon les mêmes procédures et sous les mêmes sanctions, garanties, sûretés et privilèges que le droit de vente auquel elle s'ajoute.

C. Régimes de faveur

Certaines ventes bénéficient d'un régime spécial se traduisant : 66260

– soit par l'application du droit de vente au **taux réduit** ;

– soit par une **exonération de droit proportionnel** (soit générale, soit dans les seuls départements l'ayant votée) ;

– soit par l'application d'un **abattement** sur l'assiette des droits.

La plupart de ces mesures sont récapitulées ci-après avec, le cas échéant, la référence aux commentaires correspondants.

66260 (suite)

Mutations soumises de plein droit **à la TVA** sur le prix total	Taux réduit	nº 66270
Acquisitions par un **assujetti à la TVA qui prend un engagement de revendre**	Taux réduit	nºs 66275 s.
Acquisitions par un **assujetti à la TVA qui prend un engagement de construire**	Exonération [1]	nºs 66290 s.
Acquisitions d'immeubles ruraux par les **fermiers**	Taux réduit	nºs 66325 s.
Acquisitions d'immeubles destinés à être exploités par les **jeunes agriculteurs** dans les **ZRR**	Taux réduit	nºs 66335 s.
Acquisitions et cessions par les **Safer**	Exonération	nº 66340
Opérations immobilières par les sociétés **coopératives agricoles** de céréales ou d'insémination artificielle et d'utilisation du matériel agricole (CGI art. 1030 et 1031 : ENR-V-12750 s.)	Taux réduit	
Acquisitions de **terres incultes ou sous-exploitées** (CGI art. 1025, 1594 F quinquies, F et 1594-0 F sexies : ENR-V-13000 s.)	Taux réduit	
Acquisitions par l'État, les établissements publics de recherche (Loi 2019-1479 du 28-12-2019 art. 17), d'enseignement, d'assistance ou de bienfaisance, les établissements publics fonciers, et les établissements publics d'aménagement agissant pour le compte de l'État (CGI art. 1040, I : ENR-V-14100 s.)	Exonération	
Acquisitions par les communes ou syndicats de communes, les **départements,** les **régions,** les établissements publics communaux, départementaux ou régionaux, les établissements publics fonciers, et les établissements publics d'aménagement agissant pour le compte des collectivités locales (CGI art. 1042, I : ENR-V-14500 s.)	Exonération	
Expropriations pour cause d'utilité publique (CGI art. 1045 : ENR-V-15100 s.) et opérations assimilées	Exonération	
Acquisitions par les collectivités publiques de biens situés dans les zones d'aménagement différé (**ZAD**) et de biens soumis au droit de **préemption** urbain (DPU) ou au droit de préemption dans les espaces naturels sensibles ; acquisitions par les établissements publics fonciers dans le cadre d'une opération de requalification des copropriétés dégradées (**Orcod**) d'intérêt national (CGI art. 1594-0 G, B : ENR-V-16600 s.)	Exonération	
Mutations dans le cadre d'**opérations de rénovation urbaine** (CGI art. 1594 F quinquies, B : ENR-V-16300 s.)	Taux réduit	
Cessions gratuites aux collectivités locales de **terrains classés comme espaces boisés** à conserver, à protéger ou à créer (CGI art. 1594 F quinquies, C : ENR-V-16200 s.)	Taux réduit	
Transfert par une œuvre d'intérêt public **à un établissement d'utilité publique**	Exonération [1]	nº 66350
Opérations effectuées dans le cadre de la législation sur les **HLM** (CGI art. 1049 : ENR-V-18770 s.)	Exonération	
Cessions de logements à leurs **locataires** par les organismes **HLM** ou par les sociétés d'économie mixte (CGI art. 1594 G : ENR-V-18800 s.)	Exonération facultative [2]	
Rachats par les organismes d'**HLM** et les sociétés d'économie mixte de **logements acquis dans le cadre d'une opération d'accession à la propriété** (CGI art. 1594 H et 1594 H-0 bis : ENR-V-19400 s.)	Exonération facultative [2]	
Acquisitions par les organismes **HLM** ou par les sociétés d'économie mixte de lots de **copropriétés en difficulté** en vue de leur revente (CGI art. 1594 F quinquies, L : ENR-V-19870 s.)	Taux réduit	
Acquisitions d'immeubles par les **organismes d'aide sociale et d'assistance à l'enfance** (CGI art. 1066 et 1067 : ENR-V-20020 s.)	Taux réduit	
Acquisitions par les organismes de **sécurité sociale** (CGI art. 1027, 1084 et 1085 : ENR-V-20380 s.)	Exonération	
Acquisitions d'immeubles par la **Croix-Rouge** française (CGI art. 1071, al. 2 : ENR-V-20500 s.)	Taux réduit	
Acquisitions d'immeubles destinés à une exploitation **hôtelière** ou touristique dans les **Drom**	Exonération facultative [2]	nº 91910
Cessions de parts de **copropriétés hôtelières loi « Pons »**	Exonération facultative [2]	nº 91910
Acquisitions de **terrains** compris dans le périmètre de certains lotissements agréés dans les **Drom**	Taux réduit	nº 91630
Ventes d'**immeubles d'habitation dans les ZRR**	Abattement facultatif	nº 66355
Première cession à titre onéreux de **logements acquis neufs** entre le 1-6-1993 et le 31-12-1994	Abattement	nº 66360

Ventes « à la découpe » (CGI art. 1584 bis et 1594 F sexies : ENR-V-22750 s.)	Taux réduits facultatifs
Acquisitions dans le cadre de contrats de « **cession-bail** »	Taux réduit n° 66345
Opérations de **remembrement** foncier effectuées à l'amiable avec autorisation ou par les associations foncières urbaines (CGI art. 1055 : ENR-IX-2220 s.)	Taux réduit
Transfert d'immeubles par des **mutuelles** (CGI art. 1080, 1087 et 1089 : ENR-V-18570 s.)	Taux réduit
Acquisitions d'immeubles **par les mutuelles de retraite des anciens combattants** et victimes de guerre (CGI art. 1594 I : ENR-V-18450 s.)	Exonération facultative [2]

1. Un droit fixe est exigible.
2. L'exonération s'applique sur décision du conseil départemental. Liste des départements concernés : n° 97320.

MUTATIONS SOUMISES DE PLEIN DROIT À LA TVA SUR LE PRIX TOTAL

66270 CGI art. 1594 F quinquies, A IMMO-I-30100 s

Les acquisitions de **terrains à bâtir** et d'**immeubles neufs** bénéficient du droit de vente au taux réduit (n° 66230) lorsque la vente est soumise de plein droit à la TVA sur le prix total (voir n°s 58700 s.).

Sont en pratique concernées :

– les acquisitions de terrains à bâtir auprès d'un assujetti à la TVA lorsque l'acquisition initiale du terrain a ouvert droit à déduction de la TVA ;

– les acquisitions d'immeubles achevés depuis moins de cinq ans auprès d'un assujetti à la TVA.

› Précisions **a.** Le taux réduit s'applique également, sous certaines conditions, aux acquisitions d'**immeubles rénovés** qui ne sont pas considérés comme neufs au regard de la TVA : voir n° 58800, précision a.

b. Lorsque le **cédant** est un **redevable habituel** placé sous le régime des relevés **CA3**, **l'acte de mutation** doit comporter l'indication de son numéro d'identification (ou, à défaut, la date de la déclaration d'existence) et la désignation du service des impôts qui l'a pris en charge.

ACHATS ASSORTIS D'UN ENGAGEMENT DE REVENDRE

66275 CGI art. 1115 IMMO-I-30650 s

Les acquisitions d'**immeubles** réalisées par des **assujettis à la TVA** au sens défini n° 58720 bénéficient du droit de vente au taux réduit (n° 66230) à condition que l'acquéreur s'engage à **revendre** les biens **dans un délai de cinq ans** à compter de la date de l'acte d'acquisition.

Les acquisitions de **fonds de commerce** et de **parts de sociétés** immobilières non transparentes sont, sous les mêmes conditions, totalement exonérées.

En cas de **mutations successives** entre assujettis, le délai imparti au premier s'impose à chacun des autres (le bien doit donc être revendu avant le terme de ce délai à un non-assujetti ou à un assujetti prenant un engagement de construire ou encore à un assujetti ne prenant aucun engagement).

› Précisions **a.** L'**apport en société** n'est pas retenu pour apprécier si la condition de revente dans le délai légal est remplie. Il en est de même en cas de **transfert dans un patrimoine fiduciaire** (CGI art. 1115, al. 3).

b. La **donation** du bien avant l'expiration du délai légal entraîne la déchéance du régime de faveur (BOI-ENR-DMTOI-10-50 n° 80).

c. Le délai de revente est ramené à deux ans pour les **reventes d'immeubles par lots** déclenchant un droit de préemption des locataires (CGI art. 1115, al. 4).

d. Les aménageurs de terrains dans les **ZAC** peuvent demander une **prorogation** annuelle renouvelable du délai pour revendre auprès du directeur départemental ou régional des finances publiques (CGI art. 1594-0 G, A-IV bis).

66280 CGI art. 1840 G ter

Non-respect de l'engagement de revendre À défaut de revente dans le **délai** imparti, l'acquéreur est tenu d'acquitter spontanément, dans le mois suivant l'expiration du délai, les droits et taxes de mutation dont la perception a été différée assortis de l'intérêt de retard (n°s 80160 s.).

En cas de **revente partielle** d'un immeuble acquis pour un prix global, le complément de droits est calculé sur la différence entre le prix d'acquisition de la totalité du bien et le prix de revente de la fraction pour laquelle l'engagement a été respecté (BOI-ENR-DMTOI-10-50 n° 110).

› Précisions **a.** L'**intérêt de retard** court depuis le premier jour du mois suivant la date d'expiration du délai de présentation de l'acte d'achat à la formalité (BOI-ENR-DMTOI-10-50 n° 110).

b. La **prescription du droit de reprise** de l'administration court à compter de l'expiration du délai imparti pour revendre (Cass. com. 31-10-2006 n° 05-10.396 F-D : RJF 4/07 n° 509).

c. En cas d'**acquisitions successives** entre assujettis, seul le dernier détenant le bien à l'expiration du délai ne respecte pas l'engagement et acquitte les droits et pénalités à raison de son acquisition.

d. L'acquéreur empêché de revendre dans le délai légal peut invoquer la **force majeure** afin d'obtenir une dispense de régularisation (BOI-ENR-DMTOI-10-50 n° 70).

66285 CGI art. 1594-0 G, A-II-al. 3 **Substitution d'engagement** L'acquéreur qui a pris l'engagement de revendre peut y substituer, avant son échéance, un **engagement de construire** (nos 66290 s.). Ce nouvel engagement prend effet à compter de la date à laquelle il est souscrit et vaut accomplissement de l'engagement de revendre.

› **Précisions** La substitution résulte de l'envoi au service des impôts par pli **recommandé avec avis de réception** d'une **déclaration** précisant l'objet et la consistance des travaux prévus ainsi que le montant des droits dont l'exonération est subordonnée à leur exécution (CGI ann. III art. 266 bis, V).

ACHATS ASSORTIS D'UN ENGAGEMENT DE CONSTRUIRE

66290 CGI art. 1594-0 G, A IMMO-I-31700 s Les acquisitions d'immeubles réalisées par les **assujettis à la TVA** au sens défini no 58720 sont exonérées de droit de vente (sous réserve du droit fixe de 125 € prévu par l'article 691 bis du CGI) à condition que l'acquéreur s'engage, dans l'acte, à effectuer, dans un **délai de quatre ans** à compter de la date de cet acte, les **travaux** conduisant à la production d'un immeuble neuf (au sens défini no 58800) ou nécessaires pour terminer un immeuble inachevé.

Une **prolongation** annuelle renouvelable de ce délai de quatre ans peut être accordée **sur demande** adressée au directeur des finances publiques du lieu de situation des immeubles. En l'absence de refus motivé dans les deux mois, la demande est réputée acceptée.

En cas de **mutations successives** entre assujettis, l'engagement de construire pris par le cédant peut être repris par l'acquéreur auquel s'impose alors le délai (de quatre ans éventuellement prorogé) imparti au cédant. Cette faculté est ouverte sans préjudice de l'engagement de construire que le nouvel acquéreur doit souscrire pour son propre compte s'il entend bénéficier également du régime de faveur (BOI-ENR-DMTOI-10-40 no 350).

L'acquéreur (ou le sous-acquéreur repreneur de l'engagement) doit, à l'expiration du délai de quatre ans (éventuellement prorogé), **justifier de l'achèvement** des travaux. La justification du respect de l'engagement résulte du dépôt (CGI ann. III art. 266 bis, I) :

– au service des impôts dont dépend l'acquéreur, de la déclaration no 940-SD dans le mois de l'achèvement de l'immeuble, si une **livraison à soi-même** est constatée (immeuble n'ouvrant pas droit à une déduction complète de TVA ; nos 59000 s.) ;

– en mairie, de la déclaration attestant de l'achèvement et de la conformité des travaux (Daact) prescrite par l'article L 462-1 du Code de l'urbanisme, lorsque la production d'un immeuble neuf ne donne **pas** lieu à la constatation d'une **livraison à soi-même.**

› **Précisions** **a.** Le régime de faveur s'applique également, sous certaines conditions, aux acquisitions d'**immeubles** que l'acquéreur s'engage **à rénover** lorsque les travaux envisagés ne peuvent pas être qualifiés de remise à neuf au regard de la TVA : voir no 58800, précision a.

b. En l'absence d'engagement dans l'**acte d'acquisition,** le droit de vente est exigible dans les conditions de droit commun. L'engagement peut toutefois être pris a posteriori dans un **acte complémentaire** et les droits d'enregistrement restitués à la demande de l'acquéreur dans le délai de réclamation (BOI-ENR-DMTOI-10-40 no 270).

c. L'**engagement** doit préciser l'objet (construction nouvelle, surélévation, remise à neuf ou travaux d'achèvement) et la consistance des travaux sur lesquels il porte (CGI ann. III art. 266 bis, III).

d. La **demande de prorogation** doit, s'il y a lieu, être adressée par pli recommandé avec accusé de réception au plus tard dans le mois qui suit l'expiration du délai imparti pour effectuer les travaux. Elle doit être motivée et préciser la consistance des travaux prévus dans l'engagement primitif sur lesquels porte la prorogation demandée ainsi que le montant des droits dont l'exonération est subordonnée à leur exécution (CGI ann. III art. 266 bis, III).

66295 **Condition de superficie** L'exonération est applicable :

– dans la limite de 2 500 m² par maison (ou, si elle est supérieure, de la superficie minimale exigée pour la délivrance du permis de construire), s'il s'agit de la construction de **maisons individuelles** ;

– sans limitation de superficie, à condition que les immeubles couvrent avec leurs cours et jardins la totalité des terrains, s'il s'agit de la construction d'**immeubles collectifs** ;

– dans la limite des surfaces occupées par les constructions et par les dépendances nécessaires à l'exploitation de ces constructions (y compris les espaces verts), s'il s'agit d'**immeubles non affectés à l'habitation** pour les trois quarts au moins de leur superficie.

Le prix correspondant au surplus du terrain est soumis au droit de vente dans les conditions de droit commun (sauf application du régime des achats en vue de la revente : voir nos 66275 s.).

› **Précisions** **a.** Lorsqu'un terrain est destiné à la construction d'un **ensemble de maisons individuelles** (terrain acquis par un lotisseur notamment), l'exonération est applicable à concurrence d'une surface égale à 2 500 m² × nombre de maisons qu'il est envisagé de construire, à condition que les maisons édifiées couvrent avec leurs dépendances la totalité du terrain dont il n'y a pas lieu de soustraire les parties communes du lotissement (voirie, espaces verts, etc.).

b. En cas d'acquisition, moyennant un prix unique, d'un terrain destiné à la construction d'une maison et dont la **superficie excède 2 500 m²** (ou la superficie minimale exigée pour le permis), la fraction exonérée de ce prix est égale au rapport existant entre 2 500 m² (ou la superficie minimale) et la surface totale.

c. En cas d'acquisition d'un immeuble sur lequel l'acquéreur s'engage à réaliser des travaux de **surélévation,** la fraction exonérée du prix d'acquisition est égale au rapport entre la surface de plancher des locaux résultant de la surélévation et la surface de plancher totale (de l'immeuble existant et de la surélévation réalisée) (CGI ann. III art. 266 bis, II).

En revanche, lorsque l'acquisition ne porte que sur le **droit de surélévation,** l'exonération est acquise à proportion de la surface de plancher construite rapportée à la superficie de l'emprise du bâtiment qui la supporte (BOI-ENR-DMTOI-10-40 n° 220).

Non-respect de l'engagement de construire Faute de pouvoir justifier de l'achèvement des travaux à l'expiration du délai imparti, l'acquéreur est tenu d'acquitter spontanément, dans le mois suivant l'expiration de ce délai, les droits et taxes de mutation dont la perception a été différée assortis de l'intérêt de retard visé n°s 80160 s. (calculé depuis le premier jour du mois suivant la date d'expiration du délai de présentation de l'acte d'achat à la formalité : BOI-ENR-DMTOI-10-40 n° 450). 66300 CGI art. 1840 G ter

› Précisions **a.** La **prescription du droit de reprise** de l'administration court à compter de l'expiration du délai imparti à l'acquéreur pour justifier de l'exécution des travaux (Cass. com. 3-12-2002 n° 01-02.822 F-D : RJF 3/03 n° 380). Le délai de reprise est, en principe, le délai de six ans fixé à l'article L 186 du LPF. C'est cependant la prescription abrégée qui s'applique lorsque l'administration a refusé une demande de prorogation de délai pour construire (Cass. com. 15-7-1992 n° 90-15.980 D : RJF 11/92 n° 1583).

b. En cas d'acquisitions successives par des assujettis avec **reprise de l'engagement** initial, le dernier propriétaire de l'immeuble doit acquitter les droits dont il a lui-même été dispensé. Quant à l'intérêt de retard, il est liquidé à raison du montant des droits éludés lors de chacune des mutations successives et de la durée courue jusqu'à la mutation suivante (BOI-ENR-DMTOI-10-40 n° 390).

c. En cas de **modification des documents d'urbanisme** n'autorisant plus les constructions projetées, les droits sont liquidés sur la valeur vénale du bien telle qu'elle résulte de cette modification et l'intérêt de retard est décompté du premier jour du mois suivant la date d'effet de celle-ci (BOI-ENR-DMTOI-10-40 n° 460).

d. Lorsque l'acquéreur a **substitué un engagement de construire à un engagement de revendre** (n°s 66275 s.), l'intérêt de retard est décompté depuis la date de substitution et non depuis la date d'acquisition initiale (BOI-ENR-DMTOI-10-40 n° 450).

Substitution d'engagement La personne à laquelle s'impose l'engagement de construire peut, dans la limite de cinq années à compter de la date de l'engagement initial (sous réserve, au-delà de quatre ans, d'avoir obtenu une prorogation de délai pour construire : n° 66290), y substituer un **engagement de revendre** (n°s 66275 s.) qui est alors réputé avoir pris effet à compter de cette même date. Selon l'administration, cette faculté est cantonnée aux cinq années qui suivent une première acquisition ayant bénéficié d'un régime de faveur au regard de l'article 1115 (engagement de revendre : n°s 66275 s.) ou de l'article 1594-0 G, A-I (engagement de construire) du CGI (BOI-ENR-DMTOI-10-40 n° 490). 66305

› Précisions La substitution résulte de l'enregistrement, dans les conditions prévues pour les actes notariés, d'un **acte complémentaire** comportant l'engagement d'origine auquel se substitue le nouvel engagement. Cet acte précise l'objet et la consistance des travaux auxquels il est renoncé ainsi que la valeur de l'acquisition pour laquelle est sollicité le bénéfice rétroactif des dispositions de l'article 1115 du CGI (CGI ann. III art. 266 bis, VI).

L'enregistrement de cet acte donne lieu au paiement du droit de vente au taux réduit (n° 66230) assorti de l'**intérêt de retard** (n°s 80160 s.) décompté du premier jour du mois suivant la date d'expiration du délai légal de présentation à la formalité de l'acte qui fait l'objet de la substitution (BOI-ENR-DMTOI-10-40 n° 510).

ACQUISITIONS D'IMMEUBLES RURAUX PAR LES FERMIERS

Les acquisitions d'immeubles ruraux par les fermiers bénéficient, quelle que soit leur importance, du droit de vente au taux réduit (voir n° 66230), à la **double condition** : 66325 CGI art. 1594 F quinquies, D **ENR-V-8500 s**

– qu'au jour de l'acquisition les immeubles soient exploités depuis deux ans au moins soit en vertu d'un **bail** consenti à l'acquéreur (personne physique ou morale), soit en vertu d'une **mise à disposition** par le preneur au profit de la personne morale acquéreur ;

– que l'acquéreur prenne l'**engagement,** pour lui et ses ayants cause à titre gratuit (héritiers, légataires ou donataires), de mettre personnellement en valeur lesdits biens pendant un délai minimal de **cinq ans** à compter de la date du transfert de propriété.

Le même régime est applicable aux acquisitions d'immeubles ruraux faites, sous les mêmes conditions, en vue de l'**installation d'un enfant majeur** (ou mineur émancipé) de l'exploitant en place titulaire du bail. Dans ce cas, l'engagement d'exploiter est pris par le descendant seulement.

> **Précisions** **a.** Les immeubles ruraux s'entendent des **immeubles** principalement **affectés à la production agricole** sans qu'il y ait lieu de distinguer selon qu'il s'agit d'un immeuble bâti ou non bâti. C'est ainsi que des bâtiments servant à l'habitation de l'exploitant et de son personnel constituent des immeubles ruraux dans la mesure où ils constituent véritablement l'accessoire de l'exploitation agricole (BOI-ENR-DMTOI-10-70-30 n° 20).
> **b.** Lorsque l'acquéreur est une personne physique, le **bail** peut être consenti à l'acquéreur lui-même ou à son conjoint, à ses ascendants ou aux ascendants de son conjoint. Lorsque l'acquéreur est une personne morale (société civile d'exploitation agricole, Gaec, GFA, EARL, etc.), la location peut être consentie à la personne morale acquéreur ou à l'un de ses associés qui met alors l'immeuble à la disposition de l'acquéreur.

66330 **Déchéance du régime de faveur** La déchéance du régime de faveur est encourue en **principe** en cas :
– de **cessation** de l'**exploitation personnelle** par l'acquéreur ou ses ayants cause à titre gratuit, ou par le descendant installé, dans le délai de cinq ans à compter de l'acquisition ;
– de **cession** à titre onéreux en totalité ou en partie du fonds dans le même délai (en pleine propriété ou en nue-propriété).

Lorsqu'elle est encourue, la déchéance entraîne l'exigibilité du **complément de droit** dont l'acquéreur avait été dispensé et de l'intérêt de retard (n° 79860) (CGI art. 1840 G ter).

> **Précisions** **a.** Par **dérogation**, le bénéfice du régime est maintenu notamment dans les cas suivants :
> – **force majeure** ;
> – **cession** à titre onéreux ou **location,** soit à un **descendant** ou au **conjoint** d'un descendant de l'acquéreur qui s'engage lui-même à continuer l'exploitation personnelle du fonds jusqu'à l'expiration du délai de cinq ans à compter de la date de l'acquisition initiale, soit au descendant pour l'installation duquel l'acquisition a été réalisée ;
> – **échange,** à la double condition que les biens reçus en contre-échange soient d'une valeur au moins égale à celle des immeubles cédés et que l'engagement d'exploitation personnelle, souscrit pour les biens cédés, soit reporté sur les biens reçus. Si ces derniers ont une valeur inférieure à celle des biens acquis initialement, la déchéance n'est encourue que pour la différence de valeur ;
> – **apport** pur et simple à un **GFA,** à un **Gaec,** à une **EARL** ou à une **SCEA** (société civile d'exploitation agricole) à condition que l'apporteur prenne l'engagement pour lui, son conjoint ou ses ayants cause de conserver les parts jusqu'à l'expiration du délai de cinq ans à compter de l'acquisition initiale des biens ;
> – **transfert de jouissance** à titre onéreux (par bail notamment) à un **GFA,** à un **Gaec,** à une **EARL,** à une **SCEA** ou encore à un **GFR** (BOI-ENR-DMTOI-10-70-30 n° 440) à condition que l'acquéreur ou ses ayants cause continuent de mettre en valeur les biens dans le cadre du groupement ou de la société jusqu'à l'expiration du délai de cinq ans à compter de la date d'acquisition.
> **b.** En cas de **rupture partielle** de l'engagement d'exploitation, la déchéance n'atteint que la fraction du prix d'acquisition afférente aux immeubles affectés par l'événement qui la provoque (BOI-ENR-DMTOI-10-70-30 n°s 450 et 480).

ACQUISITIONS D'IMMEUBLES RURAUX SITUÉS DANS LES ZONES DE REVITALISATION RURALE

66335 Les acquisitions d'immeubles ruraux situés dans les zones de revitalisation rurale (n° 92540) sont soumises, sous certaines conditions, au droit de vente au taux réduit (voir n° 66230) sur la fraction du prix (ou de la valeur) n'excédant pas **99 000 €,** le surplus étant imposé selon le régime de droit commun (n° 66220).

CGI art. 1594 F quinquies, E
ENR-V-11000 s

Ce régime concerne exclusivement les acquisitions d'immeubles ruraux (au sens défini n° 66325, précision a) destinés à être exploités par les jeunes agriculteurs (**exploitants individuels** ou **associés de société civile** à objet agricole) **bénéficiaires des aides à l'installation** prévues aux articles D 343-9 et D 343-13 du Code rural et de la pêche maritime (dotation d'installation et prêts à moyen terme spéciaux). Ses conditions et modalités d'application diffèrent selon la qualité de l'acquéreur.

a. Acquisitions par les jeunes agriculteurs. Pour bénéficier du taux réduit, les conditions suivantes doivent être réunies :
– l'acquisition doit intervenir (en une ou plusieurs fois) dans le délai de quatre ans suivant l'octroi des aides à l'installation (le plafond de 99 000 € est, en ce cas, apprécié sur l'ensemble des acquisitions effectuées dans ce délai) ;
– en cas de pluralité d'acquisitions, l'acte doit préciser la valeur des terres acquises depuis l'octroi des aides sous le bénéfice du tarif réduit ;
– à l'acte doit être joint un certificat délivré sans frais par le directeur départemental des territoires précisant la date de l'octroi des aides ou une attestation de l'établissement bancaire ayant accordé le prêt pour les bénéficiaires des prêts à moyen terme spéciaux.

La perte des conditions d'octroi des aides à l'installation entraîne l'exigibilité du complément de droit dont l'acquéreur avait été dispensé et de l'intérêt de retard (CGI art. 1840 G ter).

b. Acquisitions d'immeubles pour les donner à bail à de jeunes agriculteurs. Pour bénéficier de la taxation réduite, l'acquéreur (personne physique ou morale) doit prendre dans l'acte d'acquisition l'engagement pour lui et ses ayants cause de justifier dans le délai d'un an à compter du transfert de propriété que le bien acquis a été donné à bail à long terme (ou à bail cessible hors du cadre familial) à un jeune agriculteur bénéficiaire des aides à l'installation. Cette justification résulte de la production d'une copie du bail et du certificat du directeur départemental des territoires attestant l'octroi des aides à l'installation du preneur (BOI-ENR-DMTOI-10-70-20 n° 40).

En cas de non-respect de l'engagement ou lorsque le bail n'atteint pas son terme de dix-huit ans, les sanctions exposées ci-dessus (a) sont exigibles.

ACQUISITIONS ET CESSIONS D'IMMEUBLES RURAUX PAR LES SAFER

Sont exonérés de tous droits : **66340** CGI art. 1028, 1028 bis et 1028 ter **ENR-V-12000 s**

– l'ensemble des acquisitions et des cessions **réalisées directement** par les Safer conformément à leurs missions et moyens d'actions définis par l'article L 141-1 du Code rural et de la pêche maritime ;

– les acquisitions réalisées par une **personne substituée** dans les droits à l'achat conférés à une Safer par une promesse de vente ayant acquis date certaine, sous réserve que ces acquisitions interviennent dans les six mois de la conclusion de la promesse.

> **Précisions** Pour les cessions réalisées par les Safer ou les acquisitions réalisées par substitution aux droits des Safer, l'exonération est subordonnée à la condition que l'acquéreur s'engage, pour lui et ses ayants cause, à conserver au bien acquis une destination conforme aux dispositions de l'article L 141-1 du Code rural et de la pêche maritime pendant dix ans à compter du transfert de propriété (le **non-respect de l'engagement** entraîne l'exigibilité du droit de vente auquel s'ajoute l'intérêt de retard, étant précisé que la **rupture partielle** de l'engagement n'entraîne qu'une déchéance partielle).

ACQUISITIONS DANS LE CADRE DE CONTRATS DE CRÉDIT-BAIL

Les **acquisitions** d'immeubles **par les sociétés de crédit-bail** en vue d'en concéder immédiatement la jouissance au vendeur par un contrat de crédit-bail (conventions dénommées « cession-bail » ou « de **lease-back** ») sont soumises au droit de vente au taux réduit (voir n° 66230). Ce régime est subordonné à la condition que le contrat de crédit-bail soit régulièrement publié si sa durée est supérieure à douze ans. **66345** CGI art. 1594 F quinquies, H **ENR-III-5500 s**

Les **acquisitions par les locataires** de sociétés de crédit-bail d'immeubles qui leur sont loués en vertu d'un contrat de crédit-bail relèvent du régime de droit commun (n° 66220). Le droit de vente est toutefois assis sur le prix de levée de l'option quelle que soit la valeur vénale de l'immeuble, à condition, pour les seuls contrats de crédit-bail conclus depuis le 1er janvier 1996 pour une durée de plus de douze ans, qu'ils aient été soumis à la formalité de publicité foncière (BOI-ENR-DMTOI-10-60 nos 70 et 75).

TRANSFERT SANS CONTREPARTIE DE BIENS PAR UNE ŒUVRE D'INTÉRÊT PUBLIC À UN ÉTABLISSEMENT D'UTILITÉ PUBLIQUE

Les transmissions, effectuées sans contrepartie, au profit d'un **organisme reconnu d'utilité publique** de tout ou partie des biens appartenant à un organisme poursuivant une œuvre d'intérêt public sont soumises à une imposition fixe (tarif : voir n° 64045). **66350** CGI art. 1020 et 1039 **ENR-V-15800 s**

Ce régime de faveur est subordonné à la double **condition** que les biens dont il s'agit restent affectés au même objet et que leur transmission intervienne dans un intérêt général ou de bonne administration, la réalisation de cette double condition devant être constatée par le décret en Conseil d'État ou l'arrêté préfectoral autorisant le transfert.

Le régime est applicable aux **associations déclarées** ayant pour **but exclusif** l'assistance ou la bienfaisance si elles justifient de leur affiliation à un organisme reconnu d'utilité publique (BOI-ENR-DMTOI-10-80-20 n° 370).

VENTES D'IMMEUBLES D'HABITATION DANS LES ZONES DE REVITALISATION RURALE

En ce qui concerne les ventes d'immeubles d'habitation et de garages, les conseils généraux ont la faculté d'instituer dans leur département un **abattement** compris entre 7 600 € et 46 000 €, fixé par tranche de 7 600 €, sur l'assiette du droit départemental et peuvent en limiter le bénéfice aux seules opérations portant sur des immeubles situés dans les zones de revitalisation rurale (les départements ayant institué un abattement sont indiqués au n° 97300). **66355** CGI art. 1594 F ter **ENR-V-18100 s**

L'application de cet abattement (une fois voté) est subordonnée à **l'engagement** de l'acquéreur :

– s'agissant des **immeubles** (ou fractions d'immeubles), de ne pas les affecter à un usage autre que l'habitation pendant une durée minimale de trois ans à compter de la date de l'acte ;

– s'agissant des terrains ou locaux à usage de **garage,** de ne pas les affecter à une exploitation à caractère commercial ou professionnel pendant la même durée.

En cas de non-respect de l'engagement, l'acquéreur est tenu d'acquitter le complément de droit dont il avait été dispensé ainsi que l'intérêt de retard (CGI art. 1840 G ter).

PREMIÈRE CESSION À TITRE ONÉREUX DE LOGEMENTS ACQUIS NEUFS ENTRE LE 1-6-1993 ET LE 31-12-1994

66360 CGI art. 1055 bis ENR-V-20600 s

La première cession à titre onéreux d'immeubles acquis neufs entre le 1er juin 1993 et le 31 décembre 1994 bénéficie, sous certaines conditions, d'un **abattement** de 91 000 € sur l'assiette du droit de vente d'immeubles.

Entre autres conditions, l'immeuble cédé doit avoir été exclusivement affecté à l'**habitation principale pendant au moins cinq ans** depuis son acquisition (ou son achèvement) et l'acquéreur doit prendre l'engagement de ne pas affecter l'immeuble à un usage autre que l'habitation (principale ou secondaire) pendant une durée minimale de trois ans à compter de la date de l'acte d'acquisition.

CHAPITRE 5

DROITS D'ENREGISTREMENT INTÉRESSANT LES SOCIÉTÉS

SOMMAIRE

A. Caractéristiques communes

Les droits d'enregistrement relatifs aux sociétés sont soumis, bien entendu, aux **règles générales** concernant l'ensemble des droits d'enregistrement. Ces règles, exposées n°s 63510 s., appellent des précisions quant aux formalités à remplir et au paiement des droits. Mais il convient tout d'abord de définir les sociétés comprises dans le champ d'application des droits étudiés ci-après. **66500** ENR-VI-1 s

SOCIÉTÉS CONCERNÉES

Les régimes fiscaux exposés dans le présent chapitre concernent : **66660** ENR-VI-10 s
– les **sociétés** proprement dites, commerciales ou civiles, généralement dotées de la personnalité morale ;
– divers **groupements,** de droit privé ou de droit public, le plus souvent dotés de statuts légaux spécifiques. Tel est le cas des groupements d'intérêt économique (GIE), des groupements européens d'intérêt économique (GEIE), des groupements d'intérêt public (GIP), des associations régies par la loi du 1er juillet 1901 et des syndicats professionnels, d'organismes publics divers dotés de la personnalité juridique.

Ils ne s'appliquent pas, en principe, aux indivisions ni à certains groupements recevant des apports, tels que les associations syndicales de propriétaires.

FORMALITÉS

Opérations concernant la vie des sociétés **a.** Les **actes** constatant la **transformation** d'une société, l'**augmentation,** l'**amortissement ou** la **réduction** de son **capital** doivent, en principe, être **enregistrés,** dans le délai d'un mois à compter de leur date, au service de l'enregistrement du service des impôts des entreprises (SIE) (de la résidence du notaire s'il s'agit d'un acte notarié ou du domicile de l'un des associés ou du siège social si l'acte est sous seing privé). Toutefois, lorsqu'ils concernent – exclusivement ou non – des immeubles, ces actes relèvent de la formalité fusionnée (n°s 63790 s.) et doivent alors être présentés dans le mois de leur date au service de la publicité foncière du lieu de situation de l'immeuble. **66670** CGI art. 635, 1-5° et 638 A ENR-VI-20 s

Lorsqu'ils sont rédigés par un notaire ou lorsqu'ils constatent des apports immobiliers ou de fonds de commerce, les **actes constitutifs de société** doivent également être enregistrés (BOI-ENR-AVS-10-10-10 n° 130).

b. En l'**absence d'acte** (conventions verbales), ces opérations doivent être **déclarées** au service de l'enregistrement du SIE dans le mois qui suit leur réalisation. Celles-ci sont passibles des mêmes droits ou taxes que les actes correspondants.

Les services des impôts territorialement compétents pour recevoir les déclarations (et le paiement des droits) sont les suivants :

– en cas de formation de société : services dans le ressort desquels les biens sont situés ou, si ces biens n'ont pas une assiette matérielle fixe, service du siège social ou du domicile de l'un des apporteurs et, à défaut de siège social ou de domicile en France, service de la Direction des impôts des non-résidents (DINR) ;

– pour les autres opérations (transformation, augmentation, amortissement ou réduction de capital) : services dans le ressort desquels sont situés soit le siège statutaire, soit la direction effective, soit le principal établissement de la société.

Déclaration en cas de changement de régime fiscal (passage à l'IS) : voir nº 38810, précision d.

> **Précisions** **a.** L'acte constatant la **formation** d'un groupement d'intérêt économique (**GIE**) est soumis à la formalité de l'enregistrement (CGI art. 635, 1-6º).
> **b.** En cas d'**acte passé à l'étranger** portant sur des biens situés en France dont la mutation est obligatoirement soumise à l'impôt, le droit de mutation doit être acquitté dans les mêmes conditions que s'il s'agissait d'une mutation verbale (BOI-ENR-DG-20-10 nº 120).
> **c.** L'obligation d'enregistrer ou de déclarer les **prorogations** ou **dissolutions** de sociétés a été supprimée par l'article 21 de la loi 2019-1479 du 28 décembre 2019.

66675 CGI art. 635, 2-7º et 2-7 bis et 639

Cessions de droits sociaux **a.** Les **actes** portant cession de droits sociaux (y compris de participations dans des sociétés à prépondérance immobilière) doivent être enregistrés, dans le délai d'un mois à compter de leur date, au service de l'enregistrement du SIE du domicile de l'une des parties (ou de la résidence du notaire s'il s'agit d'un acte notarié).

b. À **défaut d'acte,** une déclaration spéciale (établie sur un imprimé nº 2759-SD ou sur papier libre) doit être souscrite pour les cessions de parts sociales, les cessions d'actions de sociétés non cotées (sociétés dont les titres ne sont pas négociés sur un marché réglementé d'instruments financiers ou sur un système multilatéral de négociation) et les cessions de participations dans des personnes morales non cotées à prépondérance immobilière. Cette déclaration est déposée, dans le mois de la cession, au service de l'enregistrement du SIE du domicile de l'une des parties (ou à la DINR lorsque les deux parties résident à l'étranger).

> **Précisions** **a.** En cas de cessions de droits d'une **société à prépondérance immobilière** donnant lieu à taxation selon le régime des plus-values immobilières des particuliers, l'acte de vente doit comporter certaines **mentions** sous peine de refus de la formalité de l'enregistrement (voir nº 32430).
> **b.** **Actes passés à l'étranger,** voir nº 66670, précision b.
> S'agissant toutefois des cessions réalisées à l'étranger de participations dans des **sociétés à prépondérance immobilière** au sens défini nº 67145, c, elles doivent être constatées par un acte reçu en la forme authentique par un notaire exerçant en France dans le délai d'un mois (CGI art. 726, I-2º-al. 4), quelle que soit la nationalité des parties ; cet acte est alors, conformément à la règle générale, enregistré dans le délai d'un mois.
> **c.** Lorsque les cessions sont réalisées au profit des **administrateurs** ou des **membres du conseil de surveillance** de la société, la déclaration spéciale peut également être déposée au SIE dont dépend le siège social de la société (BOI-ENR-DMTOM-40-10-20 nº 220).

PAIEMENT DES DROITS

66685 ENR-VI-100 s

Conformément au **principe général** (nº 64080), les droits d'enregistrement sur les sociétés doivent être intégralement versés au moment de la formalité (enregistrement de l'acte ou déclaration spéciale). Ce principe comporte cependant deux **exceptions** dont la portée est très limitée :

– lorsqu'ils sont soumis à la formalité de l'enregistrement (voir nº 66670), les actes constitutifs de sociétés commerciales sont provisoirement enregistrés gratis ; les droits et taxes normalement dus sont exigibles, au plus tard, à l'expiration d'un délai de trois mois à compter de la date de l'acte (sous réserve, le cas échéant, du fractionnement visé ci-après) (CGI art. 1717 bis). Cette mesure spéciale ne s'applique pas aux sociétés civiles, GIE et GIP (BOI-ENR-AVS-10-60 nº 70). En sont également exclus les apports soumis à la TVA (BOI-ENR-AVS-10-60 nº 90) ;

– dans les cas exceptionnels où les apports purs et simples sont soumis au droit de mutation (voir nºs 66870 s.), le paiement de ce droit peut être fractionné. Le fractionnement est également possible dans le cadre d'un changement de régime fiscal de la société (voir nº 38810, précision e).

B. Droits exigibles lors de la formation des sociétés

La formation d'une société implique la réalisation d'**apports** faits par les associés à la société. On distingue suivant qu'ils sont « purs et simples » (nos 66850 s.), « à titre onéreux » (no 66900) ou « mixtes » (nos 66925 s.). 66710 ENR-VI-500 s

› **Précisions** **a.** Les apports font l'objet d'une autre distinction, selon qu'ils sont **en espèces** (numéraire) ou **en nature,** portant sur des biens mobiliers ou immobiliers autres que l'argent (par exemple : fonds de commerce, immeubles, matériels, créances, brevets).
b. **Régimes spéciaux et particularités,** voir nos 67190 s.

1. APPORTS PURS ET SIMPLES

Les **apports** sont purs et simples lorsqu'ils confèrent à l'apporteur, en échange de sa mise, de simples droits sociaux (parts sociales ou actions) **exposés à tous les risques de l'entreprise** et notamment à la perte éventuelle de cette mise. 66850 ENR-VI-700 s

APPORTS PURS ET SIMPLES ENREGISTRÉS GRATUITEMENT (CAS GÉNÉRAL)

Lorsqu'ils figurent dans un acte (présenté obligatoirement ou volontairement à l'enregistrement) ou une déclaration (voir no 66670), les apports purs et simples **autres que ceux qui sont expressément soumis au droit de mutation** visés nos 66870 s. sont enregistrés gratuitement. Exemples : apports en espèces, apports à des sociétés non passibles de l'impôt sur les sociétés (y compris les SARL de caractère familial et les SA, SAS et SARL non cotées qui optent, lors de leur constitution, pour le régime des sociétés de personnes : nos 36960 et 36980), apports entre sociétés passibles de l'impôt sur les sociétés (sauf cas visé no 66870, précision a). 66860 CGI art. 810, I ENR-VI-900 s

Les apports passibles de la **TVA** sont également enregistrés gratuitement, qu'ils soient purs et simples ou à titre onéreux (CGI art. 810, IV ; ENR-VI-36650 s.).

› **Précisions** Les **dispositions, autres que celles concernant les apports,** figurant dans les actes ou déclarations ainsi que leurs annexes établis à l'occasion de la constitution de sociétés, sont également enregistrées gratuitement (CGI art. 810 bis ; ENR-VI-7520 s.).

APPORTS PURS ET SIMPLES SOUMIS AU DROIT DE MUTATION

Conditions d'application du droit de mutation Les apports purs et simples sont assujettis à un droit de mutation lorsqu'ils sont faits à une **personne** morale passible de l'impôt sur les sociétés par une personne (physique ou morale) non soumise à cet impôt, dans la mesure où ils ont pour **objet** : 66870 CGI art. 809, I-3° et 810, III ENR-VI-3600 s

– des immeubles ou biens assimilés (actions ou parts d'une société immobilière transparente) ;
– des droits immobiliers (usufruit, nue-propriété, droit d'usage et d'habitation, servitudes réelles) ;
– un fonds de commerce ou une clientèle civile ou commerciale (exemple : clientèle d'un expert-comptable) ;
– un droit à un bail ou à une promesse de bail portant sur tout ou partie d'un immeuble.

Toutefois, ces apports sont **enregistrés gratuitement** si l'apporteur s'engage à conserver pendant trois ans les titres remis en contrepartie de l'apport (pour les immeubles et droits immobiliers, l'enregistrement gratuit est en outre subordonné à la condition qu'ils soient compris dans l'apport de l'ensemble des éléments d'actif immobilisé affectés à l'exercice d'une activité professionnelle).

En cas de **non-respect de l'engagement** de conservation des titres, le droit de mutation est immédiatement exigible, sans possibilité de fractionnement. Mais la reprise n'est pas effectuée en cas de **décès** ou en cas de **donation,** si le donataire prend dans l'acte et respecte l'engagement de conserver les titres jusqu'au terme de la troisième année suivant l'apport.

› **Précisions** **a.** Lorsque la personne morale passible de l'IS à laquelle les biens ont été apportés par une personne non passible de cet impôt sans être soumis au droit de mutation (enregistrement gratuit) les **apporte à son tour à une autre société passible de l'IS,** ce nouvel apport est, par exception à la règle énoncée au no 66860, soumis au droit de mutation visé no 66880. Ce nouvel apport peut toutefois être enregistré gratuitement si l'apporteur prend l'engagement de conserver les titres pendant trois ans.
b. En ce qui concerne le **partage ultérieur** des biens enregistrés gratuitement, voir no 67090.
c. Apports passibles de la **TVA,** voir no 66860.

66880 CGI art. 810, III et 1717 ENR-VI-4300 s ENR-VI-4550 s

Montant et paiement du droit Lorsqu'il est dû, le droit de mutation est en principe perçu :
– pour les apports d'**immeubles** ou de droits immobiliers, au **taux** global de 5 % ;
– pour les apports de **fonds de commerce,** de clientèles, de droits au bail ou à une promesse de bail, au taux global de 3 % sur la fraction comprise entre 23 000 € et 200 000 € et de 5 % sur celle excédant 200 000 €, la fraction jusqu'à 23 000 € étant non imposable (nº 65520).

Le droit est calculé sur la **valeur vénale** des biens concernés (les éventuelles insuffisances d'évaluation pouvant être redressées dans les conditions indiquées aux nos 78215 s.). Lorsque la propriété des biens est démembrée, la valeur de la nue-propriété et de l'usufruit est déterminée par application du barème de l'article 669 du CGI visé nº 68460 (BOI-ENR-DMTOI-10-10-10 nº 125).

Sur demande de la société assortie d'une offre de garantie, le **paiement** du droit dû peut être **fractionné** en cinq annuités égales. Les annuités autres que la première donnent lieu au versement d'intérêts au taux indiqué nº 68930 (CGI ann. III art. 396, 2º et 404 C).

> **Précisions** **a.** S'il est moins élevé que le droit de mutation, le **droit de vente** est applicable (BOI-ENR-AVS-10-10-20 nº 320).
> **b.** Le droit de mutation au taux global de 5 % perçu sur les apports d'immeubles se **décompose** comme suit : droit budgétaire de 2,20 % (CGI art. 810, III-al. 1), taxe départementale de 1,60 % (CGI art. 1595) et taxe communale de 1,20 % (CGI art. 1584 ou 1595 bis).
> S'y ajoute éventuellement la taxe additionnelle de 0,6 % visée nº 66240 lorsqu'il s'agit de **bureaux**, de locaux commerciaux ou de stockage situés en **Île-de-France**.

2. APPORTS À TITRE ONÉREUX

66900 ENR-VI-5400 s

Les **apports** sont dits « à titre onéreux » lorsqu'ils sont rémunérés par un équivalent ferme et actuel, définitivement acquis à l'apporteur et par conséquent **soustrait aux risques sociaux** (par exemple : espèces, obligations ou, cas le plus courant, prise en charge par la société d'un passif incombant à l'apporteur). Dans ce cas, l'associé ne fait pas une véritable mise sociale ; son apport prend le caractère d'une vente faite à la société. Ces apports constituent en réalité de véritables ventes.

Lorsqu'ils portent sur des **immeubles** ou des droits immobiliers, les apports à titre onéreux sont soumis à une taxation spécifique de 5 %.

Ceux qui ont pour objet des **biens autres** que des immeubles sont soumis, quel que soit le régime fiscal de la société qui les reçoit, aux droits de mutation ordinaires selon la nature des biens ainsi apportés (fonds de commerce, droits sociaux, etc.). Il convient donc de se reporter aux règles exposées pour les ventes des biens concernés (par exemple : nos 65400 s. pour les fonds de commerce, clientèles et droits à un bail).

> **Précisions** **a.** Lorsque sont remplies les conditions requises pour leur application, les **régimes spéciaux** prévus en faveur de certaines ventes peuvent également jouer pour les apports à titre onéreux se trouvant dans la même situation. Tel est le cas, par exemple, pour les dispositions concernant les acquisitions de fonds de commerce réalisées dans certaines zones géographiques (nº 65530), ou encore pour celles concernant les cessions de brevets d'invention (nº 65540).
> **b.** Apports passibles de la **TVA,** voir nº 66860.
> **c.** La taxation spécifique de 5 % perçue sur les apports d'immeubles se **décompose** comme suit : droit budgétaire de 2,20 % (CGI art. 683 bis), taxe départementale de 1,60 % (CGI art. 1595), taxe communale de 1,20 % (CGI art. 1584 ou 1595 bis).
> S'y ajoute éventuellement la taxe additionnelle de 0,6 % visée nº 66240 lorsqu'il s'agit de **bureaux**, de locaux commerciaux ou de stockage situés en **Île-de-France**.

3. APPORTS MIXTES

CAS GÉNÉRAL

66925 ENR-VI-7200 s

Un apport est mixte lorsqu'il est rémunéré :
– en partie au moyen de la remise d'actions ou parts sociales : il est soumis pour cette **partie au régime des apports purs et simples** (nos 66850 s.) ;
– en partie par un avantage soustrait aux aléas sociaux (par exemple : somme d'argent, ou prise en charge d'un passif incombant à l'apporteur) : il est soumis pour cette **partie au régime des apports à titre onéreux** (nº 66900).

66930 Les parties sont libres de **désigner, parmi les biens** apportés, ceux qui constituent un apport pur et simple et ceux qui représentent un apport à titre onéreux. Elles ont tout intérêt à utiliser cette faculté, en rangeant dans la seconde catégorie les biens (par exemple : marchandises neuves, créances, meubles) dont la vente est exonérée de tous droits d'enregistrement ou supporte les tarifs les moins élevés. À défaut de cette précision, l'administration procéderait (ce qui serait plus coûteux) à une imputation proportionnelle sur les biens de chaque nature apportés par l'intéressé.

> **Précisions** **a.** Le principe de la libre imputation du passif pour le calcul des droits d'enregistrement dus en cas d'apport en société est applicable même lorsque le passif grevant l'apport consiste en un **emprunt contracté pour l'acquisition** d'un bien compris dans l'apport (BOI-ENR-AVS-10-30 nº 20).
> **b.** Il convient de **chiffrer au préalable** la charge qui pèsera sur les apports, selon la façon dont sera imputé le passif.

EXEMPLE 66935

Soit une SA à laquelle il est apporté un immeuble commercial d'une valeur de 400 000 € et des créances d'un montant de 100 000 €, à charge pour la société d'acquitter un passif de 80 000 € incombant à l'apporteur (les autres éléments d'actif de l'entreprise étant apportés par un tiers).

Cet apport est à titre onéreux à concurrence de 80 000 € et pur et simple pour le surplus, soit 420 000 €.

On aura intérêt à préciser dans l'acte que le passif de 80 000 € est imputable entièrement sur les créances. L'apport de 400 000 € portant sur l'immeuble pourra être considéré en totalité comme un apport pur et simple enregistré gratuitement si l'apporteur s'engage à conserver les titres pendant trois ans (nº 66870).

Si aucune précision n'était portée dans l'acte, on devrait procéder à une imputation proportionnelle du passif, soit 16 000 € sur les créances et 64 000 € sur l'immeuble. De ce fait, la charge fiscale se trouverait alourdie, puisque l'apport de l'immeuble serait considéré comme pur et simple à concurrence de 336 000 € seulement et comme à titre onéreux (tarif de 5 % : nº 66900) à concurrence de 64 000 €.

APPORTS EN SOCIÉTÉ D'UNE ENTREPRISE INDIVIDUELLE

En cas d'apport à une société, par une personne physique, de l'ensemble des éléments d'actif immobilisé affectés à l'exercice d'une activité professionnelle, dans les conditions indiquées aux nºs 19720 s., l'apport à titre onéreux résultant de la **prise en charge par la société du passif** incombant à l'apporteur est assimilée à une mutation à titre onéreux et soumis : 66940 CGI art. 809, I bis et 810, III ENR-VI-7350 s

– lorsque le passif est imputé sur des immeubles ou droits immobiliers, à un droit de 5 % (quelle que soit la valeur des biens) (pour le détail de ce taux, voir nº 66900, précision c) ;
– lorsqu'il est imputé sur des fonds de commerce, clientèles, droits à un bail ou à une promesse de bail, à un droit de 3 % sur la fraction comprise entre 23 000 € et 200 000 € et de 5 % sur celle excédant 200 000 €, la fraction jusqu'à 23 000 € étant quant à elle non imposable (nº 65520).

Cet apport peut toutefois être **enregistré gratuitement** si l'apporteur s'engage à conserver les titres pendant trois ans (il s'agit des titres remis en contrepartie de l'apport de l'actif net, lequel doit être à titre pur et simple). Les conditions de l'engagement de conservation des titres ainsi que les conséquences de son non-respect sont identiques à celles définies pour les apports purs et simples soumis au droit de mutation (nº 66870). Comme pour ces derniers et sous les mêmes conditions, la reprise n'est pas effectuée en cas de décès ou de donation.

> **Précisions** Les exploitants qui procèdent à l'apport en société de leur entreprise individuelle peuvent également bénéficier, sous certaines conditions et sur option, d'un report d'imposition des **plus-values** réalisées à cette occasion (voir à ce sujet nºs 19710 s.).

C. Droits exigibles durant l'existence des sociétés

Il s'agit des droits d'enregistrement dus à raison des diverses modifications susceptibles d'affecter les sociétés durant leur existence. Ces modifications peuvent concerner soit le capital social (augmentation, réduction, etc.), soit d'autres aspects du statut de la société (tel que le changement de forme ou de régime fiscal). 66970 ENR-VI-9000 s

> **Précisions** **a.** Les **régimes spéciaux et particularités** pouvant, notamment en cas d'augmentation de capital, intéresser certains groupements ou sociétés sont traités aux nºs 67190 s.
> **b.** La réglementation applicable en cas de **cession de droits sociaux** consentie par un associé est examinée aux nºs 67130 s.
> **c.** Lorsqu'ils sont **présentés volontairement à l'enregistrement,** les actes portant **prorogation** pure et simple de société sont enregistrés gratuitement (CGI art. 811, 1º).

AUGMENTATION DE CAPITAL

66975 CGI art. 809, I-3° et 810, I et III ENR-VI-9900 s

Augmentation par apports nouveaux Les apports faits en cours de société à l'occasion d'une augmentation de capital sont soumis au même régime fiscal que les apports faits lors de la formation de la société (nos 66710 s.).

Les **apports purs et simples** sont enregistrés gratuitement sauf en cas d'apport de certains biens à une société passible de l'impôt sur les sociétés par une personne non soumise à cet impôt. Dans ce cas, les apports purs et simples donnent ouverture, pour les immeubles, au droit de 5 % et, pour les fonds de commerce, clientèles ou droits à un bail, au droit de 3 % sur la fraction comprise entre 23 000 € et 200 000 € et de 5 % sur celle excédant 200 000 € (pas de taxation sur la fraction inférieure à 23 000 €). Toutefois, ces apports sont enregistrés gratuitement si l'apporteur prend l'engagement de conserver les titres remis en contrepartie de son apport pendant trois ans.

Les **apports à titre onéreux** donnent ouverture soit (pour les immeubles) au droit de 5 %, soit (pour les autres biens) aux droits de mutation ordinaires (n° 66900). L'apport à titre onéreux résultant de la prise en charge par la société d'un passif incombant à l'apporteur est soumis au droit de mutation (pour les immeubles : 5 % ; pour les fonds de commerce, clientèles ou droits à un bail : 0 % sur la fraction inférieure à 23 000 €, 3 % sur la fraction comprise entre 23 000 € et 200 000 € et 5 % sur celle excédant 200 000 €). Cet apport peut être enregistré gratuitement si l'apporteur prend l'engagement de conserver les titres pendant trois ans, voir n° 66940.

Les apports passibles de la **TVA** sont enregistrés gratuitement (CGI art. 810, IV).

› Précisions **a.** Lorsqu'il en existe, les **primes d'apport** suivent le sort des augmentations de capital correspondantes.

b. Dans le cas particulier des **sociétés à capital variable,** l'augmentation nette du capital constatée à la clôture d'un exercice est enregistrée gratuitement. La mention « gratuit » est portée sur le procès-verbal de l'assemblée générale des associés statuant sur les résultats de l'exercice (CGI art. 825).

66985 CGI art. 812 ENR-VI-11000 s

Incorporation de réserves, bénéfices ou provisions Lorsqu'une société augmente son capital au moyen de l'incorporation de réserves, de bénéfices ou de provisions, cette « capitalisation » est enregistrée gratuitement.

RÉDUCTION DU CAPITAL

66995 CGI art. 814 C ENR-VI-14530 s

La réduction de capital contre annulation ou **réduction du nominal** ou du **nombre de titres** avec **remboursement** corrélatif **aux associés** est enregistrée gratuitement sous réserve de l'application de la théorie de la mutation conditionnelle des apports (n° 67090).

La réduction de capital **sans remboursement aux associés** est soumise au droit fixe des actes innomés visé n° 64035 (BOI-ENR-AVS-20-20 n° 100).

› Précisions **a.** L'**amortissement du capital,** opération (peu courante dans la pratique) qui consiste à rembourser aux associés tout ou partie du montant nominal de leurs titres par prélèvement sur les réserves, mais sans réduction du capital, est enregistré moyennant le paiement du droit fixe des actes innomés. Ce même droit fixe est seul exigible également, en cas de reconstitution ultérieure, à l'aide de réserves, du capital précédemment amorti (ENR-VI-15100 s.).

b. La réduction du capital d'une entreprise ou d'une **société unipersonnelle ou uninominale** est soumise au droit fixe des actes innomés (BOI-ENR-AVS-20-20 n° 60).

67000

Rachat par une société de ses propres titres suivi d'une réduction du capital Dans ce cas (qui est une variante du précédent), les règles applicables à la réduction de capital consécutive au rachat de titres sont les suivantes :

a. Quand un **seul acte** est établi pour constater les deux opérations, la réduction de capital, lorsqu'elle s'accompagne d'une attribution de biens sociaux aux associés, y compris du numéraire, est enregistrée gratuitement sous réserve de l'application de la théorie de la mutation conditionnelle des apports (n° 67090) ;

b. Lorsque **deux actes** distincts sont établis, l'un pour le rachat des titres, l'autre pour la réduction du capital, le premier est assujetti au droit de cession de droits sociaux (nos 67130 s.), sauf cas d'exonération prévu, pour les sociétés cotées, lorsque les titres rachetés sont destinés aux adhérents d'un PEE (n° 67155). Le second est enregistré gratuitement.

CHANGEMENT DE RÉGIME FISCAL D'UNE SOCIÉTÉ

67010

Les conséquences au regard des différents impôts (y compris les droits d'enregistrement) des opérations réalisées par les sociétés qui se traduisent par un changement de régime fiscal (notamment certaines **transformations**) font l'objet d'une étude d'ensemble, sous les nos 38500 s.

TRANSFERT DU SIÈGE SOCIAL

Le transfert du siège social n'entraîne en principe aucune taxation particulière. Si l'acte est présenté volontairement à l'enregistrement, seul est perçu le droit fixe des actes innomés (nº 64035). 67020 ENR-VI-16300 s

Il en est ainsi lorsque le transfert est réalisé à l'intérieur du territoire français (y compris DOM et autres collectivités d'outre-mer). En revanche, en cas de **transfert international** du siège (de la France à l'étranger ou de l'étranger en France) emportant changement de la nationalité de la société, l'opération entraîne création d'une personne morale nouvelle et peut, à ce titre, donner ouverture aux droits exigibles lors de la formation des sociétés (nºs 66710 s.) sous réserve de l'application des règles de territorialité définies à l'article 808 A du CGI (en cas de transfert du siège d'une société de capitaux à l'intérieur de l'Union européenne) et des conventions internationales.

FUSIONS DE SOCIÉTÉS ET OPÉRATIONS ASSIMILÉES

Les règles prévues, au regard des différents impôts (y compris les droits d'enregistrement), pour les fusions de sociétés et opérations assimilées (scissions de sociétés, apports partiels d'actif) font l'objet d'une étude d'ensemble, sous les nºs 39000 s. 67040

D. Droits exigibles en fin de société

Lorsqu'elle intervient, la dissolution de la société est suivie d'une période de liquidation ayant pour but la réalisation des éléments d'actif et le paiement des créanciers. L'actif net subsistant après cette liquidation fait l'objet d'un partage entre les associés. 67060 ENR-VI-23500 s

> **› Précisions** Les **régimes spéciaux et particularités** pouvant concerner, en cas de dissolution, liquidation et partage, un certain nombre de sociétés ou groupements (tels que sociétés de fait ou en participation, sociétés immobilières de copropriété ou d'accession progressive à la propriété, groupements fonciers agricoles) sont exposés nºs 67190 s.

DISSOLUTION DE SOCIÉTÉ

Lorsqu'il est présenté volontairement à l'enregistrement, l'acte de dissolution de sociétés qui ne comporte **aucune transmission** de biens meubles ou immeubles entre les associés ou autres personnes est enregistré gratuitement (CGI art. 811, 2º). S'il y a **transmission** de biens, la dissolution est soumise au régime prévu en cas de liquidation (nº 67080). 67070 ENR-VI-23600 s

S'agissant de la dissolution après **réunion de tous les droits sociaux en une seule main,** voir nº 67170.

LIQUIDATION DE SOCIÉTÉ

La personnalité morale de la société subsiste pour les besoins de sa liquidation. Par suite, les ventes de biens sociaux réalisées **au cours de la liquidation** sont réputées faites par la société elle-même et soumises aux droits de mutation selon la nature des biens. 67080 ENR-VI-24000 s

En ce qui concerne les opérations **postérieures à la liquidation** (et avant partage) **ou** intervenant **en l'absence de toute liquidation,** la personnalité morale de la société ayant disparu, les associés détiennent un droit de copropriété indivise sur les éléments composant le fonds social. Le régime applicable est le suivant :

a. Cessions à des tiers : droit de vente selon la nature des biens ;

b. Cessions à des associés :

– si la société est passible de l'impôt sur les sociétés : même régime que celui qui est indiqué nº 67090 pour les biens n'ayant pas été soumis au droit de mutation ; pour les autres biens, droit de mutation sur les parts acquises, comme pour les licitations (nº 70455, b) ;

– si la société n'est pas passible de l'impôt sur les sociétés, combinaison du régime des licitations et de la théorie de la mutation conditionnelle des apports (nº 67100) : pour les « corps certains » apportés par le cessionnaire, même régime qu'indiqué nº 67105, b-1 ; pour les « corps certains » apportés par d'autres associés, exigibilité du droit de vente selon la nature des biens, à moins que le cessionnaire ne soit l'héritier ou le donataire de l'apporteur ou n'ait acquis ses droits en ayant supporté le droit de mutation sur les biens correspondants ; pour les autres biens (acquêts sociaux et choses fongibles), droit de vente sur les parts acquises, comme pour les licitations.

PARTAGE DE SOCIÉTÉ

Société passible de l'impôt sur les sociétés Lorsque les biens n'ont pas été soumis au droit de mutation (nºs 66870 s.), leur **attribution,** lors du partage de la société, **à un associé autre que l'apporteur** donne ouverture aux droits de mutation à titre onéreux 67090 ENR-VI-26600 s

(CGI art. 810, III) et non au droit de partage (application de la théorie de la mutation conditionnelle des apports : n° 67100).

S'ils sont attribués **à l'apporteur,** aucun droit de mutation ou de partage n'est dû. Toutefois, la reprise par l'apporteur initial d'un immeuble entraîne la perception de la taxe de publicité foncière au taux de 0,70 %, à laquelle s'ajoute le prélèvement pour frais d'assiette et de recouvrement de 2,14 %, soit un taux global d'environ 0,715 %.

67095 ENR-VI-25920 s Le partage de **biens autres** que ceux visés n° 67090 donne lieu en principe au paiement du droit de partage de 2,50 % prévu à l'article 746 du CGI. Ce droit est exigible sur l'intégralité de l'actif net partagé, sans qu'il y ait lieu de tenir compte de la personne de l'attributaire (apporteur ou autre associé).

Les droits de mutation à titre onéreux sont dus sur le montant des soultes, lorsqu'il en existe.

> **Précisions** **a.** L'**actif net partagé** s'entend de l'actif subsistant après paiement des dettes et remboursement du capital social. En revanche, les sommes correspondant aux primes d'émission et de fusion et à la réserve de décapitalisation non incorporées au capital social ne peuvent être déduites de l'actif brut (Cass. com. 26-9-2018 n° 16-24.070 F-PB : RJF 1/19 n° 97).
> Le **passif** peut comprendre **notamment** les frais de liquidation (honoraires du liquidateur, frais de publicité relatifs à la clôture de la liquidation, etc.), ainsi que les impôts à la charge de la société du fait de la liquidation (BOI-ENR-AVS-30-20-10 n° 170).
> **b.** Le partage est considéré comme comportant une **soulte** lorsqu'un associé reçoit des biens dont la valeur excède la part d'actif qui devrait normalement lui revenir, compte tenu de ses droits sociaux. La soulte est taxée comme une vente, le droit de mutation étant exigible au taux prévu pour les biens en cause. Si ces biens sont de nature différente, la soulte est répartie proportionnellement à leur valeur respective. L'actif net partagé, déduction faite de la soulte, est soumis au droit de partage.

67100 ENR-VI-25100 s **Société non passible de l'impôt sur les sociétés** Lorsque les biens partagés constituent des **« acquêts sociaux »,** les règles exposées n° 67095 sont applicables. Sont considérés comme des acquêts sociaux non seulement les biens acquis ou créés par la société durant son existence, mais encore les choses fongibles ou le numéraire apportés à la société, ainsi que les biens de toute nature ayant fait l'objet d'un apport à titre onéreux (n° 66900).

Les règles sont en revanche différentes lorsque le partage porte sur des **« corps certains »** (c'est-à-dire sur des biens identifiables, tels qu'immeubles, fonds de commerce, etc.) **ayant fait l'objet d'un apport** pur et simple à la société lors de sa formation ou d'une augmentation de capital. Selon la **théorie de la « mutation conditionnelle des apports »**, le droit de mutation non perçu lors de cet apport devient rétroactivement exigible si les biens en cause sont attribués, lors du partage de la société, à un associé autre que l'apporteur. Au contraire, aucun droit n'est perçu si les biens sont attribués à l'apporteur, puisque celui-ci est réputé n'avoir jamais cessé d'en être propriétaire.

67105 En définitive, les droits exigibles lors du partage d'une société non passible de l'impôt sur les sociétés doivent être réglés comme suit.

a. Partage des acquêts sociaux. Il est soumis au droit de partage de 2,50 % sur l'actif net partagé. En cas de soulte, les droits de mutation sont exigibles dans la limite de cette soulte (sur ces deux points, voir les précisions déjà données au n° 67095).

b. Partage de corps certains ayant fait l'objet d'un apport pur et simple. Il faut faire la distinction suivante :

1. Si les biens sont **attribués à l'apporteur** (ou à ses héritiers ou donataires), cette attribution ne donne ouverture ni au droit de mutation ni même au droit de partage. Cependant, s'il s'agit d'immeubles ou droits immobiliers, la taxe de publicité foncière de 0,70 % à laquelle s'ajoute le prélèvement pour frais d'assiette et de recouvrement de 2,14 % (soit un taux global d'environ 0,715 %) est due lors de la publication de l'acte au service de la publicité foncière ;

2. Si les biens sont **attribués à un associé autre que l'apporteur,** le droit de vente correspondant à la nature des biens en cause est exigible sur la valeur des biens à la date du partage et selon le tarif en vigueur à cette date.

Remarque En cas de dissolution d'une société immobilière non passible de l'IS, l'attribution de l'immeuble à un associé autre que celui qui l'a apporté à titre pur et simple ne donne ouverture qu'au droit de partage (au lieu du droit de mutation) lorsque **l'apport** a été **soumis à la TVA immobilière** (BOI-ENR-AVS-30-20-20 n° 250).

E. Droits exigibles sur les cessions de droits sociaux

Les cessions de droits sociaux à un tiers ou à un autre associé donnent en principe lieu au paiement d'un droit de mutation. **67130** ENR-VI-26800 s

Sur les régimes spéciaux ou particularités, voir nos 67190 s.

CESSIONS TAXABLES

Seules sont susceptibles de donner lieu à taxation les **cessions** de droits sociaux (**actions, parts sociales**) réalisées **à titre onéreux,** ce qui exclut les opérations ne constituant pas une cession et les opérations réalisées à titre gratuit (soumises aux droits de succession ou de donation dans les conditions visées nos 67500 s.). **67135** CGI art. 726 ENR-VI-27100 s

Les cessions d'**actions cotées** ne sont toutefois taxées que si elles sont constatées par un acte (no 67145, a).

ILLUSTRATIONS

La **remise d'actions** détenues en portefeuille en **paiement des dividendes** ne constitue pas une cession passible du droit de vente de droits sociaux (Cass. com. 31-5-1988 no 87-10.134 P). Confirmation de ce principe dans l'hypothèse où les dividendes sont payés par **remise de droits immobiliers** appartenant à la société (non-exigibilité dans ce cas des droits de vente d'immeubles) (Cass. com. 6-6-1990 no 88-17.133 P : RJF 8-9/90 no 1126 ; 12-2-2008 no 05-17.085 F-PB : RJF 5/08 no 612) ou de parts de sociétés transparentes (Cass. com. 6-4-1993 nos 90-21.940 D et 90-21.941 D : RJF 7/93 no 1071).

Le **« rachat » par une société** de ses propres titres, lorsque les statuts prévoient que les légataires de l'**associé défunt** n'ont droit qu'au prix de rachat desdites parts, constitue un rachat de créance non soumis au droit de vente (Cass. com. 22-10-2013 no 12-23.737 FS-PB : RJF 2/14 no 191).

Le droit de vente ne s'applique pas lors de l'**émission** d'une **obligation échangeable ou convertible** en actions existantes ; il s'applique en revanche lors de la **conversion ou** de l'**échange** de l'obligation (BOI-ENR-DMTOM-40-10-10 no 50).

Territorialité **a.** Conformément aux principes généraux relatifs à la territorialité des droits d'enregistrement, les cessions de titres de **sociétés françaises** cotées ou non cotées (autres que des sociétés à prépondérance immobilière visées au b) constatées par **actes passés à l'étranger** sont, sous réserve des conventions internationales, soumises aux droits de vente aux taux habituels mentionnés no 67145, a et b (sauf imputation, le cas échéant, pour les cessions d'actions, des droits d'enregistrement effectivement acquittés à l'étranger ; CGI art. 726, I-1°). Ces opérations ne sont taxables que si elles se situent dans le champ de l'impôt et ne sont pas réalisées dans des cas similaires à ceux qui donnent droit à une exonération (BOI-ENR-DMTOM-40-10-10 no 220). **67140** CGI art. 718 et 718 bis ENR-VI-27250 s

Les cessions de titres de **sociétés étrangères** ne sont soumises au droit de vente que si elles font l'objet d'un **acte passé en France.** Les actes passés à l'étranger échappent donc à la taxation (voir toutefois b).

b. La cession d'une participation dans une **société, française ou étrangère, à prépondérance immobilière** dont l'actif est principalement constitué d'immeubles ou de droits immobiliers situés en France est soumise au droit de vente au taux normal visé no 67145, c (après imputation, le cas échéant, des droits d'enregistrement effectivement acquittés à l'étranger) même si l'acte de cession est passé à l'étranger (dans ce cas, un acte doit également être établi en France : voir no 66675, précision b).

c. Sur la **formalité de l'enregistrement,** voir nos 66675.

RÉGIME NORMAL

Droits exigibles **a.** Les cessions d'**actions,** de parts de fondateur ou de parts bénéficiaires sont soumises à un droit de 0,1 %. **67145** CGI art. 726, I ENR-VI-27500 s, 27650 s et 28100 s

Dans les sociétés par actions **cotées** (sociétés dont les titres sont négociés sur un marché réglementé d'instruments financiers ou sur un système multilatéral de négociation), le droit n'est exigible que si les cessions sont constatées par un acte, lequel s'entend de tout écrit (ou ensemble d'écrits) formant titre à l'égard de chacune des parties et constatant leur accord sur la chose et sur le prix, quelle qu'en soit la forme. Dans les sociétés **non cotées,** en revanche, le droit est exigible même en l'absence d'acte.

b. Les cessions de **parts sociales** dans les sociétés dont le capital n'est pas divisé en actions (SARL, sociétés civiles, etc.) sont soumises à un droit de 3 %, qu'elles soient ou non constatées par un acte. Cependant, les cessions de titres en capital souscrits par les clients des établissements de crédit mutualistes ou coopératifs suivent le régime des cessions d'actions de sociétés non cotées (visé au a).

c. Les cessions de **participations dans des sociétés à prépondérance immobilière** sont soumises à un droit de 5 %, qu'il s'agisse d'actions ou de parts sociales. Est considérée comme à prépondérance immobilière la personne morale, quelle que soit sa nationalité, dont les droits sociaux ne sont pas négociés sur un marché réglementé d'instruments financiers ou sur un système multilatéral de négociation dont l'actif est, ou a été au cours de l'année précédant les cessions en cause, principalement constitué d'immeubles ou de droits immobiliers situés en France ou de participations dans des personnes morales, quelle que soit leur nationalité, dont les droits sociaux ne sont pas négociés sur un marché réglementé d'instruments financiers ou sur un système multilatéral de négociation et elles-mêmes à prépondérance immobilière. Contrairement à ce qui est prévu pour le régime des plus-values (n°s 18780 et 32525), les immeubles affectés par la société à sa propre exploitation sont pris en compte pour l'appréciation de la prépondérance immobilière. Toutefois, ne sont pas considérés comme étant à prépondérance immobilière :
– les organismes d'HLM et les sociétés d'économie mixte exerçant une activité de construction ou de gestion de logements sociaux ;
– la personne morale qui a perdu sa prépondérance immobilière du fait de la cession, au cours de l'année précédant la cession de ses propres titres, des immeubles ou participations dans des personnes morales à prépondérance immobilière qu'elle détenait à son actif (BOI-ENR-DMTOM-40-10-10 n° 190).

> **Précisions** **a.** Les cessions de droits sociaux soumises à la **TVA « immobilière »** (n° 58810) donnent lieu à la perception d'un droit fixe de 125 € (CGI art. 730). En fait, il s'agit souvent d'actions ou parts de sociétés immobilières « transparentes », dont la cession fait l'objet des explications données au n° 67195.
> **b.** Les cessions d'**obligations,** même constatées par un acte, sont soumises au seul droit fixe indiqué n° 64035.

67150 CGI art. 726, I-1° bis et II ENR-VI-28900 s

Assiette Le droit de vente est assis sur le **prix exprimé** et le capital des charges qui peuvent s'ajouter au prix, ou sur l'**estimation des parties** si la valeur réelle est supérieure au prix augmenté des charges (les éventuelles insuffisances de prix ou d'évaluation peuvent être redressées dans les conditions indiquées aux n°s 78215 s.).

Pour les cessions de **parts sociales** (autres que celles de sociétés à prépondérance immobilière), l'assiette est réduite d'un **abattement** égal, pour chaque part, au rapport entre 23 000 € et le nombre total de parts de la société.

EXEMPLE

Soit une société dont le capital est divisé en 500 parts. Un associé en cède 200 pour un prix de 60 000 €. Assiette des droits : 60 000 € – (23 000 € × 200 parts cédées/500 parts dans la société) = 50 800 €. Montant des droits = 50 800 × 3 % = 1 524 €.

L'**abattement** de 23 000 € s'applique aux cessions de **droits sociaux démembrés.** La valeur de la nue-propriété ou de l'usufruit des parts cédées est déterminée selon le barème prévu à l'article 669 du CGI (n° 68460). Il n'y a pas lieu, en revanche, d'appliquer ce barème au montant de l'abattement (BOI-ENR-DMTOM-40-10-20 n° 100).

> **Précisions** La **répartition conventionnelle des bénéfices de l'exercice de cession** entre cédant et acquéreur constitue un élément du prix de cession des parts, qui sert d'assiette au droit de mutation (Cass. com. 28-11-2006 n° 04-17.486 FS-PBIR : RJF 3/07 n° 357).

EXONÉRATIONS

67155 CGI art. 726, II ENR-VI-27350 s

Sont exonérées de droit d'enregistrement :
– les opérations taxées au titre de l'article 235 ter ZD du CGI (**taxe sur les transactions financières** : n°s 76022 s.) ;
– les cessions de droits sociaux résultant d'**opérations de pension** régies par les articles L 211-27 à L 211-34 du Code monétaire et financier.

Sont également exonérées, sauf si elles portent sur des titres de sociétés à prépondérance immobilière :
– les acquisitions de droits sociaux réalisées dans le cadre du **rachat** par une société **de ses propres titres** destinés à être cédés aux adhérents d'un plan d'épargne d'entreprise (**PEE**) ou d'une **augmentation de capital** à l'exclusion des rachats de leurs actions effectuées par des sociétés non cotées dans les conditions prévues à l'article L 225-209-2 du Code de commerce (Mémento sociétés commerciales n°s 68975 s.) ;
– les acquisitions de droits sociaux de **sociétés** placées sous procédure de **sauvegarde ou** en **redressement judiciaire** ;
– les acquisitions de droits sociaux entre sociétés membres du **même groupe,** au sens de l'article L 233-3 du Code de commerce (qui définit la notion de contrôle d'une société sur l'autre : Mémento sociétés commerciales n°s 79013 s.) ou au sens de l'article 223 A ou de l'article 223 A bis du CGI (régime de l'intégration fiscale : n°s 40150 s.) ;

– les acquisitions intervenant dans les conditions prévues aux articles 210 A (**fusions** : n° 39210) ou 210 B (**apport partiel d'actif** d'une branche complète d'activité : n°s 39235 s. ; **scission de société** : n° 39220).

RÉGIMES DÉROGATOIRES

Cession de parts sociales représentatives d'un apport en nature réalisé depuis moins de trois ans (sociétés non passibles de l'IS) Lorsqu'elles interviennent dans les trois ans de la réalisation définitive de l'apport fait à la société, les cessions de parts sociales sont considérées, du point de vue fiscal, comme ayant pour objet les biens en nature représentés par les titres cédés : elles sont donc soumises aux **droits de vente** correspondant à la nature des biens en cause et non au droit de cession de droits sociaux. Cette présomption légale (qui est irréfragable) ne vise toutefois que les cessions d'actions ou de parts émises par les personnes morales non passibles de l'impôt sur les sociétés. 67160 CGI art. 727 ENR-VI-29640 s

La présomption légale est écartée, en tout état de cause, lorsque les parts cédées sont représentatives d'un bien (terrain à bâtir, par exemple) dont **l'apport** a été soumis à la **TVA** (n° 66860).

Cessions massives de droits sociaux Elles sont soumises, en **principe**, aux **mêmes règles que les autres** cessions de droits sociaux (n°s 67145 à 67160). Il en est ainsi même lorsqu'elles affectent la totalité ou la quasi-totalité des titres de la société concernée, et même si elles font suite à la transformation de la société ou sont suivies à brève échéance de modifications statutaires importantes. 67165 ENR-VI-30520 s

› Précisions **a.** L'article 720 du CGI qui prévoit l'imposition des **conventions « de successeur »** n'est pas applicable, voir à cet égard n°s 65580 s.
b. En ce qui concerne la situation des cessions massives de droits sociaux au regard des **impôts directs,** voir n° 11045.

Réunion de tous les droits sociaux en une seule main Les actes portant cession de droits sociaux, qui aboutissent à la concentration de l'ensemble de ces droits entre les mains d'une même personne, ne donnent ouverture, en principe, qu'aux droits visés au n° 67145 (sauf application, le cas échéant, de la présomption de l'article 727 du CGI : n° 67160). 67170 ENR-VI-30900 s

› Précisions **a.** En cas de **dissolution,** l'appropriation de l'actif par l'associé unique ne donne pas lieu au droit de partage. La reprise de certains biens par l'intéressé est cependant susceptible de donner ouverture à un droit de mutation en application de la théorie de la mutation conditionnelle des apports (n°s 67100 s.) ou s'agissant des immeubles n'entrant pas dans le champ d'application de cette théorie, à la taxe de publicité foncière de 0,70 % à laquelle s'ajoute le prélèvement pour frais d'assiette et de recouvrement (soit un taux global d'imposition d'environ 0,715 %).
b. Sur le **régime juridique** applicable à ces opérations, voir Mémento sociétés commerciales n°s 86050 s.

F. Régimes spéciaux et particularités

Pour diverses opérations donnant normalement ouverture à des droits d'enregistrement, certains groupements ou sociétés sont placés sous un régime spécial prévu par une disposition expresse de la loi ; même en l'absence d'une telle disposition, quelques-uns d'entre eux peuvent être concernés par une particularité liée à leur caractère propre. Ces régimes spéciaux et particularités sont évoqués ci-après. 67190

Sur tous les **points autres** que ceux visés par ces mesures spécifiques, il convient, bien entendu, de faire application des **règles de droit commun** prévues pour la généralité des sociétés.

SOCIÉTÉS IMMOBILIÈRES D'ATTRIBUTION

Les sociétés ainsi visées sont celles qui sont dotées de la **« transparence fiscale »** en application de l'article 1655 ter du CGI (n°s 30770 s.). 67195 ENR-VI-37600 s

Lorsqu'ils sont soumis à la formalité de l'enregistrement (voir n° 66670) ou présentés volontairement à l'enregistrement, les actes réalisés par ces sociétés sont enregistrés gratuitement lorsqu'ils ont pour objet une **augmentation de capital** (par voie d'apports purs et simples ou par incorporation de réserves), une **prorogation de la durée** de la société ou l'attribution exclusive en propriété des immeubles entre leurs membres par voie de **partage** en nature pur et simple (CGI art. 828, I-2°). Les sociétés assujetties à la **TVA** immobilière doivent justifier à cet effet du règlement de la TVA due sur les opérations de construction.

Par ailleurs, la **cession d'actions ou parts** de ces sociétés est réputée porter sur les immeubles (ou fractions d'immeubles) auxquels les titres donnent vocation, et par suite est soumise, lorsqu'elle est effectuée à titre onéreux, au même régime fiscal que les ventes d'immeubles, régime exposé nos 66000 s. (CGI art. 728 et 729). Mais si la cession donne lieu au paiement de la TVA « immobilière » (no 58810), c'est seulement un droit fixe de 125 € qui est dû (CGI art. 730). Les actes de cession sous seing privé doivent être enregistrés, dans le délai d'un mois, au service des impôts de la situation des biens.

› Précisions a. La **transformation en société transparente** d'une société « de droit commun » entraîne les mêmes conséquences qu'une dissolution de société (no 67070).
b. Le régime prévu pour les cessions de droits sociaux dans les sociétés immobilières d'attribution est étendu aux sociétés qui n'ont pas en fait pour unique objet celui défini à l'article 1655 ter du CGI, mais dont cependant les actions ou parts confèrent à leurs possesseurs le droit à la jouissance d'immeubles ou fractions d'immeubles. Tel est notamment le cas des actions ou parts de sociétés concessionnaires de **ports de plaisance** donnant vocation à la jouissance d'un anneau d'amarrage, ainsi que, selon la doctrine administrative, des actions ou parts de sociétés d'attribution d'**immeubles en jouissance à temps partagé** (« multipropriété ») (BOI-ENR-DMTOM-40-30 no 90).

SCI D'ACCESSION PROGRESSIVE À LA PROPRIÉTÉ

67200 ENR-VI-39200 s Les sociétés civiles immobilières d'accession progressive à la propriété sont des sociétés créées par des organismes d'HLM en vue de permettre au locataire d'un logement social respectant certains plafonds de ressources d'en devenir propriétaire en achetant progressivement les parts représentatives de ce logement (CCH art. L 443-6-2 s.).

Lorsqu'ils sont soumis à la formalité de l'enregistrement (voir no 66670) ou présentés volontairement à l'enregistrement, les **actes de dissolution et de partage** de ces sociétés sont enregistrés gratuitement (CGI art. 828, I-4o).

Une exonération facultative du droit départemental de vente d'immeubles et de taxe communale additionnelle est accordée sur délibération des collectivités territoriales concernées, pour les **cessions,** autres que la première, de chacune **des parts** de ces sociétés (CGI art. 1584 ter et 1594 H bis). Pour la période du 1-6-2019 au 31-5-2020, l'exonération facultative n'a été votée que par le département des Hautes-Pyrénées et les communes de Lamentin en Guadeloupe et de Tsingoni à Mayotte.

SOCIÉTÉS DE FAIT ET SOCIÉTÉS EN PARTICIPATION

67205 ENR-VI-33600 s Comme pour les sociétés dotées de la personnalité morale, il est admis, sous certaines conditions, que les associés des sociétés de fait et des sociétés en participation peuvent **céder leurs « parts »** moyennant le paiement du droit visé au no 67145, b (sauf application de l'article 727 du CGI, en cas de cession dans les trois ans de l'apport : no 67160) (BOI-ENR-DMTOM-40-50-20 no 170). Toutefois, les immeubles et droits immobiliers demeurent en dehors de ces règles. Par suite, la fraction des droits sociaux qui est représentative de ces biens est soumise, lors de la cession, aux droits de vente d'immeubles (BOI-ENR-DMTOM-40-50-20 no 200).

En cas de **partage** d'une société de fait ou d'une société en participation, les règles sont les suivantes.

a. Cas général où la société était, lors de sa dissolution, soumise au **régime des sociétés de personnes** : il convient de distinguer selon la nature des biens partagés :
– immeubles : aucune taxation (y compris au titre de la taxe de publicité foncière), si l'immeuble est attribué à l'apporteur d'origine. Dans le cas contraire, droits de vente d'immeubles ;
– fonds de commerce, clientèles et droits au bail apportés pour une durée indéterminée : aucune taxation si les biens sont attribués à l'apporteur d'origine (application de la théorie de la mutation conditionnelle des apports : no 67100), droits de mutation si l'attribution est faite à un associé autre que l'apporteur ;
– autres biens et acquêts sociaux : droit de partage de 2,50 % (sous réserve, en cas de soulte, de l'application des droits de mutation dans la limite de cette soulte).

b. Cas particulier où la société était, lors de sa dissolution, soumise à l'**impôt sur les sociétés** : droit de partage de 2,50 % (sous réserve de l'application des droits de mutation dans les cas visés nos 67090 et 67095). Cependant, le partage des immeubles obéit aux règles indiquées au a ci-dessus.

S'agissant, par ailleurs, de la **transformation** d'une société de fait en société de droit, voir no 37850.

GROUPEMENTS D'INTÉRÊT ÉCONOMIQUE (GIE)

67210 ENR-VI-45600 s, 46260 s et 46400 s Les GIE et organismes assimilés (GEIE et GIP) sont soumis à un **régime** fiscal analogue à celui des sociétés.

Les **cessions de participations** dans des GIE (et organismes assimilés) donnent toutefois ouverture non au droit de 3 % (prévu à l'article 726, I-1o bis du CGI) mais au droit fixe des actes innomés (n° 64035) lorsque l'acte est présenté volontairement à la formalité de l'enregistrement.

SOCIÉTÉS ET GROUPEMENTS AGRICOLES

Les sociétés et groupements ayant une activité agricole (il s'agit essentiellement de ceux visés nos 16425 s.) font l'objet, sur certains points, de dispositions particulières. **67215** ENR-VI-40000 s

Les **apports** à titre onéreux résultant de la prise en charge du passif grevant les immeubles apportés à un Gaec, à un GFA, à un groupement agricole foncier, à un groupement forestier, à un groupement foncier rural ou à une EARL sont soumis au régime des apports purs et simples (BOI-ENR-AVS-10-20 nos 390 et 400) exposé n° 66860 (constitution du groupement) et n° 66975 (augmentation de capital).

Les **cessions** de gré à gré **de parts** de Gaec et d'EARL non passibles de l'impôt sur les sociétés sont enregistrées au droit fixe de 125 € (et non au droit de 3 %), quel que soit le type d'apport qu'elles représentent. Il en va de même des cessions de gré à gré de parts de sociétés civiles à objet principalement agricole, constituées depuis au moins trois ans avant la cession (CGI art. 730 bis modifié par l'article 20 de la loi 2019-1479 du 28-12-2019). Parmi les sociétés civiles à objet principalement agricole figurent notamment les sociétés civiles d'exploitation agricole (SCEA), les GFA même non exploitants, les groupements agricoles fonciers, les groupements forestiers et les groupements fonciers ruraux (BOI-ENR-DMTOM-40-50-20 n° 1).

Le **partage d'un GFA** (ou la **licitation** de ses biens) donne ouverture au droit de partage de 2,50 % (y compris sur les soultes de partage) en ce qui concerne les biens qui se trouvaient dans l'indivision lors de leur apport et qui sont attribués dans le cadre familial (CGI art. 748 bis et 750 bis).

ASSOCIATIONS DE LA LOI DE 1901 ET SYNDICATS PROFESSIONNELS

Les **apports immobiliers** faits à des associations de la loi de 1901 ou à des syndicats professionnels sont soumis aux mêmes droits ou taxes que les apports aux sociétés civiles ou commerciales (CGI art. 809, I-2°). Les **apports mobiliers** sont, en règle générale, soumis au droit fixe des actes innomés (tarif : n° 64035) (BOI-ENR-AVS-40-80-10 n° 40). **67220** ENR-VI-44100 s

Les opérations de **restructuration** auxquelles participent des **syndicats de défense des appellations d'origine** et des **syndicats agricoles** reconnus comme organisations de producteurs sont enregistrées gratuitement (CGI art. 810, VI).

AUTRES RÉGIMES SPÉCIAUX

Ils concernent : **67225**

– les souscriptions de parts de fonds communs de placement (**FCP**) ou de sociétés de libre partenariat (**SLP**), ainsi que les rachats de parts et les répartitions des actifs entre porteurs : exonération (CGI art. 749 et 832 : ENR-VI-45340). Exonération également pour les cessions de parts de fonds communs de placement à risques (**FCPR**), de fonds professionnels de capital investissement (**FPCI**) et de SLP (CGI art. 730 quater ; ENR-VI-45360) ;

– les opérations portant sur les titres de fonds de placement immobilier (**FPI**) et de sociétés de placement à prépondérance immobilière à capital variable (**Sppicav**) : enregistrement gratuit, sous certaines conditions, des souscriptions, cessions et rachats de ces titres ; sinon droit d'enregistrement de 5 % (CGI art. 832 A, 730 quinquies, 749 et 825 ; ENR-VI-45500 s.). Les cessions et rachats taxables doivent être enregistrés dans le délai d'un mois à compter de l'acte les constatant ou, à défaut d'acte, déclarés dans le délai d'un mois à compter de leur date (CGI art. 635, 2-10° et 640 A) ;

– les acquisitions d'actions de **sociétés d'économie mixte locales,** réalisées par les collectivités locales (communes, départements, régions et leurs groupements) dans le cadre de l'article L 1522-1 du Code général des collectivités territoriales : exonération sous une condition de forme (CGI art. 1042, II ; ENR-VI-27360 s.) ;

– les **sociétés créées pour le rachat d'entreprises par leurs salariés** dans les conditions prévues à l'article 220 nonies du CGI (sur ces conditions, voir n° 10645) : les acquisitions de droits sociaux effectuées par ces sociétés avant le 31 décembre 2022 sont exonérées de droits d'enregistrement (CGI art. 732 bis modifié par l'article 29 de la loi 2019-1479 du 28-12-2019 et CGI art. 726, II ; ENR-VI-27370 s.) et les actes constatant les apports mobiliers faits à ces sociétés sont enregistrés gratuitement (CGI art. 810 quater) ;

– les **cessions** de parts ou actions de sociétés consenties **aux salariés ou aux proches** : application, sous certaines conditions, d'un abattement sur la fraction de la valeur des titres représentative d'un fonds ou d'une clientèle (voir n° 65535).

G. Tableau récapitulatif des droits intéressant les sociétés

67240 Le tableau ci-après résume, sous une forme schématique, les règles de droit commun applicables aux **principales opérations** intéressant les sociétés.

Nature de l'opération	Droits d'enregistrement
A. Constitution	
1. **Apports purs et simples** (nos 66850 s.)	
a. D'immeubles, droits immobiliers, fonds de commerce (sauf marchandises neuves), clientèles, droits à un bail ou promesse de bail :	
• à une société non passible de l'IS	Enregistrement gratuit
• à une société passible de l'IS par une société également passible de l'IS	Enregistrement gratuit [1]
• à une société passible de l'IS par une personne (physique ou morale) non passible de cet impôt :	
– immeubles	5 % [2] ou enregistrement gratuit
– fonds de commerce et assimilés	5 %, 3 % ou 0 % selon la tranche d'imposition ou enregistrement gratuit
b. De biens autres que ceux énumérés ci-dessus	Enregistrement gratuit
2. **Apports à titre onéreux** (n° 66900)	
• résultant de la prise en charge du passif constaté lors de la mise en société d'une entreprise individuelle :	
– immeubles	5 % [2] ou enregistrement gratuit
– fonds de commerce et assimilés	5 %, 3 % ou 0 % selon la tranche d'imposition ou enregistrement gratuit
• d'immeubles	5 % [2]
• d'autres biens	Droit de mutation
3. **Apports passibles de la TVA** (n° 66860)	Enregistrement gratuit
B. Augmentation de capital (nos 66975 s.)	
1. **Apports purs et simples**	
a. D'immeubles, droits immobiliers, fonds de commerce (sauf marchandises neuves), clientèles, droits à un bail ou promesse de bail :	
• à une société non passible de l'IS	Enregistrement gratuit
• à une société passible de l'IS par une société également passible de l'IS	Enregistrement gratuit [1]
• à une société passible de l'IS par une personne (physique ou morale) non passible de cet impôt :	
– immeubles	5 % [2] ou enregistrement gratuit
– fonds de commerce et assimilés	5 %, 3 % ou 0 % selon la tranche d'imposition ou enregistrement gratuit
b. De biens autres que ceux énumérés ci-dessus	Enregistrement gratuit
2. **Apports à titre onéreux**	
• résultant de la prise en charge du passif en cas d'apport en société d'une entreprise individuelle :	
– immeubles	5 % [2] ou enregistrement gratuit
– fonds de commerce et assimilés	5 %, 3 % ou 0 % selon la tranche d'imposition ou enregistrement gratuit
• d'immeubles	5 % [2]
• d'autres biens	Droit de mutation
3. **Apports passibles de la TVA**	Enregistrement gratuit
4. **Capitalisation de réserves**	Enregistrement gratuit
C. Réductions de capital (nos 66995 s.)	
1. **Réduction du nominal ou du nombre de titres**	
– avec remboursement aux associés	Enregistrement gratuit sous réserve de la théorie de la mutation conditionnelle des apports
– sans remboursement aux associés	Droit fixe (125 €)
2. **Rachat par une société de ses propres titres**	
• Un seul acte est établi à la fois pour le rachat et la réduction de capital	Enregistrement gratuit, sous réserve de la théorie de la mutation conditionnelle des apports
• Deux actes sont établis (un pour le rachat des titres et un pour la réduction de capital) :	
– acte de rachat des titres	Droit de cession de droits sociaux (ou exonération)

67240 (suite)

Nature de l'opération	Droits d'enregistrement
– acte de réduction du capital	Enregistrement gratuit, sous réserve de la théorie de la mutation conditionnelle des apports
D. Transformations (nos 38660 et 38680)	
1. **Ne rendant pas la société passible de l'IS**	
– sans création d'une personne morale nouvelle	Droit fixe (125 €)
– avec création d'une personne morale nouvelle	Voir : constitution
2. **Rendant la société passible de l'IS**	
• sans création d'une personne morale nouvelle :	
– apports d'immeubles	5 % [2] ou enregistrement gratuit
– apports de fonds de commerce	5 %, 3 % ou 0 % selon la tranche d'imposition ou enregistrement gratuit
– autres apports	Droit fixe (125 €)
• avec création d'une personne morale nouvelle	Voir : constitution
E. Changement de régime fiscal (société devenant passible de l'IS) (nos 38805 s.)	
– apports d'immeubles	5 % [2] ou enregistrement gratuit
– apports de fonds de commerce	5 %, 3 % ou 0 % selon la tranche d'imposition ou enregistrement gratis
F. Fusions (n° 39630)	
1. **Apports purs et simples**	Enregistrement gratuit
2. **Apports à titre onéreux** :	
– prise en charge du passif de la société absorbée	Enregistrement gratuit
– autres apports	Voir : constitution
G. Dissolution (n° 67070)	Enregistrement gratuit
H. Partage (nos 67090 s.)	
1. **Société passible de l'IS**	
a. Partage pur et simple :	
• de biens n'ayant pas été soumis au droit de mutation (voir nos 66870 s.) :	
– attribution à l'apporteur	Exonération [3]
– attribution à un associé autre que l'apporteur	Droits de mutation
• d'autres biens	Droit de partage (2,50 %)
b. Partage avec soulte	Droits de mutation sur la soulte Droit de partage (2,50 %) sur l'actif net partagé déduction faite de la soulte
2. **Société non passible de l'IS**	
• Partage des acquêts sociaux :	
– pur et simple	Droit de partage (2,50 %)
– avec soulte	Droits de mutation sur la soulte Droit de partage (2,50 %) sur l'actif net partagé déduction faite de la soulte
• Partage de corps certains ayant fait l'objet d'un apport pur et simple :	
– attribution à l'apporteur	Exonération [3]
– attribution à un associé autre que l'apporteur	Droits de mutation
I. Cession de droits sociaux (nos 67130 s.)	
1. Cession d'**actions**	
• de sociétés cotées :	
– non constatée par un acte	Exemption
– constatée par un acte	0,1 %
• de sociétés non cotées :	
– cas général	0,1 %
– sociétés à prépondérance immobilière	5 %
2. Cession de **parts sociales**	
– cas général	3 % (après application d'un abattement)
– sociétés à prépondérance immobilière	5 % (sans abattement)
– parts sociales représentatives d'un apport en nature de moins de trois ans (sociétés non passibles de l'IS)	Droit de mutation correspondant à la nature du bien apporté

1. Par exception, les biens sont soumis au droit de 5 % (immeubles ; s'y ajoute éventuellement la taxe additionnelle de 0,6 % : voir 2) ou 5 %, 3 % ou 0 % selon la tranche d'imposition (fonds de commerce) s'ils ont déjà fait l'objet d'un précédent apport enregistré gratuitement. Le nouvel apport peut toutefois de nouveau être enregistré gratuitement si l'apporteur prend l'engagement de conserver les titres pendant trois ans.
2. Pour les bureaux, locaux commerciaux ou de stockage situés en Île-de-France : taxe additionnelle de 0,6 %.
3. Toutefois, lorsqu'il s'agit d'immeubles ou de droits immobiliers, la taxe de publicité foncière de 0,70 % à laquelle s'ajoute le prélèvement pour frais d'assiette et de recouvrement de 2,14 % (soit un taux global d'environ 0,715 %) est due.

CHAPITRE 6

DROITS DE SUCCESSION ET DE DONATION

SOMMAIRE

67500 Les mutations à titre gratuit sont, quelle qu'en soit la cause (successions ou donations), soumises à des régimes fiscaux similaires.

SECTION 1

SUCCESSIONS

67700 ENR-X-200 s Les droits de succession sont dus sur toutes les transmissions de biens procédant d'un décès, qu'elles résultent :
– des règles de la dévolution légale ;
– de dispositions testamentaires (legs universel, à titre universel ou particulier).

A. Détermination de l'actif successoral taxable

67850 Sous réserve des cas d'exonération prévus par la loi, les droits de succession frappent en principe tous les biens qui composaient le patrimoine du défunt au jour du décès et qui, de ce fait, sont transmis à ses héritiers ou légataires.

1. BIENS TAXABLES

68000 En règle générale, le patrimoine imposable est déterminé selon les règles du droit civil. Cependant, un certain nombre de dispositions, de nature purement fiscale, dérogent à ce principe (présomptions de propriété établies par la loi fiscale, règles particulières à certains biens, etc.).

C'est ainsi, par exemple, que, du fait de l'extinction naturelle de l'usufruit, la **réunion de l'usufruit à la nue-propriété** par le décès de l'usufruitier ne donne ouverture à aucun droit, sous réserve de la présomption de propriété édictée par l'article 751 du CGI (voir nº 68030).

TERRITORIALITÉ

Dans le cas général où le **défunt** était **domicilié en France** (nos 495 s.), tous les biens meubles et immeubles sont imposables en France, quelles que soient leur nature ou leur situation. Ainsi, les meubles corporels et les immeubles situés à l'étranger sont imposables en France, de même que les créances et les valeurs mobilières étrangères ou encore les biens ou droits étrangers composant un trust (tel que défini no 68670, précision a) ainsi que les produits qui y sont capitalisés. **68010** CGI art. 750 ter ENR-X-4250 s

La double imposition est évitée par l'imputation des droits acquittés à l'étranger sur l'impôt exigible en France à raison des meubles et immeubles situés hors de France (CGI art. 784 A).

Dans le cas où le **défunt** était **domicilié hors de France,** il convient d'opérer la distinction suivante :

– le **bénéficiaire** (héritier, légataire ou bénéficiaire d'un trust) est **domicilié en France** au jour de la transmission et l'a été pendant au moins six ans au cours des dix dernières années : tous les biens meubles ou immeubles (reçus par ce bénéficiaire) situés en France ou hors de France sont imposables en France ;

– le **bénéficiaire** est **domicilié hors de France** : seuls les biens français qu'il reçoit (meubles corporels et immeubles situés en France, créances et valeurs mobilières françaises, actifs français d'un trust) sont imposables en France.

> **Précisions** **a.** Lorsque le défunt était domicilié à l'étranger et que le bénéficiaire l'est également, les valeurs mobilières étrangères échappent, en principe, aux droits de succession. Toutefois, sont considérées comme partiellement françaises (et sont donc partiellement imposables) **les actions ou parts de sociétés étrangères** non cotées dont l'actif est constitué pour plus de 50 % d'immeubles ou de droits immobiliers situés en France, c'est-à-dire, selon l'administration, lorsque la valeur de ces biens représente plus de 50 % de la valeur de l'actif social situé en France (BOI-ENR-DMTG-10-10-30 no 140). Pour l'appréciation de ce pourcentage, les immeubles affectés par la société à sa propre exploitation industrielle, commerciale, agricole ou à l'exercice d'une profession non commerciale ne sont pas pris en compte.
> Ces actions ou parts sont imposables à concurrence de la proportion existant entre la valeur des immeubles situés en France, d'une part, et celle de l'actif total de la société situé tant en France qu'à l'étranger, d'autre part.
> Les droits sont dus même si la société a été assujettie à la taxe annuelle de 3 % sur les immeubles (voir nos 75965 s.).
> **b.** Sont également imposables les **immeubles** (ou droits immobiliers) **détenus** en France par des non-résidents **par l'intermédiaire** de toute **personne morale** ou organisme dans lequel le défunt détenait directement ou indirectement plus de la moitié des actions, parts ou droits.
> La valeur des immeubles (ou droits immobiliers) situés en France n'est retenue qu'à proportion de la valeur de ces biens dans l'actif total de l'organisme ou de la personne morale.
> Les immeubles affectés par la société à sa propre exploitation industrielle, commerciale, agricole ou à l'exercice d'une profession non commerciale ne sont pas pris en considération.

Incidence des conventions internationales La France a signé des conventions internationales destinées à éviter les doubles impositions en matière de droits de succession qui dérogent aux règles exposées ci-dessus no 68010, par exemple en excluant certains biens du champ d'application des droits. Mais, dans cette situation, la plupart de ces conventions permettent à la France – y compris lorsque le défunt était domicilié dans le pays contractant – d'appliquer la règle dite du « **taux moyen effectif** » (pour maintenir la progressivité des droits) suivant un mécanisme comparable à celui décrit au no 82565 en matière d'impôt sur le revenu. **68015**

PREUVE DU DROIT DE PROPRIÉTÉ DU DÉFUNT

La preuve du droit de propriété du défunt résulte de l'application des règles de droit civil telles que : **68025** ENR-X-5000 s

– la règle de la **propriété apparente** (est propriétaire celui qui est désigné comme tel dans un acte) ;

– la présomption de l'article 2276 du Code civil (est réputé **propriétaire d'un meuble celui qui en a la possession**) ;

– la théorie de l'**accession** (la propriété d'une chose donne droit sur ce qui s'y unit accessoirement).

La preuve du droit de propriété peut également résulter d'une des présomptions édictées par la loi fiscale. Ces présomptions sont les suivantes. **68030**

a. Les **biens appartenant en usufruit au défunt et en nue-propriété à ses héritiers** ou à leurs descendants (même renonçants ou exclus par testament), à ses donataires ou légataires, ou encore à des personnes interposées sont réputés, sauf preuve contraire, appartenir en pleine propriété au défunt. Toutefois, cette présomption ne joue pas lorsque le démembrement a été réalisé par contrat de mariage ou par une donation régulière consentie plus de trois mois avant le décès (CGI art. 751). Elle ne joue pas non plus pour les biens recueillis de son vivant en usufruit par le défunt et en nue-propriété par ses héritiers à la suite d'une succession ou en vertu de dispositions testamentaires (BOI-ENR-DMTG-10-10-40-10 n° 70).

La preuve contraire peut notamment résulter d'une **donation de deniers** constatée par un acte ayant date certaine, quel qu'en soit l'auteur, en vue de financer, plus de trois mois avant le décès, l'acquisition de tout ou partie de la nue-propriété d'un bien, sous réserve de justifier de l'origine des deniers dans l'acte en constatant l'emploi. La donation peut revêtir la forme d'un don manuel régulièrement enregistré (BOI-ENR-DMTG-10-10-40-10 n° 310).

b. Est réputé propriétaire du point de vue fiscal :

– d'un **immeuble,** celui au nom duquel l'immeuble est inscrit au rôle de la taxe foncière et qui a effectué des paiements d'après ce rôle (CGI art. 1881) ;

– d'un **fonds de commerce,** celui qui apparaît comme tel dans les actes ou écrits ou au nom duquel le fonds est inscrit au rôle des impôts locaux et qui a effectué des paiements en vertu de ce rôle, sauf preuve contraire (CGI art. 1882).

c. Sont présumés, sauf preuve contraire, appartenir au défunt les **valeurs mobilières,** biens ou droits placés dans un **trust, parts sociales** et **créances** dont il a eu la propriété, a perçu les revenus ou à raison desquels il a effectué une opération quelconque moins d'un an avant le décès. Cette présomption n'est pas appliquée aux biens ayant fait l'objet d'une libéralité graduelle ou résiduelle (CGI art. 752).

Constituent notamment la preuve contraire les **retraits opérés sur le compte bancaire** du défunt. Ces retraits (même opérés moins d'un an avant le décès) n'ont donc pas à figurer dans l'actif successoral, sauf si l'administration établit que les fonds ont été conservés par le défunt jusqu'au jour du décès (Cass. com. 1-4-1997 n° 95-13.257 P : RJF 7/97 n° 751 ; BOI-ENR-DMTG-10-10-40-20 n° 110).

d. Les titres, sommes ou valeurs faisant l'objet de **comptes indivis ou collectifs** (« comptes joints ») avec solidarité sont considérés, sauf preuve contraire, appartenir conjointement aux déposants et dépendre de la succession de chacun d'eux pour une part virile (CGI art. 753). Il en est de même des sommes, titres ou objets trouvés dans un **coffre-fort** loué conjointement à plusieurs personnes (CGI art. 754).

2. EXONÉRATIONS

68060 La loi prévoit un certain nombre d'exonérations liées soit à la qualité du défunt ou du successeur, soit à la nature des biens transmis. Certaines sont communes aux successions et aux donations.

SUCCESSIONS ENTRE ÉPOUX OU ENTRE PARTENAIRES D'UN PACS

68070 CGI art. 796-0 bis ENR-X-34100 s

La part recueillie par le conjoint survivant ou par le partenaire lié au défunt par un Pacs est totalement exonérée de droits de succession.

> **Précisions a.** Les personnes liées par un **partenariat civil conclu à l'étranger** et non contraire à l'ordre public bénéficient de l'exonération (BOI-ENR-DMTG-10-50-30 n° 40).
> **b.** L'**ex-conjoint divorcé** bénéficie de l'exonération à raison des donations à cause de mort consenties par contrat de mariage et des donations éventuelles consenties pendant le mariage, dès lors qu'elles ont été expressément maintenues au moment du divorce ou qu'elles sont réputées irrévocables (BOI-ENR-DMTG-10-20-10 n° 15).

SUCCESSIONS ENTRE FRÈRES ET SŒURS VIVANT ENSEMBLE

68080 CGI art. 796-0 ter ENR-X-34150 s

La part recueillie par chaque frère ou sœur du défunt est exonérée de droits de succession à la triple condition :

– que le frère (ou la sœur) soit, au moment de l'ouverture de la succession, **célibataire, veuf, divorcé ou séparé de corps** ;

– qu'il soit, toujours au moment de l'ouverture de la succession, **âgé de plus de 50 ans ou atteint d'une infirmité** le mettant dans l'impossibilité de subvenir par son travail aux nécessités de l'existence ;

– qu'il ait été constamment **domicilié avec le défunt** pendant les cinq années ayant précédé le décès.

> **Précisions** L'exonération peut être accordée lorsque le **logement commun** a été **quitté pour raison de santé** (hospitalisation, placement en maison médicalisée, etc.). La condition de cohabitation effective pendant cinq ans est alors appréciée en se plaçant à la date de ce départ (BOI-ENR-DMTG-10-20-10 n° 50).

PARTS OU ACTIONS DE SOCIÉTÉS (« DUTREIL-TRANSMISSION »)

68090 CGI art. 787 B ENR-X-42140 s

Les **transmissions par décès** et les **donations** de parts ou actions de sociétés ayant fait l'objet d'un engagement collectif de conservation (ou « pacte Dutreil ») sont exonérées de droits de mutation à titre gratuit à concurrence des **trois quarts** de leur valeur (sans limitation de montant).

Cette exonération partielle s'applique aux transmissions :
– de parts ou actions de sociétés (quel que soit leur régime fiscal) exerçant une **activité industrielle, commerciale, artisanale, agricole ou libérale** qui ont fait l'objet d'un engagement collectif de conservation dans les conditions indiquées n° 68095 ;
– de parts ou actions de **sociétés interposées.** Il s'agit des parts ou actions de sociétés détenant, soit directement (simple niveau d'interposition), soit indirectement par l'intermédiaire d'une autre société (double niveau d'interposition), une participation dans la société dont les titres font l'objet de l'engagement collectif de conservation. Dans ce dernier cas, l'exonération partielle porte sur la valeur des droits sociaux de la société détenus directement par le redevable dans la limite de la fraction de la valeur de l'actif brut de celle-ci représentative de la participation directe ou indirecte ayant fait l'objet de l'engagement collectif de conservation.

› Précisions **a.** Les transmissions de parts ou actions de sociétés exerçant une **activité civile accessoire** peuvent bénéficier du régime de faveur (BOI-ENR-DMTG-10-20-40-10 n° 20). Le **caractère prépondérant** de l'activité industrielle, commerciale, artisanale, agricole ou libérale s'apprécie en considération d'un faisceau d'indices déterminés d'après la nature de l'activité et les conditions de son exercice (CE 23-1-2020 n° 435562, ayant annulé la doctrine qui appréciait le caractère prépondérant de l'activité au regard des montants du chiffre d'affaires et de l'actif brut immobilisé).
b. Les transmissions de parts ou actions de **sociétés holdings animatrices de groupe** peuvent bénéficier de l'exonération partielle « directe » (BOI-ENR-DMTG-10-20-40-10 n° 50).
c. Les **donations d'usufruit ou avec réserve d'usufruit** peuvent bénéficier de l'exonération partielle, celle-ci s'appliquant alors à la valeur de l'usufruit ou de la nue-propriété des titres déterminée conformément aux règles de droit commun par application du barème de l'article 669 du CGI (n° 68460).
d. Les transmissions de parts ou actions réalisées en pleine propriété à un **fonds de pérennité** peuvent également bénéficier de l'exonération partielle (Loi 2019-486 du 22-5-2019 art. 177, XI dont l'application est subordonnée à la parution d'un décret).
e. Les transmissions de titres de **sociétés étrangères** peuvent bénéficier de l'exonération partielle (BOI-ENR-DMTG-10-20-40-10 n° 30).
f. Les **droits** calculés sur la fraction taxable de la donation peuvent éventuellement bénéficier d'une **réduction** si le donateur a moins de soixante-dix ans (n° 69320).
g. Les parts ou actions déposées sur un **compte PME innovation** (n° 26210 s.) ou souscrites dans ce même compte ne peuvent pas faire l'objet d'un engagement collectif de conservation (C. mon. fin. art. L 221-32-5, IV-C-3).

Conditions d'application L'exonération partielle est subordonnée aux conditions suivantes. 68095

a. Les parts ou actions de la société ayant une activité industrielle, commerciale, artisanale, agricole ou libérale doivent avoir fait l'objet d'un **engagement collectif de conservation** d'une **durée** minimale de deux ans commençant à courir à compter de l'enregistrement de l'acte le constatant (à compter de la date de l'acte, s'il s'agit d'un acte authentique).

Cet engagement doit, en principe, être en cours à la date de la transmission. Il est pris par le défunt (ou le donateur), pour lui et ses ayants cause à titre gratuit, seul ou avec un ou plusieurs autres associés, personnes physiques ou morales. Dans le cas d'**interposition de sociétés,** l'engagement est souscrit par la société qui détient directement la participation dans la société dont les titres font l'objet de l'engagement collectif de conservation. Le bénéfice de l'exonération est alors subordonné à la condition que les participations soient conservées inchangées à chaque niveau d'interposition pendant toute la durée de l'engagement collectif, le régime de faveur n'étant toutefois pas remis en cause en cas d'augmentation de la participation détenue par les sociétés interposées. Les participations doivent également être conservées inchangées durant la période d'engagement individuel.

L'engagement collectif doit porter :
– s'il s'agit de titres de **sociétés cotées,** sur au moins 10 % des droits financiers et 20 % des droits de vote attachés aux titres émis par la société (20 % des droits financiers et des droits de vote pour les engagements souscrits avant 2019) ;
– s'il s'agit de titres de **sociétés non cotées,** sur respectivement au moins 17 % et 34 % de ces mêmes droits (34 % des droits financiers et des droits de vote pour les engagements souscrits avant 2019).

Ces pourcentages doivent être respectés tout au long de la durée de l'engagement collectif de conservation des titres.

L'**engagement collectif** de conservation est **réputé acquis** lorsque le défunt (ou donateur) seul ou avec son conjoint, partenaire de Pacs ou concubin notoire détient, directement ou indirectement (dans la limite d'un seul niveau d'interposition), depuis deux ans au moins le quota de titres requis pour la conclusion de cet engagement et que l'un d'eux exerce dans la société concernée depuis plus de deux ans son activité principale ou, lorsque la société est soumise à l'IS, l'une des fonctions de direction énumérées à l'article 975, III-1-1° du CGI.

Par ailleurs, en l'absence d'engagement pris avant la transmission par décès, l'engagement collectif de conservation peut encore être conclu dans les six mois du décès par un ou des héritiers ou légataires entre eux ou avec d'autres associés (**engagement « post mortem »**).

b. Au moment de la transmission, **chacun des héritiers** ou légataires (ou donataires) doit à son tour s'**engager,** pour lui et ses ayants cause à titre gratuit, **à conserver les titres transmis** pendant une **période de quatre ans** commençant à courir à compter de l'expiration de l'engagement collectif de conservation des titres (ou de la transmission lorsque l'engagement collectif de conservation est réputé acquis).

EXEMPLE

Soit trois associés d'une société qui, par acte enregistré le 12 janvier 2020 ont pris l'engagement de conserver pendant deux ans (soit jusqu'au 12 janvier 2022) 35 % du capital de cette société.
En cas de décès de l'un des associés le 15 février 2021, ses héritiers peuvent bénéficier de l'exonération partielle sous réserve qu'ils poursuivent l'engagement pris par le défunt jusqu'au 12 janvier 2022 et prennent l'engagement de conserver les titres qui leur sont transmis jusqu'au 12 janvier 2026.

c. L'un des associés ayant souscrit l'engagement collectif de conservation des titres ou l'**un des héritiers** ou légataires (ou donataires) ayant pris l'engagement individuel de conservation doit exercer dans la société **pendant** la **durée de l'engagement collectif et pendant** les **trois années qui suivent** la transmission :
– s'il s'agit d'une société de personnes, son **activité principale,**
– s'il s'agit d'une société soumise à l'IS (de plein droit ou sur option), l'une des **fonctions de direction** énumérées à l'article 975, III-1-1° du CGI (voir n° 72820).
En cas d'**engagement collectif réputé acquis,** le donateur ne peut pas exercer la fonction de direction après la donation des titres (Rép. Moreau : AN 7-3-2017 n° 99759).
En cas de conclusion d'un **engagement « post mortem »,** l'administration admet que la condition d'exercice de la fonction de direction ne soit remplie qu'à compter de la date de conclusion de l'engagement, le délai de trois ans démarrant à la même date (BOI-ENR-DMTG-10-20-40-10 n° 299).

› **Précisions** **a.** Pour les **donations avec réserve d'usufruit,** les **droits de vote de l'usufruitier** doivent statutairement être limités aux décisions concernant l'affectation des bénéfices.
b. Les parts ou actions ne doivent pas, jusqu'au terme de l'engagement individuel de conservation, être inscrites sur un **compte PME innovation** (CPI) visé au n° 26210.
c. Lorsque l'**engagement collectif** porte sur des **titres cotés,** il doit être notifié à l'Autorité des marchés financiers.
d. La **durée initiale** de l'**engagement collectif** de conservation peut être automatiquement **prorogée** par une disposition prévue dans l'acte initial. Elle peut également être prorogée par avenant (acte devant être enregistré avant le terme de l'engagement initial). En toute hypothèse, la **dénonciation** d'une prorogation doit être notifiée à l'administration pour lui être opposable (BOI-ENR-DMTG-10-20-40-10 n° 170).
e. Avant la transmission, les **signataires de l'engagement collectif** et leurs ayants cause à titre gratuit peuvent effectuer **entre eux** des **cessions** ou **donations** des titres soumis à l'engagement. Les **cessions à des tiers** peuvent également être autorisées sous les conditions visées n° 68100.
f. Les associés de l'engagement collectif de conservation peuvent admettre un **nouvel associé dans l'engagement collectif** à condition que cet engagement soit reconduit pour une durée minimale de deux ans.
g. L'**engagement individuel** des héritiers ou légataires (ou donataires) peut ne porter que sur une partie des titres (l'exonération partielle ne s'appliquant alors qu'à cette partie) (BOI-ENR-DMTG-10-20-40-10 n° 360).
Si les titres sont reçus en indivision, l'engagement doit être pris par chaque coïndivisaire, le partage ultérieur des titres entraînant seulement un report de cet engagement sur l'attributaire (BOI-ENR-DMTG-10-20-40-10 n° 340).
Si les titres font l'objet d'une donation-partage avec soulte, l'engagement individuel doit être souscrit par l'attributaire des titres (BOI-ENR-DMTG-10-20-40-10 n° 340).
h. Il n'est pas nécessaire que les **fonctions de direction** dans une société soumise à l'IS soient exercées par la même personne pendant toute la durée de l'obligation d'exercice de fonctions de direction (BOI-ENR-DMTG-10-20-40-10 nos 270 et 390).

68097 **Obligations déclaratives** La **déclaration de succession ou de don manuel** ou l'**acte de donation** doit être appuyé de la copie de l'acte portant engagement collectif de conservation des titres et de l'attestation de la société dont les titres font l'objet de l'engagement collectif de conservation certifiant que cet engagement est en cours au jour de la transmission et qu'il a porté jusqu'à cette date sur le quota de titres requis pour le bénéfice du régime.
Après la transmission, **si l'administration en fait la demande,** l'héritier ou le légataire (ou le donataire) doit produire dans les trois mois une attestation établie par la société certifiant que l'ensemble des conditions d'application du dispositif ont été respectées de manière continue depuis la date de la transmission. Dans un délai de trois mois à compter du **terme de l'engagement individuel,** chacun des héritiers ou légataires (ou donataires) est, par ailleurs, tenu d'adresser à l'administration une attestation, que la société lui transmet, certifiant que l'ensemble des conditions d'application du dispositif ont été respectées jusqu'à leur terme.

En cas de **détention indirecte** des titres, chacune des sociétés composant la chaîne de participations doit s'il y a lieu (demande expresse de l'administration ou terme de l'engagement individuel) transmettre aux personnes soumises aux engagements de conservation, une attestation certifiant du respect, à son niveau, des obligations de conservation.

Remise en cause de l'exonération partielle En cas de **non-respect de l'engagement collectif de conservation des titres, tous les héritiers** ou légataires (ou donataires) doivent, en principe, acquitter le complément de droits de mutation à titre gratuit majoré de l'intérêt de retard visé nº 79860 (CGI art. 1840 G ter). Toutefois, en cas de cession des parts ou actions, les **autres signataires** échappent à la remise en cause s'ils conservent leurs titres jusqu'au terme initialement prévu et que les seuils de détention restent atteints ou si le cessionnaire s'associe à l'engagement à raison des titres cédés afin que les seuils demeurent respectés, sous réserve, dans ce dernier cas, que l'engagement soit reconduit pour une durée minimale de deux ans. Par ailleurs, en cas de cession ou de donation d'**une partie** seulement **des parts ou actions transmises,** l'exonération partielle n'est remise en cause à l'égard du **cédant** ou du donateur qu'à hauteur des seuls parts ou actions cédées ou données si le cessionnaire ou le donataire est un autre signataire du pacte. 68100

En cas **de non-respect** de la **condition liée à l'exercice d'une activité** principale ou d'une fonction de direction, **tous les héritiers** ou légataires (ou donataires) sont tenus d'acquitter le complément de droits de mutation à titre gratuit majoré de l'intérêt de retard.

En cas de **non-respect par un héritier,** un légataire ou un donataire (ou, le cas échéant, par ses ayants cause à titre gratuit) **de son engagement individuel de conservation des titres, celui-ci** (ou ses ayants cause à titre gratuit) est tenu d'acquitter le complément de droits de mutation à titre gratuit majoré de l'intérêt de retard.

› Précisions a. Le régime de faveur n'est pas remis en cause lorsque le non-respect des engagements collectif ou individuel de conservation résulte de l'**apport** – à titre pur et simple ou partiellement rémunéré par la prise en charge d'une soulte consécutive à un partage – des titres **à une société holding** dont la valeur réelle de l'actif brut est, à l'issue de l'apport et jusqu'au terme des engagements de conservation, composée à plus de 50 % de participations dans la société soumises à ces engagements, à condition que :

– la société holding soit, à l'issue de l'apport, détenue à hauteur de 75 % au moins du capital et des droits de vote par les personnes soumises aux obligations de conservation ;

– la société holding soit dirigée directement par une ou plusieurs de ces personnes. En cas de décès du dirigeant et lorsque les associés restants ne sont pas en mesure d'assurer cette direction (enfants mineurs, incapacité), l'administration admet toutefois que ceux-ci puissent recourir à un mandataire, qui administre et gère la société pour le compte et dans l'intérêt d'un ou de plusieurs héritiers identifiés (Rép. Marini : Sén. 7-7-2011 nº 16341, non reprise dans Bofip) ;

– la société holding ainsi que les héritiers ou légataires (ou donataires) prennent respectivement l'engagement de conserver les titres apportés et les titres reçus en contrepartie de l'apport jusqu'au terme des engagements de conservation.

Cette mesure s'applique également, sous les mêmes conditions, à l'apport de titres d'une société interposée détenant directement les parts ou actions de la société objet du pacte. Dans ce cas, à l'issue de l'apport et jusqu'au terme des engagements de conservation, la valeur réelle de l'actif brut de la société holding est composée à plus de 50 % de participations indirectes dans la société cible.

b. Le régime de faveur n'est pas remis en cause lorsque l'engagement individuel de conservation n'est plus respecté par suite d'une **donation,** à condition que le ou les donataires soient le ou les **descendants** du donateur et qu'il(s) poursuive(nt) l'engagement individuel de conservation jusqu'à son terme.

c. Le régime de faveur n'est pas remis en cause lorsque le seuil minimal de participation exigé pour la conclusion d'un engagement collectif ou lorsque l'engagement individuel de conservation n'est plus respecté par suite :

– d'une **fusion, scission,** d'une **augmentation de capital** ou d'une offre publique d'échange **(OPE)** préalable à une fusion ou une scission dès lors que cette fusion ou cette scission est opérée dans l'année qui suit la clôture de l'OPE, sous réserve que les titres reçus en contrepartie soient conservés jusqu'au terme de l'engagement ;

– d'une **annulation de titres** pour cause de pertes ou de liquidation judiciaire.

d. Un **changement de régime matrimonial** ayant pour effet de rendre communs des titres de société qui étaient auparavant des biens propres du bénéficiaire de la transmission à titre gratuit n'entraîne pas la rupture de l'engagement individuel sous réserve que les titres soient conservés par les conjoints jusqu'au terme de cet engagement (BOI-ENR-DMTG-10-20-40-20 nº 210).

e. Le **non-respect** de la **condition liée à la non-inscription des titres sur un CPI** par l'un des signataires entraîne la remise en cause de l'exonération partielle dont il a bénéficié.

ENTREPRISES INDIVIDUELLES

Les **transmissions par décès et** les **donations** de biens meubles et immeubles, corporels ou incorporels affectés à l'exploitation d'une entreprise individuelle ayant une activité indus- 68105 CGI art. 787 C **ENR-X-42705 s** trielle, commerciale, artisanale, agricole ou libérale sont exonérées de droits de mutation à titre gratuit à concurrence des **trois quarts** de leur valeur.

L'exonération partielle s'applique lorsque les **conditions** suivantes sont remplies.

a. L'entreprise doit avoir été détenue pendant deux ans par le défunt (ou le donateur) si celui-ci l'avait acquise à titre onéreux. Aucune **durée de détention** n'est en revanche exigée en cas d'acquisition à titre gratuit ou en cas de création. L'exploitation de l'entreprise par le défunt au jour de son décès n'est pas nécessaire (Cass. com. 10-9-2013 nº 12-21.140 FS-PB : RJF 12/13 nº 1180 ; BOI-ENR-DMTG-10-20-40-40 nº 30).

b. Chacun des héritiers ou légataires (ou donataires) doit prendre dans la déclaration de succession (ou l'acte de donation), pour lui et ses ayants cause à titre gratuit, l'**engagement de conserver pendant quatre ans** à compter de la transmission les biens affectés à l'exploitation de l'entreprise.

c. L'un des héritiers ou légataires (ou donataires) ayant pris l'engagement de conservation doit effectivement **poursuivre pendant trois ans l'exploitation** de l'entreprise, ce qui implique, selon l'administration, qu'il y exerce effectivement à titre habituel et principal son activité (BOI-ENR-DMTG-10-20-40-40 nº 90 ; en sens contraire : CA Grenoble 8-9-2015 nº 13/00609 : RJF 4/16 nº 384).

> **Précisions** **a.** Les sociétés unipersonnelles (**EURL, EARL, Sasu, etc.**) relèvent en principe du régime prévu en faveur des transmissions de parts ou actions de société (nºs 68090 s.). Elles peuvent toutefois être assimilées aux entreprises individuelles lorsque aucun engagement collectif de conservation n'a été souscrit et que les dispositions relatives à l'engagement réputé acquis ne leur sont pas applicables (notamment lorsque les parts ou actions sont détenues depuis moins de deux ans : voir nº 68095) (en ce sens : BOI-ENR-DMTG-10-20-40-40 nº 10).
> **b.** Les **donations de droits démembrés** (usufruit ou nue-propriété) peuvent bénéficier de l'exonération partielle.
> **c.** La transmission peut porter sur la **totalité ou** sur une **quote-part indivise** des biens.
> **d.** L'engagement de conservation porte sur l'ensemble des biens transmis. Mais le **remplacement ou la cession isolée d'un élément d'actif** ne caractérise pas la rupture de leur engagement (BOI-ENR-DMTG-10-20-40-40 nº 50).
> **e.** L'**exploitation de l'entreprise** peut être poursuivie soit sous la forme **individuelle,** soit sous la forme **sociétaire.**
> **f.** Chacun des héritiers, donataires ou légataires doit joindre à sa **déclaration de succession ou de don manuel** ou à l'**acte de donation** l'engagement de conservation des biens ainsi qu'une attestation certifiant que la condition tenant à la durée de détention de l'entreprise est remplie. Par ailleurs, **sur demande** de l'administration ainsi qu'au **terme de l'engagement,** l'héritier, le donataire ou le légataire doit adresser au service des impôts une attestation certifiant que l'engagement de conservation des biens et l'obligation de poursuite de l'exploitation ont été respectés depuis la date de transmission et jusqu'à la date de la demande ou jusqu'au terme de ces obligations. Cette attestation doit être produite dans les trois mois de la demande ou du terme de l'engagement (CGI ann. II art. 294 quater modifié par l'art. 3 du décret 2019-653 du 27-6-2019).
> **g.** Les **droits** calculés sur la fraction taxable de la donation peuvent éventuellement bénéficier d'une **réduction** si le donateur a moins de soixante-dix ans (nº 69320).

68110 En cas de **non-respect de l'engagement de conservation des biens** par un héritier, un légataire ou un donataire (ou le cas échéant par ses ayants cause à titre gratuit), **celui-ci** (ou ses ayants cause à titre gratuit) est tenu d'acquitter le complément de droits de mutation à titre gratuit majoré de l'intérêt de retard visé nº 79860 (CGI art. 1840 G ter).

En cas de **non-respect de la condition liée à la poursuite de l'exploitation, tous les héritiers** ou légataires (ou donataires) sont tenus d'acquitter le complément de droits et l'intérêt de retard.

> **Précisions** Le régime de faveur n'est pas remis en cause lorsque l'engagement de conservation des biens n'est pas respecté par suite d'une **donation** à condition que le ou les donataires soient le ou les **descendants** du donateur et qu'il(s) poursuive(nt) l'engagement de conservation jusqu'à son terme.

BOIS ET FORÊTS

68120 CGI art. 793, 2-2º et 1840 G ENR-X-34200 s

Les transmissions à titre gratuit intéressant les propriétés en nature de bois et forêts sont exonérées de droits, à concurrence des **trois quarts** de leur montant, à **condition** :

– que les parties produisent un **certificat** du directeur départemental des territoires (ou directeur départemental des territoires et de la mer dans les départements du littoral) attestant que les bois et forêts sont susceptibles de présenter une des garanties de gestion durable prévues aux articles L 124-1 à L 124-4 et L 313-2 du Code forestier ;

– qu'elles prennent pour elles et leurs ayants cause l'**engagement** d'appliquer pendant trente ans à ces bois et forêts l'une des garanties de gestion durable précitées ou, si au moment de la mutation aucune garantie de gestion durable n'est appliquée, de présenter une telle garantie dans le délai de trois ans à compter de la mutation et de l'appliquer jusqu'à l'expiration du délai de trente ans.

Le bénéficiaire de l'exonération doit en outre produire, tous les dix ans à compter de la date du dépôt de la déclaration de succession (ou de la signature de l'acte de la donation), un **bilan de la mise en œuvre du document de gestion durable** (CGI ann. III art. 281 H bis).

La **rupture** de l'**engagement** entraîne l'exigibilité du complément de droit et d'un droit supplémentaire égal respectivement à 30 %, 20 % et 10 % du complément selon que le manquement est constaté avant l'expiration de la dixième, de la vingtième ou de la trentième année suivant la transmission. Le complément de droit est assorti de l'intérêt de retard visé nº 79860 au taux de droit commun pour les cinq premières annuités, puis réduit pour les annuités suivantes d'un cinquième, d'un quart ou d'un tiers selon que le manquement est constaté avant l'expiration de la dixième, de la vingtième ou de la trentième année suivant la transmission (CGI art. 1727, IV-7). La **rupture partielle** de l'engagement n'entraîne qu'une remise en cause partielle du régime de faveur. Pour la **garantie** de ces droits, le Trésor dispose de l'hypothèque légale prévue par l'article 1929, 3 du CGI.

> **Précisions** **a.** La **cession** n'est pas par elle-même une cause de déchéance mais, en cas de **non-respect par l'acquéreur de l'engagement** de gestion durable, le cédant est déchu du régime de faveur (Cass. com. 11-6-2013 nº 12-19.890 F-PB : RJF 10/13 nº 982 ; BOI-ENR-DMTG-10-20-30-10 nº 95).
> **b.** La **déchéance** du régime de faveur n'est **pas encourue** si les bois et forêts sont cédés (à titre gratuit ou à titre onéreux) à l'État, aux collectivités territoriales ou organismes mentionnés à l'article 1042 du CGI (tels les établissements publics fonciers) ou à des établissements ou sociétés en vue de la réalisation d'équipements d'intérêt public. Il en va de même en cas d'expropriation ou d'interdiction de reconstituer les boisements après coupe rase en application de l'article L 126-1, al. 2 à 9 du Code rural et de la pêche maritime.

PARTS DE GROUPEMENTS FORESTIERS

Les parts de groupements forestiers ont un régime d'exonération pratiquement analogue à celui qui est prévu en faveur des bois et forêts (exonération à concurrence des trois quarts sous certaines conditions : nº 68120), sous réserve des **particularités** suivantes : **68130** CGI art. 793, 1-3º ENR-X-34900 s

a. L'exonération ne s'applique pour les parts acquises à titre onéreux que si ces parts sont détenues depuis plus de deux ans ;

b. L'engagement d'appliquer aux bois une garantie de gestion durable est souscrit par le groupement qui s'engage en outre à reboiser ses friches et landes dans un délai de cinq ans ;

c. L'exonération partielle est limitée à la fraction de la valeur nette des parts correspondant aux biens directement liés à l'objet de ces groupements (bois et forêts, friches et landes, terrains pastoraux et sommes déposées sur un Cifa).

> **Précisions** **a.** Les parts de **sociétés d'épargne forestière** sont assimilées fiscalement aux parts de groupements forestiers (C. mon. fin. art. L 214-121). Les transmissions à titre gratuit de ces parts peuvent donc bénéficier du régime d'exonération partielle prévu pour les parts de groupements forestiers.
> **b.** Le régime peut se cumuler avec celui prévu en faveur des **transmissions de parts ou actions de société** (nos 68090 s.), dès lors que l'ensemble des conditions prévues par chacun des dispositifs est rempli (BOI-ENR-DMTG-10-20-30-10 nº 180). L'exonération partielle s'applique alors sur la fraction de valeur restant taxable en vertu de l'autre régime.

BIENS RURAUX DONNÉS À BAIL À LONG TERME OU À BAIL CESSIBLE ET PARTS DE GFA

Les **biens ruraux** donnés à bail à long terme ou à bail cessible hors du cadre familial bénéficient, pour chaque transmission à titre gratuit, d'une exonération partielle de droits (voir nº 68150). Cette exonération est subordonnée à la **condition** que le bénéficiaire reste propriétaire des biens pendant cinq ans. **68140** CGI art. 793, 2-3º et 1-4º et 793 bis ENR-X-35600 s et 38200 s

Pour les donations intervenues au profit du preneur ou d'un de ses proches parents, l'exonération ne s'applique que si le bail a été consenti depuis deux ans au moins à la date de la donation.

Les transmissions à titre gratuit des **parts de groupements fonciers agricoles** (GFA) sont également partiellement exonérées de droits lorsque les **conditions** suivantes sont réunies : **68145**

– les statuts du groupement doivent lui interdire l'exploitation en faire-valoir direct ;

– les immeubles à destination agricole du groupement doivent faire l'objet d'un bail rural à long terme ou d'un bail rural cessible hors du cadre familial ;

– les parts doivent avoir été détenues depuis deux ans au moins par le défunt (ou le donateur), ce délai n'étant toutefois pas exigé pour les parts attribuées en rémunération d'apports d'immeubles ou de droits immobiliers à destination agricole effectués lors de la constitution du groupement ;

– le bénéficiaire de la transmission doit rester propriétaire des biens pendant cinq ans ;

– pour les donations intervenues au profit du preneur ou d'un de ses proches parents, le bail doit être consenti depuis deux ans au moins à la date de la donation.

L'exonération ne s'applique qu'à la **fraction** de la valeur nette des parts **correspondant aux biens donnés à bail à long terme** ou à bail cessible hors du cadre familial et à concurrence d'un certain pourcentage (voir nº 68150).

68150 **Portée de l'exonération** Lorsque la **valeur** totale des biens ruraux loués par bail à long terme ou par bail cessible hors du cadre familial, ou la valeur totale des parts de GFA (pour la fraction correspondant à de tels biens), transmis par le défunt (ou le donateur) à chaque héritier ou légataire (ou donataire), **n'excède pas 300 000 €,** les biens transmis sont exonérés à concurrence des 3/4 de leur valeur. Dans le **cas contraire,** le pourcentage d'exonération est ramené de 75 % à 50 %, mais seulement au-delà de la limite de 300 000 €.

EXEMPLE

Transmission par décès à deux enfants le 3 janvier 2020 d'une exploitation agricole louée par bail à long terme d'une valeur totale de 800 000 €. On suppose qu'il n'existe pas de donation antérieure.

La part de chaque enfant se calcule comme suit :

800 000/2 = 400 000 €.

Fraction exonérée : (300 000 × 75 %) + (100 000 × 50 %) =	275 000 €
Fraction taxable : 400 000 – 275 000 =	125 000 €
Abattement personnel	– 100 000 €
Part nette taxable	25 000 €

› Précisions **a.** La limite s'apprécie au niveau de chaque part héréditaire ou de chaque légataire s'il s'agit d'une succession, ou de chaque donateur et donataire s'il s'agit de mutation à titre gratuit entre vifs.

b. Lorsque les biens transmis comprennent **à la fois** des **parts de GFA** et des **immeubles ruraux loués** par bail à long terme ou par bail cessible hors du cadre familial, la limite trouve à s'appliquer au titre de chaque catégorie de biens.

c. La limite est appréciée en tenant compte des **donations antérieurement consenties** par la même personne, à l'exception des donations passées depuis plus de **quinze ans.**

d. Pour l'application du rappel fiscal, l'administration peut **rectifier la valeur** des donations antérieurement consenties prises en compte (LPF art. L 181 B, al. 2).

e. La déclaration de succession (ou l'acte de donation) doit comporter certains **renseignements,** notamment le rappel des donations antérieures intervenues entre le défunt (ou le donateur) et chaque donataire, héritier ou légataire et leur montant (CGI ann. III art. 281 A et 281 B).

68155 **Déchéance de l'exonération partielle** Si le bénéficiaire vend ou fait donation des biens ruraux ou des parts de GFA en cause dans les cinq ans de la transmission, il doit acquitter le complément de droit dont il a été dispensé et l'intérêt de retard visé nº 79860. La déchéance encourue ne porte que sur les biens cédés et non sur la totalité des biens donnés à bail (Cass. com. 10-7-2018 nº 16-26.083 F-PB ; BOI-ENR-DMTG-10-20-30-20 nº 310).

En revanche, le décès du bénéficiaire dans les cinq ans n'entraîne pas la remise en cause de l'exonération partielle. Il en va de même en cas d'expropriation, de force majeure, d'attribution à un indivisaire résultant d'un partage avec soulte ou d'une licitation, d'apport en jouissance à une société civile agricole (GFA notamment), d'apport pur et simple à un Gaec ou encore sous certaines conditions en cas d'échange.

PARTS DE GROUPEMENTS FONCIERS RURAUX

68165 CGI art. 848 bis ENR-X-39900 s

Les parts de groupements fonciers ruraux (GFR) sont soumises, en matière de droits de mutation à titre gratuit :

– pour leur **fraction représentative de biens de nature forestière,** aux dispositions applicables aux parts de groupements forestiers ;

– pour leur **fraction représentative de biens de nature agricole,** aux dispositions applicables aux parts de GFA.

L'application aux transmissions à titre gratuit de parts de GFR des règles concernant les parts de groupements forestiers et celles de GFA conduit à les faire bénéficier, dans les mêmes conditions, des exonérations partielles prévues aux nos 68130 et 68145 s.

COMPTE D'INVESTISSEMENT FORESTIER ET D'ASSURANCE

68167 CGI art. 793, 3 et 1840 G ENR-X-35500 s

Les transmissions à titre gratuit des sommes déposées sur un compte d'investissement forestier et d'assurance (Cifa) régi par les articles L 352-1 à L 352-6 du Code forestier sont exonérées de droits, à concurrence des **trois quarts** de leur montant, lorsque les **conditions** suivantes sont réunies :

– il est produit un **certificat** du directeur départemental des territoires (ou du directeur départemental des territoires et de la mer dans les départements du littoral) attestant que les bois et forêts sont susceptibles de présenter une des garanties de gestion durable prévues à l'article L 124-1 du Code forestier ;

– les héritiers ou légataires (ou donataires) prennent pour eux et leurs ayants cause l'**engagement** d'employer les sommes conformément à l'article L 352-3 du Code forestier pendant trente ans.

La **rupture** de l'**engagement** entraîne (partiellement en cas de rupture partielle) l'exigibilité du complément de droit et d'un droit supplémentaire égal respectivement à 30 %, 20 % et 10 % du complément selon que le manquement est constaté avant l'expiration de la dixième, de la vingtième ou de la trentième année suivant la transmission. S'y ajoute l'intérêt de retard (nº 79860). Pour la garantie de ces droits, le Trésor dispose de l'hypothèque légale prévue par l'article 1929, 3 du CGI.

PROPRIÉTÉS NON BÂTIES INCLUSES DANS CERTAINS ESPACES NATURELS PROTÉGÉS

Les **successions et** les **donations entre vifs** intéressant les propriétés non bâties autres qu'en nature de bois et forêts incluses dans certains espaces naturels protégés (sites « Natura 2000 », parcs nationaux, réserves naturelles, sites classés et espaces naturels remarquables du littoral) sont exonérées de droits de mutation à titre gratuit, à concurrence des **trois quarts** de leur montant. Cette exonération est subordonnée à la double condition : **68170** CGI art. 793, 2-7º et 1840 G ENR-X-35400 s

– qu'il soit produit un certificat du directeur départemental des territoires (du directeur départemental des territoires et de la mer dans les départements du littoral) attestant que les propriétés concernées font l'objet d'un engagement de gestion conforme aux objectifs de conservation de ces espaces ;

– que les héritiers ou légataires (ou donataires) prennent pour eux et leurs ayants cause l'engagement d'appliquer pendant dix-huit ans aux espaces naturels concernés des garanties de gestion conformes aux objectifs de conservation de ces espaces.

Cette exonération ne peut **pas se cumuler avec une autre exonération** en matière de droits de mutation à titre gratuit.

La **rupture** de l'**engagement** entraîne (partiellement en cas de rupture partielle) l'exigibilité du complément de droit et d'un droit supplémentaire égal respectivement à 30 % ou 20 % du complément selon que le manquement est constaté avant ou après l'expiration de la dixième année suivant la transmission. Le complément de droit est assorti de l'intérêt de retard visé nº 79860 au taux de droit commun pour les cinq premières annuités, puis réduit pour les annuités suivantes d'un cinquième ou d'un quart selon que le manquement est constaté avant ou après l'expiration de la dixième année suivant la transmission (CGI art. 1727, IV-7).

En cas de transmission (à titre gratuit ou à titre onéreux) des biens à l'État, aux collectivités territoriales ou organismes mentionnés à l'article 1042 du CGI ou à des établissements ou des sociétés en vue de la réalisation d'équipements d'intérêt public, l'**exonération** est **définitivement acquise.**

IMMEUBLES ACQUIS NEUFS ENTRE LE 1-6-1993 ET LE 31-12-1994 OU ENTRE LE 1-8-1995 ET LE 31-12-1995

La **première transmission** à titre gratuit de logements acquis neufs entre le 1er juin 1993 et le 31 décembre 1994 ou entre le 1er août 1995 et le 31 décembre 1995 bénéficie d'une exonération partielle de droits de mutation à titre gratuit (abattement de 46 000 € par part) sous certaines conditions. **68175** CGI art. 793, 2-4º 793, 2-5º et 793 ter ENR-X-43300 s et ENR-X-43400 s

Le bénéfice de l'exonération est, entre autres **conditions,** réservé aux immeubles qui ont été affectés de façon exclusive et continue à l'**habitation principale** pendant :

– au moins cinq ans depuis l'acquisition, pour les immeubles acquis neufs entre le 1er juin 1993 et le 31 décembre 1994 ;

– au moins deux ans depuis l'acquisition, pour les immeubles acquis neufs entre le 1er août 1995 et le 31 décembre 1995. Par ailleurs, dans ce cas, le **bénéficiaire** de la transmission à titre gratuit doit prendre l'**engagement** de ne pas affecter les immeubles à un autre usage que l'habitation (principale ou secondaire) pendant une durée minimale de trois ans à compter de la transmission.

IMMEUBLES LOCATIFS ACQUIS ENTRE LE 1-8-1995 ET LE 31-12-1996

Les immeubles d'habitation et les garages acquis sous le régime des droits d'enregistrement entre le 1er août 1995 et le 31 décembre 1996 bénéficient, lors de leur **première mutation** à titre gratuit, d'une exonération partielle de droits (à concurrence des 3/4 de la valeur de l'immeuble, plafonnée à 46 000 € par part). **68180** CGI art. 793, 2-6º et 793 ter ENR-X-44200 s

Pour bénéficier de l'exonération, les immeubles doivent, dans les six mois de leur acquisition et pendant au moins neuf ans, avoir été donnés en location à une personne autre qu'un membre du foyer fiscal, un ascendant ou un descendant du propriétaire qui les a affectés de manière exclusive et continue à son **habitation principale,** la location devant avoir été consentie dans le secteur intermédiaire (plafonds de loyers et de ressources du locataire).

IMMEUBLES DONT LES TITRES DE PROPRIÉTÉ ONT ÉTÉ RECONSTITUÉS ENTRE LE 1-10-2014 ET LE 31-12-2027

68182
CGI art. 793, 2-8°
ENR-X-44500 s

Les immeubles et droits immobiliers dont les titres de propriété ont été reconstitués par un acte régulièrement transcrit ou publié entre le 1er octobre 2014 et le 31 décembre 2027 bénéficient, lors de leur **première mutation** à titre gratuit, d'une exonération partielle de droits à concurrence de 50 % de la valeur des biens.

Cette exonération ne peut pas se cumuler avec l'application, au même bien, au titre de la même mutation ou d'une mutation antérieure, de toute autre exonération de droits de mutation à titre gratuit.

MONUMENTS HISTORIQUES

68185
CGI art. 795 A
ENR-X-41300 s

a. Les **immeubles** qui sont, pour l'essentiel, **classés ou inscrits** au titre des monuments historiques, ainsi que les **meubles** qui en constituent le complément historique ou artistique, sont exonérés de droits de mutation à titre gratuit. Cette exonération est subordonnée à la souscription par les héritiers ou légataires (ou donataires) avec le ministre chargé de la culture, après avis conforme du ministre chargé du budget, d'une **convention** à durée indéterminée. Cette convention doit prévoir le maintien dans l'immeuble des meubles exonérés et leurs conditions de présentation, les modalités d'**accès du public,** ainsi que les conditions d'entretien des biens exonérés.

b. L'exonération est également applicable aux **parts de société civile** immobilière (cas où le monument historique est détenu par l'intermédiaire d'une telle société) à condition, notamment, que les héritiers ou légataires (ou donataires) adhèrent au préalable à la convention conclue entre la société et le ministre chargé de la culture et conservent les parts pendant cinq ans.

c. En cas de **non-respect** des règles fixées par la **convention,** les biens exonérés sont soumis aux droits de mutation sur la base de leur valeur au jour où la convention n'est pas respectée, ou de la valeur déclarée lors du décès si cette valeur est supérieure. Les taux applicables sont ceux auxquels ils auraient été soumis lors de leur transmission. Les droits ainsi rappelés sont majorés de l'intérêt de retard calculé à compter du premier jour du mois suivant la dénonciation de la convention (CGI art. 1727, IV-8).

Il en est de même, selon l'administration, en cas de vente des biens exonérés, ou de donation, si le donataire ne souscrit pas à la convention en vigueur. En revanche, l'exonération n'est pas remise en cause en cas de **cessions de droits indivis et de partages** intervenant **entre les héritiers,** légataires ou donataires restés en indivision (BOI-ENR-DMTG-10-20-30-60 n° 300).

Le non-respect de l'**obligation de conserver les parts** entraîne également l'exigibilité des droits de mutation à titre gratuit, dont la mutation initiale des parts a été exonérée, majorés de l'intérêt de retard.

AUTRES EXONÉRATIONS MOTIVÉES PAR LA QUALITÉ DU DÉFUNT OU DU SUCCESSEUR

68190
ENR-X-42800 s

Sont notamment exonérés :
– les **successions** des victimes de **guerre** ou d'**actes de terrorisme** et celles des **militaires** décédés dans le cadre d'**opérations extérieures** ou d'opérations de **sécurité intérieure** (CGI art. 796) ;
– les successions des **sapeurs-pompiers** décédés dans le cadre d'opérations de secours et des **policiers, gendarmes et agents des douanes** décédés dans l'accomplissement de leur mission ou des suites de leurs blessures, lorsqu'ils sont cités à l'ordre de la Nation (CGI art. 796) ;
– les **rentes** et **indemnités** versées ou dues au défunt en réparation de **dommages corporels** liés à un accident ou à une maladie (la valeur nominale des rentes ou indemnités est déduite de l'actif successoral) (CGI art. 775 bis) ;
– les dons et legs consentis à l'État, aux collectivités territoriales, aux **établissements publics scientifiques, d'enseignement, d'assistance** et de **bienfaisance** ainsi qu'aux établissements publics **fonciers de l'État** (CGI art. 1040, I) ;
– les dons et legs consentis aux **associations** ou aux fondations, reconnues d'utilité publique, dont les ressources sont affectées à des **œuvres d'assistance,** à la **défense de l'environnement** naturel ou à la **protection des animaux** (CGI art. 795, 4°) ;
– les dons et legs consentis **aux établissements publics** ou d'utilité publique répondant aux caractéristiques prévues pour le bénéfice de la réduction d'impôt sur le revenu (voir nos 3175 et 3180) (CGI art. 795, 2°) ;
– les dons et legs faits aux **fondations universitaires,** aux **fondations partenariales** et **établissements d'enseignement supérieur** reconnus d'utilité publique (CGI art. 795, 5°) ;

– les dons et legs consentis au profit des **fonds de dotation** répondant aux conditions prévues pour le bénéfice de la réduction d'impôt sur le revenu (voir nos 3175 et 3180) (CGI art. 795, 14°) ;
– les successions des **personnes dispensées** du dépôt **de la déclaration de succession**, (voir n° 68850) (CGI art. 796-0).

Les exonérations mentionnées ci-dessus s'appliquent également aux dons et legs consentis à des **organismes** agréés dont le siège est **situé dans un État de l'Espace économique européen** (EEE) sous réserve que les dons et legs reçus soient affectés à des activités similaires à celles des organismes français. Si les donataires ou légataires n'ont pas sollicité d'agrément préalable, ils doivent produire, dans le délai de dépôt de la déclaration de succession ou de donation, les pièces justificatives attestant, d'une part, qu'ils poursuivent des objectifs et présentent des caractéristiques similaires aux organismes français éligibles et, d'autre part, que les biens reçus sont affectés à des activités similaires à celles de ces organismes (CGI art. 795-0 A).

AUTRES EXONÉRATIONS

Échappent également aux droits de mutation à titre gratuit : 68195
– les **réversions de rentes viagères** entre parents en ligne directe (CGI art. 793, 1-5°) ;
– le **droit de retour légal des ascendants** (mais pas celui des collatéraux) (CGI art. 763 bis) ;
– la **renonciation anticipée à l'action en réduction** prévue à l'article 929 du Code civil (CGI art. 756 bis) ;
– les **assurances** en cas de décès contractées par le défunt au profit de bénéficiaires déterminés, dans certaines limites, voir nos 68225 s. ;
– les **œuvres d'art,** livres, objets de collection ou documents de haute valeur artistique ou historique dont il est fait **don à l'État** avec son agrément (CGI art. 1131).

Sont également exonérés de droits de succession (mais non de droits de donation) les **immeubles non bâtis indivis** (ou les droits portant sur de tels immeubles) pour lesquels le **droit de propriété** du défunt n'a **pas** été **constaté** antérieurement à son décès par un acte **régulièrement** transcrit ou publié, dans la limite d'une parcelle par succession d'une valeur inférieure à 5 000 € ou de deux parcelles contiguës d'une valeur inférieure à 10 000 €, à condition que les attestations notariées relatives à ces biens soient publiées dans un délai de vingt-quatre mois à compter du décès (CGI art. 797).

En ce qui concerne les **immeubles situés en Corse** ou dans un département ou une région d'**outre-mer**, voir respectivement n° 92450 et n° 91630.

En ce qui concerne par ailleurs les versements effectués dans le cadre du dispositif de **partage des plus-values** de cession de titres avec les salariés, voir n° 88690, précision c.

3. CAS PARTICULIERS

CONTRATS D'ASSURANCE DÉCÈS

Les **sommes** stipulées **payables lors du décès** de l'assuré **à un bénéficiaire déterminé ou à ses héritiers** ne font pas partie de la succession de l'assuré, quel que soit le degré de parenté existant entre ce dernier et le bénéficiaire (C. ass. art. L 132-12). Ces sommes sont donc en principe exonérées. 68225

Cependant, la portée de cette exonération est doublement limitée par les textes fiscaux :
– d'une part, l'article 757 B du CGI soumet aux droits de succession, après application d'un abattement de 30 500 €, les primes versées après l'âge de soixante-dix ans ainsi que les sommes dues à raison du décès, après l'âge de soixante-dix ans, du titulaire d'un plan d'épargne retraite ;
– d'autre part, l'article 990 I du même Code soumet à un prélèvement spécifique les sommes dues par les organismes d'assurance et assimilés sur la fraction revenant à chaque bénéficiaire qui excède 152 500 €.

Droits de succession Les sommes versées par un assureur à un bénéficiaire déterminé à raison du décès de l'assuré sont soumises aux droits de succession à concurrence de la fraction des **primes versées après** l'âge de **soixante-dix ans.** Par exception, les sommes versées en cas de décès, après l'âge de soixante-dix ans, du titulaire d'un **plan d'épargne retraite** (n° 1375) donnent ouverture à ces droits pour leur montant total (CGI art. 757 B, I modifié par ord. 2019-766 du 24-7-2019 art. 3, I-P). 68230 CGI art. 757 B **ENR-X-8800 s**

Les sommes versées ne sont effectivement taxées qu'après application d'un abattement de 30 500 €. Cet abattement est global et doit, le cas échéant, être partagé entre les **différents contrats** conclus sur la tête d'un même assuré (CGI art. 757 B, II modifié par ord. 2019-766 du 24-7-2019 art. 3, I-P).

En cas de **pluralité de bénéficiaires,** l'abattement est réparti entre les bénéficiaires en fonction de leur part dans les sommes taxables. Si l'un des bénéficiaires est exonéré de droits de mutation par décès (par exemple, le conjoint, le partenaire d'un Pacs et, dans certains cas, le frère ou la sœur : voir nos 68070 et 68080), l'abattement est réparti entre les autres bénéficiaires (BOI-ENR-DMTG-10-10-20-20 no 220).

En cas de **démembrement de la clause bénéficiaire,** le nu-propriétaire et l'usufruitier sont considérés comme bénéficiaires au prorata de la part leur revenant, déterminée selon le barème prévu à l'article 669 du CGI. L'abattement de 30 500 € est réparti de la même façon (BOI-ENR-DMTG-10-10-20-20 no 225).

Les **droits** sont **calculés** compte tenu du lien de parenté existant entre le bénéficiaire et l'assuré.

Ce dispositif s'applique aux seuls contrats souscrits (ou ayant subi des modifications substantielles) depuis le 20 novembre 1991. Les contrats souscrits avant le 20 novembre 1991 ne donnent ouverture à aucun droit de mutation par décès.

› Précisions **a.** L'**âge de l'assuré** au moment du **versement des primes** (ou lors de son décès s'il s'agit d'un plan d'épargne retraite) est le critère déterminant d'assujettissement aux droits de succession des sommes dues par l'assureur.
Il en résulte que peu importent :
– l'âge de l'assuré au moment de la souscription du contrat ;
– l'âge du souscripteur dans le cas où celui-ci serait une personne différente de l'assuré.
b. Pour les **contrats souscrits avant le 20 novembre 1991,** le versement de nouvelles primes ou de primes disproportionnées par rapport à celles payées avant cette date n'est pas considéré comme une modification substantielle du contrat (BOI-ENR-DMTG-10-10-20-20 no 110).
De même, un contrat d'assurance-vie en euros garde son antériorité en cas de **transformation** en contrat en unités de comptes (BOI-ENR-DMTG-10-10-20-20 no 130).
En outre, l'**adhésion conjointe** de l'épouse à un contrat d'assurance-vie souscrit initialement par son mari ne fait pas non plus perdre l'antériorité au contrat (Cass. 1e civ. 19-3-2015 no 13-28.776 F-PB : RJF 7/15 no 653).
c. Lorsque les **sommes versées au décès** sont **inférieures aux primes** versées après les soixante-dix ans de l'assuré, les droits sont dus sur le montant des capitaux versés par l'assureur diminué de l'abattement de 30 500 € (BOI-ENR-DMTG-10-10-20-20 no 190).
d. Les **bénéficiaires** des contrats d'assurance en cas de vie ou de décès doivent **déclarer** au décès de l'assuré dans le délai de la déclaration de succession (voir no 68870) tous les contrats d'assurance en vertu desquels des primes ont été versées après le soixante-dixième anniversaire de l'assuré (même si les primes versées n'excèdent pas 30 500 €) (CGI ann. II art. 292 A).
Les **assureurs** sont quant à eux également tenus de déclarer à l'administration, dans les soixante jours de la prise de connaissance du décès, les caractéristiques des contrats, le montant des primes versées après le soixante-dixième anniversaire de l'assuré ainsi que la répartition des sommes entre tous les bénéficiaires pour chaque contrat (CGI ann. II art. 292 B).

68235 CGI art. 990 I ENR-XI-11000 s

Prélèvement spécifique Les sommes dues par les organismes d'assurance et assimilés (notamment les mutuelles et les institutions de prévoyance) à raison du décès de l'assuré sont assujetties, à concurrence de la **part** revenant à chaque bénéficiaire (éventuellement réduite de l'abattement proportionnel visé no 68237) **qui excède 152 500 €,** à un prélèvement égal à **20 %** pour la fraction inférieure ou égale à 700 000 € et à **31,25 %** pour la fraction excédant cette limite.

EXEMPLE

Sommes dues par un assureur à deux bénéficiaires déterminés à raison du décès de l'assuré intervenu le 1er août 2020 (l'assuré avait 68 ans lors du versement de la prime réalisé à la souscription du contrat en 2016).

Part revenant à chaque bénéficiaire : 1 500 000 €.

Part taxable : 1 500 000 € − 152 500 € = 1 347 500 €.

Montant du prélèvement : (700 000 € × 20 %) + (647 500 € × 31,25 %) = 342 344 €.

Ce prélèvement ne s'applique qu'aux **contrats souscrits depuis le 13 octobre 1998** ainsi qu'aux **primes versées depuis cette date** sur des contrats en cours.

Sont **exclus** du champ d'application de ce prélèvement :
– les contrats rente-survie (voir no 3345) ;
– les contrats d'assurance de groupe souscrits dans le cadre d'une activité professionnelle (autres que les plans d'épargne retraite) ainsi que les sommes dues à raison des rentes viagères constituées dans le cadre d'une activité professionnelle, d'un plan d'épargne retraite populaire (Perp) ou d'un plan d'épargne retraite individuel moyennant le versement de primes régulièrement échelonnées dans leur montant et leur périodicité, pendant une durée d'au moins quinze ans et dont l'entrée en jouissance intervient, au plus tôt, à compter de la liquidation de la pension du redevable dans un régime obligatoire d'assurance vieillesse ou à l'âge légal de la retraite (CGI art. 990 I, I-al. 1 et 2 modifiés par ord. 2019-766 du 24-7-2019 art. 3-I, Q) ;

– les sommes correspondant aux primes versées au-delà de soixante-dix ans dans le cadre de contrats souscrits depuis le 20 novembre 1991 ainsi que les sommes versées à raison du décès, après l'âge de soixante-dix ans, du titulaire d'un plan d'épargne retraite, qui relèvent des droits de succession (voir n° 68230) ;
– les sommes versées aux organismes exonérés de droits de mutation à titre gratuit en vertu de l'article 795 ou 795-0 A du CGI (voir n° 68190) ;
– les sommes versées au **conjoint** ou **partenaire** de l'assuré ou à ses **frères et sœurs** remplissant les **conditions** pour bénéficier de l'exonération de droits de succession (voir nos 68070 et 68080).

68236 **> Précisions a.** Le prélèvement constitue une **taxation spécifique** « sui generis » et non pas un droit de mutation à titre gratuit.
b. En cas de **démembrement de la clause bénéficiaire,** le nu-propriétaire et l'usufruitier sont considérés comme bénéficiaires au prorata de la part leur revenant, déterminée selon le barème prévu à l'article 669 du CGI. L'abattement de 152 500 € et, s'il y a lieu, l'abattement proportionnel sont répartis de la même façon. Il est pratiqué autant d'abattements qu'il y a de couples « usufruitier/nu-propriétaire ».
En cas de **pluralité de nus-propriétaires,** chaque nu-propriétaire partage un abattement avec l'usufruitier en fonction des droits revenant à chacun en application du barème prévu à l'article 669 du CGI. Dans cette situation, l'usufruitier ne peut toutefois bénéficier au total que d'un abattement maximum de 152 500 € sur l'ensemble des capitaux décès reçus à raison de contrats d'assurance-vie du chef du décès d'un même assuré (BOI-TCAS-AUT-60 n° 310).
Lorsque l'**un des bénéficiaires** est **exonéré** (par exemple, conjoint survivant ou partenaire lié au défunt par un Pacs), la fraction d'abattement non utilisée ne bénéficie pas aux autres bénéficiaires (BOI-TCAS-AUT-60 n° 310).
c. Le bénéficiaire est soumis au prélèvement dès lors qu'il a son domicile fiscal en France (au sens défini nos 495 s.) au moment du décès et qu'il l'a eu pendant au moins six ans au cours des dix années précédentes ou dès lors que l'assuré a son domicile fiscal en France au moment du décès.
d. N'entrent pas dans le champ d'application du prélèvement les **contrats « homme clé »** souscrits par les entreprises pour se prémunir de la disparition de leurs dirigeants ou de certains de leurs collaborateurs (BOI-TCAS-AUT-60 n° 50).
e. Un contrat d'assurance-vie en euros souscrit avant le 13 octobre 1998 garde son antériorité en cas de transformation en contrat en unités de compte (BOI-TCAS-AUT-60 n° 90).
f. L'**assiette** du prélèvement est constituée :
– pour les **contrats rachetables,** par les sommes, rentes ou valeurs correspondant à la fraction rachetable (valeur de rachat au jour du décès de l'assuré ou, s'il s'agit d'un contrat à terme fixe, valeur de rachat au jour du versement des sommes) et par les primes correspondant à la fraction non rachetable ;
– pour les **contrats non rachetables,** par la prime annuelle ou par la prime versée à la conclusion du contrat s'il s'agit d'une prime unique.
g. Le prélèvement est précompté par les assureurs et **versé** au comptable des impôts dans les quinze jours qui suivent la fin du mois au cours duquel les sommes ont été versées aux bénéficiaires.
Il est **recouvré** suivant les mêmes règles et sous les mêmes garanties et sanctions que la taxe sur les conventions d'assurance (voir n° 76000).
Le bénéficiaire doit produire à l'assureur une **attestation** indiquant le montant des abattements déjà appliqués à des sommes reçues d'autres assureurs à raison du décès du même assuré.
Les **assureurs** sont quant à eux tenus de déclarer à l'administration, préalablement à tout versement, le dénouement des contrats (voir n° 26950) (CGI art. 806, IV).
h. Le prélèvement est applicable aux **sommes provenant de contrats d'assurance-vie en déshérence** reversées au bénéficiaire par la Caisse des dépôts et consignations (CDC) lorsqu'elles entrent dans le champ d'application de ce prélèvement au jour de leur dépôt à la CDC (CGI art. 990 I, I ter ; ENR-XI-13000 s.).
Lorsqu'elles n'entrent pas dans le champ d'application de ce prélèvement (et ne constituent pas des produits soumis au régime visé n° 26025), les sommes sont soumises au prélèvement spécifique prévu par l'article 990 I bis du CGI. Ce prélèvement est calculé selon les mêmes modalités que le prélèvement spécifique de l'article 990 I sous réserve du montant de l'abattement fixé à 15 000 € (au lieu de 152 500 €). Il n'est pas applicable lorsque le bénéficiaire a été exonéré de droits de mutation à titre gratuit.
Le prélèvement (de l'article 990 I ou de l'article 990 I bis) est déclaré (CGI ann. III art. 344 G nonies), précompté et reversé au Trésor par la CDC dans les quinze jours qui suivent la fin du mois au cours duquel les sommes ont été versées aux bénéficiaires.

Cas particulier des contrats « vie-génération ». L'assiette du prélèvement est réduite d'un **abattement proportionnel de 20 %** lorsque les sommes dues sont issues de contrats dans lesquels les primes versées sont représentées par une ou plusieurs **unités de compte** constituées : 68237 ENR-XI-11700 s
– de parts ou actions d'organismes de placement collectif en valeurs mobilières (OPCVM) ou de certains fonds d'investissement alternatifs (FIA) ou d'organismes européens de même nature ;
– de parts ou d'actions de sociétés à prépondérance immobilière européennes, d'organismes de placement collectif immobilier (OPCI) ou de sociétés civiles de placement immobilier (SCPI).

Ces contrats doivent être **investis** notamment dans les actifs suivants :

a. Titres d'OPCVM, de FIA ou d'organismes européens de même nature dont l'actif est constitué par :

– des actifs relevant de l'économie sociale et solidaire ;

– des parts de fonds communs de placement à risques (FCPR), de fonds professionnels de capital investissement (FPCI), de sociétés de libre partenariat (SLP), de fonds communs de placement dans l'innovation (FCPI), de fonds d'investissement de proximité (FIP), d'actions de sociétés de capital-risque (SCR) ou d'organismes européens similaires ;

– des actions ou parts d'entreprises de taille intermédiaire (ETI) exerçant une activité industrielle ou commerciale sous réserve que le souscripteur du contrat ne détienne pas avec son groupe familial (son conjoint, leurs ascendants et descendants) pendant la durée du contrat, directement ou indirectement, plus de 25 % des droits dans les bénéfices sociaux (ou n'ait pas détenu une telle participation au cours des cinq années précédentes) ;

b. Titres de sociétés à prépondérance immobilière, d'OPCI ou de SCPI contribuant au financement du logement social ou intermédiaire.

Ces **actifs ciblés** (logement social et intermédiaire, économie sociale et solidaire, capital-risque, ETI) doivent représenter **au moins 33 %** des actifs du contrat.

La part de chaque bénéficiaire, nette de l'abattement proportionnel de 20 %, est ensuite réduite de l'**abattement fixe de 152 500 €** visé nº 68235.

EXEMPLE

Mêmes données que dans l'exemple figurant nº 68235 mais en supposant qu'il s'agit d'un contrat vie-génération.

Part taxable : 1 500 000 € − (1 500 000 € × 20 %) = 1 200 000 €.

1 200 000 € − 152 500 € = 1 047 500 €.

Montant du prélèvement : (700 000 € × 20 %) + (347 500 € × 31,25 %) = 248 594 €.

Sont concernés les **contrats souscrits depuis le 1er janvier 2014 (ou** souscrits avant cette date et **transformés** entre le 1er janvier 2014 et le 1er janvier 2016).

› Précisions a. Si une **partie des primes** est **affectée à l'acquisition d'unités de compte non éligibles** au dispositif, la proportion de 33 % est appréciée en tenant compte du rapport existant entre la prime versée et la part de cette prime représentée par les unités de comptes éligibles.

b. Le quota de 33 % doit être atteint à l'issue du **premier versement de primes** puis, en principe, respecté pendant toute la durée du contrat après chaque opération d'**arbitrage entre unités de compte,** de **rachat partiel** ou de **versement de nouvelles primes.** Le passage sous le seuil de 33 % n'est en revanche pas sanctionné lorsqu'il est dû à une autre cause (une baisse de la valeur des actifs ciblés du contrat, par exemple) (CGI ann. II art. 306-0 F bis).

68240 **Tableau récapitulatif** Le tableau ci-après récapitule les régimes fiscaux susceptibles de s'appliquer selon la date de souscription du contrat et la date de versement des primes (hors plans d'épargne retraite).

Date de souscription du contrat	Primes versées	
	• avant le 13 octobre 1998	• à partir du 13 octobre 1998
Contrat souscrit avant le 20 novembre 1991 (et n'ayant pas subi de modification substantielle depuis cette date)	Pas de taxation	Prélèvement de 20 % puis 31,25 %, après application de l'abattement de 152 500 €
Contrat souscrit (ou substantiellement modifié) à partir du 20 novembre 1991 :		
• primes versées avant le soixante-dixième anniversaire de l'assuré	Pas de taxation	Prélèvement de 20 % puis 31,25 %, après application de l'abattement de 152 500 € (et éventuellement de l'abattement proportionnel de 20 % : voir nº 68237)
• primes versées après le soixante-dixième anniversaire de l'assuré	Droits de succession sur la fraction des primes qui excède 30 500 €	Droits de succession sur la fraction des primes qui excède 30 500 €

BIENS RECUEILLIS EN VERTU D'UNE CLAUSE DE TONTINE

68250 En cas d'**acquisition en commun** d'un bien quelconque, les parties peuvent stipuler qu'au

CGI art. 754 A décès de chacune d'entre elles sa part reviendra aux survivants de sorte que le dernier survi-

ENR-X-2350 s vant sera réputé propriétaire de la totalité du bien (clause dite « d'accroissement », « de condition de survie » ou « de tontine »).

Ce transfert de propriété est soumis aux **droits de succession** selon le régime de droit commun, c'est-à-dire d'après le lien existant entre le défunt et le ou les bénéficiaires de l'accroissement, et sur la valeur de la part transmise à chacun d'eux. Par conséquent, la part recueillie par le conjoint survivant ou le partenaire d'un Pacs est exonérée de ces droits (BOI-ENR-DMTG-10-10-10-10 n° 300).

Une exception à ce régime d'imposition est prévue en faveur des immeubles affectés à l'habitation principale commune à deux acquéreurs, lorsque ces immeubles ont une valeur inférieure à 76 000 € au moment du premier décès. Dans cette situation, la part transmise au survivant est passible des **droits de vente d'immeubles** (voir nos 66220 s.), le bénéficiaire ayant toutefois la possibilité d'opter pour l'application des droits de succession si ce régime s'avère plus avantageux.

> **Précisions** **a.** Ces règles ne s'appliquent qu'aux **contrats conclus après le 5 septembre 1979.** Pour les contrats conclus jusqu'à cette date, le droit de vente est applicable (BOI-ENR-DMTG-10-10-10-10 n° 270).
> **b.** Les **clauses** de tontine **non insérées dans un contrat d'acquisition en commun** (par exemple, dans les statuts d'une société) ne donnent pas ouverture aux droits de succession, mais au droit de vente (BOI-ENR-DMTG-10-10-10-10 n° 280).

RÉVERSIONS D'USUFRUIT

Les réversions d'usufruit relèvent du régime des droits de succession. **68260** CGI art. 796-0 quater ENR-X-2650 s

Lorsque le bénéficiaire est le **conjoint survivant,** le **partenaire d'un Pacs** ou certains **frères et sœurs,** la réversion est donc exonérée (puisque les successions concernées sont exonérées : voir nos 68070 et 68080).

Pour les **autres bénéficiaires,** les droits de succession sont calculés en se plaçant à la date du décès de l'usufruitier précédent, en fonction du lien de parenté entre le stipulant et le bénéficiaire.

B. Assiette et calcul

Les droits de succession sont assis sur la valeur des biens transmis. Ils sont calculés sur la part revenant à chaque héritier ou légataire imposable après déduction du passif. **68290**

1. ÉVALUATION DES BIENS

Les droits de succession sont assis sur une déclaration estimative des redevables. En principe, les biens transmis sont évalués à leur valeur vénale réelle au jour du décès. **68400**

Cependant, pour certains biens, il existe des bases légales d'évaluation auxquelles les déclarants doivent se conformer (nos 68420 à 68470).

NOTION DE VALEUR VÉNALE

Il n'existe pas de définition légale de la valeur vénale. C'est une notion essentiellement économique. Elle correspond au prix que le **jeu normal de l'offre et de la demande** permettrait au propriétaire de retirer de la vente d'un bien déterminé, à un moment donné, compte tenu des données du marché, des particularités physiques, juridiques et économiques de ce bien, abstraction faite de toute valeur de convenance. **68410** ENR-VII-30250 s

> **Précisions** **a.** La valeur vénale dépend donc essentiellement, lorsqu'il s'agit d'**évaluations immobilières** :
> 1. Des caractéristiques spécifiques du bien, dont les différents éléments conditionnent son utilisation :
> – **éléments physiques** (situation et possibilité d'accès, superficie et configuration, culture du sol et du sous-sol) ;
> – éléments ou **facteurs juridiques** : réglementations d'urbanisme, servitudes diverses, indivision (sous réserve qu'elle ne résulte pas de la transmission : BOI-ENR-DMTG-20-30-10 n° 90 ; Cass. com. 3-6-2014 n° 13-18.180 F-D : RJF 10/14 n° 949 ; voir également n° 71760, précisions), bien loué ou libre d'occupation. En ce qui concerne la prise en compte de l'occupation d'un immeuble par le propriétaire, voir n° 68420 ;
> – éléments relatifs à l'**environnement économique** (développement économique de la région, démographie, habitat, transports, secteurs sensibles ou touristiques, morcellement des exploitations, etc.) ;
> 2. Des données du **marché** immobilier **local** : la valeur doit se déterminer par référence au marché, par rapport à des transactions locales et contemporaines portant sur des biens comparables en qualité et en quantité.
> **b.** Afin de faciliter l'évaluation de leurs immeubles, les redevables peuvent consulter la base « demande de valeurs foncières » (**DVF**), via le site cadastre.data.fr, regroupant l'ensemble des informations détenues par l'administration fiscale sur les valeurs foncières déclarées lors des mutations immobilières intervenues durant les cinq dernières années. Les informations mises à la disposition du public sont relatives à la date et à la nature de la mutation, au prix de

l'immeuble, à son adresse, à sa description et à ses références cadastrales.

c. Les **fonds de commerce** et biens assimilés doivent, conformément à la règle générale, être évalués à leur valeur vénale réelle au jour du décès. En ce qui concerne la prise en compte de la dépréciation éventuelle du fonds en raison du décès de l'exploitant, voir n° 68440, b.

Les bâtiments servant à l'exploitation du fonds, les créances (et les dettes), le portefeuille de valeurs mobilières ou de droits sociaux ainsi que le numéraire en caisse font l'objet d'une évaluation distincte.

d. La valeur vénale peut être déterminée de différentes façons selon la nature des biens. Les diverses **méthodes d'évaluation** couramment utilisées sont brièvement rappelées n°s 78225 s. Pour des explications détaillées sur ces méthodes par catégories de biens, on pourra consulter notre ouvrage « Évaluation ».

IMMEUBLES

68420
CGI art. 761
ENR-X-14000 s

Conformément à la règle générale (n° 68410), les immeubles sont estimés à leur valeur vénale à la date du décès. Pour les immeubles occupés par leur propriétaire, cette valeur est réputée correspondre à leur valeur libre de toute occupation.

Par dérogation à ces principes :

– il est effectué un **abattement de 20 %** sur la valeur vénale réelle de l'immeuble constituant au jour du décès la **résidence principale du défunt,** lorsque, à la même date, cet immeuble est également occupé à titre de résidence principale par le conjoint survivant, par le partenaire lié au défunt par un Pacs, ou par un ou plusieurs enfants mineurs ou majeurs protégés du défunt, de son conjoint ou de son partenaire de Pacs. Ces dispositions s'appliquent dans les mêmes conditions lorsque les enfants majeurs du défunt, de son conjoint ou de son partenaire de Pacs sont incapables de travailler dans des conditions normales de rentabilité en raison d'une infirmité physique ou mentale, congénitale ou acquise (CGI art. 764 bis) ;

– lorsque, dans les **deux années qui ont précédé ou suivi** le décès, les immeubles ont fait l'objet d'une **adjudication publique** soit par autorité de justice, soit volontaire avec admission des étrangers, l'impôt ne peut être calculé sur une somme inférieure au prix d'adjudication augmenté des charges, à moins qu'il ne soit justifié que l'immeuble a subi dans l'intervalle des transformations susceptibles d'en modifier la valeur.

MEUBLES CORPORELS

68430
CGI art. 764
ENR-X-12550 s

L'évaluation des meubles corporels doit être faite selon les règles prévues à l'article 764 du CGI. Ces bases légales d'évaluation, qui supportent la **preuve contraire** dans les formes compatibles avec la procédure écrite, sont récapitulées dans le tableau ci-après.

Meubles meublants	Bijoux, pierreries, objets d'art et de collection	Autres meubles corporels
1. En cas de vente publique dans les deux ans du décès : prix net de la vente (frais déduits)	1. En cas de vente publique dans les deux ans du décès : prix net de la vente (frais déduits)	1. En cas de vente publique dans les deux ans du décès : prix net de la vente (frais déduits)
2. À défaut de vente publique, estimation contenue dans les inventaires notariés dressés dans les formes prévues à l'article 789 du Code civil dans les cinq ans suivant le décès	2. À défaut de vente publique, la plus élevée des valeurs figurant : – soit dans un acte estimatif dressé dans les cinq ans du décès (inventaire quelconque, même non conforme aux dispositions de l'article 789 du Code civil, partage, délivrance de legs, etc.) – soit dans un contrat d'assurance contre le vol ou l'incendie en cours au jour du décès, datant de moins de dix ans et conclu par le défunt, son conjoint ou ses auteurs (s'il existe plusieurs contrats, il convient de retenir la moyenne des évaluations)	2. À défaut de vente publique, valeur figurant dans un acte estimatif dressé dans les cinq ans du décès (inventaire quelconque, même non conforme aux dispositions de l'article 789 du Code civil, partage, délivrance de legs, etc.)
3. À défaut d'inventaire, déclaration détaillée et estimative des héritiers sans que la valeur puisse être inférieure à 5 % de la valeur brute des autres biens du défunt	3. À défaut d'acte et de contrat d'assurance, déclaration détaillée et estimative des redevables (sans aucun minimum forfaitaire)	3. À défaut d'acte estimatif, déclaration détaillée et estimative des redevables (sans aucun minimum forfaitaire)

› Précisions a. Les **meubles meublants** s'entendent des meubles destinés à l'usage et à l'ornement des appartements : tapisseries, tableaux, lits, sièges, glaces, pendules, tables, argenterie, porcelaines et autres objets de même nature. Les **autres meubles corporels** s'entendent quant à eux notamment de la vaisselle, des vêtements, des voitures.

b. Lorsqu'il est applicable, le **forfait de 5 %** se calcule sur l'ensemble des biens, autres que les meubles meublants, composant l'actif successoral avant déduction du passif.

c. Les **pièces et lingots d'or** sont imposés d'après les cours publiés à titre indicatif par CPoR Devises ou par la Banque de France, en retenant le cours le plus proche de la date du décès.

TITRES DE SOCIÉTÉS ET ASSIMILÉS

Il convient de distinguer selon qu'il s'agit de titres de sociétés cotées ou non cotées en bourse, ou encore de parts de fonds communs de placement (FCP). **68440**

a. Les **valeurs mobilières cotées** sont évaluées d'après le cours moyen de la bourse au jour du décès (moyenne du cours le plus haut et du cours le plus bas ou cours unique s'il n'y a eu qu'un cours) ou, au choix des héritiers ou légataires, d'après la moyenne des trente derniers cours qui précèdent le décès. CGI art. 759 ENR-X-13320 s

À noter que si seule la **nue-propriété** est transmise, la valeur des titres doit subir l'abattement correspondant au barème d'évaluation des usufruits (Cass. com. 23-2-1999 n° 96-19.507 P : RJF 7/99 n° 935 ; BOI-ENR-DMTG-10-40-10-40 n° 10) (voir n° 68460).

b. Les **valeurs mobilières non cotées** doivent faire l'objet d'une déclaration détaillée et estimative (méthodes d'évaluation, voir n° 78240). CGI art. 758 ENR-X-13400 s

L'article 764 A du CGI prévoit qu'en cas de **décès** de certains **dirigeants** d'entreprise la **dépréciation éventuelle** résultant dudit décès et affectant la valeur des **titres non cotés** ou des actifs incorporels (**fonds de commerce et clientèles**) ainsi transmis peut être prise en compte pour la liquidation des droits de succession. Les dirigeants visés sont : les gérants de SARL ou de sociétés en commandite par actions non cotées, les associés en nom de sociétés de personnes, les personnes qui assument la direction générale des sociétés par actions non cotées, les exploitants de fonds de commerce ou d'une clientèle, les titulaires d'offices publics ou ministériels. Pour l'application de cette disposition, les héritiers peuvent justifier la perte de la valeur de l'entreprise par tous moyens de preuve existant du vivant du dirigeant (charge de travail, cumul de fonctions, savoir-faire ou talent particulier du dirigeant directement lié à l'objet social) ou survenus entre la date du décès et l'expiration du délai pour déposer la déclaration de succession (perte de contrats ou autres événements) (BOI-ENR-DMTG-10-40-10-40 n° 220). CGI art. 764 A ENR-X-15000 s

c. Les **parts de FCP** doivent faire l'objet d'une déclaration comportant la désignation du fonds, le nombre de parts, leur valeur unitaire de rachat à la date de la transmission ainsi que leur valeur globale. Il n'est pas nécessaire de donner l'énumération et le cours de bourse de toutes les valeurs figurant dans le fonds. CGI art. 799 ENR-X-27990

CRÉANCES

Les créances dues au défunt au jour de son décès sont prises en compte pour leur **montant nominal** en ajoutant tous les **intérêts** échus et non encore payés au décès ainsi que ceux courus à la même date. **68450** CGI art. 760 ENR-X-13600 s

› Précisions **a.** Les créances **indéterminées dans leur montant** doivent faire l'objet d'une déclaration estimative. Il y a lieu, le cas échéant, à révision de la perception lorsque son montant exact est connu (BOI-ENR-DMTG-10-40-10-40 n° 60).

b. Une **créance venue à échéance** avant le décès doit être évaluée par la déclaration détaillée et estimative des parties, sans distraction des charges, conformément à l'article 758 du CGI (Cass. com. 9-10-2007 n° 06-16.528 F-PB : RJF 1/08 n° 89). Elle doit donc être évaluée non à sa valeur nominale mais à sa valeur probable de recouvrement.

c. Les créances sur un **débiteur en état de procédure de sauvegarde, redressement ou liquidation judiciaires ou de déconfiture** sont imposées sur une déclaration estimative des redevables.

ÉVALUATION DES BIENS EN USUFRUIT ET EN NUE-PROPRIÉTÉ

La valeur imposable de l'usufruit viager et de la nue-propriété correspondante est fixée **forfaitairement** à une fraction de la valeur de la propriété entière, **d'après l'âge de l'usufruitier,** conformément au barème ci-après : **68460** CGI art. 669 ENR-X-14500 s

Âge de l'usufruitier	Valeur de l'usufruit	Valeur de la nue-propriété
Jusqu'à 20 ans	90 %	10 %
De 21 à 30 ans	80 %	20 %
De 31 à 40 ans	70 %	30 %
De 41 à 50 ans	60 %	40 %
De 51 à 60 ans	50 %	50 %
De 61 à 70 ans	40 %	60 %
De 71 à 80 ans	30 %	70 %
De 81 à 90 ans	20 %	80 %
À partir de 91 ans	10 %	90 %

> Précisions **a.** En cas **d'usufruit à durée fixe,** celui-ci est évalué à 23 % de la valeur de la pleine propriété pour chaque période de dix ans, sans fraction et sans égard à l'âge de l'usufruitier (CGI art. 669, II). Toutefois, la valeur ainsi déterminée ne peut excéder celle de l'usufruit viager, qui constitue une évaluation maximale.
b. En ce qui concerne les **réversions d'usufruit,** voir n° 68260.
c. Ne pouvant avoir une durée supérieure à trente ans (C. civ. art. 619), les **usufruits** constitués **au profit d'une personne morale** ont une valeur maximale de 69 %.
d. En cas de **transmission de la nue-propriété** consentie **avant le 1er janvier 2004** (date d'entrée en vigueur du barème de l'article 669 du CGI) suivie de la **renonciation à l'usufruit après cette date,** l'administration a admis que la quotité de la valeur de l'usufruit servant d'assiette à la liquidation des droits soit plafonnée de telle sorte que son addition à celle ayant servi d'assiette à la liquidation de la donation de la nue-propriété (selon l'ancien barème de l'article 762 du CGI) n'excède pas 100 % (BOI-ENR-DMTG-10-40-10-50 n° 20).

BIENS GREVÉS D'UN DROIT D'HABITATION ET D'USAGE

68470 CGI art. 762 bis ENR-X-14700

Pour la liquidation des droits de mutation à titre gratuit, la valeur des droits d'habitation et d'usage est de 60 % de la valeur de l'usufruit viager déterminée conformément à l'article 669, I du CGI (voir n° 68460).

Cette évaluation s'applique sans distinction à tous les droits d'usage et d'habitation, qu'ils soient institués par la loi ou par la volonté des parties (Rép. Dassault : Sén. 6-12-2007 n° 344, non reprise dans Bofip).

> Précisions Lorsque ce droit s'exerce en faveur du **conjoint survivant** en application de l'article 764 du Code civil, l'**âge** du conjoint survivant à prendre en compte est celui au terme de l'exercice du droit temporaire au logement, soit un an après le décès (BOI-ENR-DMTG-10-40-10-50 n° 90). Cette évaluation est sans incidence pour le conjoint survivant, qui est exonéré de droits de succession (voir n° 68070), mais est utile pour la détermination du montant des droits de succession dus par les **héritiers recevant les biens grevés du droit.**

2. DÉDUCTION DU PASSIF

DETTES DÉDUCTIBLES

68495 CGI art. 768 ENR-X-15420 s

Sont déduites de l'actif successoral, sur justifications fournies par les héritiers, les dettes à la charge du défunt lorsque leur existence au jour du décès est justifiée par tous modes de preuve compatibles avec la procédure écrite.

68500 **Dette existant au jour du décès** Seules sont déductibles les dettes à la charge personnelle du défunt au jour de l'ouverture de la succession. Cette condition s'oppose à la déduction des dettes prenant naissance postérieurement au décès.

Il n'est pas nécessaire, en revanche, que la dette soit liquide ; il suffit qu'elle soit **certaine** dans son principe. Si son montant n'est pas encore connu à la date du dépôt de la déclaration de succession, la dette ne peut, en principe, être déduite que postérieurement par voie de réclamation.

Les **dettes dont l'existence est incertaine** à la date du décès ne sont pas déductibles. Tel est le cas des dettes soumises à une **condition suspensive** ou des **dettes litigieuses** ; en cas de réalisation de la condition ou de reconnaissance judiciaire postérieure, l'impôt perçu en trop est restituable.

Par **exception,** certaines dettes nées postérieurement au décès sont déductibles. Ainsi en est-il par exemple :

– des frais funéraires pour un montant forfaitaire de 1 500 € (sans justificatifs) (CGI art. 775) ;
– des frais d'ouverture d'un testament (BOI-ENR-DMTG-10-40-20-10 n° 250) ;
– des sommes versées au titre de la récupération des aides sociales (BOI-ENR-DMTG-10-40-20-20 n° 190) ;
– des indemnités de préavis et de licenciement dues à raison de la rupture du contrat de travail du fait du décès de l'employeur, qui peuvent, selon l'administration, être déduites de l'actif successoral sous réserve qu'elles n'aient pas été comptabilisées en charges dans le cadre d'une activité professionnelle (BOI-ENR-DMTG-10-40-20-10 n° 20) ;
– du montant des loyers ou indemnités d'occupation effectivement remboursé par la succession au conjoint survivant ou au partenaire lié au défunt par un Pacs au titre du droit temporaire au logement (CGI art. 775 quater) ;
– de la rémunération du mandataire à titre posthume si elle est déterminée de manière définitive dans les six mois suivant le décès. La déduction, qui ne peut excéder 0,5 % de l'actif successoral géré, est plafonnée à 10 000 € (CGI art. 775 quinquies) ;
– des frais de reconstitution des titres de propriété des immeubles ou droits immobiliers pour lesquels le droit de propriété du défunt n'a pas été constaté antérieurement à son décès par un acte régulièrement transcrit ou publié, mis à la charge des héritiers par le

notaire, à la condition que les attestations notariées relatives à ces biens soient publiées dans les vingt-quatre mois du décès. La déduction est limitée à la valeur déclarée de ces biens (CGI art. 775 sexies).

ILLUSTRATIONS

Sont notamment déductibles :

– les **impôts** dus par le défunt, même mis en recouvrement postérieurement au décès (les droits de succession qui ne prennent naissance qu'après le décès ne sont pas déductibles) ;

– les **emprunts** pour un montant égal au capital restant dû augmenté des intérêts échus et non payés et des intérêts courus. Bien entendu, il n'y a pas lieu de déduire les sommes restant dues par l'emprunteur à son décès lorsqu'elles sont remboursées au prêteur en exécution d'un contrat d'assurance-vie.

Une **dette fiscale** établie par une rectification est incertaine lorsqu'elle est **contestée** par le redevable, de sorte qu'elle ne peut être déduite de l'actif successoral aussi longtemps qu'elle reste litigieuse (Cass. com. 16-11-1999 nº 97-16.072 PB : RJF 2/00 nº 300 ; BOI-ENR-DMTG-10-40-20-10 nº 60).

Preuve de la dette L'existence de la dette doit être prouvée par les **modes de preuve** compatibles avec la procédure écrite, c'est-à-dire par des actes ou écrits ou encore par des présomptions suffisamment graves, précises et concordantes. Les **dettes commerciales** sont justifiées conformément aux règles du droit commercial (livres de commerce, correspondance commerciale, notamment). 68505

Les dettes dont la déduction est demandée doivent être détaillées dans un **inventaire** à joindre à la déclaration de succession (CGI art. 770).

> **Précisions** Pour les **dettes résultant d'actes authentiques,** les héritiers doivent indiquer soit la date de l'acte, le nom et la résidence de l'officier public qui l'a reçu, soit la date de la décision judiciaire et la juridiction dont elle émane.
> Pour les **autres dettes,** ils doivent présenter les titres, actes ou écrits que le créancier ne peut, sous peine de dommages-intérêts, se refuser à communiquer sous récépissé.
> Dans tous les cas, l'administration a la faculté d'exiger du créancier une **attestation** certifiant l'existence de la dette (LPF art. L 20).

DETTES NON DÉDUCTIBLES

Outre les dettes qui ne sont pas à la charge personnelle du défunt au jour du décès (nº 68495), ne sont pas déductibles les dettes énumérées ci-après. 68515 CGI art. 773 ENR-X-17100 s

a. Dettes **échues depuis plus de trois mois** lors de l'ouverture de la succession : elles sont présumées remboursées, mais la preuve contraire peut être rapportée au moyen de l'attestation du créancier.

b. Dettes d'origine contractuelle consenties au profit d'**héritiers** ou de **personnes** réputées **interposées** : pour ces dettes présumées fictives, la preuve contraire n'est admise que si elles résultent d'un acte authentique ou d'un acte sous seing privé ayant acquis date certaine avant le décès (CGI art. 773, 2° ; Cons. const. 1-12-2017 nº 2017-676 QPC). Une exception à cette règle est prévue en faveur des héritiers créanciers de salaires différés en agriculture (CGI art. 774).

c. Dettes reconnues par **testament.**

d. Dettes **hypothécaires** garanties par une **inscription périmée** depuis plus de trois mois à la date du décès. Dans la mesure où elles sont **échues,** ces dettes sont présumées remboursées et les débiteurs ne sont pas admis à apporter la preuve contraire. Si elles ne sont pas échues, elles sont déductibles sur production de l'attestation du créancier.

e. Dettes **prescrites** au sens de la loi civile (capital et intérêts) : elles ne sont pas déductibles, sauf si les héritiers établissent que, la prescription ayant été interrompue, elle n'est pas acquise.

DETTES SOUMISES À IMPUTATION SPÉCIALE

Les dettes contractées pour l'achat (ou dans l'intérêt) de **biens exonérés** sont imputées par priorité sur la valeur de ces biens. 68525 CGI art. 769 ENR-X-17720 s

> **Précisions** **a.** Lorsque l'**exonération** du bien auquel se rapporte la dette est **partielle** (bois et forêts, par exemple), la dette est déductible de l'actif imposable dans la même proportion que la valeur soumise à l'impôt.
> **b.** Les **dettes garanties par des biens exonérés** doivent également être imputées sur la valeur de ces biens s'il est établi que les emprunts ont été contractés en vue de soustraire tout ou partie du patrimoine aux droits de succession.

3. CALCUL

Les droits de succession sont calculés sur la part nette revenant à chaque héritier ou légataire. 68550

Le calcul des droits comporte trois étapes :
– application d'abattements sur la part nette de chaque redevable (nos 68560 s.) ;
– calcul des droits selon un tarif dont le taux varie selon le lien existant entre le défunt et le bénéficiaire (nos 68600 s.) ;
– le cas échéant, application de la réduction de droits en faveur des mutilés de guerre (no 68630).

À noter que les droits sont calculés en tenant compte des donations consenties antérieurement par le défunt, à l'exception toutefois de celles remontant à plus de quinze ans (no 68640).

Remarque En cas de **partage sans soulte,** les droits sont liquidés en tenant compte des biens mis effectivement dans le lot de chaque copartageant. Il peut arriver ainsi que la transmission d'un **bien exonéré** (nos 68060 s.) profite exclusivement à un seul héritier. Lorsque cette solution s'avère onéreuse, il peut donc être avantageux de procéder à un partage avec soulte.

ABATTEMENTS

68560 La part nette revenant à chaque héritier ou légataire est diminuée d'abattements dont le montant varie selon la qualité du bénéficiaire. En outre, certains dons consentis par les héritiers peuvent être également déduits.

68565 CGI art. 779, I ENR-X-22130 s

Abattement en ligne directe Pour la perception des droits afférents aux mutations en ligne directe, il est pratiqué un abattement de 100 000 €, sur la part de **chacun des ascendants et** sur la part de chacun des **enfants vivants ou représentés** par suite du prédécès ou de la renonciation de l'enfant.

Entre les **représentants des enfants prédécédés ou renonçants,** cet abattement se divise d'après les règles de la dévolution légale, abstraction faite de tous avantages particuliers qui ont pu être consentis par le défunt à certains de ses descendants. Il en est ainsi même lorsque des petits-enfants viennent à la succession de leur grand-père par suite du prédécès ou de la renonciation de leur père, fils unique.

EXEMPLE

Une personne décède le 3 janvier 2020 en laissant pour lui succéder – par suite du prédécès de son fils unique – quatre petits-enfants dont l'un est handicapé. Ce dernier bénéficie de l'abattement spécial de 159 325 € (voir no 68580) qui se cumule avec sa quote-part dans l'abattement personnel de 100 000 € (soit 25 000 €). Chacun des trois autres petits-enfants bénéficie d'un abattement de 25 000 €.

L'abattement est **personnel.** Il en résulte que lorsque la part nette dévolue à un ayant droit ne permet pas à celui-ci de bénéficier de l'intégralité de l'abattement auquel il peut prétendre, il n'y a **pas** lieu de **reporter l'excédent d'abattement** sur l'émolument des autres ayants droit.

› Précisions **a.** Bénéficient du régime fiscal des mutations en ligne directe :
– les transmissions entre adoptants et adoptés ayant fait l'objet d'une **adoption plénière** ;
– les transmissions aux **pupilles de l'État et de la Nation** (qui n'ont pas fait l'objet d'une adoption simple) et aux enfants en garde, lorsque le défunt ou le donateur a pourvu à leur entretien pendant cinq ans au moins au cours de leur minorité (CGI art. 787 A).

En revanche, il n'est, en principe, pas tenu compte du lien de parenté résultant de l'**adoption simple** (CGI art. 786). Des exceptions à ce principe sont notamment prévues à l'égard des transmissions faites en faveur :
– des **enfants** (et leurs descendants) issus d'un premier mariage **du conjoint de l'adoptant** (même en cas de divorce postérieur à l'adoption) auxquels sont assimilés les enfants adoptés précédemment (adoption plénière) par le conjoint de l'adoptant simple et ceux nés d'une autre union (hors mariage) du conjoint de l'adoptant ;
– des **pupilles de l'État ou de la Nation** ;
– d'**adoptés mineurs** au moment du décès de l'adoptant, ou d'adoptés mineurs au moment de la donation consentie par l'adoptant qui, pendant cinq ans au moins, ont reçu de celui-ci des secours et des soins ininterrompus au titre d'une prise en charge continue et principale ;
– d'**adoptés majeurs** au moment de la transmission qui, soit dans leur minorité et pendant cinq ans au moins, soit dans leur minorité et leur majorité et pendant dix ans au moins, ont **reçu de l'adoptant des secours et des soins** ininterrompus au titre d'une prise en charge continue et principale.

Dans ces cas, l'adopté bénéficie du régime fiscal des transmissions en ligne directe.

b. Les petits-enfants qui succèdent à leur aïeul après **renonciation, prédécès** ou **indignité** de leur auteur, **enfant unique** du défunt, peuvent bénéficier de l'abattement en ligne directe (BOI-ENR-DMTG-10-50-20 no 50).

68570 CGI art. 779, IV ENR-X-22300 s

Abattements entre frères et sœurs Un abattement de 15 932 € est applicable sur la part de chaque frère et sœur vivant ou représenté par suite de prédécès ou de renonciation, l'abattement se divisant entre les représentants d'après les règles de la dévolution légale.

› Précisions **a.** Cet abattement n'est opéré que si l'**exonération** visée n° 68080 ne trouve pas à s'appliquer.
b. En cas de **représentation,** seul l'abattement en faveur des frères ou sœurs a vocation à s'appliquer à l'exclusion de l'abattement personnel en faveur des **neveux ou nièces** (n° 68575), qui n'est applicable que lorsque le neveu ou la nièce vient à la succession de son propre chef. Il est précisé à cet égard que les neveux ou nièces n'héritent par représentation qu'en cas de pluralité de souches (c'est-à-dire lorsque le défunt avait plusieurs frères et sœurs). En cas de souche unique, ils héritent de leur propre chef (BOI-ENR-DMTG-10-50-80 n° 330).

Abattement en faveur des neveux ou nièces Il est pratiqué un abattement de 7 967 € sur la part de chaque neveu ou nièce. **68575** CGI art. 779, V **ENR-X-22480 s**
Sur la définition des **neveux ou nièces** concernés, voir n° 69175, précision b et n° 68570, précision b.

Abattement en faveur des handicapés Les personnes handicapées ont droit à un abattement spécifique de 159 325 €. **68580** CGI art. 779, II **ENR-X-22550 s**
Cet abattement s'applique, quel que soit le lien de parenté existant entre la personne handicapée et le défunt.
Il profite à chaque héritier ou légataire atteint, à la date de la transmission, d'une **infirmité** physique ou mentale, congénitale ou acquise, l'empêchant de se livrer, dans des conditions normales de rentabilité, à toute activité professionnelle ou, s'il a moins de dix-huit ans, d'acquérir une instruction ou une formation professionnelle d'un niveau normal.

› Précisions **a.** Pour **justifier de son état,** l'infirme peut avoir recours à tous les éléments de preuve (certificat médical circonstancié, certification d'un établissement scolaire spécialisé, carte d'invalidité, etc.).
b. L'abattement **s'ajoute,** le cas échéant, à ceux dont les handicapés peuvent bénéficier à titre personnel (notamment en tant que descendant) ou encore à celui concernant les dons faits par les héritiers à certains organismes (n° 68590).

Abattement applicable à défaut d'autre abattement Un abattement de 1 594 € est applicable sur chaque part successorale à défaut d'autre abattement, à l'exception de celui prévu en faveur des dons consentis par des héritiers à certains organismes avec lequel il est cumulable (n° 68590). **68585** CGI art. 788, IV **ENR-X-22900 s**

› Précisions Cet abattement est susceptible de bénéficier à la part de tout héritier ou légataire qui ne peut pas bénéficier des abattements visés n°s 68565 à 68580. En cas de représentation, l'abattement s'applique à la part reçue par chaque représentant.
En revanche, cet abattement ne peut pas profiter à un héritier qui a épuisé l'abattement auquel il pouvait prétendre à la suite de donations que le défunt lui avait antérieurement consenties (BOI-ENR-DMTG-10-50-20 n° 210).

Abattement pour les dons faits par les héritiers à certains organismes **68590** CGI art. 788, III **ENR-X-23000 s**
Le montant des dons consentis à certains organismes par les bénéficiaires d'une succession ou d'un legs peut, sous certaines conditions, être soustrait de l'assiette des droits de succession incombant à l'héritier ou au légataire.
Seuls peuvent être déduits les **dons** effectués à titre **définitif** et en **pleine propriété** dans les **six mois du décès** au profit :
– des **fondations ou associations reconnues d'utilité publique** répondant aux conditions fixées à l'article 200, 1-b du CGI (voir n°s 3175 et 3180) ;
– de l'**État,** de ses **établissements publics** et des organismes mentionnés à l'article 794 du CGI (notamment **collectivités territoriales** et leurs établissements publics).
Les **dons** doivent être consentis **en numéraire** ; les **dons en nature** de tout ou partie des biens reçus à une fondation reconnue d'utilité publique sont toutefois autorisés (l'abattement étant alors égal à la valeur vénale réelle des biens donnés au jour du décès).

› Précisions **a.** Cet abattement est cumulable avec les **autres abattements** (n°s 68565 s.), y compris l'abattement applicable à défaut d'autres abattements (n° 68585). En revanche, pour un même don, l'héritier ou le légataire doit choisir entre l'abattement et la **réduction d'impôt sur le revenu** (n°s 3170 s.), les deux avantages n'étant pas cumulables. La déduction ne se cumule pas davantage avec la **réduction d'IFI** à laquelle les dons peuvent sous certaines conditions ouvrir droit (n° 72120).
b. Les **dons** peuvent être effectués **à terme** à condition qu'ils interviennent au plus tard au jour du dépôt de la déclaration de succession (BOI-ENR-DMTG-10-50-20 n° 320).
c. Une **attestation** du montant et de la date du don ainsi que de l'identité des bénéficiaires doit être jointe à la **déclaration de succession.**

TARIFS

Les tarifs des droits de succession varient selon le lien unissant le défunt et l'ayant droit. **68600** **ENR-X-23300 s**

68605 CGI art. 777 ENR-X-23330 s

Successions en ligne directe

Elles sont soumises au tarif suivant :

Fraction de part nette taxable		Tarif applicable	Formule de calcul des droits P = part nette taxable
N'excédant pas	8 072 €	5 %	P × 0,05
Comprise entre	8 072 € et 12 109 €	10 %	(P × 0,1) – 404 €
	12 109 € et 15 932 €	15 %	(P × 0,15) – 1 009 €
	15 932 € et 552 324 €	20 %	(P × 0,2) – 1 806 €
	552 324 € et 902 838 €	30 %	(P × 0,3) – 57 038 €
	902 838 € et 1 805 677 €	40 %	(P × 0,4) – 147 322 €
Au-delà de	1 805 677 €	45 %	(P × 0,45) – 237 606 €

› Précisions Ce tarif est applicable à toutes les transmissions en ligne directe, quel que soit le **degré de parenté.** Il s'applique ainsi de la même manière aux successions entre parents et enfants, grands-parents et petits-enfants ou encore entre arrière-grands-parents et arrière-petits-enfants. En ce qui concerne les **enfants adoptifs,** voir nº 68565, précision a.

68610 CGI art. 777 ENR-X-23475 s

Successions entre frères et sœurs

Le tarif est le suivant :

Fraction de part nette taxable	Tarif applicable	Formule de calcul des droits P = part nette taxable
N'excédant pas 24 430 €	35 %	P × 0,35
Supérieure à 24 430 €	45 %	(P × 0,45) – 2 443 €

› Précisions a. Ce tarif est applicable à la part revenant aux **neveux et nièces** venant à la succession de leur oncle ou tante **en représentation** de leur auteur (frère ou sœur du défunt), prédécédé ou renonçant. Sur la notion de représentation, voir nº 68570, précision b.
b. Ce tarif concerne également, lorsqu'ils ne sont pas exonérés (nº 68190), les **établissements publics,** les **associations** reconnues d'utilité publique et les **fondations** reconnues d'utilité publique.

68615 CGI art. 777 ENR-X-23550 s

Autres successions

Elles sont soumises au tarif ci-après :

Fraction de part nette taxable	Tarif applicable
Entre parents jusqu'au 4e degré inclusivement	55 %
Entre parents au-delà du 4e degré et entre personnes non parentes	60 %

RÉDUCTION DE DROITS EN FAVEUR DES MUTILÉS DE GUERRE

68630 CGI art. 782 ENR-X-23610 s

Les droits de succession dus par les mutilés de guerre frappés d'une invalidité de 50 % au minimum sont réduits de moitié sans que la réduction puisse excéder 305 €.

RAPPORT DES DONATIONS ANTÉRIEURES

68640 CGI art. 784 ENR-X-24100 s

Le rapport fiscal des donations antérieures doit être distingué du rapport civil.

a. Le mécanisme du **rapport civil** consiste à rapporter à la succession les donations en avancement de part successorale consenties par le défunt afin de déterminer la part de chaque héritier. Ce dispositif n'a pas d'incidence fiscale directe.

Les biens rapportés sont évalués, en principe, au jour du partage (C. civ. art. 860), en fait à celui de la déclaration, sauf stipulation contraire du contrat de donation. Mais ils ne sont pas imposés une seconde fois dès lors que, quel que soit le mode d'évaluation adopté, les donations sont déduites de la part taxable de l'héritier qui effectue le rapport (et, en cas d'excédent, proportionnellement sur la part taxable des autres héritiers : BOI-ENR-DMTG-10-50-10 nº 70) pour le montant pour lequel elles ont été rapportées.

b. Le mécanisme du **rapport fiscal** a, en revanche, une incidence directe sur le calcul de l'impôt. En application de ce dispositif, en effet, en cas de donations antérieures consenties par le défunt au même bénéficiaire, la perception des droits est effectuée en ajoutant à la valeur des biens compris dans la déclaration de succession la valeur des biens qui ont fait l'objet de donations antérieures à l'exception de celles passées depuis plus de quinze ans.

Pour les **donations de moins de quinze ans** (seules concernées par ce dispositif), le rapport fiscal entraîne les conséquences suivantes :

– les **abattements** sont appliqués déduction faite de ceux dont les intéressés ont bénéficié sur les donations qui leur ont été consenties par le défunt depuis moins de quinze ans ;

– lorsqu'il y a lieu à application d'un **tarif progressif,** ceux des biens dont la transmission n'a pas encore été assujettie au droit de mutation à titre gratuit sont considérés comme inclus dans les tranches les plus élevées de l'actif imposable (les tranches les plus basses qui ont totalement servi pour l'imposition des donations de moins de quinze ans ne sont pas utilisées, celles ayant servi en partie n'étant reprises que pour leur solde).

Les **donations de plus de quinze ans** sont quant à elles dispensées de rapport fiscal. L'héritier ou le légataire peut alors bénéficier à plein des abattements et des tranches les plus basses du barème progressif.

› Précisions a. La dispense de rappel des donations de plus de quinze ans s'applique à toutes les formes de donations (**donations notariées, sous seing privé, dons manuels**) sous réserve qu'elles aient été enregistrées et soumises aux droits de donation (même si la donation n'a pas donné lieu à la perception effective de droits, notamment en raison de l'application des abattements : BOI-ENR-DMTG-10-50-50 nº 190).

b. Pour l'application du rappel fiscal, l'administration peut **rectifier la valeur** des biens ayant fait l'objet d'une donation antérieure et compris dans une nouvelle donation ou dans une déclaration de succession (LPF art. L 181 B, al. 1). La procédure de rectification concerne la donation ou la déclaration de succession dans laquelle a été rappelée la donation antérieure de moins de quinze ans, et non cette dernière. En conséquence, le **droit de reprise** de l'administration s'exerce jusqu'au 31 décembre de la troisième année qui suit celle au cours de laquelle a été enregistré l'acte ou la déclaration dans lequel est rappelée la donation antérieure (ou de la sixième année suivant celle du décès à défaut de déclaration : voir nº 77740) (BOI-ENR-DMTG-10-50-50 nº 140).

EXEMPLE 68645

Soit la succession de A, veuf, laissant comme héritiers ses deux fils B et C. On suppose que les donations antérieures sont rapportées civilement pour leur valeur au jour de la donation.

1. Donation en avancement de part successorale consentie le 20 juillet 1994 par **A** à son fils **B** de

fils **B** de	250 000 F
Abattement alors applicable	– 300 000 F
Somme taxable	néant
Dû :	**néant**

2. Donation en avancement de part successorale consentie le 18 août 2007 par **A** à son fils **C**

(qui a trois enfants) de	54 000 €
Abattement alors applicable	– 50 000 €
Somme taxable	4 000 €
À 5 % sur 4 000 €	200 €
Réduction applicable	– 610 €
Dû :	**néant**

3. Décès de A le 15 janvier 2020.

Après **rapport,** la part nette de chaque enfant est, par hypothèse, de 250 000 €.

Droits dus par B :

Part reçue	250 000 €
Son rapport de 250 000 F, soit	– 38 112 €
Somme taxable	211 888 €
Abattement personnel (intégralement disponible, la donation remontant à plus de 15 ans)	– 100 000 €
Somme imposable :	111 888 €
Droits dus : (111 888 € × 0,2) – 1 806 € =	**20 572 €**

Droits dus par C :

Part reçue	250 000 €
Son rapport	– 54 000 €
Somme taxable	196 000 €

Lors de la donation en 2007, l'abattement de 50 000 € a été intégralement utilisé.

Reste disponible : 100 000 € – 50 000 €, soit 50 000 €.

Somme imposable : 146 000 €.

Par ailleurs, une partie de la tranche à 5 % a déjà été absorbée (4 000 € sur 8 072 €).

Par suite, les droits sont calculés comme suit :

À 5 % sur 4 072 €	204 €
À 10 % sur 4 037 €	404 €
À 15 % sur 3 823 €	573 €
À 20 % sur 134 068 €	26 814 €
Droits dus :	**27 995 €**

CAS PARTICULIERS

68655 ENR-X-25200 s **Renonciation à succession** Les règles diffèrent selon que la renonciation est pure et simple ou translative.

En cas de **renonciation pure et simple,** l'**héritier renonçant** est censé n'avoir jamais été héritier. Les **héritiers acceptants** sont taxés sur l'ensemble des biens qu'ils reçoivent selon les règles de droit commun.

En cas de **renonciation translative,** c'est-à-dire au profit d'une personne déterminée qui l'accepte, l'opération s'analyse en une double mutation. Le renonçant doit alors acquitter les droits de mutation sur la part successorale lui revenant, le bénéficiaire de la renonciation devant quant à lui acquitter les droits sur la donation qui lui est ainsi faite.

Toutefois, lorsqu'elle ne modifie pas en fait les règles de la dévolution légale, la renonciation au profit d'une personne déterminée est assimilée à une renonciation pure et simple (BOI-ENR-DMTG-10-50-80 n° 300).

ILLUSTRATIONS

La **renonciation à un legs incluse dans une transaction** mettant fin au litige entre les héritiers constitue une renonciation à titre onéreux. Dès lors, le légataire doit payer les droits de succession sur le legs auquel il a renoncé (Cass. com. 26-6-2012 n° 11-21.160 FS-PB : RJF 10/12 n° 959).

68660 CGI art. 788 bis ENR-X-2200 s **Cantonnement de l'émolument** En cas de cantonnement de l'émolument du légataire (C. civ. art. 1002-1) ou du conjoint survivant (C. civ. art. 1094-1, al. 2), les biens recueillis par les autres successibles par suite de l'exercice de cette faculté sont réputés transmis par le défunt. Par conséquent :

– le **légataire** n'est imposé que sur ce qu'il prend effectivement dans son legs ;
– le **conjoint survivant** est exonéré (voir n° 68070) ;
– les **autres successibles** (héritiers ou légataires) sont imposés sur ce qu'ils reçoivent en plus selon les règles applicables en fonction de leur lien de parenté avec le défunt.

68665 **Libéralités graduelles et résiduelles** Le régime des libéralités graduelles et résiduelles qui concerne à la fois les droits de succession et de donation est étudié au n° 69415.

68670 CGI art. 792-0 bis ENR-IX-18300 s **Transmission d'un bien ou droit mis en trust** Les règles de taxation diffèrent selon que la transmission réalisée par l'intermédiaire du trust peut ou non recevoir la qualification de donation ou de succession au regard du droit fiscal français.

a. La **transmission par donation ou succession** de biens ou droits placés dans un trust ainsi que des produits qui y sont capitalisés est soumise aux droits de mutation à titre gratuit en fonction du lien de parenté entre le constituant et le bénéficiaire. Les droits sont assis sur la valeur vénale nette des biens, droits ou produits concernés à la date de la transmission. Ils sont exigibles dans les conditions de droit commun.

b. Dans le cas où la **qualification de donation ou de succession ne s'applique pas,** les biens, droits ou produits capitalisés placés dans un trust qui sont transmis aux bénéficiaires au décès du constituant sans être intégrés à sa succession ou qui restent dans le trust après le décès du constituant sont soumis aux droits de mutation par décès dans les conditions suivantes :

– si, à la date du décès, la **part** des biens, droits ou produits capitalisés qui est **due à un bénéficiaire est déterminée,** cette part est soumise aux droits de mutation par décès selon le lien de parenté entre le constituant et le bénéficiaire. Les droits sont exigibles dans les conditions de droit commun ;
– si, à la date du décès, une **part déterminée** des biens, droits ou produits capitalisés est **due globalement à des descendants** du constituant, cette part est soumise à des droits de mutation à titre gratuit par décès au taux de 45 %. Les droits sont acquittés et versés au comptable public compétent par l'administrateur du trust dans les délais visés n° 68870 ;
– dans les **autres cas** (par exemple, s'il y a transmission collective incluant des personnes qui ne sont pas des descendants du constituant décédé), la valeur des biens, droits ou produits capitalisés placés dans le trust, nette des parts mentionnées dans les deux premiers cas, est soumise à des droits de mutation à titre gratuit par décès au taux de 60 %. Les droits sont acquittés et versés au comptable public compétent par l'administrateur du trust dans les délais visés n° 68870.

› Précisions **a.** Le **trust** s'entend de l'ensemble des relations juridiques créées dans le droit d'un État autre que la France par une personne qui a la qualité de constituant, par acte entre vifs ou à cause de mort, en vue d'y placer des biens ou droits, sous le contrôle d'un administrateur, dans l'intérêt d'un ou de plusieurs bénéficiaires ou pour la réalisation d'un objectif déterminé.

Le **constituant** du trust est soit la personne physique qui l'a constitué, soit, lorsqu'il a été constitué par une personne physique agissant à titre professionnel ou par une personne morale, la personne physique qui y a placé des biens et droits.

b. Pour l'application de ces règles de taxation, le bénéficiaire est **réputé** être un **constituant** du trust, à raison des biens, droits et produits capitalisés placés dans un trust dont le constituant est décédé avant le 31 juillet 2011 et à raison de ceux qui ont déjà fait l'objet d'une transmission soumise aux droits de donation ou de succession selon les modalités définies ci-dessus. Cette règle permet la taxation des **transmissions successives** des avoirs restant dans le trust (trust « dynastique » ou « d'accumulation »).

Dans chacune de ces deux situations, le bénéficiaire est réputé constituant du trust, y compris lorsque les biens et droits placés en trust n'ont pas été effectivement imposés en raison de l'application des **conventions internationales** (BOI-DJC-TRUST n° 100).

c. Dans le cas où la transmission est qualifiée de succession (visé au a ci-dessus) et dans le cas où la transmission ne peut pas être qualifiée de donation ou de succession et que la part revenant au bénéficiaire est déterminée (visé au b, 1er tiret), la perception des droits de succession est effectuée en ajoutant la valeur des biens, droits et produits qu'ils imposent à celle des autres biens compris dans la déclaration de succession pour l'application des **barèmes** et des **abattements.**

Par ailleurs, le **rapport fiscal** des donations antérieures (n° 68640) est applicable pour le calcul des droits dus en cas de mutation réalisée par l'intermédiaire d'un trust. De même, les donations réalisées par l'intermédiaire d'un trust sont rapportables en cas de mutation ultérieure.

d. À **défaut de paiement** des droits **par l'administrateur** du trust (cas visés au b, 2e et 3e tirets) et dans le cas où l'administrateur du trust est soumis à la loi d'un État ou territoire non coopératif (tel que défini n° 78310) ou n'ayant pas conclu avec la France une convention d'assistance mutuelle en matière de recouvrement, les bénéficiaires du trust sont solidairement responsables de leur paiement.

e. Par **exception,** les droits de donation et les droits de succession sont dus au taux de 60 % lorsque l'administrateur du trust est soumis à la loi d'un **État ou territoire non coopératif** (tel que défini n° 78310, 1° et 2°) **ou** lorsque le trust a été créé après le 11 mai 2011 par un **constituant fiscalement domicilié en France** lors de la constitution.

f. Pour permettre à l'administration d'exercer son contrôle sur l'imposition des biens, droits et produits capitalisés placés dans le trust, l'administrateur du trust est soumis à certaines **obligations déclaratives** exposées n° 78307.

C. Déclaration et paiement

La liquidation et le paiement des droits de succession sont effectués au vu d'une déclaration souscrite par les redevables. **68700**

1. DÉCLARATION

La souscription de la déclaration est en principe obligatoire. Elle doit être souscrite par les héritiers ou légataires même si aucun droit n'est dû (par exemple, en raison de l'application des abattements). **68850** CGI art. 800 ENR-X-27050 s

Par **exception,** le dépôt de la déclaration de succession n'est pas exigé :

– pour les transmissions en ligne directe et entre époux ou entre partenaires d'un Pacs lorsque l'actif brut successoral est inférieur à 50 000 € (dispense subordonnée à l'absence de donations ou de dons manuels antérieurs non enregistrés ou non déclarés) ;

– pour les autres transmissions, lorsque l'actif brut successoral est inférieur à 3 000 €.

> Précisions a. Sont également dispensés de déclaration les héritiers et légataires des **victimes d'actes de terrorisme,** même si l'actif brut successoral est supérieur aux seuils légaux (BOI-ENR-DMTG-10-20-10 n° 140).

b. Les **dépositaires,** détenteurs ou débiteurs de **titres, sommes ou valeurs dépendant d'une succession** qu'ils sauraient ouverte doivent adresser à l'administration la liste de ces titres, sommes ou valeurs (CGI art. 806, I ; ENR-X-30380 s.). Toutefois, ces organismes sont dispensés de cette déclaration lorsque les sommes sont d'un montant inférieur à 1 500 € (successions dévolues à des collatéraux ou des non-parents) et 7 600 € (pour les successions en ligne directe ou revenant au conjoint survivant) (BOI-ENR-DMTG-10-70-10 n° 70). De même, les **compagnies d'assurance** doivent adresser à l'administration les renseignements sur les polices portant sur les **bijoux, pierreries** et **objets d'art ou de collection** (CGI art. 805 ; ENR-X-30650 s.).

FORME

La déclaration est souscrite sur les imprimés nos 2705-SD et 2705-S-SD et, le cas échéant, 2705-A-SD (pour les contrats d'assurance-vie) et 2709-SD (pour les immeubles situés hors du ressort du service qui reçoit la déclaration). Les notaires peuvent souscrire la déclaration sur support informatique. **68860**

Elle est souscrite en double exemplaire (CGI ann. III art. 281 0) sauf lorsque l'actif brut est supérieur à 15 000 € (BOI-ENR-DMTG-10-60-30 n° 30).

DÉLAI ET LIEU DE DÉPÔT

68870 La déclaration doit être déposée dans un délai de **six mois** à compter **du jour du décès** lorsque celui-ci s'est produit en France, et d'une année dans le cas contraire (CGI art. 641).

Elle est déposée au pôle enregistrement du **service** des impôts **du domicile du défunt.** Si le défunt n'était pas domicilié en France, la déclaration est déposée auprès de la Direction des impôts des non-résidents, recette des non-résidents, TSA 50014, 10, rue du Centre, 93465 Noisy-le-Grand Cedex (CGI art. 656) ou, s'il résidait habituellement dans la principauté de Monaco, au service départemental de l'enregistrement de Nice, Centre des finances publiques, 22 rue Joseph Cadei, 06172 Nice Cedex (CGI ann. IV art. 121 Z quinquies).

› Précisions **a.** Pour les successions comportant des **immeubles** (ou des droits immobiliers) pour lesquels le **droit de propriété** du défunt n'a **pas** été **constaté** avant son décès par un acte **régulièrement** transcrit ou publié, le délai de déclaration est porté à **vingt-quatre mois** à condition que les attestations notariées relatives à ces biens soient publiées dans ce même délai (CGI art. 641 bis).

b. La déclaration peut être **souscrite par un seul héritier** pour le compte de tous. Elle peut également être souscrite par le **notaire** dûment mandaté par les héritiers.

c. En cas de défaut de souscription de la déclaration ou de retard, les **sanctions** prévues aux n°s 80075 s. sont encourues.

CONTENU

68880 La déclaration doit contenir tous les **renseignements** relatifs à l'identité du défunt, de ses héritiers et légataires. Elle doit indiquer les dispositions testamentaires du défunt ainsi que, s'il y a lieu, son contrat de mariage et les donations qu'il a pu consentir antérieurement à son décès au profit de ses successibles, y compris les donations antérieures de plus de quinze ans (CGI art. 784). Mais les donations antérieures de plus de quinze ans ne sont pas rapportées à la succession pour la liquidation des droits (n°s 68640 s.).

La déclaration doit contenir également la **désignation** et l'**estimation** de chacun **des biens** dépendant de la succession (y compris les biens exonérés) ainsi qu'une **affirmation de sincérité.**

ILLUSTRATIONS

La souscription d'une **déclaration** de succession **incomplète** peut être considérée comme un défaut de déclaration qui peut être sanctionné, en l'absence de régularisation, par une taxation d'office (Cass. com. 14-2-2012 n° 11-10.765 FS-PB : RJF 5/12 n° 536).

2. PAIEMENT

68900 En principe, les droits de succession doivent être payés au comptant au moment du dépôt de la déclaration.

Toutefois, sous certaines conditions, ils peuvent faire l'objet d'un paiement différé ou fractionné (voir n°s 68930 s.).

DÉBITEUR DES DROITS

68910 Les droits de succession sont payés par les **héritiers** ou **légataires.**

CGI art. 1709
ENR-I-19800 s

Les cohéritiers, à l'exception de ceux exonérés de droits de succession, sont **solidaires** pour leur paiement.

En revanche, la solidarité n'existe pas entre les héritiers et les légataires, même universels, ni entre les légataires (BOI-ENR-DG-50-10-20 n° 170).

MODE DE PAIEMENT

68920 Les droits de succession sont normalement payables par les modes de paiement usuels (voir n°s 76720 s.).

ENR-I-17200 s

Par ailleurs, lorsque le montant des droits est au moins égal à 10 000 €, tout héritier ou légataire peut, sous réserve d'un agrément préalable, acquitter les droits de mutation à titre gratuit par la **remise** (CGI art. 1716 bis) :

– **d'œuvres d'art,** de livres, d'objets de collection ou de documents de haute valeur artistique ou historique ;

– de certains immeubles situés dans les zones d'intervention du Conservatoire de l'espace littoral et des rivages lacustres ;

– de **bois et forêts** ou d'espaces naturels pouvant être incorporés au domaine forestier de l'État.

› Précisions Quels que soient les motifs de l'attribution d'un titre d'indemnisation aux **Français rapatriés d'outre-mer,** les droits de succession exigibles sur la créance revenant à chaque ayant droit peuvent être acquittés par imputation sur cette créance, que la dévolution successorale s'effectue en ligne directe, en ligne collatérale ou entre non-parents (CGI art. 1716 A).

PAIEMENT FRACTIONNÉ OU DIFFÉRÉ

Qu'il soit fractionné ou différé, le crédit de paiement est subordonné à une demande, laquelle doit comporter une offre de garanties. 68930 CGI art. 1717

Lorsque la demande de crédit est acceptée, les droits donnent lieu en principe au paiement d'**intérêts.** Le **taux** d'intérêt est de 1,2 % pour les demandes présentées en 2020. Il demeure inchangé pendant toute la durée du crédit.

› Précisions Il y a **déchéance du crédit** en cas de défaut de constitution des garanties dans les délais ou en cas de retard dans le paiement des droits ou intérêts échus entraînant l'exigibilité immédiate des sommes en suspens, majorées des pénalités de retard.

Paiement fractionné Le paiement des droits de succession peut être acquitté en plusieurs **versements** égaux et à intervalles de six mois au plus, sur une **période maximale** d'un an (leur nombre est limité à trois). 68935 CGI ann. III art. 396, 1° et 404 A ENR-I-16150 s

Ce délai maximal d'un an est porté à trois ans (avec un nombre de versements limité à sept) à la condition que l'actif héréditaire comprenne, à concurrence de 50 % au moins, des biens non liquides.

› Précisions Les **biens non liquides** sont ceux énumérés à l'article 404 A, I de l'annexe III au CGI. Il s'agit notamment des immeubles, des fonds de commerce et des valeurs mobilières non cotées, des objets d'antiquité, d'art ou de collection.

Paiement différé Le paiement des droits peut être différé : 68940 CGI ann. III art. 397 et 404 B ENR-I-16260 s

– lorsque la succession comporte **dévolution de biens en nue-propriété** ;

– lorsque la succession donne lieu à l'**attribution préférentielle** d'une exploitation agricole ou en cas de réduction de libéralités ayant pour objet l'un des biens susceptibles de donner lieu à une attribution préférentielle (CGI art. 1722 bis).

Le paiement des droits peut être **différé jusqu'à** l'expiration d'un délai de six mois à compter :

– soit de la date de la réunion de l'usufruit à la nue-propriété ou de la cession totale ou partielle de cette dernière (toutefois, lorsque le montant de la cession est inférieur à celui des droits exigibles, le bénéfice du paiement différé peut être conservé pour le solde des droits à condition que cette somme soit versée à titre d'acompte sur les droits en suspens : BOI-ENR-DG-50-20-30 n° 240) ;

– soit du terme du délai imparti à l'attributaire, au légataire ou au donataire pour le paiement des sommes dont il est débiteur envers ses cohéritiers.

Le paiement différé est **limité** aux droits afférents soit à la nue-propriété, soit aux soultes ou récompenses payables à terme.

› Précisions **a.** L'administration accorde le bénéfice du paiement différé aux successions dans lesquelles le **conjoint survivant** a exercé l'**option pour le droit viager** d'habitation sur sa résidence principale, dans la limite des droits correspondant à la valeur imposable de l'immeuble. Le différé de paiement prend fin à l'expiration d'un délai de six mois à compter soit du décès du conjoint, soit de la conversion du droit viager en rente ou en capital (BOI-ENR-DG-50-20-20 n° 135).

b. Le bénéficiaire du paiement différé pour les biens transmis en nue-propriété peut être **dispensé** du **paiement des intérêts** à condition que les droits de succession soient calculés sur la valeur imposable (à la date du décès) de la pleine propriété des biens recueillis en nue-propriété.

c. La **cession** de titres d'un portefeuille de valeurs mobilières **effectuée par l'usufruitier** n'entraîne déchéance du crédit de paiement différé des droits de succession accordé au nu-propriétaire que si l'administration établit que le produit de la cession n'a pas été intégralement affecté à l'acquisition de nouvelles valeurs (BOI-ENR-DG-50-20-30 n° 260).

d. En cas de **cession du bien** attribué ou légué, les droits deviennent immédiatement exigibles.

Paiement fractionné et différé : transmissions d'entreprises Le paiement des droits dus sur les transmissions à titre gratuit d'entreprises (individuelles ou titres de sociétés non cotées) ayant une activité industrielle, commerciale, artisanale, agricole ou libérale peut être différé pendant cinq ans (versement annuel des seuls intérêts du crédit) et, à l'expiration de ce délai, être fractionné sur dix ans à raison de 1/20 tous les six mois assorti d'un intérêt exigible semestriellement. 68945 CGI ann. III art. 397 A et 404 GA à 404 GD ENR-I-15460 s

a. Conditions d'application S'il s'agit d'une **entreprise individuelle,** la mutation doit porter sur l'ensemble des biens qui en dépendent (sauf en cas de copropriété de deux époux ou de biens dépendant de la communauté, auquel cas la mutation peut porter sur la moitié des biens). L'entreprise devait être exploitée par le défunt (ou le donateur).

En cas de transmission de **droits sociaux,** les titres ne doivent pas être cotés et le bénéficiaire doit recevoir 5 % au moins du capital social.

b. Intérêt du crédit Le taux de base (voir n° 68930) est **réduit** des deux tiers (d'où un taux de 0,4 % pour les demandes formulées en 2020) lorsque la valeur de l'entreprise ou la valeur nominale des titres comprise dans la part taxable de chaque héritier ou légataire (ou donataire) est supérieure à 10 % de la valeur de l'entreprise ou du capital social, ou lorsque, globalement, plus du tiers du capital social est transmis (CGI ann. III art. 404 GA).

c. Déchéance du terme La **cession** – autrement que par décès – **de plus du tiers des biens** reçus par chaque bénéficiaire entraîne l'exigibilité immédiate des droits en suspens. Toutefois, l'**apport pur et simple en société** des biens reçus ne remet pas en cause le bénéfice du régime de faveur à la condition que le bénéficiaire prenne l'engagement de conserver les titres reçus en contrepartie de son apport jusqu'à l'échéance du dernier terme du paiement fractionné (CGI ann. III art. 404 GD). N'entraînent pas non plus, sous la même condition, la déchéance du régime de faveur les opérations de **fusion** ou de **scission** concernant des sociétés dont les titres bénéficient du paiement différé et fractionné (BOI-ENR-DG-50-20-50 nos 470 et 490).

68950 **> Précisions** **a.** Le paiement fractionné et différé est accordé aux transmissions de la **nue-propriété de droits sociaux** qui portent sur au moins 5 % du capital d'une société non cotée même si le nu-propriétaire reçoit moins de 5 % de ce capital en valeur (BOI-ENR-DG-50-20-50 nº 220).

b. Seul le **principal** des droits peut être différé ou fractionné à l'exclusion des **pénalités.**

c. Lorsqu'une transmission porte sur une entreprise individuelle ou des titres de sociétés non cotées et d'**autres biens,** seule la fraction des droits afférents aux premiers biens, déterminée par une **double liquidation,** peut être différée et fractionnée.

d. Le régime du paiement fractionné et différé des droits est applicable aux transmissions de parts de sociétés **holdings animatrices** effectives d'un groupe de sociétés (BOI-ENR-DG-50-20-50 nº 160).

SECTION 2

DONATIONS

69040
ENR-X-45000 s Les donations sont soumises en règle générale au même régime fiscal que les successions avec cependant certaines particularités exposées ci-après.

Remarque Lorsqu'elles portent sur des **immeubles,** les donations donnent, en outre, ouverture à la taxe de publicité foncière de 0,60 % (CGI art. 791) à laquelle s'ajoute le prélèvement pour frais d'assiette et de recouvrement de 2,37 % (CGI art. 1647, V-a). La taxe est calculée sur la valeur vénale de l'immeuble, sans distraction, selon l'administration, des charges éventuellement déductibles en application de l'article 776 bis du CGI (nº 69235) (BOI-ENR-DMTG-20-30-10 nº 270).

1. CHAMP D'APPLICATION

69150 Sous réserve des règles de territorialité et des exonérations prévues par la loi, sont susceptibles d'être soumises aux droits de donation toutes les donations, qu'il s'agisse de **donations simples** ou de **donations-partages.**

> Précisions **a.** S'agissant des **donations-partages** portant uniquement sur des **biens nouveaux,** les droits de mutation à titre gratuit sont en principe seuls exigibles à l'exclusion du droit de partage, qui n'est dû qu'en cas d'acte séparé.

b. Les **donations-partages** qui constatent uniquement la **reprise de donations antérieures** ne sont pas soumises aux droits de mutation à titre gratuit (CGI art. 776 A) mais au droit de partage. Toutefois, les **donations-partages transgénérationnelles** incorporant des donations antérieures avec réattribution du bien initialement donné à un descendant du donataire sont soumises aux droits de mutation à titre gratuit (au tarif prévu entre grands-parents et petits-enfants) lorsque la **donation initiale** remonte à **moins de quinze ans.** Dans ce cas, les droits acquittés lors de la première donation à raison du bien réincorporé sont imputés sur les droits dus à raison du même bien lors de la donation-partage.

c. En cas de donation-partage portant **à la fois** sur des **biens nouveaux** et sur des biens **réincorporés** (provenant de donations antérieures), les droits de mutation à titre gratuit sont exigibles sur les nouveaux biens donnés et les biens réincorporés sont soumis au droit de partage, pour leur valeur à la date de l'acte (BOI-ENR-DMTG-20-20-10 nº 170).

d. Les soultes de partage ne donnent ouverture à aucun droit (même si la soulte est à la charge d'un tiers attributaire d'une entreprise).

TERRITORIALITÉ

Les règles de territorialité des droits de succession prévues par l'article 750 ter du CGI (nos 68010 s.) sont également applicables aux droits de donation. À noter toutefois qu'en la matière : 69160
- il n'y a pas lieu de distinguer selon que l'acte de donation est ou non passé en France ;
- les conventions fiscales internationales destinées à éviter les doubles impositions sont peu nombreuses (voir la liste no 82950).

DONATIONS EXONÉRÉES

La plupart des **exonérations prévues en matière de droits de succession** sont applicables sous les mêmes conditions aux droits de donation, étant précisé que les conditions tenant au défunt doivent alors être remplies par le donateur et celles tenant aux héritiers et légataires par les donataires, les actes de donation devant quant à eux comporter les mêmes mentions et être accompagnés des mêmes documents que les déclarations de succession. 69170
Sous ces réserves, sont ainsi applicables aux donations les exonérations prévues en faveur des transmissions :
- d'entreprises (sociétés : nos 68090 s. ; entreprises individuelles : nos 68105 s.) ;
- de bois et forêts (no 68120) et de parts de groupements forestiers (no 68130) ;
- de biens ruraux loués par bail à long terme ou par bail cessible hors du cadre familial et de parts de GFA (nos 68140 s.) ;
- de parts de GFR (no 68165) ;
- des sommes déposées sur un Cifa (no 68167) ;
- de propriétés non bâties incluses dans des espaces naturels protégés (no 68170) ;
- de monuments historiques (no 68185) ;
- de certains biens à des organismes déterminés ou à certaines personnes (nos 68190 et 68195).

Sont également applicables les exonérations prévues en faveur de la première transmission à titre gratuit de logements acquis neufs entre le 1er juin 1993 et le 31 décembre 1994 ou entre le 1er août 1995 et le 31 décembre 1995 (no 68175), de logements locatifs acquis entre le 1er août 1995 et le 31 décembre 1996 (no 68180), ou encore d'immeubles dont les titres de propriété ont été reconstitués entre le 1er octobre 2014 et le 31 décembre 2027 (no 68182).
Ne s'appliquent pas, en revanche, aux droits de donation les exonérations de droits de succession prévues en faveur du conjoint ou partenaire survivant (no 68070), ainsi que, sous certaines conditions, aux frères et sœurs du défunt (no 68080).

Certaines **exonérations** sont **propres aux donations.** Elles sont examinées ci-après.

En ce qui concerne par ailleurs les **dons** de sommes d'argent ou de titres consentis à certains organismes **donnant lieu à une réduction d'IFI,** voir no 72130.

Dons familiaux en espèces Les dons de sommes d'argent consentis en pleine propriété au profit d'un **enfant,** d'un **petit-enfant,** d'un **arrière-petit-enfant** ou, à défaut d'une telle descendance, d'un **neveu** ou d'une nièce, ou, par représentation, d'un **petit-neveu** ou d'une petite-nièce, sont exonérés de droits de donation dans la limite de 31 865 € à la double condition que le donateur ait, à la date de la donation, **moins de quatre-vingts ans** et que le bénéficiaire de la donation soit majeur ou mineur émancipé. 69175 CGI art. 790 G ENR-X-54700 s

Le **plafond** s'applique aux donations (quel que soit leur nombre) consenties par un même donateur à un même donataire.

L'exonération se **cumule** avec les abattements dont bénéficient par ailleurs les intéressés (nos 69270 s.).

Les dons de sommes d'argent exonérés n'ont pas à être fiscalement rapportés lors d'une nouvelle donation ou d'une succession entre les mêmes personnes.

Les dons doivent être **déclarés ou enregistrés** par le donataire au service des impôts du lieu de son domicile dans le délai d'un mois qui suit la date du don.

L'exonération est **renouvelable** tous les quinze ans.

› Précisions **a.** Par « dons de **sommes d'argent** », il faut entendre les dons effectués par chèque, par virement, par mandat ou par remise d'espèces (BOI-ENR-DMTG-20-20-20 no 140).
b. Par « **neveu ou nièce,** » il convient d'entendre les seuls enfants des frères et sœurs du donateur, à l'exclusion de ceux du conjoint de ce dernier. S'il est prélevé sur la communauté des époux, le don est considéré comme consenti pour sa totalité par l'oncle ou la tante pour son compte personnel, sous réserve que son conjoint n'intervienne pas comme codonateur à la donation ou à la déclaration du don (BOI-ENR-DMTG-20-20-20 no 180).
c. En cas de **pluralité de petits-neveux** ou de petites-nièces venant en représentation de leur auteur, le montant de l'abattement se divise entre eux (BOI-ENR-DMTG-20-20-20 no 210).
d. L'obligation déclarative est accomplie par la souscription, en double exemplaire, d'un imprimé no 2735-SD (CGI ann. III 281 N). En cas de rédaction d'un acte de donation, c'est cet acte qui est enregistré (BOI-ENR-DMTG-20-20-20 nos 240 et 250)

69187 CGI art. 796 bis ENR-X-56000 s

Dons en numéraire aux victimes d'actes de terrorisme Les dons en numéraire reçus par les **victimes** d'actes de terrorisme sont exonérés de droits de mutation à titre gratuit. En cas de décès de la victime, l'exonération bénéficie aux dons reçus par son **conjoint, partenaire** lié par un Pacs ou **concubin** notoire, ses **descendants** et **ascendants** et les personnes considérées comme à sa charge (au sens des articles 196 et 196 A bis du CGI : voir n°s 1850 s. et n°s 1960 s.).

Cette exonération s'applique dans les mêmes conditions aux dons en numéraire reçus par les **militaires, policiers, gendarmes, sapeurs-pompiers** ou **agents des douanes** blessés en opération ou dans le cadre de leur mission (n° 68190) ou, s'ils sont décédés, aux dons reçus par leurs proches (tels que définis ci-dessus).

> **Précisions** L'exonération est applicable aux dons reçus dans les **douze mois** suivant l'acte de terrorisme ou, dans les autres situations, la blessure ou le décès. Aucun délai n'est toutefois prévu lorsque les dons sont versés par une fondation, une association reconnue d'utilité publique ou une œuvre ou un organisme d'intérêt général.

DONS MANUELS

69190 CGI art. 757 et 784 ENR-X-50200 s

Les dons manuels ne sont susceptibles d'être soumis aux droits de donation que dans les situations suivantes (CGI art. 757) :

– lorsqu'ils sont déclarés par le donataire (ou ses représentants) dans un **acte** soumis à l'enregistrement, quelle que soit sa nature ;
– lorsqu'ils font l'objet d'une **reconnaissance judiciaire** ;
– lorsqu'ils sont **révélés** par le donataire **à l'administration** fiscale.

Dans cette dernière hypothèse, le donataire doit **déclarer** le don dans le **délai** d'un mois à compter de la révélation. Toutefois, en cas de révélation spontanée et à condition que le don soit d'un montant supérieur à 15 000 €, la déclaration peut être souscrite, sur **option** du donataire lors de la révélation, dans le mois suivant le décès du donateur (CGI art. 635 A).

> **ATTENTION**
> Pour l'administration, la **révélation** du don peut être faite soit spontanément, soit en réponse à une demande de l'administration, soit encore au cours d'une procédure de contrôle ou d'une procédure contentieuse (BOI-ENR-DMTG-20-10-20-10 n° 60). Selon la Cour de cassation, la découverte d'un don manuel lors d'une vérification de comptabilité ne saurait toutefois constituer une révélation par le donataire au sens de l'article 757 du CGI (Cass. com. 15-1-2013 n° 12-11.642 FS-PB : RJF 4/13 n° 438 ; Cass. com. 16-4-2013 n° 12-17.414 F-PB : RJF 8-9/13 n° 878), et ce même si la découverte résulte de la réponse apportée par le contribuable vérifié à une question posée par l'administration (Cass. com. 6-12-2016 n° 15-19.966 F-PB : RJF 3/17 n° 278).

Par ailleurs, les dons manuels sont soumis à la règle du rapport fiscal à l'occasion d'une **donation postérieure** constatée par un acte et intervenue entre les mêmes personnes ainsi que lors du décès du donateur si le donataire figure parmi les successibles (application de l'article 784 du CGI, voir n° 68640). Ils sont donc taxables à cette occasion sauf lorsqu'ils ont déjà été imposés antérieurement lors de leur déclaration, reconnaissance judiciaire ou révélation ou que, sans avoir été imposés (du fait notamment que le montant des biens donnés était inférieur à celui des abattements personnels), ils ont été enregistrés ou déclarés.

En dehors des situations énumérées ci-dessus, les dons manuels échappent à tout droit.

> **Précisions** **a.** La déclaration des dons manuels révélés doit être souscrite en double exemplaire sur un **formulaire n° 2735-SD** déposé au service des impôts (pôle enregistrement) du domicile du donataire (cet imprimé doit être utilisé y compris pour les dons familiaux de sommes d'argent exonérés, voir n° 69175, précision d). Elle comporte les éléments utiles à l'identification du don et des parties concernées, au rappel des donations antérieures et à la liquidation des droits (CGI ann. III art. 281 E). Le **paiement des droits** de donation est effectué lors du dépôt de la déclaration.
> La révélation des dons d'une valeur supérieure à 15 000 € (et l'option pour la déclaration et le paiement des droits après le décès du donateur) est effectuée sur un **formulaire n° 2734-SD** qui doit également être déposé en double exemplaire au service des impôts (pôle enregistrement) du domicile du donataire. Elle ne donne lieu à aucune perception (BOI-ENR-DMTG-20-10-20-10 n° 90).
> **b.** En cas d'**option** du donataire pour la déclaration dans le mois suivant le décès du donateur, le **droit de reprise** de l'administration s'exerce jusqu'à l'expiration de la sixième année suivant le décès du donateur (LPF art. L 181 A). La prescription abrégée de trois ans reste toutefois applicable lorsque la déclaration de don manuel est enregistrée après le décès du donateur et qu'elle révèle suffisamment l'exigibilité des droits, sans qu'il soit nécessaire de procéder à des recherches ultérieures (Inst. 7 G-2-12 n° 37, non reprise dans Bofip).
> **c.** Les dispositions de l'article 757 du CGI ne s'appliquent pas aux dons manuels consentis aux **organismes d'intérêt général** mentionnés à l'article 200 du CGI (n°s 3175 s.) ; les associations de financement d'une campagne électorale ou d'un parti politique sont réputées d'intérêt général (BOI-ENR-DMTG-20-10-20-10 n° 120).

Pour les dons manuels soumis aux droits de donation en application de l'article 757 du CGI (déclaration dans un acte enregistré, reconnaissance judiciaire ou révélation), les droits sont calculés sur la **valeur** du don au jour de sa déclaration ou de son enregistrement ou sur la valeur au jour de la donation si celle-ci est supérieure. 69195

2. ASSIETTE DES DROITS

ÉVALUATION DES BIENS

Les règles d'évaluation des biens exposées nos 68400 s. à propos des successions sont applicables aux donations sous les réserves suivantes : 69225

– l'abattement de 20 % pour l'évaluation de la **résidence principale** (nº 68420) n'est pas applicable ;

– n'est pas non plus applicable le forfait mobilier de 5 % pour l'évaluation des **meubles meublants** (nº 68430) ;

– à défaut de vente publique et en présence de contrats d'assurance, la valeur des **bijoux,** pierreries, objets d'art ou de collection est fixée à 60 % de la valeur assurée (CGI art. 776, II) au lieu de 100 % pour les successions (nº 68430) ;

– en cas de donation de **valeurs mobilières cotées,** il n'est pas possible d'opter pour l'évaluation d'après la moyenne des trente derniers cours de bourse qui précèdent la transmission. Les titres sont en principe évalués d'après le cours moyen de la bourse au jour de la donation. Il est toutefois admis que soit retenu, pour la liquidation des droits de donation, le cours de clôture de la veille du jour du fait générateur de l'impôt (BOI-ENR-DMTG-20-30-10 nº 60) ;

– la déduction du **passif** obéit à des règles spécifiques (voir nº 69235).

PASSIF DÉDUCTIBLE

Dettes mises à la charge du donataire Les dettes contractées par le donateur **pour l'acquisition ou dans l'intérêt des biens** objets de la donation qui sont **mises à la charge du donataire dans l'acte** de donation et dont la prise en charge par le donataire est **notifiée au créancier** sont déductibles sous les réserves suivantes concernant l'**identité du créancier** : 69235 CGI art. 776 bis ENR-X-46360 s

– lorsque la donation porte sur la totalité ou une quote-part indivise des biens meubles et immeubles corporels et incorporels affectés à l'exploitation d'une **entreprise individuelle** ayant une activité industrielle, commerciale, artisanale, agricole ou libérale, la dette ne doit pas avoir été contractée auprès soit du donataire ou du conjoint de ce dernier, soit de son conjoint ou de ses ascendants, soit de ses frères, sœurs ou descendants, soit de ses ascendants ou de leurs frères et sœurs ;

– lorsque la donation porte sur des **biens autres,** la dette doit avoir été contractée auprès d'un établissement de crédit.

› Précisions **a.** En cas de **donation portant sur une quote-part indivise d'un bien** ou sur des **droits démembrés** avec présence d'un passif affecté à l'ensemble du bien, seule peut être déduite la fraction du passif correspondant à la fraction transmise du bien. De même, en cas de donation d'une branche d'activité d'une **entreprise** en présence d'un passif non affectable précisément, il convient de procéder à la répartition de ce passif au prorata de la valeur des biens transmis (BOI-ENR-DMTG-20-30-10 nº 200).

b. L'administration peut exiger du donataire la **preuve du paiement effectif** de la dette jusqu'à la fin de la troisième année suivant celle de l'échéance de la dette telle qu'elle est mentionnée dans l'acte de donation. La remise en cause de la déduction est ainsi possible au-delà du délai de prescription de droit commun.

c. La déduction des dettes mises à la charge du donataire ne s'applique que pour le calcul des droits de donation. En cas de donation d'un immeuble, la **taxe de publicité foncière** reste assise sur la valeur brute de l'immeuble, sans déduction du passif (BOI-ENR-DMTG-20-30-10 nº 270).

Frais de reconstitution des titres de propriété d'immeubles Les frais de reconstitution des titres de propriété d'immeubles ou de droits immobiliers engagés dans les vingt-quatre mois précédant une donation entre vifs pour permettre de constater le droit de propriété du donateur et mis à la charge de ce dernier par le notaire sont admis en déduction de la valeur déclarée des biens transmis, dans la limite de cette valeur. 69240 CGI art. 776 quater ENR-X-46450 s

Applicable, sur justificatifs, cette déduction est subordonnée à la condition que les **attestations notariées** relatives aux biens aient été publiées dans les six mois précédant l'acte de donation.

3. CALCUL

69260 Les droits de donation sont calculés sur la part de chaque donataire dans l'actif donné, après réintégration des donations consenties depuis moins de quinze ans par le même donateur au même bénéficiaire (règle du rapport fiscal des donations antérieures étudiée nos 68640 s.).

Tout comme pour les successions, le calcul des droits de donation comporte l'application d'abattements, d'un tarif et, le cas échéant, de réductions de droits.

> Précisions a. Lorsqu'une **donation-partage** est **consentie par deux époux** mariés sous un régime de communauté, chacun des parents transmet aux **enfants communs** la moitié des **biens de communauté** auxquels s'ajoutent, le cas échéant, ses biens propres. Les droits sont calculés (abattements, tarifs, éventuellement réductions) distinctement sur la part reçue par chaque donataire de chacun des donateurs.
Les donations-partages conjonctives de biens communs à des **enfants de lits différents** sont soumises sur l'intégralité de la valeur de ces biens au tarif prévu en ligne directe (CGI art. 778 bis).
b. En cas de **donations-partages** associant des **descendants de degrés différents** (C. civ. art. 1075-1), les droits sont liquidés en fonction du lien de parenté entre l'ascendant donateur et les descendants allotis (CGI art. 784 B). Les donations de moins de quinze ans aux petits-enfants au lieu et place et avec le consentement des enfants (C. civ. art. 1078-4) ne sont pas fiscalement rapportables à la succession de ces derniers (CGI art. 776 ter).

ABATTEMENTS

69270 Les donations bénéficient, au même titre que les successions, des abattements prévus :
- en **ligne directe** (no 68565) ;
- entre **frères et sœurs** (no 68570) ;
- en faveur des **neveux et nièces** (no 68575) ;
- en faveur des **handicapés** (no 68580).

En revanche, elles ne bénéficient pas des autres abattements prévus en matière de succession.

Des abattements spécifiques sont prévus pour les donations consenties entre époux ou partenaires d'un Pacs (voir no 69275) aux **petits-enfants** (voir no 69280) et aux **arrière-petits-enfants** (voir no 69285). Enfin, un abattement particulier est susceptible de s'appliquer en cas de **donation d'entreprise aux salariés** (voir no 69290).

> Précisions a. En cas de **donation conjointe** de biens communs ou indivis par **deux époux** à un enfant commun, l'abattement en ligne directe s'applique deux fois mais il ne s'applique qu'une fois en cas de donation de biens communs **par un époux avec le consentement de l'autre** (BOI-ENR-DMTG-20-20-10 nos 120 à 150).
b. En cas de **donations successives à une même personne,** l'administration refuse au redevable des droits la possibilité de renoncer, lors de la première donation, au bénéfice des abattements applicables sur l'actif transmis, pour les reporter sur une donation ultérieure (BOI-ENR-DMTG-20-30-20-20 no 10).

69275
CGI art. 790 E et 790 F
ENR-X-46595 et 46620 s

Abattement en cas de donation entre époux ou entre partenaires d'un Pacs Les donations entre époux ou entre partenaires de Pacs ouvrent droit à un abattement de 80 724 €.

Cet abattement se **cumule** éventuellement avec l'abattement prévu en faveur des handicapés (no 68580).

La règle du rappel des **donations antérieures** remontant à moins de quinze ans est applicable (l'abattement ne peut jouer qu'une fois tous les quinze ans) (voir nos 68640 s.).

> Précisions a. L'abattement entre partenaires d'un Pacs est remis en cause en cas de **rupture du Pacs** au cours de l'année civile de sa conclusion ou de l'année suivante pour un motif autre que le mariage entre les partenaires ou le décès de l'un d'entre eux.
b. Les personnes liées par un **partenariat civil conclu** régulièrement **à l'étranger** et non contraire à l'ordre public bénéficient, en matière de droits de mutation à titre gratuit, du régime applicable aux personnes liées par un Pacs, notamment de l'abattement (BOI-ENR-DMTG-20-30-20-20 no 30).

69280
CGI art. 790 B
ENR-X-46650 s

Abattement en cas de donation aux petits-enfants Les donations consenties par des grands-parents (quel que soit leur âge) à leurs petits-enfants ouvrent droit à un abattement spécifique de 31 865 € par part.

Cet abattement se **cumule,** le cas échéant, avec l'exonération des dons de sommes d'argent (no 69175), avec l'abattement visé no 68565 dont peuvent bénéficier les petits-enfants qui viennent en représentation de leur auteur ainsi qu'avec celui prévu en faveur des handicapés (no 68580).

L'abattement est applicable aux donations consenties à des **arrière-petits-enfants** venant en représentation de leur mère ou père prédécédé.

La règle du rappel des **donations antérieures** remontant à moins de quinze ans est applicable (l'abattement ne peut jouer qu'une fois tous les quinze ans) (voir n°s 68640 s.).

Abattement en cas de donation aux arrière-petits-enfants Les donations consenties par des arrière-grands-parents (quel que soit leur âge) à leurs arrière-petits-enfants donnent droit à un abattement spécifique de 5 310 € par part. 69285 CGI art. 790 D ENR-X-46690 s

Cet abattement est **cumulable,** le cas échéant, avec l'exonération des dons de sommes d'argent (n° 69175), avec l'abattement visé n° 68565 (arrière-petits-enfants venant en représentation de leurs auteurs) et avec l'abattement prévu en faveur des handicapés (n° 68580).

La règle du rappel des **donations antérieures** remontant à moins de quinze ans est applicable (l'abattement ne peut jouer qu'une fois tous les quinze ans) (voir n°s 68640 s.).

Abattement en cas de donation d'entreprise aux salariés Les **donations** en **pleine propriété** de fonds artisanaux, de fonds de commerce, de fonds agricoles ou de clientèles d'une entreprise individuelle ou de parts ou actions d'une société ouvrent droit, sur **option** du donataire, à un abattement de 300 000 € sur la valeur du fonds ou de la clientèle ou sur la fraction de la valeur des titres représentative du fonds ou de la clientèle. 69290 CGI art. 790 A ENR-X-54500 s

Le bénéfice de cet abattement est subordonné aux **conditions** suivantes :

– l'entreprise ou la société exerce une **activité** industrielle, commerciale, artisanale, agricole ou libérale ;

– les donataires sont titulaires d'un **contrat de travail** à durée indéterminée depuis deux ans au moins et exercent leurs fonctions à temps plein, ou sont titulaires d'un contrat d'apprentissage. Ces contrats sont conclus avec l'entreprise dont le fonds (ou la clientèle) est transmis ou avec la société dont les parts ou actions sont transmises ;

– les donataires poursuivent à titre d'activité professionnelle unique et de manière effective et continue, pendant cinq ans à compter de la transmission, l'**exploitation du fonds** ou l'activité de la société. Par ailleurs, l'un d'eux assure, pendant la même période, la **direction** effective de l'entreprise ;

– le **fonds** (ou la clientèle) doit être détenu depuis plus de deux ans par le donateur ou la société lorsqu'il a été **acquis à titre onéreux** ;

– lorsque la transmission porte sur des **parts ou actions acquises à titre onéreux,** le donateur doit les détenir depuis plus de deux ans.

L'abattement ne peut s'appliquer qu'une fois entre un même donateur et un même donataire.

› Précisions **a.** L'abattement de 300 000 € se **cumule** éventuellement avec :

– les abattements de droit commun (n° 69270) ;

– l'exonération partielle prévue en faveur des transmissions à titre gratuit d'entreprises (n°s 68090 s.) sur la fraction de la valeur de l'entreprise ou des parts ou actions transmises représentative de la valeur du fonds ou de la clientèle. Pour le calcul des droits, l'abattement fixe de 300 000 € est imputé après celui de 75 % (BOI-ENR-DMTG-20-30-20-20 n°s 320 et 350). La réduction de droits visée n° 69320 peut éventuellement être appliquée sur le reliquat.

b. En cas d'option pour l'abattement, la **fraction** de la valeur de l'entreprise ou des parts ou actions transmises **représentative des actifs autres** que le fonds ou la clientèle ne peut pas bénéficier de l'exonération partielle prévue en faveur des transmissions à titre gratuit d'entreprises (n°s 68090 s.).

c. La **liquidation judiciaire** de l'entreprise au cours des cinq années suivant la transmission n'entraîne pas la déchéance du régime de faveur.

TARIF

Les donations en **ligne directe,** en **ligne collatérale** et **entre non-parents** sont assujetties au même tarif que les successions (n°s 68600 s.). 69300

Seul figure donc ci-après le tarif applicable entre époux et entre partenaires d'un Pacs.

Donations entre époux et entre partenaires d'un Pacs Le tarif des droits de donation applicable entre époux et partenaires d'un Pacs est le suivant : 69305 CGI art. 777 ENR-X-46735 s

Fraction de part nette taxable		Tarif applicable	Formule de calcul des droits P = part nette taxable
N'excédant pas	8 072 €	5 %	P × 0,05
Comprise entre	8 072 € et 15 932 €	10 %	(P × 0,1) – 404 €
	15 932 € et 31 865 €	15 %	(P × 0,15) – 1 200 €
	31 865 € et 552 324 €	20 %	(P × 0,2) – 2 793 €
	552 324 € et 902 838 €	30 %	(P × 0,3) – 58 026 €
	902 838 € et 1 805 677 €	40 %	(P × 0,4) – 148 310 €
Au-delà de	1 805 677 €	45 %	(P × 0,45) – 238 594 €

RÉDUCTIONS DE DROITS

69315 Comme les successions, les donations bénéficient de la réduction de droits en faveur des mutilés de guerre (nº 68630).

Il existe, en outre, une réduction de droits spécifique aux donations d'entreprises.

69320 CGI art. 790 ENR-X-46835 s

Réduction de droits spécifique aux donations d'entreprises Les donations **en pleine propriété** d'entreprises individuelles ou de parts ou actions de sociétés qui réunissent les conditions de l'exonération partielle visée nos 68090 s. en faveur des transmissions d'entreprise bénéficient d'une réduction de droits de 50 % si le donateur a **moins de soixante-dix ans.**

Lorsqu'elle porte sur une entreprise individuelle, la donation doit porter sur la totalité ou sur une quote-part indivise de l'ensemble des biens meubles et immeubles, corporels ou incorporels, affectés à l'exploitation.

› **Précisions** La réduction de droits s'applique après, le cas échéant, la **réduction** de droits en faveur **des mutilés de guerre.**
Lorsque la **donation comprend à la fois des biens transmis en pleine propriété et des biens démembrés,** il convient de calculer distinctement les droits dus sur chaque catégorie de biens. Pour optimiser l'avantage résultant de la réduction, les biens n'en bénéficiant pas sont compris, s'il y a lieu, dans les premières tranches du tarif ; les abattements et la réduction de droits en faveur des mutilés de guerre, éventuellement applicables, sont effectués en priorité sur ces mêmes biens (BOI-ENR-DMTG-20-30-20-50 nº 37).

EXEMPLE DE LIQUIDATION DES DROITS

69335 Soit une donation-partage avec réserve d'usufruit consentie le 2 février 2020 par des parents (père âgé de 72 ans, mère âgée de 66 ans) à leurs deux enfants communs Pierre et Jacques des biens suivants (pas de donation antérieure) :

Biens de **communauté**	600 000 €
Biens **propres de la mère**	300 000 €
Biens **propres du père**	200 000 €
Total :	1 100 000 €

Calcul des droits

Biens **donnés en nue-propriété par le père**

• 1/2 communauté (donateur âgé de 72 ans)	300 000 × 70 % =	210 000 €
• Biens propres (donateur âgé de 72 ans)	200 000 × 70 % =	140 000 €
	Total :	350 000 €
	1/2 à chaque enfant	175 000 €

Biens **donnés en nue-propriété par la mère**

• 1/2 communauté (donateur âgé de 66 ans)	300 000 × 60 % =	180 000 €
• Biens propres (donateur âgé de 66 ans)	300 000 × 60 % =	180 000 €
	Total :	360 000 €
	1/2 à chaque enfant	180 000 €

Droits dus par **Pierre**

• Biens donnés en nue-propriété par le **père**		175 000 €
Abattement		– 100 000 €
	Taxable	75 000 €
Montant des droits bruts (75 000 × 0,2) – 1 806 =		13 194 €
	Dû	13 194 €
• Biens donnés en nue-propriété par la **mère**		180 000 €
Abattement		– 100 000 €
	Taxable	80 000 €
Montant des droits bruts (80 000 × 0,2) – 1 806 =		14 194 €
	Dû	14 194 €

Total dû par Pierre : 13 194 € + 14 194 € = **27 388 €.**

Droits dus par **Jacques**

Droits liquidés comme ci-dessus pour Pierre

Total dû par Jacques : **27 388 €.**

Total général des droits de donation exigibles : 27 388 € + 27 388 € = **54 776 €.**

4. PAIEMENT

a. Les droits de donation sont en principe supportés par le **donataire.** Cela étant, le donateur a la faculté de se substituer à celui-ci pour le paiement des droits. 69360 ENR-X-48200 s

À cet égard, il est précisé que **la prise en charge par le donateur des frais et droits** de donation, même par un acte séparé postérieur, ne constitue pas une libéralité supplémentaire et, de ce fait, n'entraîne aucune perception complémentaire et distincte (Cass. com. 28-2-2006 n° 03-12.310 FS-P : RJF 5/06 n° 611). Le montant de ces frais et droits n'est pas ajouté à la valeur des biens donnés pour calculer l'impôt exigible (BOI-ENR-DG-50-10-20 n° 150).

Toutes les parties à l'acte de donation sont **solidaires** pour le paiement des droits (CGI art. 1705).

b. Les droits doivent en principe être acquittés au **comptant.** En effet, les régimes de paiement fractionné ou différé des droits prévus en matière de successions ne sont pas applicables aux donations, à l'exception toutefois de celui prévu en faveur des **transmissions d'entreprises** (n° 68945). (Dans ce dernier cas, le régime de paiement fractionné et différé est limité aux droits de donation à l'exclusion de la taxe de publicité foncière exigible lorsque la donation d'entreprise porte en tout ou partie sur des immeubles.)

c. Comme celui des droits de succession, le paiement des droits de donation peut être effectué par **remise d'œuvres d'art** ou de **certains immeubles** (voir n° 68920).

5. CAS PARTICULIERS

CONVERSION D'USUFRUIT EN RENTE VIAGÈRE

a. Dans les actes de **donation** de la nue-propriété d'un bien, il arrive fréquemment que le donateur se **réserve,** en même temps que l'usufruit, la **faculté de convertir** ce dernier en rente viagère. En pareil cas, l'administration considère que l'acte de conversion s'analyse en un complément de donation avec charge soumis aux droits de donation (BOI-ENR-DMTG-20-10-10 n° 170). 69385 ENR-V-1830 s

Lorsque la **faculté de conversion** n'a **pas** été **prévue** dans la donation, l'administration applique les droits de mutation à titre onéreux sauf preuve de l'intention libérale (BOI-ENR-DMTG-20-10-10 n° 180).

b. La conversion de l'**usufruit du conjoint survivant** dans les conditions prévues par le Code civil est soumise au droit fixe des actes innomés (tarif : voir n° 64035). Il en est de même de la conversion de ses **droits viagers d'habitation et d'usage.** ENR-X-19840 s

Dans le cas où la **conversion** de l'usufruit du conjoint survivant est **stipulée avec effet rétroactif à la date du décès,** les droits de succession dus par les enfants sont liquidés (ou reliquidés) en déduisant de l'actif successoral taxable la valeur de capitalisation de la rente (BOI-ENR-DMTG-10-50-10 n° 130).

RÈGLEMENTS FINANCIERS APRÈS DIVORCE

Versements au profit d'un enfant Les versements en capital au profit d'un enfant sont exonérés de droits de mutation à titre gratuit **à concurrence de 2 700 €** par année restant à courir jusqu'à la majorité du bénéficiaire, quelle que soit la nature des biens transmis. 69400 CGI art. 757 A ENR-X-50950 s

En cas de transfert de biens ou droits immobiliers, la publication au service chargé de la publicité foncière donne ouverture à la taxe départementale de publicité foncière au taux réduit visé n° 69040.

Lorsque le versement en capital excède 2 700 € par année jusqu'à la majorité du bénéficiaire, cet **excédent** est soumis aux droits de mutation à titre gratuit dans les mêmes conditions qu'une donation de parent à enfant.

Prestations compensatoires entre ex-époux Les versements en capital entre ex-époux provenant de **biens propres** de l'époux débiteur et réalisés sur une **période inférieure à un an** donnent ouverture à un droit fixe de 125 € ou, en cas de remise d'un bien ou d'un droit immobilier, à la taxe de publicité foncière au taux de 0,70 % à laquelle s'ajoute le prélèvement pour frais d'assiette et de recouvrement visé n° 66230. Ce régime s'applique en outre aux **conversions de rentes en capital.** 69405 CGI art. 1133 ter ENR-X-51000 s

Si les versements sont réalisés sur une **période supérieure à un an,** les prestations compensatoires sont assimilées à des rentes viagères et échappent par suite à tout droit d'enregistrement.

S'ils proviennent de **biens acquis en indivision** pendant le mariage par des époux séparés de biens ou s'ils sont constitués de **biens de communauté,** les versements sont soumis au droit de partage sur la valeur de l'actif partagé, sans déduction des soultes ou plus-values (voir n° 70425).

LIBÉRALITÉS GRADUELLES ET RÉSIDUELLES

69415 CGI art. 784 C ENR-X-2110 s

Au **décès du testateur ou lors de la donation,** le légataire ou le donataire institué en premier est redevable des droits de mutation à titre gratuit (droits de succession ou de donation) dans les conditions de droit commun. Le légataire ou le donataire institué en second n'est redevable d'aucun droit.

Au **décès du premier gratifié** (légataire ou donataire), le second bénéficiaire est imposable aux droits de succession ou de donation d'après son degré de parenté avec le testateur (ou le donateur) dont il tient directement ses droits. Les **taux** applicables et la **valeur imposable** des biens transmis sont déterminés en se plaçant à la date du décès du premier gratifié. Mais les **droits payés** qui ont été acquittés par le premier gratifié sont imputés sur ceux dus sur les mêmes biens par le second bénéficiaire.

› Précisions **a.** Une **libéralité graduelle** impose au gratifié (le grevé) la double charge de conserver sa vie durant les biens qui lui ont été donnés ou légués et de les transmettre, à son décès, à une autre personne (l'appelé ou le second gratifié) désigné par le disposant lui-même (C. civ. art. 1048 s.).

Une **libéralité résiduelle** impose à son bénéficiaire la charge de transmettre le bien, mais non de le conserver (C. civ. art. 1057 s.).

b. Les biens concernés ne tombent pas sous le coup de la **présomption de propriété** de l'article 752 du CGI (nº 68030).

DONATIONS APRÈS RETOUR DANS LE PATRIMOINE DU DONATEUR

69425 CGI art. 791 ter ENR-X-47300 s

En cas de donation en ligne directe de biens antérieurement transmis à un premier donataire en ligne directe et ayant fait retour au donateur en application des articles 738-2 (droit de **retour légal des père et/ou mère**), 951 et 952 (**retour conventionnel**) du Code civil, les **droits acquittés** lors de la première donation sont **imputés** sur les droits dus lors de la seconde donation. La nouvelle donation doit intervenir dans les **cinq ans** du retour des biens dans le patrimoine du donateur.

Par ailleurs, le retour des biens dans le patrimoine du donateur en exercice du droit de retour légal des père et/ou mère ou du droit de retour conventionnel ouvre droit dans le délai de réclamation à restitution des droits de mutation à titre gratuit acquittés au titre de la donation. L'imputation des droits en cas de nouvelle donation suppose bien entendu que les droits acquittés lors de la première donation n'aient pas fait l'objet d'une telle restitution.

Imputation et restitution peuvent cependant être combinées lorsque la nouvelle donation intervient avant le 31 décembre de la deuxième année qui suit le décès du donataire (BOI-ENR-DMTG-20-30-20-60 nº 50). Ainsi, lorsque les droits dus sur la seconde donation sont inférieurs à ceux acquittés sur la première, l'excédent non imputable est restituable sur réclamation.

› Précisions L'administration accepte que l'intégralité des droits acquittés lors de la première donation soit imputée lors de la **seconde donation,** même si celle-ci ne porte que sur une **partie seulement des biens** ayant fait retour dans le patrimoine du donateur (BOI-ENR-DMTG-20-30-20-60 nº 30).

CHAPITRE 7

CONVENTIONS DIVERSES

SOMMAIRE

A. Partages et opérations assimilées

Diverses opérations ont pour objet de mettre fin à une indivision : partages, licitations et cessions de droits successifs. Elles sont étudiées ci-après. 70250

Eu égard à leur caractère prédominant de libéralité, les **donations-partages** sont examinées au nº 69150.

En ce qui concerne les **partages de sociétés,** on se reportera aux nos 67090 s. et aux nos 67190 s. pour les régimes spéciaux (sociétés de fait, GFA, etc.).

1. PARTAGES

Le partage est le contrat qui met fin à une indivision par la répartition des biens indivis entre les coïndivisaires. 70400 CGI art. 746 à 748 ENR-II-200 s

Les partages peuvent être purs et simples ou faits avec soultes ou plus-values.

PARTAGES PURS ET SIMPLES

Le partage pur et simple est celui qui attribue à chaque copartageant des biens d'une valeur égale à ses droits dans la masse. L'acte de partage donne ouverture au seul **droit de partage** calculé sur l'actif net partagé (actif brut diminué des charges). Le droit de partage est fixé à **2,50 %.** 70410 ENR-II-400 s

› **Précisions** **a.** Si l'**actif net** n'est pas déterminé dans l'acte, les parties doivent fournir une déclaration estimative détaillée.

b. La **valeur taxable** des biens partagés est leur valeur vénale réelle à la date du partage (ou à la date qui y est indiquée comme étant celle de la jouissance divise).

Bénéficient toutefois d'un régime de faveur les **partages de copropriété** (voir nº 70430, précision b).

c. Parmi les charges déductibles figurent notamment les **frais de l'acte de partage.**

d. Un **partage verbal non repris ultérieurement dans un acte** n'est pas soumis au droit de partage (Rép. Valter : AN 22-1-2013 nº 9548).

e. Pour les partages des intérêts patrimoniaux consécutifs à une **séparation de corps,** à un **divorce** ou à une **rupture d'un Pacs,** le droit de partage sera fixé à 1,80 % à compter du 1er janvier **2021** et à 1,10 % à compter du 1er janvier **2022** (Loi 2019-1479 du 28-12-2019 art. 108).

PARTAGES AVEC SOULTE OU PLUS-VALUE

Les partages sont faits avec **soulte** lorsque certains copartageants reçoivent des attributions supérieures à leurs droits, à charge de verser aux autres une somme d'argent ou de supporter une part de passif supérieure à celle qui leur incombe normalement. La **plus-value** s'entend de l'excédent d'un lot sur les droits de son attributaire, sans que ce dernier ait à fournir une compensation. 70420 ENR-II-2200 s

Sauf pour les partages de successions ou de communautés conjugales et partages assimilés, cette soulte ou plus-value est soumise aux droits de mutation à titre onéreux et non au droit de partage.

Partages de successions ou de communautés conjugales et assimilés 70425 CGI art. 748

Les partages qui portent sur des biens dépendant d'une succession ou d'une communauté conjugale donnent ouverture au seul **droit de partage** sur la valeur nette de l'actif partagé (nº 70410), y compris les soultes ou plus-values (qui, dans ce cas, échappent aux droits de mutation à titre onéreux).

Il en est de même des partages portant sur des biens indivis issus d'une **donation-partage** et des partages portant sur des biens indivis entre **époux** ou partenaires d'un **Pacs,** qu'ils aient été acquis avant ou pendant le mariage ou le pacte.

> **Précisions** **a.** Le partage doit intervenir uniquement entre les **membres originaires de l'indivision,** leur conjoint, des ascendants, des descendants ou des ayants droit à titre universel de l'un ou de plusieurs d'entre eux.
> **b.** Le régime de faveur est applicable :
> – au partage de biens acquis en **remploi** de biens provenant d'une succession, d'une communauté conjugale, d'une indivision entre époux ou entre partenaires d'un Pacs ou d'une indivision issue d'une donation-partage (BOI-ENR-PTG-10-20 nº 350) ;
> – à certains **versements en capital entre époux** à la suite d'un **divorce** (voir nº 69405).

70430 CGI art. 747 **Autres partages** Les partages avec soulte ou plus-value qui ne relèvent pas du régime de faveur décrit ci-dessus donnent ouverture :
– sur la soulte ou plus-value, répartie proportionnellement à la valeur respective des biens compris dans le lot grevé de la soulte ou comportant une plus-value : au **droit de vente** selon la nature des biens (ou à la TVA s'il y a lieu) ;
– sur l'actif net partagé, déduction faite du passif et des soultes ou plus-values : au **droit de partage de 2,50 %.**

> **Précisions** **a.** Si la soulte consiste en l'obligation, pour le copartageant, d'acquitter une **part du passif** supérieure à celle correspondant à ses droits, on ne peut pas déduire à la fois la soulte et l'intégralité du passif. On déduit seulement le passif.
> **b.** Les **partages de copropriété** d'immeubles bâtis, de groupes d'immeubles bâtis ou d'ensembles immobiliers et la redistribution des parties communes qui en résulte sont exonérés du droit de partage (mais le droit de vente demeure exigible sur la soulte) (CGI art. 749 A).

2. LICITATIONS ET CESSIONS DE DROITS SUCCESSIFS

LICITATIONS

70455 CGI art. 750 ENR-II-5500 s La licitation est la **vente aux enchères de biens indivis** suivie du **partage du prix** entre les copropriétaires (C. civ. art. 1686).

a. Les **licitations de biens dépendant d'une succession ou d'une communauté conjugale** sont soumises à un droit proportionnel de 2,50 %. Il en est de même des licitations de biens indivis issus d'une **donation-partage** et des licitations de biens indivis entre **époux** ou partenaires d'un **Pacs,** qu'ils aient été acquis avant ou pendant le mariage ou le pacte et ce, quel que soit leur régime matrimonial.
La licitation doit être tranchée au profit des **membres originaires de l'indivision,** de leur conjoint, de leurs ascendants ou descendants, ou des ayants droit à titre universel de l'un ou de plusieurs d'entre eux.
Le droit de 2,50 % est en principe liquidé sur les **parts acquises,** c'est-à-dire sur le prix stipulé, augmenté des charges, déduction faite de la part de l'adjudicataire dans le bien adjugé à son profit. Toutefois, lorsque la **licitation fait cesser l'indivision,** le droit est liquidé sur la valeur totale des biens, sans soustraction de la part de l'acquéreur.
b. Les **autres licitations** sont taxées comme des ventes. Lorsque la licitation est **tranchée au profit d'un tiers étranger à l'indivision,** le droit de vente est calculé sur la totalité du prix, d'après la nature des biens licités. Lorsque la licitation est **tranchée au profit d'un indivisaire,** le droit de vente n'est exigible que sur les parts acquises par ce dernier dans les biens licités.

Régime de faveur des **groupements fonciers agricoles** : voir nº 67215.

CESSIONS DE DROITS SUCCESSIFS

70465 CGI art. 750 ENR-II-7600 s La cession de droits successifs est un contrat par lequel une personne appelée à une succession ouverte vend à un cohéritier ou à un tiers tous ses droits, actifs et passifs, dans cette succession. Ces conventions sont en principe taxées comme des ventes. Toutefois, les cessions de droits successifs intervenant entre indivisaires originaires bénéficient d'un régime de faveur.

a. Les **cessions de droits successifs consenties à** un ou plusieurs **membres originaires** de l'indivision, leur conjoint, des ascendants, des descendants ou des ayants droit à titre universel de l'un ou plusieurs d'entre eux donnent ouverture au droit de 2,50 % calculé sur le prix stipulé augmenté des charges, ou sur la valeur vénale des biens correspondant aux droits cédés. Si la **cession met fin à l'indivision,** ce droit est perçu sur l'actif net, c'est-à-dire sur la valeur totale des biens déduction faite du passif.

b. Les **autres cessions de droits successifs** sont imposées comme des ventes, le droit de mutation étant calculé sur le prix augmenté des charges ou sur la valeur vénale réelle des biens, au taux correspondant à la nature des biens transmis. Toutefois, si l'hérédité ne comprend que de l'**argent,** la cession des droits successifs moyennant un prix s'analyse en une opération de partage passible du droit de 2,50 %.

B. Échanges

L'échange est un contrat par lequel les parties se donnent respectivement une chose pour une autre. Il est **pur et simple** si les biens échangés sont d'égale valeur, **avec soulte ou plus-value** dans le cas contraire. **70500** ENR-IX-200 s

ÉCHANGES D'IMMEUBLES

a. En cas d'**échange pur et simple** (sans soulte ni plus-value), il est dû un droit fixé à 5 % sur la valeur de l'un des lots. Les immeubles sont estimés à leur valeur vénale réelle à la date de l'échange (déclaration estimative des parties). **70505** CGI art. 684 ENR-IX-400 s

b. En cas d'**échange avec soulte ou plus-value,** le droit de 5 % est dû sur la valeur du lot le plus faible. La soulte ou plus-value est soumise au droit de vente d'immeubles.

Régimes particuliers **a. Échanges d'immeubles ruraux** : Les **remembrements collectifs** sont exonérés de tout droit (CGI art. 1023). **70510**

Les **échanges individuels ou multilatéraux** faits conformément aux articles L 124-3 et L 124-4 du Code rural et de la pêche maritime sont exonérés du droit d'échange, seules les soultes ou plus-values résultant de ces échanges étant soumises au droit de vente d'immeubles (CGI art. 708).

Les **échanges** d'immeubles ruraux effectués **par les Safer** sont soumis au même régime que les acquisitions ou les cessions par les Safer. Ils bénéficient donc d'une exonération (voir n° 66340).

b. Remembrements urbains : voir nos 66260 s.

ÉCHANGES DE MEUBLES OU DE MEUBLES CONTRE DES IMMEUBLES

Les échanges de biens meubles (parts sociales, fonds de commerce, etc.) contre des immeubles ou d'autres biens meubles ne sont pas spécialement tarifés et relèvent par suite du régime de droit commun des mutations à titre onéreux. Il n'est toutefois dû qu'un seul impôt de mutation (celui dont le taux est le plus élevé) en vertu de l'article 670 du CGI (voir n° 64005). En cas de soulte, celle-ci est taxée comme le prix de vente du lot le plus fort sur lequel elle s'impute. **70515** ENR-IX-2800 s

EXEMPLE

Échange d'un immeuble valant 900 000 € contre des actions (même valeur). Le droit de vente d'immeubles est applicable sur 900 000 €.

Échange de parts de SCI (valeur 100 000 €) appartenant à A contre des actions (valeur 110 000 €) appartenant à B, qui reçoit de A une soulte de 10 000 €. Le droit de vente de parts de SCI est applicable sur 100 000 €, le droit de vente d'actions sur 10 000 €.

Échange de parts de SCI (valeur 110 000 €) appartenant à A contre des actions (valeur 100 000 €) appartenant à B, ce dernier versant à A une soulte de 10 000 €. Le droit de vente de parts de SCI est applicable sur 110 000 €.

PARTIE 6

Impôt sur la fortune immobilière

L'impôt sur la fortune immobilière (IFI), institué à compter de 2018 en remplacement de l'impôt de solidarité sur la fortune (ISF), est un impôt annuel dû par les personnes physiques dont le patrimoine immobilier, apprécié au niveau du foyer fiscal le 1er janvier de l'année d'imposition, excède un certain seuil. Il est payable tous les ans, d'après une déclaration que le contribuable doit souscrire et annexer à sa déclaration d'ensemble des revenus n° 2042. 71000 ENR-XIII-1 s

CHAPITRE 1

CHAMP D'APPLICATION

SOMMAIRE

Généralités L'IFI est dû par les personnes physiques dont le patrimoine immobilier, apprécié globalement au niveau des différentes personnes soumises à une déclaration commune, excède le seuil d'imposition au 1er janvier. Les personnes domiciliées hors de France ne sont imposables que sur les biens situés en France. 71010

Seuil d'imposition Le seuil d'imposition est fixé à **1 300 000 €** (CGI art. 964). 71020

Les personnes dont le patrimoine net taxable au 1er janvier de l'année est égal ou inférieur à cette somme ne sont pas soumises à l'IFI.

A. Personnes imposables

PERSONNES PHYSIQUES

Seules les personnes physiques sont assujetties à l'IFI. 71085 CGI art. 964 et 965 ENR-XIII-1000 s

Les **personnes morales** ne le sont jamais, qu'il s'agisse de sociétés, d'associations, de groupements ou de personnes morales de droit public ; elles n'ont donc aucune déclaration à souscrire. Mais les actions et parts sociales des sociétés sont, sauf exclusion (nos 71170 s.) ou exonération (au titre des actifs professionnels essentiellement : nos 72730 s.), taxées à l'IFI entre les mains des associés personnes physiques à hauteur de la fraction de leur valeur représentative de biens immobiliers. Il en va de même des actifs imposables détenus au travers de sociétés et groupements dépourvus de personnalité morale (sociétés de fait ou en participation).

Imposition par foyer Les couples **mariés**, quel que soit leur régime matrimonial sont soumis à une imposition commune au titre de l'IFI, sauf dans deux cas : d'une part, lorsqu'ils sont séparés de biens et ne vivent pas sous le même toit et, d'autre part, lorsque, en instance de divorce ou de séparation de corps, ils ont été autorisés à avoir des domiciles séparés. 71090 ENR-XIII-1700 s

Les personnes liées par un pacte civil de solidarité (**Pacs**) font également l'objet d'une imposition commune à l'IFI.

Les personnes vivant en **concubinage** notoire (relation stable et continue entre deux personnes qui vivent en couple) sont elles aussi soumises à une imposition commune, sauf si elles sont mariées par ailleurs, auquel cas elles sont imposées avec leur conjoint légal.

Les biens appartenant aux **enfants mineurs** sont imposés avec ceux de leurs parents qui ont l'administration légale de leurs biens. Ils peuvent être répartis par moitié entre les deux parents lorsque ces derniers font l'objet d'une imposition séparée à l'IFI tout en exerçant conjointement l'autorité parentale (BOI-PAT-IFI-20-10 nos 140 et 150).

La composition du foyer fiscal s'apprécie au 1er janvier de l'année d'imposition.

TERRITORIALITÉ

Personnes physiques domiciliées en France Quelle que soit leur nationalité, les personnes physiques ayant leur domicile fiscal en France sont soumises à une obligation fiscale illimitée et tous les **actifs immobiliers** (tels que définis no 71140 s.) leur appartenant, qu'ils soient situés **en France ou hors de France,** entrent dans le champ d'application de l'impôt. 71100 CGI art. 964 ENR-XIII-1100 s

Toutefois, des dérogations peuvent résulter des conventions internationales à l'égard des redevables disposant de biens hors de France (voir no 82950). En l'absence de convention, la double imposition est évitée par imputation sur l'IFI dû en France de l'**impôt** sur la fortune (ou sur le capital) **acquitté à l'étranger** en raison des actifs (imposables en France) situés hors de France (voir nº 72210).

Par ailleurs, les **personnes qui transfèrent leur domicile en France** après avoir été fiscalement domiciliées à l'étranger pendant les cinq années civiles précédentes ne sont temporairement imposables à l'IFI que sur leurs actifs français. Ce dispositif est applicable au titre de chaque année au cours de laquelle le redevable conserve son domicile fiscal en France, et ce, jusqu'au 31 décembre de la cinquième année suivant celle de son installation en France.

71105 **Personnes physiques domiciliées hors de France** Les personnes qui n'ont pas leur domicile fiscal en France sont imposables à raison de :
– leurs **biens et droits immobiliers** situés **en France** ;
– leurs **parts ou actions de sociétés** ou d'organismes (établis en France ou à l'étranger) à hauteur de la fraction de leur valeur représentative de biens ou droits immobiliers situés en France déterminée dans les conditions précisées nºs 71160 s.

71110 **Détermination du domicile fiscal** Sous réserve des conventions internationales, le domicile fiscal est celui défini par l'article 4 B du CGI pour l'application de l'impôt sur le revenu (voir nºs 495 s.).

Par analogie avec les règles applicables en matière d'impôt sur le revenu, les critères du domicile doivent être appréciés au regard de chacune des personnes composant le **foyer fiscal.** Ainsi, les actifs immobiliers situés à l'étranger et appartenant au conjoint et aux enfants du contribuable ne sont passibles de l'IFI que pour autant que le conjoint et les enfants sont personnellement considérés comme domiciliés en France (BOI-PAT-IFI-10-20-20 nº 100).

71115 **Incidence des conventions internationales** Elle se situe à deux niveaux. Les questions liées à la détermination du **domicile fiscal** doivent être résolues d'après les règles prévues par les conventions en matière d'impôt sur la fortune ou, à défaut, d'impôt sur le revenu.

En ce qui concerne les problèmes relatifs notamment au **partage** entre les États **du droit d'imposer** et à l'élimination des risques de double imposition, il convient de faire application des règles contenues dans les conventions (ou avenants) dans la mesure où ces accords font expressément référence à l'impôt sur la fortune (ou aux anciens ISF ou IGF) ou comportent des dispositions suffisantes pour déterminer les modalités d'imposition de la fortune (liste des conventions : voir nº 82950).

B. Actifs imposables

71140
CGI art. 965
ENR-XIII-3000 s
L'IFI est, sous réserve de certaines exonérations et exclusions, assis sur le patrimoine immobilier appartenant, au 1er janvier de l'année d'imposition, au redevable et aux membres de son foyer fiscal (nº 71090).

Le patrimoine immobilier s'entend non seulement des biens et droits immobiliers proprement dits (nº 71150) mais également des parts ou actions de sociétés (ou d'organismes) pour leur fraction représentative de tels biens ou droits (nºs 71160 s.).

> **Précisions** **a.** En matière de **preuve du droit de propriété,** il est fait application des règles de droit civil, en particulier de la théorie de l'accession (voir nº 68025).
> S'agissant des actions de sociétés non cotées, la preuve du droit de propriété peut également résulter de la présomption pesant sur les dirigeants des sociétés émettrices édictée par l'article 754 B du CGI (ENR-X-7685 s.) (CGI art. 967).
> **b.** Dans les développements qui suivent, les termes « **parts ou actions de sociétés** » désignent en réalité les « parts ou actions de sociétés ou d'organismes », qui est la formule légale exacte.

DATE D'APPRÉCIATION

71145
ENR-XIII-270 s
La consistance du patrimoine imposable est appréciée à la date du fait générateur de l'impôt, c'est-à-dire au 1er janvier de l'année d'imposition. Les **variations** que le patrimoine peut subir **entre le 1er janvier et la date de la déclaration,** notamment par suite d'achats ou de ventes, ne sont pas prises en considération pour la détermination de la base d'imposition, à moins que l'événement ultérieur intervenu n'ait un effet rétroactif (vente annulée, partage de succession, par exemple).

> **Précisions** **a.** Les actifs immobiliers faisant l'objet d'une **mutation sous condition suspensive,** de l'obtention d'un prêt notamment, continuent d'appartenir au vendeur ou au donateur jusqu'à ce que la condition se réalise. À l'inverse lorsqu'ils font l'objet d'une condition **résolutoire,** les biens appartiennent à l'acquéreur ou au donataire tant que la condition ne s'est pas réalisée.
> **b.** Lorsqu'un **événement modifiant rétroactivement** la consistance du patrimoine – tel un **partage** notamment – intervient après le dépôt de la déclaration d'IFI, le redevable doit souscrire une déclaration complémentaire ou rectificative (BOI-PAT-IFI-10-10 nº 90 ; BOI-PAT-IFI-20-20-40 nºs 20 et 30).

1. BIENS ET DROITS IMMOBILIERS

Tous les biens et droits immobiliers appartenant au contribuable et aux membres de son foyer fiscal (nº 71090) entrent dans le champ d'application de l'IFI. Sont visés : 71150 CGI art. 965, 1º ENR-XIII-3100 s
– les **immeubles bâtis,** quelle qu'en soit leur affectation (résidence principale ou secondaire, usage d'habitation ou professionnelle, etc.) ;
– les immeubles **non bâtis** (terrains à bâtir, terres agricoles, bois et forêts, landes, etc.) ;
– les **droits réels** immobiliers (usufruit, droit d'usage, droit du preneur d'un bail à construction notamment).

Les immeubles **en cours de construction** constituent également un élément du patrimoine imposable.

2. PARTS OU ACTIONS DE SOCIÉTÉS

Les parts ou actions des sociétés (établies en France ou à l'étranger) sont, en principe, imposables **à hauteur de la fraction de leur valeur représentative de biens ou droits immobiliers** détenus directement ou indirectement – quel que soit le nombre de niveaux d'interposition – par la société. 71160 CGI art. 965, 2º ENR-XIII-3500 s

Pour déterminer la fraction imposable, il est appliqué à la valeur des parts ou actions un **coefficient** correspondant au rapport entre :
– la valeur vénale réelle des biens ou droits immobiliers imposables et, le cas échéant, la valeur des parts ou actions représentatives de ces mêmes biens ;
– et la valeur vénale réelle de l'ensemble des actifs de la société.

En cas de **chaîne de participations,** il convient de rechercher le coefficient de taxation applicable à chaque niveau de la chaîne (société, filiale, sous-filiale, etc.) en commençant par le niveau le plus bas et en remontant jusqu'à la société dont le redevable détient les titres.

EXEMPLE

Un redevable possède 50 % des titres d'une société A qui détient à la fois des immeubles et des titres d'une société B elle-même propriétaire d'immeubles. L'actif de la société A s'élève à 10 M€ dont 4 M€ d'actifs immobiliers et 2 M€ de titres B. Au passif, les dettes s'élèvent à 4 M€.

On suppose que le coefficient immobilier de la société B (valeur de l'immobilier imposable détenu par B/valeur de l'actif total de B) est de 0,9.

Valeur des titres A détenus par le redevable : 50 % × (10 M€ – 4 M€) = 3 M€

Coefficient immobilier de A : [4 M€ + (2 M€ × 0,9)]/10 M€ = 0,58

Valeur imposable des titres A détenus par le redevable (sauf exclusion ou exonération) : 3 M€ × 0,58 = 1,74 M€

EXCLUSION DE L'IMMOBILIER AFFECTÉ À L'ACTIVITÉ OPÉRATIONNELLE

Notion d'activité opérationnelle Exerce une activité opérationnelle la société (ou l'organisme) dont l'activité est industrielle, commerciale, artisanale, agricole ou libérale. 71170 CGI art. 966 ENR-XIII-3880 s

Tel n'est pas le cas, pour la détermination de l'assiette de l'IFI, d'une société qui a pour activité la **gestion de son propre patrimoine immobilier.**

Sont, en revanche, considérées comme commerciales :
– les activités mentionnées aux articles 34 et 35 du CGI (autrement dit les **activités industrielles, commerciales ou artisanales** dont les résultats se rattachent aux BIC : nºs 7015 s.) autres que l'activité de gestion de son propre patrimoine immobilier.
– les activités des **sociétés holdings animatrices** (définition : voir nº 72885).

S'agissant de la définition des activités **libérales** et des activités **agricoles,** voir nº 72660.

> **Précisions** Ne sont donc pas considérées comme ayant une activité opérationnelle, pour la détermination de l'assiette de l'IFI, les sociétés pratiquant la **location nue ou meublée** (activité de gestion de leur propre patrimoine immobilier).
> À noter que pour l'application de l'exonération des actifs professionnels, la location meublée de locaux d'habitation peut en revanche être considérée comme une activité commerciale (voir nº 90700).

Immeubles affectés à l'activité opérationnelle Ne sont pas retenus pour le calcul de la fraction imposable visée nº 71160 : 71180 CGI art. 965, 2º-a et b ENR-XIII-4300 s et 4450 s

• Les biens ou droits immobiliers détenus directement par la société dans laquelle le redevable est associé ou par une filiale (quel que soit le nombre de niveaux d'interposition) et **affectés par la société qui les détient à sa propre activité** opérationnelle ;

• Les biens ou droits immobiliers détenus (directement ou indirectement) par une société opérationnelle dans laquelle le redevable détient (directement ou indirectement) des parts ou actions et **affectés à l'activité** opérationnelle d'une **société du groupe,** à savoir :
– la société dans laquelle le redevable détient (directement ou indirectement) les titres ;

– la société propriétaire des biens ;
– ou, enfin, une société dans laquelle la société dont le redevable possède (directement ou indirectement) des titres détient, directement ou par personne interposée, la majorité des droits de vote ou y exerce en fait le pouvoir de décision.

> **Précisions** **a.** Lorsque les immeubles sont affectés par la société qui les détient à sa propre activité, il n'est pas exigé que la société exerce à titre principal une activité opérationnelle ni que l'immobilier soit affecté en totalité à cette activité (BOI-PAT-IFI-20-20-20-10 n°s 170 et 180).
> **b.** Lorsque les immeubles sont affectés à l'activité d'une société qui les **détient indirectement** (par exemple, biens mis à la disposition d'une société mère par l'une de ses filiales qui les détient), cette société doit, selon l'administration, exercer de façon exclusive une activité opérationnelle. Elle admet cependant que la société puisse exercer une activité civile annexe si l'**activité** opérationnelle reste **significativement prépondérante.** Il en est ainsi lorsque la valeur vénale réelle des actifs qui sont affectés à cette activité et le chiffre d'affaires afférent à cette activité représentent au moins 80 % de la valeur vénale de l'ensemble des éléments de l'actif et du chiffre d'affaires total de l'entreprise (BOI-PAT-IFI-20-20-20-10 n° 220).
> De même, lorsque les biens sont affectés à l'activité d'une **société contrôlée,** l'administration considère que si la société qui contrôle la société utilisatrice doit en principe exercer exclusivement une activité opérationnelle, elle peut également exercer une autre activité sous réserve que l'activité opérationnelle demeure significativement prépondérante (BOI-PAT-IFI-20-20-20-10 n° 270).
> **c.** En cas d'**affectation partielle** des biens à une **activité opérationnelle,** la valeur à retenir pour le calcul de la fraction imposable est calculée au prorata de la superficie de l'immeuble affectée à l'activité opérationnelle, sauf impossibilité de distinguer les surfaces affectées à une activité en particulier (BOI-PAT-IFI-20-20-20-10 n°s 180, 230 et 280).

71185 EXEMPLE

Un contribuable détient les titres d'une société commerciale A, qui détient elle-même des titres dans deux sociétés B et C qu'elle contrôle, ainsi que dans la société D, non contrôlée.

Les biens immobiliers inscrits à l'actif de C et utilisés par A, B ou C pour leur propre activité opérationnelle sont hors du champ de l'impôt. Les biens détenus par D et utilisés par A (société commerciale dont le redevable détient les titres) sont également hors champ. Mais les biens détenus par A, par B ou par C, et mis à la disposition de D sont inclus dans l'assiette de l'impôt, car A ne contrôle pas D (ils peuvent le cas échéant être exonérés au titre des actifs professionnels si le redevable exerce son activité professionnelle principale ou des fonctions dirigeantes dans la société D : voir n°s 72730 s.).

EXCLUSION DES PARTICIPATIONS MINORITAIRES

71200 Participations de moins de 10 % dans des sociétés opérationnelles

CGI art. 965, 2°-al. 3 à 5
ENR-XIII-4900 s

Les parts ou actions de sociétés opérationnelles dont le redevable détient directement et, le cas échéant, indirectement moins de 10 % du capital et des droits de vote échappent à l'imposition.

Par ailleurs, sont exclues du calcul de la fraction imposable visée n° 71160 les parts ou actions de sociétés opérationnelles détenues (directement ou indirectement) par la société dans laquelle le redevable est associé, lorsque le redevable détient indirectement et, le cas échéant, directement moins de 10 % du capital et des droits de vote de ces sociétés.

L'exclusion des participations minoritaires est subordonnée aux **conditions** suivantes :
– la société concernée doit exercer une **activité opérationnelle** au sens défini n° 71170 ;
– l'activité doit, selon l'administration, être exercée à titre exclusif. Il est cependant admis que la société puisse exercer une autre activité sous réserve que l'activité opérationnelle reste **significativement prépondérante** au sens défini n° 71180, précision b (BOI-PAT-IFI-20-20-20-20 n° 20) ;
– le redevable doit détenir moins de 10 % à la fois du **capital** et des **droits de vote.** Pour l'appréciation de ce seuil, il est tenu compte de l'ensemble des participations, directes ou indirectes, détenues par le redevable et les membres de son foyer fiscal (n° 71090).

EXEMPLES

1. Un redevable détient 14 % des titres d'une société commerciale A, laquelle détient 70 % d'une société commerciale B.

La participation indirecte du redevable dans B se tient au-dessous du seuil de 10 % : 14 % × 70 % = 9,8 %.

Les titres A détenus par le redevable entrent dans le champ de l'IFI mais les immeubles détenus par la société B ne sont pas pris en compte pour déterminer le ratio immobilier de la société A. Autrement dit, la fraction imposable de sa participation est calculée sans tenir compte de l'immobilier détenu par B.

2. Un redevable possède 16 % des titres d'une société commerciale A, laquelle détient 30 % des titres d'une autre société commerciale B.

Le redevable possède également directement 6 % des titres de B. La participation du redevable dans la société B est supérieure à la limite de 10 % : 6 % + (16 % × 30 %) = 10,8 %.

Il est donc soumis à l'IFI à la fois sur la valeur de sa participation dans la société A, appréciée en tenant compte de l'immobilier imposable détenu par la société B, et sur la valeur de sa participation dans la société B (à hauteur de l'immobilier imposable détenu par B).

3. Un redevable possède 7 % des titres d'une société commerciale A, laquelle détient 40 % des titres d'une autre société commerciale B.

Le redevable possède également directement 8 % des titres de B. La participation du redevable dans la société B est supérieure à la limite de 10 % : 8 % + (7 % × 40 %) = 10,8 %.

Il échappe donc à l'IFI sur ses titres A mais y est soumis sur sa participation dans B (à hauteur de l'immobilier imposable détenu par B).

Un **dispositif anti-abus** prévoit que sont pris en compte pour la détermination de la fraction imposable (sauf exclusion visée nº 71180) les biens et droits immobiliers détenus directement par les sociétés ou organismes que le redevable **contrôle** ou dont il se réserve la **jouissance** (ou un membre de son foyer fiscal). **71210** ENR-XIII-5150 s

Le contrôle de la société est apprécié selon les règles fixées à l'article 150-0 B ter, III-2° du CGI (nº 33310) au regard des droits détenus par le redevable, seul ou conjointement avec son conjoint, partenaire de Pacs ou concubin notoire, leurs ascendants, descendants ou leurs frères et sœurs (BOI-PAT-IFI-20-20-20-20 nº 90).

EXEMPLE

Le redevable qui détient une participation dans une société dans laquelle il dispose seul de 9 % du capital et des droits de vote mais dont les parents détiennent 42 % des droits de vote est imposé sur sa participation dans la société concernée, à hauteur de sa fraction représentative de l'immobilier imposable (BOI-PAT-IFI-20-20-20-20 nº 90).

Participations de moins de 10 % dans certains OPC Les parts ou actions d'organismes de placement collectif (OPC) ne sont pas retenues dans l'assiette de l'impôt à la double condition que le redevable détienne moins de 10 % des droits et que l'**actif** soit **composé** (directement ou indirectement), à hauteur de **moins de 20 %,** de biens ou droits immobiliers imposables. **71220** CGI art. 972 bis ENR-XIII-5250 s

Sont visés les titres d'**OPCVM,** de **fonds d'investissement** à vocation générale, de fonds de capital investissement, de fonds de fonds alternatifs, de fonds professionnels à vocation générale, de fonds déclarés, de **fonds d'épargne salariale,** de **Sicaf** et d'organismes de financement.

› **Précisions** **a.** Selon l'administration, pour l'appréciation du seuil de détention de 10 %, il faut tenir compte des **droits détenus indirectement** par l'intermédiaire d'une société ou au travers des unités de compte d'un contrat d'assurance-vie ou d'un bon ou contrat de capitalisation (BOI-PAT-IFI-20-20-20-20 nº 140).

b. L'exclusion s'applique dans les mêmes conditions aux **OPC étrangers** présentant les mêmes caractéristiques établis dans un État de l'EEE ou dans un autre État ayant conclu avec la France une convention d'assistance administrative (BOI-PAT-IFI-20-20-20-20 nº 180).

Participations de moins de 5 % dans les SIIC Les actions de sociétés d'investissements immobiliers cotées (SIIC) – même si la société n'a pas opté pour le régime d'exonération d'IS visé nºs 30930 s. (BOI-PAT-IFI-20-20-20-20 nº 210) – échappent à l'imposition lorsque le redevable détient directement et, le cas échéant, indirectement, seul ou conjointement avec les membres de son foyer fiscal moins de 5 % du capital et des droits de vote de la société. **71230** CGI art. 972 ter ENR-XIII-5400 s

› **Précisions** L'exclusion s'applique dans les mêmes conditions aux **sociétés étrangères** présentant les mêmes caractéristiques établies dans un État de l'EEE ou dans un État ayant conclu avec la France une convention d'assistance administrative (BOI-PAT-IFI-20-20-20-20 nº 210).

REDEVABLES NE DISPOSANT PAS DES INFORMATIONS NÉCESSAIRES

Aucun rehaussement n'est effectué si le redevable, de **bonne foi,** démontre qu'il n'était pas en mesure de disposer des informations nécessaires à l'estimation de la fraction imposable visée nº 71160, à moins que lui-même ou un membre de son foyer fiscal ne se réserve, en fait ou en droit, la jouissance des biens ou droits immobiliers détenus indirectement. **71240** CGI art. 965, 3° ENR-XIII-4600 s

Cette clause de sauvegarde ne vaut que pour les redevables qui détiennent une **participation minoritaire** dans la société **propriétaire** de l'immobilier. Elle ne s'applique pas lorsque le redevable possède (directement ou indirectement) plus de 10 % du capital ou des droits de vote de la société qui détient directement les biens ou droits immobiliers imposables. Le seuil de 10 % est apprécié en tenant compte des droits détenus par les membres du foyer fiscal du redevable (nº 71090).

Elle ne peut pas non plus être invoquée par le redevable qui **contrôle,** au sens de l'article 150-0 B ter, III-2° du CGI (nºs 33310 s. et 71210), **la société** qui détient **directement** les biens ou droits immobiliers imposables.

3. CAS PARTICULIERS

BIENS GREVÉS D'UN DROIT D'USUFRUIT, D'HABITATION OU D'USAGE

71275 CGI art. 968 ENR-XIII-5630 s

Les actifs immobiliers (définis n° 71140) grevés d'un usufruit, d'un droit d'habitation ou d'un droit d'usage accordé à titre personnel sont compris dans le **patrimoine de l'usufruitier** ou du titulaire du droit pour leur valeur en pleine propriété, aucun abattement n'étant applicable au titre du démembrement (Cass. com. 20-3-2007 n° 05-16.751 F-PB : RJF 7/07 n° 858). Corrélativement, le nu-propriétaire n'a rien à déclarer au titre de l'IFI.

Il s'agit là d'une **présomption irréfragable** de propriété. Mais l'usufruitier ou le titulaire du droit n'est imposable que sur la **fraction** de la pleine propriété **correspondant au droit** dont il dispose (ainsi, l'usufruitier d'un quart du bien ne doit déclarer que le quart de la toute propriété). En outre, la loi prévoit plusieurs **exceptions** au principe de l'imposition de l'usufruitier sur la toute propriété du bien (voir n° 71280, précision a).

71280 **› Précisions** **a.** Dans les cas limitativement énumérés ci-après, l'usufruitier et le nu-propriétaire sont **imposés séparément** sur la valeur de leur droit déterminée en fonction de l'âge de l'usufruitier (barème forfaitaire prévu à l'article 669 du CGI, voir n° 68460) à condition que l'usufruit ne soit ni vendu ni cédé à titre gratuit par son titulaire :

– démembrement résultant de la vente d'un bien dont le **vendeur s'est réservé l'usufruit** ou le droit d'usage ou d'habitation à **condition** que l'acquéreur de la nue-propriété ne soit pas l'une des personnes visées à l'article 751 du CGI : héritier présomptif de l'usufruitier ou descendant de ce dernier, donataire, légataire ou personne interposée (père, mère ou époux des parties et descendants du donataire) ;

– **démembrement** de propriété résultant de l'une des dispositions suivantes du Code civil concernant les **droits des conjoints** : articles 757 ou 767 dans sa rédaction applicable aux successions ouvertes avant le 1-7-2002 (usufruit légal du conjoint survivant), 1094 dans sa rédaction applicable aux successions ouvertes avant le 1-1-2007 (usufruit légal réservé aux ascendants survivants après donation entre époux de la partie réservataire en nue-propriété, en l'absence de descendants) et 1098 (usufruit forcé du second conjoint en présence d'enfants du premier lit), à l'exclusion de toute autre et notamment de l'article 1094-1 du Code civil (donation entre époux en présence de descendants) ;

– démembrement résultant d'une **donation ou legs avec réserve d'usufruit à l'État, aux départements, communes** ou syndicats de communes et à leurs établissements publics, aux établissements publics nationaux à caractère administratif, aux **associations reconnues** d'utilité publique et aux **fondations reconnues d'utilité publique.**

b. Le **prêt à usage** ou commodat n'est pas visé par l'article 968 du CGI. Le propriétaire du bien prêté doit le comprendre dans son patrimoine, sous réserve du droit de contrôle de l'administration quant au but recherché par les parties (BOI-PAT-IFI-20-20-30-10 n° 260).

De même, les **actions et parts sociales données en location** conformément aux articles L 239-1 et suivants du Code de commerce doivent être comprises dans le patrimoine du propriétaire pour leur fraction représentative de l'immobilier imposable.

c. Un bien faisant l'objet d'une **donation temporaire d'usufruit** doit, pendant la période de dessaisissement, être compris, non plus dans le patrimoine du donateur, mais, le cas échéant, dans celui de l'usufruitier (sauf abus de droit). À cet égard, l'administration s'est engagée à ne pas remettre en cause sur le fondement de l'abus de droit les donations temporaires d'usufruit consenties aux associations et fondations reconnues d'utilité publique, sous réserve notamment qu'elles soient constatées par un acte notarié pour une durée au moins égale à trois ans (BOI-PAT-IFI-20-20-30-10 n° 280).

d. Lorsque l'usufruitier (ou le nu-propriétaire) est une **personne morale,** la fraction imposable visée n° 71160 est, sous réserve du droit de contrôle de l'administration quant au but recherché lors du démembrement, déterminée en retenant la seule valeur de l'usufruit (ou de la nue-propriété) détenue par la société (BOI-PAT-IFI-20-20-30-10 n° 40).

Dans le cas d'un actif imposable qui serait détenu pour l'usufruit par le redevable et pour la nue-propriété par une personne morale dont le redevable détient, directement ou indirectement, des parts ou actions, il est admis que le redevable neutralise, pour la valorisation de ses parts ou actions, la valeur de la nue-propriété de l'actif imposable déjà imposée directement entre ses mains (BOI-PAT-IFI-20-20-30-10 n° 40).

CONTRAT D'ASSURANCE-VIE ET DE CAPITALISATION

71285 CGI art. 972 ENR-XIII-7200 s

Pendant la phase d'épargne, les **contrats d'assurance rachetables** et les bons ou contrats de capitalisation exprimés **en unités de compte** doivent être déclarés par le souscripteur pour la fraction de leur valeur de rachat au 1er janvier de l'année d'imposition représentative des actifs immobiliers imposables (définis nos 71140 s.) compris dans les unités de compte. Cette valeur est, en principe, communiquée chaque début d'année par l'assureur.

La détermination des actifs imposables est effectuée selon les règles exposées nos 71150 et 71160 s. (y compris la règle d'exclusion des participations minoritaires dans les SIIC non visée par la loi : BOI-PAT-IFI-20-20-30-30 n° 160).

› Précisions Les contrats **non rachetables** ne sont pas taxables à l'IFI. À cet égard, ne sont pas considérés comme rachetables les contrats suivants : assurance temporaire en cas de décès, assurance de capitaux de survie et de rente de survie, assurance en cas de vie sans contre-assurance et rentes viagères différées sans contre-assurance. Les contrats d'assurance de groupe (**plan d'épargne retraite** d'entreprise ou individuel lorsqu'il est souscrit auprès d'une entreprise d'assurance, une mutuelle ou une institution de prévoyance, « Madelin », Perp) entrent, en principe, également dans cette catégorie.

CONTRATS DE CRÉDIT-BAIL ET DE LOCATION ACCESSION

Les actifs immobiliers (définis nº 71140) faisant l'objet d'un contrat de crédit-bail ou d'un contrat de location-accession sont compris dans le **patrimoine du preneur** ou de l'accédant pour leur valeur appréciée au 1er janvier de l'année d'imposition. L'assiette est **réduite** du montant des loyers ou redevances restant à courir jusqu'à l'expiration du bail ou jusqu'au terme prévu pour la levée de l'option ainsi que du montant de l'option d'achat. 71290 CGI art. 971 ENR-XIII-7500 s

› Précisions Cette règle d'imposition s'applique non seulement lorsque le **preneur du contrat de crédit-bail** est le redevable lui-même mais également lorsqu'il s'agit d'une **société** dans laquelle le redevable détient directement ou indirectement des parts ou actions.

TONTINE

Les biens acquis en commun dans les conditions prévues à l'article 754 A du CGI (contrat avec clause dite d'accroissement, de condition de survie ou de tontine : nº 68250) sont inclus dans le patrimoine de chacun des contractants au **prorata** des sommes investies par chacun des survivants dans le contrat. Ce prorata est effectué en tenant compte des seuls survivants au 1er janvier de l'année d'imposition. 71300 CGI art. 968 bis ENR-XIII-7600 s

Relèvent en particulier de ce régime les **sociétés à forme tontinière** (BOI-PAT-IFI-20-20-30-30 nº 280).

FIDUCIE ET TRUST

Les actifs immobiliers imposables transférés en **fiducie** demeurent imposables chez le constituant pour leur valeur vénale au 1er janvier de l'année d'imposition : voir nº 90955. 71310 ENR-XIII-7750 s

Ceux placés dans un **trust** (tel que défini nº 68670, précision a) sont compris, pour leur valeur vénale nette au 1er janvier de l'année d'imposition, dans le patrimoine du constituant ou du bénéficiaire réputé être un constituant (CGI art. 970) sauf si le constituant rapporte la **preuve** que les biens en cause ne lui confèrent aucune capacité contributive, cette preuve ne pouvant résulter uniquement du caractère irrévocable du trust et du pouvoir discrétionnaire de gestion de son administrateur (Cons. const. 15-12-2017 nº 2017-679 QPC : RJF 3/18 nº 293). L'imposition ne concerne toutefois pas les trusts « caritatifs » ni, selon l'administration (BOI-PAT-IFI-20-20-30-20 nº 50), les trusts « retraite ».

À défaut de déclaration, ces biens sont soumis à un prélèvement spécifique (nº 75977).

C. Exonérations

En dehors des **actifs professionnels** (nos 72500 s.), seuls certains biens ruraux ou forestiers sont susceptibles de bénéficier d'une exonération d'IFI. 71400

› Précisions Les redevables qui, dans le cadre de l'ISF, bénéficiaient des exonérations partielles en faveur des **salariés et mandataires sociaux détenant des titres de leur entreprise** (CGI ancien art. 885 I quater) ou à raison des **titres faisant l'objet d'un pacte Dutreil** (CGI ancien art. 885 I bis) se trouvent désormais éventuellement imposables à l'IFI sur les actifs immobiliers détenus au travers de la société, ces régimes de faveur n'ayant pas été reconduits dans le cadre de l'IFI. Les personnes ayant bénéficié du « Dutreil-ISF » (avant 2018) et encore liées par leurs engagements de conservation des titres restent tenues de respecter l'ensemble de leurs obligations (telles qu'aménagées par l'article 49 de la loi 2018-1317 du 28-12-2018) jusqu'à leur terme, pour que l'exonération partielle dont ils ont bénéficié ne soit pas remise en cause (alors même qu'ils ne peuvent plus prétendre à aucun avantage au titre de l'IFI).

BOIS ET FORÊTS ET PARTS DE GROUPEMENTS FORESTIERS

Lorsqu'ils ne constituent pas des actifs professionnels susceptibles d'être exonérés en totalité, ces biens bénéficient d'une exonération partielle à concurrence des **trois quarts de leur valeur** sous les **conditions** fixées pour l'exonération des droits de succession (nos 68120 et 68130) : engagement d'appliquer une des garanties de gestion durable pendant trente ans, production du certificat du directeur départemental des territoires et d'un bilan de mise en œuvre du document de gestion durable et, pour les parts de groupements forestiers acquises à titre onéreux, délai de détention minimum de deux ans et engagement de reboiser friches et landes dans les cinq ans. 71430 CGI art. 976, I et II ENR-XIII-20000 s

› Précisions a. L'**engagement** et le **certificat** doivent pouvoir être produits à la demande de l'administration à compter de la première déclaration d'IFI comprenant des biens pour lesquels l'exonération partielle est demandée. Le certificat et le bilan doivent être renouvelés tous les dix ans. Le certificat fourni et l'engagement pris pour bénéficier de l'exonération au titre de l'**ISF** demeurent valables au titre de l'IFI pour le temps restant à courir.

b. L'exonération partielle des **parts de groupements forestiers** ne s'applique qu'à la fraction de la valeur des parts correspondant aux biens directement liés à l'objet de ces groupements (biens visés à l'article 793, 1-3° du CGI : voir n° 68130, c).

c. En cas de **rupture de l'engagement** d'appliquer une des garanties de gestion durable, l'impôt non acquitté est exigible, majoré d'un droit supplémentaire et de l'intérêt de retard dont les taux varient en fonction de la date à laquelle intervient la déchéance (voir n° 68120).

d. La **vente** des bois et forêts avant l'expiration du délai de trente ans ne constitue pas en soi une cause de déchéance du régime de faveur. Mais, si l'acquéreur ne respecte pas l'**engagement** pris par le cédant, ce dernier perd le bénéfice des exonérations précédemment obtenues (Cass. com. 11-6-2013 n° 12.19-890 F-PB : RJF 10/13 n° 982).

e. Les parts de **sociétés d'épargne forestière** ne bénéficient pas de l'exonération partielle d'IFI (C. mon. fin. art. L 214-121).

BIENS RURAUX DONNÉS À BAIL À LONG TERME OU À BAIL CESSIBLE ET PARTS DE GROUPEMENTS FONCIERS AGRICOLES (GFA)

71440 CGI art. 976, III, IV et V ENR-XIII-16000 s

Ces deux catégories de biens sont susceptibles de bénéficier soit d'une exonération totale s'ils remplissent certaines conditions, soit d'une exonération partielle analogue à celle accordée en matière de droits de mutation à titre gratuit.

Ces exonérations concernent :

a. Les **biens ruraux loués,** pour une durée minimum de dix-huit ans, dans les conditions prévues aux articles L 416-1 à L 416-6, L 416-8 et L 416-9 du Code rural et de la pêche maritime (bail à long terme) ou dans les conditions prévues par les articles L 418-1 à L 418-5 du même Code (bail cessible) ;

b. Les **parts de GFA non exploitants** ou de groupements agricoles fonciers qui remplissent, en outre, les conditions de l'article 793, 1-4° du CGI (interdiction statutaire de l'exploitation en faire-valoir direct ; obligation de donner les immeubles à bail à long terme ou à bail cessible ; délai de détention des parts de deux ans au moins apprécié au 1er janvier de l'année d'imposition sauf lorsqu'elles ont été attribuées en rémunération d'apports d'immeubles agricoles effectués lors de la constitution ou d'une augmentation de capital du groupement).

71445 **Exonération totale** Les biens ruraux donnés à bail à long terme ou à bail cessible et les parts de GFA sont totalement exonérés lorsque :

– le **bail** est **consenti** par le bailleur à certains membres de son groupe familial (conjoint/partenaire de Pacs/concubin notoire, leurs ascendants ou descendants ou conjoints/partenaires de Pacs/concubins notoires respectifs, leurs frères et sœurs) ou encore, s'agissant des GFA, au détenteur de parts (ou à un membre de son groupe familial) ;

– le **preneur utilise le bien** dans l'exercice de sa profession principale (n° 72680).

Les biens en cause sont également totalement exonérés en cas de location (ou de mise à disposition du bien loué ou encore d'apport du droit au bail y afférent) à une société à objet principalement agricole contrôlée à plus de 50 % par les membres du groupe familial ou les détenteurs de parts, l'exonération n'étant alors applicable qu'**à concurrence de la participation** détenue dans la société par celles de ces personnes qui y exercent leur activité professionnelle principale.

Quant aux **parts de GFA,** elles doivent, en outre, être représentatives d'**apports** constitués par des **immeubles** ou des droits immobiliers **à destination agricole.**

> **Précisions** Lorsque le bail est consenti à des **copreneurs** dont l'un est membre du groupe familial, le bien rural est considéré comme actif professionnel, à hauteur de la part de ce copreneur, sous réserve de remplir les autres conditions (BOI-PAT-IFI-30-10-50 n° 70).
> Si le bail est consenti à une **indivision** formée entre les membres du groupe familial, l'exonération totale peut s'appliquer (Rép. César : Sén. 17-12-1992 n° 22733, non reprise dans Bofip).

71450 **Exonération partielle** Lorsque les conditions visées n° 71445 ne sont pas satisfaites, les biens ou parts sont exonérés partiellement à concurrence de 75 % de leur valeur lorsque celle-ci n'excède pas 101 897 € et à concurrence de 50 % au-delà de cette limite.

> **Précisions** **a.** Pour que l'exonération s'applique, il faut, outre les conditions déjà mentionnées (voir n° 71440), que les **descendants majeurs du preneur** ne soient pas privés du droit au maintien du bail à leur profit.
> **b.** Selon l'administration, seule la **fraction des parts de GFA** représentative de la valeur des biens donnés à bail à long terme ou à bail cessible bénéficie de l'exonération (BOI-PAT-ISF-30-20 n° 210).
> **c.** Lorsqu'une personne détient **à la fois des parts de GFA et des biens ruraux** donnés à bail, la limite de 101 897 € doit s'apprécier distinctement pour chaque catégorie de biens.
> **d.** La **limite** au-delà de laquelle l'exonération passe de 75 % à 50 % s'apprécie au 1er janvier de l'année d'imposition.

PARTS DE GROUPEMENTS FONCIERS RURAUX (GFR)

71455 Elles sont soumises au régime des parts de groupements forestiers pour leur fraction représentative de biens de nature forestière et au régime des parts de GFA pour leur fraction représentative de biens de nature agricole.

CHAPITRE 2

ASSIETTE ET CALCUL DE L'IMPÔT

SOMMAIRE

GÉNÉRALITÉS

L'IFI est assis sur la valeur nette des actifs immobiliers imposables (CGI art. 965). Les contribuables doivent donc procéder à l'évaluation de leur patrimoine immobilier au 1er janvier de l'année d'imposition (nos 71750 s.) puis déduire les dettes le grevant (nos 71810 s.). L'impôt dû est ensuite calculé en appliquant à la valeur nette du patrimoine ainsi déterminée le barème progressif prévu par la loi. Le montant obtenu fait l'objet, le cas échéant, d'une réduction d'impôt accordée au titre des dons consentis à certains organismes (voir nos 72100 s.) puis d'un plafonnement en fonction des revenus du redevable (voir nos 72150 s.). 71600

A. Évaluation des actifs imposables

D'une manière générale, la valeur servant de base à l'impôt est déterminée par le contribuable, sous réserve du contrôle de l'administration (voir no 78220). Excepté dans le cas où le législateur a fixé des bases d'évaluation, la valeur à déclarer est la **valeur vénale** déterminée à la date du fait générateur de l'impôt, c'est-à-dire au 1er janvier de chaque année. 71750 CGI art. 973 ENR-XIII-22000 s

La valeur des actifs imposables est déterminée suivant les **règles** d'évaluation prévues en matière de **mutation par décès.** Il convient donc de se reporter, à cet égard, aux développements figurant sous les nos 68400 s., sauf à tenir compte des règles d'évaluation propres à l'IFI ou qui intéressent essentiellement cet impôt, lesquelles sont exposées ci-après.

En ce qui concerne par ailleurs les règles particulières prévues pour l'évaluation des biens grevés d'un **usufruit, assurance-vie, tontine, crédit-bail,** voir nos 71275 s.

Remarque : Lorsqu'ils sont imposables, les **actifs situés à l'étranger,** y compris les actions ou parts de sociétés ayant leur siège social hors de France, sont évalués dans les mêmes conditions que les biens situés en France. L'administration fiscale française peut avoir recours aux administrations fiscales étrangères lorsque des conventions prévoient sur ce point une assistance administrative. 71755

IMMEUBLES

Par dérogation au principe selon lequel la valeur vénale des immeubles dont le propriétaire a l'usage est réputée égale à leur valeur libre de toute occupation, un abattement de 30 % est effectué sur la valeur vénale lorsque l'immeuble est occupé, au 1er janvier de l'année d'imposition, à titre de **résidence principale** par son propriétaire. Il en est de même pour les héritiers, lorsque l'immeuble est grevé d'un **droit temporaire au logement du conjoint survivant** (BOI-PAT-IFI-20-30-20 no 40). 71760 ENR-XIII-22180 s

En cas d'imposition commune, un seul immeuble est susceptible de bénéficier de l'abattement.

Cette mesure concerne également les parts de sociétés immobilières transparentes (BOI-PAT-IFI-20-30-20 no 50). Elle ne s'applique pas, en revanche, lorsque l'immeuble qui constitue la résidence principale du redevable appartient à une Société civile immobilière dont il détient les parts (Cons. const. 17-1-2020 no 2019-820 QPC).

Par ailleurs, l'évaluation des immeubles classés **monuments historiques** doit tenir compte des contraintes particulières dont ils sont grevés (ouverture au public, lourdes charges d'entretien).

> Précisions Une **résidence principale détenue en indivision** par des époux mariés sous le régime de la séparation de biens doit être évaluée sans tenir compte de l'état d'indivision, celui-ci n'affectant pas la valeur de l'immeuble (Cass. com. 27-3-2019 n° 18-10.933 F-PB : RJF 11/19 n° 1094).

ACTIONS ET PARTS DE SOCIÉTÉS

71770 On rappelle que les actions et parts de sociétés ne sont imposables que pour la seule fraction de leur valeur représentative de biens ou de droits immobiliers imposables détenus directement ou indirectement par la société. Le redevable doit donc d'abord déterminer la **valeur vénale** de ses titres puis lui appliquer le **coefficient de taxation** correspondant au ratio immobilier de la société (voir n°s 71160 s.), étant précisé que ce ratio doit éventuellement être **corrigé** du fait de l'existence au passif de la société de dettes dont la loi interdit ou limite la prise en compte pour la valorisation des titres du redevable.

71775 La valeur vénale des **actions et parts de sociétés non cotées** est estimée selon les règles d'évaluation exposées n° 78240.

Quant aux **valeurs mobilières cotées,** lorsqu'elles sont imposables – ce qui est rare en pratique compte tenu de l'exemption des participations minoritaires (voir n° 71200) – elles sont évaluées selon le dernier cours connu ou selon la moyenne des trente derniers cours qui précèdent le 1er janvier de chaque année. Pour chaque catégorie de titres, les redevables peuvent donc **choisir** celle des deux références qui conduit à l'estimation la plus modérée de leur portefeuille.

> Précisions S'agissant de l'évaluation des titres de **sociétés étrangères non cotées,** voir n° 71755. Pour les valeurs mobilières étrangères **cotées** uniquement sur des places étrangères **hors zone euro,** le dernier cours connu ou les trente derniers cours sont convertis en euros d'après le taux de change de la devise à la date ou aux dates considérées (BOI-PAT-IFI-20-30-20 n° 130).

71780
CGI art. 973, II
ENR-XIII-22610 s

Règles anti-abus La fraction de valeur taxable des parts et actions détenues par le redevable est, en principe, déterminée sans tenir compte des **dettes contractées** (directement ou indirectement) **par la société** :

– pour l'**acquisition** d'un actif imposable au redevable ou à un membre de son foyer fiscal qui contrôle, seul ou conjointement avec son foyer fiscal, la société ;
– **auprès d'un redevable** ou d'un membre de son foyer fiscal pour l'acquisition d'un actif imposable ou pour le financement des dépenses afférentes à un tel actif ;
– **auprès d'un membre du groupe familial** du redevable (autre que son conjoint et ses enfants mineurs) pour l'acquisition d'un actif imposable ou pour des dépenses afférentes à un tel actif ;
– **auprès d'une société contrôlée,** directement ou par l'intermédiaire de plusieurs sociétés interposées, par le redevable ou un membre de son groupe familial pour l'acquisition d'un actif imposable ou pour le financement des dépenses afférentes à un tel actif.

Sauf en cas d'achat au redevable d'un actif immobilier imposable, l'exclusion de la dette ne joue qu'à proportion de la participation de l'associé (seul ou conjointement avec son foyer fiscal) dans la société.

Deux **clauses de sauvegarde** permettent toutefois d'éviter l'application de l'exclusion des dettes si le redevable justifie que le prêt n'a pas été contracté dans un objectif principalement fiscal ou, en cas de prêt contracté auprès d'un membre du groupe familial, s'il justifie du caractère normal des conditions du prêt (notamment du respect du terme des échéances, du montant et du caractère effectif des remboursements).

Ces règles anti-abus ont pour seul objet de corriger l'évaluation des titres détenus par le redevable et sont donc sans incidence sur l'**évaluation des titres détenus par les autres associés** également assujettis à l'IFI (BOI-PAT-IFI-20-30-30 n°s 20 et 190).

> Précisions **a.** Peu importe la **forme** de la dette : emprunt bancaire, compte courant d'associé, etc. (BOI-PAT-IFI-20-30-30 n° 30).

b. Le **foyer fiscal** est défini n° 71090. Le **groupe familial** comprend, en outre, les ascendants, descendants majeurs et frères et sœurs du couple.

c. Le **contrôle de la société** est apprécié selon les règles fixées à l'article 150-0 B ter, III-2° du CGI (n° 33310).

d. La notion d'**objectif principalement fiscal** s'apprécie au regard de la charge d'IFI à laquelle est assujetti le redevable. Peuvent être susceptibles de caractériser un objectif autre que fiscal les circonstances que la dette a été souscrite avant 2018 ou à une date très antérieure à celle à compter de laquelle le foyer fiscal est devenu redevable de l'IFI (BOI-PAT-IFI-20-30-30 n° 240).

e. Selon l'administration, le **caractère normal des conditions du prêt** s'apprécie notamment au regard des **pratiques bancaires usuelles** dans le domaine concerné (BOI-PAT-IFI-20-30-30 n° 270).

f. Initialement limitées aux dettes contractées pour l'**acquisition d'un bien ou droit immobilier,** les restrictions à la déductibilité des dettes ont été étendues, à compter de 1er janvier 2019, à celles contractées pour l'acquisition de **titres de sociétés.**

Règles particulières en cas de prêts « in fine » et de prêts sans terme 71785 CGI art. 973, III
Pour la valorisation des parts ou actions de sociétés, les dettes correspondant aux prêts « in fine » et aux prêts ne prévoyant pas de terme **contractés par la société,** directement ou indirectement, pour l'achat d'un actif imposable sont prises en compte chaque année à hauteur du montant déductible défini n° 71815.

B. Déduction du passif

DETTES DÉDUCTIBLES

Les dettes contractées par le redevable peuvent être déduites de l'actif imposable lorsqu'elles **existent au 1er janvier** de l'année d'imposition et qu'elles sont **effectivement supportées** par le redevable. 71810 CGI art. 974, I ENR-XIII-24050 s
Seules peuvent être déduites les dettes **afférentes à des actifs imposables,** le cas échéant, **à proportion** de la fraction de leur valeur imposable (cas des biens partiellement exonérés tels que les bois et forêts, par exemple). Ne sont donc pas déductibles les dettes contractées par un nu-propriétaire servant à financer une dépense affectée à un bien démembré compris en pleine propriété dans le patrimoine imposable de l'usufruitier ni celles qui se rapportent à des actifs professionnels exonérés (BOI-PAT-IFI-20-40-10 n° 160). Quant aux dettes afférentes à la **résidence principale,** l'administration considère qu'elles sont déductibles pour leur montant total sans toutefois pouvoir excéder la valeur imposable de la résidence principale (soit 70 % de la valeur vénale réelle) (BOI-PAT-IFI-20-40-10 n° 160).
Pour être déductibles, les dettes doivent être **utilisées** pour la réalisation des dépenses limitativement énumérées n° 71812.

› Précisions **a.** Toutes conditions étant supposées remplies, sont notamment déductibles les **emprunts bancaires,** les sommes restant dues aux prestataires de services ou aux entrepreneurs de travaux, le capital constitutif de la rente viagère en cas d'acquisition moyennant le paiement d'une rente viagère.
La dette résultant d'un **rachat de prêt** par un établissement bancaire est déductible lorsque la dette correspondant au prêt racheté était elle-même déductible (BOI-PAT-IFI-20-40-10 n° 170).
b. L'administration admet que les redevables de l'IFI qui, **avant le 1er janvier 2018,** ont acquis des actifs immobiliers imposables à l'IFI, en **remploi d'une indemnité** perçue en réparation d'un dommage corporel lié à un accident ou une maladie, ou d'un préjudice moral ou économique, du fait d'un dommage corporel causé à un proche, puissent déduire, de l'actif imposable que représentent ces actifs immobiliers, le montant actualisé de l'indemnité ainsi perçue (Rép. Goasguen : AN 18-9-2018 n° 8489).
c. L'existence, l'objet et le montant des dettes doivent pouvoir être **justifiées** par le redevable. L'administration peut, en effet, lui demander des **éclaircissements** et des **justifications** en vue du contrôle de l'impôt (voir n° 72320).

Liste des dépenses ouvrant droit à déduction La loi énumère les dépenses ouvrant droit à déduction des dettes. Ainsi, seules sont déductibles les dettes afférentes aux : 71812 ENR-XIII-24300 s
– dépenses d'**acquisition de biens ou droits immobiliers** ;
– dépenses **de réparation et d'entretien** effectivement supportées par le propriétaire, y compris celles qu'il a réglées pour le compte du locataire et dont il n'a pas pu obtenir le remboursement au 31 décembre de l'année du départ du locataire ;
– dépenses **d'amélioration, de construction, de reconstruction ou d'agrandissement** ;
– **impositions** dues à raison des propriétés, autres que celles incombant normalement à l'occupant, dont le fait générateur se situe au plus tard le 1er janvier de l'année d'imposition et qui restent à payer à cette date. Le redevable ne peut pas, en revanche, déduire les impositions dues à raison des revenus générés par son patrimoine immobilier ;
– dépenses d'**acquisition des parts ou actions** au prorata de la valeur des biens ou droits immobiliers imposables.
Cette liste est **limitative.** Il en résulte que ne sont pas déductibles, notamment, les pensions alimentaires (BOI-PAT-IFI-20-40-10 n° 150) et les dépôts de garantie reçus par les propriétaires, qui doivent être restitués en fin de bail (BOI-PAT-IFI-20-40-10 n° 30).

› Précisions **a. Impôts déductibles** : les taxes foncières ; éventuellement la taxe sur les locaux vacants ; la taxe sur les bureaux en Île-de-France ; les droits de mutation en instance de paiement au 1er janvier.
Impôts **non déductibles** : la taxe d'habitation ; l'impôt sur le revenu (revenus fonciers ou BIC) et les prélèvements sociaux grevant le revenu foncier du propriétaire bailleur.
b. L'**IFI** lui-même est à retrancher de sa propre base de calcul dans les conditions suivantes :
– calculer l'IFI dû sur le montant net du patrimoine, sans tenir compte de l'IFI lui-même ;
– retrancher de ce résultat, le cas échéant, l'impôt sur la fortune acquitté hors de France ;
– ajouter le montant de l'IFI ainsi obtenu au passif déductible et effectuer un nouveau calcul de l'impôt pour obtenir l'IFI à payer (BOI-PAT-IFI-20-40-10 n° 80).

71815 CGI art. 974, II ENR-XIII-24900 s

Cas des prêts « in fine » et des prêts sans terme Lorsque le redevable a contracté un prêt prévoyant le **remboursement du capital au terme du contrat** (prêt « in fine »), la déduction est **limitée** à la somme des annuités théoriques restant à courir jusqu'au terme prévu. Ce montant est obtenu comme suit : montant total de l'emprunt – (montant total de l'emprunt × nombre d'années écoulées depuis le versement du prêt/nombre d'années total de l'emprunt).

EXEMPLE

Un redevable a financé l'acquisition d'un immeuble par un emprunt « in fine » d'un montant de 250 000 € d'une durée de 10 ans à rembourser le 1er janvier 2028. La dette qui peut être portée au passif déductible de l'IFI 2020 s'élève donc à : 250 000 € – (250 000 € × 2/10) = 200 000 €.

De même, dans le cas d'un prêt ne prévoyant **pas de terme pour le remboursement du capital,** la dette n'est déductible qu'à hauteur du montant total de l'emprunt diminué d'une somme égale à un vingtième de ce montant par année écoulée depuis le versement du prêt.

Sont visées par ces règles particulières de déduction les prêts contractés pour l'acquisition de biens ou de droits immobiliers imposables et, depuis l'IFI 2019, pour l'acquisition de titres de sociétés. Les emprunts contractés pour financer des travaux ne sont pas concernés.

En ce qui concerne les règles prévues pour la valorisation des parts ou actions lorsque de tels prêts ont été conclus par la société, voir nº 71785.

> **Précisions a.** Par simplification, l'administration admet de ne pas prendre en compte pour ces calculs les **fractions d'années** commencées et non achevées (BOI-PAT-IFI-20-40-20 nos 20 et 40).
> **b.** Ces règles particulières de déduction s'appliquent aux **contrats en cours au 1er janvier 2018** (BOI-PAT-IFI-20-40-20 nº 10).

EXCLUSION DES EMPRUNTS FAMILIAUX

71820 CGI art. 974, III ENR-XIII-25030 s

La loi interdit la déduction des prêts contractés directement, ou indirectement par l'intermédiaire d'une ou plusieurs sociétés ou organismes interposés, **auprès du redevable** ou d'un membre de son **foyer fiscal** (voir nº 71090).

Sauf à **justifier** du **caractère normal** des conditions du **prêt,** notamment du respect du terme des échéances, du montant et du caractère effectif des remboursements (sur l'appréciation de ce caractère, voir nº 71780, précision e), la déduction est également écartée pour les dettes suivantes :

– prêts contractés directement, ou indirectement par l'intermédiaire d'une ou plusieurs sociétés ou organismes interposés, **auprès d'un proche** (enfant majeur, ascendant ou frère ou sœur du couple) ;

– prêts contractés par le redevable ou un membre de son foyer fiscal **auprès d'une société contrôlée** par le groupe familial (au sens de l'article 150-0 B ter, III-2º du CGI : voir nº 33310).

PLAFOND DE DÉDUCTION POUR LES TITULAIRES DE PATRIMOINES IMPORTANTS

71825 CGI art. 974, IV ENR-XIII-25300 s

Lorsque la **valeur vénale du patrimoine taxable** est **supérieure à 5 millions d'euros** et que le montant des dettes excède 60 % de cette valeur, le montant des dettes excédant ce seuil n'est déductible qu'à hauteur de 50 % de cet excédent.

EXEMPLE

Un redevable est propriétaire de biens immobiliers taxables d'une valeur brute de 8 M€, il a contracté des dettes pour leur acquisition d'un montant de 5 M€, représentant donc plus de 60 % de la valeur des biens (4,8 M€). L'excédent de 200 000 € n'est déductible qu'à hauteur de 50 %, soit 100 000 €. Le montant des dettes déductibles se trouve alors limité à 4,9 M€.

Ce plafonnement ne s'applique pas aux dettes dont le redevable **justifie** qu'elles n'ont **pas** été contractées dans un **objectif principalement fiscal** (sur cette notion, voir nº 71780, précision d).

> **Précisions a.** Le **patrimoine taxable** s'entend de l'ensemble de l'actif imposable (biens et droits immobiliers et parts ou actions pour leur valeur représentative de tels biens). Il s'apprécie avant imputation des dettes afférentes à ces biens.
> **b.** Les **dettes concernées** par le plafonnement sont celles dont l'article 974, I, II et III du CGI autorise la déduction (voir nos 71810 s. et 71820).

C. Calcul de l'impôt

71840 Le montant de l'impôt est calculé en appliquant à la valeur nette du patrimoine imposable le **barème** fixé par l'article 977 du CGI. L'impôt ainsi calculé peut ensuite être réduit, dans certaines conditions et limites, à raison des dons faits à certains organismes (voir nos 72100 s.) et fait l'objet, le cas échéant, d'un **plafonnement** en fonction des revenus du contribuable (voir nos 72150 s.). Les impôts sur la fortune acquittés à l'étranger viennent enfin en déduction (voir nº 72210).

1. TARIF APPLICABLE

Lorsque le patrimoine excède le **seuil d'imposition** (1 300 000 € : n° 71020), il est imposé conformément au barème ci-après : 71950 CGI art. 977 ENR-XIII-27100 s

Fraction de la valeur nette taxable du patrimoine		Tarif applicable (en pourcentage)	Formule de calcul des droits B = Base nette taxable
N'excédant pas	800 000 €	0	
De	800 001 € à 1 300 000 €	0,50	
De	1 300 001 € à 2 570 000 €	0,70	(B × 0,007) – 6 600 €
De	2 570 001 € à 5 000 000 €	1	(B × 0,01) – 14 310 €
De	5 000 001 € à 10 000 000 €	1,25	(B × 0,0125) – 26 810 €
Supérieure à	10 000 000 €	1,50	(B × 0,015) – 51 810 €

Pour atténuer l'effet de seuil (taxation dès 800 000 € alors que le seuil d'imposition est de 1 300 000 €), une **décote** est prévue pour les patrimoines dont la valeur nette taxable est égale ou supérieure à 1 300 000 € et inférieure à 1 400 000 €. La réduction du montant de l'imposition est la suivante : 17 500 € – 1,25 % P, P étant la valeur nette taxable du patrimoine.

EXEMPLE

Soit un patrimoine taxable dont la valeur nette est de 22 millions d'euros au 1er janvier 2020. L'impôt est liquidé comme suit :

– sur 800 000 € à 0 % .... 0 €
– sur 500 000 € à 0,5 % .... 2 500 €
– sur 1 270 000 € à 0,7 % .... 8 890 €
– sur 2 430 000 € à 1 % .... 24 300 €
– sur 5 000 000 € à 1,25 % .... 62 500 €
– sur 12 000 000 € à 1,5 % .... 180 000 €
Total .... 278 190 €
ou avec la formule de calcul : (22 000 000 € × 0,015) – 51 810 € = 278 190 €

2. RÉDUCTION IFI-DONS

Les redevables qui effectuent des dons au profit de certains organismes peuvent imputer sur le montant de leur IFI 75 % de leurs versements (réduction « IFI-dons »). Le montant de l'avantage fiscal au titre des dons est plafonné à 50 000 € par an. 72100 CGI art. 978 ENR-XIII-27300 s

CHAMP D'APPLICATION

Ouvrent droit à la réduction d'impôt les dons effectués **en numéraire** ainsi que les dons en pleine propriété de **titres** admis aux négociations sur un marché réglementé français ou étranger au profit : 72110

– des **établissements de recherche** ou **d'enseignement supérieur** ou d'enseignement **artistique** publics ou privés, d'intérêt général, à but non lucratif ou aux établissements d'enseignement supérieur **consulaires** (EESC) ;
– des **fondations reconnues d'utilité publique** (mais non des associations reconnues d'utilité publique) ;
– des **entreprises d'insertion** et des entreprises de travail temporaire d'insertion ;
– des **associations intermédiaires** ;
– des ateliers et chantiers d'insertion ;
– des entreprises adaptées ;
– des **groupements d'employeurs** pour l'insertion et la qualification (GEIQ) qui bénéficient de la reconnaissance de la qualité de GEIQ ;
– de l'Agence nationale de la recherche ;
– des **fondations universitaires** et des fondations **partenariales** ;
– des **associations reconnues d'utilité publique** ayant pour objet le financement et l'accompagnement de la **création** et de la **reprise d'entreprises.**

› Précisions a. Le bénéfice de la réduction d'impôt est subordonné au respect par l'organisme (s'il relève du secteur concurrentiel) de la **réglementation communautaire** (aides de minimis nos 92660 s.).

b. Les dons doivent être versés à des **organismes** dont le siège est **situé en France** ou à des organismes **agréés** situés dans un État de l'**Espace économique européen.** Si ces derniers ne sont pas préalablement agréés par l'administration fiscale, le donateur doit produire, dans le délai légal de déclaration, les pièces justificatives attestant que l'organisme présente des caractéristiques similaires aux organismes français éligibles.

c. Les versements effectués à des **organismes collecteurs de fonds** ouvrent droit à la réduction d'impôt sous réserve que l'organisme bénéficiaire final entre dans le champ de la réduction, que les dons restent individualisés jusqu'à leur remise au bénéficiaire final et que le reçu fiscal soit délivré par le bénéficiaire final. La réduction d'impôt est acquise au donateur au titre de la période où le don est reversé par l'organisme collecteur à l'organisme éligible (BOI-PAT-IFI-40-20-10 n° 40).

MODALITÉS D'APPLICATION

72120 Les **dons pris en compte** sont ceux effectués entre la date limite de dépôt de la déclaration de l'année précédant celle de l'imposition et la date de dépôt de la déclaration de l'année d'imposition. La fraction des versements donnant lieu à la réduction d'IFI ne peut pas ouvrir droit à un autre avantage fiscal (notamment à la **réduction d'impôt sur le revenu** visée nos 3170 s.).

EXEMPLE

Le 5 janvier 2020, des époux donnent 100 000 € à un établissement d'enseignement supérieur. Sur cette somme, ils choisissent d'affecter 40 000 € à la réduction d'IFI et 60 000 € à la réduction d'impôt sur le revenu.

Au titre de 2020, les époux sont susceptibles de bénéficier d'une réduction d'IFI égale à : 40 000 € × 75 % = 30 000 €.

La réduction d'impôt sur le revenu sera calculée sur une assiette de 60 000 €.

Le redevable bénéficiant de la réduction IFI-dons n'est pas tenu de joindre à sa déclaration d'IFI les **reçus** remis par les organismes bénéficiaires. Il doit être néanmoins en mesure de répondre aux demandes de l'administration (BOI-PAT-IFI-40-20-20 n° 270).

CONSÉQUENCES

72130
ENR-XIII-30000 s
Les dons pris en compte pour la détermination de la réduction d'impôt sont exclus du champ d'application des **droits de mutation à titre gratuit** (CGI art. 757 C).

Corrélativement, lorsqu'ils portent sur des titres de sociétés admis aux négociations sur un marché réglementé français ou étranger, les dons relèvent de l'imposition des **plus-values de cession de valeurs mobilières et droits sociaux.** Le gain net (différence entre la valeur des titres retenue pour la détermination de la réduction d'impôt et la valeur d'acquisition de ces titres) est taxable dans les conditions exposées nos 32805 s. (CGI art. 150 duodecies).

3. PLAFONNEMENT DE L'IFI

72150
CGI art. 979
ENR-XIII-30900 s
Le plafonnement a pour but d'éviter que le total formé par l'IFI et l'impôt sur le revenu n'excède 75 % des revenus de l'année précédente. En cas d'excédent, celui-ci vient en diminution de l'IFI à payer.

Remarque : Le texte légal réserve le bénéfice du plafonnement aux seuls **redevables** de l'IFI ayant leur **domicile fiscal en France** (voir n° 71110). L'administration l'accorde également aux **non-résidents** lorsqu'ils perçoivent en France la totalité ou quasi-totalité de leurs revenus (BOI-PAT-IFI-40-30-10 n° 20).

REVENUS SERVANT AU CALCUL DU PLAFONNEMENT

72160
ENR-XIII-31500 s
Il s'agit de la somme algébrique :

– des **revenus mondiaux** (plus-values incluses), nets de frais professionnels, de l'année précédente après déduction des seuls déficits catégoriels dont l'imputation est autorisée pour l'impôt sur le revenu ;

– des **revenus exonérés** d'impôt sur le revenu réalisés, en France ou hors de France, au cours de l'année précédant l'année d'imposition à l'IFI ;

– et des **produits soumis à un prélèvement libératoire** de l'impôt sur le revenu réalisés, en France ou hors de France, au cours de l'année précédant l'année d'imposition à l'IFI.

Les revenus et produits à retenir sont ceux des **membres du foyer fiscal** qui sont soumis à une imposition commune au titre de l'IFI (et non pas au titre de l'IR ; voir n° 71090).

Les plus-values ainsi que tous les revenus sont déterminés sans considération des **exonérations,** des **seuils, réductions** et **abattements** prévus par le CGI (à l'exception de ceux représentatifs de frais professionnels). C'est ainsi que les traitements et salaires et les rémunérations des gérants majoritaires de SARL sont à retenir après déduction de l'abattement de 10 % (ou des frais professionnels réels). En revanche, les pensions et rentes viagères à titre gratuit sont retenues avant déduction de l'abattement de 10 % et les dividendes avant application éventuelle de l'abattement de 40 % (voir nos 24635 s.).

> **Précisions** **a.** Les **revenus réalisés,** imposables ou exonérés, s'entendent de ceux pour lesquels un fait générateur d'imposition est intervenu au cours de l'année précédente (la ces-

sion pour les plus-values, l'encaissement pour des revenus ou, pour les produits financiers, selon le cas, l'inscription en compte ou le retrait, le rachat, le dénouement ou la clôture d'un contrat, d'un compte ou d'un plan) (BOI-PAT-IFI-40-30-10 n° 170). Les plus-values de cession de valeurs mobilières ou droits sociaux placées en **report ou** en **sursis d'imposition** sont prises en compte l'année d'expiration du report ou du sursis (BOI-PAT-IFI-40-30-10 n° 190).

b. Selon l'administration, doivent être pris en compte les **intérêts** et primes d'épargne **des plans d'épargne logement** pour leur montant soumis aux prélèvements sociaux (BOI-PAT-IFI-40-30-10 n° 180).

c. Les **déficits** pris en compte sont ceux constatés au cours de l'année précédente dans une catégorie de revenus et dont l'imputation est autorisée sur le revenu global. Les déficits non déduits au titre de l'année de leur réalisation sont retenus pour le calcul du plafonnement au titre de l'année de leur imputation pour le calcul de l'impôt sur le revenu du redevable (BOI-PAT-IFI-40-30-10 n°s 200 et 210).

d. **L'appréciation du total des revenus** s'effectue avant déduction, le cas échéant, des charges du revenu global, de l'abattement en faveur des personnes âgées ou invalides et de l'abattement pour enfants mariés ou chargés de famille (BOI-PAT-IFI-40-30-10 n° 180).

Clause anti-abus Sont réintégrés dans les revenus à prendre en compte les **revenus distribués à une société** passible de l'IS **contrôlée par le redevable** (au sens défini par l'article L 233-3 du Code de commerce), si l'existence de cette société et le choix d'y recourir ont pour **objet principal d'éluder tout ou partie de l'IFI** en bénéficiant d'un avantage fiscal allant à l'encontre de l'objet ou de la finalité du plafonnement. 72165 ENR-XIII-32050 s

Toutefois, seule est réintégrée la part des revenus distribués correspondant à une diminution artificielle des revenus retenus dans le calcul du plafonnement.

› Précisions Selon l'administration, cette clause anti-abus vise plus particulièrement les deux situations concrètes suivantes (BOI-PAT-IFI-40-30-20 n° 40) :

– la société que le redevable contrôle **finance,** directement ou indirectement, des dépenses se rattachant à son **train de vie** ou à la constitution de son patrimoine (hors bien sûr du cas des rémunérations et avantages de toutes natures régulièrement soumis à l'impôt) ;

– les revenus distribués thésaurisés dans cette société servent, directement ou indirectement, de **garantie financière** pour le redevable (financement du train de vie, de la constitution du patrimoine, etc.).

La clause anti-abus est, en revanche, susceptible de ne pas s'appliquer aux distributions faites par une **société holding animatrice** de groupe ou à une société **holding patrimoniale** servant à faciliter l'organisation ou la transmission d'un patrimoine lorsque ces sociétés ont une activité conforme à ces objets (BOI-PAT-IFI-40-30-20 n° 50).

En cas de **contrôle,** la charge de la preuve de l'objet principal de la société incombe à l'administration (BOI-PAT-IFI-40-30-20 n° 80). En cas de désaccord sur les rectifications notifiées, le litige peut, à la demande du redevable ou de l'administration, être soumis à l'avis du comité de l'abus de droit fiscal (voir n° 79195).

IMPÔTS À AJOUTER À L'IFI POUR LE CALCUL DU PLAFONNEMENT

Ce sont les impôts dus en France et à l'étranger au titre des revenus et produits de l'année précédant celle de l'exigibilité de l'IFI, calculés avant imputation des seuls crédits d'impôt représentatifs d'une imposition acquittée à l'étranger et des retenues non libératoires. 72170 ENR-XIII-31040 s

› Précisions **a.** Il y a lieu d'ajouter à l'IFI l'**impôt sur le revenu** calculé non seulement d'après le barème progressif mais aussi à un taux proportionnel, les **prélèvements et contributions additionnels** à l'impôt sur le revenu (contribution exceptionnelle sur les hauts revenus, prélèvements sociaux) ainsi que les **prélèvements libératoires de l'IR.** Il y a lieu également de tenir compte notamment de la taxe sur les métaux précieux, de la taxe sur les plus-values immobilières élevées et des taxes (communale et nationale) sur les cessions de terrains devenus constructibles (BOI-PAT-IFI-40-30-10 n°s 120 et 140).

b. Il s'agit des impôts dus à raison de l'ensemble des **revenus des membres du foyer fiscal** qui sont soumis à une imposition commune au titre de l'IFI (n° 71090).

En revanche, sont exclus les revenus des **personnes dont les biens n'entrent pas dans les bases de l'IFI du redevable** (cas notamment des revenus des enfants majeurs rattachés ou du conjoint décédé au cours de l'année précédant celle de l'exigibilité de l'IFI). En pareil cas, l'impôt sur le revenu du redevable de l'IFI est réduit suivant le pourcentage que représente le revenu de ces personnes par rapport au revenu total.

Incidence du prélèvement à la source de l'impôt sur le revenu Le mécanisme de plafonnement s'appuie sur la prise en compte des impôts dus au titre des revenus et produits de l'année précédente. 72175

Le prélèvement à la source de l'impôt sur le revenu, qui conduit, pour la généralité des revenus, à prélever l'impôt dû au titre de ces mêmes revenus l'année de leur perception sous forme de retenue à la source ou d'acompte, n'a pas pour effet de modifier les modalités de calcul du plafonnement. Ainsi, l'impôt pris en considération pour apprécier le seuil de 75 % demeure celui afférent aux revenus de l'année précédente dont le montant est définitivement arrêté à partir de la déclaration souscrite l'année suivante (BOI-PAT-IFI-40-30-10 n° 130).

› Précisions Pour le calcul du **plafonnement de l'IFI 2020,** seul l'impôt sur le revenu effectivement acquitté en 2020 au titre des revenus 2019 est pris en compte, c'est-à-dire **après imputation,** le cas échéant, du crédit d'impôt pour la modernisation du recouvrement (**CIMR**) **complémentaire** accordé au titre de l'impôt sur les revenus de 2019 en matière de BIC, BNC, BA ou de revenus des dirigeants de sociétés (nos 3870 s.).

4. IMPÔT SUR LA FORTUNE ACQUITTÉ HORS DE FRANCE

72210 CGI art. 980 ENR-XIII-32600 s

Les impôts sur la fortune (ou sur le capital) acquittés à l'étranger **au cours de l'année d'imposition** à raison des biens situés hors de France sont, le cas échéant, imputables sur l'IFI dû en France. Le montant imputable de l'impôt étranger est limité à la **fraction** de l'impôt français afférent aux seuls biens et droits immobiliers situés hors de France ou sur la valeur des parts et actions représentative de ces mêmes biens.

› Précisions a. Seuls sont imputables les impôts dont les caractéristiques sont **similaires à** celles de **l'IFI,** ce qui exclut notamment les impôts comparables aux impôts locaux français (mais les impôts comparables à la taxe foncière devraient, le cas échéant, pouvoir faire partie du passif déductible, voir no 71812). Ils peuvent être perçus au profit des États étrangers ou de territoires situés hors de France mais aussi au profit des subdivisions politiques ou des collectivités locales de ces États ou territoires (BOI-PAT-IFI-50-20 no 50).

b. Si l'impôt étranger a été **acquitté après le paiement de l'IFI,** il convient de procéder par voie de restitution (BOI-PAT-IFI-50-20 no 60).

CHAPITRE 3

DÉCLARATION ET PAIEMENT

DÉCLARATION DU PATRIMOINE

Les redevables dont la valeur du patrimoine immobilier taxable au 1er janvier de l'année d'imposition excède 1 300 000 € doivent faire figurer le détail et l'estimation des biens composant leur patrimoine (et, le cas échéant, des dettes y afférentes) sur une **déclaration spécifique n° 2042-IFI** annexée à la déclaration d'ensemble de leurs revenus n° 2042 (nos 3670 s.). Aucun **justificatif** ne doit, en principe (certificat de gestion durable et engagement d'exploitation pour les bois et forêts partiellement exonérés : voir toutefois n° 71430, précision a), être joint à la déclaration mais le redevable doit être en mesure de répondre aux demandes de l'administration (BOI-PAT-IFI-50-10-20 n° 40). **72300** CGI art. 982 ENR-XIII-35110 s

› Précisions **a.** Les **concubins notoires** (soumis à déclaration commune pour l'IFI mais à déclaration séparée pour l'impôt sur le revenu) mentionnent la valeur brute et la valeur nette de leur patrimoine sur l'une ou l'autre de leur déclaration de revenus à laquelle ils joignent la déclaration annexe.

b. Pour les personnes mariées ou liées par un Pacs, la déclaration est **signée** par les deux époux ou partenaires.

En cas de **décès du redevable** entre le 1er janvier et la date fixée pour le dépôt de la déclaration, elle est souscrite par ses héritiers. Le cas échéant, la déclaration peut être produite par le notaire chargé de la succession, à la demande des ayants droit, si la succession n'est pas liquidée à la date de la production de la déclaration.

c. Les **biens exonérés** n'ont pas, en principe, à être déclarés. En revanche, les **biens mixtes** (utilisés pour partie à usage professionnel) doivent être détaillés et ventilés.

d. Les **sociétés** dont le redevable détient, seul ou conjointement avec les personnes de son foyer, des parts ou actions dont tout ou partie de la valeur est imposable, sont tenues de lui communiquer, sur sa demande, dans un délai raisonnable, toutes les informations nécessaires pour remplir sa déclaration et en particulier la valeur des parts ou actions et la fraction imposable de cette valeur. En cas de chaîne de participations, cette obligation s'applique à chaque niveau de la chaîne. Le redevable dispose d'un **droit d'information** similaire auprès des **OPC** et des **organismes d'assurance** (CGI ann. III art. 313 BQ quater).

Mesures de contrôle Le contrôle de l'IFI s'effectue, sauf dispositions contraires, selon les règles prévues en matière de droits d'enregistrement dans les **délais** visés n° 77740. **72310** CGI art. 981 ENR-XIII-36750 s

De même, sauf dispositions contraires, le contentieux de l'IFI suit celui applicable en matière de droits d'enregistrement et relève des **juridictions de l'ordre judiciaire** (nos 82195 s.).

En l'**absence de mention de la valeur nette taxable du patrimoine** sur la déclaration d'ensemble des revenus ou en cas de **défaut de souscription** de la déclaration, la procédure de taxation d'office peut trouver à s'appliquer. Mais l'administration doit au préalable mettre en œuvre une procédure contradictoire selon les modalités indiquées n° 79070, c au cours de laquelle le redevable peut réparer son omission. Par ailleurs, les **pénalités** prévues aux nos 80075 s. sont encourues. **72315**

En ce qui concerne l'impossibilité d'imputer la réduction **IFI-dons** (nos 72100 s.) en cas d'application de certaines **majorations,** voir n° 79880.

En vue du contrôle de l'impôt, l'administration peut demander des **éclaircissements** et des **justifications** sur la composition de l'actif et du passif de leur patrimoine. Les demandes peuvent porter, par exemple, sur des discordances et anomalies décelées dans la déclaration des redevables (incohérences relevées dans les actifs déclarés et les dettes y afférentes, minoration de l'évaluation par rapport à l'année précédente, etc.). L'administration peut également demander au redevable de justifier de l'existence, de l'objet et du montant des dettes dont la déduction a été opérée ou encore de l'éligibilité et des modalités de calcul des exonérations ou réductions d'impôt dont il a fait application. **72320** LPF art. L 23 A ENR-XIII-36780 s

Ces demandes, qui sont indépendantes d'une procédure d'examen de situation fiscale personnelle, assignent au contribuable un délai de réponse qui ne peut être inférieur à deux mois. En l'absence de réponse ou en cas de réponse insuffisante, l'administration peut rectifier les déclarations en se conformant à la procédure contradictoire (voir nos 78600 s.).

Les redevables **non domiciliés** en France, à l'exception de ceux établis dans l'Espace économique européen, peuvent être invités à désigner, dans un délai de quatre-vingt-dix jours, **72325** CGI art. 983 ENR-XIII-36980 s un **représentant en France,** habilité à recevoir les communications relatives à l'assiette, au recouvrement et au contentieux de l'IFI.

Le défaut de désignation d'un représentant en France par un non-résident entraîne la taxation d'office (LPF art. L 72 A).

PAIEMENT DE L'IMPÔT

72330 L'IFI est recouvré par voie de rôle, distinct de l'impôt sur le revenu.

CGI art. 1679 ter CGI ann. III art. 382 F ENR-XIII-36200 s

L'IFI doit en principe être acquitté par **télépaiement** (même règle que pour les impôts locaux : voir nº 41555). Il peut être acquitté par remise d'œuvres d'art ou d'immeubles lorsque les conditions exposées nº 68920 sont remplies.

Sur l'imputation des **impôts acquittés à l'étranger,** voir nº 72210.

72335 Le **débiteur** de l'IFI est la personne qui a souscrit la déclaration, mais les **époux** et les partenaires liés par un pacte civil de solidarité (**Pacs**) sont solidaires pour le paiement (CGI art. 1723 ter-00 B). En cas de **divorce** ou de **séparation,** ils peuvent cependant obtenir la décharge de leur obligation au paiement (voir nº 77280, c). En cas de **décès** du redevable, les cohéritiers (mais non les légataires) sont également solidaires pour le paiement de l'IFI établi au nom de l'indivision successorale (CGI art. 1709).

Sur les **sanctions** applicables en cas de défaut ou de retard de paiement, voir nº 80150.

CHAPITRE 4

ACTIFS PROFESSIONNELS

SOMMAIRE

GÉNÉRALITÉS

Les actifs professionnels sont expressément exclus de l'assiette de l'IFI. Les articles 975 et 976 du CGI donnent une définition précise de ces biens qui peuvent être regroupés en trois catégories : les immeubles affectés à une exploitation individuelle (nos 72650 s.), ceux affectés à l'activité d'une société dans laquelle le redevable exerce sa profession ou dont il est dirigeant (nos 72730 s.) et certains biens ruraux (nos 71440 s.). 72500

A. Immeubles affectés à une exploitation individuelle

Les biens ou droits immobiliers et les parts ou actions de sociétés représentatives de ces mêmes biens ou droits constituent des actifs professionnels exonérés d'IFI lorsque ces biens ou droits sont affectés à l'activité principale industrielle, commerciale, artisanale, agricole ou libérale du redevable. 72650 CGI art. 975, I ENR-XIII-8600 s

PROFESSION INDUSTRIELLE, COMMERCIALE, ARTISANALE, AGRICOLE OU LIBÉRALE

Les biens ou droits immobiliers affectés à l'exercice d'une activité ne peuvent être considérés comme des actifs professionnels que si cette activité correspond à l'exercice d'une véritable profession. La notion de profession suppose l'existence d'une activité **effectivement exercée** à titre habituel et constant et dans un but lucratif. Il faut en outre que cette activité soit de nature industrielle, commerciale, artisanale, agricole ou libérale, étant précisé que les activités commerciales s'entendent de celles définies n° 71170 (voir toutefois la précision b ci-après). D'une manière générale, il s'agit donc des activités professionnelles dont les résultats sont classés dans la catégorie des BIC, BA ou BNC. 72660 ENR-XIII-8650 s

› Précisions **a.** Les professions **libérales** englobent l'ensemble des professions imposables dans la catégorie BNC, y compris les charges et offices (notaires, huissiers, etc.). Les agents d'assurances sont concernés, même s'ils ont opté pour le régime fiscal des salariés.
Les **activités assimilées aux** BNC (n° 13205) sont exclues, dès lors qu'elles n'ont pas le caractère d'une profession. Exemples : opérations de bourse effectuées à titre habituel par les particuliers, opérations réalisées par les propriétaires de chevaux de course qui ne sont ni éleveurs ni entraîneurs, entremise occasionnelle, etc.
b. Sont écartées les activités civiles, autres que libérales, agricoles ou assimilées fiscalement à des activités commerciales. Par suite, la **location d'immeubles nus** est en principe exclue mais, lorsqu'elle est consentie au profit d'une société dans laquelle le propriétaire exerce son activité professionnelle principale ou des fonctions dirigeantes et que l'immeuble est nécessaire à l'activité de la société, l'immeuble peut être exonéré dans les conditions et limites indiquées nos 72730 s.
Est, en revanche, considérée comme commerciale et donc éligible à l'exonération l'activité de **location d'établissements commerciaux ou industriels** munis du mobilier ou du matériel nécessaire à leur exploitation. Il en est ainsi de la location ou de la location-gérance d'un fonds de commerce ou d'industrie (BOI-PAT-IFI-30-10-10-10 n° 70).
En ce qui concerne par ailleurs les **loueurs en**

meublé, voir n° 90700.

c. Les **activités salariées** ne sont pas visées par la loi. Toutefois les actifs imposables affectés à l'exercice d'une profession salariée sont exonérés d'IFI lorsque cette affectation résulte d'une obligation légale ou réglementaire faite au salarié ou découle intrinsèquement et directement des conditions de fait d'exercice de la profession (BOI-PAT-IFI-30-10-10-10 n° 120).

d. Les biens ruraux donnés à **bail à long terme** ou à **bail cessible** sont, sous certaines conditions, exonérés d'IFI (n°s 71440 s.).

PROFESSION EXERCÉE PAR LE PROPRIÉTAIRE DES ACTIFS OU SON CONJOINT

72670 ENR-XIII-9300 s Compte tenu de la définition du foyer fiscal (n° 71090), les actifs peuvent être détenus et utilisés par l'un quelconque de ses membres, y compris le **partenaire** d'un Pacs, le **concubin notoire** et les **enfants mineurs.** Ainsi, par exemple, lorsque la profession est exercée par l'un des parents, les biens appartenant aux enfants mineurs peuvent être retenus comme actifs professionnels s'ils sont affectés à cette profession (BOI-PAT-IFI-30-10-10-20 n° 50).

› Précisions En cas de **démembrement** de la propriété, peut se prévaloir du régime des actifs professionnels celui qui est imposable, c'est-à-dire en général l'usufruitier ou le titulaire du droit d'habitation ou d'usage (n°s 71275 s.), à la condition bien entendu qu'il soit aussi l'exploitant.

PROFESSION EXERCÉE À TITRE PRINCIPAL

72680 ENR-XIII-9600 s En cas de pluralité d'activités, la profession principale est celle qui constitue l'**essentiel des activités économiques** du contribuable (compte tenu notamment du temps consacré à chaque activité, de l'importance des responsabilités, de la taille des exploitations, etc.). Si ce critère est inopérant (par exemple, lorsque les activités professionnelles sont d'égale importance), l'activité principale est celle qui procure la plus grande part des revenus.

› Précisions **a.** Dans le cadre du **foyer fiscal,** le caractère principal de la profession s'apprécie distinctement pour chaque époux, partenaire d'un Pacs ou concubin notoire.

b. Pour déterminer la profession principale, la comparaison doit se faire en tenant compte de toutes les activités, y compris les **activités salariées.** En revanche, on fait abstraction des **revenus** perçus **sans rapport avec une activité professionnelle** (revenus fonciers, revenus mobiliers, etc.) ou qui se rattachent à une activité professionnelle antérieure (pensions de retraite).

c. Lorsqu'un même **actif** immobilier est **affecté** par son propriétaire **à plusieurs activités,** il ne peut être retenu au titre des actifs professionnels que pour la fraction correspondant à l'utilisation effective pour les besoins de l'activité professionnelle principale.

Lorsque les activités sont soit **similaires,** soit **connexes** et **complémentaires,** la condition d'activité principale s'apprécie au regard de l'ensemble des activités.

Pour le cas où le redevable détient également des **titres dans des sociétés soumises à l'IS,** voir n° 72825, précision c.

IMMEUBLES AFFECTÉS À L'EXERCICE DE LA PROFESSION

72690 ENR-XIII-10000 s Les actifs professionnels s'entendent des immeubles (ou des droits immobiliers) qui, ayant un lien de **causalité directe** suffisant avec l'exploitation, sont utilisés effectivement pour les besoins de l'activité professionnelle ou ne pourraient être utilisés à un autre usage, qu'ils soient situés en France ou à l'étranger. L'exonération concerne également les parts et actions que l'exploitant détient dans une société (SCI par exemple) pour la fraction de leur valeur représentative des immeubles (détenus directement ou indirectement) que le redevable utilise pour les besoins de l'exploitation.

Conformément à la règle générale (n° 71145), c'est à la **date** du 1er janvier de l'année d'imposition qu'il convient d'apprécier la **composition de l'actif** professionnel.

Lorsque le redevable tient un **bilan** ou un tableau des immobilisations (registre des immobilisations pour les professions non commerciales), le caractère professionnel est normalement **présumé** pour les immeubles qui y sont inscrits et inversement. Mais cette présomption souffre la preuve contraire. Par exemple, un immeuble inscrit au bilan mais donné en location ou mis à la disposition de tiers ne peut pas être considéré comme un actif professionnel. D'une manière générale, la Cour de cassation reconnaît à l'administration la faculté de contester le caractère professionnel d'un bien inscrit à l'actif d'une entreprise mais non affecté effectivement à l'exercice de la profession (Cass. com. 15-6-1993 n° 91-12.745 P : RJF 8-9/93 n° 1244). Inversement, un élément non porté au bilan peut être considéré comme un actif professionnel si l'exploitant établit son affectation et son utilisation effective pour les besoins de l'exploitation.

Les **immeubles affectés par nature** à l'exploitation sont également considérés comme actifs professionnels, même non inscrits au bilan.

› Précisions **a.** Si un immeuble, même inscrit à l'actif du bilan d'une entreprise, est **affecté en partie à l'exploitation** et se trouve pour le surplus mis, gratuitement ou non, à la disposition privative de l'exploitant ou d'un tiers, seule la fraction de l'immeuble utilisée à l'exercice de l'activité professionnelle peut être considérée comme un actif professionnel (BOI-PAT-IFI-30-10-10-40 n° 50).

b. Sont présumés professionnels les **terrains** et les **chantiers** directement utilisés pour les besoins d'une exploitation industrielle ou commerciale ainsi que les terrains nus inscrits au bilan depuis moins de deux ans (BOI-PAT-IFI-30-10-10-40 n° 50).

Sont également considérés comme professionnels les bâtiments affectés au **logement du personnel** (autre que les dix ou cinq dirigeants ou cadres les mieux rémunérés selon que l'effectif excède ou non 200 salariés) et aux **œuvres sociales** de l'entreprise (BOI-PAT-IFI-30-10-10-40 n° 50).

c. Pour les **agriculteurs,** sont notamment considérées comme des actifs professionnels les immobilisations utilisées de manière durable pour les besoins de leur exploitation (terres, améliorations foncières, plantations, bâtiments d'exploitation, etc.) même si l'exploitant a opté pour le maintien des terres dans son patrimoine privé. En revanche, les locaux d'habitation ne constituent pas des actifs professionnels (BOI-PAT-IFI-30-10-10-40 n° 80).

d. Lorsque l'immeuble est détenu par **société interposée,** l'exonération s'applique à la fraction de la valeur des parts ou actions détenues par le redevable (déterminée comme indiqué n° 71770) représentative de l'immeuble affecté à l'exploitation.

B. Immeubles affectés à l'activité d'une société

Les immeubles (ou droits immobiliers) détenus par le redevable sont, sous certaines conditions, exonérés d'IFI lorsque ces immeubles sont affectés à l'activité d'une société dans laquelle le redevable exerce son activité professionnelle principale (hypothèse où il est associé d'une société de personnes : n° 72800) ou des fonctions dirigeantes (hypothèse où il est associé dirigeant d'une société assujettie à l'IS : n°s 72810 s.). En cas de détention indirecte, l'exonération s'applique également à la valeur des titres représentatifs de tels immeubles. 72730 ENR-XIII-10700 s

Dans tous les cas, l'exonération est réservée aux actifs immobiliers que la société affecte à une activité industrielle, commerciale, artisanale, agricole ou libérale (n° 72880).

› Précisions L'exonération de l'immobilier professionnel n'a vocation à s'appliquer qu'aux **actifs** qui ne sont pas **exclus du champ d'application de l'IFI** (cas de l'immobilier affecté à l'activité opérationnelle d'une société : voir n° 71180). Seuls sont donc en principe visés par l'exonération les **immeubles** (ou les droits immobiliers) qui sont la **propriété** (directe ou indirecte) **du redevable** et qui sont **loués ou mis à la disposition** de la société de personnes dans laquelle il exerce son activité professionnelle principale ou de la société IS qu'il dirige.

Sur le cas particulier de l'immobilier détenu par une société pratiquant la **location meublée** de locaux d'habitation et au sein de laquelle le redevable exerce son activité principale ou des fonctions dirigeantes, voir toutefois n° 90700. Dans cette hypothèse, comme dans celle d'une société pratiquant la location d'établissements commerciaux ou industriels munis du mobilier ou du matériel nécessaire à leur exploitation, le redevable, qui ne peut pas bénéficier de l'exclusion visée n° 71180 (l'activité n'étant pas réputée commerciale pour le champ d'application de l'IFI : voir n° 71170), peut, en revanche, le cas échéant, bénéficier de l'exonération à raison des immeubles (ou des droits immobiliers) figurant à l'actif de la société et affectés à son activité de location (cette activité étant réputée commerciale pour l'application de l'exonération : voir n° 72880). Les titres détenus par le redevable dans cette société sont alors exonérés à hauteur de la fraction de leur valeur représentative des immeubles en cause.

1. ASSOCIÉS EXERÇANT AU SEIN D'UNE SOCIÉTÉ DE PERSONNES

Sont concernés les redevables qui exercent leur **activité professionnelle à titre principal et de manière effective** au sein d'une société de personnes soumise à l'impôt sur le revenu, quel que soit le pourcentage de participation détenu. Il s'agit des sociétés dont les bénéfices sont imposés au nom des associés dans la catégorie des BIC, des BA ou des BNC, selon la nature de l'activité exercée (n° 72880). 72800 CGI art. 975, II et VI ENR-XIII-10800 s

Pour être considérés comme des actifs professionnels partiellement exonérés d'IFI, les **immeubles** (ou les droits immobiliers) doivent être affectés à l'activité de la société dans laquelle le redevable exerce sa profession (ce qui exclut les immeubles affectés à l'activité d'une filiale ou sous-filiale), peu important qu'ils soient donnés en location ou mis à disposition gratuite. Ils peuvent être détenus, directement ou au travers d'une société interposée (quel que soit le nombre de niveaux d'interposition), par l'un quelconque des membres du foyer fiscal (n° 71090). Les biens en cause sont exonérés à concurrence de la participation du redevable dans la société d'exploitation.

En cas de **détention indirecte** (via une SCI par exemple), l'exonération s'applique – dans la limite de la participation du redevable dans la société de personnes dans laquelle il exerce son activité – à la fraction de la valeur des titres de la SCI représentative des immeubles affectés à l'exploitation de cette société de personnes.

> Précisions a. Les **sociétés** concernées sont plus précisément celles visées aux **articles 8 et 8 ter du CGI** : sociétés en nom collectif ; sociétés en commandite simple à concurrence des droits des commandités ; sociétés civiles par leur forme et par leur objet ; sociétés en participation et sociétés de fait, en ce qui concerne les droits des associés indéfiniment responsables et dont l'identité a été révélée à l'administration ; SARL de famille qui ont opté pour le régime fiscal des sociétés de personnes ; EURL dont l'associé unique est une personne physique ; EARL ; sociétés civiles professionnelles.

b. Le **caractère principal de l'activité** professionnelle exercée dans la société est apprécié à partir de critères identiques à ceux retenus pour les exploitants individuels (n° 72680).
Lorsque le redevable exerce dans **plusieurs sociétés** de personnes, l'activité principale s'apprécie au regard de l'activité exercée dans l'ensemble des sociétés en cause lorsque ces sociétés ont des activités soit similaires, soit connexes et complémentaires.
Pour le cas où l'associé détient également des titres dans des sociétés soumises à l'IS, voir n° 72825, précision c.

2. DIRIGEANTS D'UNE SOCIÉTÉ SOUMISE À L'IS

72810 CGI art. 975, III et IV ENR-XIII-11200 s

Les immeubles affectés à l'activité d'une société soumise, de droit ou sur option, à l'impôt sur les sociétés peuvent être considérés comme des actifs professionnels partiellement exonérés d'IFI lorsque le redevable dirige la société. L'exonération trouve également à s'appliquer lorsque les immeubles sont détenus par l'intermédiaire d'une ou plusieurs sociétés interposées. Elle ne s'applique pas, en revanche, lorsque les immeubles sont utilisés pour les besoins d'une filiale ou d'une sous-filiale de la société dont le redevable est dirigeant.

Deux sortes de **conditions** sont prévues qui ont trait, d'une part, à la nature des fonctions exercées dans la société et à leurs conditions d'exercice, d'autre part, à l'importance de la participation détenue.

La **date de référence** à laquelle les conditions requises doivent être remplies est le 1er janvier de l'année d'imposition.

FONCTIONS DE DIRECTION

72820 ENR-XIII-11260 s

Pour pouvoir bénéficier de l'exonération, le redevable doit exercer à titre principal dans la société une fonction de direction. Selon le type de société, les dirigeants concernés sont les suivants :
– dans les **SARL** : les gérants de droit nommés conformément aux statuts ;
– dans les **sociétés anonymes** : le président du conseil d'administration, le directeur général et les directeurs généraux délégués, les membres du directoire et le président du conseil de surveillance.
Les dirigeants de **SAS** peuvent également bénéficier de l'exonération d'IFI s'ils exercent des fonctions dont l'étendue est équivalente à celles exercées par les dirigeants de sociétés anonymes. À l'égard des directeurs généraux et des directeurs généraux délégués, cette condition d'équivalence implique notamment que les intéressés soient investis d'un pouvoir de représentation de la société opposable aux tiers (BOI-PAT-IFI-30-10-30-10 n° 140) ;
– dans les **sociétés en commandite par actions** : les gérants commandités et, selon la Cour de cassation, le président du conseil de surveillance, l'expression « sociétés par actions » utilisée par le texte légal visant toutes les sociétés par actions (Cass. com. 11-10-2005 n° 04-13.063 FS-PBIR : RJF 1/06 n° 99) ;
– dans les **sociétés de personnes** soumises sur option à l'impôt sur les sociétés (sociétés en nom collectif, en commandite simple, sociétés civiles, sociétés en participation, etc.) : chacun des associés en nom (dans la mesure où il exerce des fonctions dans les conditions exposées ci-après).

Les fonctions doivent être **effectivement exercées.**

72825 Les fonctions exercées doivent donner lieu à une **rémunération normale** au regard des rémunérations de même type versées au titre de fonctions analogues dans l'entreprise ou dans les entreprises similaires établies en France. En cas d'exercice simultané au sein de la même société d'une fonction de direction et d'une autre activité, l'administration admet de prendre également en compte la rémunération attachée à cette dernière activité pour apprécier le caractère normal de la rémunération (BOI-PAT-IFI-30-10-30-10 n° 270).

La rémunération doit en outre représenter **plus de la moitié des revenus professionnels** du redevable.

Pour apprécier le caractère normal et prépondérant de la rémunération, les **revenus à prendre en compte** s'entendent des revenus soumis à l'impôt sur le revenu dans les catégories des traitements et salaires, BIC, BA, BNC et revenus des gérants et associés mentionnés à l'article 62 du CGI (pour cette dernière catégorie, voir n° 72830, Précisions). En revanche, il est fait abstraction des revenus perçus sans rapport avec une activité professionnelle : revenus fonciers, revenus mobiliers, pensions de retraite, etc. Par ailleurs, les jetons de présence ordinaires (qui sont imposés dans la catégorie des revenus de capitaux mobiliers) ne sont pas pris en compte ; en revanche, les jetons de présence spéciaux peuvent être retenus pour leur fraction imposable dans la catégorie des traitements et salaires (voir n° 23580).

› Précisions **a.** La **période de référence** à prendre en considération pour apprécier le caractère prépondérant de la rémunération s'entend en principe de l'année précédant le 1er janvier de l'année d'imposition. Toutefois, lorsque le seuil de 50 % n'est pas atteint au cours de cette période, l'administration admet de prendre en considération les revenus professionnels de l'année au titre de laquelle l'IFI est dû. Cette mesure s'applique en cas de création ou de restructuration d'entreprises et de prise de fonctions de direction au cours de l'année précédant celle au titre de laquelle l'ISF est dû ou au 1er janvier de l'année d'imposition (BOI-PAT-IFI-30-10-30-10 n° 430).

b. Dans le cadre du **foyer fiscal,** la proportion de 50 % s'apprécie distinctement pour chaque époux (ou concubin notoire ou partenaire lié par un Pacs) (BOI-PAT-ISF-30-10-30-10 n° 440).

c. Les immeubles affectés à l'activité de **plusieurs sociétés soumises à l'IS** sont exonérés si chaque participation prise isolément satisfait aux conditions de l'exonération, la condition tenant au montant de la rémunération (seuil de 50 %) étant toutefois appréciée globalement. Lorsque les activités des sociétés présentent des liens de similitude ou de connexité et de complémentarité, le caractère normal de la rémunération s'apprécie globalement au regard des fonctions exercées par le redevable dans l'ensemble des sociétés.

Les immeubles affectés par un **entrepreneur individuel** ou un **associé d'une société de personnes** à l'activité d'une ou plusieurs sociétés soumises à l'IS peuvent être exonérés si les conditions relatives à la participation détenue, à la nature des fonctions exercées et à la rémunération (caractère normal et prépondérant) sont remplies dans chaque entreprise.

d. Dans le cas d'une **entreprise nouvellement créée,** l'exonération des biens professionnels n'est pas remise en cause à raison du niveau de la rémunération du dirigeant pendant deux ans. Il en est de même s'agissant d'une entreprise rencontrant des **difficultés économiques, commerciales ou financières** lorsque le contribuable en fait état dans sa déclaration (BOI-PAT-IFI-30-10-30-10 n° 330).

SEUIL MINIMUM DE PARTICIPATION DANS LA SOCIÉTÉ

Une participation minimale de 25 % est en principe exigée des **gérants minoritaires de SARL** et des associés **dirigeants de sociétés anonymes.** Ces dirigeants sont toutefois dispensés de respecter ce seuil minimum de détention lorsque la valeur brute de leur participation excède 50 % de la valeur brute du patrimoine total du redevable (n° 72840). **72830** ENR-XIII-11350 s

› Précisions Ne sont pas concernés par ces règles les **gérants et associés visés à l'article 62 du CGI,** à savoir :
– les gérants de SARL majoritaires ou appartenant à un collège de gérance majoritaire : la qualité de gérant majoritaire est appréciée selon les règles exposées n° 23625 et, en cas de gérance collégiale, chaque gérant est réputé majoritaire si les gérants possèdent à eux tous plus de la moitié des parts sociales ;
– les gérants des sociétés en commandite par actions ;
– les associés en nom des sociétés de personnes qui ont opté pour l'impôt sur les sociétés.

Appréciation du seuil La détention d'une **participation minimum de 25 %,** appréciée au 1er janvier de l'année d'imposition, s'entend de la détention de 25 % des **droits de vote** attachés aux titres émis par la société. Les parts ou actions ordinaires détenues en usufruit sont retenues (BOI-PAT-IFI-30-10-30-20 n° 90). **72835** ENR-XIII-13440 s

Pour la détermination du seuil de 25 %, il peut être tenu compte :
– de la participation détenue directement par le redevable et les membres de son groupe familial au sens large, à savoir : outre le redevable lui-même, son conjoint, partenaire pour les personnes liées par un Pacs ou concubin notoire, ses ascendants, descendants, frères et sœurs ainsi que ceux de son conjoint, partenaire ou concubin notoire ;
– de la participation que ces mêmes personnes détiennent par l'intermédiaire d'une ou plusieurs sociétés possédant une participation dans la société où s'exercent les fonctions, dans la limite d'un seul niveau d'interposition, ce qui exclut les sous-filiales (la détention par l'intermédiaire d'un FCPE n'est en revanche pas prise en compte : Cass. com. 18-1-2011 n° 10-11.941 FS-PB : RJF 4/11 n° 521).

Le respect de la condition tenant au seuil de détention minimum de 25 % n'est pas exigé en cas d'**augmentation de capital** si les conditions suivantes sont réunies :
– le seuil de 25 % a été respecté pendant les cinq années qui ont précédé l'opération ;
– à la suite de l'augmentation de capital, le redevable doit détenir au moins 12,5 % des droits de vote dans l'entreprise ;
– le redevable doit avoir conclu un pacte avec d'autres associés ou actionnaires représentant au moins 25 % des droits de vote et exerçant un pouvoir d'orientation sur la société.

› Précisions **a.** Les parts ou actions appartenant en propre au **conjoint des frères et sœurs ou des descendants** du redevable ne sont pas retenues pour l'appréciation du seuil de 25 %. Celles appartenant à la communauté conjugale des descendants et des frères et sœurs sont retenues pour la totalité de leur valeur, qu'elles soient immatriculées au nom de ces personnes ou à celui de leur conjoint (Cass. com. 27-10-1992 n° 90-16.473 P : RJF 1/93 n° 163).

b. Dans les **groupes de sociétés,** la prise en compte de la **détention indirecte** s'applique quels que soient la forme juridique de la société interposée, l'importance des droits détenus dans son capital et son objet social (holding, par exemple).

72840 ENR-XIII-13950 s **Dispense du seuil liée à la valeur des titres** Lorsque le seuil minimum de détention de 25 % n'est pas atteint, l'exonération peut néanmoins s'appliquer à condition que la **valeur brute** des parts ou actions que le redevable détient directement dans la société qu'il dirige, appréciée au 1er janvier de l'année d'imposition, **excède 50 % de la valeur brute de son patrimoine total** (y compris les biens et droits immobiliers qu'il affecte à l'activité de la société).

› **Précisions** **a.** Pour l'appréciation du seuil de 50 %, il est tenu compte des parts appartenant au redevable et aux membres du foyer fiscal (voir n° 71090).

b. Les éléments composant le patrimoine total sont pris en compte pour leur **valeur brute** sans faire application des règles spécifiques d'assiette applicables en matière d'IFI, telles que l'abattement de 30 % sur la résidence principale (BOI-PAT-IFI-30-10-30-20 n° 170).

c. L'administration admet que soit retenue, en sus de la valeur des droits directement détenus par le contribuable ou les membres de son foyer fiscal dans la société qu'il dirige, celle des **participations détenues indirectement** par l'intermédiaire d'une ou plusieurs sociétés, dans la limite d'un seul niveau d'interposition (BOI-PAT-IFI-30-10-30-20 n° 190).

d. Dans le cas où le redevable possède des **participations dans plusieurs sociétés,** il est fait masse de la valeur des participations détenues (directement ou par l'intermédiaire d'une société interposée) si le contribuable exerce des fonctions de direction dans chaque société et que le total des rémunérations qu'il perçoit excède la moitié de ses revenus professionnels (BOI-PAT-IFI-30-10-30-20 n° 200).

EXONÉRATION PARTIELLE

72845 CGI art. 975, VI ENR-XIII-14700 Lorsque les **immeubles** (ou les droits immobiliers) utilisés par la société IS dirigée par le redevable appartiennent directement à l'un des membres du foyer fiscal (n° 71090), la valeur de l'immeuble loué ou mis à disposition est exonérée **à hauteur de la participation du redevable** dans la société d'exploitation.

Lorsqu'ils appartiennent à une société (telle une SCI) dans laquelle l'un des membres du foyer fiscal détient (directement ou indirectement) des titres, la **valeur des parts ou actions** détenues par le foyer fiscal est exonérée dans la **limite** du produit :
– de la fraction de leur valeur représentative des immeubles loués ou mis à disposition de la société d'exploitation par la société immobilière ;
– et de la participation du redevable dans la société d'exploitation.

EXEMPLE

M. X détient 80 % des droits de vote d'une SAS dont il est le dirigeant.

Il possède, par ailleurs, avec son épouse l'intégralité des titres d'une SCI qui détient un immeuble, d'une valeur de 1 M€, donné en location à la SAS et divers actifs mobiliers d'une valeur de 1,5 M€. Compte tenu des dettes contractées par la SCI, les titres de cette société valent, par hypothèse, 2 M€.

L'immeuble donné en location à la SAS représente 40 % de l'actif de la SCI (1 M€/2,5 M€).

Les titres de la SCI sont exonérés à hauteur de : 80 % × (40 % × 2 M€) = 640 000 € ; il sont imposables pour le surplus, soit : (40 % × 2 M€) – 640 000 € = 160 000 €.

CAS PARTICULIERS

72850 ENR-XIII-10520 s **Exercice d'une profession libérale en SARL ou SA** Lorsqu'une profession libérale est exercée en société anonyme ou SARL, il est admis que les biens et droits immobiliers, détenus directement ou indirectement, par l'intermédiaire des parts de ces sociétés constituent des actifs professionnels dans le cas où la détention de ces parts ou actions est la condition nécessaire à l'exercice de la profession libérale pour l'associé. Toutefois, les actifs imposables que représentent ces parts ou actions ne sont considérés comme professionnels qu'à hauteur de la fraction des parts correspondant à la quotité exigée par les statuts, ou à défaut à celle nécessaire à l'exercice de son activité par l'intéressé.

Il est également admis, dans ce cas, que les actifs détenus par l'intermédiaire de ces parts constituent des actifs professionnels à hauteur de la fraction de ceux affectés à l'activité éligible de l'entreprise si leur détenteur y exerce sa profession principale, même s'il ne répond pas aux conditions de seuil de détention et de nature des fonctions exercées.

Si le redevable exerce la même **activité dans plusieurs sociétés** dont il détient des titres, l'ensemble de ses participations peut être considéré comme un actif professionnel unique. Ces participations sont exonérées si les fonctions exercées constituent l'essentiel de ses activités économiques ou, à défaut, lui procurent la plus grande partie de ses revenus professionnels (BOI-PAT-IFI-30-10-10-40 n° 130).

72855 ENR-XIII-15000 s **Fusions, scissions et apports partiels d'actif** Des règles particulières sont prévues pour l'appréciation du caractère professionnel des parts ou actions détenues, le 1er janvier suivant l'opération, dans la société bénéficiaire des apports. Les associés ou actionnaires de cette société peuvent bénéficier d'un régime spécial fondé sur la **recherche d'une équi-**

valence entre les parts ou actions détenues à cette date dans la société bénéficiaire des apports et celles qui étaient ou auraient été détenues, si l'opération n'avait pas eu lieu, dans chacune des sociétés concernées (BOI-PAT-IFI-30-10-30-30 n°s 1 s.).

3. NATURE DE L'ACTIVITÉ SOCIALE

L'activité exercée par la société, y compris lorsque celle-ci relève de l'impôt sur les sociétés, doit être de nature **industrielle, commerciale, artisanale, agricole ou libérale** (même critère que ci-avant n° 72660). **72880** CGI art. 975, V **ENR-XIII-8680 s**

Sont ainsi notamment couvertes les sociétés qui exercent une activité de marchand de biens, d'agent immobilier, de promoteur immobilier et de lotisseur. Tel n'est, en principe, pas le cas en revanche d'une société de gestion immobilière qui donne en **location nue** les immeubles dont elle est propriétaire (voir toutefois n° 72885 le cas des holdings animatrices).

Sont, par ailleurs, expressément assimilées à des opérations commerciales pour l'application de l'exonération des biens professionnels l'activité de **loueur en meublé** de locaux d'habitation (voir n° 90700) et l'activité de location d'établissements commerciaux ou industriels munis du mobilier ou du matériel nécessaires à l'exploitation.

> **Précisions** S'agissant des titres de **sociétés immobilières,** on rappelle qu'ils peuvent être exonérés pour une fraction de leur valeur lorsque les immeubles possédés par cette société sont donnés en location à la société dans laquelle le redevable exerce son activité professionnelle principale (voir n° 72800) ou des fonctions de direction (voir n° 72845).

Cas des holdings animatrices L'activité des sociétés holdings animatrices de leur groupe est expressément considérée par la loi comme une activité commerciale (CGI art. 966, II). **72885** **ENR-XIII-14800 s**
Sont visées les sociétés holdings (y compris les holdings à forme civile) qui, outre la gestion d'un portefeuille de participations, participent activement à la conduite de la politique de leur groupe et au contrôle de leurs filiales et rendent, le cas échéant et à titre purement interne au groupe, des services spécifiques administratifs, juridiques, comptables, financiers ou immobiliers. L'exercice de ce rôle d'animation ne suppose pas nécessairement l'existence de structures importantes au sein de la holding (Cass. com. 27-9-2005 n° 03-20.665 FS-PB : RJF 1/06 n° 100). L'identité des dirigeants de la société mère et de la filiale est impropre, à elle seule, à caractériser le rôle d'animation (Cass. com. 19-11-1991 n° 89-19.474 P : RJF 2/92 n° 270).

Lorsque le redevable donne en location ou met à la disposition de la holding animatrice des immeubles (ou droits immobiliers) qu'il détient en propre ou par société interposée, l'**exonération des actifs professionnels** s'applique à ces immeubles ou aux titres de sociétés interposés sous les conditions et limites visées n°s 72810 s. Il faut, en particulier que le redevable (ou l'un des membres du foyer fiscal) exerce des **fonctions de direction** dans la holding et cette fonction donne lieu à une rémunération normale représentant plus de la moitié des revenus professionnels du dirigeant. Si les fonctions exercées par le redevable dans la holding ne sont **pas (ou peu) rémunérées,** l'exonération est néanmoins applicable à la double condition suivante :
– l'intéressé exerce simultanément des fonctions de direction dans une ou plusieurs filiales dont la société mère détient 50 % ou 25 % selon que cette dernière poursuit une activité industrielle ou commerciale propre ou limite son activité à l'animation de son groupe ;
– le montant cumulé des rémunérations qu'il perçoit dans ces sociétés et dans la holding représente plus de la moitié de ses revenus professionnels (BOI-PAT-IFI-30-10-40 n° 160).

> **Précisions** **a.** Une société qui a pour **activité principale l'animation** de filiales au sein desquelles elle détient une participation majoritaire ne perd pas son statut de holding animatrice dans le cas où elle détient également une **participation minoritaire** dans une autre société, dont elle n'assure **pas l'animation** (Cass. com. 19-6-2019 n°s 17-20.560 F-D et 17-20.559 F-D : RJF 11/19 n° 1093).
> **b.** Lorsque la société n'a **pas la qualité de holding animatrice,** le redevable peut, le cas échéant, bénéficier de l'exonération à raison des immeubles donnés en location ou mis à la disposition des filiales ou sous-filiales de la holding toutes conditions (fonctions de direction, rémunération) étant par ailleurs remplies (voir n°s 72810 s.).

PARTIE 7

Taxes diverses

La présente partie est consacrée à l'étude d'un certain nombre de taxes diverses qui, pour la plupart, sont recouvrées par les services des impôts ou les services des douanes et droits indirects. Cette partie comprend sept chapitres consacrés, respectivement, à l'examen : 73000
- des taxes et participations sur les salaires : nos 73010 s. ;
- de la contribution sur les revenus locatifs : nos 74800 s. ;
- de la contribution sociale de solidarité des sociétés : nos 75000 s. ;
- de la taxe sur les véhicules de société : nos 75100 s. ;
- de la taxe générale sur les activités polluantes : nos 75200 s. ;
- des contributions indirectes : nos 75600 s. ;
- enfin, d'un certain nombre d'autres taxes telles que la taxe sur le chiffre d'affaires des exploitants agricoles, la taxe sur les objets et métaux précieux, les taxes sur la communication audiovisuelle ou en ligne et les spectacles, la taxe annuelle de 3 % sur les immeubles, la taxe sur les surfaces commerciales, la taxe sur les conventions d'assurances, la taxe sur les transactions financières, etc. : nos 75900 s.

Sont étudiées dans d'autres parties de l'ouvrage :
- les taxes de nature immobilière : taxe d'aménagement (nos 31100 s.), versement pour sous-densité (nos 31180 s.), et autres taxes ou redevances de nature immobilière (nos 31315 s.) ;
- les taxes assimilées aux impôts directs locaux : nos 45500 s.

CHAPITRE 1

TAXES ET PARTICIPATIONS SUR LES SALAIRES

SOMMAIRE

Les impôts étudiés dans le présent chapitre ont ceci en commun que leur **assiette** est constituée par les salaires. 73010

Remarque : Il existe une autre taxe assise sur les salaires destinée à financer le développement de la formation professionnelle dans le secteur de la réparation automobile, qui est liquidée sur les déclarations de TVA (voir nº 76120).

SECTION 1

TAXE SUR LES SALAIRES

Nous préciserons successivement : 73200 CGI art. 231 TPS-I-1 s
– quelles sont les personnes imposables à la taxe sur les salaires : nos 73350 s. ;
– comment la taxe se calcule et se paie : nos 73465 s.

A. Personnes imposables

Due, en principe, par toutes les entreprises et tous les organismes qui paient des sommes à titre de rémunérations aux salariés, la taxe sur les salaires a un champ d'application effectif singulièrement réduit, tout d'abord par l'application du principe de territorialité (nº 73370), ensuite, et de façon particulièrement significative, par la dispense totale ou partielle dont bénéficient les employeurs redevables de la TVA (nos 73380 s.), enfin par l'existence de certaines exemptions ou exonérations prévues au profit de certains organismes ou secteurs (nos 73400 s.). 73350 CGI art. 231, 1 TPS-I-300 s

REDEVABLES DE LA TAXE

Normalement, la taxe sur les salaires est à la charge des entreprises et organismes qui paient des rémunérations. Toutefois, lorsque la personne qui assure matériellement le paiement 73360 TPS-I-400 s des sommes imposables n'est pas l'employeur des bénéficiaires de ces rémunérations, la taxe doit être réclamée à l'**employeur,** c'est-à-dire à celui qui détient le pouvoir de nommer et de révoquer le salarié et de lui donner des directives quant à l'exécution de ses tâches (BOI-TPS-TS-10-10-10 nº 30).

CRITÈRE DE TERRITORIALITÉ

73370 TPS-I-1300 s Les employeurs qui paient des rémunérations ne peuvent être passibles de la taxe sur les salaires que pour autant qu'ils sont **domiciliés ou établis** en France (BOI-TPS-TS-10-10-10 nº 70).

> Précisions Pour que l'employeur soit considéré comme établi en France, il suffit qu'il y possède un **centre d'opérations** présentant un caractère de permanence suffisante et doté d'une certaine autonomie. Il n'y a pas lieu de distinguer à cet égard selon que les fonds servant au paiement des rémunérations proviennent de ressources propres ou de l'entreprise située à l'étranger (BOI précité nº 80).
Le domicile du salarié et le lieu d'exercice de l'activité sont sans incidence sur l'exigibilité de la taxe. En conséquence, la taxe est due sur les rémunérations versées par un employeur établi en France aux **salariés détachés à l'étranger** (sauf s'ils relèvent sur place d'un centre d'opérations présentant un caractère de permanence suffisante et doté d'une certaine autonomie) et aux **frontaliers** (BOI précité nºs 140 à 160).

EMPLOYEURS TAXABLES À LA TVA

73380 TPS-I-2200 s Selon l'article 231, 1 du CGI, les employeurs assujettis à la taxe sur les salaires sont ceux qui ne sont **pas assujettis à la TVA ou ne l'ont pas été sur 90 %** au moins de leur chiffre d'affaires au titre de l'année civile précédant celle du paiement des rémunérations.

Le chiffre d'affaires à prendre en compte s'entend du total des recettes et autres produits y compris ceux correspondant à des opérations qui n'entrent pas dans le champ d'application de la TVA. Il est toutefois admis de ne pas prendre en compte les recettes et autres produits réalisés dans le cadre d'une transmission d'universalité de biens en suspension de la TVA (nº 47520) (Lettre DLF 11-7-2006).

L'expression « sur 90 % au moins de leur chiffre d'affaires » ne vise que la condition relative à l'année précédente (CE 21-5-1986 nº 49766 : RJF 7/86 nº 679).

Voici ce qui découle de cette analyse :

a. Échappent complètement à la taxe sur les salaires au titre des rémunérations versées une année N :

– non seulement les employeurs dont toutes les **recettes de l'année N sont taxables à la TVA,**

– mais aussi les **employeurs partiellement taxables à la TVA l'année N,** dès lors qu'ils étaient **taxables à la TVA l'année précédente** (année N – 1) **sur 90 %** au moins de leurs recettes ;

b. Sont totalement assujettis à la taxe sur les salaires au titre des rémunérations versées l'année N les **employeurs qui ne sont pas du tout redevables de la TVA** au titre de cette même **année N** ;

c. Quant aux **autres employeurs,** ils sont assujettis à la taxe sur les salaires mais seulement sur une partie des rémunérations versées. Cette partie est déterminée en appliquant à l'ensemble de ces rémunérations le **rapport** existant, au titre de l'année civile précédant celle du versement, entre le « chiffre d'affaires » non imposé à la TVA et le « chiffre d'affaires » total hors TVA.

Lorsque le **rapport** d'assujettissement **est compris entre 10 et 20 %,** une décote est prévue. Pour chaque valeur du rapport (mentionnée en maigre), le taux d'assujettissement à la taxe sur les salaires (mentionné en gras) est le suivant : 10/**0** ; 11/**2** ; 12/**4** ; 13/**6** ; 14/**8** ; 15/**10** ; 16/**12** ; 17/**14** ; 18/**16** ; 19/**18** ; 20/**20** (BOI-TPS-TS-20-30 nº 220).

73385 **> Précisions** **a.** Les règles de calcul du **rapport d'assujettissement** à la taxe sur les salaires sont autonomes par rapport au calcul du coefficient de taxation servant à déterminer le coefficient de déduction de TVA. Le **numérateur** de ce rapport reprend le total des recettes et autres produits qui n'ont pas ouvert droit à déduction de la TVA (c'est-à-dire les produits ou recettes correspondant à des opérations situées en dehors du champ d'application de la TVA ou exonérées de cette taxe : CE 27-6-2012 nº 348578 : RJF 10/12 nº 910 ; CE 15-4-2015 nº 369652 : RJF 7/15 nº 585 ; CE 14-2-2018 nº 410302 : RJF 5/18 nº 483) ainsi que les subventions non imposables à la TVA (CE 17-6-2015 nº 371162 : RJF 10/15 nº 782).
Selon le Conseil d'État et l'administration, les **dividendes** perçus par une entreprise doivent figurer au numérateur du rapport d'assujettissement (CE 29-6-2001 nº 176105 : RJF 10/01 nº 1217 ; CE 14-2-2018 nº 410302 précité ; BOI-TPS-TS-20-30 nº 90).
Le **dénominateur** comprend les sommes figurant au numérateur plus les recettes afférentes aux opérations ouvrant droit à déduction de la TVA. En pratique, l'administration admet cependant de ne pas prendre en compte les sommes suivantes : indemnités d'assurances ; sommes exclues du calcul du coefficient de taxation forfaitaire visées au nº 55750, c (pour les débours et les livraisons à soi-même de biens immobilisés

73385 (suite)

imposés à la TVA, voir précision b ci-après) ; subventions à caractère exceptionnel, subventions d'équipement (nº 46940) ; produits financiers lorsque leur montant total (produits exonérés et/ou hors champ de la TVA) n'excède pas 5 % des recettes totales (BOI précité nºs 90 à 165).

b. Selon l'administration (BOI précité nº 110), les sommes ne correspondant pas à du chiffre d'affaires ou des recettes ne sont à inscrire ni au numérateur ni au dénominateur du rapport d'assujettissement.

Tel est le cas, notamment, des **débours,** des sommes correspondant aux prestations de **services internes à une même entité juridique** (services entre une succursale et son siège, par exemple) et de celles correspondant aux **livraisons à soi-même de biens immobilisés** imposées à la TVA (dans le même sens, s'agissant des livraisons à soi-même imposées à la TVA, CE 9-11-2015 nº 384536 : RJF 2/16 nº 131 ; CE 7-2-2018 nº 391094 : RJF 5/18 nº 484).

Par ailleurs, les **succursales françaises d'entreprises étrangères** qui rendent **exclusivement des services à leur siège** sont autorisées à calculer un rapport d'assujettissement en réputant que ces services internes suivent le régime de TVA qui aurait été applicable s'ils avaient été rendus à une tierce personne (BOI précité nº 120). Noter que, selon la cour de Versailles, la situation au regard de la taxe sur les salaires d'une succursale française de société étrangère dont elle est dépendante doit être appréciée en fonction du degré d'assujettissement à la TVA du siège (CAA Versailles 5-2-2009 nº 06-36 : RJF 7/09 nº 635).

c. Le rapport d'assujettissement peut être **arrondi** à l'unité inférieure (BOI précité nº 80).

d. Dans certaines hypothèses, la **référence** à l'année précédente est soit impossible, soit susceptible d'aboutir à des anomalies, et les entreprises peuvent déterminer leur rapport d'assujettissement à la taxe sur les salaires d'après les données de l'**année du paiement des rémunérations.** Il en est ainsi pour :

– les **entreprises nouvelles** (pour la taxe sur les salaires due sur ceux versés l'année de création) ;

– les entreprises **ayant opté** pour la TVA (pour la taxe due sur les salaires versés l'année de la date d'effet de l'option et l'année suivante) ;

– les entreprises **devenant passibles de la TVA en cours d'activité,** par suite d'une extension du champ d'application de la TVA notamment (pour la taxe sur les salaires due sur ceux versés pendant l'année où elles deviennent passibles de la TVA).

De même, les entreprises qui constatent que la référence au rapport de l'année antérieure conduit à une anomalie manifeste, à raison d'une **variation importante des conditions d'activité** de l'entreprise (due notamment à une opération de fusion ou à la cession d'une branche d'activité), peuvent demander l'autorisation de retenir le chiffre d'affaires de l'année même du paiement des rémunérations. Cette tolérance peut être appliquée dès le paiement de la taxe intervenant au moment du paiement des rémunérations (BOI précité nºs 240 à 300). Cette tolérance ne s'applique pas en cas de diminution des dividendes encaissés (CAA Lyon 8-1-2019 nº 17LY02510 : RJF 1/20 nº 25).

Dans toutes les hypothèses ci-dessus, dès lors que le rapport d'assujettissement à la taxe sur les salaires prévisionnel sera de moins de 10 %, aucune taxe ne sera due.

e. Lorsque, pour les **salaires payés en début d'année,** les assujettis partiels à la taxe sur les salaires calculent leur **rapport** d'assujettissement à cette taxe d'après des chiffres provisoires de **l'année précédente,** ils doivent, lorsque le rapport définitif d'assujettissement, une fois connu, se révèle différent du rapport provisoire, procéder à la **régularisation** qui peut s'avérer nécessaire. En cas d'insuffisance de versement de taxe sur les salaires, celle-ci peut être réparée sans indemnité de retard lors du plus prochain versement de taxe, soit, pour les redevables ne relevant pas du régime du paiement annuel (nº 73540), au plus tard le 15 mai (ou le 15 juillet en cas de versement trimestriel). Dans le cas contraire, l'excédent de taxe peut être imputé sur les versements suivants ou remboursé sur demande présentée à l'administration fiscale.

Cette régularisation doit également intervenir dans le cas d'utilisation du **rapport** d'assujettissement **de l'année de versement** des rémunérations : en cas d'insuffisance de versement de taxe sur les salaires, le versement complémentaire peut être effectué, à l'aide d'une déclaration rectificative, sans indemnité de retard jusqu'au 30 avril inclus de l'année suivante ; dans le cas contraire, l'excédent de versement est imputé ou remboursé dans les conditions exposées ci-dessus (BOI-TPS-TS-30 nºs 260 à 300).

f. Les entreprises ayant constitué des **secteurs d'activité distincts** en matière de TVA (nºs 56030 s.) doivent déterminer la taxe sur les salaires en appliquant aux rémunérations des salariés affectés spécialement à chaque secteur le rapport d'assujettissement propre à ce secteur. Pour les rémunérations des salariés concurremment affectés à plusieurs secteurs, la taxe sur les salaires doit être déterminée en leur appliquant le rapport d'assujettissement général de l'entreprise (CE 28-7-1999 nºs 144542 et 164100 : RJF 10/99 nº 1173 ; BOI-TPS-TS-20-30 nº 190). Les **dirigeants de holdings mixtes** sont présumés être affectés indifféremment au secteur financier non soumis à TVA et au secteur commercial soumis à cette taxe ; toutefois, la rémunération d'un dirigeant peut échapper à la taxe sur les salaires si le holding justifie, compte tenu de l'organisation adoptée, de l'absence d'attribution (absence de contrôle et de responsabilité) du dirigeant dans le secteur financier (CE 8-6-2011 nºs 331848, 331849, 341018 et 340863 : RJF 8-9/11 nº 936 ; BOI précité nº 195). Pour les dirigeants de société, voir également la précision b figurant au nº 73465.

L'administration considère qu'une **activité hors du champ d'application de la TVA** est, au regard de la taxe sur les salaires, assimilée à un secteur d'activité (BOI précité nº 200).

Les redevables dont les **produits financiers** (exonérés et/ou hors champ de la TVA) excèdent le seuil de 5 % visé au a ci-dessus peuvent, pour les seuls besoins de la taxe sur les salaires, constituer un secteur « financier » sous réserve que ce secteur dispose de moyens propres en personnel et en matériel pour la réalisation des opérations financières (BOI précité n° 210).

Nota : Pour la cour de Versailles, l'assujettissement à la taxe sur les salaires doit, en cas de sectorisation, être apprécié secteur par secteur en fonction du chiffre d'affaires assujetti à la TVA propre à chaque secteur (CAA Versailles 3-12-2013 n° 11VE04229 : RJF 3/14 n° 240).

73390 Les entreprises **non soumises à la TVA** en vertu d'une **interprétation** admise par l'**administration** (c'est-à-dire par tolérance) sont redevables de la taxe sur les salaires (CGI art. 231, 1-al. 3). Actuellement, ce dispositif ne doit guère avoir de portée.

En ce qui concerne les employeurs dont le **chiffre d'affaires n'excède pas les limites de la franchise en base de TVA** : voir n° 73435, a.

EXEMPTIONS ET EXONÉRATIONS SPÉCIFIQUES

73400 À côté de l'exemption principale en fonction de l'imposition à la TVA (nos 73380 s.), il existe un certain nombre de mesures visant à exonérer ou exempter des catégories déterminées d'employeurs.

73405 TPS-I-3900 s **Employeurs agricoles.** Sont passibles, en principe, de la taxe sur les salaires :

– d'une part, les **organismes coopératifs, mutualistes et professionnels** agricoles (CGI ann. III art. 53 bis) ;

– d'autre part, les autres employeurs agricoles, à raison d'opérations de **transformation ou de vente** de produits agricoles effectuées dans des établissements présentant un **caractère industriel ou commercial** (CGI ann. III art. 53 ter).

Dans les **DOM,** les employeurs ci-dessus sont, comme les autres employeurs agricoles, dispensés du versement de la taxe sur les salaires (CGI ann. III art. 53 quater).

73410 Tous les **autres employeurs agricoles** sont dispensés du versement de la taxe sur les salaires (BOI-TPS-TS-10-20 nos 310 à 400).

› Précisions Ces autres employeurs s'entendent de ceux qui exercent une profession agricole au sens des **dispositions régissant la mutualité sociale agricole.**

Aux termes de l'article L 722-1 du Code rural et de la pêche maritime, auquel se réfère l'administration, il s'agit : des exploitations de culture et d'élevage ; des exploitations de dressage, d'entraînement, ainsi que des haras ; des établissements de toute nature dirigés par l'exploitant agricole en vue de la transformation, du conditionnement et de la commercialisation des produits agricoles lorsque ces activités constituent le prolongement de l'acte de production ; des structures d'accueil touristique, précisées par décret, situées sur l'exploitation ou dans les locaux de celle-ci, notamment d'hébergement et de restauration ; des entreprises de travaux agricoles ou forestiers ; des exploitations forestières, à l'exception des exploitants forestiers négociants en bois achetant des coupes en vue de la revente du bois dans des conditions telles que cette activité comporte inscription au registre du commerce ou paiement de la contribution économique territoriale en tant que commerçants ; des établissements de conchyliculture et de pisciculture et établissements assimilés ainsi que des activités de pêche maritime à pied professionnelle telle que définie par décret, sauf pour les personnes qui relèvent du régime social des marins ; de l'activité exercée en qualité de non-salariés par les mandataires des sociétés ou caisses locales d'assurances mutuelles agricoles dans les conditions prévues par décret ; des entreprises artisanales rurales n'employant pas plus de deux ouvriers de façon permanente.

Les employeurs non inclus dans cette énumération sont passibles de la taxe sur les salaires, même si le personnel qu'ils emploient est affilié à la mutualité sociale agricole : c'est le cas des particuliers ou des collectivités qui emploient des **gardes-chasse, gardes-pêche, gardes forestiers, jardiniers,** etc. (mais l'emploi d'un jardinier par un particulier ouvre droit à l'exonération visée au n° 73430).

Lorsque l'activité agricole est exercée **simultanément** et de manière indissociable avec une **activité** industrielle ou **commerciale** (exemple : entrepreneurs de parcs et jardins, paysagistes), l'activité dominante est prise en considération. En cas d'exercice de deux activités distinctes, l'une agricole et l'autre commerciale, chacune d'elles est considérée isolément, alors même que l'activité agricole serait, au regard de l'impôt sur le revenu, réputée accessoire à l'activité commerciale en vertu de l'article 155 du CGI (n° 7925).

Nota : Selon le Conseil d'État, la **qualification** d'**activité agricole** n'est pas subordonnée à la poursuite d'un objectif de production ou de vente mais implique que l'activité s'inscrive dans le déroulement et la maîtrise d'un cycle biologique de caractère végétal ou animal. Tel est le cas d'activités ayant des finalités de recherche et d'expérimentation (CE 8-7-2015 n° 369730 : RJF 11/15 n° 907).

73415 TPS-I-6340 s et 6400 s **Collectivités publiques.** La taxe sur les salaires n'est pas due à raison des rémunérations versées par l'**État** sur le budget général lorsque cette exonération n'entraîne pas de distorsion dans les conditions de la concurrence (CGI art. 231, 1-dernier al.). Sont également exonérés les **collectivités locales,** leurs régies personnalisées gérant des services publics administratifs et leurs groupements.

Leurs **établissements publics** ne bénéficient pas de cette exonération, sous réserve des exceptions suivantes : établissements publics de coopération culturelle, services départementaux de lutte contre l'incendie, Établissement français du sang, centres de formation des personnels communaux, centres d'action sociale dotés d'une personnalité propre lorsqu'ils sont subventionnés par les collectivités locales, caisses des écoles (CGI art. 231, 1-al. 1).

› Précisions La doctrine administrative admet que l'exonération prévue pour les collectivités locales s'étende à leurs **régies** lorsqu'elles ne sont **pas dotées de la personnalité morale** (BOI-TPS-TS-10-10-20 n° 40). Mais, selon le Conseil d'État, les exploitations industrielles ou commerciales des collectivités territoriales, quelle qu'en soit la forme, doivent (sous réserve, bien entendu, de leur situation au regard de la TVA) acquitter la taxe sur les salaires à laquelle seraient assujetties des entreprises privées effectuant les mêmes opérations (CE 17-6-2015 n° 371162 : RJF 10/15 n° 782).

Établissements d'enseignement supérieur. Sont exonérés de taxe sur les salaires les établissements d'enseignement supérieur qui organisent des formations conduisant à la délivrance au nom de l'État d'un diplôme sanctionnant cinq années d'études après le baccalauréat (**diplôme d'État bac + 5**), les diplômes classés aux niveaux 7 et 8 du cadre national des certifications professionnelles remplissant cette condition. Les établissements concernés sont ceux visés au livre VII du Code de l'éducation : universités, écoles de commerce, grandes écoles, établissements d'enseignement supérieur privés, etc. **73420** CGI art. 231, 1-al. 1 **TPS-I-6600 s**

› Précisions **a.** L'exonération s'applique à l'ensemble des rémunérations versées par les établissements concernés à leur personnel salarié **quelle que soit la fonction exercée,** enseignante ou non enseignante (CE 9-3-2016 n° 386911 : RJF 6/16 n° 522).
b. L'exonération bénéficie aux établissements d'enseignement formant aux diplômes bac + 5 même s'ils ne délivrent pas eux-mêmes les diplômes (CE 27-6-2016 n° 380773 : RJF 11/16 n° 956).
c. Les rémunérations versées aux **personnels mis à** la **disposition** d'un **établissement d'enseignement supérieur consulaire** mentionné à l'article L 711-17 du Code de commerce qui organise les formations susvisées sont exonérées de taxe sur les salaires (CGI art. 231 bis V).

Centres techniques industriels. Les rémunérations versées par les centres techniques industriels mentionnés à l'article L 521-1 du Code de la recherche sont exonérées de taxe sur les salaires. **73425** CGI art. 231 bis U **TPS-I-6690 s**

Employeurs de salariés à domicile. Sont exonérées de taxe sur les salaires les rémunérations versées par un particulier pour l'emploi d'un seul salarié à domicile (**employé de maison**) dans les conditions prévues à l'article 199 sexdecies du CGI (même champ d'application, sans plafonnement des rémunérations, que l'avantage fiscal visé aux n°s 3230 s.) ou d'un seul **assistant maternel.** L'emploi d'un seul salarié à domicile (ou d'un seul assistant maternel) s'entend d'une personne à temps plein ou de plusieurs personnes à temps partiel représentant un équivalent temps plein. Un particulier occupant à la fois au maximum un salarié à domicile (à temps plein) et un assistant maternel (à temps plein) peut bénéficier de l'exonération (BOI-TPS-TS-10-10-20 n°s 190 à 220). **73430** CGI art. 231 bis P **TPS-I-6800 s**

La même exonération s'applique pour l'emploi de plusieurs salariés à domicile à temps plein dont la présence au domicile de l'employeur est nécessitée par l'obligation pour ce dernier ou toute autre personne présente à son foyer de recourir à l'assistance d'une tierce personne pour accomplir les actes ordinaires de la vie.

Les employeurs bénéficiant de l'exonération ci-dessus sont dispensés de déclaration des salaires (n° 22200).

Autres employeurs. **73435**

a. Les employeurs dont le **chiffre d'affaires** de l'année civile précédente **n'excède pas les limites de la franchise en base de TVA** (n° 85565) sont exonérés de taxe sur les salaires, même s'ils ne bénéficient pas effectivement de cette franchise (CGI art. 231, 1-al. 2). Le chiffre d'affaires à prendre en compte doit s'apprécier au regard de l'ensemble des recettes et autres produits, y compris ceux qui n'entrent pas dans le champ d'application de la TVA (notamment la perception de dividendes et de subventions non imposables à la TVA) (CE 27-6-2012 n° 348578 : RJF 10/12 n° 910 ; BOI-TPS-TS-10-10-20 n° 180).

b. Les **caisses de congés payés** ne sont pas redevables de la taxe sur les indemnités qu'elles versent au personnel des entreprises redevables de la TVA (BOI-TPS-TS-20-20 n° 330).

c. Bien qu'elle soit légalement due, la taxe n'est pas réclamée aux employeurs ci-après :
– personnes **âgées** ou **handicapées** accueillies à titre onéreux par des particuliers agréés (BOI-TPS-TS-10-10-20 n° 270) ;
– **ambassades et consulats étrangers** (BOI précité n° 300) ;
– **organisations internationales.**

d. Certaines **cantines** (cantines scolaires gérées par des établissements publics et les associations loi 1901, restaurants et cantines des foyers de jeunes travailleurs, restaurants et cantines gérés par les centres régionaux des œuvres universitaires) sont exemptées de la taxe sur les salaires à raison des rémunérations versées à leur personnel, même si elles sont exonérées de la TVA. Bien qu'en principe réservée au personnel exclusivement affecté à la fourniture des repas, l'exemption est également admise pour le personnel affecté concurremment à d'autres services, pour la partie du salaire correspondant au service de la cantine (la partie du salaire exonérée est obtenue en répartissant d'abord la totalité de la rémunération entre les tranches du barème visé au nº 73485, puis en appliquant au montant ainsi obtenu le rapport entre les services autres que la cantine et l'ensemble des services auxquels est affecté le salarié : CE 6-8-2008 nº 288453 : RJF 11/08 nº 1188).

Dans les établissements comme les hôpitaux ou les maisons de retraite, il est admis que les salaires du personnel affecté au service de la restauration soient exonérés dans la proportion existant entre le nombre des repas servis aux employés de l'établissement et le nombre total des repas servis par l'établissement (BOI-TPS-TS-20-20 nºs 280 à 310).

e. Les **armateurs** et les sociétés d'armement à la pêche maritime, ainsi que les **artisans-pêcheurs** et les sociétés de pêche artisanales, sont exonérés de la taxe sur les salaires (BOI précité nº 315).

f. Mesures concernant les **organismes sans but lucratif** : voir nºs 73470 et 73500.

B. Calcul de la taxe

BASE DE LA TAXE SUR LES SALAIRES

73465 CGI art. 231, 1-al. 1 TPS-I-8000 s

La base de la taxe sur les salaires est alignée sur l'**assiette de la CSG applicable aux salaires** et assimilés, prévue à l'article L 136-1 du Code de la sécurité sociale (voir Mémento social nºs 25100 s.). Toutefois, pour la détermination de cette base, il ne doit être tenu compte ni de la déduction forfaitaire pour frais professionnels visée au I de l'article L 136-2 du même Code, ni des gains de levée d'options sur actions et d'attributions d'actions gratuites visés aux I des articles 80 bis et 80 quaterdecies du CGI. Sont également exclues de l'assiette de la taxe sur les salaires les sommes correspondant à des revenus de remplacement, tels que les indemnités servies en cas d'accident de travail ou de maladie et, plus généralement, toute somme correspondant à des prestations de sécurité sociale versée par l'entremise de l'employeur (BOI-TPS-TS-20-10 nº 80).

Certaines sommes bénéficient par ailleurs d'une exonération spécifique de taxe sur les salaires (nº 73470).

› Précisions **a.** Les rémunérations de **certaines catégories de salariés,** fixées par arrêtés, peuvent être assujetties à la CSG non pas sur l'assiette réelle, mais sur une **base forfaitaire.** Cette assiette forfaitaire a vocation à s'appliquer pour la taxe sur les salaires sauf lorsque l'employeur a opté pour le régime de l'assiette réelle en matière sociale, auquel cas les rémunérations assujetties à la taxe sur les salaires doivent être prises en compte pour leur montant réel.

Par ailleurs, les **solutions doctrinales** retenues **en matière sociale** sont applicables à la taxe sur les salaires (- BOI précité nºs 50 et 60).

b. Sont soumises à la taxe sur les salaires les **rémunérations** des **dirigeants de société** qui sont obligatoirement affiliés au régime général de la sécurité sociale en application des dispositions combinées des articles L 311-2 et L 311-3 du CSS, qu'ils soient expressément visés à l'article L 311-3 tels les présidents du conseil d'administration, directeurs généraux et directeurs généraux délégués de SA, les gérants minoritaires de SARL et les présidents et dirigeants de SAS ou non (tels les membres du directoire) (CE 21-1-2016 nºs 388676 et 388989 : RJF 4/16 nºs 331 et 332 ; CE 19-6-2017 nº 406064 : RJF 10/17 nº 934). Les rémunérations des gérants majoritaires de SARL, qui ne relèvent pas du régime prévu par les dispositions précitées du CSS, ne sont pas soumises à la taxe (CAA Nantes 19-4-2018 nº 16NT02756 : RJF 7/18 nº 748).

73470 CGI art. 231 bis D à 231 bis N, 231 bis Q et 231 bis R TPS-I-9000 s

Rémunérations exonérées Certaines sommes sont expressément exonérées de la taxe sur les salaires et ne sont donc pas à comprendre dans la base de cette taxe, même si elles sont soumises à la CSG.

Les exonérations spécifiques de taxe sur les salaires sont notamment les suivantes :

– **rémunérations** versées aux **enseignants** des centres de formation d'apprentis (**CFA**) ;

– prime d'impatriation versée aux **impatriés** (salariés et dirigeants de sociétés de capitaux soumis au régime fiscal des salariés) dont la **prise de fonction** en France est intervenue **depuis le 6 juillet 2016** à hauteur du même montant et sous les mêmes conditions de domiciliation fiscale et de durée que ceux prévus pour l'application de l'exonération d'impôt sur le revenu de l'article 155 B, I-1 du CGI (nºs 4715 s.). Pour les salariés et personnes éligibles à l'option prévue au premier alinéa de l'article 155 B, I-1 précité (nº 4727), l'exonération porte sur une fraction de 30 % de leur rémunération ;

– rémunérations versées aux salariés bénéficiaires d'un contrat d'**accompagnement dans l'emploi** (Mémento social nº 20820) ;

– salaires versés par les organismes sans but lucratif aux personnes qu'ils recrutent à l'occasion et pour la durée des **manifestations** de bienfaisance et de soutien **exonérées de TVA** (nº 89530) ;

– **allocations de chômage** et contributions assimilées.

› Précisions Sont également exonérées de taxe sur les salaires, pendant la durée d'attribution de l'aide mentionnée à l'article L 5132-2 du Code du travail, et à concurrence de la part n'excédant pas le Smic, les rémunérations versées aux salariés embauchés en contrat à durée déterminée dans les **ateliers et chantiers d'insertion** (Loi 2013-1203 du 23-12-2013 art. 20, IV).

Application du rapport d'assujettissement Les employeurs **redevables partiels de la TVA** déterminent la base effective de la taxe sur les salaires au moyen de leur rapport d'assujettissement à la taxe sur les salaires défini au nº 73380. 73475

Ce rapport d'assujettissement doit être appliqué **après** la **répartition des rémunérations entre les tranches du barème** progressif d'imposition visé au nº 73485 (Avis CE 23-11-1998 nº 197839 : RJF 12/98 nº 1420).

Pour un exemple d'application, voir nº 73490, b.

TAUX DE LA TAXE SUR LES SALAIRES

73485

CGI art. 231, 1 et 231, 2 bis
TPS-I-15050 s et 15250 s

La taxe comporte un taux normal et des taux majorés qui frappent les rémunérations individuelles dépassant un certain chiffre. En ce qui concerne les taux en vigueur dans les **DOM,** où les taux majorés ne sont pas applicables, voir nº 91640.

a. Taux normal : le taux normal de la taxe sur les salaires est de 4,25 %.

b. Taux majorés : le taux de la taxe sur les salaires est porté de 4,25 % :
– à 8,50 % (soit une majoration de 4,25 %) pour la fraction des rémunérations individuelles annuelles comprise entre 8 004 € et 15 981 €,
– à 13,60 % (soit une majoration de 9,35 %) pour la fraction de ces rémunérations excédant 15 981 €.

› Précisions **a.** Les **seuils** de 8 004 € et 15 981 € ne jouent que pour le calcul de la taxe due à raison des rémunérations versées en **2020.** Les seuils sont en effet relevés chaque année dans la même proportion que la limite supérieure de la première tranche du barème de l'IR de l'année précédente.
Pour 2019, le taux de 8,50 % s'appliquait à la fraction des rémunérations comprises entre 7 924 € et 15 822 € et le taux de 13,60 % à celle excédant 15 822 €.
b. Les **salaires à retenir** pour le calcul de la majoration de la taxe sur les salaires s'entendent des rémunérations individuelles annuelles. Pour apprécier si la majoration est exigible, il faut donc prendre en considération le montant des rémunérations que chaque salarié reçoit au cours de l'année et non pas la masse globale des salaires versés à l'ensemble du personnel de l'entreprise.
c. La taxe sur les salaires de 4,25 % est calculée sur la totalité des salaires versés, le montant de la majoration étant déterminé séparément en appliquant le taux de :
– 4,25 % à la fraction des rémunérations individuelles payées au cours du mois, qui est comprise entre 667 € et 1 332 € ;
– 9,35 % à la fraction de ces rémunérations excédant 1 332 €.
Le tableau suivant donne une formule de calcul direct à partir des rémunérations individuelles mensuelles :

Rémunération brute mensuelle versée (R)	Montant de la taxe (I)
R ≤ 667 €	I = 0,0425 R
667 € < R ≤ 1 332 €	I = 0,085 R – 28,35 €
R > 1 332 €	I = 0,136 R – 96,28 €

Une **régularisation** est ensuite effectuée en fin d'année (nº 73550).

EXEMPLE 73490

a. Entreprise non soumise à la TVA. Soit une entreprise qui paie les rémunérations suivantes :

– salaire total de quatre employés (salaires individuels compris entre 8 004 € et 15 981 €)	60 000 €
– salaire total de sept employés et cadres (salaires individuels supérieurs à 15 981 €)	430 000 €
Total	490 000 €
Le total de la taxe sur les salaires se calcule comme suit :	
Taux normal (4,25 %) : 490 000 × 4,25 %	20 825 €
Taux majorés :	
– majoration de 4,25 % : [(60 000 – 32 016) × 4,25 %] + [(111 867 – 56 028) × 4,25 %]	3 562,48 €
– majoration de 9,35 % : [(430 000 – 111 867) × 9,35 %]	29 745,44 €
Total	54 132,92 €
	arrondi à 54 133 €

b. Entreprise partiellement soumise à la TVA. Supposons que l'entreprise visée au a ci-dessus, redevable partiellement de la TVA, ait un rapport d'assujettissement à la taxe sur les salaires de 40 % (voir nºs 73380 s.).

Le montant de la taxe (au taux normal ou aux taux majorés) sera de :

Taux normal : 490 000 × 40 % × 4,25 % .... 8 330 €

Taux majorés :

– majoration de 4,25 % : 83 823 × 40 % × 4,25 % .... 1 424,99 €

– majoration de 9,35 % : 318 133 × 40 % × 9,35 % .... 11 898,17 €

Total .... 21 653,16 €

arrondi à 21 653 €

ABATTEMENT DES ASSOCIATIONS

73500 CGI art. 1679 A **TPS-I-15800 s**

Les **associations** de la loi de 1901, les **syndicats professionnels** et leurs unions, les **congrégations,** les **associations intermédiaires** agréées, certaines **mutuelles** régies par le Code de la mutualité (voir précision d ci-dessous), les **fondations** reconnues d'utilité publique, les **centres de lutte contre le cancer** mentionnés à l'article L 6162-1 du Code de la santé publique, ainsi que les **groupements de coopération sanitaire et** les groupements **de coopération sociale et médico-sociale** lorsqu'ils sont exclusivement constitués de personnes morales mentionnées ci-avant bénéficient d'un abattement sur le montant de la taxe sur les salaires normalement due. Cet abattement est de **21 044 €** pour la taxe due au titre des salaires versés en **2020** (il était de 20 835 € pour la taxe due au titre des salaires versés en 2019). Il est en principe relevé chaque année dans la même proportion que la limite supérieure de la première tranche du barème de l'IR.

› Précisions **a.** Pour les **associations** de la loi de 1901, l'application de l'abattement n'est pas subordonnée au caractère désintéressé de la **gestion** (BOI-TPS-TS-30 n° 420).

b. Les organismes qui estiment que le montant annuel de leur taxe n'excédera pas le montant de l'abattement sont dispensés, le cas échéant, des versements mensuels ou trimestriels (n° 73540).

S'il en est autrement, l'abattement peut, au choix du redevable, lorsque ce dernier ne relève pas du régime du paiement annuel, être **imputé** intégralement et jusqu'à épuisement de son montant **sur les premiers versements** de taxe de chaque année **ou réparti sur l'ensemble** de l'année par voie d'une réduction d'un quart de son montant par trimestre ou d'un douzième par mois.

Si la taxe due pour l'ensemble de l'année est inférieure au montant de l'abattement, la fraction inutilisée de l'exonération ne peut être ni remboursée ni reportée (BOI précité n°s 520 et 530).

c. Les employeurs sont dispensés de souscrire la **déclaration annuelle** de liquidation et de régularisation visée au n° 73550 lorsque le montant annuel de la taxe n'excède pas le montant de l'abattement (BOI précité n° 530).

d. Les **mutuelles** relevant des **livres I et II** du **Code de la mutualité** bénéficient de l'abattement lorsqu'elles emploient moins de trente salariés. Toutefois, les mutuelles précitées qui, entre le 1er janvier 2015 et le 31 décembre 2018, constatent un dépassement de ce seuil d'effectif conservent le bénéfice de l'abattement au titre de l'année du franchissement de ce seuil, ainsi que des trois années suivantes (CGI art. 1679 A, al. 2).

Les mutuelles relevant du **livre III** du Code de la mutualité peuvent bénéficier dudit abattement quel que soit le nombre de leurs salariés.

e. L'abattement peut se cumuler, le cas échéant, avec l'exonération prévue pour les **manifestations de bienfaisance** ou de soutien (n° 73470). Dans ce cas, son montant (ou la fraction restant à pratiquer au moment où ont lieu les manifestations) doit s'imputer sur la taxe déterminée en fonction des seules rémunérations restant soumises à la taxe sur les salaires (BOI précité n° 570).

f. Un organisme ne peut bénéficier, chaque année, que d'un seul abattement sur la taxe sur les salaires dont il est redevable même s'il dispose de plusieurs **établissements,** dès lors qu'en principe ces derniers ne jouissent pas de l'autonomie financière et d'une personnalité juridique distincte (établissements des associations de la loi 1901, sections des mutuelles ou caisses autonomes mutualistes). Cet abattement peut être pratiqué par les maisons ou établissements fondés par une congrégation lorsque ceux-ci jouissent de l'autonomie financière et sont dotés d'une personnalité juridique distincte (BOI précité n°s 420, 430 et 480).

FRANCHISE ET DÉCOTE

73510 CGI art. 1679 **TPS-I-16100 s**

La taxe sur les salaires n'est pas due lorsque son montant annuel n'excède pas 1 200 €. Les redevables qui estiment que le montant annuel de leur taxe n'excédera pas le montant de cette **franchise** sont dispensés, le cas échéant, des versements mensuels ou trimestriels (n° 73540). Si le montant annuel de la taxe est finalement supérieur à 1 200 €, les pénalités pour versement tardif sont normalement applicables.

Lorsque le montant annuel de la taxe est supérieur à 1 200 € sans excéder 2 040 €, l'impôt exigible est minoré d'une **décote** égale aux trois quarts de la différence entre 2 040 € et ce montant. L'impôt finalement dû (Id) est calculé selon la formule suivante (dans laquelle « Ie » représente l'impôt annuel normalement exigible) : Id = 1,75 Ie – 1 530.

Les redevables susceptibles de bénéficier de la décote peuvent, le cas échéant, l'imputer **en cours d'année** sur leurs versements trimestriels (montant trimestriel de la taxe compris entre 300 € et 510 €) ou mensuels (montant mensuel compris entre 100 € et 170 €). La décote est alors égale aux trois quarts de la différence entre 510 € et le montant trimestriel calculé, ou entre 170 € et le montant mensuel calculé (BOI-TPS-TS-30 nos 370 à 390).

Les insuffisances de versement résultant d'un calcul erroné sont passibles des pénalités pour paiement tardif.

> **Précisions** **a.** L'administration paraît exclure qu'une **association** puisse bénéficier de la franchise ou de la décote sur le montant de taxe due après application de l'abattement du nº 73500 (BOI précité nº 560).
> **b.** Les redevables dont le montant annuel de la taxe n'excède pas le montant de la franchise sont dispensés de souscrire la **déclaration annuelle** visée au nº 73550.

C. Paiement de la taxe

La taxe est entièrement à la charge de l'employeur. Celui-ci est tenu de la verser **spontanément** au comptable de l'administration fiscale. À défaut, il est personnellement imposé par voie d'avis de mise en recouvrement d'une somme égale à celle qu'il aurait dû verser (CGI art. 1679 bis). **73530** TPS-I-16400 s et 18000 s

Tous les employeurs redevables de la taxe sur les salaires ont l'**obligation** de la payer par voie électronique (**télérèglement**) (CGI art. 1681 septies, 5). Cette obligation s'applique à tout versement effectué au titre d'une année, qu'il s'agisse d'un versement provisionnel ou du solde de la taxe due (BOI-TPS-TS-40 nº 210). Lorsqu'ils n'ont **pas effectué les paiements dans les délais** prescrits ou ont effectué des **versements insuffisants,** les employeurs sont sanctionnés par les pénalités pour défaut ou retard de paiement (intérêt de retard et majoration de 5 % : nos 80160 s.). Le non-respect de l'obligation de paiement par télérèglement est également sanctionné d'une majoration de 0,2 % des sommes dont le versement a été effectué selon un autre mode de paiement, le montant de cette majoration ne pouvant être inférieur à 60 € (nº 80200, b).

PÉRIODICITÉ

La périodicité des versements varie en **fonction** du montant total **de la taxe acquittée au titre de l'année précédente** : **73540** CGI ann. III art. 369 et 374 TPS-I-16660 s

– si ce **montant** est **inférieur à 4 000 €,** la taxe est versée **annuellement,** dans les quinze premiers jours de l'année suivant celle du paiement des rémunérations (cet unique versement accompagne la souscription de la déclaration annuelle : nº 73550) ;

– si ce **montant** est **compris entre 4 000 € et 10 000 €,** la taxe est versée **trimestriellement,** dans les quinze premiers jours du trimestre suivant celui du paiement des rémunérations ;

– si ce **montant** est **supérieur à 10 000 €,** la taxe est versée **mensuellement,** dans les quinze premiers jours du mois suivant celui du paiement des rémunérations.

Les versements sont **arrondis** à l'euro le plus proche, les fractions égales ou supérieures à 0,50 € étant comptées pour 1 €.

> **Précisions** **a.** En ce qui concerne la taxe afférente aux rémunérations à la charge de l'**État** et des **collectivités publiques,** les sommes éventuellement dues sont obligatoirement versées trimestriellement.
> **b.** Lorsque l'échéance de la taxe sur les salaires tombe pendant la **période des congés payés,** les entreprises peuvent, sans encourir de sanctions, verser seulement un acompte dont le montant ne doit pas être inférieur à 80 % du versement précédent, à charge pour elles de régulariser leur situation lors de l'échéance suivante (BOI-TPS-TS-40 nº 110).
> **c.** Il est rappelé que les redevables qui estiment que le montant annuel de leur taxe n'excédera pas le montant de la **franchise** ou celui de l'abattement bénéficiant aux **associations** sont dispensés des versements mensuels ou trimestriels (nº 73500, précision b et nº 73510).
> **d.** On rappelle que tous les employeurs sont dans l'obligation de procéder au télérèglement des versement provisionnels (nº 73530). De la même manière, ils doivent **transmettre par voie électronique** les relevés de versements provisionnels (modèle 2501-SD), qui accompagnent chaque versement mensuel ou trimestriel (BOI précité nº 100).

RÉGULARISATION ET DÉCLARATION ANNUELLES

Les employeurs doivent souscrire, au plus tard le 15 janvier de l'année suivant celle du paiement des rémunérations, une **déclaration annuelle de liquidation et de régularisation** (modèle 2502-SD) de la taxe sur les salaires. Toutefois, l'administration admet que la déclaration puisse être souscrite au plus tard le 31 janvier de l'année qui suit celle au titre de laquelle la taxe est due (BOI-TPS-TS-40 nº 280). La déclaration annuelle doit être transmise par voie électronique (**télédéclaration**). **73550** CGI art. 1649 quater B quater CGI ann. II art. 143 et 144 CGI ann. III art. 369 TPS-I-16980 s et 18130 s.

Cette déclaration doit comporter, notamment, le montant des rémunérations versées au cours de l'année, le montant de la taxe correspondante, le montant des sommes restant dues ou devant être restituées après déduction, le cas échéant, des sommes déjà versées mensuellement ou trimestriellement au titre de la même année. Elle est accompagnée, le cas échéant, du télérèglement de l'impôt ou du **complément d'impôt** exigible au titre de cette même année.

Lorsque la régularisation fait apparaître un **excédent de versement,** l'employeur indique sur la déclaration s'il entend utiliser cet excédent sur les versements de l'année suivante ou s'il en demande le remboursement.

En cas de **cession** ou de **cessation** d'activité, la déclaration (accompagnée du télérèglement y afférent) doit être souscrite dans les soixante jours et au plus tard le 15 janvier de l'année suivante. En cas de **décès** de l'employeur, la déclaration (accompagnée du télérèglement y afférent) doit être souscrite dans les six mois du décès et au plus tard le 15 janvier de l'année suivante. Dans ces deux situations, l'administration admet toutefois que la déclaration puisse être souscrite au plus tard le 31 janvier de l'année qui suit celle au titre de laquelle la taxe est due (BOI précité nº 50).

Le défaut ou retard de production de cette déclaration entraîne l'application, le cas échéant, de la **taxation d'office** (nºs 78920 s.).

On rappelle que les employeurs bénéficiant de la **franchise** et les **associations** et organismes dispensés de paiement en raison de l'abattement sont dispensés de produire la déclaration annuelle (nºs 73500, précision c et nº 73510, précision b).

> Précisions Outre l'obligation de souscrire la déclaration annuelle, les employeurs doivent notamment indiquer, dans la dernière **déclaration sociale nominative** (nºs 22200 s.) souscrite au titre de l'année civile, s'ils sont ou non assujettis à la taxe et, s'ils sont assujettis, préciser pour chaque salarié le montant brut servant de base à la taxe et l'assiette des taux majorés (CGI ann. III art. 39 ; BOI précité nº 250). Les bases à la taxe sur les salaires doivent y être déclarées sans application du pourcentage d'imposition en cas d'assujettissement partiel à la TVA (nºs 73380 s.).

73555 **> Précisions** Des discordances entre le total des versements effectués au cours de l'année et le montant de la taxe due peuvent apparaître dans les cas suivants :

– **erreurs** commises lors des versements mensuels ou trimestriels ;

– application de la **décote,** le cas échéant.

Par ailleurs, l'application des **taux majorés** donne également lieu à régularisation annuelle. En particulier, compte tenu du caractère annuel des seuils d'application des taux majorés, la régularisation annuelle peut faire apparaître un excédent de versement de taxe dans le cas de **salariés n'ayant pas travaillé toute l'année dans l'entreprise** (salariés partis en cours d'année, par exemple).

Nous avons déjà vu, nº 73385, e, les régularisations auxquelles peuvent être astreints les **employeurs** partiellement **redevables de la TVA** lorsqu'ils ont utilisé un rapport d'assujettissement provisoire et que le rapport définitif se révèle différent du premier.

SECTION 2

TAXES ET CONTRIBUTIONS EN MATIÈRE DE FORMATION ET D'ALTERNANCE

73600 C. trav. art. L 6131-1, I et II

Tous les employeurs (sauf l'État, les collectivités territoriales et leurs établissements publics à caractère administratif) participent au financement de la formation professionnelle et de l'alternance, d'une part, en finançant directement des actions de formation de leurs salariés, notamment dans le cadre du plan de développement des compétences (Mémento social nºs 38100 s.) et, d'autre part, en versant :

– une **contribution unique à la formation professionnelle et à l'alternance,** laquelle est constituée, en pratique, de la taxe d'apprentissage et de la contribution à la formation professionnelle (nºs 73620 s.) ;

– une **contribution supplémentaire à l'apprentissage** (nºs 74200 s.) ;

– une contribution dédiée au financement du **compte personnel de formation** des titulaires d'un **contrat de travail à durée déterminée** (nºs 74250 s.).

RECOUVREMENT DES CONTRIBUTIONS ET RÉGULARISATION

73605 Les contributions mentionnées au nº 73600 sont **en principe recouvrées** par les **Urssaf** (cas général), les caisses générales de sécurité sociale (collectivités d'outre-mer) ou les caisses de la mutualité sociale agricole. Elles sont ensuite reversées à l'établissement public France compétences chargé de répartir et de gérer le financement des différents dispositifs de formation (C. trav. art. L 6131-1, III ; en ce qui concerne la seconde fraction de la taxe d'apprentissage, voir n° 73750).

Toutefois, par **dérogation,** jusqu'à la date d'entrée en vigueur de l'ordonnance prévue par l'article 41 de la loi 2018-771 du 5-9-2018 ou, au plus tard, le 1-1-2022, des **opérateurs de compétences** (Opco) agréés assurent le recouvrement de ces contributions (Loi 2018-771 précitée art. 37, III-B, modifiée par loi 2019-1479 du 28-12-2019 art. 190), à l'exception de la seconde fraction de la taxe d'apprentissage (voir n°s 73750 s.).

Selon qu'ils emploient moins de 11 salariés ou au moins 11 salariés (sur les règles de calcul de l'effectif, voir nos 73830 s.), les employeurs doivent s'acquitter en 2020 et 2021 de leurs contributions dues au titre des années 2019 et 2020 auprès des Opco dans les conditions suivantes (Décret 2018-1331 du 28-12-2018 art. 4), étant rappelé que la taxe d'apprentissage n'était pas due au titre des rémunérations versées en 2019 (Loi 2018-771 précitée art. 37, III-C) :

1. Les **employeurs de moins de 11 salariés** s'acquittent :
– de la contribution à la formation professionnelle (CFP) et de la contribution dédiée au financement du compte personnel de formation des titulaires d'un contrat de travail à durée déterminée (CPF-CDD) dues au titre de l'année 2019 (calculées sur les rémunérations versées en 2019) avant le 1-3-2020 ;
– de la première fraction de la taxe d'apprentissage (n° 73740), de la CFP et de la contribution CPF-CDD dues au titre de l'année 2020 (calculées sur les rémunérations versées en 2020) avant le 1-3-2021 (la CSA n'est en revanche pas due pour les entreprises employant moins de 250 salariés : nos 74200 s.) ;

2. Les **employeurs d'au moins 11 salariés** s'acquittent :
– du solde de la CFP due au titre de l'année 2019 (calculée sur les rémunérations versées en 2019) avant le 1-3-2020 (un acompte de 75 % ayant été effectué avant le 15-9-2019) ;
– de la première fraction de la taxe d'apprentissage et de la CFP dues au titre de l'année 2020 (calculées sur les rémunérations versées en 2020) par deux **acomptes** : un acompte de 60 % versé avant le 1-3-2020 et un acompte de 38 % avant le 15-9-2020 (Décret 2019-1326 du 10-12-2019 art. 3). Ces acomptes sont calculés sur la masse salariale de l'année précédente (2019) ou, si besoin, en cas de création d'entreprise, sur une projection de la masse salariale de l'année au titre de laquelle la contribution est due (2020). Le solde de ces contributions, modifié le cas échéant pour tenir compte du montant effectivement dû, est versé avant le 1-3-2021 ;
– de la contribution CPF-CDD et, pour ceux employant au moins 250 salariés, de la CSA dues au titre des années 2019 et 2020 (calculées sur les rémunérations versées en 2019 et 2020) avant, respectivement, le 1-3-2020 et le 1-3-2021.

Le **tableau** ci-après récapitule les modalités de cette collecte :

Contributions dues au titre des rémunérations versées en :	2019		2020	
	Employeurs < 11 salariés	Employeurs ≥ 11 salariés	Employeurs < 11 salariés	Employeurs ≥ 11 salariés
	Recouvrement avant le :		Recouvrement avant le :	
Taxe d'apprentissage (1e fraction)	–(1)	–(1)	1-3-2021	1er acompte de 60 % : 1-3-2020 2e acompte de 38 % : 15-9-2020 Solde : 1-3-2021
CFP	1-3-2020	Solde : 1-3-2020(2)	1-3-2021	1er acompte de 60 % : 1-3-2020 2e acompte de 38 % : 15-9-2020 Solde : 1-3-2021
CSA	–(3)	1-3-2020(3)	–(3)	1-3-2021(3)
Contribution CPF-CDD	1-3-2020	1-3-2020	1-3-2021	1-3-2021

(1) Aucune taxe d'apprentissage n'était due au titre des rémunérations versées en 2019.
(2) Un acompte de 75 % de la CFP due au titre des rémunérations versées en 2019, calculé sur la masse salariale de l'année 2018 (ou, en cas de création d'entreprise, sur une projection de la masse salariale de 2019) a dû être versé avant le 15-9-2019.
(3) La CSA est due uniquement par les entreprises employant au moins 250 salariés.

À **défaut de versement** auprès des Opco de l'une des contributions mentionnées au n° 73605, **ou** en cas de **versement insuffisant,** l'employeur doit effectuer un versement de 73610

régularisation auprès du **service des impôts** des entreprises **au plus tard le 30 avril** de l'année suivant celle du versement des rémunérations, accompagné d'un bordereau de versement établi selon un modèle fixé par l'administration. Ce versement de régularisation est égal au montant de la contribution restant dû **majoré** de l'insuffisance constatée. Autrement dit, le paiement devant être effectué auprès du comptable public est égal au double du montant de la contribution restant dû.

Le montant de ce versement supplémentaire est recouvré selon les modalités ainsi que sous les sûretés, garanties et sanctions applicables en matière de taxe sur le chiffre d'affaires. Le **contrôle et** le **contentieux** de ces contributions sont opérés selon les règles applicables à ces mêmes taxes (Loi 2018-771 précitée art. 37, III-B).

ATTENTION

Lorsque les Urssaf, les caisses générales de sécurité sociale ou les caisses de la mutualité sociale agricole seront chargées du recouvrement de ces contributions, au plus tard **à compter du 1-1-2022,** celui-ci sera effectué selon les règles et sous les garanties et sanctions applicables en matière de cotisations et de contributions de sécurité sociale (C. trav. art. L 6131-1, III).

A. Contribution unique à la formation professionnelle et à l'alternance

73620 La contribution unique à la formation professionnelle et à l'alternance (Cufpa) est composée de la taxe d'apprentissage (nos 73640 s.) et de la contribution à la formation professionnelle (nos 73800 s.).

C. trav. art. L 6131-2

1. TAXE D'APPRENTISSAGE

73640 Due en métropole et dans les DOM, la taxe d'apprentissage a pour objet de faire participer les employeurs au financement de l'apprentissage et des autres formations technologiques et professionnelles initiales.

TPS-II-1 s

a. Entreprises assujetties

73650 Sont redevables de la taxe d'apprentissage :

CGI art. 1599 ter A, 2 TPS-II-200 s

a. Les personnes physiques, les sociétés soumises au régime fiscal des sociétés de personnes et les GIE, lorsqu'ils exercent une **activité commerciale,** industrielle, artisanale ou assimilée (nos 7015 s.) ;

b. Les **sociétés** et autres personnes morales passibles de l'**impôt sur les sociétés,** quel que soit leur objet, à l'exception des collectivités sans but lucratif qui ne sont soumises à l'impôt sur les sociétés au taux réduit que sur leurs revenus fonciers, mobiliers et agricoles (nos 89700 s.) ;

c. Les sociétés **coopératives** de production, transformation, conservation et vente de produits **agricoles** et leurs unions.

La taxe d'apprentissage est **déductible** de l'assiette de l'impôt sur le revenu ou de l'impôt sur les sociétés.

> **Précisions** **a.** Les personnes physiques et les sociétés soumises au régime fiscal des sociétés de personnes exerçant des activités relevant des **BNC** (professions libérales, notamment) ou des **bénéfices agricoles** échappent à la taxe d'apprentissage.
> **b.** En cas d'**exercice simultané d'activités commerciales et non commerciales,** seuls les salaires qui se rapportent aux activités commerciales sont passibles de la taxe d'apprentissage, même lorsque la totalité des revenus est imposée dans la catégorie des BIC en vertu de l'article 155 du CGI (n° 7925) (CE plén. 19-12-1975 n° 88119 : RJF 2/76 n° 52 ; BOI-TPS-TA-10 n° 110).
> **c.** Lorsque les **collectivités sans but lucratif** sont partiellement soumises à l'IS au taux normal, elles ne sont redevables de la taxe d'apprentissage que sur les rémunérations versées aux salariés dont l'activité se rattache aux opérations imposées à l'IS au taux normal (BOI précité n° 170).
> Les organismes sans but lucratif bénéficiaires de la **franchise** pour leurs activités commerciales accessoires (nos 89460 s.) en sont totalement exonérés au titre de ces activités (BOI-IS-CHAMP-10-50-20-20 n° 280).

73655 **Cas d'exonération** Sont expressément exonérés de la taxe d'apprentissage :

CGI art. 1599 ter A, 3 TPS-II-3000 s

– les **petites entreprises occupant un ou plusieurs apprentis** munis d'un contrat régulier d'apprentissage, dont la base annuelle d'imposition à la taxe n'excède pas six fois le salaire minimum de croissance annuel (Smic), soit 110 838 € pour la taxe due au titre des rémunérations versées en 2020 ;

– les sociétés et autres personnes morales ayant pour objet exclusif les divers ordres d'**enseignement** ;
– les **groupements d'employeurs** composés d'exploitants agricoles ou de sociétés civiles agricoles eux-mêmes exonérés de taxe d'apprentissage, et les autres groupements d'employeurs à proportion des rémunérations versées dans le cadre de la mise à disposition de personnel aux adhérents non assujettis ou exonérés de la taxe.

En outre, les **sociétés ou collectivités passibles de l'impôt sur les sociétés** mais qui en sont intégralement **exonérées** en raison de leur objet ou de leur forme sont, à l'exception des coopératives agricoles visées au n° 73650, dispensées de taxe d'apprentissage par tolérance administrative (BOI-TPS-TA-10 n° 150).

› Précisions Même quand elles relèvent des BIC, les **sociétés civiles de moyens** ne sont pas passibles de la taxe d'apprentissage lorsqu'elles n'effectuent aucune opération génératrice de recettes avec des tiers et ne réalisent aucun profit sur les remboursements de frais effectués par leurs membres. La mise à disposition de locaux équipés ne suffit pas en effet à conférer un caractère commercial – donc taxable – à leur activité (CE 5-6-1985 n° 50770 : RJF 7/85 n° 1025 ; BOI précité n° 60).

b. Assiette et taux

73665 CGI art. 1599 ter B et 1599 ter J TPS-II-4000 s

La **base** de calcul de la taxe d'apprentissage est alignée sur celle des cotisations de sécurité sociale (Mémento social n°s 22320 s.).

Le **taux** de la taxe est de 0,68 % (0,44 % pour les départements du Bas-Rhin, du Haut-Rhin et de la Moselle).

› Précisions a. Les salaires des **apprentis** versés par les entreprises de moins de 11 salariés sont exonérés de taxe d'apprentissage. Il en va de même des rémunérations versées par les organismes sans but lucratif aux personnes recrutées à l'occasion et pour la durée de **manifestations de bienfaisance** et de soutien exonérées de TVA (n° 89530), étant d'ores et déjà précisé que cette exonération sera supprimée lors du transfert du recouvrement de la taxe aux Urssaf au plus tard le 1-1-2022 (n° 73605) (CGI art. 1599 ter C dans sa rédaction issue de la loi 2019-1479 du 28-12-2019 art. 190).

b. Il est admis que les **salaires agricoles** ne soient soumis à la taxe d'apprentissage que s'ils sont passibles de la taxe sur les salaires, même si, en fait, celle-ci n'est pas due en raison de l'assujettissement de l'employeur à la TVA. Pour les employeurs agricoles assujettis à la taxe d'apprentissage (par exemple société anonyme exploitant un domaine agricole), la base de la taxe d'apprentissage n'est donc constituée que par les salaires versés au titre des activités visées aux articles 53 bis et 53 ter de l'annexe III au CGI (n° 73405) ou au titre d'activités qui ne sont pas considérées comme agricoles au regard de la taxe sur les salaires. Les entreprises qui effectuent de façon concomitante et indissociable une activité agricole et une activité industrielle ou commerciale, sont assujetties à la taxe d'apprentissage au titre de l'ensemble des rémunérations versées lorsque leur activité dominante est industrielle ou commerciale ; si leur activité dominante est agricole, elles ne sont pas assujetties à la taxe (BOI-TPS-TA-20 n°s 50 et 60 ; TA Montpellier 28-12-2018 n° 1701424).

c. Les rémunérations versées aux titulaires de **contrats d'accompagnement dans l'emploi** (Mémento social n° 20820) sont expressément exonérées de taxe en vertu de l'article L 5134-31 du Code du travail. Sont également exonérées de taxe d'apprentissage, pendant la durée d'attribution de l'aide mentionnée à l'article L 5132-2 du Code du travail, et à concurrence de la part n'excédant pas le Smic, les rémunérations versées aux salariés embauchés en contrat à durée déterminée dans les **ateliers et chantiers d'insertion** (Loi 2013-1203 du 23-12-2013 art. 20, IV).

d. Les **indemnités versées par une caisse de congés payés** à laquelle l'employeur est affilié à titre obligatoire doivent être comprises dans l'assiette de la taxe d'apprentissage due par l'employeur. Le montant à retenir est, en principe, celui des indemnités de congés payés que l'employeur aurait versé à ses salariés en l'absence d'affiliation obligatoire à la caisse (Avis CE 30-10-2009 n° 328015 : RJF 1/10 n° 27). À défaut de pouvoir établir exactement le montant de ces sommes, il convient de retenir un montant évalué à 11,5 % des rémunérations brutes versées au cours de l'année d'imposition (CE 20-11-2013 n° 350093 : RJF 2/14 n° 142 ; BOI-TPS-TA-20 n° 7).

e. Les rémunérations des **personnels expatriés** sont soumises à la taxe d'apprentissage (CE 8-4-2013 n° 346808 : RJF 7/13 n° 721). Il en va de même des rémunérations des personnels **résidents fiscaux à l'étranger** (CE 15-2-2016 n° 381580 : RJF 5/16 n° 425).

f. Les **primes exceptionnelles de pouvoir d'achat,** versées par les entreprises à leurs salariés et exonérées d'impôt sur le revenu dans les conditions exposées n° 21735, sont également exonérées de taxe d'apprentissage et de contribution supplémentaire à l'apprentissage (Loi 2018-1213 du 24-12-2018 art. 1, IV et Loi 2019-1446 du 24-12-2019 art. 7, V).

c. Dépenses libératoires

73730 C. trav. art. L 6241-2

La taxe d'apprentissage est divisée en **deux fractions** : la première, destinée au financement de l'apprentissage, peut faire l'objet de dépenses déductibles pour les entreprises qui disposent d'un centre de formation d'apprentis, accueillant leurs apprentis (n° 73740) ; la seconde, destinée au financement du développement des formations initiales technologiques et professionnelles, hors apprentissage, est acquittée par toutes les entreprises en imputant sur celle-ci des dépenses libératoires (n° 73750).

PREMIÈRE FRACTION DE LA TAXE

73740 C. trav. art. L 6241-2, I et L 6241-3 ; art. D 6241-29 à D 6241-32

La première fraction de la taxe d'apprentissage, égale à **87 %** du montant de la taxe due, est **recouvrée** dans les conditions exposées au n° 73605.

Pour satisfaire à cette obligation de financement, les **entreprises qui disposent** d'un **centre de formation d'apprentis** (CFA : voir précision à ci-dessous), accueillant leurs apprentis, peuvent **déduire** de cette fraction de la taxe le montant des dépenses suivantes :

1° Les dépenses des investissements destinés au financement des **équipements et matériels nécessaires** à la réalisation de la **formation** d'un ou plusieurs apprentis de l'entreprise au sein du CFA dont celle-ci dispose ;

2° Les versements concourant aux investissements destinés au financement des équipements et matériels nécessaires à la mise en place par le CFA d'une **offre nouvelle de formation** par apprentissage, lorsque celle-ci sert à former un ou plusieurs apprentis de l'entreprise. L'offre nouvelle de formation par apprentissage est celle qui n'a jamais été dispensée sur le territoire national avant l'ouverture de la session de formation au titre de laquelle lesdits versements sont effectués.

Le montant total des dépenses déductibles **ne peut toutefois excéder 10 %** de la part des 87 % de la taxe d'apprentissage susvisée (soit 8,7 % de la taxe), sur la base des dépenses réelles effectuées par l'entreprise au titre de l'année précédant leur déduction.

À **défaut de versement** de la première fraction de la taxe **ou** en cas de **versement insuffisant,** l'employeur est tenu de procéder à un versement de régularisation auprès du Trésor (n° 73610).

> **Précisions** **a.** Les **centre de formation d'apprentis** visés ci-dessus sont les CFA qui remplissent l'une des conditions suivantes :
> – être interne à l'entreprise ;
> – dont l'entreprise détient plus de la moitié du capital au sens de l'article L 233-1 du Code de commerce ou plus de la moitié des voix au sein de l'organe de gouvernance du CFA ;
> – est constitué par un groupe au sens du deuxième alinéa de l'article L 1233-4 du Code du travail ou par plusieurs entreprises partageant des perspectives communes d'évolution des métiers ou qui interviennent dans des secteurs d'activité complémentaires.
> **b.** Pour les établissements situés dans les **départements de la Moselle, du Bas-Rhin et du Haut-Rhin,** le montant total de la taxe d'apprentissage est réservé au financement de l'apprentissage selon les modalités exposées ci-dessus (C. trav. art. R 6261-13).

SECONDE FRACTION DE LA TAXE

73750 C. trav. art. L 6241-2, II, L 6241-4 et L 6241-5

La seconde fraction de la taxe (le solde, soit **13 %** du montant de la taxe) est destinée à des **dépenses libératoires** effectuées par l'employeur **auprès de certains organismes,** dans les conditions exposées n° 73755.

Les employeurs assujettis à la taxe d'apprentissage s'acquittent de cette fraction de la taxe sur la base d'une **assiette** constituée de la masse salariale de l'année précédant l'année au titre de laquelle la taxe est due.

À **défaut de versement** de cette seconde fraction **ou** en cas de **dépenses insuffisantes,** l'employeur est tenu de procéder à un versement de régularisation auprès du Trésor (n° 73610).

> ATTENTION
> À compter de l'entrée en vigueur de l'ordonnance mentionnée au n° 73605 ou, au plus tard, du **1-1-2022,** la seconde fraction de la taxe sera recouvrée (comme la première fraction de la taxe) par les Urssaf, les caisses générales de sécurité sociale ou les caisses de la MSA (Loi 2019-1479 du 28-12-2019 art. 190).

73755 C. trav. art. R 6241-19 à R 6241-24

Tout employeur redevable de la taxe d'apprentissage peut ainsi s'acquitter de la seconde fraction de la taxe en imputant sur celle-ci, **alternativement ou cumulativement, selon son choix,** les dépenses libératoires prévues au 1° et au 2° de l'article L 6241-4 du Code du travail dans les conditions suivantes :

1° Dépenses réellement exposées afin de favoriser le développement des **formations initiales** technologiques et professionnelles, dispensées hors du cadre de l'apprentissage, et l'insertion professionnelle (dont les **frais de** premier **équipement,** de renouvellement de matériel existant et d'équipement complémentaire) : ces dépenses sont prises en compte pour l'année au titre de laquelle la taxe d'apprentissage est due lorsqu'elles sont effectuées,

avant le 1er juin de cette année, **directement auprès des établissements** et organismes habilités à en bénéficier (voir précision a ci-dessous), lesquels délivrent un reçu indiquant le montant versé et la date du versement ;

2° Subventions versées aux centres de formation des apprentis (**CFA**) sous forme d'**équipements et** de **matériels** conformes aux besoins des formations dispensées : ces subventions sont prises en compte pour l'année au titre de laquelle la taxe d'apprentissage est due lorsqu'elles sont versées aux CFA **entre le 1er juin de l'année précédente et le 31 mai** de cette année.

Les CFA délivrent un reçu indiquant l'intérêt pédagogique de ces biens, ainsi que leur **valeur comptable,** justifiée par l'entreprise. Cette valorisation, déterminée toutes taxes comprises, s'effectue sur la base du prix de revient pour le matériel neuf, sur la base de la valeur d'inventaire pour les produits en stock et sur la base de la valeur résiduelle comptable pour le matériel d'occasion (Arrêté MTRD1937423A du 27-12-2019) ;

3° Créance accordée aux entreprises assujetties à la **contribution supplémentaire à l'apprentissage** employant plus de 5 % d'alternants (n° 74225).

> **Précisions a.** Les **établissements** d'enseignement **habilités à percevoir** le solde de la taxe d'apprentissage correspondant aux **dépenses mentionnées au 1°** ci-dessus sont les établissements d'enseignement du second degré (publics ; privés sous contrat d'association ou habilités à recevoir des boursiers nationaux ; écoles techniques privées reconnues par l'État), les établissements d'enseignement supérieur (publics ou privés à but non lucratif) et les groupements agissant pour leur compte, les établissements gérés par une chambre consulaire et les établissements d'enseignement supérieur consulaire, les établissements publics ou privés dispensant des formations conduisant aux diplômes professionnels délivrés par les ministères chargés de la santé, des affaires sociales, de la jeunesse et des sports et certains autres organismes limitativement énumérés à l'article L 6241-5, 7° à 12° du Code du travail (écoles de la deuxième chance, établissements ou services sociaux et médico-sociaux d'aide par le travail, de réadaptation, de préorientation et de rééducation professionnelle, service public de l'orientation tout au long de la vie, etc.). Le préfet de région dresse la **liste des formations** dispensées par ces établissements établis dans la région et la liste des organismes participant au service public de l'orientation tout au long de la vie, au plus tard le 31 décembre de l'année précédant celle au titre de laquelle la taxe d'apprentissage est due.
> Les dépenses versées par les entreprises aux organismes figurant sur une liste établie par arrêté ministériel, agissant au plan national pour la promotion de la formation technologique et professionnelle initiale et des métiers (C. trav. art. L 6241-5, 13°), sont toutefois prises en compte dans la **limite** de 30 % du montant dû au titre de la seconde fraction de la taxe (soit 3,9 % du montant de la taxe d'apprentissage).
> **b.** On rappelle que les dépenses visées ci-dessus ne sont pas libératoires de la taxe pour les établissements situés dans les **départements de la Moselle, du Bas-Rhin et du Haut-Rhin** (n° 73740, précision b).

2. CONTRIBUTION À LA FORMATION PROFESSIONNELLE

La contribution à la formation professionnelle (CFP), versée par les employeurs selon les modalités exposées nos 73605 s., a pour objet de financer les différents dispositifs d'accès à la **formation professionnelle des salariés** (voir Mémento social nos 38000 s.). **73800** TPS-III-290000 s

> **Précisions a.** En sus de la CFP d'origine légale, les entreprises peuvent être redevables de **contributions supplémentaires** soit en application d'un accord professionnel national conclu entre les organisations représentatives d'employeurs et de salariés, soit sur une base volontaire. Ces contributions doivent être versées à l'Opco dont elles dépendent (C. trav. art. L 6332-1-2).
> **b.** Sur la participation des entreprises au financement de la formation des titulaires d'un **contrat à durée déterminé** (CDD), voir n° 74250.
> **c.** S'agissant des contributions dues au titre de la formation par d'**autres catégories** de travailleurs ou d'employeurs, voir n° 74280.

a. Champ d'application

Tous les employeurs établis ou domiciliés en France (métropole et collectivités d'outre-mer) sont **assujettis** à la CFP, quels que soient l'activité exercée, la forme juridique de l'exploitation et le régime d'imposition (BOI-TPS-FPC-10 n° 30). **73810**

En sont **exonérés** l'État, les collectivités locales et leurs établissements à caractère administratif, mais pas leurs établissements ou organismes à caractère industriel et commercial (BOI-TPS-FPC-10 n° 70).

> **Précisions** Les employeurs de **Guadeloupe, Guyane, Martinique, Mayotte, La Réunion, Saint-Barthélemy et Saint-Martin** employant des salariés à temps partiel, des salariés à domicile ou intermittents (autres que ceux du spectacle) ne sont assujettis à la CFP que s'ils ont versé pendant l'année de référence un montant de salaire au moins égal à 520 fois le Smic hebdomadaire (chiffre réduit au prorata des semaines travaillées en cas de début ou de cessation d'activité en cours d'année).

b. Montant

73820 Le taux de la CFP **varie** selon que l'entreprise compte moins de 11 salariés ou au moins 11 salariés.

CALCUL DE L'EFFECTIF

73830 CSS art. L 130-1, I R 130-1 **Effectif de référence** **Depuis le 1-1-2020,** l'effectif est calculé comme en matière de sécurité sociale (C. trav. art. L 6331-1 A). Ainsi, l'effectif salarié **annuel** de l'employeur pris en compte pour le calcul et le recouvrement des cotisations et contributions de sécurité sociale correspond, y compris s'il s'agit d'une personne morale comportant plusieurs établissements, à la **moyenne** du nombre de personnes employées au cours de chacun des mois de l'**année civile précédente,** sans comptabiliser les mois au cours desquels aucun salarié n'est employé.

Cette **règle concerne** l'ensemble des seuils prévus par le Code de la sécurité sociale, mais aussi, outre celui de 11 salariés déterminant le taux de la CFP, les seuils prévus par d'autres Codes pour :
– la contribution supplémentaire à l'apprentissage (CGI art. 1609 quinvicies : nº 74200) ;
– la participation à l'effort de construction (CCH art. L 313-1 : nº 74310) ;
– l'exonération de l'impôt sur les bénéfices pour les entreprises créées ou reprises dans les zones de revitalisation rurales (CGI art. 44 quindecies : nº 10366) ;
– l'option des sociétés de capitaux pour le régime des sociétés de personnes (CGI art. 239 bis AB : nºs 36980 s.) ;
– la participation financière des salariés aux résultats de l'entreprise (C. trav. art. L 3321-1 : nº 88550) ;
– la participation financière aux résultats de l'entreprise (C. trav. art. L 3324-2 : nº 88610, précision c) et, la prime d'intéressement (C. trav. art L 3312-3 : nº 88730, précisions) des dirigeants ;
– le crédit d'impôt pour investissement en Corse (CGI art. 244 quater E : nº 92275).

› **Précisions** **a.** Les nouvelles règles de décompte des effectifs et de franchissement de seuil (nº 73840) **s'appliquent pour la première fois** en 2020 sur la base de l'effectif 2019.
b. L'effectif à prendre en compte pour l'année de **création du premier emploi** correspond à l'effectif présent le dernier jour du mois au cours duquel cette première embauche a eu lieu.
c. En cas de **modification de la situation juridique de l'employeur** (Mémento social nº 74560), y compris si elle entraîne une création d'entreprise, l'effectif pris en compte pour l'année de transfert des contrats est l'effectif présent le dernier jour du mois au cours duquel ce transfert a été réalisé.
d. L'effectif salarié annuel de l'employeur est **arrondi,** s'il y a lieu, au centième (il n'est pas tenu compte de la fraction au-delà de la deuxième décimale).

73835 CSS art. R 130-1 **Personnes prises en compte** Sont uniquement prises en compte pour la détermination de l'effectif salarié annuel de l'employeur, les personnes titulaires d'un **contrat de travail** (même s'ils sont absents ou leur contrat est suspendu) et les agents et salariés du secteur public relevant du régime d'assurance chômage.

Les salariés à **temps plein** sont intégralement pris en compte dans l'effectif de l'entreprise au cours du mois. Ceux à **temps partiel,** quelle que soit la nature du contrat de travail, sont pris en compte en divisant la somme totale des horaires inscrits dans leur contrat de travail par la durée légale ou la durée conventionnelle du travail (C. trav. art. L 1111-2, 3º).

En cas d'**embauche** ou de **départ en cours de mois,** les personnes sont décomptées à due proportion du nombre de jours d'emploi dans le mois. Pour un salarié à temps partiel dans cette situation, il y a donc lieu de procéder à une double proratisation.

› **Précisions** **a.** Sont **exclues** de l'effectif les personnes suivantes : le salarié sous CDD remplaçant un salarié absent ou dont le contrat de travail est suspendu, le stagiaire, le volontaire en service civique (CSS art. R 372-4), l'apprenti, le titulaire d'un contrat de professionnalisation (pour la durée de l'action de professionnalisation), d'un contrat initiative-emploi (CIE) et d'un contrat d'accompagnement dans l'emploi (CAE) (pendant la durée d'attribution de l'aide afférente) et, depuis le 1-1-2020, les mandataires sociaux relevant du régime général du seul fait de leur mandat (pour les dirigeants concernés, voir Mémento social nºs 28430 s.).
b. Les salariés **mis à disposition** par une entreprise extérieure sont pris en compte dans l'effectif de leur employeur. Pour le décompte de l'effectif de l'entreprise de **travail temporaire,** il est tenu compte de ses salariés permanents et des salariés temporaires qui lui ont été liés par des contrats de mission pendant une durée totale d'au moins 3 mois au cours de la dernière année civile (C. trav. art. L 1251-54).

73840 CSS art. L 130-1, II **Variation de l'effectif** Le franchissement **à la hausse** d'un seuil d'effectif salarié est pris en compte lorsque ce seuil a été atteint ou dépassé pendant 5 années civiles consécutives.

À l'inverse, le franchissement **à la baisse** d'un seuil d'effectif sur une année civile a pour effet de faire à nouveau courir la règle de prise en compte du franchissement à la hausse précité. Autrement dit, une entreprise dont la diminution de l'effectif conduit à la faire passer sous un seuil disposera à nouveau de 5 ans pour être soumise à l'obligation attachée au franchissement à la hausse du seuil en question.

Ce nouveau mécanisme de limitation des effets de seuils **ne s'applique pas** aux entreprises :
– dont l'effectif est égal ou supérieur à un seuil au 1-1-2020 et qui étaient déjà soumises, au titre de l'année 2019, aux obligations attachées à ce seuil ;
– qui, au 31-12-2019, étaient bénéficiaires d'un des dispositifs de lissage ou de gel des effets de seuils alors applicables, lesquels sont **maintenus à titre transitoire.** Ainsi, en matière de CFP, un dispositif de lissage spécifique s'appliquait en cas de franchissement du seuil de 11 salariés. Les entreprises qui, en raison de l'accroissement de leur effectif, atteignaient ou dépassaient pour la première fois ce seuil demeuraient en effet soumises pour l'année en cours et les deux suivantes à l'obligation incombant aux entreprises ne l'atteignant pas ; leur CFP était ensuite calculée au taux normal applicable sur l'assiette visée nº 73880, diminuée respectivement, pour les 4e et 5e années, de 30 % et 10 % (C. trav. art L 6331-7, L 6331-8 et R 6331-12 en vigueur jusqu'au 31-12-2019). Ces dispositions restent applicables aux employeurs qui en bénéficiaient avant le 1-1-2020 (Loi 2019-486 du 22-5-2019 art. 11, XII ; décret 2019-1586 du 31-12-2019 art. 4, V).

EXEMPLE

Une entreprise qui atteint le seuil de 11 salariés en 2020 ne sera soumise aux obligations liées au franchissement de ce seuil que si en 2021, 2022, 2023 et 2024, elle a maintenu un effectif d'au moins 11 salariés. Ces obligations s'imposeront alors à elle en 2025. Si le seuil est descendu en dessous de 11 salariés sur l'une de ces quatre années, par exemple en 2023, il faudra de nouveau attendre que le seuil de 11 salariés soit atteint pendant 5 nouvelles années civiles consécutives (soit de 2024 à 2028) pour que les obligations liées au franchissement de seuil s'appliquent (en 2029).

CALCUL DE LA CONTRIBUTION

Taux Le taux de la CFP est fixé à 0,55 % pour les entreprises de **moins de 11 salariés** (y compris celles de travail temporaire) et à 1 % pour les entreprises d'**au moins 11 salariés** (1,30 % pour celles de travail temporaire). **73860** C. trav. art. L 6331-1 L 6331-3 L 6331-5

Assiette La **base de calcul** de la CFP (comme celle des autres taxes assises sur les salaires) est identique à celle des cotisations de sécurité sociale (voir Mémento social nos 22320 s.), sous réserve, le cas échéant, des exonérations expressément prévues par les textes pour certaines rémunérations. **73880** C. trav. art. L 6331-1 L 6331-3

La **période de référence** à retenir pour le calcul de la contribution est l'année civile au titre de laquelle celle-ci est due. Ainsi, la CFP afférente à 2020 est calculée sur l'ensemble des rémunérations versées du 1-1-2020 au 31-12-2020. Sur la période à retenir pour le calcul des acomptes de la CFP, voir nº 73605.

Les employeurs doivent indiquer l'assiette de la CFP dans leur **déclaration sociale nominative** (voir nº 22215).

› Précisions **a.** Les rémunérations versées aux **mandataires sociaux** étant assimilées pour l'impôt sur le revenu à des salaires imposables dans la catégorie des traitements et salaires, elles entrent dans l'assiette de la participation des entreprises au financement de la formation professionnelle (CE 27-7-2005 nº 259910 : RJF 11/05 nº 1183).
b. S'agissant de la prise en compte dans l'assiette de la CFP des rémunérations versées aux **expatriés** et **personnels résidents fiscaux à l'étranger**, voir nº 73665, précision e.
c. Sur le sort des **indemnités de congés payés** versées par une caisse de congés payés, voir nº 73665, précision d.
d. Les employeurs de moins de 11 salariés ne sont pas assujettis à la CFP sur les salaires versés à leurs **apprentis.**

AFFECTATION DES FONDS

Les sommes collectées par les Opco, selon les modalités exposées nos 73605 s., sont ensuite reversées à **France compétences** en vue de financer l'alternance, le conseil en évolution professionnelle, le plan de développement des compétences des entreprises de moins de 50 salariés, le compte personnel de formation, y compris lorsqu'il est mobilisé dans le cadre d'un projet de transition professionnelle, et la formation des demandeurs d'emploi. **73900** C. trav. art. L 6331-2 L 6331-4

En pratique, France compétences verse aux **organismes financeurs** (Opco, Caisse des dépôts et consignations, commissions paritaires interprofessionnelles régionales, Pôle emploi, etc.) les fonds nécessaires à la prise en charge des coûts engendrés par les formations des salariés ou des demandeurs d'emploi dans le cadre des différents dispositifs de la formation professionnelle et de l'alternance. Ces derniers sont étudiés dans notre Mémento social nos 38000 s. (formation professionnelle), nos 3100 s. (apprentissage) et nos 20715 s. (contrat de professionnalisation).

B. Contribution supplémentaire à l'apprentissage

74200 CGI art. 1609 quinvicies TPS-II-15200 s La CSA est due par les entreprises d'au moins 250 salariés redevables de la taxe d'apprentissage dont l'effectif salarié annuel visés ci-dessous est inférieur à un certain seuil :

– les salariés en **contrat de professionnalisation ou d'apprentissage** et, pendant l'année suivant la date de fin du contrat de professionnalisation ou d'apprentissage, les salariés embauchés en CDI par l'entreprise à l'issue dudit contrat ;

– les jeunes accomplissant un **volontariat international en entreprise** (VIE) ou bénéficiant d'une **convention industrielle de formation par la recherche** (Cifre).

Le seuil précité est égal à 5 % de l'effectif salarié de cette entreprise au cours de l'année de référence.

Pour l'application de la CSA, l'**effectif salarié** est apprécié selon les modalités prévues à l'article L 130-1, I du Code de la sécurité sociale (voir nos 73830 s.). Toutefois, par dérogation au I de l'article L 130-1 précité, la période à retenir pour apprécier le nombre de salariés est l'année au titre de laquelle la contribution est due.

S'agissant des entreprises qui entrent dans le champ d'application de la CSA et qui **dépassent le seuil de 5 %** évoqué ci-dessus, voir no 74225.

> **Précisions** **a.** À compter de la CSA due au titre de 2020, le **franchissement du seuil de 250 salariés** n'est pris en compte que lorsque ce seuil a été atteint ou dépassé pendant cinq années civiles consécutives (voir no 73840). Tel sera également le cas pour le seuil de 2 000 salariés (no 74215) à compter, au plus tard, du 1-1-2022 (Loi 2019-486 du 22-5-2019 art. 12, I-9° ; Loi 2019-1479 du 28-12-2019 art. 41 et 190).
> **b.** Les jeunes accomplissant un **volontariat international** en entreprise ne seront plus pris en compte à compter de l'entrée en vigueur de l'ordonnance mentionnée au no 73605 ou, au plus tard, du 1-1-2022 (Loi 2019-1479 précitée art. 190).

74210 TPS-II-15800 s Sont **exonérées** de la contribution au titre de l'année considérée les entreprises dont l'effectif salarié annuel de salariés visés au premier tiret du no 74200 est supérieur ou égal à 3 % de l'effectif salarié annuel de l'entreprise et qui remplissent l'une des deux conditions suivantes :

– justifier individuellement d'une progression de l'effectif salarié annuel de ces salariés d'au moins 10 % par rapport à l'année précédente ;

– ou avoir connu une progression de l'effectif salarié annuel de ces salariés et relever d'une branche couverte par un accord prévoyant au titre de l'année une progression d'au moins 10 % du nombre de ces mêmes salariés dans les entreprises d'au moins 250 salariés, et justifiant, par rapport à l'année précédente, que la progression est atteinte dans les proportions prévues par l'accord au titre de l'année considérée.

> **Précisions** À compter de l'entrée en vigueur de l'ordonnance mentionnée au no 73605 ou, au plus tard, du **1-1-2022,** les entreprises qui justifieront d'une progression de l'effectif salarié annuel relevant des catégories visées aux deux tirets du no 74200 d'au moins 10 % par rapport à l'année précédente seront exonérées de la CSA due au titre des rémunérations versées l'année au cours de laquelle cette progression intervient (Loi 2019-1479 du 28-12-2019 art. 190).

74215 TPS-II-16200 s La **base** de calcul de cette contribution est la même que celle retenue pour la taxe d'apprentissage (no 73665).

Son **taux** est fixé comme suit :

– 0,05 % (0,026 % dans les départements du Bas-Rhin, du Haut-Rhin et de la Moselle) si le nombre de salariés et de jeunes visés no 74200 est au moins égal à 3 % et inférieur à 5 % de l'effectif salarié annuel ;

– 0,1 % (0,052 % dans les départements susvisés) si le nombre de salariés et de jeunes appartenant aux catégories susvisées est au moins égal à 2 % et inférieur à 3 % de l'effectif salarié annuel ;

– 0,2 % (0,104 % dans les départements susvisés) si le nombre de salariés et de jeunes appartenant aux catégories susvisées est au moins égal à 1 % et inférieur à 2 % de l'effectif salarié annuel ;

– 0,4 % (0,208 % dans les départements susvisés) si le nombre de salariés et de jeunes appartenant aux catégories susvisées est inférieur à 1 % de l'effectif salarié annuel (ce taux est porté à 0,6 %, 0,312 % dans les départements du Bas-Rhin, du Haut-Rhin et de la Moselle, pour les entreprises de plus de 2 000 salariés).

Les **dépenses libératoires** de la taxe d'apprentissage ne sont **pas admises** en exonération de cette contribution.

> **Précisions** **a.** La contribution s'applique dans les **DOM** (aux taux normaux).
> **b.** **L'effectif salarié de l'entreprise** est apprécié dans les conditions exposées au no 74200.
> **c.** Les rémunérations versées par les **entreprises de travail temporaire** à leurs salariés intérimaires ne sont pas susceptibles d'être soumises à la contribution, et les salariés intéri-

maires ne sont pas pris en compte dans la détermination de l'effectif de ces entreprises. En revanche, la contribution s'applique aux rémunérations versées par ces entreprises à leurs « salariés permanents » dès lors que l'effectif desdits « salariés permanents » est supérieur ou égal à 250 et que le quota n'est pas atteint sur les « salariés permanents ». Les salariés liés par un contrat d'apprentissage ou de professionnalisation à une entreprise de travail temporaire et mis à dispositions d'entreprises utilisatrices sont comptabilisés, pour le calcul du quota, dans l'effectif de ces dernières, au prorata de leur temps de présence dans chacune de ces entreprises (BOI-TPS-TA-50 nos 80, 170 et 300).

d. Les salariés de **groupements d'employeurs** mis à disposition des entreprises adhérentes, présents dans les locaux de l'entreprise adhérente et qui y travaillent depuis au moins un an, ne sont pas pris en compte dans l'effectif annuel moyen de ces groupements. Les salariés liés par un contrat d'apprentissage ou de professionnalisation à un groupement d'employeurs sont pris en compte, pour le calcul du quota, dans l'effectif des entreprises auprès desquelles ils sont mis à disposition, au prorata de leur temps de présence dans chacune de ces entreprises (BOI précité nos 90, 180 et 310).

Les modalités de **recouvrement et** de **régularisation** de la CSA sont exposées nos 73605 s. **74220**

› Précisions Les entreprises redevables de la CSA doivent indiquer, dans la dernière **déclaration sociale nominative** (nos 22200 s.) souscrite au titre de l'année civile, si elles sont ou non assujetties à la contribution et, si elles sont assujetties, le total de la base imposable (CGI ann. III art. 39 ; BOI-TPS-TA-50 no 330).

L'article L 6241-4 (al. 5) du Code du travail indique que les **entreprises** entrant dans le champ d'application de la CSA qui **dépassent,** au titre d'une année, le **seuil de 5 %** mentionné au no 74200 bénéficient d'une **créance imputable** sur la seconde fraction de la taxe d'apprentissage (nos 73750 s.). **74225** TPS-II-6980 s

Le montant de cette créance est égal au pourcentage de l'effectif qui dépasse le seuil précité, retenu dans la limite de 2 points, multiplié par l'effectif annuel moyen de l'entreprise au 31 décembre de l'année et divisé par 100 puis multiplié par 400 € (Arrêté MTRD1937420A du 3-1-2020). Le **surplus éventuel** n'est ni reportable ni remboursable.

EXEMPLE

En 2020, une entreprise ayant un effectif annuel moyen de 750 salariés a employé 5,8 % de salariés titulaires d'un contrat de professionnalisation ou d'apprentissage et de jeunes accomplissant un VIE ou bénéficiant d'une Cifre. L'entreprise n'a pas de CSA à régler avant le 1-3-2021 et la créance potentiellement imputable sur la seconde fraction de sa taxe d'apprentissage due au titre des rémunérations versées en 2020 s'élève à : (5,8 − 5) × 750/100 × 400 = 2 400 €. Si la même entreprise a employé non pas 5,8 % mais 7,8 % de salariés précités, le montant de sa créance est de : 2 (7,8 − 5 = 2,8 plafonné à 2) × 750/100 × 400 = 6 000 €.

C. Contribution CPF-CDD

Quel que soit l'effectif de l'entreprise, les employeurs ayant occupé des salariés sous contrat à durée déterminée (CDD) au cours d'une année civile sont redevables d'un versement spécifique destiné au **financement du compte personnel de formation** (CPF) des intéressés. **74250** C. trav. art L 6331-6 D 6331-72 TPS-III-36000 s

Le montant de la contribution CPF-CDD est **égal à 1 %** des rémunérations payées à ces salariés durant l'année considérée. Cette contribution doit être versée selon les modalités exposées no 73605.

› Précisions **a.** Cette contribution est **calculée** sur une base identique à celle visée no 73880.

b. Ce versement n'est **pas dû** pour les contrats de type particulier (apprentissage, professionnalisation, accompagnement dans l'emploi), les CDD conclus avec des jeunes au cours de leur cursus scolaire ou universitaire, avec des sportifs ou entraîneurs professionnels, ou encore avec des travailleurs saisonniers pour suivre une action du plan de développement des compétences, les contrats saisonniers, ni lorsque le CDD a été suivi d'un contrat à durée indéterminée.

c. S'agissant de la sanction applicable en cas de **défaut ou d'insuffisance de versement,** voir no 73610.

Régimes particuliers **74280**

Le Code du travail prévoit des contributions spécifiques pour **certaines catégories de travailleurs ou d'employeurs** exposées ci-après.

Employeurs du bâtiment et des travaux publics

Les entreprises du BTP sont redevables d'une **cotisation spécifique,** assise sur la même assiette que celle de la CFP (no 73880) et déductible du montant dû au titre de celle-ci, dont le taux est en principe **fixé par accord** entre les organisations professionnelles d'employeurs et les organisations syndicales de salariés représentatives au niveau national dans ces secteurs. À **défaut d'accord** au 31 décembre de l'année précédant l'exercice, le taux de la cotisation, C. trav. art. L 6331-35 à L 6331-47 R 6331-36 à R 6331-46 TPS-III-39000 s

74280 (suite)

fixé par la loi, est égal à 0,30 % pour les entreprises relevant du secteur des métiers du bâtiment et à 0,22 % pour celles relevant du secteur des travaux publics.

Employeurs d'intermittents du spectacle

C. trav. art. L 6331-55 L 6331-56 Accord 25-9-2014 TPS-III-37000 s

Le Code du travail permet l'adoption, par voie d'accord ou de convention nationale étendue, d'une **contribution unique** spécifique due par les employeurs d'intermittents du spectacle et destinée au financement de la formation professionnelle de ces derniers. Cet accord doit fixer un taux global d'au moins 2 % et respecter la répartition minimale suivante : 0,35 % au titre du compte personnel de formation, 1,10 % au titre du développement des compétences et 0,10 % au titre de la formation des demandeurs d'emploi. Le **taux** de cette contribution est actuellement fixé à 2,10 % des rémunérations versées à ces salariés. Elle est calculée sur une **base** identique à celle visée n° 73880 et versée à l'Afdas, Opco des secteurs de la culture, des industries créatives, des médias, de la communication, des télécommunications, du sport, du tourisme, des loisirs et du divertissement.

Particuliers employeurs

C. trav. art. L 6331-57 à L 6331-62 D 6331-67 à D 6331-71 Accord 19-12-2018

Les particuliers occupant des assistants maternels, des employés de maison ou du personnel d'entretien ou de gardiennage (jardinier, garde-chasse, garde forestier, etc.) sont redevables d'une contribution légale fixée à 0,15 % et d'une contribution conventionnelle égale à 0,40 %, recouvrées par l'intermédiaire de l'Urssaf et calculées soit sur une base identique à celle visée n° 73880, soit sur une base forfaitaire (voir Mémento social n° 33460).

Travailleurs non salariés

C. trav. art. L 6331-48 à L 6331-52 L 7342-3

Les travailleurs non salariés ont accès à la formation professionnelle continue (C. trav. art. L 6312-2). Ils doivent, à cette fin, participer à son financement.

En principe, les **travailleurs indépendants, membres d'une profession libérale ou d'une profession non salariée** versent chaque année aux Urssaf une contribution au moins égale à 0,25 % du montant annuel du plafond de la sécurité sociale en vigueur au 1er janvier, ou à 0,34 % du même montant lorsque l'intéressé bénéficie du concours de son conjoint collaborateur. Par dérogation, pour ceux bénéficiant du régime « micro-social », la contribution est égale à 0,10 % (secteur du commerce) ou 0,20 % (activité de prestations de services et professions libérales) du montant annuel de leur chiffre d'affaires ; en cas de chiffre d'affaires nul, aucune contribution n'est due par le micro-entrepreneur (ou auto-entrepreneur) qui n'a alors pas accès à la formation professionnelle.

Les travailleurs indépendants, qui recourent à une plate-forme de mise en relation (Mémento social nos 16380 s.), peuvent voir, sous certaines conditions, leur contribution prise en charge par celle-ci.

C. trav. art. L 6331-53

Les **travailleurs indépendants et chefs d'entreprise de la pêche maritime et de cultures marines** de moins de 11 salariés (sur les règles de calcul de l'effectif, voir nos 73830 s.), qui ne relèvent pas du régime agricole, doivent verser aux Urssaf une contribution annuelle égale à 0,15 % du plafond annuel de la sécurité sociale. Ceux atteignant ou dépassant ce seuil d'effectif sont soumis au même régime que les **chefs d'entreprises agricoles** (voir Mémento agriculture n° 54800).

C. trav. art. L 6331-48 à L 6331-52

La participation des **artisans** au financement de leur formation s'élève à 0,29 % du plafond annuel de la sécurité sociale ; elle est versée aux Urssaf puis affectée pour 0,17 % au fonds d'assurance-formation des chefs d'entreprise et pour 0,12 % à la chambre des métiers et de l'artisanat. Toutefois, pour ceux bénéficiant du régime « micro-social », la contribution est égale à 0,30 % du montant annuel de leur chiffre d'affaires ; en cas de chiffre d'affaires nul, aucune contribution n'est due par le micro-entrepreneur (ou auto-entrepreneur) qui n'a alors pas accès à la formation professionnelle. Les **chefs d'entreprise artisanale** affiliés au régime général de la sécurité sociale, assujettis en tant qu'assimilés salariés à la CFP visée nos 73800 s., ne sont pas redevables, depuis le 1-1-2020, de la contribution due par les artisans.

S'agissant de la **taxe** pour frais de **chambre de métiers** et de l'artisanat, voir n° 45535.

C. trav. art. L 6331-65 à L 6331-68

La formation professionnelle des **artistes-auteurs** est financée par 2 contributions : l'une à leur charge d'un taux de 0,35 % assise sur leurs revenus ; l'autre à la charge des diffuseurs et exploitants commerciaux égale à 0,10 % de leur chiffre d'affaires ou des sommes versées aux artistes.

SECTION 3

INVESTISSEMENT OBLIGATOIRE DANS LA CONSTRUCTION

GÉNÉRALITÉS

Les employeurs occupant au moins cinquante salariés sont soumis à l'obligation d'investir dans la construction de logements, à titre de participation à l'effort de construction. Si cette obligation n'est pas remplie, ils sont redevables d'une cotisation. 74300 CCH art. L 313-1 à L 313-5 CGI art. 235 bis TPS-IV-1 s

EMPLOYEURS ASSUJETTIS

Sous réserve des exonérations exposées ci-après, les employeurs établis ou domiciliés en France sont soumis à l'obligation d'investir, quels que soient la nature de l'activité, le régime d'imposition ou la forme juridique de l'exploitation, dès lors qu'ils respectent un **seuil d'effectif** minimum porté de vingt à cinquante salariés à compter du 1er janvier 2020 (Loi 2019-486 du 22-5-2019 art. 11, IX). En sont **exonérés** : 74310 TPS-IV-200 s

– l'**État,** les collectivités territoriales et leurs établissements publics administratifs (mais non leurs établissements ou organismes à caractère industriel ou commercial) ;

– les **employeurs agricoles** visés aux articles 53 bis et 53 ter de l'annexe III au CGI (no 73405) ainsi que les autres employeurs agricoles lorsque leur activité agricole est prépondérante (sur cette notion, voir no 73410, Précisions).

Selon l'article L 716-2 du Code rural et de la pêche maritime, cette dernière exonération ne s'applique pas aux employeurs occupant au minimum **cinquante salariés agricoles** définis par l'article L 722-20 du même Code.

Les règles de **décompte de l'effectif** et de **franchissement du seuil** de cinquante salariés (règle de « gel de cinq ans ») sont déterminées selon les modalités prévues à l'article L 130-1 du CSS (voir nos 73830 s.). Il en est de même s'agissant des salariés agricoles (C. rur. art. L 716-2).

ATTENTION

Les entreprises comptant au moins cinquante salariés au 31 décembre 2019 et bénéficiaires à cette date du **dispositif de réduction temporaire** prévu à l'ancien article L 313-2 du CCH (applicable en cas de franchissement du seuil d'effectif minimum fixé à vingt salariés), abrogé à compter du 1er janvier 2020, continuent d'appliquer ce mécanisme (Loi 2019-486 du 22-5-2019 art. 11, XII). Il permet aux entreprises concernées de bénéficier d'une exonération totale de participation pendant trois ans puis d'une réduction de son montant de 75 % la quatrième année, 50 % la cinquième année et 25 % la sixième année.

Le tableau ci-après présente la situation des employeurs (hors employeurs agricoles) au regard de l'obligation d'investir en 2020 compte tenu de l'effectif décompté sur 2018 et sur 2019 :

2018	2019	Obligation en 2020
effectif < 20	effectif < 50	non
	effectif ≥ 50	non [1]
20 ≤ effectif < 50	effectif < 50	non
	effectif ≥ 50	oui [2]
effectif ≥ 50	effectif < 50	non
	effectif ≥ 50	oui [2]

1. Application de la règle de « gel de cinq ans ».
2. Poursuite, le cas échéant, de l'exonération temporaire prévue à l'article L 313-2 du CCH.

MONTANT ET DÉLAI DE RÉALISATION

Le montant des sommes à investir chaque année est égal à une fraction fixée à 0,45 % des **revenus d'activités** versés l'année précédente, tels qu'ils sont pris en compte pour le calcul de l'assiette des cotisations de sécurité sociale (voir Mémento social nos 22320 s.). 74325 TPS-IV-2500 s

La **période de référence** à retenir pour le calcul de l'investissement est constituée dans tous les cas (quelle que soit la date de clôture de l'exercice comptable) par l'année civile. Le délai d'investissement expire le 31 décembre de l'année suivant celle du paiement des salaires.

L'assiette de la participation doit être mentionnée chaque année sur la **déclaration des salaires** (no 22215). Pour les établissements placés dans le champ de la déclaration sociale nominative (DSN), ces éléments sont fournis dans la DSN souscrite en janvier au titre de décembre (CGI ann. III art. 39, 1°-f).

Seules les **sommes effectivement versées** par les employeurs sont libératoires. Dans le cas des prêts consentis par les employeurs à leurs salariés, seuls sont considérés comme libératoires les fonds mis à la disposition des salariés par versement direct ou ouverture d'un compte courant à leur nom.

Les employeurs qui, au cours d'une année déterminée, ont investi des sommes supérieures au montant de la participation exigible peuvent reporter l'**excédent** sur les années suivantes, sans limitation de durée.

> **Précisions** Les rémunérations versées aux **personnels expatriés** sont soumises à la participation-construction (CE 8-4-2013 n° 346808 : RJF 7/13 n° 721). Il en est de même pour les rémunérations versées aux personnels **résidents fiscaux à l'étranger** (CE 15-2-2016 n° 381580 : RJF 5/16 n° 425).

RÉALISATION DE L'INVESTISSEMENT

74340 Les employeurs peuvent effectuer des versements à des organismes collecteurs ou réaliser des investissements directs.

> ATTENTION
> L'employeur doit mettre à la disposition du **comité social et économique** les informations sur l'affectation de la contribution sur les salaires au titre de l'effort de construction (C. trav. art. L 2312-26, II-7°).

74345 TPS-IV-5000 s **Versements aux organismes collecteurs** La **société Action Logement Services** collecte les versements.

Peuvent également être agréés à collecter les versements les **organismes de HLM** et les **sociétés d'économie mixte** exerçant à titre principal une activité de construction, d'acquisition ou de gestion de logements sociaux ainsi que la **société immobilière des chemins de fer français.**

Les versements aux organismes collecteurs agréés peuvent être faits sous forme de **prêts sans intérêts** ou de **subventions** (CCH art. R 313-6).

> **Précisions** **Fiscalement,** les subventions versées à ces organismes sont **déductibles** du résultat imposable si elles sont conformes à la réglementation de la participation-construction. Les prêts ne peuvent faire l'objet d'aucune déduction.
> Sur la possibilité de constituer une **provision** à raison de la participation-construction : voir n° 9860, précision c.

74350 TPS-IV-5300 s **Investissements directs** Les investissements directs peuvent être réalisés sous forme de **prêts à taux réduits** consentis aux salariés pour le financement de la construction d'un logement affecté à leur résidence principale ou à celle de leur conjoint, de leurs ascendants ou descendants (CCH art. R 313-7, 1°).

À titre exceptionnel et sur autorisation préfectorale, les employeurs peuvent également réaliser au titre des investissements directs :

– des **constructions de logements locatifs,** à condition que ces logements bénéficient des prêts mentionnés aux articles D 331-1 (prêts locatifs aidés) ou D 331-72 (prêts conventionnés) du CCH (Décret 2019-873 du 21-8-2019) ;

– des **travaux d'amélioration d'immeubles anciens** leur appartenant, loués ou destinés à être loués à leurs salariés et compris dans un programme d'intérêt général d'amélioration de l'habitat mentionné à l'article R 327-1 du même Code (CCH art. R 313-7, 2°).

Ces différentes formes de participation doivent remplir un certain nombre de conditions prévues aux articles R 313-14 à R 313-17 du CCH.

> **Précisions** **a.** Les **prêts** aux salariés sont soumis à des **conditions** de performance énergétique du logement. Leur durée maximale ne doit pas être supérieure à trente ans. Leur montant ne doit pas excéder 30 % du coût total de l'opération, dans la limite d'un montant par logement fixé par zone géographique (CCH art. R 313-20-1). Leur taux d'intérêt est fixe et ne doit pas dépasser un taux plafond égal au taux du livret A en vigueur au 31 décembre de l'année précédant l'émission de l'offre de prêt ou au taux de 1 % si le taux du livret A devient inférieur à ce montant. Ils doivent enfin être accordés aux ménages respectant des conditions de ressources.
> **b.** Les **constructions de logements locatifs** et les **travaux d'amélioration d'immeubles anciens** ne peuvent excéder 10 % du prix de revient de l'opération, dans la limite d'un montant par logement fixé par zone géographique (CCH art. R 313-7, 2° et R 313-20-2).
> **c.** **Fiscalement,** les prêts aux salariés ne sont pas déductibles du résultat imposable. Les logements construits directement par l'employeur, qui doivent être inscrits à l'actif de son bilan, sont amortissables dans les conditions de droit commun. Il en va de même pour les travaux d'amélioration entrepris sur des immeubles inscrits au bilan dans la mesure où ces travaux ont normalement pour effet d'augmenter la valeur d'actif ou la durée d'utilisation des immeubles.
> **d.** Les employeurs occupant au minimum cin-

quante **salariés agricoles** peuvent notamment financer les opérations de rénovation du patrimoine rural bâti destiné aux logements sociaux, les opérations de construction ou d'acquisition de logements en zone rurale ou les aides directes à des personnes physiques pour le changement de logement ou l'accès au logement locatif. Ils peuvent également effectuer des versements ayant pour objet de financer des interventions à caractère très social dans le domaine du logement, notamment sous la forme d'opérations relatives au logement ou à l'hébergement des personnes défavorisées (C. rur. art. L 716-2).

CONSERVATION DES INVESTISSEMENTS

À l'exception des subventions aux organismes collecteurs, les investissements doivent être conservés pendant une durée de **20 ans au moins** à compter de la réalisation de l'investissement. Cette durée peut être divisée en plusieurs périodes dont aucune, sauf la dernière, ne doit être inférieure à 5 ans. S'agissant des prêts aux salariés, cette disposition a pour but de garantir à ces derniers l'octroi d'un prêt d'une durée minimale de 5 ans (que ce prêt soit consenti à titre de premier investissement ou de réinvestissement) ; le remboursement du prêt peut s'opérer librement par annuités. Les sommes remboursées à la fin de chaque période doivent être réinvesties dans un délai de 3 mois ou au plus tard le 31 décembre de l'année. **74360** CCH art. R 313-9 TPS-IV-4750 s

› Précisions **a.** Les **remboursements anticipés** (remboursements volontaires) doivent être réinvestis dans les 3 mois. À cette condition, la cotisation de 2 % (n° 74370) n'est pas due, même si le remboursement anticipé intervient moins de 5 ans après que le prêt a été consenti (BOI-TPS-PEEC-30 n° 510).
b. L'administration admet que les employeurs **imputent sur les sommes à réinvestir** les investissements effectués avant le remboursement ou même les investissements excédentaires des années précédentes (BOI-TPS-PEEC-30 n° 490).

ABSENCE OU INSUFFISANCE D'INVESTISSEMENT

Les employeurs qui n'ont pas ou pas assez investi au cours d'une année donnée sont redevables d'une **cotisation de 2 %,** calculée sur les revenus versés par eux au cours de l'année précédente. En pratique, la base de cotisation s'obtient en multipliant par 10 000/45 l'insuffisance d'investissement. **74370** CCH art. L 313-4 TPS-IV-6500 s

EXEMPLE

Une entreprise a versé, au cours de l'année 2019, 1 M€ de rémunérations. Elle doit donc investir avant le 1-1-2021 une somme de 4 500 €. Cette entreprise a réalisé en 2020 des investissements libératoires pour un montant de 4 000 €. Elle est passible de la cotisation de 2 % à raison de l'insuffisance de 500 €, calculée comme suit : [500 × (10 000/45)] × 2 % = 2 222 €.

La cotisation est acquittée spontanément par l'employeur au moyen d'un **bordereau.** Lorsque les investissements effectués au 31 décembre d'une année sont insuffisants, le bordereau et le paiement doivent être remis au plus tard le 30 avril de l'année suivante. La cotisation est recouvrée selon les modalités et sous les sûretés, garanties et sanctions applicables aux taxes sur le chiffre d'affaires.

› Précisions **a.** En cas de **déclaration tardive** ou de **défaut de déclaration** du bordereau, la cotisation de 2 % est assortie de l'intérêt de retard (n° 79860) et d'une majoration de 10 %, qui est portée à 40 % lorsque le bordereau n'a pas été déposé dans les trente jours suivant la réception d'une mise en demeure (n° 80085).
En cas d'**omissions** ou d'**inexactitudes** relevées dans le bordereau, la cotisation de 2 % est assortie de l'intérêt de retard et d'une majoration de 40 % en cas de manquement délibéré ou de 80 % si le contribuable s'est rendu coupable de manœuvres frauduleuses (n° 80040).
Le **paiement tardif** de la cotisation de 2 % donne lieu au versement de l'intérêt de retard et de la majoration de 5 % (n° 80160).
b. Les employeurs qui se trouvent dans l'impossibilité d'acquitter le montant de la cotisation de 2 % peuvent solliciter la **remise gracieuse** pour cause de gêne (nos 82270 s.).
c. La cotisation de 2 % est intégralement **déductible** du bénéfice imposable (n° 8527).

CESSION, CESSATION OU DÉCÈS

En application des règles de droit commun, les employeurs restent tenus d'investir 0,45 % des rémunérations versées l'année précédente et du 1er janvier à la date de la cession, de la cessation ou du décès. Cette **contribution** est immédiatement **exigible.** En cas de décès, cessation ou cession d'entreprise, les employeurs disposent d'un délai spécial pour déclarer leur qualité d'assujetti (ou de non-assujetti) et, en cas d'assujettissement, les assiettes taxables correspondantes pour l'année précédente et celle où est survenu cet événement. En cas de cession ou de cessation totale ou partielle d'entreprise, ce délai est de 60 jours ; en cas de décès, il est de 6 mois sans pouvoir dépasser le 31 janvier de l'année suivante (CGI art. 89). Pour les établissements placés dans le champ de la DSN, ces éléments sont fournis dans la dernière DSN souscrite avant l'expiration du délai imparti. **74395** TPS-IV-9000 s

> **Précisions** Dans tous les cas de cession d'entreprise, d'apport en société ou de décès de l'employeur, le **nouvel exploitant** peut demander à être subrogé dans l'ensemble des droits et obligations de l'ancien exploitant. L'intéressé peut ainsi bénéficier du **droit** au report des investissements excédentaires de son prédécesseur. En revanche, il est tenu d'assumer les **obligations** susceptibles d'incomber à l'ancien exploitant à raison, notamment, d'investissements antérieurs. Dans cette situation, le nouvel exploitant doit reprendre ces investissements à son bilan et s'engager expressément à se soumettre aux obligations pouvant incomber à son prédécesseur du chef de ces investissements. Cet engagement doit être transmis au service des impôts dont relève l'entreprise (BOI-TPS-PEEC-40 n°s 250 et 260).

ENTREPRISES EN DIFFICULTÉ

74400
TPS-IV-9250 s

Les sociétés en **procédure de sauvegarde, de redressement ou de liquidation** restent assujetties, tout au long de cette période, à l'**obligation d'investir** dès lors que la condition d'effectif reste remplie. Le cas échéant, elles doivent procéder au règlement de la cotisation de 2 % ainsi qu'au dépôt du bordereau correspondant (BOI-TPS-PEEC-40 n° 290). Mais les sociétés en liquidation n'ont pas à **réinvestir** les sommes qui viendraient à leur être remboursées avant le délai de vingt ans (CCH art. R 313-9).

CHAPITRE 2

CONTRIBUTION SUR LES REVENUS LOCATIFS

SOMMAIRE

GÉNÉRALITÉS

Les loyers relatifs à des immeubles achevés depuis quinze ans au moins appartenant à certaines personnes morales supportent une contribution dénommée contribution sur les revenus locatifs (CRL). **74800** CGI art. 234 nonies à 234 quindecies **IMMO-VI-1 s**

La contribution sur les revenus locatifs est, en principe, à la **charge du bailleur.** Toutefois, lorsqu'elle est due sur des **locaux commerciaux** situés dans des immeubles comportant, à concurrence de la moitié au moins de leur superficie totale, des locaux loués à usage d'habitation ou à l'exercice d'une profession, la taxe est, sauf convention contraire, supportée à concurrence de la moitié par le locataire.

CHAMP D'APPLICATION

Personnes imposables La CRL est due uniquement par les **personnes morales** suivantes : personnes morales passibles de l'impôt sur les sociétés, organismes sans but lucratif, personnes morales non imposables et sociétés de personnes (et assimilées) dont un membre au moins (même seulement usufruitier : CE 24-10-2014 n°s 378039 et 378015 : RJF 1/15 n° 26) est soumis à l'impôt sur les sociétés dans les conditions de droit commun. **74805** CGI art. 234 nonies **IMMO-VI-50 s**

Les personnes physiques et les sociétés de personnes (et assimilées) dont aucun membre n'est soumis à l'impôt sur les sociétés dans les conditions de droit commun échappent, quant à elles, à cette contribution.

> **Précisions** **a.** Pour les sociétés et groupements relevant du régime des **sociétés de personnes** ainsi que pour les fonds de placement immobilier (**FPI**), la présence d'un seul membre assujetti à l'impôt sur les sociétés de droit commun conduit à l'assujettissement de la société, du groupement ou du FPI à la CRL sur la totalité des loyers perçus, cette condition étant appréciée à la clôture de l'exercice.
> **b.** Les **associés de sociétés immobilières dotées de la transparence fiscale** au sens de l'article 1655 ter du CGI sont personnellement soumis à la CRL s'il s'agit de personnes morales assujetties (pour la définition des sociétés transparentes : voir n°s 30770 s.).

Locations imposables La CRL est applicable aux revenus tirés de la **location** de locaux situés dans des **immeubles achevés depuis quinze ans au moins** au 1er janvier de l'année d'imposition. Ainsi, la CRL n'est exigible au titre de 2020 que si les locaux sont situés dans des immeubles achevés au plus tard le 31 décembre 2004. **74810**

Même achevés depuis plus de quinze ans, les immeubles ne donnent toutefois pas lieu à contribution s'ils ont subi depuis moins de quinze ans des **transformations** susceptibles de les assimiler à des constructions nouvelles.

> **Précisions** **a.** Un immeuble est considéré comme **achevé** lorsque l'état d'avancement des travaux en permet l'utilisation ou l'occupation effective (sur la notion d'achèvement : voir également les indications données en matière de taxe foncière sur les propriétés bâties au n° 41966, précision a).
> **b.** Les **sous-locations** consenties par le locataire principal ne sont pas assujetties.
> **c.** Les **locations d'immeubles non bâtis** (terrains nus...) ne sont pas concernées.
> **d.** Les **prestations de logement accessoires à un contrat de travail** échappent à la CRL lorsque, en raison de la nature du service requis, l'exécution du contrat de travail implique nécessairement l'occupation du logement (BOI-RFPI-CTRL-20-20 n° 570).
> **e.** Sous réserve de l'application des conventions internationales, la CRL est due par les bailleurs, domiciliés ou non en France, à raison des loyers provenant des **immeubles situés en France.**

74815 **Exonérations** Échappent à la CRL :
– les loyers dont le **montant,** par local, **n'excède pas** 1 830 € au cours de la période d'imposition à laquelle ils sont rattachés. La limite doit être ajustée prorata temporis lorsque la période d'imposition à la CRL est d'une durée supérieure ou inférieure à douze mois, mais pas lorsque la location est d'une durée inférieure à la période d'imposition. Les recettes à prendre en compte sont celles définies n° 74835 ;
– les **revenus qui donnent lieu** au paiement effectif de la **TVA** soit de plein droit, soit sur option (les bénéficiaires de la franchise en base visés nos 85565 s. sont donc en principe assujettis à la CRL) ;
– les revenus des locations consenties à l'**État** ou aux **établissements publics nationaux** scientifiques, d'enseignement, d'assistance ou de bienfaisance ;
– les revenus des immeubles appartenant ou destinés (notamment dans le cadre de contrats de partenariat) à appartenir à l'**État,** aux **collectivités territoriales** (régions, départements, communes) et aux **établissements publics** qui en dépendent ;
– les revenus des immeubles appartenant aux organismes **HLM** ;
– les revenus des locations de locaux par des **associations** participant à l'**assistance à l'enfance** ou par des organismes agréés au titre de l'**aide sociale** ;
– les revenus des locations des logements appartenant aux **organismes sans but lucratif** ou aux **unions d'économie sociale** réalisant les activités mentionnées à l'article L 365-1 du CCH, et dont les dirigeants de droit ou de fait ne sont pas rémunérés ;
– les revenus des locations de logements ayant fait l'objet de **travaux de réhabilitation** financés à hauteur d'au moins 15 % de leur montant par une **subvention versée par l'Anah,** l'exonération s'appliquant pour les quinze années suivant celle de l'achèvement des travaux ;
– les revenus des locations de **logements antérieurement vacants** pendant une durée d'au moins un an, lorsqu'ils sont loués dans le cadre d'une convention APL conclue depuis le 1er juillet 2004, l'exonération s'appliquant jusqu'au 31 décembre de la troisième année suivant celle de la conclusion du bail ;
– les revenus des immeubles appartenant aux **sociétés d'économie mixte** de construction ou ayant pour objet la rénovation urbaine ou la restauration immobilière dans le cadre d'opérations confiées par les collectivités publiques, et ceux appartenant aux **houillères de bassin** ;
– les revenus des **locations à vie ou à durée illimitée** ;
– les revenus des locaux d'habitation qui font partie d'une **exploitation agricole** ou sont annexés à celle-ci (exonération étendue en pratique à l'ensemble des bâtiments ruraux) ;
– les revenus des locaux dont les propriétaires ont procédé au **rachat de l'ancien prélèvement sur les loyers** ;
– les revenus des locations de locaux abritant les **ambassades** et **consulats** ;
– les revenus des locations d'immeubles faisant partie de **villages de vacances** ou de **maisons familiales** de vacances agréés.

TAUX

74825 La CRL est calculée au taux de **2,50 %** sur l'assiette définie n° 74835.

CGI art. 234 quindecies
IMMO-VI-5800

ASSIETTE

74835 La CRL est assise sur le montant des **recettes nettes perçues** au cours de la période d'imposition (c'est-à-dire l'année civile ou l'exercice selon les redevables : voir n° 74845).

IMMO-VI-4300 s

Les recettes nettes s'entendent du revenu brut tel qu'il est défini en matière de revenus fonciers (voir n° 27260). C'est ainsi que les recettes soumises à la CRL comprennent notamment, outre le loyer en principal, les recettes exceptionnelles comme les indemnités versées par le locataire (droit d'entrée ou « pas-de-porte » sauf application de la TVA ou des droits de mutation, indemnité de déspécialisation lorsqu'elle est destinée à compenser une perte de recettes ou un accroissement des charges du propriétaire…), la valeur des avantages en nature stipulés au bail, les subventions, primes et indemnités destinées à financer des charges déductibles, les recettes accessoires.

Les **entreprises comptabilisant les produits courus** doivent retraiter leurs écritures comptables pour déterminer l'assiette de la contribution.

En ce qui concerne les **loueurs en meublé** : voir n° 90690.

PÉRIODE D'IMPOSITION

74845 Selon la qualité du redevable, la période d'imposition est l'exercice ou l'année civile.

La CRL est assise sur les revenus de l'**exercice** (nos 7325 s.) :
– pour les personnes morales assujetties à l'impôt sur les sociétés de plein droit ou sur option ;
– pour les sociétés relevant du régime des sociétés de personnes (et assimilées) ;

– pour les personnes morales soumises à l'impôt sur les sociétés au taux de 24 % (organismes sans but lucratif).

La CRL est calculée sur les revenus de location de l'**année civile** lorsque le redevable est une personne morale non passible de l'impôt sur les sociétés et ne relevant pas du régime des sociétés de personnes.

MODALITÉS D'IMPOSITION

Les modalités d'imposition sont celles de l'impôt sur les sociétés pour l'ensemble des personnes morales (même non soumises à cet impôt). 74855

Personnes morales passibles de l'impôt sur les sociétés Pour les personnes morales passibles de l'impôt sur les sociétés (autres que les organismes sans but lucratif ; pour ces derniers : voir n° 74875), l'assiette de la CRL est portée sur la **déclaration** de résultats n° 2065. 74860 CGI art. 234 duodecies IMMO-VI-8900 s

La CRL est **payée spontanément** au comptable de la DGFiP aux dates prévues pour le paiement du solde de l'impôt sur les sociétés, à l'appui du formulaire n° 2572. 74865

Elle donne lieu au versement d'un **acompte provisionnel unique,** au plus tard à la date de paiement du dernier acompte d'impôt sur les sociétés. Cet acompte (porté sur le relevé n° 2571) est égal à 2,5 % des recettes imposables à la contribution perçues au cours de l'exercice précédent.

> Précisions **a.** Les **dates limites de versement** de la CRL et de l'acompte dépendent de la date de clôture de l'exercice (voir n° 36640 le tableau des échéances d'impôt sur les sociétés).
b. L'**acompte** n'est pas exigible lorsque son montant **n'excède pas 100 €.**
c. Comme en matière d'impôt sur les sociétés, l'entreprise peut, sous sa responsabilité, **limiter le montant de l'acompte** versé lorsqu'elle estime que la contribution dont elle sera finalement redevable sera inférieure à la somme due au titre de l'acompte. Si au moment de la liquidation de la contribution, le montant de l'acompte versé s'avère inexact par rapport à celui qui aurait dû être versé, les pénalités visées n°s 80160 s. s'appliquent à la différence constatée.
d. Les crédits d'impôt de toute nature de même que la créance née du **report en arrière** des déficits ne sont **pas imputables** sur le montant de la contribution.
e. La CRL est contrôlée et recouvrée sous les mêmes **garanties** et **sanctions** que l'impôt sur les sociétés.
f. Sur les modalités de paiement pour les **personnes morales relevant de la DGE** : voir n° 87460.

Sociétés ou groupements relevant du régime des sociétés de personnes Lorsqu'ils sont redevables de la CRL (voir n° 74805), les sociétés et groupements relevant du régime des sociétés de personnes (et assimilés) doivent en principe **acquitter spontanément** la CRL au comptable de la DGFiP au plus tard à la date de dépôt de la déclaration de résultats. 74870 CGI art. 234 terdecies IMMO-VI-10600 s

L'assiette de la CRL est portée sur la **déclaration** de résultats n° 2072 (sociétés immobilières) ou sur la déclaration spécifique n° 2582 (autres sociétés et groupements).

Un **acompte provisionnel unique** doit être versé en principe au plus tard le 15 du dernier mois de l'exercice, au vu d'un imprimé n° 2581 (délai également applicable aux sociétés civiles immobilières, quelle que soit leur date de clôture).

Cet acompte est égal à 2,5 % des recettes imposables à la contribution perçues au cours de l'exercice précédent.

> Précisions **a.** L'**acompte** n'est pas exigible lorsque son montant **n'excède pas 100 €.**
b. Le **montant de l'acompte** peut être **limité** dans les conditions exposées n° 74865, précision c.
c. Les sociétés ou groupements soumis au régime des sociétés de personnes doivent obligatoirement effectuer par **virement** les versements de CRL **supérieurs à 50 000 €** (CGI art. 1681, quinquies, 4).
d. En ce qui concerne les modalités de paiement pour les **sociétés relevant de la DGE** : voir n° 87460.
e. La CRL est contrôlée et recouvrée sous les mêmes **garanties et sanctions** que l'impôt sur les sociétés.

Organismes sans but lucratif Les organismes soumis à l'IS au taux réduit sur les revenus de leur patrimoine acquittent la CRL au vu de l'imprimé n° 2070 qui leur est réservé, dans les mêmes conditions que l'IS dont ils sont redevables. 74875 CGI art. 234 quaterdecies, dernier al. IMMO-VI-12300 s

Personnes morales non imposables Les personnes morales ou organismes, de droit public ou privé, **non passibles de l'impôt sur les sociétés** aux taux normal ou réduit, et autres que les sociétés et groupements soumis au régime des sociétés de personnes, acquittent la contribution au comptable des impôts au plus tard le 15 octobre de l'année qui suit celle de la perception des revenus. 74880 CGI art. 234 quaterdecies, 1er, 2e et 3e al. IMMO-VI-13350 s

74880 (suite) Un **acompte** égal à 2,5 % des trois quarts (soit 1,875 %) des recettes nettes perçues au cours de l'année précédente doit être versé au plus tard le 15 octobre de chaque année. Il n'est toutefois pas exigible lorsque son montant n'excède pas 100 €.

L'acompte et le solde sont acquittés au vu d'une **déclaration** spéciale nº 2073.

La contribution est contrôlée et recouvrée selon les mêmes règles et sous les mêmes **garanties** et **sanctions** qu'en matière d'impôt sur les sociétés.

CHAPITRE 3

CONTRIBUTION SOCIALE DE SOLIDARITÉ DES SOCIÉTÉS

Les sociétés sont soumises à une **contribution sociale de solidarité,** recouvrée par l'Urssaf Provence-Alpes-Côte d'Azur. Cette contribution est généralement désignée par l'acronyme **C3S.** **75000** CSS art. L 137-30 s **TD-XV-5 s**

› Précisions Le montant de la C3S est **déductible** des résultats de l'entreprise versante : voir nº 9860, précision f.

CHAMP D'APPLICATION

Entreprises redevables de la contribution Il s'agit des **sociétés** (ou des personnes) dont la structure juridique est l'une de celles énumérées ci-après : **75005** CSS art. L 137-30 **TD-XV-100 s**

– sociétés **anonymes** (y compris les sociétés d'exercice libéral à forme anonyme : Cass. soc. 4-7-2002 nº 01-20.229 F-D : RJF 11/02 nº 1241) et sociétés par actions simplifiées, quelles que soient, le cas échéant, la nature et la répartition de leur capital ;
– sociétés **à responsabilité limitée,** même en cas d'option pour le régime fiscal des sociétés de personnes (Cass. soc. 18-6-1986 nº 84-10.254 P), y compris les entreprises unipersonnelles à responsabilité limitée ;
– sociétés en **commandite** ;
– **personnes morales de droit public,** dans les limites de leur activité concurrentielle ;
– groupements d'intérêt public (**GIP**) assujettis à la TVA selon les règles de droit commun ;
– personnes morales ayant leur **siège hors de France** (métropole et DOM), à raison des affaires réalisées en France et les rendant passibles de l'impôt sur les sociétés, même si elles y échappent en fait en application de conventions internationales (Cass. soc. 28-11-1996 nº 94-12.449 D : RJF 1/97 nº 24) ;
– sociétés en **nom collectif** ;
– groupements d'intérêt économique (**GIE**) ;
– groupements européens d'intérêt économique (**GEIE**) à raison des affaires réalisées sur le territoire de la France métropolitaine ou des DOM ;
– établissements et entreprises mentionnés aux I et II de l'article L 511-1 du Code monétaire et financier et relevant des chapitres I à VII ainsi que de la section 2 du chapitre VIII du titre Ier du livre V du même Code, c'est-à-dire les **organismes financiers,** indépendamment de leur forme juridique ;
– **entreprises ou sociétés d'assurance,** de capitalisation et de réassurance de toute nature régies par le Code des assurances, **mutuelles** et leurs unions relevant du livre II du Code de la mutualité, **institutions de prévoyance** et leurs unions relevant du titre III du livre IX du Code de la sécurité sociale ou du titre VII du livre VII du Code rural et de la pêche maritime, indépendamment de leur forme juridique ;
– **fonds** de retraite professionnelle supplémentaire mentionnés à l'article L 381-1 du Code des assurances, des **mutuelles** ou unions de retraite professionnelle supplémentaire mentionnées à l'article L 222-12 du Code de la mutualité et **institutions de retraite professionnelle supplémentaire,** indépendamment de leur forme juridique ;
– sociétés **coopératives** ou organismes non visés ci-dessus régis par la loi 47-1775 du 10 septembre 1947 **à l'exception** des sociétés coopératives agricoles et leurs unions visées à l'article L 521-1 du Code rural et de la pêche maritime, des sociétés coopératives artisanales et leurs unions visées au titre Ier de la loi 83-657 du 20 juillet 1983, des sociétés coopératives d'entreprises de transport routier et des sociétés coopératives artisanales de transport fluvial visées aux articles L 3441-2 et L 4431-2 du Code des transports et des sociétés coopératives maritimes et leurs unions, ainsi que des sociétés coopératives d'intérêt maritime visées aux articles L 931-5, L 931-24 et L 931-28 du Code rural et de la pêche maritime ;
– **sociétés européennes** au sens de l'article L 229-1 du Code de commerce et **sociétés coopératives européennes** au sens du règlement CE/1435/2003 du Conseil du 22 juillet 2003 relatif au statut de la société coopérative européenne.

Les sociétés (ou personnes) mentionnées ci-dessus qui ont réalisé en 2019 un **chiffre d'affaires inférieur ou égal à 19 000 000 €** ne sont pas redevables de la contribution (nº 75020), ni tenues de souscrire la déclaration visée au nº 75050.

75010 CSS art. L 137-31 TD-XV-400 s

Entreprises non soumises à la contribution Sont exonérées de la contribution :
– les sociétés d'habitation à loyer modéré et de crédit immobilier régies par les articles L 411-1 et suivants du Code de la construction et de l'habitation, ainsi que les unions de ces sociétés ;
– les sociétés immobilières de copropriété régies par les articles L 212-1 à L 212-13 du Code de la construction et de l'habitation ;
– les sociétés d'économie mixte de construction ou d'aménagement pour les activités qu'elles réalisent dans le cadre des missions de service d'intérêt général mentionnées aux onzième à treizième alinéas de l'article L 411-2 du Code de la construction et de l'habitation ;
– les sociétés de rédacteurs de presse ;
– les sociétés de gestion immobilière visées à l'article 4 de la loi 69-717 du 8 juillet 1969, à but non lucratif (charitable, éducatif, social, sanitaire, cultuel ou culturel) ;
– les sociétés d'investissement régies par les articles L 214-7 à L 214-7-4, L 214-24-29 à L 214-24-33 et L 214-127 à L 214-135 du Code monétaire et financier (sociétés d'investissement à capital variable ou fixe : **Sicav** et **Sicaf**) ;
– les sociétés d'aménagement foncier et d'établissement rural (Safer) ;
– les sociétés en nom collectif et les GIE constitués exclusivement entre des sociétés exonérées énumérées ci-dessus, pour la réalisation d'opérations que ces sociétés peuvent mettre en œuvre directement avec le bénéfice de cette exonération ;
– les sociétés de libre partenariat régies par l'article L 214-154 du Code monétaire et financier.

ASSIETTE

75020 CSS art. L 137-32 et L 137-33 TD-XV-600 s

La contribution due au titre d'une année donnée est assise sur le chiffre d'affaires global déclaré à l'administration fiscale au cours de l'année civile précédente, après application d'un **abattement** égal à **19 000 000 €.** En pratique, cet abattement conduit à exonérer de la C3S due au titre de l'année 2020 les entreprises dont le chiffre d'affaires n'a pas excédé 19 000 000 € en 2019. Pour les entreprises dont le chiffre d'affaires a excédé ce montant, la base de la C3S est diminuée dudit montant.

Le **chiffre d'affaires** servant de base à la contribution due en 2020 est constitué, pour les redevables de la TVA souscrivant des déclarations CA 3, par l'addition des chiffres d'affaires imposables ou non imposables déclarés mensuellement ou trimestriellement en 2019, à partir du total des sommes portées aux lignes 01, 04, 05 et 06 de la **déclaration CA 3.**

Pour les entreprises exonérées de TVA et dispensées de souscrire des déclarations CA 3, le chiffre d'affaires servant de base à la contribution est celui résultant de leur compte de résultat.

Le chiffre d'affaires retenu s'entend :
– hors taxe sur le chiffre d'affaires (TVA et taxes assimilées nº 75025) ;
– après déduction de certaines taxes et droits indirects (nº 75030).

› Précisions **a.** Pour les **sociétés en nom collectif,** les **GIE,** les **GEIE** et les **GIP,** la part du chiffre d'affaires correspondant à des refacturations de prestations de services à leurs membres ou associés (fournies à l'aide de moyens acquis auprès de ces derniers) n'est pas soumise à la contribution. Ce correctif ne s'applique pas aux prestations rendues aux membres ou associés par la société ou le groupement à l'aide de ses propres moyens ou de moyens acquis auprès de tiers (Cass. soc. 27-2-2003 nº 01-21.324 FS-P ; Cass. soc. 6-3-2003 nº 01-21.077 F-D : RJF 6/03 nº 706).

Les SNC, GIE, GEIE et GIP n'ont pas à soumettre non plus à la contribution les ventes de biens réalisées avec ceux de leurs membres ou associés acquittant la contribution et détenant au moins (directement ou indirectement) 20 % des droits à leurs résultats, à condition que ces biens soient vendus à l'issue d'opérations de production effectuées par ces sociétés ou groupements.

Les autres catégories de redevables, à l'exception des organismes financiers, des entreprises ou sociétés d'assurance, des mutuelles et institutions de prévoyance visés au nº 75005, déterminent leur contribution sans tenir compte de la part du chiffre d'affaires correspondant à des ventes de biens réalisées avec des sociétés en nom collectif, des GIE, des GEIE ou des GIP acquittant la contribution, dans lesquels ils détiennent une participation (directe ou indirecte) au moins égale à 20 %, à condition que ces biens soient utilisés pour les besoins d'opérations de production effectuées par ces sociétés ou groupements.

b. Pour les **organismes financiers,** quelle que soit leur forme juridique, la part du chiffre d'affaires correspondant à des intérêts reçus à raison d'opérations de centralisation, à l'échelon régional ou national, de leurs ressources financières n'est pas soumise à la contribution dans la limite du montant des intérêts servis en contrepartie de ces mêmes opérations.

c. Pour les **établissements de crédit,** les **sociétés de financement** et les **entreprises d'investissement agréées** par l'Autorité de contrôle prudentiel, le chiffre d'affaires à retenir dans l'assiette de la contribution est celui retenu pour le calcul de la cotisation sur la valeur ajoutée des entreprises (nº 43950), étant précisé toutefois que le chiffre d'affaires annuel afférent

aux contrats d'échanges de taux d'intérêt, aux opérations sur devises et aux autres instruments financiers à terme est constitué par le résultat net positif de chacune de ces catégories.
Pour les **sociétés d'assurance,** de réassurance et de capitalisation ainsi que pour les **mutuelles** et les institutions de prévoyance, le chiffre d'affaires à retenir dans l'assiette de la contribution est celui retenu pour le calcul de la cotisation sur la valeur ajoutée des entreprises (n° 43965), à l'exception des reprises sur réserves de capitalisation (étant précisé que le chiffre d'affaires annuel afférent aux opérations sur devises et aux ajustements sur opérations à capital variable est constitué par le résultat net positif de chacune de ces catégories). Sont exclues du chiffre d'affaires à retenir dans l'assiette les cotisations, primes et acceptations provenant de contrats d'assurance maladie dits « responsables et solidaires », les remises perçues dans le cadre de leur participation à la gestion d'un régime légal d'assurance maladie et maternité ainsi que, pour les mutuelles et institutions de prévoyance, les subventions accordées par le fonds prévu à l'article L 421-1 du Code de la mutualité.
d. Pour les **commissionnaires** au sens de l'article L 132-1 du Code de commerce, l'assiette de la contribution est constituée par le montant de leur commission, sous réserve que les conditions suivantes soient simultanément remplies :
– l'opération d'entremise est rémunérée exclusivement par une commission dont le taux est fixé au préalable d'après le prix, la quantité ou la nature des biens ou des services ;
– il est rendu compte au commettant du prix auquel l'intermédiaire a traité l'opération avec l'autre contractant ;
– l'intermédiaire qui réalise ces opérations d'entremise doit agir en vertu d'un mandat préalable et ne jamais devenir propriétaire des biens ;
– les opérations ne sont pas réalisées par des personnes établies en France qui s'entremettent dans la livraison de biens ou l'exécution de services par des redevables qui n'ont pas établi dans l'Union européenne le siège de leur activité, un établissement stable, leur domicile ou leur résidence habituelle.
Corrélativement, dans le cas d'entremise à la vente, les **commettants** des intermédiaires auxquels cette disposition s'applique majorent leur chiffre d'affaires du montant des commissions versées.
e. L'assiette de la contribution due par une société gérante d'une **société en participation** doit inclure le chiffre d'affaires réalisé par celle-ci (Cass. soc. 28-3-2002 n° 00-18.076 FS-D : RJF 10/02 n° 1091). Le fait que la société gérante soit autorisée sur le plan fiscal à déclarer séparément les opérations en participation est à cet égard sans incidence (Cass. soc. 12-12-1991 n° 89-16.603 P : RJS 1/92 n° 83).
f. Les établissements de **vente en gros de produits pharmaceutiques** et les entreprises assurant l'**exploitation d'une ou de plusieurs spécialités pharmaceutiques** sont exonérés de la contribution sur la partie de leur chiffre d'affaires correspondant aux médicaments.
g. Le point de savoir si les **transferts intracommunautaires de biens** doivent ou non être inclus dans l'assiette de la C3S devrait être prochainement tranché par la cour d'appel de Paris à laquelle l'affaire a été renvoyée par la Cour de cassation, la Cour de justice ayant conditionné cette inclusion à la vérification de certaines exigences (absence de prise en compte dans l'assiette de la valeur des biens lors de leur vente ultérieure dans l'État membre d'arrivée, possibilité de déduire cette valeur de l'assiette lorsque lesdits biens ne sont pas destinés à être vendus dans l'État d'arrivée ou ont été réacheminés dans l'État membre d'origine sans avoir été vendus, avantages résultant de l'affectation de la C3S ne compensant pas intégralement la charge supportée par le produit national commercialisé sur le marché national) (CJUE 14-6-2018 aff. 39/17 : RJF 10/18 n° 1044 ; Cass. 2e civ. 20-12-2018 n° 15-21.434 F-D : RJF 6/19 n° 602).

Taxes sur le chiffre d'affaires et assimilées déductibles Sont déductibles du chiffre d'affaires servant de base à la contribution la **TVA,** ainsi que toutes les taxes rangées par le CGI dans la catégorie des « taxes sur le chiffre d'affaires et taxes assimilées » (Cass. 2e civ. 26-5-2016 n° 15-18.357 F-D : RJF 10/16 n° 829). 75025

Droits indirects déductibles Les taxes intérieures de consommation et taxes et droits indirects sont, en principe, déductibles par les **entreprises** qui **acquittent elles-mêmes** ces taxes. 75030
Les entreprises qui supportent ces taxes ou droits du fait qu'ils sont inclus dans les prix d'achat à leurs fournisseurs, mais qui n'ont pas la charge de les verser elles-mêmes au Trésor, ne peuvent pas déduire ces redevances de l'assiette de la contribution sociale.

› Précisions **a.** Sont notamment déductibles :
– pour les **entreprises pétrolières,** le montant des taxes intérieures de consommation qu'elles ont effectivement acquittées ;
– pour les fabricants de **spiritueux,** le montant du droit de consommation qu'ils ont la charge de verser eux-mêmes au Trésor ;
– et pour les **grossistes,** le droit de consommation sur les **alcools,** le droit de circulation sur les vins et cidres, le droit spécifique sur les bières, dont ils doivent se libérer à raison de leurs expéditions et la contribution perçue sur certaines eaux et **boissons** non alcooliques lors de la première livraison située en France.
b. Les entreprises locales de distribution d'énergie doivent inclure dans l'assiette de la contribution les taxes sur la consommation finale d'électricité ainsi que la contribution au service public de l'électricité et la contribution tarifaire d'acheminement, qu'elles sont tenues de recouvrer pour le compte des collectivités locales (Rép. Filippetti : AN 2-3-2010 n° 49083).

TAUX

75040 CSS art. L 137-32, L 137-33 et D 651-2 à D 651-3-1 **TD-XV-1500 s**

Le taux de la contribution sociale de solidarité est fixé à **0,16 %** du chiffre d'affaires défini au nº 75020.

> Précisions **a.** Par dérogation, le **montant** de la C3S est **plafonné** pour les entreprises suivantes à **3,08 %** de leur **marge brute** lorsque cette dernière ne dépasse pas elle-même 4 % du chiffre d'affaires hors taxe :

1. Entreprises de **commerce international et intracommunautaire** qui réalisent plus de la moitié de leurs achats ou de leurs ventes hors taxe hors de France ;

2. Entreprises de **négoce en gros de combustibles** et de **commerce de détail des carburants,** lorsqu'elles exercent cette activité à titre principal (Cass. 2e civ. 7-7-2016 nº 15-21.249 F-D : RJF 11/16 nº 958) ;

3. Entreprises ayant pour activité le **négoce en gros et en l'état des produits du sol et de l'élevage, engrais et produits connexes** et réalisant plus de la moitié de leurs achats ou ventes hors taxe avec les producteurs et coopératives agricoles.

Pour les entreprises mentionnées aux 1, 2, et 3 ci-dessus, les modalités de calcul de la **marge brute** et de la **déclaration annuelle** sont exposées en détail dans le Guide que nous publions chaque année au Feuillet rapide.

Nota : Une entreprise dont la **marge brute** est **nulle** est en droit de bénéficier du taux réduit de 3,08 %, ce qui a pour effet d'exonérer purement et simplement une telle entreprise de la C3S (Cass. 2e civ. 31-5-2006 nº 04-30.697 F-D : RJF 10/06 nº 1183).

b. Pour les **établissements de crédit,** les **sociétés de financement** et les **entreprises d'investissement agréées** visés nº 75020, précision c dont le produit net bancaire est au plus égal à 10 % du chiffre d'affaires (tel que déterminé comme indiqué à cette même précision c), le **montant** de la C3S est **plafonné** à **1,6 % du produit net bancaire.**

RECOUVREMENT

75050 CSS art. L 137-34 à L 137-38 D 651-4 à D 651-16 et D 651-20 **TD-XV-3300 s**

La contribution sociale de solidarité fait l'objet d'un **versement unique** qui doit être effectué le 15 mai au plus tard. Le recouvrement de la C3S est assuré par l'Urssaf Provence-Alpes-Côte d'Azur (Recouvrement C3S – 06913 Sophia Antipolis Cedex ; Tél. : 0 806 804 260).

Une **déclaration annuelle** doit être souscrite auprès de cet organisme par les entreprises visées au nº 75005 le 15 mai au plus tard, accompagnée s'il y a lieu du paiement de la contribution. Les entreprises dont le chiffre d'affaires est inférieur ou égal au montant de l'abattement de 19 000 000 € mentionné au nº 75020 sont toutefois dispensées de souscrire une déclaration.

La déclaration de la C3S doit obligatoirement être effectuée via Internet (**télédéclaration**) sur le site www.net-entreprises.fr. Le paiement des impositions dues doit être effectué par **télérèglement.**

> Précisions **a.** En cas de **cessation** définitive d'activité, de **cession** totale ou de **dissolution** intervenant entre le 1er janvier et la date d'exigibilité, le montant de la contribution est dû immédiatement et dans son intégralité.

b. Des **sanctions** (fixation d'office, majorations) sont prévues en cas de retard de déclaration, de paiement tardif, de non-respect de l'obligation de télédéclaration ou de télérèglement, d'absence de réponse ou de réponse insuffisante à une demande de renseignements ou de documents complémentaires.

Le **délai de prescription** de l'organisme de recouvrement est le même que celui prévu en matière de cotisations de sécurité sociale : le contrôle peut donc porter sur les trois dernières années civiles et l'année en cours (Mémento social nº 24270).

Les contestations relatives à la contribution de solidarité sont soumises au **contentieux** de la sécurité sociale (Mémento social nos 15400 s.).

CHAPITRE 4

TAXE SUR LES VÉHICULES DE SOCIÉTÉS

Les sociétés doivent déclarer les véhicules de tourisme qu'elles possèdent ou dont elles ont la disposition et s'acquitter d'une taxe annuelle correspondante. **75100** CGI art. 1010 TD-IV-10 s

La taxe n'est pas déductible lorsqu'elle est due par une société soumise à l'**impôt sur les sociétés.** Lorsqu'elle est due par une **société de personnes** non passible de l'impôt sur les sociétés, elle est déductible pour la part qui revient à des associés eux-mêmes non soumis à cet impôt.

CHAMP D'APPLICATION DE LA TAXE

Personnes imposables La taxe est due par les **sociétés** ayant leur siège social ou un établissement en France, quels que soient leur forme et leur régime fiscal, et par les établissements ou organismes publics à caractère industriel ou commercial. **75105** TD-IV-250 s

En revanche, échappent à la taxe les **associations** régies par la loi de 1901 (même si elles ont une activité lucrative : BOI-TFP-TVS-10-10 n° 50) et les **organismes sans but lucratif** non constitués sous la forme d'une société tels que les syndicats. Les voitures possédées par un **GIE** peuvent y être soumises au nom des sociétés membres si celles-ci utilisent les voitures que le groupement met à leur disposition (BOI précité n° 70).

Véhicules taxables La taxe concerne les véhicules de tourisme au sens de l'article 1007, 5° du CGI, à savoir les **voitures particulières** relevant de la catégorie « M1 » (à l'exception des véhicules à usage spécial qui ne sont pas accessibles en fauteuil roulant), les **véhicules à usages multiples** relevant de la catégorie « N1 » qui sont destinés au transport de voyageurs et de leurs bagages ou de leurs biens ainsi que les véhicules comprenant au moins cinq places assises dont le code de carrosserie européen est camions pick-up (à l'exception des véhicules visés n° 75115) (Loi 2019-1479 du 28-12-2019 art. 69). La taxe s'applique : **75110** TD-IV-600 s

– aux **véhicules utilisés en France** métropolitaine ou dans les DOM, quel que soit leur lieu d'immatriculation, par une société ayant son siège social ou un établissement en France. Il s'agit des véhicules pris en location, mis à la disposition de la société ou d'un établissement par une autre entreprise (société en participation, GIE…) ou par le siège d'une société implantée à l'étranger, ou bien encore **appartenant à ou loué par ses salariés** et/ou ses dirigeants et pour lesquels elle procède au remboursement de frais kilométriques représentant plus de 15 000 kilomètres parcourus à titre professionnel ;

– aux **véhicules possédés** par une société qui sont **immatriculés en France** au nom de cette dernière, quels qu'en soient les propriétaires effectifs.

Sont **exclus** du dispositif les véhicules conçus pour une activité exclusivement commerciale ou industrielle (camions, camionnettes, véhicules de transport en commun et véhicules spéciaux).

› Précisions **a.** Les voitures particulières classées dans la **catégorie « M1 »** sont réparties en différents types de carrosseries : berline, voiture à hayon arrière, break, coupé, cabriolet et véhicule à usages multiples destiné au transport de voyageurs et de leurs bagages ou de leurs biens dans un compartiment unique (BOI-TFP-TVS-10-20 n° 20).

b. La **catégorie « N1 »** regroupe les véhicules conçus et construits pour le transport de marchandises dont le poids maximal ne dépasse pas 3,5 tonnes et les véhicules à usages multiples qui correspondent aux véhicules dont la carte grise porte la mention camionnette ou « CTTE » mais qui disposent de plusieurs rangs de places assises. À cet égard, une place assise existe lorsque le véhicule est équipé d'ancrages « accessibles », c'est-à-dire pouvant être utilisés (BOI-RES-000024). Demeurent cependant hors du champ de la taxe les véhicules utilitaires disposant de plusieurs rangs de places assises mais affectés en pratique au transport de marchandises (BOI-TFP-TVS-10-20 n° 43). Il en est de même des voitures particulières transformées en véhicules utilitaires, dits « dérivés VP », ne disposant que d'un seul rang de places assises à l'avant et destinés au transport de marchandises (BOI-RES-000024).

c. Véhicules **pris en location** par une société redevable de la taxe : voir n° 75120.

d. Lorsqu'elle s'applique à des véhicules **mis à disposition,** la taxe est uniquement à la charge de la société bénéficiant de la mise à disposition, sous réserve que cette dernière soit redevable de la taxe (BOI-TFP-TVS-10-20 n° 160).

75115 TD-IV-1500 s **Véhicules exonérés** Les **véhicules hybrides,** les véhicules **exclusivement électriques** ainsi que les véhicules **combinant l'essence à du gaz** bénéficient de certaines mesures d'exonération (n° 75135).

Échappent également à la taxe les **véhicules destinés** exclusivement :

– soit à la **vente** : voiture des négociants en automobiles destinée à la revente, voitures de démonstration ou d'essais des constructeurs d'automobiles, de leurs concessionnaires ou agents ;

– soit à la **location de courte durée,** quelle que soit la qualité du locataire (location-vente ou location sans chauffeur).

ATTENTION

Le Conseil d'État juge que seule la location d'une durée inférieure ou égale à un mois civil ou à 30 jours consécutifs est visée par cette exonération (CE 20-11-2017 n° 392804 : RJF 2/18 n° 166). Mais l'administration admet l'exonération de tous les véhicules destinés à la location dès lors que cette affectation est exclusive et correspond à l'objet social de la société propriétaire (BOI-TFP-TVS-10-30 n° 40).

– soit à l'exécution d'un service de **transport** à la disposition du **public** (taxis, par exemple) ;

– soit à un **usage agricole.**

Les véhicules de type pick-up définis n° 55940 sont exonérés de la taxe lorsqu'ils répondent à un impératif de sécurité juridique et que le certificat d'immatriculation, le contrat de location ou de mise à disposition est établi soit au nom d'une société exploitante de **remontées mécaniques ou des domaines skiables,** soit au nom d'un salarié ou dirigeant de cette dernière (BOI précité n° 127).

Les **véhicules accessibles en fauteuil roulant** sont exonérés de la taxe, que la conduite s'effectue ou non sur le fauteuil roulant de la personne (BOI précité n° 200).

> **Précisions** **a.** Le **prêt** pour une courte durée d'une **voiture de démonstration** à un acheteur éventuel ne rend pas la taxe exigible (BOI-TFP-TVS-10-30 n° 90). Il en est de même des véhicules prêtés gratuitement aux clients d'un garage ou d'un centre de contrôle technique en remplacement de leur voiture confiée pour réparation (Cass. com. 15-6-1993 n° 91-16.060 P : RJF 12/93 n° 1595 ; BOI précité nos 100 et 110), ainsi que des véhicules de démonstration mis à la disposition du **personnel commercial** qui exerce des fonctions attachées à la vente des véhicules pour regagner leur domicile ou pour les fins de semaine (BOI précité n° 80 ; CE 8-2-2019 n° 409619 : RJF 5/19 n° 437).
En revanche, l'exonération n'est pas applicable aux voitures de démonstration utilisées par les vendeurs pendant la durée de leur congé annuel. La taxe est due au titre du trimestre au cours duquel cette utilisation intervient (BOI précité n° 80). De même, les véhicules mis à disposition de **tiers** ne sont pas exonérés, y compris si cette mise à disposition est destinée à la promotion de ces véhicules (Cass. com. 6-9-2016 n° 15-15.305 F-D : RJF 12/16 n° 1081 à propos de journalistes ; CE 8-2-2019 n° 409619 précité à propos de personnalités médiatiques).
b. L'administration admet que les voitures affectées exclusivement à l'**enseignement de la conduite** automobile, aux **compétitions sportives** ou à l'**enseignement du pilotage** automobile ne soient pas imposables (BOI précité n° 130).
c. Sont soumis à la taxe les véhicules utilisés comme **supports mobiles de publicité** (Cass. com. 5-5-2009 n° 08-15.981 F-PB : RJF 8-9/09 n° 740).
d. Une société de **production d'équipements et d'accessoires** pour automobiles est exonérée à raison des **véhicules d'essai** exclusivement affectés aux essais des produits fabriqués (BOI précité n° 70).

LIQUIDATION DE LA TAXE

75120 TD-IV-2100 s La **période d'imposition** s'étend du 1er janvier au 31 décembre de chaque année.

La taxe est liquidée par **trimestre civil.** Pour chaque trimestre, elle est calculée en fonction du nombre des véhicules possédés par la société au premier jour du trimestre ou utilisés par elle au cours du trimestre (pris en location, mis à sa disposition ou pour lesquels elle a procédé au remboursement de frais kilométriques) et en tenant compte, selon les véhicules, de leur émission de CO_2 (ou de leur puissance administrative) et du type de carburant utilisé. Le taux applicable est égal au quart du taux annuel.

Toutefois, pour les **véhicules pris en location** par une société redevable de la taxe (location sans chauffeur ou crédit-bail), cette dernière n'est due que si la location excède un mois civil ou 30 jours consécutifs.

> **Précisions** **a.** Lorsque, à l'intérieur d'une même période d'imposition, la **location est à cheval sur deux trimestres,** la taxe n'est due qu'au titre d'un seul trimestre si la durée de la location n'excède pas trois mois consécutifs ou 90 jours consécutifs.
b. En cas de **remplacement au cours d'un trimestre** d'une voiture louée par une autre voiture louée ou d'une voiture immatriculée au nom de la société par une voiture louée, la taxe n'est due que pour un seul de ces véhicules (celui pour lequel le tarif est le plus élevé) à condition que la société n'ait pas simultanément disposé des deux véhicules pendant le trimestre (BOI-TFP-TVS-30 n° 230).

MONTANT DE LA TAXE

Le montant de la taxe est égal à la **somme de deux tarifs** : un premier tarif établi soit selon le taux d'émission de CO_2 soit selon la puissance administrative du véhicule et un second tarif fixé selon la date de première mise en circulation du véhicule et son type de carburant. **75125**

Premier tarif Le premier tarif de la taxe, fixé selon le taux d'**émission de CO_2** des véhicules, s'applique : **75130**

– aux **véhicules relevant du nouveau dispositif d'immatriculation** visés à l'article 1007, 4° du CGI. Il s'agit des véhicules des catégories M1, M2, N1 et N2 pour lesquels la première immatriculation en France est délivrée à compter d'une date fixée par décret comprise entre le 1er janvier et le 1er juillet 2020, à l'exception des véhicules pour lesquels les émissions de CO_2 n'ont pas pu être déterminées ;

– et aux **véhicules** ayant fait l'objet d'une **réception européenne,** dont la **première mise en circulation** intervient à **compter du 1er juin 2004** et qui n'étaient pas **possédés ou utilisés** par la société avant le 1er janvier 2006.

Pour l'ensemble de ces véhicules, le barème est le suivant (Loi 2019-1479 du 28-12-2019 art. 69) :

Taux d'émission de dioxyde de carbone (en grammes par kilomètre) (1)	Tarif applicable par gramme de dioxyde de carbone (2)	
	Véhicules relevant du nouveau dispositif d'immatriculation	Véhicules ne relevant pas du nouveau dispositif d'immatriculation
≤ 20	0	0
> 20 et ≤ 50	1 €	1 €
> 50 et ≤ 60	2 €	1 €
> 60 et ≤ 100	2 €	2 €
> 100 et ≤ 120	2 €	4,5 €
> 120 et ≤ 140	4,5 €	6,5 €
> 140 et ≤ 150	4,5 €	13 €
> 150 et ≤ 160	6,5 €	13 €
> 160 et ≤ 170	6,5 €	19,5 €
> 170 et ≤ 190	13 €	19,5 €
> 190 et ≤ 200	19,5 €	19,5 €
> 200 et ≤ 230	19,5 €	23,5 €
> 230 et ≤ 250	23,5 €	23,5 €
> 250 et ≤ 270	23,5 €	29 €
> 270	29 €	29 €

1. Barème établi par nos soins.
2. Pour chaque véhicule taxable, le montant annuel de la taxe correspond au tarif par gramme de la tranche à laquelle il appartient multiplié par le nombre de grammes de dioxyde de carbone par kilomètre émis par ce véhicule.

Pour les **autres véhicules** ne répondant pas aux critères énoncés n° 75130, le premier tarif de la taxe est fixé selon leur **puissance administrative** en application du barème suivant : **75132**

Puissance administrative	Tarif applicable
≤ 3 CV	750 €
De 4 à 6 CV	1 400 €
De 7 à 10 CV	3 000 €
De 11 à 15 CV	3 600 €
> 15 CV	4 500 €

Sont exonérés du premier tarif de la taxe pendant 12 trimestres décomptés à partir du premier jour du trimestre en cours à la date de leur première mise en circulation : **75135**

– les **véhicules hybrides** (énergie électrique et motorisation essence ou superéthanol E85 ou, à compter d'une date fixée par décret et au plus tard le 1er juillet 2020, gaz naturel carburant ou gaz de pétrole liquéfié) (Loi 2019-1479 du 28-12-2019 art. 69) ;

– les **véhicules combinant l'essence à du gaz** naturel carburant ou du gaz de pétrole liquéfié.

Cette exonération ne s'applique que si les véhicules visés ci-dessus émettent au plus 100 grammes de CO_2 par kilomètre (ou 120 s'il s'agit de véhicules relevant du nouveau dispositif d'immatriculation définis nº 75130 : Loi précitée art. 69). Elle est permanente lorsqu'ils émettent au plus 60 grammes de CO_2 par kilomètre (ou 50 s'il s'agit de véhicules relevant du nouveau dispositif d'immatriculation : Loi précitée art. 69).

75140 **Second tarif** Le second tarif établi en fonction du **type de carburant** est déterminé selon le barème suivant :

Année de première mise en circulation du véhicule	Essence et assimilé	Diesel et assimilé
Jusqu'au 31 décembre 2000	70 €	600 €
De 2001 à 2005	45 €	400 €
De 2006 à 2010	45 €	300 €
De 2011 à 2014	45 €	100 €
À compter de 2015	20 €	40 €

Les **véhicules exclusivement électriques** sont exonérés de ce tarif.

› Précisions Relèvent de la catégorie « **diesel et assimilé** » les véhicules fonctionnant au gazole ainsi que les véhicules combinant une motorisation électrique et une motorisation au gazole émettant plus de 100 grammes de CO_2 par kilomètre ou, s'il s'agit de véhicules relevant du nouveau dispositif d'immatriculation définis nº 75130, 120 grammes de CO_2 par kilomètre (Loi 2019-1479 du 28-12-2019 art. 69). La catégorie « **essence et assimilé** » concerne les autres véhicules non compris dans la catégorie « diesel et assimilé », y compris ceux fonctionnant au gaz naturel, au gaz de pétrole liquéfié ou au superéthanol.

75145 **Véhicules possédés ou pris en location par les salariés ou dirigeants**

CGI art. 1010-0 A
TD-IV-2350 s

Le montant de la taxe afférent aux véhicules des salariés ou dirigeants qui font l'objet d'un **remboursement de frais kilométriques** est calculé selon les barèmes ci-dessus. La taxe est due à hauteur de 25 %, 50 %, 75 % ou 100 % du montant ainsi calculé selon que le nombre de kilomètres remboursés par la société est compris respectivement entre 15 001 et 25 000, entre 25 001 et 35 000, entre 35 001 et 45 000 ou est supérieur à 45 000. Le montant à verser fait ensuite l'objet d'un **abattement** de 15 000 €.

› Précisions **a.** Lorsque le salarié ou le dirigeant utilise **plusieurs véhicules** taxables **au cours d'un même trimestre,** la taxe est liquidée en prenant en compte celui qui a parcouru le plus grand nombre de kilomètres (BOI-TFP-TVS-30 nº 260). En revanche, pour calculer le **coefficient pondérateur,** il y a lieu de faire masse de l'ensemble des kilomètres remboursés au titre de tous les véhicules utilisés au cours du trimestre (BOI-TFP-TVS-30 nº 330).

b. Bien que l'article 1010-0 A du CGI ne vise pas les **associés de sociétés de personnes** qui n'ont pas le statut de dirigeant, l'administration considère que les véhicules possédés ou loués par ces derniers peuvent être soumis à la taxe en application des règles antérieures à l'entrée en vigueur de cet article lorsque la personne morale prend en charge une part importante des frais relatifs à l'utilisation de ces véhicules (BOI-TFP-TVS-10-20 nº 200).

DÉCLARATION ET PAIEMENT DE LA TAXE

75150 La taxe due au titre de la période du 1er janvier au 31 décembre 2020 est déclarée et payée selon des modalités qui dépendent du statut des redevables au regard de la TVA.

TD-IV-2700 s

Les **redevables** de la **TVA** soumis **au régime réel normal** télédéclarent la taxe sur l'annexe nº 3310 A-SD à la déclaration CA 3 déposée au titre du mois de décembre ou du quatrième trimestre civil entre le 15 et le 24 janvier 2021 (nº 53725) et acquittent le montant correspondant par voie électronique.

Il en est de même des **non-redevables** de la **TVA** pour lesquels la taxe est à déclarer par voie électronique sur l'annexe nº 3310 A-SD entre le 15 et le 24 janvier 2021 au service chargé du recouvrement dont relève le principal établissement au cours du mois de janvier 2021.

Les **redevables** de la **TVA** soumis **au régime simplifié** d'imposition (nos 85595 s.) ou au régime simplifié agricole (nos 59550 s.) déclarent, quant à eux, la taxe sur le formulaire papier nº 2855-SD au plus tard le 15 janvier 2021 et acquittent le montant correspondant par les moyens ordinaires de paiement (BOI-TFP-TVS-30 nos 410 et 450).

Bénéficient d'une **dispense de déclaration** les entreprises assujetties à la taxe au titre des seuls remboursements de frais kilométriques à leurs salariés, mais non redevables de la taxe après l'abattement de 15 000 € (nº 75145) (BOI précité nº 430). Les sociétés qui remboursent des frais kilométriques n'excédant pas 15 000 km à leurs salariés ou dirigeants qui utilisent leur propre véhicule ou un véhicule qu'ils prennent en location sont également dispensées de déclaration au titre de ces véhicules (BOI précité nº 440).

Nous publions chaque année au Feuillet rapide un **guide** spécialement consacré à la liquidation et à la déclaration de la taxe.

SANCTION, RECOUVREMENT ET CONTRÔLE

Les sanctions encourues en cas de non-respect des obligations de déclaration et de paiement de la taxe sont celles applicables en matière de **taxes sur le chiffre d'affaires** (voir nº 53730). De même, le recouvrement et le contrôle de la taxe sont assurés selon les procédures, sûretés et garanties applicables en matière de taxes sur le chiffre d'affaires. **75155** CGI art. 1010 B TD-IV-3000 s

CHAPITRE 5

TAXE GÉNÉRALE SUR LES ACTIVITÉS POLLUANTES

75200 C. douanes art. 266 sexies à 266 undecies TD-VIII-5 s

La taxe générale sur les activités polluantes (**TGAP**) porte sur les **catégories d'activités polluantes** suivantes : stockage et traitement des déchets ; émission de substances polluantes dans l'atmosphère ; livraison ou utilisation de lubrifiants ; livraison ou utilisation de préparations pour lessives ; livraison ou utilisation de matériaux d'extraction. Les modalités de déclaration et de paiement (examinées aux nos 75290 s.) sont communes à l'ensemble des composantes de la TGAP (à l'exception de la composante « déchets » : voir no 75210, précision g).

> Précisions a. Sous réserve des tarifs fixés jusqu'en 2025 par la loi elle-même pour les installations de stockage et de traitement des déchets non dangereux, les **tarifs** de la TGAP sont **relevés chaque année** dans une proportion égale au taux de croissance de l'indice des prix à la consommation hors tabac de l'avant-dernière année.
b. Le **recouvrement** de la TGAP, qui relevait jusqu'alors de la compétence de l'administration des douanes, est **assuré par l'administration fiscale** depuis le **1er janvier 2020** (la gestion de la composante « déchets » ne sera confiée à l'administration fiscale qu'à compter du 1er janvier 2021). Depuis le 1er janvier 2020, la TGAP (hormis la composante « déchets ») est donc déclarée, acquittée, recouvrée et contrôlée dans les mêmes conditions que les taxes sur le chiffre d'affaires.

DÉCHETS

75210 TD-VIII-250 s

La taxe est **due** par les exploitants des installations suivantes, soumises à autorisation en application du titre Ier du livre V du Code de l'environnement (installations classées ICPE) : installations de stockage ou de traitement thermique de déchets dangereux ou non dangereux. La taxe est également due par les personnes qui transfèrent ou font transférer des déchets vers un autre État en application du règlement CE/1013/2006 du 14 juin 2006.

La taxe **ne s'applique pas** aux installations exclusivement utilisées pour les déchets que l'exploitant produit. Elle ne s'applique pas non plus aux réceptions et transferts de déchets vers un autre État lorsqu'ils sont destinés à faire l'objet d'une valorisation comme matière. En outre, la TGAP ne s'applique pas aux réceptions de déchets suivants :
– déchets de matériaux de construction et d'isolation contenant de l'amiante et déchets d'équipement de protection individuelle et de moyens de protection collective pollués par des fibres d'amiante ;
– déchets générés par une catastrophe naturelle ;
– déchets réceptionnés par les installations de coïncinération ;
– déchets préparés sous forme de combustibles solides de récupération, associés ou non à un autre combustible, aux fins de la production de chaleur ou d'électricité ;
– résidus issus du traitement de déchets dont la réception a relevé du champ d'application de la taxe lorsque ces résidus constituent des déchets dangereux et que les déchets dont ils sont issus ont fait l'objet d'un traitement thermique ou lorsqu'ils constituent des déchets non dangereux qu'il n'est pas possible techniquement de valoriser ;
– déchets relevant du champ d'application de l'une des taxes intérieures de consommation prévues respectivement aux articles 265, 266 quater, 266 quinquies et 266 quinquies B du Code des douanes ;
– hydrocarbures ne relevant pas d'une taxe intérieure de consommation faisant l'objet d'un traitement thermique sans faire l'objet d'une combustion en vue de leur valorisation ;
– déchets ne relevant pas d'une taxe intérieure de consommation réceptionnés en vue de les transformer, par traitement thermique, en combustibles destinés soit à cesser d'être des déchets, soit à être utilisés dans une installation autorisée de coïncinération ;
– déchets qui ne se décomposent pas, ne brûlent pas et ne produisent aucune autre réaction physique ou chimique, ne sont pas biodégradables et ne détériorent pas d'autres matières avec lesquelles ils entrent en contact, d'une manière susceptible d'entraîner une pollution de l'environnement ou de nuire à la santé humaine ;
– déchets dont la valorisation matière est interdite ou dont l'élimination est prescrite (liste fixée par Arrêté du 31-12-2018 : JO 13-1-2019) ;
– déchets en provenance d'un dépôt non autorisé de déchets abandonnés dont les producteurs ne peuvent être identifiés et que la collectivité territoriale chargée de la collecte et du

75210 (suite)

traitement des déchets des ménages n'a pas la capacité technique de prendre en charge (conditions d'exonération fixées par Décret 2019-1176 du 14-11-2019) ;
– déchets en provenance d'une installation de stockage où ils ont été préalablement réceptionnés et qui, soit n'est plus exploitée depuis le 1er janvier 1999, soit a fait l'objet d'une autorisation pour le stockage de déchets, mais n'est plus exploitée à la date de transfert des déchets.

La taxe est **assise** sur le poids des déchets reçus ou transférés.

Le **tarif** de la taxe varie en fonction de la nature et des caractéristiques des installations. Pour les **installations autorisées,** le tarif applicable est le suivant :
– déchets réceptionnés dans une **installation de stockage de déchets non dangereux** :
• réalisant une valorisation énergétique de plus de 75 % du biogaz capté (par tonne) : 24 € en 2019 et 25 € en 2020,
• stockés et traités selon la méthode d'exploitation du bioréacteur, si l'installation réalise une valorisation énergétique du biogaz capté (par tonne) : 34 € en 2019 et 35 € en 2020,
• relevant à la fois des deux catégories ci-dessus (valorisation de plus de 75 % ou méthode du bioréacteur) : 17 € en 2019 et 18 € en 2020,
• autre (par tonne) : 41 € en 2019 et 42 € en 2020 ;
– déchets réceptionnés dans une **installation de traitement thermique de déchets non dangereux** et assimilés :
• A – certifiée ISO 50001 (par tonne) : 12 € en 2019 et en 2020,
• B – dont les valeurs d'émission de NOx (oxydes d'azote) sont inférieures à 80 mg/Nm^3 (par tonne) : 12 € en 2019 et en 2020,
• C – réalisant une valorisation énergétique élevée dont le rendement énergétique est supérieur ou égal à 0,65 (par tonne) : 9 € en 2019 et en 2020,
• relevant à la fois des A et B qui précèdent (par tonne) : 9 € en 2019 et en 2020,
• relevant à la fois des A et C qui précèdent (par tonne) : 6 € en 2019 et en 2020,
• relevant à la fois des B et C qui précèdent (par tonne) : 5 € en 2019 et en 2020,
• relevant à la fois des A, B et C qui précèdent (par tonne) : 3 € en 2019 et en 2020,
• autre (par tonne) : 15 € en 2019 et en 2020 ;
– déchets réceptionnés dans une installation de traitement thermique de **déchets dangereux** (par tonne) : 12,94 € en 2019 et 13,15 € en 2020 ;
– déchets réceptionnés dans une installation de stockage de déchets dangereux (par tonne) : 25,88 € en 2019 et 26,29 € en 2020.

› Précisions **a.** Les tarifs ci-dessus s'appliquent également aux **transferts** de déchets vers de telles installations situées dans un autre État. Mais le seuil minimal de taxation ne s'applique pas dans le cas des déchets transférés.
b. Les tarifs de la TGAP sur le stockage de **déchets non dangereux** applicables dans les départements de **La Réunion,** de la **Martinique** et de la **Guadeloupe** sont calculés en appliquant aux tarifs métropolitains indiqués ci-dessus une réfaction de 25 %.
Sur le territoire de la **Guyane,** la TGAP sur le stockage de déchets non dangereux est perçue en 2019 et en 2020 selon des tarifs spécifiques (10 € par tonne pour les installations accessibles par voie terrestre ; 3 € par tonne pour les installations non accessibles). Dans le département de **Mayotte,** cette composante de la taxe n'était pas applicable jusqu'au 31 décembre 2019, un tarif spécifique de 10 € par tonne est prévu pour l'année 2020. Les tarifs métropolitains de droit commun, prévus pour le stockage de déchets non dangereux, modulés par l'application d'une réfaction de 60 % s'appliqueront sur ces territoires (Guyane et Mayotte) à compter du 1er janvier 2021. Pour les installations de traitement thermique de déchets non dangereux, une réfaction de 60 % sur les tarifs métropolitains est appliquée pour la Guyane et Mayotte.
Par ailleurs dans tous les DOM (Guadeloupe, La Réunion, Martinique, Guyane, Mayotte) sont exonérées les réceptions, par des installations autorisées, des déchets utilisés pour produire de l'électricité distribuée par le réseau dans ces territoires.
c. Jusqu'au 31 décembre 2019, des tarifs spécifiques étaient prévus pour les réceptions de déchets non dangereux dans des installations non autorisées de stockage ou de traitement thermique, fixés respectivement à 151 € et 125 € par tonne. Ces tarifs spéciaux sont remplacés, depuis le 1er janvier 2020, par une majoration qui s'applique aux réceptions de déchets tant dangereux que non dangereux. Ainsi, lorsqu'ils sont traités dans une **installation non autorisée** ou en méconnaissance des prescriptions de l'autorisation, les réceptions de déchets relèvent du tarif le plus élevé prévu pour les installations de stockage ou d'incinération, majoré de 110 € par tonne (Loi 2019-1479 du 28-12-2019 art. 63).
d. Les **déchets** réceptionnés par les installations destinées à valoriser le biogaz ne peuvent, de ce seul fait, bénéficier des tarifs réduits accordés à ces installations dès lors qu'ils sont eux-mêmes **insusceptibles de produire du biogaz** (Cons. const. 17-9-2015 n° 2015-482 QPC : RJF 12/15 n° 1041 ; CE 19-7-2016 n° 389845 : RJF 11/16 n° 1029). Un arrêté du 28 décembre 2017 (JO 31) donne la liste des déchets susceptibles de produire du biogaz pour les besoins de l'application des tarifs réduits de la taxe.
e. Les redevables de la taxe la **répercutent** dans les prix facturés **aux personnes** physiques ou morales **dont ils réceptionnent les déchets.** Ils doivent adresser chaque année à ces dernières **copie** des **éléments d'assiette et de tarifs** déclarés à l'administration des douanes.

f. Les **personnes non établies en France** qui sont redevables de la TGAP au titre de la composante « déchets » ou qui doivent accomplir des obligations déclaratives relatives à cette taxe doivent faire accréditer auprès de l'administration des douanes une personne morale établie en France qui s'engage, en qualité de **représentant,** à remplir les formalités leur incombant et à acquitter la taxe, la garantir et, le cas échéant, acquitter les majorations et pénalités qui s'y rapportent.

g. La TGAP « déchets » est déclarée, contrôlée et recouvrée selon les règles, garanties, privilèges et sanctions prévus par le Code des douanes.

Les redevables souscrivent auprès de l'administration des douanes une **déclaration annuelle** de la taxe due au titre de l'année précédente, accompagnée de certains éléments nécessaires au contrôle et à l'établissement de celle-ci. Cette déclaration doit, quel que soit le montant de taxe due, obligatoirement être souscrite par voie électronique (**télédéclaration** via le portail Prodouane), au plus tard le 31 mai (sur les modalités de déclaration et de liquidation de la taxe pour la campagne déclarative 2020, voir nº 75295). La taxe est acquittée sous la forme de trois **acomptes** et d'une régularisation. Chaque acompte est égal à un tiers du montant obtenu en appliquant à la base des opérations réalisées au cours de l'année N – 1 les tarifs en vigueur à compter du 1er janvier de l'année N au titre de laquelle la taxe est due. Ces acomptes font l'objet d'un paiement spontané au plus tard les 31 mai, 31 juillet et 31 octobre. La régularisation est opérée au moyen de la déclaration souscrite l'année suivante. Si le montant de l'un des acomptes dus est supérieur de plus de 20 % au montant versé, une majoration de 5 % est appliquée aux sommes dont le paiement a été différé.

La taxe n'est pas mise en recouvrement lorsque son montant est inférieur à 450 € par installation. Ce seuil de paiement s'applique tant au montant annuel de la taxe qu'à celui des acomptes (Inst. douanes 19-025 du 27-6-2019 nos 47, 62, 78 et 85).

Le paiement de la taxe et des acomptes est obligatoirement effectué par **télérèglement.** À défaut, est appliquée une majoration de 0,2 % du montant des sommes dont le versement a été effectué selon un autre moyen de paiement.

ÉMISSIONS DE SUBSTANCES POLLUANTES DANS L'ATMOSPHÈRE

75220
TD-VIII-1100 s

La taxe est **due** par les installations classées suivantes soumises à autorisation ou enregistrement : installations de combustion dont la puissance thermique maximale est supérieure ou égale à 20 MW ; installations d'incinération d'ordures ménagères dont la capacité est supérieure à 3 tonnes par heure ; installations n'entrant pas dans les deux catégories précédentes mais rejetant en une année une ou plusieurs substances polluantes excédant certains seuils (le seuil relatif à chaque substance polluante est mentionné ci-après à la suite de chacun des tarifs).

La taxe est **assise** sur le poids des substances suivantes émises dans l'atmosphère et son **taux** varie selon leur nature :

– oxydes de soufre et autres composés soufrés (par tonne) : 141,81 € en 2019 et 144, 08 € en 2020 (le seuil d'assujettissement étant fixé à 150 tonnes par an) ;
– acide chlorhydrique (par tonne) : 48,27 € en 2019 et 49,04 € en 2020 (le seuil d'assujettissement étant fixé à 150 tonnes par an) ;
– protoxyde d'azote (par tonne) : 72,42 € en 2019 et 73,58 € en 2020 (le seuil d'assujettissement étant fixé à 150 tonnes par an) ;
– oxydes d'azote et autres composés oxygénés de l'azote, à l'exception du protoxyde d'azote (par tonne) : 171,17 € en 2019 et 173, 91 € en 2020 (poids exprimé en équivalent dioxyde d'azote ; le seuil d'assujettissement étant fixé à 150 tonnes par an) ;
– hydrocarbures non méthaniques, solvants et autres composés organiques volatils (par tonne) : 141,81 € en 2019 et 144, 08 € en 2020 (le seuil d'assujettissement étant fixé à 150 tonnes par an) ;
– poussières totales en suspension (par tonne) : 270,94 € en 2019 et 275,28 € en 2020 (le seuil d'assujettissement étant fixé à 5 tonnes par an) ;
– arsenic (par kg) : 521,31 € en 2019 et 529,65 € en 2020 (le seuil d'assujettissement étant fixé à 20 kg par an) ;
– sélénium (par kg) : 521,31 € en 2019 et 529,65 € en 2020 (le seuil d'assujettissement étant fixé à 20 kg par an) ;
– mercure (par kg) : 1042,61 € en 2019 et 1059,29 € en 2020 (le seuil d'assujettissement étant fixé à 10 kg par an) ;
– benzène (par kg) : 5,22 € en 2019 et 5,30 € en 2020 (le seuil d'assujettissement étant fixé à 1 000 kg par an) ;
– hydrocarbures aromatiques polycycliques (par kg) : 52,14 € en 2019 et 52,97 € en 2020 (le seuil d'assujettissement étant fixé à 50 kg par an) ;
– plomb : 10,23 € en 2019 et 10,39 € en 2020 (le seuil d'assujettissement étant fixé à 200 kg par an) ;
– zinc : 5,12 € en 2019 et 5,20 € en 2020 (le seuil d'assujettissement étant fixé à 200 kg par an) ;

– chrome : 20,46 € en 2019 et 20,79 € en 2020 (le seuil d'assujettissement étant fixé à 100 kg par an) ;
– cuivre : 5,12 € en 2019 et 5,20 € en 2020 (le seuil d'assujettissement étant fixé à 100 kg par an) ;
– nickel : 102,31 € en 2019 et 103,95 € en 2020 (le seuil d'assujettissement étant fixé à 50 kg par an) ;
– cadmium : 511,59 € en 2019 et 519,78 € en 2020 (le seuil d'assujettissement étant fixé à 10 kg par an) ;
– vanadium : 5,12 € en 2019 et 5,20 € en 2020 (le seuil d'assujettissement étant fixé à 10 kg par an).

Les **contributions ou dons** de toute nature versés au profit d'un **organisme de surveillance** de la qualité de l'air dont l'exploitant est membre sont déductibles de la taxe due au titre des installations situées dans la zone surveillée par l'organisme. Les sommes versées dans les douze mois précédant la date limite de souscription de la déclaration (nº 75290) sont déductibles dans une limite de 171 000 € ou, si c'est plus avantageux, à hauteur de 25 % du montant de la taxe. Pour les personnes disposant de plusieurs installations, cette limite ou ce plafond est déterminé par installation.

LUBRIFIANTS

La taxe est **due** par toute personne qui, pour les besoins de son activité économique : 75230 TD-VIII-2500 s
– livre pour la première fois en France, en dehors des collectivités régies par l'article 74 de la Constitution, de la Nouvelle-Calédonie, des Terres australes et antarctiques françaises et de l'île de Clipperton, ou y utilise pour la première fois des lubrifiants susceptibles de produire des huiles usagées, énumérés à l'annexe I du décret modifié 99-508 du 17 juin 1999 ;
– utilise des huiles et préparations lubrifiantes autres que celles visées au premier tiret produisant des huiles usagées dont le rejet dans le milieu naturel est interdit ;
– utilise des huiles et préparations lubrifiantes à usage perdu, autres que celles visées aux deux premiers tirets, correspondant aux catégories suivantes (Europalub/CPL) : huiles pour moteur deux-temps (1C/D.dt), graisses utilisées en systèmes ouverts (3A1/J1 et 3A2/J2), huiles pour scies à chaînes (6B/B2), huiles de démoulage/décoffrage (6C/K.4a).

La taxe **ne s'applique pas** aux lubrifiants biodégradables, non écotoxiques et d'origine renouvelable respectant les critères définis pour le label écologique de l'Union européenne des lubrifiants dans la décision 2018/1702/UE de la Commission européenne du 8 novembre 2018.

Elle est **assise** sur le poids net des lubrifiants, huiles et préparations lubrifiantes. Son **taux** est (par tonne) de 49,15 € en 2019 et de 49,94 € en 2020.

› Précisions a. Sont **exonérées** de TGAP les livraisons de lubrifiants, huiles et préparations lubrifiantes expédiés ou transportés hors de France par le redevable ou pour son compte. Sont également exonérées, les livraisons de lubrifiants à l'avitaillement des navires mentionnés à l'article 190 du Code des douanes et des aéronefs mentionnés à l'article 195 dudit Code ainsi que l'utilisation de ces produits lorsqu'elle ne produit pas d'huiles usagées.

b. Les livraisons de lubrifiants, huiles et préparations lubrifiantes à une personne qui les destine, dans le cadre de son activité économique, à des opérations exonérées visées au a peuvent être effectuées en **suspension** de taxe. À cette fin, l'acquéreur établit, au plus tard à la date de facturation, une attestation en double exemplaire certifiant que le produit est destiné à une opération exonérée de taxe et comportant la mention du recours au régime de suspension. Un exemplaire est remis au fournisseur. Si les produits sont affectés à une autre destination, la taxe est exigible auprès de l'acquéreur dès ce changement d'affectation et au plus tard lors de leur livraison en France ou de tout événement rendant impossible l'expédition ou le transport hors de France.

PRÉPARATIONS POUR LESSIVES

La taxe est **due** par toute personne qui, pour les besoins de son activité économique, livre pour la première fois en France, en dehors des collectivités régies par l'article 74 de la Constitution, de la Nouvelle-Calédonie, des Terres australes et antarctiques françaises et de l'île de Clipperton, ou y utilise pour la première fois des préparations pour lessives, y compris des préparations auxiliaires de lavage, ou des produits adoucissants ou assouplissants pour le linge relevant respectivement des rubriques 34022090, 34029090 et 38091010 à 38099100 du tarif douanier. 75240 TD-VIII-3500 s

La taxe est **assise** sur le poids net des préparations ou des produits concernés. Son **taux** (par tonne) varie en fonction de la teneur en phosphate de ces préparations et produits :
– teneur inférieure à 5 % du poids : 44,10 € en 2019 et 44,81 € en 2020 ;
– teneur comprise entre 5 % et 30 % du poids : 189,99 € en 2019 et 193,03 € en 2020 ;
– teneur supérieure à 30 % du poids : 316,66 € en 2019 et 321,73 € en 2020.

La taxe peut être **répercutée** dans les prix facturés aux clients.

› Précisions **a.** Sont **exonérées** de TGAP les livraisons des produits mentionnés ci-dessus expédiés ou transportés hors de France par le redevable ou pour son compte.

b. Les livraisons de préparations pour lessives, y compris des préparations auxiliaires de lavage, ou des produits adoucissants ou assouplissants pour le linge à une personne qui les destine, dans le cadre de son activité économique, à une expédition ou un transport hors de France peuvent être effectuées en **suspension** de taxe. À cette fin, l'acquéreur établit, au plus tard à la date de facturation, une attestation en double exemplaire certifiant que le produit est destiné à être expédié ou transporté hors de France et comportant la mention du recours au régime de suspension. Un exemplaire est remis au fournisseur. Si les produits sont affectés à une autre destination, la taxe est exigible auprès de l'acquéreur dès ce changement d'affectation et au plus tard lors de leur livraison en France ou de tout événement rendant impossible l'expédition ou le transport hors de France.

MATÉRIAUX D'EXTRACTION

75250 TD-VIII-4300 s La taxe est **due** par toute personne qui, pour les besoins de son activité économique, livre pour la première fois en France, en dehors des collectivités régies par l'article 74 de la Constitution, de la Nouvelle-Calédonie, des Terres australes et antarctiques françaises et de l'île de Clipperton ou y utilise pour la première fois certains matériaux d'extraction.

Sont **soumis à la taxe** les matériaux de toutes origines qui se présentent naturellement sous la forme de grains, ou qui sont obtenus à partir de roches concassées ou fractionnées et qui présentent cumulativement les caractéristiques suivantes : ils appartiennent aux types de matériaux généralement destinés aux travaux publics, au bâtiment et au génie civil ; leur plus grande dimension ne dépasse pas 125 millimètres ; ils ne sont pas issus d'opérations de recyclage ou de récupération ; leur teneur en oxyde de silicium sur produit sec est inférieure à 97 %.

Sont **exonérés** les pierres taillées ou sciées, le gypse, les pavés, l'argile, l'ardoise ainsi que la dolomie et le calcaire industriels.

La taxe est **assise** sur le poids net des matériaux d'extraction. Son **taux** (par tonne) est fixé à 0,20 € en 2019 et en 2020.

› Précisions **a.** Sont **exonérées** de TGAP les livraisons des produits mentionnés ci-dessus expédiés ou transportés hors de France par le redevable ou pour son compte.

b. Les livraisons de matériaux d'extraction à une personne qui les destine dans le cadre de son activité économique, à une expédition ou un transport hors de France peuvent être effectuées en **suspension** de taxe. Les conditions d'application de cette suspension sont identiques à celles des préparations pour lessives : voir n° 75240, précision b.

DÉCLARATION ET PAIEMENT

75290 TD-VIII-7900 s Comme indiqué au n° 75200, précision b, le **recouvrement** de la TGAP est **confié depuis le 1er janvier 2020 à l'administration fiscale** (en lieu et place de l'administration des douanes) pour l'ensemble des composantes, à l'exception de la composante « déchets » dont le transfert de la gestion et du recouvrement à l'administration fiscale est fixé au 1er janvier 2021 (Loi 2018-1317 du 28-12-2018 art. 193).

75292 Depuis le 1er janvier 2020, la TGAP relative à toutes les composantes (à l'exception de la composante « déchets » : voir n° 75210, précision g) est déclarée, contrôlée et recouvrée selon les règles, garanties, privilèges et sanctions prévus pour les taxes sur le chiffre d'affaires.

Pour les opérations pour lesquelles le fait générateur de la taxe intervient à compter du 1er janvier 2020, la TGAP est déclarée et liquidée par les redevables sur une déclaration annuelle selon les modalités suivantes :

– pour les **redevables de la TVA soumis au régime réel normal** d'imposition, sur des déclarations adressées concomitamment à la déclaration CA 3 et déposées au titre du mois suivant le premier trimestre civil de l'année suivant celle au cours de laquelle la taxe est devenue exigible ;

– pour les **redevables de la TVA soumis au régime réel simplifié** d'imposition, sur des déclarations adressées concomitamment à la déclaration annuelle de TVA et déposées au titre de l'exercice au cours duquel la taxe est devenue exigible ;

– dans tous les **autres cas** (non redevables de la TVA), sur des déclarations adressées au service de recouvrement dont relève le siège ou le principal établissement du redevable, au plus tard le 25 avril de l'année qui suit celle au cours de laquelle la taxe est devenue exigible.

La taxe est acquittée, dans les conditions définies par voie réglementaire (texte non encore paru à la date du présent ouvrage), au moyen d'un ou de plusieurs acomptes (maximum trois) et, le cas échéant, d'une régularisation intervenant au plus tard au moment de la souscription de la déclaration annuelle. Elle n'est pas mise en recouvrement lorsque son montant est inférieur à 16 €. Les modalités exactes de calcul et de paiement des acomptes ne sont pas encore publiées à la date du présent ouvrage.

› Précisions Les redevables de l'une des composantes de la TGAP (à l'exception de la composante « déchets »), qui ne sont **pas établis** dans un État membre de l'**UE,** en **Islande** ou en **Norvège,** doivent faire accréditer auprès du service des impôts compétent un **représentant** assujetti à la TVA établi en France (voir nº 50645, précision f) qui s'engage à remplir les formalités au nom et pour le compte du représenté et, le cas échéant, à acquitter la taxe à sa place.

Pour la **campagne déclarative 2020,** relative aux **opérations réalisées en 2019,** les opérateurs, à l'exception de ceux qui déclarent uniquement la TGAP « déchets », doivent établir une déclaration à la fois auprès de l'administration des douanes et de la DGFiP : **75295**

– l'opérateur doit déclarer les quantités taxables 2019 auprès de l'administration des douanes, dans le service en ligne TGAP. Cette déclaration liquide la régularisation de la taxe 2019, au titre des opérations dont le fait générateur a eu lieu entre le 1er janvier 2019 et le 31 décembre 2019, et permet de déterminer les acomptes de TGAP au titre de 2020 sur les seules quantités correspondantes aux déchets ;

– en parallèle, l'opérateur déclare également les quantités taxables 2019 (à l'exception de celles relevant de la TGAP « déchets ») dans l'annexe de la déclaration de TVA, auprès de la DGFiP. Cette déclaration liquide les acomptes de TGAP pour 2020 au titre des opérations (autres que celles relevant de la TGAP « déchets ») dont le fait générateur a lieu entre le 1er janvier 2020 et le 31 décembre 2020.

Les opérateurs qui déclarent uniquement des opérations assujetties à la TGAP « déchets » déclarent les quantités taxables 2019 uniquement à l'administration des douanes au plus tard le 31 mai 2020 et procèdent au calcul des acomptes 2020 (télépaiement à effectuer les 31 mai, 31 juillet et 31 octobre 2020) (Inst. douanes 19-025 du 27-6-2019 nº 187).

CHAPITRE 6 CONTRIBUTIONS INDIRECTES

GÉNÉRALITÉS

75600 Les contributions indirectes présentées brièvement ci-après sont perçues les unes au profit de l'État, les autres au profit des collectivités locales.

Au régime applicable aux opérations réalisées sur notre territoire se juxtapose le régime des **accises** (**dénomination communautaire** des droits indirects), frappant certains échanges commerciaux réalisés par des opérateurs établis dans les différents États membres de l'Union européenne. Cette réglementation concerne exclusivement les huiles minérales, les alcools, boissons alcooliques et tabacs manufacturés.

Un redevable peut ainsi être appelé à réaliser, simultanément et, partant, sur des produits identiques, des opérations soumises, en raison de leur localisation, soit aux « contributions indirectes », soit aux « accises » et ce, suite à un fait générateur similaire.

> **Précisions** Les droits sur les tabacs, alcools et boissons alcooliques, y compris le droit spécifique sur les bières, seront, à compter du 1er janvier 2024, perçus par le **service des impôts** (DGFiP) après déclaration à ce même service (Loi 1479-2019 du 28-12-2019 art. 184).

DROIT DE CONSOMMATION SUR LES ALCOOLS ET LES BOISSONS ALCOOLIQUES

75605
CGI art. 401
IND, C-I-1 s

Les produits soumis au droit de consommation sont définis comme suit par l'article 401 du CGI :

– **produits intermédiaires** : produits relevant des codes NC 2204, 2205, 2206 du tarif des douanes qui ont un titre alcoométrique acquis compris entre 1,2 % vol. et 22 % vol. et qui ne sont pas des bières, des vins ou des produits mentionnés aux b et c du 2° et au 3° de l'article 438 du CGI (n° 75620) ;

– **alcools** : produits qui relèvent des codes NC 2207 et 2208 du tarif des douanes et qui ont un titre alcoométrique acquis supérieur à 1,2 % vol., même lorsque ces produits font partie d'un produit relevant d'un chapitre autre que le chapitre 22 du tarif des douanes, ainsi que produits désignés à l'alinéa précédent qui ont un titre alcoométrique acquis supérieur à 22 % vol. et eaux-de-vie contenant des produits en solution ou non.

75610
CGI art. 402 bis et 403
IND, C-I-1 s

Le **tarif** du droit de consommation (lorsqu'il est applicable) est fixé par hectolitre (soit d'alcool pur, soit, pour les produits intermédiaires, de produit fini) comme suit pour 2020 (Arrêté du 19-12-2019) :

– 48,43 € pour les VDN (vins doux naturels) et les VDL (vins de liqueur) mentionnés aux articles 417 et 417 bis du CGI ;

– 193,73 € pour les autres produits intermédiaires taxables en tant que boissons spiritueuses (boissons autres que celles soumises au droit de circulation ou au droit spécifique sur les bières) ;

– 893,80 €, dans la limite de 144 000 hectolitres d'alcool pur par an, pour le rhum des DOM, tel que défini par le règlement CEE 110/2008 et répondant à certaines contraintes de production ;

– 1 786,59 € pour tous les autres produits.

COTISATION CNAM

75615
CSS art. L 245-7 s
CGI art. 1613 bis
Arrêté 19-12-2019
IND, N-III-1 s et N-XI-1 s

Cette cotisation frappe les boissons d'une teneur en alcool supérieure à 18 % vol.

Les **redevables** sont les entrepositaires agréés, opérateurs enregistrés et non enregistrés et représentants fiscaux. Toutefois, s'agissant d'une cotisation à la charge réelle des consommateurs (comme la TVA), elle est facturée aux détaillants qui la répercutent sur leurs clients. La cotisation s'applique également aux livraisons à titre gratuit (boissons offertes aux détaillants ou aux consommateurs et échantillons).

Le **montant** de la cotisation est de 573,64 € par hectolitre d'alcool pur pour les alcools cités au n° 75605 et 48,43 € par hectolitre pour les autres boissons sans que le montant puisse excéder 40 % du droit d'accise de la boisson concernée (168 € par hectolitre d'alcool pur pour les alcools produits et consommés dans les DOM). Ainsi, la cotisation s'applique également aux bières de plus de 18 % (3,05 €/degré/hl en 2020, celles produites par les petites brasseries de 200 000 hl maximum étant taxées à 1,52 €/degré/hl).

La cotisation n'est pas déductible pour l'assiette de l'impôt sur le revenu ou de l'impôt sur les sociétés dû par le consommateur (CGI art. 238 bis GA et CSS art. L 245-11).

Remarque : Est également perçue au profit de la Cnam une **taxe** sur les boissons, dites « **premix** », résultant pour l'essentiel d'un mélange préalable de boisson alcoolique et d'une autre boisson ne titrant pas 1,2 % vol. (whisky et cola, par exemple), titrant plus de 1,2 % et moins de 12 % vol. Cette taxe, de 11 € par décilitre d'alcool pur, est due, pour l'essentiel, par les fabricants nationaux, les importateurs et les personnes qui procèdent à l'acquisition intracommunautaire de pareilles boissons et est recouvrée et contrôlée comme le droit de consommation visé n° 75610.

TARIFS DU DROIT DE CIRCULATION

Le tarif du droit de circulation pour 2020 est le suivant (en euros par hectolitre) : **75620**

CGI art. 438
Arrêté
19-12-2019
IND, D-I-200 s

Vins mousseux	9,59
Autres vins [1], « boissons uvales » et similaires fermentées autres que la bière	3,88
Cidres, poirés, hydromels, « pétillants de raisin »	1,36

1. Il s'agit des vins dont le titre alcoométrique acquis n'excède pas 15 % vol. pour autant que l'alcool contenu dans le produit fini résulte entièrement d'une fermentation et des vins qui ont un titre alcoométrique acquis excédant 15 % vol. mais non supérieur à 18 % vol. pour autant qu'ils aient été obtenus sans enrichissement et que l'alcool contenu dans le produit fini résulte entièrement d'une fermentation.

TAXE SPÉCIFIQUE SUR LES BIÈRES

Les bières sont soumises à un droit spécifique dont le tarif, par hectolitre et par degré alcoométrique, est fixé pour 2020 comme suit : **75625**

CGI art. 520 A
Arrêté
19-12-2019
IND, N-X-1 s

- 3,81 € pour les bières dont le titre alcoométrique n'excède pas 2,8 % vol. ;
- 7,61 € pour les autres bières.

Remarque : Il existe un régime atténué de taxation des **petites brasseries** (production non supérieure à 200 000 hl) produisant des bières de plus de 2,8 % vol., avec application pour 2020 du tarif de 3,81 € par hectolitre et degré alcoométrique.

TAXE SUR LES MAISONS DE JEUX

Qu'il s'agisse de jeux de hasard où l'on mise sur les chances d'un tiers ou de jeux de commerce où le joueur défend sa propre chance, la somme que l'établissement prélève sur les jeux pratiqués, à l'exclusion du prix des services rendus au client à un autre titre, constitue la **« cagnotte »** sur le montant de laquelle est assise la taxe spécifique comportant des taux progressifs applicables par paliers annuels, le point de départ du premier palier étant fixé au 1er janvier. Cette taxe (qui ne s'applique pas en Corse) est perçue au profit des communes par le service des douanes. **75655**

CGI art. 1559 s
IND, Q-I-9500 s

Les **tarifs** applicables par fraction de recettes annuelles sont les suivants :

Jusqu'à 100 000 €	10 %
De 100 001 € à 1 500 000 €	30 %
De 1 500 001 à 2 600 000 €	40 %
De 2 600 001 à 5 500 000 €	55 %
Pour la fraction supérieure à 5 500 000 €	70 %

Les exploitants déclarent le 1er de chaque mois la recette totale du mois écoulé.

Les infractions à cette réglementation sont réprimées comme en matière de contributions indirectes.

ANCIENNE CONTRIBUTION SUR LES OUVRAGES D'OR, D'ARGENT ET DE PLATINE

Avant le 1er janvier 2019, les ouvrages en métal précieux supportaient une contribution obéissant aux tarifs suivants : **75670**

CGI art. 527
IND, H-II-700 s

- ouvrages en or et platine : 8 € par ouvrage marqué (2 € dans les DOM) ;
- ouvrages en argent : 4 € par ouvrage marqué (1 € dans les DOM).

Cette contribution a été supprimée.

DROIT DE CONSOMMATION SUR LES TABACS

Pour les différents groupes de produits, le taux proportionnel (en pourcentage) ou TP et la part spécifique (en euros) ou PS sont fixés pour la France continentale comme suit du 1er mars 2020 au 31 octobre 2020 : **75675**

CGI art. 575
et 575 A
IND,
N-VII-542 s

Cigarettes : TP : 53,60 ; PS : 62,50.

Cigares : TP : 34,30 ; PS : 41,50.

Tabacs fine coupe destinés à rouler les cigarettes : TP : 47,70 ; PS : 79,30.

Autres tabacs à fumer : TP : 50,60 ; PS : 27,20.

Tabacs à priser : TP : 57,10 ; PS : 0.

Tabacs à mâcher : TP : 40,00 ; PS : 0.

75675 (suite) À compter du 1er novembre 2020, les taux seront les suivants :
Cigarettes : TP : 54,60 ; PS : 62,70.
Cigares : TP : 36,10 ; PS : 46,00.
Tabacs fine coupe destinés à rouler les cigarettes : TP : 48,70 ; PS : 82,10.
Autres tabacs à fumer : TP : 51,30 ; PS : 29,10.
Tabacs à priser : TP : 58,00 ; PS : 0.
Tabacs à mâcher : TP : 40,60 ; PS : 0.

CHAPITRE 7

AUTRES TAXES

SOMMAIRE

TAXE SUR LES SURFACES COMMERCIALES (TASCOM)

Champ d'application La Tascom est due, quelle que soit la forme juridique de l'entreprise exploitante, par les **établissements de commerce de détail** ouverts depuis le 1er janvier 1960 et dont le **chiffre d'affaires** annuel est au moins égal à 460 000 € : 75900 Loi 72-657 du 13-7-1972 modifiée **TD-XV-4100 s**

– lorsqu'ils ont une **surface de vente** supérieure à 400 m^2 ;

– ou lorsque leur surface de vente est inférieure ou égale à 400 m^2, s'ils sont contrôlés directement ou indirectement par une même personne (« tête de réseau ») et exploités sous une même enseigne commerciale dans le cadre d'une **chaîne de distribution intégrée** dont les établissements ont une surface de vente cumulée excédant 4 000 m^2.

› Précisions **a.** Les **établissements de commerce de gros** dont la clientèle est composée de professionnels ou de collectivités ne sont pas considérés comme des magasins de commerce de détail. S'ils réalisent à titre accessoire (moins de 50 % du chiffre d'affaires total) des **ventes à des consommateurs** pour un usage domestique, ils conservent leur qualité de commerces de gros et ne sont soumis à la taxe que sur leur activité de détail lorsque celle-ci atteint 460 000 €. Si les ventes au détail représentent plus de 50 % du chiffre d'affaires, la taxe est due sur le chiffre d'affaires total (BOI-TFP-TSC n° 63).

b. Les **établissements** de commerce de détail **ouverts avant le 1er janvier 1960** ne sont pas redevables de la Tascom.

À cet égard, le Conseil d'État a jugé que, pour échapper à la Tascom, l'activité de commerce de détail exercée dans l'établissement antérieurement au 1er janvier 1960 doit avoir continué à y être exercée depuis de façon continue dans l'ensemble des surfaces de cet établissement. Dès lors, un établissement situé sur deux parcelles différentes dont l'une était exploitée avant 1960 et l'autre non est redevable de la Tascom (CE 25-6-2018 n° 415698 : RJF 10/18 n° 1034). En revanche, un établissement ouvert avant 1960 qui a réduit depuis sa surface exploitée par rapport aux surfaces affectées initialement à la vente au détail n'est pas redevable de la Tascom

(CE 12-10-2018 n° 418315 : RJF 1/19 n° 109). L'exercice d'une activité de commerce de détail de façon continue depuis avant le 1er janvier 1960 n'implique pas l'identité des activités exercées successivement dans les locaux (CE (na) 28-2-2019 n° 424459 : RJF 7/19 n° 719).

75901 TD-XV-4550 s **Fait générateur et calcul de la taxe** Le fait générateur de la taxe est normalement constitué par l'existence de l'établissement au 1er janvier de l'année au titre de laquelle elle est due.

Le montant dû est calculé par application à la **surface** totale de vente au détail d'un **taux** qui varie en fonction du chiffre d'affaires hors taxe par m² réalisé au cours de l'année civile précédente et qui est fixé comme suit :

Chiffre d'affaires annuel hors taxe par m² (CA/S)	Établissements ayant également une activité de vente au détail de carburants [1, 2 et 3]	Autres établissements
Inférieur à 3 000 €	8,32 €	5,74 €
De 3 000 € à 12 000 €	8,32 € + [0,00304 × (CA/S – 3 000)]	5,74 € + [0,00315 × (CA/S – 3 000)]
Supérieur à 12 000 €	35,70 €	34,12 €

CA = chiffre d'affaires annuel hors taxe de l'établissement assujetti.
S = surface de vente au détail.

1. À l'**exception** des établissements ayant pour activité principale la vente ou la réparation de véhicules.
2. Les **établissements concernés** sont non seulement ceux qui exploitent une installation de vente au détail de carburants située sur le même site mais aussi ceux qui contrôlent (directement ou indirectement) une telle installation ou qui sont placés avec celle-ci sous le contrôle (direct ou indirect) de la même personne.
3. La **surface de vente** à prendre en compte pour le calcul de la taxe est **majorée** de 70 m² par position de ravitaillement, sauf si ces positions sont exploitées par un établissement distinct, y compris si ce dernier est contrôlé directement ou indirectement par l'établissement de vente au détail ou si les deux établissements sont contrôlés par une même personne (BOI-TFP-TSC n° 270).

Des **réductions de taux,** qui peuvent se cumuler, sont prévues :
– 30 % en faveur des professions dont l'exercice à titre principal requiert des superficies de vente anormalement élevées (vente de meubles meublants, véhicules automobiles, machinisme agricole, matériaux de construction ou de fleurs, plantes, graines, engrais, animaux de compagnie et aliments pour ces animaux). La condition d'exercice à titre principal est remplie si la vente des catégories de marchandises susvisées représente plus de la moitié du chiffre d'affaires total (BOI-TFP-TSC n° 410) ;
– 20 % pour les établissements dont la surface de vente au détail est comprise entre 400 et 600 m² et dont le chiffre d'affaires annuel est au plus égal à 3 800 €/m².

Les établissements situés à l'intérieur des **quartiers prioritaires** de la politique de la ville bénéficient par ailleurs d'un **abattement** de 1 500 € sur le montant de la taxe due.

Des **majorations du montant de la taxe** sont au contraire prévues dans les situations suivantes :
– 30 % pour les établissements dont la superficie est supérieure à 5 000 m² et dont le chiffre d'affaires annuel hors taxe est supérieur à 3 000 €/m² ;
– 50 % pour les établissements dont la surface de vente excède 2 500 m². Cette majoration s'applique sur le montant de la taxe due après application, le cas échéant, des réductions de taux et de montant et de la majoration de 30 % visées ci-dessus mais avant l'éventuelle modulation du montant de la taxe par la collectivité locale affectataire.

Les **collectivités locales** auxquelles est affecté le produit de la taxe, à l'exclusion de la majoration de 50 % destinée au budget de l'État, peuvent en effet appliquer à la part leur revenant un **coefficient multiplicateur** compris entre 0,8 et 1,2, mais qui ne peut varier de plus de 0,05 chaque année. Le seuil maximal du coefficient multiplicateur est porté à 1,3 pour les collectivités locales qui ont mis en place des abattements sur la base d'imposition à la taxe foncière en application de l'article 1388 quinquies C du CGI (n° 42030, précision e).

› Précisions **a.** En cas d'**exploitation sur une partie** seulement **de l'année précédente** (création d'établissement, nouvel exploitant, fermeture temporaire, etc.), le chiffre d'affaires est annualisé pour apprécier le seuil d'assujettissement de 460 000 € et déterminer le taux de la taxe. Le montant de la taxe est ensuite calculé au prorata de la durée d'exploitation.

b. La **cessation d'exploitation** d'un établissement **en cours d'année** (cessation définitive, cession, fusion, absorption : BOI-TFP-TSC n°s 220 et 295) constitue un fait générateur de la taxe, laquelle est due, dans ce cas, par l'exploitant au prorata de sa période d'activité l'année de la cessation. Pour apprécier le seuil d'assujettissement et déterminer le taux de la taxe, le chiffre d'affaires est annualisé. La surface à prendre en compte est celle existant au jour de la cessation.

c. Aucune diminution de l'assiette de la Tascom n'est appliquée à raison de la présence, sur une **surface unique,** de **différentes sociétés concessionnaires** de portions de surface inférieures à 400 m². La société qui conserve la maîtrise de la surface globale doit être considérée comme l'exploitant redevable de la taxe au titre de l'ensemble du magasin (BOI-TFP-TSC n° 237 ; en même sens CE 12-4-2019 n° 411500, 411508 et 411509 : RJF 7/19 n° 718).

Déclaration et paiement de la taxe Payable auprès du service des impôts des entreprises du lieu où se situe l'établissement, la taxe est déclarée et versée annuellement par l'exploitant **avant le 15 juin,** au moyen d'une déclaration spécifique (3350-SD). Cette déclaration doit mentionner, le cas échéant, le nom de « l'enseigne commerciale » sous laquelle les établissements sont exploités (BOI-TFP-TSC nos 520 à 540). **75902** TD-XV-5700 s

Les redevables soumis à la **majoration de 50 %** du montant de la taxe (no 75901) doivent verser un **acompte,** égal à la moitié de la taxe ainsi majorée, qui s'impute sur le montant de la taxe dû l'année suivante. L'excédent éventuel est restitué. Pour la taxe due au titre de l'année N + 1, l'acompte est déclaré et payé à l'appui de la déclaration 3350-SD en même temps que la taxe due au titre de l'année N (BOI précité nos 560 et 565).

La **taxe** est **déductible** du résultat fiscal : voir no 9860, précision f.

› **Précisions** **a.** La taxe due en cas de **cessation** d'exploitation en cours d'année doit être déclarée et payée avant le 15 du sixième mois suivant la cessation, après imputation le cas échéant de l'acompte versé l'année de la cessation (l'excédent éventuel est restitué).

b. Le **recouvrement** et le contrôle de la Tascom s'effectuent comme en matière de TVA, les **réclamations** étant instruites et jugées selon les règles applicables à cette taxe. Toutefois, la Tascom étant depuis 2011 un impôt local du fait de l'affectation de la majorité de son produit aux collectivités locales, le tribunal administratif statue en premier et dernier ressort sur les litiges relatifs à cette taxe (CE sect. avis 2-6-2017 no 405595 : RJF 8-9/17 no 864).

Taxe additionnelle à la Tascom Une taxe additionnelle à la taxe sur les surfaces commerciales est due par les **personnes** assujetties à cette taxe et à la TVA **qui achètent et revendent des fruits et légumes** à des personnes non assujetties à la TVA et qui ne sont pas partie à des accords de modération des marges de distribution des fruits et légumes frais. Sont toutefois exonérées les personnes dont le chiffre d'affaires annuel afférent aux ventes de fruits et légumes (et celui du groupement de distributeurs dont elles font, le cas échéant, partie) est inférieur à 100 millions d'euros. Le montant de la taxe est égal au résultat de la formule suivante : **75903** CGI art. 302 bis ZA TD-XV-6200 s

$$\text{Montant dû au titre de la Tascom} \times \frac{\text{CA ventes de fruits et légumes}}{\text{CA total}} \times 3.$$

La taxe est déclarée et acquittée lors du dépôt de la déclaration relative à la Tascom (y compris en cas de cessation d'activité : BOI-TFP-TASC no 30).

Elle est liquidée, recouvrée et contrôlée sous les mêmes sanctions, garanties, sûretés et privilèges que la TVA.

TAXE SUR CERTAINES DÉPENSES DE PUBLICITÉ

Champ d'application Sont **redevables** de la taxe les personnes assujetties à la TVA (même exonérées) dont le chiffre d'affaires de l'année civile précédente est supérieur à 763 000 € hors TVA, qui engagent des **dépenses** ayant pour **objet** : **75905** CGI art. 302 bis MA TD-XX-5000 s

– la réalisation ou la distribution d'imprimés publicitaires (prospectus, brochures, lettres, catalogues, etc.), adressés ou non, destinés à des particuliers ou à des professionnels (BOI-TCA-CDP no 20 ; CE 3-12-1999 no 198919 : RJF 1/00 no 136) ;

– les annonces et insertions publicitaires dans les journaux mis gratuitement à la disposition du public.

Sont toutefois **exclues** de l'assiette de la taxe :

– les dépenses engagées pour les besoins d'activités non soumises à la TVA en vertu de l'article 256 B du CGI (nos 47210 s.) (organismes de droit public) ou des articles 261, 4-9° (nos 89535 s.) ou 261, 7-1° du CGI (nos 89200 s.) (organismes sans but lucratif) ;

– les dépenses afférentes à la réalisation ou à la distribution de catalogues adressés, destinés à des opérations de vente par correspondance ou à distance.

› **Précisions** **a.** Le **seuil de 763 000 €** s'apprécie, comme en matière de franchise en base, en retenant toutes les opérations effectuées (hormis les opérations à caractère exceptionnel), quel que soit leur régime au regard de la TVA (no 85575).

Il n'a pas à être ajusté prorata temporis pour déterminer si les **entreprises nouvelles** sont ou non redevables de la taxe l'année suivant celle de leur création.

b. Les **dépenses imposables** s'entendent de toutes les dépenses concourant à la réalisation (conception de la campagne, recherche de l'argumentation, réalisation de maquettes, travaux de composition et d'impression, etc.) et à la distribution (expédition, affranchissement, etc.) des imprimés publicitaires et à la publication des annonces et insertions, que ces opérations soient effectuées par l'annonceur avec ses propres moyens d'exploitation ou que ce dernier ait recours à des prestataires extérieurs (agences, imprimeurs, éditeurs, routeurs, etc.) et quel que soit le mode de facturation (global ou séparé) (BOI-TCA-CDP no 10).

c. Lorsqu'un **organisme réalise ou fait réaliser des dépenses** de publicité **pour le compte d'autres organismes,** les bénéficiaires restent redevables de la taxe au titre de ces dépenses si cet organisme intervient en tant que simple intermédiaire ou en tant que prestataire (dès lors qu'il leur fournit des justificatifs permettant d'identifier les dépenses). À défaut, il est redevable de la taxe (BOI-TCA-CDP n° 70).

75906 TD-XX-5250 s **Liquidation et paiement de la taxe** La taxe est égale à **1 % des dépenses** imposables (hors TVA) engagées au cours de l'année civile précédente. Elle est déclarée et liquidée sur l'annexe 3310 A-SD à la **déclaration** CA3 afférente aux opérations du mois de mars (ou du 1er trimestre) de l'année au titre de laquelle elle est due (ou à souscrire séparément dans le même délai pour les personnes exonérées de TVA ou les redevables au RSI). Elle est acquittée au plus tard lors de la souscription de cette déclaration.

› Précisions **a.** Pour les personnes établies en **Guyane,** la taxe est déclarée et payée avant le 25 avril (BOI-TCA-CDP n° 220).

b. En cas de **cessation d'activité,** la taxe est due pour la dernière fois l'année de la cessation au titre des dépenses engagées durant l'année précédente.

c. Le **recouvrement** et le contrôle de la taxe s'effectuent comme en matière de TVA, les **réclamations** étant instruites et jugées selon les règles applicables à cette taxe.

TAXE SUR LE CHIFFRE D'AFFAIRES DES EXPLOITANTS AGRICOLES

75910 CGI art. 302 bis MB TD-II-50 s Cette taxe est due par les exploitants agricoles au titre de leurs activités agricoles, c'est-à-dire celles qui relèvent d'un régime de TVA agricole (nos 59550 s.).

Sont **exonérés** : les exploitants agricoles placés sous le régime du remboursement forfaitaire agricole, les activités de pêche en eau douce, de conchyliculture et de sylviculture, ainsi que les entreprises nouvelles l'année de leur création.

L'**assiette** de la taxe est constituée par le chiffre d'affaires hors TVA de l'année précédente ou du dernier exercice clos (tel que défini pour l'application de la franchise en base : n° 85575). Les **aides européennes** accordées dans le cadre de la politique agricole commune doivent être prises en compte.

Le **tarif** de la taxe est composé d'une partie forfaitaire fixée, par arrêté, à 90 € par exploitant et d'une partie variable fixée à 0,19 % jusqu'à 370 000 € de chiffre d'affaires et à 0,05 % au-delà.

La taxe fait l'objet d'une **déclaration** et d'une liquidation annuelles :
– sur la déclaration de régularisation CA12 A/CA12 AE, pour les exploitants soumis au régime simplifié agricole (RSA) et n'ayant pas opté pour la souscription de déclarations CA3 trimestrielles ou mensuelles ;
– sur l'annexe (3310 A-SD) à la déclaration CA3 des opérations du premier trimestre ou du mois de mars de l'année ou du premier trimestre ou du troisième mois de l'exercice au titre de laquelle ou duquel la taxe est due, pour les exploitants soumis au RSA qui ont opté pour la souscription de déclarations CA3 trimestrielles ou mensuelles ;
– sur l'annexe (3310 A-SD) à la déclaration CA3 des opérations du premier trimestre ou du mois de mars de l'année au titre de laquelle la taxe est due, pour les exploitants ayant été autorisés à soumettre l'ensemble de leurs opérations au régime de droit commun de la TVA.

Le **paiement** de la taxe est effectué au plus tard à la date limite de souscription de ces déclarations. Aucune compensation avec la TVA ne peut être effectuée.

Le **recouvrement** et le contrôle de la taxe s'effectuent comme en matière de TVA, les **réclamations** étant présentées, instruites et jugées selon les règles applicables à cette taxe.

› Précisions **a.** Pour les **Gaec** dits « **totaux** » (constitués d'associés dont aucun n'exerce, à titre individuel, d'activité agricole), le montant de la partie forfaitaire de la taxe est multiplié par le nombre d'associés. De même, pour la détermination de la partie variable, le seuil de 370 000 € est multiplié par le nombre d'associés.

Les **Gaec** dits « **partiels** » (c'est-à-dire ceux dont l'ensemble des associés exerce, à titre individuel, une activité agricole) sont dispensés du versement de la taxe. Dans cette hypothèse, la taxe est acquittée par les associés au titre de leur exploitation individuelle : chaque associé est redevable de la partie forfaitaire et la partie variable est déterminée en appliquant le tarif par tranches au chiffre d'affaires réalisé à titre individuel augmenté de la quote-part de chiffre d'affaires du Gaec lui revenant (BOI-TCA-CAEA nos 140 et 150).

b. Lorsque la taxe est acquittée au titre d'une **période d'imposition inférieure à douze mois,** la partie forfaitaire de la taxe et le seuil de 370 000 € sont ajustés prorata temporis.

TAXE SUR LES OBJETS ET MÉTAUX PRÉCIEUX

75915 CGI art. 150 VI à 150 VM TD-VII-1 s Les cessions à titre onéreux et les exportations de métaux précieux, de bijoux, d'objets d'art, de collection ou d'antiquité sont soumises à une taxe forfaitaire proportionnelle au prix de cession (ou à la valeur en douane), tenant lieu d'imposition des plus-values.

Le vendeur ou l'exportateur peut toutefois opter pour le **régime** d'imposition de droit commun **des plus-values** sur biens meubles (nos 32740 s.) à condition de justifier de la date et du prix d'acquisition du bien ou que le bien est détenu depuis plus de vingt-deux ans. Cette **option** est irrévocable (CGI ann. II art. 74 S septies).

› Précisions a. Le vendeur a par exemple intérêt à opter si le **bien** est **possédé depuis plus de vingt-deux ans,** la plus-value étant alors exonérée par le jeu de l'abattement annuel. L'option est également avantageuse en cas de **vente aux enchères d'objets reçus par succession** depuis deux ans au plus, la plus-value étant nulle du fait que la valeur d'acquisition (qui est celle retenue pour les droits de succession n° 68430) est égale au prix de vente.
b. L'**option** est en principe exercée, dans le mois qui suit la cession ou lors de l'accomplissement des formalités douanières, sur un **imprimé n° 2092** qui sert également à déclarer la plus-value réalisée. L'impôt doit être payé en même temps. Si l'opération fait intervenir un **intermédiaire** domicilié en France ou, en l'absence d'intermédiaire, un **acquéreur assujetti à la TVA** établi en France, le dépôt de la déclaration 2092 incombe à ceux-ci. Mais les intéressés sont dégagés de toute responsabilité tant en raison des renseignements fournis par le vendeur ou l'exportateur que, le cas échéant, du calcul de la plus-value imposable (CGI ann. II art. 74 S quinquies).

Champ d'application Dès lors que les entreprises industrielles et commerciales n'y sont pas soumises, la taxe s'applique essentiellement aux **particuliers** qui vendent ou exportent : 75920 TD-VII-200 s
– des **métaux précieux** (or, argent, platine) ;
– des **bijoux, objets d'art, de collection ou d'antiquité,** tels que définis au tarif douanier commun, dont le prix de cession ou la valeur en douane excède 5 000 € (ce seuil s'apprécie objet par objet, sauf lorsque les objets cédés ou exportés forment un ensemble : BOI-RPPM-PVBMC-20-10 n° 250).
Les **monnaies** d'or ou d'argent sont assimilées à des objets de collection lorsqu'elles datent d'avant 1800, et à des métaux précieux dans le cas contraire (BOI-RPPM-PVBMC-20-10 n° 20).

Les **opérations imposables** sont les **cessions à titre onéreux** réalisées en France ou dans un autre État membre de l'Union européenne et les **exportations,** autres que temporaires, hors de l'Union européenne. Les cessions sont localisées dans l'État dans lequel se situe physiquement le bien au jour de l'opération (CGI ann. II art. 74 S bis). 75925
Sont **exonérés** :
– les vendeurs ou exportateurs qui n'ont pas leur domicile fiscal en France ; l'exportateur doit toutefois pouvoir justifier d'une importation antérieure, d'une introduction antérieure ou d'une acquisition en France ;
– les cessions à certains musées, aux bibliothèques publiques et aux services d'archives publics ;
– les exportations sous condition de retour en France (exportations temporaires) ;
– la vente ou l'exportation par les artistes de leurs propres œuvres lorsqu'ils en ont la propriété continue depuis la création (BOI-RPPM-PVBMC-20-10 n° 150).

Calcul et paiement de la taxe La taxe est calculée sur le **prix de cession** de l'objet ou sa valeur en douane. Elle est due au **taux** de : 75930 TD-VII-1200 s
– 11 % pour les métaux précieux ;
– 6 % pour les bijoux, objets d'art, de collection ou d'antiquité.
Si le vendeur ou l'exportateur est domicilié fiscalement en France, la CRDS au taux de 0,5 % est également applicable (CGI art. 1600-0 I ; Ord. 96-50 du 24-1-1996 art. 17).

La taxe est **exigible** au moment de la cession ou de l'exportation. Elle est **supportée** par le vendeur ou l'exportateur et, en principe, **acquittée** par lui. Toutefois, en cas d'intervention d'un intermédiaire établi fiscalement en France ou, en l'absence d'intermédiaire, si l'acquéreur est un assujetti à la TVA établi en France, la taxe doit être versée, sous leur responsabilité, par les intéressés. 75931
Une **déclaration,** accompagnée du **paiement** de la taxe, doit être déposée selon les modalités suivantes :
a. Lorsqu'il est assujetti à la TVA, l'**intermédiaire** (qui peut être un officier ministériel) ou l'**acquéreur** déclare la taxe :
– s'il est **redevable de la TVA** : sur l'annexe 3310 A-SD à la déclaration CA3 déposée au titre de la période au cours de laquelle la taxe est devenue exigible ou, s'il est soumis au régime simplifié, sur la déclaration CA12 relative à l'exercice au cours duquel la taxe est devenue exigible ;
– s'il n'est **pas redevable de la TVA** : sur l'annexe à la déclaration CA3 déposée auprès du service dont relève le principal établissement au plus tard le 25 du mois qui suit celui au cours duquel la taxe est devenue exigible.
L'**intermédiaire** qui n'est **pas assujetti à la TVA** souscrit une déclaration n° 2091 dans le mois qui suit la cession au service des impôts dont il dépend ou, s'il s'agit d'un officier ministériel, au service des impôts compétent pour l'enregistrement de l'acte.
b. Pour les **exportations** ou les cessions dans un pays tiers de biens exportés temporairement, la déclaration est effectuée sur un imprimé n° 2091, en même temps que les formalités douanières, par l'intermédiaire domicilié en France ou l'exportateur.

c. Pour les **autres cessions,** le vendeur dépose une déclaration n° 2091 au service des impôts dont il relève dans le mois qui suit la cession.

Les **infractions** sont sanctionnées par une amende fiscale égale à 25 % du montant des droits éludés (CGI art. 1761, 2).

CONTRIBUTION À L'AUDIOVISUEL PUBLIC

75940 CGI art. 1605 à 1605 quater et 1840 W ter TD-V-100 s

Particuliers redevables La contribution à l'audiovisuel public (ex-redevance audiovisuelle) est due par toutes **les personnes physiques** qui sont **imposables à la taxe d'habitation** au titre d'un local meublé affecté à l'habitation et qui détiennent au 1er janvier de l'année d'imposition un téléviseur pour leur usage privatif. Cette dernière condition est réputée remplie dès lors que ces personnes n'ont pas indiqué sur leur déclaration de revenus ne pas détenir un téléviseur (les inexactitudes constatées à cet égard sont sanctionnées par une amende de 150 €). Une seule contribution est due par **foyer fiscal** quel que soit le nombre d'appareils détenus et de résidences imposées à la taxe d'habitation (résidence principale et éventuelles résidences secondaires).

> **Précisions** **a.** En cas de **cohabitation de personnes ne faisant pas partie du même foyer fiscal** (concubins par exemple), chacune d'elles doit déclarer détenir un téléviseur mais une seule contribution est due par le redevable de la taxe d'habitation, quels que soient le nombre d'appareils détenus, leur propriétaire et le nombre de cooccupants (BOI-PAT-CAP-30 n° 10).
> **b.** Sont **exonérées** de la contribution :
> – les personnes exonérées ou dégrevées totalement de la taxe d'habitation visées aux nos 43040 à 43070 ;
> – les personnes âgées ou invalides qui étaient déjà exonérées de la contribution dans le cadre du régime antérieur à 2005, dès lors qu'elles satisfont, chaque année depuis 2005, aux conditions suivantes : ne pas être imposées à l'impôt sur le revenu au titre de l'année précédant celle au cours de laquelle la contribution est due, remplir la condition d'occupation de l'habitation visée aux nos 42315 s. et ne pas être passibles de l'IFI au titre de l'année précédant celle au cours de laquelle la contribution est due ;
> – les personnes dont le revenu fiscal de référence (n° 42332) est nul ;
> – les personnes, définies n° 43110, bénéficiant du dégrèvement de taxe d'habitation prévu en faveur des victimes du terrorisme et des membres des forces de l'ordre décédés en mission.

75941 **Professionnels redevables** La contribution est due par tous les professionnels (**personnes physiques et personnes morales**) détenant un téléviseur au 1er janvier de l'année d'imposition dans un local situé en France. Pour ces personnes, une contribution est due pour chaque appareil détenu (sous réserve de certains abattements ou minorations).

Certains **organismes ou établissements** sont **exonérés,** notamment : associations caritatives hébergeant des personnes en situation d'exclusion ; certains établissements sociaux et hospitaliers ; personnes morales de droit public pour leurs activités non assujetties à la TVA ; établissements d'enseignement publics ou privés sous contrat d'association avec l'État et centres de formation des apprentis (sous certaines conditions).

75942 TD-V-2150 s

Montant, paiement de la contribution et obligations déclaratives Pour 2020, les montants de la contribution sont les suivants : 138 € pour la France métropolitaine ; 88 € pour les départements d'outre-mer (Loi 2019-1479 du 28-12-2019 art. 88). Il existe des régimes particuliers pour les appareils loués et ceux installés dans les débits de boissons.

Pour les **particuliers,** le **paiement** de la contribution s'effectue en même temps que celui de la taxe d'habitation. L'option pour le paiement mensuel exercée pour cette dernière taxe vaut également pour la contribution (CGI art. 1681 ter).

Pour les **professionnels redevables de la TVA,** la contribution doit être déclarée et acquittée sur l'annexe (3310 A-SD) à la déclaration CA3 de TVA souscrite au titre du mois de mars ou du premier trimestre de l'année au cours de laquelle elle est due, ou sur la déclaration annuelle (CA12/CA12 E) souscrite dans le courant de l'année au cours de laquelle elle est due.

Les **professionnels non redevables de la TVA** doivent déclarer et acquitter la contribution, auprès du service des impôts des entreprises dont relève leur siège ou principal établissement, en utilisant l'annexe (3310 A-SD) à la déclaration CA3 de TVA, au plus tard le 25 avril de l'année au titre de laquelle la contribution est due.

Le **défaut ou retard de déclaration** de la contribution par les professionnels ainsi que les omissions ou inexactitudes constatées dans leurs déclarations sont sanctionnés par une amende de 150 € par appareil.

> **Précisions** **a.** Le **contrôle,** le **recouvrement,** le **contentieux,** les garanties, sûretés et privilèges sont régis, pour les particuliers, comme en matière de taxe d'habitation et, pour les professionnels, comme en matière de TVA. Le droit de reprise de l'administration s'exerce jusqu'à la fin de la troisième année suivant celle au cours de laquelle la contribution est due (LPF art. L 172 F), sauf lorsque le rehaussement de la contribution est la conséquence d'un rehausse-

ment de taxe d'habitation, auquel cas il est fait application du délai de reprise prévu pour cette taxe (voir n° 77735).

b. Toute **vente de téléviseur** doit être **déclarée** par le vendeur à l'administration chargée du contrôle de la contribution, sous peine d'une amende de 150 €. Si la déclaration n'est pas déposée dans les trente jours d'une première mise en demeure, l'amende est de 150 € par appareil. Il en est de même pour les omissions constatées dans la déclaration.

c. Les établissements **diffuseurs ou distributeurs de services payants** de programmes **de télévision** doivent fournir à l'administration, sur sa demande, les éléments des contrats de certains de leurs clients nécessaires à l'établissement de l'assiette de la contribution (identité, adresse et date du contrat) (LPF art. L 96 E). À défaut ou en cas de renseignements inexacts ou incomplets, il est fait application d'une amende de 15 € par information inexacte ou manquante (CGI art. 1840 W quater).

d. La contribution est soumise à la **TVA** (voir n° 47490).

ŒUVRES, ÉTABLISSEMENTS ET SPECTACLES PORNOGRAPHIQUES OU VIOLENTS

a. Un **prélèvement spécial** non déductible des résultats imposables frappe les bénéfices ou la fraction des bénéfices industriels et commerciaux, imposables à l'impôt sur le revenu ou à l'impôt sur les sociétés, tirés des **opérations** suivantes : **75945** CGI art. 235 ter M, 235 ter MB, et 1605 sexies à 1605 octies **TD-V-10000 s**

– production, distribution ou représentation de films ou supports vidéo pornographiques ou d'incitation à la violence (figurant sur des listes fixées par arrêtés) ;

– représentations théâtrales pornographiques (œuvres déterminées par arrêté) ;

– exploitation d'établissements visés au 4° de l'article 279 bis du CGI (sex-shops : voir n° 61795) ;

– vente et location de publications et de supports vidéo à caractère pornographique ou d'incitation à la violence.

Le **montant** du prélèvement est égal à 33 % des bénéfices déterminés avant imputation des déficits reportables.

Le prélèvement fait l'objet d'une **déclaration,** accompagnée du **paiement** :

– pour les redevables de la TVA soumis au régime réel normal d'imposition (ou du mini-réel), sur l'annexe 3310 A-SD à la déclaration CA3 de TVA souscrite au titre du mois d'avril ou du deuxième trimestre de l'année au cours de laquelle il est dû (ou, pour les redevables dont l'exercice comptable ne coïncide pas avec l'année civile, au titre du troisième mois ou du premier trimestre qui suit la clôture de l'exercice) ;

– pour les redevables de la TVA soumis au régime simplifié d'imposition, sur la déclaration annuelle CA12/CA12 E déposée dans le courant de l'année au cours de laquelle il est dû ;

– pour les non-redevables de la TVA, sur l'annexe 3310 A-SD susvisée souscrite auprès du service des impôts des entreprises dont relève le siège ou le principal établissement, au plus tard le 25 mai de l'année au cours de laquelle le prélèvement est dû (ou le 25 du quatrième mois qui suit la clôture de l'exercice comptable).

b. Taxe spéciale due par les distributeurs de films et vidéogrammes pornographiques ou d'incitation à la violence qui ne sont pas soumis aux procédures d'agrément prévues en matière de soutien financier à l'industrie du cinéma (**films « sauvages »**), ou qui sont produits par des entreprises non établies en France : voir TD-V-10700 s.

TAXE SUR LES SERVICES FOURNIS PAR LES OPÉRATEURS DE COMMUNICATIONS ÉLECTRONIQUES

Est **redevable** de cette taxe tout opérateur de communications électroniques, au sens de l'article L 32 du Code des postes et des communications électroniques, qui fournit un service en France et qui a fait l'objet d'une déclaration préalable auprès de l'Autorité de régulation des communications électroniques, des postes et de la distribution de la presse en vertu de l'article L 33-1 du même Code. **75954** CGI art. 302 bis KH **TD-V-18000 s**

La taxe est **assise** sur le montant hors TVA des abonnements et autres sommes acquittées par les usagers à l'opérateur en rémunération des services de communications électroniques fournis. Le montant des **amortissements** comptabilisés au cours de l'exercice clos au titre de l'année au cours de laquelle la taxe est devenue exigible est déduit de l'assiette lorsqu'ils sont afférents aux matériels et équipements acquis à compter du 7 mars 2009 pour les besoins des infrastructures et réseaux de communications électroniques établis sur le territoire national et dont la durée d'amortissement est au moins égale à dix ans.

Sont **exclues de l'assiette** de la taxe les sommes acquittées par les opérateurs au titre des prestations d'interconnexion et d'accès faisant l'objet des conventions définies à l'article L 34-8, I du Code des postes et des communications électroniques et des prestations de diffusion ou de transport des services de communication audiovisuelle (voir cependant ci-dessous pour les services compris dans une offre composite) ainsi que les sommes acquittées au titre de l'utilisation de services universels de renseignements téléphoniques mentionnés à l'article R 10-7 du Code des postes et des communications électroniques.

L'**exigibilité** de la taxe est constituée par l'encaissement du produit des abonnements et autres sommes taxables.

La taxe est calculée au **taux** de 1,3 % sur la fraction de l'assiette qui excède 5 000 000 €. Lorsque les services de communications électroniques fournis sont compris dans une **offre composite** comprenant des services de télévision, les sommes versées au titre de la taxe font l'objet d'un abattement de 50 % (étant précisé que, dans cette hypothèse, l'assiette de la taxe doit inclure les sommes acquittées au titre des prestations de diffusion ou de transport des services de communication audiovisuelle).

La taxe est liquidée lors de la souscription des **déclarations** CA3 par **acomptes** mensuels ou trimestriels au moins égaux, respectivement, au douzième ou au quart du montant de la taxe due au titre de l'année civile précédente et fait l'objet d'une **régularisation** annuelle sur la déclaration CA3 du mois de mars ou du premier trimestre de l'année suivante (CGI art. 1693 sexies).

Elle est recouvrée et contrôlée comme en matière de TVA, les **réclamations** étant instruites et jugées selon les règles applicables à cette taxe.

TAXE SUR LA DIFFUSION EN VIDÉO PHYSIQUE ET EN LIGNE DE CONTENUS AUDIOVISUELS

75955 CGI art. 1609 sexdecies B TD-V-14000 s

Cette taxe est **due** à raison des **opérations suivantes** :
– vente et location en France de vidéogrammes (DVD, Blu-ray, etc.) destinés à l'usage privé du public ;
– mise à disposition du public en France de services donnant accès à titre onéreux à des œuvres cinématographiques ou audiovisuelles, sur demande individuelle formulée par un procédé de communication électronique (services dits de « vidéo à la demande ») ;
– mise à disposition du public en France de services donnant ou permettant l'accès à titre gratuit à des contenus audiovisuels, sur demande individuelle formulée par un procédé de communication électronique. Sont toutefois exonérés les services dont les contenus audiovisuels sont secondaires, les services dont l'objet principal est consacré à l'information, ainsi que les services dont l'objet principal est de fournir des informations relatives aux œuvres cinématographiques et audiovisuelles et à leur diffusion auprès du public et d'en assurer la promotion, au moyen notamment d'extraits ou de bandes-annonces.

Les services sont réputés mis à la disposition du public en France lorsqu'ils sont effectués en faveur des personnes non assujetties à la TVA qui sont établies, ont leur domicile ou leur résidence habituelle en France.

Sont **redevables** de la taxe les personnes établies en France ou hors de France :
– qui vendent ou louent en France des vidéogrammes à toute personne qui n'a pas elle-même pour activité la vente ou la location de ces biens. La taxe est **assise** sur le montant hors TVA du prix acquitté en contrepartie des opérations de ventes et locations, après application d'un abattement de 65 % (toutefois, cet abattement ne s'applique pas lorsque les opérations de ventes et de location concernent des œuvres ou documents cinématographiques ou audiovisuels à caractère pornographique ou d'incitation à la violence) (Loi 2019-1479 du 28-12-2019 art. 193) ;
– qui mettent à disposition du public en France des services mentionnés au 2e tiret ci-dessus. La taxe est assise sur le montant hors TVA du prix acquitté en contrepartie de l'accès à ces services ainsi que des sommes versées par les annonceurs et les parrains pour la diffusion de leurs messages publicitaires ou de parrainage sur lesdits services ;
– qui mettent à disposition du public en France des services mentionnés au 3e tiret ci-dessus, notamment celles dont l'activité est d'éditer des services de communication au public en ligne ou d'assurer pour la mise à disposition du public par des services de communication au public en ligne le stockage de contenus audiovisuels. La taxe est assise sur le montant hors TVA des sommes versées par les annonceurs et les parrains pour la diffusion de leurs messages publicitaires ou de parrainage sur lesdits services (y compris les sommes versées à des régies publicitaires et reversées par ces dernières aux fournisseurs des services) ;
– qui encaissent des sommes versées par les annonceurs et les parrains pour la diffusion de leurs messages publicitaires ou de parrainage (régies publicitaires) sur les services à titre gratuit donnant accès à des contenus audiovisuels en ligne. La taxe est assise sur la fraction des sommes (hors TVA) qui n'est pas reversée aux fournisseurs des services.

Les sommes versées par les annonceurs et les parrains font l'objet d'un abattement de 66 % pour les services donnant ou permettant l'accès à des contenus audiovisuels créés par des auteurs privés à des fins de partage et d'échanges au sein de communautés d'intérêt.

Sont exclues de l'assiette les recettes de publicité ou de parrainage versées pour la diffusion des messages sur les services de télévision de rattrapage, qui sont déjà soumises à la taxe sur les services de télévision.

Pour les redevables établis en France, est également exclu le montant acquitté au titre d'une taxe due à raison de l'une des opérations imposables dans un autre État membre de l'UE, autre que la TVA.
Par ailleurs, pour les opérateurs qui donnent accès à titre gratuit à des contenus audiovisuels en ligne et les régies publicitaires, la taxe est calculée après un abattement de 100 000 €, réparti entre ces opérateurs au prorata de l'assiette respective établie pour chacun d'entre eux.
Le **taux** de la taxe est fixé à 5,15 %. Il est porté à 15 % lorsque les opérations imposables concernent des œuvres et documents cinématographiques ou audiovisuels à caractère pornographique ou d'incitation à la violence (films interdits aux mineurs ou exclus du soutien financier de l'industrie cinématographique) (Loi 2019-1479 du 28-12-2019 art. 193). Le chiffre d'affaires tiré de ces opérations doit apparaître distinctement en comptabilité.

La taxe est **exigible** dans les mêmes conditions que la TVA (nos 52500 s.). Elle est déductible du résultat imposable.

Les personnes soumises au régime du réel normal de TVA (ou du mini-réel) doivent **déclarer** la taxe, accompagnée du **paiement,** sur l'annexe (3310 A-SD) à la **déclaration** CA3 souscrite au titre de la période concernée (mois ou trimestre). Les personnes soumises au régime simplifié doivent déclarer et acquitter la totalité de la taxe lors de la souscription de la déclaration annuelle (CA12/CA12 E).

Le **recouvrement** et le contrôle de la taxe, ainsi que les **réclamations,** obéissent aux règles applicables en matière TVA.

> **Précisions** **a.** Le montant des **abonnements** spécifiques à la **« vidéo à la demande »** est compris dans l'assiette de la taxe. Il est admis que le montant de l'abonnement qui permet d'avoir accès à différents services (télévision, Internet, « vidéo à la demande ») n'est pas soumis à la taxe dans la mesure où chaque téléchargement fait l'objet d'une facturation individualisée. En cas de souscription pour un prix forfaitaire, le redevable peut procéder à une ventilation du prix traduisant la réalité économique, quel que soit le taux de la taxe (BOI-TCA-VLV n° 110).
> **b.** Une société ayant une activité de vente de vidéogrammes est redevable de la taxe à raison des **ventes effectuées aux particuliers, directement ou en kiosques** par l'intermédiaire de sociétés de distribution (CE 21-6-2019 n° 407012 : RJF 10/19 n° 986).

CONTRIBUTION SUR LES DROITS DE RETRANSMISSION DE MANIFESTATIONS SPORTIVES

Une contribution est due, au taux de 5 %, sur la **cession des droits de diffusion** de manifestations ou de compétitions sportives à tout média opérant par voie de communication électronique (télévision, satellite, câble, Internet, téléphonie mobile, etc.). **75960** CGI art. 302 bis ZE TD-XX-7000 s
Elle fait l'objet d'une **déclaration,** accompagnée du **paiement,** sur l'annexe 3310 A-SD à la déclaration CA3 du mois ou du trimestre pour les personnes relevant du régime réel normal de TVA (ou du mini-réel). La contribution est également déclarée et liquidée sur l'annexe 3310 A-SD à la déclaration CA3 par les personnes exonérées de TVA. Les personnes relevant du RSI doivent déclarer et liquider la totalité de la contribution lors de la déclaration annuelle CA12/CA12 E (BOI-TCA-RSP nos 160 à 180).
Le **recouvrement** et le contrôle de la contribution sont effectués comme en matière de TVA, les **réclamations** étant instruites et jugées selon les règles applicables à cette taxe.

TAXE ANNUELLE DE 3 % SUR LES IMMEUBLES

Champ d'application La taxe concerne en principe toutes les **entités juridiques françaises ou étrangères,** qu'il s'agisse de personnes morales, organismes, fiducies ou institutions comparables (trusts, fonds d'investissement), qui, directement ou par entité interposée, possèdent un ou plusieurs immeubles en France (ou des droits réels portant sur ces biens). De **nombreuses exceptions** réduisent toutefois de façon sensible le champ d'application de la taxe. **75965** CGI art. 990 D à 990 G ENR-XI-8500 s

> **Précisions** Est considérée comme une **entité interposée** toute entité juridique qui détient une participation, quelles qu'en soient la forme et la quotité, dans une autre personne morale, organisme, fiducie ou institution comparable propriétaire de biens ou droits immobiliers situés en France (interposition simple) ou qui détient une participation dans une troisième personne morale, organisme, fiducie ou institution comparable, elle-même propriétaire des biens ou droits, ou interposée dans une chaîne de participations (interposition multiple), quel que soit le nombre d'entités juridiques interposées.
> Lorsqu'un immeuble situé en France appartient à une entité qui constitue le premier maillon d'une **chaîne de participations,** les entités redevables de la taxe sont les entités non exonérées qui constituent le maillon le plus proche de l'immeuble. Lorsque ce dernier est une entité exonérée, il convient de remonter à l'échelon supérieur pour taxer, éventuellement au prorata de ses droits dans la ou les entités interposées, l'entité non exonérée.

75970 CGI art. 990 E ENR-XI-9050 s

Entités exonérées Échappent à la taxe de 3 % :

a. Les **organisations internationales,** les **États** souverains, leurs subdivisions politiques et territoriales et les personnes morales, organismes, fiducies (ou institutions comparables) qu'ils contrôlent majoritairement ;

b. Les entités juridiques (personnes morales, organismes et fiducies ou institutions comparables) dont les **immeubles** situés en France représentent **moins de 50 % des actifs français détenus directement ou indirectement.** Pour calculer la limite de 50 %, on ne retient pas les immeubles affectés par ces entités (ou les entités interposées) à leur propre activité professionnelle autre qu'immobilière ou à celle d'une entité juridique avec laquelle elles ont un lien de dépendance au sens de l'article 39, 12 du CGI (n° 10425, précision a). Ne sont ainsi pas retenus au numérateur du rapport les immeubles loués à des entités opérationnelles du même groupe. Par ailleurs, les immeubles des marchands de biens et des promoteurs immobiliers sont pris en compte pour déterminer la prépondérance immobilière mais ne sont pas soumis à la taxe (voir n° 75975) ;

c. Les **entités** juridiques **cotées** dont les actions, parts et autres droits font l'objet de négociations significatives et régulières sur un marché réglementé ainsi que les personnes morales dont ces entités détiennent directement ou indirectement la totalité du capital social ;

d. À condition d'avoir leur siège en **France,** dans un État de l'**Union européenne** ou dans un pays ou territoire ayant conclu avec la France une **convention fiscale d'assistance** administrative en vue de lutter contre la fraude et l'évasion fiscales ou dans un État ayant conclu avec la France un traité comportant une **clause d'égalité de traitement** :

– les entités juridiques dont la **quote-part** du ou des immeubles situés en France ou des droits réels détenus directement ou indirectement portant sur ces biens est **inférieure à 100 000 € ou à 5 %** de la valeur vénale desdits biens ou droits (l'administration apprécie ces seuils bien par bien : BOI-PAT-TPC 20-20 n° 180) ;

– les entités gérant des **régimes de retraite** (et leurs groupements) et les **groupements reconnus d'utilité publique** ou dont la gestion est désintéressée, dont l'activité ou le financement justifie la propriété des immeubles ou droits immobiliers ;

– les sociétés de placement à prépondérance immobilière à capital variable (**Sppicav**) et les fonds de placement immobilier (**FPI**) non constitués sous la forme d'organismes professionnels de placement collectif immobilier et les organismes étrangers équivalents ;

– les entités juridiques qui prennent, dans les deux mois suivant la date d'acquisition de l'immeuble ou de la participation, l'**engagement de communiquer à l'administration,** sur sa demande, certaines informations concernant le ou les immeubles et les actionnaires, associés ou autres membres détenant plus de 1 % des actions, parts ou autres droits. Les sociétés qui souscrivent chaque année une déclaration n° 2072 (**sociétés immobilières de location**) ou une déclaration n° 2038 (**sociétés de « multipropriété »**) n'ont pas à produire cet engagement. Il en va de même des sociétés civiles immobilières dispensées de souscrire la déclaration n° 2072 dans les conditions prévues au n° 30740, précision a (BOI-PAT-TPC-20-20 n° 380) ;

– les entités juridiques qui souscrivent chaque année une **déclaration n° 2746-SD.** Cet imprimé doit parvenir à l'administration au plus tard le 15 mai et indiquer le lieu de situation des immeubles, leur consistance et leur valeur vénale au 1er janvier ainsi que l'identité des actionnaires, associés ou autres membres détenant plus de 1 % des actions, parts ou autres droits et le nombre d'actions, parts ou autres droits détenus par chacun. Dans ce cas, l'exonération est proportionnelle au nombre de titres pour lesquels l'identité et l'adresse du détenteur ont été révélées.

75975 CGI art. 990 D, 990 F et 990 G ENR-XI-10230 s

Liquidation et paiement de la taxe La taxe est assise, au taux de 3 %, sur la **valeur vénale** des immeubles ou droits immobiliers possédés au 1er janvier de l'année d'imposition, à l'exception des biens régulièrement inscrits dans les stocks des personnes morales exerçant la profession de **marchand de biens** ou de **promoteur-constructeur.** Toute **entité** juridique **interposée** entre le ou les débiteurs de la taxe et les immeubles ou droits immobiliers est solidairement responsable du paiement de cette taxe.

Les redevables doivent souscrire (en double exemplaire) une **déclaration** n° 2746-SD, accompagnée du paiement de la taxe, avant le 16 mai de chaque année. Le lieu de dépôt de la déclaration est fixé à l'article 121 K ter de l'annexe IV au CGI.

La taxe n'est libératoire ni de l'impôt sur les sociétés ni de l'impôt sur le revenu, ces impôts demeurant exigibles dans les conditions de droit commun ; elle n'est en outre **pas déductible** pour l'assiette de ces impôts.

> Précisions **a.** À compter d'une date fixée par décret, et au plus tard le 31 décembre 2020, la déclaration n° 2746 devra être souscrite par **voie électronique** (Loi 2017-1775 du 28-12-2017 art. 76).
b. La taxe est recouvrée suivant les règles, **sanctions** et garanties applicables aux droits d'enregistrement (voir notamment n°s 80160 s.).
c. Les **entités étrangères** redevables qui ne sont pas établies dans l'Union européenne, en Islande ou en Norvège peuvent être invitées par

le service des impôts à désigner un **représentant en France** (n° 36405, b).

d. En cas de **cession des immeubles** par une entité qui n'est établie ni dans l'Union européenne, ni en Islande ou en Norvège, le représentant en France visé au n° 32687 est responsable du paiement de la taxe restant due à la date de la cession.

PRÉLÈVEMENT SPÉCIFIQUE SUR LES TRUSTS

En cas de **défaut de déclaration d'actifs** placés dans un trust (déclaration à l'IFI par les constituants ou bénéficiaires réputés constituants du trust ou, lorsque leur patrimoine immobilier est inférieur au seuil d'imposition, déclaration spécifique par l'administrateur du trust ; voir respectivement n°s 71310 et 78307), un prélèvement fixé au taux maximum de l'IFI, soit actuellement **1,50 %**, est exigible. 75977 CGI art. 990 J ENR-IX-19600 s

Bénéficient d'une **exonération** les trusts dont l'administrateur est soumis à la loi d'un État ou territoire ayant conclu avec la France une convention d'assistance administrative en vue de lutter contre la fraude et l'évasion fiscales, les trusts « caritatifs » et ceux constitués en vue de gérer les droits à pension acquis, au titre de leur activité professionnelle, par les bénéficiaires dans le cadre d'un régime de retraite mis en place par une entreprise ou un groupe d'entreprises.

Sont **redevables** du prélèvement les constituants ou bénéficiaires d'un trust, personnes physiques :

– domiciliées en France, à raison de l'ensemble des actifs compris dans l'assiette de l'IFI (n° 71310) composant le trust (situés en France ou hors de France) ;

– domiciliées hors de France, à hauteur des seuls actifs imposables à l'IFI mentionnés à l'article 964, 2° du CGI (n° 71105) composant le trust.

L'**assiette** du prélèvement est constituée par la valeur vénale au 1er janvier de l'année d'imposition des actifs composant le trust (sans application des exonérations prévues en matière d'IFI : BOI-PAT-IFI-20-20-30-20 n° 190).

Une **déclaration,** accompagnée du **paiement** du prélèvement, doit être effectuée par l'administrateur du trust au plus tard le 15 juin de chaque année au service des impôts des entreprises étrangères. À défaut, le constituant et les bénéficiaires (autres que ceux qui ont régulièrement déclaré les actifs imposables à l'IFI) sont solidairement responsables du paiement du prélèvement.

› Précisions **a.** La **non-déclaration d'actifs exonérés d'IFI** ne vaut pas défaut de déclaration entraînant l'application du prélèvement. Il en est de même lorsque l'absence de déclaration résulte de l'application d'une **convention fiscale** (BOI-PAT-IFI-20-20-30-20 n° 200).

b. Le prélèvement sur les trusts n'est pas couvert par les stipulations des **conventions internationales** d'élimination des doubles impositions en matière d'impôt sur le revenu et la fortune (BOI-PAT-IFI-20-20-30-20 n° 130).

c. L'application du prélèvement spécifique sur les actifs placés en trust non déclarés exclut toute imposition des **mêmes biens** à l'**IFI** (CE 25-9-2017 n° 412024 : RJF 12/17 n° 1225).

TAXE SUR LES LOGEMENTS VACANTS

Champ d'application Cette taxe est applicable dans les **communes appartenant à des agglomérations de plus de 50 000 habitants** où existe un déséquilibre marqué entre l'offre et la demande de logements. La liste des communes concernées est fixée par le décret 2013-392 du 10 mai 2013, modifié par le décret 2015-1284 du 13 octobre 2015. 75980 CGI art. 232 TD-XX-6000 s

La taxe frappe les **logements habitables volontairement laissés inoccupés depuis au moins un an** au 1er janvier de l'année d'imposition.

Les **redevables** sont les personnes physiques ou morales qui ont la qualité de propriétaire du logement, d'usufruitier ou de preneur d'un bail à construction, d'un bail à réhabilitation ou d'un bail emphytéotique.

› Précisions Ne sont pas soumis à la taxe :

– les **logements occupés plus de 90 jours consécutifs** au cours de la période de référence ;

– les logements meublés (**résidences secondaires**) soumis à la taxe d'habitation (BOI-IF-AUT-60 n° 80) ;

– les locaux dont la mise en état d'habitation nécessiterait des **travaux** importants, d'un montant supérieur en pratique à 25 % de la valeur vénale du logement (BOI-IF-AUT-60 n° 60) ;

– les **logements** dont la vacance est involontaire, tels ceux **mis en location ou en vente** au prix du marché et ne trouvant pas preneur (BOI-IF-AUT-60 n° 140).

Calcul et paiement L'**assiette** de la taxe est constituée par la valeur locative du logement retenue pour la taxe d'habitation. 75985 TD-XX-6550 s

Le **taux** d'imposition varie en fonction de la durée de vacance du bien : 12,5 % la première année d'imposition et 25 % à compter de la deuxième.

L'imposition est établie annuellement dans la commune de situation du logement. Aucune **obligation déclarative** n'incombe aux contribuables. Le contrôle, le recouvrement, le contentieux, les garanties et les sanctions de la taxe sont régis comme en matière de taxe foncière sur les propriétés bâties.

TAXE SUR LES CONVENTIONS D'ASSURANCES

76000 CGI art. 991 s. ENR-XI-16000 s

Sous réserve des exonérations expressément prévues, toute convention d'assurance conclue avec une société ou compagnie d'assurance ou avec tout autre assureur français ou étranger est soumise, quels que soient le lieu et la date auxquels elle est ou a été conclue, à une taxe annuelle obligatoire.

L'**assiette** de cette taxe est constituée par le montant des sommes stipulées au profit de l'assureur (primes ou cotisations…) et des accessoires dont celui-ci bénéficie directement ou indirectement du fait de l'assuré (frais dérivant du contrat, indemnités de résiliation…).

Le **tarif** de la taxe varie selon le risque assuré (voir nº 76010).

Le **fait générateur** de la taxe est la date d'échéance des primes ou cotisations.

La **liquidation** de la taxe et son **paiement** sont effectués chaque mois par l'assureur, le courtier ou l'intermédiaire après dépôt d'une déclaration nº 2787-SD.

La taxe doit être acquittée par virement direct sur le compte du Trésor ouvert à la Banque de France lorsque son montant dépasse 1 500 € (CGI art. 1723 quindecies), sous peine d'une majoration de 0,2 % (CGI art. 1738, 1-al. 1).

Les assureurs, les courtiers, les intermédiaires et les assurés sont tenus solidairement pour le paiement de la taxe et des pénalités (CGI art. 1708). Les **assureurs étrangers** établis en dehors de l'EEE sont tenus de faire agréer un représentant en France personnellement responsable du paiement de la taxe (CGI art. 1004).

À la taxe sur les conventions d'assurances proprement dite s'ajoutent, le cas échéant, des **contributions additionnelles** destinées à l'alimentation de certains fonds de garantie (voir nº 76015).

> **Précisions** À compter d'une date fixée par décret et **au plus tard à compter du 1er janvier 2022,** la déclaration nº 2787-SD devra être souscrite par **voie électronique** et le paiement de la taxe devra être effectué par **télépaiement** (Loi 2019-1479 du 28-12-2019 art. 166).

76005 CGI art. 995 à 1000 ENR-XI-17000 s

Exonérations Sont notamment exonérés de la taxe sur les conventions d'assurances :

– les contrats d'**assurances** sur la **vie** et assimilés (y compris les contrats de rente viagère) à l'exception des contrats d'assurance décès souscrits en garantie du remboursement d'un prêt (CGI art. 995, 5º-dernier al.) et à l'exception des contrats d'assurance décès reconduits ou renégociés en cas de prolongation, augmentation ou réduction de la prime ou du capital assuré (BOI-TCAS-ASSUR-10-40-30-10 nº 195) ;

– les assurances **de groupe** ou les opérations d'assurances collectives souscrites dans un cadre professionnel ou dans un cadre de régime collectif de retraite (CGI art. 998, 1º) ;

– les contrats d'assurance **dépendance** (CGI art. 995, 14º) ;

– les assurances dites « **indemnités de fin de carrière** » ainsi que celles prévoyant le versement d'**indemnités de cessation d'activité,** lorsque certaines conditions sont remplies (CGI art. 998, 3º) ;

– les contrats d'assurance **maladie complémentaire** soumis à la taxe de solidarité additionnelle visée à l'article L 862-4 du CSS (CGI art. 995, 18º) ;

– les contrats d'assurances sur marchandises transportées et responsabilité civile du transporteur des **transports terrestres** (CGI art. 995, 7º) ;

– les contrats d'assurances contre les risques de toute nature relatifs aux **véhicules utilitaires** d'un poids total autorisé en charge (PTAC) supérieur à 3,5 tonnes, à l'exception de la part se rapportant à la garantie obligatoire d'assurance de responsabilité civile (CGI art. 995, 11º) ;

– les contrats d'assurances contre les risques de **navigation maritime, fluviale ou aérienne** (CGI art. 995, 3º et 4º) ;

– les contrats d'assurances sur les **installations d'énergies marines renouvelables** au sens de l'article L 111-6 du Code des assurances (CGI art. 995, 19º) ;

– les contrats d'assurances garantissant certains **risques spécifiquement agricoles,** à l'exception de la part se rapportant à la garantie de responsabilité civile des véhicules agricoles (CGI art. 995, 12º) ;

– les contrats garantissant les **risques de gel et de tempêtes sur récoltes** ou sur bois sur pied (CGI art. 995, 6º) ;

– les contrats souscrits par les exploitants de **remontées mécaniques** dans le cadre du système mutualiste d'assurance contre les aléas climatiques (CGI art. 995, 17º) ;

– les assurances des **crédits à l'exportation** (CGI art. 995, 8º) ;

– les contrats de garantie souscrits auprès des entreprises d'assurances au profit des **fonds communs de créances** (CGI art. 995, 9º) ;

– les contrats d'assurance de responsabilité civile des centres de **transfusion sanguine** (CGI art. 995, 10º).

Tarifs 76010

CGI art. 1001
ENR-XI-23000 s

Objet des contrats	Tarif [1]
Assurance **incendie** :	
– Tarif normal	30 %
– Contrats souscrits auprès des caisses départementales	24 %
– Risques agricoles non exonérés	7 %
– Biens affectés à une activité industrielle, commerciale, artisanale ou agricole et bâtiments administratifs des collectivités locales	7 %
– Pertes d'exploitation consécutives à l'incendie des mêmes biens	7 %
Assurance de **protection juridique** n'ayant pas pour objet exclusif ou principal la réparation d'un préjudice personnel de l'assuré, à la suite d'un accident	13,4 %
(L'assurance de protection juridique ayant pour objet exclusif ou principal la réparation d'un préjudice personnel de l'assuré, à la suite d'un accident, est passible du taux des assurances non tarifées spécialement.)	
Assurance relative aux risques non exonérés afférents aux **véhicules terrestres à moteur** (risques de toute nature autres que l'obligation d'assurance de responsabilité civile prévue à l'article L 211-1 du Code des assurances) (CGI art. 1001, 5° bis)	18 %
Assurance relative à l'obligation d'assurance de responsabilité civile pour les véhicules d'un PTAC supérieur à 3,5 tonnes et les véhicules des exploitations agricoles (CGI art. 1001, 5° quater-al. 1)	15 %
Assurance relative à l'obligation d'assurance de responsabilité civile pour les autres véhicules (CGI art. 1001, 5° quater-al. 2)	33 %
Navigation maritime ou fluviale des bateaux de sport ou de plaisance	19 %
Assurances **non tarifées** spécialement (CGI art. 1001, 6°)	9 %

1. Les tarifs sont réduits de moitié en **Guyane** (BOI-TCAS-ASSUR-30-10 n° 1) et à **Mayotte** (CGI art. 1001, dernier al.).

Taxes additionnelles Nous donnons ci-après les taux des principales contributions perçues en addition à la taxe spéciale sur les conventions d'assurances au profit de divers **fonds de garantie.** 76015

ENR-XI-27000 s

a. Fonds de garantie des assurances obligatoires de **dommages** (C. ass. art. A 421-3 et A 421-4) :
– assurés : 1,2 % des primes pour les **automobilistes** et 0,02 € par personne garantie pour les **chasseurs** ;
– non-assurés (automobilistes et chasseurs) : 10 % des indemnités restant à leur charge (tarif réduit à 5 % dans certains cas).

CGI art. 1629
C. ass. art. L 421-4 à L 421-4-2 et L 421-8

b. Fonds national de gestion des **risques en agriculture** (FNGCA) :
– contribution additionnelle à raison des contrats d'assurance garantissant, d'une part, les dommages aux **bâtiments** et au **cheptel** mort affectés aux exploitations agricoles et, d'autre part, les risques de responsabilité civile et de dommages aux **véhicules utilitaires** affectés à ces exploitations : 5,5 % ;
– contribution additionnelle particulière aux **exploitations conchylicoles.**

CGI art. 1635 bis A
C. rur. art. L 361-2

c. Fonds de garantie des victimes d'actes de **terrorisme** et d'autres infractions : contribution à raison des contrats d'assurance de biens souscrits auprès d'une entreprise visée à l'article L 310-2 du Code des assurances : 5,9 € par contrat (Arrêté ECFT1630204A du 10-11-2016).

C. ass. art. L 422-1

TAXE SUR LES EXCÉDENTS DE PROVISIONS DES ENTREPRISES D'ASSURANCES

La fraction des **provisions pour sinistres devenues sans objet** et rapportées aux résultats donne lieu au versement d'une taxe égale à 0,40 % par mois écoulé depuis la constitution de ces provisions et assise sur un pourcentage des excédents de provisions réintégrés correspondant au taux de l'impôt sur les sociétés en vigueur au titre de l'exercice au cours duquel les provisions ont été constituées. 76020

CGI art. 235 ter X
TD-VI-10 s

Cette taxe ne s'applique pas aux entreprises de **réassurance** de dommages.

La taxe n'est pas déductible des résultats imposables. Elle doit être déclarée et liquidée sur l'annexe 3310 A-SD à la **déclaration** de TVA (CA3) du mois d'avril ou du deuxième trimestre de l'année au cours de laquelle la taxe est due (ou, si l'exercice ne coïncide pas avec l'année civile, du quatrième mois ou deuxième trimestre qui suit la clôture de l'exercice) ou, pour les redevables de la TVA soumis au RSI, sur la déclaration annuelle CA12/CA12 E. Pour les non-redevables de la TVA, la taxe est déclarée et liquidée sur l'annexe 3310 A-SD au plus tard le 25 juin de l'année au cours de laquelle elle est due.

TAXE SUR LES TRANSACTIONS FINANCIÈRES

76021 CGI art. 235 ter ZD TD-VI-1400 s Cette taxe, qui frappe l'**acquisition de titres,** est l'une des deux taxes dues au titre de certaines opérations financières.

La **seconde taxe** concernant les **opérations à haute fréquence** réalisées par l'intermédiaire de dispositifs de traitement automatisé (CGI art. 235 ter ZD bis et ann. III art. 58 S : TD-VI-2400 s.) n'est pas étudiée dans le Mémento.

76022 TD-VI-1420 s **Champ d'application** La taxe sur les transactions financières s'applique aux acquisitions de **titres de capital,** au sens de l'article L 212-1 A du Code monétaire et financier, ou de **titres assimilés,** au sens de l'article L 211-41 du même Code, **cotés** sur un marché réglementé, lorsque ces titres sont émis par une entreprise française dont la capitalisation boursière excède un milliard d'euros au 1er décembre de l'année précédant celle de l'imposition. La **liste des sociétés** concernées au 1er décembre 2019 est publiée au Bofip (BOI-TCA-FIN-10-10 n° 1 ; BOI-ANNX-000467).

Sont susceptibles d'être taxés les actions et autres titres donnant ou pouvant donner accès au capital ou aux droits de vote, y compris lorsqu'ils sont émis sur le fondement de droits étrangers.

La taxe concerne également les titres représentant les titres mentionnés ci-dessus émis par une société, quel que soit son lieu d'établissement, c'est-à-dire les certificats représentatifs d'actions françaises tels que les « American depositary receipts » (ADR) ou les « European depositary receipts » (EDR).

L'**acquisition** s'entend de l'achat (y compris dans le cadre d'une option ou d'un achat à terme), de l'échange ou de l'attribution de titres de capital en contrepartie d'apports. Elle doit donner lieu à un transfert de propriété matérialisé par l'inscription des titres acquis au compte-titres de l'acquéreur. Les opérations qui ne sont pas matérialisées par une inscription en compte, telles les opérations d'**achat et de vente d'un même titre au cours d'une même journée,** ne sont donc pas soumises à la taxe (BOI-TCA-FIN-10-10 n° 60).

La **taxe** n'est **pas applicable** aux transactions effectuées sur un marché primaire, aux opérations réalisées par une chambre de compensation ou un dépositaire central, aux acquisitions réalisées dans le cadre d'activités de tenue de marché, aux opérations réalisées pour le compte d'émetteurs en vue de favoriser la liquidité de leurs actions, aux acquisitions intragroupe ou réalisées dans le cadre d'une fusion, d'une scission, d'un apport partiel d'actif ou du rachat d'une entreprise par ses salariés, aux cessions temporaires de titres, aux acquisitions réalisées dans le cadre de l'épargne salariale et aux acquisitions d'obligations échangeables ou convertibles en actions.

76023 TD-VI-1750 s **Modalités d'application** L'**assiette** de la taxe est constituée de la valeur d'acquisition du titre. En cas d'échange de titres, la taxe est assise sur la valeur d'acquisition exprimée dans le contrat ou, à défaut, sur la cotation du titre sur le marché le plus pertinent en termes de liquidité à la clôture du jour de bourse de la veille de l'échange.

La taxe est **exigible** au premier jour du mois suivant l'acquisition des titres. Son **taux** est fixé à 0,3 %.

La **taxe** est **due et liquidée** par le prestataire de services d'investissement (PSI) ayant exécuté l'ordre d'achat, quel que soit son lieu d'établissement, ou, lorsque l'acquisition a eu lieu sans l'intervention d'un PSI, par l'établissement assurant la fonction de tenue de compte-conservation, y compris si ce dernier est établi à l'étranger.

Le **reversement au Trésor** de la taxe liquidée par le PSI ou l'établissement assurant la tenue du compte-conservation est effectué, selon les situations, soit par le dépositaire central teneur du compte d'émission du titre acquis (auprès duquel le PSI ou l'établissement assurant la tenue du compte-conservation a acquitté la taxe avant le 5 du mois suivant l'acquisition des titres), soit par le redevable lui-même (en particulier lorsque le dépositaire central est établi hors de France). Une **déclaration** n° 3374-SD doit être souscrite par le dépositaire central (ou le redevable) auprès de la DGE avant le 25 du mois suivant l'acquisition des titres.

TAXE POUR LE FINANCEMENT DU FONDS DE SOUTIEN AUX COLLECTIVITÉS TERRITORIALES

76024 CGI art. 235 ter ZE bis Cette taxe est due par les entreprises du secteur de la banque définies à l'article L 612-2, I-A-1° à 4° du Code monétaire et financier qui relèvent de la compétence de l'Autorité de contrôle prudentiel et de résolution et sont soumises à des **exigences minimales de fonds propres** s'élevant à au moins 500 M€.

Son **assiette** est constituée des exigences minimales en fonds propres définies au cours de l'exercice clos l'année civile précédente.

Son **taux** est fixé à 0,0642 % en 2020.

La taxe n'est pas déductible des résultats imposables. Elle est déclarée et recouvrée sur l'annexe 3310 A-SD à la **déclaration** CA3 de la TVA déposée au titre du mois de mai ou du deuxième trimestre au cours duquel elle est due ou, pour les non-redevables de la TVA, au plus tard le 25 juin.

DROITS SUR LES JEUX DE HASARD

Les jeux de hasard sont passibles des droits brièvement évoqués ci-après, qui sont étudiés en détail dans notre Documentation experte. **76025** TD-XX-8000 s

a. Prélèvements sur les jeux et paris (TD-XX-8100 s.) : les sommes engagées par les parieurs **hippiques** sont, quelle que soit la forme du pari (pari en ligne ou « en dur ») passibles d'un prélèvement de 5,3 % (CGI art. 302 bis ZG et CGI ann. III art. 111 quater V) et d'un prélèvement de 1,8 % (CSS art. L 137-20). À une date fixée par décret, comprise entre les 1ers janvier 2021 et 2022, ces prélèvements seront assis sur le produit brut des jeux aux taux respectifs de 20,2 % et 6,9 % (CGI art. 302 bis ZG, 302 bis ZK et CSS art. L 137-20 modifiés par loi 2019-1479 du 28-12-2019 art. 28). À compter du 1er janvier 2020 le produit brut des jeux au titre des paris **sportifs** est soumis à un prélèvement de 27,9 % pour ceux commercialisés en réseau physique et 33,7 % pour les paris sportifs en ligne (CGI art. 302 bis ZH et 302 bis ZK modifiés par loi 2019-486 du 22-05-2019 art. 138) ainsi que, sur la même assiette et respectivement pour chacun d'eux, de prélèvements de 6,6 % et 10,6 % (CSS art. L 137-21 modifié par loi précitée art. 138). Les sommes misées sur les **jeux de cercle en ligne** sont, quant à elles, passibles d'un prélèvement de 1,8 % (CGI art. 302 bis ZI et 302 bis ZK) et d'un prélèvement de 0,2 % (CSS art. L 137-22) ; les sommes misées sur les **courses étrangères** sont passibles d'un prélèvement de 12 % (CGI art. 302 bis ZO).

b. Prélèvements en faveur du Centre national pour le développement du sport (TD-XX-8600 s.) : à compter du 1er janvier 2020 est institué un prélèvement de 5,1 % sur le produit brut des jeux de loterie exploités en France par la Française des jeux (CGI art. 1609 novovicies modifié par loi précitée art. 138), ainsi qu'un prélèvement sur le produit brut des jeux au titre des paris sportifs fixé à 6,6 % pour ceux commercialisés en réseau physique et à 10,6 % pour les paris sportifs en ligne (CGI art. 1609 tricies modifié par loi précitée art. 138 et CGI art.1609 untricies).

c. Redevance au profit des sociétés de course (TD-XX-8800 s.) : les sommes misées en ligne sur les courses hippiques organisées par des sociétés françaises sont passibles d'une redevance de 6,7 % (taux applicable depuis le 1-1-2018 : décret 2017-1829 du 28-12-2017) qui est due par les opérateurs de paris hippiques en ligne (CGI art. 1609 tertricies). À une date fixée par décret, cette redevance sera assise sur le produit brut des jeux et son taux compris entre 22 % et 31 % (Loi 2019-1479 du 28-12-2019 art. 28).

DROITS DE TIMBRE AFFÉRENTS À CERTAINS DOCUMENTS

76030 CGI art. 953 et 955 ENR-VIII-20600 s

I. Passeports	
– Passeports délivrés aux **personnes majeures** (valables dix ans)	89 € [1]
– Passeports délivrés aux **mineurs de plus de quinze ans** (valables cinq ans)	45 € [1]
– Passeports délivrés aux **mineurs de moins de quinze ans** (valables cinq ans)	20 € [1]
– Passeports **délivrés en urgence** (valables un an)	30 €
Gratuité pour les passeports de service et de mission délivrés aux agents civils et militaires de l'État.	
1. Tarif diminué de 3 € si le demandeur fournit deux photos d'identité.	
II. Cartes nationales d'identité	
– Renouvellement de la carte nationale d'identité en cas de non-présentation de celle précédemment délivrée (CGI art. 1628 bis)	25 €
– Autres cas	gratuit
III. Autres documents	
– Titres de séjour et titres de voyage des étrangers	Voir ENR-VIII-20620 s. et ENR-VIII-20760 s.
– Navigation de plaisance	Voir ENR-VIII-20805
– Permis de chasser	Voir ENR-VIII-20790
– Renouvellement du permis de conduire en cas de non-présentation de celui précédemment délivré ou de détérioration (CGI art. 1628 ter)	25 €

CARTES GRISES (CERTIFICATS D'IMMATRICULATION)

76035 ENR-VIII-2650 s

Avant de circuler sur la voie publique, tous les véhicules terrestres à moteur (voitures, deux-roues, camping-cars, camions, engins agricoles, etc.) doivent être immatriculés. La délivrance des certificats d'immatriculation donne lieu au paiement d'une taxe régionale à laquelle s'ajoutent, pour certains types de véhicules, des taxes additionnelles. Sont en principe également dues : une taxe de 4 € pour frais de gestion (CGI art. 1628-0 bis. Cette taxe ne sera plus due à compter de 2021 : Loi 2019-1479 du 28-12-2019 art. 69, I-P) et une redevance d'acheminement de 2,76 € (Décret 2008-850 du 26-8-2008 ; Loi 2008-1425 du 27-12-2008 art. 68 ; Arrêté INTF1521989A du 21-9-2015).

Ces différentes taxes sont payées soit par télérèglement, soit auprès des professionnels de la vente automobile (titulaires d'une commission délivrée par l'administration des finances).

ATTENTION

Les taxes dues à l'immatriculation des véhicules font l'objet d'une **réforme d'ensemble** qui entrera en vigueur **en 2021** (Loi 2019-1479 du 28-12-2019 art. 69 et art. 21 : FR 2/19 inf. 94 n°s 28 à 42 p. 206) :
– la taxe régionale fixe (n° 76037) et la taxe pour frais de gestion des certificats d'immatriculation (précitée) seront fusionnées ;
– la taxe pour la formation professionnelle dans les transports (n° 76039) sera remplacée par une majoration sur les véhicules de transport routier ;
– la taxe sur les véhicules de tourisme d'occasion les plus polluants (n° 76041), la taxe au titre de la première immatriculation des véhicules de tourisme les plus polluants (n° 76042), la taxe sur les véhicules de grosse cylindrée (n° 76043) et le malus annuel (n° 76045) seront fusionnés.

76037 CGI art. 1599 quindecies à 1599 novodecies A ENR-VIII-2650 s

Taxe régionale

Son **montant** varie selon les régions. Calculée à partir du taux unitaire par cheval-vapeur fixé par le conseil régional, la taxe est en principe proportionnelle à la puissance fiscale du véhicule, mais certains véhicules ne donnent ouverture qu'à une taxe fixe.

La taxe proportionnelle fait l'objet de **réductions** lorsqu'il s'agit de véhicules de plus de dix ans, de véhicules utilitaires d'un poids total en charge supérieur à 3,5 tonnes, de tracteurs non agricoles et de motocyclettes.

Des **exonérations** de taxe (proportionnelle ou fixe) sont en outre prévues dans les cas suivants :
– délivrance de la carte grise consécutive à un **changement de situation matrimoniale** ou de domicile, à une erreur de saisie, à l'usurpation du numéro d'immatriculation ou à la conversion du numéro d'immatriculation au système d'immatriculation mis en œuvre depuis le 1er janvier 2009 (CGI art. 1599 octodecies, 3) ;
– **véhicules de démonstration** utilisés par les seuls concessionnaires et les agents des marques lorsque leur poids total en charge n'excède pas 3,5 tonnes (CGI art. 1599 sexdecies, II) ;
– **cyclomoteurs** (CGI art. 1599 octodecies, 4) ;
– délivrance de la carte grise à la suite d'un **transfert ou d'un retrait de compétence de la personne publique ou de l'organisme public** utilisant le véhicule (Loi 2019-1479 du 28-12-2019 art. 69, I-J-1°-c et 2°-b, I-N, I-Q-1°-c, entrant en vigueur le 1er janvier 2020) ;
– **véhicules fonctionnant exclusivement à l'électricité, l'hydrogène ou une combinaison des deux** (CGI art. 1599 novodecies A, I entrant en vigueur le 1er janvier 2020 : Loi 2019-1479 du 28-12-2019 art. 69, I-O).

Les **autres véhicules non polluants** (fonctionnant, exclusivement ou non, à l'électricité, au gaz naturel ou au gaz de pétrole liquéfié, ou au superéthanol E85) peuvent être exonérés totalement ou à concurrence de la moitié de la taxe proportionnelle, sur délibération des conseils régionaux. Lorsque cette exonération est votée, elle s'applique également à la taxe fixe due lorsque les véhicules sont transformés pour rouler au moyen de ces énergies « propres » (CGI art. 1599 novodecies A, II).

› Précisions a. L'exonération prévue pour les transferts de véhicules consécutifs à un **transfert ou un retrait d'un compétence d'une personne ou d'un organisme publics** concerne, outre la taxe régionale proportionnelle (CGI art. 1599 sexdecies, I bis), les taxes additionnelles sur les véhicules d'occasion (CGI art. 1010 bis, I-3°) (n° 76041), sur les véhicules puissants (CGI art. 1010 ter, 4) (n° 76043) et pour la formation professionnelle (CGI art. 1635 bis M, I-3°) (n° 76039).
b. En ce qui concerne la **réforme** des taxes à l'immatriculation **en 2021,** voir n° 76035, Attention.

76039 CGI art. 1635 bis M ENR-VIII-6800 s

Taxe pour la formation professionnelle dans les transports

Le montant de cette taxe additionnelle qui frappe les **véhicules utilitaires** est fixé à :
– camions d'un poids total en charge inférieur ou égal à 3,5 tonnes : 34 € ;
– camions d'un poids total en charge supérieur à 3,5 tonnes et inférieur à 6 tonnes : 127 € ;
– camions d'un poids total en charge égal ou supérieur à 6 tonnes et inférieur à 11 tonnes ; 189 € ;
– camions d'un poids total en charge égal ou supérieur à 11 tonnes, tracteurs routiers et véhicules de transport en commun de voyageurs : 285 € ;
– véhicules de collection : exempts.

En ce qui concerne la **réforme** des taxes à l'immatriculation **en 2021,** voir n° 76035, Attention.

Taxe sur les véhicules de tourisme d'occasion les plus polluants En cas d'achat d'un véhicule de tourisme défini au nº 75110 déjà immatriculé en France (véhicule d'occasion), une taxe additionnelle est due lors de l'établissement du certificat définitif d'immatriculation. 76041 CGI art. 1010 bis ENR-VIII-4120 s

Échappent à la taxe les véhicules immatriculés dans le genre véhicule automoteur spécialisé (**VASP**) ou voiture particulière carrosserie handicap et, dans la limite d'un véhicule par bénéficiaire, les véhicules acquis par une **personne titulaire de la carte d'invalidité** mentionnée à l'article L 241-3 du Code de l'action sociale et des familles ou par une personne dont au moins un enfant mineur ou à charge, et du même foyer fiscal, est titulaire de cette carte.

La taxe est calculée en fonction de la puissance fiscale du véhicule (CV) :
– puissance inférieure ou égale à 9 CV : 0 € ;
– puissance égale ou supérieure à 10 CV et inférieure ou égale à 11 CV : 100 € ;
– puissance égale ou supérieure à 12 CV et inférieure ou égale à 14 CV : 300 € ;
– puissance égale ou supérieure à 15 CV : 1 000 €.

La taxe est réduite d'un dixième par année entamée depuis la date de première immatriculation. En ce qui concerne la **réforme** des taxes à l'immatriculation **en 2021,** voir nº 76035, Attention.

Taxe au titre de la première immatriculation des véhicules de tourisme les plus polluants Une taxe dite **« malus »** s'applique aux véhicules de tourisme définis au nº 75110 immatriculés pour la première fois en France. 76042 CGI art. 1011 bis ENR-VIII-5000 s

Échappent à la taxe les véhicules immatriculés dans le genre véhicule automoteur spécialisé (**VASP**) ou voiture particulière carrosserie handicap et, dans la limite d'un véhicule par bénéficiaire, les véhicules acquis par une **personne titulaire de la carte d'invalidité** mentionnée à l'article L 241-3 du Code de l'action sociale et des familles ou par une personne dont au moins un enfant mineur ou à charge, et du même foyer fiscal, est titulaire de cette carte.

ATTENTION

Lorsque, au moment de leur première immatriculation en France, les véhicules n'étaient pas des véhicules de tourisme ou étaient des véhicules de tourisme exonérés en application de l'article 1011 bis, I-a du CGI (véhicules accessibles en fauteuil roulant), la taxe s'appliquera également, **à compter du 1er juillet 2020,** lors de **l'immatriculation consécutive à la première modification de leurs caractéristiques techniques** les faisant répondre à la définition d'un véhicule de tourisme ou leur faisant perdre le bénéfice de cette exonération (Loi 2019-1479 du 28-12-2019 art. 69, I-L-2º).

a. Pour les **véhicules ayant fait l'objet d'une réception communautaire,** le montant du malus dépend du taux d'émission de CO_2 en g/km. Pour les véhicules mis en circulation à compter du 1er janvier 2020, le barème, très progressif, s'échelonne de 50 € à partir d'un taux d'émission de 110 g de CO_2/km, jusqu'à 20 000 € pour les véhicules émettant plus de 184 g de CO_2/km. À compter d'une date fixée par décret et au plus tard le 1er juillet 2020, ce barème sera adapté à la nouvelle méthode européenne de mesure des émissions de CO_2 et il s'appliquera aux **véhicules relevant du nouveau dispositif d'immatriculation** au sens de l'article 1007, 4º du CGI (nº 75130). Ce barème s'échelonnera de 50 € à partir d'un taux d'émission de 138 g de CO_2/km, jusqu'à 20 000 € pour les véhicules émettant plus de 212 g de CO_2/km (Loi 2019-1479 du 28-12-2019 art. 69, I-L-4º-a et b).

Précisons que, pour l'application de ce barème :
– les taux d'émission des **véhicules roulant au superéthanol E85** qui n'émettent pas plus de 250 grammes de CO_2 par kilomètre sont réduits de 40 % ;
– dans les **foyers** comptant **au moins trois enfants à charge** (au sens de l'article L 521-1 du Code de la sécurité sociale), les taux d'émission sont réduits de 20 grammes par enfant à charge, à raison d'un véhicule de cinq places assises et plus par foyer. Cette réduction fait l'objet d'une demande de remboursement auprès du service des impôts. La demande, recevable jusqu'au 31 décembre de la deuxième année qui suit celle de l'immatriculation, doit être établie selon un modèle fixé par l'administration et accompagnée de pièces justificatives.

b. Pour les **véhicules n'ayant pas fait l'objet d'une réception communautaire** (ou, à compter d'une date fixée par décret et au plus tard le 1er juillet 2020, pour les **véhicules autres que ceux relevant du nouveau dispositif d'immatriculation** au sens de l'article 1007, 4º du CGI : nº 75130), le montant de la taxe, qui dépend de la puissance fiscale (CV) du véhicule, s'échelonne de 3 125 € à partir d'une puissance fiscale de 6 CV jusqu'à 20 000 € lorsque la puissance fiscale est supérieure à 18 CV (Loi 2019-1479 du 28-12-2019 art. 69, I-L-4º-c).

› Précisions **a.** Pour les **véhicules** introduits en France après avoir été **immatriculés dans un autre pays,** la taxe est réduite d'un dixième par année entamée depuis cette immatriculation (CGI art. 1011 bis, III-b).

b. L'abattement applicable aux véhicules spécialement équipés pour fonctionner au superéthanol E85, la réduction de tarif prévue pour les véhicules immatriculés à l'étranger et le remboursement en faveur des familles nombreuses sont des **dispositifs** potentiellement **cumulables** (BOI-ENR-TIM-20-60-30 nº 417).

c. En ce qui concerne la **réforme** des taxes à l'immatriculation **en 2021,** voir nº 76035, Attention.

76043 CGI art. 1010 ter ENR-VIII-6300 s

Taxe sur les véhicules de grosse cylindrée Une taxe additionnelle à la taxe proportionnelle est perçue lors de l'immatriculation des véhicules de grosse cylindrée. Sont concernés les **véhicules de tourisme de 36 CV et plus,** autres que de collection, définis au nº 75110, ainsi que les véhicules à usages multiples qui sont destinés au **transport de voyageurs** et de leurs bagages ou de leurs biens.

Le **montant** de la taxe est de 500 € par cheval-vapeur à partir du trente-sixième, avec un plafond de 8 000 € applicable dès 51 CV.

En ce qui concerne la **réforme** des taxes à l'immatriculation **en 2021,** voir nº 76035, Attention.

MALUS ANNUEL

76045 CGI art. 1011 ter ENR-VIII-8100 s

Une taxe de 160 € est due au 1er janvier de chaque année, et pour la première fois l'année qui suit la délivrance de la carte grise, par les propriétaires des **véhicules de tourisme** (définis au nº 75110) les plus polluants, c'est-à-dire :

– les voitures ayant fait l'objet d'une réception communautaire dont le taux d'émission de CO_2 excède, l'année de la première immatriculation, 190 grammes par kilomètre ;

– les voitures n'ayant pas fait l'objet d'une réception communautaire dont la puissance administrative excède 16 CV.

Sont **exonérés** les véhicules dispensés de malus lors de la délivrance de la carte grise (nº 76043, b) et les véhicules soumis à la taxe sur les véhicules de sociétés.

› Précisions **a.** La taxe est également due par les locataires détenteurs d'une voiture dans le cadre d'un **contrat de location** avec option d'achat ou d'un contrat souscrit pour une durée d'au moins deux ans.

b. Un **titre de perception** est adressé chaque année au propriétaire ou au locataire par les services de la Direction générale des finances publiques.

c. En ce qui concerne la **réforme** des taxes à l'immatriculation **en 2021,** voir nº 76035, Attention.

TAXE PERÇUE AU PROFIT DE L'AUTORITÉ DE RÉGULATION DES ACTIVITÉS FERROVIAIRES ET ROUTIÈRES

76048 CGI art. 302 bis ZB bis

La taxe due par les **concessionnaires d'autoroutes** est calculée, au taux de 0,363 ‰, sur la part du chiffre d'affaires de l'exercice afférent à l'activité concédée, après abattement de 200 M€. Son fait générateur est constitué par la clôture de l'exercice. Elle est liquidée lors du dépôt de la déclaration CA3 de TVA au titre du deuxième trimestre ou du sixième mois de l'exercice suivant celui pour lequel elle est due. Elle est recouvrée et contrôlée comme en matière de TVA.

Ces dispositions, qui figuraient à l'ancien article 1609 septtricies du CGI, sont codifiées à l'article 302 bis ZB bis du même Code (Loi 2019-1479 du 28-12-2019 art. 21).

TAXES PERÇUES AU PROFIT DE L'ASSURANCE MALADIE

76050 TD-XX-1000 s

Nous nous bornerons à mentionner ici quelques-unes de ces taxes, étudiées par ailleurs en détail dans notre Documentation experte.

a. Contribution sur le chiffre d'affaires des **entreprises exploitant des spécialités pharmaceutiques** (CSS art. L 245-6 : TD-XX-1010 s.).

b. Contribution sur la **première vente en France des dispositifs** médicaux et de diagnostic in vitro (CSS art. L 245-5-5-1 : TD-XX-1150 s.). La contribution est supprimée à compter du 1er janvier 2021 (Loi 2019-1479 du 28-12-2019 art. 21).

c. Droits dus sur les **inscriptions de produits pharmaceutiques** (CGI art. 1635 bis AF à AH : TD-XX-1600 s.).

REDEVANCE SANITAIRE D'ABATTAGE

76065 CGI art. 302 bis N à 302 bis R TD-II-10000 s

La redevance est due en **France métropolitaine** pour les **opérations d'abattage** d'animaux en vue de la vente effectuées dans les établissements d'abattage agréés (y compris les salles d'abattage à la ferme) ou non, ainsi que pour les opérations de **traitement du gibier sauvage** dans les ateliers ayant reçu l'agrément prévu à l'article L 233-2 du Code rural et de la pêche maritime.

Sont **redevables** de la taxe :

– en ce qui concerne les opérations d'abattage, la personne qui, lors de l'abattage, est propriétaire ou copropriétaire des animaux abattus en vue de la vente. En cas d'abattage à façon, cette taxe est acquittée par le tiers abatteur pour le compte du propriétaire ;

– en ce qui concerne les opérations de traitement du gibier sauvage, la personne qui fait traiter le gibier dans l'atelier agréé. En cas de traitement à façon, la redevance est acquittée par l'atelier pour le compte du propriétaire.

Le **fait générateur** de la redevance est constitué par l'opération d'abattage ou, s'agissant du gibier sauvage, par l'opération de traitement des pièces entières. 76066

La redevance est assise sur le nombre de carcasses de chaque espèce.

Le **tarif** applicable est le suivant (par carcasse) : bovins adultes, 5 € ; veaux, 2 € ; solipèdes domestiques (chevaux, ânes, etc.), 3 € ; ovins et caprins, 0,15 € si le poids de la carcasse est inférieur à 12 kg, 0,25 € s'il est supérieur ; porcins, 0,50 € si le poids de la carcasse est inférieur à 25 kg, 1 € s'il est supérieur ; volailles du genre Gallus et pintades, 0,005 € ; canards et oies, 0,01 € ; dindes, 0,025 € ; lapins domestiques, 0,005 € ; gibier d'élevage et sauvage, 0,005 € pour le petit gibier à plumes, 0,01 € pour le petit gibier à poil, 0,5 € pour les ratites (autruche, émeu, nandou), 1,5 € pour le sanglier, 0,5 € pour les ruminants (CGI ann. IV art. 50 terdecies).

Ces tarifs peuvent faire l'objet d'une modulation (pouvant aller jusqu'à 20 % à la hausse ou à la baisse) qui varie selon l'espèce concernée et la catégorie dans laquelle est classé l'abattoir (CGI ann. III art. 111 quater J ; Arrêté 12-10-2012).

Les redevables doivent remplir trois **obligations** : souscrire préalablement à toute opération une déclaration de création d'entreprise ou d'activité ; tenir un registre indiquant jour par jour les éléments nécessaires à la constatation, à la **liquidation** et au contrôle de la redevance ; déclarer et acquitter la redevance sur l'annexe (3310 A-SD) à la **déclaration** CA3 de TVA souscrite au titre de chaque mois ou de chaque trimestre civil pour les redevables de la TVA soumis au régime réel normal d'imposition ou lors de la souscription de la déclaration annuelle (CA12/CA12 E) pour les redevables soumis au régime simplifié. En pratique, les personnes assujetties à la TVA à raison de leurs opérations de façon n'ont à satisfaire qu'à la troisième de ces obligations. 76067

La redevance est constatée et **recouvrée** comme en matière de TVA.

Les bénéficiaires de la **franchise en base de TVA** sont dispensés de son paiement.

REDEVANCE SANITAIRE DE DÉCOUPAGE

Cette redevance est acquittée par toute personne qui procède à des opérations de **découpage de viande avec os en France métropolitaine.** Elle est perçue auprès de l'abatteur, du tiers abatteur ou de l'atelier de traitement du gibier sauvage ayant reçu l'agrément prévu à l'article L 233-2 du Code rural et de la pêche maritime, pour le compte du propriétaire des viandes à découper. 76070 CGI art. 302 bis S à 302 bis W **TD-II-12000 s**

Son **fait générateur** est soit l'opération de découpage chez l'abatteur, le tiers abatteur ou dans l'atelier de traitement du gibier sauvage, soit l'enlèvement des viandes à découper chez ces derniers.

La redevance n'est pas due lorsque les viandes à découper font l'objet d'achat par les organismes d'intervention ou sont destinées à être exportées, à faire l'objet d'une livraison intracommunautaire exonérée (n°s 49270 s.) ou d'une livraison non localisée en France par application des règles des ventes à distance (n°s 49315 s.), en l'état, et qu'il est justifié de l'exportation, de l'expédition ou du transport.

Pour les viandes de volaille, de lapin domestique ou de gibier d'élevage ou sauvage autre qu'ongulé, la redevance sanitaire de découpage n'est pas due sur les carcasses pour lesquelles il est justifié d'une destination autre qu'un atelier de découpe agréé.

La redevance est perçue sur les acquisitions intracommunautaires (n°s 49150 s.) de viandes avec os à découper et est due par la personne qui réalise l'acquisition, lors de celle-ci.

L'**assiette** de la redevance est constituée par le poids de viande fraîche net.

Le **tarif** applicable est le suivant (par tonne) : pour les viandes d'ongulé domestique, 2 € ; pour les viandes de volaille et de lapin, 1,5 € ; pour les viandes de gibier d'élevage et sauvage, 1,5 € pour le petit gibier à plumes ou à poil, 3 € pour les ratites (autruche, émeu, nandou), 2 € pour le sanglier et les ruminants (CGI ann. IV art. 50 quaterdecies).

Les règles de **liquidation** de la redevance de découpage sont identiques à celles de la redevance d'abattage : voir n° 76067.

La redevance est constatée et **recouvrée** comme en matière de TVA. Les bénéficiaires de la **franchise en base de TVA** sont dispensés de son paiement.

La redevance est également perçue à l'**importation** des viandes, préparées ou non ; elle est due par l'importateur ou le déclarant en douane ; elle est constatée et recouvrée selon les règles douanières.

REDEVANCE SANITAIRE SUR LE LAIT CRU ET LES OVOPRODUITS

Sont **redevables** de cette redevance les centres de collecte ou les établissements de transformation recevant du lait cru et les établissements de fabrication ou de traitement d'ovoproduits, titulaires de l'agrément prévu à l'article L 233-2 du Code rural et de la pêche maritime. 76075 CGI art. 302 bis WC **TD-II-18000 s**

Le **fait générateur** de la redevance est constitué par l'introduction du lait cru ou des œufs en coquille dans le centre ou l'établissement. Son **assiette** est constituée par le volume de lait cru ou le poids d'œufs de poule en coquille ainsi introduits.

Les **taux** applicables sont : pour le lait, 0,02 € par mètre cube ; pour les ovoproduits, 0,46 € par tonne d'œufs en coquille (CGI ann. IV art. 50 quaterdecies-0 A ter).

Les règles de **liquidation** sont les mêmes que celles de la redevance d'abattage : voir nº 76067.

La redevance est **recouvrée** et contrôlée comme en matière de TVA, les **réclamations** étant instruites et jugées selon les règles applicables à cette taxe.

Les personnes bénéficiaires de la **franchise en base** de TVA ainsi que les exploitants agricoles placés sous le régime du **remboursement forfaitaire agricole** sont dispensés du paiement de la redevance.

REDEVANCES SANITAIRES SUR LES PRODUITS DE LA PÊCHE ET DE L'AQUACULTURE

76080 CGI art. 302 bis WA et 302 bis WB TD-II-20000 s

a. Redevance de première mise sur le marché. Cette redevance doit être acquittée par toute personne qui procède au premier achat ou à la première réception de produits de la pêche ou de l'aquaculture.

Elle est **assise** sur le poids des produits.

Son **fait générateur** est constitué par l'opération de première réception ou de première vente.

La redevance n'est **pas perçue** :

– lors de la vente ou de la cession directe sur les lieux mêmes de débarquement ou sur un marché par un pêcheur, au détaillant ou au consommateur, d'une quantité n'excédant pas 100 kg ;

– en cas de retrait définitif dans le cadre de l'organisation commune des marchés instituée par le règlement UE/01379/2013 du 11-12-2013 ;

– en cas de débarquement direct de produits de la pêche par un navire de pêche battant pavillon d'un pays tiers à l'Union européenne ;

– sur les produits de la pêche ou de l'aquaculture provenant d'un autre État membre dans lequel ils ont déjà été soumis à la redevance ;

– sur les produits de la pêche préparés ou transformés, débarqués par un navire-usine ou un navire-congélateur battant pavillon d'un autre État membre ;

– sur les produits issus d'une ferme aquacole et destinés à une préparation sur place ainsi que sur les coquillages vivants.

Les **taux** applicables sont les suivants (par tonne) : 1 € pour les 50 premières tonnes et 0,50 € pour les tonnes suivantes ; ces taux sont respectivement ramenés à 0,50 € et à 0,25 € pour les premières ventes réalisées dans les halles à marée (sauf pour les premières ventes réalisées en cas d'absence ou d'insuffisance de classement ou de calibrage). Pour certaines espèces de poissons, il est perçu, par lot, un montant maximum de 50 € (CGI ann. IV art. 50 quaterdecies-0 A).

b. Redevance de transformation. Cette redevance doit être acquittée par toute personne qui procède à la préparation ou à la transformation de produits de la pêche ou de l'aquaculture, dans un établissement terrestre ou dans un navire-usine.

Elle est **assise** sur le poids des produits introduits dans un établissement pour y subir des opérations de préparation ou de transformation ou qui proviennent d'un navire-usine.

Son **fait générateur** est constitué par l'introduction des produits dans l'établissement terrestre ou leur débarquement du navire-usine.

Le **taux** de la redevance s'établit à 0,50 € par tonne de produits de la pêche ou de l'aquaculture (CGI ann. IV art. 50 quaterdecies-0 A bis).

c. Règles communes aux deux redevances. Les règles de **liquidation** sont les mêmes que celles de la redevance d'abattage : voir nº 76067.

Le **recouvrement** et le contrôle des redevances sont effectués comme en matière de TVA, les **réclamations** étant instruites et jugées selon les règles applicables à cette taxe. Les personnes bénéficiaires de la **franchise en base** sont dispensées de leur paiement.

REDEVANCE POUR L'AGRÉMENT DES ÉTABLISSEMENTS DU SECTEUR DE L'ALIMENTATION ANIMALE

76082 CGI art. 302 bis WD à 302 bis WG TD-II-21000 s

Cette redevance est due par les établissements qui préparent, manipulent, entreposent ou cèdent des substances et des produits destinés à l'alimentation des animaux.

Son **fait générateur** est constitué par la délivrance de l'agrément prévu à l'article L 235-1 du Code rural et de la pêche maritime, par son renouvellement et par le contrôle du respect des conditions d'agrément.

Son **tarif** est fixé à un niveau forfaitaire de 125 € par établissement agréé.

La redevance doit être **déclarée et acquittée** l'année suivant celle de la délivrance, du renouvellement ou du contrôle de l'agrément sur l'annexe (3310 A-SD) à la déclaration CA3 de

TVA souscrite au titre du mois de mars ou du premier trimestre de l'année civile pour les redevables de la TVA soumis au régime réel normal d'imposition ou lors de la souscription de la déclaration annuelle (CA12/CA12 E) pour les redevables soumis au régime simplifié.

Le **recouvrement** est effectué comme en matière de TVA.

DROIT FIXE D'APPEL

Un droit de 225 € s'applique, jusqu'au 31 décembre 2026, aux procès en appel devant les **juridictions judiciaires** lorsque le **ministère d'avocat** est obligatoire (ce qui n'est pas le cas en matière prud'hommale : Circ. justice 5-7-2016). Ce droit est dû par toutes les parties à l'instance (appelant[s] et intimé[s]), à l'exception toutefois de celles qui bénéficient de l'aide juridictionnelle. Il est acquitté par l'avocat, par voie électronique, pour le compte de son client. Le juge peut in fine le mettre à la charge de la partie perdante en l'incorporant dans les dépens. **76103** CGI art. 1635 bis P ENR-IX-8400 s

Le **défaut de paiement** du droit entraîne l'irrecevabilité de l'appel ou des défenses selon le cas (CPC art. 963).

TAXE SUR LES ACTES DES HUISSIERS DE JUSTICE

Jusqu'au 31 décembre 2020, sauf exonération, les actes effectués par les huissiers de justice dans le cadre de leur ministère en France sont soumis à une taxe forfaitaire fixée à 14,89 € (7,45 € en Guyane). Cette taxe est recouvrée comme en matière de TVA et exigible lors de l'encaissement (même partiel) des sommes dues à raison des actes accomplis. **76105** CGI art. 302 bis Y ENR-IX-8900 s

Pour les actes établis **à compter** du 1er janvier **2021,** la taxe est **supprimée** (Loi 2019-1479 du 28-12-2019 art. 21).

› Précisions Des **exonérations** sont prévues pour les actes suivants :
– actes constatant des conventions spécialement tarifées ;
– actes accomplis à la requête d'une personne bénéficiant de l'aide juridique et en application des règles de procédure se rattachant directement à une instance ou à l'exécution d'une décision de justice ;
– actes se rapportant à des actions mobilières et effectués notamment pour le compte des comptables publics de l'État, de la sécurité sociale, de l'Urssaf, de Pôle emploi ;
– autres actes se rapportant à des actions mobilières lorsqu'ils ne sont pas accomplis en application des règles de procédure se rattachant directement à une instance ou à l'exécution d'une décision de justice, qu'ils ne constituent pas des significations de certificats de non-paiement et que la demande n'excède pas 530 € ;
– actes exonérés de droits d'enregistrement par certains textes spécifiques (notifications d'actes entre avocats, certains actes effectués à la requête du ministère public, actes accomplis en matière de redressement et de liquidation judiciaires...).

CONTRIBUTIONS SUR LES BOISSONS NON ALCOOLIQUES

Contributions sur les boissons contenant des sucres ajoutés Cette contribution s'applique aux boissons contenant des sucres ajoutés et relevant des codes NC 2009 et NC 2202 du tarif des douanes (à l'exclusion, notamment, des laits infantiles), conditionnées dans des récipients destinés à la vente au détail ou préalablement assemblées afin d'être consommables en l'état, dont le titre alcoométrique n'excède pas 1,2 % vol. ou, dans le cas des bières, 0,5 % vol. **76110** CGI art. 1613 ter IND, N-X-1 s TD-X-10 s

Sont **redevables** de cette contribution les personnes qui réalisent la première livraison de ces produits (ou leur consommation dans le cadre d'une activité économique), à titre gratuit ou onéreux, en France. Les livraisons de produits expédiés ou transportés hors de France par le redevable, ou pour son compte, sont **exonérées.** Les livraisons de produits en France par le redevable à une personne qui les destine, dans le cadre de son activité commerciale, à une expédition ou un transport hors de France peuvent également être effectuées en **suspension de contribution.** Lorsque le redevable de la contribution (ou la personne acquérant les produits en suspension de taxe) n'est pas établi dans un État membre de l'Union européenne (ou dans un autre État partie à l'accord sur l'EEE ayant conclu avec la France une convention d'assistance administrative en vue de lutter contre la fraude et l'évasion fiscales et une convention d'assistance mutuelle en matière de recouvrement de l'impôt), il est tenu de faire accréditer auprès du service des impôts compétent un **représentant fiscal** établi en France et assujetti à la TVA (voir nº 50645, précision f), pour remplir les formalités et acquitter la contribution à sa place.

La contribution est **exigible** lors de cette livraison.

Les **tarifs** sont fixés de 3,03 € à 23,74 € en fonction du poids de sucres (en kg) ajoutés par hectolitre de boisson. Au-delà de 15 kg, le tarif applicable par kg supplémentaire est fixé à 2,02 € par hectolitre de boisson.

La contribution est **déclarée** et acquittée, pour les redevables de la TVA, sur l'annexe à la déclaration CA3 souscrite au titre du mois ou du trimestre au cours duquel la contribution est devenue exigible ou lors de la souscription de la déclaration CA12 et, pour les personnes non redevables de la TVA, sur l'annexe à la déclaration CA3 à souscrire au plus tard le 25 avril de l'année suivant celle au cours de laquelle la contribution est devenue exigible.

La contribution est **recouvrée** et **contrôlée** comme en matière de taxes sur le chiffre d'affaires. Les réclamations sont instruites et jugées selon les règles applicables à ces mêmes taxes.

76112 CGI art. 1613 quater **IND, N-X-1 s** **TD-X-10 s**

Contribution sur les eaux et les boissons édulcorées Une contribution est perçue sur les eaux, boissons et préparations visées ci-dessous (à l'exception des produits dont le titre alcoométrique volumique excède 1,2 %, et des bières dont le titre alcoométrique volumique excède 0,5 %) et aux **tarifs** suivants :

a. 0,54 € par hectolitre pour les eaux minérales naturelles ou artificielles, eaux de source et autres eaux potables, eaux de laboratoire filtrées, stérilisées ou pasteurisées, ainsi que pour les autres boissons non alcoolisées (autres que les sirops, les jus de fruits ou de légumes et les nectars de fruits), lorsque ces produits sont livrés en fûts, bouteilles ou boîtes (ancien droit spécifique sur les eaux et boissons non alcoolisées) ;

b. 3,03 € par hectolitre pour les produits contenant des édulcorants de synthèse (codes 2009 et 2202 du tarif des douanes), sans être des denrées destinées à des fins médicales spéciales ou des aliments hyperprotéinés destinés aux personnes dénutries, lorsque ces produits sont conditionnés dans des récipients destinés à la vente au détail ou sont préalablement assemblés afin d'être consommables en l'état.

Pour les produits relevant à la fois du a et du b ci-dessus, chacun des deux montants est dû.

Pour le reste, le régime de la contribution (**redevables,** exonérations ou suspension, **exigibilité,** modalités de **déclaration,** représentant fiscal, recouvrement, contrôle et contentieux) est identique à celui de la contribution sur les boissons contenant des sucres ajoutés (voir n° 76110).

76115 CGI art. 1582 **IND, N-X-330 s** **TD-X-10 s**

Contribution sur les eaux minérales Les communes sur le territoire desquelles sont situées des sources d'eaux minérales ont la **faculté** de percevoir une contribution sur ces eaux (ancienne surtaxe sur les eaux minérales) dans la **limite** de 0,58 € par hectolitre (limite portée à 0,70 € pour les communes pénalisées par le mode de calcul en vigueur depuis 2002). La contribution **ne s'applique pas** aux eaux minérales non conditionnées et livrées aux curistes, sur le territoire de la commune où la source de ces eaux est située, par l'exploitant d'une station thermale.

Est **redevable** de la contribution l'exploitant de la source à raison des livraisons des eaux qu'il réalise, à titre gratuit ou onéreux. Les livraisons de produits expédiés ou transportés hors de France par le redevable, ou pour son compte, sont **exonérées.**

La contribution est **exigible** lors de cette livraison.

Pour le reste, le régime de la contribution (modalités de **déclaration,** représentant fiscal, recouvrement, contrôle et contentieux) est identique à celui de la contribution sur les boissons contenant des sucres ajoutés (voir n° 76110).

TAXE POUR LE DÉVELOPPEMENT DE LA FORMATION PROFESSIONNELLE DANS LA RÉPARATION AUTOMOBILE

76120 CGI art. 1609 sexvicies **TD-III-6000 s**

a. Champ d'application. Cette taxe est due par les entreprises ayant une activité principale ou secondaire de réparation, d'entretien, de pose d'accessoires, de contrôle technique, d'échanges de pièces, et autres opérations assimilables, sur les véhicules automobiles, les cycles et les motocycles, donnant lieu à facturation à des tiers.

En sont exonérées les entreprises qui bénéficient de la franchise en base de TVA.

b. Calcul et paiement. La taxe est calculée, au **taux** de 0,75 %, sur le montant non plafonné des **rémunérations** retenues pour le calcul des cotisations de sécurité sociale (voir Mémento social n°s 22320 s.) versées aux salariés concourant directement au fonctionnement des ateliers et services affectés aux activités ci-dessus.

Elle doit être **déclarée et acquittée** dans les conditions suivantes :

– pour les redevables soumis au régime réel normal de TVA, la taxe doit être calculée sur les salaires versés au cours du dernier mois ou du dernier trimestre échu et acquittée sur l'annexe (3310 A-SD) à chaque déclaration CA3 mensuelle ou trimestrielle souscrite au cours du mois suivant la période considérée ;

– pour les redevables soumis au régime simplifié de TVA qui souscrivent une déclaration annuelle CA12, la taxe doit être acquittée lors de cette déclaration, au titre des salaires versés au titre de l'année précédente.

Le **recouvrement** et le contrôle de la taxe, ainsi que les **réclamations,** obéissent aux règles applicables en matière de taxes sur le chiffre d'affaires.

TAXE SUR LES SERVICES NUMÉRIQUES

Les plus grandes entreprises du secteur numérique sont soumises, depuis 2019, à une taxe (dite « taxe Gafa ») sur les sommes encaissées en contrepartie de la fourniture en France des services suivants : **76150**

CGI art. 299 à 300 et 1693 quater à 1693 quater B

– la mise à disposition, par voie de communications électroniques, d'une interface numérique qui permet aux utilisateurs d'entrer en contact avec d'autres utilisateurs et d'interagir avec eux, notamment en vue de la livraison de biens ou de la fourniture de services directement entre ces utilisateurs (**services d'intermédiation** : par exemple, place de marché, site de rencontre) ;
– les **services de ciblage publicitaire** commercialisés auprès des annonceurs (ou de leurs mandataires). Au nombre de ces prestations figurent la **vente de données** des internautes collectées en ligne aux fins du ciblage, les services de gestion des données relatives aux utilisateurs ainsi que les services d'achat, de stockage et de diffusion de messages publicitaires, de contrôle publicitaire et de mesures de performance.

Seules sont soumises à la taxe les **entreprises, établies ou non en France,** pour lesquelles le montant annuel des **sommes encaissées** en contrepartie des services taxables excède, lors de l'année civile précédant l'année d'imposition, les **seuils cumulatifs** suivants :
– 750 millions d'euros au titre des services fournis au niveau mondial ;
– 25 millions d'euros au titre des services fournis en France.

Le **fait générateur** est constitué par l'achèvement de l'année civile au cours de laquelle l'entreprise a encaissé des sommes en contrepartie de la fourniture en France des services taxables. L'**exigibilité** intervient au moment du fait générateur.

Le **redevable** est la personne qui encaisse ces sommes (sur la possibilité de centraliser la déclaration et le paiement de la taxe dans les groupes, voir la précision d ci-après).

La **base d'imposition** est constituée par le montant, hors TVA, des encaissements reçus en contrepartie des services taxables fournis en France, quelles que soient les modalités de rémunération et la localisation du payeur. Ce montant est lui-même déterminé en appliquant à la **totalité des encaissements** versés au cours d'une année donnée un **pourcentage** représentatif de la **part des services rattachés à la France** (sur la détermination de ce pourcentage, voir la précision c ci-après).

Le montant de taxe due est obtenu en appliquant à la base d'imposition ainsi déterminée le **taux** de 3 %.

La taxe fait l'objet d'une **déclaration** annuelle. Cette déclaration intervient l'année suivant celle au cours de laquelle la taxe est devenue exigible selon les modalités suivantes : sur l'annexe à la CA3 souscrite en avril au titre du mois de mars (ou du premier trimestre) pour les redevables de la taxe qui relèvent du régime réel normal de TVA ; sur la CA12 pour ceux qui relèvent du régime simplifié de TVA ; sur l'annexe à la CA3 souscrite au plus tard le 25 avril dans les autres cas (essentiellement les redevables de la taxe non assujettis à la TVA en France).

Les redevables qui déclarent la taxe sur l'annexe à la déclaration CA3 mensuelle doivent verser deux **acomptes** au cours de l'année d'imposition, chacun égal au moins à la moitié de la taxe due au titre de l'année précédente : le premier acompte est versé en avril lors de la déclaration annuelle, le second au mois d'octobre de la même année. La taxe est soumise à **régularisation** au moment de la déclaration l'année suivante.

Le **recouvrement** et le **contrôle** de la taxe sont effectués comme en matière de TVA, les **réclamations** étant instruites et jugées selon les règles applicable à cette taxe.

> **Précisions** **a.** Un service est considéré comme **fourni en France** (métropole et départements d'outre-mer : Guyane, Guadeloupe, Martinique, La Réunion et Mayotte) lorsqu'il repose sur l'activité d'internautes localisés en France, entendus comme ceux qui se connectent au service au moyen d'un terminal situé en France.
Des règles spécifiques de rattachement s'appliquent (CGI art. 299 bis). Sont ainsi considérés comme fournis en France au cours d'une année civile :
– les services d'intermédiation permettant à leurs utilisateurs de réaliser des livraisons de biens ou des prestations de services, si une telle opération est conclue au cours de cette année civile par un utilisateur localisé en France (acheteur ou vendeur) ;
– les services d'intermédiation ne permettant pas la réalisation de livraisons de biens ou de prestations de services, si au moins un internaute dispose, au cours de cette année, d'un compte actif ouvert depuis la France auprès de l'interface numérique ;
– les services de publicité, si les messages publicitaires sont placé au cours de cette année sur une interface numérique en fonction de données relatives à un utilisateur qui consulte cette interface en étant localisé en France ;
– les services de vente de données d'utilisateurs, si la vente porte sur des données générées ou collectées à partir de l'activité d'au moins un internaute localisé en France.
b. Le respect des **seuils** de 750 millions et 25 millions d'euros est apprécié **au niveau du groupe** pour les entreprises liées par une relation de contrôle telle que définie par le II de l'article L 233-16 du Code de commerce (c'est-à-dire celles faisant partie d'un groupe dans lequel s'applique l'obligation de dépôt de comptes consolidés).
c. Le **pourcentage représentatif de la part de**

76150 (suite) **ces services rattachés à la France** est égal :
– pour les services d'intermédiation permettant à leurs utilisateurs de réaliser des livraisons de biens ou des prestations de services, à la proportion des opérations impliquant un utilisateur localisé en France (acheteur ou vendeur) ;
– pour les services d'intermédiation ne permettant pas la réalisation de livraisons de biens ou de prestations de services, à la proportion des utilisateurs qui disposent d'un compte ayant été ouvert depuis la France et permettant d'accéder à tout ou partie des services disponibles à partir de l'interface et qui ont utilisé cette interface durant l'année civile concernée ;
– pour les services de publicité, à la proportion des messages publicitaires (entendus comme les affichages publicitaires sur l'écran d'un internaute) placés sur une interface numérique en fonction de données relatives à un utilisateur qui consulte cette interface en étant localisé en France ;
– pour les ventes de données d'utilisateurs, à la proportion des internautes ayant, depuis la France, eu une activité sur une interface numérique à partir de laquelle les données vendues ont été collectées ou générées.

d. Les entreprises **membres d'un groupe** peuvent désigner au sein du groupe un représentant chargé de déclarer et d'acquitter la taxe pour l'ensemble des membres. En cas d'exercice d'une telle **option** pour **centraliser la déclaration et le paiement** de la taxe, le dispositif du paiement de la TVA et des taxes assimilées pour les groupes de sociétés (n°s 53750 s.) ne s'applique pas à cette taxe. L'option est exercée avec l'accord de l'ensemble des redevables du groupe concerné dans les conditions fixées par l'article 1693 quater B du CGI.

e. Les **redevables non établis dans un État membre de l'Union européenne** ou dans tout autre État partie à l'accord sur l'Espace économique européen ayant conclu avec la France une convention qui contient une clause d'assistance administrative en vue de lutter contre la fraude et l'évasion fiscales ainsi qu'une convention d'assistance mutuelle en matière de recouvrement de l'impôt sont tenus de désigner un **représentant fiscal** assujetti à la TVA, accrédité par le service des impôts compétent, qui s'engage, le cas échéant, à remplir les formalités et à acquitter la taxe en leur nom et pour leur compte.

f. Pendant le délai de reprise de l'administration (qui s'exerce jusqu'à la fin de la 6e année, ou de la 10e année si un procès-verbal de flagrance fiscale a été dressé, suivant celle au cours de laquelle la taxe est devenue exigible : LPF art. L 177 A), les redevables doivent **conserver** l'information des sommes encaissées mensuellement en contrepartie de chacun des services taxables fournis, en distinguant celles se rapportant à un service fourni en France et, le cas échéant, celles relatives à la mise à disposition d'une interface pour la vente de produits soumis à accises et en précisant, lorsque des sommes sont encaissées dans une autre monnaie que l'euro, les montants en devises étrangères, les montants convertis en euros et les taux de change retenus. Les redevables doivent également conserver les éléments quantitatifs mensuels utilisés pour calculer les proportions de présence numérique en France. Ces informations doivent être communiquées à l'administration à première demande (CGI art. 300, III).

L'administration dispose d'une procédure de demande de justification spécifique (LPF art. L 16 C).

g. Pour la **régularisation** en 2020 de la **taxe due au titre de 2019,** le pourcentage représentatif de la part des services rattaché à la France est évalué lors de la période comprise entre le lendemain de la publication de la loi, soit le 26 juillet 2019, et le 31 décembre 2019 (Loi 2019-759 du 27-7-2019 art. 1, III).

PARTIE 8

Dispositions communes

Les dispositions qui régissent le **recouvrement,** le **contrôle** et le **contentieux** de l'impôt sont très largement communes aux différentes catégories d'impôts et de taxes examinées dans les parties précédentes de l'ouvrage. Il en est de même des dispositions contenues dans les **conventions internationales.** Il est donc logique d'en faire une étude d'ensemble, tout en signalant, bien entendu, les particularités qui peuvent affecter tel ou tel impôt au regard de ces dispositions. 76500

CHAPITRE 1

PAIEMENT ET RECOUVREMENT DE L'IMPÔT

SOMMAIRE

GÉNÉRALITÉS

Le recouvrement des impôts autres que les contributions indirectes est assuré, à titre principal, par les agents de la Direction générale des finances publiques (DGFiP). 76510 REC-I-120 s

Il est opéré au moyen de **rôles** ou par voie d'**avis de mise en recouvrement.** Le rôle et l'avis de mise en recouvrement constituent des titres exécutoires émis par l'administration pour le recouvrement de l'impôt.

Sont recouvrés **par voie de rôle** notamment les impôts suivants : 76515 REC-I-950 s
- impôt sur le revenu ;
- impôts directs locaux autres que la cotisation sur la valeur ajoutée des entreprises ;
- CSG et autres prélèvements sociaux sur les revenus du patrimoine ;
- impôt sur la fortune immobilière.

› Précisions L'administration peut également procéder au recouvrement de ces impôts par voie d'**avis de mise en recouvrement** (CGI art. 1658). En pratique, cette faculté concerne les impositions supplémentaires établies à l'issue d'une procédure de contrôle fiscal.

Sont recouvrés **par voie d'avis de mise en recouvrement,** à **défaut de paiement spontané** à l'échéance, notamment les impôts et taxes suivants : 76520
- l'impôt sur les sociétés ;
- les taxes sur le chiffre d'affaires ;
- les droits d'enregistrement et assimilés et les droits de timbre ;
- la taxe sur les salaires ;
- la cotisation sur la valeur ajoutée des entreprises.

A. Paiement de l'impôt

En ce qui concerne les **impôts recouvrés par voie de rôle** (n° 76515), le contribuable est informé du montant de sa dette par un **avis d'imposition** qui mentionne le total par nature d'impôt des sommes à acquitter, les conditions d'exigibilité, la date de mise en recouvrement du rôle et la date limite de paiement (LPF art. L 253). L'avis d'imposition doit également mentionner le caractère obligatoire, préalablement à un recours juridictionnel, de la réclamation d'assiette et le délai imparti pour adresser celle-ci à l'administration (sur les conséquences de l'absence de cette mention, voir n° 81845, précision c). 76525 REC-I-1350 s

En ce qui concerne les **autres impôts** (n° 76520), le paiement n'est pas précédé de l'émission d'un titre de perception : l'impôt, calculé par le contribuable lui-même, doit être **acquitté**

spontanément dans les délais fixés par les textes législatifs et réglementaires. Ce n'est qu'en cas de défaut de paiement à l'échéance que le comptable public est amené à émettre un **avis de mise en recouvrement** (nº 76780).

76530 Toutefois, ces règles comportent de nombreuses **exceptions.** Ainsi, certains impôts donnent lieu à des **versements provisionnels** que le contribuable doit effectuer avant la liquidation définitive des sommes dues. Par ailleurs, dans un certain nombre de cas, l'impôt donne lieu, dès le versement ou la réalisation des revenus correspondants, à l'application de **retenues à la source ou prélèvements** susceptibles de s'imputer sur le montant définitif de l'impôt, ou même d'être libératoires de cet impôt.

Les particularités qui caractérisent les modalités de paiement de différents impôts font l'objet de **développements spécifiques** dans les parties consacrées à ces impôts. Seules les **règles communes** à tous les impôts ou à l'une des deux grandes catégories (impôts recouvrés par voie de rôle ou non) sont exposées dans le présent chapitre.

76535
REC-I-2540
REC-I-10350 s
CF-VIII-25300 s

› Précisions **a.** Qu'il s'agisse d'impositions primitives ou d'impositions supplémentaires résultant de la rectification des bases d'imposition déclarées, la mise en recouvrement du rôle ou la notification de l'avis de mise en recouvrement doit intervenir avant l'expiration du **délai de reprise** imparti à l'administration pour établir l'impôt (sur ce délai de prescription, voir nºs 77700 s., et plus particulièrement nº 77705). Par ailleurs, dans le cas où l'administration met en œuvre une procédure de rectification, le paiement de l'impôt ne peut pas être demandé sans que soient respectés certains délais visant à garantir les droits du contribuable (par exemple, dans la procédure de rectification contradictoire, délai de réponse à la proposition de rectification ou délai de saisine des commissions administratives des impôts). Ces règles sont précisées dans les développements relatifs aux procédures de rectification : nºs 78480 s.

b. Les cotisations d'**impôts directs recouvrés par voie de rôle** ne sont pas mises en recouvrement lorsqu'elles sont d'un montant inférieur à 12 € par article de rôle (CGI art. 1657, 2) ; le **seuil de recouvrement** est toutefois plus élevé pour l'impôt sur le revenu (nº 2335) et les prélèvements sociaux sur les revenus du patrimoine (nº 34580). Quant aux **autres impôts,** ils ne sont mis en recouvrement que si leur montant cumulé excède 16 € (CGI art. 1724 A).

c. Sauf exception prévue par la loi, le recouvrement des **pénalités** encourues en cas d'infractions fiscales (nºs 79850 s.) s'effectue selon les règles applicables à la catégorie d'impôts qu'elles concernent ou, si elles ne sont pas calculées sur un impôt, selon les règles applicables aux taxes sur le chiffre d'affaires (CGI art. 1754, I et II).

d. En ce qui concerne les règles d'**arrondissement** des cotisations ou versements à effectuer, voir nº 97510.

1. DÉLAIS DE PAIEMENT

76650
REC-II-100 s

Sous réserve des cas d'exigibilité immédiate exposés au nº 76660, les **impôts recouvrés par voie de rôle** (nº 76515) sont **exigibles** trente jours après la date de mise en recouvrement du rôle (CGI art. 1663, 1), mais **la date limite de paiement** est celle prévue pour l'application de la majoration qui sanctionne le retard de paiement de ces impôts (nºs 80140 s.).

Les **autres impôts** (nº 76520) doivent être payés au plus tard à leur **date d'exigibilité,** laquelle est normalement prévue par les textes relatifs au paiement des impôts concernés.

› Précisions Lorsque la **date limite** de paiement ou de prélèvement des impôts, droits, taxes et redevances prévus dans le CGI coïncide avec un **samedi,** un **dimanche** ou un **jour férié,** celle-ci est prorogée jusqu'au premier jour ouvrable suivant (CGI ann. IV art. 199-0). Cette règle concerne l'ensemble des impôts prévus dans le CGI, quel que soit leur mode de recouvrement.

EXIGIBILITÉ IMMÉDIATE DES IMPÔTS DIRECTS

76660
CGI
art. 1663, 2 à 4
REC-II-4300 s

Entraînent l'exigibilité immédiate de la totalité de l'impôt dès la mise en recouvrement du rôle :

– le **déménagement** hors du ressort du service chargé du recouvrement, sauf justification du nouveau domicile ;

– la **vente** volontaire ou forcée des biens du contribuable.

Entraîne également l'exigibilité immédiate et totale l'application d'une **majoration pour défaut, retard ou insuffisance de déclaration** des revenus et bénéfices imposables.

En cas de **déménagement à l'étranger,** les impôts déjà mis en recouvrement ou en cours d'établissement sont exigibles immédiatement. Leur paiement peut toutefois être différé sur production d'une garantie estimée suffisante par le comptable chargé du recouvrement.

Sont également immédiatement exigibles pour leur totalité :

– l'impôt sur le revenu et l'impôt sur les sociétés dus en cas de **cession** ou **cessation** d'entreprise ou de l'exercice d'une profession non commerciale ou de **décès** de l'exploitant ou du contribuable ;

– les **droits et pénalités** visés aux articles 1679 bis (nº 73530), 1729 B (nº 80190) et 1731 (nºs 80160 s.) du CGI.

Enfin, en cas d'application d'une **majoration** prévue par l'article 1729 G du CGI (nºs 3814, 3831 et 3851), l'**impôt sur le revenu** et les autres impositions figurant sur le même article de rôle sont exigibles en totalité dès leur mise en recouvrement. Ces dispositions sont également applicables si un prélèvement mensuel prévu à l'article 1663 B, 3 du CGI (nº 3861) n'est pas opéré (CGI art. 1724 quinquies, III).

DÉLAIS SUPPLÉMENTAIRES DE PAIEMENT

Les contribuables qui éprouvent **ponctuellement des difficultés** pour acquitter, dans les délais légaux, leurs impôts autres que les droits d'enregistrement peuvent demander à bénéficier de délais supplémentaires de paiement ; l'octroi des délais relève alors du **pouvoir discrétionnaire** du comptable chargé du recouvrement de l'impôt. 76670 REC-II-850 s

Les comptables publics accordent des délais de paiement aux **particuliers** chaque fois que ceux-ci justifient de circonstances exceptionnelles indépendantes de leur volonté. Le comptable examine avec soin les motifs de retard invoqués par le débiteur faisant ressortir de graves difficultés (maladie, décès, situation personnelle…).

Les comptables de l'administration fiscale peuvent accepter les demandes de règlement échelonné présentées par des **entreprises** confrontées à des difficultés passagères exceptionnelles et imprévisibles (agriculteurs victimes de calamités naturelles par exemple) (BOI-REC-PREA-20-10-10 nº 20).

La souscription d'un plan de règlement entraîne la **suspension gracieuse des poursuites** et dispense l'administration d'avoir à **publier le privilège du Trésor** pour les créances qui font l'objet du plan (BOI-REC-PREA-20-10-10 nº 105) : voir nº 77230.

En cas d'**événements graves** (secteur économique en péril, catastrophes naturelles telles que vagues de froid, inondations, etc.), le ministère du budget prend généralement, en faveur des victimes, des mesures de report de paiement ou donne à ses agents des consignes visant à l'octroi de larges facilités de paiement.

Signalons enfin que, indépendamment des délais de paiement, les contribuables ayant des difficultés pour acquitter leurs impôts et les pénalités correspondantes peuvent en solliciter la **remise** ou la **modération** dans les conditions exposées aux nºs 82270 s.

Délais accordés par une commission Dans chaque département, une commission spéciale (**commission des chefs des services financiers**) est chargée d'examiner la situation des débiteurs retardataires et peut, sur saisine du débiteur, du comptable chargé du recouvrement ou d'une autre personne autorisée, établir des plans de recouvrement échelonné des dettes fiscales du débiteur. 76675 REC-II-1600 s

Créanciers de l'État Les particuliers et les entreprises, débiteurs d'impôts directs dus à l'État, qui justifient détenir une créance certaine et exigible sur l'État ouvrant droit à paiement et dont l'échéance est antérieure à celle de leur dette fiscale bénéficient **automatiquement** de **délais de paiement** à hauteur du montant de leur créance et dans la limite du délai prévu pour que l'État règle sa propre dette (BOI-REC-PREA-20-10-10 nº 10). 76680 REC-II-1414 s

› **Précisions** Les PME **créancières de l'État** au titre des marchés publics, achats sur facture de travaux, fournitures et services qui sont susceptibles de bénéficier d'une suspension des contrôles fiscaux (nº 79475) mais qui ne remplissent les conditions de cette suspension qu'après la clôture de la procédure de rectification bénéficient d'un différé de quarante-cinq jours pour la mise en recouvrement des rappels d'impôt concernés (BOI-CF-DG-40-20 nº 160). CF-IV-48120

En ce qui concerne la possibilité pour l'administration de procéder à une **compensation** entre créances et dettes d'impôt plutôt qu'au remboursement, voir nº 76740.

CAS DE SURSIS DE PAIEMENT

Le contribuable qui introduit une **réclamation contentieuse d'assiette** dans les délais légaux peut demander à surseoir au paiement de la partie contestée de ses impôts : voir nºs 81885 s. 76690

2. MODES DE PAIEMENT

La plupart des impôts doivent, sous peine d'une majoration de 0,2 % (nº 80200), être obligatoirement acquittés par **téléréglement, prélèvement ou virement.** Pour certains d'entre eux, cette obligation ne s'applique toutefois que lorsque les sommes dues excèdent un certain montant. 76715 REC-III-500 s

Les impôts concernés sont récapitulés dans le tableau suivant.

Impôts concernés	Commentaires
Prélèvement sur les dividendes et distributions assimilées	n° 24590
Retenue à la source de l'article 119 bis du CGI (et retenues assimilées)	n°s 24865 et 24896
Prélèvement sur les produits de placement à revenu fixe	n° 25385
Impôt sur les sociétés et contribution sociale	n°s 36525, 36610 et 36730
Taxes foncières et taxe d'habitation	n°s 41555 s.
Cotisation foncière des entreprises	n° 43770
Cotisation sur la valeur ajoutée des entreprises	n° 44040
TVA et taxes assimilées	n°s 53720 s.
Impôt sur la fortune immobilière	n° 72330
Taxe sur les salaires	n° 73530
Taxe sur les conventions d'assurance	n° 76000

> **Précisions** **a.** Les contribuables personnes physiques qui résident dans des zones où aucun service mobile n'est disponible (« **zones blanches** ») sont dispensés de l'obligation de télépaiement de leurs impôts jusqu'au 31 décembre 2024 (CGI art. 1649 quater B quinquies et 1738, 5).
b. L'obligation faite à certains contribuables de payer leurs dettes fiscales par un moyen autre que le chèque ou les espèces, sous peine de sanction, ne remet pas en cause le **caractère libératoire du paiement** de ces dettes par l'un de ces deux moyens (Rép. Meslot : AN 15-1-2013 n° 5884).
c. En ce qui concerne les modalités de paiement des impôts dus par les **entreprises relevant de la Direction des grandes entreprises,** voir n°s 87460 s.
d. Prélèvement à la source de l'**impôt sur le revenu** : voir n°s 3740 s.

76720 Lorsque le paiement par télérèglement, prélèvement ou virement n'est pas obligatoire, l'impôt peut être acquitté soit par l'un de ces moyens de paiement dématérialisé, soit par l'un des **moyens traditionnels de paiement** : espèces (dans la limite de 300 € : CGI art. 1680), chèque, titre interbancaire de paiement, carte bancaire, mandat cash.

> **Précisions** Le paiement des **impôts des professionnels** peut, à la demande des intéressés, être effectué par **imputation des créances** détenues sur le Trésor public au titre de ces mêmes impôts (crédit de TVA, excédent d'impôt sur les sociétés, créance de report en arrière des déficits, crédits d'impôt sur les sociétés, dégrèvements donnant lieu à restitution...) (BOI-REC-PRO-10-20-30).

76730 REC-III-650 s

Les **paiements par voie électronique** sont considérés comme effectués dans les délais si la date figurant sur l'accusé de réception ou, le cas échéant, sur l'accusé d'enregistrement adressé au contribuable par la même voie n'est pas postérieure à la date limite de paiement. Lorsque le moyen de paiement est envoyé par **correspondance,** c'est la date figurant sur le cachet postal de l'enveloppe qui est retenue pour apprécier si le paiement est effectué dans les délais (LPF art. L 286).

En cas de paiement par **virement** au compte du Trésor public à la Banque de France, la date retenue par l'administration pour apprécier le respect du délai de paiement est la date de règlement interbancaire qui figure sur la copie de l'avis de virement transmis par la Banque de France au comptable public (BOI-REC-PART-10-20-10 n° 170).

76740 REC-III-3500 s.

Lorsque le contribuable a droit à un remboursement, à un dégrèvement ou à une restitution d'impôts, droits, taxes, pénalités ou intérêts de retard, le comptable public compétent peut conserver ces sommes et procéder à une **compensation** d'office en les affectant au paiement d'impôts, droits, taxes, pénalités et intérêts de retard dus par ce contribuable (LPF art. L 257 B). Le comptable doit notifier au redevable un avis lui précisant la nature et le montant des sommes affectées au paiement de la dette. Le redevable peut contester les effets de la compensation en formant une opposition aux poursuites (LPF art. R 257 B-1).

Les **droits de succession ou de donation** ainsi que l'**impôt sur la fortune immobilière** peuvent être acquittés par remise de certains biens : voir n°s 68920 et 72330.

3. DÉFAUT DE PAIEMENT À L'ÉCHÉANCE

PÉNALITÉS

76765 Le défaut ou le retard de paiement des impôts entraîne l'application de pénalités fiscales. Ces pénalités diffèrent selon les impôts : majoration de 10 % pour les uns et intérêt de retard auquel s'ajoute, sauf exception, une majoration de 5 % pour les autres : voir n°s 80140 s.

PRÉLIMINAIRES AUX POURSUITES

Avis de mise en recouvrement Lorsqu'un impôt devant être payé spontanément (n° 76520) n'a pas été acquitté dans les délais prescrits, le comptable public envoie au redevable un avis de mise en recouvrement. 76780 LPF art. L 256 REC-I-10100 s

Lorsque le comptable poursuit le recouvrement d'une créance à l'égard de débiteurs tenus conjointement ou solidairement au paiement, il doit notifier préalablement un avis de mise en recouvrement à chacun d'eux, à moins qu'ils n'aient la qualité de représentants ou ayants cause au sens de l'article 1682 du CGI (LPF art. R 256-2).

En outre, avant de réclamer l'impôt à un débiteur solidaire, il doit avoir notifié un avis de mise en recouvrement au débiteur principal (CE 9-12-2015 n° 367310 : RJF 3/16 n° 248).

> **Précisions** **a.** L'avis de mise en recouvrement doit **indiquer** pour chaque impôt ou taxe le montant global des droits, des pénalités et des intérêts de retard qui font l'objet de cet avis (LPF art. R 256-1). Il doit également mentionner le caractère obligatoire, préalablement à un recours juridictionnel, de la réclamation d'assiette et le délai imparti pour adresser celle-ci à l'administration (sur les conséquences de l'absence de cette mention, voir n° 81845, précision c).
> **b.** L'avis de mise en recouvrement peut être **notifié** par lettre simple.
> **c.** La notification de l'avis de mise en recouvrement a pour **effet** d'ouvrir :
> – le délai de recours contentieux contre les impositions qui font l'objet de cet avis (n°s 81825 s.) ;
> – le délai de prescription de l'action en recouvrement (n° 76950).

Lettre de relance Lorsque le redevable ne s'acquitte pas des sommes mentionnées sur l'avis d'imposition à la date limite de paiement ou des sommes mentionnées sur l'avis de mise en recouvrement et n'a pas formé une réclamation d'assiette assortie d'une demande de sursis de paiement, le comptable public lui adresse une **lettre de relance.** 76782 LPF art. L 257-0 B, 1 REC-I-17500 s

Cette procédure de relance n'est toutefois pas applicable lorsqu'une **autre défaillance de paiement** a été constatée pour le contribuable concerné au titre d'une même catégorie d'impositions au cours des trois années précédant la date limite de paiement ou la date de mise en recouvrement de l'imposition dont le recouvrement est poursuivi.

En outre, elle ne s'applique pas aux impositions suivantes :
– impositions résultant d'une **procédure de rectification** ou d'une procédure d'**imposition d'office** ;
– impositions recouvrées par voie d'**avis de mise en recouvrement autres que les droits d'enregistrement**, la taxe de publicité foncière et les droits de timbre ;
– créances d'un montant supérieur à **15 000 €** ;
– créances nées postérieurement au jugement d'ouverture d'une **procédure collective** ;
– créances des entreprises tenues de souscrire leurs déclarations de résultats auprès de la **Direction des grandes entreprises.**

> **Précisions** **a.** Pour l'appréciation de l'existence d'une **précédente défaillance de paiement** dans la même catégorie d'impositions, trois catégories d'impositions sont définies (LPF art. R 257-0 B-1) :
> 1. l'impôt sur le revenu, l'acompte dû au titre du prélèvement à la source de l'impôt sur le revenu en application de l'article 1663 C du CGI, les prélèvements sociaux recouvrés comme en matière d'impôt sur le revenu, la taxe d'habitation, les taxes foncières sur les propriétés bâties et non bâties, les impositions recouvrées comme les impositions précitées, ainsi que l'impôt sur la fortune immobilière ;
> 2. les droits d'enregistrement, la taxe de publicité foncière et les droits de timbre ;
> 3. les impositions autres que celles mentionnées aux 1 et 2 ci-dessus.
> **b.** L'administration est dispensée de l'envoi d'une lettre de relance dans certains cas d'**exigibilité immédiate** des impôts directs : voir n° 76784, précision b.
> **c.** La lettre de relance est **adressée** au contribuable par courrier simple (BOI-REC-PREA-10-20 n° 110).
> **d.** La lettre de relance n'est pas un acte de poursuite ; elle ne peut donc pas être **contestée** par la voie de l'opposition aux poursuites (BOI-REC-PREA-10-20 n° 100).

Mise en demeure de payer Lorsque le redevable n'a pas acquitté les sommes dues dans les trente jours suivant la notification de la **lettre de relance** et n'a pas présenté une réclamation d'assiette assortie d'une demande de sursis de paiement, le comptable public peut lui adresser une mise en demeure de payer. 76784 LPF art. L 257-0 A, L 257-0 B, 2 et L 260 REC-I-20000 s

Lorsque l'envoi d'une **lettre de relance** n'est **pas exigée,** le comptable public peut, sans délai, adresser une mise en demeure de payer au contribuable si celui-ci n'a pas acquitté les sommes mentionnées sur l'avis d'imposition à la date limite de paiement ou les sommes mentionnées sur l'avis de mise en recouvrement et n'a pas formé une réclamation d'assiette assortie d'une demande de sursis de paiement.

> **Précisions** **a.** La mise en demeure est un acte de poursuite qui n'est pas générateur de frais au sens de l'article 1912 du CGI (n° 77025). Elle est un **préalable obligatoire** aux poursuites devant donner lieu à des frais. La **saisie administrative à tiers détenteur** n'étant pas

considérée comme un acte de poursuite devant donner lieu à des frais, une mise en demeure préalable à la notification de la saisie n'est pas obligatoire (BOI-REC-FORCE-30-20 nº 20).

b. En cas de déménagement, de vente ou d'application d'une majoration pour défaut, retard ou insuffisance de déclaration entraînant l'**exigibilité immédiate** des impôts directs (nº 76660), le comptable public peut faire signifier une mise en demeure de payer dès cette date d'exigibilité.

c. La mise en demeure peut être **notifiée** par lettre simple.

d. La mise en demeure **interrompt** la prescription de l'action en recouvrement (nº 76955) et vaut **commandement de payer** en matière de saisie-vente (nº 77020). Elle peut être **contestée** par la voie de l'opposition aux poursuites.

B. Poursuites

76810 REC-I-20650 s REC-V-100 s Lorsque la mise en demeure de payer n'a pas été suivie de paiement ou d'une demande de sursis de paiement, le comptable public peut engager des poursuites.

Les poursuites ne peuvent être engagées qu'à l'expiration d'un **délai** de trente jours suivant la notification de la mise en demeure de payer. Ce délai est réduit à huit jours lorsque la mise en demeure de payer a été précédée d'une lettre de relance restée sans effet (LPF art. L 257-0 A et L 257-0 B, 2). Enfin, en cas de déménagement, de vente ou d'application d'une majoration pour défaut, retard ou insuffisance de déclaration entraînant l'exigibilité immédiate des impôts directs (nº 76660), la saisie peut être pratiquée un jour franc après la signification de la mise en demeure de payer (LPF art. L 260).

1. DÉLAI D'ACTION DE L'ADMINISTRATION

76950 LPF art. L 274 REC-II-10000 s Les comptables publics disposent d'un délai de **quatre ans** à compter du jour de la mise en recouvrement du rôle ou de l'envoi de l'avis de mise en recouvrement pour obtenir paiement de la créance du Trésor. Le délai de prescription de l'action en recouvrement est porté à **six ans** pour les redevables établis dans un État non membre de l'Union européenne avec lequel la France n'a pas d'accord similaire à celui prévu par la directive 2010/24/UE du 16 mars 2010 relative à l'assistance mutuelle en matière de recouvrement.

À l'expiration de ce délai de quatre ou six ans, l'action en recouvrement est atteinte par la **prescription** (le comptable public est déchu de tous droits ou de toute action contre le redevable) si aucun acte interruptif ou suspensif n'est intervenu.

INTERRUPTION DE LA PRESCRIPTION

76955 REC-II-10700 s L'**interruption** a pour effet de substituer à la prescription en cours une nouvelle prescription de même durée (C. civ. art. 2231).

Sont interruptifs de la prescription :
- la **mise en demeure** de payer (LPF art. L 257-0 A, 3) ;
- le **commandement** de payer aux fins de saisie-vente (Cass. 2e civ. 13-5-2015 nº 14-16.025 FS-PBRI) ;
- les **mesures conservatoires** prises en application du Code des procédures civiles d'exécution et les **actes d'exécution forcée** (saisie administrative à tiers détenteur, saisie-vente, saisie-attribution…) (C. civ. art. 2244) ;
- la **demande en justice** ; l'effet interruptif de la demande se prolonge jusqu'à l'extinction de l'instance (C. civ. art. 2241 et 2242) ;
- la **décision du juge pénal** déclarant, en application de l'article 1745 du CGI, une **personne solidairement tenue,** avec le redevable légal de l'impôt, au paiement des droits fraudés (CE 4-12-2017 nº 394903, 394907 et 394908 : RJF 3/18 nº 322). Il en va de même de la **décision du juge judiciaire** déclarant sur le fondement de l'article L 267 du LPF un dirigeant de société solidairement responsable du paiement des impositions dues par la société ; toutefois, en application de l'article L 111-4 du Code des procédures civiles d'exécution, cette décision ouvre au comptable public un nouveau délai de dix ans (et non de quatre ans) pour poursuivre le recouvrement (CE 18-7-2018 nº 406638 : RJF 11/18 nº 1178) ;
- la **reconnaissance de dette** (demande de délai de paiement, versement d'un acompte, etc.) (C. civ. art. 2240) ;
- la **compensation** fiscale de recouvrement (BOI-REC-EVTS-30-20 nos 260 à 280) ;
- la **déclaration,** par le comptable chargé du recouvrement, de ses **créances à la procédure collective** ; l'effet interruptif de la déclaration se prolonge jusqu'à la clôture de cette procédure (C. com. art. L 622-25-1, L 631-14 et L 641-3).

L'interpellation faite à l'un des **débiteurs solidaires** par une demande en justice ou par un acte d'exécution forcée ou la reconnaissance de sa dette par le débiteur interrompt le délai de prescription contre tous les autres (C. civ. art. 2245).

SUSPENSION DE LA PRESCRIPTION

La suspension de la prescription en arrête temporairement le cours sans effacer le délai déjà couru. Celui-ci recommence à courir lorsque la cause de suspension disparaît (C. civ. art. 2230). 76960 REC-II-12400 s

La prescription est suspendue lorsque le contribuable demande le bénéfice du **sursis de paiement,** qu'il soit tenu ou non de présenter des garanties (nos 81885 s.).

2. SAISIE DES CRÉANCES DE SOMMES D'ARGENT

Les comptables publics peuvent saisir entre les mains des **tiers** les sommes d'argent dont ces derniers sont **débiteurs envers le contribuable.** Ils peuvent recourir à cet effet à une procédure particulière, moins contraignante que les procédures d'exécution de droit commun : la **saisie administrative à tiers détenteur.** 76970

SAISIE ADMINISTRATIVE À TIERS DÉTENTEUR

Les comptables publics peuvent, pour le recouvrement de tous impôts, couverts ou non par le privilège du Trésor, notifier une saisie administrative à tiers détenteur aux dépositaires, détenteurs ou débiteurs de sommes d'argent appartenant ou devant revenir au contribuable. 76980 LPF art. L 262 REC-V-60000 s

La saisie administrative à tiers détenteur permet d'appréhender des **créances certaines, conditionnelles ou à terme.** En revanche, les **créances futures, éventuelles ou hypothétiques** ne peuvent être saisies (BOI-REC-FORCE-30-10 n° 90).

Comme la saisie-attribution de droit commun, la saisie administrative à tiers détenteur emporte, à concurrence des sommes pour lesquelles elle est pratiquée, **attribution immédiate de la créance saisie,** disponible entre les mains du tiers. Elle a pour effet d'affecter, dès sa réception, les fonds dont le versement est demandé au paiement des sommes dues par le redevable, quelle que soit la date à laquelle les créances même conditionnelles ou à terme que le redevable possède à l'encontre du tiers saisi deviennent effectivement exigibles.

La saisie administrative à tiers détenteur peut être utilisée pour faire opposition sur des **comptes bancaires** ou postaux selon les règles exposées n° 77000. Lorsqu'elle porte sur des **salaires,** les règles de saisissabilité exposées au n° 76990 doivent être respectées.

> **Précisions** **a.** Une saisie administrative à tiers détenteur peut être notifiée aux **gérants, administrateurs, directeurs ou liquidateurs de sociétés** pour le recouvrement des impositions dues par ces sociétés.
> **b.** Une seule saisie peut être notifiée pour le recouvrement de **plusieurs créances,** même si elles sont de nature différente (par exemple, une créance fiscale et une créance étrangère à l'impôt).
> **c.** La saisie administrative à tiers détenteur peut porter sur un **contrat d'assurance rachetable.** En pareil cas, elle entraîne le rachat forcé du contrat. Elle a pour effet d'affecter au comptable public la valeur de rachat du contrat d'assurance au jour de la notification de la saisie, dans la limite du montant de cette dernière. Ces dispositions s'appliquent au redevable souscripteur ou adhérent d'un contrat d'assurance rachetable, y compris si la possibilité de rachat fait l'objet de limitations.
> **d.** Les comptables publics ne peuvent pas notifier de saisie administrative à tiers détenteur lorsque les **poursuites** contre le redevable sont **suspendues.** Tel peut être le cas en présence d'une procédure de sauvegarde, d'un redressement ou d'une liquidation judiciaires ou bien encore d'une procédure de surendettement (BOI-REC-FORCE-30-10 n° 180). La saisie administrative à tiers détenteur n'est pas utilisable non plus lorsque le contribuable bénéficie d'un sursis de paiement ou lorsque ses impositions font l'objet d'un plan de règlement échelonné qu'il respecte (BOI-REC-FORCE-30-10 n° 190). La validité d'une saisie à tiers détenteur portant pour partie sur des impôts contestés avec demande de sursis de paiement et pour partie sur des impositions non contestées est limitée à ces dernières (Cass. com. 29-1-2013 n° 12-12.128 F-D : RJF 5/13 n° 555).
> **e.** Le comptable public n'est pas tenu d'adresser au contribuable une **mise en demeure de payer** préalablement à la notification d'une saisie administrative à tiers détenteur : voir n° 76784, précision a.

L'avis de saisie administrative à tiers détenteur est **notifiée au tiers détenteur** par voie postale. 76982

Toutefois, sont obligatoirement notifiées par voie électronique les saisies adressées aux **établissements de crédit** dont le chiffre d'affaires est supérieur à 1,5 milliard d'euros ainsi que celles adressées aux établissements de crédit appartenant à un même groupe bancaire composé d'un réseau ou d'établissements affiliés dont le chiffre d'affaires excède ce montant. À compter du 1er janvier 2021, cette obligation concernera l'ensemble des établissements de crédit, quel que soit le montant de leur chiffre d'affaires ou de celui du groupe auquel ils appartiennent. Par ailleurs, les saisies adressées aux **sociétés de financement,** aux **organismes qui gèrent les régimes de protection sociale** et, à compter du 1er janvier 2020, à **tous autres tiers détenteurs** peuvent, avec leur accord préalable, être notifiées par voie électronique. Les saisies notifiées par voie électronique prennent effet à la date et à l'heure de leur mise à disposition, telles qu'enregistrées par le dispositif électronique sécurisé mis en œuvre par l'administration (Loi 2013-1279 du 29-12-2013 art. 17, II modifié par loi 2019-1479 du 28-12-2019 art. 150, II et décret 2015-243 du 2-3-2015).

Un exemplaire de l'avis de saisie est également **notifié au redevable** par voie postale. Cet exemplaire doit indiquer, sous peine de nullité, les délais et voies de recours.

> **Précisions** Le **chiffre d'affaires** à prendre en compte pour apprécier si les saisies doivent être notifiées par voie électronique aux établissements de crédit est celui réalisé au cours de l'exercice clos en 2017, ramené s'il y a lieu à douze mois, et déterminé comme en matière de cotisation sur la valeur ajoutée des entreprises (n° 43950).

76984 Le **tiers saisi** est tenu de **déclarer** immédiatement par tous moyens l'étendue de ses obligations à l'égard du redevable dans les conditions prévues à l'article L 211-3 du Code des procédures civiles d'exécution. S'il s'abstient, sans motif légitime, de faire cette déclaration ou fait une déclaration inexacte ou mensongère, il peut être condamné, à la demande de l'administration fiscale, au paiement des sommes dues à celle-ci, sans préjudice d'une condamnation à des dommages et intérêts.

Le tiers saisi doit **verser,** dans les trente jours suivant la réception de la saisie, les fonds qu'il détient ou qu'il doit, à concurrence des sommes dues par le redevable. Lorsque la saisie porte sur des créances conditionnelles ou à terme, il est tenu de verser immédiatement les fonds dès que ces créances deviennent exigibles. À défaut de paiement, il peut se voir réclamer les sommes saisies majorées du taux d'intérêt légal.

> **Précisions** Lorsqu'une personne est simultanément destinataire de **plusieurs saisies** administratives à tiers détenteur, elle doit, en cas d'insuffisance des fonds, exécuter ces saisies en proportion de leurs montants respectifs.

76986 Le montant des **frais bancaires** afférents à la saisie administrative à tiers détenteur perçu par les établissements de crédit ne peut dépasser 10 % du montant dû au Trésor public, dans la limite d'un plafond fixé, toutes taxes comprises, à 100 € (Décret 2018-1118 du 10-12-2018).

SAISIE DES RÉMUNÉRATIONS

76990

C. trav. art. L 3252-2 REC-V-65950 s et 71000 s

Les rémunérations dues par un employeur peuvent être saisies par tout créancier muni d'un titre exécutoire constatant une créance liquide et exigible. Toutefois, la **quotité saisissable** est limitée. Cette quotité est déterminée en appliquant à la rémunération annuelle le **barème** suivant (C. trav. art. R 3252-2) :

– 1/20 sur la fraction de la rémunération annuelle qui est inférieure ou égale à 3 870 € ;
– 1/10 sur la fraction supérieure à 3 870 € et inférieure ou égale à 7 550 € ;
– 1/5 sur la fraction supérieure à 7 550 € et inférieure ou égale à 11 250 € ;
– 1/4 sur la fraction supérieure à 11 250 € et inférieure ou égale à 14 930 € ;
– 1/3 sur la fraction supérieure à 14 930 € et inférieure ou égale à 18 610 € ;
– 2/3 sur la fraction supérieure à 18 610 € et inférieure ou égale à 22 360 €.
– la totalité sur la fraction supérieure à 22 360 €.

Ces seuils sont augmentés de 1 490 € par personne à charge du débiteur saisi, sur justificatif présenté par l'intéressé (C. trav. art. R 3252-3).

Dans tous les cas, la saisie ne peut avoir pour effet de réduire la somme laissée à la disposition du salarié à un niveau inférieur au montant forfaitaire du revenu de solidarité active (**RSA**) pour une personne seule (C. trav. art. R 3252-5) (sur ce montant, voir Mémento social n° 90055).

Ces dispositions sont applicables en cas de saisie opérée par les comptables chargés du recouvrement de l'impôt par voie de saisie des rémunérations de droit commun ou par voie de saisie administrative à tiers détenteur.

Pour plus de détails sur la saisie des rémunérations salariales, voir Mémento social n°s 70940 s.

> **Précisions** **a.** Sont considérés comme **personnes à charge** pour l'application du barème :
> – le conjoint, le partenaire lié par un Pacs ou le concubin du débiteur saisi, dont les ressources personnelles sont inférieures au montant du RSA pour une personne seule ;
> – tout enfant ouvrant droit aux prestations familiales et se trouvant à la charge effective et permanente du débiteur ainsi que tout enfant à qui ou pour le compte de qui le débiteur saisi verse une pension alimentaire ;
> – l'ascendant dont les ressources personnelles sont inférieures au montant du RSA et qui habite avec le débiteur ou auquel le débiteur saisi verse une pension alimentaire.
> **b.** Le **barème,** avec son correctif pour personnes à charge, est **révisé** annuellement par décret en fonction de l'évolution de l'indice des prix à la consommation (C. trav. art. R 3252-4). Le barème ci-dessus résulte du décret 2019-1500 du 30 décembre 2019 et s'applique aux rémunérations versées à compter du 1er janvier 2020.

SAISIES SUR LES COMPTES DE DÉPÔT

Les saisies (saisie-attribution, saisie administrative à tiers détenteur ou saisie conservatoire) pratiquées sur un compte bancaire ou postal obéissent à des règles particulières concernant les modalités de prise en compte des opérations de débit ou de crédit en cours. **77000** REC-IV-17645 REC-V-64900 s REC-V-70780

Ainsi, les sommes laissées en compte sont **indisponibles** pendant un délai de quinze jours ouvrables suivant la saisie (Code des procédures civiles d'exécution art. L 162-1). En cas de saisie administrative à tiers détenteur, cette indisponibilité est toutefois limitée au montant de la saisie lorsque ce montant est inférieur à 2 000 € (LPF art. L 262, 1-al. 4 et Décret 2018-1353 du 28-12-2018).

Pendant ce délai de quinze jours, le solde du compte peut être affecté, à l'avantage ou au préjudice du créancier saisissant, par certaines opérations dont la date est antérieure à la saisie. Ainsi, le solde est augmenté du montant des chèques ou effets de commerce remis à l'encaissement avant la saisie mais non encore portés en compte ; à l'inverse, il est diminué du montant des chèques tirés par le saisi s'ils ont été remis à l'encaissement avant la saisie, des chèques portés au crédit du compte avant la saisie et revenus impayés, des retraits par billetterie effectués avant la saisie, et des paiements par carte de crédit dès lors que leurs bénéficiaires ont été crédités antérieurement à la saisie. Les effets de commerce remis à l'escompte avant la saisie et non payés à leur présentation (ou à leur échéance, lorsqu'elle est postérieure à la saisie) peuvent être contrepassés dans le délai d'un mois suivant la saisie.

Le solde « saisi attribué » n'est toutefois affecté par ces éventuelles opérations de régularisation que si leur résultat cumulé est négatif et supérieur aux sommes non frappées par la saisie au jour de leur règlement.

Lorsqu'un compte fait l'objet d'une saisie, le tiers saisi doit laisser à la **disposition immédiate** du débiteur saisi personne physique, dans la limite du solde créditeur du compte, une somme à caractère alimentaire d'un montant égal au montant forfaitaire du **RSA** pour un allocataire seul (Code des procédures civiles d'exécution art. L 162-2 ; sur ce montant, voir Mémento social nº 90055).

Le montant des **autres sommes insaisissables** dont le titulaire peut demander le versement sur justificatif est diminué du montant des sommes équivalant au RSA mises à sa disposition.

À condition de fournir des garanties suffisantes (consignation de sommes ou caution bancaire), le contribuable peut obtenir du comptable la levée de l'indisponibilité de ses comptes de dépôt (Code des procédures civiles d'exécution art. R 211-21, al. 2).

› Précisions **a.** Le blocage des comptes de dépôt est également utilisé comme mesure conservatoire à l'encontre des **personnes qui changent fréquemment de lieu de séjour** ou qui séjournent dans des **locaux d'emprunt** ou des **locaux meublés** (LPF art. L 270 et L 273).

b. Modalités de **notification des saisies administratives à tiers détenteur** adressées aux établissements de crédit : voir nº 76982. Plafonnement des **frais bancaires** afférents à ces saisies : voir nº 76986.

3. AUTRES SAISIES

Les comptables publics peuvent, pour recouvrer l'impôt, recourir aux **voies d'exécution de droit commun** qui permettent aux créanciers de saisir et faire vendre des biens appartenant à leur débiteur. Il s'agit **notamment** : **77020** REC-V-72000 s, 75000 s et 78000 s

– de la saisie-vente (saisie des biens **meubles corporels**) ;
– de la saisie immobilière (saisie des **immeubles**) ;
– de la saisie des **droits d'associés** et des **valeurs mobilières.**

Lorsque la saisie-vente porte sur les éléments corporels d'un **fonds de commerce,** le comptable public peut – comme tout créancier et le débiteur lui-même – demander au tribunal de commerce qu'il soit procédé à la vente globale du fonds avec le matériel et les marchandises qui en dépendent (C. com. art. L 143-3 et L 143-4), mais le comptable dispose d'une procédure exorbitante du droit commun qui lui permet de faire ordonner par le président du tribunal judiciaire que la vente soit effectuée dans les formes prévues pour la vente des biens appartenant aux mineurs, c'est-à-dire aux enchères sur mise à prix fixée par le président du tribunal (LPF art. L 268).

› Précisions La saisie-vente et la saisie immobilière doivent être précédées de la signification au débiteur, dans les conditions de droit commun, d'un **commandement** de payer. Le commandement est l'acte par lequel il est fait sommation au débiteur d'acquitter le montant de sa dette sous peine d'y être contraint par la saisie ou la vente forcée de ses biens.

Toutefois, la notification de la **mise en demeure de payer** tient lieu du commandement prescrit par le Code des procédures civiles d'exécution lorsqu'une saisie-vente est diligentée pour le recouvrement d'impôts ; la saisie peut alors être pratiquée, selon le cas, à l'expiration du délai de trente, huit ou un jours mentionné nº 76810 (LPF art. L 258 A, 2).

4. FRAIS DE POURSUITES

77025 CGI art. 1912 REC-V-1500 s

Les poursuites entraînent à la charge des contribuables des frais de poursuites qui sont calculés par application d'un pourcentage qui ne peut excéder **5 %** du montant total des créances (droits et pénalités) dont le paiement est réclamé, dans la **limite** de **500 €.**

› Précisions a. Les pourcentages appliqués sont les suivants : 3 % (commandement de payer) ; 5 % (saisie de biens meubles) ; 2,5 % (opposition sur saisie antérieure) ; 1,5 % (signification de vente) ; 1,5 % (affiches) ; 1 % (inventaire des biens saisis) ; 1 % (procès-verbal de vente). Il est appliqué un **minimum de perception** de 7,5 € pour le commandement de payer et de 15 € pour les autres actes de poursuites. En cas de saisie interrompue par un versement immédiat auprès du comptable public ou de l'huissier, ou de libération dans le délai d'un jour franc à compter de la saisie, les frais sont réduits à 1 % (CGI ann. II art. 396 C).

b. Les frais de poursuites sont **recouvrés** par les comptables publics chargés du recouvrement de l'impôt.

c. Les frais de poursuites peuvent faire l'objet de demandes en **remise gracieuse** (LPF art. L 247, 2 bis).

5. OPPOSITION AUX POURSUITES

77040 LPF art. L 281 et R 281-1 à R 281-4 REC-VI-3000 s

Le redevable d'impôts ou la personne tenue solidairement ou conjointement avec lui peut faire opposition aux poursuites dont il est l'objet en contestant :
– soit la **régularité en la forme** de l'acte de poursuite ;
– soit l'**obligation au paiement,** le **montant de la dette** compte tenu des paiements effectués ou l'**exigibilité** de la somme réclamée.

Les contestations relatives au recouvrement de l'impôt ne peuvent pas remettre en cause le **bien-fondé de la créance** (pour les réclamations relatives à l'assiette et au calcul de l'impôt, voir n°s 81650 s.).

77045 Quel que soit l'impôt dont le recouvrement est contesté, l'**opposition** doit, à peine d'irrecevabilité, être formée dans un **délai** de deux mois à partir de la notification soit de l'acte de poursuite dont la régularité en la forme est contestée, soit de tout acte de poursuite si le motif invoqué porte sur l'obligation au paiement ou sur le montant de la dette, soit du premier acte de poursuite permettant de contester l'exigibilité de la somme réclamée.

Le contribuable (ou la personne tenue solidairement ou conjointement) doit **adresser** sa réclamation, établie sur papier libre, au directeur départemental ou régional des finances publiques du département dans lequel a été prise la décision d'engager la poursuite ou au responsable du service à compétence nationale des finances publiques. Ce chef de service doitt **accuser réception** de la réclamation.

L'administration doit **se prononcer** dans un **délai** de deux mois à compter du dépôt de la demande.

Si la décision rendue par l'administration ne le satisfait pas ou s'il n'obtient aucune réponse dans le délai de deux mois, le contribuable (ou la personne tenue solidairement ou conjointement) peut **saisir le tribunal** compétent. Il dispose pour cela d'un délai de deux mois à compter soit de la notification de la décision de l'administration, soit de l'expiration du délai de deux mois imparti à celle-ci pour se prononcer. Le **tribunal compétent** est :
– le juge de l'exécution (président du tribunal judiciaire) lorsque l'opposition porte sur la régularité formelle de l'acte ;
– le juge de l'impôt en cas de contestation de l'existence, de la quotité ou de l'exigibilité de l'impôt, c'est-à-dire le tribunal administratif lorsqu'il s'agit d'impôts directs ou de taxes sur le chiffre d'affaires, le tribunal judiciaire lorsqu'il s'agit de droits d'enregistrement et droits assimilés ou de l'impôt sur la fortune immobilière.

› Précisions a. Le recours préalable devant l'administration étant obligatoire, toute **opposition portée directement devant le tribunal** est irrecevable. Toutefois, cette irrecevabilité ne peut être relevée que si le contribuable a été précisément **informé,** par l'acte de poursuite, des **modalités et délais** dont il disposait **pour contester les poursuites** (Cass. com. 4-6-2002 n° 98-19.511 FS-P : RJF 11/02 n° 1320). En outre, lorsque l'acte de poursuite ne comporte pas ces informations, le délai de deux mois imparti pour former un recours préalable devant l'administration n'est pas opposable au réclamant (CE 25-5-2007 n° 285747 : RJF 10/07 n° 1167 ; Cass. com. 3-6-2014 n° 13-18.713 FD : RJF 10/14 n° 945). Dans cette hypothèse, le recours préalable doit toutefois, selon le Conseil d'État, être exercé dans un **délai raisonnable,** égal, sauf circonstances particulières invoquées par le réclamant, à un an à compter de la date de la notification de l'acte de poursuite (CE sect. 31-3-2017 n° 389842 : RJF 6/17 n° 616).

b. En matière d'**impôts directs,** si le contribuable adresse une réclamation concernant le recouvrement par **erreur** au **service de l'assiette,** ce service doit la transmettre au service du recouvrement et informer le contribuable de cette transmission ; la date d'enregistrement de la réclamation est celle de sa réception par le service de l'assiette (LPF art. R 190-2).

c. En ce qui concerne le destinataire des réclamations concernant des créances recouvrées par la **direction des grandes entreprises,** voir n° 87475.

d. Lorsqu'il a saisi le juge administratif d'une demande en décharge de l'obligation de payer, le contribuable poursuivi peut demander au juge administratif du référé la **suspension de l'exécution de l'acte de poursuite** si l'urgence le justifie et s'il fait état d'un moyen propre à créer, en l'état de l'instruction, un doute sérieux quant à l'existence de l'obligation de payer, au montant de la dette compte tenu des paiements effectués ou à l'exigibilité de la somme réclamée (CE 10-4-2002 n° 241604 : RJF 7/02 n° 856).

C. Garanties de recouvrement du Trésor

Le recouvrement des créances fiscales est garanti par : 77080
– des sûretés réelles sur les biens du contribuable : le privilège et l'hypothèque légale ;
– la responsabilité solidaire de certains tiers pour le paiement des impôts établis au nom du contribuable.

1. PRIVILÈGE

Le privilège du Trésor garantit le recouvrement des **impôts** suivants : 77200 CGI art. 1920 à 1929, 1, 1929 quater et 1929 sexies REC-IV-50 s
– impôts directs et taxes assimilées, notamment l'impôt sur le revenu, l'impôt sur les sociétés, la cotisation foncière des entreprises, la taxe d'habitation, les taxes foncières et l'impôt sur la fortune immobilière ;
– taxes départementales et communales assimilées aux contributions directes (taxe de balayage, taxe d'enlèvement des ordures ménagères…) ;
– taxes sur le chiffre d'affaires et assimilées ainsi que les taxes recouvrées sous les mêmes sanctions et garanties ;
– droits d'enregistrement, taxe de publicité foncière, droits de timbre, autres droits et taxes assimilés ;
– droits, taxes, redevances, soultes et autres impositions perçus en matière de contributions indirectes.

› Précisions **a.** Le privilège du Trésor couvre non seulement le principal de l'impôt, mais également les **pénalités** (d'assiette et de recouvrement) qui s'y rattachent.

b. Le privilège du Trésor s'exerce sur tous les **meubles et effets mobiliers** du contribuable, en quelque lieu qu'ils se trouvent. En matière de contributions directes et de taxes sur le chiffre d'affaires, il s'exerce aussi sur tout le **matériel** servant à l'exploitation d'un **établissement commercial,** même si ce matériel est immeuble par destination, pourvu qu'il ne soit pas grevé d'une hypothèque conventionnelle.

En revanche, il ne s'étend pas aux biens mobiliers qui n'appartiennent pas au contribuable, tels ceux appartenant à une **caution solidaire** (Cass. com. 19-12-2006 n° 05-11.290 FP-PBRI : RJF 5/07 n° 622).

RANG

Le privilège du Trésor **prime** tous les privilèges mobiliers généraux ou spéciaux du Code civil. Toutefois, des dispositions expresses en sens contraire peuvent déroger à ce principe. Ainsi le privilège du Trésor **est primé notamment** par le « superprivilège » des salariés (C. trav. art. L 3253-2 et L 3253-4), le privilège des frais de justice (C. civ. art. 2331), le privilège de conciliation (C. com. art. L 611-11), le privilège du créancier nanti sur l'outillage ou le matériel d'équipement (C. com. art. L 525-9) et le privilège dont bénéficient les titulaires de certaines créances nées régulièrement après le jugement d'ouverture d'une procédure de sauvegarde, de redressement ou de liquidation judiciaires (C. com. art. L 622-17, L 631-14 et L 641-13). 77210 REC-IV-2000 s

En outre, en cas de procédure de sauvegarde ou de redressement judiciaire ou encore de règlement amiable concernant une entreprise agricole en difficulté, des cessions de rang de privilège ou d'hypothèque visant à garantir les créances du Trésor public ou l'abandon de ces sûretés peuvent être accordées par l'administration (C. com. art. L 626-6, al. 4, L 631-19, I et C. rur. art. L 351-4).

L'**ordre des privilèges fiscaux** est le suivant :
– en premier lieu, s'exercent le privilège des impôts directs et celui des taxes sur le chiffre d'affaires ; ces deux privilèges ont le même rang : en cas de concours, si l'actif est insuffisant, la répartition entre les différents comptables chargés du recouvrement de l'impôt se fait au prorata de leurs droits ;
– viennent ensuite, dans l'ordre, le privilège des taxes départementales et communales assimilées aux impôts directs locaux, celui des droits d'enregistrement, taxe de publicité foncière et droits de timbre, et enfin celui des contributions indirectes.

DURÉE

77220 REC-IV-1790 s Le privilège n'a d'autre limite dans le temps que la prescription de la créance à laquelle il est attaché.

PUBLICITÉ

77230 REC-IV-3000 s Les sommes garanties par le privilège qui sont dues par les commerçants et les personnes morales de droit privé, même non commerçantes, au titre de l'impôt sur le revenu, de l'impôt sur les sociétés, de la taxe sur les salaires, de la cotisation foncière des entreprises, des taxes sur le chiffre d'affaires (et des taxes annexes) et des contributions indirectes doivent, sous certaines conditions, être publiées.

La publicité du privilège ne peut être faite qu'à compter, selon la nature de la créance, de l'émission du titre exécutoire ou de la date à laquelle le redevable a encouru une majoration pour défaut de paiement. Elle est obligatoire dès lors que les sommes dues par le redevable à un même poste comptable ou service assimilé et susceptibles d'être inscrites dépassent, au terme d'un semestre civil, 200 000 €. La publicité doit être requise dans le mois qui suit le semestre civil et au plus tard le 31 janvier pour les sommes dues au 31 décembre de l'année précédente et le 31 juillet pour les sommes dues au 30 juin de l'année courante (CGI ann. II art. 396 bis).

Par exception, les sommes imputées par les redevables de la **cotisation économique territoriale** sur le solde de leur **cotisation foncière des entreprises** et correspondant au dégrèvement attendu du plafonnement en fonction de la valeur ajoutée (nº 43780) ne sont pas soumises à la publicité.

Échappent également à la publicité les sommes normalement soumises à cette formalité lorsque le débiteur :

– a obtenu un **plan d'apurement échelonné de sa dette** et respecte ce plan ainsi que ses obligations fiscales courantes. À défaut de respect par le redevable du plan ou de ses obligations fiscales courantes, le comptable public doit dénoncer le plan d'apurement et procéder à l'inscription du privilège dans un délai de deux mois à compter de la réception de cette dénonciation par l'intéressé ;

– a déposé une réclamation d'assiette recevable assortie d'une demande de **sursis de paiement.** Dans ce cas, le comptable public doit procéder à l'inscription du privilège dans un délai de deux mois à compter de l'expiration du délai dont dispose le redevable pour saisir le tribunal compétent après notification de la décision de l'administration ou, en cas de poursuite du litige, de la notification du jugement de la juridiction saisie.

Le **défaut d'inscription** dans les délais impartis d'une créance qui devait être soumise à la publicité entraîne, pour cette créance, la perte du privilège en cas d'ouverture d'une procédure de sauvegarde, de redressement ou de liquidation judiciaires.

Les inscriptions **se prescrivent** par quatre ans, sauf renouvellement.

2. HYPOTHÈQUE LÉGALE

77250 CGI art. 1929 ter REC-IV-5000 s Pour garantir le recouvrement des impositions de toute nature, le Trésor a une hypothèque légale sur les biens immeubles du contribuable. Elle peut être **inscrite** :

– dès la date de mise en recouvrement, pour les impositions et les pénalités résultant d'une procédure de rectification ou d'imposition d'office ;

– à partir de la date à laquelle le redevable a encouru une majoration ou pénalité pour défaut de paiement, dans tous les autres cas.

Elle prend **rang** au jour de son inscription et demeure **valable** dix ans ou jusqu'à l'expiration d'un délai d'un an après la dernière échéance lorsque des délais de paiement ont été accordés.

CGI art. 1929, 2 et 3 ENR-I-16170 s ENR-X-34580 s

> **› Précisions** En outre, le Trésor dispose de garanties particulières pour le recouvrement de certains droits d'enregistrement ; ainsi, une hypothèque légale qui porte sur les **immeubles successoraux** garantit le paiement des droits de mutation par décès.

3. RESPONSABILITÉ SOLIDAIRE DE CERTAINES PERSONNES

DIRIGEANTS

77275 LPF art. L 267 REC-IV-10100 s **Toute personne** exerçant en droit ou en fait, directement ou indirectement, la **direction effective d'une société, d'une personne morale ou d'un groupement** peut, si elle n'est pas déjà tenue au paiement des dettes sociales en vertu d'une autre disposition, être déclarée, par le président du tribunal judiciaire, solidairement responsable du paiement des impositions et pénalités dues par la société, le groupement ou la personne morale lorsqu'elle est responsable de manœuvres frauduleuses ou d'inobservation grave et répétée des obligations fiscales qui ont rendu impossible le recouvrement de ces impositions et pénalités.

L'administration doit engager cette action en justice dans des **délais** satisfaisants ; ces délais sont appréciés souverainement par les juges du fond (BOI-REC-SOLID-10-10-30 n° 10). Par ailleurs, le juge ne peut pas prononcer la solidarité si la dette fiscale de la société est prescrite au moment où il statue (Cass. com. 8-7-1997 n° 95-16.757 P : RJF 12/97 n° 1178).

Sur le **délai** pendant lequel le dirigeant condamné en responsabilité solidaire par une décision définitive du juge judiciaire peut être poursuivi, voir n° 76955.

En ce qui concerne la responsabilité des dirigeants pour le paiement de la **pénalité pour distributions occultes,** voir n° 24775.

AUTRES CAS DE RESPONSABILITÉ SOLIDAIRE

a. Le **cessionnaire d'une entreprise industrielle, commerciale** ou artisanale peut être poursuivi en paiement de l'impôt sur le revenu dû par le cédant, à raison des bénéfices réalisés par ce dernier pendant l'année ou l'exercice de la cession (et même, dans certains cas, des bénéfices de l'année ou de l'exercice précédent). Le cessionnaire n'est toutefois responsable qu'à concurrence du prix du fonds de commerce et ne peut être mis en cause que pendant 90 jours à compter du jour de l'avis de cession adressé à l'administration par le cédant ou du dernier jour imparti pour effectuer cette déclaration administrative. Toutefois, si la cession porte sur un **fonds de commerce,** ce délai court à compter du jour du dépôt de la déclaration de résultat et peut être réduit à 30 jours si l'avis de cession et la déclaration de résultat prévus à l'article 201 du CGI ont été déposés en temps utile (n° 11095) et que, au dernier jour du mois précédant la cession du fonds, le cédant est à jour de ses obligations déclaratives et de paiement en matière fiscale. À défaut de déclaration de résultat dans les délais, le délai de solidarité court à compter de l'expiration du délai imparti pour souscrire cette déclaration de résultat. **77280** CGI art. 1684, 1 et 2 **REC-IV-14500 s**

Les mêmes dispositions s'appliquent à l'impôt sur les sociétés et à la taxe d'apprentissage.

Une responsabilité analogue pèse, en matière d'impôt sur le revenu et d'impôt sur les sociétés, sur le successeur du contribuable en cas de **cession à titre onéreux d'une charge ou d'un office** (huissiers, notaires...) ou d'une **entreprise non commerciale.**

b. Le **propriétaire d'un fonds** de commerce non exploitant est responsable du paiement des impôts directs dus par l'exploitant à raison de l'exploitation du fonds jusqu'à la publication du contrat de location-gérance. Cette solidarité est subordonnée à la condition que le propriétaire ait pu connaître l'existence des manquements ayant entraîné l'application aux impositions en cause des majorations de 40 ou 80 % pour défaut, retard ou insuffisance de déclaration (n°s 80040 et 80085). CGI art. 1684, 3 **REC-IV-14900 s**

c. Les **époux** et partenaires liés par un Pacs sont solidairement tenus au paiement de l'impôt sur le revenu lorsqu'ils font l'objet d'une imposition commune et au paiement de la taxe d'habitation lorsqu'ils vivent sous le même toit. Cette solidarité ne s'étend pas au paiement des prélèvements sociaux sur les revenus du patrimoine et assimilés, même s'ils sont recouvrés comme l'impôt sur le revenu (CE 10-7-2012 n° 336492 : RJF 11/12 n° 1072). CGI art. 1691 bis **REC-IV-13500 s**

En **cas de divorce ou de séparation,** et à condition qu'il y ait une disproportion marquée entre le montant de la dette d'impôt et la situation financière et patrimoniale des intéressés, ceux-ci peuvent, dans certaines limites, obtenir la décharge de leur obligation au paiement. Cette demande en décharge de responsabilité concerne également les époux et partenaires liés par un Pacs solidaires pour le paiement de l'impôt sur la fortune immobilière (n° 72335).

d. Les **propriétaires** – ou les **principaux locataires** – peuvent être tenus d'acquitter la taxe d'habitation et la cotisation foncière des entreprises dues par les locataires qui ont quitté les lieux (pour la cotisation foncière des entreprises : fraction afférente à l'exercice de la profession au cours du mois précédent et du mois courant). Ces personnes – sauf, pour la taxe d'habitation, les logeurs en garni – dégagent toutefois leur responsabilité en informant le comptable public du déménagement de leurs locataires. CGI art. 1686 et 1687 **REC-IV-16100 s**

e. Les **héritiers** peuvent être poursuivis personnellement, chacun en proportion de ce qu'il reçoit, à raison des impôts directs recouvrés par voie de rôle dus par ceux dont ils ont hérité ou auxquels ils ont succédé. CGI art. 1682 **REC-IV-15600 s**

f. Les **complices** de contribuables qui se sont frauduleusement soustraits ou ont tenté de se soustraire frauduleusement au paiement de leurs impôts directs, en organisant leur insolvabilité ou en mettant obstacle par d'autres manœuvres au paiement de l'impôt, sont tenus solidairement avec les contribuables au paiement desdits impôts. Il en va de même des coauteurs ou complices de personnes sanctionnées pour défaut de versement des retenues à la source opérées en application des articles 182 A à 182 B du CGI sur certains revenus versés à des personnes non domiciliées fiscalement en France. CGI art. 1691 **REC-IV-16400 s**

CGI art. 1688
REC-IV-16300 s

g. Toute personne locataire d'un bureau meublé est tenue de verser au Trésor, à la fin de chaque mois, sous la responsabilité du **loueur du bureau** et par son entremise, une somme égale à 25 % du prix de location. À défaut, le loueur est tenu au paiement des impôts directs dus par le locataire jusqu'à concurrence des sommes dont la consignation aurait été omise.

CGI art. 1724 quater à 1724 quater C
REC-IV-16500 s

h. La responsabilité solidaire de l'employeur ainsi que d'autres personnes (maître d'ouvrage, donneur d'ordre, client...) en matière de **travail dissimulé** est étudiée dans notre Mémento social n°s 79120 s.

77290 **i.** En matière de **droits d'enregistrement,** sauf exception, toutes les **parties** sont solidaires envers l'administration, pour le paiement non seulement des droits simples, mais encore des amendes et pénalités (CGI art. 1705 à 1710 : ENR-I-19410 s.).

j. Sont prévus certains cas de solidarité propres à la **TVA** : voir n°s 53705 s.

k. Sur les personnes tenues de régler la **taxe d'aménagement** solidairement avec le bénéficiaire de l'autorisation de construire, voir n° 31155.

CHAPITRE 2

CONTRÔLE DE L'IMPÔT

SOMMAIRE

ÉTENDUE ET LIMITES DU POUVOIR DE CONTRÔLE DE L'ADMINISTRATION

L'administration dispose du pouvoir de contrôler les déclarations et les actes utilisés pour l'établissement de l'impôt (LPF art. L 10 et L 45, notamment), suivant différentes modalités. **77500**
Lorsqu'elle constate des omissions, insuffisances ou erreurs d'imposition, elle peut procéder à des rectifications, assorties, le cas échéant, de sanctions. Ce droit de reprise est cependant limité dans le temps.
Par ailleurs, le contribuable dispose d'un certain nombre de droits et garanties.

SECTION 1

DÉLAI D'ACTION DE L'ADMINISTRATION

CF-II-1 s

77700 Sous réserve du cas de la « compensation » (nos 81940 s.), le droit de réparer les omissions, insuffisances ou erreurs commises dans l'établissement de l'impôt ne peut être exercé par l'administration que pendant un délai spécifique, dit « **délai de reprise** » ou de « **prescription,** » à l'expiration duquel aucune imposition, primitive ou supplémentaire, ne peut plus être établie.

Si ce délai est en général d'une durée de trois ans, des durées spécifiques sont prévues en matière d'impôts directs locaux, de droits d'enregistrement et d'impôt sur la fortune immobilière.

Il peut être interrompu dans les conditions indiquées aux nos 77780 s.

> **Précisions** Le délai de reprise limite dans le temps le droit de l'administration de procéder à des **rectifications,** c'est-à-dire à réclamer des compléments de droits au titre d'une période d'imposition déterminée. En revanche, il ne s'applique pas à l'exercice de son droit de **vérification** qui peut donc porter sur des années prescrites au regard du délai de reprise, lorsque les opérations effectuées au cours de ces années ont influencé les impositions d'une période postérieure non couverte par la prescription (les rectifications ne pouvant, bien entendu, être établies qu'au titre de cette période). **Exemples** : vérification d'exercices prescrits en vue de remettre en cause un déficit reporté par une entreprise sur les résultats d'exercices non prescrits ; vérification des reliquats de TVA déductible dont dispose le contribuable à l'ouverture de la période non prescrite.
>
> Par ailleurs, l'administration peut contester la valeur des éléments d'actif acquis au cours d'un exercice prescrit, pour remettre en cause, par exemple, des amortissements ou des provisions constatés au titre d'exercices non prescrits (no 7625).

77705 Pour être valables, les impositions doivent être **mises en recouvrement** avant l'expiration du délai de reprise.

En ce qui concerne les impôts directs perçus par voie de rôle (impôt sur le revenu, notamment), c'est la date de mise en recouvrement du rôle qui est prise en considération : l'imposition est valable si cette date est antérieure à l'expiration du délai de prescription, même si l'avis d'imposition ne parvient qu'après au contribuable.

En ce qui concerne l'impôt sur les sociétés, les taxes sur le chiffre d'affaires, les droits d'enregistrement et les autres impôts susceptibles de faire l'objet d'un avis de mise en recouvrement, on retient la date de notification de cet avis.

Remarque : La mise en recouvrement des impositions marque le point de départ de la prescription de l'action en recouvrement (nos 76950 s.), qui doit être distinguée de la prescription du droit de reprise.

A. Délais de reprise

IMPÔT SUR LE REVENU ET IMPÔT SUR LES SOCIÉTÉS

77710 Le délai de reprise de droit commun de l'administration expire, en principe, à la fin de la **troisième année suivant celle au titre de laquelle l'imposition est due.**

LPF art. L 169 s. CF-II-900 s et 10300 s

Par **exemple,** pour les revenus de l'année 2020 imposables cette même année (revenus déclarés en 2021), le délai de reprise expirera le 31 décembre 2023.

> **Précisions** **a.** À titre exceptionnel, le délai de reprise de droit commun afférent à l'impôt sur le revenu et aux prélèvements sociaux établis au titre des revenus de **2018** est porté de trois à quatre ans (et expirera donc le 31 décembre 2022 ; mesure liée à la mise en place du prélèvement à la source à compter du 1er janvier 2019 : nos 3740 s.).
>
> **b.** Lorsque aucun **exercice** n'est **clos au cours d'une année** et que l'exercice comptable comprend deux périodes d'imposition distinctes correspondant à des années différentes, le délai de trois ans s'apprécie séparément pour chacune de ces périodes (exemple : une entreprise nouvelle créée le 1er octobre 2019 décide d'arrêter son premier exercice le 31 décembre 2020 ; les résultats et le chiffre d'affaires de la période 1er octobre-31 décembre 2019 ne pourront plus être redressés après le 31 décembre 2022).
>
> Ce principe n'est pas applicable pour les entreprises nouvelles passibles de l'impôt sur les sociétés, dispensées de souscrire une déclaration provisoire au titre de la première année civile d'activité en vertu de l'article 209, I-alinéa 2 du CGI (no 7330). Il n'y a donc qu'une seule période d'imposition et le droit de reprise s'exerce sur l'ensemble de l'exercice.
>
> **c.** Point de départ du délai de reprise pour le **crédit d'impôt recherche** et le crédit d'impôt

métiers d'art : voir respectivement n°s 10505 et 10535, précision c.

d. Particularités concernant le contrôle des **déficits** dans les **groupes de sociétés** ayant opté pour le régime d'intégration fiscale : voir n° 40810.

e. Réouverture du délai de reprise dans le cadre de l'**exit tax** : voir n° 33373, précision c.

Cas d'extension du délai Par exception, le droit de reprise s'exerce jusqu'à la fin de la **dixième année** suivant celle au titre de laquelle l'imposition est due : 77715
– en cas d'**activité occulte** du contribuable ou lorsqu'il est bénéficiaire de revenus distribués par une personne morale exerçant une activité occulte. L'activité est réputée occulte lorsque le contribuable, ou la personne morale, n'a déposé dans le délai légal aucune déclaration fiscale au titre de son activité et soit n'a pas fait connaître cette activité à un centre de formalités des entreprises ou au greffe du tribunal de commerce, soit s'est livré à une activité illicite ;
– lorsque l'administration a dressé un procès-verbal de **flagrance fiscale** au titre d'une année postérieure ;
– lorsque les **obligations déclaratives** concernant les **structures établies dans un pays à régime fiscal privilégié** (n°s 78280 et 78285), les **comptes** détenus à **l'étranger** et les **contrats d'assurance-vie** souscrits auprès d'organismes établis **à l'étranger** (n° 78305) ou encore les **trusts** (n° 78307) n'ont pas été respectées. Ce droit de reprise concerne les seuls revenus ou bénéfices afférents aux obligations déclaratives non respectées.

› Précisions a. L'administration admet, sous certaines conditions, de ne pas procéder à des rectifications pour la période excédant le délai normal de reprise dans le cas où le contribuable a **spontanément déclaré** son activité avant l'engagement du contrôle fiscal (BOI-CF-PGR-10-70 n°s 120 et 130).

b. Le contribuable peut faire échec au délai spécial de reprise de dix ans pour **activité occulte** s'il établit qu'il a commis une erreur justifiant qu'il ne se soit acquitté d'aucune de ses obligations déclaratives (CE 21-6-2018 n° 411195 : RJF 10/18 inf. 991).

c. La prorogation du délai de reprise en cas de non-respect de l'**obligation de déclarer les comptes** détenus **à l'étranger** ne s'applique pas lorsque le contribuable apporte la preuve que le total des soldes créditeurs de ses comptes à l'étranger n'a pas excédé 50 000 € à un moment quelconque de l'année au titre de laquelle la déclaration devait être faite.

Délais spéciaux Le délai de reprise peut se trouver étendu par l'effet d'autres délais spéciaux. Il en est ainsi dans les cas suivants : 77720
– erreurs sur la **nature de l'impôt** ou sur le **lieu d'imposition** : ces erreurs peuvent être réparées jusqu'à l'expiration de l'année suivant celle de la décision qui a prononcé la décharge de l'imposition initiale (LPF art. L 171). Une décision de dégrèvement d'office n'ouvre pas droit à ce délai spécial ;
– décès du contribuable : les omissions ou insuffisances constatées, à la suite de l'ouverture de la **succession,** dans les impositions établies au nom du défunt au titre de l'année du décès ou de l'une des quatre années antérieures peuvent être réparées jusqu'à la fin de la deuxième année suivant celle de la déclaration de succession ou, si aucune déclaration n'a été faite, celle du paiement par les héritiers des droits de mutation par décès (LPF art. L 172) ;
– **agissements frauduleux,** recours à **l'assistance administrative internationale,** ouverture d'une **enquête judiciaire pour fraude fiscale** ou **omission** ou insuffisance **révélée par une procédure juridictionnelle ou une réclamation** : voir n°s 77760 s.

TAXES SUR LE CHIFFRE D'AFFAIRES

En matière de taxes sur le chiffre d'affaires (TVA, taxes assimilées…), le droit de reprise s'exerce **jusqu'à la fin de la troisième année suivant** celle au cours de laquelle la taxe est devenue exigible. Lorsque l'**exercice ne coïncide pas avec l'année civile,** le délai de reprise a pour point de départ le début de la période sur laquelle s'exerce le droit de reprise pour l'impôt sur les bénéfices concernant le même contribuable et expire le 31 décembre de la troisième année suivant celle durant laquelle a été arrêté l'exercice de réalisation des opérations. 77725 LPF art. L 176 CF-II-2900 s et 10300 s

Par **exemple,** l'administration peut, jusqu'au 31 décembre 2022, exercer son droit de reprise à l'égard des opérations réalisées depuis le 1er janvier 2019 (exercice coïncidant avec l'année civile) ou depuis l'ouverture de l'exercice 2018-2019 (exercice arrêté en cours d'année).

Par exception, le délai de reprise expire à la fin de la **dixième année** suivant celle de la réalisation des opérations en cas d'exercice d'une **activité occulte** dans les conditions définies au n° 77715 ou lorsque l'administration a dressé un procès-verbal de **flagrance fiscale** au titre d'une année postérieure.

› Précisions a. Cas où **aucun exercice** n'est **clos en cours d'année** : voir n° 77710, précision b. 77730
b. Prorogation du délai en cas d'**agissements frauduleux,** de recours à **l'assistance administrative internationale,** d'ouverture d'une **enquête judiciaire pour fraude fiscale** ou d'**omission** ou insuffisance **révélée par une procédure juridictionnelle ou une réclamation** : voir n°s 77760 s.
c. Particularités concernant le contrôle des **crédits de TVA** dans les **groupes de sociétés** ayant opté pour le régime de consolidation du paiement de la TVA : voir n° 53753, précision b.

IMPÔTS DIRECTS LOCAUX

77735 LPF art. L 173 et L 174 CF-II-2200 s et 10300 s

En matière de **taxes foncières, taxe d'habitation** et taxes annexes établies sur les mêmes bases, le délai général de reprise expire le 31 décembre de l'**année suivant** celle au titre de laquelle l'imposition est due.

En ce qui concerne la **cotisation foncière des entreprises** et la **cotisation sur la valeur ajoutée des entreprises,** le délai de reprise expire en principe le 31 décembre de la **troisième année** suivant celle au titre de laquelle l'imposition est due (ainsi, pour les cotisations de 2019, le délai expirera le 31 décembre 2022). Par exception, ce délai expire à la fin de la **dixième année** suivant celle au titre de laquelle l'imposition est due en cas d'exercice d'une **activité occulte** dans les conditions définies au n° 77715 ou lorsque l'administration a dressé un procès-verbal de **flagrance fiscale** au titre d'une année postérieure.

› Précisions **a.** Des dispositions spéciales sont applicables, en matière de taxe foncière sur les propriétés bâties et de taxe d'habitation, pour les **omissions ou insuffisances d'évaluation** (n°s 42175, d et 43200) et la remise en cause des **allégements de taxe** liés au revenu, au nombre de personnes à charge ou au quotient familial du contribuable (n°s 42325, g et 43200).
Cas particulier des **contrôles** fiscaux engagés jusqu'en 2021 et aboutissant à un changement de **méthode d'évaluation d'un établissement industriel** : voir n° 42110, précision c.
b. Prorogation des délais en cas d'**agissements frauduleux,** de recours à **l'assistance administrative internationale,** d'ouverture d'une **enquête judiciaire pour fraude fiscale** ou d'**omission** ou insuffisance **révélée par une procédure juridictionnelle ou une réclamation** : voir n°s 77760 s.

DROITS D'ENREGISTREMENT ET IFI

77740 LPF art. L 180 et L 186 CF-II-3700 s ENR-VII-3700 s

Pour les droits d'enregistrement et l'impôt sur la fortune immobilière (IFI), l'action en reprise de l'administration se prescrit :

– le **31 décembre de la troisième année** suivant celle au cours de laquelle l'exigibilité des droits ou taxes a été suffisamment révélée par l'enregistrement d'un acte ou d'une déclaration sans qu'il soit nécessaire de recourir à des recherches ultérieures (**même délai** pour établir l'**insuffisance** de prix ou de valeur d'un immeuble, d'un fonds de commerce ou d'un autre bien visé au n° 78885) ;

– dans les **autres cas** (absence de déclaration ou d'acte présenté à la formalité, ou nécessité de recherches ultérieures) et sauf exceptions visées aux précisions b et c, le **31 décembre de la sixième année** suivant celle du fait générateur de l'impôt, c'est-à-dire de l'événement donnant naissance à la créance d'impôt (date du décès en matière de droits de mutation par décès ; date de mutation ou de l'acte, lorsque celui-ci a acquis date certaine, pour les autres droits d'enregistrement ; date de la réalisation de la condition suspensive, pour les conventions ou créances d'impôt affectées d'une telle condition ; expiration du délai imparti pour exécuter un engagement pris afin de bénéficier d'un régime de faveur ; 1er janvier de l'année d'imposition en matière d'IFI).

› Précisions **a.** En matière d'**IFI,** la prescription de longue durée s'applique en l'absence de mention de la valeur du patrimoine taxable dans la **déclaration** annuelle des revenus, en l'absence de production des annexes spéciales ou en cas d'omission d'un bien dans ces annexes. Il en est de même en cas de contrôle de la qualification de biens professionnels déclarés (Cass. com. 20-9-2011 n° 10-24.523 : RJF 12/11 n° 1390). En revanche, la prescription abrégée est applicable lorsque l'exigibilité de l'impôt au titre d'une année est suffisamment révélée par la déclaration correspondante (notamment en cas de simples insuffisances d'évaluation dans une déclaration régulière), même lorsque le contribuable n'a pas indiqué la méthode d'évaluation des biens retenue (Cass. com. 30-5-2007 n° 06-14.236 : RJF 11/07 n° 1350).
b. Le droit de reprise peut s'exercer jusqu'au 31 décembre de la dixième année suivant le fait générateur lorsque l'exigibilité des impôts ou droits relatifs à des **avoirs détenus à l'étranger** sur des **comptes** bancaires, des **contrats d'assurance-vie** ou dans des **trusts** n'a pas été suffisamment révélée dans le document enregistré ou présenté à la formalité ou, pour l'IFI, par la déclaration annuelle des revenus et ses annexes. (LPF art. L 181-0 A).
c. S'agissant des sommes provenant des **contrats d'assurance-vie en déshérence** reversées par la Caisse des dépôts et consignations au bénéficiaire, le droit de reprise peut s'exercer, à défaut d'acte ou de déclaration révélant suffisamment l'exigibilité des droits de mutation à titre gratuit, jusqu'à l'expiration de la sixième année suivant celle du versement des sommes.
d. Prorogation des délais en cas d'**agissements frauduleux,** de recours à **l'assistance administrative internationale,** d'ouverture d'une **enquête judiciaire pour fraude fiscale** ou d'**omission** ou insuffisance **révélée par une procédure juridictionnelle ou une réclamation** : voir n°s 77760 s.
e. Sur le délai de reprise applicable lorsque le bénéficiaire d'un **don manuel** opte pour la **déclaration et le paiement des droits au décès du donateur,** voir n° 69190, précision b.
f. La valeur des biens ayant fait l'objet d'une **donation antérieure** peut être rectifiée dans le cadre de leur rapport lors d'une nouvelle donation ou d'une succession (voir n° 68640, précision b).

IMPÔTS ET TAXES DIVERS

77745 Le droit de reprise de l'administration s'exerce dans les conditions suivantes à l'égard des principaux impôts et taxes autres que ceux que nous venons d'examiner.

a. Retenues à la source et prélèvements sur les **revenus mobiliers** : expiration du délai de reprise à la fin de la troisième année (ou dixième année dans certains cas pour la retenue à la source de l'article 119 bis du CGI) suivant celle au cours de laquelle les versements étaient exigibles.

b. Taxes et participations sur les **salaires.** Taxe sur les salaires : même régime que l'impôt sur le revenu (nos 77710 et 77720). Cotisation de 2 % au titre de la participation-construction, même régime que les taxes sur le chiffre d'affaires (nos 77725 s.). Sur la contribution unique à la formation professionnelle et à l'alternance, composée de la taxe d'apprentissage et de la contribution à la formation professionnelle, voir no 73610.

c. Taxe sur les **véhicules** des sociétés : même régime que les taxes sur le chiffre d'affaires (nos 77725 s.).

d. Taxe sur les **conventions d'assurance** : même régime que les taxes sur le chiffre d'affaires (nos 77725 s.).

e. Contribution sur les **revenus locatifs** : même régime que l'impôt sur les sociétés (nos 77710 et 77720).

f. CSG et CRDS sur les revenus d'activité ou de remplacement : même régime qu'en matière de sécurité sociale (Mémento social no 24270). CSG, CRDS et prélèvement social (et contributions additionnelles) sur les revenus du capital : régime de l'impôt sur le revenu (nos 77710 et 77720) ou des prélèvements sur les revenus mobiliers (ci-dessus a), selon le mode de recouvrement de ces contributions.

g. Contribution sociale de solidarité des sociétés : même régime qu'en matière de sécurité sociale (no 75050, précision b).

h. Contributions indirectes. Taxe sur les cercles et maisons de jeux : même régime que les taxes sur le chiffre d'affaires (nos 77725 s.). Autres impôts indirects : expiration du délai de reprise à la fin de l'année qui suit celle au cours de laquelle se situe le fait générateur.

i. Prélèvements sur les plus-values immobilières des non-résidents. Réalisées à titre habituel : même régime que les droits d'enregistrement (no 77740). Réalisées à titre occasionnel : même régime que l'impôt sur le revenu (nos 77710 et 77720).

PÉNALITÉS FISCALES

77750 LPF art. L 188 CF-II-9000 s Les amendes fiscales sanctionnant des **infractions** aux dispositions qui régissent l'**assiette** et le **paiement** des impôts de toute nature sont prescrites dans le même délai et les mêmes conditions que les droits simples et majorations de droits afférents aux impôts auxquels elles se rapportent.

77755 Les **autres amendes fiscales** sont prescrites à l'expiration de la quatrième année suivant celle au cours de laquelle l'infraction a été commise. Quant aux amendes et confiscations **prononcées** par les **tribunaux répressifs,** leur recouvrement se prescrit dans les mêmes délais que les peines correctionnelles de droit commun.

B. Prorogation des délais de reprise

AGISSEMENTS FRAUDULEUX

77760 LPF art. L 187 CF-II-9600 s Lorsque la découverte d'agissements frauduleux entraîne le dépôt d'une **plainte** en vue de l'application d'une sanction pénale, l'administration peut opérer des contrôles et procéder à des rehaussements sur une **période excédant de deux années** la durée du délai ordinaire de prescription. Par **exemple,** si une vérification de comptabilité effectuée en matière d'impôt sur le revenu et portant sur les années 2017 à 2019 donne lieu à une proposition de rectification en juin 2020 et au dépôt d'une plainte en août 2020, le vérificateur peut, après cette date et jusqu'au 31 décembre 2020, procéder à une **nouvelle vérification** et proposer des rectifications pour les années 2015 et 2016.

Cette prorogation de délai est opposable aux auteurs des agissements, à leurs complices et, le cas échéant, aux personnes pour le compte desquelles la fraude a été commise.

› Précisions Moyennant constitution de garanties, il est **sursis au recouvrement** des impositions supplémentaires afférentes aux deux années en cause, jusqu'à la décision de la juridiction pénale.

Ces impositions deviennent caduques si la plainte déposée est close par une ordonnance de non-lieu ou si les personnes poursuivies sont relaxées, ainsi que dans tous les autres cas où le juge pénal ne retient pas une qualification qui justifie l'application d'une sanction pénale, par exemple en cas d'extinction de l'action pénale par suite du décès du contribuable en cours d'instance (notamment CE 29-9-1989 no 75305 : RJF 11/89 no 1197).

ASSISTANCE ADMINISTRATIVE INTERNATIONALE

77765 LPF art. L 188 A CF-II-11300 s

Lorsque l'administration a, **dans le délai initial de reprise,** demandé des renseignements concernant un contribuable à une **autorité étrangère** dans le cadre de l'assistance administrative internationale, les omissions ou erreurs d'imposition afférentes à cette demande peuvent être réparées, même si le délai initial est expiré, jusqu'à la fin de l'année qui suit celle de la réception de la réponse et, au plus tard, jusqu'au 31 décembre de la troisième année suivant celle au titre de laquelle le délai initial est expiré.

› Précisions La prolongation du délai de reprise est subordonnée à la condition que le **contribuable** ait été **informé** de l'existence de la demande de renseignements dans le **délai** de soixante jours suivant son envoi, ainsi que de l'intervention éventuelle de la réponse de l'autorité sollicitée dans le délai de soixante jours suivant sa réception par l'administration.
Sur le **décompte de l'intérêt de retard** en cas de rectification des bases d'imposition, voir nº 80015.

OUVERTURE D'UNE ENQUÊTE JUDICIAIRE POUR FRAUDE FISCALE

77770 LPF art. L 188 B CF-VIII-45350 s

Lorsque l'administration a, **dans le délai de reprise,** déposé une **plainte** ayant abouti à l'ouverture d'une enquête judiciaire pour fraude fiscale dans les cas visés au nº 80290, précision d, les omissions ou insuffisances d'imposition afférentes à la période couverte par le délai de reprise peuvent, même si celui-ci est écoulé, être réparées jusqu'à la fin de l'année qui suit la décision qui met fin à la procédure et, au plus tard, jusqu'à la fin de la dixième année qui suit celle au titre de laquelle l'imposition est due.

› Précisions La prorogation du délai de reprise concerne **toutes les impositions** comprises dans le délai initial non expiré à la date du dépôt de la plainte, et non les seules impositions visées par la procédure judiciaire (Rép. Morel-À-L'Huissier : AN 20-9-2016 nº 55051).

OMISSION OU INSUFFISANCE RÉVÉLÉE PAR UNE PROCÉDURE JURIDICTIONNELLE OU PAR UNE RÉCLAMATION

77775 LPF art. L 188 C CF-II-14500 s

Même si les délais de reprise sont écoulés, les omissions ou insuffisances d'imposition révélées par une procédure judiciaire, par une procédure devant les juridictions administratives ou par une réclamation contentieuse peuvent être réparées jusqu'à la fin de l'année suivant celle de la décision qui a clos la procédure et, au plus tard, jusqu'à la fin de la dixième année qui suit celle au titre de laquelle l'imposition est due.

› Précisions **a.** La réparation d'omissions ou d'insuffisances révélées par une réclamation contentieuse peut s'exercer à l'égard d'**années d'imposition** qui ne sont pas visées dans la réclamation (CE 21-12-2001 nº 204181 : RJF 3/02 nº 309).
b. L'application du délai spécial de reprise est indépendante de celle du délai normal et peut donc intervenir que celui-ci soit écoulé ou non (CE 28-12-2016 nº 391071 : RJF 3/17 nº 249). Ce délai spécial ne joue pas lorsque l'**administration** est **en possession d'éléments suffisants** lui permettant d'établir des omissions ou insuffisances par la mise en œuvre de ses propres moyens d'investigation, qu'elle dispose de ces éléments dans le délai normal de reprise (CE 29-4-2009 nº 299949 : RJF 7/09 nº 669) ou après l'expiration de ce délai (CE 23-12-2013 nº 350967 : RJF 3/14 nº 262).
c. Lorsque la **procédure** ayant révélé les omissions ou insuffisances est **déclarée irrégulière** par le juge compétent, le contribuable peut demander la décharge des impositions mises à sa charge dans le délai spécial (CE 30-3-2016 nº 375116 : RJF 7/16 nº 642).

C. Interruption de la prescription

77780 LPF art. L 189 et L 76 CF-II-25000 s

Certains événements, lorsqu'ils interviennent avant l'expiration du délai de reprise, ont pour effet d'interrompre la prescription et d'ouvrir à l'administration un nouveau délai pour mettre en recouvrement les droits omis.

Une **proposition de rectification** notifiée au contribuable avant l'expiration du délai de reprise interrompt la prescription dans la limite du montant des rectifications proposées (à moins qu'elle ne soit irrégulière ou consécutive à une procédure irrégulière). Il en est de même d'une notification des bases d'imposition d'office. L'administration dispose alors d'un nouveau délai de même durée que celui interrompu, compté du 1er janvier suivant, pour établir l'imposition (exemple : proposition de rectification notifiée en novembre 2020 au titre de l'impôt sur les revenus de 2017 ; possibilité d'établir jusqu'au 31 décembre 2023 les impositions correspondantes).

› Précisions **a.** La notification interrompt également la prescription pour les **pénalités fiscales** afférentes aux rehaussements dès lors qu'elle mentionne que celles-ci pourront éventuellement être appliquées. Notons cependant que dans la plupart des cas l'administration est tenue de notifier le montant même des pénalités (voir nºs 79425 s.).
b. La prescription est interrompue dès lors que le pli contenant la proposition de rectification

a été présenté à l'adresse du contribuable avant l'expiration du délai de reprise. Il en va de même lorsque le pli n'a **pas pu être remis** à l'intéressé lors de sa présentation et que, avisé de sa mise en instance, il ne l'a retiré qu'après l'expiration du délai de reprise ou a négligé de le retirer (CE 14-10-2015 nº 378503 : RJF 1/16 nº 55).

c. Après une première proposition de rectification, l'administration peut proposer des rectifications supplémentaires en envoyant une **nouvelle notification avant l'expiration du délai initial de reprise.** La seconde notification est alors également interruptive de prescription (notamment CE 14-6-1996 nº 148696 : RJF 8-9/96 nº 1044). Après l'expiration du délai initial de reprise, l'administration peut seulement **modifier les motifs** d'une première notification adressée dans ce délai : dans ce cas, la seconde notification ne prive pas la première de son effet interruptif de prescription, mais elle n'entraîne pas elle-même une nouvelle interruption (notamment CE 12-6-1992 nº 72194 : RJF 8-9/92 nº 1209).

d. La proposition de rectification adressée à une **société de personnes** agit vis-à-vis des associés (nº 78785, b).

e. Interruption de la prescription en cas d'application de la **déduction « en cascade »** des rappels de taxes sur le chiffre d'affaires : voir nº 79600.

La prescription peut également être interrompue par des **déclarations ou notifications de procès-verbaux,** par tous actes comportant **reconnaissance des redevables** (versement d'un acompte, demande de délai, de remise de pénalités, écritures comptables précises, etc.) ou par **tous autres actes interruptifs** de droit commun (demande en justice, acte d'exécution forcée). 77785

SECTION 2

MODALITÉS D'EXERCICE DU CONTRÔLE

Pour l'exercice de sa mission de contrôle fiscal, l'administration dispose essentiellement : 77860
– de **pouvoirs d'investigation** : opérations de contrôle proprement dites visées ci-dessous, enquêtes et perquisitions ;
– de procédures lui permettant d'obtenir des **renseignements** et d'effectuer, éventuellement, des recoupements : demandes d'éclaircissements ou de justifications, droit de communication, ainsi que diverses mesures spéciales (nºs 78305, précision c, 78355 s. et 78393 s.).

Les opérations de contrôle revêtent elles-mêmes diverses **formes.** Il peut s'agir d'un simple examen critique des déclarations souscrites, par l'agent chargé du contrôle, à l'aide des renseignements et documents figurant au dossier (**contrôle sur pièces**).

Il peut également s'agir d'un contrôle ponctuel effectué sur **demande du contribuable** (nº 78410).

Il peut enfin s'agir d'un contrôle approfondi impliquant des investigations plus importantes, à savoir une **vérification.** Lorsqu'elle concerne des bases d'imposition déterminées à partir d'une comptabilité, cette opération prend la forme soit d'une **vérification de comptabilité,** soit d'un **examen de comptabilité.** Lorsqu'elle porte sur l'exactitude du revenu global servant de base à l'impôt sur le revenu, elle constitue un **examen contradictoire de la situation fiscale personnelle.**

On notera que ces différentes formes de contrôle, loin d'être exclusives les unes des autres, sont, au contraire, souvent complémentaires. Ainsi, l'engagement d'une vérification est, dans de nombreux cas, précédé d'un contrôle sur pièces mettant en évidence la nécessité d'un contrôle plus approfondi. De même, l'administration procède généralement, à l'occasion de la vérification de la comptabilité d'une entreprise individuelle ou d'une société, à l'examen de la situation fiscale de l'exploitant ou des dirigeants.

Services et agents chargés du contrôle Différents **services** de la Direction générale des finances publiques (DGFiP) sont chargés du contrôle fiscal : directions à compétence nationale, directions de contrôle fiscal dont le ressort est interrégional, directions départementales, services locaux. Entre ces différents services, la répartition des tâches s'opère en fonction de plusieurs critères, notamment l'emplacement géographique, le montant du chiffre d'affaires réalisé ou du revenu imposable, l'appartenance à un groupe de sociétés ou la relation d'intérêts avec l'étranger et le secteur d'activité ou la catégorie socioprofessionnelle. 77865 CF-I-6000 s

Les **agents** compétents pour procéder aux vérifications et notifier les propositions de rectification sont les agents de catégorie A (inspecteurs des finances publiques, notamment) et les agents de catégorie B (contrôleurs des finances publiques). Ces agents peuvent se faire assister, pour les opérations de contrôle, par d'autres agents ou par des fonctionnaires stagiaires. Ils peuvent contrôler les contribuables dont le lieu de déclaration ou d'imposition se situe dans le ressort territorial du service auquel ils sont affectés, ainsi que les personnes ou groupements liés à ces contribuables (personnes appartenant à un même foyer fiscal, à un même groupe d'intérêts, etc.) (CGI ann. III art. 350 terdecies).

› Précisions **a.** Les agents territorialement compétents pour procéder à la vérification des déclarations de revenu global ou des déclarations professionnelles du contribuable peuvent contrôler l'ensemble des impositions dues par l'intéressé, quel que soit le lieu de déclaration ou d'imposition (Art. précité).
De même, les agents compétents à l'issue d'un **changement de lieu de déclaration ou d'imposition** d'un contribuable peuvent également asseoir et contrôler l'ensemble des impôts ou taxes non prescrits dus au titre de la période antérieure à ce changement (LPF art. L 45-0 A).
b. Des **fonctionnaires** des administrations **des autres États membres de l'Union européenne** dûment habilités par les autorités étrangères par un mandat écrit et autorisés par l'administration française peuvent assister aux opérations de contrôle. Tout refus opposé par le contribuable à la présence de ces fonctionnaires est considéré comme un refus opposé aux agents de l'administration et entraîne l'application, le cas échéant, des pénalités fiscales exposées aux nos 78070 et 79100 (LPF art. L 45, 3).
c. Les agents des services de contrôle de la DGFiP peuvent exercer certaines attributions dévolues à la direction des impôts des **non-résidents** afin de contrôler les personnes physiques ou morales non domiciliées en France mais qui y réalisent des opérations taxables ou perçoivent des revenus qui y sont imposables (CGI ann. III art. 350 terdecies, VIII).
d. Lorsque, compte tenu des conditions d'exercice de sa mission et des circonstances particulières de la procédure, la révélation de son **identité** est susceptible de mettre en **danger** l'agent chargé du contrôle ainsi que ses proches, celui-ci peut être autorisé à n'être identifié que par un **numéro d'immatriculation** administrative, sa qualité et son service d'affectation. Les **juridictions** ont accès à l'identité des agents concernés et apprécient la suite à donner aux demandes de communication de l'identité formulées au contentieux. En cas de contestation d'un acte de procédure dont l'examen de la régularité nécessite la révélation de l'identité de l'agent, elles statuent sans verser cet élément au débat contradictoire (LPF art. L 286 B, issu de loi 2019-1479 du 28-12-2019 art. 174, et dont les modalités d'application seront fixées par décret).

A. Demandes d'éclaircissements ou de justifications

MISE EN ŒUVRE DE LA PROCÉDURE

78000
LPF art. L 16 et L 16 A
CF-IV-700 s

Lorsqu'elle **contrôle la déclaration d'ensemble des revenus,** l'administration peut demander au contribuable des **éclaircissements,** c'est-à-dire (CE 16-4-2012 n° 320912 : RJF 7/12 n° 679) des commentaires ou des informations sur les mentions portées sur ses déclarations.
Elle peut également demander au redevable des **justifications,** c'est-à-dire la production de documents sur :
– sa situation ou ses charges de famille (extrait de naissance, certificat de scolarité…) ;
– les charges retranchées du revenu net global ou ouvrant droit à une réduction d'impôt (factures, quittances…) ;
– des avoirs ou revenus d'avoirs à l'étranger ;
– les éléments servant de base à la détermination des revenus fonciers (voir n° 27595), des gains de cession de valeurs mobilières ou de droits sociaux (voir n° 33280) et des plus-values de cession d'immeubles ou de biens meubles (voir n° 32425, précision e et n° 32780) ;
ou lorsque l'agent a réuni des éléments permettant d'établir que le contribuable peut avoir des revenus plus importants que ceux qui font l'objet de sa déclaration. Cette condition est remplie, notamment, lorsque le total des montants crédités sur ses relevés de compte représente au moins le double de ses revenus déclarés ou excède ces derniers d'au moins 150 000 €.

La procédure de demande de justifications revêt ainsi une grande importance pratique. Grâce à sa connaissance des **mouvements de capitaux** ou des **variations** survenues dans les **patrimoines,** l'administration est notamment à même d'interroger le contribuable sur l'**origine** de fonds déposés sur ses comptes bancaires ou ayant servi à financer des acquisitions au cours de la période contrôlée, dès lors que l'importance des sommes en cause au regard des montants déclarés laisse supposer l'existence de revenus dissimulés. Elle ne peut toutefois exiger de l'intéressé qu'il lui communique le détail de ses dépenses.

Les demandes d'éclaircissements ou de justifications doivent indiquer explicitement les points sur lesquels elles portent et prévoir un **délai de réponse** qui ne peut être **inférieur** à deux mois. L'administration peut accorder un délai de réponse complémentaire au contribuable qui en a fait la demande écrite (en ce qui concerne les conséquences d'un tel délai sur la durée de l'examen contradictoire de la situation fiscale personnelle, voir n° 79491).

› Précisions a. Conformément au principe général posé par l'article L 10 du LPF, l'administration a toujours la faculté de demander aux contribuables (verbalement ou par écrit) des renseignements ou des **justifications concernant les déclarations** souscrites. Dans ce cas, le contribuable dispose en principe d'un délai de trente jours pour répondre (LPF art. 11). Mais l'octroi d'un délai plus court n'est sanctionné que si l'irrégularité a porté atteinte à ses droits (CE 22-1-2010 n° 314010 : RJF 4/10 n° 315).

En tout état de cause, en dehors des cas prévus par l'article L 16 du LPF, le défaut de réponse n'est pas de nature à entraîner une taxation d'office : l'administration doit suivre la procédure de rectification contradictoire.

b. Les **demandes de justifications** visées par l'article L 16 du LPF ne peuvent être formulées que dans les **cas** limitativement énumérés ci-dessus. Ainsi, sauf pour ce qui concerne les revenus fonciers, les gains de cession de valeurs mobilières ou de droits sociaux et les plus-values mobilières et immobilières, cette procédure ne peut être utilisée pour le contrôle des frais et charges portés en déduction pour la détermination d'un **revenu net catégoriel** (CE 16-4-2012 n° 320912 : RJF 7/12 n° 679).

Par ailleurs, l'administration ne peut adresser une demande de justifications à un contribuable titulaire de **bénéfices professionnels** (BIC, BNC, BA) qu'à la condition de pouvoir faire état d'indices sérieux permettant d'établir que l'intéressé a disposé de revenus provenant d'une source autre que cette activité professionnelle (notamment CE 24-7-1987 n° 50364 : RJF 10/87 n° 959).

c. Après avoir procédé à l'examen de sa situation fiscale personnelle, l'administration ne peut adresser au contribuable une demande de justifications sans lui avoir préalablement **restitué les documents** remis par celui-ci à l'occasion du contrôle et qui lui sont utiles pour formuler sa réponse (notamment CE 3-9-1997 n° 147419 : RJF 10/97 n° 880). L'absence de restitution en temps utile des documents entraîne l'irrégularité de la procédure d'imposition, sauf si l'intéressé est en situation de taxation d'office pour défaut de déclaration (CE 11-5-1994 n° 77959 : RJF 7/94 n° 769). En revanche, l'administration n'est pas tenue de transmettre au contribuable les relevés de compte qu'elle a obtenus directement auprès de sa banque, dans l'exercice de son droit de communication, avant de lui adresser une demande de justifications (CE 30-12-2002 n° 220281 : RJF 3/03 n° 256).

d. Lorsque la demande d'éclaircissements ou de justifications n'a pas d'autre origine que les constatations faites au cours d'une **vérification** (vérification de comptabilité ou examen de la situation fiscale personnelle), les **irrégularités** commises au cours de cette vérification entachent également la procédure de demande d'éclaircissements ou de justifications et, par voie de conséquence, la taxation d'office susceptible d'en résulter (CE 22-6-1983 n° 27923 : RJF 8-9/83 n° 932 ; CE 18-5-1984 n° 34234 : RJF 7/84 n° 813).

e. Demandes d'éclaircissements ou de justifications portant sur les opérations retracées dans des comptes utilisés à la fois à titre privé et professionnel (**comptes « mixtes »**) : voir n° 78145.

Cas particuliers Une procédure distincte de demande d'éclaircissements ou de justifications existe en matière d'**IFI** (voir n° 72320), pour le contrôle de la **taxe sur les services numériques** (voir n° 76150, précision f) ainsi qu'à l'égard des contribuables n'ayant **pas déclaré** leurs **avoirs détenus à l'étranger** (voir n° 78305). 78002

Sur la possibilité pour l'administration de demander des justifications sur les éléments servant de base au calcul du crédit d'impôt « modernisation du recouvrement » (**CIMR**) au titre de 2018, lié à la mise en place, à compter du 1er janvier 2019, du prélèvement à la source de l'impôt sur le revenu et des prélèvements sociaux, voir nos 3911 s.

RÉPONSE DU CONTRIBUABLE

Lorsque le contribuable ne répond pas à la demande d'éclaircissements ou de justifications dans le délai qui lui est imparti ou ne fournit aucune réponse écrite, il peut être taxé d'office (sauf cas particulier visé précision b). 78005

En revanche, s'il répond dans le délai mais de manière insuffisante, l'administration doit le **mettre en demeure** d'apporter des précisions complémentaires dans un délai de trente jours, en indiquant les éléments de la réponse initiale à compléter et les justifications manquantes (en ce qui concerne les conséquences de ce nouveau délai sur la durée de l'examen contradictoire de la situation fiscale personnelle, voir n° 79491). Sous peine d'irrégularité de la procédure, cette mise en demeure ne peut pas être adressée avant l'expiration du délai de réponse fixé par la demande d'éclaircissements ou de justifications (CE 8-6-2011 n° 310524 : RJF 8-9/11 n° 918).

Si dans le nouveau délai imparti le contribuable n'apporte aucune réponse écrite ou ne fournit pas les renseignements et les justifications demandés, la procédure de taxation d'office lui est applicable.

Sur ces hypothèses d'intervention de la taxation d'office et le déroulement de cette procédure, voir nos 79090 et 79125 s.

› Précisions a. Pour échapper à la taxation d'office, le contribuable doit apporter des **éléments précis** : il ne peut pas valablement limiter sa réponse à de simples affirmations ou allégations de caractère général, imprécis et invérifiable.
La nature des justifications à fournir dépend, bien entendu, des questions posées par l'agent des impôts. Le contribuable peut faire état, par exemple, de la réalisation d'**avoirs antérieurs.** Toutefois, s'agissant des cessions d'**actifs couverts par l'anonymat,** des dispositions particulières sont prévues par la loi. Ainsi, selon l'article L 16, alinéa 3 du LPF, le contribuable ne peut, en réponse à une demande de justifications, alléguer de la vente ou du remboursement de **bons** visés à l'article 125 A, III bis-2° du CGI dans sa rédaction antérieure à la loi 2017-1837 du 30-12-2017 (bons assimilés aux anciens bons du Trésor sur formules, bons de caisse des établissements de crédit) ou de titres de même nature pouvant bénéficier de l'anonymat (notamment, bons de capitalisation) lorsqu'il a, au moment de leur souscription, refusé que son identité et son domicile fiscal soient communiqués à l'administration. Il en va de même pour les ventes d'**or** lorsque l'identité et le domicile du vendeur n'ont pas été enregistrés par l'intermédiaire ou lorsqu'elles ne sont pas attestées par la comptabilité de l'intermédiaire. Ces dispositions ne font cependant pas obstacle à ce que l'intéressé apporte ensuite, devant la commission des impôts directs et des taxes sur le chiffre d'affaires puis, le cas échéant, au cours de la procédure contentieuse, la preuve du caractère exagéré de l'imposition en démontrant la réalité de la vente ou du remboursement allégué (CE 30-3-2011 n° 334895 : RJF 6/11 n° 678).
Le contribuable peut également justifier que des sommes qu'il a perçues lui ont été versées par l'un de ses parents. Ces sommes sont alors présumées correspondre à un **prêt familial** et non à des revenus imposables, sauf si le contribuable et l'auteur du versement sont en relation d'affaires ou de travail (CE 17-12-2003 n° 241920 : RJF 3/04 n° 297 ; CE 17-7-2013 n° 343868 : RJF 11/13 n° 1001).
b. Lorsque la **mise en demeure** invite le contribuable à apporter des éléments de réponse non seulement pour les sommes au sujet desquelles il a produit des éléments de réponse insuffisants, mais aussi pour des **sommes pour lesquelles aucune réponse n'a été apportée** dans le délai requis, l'administration ne peut pas procéder à la taxation d'office des sommes n'ayant donné lieu initialement à aucune réponse si le contribuable a suffisamment répondu à la suite de la mise en demeure (CE 8-10-2012 n° 346853 : RJF 12/12 n° 1099).

B. Droit de communication

78030 LPF art. L 81 CF-III-1 s

Alors qu'ils sont, sauf cas précis de dérogation, astreints à la règle du **secret professionnel,** les agents de l'administration fiscale ont le droit d'obtenir communication de documents et de renseignements détenus par des tiers afin d'effectuer le contrôle des déclarations souscrites par les contribuables.
L'administration fiscale a ainsi la possibilité de compléter les informations qui doivent lui être légalement fournies soit spontanément (déclaration des salaires et honoraires, déclaration des paiements de revenus mobiliers, etc.), soit sur demande particulière de sa part (relevés des ventes autres que les ventes au détail, par exemple), par certains contribuables ou organismes.

› Précisions a. Le droit de communication permet à l'administration de demander à un **tiers** ou éventuellement au **contribuable lui-même,** de manière ponctuelle, des renseignements dont celui-ci dispose, ou de prendre connaissance de certains documents qui se rapportent à l'activité professionnelle de la personne auprès de laquelle ce droit est exercé. Le droit de communication doit ainsi être distingué de la **vérification de comptabilité,** qui comporte une comparaison entre les déclarations souscrites par le contribuable et les écritures comptables ainsi qu'un contrôle de l'exactitude de la comptabilité (CE 6-10-2000 n° 208765, SARL Trace : RJF 12/00 n° 1497).
b. Lorsque, par l'exercice de son droit de communication ou le recours à l'assistance administrative internationale, l'administration a régulièrement connaissance de documents, pièces ou informations, elle peut les utiliser dans le cadre de l'ensemble des procédures de contrôle et de rectification dont elle dispose, à l'exclusion des visites domiciliaires, sans que ces éléments puissent être écartés au seul motif de leur **origine** (LPF art. L 10-0 AA). Toutefois, pour établir l'imposition, elle ne peut se prévaloir de pièces ou documents obtenus par une autorité administrative ou judiciaire dans des conditions déclarées ultérieurement illégales par le juge (CE 15-4-2015 n° 373269 : RJF 7/15 n° 613). En revanche, la détention d'informations d'origine irrégulière sur le contribuable **avant** le déclenchement de son examen contradictoire de la situation fiscale personnelle (ESFP) est sans incidence sur la régularité de la procédure (CE 20-10-2016 n° 390639 : RJF 1/17 n° 44).

ÉTENDUE DU DROIT DE COMMUNICATION

78040 LPF art. L 81, al. 2, L 82 A

Les personnes ou organismes assujettis au droit de communication sont limitativement énumérés par la loi. Il s'agit :
– des personnes physiques ou morales ayant la qualité de **commerçant,** c'est-à-dire soumises aux obligations comptables du Code de commerce ;

à L 102 AE
et R 85-1
à R 101-1
CF-III-200 s

– des **artisans** ;
– des membres de certaines **professions non commerciales** ;
– des **professions agricoles** ;
– des **tribunaux** (autorité judiciaire et ministère public) ;
– des **organismes de sécurité sociale** ;
– des **administrations publiques** et assimilées ;
– d'**établissements, de personnes ou d'organismes** divers, notamment des banques ; des sociétés civiles ; des personnes ou organismes qui payent des produits de valeurs mobilières ; des institutions et organismes qui n'ont pas la qualité de commerçant et qui paient des salaires, honoraires ou rémunérations quelconques, encaissent, gèrent ou distribuent des fonds pour le compte de leurs adhérents (sociétés coopératives, associations…) ; des établissements de jeu ; des personnes effectuant des opérations d'assurance ; des professionnels de l'immobilier réalisant des opérations relatives à des locaux commerciaux ; des opérateurs de communications électroniques, des fournisseurs d'accès ou d'hébergement et de certains prestataires en ligne, ainsi que des concepteurs et éditeurs de logiciels de comptabilité ou de gestion ou de systèmes de caisse et des personnes qui interviennent techniquement sur les fonctionnalités de ces produits ; des opérateurs de plateforme en ligne ; des exploitants d'entrepôts logistiques ; des personnes ou entités soumises à une obligation de vigilance en matière de blanchiment d'argent et de financement du terrorisme.

L'administration peut adresser des **demandes de renseignements** à des personnes non soumises au droit de communication (**salariés,** notamment), mais celles-ci ne sont pas légalement tenues d'y répondre. Ces demandes ne doivent pas être susceptibles d'induire la personne questionnée en erreur sur son droit de s'abstenir de répondre.

78045

› Précisions a. Pour l'établissement de l'assiette et le contrôle de l'impôt, le droit de communication peut porter sur des informations relatives à des **personnes non identifiées,** dans les conditions fixées par l'article R 81-3 du LPF.

b. Le droit de communication prévu à l'égard des **entreprises commerciales** permet aux agents des finances publiques de prendre connaissance des livres, registres et rapports dont la tenue est rendue obligatoire par le Code de commerce ainsi que de tous documents relatifs à leur activité.

c. Les membres des **professions non commerciales** soumis au droit de communication sont :
– les personnes dont l'activité autorise l'intervention dans des transactions, la prestation de services à caractère juridique, financier ou comptable ou la détention de biens ou de fonds pour le compte de tiers (agents d'assurances, agents commerciaux, avocats, avocats au Conseil d'État et à la Cour de cassation, commissaires aux comptes, commissaires-priseurs judiciaires, experts-comptables, géomètres, huissiers, greffiers des tribunaux de commerce, notaires, représentants libres, etc.) ;
– celles dont l'activité consiste, à titre principal, en la prestation de services à caractère décoratif ou architectural, ou en la création et la vente de biens ayant le même caractère (architectes, urbanistes, artistes peintres, dessinateurs, stylistes, sculpteurs, décorateurs, paysagistes et assimilés, etc.).

Ces personnes sont tenues de communiquer aux agents des finances publiques l'identité du client, le montant, la date et la forme du versement ainsi que les pièces annexes de ce versement. Lorsqu'elles sont soumises au **secret professionnel,** l'administration ne peut leur demander des renseignements sur la nature des prestations fournies.

Les professions médicales et paramédicales ne sont pas soumises au droit de communication.

d. En ce qui concerne les **professions agricoles** (exploitants individuels, sociétés, groupements et coopératives agricoles), le droit de communication porte sur les documents comptables, pièces justificatives de recettes et de dépenses tenues par ces professionnels et, plus généralement, sur tous documents relatifs à leur activité.

e. La communication de pièces ou de dossiers par l'**autorité judiciaire** ou le ministère public s'effectue soit spontanément, soit sur demande préalable de l'administration fiscale (CE 3-12-1990 n° 103101 : RJF 2/91 n° 200). En ce qui concerne les conséquences de la mise en œuvre de cette procédure sur la durée de l'examen contradictoire de la situation fiscale personnelle, voir n° 79490.

f. À l'égard des **caisses de sécurité sociale,** le droit de communication consiste, notamment, à mettre à la charge de ces organismes l'établissement et l'envoi aux services des impôts d'un relevé récapitulatif annuel, par médecin, chirurgien-dentiste, sage-femme, auxiliaire médical, pharmacie d'officine, laboratoire d'analyses médicales, fournisseur de dispositifs et d'équipements médicaux et entreprise effectuant des transports sanitaires des feuilles de maladie et notes de frais remises par les assurés (**relevé individuel des praticiens**).

g. S'agissant des **administrations publiques** et assimilées, le droit de communication porte sur les documents de service. À cet égard, il peut s'agir de documents établis à partir de tableurs fournis par l'administration fiscale sur lesquels sont reportées des données brutes détenues dans le cadre des obligations de service (CE 26-4-2017 n° 398405 : RJF 7/17 n° 714).

Les agents de la DGFiP, de la direction des douanes et des droits indirects (DGDDI) ainsi que de la direction de la concurrence, de la consommation et de la répression des fraudes (DGCCRF) peuvent se communiquer, spontanément ou sur demande, tous les renseignements et documents recueillis dans le cadre de leurs missions respectives (LPF art. L 83 A).

h. Les organismes financiers (**banques,** Banque de France, Caisse des dépôts et consignations...) sont notamment tenus de communiquer aux agents des finances publiques des renseignements relatifs aux comptes de leurs clients, à certains transferts de fonds à l'étranger, ainsi que l'identité des demandeurs de chèques non barrés.

i. En ce qui concerne les **sociétés civiles,** le droit de communication porte sur les documents sociaux et, le cas échéant, les documents comptables et autres pièces de recettes et de dépenses détenues par ces sociétés et relatives à leur activité.

j. Les **concepteurs et éditeurs de logiciels de comptabilité** ou de gestion ou de systèmes de caisse, ainsi que les personnes qui interviennent techniquement sur les fonctionnalités de ces produits, doivent présenter aux agents des finances publiques tous codes, données, traitements ou documentations qui s'y rattachent. Ces codes, données, traitements et documentations doivent être conservés jusqu'à l'expiration de la troisième année suivant celle au cours de laquelle le logiciel ou le système de caisse a cessé d'être diffusé (LPF art. L 102 D).

k. Les **exploitants d'entrepôts ou de plateformes logistiques** où sont stockés des biens importés destinés à être vendus en France ou dans un autre État membre de l'Union européenne doivent tenir à la disposition de l'administration les informations relatives à l'origine, la nature la qualité et la détention des biens stockés ainsi qu'aux propriétaires de ces biens. Ces informations doivent être conservées jusqu'à l'expiration de la sixième année suivant celle durant laquelle a eu lieu l'opération d'importation (CGI art. 298 sexdecies J et LPF art. L 96 K issus de loi 2019-1479 du 28-12-2019 art. 148).

EXERCICE DU DROIT DE COMMUNICATION

78060 CF-III-30000 s

Sauf exceptions (voir n° 78045, e, f et g), le droit de communication s'exerce à l'initiative de l'administration fiscale.

Les agents des finances publiques prennent connaissance des documents concernés **sur place** (c'est-à-dire, en principe, pour les entreprises, au siège de la direction et, pour les sociétés soumises à l'impôt sur les sociétés, au lieu d'imposition : BOI-CF-COM-10-10-20 n°s 50 et 60) ou **par correspondance, y compris électronique.** Ils peuvent prendre **copie** des documents concernés, les dépenses correspondantes étant prises en charge par l'administration.

Aucune **formalité** particulière n'est prévue. Toutefois, l'administration recommande à ses agents, lorsqu'ils exercent le droit de communication sur place, d'adresser, ou de remettre à l'intéressé un avis de passage (BOI-CF-COM-10-10-20 n° 80). Elle admet, de plus, que ce dernier puisse se faire assister d'un **conseil** (BOI-CF-PGR-20-20 n° 10).

La collecte des informations ne doit s'accompagner d'aucun examen critique des documents comptables, sur lesquels aucune mention ne doit être apposée.

> **Précisions** **a.** Lorsqu'elle exerce son droit de communication auprès d'un **tiers,** l'administration n'est pas tenue d'en informer préalablement le contribuable, ni de l'inviter à être présent lors de la consultation des pièces (CE 27-6-2012 n° 346392 : RJF 10/12 n° 936). Cependant, si elle se fonde sur les renseignements et documents recueillis pour établir des impositions supplémentaires, elle doit informer le contribuable de leur teneur et de leur origine : voir n° 78777.
>
> **b.** Des **fonctionnaires** des administrations **des autres États membres de l'Union européenne** peuvent assister à l'exercice du droit de communication dans les conditions exposées au n° 77865, précision b (LPF art. L 81, dernier al.).

78065 LPF art. L 102 B et L 102 C CF-III-31550 s CF-IV-36000 s

Conservation des documents Les livres, registres, documents ou pièces quelconques sur lesquels peuvent s'exercer les droits de communication, d'enquête et de contrôle de l'administration doivent être conservés pendant un **délai** de six ans à compter de la date de la dernière opération mentionnée sur les livres ou registres, ou de la date à laquelle les documents ou pièces ont été établis (sauf pour les cas visés n° 78045, précisions j et k). On notera qu'il s'agit d'une obligation d'ordre exclusivement fiscal, indépendante des dispositions de l'article L 123-22 du Code de commerce qui fixe à dix ans le délai de conservation des documents comptables des entreprises commerciales.

Les **pièces justificatives** (factures, copies de lettres, etc.) et les autres documents comptables établis ou reçus sur support papier peuvent être conservés sur support informatique ou sur support papier pendant une durée égale au délai mentionné ci-dessus. Les modalités de numérisation des factures papier sont fixées par l'article A 102 B-2 du LPF.

Par ailleurs, lorsque des documents soumis au droit de communication sont établis ou reçus sur **support informatique,** ils doivent être conservés sous cette forme pendant une durée au moins égale au délai de reprise visé au n° 77710. Passé ce délai, ils sont conservés jusqu'à l'expiration du délai de six ans mentionné ci-dessus, au choix du contribuable, sur support informatique ou sur un autre support. Les autres informations, données ou traitements soumis au contrôle décrit au n° 78140 doivent être conservés sur support informatique jusqu'à l'expiration du délai de reprise visé au n° 77710. La documentation relative aux analyses, à la programmation et à l'exécution des traitements doit, quant à elle, être conservée jusqu'à l'expiration de la troisième année suivant celle à laquelle elle se rapporte.

Enfin, certaines obligations tenant au lieu de **stockage des factures** et aux conditions d'accès à celles-ci sont mises à la charge des assujettis à la TVA.

Sur la tenue de la comptabilité, voir aussi nos 10950 s., 86455 et 86835 s. (BIC), nos 13580 s. et 86525 (BNC), nos 16030 s. (BA), no 78135, précision a (comptabilité tenue en langue étrangère) et no 78140 (comptabilités informatisées).

Sanctions Le **refus de communication** des documents et renseignements demandés par l'administration, l'**absence de tenue** de ces documents, la **destruction** de ceux-ci avant le délai défini au no 78065 ou tout **comportement faisant obstacle à la communication** entraîne l'application d'une amende de 10 000 €. En cas de refus de communication, l'amende s'applique pour chaque demande pour laquelle tout ou partie des documents ou renseignements sollicités n'ont pas été communiqués. 78070 CGI art. 1734, al. 1 et 3 CF-III-34000 s

L'amende est toutefois écartée lorsque les agissements visés ci-dessus constituent une **opposition individuelle au contrôle fiscal** entraînant une évaluation d'office et punie des sanctions fiscales et pénales exposées au no 79100 (BOI-CF-INF-10-40-20 no 20).

› **Précisions** **a.** En cas de défaut de conservation ou de présentation des codes, données, traitements ou documentations afférents aux **logiciels de comptabilité** ou de gestion ou aux systèmes de caisse (no 78045, précision j), l'amende encourue est égale à 10 000 € par logiciel, application ou système de caisse vendu ou par client pour lequel une prestation a été réalisée dans l'année.
b. En cas de refus de communication des renseignements relatifs aux **transferts de fonds à l'étranger,** les organismes financiers sont passibles d'une sanction spécifique (CGI art. 1735, I).
c. Le refus de coopération des **opérateurs de plateforme** en ligne peut également être sanctionné par la mesure de **publicité** visée no 80330.
d. En ce qui concerne l'incidence de l'absence de présentation des documents comptables, par l'entreprise contrôlée, sur la **charge de la preuve** en cas de réclamation, voir no 78815.

C. Examen contradictoire de la situation fiscale personnelle

L'examen contradictoire de la situation fiscale des personnes physiques (**ESFP**) a pour but de vérifier la sincérité et l'exactitude de la **déclaration d'ensemble des revenus.** 78090 LPF art. L 12 CF-IV-51000 s

Il peut être mis en œuvre de manière autonome ou à la suite d'un contrôle sur pièces ou encore venir en complément d'une vérification de comptabilité pour apprécier la situation de l'exploitant ou des principaux dirigeants ou associés de l'entreprise.

Il consiste à contrôler la **cohérence** entre, d'une part, les revenus déclarés et, d'autre part, la situation patrimoniale, la situation de trésorerie et les éléments du train de vie des membres du foyer fiscal.

Il se caractérise généralement par la mise en œuvre des articles L 16, L 16 A et L 69 du LPF dont les dispositions combinées permettent à l'administration de taxer d'office au niveau du revenu global les sommes (solde débiteur d'une balance de trésorerie, crédits bancaires, etc.) dont le contribuable n'a pu justifier l'origine.

L'ESFP se déroule, en règle générale, dans les **locaux** du service des impôts. Il peut également avoir lieu chez le conseil du contribuable, au siège de son entreprise ou à son domicile si l'intéressé en formule la demande.

Les contribuables qui font l'objet d'un ESFP bénéficient d'un certain nombre de **garanties,** analogues, pour certaines d'entre elles, à celles prévues en matière de vérification de comptabilité.

78095 › **Précisions** **a.** L'administration peut procéder à l'examen contradictoire de la situation fiscale des personnes physiques, qu'elles aient ou non leur **domicile fiscal** en France, lorsqu'elles y ont des obligations au titre de l'impôt sur le revenu. Elle peut également engager un tel examen, après l'expiration du délai de déclaration, afin précisément de **rechercher** si un contribuable est soumis à une **obligation déclarative** en France (CE 17-5-2013 no 346827 : RJF 8-9/13 no 801). Elle peut, à cet effet, adresser au contribuable des **demandes de justifications** portant, notamment, sur des avoirs ou revenus d'avoirs à l'étranger (CE 17-3-2016 no 383335 : RJF 6/16 no 505).
b. Selon le Conseil d'État, l'ESFP inclut toutes les **démarches** qui tendent à recueillir, pour les besoins de cet examen, des informations ou des documents soit auprès du contribuable lui-même, soit auprès de tiers. L'administration doit donc, une fois l'avis d'ESFP notifié, respecter un **délai raisonnable** (sur cette notion, voir no 79410, précision a), avant d'effectuer de telles démarches (CE 11-7-1988 no 73302 : RJF 10/88 no 1055).
Toutefois, l'exercice du **droit de communication** est distinct de l'ESFP (CE 23-3-1992 no 76586 : RJF 5/92 no 593) et n'a donc pas à être précédé d'un avis d'ESFP.
Par ailleurs, l'administration peut, dans l'avis d'ESFP, demander au contribuable la production de ses **relevés de comptes** (LPF art. L 47, al. 3).
c. En ce qui concerne l'examen des comptes financiers utilisés à la fois à titre privé et professionnel (**comptes « mixtes »**), ainsi que le cas où l'ESFP révèle l'existence d'une **activité occulte,** voir no 78145.

d. Le vérificateur peut prendre des **copies des documents** consultés dans le cadre de l'ESFP, dans les conditions indiquées au nº 78125, e.
e. À l'issue de l'ESFP, l'administration ne peut adresser une **demande de justifications** au contribuable qu'après lui avoir restitué les documents que celui-ci lui avait remis : voir nº 78000, précision c.
Par ailleurs, en cas de **taxation d'office** pour défaut de réponse à une demande d'éclaircissements ou de justifications, la **commission** des impôts directs et des taxes sur le chiffre d'affaires peut être saisie : voir nº 79090, précision b.
f. L'**irrégularité** de l'ESFP (qui peut résulter du non-respect de certaines garanties : nº 79405) vicie l'imposition mise à la charge du contribuable, sauf si le contribuable se trouve en situation de taxation d'office pour défaut de déclaration et que cette situation n'a pas été révélée par la vérification (notamment CE 12-5-1997 nº 140887 : RJF 7/97 nº 646).
Incidence de l'irrégularité de l'ESFP sur une demande de justifications consécutive : voir nº 78000, précision d.
g. L'administration peut utiliser des renseignements recueillis au cours d'un ESFP pour fonder des rehaussements en matière de **droits d'enregistrement** (Cass. com. 18-11-1997 nº 95-17.599 : RJF 3/98 nº 338).

D. Vérification de comptabilité

78110 LPF art. L 13 CF-IV-7000 s Lorsque les bases d'imposition sont établies à partir de documents comptables, l'administration, en plus du simple examen du dossier, est habilitée à procéder à une vérification sur place de ces documents. La vérification de comptabilité permet ainsi à l'administration de s'assurer de la régularité et du caractère probant des écritures comptables et de les confronter aux déclarations du redevable afin d'établir, le cas échéant, les rehaussements nécessaires.

La vérification de comptabilité peut être pratiquée en matière de **bénéfices industriels et commerciaux,** de **bénéfices non commerciaux,** de **bénéfices agricoles réels,** d'**impôt sur les sociétés** et de **taxes sur le chiffre d'affaires.** En revanche, elle ne peut être utilisée pour le contrôle de catégories de revenus pour lesquels les contribuables ne sont pas astreints à la tenue d'une comptabilité (revenus fonciers, par exemple).

La procédure doit être directement suivie à l'encontre de l'**exploitant** (dans le cadre de l'imposition par foyer, celui des époux ou celui des partenaires du Pacs qui exerce l'activité).

Dans tous les cas, le vérificateur doit respecter les **garanties** légales prévues en faveur des contribuables vérifiés.

› Précisions **a.** La vérification de comptabilité doit être distinguée du **droit de communication** qui, s'il peut s'exercer également sur place, doit se limiter à un relevé passif des écritures, sans examen critique (voir nº 78030, précision a). En effet, la vérification de comptabilité obéit à des règles précises (octroi d'une série de garanties au contribuable à peine, dans certains cas, de nullité de la procédure), alors que le droit de communication s'exerce sans modalités particulières (nº 78060).
b. Une vérification de comptabilité ne peut être régulièrement engagée au titre d'une année pour laquelle le **délai de déclaration** n'est **pas encore expiré** (CE 8-4-1998 nº 157508 : RJF 6/98 nº 696). La loi prévoit toutefois une exception à cette règle pour les redevables de la TVA relevant du régime simplifié d'imposition : voir nº 86900, précision c.
c. Les **droits d'enregistrement** et assimilés peuvent faire l'objet d'une vérification de comptabilité lorsqu'ils procèdent d'une activité professionnelle ou qu'ils sont assis sur des éléments comptables d'une telle activité (Cass. com. 31-10-2006 nº 04-11.180 : RJF 2/07 nº 236). Lorsqu'il s'agit de droits étrangers à l'activité professionnelle, la vérification ne peut pas porter directement sur ces droits, l'administration ayant cependant la possibilité d'utiliser les renseignements recueillis au cours d'une vérification concernant un autre impôt pour fonder une rectification (Cass. com. 31-10-2006 nº 03-20.995 : RJF 2/07 nº 237).
d. Les contribuables placés sous le régime des **micro-entreprises** peuvent faire l'objet d'une vérification de comptabilité (Rép. Lett : AN 19-12-2006 p. 13277 nº 105771, non reprise dans le Bofip).

1. LIEU ET MODALITÉS D'INTERVENTION DES VÉRIFICATEURS

78120 CF-IV-10500 s et 15200 s La vérification a lieu, en principe, dans les **locaux de l'entreprise.** Toutefois, dès lors qu'il y a accord entre le contribuable et le vérificateur, la vérification peut se dérouler entièrement à l'endroit où se trouvent les documents comptables, sans aucune intervention dans les locaux de l'entreprise (CE 26-2-2003 nº 232842 : RJF 5/03 nº 591).

En aucun cas, le contribuable n'est tenu d'envoyer ou d'apporter ses livres et documents comptables au bureau du vérificateur. De son côté, le vérificateur est autorisé à en prendre copie (nº 78125, e), mais il ne peut les emporter que sur **demande** écrite et préalable du contribuable, en lui remettant un reçu détaillé de ces pièces, dont l'administration devient alors dépositaire.

Quel que soit le lieu où sont effectuées les opérations de vérification, le contribuable doit avoir la possibilité d'un **débat oral et contradictoire** avec le vérificateur (nº 79470).

En principe, le contribuable doit être informé par avance (par un avis de vérification : nº 79410) de la date du début des opérations de contrôle. Le vérificateur peut toutefois effectuer des **interventions inopinées** pour une première phase de vérification limitée à des opérations de constatations matérielles (inventaire physique des moyens de production et du stock, inventaire des valeurs en caisse, relevé des prix pratiqués, existence et état des documents comptables) et à la prise de copies de fichiers informatiques (nº 78140, précision a).

Dans ce cas, l'avis de vérification est remis au début des opérations de constatations matérielles, le contribuable étant invité à en accuser réception sur une copie.

› Précisions **a.** En ce qui concerne les **services et agents compétents** pour procéder aux vérifications de comptabilité, voir nº 77865. 78125

b. Selon la nature de l'activité vérifiée, les opérations de contrôle sur place peuvent être conduites par le vérificateur soit aux **heures normales d'ouverture** des locaux professionnels, soit pendant un **cycle de fabrication** ou de **production** (Rép. Herment : Sén. 6-10-1994 p. 2399 nº 7060, non reprise dans le Bofip). En cas d'**activité nocturne,** les vérifications peuvent être faites de nuit aux heures d'ouverture au public (Cass. crim. 2-12-2009 nº 09-80.568 : RJF 7/10 nº 738).

c. Le vérificateur est en droit de **visiter les locaux et installations professionnels** de l'entreprise vérifiée afin de s'assurer de la conformité des inscriptions au bilan (stocks, par exemple). Mais il ne peut se faire **ouvrir un coffre** sans l'accord du contribuable (CE 25-4-1990 nº 83490-83491 : RJF 6/90 nº 722).

d. Les opérations de contrôle peuvent avoir lieu au siège social de l'entreprise, simple **adresse de domiciliation,** si les documents comptables y ont été transférés d'un commun accord entre le vérificateur et le contribuable et si ce dernier a été invité par l'administration à désigner un représentant pour suivre les opérations sur place (CE 16-6-2010 nº 311752 : RJF 10/10 nº 934). Lorsque la société vérifiée n'a **plus de local en France,** elle doit proposer au vérificateur un lieu en France où pourront avoir lieu les opérations de contrôle, en présence des personnes habilitées à la représenter (CE 16-3-2016 nº 379626 : RJF 6/16 nº 542).

e. Le vérificateur peut prendre des **copies** des documents qu'il est amené à consulter. Le contribuable ne peut pas s'y opposer, sous peine d'une amende de 1 500 € par document, applicable dans une limite globale de 50 000 € (LPF art. L 13 F et CGI art. 1734, al. 2).

f. Lorsque le contribuable établit que le vérificateur a **emporté,** dans des conditions irrégulières, un ou plusieurs **documents** comptables (ou même un document extra-comptable, mais utilisé par le vérificateur pour établir l'imposition), la vérification est irrégulière (notamment CE 6-6-1984 nº 42802 : RJF 8-9/84 nº 1014).

D'une façon générale, sur les **conséquences des irrégularités** ayant affecté la vérification de comptabilité, voir nº 78185.

g. À l'issue du contrôle inopiné, un état des constatations opérées est dressé contradictoirement par le vérificateur et le contribuable. L'examen au fond des documents comptables ne peut être entrepris, en tout état de cause, avant l'expiration d'un délai raisonnable (sur cette notion, voir nº 79410, précision a) permettant au contribuable de s'organiser pour se faire **assister** d'un conseil (LPF art. L 47, al. 4).

h. En ce qui concerne la **durée de la vérification sur place** pour les **petites entreprises,** voir nºs 79460 s.

2. POUVOIRS DES VÉRIFICATEURS

Pour apprécier l'exactitude des résultats déclarés par l'entreprise, l'administration dispose d'un large pouvoir d'**investigation dans sa comptabilité.** 78135 CF-IV-9950 s

Ainsi, les entreprises doivent présenter aux vérificateurs tous les documents comptables que la loi leur prescrit de tenir pour justifier leurs déclarations. Il s'agit d'une obligation générale qui s'exerce à l'égard de toute forme de contrôle fiscal.

Le **défaut de présentation** de la comptabilité ou des documents en tenant lieu est constaté par procès-verbal que le contribuable est invité à contresigner (LPF art. L 13 A). Il emporte certaines conséquences sur la charge de la **preuve** en cas de procédure contentieuse : voir nº 78815. CF-IV-14600 s

› Précisions **a.** Si la comptabilité est tenue en **langue étrangère,** une traduction certifiée par un traducteur juré doit être présentée à la demande de l'administration (CGI art. 54, al. 2).

b. L'administration peut demander l'assistance d'un **expert,** public ou privé, dans l'exercice de ses missions de contrôle, d'établissement de l'impôt ou d'instruction des réclamations, lorsque ces missions requièrent des connaissances ou des compétences particulières (LPF art. L 103 A).

c. Les **irrégularités** entachant le **procès-verbal de défaut de présentation de la comptabilité,** si elles privent celui-ci de sa valeur probante, sont sans incidence sur la régularité de la procédure d'imposition (CE 17-12-2010 nº 312486 : RJF 3/11 nº 335).

CONTRIBUABLES SOUMIS AU SECRET PROFESSIONNEL

Le vérificateur peut demander toute **information** relative au montant, à la date et à la forme du versement des **recettes** perçues par les contribuables tenus au secret professionnel. Mais il ne peut solliciter aucun renseignement sur les **prestations** fournies en contrepartie de ces recettes. La révélation d'une information couverte par le secret professionnel vicie la procédure et entraîne la décharge de l'imposition lorsqu'elle découle d'une demande du vérifica- 78137 LPF art. L 13-0 A CF-IV-10200 s.

teur, en méconnaissance de ces dispositions, ou lorsque, alors même qu'elle serait imputable au seul contribuable, elle fonde tout ou partie de la rectification (CE 24-6-2015 n° 367288 : RJF 10/15 n° 812). Par exemple, l'administration, au cours des opérations de contrôle, peut prendre connaissance des factures clients nominatives établies par un avocat dès lors qu'elles ne comportent aucune indication des prestations qui leur ont été délivrées sans pouvoir obtenir de renseignements supplémentaires sur l'identité des clients ou les prestations délivrées. Toutefois, en cas d'ambiguïté, l'administration peut interroger l'avocat sur la domiciliation de ses clients afin de déterminer les règles applicables en matière de TVA (CE 4-5-2016 n° 387466 : RJF 7/16 n° 632).

ACCÈS À LA COMPTABILITÉ ANALYTIQUE ET AUX COMPTES CONSOLIDÉS

78138 LPF art. L 13, II et III CF-IV-46800 s

Les **grandes entreprises** sont tenues de présenter au vérificateur leur comptabilité analytique si elles en tiennent une. Cette obligation concerne :

– les entreprises dont le chiffre d'affaires de l'exercice excède 152,4 millions d'euros, s'il s'agit d'entreprises dont le commerce principal est de vendre des marchandises, objets, fournitures et denrées à emporter ou à consommer sur place ou de fournir le logement, ou 76,2 millions d'euros, s'il s'agit d'autres entreprises, ainsi que les entreprises, quel que soit leur chiffre d'affaires, dont le total de l'actif brut est supérieur ou égal à 400 millions d'euros à la clôture de l'exercice ;

– les personnes morales ou groupements de personnes de droit ou de fait détenant à la clôture de l'exercice, directement ou indirectement, plus de la moitié du capital ou des droits de vote d'une personne morale ou d'un groupement répondant aux conditions de chiffre d'affaires ou d'actif brut visées ci-dessus, ainsi que les personnes morales ou groupements de personnes de droit ou de fait dont la majorité du capital ou des droits de vote est détenue par de telles personnes ou groupements ;

– les sociétés membres d'un groupe fiscal lorsque celui-ci comprend au moins une personne répondant aux conditions de chiffre d'affaires ou d'actif brut visées ci-dessus.

Par ailleurs, les sociétés commerciales qui établissent des comptes consolidés sont tenues de les présenter au vérificateur.

Le non-respect de ces obligations est sanctionné par une **amende** de 20 000 € (CGI art. 1729 E).

PRÉLÈVEMENTS D'ÉCHANTILLONS DE PRODUITS À FIN D'EXPERTISE

78139 LPF art. L 16 E CF-IV-14350

Dans le cadre de la vérification de comptabilité et pour le **contrôle des taxes sur le chiffre d'affaires,** les agents de l'administration fiscale sont autorisés à procéder ou faire procéder à des prélèvements d'échantillons des produits ou marchandises aux fins d'analyse ou d'expertise.

Cette opération doit être réalisée en présence du propriétaire ou du détenteur des produits, de leur représentant ou, à défaut, d'un témoin spécialement requis.

Chaque prélèvement fait l'objet d'un **procès-verbal** signé par les agents de l'administration fiscale ainsi que par la personne présente. Cette dernière peut y faire insérer toute déclaration qu'elle juge utile. Une copie du procès-verbal lui est remise.

> **Précisions** **a.** Les modalités de réalisation des prélèvements ainsi que de conservation et de restitution des échantillons seront fixées par **décret.**
> **b.** Le procès-verbal décrit les opérations et comporte les indications utiles pour garantir l'**authenticité** des échantillons prélevés.
> **c.** Le présent dispositif s'applique aux contrôles dont les **avis de vérification** sont adressés ou remis depuis le 1er janvier 2020 (Loi 2019-1479 du 28-12-2019 art. 189, II et III).

CONTRÔLE DES COMPTABILITÉS INFORMATISÉES

78140 LPF art. L 13, IV et L 47 A CF-IV-34000 s

Lorsque la comptabilité est tenue au moyen de systèmes informatisés, le contribuable doit présenter ses documents comptables en remettant à l'administration une **copie des fichiers** des écritures comptables sous forme dématérialisée, au début des opérations de contrôle.

Le contrôle peut porter sur l'ensemble des informations, données et traitements qui concourent directement ou indirectement à la formation des résultats comptables ou fiscaux et à l'élaboration des déclarations rendues obligatoires par le CGI, ainsi que sur la documentation informatique.

Lorsque la réalisation du contrôle nécessite la mise en œuvre de **traitements informatiques,** ces traitements sont effectués, au choix du contribuable, soit sur le matériel de l'entreprise, par les agents de l'administration ou par le contribuable lui-même suivant les indications de ceux-ci, soit au moyen de copies fournies par l'entreprise sur support informatique.

Lorsque le contribuable choisit d'effectuer lui-même les traitements informatiques nécessaires, il est tenu de mettre à la disposition de l'administration, dans les 15 jours de sa demande (délai franc), les copies des documents, données et traitements soumis à contrôle. De même, lorsqu'il opte pour la réalisation de ces traitements par l'administration hors de l'entreprise, il est tenu de mettre ces éléments à sa disposition dans les 15 jours de la formalisation de son choix (délai franc). Dans les deux cas, l'administration peut effectuer sur ces éléments tout ou partie des traitements informatiques nécessaires à la vérification et doit en communiquer les résultats lorsqu'ils donnent lieu à des rehaussements, au plus tard lors de l'envoi de la proposition de rectification.

› Précisions **a.** Dans le cadre d'un **contrôle inopiné** (nos 78120 s.), le vérificateur est autorisé à prendre deux **copies** (placées sous scellés) des fichiers informatiques, l'une étant remise au contribuable et l'autre conservée par le service (LPF art. L 47 A, III). En cas d'altération des scellés ou fichiers copiés ou de non-présentation par le contribuable de sa copie, l'administration peut effectuer les opérations de contrôle, y compris les traitements informatiques, sur sa propre copie. Par ailleurs, l'administration est autorisée à consulter sa copie et à la comparer aux fichiers conservés par le contribuable nécessaires aux traitements informatiques, même si ce dernier produit sa propre copie sans altération des fichiers ou scellés. Le résultat de cette comparaison est opposable à l'intéressé.

b. L'**obligation de présentation** sous forme dématérialisée des comptabilités informatisées concerne les contribuables imposés à l'impôt sur les sociétés et à l'impôt sur le revenu dans la catégorie des BIC, des BNC et des BA selon un régime réel (BOI-CF-IOR-60-40-10 n° 20).

Le **défaut de présentation** de la comptabilité sous forme dématérialisée (ou la remise de fichiers non conformes aux normes) entraîne l'application d'une amende de 5 000 € ou, en cas de rectification et si le montant est plus élevé, d'une majoration de 10 % des droits mis à la charge du contribuable (CGI art. 1729 D). Il en va de même en cas de défaut de mise à disposition, dans les normes et délais prévus, des fichiers ou copies de ces fichiers qui nécessitent des traitements informatiques (CGI art. 1729 H). L'amende s'applique une seule fois au titre d'un même exercice, même en cas de traitements multiples au cours du contrôle (BOI-CF-IOR-60-40-30 n° 560).

c. Lorsqu'elle envisage des **traitements informatiques,** l'administration doit décrire la nature des investigations souhaitées, dans un courrier remis au contribuable. Le contribuable indique son choix entre les différentes formes de traitement sur ce courrier (BOI-CF-IOR-60-40-30 n° 130). La communication au contribuable de la description technique des travaux informatiques à effectuer n'est requise que si celui-ci choisit de réaliser lui-même les traitements (CE 7-3-2019 n° 416341 : RJF 6/19 n° 559).

Le contribuable doit également être informé des noms et adresses administratives des agents par qui ou sous le contrôle desquels les opérations sont réalisées (voir toutefois le cas particulier visé au n° 77865, précision d).

d. Les **copies de fichiers** remises au vérificateur doivent répondre aux normes fixées par les articles A 47 A, 1 et A 47 A, 2 du LPF. Elles doivent être détruites en totalité avant la mise en recouvrement ou après l'envoi de l'avis d'absence de rectification.

e. En ce qui concerne l'incidence sur la **durée de la vérification des petites entreprises** du délai pris par l'entreprise pour produire des documents comptables dématérialisés et de la mise en œuvre de traitements informatiques, voir n° 79465.

f. Le contribuable encourt l'évaluation d'office pour **opposition au contrôle fiscal** (n° 79100) lorsqu'il refuse de transmettre des documents comptables dématérialisés ou s'oppose à la mise en œuvre des traitements informatiques nécessaires au contrôle. Tel est le cas lorsque les traitements informatiques sont impossibles, en dépit des diligences normales entreprises par le vérificateur, du fait de la suppression délibérée d'une partie des données par le contribuable après qu'il a été averti du contrôle (CE 24-6-2015 n° 367288 : RJF 10/15 n° 812).

g. Procédure spécifique de contrôle des assujettis à la **TVA** utilisateurs de **logiciels** de comptabilité ou de gestion ou de systèmes de caisse : voir n° 53485, précision d.

CONTRÔLE DES COMPTES MIXTES

Au cours d'une vérification de comptabilité, l'administration peut examiner les opérations figurant sur des **comptes financiers utilisés à la fois à titre privé et professionnel** (comptes « mixtes ») et demander au contribuable tous éclaircissements ou justifications sur ces opérations sans que cela constitue le début d'un examen de situation fiscale personnelle (ESFP). **78145** CF-IV-30100 s

De même, au cours d'un ESFP, l'administration peut procéder aux mêmes contrôles, sans que ceux-ci constituent le début d'une vérification de comptabilité ou d'un examen de comptabilité.

L'administration peut tenir compte, dans chacune de ces procédures, des constatations résultant de l'examen des comptes ou des réponses aux demandes d'éclaircissements ou de justifications, et faites dans le cadre de l'autre procédure conformément aux seules règles applicables à cette dernière (LPF art. L 47 B).

Elle ne peut toutefois redresser directement les bénéfices professionnels à partir des constatations opérées sur les comptes au cours d'un ESFP (CE 6-1-1993 n° 64209 : RJF 3/93 n° 397).

Cependant, lorsque l'administration découvre, au cours d'un ESFP, des **activités occultes** ou des activités exercées dans des conditions non déclarées (par exemple, activité déclarée comme individuelle, mais exercée en société de fait ou activité occulte connexe à une activité principale déclarée), elle peut régulariser la situation fiscale au regard de cette activité sans engager une vérification de comptabilité (LPF art. L 47 C). CF-IV-31500 s

APPRÉCIATION DES ACTES DE GESTION (IMPÔT SUR LES BÉNÉFICES)

Un contribuable n'est jamais obligé de tirer de la gestion d'un bien ou d'une entreprise le profit le plus élevé possible. En principe, donc, un exploitant est juge de l'**opportunité** de sa **78150** CF-I-2500 s gestion et l'administration ne peut se substituer à lui pour apprécier ce qui aurait le mieux convenu à son entreprise. L'exploitant peut, par exemple, sans que le vérificateur puisse critiquer son choix, décider de financer un investissement par l'emprunt (générateur de charges financières) plutôt que sur ses fonds propres.

Toutefois, ce **principe de non-immixtion** de l'administration dans la gestion des entreprises ne s'oppose pas, selon la jurisprudence, à ce que le vérificateur rectifie les conséquences des « actes de gestion anormaux » en matière d'impôt sur les bénéfices (en matière de TVA, ce n'est que très rarement et dans des hypothèses bien particulières qu'il est fait référence à la notion d'acte anormal de gestion).

D'une manière générale, l'**acte anormal de gestion** est celui par lequel une entreprise décide de s'appauvrir à des fins étrangères à son intérêt (CE plén. 21-12-2018 nº 402006 : RJF 3/19 nº 246). Par exemple un acte qui met une dépense ou une perte à la charge de l'entreprise ou qui la prive d'une recette sans être **justifié** par les intérêts de l'exploitation commerciale (pour les illustrations les plus significatives de cette notion, voir nos 8155 et 8920 s.).

Lorsque l'administration invoque le caractère anormal d'un acte de gestion, elle doit apporter la **preuve** que cet acte n'a pas été accompli dans l'intérêt du contribuable. Toutefois, dans le cas où, du fait de la procédure d'imposition, le contribuable supporte la charge de la preuve (impositions d'office : nº 79140 ; défaut ou graves irrégularités de la comptabilité : nº 78815), il doit démontrer l'intérêt que revêt pour lui l'opération contestée.

ERREURS ET DÉCISIONS DE GESTION (IMPÔT SUR LES BÉNÉFICES)

78155 CF-I-2900 s Pour délimiter le droit de l'administration de rectifier les déclarations souscrites par les contribuables et celui des contribuables eux-mêmes de demander, à rectifier celles-ci lorsqu'ils y ont intérêt, la jurisprudence distingue entre les « erreurs » et les « décisions de gestion » :

– lorsque la loi ouvre une **faculté de choix** entre plusieurs solutions, celle que retient le contribuable dans sa déclaration procède d'une **décision de gestion** qui ne peut être rectifiée ni à son initiative ni à celle de l'administration (notamment CE 11-2-1994 nº 117302 : RJF 4/94 nº 388). Exemples : pour une immobilisation ouvrant droit à l'amortissement dégressif, fixation d'une annuité d'amortissement comprise entre l'annuité minimale et l'annuité dégressive ; défaut de comptabilisation, ou comptabilisation partielle, d'une provision ; inscription au bilan, ou maintien dans le patrimoine privé, d'éléments tels que les immeubles, les titres, les dettes ;

– dans les autres cas, si la solution retenue par le contribuable n'est pas conforme à la loi, elle s'analyse en une **erreur,** que le vérificateur peut rectifier dans la limite du délai de reprise ou dont le redevable peut, si elle lui est préjudiciable, demander la correction, par voie de réclamation ou par compensation avec les rehaussements dont il fait l'objet par ailleurs (notamment CE 6-5-1996 nº 135283 : RJF 6/96 nº 814). Exemples : omission en comptabilité de frais déductibles, ou d'éléments actifs ou passifs (créances acquises, dettes certaines…) ; comptabilisation d'un élément d'actif ou de passif (immobilisation, stock, etc.) pour une valeur inexacte.

La jurisprudence retient parfois une notion intermédiaire, qui est celle d'**erreur comptable délibérée** (ou de décision de gestion irrégulière), opposable au contribuable, mais non à l'administration (notamment CE 12-5-1997 nº 160777 : RJF 6/97 nº 535). Exemples : omission volontaire de recettes, déduction de charges fictives, etc. Cette erreur volontaire doit avoir été commise intentionnellement par une société ou ses dirigeants et ne peut pas résulter d'une simple carence de la société en matière de contrôle interne des agissements irréguliers des salariés (CE 9-3-2016 nº 380808 : RJF 6/16 nº 513).

Toutefois, le choix d'une solution autorisée par une doctrine administrative mais illégale n'est pas constitutif d'une décision de gestion. S'il est opposable à l'administration (garantie contre les changements de doctrine, voir nos 79540 s.), il ne l'est pas au contribuable, qui peut revenir sur son choix (CE 12-6-1987 nº 41369 : RJF 8-9/87 nº 902 ; CE 7-10-1987 nº 66210 : RJF 11/87 nº 1124).

THÉORIE DES « CORRECTIONS SYMÉTRIQUES » (IMPÔT SUR LES BÉNÉFICES)

78160 CF-I-3600 s Le bénéfice imposable à l'impôt sur le revenu dans la catégorie des bénéfices industriels et commerciaux ou des bénéfices agricoles (régimes du bénéfice réel) ou à l'impôt sur les sociétés est constitué par la différence entre les valeurs de l'actif net à la clôture et à l'ouverture de l'exercice (nº 7340). Tout rehaussement affectant l'actif net de clôture a donc pour effet de majorer le bénéfice. Pour éviter cependant qu'un tel rehaussement ne dégage un bénéfice sans existence réelle, la jurisprudence oblige l'administration, lorsqu'elle rectifie au bilan de clôture une erreur génératrice d'une sous-estimation de l'actif net correspondant, **à rectifier symétriquement le bilan d'ouverture** de l'exercice, **si la même erreur** se retrouve dans ce bilan. Il peut en être ainsi dans le cas où le vérificateur réintègre certains éléments de passif (par exemple, une dette éteinte maintenue à tort au bilan) ou substitue une méthode correcte d'évaluation à une méthode erronée suivie par l'entreprise (par exemple en matière de détermination des créances, d'évaluation des stocks, etc.).

Mais le mécanisme des corrections symétriques connaît une importante limite qui résulte de la règle d'**intangibilité du bilan d'ouverture** du plus ancien exercice non atteint par la prescription. **78165** CGI art. 38, 4 bis

En **principe,** ce bilan exprime une valeur d'actif net qui doit être regardée comme définitive et, s'il comporte des erreurs qui ont entraîné une sous-estimation (ou une surestimation) de l'actif net, ces erreurs ne peuvent plus être réparées dans ce bilan. Par suite, l'administration est en droit de rehausser les insuffisances d'actif net en rectifiant le seul bilan de clôture de l'exercice.

EXEMPLE

Une entreprise ayant pour activité la vente de marchandises comptabilise par erreur ses recettes au moment de l'encaissement au lieu de se conformer à la règle de rattachement des « créances acquises » (prise en compte à la date de livraison : n° 7875). Elle fait l'objet d'une vérification commencée en 2020 et portant sur les exercices 2017 à 2019. On suppose que la méthode suivie par l'entreprise a entraîné l'omission des créances acquises pour un montant de 10 000 € au bilan de clôture de l'exercice 2016, de 12 000 € en 2017, de 21 000 € en 2018 et de 30 000 € en 2019 (les recettes correspondantes ayant été seulement comptabilisées lors de leur encaissement au début de l'exercice suivant). Pour l'exercice 2019, le vérificateur procédera de ce chef à un rehaussement de 30 000 € (rectification du bilan de clôture) – 21 000 € (correction symétrique du bilan d'ouverture) = 9 000 €. De la même façon, le rehaussement sera de 21 000 € – 12 000 € = 9 000 € pour l'exercice 2018. En ce qui concerne l'exercice 2017 (1er exercice non couvert par la prescription : n° 77710), la même méthode devrait dégager un rehaussement égal à : 12 000 € – 10 000 € = 2 000 € ; mais, en raison de l'intangibilité du bilan d'ouverture de cet exercice, c'est en définitive à 12 000 € que s'élèvera le rehaussement pour 2017 (ce qui aboutit, on peut le constater, à transférer sur 2017 l'imposition de 10 000 € de recettes réalisées au cours d'une année prescrite).

Le principe d'intangibilité du bilan d'ouverture du premier exercice non prescrit comporte toutefois des **limites.** Il ne s'applique pas dans les cas suivants :
– lorsque l'entreprise établit que les **erreurs** ou omissions à l'origine de l'insuffisance d'actif net ont été **commises plus de sept ans avant** l'ouverture du premier exercice non prescrit (« droit à l'oubli ») ;
– lorsque l'entreprise a, en période prescrite, pratiqué des **amortissements excessifs** au regard des usages ou passé en **charges** des dépenses qui auraient dû venir en **augmentation de l'actif** immobilisé.

Autrement dit, la correction d'erreurs de ce type n'a pas d'incidence sur le résultat imposable et ne peut pas donner lieu à rehaussement de la part de l'administration. En contrepartie, l'augmentation des valeurs d'actif qui en résulte ne peut être prise en compte ni pour le calcul des amortissements ou des provisions ni pour la détermination du résultat de cession des éléments concernés. Par **exemple,** si le prix de revient d'un élément d'actif immobilisé a été porté par erreur en charges au cours d'un exercice prescrit, son inscription ultérieure à l'actif du bilan d'un exercice non prescrit n'aura aucune incidence sur le résultat dudit exercice. Mais ce bien ne pourra donner lieu ni à amortissement ni à provision et, en cas de cession, la plus-value de cession sera égale au prix de cession.

78170

> Précisions **a.** La théorie des corrections symétriques ne peut s'appliquer à des **contribuables non astreints à la tenue d'un bilan** tels que les contribuables imposés dans la catégorie des BNC (CE 7-1-1991 n° 58794 : RJF 2/91 n° 204) ou certaines entreprises commerciales (nos 86835 s.) soumises à l'impôt sur le revenu selon le régime du **réel** simplifié (CAA Nancy 11-3-1993 n° 90-551 : RJF 7/93 n° 1033).

b. Le **premier exercice non prescrit** dont le bilan d'ouverture est intangible est déterminé, sauf dispositions particulières, en fonction du délai de reprise (trois ans en général) dont dispose l'administration, y compris dans le cas où des **déficits** en provenance d'exercices prescrits sont reportés sur les résultats d'un exercice non prescrit.

c. Le **contribuable** concerné peut lui-même prendre l'**initiative** de demander une rectification symétrique des valeurs d'actif soit par voie de réclamation, soit en vertu du droit de compensation. Dans ce cas, le bilan dont les données sont intangibles reste le bilan d'ouverture du premier exercice non prescrit, et non pas celui du premier exercice pour lequel le délai de réclamation n'est pas expiré (CE 2-3-1977 n° 97397 : RJF 5/77 n° 279).

d. Le contribuable peut se prévaloir de la règle de l'intangibilité du bilan d'ouverture même lorsque la surestimation de l'actif net d'ouverture du premier exercice non prescrit résulte d'une **erreur délibérée** de sa part (CE 5-12-2016 n° 398859 : RJF 2/17 n° 155).

e. Le mécanisme des corrections symétriques et de l'intangibilité du bilan d'ouverture ne permet pas de rectifier une erreur commise au cours d'un exercice prescrit dont les **résultats** ont été **arrêtés d'office** et soumis à une imposition devenue définitive (CE 2-2-1983 n° 33959 : RJF 4/83 n° 536), sauf si pour procéder à l'évaluation d'office, l'administration ne s'est pas fondée sur une réévaluation, consécutive à un examen de la comptabilité, du niveau d'un ou de plusieurs des postes du bilan (CE 26-11-2014 n° 360141 : RJF 2/15 n° 138).

f. Par ailleurs, ce mécanisme est en principe réservé aux **écritures qui se retrouvent d'un bilan à l'autre** (dettes, créances, provisions...), à l'exclusion des écritures fongibles (écritures du compte de résultat : charges, recettes...). C'est ainsi qu'une entreprise qui a omis de comptabiliser, dans les écritures d'un exercice prescrit, des charges effectivement supportées au cours de cet exercice n'est pas fondée à les déduire des résultats du premier exercice non prescrit (notamment CE 9-12-1992 n° 70397 : RJF 2/93 n° 252).

L'application de cette règle joue, le plus souvent, au profit de l'administration en entraînant, par exemple, le rattachement au premier exercice non prescrit des créances non comptabilisées afférentes à un exercice prescrit. Mais elle peut aussi être favorable au contribuable en lui permettant de déduire des résultats d'un exercice non prescrit des charges qu'il a effectivement acquittées au cours de cet exercice, alors que la dette devenue certaine dans son principe et dans son montant au cours d'un exercice prescrit n'avait pas été constatée au bilan de cet exercice (notamment CE 1-7-1992 n° 84938 : RJF 10/92 n° 1404).

g. Les **valeurs d'actif ou de passif** à retenir sont déterminées, lorsqu'elles diffèrent des **règles comptables,** par les **règles fiscales** en vigueur (CE 30-6-2008 n° 288314 : RJF 10/08 n° 1100).

h. L'exception au principe d'intangibilité du bilan d'ouverture du premier exercice non prescrit prévue à l'égard des **erreurs ou omissions intervenues plus de sept ans** avant le début de la période non prescrite ne concerne que les **éléments individualisés** qui figuraient dans le bilan de clôture d'un des exercices clos depuis plus de sept ans (Avis CE 17-5-2006 n° 288511 : RJF 8-9/06 n° 1070). Par ailleurs, elle ne joue pas pour les **erreurs volontaires** exclusives de bonne foi (CE (na) 25-7-2013 n° 365679 : RJF 11/13 n° 1062), ou pour les **inscriptions injustifiées de provisions** (CE 11-5-2015 n° 370533 : RJF 8-9/15 n° 716).

i. Le droit à la correction symétrique des bilans en cas d'erreur commise plus de sept ans avant l'ouverture du premier exercice non prescrit (« droit à l'oubli ») s'exerce aussi bien lorsque l'erreur affecte un **élément de l'actif que du passif du bilan** ; par ailleurs, une erreur affectant de manière constante un élément d'actif ou de passif, même reconduite de bilan en bilan, n'est pas constitutive d'une **erreur récurrente** interdisant de bénéficier du « droit à l'oubli », dès lors que le contribuable n'est pas tenu comptablement de procéder à un **réexamen de l'écriture** erronée à la clôture de chaque exercice (CE 24-1-2018 n° 397732 : RJF 4/18 n° 410).

REJET DE LA COMPTABILITÉ

78175 CF-IV-18980 s À l'issue de la vérification, le vérificateur procède aux rectifications qu'il croit devoir apporter, après compensation s'il y a lieu avec les erreurs commises par le contribuable à son préjudice (nos 81940 s.), aux bases d'imposition déclarées. Ces rectifications sont opérées en mettant en œuvre la procédure de rectification contradictoire.

Normalement, les nouvelles bases d'imposition doivent être fixées en partant des éléments comptables et en apportant à ceux-ci les corrections nécessaires. Cependant, dans certains cas, le vérificateur peut être amené à **rejeter** la comptabilité et à substituer de nouvelles bases d'imposition à celles qui avaient été déclarées. Le rejet de la comptabilité est possible dans deux cas :

– lorsque la **comptabilité est jugée irrégulière** en raison d'erreurs, omissions ou inexactitudes graves et répétées, en l'absence de pièces justificatives ou en cas de non-présentation de tout ou partie des livres et documents comptables dont la tenue est obligatoire ;

– lorsque, la **comptabilité étant apparemment régulière,** le vérificateur a néanmoins des **raisons sérieuses d'en contester la sincérité.** Exemples : pourcentage anormal de bénéfice brut, enrichissement du patrimoine de l'exploitant ou des associés hors de proportion avec l'importance des bénéfices déclarés (sous réserve, dans le cas des sociétés, que le vérificateur puisse établir que l'enrichissement des associés a sa source dans l'entreprise).

En cas de rejet de la comptabilité, le vérificateur détermine les **bases d'imposition** à l'aide de tous les éléments dont il dispose. Il peut, notamment, reconstituer le montant des recettes dissimulées en appliquant un **coefficient de bénéfice brut** sur achats au prix de revient des marchandises vendues. Il peut également, lorsqu'il a constaté un **enrichissement** inexpliqué de l'exploitant ou des associés, se fonder sur cet enrichissement pour reconstituer le chiffre d'affaires ou le bénéfice de l'entreprise ou de la société.

› Précisions Le Conseil d'État n'admet la méthode de reconstitution des bases d'imposition d'après l'enrichissement inexpliqué que dans des cas bien déterminés. Pour les **sociétés,** cette méthode ne peut être appliquée que lorsque la comptabilité est dépourvue de valeur probante et que les associés se comportent en maîtres de l'affaire, c'est-à-dire qu'ils détiennent une part prépondérante dans le capital social et qu'il existe une confusion entre leur patrimoine et celui de la société (notamment CE 1-7-1985 n° 46123 : RJF 10/85 n° 1282). Dans les **entreprises individuelles,** lorsque la comptabilité est régulière en la forme, l'enrichissement de l'exploitant ne peut être considéré comme provenant de bénéfices dissimulés que si l'on peut démontrer l'existence de bénéfices dissimulés par des anomalies de la comptabilité (taux de bénéfice brut manifestement insuffisant) ou des faits propres au fonctionnement même de l'entreprise (notamment CE 23-5-1984 n° 37081 : RJF 7/84 n° 878).

3. CONSÉQUENCES DES IRRÉGULARITÉS DE LA VÉRIFICATION DE COMPTABILITÉ

78185 CF-IV-20900 s L'irrégularité de la vérification de comptabilité, qui peut résulter de l'**emport** des documents comptables sans autorisation du contribuable (n° 78125, f) ou du non-respect de certaines

garanties prévues en faveur des contribuables (n° 79405), emporte des conséquences différentes selon la procédure d'imposition mise en œuvre à l'issue de la vérification.

Lorsque l'administration doit suivre la **procédure de rectification contradictoire,** l'irrégularité de la vérification entraîne la nullité de l'imposition supplémentaire ainsi que celle des actes de procédure postérieurs à la vérification (jurisprudence constante, notamment CE 9-10-1992 n° 82144 : RJF 12/92 n° 1646). Dans ce cas, la notification de la proposition de rectification perd son effet interruptif de prescription.

En revanche, lorsque l'imposition est établie par voie de **taxation ou d'évaluation d'office,** l'irrégularité de la vérification est sans incidence sur la régularité de la procédure, sauf si l'imposition d'office n'est justifiée que par des **éléments tirés de la vérification irrégulière** (notamment CE 22-12-1989 n° 45814-46114 : RJF 2/90 n° 209).

E. Examen de comptabilité

Lorsqu'elle considère que les **enjeux** et la **typologie** d'une entreprise, dont la comptabilité est tenue de manière informatisée, ne nécessitent pas de procéder à des investigations sur place, l'administration peut recourir à la procédure d'**examen de comptabilité** plutôt que d'engager une vérification de comptabilité. Cet examen est effectué à distance d'après les **fichiers des écritures comptables** (FEC) communiqués par l'entreprise. Il constitue une procédure **distincte** de la procédure de contrôle des comptabilités informatisées prévue par l'article L 47 A du LPF en matière de vérification de comptabilité (n° 78140). 78190 LPF art. L 13 G et L 47 AA CF-IV-49000 s

Il ne peut être engagé sans que l'administration en ait **préalablement informé** le contribuable par l'envoi d'un avis précisant la période concernée, la faculté qui lui est ouverte de se faire assister par un conseil ainsi que la disponibilité en ligne de la charte du contribuable vérifié dont le contenu est opposable (n° 79415). Dans les **quinze jours** suivant la réception de l'avis, le contribuable doit **adresser à l'administration** une copie des FEC sous une forme dématérialisée répondant aux normes prévues pour les vérifications de comptabilité informatisées (LPF art. A 47 A-1 et A 47 AA-1). À défaut, l'administration peut annuler l'examen de comptabilité et engager une vérification de comptabilité lui permettant de procéder à des investigations sur place.

L'administration peut effectuer des tris, classements ainsi que tous calculs permettant de vérifier la **concordance** entre la copie des FEC et les déclarations du contribuable. Elle peut également effectuer des traitements informatiques sur les fichiers, autres que les FEC, transmis par le contribuable.

En cours d'examen, des demandes complémentaires, portant notamment sur les **pièces justificatives,** sont possibles.

› Précisions **a.** Les fichiers peuvent également être adressés à l'administration sur **supports physiques** (clef USB, CD-ROM, etc.) par voie postale ou de dépôt dans les locaux du service (BOI-CF-DG-40-20 n° 350).

b. S'agissant des **garanties** en matière d'examen de comptabilité, voir n°s 79410 s. et 79480.

c. Outre l'annulation possible de la procédure d'examen, le défaut de transmission des FEC, ou la transmission de fichiers non conformes, entraîne l'application de l'amende de 5 000 € prévue par l'article 1729 D du CGI (n° 78140, précision b). Celle-ci s'applique également en cas de transmission d'un fichier non conforme ou incomplet suite à une demande de mise en conformité (BOI-CF-DG-40-20 n° 420). Dans l'hypothèse où l'examen de comptabilité porte sur **plusieurs exercices,** l'amende est applicable pour chaque exercice pour lequel aucun FEC n'est adressé à l'administration ou pour chaque exercice pour lequel le FEC n'est pas conforme aux normes de l'article A 47 AA-1 du LPF (BOI-CF-DG-40-20 n° 430).

F. Mesures particulières de contrôle

1. CONTRÔLE DES DROITS D'ENREGISTREMENT ENR-VII-100 s

OBJET DU CONTRÔLE

Le contrôle des droits d'enregistrement (et de la taxe de publicité foncière perçue sur les actes soumis à la « formalité fusionnée ») s'exerce principalement dans les trois directions suivantes : 78210

– **recherche des actes et mutations** obligatoirement soumis à l'enregistrement et non présentés à la formalité. Lorsqu'elle établit l'existence de tels actes ou mutations, l'administration peut procéder aux régularisations nécessaires suivant la procédure de taxation d'office ;

– détermination du **véritable caractère d'un contrat.** En cas de dissimulation à cet égard, l'administration peut restituer à l'acte sa nature réelle en mettant en œuvre la procédure d'**abus de droit** ;
– contrôle de la **valeur déclarée,** examiné ci-après.

CONTRÔLE DE LA VALEUR DÉCLARÉE

78215 Les droits proportionnels ou progressifs d'enregistrement étant, en règle générale, calculés sur la valeur vénale des biens transmis (lorsque cette valeur est supérieure au prix s'il s'agit d'une vente), l'administration est en droit d'établir que le prix stipulé dans un contrat est inférieur à la valeur vénale ou que l'évaluation fournie n'est pas suffisante (insuffisance de prix ou d'évaluation). Elle peut également soutenir, si elle est en mesure de le prouver, que le prix stipulé dans un acte est inférieur à celui réellement convenu (dissimulation de prix).

78220 LPF art. L 17 ENR-VII-800 s et 2900 s

Insuffisance de prix ou d'évaluation Pour démontrer que le prix déclaré (ou l'évaluation fournie) est inférieur à la valeur réelle, l'administration utilise des méthodes d'**estimation** que nous décrivons sommairement ci-après. Une fois l'insuffisance établie, la **rectification** correspondante est opérée suivant la procédure normale, avec intervention, s'il y a lieu, de la commission départementale de conciliation. Les droits correspondant à l'insuffisance sont majorés d'un **intérêt de retard** assorti d'une **majoration** si le manquement est délibéré ou si le contribuable s'est rendu coupable de manœuvres frauduleuses.

> **Précisions** À noter que pour se prémunir contre des rectifications ultérieures, les contribuables peuvent consulter l'administration dans le cadre de deux procédures spéciales : le **« rescrit valeur »,** en cas de donation d'entreprises (voir n° 79373) ; le **contrôle sur demande** des actes de donation et déclarations de succession (voir n° 78250).

78225 ENR-VII-30000 s

Évaluation des biens transmis Il existe certains cas, essentiellement **en matière de successions,** où le législateur a fixé des règles spécifiques d'appréciation de la valeur des biens pour le calcul des droits d'enregistrement (voir n°s 68400 s.). Hormis ces cas particuliers, la valeur vénale réelle des biens transmis, au jour de la mutation, sert de base au calcul des droits d'enregistrement. Cette valeur, qui n'est pas définie par la loi, correspond au prix que le jeu normal de l'offre et de la demande permettrait de retirer de la vente du bien, abstraction faite de toute valeur de convenance. Suivant la nature des éléments, elle peut être déterminée de différentes façons examinées ci-après.

Pour une étude approfondie de ces méthodes, voir notre **ouvrage « Évaluation ».**

78230 Pour les **terrains et les immeubles bâtis,** la valeur vénale doit être déterminée par comparaison. Cette méthode consiste à se référer aux prix constatés dans des transactions afférentes à un nombre suffisant d'immeubles similaires, qui constituent ainsi des termes de comparaison. Cette comparaison peut être faite « en bloc » mais elle est opérée le plus souvent à partir de prix moyens unitaires : prix à l'hectare (terrains agricoles), au mètre carré (terrains à bâtir), au mètre carré de superficie bâtie, etc. En raison de sa fiabilité, tirée essentiellement de la référence au marché immobilier local, cette méthode est la plus utilisée par les experts, les tribunaux et l'administration fiscale.

D'autres méthodes peuvent être utilisées à titre subsidiaire : évaluation par le revenu pour les immeubles de rapport (souvent rejetée comme arbitraire par les tribunaux, elle consiste à prendre en considération le prix du loyer auquel on applique un taux de capitalisation approprié) ; évaluation par réajustement d'une valeur antérieure.

78235 La valeur vénale des **fonds de commerce** et des clientèles doit, elle aussi, être déterminée par comparaison avec des cessions, en nombre suffisant, de biens similaires.

Toutefois, des barèmes établis par profession et en pourcentages de chiffre d'affaires sont également utilisés, à l'exception de certains cas particuliers tels que l'évaluation des commerces de gros (dont la valeur est souvent déterminée sur la base d'une ou de deux années de bénéfices et du matériel), des succursales, etc.

Les méthodes d'évaluation par les bénéfices, d'après le loyer du local commercial ou par référence à des valeurs antérieures, peuvent être utilisées en complément.

78240 L'évaluation des **titres de sociétés non cotées** fait intervenir plusieurs éléments. L'élément essentiel est constitué par la valeur mathématique ou valeur intrinsèque du titre (valeur de l'actif actualisée au jour de la mutation, diminuée du passif et divisée par le nombre de titres). Pour les petites sociétés, cette valeur s'identifie souvent avec la valeur vénale du titre (avec un abattement pouvant aller de 10 à 20 % lorsque la transaction porte sur un paquet minoritaire). Pour les sociétés plus importantes, la valeur mathématique se combine fréquemment avec la valeur de rendement du titre ou la valeur de productivité de l'entreprise, d'autres éléments pouvant également être pris en considération (perspectives d'avenir, marché du titre, etc.).

Les méthodes suivantes peuvent aussi être utilisées : valeur tirée de la marge brute d'autofinancement ou « cash flow » ; survaleur ou « goodwill » ; valeur de comparaison (cette dernière méthode prime sur les autres, si les éléments produits répondent aux critères d'objectivité et de pertinence exigés par la jurisprudence ; en ce sens, Cass. com. 7-7-2009 n° 08-14.855 : RJF 12/09 n° 1173).

Dissimulation de prix Il ne faut pas confondre dissimulation et insuffisance de prix. 78245 ENR-VII-500 s et 3050 s
Pour réclamer un complément de droits à raison d'une insuffisance de prix, l'administration doit établir que le prix stipulé dans un contrat est **inférieur** à la valeur vénale du bien transmis. En revanche, pour soutenir qu'il y a dissimulation de prix, elle doit prouver que le prix **réellement convenu** entre les parties est supérieur à celui indiqué dans l'acte.

Lorsqu'elles sont établies, les dissimulations entraînent, en plus de la perception des droits simples sur la fraction de prix dissimulée, l'application de trois sortes de **sanction** : une sanction civile (nullité de la contre-lettre ; C. civ. art. 1321-1), une sanction fiscale (intérêt de retard et majoration de 80 % pour manœuvres frauduleuses) et une sanction pénale (peines correctionnelles pour les auteurs de la dissimulation et leurs complices ; CGI art. 1837).

PROCÉDURE SPÉCIALE DE CONTRÔLE SUR DEMANDE (DONATIONS ET SUCCESSIONS)

Pour sécuriser leur situation fiscale, les bénéficiaires d'une transmission à titre gratuit – donation ou succession – peuvent demander à l'administration fiscale d'effectuer le contrôle de l'acte de donation ou de la déclaration de succession dans les douze mois qui suivent cette demande. En utilisant cette possibilité, ils **limitent à un an le délai de reprise** de l'administration, qui ne peut proposer aucun rehaussement d'imposition au-delà de cette durée, décomptée à partir de la date de réception de la demande de contrôle et éventuellement prorogée dans les conditions prévues par l'article L 21 B du LPF. 78250 LPF art. L 21 B ENR-VII-5700 s

Cette garantie comporte toutefois des **restrictions.** Elle ne s'applique pas aux redressements découlant de l'omission de la mention d'un bien ou d'une donation antérieure, de la remise en cause d'un régime de faveur pour non-respect d'un engagement ou d'une condition, ou de la mise en œuvre de la procédure d'abus de droit. En revanche, elle fait obstacle à la remise en cause de la valeur déclarée des biens une fois le délai d'un an expiré.

› Précisions La demande, pour être **recevable,** doit être signée par les bénéficiaires d'au moins un tiers de l'actif net. Elle doit se rapporter à une déclaration ou un acte enregistré avant réception d'un avis de mise en recouvrement ou d'une mise en demeure. Elle doit être présentée au plus tard dans le délai de trois mois suivant l'enregistrement de la déclaration ou de l'acte sans pouvoir être antérieure à la date de cet enregistrement.

2. RÉPRESSION DE L'ÉVASION FISCALE INTERNATIONALE

Outre les dispositions qui peuvent figurer dans les conventions internationales, le droit interne français édicte plusieurs mesures, que nous examinons ci-après, destinées à lutter contre l'évasion fiscale internationale. 78260

TRANSFERTS INDIRECTS DE BÉNÉFICES À L'ÉTRANGER

L'article 57 du CGI a pour objet d'empêcher le transfert à l'étranger de bénéfices **normalement imposables** en France, en permettant à l'administration de **rapporter** aux résultats de l'entreprise les bénéfices irrégulièrement transférés. À cet effet, il institue une **présomption** de transfert indirect lorsque l'administration établit, d'une part, l'existence de liens de **dépendance** de droit ou de fait entre l'entreprise française et des entreprises étrangères et, d'autre part, l'octroi d'**avantages anormaux** consenti à ces entreprises sous forme de majorations ou de minorations de prix ou de tout moyen de transfert analogue. 78265 CGI art. 57 CF-IX-250 s

Les **entreprises visées** sont celles (y compris leurs succursales) qui relèvent de l'impôt sur les sociétés ou de l'impôt sur le revenu (catégorie BIC) et qui sont sous la dépendance ou qui possèdent le contrôle d'entreprises situées hors de France, ainsi que celles qui sont sous la dépendance d'une entreprise ou d'un groupe possédant également le contrôle d'entreprises situées hors de France. Toutefois, la preuve du lien de dépendance n'est pas exigée lorsque le transfert s'effectue :

– avec des entreprises établies dans un pays ou territoire dont le régime fiscal est privilégié au sens indiqué au n° 78295 ou avec des établissements, installés dans ces pays ou territoires, d'entreprises dont le siège se trouve dans un pays à fiscalité normale ;

– avec des entreprises établies ou constituées dans un État ou territoire non coopératif au sens indiqué au n° 78310.

La démonstration par l'administration du caractère anormal des prix facturés aux entreprises liées requiert normalement une **comparaison** avec les prix pratiqués par l'entreprise française (comparaison « interne ») ou des entreprises similaires (comparaison « externe ») avec 78266 des clients dépourvus de liens de dépendance avec elles, sans que l'écart constaté à cette occasion s'explique par la situation différente de ces clients (par exemple, la qualité de distributeur ou de consommateurs : CE 16-3-2016 nº 372372 : RJF 6/16 nº 514). Les éléments de comparaison doivent donc être **pertinents.** Cependant, certains **avantages** revêtent **par** leur **nature** un caractère anormal (et dispensent donc de toute comparaison) : par exemple, prêt sans intérêts, renonciation à recettes, non-facturation de services, etc. (mais pas la déduction d'une subvention d'un prix facturé : CE 19-9-2018 nº 405779 : RJF 12/18 nº 1216).

L'entreprise concernée peut combattre la présomption de transfert en apportant la **preuve** que les avantages consentis ont été justifiés par l'obtention de **contreparties** au moins équivalentes et favorables à sa propre exploitation (par exemple, le développement de sa propre politique commerciale). Il s'agit donc d'une **présomption simple.**

Lorsque l'administration n'est pas fondée à invoquer la présomption de l'article 57 du CGI faute d'avoir démontré l'existence d'un avantage anormal, elle doit établir que l'entreprise française a consenti un avantage à l'entreprise étrangère, constitutive d'un **acte anormal de gestion,** résultant d'un écart injustifié entre le prix convenu et la valeur vénale du bien ou du service qui en est la contrepartie.

78267 Les entreprises sont susceptibles d'être soumises au paiement de la **retenue à la source** sur les rehaussements afférents aux bénéfices transférés à l'étranger lorsque ceux-ci sont constitutifs de **revenus distribués** (nos 24845 s.), sauf si elles engagent avec l'administration la procédure de régularisation prévue à l'article L 62 A du LPF. Cette procédure, qui ne s'applique pas lorsque le bénéficiaire des revenus distribués est situé dans un État ou territoire non coopératif, doit être mise en œuvre postérieurement à la proposition de rectification et antérieurement à la mise en recouvrement des rappels de retenue à la source (BOI-CF-IOR-20-20 nº 60).

Les entreprises qui réalisent des opérations transfrontalières avec des entreprises qui leur sont liées peuvent solliciter de l'administration la conclusion d'un **accord préalable sur la méthode de détermination des prix de transfert** (nº 8965).

78270
LPF art. L 13 B
CF-IX-3600 s

Obligations documentaires

a. Lorsque, au cours d'une vérification ou d'un examen de comptabilité, l'administration a réuni des éléments faisant présumer qu'une entreprise, autre que celles mentionnées au b ci-après, a opéré un transfert indirect de bénéfices au sens de l'article 57 du CGI, elle peut, dans les conditions énoncées par l'article L 13 B du LPF, **demander** à cette entreprise des **informations et documents** sur les relations entretenues avec des entreprises étrangères et sur la méthode de détermination des prix des transactions. La demande doit être précise, mais elle n'a pas à être motivée (BOI-CF-IOR-60-50 nº 130).

Si l'entreprise **ne répond pas** à la demande, ou à une mise en demeure postérieure, ou si sa réponse à cette mise en demeure est insuffisante, l'administration est autorisée à évaluer le montant du transfert de bénéfices à partir des éléments dont elle dispose (CGI art. 57). Elle doit pour cela suivre la procédure de rectification contradictoire, sauf si l'entreprise était en situation de taxation d'office avant l'engagement de la procédure de demande d'informations. En outre, une amende fiscale spécifique est applicable, égale à 10 000 € pour chaque exercice visé par la demande (CGI art. 1735, II).

b. Par ailleurs, les entreprises appartenant à des groupes économiquement importants ont l'obligation d'élaborer une **documentation particulière aux prix de transfert** et d'en adresser chaque année une version allégée à l'administration : voir nos 8967 s. Lorsque le groupe établit des comptes consolidés et réalise un chiffre d'affaires consolidé au moins égal à 750 M€, une **déclaration** d'informations **pays par pays** doit être produite : voir nº 8972.

TRANSFERTS D'ACTIFS HORS DE FRANCE

78275
CGI
art. 238 bis-0 I
CF-IX-10000 s

Les entreprises sont imposables annuellement sur les produits des actifs qu'elles ont transférés hors de France entre les mains d'une personne, d'un organisme, d'un trust ou d'une institution comparable, à charge pour cette entité de **gérer ces actifs** dans l'intérêt de l'entreprise ou d'**assumer pour son compte** un engagement existant ou futur. Cette règle vise les actifs que l'entreprise a transférés directement ou indirectement, elle-même ou par l'intermédiaire d'un tiers, quelle que soit la date du transfert. Elle prend en compte le fait que l'entreprise ne s'est pas véritablement dessaisie des actifs ainsi transférés, en la soumettant en France à l'impôt sur les sociétés ou, éventuellement, à l'impôt sur le revenu à raison des résultats de la gestion de ces actifs, de leur disposition ou, le cas échéant, des biens acquis en remploi.

L'**imposition des résultats** est établie selon les modalités précisées par l'article 238 bis-0 I du CGI et les articles 64 bis à 64 quater de l'annexe III au même Code. La base d'imposition peut être fixée forfaitairement si l'entreprise ne remplit pas ses obligations déclaratives. Le montant des droits éludés est en outre assorti de l'intérêt de retard et d'une majoration de 40 % (CGI art. 1758).

› Précisions Le dispositif concerne les actifs transférés sans contrepartie immédiate et plus particulièrement certaines opérations financières, telles les émissions restructurées de **titres subordonnés à durée indéterminée** (TSDI) et les opérations de **« defeasance » de dettes** (transferts d'éléments d'actif, à charge pour le tiers d'assumer le service d'une dette incombant à l'entreprise auteur du transfert). Sont expressément écartés les transferts qui résultent de l'exécution de **contrats d'assurances** ou de **mandats.**

BÉNÉFICES PROVENANT DE SOCIÉTÉS ÉTABLIES DANS UN PAYS À RÉGIME FISCAL PRIVILÉGIÉ

L'article 209 B du CGI vise à dissuader les entreprises françaises de localiser leurs bénéfices dans des entités étrangères bénéficiant d'un régime fiscal privilégié, c'est-à-dire installées généralement dans des « paradis fiscaux ». **78280** CGI art. 209 B **CF-IX-5000 s**

En vertu de cet article, lorsqu'une **personne morale** établie en France et **passible de l'impôt sur les sociétés** exploite une entreprise établie hors de France ou détient directement ou indirectement plus de 50 % des actions, parts, droits financiers ou droits de vote dans une entité juridique (personne morale, organisme, fiducie ou institution comparable) établie ou constituée hors de France et que cette entreprise ou entité juridique est soumise à un régime fiscal privilégié au sens indiqué au nº 78295, les résultats bénéficiaires de cette entreprise ou entité juridique sont **imposables** à l'impôt sur les sociétés en France.

L'imposition est opérée de la manière suivante :

– lorsque l'entité détenue à l'étranger est une entreprise (établissement ou succursale), ses bénéfices ou revenus positifs sont **taxés en tant que bénéfices** de la personne morale établie en France, à condition toutefois que la convention fiscale conclue avec l'État d'implantation réserve expressément l'application de l'article 209 B du CGI (CE 28-6-2002 nº 232276 : RJF 10/02 nº 1080) ;

– lorsqu'il s'agit d'une entité juridique, ses résultats ou revenus positifs sont réputés constituer un **revenu de capitaux mobiliers** imposable de la personne morale établie en France dans la proportion des actions, parts ou droits financiers qu'elle détient.

Par **exception,** l'article 209 B n'est pas applicable aux résultats des implantations réalisées dans un État de l'**Union européenne,** si l'exploitation de l'entreprise ou la détention des titres ne peut être regardée comme constitutive d'un montage artificiel ayant pour but de contourner la législation fiscale française.

Pour les **autres implantations,** il ne s'applique pas non plus lorsque la personne morale établie en France démontre que les opérations de l'entreprise ou de l'entité juridique établie ou constituée hors de France ont principalement un objet et un effet autres que de permettre la localisation de bénéfices dans un État ou territoire où elle est soumise à un régime fiscal privilégié. Cette condition est **réputée remplie** notamment lorsque l'entreprise ou l'entité juridique établie ou constituée hors de France a principalement une activité industrielle ou commerciale effective exercée sur le territoire de l'État de son établissement ou de son siège.

› Précisions a. Le **taux de détention** de 50 % est ramené à 5 % lorsque plus de 50 % des actions, droits ou parts de l'entité étrangère sont détenus par des entreprises établies en France qui, dans le cas où l'entité étrangère est cotée sur un marché réglementé, agissent de concert ou bien par des entreprises qui sont placées dans une situation de contrôle ou de dépendance à l'égard de la personne morale établie en France.

b. L'article 209 B (complété par les articles 102 SA à 102 ZB de l'annexe II au même Code) précise la **notion de détention indirecte** et les **modalités de détermination et d'imposition des bénéfices** ou revenus réalisés à l'étranger, et fixe les **obligations déclaratives** de la personne morale française. Un délai de reprise spécial s'applique en cas de non-respect de ces obligations : voir nº 77715. En outre, une amende spécifique est encourue en cas de défaut de déclaration malgré une mise en demeure. Cette amende est égale à 1 500 € par manquement constaté ou à la majoration de droit commun pour défaut ou insuffisance de déclaration (majoration de 40 % visée au nº 80085 ou majoration de 40 % ou 80 % visée au nº 80040) si l'application de celle-ci aboutit à un montant supérieur (CGI art. 1763 A).

PARTICIPATIONS DANS DES STRUCTURES FINANCIÈRES ÉTABLIES DANS UN PAYS À RÉGIME FISCAL PRIVILÉGIÉ

Sauf exception (voir précision a ci-après), toute **personne physique** domiciliée en France **qui détient,** directement ou indirectement, **10 %** au moins des actions, parts, droits financiers ou droits de vote dans une entité juridique – personne morale, organisme, fiducie ou institution comparable – établie ou constituée hors de France et dont le patrimoine est principalement composé d'actifs financiers et monétaires est imposable en France à raison des bénéfices ou revenus positifs de cette entité lorsqu'elle est soumise à un régime fiscal privilégié au sens indiqué au nº 78295, c'est-à-dire établie dans un « paradis fiscal ». La détention de 10 % est **présumée** lorsque la personne physique a transféré des biens ou droits à une entité juridique située dans un État ou territoire non coopératif au sens indiqué au nº 78310. **78285** CGI art. 123 bis **CF-IX-21500 s**

Même en l'absence de distributions effectives, la personne physique est imposée dans la catégorie des **revenus de capitaux mobiliers,** sur les bénéfices ou revenus positifs de la structure étrangère, dans la proportion des actions, parts ou droits financiers qu'elle détient, directement ou indirectement. Les revenus ainsi imposés sont retenus pour 125 % de leur montant (CGI art. 158, 7-2°). Toutefois, les droits détenus par l'intermédiaire du groupe familial (conjoint, ascendants, descendants), qui sont retenus pour l'appréciation du seuil de 10 %, ne sont pas pris en compte pour le calcul du revenu.

› Précisions **a.** Le dispositif n'est pas applicable (clause dite « de sauvegarde »), lorsque l'entité juridique est établie ou constituée dans un État de l'**Union européenne** ou dans un État ou territoire ayant conclu une **convention d'assistance** en matière de lutte contre la fraude fiscale ou de recouvrement, si l'exploitation de l'entreprise ou la détention des titres ou droits de cette entité par la personne domiciliée en France ne peut être regardée comme constitutive d'un montage artificiel dont l'objet serait de contourner la législation fiscale française. Lorsque l'entité est établie dans un **autre État,** l'exclusion du dispositif suppose la preuve par la personne domiciliée en France que l'exploitation de l'entreprise ou la détention des parts ou droits a principalement un objet et un effet autres que la localisation de bénéfices ou revenus dans un État ou territoire où elle est soumise à un régime fiscal privilégié.

b. En cas de mise en œuvre de la **présomption de détention** prévue à l'encontre des personnes physiques ayant transféré des biens ou droits à une entité juridique située dans un État ou territoire non coopératif, la totalité des bénéfices ou revenus positifs de l'entité est imposée entre les mains du contribuable, sauf si l'intéressé établit la proportion exacte des actions, parts ou droits qu'il détient dans l'entité, auquel cas il est imposé dans cette proportion (BOI-INT-DG-20-50 n°s 380 et 390).

c. L'article 123 bis du CGI (complété par les articles 50 bis à 50 septies de l'annexe II au même Code) précise la **notion de détention indirecte** et fixe les **modalités de détermination et d'imposition des revenus** réalisés à l'étranger, ainsi que les **obligations déclaratives** de la personne française. Un délai de reprise spécial s'applique en cas de non-respect de ces obligations : voir n° 77715.

d. En cas de **distribution** effective par l'entité étrangère, cette distribution n'est pas imposable à hauteur des revenus antérieurement réputés distribués.

e. Calcul des **prélèvements sociaux** sur les bénéfices ou revenus en cause : voir n° 34570, précision b.

RÉMUNÉRATIONS DE PRESTATIONS DE SERVICES VERSÉES À L'ÉTRANGER

78290 CGI art. 155 A CF-IX-16900 s

L'article 155 A du CGI est destiné à faire obstacle aux pratiques visant à éluder l'impôt français en versant la rémunération de prestataires, notamment professionnels du sport ou du spectacle, à des personnes physiques ou morales établies à l'étranger dont ces prestataires sont les salariés.

Ainsi, les sommes perçues par une personne physique ou morale domiciliée ou établie hors de France, en rémunération de **services rendus par une ou plusieurs personnes domiciliées ou établies en France,** sont imposables en France au nom de ces dernières :

– lorsque celles-ci contrôlent, directement ou indirectement, la personne qui perçoit la rémunération des services ;

– ou lorsqu'elles n'établissent pas que cette personne exerce, de manière prépondérante, une activité industrielle ou commerciale autre que la prestation de services ;

– ou, en tout état de cause, lorsque la personne qui perçoit la rémunération des services est domiciliée ou établie dans un pays étranger où elle est soumise à un régime fiscal privilégié au sens indiqué au n° 78295, c'est-à-dire en général dans un « paradis fiscal ».

Ce régime est également applicable aux **personnes domiciliées hors de France** qui prêtent leur concours à des personnes domiciliées ou établies hors de France. Dans ce cas, la rémunération reçue au titre des services rendus en France est soumise à une retenue à la source versée par le débiteur « primaire » des rémunérations, c'est-à-dire l'« employeur » exerçant son activité en France (voir n°s 4560 s., 4595 s. et 4640 s.).

› Précisions **a.** Le dispositif ne s'applique qu'aux prestations qui correspondent à un **service rendu pour l'essentiel** par le contribuable et pour lequel la facturation par une personne domiciliée ou établie hors de France ne trouve aucune **contrepartie réelle** dans une intervention propre de cette dernière, permettant de regarder ce service comme ayant été rendu pour son compte (CE 20-3-2013 n°s 346642 et 346643 : RJF 6/13 n° 578). La circonstance que le service rendu par un contribuable domicilié ou établi en France n'est qu'une **composante, non essentielle, d'un ensemble de prestations** facturées par la personne domiciliée ou établie hors de France ne fait pas obstacle à l'imposition entre les mains du contribuable de la fraction de la rémunération versée à l'étranger correspondant à son intervention propre (CE 9-5-2019 n° 417514 : RJF 8-9/19 n° 738).

b. L'imposition est établie par l'administration dans la **catégorie de revenus** correspondant à l'activité exercée ou au titre de l'impôt sur les sociétés si le contribuable relève de cet impôt.

c. La personne qui perçoit la rémunération est **solidairement responsable,** à hauteur de cette rémunération, du paiement de l'imposition.

PAIEMENTS À DES RÉSIDENTS ÉTRANGERS SOUMIS À UN RÉGIME FISCAL PRIVILÉGIÉ

Pour l'assiette de l'**impôt sur le revenu** (quelle que soit la catégorie de revenus) et de l'**impôt sur les sociétés,** certaines charges payées ou dues par une personne physique ou morale domiciliée ou établie en France à des personnes physiques ou morales domiciliées ou établies dans un État étranger ou un territoire situé hors de France ne sont admises en **déduction,** lorsque le bénéficiaire est soumis à un **régime fiscal privilégié** dans ledit État ou territoire, qu'à condition que le débiteur de ces dépenses apporte la preuve qu'elles correspondent à des opérations réelles et qu'elles ne présentent pas un caractère anormal ou exagéré. Si le bénéficiaire est domicilié ou établi dans un État ou territoire **non coopératif** au sens indiqué au nº 78310, la déduction n'est possible que si le débiteur démontre en outre que les opérations auxquelles correspondent les dépenses ont principalement un objet et un effet autres que de permettre la localisation de ces dépenses dans un État ou territoire non coopératif (auquel cas les dépenses déduites doivent être déclarées sur un relevé détaillé : voir nº 8990). Les intérêts d'emprunts conclus avant le 1er mars 2010 ou d'emprunts assimilables échappent toutefois à cette restriction. **78295** CGI art. 238 A **CF-IX-14300 s**

Les charges concernées sont les suivantes :
- **intérêts,** arrérages et autres produits des obligations, créances, dépôts et cautionnements (à l'exclusion des intérêts, arrérages et autres produits des obligations émises sous le régime de l'article 131 ter du CGI décrit au nº 26540 : BOI-BIC-CHG-80-10 nº 30) ;
- **redevances** de cession ou concession de **licences** d'exploitation, de brevets d'invention, de marques de fabrique, procédés ou formules de fabrication et autres droits analogues ;
- **rémunérations de services** (salaires, honoraires, commissions…).

S'agissant de la **notion de régime fiscal privilégié,** l'article 238 A du CGI précise qu'une personne est réputée soumise à un tel régime dans l'État ou le territoire considéré lorsqu'elle n'y est pas imposable ou lorsqu'elle y est assujettie à des impôts sur les bénéfices ou les revenus inférieurs de 40 % ou plus à ceux dont elle aurait été redevable dans les conditions de droit commun en France si elle y avait été domiciliée ou établie. Sont ainsi visés, essentiellement, les « paradis fiscaux » ou « États-refuges ». En cas de contestation, l'administration doit justifier de l'existence d'un régime fiscal privilégié hors de France (CE 21-3-1986 nº 53002 : RJF 5/86 nº 470). Il lui appartient d'apporter tous les éléments circonstanciés portant sur l'ensemble des modalités (et pas seulement sur le taux d'imposition) selon lesquelles des activités du type de celles qu'exerce le bénéficiaire sont imposées dans le pays où il est domicilié (CE 24-4-2019 nº 413129 : RJF 7/19 nº 624).

› **Précisions** **a.** Le régime ci-dessus s'applique également lorsque les charges font l'objet de versements sur un compte tenu par un **organisme financier** établi dans un des États ou territoires visés. Il en est ainsi quel que soit le domicile ou le lieu d'établissement du titulaire du compte (CE 18-5-1998 nº 157974 : RJF 7/98 nº 790). Pour déterminer si le titulaire du compte est soumis à un régime fiscal privilégié, il convient de comparer l'imposition hypothétique dont il aurait fait l'objet s'il était établi et exerçait l'activité ayant donné lieu aux versements dans le même État que l'organisme financier avec l'imposition dont il aurait été redevable en France, s'il y était établi et s'il réalisait depuis la France l'activité en cause (CE 24-4-2019 nº 412284 : RJF 7/19 nº 623).

b. Les rehaussements qualifiés de **revenus distribués** sont soumis au paiement de la **retenue à la source** visée aux nos 24845 s., sauf si la société débitrice engage avec l'administration la procédure de régularisation prévue à l'article L 62 A du LPF. Cette procédure, qui ne s'applique pas lorsque le bénéficiaire des revenus distribués est situé dans un État ou territoire non coopératif (au sens visé au nº 78310, 1º et 2º), doit être mise en œuvre postérieurement à la proposition de rectification et antérieurement à la mise en recouvrement des rappels de retenue à la source (BOI-CF-IOR-20-20 nº 60).

DÉCLARATION DES TRANSFERTS DE FONDS VERS OU EN PROVENANCE DE L'ÉTRANGER

Les personnes physiques qui transfèrent **vers un État membre de l'Union européenne ou en provenance** de celui-ci des sommes, titres ou valeurs, y compris des plaques, jetons et tickets de casino, des cartes prépayées ou encore de l'or, sans l'intermédiaire d'un organisme financier (banques, Banque de France, Caisse des dépôts et consignations…) sont tenues de déclarer à l'administration des douanes chaque transfert d'un montant égal ou supérieur à 10 000 €. En pratique, ces transferts s'entendent de ceux opérés par les contribuables, physiquement ou par le biais d'envois postaux, mais également de ceux acheminés par voie routière, aérienne, maritime ou ferroviaire par des sociétés de transport ou des entreprises de fret express. **78300** CGI art. 1649 quater A **CF-IX-18680 s**

De même, les personnes physiques **entrant ou sortant de l'Union européenne** avec au moins 10 000 € en argent liquide doivent déclarer la somme transportée aux autorités douanières de l'État par lequel elles entrent ou sortent de l'Union (Règl. CE/1889/2005 du 26-10-2005).

Ces différentes déclarations ne seront pas réputées exécutées si les informations qui y sont reportées sont incorrectes ou incomplètes et, pour les transferts de sommes d'argent supérieures à 50 000 € vers un État membre de l'UE ou en provenance de celle-ci, si elles ne sont pas, en outre, accompagnées des documents permettant de justifier de la provenance des sommes transférées (C. mon. fin. art. L 152-1). La liste des documents admis comme justificatifs de l'origine des sommes transférées est précisée par l'article D 152-8 du Code monétaire et financier. Ces documents doivent avoir été établis **au plus tôt** six mois avant le dépôt de la déclaration de transfert, à l'exception des justificatifs de transferts d'argent liquide qui doivent avoir été établis au plus tôt cinq jours avant ce dépôt.

Le **non-respect** de ces **obligations déclaratives** est sanctionné par une **amende** égale à 50 % de la somme sur laquelle a porté l'infraction ou la tentative d'infraction (avec possibilité de confiscation de la totalité de la somme : C. mon. fin. art. L 152-4). Par ailleurs, les fonds transférés irrégulièrement (de même que ceux transférés par l'intermédiaire de comptes ou contrats d'assurance-vie non déclarés : n° 78305) constituent, sauf preuve contraire, des revenus imposables.

> **Précisions** La **présomption de revenus imposables** s'applique aux sommes non déclarées lors d'un contrôle douanier avant la frontière (CE 9-4-2014 n° 355866 : RJF 7/14 n° 660). Elle ne s'applique pas, en revanche, aux sommes transférées sans déclaration depuis l'étranger vers la France par des personnes fiscalement domiciliées à l'étranger (CE 1-7-2010 n° 309363 : RJF 11/10 n° 984).
> Le contribuable peut faire échec à la présomption en établissant que les ressources ayant contribué à constituer la somme transférée ont par elles-mêmes déjà été imposées, ou ne devaient, ou ne pouvaient pas l'être, non seulement au titre de l'année du transfert, mais aussi, le cas échéant, au titre d'années antérieures ; à défaut, la somme transférée est imposée dans la catégorie des revenus d'origine indéterminée (CE 4-2-2015 n° 365180 : RJF 4/15 n° 294). Les rappels d'impôt correspondants sont assortis de l'intérêt de retard et d'une majoration de 40 % (CGI art. 1758). S'agissant des transferts de fonds non déclarés, cette majoration n'est pas mise en œuvre lorsque l'amende susvisée est appliquée.

DÉCLARATION DES AVOIRS DÉTENUS À L'ÉTRANGER

78305 CGI art. 1649 A, al. 2 et 3 et 1649 AA **CF-IX-19650 s et 20900 s**

Les personnes physiques, les associations et les sociétés n'ayant pas la forme commerciale, domiciliées ou établies en France, doivent déclarer, en même temps que leurs déclarations de revenus ou de résultats, les références des **comptes financiers ouverts, détenus, utilisés ou clos** par elles **à l'étranger.** Chaque compte doit faire l'objet d'une déclaration distincte (établie sur un imprimé n° 3916 ou sur papier libre reprenant les mentions de l'imprimé).

De même, les personnes physiques domiciliées fiscalement en France qui souscrivent des contrats de capitalisation ou des placements de même nature, notamment des **contrats d'assurance-vie,** auprès d'organismes établis hors de France sont tenues de déclarer, sur papier libre, en même temps que leur déclaration de revenus, les références des contrats ou placements, la date d'effet et la durée de ces contrats ou placements, les opérations de remboursement ou de versement des primes effectuées au cours de l'année précédente et, le cas échéant, la valeur de rachat ou le montant du capital garanti, y compris sous forme de rente, au 1er janvier de l'année de la déclaration.

Le **défaut de production** de la **déclaration** emporte les conséquences suivantes :
– le contrevenant encourt une **amende forfaitaire** de 1 500 € (CGI art. 1736, IV-2 et 1766), par compte ou contrat non déclaré ou, lorsque le compte ou le contrat est détenu dans un État ou territoire qui n'a pas conclu avec la France une convention d'assistance administrative permettant l'accès aux renseignements bancaires, à 10 000 €. Toutefois, une **majoration de 80 %** s'applique à tous les rappels d'impôt résultant du défaut de déclaration des comptes et contrats détenus à l'étranger à l'exclusion de toute autre majoration ou amende forfaitaire. Le montant de cette majoration ne peut être inférieur au montant de l'amende forfaitaire qui aurait été appliquée en cas d'absence de rappels d'impositions (CGI art.1729-0 A) ;
– les sommes, titres ou valeurs transférés à l'étranger ou en provenance de l'étranger par l'intermédiaire des comptes ou contrats non déclarés constituent, sauf preuve contraire, des revenus imposables (n° 78300) ;
– un **délai spécial de reprise** s'applique (voir nos 77715 et 77740, précision b).

Lorsque l'obligation déclarative n'a pas été respectée au moins une fois au titre des dix années précédentes, l'administration peut demander aux personnes physiques de fournir dans un délai de soixante jours des **informations ou justifications** sur l'**origine** et les **modalités d'acquisition** des avoirs placés sur leurs comptes ou contrats dissimulés et, en l'absence de réponse, **taxer d'office** les revenus considérés aux droits de mutation à titre gratuit au taux de 60 %. En cas de réponse insuffisante, la taxation d'office ne peut intervenir que si, après mise en demeure de compléter cette réponse dans un délai de trente jours, il n'est pas satisfait à cette demande (LPF art. L 23 C, L 71 et CGI art. 755).

> **Précisions** **a.** Les **comptes financiers** détenus à l'étranger, adossés à un compte ouvert en France et destinés à réaliser des **transactions en ligne** (achats ou ventes de biens), n'ont pas à être déclarés, sauf ceux sur lesquels des encaissements liés à des ventes excèdent 10 000 €

par an (BOI-CF-CPF-30-20 n° 85).

b. Un compte est réputé être **détenu** à l'étranger lorsque la personne tenue à l'obligation déclarative en est titulaire, cotitulaire, bénéficiaire économique ou ayant droit économique (CGI ann. III art. 344 A, I).

c. La **taxation d'office** pour défaut de réponse à une demande d'informations ou de justifications est mise en œuvre sur **décision** d'un agent ayant au moins le grade d'inspecteur divisionnaire, qui appose son visa sur la notification des bases imposées d'office (LPF art. R 71-1).

Les **droits de mutation à titre gratuit** sont assis sur la valeur la plus élevée connue de l'administration des avoirs du compte ou du contrat au cours des dix années précédant l'envoi de la demande d'informations ou de justifications, diminuée de la valeur des avoirs dont l'origine et les modalités d'acquisition ont été justifiées.

d. L'administration peut **demander communication auprès de tiers** des relevés de comptes bancaires ou d'assurance-vie au titre desquels les obligations déclaratives ne sont pas satisfaites pour examiner ces comptes dans le cadre d'un simple contrôle sur pièces (LPF art L 10-0 A). Elle peut examiner dans les mêmes conditions les relevés qui lui sont **spontanément transmis** par des tiers.

DÉCLARATIONS DES ADMINISTRATEURS DE TRUSTS

78307 CGI art. 1649 AB, 1736, IV bis et 1754, V-8 ENR-IX-20200 s

L'administrateur d'un trust dont le constituant ou l'un au moins des bénéficiaires a son domicile fiscal en France (au 1er janvier) ou qui comprend un bien ou un droit qui y est situé ou encore, s'il est lui-même domicilié en France, est tenu d'en déclarer la **constitution,** la **modification** ou l'**extinction,** ainsi que le contenu de ses termes, dans le mois suivant l'événement. Il déclare également au plus tard le 15 juin de chaque année la **valeur vénale au 1er janvier** des biens, droits et produits capitalisés composant le trust (quel que soit le lieu de situation de ces biens et droits, lorsqu'il s'agit de personnes domiciliées en France, ou seulement situés en France pour les autres personnes).

Le **non-respect** de ces obligations déclaratives est **sanctionné** par une amende de 20 000 €. Toutefois, une **majoration de 80 %** s'applique à tous les rappels d'impôt résultant du défaut de déclaration des avoirs placés dans des trusts non déclarés, à l'exclusion de toute autre majoration ou amende forfaitaire. Le montant de cette majoration ne peut être inférieur au montant de l'amende forfaitaire qui aurait été appliquée en cas d'absence de rappels d'impositions (CGI art. 1729-0 A). Le constituant et les bénéficiaires soumis au prélèvement sont solidairement responsables avec l'administrateur du trust du paiement de cette amende. Par ailleurs, un **délai de reprise** spécial s'applique : voir nos 77715 et 77740, précision b.

› Précisions **a.** La **déclaration annuelle** par l'administrateur du trust de la valeur vénale au 1er janvier de l'année des biens et droits conditionne l'exonération de prélèvement des personnes non redevables de l'IFI (voir n° 75977).

b. Les déclarations sont souscrites en langue française sur un **imprimé** n° 2181-TRUST1 (déclaration événementielle) ou n° 2181-TRUST2 (déclaration annuelle) et déposées au service des impôts des entreprises étrangères (CGI ann. II art. 369 et 369 A).

DÉCLARATIONS DES DISPOSITIFS TRANSFRONTIÈRES

78308 CGI art. 1649 AD à 1649 AH et 1729 C ter CF-IX-24500

Les **intermédiaires** (avocats, comptables, établissements de crédit…) ou, le cas échéant, les contribuables ayant participé à la mise en œuvre de certains dispositifs transfrontières sont astreints à une obligation déclarative vis-à-vis de l'administration fiscale.

Sont visés les dispositifs présentant la forme d'un **accord,** d'un **montage** ou d'un **plan** ayant ou non force exécutoire et concernant la **France et un autre État,** membre ou non de l'Union européenne. Ceux-ci doivent présenter certaines caractéristiques qualifiées de « marqueurs » permettant d'identifier un **risque potentiel d'évasion fiscale.**

La déclaration doit, sauf exceptions, être souscrite, sous forme dématérialisée, dans un **délai** de trente jours à compter de la première des dates suivantes : lendemain du jour de la mise à disposition aux fins de mise en œuvre du dispositif concerné ; lendemain du jour ou le dispositif est prêt à être mis en œuvre ; jour de la réalisation de la première étape de la mise en œuvre. Elle comporte une liste d'**informations** qui seront précisées par décret.

Le **non-respect** de l'obligation déclarative (ou de notification, voir ci-dessous) est sanctionné par une **amende** de 10 000 € (5 000 € s'il s'agit de la première infraction de l'année civile en cours et des trois années précédentes). Cette amende ne peut excéder 100 000 € par année civile pour un même intermédiaire ou contribuable.

› Précisions **a.** Pour les intermédiaires soumis au **secret professionnel,** la souscription de la déclaration est subordonnée à l'accord du ou des contribuables concernés par le dispositif transfrontière. Faute d'accord, l'intermédiaire doit notifier à tout autre intermédiaire l'obligation déclarative qui lui incombe. En l'absence d'autre intermédiaire, l'obligation déclarative doit être notifiée (avec les informations utiles) au contribuable concerné.

b. Les intermédiaires doivent communiquer à l'administration fiscale tous les trois mois une **mise à jour** (selon des modalités fixées par décret) de certaines informations relatives aux « dispositifs commercialisables » (dispositifs prêts à être mis en œuvre sans avoir besoin d'une adaptation importante).

c. Chaque **contribuable** concerné par un dispositif transfrontière doit déclarer chaque année, selon des modalités fixées par arrêté, l'utilisation

qu'il en a faite au titre de l'année précédente.
d. Ces dispositions **entrent en vigueur** le 1er juillet 2020. Toutefois, les dispositifs transfrontières dont la première étape est mise en œuvre entre le 25 juin 2018 et le 1er juillet 2020 doivent être déclarés au plus tard le 31 août 2020.

OPÉRATIONS RÉALISÉES AVEC DES ÉTATS OU TERRITOIRES NON COOPÉRATIFS

78310 CGI art. 238-0 A CF-IX-23200 s

Les États ou territoires non coopératifs (ETNC) sont les entités politiques qui refusent les standards internationaux d'échange des informations fiscales ou dont la législation favorise la fraude et l'optimisation fiscales. Les opérations réalisées avec ces États ou territoires (dont la liste est fixée par arrêté) font l'objet de mesures restrictives.

Sont **considérés comme non coopératifs** :

1° les États et territoires qui ont fait l'objet d'une évaluation par l'OCDE en matière d'échange d'informations à des fins fiscales et qui n'ont pas conclu avec la France une convention d'assistance administrative permettant l'échange de tout renseignement nécessaire à l'application de la législation fiscale des parties, ni signé avec au moins douze États ou territoires une telle convention ;

2° les États et territoires figurant sur la liste « noire » de l'Union européenne (décision du Conseil du 5 décembre 2017) au motif qu'ils facilitent la création de structures ou de dispositifs extraterritoriaux destinés à attirer des bénéfices qui n'y reflètent pas une activité économique réelle ;

3° les États et territoires inscrits sur cette même liste européenne au motif qu'ils ne respectent pas certains critères (transparence fiscale, absence de mesures fiscales préférentielles potentiellement dommageables, mise en œuvre du projet « Beps »).

› Précisions **a.** La **liste** des ETNC correspondant aux États et territoires visés au 1° ci-dessus a été fixée par un arrêté du 12 février 2010 (JO 17 p. 2923), modifié en dernier lieu par un arrêté du 6 janvier 2020 (JO 7 @ texte n° 9).
b. En principe, la liste des ETNC doit être actualisée au moins une fois par an par arrêté des ministres de l'économie et du budget après avis du ministre des affaires étrangères. Les mesures de durcissement des dispositifs fiscaux s'appliquent à compter du premier jour du troisième mois suivant la publication de cet arrêté. Elles cessent immédiatement de s'appliquer à ceux qui sont **retirés** chaque année de la liste.
Il appartient au contribuable imposé au titre d'opérations réalisées avec un **État ou territoire retiré de la liste** au 1er janvier de l'année, selon les règles applicables aux transactions impliquant un État ou territoire non coopératif, de demander par voie de réclamation la **régularisation** des impositions établies entre le 1er janvier et la date de publication de la mise à jour de la liste (BOI-INT-DG-20-50 n° 150).
c. Les **mesures restrictives** visant les opérations réalisées avec des États ou territoires non coopératifs affectent un certain nombre de régimes dont elles durcissent les conditions d'application. Nous les signalons lors de l'examen de ces régimes. À noter que certaines mesures restrictives ne s'appliquent pas aux entités implantées dans les États et territoires inscrits sur la liste européenne pour les motifs indiqués au 3° ci-dessus.

3. PROCÉDURES D'ENQUÊTE ET DE PERQUISITION

DROIT DE VISITE ET DE SAISIE

78320 LPF art. L 16 B CF-IX-25200 s

Les agents des finances publiques disposent d'un droit de visite et de saisie pour la recherche des infractions en matière d'**impôts directs et de taxes sur le chiffre d'affaires.**

Cette mesure permet à l'administration de rechercher en **tous lieux même privés** la preuve d'agissements frauduleux lorsqu'il existe des présomptions qu'un contribuable se soustrait à l'établissement ou au paiement de l'impôt sur le revenu ou sur les bénéfices, ou des taxes sur le chiffre d'affaires, en se livrant à des achats ou à des ventes sans facture, en utilisant ou en délivrant des factures ou des documents ne se rapportant pas à des opérations réelles, ou en omettant sciemment de passer ou de faire passer des écritures, ou en passant ou faisant passer sciemment des écritures inexactes ou fictives, dans des documents comptables dont la tenue est prescrite par le CGI. De telles présomptions peuvent résulter, notamment, des constatations opérées par l'administration dans le cadre du droit d'enquête visé au n° 78345 (LPF art. L 80 H).

78322 **Exercice du droit** Le droit de visite et de saisie est encadré par des règles très strictes, définies par l'article L 16 B du LPF. En particulier, chaque visite doit être **autorisée** par une ordonnance du juge des libertés et de la détention. La visite et la saisie de documents s'effectuent sous son autorité et son contrôle. Il désigne à cet effet un **officier de police judiciaire** chargé d'assister à ces opérations et de le tenir informé de leur déroulement.

La **visite** peut se dérouler partout où les pièces et documents se rapportant à la fraude présumée sont susceptibles d'être détenus ou d'être accessibles ou disponibles, quel qu'en soit le support. Elle ne peut être commencée avant six heures ni après vingt et une heures et est effectuée en présence de l'occupant des lieux visités. En cas d'impossibilité, l'officier de police judiciaire désigne deux témoins en dehors des personnes placées sous son autorité ou celle de la DGFiP.

La **saisie** ne peut porter que sur des documents de nature à apporter la preuve des agissements frauduleux dont la recherche a été autorisée par l'autorité judiciaire. Il peut s'agir de copies de fichiers informatiques se trouvant sur des serveurs distants, même localisés à l'étranger et appartenant à des sociétés tierces, dès lors que la saisie est opérée à partir d'ordinateurs se trouvant dans les lieux visités (Cass. com. 26-2-2013 nº 12-14.772 : RJF 6/13 nº 628).

Lorsque l'occupant des lieux ou son représentant **fait obstacle à l'accès** aux pièces ou **documents présents sur un support informatique,** à leur lecture ou à leur saisie, les agents des finances publiques peuvent saisir ce support et le placer sous scellés. Ils disposent alors d'un délai de quinze jours à compter de la date de la visite (délai prorogeable sur autorisation judiciaire) pour procéder, à partir d'une copie du support, aux opérations nécessaires à l'accès aux pièces ou documents et à leur mise au clair, et pour restituer le support et sa copie. Le contribuable encourt l'évaluation d'office pour opposition à contrôle fiscal lorsque l'opposition est constatée dans ses locaux ou ceux occupés par son représentant, ainsi qu'une amende spécifique (CGI art. 1735 quater).

Sauf cas particulier visé ci-dessus, les documents saisis doivent être **restitués** dans les six mois de la visite. La restitution dans ce délai doit également avoir lieu avant le début de la vérification de comptabilité ou, du moins, dans un délai ne privant pas le contribuable d'un débat oral et contradictoire sur place avec le vérificateur (CE 22-10-2012 nº 326806 : RJF 1/13 nº 65).

Il est établi un **procès-verbal** relatant les modalités et le déroulement de l'opération, consignant les constatations effectuées ; un inventaire des documents saisis lui est annexé, de même que le compte rendu de l'audition éventuellement effectuée. Une copie du procès-verbal et de l'inventaire est remise aux intéressés.

› Précisions **a.** L'ordonnance d'autorisation de visite et de saisie doit mentionner la faculté pour le contribuable de faire **appel à un conseil** de son choix. Toutefois, l'exercice de cette faculté par le contribuable n'entraîne pas la suspension des opérations de visite et de saisie. Les opérations de visite et de saisie peuvent donc débuter sans la présence effective du conseil (en ce sens : Cass. com. 9-6-2015 nº 14-17.039 : RJF 10/15 nº 808).

b. En cas de saisie d'une **comptabilité informatisée,** le contribuable doit être avisé de la nature et des résultats des traitements informatiques réalisés et qui concourent aux rehaussements au plus tard lors de l'envoi de la proposition de rectification ou de la notification de ses bases imposées d'office.

c. Sauf application de la procédure de flagrance fiscale, les **informations recueillies** (y compris celles qui procèdent des traitements informatiques réalisés sur la comptabilité informatisée) ne peuvent être **opposées au contribuable** qu'après restitution des documents saisis et mise en œuvre d'un examen de la situation fiscale personnelle du contribuable ou d'une vérification de comptabilité. Toutefois, si la restitution ne peut avoir lieu du fait du contribuable, les informations peuvent être utilisées après un délai de trente jours suivant une mise en demeure. Dans cette hypothèse, le contribuable doit être informé de la teneur de ces informations et peut à tout moment obtenir la restitution des documents (LPF art. L 76 C). Par ailleurs, la non-restitution de documents saisis auprès de tiers n'a d'incidence sur l'imposition du contribuable qu'en cas d'atteinte aux droits de la défense ou au caractère contradictoire de la procédure (CE 16-10-2013 nº 339035 et 346561 : RJF 1/14 nº 48).

Voies de recours L'ordonnance d'**autorisation de la visite** peut faire l'objet d'un appel devant le premier président de la cour d'appel, dans un délai de quinze jours à compter de la notification ou de la signification de l'ordonnance. Le **déroulement des opérations de visite et de saisie** peut également faire l'objet d'un recours devant ce magistrat, dans un délai de quinze jours à compter de la remise ou de la réception du procès-verbal ou de l'inventaire. Dans les deux cas, l'ordonnance rendue par le premier président est susceptible d'un pourvoi en cassation dans un délai de quinze jours. Aucun de ces recours n'est suspensif. 78325

› Précisions **a.** Les **délais** de quinze jours susmentionnés ne sont pas des délais francs : ils comprennent le jour où le délai expire mais pas celui où il commence à courir ; ils sont éventuellement prolongés jusqu'au premier jour ouvrable.

b. L'administration fiscale **ne peut établir** d'impositions en se fondant sur des éléments recueillis au cours d'une procédure de visite et de saisie déclarée **irrégulière,** que cette opération ait été conduite à l'égard du contribuable lui-même ou à l'égard de tiers (CE 23-11-2016 nº 387485 : RJF 2/17 nº 141).

PROCÉDURE DE FLAGRANCE FISCALE

78330 LPF art. L 16-0 BA et L 252 B CF-IX-35000 s

Mise en œuvre La procédure de flagrance fiscale permet aux agents des finances publiques ayant au moins le grade de contrôleur de dresser un **procès-verbal** des faits frauduleux qu'ils ont été amenés à constater. Ce procès-verbal emporte divers effets sur les régimes d'imposition des auteurs des faits constatés, ainsi que sur les procédures de contrôle et de reprise dont ils peuvent faire l'objet. Il permet également la prise immédiate de mesures conservatoires sans autorisation préalable du juge.

Sa mise en œuvre n'est possible qu'en cas de circonstances susceptibles de menacer le recouvrement d'une créance fiscale et à l'encontre des contribuables se livrant à une activité professionnelle pour lesquels il est constaté l'**un au moins des faits** suivants :

– exercice d'une activité occulte (sauf si le contribuable a satisfait, au titre d'une période antérieure, à l'une de ses obligations fiscales déclaratives) ;

– exercice d'une activité illicite entrant dans le champ de l'article 1649 quater-0 B bis du CGI (nº 78395), telle que le trafic de stupéfiants, de fausse monnaie, d'armes, etc. ;

– délivrance ou comptabilisation de factures fictives ou de factures afférentes à des livraisons de biens ou à des prestations de services au titre desquelles la TVA ne peut donner lieu à aucune déduction (notamment, « fraude carrousel » : nº 55270) ;

– réitération d'achats, de ventes ou de prestations non comptabilisés ou utilisation frauduleuse de logiciels de comptabilité ou de caisse permissifs, lorsque ces faits sont de nature à priver la comptabilité de valeur probante ;

– infraction à la législation sociale en matière de travail dissimulé visée à l'article L 8221-1 du Code du travail ;

– absence réitérée de souscription de la déclaration mensuelle de TVA ;

– absence du respect d'au moins deux des obligations déclaratives suivantes au titre de la dernière période échue : déclaration mensuelle du prélèvement à la source de l'IR par les employeurs ; déclaration annuelle d'ensemble des revenus ; déclaration annuelle des bénéfices professionnels au régime du réel ; déclaration annuelle de résultat à l'IS ; déclarations de recettes en matière de TVA ; et, également, absence réitérée du respect d'au moins une de ces obligations déclaratives durant les deux dernières périodes échues.

La procédure peut être appliquée au titre des périodes pour lesquelles l'une des obligations déclaratives prévues en matière d'impôt sur le revenu, d'impôt sur les sociétés ou de TVA n'est pas échue (uniquement au titre de la période en cours en cas d'exercice d'une activité illicite). Les mêmes règles valent pour l'obligation de déclaration mensuelle du prélèvement à la source de l'IR par les employeurs.

> **Précisions** **a.** Les **constatations** peuvent être réalisées dans le cadre du droit de visite et de saisie, du droit d'enquête, de la procédure de contrôle en matière de TVA pour les entreprises relevant du régime simplifié d'imposition (nº 86900, précision c), de la vérification sur place de la TVA et du contrôle inopiné (nºs 78110 s.), de la procédure de contrôle du respect des obligations en matière d'épargne réglementée et de moyens de paiement (nº 78440). S'agissant des activités illicites ou du recours au travail dissimulé, l'administration fiscale peut utiliser les constats opérés par les agents d'autres administrations (notamment dans le cadre d'une enquête pénale) et dont elle a connaissance dans l'exercice de son droit de communication ; pour les activités illicites, le procès-verbal est visé (voir toutefois nº 77865, précision d) par un agent ayant au moins le grade d'inspecteur divisionnaire (LPF art. R 16-0 BA-1).
>
> **b.** Le **procès-verbal** de flagrance fiscale est signé par le contribuable, son représentant ou la personne recevant les agents des impôts, sauf en cas d'opposition à contrôle fiscal.

78335 **Conséquences** Dès la notification du procès-verbal de flagrance fiscale, le comptable public peut, sans accord préalable d'un juge, procéder à une ou plusieurs **mesures conservatoires** (saisies conservatoires et sûretés judiciaires) à hauteur d'un montant représentatif des impôts afférents à chaque année, exercice ou période concernés ainsi que du montant de l'amende visée ci-après.

L'ensemble des faits constatés par le procès-verbal est sanctionné par l'application d'une **amende** (CGI art. 1740 B) égale à 5 000 € mais dont le montant est porté à :

– 10 000 € si, à la date du constat de flagrance fiscale, le chiffre d'affaires hors taxe ou les recettes brutes excèdent les limites d'application du régime des micro-entreprises (nºs 15500, 85420 et 85490) ou si à cette même date, le revenu imposable établi dans les conditions visées au nº 78395 (activités illicites) excède le seuil de la troisième tranche du barème de l'impôt sur le revenu (nºs 2140 et 2145) ;

– 20 000 € si, à la date du constat de flagrance fiscale, le chiffre d'affaires hors taxe ou les recettes brutes excèdent les limites d'application du régime simplifié d'imposition à la TVA (nº 85450) ou du régime simplifié d'imposition des exploitants agricoles (nº 15500), selon la nature de l'activité, ou si, à cette même date, le revenu imposable établi dans les conditions visées au nº 78395 (activités illicites) excède le seuil de la quatrième tranche du barème de l'impôt sur le revenu (nºs 2140 et 2145) ;

– 30 000 € si, à la date du constat de flagrance fiscale, le revenu imposable établi dans les conditions visées au n° 78395 (activités illicites) excède le seuil de la cinquième tranche du barème de l'impôt sur le revenu (nos 2140 et 2145).

Les contribuables visés par le procès-verbal sont placés d'office sous le **régime réel normal d'imposition en matière de TVA** pour l'année ou l'exercice au cours duquel ce procès-verbal est établi (nos 85570 et 85600, précision a).

La mise en œuvre de la procédure de flagrance fiscale emporte enfin des conséquences sur le droit de contrôle de l'administration (allongement du délai de reprise : nos 77715, 77725 et 77735, dispense d'une mise en demeure préalable en cas de taxation d'office : n° 79070, a) et sur le bénéfice des garanties accordées aux contribuables en cas de contrôle (limitation de la durée des vérifications de comptabilité des PME : n° 79465, limitation du droit de reprise en cas d'ESFP : n° 79495 et non-renouvellement des vérifications de comptabilité : n° 79455).

> Précisions **a.** Les **mesures conservatoires** ne peuvent porter que sur les périodes d'obligations déclaratives non échues visées dans le procès-verbal, compte tenu du régime d'imposition résultant du contrôle et non pas de celui sous lequel le contribuable s'est placé à tort avant l'engagement de la procédure (CE 24-4-2019 n° 412390 : RJF 7/19 n° 679).

b. Le **paiement des impositions** dues au titre de l'exercice ou de la période comprenant celle couverte par le procès-verbal entraîne la mainlevée des mesures conservatoires (sauf en cas de non-sincérité des déclarations du contribuable au vu desquelles ce paiement est intervenu). S'agissant de la mainlevée par décision du juge, voir n° 78340.

c. Les **majorations de 80 %** applicables en cas d'exercice d'une **activité occulte** (n° 80085), en cas d'**abus de droit** (n° 79200) ou de **manœuvres frauduleuses** (n° 80040) et l'**amende pour infraction aux règles de facturation** (n° 80195) ne sont applicables aux faits de flagrance fiscale que si leur montant est supérieur à l'amende prévue à l'article 1740 B du CGI (auquel cas le montant de cette dernière s'impute sur celui des autres majorations et amendes appliquées).

78340 **Voies de recours** Le contribuable peut saisir le **juge du référé administratif** pour qu'il soit mis fin à la procédure de flagrance fiscale ou, en cas d'urgence, à l'exécution des mesures conservatoires, lorsqu'il présente un moyen propre à créer, en l'état de l'instruction, un doute sérieux sur la régularité de la procédure. La décision du juge est susceptible d'appel devant le président de la cour administrative d'appel ou le magistrat désigné par lui qui se prononce en urgence. L'arrêt rendu en appel peut être déféré au Conseil d'État par la voie du recours en cassation pour violation de la loi.

> Précisions **a.** La saisine du juge du référé doit intervenir dans un **délai** de quinze jours à compter, selon le cas, de la réception du procès-verbal de flagrance fiscale ou de la signification des saisies. Le juge du référé doit statuer dans les quinze jours. Le délai d'appel est de huit jours. Il court à compter de la date de l'ordonnance de référé (BOI-CF-COM-20-30 n° 330).

b. La **décision** du juge du référé ou du juge d'appel constatant l'irrégularité de la procédure de flagrance entraîne l'annulation de l'ensemble des effets de cette dernière et la mainlevée immédiate des mesures conservatoires éventuellement effectuées. La décision constatant l'irrégularité des mesures conservatoires entraîne seulement la mainlevée de ces mesures.

DROIT D'ENQUÊTE

78345 LPF art. L 80 F à L 80 J CF-IX-32700 s

Les agents des finances publiques ayant au moins le grade de contrôleur disposent d'une procédure d'enquête administrative pour rechercher les manquements aux **règles de facturation** auxquelles sont soumis les assujettis à la **TVA** et, le cas échéant, contrôler les obligations liées à la facturation électronique.

Cette **procédure** permet d'intervenir de manière inopinée dans les locaux professionnels d'un assujetti ou, sur convocation dans les bureaux de l'administration, d'auditionner celui-ci. Les interventions ou auditions sont conduites dans les conditions fixées par les articles L 80 F et L 80 G du LPF.

À l'issue de l'enquête, c'est-à-dire dans les trente jours qui suivent la dernière intervention sur place ou la dernière convocation, l'administration établit un procès-verbal. L'assujetti dispose d'un délai de trente jours pour faire valoir ses observations.

Quant aux **conséquences** de l'enquête, les constatations opérées au cours de celle-ci ne peuvent être opposées à l'assujetti ainsi qu'aux tiers concernés par la facturation que dans le cadre d'une procédure de vérification fiscale au regard des impositions de toute nature et de la procédure d'enquête. Elles peuvent cependant être utilisées pour la mise en œuvre des procédures de visite et de saisie ou de flagrance fiscale.

> Précisions **a.** La **mise en œuvre** du droit d'enquête ne peut donner lieu à l'application d'**amendes**, à l'exception des amendes sanctionnant les infractions relatives aux registres des biens ou des façonniers (CGI art. 1788 B : n° 52385) et des amendes spécifiques sanctionnant les infractions commises en matière de facturation (CGI art. 1737, I-1, 2 et 3 et II : n° 80195). Cependant, le **refus** de laisser les enquêteurs accéder aux locaux ou de présenter les documents demandés constitue une opposition à fonction et, à ce titre, peut donner lieu à une amende de

25 000 € et à une peine d'emprisonnement en cas de récidive (nº 79100, précision e).

b. Les **agents des douanes** disposent du droit d'enquête pour la recherche des manquements aux règles de facturation portant sur les seules opérations intracommunautaires. Pour prévenir les manquements, ils peuvent également procéder au contrôle des moyens de transport à usage professionnel et de leur chargement, avec l'assistance éventuelle d'agents des finances publiques.

c. Les agents des finances publiques ou des douanes peuvent exercer le droit d'enquête pour rechercher les manquements aux obligations et formalités auxquelles sont soumises les personnes autorisées à ouvrir un **entrepôt fiscal** (nos 50775 s.) ; l'opposition à contrôle, de même que le non-respect des obligations comptables, peut entraîner le retrait de l'autorisation d'entrepôt (LPF art. L 80 K et L 80 L).

d. Le comptable public peut procéder à la **saisie** à tiers débiteur de la créance dont le redevable est détenteur auprès du destinataire de la livraison lorsque le procès-verbal issu du droit d'enquête fait apparaître que la TVA est devenue exigible (CGI art. 269, 2) sans que soit échue l'obligation déclarative prévue à l'article 287 du CGI, que celle-ci dépasse la capacité économique habituelle de l'assujetti dès lors qu'elle excède le montant total de la TVA comprise dans les factures émises durant les douze mois précédant la livraison de bien en cause et que des circonstances de fait sont susceptibles d'en menacer le recouvrement (LPF art. L 252 B, I bis).

DROIT D'AUDITION

78350 LPF art. L 10-0 AB CF-IX-38500*

Pour la recherche des manquements aux règles relatives à la domiciliation en France (nos 485 s.), à la non-déductibilité des commissions à l'exportation versées aux agents publics (nos 8440, précision d) et à la répression de l'évasion fiscale internationale nos 78260 s.), les agents des finances publiques ayant au moins le grade de contrôleur peuvent **entendre** toute personne, à l'exception du contribuable lui-même, susceptible de leur fournir des informations utiles à l'accomplissement de leur mission. Les éléments ainsi recueillis peuvent ensuite être **opposés au contribuable** dans les conditions de droit commun (nº 78777), à condition qu'ils soient corroborés par d'autres sources d'information (BOI-CF-COM-20-50 nº 130).

L'audition peut avoir lieu dans les locaux de l'administration ou dans tout autre endroit choisi par la personne entendue, à l'exception de son **domicile privé.** Au moins huit jours avant la date proposée pour l'audition, celle-ci doit avoir **reçu** une demande lui en précisant l'objet, la possibilité de refuser d'être entendue ainsi que la possibilité de se faire assister par un interprète. Un procès-verbal des questions posées et des réponses obtenues ainsi que de l'identité et de l'adresse de la personne entendue est dressé par l'agent de l'administration ayant procédé à l'audition. L'éventuel refus de la personne entendue de contresigner ce procès-verbal y est, le cas échéant, mentionné.

RECUEIL ET EXPLOITATION DE RENSEIGNEMENTS TRANSMIS PAR LES LANCEURS D'ALERTE

78352 LPF art. L 10-0 AC CF-I-515

L'obtention par l'administration fiscale de renseignements émanant de personnes étrangères aux administrations publiques (« aviseurs fiscaux » ou « lanceurs d'alerte ») peut donner lieu à **indemnisation** des intéressés, lorsque ces informations ont permis la mise au jour de comportements frauduleux.

Sont concernés les **manquements** constatés dans les domaines suivants : règles de domiciliation des personnes physiques et de territorialité de l'impôt sur les sociétés, non déductibilité des commissions à l'exportation au profit d'un agent public (nº 8440, précision d), dispositifs destinés à lutter contre l'évasion fiscale internationale (nos 78265 s.), règles d'imposition à la TVA, obligations déclaratives afférentes aux avoirs détenus à l'étranger et à ceux détenus dans des trusts.

À titre expérimental et pour une durée de deux ans, l'indemnisation peut aussi être accordée pour les informations ayant permis la découverte d'agissements, manquements ou manœuvres tombant sous le coup des sanctions relatives aux activités occultes, aux insuffisances de déclarations, aux règles de facturation, aux transferts de fonds vers ou en provenance de l'étranger. Dans tous ces cas, le montant estimé des droits éludés doit excéder 100 000 €.

L'administration peut recevoir et exploiter l'ensemble des renseignements obtenus dans le cadre des **procédures de contrôle** prévues par la loi. Toutefois, la mise en œvre du droit de visite et de saisie (nos 78320 s.) est exclue lorsque les renseignements ont été irrégulièrement obtenus par la personne qui les a transmis.

› **Précisions** **a.** Le présent dispositif est issu de l'article 175 de la loi 2019-1479 du 28 décembre 2019 qui a intégré au LPF, en élargissant leur **champ d'application**, les dispositions de l'article 109 de la loi 2016-1917 du 29 décembre 2016, modifié par l'article 21 de la loi 2018-898 du 23 octobre 2018. Il est applicable depuis le 1er janvier 2020.

b. Les conditions et modalités de l'indemnisation seront fixées par **arrêté**.

4. DÉCLARATIONS SPÉCIALES

DÉCLARATION DES COMMISSIONS, HONORAIRES ET AUTRES RÉMUNÉRATIONS

Obligations Les personnes physiques ou morales qui, à l'occasion de l'exercice de leur profession, versent à des tiers faisant ou non partie de leur personnel salarié des commissions, courtages, ristournes rémunérant un service, vacations, honoraires, gratifications et autres rémunérations doivent **déclarer** chaque année ces sommes même lorsque le bénéfice n'est pas imposable en France. La déclaration, transmise selon un procédé informatique, porte sur les sommes versées au cours de l'année civile précédente. Seules doivent être portées sur la déclaration les sommes supérieures à 1 200 € versées à un même bénéficiaire (BOI-BIC-DECLA-30-70-20 nº 140). 78355 CGI art. 240 DC-I-350 s

Par ailleurs, les personnes concernées doivent **tenir à la disposition des agents des finances publiques,** jusqu'à l'expiration du délai de six ans visé au nº 78065, les documents comptables permettant de connaître les revenus qu'elles versent annuellement (LPF art. L 82 A).

› Précisions a. Le dépôt de la déclaration est opéré, au choix, au moyen de la **déclaration sociale nominative** (DSN), de la déclaration **DADS-U** (portail net.entreprises.fr) ou d'une déclaration salaires et/ou honoraires et/ou actionnariat salarié selon les modalités **EDI** ou EFI (BOI-BIC-DECLA-30-70-20 nº 360).

b. La déclaration doit, en principe, être souscrite dans le courant du mois de janvier de l'année qui suit celle où les rémunérations ont été payées aux bénéficiaires. Toutefois, lorsqu'elle est souscrite selon les modalités de la **DSN,** elle peut être transmise durant le mois d'avril de la même année. Lorsque la déclaration est souscrite selon les autres modalités, elle peut l'être en même temps que la déclaration de résultats (nºs 10975 et 36390). Pour les contribuables non tenus à la souscription d'une déclaration de résultats, la date limite de dépôt de la déclaration est celle des déclarations de résultats des tiers déclarants non soumis à l'impôt sur le revenu et au plus tard le deuxième jour ouvré suivant le 1er mai de l'année suivant celle du versement des sommes (BOI-BIC-DECLA-30-70-20 nº 400).

c. Le non-respect de l'obligation de déclaration par voie électronique est sanctionné par l'application de l'**amende** de 15 € par bénéficiaire visée au nº 80200.

Sanctions Le défaut même partiel de déclaration des sommes versées dans le délai prescrit est sanctionné par une **amende** égale à **50 %** des sommes non déclarées (alors même, en principe, que les bénéficiaires les auraient comprises dans leurs propres déclarations). 78360 CGI art. 1736 DC-I-2080 s

L'amende n'est pas applicable en cas de **première infraction** commise au cours de l'année civile en cours et des trois années précédentes, lorsque l'omission a été réparée avant la fin de l'année au cours de laquelle la déclaration devait être souscrite soit spontanément, soit à la première demande de l'administration.

L'entreprise peut **régulariser** les déclarations des trois années précédentes sans encourir cette amende lorsqu'elle présente une demande de régularisation pour la première fois, qu'elle justifie que le bénéficiaire des rémunérations a lui-même déclaré en temps utile les sommes perçues et que le service est en mesure de vérifier l'exactitude des justifications produites. Cette demande de régularisation peut intervenir en cours de contrôle fiscal.

Lorsque la déclaration comporte des **omissions** ou **inexactitudes,** autres que celles relatives au montant des sommes versées, l'amende prévue à l'article 1729 B du CGI s'applique (nº 80190).

DÉCLARATION DES DROITS D'AUTEUR ET D'INVENTEUR

Les entreprises, sociétés ou associations qui procèdent à l'encaissement et au versement des droits d'auteur ou d'inventeur sont tenues de déclarer chaque année le montant des sommes versées à leurs membres ou à leurs mandants au cours de l'année civile précédente. Seuls doivent être portés sur la déclaration les versements de plus de 1 200 € par bénéficiaire (BOI-BNC-SECT-20-10-60 nº 1). 78365 CGI art. 241 DC-I-2800 s

Les organismes concernés doivent également conserver les **documents** comptables correspondants dans les conditions indiquées au nº 78355.

La déclaration doit être souscrite selon les mêmes modalités et délais que la déclaration des commissions, courtages, honoraires, etc.

Le défaut de production ou la production tardive de la déclaration sont **sanctionnés** par une amende égale à 5 % des sommes non déclarées ou déclarées avec retard (CGI art. 1736, III). Les omissions ou inexactitudes relevées dans la déclaration donnent lieu à l'amende fiscale visée au nº 80190.

DÉCLARATION DES PRÊTS SANS INTÉRÊT

78370 CGI art. 1649 A bis CF-IX-43200 s

Les personnes, administrations, établissements ou organismes qui octroient ou gèrent des avances remboursables ne portant pas intérêt (**prêts à taux zéro**) sont tenus de déclarer au plus tard le 31 mars de chaque année les avances consenties au cours de l'année précédente. La déclaration doit être déposée au service des grandes entreprises ou à la direction départementale ou, le cas échéant, régionale des finances publiques du lieu de résidence ou du principal établissement du déclarant.

Toute contravention à cette obligation est sanctionnée par une **amende** de 1 500 € par avance non déclarée (CGI art. 1736, IV-2).

À noter qu'il existe une **obligation plus générale** de déclaration des contrats de prêt (nos 26920 s.).

DÉCLARATION, PAR CLIENT, DES VENTES AUTRES QUE LES VENTES AU DÉTAIL

78375 CGI art. 1649 bis A CF-IX-41100 s

Sur demande expresse de l'administration, les **commerçants, industriels et artisans** sont tenus de déclarer le montant total, par client, des ventes autres que les ventes au détail réalisées au cours de l'année civile ou de leur exercice comptable.

Le défaut ou retard de production de la déclaration ainsi que les omissions ou inexactitudes dans les documents produits sont sanctionnés par les amendes visées au no 80190.

Les périodes pour lesquelles les renseignements sont demandés ne peuvent excéder douze mois au total par client.

DÉCLARATIONS DES COMPAGNIES D'ASSURANCES

78380 CGI art. 805 ENR-X-30670 s

En cas de **décès du contractant,** les compagnies d'assurances sont tenues de porter à la connaissance de l'administration l'existence de contrats d'assurance contre le vol ou l'incendie portant sur des **bijoux, pierreries, objets d'art ou de collection.** Toute infraction à cette obligation est sanctionnée, suivant sa nature, par les amendes visées au no 80190.

Les assureurs doivent également déclarer à l'administration les **caractéristiques des contrats** d'assurance en cas de vie ou de décès : voir no 68230, précision d.

DÉCLARATION DES ACHATS DE MÉTAUX AU DÉTAIL

78385 CGI art. 1649 bis CF-IX-43800 s

Toute **personne** physique ou morale **se livrant à titre habituel** à l'achat au détail de métaux ferreux et non ferreux doit remettre, au plus tard le 30 janvier de chaque année, à la direction départementale des finances publiques du lieu de son domicile ou du siège de l'établissement une déclaration faisant notamment apparaître l'identité et l'adresse des vendeurs et le cumul annuel des achats effectués auprès de chacun de ces derniers.

La déclaration doit être transmise selon un procédé informatique (CGI art. 89 A), sous peine de l'amende de 15 € par bénéficiaire visée au no 80200.

AUTRES DÉCLARATIONS

78390 Outre les formalités décrites ci-dessus, la loi prévoit différentes déclarations dont l'objet est essentiellement de permettre à l'administration de procéder à des recoupements. Citons par exemple la déclaration des salaires (nos 22200), la déclaration des pensions et rentes viagères (no 22585) ou encore la déclaration des opérations sur valeurs mobilières (nos 26850 s.).

5. AUTRES MESURES PARTICULIÈRES DE CONTRÔLE

LUTTE CONTRE LES ACTIVITÉS ILLICITES

78393 Il existe deux dispositifs fiscaux particuliers de lutte contre les activités illicites. Ils consistent l'un et l'autre, selon des techniques différentes, à déterminer et à taxer les revenus censés être retirés de ces activités.

78395 CGI art. 1649 quater-0 B bis CF-IX-39150 s

Présomption de revenus La loi institue une présomption de revenus pour les contribuables commettant certaines infractions.

Cette présomption joue lorsqu'il résulte des constatations de fait opérées dans le cadre d'une procédure pénale (enquête de flagrance, enquête préliminaire ou information judiciaire) et que l'administration fiscale est informée dans le cadre de son droit de communication auprès des tribunaux ou de la police judiciaire qu'une personne a eu la **libre disposition d'un bien objet** d'une des **infractions** mentionnées ci-après ou de biens meubles qui ont servi ou étaient destinés à les commettre, ou d'une somme d'argent, produit direct d'une de ces infractions. Cette personne est présumée, sauf preuve contraire, avoir perçu un revenu imposable (à l'impôt sur le revenu et aux prélèvements sociaux) équivalant à la **valeur** vénale de ces biens ou égal au montant de cette somme au titre de l'année au cours de laquelle la détention a été constatée.

Les **infractions** considérées sont les suivantes : crimes et délits de trafic de stupéfiants, crimes en matière de fausse monnaie, crimes et délits en matière de législation sur les armes et portant sur des armes de la 1e à la 5e catégorie, délits à la réglementation sur les alcools et le tabac, délit de contrefaçon, certains délits en matière d'habitat indigne.

› Précisions **a.** La présomption peut être **combattue par tout moyen** et, notamment, par la preuve de l'absence de libre disposition des biens ou des sommes, de la déclaration des revenus ayant permis l'acquisition des biens, de l'acquisition des biens à crédit, du caractère non imposable des sommes ou du fait qu'elles ont été imposées au titre d'une autre année.

b. L'imposition établie en vertu des dispositions ci-dessus est assortie d'une **majoration** de 80 % (CGI art. 1758), qui s'ajoute à l'intérêt de retard.

c. La décision de faire application de la base forfaitaire est prise par un **agent** ayant au moins le grade d'inspecteur divisionnaire, qui vise à cet effet la proposition de rectification de la base d'imposition ou la notification de l'imposition d'office (LPF art. L 76 AA et R 76 AA-1).

d. Les activités illicites concernées peuvent donner lieu à un procès-verbal de **flagrance fiscale.**

Imposition forfaitaire d'après les « signes extérieurs » Ce régime constitue une application spécifique du système de taxation prévu, sur un plan général, par l'article 168 du CGI. Il s'inscrit, comme celui de l'article 1649 quater-0 B bis, dans le cadre de la lutte contre les activités lucratives non déclarées portant atteinte à l'ordre public et à la sécurité publique. Il permet à l'administration fiscale, lorsqu'elle est informée par la police judiciaire, par le ministère public ou par l'autorité judiciaire qu'un contribuable dispose de certains **éléments de train de vie** et qu'il existe une disproportion marquée entre son train de vie et ses revenus déclarés, de porter la base d'imposition à l'impôt sur le revenu (ainsi qu'aux prélèvements sociaux), selon la procédure de rectification contradictoire, à une somme forfaitaire déterminée par application d'un barème. **78398**

CGI art. 1649 quater-0 B ter
CF-IX-39500 s

Comme pour l'article 168, ce **barème** retient :

– pour la résidence principale et les résidences secondaires, une base égale à cinq fois la valeur locative cadastrale ;

– pour les voitures automobiles destinées au transport des personnes et les motocyclettes de plus de 450 cm^3, la valeur à neuf avec abattement de 50 % après trois ans d'usage (pour les voitures prises en location : cinq fois le prix TTC de cette location).

Les autres éléments, différents du barème de l'article 168, sont les suivants :

– clubs de sports et de loisirs : le montant des dépenses ;

– voyages, séjours en hôtels, locations saisonnières et dépenses y afférentes : le montant des dépenses ;

– appareils électroménagers, équipements son-hifi-vidéo, matériels informatiques : la valeur du bien neuf, lorsque celle-ci est supérieure à 1 000 € ;

– articles de joaillerie et métaux précieux : la valeur vénale du bien.

La somme forfaitaire est **majorée** de 50 % lorsque le contribuable a disposé de plus de quatre éléments du train de vie figurant au barème. Chaque élément compte à cet égard pour un, sauf pour les quatre dernières catégories, où plusieurs éléments d'une même catégorie sont décomptés pour un.

› Précisions **a.** Les éléments à retenir sont ceux dont ont disposé, pendant l'année de l'imposition, les membres du **foyer fiscal.**

b. La **disproportion marquée** entre le train de vie et les revenus est établie lorsque la base forfaitaire, éventuellement majorée, est au moins égale au double du montant du revenu net global déclaré, y compris les revenus exonérés ou taxés selon un taux proportionnel ou soumis à un prélèvement libératoire.

c. Le contribuable peut apporter la **preuve** que ses revenus ou l'utilisation de son capital ou les emprunts qu'il a contractés lui ont permis d'assurer son train de vie.

d. La décision de faire application de la base forfaitaire est prise par un **agent** ayant au moins le grade d'inspecteur divisionnaire, qui vise (voir toutefois n° 77865, précision d) à cet effet la proposition de rectification de la base d'imposition (LPF art. L 63 et R 63-1).

LIMITATION DES PAIEMENTS EN ESPÈCES OU PAR MONNAIE ÉLECTRONIQUE

Lorsque le débiteur **a son domicile fiscal en France ou agit pour les besoins d'une activité professionnelle,** il lui est interdit de payer toute dette supérieure à 1 000 € en espèces ainsi que toute dette supérieure à 3 000 € au moyen de monnaies électroniques. Lorsqu'il **n'a pas son domicile fiscal en France et n'agit pas pour les besoins d'une activité professionnelle,** il lui est interdit de payer toute dette supérieure à 15 000 € en espèces ou au moyen de monnaies électroniques (plafond abaissé à 10 000 € pour les paiements effectués au profit d'une personne non assujettie aux obligations antiblanchiment). **78401**

C. mon. fin. art. L 112-6 à L 112-7
CGI art. 1840 J
CF-IX-40000 s

De même, les paiements en espèces ou au moyen de monnaies électroniques propres aux opérations de **prêts sur gages** effectués par les **caisses de crédit municipal** ne peuvent excéder 3 000 €.

Par ailleurs, le paiement des **traitements et salaires** doit, au-delà d'un montant mensuel fixé à 1 500 €, être effectué par chèque barré ou par virement à un compte bancaire ou postal ou à un compte tenu par un établissement de paiement ou un établissement de monnaie électronique fournissant des services de paiement.

Ces dispositions ne s'appliquent pas aux paiements effectués entre personnes physiques, n'agissant pas pour des besoins professionnels, aux paiements réalisés par des personnes incapables de s'obliger par chèque ou par un autre moyen de paiement et par celles n'ayant pas de compte de dépôt ainsi qu'aux paiements des dépenses des collectivités publiques.

Enfin, les paiements effectués ou reçus par un **notaire** pour le compte des parties à un acte reçu en la forme authentique et donnant lieu à publicité foncière doivent être assurés par virement au-delà d'un montant fixé à 3 000 €.

Les infractions à l'ensemble de ces obligations sont punies d'une **amende** égale au maximum à 5 % des sommes payées selon des modalités non autorisées. Cette amende incombe au débiteur mais le créancier est solidairement responsable du paiement.

> Précisions **a.** Les professionnels qui achètent des **métaux** à un particulier ou à un autre professionnel doivent effectuer le paiement par chèque barré ou par virement à un compte ouvert au nom du vendeur, quel que soit le montant de la transaction. Le non-respect de cette obligation est puni par une contravention de cinquième classe (amende de 1 500 €).

b. La limitation des paiements en espèces ne s'applique qu'aux **règlements effectués en France** (CE 10-5-2012 n° 337573 : RJF 8-9/12 n° 836).

c. Sur la procédure spécifique de **contrôle** dont dispose l'administration, voir n° 78440.

CHÈQUES NON BARRÉS D'AVANCE

78405 CF-III-1300 s ENR-VIII-430 s

Ces formules de chèques font l'objet de dispositions **restrictives** qui tendent à en décourager l'usage : communication à l'administration fiscale, sur sa demande, de l'identité des bénéficiaires (LPF art. L 96) ; droit de timbre (CGI art. 916 A et 1723 ter-0 A).

Ce dispositif s'ajoute aux **autres moyens** de contrôle des comptes bancaires dont l'administration dispose : avis d'ouverture ou de clôture des comptes (n° 26940), comptes ouverts, utilisés ou clos à l'étranger (n° 78305), engagement des adhérents ou clients des organismes de gestion agréés ou des comptables conventionnés de faire libeller à leur ordre les chèques qu'ils reçoivent et de ne pas les endosser (nos 87820, 87910 et 87940).

CONTRÔLE SUR DEMANDE DES PME

78410 LPF art. L 13 C et L 13 CA CF-IV-5410 s

Les entreprises dont les bénéfices sont imposables à l'impôt sur le revenu dans la catégorie des bénéfices industriels et commerciaux, bénéfices non commerciaux et bénéfices agricoles ou à l'impôt sur les sociétés, peuvent, y compris pour la période ou l'exercice en cours, demander à l'administration d'effectuer un **contrôle sur les points** précisés dans la demande.

Cette faculté de solliciter un contrôle sur demande est en principe subordonnée à la **condition** que le **chiffre d'affaires** n'excède pas 1 500 000 €, s'il s'agit d'entreprises dont l'activité principale est de vendre des marchandises, objets, fournitures et denrées à emporter ou à consommer sur place ou de fournir le logement, ou 450 000 €, s'il s'agit d'autres entreprises. Le chiffre d'affaires à retenir est celui réalisé au titre de l'année ou de l'exercice précédant l'exercice au cours duquel la demande est formulée, c'est-à-dire celui mentionné sur la déclaration de résultats déposée au titre du dernier exercice clos, ou lorsque la date limite de dépôt de cette déclaration n'est pas encore intervenue, le chiffre d'affaires total résultant des déclarations mensuelles ou trimestrielles de TVA déposées par l'entreprise au titre de la période (BOI-CF-PGR-40-10 n° 40).

Cependant, lorsque la demande de contrôle porte sur le **crédit d'impôt recherche,** aucune condition relative au chiffre d'affaires n'est requise. Cette exception est étendue par l'administration aux **jeunes entreprises innovantes** mais à raison des seules demandes portant sur l'éligibilité des dépenses de recherche au crédit d'impôt recherche pour l'application de la condition relative au volume minimal de dépenses de recherche (BOI-CF-PGR-40-10 n° 340).

L'administration n'est pas tenue de déférer à la demande de contrôle, mais, si elle y donne **suite,** elle doit informer le contribuable des résultats du contrôle sur chacun des points visés dans la demande, étant précisé que les opérations réalisées ne constituent pas une vérification de comptabilité. Si l'administration conclut à une absence d'anomalie, cette position peut lui être opposée dans les conditions indiquées au n° 79560. Si au contraire le contrôle fait apparaître, sur les points concernés, des erreurs, inexactitudes, omissions ou insuffisances dans les déclarations souscrites, le contribuable peut procéder à une régularisation moyennant un intérêt de retard à taux réduit, dans les conditions décrites au n° 79175. À défaut de régularisation, une procédure de rectification est engagée dans les conditions de droit commun.

OBLIGATIONS DES PLATEFORMES DE TRANSACTIONS EN LIGNE

Les entreprises, quel que soit leur lieu d'établissement, qui, en qualité d'opérateur de plateforme internet, mettent en relation des personnes en vue de la vente d'un bien, de la fourniture d'un service ou de l'échange ou du partage d'un bien ou d'un service sont tenues à certaines obligations tant à l'égard des utilisateurs que de l'administration fiscale. 78412

CGI art. 242 bis et ann. IV art. 23 L sexies à 23 L undecies **DC-I-4100 s.**

Ces obligations ne s'appliquent que lorsque les **utilisateurs résident en France** ou réalisent des ventes ou des prestations de services.

Les opérateurs sont tenus d'informer leurs **utilisateurs,** à l'occasion de chaque transaction, des **obligations fiscales et sociales** incombant aux personnes réalisant des transactions commerciales par leur intermédiaire. Ils doivent également mettre à leur disposition un **lien électronique** vers les sites des administrations permettant de se conformer à ces obligations. 78413

Enfin, ils doivent adresser par voie électronique à leurs utilisateurs, au plus tard le 31 janvier de chaque année, un **document récapitulatif** faisant apparaître les éléments suivants : éléments d'identification de l'opérateur et de l'utilisateur, nombre et montant total brut des transactions réalisées par leur intermédiaire au cours de l'année civile précédente, statut de particulier ou de professionnel indiqué par l'utilisateur et, si elles sont connues de l'opérateur, coordonnées du compte bancaire de l'utilisateur sur lequel les sommes ont été versées.

Ces dernières informations doivent, par la même voie et dans les mêmes délais, être transmises à l'**administration** fiscale (il est toutefois possible, sans risquer de sanction, de corriger ou compléter les données signalées comme erronées ou manquantes par l'administration jusqu'au 28 février : BOI-BIC-DECLA-30-70-40-20 n° 410 et BOI-CF-INF-10-40-55 n° 30).

L'absence d'information de l'utilisateur sur ses obligations fiscales et sociales, constatée lors d'un contrôle, est sanctionnée par une **amende** forfaitaire globale plafonnée à 50 000 € (CGI art. 1731 ter). Le non-respect de l'obligation de transmission du récapitulatif annuel à l'utilisateur ou de déclaration annuelle à l'administration est, quant à lui, sanctionné par une amende égale à 5 % des sommes non déclarées (CGI art. 1736, III).

› Précisions a. S'agissant des **ventes** entre particuliers de **biens d'occasion** ou de **prestations de « coconsommation »** sans objectif lucratif et partage de frais, l'opérateur est dispensé de l'obligation de déclaration à l'administration lorsque l'utilisateur a effectué moins de 20 transactions dans l'année sur la plateforme ou que le total des montants qu'il a perçus n'excède pas 3 000 €. L'administration peut toutefois demander **communication** des informations à l'opérateur (LPF art. L 82 AA).

b. L'administration doit transmettre à l'**Acoss,** au plus tard le 31 janvier de chaque année, les informations qui lui ont été fournies par les opérateurs.

c. En cas de **première infraction commise au cours de l'année civile en cours et des trois précédentes,** l'amende due en cas d'absence d'information de l'utilisateur sur ses obligations fiscales et sociales est plafonnée à 5 000 € ; par ailleurs, l'amende de 5 % due en principe sur les sommes non déclarées à l'administration ne s'applique pas lorsque l'omission ou l'inexactitude a été réparée, soit spontanément, soit à la première demande de l'administration, avant la fin de l'année au cours de laquelle le document devait être déposé (BOI-CF-INF-10-40-55 n°s 20 et 40).

d. Le **contenu des obligations** déclaratives est fixé par les articles 23 L sexies à 23 L undecies de l'annexe IV au CGI, modifiés et complétés par l'arrêté CPAE 1935703A du 30 décembre 2019.

e. Sur la possibilité pour l'administration fiscale de **publier** sur son site internet **l'identité des opérateurs non coopératifs,** voir n° 80330.

EXPLOITATION DES DONNÉES OUVERTES DES PLATEFORMES EN LIGNE

Afin de détecter certains comportements frauduleux, l'administration fiscale est autorisée, à titre expérimental et pour une durée de trois ans, à **collecter et exploiter les contenus, librement accessibles**, publiés sur internet par les utilisateurs des opérateurs de plateforme en ligne (réseaux sociaux et sites de vente de biens et services). 78414

CF-III-12

Sont exclusivement recherchés les **manquements déclaratifs** liés à l'exercice d'une **activité occulte** ainsi que les **insuffisances de déclaration** résultant du non-respect des règles de **domiciliation fiscale**.

Le recueil et l'exploitation des données sont effectués, par des **agents spécialement habilités**, au moyen de **traitements informatisés** et automatisés n'utilisant aucun système de reconnaissance faciale.

Les données sensibles ou manifestement sans lien avec les manquements recherchés doivent être détruites au plus tard cinq jours après leur collecte. Les autres **données** sont détruites dans les trente jours, sauf si elles s'avèrent **utiles** à la constatation des infractions, auquel cas elles peuvent être conservées pendant un an au maximum. Toutefois, celles qui sont utilisées dans le cadre d'une procédure fiscale ou pénale peuvent être conservées jusqu'au terme de la procédure.

Pour opposer les données à la personne suspectée des manquements, l'administration doit mettre en œuvre une **procédure de contrôle.**

› Précisions a. L'administration des **douanes** et des droits indirects est également concernée par l'expérimentation pour la recherche de certaines infractions (fabrication, vente et transport illicite de tabac, pratiques frauduleuses en matière d'alcool et de métaux précieux, délits douaniers).

b. Les modalités d'application du dispositif (conditions de mise en œuvre des traitements et définition des données pertinentes) seront fixées par **décret** en Conseil d'État, pris après avis de la Commission nationale de l'informatique et des libertés (Loi 2019-1479 du 28-12-2019 art. 154).

CONTRÔLE DES FORAINS

78415 CF-IX-41700 s

a. Toute personne exerçant sur la voie ou dans un lieu public une activité lucrative de quelque nature qu'elle soit (vente ou prestation de services) – sans avoir de domicile ou de résidence fixe en France depuis plus de six mois – est tenue de détenir et de présenter à toute réquisition un **récépissé de consignation** justifiant du dépôt auprès de l'administration fiscale d'une somme suffisante pour garantir le recouvrement des impôts et taxes dont elle est redevable (CGI art. 302 octies). L'administration dispense toutefois du dépôt de garantie les personnes qui justifient avoir accompli leurs obligations déclaratives et acquitté leurs impôts au cours des années précédentes (BOI-BIC-DECLA-30-40-20-40 n°s 290 s.).

Les infractions à cette obligation sont **sanctionnées** par une amende de 750 € (CGI art. 1788).

b. Les personnes sans domicile ni résidence fixe en France doivent accomplir leurs obligations fiscales auprès du service des impôts dont dépend la commune où est situé l'organisme agréé ou le centre communal ou intercommunal d'action sociale auprès duquel elles doivent être domiciliées (CGI ann. II art. 371).

PUBLICITÉ DES IMPOSITIONS

78420 LPF art. L 111 DC-VI-43600 s

Les **listes nominatives** des contribuables passibles de l'**impôt sur le revenu** ou de l'**impôt sur les sociétés** sont tenues, par les directions départementales des finances publiques, à la disposition des contribuables de leur ressort. Outre l'identité des personnes et le montant de l'impôt mis à leur charge, elles comportent l'indication, pour l'impôt sur le revenu, du nombre de parts du quotient familial et le montant du revenu imposable.

Seuls les contribuables relevant de la compétence territoriale de la direction départementale des finances publiques peuvent **consulter** la liste tenue dans cette direction. Toutefois, par dérogation à cette règle, les créanciers et débiteurs de pensions alimentaires sont autorisés à consulter la liste détenue par la direction départementale des finances publiques dans le ressort de laquelle est établie l'imposition du débiteur ou du créancier, quel que soit le domicile de ces derniers.

La **publication** ou la diffusion des listes ou de toute indication s'y rapportant et visant des personnes nommément désignées est **interdite** sous peine d'une amende fiscale égale au montant des impôts divulgués (CGI art. 1762). Une amende pénale et une peine d'emprisonnement sont également prévues (CGI art. 1772, 1-5°).

CONTRÔLE DE LA DÉLIVRANCE DES REÇUS FISCAUX

78430 LPF art. L 14 A et L 102 E CF-IV-5350

Les organismes délivrant des reçus ouvrant droit à réduction d'impôt sur le revenu, d'impôt sur les sociétés ou d'impôt sur la fortune immobilière, à raison des dons qu'ils perçoivent, sont tenus de **conserver,** pendant un **délai** de six ans à compter de la date à laquelle ils ont été établis, les pièces et documents de toute nature permettant à l'administration de contrôler que les montants portés sur les reçus délivrés correspondent à ceux des dons et versements effectivement perçus.

Ce contrôle peut s'exercer **sur place.**

› Précisions Si les opérations menées par l'administration dans le cadre du contrôle ne constituent pas des vérifications de comptabilité, les organismes vérifiés bénéficient néanmoins de certaines **garanties** accordées aux contribuables vérifiés. Ainsi, ils doivent être préalablement avertis du contrôle et de la possibilité de se faire assister du conseil de leur choix (LPF art. R*14 A-1). Par ailleurs, les résultats du contrôle et de l'éventuelle application de l'amende pour délivrance irrégulière de reçus fiscaux prévue par l'article 1740 A du CGI (n° 80205) doivent être portés à leur connaissance au moyen d'un document leur permettant de préciser leurs observations (LPF art. R*14 A-2, al. 1). L'amende ne peut être mise en recouvrement avant l'expiration d'un délai de trente jours suivant la notification de ce document (LPF art. R*14 A-2, al. 2). Une fois achevé, le contrôle ne peut être renouvelé pour la même période (LPF art. R*14 A-3).

CONTRÔLE DE L'ÉPARGNE RÉGLEMENTÉE ET DES MOYENS DE PAIEMENT

78440 LPF art. L 80 Q CF-VIII-20250 s

Les agents de l'administration fiscale peuvent **contrôler sur place** le respect des dispositions du Code monétaire et financier relatives à la limitation des **paiements en espèces** (n° 78401) et aux obligations des établissements de crédit en matière d'**épargne réglementée** (C. mon. fin. art. L 221-35).

Cette procédure (qui n'est pas une vérification de comptabilité) ne peut être engagée qu'après l'envoi ou la remise à la personne concernée d'un **avis** indiquant à la fois les années soumises à contrôle et la faculté d'assistance d'un conseil.

Les agents peuvent obtenir la **communication** (sans possibilité de se faire opposer le secret professionnel) de la comptabilité et des justificatifs se rapportant aux obligations sujettes au contrôle.

Les **infractions** sont constatées par procès-verbal et punies d'une amende fiscale. L'application de l'amende doit être motivée dans le procès-verbal, dans les conditions visées au nº 80225.

> Précisions **a.** Si la comptabilité est tenue au moyen de **systèmes informatisés,** le contrôle porte sur l'ensemble des informations, données et traitements informatiques permettant de s'assurer du respect des règles légales. Les dispositions de l'article L 47 A du LPF (nº 78140) peuvent être appliquées.
b. Aucune infraction ne peut être relevée lorsque l'établissement a appliqué une **interprétation** formellement admise par les services relevant des ministres chargés de l'économie et du budget (Direction générale des finances publiques et Direction générale du Trésor : BOI-CF-COM-20-70 nº 90).
c. Après l'**achèvement** du contrôle, l'administration ne peut le renouveler sur la même période et pour les mêmes obligations.

SECTION 3

PROCÉDURES DE RECTIFICATION

Pour apporter des rectifications aux bases d'imposition et réclamer les compléments de droits qui lui paraissent exigibles, l'administration doit observer des règles de procédure qui varient suivant les situations. **78480**

A. Procédure de rectification contradictoire

Cette procédure constitue la **procédure normale** de rectification des bases d'imposition. **78600** LPF art. L 55 s **CF-VI-200 s**
Les impositions supplémentaires correspondant aux rehaussements peuvent être assorties de **pénalités.**

1. CHAMP D'APPLICATION

La procédure de rectification contradictoire doit être suivie dans tous les cas où l'administration, ayant constaté une insuffisance, une inexactitude, une omission ou une dissimulation dans les éléments servant au calcul des impôts, désire apporter des rectifications aux **déclarations** des contribuables. Elle s'applique notamment lorsque – la comptabilité comportant de graves irrégularités ou n'ayant pas été présentée par le contribuable – l'administration procède à des rehaussements en reconstituant le montant du bénéfice ou du chiffre d'affaires déclaré. **78750** LPF art. L 55 et L 56 **CF-VI-500 s**

La procédure de rectification contradictoire n'est, toutefois, pas applicable :
– dans les cas d'**imposition d'office** ;
– en matière d'**impôts directs locaux** perçus au profit des collectivités locales ou d'organismes divers, à l'exception de la cotisation sur la valeur ajoutée des entreprises ;
– en matière de **contributions indirectes** ;
– pour la rectification des erreurs commises dans les **opérations de liquidation** de l'impôt (exemple : erreurs de l'administration dans l'application du quotient familial) (BOI-CF-IOR-10-10 nºs 180 et 190) ; l'administration peut toutefois notifier au contribuable une proposition de rectification pour interrompre la prescription.

> Précisions Bien que la procédure de rectification contradictoire ne soit pas, sauf exception, légalement applicable en matière d'**impôts directs locaux,** le Conseil d'État a jugé que lorsqu'une imposition locale est assise sur la base d'éléments qui doivent être déclarés par le redevable, l'administration ne peut établir, à la charge de celui-ci, des droits excédant le montant de ceux qui résulteraient des éléments qu'il a déclarés qu'après l'avoir, conformément au principe général des droits de la défense, mis à même de présenter ses observations (CE 5-6-2002 nº 219840 : RJF 8-9/02 nº 934, rendu à propos de l'ancienne taxe professionnelle mais transposable à notre avis à la cotisation foncière des entreprises ; CE 29-6-2005 nº 271893 : RJF 10/05 nº 1038, rendu en matière de taxe foncière).

2. DÉROULEMENT DE LA PROCÉDURE

PROPOSITION DE RECTIFICATION

78775 L'administration doit adresser au contribuable une proposition de rectification. Cette proposition doit être **motivée** de manière à permettre à l'intéressé de formuler ses observations ou de faire connaître son acceptation.

LPF art. L 54 B et L 57, al. 1 et 3
CF-VI-3350 s

Elle doit indiquer, sous peine de nullité, que le contribuable a la faculté de se faire assister d'un **conseil** de son choix pour discuter la proposition de rectification ou pour y répondre. Elle doit également mentionner le **délai** ouvert au contribuable pour répondre (nº 78795). Elle porte l'indication du grade et la signature de l'agent dont elle émane (les règles de compétences des agents sont exposées au nº 77865).

Lorsque la proposition de rectification fait suite à un ESFP, à une vérification de comptabilité ou un examen de comptabilité, l'administration est tenue d'indiquer non seulement le montant de la rectification (c'est-à-dire des bases d'imposition supplémentaires) et le **montant des droits, taxes et pénalités** en résultant (voir nº 79425), mais également les points contrôlés ne donnant lieu à aucune rectification (nºs 79372 et 79570). En cas de reconstitution des bases d'imposition à la suite du rejet de la comptabilité (ou en l'absence de présentation des documents comptables), la méthode suivie par l'administration doit être clairement et complètement exposée.

› Précisions **a.** Lorsqu'elle fait suite à la vérification ou à l'examen d'une **comptabilité informatisée,** la proposition précise la nature des traitements effectués. Pour le cas où une comptabilité informatisée est saisie lors d'une visite domiciliaire, voir nº 78322, précision b.

b. En cas d'application automatique de la **déduction « en cascade »** des rappels de taxes sur le chiffre d'affaires, la proposition doit en faire état afin que le contribuable puisse éventuellement s'y opposer (nº 79600).

c. En ce qui concerne l'obligation de **motiver les pénalités,** voir nºs 80220 s.

78777 **Renseignements et documents obtenus de tiers** Lorsqu'elle se fonde sur des renseignements et documents obtenus de tiers (notamment par l'exercice de son droit de communication) pour établir l'imposition faisant l'objet de la proposition de rectification (ou de la notification des bases imposées d'office), l'administration est tenue d'informer le contribuable de la teneur et de l'origine de ces renseignements et documents.

LPF art. L76 B
CF-I-390 s

Cette **obligation d'information** est normalement exécutée au stade de la proposition de rectification mais elle peut, sans irrégularité, intervenir au cours de la procédure d'imposition.

Si le contribuable en fait la demande, l'administration doit lui **communiquer,** avant la mise en recouvrement, une copie des documents en cause.

› Précisions **a.** Ces obligations concernent également tous les renseignements dont l'administration se prévaut dans la **réponse aux observations** du contribuable (CE 7-11-2008 nº 300662 : RJF 1/09 nº 55) ou devant la **commission** des impôts directs et des taxes sur le chiffre d'affaires (CE 6-10-2008 nºs 299768 et 315233 : RJF 12/08 nº 1364).

b. L'absence d'indication de l'origine des renseignements est sans incidence sur la **régularité de la procédure d'imposition** lorsque le contribuable a nécessairement connaissance de ces renseignements, eu égard à leur teneur (CE 17-3-2016 nº 381908 : RJF 6/16 nº 545). Toutefois, même si le contribuable a pu en avoir connaissance par ailleurs et qu'il en fait la demande, l'administration est tenue de lui adresser les documents qu'elle a obtenus de tiers et qu'elle a utilisés pour fonder les impositions. Il en va ainsi de ses relevés bancaires, le contribuable étant en droit d'en vérifier l'exactitude et l'authenticité (CE 30-1-2017 nº 391844 : RJF 7/17 nº 717). Par ailleurs, l'administration est dispensée de communiquer au contribuable les informations qu'elle a recueillies dans des documents librement accessibles au public, sauf si elles proviennent de sites Internet ou de serveurs de données auxquels l'intéressé n'a pu avoir accès (CE 30-5-2012 nº 345418 : RJF 8-9/12 nº 844). Elle est également dispensée de communiquer les documents dont il est avéré qu'à la date à laquelle ils en demandent communication les contribuables occupent des fonctions qui leur permettent d'y avoir directement et effectivement accès (CE 27-6-2019 nº 421373 : RJF 10/19 nº 942). Enfin, l'obligation d'information ne s'étend en principe ni aux données fournies annuellement par des tiers à l'administration conformément aux dispositions du CGI, telles que les déclarations sur les traitements et salaires adressées par les employeurs, ni aux informations nécessairement détenues par les différents services de l'administration.

c. Les contribuables en situation d'**opposition à contrôle fiscal** et les associés des sociétés de personnes qui se sont elles-mêmes placées dans une telle situation sont exclus du bénéfice de l'obligation d'information (CE 6-10-2008 nºs 299933, 299934 et 299935 : RJF12/08 nº 1363 et CE (na) 20-12-2017 nº 407326 : RJF 4/18 nº 408).

d. Lorsqu'elle doit avoir lieu, la communication des documents peut se faire sous forme de **consultation** dans les locaux de l'administration si la nature et le volume de ces documents le nécessitent (CE 27-4-2011 nº 320551 : RJF 7/11 nº 852).

e. Les renseignements couverts par le **secret professionnel** ou l'un des secrets légalement protégés (secret de la vie privée, par exemple) ne peuvent être communiqués sans le consentement du tiers concerné, sauf si le contribuable est débiteur solidaire de l'impôt dû par ce tiers (Avis CE 21-12-2006 nº 293749 : RJF 3/07 nº 314).

78780 **Notification de la proposition de rectification** La notification de la proposition de rectification interrompt la **prescription** dans les conditions indiquées au nº 77780.

La proposition est adressée au **contribuable** ou à son **représentant légal.**

Les procédures relatives à l'impôt dû à raison de l'ensemble des revenus du foyer peuvent être suivies par l'un ou l'autre des **époux** ou des **partenaires du Pacs.** En revanche, les procédures de fixation ou de rectification des revenus professionnels non salariaux doivent être suivies directement avec celui des époux ou des partenaires du Pacs qui en est titulaire (voir nº 335).

Lorsque la rectification concerne une **société,** le destinataire de la proposition est la société elle-même. Des propositions distinctes doivent en outre être adressées à titre personnel à chacun des **associés** pour ce qui le concerne, si la rectification comporte des conséquences sur sa propre situation fiscale.

78785 **› Précisions** **a.** Lorsque le contribuable a désigné un **mandataire** habilité à recevoir l'ensemble des actes de la procédure d'imposition et qu'il en a informé l'administration (après réception du premier acte de procédure : CAA Versailles 10-1-2019 nº 17VE01135 : RJF 5/19 nº 449), celle-ci est, en principe, tenue d'adresser au mandataire tous les actes de la procédure et, notamment, la proposition de rectification. Toutefois, l'expédition de tout ou partie des actes au domicile ou au siège du contribuable est réputée régulière si le pli de notification est effectivement retiré par le contribuable ou l'un de ses préposés (Avis CE 23-5-2003 nº 253223 : RJF 8-9/03 nº 1010 ; Cass. com. 6-12-2016 nº 15-18.718 : RJF 3/17 nº 282).

b. Les propositions adressées aux **associés** à la suite de la rectification des bases d'imposition de la société doivent indiquer les raisons de cette rectification (notamment CE 21-12-1990 nº 69153 : RJF 2/91 nº 208), sauf si elles sont faites aux associés de sociétés de personnes, auquel cas une **motivation** sommaire faisant simplement référence à la rectification des bases de la société suffit (notamment CE 2-11-1994 nº 126814 : RJF 12/94 nº 1356). Par ailleurs, au regard du délai de reprise, la notification envoyée à une société de personnes est interruptive de **prescription** à l'égard de tous les associés pour l'impôt sur le revenu afférent à leur quote-part de bénéfices (CE 8-4-1994 nº 60405-65876 : RJF 5/94 nº 579).

c. La proposition de rectification est généralement expédiée par **lettre recommandée avec accusé de réception.** Il appartient à l'administration, le cas échéant, d'établir que le pli est effectivement parvenu à son destinataire ou qu'il a été régulièrement mis en instance (notamment CE 3-12-1990 nº 50260 : RJF 2/91 nº 207). La circonstance que le pli aurait été remis à une personne autre que le contribuable ou son fondé de pouvoir ne suffit pas à faire regarder la notification comme irrégulière dès lors que l'avis de réception a été retourné à l'administration (CE 7-10-1985 nº 44182 : RJF 12/85 nº 1549). Le contribuable a, toutefois, la faculté de démontrer que le tiers signataire n'avait pas avec lui des liens personnels ou professionnels suffisants pour que la notification soit régulière (CE 11-7-1988 nº 52642 : RJF 10/88 nº 1119).

DROIT DE RÉPONSE DU CONTRIBUABLE

78795 Le contribuable dispose d'un **délai** de trente jours pour répondre à la proposition de rectification. Ce délai est prorogé de trente jours si l'intéressé en fait la demande dans le délai initial.

LPF art. L 57, al. 2 et dernier al., R 57-1 et R 194-1, al. 1 **CF-VI-13200 s**

L'administration doit attendre l'expiration du délai de réponse pour mettre en recouvrement l'imposition, faute de quoi celle-ci serait irrégulière (CE 17-5-1989 nº 62199 : RJF 7/89 nº 860).

Dans ce délai, le redevable peut :

– soit accepter la rectification proposée, étant précisé que l'absence de réponse dans le délai imparti vaut acceptation tacite ;

– soit présenter des observations, lesquelles peuvent prendre la forme d'un refus pur et simple.

S'il **donne son accord,** l'imposition est établie sur la base notifiée. L'intéressé conserve néanmoins le droit de présenter une réclamation après la mise en recouvrement de l'imposition, mais il supporte alors la charge de prouver l'exagération de l'imposition.

Si le redevable **produit des observations** dans le délai légal, et si ses observations sont reconnues fondées, en tout ou partie, l'administration abandonne ou modifie son projet de rectification (si le vérificateur change le fondement légal du rehaussement, il doit en avertir le contribuable et lui laisser un nouveau délai de trente jours pour répondre : CE 29-1-2003 nº 205636 : RJF 4/03 nº 470).

Si l'administration rejette les observations, elle doit en informer le contribuable par une réponse motivée (pour le délai, voir nº 78800). Par ailleurs, en cas de réclamation contentieuse ultérieure, c'est elle qui a la charge de prouver le bien-fondé de l'imposition, dans la mesure où celle-ci a été établie sur des bases supérieures au chiffre déclaré.

› Précisions **a.** Le **délai de réponse** du contribuable court à compter de la réception de la proposition de rectification. Il s'agit d'un délai franc qui se décompte abstraction faite du jour où l'intéressé a reçu la proposition de rectification et de celui où le délai expire (exemple : pour une proposition reçue le 2 avril, la réponse est faite dans les délais si elle est postée au plus tard le 3 mai). Lorsque le dernier jour tombe un samedi, un dimanche ou un jour férié, le

délai est prorogé jusqu'au premier jour ouvrable suivant.
Lorsque le **contribuable** est **absent** lors de la réception de la lettre recommandée, le délai court à compter du jour où il est allé retirer le pli au bureau de poste si le retrait a été effectué dans le délai imparti par l'administration postale. Au contraire, si le pli n'a pas été retiré, le délai de réponse à la proposition court à compter du jour où le contribuable a été avisé que le pli était à sa disposition au bureau de poste.
b. Dans sa réponse à la proposition de rectification (comme d'ailleurs au cours des opérations de contrôle ou même ultérieurement au stade de la procédure contentieuse), le contribuable peut formuler une demande de **compensation** entre la rectification proposée et une taxation excessive établie à son détriment ou une double imposition résultant de la rectification (nos 81940 s.). À noter que l'administration dispose également du droit de compensation.
c. Lorsque le contribuable est représenté par un **avocat,** celui-ci a qualité pour suivre la procédure d'imposition sans avoir à justifier du mandat qu'il a reçu (Avis CE 5-6-2002 n° 242862 : RJF 8-9/02 n° 980 ; CE 5-6-2002 n° 227373 : RJF 8-9/02 n° 980). En revanche, le **collaborateur** d'un avocat doit justifier d'un mandat exprès (CE 13-1-2010 n° 323163 : RJF 4/10 n° 390).
d. L'absence de réponse de l'administration aux observations du contribuable vérifié n'entraîne la décharge de l'imposition que si elle le prive de la **garantie** de motivation des rehaussements ou de la possibilité de saisir la commission des impôts directs et des taxes sur le chiffre d'affaires (CE 11-4-2014 n° 349719 : RJF 7/14 n° 707).

78800 CF-VI-16500 s **Réponse aux observations du contribuable** Aucun **délai** n'est en principe imparti à l'**administration** pour répondre aux observations du contribuable. Toutefois, la loi impose à l'administration de répondre dans un délai de soixante jours à compter de la réception des observations lorsque la proposition de rectification fait suite à la vérification de comptabilité ou à l'examen de comptabilité d'une entreprise dont le chiffre d'affaires est inférieur à 1 526 000 € s'il s'agit d'une entreprise industrielle ou commerciale dont le commerce principal est de vendre des marchandises, objets, fournitures ou denrées à emporter ou à consommer sur place, ou de fournir le logement, ou à 460 000 € en ce qui concerne les autres entreprises industrielles ou commerciales (prestataires de services), ainsi que pour les personnes exerçant une activité non commerciale (LPF art. L 57 A). Par mesure de tempérament administrative, le délai de soixante jours s'applique également en cas de vérification d'une société civile immobilière de gestion ou encore d'une entreprise agricole dont le montant des recettes brutes n'excède pas 704 000 € (BOI-CF-IOR-10-50 nos 570 et 580).
Le chiffre d'affaires à retenir s'entend du chiffre d'affaires annuel hors taxe (TTC pour les entreprises agricoles) de l'exercice vérifié, après prise en compte des rectifications opérées et des observations du contribuable (BOI-CF-IOR-10-50 nos 710 et 720).
Le défaut de notification d'une réponse dans le délai de soixante jours équivaut à une acceptation des observations du contribuable.

› Précisions a. Le **délai de réponse de soixante jours** ne s'applique pas en cas de graves irrégularités privant la comptabilité de valeur probante, ou en cas d'absence de comptabilité (CE 24-2-2017 n° 390467 : RJF 5/17 n° 409). Ne bénéficient pas, par ailleurs, de la garantie les personnes morales et les sociétés en participation à l'actif desquelles sont inscrits des titres de placement ou de participation pour un montant total d'au moins 7 600 000 €.
b. En ce qui concerne le destinataire de la réponse de l'administration aux observations du contribuable lorsque celui-ci a désigné un **mandataire** pour le représenter au cours de la procédure d'imposition, voir n° 78785, a.

INTERVENTION DES COMMISSIONS OU DU COMITÉ CONSULTATIF

78810 LPF art. L 59 et R 59-1 CF-VI-18300 s et 20000 s Lorsque l'administration n'accepte pas les observations du contribuable et que la rectification porte sur une question relevant de la compétence soit de la **commission des impôts directs** et des taxes sur le chiffre d'affaires (départementale ou nationale), soit de la **commission départementale de conciliation,** le désaccord peut être soumis, pour **avis,** à la commission. La commission peut être saisie par l'administration ou par le contribuable. Ce dernier dispose, à cette fin, d'un délai de trente jours (délai franc) à compter de la réception de la réponse de l'administration rejetant ses observations. Il peut adresser sa **demande** soit à l'administration (qui doit obligatoirement y donner suite, sous peine d'irrégularité de la procédure), soit directement au secrétariat de la commission.
L'**avis** de la commission est **notifié** au redevable par l'administration qui l'informe, en même temps, du chiffre qu'elle se propose de retenir comme base d'imposition (notification non interruptive de prescription). Ensuite l'impôt est mis en recouvrement.
Lorsque le désaccord porte sur la réalité de l'affectation à la recherche des dépenses ouvrant droit au crédit d'impôt recherche, le contribuable ou l'administration peuvent saisir pour avis, dans les mêmes conditions, le **comité consultatif du crédit d'impôt pour dépenses de recherche** (n° 10505, précision c).

Règles de preuve Dans l'hypothèse où, après la mise en recouvrement, le contribuable entend présenter une demande en décharge ou en réduction de l'imposition par voie de réclamation contentieuse, l'administration supporte la charge de la preuve, quel que soit l'avis rendu par la commission ou le comité. La charge de la preuve est donc, en **principe,** indépendante de l'avis. 78815 LPF art. L 192 CONT-II-25300 s

Toutefois, par exception, la charge de la preuve incombe au contribuable dans les cas suivants :

– lorsque sa **comptabilité** comporte de **graves irrégularités,** si l'imposition a été établie conformément à l'avis de la commission ou du comité (dans le cas contraire, la charge de la preuve incombe à l'administration) ;

– lorsqu'il n'a **pas présenté de comptabilité** ou de pièces en tenant lieu ;

– lorsqu'il est **taxé d'office** à l'impôt sur le revenu **pour défaut de réponse à une demande d'éclaircissements ou de justifications** à la suite d'un examen contradictoire de la situation fiscale personnelle (voir nº 79090, précision b).

› Précisions **a.** La **preuve de l'irrégularité de la comptabilité** incombe toujours à l'administration. Les erreurs, omissions, inexactitudes constatées dans la comptabilisation des opérations ainsi que l'absence de pièces justificatives ou de documents en tenant lieu sont susceptibles de constituer de « graves irrégularités comptables ». 78820

b. Dans l'hypothèse où la preuve est à sa charge, le contribuable doit apporter tous les **éléments,** comptables et autres, **de nature à permettre d'apprécier le chiffre qui doit effectivement être retenu comme base d'imposition.** S'il n'est pas en mesure de s'appuyer sur une comptabilité régulière et probante, il peut éventuellement, comme en matière d'imposition d'office, soit critiquer la méthode d'évaluation suivie par l'administration pour démontrer que cette méthode aboutit à un résultat exagéré, soit proposer au juge une autre méthode permettant d'obtenir un résultat plus précis, soit encore essayer de démontrer que la méthode de reconstitution administrative est radicalement viciée dans son principe ou excessivement sommaire.

3. COMMISSIONS ADMINISTRATIVES DES IMPÔTS

COMMISSION SITUÉE DANS LE RESSORT DU TRIBUNAL ADMINISTRATIF

Compétence **a.** La commission des impôts directs et des taxes sur le chiffre d'affaires peut être amenée à intervenir dans le cadre de la **procédure de rectification contradictoire,** dans les **domaines** suivants : 78840 LPF art. L 59 A DC-VII-300 s

– montant du résultat industriel et commercial, non commercial, agricole ou du chiffre d'affaires, déterminé selon un mode réel d'imposition ;

– conditions d'application des régimes d'exonération ou d'allégements fiscaux en faveur des entreprises nouvelles, à l'exception de la qualification des dépenses de recherche ;

– rémunérations excessives ;

– valeur vénale servant de base à la TVA immobilière.

Dans ces domaines, la commission est compétente dans la mesure où le désaccord porte sur des **questions de fait** (exemples : appréciation du caractère normal d'une rémunération, caractère probant ou non d'une comptabilité), même si les faits sont susceptibles d'être pris en compte pour l'examen d'une question de droit. En revanche, elle ne peut pas se prononcer sur les **questions de droit** elles-mêmes (exemples : catégorie d'imposition à l'impôt sur le revenu, existence d'une société de fait), à l'exception des questions suivantes : caractère anormal d'un acte de gestion, principe et montant des amortissements et des provisions et, enfin, caractère de charge déductible ou d'immobilisation d'une opération.

Par ailleurs, la commission n'est pas compétente pour se prononcer dans des litiges qui portent sur les revenus fonciers et mobiliers, les plus-values des particuliers, les traitements et salaires, les charges déductibles du revenu global ou l'application des pénalités.

b. La commission est également appelée à intervenir :

– dans le cadre des **examens contradictoires de la situation fiscale personnelle,** lorsque le contribuable est taxé d'office à l'impôt sur le revenu pour défaut de réponse à une demande d'éclaircissements ou de justifications (nº 79090, précision b) ;

– pour la fixation des **valeurs locatives cadastrales.**

Sur le **plan territorial,** la commission compétente est en principe celle du ressort du tribunal administratif où se trouve le lieu d'imposition (en matière de bénéfices industriels et commerciaux, de bénéfices agricoles et de bénéfices non commerciaux, il s'agit en fait du lieu où est souscrite la déclaration de résultats). 78845 DC-VII-4600 s

Toutefois, pour des motifs de **confidentialité,** le contribuable peut demander la saisine d'une autre commission située dans le ressort de la cour administrative d'appel territorialement compétente. Par ailleurs, lorsque des rehaussements fondés sur les mêmes motifs sont notifiés à des sociétés membres d'un **groupe intégré,** celles-ci peuvent demander la saisine de la commission compétente pour la société mère. Enfin, les contribuables imposés sur des **rémunérations excessives** peuvent demander la saisine de la commission compétente pour l'entreprise versante (CGI art. 1651 G).

78850 CGI art. 1651 à 1651 F DC-VII-5300 s

Fonctionnement La commission est présidée par un magistrat du tribunal administratif ou de la cour administrative d'appel.

Quel que soit le domaine dans lequel elle intervient, la commission comprend, outre le président, des représentants de l'administration et des représentants des contribuables. Leur nombre et leur qualité diffèrent selon la nature du litige soumis à l'appréciation de la commission (par exemple, deux représentants de l'administration de grade élevé et trois représentants des contribuables, dont, en principe, un expert-comptable, composent la commission lorsqu'elle intervient en matière de bénéfices professionnels et de chiffre d'affaires).

78855 LPF art. L 60, R 60-1 à R 60-2 A DC-VII-8730 s

Le contribuable doit être **convoqué** trente jours au moins avant la réunion de la commission et il est invité à se faire entendre ou à présenter ses observations écrites.

Pendant le délai de trente jours avant la réunion, le contribuable a le droit de **consulter,** au secrétariat de la commission, le rapport de l'administration ainsi que tous les documents dont celle-ci fait état pour appuyer sa thèse (sous réserve du respect du secret professionnel).

La commission peut faire appel à un **expert** extérieur, sur demande et aux frais du contribuable (CGI art. 1651 M).

Devant la commission, le contribuable peut se faire représenter par un mandataire ou assister par deux **conseils** de son choix.

La commission ne peut **délibérer** valablement que si la moitié du nombre des membres appelés à siéger est présente. En cas de partage égal des voix, la voix du président est prépondérante. Les agents de l'administration qui ont participé à l'instruction de l'affaire (le vérificateur ou l'agent qui a pris la décision d'appliquer les pénalités, par exemple) ne peuvent assister aux délibérations (CE 3-10-2012 n° 338974 : RJF 12/12 n° 1147), mais ils peuvent être entendus par la commission.

78860 LPF art. R 60-3 DC-VII-11760 s

Avis L'avis émis par la commission dans le cadre de la procédure de rectification doit être **motivé.**

Lorsque l'avis est **irrégulier,** ou lorsque la commission a refusé à tort de se prononcer, la procédure d'imposition n'est pas viciée ; l'irrégularité a pour seul effet, en cas de graves irrégularités dans la comptabilité, de laisser la charge de la preuve à l'administration (Avis CE 23-4-1997 n° 183969 : RJF 6/97 n° 600). On notera à ce propos que seul un vice de forme ou de procédure (par exemple : absence de motivation, incompétence territoriale de la commission) peut entacher l'avis d'irrégularité. Une erreur de fait ou d'appréciation est sans incidence.

COMMISSION NATIONALE

78870 LPF art. L 59 C CGI art. 1651 H, 2 et 1651 L DC-VII-15100 s

Compétence La Commission nationale des impôts directs et des taxes sur le chiffre d'affaires est compétente à l'égard des **entreprises** qui exercent une **activité industrielle ou commerciale** et dont le **chiffre d'affaires** hors taxe **excède** 50 000 000 € s'il s'agit d'entreprises dont le commerce principal est de vendre des marchandises, objets, fournitures et denrées à emporter ou à consommer sur place ou de fournir le logement, ou 25 000 000 € s'il s'agit d'autres entreprises. Pour ces entreprises, la Commission nationale intervient sur les désaccords en matière de bénéfices industriels et commerciaux et de taxes sur le chiffre d'affaires, dans les domaines et conditions décrits au n° 78840, a.

Lorsque des rehaussements fondés sur les mêmes motifs sont notifiés à des sociétés membres d'un **groupe intégré,** chaque société peut demander la saisine de la Commission nationale si au moins une des sociétés concernées relève de sa compétence. Enfin, les contribuables imposés sur des **rémunérations excessives** peuvent demander la saisine de la Commission nationale si l'entreprise versante relève de sa compétence.

› **Précisions** La Commission nationale est compétente dès lors que le **chiffre d'affaires** de l'un des exercices vérifiés ou sur lequel porte la proposition de rectification excède le seuil fixé par la loi. Le chiffre d'affaires à prendre en considération s'entend de celui réalisé dans le cadre de l'activité normale et courante de l'entreprise, après prise en compte des régularisations effectuées dans le cadre de la procédure visée au n° 79175 et des rectifications opérées par l'administration et arrêtées avant la saisine de la Commission. Son montant s'apprécie par exercice de douze mois (BOI-CF-CMSS-30-10 n°s 40 à 70).

Fonctionnement La Commission nationale est présidée par un conseiller d'État qui peut être suppléé par un magistrat administratif. Le président a voix prépondérante. 78875

CGI art. 1651-H, 1 à 1651 K
DC-VII-15720 s

Quel que soit le domaine dans lequel elle intervient, la commission comprend, outre le président, des représentants de l'administration et des représentants des contribuables. Comme pour la commission située dans le ressort d'un tribunal administratif, leur nombre et leur qualité diffèrent selon la nature du litige soumis à l'appréciation de la commission.

Les règles relatives au fonctionnement et à l'avis de la commission située dans le ressort d'un tribunal administratif (nos 78855 et 78860) sont applicables à la Commission nationale.

COMMISSION DÉPARTEMENTALE DE CONCILIATION

Compétence Lorsque l'administration relève une **insuffisance des prix ou des évaluations** d'après lesquels ont été liquidés les **droits d'enregistrement,** la taxe de publicité foncière ou l'impôt sur la fortune immobilière, le rehaussement qui en résulte est établi en suivant la procédure de rectification contradictoire. 78885

CGI art. 667, 2 et 1653 B
LPF art. L 59 B
ENR-VII-1400 s

À défaut d'accord amiable, le litige peut être soumis, dans le cadre de cette procédure, à la commission départementale de conciliation, à l'initiative de l'administration ou du contribuable.

L'intervention de la commission est possible lorsque l'**insuffisance** porte sur un immeuble, un fonds de commerce, une clientèle, un droit au bail (ou un transfert de droit à la jouissance d'immeuble), un navire ou un bateau, des titres de sociétés immobilières « transparentes » (sur cette notion, voir nos 30770 s.), ainsi que sur des biens meubles corporels et des titres non cotés.

La commission **compétente** est celle dans le ressort de laquelle les biens sont situés (ou immatriculés s'il s'agit de navires ou de bateaux). À défaut (biens situés à l'étranger, essentiellement), la commission de Paris est compétente.

Fonctionnement ; avis La commission départementale de conciliation est présidée par un magistrat de l'ordre judiciaire et comprend, en outre, huit membres : quatre représentants de l'administration, un notaire et trois représentants des contribuables. 78890

CGI art. 1653 A et 1653 BA
LPF art. R 59 B-1
ENR-VII-1320 s, 2100 s et 2220 s

Le contribuable doit être **convoqué** trente jours au moins avant la réunion de la commission et il est invité à se faire entendre ou à faire parvenir des observations écrites. Il peut se faire assister par une personne de son choix ou désigner un mandataire.

La commission peut faire appel à un **expert** extérieur, sur demande et aux frais du contribuable.

Elle ne peut **délibérer** valablement que si cinq membres au moins sont présents, y compris le président. L'avis est formulé à la majorité des voix : en cas de partage égal des voix, celle du président est prépondérante. L'**avis** émis par la commission doit être **motivé** à peine d'irrégularité de la procédure d'imposition.

B. Procédure d'imposition d'office

Par dérogation à l'emploi de la procédure normale, la loi donne dans certains cas à l'administration le pouvoir d'établir « d'office » les impositions supplémentaires. La caractéristique de la procédure d'imposition d'office est de ne **pas** être **contradictoire** : elle se déroule sans que le contribuable soit invité à exposer sa position et elle met la preuve à sa charge s'il conteste l'imposition devant les tribunaux. 78920

1. CAS D'IMPOSITION D'OFFICE

La procédure d'imposition d'office peut être mise en œuvre dans les situations suivantes, dont l'énumération est limitative : 79050

LPF art. L 65 à L 74
CF-VII-200 s

1° Défaut ou retard de production de certaines déclarations ;

2° Non-respect de certaines obligations incombant aux micro-entreprises ;

3° Défaut de réponse aux demandes d'éclaircissements ou de justifications ;

4° Opposition au contrôle fiscal ;

5° Défaut de désignation d'un représentant en France par un non-résident (voir nos 4480, 4685, 36405, b et 72325).

DÉFAUT OU RETARD DE DÉCLARATION

79060 LPF art. L 66 et L 73, 1° et 2° CF-VII-400 s

L'imposition d'office sanctionne le défaut ou le retard dans le dépôt de déclarations destinées à l'assiette de l'impôt ou à l'évaluation des bases d'imposition.

Sous réserve de la faculté de régularisation décrite aux nos 79065 s., le contribuable encourt, ainsi, la **taxation d'office** dans les cas suivants :

– défaut ou retard de production de la déclaration d'ensemble des revenus, de la déclaration des plus-values, des déclarations de chiffre d'affaires (régimes du réel, TVA immobilière), de la déclaration des bénéfices imposables à l'impôt sur les sociétés, des déclarations des taxe ou participation assises sur les salaires (taxe sur les salaires, contribution à la formation professionnelle) ainsi que du bordereau de versement pour la participation à la construction (BOI-CF-IOR-50-10-20-10 n° 100) ;

– défaut de déclaration ou de présentation d'un acte à la formalité dans le délai légal, en matière de droits d'enregistrement (voir précision a ci-après) ;

– défaut d'indication dans la déclaration d'ensemble des revenus ou ses annexes de la valeur nette taxable du patrimoine à l'impôt sur la fortune immobilière, ou défaut de production des mêmes annexes.

De la même façon (toujours sous réserve de la faculté de régularisation décrite aux nos 79065 s.), le contribuable encourt l'**évaluation d'office** de ses bénéfices lorsqu'il n'a pas produit dans les délais la déclaration spéciale des bénéfices industriels et commerciaux (régimes du réel), des bénéfices non commerciaux (régime de la déclaration contrôlée) ou des bénéfices agricoles réels.

› Précisions a. La procédure de taxation d'office en matière de **droits d'enregistrement** concerne l'ensemble de ces droits (perçus pour le compte de l'État ou des départements), les taxes additionnelles à ces droits (taxes départementale et communale), la taxe sur les conventions d'assurances, le prélèvement sur les profits immobiliers de caractère professionnel réalisés par les contribuables non domiciliés en France, la taxe de 3 % sur les immeubles de certaines sociétés. La taxation d'office ne s'applique pas en matière de droits de timbre et taxes assimilées. La taxe de publicité foncière sur les baux de plus de 12 ans, les donations, les inscriptions d'hypothèques et celle tenant lieu de droits d'enregistrement sont également exclues de cette procédure.

La taxation d'office ne s'applique pas lorsque la **déclaration** a été faite dans le délai légal, mais n'a **pas** été **enregistrée** en raison d'un **refus de l'administration** (Cass. com. 17-12-2002 n° 98-15.195 : RJF 4/03 n° 513 à propos du refus d'enregistrement par l'administration d'une déclaration de succession déposée dans le délai légal pour défaut de paiement préalable des droits).

b. Sur l'évaluation d'office des résultats des **micro-entreprises,** voir n° 79080.

79065 LPF art. L 67, L 68 et L 73, dernier al. CF-VII-2750 s

Mise en demeure L'administration ne peut procéder à une taxation ou évaluation d'office que si le contribuable n'a pas **régularisé** sa situation dans les trente jours suivant la notification d'une **mise en demeure.**

Ce dispositif concerne toutes les déclarations visées au n° 79060, sauf celles relatives aux taxes sur le chiffre d'affaires ou aux impôts contrôlés selon les mêmes procédures et sous les mêmes sanctions et garanties que ces taxes (BOI-CF-IOR-50-20 n° 20).

Si le contribuable dépose sa déclaration dans les trente jours suivant la mise en demeure qui lui a été adressée, il ne peut pas faire l'objet d'une taxation ou évaluation d'office.

Néanmoins, il reste passible de la pénalité pour souscription hors délai d'une déclaration directement utilisée pour l'assiette de l'impôt (nos 80075 s.).

79070 **› Précisions a.** L'administration n'est **pas** tenue de procéder à une **mise en demeure** dans les situations suivantes :

– lorsque le contribuable change fréquemment de lieu de séjour ou de principal établissement, ou séjourne dans des locaux d'emprunt ou des locaux meublés ;

– si le contribuable a transféré son domicile fiscal ou son activité à l'étranger sans déposer sa déclaration ;

– si un contrôle fiscal n'a pu avoir lieu du fait du contribuable ou de tiers ;

– si le contribuable ne s'est pas fait connaître d'un centre de formalités des entreprises ou du greffe du tribunal de commerce ;

– s'il s'est livré à une activité illicite ;

– lorsque l'administration a dressé un procès-verbal de flagrance fiscale, au titre de l'année ou de l'exercice au cours duquel le procès-verbal est établi.

Dans ces hypothèses, la procédure de taxation ou d'évaluation d'office peut donc être mise en œuvre du seul fait que la déclaration n'a pas été déposée dans les délais.

b. Lorsque l'administration **adresse au contribuable une mise en demeure** alors qu'elle n'y est **pas tenue,** elle peut régulièrement imposer d'office l'intéressé sans attendre l'expiration du délai de régularisation (CE 12-3-2014 n° 360229 : RJF 6/14 n° 599).

c. En matière d'**impôt sur la fortune immobilière,** l'administration relance d'abord le redevable défaillant par l'envoi d'une lettre amiable l'invitant à souscrire sa déclaration. Si, le redevable défère à la demande, sa déclaration est contrôlée selon la procédure contradictoire. En l'absence de réponse à cette lettre amiable, l'administration adresse une mise en demeure de souscrire la déclaration dans un délai de 30 jours qui, si elle n'est pas suivie d'effet, aboutit à la taxation d'office (BOI-PAT-IFI-60-10 nos 130 à 160) ; (ENR-XII-36710 s.).

d. Le délai dont disposent les héritiers pour déposer la **déclaration de succession** après mise en demeure de l'administration sans encourir la taxation d'office pour défaut de déclaration est de quatre-vingt-dix jours, au lieu de trente.

e. Lorsque l'administration ne respecte pas son obligation de mettre en demeure le contribuable n'ayant pas souscrit sa déclaration, ce dernier ne peut pas faire l'objet d'une taxation ou évaluation d'office. Une imposition est toutefois établie, mais dans le cadre de la procédure contradictoire.

INFRACTIONS COMMISES PAR LES MICRO-ENTREPRISES

Les résultats imposables selon le régime des micro-entreprises peuvent faire l'objet d'une **évaluation d'office** (sans mise en demeure) dans les cas suivants : **79080** LPF art. L 73, 1° bis et 2° bis CF-VII-4300 s
– défaut d'indication, sur la déclaration d'ensemble des revenus, du montant du chiffre d'affaires (ou des recettes) ou du montant des plus ou moins-values ;
– insuffisance du montant du chiffre d'affaires (ou des recettes) déclaré excédant 10 % de ce montant ;
– insuffisance du montant porté sur le registre des achats (micro-BIC) excédant 10 % de ce montant ;
– infractions aux dispositions interdisant le travail dissimulé et la publicité favorisant ce type de travail (C. trav. art. L 8221-1 : Mémento social nos 79040 s.).

DÉFAUT DE RÉPONSE À UNE DEMANDE D'ÉCLAIRCISSEMENTS OU DE JUSTIFICATIONS

Le contribuable qui s'est abstenu de répondre à une demande d'éclaircissements ou de justifications est taxé d'office à l'**impôt sur le revenu.** **79090** LPF art. L 69 CF-VII-4700 s

Compte tenu du déroulement de la procédure de demande d'éclaircissements ou de justifications, plusieurs hypothèses sont à envisager :
– le contribuable ne **répond pas,** se borne à faire une réponse orale ou répond hors délai à la demande d'éclaircissements ou de justifications : dans ce cas, la taxation d'office est **directement applicable** ;
– le contribuable répond dans les délais et par écrit à la demande d'éclaircissements et de justifications, mais l'administration juge cette **réponse insuffisante** : dans ce cas, la taxation d'office ne peut être appliquée que si l'intéressé ne répond pas de manière satisfaisante, par écrit, à la **mise en demeure** qui lui est adressée de compléter sa première réponse.

› Précisions **a.** Nature des **justifications** à apporter par le contribuable : voir n° 78005, précision a.

b. En cas de taxation d'office à l'impôt sur le revenu pour défaut de réponse à une demande d'éclaircissements ou de justifications à l'issue d'un **examen contradictoire de la situation fiscale personnelle,** la **commission des impôts directs** et des taxes sur le chiffre d'affaires peut être saisie à l'initiative du contribuable ou de l'administration lorsque le désaccord persiste (LPF art. L 76, al. 1). Cette mesure implique que le contribuable doit être mis à même de discuter les bases d'imposition retenues. Celles-ci ne peuvent donc pas, simplement, être portées à sa connaissance, mais doivent faire l'objet d'une proposition de rectification et donner lieu à des échanges à caractère contradictoire avec le vérificateur (procédure décrite aux nos 78775 s.) susceptibles d'aboutir, en cas de désaccord persistant, à la saisine de la commission (CE 11-6-2003 n° 223404 : RJF 10/03 n° 1148).

L'**avis** rendu par la commission doit être notifié au contribuable avant la mise en recouvrement de l'imposition (CE 13-11-1998 n° 164143 : RJF 1/99 n° 51).

À noter que la saisine de la commission n'a aucune incidence sur la **charge de la preuve** en cas de contentieux, qui incombe, comme dans toutes les hypothèses d'imposition d'office, au contribuable.

c. Sur le cas particulier des demandes d'informations et justifications relatives aux **avoirs détenus à l'étranger** en cas de non-respect de l'obligation déclarative, voir n° 78305.

OPPOSITION AU CONTRÔLE FISCAL

Si le contrôle ne peut avoir lieu du fait du contribuable ou d'autres personnes (opposition individuelle ou collective), les bases d'imposition sont **évaluées d'office.** **79100** CGI art. 1732 LPF art. L 74 CF-VII-6600 s CF-VIII-20100 s, 26050 s, 26100 s et 58050 s

Dans ce cas, les droits rappelés et les créances de nature fiscale qui doivent être restituées à l'État sont assortis de l'**intérêt de retard** et d'une **majoration de 100 %.** En outre, l'intéressé est privé de la possibilité d'imputer certains **avantages fiscaux** (n° 79880). Enfin, il est exclu des travaux des commissions administratives des impôts.

› Précisions **a.** Ces dispositions sont susceptibles de s'appliquer à l'**ensemble des contrôles sur place** auxquels l'administration est en droit de procéder, et notamment au contrôle dont une société civile immobilière peut faire l'objet au titre de ses revenus fonciers (CE 5-11-2014 nos 356148 et 357672 : RJF 2/15 n° 130).

b. Ces dispositions s'appliquent en cas d'opposition à l'accès ou au contrôle des **documents informatisés,** dans le cadre d'une vérification de comptabilité ou d'une visite domiciliaire.

c. La procédure d'**évaluation d'office** pour opposition au contrôle est mise en œuvre sans mise en demeure ou autre **formalité** préalable (CE 17-11-1997 n° 136114 : RJF 1/98 n° 70). Cependant, l'administration recommande à ses services de procéder à la « mise en garde » du contribuable, lorsque l'opposition ne s'accompagne pas de violences graves (BOI-CF-IOR-40 nos 210 et 220).

d. La **décision d'appliquer la majoration de 100 %** ne peut être prise que par un **agent** ayant au moins le grade d'inspecteur divisionnaire, qui vise (voir toutefois nº 77865, précision d) à cet effet le document comportant la motivation des pénalités (LPF art. L 80 E). La majoration ne peut être appliquée qu'aux personnes ayant effectivement participé à l'opposition au contrôle (CE 5-11-2014 nos 356148 et 357672 : RJF 2/15 nº 130) mais, en vertu du principe de solidarité prévu à l'article 1691 du CGI (nº 77280, c), son paiement peut être demandé aux deux époux imposés en commun en application de l'article 6 du CGI, même si seul l'un d'entre eux a participé à l'opposition au contrôle (CAA Versailles 28-5-2015 nos 14VE00794 et 14VE02166 : RJF 10/15 nº 810).

e. Outre les sanctions fiscales exposées ci-dessus, l'opposition au contrôle fiscal peut entraîner l'application de **sanctions pénales,** prononcées par le tribunal correctionnel. Ainsi, en cas d'**opposition individuelle,** le délinquant est passible d'une amende de 25 000 €, amende à laquelle peut s'ajouter, en cas de récidive, une peine d'emprisonnement de six mois. En cas d'**opposition collective,** chaque participant est passible d'une peine d'emprisonnement de six mois et d'une amende de 7 500 €. Dans les deux cas, l'administration peut saisir directement le procureur de la République (CGI art. 1746).

Par ailleurs, les personnes ayant participé à l'opposition au contrôle sont exclues de la procédure de passation des **marchés publics** : voir nº 80320.

2. CONSÉQUENCES DE L'IMPOSITION D'OFFICE

ÉTABLISSEMENT DES IMPOSITIONS

79125 LPF art. L 76 CF-VII-8500 s

Lorsqu'elle fixe d'office des bases d'imposition, l'administration fait une **évaluation** aussi exacte que possible de ces bases, à l'aide des éléments d'appréciation dont elle dispose.

Ces impositions peuvent être assorties de **pénalités,** qui varient en fonction des infractions relevées.

› Précisions **a.** En matière d'impôt sur le revenu, l'administration peut ainsi se référer aux **dépenses** du contribuable, ou utiliser, à titre de simple mode d'évaluation, le **barème** des éléments du **train de vie** (notamment CE 25-3-1987 nº 57028 : RJF 6/87 nº 646).

b. En cas de taxation d'office dans les cas visés aux nos 79060 et 79090, l'administration peut retenir éventuellement l'**enrichissement** inexpliqué de l'intéressé, sans être tenue d'établir à quelle **catégorie** particulière de bénéfices ou **de revenus** se rattachent les sommes correspondantes, dès lors que leur origine exacte n'est pas connue (notamment CE 29-4-1985 nº 44347 : RJF 6/85 nº 829 et CE 27-1-1988 nº 46723 : RJF 3/88 nº 254).

c. En cas de taxation d'office à l'impôt sur le revenu pour défaut de réponse à une demande de justifications portant sur des **avoirs à l'étranger,** l'impôt est établi sur le produit du montant de ces avoirs par la moyenne annuelle des taux de rendement brut à l'émission des obligations des sociétés privées (CGI art. 151).

79130 **Procédure** L'imposition d'office a pour conséquence d'exclure la procédure normale de rectification à caractère contradictoire. En particulier, la commission des impôts directs et des taxes sur le chiffre d'affaires n'a pas à intervenir (voir toutefois nº 79090, précision b).

Cependant, l'administration est tenue de porter les bases ou les éléments de l'imposition d'office, ainsi que leurs modalités de détermination (méthode et calculs), à la connaissance du contribuable, trente jours au moins avant la mise en recouvrement des impositions. Cette **notification** interrompt la prescription.

› Précisions **a.** La notification n'est pas obligatoire dans les **situations particulières** visées à l'article L 67, alinéa 2, du LPF (contribuables à résidence instable, transfert du domicile fiscal à l'étranger sans déclaration de revenus, opposition à contrôle fiscal).

b. L'information notifiée au contribuable n'a pas pour effet d'ouvrir un **dialogue** entre celui-ci et le vérificateur (notamment CE 29-7-1998 nº 172175 : RJF 10/98 nº 1145).

c. En cas d'application automatique de la **déduction « en cascade »** des rappels de taxes sur le chiffre d'affaires, la notification doit en faire état afin que le contribuable puisse éventuellement s'y opposer.

d. Obligation pour l'administration d'informer le contribuable de la teneur et de l'origine des **renseignements et documents obtenus de tiers** et utilisés pour établir l'imposition d'office : voir nº 78777.

e. Obligation pour l'administration d'informer le contribuable en cas de saisie d'une **comptabilité informatisée** dans le cadre d'une **visite domiciliaire** : voir nº 78322, précision b.

f. En ce qui concerne le destinataire de la notification lorsque le contribuable a désigné un **mandataire** pour le représenter au cours de la procédure d'imposition, voir nº 78785, a.

CONTESTATION DES IMPOSITIONS

79140 LPF art. L 76 A, L 193 et

Une fois l'imposition mise en recouvrement (après observation par l'administration d'un délai minimum de trente jours à compter de la notification), le contribuable peut présenter une **réclamation,** mais il ne peut obtenir une réduction ou la décharge de cette imposition qu'en apportant la preuve qu'elle est exagérée. L'imposition d'office a pour effet de mettre la **preuve** à la charge du contribuable. R 193-1 CF-VII-12200 s

› Précisions Bien que placé ainsi en situation défavorable, l'intéressé n'est cependant pas privé pour autant de tout **moyen devant le juge de l'impôt.** Pour apporter la preuve qui lui incombe, il peut, en premier lieu, établir le montant exact de ses résultats ou de son chiffre d'affaires à l'aide d'une comptabilité régulière et probante.
À défaut, il peut critiquer la méthode d'évaluation de l'administration pour démontrer qu'elle aboutit, au moins à certains égards, à une exagération des bases d'imposition ou proposer une autre méthode plus précise et mieux adaptée à la situation de fait.
Enfin, il peut démontrer que l'administration a commis une erreur de principe dans le choix de sa méthode (par exemple : évaluation à partir des recettes encaissées et des dépenses payées au lieu des créances acquises et des dépenses engagées), ou que sa méthode est excessivement sommaire. Dans cette dernière situation, il obtient, selon l'état du dossier, soit une réduction de son imposition, soit une mesure d'expertise ; mais il ne peut, en principe, prétendre de ce seul fait à la décharge de l'imposition (CE 10-2-1993 n° 61707 : RJF 4/93 n° 579).
Le contribuable peut aussi demander que les déficits constatés au cours de l'année considérée soient déduits de la base d'imposition ; il en est ainsi même si cette dernière a été évaluée par référence au barème des éléments du train de vie (notamment CE 26-7-1982 n° 14509 : RJF 10/82 n° 898).
Quant à l'administration, elle doit pouvoir établir que le contribuable se trouvait bien dans le cas d'être imposé d'office et elle doit être à même de faire connaître la méthode qu'elle a suivie pour arrêter les bases d'imposition (notamment CE 6-1-1984 n° 36632 : RJF 3/84 n° 264).

C. Procédures spéciales

1. PROCÉDURE DE RÉGULARISATION EN COURS DE CONTRÔLE

Les contribuables qui font l'objet d'une procédure de contrôle (contrôle sur pièces, vérification ou examen de comptabilité, examen contradictoire de situation fiscale personnelle) ont la possibilité, pour les impôts sur lesquels porte ce contrôle, de régulariser les erreurs, inexactitudes, omissions ou insuffisances commises dans les déclarations souscrites dans les délais, moyennant le paiement d'un **intérêt de retard au taux de 0,14 % par mois** (décompte : voir n° 80015). **79175** LPF art. L 62 CF-VI-25150 s

L'application de cette procédure suppose la réunion de plusieurs **conditions** :

a) Le contribuable doit en faire la **demande** sur un imprimé n° 3964-SD (ou EC) :

– en cas de contrôle sur pièces, dans un **délai** de trente jours à compter de la réception d'une demande de renseignements, de justifications ou d'éclaircissements formulée en application des articles L 10, L 16 ou L 23 A du LPF ou d'une proposition de rectification ;

– en cas de vérification de comptabilité ou d'examen de situation fiscale personnelle, avant toute proposition de rectification ;

– en cas d'examen de comptabilité, dans un délai de trente jours à compter de la réception de la proposition de rectification.

b) La régularisation ne doit pas concerner une infraction exclusive de **bonne foi.**

c) Le contribuable doit déposer une **déclaration complémentaire** (établie sur un imprimé n° 3949-AMR ou 3949-IR selon les impôts ou taxes concernés), dans les trente jours suivant sa demande et acquitter l'intégralité des suppléments de droits simples et des intérêts de retard au moment du dépôt de la déclaration, ou à la date limite de **paiement** portée sur l'avis d'imposition en cas de mise en recouvrement par voie de rôle. À défaut de paiement dans les conditions précitées, le bénéfice de la réduction de l'intérêt de retard est conservé en cas d'acceptation par le comptable public d'un plan de règlement des droits simples.

› Précisions **a.** La faculté de régularisation est également ouverte aux **associés des sociétés translucides** faisant l'objet d'une vérification de comptabilité (CE 4-5-2016 n° 383135 : RJF 7/16 n° 638).

b. La condition relative à la **bonne foi** du contribuable est appréciée distinctement pour chaque régularisation (BOI-CF-IOR-20-10 n° 70).

c. La déclaration complémentaire interrompt la **prescription** dès sa remise, signée, au vérificateur ou, en cas d'envoi postal, à la date de réception par l'administration (BOI-CF-IOR-20-10 n° 320).

d. Application de la **tolérance légale** : voir n° 80030, précision b.

2. PROCÉDURE D'ABUS DE DROIT

CHAMP D'APPLICATION

79185 LPF art. L 64 **CF-VI-28000 s**

La procédure d'abus de droit permet à l'administration d'écarter, comme ne lui étant pas opposables, les **actes** constitutifs d'un abus de droit, afin d'en restituer le véritable caractère. Sont visés les actes ayant un **caractère fictif** (abus de droit par simulation), ainsi que les actes qui, recherchant le bénéfice d'une **application littérale des textes** ou de décisions **à l'encontre des objectifs** poursuivis par leurs auteurs, n'ont pu être inspirés par **aucun autre motif** que celui d'éluder ou d'atténuer les charges fiscales que l'intéressé, si ces actes n'avaient pas été passés ou réalisés, aurait normalement supportées, eu égard à sa situation ou à ses activités réelles (abus de droit par fraude à la loi).

Toutefois, les actes passés ou réalisés depuis le 1er janvier 2020 sont susceptibles d'être écartés par l'administration sur le terrain de la **fraude à la loi,** au motif de leur **but principalement fiscal** (LPF art. L 64 A, applicable aux rectifications notifiées à compter du 1er janvier 2021).

79190

› Précisions **a.** La procédure d'abus de droit visée à l'article L 64 du LPF est susceptible de s'appliquer à tous les **impôts.** Selon l'administration, la procédure d'abus de droit visée à l'article L 64 A du LPF concerne tous les impôts, à l'exception de l'impôt sur les sociétés (BOI-CF-IOR-30-20 n° 20). En effet, une **clause anti-abus** de portée générale permet à l'administration d'écarter les montages réalisés en fraude à la loi dans un but principalement fiscal (CGI art. 205 A : voir n° 35810).

b. La procédure peut être mise en œuvre afin d'écarter un acte passé dans un but exclusivement fiscal en appliquant littéralement une **convention fiscale** bilatérale, et que celle-ci ne prévoit pas explicitement l'hypothèse de fraude à la loi (CE plén. 25-10-2017 n° 396954 : RJF 1/18 n° 70).

c. Sont visés les **actes écrits ou non,** unilatéraux, bilatéraux ou multilatéraux, qui produisent des effets de droit et manifestent l'intention de leurs auteurs (BOI-CF-IOR-30 n° 60).

d. Les dispositions relatives à l'abus de droit, qui supposent une intention de dissimulation et sont destinées à déjouer des fraudes ou manœuvres, n'interdisent pas à un contribuable d'exercer une **option offerte** par la loi fiscale. Les conditions qui lui ont permis de se trouver en situation d'exercer cette option peuvent cependant être regardées comme abusives (BOI-CF-IOR-30 n° 50).

e. Selon l'administration, l'**application** par le contribuable d'une **doctrine administrative** de portée générale, opposable sur le fondement de l'article L 80 A du LPF, peut être remise en cause sur le terrain de l'abus de droit (BOI-CF-IOR-30 nos 80 à 100). On observera que le comité de l'abus de droit fiscal précise au contraire dans son avis 2015-07 du 6 novembre 2015 qu'une instruction fiscale n'est pas au nombre des décisions visées par l'article L 64 du LPF.

f. La procédure d'abus de droit visée aux articles L 64 et L 64 A du LPF n'est pas applicable lorsque le contribuable, préalablement à la conclusion d'un ou plusieurs actes, a **consulté l'administration centrale** par écrit sur la validité de cette opération et que l'administration n'a pas répondu dans les six mois (LPF art. L 64 B).

DÉROULEMENT DE LA PROCÉDURE

79195 CGI art. 1653 E LPF art. R 64-1 et R 64-2 **CF-VI-32300 s**

La procédure d'abus de droit est mise en œuvre sur décision d'un agent ayant au moins le grade d'inspecteur divisionnaire qui appose son visa sur la **proposition de rectification.**

En cas de désaccord entre l'administration et le contribuable sur les rectifications notifiées, le litige peut être soumis à l'**avis du comité de l'abus de droit fiscal,** à l'initiative soit de l'administration, soit du contribuable. Par suite, lorsque, à l'occasion d'une rectification, il y a désaccord entre le contribuable et l'administration sur l'appréciation du bien-fondé de l'application de la procédure d'abus de droit, l'administration doit, avant de mettre les impositions correspondantes en recouvrement, informer le contribuable de la persistance du désaccord et de la possibilité qui lui est offerte par la loi de demander – dans les trente jours suivant la réception de la réponse de l'administration – la saisine, pour avis, du comité de l'abus de droit fiscal.

Lorsque le comité est saisi, le contribuable et l'administration sont invités par le président à présenter leurs **observations.** Les observations sont formulées dans le cadre d'un débat oral et contradictoire. Le contribuable a la possibilité de ne pas se présenter ou de se faire représenter (BOI-CF-IOR-30 n° 420).

En cas de **réclamation** du contribuable, l'administration supporte la charge de la **preuve** quel que soit le sens de l'avis émis par le comité ou si ce dernier n'a pas été consulté.

› Précisions L'application du **droit commun de la preuve** (charge incombant en principe à l'administration) quel que soit le sens de l'avis du comité vaut aussi bien pour l'application de l'article L 64 du LPF que pour celle de l'article L 64 A. Dans le premier cas, elle concerne les rectifications notifiées depuis le 1er janvier 2019 ; dans le second cas, les rectifications notifiées à compter du 1er janvier 2021.

Pour les rectifications opérées sur le terrain de l'article L 64 antérieurement au 1er janvier 2019, le contribuable supporte la charge de la preuve si l'imposition est établie conformément à l'avis du comité, et l'administration dans le cas contraire.

SANCTIONS

L'abus de droit est sanctionné par l'application de l'**intérêt de retard.** S'y ajoute, en cas d'application de l'article L 64 du LPF (actes fictifs ou à but exclusivement fiscal), une **majoration** égale à 40 % des droits mis à la charge du **contribuable** qui est portée à 80 % lorsqu'il est établi que celui-ci a eu l'initiative principale des actes abusifs ou en a été le principal bénéficiaire. Cette majoration ne joue pas lorsque l'administration écarte, sur le terrain de l'article L 64 A, un acte accompli en fraude à la loi dans un but principalement fiscal, mais les pénalités de droit commun pour insuffisance de déclaration restent encourues (BOI-CF-IOR-30-20 nº 130). 79200 CGI art. 1729, b et 1754, V-1 CF-VI-34200 s

Par ailleurs, toutes les parties à l'acte sont tenues **solidairement** avec le contribuable au paiement de l'intérêt de retard et de la majoration.

Enfin, le contribuable est privé de la possibilité d'imputer certains **avantages fiscaux** (nº 79880). Et, s'il s'agit d'une personne morale, la **sanction** peut être **rendue publique** (nº 80325).

› Précisions La notion de **bénéficiaire principal** ou d'**instigateur principal** concerne tous les contribuables qui ont pris une part active dans le montage considéré comme abusif par l'administration. Elle repose sur une appréciation qualitative des faits et ne se limite pas au seul critère mathématique (BOI-CF-INF-10-20-20 nº 80).

SECTION 4

DROITS ET GARANTIES DES CONTRIBUABLES

En contrepartie des pouvoirs étendus de contrôle et de rectification reconnus à l'administration fiscale, les contribuables bénéficient de droits et garanties. Certains d'entre eux sont de **portée générale,** comme le droit pour le contribuable de consulter l'administration sur sa situation fiscale (procédure de rescrit) ou la garantie contre les changements de doctrine administrative. D'autres, en nombre important, sont attachés à la mise en œuvre d'**opérations de contrôle approfondies** (vérification de comptabilité, examen de comptabilité, examen contradictoire de la situation fiscale personnelle). Les contribuables soumis à un simple contrôle sur pièces (ou à un contrôle sur leur propre demande) n'en bénéficient donc pas, même s'ils disposent de certains droits. 79280

Enfin, les contribuables contrôlés peuvent éventuellement bénéficier de la « déduction en cascade » des rappels d'impôts.

A. Rescrit fiscal

Les contribuables ont la possibilité, d'une manière générale, d'interroger l'administration sur l'application des règles fiscales et notamment sur leur situation au regard de ces règles. 79370

Ces demandes de renseignements sont parfois prévues par les textes et les réponses susceptibles d'engager l'administration (procédure dite du « rescrit fiscal »).

Ainsi, l'administration peut être interrogée sur son **interprétation des textes,** pour une application générale ou particulière. La position qu'elle exprime lui est alors opposable (LPF art. L 80 A : voir nºs 79540 s.).

Elle peut être également saisie de demandes d'appréciation d'une **situation de fait** (LPF art. L 80 B et L 80 C : voir nºs 79560 s.). Lorsqu'il s'agit d'une demande écrite, précise et complète formulée aux fins de **prise de position formelle** sur sa situation de fait par un contribuable de bonne foi, elle doit se prononcer dans un délai de trois mois (LPF art. L 80 B, 1º). Ce délai court à compter de la réception de la demande par le service compétent (ou, si l'administration a sollicité des renseignements complémentaires, à compter de la réception des compléments demandés). La réponse de l'administration lui est opposable, de même d'ailleurs que l'**accord tacite** qu'elle est réputée donner dans certaines situations si elle ne répond pas dans un délai déterminé (nº 79565).

En outre, lorsque l'administration a pris formellement position à la suite d'une demande écrite, précise et complète déposée par un contribuable de bonne foi sur sa situation de fait (y compris sur les situations visées au nº 79565) ou dans le cadre de la procédure de « rescrit-valeur » (nº 79373), l'intéressé peut, dans un délai de deux mois, **solliciter un second examen** de sa demande, à condition de n'invoquer aucun élément nouveau. L'administration examine la demande de manière collégiale et y répond de façon définitive selon les mêmes règles et délais que ceux qui sont applicables à la demande initiale, décomptés à partir de la nouvelle saisine (LPF art. L 80 CB).

> **Précisions** **a.** L'administration peut être également consultée sur le terrain de l'**abus de droit** : voir n° 79190, f.
> **b.** Voir aussi n° 78250 (demandes de contrôle des **donations ou successions**), n° 8965 (demandes d'accord préalable sur la méthode de détermination des **prix de transfert** dans les opérations transfrontalières) et n° 78410 (demandes de contrôle présentées par les **PME**).

VOIES DE RECOURS

79371 CF-V-23050 Les rescrits fiscaux ne peuvent pas, en principe, être contestés dans le cadre d'un **recours en excès de pouvoir.** Toutefois, l'auteur de la demande ou les tiers auxquels la décision fait grief peuvent former un recours contre le rescrit général ou les rescrits spéciaux (LPF art. L 80 B et L 80 C : nos 79560 s.). L'application du rescrit général (LPF art. L 80 B, 1°) doit entraîner des effets notables autres que fiscaux (par exemple, des obligations comptables susceptibles de peser sur une association assujettie aux impôts commerciaux, ou la pénalisation économique d'une entreprise devant appliquer le taux de droit commun de TVA et non un taux réduit). Dans tous les cas le recours n'est recevable que si le contribuable auteur de la demande de rescrit a sollicité un réexamen (dans les conditions prévues à l'article L 80 CB du LPF) de la position initiale de l'administration (CE sect. 2-12-2016 n° 387613 : RJF 2/17 n° 168).

CAS PARTICULIERS

79372 LPF art. L 49, al. 2 et L 80 B, 10° CF-V-18420 s **Rescrit contrôle** Les contribuables faisant l'objet d'une **vérification ou d'un examen de comptabilité** ont la possibilité de demander au vérificateur une prise de position formelle, opposable à l'administration, sur les points de droit ou de fait examinés au cours du contrôle et pour lesquels aucun rehaussement n'est proposé. La demande, précise et complète, doit être formulée par **écrit** avant l'envoi de la proposition de rectification et émaner d'un contribuable de bonne foi.

Les points contrôlés couverts par la garantie sont mentionnés sur la **proposition de rectification** ou sur l'avis d'absence de rectification.

79373 LPF art. L 18 ENR-VII-2350 s. **Rescrit-valeur** Les **dirigeants** d'entreprises individuelles ou de sociétés autres que de gestion patrimoniale qui envisagent de faire **donation** de tout ou partie de l'entreprise ou des titres qu'ils possèdent sont autorisés à consulter l'administration sur la valeur vénale de ces biens. L'administration est tenue de répondre dans les six mois de la réception de la demande (ou des compléments d'information éventuellement demandés), qui doit comprendre le projet d'acte de donation et une proposition d'évaluation. Si la donation intervient dans les trois mois de la réponse de l'administration, l'évaluation retenue ne pourra plus être remise en cause.

B. Garanties prévues en cas de contrôle sur pièces

79380 LPF art. L 54 C CF-V-13800 Les contribuables qui, à l'issue d'un contrôle sur pièces, reçoivent une proposition de rectification dans le cadre de la **procédure de rectification contradictoire** peuvent former (par écrit ou courrier électronique) un **recours hiérarchique** contre cette proposition. Ce recours doit être exercé dans le **délai** imparti pour l'introduction d'un recours contentieux (nos 81825 s.). Il suspend le cours de ce délai.

Sur le droit à l'assistance d'un **conseil** pour discuter la proposition de rectification, voir n° 78775.

> **Précisions** **a.** La faculté de recours hiérarchique ne s'applique pas aux rehaussements notifiés en matière d' **impôts directs locaux** (BOI-CF-PGR-30-10 n° 460).
> **b.** La **proposition de rectification** doit mentionner la possibilité d'un recours hiérarchique et indiquer le nom de la personne qui en est chargée (BOI-CF-PGR-30-10 n° 480).
> **c.** La **demande** de recours hiérarchique ne dispense pas le contribuable de répondre à la proposition de rectification. La **prise de position** du supérieur hiérarchique, qui doit être formulée par écrit sans nécessité d'un entretien, peut intervenir après la réponse de l'administration aux observations du contribuable (BOI-CF-PGR-30-10 n° 520).

C. Garanties prévues en cas de vérification

Quel que soit leur régime d'imposition, les contribuables faisant l'objet d'une vérification (**vérification de comptabilité, examen de comptabilité** ou **examen contradictoire de la situation fiscale personnelle,** en abrégé ESFP) bénéficient de garanties, pour la plupart prévues par la loi, et qui s'imposent donc strictement à l'administration. Certaines de ces garanties sont **communes** à l'ensemble de ces procédures, d'autres sont **spécifiques** à l'une ou l'autre de ces formes de contrôle. **79400** CF-V-20 s

La **violation des garanties** prévues par la loi entache en principe d'irrégularité la procédure d'imposition. Il en est de même en cas d'absence de débat contradictoire au cours de la vérification (nos 79470 et 79500). **79405**
La violation des garanties simplement prévues par les instructions administratives (comme les mesures visées au no 79475) de même que la non-communication du rapport de vérification (no 79435) n'ont, en revanche, aucune incidence sur la régularité de la procédure. Pour le cas où une garantie d'origine administrative est mentionnée dans la charte du contribuable vérifié, voir toutefois no 79415.

> **Précisions** **a.** Le défaut d'information sur la faculté d'être assisté d'un conseil ou l'absence de débat oral et contradictoire lors d'une vérification de comptabilité sont susceptibles d'entraîner également la nullité de la procédure pénale pour fraude fiscale éventuellement engagée à l'encontre du contribuable (notamment Cass. crim. 28-2-1994 no 93-81.252 : RJF 5/94 no 650 ; Cass. crim. 23-11-1992 no 90-86.657 : RJF 2/93 no 290).
> **b.** En ce qui concerne les **conséquences des irrégularités** ayant affecté la vérification, voir no 78095, f (ESFP irrégulier), no 78185 (vérification de comptabilité irrégulière) et no 78000, précision d (demande d'éclaircissements ou de justifications faisant suite à une vérification de comptabilité irrégulière ou à un ESFP irrégulier).

1. GARANTIES COMMUNES

AVIS DE VÉRIFICATION (OU D'EXAMEN)

Une vérification ne peut être engagée sans que le contribuable en ait été informé par l'envoi ou la remise d'un avis de vérification ou par l'envoi d'un avis d'examen de comptabilité. Cet avis doit préciser les années soumises à vérification et mentionner expressément, sous peine de nullité de la procédure, que le contribuable a la faculté de se faire **assister par un conseil** au cours du contrôle. **79410** LPF art. L 47 CF-V-100 s

> **Précisions** **a.** L'administration doit **avertir le contribuable en temps utile** pour que celui-ci soit en mesure de faire appel, s'il le souhaite, à un conseil de son choix. Selon le Conseil d'État, le contribuable doit bénéficier d'au moins deux jours pleins entre la date de réception de l'avis de vérification et celle à laquelle commence effectivement le contrôle, étant précisé que les samedis, dimanches et jours fériés ne doivent pas être retenus dans le décompte du délai (notamment CE 14-3-1990 no 65110 : RJF 5/90 no 574 et CE 2-10-2002 no 228436 : RJF 12/02 no 1348).
> La loi autorise toutefois les vérificateurs à effectuer, dans le cadre des vérifications de comptabilité, des **interventions inopinées** (nos 78120 et 78125, g) et à demander aux contribuables la production des **relevés de compte** dans les avis d'ESFP (no 78095, b).
> **b.** C'est à l'administration d'apporter la **preuve** que le contribuable a été informé de la possibilité de se faire assister d'un conseil (notamment CE 18-2-1985 no 39467 : RJF 4/85 no 600). Lorsque l'avis est expédié par **lettre recommandée avec accusé de réception,** l'administration peut à cet effet établir que le pli est effectivement parvenu à son destinataire ou qu'il a été régulièrement mis en instance.
> **c.** Le contribuable est libre du choix de son **conseil** : il peut décider, par exemple, de se faire assister par le représentant d'un organisme consulaire. L'administration admet la présence de deux conseils si l'importance de l'entreprise le justifie (BOI-CF-PGR-20-20 no 20).
> **d.** L'avis de vérification mentionne le nom des **supérieurs hiérarchiques** du vérificateur (inspecteur divisionnaire ou principal et interlocuteur spécialement désigné) auxquels le contribuable peut s'adresser en cas de difficultés (BOI-CF-PGR-20-10 no 80).

CHARTE DU CONTRIBUABLE VÉRIFIÉ

La charte du contribuable vérifié a pour objet de résumer les principales règles applicables en matière de contrôle fiscal. Les dispositions qui y sont contenues sont **opposables** à l'administration. **79415** LPF art. L 10, al. 4 CF-V-3000 s
Les contribuables sont informés, dans l'avis de vérification ou l'avis d'examen de comptabilité, que ce document peut être consulté sur le **site internet** de l'administration fiscale ou lui être remis sur simple demande.

Par exception, en cas de **contrôle inopiné** (nº 78120), la charte doit être remise au contribuable, en même temps que l'avis de vérification ou l'avis d'examen de comptabilité, au début des opérations de contrôle matériel.

> **Précisions** Les **règles** qui figurent dans la charte et ont pour objet de garantir les droits du contribuable s'imposent au contrôleur même lorsqu'elles sont **d'origine administrative** et non légale. Dans ce cas, cependant, leur méconnaissance n'affecte la régularité du contrôle que si elle porte atteinte, de façon substantielle, aux droits et garanties reconnus par la charte (CE 10-11-2000 nº 204805 : RJF 2/01 nº 194).

RÉSULTATS DE LA VÉRIFICATION

79420 LPF art. L 49 CF-V-3400 s Lorsqu'elle a procédé à un ESFP, à une vérification ou un examen de comptabilité, l'administration doit, même en l'**absence de rectification** (voir nºs 79372 et 79570), en porter les résultats à la connaissance du contribuable.

CONSÉQUENCES FINANCIÈRES DES RECTIFICATIONS

79425 LPF art. L 48 CF-V-3700 s Lorsque des rectifications sont envisagées à l'issue d'une vérification de comptabilité, d'un examen de comptabilité ou d'un ESFP, l'administration doit indiquer au contribuable le **montant des droits, taxes et pénalités résultant de ces rectifications.** Cette **information** est effectuée dans la proposition de rectification ou dans la notification des bases d'imposition d'office. Des règles particulières sont applicables à certains **groupes de sociétés** (nºs 40812 et 53753, précision b).

Lorsque l'administration envisage d'accorder un **échelonnement des mises en recouvrement** des rappels de droits et pénalités consécutifs aux rectifications ou une atténuation des pénalités par voie de **transaction** (nº 82270), elle doit en informer le contribuable dans les mêmes conditions.

79430 Lorsque, au cours de la procédure de rectification, l'administration **réduit les rehaussements** initialement notifiés, pour tenir compte des observations et avis qu'elle a recueillis, elle doit renouveler l'information sur les conséquences financières des rectifications. Cette information doit être portée par écrit à la connaissance du contribuable avant la mise en recouvrement, qui peut alors intervenir sans délai.

RAPPORT DE VÉRIFICATION

79435 DC-VI-39180 s En application de l'article L 311-3 du Code des relations entre le public et l'administration (CRPA) relatif à l'accès aux documents administratifs, les contribuables ayant fait l'objet d'une vérification de comptabilité, d'un examen de comptabilité ou d'un ESFP peuvent se faire **communiquer** par l'administration le rapport de vérification.

> **Précisions** La **communication** peut être **refusée** (ou certains passages occultés) lorsque le rapport contient des éléments mettant en cause des secrets ou intérêts protégés par la loi, notamment s'il fait état d'éléments dont la divulgation porterait atteinte à la recherche des infractions fiscales (CE sect. 1-12-1989 nºs 58277 et 58896 : RJF 1/90 nº 45 ; CE 10-5-1993 nº 87728 : RJF 7/93 nº 1020).
>
> Par ailleurs, la **violation** des règles d'accès aux documents administratifs n'a pas d'incidence sur la régularité de la procédure d'imposition (notamment CE 15-2-1989 nº 71364 : RJF 4/89 nº 401).

2. GARANTIES EN MATIÈRE DE VÉRIFICATION DE COMPTABILITÉ

79445 CF-V-6500 s En plus des garanties de portée générale, les contribuables soumis à une vérification de comptabilité bénéficient de **garanties spécifiques** (prévues par la loi ou résultant de directives données par l'administration) qui ne trouvent application que dans le cadre de ce contrôle.

Les garanties propres aux vérifications des **comptabilités informatisées,** prévues par l'article L 47 A du LPF, sont étudiées au nº 78140.

NON-RENOUVELLEMENT DE LA VÉRIFICATION

79450 LPF art. L 51 CF-V-6600 s Lorsqu'une vérification de comptabilité, pour une période et un impôt déterminés, est achevée, l'administration ne peut pas procéder à une nouvelle vérification pour la même période et le même impôt. En cas de violation de cette règle, la deuxième vérification est irrégulière.

> **Précisions** **a.** Cette interdiction n'empêche pas le service des impôts de procéder successivement, pour une même période, à une vérification en matière d'impôt sur les sociétés puis en matière de TVA ou de procéder à une vérification de comptabilité « étendue », c'est-à-dire accompagnée d'un ESFP de l'exploitant ou des dirigeants. D'une façon générale, elle ne prive pas l'administration du droit de réparer à tout moment, et dans la limite du délai de reprise, les erreurs ou omissions apparues dans l'assiette de l'impôt, dès lors que leur découverte ne résulte pas d'une nouvelle vérification, mais provient, par exemple, de l'examen des documents figurant

au dossier (notamment CE 27-2-1985 n° 41451 : RJF 4/85 n° 568) ou de renseignements communiqués par le service des douanes (CE 14-4-1982 n° 20415 : RJF 6/82 n° 578).

Enfin, l'administration peut procéder à un **examen complémentaire** des documents comptables pour vérifier les éléments fournis par le contribuable en réponse à la proposition de rectification ou dans une réclamation, à condition qu'il n'en résulte aucune rectification supplémentaire (notamment CE 31-7-1992 n° 73622 : RJF 10/92 n° 1344).

b. L'administration considère qu'une **vérification est achevée** à la date de la dernière intervention sur place du vérificateur (BOI-CF-PGR-20-40 n° 10). Pour le Conseil d'État, une vérification est achevée à la date à laquelle le vérificateur indique au contribuable avoir terminé les opérations et, au plus tard, à la date à laquelle il lui notifie un avis d'absence de rectification ou une proposition de rectification (notamment CE 13-7-2011 n° 330851 : RJF 11/11 n° 1175). Mais une proposition de rectification portant sur une seule des années vérifiées et envoyée à titre conservatoire ne marque pas l'achèvement de la vérification (notamment CE 14-3-1990 n° 65110 : RJF 5/90 n° 574).

Exceptions Il est fait exception à l'interdiction de renouveler une vérification : **79455**
– lorsque la vérification a été limitée à des **opérations déterminées** (par exemple, vérification n'ayant porté que sur une partie de l'activité du redevable) ;
– en cas d'**agissements frauduleux** donnant lieu à des poursuites judiciaires (n° 77760) ;
– en cas d'ouverture d'une **enquête judiciaire pour fraude fiscale** dans les conditions indiquées au n° 77770 ;
– lorsque l'administration a dressé un procès-verbal de **flagrance fiscale** au titre d'une période postérieure à celle vérifiée ;
– en cas de vérification des sociétés mères ayant opté pour le régime d'**intégration fiscale** (voir n° 40810) ;
– en matière de **taxes sur le chiffre d'affaires,** où l'administration peut, compte tenu du délai de reprise, contrôler, à chaque vérification, la période écoulée depuis la clôture du dernier exercice jusqu'à la date de la vérification, puis reprendre, lors de la vérification suivante, le contrôle de cette même période avec celui de l'exercice auquel elle se rattache ;
– après la **réponse** d'une **autorité étrangère** à une demande de renseignements formulée par l'administration dans les conditions indiquées au n° 77765.

DURÉE DE LA VÉRIFICATION

79460 LPF art. L 52 CF-V-8500 s

Sous peine de nullité de l'imposition, la vérification sur place des livres ou documents comptables ne peut pas, sauf cas particuliers, s'étendre sur une durée supérieure à **trois mois** pour les contribuables dont le montant annuel hors taxe du chiffre d'affaires ou des recettes brutes n'excède pas la limite d'admission au régime simplifié d'imposition. Cette limite est, pour 2019, fixée à :
– 789 000 € s'il s'agit d'entreprises industrielles ou commerciales dont le commerce principal est de vendre des marchandises, objets, fournitures ou denrées à emporter ou à consommer sur place, ou de fournir le logement ;
– 238 000 € en ce qui concerne les autres entreprises industrielles ou commerciales (prestataires de services), ainsi que pour les personnes exerçant une activité non commerciale ;
– 352 000 € pour les entreprises agricoles.

› Précisions **a.** La limitation de la durée de la vérification ne s'applique pas aux entreprises exerçant exclusivement une **activité civile** (exemple : location de locaux nus). En revanche, une entreprise qui, en complément d'une activité industrielle, commerciale, non commerciale ou agricole répondant à la condition relative au montant du chiffre d'affaires ou des recettes, exerce une activité civile bénéficie de la garantie si cette dernière activité a un caractère accessoire (CE 12-3-2014 n° 358873 : RJF 6/14 n° 592).

Par ailleurs, les personnes morales et les sociétés en participation qui exercent une activité industrielle, commerciale, non commerciale ou agricole et à l'actif desquelles sont inscrits des **titres de placement ou de participation** pour un montant total d'**au moins 7 600 000 €** sont exclues de la garantie, même si le montant du chiffre d'affaires ou des recettes provenant de leur activité n'excède pas la limite d'admission au régime simplifié d'imposition (LPF art. L 52 A).

b. La durée de la vérification peut légalement excéder trois mois dès lors que le **chiffre d'affaires** d'un seul des exercices vérifiés dépasse la limite prévue (notamment CE 7-3-1990 n° 46361 : RJF 5/90 n° 624).

Dans le cas où le montant déclaré du chiffre d'affaires ou des recettes n'est inférieur aux limites prévues que par suite d'omissions ou d'**insuffisances,** le contribuable ne peut se prévaloir de la garantie (notamment CE 20-5-1998 n° 155738 : RJF 7/98 n° 826). Il en va de même lorsque, à l'issue du contrôle, le chiffre d'affaires s'avère **en réalité inférieur** aux limites prévues (Cass. com. 6-3-2007 n° 05-18.113 : RJF 7/07 n° 860).

c. Lorsqu'une entreprise industrielle ou commerciale se livre à la fois à des **ventes et à des prestations de services,** la limitation de durée ne s'applique qu'à la double condition que le chiffre d'affaires global n'excède pas la limite prévue pour les activités de vente et que le chiffre d'affaires afférent aux prestations de services n'excède pas lui-même la limite prévue pour ce type d'opérations (notamment CE 8-6-1983 n° 37983 : RJF 8-9/83 n° 996).

d. La **vérification** doit être regardée comme ayant **débuté** à la date à laquelle le vérificateur commence à contrôler sur place la sincérité des déclarations fiscales souscrites par le contribuable en les comparant avec les écritures comptables ou les pièces justificatives. Lorsque ce contrôle est précédé d'un contrôle inopiné (n° 78120), celui-ci n'a pas à être pris en considération pour apprécier la durée de la vérification (CE 5-2-2009 n° 305917 : RJF 5/09 n° 473). La vérification doit être regardée comme **achevée** à la date de la dernière intervention sur place du vérificateur, et non à la date de la proposition de rectification consécutive au contrôle (notamment CE 28-7-2004 n° 248542 : RJF 11/04 n° 1166).

79465 **Dérogations** L'expiration du délai de trois mois n'est pas opposable à l'administration :
– pour l'**instruction des observations** et des **réclamations** présentées par le contribuable ;
– pour l'examen, dans le cadre d'un ESFP, des comptes financiers utilisés à titre privé et professionnel (**comptes « mixtes »** : n° 78145) ;
– pour l'examen, dans le cadre d'une autre vérification de comptabilité, des comptes utilisés pour l'exercice d'**activités distinctes** ;
– en cas de **graves irrégularités** privant de valeur probante la **comptabilité.** Dans ce dernier cas, la durée de la vérification sur place ne peut excéder six mois ;
– pour la vérification de l'année ou de l'exercice au cours duquel elle a dressé un procès-verbal de **flagrance fiscale,** ainsi que pour la vérification des années antérieures ;
– lorsqu'à la date d'expiration du délai de trois mois, une **enquête judiciaire** ou une information ouverte par l'autorité judiciaire dans les conditions indiquées au n° 77770 est en cours ;
– en cas d'exercice d'une **activité occulte** au sens défini au n° 77715.

Indépendamment de ces dérogations, le délai de trois mois peut, dans le cadre d'une **vérification de comptabilité informatisée,** être prorogé de la durée nécessaire à la préparation des traitements informatiques. Par ailleurs, le délai est suspendu jusqu'à la remise de la copie des fichiers des écritures comptables au vérificateur. Ces modalités de prorogation et de suspension s'appliquent également lorsque le délai a été porté à six mois en cas de graves irrégularités comptables.

› **Précisions** **a.** Lorsque le **contribuable remet spontanément** au vérificateur, dans les derniers jours de la période de trois mois, de **nouveaux documents comptables** destinés à justifier ses écritures, l'administration peut, pour procéder à l'examen de ces documents, **prolonger** d'une durée raisonnable la vérification au-delà du délai de trois mois (CE 11-2-2011 n° 318284 : RJF 5/11 n° 610).
b. Pour les vérifications de **comptabilités informatisées,** le délai de trois mois ne commence à courir que lorsque tous les fichiers des écritures comptables relatifs aux exercices vérifiés ont été remis et sont conformes (BOI-CF-IOR-60-40-10 n° 230).

DÉBAT ORAL ET CONTRADICTOIRE

79470 CF-V-10500 s Il résulte de la jurisprudence que le contribuable faisant l'objet d'une vérification de comptabilité doit avoir la possibilité d'un débat oral et contradictoire avec le vérificateur, sous peine d'irrégularité de la procédure (notamment CE 2-5-1990 n° 58215 : RJF 6/90 n° 721).

› **Précisions** Si le contribuable soutient avoir été privé d'un débat avec le vérificateur, il doit en apporter la **preuve.** Ce débat est présumé avoir eu lieu lorsque la vérification s'est déroulée soit dans les locaux de l'entreprise, soit, d'un commun accord entre le vérificateur et le contribuable, à l'endroit où se trouve la comptabilité (notamment CE 17-2-1997 n° 165573 : RJF 3/97 n° 238).

MESURES DIVERSES

79475 Indépendamment des garanties présentées ci-dessus, l'**administration a adopté un certain nombre de mesures** destinées à améliorer ses relations avec les contribuables vérifiés et qui, pour l'essentiel, sont les suivantes.

CF-V-10200 s **a.** Tout contribuable qui fait l'objet d'une vérification au titre des taxes sur le chiffre d'affaires a la faculté de demander que la vérification soit étendue à l'impôt sur le revenu ou à l'impôt sur les sociétés (et réciproquement). A priori insolite, cette faculté de **« demande de règlement d'ensemble »** peut, par exemple, présenter l'intérêt de permettre la déduction en cascade (nos 79590 s.) (BOI-CF-PGR-20-50 nos 1 à 90).

CF-IV-48000 s **b.** Les vérifications de comptabilité des **petites et moyennes entreprises créancières de l'État** au titre de marchés publics et d'achats sur facture de travaux, fournitures et services peuvent être suspendues pendant quarante-cinq jours, lorsque ces entreprises n'obtiennent pas le règlement des sommes qui leur sont dues malgré la mise en œuvre d'une procédure de relance (BOI-CF-DG-40-20 nos 100 à 230).

CF-V-11400 s CF-VI-22620 s **c.** Après une vérification, le contribuable peut demander une **mise en recouvrement échelonnée** des impositions supplémentaires, lorsque celles-ci sont d'un montant élevé et portent sur plusieurs années successives (BOI-CF-IOR-10-50 n° 70). L'échelonnement peut s'étendre sur deux ans pour les **petites et moyennes entreprises nouvelles,** à l'égard des erreurs qu'elles ont commises de bonne foi pendant les quatre premières années de fonctionnement. Ces entreprises peuvent bénéficier en outre de délais de paiement après la mise en recouvrement des impositions et de larges remises des pénalités encourues (BOI-CF-PGR-20-50 nos 160 à 210).

3. GARANTIES EN MATIÈRE D'EXAMEN DE COMPTABILITÉ

L'essentiel des garanties propres aux vérifications de comptabilité s'applique aux examens de comptabilité. Le vérificateur doit ainsi offrir au contribuable la possibilité d'un débat oral et contradictoire. Il ne peut par ailleurs, pour une même période, procéder à un nouveau contrôle d'impôts et taxes. **79480** LPF art. L 47 AA, 4 à 6 **CF-IV-49800**

Deux garanties spécifiques sont prévues par ailleurs :

– au plus tard **six mois** après la réception de l'ensemble des copies des fichiers des écritures comptables (FEC), l'administration est tenue d'adresser au contribuable soit une **proposition de rectification,** mentionnant la nature et le résultat des traitements informatiques donnant lieu aux redressements, soit un avis d'absence de rectification ;

– les **fichiers** informatiques ne peuvent être conservés par l'administration à l'issue de l'examen, qui doit les **détruire** avant la mise en recouvrement ou avant d'informer le contribuable en l'absence de redressements.

La **procédure de régularisation en cours de contrôle** (nº 79175) peut être mise en œuvre dans le cadre d'un examen de comptabilité.

4. GARANTIES EN MATIÈRE D'ESFP

En plus des garanties de portée générale, les contribuables faisant l'objet d'un examen contradictoire de leur situation fiscale personnelle bénéficient de garanties spécifiques. **79485** **CF-V-11700 s**

DURÉE DE L'ESFP

Sous peine de nullité de l'imposition, l'ESFP ne peut s'étendre sur une période supérieure à **un an** à compter de la date de réception ou de remise au contribuable de l'avis de vérification. Cette durée est portée à **deux ans** en cas de découverte, en cours de contrôle, d'une activité occulte ou lorsque la procédure de communication par le ministère public ou l'autorité judiciaire de renseignements à l'administration fiscale (nos 78040 s.) a été mise en œuvre dans le délai initial d'un an. **79490** LPF art. L 12, al. 3 à 7 **CF-V-11800 s**

› **Précisions** **a.** L'ESFP est considéré comme **achevé** à la date de notification au contribuable des conséquences du contrôle (voir nº 79495, précision a).
b. La durée maximale s'applique distinctement pour **chacune des années** donnant lieu à une proposition de rectification (CE 23-6-2014 nº 355705 : RJF 10/14 nº 868)

Cas de prorogation du délai La durée maximale d'un an (ou de deux ans) est prorogée : **79491**

– du délai supplémentaire accordé au contribuable, sur sa demande, pour répondre (au-delà des deux mois qui lui sont impartis) aux **demandes d'éclaircissements et de justifications** ;

– des trente jours impartis par l'administration au contribuable pour apporter des **compléments de réponse** à la suite d'une réponse insuffisante à une demande d'éclaircissements et de justifications ;

– du délai nécessaire à l'administration pour obtenir des **renseignements** auprès des **autorités étrangères,** lorsque le contribuable a pu disposer de revenus à l'étranger ou en provenance directe de l'étranger ;

– enfin, des délais nécessaires à l'administration pour obtenir les **relevés de compte** (compte bancaire, compte courant d'associé, compte d'épargne…) lorsque le contribuable ne les a pas produits dans un délai de soixante jours à compter de la demande de l'administration.

› **Précisions** **a.** Selon le Conseil d'État, les délais nécessaires à l'administration pour obtenir les relevés de compte ont pour **point de départ** le 61e jour suivant la demande. Toutefois, lorsque le contribuable a produit dans le délai de soixante jours les coordonnées exactes de l'intégralité de ses comptes, les délais ne courent qu'à compter de la date à laquelle l'administration demande les relevés aux établissements qui tiennent les comptes. La prorogation des délais cesse dans tous les cas à la date à laquelle l'administration reçoit l'intégralité des relevés de compte demandés (Avis CE 13-4-2005 nº 274897 : RJF 7/05 nº 659).
b. Ces différents délais prolongeant la durée de l'ESFP se cumulent, abstraction faite du nombre de jours pendant lesquels ils se chevauchent (CE 11-10-2012 nº 346691 : RJF 1/13 nº 5).

LIMITATION DU DROIT DE REPRISE

79495 Quand elle a procédé à l'examen de la situation fiscale personnelle d'un contribuable au
LPF art. L 50 regard de l'impôt sur le revenu, l'administration ne peut plus procéder à des rectifications,
CF-V-13000 s pour la **même période** et le **même impôt.**

Par **exception,** cette garantie n'est pas applicable :
– lorsque des faits nouveaux postérieurs à l'achèvement de l'ESFP permettent à l'administration d'établir le caractère inexact ou incomplet des éléments fournis par le contribuable au cours de la vérification ;
– en cas d'ouverture d'une enquête judiciaire pour fraude fiscale dans les conditions indiquées au n° 77770 ;
– lorsque l'administration a dressé un procès-verbal de flagrance fiscale au titre d'une période postérieure à celle du contrôle ;
– en cas de demande par l'administration de renseignements à une autorité étrangère dans les conditions indiquées au n° 77765.

> **Précisions** **a.** La garantie joue lorsque l'ESFP est considéré comme **achevé,** c'est-à-dire à partir de la date de notification au contribuable des conséquences du contrôle (notification d'une proposition de rectification, des bases d'imposition d'office ou de l'absence de rehaussement) (CE 28-9-1983 n° 37524 : RJF 11/83 n° 1261).
> **b.** La violation de la garantie entraîne l'**irrégularité** des rectifications supplémentaires, même si le contribuable est en situation de taxation d'office (CE 3-6-1992 n° 75309 : RJF 7/92 n° 935).

AUTRES GARANTIES

79500 **Débat contradictoire** Le caractère contradictoire de l'ESFP implique que le vérificateur
CF-IV-53250 s engage un débat avec le contribuable sur les points pour lesquels il envisage une rectification (CE 10-1-2001 n° 211967-212114 : RJF 4/01 n° 436). Il n'est toutefois pas tenu de soumettre au débat l'ensemble des éléments qu'il a rassemblés à cet effet (CE 18-7-2011 n° 336257 : RJF 11/11 n° 1124).

Quant à sa forme, le débat peut être oral ou écrit (CE 26-7-1991 n° 81253 : RJF 10/91 n° 1180) sans que le vérificateur soit obligé, si le contribuable se soustrait au débat oral, d'y substituer un débat écrit (CE 30-1-2013 n° 335191 : RJF 4/13 n° 381).

79505 **Secret professionnel** Pour les informations recueillies à l'occasion d'un ESFP, l'obliga-
LPF art. L 103, al. 2 tion du secret professionnel nécessaire au respect de la vie privée s'impose au vérificateur
DC-VI-3600 s à l'égard de toutes personnes autres que celles ayant, par leurs fonctions, à connaître du dossier.

D. Garantie contre les changements de doctrine

79530 Les contribuables peuvent se prévaloir de la doctrine que l'administration des finances publiques énonce pour l'interprétation des textes fiscaux ou de l'appréciation qu'elle porte sur des situations de fait. Cette règle résulte des articles L 80 A, L 80 B et L 80 C du LPF.

1. OPPOSABILITÉ DE L'INTERPRÉTATION ADMINISTRATIVE DES TEXTES FISCAUX

79540 L'article L 80 A du LPF interdit aux services fiscaux de procéder à des **rehaussements**
LPF art. L 80 A d'impositions qui seraient **en contradiction avec la doctrine administrative en vigueur** au
CF-V-15200 s moment où il en a été fait application, soit par l'administration (en mettant en recouvrement l'imposition primitive), soit par le contribuable (en souscrivant une déclaration ou en liquidant un impôt). Il en résulte que, lorsque l'administration modifie l'interprétation qu'elle avait précédemment donnée de textes fiscaux, la modification ne peut avoir d'effet que pour l'avenir.

La doctrine ainsi opposable à l'administration est celle qui s'exprime :
– soit dans des **documents de portée générale** : instructions et circulaires publiées au Bulletin officiel des finances publiques-Impôts (base documentaire dite « Bofip » regroupant l'ensemble des commentaires administratifs, accessible sur le site internet de l'administration fiscale www.impots.gouv.fr) et précisions doctrinales qui y sont intégrées, réponses ministérielles aux questions écrites des parlementaires, lettres aux organisations professionnelles. ;
– soit par **décisions individuelles** : réponses aux demandes de renseignements des contribuables et, plus généralement, tous documents par lesquels l'administration prend formellement position sur une question fiscale (par exemple : abandon formel de rehaussement ; validation expresse de certains points contrôlés).

La doctrine administrative doit concerner l'**assiette de l'impôt.**

Lorsqu'elle est issue d'instructions ou de circulaires publiées, elle peut également porter sur l'application des **pénalités** et le **recouvrement** de l'impôt.

En revanche, les contribuables ne peuvent pas invoquer une doctrine concernant les **procédures d'imposition** ou d'**établissement des pénalités** (notamment CE 24-9-2014 n° 361330 : RJF 12/14 n° 1127).

› Précisions **a.** S'agissant des **documents de portée générale,** les contribuables peuvent se prévaloir de l'interprétation de la loi donnée dans la charte du contribuable vérifié. En revanche, ils ne peuvent se prévaloir du Précis de fiscalité édité par la Direction générale des finances publiques, qui ne constitue qu'un résumé des règles en vigueur (notamment CE 16-10-1989 n° 77528 : RJF 12/89 n° 1407), ni invoquer les interventions du ministre lors des débats parlementaires (notamment CE 29-7-1983 n° 33640 : RJF 10/83 n° 1092). 79545

Par ailleurs, pour qu'une doctrine puisse être opposée à l'administration, il faut qu'elle règle une situation donnée – fût-ce à titre de « mesure de tempérament » –, ce qui exclut notamment les simples recommandations laissant une certaine liberté d'appréciation aux services (par exemple CE 16-6-1986 n° 49301 : RJF 8-9/86 n° 794).

Enfin, les contribuables ne peuvent se prévaloir d'une doctrine que si leur situation est conforme aux prévisions de cette doctrine, appliquée littéralement (notamment Avis CE 20-10-2000 n° 222675 : RJF 1/01 n° 67).

b. Pour être opposables à l'administration, les **décisions individuelles** doivent exprimer formellement l'interprétation d'un texte. Le fait que, pour des années antérieures, lors d'une précédente vérification (voir toutefois n° 79570) ou encore en établissant l'imposition primitive, le service des impôts n'ait pas relevé d'irrégularités ne constitue pas une « interprétation formelle » qui soit opposable à l'administration (notamment CE 11-1-1988 n° 67074 : RJF 3/88 n° 247).

c. Les contribuables peuvent, sous certaines conditions, opposer à l'administration les réponses à leurs demandes qui leur sont adressées par **courriers électroniques** (BOI-SJ-RES-10-10-20 n° 310).

d. L'administration admet que le contribuable revendique a posteriori, dans le délai de réclamation, le bénéfice d'une doctrine dont il n'avait pas initialement fait application (BOI-SJ-RES-10-10-10 n°s 450 et 460). Cependant, le Conseil d'État exige qu'il y ait eu **application de la doctrine** administrative : un contribuable qui a accompli ses obligations fiscales sans demander le bénéfice d'une doctrine ne peut pas ultérieurement, devant le juge de l'impôt, invoquer cette doctrine (CE 31-3-1993 n° 115511 : RJF 6/93 n° 809).

Par ailleurs, si le contribuable a utilisé une faculté (possibilité d'option, par exemple) prévue par une instruction mais non par la loi, il peut y renoncer à tout moment (CE 7-10-1987 n° 66210 : RJF 11/87 n° 1124).

e. En ce qui concerne les adhérents des **organismes de gestion agréés,** voir n° 87835.

RETRAIT OU CADUCITÉ DE LA DOCTRINE

La garantie s'applique tant que la doctrine n'est pas rapportée ou devenue caduque. Le retrait ou la caducité de la doctrine s'apprécie à la date du fait générateur de l'impôt (CE 18-3-1988 n° 73693 : RJF 5/88 n° 627) ou, en matière de plus-values soumises à l'impôt sur le revenu, à la date du fait générateur de la plus-value (date de la cession) (CE 10-2-2017 n° 386221 : RJF 5/17 n° 460). 79550 CF-V-21670 s.

La caducité de la doctrine peut résulter d'un changement de législation ou, dans le cas de décision individuelle, d'une modification de la situation du contribuable. En revanche, lorsque la doctrine exprimée est contredite par l'**évolution de la jurisprudence,** elle continue à produire ses effets jusqu'à ce que l'administration publie une nouvelle doctrine. Bien entendu, si la nouvelle jurisprudence lui est favorable, le contribuable peut s'en prévaloir.

› Précisions **a.** Les **doctrines antérieures** à la création de la base documentaire Bofip non reprises dans cette base doivent être regardées comme rapportées (CE 27-2-2013 n° 357537 : RJF 5/13 n° 520).

b. **L'annulation contentieuse** d'une doctrine par le juge de l'excès de pouvoir ne prive pas le contribuable du droit de se prévaloir de cette doctrine pour la période antérieure à son annulation. Elle ne l'empêche également pas, si l'interprétation administrative annulée subsiste en dépit de son illégalité dans un autre support doctrinal, d'en revendiquer le bénéfice tant que l'administration ne l'a pas rapportée. En revanche, l'annulation n'est pas susceptible de faire revivre une doctrine antérieure plus favorable (Avis CE 8-3-2013 n° 353782 : RJF 5/13 n° 518).

2. OPPOSABILITÉ DE L'APPRÉCIATION DES SITUATIONS DE FAIT

PRISES DE POSITION FORMELLES

Lorsque l'administration a formellement pris **position sur la situation de fait** du contribuable **au regard d'un texte** fiscal (par exemple sur la qualification de son activité), elle ne peut procéder à des rehaussements d'impositions antérieures, qui seraient fondés sur une appréciation différente de cette situation. Elle ne peut modifier sa position que pour l'avenir, 79560 LPF art. L 80 B, 1° et 7° CF-V-23100 s après en avoir avisé le contribuable (sauf changement de législation ou changement dans la situation de fait).

En principe, seul le contribuable dont la situation a fait l'objet d'une prise de position formelle peut invoquer son opposabilité. Toutefois, les contribuables qui ont **participé à l'acte ou à l'opération** qui a donné naissance à cette situation bénéficient également de cette faculté (CE 28-1-2015 nº 370455 : RJF 4/15 nº 310), pour autant que cette participation soit **antérieure** à la date de la prise de position formelle (CE 19-6-2017 nº 396780 : RJF 10/17 nº 968).

La même garantie s'applique dans le cas où l'administration a pris position sur la méthode de détermination des **prix de transfert,** dans les conditions indiquées au nº 8965.

› Précisions **a.** Le contribuable doit être de **bonne foi,** ce qui suppose selon l'administration que sa situation soit strictement identique à celle sur laquelle elle a pris position et qu'il se soit conformé à la solution retenue. En outre, la bonne foi du contribuable ne peut être retenue si celui-ci a saisi abusivement plusieurs services différents d'une même demande (simultanément ou successivement) sans que chacun en soit expressément informé (BOI-SJ-RES-10-20-10 nºs 320 et 400).

b. Seule une **réponse expresse** à la demande du contribuable peut engager l'administration (BOI-SJ-RES-10-20-10 nº 350). En principe, seules les prises de position formulées **par écrit** peuvent être invoquées. Mais l'administration admet également, sous certaines conditions, les prises de position adressées par **courriers électroniques** (BOI-SJ-RES-10-10-20 nºs 300 et 310).

c. Le contribuable est fondé à opposer à l'administration une prise de position formelle sur l'appréciation d'une situation de fait exprimée dans une **proposition de rectification** antérieure à la mise en recouvrement d'impositions primitives, par exemple une proposition de rectification en matière d'ISF prenant position sur le calcul d'une plus-value imposable à l'IR (CE 22-7-2016 nº 387191 : RJF 11/16 nº 991).

d. Voir aussi nº 79372, le cas du « **rescrit contrôle** ».

ACCORDS TACITES

79565 L'administration est regardée comme ayant donné un accord tacite lorsqu'elle n'a pas répondu :

LPF art. L 80 B, 2º à 6º, 8º à 9º bis et L 80 C
CF-V-26800 s et 29900 s

– dans un délai de six mois à un organisme qui a sollicité une habilitation à recevoir des **dons ouvrant droit à avantage fiscal** et à en délivrer reçu aux donateurs ;

– dans un délai de six mois à une entreprise qui l'a consultée sur le point de savoir si l'opération de **restructuration** projetée répond à des objectifs économiques valables et ne peut ainsi être exclue du bénéfice du régime spécial visé aux nºs 39200 s. ;

– dans un délai de six mois à une entreprise qui a demandé, préalablement à la réalisation d'une opération et à partir d'une présentation écrite précise et complète de cette opération, la confirmation que la **clause anti-abus** prévue par l'article 205 A du CGI (nº 35810) n'est pas applicable ;

– dans un délai de trois mois à une entreprise qui l'a consultée sur le bénéfice du **statut de « jeune entreprise innovante »** ou du régime des entreprises implantées dans les **pôles de compétitivité** ;

– dans un délai de trois mois à un contribuable qui lui a fait connaître son intention de bénéficier du régime d'**exonération des entreprises nouvelles** ou des entreprises implantées en **zone franche urbaine,** en **zone de revitalisation rurale,** dans un **bassin urbain à dynamiser,** dans une **zone de développement prioritaire** ou encore de certains **régimes d'amortissement exceptionnel** ;

– dans un délai de trois mois à un résident étranger qui lui a demandé l'assurance qu'il ne dispose pas d'un **établissement stable** ou d'une base fixe en **France** (nº 82545) au sens de la convention fiscale applicable ;

– dans un délai de trois mois à un contribuable qui l'a consultée sur le bénéfice du **crédit d'impôt recherche.** Sur l'accord tacite susceptible de résulter d'une demande directement adressée au ministère de la recherche ou à l'Agence nationale de la recherche, voir nº 10475 ;

– dans un délai de trois mois à un contribuable qui l'a consultée sur la **qualification** de son **activité professionnelle** au regard de l'impôt sur le revenu ;

– dans un délai de trois mois à une **société civile** qui l'a consultée sur l'**impôt applicable** à son activité.

Si la situation décrite par le contribuable correspond à la situation réelle, cet accord fait obstacle à la remise en cause du régime fiscal appliqué, à moins que les conditions requises ne soient plus respectées.

› Précisions La **demande** du contribuable doit être formulée par écrit, suivant un modèle fixé par arrêté (ou sur papier libre lorsqu'elle porte sur la qualification de l'activité professionnelle au regard de l'impôt sur le revenu ou sur l'impôt applicable à l'activité d'une société civile). Elle doit comporter une présentation précise et complète de la situation de fait.

Le **délai de réponse** de l'administration court à compter de la réception de la demande par le service compétent (ou, si l'administration a sollicité des éléments complémentaires, à compter de la réception des compléments demandés).

ABSENCE DE RECTIFICATION À L'ISSUE DU CONTRÔLE

À l'issue d'un **examen** ou d'une **vérification de comptabilité** ou d'un **examen contradictoire de situation fiscale personnelle,** les points du contrôle qui ne donnent pas lieu à rectification sont réputés ne comporter ni insuffisance, ni inexactitude, ni omission, ni dissimulation dans les éléments servant de base au calcul des impôts et valent prises de position de l'administration sur la situation de fait du contribuable. **79570** LPF art. L 49, al. 2 et L 80 A, al. 2 CF-V-18690 s

Ces points sont opposables à l'administration à la condition que le vérificateur ait pu se prononcer **en toute connaissance de cause** et les ait **mentionnés** sur la proposition de rectification ou sur l'avis d'absence de rectification et que le contribuable soit de **bonne foi.**

Aucun rehaussement d'imposition fondé sur une interprétation différente de celle résultant de ces prises de position ne peut être poursuivi aussi longtemps que la situation de fait du contribuable, les textes ou la doctrine administrative publiée n'ont subi de modification ou que l'administration n'a pas rapporté sa position pour une nouvelle période examinée ou vérifiée.

E. Déduction en cascade

Les suppléments de **droits simples** résultant d'une vérification peuvent être **admis en déduction des rehaussements** apportés aux bases d'autres impôts également vérifiés. Ce système, dit de la déduction en cascade, n'est en principe applicable qu'en cas de vérification de comptabilité (CE 8-10-1980 nº 12090 : RJF 12/80 nº 937). Toutefois, l'administration admet sa mise en œuvre en cas de contrôle sur pièces (BOI-CF-PGR-30-40-10 nº 80). Il offre deux possibilités. **79590** LPF art. L 77 et L 79 CF-V-34000 s

CASCADE « SIMPLE »

En cas de vérification simultanée des **taxes sur le chiffre d'affaires** et de l'impôt sur les bénéfices (impôt sur le revenu ou impôt sur les sociétés) ou, en cas de vérifications séparées, lorsque la vérification des taxes est achevée la première, le supplément de taxes sur le chiffre d'affaires est imputé **sur le bénéfice imposable du même exercice.** **79600**

Cette imputation est effectuée **automatiquement** par l'administration dans la proposition de rectification. Le contribuable a toutefois la possibilité de **renoncer** au bénéfice de la mesure en formulant une demande expresse en ce sens dans le délai imparti pour répondre à la proposition (nº 78795). Dans ce cas, la prescription est réputée interrompue (nº 77780) à hauteur des bases de l'impôt sur les bénéfices notifiées avant déduction du supplément de taxes sur le chiffre d'affaires.

› Précisions **a.** L'imputation est possible même si la vérification n'a **pas** abouti à une **rectification** du bénéfice (BOI-CF-PGR-30-40-10 nº 100).
b. Du fait de la comptabilisation hors taxe, la TVA éludée peut, dans certains cas, constituer pour l'entreprise un **« profit sur le Trésor »** que l'administration réintègre au préalable dans les résultats déclarés pour la détermination des bénéfices imposables. Il en est ainsi par exemple en cas de dissimulation de recettes (Avis CE 19-10-1990 nº 117924 : RJF 11/90 nº 1369). En revanche, il n'y a pas de profit sur le Trésor dans le cas où, par le jeu des écritures comptables, l'irrégularité commise en matière de TVA est restée sans effet sur la base d'imposition (cas par exemple de la TVA afférente à des frais généraux déductibles au regard des impôts sur les revenus, mais exclus du droit à récupération de la TVA, cette récupération étant compensée par une diminution d'égal montant des frais déductibles correspondants).
c. Par exception, les rappels de **TVA afférente à des opérations d'autoliquidation** ne peuvent pas être déduits des résultats de l'exercice vérifié (ni de ceux de l'exercice de mise en recouvrement). Corrélativement, ils ne donnent pas lieu à réintégration d'un profit sur le Trésor.

CASCADE « COMPLÈTE »

Lorsqu'une société passible de l'impôt sur les sociétés fait l'objet de rehaussements de bénéfices et que ceux-ci sont considérés comme fiscalement distribués, le mécanisme de la déduction en cascade permet d'imputer le **rappel d'impôt sur les sociétés sur les bénéfices réputés distribués** – déjà diminués éventuellement des suppléments de taxes sur le chiffre d'affaires – pour l'assiette des impôts dus à raison de la distribution (impôt sur le revenu à la charge des bénéficiaires, ou retenue à la source lorsque ceux-ci sont établis hors de France). Cette déduction est subordonnée, d'une part, à une **demande de la société** et, d'autre part, au **reversement** dans la caisse sociale, par les associés ou actionnaires, avant l'établissement de leur imposition personnelle, des sommes nécessaires au paiement des taxes sur le chiffre d'affaires, de l'impôt sur les sociétés et, le cas échéant, de la retenue à la source sur les revenus mobiliers, afférents aux sommes qui leur ont été distribuées. **79610**

> **Précisions** **a.** La société doit demander le bénéfice de la cascade complète auprès de l'administration **au plus tard** dans les trente jours suivant la réception de la réponse à ses observations (nos 78795 s.) ou, à défaut, du document spécifique l'invitant à formuler cette demande. Celle-ci ne peut être limitée à certains seulement des **exercices vérifiés** (BOI-CF-PGR-30-40-10 no 270). La décision de **refus** de l'administration doit être contestée devant le juge de l'excès de pouvoir (CE 24-6-2013 no 338417 : RJF 10/13 no 936).
> **b.** Si les associés **ne reversent pas** les sommes nécessaires, leur imposition personnelle est établie, comme si aucune cascade n'était permise, sur la totalité des sommes qu'ils ont appréhendées.

79615 EXEMPLE

Société passible de l'impôt sur les sociétés (CA supérieur à 250 M€), faisant l'objet, au titre de l'exercice 2020, d'un rappel de TVA de 20 000 € et d'un rehaussement de bénéfices de 80 000 €, dont l'intégralité est réputée fiscalement distribuée aux associés domiciliés en France.

Sans la déduction en cascade, le supplément de TVA serait seulement déductible des résultats de l'exercice en cours lors de sa mise en recouvrement.

Avec la déduction en cascade, la situation sera la suivante :
– supplément d'impôt sur les sociétés (80 000 € – 20 000 €) × 31 % = 18 600 € (au lieu de 80 000 € × 31 % = 24 800 € sans déduction en cascade) ;
– supplément d'impôt sur le revenu à la charge des associés, dû sur le bénéfice réputé distribué retenu pour 125 % de son montant (no 24760) et taxable par hypothèse (option pour le barème) au taux de 41 % : [(80 000 € × 125 %) – 20 000 € – 18 600 €] × 41 % = 25 174 € (au lieu de 80 000 € × 125 % × 41 % = 41 000 €) ;
– total des droits simples (c'est-à-dire abstraction faite des pénalités) : 20 000 € + 18 600 € + 25 174 € = 63 774 € (au lieu de 20 000 € + 24 800 € + 41 000 € = 85 800 €) ;
– calcul des pénalités proportionnelles sur ces droits simples ;
– montant à reverser par les associés dans la caisse de la société : 20 000 € + 18 600 € = 38 600 €.

SECTION 5 SANCTIONS

GÉNÉRALITÉS

79700 Les sanctions applicables en matière fiscale se subdivisent en deux grandes catégories :
– les sanctions fiscales, **sanctions pécuniaires appliquées par l'administration,** en vertu de la loi et sous le contrôle des tribunaux : elles sont principalement constituées par des majorations de droits et des amendes fiscales, auxquelles s'ajoute, le cas échéant, un intérêt de retard ;
– les sanctions pénales, consistant en des **peines correctionnelles** prononcées par les tribunaux de l'ordre judiciaire pour des infractions d'une gravité particulière.
Certaines infractions peuvent donner lieu à l'application cumulative de ces deux catégories de pénalités. Celles-ci, d'autre part, peuvent parfois s'accompagner de sanctions d'une nature particulière.

79705 > **Précisions** **a.** Les **sanctions fiscales** à caractère répressif (à l'exclusion des intérêts de retard) peuvent constituer des « accusations en matière pénale » au sens de l'article 6 de la **convention européenne des droits de l'Homme,** relatif aux droits de la défense. Cependant, ces dispositions ne permettent, en principe, de critiquer que les procédures suivies devant les juridictions ; elles ne s'appliquent pas aux procédures d'établissement des pénalités par l'administration (Avis CE 31-3-1995 no 164008, Méric : RJF 5/95 no 623), sauf lorsque leur mise en œuvre risque d'emporter des conséquences de nature à porter atteinte de manière irréversible au caractère équitable d'une procédure engagée devant le juge de l'impôt (CE 26-5-2008 no 288583 : RJF 8-9/08 no 981).
> À cet égard, la Cour de cassation, en s'appuyant sur la Convention, reconnaît au **juge** le pouvoir de se prononcer sur le **principe** et le **montant** de toute sanction ayant le caractère d'une punition (Cass. com. 29-4-1997 no 95-20.001 : RJF 6/97 no 641 ; Cass. com. 22-2-2000 no 97-17.822 : RJF 5/00 no 737). Mais, pour le Conseil d'État comme pour la Cour européenne des droits de l'Homme, aucun pouvoir de modération ne peut être reconnu au juge sur le fondement de la Convention, tant dans les cas où la loi elle-même prévoit une modulation de la sanction applicable en fonction de la gravité de la faute commise (Avis CE 8-7-1998 no 195664, Fatell : RJF 8-9/98 no 970 ; CEDH 23-9-1998 aff. 68/1997/852/1059 : RJF 11/98 no 1384) que lorsqu'il s'agit de pénalités à taux unique (CE 27-6-2008 nos 301342 et 301343 : RJF 11/08 no 1213 ; CEDH 7-6-2012 aff. 4837/06 : RJF 8-9/12 no 888).
> **b.** Le **cumul des sanctions fiscales et des sanctions pénales,** en cas de fraude fiscale particulièrement, est admis tant par le Conseil

d'État que par la Cour de cassation, qui considèrent que ni le pacte international de New York relatif aux droits civils et politiques ni la convention européenne des droits de l'Homme n'y font obstacle (Avis CE 4-4-1997 n° 183658 : RJF 5/97 n° 469 ; Cass. crim. 6-11-1997 n° 96-86.127 : RJF 12/98 n° 1467). Cependant, le Conseil constitutionnel a jugé que, par application du principe de proportionnalité, le **montant global** des sanctions éventuellement prononcées ne doit pas dépasser le montant le plus élevé de l'une des sanctions encourues (Cons. const. 24-6-2016 nos 2016-545 QPC et 2016-546 QPC : RJF 10/16 n° 862), et il a limité l'application des sanctions pénales aux cas les plus graves (n° 80260). La Cour de cassation a précisé que pour l'appréciation de la proportionnalité des peines il ne doit être tenu compte que des amendes pénales et majorations fiscales définitives (Cass. crim. 11-9-2019 n° 18-81.067 et 18-82.430 : RJF 12/19 n° 1197).
La Cour de justice de l'Union européenne, pour sa part, considère que la charte des droits fondamentaux de l'Union ne s'oppose pas au cumul de sanctions fiscales et pénales en cas de fraude à la TVA, sous réserve que la sanction fiscale ne présente pas un caractère pénal (CJUE 26-2-2013 aff. 617/10 : RJF 6/13 n° 681).
Enfin, la Cour européenne des droits de l'Homme admet l'application cumulée de sanctions fiscale et pénale dès lors qu'il existe entre les procédures fiscales et pénales un lien matériel et temporel justifiant qu'elles soient regardées comme formant une procédure mixte intégrée (CEDH 15-11-2016 aff. 24130/11 et 29758/11 : RJF 2/17 n° 210).

A. Pénalités fiscales

Nous avons déjà signalé quelques-unes des pénalités fiscales, en évoquant certaines infractions particulières (infractions au droit de communication, par exemple). Celles qui sont étudiées ici sont les **pénalités de caractère général,** qui correspondent aux principaux types d'infractions. 79850 CF-VIII-5000 s

INTÉRÊT DE RETARD

Le régime des pénalités fiscales se caractérise par l'application généralisée d'un **intérêt de retard de 0,20 %** par mois, qui n'est pas considéré lui-même comme une sanction mais qui s'**ajoute** aux **majorations et amendes calculées sur le montant des droits éludés** par le contribuable (majoration prévue par l'article 1728 du CGI en cas de défaut ou de retard de déclaration, par exemple). En revanche, l'intérêt de retard n'est pas réclamé lorsqu'il est fait application de majorations ou amendes qui se **substituent aux droits éludés** (pénalité prévue par l'article 1759 du CGI en matière de distributions occultes, par exemple). 79860 CGI art. 1727, I à III CF-VIII-5800 s

Il est à noter, en outre, que, par **exception,** l'intérêt de retard ne s'applique pas :
– en cas de mention expresse ;
– en cas de demande de renseignements restée sans réponse (n° 80020) ;
– en cas de rehaussement de la valeur locative de certains biens dû à une erreur de l'administration (n° 80025) ;
– en cas d'application de la tolérance légale (n° 80030) ;
– en cas d'application de la majoration pour défaut de paiement ou paiement tardif visée au n° 80150.

Enfin, l'intérêt de retard peut s'appliquer à un **taux réduit** lorsque le contribuable régularise sa situation, de façon spontanée (nos 79867 s.) ou au cours d'un contrôle (nos 78410 et 79175).

› Précisions **a.** L'intérêt de retard vise à réparer le préjudice subi par l'État à raison du non-respect par les contribuables de leurs obligations de déclarer et payer l'impôt aux dates légales. Il ne constitue **pas une sanction,** y compris pour la fraction de son taux qui excède celui de l'intérêt légal (Avis CE 12-4-2002 n° 239693 : RJF 6/02 n° 673 ; Cass. com. 27-9-2005 n° 03-14.636 : RJF 1/06 n° 103). Par conséquent, son application est indépendante de toute appréciation portée sur le comportement du contribuable (CE 4-4-1997 n° 144211 : RJF 5/97 n° 452) et n'a pas à être motivée (CE 27-7-2001 n° 211758 : RJF 11/01 n° 1416 ; Cass. com. 6-5-1996 n° 94-14.686 : RJF 8-9/96 n° 1088).
b. Le **taux** de 0,20 % s'applique aux intérêts courant du 1er janvier 2018 au 31 décembre 2020. Il était antérieurement fixé à 0,40 %.

« Mention expresse » L'intérêt de retard n'est pas applicable au titre des éléments d'imposition pour lesquels le contribuable fait connaître, par une indication expresse portée sur la déclaration ou l'acte, ou dans une note annexée, les **motifs de droit ou de fait** qui le conduisent à ne pas les mentionner en totalité ou en partie, ou à leur donner une qualification qui, si elle était fondée, entraînerait une taxation atténuée, ou fait état de déductions qui sont ultérieurement reconnues injustifiées. 79865

La dispense d'intérêt de retard résultant d'une « mention expresse » ne fait pas obstacle à l'application des pénalités prévues en cas de manquement délibéré.

RECTIFICATION SPONTANÉE DES ERREURS OU MANQUEMENTS

79867 CGI art. 1727, V CF-VI-8060 Le montant dû au titre de l'intérêt de retard est réduit de 50 % lorsque le contribuable rectifie spontanément les erreurs, insuffisances ou omissions commises de **bonne foi** dans les déclarations souscrites dans les délais prescrits.

Cette réduction est subordonnée :

– au dépôt d'une **déclaration rectificative, indépendamment de tout contrôle** fiscal ou de toute demande expresse ou mise en demeure de l'administration. Cette déclaration doit intervenir avant l'expiration du délai de reprise (n°s 77700 s.) ;

– au **paiement** des droits simples au moment du dépôt de la déclaration rectificative ou, s'il s'agit d'impôts recouvrés par voie de rôle, au plus tard à la date limite de paiement portée sur l'avis d'imposition. À défaut, le contribuable peut conserver le bénéfice de la réduction en s'engageant à acquitter les droits simples dans le cadre d'un **plan de règlement** accepté par le comptable public.

› Précisions a. Une déclaration rectificative déposée après un acte de l'administration est considérée comme spontanée lorsqu'elle porte sur un **impôt différent** de celui visé par l'acte en question (BOI-DAE-20-10 n° 30).

b. En cas de **paiement partiel** des droits lors de la déclaration rectificative, l'intérêt de retard à taux réduit ne bénéficie qu'à la fraction acquittée (BOI-DAE-20-10 n° 80).

c. En ce qui concerne l'application des **majorations** (de 10 % ou 5 %) pour retard de paiement, voir n°s 80150, précision c et 80165, précision b.

79869 CF-VI-26200 s. **Mise en conformité fiscale des entreprises** Les entreprises et leurs dirigeants ont la possibilité de régulariser spontanément certaines anomalies auprès du service de mise en conformité fiscale des **entreprises** (assuré par la Direction des grandes entreprises : n° 87410, précision d), à condition qu'**aucune procédure** fiscale, administrative ou judiciaire ne soit **en cours** (Circ. du 28-1-2019).

Les demandes peuvent concerner toutes les anomalies fiscales découvertes en cas de reprise d'une entreprise, certaines problématiques fiscales internationales (non-déclaration d'un établissement stable, montages impliquant des structures à l'étranger, par exemple), certaines questions relatives à la fiscalité des **dirigeants** (non-assujettissement d'une plus-value de cession de titres, régime des impatriés, par exemple), ainsi que toutes les opérations susceptibles d'entraîner l'application d'une majoration de 80 %.

La régularisation s'accompagne d'une réduction, par voie de **transaction** (n°s 82270 s.), des **intérêts de retard et** des **pénalités fiscales,** suivant un barème préétabli.

SUPPRESSION D'AVANTAGES FISCAUX EN CAS DE MANQUEMENTS GRAVES

79880 CGI art. 1731 bis CF-VIII-5400 s En matière d'**impôt sur le revenu,** les **déficits** et les **réductions d'impôt** ne peuvent pas s'imputer sur les rehaussements et droits donnant lieu à l'application de l'une des **majorations de 40 %, 80 % ou 100 %** prévues en cas d'insuffisance de déclaration, de défaut ou retard de déclaration, d'opposition au contrôle fiscal, d'abus de droit, de non-respect des obligations déclaratives des transferts de fonds vers ou en provenance de l'étranger ou encore en cas de trafic illicite de biens (n° 78395).

De même en matière d'**impôt sur la fortune immobilière,** est exclue l'imputation de la **réduction d'impôt** visée aux n°s 72100 s. sur les droits donnant lieu à l'application de l'une des majorations susvisées pour insuffisance, défaut ou retard de déclaration et pour opposition au contrôle fiscal ou de la majoration de 40 % pour retard de déclaration visée au n° 80117.

1. INSUFFISANCES DE DÉCLARATION

80000 CGI art. 1729 CF-VIII-12000 s Les insuffisances de déclaration recouvrent deux **catégories d'infractions** :

– les **inexactitudes ou omissions** relevées **dans les déclarations** ou les actes comportant l'indication d'éléments à retenir pour l'**assiette ou** la **liquidation de l'impôt** et dont la réparation entraîne l'établissement d'un supplément d'impôt à la charge du contribuable (ces insuffisances doivent être distinguées de celles visées au n° 80190 et qui affectent des documents servant, non à l'assiette, mais seulement au **contrôle de l'impôt**) ;

– l'**obtention indue** du versement d'**une créance** de nature fiscale (crédits d'impôt, créance née du report en arrière d'un déficit, remboursement de crédits de TVA…).

80005 La nature des pénalités applicables varie suivant que le contribuable est considéré comme ayant agi de façon involontaire (bonne foi) ou délibérée (mauvaise foi).

La règle en la matière est que les insuffisances sont présumées involontaires. Si l'administration entend appliquer les sanctions prévues en cas d'insuffisance volontaire, il lui appartient d'établir le **caractère délibéré** du manquement ou les **manœuvres frauduleuses,** pour chaque chef d'insuffisance (LPF art. L 195 A).

La **décision** d'appliquer les sanctions pour manquement délibéré, manœuvres frauduleuses, dissimulation de prix ou abus de droit ou encore absence de production ou production partielle de la documentation visée au n° 8967, précision c en matière de prix de transfert entre entreprises associées ne peut être prise que par un agent ayant au moins le grade d'**inspecteur divisionnaire** (LPF art. L 80 E). En pratique, il s'agit le plus souvent du supérieur hiérarchique du vérificateur. Celui-ci matérialise sa décision en apposant un visa (voir toutefois le cas particulier visé n° 77865,d) sur le document qui indique au contribuable les motifs de l'application des sanctions (n°s 80220 s.). Le défaut de visa entraîne l'annulation des sanctions en cause.

› Précisions **a.** En l'absence de manœuvres frauduleuses, l'administration se fonde, pour soutenir qu'il y a **manquement délibéré,** sur l'importance, la nature et la fréquence des rehaussements (appréciation « objective »), ou sur le fait que le contribuable ne pouvait normalement ignorer les insuffisances, inexactitudes ou omissions qui lui sont reprochées (appréciation « subjective ») (BOI-CF-INF-10-20-20 n° 40). Le caractère délibéré d'une insuffisance de déclaration doit s'apprécier au moment de la déclaration, l'administration ne pouvant se fonder sur le comportement du contribuable au cours des opérations de contrôle (CE 27-6-2012 n° 342991 : RJF 10/12 n° 932).

b. Les **manœuvres frauduleuses** sont définies par l'administration comme consistant dans la mise en œuvre de procédés ayant pour effet soit de faire disparaître ou de réduire la matière imposable, soit d'obtenir de l'État des remboursements injustifiés, lorsque ces procédés ne peuvent être considérés comme des erreurs excusables ou des omissions involontaires mais sont, au contraire, le résultat d'actes conscients et volontaires destinés à donner l'apparence de la sincérité à des déclarations en réalité inexactes et impliquant l'intention d'éluder tout ou partie de l'impôt (BOI-CF-INF-10-20-20 n°s 60 et 70).

De son côté, le Conseil d'État définit les manœuvres frauduleuses comme des agissements de nature à égarer ou à restreindre le pouvoir de contrôle de l'administration (notamment CE 3-5-1995 n° 77174 : RJF 6/95 n° 698). Par exemple constituent des manœuvres frauduleuses la pratique répétée d'achats et de ventes en espèces non comptabilisés (CE 27-9-1991 n° 64005 : RJF 11/91 n° 1411), la déduction de charges non supportées sur la base de factures fictives (CE 28-6-1991 n° 77150 : RJF 8-9/91 n° 1151), la falsification ou la destruction de pièces justificatives (CE 24-2-1986 n° 50433 : RJF 4/86 n° 424), etc. En revanche, le fait de souscrire sciemment des déclarations inexactes n'entraîne pas à lui seul l'application des pénalités pour manœuvres frauduleuses (CE 24-10-1979 n° 10143 : RJF 12/79 n° 735).

c. Pour l'application des sanctions prévues en cas de manœuvres frauduleuses, tout **achat** pour lequel il n'est pas représenté de **facture régulière** est réputé avoir été effectué en fraude des taxes sur le chiffre d'affaires, quelle que soit la qualité du vendeur au regard de celles-ci. En pareil cas, l'acheteur est soit personnellement, soit solidairement avec le vendeur, si celui-ci est connu, tenu de payer lesdites taxes sur le montant de cet achat, ainsi que les pénalités pour manœuvres frauduleuses (CGI art. 1786).

PÉNALITÉS APPLICABLES EN L'ABSENCE DE MANQUEMENT DÉLIBÉRÉ

En l'absence de caractère délibéré, les inexactitudes ou omissions entraînent l'application de l'**intérêt de retard,** quelle que soit la nature de l'impôt concerné, sauf exonération résultant d'une mention expresse (n° 79865), d'une demande de renseignements restée sans réponse (n° 80020), d'un rehaussement de la valeur locative de certains biens dû à une erreur de l'administration (n° 80025) ou de la tolérance légale (n° 80030). En revanche, l'intérêt de retard ne s'applique pas s'il s'agit de l'obtention indue du versement d'une créance (sauf en cas de paiement tardif des sommes mises en recouvrement). **80010** CF-VIII-12700 s

Par ailleurs, en matière d'impôt sur le revenu, une **majoration** est susceptible de s'appliquer (n° 80035).

Calcul de l'intérêt de retard L'intérêt de retard est calculé sur la **base** des droits mis à la charge du contribuable. Il n'est pas plafonné. Le **point de départ** de l'intérêt de retard est fixé, en principe, au premier jour du mois qui suit celui au cours duquel la somme concernée devait être acquittée. Toutefois, en matière d'**impôt sur le revenu** (exception faite des plus-values de cession d'immeubles et de biens meubles visées aux n°s 30525, 30535, 32000 s. et 32740 s.), le point de départ de l'intérêt de retard est fixé au 1er juillet de l'année qui suit celle au titre de laquelle l'imposition est établie. Par ailleurs, en matière d'**impôt sur la fortune immobilière,** le point de départ de l'intérêt de retard est le 1er juillet de l'année au titre de laquelle l'imposition est établie. Enfin, en cas de rectifications en matière de **taxes sur le chiffre d'affaires,** l'intérêt de retard dû sur les rectifications est décompté à partir du premier jour de l'exercice suivant celui sur lequel portent lesdites rectifications ; en ce qui concerne les rectifications afférentes à l'exercice au cours duquel la vérification est achevée, il est calculé à partir du début du mois suivant celui au cours duquel la dernière déclaration soumise à vérification a été ou aurait dû être déposée. **80015** CGI art. 1727, IV-1, 4 et 6 CF-VIII-8470 s

Le décompte de l'intérêt de retard a pour **point d'arrêt** le dernier jour du mois de la notification de la proposition de rectification. En cas d'échelonnement des impositions supplémentaires, le décompte est arrêté au dernier jour du mois au cours duquel le rôle est mis en recouvrement.

› Précisions En cas d'application de la **procédure de régularisation en cours de contrôle** (n° 79175), le point d'arrêt de l'intérêt de retard est fixé au dernier jour du mois au cours duquel doit intervenir le dépôt de la déclaration complémentaire de régularisation (BOI-CF-IOR-20-10 n° 60).

Par ailleurs, en cas de **demande de renseignements à une autorité étrangère** entraînant une prorogation du délai de reprise (n° 77765), le décompte de l'intérêt de retard est arrêté au dernier jour du mois de la proposition de rectification intervenue dans le délai initial de reprise ou, à défaut, au dernier jour de ce délai.

80020 CGI art. 1727, II-2 **CF-VIII-6945 s**

Demande de renseignements restée sans réponse L'intérêt de retard n'est pas applicable au titre des éléments d'imposition afférents à une déclaration souscrite dans les délais prescrits, lorsque le principe ou les modalités de la déclaration de ces éléments se heurtent, soit à une **difficulté d'interprétation d'une disposition fiscale nouvelle,** soit à une **difficulté de détermination des incidences fiscales d'une règle comptable** et que le contribuable de bonne foi a joint à sa déclaration la copie de la demande, déposée avant l'expiration du délai de déclaration, par laquelle il a sollicité de l'administration, de manière précise et complète, une prise de position sur la question sans obtenir de réponse ou que l'administration n'a pas formellement pris position sur la question avant l'expiration du délai de déclaration.

80025 CGI art. 1727, II-2 bis **CF-VIII-7300**

Rehaussement de la valeur locative de certains biens L'intérêt de retard n'est pas applicable si la cause du rehaussement est un différend sur la valeur locative de locaux d'habitation (n° 42090) ou de locaux professionnels (n° 42100) **autres que** des **établissements industriels** et s'il est démontré que le contribuable de bonne foi a acquitté l'imposition sur la base du rôle établi par l'administration et que le différend ne résulte **ni** d'un **défaut ni** d'une **inexactitude de déclaration.**

80030 CGI art. 1727, II-3 et 4 **CF-VIII-7400 s**

Tolérance légale En l'absence de manquement délibéré, l'intérêt de retard n'est pas applicable si l'insuffisance des chiffres déclarés n'excède pas un pourcentage de la **base d'imposition** retenue après rectification, qui varie selon les impôts concernés.

Le pourcentage de tolérance admis est égal :

– au **vingtième** de la base d'imposition en ce qui concerne l'**impôt sur le revenu,** l'**impôt sur les sociétés** et les impositions assimilées à ces impôts (CSG sur les revenus du patrimoine, contribution sociale sur l'impôt sur les sociétés, par exemple) ;

– au **dixième** en matière de **droits d'enregistrement,** de **taxe de publicité foncière** et d'**impôt sur la fortune immobilière.**

La tolérance légale ne s'applique pas pour les impôts autres que ceux visés ci-dessus.

› Précisions a. Pour l'application de la tolérance du vingtième, un certain nombre de **dépenses** qui ouvrent droit à une réduction ou à un crédit d'impôt sont assimilées à une insuffisance de déclaration lorsqu'elles ne sont **pas justifiées.** Il s'agit de certaines dépenses afférentes à l'habitation principale (n°s 3045 s. et 3110 s.), des primes des contrats de rente-survie et d'épargne handicap (n°s 3345 s.), des dépenses de recherche (n°s 10470 s.) et des dépenses de tenue de comptabilité et d'adhésion à un centre de gestion ou à une association agréés (n°s 87990 s.).

En revanche, les infractions portant sur des éléments servant à la **liquidation de l'impôt** sont hors du champ d'application de la tolérance légale (CE 13-4-2005 n° 252165 : RJF 7/05 n° 720). Il en va ainsi, par exemple, d'une irrégularité tenant au quotient familial (CAA Nancy 23-12-1993 n° 92-475 : RJF 7/94 n° 812) ou de l'imputation irrégulière d'un crédit d'impôt sur la base d'imposition du contribuable (CE 23-4-2008 n° 271853 : RJF 7/08 n° 863).

b. Pour l'appréciation de la limite du vingtième en cas de mise en œuvre de la **procédure de régularisation en cours de contrôle** (n° 79175), il convient de faire masse des régularisations et des rectifications opérées indépendamment de cette procédure (BOI-CF-IOR-20-10 n° 300).

c. En ce qui concerne les **droits d'enregistrement, la taxe de publicité foncière et l'impôt sur la fortune immobilière,** l'insuffisance s'apprécie bien par bien. La tolérance du dixième ne joue pas en cas d'omission d'un bien imposable dans une déclaration (Cass. com. 15-10-1996 n° 94-19.916 : RJF 2/97 n° 183).

d. Les insuffisances ayant fait l'objet d'une « **mention expresse** » et qui sont par suite dispensées d'intérêt de retard ne sont pas prises en compte pour le calcul de l'insuffisance des chiffres déclarés dont il est tenu compte pour apprécier si la tolérance légale trouve à s'appliquer. Mais ces insuffisances doivent être comprises dans le montant de la base d'imposition retenue après rectification (BOI-CF-INF-10-10-10 n° 230).

80035 CGI art. 1758 A **CF-VIII-12720 s**

Cas particulier : impôt sur le revenu Les insuffisances relevées dans les déclarations servant à l'établissement de l'impôt sur le revenu donnent lieu à l'application d'une **majoration de 10 %** qui s'ajoute à l'intérêt de retard.

Cette majoration n'est toutefois pas due en cas de **régularisation** effectuée spontanément ou dans les trente jours d'une demande de l'administration, ou encore lorsqu'il est fait application des majorations visées au nº 79100 ou au nº 80040.

PÉNALITÉS APPLICABLES EN CAS DE MANQUEMENT DÉLIBÉRÉ

Lorsque le caractère délibéré de l'infraction est établi, celle-ci entraîne l'application d'une **majoration** de **40 %.** Cette majoration est portée à **80 %** en cas de manœuvres frauduleuses (nº 80005) ou de dissimulation d'une partie du prix stipulé dans un contrat (nº 78245). **80040** CF-VIII-12750 s

Ces majorations sont calculées sur les droits mis à la charge du contribuable ou sur le montant de la créance de nature fiscale dont le reversement lui est demandé.

S'il s'agit d'omissions ou d'inexactitudes, les majorations s'ajoutent à l'intérêt de retard visé aux nºs 80010 s.

› Précisions **a.** Lorsque le **caractère délibéré** n'est retenu que **pour partie, l'intérêt de retard** est dû sur la totalité des droits mis à la charge du contribuable. Les **majorations** sont, quant à elles, applicables à raison des droits résultant des infractions pour lesquelles le manquement délibéré, les manœuvres frauduleuses ou la dissimulation de prix sont établis.

Pour le cas d'application concomitante de majorations à **taux différents**, voir nº 80050, a.

b. Sur la non-application de l'intérêt de retard en cas de « **mention expresse** », voir nº 79865.

c. En ce qui concerne les sanctions applicables en cas d'**abus de droit,** voir nº 79200.

d. S'agissant de l'impossibilité d'**imputer** certains **avantages fiscaux** en cas d'application des majorations de 40 % ou 80 %, voir nº 79880.

e. Sur la possibilité pour l'administration de **publier** les sanctions infligées aux **personnes morales,** voir n º 80325.

COMBINAISON DES PÉNALITÉS

a. Lorsque des rehaussements opérés sur une déclaration souscrite dans les délais sont passibles de pénalités à **taux différents,** ces pénalités s'appliquent dans l'ordre décroissant de leur taux. Ainsi, lorsque certains rehaussements sont assortis de la majoration de 40 % pour manquement délibéré et d'autres de la majoration de 80 % pour manœuvres frauduleuses, on commence par appliquer la majoration de 80 % à la fraction de l'impôt supplémentaire correspondant avant d'appliquer la majoration de 40 % au solde de l'impôt supplémentaire. **80050** CGI art. 1729 A CF-VIII-12360 s et 13100 s

La même règle s'applique lorsque des rehaussements réduisent un déficit ou un crédit et que des pénalités sont appliquées au titre de l'année ou de l'exercice d'imposition.

b. Par ailleurs, lorsque des **insuffisances** sont constatées **dans une déclaration tardive,** la majoration pour retard de déclaration visée au nº 80085 s'applique à l'intégralité des droits, qu'ils résultent de la déclaration tardive ou des rehaussements apportés à la déclaration. Les majorations pour insuffisance visées au nº 80040 ne sont pas applicables, sauf si leur taux est supérieur à la majoration pour retard, auquel cas elles s'y substituent sur la fraction des droits résultant des rehaussements.

2. DÉFAUT OU RETARD DE PRODUCTION DES DÉCLARATIONS

DOCUMENTS CONCERNÉS

Les infractions visées ici concernent les **déclarations et actes** comportant l'indication d'éléments à retenir pour l'**assiette ou** la **liquidation de l'impôt.** Font, **notamment,** partie de cette catégorie les déclarations suivantes : **80075** CGI art. 1728 CF-VIII-10500 s

– déclaration d'ensemble des revenus et déclarations de revenus ou bénéfices catégoriels (BIC, BNC ou BA, soumis à un régime réel, revenus fonciers et plus-values) ;
– déclaration relative à l'impôt sur les sociétés ;
– déclaration mensuelle, trimestrielle ou annuelle de chiffre d'affaires ;
– déclaration mensuelle sur les produits de placements à revenu fixe ;
– déclaration de succession et obligations déclaratives en matière d'impôt sur la fortune immobilière ;
– déclaration ou acte donnant ouverture aux droits d'enregistrement.

Ne sont pas concernés les déclarations et documents utilisés pour le **contrôle de l'impôt** dont le défaut ou retard de production est sanctionné comme indiqué au nº 80190.

PÉNALITÉS APPLICABLES

Le défaut ou le retard de production d'une déclaration entraîne l'application de l'**intérêt de retard** et d'une **majoration** dont le taux est de : **80085** CGI art. 1728, 1 CF-VIII-8350 s et 11000 s

– **10 %** en l'absence de mise en demeure de déposer la déclaration ou de présenter l'acte à l'enregistrement ou lorsque le document a été déposé dans les trente jours suivant la réception d'une mise en demeure (sauf dans le cas particulier des déclarations d'impôt sur le revenu vu au nº 80100) ;

– **40 %** lorsque le document n'a pas été déposé dans les trente jours suivant la réception d'une mise en demeure ;
– **80 %** en cas d'exercice d'une activité occulte.

Sur les pénalités applicables en cas d'**insuffisances** relevées dans une déclaration tardive, voir n° 80050, b.

> **Précisions** **a.** Lorsque l'administration adresse au contribuable, alors même qu'elle n'y est **pas tenue,** une **mise en demeure** de déposer sa déclaration de TVA avant de procéder à son imposition par voie de taxation d'office, la majoration des droits de 10 % est portée à 40 % si ce dernier n'obtempère pas dans les trente jours suivant la réception de cette mise en demeure (CE 27-1-2010 n° 305291 : RJF 4/10 n° 400).
> **b.** La **majoration de 80 %** est encourue sans que l'administration ait à établir le caractère intentionnel de la dissimulation mais le contribuable peut écarter son application s'il prouve qu'il a commis une erreur justifiant qu'il ne se soit acquitté d'aucune de ses obligations déclaratives (CE plén. 7-12-2015 n° 368227. : RJF 2/16 n° 160).

80090 CGI art. 1727, IV-1 et 3

Le **point de départ de l'intérêt de retard** est fixé en principe au premier jour du mois qui suit celui au cours duquel la somme concernée devait être acquittée. Toutefois, en matière d'**impôt sur le revenu** (exception faite des plus-values de cession d'immeubles et de biens meubles visées aux n°s 30525, 30535, 32000 s. et 32740 s.), il est fixé :
– au 1er juillet de l'année qui suit celle au titre de laquelle l'imposition est établie ;
– au premier jour du quatrième mois qui suit celui au cours duquel devait être souscrite la déclaration des résultats en cas de cession, cessation ou de décès (n°s 4755 s.).

Par ailleurs, en matière d'**impôt sur la fortune immobilière,** le point de départ de l'intérêt de retard est le 1er juillet de l'année au titre de laquelle l'imposition est établie.

L'intérêt de retard est calculé jusqu'au **dernier jour** du mois :
– de la souscription ou de la présentation de la déclaration ou de l'acte (réparation spontanée de l'infraction) ;
– de la notification de la proposition de rectification ou des bases arrêtées d'office.

80095 L'intérêt de retard et la majoration ont pour **base de calcul** le montant des droits mis à la charge du contribuable ou résultant de la déclaration déposée hors délai.

> **Précisions** L'administration admet de **déduire** de la base de calcul de l'intérêt de retard les **acomptes versés** dans les délais ainsi que les acomptes versés tardivement lorsqu'ils ont donné lieu à l'application de l'intérêt de retard (BOI-CF-INF-10-10-20 n° 50). En revanche, elle refuse la déduction des acomptes de la base de calcul des majorations (BOI-CF-INF-10-20-10 n° 20). Cette position est toutefois contredite par le Conseil d'État (CE 20-9-2019 n° 428750 : RJF 12/19 n° 1140).

CAS PARTICULIERS

80100 CGI art. 1758 A CF-VIII-11170 s

Déclarations d'impôt sur le revenu En cas de défaut ou de retard de production de déclarations, une **majoration de 10 %,** ou de **20 %** en cas de dépôt tardif effectué dans les trente jours d'une mise en demeure, s'applique à l'exclusion de la majoration de 10 % visée au n° 80085. Cette majoration n'est pas due lorsqu'il est fait application des majorations de 40 % et 80 % visées au n° 80085.

Lorsque l'absence d'accomplissement de l'obligation déclarative traduit la **validation tacite** des informations transmises par l'administration (n°s 3672 s.) aucune majoration n'est due.

80105 CGI art. 1728, 4 CF-VIII-11280

Lorsque le défaut ou le retard de souscription concerne à la fois la **déclaration d'ensemble** des revenus et une ou plusieurs **déclarations de revenus catégoriels,** et que plusieurs majorations de taux différents sont encourues, ces dernières sont appliquées à l'impôt sur le revenu réparti proportionnellement aux revenus représentatifs de chaque infraction. Toutefois, le taux de la majoration encourue au titre de la déclaration d'ensemble s'applique à la totalité de l'impôt lorsqu'il est supérieur à celui applicable au titre des autres déclarations.

80107 Certains **avantages fiscaux** ne peuvent être imputés sur les droits donnant lieu à l'application des majorations de **40 % ou 80 %** : voir n° 79880.

80110 CGI art. 1728, 2 CF-VIII-11470 s

Déclarations de succession En cas de défaut ou de retard de production des déclarations de succession, la **majoration au taux de 10 %** n'est applicable qu'à partir du premier jour du septième mois suivant celui de l'expiration du délai de présentation de la déclaration (n° 68870). Il en résulte, s'agissant des déclarations de succession relevant du délai général, que les droits afférents aux déclarations présentées du septième au douzième mois inclus suivant le décès ne sont assortis que de l'intérêt de retard (BOI-CF-INF-10-20-10 n° 60).

Par ailleurs, le délai de réponse accordé au contribuable pour **présenter la déclaration** à l'enregistrement **à l'issue d'une mise en demeure,** avant application de la majoration au taux de 40 %, est de quatre-vingt-dix jours au lieu de trente.

Enfin, par mesure de tempérament administrative, la base de calcul de la **majoration de 10 %** est réduite du montant des acomptes versés dans les douze mois (ou trente mois dans le cas visé au nº 68870, précision a) suivant le décès. Cette mesure n'est, toutefois, pas applicable pour la détermination de la base de calcul de la majoration de 40 % exigible lorsque la déclaration n'a pas été présentée à l'enregistrement dans les quatre-vingt-dix jours de la mise en demeure (en cas de bonne foi, l'assiette de cette majoration peut, cependant, être diminuée des acomptes versés dans le délai légal de dépôt de la déclaration, lorsque l'héritier en fait la demande gracieuse) (BOI-CF-INF-10-20-10 nº 60).

Obligations déclaratives en matière d'impôt sur la fortune immobilière

80115 CGI art. 1728, 5 ENR-XII-38140 s

En cas de dépôt tardif de la déclaration de patrimoine (déclaration d'ensemble des revenus mentionnant le montant du patrimoine et ses annexes) par un redevable de l'impôt sur la fortune immobilière (IFI), la majoration de 10 % applicable en l'absence de mise en demeure ou en cas de dépôt dans les trente jours d'une mise en demeure est portée à 40 % lorsque le **dépôt fait suite à la révélation d'avoirs à l'étranger** (comptes bancaires, contrats d'assurance-vie, biens ou droits placés dans un trust) qui n'ont pas fait l'objet des obligations déclaratives visées aux nºs 78305 et 78307.

À noter que les règles particulières prévues en matière de droits de succession (nº 80110) ne sont pas applicables à l'IFI

80117

Pour le calcul de l'IFI, l'**avantage fiscal** prévu par l'article 978 du CGI ne peut être imputé sur les droits donnant lieu à l'application des majorations de **40 % ou 80 %** : voir nº 79880.

3. DÉFAUT OU RETARD DE PAIEMENT

80140 CF-VIII-9000 s

Le défaut ou le retard de paiement des impôts entraîne l'application d'une majoration dont le taux diffère selon la nature des impôts en cause.

MAJORATION DE 10 %

80150 CGI art. 1730 CF-VIII-9300 s

Le défaut de paiement ou le paiement tardif de l'impôt sur le revenu, des taxes foncières sur les propriétés bâties et non bâties, de la taxe d'habitation, des contributions sociales sur les revenus du patrimoine ou de l'impôt sur la fortune immobilière entraînent l'application d'une **majoration de 10 %.**

Pour les sommes comprises dans un **rôle** ou mentionnées sur un **avis de mise en recouvrement,** cette majoration s'applique aux sommes qui n'ont pas été acquittées dans les quarante-cinq jours suivant la **date de mise en recouvrement** du rôle ou de la notification de l'avis de mise en recouvrement. Toutefois, aucune majoration n'est appliquée avant le 15 septembre pour les impôts établis au titre de l'**année en cours.** Par ailleurs, pour les impositions comprises dans les rôles d'impôt sur le revenu mis en recouvrement au cours du mois de **décembre,** la date d'application de la majoration de 10 % est fixée au 15 mars de l'année suivante.

L'**intérêt de retard** ne s'applique pas dès lors que la majoration de 10 % est applicable.

> **Précisions** **a.** En cas de paiement par **télérèglement** de certaines impositions dues par des **personnes physiques,** la date normale d'application de la majoration de 10 % est reportée dans les conditions indiquées au nº 41560, b.
> **b.** Le retard de versement et la modulation excessive à la baisse du **prélèvement à la source** de l'impôt sur le revenu (voir nºs 3831 et 3851) sont sanctionnés par une majoration spécifique prévue par l'article 1729 G du CGI.
> **c.** La majoration de 10 % n'est pas due en cas de paiement échelonné, conformément au plan de règlement accordé par le comptable public, d'une imposition établie par voie de rôle résultant de la **rectification spontanée d'une erreur** (nº 79867) par le contribuable (BOI-DAE-20-10 nº 110 ; BOI-CF-INF-10-30 nº 135).

MAJORATION DE 5 %

80160 CGI art. 1727, IV-1 et 5 et 1731 CF-VIII-9800 s

En ce qui concerne les impôts autres que ceux visés au nº 80150, c'est-à-dire notamment l'impôt sur les sociétés, la cotisation sur la valeur ajoutée des entreprises, la taxe sur les salaires, la taxe d'apprentissage, les taxes sur le chiffre d'affaires, les droits d'enregistrement ou de timbre – dont les droits de succession –, les contributions indirectes, le paiement tardif entraîne l'application de l'**intérêt de retard** et d'une **majoration de 5 %** du montant des sommes dont le paiement a été différé.

Il en va de même en cas de reversement tardif par le tiers collecteur du prélèvement à la source de l'impôt sur le revenu (nº 3842).

Le **point de départ de l'intérêt de retard** est fixé au premier jour du mois qui suit, soit :
– la date limite de dépôt de la déclaration ou de l'acte comportant reconnaissance par le contribuable de sa dette ;
– à défaut, la réception de l'avis de mise en recouvrement ;
– le mois au cours duquel le principal aurait dû être acquitté pour les sommes devant être acquittées sans déclaration préalable.

Le **point d'arrivée** du calcul de l'intérêt de retard est fixé au dernier jour du mois du paiement.

80165 **› Précisions** **a.** La **base de calcul** de l'intérêt de retard est constituée par le montant des droits qui n'ont pas été acquittés dans les délais. Il s'agit donc : des droits restant dus à la date du dépôt de la déclaration (mais les droits acquittés par le contribuable entre la date limite de dépôt de la déclaration et le premier jour du mois suivant sont exclus de la base de calcul de l'intérêt de retard), des droits dus au jour où l'impôt devait être acquitté spontanément par le contribuable, des droits mis d'office à la charge du contribuable en cas de défaut de dépôt d'une déclaration ou d'un acte, des droits supplémentaires résultant d'une proposition de rectification et des sommes dues au premier jour du mois qui suit la réception d'un avis de mise en recouvrement faisant suite à un contrôle, sous déduction, le cas échéant, des droits acquittés par le contribuable entre le jour de la réception de l'avis et le premier jour du mois suivant (BOI-CF-INF-10-10-20 n° 30).

En ce qui concerne l'imputation sur les intérêts de retard dus des **frais afférents aux garanties** constituées pour bénéficier du **sursis de paiement,** voir n° 81885, précision a.

b. La **majoration de 5 %** est due, en principe, dès lors que la somme concernée n'a pas été versée à la date légale de paiement. Toutefois, elle n'est pas due dans trois cas :

– lorsqu'une déclaration est déposée tardivement mais est accompagnée du **paiement total des droits** (CGI art. 1731, 2). Mais les pénalités visées au n° 80085 sont, elles, applicables. La majoration de 5 % est, en revanche, applicable sur la totalité des sommes dues à la date légale de paiement si la déclaration tardive n'est accompagnée que d'un **paiement partiel** (dans cette hypothèse, la pénalité de recouvrement se cumule donc, en droit, avec les pénalités d'assiette au titre du dépôt tardif visées au n° 80085) ;

– lorsque les impositions mises en recouvrement résultent d'un **contrôle** de la déclaration ou d'une taxation d'office pour défaut de déclaration (BOI-CF-INF-10-30 n° 190). Mais les pénalités visées aux n°s 80040 et 80085 sont, le cas échéant, exigibles.

– lorsque les droits acquittés, le cas échéant dans le respect d'un plan de règlement échelonné accepté par le comptable public, résultent de la **rectification spontanée d'une erreur** (n° 79867) par le contribuable (BOI-DAE-20-10 n° 100 ; BOI-CF-INF-10-30 n° 195).

c. En ce qui concerne la **cotisation sur la valeur ajoutée des entreprises,** la majoration de 5 % s'applique lorsque le contribuable a minoré ses **acomptes** et qu'il apparaît, lors de la liquidation définitive de la cotisation, que les versements effectués sont inexacts de plus du dixième (n° 44045), ou lorsqu'il a procédé à la **liquidation définitive** et que les versements effectués sont inexacts de plus du vingtième (BOI-CVAE-DECLA-20 n° 170).

80170 **Cotisation foncière des entreprises** La majoration de 5 % s'applique :

CGI art. 1731 B
CET-II-114800 s

a) aux sommes mentionnées sur un rôle qui n'ont pas été acquittées dans les quarante-cinq jours suivant la date de **mise en recouvrement** de ce **rôle,** sans que cette majoration puisse être appliquée avant le 15 septembre pour les impôts établis au titre de l'année en cours. Ces dispositions ne s'appliquent pas aux acomptes déjà majorés en application du b ;

b) aux **acomptes** qui n'ont pas été versés le 15 du mois suivant celui au cours duquel ils sont devenus exigibles (n° 43775) ;

c) au montant de l'acompte que le contribuable s'est dispensé de payer lorsque, à la suite de la mise en recouvrement du rôle, les versements effectués sont inexacts de plus du dixième (n° 43775, précision a). Toutefois, aucune majoration n'est appliquée lorsque la différence constatée résulte d'une loi entrée en vigueur postérieurement à la date du dépôt de la déclaration ayant accompagné la réduction de l'acompte.

L'**intérêt de retard** s'applique également.

4. AUTRES INFRACTIONS

INFRACTIONS CONCERNANT LES DOCUMENTS À FOURNIR À L'ADMINISTRATION

80190 **Règles générales** Les infractions visées ici concernent tous les **documents** qui doivent être remis à l'administration fiscale, **autres** que certains actes et déclarations comportant l'indication d'éléments à retenir pour l'assiette ou la liquidation de l'impôt (les infractions concernant ces déclarations et actes sont passibles des pénalités visées aux n°s 80000 s. et 80075 s.). Il s'agit en pratique de documents **utilisés pour le contrôle de l'impôt,** tels qu'états ou relevés (relevé des amortissements, par exemple), extraits, pièces ou copies (factures, par exemple), déclarations ne donnant pas lieu à paiement de droits (déclaration négative de taxes sur le chiffre d'affaires par suite de l'absence de chiffre d'affaires réalisé ou de l'existence d'une situation créditrice, par exemple), déclaration d'existence, etc.

CGI art. 1729 B
CF-VIII-18000 s

Le **défaut de production** ou la **production tardive** des documents à fournir à l'administration entraîne l'application d'une amende de 150 €. Cette amende est due autant de fois qu'il y a de documents non produits ou parvenus tardivement.

Quant aux **omissions ou inexactitudes** relevées dans les documents produits, elles sont sanctionnées (sauf cas de force majeure) par une amende de 15 € (150 € pour la déclaration visée au n° 91880, précision b) par omission ou inexactitude, sans que le total des amendes applicables aux documents devant être produits simultanément puisse être inférieur à 60 € ni supérieur à 10 000 €.

Toutefois, qu'il s'agisse d'un défaut ou d'un retard de production, ou d'omissions ou d'inexactitudes, les amendes ne sont pas applicables en cas de **première infraction** commise au cours de l'année civile en cours et des trois années précédentes, lorsque l'intéressé a **réparé** l'infraction soit spontanément, soit dans les trente jours suivant une demande de l'administration.

Par ailleurs, les amendes ne s'appliquent pas aux **déclarations de changement de situation** du foyer fiscal susceptibles de modifier le taux du prélèvement à la source de l'impôt sur le revenu (n° 3825).

Cas particulier de la **déclaration pays par pays** : voir n° 8972.

Refus de production de la liste des associés ou des filiales et participations Le **défaut de réponse ou** la **réponse partielle à une mise en demeure** de produire la liste des associés ou la liste des filiales et participations normalement jointes aux déclarations de résultats entraîne, pour chaque manquement constaté par personne ou groupement de personnes au titre d'un exercice, l'application d'une amende égale à 1 500 € ou à 10 % des droits rappelés si ce dernier montant est plus élevé. **80192** CGI art. 1763, IV **CF-VIII-23000 s**

La majoration de 10 % est calculée sur le montant des droits rappelés, à raison des éléments retenus pour l'assiette ou la liquidation de l'impôt relatifs à ces personnes ou groupements de personnes, augmentés le cas échéant, des contributions additionnelles (BOI-CF-INF-20-10-20 n° 167).

INFRACTIONS AUX RÈGLES DE FACTURATION

a. Défaut de facturation. Les professionnels qui ne respectent pas l'obligation de délivrance d'une facture sont redevables d'une amende fiscale égale à 50 % du montant de la transaction. Le client est solidairement tenu au paiement de cette amende. Toutefois, lorsque le fournisseur apporte, dans les trente jours d'une mise en demeure adressée obligatoirement par l'administration, la preuve que l'opération a été régulièrement comptabilisée, il encourt une amende réduite à 5 % du montant de la transaction. L'amende ne s'applique pas dans le cas des ventes au détail et des prestations de services faites ou fournies à des particuliers. **80195** CGI art. 1737, I-3 **CF-VIII-20500 s**

Les ventes sans factures constituent par ailleurs, pour l'application des pénalités pour insuffisance de déclaration, une présomption de manœuvres frauduleuses (n° 80005, précision c).

b. Factures de complaisance ou fictives. Les personnes qui, à l'occasion de l'exercice d'une activité professionnelle, **travestissent ou dissimulent l'identité ou l'adresse** de leurs fournisseurs ou de leurs clients ou acceptent sciemment l'utilisation d'une identité fictive ou d'un prête-nom sont passibles d'une amende fiscale égale à 50 % des sommes versées ou reçues au titre des opérations concernées. Cette amende s'applique également aux personnes (assujetties à la TVA) qui commettent des infractions portant sur les éléments d'identification mentionnés tant sur les factures (n° 53625) que sur l'état récapitulatif des clients figurant dans la déclaration d'échange de biens (n° 49420). CGI art. 1737, I-1 et 2 **CF-VIII-20500 s**

En outre, les personnes qui délivrent une facture **ne correspondant pas à une livraison ou à une prestation de services réelle** sont redevables d'une amende fiscale égale à 50 % du montant de la facture.

Ces amendes ne s'appliquent pas dans le cas des ventes au détail et des prestations de services faites ou fournies à des particuliers.

Notons qu'une amende distincte est applicable à ceux qui délivrent des factures fausses ou de complaisance permettant à des tiers de bénéficier d'un **avantage fiscal** : voir n° 80205.

c. Omissions ou inexactitudes dans les factures. Toute omission ou inexactitude constatée dans les factures exigées en matière de TVA (n°s 53500 s.) donne lieu à l'application d'une amende de 15 € par omission ou inexactitude. Toutefois, le montant total des amendes dues au titre de chaque facture ou document ne peut excéder le quart du montant qui y est ou aurait dû y être mentionné. CGI art. 1737, II **RIE-IV-2510 s**

NON-RESPECT DES OBLIGATIONS DE DÉCLARATION OU PAIEMENT PAR VOIE ÉLECTRONIQUE

a. Déclaration. Sauf cas visés au n° 3675, le non-respect de l'obligation de souscrire par voie électronique une déclaration et ses annexes (n°s 36385, 44035 s., 53720 s. et 87445) entraîne l'application d'une majoration de 0,2 % du montant des droits correspondant aux déclarations déposées selon un autre procédé. Le montant de la majoration ne peut être inférieur à 60 €. En l'**absence de droits,** le dépôt d'une déclaration ou de ses annexes selon un autre **80200** CGI art. 1738 **REC-III-700 s** **RIE-III-4200 s** **RIE-IV-11675 s**

procédé que celui requis entraîne l'application d'une amende de 15 € par document sans que le total des amendes applicables aux documents devant être produits simultanément puisse être inférieur à 60 € ni supérieur à 150 €.

Par ailleurs, le non-respect de l'obligation de souscrire selon un procédé électronique une déclaration de **sommes versées à un tiers** (nos 26880, 78355, 78365 et 78385) est sanctionné par une amende de 15 € par bénéficiaire de ces sommes.

b. Paiement. Le non-respect de l'obligation de payer un impôt par virement, télérèglement ou prélèvement opéré à l'initiative du comptable public compétent (no 76715) entraîne l'application d'une majoration de 0,2 % du montant des sommes dont le versement a été effectué selon un autre mode de paiement. Le montant de la majoration ne peut être inférieur à 60 €. Ce minimum est abaissé à 15 € en cas de non-respect de l'obligation de payer par prélèvement les impôts (autres que la CFE) recouvrés par voie de rôle.

Le non-respect de l'interdiction de payer un impôt par virement entraîne également l'application d'une majoration de 0,2 % du montant des sommes dont le versement a été effectué par ce mode de paiement (paiements de cotisation foncière des entreprises, notamment : voir no 43770). Cette majoration ne s'applique pas aux sommes déjà majorées de 0,2 % du fait du paiement de l'impôt par un moyen autre que ceux autorisés.

DÉLIVRANCE IRRÉGULIÈRE DE DOCUMENTS OUVRANT DROIT À AVANTAGE FISCAL

80205
CGI art. 1740 A
CF-VIII-22200 s

Le fait de délivrer sciemment des documents, tels que **certificats, reçus, états, factures ou attestations,** permettant à un contribuable d'obtenir indûment une **déduction** du revenu ou du bénéfice imposables, un **crédit d'impôt** ou une **réduction d'impôt,** est sanctionné par l'application d'une amende fiscale. Le **montant** de celle-ci est obtenu en appliquant le taux de la réduction ou du crédit d'impôt en cause aux sommes indûment mentionnées sur les documents délivrés au contribuable. Lorsque ces derniers ne mentionnent aucune somme ou lorsqu'ils portent sur une déduction du revenu ou du bénéfice, l'amende est égale au montant de l'avantage fiscal obtenu à tort.

L'amende est également due par les organismes bénéficiaires de dons qui délivrent irrégulièrement aux **fonds de dotation** des documents attestant de leur éligibilité aux régimes de mécénat visés aux nos 3170 s. et 10695 s.

Les **dirigeants** de droit ou de fait des personnes morales émettrices des documents concernés, qui étaient en fonction au moment de la délivrance de ces documents, sont solidairement responsables du paiement de l'amende (CGI art. 1754, V-2).

COMMERCIALISATION DE LOGICIELS OU DE SYSTÈMES DE CAISSE FRAUDULEUX

80210
CGI art. 1770 undecies
CF-VIII-22500 s

Les **entreprises ou les opérateurs qui conçoivent ou éditent** des logiciels de comptabilité ou de gestion ou des systèmes de caisse sont passibles d'une amende lorsqu'ils mettent à disposition des logiciels ou systèmes dont les caractéristiques ont permis, par une manœuvre destinée à égarer l'administration, la commission du délit d'**omission d'écritures ou de passation d'écritures inexactes ou fictives** au livre-journal (no 80260) en modifiant, supprimant ou altérant de toute autre manière un enregistrement stocké ou conservé au moyen d'un dispositif électronique, sans préserver les données originales.

Cette amende s'applique également :

– aux **entreprises ou opérateurs qui interviennent** techniquement sur les fonctionnalités des logiciels ou systèmes de caisse en question lorsque l'intervention opérée a permis, dans les mêmes conditions, la commission du délit susvisé ;

– aux **distributeurs** de ces produits qui savaient ou ne pouvaient ignorer qu'ils présentaient les caractéristiques énoncées ci-dessus.

L'amende est égale à 15 % du chiffre d'affaires hors taxe provenant de la commercialisation des logiciels ou systèmes de caisse concernés ou des prestations réalisées.

Les personnes susceptibles de faire l'objet de l'amende sont **solidairement responsables du paiement des droits** rappelés mis à la charge des entreprises qui se servent des logiciels et systèmes de caisse frauduleux dans le cadre de leur exploitation et correspondant à l'utilisation de ces produits.

CONSEILS SE RENDANT COMPLICES DE GRAVES MANQUEMENTS FISCAUX

80215
CGI art. 1740 A bis
CF-VIII-23500

Les professionnels du droit et du chiffre (**avocats** fiscalistes, **conseils juridiques, experts-comptables, notaires,** etc.) qui proposent à leurs clients des **montages frauduleux** peuvent être sanctionnés d'une amende fiscale.

Les prestations fournies doivent avoir directement permis au contribuable de se rendre coupable d'agissements pour lesquels une **majoration** égale à **80 %** des droits éludés a été prononcée (activité occulte, manœuvres frauduleuses, dissimulation de prix, abus de droit, insuffisances de déclarations d'avoirs situés à l'étranger ou d'actifs placés dans un trust).

L'**amende** est égale à 50 % des revenus perçus en contrepartie de la prestation fournie, avec un minimum de 10 000 €. Son application est subordonnée à l'accord (visa) d'un agent ayant au moins le grade d'inspecteur divisionnaire et intervient selon les modalités prévues à l'article L 80 D du LPF (nº 80220). Elle ne peut être infligée en cas d'engagement de poursuites pénales contre le professionnel pour **complicité de fraude fiscale.**

› Précisions **a.** L'amende n'est encourue qu'au titre des prestations fournies depuis le **25 octobre 2018.**

b. Son prononcé n'est pas subordonné au caractère définitif de la majoration de 80 % appliquée au contribuable. Le professionnel peut, dans les mêmes conditions que ce dernier, **contester** la réalité des agissements incriminés. La décharge de la majoration au motif tiré de son bien-fondé entraîne celle de l'amende.

c. L'intermédiaire sanctionné est frappé d'une interdiction de participer aux travaux des **commissions administratives** des impôts, du comité des abus de droit et du comité consultatif du crédit d'impôt-recherche.

5. MOTIVATION DES SANCTIONS

Les articles L 211-2 et L 211-3 du Code des relations entre le public et l'administration (CRPA) donnent à toute personne physique ou morale le droit d'être informée des décisions prises à son égard lorsque ces décisions lui sont défavorables ou dérogent à la règle générale. **80220** LPF art. L 80 D CF-VIII-27300 s

L'obligation de motiver qui en résulte concerne notamment les décisions administratives individuelles qui infligent une sanction fiscale. Elle est de portée générale. Elle vise, notamment, l'application des majorations pour insuffisance de déclaration (quels que soient le type de contrôle et la procédure de rectification utilisés), des majorations pour défaut ou retard de déclaration ou pour retard de paiement, ou encore de la pénalité pour distributions occultes. Mais l'application de l'intérêt de retard, qui n'a pas le caractère d'une sanction, n'a pas à être motivée : voir nº 79860.

Le défaut (ou l'insuffisance) de motivation des pénalités est susceptible d'entraîner leur annulation (CE 22-2-1989 nº 70252 : RJF 4/89 nº 444).

› Précisions La motivation doit être **écrite** et comporter l'énoncé clair et précis des considérations de fait et de droit qui constituent le fondement de la décision. **80225**

Elle est obligatoirement portée à la connaissance du contribuable au moins **trente jours avant** la notification de l'avis de mise en recouvrement ou de l'avis d'imposition.

Durant le délai de trente jours, le contribuable peut présenter ses observations (le document portant motivation de la sanction doit l'informer de cette faculté).

En pratique, la motivation est, en principe, effectuée dans la **proposition de rectification** ou dans la **notification des bases d'imposition d'office** (BOI-CF-INF-30-20 nºs 100 à 140). Lorsque les sanctions sont motivées dans la proposition de rectification et que le contribuable bénéficie, sur sa demande, d'une **prorogation du délai** de réponse à cette proposition (nº 78795), il dispose du même délai pour présenter ses **observations** sur les sanctions (BOI-CF-IOR-10-50 nº 230).

Lorsqu'elle **modifie,** avant leur mise en recouvrement, la **base légale**, la **qualification** ou les **motifs des pénalités** qu'elle se propose d'appliquer au contribuable, l'**administration est tenue** de motiver une nouvelle fois ces pénalités en octroyant au contribuable un délai de trente jours pour présenter ses observations (CE 6-4-2007 nº 269402 : RJF 6/07 nº 720).

B. Sanctions pénales

Les sanctions pénales (**peines correctionnelles**) ont essentiellement pour objet, dans le domaine qui nous occupe, de réprimer le délit de fraude fiscale. Les poursuites sont engagées à l'initiative de l'administration. **80250**

DÉLIT DE FRAUDE FISCALE

Une personne est coupable du délit de fraude fiscale lorsqu'elle s'est frauduleusement soustraite ou a tenté de se soustraire frauduleusement à l'impôt. Peu importe la nature du **procédé** utilisé : il peut s'agir notamment de l'omission de déclaration, de la dissimulation de sommes sujettes à l'impôt, de l'organisation d'insolvabilité ou d'autres manœuvres mettant obstacle au recouvrement de l'impôt, d'irrégularités comptables (omission volontaire d'écritures, ou passation d'écritures inexactes ou fictives au livre-journal). Mais l'infraction doit présenter un caractère frauduleux, ce qui suppose que son auteur ait été animé par une volonté de fraude. La **preuve du caractère intentionnel** incombe aux parties poursuivantes, ministère public et administration. **80260** CGI art. 1741 s. CF-VIII-40100 s

› Précisions Les sanctions pénales ne peuvent pas s'appliquer au contribuable qui a été déchargé de l'impôt par une **décision juridictionnelle** devenue **définitive** pour un motif de fond. Elles ne peuvent s'appliquer, en tout état de cause, qu'aux **cas les plus graves** de dissimulation frauduleuse, eu égard au montant des droits fraudés, à la nature des agissements de la personne poursuivie ou aux circonstances de l'intervention (Cons. const. 24-6-2016 n°s 2016-545 QPC et 2016-546 QPC : RJF 10/16 n° 862). Dès lors que la fraude fiscale est établie, le juge pénal doit vérifier, le cas échéant d'office, que les faits retenus présentent le degré de gravité de nature à justifier la sanction pénale, en complément de la répression fiscale. Il doit motiver sa décision sur ce point (Cass. crim. 11-9-2019 n°s 18-81.067, 18-82.430 et 18-84.144 : RJF 12/19 n° 1197)

80265 Le délinquant est passible, indépendamment des sanctions fiscales, d'une **amende** de 500 000 € et d'un **emprisonnement** de cinq ans.

Les peines sont portées à 3 000 000 € et sept ans d'emprisonnement lorsque la fraude a été commise en bande organisée ou réalisée ou facilitée au moyen :
– soit de comptes ouverts ou de contrats souscrits auprès d'organismes établis à l'étranger ;
– soit de l'interposition de personnes physiques ou morales ou de tout organisme, fiducie ou institution comparable (trusts ou fondations) établis à l'étranger ;
– soit de l'usage d'une fausse identité ou de faux documents, ou de toute autre falsification ;
– soit d'une domiciliation fiscale fictive ou artificielle à l'étranger ;
– soit d'un acte fictif ou artificiel ou de l'interposition d'une entité fictive ou artificielle.

Par ailleurs, l'amende de 500 000 € (ou de 3 000 000 €) peut être portée au **double du montant du produit tiré de l'infraction.**

En cas de **dissimulation,** ces peines ne sont applicables que si la dissimulation excède le dixième de la somme imposable ou le chiffre de 153 €.

La durée de la **peine d'emprisonnement** encourue par l'auteur ou le complice de la fraude est **réduite** de moitié si, ayant averti l'autorité administrative ou judiciaire, il a permis d'identifier les autres auteurs ou complices.

› Précisions a. À ces peines viennent s'ajouter :
– l'interdiction de participer aux **travaux des commissions** administratives des impôts, du comité des abus de droit et du comité consultatif du crédit d'impôt-recherche (application automatique ; CGI art. 1753) ;
– l'**affichage** et la **diffusion de la décision** de justice (prononcé obligatoire par le juge, sauf dérogation spécialement motivée en considération des circonstances de l'infraction et de la personnalité de son auteur) ;
– la **privation** de tout ou partie des **droits civiques, civils et de famille** énumérés à l'article 131-26 du Code pénal (prononcé facultatif par le juge ; obligatoire toutefois, sauf motivation spéciale, pour les fraudes commises en bande organisée ou facilitées à l'aide des moyens visés ci-dessus) ;
– l'**interdiction d'exercer** et la **suspension du permis de conduire** (prononcé facultatif : n° 80315) ;
– l'**exclusion** de la procédure de passation des **marchés publics** (prononcé facultatif : n° 80320).

b. Pour les **personnes morales** l'amende est, conformément à l'article 131-18 du Code pénal, égale au quintuple de celui prévu pour les personnes physiques (montant porté au décuple en conséquence des dispositions de la loi fiscale)

80270 Les **auteurs** et les **complices** d'une même fraude sont **tenus solidairement au paiement des droits fraudés** et des pénalités, dès lors qu'ils ont tous fait l'objet d'une condamnation pénale définitive et que la solidarité a été prononcée par le juge pénal (CGI art. 1745).

AUTRES DÉLITS

80280 Comme indiqué au n° 79100, précision e, l'**opposition individuelle ou collective au contrôle** fiscal expose notamment son ou ses auteurs à des peines correctionnelles. Il en est de même des infractions suivantes.

a. Refus collectif de l'impôt (CGI art. 1747 : CF-VIII-58700 s.). L'organisation, par voies de fait, menaces ou manœuvres concertées, du refus collectif de l'impôt est punie d'un emprisonnement de deux ans et d'une amende de 9 000 €. L'incitation du public au refus ou au retard de paiement de l'impôt est punie d'une amende de 3 750 € et d'un emprisonnement de six mois. Par ailleurs, le délinquant peut être exclu de la procédure de passation des marchés publics (n° 80320).

b. Escroquerie en matière de TVA (CF-VIII-54600 s.). Certaines fraudes relatives à la TVA, notamment celles qui tendent à constituer des crédits fictifs de taxe, relèvent de l'escroquerie et peuvent être poursuivies en application de l'article 313-1 du Code pénal.

c. Récidive en matière de taxes sur le chiffre d'affaires (CGI art. 1789 : CF-VIII-54300 s.). Le contribuable ayant effectivement fait l'objet depuis moins de trois ans de l'une des amendes ou majorations visées aux n°s 78070, 80040 et 80190 peut, s'il commet intentionnellement une nouvelle infraction de même nature, être frappé d'une peine d'emprisonnement de six mois prononcée par les tribunaux répressifs.

d. Organisation de fausses comptabilités par un professionnel (CGI art. 1772, 1-1° : CF-VIII-53060 s.). Les agents d'affaires, experts, experts-comptables et professionnels assimilés encourent une amende pénale d'un montant de 4 500 € et/ou un emprisonnement de cinq ans, s'ils participent à l'établissement de documents comptables falsifiés.

e. Divers. Plusieurs infractions, autres que celles que nous avons déjà examinées, sont assorties de sanctions pénales par des dispositions particulières du Code général des impôts. C'est le cas, en matière d'impôts directs, de celles qui sont visées aux articles 1771 à 1783 B du CGI et dont la sanction, d'ailleurs, fait souvent double emploi avec la sanction du délit de fraude fiscale : défaut de déclaration séparée de revenus encaissés à l'étranger, encaissement de coupons revenant à des tiers, production de pièces fausses en vue d'obtenir un dégrèvement, etc. Autre exemple : les fausses affirmations de sincérité en matière de droits d'enregistrement (CGI art. 1837).

PROCÉDURE

Les conditions dans lesquelles des poursuites pénales peuvent être engagées contre le contribuable varient en fonction de la gravité des faits constitutifs de la fraude fiscale. **80290** CGI art. 1741, 1741 A et LPF art. L 228 à L 231 **CF-VIII-41000 s**

a. L'administration est tenue de **dénoncer au procureur de la République** tous les faits ayant abouti, sur des **droits excédant 100 000 €** (ou 50 000 € pour certains contribuables) à l'application de **pénalités** fiscales égales à 100 % (opposition à contrôle fiscal), 80 % (activité occulte, abus de droit, manœuvres frauduleuses, dissimulation de prix, activités illicites, non-déclaration d'avoirs à l'étranger) ou 40 % (défaut de déclaration dans les trente jours d'une mise en demeure, manquement délibéré, abus de droit). Les rappels assortis de pénalités de 40 % ne donnent toutefois lieu à dénonciation que si, au cours des six années précédentes, le contribuable a déjà fait l'objet de pénalités de 100 %, 80 % ou 40 % ou d'une plainte pour fraude fiscale (condition de réitération). Dans ces différents cas, l''initiative des poursuites appartient au parquet (qui est libre de les engager ou non), sans nécessité d'une plainte préalable de l'administration.

b. Pour les **cas autres** que ceux requérant une dénonciation au parquet, l'administration apprécie l'opportunité des poursuites. Celles-ci sont engagées sur une **plainte** du service chargé de l'assiette ou du recouvrement, ou du service spécialisé dans le contrôle, sous réserve que la **commission des infractions fiscales** ait émis un avis favorable. Toutefois, l'avis de cette commission n'est pas requis lorsqu'il existe des présomptions caractérisées qu'une infraction fiscale a été commise pour laquelle existe un risque de dépérissement des preuves.

La plainte peut être déposée, en règle générale, jusqu'à la fin de la sixième année qui suit celle au cours de laquelle l'infraction a été commise. Ce **délai** est suspendu pendant une durée maximum de six mois entre la date de saisine de la commission et celle à laquelle elle émet son avis (délai calculé en excluant le jour de saisine de la commission et le jour de son avis).

c. Lorsque des faits ont été dénoncés au parquet (cas a) ou ont donné lieu au dépôt d'une plainte (cas b), la découverte de **nouveaux faits** de fraude fiscale sur d'autres impôts ou sur une période différente commis par le même contribuable autorise le ministère public à engager directement des poursuites.

› Précisions **a.** Le caractère réitéré des manquements des contribuables faisant l'objet d'une majoration de 40 % ne peut être établi qu'à l'égard d'un même contribuable. Ainsi, au sein d'un **groupe fiscalement intégré,** au sein duquel chaque société demeure contribuable, ce critère est apprécié au niveau de chaque société (Cons. const. 27-9-2019 n°s 2019-804 QPC : RJF 12/19 n° 1176).

b. Le seuil de **50 000 €** concerne les contribuables soumis à l'obligation de déclarer leur situation patrimoniale (membres du Gouvernement, parlementaires...). Pour ces contribuables, la dénonciation au parquet s'applique sans condition de réitération d'un manquement fiscal, en cas d'application des majorations de 40 %.

c. Les **pénalités** susceptibles d'entraîner la transmission de l'affaire au parquet sont celles qui sont appliquées à la date de mise en recouvrement. Les remises postérieures sont sans incidence (BOI-CF-INF-40-10-10-15 n° 130).

d. Le risque de **dépérissement des preuves** peut résulter de l'utilisation de comptes ou de contrats souscrits auprès d'organismes établis à l'étranger, de l'interposition de personnes ou d'organismes, fiducies ou institutions comparables établis à l'étranger, de l'usage d'une fausse identité ou de faux documents ou de toute autre falsification, d'une domiciliation fiscale fictive ou artificielle à l'étranger, ou de toute autre manœuvre destinée à égarer l'administration.

e. La **commission** des infractions fiscales n'a pas à intervenir en matière d'**escroquerie.** Elle donne, en revanche, son avis dans les cas où l'administration envisage de **rendre publiques les sanctions** administratives infligées à une personne morale (n° 80325) ou de **publier la liste des opérateurs de plateforme en ligne** non coopératifs (n° 80330).

f. La commission des infractions fiscales est **saisie** par le ministre chargé du budget. Elle informe le contribuable de cette saisine et l'invite à lui communiquer dans un délai de trente jours les informations qu'il jugerait nécessaires.

Le contribuable n'est pas admis à présenter des observations orales. Les séances ne sont pas publiques. L'**avis** de la commission n'a pas à être motivé.

g. Incidence, sur la validité de la procédure pénale pour fraude fiscale, de la violation par l'administration des **garanties** dont disposent les contribuables vérifiés : voir n° 79405, précision a.

80292 **Procédures de transaction pénale** Les personnes poursuivies pour fraude fiscale peuvent bénéficier de la procédure de comparution sur reconnaissance préalable de culpabilité, dite procédure de « **plaider-coupable** » (CPP art. 495-7 à 495-16).

Par ailleurs, la conclusion d'une **convention judiciaire d'intérêt public** (CPP art. 41-1-2) peut être proposée par le procureur de la République aux personnes morales mises en cause.

C. Sanctions particulières

80310 Les personnes coupables d'infractions fiscales peuvent être frappées de sanctions ne consistant ni dans le versement d'une somme d'argent ni dans une peine d'emprisonnement..

INTERDICTION D'EXERCER ET SUSPENSION DU PERMIS DE CONDUIRE

80315 CGI art. 1750 CF-VIII-47580 s

Pour les délits commis en matière fiscale, le tribunal peut prononcer deux types de peine complémentaire.

Il peut, d'une part, **interdire** au condamné **d'exercer,** directement ou indirectement, pour son propre compte ou pour le compte d'autrui, une profession libérale, commerciale ou industrielle, de diriger, d'administrer, de gérer ou de contrôler à un titre quelconque, directement ou indirectement, pour son propre compte ou pour le compte d'autrui, une entreprise commerciale ou industrielle ou une société commerciale. Cette interdiction est soit définitive, soit temporaire. Dans ce dernier cas, elle ne peut excéder une durée de quinze ans.

Si le contribuable **enfreint l'interdiction d'exercer,** il encourt une peine de prison de deux ans et une amende de 375 000 € (C. pén. art. 434-40-1).

Le tribunal peut, d'autre part, **suspendre** son **permis de conduire** un véhicule automobile pour une durée de trois ans au maximum (le double en cas de récidive). La peine peut être limitée à la conduite en dehors de l'activité professionnelle.

Si le contribuable **enfreint cette suspension,** il encourt une peine de prison de deux ans et une amende de 30 000 € (C. pén. art. 434-41).

Les deux sanctions peuvent être cumulées.

EXCLUSION DES MARCHÉS PUBLICS

80320 CF-VIII-26100 s et 47630

Sont exclues des marchés publics :

– les personnes qui ne sont **pas en situation régulière au regard de leurs impôts et des cotisations de sécurité sociale,** soit qu'elles n'aient pas souscrit leurs déclarations, soit qu'elles n'aient pas acquitté les sommes exigibles (liste des impôts et cotisations fixée par voie réglementaire) ;

– les personnes reconnues coupables du délit général de **fraude fiscale** ou de **délits assimilés** (n° 80260), des délits d'**opposition** individuelle ou collective à l'exercice du **contrôle fiscal** (n° 79100, précision e) et des délits de **refus collectif de l'impôt** (n° 80280, a). L'exclusion, d'une durée de cinq ans à compter de la condamnation (sauf prononcé d'une durée différente), s'applique que ces personnes soient auteurs principaux ou complices des faits incriminés ou encore condamnées pour recel de telles infractions. Elle s'étend aux infractions équivalentes prévues par la législation d'un autre État membre de l'Union européenne.

PUBLICATION DES SANCTIONS INFLIGÉES AUX PERSONNES MORALES

80325 CGI art. 1729 A bis CF-VIII-13200

L'administration peut rendre publiques les sanctions fiscales appliquées aux personnes morales lorsque le **montant** des droits fraudés est au moins égal à 50 000 € et que les contribuables ont eu recours à des **manœuvres frauduleuses** ou à l'**abus de droit** pour échapper à l'impôt.

La publication est subordonnée à l'**accord** de la **commission des infractions fiscales** préalablement saisie par l'administration. Elle peut intervenir même si les sanctions fiscales peuvent encore être contestées et ne sont donc pas définitives (incidences d'un recours contentieux de la personne morale : voir précision d, ci-dessous).

La publication des sanctions est exclue lorsque les manquements ont fait l'objet d'une **plainte pour fraude fiscale** de la part de l'administration.

> Précisions a. La présente mesure concerne les **manquements** commis depuis le 25 octobre 2018.

b. La personne morale doit être avisée de la **saisine de la commission** des infractions fiscales. Elle dispose d'un délai de trente jours

pour présenter à la commission ses **observations** écrites. La **décision** de publication faisant suite à l'avis favorable (motivé) de la commission doit lui être notifiée. La publication ne peut intervenir avant l'expiration d'un **délai** de soixante jours à compter de cette notification.
c. La publication est effectuée sur le **site internet** de l'administration fiscale. Elle comporte la dénomination de la personne morale, la nature et le montant des droits éludés ainsi que les sanctions infligées. Sa **durée,** fixée par l'administration, est au maximum d'un an.
d. La **contestation** des pénalités par la voie d'un recours contentieux avant l'expiration du délai de soixante jours suspend la publication. Elle entraîne son retrait si elle intervient après. L'administration doit rendre publique toute décision juridictionnelle donnant gain de cause au contribuable sur des sanctions ayant fait l'objet de la publicité.

PUBLICATION DE L'IDENTITÉ DES OPÉRATEURS DE PLATEFORME NON COOPÉRATIFS

L'administration peut publier une **liste** des opérateurs de plateforme de transactions en ligne (n° 78412) qui se voient appliquer des sanctions faute d'avoir respecté leurs obligations. **80330** CGI art. 1740 D CF-VIII-23700
Sont visés les opérateurs pour lesquels l'administration a, en **moins de douze mois,** mis en recouvrement à **deux reprises au moins** l'une des **impositions** ou **amendes** suivantes : TVA due solidairement avec les utilisateurs professionnels (n° 53708) ; amende pour refus de communication de documents ou renseignements (n° 78070) ; amende pour défaut de transmission aux utilisateurs et à l'administration du récapitulatif annuel des transactions (n° 78413) ; imposition résultant d'une taxation d'office à la TVA sur les ventes à distance (n° 49315, d) ; imposition résultant d'une taxation d'office à la taxe sur les services numériques (n° 76150).
L'opérateur est **informé** du risque de publication de son identité dans les demandes, notifications ou mises en demeure propres aux mesures susvisées.
La publication est subordonnée à l'**accord** de la **commission des infractions fiscales** préalablement saisie par l'administration.

› Précisions a. Les conditions d'application de la présente mesure (issue de l'article 149 de la loi 2019-1479 du 28-12-2019) seront fixées par un décret en Conseil d'État.
b. Une copie de la **saisine de la commission** des infractions fiscales est adressée à l'opérateur qui dispose d'un délai de trente jours pour lui présenter ses **observations** écrites. La **décision** de publication (motivée) faisant suite à l'avis favorable de la commission doit être notifiée à l'opérateur. La publication ne peut intervenir avant l'expiration d'un **délai** de soixante jours à compter de cette notification, délai pendant lequel l'opérateur peut produire des observations.
c. La publication est effectuée sur une liste figurant sur le **site internet** de l'administration fiscale. Elle comporte la dénomination commerciale de l'opérateur de plateforme ainsi que, le cas échéant, son activité professionnelle et son État ou territoire de résidence. Sa **durée,** fixée par l'administration, est au maximum d'un an. Le paiement de l'intégralité des impositions ou amendes ayant motivé la publication entraîne le retrait immédiat de celle-ci
d. L'administration doit rendre publique sur son site internet toute **décision juridictionnelle** prononçant la décharge d'une imposition ou annulant une amende ayant fait l'objet de la publicité.

CHAPITRE 3

RECOURS DES CONTRIBUABLES

SOMMAIRE

DIVERS TYPES DE RECOURS POSSIBLES

81500 CONT-I-20 s Les contribuables peuvent faire opposition aux poursuites en paiement dont ils sont l'objet (nos 77040 s.). Les recours exercés à cet effet constituent le **« contentieux du recouvrement ».**

Ils peuvent également introduire un recours pour obtenir la décharge ou la diminution du montant de l'impôt et des pénalités qui s'y rattachent : il s'agit du **« contentieux de l'assiette ».**

Celui-ci recouvre deux types de recours :
– le **« recours contentieux »,** qui consiste à contester le bien-fondé d'une imposition ou d'une pénalité, à demander le remboursement d'un impôt payé en trop ou à réclamer le bénéfice d'une mesure à laquelle on estime avoir droit ;
– le **« recours gracieux »,** qui consiste à solliciter de l'administration la remise totale ou partielle d'une imposition ou d'une pénalité, sans faire valoir de motifs tenant à son bien-fondé.

De son côté, l'administration peut réparer, par voie de **dégrèvements d'office,** les erreurs d'imposition commises au préjudice des contribuables.

Sur les voies de recours ouvertes aux contribuables en cas de litige relatif à l'application d'une **convention fiscale internationale,** voir nos 82630 s.

I. RECOURS CONTENTIEUX

81650 LPF art. L 190, al. 1 CONT-I-60 s Tout contribuable peut demander, par la voie contentieuse, une décharge ou une réduction d'impôt s'il s'estime imposé à tort ou surtaxé, ou s'il désire obtenir restitution d'un impôt payé en trop.

La **procédure de recours contentieux** débute par le dépôt d'une réclamation devant le service des impôts et se poursuit, le cas échéant, devant les tribunaux.

Il importe de respecter à chaque stade les **règles de procédure** pour ne pas risquer un rejet du recours pour vice de forme.

ATTENTION

Le dépôt d'une réclamation peut avoir pour effet dans certains cas de rouvrir le **délai de reprise** (no 77775). Par ailleurs, une **compensation** peut être opérée entre les dégrèvements reconnus justifiés et les insuffisances ou omissions qui viendraient à être constatées (nos 81940 s.). Enfin, l'administration peut procéder à une **substitution de base légale** (no 81950).

A. Réclamations préalables devant l'administration

Adresser une réclamation à l'administration constitue une formalité que le contribuable doit **obligatoirement** accomplir. En effet, il ne peut **saisir les tribunaux** qu'en cas de rejet (total ou partiel) de sa demande. 81800 LPF art. R 190-1 CONT-III-1 s

INTRODUCTION DE LA RÉCLAMATION

La réclamation contentieuse est normalement formulée par **écrit** et envoyée au **service des impôts** du lieu d'imposition. Toutefois, quand l'imposition est établie par un service autre que celui dont dépend le lieu d'imposition, la réclamation doit être adressée au directeur de ce service. Un **récépissé** doit être adressé au contribuable (ce qui n'est pas toujours le cas en pratique). Bien que ce ne soit pas obligatoire, il est prudent d'expédier la réclamation par **pli recommandé** avec accusé de réception. En effet, le contribuable peut être amené à devoir établir qu'il a formulé sa réclamation en temps utile. 81810 CONT-III-9600 s

Par dérogation, l'administration permet également aux **particuliers** de présenter leur réclamation **en ligne** (nº 81855, précision a) ou de manière **verbale** (nº 81855, précision b).

› Précisions **a.** Les réclamations concernant les **acomptes ou versements provisionnels** doivent être adressées au comptable chargé du recouvrement et non au service d'assiette. Ces contestations sont soumises à la déchéance quadriennale des créances sur l'État. 81815

b. En matière d'impôts directs, le **service du recouvrement** à qui est **adressée par erreur** une réclamation concernant l'assiette doit la transmettre au service d'assiette compétent. La date d'enregistrement de la réclamation est celle de la réception par le service du recouvrement. Le contribuable doit être informé de cette transmission (LPF art. R 190-2 ; CONT-III-2870 s.).

c. Sur la situation des entreprises relevant de la **direction des grandes entreprises,** voir nº 87475.

DÉLAI DE RÉCLAMATION

Délai général Le délai imparti pour présenter une réclamation à l'administration expire le 31 décembre de la seconde année suivant, selon le cas, celle : 81825 LPF art. R 196-1, al. 1 à 4 CONT-III-4200 s

– de la **mise en recouvrement du rôle** (impôt sur le revenu, prélèvements sociaux sur les revenus du patrimoine…) ;

– de la **notification d'un avis de mise en recouvrement** (TVA, impôt sur les sociétés, droits d'enregistrement, taxe sur les salaires, taxe d'apprentissage…) ;

– du **versement de l'impôt** contesté si celui-ci n'a pas donné lieu à l'établissement d'un rôle ou à la notification d'un avis de mise en recouvrement : demande en **restitution** de **versements spontanés,** notamment, de la TVA, des droits d'enregistrement et (sous réserve de ceux valant acomptes provisionnels) de l'impôt sur les sociétés et de la taxe sur les salaires ;

– de la **réalisation de l'événement qui motive** la réclamation, c'est-à-dire des faits ou circonstances de nature à exercer une influence sur le bien-fondé de l'impôt dans son principe ou son montant.

Délais spéciaux Lorsque le contribuable fait l'objet d'une **procédure de reprise ou de rectification** de la part de l'administration, il dispose, pour présenter ses réclamations, d'un délai expirant d'une manière générale au 31 décembre de la troisième année suivant celle de la notification de la proposition de rectification (nºs 78775 s.) ou des bases imposées d'office (nº 79130). 81830 LPF art. R 196-1, al. 5 à 8 et R 196-1-1 à R 196-5 CONT-III-6400 s et 7650 s

Le délai spécial permet de contester non seulement les impositions complémentaires établies à la suite d'une proposition de rectification, mais aussi les impositions primitives concernées par la procédure de rectification. En cas d'imposition d'office, le délai spécial s'applique même si cette imposition d'office ne concerne que des impositions primitives.

› Précisions **a.** Lorsque le délai de reprise de l'administration fait l'objet d'une **prorogation,** le délai spécial de réclamation est prolongé de la même durée. Par exemple, ce délai expire le 31 décembre de la cinquième année suivant celle de la proposition de rectification en cas de découverte d'agissements frauduleux avec dépôt de plainte (nº 77760).

b. La notification n'ouvre le délai spécial de réclamation que si elle est effectuée dans des conditions **régulières,** de nature à interrompre la prescription (CE 21-7-1995 nº 129227 : RJF 10/95 nº 1175).

c. Le contribuable peut réclamer dans le **délai général** si celui-ci vient à expiration après le délai spécial.

En matière d'impôts directs, des délais spéciaux de réclamation s'appliquent également aux : 81835

– **impôts directs locaux** et taxes annexes (sous réserve des cas particuliers visés ci-après) : 31 décembre de l'année suivant celle où se situe le fait générateur de la réclamation (mise

en recouvrement du rôle, notification d'un avis de mise en recouvrement, versement de l'impôt contesté ou « événement » : n° 81825) ;
– cas de **faux ou double emploi** : 31 décembre de l'année suivant celle au cours de laquelle le contribuable a eu connaissance certaine de l'existence de la cotisation établie à tort ou faisant double emploi ;
– cas d'envoi de **nouveaux avis d'imposition** à la suite d'erreurs d'expédition : 31 décembre de l'année suivant celle au cours de laquelle le contribuable a reçu l'avis d'imposition rectifié ;
– **retenues à la source et prélèvements** autres que celui visé au n° 81840 : 31 décembre de l'année qui suit celle du paiement des revenus amputés du montant de la retenue ou des produits amputés du prélèvement ;
– demandes de dégrèvement de **taxe foncière** pour **vacance de maison** ou **inexploitation d'immeuble à usage commercial ou industriel** : 31 décembre de l'année suivant celle au cours de laquelle la vacance ou l'inexploitation atteint la durée minimum exigée (trois mois : n° 42335) ;
– demandes de dégrèvement de **taxe foncière** pour **pertes de récoltes** : au choix des intéressés, soit dans les quinze jours du sinistre, soit quinze jours au moins avant la date où commence habituellement l'enlèvement des récoltes.

À la condition que le **délai général** trouve à s'appliquer, les contribuables peuvent réclamer dans ce délai s'il vient à expiration après le délai spécial dès lors que ce dernier présente un **caractère subsidiaire** (CE 5-7-2010 n° 310945 : RJF 11/10 n° 1102), y compris lorsque la contestation porte sur un prélèvement dont le versement n'est pas effectué par le contribuable lui-même (CE 15-4-2016 n° 385737 : RJF 7/16 n° 657).

81840 Les réclamations relatives au **prélèvement à la source de l'impôt sur le revenu** exposé aux n°s 3740 s. doivent être présentées par le débiteur ou le bénéficiaire des revenus faisant l'objet de ce prélèvement au plus tard le dernier jour du mois de février de l'année suivant celle au cours de laquelle ces revenus ont été mis à disposition ou réalisés.

Ces dispositions ne font pas obstacle à la présentation par les contribuables, après la mise en recouvrement du rôle, d'une réclamation dans le délai indiqué au n° 81825.

81845 CONT-III-4240 s

Computation des délais Le **point de départ** du délai général de réclamation est constitué par l'un des événements énumérés au n° 81825 (date de mise en recouvrement du rôle, date de notification d'un avis de mise en recouvrement, etc.).

Les réclamations présentées avant le point de départ du délai sont rejetées comme prématurées, mais elles peuvent être régularisées par l'intervention de la mise en recouvrement.

Pour être recevables, les réclamations doivent être **postées au plus tard** le jour de l'expiration du délai, le cachet de La Poste (ou de tout autre prestataire de services postaux autorisé) faisant foi.

› Précisions **a.** S'agissant des impôts recouvrés par voie de rôle, le délai général de réclamation court à compter de la date de mise en recouvrement du rôle, quelle que soit la date à laquelle le contribuable a reçu l'**avis d'imposition** correspondant (BOI-CTX-PREA-10-30 n° 20).

b. Les contribuables peuvent présenter une réclamation pour obtenir la réparation d'erreurs commises par l'administration dans la **détermination d'un résultat déficitaire ou d'un crédit de TVA déductible** au titre d'une période donnée, même lorsqu'elles n'entraînent pas la mise en recouvrement d'une imposition supplémentaire. Cette réclamation peut être formée dès réception de la réponse de l'administration aux observations du contribuable sur la proposition de rectification, ou trente jours après la notification d'une imposition d'office ou après la notification de l'avis rendu par la commission des impôts directs et des taxes sur le chiffre d'affaires saisie le cas échéant (LPF art. L 190, al. 2). Elle est recevable jusqu'à l'expiration des délais de réclamation applicables aux impositions supplémentaires résultant des rectifications opérées par l'administration (CE avis 27-7-2005 n° 279063 : RJF 11/05 n° 1257).

c. Si l'**avis d'imposition** ou l'avis de mise en recouvrement **ne mentionne pas** l'exigence d'une réclamation préalable au recours juridictionnel et les **délais** dans lesquels cette réclamation doit être présentée, ou si la preuve n'est pas apportée qu'une telle information a été fournie au contribuable, le délai de réclamation est prolongé d'un délai égal, sauf circonstances particulières invoquées par le contribuable, à un an (**délai raisonnable**) et court à compter de l'année au cours de laquelle il est établi que le contribuable a eu connaissance de l'existence de l'imposition (CE sect. 31-3-2017 n° 389842 : RJF 6/17 n° 616).

81850 CONT-III-4050 s

Tant que le délai de réclamation n'est pas expiré, le contribuable a la faculté de présenter plusieurs **réclamations successives** relatives à la même imposition et cela, même s'il n'invoque pas de faits nouveaux et même si une précédente réclamation a déjà été rejetée. Il peut ainsi renouveler la procédure contentieuse lorsque, par exemple, il laisse expirer le délai de saisine du tribunal après rejet d'une première réclamation.

En revanche, une fois le **délai de réclamation expiré**, les réclamations sont irrecevables, et le contribuable ne pourra pas saisir les tribunaux de la question en litige. Il est cependant possible que l'administration lui donne satisfaction par la voie du dégrèvement d'office (n° 82310).

FORME ET CONTENU DES RÉCLAMATIONS

81855 LPF art. R 197-1 à R 197-5 et R 200-2, al. 3 et 4 CONT-III-9500 s

La réclamation à l'administration peut être faite sous la **forme** d'une simple lettre sur papier libre.

La demande doit **mentionner** l'imposition contestée, contenir l'exposé sommaire des faits, moyens et conclusions, et porter la signature manuscrite de son auteur.

Le contribuable a la possibilité de demander le **sursis de paiement** des sommes en litige : voir nos 81885 s.

La réclamation doit être **accompagnée** :
– pour les impôts directs établis par voie de rôle : de l'avis d'imposition ou d'une copie de cet avis, ou encore d'un extrait du rôle ;
– pour les impôts ayant donné lieu à la notification d'un avis de mise en recouvrement : de cet avis lui-même ou d'une copie ;
– pour les impôts perçus par voie de retenue à la source ou versés sans établissement préalable d'un rôle ou d'un avis de mise en recouvrement : d'une pièce justifiant le montant de la retenue ou du versement. Dans le cas d'une retenue à la source, la nature de la pièce est indifférente pour peu que soient précisées la date à laquelle la retenue a été opérée et l'identité de l'établissement payeur (CE 26-1-2018 no 408561 : RJF 4/18 no 440).

Modèle de réclamation (à caractère indicatif) : voir no 82340.

> **Précisions** **a.** Les **particuliers** (télédéclarants ou non) disposent de la faculté de présenter une **réclamation en ligne** via leur espace personnel sur impots.gouv.fr. Ils sont dispensés de fournir leur avis d'imposition, mais peuvent produire de manière dématérialisée un ou plusieurs documents à l'appui de leur demande. Un accusé de réception leur est délivré.
> **b.** L'administration permet également aux particuliers de formuler des réclamations **verbalement** à l'occasion de démarches auprès du service des impôts. Les demandes verbales sont consignées sur une fiche de visite dont un exemplaire est remis à l'intéressé. Datée et signée par le contribuable, la fiche de visite matérialise la réclamation.
> **c.** Il doit être présenté une **demande distincte par commune** en matière d'**impôts directs locaux** (LPF art. R 197-2).
> **d.** Les réclamations doivent être individuelles. Toutefois, peuvent présenter une **réclamation collective** les contribuables imposés collectivement (par exemple, les propriétaires indivis), les membres de sociétés de personnes pour les impôts de la société, les maires en cas de pertes de récoltes (no 42625), le preneur et le bailleur d'un bail rural en cas de calamité agricole (nos 42625 et 42635) et les bénéficiaires de revenus imposables suivant les règles applicables aux salaires, aux pensions ou aux rentes viagères à titre gratuit qui contestent le montant de la retenue à la source (no 3755) opérée sur ces revenus par un même débiteur (LPF art. R 197-1).
> **e.** Tout réclamant **domicilié hors de France** doit faire élection de domicile en France (LPF art. R 197-5).

81857 CONT-II-6800 s

Si la réclamation n'est pas signée par le contribuable lui-même mais par un **mandataire,** celui-ci doit, sauf dans certains cas (voir ci-après), justifier d'un mandat régulier. Le mandat est rédigé sur papier libre. Lorsqu'il est produit en même temps que la réclamation, le mandat est dispensé d'enregistrement ; lorsqu'il est présenté postérieurement, il doit être enregistré.

Sont **autorisées à réclamer sans mandat** les personnes qui tiennent de leurs fonctions ou de leur qualité le droit d'agir au nom du contribuable. Il en est ainsi notamment :
– des avocats ;
– des époux ou des partenaires d'un Pacs pour les impôts dus à raison de l'ensemble des revenus du foyer et pour l'impôt sur la fortune immobilière ;
– du gérant en exercice d'une SARL, du président-directeur général d'une société anonyme ;
– des personnes qui ont été mises en demeure d'acquitter les impositions établies au nom d'un tiers telles, notamment, les personnes solidairement responsables avec le contribuable des impositions établies à son nom (nos 77280 s.) et celles recherchées en paiement en exécution d'un engagement de caution souscrit auprès de l'administration fiscale (CE 17-12-2014 no 366882 : RJF 3/15 no 262).

Les officiers publics ou ministériels ne peuvent réclamer sans mandat que contre les droits d'enregistrement qu'ils doivent acquitter en soumettant à la formalité les actes de leur ministère.

> **Précisions** Une **demande de restitution de retenue à la source sur dividendes** signée tant par le bénéficiaire des versements que par l'établissement payeur vaut mandat donné à ce dernier pour présenter une réclamation à l'administration (CE 30-12-2015 no 378237 : RJF 3/16 no 286).

81860 CONT-III-12100 s

Le **non-respect des règles de forme et de contenu** entache la réclamation d'un vice de forme que le contribuable peut toujours régulariser avant l'expiration du délai de réclamation en renouvelant sa demande dans des conditions régulières (no 81850). En outre, les vices de forme résultant du défaut de mention de l'imposition contestée, de l'absence d'exposé des moyens et conclusions et de la non-production des documents à joindre peuvent être régularisés jusqu'à la décision de l'administration (BOI-CTX-PREA-10-50 n° 320) ou, lorsqu'ils ont motivé le rejet de la réclamation, dans la demande au tribunal administratif (LPF art. R 200-2, al. 3) ou au tribunal judiciaire (BOI-CTX-JUD-10-20-30 n° 260).

Lorsque le vice de forme résulte d'un **défaut de signature** (ou d'une signature irrégulière), l'administration doit inviter le contribuable à régulariser cette omission dans un délai de trente jours. À défaut, le vice de forme peut être couvert dans la demande adressée au tribunal, jusqu'à l'expiration du délai de recours. Il en va de même, selon la jurisprudence, en cas de **signature par une personne n'ayant pas qualité pour agir sans mandat** au nom du contribuable (CE 7-12-2015 n° 371406 : RJF 3/16 n° 240).

> **Précisions** L'inobservation de la règle selon laquelle il doit être déposé une **demande distincte par commune** en matière d'**impôts directs locaux** ne rend la réclamation irrecevable que si l'intéressé a été invité à la régulariser (CE 25-6-1986 n° 68326 : RJF 8-9/86 n° 781). Il en est de même en cas de violation de la règle selon laquelle les **réclamations** doivent être, sauf exception, **individuelles** (CE 11-10-1978 n° 8078 : RJF 11/78 n° 503).

DÉCISION DE L'ADMINISTRATION

81870 LPF art. R 198-10 CONT-III-15500 s

Après instruction de la réclamation, le service des impôts notifie sa décision au contribuable et ordonnance, s'il y a lieu, les dégrèvements prononcés.

En cas de rejet total ou partiel, la décision doit être **motivée.** Elle doit également comporter la mention des voies et délais de **recours** (C. just. adm. art. R 421-5). Si ces règles ne sont pas respectées, le délai de recours contentieux contre la décision ne court pas.

La décision doit intervenir dans un **délai** de six mois suivant la date de présentation de la réclamation. L'administration peut toutefois aviser le contribuable avant l'expiration de ce délai qu'un délai complémentaire – qui ne peut excéder trois mois – est nécessaire pour statuer.

Lorsque le service des impôts n'a, dans le délai de six mois, ni statué sur la réclamation ni avisé le contribuable de la nécessité d'un délai supplémentaire, il est considéré comme ayant rejeté implicitement la réclamation ; le contribuable peut alors soumettre le litige au tribunal compétent. Le tribunal peut d'ailleurs être saisi dès l'expiration du délai de six mois, même si le contribuable a été avisé de la nécessité d'un délai supplémentaire.

> **Précisions** Les contribuables qui ont formulé leur **réclamation en ligne** (n° 81855, précision a) peuvent prendre connaissance de l'état de leur demande dans leur espace personnel sur impots.gouv.fr. Une fois la réclamation traitée, le sens de la décision prise est indiqué en ligne.

81875 LPF art. R 199-1, al. 3 et R 200-3 CONT-IV-1750 s

Remarque L'administration a la possibilité de ne pas statuer elle-même sur la réclamation et de la **soumettre d'office au tribunal** compétent. Lorsqu'elle fait usage de cette faculté, elle doit en informer le contribuable. Dans ce cas, la réclamation vaut requête introductive d'instance.

SURSIS DE PAIEMENT

81885 LPF art. L 277, R 277-1 et R 277-7 CONT-III-21300 s et 22800 s

Conditions d'octroi et effets Le contribuable qui conteste le bien-fondé de son imposition n'est pas dispensé d'en acquitter l'intégralité (droits et pénalités) dans le délai légal. Cependant, dans sa réclamation ou du moins dans le délai légal de réclamation (mais en aucun cas directement devant le tribunal), il peut **demander expressément** à surseoir au paiement des sommes en litige, en indiquant le montant ou les bases du dégrèvement auquel il prétend.

Lorsque le **montant des droits contestés** (hors pénalités) est supérieur à 4 500 €, il doit en outre constituer des **garanties** propres à en assurer le recouvrement (caution bancaire, nantissement de fonds de commerce, etc.).

Dès la présentation de cette demande, l'**exigibilité** de l'impôt est **suspendue** et le comptable public ne peut en exiger le paiement. L'effet suspensif s'étend aux codébiteurs solidaires qui n'auraient pas eux-mêmes introduit une demande de sursis (CE 4-12-2017 n° 394903 : RJF 3/18 n° 322). Il demeure jusqu'à la décision définitive, c'est-à-dire jusqu'au jugement du tribunal statuant sur la réclamation ou, si le tribunal n'est pas saisi, jusqu'à l'expiration du délai dont disposait le contribuable pour le saisir. Il est également maintenu dans le cas où, n'ayant pas obtenu de décision du service des impôts dans le délai de six mois (n° 81870), le contribuable ne porte pas immédiatement le litige devant le tribunal.

> **Précisions** **a.** Les **frais de constitution des garanties** peuvent faire l'objet d'un remboursement lorsque le contribuable obtient le dégrèvement de l'impôt contesté (n° 81920)
> **b.** Le contribuable qui n'a **pas demandé le sursis** de paiement peut, sans attendre que l'administration ait statué sur sa réclamation, demander au juge des référés de droit commun d'ordonner la suspension de la mise en recouvrement de l'imposition : n° 82125, précision b.

Lorsque le comptable public lui demande des garanties, le contribuable doit, dans les quinze jours de cette demande, faire connaître les garanties qu'il s'engage à constituer. 81890

Lorsque le contribuable ne constitue **pas de garanties** ou qu'il présente des **garanties jugées insuffisantes** par le comptable public, ce dernier peut prendre des mesures conservatoires (saisies mobilières, sûretés judiciaires) jusqu'à ce qu'une décision définitive ait été prise sur la réclamation par l'administration ou le tribunal compétent.

Lorsque le comptable public juge insuffisantes les garanties offertes par le contribuable, il doit notifier sa **décision de refus** par pli recommandé avec demande d'avis de réception postal dans un délai de quarante-cinq jours à compter du dépôt de l'offre. À défaut, les garanties offertes sont réputées acceptées.

Le **refus** des garanties par le comptable public peut être **contesté** devant le juge du référé fiscal.

› Précisions Le contribuable qui souhaite **s'opposer à la prise de mesures conservatoires** par le comptable public peut demander au juge des référés de droit commun d'ordonner la suspension de la mise en recouvrement de l'imposition contestée : n° 82125, précision b.

Référé fiscal La décision de **refus des garanties** prise par le comptable public peut être contestée par le contribuable devant le juge du référé fiscal du tribunal administratif ou du tribunal judiciaire, suivant la nature de l'impôt contesté (n° 81990), dans les quinze jours de sa notification par lettre recommandée. 81895 LPF art. L 279 et L 279 A CONT-III-23700 s

La saisine du juge s'opère par simple requête présentée dans la forme ordinaire des requêtes introductives d'instance (nos 82120 et 82195). La requête n'est recevable que si le contribuable justifie qu'il a effectué, auprès du comptable public, la **consignation** à un compte d'attente d'un dixième des impôts contestés. Cette consignation peut être aussi constituée par une caution bancaire, un dépôt de valeurs mobilières cotées ou par les sommes déjà saisies, le cas échéant, par le fisc avant la demande de sursis (CE 25-4-2001 n° 213460 : RJF 7/01 n° 1012). En revanche, la détention d'une créance sur l'État, correspondant à un crédit d'impôt restituable, ne vaut pas consignation (CE sect. 5-6-2015 n° 386793 : RJF 10/15 n° 848).

Le juge du référé se prononce dans le **délai** d'un mois. S'il décide que les garanties initiales sont suffisantes, les sommes consignées sont restituées immédiatement ; dans le cas contraire, il demande des garanties complémentaires sur lesquelles sont imputées les sommes consignées. Dans les huit jours (délai franc) de la notification de la décision du juge du référé, le contribuable et le comptable public peuvent saisir en **appel,** selon la nature de l'impôt contesté, le président de la cour administrative d'appel ou le tribunal judiciaire qui se prononce dans le délai d'un mois. La décision rendue en appel peut faire l'objet d'un pourvoi en **cassation** devant le Conseil d'État ou la Cour de cassation dans un délai de deux mois.

› Précisions Le contribuable peut également demander au juge du référé fiscal, sans limite de délai et sans aucune consignation, la **limitation** ou l'**abandon des saisies conservatoires** diligentées par le comptable public, si celles-ci comportent des conséquences difficilement réparables. Si le litige relève du juge administratif, la décision rendue est portée en appel devant le tribunal administratif (LPF art. L 277, al. 5).

Effets de la décision statuant sur la réclamation À la suite d'une **décision favorable** de l'administration ou du tribunal sur sa réclamation, le contribuable obtient la restitution des garanties, le cas échéant le remboursement total ou partiel des frais de constitution de ces garanties (n° 81920) et, si la procédure du référé fiscal a été mise en œuvre, le remboursement de l'éventuel reliquat des consignations augmenté d'intérêts moratoires (n° 81915). 81900 CONT-III-25750 s

En revanche, **si le contribuable n'obtient pas gain de cause** devant le tribunal, il doit acquitter le principal de l'impôt, les pénalités pour paiement tardif (nos 80140 s.) et, le cas échéant, les pénalités d'assiette. Dans certains cas, il doit en outre verser des intérêts moratoires (nos 81925 s.).

› Précisions **a.** Lorsqu'il fait **appel** du jugement du tribunal administratif, le contribuable ne bénéficie plus du sursis de paiement, mais il peut demander la suspension du recouvrement de l'imposition dans les conditions exposées au n° 82125, précision b. La situation est analogue en cas d'appel du jugement du tribunal judiciaire : l'exécution du jugement peut être suspendue (n° 82205, précision a).

b. Lorsqu'il est compétent, le tribunal administratif qui estime que la demande de sursis de paiement a entraîné un **ajournement abusif** du paiement de l'impôt peut prononcer une majoration maximum de 1 % par mois écoulé entre la date d'enregistrement de la demande au greffe et celle du jugement ou celle du paiement si l'impôt est acquitté avant le jugement (LPF art. L 280). Sa décision est susceptible de recours dans les conditions de droit commun.

PAIEMENT D'INTÉRÊTS ET REMBOURSEMENTS DE FRAIS

81910 CONT-V-27800 s

Frais de procès **a. Dépens** Lorsque le réclamant obtient gain de cause, en tout ou partie, les frais de significations et, le cas échéant, les frais d'enregistrement du mandat (n° 81857) lui sont remboursés. Les frais d'expertise sont supportés par les parties dans la mesure où elles succombent (LPF art. R 207-1).

b. Frais « irrépétibles » Dans toutes les instances, le juge condamne la partie tenue aux dépens ou, à défaut, la partie perdante à payer à l'autre partie la somme qu'il détermine, au titre des frais exposés et non compris dans les dépens (honoraires d'avocat, par exemple). Le juge tient compte de l'équité ou de la situation économique de la partie condamnée. Il peut, même d'office, pour des raisons tirées des mêmes considérations, dire qu'il n'y a pas lieu à cette condamnation (C. just. adm. art. L 761-1 ; CPC art. 700).

81915 LPF art. L 208, R 208-1 et R 208-2 CONT-II-17500 s CONT-III-26050 s

Versement d'intérêts moratoires au contribuable Les contribuables qui obtiennent un **dégrèvement d'impôt à l'issue d'une procédure contentieuse** ont droit à des intérêts moratoires, que le dégrèvement soit consécutif à une instance devant les tribunaux ou prononcé par l'administration à la suite d'une réclamation.

Ils peuvent également prétendre à des intérêts moratoires lorsqu'ils obtiennent, en raison de la décision de l'administration ou du juge de l'impôt, la **restitution de consignations** qu'ils avaient dû verser à l'occasion d'une réclamation contentieuse comportant un sursis de paiement.

Les intérêts sont **liquidés,** jour par jour, au taux de l'intérêt de retard (n° 79860) sur la totalité des sommes remboursées. Ils **courent** depuis la date du paiement de l'impôt ou, le cas échéant, depuis la date du versement des consignations jusqu'au jour soit du remboursement ou de la restitution des consignations soit, si le dégrèvement est affecté à l'apurement d'autres impôts, de l'exigibilité de ces impôts. Ils ne sont pas capitalisés.

Lorsque l'impôt dégrevé a donné lieu au **paiement d'acomptes,** le point de départ des intérêts moratoires se situe, au plus tôt, à la **date de liquidation du solde de l'impôt.** Il s'agit de la date de la mise en recouvrement du rôle pour les impôts recouvrés par voie de rôle et de la date limite de déclaration pour les impôts autoliquidés (BOI-CTX-DG-20-50-30 n°s 60 s.).

Les intérêts moratoires sont **payés** d'office, sans demande spéciale du contribuable, en même temps que les sommes remboursées. S'ils sont versés tardivement, ils produisent eux-mêmes intérêts à compter du jour où le redevable en a demandé le versement par une sommation de payer (CE sect. 6-5-1983 n° 28850 et 30971 : RJF 6/83 n° 839).

> Précisions **a.** Lorsqu'elle **rétablit,** par une nouvelle décision, des **impositions dégrevées,** l'administration ne peut exiger du contribuable la restitution des intérêts moratoires qui lui ont été versés lors du dégrèvement (CE 22-10-2012 n° 348856 : RJF 1/13 n° 100).
b. Les **restitutions d'excédents de versements** d'impôt opérées par les agents comptables **hors réclamation contentieuse** (restitution de versements d'acomptes, par exemple) ne donnent pas lieu au versement d'intérêts moratoires, mais le contribuable peut obtenir, dans ce cas, des intérêts moratoires sur le fondement de l'article 1231-6 du Code civil (CE 30-6-2004 n° 242893 : RJF 10/04 n° 977).
c. Les intérêts ne sont pas dus lorsque le **remboursement** est accordé **à titre gracieux** ou fait suite à un **dégrèvement** prononcé **d'office** par le service des impôts.
d. En cas de **restitution d'une retenue à la source** versée à tort, les **intérêts** moratoires **courent** du jour où les revenus nets de cette retenue ont été versés par l'établissement payeur au bénéficiaire (CE 5-6-2015 n° 373858 : RJF 10/15 n° 853).
e. Contribuables ayant obtenu le **remboursement d'un crédit de TVA** non imputable : voir n° 56650, précision c ; Contribuables ayant obtenu un **dégrèvement de contribution économique territoriale** lié au plafonnement en fonction de la valeur ajoutée : voir 44100, précision e.
f. Remboursement de la TVA supportée en France par les **assujettis établis hors de France** : voir n° 50680.
g. Les intérêts moratoires ne sont **pas imposables** en principe. Toutefois, s'ils se rapportent à des dégrèvements obtenus dans le cadre d'une activité professionnelle et que les droits dégrevés sont eux-mêmes imposables (cas d'impositions antérieurement admises dans les charges déductibles : n° 8105), les intérêts sont imposables au même titre (BOI-CTX-DG-20-50-30 n°s 310 s. ; CE 28-1-2019 n° 406722 : RJF 4/19 n° 320).

81920 LPF art. L 208 et R 208-3 à R 208-5 CONT-III-26250 s

Remboursements des frais exposés pour constituer des garanties Les contribuables qui obtiennent le **dégrèvement de l'impôt** contesté peuvent être remboursés des frais afférents aux garanties constituées pour bénéficier du **sursis de paiement.** Si le dégrèvement est seulement partiel, les frais proportionnels sont remboursés au prorata tandis que les frais fixes restent entièrement à leur charge.

La **nature des frais** remboursables varie suivant celle des garanties constituées (frais d'acte, de banque, de magasinage…). La rémunération de la caution est remboursée en fonction du temps écoulé entre sa constitution et sa mainlevée, dans la limite annuelle de 2 % du montant de l'impôt garanti (LPF art. A 208-1).

Pour obtenir le remboursement, le contribuable doit en faire la **demande,** appuyée de toutes justifications utiles, dans le délai d'un an à compter de la notification du dégrèvement. La demande est adressée au directeur départemental ou régional des finances publiques.

Paiement d'intérêts moratoires par le contribuable Les contribuables qui contestent une cotisation d'impôt direct établie à la suite d'une **rectification ou d'une taxation d'office** et pour laquelle ils avaient présenté une réclamation assortie d'une demande de **sursis de paiement** doivent payer des intérêts moratoires à l'État si le tribunal administratif rend une décision qui leur est défavorable ou s'ils se désistent de leur instance devant la juridiction saisie. 81925 LPF art. L 209 CONT-III-26740 s

Cette mesure concerne les réclamations visant des impôts directs dont le paiement tardif est sanctionné par la majoration de 10 % (nº 80150). Les intérêts s'appliquent concurremment avec cette majoration et, le cas échéant, la majoration pour suspension abusive du paiement de l'impôt (nº 81900, précision b).

Les intérêts sont **calculés** au taux de l'intérêt de retard (nº 79860) sur le montant de l'impôt (ou de la fraction de l'impôt) maintenu à la charge du contribuable. Ce montant s'entend de la cotisation elle-même et des pénalités d'assiette (CE 28-1-2004 nº 244632 : RJF 5/04 nº 539).

Les intérêts sont **décomptés** à partir du premier jour du treizième mois suivant celui de la date limite de paiement de l'impôt. Ils courent jusqu'au jour du paiement effectif de l'impôt.

› **Précisions** **a.** Les intérêts sont dus même si le **litige est soumis d'office** au tribunal par l'administration (nº 81875). En revanche, ils ne sont pas dus lorsque le litige n'a **pas dépassé le stade de la réclamation** devant l'administration. 81930

De même, aucun intérêt n'est dû par le contribuable lorsque la demande contentieuse a été **accueillie en première instance,** même si la décision du tribunal est infirmée en appel.

Dans le cas inverse où la **juridiction d'appel** prononce le dégrèvement des impositions ayant fait l'objet d'un jugement défavorable au contribuable, les intérêts moratoires réclamés à l'issue de la procédure de première instance sont annulés ou remboursés.

Enfin, lorsque le contribuable conclut une **transaction** avec l'administration, cette transaction emporte désistement de toute instance concernant l'imposition en cause et, par conséquent, ne dispense pas l'intéressé d'acquitter les intérêts moratoires.

b. Selon l'administration, les intérêts moratoires constituent une pénalité de recouvrement. Ils ne sont donc **pas déductibles** des bénéfices par application de l'article 39, 2 du CGI (BOI-CTX-DG-20-50-30 nº 340).

COMPENSATION ET SUBSTITUTION DE BASE LÉGALE

Compensation Lorsqu'un contribuable a subi une taxation excessive et a bénéficié sur un autre point d'une taxation insuffisante, l'excédent et l'insuffisance d'imposition peuvent donner lieu à une compensation à l'initiative de l'intéressé ou de l'administration. 81940 LPF art. L 80 et L 203 à L 205 CF-VI-20500 s CONT-II-10000 s

Elle peut s'exercer soit **au cours de la procédure de contrôle et de rectification,** soit après la mise en recouvrement de l'impôt, **au cours de la procédure contentieuse.**

Avant la mise en recouvrement de l'impôt, elle peut notamment être demandée par le **contribuable** à l'encontre duquel une rectification est effectuée s'il invoque une surtaxe à son préjudice ou si la rectification fait apparaître une double imposition.

De son côté, l'**administration** peut, lorsqu'un contribuable a présenté une réclamation contentieuse, opposer la compensation entre les dégrèvements reconnus justifiés et les omissions ou insuffisances de toute nature **constatées lors de l'instruction** de celle-ci (exemples : compensation d'une réduction d'impôt pour application incorrecte du quotient familial avec une insuffisance d'imposition résultant de la déduction d'une charge que le contribuable avait pratiquée à tort sur son revenu ; compensation entre des intérêts de retard ou des droits en principal calculés sur une base excessive et une pénalité plus élevée normalement applicable). Cette faculté peut être exercée à tout moment de la procédure (soit au stade de la réclamation, soit devant les tribunaux) et **même si le délai de reprise est expiré.**

La compensation opposée par l'administration s'opère de plein droit sans notification préalable des sommes qui en font l'objet.

› **Précisions** L'administration peut opérer la compensation en prenant en compte l'ensemble des éléments à sa disposition au cours de l'instruction de la demande (laquelle court de l'examen de la réclamation jusqu'au terme du contentieux juridictionnel devant les juges du fond), y compris ceux provenant d'éléments recueillis à l'occasion de contrôles diligentés postérieurement à la réclamation et sans rapport avec l'instruction de celle-ci (CE 18-7-2018 nº 404226 : RJF 11/18 nº 1166).

Si elle a déjà constaté l'insuffisance ou l'omission d'imposition avant l'instruction de la réclamation et qu'elle n'y a volontairement pas remédié, elle n'est plus fondée à opérer de compensation à raison des sommes en cause (CE plén. 28-6-1991 nº 63066 : RJF 8-9/91 nº 1073 ; Cass. com. 11-1-2017 nº 15-18.429 FS-PB : RJF 4/17 nº 385).

81945 Pour que la compensation soit possible, il faut que les excédents et les insuffisances d'imposition :
– se rapportent à une **même période d'imposition** (par exemple, en matière d'impôts directs il doit s'agir d'impositions établies au titre de la même année) ou, pour les taxes sur le chiffre d'affaires, à l'ensemble de la période en litige (et non année par année) ;
– concernent un **même contribuable.** Aucune compensation, par exemple, ne peut être opérée entre les impositions dues respectivement par une société et l'un de ses associés.

Il faut également qu'il s'agisse du **même impôt** : la compensation n'est pas possible, par exemple, entre la TVA et les autres taxes sur le chiffre d'affaires. Mais cette règle souffre des **dérogations** : la compensation est autorisée entre l'impôt sur le revenu, l'impôt sur les sociétés, la contribution sur les revenus locatifs, la taxe sur les salaires, la taxe d'apprentissage et la cotisation éventuellement perçue au titre de la participation-construction, de même qu'entre les droits d'enregistrement et les droits de timbre perçus au profit de l'État.

81950 CONT-II-14200 s **Substitution de base légale** À tout moment de la procédure, l'administration a le droit, pour justifier le bien-fondé de l'imposition, de procéder à une « substitution de base légale », c'est-à-dire de se fonder sur un **motif de droit différent** de celui qu'elle avait initialement invoqué (texte différent ou, au sein d'un même texte, condition différente : CE 20-6-2007 n° 290554 : RJF 10/07 n° 1131). Cette substitution n'est possible que si elle ne prive pas le contribuable des **garanties** de procédure dont il bénéficiait en application du motif substitué.

> **Précisions** En matière de **pénalités,** la mise en œuvre de la substitution de base légale est subordonnée à la **double condition** que le contribuable ne soit privé d'aucune garantie et que les faits faisant l'objet de la répression sur la nouvelle base légale soient identiques à ceux retenus pour motiver la sanction initialement appliquée (CE sect. 1-10-1999 n° 170598 : RJF 11/99 n° 1397). Elle n'est en revanche pas subordonnée à la condition que la pénalité substituée ait fait l'objet d'une motivation propre (CE 16-2-2000 n° 143839 : RJF 4/00 n° 515).

RECOURS FONDÉS SUR LA VIOLATION D'UNE RÈGLE DE DROIT SUPÉRIEURE

81960 LPF art. L 190, al. 3 à 5 et L 190 A CONT-I-32000 s EUR-I-5000 s Les contribuables peuvent demander la **décharge** ou la **réduction** d'impositions, la **restitution** d'impositions indues ou l'exercice de **droits à déduction** en se fondant sur le fait que le texte dont il a été fait application (loi, texte réglementaire, par exemple) n'est pas conforme à une règle de droit supérieure, notamment à une règle du **droit de l'Union européenne.**

Un tel recours relève de la procédure contentieuse fiscale. À ce titre, il doit être précédé d'une réclamation devant l'administration selon les règles exposées aux n°s 81800 s.

Cette réclamation doit être présentée dans les **délais** de droit commun, décomptés à partir de la mise en recouvrement du rôle, de la notification d'un avis de mise en recouvrement, du versement de l'impôt contesté ou de la réalisation de l'événement qui motive la demande (n°s 81825 et 81835).

Lorsque la **non-conformité** à une règle de droit supérieure est **révélée par un arrêt ou un avis** rendu par le Conseil d'État ou la Cour de cassation, un arrêt du Tribunal des conflits ou une décision de la Cour de justice de l'Union européenne se prononçant sur un recours en annulation, sur une action en manquement ou sur une question préjudicielle, cette décision ou cet avis ne constitue pas un événement motivant la réclamation (LPF art. R 196-1, al. 4 et R 196-2, al. 3). Il en va de même des **décisions** par lesquelles le **Conseil constitutionnel,** statuant sur une question prioritaire de constitutionnalité (n° 82085), déclare inconstitutionnelle une disposition législative ou ne la déclare conforme à la Constitution que sous une réserve d'interprétation (CE avis 6-2-2019 n° 425509 et 425511 : RJF 5/19 n° 479). En pareil cas, l'action en décharge, en réduction ou en restitution d'impositions, ou l'action en paiement de droits à déduction, doit être exercée dans les délais de réclamation de droit commun courant à partir de la date de la mise en recouvrement du rôle, de la notification d'un avis de mise en recouvrement, du versement de l'impôt contesté ou de la naissance du droit à déduction et se prescrit par deux ans à compter de cette date.

Les contribuables peuvent également demander la **réparation du préjudice** subi du fait de la non-conformité du texte dont il a été fait application à une règle de droit supérieure.

L'action en réparation ne peut porter que sur la **période** postérieure au 1er janvier de la deuxième année précédant celle au cours de laquelle l'existence de la créance a été révélée au demandeur.

81965

> **Précisions** **a.** Des recours comparables sont prévus par les articles 352 ter et 352 quater du Code des douanes pour la **TVA et les diverses taxes perçues par le service des douanes** (TVA-IV-16755 s.).
> **b.** Les dispositions législatives nationales tenues pour **inapplicables** en vertu des **conventions fiscales bilatérales** ne peuvent êtres regardées comme non conformes à une règle de droit supérieure (CE 9-7-2010 n° 314406 : RJF 11/10 n° 1103).
> **c.** Selon la Cour de justice de l'Union européenne, le droit de l'Union n'interdit pas à un État membre qui n'a **pas correctement trans-**

posé une directive d'opposer aux actions en remboursement de droits perçus en violation de cette directive un **délai national de prescription** qui court à compter de la date d'exigibilité des droits en cause dès lors qu'il n'est pas moins favorable que pour les recours fondés sur le droit interne et ne rend pas l'action en remboursement pratiquement impossible ou trop difficile (CJCE plén. 2-12-1997 aff. 188/95, Fantask : RJF 2/98 n° 211). Le délai de réclamation court donc sans attendre que la directive soit correctement transposée.

d. Devant le juge, le **moyen tiré de la non-conformité du droit interne** à une règle du droit de l'Union européenne doit être invoqué par le contribuable, car le juge ne s'autorise pas à le soulever d'office (CE sect. 11-1-1991 n° 90995 : RJF 2/91 n° 219 ; Cass. com. 3-5-1995 n° 92-10.869 D : RJF 7/95 n° 932).

e. Indépendamment des recours visés ci-dessus, ouverts auprès de l'administration et des juridictions nationales, le droit de l'Union européenne peut donner lieu à des **actions auprès des instances européennes** :
– plainte auprès de la Commission pour manquement au droit de l'Union européenne ;
– recours auprès du Tribunal de l'Union européenne contre les autorités ou les textes européens.

Les juridictions nationales peuvent par ailleurs, avant de statuer sur un litige, saisir la Cour de justice d'une question préjudicielle pour lui demander de se prononcer sur l'interprétation (renvoi en interprétation) ou la validité (renvoi en appréciation de validité) d'un texte européen (EUR-I-6000 s.).

f. Contestation des **sanctions** fiscales sur le fondement des dispositions de la **convention européenne des droits de l'Homme** : voir n° 79705.

B. Voies de recours devant les tribunaux

Si la décision de l'administration sur leur réclamation ne leur donne pas entière satisfaction, ou si cette décision ne leur est pas parvenue dans les six mois de la réclamation, les contribuables peuvent saisir les tribunaux. **81990**

La **juridiction compétente** est différente suivant la nature de l'impôt contesté :
– les contestations relatives aux impôts directs ou aux taxes sur le chiffre d'affaires sont du ressort des juridictions administratives (tribunal administratif, cour administrative d'appel et Conseil d'État) ;
– celles qui concernent les droits d'enregistrement et de timbre, les contributions indirectes et l'impôt sur la fortune immobilière sont de la compétence des juridictions judiciaires (tribunal judiciaire, cour d'appel et Cour de cassation).

Remarque En cas de **recours abusif,** les juridictions administratives peuvent condamner le requérant à une amende qui peut atteindre 10 000 € (C. just. adm. art. R 741-12).

1. NOTIONS GÉNÉRALES

CHARGE ET ADMINISTRATION DE LA PREUVE

La répartition de la **charge de la preuve** entre l'administration et le contribuable dépend étroitement de la procédure d'imposition : **82065** CONT-II-23000 s
– lorsque la **base d'imposition** est **conforme à la déclaration** du contribuable ou aux actes qu'il a présentés à l'enregistrement, c'est à lui de prouver que l'imposition est exagérée (LPF art. R 194-1, al. 2) ;
– lorsque la base d'imposition a été **modifiée suivant la procédure de rectification contradictoire,** la preuve (de l'exagération) incombe au contribuable s'il a accepté la rectification (LPF art. R 194-1, al. 1) ; dans le cas contraire, elle incombe à l'administration (n° 78795). Si le désaccord a été soumis à la **commission des impôts directs** et des taxes sur le chiffre d'affaires, à la **commission départementale de conciliation** ou au **comité consultatif du crédit d'impôt pour dépenses de recherche,** la preuve est à la charge de l'administration, quel que soit le sens de l'avis de la commission ou du comité, sauf exceptions (LPF art. L 192 : n°s 78815 s.) ;
– lorsque la base d'imposition a été **établie d'office,** il appartient au contribuable de démontrer qu'elle est exagérée (LPF art. L 193 et R 193-1 : n° 79140).

Ces règles générales ne résolvent pas cependant tous les problèmes d'attribution de la charge de la preuve qui peuvent se poser dans le déroulement des litiges. Il convient alors de se référer aux solutions jurisprudentielles, qui procèdent de l'idée que les parties doivent prouver ce qu'elles avancent. Ainsi, la charge de la preuve revient à l'administration lorsqu'elle invoque l'existence d'une activité imposable ou entend remettre en cause la portée ou la qualification d'un acte. Ce dernier, de son côté, doit notamment prouver l'accomplissement des formalités qui lui incombent ou le fait qu'il remplit les conditions d'application d'un régime dont il demande le bénéfice. Il doit, par ailleurs, justifier de l'exactitude de ses écritures comptables (par une facture régulière s'agissant des écritures de charges : CE 21-5-2007 n° 284719 : RJF 8-9/07 n° 953), même si la charge de la preuve du bien-fondé des rectifications incombe à l'administration en raison du déroulement de la procédure d'imposition (CE sect. 20-6-2003 nº 232832 : RJF 10/03 nº 1140).

Celui qui supporte la charge de la preuve peut faire appel à tous les **modes de preuve** de droit commun, sous réserve de respecter le caractère écrit de la procédure. Sont donc exclus les recours au serment et, sauf exceptions limitativement prévues par le LPF, à la preuve testimoniale.

RECOURS POUR EXCÈS DE POUVOIR ET CONTENTIEUX DE LA RESPONSABILITÉ

82075 CONT-VII-10000 s et 21000 s Indépendamment du contentieux fiscal relatif aux impôts directs et aux taxes sur le chiffre d'affaires, la juridiction administrative est compétente pour connaître des recours pour excès de pouvoir ainsi que des demandes tendant à obtenir de l'administration des indemnités ou des dommages-intérêts. Ces deux procédures spéciales ne sont mentionnées ici que pour mémoire. **Le recours pour excès de pouvoir** consiste à demander l'annulation d'un acte administratif (décret, arrêté, réponse ministérielle opposable à l'administration…) jugé illégal. Les **demandes d'indemnités ou de dommages-intérêts** supposent une faute, même simple, de l'administration et un lien direct entre la décision illégale constitutive de la faute et le préjudice du contribuable (CE sect. 21-3-2011 nº 306225 : RJF 6/11 nº 742).

MOYEN TIRÉ DE L'INCONSTITUTIONNALITÉ D'UNE RÈGLE FISCALE

82085 CONT-I-25800 s Les contribuables peuvent, au cours d'une instance contentieuse, soulever la question de l'atteinte portée par une loi fiscale aux droits et libertés garantis par la Constitution (« **question prioritaire de constitutionnalité** »).

Le moyen d'inconstitutionnalité peut être présenté à tout moment de la procédure, y compris pour la première fois devant le juge de cassation. Sous peine d'irrecevabilité, il doit faire l'objet d'un écrit distinct et motivé.

Lorsque l'inconstitutionnalité est invoquée devant les juges de première instance ou d'appel, la question est transmise, s'il y a lieu, au Conseil d'État ou à la Cour de cassation. La juridiction concernée dispose alors d'un délai de trois mois pour en apprécier le caractère sérieux ou nouveau et, si tel est le cas, saisir le Conseil constitutionnel qui devra lui-même se prononcer dans les trois mois.

2. JURIDICTION ADMINISTRATIVE

82100 La juridiction administrative connaît des litiges portant sur les **impôts directs** et les **taxes sur le chiffre d'affaires.** Les recours dirigés contre les décisions rendues par l'administration sur les réclamations sont portés en première instance devant le **tribunal administratif** puis, en appel, devant la **cour administrative d'appel** (sous réserve des exceptions visées au nº 82105). Enfin le **Conseil d'État** statue sur les pourvois en cassation.

82105 CONT-V-2720 s Par **exception** sont susceptibles non d'un appel, mais seulement d'un pourvoi en cassation devant le Conseil d'État, les jugements rendus par les tribunaux administratifs dans les domaines suivants : impôts locaux (autres que la contribution économique territoriale), contribution à l'audiovisuel public, contestation des décisions prises sur les demandes de remise gracieuse, actions indemnitaires (lorsque le montant des sommes demandées n'excède pas 10 000 €), litiges en matière de consultation et de communication de documents administratifs, recours sur renvoi de l'autorité judiciaire et questions préjudicielles soulevées par cette autorité (C. just. adm. art. R 811-1).

> Précisions L'appel reste ouvert :
– contre les jugements rendus en matière de **taxe foncière** lorsqu'ils se prononcent également sur des conclusions relatives à la cotisation foncière des entreprises, à la demande du même contribuable, et que les deux impositions reposent, en tout ou partie, sur la valeur des mêmes biens appréciée la même année. Il en est ainsi que les demandes relatives à la taxe foncière et à la cotisation foncière des entreprises aient été introduites ou non par des requêtes distinctes (CE avis 27-7-2005 nº 280560 : RJF 11/05 nº 1260) ;
– contre les décisions rendues dans un **contentieux indemnitaire** en cas de connexité avec un litige susceptible d'appel.

INSTANCES DEVANT LE TRIBUNAL ADMINISTRATIF

82110 LPF art. L 199, al. 1 et R 200-2, al. 1 et 2 CONT-IV-200 s et 1500 s **Présentation de la demande** La demande au tribunal administratif peut être présentée par le **contribuable** lui-même, par un **avocat,** ou par tout autre **mandataire** de son choix, les règles applicables dans ce dernier cas étant les mêmes que pour les réclamations devant l'administration (nº 81857).

Sur le plan territorial, le **tribunal compétent** est, en règle générale, celui du lieu d'imposition.

L'intéressé dispose d'un **délai** de deux mois pour saisir le tribunal. Ce délai **court à partir** du jour où le contribuable a reçu notification de la décision de l'administration. **82115** LPF art. R 199-1, al. 1 et 2 CONT-IV-2700 s

La demande doit **parvenir** au tribunal **avant** l'expiration du délai légal, sauf, lorsqu'elle est adressée par voie postale, retard dû à un fonctionnement anormal des services postaux. Les demandes tardives sont rejetées.

Le délai de saisine du tribunal est un délai franc qui ne prend pas en compte le jour de la notification de la décision (exemples : si la notification de la décision administrative a été reçue le 18 mai, le délai de deux mois expire le 19 juillet à minuit ; si elle a été reçue le 30 décembre, le délai expire le 1er mars à minuit). Si le dernier jour est un samedi, un dimanche ou un jour férié, le délai est prolongé jusqu'au premier jour ouvrable suivant.

› Précisions **a.** Lorsque la demande est portée devant une juridiction qui a son siège en France métropolitaine, le délai de recours est augmenté d'un mois pour les personnes demeurant dans les départements ou collectivités territoriales d'**outre-mer.** Inversement, lorsque la demande est présentée devant un tribunal siégeant dans un département ou une collectivité territoriale d'outre-mer, le délai est augmenté d'un mois pour les personnes qui ne demeurent pas dans la collectivité dans le ressort de laquelle le tribunal a son siège. Enfin, le délai est augmenté de deux mois pour les personnes qui demeurent à l'**étranger** (C. just. adm. art. R 421-7).

b. Lorsque la décision de l'administration est notifiée par **courrier recommandé,** le jour où le contribuable est réputé avoir reçu cette notification est celui où la lettre recommandée lui est remise.

En cas d'**absence** du contribuable au moment de la présentation du courrier, le délai de saisine court du jour où il retire celui-ci au bureau de poste si le retrait est effectué dans le délai imparti par l'administration postale. Si le contribuable ne retire pas le pli recommandé, le délai court du jour où il est avisé que la lettre est à sa disposition au bureau de poste (jour de l'avis de passage). Selon la jurisprudence, le réclamant ne peut pas se prévaloir de son absence pour retarder le point de départ du délai. Il lui appartient de prendre les dispositions nécessaires pour la réception ou la transmission de son courrier. De même, le fait que la lettre portant notification soit réceptionnée par un tiers n'empêche pas le délai de courir dès lors que l'avis de réception est retourné à l'administration, à moins que l'intéressé démontre que cet avis a été signé par une personne sans qualité pour recevoir la lettre (CE sect. 11-7-1988 nos 52639 à 52642 : RJF 10/88 no 1119).

En revanche, lorsque le contribuable a **changé d'adresse** sans en avoir avisé l'administration fiscale mais en ayant pris les dispositions nécessaires auprès des services postaux pour faire suivre son courrier à sa nouvelle adresse, la présentation d'un pli contenant la décision de l'administration à l'ancienne adresse du contribuable, du fait d'une défaillance des services postaux, ne fait pas courir le délai de saisine du tribunal (CE 18-3-2005 no 254040 : RJF 6/05 no 603).

Dans l'hypothèse où **l'administration ne s'est pas prononcée dans les six mois** de la réclamation (no 81870), le réclamant a la possibilité de porter le litige devant le tribunal administratif. Aucun délai ne lui est alors imparti (CE 7-12-2016 no 384309 : RJF 2/17 no 172) et, dans le cas où il a demandé le bénéfice du sursis de paiement, le comptable public ne peut pas lui demander le paiement des sommes en sursis (no 81885). Mais si la décision de l'administration intervient avant qu'il ait saisi le tribunal, il ne dispose alors plus que du délai normal de deux mois. **82117** CONT-IV-3280 s

Forme et contenu de la demande Lorsque le contribuable est **représenté par un avocat,** la demande, ou requête, doit obligatoirement être adressée au tribunal par voie électronique via l'application « Télérecours » (C. just. adm. art. R 414-1). **82120** CONT-IV-4950 s et 7300 s

Lorsqu'il n'est **pas représenté par un avocat,** la demande peut être établie sous forme d'une simple lettre adressée au greffe du tribunal administratif. Elle peut également être adressée par voie électronique via l'application « Télérecours citoyens » (C. just. adm. art. R 414-6).

La demande doit contenir l'**exposé des faits, moyens et conclusions** du réclamant et être accompagnée de la **décision de l'administration** lorsque celle-ci a été notifiée avant la requête au tribunal.

Sauf lorsqu'elle est transmise par voie électronique, la demande doit comporter la **signature** manuscrite du contribuable ou de son mandataire et être accompagnée d'une **copie.**

L'inobservation de l'une ou l'autre des conditions de forme ci-dessus peut entraîner l'irrecevabilité et le rejet de la demande. Cependant, le défaut de production de la décision de l'administration, le défaut de signature de la requête ou la signature de celle-ci par une personne n'ayant pas qualité pour agir sans mandat au nom du contribuable et l'absence de copie de la requête peuvent être régularisés en cours d'instance, même après l'expiration du délai de saisine du tribunal. Le défaut d'exposé des faits, moyens et conclusions ne peut en revanche être régularisé que jusqu'à l'expiration de ce délai.

Modèle de requête (à caractère indicatif) : voir no 82345.

82125 › **Précisions** **a.** Le réclamant ne peut pas contester d'autres impositions que celles qui étaient visées dans sa réclamation ni demander un dégrèvement supérieur à celui qu'il avait sollicité à l'origine (interdiction des **demandes nouvelles**). Mais, dans ces limites, il peut présenter tout **moyen nouveau** à tout moment de la procédure, c'est-à-dire devant le tribunal administratif ou devant la cour administrative d'appel jusqu'à la clôture de l'instruction (LPF art. L 199 C). Moyen tiré de l'**inconstitutionnalité** de la loi fiscale : voir nº 82085.

b. Le contribuable qui n'a pas sollicité le sursis de paiement (nºs 81885 s.) peut demander au juge des **référés,** dans une requête distincte de la requête principale, d'ordonner la **suspension** de l'exécution de la décision d'imposition (suspension de la mise en recouvrement) (CE sect. 25-4-2001 nº 230166-230345 : RJF 7/01 nº 1016), même s'il avait déjà présenté une telle demande avant le rejet de sa réclamation (CE 28-5-2004 nº 261289 : RJF 8-9/04 nº 938).

Cette même voie de recours est ouverte au contribuable qui, ayant demandé le sursis de paiement sans constituer de garanties suffisantes, souhaite s'opposer à la prise de mesures conservatoires par le comptable public (CE 30-7-2003 nº 254905 : RJF 11/03 nº 1311).

Le juge des référés ne peut prononcer la suspension que si l'urgence le justifie et s'il est fait état d'un moyen propre à créer un doute sérieux sur la régularité de la procédure d'imposition ou sur le bien-fondé de l'imposition (CE sect. 25-4-2001 nº 230166-230345 précité).

82130 CONT-IV-12000 s, 37500 s et 65000 s **Instruction et jugement** L'administration établit un mémoire en défense, auquel le requérant peut répondre par un mémoire en réplique. La procédure peut ensuite se poursuivre par **échanges de mémoires.** Chaque mémoire est adressé au greffe du tribunal qui, après l'avoir enregistré, se charge de le communiquer à la partie adverse et en conserve un exemplaire.

S'il l'estime utile, le tribunal peut ordonner une **expertise,** soit d'office, soit à la demande du contribuable ou de l'administration. En ce qui concerne les frais d'expertise, voir nº 81910, a.

82135 Le requérant doit être averti du jour où l'affaire sera appelée à l'audience. Il peut présenter, en personne ou par un avocat, des **observations orales** devant le tribunal.

Le **jugement** rendu par le tribunal administratif est notifié au contribuable par le greffe.

Les parties qui veulent obtenir la révision du jugement doivent faire **appel** (sauf lorsque ce jugement a été rendu en premier et dernier ressort, auquel cas seul le recours en cassation est ouvert : nº 82105).

En revanche, si une difficulté s'élève sur l'interprétation du jugement, un **recours en interprétation** peut être porté devant le tribunal qui a rendu la décision (pas de délai imposé).

De même, toute personne peut, devant le tribunal ayant rendu la décision, former **tierce opposition** à un jugement qui préjudicie à ses droits dès lors que ni elle ni ceux qu'elle représente n'ont été présents ou régulièrement appelés dans l'instance ayant abouti à ce jugement.

APPELS DES JUGEMENTS DU TRIBUNAL ADMINISTRATIF

82145 LPF art. R 199-2 CONT-V-1 s Le contribuable peut faire appel des jugements devant la **cour administrative d'appel** dans le ressort de laquelle le tribunal ayant rendu la décision a son siège.

L'appel doit être formé dans le **délai** de deux mois (augmenté, le cas échéant, du délai supplémentaire de distance visé au nº 82115, précision a) à compter de la notification du jugement. Le délai est décompté comme pour les instances au tribunal administratif (nº 82115).

La requête d'appel doit obligatoirement être présentée par un **avocat,** par **voie électronique** via l'application « Télérecours » (C. just. adm. art. R 414-1 et R 811-13).

Elle doit contenir l'**exposé des faits, moyens et conclusions** du requérant.

L'arrêt rendu par la cour administrative d'appel peut faire l'objet d'un **pourvoi en cassation** devant le Conseil d'État. Par ailleurs, il peut faire l'objet, devant la cour administrative d'appel elle-même, d'un recours en rectification d'erreur matérielle et d'une tierce opposition.

82150 › **Précisions** **a.** Le **ministre** du budget a la possibilité de faire appel des jugements du tribunal administratif. Le délai de deux mois dont il dispose pour saisir la cour administrative d'appel a pour point de départ : soit la date d'expiration du délai (de deux mois) imparti au directeur du service qui a suivi l'affaire pour transmettre le jugement et le dossier au ministre, soit la date de signification du jugement qui lui est faite, sous forme d'exploit d'huissier, par le contribuable qui dispose ainsi de la faculté de faire courir le délai d'appel imparti à l'administration (LPF art. R 200-18).

b. L'appel n'a **pas d'effet suspensif,** mais le contribuable peut demander que l'exécution de la décision d'imposition soit suspendue dans les conditions exposées au nº 82125, précision b (procédure de **référé-suspension**).

c. Dans la limite du dégrèvement ou de la restitution sollicité, le contribuable peut faire valoir tout **moyen nouveau** jusqu'à la clôture de l'instruction. Cette possibilité lui est offerte devant la cour administrative initialement saisie de l'appel et, également, devant la cour statuant sur renvoi après cassation. Moyen tiré de l'**inconstitutionnalité** de la loi fiscale : voir nº 82085.

d. En ce qui concerne l'**expertise** et la présentation d'**observations orales** au cours de l'audience, les règles applicables sont les mêmes que pour les instances au tribunal administratif (nºs 82130 et 82135).

POURVOIS EN CASSATION

Les contribuables, comme le ministre du budget, peuvent déférer au **Conseil d'État,** par la voie du recours en cassation, les décisions qui leur sont défavorables (arrêts des cours, jugements rendus en premier et dernier ressort). 82160 CONT-VI-1 s

Le recours en cassation n'est ouvert que dans l'un des **cas** suivants : incompétence du juge, vice de forme, violation de la règle de droit.

Il doit être introduit dans le **délai** de deux mois (augmenté, le cas échéant, du délai supplémentaire de distance visé au n° 82115, précision a) à compter de la notification de la décision attaquée.

Le contribuable est tenu de se faire représenter par un **avocat** au Conseil d'État, y compris en cas de pourvoi formé contre une ordonnance du juge des référés (CE (na) 9-3-2001 n° 230201 : RJF 5/01 n° 694).

Le pourvoi en cassation est présenté par **voie électronique** via l'application « Télérecours » (C. just. adm. art. R 414-1 et R 821-6).

Il doit contenir l'**exposé des faits, moyens et conclusions** du requérant.

Le pourvoi fait l'objet d'une **procédure préalable d'admission.** S'il est irrecevable ou n'est fondé sur aucun moyen sérieux, l'admission est refusée par une décision juridictionnelle insusceptible de recours (sauf recours en révision ou en rectification d'erreur matérielle).

› **Précisions** **a.** Le recours en cassation n'a **pas d'effet suspensif,** mais le Conseil d'État peut, à la demande du requérant, ordonner le sursis à exécution de la décision attaquée.
b. Sur la possibilité de présenter un **moyen** tiré de l'**inconstitutionnalité** de la loi fiscale, voir n° 82085.

Le Conseil d'État peut soit rejeter le pourvoi, soit annuler – totalement ou partiellement – la décision attaquée. S'il prononce l'**annulation,** il peut soit renvoyer l'affaire devant la même juridiction statuant, sauf impossibilité tenant à la nature de la juridiction, dans une autre formation, soit renvoyer l'affaire devant une autre juridiction, soit régler l'affaire au fond si l'intérêt d'une bonne administration de la justice le justifie. Lorsque l'affaire fait l'objet d'un **second pourvoi en cassation,** le Conseil d'État statue définitivement sur cette affaire. 82165

3. JURIDICTION JUDICIAIRE

INSTANCES DEVANT LE TRIBUNAL JUDICIAIRE

En matière de droits d'**enregistrement et de timbre, d'impôt sur la fortune immobilière et de contributions indirectes,** le contribuable qui entend contester la décision rendue par l'administration sur sa réclamation doit porter le litige devant le tribunal judiciaire (qui remplace depuis le 1er janvier 2020 le tribunal de grande instance). 82195 LPF art. L 199, al. 2, R 199-1, al. 1 et 2, R 202-1 à R 202-4 ENR-VII-16500 s

Le tribunal territorialement compétent est celui dont dépend le service chargé du recouvrement des impositions contestées. Toutefois, en matière de droits d'enregistrement et de taxe de publicité foncière, les litiges relatifs à la valeur vénale des biens concernés relèvent du tribunal du lieu de situation des biens ou d'immatriculation des navires et bateaux.

La procédure est engagée par voie d'**assignation** signifiée par huissier dans le **délai** de deux mois à compter du jour de la réception de l'avis portant notification de la décision du service des impôts. À défaut de décision du service des impôts dans le délai de six mois suivant la réclamation (n° 81870), le contribuable peut à tout moment saisir le tribunal par voie d'assignation. Une copie de l'assignation doit être déposée au greffe du tribunal dans les quatre mois de la signification.

Le jugement peut faire l'objet de certains **recours** devant le tribunal lui-même : opposition (jugement rendu par défaut), tierce opposition, recours en révision, prise à partie.

› **Précisions** **a.** Dans la limite du dégrèvement ou de la restitution sollicité, le contribuable peut faire valoir tout **moyen nouveau,** jusqu'à la clôture de l'instruction (LPF art. L 199 C). Moyen tiré de l'**inconstitutionnalité** de la loi fiscale : voir n° 82085.
b. Pour les instances introduites depuis le 1er janvier 2020, l'assistance d'un **avocat** est obligatoire (LPF art. R 202-2 modifié par l'article 9 du décret 2019-1333 du 11-12-2019).
c. Si le contribuable ou l'administration le demande, l'**expertise** est de droit en matière de droits d'enregistrement et impôts assimilés pour la **détermination de la valeur vénale réelle** des immeubles, fonds de commerce, clientèle, navires et bateaux, droit au bail ou promesse de bail d'immeuble.
d. Les parties ont la faculté de présenter des **observations orales** à l'audience.

APPELS DES JUGEMENTS DU TRIBUNAL JUDICIAIRE

Les jugements des tribunaux judiciaires peuvent faire l'objet d'un appel devant la **cour d'appel** dans le ressort de laquelle le tribunal a son siège. 82205 LPF art. L 199, al. 2, R 202-5 et R 202-6 ENR-VII-23800 s L'appel est **formé** dans le délai d'un mois à compter de la notification du jugement. La déclaration d'appel doit être présentée par un **avocat** par **voie électronique** via le portail « e-barreau ». Elle doit être accompagnée d'une copie de la décision attaquée et vaut demande d'inscription au rôle (CPC art. 901).

Les **conclusions** de l'appelant doivent être transmises au greffe dans les trois mois de la déclaration d'appel (CPC art. 908).

L'**arrêt** de la cour d'appel est notifié aux avocats avant d'être signifié aux parties (CPC art. 678). Cette signification est effectuée à leur seule diligence, le greffe de la cour d'appel n'intervenant pas dans cette procédure. L'arrêt peut faire l'objet d'un pourvoi en cassation.

> Précisions **a.** L'appel n'est **pas suspensif.** Les jugements déférés sont exécutoires de droit à titre provisoire. L'exécution peut être toutefois arrêtée si elle risque d'entraîner des conséquences manifestement excessives, ou aménagée, par le premier président de la cour d'appel statuant en référé.
b. Dans la limite du dégrèvement ou de la restitution sollicités, le contribuable peut faire valoir tout **moyen nouveau,** jusqu'à la clôture de l'instruction (LPF art. L 199 C). Moyen tiré de l'**inconstitutionnalité** de la loi fiscale : voir n° 82085.
c. L'**expertise** pour la détermination de la **valeur vénale réelle** des biens n'est accordée de droit en appel à une des parties que si l'autre l'avait demandée au tribunal.
d. Les parties à l'instance d'appel doivent le **droit fixe d'appel** visé n° 76103.

POURVOI EN CASSATION

82215 ENR-VII-25700 s Il doit être présenté par un avocat au Conseil d'État et à la Cour de cassation. La déclaration de pourvoi est transmise par voie électronique au greffe de la Cour de cassation dans le délai de deux mois à compter du jour de la notification de la décision (sauf allongement à raison des distances).

Le pourvoi en cassation fait l'objet d'une **procédure préalable d'admission.** L'admission est refusée si le pourvoi est irrecevable ou n'est fondé sur aucun moyen sérieux. La décision de refus d'admission du pourvoi est insusceptible de recours.

Le pourvoi en cassation n'a **pas d'effet suspensif.**

Sur la possibilité de présenter un **moyen** tiré de l'**inconstitutionnalité** de la loi fiscale, voir n° 82085.

II. RECOURS GRACIEUX

82270 LPF art. L 247 et L 251 CONT-IX-1 s Constituent des recours gracieux les demandes qui tendent à obtenir de l'administration la **remise ou la modération** d'impositions ou de pénalités régulièrement établies sans faire état de motifs relatifs à leur bien-fondé.

Les **droits en principal** afférents à des **impôts directs** peuvent faire l'objet d'une remise ou d'une modération lorsque le contribuable rencontre des **difficultés financières** le mettant dans l'impossibilité de se libérer de sa dette envers le Trésor.

Quant aux **pénalités** (majorations de droits et amendes fiscales), elles peuvent faire l'objet soit d'une remise ou d'une modération, soit d'une **transaction.** Il en est de même de l'intérêt de retard.

La transaction est une convention portant atténuation de pénalités, qui peut intervenir entre l'administration et le contribuable lorsque ces pénalités – et, le cas échéant, les impositions principales – ne sont pas définitives (c'est-à-dire lorsque le contribuable dispose encore du moyen de les contester suivant la procédure contentieuse). Les transactions exécutées par les redevables et approuvées par l'autorité compétente sont définitives, tant en ce qui concerne les droits que les pénalités, et font obstacle à toute introduction ou reprise d'une procédure contentieuse. Dans le cas où le contribuable, refusant la transaction proposée par l'administration, porte le litige devant le tribunal compétent, celui-ci fixe le taux des majorations ou pénalités, en même temps que la base de l'impôt.

Les remises ou modérations trouvent à s'appliquer, d'une part, à l'égard des pénalités définitives, d'autre part, à l'égard des pénalités pour lesquelles la transaction est exclue, même si elles ne sont pas définitives dès lors que les droits en principal correspondants ne sont pas contestés.

> Précisions **a.** Aucune **remise de droits d'enregistrement,** d'impôt sur la fortune immobilière, de taxe de publicité foncière, de droits de timbre, de **taxes sur le chiffre d'affaires** et de taxes assimilées à ces droits et taxes ne peut, en principe, être accordée. Par dérogation, l'administration peut accorder une remise totale ou partielle des rappels de TVA résultant de la caractérisation d'un **établissement stable** en France d'une entreprise étrangère, sous réserve que le montant de la taxe rappelé ait été acquitté au titre des mêmes opérations par le

preneur des biens et services fournis et n'ait pas été contesté par celui-ci dans le délai imparti pour l'introduction d'un recours contentieux.
b. Les **difficultés financières** à l'origine de la demande de remise ou de modération (appréciées à la date à laquelle l'administration se prononce) ne doivent pas être imputables à l'organisation volontaire par le contribuable de son insolvabilité (CE 31-7-2009 nº 298973 : RJF 12/09 nº 1165). Le choix de l'intéressé de rembourser prioritairement des dettes autres que sa dette fiscale ne caractérise pas une telle organisation (CE 7-3-2019 nº 419907 : RJF 6/19 nº 578).
c. La conclusion d'une **transaction** n'est pas possible lorsque le contribuable met en œuvre des **manœuvres dilatoires** visant à nuire au bon déroulement du contrôle fiscal.
d. Sans contester en droit le principe ou la quotité de leur obligation, les **tiers mis en cause** pour le paiement d'impôts non établis à leur nom (propriétaires de fonds de commerce, cessionnaires, etc. ; nºs 77275 s.) peuvent demander à en être dispensés, quelle que soit la nature de l'impôt sur lequel porte leur obligation.

Les recours gracieux sont adressés au **service des impôts** du lieu d'imposition. Ils ne sont soumis à aucune condition de **délai.** Ils sont rédigés sous **forme** de simple lettre et doivent contenir les indications nécessaires à l'identification de l'affaire à laquelle ils se rapportent. **82275**

Au sein de l'administration fiscale, la **décision** est prise par des autorités différentes selon l'importance de la somme faisant l'objet de la demande. Ainsi, **en matière d'impôts directs,** les demandes n'excédant pas 200 000 € par année d'imposition relèvent du directeur départemental des finances publiques ou, le cas échéant, du directeur chargé d'un service à compétence nationale ou d'une direction spécialisée. Les décisions des directeurs susvisés peuvent être attaquées devant le ministre chargé du budget qui statue en dernier ressort. Aucun **recours** hiérarchique n'est possible contre les décisions du ministre. Toutefois, en cas de faits nouveaux, une requête peut être à nouveau présentée devant la même autorité.

Lorsque la demande de remise ou modération ou de transaction porte sur une somme excédant 200 000 €, la décision est prise par le ministre chargé du budget après avis du **comité du contentieux fiscal, douanier et des changes.** Saisi par l'administration, ce dernier invite le contribuable à produire des observations écrites dans un délai de trente jours. Le contribuable peut également présenter des observations orales. Il a le droit de se faire assister ou représenter par un conseil ou un représentant de son choix.

Lorsque l'autorité administrative n'a pas statué sur une demande gracieuse dans le délai de deux mois, elle est réputée avoir **rejeté** celle-ci. Ce délai est porté à quatre mois en cas de demande de transaction ou de demande en remise particulièrement complexe (Décret 2001-907 du 3-10-2001 art. 2). **82280**

Les décisions de rejet des demandes gracieuses peuvent être contestées par la voie du **recours pour excès de pouvoir.**

III. DÉGRÈVEMENTS ET RESTITUTIONS D'OFFICE

De sa propre initiative, ou à la suite de démarches verbales ou écrites, l'administration a la possibilité de rectifier par voie de dégrèvement d'office, malgré la déchéance pour inobservation des délais, les **erreurs commises au préjudice des contribuables.** Il en va de même à l'égard de **certains dégrèvements spéciaux** : dégrèvement au titre du plafonnement de la taxe d'habitation en fonction du revenu, remboursement de crédits de taxe sur le chiffre d'affaires, remboursement forfaitaire accordé aux exploitants agricoles non assujettis à la TVA, restitution de crédits d'impôt représentatifs de la retenue à la source opérée lors du versement de certaines sommes. **82310** LPF art. R 211-1 et R 211-2 **CONT-VIII-1 s**

La faculté de dégrèvement d'office peut être **exercée jusqu'au** 31 décembre de la quatrième année suivant celle de l'expiration du délai de réclamation ou, en cas d'instance, celle de la notification de la décision juridictionnelle (exemple : si le délai de réclamation expire le 31 décembre 2019, l'administration peut dégrever d'office jusqu'au 31 décembre 2023). Cette prescription peut toutefois être interrompue par une demande ou une démarche du contribuable ou d'un tiers agissant pour son compte (même sans mandat).

Par exception, le dégrèvement au titre du plafonnement de la taxe d'habitation en fonction du revenu peut être prononcé dans un délai de trente ans.

IV. MODÈLES PRATIQUES

82340 MODÈLE

Modèle de réclamation contentieuse devant l'administration

Nom, prénoms *(ou dénomination sociale)* du contribuable
Adresse
À..., le...
Lettre recommandée avec demande d'avis de réception *(facultatif)*
Objet : recours administratif contentieux
Madame, Monsieur,
(En cas de recours contre une imposition primitive)
(Imposition établie par voie de rôle). J'ai été assujetti(e) à... *(nature de l'impôt)* au titre de l'année... (*ou* de la période du... au...) sous l'article numéro... du rôle de la ville (*ou* commune) de... pour un montant de... € en principal et *(éventuellement)* de... € pour majorations (*ou* pénalités).
(Imposition établie par voie d'avis de mise en recouvrement). J'ai été assujetti(e) à... *(nature de l'impôt)* au titre de l'année... (*ou* de la période du... au...) suivant avis de mise en recouvrement en date du... pour un montant de... € en principal et *(éventuellement)* de... € pour majorations (*ou* pénalités).
Vous voudrez bien trouver ci-joint photocopie de l'avis d'imposition (*ou* extrait de rôle, *ou* avis de mise en recouvrement) relatif à cette imposition.
(En cas de recours contre une imposition supplémentaire consécutive à un contrôle fiscal)
J'ai l'honneur de vous faire connaître qu'à la suite... *(préciser la nature du contrôle)* qui s'est déroulé(e) du... au... *(facultatif)*, j'ai fait l'objet de rectifications ayant amené à l'établissement et à la mise en recouvrement des impositions complémentaires suivantes :
... *(à énumérer avec précision, en mentionnant la nature des impositions principales, l'année de rattachement ou la période, le montant en principal des impositions complémentaires exigées, éventuellement celui des majorations ou pénalités).*
Je joins photocopie de l'avis d'imposition (*ou* extrait de rôle, *ou* avis de mise en recouvrement) relatif à cette imposition complémentaire.
Je conteste le bien-fondé (*ou* le montant total *ou* partiel) de cette (*ou* ces) imposition(s) pour les raisons suivantes :
... *(exposé des faits, arguments et pièces justificatives sur lesquels s'appuie la contestation).*
Je vous serais obligé(e), pour les raisons exposées ci-dessus, de bien vouloir prononcer les dégrèvements correspondants, tant en droit qu'en pénalités.
(Si l'imposition n'a pas encore été réglée)
Par application de l'article L 277 du LPF, je demande le sursis de paiement de la (*ou* des) cotisation(s) contestée(s).
Je vous prie d'agréer, Madame, Monsieur, l'assurance de ma considération distinguée.
(Signature)
Pièces jointes :
(*à énumérer* : photocopie de l'avis d'imposition, *ou* de l'avis de mise en recouvrement, mandat *s'il y a lieu, pièces justificatives évoquées à l'appui de la contestation, etc.*).

82345 MODÈLE

Modèle de requête au tribunal administratif

Nom, prénoms *(ou dénomination sociale)*
Adresse
Monsieur (Madame) le Président du tribunal administratif de...
Adresse
À... le...
Lettre recommandée avec demande d'avis de réception *(facultatif)*
Objet : requête introductive d'instance
Monsieur (Madame) le Président,
Par décision en date du..., notifiée le..., l'administration fiscale a rejeté en totalité (*ou* en partie, à hauteur de... €) la réclamation que je lui avais adressée le..., en vue de la décharge (*ou* de la réduction *ou* de la restitution) de l'imposition contestée.
Celle-ci est constituée de... *(préciser la nature de l'imposition, son montant, l'année, le lieu...)* ainsi que *(éventuellement)* des sanctions ou pénalités y afférentes *(à préciser).*
Le montant de la somme qui m'est réclamée s'élève à... €, se décomposant comme suit :
... *(donner le détail).*
Vous trouverez ci-joint la décision prise par l'administration sur ma réclamation.
Je conteste le bien-fondé de cette décision et porte le litige devant votre juridiction.

82345 (suite)

DISCUSSION

Pour rejeter les moyens exposés dans ma réclamation, l'administration développe l'argumentation suivante :

... *(donner un résumé de cette argumentation)*

Je ne partage pas ce point de vue.

En effet... *(réfuter chacun des moyens avancés par l'administration, en produisant, si besoin est, les textes, décisions de jurisprudence ou pièces justificatives sur lesquels on entend s'appuyer).*

(Éventuellement). En outre, je tiens à faire valoir les moyens suivants :

... *(à développer en produisant, si besoin est, les textes, décisions de jurisprudence ou pièces justificatives sur lesquels on entend s'appuyer)*

(Si l'on souhaite une expertise)

Il me paraît indispensable, dès à présent, que le tribunal ordonne une expertise, afin d'établir... *(indiquer avec précision les faits sur lesquels on désire que porte l'expertise et indiquer les éléments que l'on est en mesure de communiquer à l'expert).*

CONCLUSIONS

Par les moyens exposés ci-dessus et tous ceux que je pourrais développer en cours d'instance, je demande au tribunal de faire droit à ma requête et de prononcer en ma faveur la décharge (*ou* la réduction *ou* la restitution) de l'imposition (*ou* de la quote-part d'imposition) contestée.

(Si l'imposition en cause a déjà fait l'objet d'un paiement total ou partiel)

Je demande que me soient restituées les sommes indûment perçues par le service des impôts, assorties des intérêts moratoires *(joindre les reçus ou justificatifs de versements effectués).*

(Si l'on a demandé le sursis de paiement)

(Demande formulée dans la réclamation préalable). Je rappelle que ma réclamation préalable était assortie d'une demande de sursis de paiement des sommes contestées.

(Si l'on souhaite obtenir le remboursement des frais d'instance)

Par application de l'article L 761-1 du Code de justice administrative, je demande également que l'administration soit condamnée à me rembourser les frais irrépétibles que j'ai été, ou serai, amené(e) à exposer au cours de cette instance. Le montant de ceux-ci sera indiqué au tribunal à l'issue de l'instruction.

Je joins à la présente requête les pièces suivantes, numérotées comme suit :

... *(faire l'inventaire de toutes les pièces jointes* : décision de l'administration, copie de la requête, mandat *s'il y a lieu, etc.).*

Je vous prie d'agréer, Monsieur (Madame) le Président, l'assurance de ma haute considération.

Signature

CHAPITRE 4

CONVENTIONS INTERNATIONALES

SOMMAIRE

82500 INT-GEN-100 s Les conventions internationales dont il est ici question sont des **traités bilatéraux** à objet exclusivement fiscal conclus entre la France et un autre État afin de régler leurs relations dans ce domaine. Leur rôle essentiel est d'éliminer la **double imposition** que pourraient subir les résidents de chaque État dans leurs relations avec l'autre. Les impôts concernés sont, d'une part, les impôts sur le revenu et sur la fortune, d'autre part, les droits de succession et de donation, les autres droits d'enregistrement et les droits de timbre. Pour ces impôts et droits, les conventions fixent le droit d'imposer de chaque État. Les taxes sur le chiffre d'affaires et les droits indirects ne sont pas visés, sauf exception, dès lors que leur application est normalement limitée au territoire national.

Ce rôle de **protection** des contribuables est encore renforcé par le fait qu'en fixant le régime fiscal applicable à telle ou telle opération, les conventions permettent aux intéressés de connaître à l'avance les conséquences financières de leurs activités. En outre, la plupart des conventions contiennent une clause de non-discrimination (appelée aussi clause d'égalité de traitement ou d'assimilation aux nationaux) au bénéfice des nationaux de chacun des États contractants.

Elles ont aussi pour objectif de lutter contre l'**évasion et la fraude fiscales internationales.** Complétées parfois par des accords détaillés d'application, elles établissent à cet effet les bases d'une coopération entre les États, prévoyant notamment un échange de renseignements et éventuellement une assistance au recouvrement des impôts.

Les conventions fiscales s'inspirent aujourd'hui du **modèle** de l'OCDE, concernant le revenu et la fortune, dont la dernière version date de 2017, et éventuellement de celui de l'ONU « concernant les doubles impositions entre pays développés et pays en développement », révisé en dernier lieu en 2017. Les droits de succession, de donation, d'enregistrement et de timbre font généralement l'objet de conventions distinctes des conventions applicables aux revenus et à la fortune ; ces conventions distinctes s'appuient sur un autre modèle OCDE, établi en 1982 et concernant les successions et donations. Des documents annexes tels que protocoles, échanges de lettres, arrangements ou notes interprétatives s'ajoutent souvent au texte proprement dit des conventions.

On trouvera une **liste** des conventions liant la France n° 82950. Quant au **texte** de chaque convention et aux commentaires qui s'y rapportent, ils figurent à la Série INT de notre Documentation experte fiscale.

Notons que la **convention multilatérale pour la mise en œuvre du plan Beps** (dite « Instrument multilatéral » ou « **IM** ») signée par la France le 7 juin 2017 modifie les conventions fiscales bilatérales couvertes par l'IM sans avoir à renégocier chaque convention. Conçu pour prévenir l'érosion de la base d'imposition et le transfert de bénéfices par les entreprises multinationales, cet accord multilatéral est composé de différentes parties (relatives aux dispositifs hybrides, à l'utilisation abusive des conventions, à la définition de l'établissement stable, à l'amélioration du règlement des différends et à l'arbitrage), dans lesquelles il convient de distinguer les normes minimales et les normes facultatives, les options possibles et les réserves autorisées. La convention multilatérale Beps ne s'applique qu'entre les États pour lesquels elle est entrée en vigueur. Les premières modifications des conventions bilatérales françaises ont pris effet le 1er janvier 2019. La lecture des conventions modifiées passe nécessairement par leur **consolidation** avec les clauses pertinentes de l'IM, en tenant compte des réserves et notifications de chaque État.

ATTENTION

Les développements qui suivent **ne tiennent pas compte des modifications apportées par l'accord multilatéral** à certaines conventions fiscales bilatérales.

Une version consolidée de 47 conventions bilatérales modifiées par l'IM est disponible sur l'espace abonnés de Navis, dans la rubrique Fiscalité internationale.

Certaines dispositions fiscales peuvent également être incluses dans des **traités spécifiques** autres que les conventions fiscales générales (INT-GEN-1500 s.). On distingue parmi ces accords spéciaux ceux qui comportent une clause de non-discrimination fiscale (conventions d'établissement, conventions de protection des investissements, accords commerciaux ou consulaires) et ceux qui n'en comportent pas (accords de coopération culturelle, scientifique et technique, accords relatifs aux transports internationaux, accords spéciaux avec les pays frontaliers, accords relatifs aux organisations internationales, conventions consulaires, etc.). 82510

La volonté affichée de lutter contre les paradis fiscaux s'est traduite au surplus par le développement d'**accords d'échanges de renseignements** conclus avec des pays non liés à la France par des conventions fiscales (nº 82605).

Et il ne faut pas oublier le **droit de l'Union européenne,** d'une importance considérable en matière tant d'impôts directs que de TVA.

A. Notions générales

Les conventions fiscales internationales sont toutes différentes et les solutions peuvent donc varier de l'une à l'autre. Mais elles présentent un certain nombre de caractéristiques générales qu'il convient de connaître pour en faire une lecture correcte. 82520

PRIMAUTÉ DES CONVENTIONS SUR LE DROIT INTERNE

Aux termes de l'article 55 de la Constitution, les traités ou accords internationaux ont en France, dès leur publication, une autorité supérieure à celle des lois internes. Il s'ensuit que, dès leur publication, les conventions fiscales sont intégrées dans l'ordre juridique interne et celles de leurs dispositions qui pourraient être contraires à la loi interne l'emportent sur celle-ci. Autrement dit, en cas de conflit entre les dispositions de la convention et la loi interne, les dispositions de la convention doivent prévaloir. 82525 INT-GEN-440 s

La loi fiscale interne peut donc être **modifiée** par l'entrée en vigueur d'une convention et, par suite, les obligations fiscales des contribuables peuvent être restreintes ou au contraire (mais exceptionnellement) étendues.

› **Précisions** **a.** En vertu de la hiérarchie des normes, la **Cour de cassation** se réfère directement aux dispositions des conventions internationales (Cass. ass. plén. 2-10-2015 nº 14-14.256 PB-RI : RJF 12/15 nº 1066).

Le **Conseil d'État,** en revanche, applique le principe de subsidiarité des conventions selon lequel le juge doit examiner d'abord si une imposition est effectivement possible en droit interne avant de rechercher si, dans l'ordre international, une stipulation conventionnelle fait obstacle à cette imposition (CE 17-3-1993 nº 85894 : RJF 5/93 nº 612 ; CE ass. 28-6-2002 nº 232276 : RJF 10/02 nº 1080 ; CE 28-3-2008 nº 271366 : RJF 6/08 nº 629 ; CE 11-4-2008 nº 285583 : RJF 7/08 nº 769).

b. La convention peut supprimer ou réduire l'obligation fiscale en France. Au contraire, la supériorité des dispositions conventionnelles sur celles de la loi interne peut, dans certains cas exceptionnels, avoir pour conséquence d'entraîner pour le contribuable une **imposition non prévue par la loi interne ou plus lourde** que celle qui s'appliquerait en l'absence de convention. Les articles 4 bis, 2°, 165 bis et 209, I du CGI disposent en ce sens.

c. Selon le Conseil d'État, un contribuable ne peut pas bénéficier des avantages fiscaux prévus par le droit interne en faveur des **personnes domiciliées** en France s'il n'a pas cette qualité au regard des dispositions prévues par la convention (CE 8-7-2002 nº 225159 : RJF 11/02 nº 1202).

CRITÈRES D'APPLICATION : RÉSIDENCE ET ÉTABLISSEMENT STABLE

Les premiers articles d'une convention fiscale en définissent le champ d'application en ce qui concerne les personnes et les impôts, et précisent un certain nombre de termes nécessaires pour son application. Dans les conventions relatives aux impôts sur le revenu, deux 82535 INT-GEN-8350 s définitions ont une importance particulière parce qu'elles influent profondément sur le fond des dispositions conventionnelles : la définition du « résident » et la définition de l'établissement stable.

82540 **Définition du résident** La définition de la notion de « résident d'un État contractant » permet d'éviter les doubles impositions liées à un conflit de double domicile fiscal. En outre, cette notion commande les règles d'imposition des différentes catégories de revenus car ces règles attribuent un droit d'imposition à l'État de résidence du bénéficiaire ou à l'État de la source du revenu, selon la nature de ce revenu.

D'une manière générale, la résidence est d'abord déterminée par référence à la **législation fiscale de chacun des deux États.** C'est seulement dans la mesure où une même personne serait considérée comme domiciliée dans chacun des États par application de chacune des législations internes que les critères qui permettent de déterminer le pays de la **résidence au sens conventionnel** sont utilisés. Ces critères sont différents suivant qu'il s'agit de personnes physiques ou de personnes morales.

Pour les **personnes physiques,** les critères successifs sont généralement les suivants : le foyer d'habitation permanent, le centre des intérêts vitaux (liens personnels et économiques), le séjour habituel et enfin, parfois, la nationalité.

Pour les **personnes morales,** le critère subsidiaire généralement utilisé est le siège de la direction effective de l'entreprise (c'est le cas, par exemple, dans la convention franco-allemande du 21-7-1959, art. 2, paragraphe (1)-4-c).

> **Précisions** **a.** Une **personne exonérée** d'impôt dans un État contractant **à raison de son statut ou de son activité** ne peut pas être regardée comme assujettie à cet impôt au sens conventionnel, ni, par voie de conséquence, comme un « résident » de cet État (CE 9-11-2015 n° 370054 : RJF 2/16 n° 178, à propos de la convention franco-allemande ; CE 9-11-2015 n° 371132 : RJF 2/16 n° 138, à propos de la convention franco-espagnole). Il en va de même d'une personne soumise à une imposition forfaitaire qui n'est pas de **nature** identique ou analogue aux **impositions** auxquelles la convention s'applique (CE sect. 20-5-2016 n° 389994 : RJF 8-9/16 n° 753, à propos d'une société off-shore libanaise).
> En revanche, une société **non redevable** de l'impôt en raison de l'**imputation de pertes fiscales reportables** est résidente au sens conventionnel (CAA Versailles 12-3-2019 n° 17VE01940 : RJF 7/19 n° 617, à propos de la convention franco-britannique).
> **b.** Lorsque les critères fixés par la convention permettent de définir où se trouve la résidence fiscale du contribuable (personne physique), un **accord particulier conclu entre les administrations** des deux pays pour déterminer autrement le pays habilité à percevoir l'impôt doit être regardé comme passé à tort et il est donc inopposable au contribuable et au juge de l'impôt (CE sect. 13-5-1983 n° 28831 : RJF 7/83 n° 848).

82545 **Définition de l'établissement stable** Les conventions décident généralement que les bénéfices d'une entreprise d'un État contractant ne sont imposables que dans cet État à moins que l'entreprise n'exerce son activité dans l'autre État contractant par l'intermédiaire d'un établissement stable qui y est situé. La définition de l'établissement stable est donc essentielle pour déterminer le droit d'un État contractant d'imposer les bénéfices d'une entreprise de l'autre État contractant.

D'une manière générale, l'expression « établissement stable » désigne une **installation fixe d'affaires** par l'intermédiaire de laquelle une entreprise exerce tout ou partie de son activité.
Cette définition générale comporte donc les critères suivants :
– l'existence d'une installation d'affaires, c'est-à-dire d'une installation telle que des locaux, des machines, un outillage, etc. ;
– cette installation d'affaires doit être fixe, c'est-à-dire établie en un lieu précis avec un certain degré de permanence ;
– l'exercice des activités de l'entreprise par l'intermédiaire de cette installation fixe.

Peu importe que l'établissement ne dispose pas d'une autonomie de gestion (CE 18-10-2018 n° 405468 : RJF 1/19 n° 19).

À noter que les sociétés étrangères peuvent **s'assurer auprès de l'administration** qu'elles ne peuvent être considérées comme disposant d'un établissement stable (ou d'une base fixe) en France (voir n° 79565).

ÉLIMINATION DES DOUBLES IMPOSITIONS

82560 INT-GEN-8450 s Les conventions fiscales fixent une **répartition du droit d'imposer** entre les États contractants, que l'on distingue traditionnellement comme étant l'un celui de la source, c'est-à-dire de l'origine du revenu (ou de la situation des biens concernés), et l'autre celui de la résidence du contribuable bénéficiaire des revenus (ou détenteur des biens). Certaines impositions sont attribuées de façon exclusive à l'État de résidence. D'autres le sont à l'État de la source, de façon non exclusive ou, plus rarement en matière de revenus, de façon exclusive.

Lorsqu'un État dispose du **droit exclusif** d'imposition d'un revenu ou d'une opération, l'élimination du risque de double imposition est automatique, l'autre État n'ayant pas la possibilité d'imposer le même revenu ou la même opération. En revanche, le risque existe lorsque les deux États ont **concurremment** le droit d'imposer. Un mécanisme d'élimination des doubles impositions est alors nécessaire.

À cet effet, deux méthodes sont prévues : la méthode de l'exonération et celle de l'imputation. Les conventions fiscales conclues par la France peuvent prévoir une combinaison de ces deux méthodes selon la nature des revenus.

› Précisions Les doubles impositions internationales peuvent être classées en deux grandes catégories (INT-GEN-10000 s.) :
– la **double imposition juridique,** qui peut être définie comme l'imposition d'un même contribuable dans deux États au titre d'un même revenu, d'une même fortune ou d'un même bien. Elle peut résulter, essentiellement, d'un conflit de double domicile ou résidence ou d'un conflit entre l'État de la résidence et l'État de la source. C'est ce type de double imposition dont l'élimination est le principal objectif des conventions ;
– la **double imposition économique.** Définie comme la situation dans laquelle deux personnes différentes sont imposables au titre d'un même revenu ou d'une même fortune, elle se produit quand deux sociétés d'États différents liées de façon très étroite (société mère et filiale par exemple) se versent des revenus imposés dans les deux États et que le pays de la société versante refuse la déduction des sommes payées, alors que le pays de la société bénéficiaire les inclut dans la base d'imposition. Pour tenter de résoudre ce cas de double imposition, les conventions internationales prévoient, d'une manière générale, la mise en œuvre, à la demande du contribuable, d'une procédure d'entente entre les deux administrations (exemple : art. 25 de la convention franco-allemande du 21-7-1959).
Dans le cadre de l'Union européenne, une procédure amiable entre les États membres est également prévue par la convention multilatérale du 23 juillet 1990 destinée à éviter les doubles impositions en cas de correction de bénéfices entre entreprises associées d'États membres différents. Une procédure de règlement des différends fiscaux, d'application plus large, existe par ailleurs (n° 82635) (INT-MULT-1 s.).

Méthode de l'exonération La méthode d'exonération (ou d'exemption) comporte deux variantes : **82565** INT-GEN-10120 et 12000 s

– l'exonération **totale** consiste à retirer le droit d'imposer à l'un des deux États, soit celui de la source, soit celui de la résidence ;

– l'exonération **avec progressivité** (dite **méthode du taux effectif**). Elle entraîne la prise en considération du montant des revenus imposés dans l'autre État pour le calcul de l'impôt dans l'État de résidence (pour leur montant net, c'est-à-dire impôt étranger déduit). Le montant des revenus déjà imposés n'est évidemment pas compris dans l'assiette de l'impôt mais entre en ligne de compte pour la détermination du taux. L'impôt est calculé sur le total des revenus (revenus ayant leur source dans le pays de résidence et revenus ayant leur source dans l'autre pays qui y ont été imposés). Il est réduit en proportion de la part des revenus imposés dans l'autre pays dans le total des revenus. Ce procédé fait que la progressivité de l'impôt joue à plein pour les contribuables ayant des revenus de source extérieure alors que la méthode de l'exonération totale limite la progressivité. Il est susceptible de s'appliquer en matière d'impôt sur le revenu mais aussi en ce qui concerne l'impôt sur les successions et éventuellement les donations.

› Précisions **a.** Pour éviter la double imposition de ses résidents, **la France** utilise traditionnellement la méthode de l'exonération (avec progressivité) pour tous les revenus provenant de l'autre État et qui, en vertu de la convention, sont imposables dans cet État. Elle fait toutefois exception pour certains revenus, tels ceux qui sont assujettis dans l'autre État à un impôt limité (dividendes, intérêts, redevances, etc.) (n° 82570).
Mais dans les conventions les plus récentes (voir n° 82575, d), la France généralise la méthode de l'imputation à tous les revenus. Dans ce cas, la méthode du taux effectif (sensiblement plus favorable) ne peut pas jouer (CAA Douai 6-4-2004 n° 99-1494 : RJF 3/05 n° 259).
b. Les contribuables sont tenus de faire figurer, sur la **déclaration d'ensemble** n° 2042, le montant net (de charges et, le cas échéant, de l'impôt étranger) des revenus de source étrangère exonérés en France en vertu d'un accord international ou de l'article 81 A du CGI (salariés détachés à l'étranger : voir n°s 4695 s.).

Méthode de l'imputation (crédit d'impôt) La méthode de l'imputation consiste à autoriser les deux États à percevoir un impôt sur les revenus considérés, mais en permettant au contribuable de l'État de résidence (R) de déduire de l'impôt dû dans cet État un crédit d'impôt représentatif de l'impôt payé dans l'État de la source (S). L'**impôt de l'État de la source** est ainsi imputé sur l'impôt de l'État de résidence. **82570** INT-GEN-10150 s

Dans les conventions fiscales conclues par la France, la méthode de l'imputation est généralement retenue pour les **revenus** qui font l'objet d'une imposition limitée à la source (dividendes, intérêts et redevances, sauf exonérations spécifiques). Mais elle est aussi utilisée lorsque l'on veut éviter que certains revenus ne bénéficient indûment, en droit ou en fait, d'une absence d'imposition (artistes et sportifs, rémunérations des administrateurs de sociétés notamment) (exemple : art. 17 et 24, B de la convention franco-néerlandaise du 16-3-1973).

La formule de l'imputation se retrouve dans les **différents types** possibles d'application de cette méthode, mais les modalités de calcul du crédit d'impôt sont variables selon qu'il s'agit d'une imputation intégrale, d'une imputation ordinaire (ou partielle) ou d'une imputation selon un mécanisme de crédit pour impôt forfaitaire. La pratique française récente a par ailleurs dégagé les principes d'une nouvelle méthode de crédit, dit généralisé, égal à l'impôt dans l'État de résidence sur les revenus de l'État de la source.

82575 **› Précisions a.** Dans la méthode de l'**imputation intégrale** (rarement utilisée en pratique), l'État R calcule l'impôt sur le montant total des revenus (revenus ayant leur source dans R et revenus ayant leur source dans l'autre pays et qui y ont été imposés). De l'impôt ainsi calculé est déduit l'impôt payé dans l'autre État quel que soit le montant de cet impôt.

b. Dans la méthode de l'**imputation partielle,** le mécanisme de calcul est également global mais le crédit d'impôt imputable en R est plafonné au montant de l'impôt dû dans cet État sur les revenus qui ont leur source dans l'autre État.

Exemple. Soit un contribuable disposant d'un revenu de 300, dont 200 de source R et 100 de source S, soumis à une retenue à la source de 30 (soit un net perçu de 70). Impôt de base dû en R, par hypothèse, 75 (calculé sur 300, incluant un crédit d'impôt théorique de 30 correspondant à la retenue à la source et constituant un revenu imposable, comme indiqué ci-après nº 82580). Crédit d'impôt effectif plafonné à : 100 × 75 / 300 = 25. Impôt exigible en R : 50 (75 − 25).

c. Le **crédit d'impôt forfaitaire** se rencontre fréquemment dans les conventions conclues par la France avec les pays en voie de développement, pour les revenus qui proviennent de ces pays. Son taux est expressément fixé par la convention quel que soit le montant du prélèvement effectif dans l'État étranger ou même en l'absence de tout prélèvement dans cet État (voir tableaux nºs 82970 et 82980).

d. La méthode du **crédit d'impôt généralisé** figure dans les conventions fiscales récentes (notamment : art. 20, 2-a-bb de la convention franco-allemande du 21-7-1959 modifiée par l'avenant de 1995 ; art. 24, 1-a de la convention franco-italienne du 5-10-1989 ; art. 23, 1-a de la convention franco-chinoise du 26-11-2013). Destinée à maintenir la progressivité de l'impôt sur le revenu (comme la formule du taux effectif), cette méthode s'applique à tous les revenus sauf les dividendes, intérêts, redevances, revenus des dirigeants de sociétés, artistes et sportifs et certaines plus-values. Le revenu étranger est pris en compte pour son montant brut et le crédit imputable est égal non pas à l'impôt perçu dans l'État S mais à celui perçu dans l'État R (c'est-à-dire l'impôt français pour les résidents de France). La méthode du crédit d'impôt généralisé est exclusive de celle du taux effectif (ci-dessus, nº 82565, Précision a).

Exemple. Si l'on reprend les données de l'exemple précédent (b), l'impôt acquitté en S étant également supposé égal à 30, ce mécanisme s'applique de la même façon et conduit au même résultat : impôt en R calculé en deux étapes : impôt théorique sur une base de 300 : 75 ; crédit d'impôt égal à l'impôt dans R sur les revenus de S, soit un crédit égal à 100 × 75 / 300 = 25 ; impôt exigible en R : 50 (75 − 25).

e. Pour l'application des conventions, la **CSG** et la **CRDS** sont assimilées à l'impôt sur le revenu. Elles sont donc couvertes par les dispositions conventionnelles visant à éliminer les doubles impositions à moins que leur rédaction particulière ne les exclue (BOI-INT-DG-20-20-100 nº 110).

f. Les dividendes provenant de certains États africains francophones (Bénin, Niger, etc.) donnent droit à un crédit d'impôt, ou **« décote africaine »,** calculé en appliquant au montant brut des dividendes le pourcentage résultant de l'application de la formule : [100 − (t + 25)] / 2, t étant le taux de l'impôt prélevé à l'étranger (voir tableaux nºs 82970 et 82980).

g. Les **Américains domiciliés en France** bénéficient, pour leurs revenus « passifs » de source américaine (dividendes, intérêts, redevances, etc.), d'un crédit d'impôt égal à l'impôt français relatif à ces revenus, ce qui efface entièrement l'imposition en France (INT-USA-2020 s.).

h. L'**impôt étranger prélevé en contrariété avec la convention** n'ouvre pas droit au crédit d'impôt conventionnel (CE 19-12-2018 nº 413033 : RJF 3/19 nº 265).

82580
INT-GEN-18500 s

Modalités pratiques d'utilisation en France du crédit d'impôt sur les revenus de source étrangère Lorsque les revenus sont encaissés en France, leur montant est mentionné sur le certificat de crédit d'impôt remis par l'établissement payeur (CGI ann. II art. 77, 2-c). Lorsqu'ils sont encaissés à l'étranger ou reçus directement de l'étranger, le bénéficiaire doit calculer lui-même le montant du crédit d'impôt à l'aide de l'**imprimé** nº 2047 à joindre à la déclaration des revenus (impôt sur le revenu) ou de l'imprimé nº 2066 à joindre à la déclaration des résultats (impôt sur les sociétés). Ces imprimés et leur notice sont consultables sur le site internet www.impots.gouv.fr.

Le crédit d'impôt s'ajoute au produit encaissé pour former le **revenu imposable** et vient ensuite en déduction de l'impôt personnel (impôt sur le revenu ou impôt sur les sociétés selon le cas).

Pour les personnes morales passibles de l'**impôt sur les sociétés** et pour lesquelles la société ne peut revendiquer la qualité de société mère, le crédit d'impôt vient en déduction de l'impôt sur les sociétés (sans qu'il y ait lieu de distinguer selon qu'il est dû au taux normal ou au taux réduit : CE 26-6-2017 nº 386269 et nº 406437 : RJF 10/17 nº 942). Les crédits d'impôt afférents à des revenus mobiliers de source étrangère peuvent également s'imputer sur la retenue à la source de l'article 119 bis, 2 du CGI (nos 24845 s.) en cas de redistribution à des non-résidents. Enfin, lorsqu'une convention prévoit que les crédits d'impôt sont imputables sur l'IS et les impôts de même nature, ces crédits sont imputables, le cas échéant, sur la contribution sociale prévue à l'article 235 ter ZC du CGI (voir nos 36690 s.) dans les conditions et limites fixées par la convention (BOI-IS-AUT-10-30 no 100).

> Précisions **a.** Montant du crédit d'impôt imputable lorsque les revenus (**revenus mobiliers** en l'occurrence) sont compris dans le bénéfice imposable à l'impôt sur les sociétés **pour leur montant net,** hors crédit d'impôt : voir nos 36140 et 36150.
b. En ce qui concerne les **intérêts de créances non négociables et les redevances,** l'administration admet la possibilité d'imputer les crédits d'impôt dès l'exercice de comptabilisation des intérêts et redevances, même si l'impôt étranger n'est pas encore prélevé à la clôture de l'exercice en cause. Une régularisation doit être effectuée lorsque le crédit d'impôt imputé est en définitive injustifié, excessif ou insuffisant (Rép. Sordel : Sén. 8-9-1983 no 11833 ; BOI-IS-RICI-30-10-20-10 no 200).

PRINCIPE DE NON-DISCRIMINATION

Le principe de non-discrimination (appelé également clause d'égalité de traitement ou d'assimilation aux nationaux) figure dans la plupart des conventions générales tendant à éviter les doubles impositions. Il peut également figurer dans un accord particulier (convention d'établissement ou convention de protection des investissements par exemple). **82590** INT-GEN-10320 s

Ce principe interdit toute discrimination fiscale fondée sur la **nationalité** d'une personne physique ou morale et prévoit que, sous condition de réciprocité, les nationaux d'un État contractant ne peuvent pas, à situation égale, être traités moins favorablement dans l'autre État contractant que les propres nationaux de ce dernier État. En revanche, cette règle n'interdit pas à un État de traiter différemment des résidents et des non-résidents.

> Précisions **a.** Dans le cas des **personnes physiques,** le principe de non-discrimination conduit par exemple à appliquer aux étrangers comme aux Français, résidents de France, les avantages prévus en matière de quotient familial, qui prend en compte la situation et les charges de famille.
Pour les **personnes morales** – dont la nationalité dépend du pays où elles ont été enregistrées et où elles ont leur siège statutaire –, les clauses de non-discrimination relatives aux établissements stables que les sociétés étrangères possèdent en France permettent notamment à ces sociétés de bénéficier du régime des sociétés mères à hauteur des dividendes provenant des titres figurant à leur actif, dans les mêmes conditions que les sociétés résidentes de France (la condition de nationalité pour l'application du régime mère-fille a d'ailleurs été supprimée en droit interne).
b. Le principe de non-discrimination prévu par les conventions fiscales bilatérales doit le cas échéant être combiné avec le principe de non-discrimination issu du **droit** de l'Union européenne (INT-GEN-535 s.).

CONTRÔLE DES OPÉRATIONS INTERNATIONALES

Comme on l'a déjà dit (no 82500), les **conventions** fiscales internationales n'ont pas seulement pour objet d'éliminer les doubles impositions, elles visent aussi à lutter contre l'évasion et la fraude fiscales internationales. **82600**

Les clauses d'**assistance administrative** constituent l'un des moyens mis en œuvre à cet effet, dont l'importance se mesure à la multiplication des références qui y sont faites dans les textes internes et la doctrine administrative. L'assistance administrative peut être définie comme l'ensemble des opérations traduisant une coopération entre les administrations fiscales de deux (ou plusieurs) États en vue de permettre une application correcte des dispositions régissant l'assiette, le contrôle et le recouvrement des impôts de chacun des États intéressés. Elle comprend, d'une part, l'échange de renseignements en vue d'établir l'assiette ou d'assurer le contrôle des impôts, d'autre part, l'assistance au recouvrement aux fins de percevoir effectivement les impositions établies.

D'**autres** clauses tendent à éviter l'usage abusif des conventions (« treaty shopping »).

Remarque : La coopération internationale peut également résulter d'**accords spéciaux** d'échange de renseignements ou de **dispositions multilatérales** telles que :
– au sein de l'Union européenne, la directive 2011/16/UE du 15-2-2011 sur la coopération administrative dans le domaine fiscal (DCAF), modifiée par la directive 2014/107/UE du 9-12-2014 mettant en œuvre le standard international concernant les revenus de l'épargne puis par la directive 2015/2376/UE du 8-12-2015 relative à l'échange des rulings transfrontaliers ;
– au sein de l'OCDE, la convention d'assistance mutuelle entre les pays de l'OCDE et du Conseil de l'Europe, l'accord multilatéral concernant l'échange automatique de renseignements relatifs aux comptes financiers ou encore l'accord multilatéral relatif à l'échange automatique des déclarations « pays par pays ».

Échange de renseignements Selon l'article 26 du modèle OCDE, les autorités compétentes des États contractants échangent les « renseignements vraisemblablement perti- **82605** INT-GEN-10580 s nents » pour appliquer les dispositions de la convention ou pour l'administration ou l'application de la législation interne relative aux impôts de toute nature ou dénomination.

Les conventions ou les accords spéciaux conclus par la France s'inspirent de ce modèle. L'échange de renseignements a donc une **portée** plus ou moins large. Il peut avoir trois objets :

– soit assurer une application correcte des dispositions de la convention. Il permet alors de résoudre les cas de double imposition ou d'imposition non conforme à la convention ;

– soit permettre l'application de la législation interne de chaque État, afin que les administrations fiscales de chacun des deux États contractants puissent assurer un meilleur contrôle de l'assiette des impôts de leurs résidents qui disposent de revenus ayant leur source dans l'autre État ;

– soit faciliter le recouvrement de créances fiscales.

Certaines **restrictions** sont toutefois traditionnellement apportées à l'échange de renseignements.

Il est généralement précisé qu'une administration n'est pas tenue de communiquer à l'autre les renseignements dont elle ne pourrait disposer en vertu de la réglementation interne ou ceux qu'elle ne possède pas dans le cadre de sa pratique administrative courante.

Chacun des États contractants peut également, par la convention, se réserver le droit de ne pas transmettre les renseignements qui révéleraient un **secret** commercial, industriel ou professionnel ou les renseignements dont la communication serait contraire à l'ordre public. En revanche, il est possible d'écarter l'opposabilité du secret bancaire ou assimilé (art. 26, 5 du modèle OCDE), ce qui est de plus en plus souvent le cas dans les conventions ou avenants conclus par la France.

La plupart des conventions stipulent que les renseignements communiqués doivent être eux-mêmes tenus secrets, ce qui n'est pas sans incidence sur la possibilité pour le contribuable d'obtenir communication des informations recueillies.

› Précisions **a.** Le principe de l'échange des renseignements avec les collectivités d'outre-mer et avec les États ayant conclu avec la France une convention d'assistance administrative en vue de lutter contre la fraude et l'évasion fiscales est consacré en **droit interne** par l'article L 114 du LPF et avec les États membres de l'Union européenne par l'article L 114 A du LPF.

b. Conventions et accords assimilés incluant une clause d'échange de renseignements : voir **tableau** ci-après n° 82950.

c. États ou territoires avec lesquels la France a conclu des **accords spéciaux** d'échange de renseignements en matière fiscale (INT-GEN-3910) : Andorre, Anguilla, Antigua-et-Barbuda, les ex-Antilles néerlandaises (aujourd'hui Curaçao et Saint-Martin), Aruba, les Bahamas, Belize, les Bermudes, Brunei (pas encore en vigueur), le Costa Rica, la Dominique, Gibraltar, Grenade, Guernesey, les îles Caïman, les îles Cook, l'île de Man, les îles Turques-et-Caïques, les îles Vierges britanniques, Jersey, le Liberia, le Liechtenstein, Saint-Christophe-et-Niévès, Sainte-Lucie, Saint-Marin, Saint-Vincent-et-les-Grenadines, Uruguay, le Vanuatu.

À noter par ailleurs que la France et les États-Unis ont signé le 14 novembre 2013 (JO du 3-1-2015 p. 86) un accord dit « **Fatca** » qui fixe un cadre pour la mise en œuvre de l'échange automatique de renseignements entre les deux États relatifs aux comptes financiers. En ce qui concerne par ailleurs les **accords multilatéraux** d'échange automatique de renseignements, voir n° 82600, Remarque.

82610 INT-GEN-10700 s **Assistance au recouvrement** L'assistance au recouvrement est le pouvoir donné à une administration fiscale de recouvrer les impositions établies dans un État à l'encontre d'un résident d'un autre État.

Les clauses d'assistance au recouvrement prévues dans les conventions fiscales bilatérales sont beaucoup moins nombreuses que celles qui sont relatives à l'échange de renseignements. Elles sont en règle générale assorties d'un certain nombre de **restrictions** et peuvent être limitées aux impôts visés par la convention ou plus rarement s'étendre à toutes les créances fiscales.

› Précisions **a.** Les articles L 283 A à L 283 F du LPF transposant la **directive européenne** 2010/24/UE du 16 mars 2010 précisent les modalités pratiques de l'assistance au recouvrement entre États membres.

b. **Tableau synoptique** sur l'assistance au recouvrement prévue par les conventions fiscales et les directives européennes : INT-GEN-10950.

82620 INT-GEN-10750 s **Clauses anti-abus** Les conventions fiscales contiennent presque toujours des dispositions destinées à éviter qu'il en soit fait un usage abusif, c'est-à-dire contraire aux intentions des États.

Relèvent par exemple de ce type de dispositions celles qui restreignent la notion de résident ; celles qui réservent l'avantage conventionnel au « bénéficiaire effectif » des revenus pour écarter des bénéficiaires qui, tels les intermédiaires, ne seraient qu'apparents ; ou encore celles qui visent les « entreprises associées » pour lutter contre les abus liés aux prix de transfert, rejoignant en cela les droits internes (art. 57 du CGI dans le cas de la France).

› Précisions Indépendamment de la présence d'une clause anti-abus, le Conseil d'État a jugé que l'application d'une convention fiscale à l'encontre de ses objectifs constitue un **abus de droit.** Il reconnaît à l'administration le droit de mettre en œuvre le dispositif de l'abus de droit fiscal prévu à l'article L 64 du LPF lorsqu'un contribuable applique littéralement une convention fiscale bilatérale dans un but exclusivement fiscal (CE plén. 25-10-2017 n° 396954 : RJF 1/18 n° 70).

CONTENTIEUX DE L'APPLICATION DES CONVENTIONS

Aperçu général Si un contribuable, qu'il soit résident en France ou non-résident, estime que l'administration fiscale a méconnu les règles conventionnelles, différentes voies de recours s'offrent à lui. 82630 INT-GEN-850 s

D'une part, en **droit interne,** il dispose des **recours** administratifs ou juridictionnels **classiques** (nos 81500 s.). Il peut également mettre en œuvre la **procédure particulière de règlement** des différends fiscaux au sein de l'Union européenne.

D'autre part, le contribuable peut recourir aux mécanismes spécifiques prévus par les conventions **internationales.** Il s'agit principalement de la « **procédure amiable** ». Elle figure dans la quasi-totalité des conventions. En outre, certaines conventions récentes (ou récemment modifiées) prévoient le recours à l'**arbitrage.** Tel est le cas, par exemple, de la convention franco-américaine.

› Précisions a. La « **convention européenne d'arbitrage** » **du 23 juillet 1990** instaure également une procédure amiable, distincte de celle des conventions bilatérales mais avec des points communs. Elle prévoit aussi une procédure d'arbitrage, à défaut d'accord amiable. Cette convention est consacrée aux prix de transfert entre entreprises associées situées dans différents États membres de l'Union européenne, à raison de la correction des bénéfices opérés dans l'un de ces États (INT-MULT-1 s.).

b. Lorsque deux **États** membres de l'Union européenne ont un différend sur l'interprétation de la convention fiscale bilatérale qui les lie, ils peuvent décider, par compromis, de **saisir la CJUE.** La Cour se reconnaît compétente, sur le fondement de l'article 273 du TFUE, pour trancher un tel différend (CJUE gr. ch. 12-9-2017 aff. 648/15 : RJF 2/18 n° 233).

Procédure de règlement des différends fiscaux dans l'Union européenne Tout contribuable, personne physique ou morale, résident de France ou d'un autre État de l'UE, peut recourir à cette procédure pour régler un différend entre l'administration fiscale et les administrations d'autres États membres de l'UE découlant de l'interprétation et de l'application des accords et des conventions qui prévoient l'élimination de la double imposition du **revenu** et, le cas échéant, de la **fortune.** Cette procédure est applicable aux **demandes d'ouverture** portant sur des différends relatifs à des revenus ou à des capitaux **perçus** à compter du 1er janvier 2018 pour les particuliers ou au cours d'un exercice ouvert à compter du 1er janvier 2018 pour les entreprises. Elle prévoit : 82635 LPF art. L 251 B à L 251 ZH

1. Une **procédure amiable** reposant sur un échange entre les administrations fiscales des États membres concernés. L'**accord** obtenu par les administrations est **contraignant** pour ces dernières et **exécutoire** pour le contribuable, à condition qu'il l'accepte et renonce à tout recours.

2. Une **procédure arbitrale** qui implique une **obligation de résultat.** En cas de rejet de la demande d'ouverture de la procédure amiable ou d'absence d'accord amiable, une commission consultative sollicitée par le contribuable rend un **avis motivé** fondé sur les conventions fiscales et toute règle nationale qui sont applicables au cas d'espèce. En cas d'**accord,** les administrations fiscales des États membres concernés peuvent s'écarter de l'avis. En cas de **désaccord,** elles sont liées par l'avis de la commission. La décision définitive prend effet à condition que le contribuable l'accepte et renonce à tout recours.

› Précisions a. Les autorités compétentes peuvent constituer une **commission de règlement alternatif des différends,** en lieu et place de la commission consultative, afin de statuer sur la demande du contribuable. Elles peuvent convenir que cette commission est autorisée à fonder sa décision sur d'autres éléments que ceux sur lesquels se fonde la commission consultative.

b. La demande d'ouverture de la procédure de règlement des différends met fin, dans le cadre du différend en question, à toute **autre procédure** amiable ou de règlement des différends **fondée sur une convention** ou un accord conclu par la France.

c. Il est mis fin à la procédure de règlement des différends si une **décision de justice définitive** est **rendue avant** que la commission consultative ou la commission de règlement alternatif des différends ait rendu son **avis.**

Procédure amiable prévue par les conventions fiscales bilatérales Procédure non juridictionnelle, indépendante des voies de recours de droit interne, la procédure amiable, instituée dans le cadre d'une convention fiscale bilatérale, s'inspire de l'article 25 du modèle de convention fiscale de l'OCDE. Elle concerne à la fois les cas de double imposition juridique et de double imposition économique (sur ces notions, voir n° 82560, Précisions). 82640

Elle permet au contribuable concerné de **saisir l'État de sa résidence** pour lui demander d'examiner son cas en se rapprochant de l'autre État. Selon le modèle OCDE, elle peut être demandée lorsque le contribuable « estime que les mesures prises par un État ou par les deux États contractants entraînent ou entraîneront pour lui une imposition non conforme aux dispositions de la convention ».

La procédure amiable n'implique qu'une **obligation de moyens.** Les États ne sont pas tenus d'aboutir à une solution assurant une élimination totale de la double imposition mais doivent seulement s'efforcer de l'éliminer.

› Précisions Les conventions qui reprennent les dispositions de l'OCDE fixent un **délai** de saisine égal à trois ans à compter de la première notification de la mesure qui entraîne une imposition non conforme à la convention. Mais certaines conventions prévoient un délai beaucoup plus court, jusqu'à trois mois (six mois par exemple dans la convention franco-belge).

B. Incidences des conventions sur les modalités d'imposition

82700 Ayant principalement pour objet d'éliminer les doubles impositions, les conventions fiscales internationales répartissent entre les États le droit d'imposer (nº 82560). Ce faisant, elles influent sur les règles d'imposition des revenus ou des biens auxquels elles s'appliquent. Sont concernés, comme nous l'avons déjà dit, l'imposition des revenus, celle de la fortune, les droits de succession et de donation et éventuellement les autres droits d'enregistrement et droits de timbre.

1. IMPOSITION DES REVENUS

REVENUS DE BIENS IMMOBILIERS

82710 INT-GEN-8550 s Ces revenus (y compris les bénéfices des exploitations agricoles et forestières) sont normalement imposés dans l'État de **situation des immeubles.** Cette règle s'applique non seulement aux particuliers mais aussi aux revenus de biens immobiliers d'une entreprise ainsi qu'à ceux servant à l'exercice d'une profession indépendante.

Certaines conventions attribuent également le droit d'imposer à l'État de résidence, mais avec obligation pour ce dernier d'éliminer la double imposition par l'une des méthodes applicables à cet effet (nº 82560).

› Précisions Les **revenus immobiliers** sont imposables en tant que bénéfices d'entreprises lorsqu'ils sont **réalisés par l'intermédiaire d'un établissement stable** établi dans l'État de situation des biens immobiliers et exerçant une autre activité génératrice de bénéfices (CE 5-4-2013 nºs 349741, 349742 et 349743 : RJF 7/13 nº 751).

BÉNÉFICES DES ENTREPRISES

82720 INT-GEN-8650 s et 21200 s Une entreprise d'un État (passible de l'impôt sur le revenu ou de l'impôt sur les sociétés) qui exerce une activité dans un autre État n'y est imposable que si cette activité est exercée par l'intermédiaire d'un **établissement stable** et pour les seuls bénéfices imputables à cet établissement.

Des règles particulières sont prévues pour les **entreprises de navigation maritime et aérienne** (INT-GEN-8910 s.).

Outre l'impôt sur les bénéfices, les résultats d'un établissement stable situé en France sont théoriquement soumis à la retenue à la source de l'article 115 quinquies du CGI sur les bénéfices réalisés en France par des sociétés étrangères (nºs 24895 s.). Mais cette retenue, en vertu des conventions, peut soit être réduite, du fait d'une limitation de la base de calcul et (ou) d'un abaissement du taux, soit même être totalement supprimée. Voir tableau synoptique en annexe, nº 83000.

› Précisions En dehors des cas où les conventions la suppriment ou la limitent expressément, la retenue à la source peut, en pratique, ne pas s'appliquer du fait de la combinaison de plusieurs clauses de la convention et notamment de celle relative aux « revenus non dénommés ». Jugé ainsi que des revenus réputés distribués par une succursale française d'une société résidente de Pologne ne peuvent être soumis à la retenue à la source dès lors que la convention prévoit l'imposition exclusive de ces revenus dans l'État de résidence du bénéficiaire (CE 31-1-2001 nº 199543 : RJF 4/01 nº 489).

REVENUS DE CAPITAUX MOBILIERS

82730 Pour ces revenus, les conventions prévoient généralement un partage d'imposition entre l'État de la source et l'État de résidence du bénéficiaire. Elles affectent ainsi, d'une part, la retenue à la source qui frappe les revenus de source française versés à des non-résidents, d'autre part, l'imposition des résidents français sur leurs revenus de source étrangère. Nous examinons successivement ci-après ces deux situations. Le régime des tantièmes et jetons de présence qui entrent aussi dans la catégorie des revenus mobiliers est traité séparément.

Revenus mobiliers de source française Les **dividendes** et les sommes fiscalement réputées distribuées par des sociétés dont le siège social est situé en France font en principe l'objet d'une retenue à la source de 12,8 % pour les bénéficiaires personnes physiques et de 28 % pour les bénéficiaires personnes morales (15 % pour certains organismes sans but lucratif) (CGI art. 119 bis et 187) lorsque le domicile fiscal ou le siège des bénéficiaires est situé hors de France (n°s 24845 s.). Mais cette retenue peut être réduite ou supprimée en application des conventions internationales. Voir tableau synoptique en annexe, n° 82960. 82735 INT-GEN-14200 s

La plupart des conventions prévoient également une réduction ou une suppression du prélèvement en matière de **produits de placements à revenu fixe** (produits d'obligations négociables ou intérêts de créances) de source française versés à des non-résidents. Ce prélèvement ne s'applique plus en droit interne que lorsque les produits sont versés dans un État ou territoire non coopératif (n°s 25445 s.).

> Précisions **a.** La France applique les taux de retenue à la source conventionnels sur les revenus passifs de source française (dividendes, intérêts et redevances) perçus par un non-résident via une **société de personnes étrangère** interposée (dotée de la transparence fiscale) dont il est associé. L'associé est considéré, à cet effet, comme le bénéficiaire des revenus de source française (BOI-INT-DG-20-20-20-10 n°s 80 s. ; BOI-INT-DG-20-20-30 n°s 120 s.). Le bénéfice de ce régime est subordonné, entre autres, à la condition que l'associé soit résident de France ou d'un État avec lequel la France a conclu une convention assortie d'une clause d'assistance administrative en vue de lutter contre la fraude et l'évasion fiscales. Aucune retenue à la source ou prélèvement n'est effectué sur la fraction de revenus de source française transitant par une société de personnes étrangère et revenant à un associé résident de France (INT-GEN-21700 s.). 82740

b. Les produits (dividendes et assimilés, jetons de présence ordinaires) payés dans un **État ou territoire non coopératif** défini au n° 78310, 1° et 2° sont soumis en droit interne à une retenue à la source au taux de 75 % (n° 24860). Si le bénéficiaire effectif de tels produits justifie de sa qualité de résident d'un État ayant conclu avec la France une convention fiscale, ce sont les dispositions de celle-ci qui s'appliquent.

c. Pour l'**obtention des avantages conventionnels,** deux procédures, dites respectivement normale et simplifiée, sont utilisables (INT-GEN-16700 s.).

Lorsque l'actionnaire non résident (personne physique ou morale) est en mesure de justifier, avant la mise en paiement des dividendes, de sa qualité de bénéficiaire de la convention, la réduction du taux de la retenue à la source est effectuée dès la mise en paiement du dividende (procédure simplifiée, non utilisable pour les dividendes versés à des résidents de Singapour). L'intéressé doit en principe présenter, avant la mise en paiement des dividendes, une attestation de résidence (formulaire n° 5000) visée par l'administration fiscale de l'État de résidence (sauf s'il en a été dispensé par l'établissement payeur).

À défaut, la procédure normale est applicable : la retenue est effectuée au taux applicable en droit interne, le taux conventionnel n'étant accordé que par voie d'imputation ou de remboursement. La demande doit être déposée, sauf délai spécifique prévu par la convention applicable, avant le 31 décembre de la deuxième année suivant la date du versement de la retenue. Le demandeur doit remplir, en plus du formulaire 5000, un imprimé conventionnel distinct pour chaque type de revenus : formulaire 5001 (dividendes), 5002 (intérêts) ou 5003 (redevances). Selon le Conseil d'État, la demande présentée auprès de l'établissement payeur constitue une réclamation contentieuse ayant pour effet d'interrompre la prescription (CE 27-7-2015 n° 376369 : RJF 11/15 n° 951).

Les **formulaires** (ainsi que la notice explicative) sont disponibles sur le site internet www.impots.gouv.fr.

d. Pour les bénéficiaires **personnes morales,** le taux de la retenue à la source est ramené à 26,5 % en 2021 et 25 % à compter de 2022.

Revenus mobiliers de source étrangère La plupart des conventions conclues par la France prévoient en faveur des bénéficiaires de revenus de valeurs mobilières étrangères (dividendes et intérêts), ayant en France leur domicile fiscal ou leur siège social, l'imputation sur l'impôt français (impôt sur le revenu ou impôt sur les sociétés) exigible à raison de ces revenus d'un **crédit d'impôt** correspondant à l'impôt étranger perçu dans l'État de la source (méthode dite de l'imputation partielle : n° 82575, b). 82745 INT-GEN-18500 s

Le crédit d'impôt est déterminé :

– pour les contribuables soumis à l'**impôt sur le revenu,** en appliquant au montant net des produits (donc après prélèvement de l'impôt étranger) les pourcentages indiqués dans le tableau synoptique figurant en annexe, n° 82970 ;

– pour les personnes morales passibles de l'**impôt sur les sociétés,** en appliquant au montant brut des produits encaissés les pourcentages indiqués dans le tableau synoptique figurant en annexe, n° 82980.

› **Précisions** **a.** Les taux de crédit d'impôt figurant dans les tableaux n°s 82970 s. correspondent aux taux plafonds de retenues à la source fixés par les conventions. Toutefois, en ce qui concerne les dividendes, intérêts (et redevances), certains États peuvent appliquer selon leur législation interne des **taux inférieurs** aux taux fixés par les conventions, voire exonérer ces revenus. Dans de tels cas, le pourcentage de crédit d'impôt à appliquer en France doit correspondre, en règle générale, au montant de la retenue effectivement prélevée à la source ; les revenus ne supportant pas de retenue n'ouvrent droit, en principe, à aucun crédit d'impôt en France.
b. En ce qui concerne les **modalités pratiques d'utilisation du crédit d'impôt,** voir n° 82580.

82750 INT-GEN-9250 s **Tantièmes et jetons de présence** Le modèle OCDE prévoit (article 16) que les tantièmes, jetons de présence et autres rétributions similaires qu'un résident d'un État contractant reçoit en sa qualité de membre du conseil d'administration ou de surveillance d'une société qui est un résident de l'autre État contractant sont imposables dans cet autre État.
La grande majorité des conventions conclues par la France reprend cette règle. Il en résulte que lorsqu'elles sont **versées par une société française,** ces rémunérations sont soumises dans les conditions de droit commun à la retenue à la source de l'article 119 bis du CGI, citée ci-dessus (n° 82735).

› **Précisions** **a.** Dans un certain nombre de conventions, les tantièmes et jetons de présence sont visés sous une rubrique concernant les **administrateurs de sociétés.**
b. Le droit d'imposer les revenus considérés dans l'État de la société versante est parfois attribué à titre exclusif. Lorsqu'il en est ainsi, les **rémunérations versées par les sociétés étrangères** à leurs dirigeants résidents de France ne sont pas soumises à l'impôt français sur le revenu, mais sont prises en considération pour le calcul du taux effectif (cas, par exemple, des conventions avec la Belgique ou le Luxembourg). D'autres conventions, au contraire, autorisent l'État de résidence des bénéficiaires à taxer également ces revenus mais prévoient l'octroi dans cet État d'un crédit d'impôt (cas notamment des conventions avec l'Allemagne ou le Portugal). Les tableaux des n°s 82970 s. indiquent le régime des tantièmes et jetons de présence de source étrangère.

TRAITEMENTS ET SALAIRES

82760 INT-GEN-8990 s et 17850 s Dans les conventions qui reprennent le modèle OCDE, le droit d'imposer les traitements et salaires (dénommés revenus d'emploi dans ce modèle) est attribué à l'État où l'activité est exercée.
Par suite, les traitements et salaires versés à raison d'une **activité exercée en France** à une personne résidente d'un État ayant conclu une convention internationale avec la France sont soumis à **retenue à la source** dans les conditions du droit commun (voir n°s 4595 s.).
Cette règle comporte toutefois des **exceptions,** qui concernent les missions temporaires, et certains travailleurs frontaliers. Des règles particulières peuvent être prévues d'autre part pour les rémunérations publiques (INT-GEN-9050 s.), les rémunérations versées aux professeurs, aux étudiants ainsi qu'aux salariés exerçant leur activité à bord d'un navire ou d'un aéronef en trafic international.

› **Précisions** **a.** En cas de **mission temporaire** en France d'un salarié d'une entreprise étrangère, aucune retenue à la source n'est à effectuer lorsque les trois conditions suivantes qui définissent la mission temporaire sont simultanément remplies (le droit d'imposer appartient alors à l'État de la résidence) : le bénéficiaire des traitements et salaires séjourne en France pendant une période ou des périodes n'excédant pas en règle générale 183 jours au cours de l'année fiscale considérée ; les rémunérations sont payées par un employeur ou pour le compte d'un employeur qui n'a pas son domicile fiscal en France ; la charge des rémunérations n'est pas supportée par un établissement stable ou une base fixe que l'employeur aurait en France.
b. Aucune retenue n'est à effectuer sur les salaires versés aux **travailleurs frontaliers** ayant leur domicile fiscal en Allemagne, en Suisse (sauf le canton de Genève), en Espagne ou en Italie. En effet, les conventions fiscales conclues avec ces pays prévoient que les travailleurs frontaliers ne sont imposables que dans l'État de leur domicile.
c. La question se pose de savoir si les dispositions concernant les traitements et salaires s'appliquent aux **rémunérations de dirigeants** visées à l'article 62 du CGI (n° 23605). La réponse est affirmative dans la convention franco-allemande et la convention franco-britannique, qui contiennent une précision en ce sens. Il semble que l'administration considère qu'il en va de même dans les cas – les plus nombreux – où la convention est muette sur la question.

PENSIONS ET RENTES VIAGÈRES

82770 INT-GEN-10000 s En principe, les conventions internationales attribuent le droit d'imposer les **pensions et rentes privées** à l'État du domicile du bénéficiaire. Ainsi, en règle générale, la retenue à la source prévue en droit interne (n°s 4595 s.) n'est pas applicable sur les pensions et rentes de source française servies à un résident d'un autre État.

Exceptions : la France peut imposer les pensions et rentes de source française versées aux résidents de certains États, tels que l'Argentine, le Canada, les États-Unis, le Nigeria, la Thaïlande.

› Précisions **a.** En ce qui concerne les **pensions et rentes publiques** de source française, les règles conventionnelles ne s'opposent pas en principe à leur imposition par voie de retenue à la source. Toutefois, il est généralement dérogé à cette règle pour les pensions servies par la France à des personnes qui sont à la fois des nationaux et des résidents de l'autre État. Dans ce cas, les pensions publiques ne sont pas imposables en France. De même, lorsque la convention ne comporte pas d'article relatif aux fonctions publiques, les pensions publiques ne sont pas non plus imposables en France (tableau INT-GEN-18400).

b. Les **pensions versées par la sécurité sociale** sont traitées par certaines conventions comme les pensions publiques : imposition dans l'État de la source (c'est le cas, par exemple, des conventions avec l'Allemagne, le Canada, les États-Unis, etc.). À défaut de dispositions expresses en ce sens, ces pensions sont imposables dans l'État de la résidence (tableaux INT-GEN-18300 et 18350).

c. Des dispositions particulières s'appliquent aux pensions de source française servies aux **résidents monégasques** (INT-MON-1050 s.).

REVENUS NON SALARIAUX

La plupart des conventions internationales attribuent l'imposition des revenus tirés de l'exercice d'une profession libérale ou d'autres activités de caractère indépendant (autres qu'industrielles ou commerciales) à l'État dont le bénéficiaire des revenus est le résident à moins que ce résident ne dispose de façon habituelle dans l'autre État contractant d'une base fixe pour l'exercice de ses activités. Dans ce dernier cas, les revenus sont imposables dans l'autre État, mais uniquement dans la mesure où ils sont imputables à cette base fixe. **82780** INT-GEN-16200 s

En conséquence (sauf dans le cas des artistes et sportifs visé ci-après nº 82790), la retenue à la source prévue en droit interne (nº 4560) n'est pas applicable aux revenus tirés par des **personnes domiciliées hors de France** de l'exercice d'une profession indépendante en France. Lorsque ces revenus sont imputables à une base fixe (ou installation professionnelle permanente) en France, ils sont imposés dans notre pays par voie de rôle.

EXEMPLE

Ainsi, en application de l'article 7 de la convention entre la France et la Belgique, les revenus provenant d'activités indépendantes exercées en France par un résident belge échappent à la retenue à la source et ne sont imposables en France que si l'intéressé y dispose d'une installation professionnelle permanente.

Par **exception,** un certain nombre de conventions attribuent – dans des conditions qui varient selon ces conventions – le droit d'imposer à l'État contractant où l'activité est exercée (État de la source) sans qu'il soit nécessaire que le bénéficiaire des revenus dispose dans ce pays d'une base fixe pour l'exercice de son activité. Il s'ensuit que la **retenue à la source** est applicable aux sommes payées, par un débiteur établi en France, en rémunération d'une activité indépendante exercée en France par un résident des pays concernés par ces conventions. C'est notamment le cas pour les résidents d'Algérie, du Brésil, d'Inde, d'Israël, de Madagascar, de République tchèque, de Singapour, etc.

› Précisions **a.** Depuis la suppression du concept de **base fixe** et sa fusion avec celui d'établissement stable dans le modèle OCDE issu de la révision d'avril 2000, dans les conventions qui se réfèrent à ce modèle, les revenus des professions indépendantes sont traités comme des bénéfices d'entreprises.

b. Pour les résidents de **Monaco** (personnes physiques ou sociétés) la non-application de la retenue à la source est liée, en outre, à la condition que les résidents soient passibles de l'impôt sur les bénéfices à Monaco.

Cas particulier des artistes et des sportifs De nombreuses conventions internationales comportent une **clause ou un article spécifique** concernant le régime fiscal applicable aux rémunérations que les artistes et les sportifs tirent de leurs activités personnelles ; par exemple, la convention avec l'Afrique du Sud (art. 17), l'Algérie (art. 17), l'Allemagne (art. 13 b), les États-Unis (art. 17), etc. (liste complète : INT-GEN-18150). **82790** INT-GEN-18100 s

Cette clause attribue, en général, le droit d'imposer les revenus en cause à l'État sur le territoire duquel s'exerce l'activité (**État de la source**). En conséquence, en cas d'exercice de l'activité en France, les rémunérations payées à un sportif ou un artiste résident de l'autre État sont soumis à retenue à la source calculée au taux de 15 %, en principe, selon les modalités prévues par l'article 182 B ou 182 A bis du CGI (nos 4560 s. et 4640 s.) quelle que soit la qualification des rémunérations (revenus de professions non commerciales ou salaires).

Cependant, plusieurs conventions attribuent le droit d'imposer à l'**État de résidence,** auquel cas, aucune retenue à la source n'est à prélever en France.

Enfin, certaines conventions contiennent une disposition spéciale lorsque les rémunérations dues pour les prestations fournies par un artiste ou un sportif sont versées à un tiers, par exemple à ce qu'on appelle une **« société d'artistes »** (société non résidente de France). Dans ce cas également, la rémunération correspondant à l'activité de l'artiste ou du sportif en France est, sous réserve de quelques exceptions, imposable en France sans limitation.

Si la convention à appliquer ne prévoit **pas de clause spécifique** les concernant, le régime fiscal applicable aux rémunérations perçues par les artistes et les sportifs à raison d'une activité personnelle relève, selon la nature de l'activité exercée, de l'article de la convention concernant les traitements et salaires (n° 82760) ou de l'article relatif aux professions indépendantes (n° 82780) (précisions sur la situation fiscale des artistes ou sportifs exerçant en France sous le couvert d'une personne morale résidente du même État que l'artiste ou le sportif : INT-GEN-18210).

REDEVANCES

82800 INT-GEN-16300 s **Principes** Dans de nombreuses conventions, le terme « redevances » désigne les rémunérations de toute **nature** payées pour l'usage ou la concession de l'usage :
– d'un droit d'auteur sur une œuvre littéraire, artistique ou scientifique, y compris les films cinématographiques ;
– d'un brevet, d'une marque de fabrique ou de commerce, d'un dessin ou d'un modèle, d'un plan, d'une formule ou d'un procédé secrets ;
– d'informations ayant trait à une expérience acquise dans le domaine industriel, commercial ou scientifique.

Le **régime fiscal** des redevances varie selon les conventions et parfois selon les catégories de redevances. Hormis le cas où les redevances se rattachent à une installation professionnelle permanente, il peut consister soit en une imposition exclusive à la résidence (par exemple, convention avec l'Allemagne, l'Autriche, la Belgique, etc.), soit en une imposition exclusive à la résidence ou une retenue à la source selon la nature des redevances (par exemple, convention avec le Cameroun, le Canada, etc.), soit en une retenue à la source applicable à toutes les redevances (par exemple, convention avec l'Australie, la Suisse, etc.).

L'imposition des redevances en France se présente ainsi de la manière suivante.

82805 **Imposition en France des redevances de source française** Les redevances de source française payées à une personne ou société n'ayant pas d'installation professionnelle permanente en France peuvent être, selon le régime fiscal prévu par l'accord à appliquer :
– soit exonérées d'impôt en France ;
– soit imposées en France à un taux réduit ;
– soit, plus rarement, imposées en France dans les conditions du droit commun.

Le tableau figurant au n° 82990 (2e col.) fait apparaître, pour chaque pays ayant conclu une convention fiscale avec la France, le taux de la retenue à la source applicable au montant brut des redevances de source française versées à un résident de l'autre État.

> **Précisions** **a.** En vertu de l'article 182 B bis du CGI, les redevances versées par des sociétés françaises **à des sociétés associées d'États membres de l'Union européenne** sont, sous certaines conditions, exonérées de retenue à la source (voir n° 35755, b). La demande d'exonération s'opère à l'aide d'un imprimé spécial (formulaire 5003).
> **b.** Les redevances payées dans un **État ou territoire non coopératif** défini au n° 78310, 1° et 2° sont soumises à une retenue à la source au taux de 75 % (n° 4565).
> **c.** Redevances perçues par un non-résident via une **société de personnes étrangère** interposée : voir n° 82740, a.

82810 INT-GEN-18500 s **Imposition en France des redevances de source étrangère** Comme les revenus mobiliers (n° 82745), les redevances de source étrangère perçues par des résidents français ouvrent droit, dans la plupart des cas, à un **crédit d'impôt** correspondant à l'impôt étranger perçu dans l'État de la source.

Le montant de ce crédit d'impôt peut être déterminé en appliquant au montant brut les pourcentages indiqués dans la 3e colonne du tableau du n° 82990.

GAINS EN CAPITAL

82820 INT-GEN-9300 s Les conventions prévoient en principe que :
– les gains tirés de l'aliénation de **biens immobiliers** (y compris les titres de certaines sociétés immobilières) suivent le même régime que les revenus (n° 82710) ;
– les gains qui proviennent de l'aliénation de **biens mobiliers** faisant partie de l'actif d'un établissement stable ou d'une base fixe sont imposables dans l'État où cette installation est située ;
– les gains provenant de l'aliénation de **navires ou d'aéronefs** sont imposables dans l'État où le siège de direction effective de l'entreprise est situé ;

– les gains provenant de l'aliénation de tous les **autres biens** (par exemple actions ou obligations détenues par des particuliers) ne sont en principe imposables que dans l'État dont le cédant est un résident. Toutefois, dans les conventions conclues avec certains États (notamment Autriche, Espagne, Pays-Bas), il est prévu que la France se réserve le droit d'imposer les gains provenant d'une participation substantielle (généralement plus de 25 %) dans le capital d'une société qui est un résident de France.

AUTRES REVENUS

L'imposition est attribuée, en principe, à l'État de résidence du bénéficiaire. **82830** INT-GEN-9350 s

2. IMPOSITION DE LA FORTUNE

Les conventions signées par la France qui permettent d'éviter les doubles impositions en matière d'impôt sur la fortune sont celles qui visent expressément l'impôt sur la fortune ou celles qui comportent des dispositions suffisamment précises à cet égard. Les conventions avec l'Italie, la Suède, l'Allemagne, les États-Unis, la Suisse, l'Argentine, parmi de nombreuses autres, font partie de la première catégorie. La seconde catégorie, bien moins nombreuse, inclut par exemple les Pays-Bas, la Pologne, le Luxembourg, etc. **82850** INT-GEN-9380 s

En ce qui concerne les **biens immobiliers,** l'imposition est attribuée, sauf dérogations, aux deux États. L'État du lieu de situation de l'immeuble impose en premier, conformément à sa législation interne. L'État du lieu de résidence du propriétaire impose en second et il élimine la double imposition en accordant un crédit d'impôt (cas d'application du crédit d'impôt : INT-GEN-9830 s.). Dans les cas exceptionnels où l'imposition est réservée à l'État de situation des biens, ceux-ci sont exonérés dans l'État de résidence, avec application éventuelle de la méthode du taux effectif (nº 82565). Certaines conventions assimilent aux immeubles les meubles meublants et les parts ou actions de sociétés immobilières.

Pour les **biens et droits mobiliers** non assimilés aux immeubles, l'imposition est réservée en principe à l'État de la résidence. Ces biens et droits ne peuvent donc pas être imposés dans l'État où ils sont situés.

> ATTENTION
>
> Les conventions actuelles qui visent expressément l'impôt de solidarité sur la fortune [ISF] (ou l'ancien impôt sur les grandes fortunes [IGF]) ont vocation à couvrir également l'impôt sur la fortune immobilière (**IFI**) dès lors qu'il est précisé qu'elles s'appliquent à tout **impôt analogue** institué après leur signature.

3. IMPOSITIONS SUR LES SUCCESSIONS ET DONATIONS, DROITS D'ENREGISTREMENT ET DE TIMBRE

La France a conclu avec un certain nombre de pays des conventions pour éviter la double imposition en matière de successions. Les dispositions pour éviter cette double imposition figurent soit dans une convention générale à côté des dispositions relatives aux impôts sur le revenu (c'est le cas notamment pour les anciennes conventions conclues avec les pays d'Afrique qui visent également les autres droits d'enregistrement et les droits de timbre), soit dans des conventions particulières, dont certaines traitent également des droits de donation. **82870** INT-GEN-11200 s

Comme celles qui se rapportent aux impôts sur les revenus, les conventions en matière de **successions** répartissent les droits d'imposer entre les États et prévoient des dispositions pour éliminer les doubles impositions lorsque les deux États ont concurremment le droit d'imposer.

L'État bénéficiaire du **droit d'imposer** peut être soit l'État de situation, pour les biens tels que les immeubles ou les biens meubles corporels, soit l'État de résidence pour les biens meubles incorporels non rattachés à un établissement stable ou à une base fixe.

L'**élimination des doubles impositions** s'opère au moyen des techniques générales de l'exonération ou de l'imputation (nºs 82560 s.). La pratique française retient plutôt la méthode de l'exonération, éventuellement assortie du taux effectif.

Les mêmes conventions précisent, en général, les règles régissant la **répartition des dettes** entre les États, en s'inspirant plus ou moins étroitement du modèle OCDE de 1982 en matière d'impôt sur les successions et les donations (art. 8).

Les conventions en matière de successions, donations, droits d'enregistrement et de timbre sont signalées dans le **tableau** ci-après, nº 82950.

C. Annexe : tableaux pratiques

1. CONVENTIONS FISCALES LIANT LA FRANCE

82950 INT-GEN-4000, 10900 et 10950

On trouvera dans le tableau ci-après la liste des pays qui ont conclu avec la France une convention fiscale destinée à éviter les doubles impositions, la date de la signature de cette convention (et éventuellement de l'avenant qui la modifie) et la référence du Journal officiel dans lequel elle a été publiée.

Cette liste est complétée par l'indication des impôts auxquels s'applique chaque convention. La dernière colonne signale les conventions qui comportent une clause d'assistance administrative (échange de renseignements et assistance au recouvrement : voir nos 82600 s.).

Signification des abréviations A : Avenant ; Arr. : Arrangement ; DE : Droits d'enregistrement ; DO : Droits sur les donations ; IF : Impôt sur la fortune ; IR : Impôts sur les revenus, y compris les revenus mobiliers ; RCM : Revenus des capitaux mobiliers uniquement ; S : Droits sur les successions.

Pour la dernière colonne : ER : Échange de renseignements : limité à l'application de la convention (ER1) ; étendu à l'application du droit interne (ER2) ; incluant la levée du secret bancaire (ER3) ; AR : assistance au recouvrement.

Pays	Date de la convention (et le cas échéant de l'avenant)	Impôts visés	Assistance administrative
Afrique du Sud	8 novembre 1993 (JO du 23-11-95)	IR – IF	ER3
Albanie	24 décembre 2002 (JO du 21-10-05)	IR – IF	ER3 – AR
Algérie	17 octobre 1999 (JO du 26-12-02)	IR – IF – S	ER3 – AR
Allemagne [1]	21 juillet 1959 (JO du 8-11-61)	IR – IF	ER3 – AR
	A du 9 juin 1969 (JO du 22-11-70)		
	A du 28 septembre 1989 (JO du 7-11-90)		
	A du 20 décembre 2001 (JO du 20-9-03)		
	A du 31 mars 2015 (JO du 24-1-16)		
	12 octobre 2006 (JO du 2-5-09)	S – DO	
Andorre	2 avril 2013 (JO du 19-7-15) [11]	IR	
Arabie saoudite	18 février 1982 (JO du 6-7-83)	IR – IF – S	
	A du 18 février 2011 (JO du 10-7-12)		ER3
	A du 2 octobre 1991 (JO du 3-9-95)	IF	
Argentine	4 avril 1979 (JO du 10-3-81)	IR – IF	ER3
	A du 15 août 2001 (JO du 12-10-07)		
Arménie	9 décembre 1997 (JO du 31-5-01)	IR – IF	ER3 – AR
Australie	20 juin 2006 (JO du 21-6-09)	IR	ER3 – AR
Autriche [1]	26 mars 1993 (JO du 14-12-94)	IR – IF	ER2 – AR
	A du 23 mai 2011 (JO du 27-6-12)		ER3
	26 mars 1993 (JO du 20-12-94)	S – DO	
Azerbaïdjan	20 décembre 2001 (JO du 21-10-05)	IR – IF	ER3 – AR
Bahreïn (Royaume de)	10 mai 1993 (JO du 6-8-94)	IR – IF – S	ER2
	A du 7 mai 2009 (JO du 28-12-10)		
Bangladesh	9 mars 1987 (JO du 30-8-88)	IR	ER3
Belgique [1]	10 mars 1964 (JO du 15-8-65)	IR	AR
	A du 15 février 1971 (JO du 6-12-73)		
	A du 8 février 1999 (JO du 24-6-00)		
	A du 12 décembre 2008 (JO du 13-1-10)		
	A du 7 juillet 2009 (JO du 3-10-13)		ER3
	20 janvier 1959 (JO du 19-8-60)	S – DE	
Bénin	27 février 1975 (JO du 10-1-78)	IR – S – DE	ER3 – AR
Biélorussie	4 octobre 1985 (JO du 28-5-1987) [6]	IR	ER1
Bolivie	15 décembre 1994 (JO du 30-11-96)	IR – IF	ER1
Bosnie-Herzégovine	28 mars 1975 (JO du 13-9-1975) [8]	IR	ER2
Botswana	15 avril 1999 (JO du 12-6-03)	IR	ER3
Brésil	10 septembre 1971 (JO du 28-11-72)	IR	ER3
Bulgarie [1]	14 mars 1987 (JO du 19-4-88)	IR	ER3 – AR
Burkina	11 août 1965 (JO du 1-6-67)	IR – S – DE	ER3 – AR
	A du 3 juin 1971 (JO du 17-5-75)		

82950 (suite)

Pays	Date de la convention (et le cas échéant de l'avenant)	Impôts visés	Assistance administrative
Cameroun	21 octobre 1976 (JO du 11-9-79)	IR – S – DE	ER3 – AR
	A du 31 mars 1994 (JO du 26-1-97)		
	A du 28 octobre 1999 (JO du 11-1-03)		
Canada	2 mai 1975 (JO du 10-10-76)	IR – IF	ER3
	A du 16 janvier 1987 (JO du 13-10-88)		
	A du 30 novembre 1995 (JO du 16-9-98)		
	A du 2 février 2010 (JO du 15-1-14)		ER3
Centrafrique	13 décembre 1969 (JO du 25-5-71)	IR – S – DE	ER3 – AR
Chili	7 juin 2004 (JO du 3-9-06)	IR – IF	ER3
Chine	26 novembre 2013 (JO des 3 et 17-1-15 et 28-2-2015)	IR – IF	ER3
Chypre [1]	18 décembre 1981 (JO du 30-3-83)	IR – IF	ER3 – AR
Colombie	25 juin 2015 [3]	IR – IF	ER3-AR
Congo	27 novembre 1987 (JO du 15-9-89)	IR – S – DE	ER3 – AR
Corée du Sud	19 juin 1979 (JO du 6-2-81)	IR	ER3
	A du 9 avril 1991 (JO du 3-6-92)		
Côte d'Ivoire	6 avril 1966 (JO du 22-1-69)	IR – S – DE	ER3 – AR
	A du 25 février 1985 (JO du 25-2-89)		
	A du 19 octobre 1993 (JO du 6-5-95)	IF	
Croatie [1]	13 juin 2003 (JO du 21-10-05)	IR	ER3
Danemark [1]	Convention dénoncée depuis le 1-1-2009		
Égypte	19 juin 1980 (JO du 25-1-83)	IR – IF	ER3
	A du 1er mai 1999 (JO du 22-5-04)		
Émirats arabes unis	19 juillet 1989 (JO du 19-7-90)	IR – IF – S	ER3
	A du 6 décembre 1993 (JO du 21-6-95)		
Équateur	16 mars 1989 (JO du 8-5-92)	IR	ER3
Espagne [1]	10 octobre 1995 (JO du 11-7-97)	IR – IF	ER3 – AR
	8 janvier 1963 (JO des 6 et 7-1-64)	S	
Estonie [1]	28 octobre 1997 (JO du 31-5-01)	IR – IF	ER3 – AR
États-Unis	31 août 1994 (JO du 22-3-96)	IR – IF	ER3 – AR
	A du 8 décembre 2004 (JO du 24-1-07)		
	A du 13 janvier 2009 (JO du 10-1-10)		
	24 novembre 1978 (JO du 1-10-80)	S – DO	
	A du 8 décembre 2004 (JO du 24-1-07)		
Éthiopie	15 juin 2006 (JO du 31-7-08)	IR	ER3
Finlande [1]	11 septembre 1970 (JO du 22-4-72)	IR – IF	ER3 – AR
	25 août 1958 (JO du 27-8-59)	S	
Gabon	20 septembre 1995 (JO du 23-3-08)	IF – IR – S – DE	ER3 – AR
Géorgie	7 mars 2007 (JO du 3-6-10)	IR IF	ER2
Ghana	5 avril 1993 (JO du 14-5-97)	IR	ER3
Grèce [1]	21 août 1963 (JO du 2-2-65)	IR	ER3 – AR
Guinée	15 février 1999 (JO du 26-9-04)	IR – IF – S – DO	ER3 – AR
Hong Kong	21 octobre 2010 (JO du 7-12-11)	IR – IF	ER3 – AR
Hongrie [1]	28 avril 1980 (JO du 6-1-82)	IR – IF	ER3 – AR
Inde	29 septembre 1992 (JO du 6-8-94)	IR – IF	ER3
Indonésie	14 septembre 1979 (JO du 14-4-81)	IR – IF	ER3
Iran	7 novembre 1973 (JO du 30-4-75)	IR	ER3
Irlande [1]	21 mars 1968 (JO du 10-9-71)	IR	ER3 – AR
Islande	29 août 1990 (JO du 23-6-92)	IR	ER3
Israël	31 juillet 1995 (JO du 18-9-96)	IR – IF	ER3
Italie [1]	5 octobre 1989 (JO du 8-5-92)	IR – IF	ER3 – AR
	20 décembre 1990 (JO du 4-4-95)	S – DO	
Jamaïque	9 août 1995 (JO du 9-10-98)	IR	ER3
Japon	3 mars 1995 (JO du 16-5-96)	IR	ER3 – AR
	A du 11 janvier 2007 (JO du 29-11-07)		
Jordanie	28 mai 1984 (JO du 10-4-85)	IR	ER3
Kazakhstan	3 février 1998 (JO du 12-10-00)	IR – IF	ER3
Kenya	4 décembre 2007 (JO du 14-11-10)	IR	ER2

82950 (suite)

Pays	Date de la convention (et le cas échéant de l'avenant)	Impôts visés	Assistance administrative
Kirghizistan	4 octobre 1985 (JO du 28-5-1987) [6]	IR	ER1
Kosovo	28 mars 1974 (JO du 13-9-1975) [8]	IR	ER2
Koweït	7 février 1982 (JO du 15-9-83)	IR – S	ER3
	A du 27 septembre 1989 (JO du 26-9-91)		
	A du 27 janvier 1994 (JO du 10-3-95)	IF	
Lettonie [1]	14 avril 1997 (JO du 30-5-01)	IR – IF	ER3 – AR
Liban	24 juillet 1962 (JO du 8-1-64)	IR – S	ER3 – AR
Libye	22 décembre 2005 (JO du 19-9-08)	IR	ER3
Lituanie [1]	7 juillet 1997 (JO du 11-5-01)	IR – IF	ER3 – AR
Luxembourg [1]	1er avril 1958 (JO du 9-4-60)	IR – IF	ER2 – AR
	A du 8 septembre 1970 (JO du 8-1-72)		
	A du 24 novembre 2006 (JO du 16-1-08)		
	A du 3 juin 2009 (JO du 29-1-11)		
	A du 5 septembre 2014 (JO du 19-3-2016) [3]		
	Convention du 20 mars 2018 (JO du 4-12-2019) [3]	IR – IF	ER3 – AR
Macédoine	10 février 1999 (JO du 3-7-04)	IR – IF	ER3
Madagascar	22 juillet 1983 (JO du 11-12-84)	IR	ER1 – AR
Malaisie	24 avril 1975 (JO du 24-4-77)	IR	ER2
	A du 12 novembre 2009 (JO du 11-1-11)		
	A du 31 janvier 1991 (JO du 23-6-92)		
Malawi	14 décembre 1950 (JO des 20 et 21-8-51) [2]	IR	ER3
Mali	22 septembre 1972 (JO du 17-5-75)	IR – S – DE	ER3 – AR
Malte [1]	25 juillet 1977 (JO du 16-11-79)	IR – IF	ER3 – AR
	A du 8 juillet 1994 (JO du 25-9-97)		
	A du 29 août 2008 (JO du 4-6-10)		
Maroc	29 mai 1970 (JO du 24-12-71)	IR – S – DE	ER3 – AR
	A du 18 août 1989 (JO du 22-12-90)		
Maurice	11 décembre 1980 (JO du 27-10-82)	IR – IF	ER2
	A du 23 juin 2011 (JO du 27-6-12)		ER3
Mauritanie	15 novembre 1967 (JO du 27-4-69)	IR – S – DE	ER3 – AR
Mexique	7 novembre 1991 (JO du 6-3-93)	IR	ER3
Monaco [4]	18 mai 1963 (JO du 27-9-63)		ER3 – AR
	A du 25 juin 1969 (JO du 25-12-69)		
	A du 26 mai 2003 (JO du 1-9-05)		
	1er avril 1950 (JO du 10-6-53)	S	
Mongolie	18 avril 1996 (JO du 1-1-99)	IR – IF	ER3
Monténégro	28 mars 1974 (JO du 13-9-1975) [8]	IR	ER2
Namibie	29 mai 1996 (JO du 29-5-99)	IR – IF	ER3
Niger	1er juin 1965 (JO du 1-12-66)	IR – S – DE	ER3 – AR
	A du 16 février 1973 (JO du 13-3-77)		
Nigeria	27 février 1990 (JO du 19-7-91)	IR	ER3
Norvège	19 décembre 1980 (JO du 25-10-81)	IR	ER3 – AR
	A du 14 novembre 1984 (JO du 27-10-85)	IR – IF	
	A du 7 avril 1995 (JO du 17-10-96)		
	A du 16 septembre 1999 (JO du 20-2-03)		
Nouvelle-Calédonie	31 mars et 5 mai 1983 (JO des 27-7 et 6-10-83)	IR – S – DE – DO	ER3
Nouvelle-Zélande	30 novembre 1979 (JO du 16-5-81)	IR	ER3
Oman	1er juin 1989 (JO du 1-8-90)	IR – S	
	A du 22 octobre 1996 (JO du 30-4-04)	IF	
	A du 8 avril 2012 (JO du 20-3-2013)		ER3
Ouzbékistan	22 avril 1996 (JO du 16-10-03)	IR – IF	ER3 – AR
Pakistan	15 juin 1994 (JO du 18-10-96)	IR	ER3
Panama	30 juin 2011 (JO du 4-2-12)	IR	ER3
Pays-Bas [1]	16 mars 1973 (JO du 21-4-74)	IR – IF	ER3 – AR
	A du 7 avril 2004 (JO du 1-9-05)		
Philippines	9 janvier 1976 (JO du 4-10-78)	IR	

82950 (suite)

Pays	Date de la convention (et le cas échéant de l'avenant)	Impôts visés	Assistance administrative
	A du 26 juin 1995 (JO du 26-6-98)		
	A du 25 novembre 2011 (JO 10-2-13)		ER3
Pologne [1]	20 juin 1975 (JO du 1-12-76)	IR – IF	ER3 – AR
Polynésie française	28 mars et 28 mai 1957 (JO du 15-8-57)	RCM	ER2 – AR
Portugal [1]	14 janvier 1971 (JO du 4-1-73)	IR	ER3 – AR
	A du 25 août 2016 (JO du 6-1-18)		
Qatar	4 décembre 1990 (JO du 22-12-94)	IR – IF – S	
	A du 14 janvier 2008 (JO du 31-7-09)		ER3
Québec [5]	1er septembre 1987 (JO du 29-10-88)	IR – IF	
	A du 3 septembre 2002 (JO du 1-9-05)		ER3
Roumanie [1]	27 septembre 1974 (JO du 21-10-75)	IR – IF	ER3 – AR
Royaume-Uni [1]	19 juin 2008 (JO du 9-1-10)	IR	ER3 – AR
	21 juin 1963 (JO du 1-8-64)	S	
Russie	26 novembre 1996 (JO du 29-5-99)	IR – IF	ER3
Saint-Martin	21 décembre 2010 (JO du 19-4-11)	IR	
Saint-Pierre-et-Miquelon	30 mai 1988 (JO du 14-1-89)	IR – S – DE – DO	ER3
Sénégal	29 mars 1974 (JO des 29 et 30-11-76 et 11-5-78)	IR – S – DE	ER3 – AR
	A du 16 juillet 1984 (JO du 25-2-86)		
	A du 10 janvier 1991 (JO du 27-2-93)		
Serbie	28 mars 1974 (JO du 13-9-1975) [8]	IR	ER2
Singapour	15 janvier 2015 (JO du 2-7-16)	IR	ER3
Slovaquie [1]	1er juin 1973 (JO du 2-10-75) [7]	IR – IF	ER3 – AR
Slovénie [1]	7 avril 2004 (JO du 22-3-07)	IR – IF	ER3 – AR
Sri Lanka	17 septembre 1981 (JO du 30-1-83)	IR	ER3
Suède [1]	27 novembre 1990 (JO du 8-4-92)	IR – IF	ER3 – AR
	8 juin 1994 (JO du 16-3-96)	S – DO	
Suisse	9 septembre 1966 (JO du 10-10-67)	IR – IF	
	A du 3 décembre 1969 (JO du 2-11-70)		
	Accord « frontaliers » du 11 avril 1983 (JO du 25-2-87)	IR	
	A du 22 juillet 1997 (JO du 27-8-98)		
	A du 27 août 2009 (JO du 12-12-10)	IR – IF	ER3 – AR
	A du 25 juin 2014 (JO du 3-5-2016)		
	Convention du 31 décembre 1953 (JO du 29-3-55) dénoncée depuis le 1-1-2015 [10]	S	ER1
Syrie	17 juillet 1998 (JO du 3-7-09)	IR	ER2
Taïwan [9]		IR	ER3 – AR
Tchèque (République) [1]	28 avril 2003 (JO du 3-8-05)	IR – IF	ER3 – AR
Thaïlande	27 décembre 1974 (JO du 21-11-75)	IR	ER3
Togo	24 novembre 1971 (JO du 6-8-75)	IR – S – DE	ER3 – AR
Trinité-et-Tobago	5 août 1987 (JO du 18-4-89)	IR	ER3
Tunisie	28 mai 1973 (JO du 13-11-75)	IR – S – DE	ER3
Turkménistan [6]	4 octobre 1985 (JO du 28-5-87) [6]	IR	ER1
Turquie	18 février 1987 (JO du 6-7-89)	IR	ER3
Ukraine	31 janvier 1997 (JO du 9-12-99)	IR – IF	ER3 – AR
Venezuela	7 mai 1992 (JO du 12-1-94)	IR	ER3
Vietnam	10 février 1993 (JO du 20-12-94)	IR – IF	ER3
Zambie	14 décembre 1950 (JO des 20 et 21-8-51) [2]	IR	ER3
Zimbabwe	15 décembre 1993 (JO du 16-3-97)	IR – IF	ER3

Pays	Date de la convention (et le cas échéant de l'avenant)	Impôts visés	Assistance administrative

Notes

1. Les directives européennes sont applicables dans le cadre des relations de la France avec ce pays.
2. Il s'agit de l'ancienne convention franco-britannique, qui continue à produire ses effets dans les relations de la France avec le Malawi et la Zambie.
3. La convention entre en vigueur au 1er janvier 2020.
4. Convention fiscale de nature particulière.
5. Entente fiscale entre la France et la province du Québec.
6. La convention signée avec l'ex-URSS demeure provisoirement applicable à la Biélorussie (République Bélarus), au Kirghizistan et au Turkménistan.
7. La convention du 1er juin 1973 signée avec l'ex-Tchécoslovaquie demeure applicable à la Slovaquie.
8. La convention signée avec l'ex-Yougoslavie demeure applicable à la Bosnie-Herzégovine, à la Serbie, au Monténégro et au Kosovo.
9. Les relations fiscales avec Taïwan sont régies par les dispositions de droit interne issues de l'article 77 de la loi 2010-1658 du 29 décembre 2010, assimilables à une « quasi-convention ».
10. La convention a été dénoncée par la France le 17 juin 2014. Elle cesse d'être applicable pour les successions des personnes décédées depuis le 1er janvier 2015.
11. L'accord du 22 septembre 2009 relatif à l'échange de renseignements entre la France et Andorre demeure en vigueur pour l'application du droit interne et de la convention du 2 avril 2013.

2. RETENUE À LA SOURCE SUR LES REVENUS MOBILIERS DE SOURCE FRANÇAISE

(régime traité nos 82735 s.)

82960 INT-GEN-16000 Le tableau ci-après récapitule les **taux conventionnels** de retenue à la source actuellement applicables aux revenus distribués de source française à des non-résidents à jour de la Convention multilatérale Beps (sont concernés les taux des conventions bilatérales entrées en vigueur pour chacune des parties signataires de la Convention multilatérale).

Ces taux constituent des **taux maximaux** fixés par les conventions fiscales. Lorsque le droit interne français prévoit un taux inférieur ou une exonération de retenue à la source, le contribuable bénéficie bien entendu de ce taux ou de cette exonération (voir nos 24845 s.).

NB : Signification des abréviations. DC = Droit commun : taux de 12,8 % (personnes physiques) ou 28 % (personnes morales).

Pays du bénéficiaire des revenus	Revenus payés à une société [1] qui détient une participation substantielle du capital (C) ou des droits de vote (DV) de la société distributrice		Revenus payés à un autre associé ou actionnaire de la société distributrice
	Minimum de participation	Taux de la retenue	Taux de la retenue
Afrique du Sud	10 % C	5 %	15 %
Albanie	25 % C	5 %	15 %
Algérie	10 % C	5 %	15 %
Allemagne	10 % C	0	15 %
Andorre	10 % C	5 %	15 %
Arabie saoudite	-	0	0
Argentine	-	15 %	15 %
Arménie	10 % C	5 %	15 %
Australie	10 % C [8]	5 % ou 0 %	15 %
Autriche	10 % C	0	15 %
Azerbaïdjan	-	10 %	10 %
Bahreïn	-	0	0
Bangladesh	10 % C	10 %	15 %
Belgique	10 % C [8]	10 %	15 %
Bénin	-	DC	DC
Biélorussie	-	15 %	15 %
Bolivie	25 % C	10 %	15 %
Bosnie-Herzégovine	25 % C	5 %	15 %
Botswana	25 % C	5 %	12 %

82960
(suite)

Pays du bénéficiaire des revenus	Revenus payés à une société [1] qui détient une participation substantielle du capital (C) ou des droits de vote (DV) de la société distributrice		Revenus payés à un autre associé ou actionnaire de la société distributrice
	Minimum de participation	Taux de la retenue	Taux de la retenue
Brésil	-	15 %	15 %
Bulgarie	15 % C	5 %	15 %
Burkina	-	DC	DC
Cameroun	-	15 %	15 %
Canada	10 % C [8]	5 %	15 %
Centrafrique	-	DC	DC
Chili	-	15 %	15 %
Chine	25 % C	5 %	10 %
Chypre	10 % C	10 %	15 %
Congo	10 % C	15 %	20 %
Corée du Sud	10 % C	10 %	15 %
Côte d'Ivoire	-	15 %	15 %
Croatie	10 % C	0	15 %
Égypte	-	0	0
Émirats arabes unis	-	0	0
Équateur	-	15 %	15 %
Espagne	10 % C	0	15 %
Estonie	10 % C	5 %	15 %
États-Unis	10 %	5 % [5]	15 %
Éthiopie	-	10 %	10 %
Finlande	-	0	0
Gabon	-	15 %	15 %
Géorgie	50 % C [6] 10 % C [7]	0 5 %	10 % -
Ghana	10 % C	5 %	15 %
Grèce	-	DC	DC
Guinée	-	15 %	15 %
Hong Kong	-	10 %	10 %
Hongrie	25 % C	5 %	15 %
Île Maurice	10 % C	5 %	15 %
Inde	10 % C	5 %	10 %
Indonésie	25 % C	10 %	15 %
Iran	25 % C	15 %	20 %
Irlande	50 % C [8]	10 %	15 %
Islande	10 % C	5 % ou 15 %	15 %
Israël	10 % C [8]	5 %	15 %
Italie	10 % C	5 %	15 %
Jamaïque	10 % DV	10 %	15 %
Japon	10 % C	5 % [4]	10 %
Jordanie	10 % C	5 %	15 %
Kazakhstan	10 % C	5 %	15 %
Kenya	-	10 %	10 %
Kirghizistan	-	15 %	15 %
Kosovo	25 % C	5 %	15 %
Koweït	-	0	0
Lettonie	10 % C	5 %	15 %
Liban	-	0	0
Libye	10 % C	5 %	10 %
Lituanie	10 % C	5 %	15 %
Luxembourg	5 % C [8]	0	15 %
Macédoine	10 %	0	15 %
Madagascar	25 % C	15 %	25 %
Malaisie	10 % C	5 %	15 %

82960 (suite)

Pays du bénéficiaire des revenus	Revenus payés à une société [1] qui détient une participation substantielle du capital (C) ou des droits de vote (DV) de la société distributrice		Revenus payés à un autre associé ou actionnaire de la société distributrice
	Minimum de participation	Taux de la retenue	Taux de la retenue
Malawi	50 % C	10 %	DC
Mali	-	DC	DC
Malte	10 % C	0	15 %
Maroc	-	0 ou 15 %	0 ou 15 %
Mauritanie	-	DC	DC
Mexique	10 % C	0 % ou 5 %	15 %
Monaco	-	DC	DC
Mongolie	10 % C	5 %	15 %
Monténégro	25 % C	5 %	15 %
Namibie	10 % C	5 %	15 %
Niger	-	DC	DC
Nigeria	10 % C	12,5 %	15 %
Norvège	10 % C	0	15 %
Nouvelle-Calédonie	-	5 %	5 % ou 15 %
Nouvelle-Zélande	-	15 %	15 %
Oman	-	0	0
Ouzbékistan	10 % C	5 %	8 %
Pakistan	10 % C	10 %	15 %
Panama	10 % C	5 %	15 %
Pays-Bas	25 % C [8]	5 %	15 %
Philippines	10 % DV	10 %	15 %
Pologne	10 % C [8]	5 %	15 %
Polynésie française	-	DC	DC
Portugal	-	15 %	15 %
Qatar	-	0	0
Québec	10 % C	5 %	15 %
Roumanie	-	10 %	10 %
Royaume-Uni	10 % C	0	15 %
Russie	76 225 € [8]	5 %	10 %
Saint-Martin	10 % C	0	15 %
Saint-Pierre-et-Miquelon	-	5 %	5 % ou 15 % [3]
Sénégal	-	15 %	15 %
Serbie	25 % C [8]	5 %	15 %
Singapour	10 % C	5 %	15 %
Slovaquie	-	10 %	10 %
Slovénie	20 % C [8]	0	15 %
Sri Lanka	-	DC	DC
Suède	10 % C	0	15 %
Suisse	10 % C	0 % ou 15 %	15 %
Syrie	10 % C	0	15 %
Taïwan	-	10 %	10 %
Tchèque (Rép.)	25 % C	0	10 %
Thaïlande	25 % C	15 ou 20 %	DC
Togo	-	DC	DC
Trinité-et-Tobago	10 % C	10 %	15 %
Tunisie	-	DC	DC
Turkménistan	-	15 %	15 %
Turquie	10 % C	15 %	20 %
Ukraine	10 % C	5 %	15 %
	50 % C [7]	0	-
Venezuela	10 % C	0	5 %
Vietnam	10 % C	5 %	15 %

Pays du bénéficiaire des revenus	Revenus payés à une société [1] qui détient une participation substantielle du capital (C) ou des droits de vote (DV) de la société distributrice		Revenus payés à un autre associé ou actionnaire de la société distributrice
	Minimum de participation	Taux de la retenue	Taux de la retenue
Zambie	50 % C	10 %	DC
Zimbabwe	25 % C	10 %	15 %

Notes
1. En principe autre qu'une société de personnes.
2. Participation au moins égale à 762 245 €.
3. Le taux de 5 % s'applique si le bénéficiaire effectif est une société (autre qu'une société de personnes).
4. Pas de retenue si la société bénéficiaire détient au moins 15 % du capital de la société française distributrice.
5. Pas de retenue si la société bénéficiaire a détenu au moins 80 % du capital de la société française distributrice pendant les douze mois consécutifs précédant la date de détermination des droits à dividendes, sous certaines conditions.
6. La société bénéficiaire doit également, en plus du seuil de détention du capital, avoir investi au moins 3 millions d'euros dans le capital de la société distributrice.
7. La société bénéficiaire doit également, en plus du seuil de détention du capital, avoir investi au moins 100 000 € dans le capital de la société distributrice.
8. Pas de retenue si la société bénéficiaire détient sa participation minimum dans le capital de la société distributrice pendant au moins 365 jours incluant le jour du paiement des dividendes.

3. CRÉDIT D'IMPÔT SUR LES REVENUS MOBILIERS DE SOURCE ÉTRANGÈRE
(régime traité nos 82745 s.)

BÉNÉFICIAIRE SOUMIS À L'IMPÔT SUR LE REVENU

Le crédit d'impôt est déterminé en appliquant au **montant net** des produits (donc après prélèvement de l'impôt étranger) les pourcentages indiqués ci-après. **82970** INT-GEN-19000

Les taux et renvois portés dans la colonne « **Intérêts** » concernent (sauf pour les pays africains) aussi bien les intérêts d'obligations négociables que les intérêts de créances ordinaires perçus par les personnes physiques.

Pays d'émission des valeurs	Dividendes	Intérêts	Tantièmes et jetons de présence
Afrique du Sud	**17,7**	**0**	**0**
Albanie	**17,7**	**11,2**	(1)
Algérie	**17,7**	**13,7**	(1)
Allemagne	**17,7**	**0**	(1)
Andorre	**17,7**	**5,3**	(1)
Arabie saoudite	**0**	**0**	**0**
Argentine	**17,7**	**25**	(1)
Arménie	**17,7**	**11,2**	(1)
Australie	**17,7**	**11,2**	(1)
Autriche	**17,7**	**0** (17)	(1)
Azerbaïdjan	**11,2**	**11,2**	(1)
Bahreïn	**0**	**0**	(1)
Bangladesh	(4) (5)	(3) (5)	**0**
Belgique	**17,7**	**17,7**	**0** (10)
Bénin	**36** (11)	(1)	(1)
Biélorussie	**17,7**	**11,2**	**0**
Bolivie	**17,7**	**17,7**	(1)
Bosnie-Herzégovine	**17,7**	**0**	(1)
Botswana	**13,7**	**11,2**	(1)
Brésil	(1)	(1)	(1)
Bulgarie	**17,7**	**0**	(3)
Cameroun	**17,7**	(1)	(1)
Canada	**17,7**	**11,2**	(1)

82970 (suite)

Pays d'émission des valeurs	Dividendes	Intérêts	Tantièmes et jetons de présence
Chili	**17,7** (18)	**11,2** ou **5,3** ou **4,2**	(1)
Chine	**11,2**	**11,2**	(1)
Chypre	**17,7**	**11,2**	(1)
Congo	**25**	**0**	(3)
Corée du Sud	**17,7**	**11,2**	(1)
Côte d'Ivoire	**17,7** (14)	**17,7**	(1)
Croatie	**17,7**	**0**	(1)
Égypte	**0**	**17,7** ou **0**	(1)
Émirats arabes unis	**0**	**0**	**0**
Équateur	**17,7**	(1)	(1)
Espagne	**17,7**	**11,2** (4)	(1)
Estonie	**17,7**	**11,2**	(1)
États-Unis	**17,7** (7)	**0**	(1)
Éthiopie	**11,2**	**5,3**	(1)
Finlande	**0**	**11,2**	(1)
Gabon	**17,7**	**11,2**	(1)
Géorgie	**11,2**	**0**	(1)
Ghana	**17,7**	**14,3**	(1)
Grèce	**21**	**11,2**	**0** (10)
Guinée	**17,7**	**11,2**	(1)
Hong Kong	**11,2**	**11,2**	(1)
Hongrie	**17,7**	**0**	(1)
Inde	**11,2** (5)	**11,2** (2) (5)	(1)
Indonésie	(2)	(2)	(1)
Iran	**25**	**17,7**	(1)
Irlande	**0**	**0**	**0**
Islande	**17,7**	**0**	(1)
Israël	**17,7**	**11,2** ou **5,3** ou **0**	**0**
Italie	**17,7**	**11,2**	(1)
Jamaïque	**17,7** (2)	**11,2** (2)	(1)
Japon	**11,2**	**11,2** (2)	**0**
Jordanie	**17,7** (5)	**17,7** (5)	(1)
Kazakhstan	**17,7**	**11,2**	(1)
Kenya	**11,2**	**13,7**	(1)
Kirghizistan	**17,7**	**11,2**	**0**
Kosovo	**17,7**	**0**	(1)
Koweït	**0**	**0**	**0**
Lettonie	**17,7**	**11,2**	(1)
Liban	**0**	**0**	(1)
Libye	**11,2**	**0**	(1)
Lituanie	**17,7**	**11,2**	(1)
Luxembourg	**17,7**	**5,3**	**0** (10)
Macédoine	**17,7**	**0**	(1)
Madagascar	**33,33**	**17,7**	(1)
Malaisie	**0**	**17,7** (5)	(1)
Malawi	**0**	**0**	**0**
Malte	**17,7** (15)	**5,3** (15)	(1)
Maroc	**33,33**	**17,7** ou **11,2** (8)	**0** (10)
Maurice	(2)	(1)	(1)
Mexique	(2)	(1)	(1)
Mongolie	**17,7** (5)	**11,2** (5)	(1)
Monténégro	**17,7**	**0**	(1)
Namibie	**17,7**	**11,2**	(1)
Nigeria	**17,7** (5)	**14,3** (5)	(1)
Norvège	**17,7**	**0**	(1)
Nouvelle-Calédonie	**38** (11)	**0**	(1)
Nouvelle-Zélande	**17,7**	**11,2**	(1)

82970 (suite)

Pays d'émission des valeurs	Dividendes	Intérêts	Tantièmes et jetons de présence
Oman	**0**	**0** (3)	**0**
Ouzbékistan	**8,7**	**5,3**	(1)
Pakistan	**17,7** (5)	**11,2** (5)	(1)
Panama	**17,7**	**5,3**	(1)
Pays-Bas	**17,7**	(6)	(1)
Philippines	(2)	(2)	(1)
Pologne	**17,7**	**0**	(1)
Polynésie française	**36** (11)	**13,7**	**0**
Portugal	**17,7**	(13)	(1)
Qatar	**0**	**0**	**0**
Roumanie	**11,2**	**11,2**	(1)
Royaume-Uni	**17,7**	**0**	(1)
Russie	**17,7** (16)	**0**	(1)
Saint-Martin	**17,7**	**11,2**	(1)
Saint-Pierre-et-Miquelon	(1)	(1)	(1)
Sénégal	**17,7**	**17,7**	(1)
Serbie	**17,7**	**0**	(1)
Singapour	(3)	**11,2**	(1)
Slovaquie	**11,2**	**0**	(1)
Slovénie	**17,7** (19)	**5,3**	(1)
Sri Lanka	(9)	(9)	(1)
Suède	**17,7**	**0**	(1)
Suisse	**17,7**	**0**	(1)
Syrie	**17,7**	**11,2**	(1)
Taïwan	**11,2**	**11,2**	(1)
Tchèque (Rép.)	**11,2**	**0**	(1)
Thaïlande	**25**	(1)	(1)
Trinité-et-Tobago	**17,7** (2)	**11,2** (2)	(1)
Tunisie	(3)	**13,7**	(1)
Turkménistan	**17,7**	**11,2**	**0**
Turquie	**25**	**17,7**	(1)
Ukraine	**17,7**	**11,2** ou **2**	(1)
Venezuela	**5,3**	**5,3**	(1)
Vietnam	**11,2** (5)	**0**	(1)
Zambie	**0**	**0**	**0**
Zimbabwe	**25**	**11,2**	(1)
Centrafrique, Burkina, Mali, Mauritanie, Niger, Togo	**36** (11)	**13,7**	**13,7** (12)

Notes

1. Crédit égal au montant de l'impôt étranger dont il appartient au bénéficiaire de justifier.
2. Crédit forfaitaire, limité ou inexistant selon les pays.
3. Lorsqu'ils sont imposables à l'étranger, crédit égal au montant de l'impôt français correspondant.
4. Crédit égal au montant de l'impôt étranger majoré dans certaines conditions.
5. Possibilité d'application d'un crédit d'impôt pour certains produits exonérés en tout ou partie dans l'État de la source.
6. Crédit égal à 10 % du montant brut pour les intérêts d'obligations participatives de source luxembourgeoise ou néerlandaise.
7. Cas des Américains domiciliés en France : voir nº 82575, g.
8. Crédit d'impôt égal à 10 % du montant brut pour les intérêts d'emprunts exonérés au Maroc émis par certains organismes spécialisés ou à 15 % du montant brut pour les intérêts des dépôts à terme et bons de caisse.
9. Crédit forfaitaire calculé sur le montant brut des produits de : 25 % pour les dividendes ; 15 % pour les intérêts de source sri-lankaise ayant supporté un impôt inférieur.
10. Les tantièmes et jetons de présence ne sont pas imposables en France.
11. Il s'agit d'un taux approché (voir nº 82575, f).
12. Sauf justification d'un montant d'impôt plus élevé.
13. En ce qui concerne les intérêts de source portugaise, des règles particulières sont prévues.
14. Crédit d'impôt de 22 % correspondant à une retenue brute ivoirienne de 18 % lorsque la société distributrice est exonérée d'impôt sur les bénéfices en Côte d'Ivoire ou acquitte cet impôt à un taux inférieur au taux de droit commun.
15. Suppression du crédit d'impôt si la personne morale versante bénéficie à Malte d'un régime fiscal privilégié.
16. Crédit de 10 % du montant brut des dividendes lorsque l'actionnaire détient une participation égale ou supérieure à 76 225 €.
17. Les intérêts qui ont été soumis à retenue à la source en Autriche conformément à la directive 2003/48/CE du 3 juin 2003 (abrogée depuis le 1er janvier 2016 mais qui est restée applicable jusqu'au 30 juin 2017 s'agissant de l'Autriche) ouvrent droit à un crédit d'impôt égal au montant de l'impôt perçu à l'étranger.
18. Crédit égal à la plus petite des sommes suivantes : soit le montant de l'impôt additionnel payé au Chili, soit 15 % du montant brut des dividendes avant calcul de l'impôt additionnel.
19. Exonération lorsque le bénéficiaire effectif est une société qui détient directement au moins 20 % du capital de la société distributrice.

BÉNÉFICIAIRE RELEVANT DE L'IMPÔT SUR LES SOCIÉTÉS

82980
INT-GEN-19020 et 19050

Le crédit d'impôt est déterminé en appliquant au **montant brut** des produits encaissés (donc avant prélèvement de l'impôt étranger) les pourcentages indiqués ci-après.

Pays	Taux du crédit d'impôt			
	Dividendes	Intérêts de créances		Tantièmes et jetons de présence
		négociables	non négociables	
Afrique du Sud	**15** (1)	**0**	**0**	(2)
Albanie	**15** (1)	**10**	**10**	(2)
Algérie	**15** (1)	**12**	**12**	(2)
Allemagne	**15** ou **0** (1)		**0**	(2)
Andorre	**15** (1)	**5**	**5**	(2)
Arabie saoudite	**0**	**0**	**0**	**0**
Argentine	**15**	**20**	**20**	(2)
Arménie	**15** (1)	**10**	**10** (6)	(2)
Australie	**15** (1)	**10**	**10**	(2)
Autriche	**15** ou **0** (1)	**0**	**0**	(2)
Azerbaïdjan	**10**	**10**	**10**	(2)
Bahreïn	**0**	**0**	**0**	(2)
Bangladesh	(2)	(2)	(2)	**0**
Belgique	**15** (1)	**15**	**15**	
Bénin	(3)	(2)	**16** (5)	(2)
Biélorussie	**15**	**10**	**10** (6)	**0**
Bolivie	**15** (1)	**15**	**15**	(2)
Bosnie-Herzégovine	**15** (1)		**0**	(2)
Botswana	**12** (1)	**10**	**10**	(2)
Brésil	(2)	(2)	(8)	(2)
Bulgarie	**15** (1)	**0**	**0**	(4)
Burkina	(3) (5)	**12**	**16** (5)	**12** (5)
Cameroun	**15**	(2)	(8)	(2)
Canada	**15** (1)	**10**	**10** (6)	(2)
Centrafrique	(3) (5)	**12**	(8)	**12** (5)
Chili	**15**	**10, 5** ou **4**	**10, 5** ou **4**	(2)
Chine	**10** (1)	**10**	**10**	(2)
Chypre	**15** (1)	**10** (6)	**10** (6)	(2)
Congo	**20** (1)	**0**	**0**	(4)
Corée du Sud	**15** (1)	**10**	**10** (6)	(2)
Côte d'Ivoire	**15** (6)	**15**	**15** (6)	(2)
Croatie	**15** ou **0** (1)	**0**	**0**	(2)
Égypte	**0**	**15**	**15** ou **0**	(2)
Émirats arabes unis	**0**		**0**	**0**
Équateur	**15**	**10** ou **15** (6)	**10** ou **15** (6)	(2)
Espagne	**15** ou **0** (1)	**10**	**10** (6)	(2)
Estonie	**15** (1)	**10** (6)	**10** (6)	(2)
États-Unis	**15** (1)	**0** ou **15**	**0** ou **15**	(2)
Éthiopie	**10**	**5**	**5**	(2)
Finlande	**0**	**10**	**10** (6)	(2)
Gabon	**15**	**10**	**10**	(2)
Géorgie	**10** ou **0** (1)	**0**	**0**	(2)
Ghana	**15** (1)	**12,5**	**12,5** (6)	(2)
Grèce	**0**	**10**	**10**	
Guinée	**15**	**11**	**10**	(2)
Hong Kong	**10**	**10**	**10**	(2)
Hongrie	**15** (1)		**0**	(2)
Inde	**10** (1)	**10**	**10** (6)	(2)
Indonésie	**15** (1) (6)	**15** (6)	**15** (6)	(2)
Iran	**20** (1)	**15**	**15**	(2)
Irlande	**0**		**0**	
Islande	**15** (1)	**0**	**0**	(2)
Israël	**5, 10** ou **15**	**10, 5** ou **0**	**10** ou **5** (6)	

82980 (suite)

Pays	Taux du crédit d'impôt			
	Dividendes	Intérêts de créances		Tantièmes et jetons de présence
		négociables	non négociables	
Italie	**15** (1)	**10**	**10** (6)	(2)
Jamaïque	**15** (1)	**10**	**10** (6)	(2)
Japon	**10** (1)	**10**	**10** (6)	(2)
Jordanie	**15** (1)	**15** (6)	**15** ou **0** (6)	(2)
Kazakhstan	**15** (1)	**10** (1)	**15** (6)	(2)
Kenya	**10**	**12**	**12** (8)	(2)
Kirghizistan	**15**	**10**	**10** (6)	**0**
Kosovo	**15** (1)		**0**	(2)
Koweït	**0**	**0**	**0**	
Lettonie	**15** (1)	**10** (1)	**10**	(2)
Liban			**0**	(2)
Libye	**10** (1)	(2)	**0**	(2)
Lituanie	**15** (1)	**10**	**10**	(2)
Luxembourg	**15** (1)	**0**	**0**	
Macédoine	**15** ou **0** (1)	**0**	**0**	(2)
Madagascar	**25** (1)	**15**	**15** (6)	(2)
Malaisie	**0**	**15**	**15**	
Malawi			**0**	(2)
Mali	(3) (5)	**12**	(8)	**12** (5)
Malte	**15** ou **0** (1)	**10** ou **5**	**10** (6)	
Maroc	**25**	**10**	**10** (6)	
Maurice	**25**	(2)	(8) (6)	(2)
Mauritanie	(3) (5)	**12**	**16** (5)	**12** (5)
Mexique	**5** ou **15**	**5** ou **10**	**10**	(2)
Mongolie	**15** (1)	**10** (6)	**10** (6)	(2)
Monténégro	**15** (1)		**0**	(2)
Namibie	**15** (1)	**10**	**10** (6)	(2)
Niger	(3) (5)	**12**	**16** (6)	**12** (5)
Nigeria	**15** (1) (6)	**12,5** (6)	**12,5**	(4)
Norvège	**15** ou **0** (1)	**0**	**0**	(2)
Nouvelle-Calédonie	**35**	**0**	**0**	(2)
Nouvelle-Zélande	**15**	**10**	**10** (6)	(2)
Oman	**0** (1)	**0**	**0**	
Ouzbékistan	**8** (1)	**5**	**5**	(2)
Pakistan	**15** (1) (2)	(2)	**10** (6)	
Panama	**5** ou **15**	**5**	**5**	(2)
Pays-Bas	**15** (1)	**0** (6)	**10** (6)	(2)
Philippines	**20** (5)	**15** (5)	**15**	(2)
Pologne	**15** (1)		**0**	(2)
Polynésie française	(3)	**12**	**0**	**0**
Portugal	**15**	(7)	**12**	(2)
Qatar	**0**	**0**	**0**	
Roumanie	**10**	**10**	**10** (6)	(2)
Royaume-Uni	**15** ou **0** (1)	**0**	**0**	(2)
Russie	**15** (6)	**0**	**0**	(2)
Saint-Martin	**15** ou **0** (1)	**10**	**10**	(2)
Saint-Pierre-et-Miquelon	(1)	(2)	(8)	(2)
Sénégal	**15**	**15**	**15** (6)	(2)
Serbie	**15** (1)		**0**	(2)
Singapour	**0**	**10** (6)	**10**	(2)
Slovaquie	**10**	**0**	**0**	(2)
Slovénie	**15** ou **0** (1) (2)	**5**	**5** (6)	(2)
Sri Lanka	**25**	**15**	**15** (6)	(2)
Suède	**15** ou **0** (1)	**0**	**0**	(2)
Suisse	**15** ou **0** (1)	**0**	**0**	(2)
Syrie	**15** ou **0** (1)	**10**	**10**	(2)

Pays	Taux du crédit d'impôt			
	Dividendes	Intérêts de créances		Tantièmes et jetons de présence
		négociables	non négociables	
Taïwan	**10**	**10**	**10**	(2)
Tchèque (Rép.)	**10** ou **0** (1)	**0**	**0**	(2)
Thaïlande	**25** (1)	(2)	(8) (6)	(2)
Togo	(3) (5)	**12**	**12** (5)	**12** (5)
Trinité-et-Tobago	**15** (1)	**10**	**10** (6)	(2)
Tunisie	**0**	**12**	**12**	(2)
Turkménistan	**15**	**10**	**10** (6)	**0**
Turquie	**20** (1)	**15**	**15**	(2)
Ukraine	**15, 5** ou **0** (1)	**10**	**10**	(2)
Venezuela	**5** ou **0** (1)	**5**	**5** (6)	(2)
Vietnam	**10** (1)	**0**	**0**	(2)
Zambie			**0**	(2)
Zimbabwe	**20** (1)	**10**	**10** (6)	(2)

Notes
1. Des limitations particulières sont applicables aux crédits d'impôt attachés aux dividendes qui rémunèrent une participation importante dans le capital ou les droits de vote de la société distributrice.
2. Crédit égal au montant de l'impôt étranger. Ce crédit est majoré dans certaines conditions pour les dividendes et intérêts de source bengalaise, mongole ou pakistanaise, ou égal au montant de l'impôt français correspondant (Congo).
3. Décote africaine : voir n° 82575, f.
4. Crédit égal au montant de l'impôt français correspondant aux revenus en cause.
5. Ou le montant de l'impôt étranger s'il est supérieur.
6. Taux différent (ou aucun crédit) dans certains cas.
7. Crédit égal au montant de l'impôt portugais sur le montant des intérêts d'obligations dans la limite de 12 % du montant brut si ledit impôt est prélevé à un taux supérieur à 10 %.
8. Crédit égal au montant de l'impôt étranger plafonné au montant de l'impôt français correspondant.

4. RETENUE À LA SOURCE ET CRÉDIT D'IMPÔT SUR LES REDEVANCES (régime traité nos 82800 s.)

82990
INT-GEN-16600 et 19020

Le tableau ci-après récapitule, d'une part, le taux de retenue à la source applicable, par pays, aux redevances et produits assimilés, versés de source française aux résidents des pays et des territoires conventionnés, d'autre part, le taux du crédit d'impôt applicable en France aux redevances de source étrangère.

Ce crédit d'impôt est déterminé en appliquant au **montant brut** des produits encaissés (donc avant prélèvement de l'impôt étranger) les pourcentages indiqués.

82990 (suite)

Pays	Redevances de source française	Redevances de source étrangère	Pays	Redevances de source française	Redevances de source étrangère
	Retenue à la source Taux	Crédit d'impôt Taux		Retenue à la source Taux	Crédit d'impôt Taux
Afrique du Sud	**0**	**0**	Koweït	**0**	**0**
Albanie	**5**	**5**	Lettonie	**5-10**	**5-10**
Algérie	**5-10**	**5-12**	Liban	**33 1/3**	(9)
Allemagne	**0**	**0**	Libye	**0**	**0**
Andorre	**5**	**5**	Lituanie	**5-10**	**5-10**
Arabie saoudite	**0**	**0**	Luxembourg	**5**	**5**
Argentine	**18**	**18** (6)	Macédoine	**0**	**0**
Arménie	**5-10**	**5-10**	Madagascar	**15-10**	(9)
Australie	**5**	**5**	Malaisie	**10-33 1/3**	**10** (6)
Autriche	**0**	**0**	Malawi	**0**	**0**
Azerbaïdjan	**5-10**	**5-10**	Mali	**0**	**0**
Bahreïn	**0**	**0**	Malte	**10** (1)	**10** (12)
Bangladesh	**10**	(7)	Maroc	**5-10**	**10** (6)
Belgique	**0**	**0**	Maurice	**15** (1)	**15** (12)
Bénin	**0**	**0**	Mauritanie	**0**	**0**
Biélorussie	**0**	**0**	Mexique	**0-10**	**0-10**
Bolivie	**15** (1)	**15** (12)	Mongolie	**5** (1)	**5**
Bosnie-Herzégovine	**0**	**0**	Monténégro	**0**	**0**
Botswana	**10**	**10**	Namibie	**10** (1)	**10** (12)
Brésil	**10-15-25**	(8)	Niger	**0**	**0**
Bulgarie	**5**	**5**	Nigeria	**12,5**	**12,5**
Burkina	**0**	**0**	Norvège	**0**	**0**
Cameroun	**7,5-15** (1)	(9)	Nouvelle-Calédonie	**10** (1)	**10** (12)
Canada	**10** (2)	**0-10**	Nouvelle-Zélande	**10**	**10**
Centrafrique	**0**	**0**	Oman	**7** (16)	**7** (15)
Chili	**2-10**	**2-10**	Ouzbékistan	**0**	**0**
Chine	**10**	**10** (16)	Pakistan	**10**	**10**
Chypre	**0-5**	**0** (10)	Panama	**5**	(9)
Congo	**15**	**15**	Pays-Bas	**0**	**0**
Corée du Sud	**10**	**10**	Philippines	**15**	**20** (13)
Côte d'Ivoire	**0-10**	**0-10**	Pologne	**10** (1)	**10** (12)
Croatie	**0**	**0**	Polynésie française		**0**
Égypte	**10-15**	**15**	Portugal	**5**	**5**
Émirats arabes unis	**0**	**0**	Qatar	**0**	**0**
Équateur	**15**	**15**	Roumanie	**10**	**10**
Espagne	**0-5**	**0-5**	Royaume-Uni	**0**	**0**
Estonie	**0**	**0**	Russie	**0**	**0**
États-Unis	**0**	**0** (11)	Saint-Martin	**0**	**0**
Éthiopie	**7,5**	**7,5**	Saint-Pierre-et-Miquelon	**10** (1)	(9)
Finlande	**0**	**0**	Sénégal	**0**	(9) (12)
Gabon	**10** (1)	**10** (12)	Serbie	**0**	**0**
Géorgie	**0**	**0**	Singapour	**0-33 1/3**	(9) (14)
Ghana	**10**	**12,5**	Slovaquie	**5** (1)	**5** (12)
Grèce	**5**	**5**	Slovénie	**0-5**	**0-5**
Guinée	**10** (1)	**10**	Sri Lanka	**10** (1) (3)	**20** (12)
Hong Kong	**10**	**0**	Suède	**0**	**0**
Hongrie	**0**	**0**	Suisse	**5** (4)	**5**
Inde	**0**	**10** (17)	Syrie	**15**	**15**
Indonésie	**10**	**10**	Taïwan	**10**	**10**
Iran	**10** (1)	**10** (12)	Tchèque (Rép.)	**0-5-10**	**5-10**
Irlande	**0**	**0**	Thaïlande	**0-5-15**	**15** (6)
Islande	**0**	**0**	Togo	**0**	**0**

Pays	Redevances de source française	Redevances de source étrangère	Pays	Redevances de source française	Redevances de source étrangère
	Retenue à la source Taux	Crédit d'impôt Taux		Retenue à la source Taux	Crédit d'impôt Taux
Israël	**10** (1)	**0-10**	Trinité-et-Tobago	**0-10**	**0-10**
Italie	**0-5**	**0-5**	Tunisie	**0-5-15-20**	**5-15-20**
Jamaïque	**10**	**10**	Turkménistan	**0**	**0**
Japon	**0**	**0**	Turquie	**10**	**10**
Jordanie	**5-15-25**	(9)	Ukraine	**0-10**	**0-10**
Kazakhstan	**10**	**10**	Venezuela	**5**	**5**
Kenya	**10**	**10** (9)	Vietnam	**5-10**	**5-10**
Kirghizistan	**0**	**0**	Zambie	**0** (5)	**0**
Kosovo	**0**	**0**	Zimbabwe	**10**	**10**

Notes
1. Pas de retenue pour les redevances provenant de droits d'auteur sur des œuvres littéraires, artistiques ou scientifiques.
2. Sauf pour certaines redevances (art. 12, § 3 et 4 de la Convention).
3. Lorsque la redevance devient exigible pour la première fois après l'entrée en vigueur de la Convention ; dans le cas contraire, l'impôt établi dans l'État de la source est diminué de moitié.
4. Clause anti-abus (voir article 14 de la Convention).
5. Seulement si le bénéfice est effectivement assujetti à l'impôt sur les redevances en cause dans le pays dont il est le résident.
6. Taux différent (ou aucun crédit) dans certains cas.
7. Impôt prélevé à la source, majoré de 10 % du montant brut du revenu sans pouvoir excéder 20 % du montant brut de ce revenu. En l'absence de retenue à la source, le taux du crédit d'impôt est de 10 %.
8. Crédit égal au montant de l'impôt étranger plafonné à 10 % ou 25 % ou crédit forfaitaire égal à 20 % du revenu brut.
9. Crédit égal au montant de l'impôt étranger plafonné au montant de l'impôt français correspondant.
10. Crédit de 5 % pour les redevances sur des films, y compris films et bandes magnétiques audio utilisés pour la télévision.
11. Cas des Américains domiciliés en France : voir nº 82575, g.
12. Aucun crédit d'impôt pour les redevances de droits d'auteur sur des œuvres littéraires, artistiques ou scientifiques.
13. Ou le montant de l'impôt étranger s'il est supérieur.
14. Crédit d'impôt de 10 %, pour certaines redevances exonérées à Singapour.
15. À partir de l'entrée en vigueur de l'avenant du 8-4-2012.
16. Crédit d'impôt de 20 % pour les redevances payées jusqu'au 27-12-2016 au titre de contrats en cours au 28-12-2014.
17. Aucun crédit d'impôt pour les redevances sur les films ou bandes utilisés pour des émissions de radio ou de télévision.

5. RETENUE À LA SOURCE SUR LES BÉNÉFICES RÉALISÉS EN FRANCE PAR DES SOCIÉTÉS ÉTRANGÈRES (régime traité nos 82720 s.)

83000 INT-GEN-22200 Le tableau ci-après résume l'incidence des conventions sur la retenue à la source prévue par l'article 115 quinquies du CGI à l'égard des sociétés étrangères exerçant une activité en France.

a. Conventions qui maintiennent la retenue à la source

1. Dans les conditions du droit interne

Arabie saoudite	Liban (art. 14, § 1)
Bahreïn Biélorussie (ex-URSS)	Madagascar
Bosnie-Herzégovine (ex-Yougoslavie art. 10, § 6)	Monténégro (ex-Yougoslavie art. 10, § 6)
Grèce* (art. 8, § 1)	Oman
Irlande* (art. 8, § 1)	Pologne*
Kirghizistan (ex-URSS)	Serbie (ex-Yougoslavie art. 10, § 6)
Kosovo (ex-Yougoslavie art. 10, § 6)	Sri Lanka
Koweït	Thaïlande (art. 10, § 6)
	Turkménistan (ex-URSS)

2. Dans des conditions différentes de celles du droit interne

États concernés	Taux (%) et base (1)
Argentine (art. 10, § 7)	5 – DI
Arménie (art. 10, § 6)	5 – DI
Bangladesh (art. 10, § 7)	15 – DI
Belgique* (art. 17, § 1)	10 – 1/2 DI

83000 (suite)

Bénin (art. 15, § 1 et 2)	30 – DI (2)
Botswana (art. 10, § 7)	5 – DI
Brésil (art. 10, § 8, a)	15 – 2/3 DI
Bulgarie* (art. 8, § 7)	5 – DI
Burkina (art. 15, § 1 et 2)	30 – DI (2)
Cameroun (art. 14)	15 – (3)
Canada (art. 10, § 8)	5 – DI
Centrafrique (art. 15, § 1 et 2)	30 – DI (2)
Chypre* (art. 10, § 7)	10 – DI
Congo (art. 10, § 7)	15 – DI
Corée (art. 10, § 7)	5 – DI
Équateur (art. 10, § 6)	15 – DI
États-Unis (art. 10, § 8-a)	5 – DI (4)
Finlande* (art. 10, § 7)	15 – 2/3 DI
Hongrie* (art. 10, § 7)	5 – DI
Indonésie (art. 10, § 6)	10 – DI
Iran (art. 10, § 6)	15 – 2/3 DI
Islande* (art. 10, § 8)	5 – DI
Israël (art. 10, § 8)	5 ou 10 – DI
Jamaïque (art. 10, § 7)	10 – DI
Jordanie (art. 10, § 6)	5 – DI
Kazakhstan (art. 10, § 7)	5 – DI (5)
Malaisie (art. 10, § 5)	15 – 2/3 DI
Malawi (art. 6 de l'ancienne convention franco-britannique du 14-12-1950)	10 – DI
Mali (art. 15, § 1 et 2)	30 – DI (2)
Malte* (art. 10, § 7)	10 – DI
Maurice (protocole, art. 1, § 4)	15 – DI
Mauritanie (art. 15, § 1 et 2)	30 – DI (2)
Niger (art. 15, § 1 et 2)	30 – DI (2)
Nouvelle-Calédonie (art. 9, § 8)	10 – DI
Nouvelle-Zélande (art. 10, § 8)	15 – 2/3 DI
Philippines (art. 10, § 6)	10 – DI
Portugal* (art. 10, § 1)	15 – DI
Roumanie* (art. 10, § 6)	10 – DI
Saint-Pierre-et-Miquelon (art. 9, § 8)	10 – DI
Singapour (art.10, § 7)	5 – DI
Slovaquie* (ex-Tchécoslovaquie) (art. 11)	10 – 2/3 DI
Trinité-et-Tobago (art. 10, § 6)	10 – DI
Tunisie (art. 15, § 1 et 2)	30 – DI (2)
Turquie (art. 10, § 5)	7,5 – DI
Zambie (art. 6 de l'ancienne convention franco-britannique du 14-12-1950)	10 – DI

b. Conventions qui suppriment la retenue à la source

Afrique du Sud (art. 10, § 6)
Albanie (art. 10, § 6)
Algérie (art. 10, § 6)
Allemagne* (art. 8)
Andorre (art. 10, § 5)
Australie (art. 10, § 5)
Autriche* (art. 10, § 7)
Azerbaïdjan (art. 10, § 6)
Bolivie (art. 10, § 6)
Chili (art. 10, § 6)
Chine (art. 10, § 5)
Côte d'Ivoire (art. 13, § 8)
Croatie* (art. 10, § 6)
Égypte (art. 10, § 5)
Émirats arabes unis (art. 8, § 6)
Espagne* (art. 10, § 6)
Estonie* (art. 10, § 6)
Éthiopie (art. 10, § 5)
Libye (art. 11, § 5)
Lituanie* (art. 10, § 7)
Macédoine (art. 10, § 6)
Maroc (art. 13, § 1 et 25-3-a)
Mexique (art. 10, § 8)
Mongolie (art. 10, § 6)
Namibie (art. 10, § 7)
Nigeria (art. 10, § 4)
Norvège* (art. 10, § 7)
Ouzbékistan (art. 10, § 6)
Pakistan (protocole, point 6)
Panama (art. 10, § 5)
Pays-Bas* (protocole, point 3)
Qatar (art. 8, § 6)
Royaume-Uni* (art. 11, § 4)
Russie (art. 10, § 5)
Saint-Martin (art. 10, § 5)
Sénégal (art. 13, § 7)

83000 (suite)

Gabon (art. 10, § 7)
Géorgie (art. 10, § 5)
Ghana (art. 10, § 7)
Guinée (art. 10, § 6)
Hong Kong (art. 10, § 5)
Inde (art. 11, § 7)
Italie* (art. 10, § 10)
Japon (art. 10, § 7)
Kenya (art. 10, § 6)
Lettonie* (art. 10, § 7)
Slovénie* (art. 10, § 6)
Suède* (art. 10, § 7)
Suisse (art. 11, § 7)
Syrie (art. 10, § 7)
Taïwan (art. X § 4)
Tchèque (République)* (art. 10, § 6)
Venezuela (art. 10, § 7)
Vietnam (art. 10, § 6)
Zimbabwe (art. 10, § 6)

Notes

*Pour les sociétés ayant leur siège dans un des **pays membres de l'Union européenne,** ou partie à l'accord sur l'Espace économique européen, la retenue à la source est supprimée à certaines conditions (voir n° 24895).

1. DI = Droit interne.
2. Ou rapport entre bénéfice de l'établissement stable et bénéfice global de la société.
3. Rapport entre le CA de l'établissement stable et le CA total de la société.
4. Cas d'exonération toutefois prévus à l'art. 10, § 9 et 10.
5. Après déduction des réinvestissements dans l'établissement stable.

PARTIE 9

Régimes spéciaux

Nous envisageons dans cette partie différents régimes spéciaux et situations particulières qui méritent une étude séparée dans la mesure où ils intéressent plusieurs catégories de contribuables ou plusieurs impôts. Il s'agit : **85000**
– des régimes d'imposition des petites entreprises (nos 85100 s.) ;
– de l'entreprise individuelle à responsabilité limitée (nos 87200 s.) ;
– de la direction des grandes entreprises (nos 87400 s.) ;
– des organismes de gestion agréés et comptables conventionnés (nos 87700 s.) ;
– des centres de formalités des entreprises (nos 88200 s.) ;
– des régimes de participation des salariés (nos 88400 s.) ;
– du régime des associations et organismes sans but lucratif (nos 89200 s.).

Un dernier chapitre regroupe les autres régimes spéciaux : agréments fiscaux (nos 90200 s.), locations meublées (nos 90420 s.), fiducie (nos 90780 s.), outre-mer (nos 91280 s.), Corse (nos 92140 s.), aménagement du territoire (nos 92540 s.) et aides d'État (nos 92605 s.).

CHAPITRE 1

RÉGIMES D'IMPOSITION DES PETITES ENTREPRISES

SOMMAIRE

RÈGLES GÉNÉRALES

On entend par « régime d'imposition » l'ensemble des règles qui définissent le calcul des bases d'imposition et les obligations déclaratives et comptables des contribuables. 85100

Les petites entreprises bénéficient, en cette matière, de dispositions particulières destinées à diminuer le poids de leurs impôts ou à alléger les obligations auxquelles elles sont soumises.

Les règles applicables aux entreprises exerçant une **activité industrielle, commerciale, artisanale ou non commerciale** présentent de grandes similitudes, notamment en ce qui concerne les limites d'application des régimes d'imposition et les modalités d'appréciation de ces seuils.

En revanche, des règles spécifiques s'appliquent aux **exploitants agricoles,** tant au regard de l'impôt sur le revenu (n°s 15300 s.) qu'en matière de TVA pour ceux qui en sont redevables (n°s 59790 s.).

La situation des agriculteurs étant étudiée par ailleurs, sont exposés ci-après :
– le **champ d'application des différents régimes** d'imposition applicables tant en matière d'impôt sur les bénéfices que de TVA aux petites entreprises commerciales et non commerciales ;
– les **options** susceptibles d'être exercées par ces entreprises ainsi que les conséquences qui découlent des **variations de** leur **chiffre d'affaires** ou de leurs recettes ;
– et, enfin, les **règles d'imposition** applicables aux **micro-entreprises,** aux auto-entrepreneurs et aux entreprises relevant du **régime simplifié** au regard des impôts directs et de la TVA.

Le **régime réel normal** d'imposition fait l'objet d'études séparées (bénéfices industriels et commerciaux : n°s 10940 s. ; TVA : n°s 53320 s.), de même que le régime de la déclaration contrôlée (n°s 13570 s.).

85105 Indépendamment des régimes qui font l'objet du présent chapitre, il existe d'**autres mesures d'allégement** en faveur des petites entreprises. On peut citer :
– la dispense de majoration de la base d'imposition des revenus et la réduction d'impôt qui peuvent s'appliquer à certains exploitants adhérents d'un organisme de gestion agréé. Bénéficient également de cette dispense de majoration les exploitants dont la comptabilité est tenue par un expert-comptable conventionné (nos 87970 s. et 87990 s.) ;
– les exonérations de cotisation foncière des entreprises et de cotisation sur la valeur ajoutée des entreprises concernant par exemple les entreprises artisanales (nos 43545 et 43870).

SECTION 1

CHAMP D'APPLICATION DES RÉGIMES

85300 Les **bénéfices** des **entreprises commerciales, industrielles ou artisanales** peuvent être déterminés et imposés selon deux régimes d'imposition définis par le seul critère du chiffre d'affaires :
– le régime des **« micro-entreprises »** ou micro-BIC, fondé sur un calcul forfaitaire des résultats imposables ;
– et le régime du réel, qui se subdivise lui-même en **« réel normal »** et en **« réel simplifié ».**

S'agissant des **entreprises non commerciales,** l'imposition de leurs bénéfices peut être effectuée selon le régime des « micro-entreprises » (micro-BNC) ou celui de la déclaration contrôlée.

Par ailleurs, les entreprises relevant du régime micro-BIC ou micro-BNC peuvent sous certaines conditions opter pour le **régime de l'auto-entrepreneur** (no 85535).

En matière de **taxes sur le chiffre d'affaires,** les petites entreprises peuvent bénéficier de la **franchise** en base de TVA qui dispense les exploitants concernés de la déclaration et du paiement de la taxe. À côté de ce régime d'exonération, il existe deux régimes d'imposition proprement dits : le régime **réel normal** et le **régime simplifié.** Ces régimes s'appliquent non seulement aux entreprises précitées, mais aussi aux **loueurs** d'immeubles nus taxés par option dont les revenus constituent des revenus fonciers (la franchise n'étant toutefois pas applicable à ces derniers), ainsi qu'aux loueurs de box ou parkings, qui sont normalement taxables de plein droit à la TVA (no 46845) alors que leurs revenus sont également des **revenus fonciers** si la location n'est pas assortie de prestations (no 27075, précision b).

Cela dit, le domaine respectif des régimes d'imposition est fonction du **chiffre d'affaires** annuel des entreprises. Des **exclusions** sont toutefois prévues, soit pour la franchise de TVA, soit pour le régime micro, soit pour le simplifié.

Par ailleurs, un **système d'options** permet à certains redevables de se placer sous un régime autre que celui dont ils relèvent de plein droit.

> **Précisions** Le régime réel simplifié est qualifié, en matière d'imposition des bénéfices, de « régime de bénéfice réel pour les petites et moyennes entreprises ». Au regard de la TVA, la dénomination officielle est celle de « régime simplifié de liquidation des taxes sur le chiffre d'affaires ». Par commodité, nous le désignerons sous l'appellation de **« régime simplifié ».**
> S'agissant des entreprises non commerciales, le régime micro est dénommé « régime déclaratif spécial » dans le CGI. Là encore, par commodité, nous emploierons la terminologie **« régime micro-BNC ».**

85310 **Seuils applicables** Les **tableaux** ci-dessous, commentés dans la présente section, font ressortir la situation des contribuables **en 2020** au regard, d'une part, des différents régimes d'imposition des bénéfices industriels et commerciaux et des bénéfices non commerciaux et, d'autre part, des différents régimes de TVA.

Situation au regard des régimes d'imposition des bénéfices industriels et commerciaux : **85310** (suite)

Ventes de marchandises à emporter ou à consommer sur place et fourniture de logement (1)		
Chiffre d'affaires HT 2018	**Chiffres d'affaires HT 2019**	**Régime applicable pour 2020**
	CA ≤ 176 200 €	Micro-BIC – Option possible pour le réel simplifié ou le réel normal
CA ≤ 176 200 €	176 200 € < CA ≤ 818 000 €	Micro-BIC – Option possible pour le réel simplifié ou le réel normal
CA > 176 200 €	176 200 € < CA ≤ 818 000 €	Réel simplifié – Option possible pour le réel normal
CA ≤ 176 200 €	CA > 818 000 €	Micro-BIC – Option possible pour le réel simplifié ou le réel normal
176 200 € < CA ≤ 818 000 €	CA > 818 000 €	Réel simplifié – Option possible pour le réel normal
CA > 818 000 €	CA > 818 000 €	Réel normal

1. Modalités d'appréciation des seuils en cas de location meublée : nº 90510.

Autres activités commerciales		
Chiffre d'affaires HT 2018	**Chiffre d'affaires HT 2019**	**Régime applicable pour 2020**
	CA ≤ 72 600 €	Micro-BIC – Option possible pour le réel simplifié ou le réel normal
CA ≤ 72 600 €	72 600 € < CA ≤ 247 000 €	Micro-BIC – Option possible pour le réel simplifié ou le réel normal
CA > 72 600 €	72 600 € < CA ≤ 247 000 €	Réel simplifié – Option possible pour le réel normal
CA ≤ 72 600 €	CA > 247 000 €	Micro-BIC – Option possible pour le réel simplifié ou le réel normal
72 600 € < CA ≤ 247 000 €	CA > 247 000 €	Réel simplifié – Option possible pour le réel normal
CA > 247 000 €	CA > 247 000 €	Réel normal

Situation au regard des régimes d'imposition des bénéfices non commerciaux :

Recettes HT 2018	**Recettes HT 2019**	**Régime applicable pour 2020**
	Recettes ≤ 72 600 €	Micro-BNC – Option possible pour la déclaration contrôlée
Recettes ≤ 72 600 €	Recettes > 72 600 €	Micro-BNC – Option possible pour la déclaration contrôlée
Recettes > 72 600 €	Recettes > 72 600 €	Déclaration contrôlée

Situation au regard des régimes de TVA :

Seuils de chiffre d'affaires à retenir selon l'activité[1]		Régime applicable	Possibilités d'option pour un autre régime
Ventes de marchandises à emporter ou à consommer sur place ; fourniture de logement	Autres activités (prestations de services)		
Recettes supérieures à 818 000 €[2 et 3] ou	Recettes supérieures à 247 000 €[2 et 3]	Réel normal	Aucune
Recettes supérieures à 85 800 €[2, 3 et 4] et n'excédant pas 818 000 €[2 et 3] et/ou	Recettes supérieures à 34 400 €[2, 3 et 4] et n'excédant pas 247 000 €[2 et 3]	Régime simplifié[5]	Réel normal
Recettes n'excédant pas 85 800 €[2, 3 et 4] et/ou	34 400 €[2 et 3]	Franchise en base	Paiement de la TVA selon le régime simplifié ou le réel normal

1. En ce qui concerne :
– les seuils spécifiques aux avocats, auteurs et artistes-interprètes, voir n° 85585 ;
– les seuils spécifiques applicables à titre expérimental et temporaire dans les DOM, voir n° 91607.
2. Le chiffre d'affaires à retenir est celui de l'année précédente.
3. En ce qui concerne les modalités d'appréciation de seuils en cas d'exercice d'une activité mixte, voir n° 85565, précisions.
4. Sur la possibilité d'une limite majorée, voir n° 85565.
5. Le régime simplifié n'est toutefois pas applicable si le montant de taxe exigible au titre de l'année précédente dépasse 15 000 €.

A. Imposition des bénéfices

1. RÉGIMES DÉFINIS SELON LE SEUL CHIFFRE D'AFFAIRES

a. Entreprises industrielles et commerciales

RÉGIME MICRO-BIC

85420 CGI art. 50-0, 1 RIE-I-580 s

Entreprises concernées Le régime micro-BIC s'applique au titre d'une année aux exploitants individuels dont le chiffre d'affaires annuel hors taxe de l'année précédente ou de la pénultième année n'excède pas une limite fixée à :
– 176 200 € s'il s'agit d'entreprises dont le commerce principal est de vendre des marchandises, objets, fournitures et denrées à emporter ou à consommer sur place, ou de fournir le logement à l'exception des locations meublées autres que les meublés de tourisme et les chambres d'hôtes (voir n° 90510) ;
– 72 600 € pour les autres activités de prestations de services.

Les exploitants individuels relevant du régime micro-BIC peuvent, sous certaines conditions, exercer une option pour le **régime de l'auto-entrepreneur** (nos 85535 et 86585 s.). Ils peuvent aussi choisir de se placer sous le **régime simplifié** ou le régime **réel normal.**

> **Précisions** Les **seuils** sont **actualisés** tous les trois ans. Les seuils actualisés pour 2020 seront également applicables en 2021 et 2022. En 2019, les seuils actuels de 176 200 € et 72 600 € étaient respectivement fixés à 170 000 € et 70 000 €.

85425 CGI art. 50-0, 2 RIE-I-750 s

Exclusions du régime micro-BIC Certaines catégories d'opérations et de contribuables sont exclues du régime micro. Ces exclusions concernent, quel que soit le montant du chiffre d'affaires réalisé :
– les sociétés ou organismes dont les résultats sont imposés selon le régime des **sociétés de personnes** défini à l'article 8 du CGI (n° 37565), y compris les **EURL** dont l'associé unique est

une personne physique (n° 37825) mais à l'exception des EURL dont l'associé unique est une personne physique dirigeant cette société, les **sociétés civiles agricoles** soumises au régime micro-BA qui exercent une activité commerciale accessoire (n° 15210) ainsi que, selon l'administration, les indivisions, notamment successorales (voir toutefois n° 85432, précision a pour un fonds de commerce indivis entre époux) ;
– les personnes morales passibles de l'**impôt sur les sociétés** (nos 35665 s.) et les **EIRL** soumises à cette imposition (n° 87235) ;
– les **sociétés civiles de moyens** (n° 13895) qui relèvent de plein droit du régime simplifié, pour la quote-part des résultats revenant à des membres autres que ceux qui disposent de revenus imposables dans la catégorie des BNC, quel que soit le montant annuel de leurs recettes (CGI art. 302 septies A bis, III-b). Elles peuvent toutefois opter pour le réel normal ;
– les **copropriétés de navires** et les copropriétés de **cheval de course ou d'étalon** (CGI art. 61 A) ;
– les opérations portant sur des **immeubles, des fonds de commerce ou des actions ou parts de sociétés immobilières** et dont les résultats sont imposables au titre des BIC. Il s'agit des opérations visées à l'article 35, I-1° à 4° du CGI (opérations des marchands de biens, lotisseurs, agents immobiliers). Mais l'exclusion ne s'applique ni aux loueurs de fonds de commerce ni aux entrepreneurs de travaux immobiliers ni aux loueurs de locaux meublés ou destinés à être meublés ;
– les opérations réalisées à titre professionnel sur les **instruments financiers à terme** (CGI art. 35, I-8° ; voir n° 33420) ;
– les contribuables dont tout ou partie des biens affectés à l'exploitation sont compris dans un **patrimoine fiduciaire** en application d'une opération de fiducie ;
– les contribuables qui perçoivent des revenus d'un **fonds de placement immobilier** imposables dans les conditions définies à l'article 239 nonies, II-1-e du CGI (n° 30520, b) ;
– les contribuables exerçant une **activité occulte** au sens de l'article L 169 du LPF (n° 77715).

Les entreprises exclues du régime micro sont placées de plein droit sous le régime simplifié si leur chiffre d'affaires n'excède pas les limites de ce régime (condition non applicable aux SCM, sous réserve que les opérations concernées ne soient pas également exclues du simplifié : n° 85455). Dans les autres cas, elles sont soumises au réel normal.

Les contribuables exerçant plusieurs **activités dont certaines sont exclues du régime micro** peuvent être soumis à la fois au régime simplifié et à celui du micro si leur chiffre d'affaires total n'excède pas la limite prévue pour l'application du régime micro (voir n° 85420).

Appréciation des limites Les seuils de chiffre d'affaires sont appréciés **hors taxe** et par année civile. En cas de **création d'une entreprise** en cours d'année, le chiffre d'affaires doit être ajusté au prorata du temps d'exploitation, sauf s'il s'agit d'entreprises saisonnières (BOI-BIC-DECLA-10-10-20 n° 50). L'ajustement prorata temporis n'emporte toutefois pas de conséquence pour la détermination du régime d'imposition au titre de l'année de création et l'année suivante. En effet, le régime micro-BIC est applicable de plein droit au titre de ces deux années (BOI-BIC-DECLA-10-10-20 n° 35). **85430** CGI art. 50-0, 1 RIE-I-1000 s

Le chiffre d'affaires à comparer aux limites englobe l'**ensemble des opérations** réalisées l'année précédente ou le cas échéant la pénultième année, quel que soit leur régime (exonération ou imposition) au regard des taxes sur le chiffre d'affaires. L'administration admet de prendre en compte les recettes effectivement encaissées (BOI-BIC-DECLA-10-10-20 n° 10). **85432**

Sont exclues les **recettes à caractère exceptionnel,** telles que le produit de la vente, en cours ou en fin d'exploitation, des immobilisations corporelles ou incorporelles affectées à l'exploitation, les produits financiers, les subventions et indemnités de toute nature, les prestations en espèces allouées par le régime d'assurance maladie, les redevances de concession de brevets ou de procédés de fabrication industriels lorsqu'il ne s'agit pas de l'activité principale de l'entreprise et les indemnités d'assurance (BOI précité n° 1).

› Précisions **a.** En cas de détention d'un **fonds de commerce indivis** entre deux **époux,** l'administration considère que le régime micro n'est applicable que si un seul des époux est immatriculé au registre du commerce et des sociétés ou au répertoire des métiers et si le chiffre d'affaires annuel réalisé dans ce fonds et dans ceux que cet époux détient en nom propre n'excède pas les limites du régime micro-BIC (BOI-BIC-DECLA-10-10-20 n° 80).
b. Le chiffre d'affaires des **intermédiaires** qui agissent en leur nom propre est déterminé compte tenu du montant total des transactions dans lesquelles ils s'entremettent. La limite applicable dépend de la nature des opérations concernées (BOI-BIC-DECLA-10-10-20 n° 20).

Pluralité d'entreprises **a.** Lorsqu'un **contribuable** exploite **personnellement plusieurs entreprises commerciales,** il convient, pour apprécier les limites du régime micro, de globaliser les recettes réalisées dans chacune de ses entreprises, y compris lorsqu'il s'agit de fonds de commerce pouvant être qualifiés de distincts en raison de l'autonomie des clientèles et de la nature des prestations fournies ; la même globalisation doit être effectuée en **85435** RIE-I-1185 s cas de perception par un commerçant de recettes non commerciales accessoires rattachées à la catégorie des BIC en application de l'article 155, I-1 du CGI (nº 7925).

b. Dans l'hypothèse où **plusieurs membres d'un même foyer fiscal** exploitent des **entreprises distinctes** constituant des **biens propres,** l'appréciation du seuil du régime micro est effectuée de manière séparée. Chacun d'entre eux peut donc bénéficier du régime micro à raison des activités qu'il exerce. Il convient en revanche de globaliser les recettes si ces activités sont constitutives d'une entreprise unique. L'existence d'entreprises distinctes résulte des circonstances de fait (clientèles séparées, magasins et baux distincts, immatriculation personnelle de chacun des membres du foyer fiscal au registre du commerce ou au répertoire des métiers). L'option exercée par un membre du foyer fiscal pour le régime simplifié reste sans incidence sur le régime applicable à une entreprise distincte exploitée par un autre membre du foyer fiscal.

c. Lorsqu'un exploitant individuel est, par ailleurs, **membre d'une société de personnes,** seul le chiffre d'affaires réalisé à titre individuel est pris en considération pour apprécier le respect des limites du régime micro.

d. Pluralité d'activités **commerciales et non commerciales** : voir nº 85510.

85440 CGI art. 50-0, 1-al. 4 RIE-I-1700 s

Activité mixte Dans le cas où une entreprise exerce simultanément une activité de vente à emporter ou à consommer sur place et une activité de prestation de services, le régime micro n'est applicable que si l'année précédente ou la pénultième année le chiffre d'affaires global n'excède pas 176 200 €, et si le seuil de 72 600 € prévu à l'égard des prestations de services (nº 85420) est respecté. Ces seuils sont appréciés hors taxe.

EXEMPLE

Le régime micro est applicable en 2020 si une entreprise réalise, en 2019, 146 000 € de ventes et 15 000 € de prestations de services (autres que le logement). Il ne l'est pas si les prestations de services sont de 74 000 € en 2019 et 2018, quel que soit le chiffre d'affaires des ventes au cours de ces années.

85445 Selon l'administration, les règles qui régissent les activités mixtes sont applicables aux entreprises qui fournissent à la fois des **prestations de services** et les **matériaux** entrant à titre principal dans l'ouvrage (BOI-BIC-DECLA-10-10-20 nº 130).

ILLUSTRATIONS

S'agissant tout particulièrement des **artisans du bâtiment** (peintres, entrepreneurs de maçonnerie ou de menuiserie), le régime micro n'est applicable que si les recettes de l'année précédente ou de la pénultième année correspondant aux prestations n'excèdent pas 72 600 € et si les recettes totales ne dépassent pas 176 200 €.

Pour apprécier si les **prothésistes dentaires** relèvent du régime micro, il convient de retenir le seul chiffre d'affaires limite de 176 200 € lorsqu'ils fournissent les matières premières (Rép. Roubaud : AN 13-6-2006 nº 63756 ; BOI-BIC-DECLA-10-10-20 nº 130).

La limite prévue à l'égard des prestataires de services (soit 72 600 €) doit toutefois être exclusivement retenue pour l'application du régime micro et du régime simplifié dans le cas où l'entrepreneur ne fournit en sus de la main-d'œuvre que des **produits accessoires** (exemples : cordonniers, teinturiers, blanchisseurs, peintres en automobile, imprimeurs ne fournissant pas le papier). D'une manière générale, cette solution devrait s'appliquer aux **travailleurs à façon.**

RÉGIME SIMPLIFIÉ

85450 CGI art. 302 septies A bis RIE-I-2500 s

Entreprises concernées Le régime **réel simplifié** s'applique de plein droit aux entreprises industrielles ou commerciales qui sont exclues du régime micro-BIC en raison de l'importance de leur chiffre d'affaires, de leur forme juridique ou de la nature de leur activité (nº 85425), sous réserve que leur chiffre d'affaires hors taxe réalisé l'année précédente n'excède pas une limite fixée à :

– 818 000 € s'il s'agit d'entreprises dont le commerce principal est de **vendre des marchandises,** objets, fournitures et denrées à emporter ou à consommer sur place, ou de **fournir le logement** ;

– ou 247 000 € pour les autres activités de **prestations de services.**

Le régime simplifié s'applique également, sur **option,** aux exploitants relevant normalement du **régime micro** (nº 85420).

Le régime simplifié concerne aussi bien les exploitants individuels que les **sociétés ou organismes** soumis au régime des sociétés de personnes et les personnes morales passibles de l'impôt sur les sociétés.

Les entreprises relevant du régime simplifié peuvent se placer sur **option** sous le régime **réel normal.**

> **Précisions** Les **seuils** sont **actualisés** tous les trois ans. Les seuils actualisés pour 2020 seront également applicables en 2021 et 2022. En 2019, les seuils actuels de 818 000 € et 247 000 € étaient respectivement fixés à 789 000 € et 238 000 €.

Exclusion du régime simplifié Les entreprises qui exercent une **activité occulte** au sens de l'article L 169 du LPF (n° 77715) sont exclues du régime simplifié, tant en matière de BIC que de taxes sur le chiffre d'affaires. 85455 CGI art. 302 septies A ter B **RIE-I-2600 s**

En ce qui concerne les **opérations exclues** du régime simplifié mais seulement **en matière de taxes sur le chiffre d'affaires,** voir n° 85600.

Appréciation des limites Les principes qui régissent la définition du chiffre d'affaires à prendre en considération pour l'appréciation des limites du régime micro (n°s 85430 s.) s'appliquent pour l'essentiel pour la détermination des chiffres limites du régime simplifié (BOI-BIC-DECLA-10-10-10 n° 65). 85460 **RIE-I-2750 s**

Le chiffre d'affaires à comparer aux plafonds prévus pour l'application du régime simplifié s'entend du montant des **opérations** que l'entreprise a **réalisées** pendant l'année de référence. Il convient de se fonder sur les recettes correspondant aux **créances acquises** par l'entreprise, au sens des articles 38, 2 et 38, 2 bis du CGI (n°s 7355 et 7870).

En ce qui concerne l'exploitation de **plusieurs entreprises** et d'**activités mixtes,** voir respectivement n°s 85435 et 85440.

RÉGIME RÉEL NORMAL

Le régime réel normal s'applique **de plein droit** aux entreprises dont le chiffre d'affaires annuel excède la limite du régime simplifié ou qui sont exclues de ce dernier régime (n°s 85450 s.) et, **sur option,** aux exploitants relevant du régime micro-BIC ou du régime simplifié. 85470 **RIE-I-4200 s**

b. Entreprises non commerciales

RÉGIME MICRO-BNC

Entreprises concernées Le régime micro-BNC s'applique aux exploitants individuels dont le montant des recettes non commerciales de l'année précédente ou de la pénultième année n'excède pas **72 600 €.** Lorsque cette règle n'est pas respectée, le régime de la déclaration contrôlée est applicable de plein droit. 85490 CGI art. 102 ter, 1 **RIE-I-8470 s**

Les exploitants individuels relevant du régime micro-BNC peuvent, sous certaines conditions, exercer une option pour le **régime de l'auto-entrepreneur** (n°s 85535 et 86585 s.). Ils peuvent aussi choisir de se placer sous le régime de la **déclaration contrôlée.**

> **Précisions** Le **seuil** est **actualisé** tous les trois ans. Le seuil de 72 600 €, actualisé pour 2020, sera applicable en 2021 et 2022. En 2019, ce seuil était fixé à 70 000 €.

Exclusions du micro-BNC Sont exclus du régime micro-BNC, quel que soit le montant de leurs recettes : 85495 CGI art. 102 ter, 6 **RIE-I-8650 s**

– les membres de **sociétés de personnes** exerçant une activité non commerciale, pour les bénéfices leur revenant dans ces sociétés à l'exception de certaines EURL (n° 85525) ;
– les contribuables imposés selon les règles des **traitements et salaires,** notamment les auteurs d'œuvres de l'esprit ainsi que les agents généraux d'assurances (n°s 13715 s.) ou les associés de SEL (n° 13885) ;
– les contribuables relevant de la **déclaration contrôlée** à titre obligatoire (n° 85520) ;
– les contribuables dont tout ou partie des **biens** affectés à l'exploitation sont compris dans un **patrimoine fiduciaire,** y compris, le cas échéant, pour les autres activités non commerciales qu'ils exercent (BOI-BNC-DECLA-10-10 n° 80) ;
– les contribuables qui exercent une **activité occulte** au sens de l'article L 169 du LPF (n° 77715).

Recettes à retenir La limite de 72 600 € s'apprécie **hors taxe,** que le contribuable soit redevable ou non de la TVA. Les recettes à retenir sont celles effectivement **encaissées** au cours de l'année d'imposition (quels que soient la date de réalisation des opérations et le mode de perception des recettes). 85500 **RIE-I-8800 s**

En cas de **création d'une activité** en cours d'année, la limite d'application du régime doit être ajustée au prorata du temps d'exercice de l'activité au cours de l'année civile en fonction du nombre de jours par rapport à 365. Ce prorata n'est pas appliqué aux activités non commerciales intermittentes ou saisonnières (moniteurs sportifs, par exemple) (BOI-BNC-DECLA-20-10 n° 138). L'ajustement prorata temporis n'emporte toutefois pas de conséquence pour la détermination du régime d'imposition au titre de l'année de création et l'année suivante. En effet, le régime micro-BNC est applicable de plein droit au titre de ces deux années (BOI-BNC-DECLA-20-10 n° 134).

Les recettes à comparer à la limite de 72 600 € s'entendent de l'**ensemble des recettes** de l'année précédente (ou de la pénultième année) perçues dans le cadre de l'exercice de l'activité, y compris les provisions et avances sur prestations futures effectivement encaissées, les prestations réglées en nature sous forme de dons et cadeaux qui constituent la rémunération de services rendus et les honoraires rétrocédés par des confrères. Doivent également 85502 être retenus les recettes commerciales accessoires (voir n° 85510, b), les remboursements de frais reçus de la clientèle, les indemnités diverses qui ne bénéficient pas du régime des plus-values professionnelles, les prix et récompenses (sous réserve de l'exonération visée au n° 13310) et les produits financiers (BOI-BNC-DECLA-20-10 n°s 50 à 70).

En revanche, il n'est pas tenu compte des **recettes exceptionnelles** réalisées en cas de cession d'éléments d'actif affectés à l'exercice de la profession ou des indemnités reçues à l'occasion de la cessation de l'exercice de la profession ou du transfert d'une clientèle et des honoraires rétrocédés à des confrères selon les usages de la profession (CGI art. 102 ter, 1). Les débours doivent également être exclus (BOI précité n° 80).

85505 RIE-I-8990 s **Pluralité d'activités BNC** Lorsqu'une **même personne** exerce plusieurs activités non commerciales, il est fait masse, au regard du régime micro-BNC, des recettes réalisées dans le cadre des différentes activités pour apprécier la limite de 72 600 €, même s'il s'agit d'entreprises distinctes. En revanche, lorsque plusieurs membres d'un même **foyer fiscal** exploitent des entreprises distinctes, on considère isolément chaque exploitation pour l'appréciation de la limite.

Lorsqu'un contribuable exerce son activité à la fois à titre individuel et au sein d'une **société ou d'un groupement** en qualité d'associé, il est fait masse des recettes réalisées à titre personnel et de celles qui lui reviennent, à proportion de ses droits dans la société. Si les recettes totales n'excèdent pas les limites prévues pour l'application du régime micro, l'activité individuelle (et elle seule) peut bénéficier de ce régime, les sociétés en étant exclues (n° 85495).

> **Précisions** **a.** Pour les **officiers publics et ministériels** qui retirent des revenus d'activités connexes, accessoires ou d'autres sources, l'appréciation de la limite s'effectue en faisant abstraction des recettes tirées de l'exploitation de leur charge, laquelle relève obligatoirement de la déclaration contrôlée (n° 85520).
> **b.** S'agissant des associés de **sociétés civiles de moyens,** il est fait abstraction de la part des recettes correspondant aux droits de l'associé dans la société pour l'appréciation du seuil de 72 600 €, dès lors que cette dernière exerce une activité conforme à son objet (BOI-BNC-SECT-70-20 n° 300).

85510 RIE-I-1330 s **Pluralité d'activités BIC/BNC** **a.** Lorsque les activités commerciales et non commerciales sont **exercées de manière distincte** (autonomie des clientèles, locaux, services et organisation distincts) dans des **entreprises séparées,** chaque activité est imposée dans sa propre catégorie de revenus et le montant des recettes est apprécié distinctement par rapport à chacune des activités.

b. Lorsque les activités commerciales et non commerciales sont exercées au sein d'une **même entreprise** il est fait masse de l'ensemble des recettes pour apprécier les limites du régime micro.

1. Si les **activités** ne sont **pas réputées distinctes** et que l'activité principale est de nature commerciale, les profits retirés de l'activité accessoire de nature non commerciale sont ajoutés au bénéfice commercial (CGI art. 155, I-1) (n° 7925). Lorsque l'activité prépondérante est l'activité non commerciale, les profits retirés de l'activité commerciale sont pris en compte pour la détermination du bénéfice non commercial (CGI art. 155, I-2) (n° 13170, b).

2. Si les **activités** sont réputées **distinctes,** les deux activités sont imposées chacune dans leur catégorie. Le régime micro-BNC n'est applicable que si les recettes totales de l'année précédente ou de la pénultième année n'excèdent pas 72 600 €. Si cette limite est dépassée, le régime de la déclaration contrôlée s'applique et le bénéfice commercial doit être déterminé selon un régime réel d'imposition, quel que soit le chiffre d'affaires provenant de cette activité (CGI art. 96 B, al. 1). Les contribuables soumis à la déclaration contrôlée pour leurs opérations non commerciales relèvent, pour leur activité commerciale, du régime réel simplifié lorsque leurs recettes totales l'année précédente n'excèdent pas 818 000 € et que la part correspondant aux prestations de services (autres que la fourniture de logements) reste inférieure à 247 000 €.

RÉGIME DE LA DÉCLARATION CONTRÔLÉE

85520 CGI art. 96 RIE-I-9400 s Le régime de la déclaration contrôlée s'applique de plein droit aux entreprises non commerciales qui ne peuvent pas bénéficier du régime micro-BNC.

Sont **obligatoirement** placés sous le régime de la déclaration contrôlée, quel que soit le montant des recettes de l'année précédente ou de la pénultième année :

– les **officiers publics et ministériels** (notaires, huissiers, etc. : n° 13195), pour les bénéfices provenant de leur charge ou de leur office (CGI art. 100) ;

– les contribuables qui réalisent des bénéfices provenant de la **production littéraire, scientifique ou artistique ou de la pratique d'un sport,** lorsqu'ils ont opté pour le régime spécial d'imposition prévu à l'article 100 bis du CGI (n°s 13750 s.) ;

– les contribuables qui, réalisant dans une même entreprise des recettes non commerciales et des recettes commerciales, **optent** pour l'imposition de leurs **recettes commerciales** selon un régime **réel** (CGI art. 96 B, al. 2) ;

– les opérateurs (à titre habituel) sur des **instruments financiers à terme** (CGI art. 96 A ; voir nos 33400 s.).

› Précisions Les auteurs, les scientifiques, les artistes, les sportifs, les écrivains et les compositeurs ainsi que les contribuables qui réalisent des opérations sur des instruments financiers à terme susvisés conservent la faculté de choisir le régime d'imposition des bénéfices afférents à l'exercice d'une **activité connexe ou différente** (BOI-BNC-DECLA-10-10 nos 30 à 50).

MEMBRES DES SOCIÉTÉS DE PERSONNES

Sont également placés sous le régime de la déclaration contrôlée à titre obligatoire les bénéfices revenant aux membres de sociétés de personnes visées aux articles 8 et 8 ter du CGI dont les membres exercent une activité non commerciale : membres de sociétés civiles professionnelles, membres de sociétés civiles de moyens titulaires de BNC (no 13895) ou de sociétés civiles immobilières ayant une activité de sous-location de locaux nus, sociétés de fait. **85525** CGI art. 103 **RIE-I-9430 s**

Toutefois, les **EURL** dont l'associé unique est une personne physique dirigeant cette société peuvent bénéficier du régime micro-BNC.

2. RÉGIME DE L'AUTO-ENTREPRENEUR

Le régime de l'auto-entrepreneur est ouvert sur option aux exploitants individuels, y compris aux non-résidents (BOI-BIC-DECLA-10-40-10 no 1), qui respectent les trois conditions suivantes. **85535** CGI art. 151-0 **RIE-I-12500 s**

a. L'entrepreneur est **soumis** au régime **micro-BIC** prévu à l'article 50-0 du CGI ou au régime **micro-BNC** prévu à l'article 102 ter du CGI. Selon l'administration, les contribuables placés sous un régime d'exonération totale ou partielle d'impôt sur les bénéfices, au titre par exemple de leur implantation dans certaines zones du territoire, ne peuvent opter pour le régime de l'auto-entrepreneur qu'à l'issue de la période d'exonération (BOI-BIC-DECLA-10-40-20 nos 130 à 150).

b. Lorsque l'option est exercée au titre de l'année N, le **montant des revenus nets du foyer fiscal** perçus en N – 2 est inférieur ou égal, pour une part du quotient familial, à la limite supérieure de la deuxième tranche du barème de l'impôt sur le revenu de l'année N – 1, soit 27 794 € pour les revenus de 2019. Cette limite est majorée de 50 % ou 25 % par demi-part ou par quart de part supplémentaire. Le nombre de parts à retenir correspond à la situation du foyer fiscal au titre de N – 2 (BOI-BIC-DECLA-10-40-10 no 50).

Les revenus nets du foyer fiscal s'entendent de ceux définis à l'article 1417, IV du CGI. Ils correspondent au revenu fiscal de référence (voir no 42332) qui figure sur l'avis d'imposition à l'impôt sur le revenu. Pour les non-résidents, seuls sont retenus les revenus de source française du foyer fiscal (BOI-BIC-DECLA-10-40-10 no 30).

EXEMPLE

Un entrepreneur individuel souhaite opter pour le régime de l'auto-entrepreneur à compter de l'exercice ouvert le 1er janvier 2021. Il doit donc comparer, pour une part de quotient familial, le montant des revenus afférents au revenu fiscal de référence de 2019 à la limite de la deuxième tranche du barème 2020 de l'impôt sur le revenu.

Les revenus nets de 2019 de son foyer fiscal (couple sans enfants ouvrant droit à 2 parts) s'élèvent à 45 000 € (chiffre figurant sur l'avis d'imposition relatif aux revenus 2019, reçu en 2020). Ce montant est à comparer à la limite supérieure de la 2e tranche du barème 2020 (applicable aux revenus 2019), soit 27 794 €, majorée de 50 % par demi-part supplémentaire.

Par conséquent, le montant des revenus du foyer fiscal ne doit pas être supérieur à :
27 794 × 2 = 55 588 €.

L'exploitant est en dessous de cette limite et peut donc bénéficier de ce dispositif s'il en respecte les autres conditions.

c. L'entrepreneur individuel est soumis au régime, dit **micro-social,** prévu à l'article L 613-7 du Code de la sécurité sociale (Mémento social nos 80270 s.).

B. TVA

À la différence des régimes d'imposition des bénéfices des entreprises industrielles et commerciales, d'une part, et non commerciales, d'autre part, qui présentent des différences notables, le régime de la franchise en base de TVA et les régimes réels (simplifié ou normal) de TVA s'appliquent de manière uniforme à l'ensemble des entreprises. Ces régimes seront donc examinés sous une rubrique unique. **85560**

FRANCHISE EN BASE

85565 CGI art. 293 B RIE-II-10000 s **Entreprises concernées** **a.** La **franchise** en base de **TVA** est applicable, au titre d'une année N, aux **assujettis établis en France métropolitaine** dont le **chiffre d'affaires de l'année précédente** n'excède pas :

– 85 800 € ou 94 300 € (mais à condition, dans ce dernier cas, que le chiffre d'affaires de la pénultième année ou N – 2 n'excède pas 85 800 €) s'il s'agit d'assujettis dont le commerce principal est de **vendre des marchandises,** objets, fournitures et denrées à emporter ou à consommer sur place, ou de **fournir le logement** ;

– 34 400 € ou 36 500 € (mais à condition, dans ce dernier cas, que le chiffre d'affaires de la pénultième année ou N – 2 n'excède pas 34 400 €) pour les autres activités de **prestations de services.**

La franchise cesse de s'appliquer aux assujettis dont le **chiffre d'affaires de l'année en cours** excède, selon le cas, la **limite majorée** de 94 300 € ou de 36 500 €. Les entreprises concernées deviennent redevables de la TVA pour les opérations effectuées à compter du premier jour du mois au cours duquel cette limite majorée est dépassée (voir n° 86100).

Les limites de la franchise s'apprécient **hors taxe.**

Les limites mentionnées ci-dessus sont celles revalorisées à compter du 1-1-2020 et sont valables pour 2020, 2021 et 2022. Elles feront l'objet d'une révision au 1er janvier 2023.

b. La franchise en base est de droit pour les **entreprises nouvelles** la première année d'activité tant que le chiffre limite de 94 300 € ou 36 500 € n'est pas atteint. Il appartient donc aux entreprises nouvelles qui ne souhaitent pas bénéficier de la franchise en base de l'indiquer au service des impôts dès le début de l'activité (voir à cet égard n° 85970, précisions).

Pour déterminer si la franchise est applicable aux entreprises nouvelles les années suivant celle de leur création, les limites de 85 800 € ou 34 400 € et de 94 300 € ou 36 500 € doivent être ajustées au prorata du temps d'exploitation de l'entreprise ou d'exercice de l'activité pendant l'année de création (CGI art. 293 D, III).

Cet ajustement ne concerne pas les entreprises saisonnières ni celles dont l'activité est exercée de manière intermittente (BOI-TVA-DECLA-40-10-10 n° 295).

c. En ce qui concerne les **seuils spécifiques** applicables aux **avocats,** aux **auteurs** des œuvres de l'esprit et aux artistes-interprètes, voir n° 85585 ; pour ceux applicables à titre expérimental dans les **DOM,** voir n° 91607.

d. La franchise en base de TVA est susceptible de s'appliquer aussi bien aux entreprises individuelles qu'aux sociétés.

e. Les entreprises susceptibles de bénéficier de la franchise en base peuvent **opter** pour le **paiement de la TVA** (n° 85970). Cette option n'a pas d'incidence sur l'application d'un régime micro en matière de bénéfices (n° 85950, a).

> **Précisions** Lorsqu'un assujetti effectue **à la fois** des **livraisons de biens et** des prestations de **services,** la franchise ne lui est applicable que s'il n'a pas réalisé au cours de l'année précédente un chiffre d'affaires global supérieur à 85 800 € (ou à 94 300 € mais à condition, dans ce dernier cas, que le chiffre d'affaires global de la pénultième année n'excède pas 85 800 €) et un chiffre d'affaires afférent à des prestations de services autres que des ventes à consommer sur place et des prestations d'hébergement supérieur à 34 400 € (ou à 36 500 € mais à condition, dans ce dernier cas, que le chiffre d'affaires de la pénultième année afférent à ces services n'excède pas 34 400 €).

85570 CGI art. 293 C RIE-II-10450 s **Exclusions de la franchise en base** La franchise en base de TVA ne s'applique ni aux opérations relevant du régime simplifié de l'**agriculture** (nos 59790 s.), ni aux opérations soumises à la **TVA sur option** (nos 46600 s.), ni aux **opérations immobilières** soumises à la TVA en application de l'article 257, I du CGI (nos 58700 s.), ni aux livraisons intracommunautaires de **moyens de transport neufs** (n° 49360). Sont également exclus du bénéfice de la franchise les redevables qui exercent une **activité occulte** au sens de l'article L 169 du LPF (n° 77715). Il en est de même de ceux à l'encontre desquels l'administration a dressé un procès-verbal de **flagrance fiscale,** au titre de l'année ou de l'exercice au cours duquel ce procès-verbal a été établi (CGI art. 293 BA : nos 78330 s.).

85575 CGI art. 293 D, I RIE-II-10830 s **Appréciation des limites** Les opérations à retenir pour l'appréciation des chiffres d'affaires limites doivent s'entendre **hors TVA** lorsqu'elles ont été soumises à cette taxe – lorsque les opérations n'ont pas été soumises à la TVA, il n'y a pas lieu de retrancher une TVA fictive (en ce sens, CE 13-2-2013 n° 342197 : RJF 5/13 n° 481). Il convient, en principe, de retenir les **livraisons** effectuées et les prestations réalisées au cours de l'année civile de référence (année précédente ou pénultième année le cas échéant) et non les encaissements. Toutefois, les titulaires de revenus non commerciaux doivent retenir les **recettes** effectivement **encaissées,** même s'ils ont opté pour la détermination de leur résultat à partir des créances acquises et des dépenses engagées.

Pour l'appréciation de la **limite de 85 800 €,** le montant des opérations à retenir comprend, selon l'administration : l'ensemble des livraisons de biens, des ventes à consommer sur place et des prestations d'hébergement taxables ; les exportations, les livraisons intracommunautaires, les ventes à distance taxables dans un autre État membre (voir toutefois précision d ci-après) et les livraisons réalisées en franchise ou en suspension de taxe ; les opérations immobilières non taxées (BOI-TVA-DECLA-40-10-10 n° 220).

Pour l'appréciation de la **limite de 34 400 €,** le montant des opérations à retenir comprend : l'ensemble des prestations de services taxables (autres que celles visées ci-dessus) ; les prestations de services non soumises à la taxe en France en application des règles de territorialité (voir toutefois précision d ci-après) ; les prestations de services exonérées ou effectuées en suspension de taxe en vertu des articles 262, I et II-1° à 7° et 14° , 263 et 277 A du CGI ; les opérations immobilières, bancaires et financières exonérées n'ayant pas un caractère accessoire (BOI précité n° 230).

Doivent être **exclus** du chiffre d'affaires limite, quelle que soit la catégorie à laquelle elles se rattachent : les opérations situées hors du champ d'application de la TVA ; les subventions non taxables (les subventions taxables sont à retenir) ; les opérations à caractère exceptionnel telles que la cession de biens d'investissement corporels ou incorporels ; les livraisons à soi-même ; les opérations immobilières, bancaires et financières accessoires ; les opérations exonérées autres que celles mentionnées ci-dessus ; les acquisitions intracommunautaires, les achats de biens ou de services pour lesquels le preneur doit autoliquider la taxe.

Bien qu'étant exclues du champ d'application de la franchise, les opérations ayant fait l'objet d'une **option** pour le paiement de la TVA doivent être prises en compte pour l'appréciation du chiffre d'affaires limite.

> Précisions **a.** Les **honoraires** et recettes **rétrocédés** par les membres des professions libérales doivent être pris en compte. En revanche, les **débours** ne sont pas retenus.

b. Pour les **opérations taxables sur la marge** (ventes d'objets d'occasion, d'œuvres d'art, d'objets de collection ou d'antiquité, agents de voyages), il convient de retenir le montant total du chiffre d'affaires et non la seule marge.

c. Pour les **assujettis exploitant personnellement plusieurs établissements,** il convient de retenir le montant du chiffre d'affaires global réalisé dans l'ensemble de ces établissements, même si les activités exercées relèvent les unes des BIC et les autres des BNC.

Lorsque deux ou plusieurs **membres d'une même famille** imposés à l'impôt sur le revenu sous une cote unique **exploitent des entreprises distinctes,** il convient de considérer isolément la situation de chacun des membres de la famille (l'existence d'entreprises distinctes résulte des circonstances de fait : n° 85435, b, mais le régime matrimonial est sans incidence).

La même solution s'applique dans le cas où un industriel ou un **commerçant** est, en outre, **membre d'une société de personnes** ou assimilée (BOI précité n°s 300 à 320).

d. Selon la **CJUE,** le chiffre d'affaires limite en deçà duquel s'applique la franchise doit être déterminé en tenant compte du **seul chiffre d'affaires** annuel réalisé par l'entreprise **dans l'État membre dans lequel elle est établie,** à l'exclusion de celui réalisé dans d'autres États membres (CJUE 26-10-2010 aff. 97/09 : RJF 1/11 n° 120). Cette solution infirme la doctrine administrative française (exposée ci-dessus) selon laquelle il convient de prendre en compte dans le chiffre d'affaires annuel réalisé par un assujetti établi en France les ventes à distance taxables dans un autre État membre et les prestations de services non situées en France en application des règles de territorialité.

e. En ce qui concerne la situation au regard de la TVA des loueurs qui, en matière d'impôt sur le revenu, relèvent des revenus fonciers, voir n° 46800, c.

FRANCHISES PARTICULIÈRES

a. Les avocats, les auteurs et les artistes-interprètes bénéficient d'une franchise particulière à raison de leur activité spécifique. **85585** CGI art. 293 B, III à VI et 293 G **RIE-II-13000 s** **TVA-XV-19200 s**

Cette franchise s'applique aux personnes qui ont réalisé au cours de l'année civile précédente un chiffre d'affaires hors taxe n'excédant pas 44 500 € au titre :

– des opérations réalisées par les **avocats** et les avocats au Conseil d'État et à la Cour de cassation dans le cadre de leur activité spécifique réglementée (conseil, assistance, représentation, plaidoirie, notamment) ;

– de la livraison de leurs œuvres et de la cession des droits patrimoniaux qui leur sont reconnus par la loi par les **auteurs d'œuvres de l'esprit** ;

– de l'exploitation des droits patrimoniaux qui leur sont reconnus par la loi par les **artistes-interprètes.**

La franchise particulière cesse de s'appliquer aux avocats, auteurs et artistes-interprètes dont le chiffre d'affaires hors taxe de l'année en cours dépasse 54 700 €. Les professionnels concernés deviennent redevables de la TVA pour les opérations effectuées à compter du premier jour du mois au cours duquel le chiffre d'affaires limite est dépassé.

b. Pour les **opérations qui ne sont pas couvertes par la franchise particulière,** les avocats, auteurs des œuvres de l'esprit et artistes-interprètes bénéficient d'une franchise spéciale lorsque le chiffre d'affaires de l'année précédente réalisé à ce titre n'a pas excédé 18 300 €, cette franchise cessant de s'appliquer dès lors que le chiffre d'affaires de l'année en cours a dépassé 22 100 €. Le dépassement des limites de la franchise particulière fait perdre automatiquement le bénéfice de la franchise de 18 300 €, de même que l'option pour la TVA exercée au titre des opérations réglementées (sauf si le montant cumulé des opérations réglementées devenues imposables et des opérations non réglementées est inférieur à 18 300 €). Le dépassement de la limite de 18 300 € (ou de 22 100 €) est, en revanche, sans incidence sur l'application de la franchise particulière (même solution en cas d'option pour la TVA au titre des opérations non réglementées). Le **cumul de franchises** ne peut pas avoir pour effet d'augmenter les limites de 44 500 € et de 54 700 € de la franchise particulière.

c. Les limites des franchises s'apprécient **hors taxe.** Les limites mentionnées ci-dessus sont valables pour 2020, 2021 et 2022 et feront l'objet d'une révision au 1er janvier 2023.

d. Les assujettis susceptibles de relever de la franchise spécifique de 44 500 € (avocats, auteurs, artistes-interprètes) peuvent bénéficier pour l'ensemble de leurs opérations de la **franchise de droit commun** (seuils de 85 800 € et 94 300 € pour les livraisons de biens et de 34 400 € et 36 500 € pour les prestations de services). Mais ces franchises ne peuvent pas se cumuler.

> Précisions a. Les **œuvres** de l'esprit concernées par la franchise particulière sont, à l'exception des œuvres d'architecture, les œuvres désignées aux 1° à 12° de l'article L 112-2 du Code de la propriété intellectuelle. On peut citer notamment : les œuvres littéraires, dramatiques ou musicales, les œuvres audiovisuelles ou radiophoniques, les œuvres chorégraphiques, les œuvres graphiques, photographiques ou plastiques, les traductions ou adaptations d'œuvres de l'esprit. En revanche, les logiciels (visés au 13° de l'article L 112-2 précité) ne sont pas concernés.

Les **droits patrimoniaux** reconnus par la loi aux auteurs et aux artistes-interprètes sont énumérés au nº 61690, c.

b. En cas de **pluralité d'activités,** le bénéfice des franchises « avocat », « auteur » ou de la franchise de 18 300 € s'apprécie distinctement en fonction des chiffres d'affaires respectifs de chaque activité, étant précisé que, selon l'administration, si un assujetti cumule l'activité d'auteur et celle d'artiste-interprète, la limite de 44 500 € s'apprécie toutes opérations confondues, la franchise particulière concernant l'ensemble des opérations (BOI-TVA-DECLA-40-30 nº 200). L'assujetti qui remplit simultanément les conditions pour bénéficier des franchises « avocat » et « auteur » et qui n'a pas opté pour le paiement de la TVA ne bénéficie d'aucune franchise lorsque le chiffre d'affaires cumulé de ces activités majoré le cas échéant du chiffre d'affaires bénéficiant effectivement de la franchise de 18 300 € excède 62 800 € l'année précédente ou 76 800 € l'année en cours.

c. Le mécanisme de **maintien** de la **franchise l'année suivant le dépassement** du chiffre d'affaires limite (décrit au nº 86100) **ne s'applique pas** aux assujettis bénéficiant des franchises particulières.

RÉGIME RÉEL SIMPLIFIÉ

85595 CGI art. 302 septies A RIE-I-2520 s

Entreprises concernées

Le régime réel simplifié de TVA s'applique aux entreprises qui remplissent les conditions suivantes :

– l'entreprise ne bénéficie pas de la franchise en base ;
– son **chiffre d'affaires de l'année civile précédente** n'excède pas les limites mentionnées au nº 85450 (ces limites sont identiques pour la TVA et pour les BIC) ;
– sa **TVA exigible** au titre de l'**année civile précédente n'excède pas 15 000 €** (CGI art. 287, 3 bis). Les redevables dont la TVA exigible au titre de l'année civile précédente excède ce montant relèvent en effet obligatoirement du régime réel normal d'imposition en matière de TVA, même si leur chiffre d'affaires de l'année civile précédente n'excède pas les limites susvisées (sur les modalités de passage au réel normal, voir nº 86115). Ils peuvent toutefois conserver le bénéfice du régime simplifié en matière de bénéfices.

Comme le régime réel simplifié BIC, le régime réel simplifié de TVA s'applique non seulement aux exploitants individuels mais également aux sociétés ou organismes dont les résultats sont imposés selon le régime des sociétés de personnes et aux personnes morales passibles de l'impôt sur les sociétés. Une exception existe cependant pour les associations sans but lucratif qui réalisent des opérations imposables à la TVA (nº 89625, a).

Les entreprises relevant du régime simplifié de TVA peuvent opter pour le régime réel normal (nº 85950).

85600 RIE-I-2600 s RIE-IV-17050 s.

Exclusions du régime simplifié

Certaines **opérations** sont **exclues** du régime simplifié **seulement en matière de taxes sur le chiffre d'affaires.** Ce sont : les importations, les opérations occasionnelles et les opérations immobilières soumises à la TVA en application de l'article 257, I du CGI (CGI ann. II art. 204 quater). S'agissant des opérations immobilières, voir toutefois nº 58900, précisions.

Les **entreprises nouvelles dans le secteur du bâtiment** (réalisant des travaux de construction au sens du nº 53705, précision e) sont également exclues du régime simplifié d'imposition en matière de taxes sur le chiffre d'affaires, mais seulement pendant l'année au cours de laquelle l'entreprise a été créée, a repris une activité ou a renoncé, par option, au bénéfice de la franchise en base et pendant l'année suivante. Ces entreprises, obligatoirement soumises au régime réel normal de TVA pendant cette période, peuvent ensuite demander à bénéficier du régime simplifié, sous réserve d'en respecter les conditions, à compter du

1er janvier suivant cette période (CGI art. 302 septies-0 AA). Les entreprises concernées peuvent toutefois conserver le bénéfice du régime simplifié en matière de bénéfices.

> Précisions **a.** Les personnes physiques ou morales et les groupements de droit ou de fait à l'encontre desquels l'administration a dressé un procès-verbal de **flagrance fiscale** sont exclus du régime simplifié de taxes sur le chiffre d'affaires, au titre de l'année ou de l'exercice au cours duquel ce procès-verbal est établi (CGI art. 302 septies AA ; n°s 78330 s.). Ceux qui exercent une **activité occulte** au sens de l'article L 169 du LPF (nº 77715) sont exclus du régime simplifié, tant en matière de BIC que de taxes sur le chiffre d'affaires (CGI art. 302 septies A ter B).
> **b.** Les redevables de la TVA placés sous le régime simplifié qui font l'objet d'un contrôle ne peuvent pas, lorsqu'ils ont reçu ou émis pendant la période contrôlée au moins une **facture fictive ou de complaisance,** bénéficier de ce régime et relèvent du régime réel normal de TVA pour l'exercice au cours duquel la facturation a été établie (LPF art. L 16 D).
> **c.** En ce qui concerne les modalités d'imposition des **organismes non lucratifs,** voir nº 89625, a.
> **d.** À compter du **1er janvier 2022,** les **redevables qui réalisent** des **acquisitions intracommunautaires** de biens, des **importations** ou des sorties de régimes d'entrepôt fiscal seront **expressément exclus** du régime simplifié d'imposition TVA et devront obligatoirement souscrire, pour l'ensemble de leurs opérations, des déclarations mensuelles CA 3 (CGI art. 287, 3 ter issu de l'article 181, I-F-4º de la loi 2019-1479 du 23-12-2019).

RÉGIME RÉEL NORMAL

Le régime réel normal de TVA s'applique de plein droit aux entreprises dont le chiffre d'affaires annuel excède les limites du régime simplifié (nº 85595) ou qui sont exclues de ce dernier régime (nº 85600) et, sur option, aux exploitants relevant de la franchise en base ou du régime simplifié. 85610

SECTION 2

OPTIONS ET CHANGEMENTS DE RÉGIMES

A. Options offertes aux petites entreprises

Les contribuables relevant d'un régime d'imposition peuvent dans certains cas opter pour un autre régime. 85800

a. Les exploitants individuels relevant du **régime micro-BIC ou** du régime **micro-BNC** peuvent choisir de se placer sous un régime réel d'imposition de leurs bénéfices (réel simplifié ou réel normal pour les entreprises commerciales et déclaration contrôlée pour les entreprises non commerciales). Ces options sont dissociables de l'option pour le paiement de la TVA.

Ces exploitants peuvent également opter pour le régime de l'auto-entrepreneur (n°s 85535 et 86585 s.).

b. Les entreprises relevant normalement de la **franchise en base de TVA** peuvent opter pour le paiement de cette taxe. Cette option n'entraîne pas la déchéance du régime micro-BIC ou micro-BNC.

c. Les entreprises placées sous un **régime simplifié** peuvent opter pour le régime réel normal. Cette option, qui a un caractère global, a pour effet de placer le contribuable sous le régime normal en matière de bénéfices et de TVA.

Les entreprises relevant du régime simplifié d'imposition en matière de **taxes sur le chiffre d'affaires** peuvent renoncer aux formalités simplifiées de liquidation de ces taxes (voir nº 86915).

1. INTÉRÊT DES OPTIONS

AUTO-ENTREPRENEUR ET RÉGIME MICRO (BIC OU BNC)

La question de savoir si le régime de l'auto-entrepreneur permet de réaliser une **économie d'impôt** par rapport à l'application du régime micro dépend de la situation propre de chaque contribuable. Il appartient au contribuable de comparer le taux du versement dont il relève en fonction de son activité (nº 86590) au taux moyen d'imposition auquel il est soumis s'il renonce audit versement. 85850 RIE-I-12900 s

Notons que les auto-entrepreneurs ont la possibilité d'opter pour le **régime simplifié** lorsqu'ils exercent une activité commerciale ou pour le régime de la **déclaration contrôlée** lorsque leur activité est non commerciale. Ces options, qui présentent les mêmes avantages que celles exercées par les exploitants relevant du régime micro (voir n°s 85865 et 85875), entraînent l'exclusion du régime micro-social (Mémento social nº 80285).

MICRO-BIC ET RSI BIC

85865 RIE-I-4470 s L'exploitant qui envisage de renoncer au régime micro pour opter pour le régime simplifié BIC doit mettre en balance les avantages et inconvénients de ces deux régimes :
– le **régime micro** aura la faveur des redevables qui souhaitent privilégier la **simplicité** : dans le cadre de ce régime, le montant des charges est en effet évalué par application d'un abattement forfaitaire aux recettes (nº 86425). Sous certaines conditions, les redevables relevant du régime micro peuvent encore réduire leurs obligations en optant pour le régime de l'auto-entrepreneur (nºs 85535 et 86585 s.) ;
– le **régime simplifié** convient particulièrement aux entreprises dont les résultats seraient surestimés par le régime micro (entreprises déficitaires notamment). Il permet de tenir compte des **charges réellement exposées** et de la variation des stocks (nºs 86760 s.).

L'option pour un régime réel d'imposition des bénéfices (simplifié ou normal), qui peut être dissociée de l'option pour le paiement de la TVA, permet en outre de bénéficier :
– de la **réduction d'impôt pour frais de tenue de comptabilité** accordée aux adhérents d'organismes de gestion agréés (nºs 87990 s.) ;
– des allégements d'impôt sur les bénéfices en faveur des **entreprises nouvelles** (nºs 10260 s.) et des entreprises implantées dans les **zones de revitalisation rurale** (nºs 10365 s.) ;
– de divers **crédits et réductions d'impôt** réservés aux entreprises relevant d'un régime réel (nºs 10470 s.). Tel est notamment le cas du crédit d'impôt recherche ;
– de la possibilité d'imputer les **déficits** constatés dans le cadre de l'exploitation sur le revenu global ;
– de la possibilité de pratiquer un **amortissement dégressif** des biens affectés à l'exploitation sur la base de leur valeur résiduelle à la date de passage du régime micro au RSI.

De plus, les contribuables qui optent pour la **première fois** pour un régime réel d'imposition peuvent **constater en franchise d'impôt** les plus-values acquises par les éléments non amortissables de l'actif immobilisé (nº 18275).

En revanche, le régime d'exonération des **plus-values** en fonction des recettes est indépendant du régime d'imposition (nºs 18200 s.).

En ce qui concerne les **obligations** déclaratives et comptables, le régime micro l'emporte par sa plus grande simplicité même si les obligations du régime simplifié sont sensiblement allégées par rapport au réel normal.

> **Précisions** L'option pour le RSI présente un intérêt particulier en cas d'**abaissement du chiffre d'affaires** au-dessous des limites du régime micro pour un contribuable précédemment soumis de plein droit à ce régime qui a inscrit à l'actif immobilisé des biens non utilisés pour l'exploitation. En effet, en l'absence d'option, le passage au régime micro entraînerait le retrait de ces éléments dans le patrimoine privé du contribuable et donc la taxation de la plus-value latente acquise à cette date sur les éléments concernés selon les modalités prévues par l'article 155, II-2 du CGI (nºs 18460 s.).

MICRO-BNC ET DÉCLARATION CONTRÔLÉE

85875 RIE-I-9950 s Comme en matière de BIC, les modalités de détermination de la base d'imposition sont sensiblement différentes pour ces deux régimes :
– dans le **régime micro-BNC,** les charges sont évaluées par application d'un pourcentage forfaitaire aux recettes réalisées (nº 86495) ;
– dans le régime de la **déclaration contrôlée,** il est tenu compte des charges réellement exposées (nºs 13570 s.).

Les contribuables placés sous le régime micro sont soumis à des **obligations comptables et déclaratives** très allégées mais l'option pour le régime de la déclaration contrôlée, dissociable de l'option pour le paiement de la TVA, permet de bénéficier :
– de la **réduction d'impôt pour frais de tenue de comptabilité** accordée aux contribuables adhérents d'organismes de gestion agréés (nºs 87990 s.) ;
– de la faculté d'imputer les **déficits** constatés dans le cadre de l'exploitation sur le revenu global.

RSI ET RÉEL NORMAL

85885 Les principales différences entre ces deux régimes se situent au regard des **obligations déclaratives et comptables.** Dans le cadre du régime simplifié, les obligations prévues par le Code de commerce et le CGI sont sensiblement allégées de même que les déclarations de bénéfices. En outre, la mise en œuvre du régime simplifié se traduit par une simplification des modalités de liquidation des taxes sur le chiffre d'affaires, en cours d'année ou d'exercice (nºs 86870 s.).

FRANCHISE EN BASE ET PAIEMENT DE LA TVA

85895 Ayant les effets d'une exonération, la franchise dispense les redevables qui en bénéficient de la déclaration et du paiement de la TVA mais elle les prive corrélativement de toute possibilité de déduire la TVA grevant leurs acquisitions de biens et services. L'option pour le paiement de la TVA peut précisément leur permettre de **récupérer la TVA** d'amont et en particulier la taxe grevant leurs investissements.

L'option pour le paiement de la TVA peut donc se révéler avantageuse pour les assujettis ayant une clientèle de redevables pouvant récupérer la TVA ainsi que pour ceux ayant une activité d'exportation.

L'option peut également permettre, en cas d'abaissement du chiffre d'affaires au-dessous des limites, d'éviter d'avoir à procéder aux régularisations qu'entraîne la perte de la qualité de redevable (voir nos 57390 s.).

L'option pour le paiement de la TVA n'a pas d'incidence sur l'application d'un régime micro en matière de bénéfices (no 85950, a).

On soulignera, enfin, que les bénéficiaires de la franchise, bien que dispensés du paiement de la TVA, sont, en principe, exonérés de la **taxe sur les salaires** (no 73435, a). L'option pour le paiement de la TVA reste donc sans incidence sur la taxe sur les salaires (sous réserve du cas des employeurs redevables partiels de la TVA : no 73380).

2. MODALITÉS D'EXERCICE DES OPTIONS

a. Régime de l'auto-entrepreneur

L'option pour le régime de l'auto-entrepreneur doit en principe être exercée au plus tard le **30 septembre** de l'année qui précède celle au titre de laquelle elle s'applique, ou le dernier jour du troisième mois qui suit celui de la **création** de l'entreprise. En pratique, sauf en cas de création d'entreprise, l'option pour le régime de l'auto-entrepreneur au titre de 2021 doit être exercée au plus tard le 30 septembre 2020. **85920** CGI art. 151-0, IV **RIE-I-12940 s**

L'option doit être exercée auprès des organismes sociaux compétents. Par exception, en cas de création d'entreprise, cette option peut être formulée auprès du centre de formalités des entreprises (BOI-BIC-DECLA-10-40-20 no 40).

L'option produit ses effets jusqu'à sa **dénonciation** par le contribuable. Cette dénonciation s'effectue auprès des organismes sociaux compétents au plus tard le 30 septembre de l'année précédant celle au titre de laquelle ce régime ne s'applique plus. En pratique, elle n'a pas à être effectuée lorsque le contribuable opte pour un autre régime (nos 85935 s.) ou ne remplit plus les conditions pour bénéficier du régime de l'auto-entrepreneur (no 85535).

b. Autres régimes

RÈGLES COMMUNES

Les options doivent être exercées de manière expresse. Aucun **formalisme** particulier n'est prévu. Elles peuvent donc résulter d'un courrier adressé sur papier libre au service des impôts dont relève le contribuable. **85925**

EXEMPLE

L'option pour le regime simplifié d'imposition des bénéfices peut prendre la forme suivante :

« Monsieur l'inspecteur,

« J'ai l'honneur de vous faire connaître que j'opte pour le régime simplifié d'imposition en matière de bénéfice à compter du...

« Veuillez agréer... » (date et signature).

La **renonciation** aux différentes **options** exercées par les contribuables doit intervenir avant le 1er février de l'année suivant la période pour laquelle elles ont été exercées, ou reconduites tacitement. Par exception, la dénonciation de l'option exercée par les entreprises relevant de la franchise pour le paiement de la TVA doit toutefois être formulée au plus tard à l'expiration de chaque période (no 85970).

OPTION POUR LE RSI BIC

Les entreprises **soumises de plein droit au régime micro** ou ayant opté pour le régime de l'auto-entrepreneur qui souhaitent se placer sous le régime simplifié d'imposition des bénéfices (RSI) doivent exercer leur option avant le 1er février de la première année au titre de laquelle elles désirent relever de ce dernier régime. Dans le cas des **entreprises nouvelles,** cette option peut être exercée jusqu'au dépôt de la première déclaration de résultat. Lorsque l'entreprise n'a pas exercé son option dans le délai imparti par la loi, le Conseil d'État juge qu'elle ne peut pas en demander le bénéfice dans le **délai de réclamation** prévu à l'article R 196-1 du LPF (CE 26-11-2018 no 417628 et no 417630 : RJF 2/19 no 172). **85935** CGI art. 50-0, 4, 302 septies A ter **RIE-I-4770 s**

La **période de validité** des options est fixée à un an. L'option est irrévocable pendant cette période et reconduite tacitement chaque année pour un an, tant que le contribuable reste dans le champ d'application du régime micro. Dans le cas contraire, l'option devient caduque (no 86065).

EXEMPLE

Un contribuable relevant du régime micro en 2021 de plein droit doit opter pour le RSI avant le 1er février 2021, pour l'imposition de ses bénéfices selon le régime simplifié au titre de 2021. Cette option sera valable pour 2021.

S'il désire revenir sous le régime micro à compter de 2022, le contribuable devra renoncer à son option pour le RSI avant le 1er février 2022. À défaut, son option sera reconduite tacitement pour 2022.

85940 **Entreprises dont le chiffre d'affaires s'abaisse en deçà des limites du micro** Les entreprises **soumises de plein droit à un régime réel** d'imposition **l'année précédant** celle au titre de laquelle elles sont placées dans le champ d'application du micro en raison de l'abaissement de leur chiffre d'affaires (nº 86085) doivent, si elles entendent continuer à relever du régime simplifié d'imposition, exercer une option en ce sens avant le 1er février de l'année suivante. Cette option est valable pour l'année précédant celle au titre de laquelle elle est exercée.

EXEMPLE

Un contribuable exploite une activité d'achat-revente de marchandises. Il est placé de droit sous le RSI en 2020 puisqu'il a réalisé un chiffre d'affaires de 192 000 € HT en 2019 et de 183 000 € HT en 2018. Son chiffre d'affaires de 2020 est de 165 000 € HT. Compte tenu du montant du chiffre d'affaires de 2020, il est placé de plein droit sous le régime micro-BIC en 2021. Afin de rester sous le régime simplifié d'imposition des bénéfices au titre de l'exercice 2021, il peut exercer une option avant le 1er février 2022. Cette option sera renouvelée par tacite reconduction pour 2022, sauf renonciation expresse du contribuable avant le 1er février 2022 (voir nº 85925). Dans ce cas, il sera donc amené, à cette même date, à exercer l'option pour 2021 et à renoncer à cette option pour 2022.

OPTION POUR LE RÉEL NORMAL

85950
CGI ann. II art. 267 quinquies et 267 septies A
RIE-I-5550 s

Cette option est ouverte aux entreprises placées dans le champ d'application du régime micro, ainsi qu'aux contribuables relevant du régime simplifié.

a. Les entreprises placées de plein droit sous le régime **micro** peuvent exercer l'option pour le régime réel normal d'imposition des bénéfices suivant les mêmes modalités que l'option pour le régime simplifié (voir nos 85935 s.). L'option des contribuables soumis au micro pour le réel normal est valable un an et reconduite tacitement chaque année pour un an.

De même, les entreprises relevant de la **franchise** peuvent opter pour le régime réel normal d'imposition TVA (voir nº 85970).

Les options des petites entreprises en matière de bénéfices et de TVA sont dissociables : l'option d'une entreprise relevant d'un régime micro pour la TVA ne remet pas en cause l'application du régime en matière de bénéfices ; l'option pour le régime réel d'imposition en matière de bénéfices d'une entreprise relevant de la franchise en TVA ne remet pas en cause l'application de cette franchise.

b. L'option des entreprises relevant du **RSI** pour le réel normal a en revanche un caractère global. Elle a pour effet de placer le contribuable sous le régime réel normal en matière d'imposition des bénéfices et de TVA (BOI-TVA-DECLA-20-20-30-30 nº 170). Cette option doit être exercée avant le 1er février de l'année au titre de laquelle les entreprises désirent appliquer le réel normal. L'option des entreprises relevant du régime simplifié pour le réel normal est valable pour une période irrévocable de deux ans et reconduite tacitement. Par exemple, une option exercée début 2020 est valable pour 2020 et 2021. Pour le retour au RSI à compter de 2022, la renonciation à l'option doit être formulée avant le 1er février 2022 (nº 85925).

En ce qui concerne la faculté de simplement **renoncer aux formalités simplifiées** en matière de **TVA,** voir nº 86915.

OPTION POUR LA DÉCLARATION CONTRÔLÉE

85960
CGI art. 102 ter, 5
RIE-I-10200 s

Cette option doit être exercée dans le délai de dépôt de la déclaration des bénéfices non commerciaux de l'année au titre de laquelle le contribuable demande à être imposé selon ce régime (voir nº 13595). Le changement intervient dès le 1er janvier de l'année précédant celle au cours de laquelle l'option est exercée.

L'option pour la déclaration contrôlée ne nécessite aucun **formalisme** particulier et résulte de la souscription de la déclaration nº 2035-SD (BOI-BNC-DECLA-10-10 nº 130).

Les options sont valables un an et **reconduites tacitement** chaque année pour un an. Le contribuable peut toutefois formuler une **renonciation** expresse avant le 1er février de l'année suivant la période pour laquelle l'option a été exercée ou reconduite tacitement.

EXEMPLE

1. Un contribuable qui relève du régime micro-BNC au titre de 2019 opte pour la déclaration contrôlée des revenus de 2019 dans le délai de dépôt de cette déclaration. Pour 2020, l'option est reconduite tacitement. Elle est dénoncée avant le 1er février 2021 et n'est donc pas reconduite pour 2021.

2. Un contribuable décide d'opter pour la déclaration contrôlée des revenus de 2020 mais il ne souhaite pas que cette option soit reconduite tacitement en 2021. Il doit donc dénoncer son option avant le 1er février 2021, c'est-à-dire avant même d'avoir exercé son option au titre de 2020.

Caducité de l'option : voir n° 86065.

› Précisions Lorsque des versements forfaitaires ont déjà été effectués par un exploitant soumis au régime de l'**auto-entrepreneur,** ils ne sont plus libératoires de l'impôt sur le revenu mais sont imputés sur le montant dû, calculé dans les conditions de droit commun (BOI-BIC-DECLA-10-40-30 n° 130).

OPTION POUR LE PAIEMENT DE LA TVA

Les assujettis en droit de bénéficier de la franchise en base peuvent opter à tout moment pour le paiement de la TVA (en ce qui concerne l'intérêt de cette option, voir n° 85895). **85970** CGI art. 293 F **RIE-II-12000 s**

Cette option prend **effet** le premier jour du mois au cours duquel elle est déclarée. Elle doit être formulée par écrit auprès du service des impôts du lieu du principal établissement.

L'option est globale et couvre obligatoirement une **période** de deux années, y compris celle au cours de laquelle elle est déclarée (par exemple, une option déclarée le 12 août 2020 produira ses effets à compter du 1er août 2020 et jusqu'au 31 décembre 2021).

Elle est **renouvelable** par tacite reconduction pour une même durée, sauf **dénonciation** formulée au plus tard à l'expiration de chaque période. Toutefois, lorsque les assujettis ont obtenu un **remboursement de crédit de taxe** au cours ou à l'issue d'une période d'option, ils ne peuvent pas, à la fin de cette période, dénoncer l'option ; cette option est donc reconduite de plein droit pour une nouvelle période de deux ans (voir n° 56665, précisions).

Les personnes qui exercent l'option sont soumises à l'ensemble des obligations qui incombent aux redevables de la TVA. Elles relèvent (sous réserve des entreprises du bâtiment visées n° 85600) du régime simplifié d'imposition (nos 86870 s.) ou, sur option, du régime réel normal (nos 53710 s.). On rappelle que l'option pour le paiement de la TVA n'a pas d'incidence sur l'application d'un régime micro en matière d'imposition des bénéfices (n° 85950, a).

› Précisions Dans le cas des **entreprises nouvelles,** l'option pour le paiement de la TVA prend effet dès la date de début d'activité si elle est exercée dans le mois au cours duquel a débuté l'activité. Mais il est également admis que l'option puisse avoir un effet rétroactif à la date de début d'activité dès lors qu'elle est exercée lors du dépôt de la déclaration de création d'entreprise ou d'activité qui doit intervenir dans les quinze jours du début d'activité.

B. Changements de régime en cas de variation du chiffre d'affaires

1. FRANCHISSEMENT DES LIMITES DU RÉGIME DES MICRO-ENTREPRISES

AUGMENTATION DU CHIFFRE D'AFFAIRES

Compte tenu des années de référence à retenir pour l'appréciation des seuils des régimes micro (nos 85420 et 85490), le régime micro continue de s'appliquer en cas de **dépassement du seuil au cours d'une seule année.** En pratique, ce régime est applicable de plein en droit en N si le montant du chiffre d'affaires ou des recettes de N – 1 excède le seuil d'application à condition qu'il ne soit pas dépassé en N – 2. Il en est de même si le montant de chiffre d'affaires ou de recettes de N – 2 dépasse le seuil d'application alors que celui de N – 1 ne le dépasse pas (BOI-BIC-DECLA-10-10-10 n° 30 ; BOI-BNC-DECLA-20-10 n° 100). **86065** CGI art. 50-0, 1, 102 ter, 1 **RIE-I-6780 s** **RIE-I-10540 s**

Toutefois, lorsque le montant de chiffre d'affaires ou de recettes dépasse **pendant deux années consécutives** le seuil applicable (N – 2 et N – 1), le contribuable relève de plein droit d'un régime réel d'imposition en N, quel que soit le montant de chiffre d'affaires ou de recettes réalisé au cours de cette année.

ABAISSEMENT DES RECETTES EN DEÇÀ DES SEUILS

86085 Le régime micro s'appliquera au titre de l'année suivant celle au cours de laquelle les recettes ou le chiffre d'affaires sont devenus inférieurs aux limites légales.

RIE-I-6830 s
RIE-I-10590 s

EXEMPLE

Un contribuable effectue une activité de vente de marchandises qui relève du seuil de 176 200 €. L'évolution de son chiffre d'affaires est la suivante :
– en 2018 et 2019, il dépasse les limites fixées pour le micro ;
– en 2020, il est imposé de plein droit au RSI. Son chiffre d'affaires s'abaisse en dessous des limites du régime micro ;
– en 2021, il est soumis au micro de plein droit compte tenu de son chiffre d'affaires en 2020. Mais il peut opter pour le RSI avant le 1er février 2022 au titre de 2021.

86090 En cas de **passage du régime simplifié** (de plein droit ou sur option) **à celui du micro** par un contribuable dont les **exercices** sont **clos en cours d'année,** les bénéfices réalisés entre la date de clôture du dernier exercice dont les résultats ont été imposés d'après le régime simplifié et le 31 décembre de cette même année demeurent imposés sous ce dernier régime (Inst. 4 G-2-99 n° 75, non reprise dans Bofip).

S'il désire rester placé sous le régime simplifié, le contribuable peut opter dans les conditions visées n° 85940.

2. FRANCHISSEMENT DES LIMITES DE LA FRANCHISE EN BASE DE TVA

AUGMENTATION DU CHIFFRE D'AFFAIRES

86100 On a vu au n° 85565 que la franchise en base reste applicable l'année suivant celle du **franchissement de la limite de 85 800 € ou 34 400 €** à condition que le chiffre d'affaires de ladite année n'excède pas une limite majorée de 94 300 € ou 36 500 €.

CGI art. 293 B, I et II
RIE-II-11600 s

Si la **limite de 94 300 € ou 36 500 €** est **franchie,** l'exploitant perd le bénéfice de la franchise en base à compter du premier jour du mois au cours duquel intervient ce dépassement.

(S'agissant des limites applicables dans les DOM, voir n° 91607.)

> **Précisions** **a.** En cas d'**activités mixtes** (ventes et prestations de services), la franchise en base demeure applicable au titre des deux premières années de franchissement des limites, à condition que le chiffre d'affaires global n'excède pas 94 300 € et qu'à l'intérieur de ce plafond le chiffre d'affaires des prestations de services n'excède pas 36 500 €.
b. En ce qui concerne les titulaires de BNC qui bénéficient de **seuils de franchise spécifiques,** voir les précisions apportées au n° 85585.

ABAISSEMENT DES RECETTES EN DEÇÀ DES SEUILS

86105 L'abaissement du chiffre d'affaires, au cours d'une année N, en dessous du seuil de 85 800 € ou 34 400 € rend la franchise applicable de droit à compter du 1er janvier de l'année suivante (N + 1). S'il souhaite rester redevable de la taxe, l'assujetti doit exercer l'option pour le paiement de la TVA avant le 1er février de l'année N + 1 (n° 85970).

RIE-II-11800

(S'agissant des limites applicables dans les DOM, voir n° 91607.)

3. FRANCHISSEMENT DES LIMITES DU RÉGIME SIMPLIFIÉ

AUGMENTATION DU CHIFFRE D'AFFAIRES

86115 Lorsque le chiffre d'affaires d'une entreprise s'élève au-dessus des limites du **régime simplifié d'imposition,** ce régime demeure applicable au titre de la **première année suivant celle du dépassement** sauf, pour le régime simplifié BIC, en cas de changement d'activité.

CGI art. 302 septies A bis, III et 302 septies A, II
RIE-I-7600 s

Toutefois, le régime simplifié de **TVA** n'est maintenu que si le chiffre d'affaires de l'année en cours, éventuellement ajusté au prorata du temps d'exploitation au cours de l'année civile, n'excède pas une **limite majorée** fixée à 901 000 € hors taxe (entreprises dont l'activité est de vendre des marchandises, objets, fournitures et denrées à emporter ou à consommer sur place ou de fournir le logement) ou 279 000 € hors taxe (autres entreprises).

Si ces **seuils** sont **dépassés en cours d'exercice,** l'entreprise relève du régime normal d'imposition à la TVA à compter du 1er jour de l'exercice en cours. Elle est alors tenue de déposer le mois suivant celui du dépassement une déclaration CA3 qui récapitule les opérations réalisées depuis le début de l'exercice jusqu'au mois de dépassement et des déclarations mensuelles CA3 à compter du mois suivant. Les acomptes de TVA exigibles au cours de l'exercice (n° 86880), qu'ils aient été antérieurement acquittés ou non, sont déduits sur la déclaration récapitulative.

> **Précisions** Comme indiqué nº 85595, lorsque le **montant de la taxe exigible au titre de l'année précédente excède 15 000 €,** les entreprises sont soumises au **régime réel normal d'imposition** en matière de **TVA,** même lorsque leur chiffre d'affaires reste inférieur aux limites du régime simplifié d'imposition. Le montant de la TVA exigible au titre de l'année précédente est constaté au moment du dépôt de la déclaration annuelle CA12/ CA12 E. En cas de dépassement du montant de 15 000 €, entraînant l'application du régime réel normal à compter de l'exercice en cours, l'entreprise doit télétransmettre, le mois suivant celui du dépôt de la déclaration CA12/ CA12 E, une déclaration CA3 récapitulative portant sur la période comprise entre le premier jour de l'exercice et le mois de dépôt de la déclaration annuelle. Elle déclare ensuite la TVA tous les mois.

ABAISSEMENT DES RECETTES EN DEÇÀ DU SEUIL

86130 RIE-I-7930 s

Les entreprises relevant du **régime réel normal** dont le chiffre d'affaires **s'abaisse en deçà des limites du RSI** sont placées sous ce régime dès le 1er janvier de l'année suivant celle du franchissement. Elles peuvent toutefois demeurer sous le régime réel normal en optant dans les conditions indiquées nº 85950, b.

SECTION 3 RÉGIME DES MICRO-ENTREPRISES

A. Imposition des bénéfices

1. MICRO-BIC

IMPOSITION DES BÉNÉFICES D'EXPLOITATION

86425 CGI art. 50-0, 1 RIE-II-180 s

Les résultats imposables des exploitants placés sous le régime micro-BIC sont calculés de manière forfaitaire, avant prise en compte des plus ou moins-values provenant de la cession de biens affectés par nature à l'exploitation, qui sont imposées de manière distincte (nos 86440 s.).

Les contribuables portent le montant brut de leur chiffre d'affaires sur la déclaration complémentaire à la déclaration annuelle des revenus (voir nº 86460), étant précisé que les indemnités journalières de sécurité sociale allouées aux artisans relevant du régime micro-BIC n'ont pas à être prises en compte dans le bénéfice (BOI-BIC-PDSTK-10-30-20 nº 260).

Le bénéfice net est calculé par l'administration, par application à ce chiffre d'affaires d'un **abattement forfaitaire** réputé tenir compte de toutes les charges, y compris les cotisations sociales et les amortissements linéaires des biens affectés à l'exploitation. Cet abattement est fixé à :

– 71 % pour le chiffre d'affaires correspondant aux activités de vente à emporter ou à consommer sur place et de fourniture de logement à l'exception des locations meublées autres que les meublés de tourisme et les chambres d'hôtes (nº 90510) ;

– 50 % pour les autres prestations de services.

Ces abattements ne peuvent être inférieurs à 305 €.

En cas d'**activités mixtes,** les abattements sont calculés séparément pour chaque fraction du chiffre d'affaires correspondant aux activités exercées, soit une déduction minimale de 610 €.

86430

Lorsque le régime micro est applicable, les abattements forfaitaires pour frais sont pratiqués sur la totalité du chiffre d'affaires.

EXEMPLES

1. Un contribuable exerçant une activité de vente réalise un chiffre d'affaires hors taxe de 155 000 € en 2019 et de 185 000 € en 2020. Le chiffre d'affaires de 2019 ne dépassant pas le seuil de 176 200 €, le régime micro-BIC s'applique de plein droit en 2020, même si le montant du chiffre d'affaires réalisé en 2020 excède ce seuil.

Calcul de l'abattement : 185 000 € × 71 % = 131 350 €.

Calcul du bénéfice net imposable : 185 000 € – 131 350 € = 53 650 €.

2. Un contribuable placé sous le régime micro exerce une activité de vente et de prestations de services. L'évolution de son chiffre d'affaires est la suivante :

– en 2018, son chiffre d'affaires est de 160 000 € HT au titre de l'activité de vente et 9 000 € au titre de l'activité de prestations de services ;

– en 2019, son chiffre d'affaires est de 165 000 € HT au titre de l'activité de vente et 14 000 € au titre de l'activité de prestations de services ;

– en 2020, son chiffre d'affaires est de 167 000 € HT au titre de l'activité de vente et 15 000 € au titre de l'activité de prestations de services.

Le chiffre d'affaires global de 2018 ne dépasse pas le seuil de 176 200 € et le chiffre d'affaires afférent aux prestations de services est inférieur au seuil de 72 600 €. Le régime micro est donc applicable en 2020, même si le chiffre d'affaires global réalisé en 2019 et en 2020 excède le seuil de 176 200 €.

Calcul des abattements :

Activité de vente : 167 000 € × 71 % = 118 570 € HT.

Activité de prestations de services : 15 000 € × 50 % = 7 500 € HT.

Calcul du bénéfice net imposable : 182 000 € – (118 570 € + 7 500 €) = 55 930 €.

IMPOSITION DES PLUS-VALUES

86440 RIE-II-580 s

Biens concernés En pratique, l'imposition des plus-values professionnelles concerne les cessions de **biens affectés par nature à l'exploitation** c'est-à-dire ne pouvant faire l'objet que d'un usage professionnel (fonds de commerce essentiellement).

Les cessions de **biens affectés** à l'exploitation **par destination** ne sont pas soumises au régime des plus-values professionnelles dès lors que les contribuables relevant du régime micro-BIC ne sont astreints à la tenue d'aucun document permettant de matérialiser leur décision d'affecter au patrimoine professionnel un bien non affecté par nature.

Quant aux biens **non affectés** à l'exploitation, ils font obligatoirement partie du patrimoine privé. Sur les conséquences en cas de **passage** du régime du bénéfice **réel** au régime **micro-BIC** pour les éléments de l'actif immobilisé qui n'étaient pas utilisés pour les besoins de l'exploitation, voir nº 85865, Précisions.

> **Précisions** Selon les règles antérieurement prévues par l'administration à l'égard des contribuables relevant du forfait, confirmées par la cour administrative d'appel de Nantes (CAA Nantes 15-5-2002 nºs 99-48 et 99-61 : RJF 10/02 nº 1057), les **biens affectés à l'exploitation** devraient, en cas de **passage du micro-BIC** à un **régime réel** d'imposition, être **inscrits** au bilan d'ouverture du premier exercice réel pour leur valeur d'origine diminuée des amortissements réputés pris en compte dans le cadre du régime micro.

86445 RIE-II-760 s

Modalités d'imposition Les plus et moins-values provenant de la cession de biens affectés à l'exploitation sont déterminées et imposées dans les conditions prévues aux articles 39 duodecies à 39 quindecies du CGI (voir nºs 18000 s.). Les **plus-values nettes à long terme** doivent être portées sur la déclaration nº 2042 C Pro afin d'être imposées au taux réduit dans la catégorie BIC réel. Les plus-values nettes **à court terme** sont soumises au barème progressif de l'impôt sur le revenu, sous réserve de la faculté d'étalement sur trois ans : voir nº 18075. Les plus-values peuvent toutefois bénéficier des régimes d'exonération prévus aux articles 151 septies et 238 quindecies du CGI si les conditions d'application de ces dispositifs sont remplies (voir nºs 18200 s. et nºs 19650 s.).

Les **moins-values nettes à court terme** sont génératrices d'un déficit imputable sur le revenu global si l'activité est exercée à titre professionnel. Moins-values nettes **à long terme,** voir nº 18115.

En ce qui concerne les événements entraînant la réalisation d'une plus ou moins-value de cession, voir nº 17730.

OBLIGATIONS COMPTABLES

86455 CGI art. 50-0, 5 et C. com. art. L 123-28 RIE-II-1100 s

Les exploitants placés sous le régime micro-BIC bénéficient d'obligations comptables allégées.

En premier lieu, les entreprises qui exercent une activité de vente doivent tenir et présenter, sur demande de l'administration, un **registre** récapitulatif par année présentant le **détail de leurs achats.** Il en est de même des entreprises exerçant une activité de prestation de services soumise à TVA (CGI art. 286, II).

En second lieu, tous les commerçants relevant du régime micro-BIC doivent tenir un **livre-journal** présentant chronologiquement le détail de leurs **recettes professionnelles,** appuyé des factures et de toutes autres pièces justificatives. En cas **d'activités mixtes,** les recettes doivent, sur le livre-journal et sur les factures, être ventilées entre celles afférentes aux ventes et celles relatives aux prestations de services. Les recettes correspondant à des **ventes au détail** ou à des services rendus à des particuliers peuvent être inscrites globalement en fin de journée lorsque leur montant unitaire n'excède pas 76 € (seuil correspondant à celui fixé par l'article 286, I-3º du CGI pour les obligations en faveur des redevables de la TVA) (BOI-BIC-DECLA-30-30 nº 30).

La tenue d'une comptabilité complète et régulière n'est donc pas obligatoire pour les exploitants bénéficiant du régime micro. Les contribuables sont dispensés d'établir un **bilan** et un **compte de résultat** et aucune obligation n'est prévue en ce qui concerne l'évaluation des **stocks.**

Les **contribuables relevant** du régime micro-BIC et **d'un régime réel de TVA** doivent toutefois respecter les obligations comptables tenant à leur régime de TVA (voir n°s 53440 s.).

OBLIGATIONS DÉCLARATIVES

Les contribuables relevant du régime micro sont dispensés de produire une déclaration de résultats spécifique. Ils portent le montant du chiffre d'affaires annuel et des plus ou moins-values réalisées au cours de l'année sur la **déclaration** complémentaire à la déclaration annuelle des revenus (**n° 2042 C Pro**). **86460** CGI art. 50-0, 3 RIE-II-1300 s

Aucune mention relative aux **biens affectés à l'exploitation** n'est exigée.

En ce qui concerne la **déclaration des ventes** autres que les ventes au détail, voir n° 78375.

Sur les conséquences des **infractions** aux obligations déclaratives à l'égard de la procédure d'évaluation d'office, voir n° 79080.

S'agissant des obligations déclaratives spécifiques des contribuables ayant opté pour le régime de l'**auto-entrepreneur,** voir n°s 86612 s.

CESSION OU CESSATION D'ENTREPRISE

En cas de cession ou de cessation d'activité en cours d'année (sur cette notion, voir n°s 11045 s.), les contribuables doivent déclarer la cessation dans les 45 jours et adresser à l'administration, dans un **délai de 60 jours,** une **déclaration** n° 2042 C Pro afin de déclarer le montant du chiffre d'affaires (y compris celui provenant de la cession globale des stocks) et, le cas échéant, des plus-values ou moins-values réalisées depuis le 1er janvier. Ce délai est porté à six mois en cas de décès de l'exploitant. Ces événements entraînent l'**imposition immédiate** des bénéfices non encore taxés, conformément aux règles de droit commun (voir n° 11070). Cette imposition fait l'objet d'une régularisation à la suite du dépôt de la déclaration n° 2042 C Pro de l'année en cours dans le délai habituel. **86465** CGI art. 201, 3 bis RIE-II-1410 s

2. MICRO-BNC

IMPOSITION DES BÉNÉFICES D'EXPLOITATION

Le résultat imposable des contribuables placés sous le régime micro-BNC est calculé de manière forfaitaire, avant prise en compte des plus-values ou moins-values provenant de la cession de biens affectés par nature à l'exploitation qui sont imposées de manière distincte (voir n°s 86510 s.). Les contribuables portent le montant brut de leurs recettes sur la déclaration complémentaire à la déclaration annuelle des revenus. Le bénéfice net est calculé par l'administration par application à ces recettes d'un **abattement forfaitaire** représentatif de frais égal à 34 %, avec un minimum de 305 €. **86495** CGI art. 102 ter, 1 RIE-II-3080 s

Cet abattement est réputé tenir compte de toutes les charges, y compris les cotisations sociales et les amortissements linéaires des biens affectés à l'exploitation.

ATTENTION

À compter de l'imposition des revenus de 2020, en cas de **sortie du régime de la déclaration contrôlée** et si l'**option pour une comptabilité d'engagement** prévue à l'article 93 A du CGI a été exercée (n° 13255), le montant hors taxe des créances détenues au 31 décembre de la dernière année imposée selon les modalités prévues à cet article vient diminuer, avant application de l'abattement forfaitaire, les recettes dues l'année suivante au titre du régime micro-BNC (Loi 2019-1479 du 28-12-2019 art. 55).

Lorsque le régime micro est applicable, l'abattement est pratiqué sur la totalité du chiffre d'affaires. **86500**

EXEMPLE

Un professionnel libéral est placé sous le régime micro. Il réalise 66 000 € de recettes hors taxe en 2018, 75 000 € de recettes hors taxe en 2019 et 80 000 € de recettes hors taxe en 2020. Les recettes de 2018 ne dépassant pas le seuil de 72 600 €, le régime micro-BNC s'applique de plein droit en 2020, même si le montant des recettes réalisées en 2019 et en 2020 excède ce seuil.

Calcul de l'abattement : 80 000 € × 34 % = 27 200 €.

Calcul du bénéfice net imposable : 80 000 € − 27 200 € = 52 800 €.

IMPOSITION DES PLUS-VALUES

Biens concernés Seule la cession de **biens affectés par nature à l'exploitation** donne lieu à l'imposition des plus-values selon le régime des plus-values professionnelles. **86510** RIE-II-3400 s

L'administration a indiqué que le patrimoine professionnel des contribuables relevant du micro-BNC est défini dans les mêmes conditions que pour ceux placés sous le régime de la déclaration contrôlée (n° 13275) (BOI-BNC-BASE-30-10 n°s 40 et 50). En font donc partie les biens affectés par nature à l'exercice de la profession. La cession de **biens non affectés** par nature à l'exploitation mais utilisés dans le cadre de celle-ci ne saurait donner lieu, à notre avis, à la taxation d'une plus-value professionnelle dès lors qu'aucune inscription de ces biens n'est exigée (n° 86530).

Quant aux **biens non utilisés** pour l'exercice de la profession, ils ne peuvent jamais faire partie du patrimoine professionnel.

86515 RIE-II-3520 s **Modalités d'imposition** Les plus et moins-values provenant de la cession de biens affectés à l'exploitation sont prises en compte distinctement pour l'assiette de l'impôt sur le revenu dans les conditions prévues par l'article 93 quater du CGI (voir nos 18000 s.). Les **plus-values nettes à long terme** doivent être portées sur la déclaration n° 2042 C Pro afin d'être imposées au taux réduit dans la catégorie BNC réel. Les plus-values nettes **à court terme** sont soumises au barème progressif de l'impôt sur le revenu, sous réserve de la faculté d'étalement sur trois ans : voir n° 18075. Les plus-values peuvent bénéficier des régimes d'exonération prévus aux articles 151 septies et 238 quindecies du CGI si les conditions d'application de ces dispositifs sont remplies (voir nos 18200 s. et nos 19650 s.).

Les **moins-values nettes à court terme** sont génératrices d'un déficit imputable sur le revenu global si l'activité est exercée à titre professionnel. Moins-values nettes **à long terme,** voir n° 18115. En ce qui concerne les événements entraînant la réalisation de plus ou moins-values de cession, voir n° 17730.

OBLIGATIONS COMPTABLES

86525 CGI art. 102 ter, 4 RIE-II-3750 s Les obligations comptables des contribuables placés sous le régime micro-BNC sont très allégées. Ceux-ci doivent tenir et, sur demande du service des impôts, présenter un **document** enregistrant le détail journalier de leurs **recettes** professionnelles.

Lorsqu'il est tenu par un contribuable non adhérent d'un organisme de gestion agréé, ce document doit mentionner l'identité déclarée par le client, ainsi que le montant, la date et la forme du versement des honoraires.

Des **mesures d'assouplissement** sont prévues par l'administration concernant l'enregistrement des recettes d'un montant unitaire inférieur à 76 € et des honoraires payés par chèque (voir n° 13585, précision b).

En ce qui concerne les personnes tenues au **secret professionnel,** voir n° 13585, précision c.

Allégements comptables des **médecins conventionnés** : voir n° 13785.

Les bénéficiaires de la franchise en base de **TVA** doivent en outre tenir et présenter à l'administration, à sa demande, un registre récapitulatif par année présentant le détail de leurs achats (CGI art. 286, II).

Quant aux **contribuables relevant** du régime micro-BNC et **d'un régime réel de TVA,** ils doivent respecter les obligations comptables tenant à leur régime de TVA (voir nos 53440 s.).

OBLIGATIONS DÉCLARATIVES

86530 CGI art. 102 ter, 2 RIE-II-4000 s Les contribuables relevant du micro sont dispensés de produire une déclaration spécifique. Ils portent le montant des recettes annuelles et des plus-values ou moins-values réalisées au cours de l'année sur la **déclaration** complémentaire à la déclaration annuelle des revenus (**n° 2042 C Pro**).

Aucune mention relative aux **biens affectés à l'exploitation** n'est exigée.

À propos des conséquences des **infractions** aux obligations déclaratives à l'égard de la procédure d'évaluation d'office, voir n° 79080.

En ce qui concerne les obligations déclaratives spécifiques des contribuables ayant opté pour le régime de l'**auto-entrepreneur,** voir nos 86612 s.

CESSION OU CESSATION D'ENTREPRISE

86535 CGI art. 202 RIE-II-4060 s Les contribuables placés sous le régime micro doivent **déclarer** leur cessation d'activité et faire parvenir à l'administration la déclaration n° 2042 C Pro dans un **délai de 60 jours.** Ce délai est porté à six mois en cas de décès de l'exploitant. La cessation d'activité entraîne l'**imposition immédiate** des bénéfices réalisés et non encore taxés, conformément aux règles de droit commun, ainsi que la taxation immédiate des créances acquises mais non encore recouvrées (nos 13640 s.). Cette imposition fait l'objet d'une régularisation à la suite du dépôt de la déclaration n° 2042 C Pro de l'année concernée.

B. TVA

FRANCHISE EN BASE

La franchise de TVA, qu'il s'agisse de la franchise de droit commun (dont le champ d'application est examiné aux nos 85565 s.) ou d'une des franchises particulières visées au no 85585, **dispense** les assujettis de la déclaration et du paiement de la TVA (ainsi que, en principe, des **taxes spéciales** qui sont recouvrées suivant les mêmes règles que la TVA). Les personnes qui en bénéficient ne peuvent pratiquer aucune **déduction** de TVA, ni faire apparaître la taxe sur leurs **factures.** 86540 CGI art. 293 B à 293 F **RIE-II-10000 s**

Les effets de la franchise en base ne s'étendent pas aux **importations** (pays tiers à l'Union européenne). En ce qui concerne les **acquisitions** de biens **dans un État membre de l'Union européenne** par les bénéficiaires de la franchise en base, voir nos 49225 s. Comme indiqué au no 85895, les personnes concernées peuvent toutefois avoir intérêt à renoncer à la franchise en **optant** pour le **paiement de la taxe** dans les conditions et selon les modalités énoncées au no 85970.

OBLIGATIONS

Les bénéficiaires de la franchise sont soumis aux obligations générales suivantes : déclarations de création d'entreprise ou d'activité et déclaration de cessation (nos 53385 s.) ; remise à l'administration de toutes justifications nécessaires au contrôle (no 53755). Leurs obligations comptables sont allégées (voir no 86455 en ce qui concerne les entreprises relevant des BIC, et no 86525 à propos des titulaires de BNC) et ils ne sont pas soumis à l'obligation d'utiliser un logiciel ou système de caisse sécurisé certifié (no 53485). S'ils délivrent des factures, celles-ci doivent porter la **mention** « TVA non applicable, art. 293 B du CGI ». 86545 CGI art. 286, II et 293 E **RIE-II-12400 s**

Des obligations spécifiques sont prévues dans l'hypothèse où des services sont fournis par un bénéficiaire de la franchise en base à un assujetti établi dans un autre État membre de l'Union européenne qui doit autoliquider la taxe dans cet État (voir no 49890).

SECTION 4

RÉGIME DE L'AUTO-ENTREPRENEUR

Les exploitants qui ont opté pour le régime de l'auto-entrepreneur s'acquittent auprès d'un seul interlocuteur de l'impôt sur le revenu et de l'ensemble des cotisations et contributions de sécurité sociale par des versements libératoires mensuels ou trimestriels égaux à un pourcentage du chiffre d'affaires ou des recettes réalisés au cours de la période considérée. 86585

MONTANT DU VERSEMENT LIBÉRATOIRE

Le versement libératoire est calculé en appliquant au montant du chiffre d'affaires hors taxe un taux qui varie selon la nature de l'activité. Ce taux est de : 86590 CGI art. 151-0, II **RIE-II-4480 s**

– 1 % pour les entreprises ayant une **activité de vente** de marchandises, objets, fournitures et denrées à emporter ou à consommer sur place ou de fourniture de logement (à l'exception des locations meublées autres que les meublés de tourisme et chambres d'hôtes) ;
– 1,7 % pour les entreprises ayant une activité de **prestations de services** ;
– 2,2 % pour les contribuables titulaires de **bénéfices non commerciaux.**

Pour ce calcul, l'exploitant peut retenir les **encaissements** (et non les créances acquises) sous réserve de ne pas changer de méthode (BOI-BIC-DECLA-10-40-20 no 90).

EXEMPLE Un entrepreneur individuel qui remplit les conditions d'application du régime et exerce une activité de ventes réalise au titre de l'année 2020 un chiffre d'affaires hors taxe de 60 000 € réparti de la manière suivante :

Janv.	Févr.	Mars	Avril	Mai	Juin
2 000 €	5 000 €	6 000 €	4 000 €	10 000 €	12 000 €
Juil.	**Août**	**Sept.**	**Oct.**	**Nov.**	**Déc.**
3 000 €	0 €	5 000 €	8 000 €	4 000 €	1 000 €

Ce contribuable, qui est célibataire et sans personne à charge, a opté pour le régime du versement libératoire forfaitaire avec des échéances trimestrielles. Compte tenu de l'activité exercée, le taux applicable à son chiffre d'affaires hors taxe est de 1 %.

Au titre du 1er trimestre, il acquittera, en même temps que le paiement de ses prélèvements sociaux, un versement forfaitaire libératoire de 130 € [(2 000 € + 5 000 € + 6 000 €) × 1 %].

Par application du même calcul, il devra verser au titre des trois trimestres suivants respectivement les sommes de 260 €, 80 € et 130 €, soit un total de 600 €.

À titre de comparaison, selon le régime micro-BIC, le revenu net de l'exploitant aurait été de 60 000 € × 29 % = 17 400 € (après application de l'abattement pour charges de 71 %). L'impôt sur le revenu établi selon le barème applicable aux revenus de 2019 se serait élevé à 1 027 €.

INCIDENCE SUR L'IMPÔT SUR LE REVENU

86605 RIE-II-4580 s **Imposition des bénéfices professionnels** Les versements mensuels ou trimestriels effectués par le contribuable sont libératoires de l'impôt sur le revenu dû au titre de l'année de réalisation du chiffre d'affaires ou des recettes.

Par exception, les **plus-values ou moins-values** relatives aux biens affectés par nature à l'exploitation demeurent imposables séparément, selon les règles prévues pour les plus-values professionnelles, comme dans les régimes micro-BIC (n° 86445) ou micro-BNC (n° 86515). Toutefois, dans de nombreuses situations, les contribuables peuvent se prévaloir de régimes d'exonération de ces plus-values (voir nos 18140 s.).

Les contribuables qui s'acquittent du versement libératoire ne sont pas redevables de l'**acompte** prévu dans le cadre du **prélèvement à la source** au titre des revenus soumis à ce versement.

86610 **Imposition des autres revenus du foyer fiscal** Le versement libère le contribuable de l'impôt sur le revenu dû à raison des seuls bénéfices générés par son activité soumise au régime micro. L'impôt dû à raison des autres revenus du foyer fiscal est calculé par application de la **règle du taux effectif** (n° 82565) afin de préserver sa progressivité.

Ainsi, l'impôt est dans un premier temps calculé sur la base de la totalité des revenus du foyer fiscal mais il n'est effectivement dû que pour la part correspondant aux revenus non soumis au versement libératoire.

MODALITÉS DE DÉCLARATION ET DE PAIEMENT

86612 RIE-II-4720 s **Déclaration et paiement** Les **versements mensuels ou trimestriels,** accompagnés d'une **déclaration** spéciale, sont effectués auprès de l'organisme chargé de l'encaissement des cotisations et contributions sociales dues à titre personnel par les exploitants individuels, en pratique l'Urssaf, le cas échéant par internet (www.auto-entrepreneur.urssaf.fr ou www.net-entreprises.fr), sous les mêmes règles, garanties et sanctions que celles applicables au recouvrement des cotisations et contributions de sécurité sociale visées à l'article L 613-7 du Code de la sécurité sociale, voir Mémento social nos 80270 s.

86615 RIE-II-4790 **Déclaration de revenus** Le contribuable doit porter le montant de son chiffre d'affaires ou des recettes annuelles ainsi que le montant des plus ou moins-values réalisées ou subies au cours de la même année dans les rubriques prévues à cet effet de la **déclaration n° 2042 C Pro.** Ces informations permettent notamment à l'administration de tenir compte du revenu professionnel commercial ou non commercial pour la détermination du revenu fiscal de référence du foyer fiscal (n° 42332).

En cas de **cessation d'activité,** l'entrepreneur doit déclarer la cessation sous 45 jours (BIC) ou 60 jours (BNC) et souscrire dans un délai de 60 jours une déclaration de revenus n° 2042 C Pro mentionnant le chiffre d'affaires ou les recettes réalisées depuis le 1er janvier ainsi que les éventuelles plus-values. Les plus-values non encore taxées sont immédiatement imposables (BOI-BIC-DECLA-10-40-30 nos 200 à 220).

CONTRÔLE

86620 RIE-II-4810 s Le contrôle des versements et le recouvrement des impositions supplémentaires éventuelles sont réalisés selon les règles applicables en matière d'impôt sur le revenu. Le contentieux relatif à l'assiette des versements libératoires de l'impôt sur le revenu relève par conséquent de la juridiction administrative.

SORTIE DU RÉGIME

86625 RIE-II-4980 s Elle peut résulter d'une dénonciation de l'option (n° 85920) ou du non-respect de l'une des conditions énumérées au n° 85535. Le changement de régime intervient au 1er janvier de l'année suivante.

SECTION 5 RÉGIME SIMPLIFIÉ

Le régime simplifié, dont le champ d'application est défini en détail aux n°s 85450 s. (BIC) et 85595 s. (TVA), se caractérise essentiellement par un allégement des obligations déclaratives et comptables en matière de bénéfices industriels et commerciaux et de taxes sur le chiffre d'affaires. Les règles relatives à la détermination du bénéfice et du chiffre d'affaires sont, sous réserve de mesures particulières ponctuelles, les mêmes que sous le régime réel normal d'imposition. **86760** RIE-III-15000 s RIE-IV-17000 s

On rappelle que si le régime simplifié peut s'appliquer indifféremment aux entreprises commerciales et non commerciales en matière de TVA (n° 85560), seules les entreprises commerciales peuvent relever du régime simplifié pour l'imposition de leurs bénéfices (n° 85450). Les entreprises non commerciales exclues du régime micro-BNC sont soumises au régime de la déclaration contrôlée étudié aux n°s 13570 s.

1. IMPÔT SUR LES BÉNÉFICES

DÉTERMINATION DES BÉNÉFICES IMPOSABLES

Dès lors que le régime simplifié constitue un régime d'imposition d'après le bénéfice réel, les entreprises placées sous ce régime sont en principe soumises aux règles de droit commun du régime réel normal pour la détermination de leur bénéfice imposable (n°s 10940 s.), sous réserve des modalités simplifiées de comptabilisation de certaines charges et d'évaluation des stocks (n° 86840). **86825**

En plus des simplifications admises dans le cadre de la comptabilité super-simplifiée, certaines d'entre elles bénéficient d'avantages spéciaux en matière de **plus-values** : voir n°s 18200 s. et 18275.

En ce qui concerne la dispense de majoration de la base d'imposition et la réduction d'impôt pour frais de comptabilité des contribuables **adhérents d'organismes de gestion agréés,** voir respectivement n°s 87970 s. et 87990 s.

OBLIGATIONS COMPTABLES

Les entreprises relevant du régime simplifié doivent être à même de justifier l'exactitude des chiffres déclarés et, par suite, avoir une **comptabilité** régulière, sincère et appuyée des pièces justificatives. Mais, sous certaines conditions, elles peuvent tenir une comptabilité dite « super-simplifiée » en exerçant à cet effet une option au titre de chaque exercice, sur la déclaration de résultats. **86835**

Obligations de droit commun Les **sociétés** et autres personnes morales, à l'exclusion toutefois des sociétés civiles de moyens, sont exclues du régime de la comptabilité super-simplifiée. Elles peuvent toutefois, à condition de ne pas être contrôlées par une société qui établit des comptes consolidés, tenir une comptabilité de trésorerie, c'est-à-dire n'enregistrer les créances et les dettes qu'à la clôture de l'exercice. Mais elles ne bénéficient pas des autres mesures prévues pour les exploitants individuels (voir n° 86840). **86837** CGI art. 302 septies A bis RIE-III-17100 s

Elles ont par ailleurs la possibilité, comme les commerçants **personnes physiques,** d'adopter une **présentation simplifiée** (système abrégé) de leurs comptes (n° 10950, précision a).

Les personnes morales ne pouvant bénéficier de ces dispositions doivent se conformer aux obligations comptables de droit commun (n°s 10950 s.). Il en va de même, bien entendu, pour les commerçants personnes physiques qui ne souhaitent ni présenter leur comptabilité sous une forme simplifiée ni adopter la comptabilité « super-simplifiée ».

Comptabilité super-simplifiée Les **exploitants individuels** et les **sociétés civiles de moyens** qui optent pour une comptabilité « super-simplifiée » bénéficient principalement des allégements suivants : **86840** CGI art. 302 septies A ter A, 1 RIE-III-17500 s

– possibilité de tenir une **comptabilité de trésorerie** en cours d'année et de ne constater corrélativement les créances et les dettes qu'en fin d'année (sous réserve de la dispense de régularisation admise pour certains frais à caractère répétitif) ;

– possibilité de procéder à une **évaluation simplifiée des stocks** et production en cours selon une méthode forfaitaire.

Indépendamment de leur option pour la comptabilité super-simplifiée, ces entreprises sont en outre **dispensées de produire un bilan** lorsque leur chiffre d'affaires hors taxe de l'année précédente n'excède pas un seuil fixé pour 2020 à 164 000 € s'il s'agit d'entreprises dont le commerce principal est la vente de marchandises, objets, fournitures et denrées à emporter ou à consommer sur place ou la fourniture du logement, ou 57 000 € s'il s'agit d'autres entreprises.

86840 (suite) Les commerçants personnes physiques soumis de plein droit ou sur option au régime de la comptabilité super-simplifiée bénéficient aussi d'**allègements** des obligations comptables **prévues par le Code de commerce** sensiblement analogues à ceux admis sur le plan fiscal (C. com. art. L 123-25 à L 123-27, R 123-203, R 123-204 et R 123-207).

Le tableau suivant récapitule ces allègements.

Obligations comptables		
Prévues par le CGI pour les exploitants individuels et les SCM	Prévues par le Code de commerce pour les personnes physiques	Observations
	En cours d'exercice	
Comptabilité « super-simplifiée »	Comptabilité « simplifiée »	
Comptabilité de trésorerie (recettes encaissées et dépenses payées) [1]	– Comptabilité de trésorerie [3] – Centralisation trimestrielle des journaux auxiliaires sur le livre-journal	
Déduction forfaitaire des frais de carburant selon le barème de l'administration figurant aux nos 97165 et 97175 [2]	Idem	Règles comptables et fiscales identiques
Dispense de justification des frais généraux accessoires payés en espèces dans la limite de 1 ‰ du CA avec un minimum de 150 € (pourboires, cadeaux, réception…)	Idem	
	En fin d'exercice	
Enregistrement des créances et des dettes	Idem	
Dispense de régularisation pour les frais payés à échéances régulières dont la périodicité n'excède pas un an (assurances, cotisations, abonnements, intérêts, loyers, charges sociales…)	Idem	Règles comptables et fiscales identiques
Possibilité d'évaluation des stocks et productions en cours selon une méthode forfaitaire [4]	Idem [4]	En principe, aucune divergence entre comptabilité et fiscalité [4]
Bilan et compte de résultat simplifiés. Dispense de bilan si CA $\leq$ 164 000 € HT ou $\leq$ 57 000 € HT [5]	– Bilan et compte de résultat simplifiés	Pas de dispense de bilan sur le plan comptable

1. L'enregistrement des encaissements et décaissements doit distinguer selon le mode de règlement et la nature des opérations réalisées (avec, le cas échéant, les ventilations nécessaires en matière de TVA : nos 53470 s.). Les pièces de recettes et de dépenses doivent être classées et annotées de la nature, de la date et du montant des règlements effectués.
La comptabilité super-simplifiée doit retracer l'ensemble des **mouvements de trésorerie** même s'ils n'affectent pas directement le résultat : apports et prélèvements de l'exploitant, virements de fonds, prêts ou emprunts, acquisition ou cession d'immobilisations.
2. Une **option** doit être exercée à cet effet pour chaque exercice sur un état annexe à la déclaration de résultats, mentionnant le type de véhicule, l'affectation du kilométrage, le montant forfaitaire des frais, et leur mode de comptabilisation. La déduction forfaitaire concerne aussi bien les automobiles que les deux-roues motorisés.
3. L'**enregistrement des encaissements et des paiements** peut être effectué en retenant la date de l'opération figurant sur le relevé adressé au contribuable par un établissement de crédit ou La Banque postale (C. com. art. R 123-203).
4. Selon la méthode prévue à l'article 4 LA de l'annexe IV au CGI, le **coût de revient des produits et marchandises** est déterminé en appliquant aux prix de vente à la clôture de l'exercice un abattement correspondant à la marge moyenne pratiquée par l'entreprise à partir des données de l'exercice précédent. Sur le plan comptable, la méthode prévue est identique dans son principe, mais l'abattement appliqué sur les prix de vente doit correspondre à la marge pratiquée sur chaque catégorie de biens.
Le coût de revient des **travaux en cours** est réputé égal, tant sur le plan fiscal que sur le plan comptable, au montant des acomptes réclamés aux clients avant facturation.
Ces règles présentent un caractère facultatif mais, une fois adoptées, elles ne peuvent être abandonnées tant que les conditions d'activité de l'entreprise ne connaissent pas de changement substantiel.
5. Pour l'appréciation de ces limites, lorsque l'exercice n'est pas de douze mois, le chiffre d'affaires doit être ajusté prorata temporis. En cas de variation du chiffre d'affaires, le bilan est exigé à la clôture du premier exercice de dépassement. À l'inverse, le bilan n'est pas exigé à la clôture de l'exercice au cours duquel le chiffre d'affaires devient égal ou inférieur aux limites. La **dispense de bilan** est appréciée d'après le chiffre d'affaires hors taxe de l'année précédente. Les **seuils** fixés pour cette dispense sont **actualisés** tous les trois ans. Les seuils actualisés pour 2020 seront applicables en 2021 et 2022.

OBLIGATIONS DÉCLARATIVES

Comme les entreprises relevant du réel normal, les entreprises soumises au régime simplifié doivent déclarer chaque année, au service des impôts du lieu de l'exploitation, les résultats de leur dernier exercice. 86845 CGI art. 302 septies A bis RIE-III-15250 s

Ces **déclarations** doivent être souscrites au plus tard le deuxième jour ouvré suivant le 1er mai pour les contribuables relevant de l'impôt sur le revenu, quelle que soit la date de clôture de l'exercice (CGI ann. II art. 38 bis, I) – la situation est différente pour les sociétés passibles de l'impôt sur les sociétés (nº 36390). Un délai supplémentaire de 15 jours calendaires est cependant accordé par l'administration (BOI-BIC-DECLA-30-20-10 nº 230).

Les déclarations sont établies sur des formulaires identiques à ceux du bénéfice réel normal : nº 2031-SD pour l'impôt sur le revenu (voir nºs 10965 s.), nº 2065-SD pour l'impôt sur les sociétés (voir nº 36385). Mais les **tableaux comptables et fiscaux** à joindre à la déclaration sont allégés.

› Précisions **a.** Sept **tableaux annexes** sont joints à la déclaration des résultats : nº 2033-A-SD (bilan, voir toutefois nº 86835), nº 2033-B-SD (compte de résultat), nº 2033-C-SD (immobilisations, amortissements, plus-values et moins-values), nº 2033- D-SD (provisions, amortissements dérogatoires, déficits...), nº 2033-E-SD (valeur ajoutée produite au cours de l'exercice), nº 2033-F-SD (composition du capital social) et nº 2033-G-SD (filiales et participations).
Divers renseignements ou documents doivent, le cas échéant, être produits dans les mêmes conditions que pour les entreprises relevant du bénéfice réel normal (voir nº 11000).
Un formulaire spécial nº 2036-SD est prévu pour les **sociétés civiles de moyens** (nº 13895).
Nous publions chaque année, au « Feuillet rapide », un **guide** consacré à l'établissement des déclarations.
b. Sous réserve d'une présentation allégée, les obligations des entreprises relevant du régime simplifié sont semblables à celles des entreprises soumises au réel normal. En particulier, le **défaut de production** (ou la production **tardive**) de la déclaration est sanctionné de la même manière (nº 11020) et son contrôle effectué selon les mêmes modalités (nº 11010).

2. TAXES SUR LE CHIFFRE D'AFFAIRES

En matière de taxes sur le chiffre d'affaires, les entreprises relevant du régime simplifié d'imposition (nºs 85595 s.) n'ont aucune déclaration de chiffre d'affaires à remplir en cours d'année ou d'exercice. Elles sont seulement tenues au versement d'acomptes semestriels (nºs 86880 s.) qui font ensuite l'objet d'une régularisation lors du dépôt de la déclaration annuelle CA12/CA12 E (nºs 86900 s.). Les entreprises commerciales relevant du régime simplifié ont toutefois la possibilité de renoncer à ces formalités simplifiées, tout en restant placées sous ce régime (nº 86915). 86870 CGI art. 287, 3 RIE-IV-17000 s

› Précisions **a.** Sous réserve des formalités simplifiées exposées aux nºs 86880 s., les **obligations** des entreprises soumises au régime simplifié sont celles du régime du **chiffre d'affaires réel** (déclaration de création d'entreprise ou d'activité, déclaration de cessation, facturation, télédéclaration et télérèglement de la TVA, etc. ; nºs 53320 s.).
b. Les entreprises qui relèvent du régime simplifié peuvent bénéficier, selon des modalités particulières, de la procédure de **remboursement** des crédits de taxe non imputables (nº 56685).

ACOMPTES SEMESTRIELS

Les entreprises relevant du régime simplifié d'imposition doivent verser en cours d'année (ou d'exercice) deux acomptes semestriels. 86880 RIE-IV-18150 s

Ces acomptes sont versés en **juillet** et **décembre** selon l'échéancier des dates limites figurant au nº 53725. Ils sont accompagnés d'un relevé (nº 3514) indiquant l'échéance du versement, son montant et, le cas échéant, les éléments permettant de déterminer le montant de crédit de taxe déductible sur les immobilisations (nº 86890, remarque 2).

Le **complément** d'impôt **éventuellement exigible** est versé lors de la souscription de la déclaration annuelle.

Les redevables sont **dispensés du versement d'acomptes** lorsque la **taxe** due au titre **de l'année ou de l'exercice précédent,** avant déduction de la TVA relative aux biens constituant des immobilisations, est **inférieure à 1 000 €.** Dans ce cas, le montant total de l'impôt exigible est acquitté lors de la souscription de la déclaration annuelle.

› Précisions **a.** Lorsqu'un **acompte** est acquitté **hors délai** ou **indûment minoré,** le montant mis à la charge du redevable est soumis à la majoration de 5 % et aux intérêts de retard dans les conditions de droit commun.
b. Tous les redevables de la TVA étant soumis à l'obligation de **télédéclaration et de télérèglement** de la TVA (nºs 53720 s.), les relevés accompagnant le versement des acomptes doivent être transmis par voie électronique et les acomptes télépayés.

Montant des acomptes Ils sont égaux à **55 %** (juillet) et **40 %** (décembre) de la **taxe due** au titre **de l'exercice précédent avant déduction de la TVA relative aux** biens consti- 86885

tuant des **immobilisations.** Ces acomptes peuvent toutefois faire l'objet de **modulations** dans les conditions examinées ci-après au n° 86890.

Lorsque la **période de référence** servant de base au calcul des acomptes est **inférieure à douze mois,** les acomptes sont calculés à partir d'une taxe ajustée pour correspondre à une période de douze mois.

En cas de **souscription tardive** ou d'**absence** de souscription de la **déclaration annuelle,** les acomptes antérieurs sont reconduits provisoirement, puis régularisés (droits et pénalités) lors du dépôt spontané de la déclaration ou en cas de taxation d'office.

Les **nouveaux redevables** sont autorisés, lors de leur première année d'imposition, à acquitter la TVA par acomptes semestriels dont ils déterminent eux-mêmes le montant mais dont chacun doit représenter au moins 80 % de l'impôt réellement dû pour le semestre correspondant. En cas de crédit de taxe au titre d'un semestre de la première période d'imposition, aucune somme n'est due au titre de l'acompte correspondant (ce crédit de taxe peut être imputé sur l'acompte suivant ou faire l'objet d'un remboursement dans les conditions exposées au n° 56685 lorsqu'il correspond à de la taxe déductible grevant l'acquisition d'immobilisations).

Les **redevables nouvellement placés sous le régime simplifié** déterminent également eux-mêmes leurs acomptes. À titre de règle pratique, les anciens redevables au réel normal peuvent déterminer ces acomptes sur la base de la TVA due au titre de l'année ou de l'exercice précédent, avant déduction de la taxe grevant les immobilisations, telle qu'elle résulte des déclarations CA3, sans se voir opposer la « règle des 80 % », à condition d'utiliser la même méthode pour les deux acomptes.

86890 **Modulation des acomptes** Les acomptes semestriels peuvent faire l'objet de **modulations à la baisse** dans les conditions suivantes.

a. Les redevables sont autorisés à **imputer** le **crédit de taxe et/ou l'excédent de versement** d'acomptes éventuels **constatés sur** la déclaration annuelle **CA12/CA12 E,** dont le remboursement n'a pas été sollicité, sur le ou les acomptes suivant le dépôt de ladite déclaration (cette possibilité d'imputation peut être combinée avec la modulation visée ci-après au d).

b. Ils peuvent, par ailleurs, **suspendre** le paiement du **deuxième acompte** s'ils estiment que le montant de l'acompte déjà versé au titre de l'année ou de l'exercice est égal ou supérieur au montant de la taxe qui sera finalement due.

c. Ils peuvent également **diminuer** le montant du **deuxième acompte ou** du **premier acompte avant suspension** (cas visé au b ci-dessus), si le **paiement partiel** effectué à ce titre **représente le solde** de la taxe dont ils estiment être débiteurs au titre de l'année ou de l'exercice.

d. Enfin, lorsqu'ils estiment que la **taxe due à raison** des opérations réalisées au cours **d'un semestre, après imputation** de la **taxe** déductible au titre des **immobilisations,** est **inférieure d'au moins 10 %** au montant de l'acompte correspondant, les redevables peuvent diminuer à due concurrence le montant de cet acompte. Si ces opérations ont été réalisées au cours d'une période inférieure à six mois, la modulation n'est admise que si la taxe réellement due est inférieure d'au moins 10 % à l'acompte réduit au prorata du temps.

Remarques : **1.** La suspension ou la modulation des acomptes dont le redevable entend se prévaloir doit être mentionnée dans le relevé accompagnant chaque versement.

2. Lorsque la **taxe** déductible au titre des **immobilisations** n'est pas imputée sur l'acompte du semestre correspondant (ou ne peut l'être qu'en partie), son montant (ou le reliquat non imputable) peut faire l'objet d'une demande de **remboursement** dans les conditions exposées au n° 56685.

En revanche, le reliquat non imputable ne peut pas être reporté pour imputation sur les acomptes suivants (hormis dans le cas visé au a ci-dessus).

3. S'ils estiment que la taxe sera supérieure d'au moins 10 % à celle qui a servi de base aux acomptes, les redevables peuvent **modifier à la hausse** le montant de ces derniers.

4. En ce qui concerne les **sanctions** applicables lorsqu'un acompte a été **indûment minoré,** voir n° 86880, précision a.

DÉCLARATION ANNUELLE

86900 CGI ann. II art. 242 sexies et 242 septies RIE-IV-17420 s

Les redevables placés sous le régime simplifié d'imposition doivent souscrire au titre de chaque année ou exercice une déclaration qui **détermine** la **taxe due au titre de la période** et le montant des **acomptes semestriels pour la période ultérieure.** Cette déclaration fait apparaître le **solde à verser,** qui doit être acquitté immédiatement, ou le **solde excédentaire** (crédit de taxe et/ou excédent de versement d'acomptes) qui peut être imputé sur les acomptes suivants (n° 86890, a) ou, le cas échéant, être remboursé (voir n° 56685).

Les **entreprises dont l'exercice coïncide avec l'année civile** doivent souscrire la déclaration annuelle (**modèle CA12**) au plus tard le deuxième jour ouvré suivant le 1er mai de l'année qui suit celle au titre de laquelle elle est déposée (soit le 5 mai 2020 pour la déclaration afférente à l'exercice 2019). Cette déclaration détermine les acomptes exigibles en juillet et décembre de l'année de dépôt (pour les entreprises dont l'exercice ne coïncide pas avec l'année civile, voir ci-après n° 86905).

En cas de **cession,** de **cessation** d'activité, de **redressement ou** de **liquidation judiciaire,** les entreprises doivent souscrire dans un délai de 60 jours la déclaration relative à l'année ou l'exercice en cours ainsi que, le cas échéant, celle qui n'aurait pas été déposée au titre de l'année civile ou de l'exercice précédent. Pour les **redevables** imposables sur les **encaissements,** les **sommes restant à percevoir après** la date de la **cessation d'activité** ne sont pas comprises dans le montant du chiffre d'affaires mentionné sur la déclaration annuelle. En conséquence, lors de leur encaissement effectif, ces sommes devront être considérées comme des opérations soumises à la TVA à titre occasionnel et faire l'objet d'une déclaration CA3.

› Précisions **a.** L'administration admet que les entreprises effectuent au titre de leurs achats autres que ceux portant sur des biens constituant des immobilisations, des matières premières et des produits destinés à la revente, c'est-à-dire au titre de leurs **« frais généraux »,** une **déduction forfaitaire** fixée uniformément à 0,20 % du chiffre d'affaires hors taxe mentionné sur la déclaration annuelle.
b. La déclaration de régularisation CA12 fait l'objet d'un **guide** spécial que nous publions tous les ans au « Feuillet rapide ».
c. Dans le cadre d'une **vérification de comptabilité,** l'administration peut contrôler les opérations réalisées ou facturées par le redevable dès le début du deuxième mois suivant leur réalisation ou leur facturation indépendamment de toute échéance déclarative (LPF art. L 16 D). Ce contrôle peut permettre la mise en œuvre d'une procédure de flagrance fiscale définie n°s 78330 s.

Entreprises dont l'exercice est clos en cours d'année Les entreprises qui clôturent leur exercice au terme d'un mois autre que décembre doivent **obligatoirement** souscrire leur déclaration (**modèle CA12 E**) dans les trois mois suivant la clôture de l'exercice. **86905** CGI art. 302 septies A, III **RIE-IV-17500 s**

La déclaration CA12 E souscrite au titre d'une période d'imposition détermine les acomptes exigibles durant la période d'imposition suivante (CGI ann. II art. 242 septies A).

Alors même que les déclarations sont souscrites en fonction de l'exercice, c'est cependant l'année civile qui sert de référence pour l'appréciation des **chiffres limites** des régimes d'imposition.

RENONCIATION AUX FORMALITÉS SIMPLIFIÉES

86915 CGI ann. II art. 204 ter A **RIE-IV-19230 s**

Les entreprises qui relèvent – de plein droit ou sur option – du régime simplifié d'imposition peuvent renoncer, tout en restant placées sous ce régime en matière de bénéfices, aux formalités simplifiées de liquidation des taxes sur le chiffre d'affaires. Dans ce cas, elles souscrivent des **déclarations CA3** dans les mêmes conditions et selon la même périodicité que les entreprises soumises au régime du chiffre d'affaires réel normal (voir n°s 53710 s.).

Cette renonciation (qui, selon l'administration, n'est pas ouverte aux titulaires de revenus non commerciaux ou de revenus fonciers imposables à la TVA) doit être expresse. Elle est exercée par voie d'option (valable deux ans, irrévocable et tacitement reconductible) notifiée par lettre recommandée avec accusé de réception. Elle prend effet au 1er janvier de l'année au cours de laquelle elle est exercée si elle est notifiée avant la date limite de dépôt de la déclaration CA12 (voir n° 86900) ou le 1er janvier de l'année suivante en cas de notification après cette date.

La renonciation à l'option doit être effectuée au moins 30 jours avant le terme de l'option (BOI-TVA-DECLA-20-20-30-30 n° 100).

Les entreprises qui exercent cette option restent tenues de souscrire la **déclaration récapitulative** CA12 des opérations réalisées durant la dernière année ou le dernier exercice non couverts par l'option. Celles dont l'option prend effet au 1er janvier de l'année au cours de laquelle elle est exercée doivent également déposer dans le mois qui suit la notification de l'option une déclaration CA3 récapitulative des opérations réalisées entre le 1er janvier et le mois au cours duquel l'option a été notifiée.

EXEMPLE

En cas d'option pour la renonciation aux formalités simplifiées notifiée le 15 mars 2020, l'entreprise devra souscrire en avril 2020 une déclaration CA3 récapitulative des opérations réalisées du 1er janvier 2020 au 31 mars 2020. Elle devra également souscrire la déclaration CA12 récapitulant les opérations de l'année 2019.

Sous réserve de la souscription d'une déclaration récapitulative CA12, ces entreprises ne sont pas concernées par les développements figurant ci-avant n°s 86880 s.

CHAPITRE 2

ENTREPRISE INDIVIDUELLE À RESPONSABILITÉ LIMITÉE (EIRL)

87200 CGI art. 1655 sexies DC-IX-30000 s

Le statut de l'EIRL permet aux entrepreneurs individuels de séparer leur patrimoine personnel et leur patrimoine professionnel sans création d'une personne morale. Ce statut est ouvert à **tous les entrepreneurs individuels,** y compris les auto-entrepreneurs, quelle que soit la nature de l'activité exercée (commerciale, artisanale, libérale, agricole). Il peut être adopté lors de la **création** de l'entreprise ou en **cours d'activité.** Lors de la création d'une entreprise en nom propre, l'entrepreneur doit déclarer s'il choisit d'exercer son activité sous le statut d'EIRL ou sous celui d'entrepreneur individuel (Loi 2019-486 du 22-5-2019 art. 7).

Seules les EIRL soumises à un régime réel d'imposition peuvent opter pour leur assimilation à une EURL (ou une EARL). Cette option entraîne l'assujettissement à l'impôt sur les sociétés. Pour en savoir plus sur le régime juridique de l'EIRL, voir notre Mémento droit commercial nos 2130 s.

CONSTITUTION DE L'EIRL

87210 DC-IX-30100 s

Patrimoine d'affectation La constitution du patrimoine affecté de l'EIRL résulte d'une simple **déclaration d'affectation** du patrimoine au registre de publicité légale dont relève l'entrepreneur (répertoire des métiers pour les artisans, registre du commerce et des sociétés pour les commerçants) (Loi 2019-486 du 22-5-2019 art. 7). Les professionnels libéraux, dispensés d'immatriculation, déposent cette déclaration au greffe du tribunal statuant en matière commerciale du lieu de leur établissement principal. Les exploitants agricoles effectuent cette déclaration au registre de l'agriculture tenu par la chambre d'agriculture compétente.

Le **patrimoine affecté** se compose obligatoirement de l'ensemble des biens, droits, obligations ou sûretés dont l'entrepreneur est titulaire, **nécessaires à l'exercice de l'activité professionnelle,** c'est-à-dire ceux qui, par nature, ne peuvent être utilisés que dans le cadre de cette activité (C. com. art. R 526-3-1). Il peut également inclure les biens, droits, obligations ou sûretés **utilisés** pour les besoins de l'activité sans être nécessaires à celle-ci, que l'entrepreneur individuel peut ensuite décider de retirer (la possibilité juridique de retrait résulte de l'article 7 de la loi 2019-486 précitée). Les **biens à usage purement privé** sont en revanche exclus. Un entrepreneur peut constituer plusieurs patrimoines d'affectation, mais un même bien ne peut entrer que dans la composition d'un seul patrimoine d'affectation (C. com. art. L 526-6, al. 2).

> **Précisions** **a.** Lorsque la déclaration d'affectation est présentée à l'enregistrement (formalité obligatoire en vertu de l'article L 526-9 du Code de commerce lorsque la déclaration comporte des droits ou biens immobiliers et facultative dans le cas contraire), elle est soumise au droit fixe des actes innomés de 125 € (no 64035).
>
> **b.** Les **biens nécessaires à l'exercice de l'activité professionnelle** de l'EIRL sont les biens affectés par nature à cette activité, tels que le fonds de commerce, le droit au bail, la clientèle ou le droit de présentation de la clientèle et la finance des charges et offices pour les titulaires de bénéfices non commerciaux. S'y ajoutent les biens servant spécifiquement à l'activité (outils de l'artisan, matériel agricole, droits à paiement de base : BOI-BIC-CHAMP-70-30 no 30). Les **éléments utilisés** pour les besoins de l'activité peuvent être, par exemple, des immeubles ou des véhicules.
>
> **c.** Lorsqu'un exploitant individuel exerce une **activité non commerciale** imposée selon le régime de la déclaration contrôlée, le patrimoine d'affectation coïncide en pratique avec le patrimoine professionnel qu'il a dû, au plan fiscal, distinguer de son patrimoine privé (nos 13270 s.).
>
> **d.** L'**exploitant agricole** peut conserver les **terres** nécessaires ou utilisées pour les besoins de son exploitation dans son patrimoine personnel (C. com. art. L 526-6, al. 3 ; BOI précité no 40).
>
> **e.** Par exception au principe d'affectation, l'entrepreneur reste redevable sur la totalité de ses biens à l'égard de ses **créanciers fiscaux** lorsqu'il a, par des manœuvres frauduleuses ou à la suite de l'inobservation grave et répétée de ses obligations fiscales, rendu impossible le recouvrement des impositions et pénalités dues au titre de son activité professionnelle ou dans un cadre étranger à celle-ci (LPF art. L 273 B).

Conséquences fiscales Les **biens acquis** par l'entrepreneur **lors de la création** de l'EIRL soumise à un **régime réel** sont inscrits au patrimoine d'affectation pour leur valeur d'acquisition. 87215

Les **biens transférés du patrimoine privé au patrimoine de l'EIRL,** et inscrits pour leur valeur vénale ou leur valeur d'utilité à la date du transfert, bénéficient du régime des biens migrants (nos 18470 s.).

La création d'une EIRL par un entrepreneur individuel soumis à un **régime micro** d'imposition (régimes micro-BIC, micro-BA ou micro-BNC : CGI art. 50-0, 64 bis et 102 ter) n'entraîne aucune conséquence au plan fiscal.

ATTENTION

Dès lors que, pour les **activités créées avant le 30 juillet 2011,** les plus-values d'apport des biens provenant du patrimoine privé, inscrits au patrimoine de l'EIRL, soumise à un régime réel, ont relevé du régime des plus-values des particuliers, la cession ultérieure des biens n'emporte pas application du régime des biens migrants.

La **transformation d'une entreprise individuelle en EIRL** est neutre au plan fiscal sauf si l'**option pour l'assimilation à une EURL** (ou EARL) est exercée. Dans ce cas, l'opération entraîne les conséquences fiscales d'un apport en société. Mais l'exploitant peut opter pour le régime prévu à l'article 151 octies du CGI qui permet d'éviter l'imposition immédiate des plus-values d'apport (nos 19710 s.). 87220

L'inscription au patrimoine d'affectation de biens qui appartenaient au patrimoine privé de l'exploitant n'entraîne pas l'imposition immédiate d'une plus-value d'apport ; celle-ci sera imposée lors de la cession des biens (régime des biens migrants : nos 18470 s.).

Le retrait dans le patrimoine privé de biens non repris au patrimoine d'affectation génère une plus-value ou moins-value imposable selon le régime des plus-values professionnelles.

› Précisions **a.** La **valeur d'inscription des biens** sur la déclaration d'affectation correspond à leur valeur vénale ou, en l'absence de marché, à leur valeur d'utilité. Pour les **biens transférés du patrimoine professionnel de l'exploitant au patrimoine d'affectation,** lorsque l'option pour l'assimilation à une EURL (ou une EARL) n'est pas exercée, la valeur des éléments constitutifs du patrimoine affecté correspond à leur valeur nette comptable telle qu'elle figure dans les comptes du dernier exercice clos s'il est tenu à une comptabilité commerciale, ou à la valeur d'origine de ces éléments telle qu'elle figure au registre des immobilisations du dernier exercice clos diminuée des amortissements pratiqués s'il n'est pas tenu à une telle comptabilité (C. com. art. L 526-8).

b. La transformation d'une entreprise individuelle en EIRL relevant d'un régime réel d'imposition **avant le 30 juillet 2011** a entraîné les conséquences d'un apport en société et la cession ultérieure des biens ainsi apportés n'emporte pas application du régime des biens migrants.

FONCTIONNEMENT DE L'EIRL

L'entrepreneur individuel à responsabilité limitée est imposé à l'**impôt sur le revenu,** sauf option contraire, sur l'intégralité des résultats réalisés, selon les règles de droit commun applicables en fonction de la nature de son activité (commerciale, non commerciale, agricole). Les entrepreneurs relevant du régime des **micro-entreprises,** y compris les auto-entrepreneurs, sont obligatoirement imposés à l'IR. 87230 DC-IX-31110 s

Lorsqu'il exerce **différentes activités** au sein de la même EIRL, il est fait application des règles prévues pour les revenus accessoires (nos 7925, 13170, b et 15200).

L'option pour l'assimilation à une EURL (ou une EARL) par une EIRL soumise à un régime réel d'imposition est, en principe, irrévocable et emporte de plein droit option pour l'**assujettissement à l'impôt sur les sociétés.** Elle doit être notifiée dans les trois mois de l'exercice au titre duquel l'entrepreneur souhaite l'assimilation (CGI ann. III art. 350 bis ; BOI-BIC-CHAMP-70-30 no 170). S'agissant de la renonciation à l'option pour l'IS, voir no 37577. 87235

Les EIRL relevant d'un **régime micro** d'imposition qui souhaitent être assujetties à l'impôt sur les sociétés doivent préalablement opter pour un régime réel d'imposition.

Les **EIRL créées avant le 30 juillet 2011** qui ont opté pour l'impôt sur les sociétés sont réputées avoir opté pour l'assimilation à une EURL (ou EARL) et demeurent soumises à cet impôt (BOI-BIC-CHAMP-70-30 no 450).

ATTENTION

Le **statut de l'exploitant** d'une EIRL soumise à l'impôt sur les sociétés est celui du gérant majoritaire de SARL. Sa rémunération est déductible du résultat et imposée dans les conditions prévues à l'article 62 du CGI (no 23615). Par ailleurs, les EIRL assimilées à une EURL ou EARL sont soumises à la **taxe sur les véhicules de sociétés** (nos 75100 s.) à raison des véhicules de tourisme utilisés en France alors que celles assimilées à une entreprise individuelle ne le sont pas.

Toutes les EIRL doivent tenir une **comptabilité** commerciale, quelle que soit la nature de leur activité (C. com. art. L 526-13). 87240

Les contribuables qui relèvent du régime micro sont soumis à des **obligations comptables simplifiées** : ils doivent simplement tenir un livre des recettes et, le cas échéant, un registre des achats, ainsi que, le 31 décembre de chaque année, un relevé actualisant en valeur et en nature le patrimoine affecté (C. com. art. R 526-10-1).

FIN DE L'EIRL

87250 DC-IX-32450 s Deux situations sont susceptibles d'entraîner la fin de l'EIRL :
– la liquidation de l'EIRL, qui intervient en cas de renonciation par l'entrepreneur individuel à l'affectation de son patrimoine ou en cas de décès de l'entrepreneur individuel (sauf pour les EIRL assimilées à des EURL ou EARL lorsque son héritier ou ayant droit manifeste son intention de poursuivre l'activité professionnelle à laquelle le patrimoine était affecté) ;
– la transmission à titre onéreux ou à titre gratuit de l'EIRL.

87255 La **liquidation de l'EIRL** n'ayant pas opté pour l'assimilation à une EURL ou EARL emporte les mêmes conséquences que la cessation fiscale d'une entreprise individuelle (n°s 11045 s.).

Si la liquidation concerne une **EIRL assimilée à une EURL ou à une EARL,** elle emporte les mêmes conséquences fiscales que la cessation d'entreprise et l'annulation des droits sociaux d'une EURL ou d'une EARL : imposition des résultats non encore imposés à la date de cette cessation, y compris les éventuelles plus-values latentes, à l'IS ou à l'impôt sur le revenu (selon le régime fiscal de l'EIRL) et, lorsque l'EIRL a renoncé à son option pour l'assujettissement à l'IS, l'imposition entre les mains de l'entrepreneur individuel du boni de liquidation (BOI-BIC-CHAMP-70-30 n° 350).

87260 La **cession à titre onéreux, à titre gratuit** ou par voie **d'apport,** à une personne morale, de la **totalité du patrimoine affecté** entraîne également, en principe, la liquidation de l'EIRL et les conséquences de la cessation fiscale (n°s 11045 s.).

CHAPITRE 3

DIRECTION DES GRANDES ENTREPRISES

COMPÉTENCE

La Direction des grandes entreprises (DGE) est un service de la DGFiP à compétence nationale, chargé notamment d'assurer sur l'ensemble du territoire national l'**assiette**, le **recouvrement** et le **contrôle** de tous les impôts, droits et taxes dus par les personnes physiques ou morales qui relèvent de son champ de compétence. **87400** DC-IX-10000 s

ENTREPRISES CONCERNÉES

Relèvent de la DGE : **87410** CGI ann. III art. 344-0 A et 344-0 C, II

– les personnes physiques ou morales ou groupements de personnes de droit ou de fait dont, à la clôture de l'exercice, le chiffre d'affaires hors taxe ou le total de l'actif brut du bilan est supérieur ou égal à 400 M€ ;

– les personnes physiques ou morales ou les groupements de personnes de droit ou de fait qui, à la clôture de l'exercice, détiennent directement ou indirectement plus de 50 % du capital ou des droits de vote d'une des entreprises visées ci-dessus, ainsi que toutes les personnes morales ou groupements de droit ou de fait dont la majorité du capital ou des droits de vote est détenue par de telles entreprises ;

– les sociétés membres d'un groupe fiscal lorsque au moins une des sociétés qui le compose répond à l'un des critères précédents.

Peuvent également **opter** pour leur rattachement à la DGE les entreprises qui ont bénéficié de la transmission de patrimoine (dans le cadre d'une fusion, scission ou confusion de patrimoine) d'une entreprise relevant de ce service en raison du montant de son chiffre d'affaires ou de son actif brut. Cette option produit un effet immédiat à l'égard de la société bénéficiaire de la transmission. Par application des règles de droit commun (n° 87415), les filiales de l'entreprise transmise continuent à relever de la DGE, alors que celles de l'entreprise bénéficiaire ne sont rattachées à cette direction qu'à compter du 1er février de la deuxième année suivante.

› **Précisions** **a.** Seul le chiffre d'affaires issu d'**opérations imposables en France** est retenu pour apprécier le seuil de 400 M€. Les opérations soumises à l'impôt sur les sociétés en application de l'article 209 B du CGI ne sont pas prises en considération.

b. Les **établissements stables** de sociétés étrangères relèvent de la DGE s'ils réalisent un chiffre d'affaires supérieur ou égal à 400 M€ ou si le total de leur actif brut atteint ce seuil. Il en est de même pour les filiales détenues à 50 % au moins par la société étrangère dont les titres figurent à l'actif de l'établissement.

c. Une **société détenue à parité** par deux entreprises appartenant au périmètre de la DGE peut, elle aussi, demander à relever de la compétence de cette direction (BOI-IS-DECLA-30-10 n° 237).

d. La DGE assure l'ensemble des opérations nécessaires à l'assiette et au recouvrement des impositions, intérêts de retard et pénalités résultant des demandes de **mise en conformité fiscale** déposées par les entreprises (voir n° 79869), y compris pour celles qui ne relèvent pas de son champ de compétence. Cette mesure ne s'applique ni à la contribution foncière des entreprises due par celles qui ne relèvent pas de la DGE, ni aux taxes foncières dues par ces entreprises ou par celles n'ayant pas opté pour leur paiement auprès de la DGE (Décret 2019-518 et arrêté CPAE1912312A du 24-5-2019).

DATE DE RATTACHEMENT À LA DGE

Dès lors qu'une entreprise satisfait à l'une des conditions énoncées ci-dessus à la clôture d'un exercice, elle doit souscrire ses déclarations fiscales auprès de la DGE à compter du 1er février de la deuxième année suivante. Ainsi, une entreprise dont le chiffre d'affaires de l'exercice 2019 (coïncidant avec l'année civile) dépasse 400 M€ relèvera de la DGE pour les déclarations souscrites à compter du 1er février 2021, notamment en ce qui concerne la liasse fiscale de l'exercice 2020. De même, lorsque le rattachement à la DGE résulte de la détention du capital de la société, il devient effectif à compter du 1er février de la deuxième année suivant celle à la clôture de laquelle le seuil de détention de 50 % a été franchi. **87415** CGI ann. III art. 344-0 C, I

Les entreprises continuent à relever de la DGE jusqu'au 31 janvier de la quatrième année suivant celle au cours de laquelle les conditions de rattachement à cette direction cessent d'être remplies.

ATTENTION

Une société qui entre dans un **groupe fiscal** dont les membres relèvent de la DGE doit souscrire ses propres déclarations auprès de ce service à compter du 1er février de l'année suivant celle de son entrée dans le groupe.

ORGANIGRAMME DES GROUPES

87425 CGI ann. III art. 41-00 A

Les personnes morales ou groupements de droit ou de fait dont le chiffre d'affaires hors taxe ou le total de l'actif brut du bilan, apprécié à la clôture du dernier exercice, est supérieur ou égal à 400 M€ doivent fournir les listes des entreprises avec lesquelles ils ont des **liens de participation,** ascendants ou descendants, directs ou indirects. Ces renseignements doivent être produits par voie électronique lors du dépôt de la déclaration de résultat.

> Précisions **a.** S'agissant d'**entreprises liées directement,** la production des imprimés nos 2059-F-SD et 2059-G-SD qui doivent être joints par toutes les entreprises imposées dans la catégorie des BIC ou passibles de l'IS en annexe à leur déclaration de résultat est suffisante (BOI-IS-DECLA-30-20 n° 140).

b. S'agissant des liens de **détention indirecte,** les entreprises sont dispensées d'indiquer l'identité des personnes interposées dans la chaîne des participations. Elles déposent uniquement la liste des personnes détenant, ou dont elles détiennent, à la clôture de l'exercice, indirectement, plus de la moitié du capital ou des droits de vote en produisant les imprimés 2059-H-SD et 2059-I-SD (BOI-IS-DECLA-30-20 n° 110).

DÉCLARATIONS CONCERNÉES

87435 CGI ann. III art. 344-0 B

Les entreprises relevant de la DGE doivent souscrire auprès de celle-ci leurs déclarations de résultat et l'ensemble des documents annexes, ainsi que les déclarations de TVA et taxes assimilées, y compris les demandes d'achat en franchise (BOI-TVA-CHAMP-30-30-50-10 n° 240) et les déclarations se rapportant aux taxes, contributions et redevances assises et contrôlées comme en matière de TVA.

Elles doivent également déposer, le cas échéant, les déclarations suivantes :

– celle définie à l'article 102 Z de l'annexe II du CGI et concernant les sociétés ayant une filiale dans un pays à fiscalité privilégiée qui relève du champ d'application de l'article 209 B du CGI (BOI-IS-BASE-60-10-50) ;

– les déclarations afférentes à la taxe sur les salaires (en revanche, la déclaration annuelle des salaires et la déclaration des honoraires pour les entreprises ne relevant pas de la déclaration sociale nominative ne sont pas adressées à la DGE) ;

– la déclaration de cotisation sur la valeur ajoutée des entreprises ;

– la déclaration de taxe sur les véhicules de sociétés ;

– la déclaration de taxe sur les excédents de provisions des entreprises d'assurance de dommages ;

– la déclaration de taxe sur la valeur vénale des immeubles possédés en France par certaines personnes morales ;

– la déclaration de contribution au fonds commun des accidents du travail agricole ;

– la déclaration de taxe sur les conventions d'assurance ;

– la déclaration récapitulative des réductions et crédits d'impôt n° 2069-RCI-SD.

Les sociétés civiles immobilières qui relèvent de la DGE déposent auprès de ce service la déclaration de résultat n° 2072-S.

> Précisions **a.** La déclaration de **cotisation foncière des entreprises** doit être souscrite auprès du service local des impôts des entreprises dont relèvent les établissements concernés et non auprès de la DGE.

b. Les actes et déclarations (par exemple, ceux portant cession de fonds de commerce, de droit au bail ou les cessions de parts sociales) concernant les entreprises tenues de souscrire leurs déclarations de résultat auprès de la DGE doivent obligatoirement être souscrits auprès du service de l'**enregistrement** de la DGFiP territorialement compétent.

c. En cas d'**option** pour le paiement des taxes foncières auprès de la DGE, les déclarations de taxe annuelle sur les bureaux et de taxe additionnelle sur les surfaces de stationnement en Île-de-France (nos 31380 s.) sont souscrites auprès de ce même service (Décret 2019-1072 du 21-10-2019 art. 1).

d. Doivent également être souscrites auprès de la DGE les déclarations concernant la **taxe sur les transactions financières** prévue à l'article 235 ter ZD du CGI (CGI ann. III art. 58 R).

e. Les entreprises relevant de la DGE doivent déposer auprès de ce service la déclaration prévue à l'article 87-0 A du CGI dans le cadre du **prélèvement à la source** de l'impôt sur le revenu.

MODALITÉS DE SOUSCRIPTION

Comme toutes les entreprises, les entreprises relevant de la DGE doivent obligatoirement **télétransmettre** la plupart de leurs déclarations. Sont concernées leurs déclarations de résultat (IS, BIC, BNC, BA) et leurs annexes (y compris pour les sociétés immobilières non soumises à l'impôt sur les sociétés), leurs déclarations de TVA et de taxes assimilées aux taxes sur le chiffre d'affaires et leurs annexes (ainsi que les demandes de remboursement de crédits de TVA), leurs déclarations afférentes à la taxe sur les salaires (n° 73550) et leurs déclarations de CVAE (n° 44035). 87445 CGI art. 1649 quater B quater

Les autres déclarations peuvent être souscrites sous forme **papier.**

ATTENTION

Le **non-respect** de l'obligation de transmission électronique des déclarations est sanctionné par une majoration de 0,2 % du montant des droits correspondant à la déclaration déposée selon un autre procédé, qui ne peut être inférieure à 60 € (CGI art. 1738). Toutefois, en cas de **dépôt tardif** d'une déclaration selon un autre procédé que celui requis, seule la pénalité prévue à l'article 1728 du CGI est exigible en sus de l'intérêt de retard (BOI-CF-INF-10-40-50 n° 37).

PAIEMENT DES IMPOSITIONS

La TVA et les taxes assimilées, l'impôt sur les sociétés, les contributions additionnelles à cet impôt, la contribution sur les revenus locatifs, la contribution économique territoriale (CFE et CVAE), la taxe sur les transactions financières, tous les impôts et taxes se rapportant aux déclarations visées au n° 87435 et, le cas échéant, le versement de régularisation de taxe d'apprentissage (n° 73610) doivent être souscrites par les entreprises relevant de la DGE auprès du comptable de ce service (BOI-IS-DECLA-30-20 n° 570). 87455 CGI art. 1681 septies, 1695 quater CGI ann. III art. 406 terdecies

Cette obligation s'applique au règlement des impôts à paiement spontané dont la **date limite** de paiement (acompte ou solde) est postérieure au rattachement de l'entreprise à la DGE. Toutefois, pour l'**impôt sur les sociétés** et les contributions assimilées, elle concerne les versements dont la date d'exigibilité intervient à compter du rattachement à la DGE. Pour les **impôts recouvrés par voie de rôle,** l'avis d'imposition fait état de l'obligation d'adresser le paiement à la DGE (BOI-IS-DECLA-30-20 n° 520).

Les entreprises relevant de la DGE doivent acquitter auprès de ce service la **retenue à la source** de l'impôt sur le revenu (nos 3840 s.).

Impositions résultant des demandes de **mise en conformité** : n° 87410 précision d.

Doivent **obligatoirement** être **acquittés par voie de télérèglement** la TVA et les taxes assimilées, l'impôt sur les sociétés, les contributions additionnelles à cet impôt, la contribution sur les revenus locatifs, la CFE, la CVAE et la taxe sur les salaires. 87460

Toutes les impositions autres que celles énumérées ci-dessus qui se rapportent aux déclarations à souscrire auprès de la DGE (n° 87435) sont **acquittées auprès du comptable** de ce service, en principe, par les moyens habituels (nos 76720 s.).

S'agissant du règlement de la **taxe sur les salaires,** l'entreprise effectue un télépaiement global pour l'ensemble de ses établissements (BOI-TPS-TS-40 n° 80).

ATTENTION

Le **non-respect** de l'obligation de **paiement par télérèglement** entraîne l'application d'une majoration de 0,2 % du montant des sommes dont le versement a été effectué selon un autre mode, qui ne peut être inférieure à 60 €. Il en va de même en cas de non-respect de l'obligation de paiement par **virement** (CGI art. 1738). Toutefois, en cas de **paiement tardif** effectué selon un autre moyen que celui requis, seuls sont appliqués la majoration pour paiement tardif et l'intérêt de retard des articles 1730 ou 1731 du CGI (BOI-CF-INF-10-40-50 n° 37).

Certaines impositions peuvent être acquittées sur **option** auprès de la DGE. Tel est notamment le cas des taxes foncières sur les propriétés bâties et non bâties, et de leurs taxes annexes et additionnelles recouvrées dans les mêmes conditions. Cette option s'applique à l'ensemble des impositions dues à ce titre. Si elle est exercée, le télérèglement est obligatoire (BOI-REC-PRO-20-20 nos 20 s.). 87465

› Précisions Formulée avant le 30 novembre d'une année, l'option prend effet le 1er janvier de l'année suivante, pour une durée de cinq ans, renouvelable par tacite reconduction à défaut de **dénonciation,** trente jours au moins avant l'expiration de la période quinquennale. Toutefois, en cas d'opération d'absorption, l'option prend fin le 31 décembre de la deuxième année qui suit celle au cours de laquelle l'entreprise a été absorbée (CGI ann. III art. 406 terdecies).

CONTENTIEUX

Les entreprises qui relèvent de la DGE adressent à ce service l'ensemble des **réclamations** portant sur les impôts qui sont de sa compétence, quelle que soit la période sur laquelle portent ces réclamations. Toutefois, les réclamations portant sur une imposition dont l'assiette a été établie à l'initiative d'une direction départementale ou, le cas échéant, régio- 87475

87475 (suite) nale des finances publiques, d'une direction spécialisée ou d'un autre service à compétence nationale sont adressées à cette direction ou à ce service (LPF art. R* 190-1, al. 5).

Le service compétent pour statuer sur une réclamation étant celui à qui elle doit être adressée (LPF art. R* 198-10, al. 1), la DGE statue sur les réclamations relevant de sa compétence en tant que destinataire.

S'agissant du contentieux du **recouvrement,** les contestations relatives aux créances prises en charge par le comptable de la DGE sont adressées à ce service.

La détermination du tribunal compétent pour recevoir les **recours juridictionnels** des entreprises rattachées à la DGE est effectuée par application des règles de droit commun (nos 82110 s. et 77040 s.). En pratique, s'agissant des recours relatifs à l'assiette des impôts directs mis en recouvrement par la DGE (autres que les impôts directs locaux), c'est le tribunal administratif de Montreuil qui est compétent (BOI-CTX-ADM-10-10-20 nº 1).

ATTENTION

Les **réclamations** relatives aux **demandes de plafonnement** de la contribution économique territoriale (CET) en fonction de la valeur ajoutée (CGI art. 1647 B sexies), **de dégrèvement** pour diminution des bases d'imposition à la cotisation foncière des entreprises [CFE] (CGI art. 1647 bis), de dégrèvement transitoire de la CET (CGI art. 1647 C quinquies B) et de dégrèvement transitoire de CFE (CGI art. 1647 C quinquies C) sont à adresser à la DGE (LPF art. R* 190-1, al. 5). Les réclamations relatives à la taxe foncière et à la CET ou à la CFE autres que celles susvisées doivent être adressées au service local qui a établi l'imposition (BOI-CTX-PREA-10-10 nº 30). Il en est de même des réclamations portant sur un impôt acquitté auprès d'un autre service que la DGE (droits d'enregistrement par exemple).

CHAPITRE 4

ORGANISMES DE GESTION AGRÉÉS ET COMPTABLES CONVENTIONNÉS

SOMMAIRE

Les **centres de gestion** agréés ont pour objet de fournir aux entreprises industrielles, commerciales, artisanales et agricoles une aide technique en matière de gestion, de formation, ainsi que dans le domaine fiscal. **87700** DC-II-1 s

Un rôle analogue est dévolu, à l'égard des professions libérales et des titulaires de charges et offices, aux **associations** agréées, qui ont en particulier pour mission de développer l'usage de la comptabilité au sein de ces catégories professionnelles et de faciliter leurs obligations fiscales.

Les adhérents relevant des centres de gestion ou des associations agréés peuvent être regroupés au sein d'un **organisme mixte de gestion** qui doit également être agréé.

Un ou plusieurs agents de l'administration apportent leur assistance aux organismes de gestion agréés et un corps de contrôleurs de qualité en assure la surveillance. À cet égard, une charte de bonnes pratiques des organismes agréés a été élaborée après concertation avec l'administration.

L'adhésion à ces organismes ouvre droit, sous certaines conditions, à des **avantages fiscaux.** Un avantage est également accordé aux contribuables qui font appel aux services d'un **expert-comptable,** d'une société membre de l'ordre, d'une association de gestion et de comptabilité ou d'une succursale d'expertise comptable, ayant conclu une convention avec l'administration. Il en est de même pour les contribuables qui font appel à des **certificateurs étrangers** pour leurs revenus de source étrangère.

A. Centres de gestion agréés

CONDITIONS D'ADHÉSION

Les centres de gestion agréés s'adressent à toutes les **entreprises** (individuelles ou personnes morales) industrielles, **commerciales,** artisanales **et agricoles,** qu'elles relèvent de l'impôt sur le revenu ou de l'impôt sur les sociétés et quel que soit leur régime d'imposition. Toutefois, les avantages fiscaux sont réservés aux adhérents relevant de l'impôt sur le revenu et soumis, en principe, à un régime de bénéfice réel. Peuvent également adhérer les contribuables qui exercent à titre **non professionnel** une activité relevant des bénéfices industriels et commerciaux imposée selon un régime réel. **87765** CGI art. 1649 quater C à 1649 quater E bis DC-II-11000 s

Les centres peuvent limiter leur accès à une profession ou à une catégorie professionnelle particulière (agriculteur, par exemple) ou aux personnes exerçant dans un département ou une région déterminés. Sous cette réserve, les entreprises ont toute liberté pour adhérer au centre de leur **choix,** quel que soit le lieu où le centre a son siège.

Dans les **sociétés de personnes,** c'est la société (ou le groupement assimilé) qui a la qualité d'adhérent. L'adhésion peut émaner de l'un quelconque des associés et n'a pas besoin d'être contresignée par les autres dès lors qu'elle est formulée au nom de la société. Elle ne produit ses effets que sur les résultats sociaux et ne couvre pas les activités individuelles que peuvent exercer par ailleurs les associés. À l'inverse, l'adhésion personnelle d'un exploitant individuel également membre d'une société de personnes ne vaut que pour son activité individuelle.

> **Précisions** **a.** L'adhésion couvre l'ensemble des **activités** de même nature exercées à titre individuel par un contribuable, ainsi que les **activités connexes** relevant de l'article 155 du CGI. En revanche, pour les **activités non connexes** (activités imposables distinctement), une adhésion par catégorie de revenus est requise (BOI-DJC-OA-20-30-10-10 nos 465 et 467).
> **b.** Les titulaires de **revenus professionnels de source étrangère** provenant d'un État de l'Union européenne, de la Norvège, de l'Islande ou du Liechtenstein imposables à l'impôt sur le revenu en France, ou exonérés mais pris en compte pour le calcul du taux effectif, peuvent adhérer à un organisme agréé (BOI-DJC-OA-20-30-10-10 nº 460).
> **c.** Les **adhésions en ligne** sont autorisées sous réserve du recours à une signature électronique de l'adhérent (BOI-DJC-OA-20-30-10-10 nº 1).
> **d.** Aucun **droit d'entrée** ne peut être exigé des nouveaux membres en sus de la cotisation annuelle (BOI-DJC-OA-20-20-10 nº 100).

ORGANISATION ET RÉGIME FISCAL DES CENTRES

87775 DC-II-150 s Les centres sont des **associations** créées à l'initiative soit d'experts-comptables ou de sociétés membres de l'ordre, soit de chambres de commerce et d'industrie territoriales, de chambres de métiers et de l'artisanat ou de chambres d'agriculture, soit d'organisations professionnelles légalement constituées d'industriels, de commerçants, d'artisans ou d'agriculteurs (CGI ann. II art. 371 A).

Ils sont agréés par le directeur régional des finances publiques (CGI ann. II art. 371 G).

À compter du 1er janvier 2020, tous les centres doivent justifier d'un **effectif minimum** : 500 adhérents lors de l'agrément initial et 1 000 lors du renouvellement de l'agrément dans un délai de trois ans à compter de la date de l'agrément. Aucune condition d'effectif n'est exigée pour les centres établis en Corse et dans les DOM (CGI ann. II art. 371 B).
Chaque membre du **conseil d'administration** dispose d'une voix (CGI ann. II art. 371 E).

87780 DC-II-2900 s Les centres de gestion sont passibles de l'**impôt sur les sociétés** dans les conditions de droit commun. Ils sont assujettis de plein droit à la **TVA.** Toutefois, les actions de caractère collectif destinées à la formation ou à l'information des adhérents (bulletins, réunions…) peuvent être exonérées de TVA si elles sont facturées et suivies distinctement en comptabilité.

Les centres sont par ailleurs redevables de la **contribution économique territoriale** suivant le régime prévu pour les professions industrielles et commerciales ainsi que des **taxes** et participations assises sur les salaires.

> **Précisions** Les **cotisations des adhérents** sont prises en compte dans le résultat imposable au fur et à mesure de l'exécution des prestations (BOI-BIC-BASE-20-10 nº 170).

RÔLE DES CENTRES

87790 DC-II-3450 s Les centres ont pour mission d'apporter une assistance à leurs adhérents en matière de **gestion** et dans le **domaine fiscal.** Ils n'agissent pas en tant que **mandataires** de leurs membres, sauf pour la transmission électronique des déclarations fiscales. En outre, ils fournissent une analyse des informations en matière de prévention des difficultés des entreprises.

87795 Assistance des adhérents

a. Les centres fournissent tous les ans à chaque adhérent imposé d'après le bénéfice réel, dans un délai de deux mois suivant la date de réception de la déclaration de résultats et au plus tard de neuf mois suivant la clôture de l'exercice lorsqu'il ne coïncide pas avec l'année civile, un **dossier de gestion** : ratios caractérisant la situation économique et financière de l'entreprise assortis de commentaires ; tableau de financement ; analyse comparative des bilans et des comptes de résultat, analyse des informations économiques, comptables et financières (CGI ann. II art. 371 E, 1º).

b. Ils établissent les **déclarations fiscales** des adhérents placés sous un régime de bénéfice réel qui en font la demande (CGI ann. II art. 371 E, 2º) puis les dématérialisent et les **télétransmettent** lorsqu'ils ont été mandatés par leurs adhérents (CGI art. 1649 quater E).

c. Les centres ont notamment pour objet de fournir à leurs adhérents des services en matière de **formation** ayant trait au droit, à la fiscalité, à la comptabilité ou à la gestion (CGI ann. II art. 371 A).

Surveillance des engagements pris par les adhérents Les centres ont aussi pour mission de veiller à ce que les adhérents respectent leurs engagements et, notamment, de s'assurer de la sincérité des résultats qu'ils déclarent afin de déceler et prévenir les anomalies d'ordre fiscal. Ils doivent demander aux adhérents tous renseignements et documents utiles afin de procéder chaque année à un **examen** en la forme des **déclarations** de résultats, de taxes sur le chiffre d'affaires, de cotisation sur la valeur ajoutée des entreprises et, le cas échéant, des revenus encaissés à l'étranger. Ils contrôlent ensuite leur cohérence, leur vraisemblance et leur concordance. Les centres doivent également procéder à un **examen périodique de sincérité.** Cet examen ne constitue pas le début d'un contrôle fiscal (examen contradictoire de la situation fiscale personnelle ou vérification de comptabilité). **87805** CGI art. 1649 quater E **DC-II-4350 s**

À l'issue de ces opérations, un **compte rendu** de mission est établi, dont une copie est adressée à l'administration. Si l'organisme n'est pas en possession d'une des déclarations utiles au contrôle, il établit un compte rendu de mission négatif (BOI-DJC-OA-20-10-30 n° 60).

> **Précisions** **a.** L'**examen de sincérité** est réalisé tous les six ans si les comptes sont tenus par un professionnel de l'expertise comptable ou tous les trois ans au moins dans le cas contraire. L'adhérent doit remettre un **document** fournissant une vision exhaustive des opérations comptables de l'entreprise qui ne peut être délivré en aucun cas à l'administration (CGI ann. II art. 371 E, 4°).
> **b.** L'administration a dressé une **liste des diligences** à effectuer en vue de la délivrance du compte rendu de mission (BOI-ANNX-000411).
> **c.** Les centres doivent effectuer un contrôle de **validité des fichiers** des écritures comptables (CGI ann. II art. 371 E, 6°).

Prévention des difficultés des entreprises Les centres fournissent à leurs adhérents une analyse des **informations économiques, comptables et financières** en matière de prévention des difficultés économiques et financières (CGI ann. II art. 371 A). Ils ne peuvent toutefois réaliser aucun traitement de ces éventuelles difficultés. **87810** CGI art. 1649 quater C **DC-II-3750 s**

OBLIGATIONS DES ADHÉRENTS

Les adhérents doivent s'engager à **communiquer au centre** le bilan, le compte de résultat de leur exploitation, tous documents annexes, ainsi que tout document sollicité par le centre dans le cadre des contrôles qu'il doit réaliser (CGI ann. II art. 371 E, 3°-c). **87820** **DC-II-15420 s**

Ils ont également l'obligation d'accepter les **règlements par chèque** ou **par carte bancaire.** Ils doivent faire libeller les chèques à leur ordre et ne pas les endosser sauf pour remise directe à l'encaissement (CGI art. 1649 quater E bis). La clientèle doit être informée de cette obligation par une mention dans la correspondance et sur les documents professionnels, précisant le nom de l'organisme de gestion agréé, ainsi que par l'apposition d'une affichette dans les locaux professionnels (CGI ann. II art. 371 LB).

Sanctions Les **manquements** graves ou répétés des adhérents à leurs engagements ou obligations entraînent leur exclusion du centre. La décision d'**exclusion** est prise par le centre, qui doit au préalable permettre à l'adhérent de présenter sa défense. Ce dernier doit donc être informé des faits qui lui sont reprochés et de la possibilité de consulter, dans un délai déterminé, les pièces de son dossier. **87830** CGI ann. II art. 371 E, 3° et 371 LF **DC-II-16200 s**

L'**administration fiscale** doit communiquer aux présidents des organismes agréés les renseignements nécessaires pour prononcer l'exclusion des adhérents ne respectant pas les obligations leur incombant. Ces renseignements peuvent porter sur la nature et le montant des rectifications dont l'adhérent a fait l'objet (LPF art. L 166).

RÔLE DE L'ADMINISTRATION

Un ou plusieurs agents de l'administration apportent une **assistance technique** aux centres de gestion agréés. Ils ont pour mission de répondre aux **questions fiscales** relatives aux impositions dues par les adhérents placés sous un régime réel d'imposition. Les réponses écrites, signées par ces agents, engagent l'administration à l'égard des adhérents dont la situation est évoquée (application de l'article L 80 A du LPF : voir n°s 79540 s.). **87835** CGI art. 1649 quater E **DC-II-8100 s**

Les agents peuvent également prêter leur concours à l'organisme lorsqu'il organise pour ses adhérents des **réunions d'information** et de formation sur la réglementation fiscale.

Les modalités d'assistance et de contrôle des centres de gestion agréés par l'administration fiscale sont précisées dans une **convention** conforme à un modèle fixé par un arrêté (Arrêté ECFE1622351A du 22-11-2016).

Les organismes agréés doivent se soumettre à un **contrôle spécifique** de l'administration fiscale qui ne constitue ni à leur égard ni à l'égard de leurs adhérents le début d'un contrôle fiscal (CGI art. 1649 quater K quater).

B. Associations agréées

CONDITIONS D'ADHÉSION

87865 CGI art. 1649 quater F à 1649 quater H DC-II-11250 s

Les associations agréées sont, pour les professions libérales et les titulaires de charges et offices, l'équivalent des centres de gestion agréés pour les professions commerciales ou agricoles.

L'accès est ouvert aux personnes qui exercent à titre habituel et constant une **activité professionnelle** dont les résultats sont soumis à l'impôt sur le revenu dans la catégorie des **bénéfices non commerciaux,** qui relèvent d'un ordre ou d'une organisation professionnelle ayant pris l'engagement d'améliorer la connaissance des revenus de leurs membres et qui souscrivent, à titre individuel, à cet engagement. Peuvent également adhérer les contribuables qui disposent de **revenus non professionnels** imposés dans la catégorie des bénéfices non commerciaux selon le régime de la déclaration contrôlée et ayant souscrit un **engagement** d'amélioration de la connaissance des revenus.

Les **sociétés et groupements** de personnes exerçant une activité libérale peuvent adhérer à une association agréée lorsqu'ils sont soumis à l'impôt sur le revenu. Leur adhésion s'effectue dans les mêmes conditions que pour les centres (n° 87765). Les personnes morales passibles de l'impôt sur les sociétés (notamment les sociétés d'exercice libéral) sont en revanche exclues des associations ; elles peuvent adhérer à un centre de gestion agréé mais leurs membres ne bénéficient pas pour autant des avantages fiscaux.

Titulaires de **revenus de source étrangère,** voir n° 87765, précision b.

Contribuables exerçant une **activité connexe** au sens de l'article 155 du CGI, voir n° 87765, précision a.

> **Précisions** **a.** Ne peuvent adhérer à une association agréée les groupements qui ont pour objet de mettre en commun tout ou partie des dépenses professionnelles mais qui permettent à leurs membres d'appréhender individuellement les recettes procurées par leur activité professionnelle (**sociétés civiles de moyens**) (BOI-DJC-OA-20-30-10-10 n° 60).
> **b.** Les exploitations lucratives et autres sources de profits imposables dans la **catégorie des BNC** peuvent permettre à leurs titulaires d'adhérer à une association agréée (BOI-DJC-OA-20-30-10-10 n° 315).

ORGANISATION

87875 DC-II-150 s

Les associations doivent avoir pour **membres fondateurs** soit des ordres ou des organisations professionnelles de membres de professions libérales ou de titulaires de charges et offices, soit des experts-comptables, ou des sociétés inscrites à l'ordre des experts-comptables.

Elles doivent, comme les centres de gestion, revêtir la **forme** d'une association légalement constituée et être agréées par l'administration fiscale. À compter du 1er janvier 2020, toutes les associations doivent justifier du même **effectif minimum** que les centres de gestion : 500 adhérents lors de l'agrément initial et 1 000 lors du renouvellement de l'agrément dans un délai de trois ans à compter de la date de l'agrément. Aucune condition d'effectif n'est exigée pour les associations établies en Corse et dans les DOM (CGI ann. II art. 371 N).

Leur **régime fiscal** est identique à celui des centres (n° 87780).

> **Précisions** Les missions exercées par l'**administration** auprès des associations agréées sont identiques à celles qu'elle assure auprès des centres de gestion. Une **convention** doit être conclue avec l'administration (n° 87835).

RÔLE DES ASSOCIATIONS

87885 DC-II-6600 s

Les associations agréées sont investies de missions d'assistance, de surveillance et d'information. Elles doivent notamment faciliter l'accomplissement des **obligations administratives** et fiscales de leurs membres. Elles ne peuvent pas agir comme **mandataires** de leurs adhérents, sauf pour la transmission électronique des déclarations fiscales.

87890 **Assistance des adhérents** Les associations ont pour objet de développer chez leurs membres l'usage de la **comptabilité,** de leur faciliter l'accomplissement de leurs obligations administratives et fiscales et de leur fournir une assistance en matière de **gestion** (CGI ann. II art. 371 M). Si l'adhérent tient lui-même sa comptabilité, les associations doivent s'assurer que celle-ci est conforme à un plan comptable professionnel ou à la nomenclature comptable ou au plan comptable général. En présence d'une attestation de conformité fournie par l'expert-comptable tenant la comptabilité, ce contrôle formel est facultatif (BOI-DJC-OA-20-10-20-20 nos 100 et 130).

Les associations agréées peuvent aussi établir les **déclarations fiscales** des adhérents placés sous le régime de la déclaration contrôlée qui en font la demande. Lorsqu'elles sont mandatées par leurs adhérents, elles ont l'obligation de dématérialiser et **télétransmettre** les déclarations fiscales les concernant.

Les associations peuvent proposer des **formations** ayant trait au droit, à la fiscalité, à la comptabilité ou à la gestion (CGI ann. II art. 371 M).

Surveillance des engagements pris par les adhérents Les associations doivent veiller au respect des engagements souscrits par leurs adhérents et déceler les erreurs et anomalies d'ordre fiscal. Elles doivent leur demander chaque année tous **renseignements** et **documents** utiles afin d'établir la concordance, la cohérence et la vraisemblance entre, d'une part, les résultats fiscaux et la comptabilité et, d'autre part, les déclarations de résultats, de taxes sur le chiffre d'affaires, de cotisation sur la valeur ajoutée des entreprises et, le cas échéant, des revenus encaissés à l'étranger. Elles procèdent également à un **examen périodique de sincérité.** Cet examen ne constitue pas le début d'un contrôle fiscal (examen contradictoire de la situation fiscale personnelle ou vérification de comptabilité). 87895 CGI art. 1649 quater H DC-II-7100 s

À l'issue des opérations de contrôle, elles établissent un **compte rendu** de mission, dont une copie est adressée à l'administration, voir n° 87805, précision b.

› Précisions **a.** Les associations doivent effectuer un contrôle de **validité des fichiers** des écritures comptables (CGI ann. II art. 371 Q, 6°).
b. Modalités de réalisation de l'**examen de sincérité** : n° 87805, précision a.

Information en matière de prévention des difficultés des entreprises 87900 CGI art. 1649 quater F DC-II-6800 s.
Les associations fournissent à leurs adhérents, dans un délai de deux mois suivant la date de réception de la déclaration de résultats, une analyse des **informations économiques, comptables et financières** en matière de prévention des difficultés des entreprises et leur indiquent, le cas échéant, les démarches à accomplir pour régler ces difficultés (CGI ann. II art. 371 Q, 1°). Elles ne peuvent toutefois réaliser aucun traitement de ces éventuelles difficultés.

OBLIGATIONS DES ADHÉRENTS

Les adhérents doivent prendre l'engagement : 87910 DC-II-15800 s
– de se conformer aux recommandations qui leur sont faites en matière de tenue des **documents comptables** par les ordres ou organisations professionnelles dont ils relèvent ;
– de fournir les éléments nécessaires à l'établissement de **déclarations** sincères et complètes lorsqu'elles sont élaborées par l'association, ainsi que tout document qu'elle sollicite dans le cadre de ses contrôles ou, si l'association n'élabore pas la déclaration, de lui communiquer le montant de leur résultat imposable et l'ensemble des données utilisées pour la détermination de ce résultat (CGI ann. II art. 371 Q, 3°).

Les adhérents ont également l'obligation d'accepter les **règlements par chèque** ou par **carte bancaire** dans les mêmes conditions que les membres des centres de gestion (CGI ann. II art. 371 Y, 3° et 4°), voir n° 87820.

Les **manquements** graves ou répétés des adhérents à leurs engagements ou obligations entraînent leur exclusion de l'association (n° 87830).

› Précisions **a.** Les adhérents doivent tenir leurs **documents comptables** (livre-journal et registre des immobilisations et des amortissements dans le régime de la déclaration contrôlée ; document journalier des recettes dans celui du « micro ») conformément aux plans comptables professionnels agréés par le ministre des finances. 87915

Les documents de **recettes** doivent comporter, quelle que soit la profession exercée, l'identité du client ainsi que le montant, la date et la forme du versement des honoraires (en ce qui concerne la mention de l'identité des clients des adhérents astreints au **secret professionnel,** voir toutefois n° 13585, précision c). Les adhérents non soumis au secret professionnel indiquent, en outre, la nature des prestations fournies.

En cas de **comptabilisation globale des recettes** en fin de journée, ou de totalisation de bordereaux de remises de chèques (n° 13585, précision b), les adhérents n'ont pas à indiquer, au regard de l'écriture globale, l'identité des clients concernés, celle-ci ne devant figurer que sur les pièces justificatives (BOI-BNC-DECLA-20-30 n° 30).

b. Les membres des **professions de santé** doivent inscrire sur les feuilles de maladie ou de soins l'intégralité des honoraires effectivement perçus, même s'ils ne sont que partiellement remboursés aux assurés (CGI ann. II art. 371 Y, 5°).

C. Organismes mixtes de gestion agréés

87920 CGI art. 1649 quater K ter DC-II-11300

Les contribuables relevant des bénéfices industriels et commerciaux, des bénéfices agricoles et des bénéfices non commerciaux peuvent être regroupés au sein d'un même organisme, dénommé organisme mixte de gestion, qui doit faire l'objet d'un **agrément spécifique** délivré par le directeur régional des finances publiques (CGI ann. II art. 371 Z quater et 371 Z nonies).

Selon que les **adhérents relèvent des centres de gestion ou des associations agréés,** les organismes mixtes de gestion réalisent les services et missions spécifiques qui leur sont habituellement dévolus. De même, les adhérents de ces organismes sont soumis aux obligations qui leur incomberaient en cas d'adhésion à un centre de gestion ou une association agréé.

› **Précisions** **a.** Une **convention** est conclue avec l'administration afin de préciser l'assistance technique qu'elle apporte à l'organisme (nº 87835).
b. Les adhérents doivent accepter les règlements par **chèque** ou par **carte bancaire** (nº 87820).
c. S'agissant des obligations concernant le **nombre d'adhérents** et le **conseil d'administration,** voir nº 87775.

D. Associations de gestion et de comptabilité et comptables conventionnés

87940 CGI art. 1649 quater L DC-II-16600 s

L'un des principaux avantages liés à l'adhésion à un organisme de gestion agréé (absence de majoration de la base d'imposition : voir nº 87970) s'applique également aux contribuables qui font appel aux services d'un expert-comptable, d'une société membre de l'ordre, d'une association de gestion et de comptabilité ou d'une succursale d'expertise comptable (CGI art. 158, 7-1º-b).

Ces professionnels doivent disposer d'une **autorisation** délivrée par le commissaire du gouvernement auprès du conseil régional de l'ordre des experts-comptables et conclure une **convention avec l'administration** (nº 87835). Ils doivent en outre signer avec leurs clients une **lettre de mission.** Ils sont tenus de réaliser, suivant la nature des activités de leurs clients, les **mêmes missions** que celles prévues pour les centres de gestion ou les associations agréés.

› **Précisions** **a.** Les **conditions et modalités** de la délivrance de l'autorisation, de la conclusion de la convention avec l'administration et du contrôle de cette dernière sont précisées par les articles 371 bis A à 371 bis L de l'annexe II au CGI.
Les professionnels doivent justifier du même effectif minimum que les centres de gestion : voir nº 87775.
b. Un **dossier de gestion** est remis au client dans un délai de deux mois suivant la date de réception de la déclaration de résultats et au plus tard de neuf mois suivant la clôture de l'exercice lorsque celui-ci ne coïncide pas avec l'année civile (CGI ann. II art. 371 bis F). Il doit notamment comprendre les ratios caractérisant la **situation économique et financière** de l'entreprise accompagnés de commentaires et, à partir du deuxième exercice, une analyse comparative des bilans et des comptes de résultat de l'entreprise (ou du seul compte de résultat pour les entreprises relevant du régime simplifié d'imposition). Un **examen périodique de sincérité** des pièces justificatives des clients doit être réalisé au moins tous les trois ans. Enfin, un **contrôle** de validité **du fichier** des écritures comptables est effectué (CGI ann. II art. 371 bis F précité). Ces opérations de contrôle font l'objet d'un **compte rendu** de mission, voir nº 87805.
c. Les clients ou adhérents des comptables conventionnés sont soumis à l'obligation d'accepter les règlements soit par **carte bancaire,** soit par **chèque** (nº 87820).
d. En ce qui concerne la **nature de l'activité** exercée par une association de gestion et de comptabilité, voir nº 13165.

E. Avantages fiscaux

1. DISPENSE DE MAJORATION DE LA BASE D'IMPOSITION

87970 CGI art. 158, 7-1º DC-II-12550 s

L'adhésion à un centre de gestion, à une association ou à un organisme mixte de gestion agréé, ou le recours à un professionnel de l'expertise comptable autorisé par l'administration et ayant conclu avec elle une convention, procure un avantage fiscal dans la mesure où les **autres contribuables** voient la base d'imposition de leurs revenus retenue pour le calcul de l'impôt sur le revenu majorée de 25 %.

La dispense de majoration s'applique aux contribuables soumis à un **régime** de bénéfice **réel** (régime normal ou simplifié pour les commerçants, artisans ou industriels et les agriculteurs ; déclaration contrôlée pour les membres de professions libérales et assimilées).

Lorsqu'une société ou un **groupement de personnes** est membre d'un organisme agréé, les associés échappent à la majoration de 25 % sur leur quote-part de résultat. Toutefois, cette dispense de majoration ne couvre pas les activités individuelles que peuvent exercer les associés. Dans ce cas, une adhésion personnelle est requise pour échapper à la majoration sur les résultats individuels.

Lorsque des **conjoints** exploitent des fonds séparés, la majoration s'applique aux résultats réalisés par celui qui n'a pas adhéré.

La dispense de majoration peut également être accordée aux contribuables qui font appel à un certificateur étranger pour les seuls **revenus provenant d'un État membre de l'Union européenne,** du Liechtenstein, d'Islande ou de Norvège. Cette dispense s'applique également lorsque ces revenus sont visés par un organisme de gestion agréé ou un professionnel de l'expertise comptable.

87975

› Précisions **a.** Pour bénéficier de la dispense, le contribuable doit être **adhérent** pendant **toute** la durée de **l'année** ou de l'exercice. Cette condition n'est toutefois pas exigée :
– en cas de **première adhésion,** pour l'année ou l'exercice en cours si elle intervient dans les cinq mois du début de l'année ou de l'exercice (ou du début de l'activité) ;
– en cas de première adhésion, avant la clôture de l'exercice pour les contribuables qui **franchissent les limites** de chiffre d'affaires **des régimes micro-BIC, BA ou BNC** ;
– en cas d'**adhésion antérieure à l'agrément** de l'organisme de gestion agréé, pour l'imposition du bénéfice de l'année ou de l'exercice commencé depuis moins de trois mois à la date de l'agrément ;
– en cas de **cessation d'activité,** jusqu'à la date de radiation de l'adhérent de l'organisme de gestion agréé ;
– en cas de **retrait** (ou de non-renouvellement) **d'agrément** de l'organisme, pour l'imposition du bénéfice de l'année ou de l'exercice en cours ;
– en cas de **démission** de l'organisme agréé suivie, dans le délai maximum de trente jours, de l'adhésion à un autre organisme (CGI ann. II art. 371 L, 371 W et 371 Z quaterdecies).

b. Pour bénéficier de la dispense de majoration, les **non-adhérents** doivent en principe avoir été liés à un **professionnel de l'expertise comptable** autorisé pendant toute la durée de l'exercice. Toutefois, des exceptions à cette règle sont prévues notamment en cas de signature d'une première lettre de mission, de changement de comptable en cours d'exercice ou de démission d'un organisme agréé (CGI ann. II art. 371 bis L).

c. En cas de **décès de l'exploitant** et de reprise de l'activité par les héritiers, l'adhésion du nouvel exploitant produit ses effets immédiatement lorsqu'elle intervient dans les six mois du décès ou avant la date limite de la première déclaration se rapportant à l'activité du successeur si celle-ci est antérieure (BOI-DJC-OA-20-30-10-20 n° 270).

d. Ne peuvent bénéficier de la dispense de majoration les contribuables **exclus d'un organisme agréé au cours de l'année d'imposition** (ou dont la **lettre de mission** a été **résiliée** par le professionnel de l'expertise comptable au titre de l'année d'imposition) pour n'avoir pas fourni de réponse suffisante à des demandes de justification, pour n'avoir pas donné suite à la demande de rectifier une déclaration fiscale ou suite à une procédure ouverte en application de l'article L 166 (ou L 166 C) du LPF (n° 87830).

e. Peuvent être qualifiés de **certificateurs étrangers** les professionnels ou organismes établis dans un État de l'Union européenne ou de l'Espace économique européen qui procurent une assistance technique permettant une meilleure connaissance des revenus non salariaux perçus dans cet État et assurant la sincérité des déclarations fiscales. Ils concluent avec l'administration une convention triennale dans laquelle ils s'engagent à procéder chaque année aux contrôles prévus à l'article 1649 quater E du CGI (n° 87805), pour les déclarations de revenus encaissés à l'étranger et les déclarations de résultats déposées à l'étranger de leurs clients ou adhérents (CGI art. 1649 quater N). Le certificateur doit adresser un compte rendu de mission au contribuable et en transmettre la copie à l'administration (CGI ann. II art. 371 ter F).

L'avantage fiscal accordé aux adhérents ne concerne que les **revenus** soumis au barème progressif dans la catégorie des bénéfices industriels et commerciaux, des bénéfices non commerciaux ou des bénéfices agricoles relevant d'un régime réel. En tout état de cause, la majoration de 25 % n'est applicable ni aux **plus et moins-values** professionnelles à long terme ni aux **déficits** (BOI-IR-BASE-10-10-20 n°s 80 et 90). 87980

La dispense de majoration peut se cumuler avec d'autres avantages fiscaux tels que l'abattement dont bénéficient les **jeunes agriculteurs** qui s'installent (n°s 16225 s.). Toutefois, les **médecins conventionnés** ne peuvent bénéficier à la fois de la dispense de majoration et de l'abattement forfaitaire et de la déduction complémentaire de 3 % (n° 13775). Par exception, ce cumul est admis au titre de la première année d'adhésion (BOI-BNC-SECT-40 n° 270).

› Précisions Une **attestation** faisant état de l'adhésion à un organisme de gestion agréé ou du recours à un comptable conventionné doit être jointe à la déclaration de résultats. À défaut, le contribuable peut produire cette attestation ultérieurement, y compris en cours de procédure contentieuse (CE 27-6-2008 n° 301472 : RJF 11/08 n° 1191). Lorsqu'elle est délivrée par un organisme de gestion agréé, cette attestation doit mentionner la date d'adhésion et, le cas échéant, la date à laquelle est intervenue la perte de la qualité d'adhérent (CGI ann. II art. 371 L, 371 W et 371 Z quaterdecies). Lorsqu'elle émane d'un comptable conventionné, elle doit préciser la date de signature de la lettre de mission et le montant du résultat imposable du contribuable concerné (CGI ann. II art. 371 bis L).

2. AVANTAGES RÉSERVÉS AUX ADHÉRENTS D'UN ORGANISME DE GESTION AGRÉÉ

87985 Les adhérents des centres de gestion, associations et organismes mixtes de gestion bénéficient des **deux avantages** décrits ci-après.

RÉDUCTION D'IMPÔT POUR FRAIS DE COMPTABILITÉ ET D'ADHÉSION

87990 CGI art. 199 quater B DC-II-13000 s **Bénéficiaires** Les adhérents des centres de gestion, des associations ou des organismes mixtes de gestion agréés (BOI-IR-RICI-10 nº 10) peuvent bénéficier d'une réduction d'**impôt sur le revenu** au titre des frais occasionnés par la tenue de leur comptabilité et leur adhésion à l'organisme de gestion agréé, à condition :
– de réaliser un **chiffre d'affaires** n'excédant pas les limites du régime micro-BA (nos 15500 s.), du régime micro-BIC (nos 85420 s.) ou du régime micro-BNC (nos 85490 s.) ;
– et d'être imposés sur **option** à un **régime réel** BIC-BA ou à la **déclaration contrôlée** BNC.
Ces conditions s'apprécient au titre de l'**année** d'application de la réduction d'impôt.

> **Précisions a.** Par exception, les **exploitants agricoles** bénéficient de la réduction d'impôt pour la première année d'application de plein droit du régime réel normal ou simplifié.
> **b.** Quel que soit le montant de leur chiffre d'affaires ou de leurs recettes, les contribuables qui relèvent **à titre obligatoire** d'un régime de **bénéfice réel** ou de la **déclaration contrôlée,** en raison de la nature de leur activité (titulaires de charges et offices, par exemple) ou de leur forme juridique, ne peuvent pas bénéficier de la réduction d'impôt (BOI-IR-RICI-10 nº 80).

87995 **Montant** Le **montant** de la réduction est égal aux deux tiers des dépenses exposées pour la tenue de la comptabilité et pour l'adhésion à l'organisme de gestion agréé, dans la double **limite** de 915 € par an et du montant de l'impôt sur le revenu dû pour une année donnée. La réduction d'impôt s'impute après la décote mais avant imputation des crédits d'impôt et des prélèvements ou retenues non libératoires (CGI art. 197, I-5). Le crédit n'est pas restituable lorsque la cotisation d'impôt lui est inférieure.

Les dépenses prises en compte au titre de la réduction d'impôt ne sont pas admises dans les **charges** déductibles (CGI art. 39, 7).

> **Précisions a.** En cas de **pluralité d'activités** relevant de catégories d'imposition distinctes, la réduction d'impôt est appliquée et plafonnée au niveau de chaque catégorie de revenus. En revanche, un contribuable exerçant plusieurs activités relevant de la même catégorie d'imposition dans plusieurs établissements est regardé comme exploitant une seule entreprise (BOI-IR-RICI-10 nos 250 à 280).
> **b.** Dans les **Gaec,** la réduction d'impôt est plafonnée au niveau du groupement puis répartie entre les associés. Si l'associé exerce une activité à titre individuel, la réduction est calculée au niveau de l'associé et plafonnée à 915 € (BOI-IR-RICI-10 nos 300 et 310).

88000 DC-II-13350 s **Remise en cause** La réduction d'impôt est remise en cause lorsqu'une rectification fait apparaître un dépassement du chiffre d'affaires limite.

OMISSIONS RÉVÉLÉES SPONTANÉMENT PAR LES NOUVEAUX ADHÉRENTS

88010 CGI art. 1755 DC-II-13700 s Les personnes qui adhèrent à un organisme de gestion agréé sont dispensées de toutes majorations fiscales, de quelque nature qu'elles soient, si elles révèlent spontanément, par lettre recommandée, les insuffisances, inexactitudes ou omissions que comportent leurs déclarations professionnelles (impôt sur le revenu, contribution économique territoriale, TVA…). L'octroi de cet avantage est subordonné aux **conditions** suivantes :
– les infractions doivent être signalées à l'administration dans un délai de trois mois suivant l'adhésion à l'organisme de gestion agréé ;
– elles ne doivent ni procéder de manœuvres frauduleuses ni avoir donné lieu à une proposition de rectification ou à une procédure administrative ou judiciaire ;
– le supplément d'impôt correspondant doit être acquitté dans les délais impartis.

CHAPITRE 5

CENTRES DE FORMALITÉS DES ENTREPRISES

GÉNÉRALITÉS

Afin de faciliter les démarches des entreprises lors de leur création, de la modification de leur situation ou de la cessation de leur activité, les centres de formalités des entreprises (CFE) sont chargés de recevoir le **dossier unique** comportant les **déclarations** qu'elles sont tenues de remettre aux divers organismes ou administrations (registre du commerce, Urssaf, services des finances publiques pour certaines déclarations…). Ils sont également chargés de recevoir et transmettre les demandes d'autorisation nécessaires pour l'exercice de certaines activités. **88200** C. com. art. R 123-1 à art. R 123-30-7 CGI ann. II art. 371 AI à 371 AS **DC-IX-2000 s**

Le recours aux CFE est **obligatoire.** Tout déclarant peut néanmoins présenter lui-même sa demande d'immatriculation, d'inscription modificative ou de radiation au registre du commerce et des sociétés. Dans ce cas, le greffe doit transmettre sans délai le dossier au CFE compétent. Aucune **rémunération** ne peut être demandée aux déclarants par les organismes qui tiennent les CFE (BOI-TVA-DECLA-20-10-10 n° 30).

> **Précisions** Un **guichet électronique unique,** créé au plus tard le **1er janvier 2021,** se substituera aux différents réseaux de CFE et constituera l'interface entre les organismes actuellement destinataires des informations collectées par les CFE et les entreprises. Les deux systèmes coexisteront néanmoins pendant une période transitoire (Loi 2019-486 du 22-5-2019 art. 1).

COMPÉTENCES DES CFE

Il existe plusieurs catégories de CFE compétents en fonction de la **nature et** de l'**activité** de l'entreprise. Ils sont créés et tenus par les organismes suivants : **88205** **DC-IX-2100 s**

1. Les **chambres de commerce et d'industrie** territoriales, pour les commerçants et les sociétés (à l'exclusion de ceux qui sont assujettis à l'inscription au répertoire des métiers) et pour les personnes exerçant une activité de restauration à titre principal (BOI-TVA-DECLA-20-10-10-20 n° 40) ;

2. Les **chambres des métiers et de l'artisanat,** pour les personnes physiques et les sociétés assujetties à l'inscription au répertoire des métiers (compétence exclusive), autres que celles exerçant une activité de restauration à titre principal ;

3. Les **greffes** des tribunaux de commerce ou des tribunaux judiciaires statuant commercialement, pour les sociétés civiles et autres que commerciales (sociétés coopératives agricoles notamment), les sociétés d'exercice libéral, les personnes morales assujetties à l'immatriculation au registre du commerce et des sociétés autres que celles relevant des catégories ci-dessus énumérées, les établissements publics industriels et commerciaux, les agents commerciaux et les groupements d'intérêt économique (GIE et GEIE) ;

4. L'**Urssaf** et les caisses générales de sécurité sociale, pour les personnes exerçant à titre de profession habituelle une activité indépendante réglementée ou non, autre que commerciale, artisanale ou agricole et pour les employeurs dont les entreprises ne sont pas immatriculées au registre du commerce et des sociétés, au répertoire des métiers et qui ne relèvent pas des centres gérés par les chambres d'agriculture ;

5. Les **chambres d'agriculture,** pour les exploitants agricoles ;

6. Les **services des impôts** des entreprises (SIE), pour les assujettis et les redevables ayant des obligations fiscales lorsqu'ils ne relèvent pas des catégories ci-dessus énumérées et exercent leur activité à titre de profession habituelle. La compétence des SIE peut toutefois être transférée par convention aux CFE visés aux nos 1 à 5. Les SIE agissant en tant que CFE n'ont plus qu'une compétence résiduelle pour les **loueurs de locaux nus commerciaux** ou **professionnels qui optent pour la TVA** et dont les loyers entrent dans la catégorie des revenus fonciers et pour certaines **entreprises étrangères** (SIE de la Direction des résidents à l'étranger et des services généraux) (BOI précité nos 90 et 100).

Le **centre territorialement compétent** est celui du siège social ou du principal établissement, ou encore, s'il s'agit d'un établissement secondaire, celui du lieu de situation de cet établissement.

Si **plusieurs centres** sont **compétents** (pluralité ou changement d'activités), les entreprises peuvent s'adresser au CFE de leur choix, qui est tenu d'accepter le dossier.

› Précisions **a.** Les **loueurs en meublé** individuels non inscrits au registre du commerce et des sociétés relèvent de la compétence des greffes. Ils doivent être inscrits au répertoire Sirene quel que soit leur statut (BOI-TVA-DECLA-20-10-10-20 n° 90). Les loueurs en meublé **non professionnels** et non déjà inscrits à ce répertoire doivent saisir le greffe dans le ressort duquel est situé l'immeuble ou l'un des immeubles faisant l'objet de la déclaration de création d'activité ou d'établissement et non le greffe de leur domicile (BOI précité n° 20).
b. Les dispositions propres aux **prestataires de services transfrontaliers** sont prévues aux articles R 123-30-1 à R 123-30-7 du Code de commerce.

RÔLE DES CFE

88210
DC-IX-2400 s

1. Sur le **plan fiscal,** les centres sont habilités à recevoir certaines déclarations d'ordre administratif. Il s'agit notamment :
– de la déclaration de **création d'entreprise ou d'activité** pour les nouveaux assujettis à la TVA (n° 53390) ;
– des déclarations d'**existence,** de **modification** du pacte social et des **conditions d'exercice** de l'activité pour les entreprises relevant de l'impôt sur les sociétés (n° 36405, a) ;
– des déclarations de **cession, cessation d'activité** et assimilées (dissolution, fusion, transformation de société, décès de l'exploitant) des entreprises relevant de l'impôt sur le revenu dans la catégorie des BIC (n° 11090), des BA (n° 16065) ou de l'IS (n° 11090) et des titulaires de BNC (n° 13675). La même obligation de déclaration existe en matière de TVA (n° 53390).

En revanche, ne relèvent **pas** de leur **compétence** les déclarations fiscales concernant l'**assiette** ou le **recouvrement** des droits ou taxes (déclaration de résultats, de chiffre d'affaires, etc.), qui doivent être souscrites auprès des services fiscaux compétents.

2. De **façon générale,** entrent dans la compétence des centres les déclarations ayant trait aux opérations suivantes :

a. Création d'entreprise :
– l'immatriculation au registre du commerce et des sociétés, au répertoire des métiers, au registre des agents commerciaux, ou au répertoire national des entreprises et des établissements ;
– les déclarations d'existence ou de création au service des impôts (ou d'ouverture d'établissements secondaires) ;
– l'affiliation aux Urssaf, aux caisses générales de sécurité sociale ou aux caisses de mutualité sociale agricole (à moins que cette formalité ne relève de la déclaration préalable à l'embauche) ;
– la déclaration à l'inspection du travail ;

b. Autorisation pour l'exercice d'une activité : la liste des activités dont les dossiers de demande d'autorisation peuvent être déposés au CFE est fixée par l'arrêté ECEI1002967A du 1er mars 2010 modifié par l'arrêté EFII1113628A du 28 octobre 2011 ;

c. Modification de la situation de l'entreprise :
– la désignation de l'entreprise : nom commercial, enseigne, raison sociale ou dénomination sociale pour les sociétés, adresse de correspondance ;
– les conditions d'exercice de l'activité : extension ou cessation partielle, cessation temporaire et reprise, mode d'exploitation, mise en location-gérance (renouvellement du contrat, reprise du fonds), transfert d'établissement ou du siège social (à l'intérieur ou à l'extérieur du ressort géographique de l'un des organismes ou administrations destinataires de la déclaration initiale) ;
– la personnalité des dirigeants, gérants ou associés des sociétés ;
– la forme juridique, le capital ou la durée des sociétés ;

d. Cessation définitive d'activité, décès de l'exploitant, fin de la personne morale, radiation.

Outre les déclarations purement fiscales, les centres sont **incompétents** en ce qui concerne :
– les formalités prévues dans le cadre de la **déclaration préalable à l'embauche** ;
– les déclarations relatives aux **modifications de l'effectif des salariés** pour fixer notamment le montant des contributions sociales ;
– les déclarations relatives à des mesures de **publicité** autres que celles figurant au registre du commerce et des sociétés et au registre des agents commerciaux ;
– les déclarations concernant une **personne morale de droit public** non soumise à immatriculation au registre du commerce et des sociétés.

› Précisions Depuis le 14 octobre 2019, l'**exercice** ou non par le **conjoint du chef d'entreprise** (ou le partenaire lié à ce dernier par un Pacs) d'une activité professionnelle régulière dans l'entreprise et le statut choisi par ce dernier à ce titre doivent être impérativement mentionnés dans le dossier unique de déclaration d'entreprise déposé auprès du CFE. Il en est de même en cas de déclaration modificative portant mention que ce dernier exerce une activité régulière dans l'entreprise (Décret 2019-1048 du 11-10-2019 art. 1). Les mêmes obligations existent pour le **conjoint du chef d'exploitation agricole** (le partenaire lié à ce dernier par un Pacs ou son concubin) depuis le 28 octobre 2019 (Décret 2019-1092 du 25-10-2019 art. 1).

DÉPÔT DES DÉCLARATIONS

Les déclarations sont établies sur un **document unique** (différent selon la catégorie d'événement déclaré, la nature de l'entreprise et le destinataire du document). Elles peuvent être effectuées par voie électronique. 88215 DC-IX-2800 s

Les déclarations, signées du déclarant ou de son mandataire, sont accompagnées des **pièces justificatives** prescrites et du titre de paiement des frais, droits ou redevances prescrits par les textes réglementaires particuliers.

Le centre est **réputé saisi** lorsque les déclarations sont établies sur les formulaires homologués, signées du déclarant ou de son mandataire et comportent des énonciations indispensables pour identifier le déclarant et l'entreprise, l'objet de la formalité ainsi que la date d'effet de l'événement la justifiant. Le centre ne peut refuser les déclarations respectant les conditions légales, ni en apprécier le bien-fondé.

Aucun centre ne peut refuser le dossier lorsqu'il s'estime **incompétent.** Le dossier doit être systématiquement pris en charge par le CFE saisi et faire l'objet d'une transmission par écrit et immédiate au CFE compétent (BOI-TVA-DECLA-20-10-10-10 n° 140). Le centre saisi remet ou adresse un **récépissé** au déclarant ou à son mandataire dès la réception ou le dépôt de la déclaration (au plus tard le premier jour ouvrable suivant si le dépôt est effectué par voie postale). Ce récépissé indique, le cas échéant, la transmission à un autre CFE s'il s'estime incompétent, les organismes auxquels les déclarations ont été transmises (le jour même) ou les pièces justificatives manquantes à fournir dans un délai de 15 jours ouvrables, ramené à 8 jours lorsque la déclaration comprend l'embauche d'un premier salarié (BOI précité n° 160). À **défaut de transmission** par le CFE dans les délais légaux, le déclarant peut obtenir la restitution immédiate de son dossier afin d'en saisir directement les organismes destinataires.

Une déclaration régulière et complète effectuée auprès d'un CFE vaut déclaration auprès des **organismes destinataires.** Elle interrompt le **délai** imparti à l'égard de cet organisme qui reste seul compétent pour en apprécier la régularité.

Le support de la déclaration ainsi que les **renseignements** qu'elle contient et les pièces relatives à celle-ci ne peuvent être **conservés** par le centre. Toutefois, les renseignements destinés à être portés sur un registre de publicité légale peuvent être conservés pendant un délai de trois ans. Il est interdit aux CFE de communiquer à des **tiers** les renseignements contenus dans les déclarations.

CHAPITRE 6

RÉGIMES DE PARTICIPATION FINANCIÈRE ET D'ACTIONNARIAT DES SALARIÉS

SOMMAIRE

88400 Plusieurs dispositifs sont prévus par la loi pour associer les salariés aux résultats de leur entreprise ou favoriser l'actionnariat du personnel.

Rien n'interdit aux entreprises de pratiquer d'autres systèmes qui leur paraîtraient mieux adaptés, mais, d'une part, ils ne dispensent pas celles qui ont au moins cinquante salariés d'appliquer le régime légal de participation des salariés et, d'autre part, ils n'ouvrent droit à aucun avantage fiscal ou social.

1. PARTICIPATION AUX RÉSULTATS DE L'ENTREPRISE

88550 Le régime légal de participation des salariés aux résultats de l'entreprise, codifié aux articles L 3322-1 s. du Code du travail, reconnaît aux salariés un droit sur une fraction des bénéfices. Il est obligatoire pour les entreprises d'au moins 50 salariés et facultatif pour les autres. Règles de calcul de l'effectif et conséquences du franchissement du seuil de 50 salariés : voir nos 73830 s.

Sont étudiés ci-après les modalités de calcul de la participation ainsi que les avantages fiscaux qui y sont attachés, tant pour l'employeur que pour les salariés. Les règles de répartition de la participation entre les salariés sont exposées dans notre Mémento social nos 33910 s.

a. Modalités de calcul

FORMULE DE CALCUL

88560 Les entreprises soumises à la participation doivent constituer, exercice par exercice, une **réserve spéciale de participation.**

C. trav. art. L 3324-1 TS-VII-8000 s

Son montant est calculé, au titre de chaque **exercice,** après l'arrêté des comptes et sur la base des données propres audit exercice.

Dans les **accords de droit commun** – les accords dérogatoires (Mémento social nº 33570) pouvant éventuellement comporter des dispositions différentes – le montant de la réserve de participation (R) s'obtient en appliquant la formule ci-après :

$$R = 1/2\ (B - 5\ C/100) \times (S/VA)$$

dans laquelle B représente le bénéfice net de l'entreprise, C ses capitaux propres, S les salaires et VA la valeur ajoutée de l'entreprise.

Il ressort notamment de cette formule que la réserve peut être constituée au titre d'un exercice sous réserve que cet exercice se traduise par un bénéfice supérieur à 5 % des capitaux propres.

Sur la possibilité d'accorder un **supplément de réserve,** voir Mémento social n° 33870.

› Précisions Chaque société membre du groupe d'**intégration fiscale** (nos 40150 s.) calcule sa propre participation comme si elle était imposée séparément en utilisant l'imprimé 2058 A bis (CGI art. 223 L). Groupes liés par des accords de groupe : voir Mémento social n° 33820.

ÉLÉMENTS DE CALCUL

Bénéfice net Le montant du bénéfice net ressort d'une **attestation** établie par l'inspecteur des finances publiques ou le commissaire aux comptes, voir Mémento social nos 33865 s. **88570** C. trav. art. L 3324-1, L 3324-3, R 3324-7, D 3324-8 et D 3324-9 **TS-VII-8600 s**

Il s'agit du **bénéfice fiscal** réalisé en France métropolitaine et en Guadeloupe, en Guyane, en Martinique, à Mayotte, à La Réunion, à Saint-Barthélemy et à Saint-Martin, imposable à l'impôt sur les sociétés – au taux de droit commun (CGI art. 219, I-2e al.) ou au taux réduit de 15 % en faveur des PME (CGI art. 219, I-b) – ou à l'impôt sur le revenu. Ce bénéfice est majoré des bénéfices exonérés en application des dispositions des articles 44 sexies (entreprises nouvelles : nos 10260 s.), 44 sexies A (jeunes entreprises innovantes : nos 10400 s.), 44 septies (reprise d'entreprises industrielles en difficulté : nos 10310 s.), 44 octies et 44 octies A (zones franches urbaines : nos 10335 s.), 44 undecies (pôles de compétitivité, 208 C (SII cotées : nos 30930 s.).

Ce bénéfice est **diminué de l'impôt** correspondant. Pour les entreprises relevant de l'impôt sur les sociétés, il s'agit de l'impôt au taux de droit commun, déterminé avant imputation des crédits d'impôt (CE 20-3-2013 n° 347633 : RJF 6/13 n° 609 et BOI-BIC-PTP-10-10-20-10 n° 200).

Dans les entreprises individuelles et les sociétés de personnes, le calcul de l'impôt à déduire obéit à des règles particulières.

› Précisions a. Les **entreprises relevant de l'impôt sur le revenu** peuvent déduire la « rémunération normale » du chef d'entreprise, dès lors que celle-ci est afférente à l'année au titre de laquelle la participation est calculée (TA Paris 28-3-2006 n° 00-4543 : RJF 11/06 n° 1351). Elles peuvent également déduire les résultats déficitaires des cinq années antérieures, lorsque ceux-ci ont été imputés sur des revenus d'une autre nature, mais n'ont pas été pris en compte pour le calcul de la participation afférente aux exercices précédents.

b. Lorsque les **associés d'une société de personnes** sont eux-mêmes assujettis à la participation, le bénéfice servant au calcul de la réserve ne tient compte ni de leur quote-part du résultat (bénéfice ou déficit) de la société de personnes ni de l'impôt correspondant.

c. En cas de réalisation d'une opération de **fusion, de scission ou d'apport partiel d'actif** en cours d'exercice comptable, mais **avec effet rétroactif** au début de l'exercice, la société bénéficiaire des apports doit calculer la réserve de participation sur l'ensemble des résultats pris en compte par elle du fait de l'apport, y compris ceux de l'activité apportée constatés à compter de la date d'effet de l'opération (BOI-IS-FUS-40-30 n° 20). Elle peut par ailleurs imputer les déficits qui lui ont été transférés sur agrément lors d'une opération placée sous le régime spécial des fusions (n° 39570) (BOI-BIC-PTP-10-10-20-10 n° 40). Les droits à participation des salariés de la société absorbée sont déterminés d'après les salaires qu'ils ont perçus durant toute l'année au cours de laquelle l'opération est intervenue, même si la société absorbée n'était pas elle-même assujettie à la participation (Cass. soc. 23-2-1983 n° 81-16.106).

d. Le dispositif fiscal de **report en arrière des déficits** (entreprises relevant de l'impôt sur les sociétés : nos 35925 s.) ne remet pas en cause la participation calculée au titre de l'exercice antérieur concerné. La créance sur l'État résultant de l'option a seulement pour effet de majorer les capitaux propres des exercices suivants si elle figure en report à nouveau.

Capitaux propres Les capitaux propres comprennent le capital, les primes liées au capital social, les réserves, le report à nouveau, les provisions qui ont supporté l'impôt ainsi que les provisions réglementées constituées en franchise d'impôts. Comme le bénéfice net, leur montant est établi par une attestation délivrée par l'inspecteur des finances publiques ou le commissaire aux comptes (voir Mémento social n° 33865). Le bénéfice net est diminué de la rémunération, au taux de 5 %, du montant ainsi défini. **88580** C. trav. art. D 3324-4 **TS-VII-10000 s**

› Précisions a. Les éléments composant les capitaux propres sont retenus d'après les valeurs figurant au bilan de clôture de l'exercice au titre duquel la réserve spéciale de participation est calculée. Toutefois, en cas de **variation du capital** au cours de l'exercice, le montant du capital et des primes liées au capital social est pris en compte prorata temporis, le décompte des périodes s'effectuant en nombre de jours.

b. L'administration considère le **taux de 5 %** comme un taux annuel susceptible de varier en fonction de la durée de l'exercice comptable (BOI-BIC-PTP-10-10-20).

c. Selon la cour d'appel de Versailles, les **provisions pour dépréciation de titres de participation** constituent des « provisions ayant supporté l'impôt » qui doivent être prises en compte dans la détermination des capitaux propres pour le calcul de la réserve spéciale de participation (CA Versailles 1-3-2016 n° 15/00869 : RJF 7/16 n° 616). L'administration retient la solution contraire (Guide épargne salariale juillet 2014 p. 77).

88585 C. trav. art. D 3324-1 TS-VII-10800 s

Salaires Les salaires à retenir pour le calcul de la participation sont les **revenus d'activité** tels qu'ils sont pris en compte pour la détermination de l'assiette des cotisations définies à l'article L 242-1 du Code de la sécurité sociale (voir Mémento social nº 33855), qu'il soient ou non assujettis à cotisations sociales (Cass. soc. 29-10-2013 nº 12-23.866 : RJS 1/14 nº 64).

› Précisions **a.** S'ajoutent aux salaires les indemnités de congés payés versées par les **caisses de congés payés.** A titre pratique, les employeurs peuvent majorer forfaitairement les salaires qu'ils versent du taux de la cotisation due à la caisse (Guide épargne salariale juillet 2014).

b. Les rémunérations des **dirigeants** et de leurs **conjoints collaborateurs ou associés** qui bénéficient de la participation dans les conditions visées au nº 88610, précision c ne sont pas prises en compte.

c. L'entreprise peut déduire les **frais professionnels** des rémunérations, dans les conditions et limites réglementaires, même si elle a déclaré le montant brut de ces rémunérations à l'administration fiscale. En revanche, elle ne peut pas contester l'intégration de sommes déclarées à l'administration comme salaires (Cass. soc. 17-5-2011 nº 10-10.957 : RJS 8-9/11 nº 718).

88590 C. trav. art. D 3324-2 et D 3324-3 TS-VII-11000 s

Valeur ajoutée La valeur ajoutée s'obtient en faisant le total des postes suivants du **compte de résultat** (pour autant qu'ils concourent à la formation d'un bénéfice réalisé en France métropolitaine et dans les départements d'outre-mer) :
- charges de personnel ;
- impôts, taxes et versements assimilés, à l'exclusion des taxes sur le chiffre d'affaires ;
- charges financières ;
- dotations de l'exercice aux amortissements ;
- dotations de l'exercice aux provisions, à l'exclusion des dotations figurant dans les charges exceptionnelles ;
- résultat courant avant impôts. Celui-ci correspond à la somme algébrique du résultat d'exploitation et du résultat financier, à l'exclusion du résultat exceptionnel (ce qui exclut, bien entendu, la participation des salariés de la masse représentant la valeur ajoutée).

b. Avantages fiscaux

88610 Les sommes portées à la réserve spéciale de participation sont déductibles du bénéfice imposable. Elles sont en outre exonérées d'impôt pour les salariés qui n'en ont pas demandé le versement immédiat.

Ces avantages fiscaux sont subordonnés :
- à la **conformité du régime** appliqué dans l'entreprise aux textes légaux régissant la participation, en particulier au caractère aléatoire et collectif de la participation et au respect de la période d'indisponibilité des droits des salariés ;
- au **dépôt de l'accord** de participation auprès de la Direccte.

› Précisions **a.** A **défaut de dépôt** de l'accord de participation, les exonérations fiscales devraient s'appliquer à hauteur de la participation résultant de la formule de calcul de droit commun. En revanche, selon l'administration, l'intégralité des sommes versées en application des accords au titre de la participation est passible des cotisations sociales (Guide épargne salariale juillet 2014).

b. Si elle est **calculée selon une formule dérogatoire** à la formule légale, la participation ouvre droit aux avantages fiscaux prévus pour les entreprises et les salariés si elle ne dépasse pas l'un des quatre **plafonds** suivants, au choix des parties : 50 % du bénéfice net comptable ; bénéfice net fiscal ou bénéfice net comptable, diminués de 5 % des capitaux propres ; 50 % du bénéfice net fiscal (C. trav. art. L 3324-2).

c. Les **dirigeants, conjoints** et, à compter du 1er janvier 2020, partenaires de Pacs (Loi 2019-486 du 22-5-2019 art. 11), **collaborateurs ou associés**, peuvent sous certaines conditions bénéficier de la participation (C. trav. art. L 3323-6 et L 3324-2). L'entreprise doit être **volontairement assujettie** à la participation ou, à condition d'employer au moins un et moins de 250 salariés (sur les modalités de calcul de l'effectif et les conséquences du franchissement du seuil de 250 salariés, voir nºs 73830 s.), avoir conclu un **accord dérogatoire.** Dans ce dernier cas, seule la part de la réserve de participation excédant le montant qui résulterait de l'application de la formule de calcul de droit commun peut être répartie entre les salariés et ces dirigeants et conjoints (ou partenaires).

SOMMES DÉDUCTIBLES DES RÉSULTATS DE L'ENTREPRISE

88615 CGI art. 237 bis A TS-VII-22770 s

Les **sommes portées à la réserve spéciale** sont déductibles du bénéfice de l'exercice suivant celui dont les résultats ont servi de base au calcul de la participation.

Par exemple, la participation afférente à l'exercice clos le 31 décembre 2019, normalement portée à la réserve spéciale au cours de l'exercice 2020, vient en diminution du bénéfice imposable de 2020.

› Précisions **a.** La **fraction** de la participation qui, compte tenu des modalités de répartition et notamment de la limitation des attributions revenant à chaque salarié, n'a **pas** été **attribuée** au cours de l'exercice est de plein droit immédiatement répartie entre les salariés auxquels a été versée au titre de leur participation une somme inférieure au plafond des droits individuels et déduite des résultats de ce même exercice. Si un reliquat subsiste alors que tous les bénéficiaires ont atteint le plafond des droits individuels, il demeure dans la réserve pour être réparti au cours des exercices ultérieurs, lesquels peuvent ne pas être bénéficiaires (CE 15-2-2016 n° 367752 : RJF 5/16 n° 434).

b. Le complément de participation résultant d'une **rectification** est déductible des résultats de l'entreprise en même temps que la réserve spéciale de participation à laquelle il s'ajoute. Les rectifications sont considérées comme définitives lorsque les délais de réclamation, de recours ou d'appel ont expiré ou lorsque la juridiction d'appel s'est prononcée sur le bien-fondé des impositions supplémentaires (BOI-BIC-PTP-10-10-30 n° 60).

Seuls les salariés présents au cours de l'exercice concerné peuvent prétendre à la répartition de cette réserve (Cass. soc. 10-3-1998 n° 96-16.473 : RJS 4/98 n° 504).

c. Les **sociétés coopératives de production** (Scop), y compris les Scop d'amorçage et les Scop membres d'un groupement de Scop, peuvent constituer en franchise d'impôt une **provision pour investissement** dont le montant est au plus égal à celui des sommes portées à la réserve spéciale au titre du même exercice. Cette provision doit être utilisée à l'acquisition ou à la création d'immobilisations dans les deux ans suivant la fin de l'exercice à la clôture duquel elle a été constituée. Ce délai est porté à quatre ans lorsque la provision est représentée par des dotations à la réserve légale et au fonds de développement. Pour une étude détaillée de cette provision, voir TS-VII-23120 s. et TS-VII-29600 s.

EXONÉRATION D'IMPÔT POUR LES SALARIÉS

88645 CGI art. 157, 16° bis et 163 bis AA **TS-VII-23800 s**

Le régime applicable aux droits à participation dépend du **choix du salarié** de disposer immédiatement ou non des sommes correspondantes. Lorsque le salarié opte pour le versement immédiat de ses droits à participation, ces sommes sont assujetties à l'impôt sur le revenu dans la catégorie des traitements et salaires au titre de l'année de leur versement. Il en est de même des droits de faible montant n'excédant pas 80 € par personne (voir Mémento social n° 33920, précision c) versés à l'initiative de l'entreprise (BOI-RSA-ES-10-20 n° 40). À ce titre, les droits à participation supportent la retenue à la source dans les conditions décrites n°s 3755, 3770 et 3840. À l'inverse, ces sommes sont exonérées d'**impôt sur le revenu** en cas d'option pour leur indisponibilité pour une période fixée en principe à cinq ans ou d'affectation à un plan d'épargne retraite d'entreprise (obligatoire ou collectif). Cette exonération est subordonnée aux conditions indiquées n° 88610.

Pour les accords conclus avant le 20 février 2001 qui ont ramené la durée d'**indisponibilité à trois ans,** l'exonération d'impôt sur le revenu applicable est réduite de moitié, sauf pour les salariés adhérant à un plan d'épargne d'entreprise qui demandent l'affectation de leur participation à ce plan, où elle reste alors indisponible pendant 5 ans.

Les **revenus** provenant du placement de la participation au cours de la période d'indisponibilité sont également exonérés d'impôt sur le revenu à la condition qu'ils soient réemployés de la même façon que les sommes dont ils sont le produit et qu'ils demeurent indisponibles pendant le même délai.

88650

› Précisions **a.** L'exonération, totale ou de moitié, des **revenus acquis pendant la période d'indisponibilité** n'est pas rétroactivement remise en cause lorsque les salariés se font verser leurs droits, au terme de l'indisponibilité ou en cas de **déblocage** anticipé prévu par l'article R 3324-22 du Code du travail (voir Mémento social n° 33935).

Elle s'étend aux revenus reçus **après la fin de l'indisponibilité,** aussi longtemps que les salariés ne réclament pas leurs droits et à condition que ces revenus soient investis suivant les mêmes modalités. Cette exonération n'est pas rétroactivement remise en cause lorsque les salariés se font verser leurs droits. Pour les droits investis dans l'entreprise en comptes courants bloqués existants au 23-5-2019, elle ne s'applique que s'ils sont transférés, dès la fin de l'indisponibilité, à un organisme de placement extérieur à l'entreprise (la possibilité de placement sur de tels comptes est supprimée, sauf exception, à compter du 24-5-2019 : voir Mémento social n° 33940).

b. Les sommes portées à la réserve spéciale de participation sont exonérées en totalité des taxes assises sur les salaires dont l'assiette est alignée sur celle des **cotisations sociales** (taxe d'apprentissage, contribution formation continue...). Elles sont en revanche assujetties à la **CSG** (sans application de l'abattement pour frais professionnels), à la **CRDS** et, le cas échéant, à la **taxe sur les salaires.** Elles sont également en principe soumises au forfait social (voir Mémento social n° 33985). Les revenus tirés de la participation sont, quant à eux, soumis aux prélèvements sociaux sur revenus du capital (voir n° 34620).

c. Les **plus-values** réalisées lors de la cession des titres acquis dans le cadre de la participation des salariés aux résultats de l'entreprise, des plans d'épargne salariale et des régimes légaux d'actionnariat des salariés (à l'exception des options de souscription ou d'achat, des BSPCE et des actions gratuites : voir n°s 88780 s.) sont exonérées d'impôt, à condition que les titres revêtent la forme nominative et comportent la mention d'origine (c'est-à-dire qu'ils portent une indication précisant bien qu'ils ont été acquis dans le cadre des législations ci-dessus). Sont également exonérées les plus-values réalisées par les **fonds communs de placement** constitués dans le cadre de la participation et des plans d'épargne d'entreprise et celles constatées lors du rachat des parts de ces fonds (CGI art. 150-0 A, III-3 et 4).

Pour la participation et le plan d'épargne, les plus-values sont soumises à la **CSG** et aux autres prélèvements sociaux lors du retrait des fonds par leurs titulaires : voir n° 34620.

d. Les **dirigeants, conjoints** (et, à compter du 1er janvier 2020, partenaires de Pacs) **collaborateurs ou associés** autorisés à bénéficier de la participation (voir n° 88610, précision c) ont droit à une exonération d'impôt sur le revenu dans les mêmes conditions que les salariés (C. trav. art. L 3325-2).

2. PLANS D'ÉPARGNE SALARIALE

88680 CGI art. 163 bis B et 237 ter TS-VII-31000 s

Les plans d'épargne salariale sont des systèmes d'épargne collectifs facultatifs permettant aux salariés, avec l'aide de l'entreprise, de constituer un portefeuille de valeurs mobilières. Ils peuvent prendre la forme soit d'un plan d'épargne d'entreprise (PEE), soit d'un plan d'épargne interentreprises (PEI). Il est également possible d'instituer (jusqu'au 1-10-2020 : n° 88700, précision c) un plan d'épargne pour la retraite collectif (Perco) et, depuis le 1-10-2019, un plan d'épargne retraite d'entreprise collectif (Pereco). Pour plus de détails sur le régime juridique de ces différents plans d'épargne, voir Mémento social nos 34400 s.

L'abondement de ces plans d'épargne ouvre droit à des exonérations fiscales, tant pour l'entreprise que pour les salariés, subordonnées au respect des textes qui régissent les dispositifs (C. trav. art. L 3332-1 s.).

› **Précisions** Pour la **contribution sociale généralisée** et les autres prélèvements sociaux, voir nos 34620 et 34655, précision b.

PLAN D'ÉPARGNE D'ENTREPRISE (PEE)

88690 Le PEE est alimenté par les versements facultatifs de l'adhérent auxquels s'ajoute un abondement de l'entreprise. Sous certaines conditions, les entreprises peuvent également, depuis le 23-8-2019, effectuer des versements unilatéraux (en dehors de tout versement par l'adhérent) pour l'acquisition d'actions ou de certificats d'investissement émis par l'entreprise ou par une entreprise incluse dans le même périmètre de consolidation ou de combinaison des comptes. Enfin, depuis cette même date, l'entreprise peut aussi effectuer des versements dans le cadre du dispositif de partage de la plus-value (voir précision c ci-après).

a. Les sommes versées par les entreprises qui ont constitué un PEE sont déductibles des **bénéfices imposables** et échappent aux **cotisations sociales** et aux **taxes ou participations sur les salaires** (à l'exclusion cependant de la taxe sur les salaires). Elles sont en revanche soumises à la CSG et à la CRDS et, en principe, au forfait social (Mémento social n° 34485). Ces versements doivent respecter certaines limites. Ainsi, les versements correspondant à l'abondement sont limités, par bénéficiaire et par an, à 8 % du plafond annuel de la sécurité sociale (n° 97260) sans pouvoir excéder le triple de la contribution du bénéficiaire (les versements peuvent être majorés en cas d'acquisition par le bénéficiaire d'actions ou de certificats d'investissement de son entreprise ou d'entreprises appartenant au même groupe). Les versements unilatéraux pour l'acquisition d'actions ou de certificats d'investissements sont plafonnés à 2 % du plafond annuel de la sécurité sociale et sont pris en compte pour apprécier le respect du plafond d'abondement visé ci-avant. Les versements effectués dans le cadre du contrat de partage de plus-value avec les salariés ne peuvent quant à eux excéder, par bénéficiaire et par an, 30 % du plafond annuel de la sécurité sociale et ne sont pas pris en compte pour apprécier le respect du plafond d'abondement.

b. Ces sommes sont exonérées, dans les limites ci-dessus, de l'**impôt sur le revenu** établi au nom du bénéficiaire, à condition d'être maintenues, sauf exceptions autorisées, dans le plan d'épargne pendant au moins cinq ans. Il en est de même pour les revenus des titres qui composent le portefeuille collectif s'ils sont réemployés dans le plan d'épargne et frappés de la même indisponibilité que les titres auxquels ils se rattachent ; cette exonération est maintenue au-delà de cinq ans tant que les bénéficiaires ne demandent pas la remise des titres acquis pour leur compte. Les versements volontaires des salariés ne sont pas déductibles des revenus de ces derniers.

› **Précisions** **a.** Pour les PEE établis depuis le 20 février 2001, le bénéfice de ces exonérations est subordonné au **dépôt du règlement** du plan d'épargne auprès de la Direccte.

b. Les sociétés qui, autorisées par assemblée générale extraordinaire, émettent des actions pour les attribuer à l'ensemble de leurs salariés dans le cadre d'une **augmentation de capital réservée aux adhérents du PEE** peuvent, sous certaines conditions, pratiquer une déduction extra-comptable égale à la différence entre la valeur des titres à la date de l'augmentation de capital et leur prix de souscription par les salariés (CGI art. 217 quinquies, II).

c. Le dispositif dit de « **partage des plus-values de cession de titres avec les salariés de sociétés** » (C. com. art. L 23-11-1 à L 23-11-4) permet à tout détenteur de titres d'une société de prendre, vis-à-vis de l'ensemble des salariés de celle-ci (et, le cas échéant, des sociétés la contrôlant ou contrôlées par elle), l'engagement de partager avec eux une partie de la plus-value de cession ou de rachat de ses titres au jour où il en cédera ou rachètera tout ou partie. L'engagement peut également être pris par plusieurs détenteurs de titres, qui sont soit parties à un même contrat de partage des plus-values, soit à des contrats de partage distincts. Sur le régime juridique de ce dispositif, voir Mémento social nos 50230 s.

S'agissant des **bénéficiaires,** les versements sur le PEE au titre du partage des plus-values de cession de titres sont, dans la limite particulière, par salarié, de 30 % du montant annuel du plafond de la sécurité sociale, soumis au régime fiscal de l'abondement de l'employeur au PEE, comme indiqué ci-dessus. Les montants excédant ce plafond sont versés directement au bénéficiaire et constituent un revenu d'activité au sens de l'article L 136-1-1 du CSS, imposable à l'impôt sur le revenu selon les règles applicables aux traitements et salaires (C. trav. art. L 3332-11, 2° ; CGI art. 80 sexdecies, 2°).

Pour l'associé **cédant,** la fraction de la plus-value due en application de l'engagement de partage est exonérée d'impôt sur le revenu (CGI art. 150-0 A, III-7). Lorsque les titres font partie des éléments de l'actif immobilisé d'une entreprise, dont la cession relève à ce titre du régime des plus-values professionnelles, le montant de la plus-value professionnelle est minoré du montant résultant de l'engagement de partage (CGI art. 39 duodecies, 11). Les versements faits par le cédant à l'entreprise ne donnent ouverture à aucun droit de mutation à titre gratuit (CGI art. 797 A).

La fraction de la plus-value versée en application de l'engagement de partage est prise en compte pour la détermination du **revenu fiscal de référence** du bénéficiaire (CGI art. 1417, IV-1°-c) et de celui du cédant (CGI art. 1417, IV-1°-d).

d. En ce qui concerne la taxation des **plus-values** de titres acquis dans le cadre du PEE : voir n° 88650, précision c.

PLAN D'ÉPARGNE INTERENTREPRISES (PEI)

Le régime fiscal et social du PEI est celui du PEE (n° 88690) ou celui du Perco (n° 88700) selon que le PEI est constitué sous la forme d'un PEE ou d'un Perco. 88695

PLAN D'ÉPARGNE POUR LA RETRAITE COLLECTIF (PERCO)

Le régime fiscal et social de ce plan est identique à celui du PEE (n° 88690) sous réserve des **particularités** suivantes : 88700 TS-VII-38800 s

– l'**abondement maximal** de l'entreprise est fixé à 16 % du plafond annuel de la sécurité sociale (n° 97260), soit un montant double de celui du PEE ;

– l'abondement vient en principe minorer le montant maximum déductible en matière d'impôt sur le revenu des **cotisations de retraite** supplémentaire (n° 21905) ou, pour les entrepreneurs individuels, la limite de déduction des cotisations d'assurance vieillesse facultative (n° 8695, précision d) ;

– le **terme** du plan est le départ en retraite de l'adhérent, sauf cas de déblocage anticipé prévu par décret ;

– la **délivrance** des sommes ou valeurs inscrites au compte des participants s'effectue sous forme de rente viagère acquise à titre onéreux (n° 22550). Toutefois, l'accord instituant le plan peut prévoir des modalités de délivrance en capital et de conversion en rente desdites sommes ou valeurs ainsi que les conditions de choix des participants. Le capital est exonéré d'impôt sur le revenu.

› Précisions **a.** En ce qui concerne le régime fiscal des sommes issues d'un compte épargne-temps ou de jours de repos non pris versées à un Perco, voir n° 21630.

b. La possibilité de déduction extra-comptable en cas d'augmentation de capital réservée aux adhérents du PEE (n° 88690, précision b) ne s'applique pas dans le cas d'un Perco.

c. **À compter du 1-10-2020,** aucun Perco ne pourra plus être commercialisé mais les Perco mis en place avant cette date pourront être maintenus et accueillir de nouveaux bénéficiaires (Ord. 2019-766 du 24-7-2019 art. 8-II et 9-II ; Décret 2019-807 du 30-7-2019 art. 9-III).

À compter de cette même date, les droits individuels en cours de constitution sur un Perco seront transférables sur un plan d'épargne retraite, notamment un Pereco. Ils seront alors assimilés à des versements issus d'abondements de l'entreprise à l'épargne salariale.

PLAN D'ÉPARGNE RETRAITE D'ENTREPRISE COLLECTIF (PERECO)

Les entreprises peuvent mettre en place, depuis le 1-10-2019, un plan d'épargne retraite d'entreprise collectif (Pereco), destiné à succéder à l'actuel Perco (Ord. 2019-766 du 24-7-2019 ; Décret 2019-807 du 30-7-2019). 88715

Les règles relatives au PEE sont en principe applicables au Pereco. Toutefois ne sont pas applicables les règles relatives au plafond des versements des bénéficiaires, aux augmentations de capital réservées aux adhérents d'un PEE, aux conditions de disponibilité des droits du PEE et au régime social et fiscal des versements des entreprises au PEE (C. mon. fin. art. L 224-13).

a. La fiscalité **à l'entrée** est la suivante pour les titulaires du plan. Les versements volontaires dans un Pereco de sommes et droits issus de l'épargne salariale (intéressement, participation, abondements employeurs) sont exonérés d'impôt sur le revenu (CGI art. 163 bis AA, 81, 18° et 81, 18° bis). Les autres versements volontaires ouvrent droit au titulaire salarié à une déduction du revenu global dans la limite visée nº 1380 (CGI art. 163 quatervicies) ; toutefois, il lui est possible de renoncer à la déduction de ces versements volontaires afin d'obtenir une fiscalité plus avantageuse des capitaux ou rentes servis par le plan.

Pour l'**entreprise,** les versements qu'elle fait au Pereco devraient, selon nous, constituer une charge de personnel déductible de son résultat imposable dans les conditions de droit commun de déduction des charges prévues à l'article 39, 1 du CGI.

b. La fiscalité **à la sortie** du Pereco dépend de la nature des versements qui ont alimenté le Pereco et du mode de liquidation (rente ou capital) de l'épargne. Les prestations servies par le plan sous forme de rente ou de capital sont imposables comme pensions de retraite. Par exception, la part correspondant aux versements n'ayant pas donné lieu à déduction fiscale ou provenant de sommes exonérées d'impôt (par exemple, sommes provenant de la participation ou de l'intéressement affectées au Pereco) est soit soumise au régime des rentes viagères à titre onéreux (cas de sortie en rente), soit imposée comme revenus mobiliers à hauteur de ces produits et exonérée pour le surplus (cas de sortie en capital).

> **Précisions** **a.** Les **revenus** constatés dans le cadre de la gestion interne du plan sont exonérés d'impôt sur le revenu s'ils sont réemployés dans le plan et frappés de la même indisponibilité que les titres auxquels ils se rattachent (CGI art. 163 bis B, II bis).
Les **plus-values** réalisées lors de la cession de titres détenus dans un plan d'épargne retraite sont également exonérées (CGI art. 150-0 A, III-4º bis).
b. En ce qui concerne le plan d'épargne retraite d'entreprise obligatoire (**Pero**) voir nº 21930.

3. INTÉRESSEMENT

88730 CGI art. 81, 18º bis, 158, 5-b, 237 ter A TS-VII-45200 s

Le régime légal d'intéressement régi par les articles L 3311-1 s. du Code du travail permet d'associer les salariés aux résultats ou aux performances de l'entreprise. Il s'agit d'un régime facultatif mis en place par accord d'entreprise ou de groupe, qui se caractérise par son caractère collectif et aléatoire. Il se traduit par le versement de sommes d'argent, généralement appelées « primes d'intéressement » (voir Mémento social nºs 34100 s.).

L'intéressement bénéficie, sous certaines conditions, d'exonérations, tant pour les entreprises que pour les salariés. Ces exonérations sont subordonnées au respect des textes régissant le régime et, en particulier, au respect de la règle de non-substitution de l'intéressement au salaire. En outre, l'accord d'intéressement doit avoir été déposé auprès de la Direccte du lieu de sa conclusion dans les 15 jours suivant la date limite de conclusion. L'accord déposé hors délai n'ouvre droit aux exonérations que pour les exercices ouverts après son dépôt.

> **Précisions** Dans les entreprises employant habituellement entre 1 et 250 salariés (sur les modalités de calcul de l'effectif et les conséquences du franchissement du seuil de 250 salariés, voir nºs 73830 s.), les **chefs d'entreprise** et leur conjoint (ou partenaire de Pacs) ayant le statut de conjoint collaborateur ou associé ainsi que **certains dirigeants** sociaux (présidents, directeurs généraux, gérants ou membres du directoire) peuvent, sans être titulaires d'un contrat de travail, bénéficier de l'intéressement, si l'accord d'intéressement le prévoit ou si un avenant à l'accord déjà en vigueur dans l'entreprise est conclu dans ce sens.

DÉDUCTION DES RÉSULTATS DE L'ENTREPRISE

88740 Les entreprises peuvent déduire de leurs résultats les sommes versées en espèces, en application d'un accord d'intéressement, à leurs salariés ainsi que celles versées à leurs dirigeants lorsqu'elles sont soumises à l'impôt sur les sociétés. L'intéressement versé à d'autres bénéficiaires non salariés (exploitant individuel, associé d'une société de personnes n'ayant pas opté pour l'impôt sur les sociétés, conjoint collaborateur ou associé) peut également être déduit, dans la limite annuelle de la moitié du plafond annuel moyen de sécurité sociale (nº 97260) lorsque ces derniers affectent les sommes correspondantes à un plan d'épargne salariale auquel ils ont adhéré (nºs 88680 s.) (BOI-BIC-PTP-20-10 nº 300).

Les sommes réparties sont déductibles au titre de l'exercice de réalisation des résultats ou des gains de productivité pris en compte pour déterminer le montant de l'intéressement (BOI-BIC-PTP-20-10 nº 290).

Les sommes versées sont exonérées de **cotisations sociales** et des **taxes et participations sur les salaires,** à l'exclusion toutefois de la taxe sur les salaires.

RÉGIME FISCAL DES BÉNÉFICIAIRES

88760 TS-VII-53520 s

Les sommes attribuées aux **salariés** ainsi qu'aux dirigeants des personnes morales passibles de l'impôt sur les sociétés dans le cadre de l'intéressement sont considérées comme des salaires imposables à l'impôt sur le revenu dans les conditions de droit commun. Comme tels, elles supportent donc la retenue à la source de l'impôt sur le revenu (nºs 3755, 3770 et 3840). Toutefois, les salariés et dirigeants adhérant à un **plan d'épargne** salariale (nºs 88680 s.) ou à un plan d'épargne retraite d'entreprise (collectif ou obligatoire) qui affectent à ce plan tout ou partie de leur intéressement au plus tard 15 jours après l'avoir perçu bénéficient, à due concurrence, d'une exonération d'impôt sur le revenu, dans la limite, chaque année, d'un montant fixé aux trois quarts du plafond annuel moyen de sécurité sociale (Pass) (sur ce plafond, voir n° 97260). Noter à cet égard que les **droits** à intéressement attribués à compter du 1-1-2016 sont **affectés par défaut** au plan d'épargne d'entreprise si le bénéficiaire n'en demande pas en tout ou partie le versement ou l'affectation à un tel plan (C. trav. art. L 3315-2).

Les sommes attribuées aux personnes **non salariées** (exploitants individuels, associés de sociétés de personnes n'ayant pas opté pour l'impôt sur les sociétés, conjoints collaborateurs ou associés) au titre de l'intéressement ne sont pas imposées à l'impôt sur le revenu.

L'intéressement est assujetti à la CSG (sans application de l'abattement pour frais professionnels) et à la CRDS (voir n° 34370), ainsi que, dans certains cas, au forfait social (voir Mémento social n° 34295).

4. OPTIONS SUR ACTIONS

RÉGIME FISCAL DE LA SOCIÉTÉ ÉMETTRICE

Le régime d'options de souscription ou d'achat d'actions permet à des salariés ou dirigeants de souscrire ou d'acheter, à des conditions avantageuses, des actions de la société qui les emploie ou d'autres sociétés du même groupe (Mémento sociétés commerciales n° 69410). **88780** CGI art. 80 bis, 150-0 D, 8 **TS-VII-57000 s**

La **société émettrice** des actions peut déduire de son **résultat imposable** les **charges** qu'elle subit du fait de la levée des options et les **moins-values** subies (CGI art. 217 quinquies ; en ce sens, CE 16-1-2006 n° 260150 : RJF 4/06 n° 361). Lorsque les options sont consenties au profit de salariés de sociétés liées, cette déduction est subordonnée à la facturation des sommes en cause à la société concernée dont les salariés bénéficient des options (BOI-BIC-PTP-20-60 n° 80). Une **filiale** peut déduire de son résultat imposable la **provision** comptabilisée pour faire face à la charge ou moins-value refacturée par la société mère. La **société qui attribue les options** d'achat déduit, quant à elle, les provisions comptabilisées à raison de son propre personnel bénéficiaire, ainsi que celles constatées à raison du personnel salarié d'entités liées, sous réserve que la convention de refacturation entraîne la comptabilisation de produits à recevoir de même montant que la provision correspondant aux actions gratuites ou d'options d'achat attribuées aux bénéficiaires de sociétés liées (BOI-BIC-PROV-30-20-30 n° 110).

Dans le cas où l'exercice des options d'achat n'est pas subordonné à la **présence des salariés** dans l'entreprise à l'issue du plan, la provision est déductible du résultat de l'exercice de décision d'attribution des options. Dans le cas contraire, elle est étalée linéairement sur la période d'acquisition des droits (BOI-BIC-PROV-30-20-30 n° 30).

En cas de levée d'options de souscription, l'entreprise peut pratiquer une déduction extra-comptable égale à la différence entre la valeur des titres à la date de l'augmentation de capital et leur prix de souscription par les salariés, lorsque l'émission d'actions nouvelles a été autorisée par une assemblée générale extraordinaire (CGI art. 217 quinquies, II).

La société est soumise, par ailleurs, à une **contribution sociale patronale spécifique** à raison des options attribuées : voir Mémento social n° 34680. Cette contribution est **déductible** fiscalement.

RÉGIME FISCAL DES BÉNÉFICIAIRES

Bénéficiaires fiscalement domiciliés en France Le régime pour le **bénéficiaire de l'option** est résumé dans le tableau figurant ci-après, étant précisé que, pour les rabais obtenus et les gains tirés de la levée des options réalisés par les personnes non domiciliées en France, l'imposition est opérée par la voie d'une retenue à la source (voir n° 88790). **88785**

a. Pour les **options attribuées avant le 28-9-2012,** le régime d'imposition fiscal et social spécifique du gain de levée d'options était subordonné au respect d'une condition de **forme nominative** et de **durée de détention** (ou condition d'indisponibilité) des titres. Cette condition s'entendait de l'obligation pour le bénéficiaire de ne pas céder, convertir au porteur ou donner en location ses actions dans les cinq ans (options attribuées avant le 27-4-2000) ou les quatre ans (options attribuées à compter du 27-4-2000) suivant la date d'attribution de l'option. Eu égard aux dates d'attribution des options et au délai requis, cette condition est désormais nécessairement respectée s'agissant de cessions intervenues en 2017 ou ultérieurement.

Si les actions sont cédées pour un prix inférieur à leur valeur réelle à la date de levée d'option, cette moins-value de cession est déductible du montant brut du gain de levée d'option et dans la limite de ce montant.

b. Pour les **options attribuées à compter du 28-9-2012,** le respect de la condition d'indisponibilité n'est plus requis en matière fiscale, dès lors que le seul régime applicable à la plus-value d'acquisition est celui des traitements et salaires. Il en va de même en matière de coti-

88785 (suite) sations de sécurité sociale, alors même que l'exonération est maintenue ; celle-ci est toutefois soumise au respect d'une condition de notification à l'Urssaf (voir précision 12 du tableau).

Si les actions sont cédées pour un prix inférieur à leur valeur réelle à la date de levée d'option, cette moins-value de cession est déductible du montant brut du gain de levée d'option et dans la limite de ce montant.

> **Précisions** **1.** Les titres acquis au moyen des options sont exclus du plan d'épargne en actions (**PEA**) : voir nos 26155 s.

2. Le régime particulier fiscal et social est également applicable aux options consenties au personnel des sociétés françaises par leur mère ou filiale dont le siège est à l'**étranger,** sous réserve que ces options soient offertes dans le cadre de plans conformes à la législation française sur les options de souscription ou d'achat d'actions.

3. Pour les **options attribuées avant le 20-6-2007,** lorsque les titres issus d'une levée d'options ont fait l'objet d'une **donation** avec réserve d'usufruit **après le délai d'indisponibilité** fiscale **puis** sont **cédés** en pleine propriété avec remploi du prix de vente, seul l'avantage tiré de la levée d'options afférent à l'usufruit est taxé, le redevable de l'impôt étant le nu-propriétaire en ce qui concerne tant cet avantage (imposable au taux particulier) que la plus-value de cession ; cette dernière est déterminée en retenant comme prix d'acquisition le prix de souscription ou d'achat des actions, majoré de l'accroissement de valeur du droit transmis constaté entre la date d'acquisition ou de souscription et celle du démembrement (BOI-RSA-ES-20-10-20-20 n° 160 ; CE 17-4-2015 n° 371551 : RJF 7/15 n° 594). Lorsque les titres font l'objet d'une donation en pleine propriété après le délai d'indisponibilité fiscale, l'avantage tiré de la levée d'options est donc intégralement purgé.

Pour les **options attribuées à compter du 20-6-2007,** la donation des titres (ainsi que toute autre cession à titre gratuit) entraîne l'imposition de l'avantage tiré de la levée d'options entre les mains du donateur.

4. En cas de **mobilité internationale** des bénéficiaires, les gains de levée d'options sont imposables dans le ou les États dans lesquels l'activité récompensée par l'attribution de l'option a été exercée. Pour connaître la part du gain de levée d'options imposable dans chaque État, il faut donc déterminer l'**activité** en contrepartie de laquelle les options ont été attribuées (« **période de référence** » ou « vesting ») et définir le ou les États sur le territoire desquels cette activité a été exercée. Lorsque, pendant la période de référence, le salarié a exercé cette activité dans plusieurs États et que les rémunérations correspondantes y sont imposables, l'imposition du gain de levée d'option est répartie entre eux au **prorata du nombre de jours** pendant lesquels les services auxquels se rapportent les options ont été fournis dans chacun d'eux (BOI-RSA-ES-20-10-20-60).

5. L'**indemnité** perçue par le bénéficiaire en contrepartie de la **renonciation à la levée des options** qui lui ont été consenties ou de l'engagement de différer cette levée d'options doit être soumise à l'impôt sur le revenu selon les règles applicables aux traitements et salaires (CE 23-7-2010 n° 313445 : RJF 11/10 n° 1016 ; CE 17-4-2015 n° 362212 : RJF 7/15 n° 591).

88785 (suite)

	Impôt sur le revenu	Cotisations de sécurité sociale [2] et contribution salariale spécifique [10]	CSG et CRDS	Prélèvement de solidarité [8]
Rabais excédentaire [1]	a) option attribuée avant le 1-1-1990 : même régime que l'avantage tiré de l'option	a) option levée avant le 1-1-1995 [3] : non assujetti	a) option levée avant le 1-1-1995 : non assujetti	non assujetti
	b) option attribuée depuis le 1-1-1990 : imposable comme salaire dès la levée de l'option [3]	b) option levée depuis le 1-1-1995 [3] : assujetti comme salaire dès la levée de l'option	b) option levée depuis le 1-1-1995 : assujetti comme salaire dès la levée de l'option	non assujetti
Avantage tiré de la levée de l'option [4] *Options attribuées avant le 28-9-2012* [5]				
	a) options attribuées avant le 20-9-1995 : avantage imposable au titre de l'année de cession des actions comme plus-value sur valeurs mobilières (n°s 32805 s.) [6]	non assujetti	assujetti en tant que revenu du patrimoine au titre de l'année de cession des actions [6]	assujetti au titre de l'année de cession des actions [6]
	b) options attribuées du 20-9-1995 au 26-4-2000 : avantage imposable au titre de l'année de cession des actions comme plus-value sur valeurs mobilières au taux spécifique de 30 % ou, sur option, comme salaire sans application du système du quotient	non assujetti	assujetti en tant que revenu du patrimoine au titre de l'année de cession des actions	assujetti au titre de l'année de cession des actions
	c) options attribuées depuis le 27-4-2000 : – cession, location ou conversion dès la fin de la période d'indisponibilité [9] : avantage imposable au titre de l'année de cession des actions aux taux spécifiques de 30 % pour la fraction de l'avantage n'excédant pas 152 500 € et 41 % pour la fraction excédant ce montant ou, sur option, comme salaire sans application du système du quotient – cession, location ou conversion après un délai supplémentaire de portage de deux ans [9] : avantage imposable au titre de l'année de cession des actions aux taux spécifiques de 18 % pour la fraction de l'avantage n'excédant pas 152 500 € et 30 % pour la fraction excédant ce montant ou, sur option, comme salaire sans application du système du quotient	options attribuées avant le 16-10-2007 : non assujetti options attribuées à partir du 16-10-2007 jusqu'au 27-9-2012 : non assujetti aux cotisations de sécurité sociale mais assujetti à la contribution salariale spécifique [10]	assujetti en tant que revenu du patrimoine au titre de l'année de cession des actions	assujetti au titre de l'année de cession des actions
Options attribuées à compter du 28-9-2012				
	avantage imposable au titre de l'année de cession des actions comme un salaire	non assujetti aux cotisations de sécurité sociale [11] mais assujetti à la contribution salariale spécifique	assujetti en tant que salaire [12] au titre de l'année de cession des actions [13]	non assujetti

88785 (suite)

	Impôt sur le revenu	Cotisations de sécurité sociale [2] et contribution salariale spécifique [10]	CSG et CRDS	Prélèvement de solidarité [8]
Plus-value [7]	imposition comme plus-value sur valeurs mobilières	non assujettie	assujettie en tant que revenu du patrimoine au titre de l'année de cession des actions	assujettie au titre de l'année de cession des actions

1. Part du rabais excédant 5 % (10 % pour les options attribuées avant le 1-7-1993). Le rabais est la différence entre la valeur de l'action au moment où l'option est attribuée et le prix de souscription ou d'achat.
2. Et cotisations alignées : Assédic, Agirc, Arrco, taxe sur les salaires (options attribuées avant le 28-9-2012), taxe d'apprentissage et contribution additionnelle, contribution formation et participation-construction. En ce qui concerne la cotisation sociale patronale spécifique, voir nº 88780.
3. Le 1-1-1996 pour les cotisations de retraite complémentaire Arrco et Agirc, la taxe d'apprentissage, la contribution formation et la participation-construction.
4. Différence entre la valeur du titre à la date de levée de l'option et le prix de souscription ou d'achat. Du montant ainsi obtenu, déduire, s'il y a lieu, le rabais excédentaire. Si les titres sont cédés pour un prix inférieur à leur valeur à la date de levée de l'option, la différence vient en déduction de cet avantage.
5. Pour les cessions, conversions au porteur ou locations qui sont intervenues en 2017 ou ultérieurement, le délai d'indisponibilité fiscale (5 ans pour les options attribuées avant le 27-4-2000 ; 4 ans pour les options attribuées depuis cette date jusqu'au 27-9-2012) est nécessairement respecté.
6. Par exception, l'avantage est exonéré pour les actions provenant d'options levées avant le 1-1-1990.
7. Différence entre le prix de cession des titres et leur valeur à la date de levée de l'option.
8. Sur ce prélèvement, voir nºs 34430 s.
9. Les opérations d'échange sans soulte d'actions résultant d'une opération d'offre publique, de fusion, de scission, de division ou de regroupement ou de l'apport à une société créée pour le rachat d'une entreprise par ses salariés ne sont pas considérées comme une cession. La condition d'indisponibilité continue alors à être applicable aux actions reçues en échange.
10. La contribution sociale salariale spécifique est versée au profit de la Caisse nationale des allocations familiales (Mémento social nº 34685). En ce qui concerne la contribution sociale patronale spécifique, voir nº 88780 et Mémento social nº 34680.
11. Sous réserve de notifier à l'Urssaf l'identité des salariés ou mandataires sociaux bénéficiaires, ainsi que le nombre ou la valeur des options attribuées à chacun d'eux (Mémento social nº 34690).
12. Mais exonéré de taxe sur les salaires.
13. Ces contributions sont cependant recouvrées dans les conditions et suivant les modalités applicables aux revenus du patrimoine (CSS art. L 136-5). En conséquence, la CSG est déductible au titre de l'année de son paiement (nº 34400, précision b).

Bénéficiaires fiscalement domiciliés hors de France Les **gains,** de source française, tirés de la **levée des options** donnent lieu à l'application d'une **retenue à la source** lors de la cession des titres correspondants lorsqu'ils sont réalisés par des **personnes** qui ne sont **pas fiscalement domiciliées en France** au titre de l'année de ladite cession. Sont également soumis à la retenue à la source, lors de la levée des options, les **rabais excédentaires,** de source française, consentis aux personnes qui ne sont pas fiscalement domiciliées en France au titre de l'année de ladite levée. **88790** CGI art. 182 A ter

La retenue est calculée de la façon suivante :
– pour les rabais, la base de la retenue est constituée par le montant net du rabais, déterminé selon les règles applicables aux traitements et salaires (à l'exclusion de celles relatives à la déduction des frais professionnels réels) ; à cette base doivent être appliqués le barème et les règles de régularisation prévus pour la retenue à la source sur les traitements, salaires, pensions et rentes viagères (nº 4610 et nº 4630) ;
– pour les gains tirés de la levée des options, la retenue est assise sur le montant de ces gains. S'agissant des options attribuées avant le 28-9-2012, la retenue est calculée selon les taux forfaitaires mentionnés nº 88785, puis prise en compte pour le calcul de l'impôt sur le revenu et, enfin, imputable sur le montant de ce dernier, lorsque les conditions tenant à l'indisponibilité et à la forme nominative des titres ont été respectées (ce qui est nécessairement le cas s'agissant des cessions, conversions au porteur ou locations intervenues en 2017 ou ultérieurement) et que le bénéficiaire n'a pas opté pour les règles des traitements et salaires ; dans le cas d'une telle option, la retenue doit être calculée et régularisée selon les règles applicables aux rabais (voir ci-dessus 1er tiret). S'agissant des options attribuées à compter du 28-9-2012, la retenue est toujours calculée et régularisée selon les règles applicables aux rabais.

La retenue afférente aux rabais doit être **acquittée** par la personne qui constate le rabais et celle afférente aux gains tirés de la levée des options, par la personne qui verse les sommes issues de la cession des titres. Les **obligations** du redevable de la retenue (et les sanctions correspondantes) sont les mêmes que celles prévues pour la retenue à la source sur les salaires, pensions et rentes viagères (voir nº 4625).

> **Précisions** **a.** La retenue à la source s'applique également aux avantages salariaux, de source française, prenant la forme d'attribution de titres à des conditions préférentielles, notamment d'options sur titres ou d'attribution d'actions gratuites, qui ne respectent pas les conditions prévues par le Code de commerce (**plans dits « non qualifiants »**) et qui sont servis à des personnes non fiscalement domiciliées en France au titre de l'année de la remise des titres. Dans cette hypothèse, la retenue s'applique au montant net des avantages accordés dans les mêmes conditions que pour les rabais des plans « qualifiants » (1er tiret ci-dessus). La retenue est acquittée au moment de la remise des titres par la personne qui effectue cette remise, les modalités déclaratives et les sanctions étant celles indiquées ci-dessus.
> **b.** Qu'il s'agisse de plans « qualifiants » ou « non qualifiants », le taux de la retenue à la source est porté à 75 % lorsque le bénéficiaire est domicilié dans un **État ou territoire non coopératif** tel que visé au nº 78310, 1º et 2º (sauf si le débiteur apporte la preuve que les avantages ou gains correspondent à des opérations réelles qui ont principalement un objet et un effet autres que de permettre leur localisation dans un tel État ou territoire). Lorsque le taux de 75 % s'applique, la retenue est alors libératoire de l'impôt sur le revenu et n'est pas remboursable.

5. BONS DE SOUSCRIPTION DE PARTS DE CRÉATEUR D'ENTREPRISE

CHAMP D'APPLICATION DU DISPOSITIF

Certaines **sociétés par actions** passibles de l'impôt sur les sociétés en France sont autorisées à créer des bons de souscription de parts de créateur d'entreprise (BSPCE) destinés à leurs salariés ou à leurs dirigeants soumis au régime fiscal des salariés et aux membres de leur conseil d'administration et de leur conseil de surveillance ou, dans les sociétés par actions simplifiées, aux membres de tout organe statutaire équivalent. Sous certaines conditions (voir précision a ci-après), des bons peuvent également être attribués aux membres du personnel salarié et aux dirigeants des sociétés filiales. Les sociétés dont le siège est établi dans un État de l'Union européenne ou dans un État ou territoire ayant conclu avec la France une convention fiscale contenant une clause d'assistance administrative en vue de lutter contre la fraude ou l'évasion fiscale et soumises, dans cet État, à un impôt équivalent à l'impôt sur les sociétés peuvent également attribuer, depuis le 1er janvier 2020, des bons à leurs employés en France (Loi 2019-1479 du 28-12-2019 art. 11). **88800** CGI art. 163 bis G **TS-VII-85000 s**

L'émission de ces bons est réservée aux sociétés **non cotées** et aux sociétés **cotées sur un marché d'instruments financiers réglementé** ou organisé d'un État partie à l'accord sur l'Espace économique européen et dont la **capitalisation boursière est inférieure à 150 millions d'euros.** Si ce seuil est dépassé, les sociétés peuvent continuer à attribuer des bons pendant les trois ans suivant ce dépassement sous réserve de remplir l'ensemble des autres conditions précitées.

Le dispositif des BSPCE est réservé aux sociétés immatriculées au registre du commerce depuis moins de quinze ans (ou moins de sept ans pour les bons attribués entre le 1er janvier 1998 et le 1er septembre 1998) qui n'ont pas été créées dans le cadre d'une concentration, d'une restructuration ou d'une extension d'activité préexistante, hors essaimage (voir toutefois précision b ci-après). Le capital de la société émettrice des bons doit être détenu directement pour 25 % au moins par des personnes physiques ou par des personnes morales elles-mêmes directement détenues pour 75 % au moins de leur capital par des personnes physiques.

> **Précisions a.** Depuis le 7-8-2015, les sociétés éligibles peuvent attribuer des BSPCE aux membres du **personnel salarié** et aux dirigeants soumis au régime fiscal des salariés **des sociétés filiales** sous réserve que les **conditions** suivantes soient remplies : la société attributrice doit détenir au moins 75 % du capital ou des droits de vote de la filiale au personnel de laquelle elle attribue des bons ; la filiale remplit les conditions exposées ci-dessus, sous réserve de celle relative à la détention du capital et étant précisé que le respect du plafond de capitalisation boursière de la société attributrice des BSPCE doit être apprécié en faisant masse de sa propre capitalisation et de celle de ses filiales dont le personnel a bénéficié de distributions au cours des 12 derniers mois.
> **b.** Depuis le 7-8-2015, les **sociétés issues d'une concentration, d'une restructuration, d'une extension ou d'une reprise d'activités préexistantes** peuvent émettre des bons, sous réserve du respect des conditions suivantes : toutes les sociétés prenant part à l'opération doivent répondre aux conditions ci-dessus (imposition à l'IS, détention du capital, absence de cotation ou petite capitalisation boursière, âge, sociétés non issues elles-mêmes d'opérations de restructuration hors essaimage) ; le respect de la capitalisation boursière à la suite de l'opération est apprécié en faisant masse de la capitalisation de l'ensemble des sociétés issues de l'opération ; l'âge de la ou des sociétés issues de l'opération est apprécié en tenant compte de la date la plus ancienne des sociétés ayant pris part à l'opération (l'opération n'efface donc pas l'ancienneté des sociétés participantes).

RÉGIME FISCAL DES BÉNÉFICIAIRES

88805 Le **gain** net réalisé par le bénéficiaire des bons lors de la cession des titres souscrits en exercice de ces bons est imposé à l'**impôt sur le revenu** comme plus-value de cession de valeurs mobilières selon la distinction et dans les conditions suivantes :
– bons attribués à compter du 1-1-2018 : taux forfaitaire de 12,8 %, avec application, le cas échéant, de l'abattement fixe « dirigeants » prévu par l'article 150-0 D ter du CGI (nos 33106 s.) ou, sur option, barème de droit commun de l'impôt sur le revenu ; lorsque le bénéficiaire exerce son activité dans la société depuis moins de trois ans à la date de la cession, taux de 30 %, sans possibilité de bénéficier de l'abattement fixe « dirigeants » et sans possibilité d'option pour le barème de droit commun ;
– bons attribués jusqu'au 31-12-2017 : taux de 19 %, ou de 30 % lorsque le bénéficiaire exerce son activité dans la société depuis moins de trois ans à la date de la cession. Ce gain ne peut bénéficier d'aucun abattement pour durée de détention.

Le gain net est, dans tous les cas, soumis aux **prélèvements sociaux** sur les revenus du patrimoine (nos 34515 s. et 34570 s.).

> **Précisions a.** Pour l'**appréciation** de la **durée d'exercice de l'activité** des bénéficiaires, il est tenu compte, pour un bénéficiaire employé par la société attributrice, de la période d'activité éventuellement effectuée au sein d'une filiale et, pour un bénéficiaire employé par une filiale, de la période d'activité éventuellement effectuée au sein de la société mère.
> **b.** Les gains nets de source française donnent lieu à l'application d'une **retenue à la source** lors de la cession des titres correspondants lorsque les bénéficiaires sont des **personnes** qui ne sont **pas fiscalement domiciliées en France** au titre de l'année de ladite cession (CGI art. 182 A ter). Cette retenue, calculée aux taux prévus ci-dessus, doit être acquittée par la personne qui effectue le versement des sommes issues de la cession des titres, selon les modalités décrites au no 4625. Elle est libératoire de l'impôt sur le revenu.
> La retenue à la source est également applicable, selon les modalités visées au no 88790, précision a, aux avantages salariaux, de source française, servis aux mêmes personnes sous forme d'attribution de titres dans des conditions préférentielles ne remplissant pas les conditions du no 88800.
> Lorsque le bénéficiaire est domicilié dans un État ou territoire non coopératif, la règle exposée au no 88790, précision b s'applique.

6. ATTRIBUTIONS GRATUITES D'ACTIONS AUX SALARIÉS ET MANDATAIRES SOCIAUX

RÉGIME FISCAL DE LA SOCIÉTÉ ATTRIBUTRICE

Conformément aux articles L 225-197-1 à L 225-197-6 du Code de commerce, les sociétés par actions, cotées ou non cotées, peuvent procéder à des attributions gratuites d'actions au profit de tout ou partie de leur personnel. **88820** TS-VII-75000 s

La **société émettrice** peut déduire de son résultat imposable les charges qu'elle subit du fait de l'attribution gratuite ainsi que la moins-value résultant du rachat de ses actions. Lorsque l'attribution des actions aux salariés n'est pas subordonnée à leur présence dans l'entreprise pendant une période future déterminée, la provision est déductible du résultat de l'exercice de la décision d'attribution des actions. Dans la situation inverse, elle est étalée linéairement sur la période de présence exigée (BOI-BIC-PROV-30-20-30 n° 30). Lorsque l'attribution porte sur des actions nouvelles (après émission autorisée par l'assemblée générale extraordinaire), la société peut pratiquer une déduction extra-comptable égale à la différence entre la valeur des titres à la date de l'augmentation de capital et leur prix de souscription par les salariés (CGI art. 217 quinquies, II).

Lorsque les **actions** sont **attribuées gratuitement par une société mère aux salariés de filiales**, voir n° 88780.

RÉGIME FISCAL DES BÉNÉFICIAIRES

Lorsque les actions ont été attribuées dans les conditions définies aux articles L 225-197-1 à L 225-197-3 du Code de commerce, les modalités d'**imposition** de l'**avantage tiré de l'attribution gratuite des actions,** égal à la valeur des titres au jour de l'acquisition (nette, le cas échéant, de la valeur symbolique exigée de l'attributaire), sont les suivantes : **88825** CGI art. 80 quaterdecies

– s'agissant des **actions attribuées en vertu d'une autorisation de l'assemblée générale extraordinaire (AGE) intervenue depuis le 1-1-2018** : l'avantage (ou la fraction de l'avantage) qui n'excède pas une limite annuelle de 300 000 € est imposé selon le barème progressif de l'impôt sur le revenu après application d'un abattement de 50 % ou, le cas échéant, de l'abattement fixe « dirigeants » prévu à l'article 150-0 D ter du CGI (n°s 33106 s.) et, pour le surplus, d'un abattement de 50 % (lorsqu'il s'applique, l'abattement fixe s'impute en priorité sur la plus-value de cession puis, pour le reliquat éventuel, sur la plus-value d'acquisition), et soumis aux prélèvements sociaux sur revenus du patrimoine (nos 34515 s. et 34570 s.) ; la fraction de l'avantage qui excède la limite de 300 000 € est imposée comme un salaire, selon le barème progressif de l'impôt sur le revenu, sans application d'aucun abattement pour durée de détention, et soumise aux prélèvement sociaux sur revenus d'activité (nos 34350 s.) ;

– s'agissant des **actions attribuées en vertu d'une autorisation de l'AGE intervenue depuis le 31-12-2016 jusqu'au 31-12-2017** : l'avantage (ou la fraction de l'avantage) qui n'excède pas une limite annuelle de 300 000 € est imposé selon le barème progressif de l'impôt sur le revenu après application, le cas échéant, des abattements pour durée de détention prévus pour l'imposition des plus-values sur valeurs mobilières tels que prévus avant leur modification par la loi de finances pour 2018 (voir cependant précision c ci-après), et soumis aux prélèvements sociaux sur revenus du patrimoine (nos 34515 et 34570 s.) ; la fraction de l'avantage qui excède cette limite est imposée comme un salaire, selon le barème progressif de l'impôt sur le revenu, sans application d'aucun abattement pour durée de détention, et soumise aux prélèvements sociaux sur revenus d'activité (nos 34350 s.) ;

– s'agissant des **actions attribuées en vertu d'une autorisation de l'AGE intervenue depuis le 8-8-2015 jusqu'au 30-12-2016,** l'avantage est imposé en totalité selon le barème progressif de l'impôt sur le revenu après application, le cas échéant, des abattements pour durée de détention prévus pour l'imposition des plus-values sur valeurs mobilières tels que prévus avant leur modification par la loi de finances pour 2018 (voir précision c ci-après), et soumis aux prélèvements sociaux sur revenus du patrimoine (nos 34515 s. et 34570 s.) ;

– s'agissant des **actions attribuées à compter du 28-9-2012 et en vertu d'une autorisation de l'AGE antérieure au 8-8-2015,** l'avantage est soumis à l'impôt sur le revenu dans la catégorie des traitements et salaires et aux prélèvements sociaux sur revenus d'activité (nos 34350 s.) ;

– s'agissant des **actions attribuées avant le 28-9-2012,** lorsqu'elles sont demeurées indisponibles, sans être données en location, pendant une période minimale de deux ans à compter de leur attribution définitive, l'avantage est imposé au taux de 30 % (auquel s'ajoutent les prélèvements sociaux sur les revenus du patrimoine : n° 34515), sauf option par l'attributaire des actions pour l'imposition à l'impôt sur le revenu selon les règles applicables aux traitements et salaires (étant précisé qu'en cas d'option les prélèvements sociaux sur les revenus du patrimoine restent néanmoins dus).

Le fait générateur de l'imposition de l'avantage est la cession des actions, que celle-ci intervienne à titre onéreux ou à titre gratuit. Lorsque le bénéficiaire n'est pas domicilié en France, l'imposition de l'avantage tiré de l'attribution gratuite des actions est opérée par voie de retenue à la source (nº 88830).

La **plus-value de cession,** égale à la différence entre le prix de cession et la valeur des actions au jour de l'acquisition, est imposée dans les conditions prévues à l'article 150-0 A du CGI (nºs 32805 s.), quelle que soit la date d'attribution des options. S'ajoutent à cette imposition les prélèvements sociaux sur revenus du patrimoine (nºs 34515 s. et 34570 s.). La moins-value éventuelle est déduite du montant de l'avantage tiré de l'attribution des actions.

› Précisions a. Le régime fiscal décrit ci-dessus s'applique également aux attributions d'actions gratuites par des sociétés dont le **siège** est situé à l'**étranger** aux salariés ou mandataires sociaux qui exercent leur activité dans des entreprises dont elles sont mères ou filiales, dès lors que l'attribution s'effectue dans les mêmes conditions que celles prévues ci-dessus.

b. L'**échange** d'actions sans soulte qui résulte d'une opération d'offre publique, de fusion, de scission, de division ou de regroupement ne fait pas perdre le bénéfice du régime fiscal de faveur des actions attribuées avant le 28-9-2012. Le délai d'indisponibilité restant à courir au moment de l'opération d'échange d'actions s'applique aux titres reçus en échange.

c. Le gain d'acquisition d'**actions gratuites dont l'attribution a été autorisée par une décision de l'AGE prise entre le 8-8-2015 et le 31-12-2017** peut, le cas échéant, bénéficier (pour la totalité, s'agissant des actions attribuées en vertu d'une autorisation accordée entre le 8-8-2015 et le 30-12-2016 ; pour la fraction n'excédant pas 300 000 €, s'agissant des actions attribuées en vertu d'une autorisation accordée entre le 31-12-2016 et le 31-12-2017) du « nouvel » **abattement** fixe « dirigeants » de l'article 150-0 D ter du CGI, tel que modifié par la loi de finances pour 2018 (nºs 33106 s.). Dans ce cas, l'application de cet abattement fixe est exclusive de celle de l'abattement proportionnel de droit commun ou renforcé de l'ancien article 150-0 D du CGI. Ce dernier abattement peut toutefois s'appliquer lorsque le contribuable renonce à l'application de l'abattement fixe « nouveau ». Lorsque le « nouvel » abattement fixe s'applique, il s'impute en priorité sur la plus-value de cession et, pour le surplus, sur la plus-value d'acquisition (Loi 2017-1837 du 30-12-2017 art. 28).

d. En ce qui concerne le **régime social** applicable aux attributions d'actions gratuites, voir Mémento social nºs 34745 s.

88830 CGI art. 182 A ter

Les **avantages** de source française **tirés de l'attribution gratuite d'actions** donnent lieu à l'application d'une **retenue à la source** lors de la cession des titres correspondants lorsqu'ils sont réalisés par des **personnes** qui ne sont **pas fiscalement domiciliées en France** au titre de l'année de ladite cession. S'agissant des actions attribuées à compter du 28-9-2012, la retenue est calculée en appliquant au montant net de l'avantage, déterminé selon les règles applicables aux traitements et salaires (à l'exclusion de celles relatives à la déduction des frais professionnels réels), le barème et les règles de régularisation prévus pour la retenue à la source sur les traitements, salaires, pensions et rentes viagères (nº 4610 et nº 4630). S'agissant des actions attribuées avant le 28-9-2012, la retenue est **calculée** au taux forfaitaire prévu au nº 88825 ci-dessus (appliqué au montant de l'avantage) et est libératoire de l'impôt sur le revenu, lorsque la condition tenant à l'indisponibilité des titres est respectée et que le bénéficiaire n'a pas opté pour l'imposition selon les règles des traitements et salaires ; dans le cas inverse, la retenue est calculée selon les règles applicables aux traitements et salaires.

La retenue doit être **acquittée** par la personne qui effectue le versement des sommes issues de la cession des titres. Les **obligations** du redevable de la retenue (et les sanctions correspondantes) sont les mêmes que celles prévues pour la retenue à la source sur les salaires, pensions et rentes viagères (voir nº 4625).

› Précisions a. Pour les plans qui ne respectent pas les conditions prévues par le Code de commerce (**plans dits « non qualifiants »**), voir nº 88790, précision a.

Lorsque le bénéficiaire est domicilié dans un État ou territoire non coopératif, la règle exposée au nº 88790, précision b s'applique.

b. Les abattements pour durée de détention (nºs 33070 s.) sont, le cas échéant, pris en compte pour déterminer la base de la retenue pour les avantages tirés d'actions attribuées en vertu d'une autorisation de l'AGE intervenue depuis le 8-8-2015 (BOI-IR-DOMIC-10-20-20-30 nº 375).

CHAPITRE 7

ASSOCIATIONS ET ORGANISMES SANS BUT LUCRATIF

SOMMAIRE

À condition de ne pas sortir du cadre de la non-lucrativité, les associations et plus généralement les organismes réputés sans but lucratif (fondations, fonds de dotation, congrégations religieuses, syndicats professionnels, etc.) ne sont pas soumis aux **impôts commerciaux** : TVA, IS et contribution économique territoriale (CET) (nos 89400 s.). Certains d'entre eux peuvent également bénéficier d'une franchise pour leurs opérations commerciales accessoires (nos 89460 s.) ou d'exonérations spécifiques à chaque impôt (nos 89510 s.). 89200

Lorsqu'ils se livrent à des activités lucratives de manière accessoire sans pouvoir prétendre à aucun des dispositifs d'exonération prévus en leur faveur, les organismes sans but lucratif peuvent échapper à l'IS pour leurs opérations non lucratives en sectorisant ou filialisant leurs activités lucratives (nos 89640 s.).

Enfin, même s'ils n'exercent pas d'activité lucrative, ces organismes sont redevables de l'IS, à taux réduit, sur les revenus de leur patrimoine (nos 89700 s.).

Les **autres particularités** du régime fiscal des organismes sans but lucratif sont récapitulées dans le tableau ci-après avec un renvoi aux commentaires correspondants de ce Mémento. 89205

Régime des **dons**	nos 3170 s.
Taxe foncière	
– exonération des logements sociaux à usage locatif	41995 s.
– exonération des associations foncières d'aménagement foncier agricole et forestier	42520
– dégrèvement des associations foncières pastorales	42645
Taxe d'habitation : exonération des logements sous-loués à des personnes défavorisées	43090
Taxe sur les salaires : abattement	73500
Taxe d'apprentissage	73650
Contribution sur les revenus locatifs (exonération de certaines locations)	74815
Taxe sur les véhicules de sociétés (exonération)	75105
Taxe sur certaines dépenses de publicité (exonération)	75905
Apports et transferts de biens entre organismes	39255 et 66350
Apports immobiliers	67220

A. Cas d'exonération des impôts commerciaux

1. RESPECT DES CRITÈRES DE NON-LUCRATIVITÉ

89400 CGI art. 261, 7-1°-b IS-I-9200 s TVA-V-980 s

Un organisme est considéré comme non lucratif sur le plan fiscal et échappe en principe aux impôts commerciaux (IS, TVA, CET), lorsqu'il remplit les conditions suivantes :
– sa gestion doit être désintéressée ;
– son activité ne doit pas concurrencer le secteur commercial ou, s'il y a concurrence, doit s'exercer dans des conditions différentes de celles du secteur marchand ;
– l'organisme ne doit pas entretenir de relations privilégiées avec des entreprises.

Ces critères sont communs aux différents impôts commerciaux. Ils permettent de déterminer le régime fiscal des **associations** régies par la loi de 1901, des **congrégations** religieuses, des associations régies par la loi locale des départements du Bas-Rhin, du Haut-Rhin et de la Moselle, des **fondations** reconnues d'utilité publique, des fondations d'entreprise, des **fonds de dotation** et des **syndicats** professionnels.

Les organismes qui ont un doute sur leur régime fiscal peuvent s'adresser au **correspondant « associations »** de la direction départementale des finances publiques de leur siège. Les positions prises par l'administration leur sont opposables, sous réserve du caractère complet et sincère des informations fournies et sauf changement ultérieur de la situation de l'organisme.

› Précisions **a.** Un **organisme** sans but lucratif peut être **soumis à la TVA** à titre obligatoire pour certaines activités non lucratives (publications de presse : n° 61610, a ; restauration collective) sans que cela entraîne son assujettissement à l'IS ou à la contribution économique territoriale (BOI-TVA-CHAMP-30-10-30-10 n°s 310 et 320).
b. Un organisme sans but lucratif qui donne en **location** ou en sous-location des **immeubles nus à usage professionnel** est assujetti à la **cotisation foncière des entreprises** dès lors qu'il en retire des recettes au moins égales à 100 000 € (n° 43527) et, corrélativement, à la **cotisation sur la valeur ajoutée des entreprises** si le montant des recettes est supérieur à 152 500 € (n° 43860).
c. Les **radios associatives** éligibles au fonds de soutien à l'expression radiophonique répondent, par principe, aux critères de non-lucrativité, ce qui leur permet de bénéficier, pour leurs activités de diffusion radiophonique, de l'exonération des impôts commerciaux, sous réserve que leur gestion soit désintéressée (BOI-TVA-CHAMP-10-10-70 n°s 70 et 80).
d. Exonération de TVA des **musées et monuments historiques** gérés par des organismes sans but lucratif : voir n° 47217, 1.

GESTION DÉSINTÉRESSÉE

89410 CGI art. 261, 7-1°-d

Pour qu'il y ait gestion désintéressée, il faut que les conditions suivantes soient réunies :
– l'organisme doit être géré et administré à titre bénévole par des personnes n'ayant elles-mêmes, ou par personne interposée, aucun intérêt direct ou indirect dans les résultats de l'exploitation, ce qui n'interdit toutefois pas aux dirigeants de percevoir une rémunération sous certaines conditions ;
– l'organisme ne doit procéder à aucune distribution directe ou indirecte de bénéfices, sous quelque forme que ce soit ; la recherche systématique d'excédents n'est pas interdite, dès lors que l'organisme les affecte par la suite à l'exécution de ses prestations ou à des projets entrant dans le champ de l'objet non lucratif (CE 21-11-2007 n° 291375 : RJF 2/08 n° 132 ; BOI-IS-CHAMP-10-50-10-20 n° 630) ;
– les membres de l'organisme et leurs ayants droit ne peuvent pas être déclarés attributaires d'une part quelconque de l'actif, sous réserve du droit de reprise des apports.

89415 IS-I-9430 s

Rémunération des dirigeants L'administration autorise tous les organismes sans but lucratif à rémunérer leurs dirigeants, de droit ou de fait, pour un montant brut mensuel (hors remboursement des frais réels) n'excédant pas les **3/4 du Smic,** soit 1 155 € par mois à partir du 1er janvier 2020 (BOI-IS-CHAMP-10-50-10-20 n° 100). Quel que soit son montant, cette rémunération est imposable dans la catégorie des bénéfices non commerciaux.

Un dispositif légal, exclusif de la tolérance administrative, permet par ailleurs aux **associations et fondations dont les ressources** financières, **hors financements publics, dépassent** une moyenne de **200 000 €** sur trois exercices, de rémunérer certains de leurs dirigeants pour un montant supérieur, sans que le caractère désintéressé de leur gestion soit remis en cause (dispositif également applicable selon l'administration aux organismes syndicaux relevant de la loi de 1884 : BOI-IS-CHAMP-30-70 n° 220). En fonction du montant de leurs ressources propres et de celles des organismes qui leur sont affiliés, ces organismes peuvent, sous certaines conditions précisées à l'article 242 C de l'annexe II au CGI, rémunérer de un à trois dirigeants de droit, chacun à hauteur de **trois fois le plafond de la sécurité sociale,** soit 10 284 € bruts par mois en 2020. Les rémunérations versées dans ce cadre sont imposées dans la catégorie des traitements et salaires, étant précisé que les allocations et remboursements forfaitaires pour frais sont toujours imposables (CGI art. 80 et 80 terdecies).

> Précisions a. Lorsqu'un dirigeant exerce dans l'organisme des **fonctions autres** que de direction, l'ensemble des rémunérations perçues doit être pris en compte pour l'application du plafonnement, tant administratif que légal (BOI-IS-CHAMP-10-50-10-20 nos 230 et 420). S'il dirige plusieurs organismes, il convient par ailleurs de tenir compte pour l'appréciation du plafond légal de toutes les rémunérations versées par les **différents organismes** (BOI précité n° 240).
b. La condition d'**exclusion** des **financements publics** pour apprécier le montant des ressources de l'organisme n'est **pas applicable** aux associations de jeunesse et d'éducation populaire ayant fait l'objet d'un agrément national dont l'instance dirigeante est composée de membres dont la moyenne d'âge est inférieure à trente ans et qui décident de rémunérer, **dans la limite du plafond** de la sécurité sociale (soit 3 428 € en 2020), leurs dirigeants âgés de moins de trente ans à la date de leur élection, pour une durée maximale de trois ans renouvelable une fois.

ABSENCE DE CONCURRENCE AVEC LE SECTEUR COMMERCIAL

Même lorsqu'il est géré de façon désintéressée, un organisme peut présenter un caractère lucratif s'il concurrence des entreprises commerciales en recourant à des méthodes de gestion analogues à celles du secteur marchand. **89425** IS-I-9980 s

Pour qu'il y ait concurrence, il faut, selon le Conseil d'État, qu'une entreprise commerciale exerce effectivement une **activité** identique à celle de l'organisme, dans la même **zone géographique** d'attraction et en s'adressant au même public. Lorsqu'il entre ainsi en concurrence avec une entreprise, l'organisme peut toutefois échapper à la taxation s'il exerce son activité dans des **conditions différentes** de celles des entreprises commerciales, soit en répondant à certains besoins insuffisamment satisfaits par le marché, soit en s'adressant à un public ne pouvant accéder au marché, notamment en pratiquant des prix inférieurs ou en modulant ses tarifs, à la condition de ne pas recourir à des procédés publicitaires excédant les besoins de l'information du public sur les services offerts (CE sect. 1-10-1999 n° 170289, Association Jeune France : RJF 11/99 n° 1354 ; CE 3-12-1999 n° 133291 : RJF 1/00 n° 35 ; CE 1-3-2000 n° 197584 : RJF 4/00 n° 465 ; CE 13-2-2013 n° 342953 : RJF 5/13 n° 472).

Pour apprécier si l'organisme exerce son activité dans des conditions similaires à celles d'une entreprise, l'administration applique la **règle dite des « 4 P »**. Elle examine successivement quatre critères, selon la méthode du faisceau d'indices, dans un ordre d'importance décroissante :
– **produit** proposé et **public** visé représentatifs de l'utilité sociale de l'activité qui doit tendre à satisfaire un besoin non pris en compte par le marché, ou de façon insuffisante ;
– **prix** pratiqués inférieurs à ceux du secteur lucratif (cette condition étant réputée remplie lorsque les tarifs sont homologués par une autorité publique) ;
– **publicité** commerciale, indice de lucrativité (BOI-IS-CHAMP-10-50-10-20 nos 570 à 710).

> Précisions a. Le fait qu'une association dispose d'un **site d'informations sur Internet** ne doit pas conduire à considérer que cette association recourt à des méthodes commerciales analogues à celles des entreprises du secteur concurrentiel (BOI précité n° 670).
b. Les organismes non lucratifs qui, lorsqu'ils perçoivent des **dons d'entreprises,** associent le nom des entreprises versantes aux opérations qu'ils réalisent ne doivent pas effectuer de ce fait de véritables **prestations publicitaires** relevant du parrainage, sous peine d'être assujettis aux impôts commerciaux (BOI-BIC-RICI-20-30-10-20 nos 130 et 140).

ABSENCE DE RELATIONS PRIVILÉGIÉES AVEC DES ENTREPRISES

Même s'ils remplissent l'ensemble des critères de non-lucrativité, les organismes dont l'objet consiste à fournir des services à des entreprises qui en retirent un avantage concurrentiel sont soumis dans tous les cas aux impôts commerciaux. **89435** IS-I-10300 s

ILLUSTRATIONS

Association composée de professionnels du secteur du bâtiment offrant à ses adhérents des services de formation (CE 15-4-1991 n° 77075-77076 : RJF 6/91 n° 804).

Associations interentreprises de médecine du travail qui ont pour objet de faciliter aux entreprises adhérentes l'exécution de l'obligation que la loi leur impose en matière de surveillance médicale des salariés (CE 6-11-1995 n° 147388 : RJF 1/96 n° 23).

En revanche, les organismes ayant un rôle fédératif, ceux assurant la défense collective des intérêts moraux ou matériels des membres autres que des professionnels et ceux rendant à leurs membres des services pour leur activité non lucrative ne sont pas réputés procurer un avantage concurrentiel à leurs membres (BOI-IS-CHAMP-10-50-10-30 n° 60).

Sur les exonérations spécifiques dont bénéficient les **syndicats** professionnels : voir nos 89535 s. et 89565 s.

2. FRANCHISE DES ACTIVITÉS LUCRATIVES ACCESSOIRES

89460 CGI art. 206, 1 bis, 261, 7-1°-b et 1447, II IS-I-14000 s

Les associations, fondations, fonds de dotation et congrégations définis n° 89400 échappent aux impôts commerciaux (IS, TVA et CET) lorsque leurs activités lucratives accessoires n'excèdent pas une certaine limite. Il en va de même pour les syndicats professionnels régis par les articles L 2131-1 s. du Code du travail dont l'activité principale est non lucrative et, selon l'administration, pour les comités d'entreprise (BOI-IS-CHAMP-10-50-20-20 n° 20), dont les attributions ont progressivement été transférées aux comités sociaux et économiques (CSE).

La limite de cette franchise est fixée à 72 000 € pour 2020 (Loi 2019-1479 du 28-12-2019 art. 51) ; elle était fixée à 63 059 € en 2019. Elle est indexée, chaque année, sur la prévision de l'indice des prix à la consommation, hors tabac, retenue dans le projet de loi de finances de l'année (sauf pour 2020, année pour laquelle elle a été portée à 72 000 € de manière forfaitaire ; sur les modalités d'application de la limite de 72 000 €, voir n° 89470, précision c).

Cette franchise s'applique automatiquement lorsque ses conditions d'application sont réunies. Il n'est pas nécessaire que l'activité lucrative soit sectorisée pour en bénéficier. Il n'est pas possible non plus d'y renoncer, notamment en matière de TVA.

CONDITIONS D'APPLICATION

89470 L'application de la franchise des impôts commerciaux est subordonnée au respect de trois conditions cumulatives :

– la **gestion** de l'organisme doit être **désintéressée** (voir n°s 89410 s.) ;

– les **activités non lucratives** doivent rester significativement **prépondérantes** (voir n° 89645) ;

– le **montant des recettes** d'exploitation provenant des **activités lucratives** encaissées au cours de l'année civile ne doit pas excéder 72 000 € hors TVA. En matière de TVA, le bénéfice de la franchise est subordonné au respect de la limite précitée, non seulement au titre des recettes perçues lors de l'année civile en cours (n° 89485) mais encore au titre de celles encaissées lors de l'année civile précédente.

Ne sont pas pris en compte pour l'appréciation de la limite de la franchise : les recettes d'exploitation retirées des activités non lucratives, les revenus patrimoniaux (n°s 89700 s.), les résultats des activités financières lucratives et des participations financières soumis à l'IS de droit commun (n° 89480), les opérations immobilières non exonérées de TVA (n° 89485), les recettes exceptionnelles et, enfin, les recettes des six manifestations annuelles de bienfaisance ou de soutien (définies n° 89530) qui bénéficient d'une exonération spécifique cumulable avec la franchise.

En revanche, les recettes susceptibles de bénéficier d'une autre mesure d'exonération doivent être prises en compte pour l'appréciation de la limite dès lors qu'elles relèvent d'une activité lucrative.

Précisions a. Les **syndicats professionnels** qui développent, conformément à leur objet, de manière prépondérante, des activités syndicales lucratives non imposables en application des articles 207, 1-1° bis et 1461, 7° du CGI (n°s 89565 s.) peuvent, selon l'administration, néanmoins bénéficier de la franchise d'impôt sur les sociétés et de contribution économique territoriale, sous réserve de conserver une gestion désintéressée. Le seuil de la limite de la franchise s'apprécie dans ce cas en fonction des seules recettes lucratives imposables accessoires (BOI-IS-CHAMP-30-70 n° 500).

b. Sont réputées lucratives les activités de gestion et de capitalisation, par les **fonds de dotation,** de dons, droits et legs dont les fruits sont versés à des organismes publics pour l'exercice d'activités lucratives ou à des organismes autres que ceux mentionnés à l'article 206, 1 bis du CGI.

c. Comme déjà indiqué (n° 89460), la **limite de la franchise** est en principe indexée, chaque année, sur la prévision de l'indice des prix à la consommation, hors tabac, retenue dans le projet de loi de finances de l'année. **Pour 2020,** elle a toutefois été fixée de manière forfaitaire, à 72 000 €.

En pratique, la limite de 72 000 € s'applique, en matière d'**impôt sur les sociétés,** aux recettes encaissées au titre des exercices clos à compter du 31 décembre 2019 et en matière de **cotisation économique territoriale** aux impositions établies au titre de l'année 2020. En matière de **TVA,** elle s'applique aux recettes lucratives accessoires encaissées à compter du 1er janvier 2020. Cependant, c'est également la limite de 72 000 € qui doit être appliquée pour déterminer si un organisme a ou non satisfait à la condition au titre de l'année précédente (2019) (BOI-TVA-CHAMP-30-10-30-10 n° 340).

MODALITÉS D'APPLICATION

89480 **Impôt sur les sociétés** En principe exonérés d'IS, les organismes bénéficiaires de la franchise restent toutefois soumis, le cas échéant :

– à l'IS au taux réduit sur leurs **revenus patrimoniaux** qui ne se rattachent pas aux activités lucratives ou non lucratives (n°s 89700 s.) ;

– à l'IS au taux de droit commun au titre des résultats de leurs **activités financières** lucratives et de leurs participations (voir toutefois la précision b ci-dessous).

La **franchise** prend **fin** et l'organisme devient passible de l'IS dans les conditions de droit commun à partir du 1er janvier de l'année au cours de laquelle l'une des conditions requises cesse d'être remplie (pour la dispense d'acomptes d'IS, voir n° 89620). L'imposition porte sur l'ensemble des activités si la gestion n'est plus désintéressée ou si l'activité non lucrative cesse d'être significativement prépondérante. Lorsque seule la limite de la franchise est dépassée, l'imposition ne concerne que les recettes des activités lucratives si celles-ci sont isolées dans un secteur distinct (nos 89640 s.).

› Précisions **a.** Par **« activités financières lucratives »,** il convient d'entendre principalement la gestion active d'une ou plusieurs filiales et, par « résultats de participations », les résultats imposables tirés de la participation dans un organisme soumis au régime fiscal des sociétés de personnes qui exerce une activité lucrative. Les participations dans des sociétés civiles non soumises à l'IS ne sont pas concernées (BOI-IS-CHAMP-10-50-20-20 nos 190 à 270).
b. Les organismes bénéficiaires de la franchise sont toutefois exonérés d'impôt sur les sociétés (ainsi que de cotisation foncière des entreprises et, corrélativement, de cotisation sur la valeur ajoutée des entreprises : n° 43556) au titre de leurs **participations dans** les **établissements d'enseignement supérieur consulaire** mentionnés à l'article L 711-17 du Code de commerce ou au titre du financement des activités de formation professionnelle et de recherche de ces établissements (CGI art. 207, 1-13°). Les prises de participation de ces organismes, y compris dans le cadre d'une gestion active et de relations privilégiées, correspondent donc à l'activité exonérée (BOI-IS-CHAMP-30-70 n° 183 ; BOI-IF-CFE-10-30-10-60 n° 105).

TVA Les organismes exonérés de TVA au titre de leurs activités accessoires lucratives ne peuvent pratiquer aucune déduction de la TVA grevant les biens ou services acquis dans le cadre des opérations ainsi exonérées. 89485

Sont notamment exclues du régime d'exonération les **opérations immobilières** mentionnées à l'article 257, I du CGI (nos 58700 s.) et les opérations donnant lieu à la perception de **revenus patrimoniaux** soumis à l'IS au taux réduit.

La franchise prévue en faveur des activités lucratives accessoires et la **franchise en base** de TVA ne peuvent pas s'appliquer simultanément.

En cas de **franchissement de la limite** en cours d'année, les organismes perdent le bénéfice de l'exonération à compter du premier jour du mois suivant celui au cours duquel la limite est dépassée (et jusqu'à la fin de l'année suivante : n° 89470). Mais ils peuvent le cas échéant bénéficier de la franchise en base de TVA (BOI-TVA-CHAMP-30-10-30-10 nos 380 à 400).

Si les conditions de gestion désintéressée ou de prépondérance de l'activité non lucrative ne sont plus remplies, c'est l'ensemble du régime d'exonération des organismes sans but lucratif qui cesse de s'appliquer au titre de l'année en cause (BOI précité n° 420).

› Précisions Les organismes bénéficiaires de la franchise ne sont pas assujettis aux **obligations** comptables des entreprises mais ils doivent, d'une part, tenir un **livre** aux pages numérotées sur lequel est inscrite, jour par jour, chacune de leurs opérations (n° 53450), d'autre part, suivre distinctement les recettes retirées de leurs opérations accessoires lucratives de façon à pouvoir apprécier si celles-ci excèdent ou non le seuil d'application de la franchise.

Contribution économique territoriale Les organismes qui remplissent les conditions d'application de la franchise sont exonérés de cotisation foncière (et corrélativement de cotisation sur la valeur ajoutée). 89490 CGI art. 1478, VI

Lorsqu'un **organisme imposé** à la cotisation foncière **remplit** au cours d'une année les **conditions requises** pour être exonéré alors qu'il ne les remplissait pas l'année précédente, il bénéficie de la franchise à partir de l'année suivante.

Si l'**une des conditions** d'application de la franchise **cesse d'être respectée,** l'organisme entre immédiatement dans le champ d'application de la cotisation. Mais il n'est effectivement imposé qu'à compter de l'année suivante, cette situation étant assimilée à une création d'établissement. La perte du bénéfice de la franchise entraîne l'imposition des seuls établissements où s'exerce une activité lucrative.

Pour la première année d'imposition et l'année suivante, les bases d'imposition de la cotisation foncière sont appréciées au 31 décembre de l'année au cours de laquelle les conditions d'exonération ont cessé d'être remplies. La réduction de 50 % des bases prévue pour la première année d'imposition des établissements nouvellement créés n'est pas applicable dès lors que l'organisme se livrait auparavant à une activité lucrative (BOI-IF-CFE-10-20-20-20 nos 40 à 120).

3. EXONÉRATIONS PROPRES À CHAQUE IMPÔT

Dès lors qu'un organisme exerce au moins une activité lucrative, il entre dans le champ des trois impôts commerciaux, sauf application de la franchise (nos 89460 s.). Cependant, il existe des exonérations légales qui permettent aux organismes d'échapper à tel ou tel de ces impôts. Dans ces situations, il n'y a pas de lien systématique entre les trois impôts commerciaux. 89510

TVA

89520 Il existe plusieurs exonérations de TVA spécifiques aux organismes sans but lucratif.

D'autres exonérations sont de portée générale et s'appliquent par conséquent sans considération de l'objet lucratif ou désintéressé des organismes. C'est le cas des exonérations prévues :

– pour les activités d'**enseignement** (y compris la formation professionnelle continue) : voir n°s 47030 s. ;

– pour les établissements de **santé** : voir n°s 47170 s.

89525 CGI art. 261, 7-1°-a TVA-V-300 s

Organismes sportifs, culturels ou socio-éducatifs Les organismes légalement constitués agissant sans but lucratif et dont la gestion est désintéressée sont exonérés de TVA sur certaines opérations réalisées **au profit de leurs membres.** Pour ces organismes (dits « fermés »), l'exonération porte :

– d'une part, sur les services à caractère social, éducatif (y compris la formation professionnelle), culturel ou sportif, rendus à leurs membres ;

– d'autre part, dans la limite de 10 % de leurs recettes totales, sur les ventes d'objets divers consenties à leurs membres.

› Précisions **a.** Selon l'administration, ces organismes sont exonérés pour les services et les ventes d'objets visés ci-dessus dès lors que leur **gestion** est **désintéressée** (au sens défini n°s 89410 s.) et qu'ils n'ont **pas recours** à des **pratiques commerciales.** Mais si ces organismes rendent des services à des tiers, il convient d'utiliser les critères généraux de non-lucrativité exposés aux n°s 89400 s. pour apprécier si ces services sont exonérés (BOI-TVA-CHAMP-30-10-30-10 n°s 40 et 160).

b. La qualité de **membre** suppose, selon l'administration, une adhésion personnelle à l'organisme et que cette adhésion présente un caractère de permanence. N'ont pas la qualité de membres : les ayants droit des membres (conjoints, par exemple), les personnes qui adhèrent (ou cotisent) pour une durée a priori limitée et inférieure à l'année, les personnes morales adhérentes (sous réserve des associations fédérées par des unions d'associations, qui sont considérées ainsi que leurs membres comme des membres de l'union) (BOI précité n°s 70 à 120).

c. Demeurent soumises à la taxe (sauf application éventuelle des exonérations visées aux n°s 89400 s., 89530 et 90615 s., ou de la franchise examinée n°s 89460 s.) les opérations d'**hébergement** et de **restauration** ainsi que l'exploitation des **bars** et **buvettes.**

d. Lorsqu'elles ne peuvent bénéficier de l'exonération générale des impôts commerciaux visée n°s 89400 s., les **associations sportives** peuvent être exonérées de TVA (et d'IS) pour les prestations fournies à leurs membres, ainsi que pour les services rendus occasionnellement aux licenciés de la fédération, sous réserve du respect des conditions rappelées au a ci-dessus (BOI-IS-CHAMP-10-50-30-10 n° 110).

89530 CGI art. 261, 7-1°-c TVA-V-1500 s

Manifestations de soutien ou de bienfaisance Les organismes visés aux n°s 89400 et 89525, ainsi que les organismes permanents à caractère social des collectivités locales (caisses des écoles, comités des fêtes, etc.) et des entreprises, sont exonérés de TVA pour les recettes de six manifestations de bienfaisance ou de soutien (bal, kermesse, spectacle, vente de charité, tombola, baptêmes de l'air, etc.) organisées dans l'année à leur profit exclusif.

L'exonération porte tant sur le prix d'entrée à la manifestation que sur l'**ensemble des recettes** perçues à cette occasion (exemples : buffet, buvette, location de stands, ventes de programmes, de confiserie, recettes publicitaires, subvention versée par une commune pour assurer l'équilibre financier de la manifestation, etc.) (BOI-TVA-CHAMP-30-10-30-10 n° 630).

› Précisions **a.** Pour les **organismes représentés sur diverses parties du territoire** (organismes non lucratifs à caractère national, départemental, régional ou intercommunal, clubs omnisports, associations locales à activités multiples), l'exonération est accordée à chaque section locale (ou spécialisée) à condition que le nombre des manifestations organisées dans la même commune au cours d'une année par les différentes sections locales (ou spécialisées) et l'organisme central ne soit pas supérieur à six (BOI précité n°s 590 à 610).

b. Pour l'exonération de **taxe sur les salaires** et de **taxe d'apprentissage** des salaires versés lors des manifestations de bienfaisance, voir n°s 73470 et 73665, précision a.

89535 CGI art. 261, 4-9° TVA-V-3900 s

Organismes philosophiques, religieux, politiques, patriotiques, civiques ou syndicaux Une exonération spécifique est prévue au profit des organismes **légalement constitués** agissant **sans but lucratif et gérés de manière désintéressée,** au sens défini n°s 89410 s., qui poursuivent un objectif de nature philosophique, religieuse, politique, patriotique, civique ou syndicale.

Avant de définir la nature des opérations exonérées, notons que cette exonération peut concerner non seulement les associations, les congrégations et les fondations, mais aussi les syndicats ouvriers, les organisations patronales, les associations de commerçants (voir n° 47345 les précisions données à propos des unions commerciales) et les organismes professionnels des professions libérales. En revanche, selon l'administration, les sociétés civiles ou commerciales, les personnes physiques, les simples groupements de fait ne peuvent pas se prévaloir de l'exonération.

Remarque : Certaines opérations réalisées par les organismes en cause, et plus particulièrement les groupements et syndicats professionnels, sont susceptibles d'être placées hors du champ d'application de la TVA lorsque le **« lien direct »** défini au nº 46490 fait défaut. 89540

Selon l'administration, les activités menées dans le cadre d'une **mission d'intérêt général** dévolue par les pouvoirs publics doivent être considérées comme placées hors du champ d'application de la TVA. Il en est ainsi des opérations réalisées en vertu de missions de réglementation professionnelle (dévolues aux ordres professionnels, par exemple) ou de mise en œuvre de la politique économique ou sociale (par exemple, missions d'organisation et de régulation des marchés dévolues aux organisations interprofessionnelles reconnues dont les accords ont été étendus par les pouvoirs publics).

De même, ne sont pas imposables à la TVA les prestations et les ventes réalisées par l'organisme au profit de ses membres lorsqu'il n'existe pas de lien direct entre ces opérations et une **contrepartie financière** (cotisation, rémunération spécifique, etc.) du bénéficiaire (BOI-TVA-CHAMP-30-10-30-30 nº 30).

Les opérations susceptibles d'être exonérées doivent remplir quatre conditions. 89545

TVA-V-4255 s

a. Il doit s'agir de **prestations de services** ou de **livraisons de biens** étroitement liées à ces prestations, qui sont fournies **aux adhérents** de l'organisme. Sont donc exclues de l'exonération les opérations réalisées au profit de tiers non adhérents et les livraisons de biens qui n'ont pas de lien direct avec les services rendus aux adhérents ou qui représentent une part prépondérante de l'activité de l'organisme.

b. Il doit s'agir d'opérations exclusivement rémunérées par la perception d'une **cotisation statutaire.**

c. Les opérations exonérées doivent se **rattacher directement** à la **défense collective des intérêts** moraux ou matériels **des membres.**

EXEMPLES

Représentation collective auprès des pouvoirs publics ou d'autres organisations syndicales ; participation à l'élaboration de textes législatifs ou réglementaires, de conventions collectives, d'accords professionnels ; représentation en justice ; études, recherches, documentation technique pouvant concerner l'ensemble ou une très large majorité des adhérents et ne se situant pas dans le prolongement direct de leur activité économique.

d. Les opérations ne doivent pas être susceptibles de provoquer des **distorsions de concurrence** (condition non prévue par l'article 261, 4-9º du CGI mais résultant de l'article 132, 1-l de la directive 2006/112/CE).

Lorsque les **droits d'adhésion** ou les cotisations perçus par un organisme **constituent à la fois** la **contrepartie d'opérations exonérées** (ou hors champ) **et d'opérations taxables,** il appartient à l'organisme concerné d'évaluer, sous sa propre responsabilité et sous réserve du droit de contrôle du service des impôts, la part des droits d'adhésion ou des cotisations qu'il y a lieu de soumettre à la TVA, faute de quoi la totalité de ces sommes donnerait lieu à imposition.

› Précisions **a.** Les **opérations sans rapport direct** avec la défense des intérêts moraux ou matériels des adhérents ou qui relèvent de la protection individuelle de tels intérêts ne sauraient bénéficier de l'exonération même si elles sont « couvertes » par la perception de cotisations. Exemples : tenue de comptabilités, établissement de factures ou de déclarations fiscales, recouvrement de créances, conseils personnalisés (BOI-TVA-CHAMP-30-10-30-30 nº 170). De même, sont exclues de l'exonération, selon l'administration, les prestations qui, par nature, sont rendues aux entreprises membres dans un **but directement économique** (par exemple : prestations de publicité, même collectives) (BOI précité nº 160). 89550

b. Les organismes en cause peuvent également bénéficier, le cas échéant :

– de l'exonération visée au nº 89525, pour les **services à caractère social, éducatif, culturel ou sportif** rendus à leurs membres ;

– de l'exonération visée au nº 89530, pour les recettes de six **manifestations de bienfaisance** annuelles ;

– de l'exonération visée aux nºs 47280 s., à raison des services rendus à leurs membres pour leur **activité professionnelle.**

c. Les actions de **formation** dispensées aux **militants politiques ou syndicaux** sont exonérées lorsqu'elles sont consenties contre le paiement de la cotisation. L'exonération couvre également les livraisons de matériels et documents pédagogiques accessoires aux actions de formation (BOI précité nº 220).

89555 Autres cas d'exonération

a. Les **associations intermédiaires** conventionnées, visées à l'article L 5132-7 du Code du travail, dont la gestion est désintéressée sont exonérées de la TVA (CGI art. 261, 7-1° bis).

Les associations de **services aux personnes** agréées en application de l'article L 7232-1 du Code du travail ou autorisées en application de l'article L 313-1 du CASF, qui assurent leur activité dans les conditions prévues aux 2° et 3° de l'article L 7232-6 du Code du travail et dont la gestion est désintéressée, sont exonérées de la TVA, en application de l'article 261, 7-1° ter du CGI, au titre des prestations de services visées aux nos 53015 et 53260 réalisées au profit de personnes physiques ou de familles en situation de fragilité ou de dépendance (BOI-TVA-CHAMP-30-10-30-20 nos 380 à 410). Celles qui réalisent leur activité en application du 1° de l'article L 7232-6 susvisé (mode « mandataire ») ne sont en revanche pas éligibles à cette exonération (BOI précité n° 385 ; CE 22-11-2019 n° 432648 : RJF 2/20 n° 108).

b. Pour les **publications** des organismes sans but lucratif, voir n° 61610, a.

TVA-IV-37530 **c.** Les organismes sans but lucratif dont la gestion est désintéressée sont autorisés à acquérir ou importer en franchise de la TVA les **biens** qu'ils destinent à l'**exportation** dans le cadre de leur activité humanitaire, charitable ou éducative, sous réserve qu'ils adressent à leurs fournisseurs l'attestation mentionnée au n° 50575 (CGI art. 275, II). La solution vaut, à notre avis, quel que soit le pays dans lequel ces biens sont expédiés (y compris les États de l'Union européenne).

TVA-II-23400 s En outre, les entreprises qui leur font des **dons** sont dispensées de procéder à la livraison à soi-même desdits biens ou à toute autre régularisation, les organismes bénéficiaires devant leur délivrer des attestations du même type.

Cette dispense vaut également pour les dons consentis en France à des fondations ou associations reconnues d'utilité publique présentant un intérêt général de caractère humanitaire, éducatif, social ou charitable et pour les dons consentis aux associations humanitaires affiliées à la Fédération française des banques alimentaires (BOI-TVA-DED-60-30 nos 70 à 90 ; CGI art. 273 septies D, issu de l'article 36 de la loi relative à la lutte contre le gaspillage et à l'économie circulaire).

IMPÔT SUR LES SOCIÉTÉS

89565 Sont exonérés de l'IS (exception faite des revenus patrimoniaux visés nos 89700 s.) :

a. Les associations sans but lucratif de la loi de 1901 organisant, avec le concours des communes ou départements, des foires, expositions, réunions sportives et autres **manifestations publiques** présentant un **intérêt économique** certain **pour la commune ou la région** (CGI art. 207, 1-5° ; IS-IV-30700 s.) ;

b. Les **organismes** sans but lucratif visés aux nos 89400 et 89525, pour les opérations à raison desquelles ils sont **exonérés de la TVA.** Cette exonération s'applique aux services de caractère social, éducatif, culturel ou sportif rendus à leurs membres (n° 89525) et aux six manifestations de soutien ou de bienfaisance visées au n° 89530 (CGI art. 207, 1-5° bis : IS-IV-30410 s.) ;

c. Les organismes de **jardins familiaux** (CGI art. 208, 5° : IS-IV-31000 s.) ;

d. Les **associations intermédiaires conventionnées** et les associations agréées ou autorisées de services aux personnes (CGI art. 206, 5° bis : IS-I-12450 s.) ;

e. Les **syndicats professionnels** et leurs unions ainsi que, selon l'administration, les ordres professionnels (BOI-IS-CHAMP-30-70 n° 300), pour leurs activités portant sur l'étude et la défense des droits et des intérêts collectifs matériels ou moraux de leurs membres ou des personnes qu'ils représentent, à condition qu'ils fonctionnent conformément aux dispositions qui les régissent (CGI art. 207, 1-1° bis : IS-IV-30020 s.).

L'administration admet, sous certaines conditions, que les **groupements de moyens** formés pour des nécessités de gestion entre des organismes syndicaux dont le caractère non lucratif d'ensemble n'est pas contesté n'exercent pas, en principe, une activité lucrative et ne sont pas soumis à l'IS (et à la contribution économique territoriale) (BOI précité nos 520 à 560).

CONTRIBUTION ÉCONOMIQUE TERRITORIALE

89575 La loi exonère de cotisation foncière des entreprises (et corrélativement de cotisation sur la valeur ajoutée) les organismes de **jardins familiaux** (CGI art. 1461, 5°) et les associations de **mutilés de guerre** et d'**anciens combattants** émettant des participations à la loterie nationale (CGI art. 1462, 2°).

Les **syndicats professionnels** et leurs unions ainsi que, selon l'administration, les ordres professionnels (BOI-IS-CHAMP-30-70 n° 300) sont également exonérés pour leurs activités portant sur l'étude et la défense des droits et des intérêts collectifs matériels ou moraux de leurs membres ou des personnes qu'ils représentent, à condition qu'ils fonctionnent conformément aux dispositions qui les régissent (CGI art. 1461, 7°). Pour les syndicats professionnels agricoles, cette exonération se cumule avec celle prévue à l'article 1451, I-3° du CGI (voir n° 43552).

En ce qui concerne les **groupements de moyens** formés entre organismes syndicaux, voir nº 89565, e.

L'administration exonère aussi les organismes sans but lucratif au titre des **six manifestations annuelles de bienfaisance ou de soutien** autorisées (BOI-IF-CFE-10-20-20-20 nº 70).

Enfin, les associations sont susceptibles de bénéficier des exonérations générales de cotisation foncière applicables à l'ensemble des assujettis, par exemple celles prévues en faveur des **établissements d'enseignement** privés ou des **entreprises de spectacles** (voir nºs 43540 s. pour les exonérations applicables de plein droit, nºs 43580 s. pour les exonérations facultatives et nºs 43870 s. pour les incidences de ces exonérations sur la cotisation sur la valeur ajoutée).

Remarque : S'agissant de l'exonération dont bénéficient les organismes sans but lucratif au titre de leurs participations dans les **établissements d'enseignement supérieur consulaire,** voir nº 89480, précision b.

B. Modalités d'imposition des activités lucratives

PRINCIPES

Un organisme qui réalise des opérations lucratives ne bénéficiant ni de la franchise (nºs 89460 s.) ni des dispositifs spéciaux d'exonération (nºs 89510 s.) ne perd pas son caractère non lucratif si les opérations lucratives sont dissociables de l'activité non lucrative et si celle-ci demeure significativement prépondérante. Le traitement fiscal de l'activité lucrative accessoire varie alors en fonction de l'impôt considéré : IS, TVA, CET. 89615

Si les **activités lucratives** devenaient **prépondérantes,** toutes les activités de l'organisme seraient assujetties à l'IS et à la TVA (sauf exonération spécifique). Mais seules les activités lucratives seraient soumises à la contribution économique territoriale.

Impôt sur les sociétés Un organisme sans but lucratif peut, sous certaines conditions, constituer un secteur dit « lucratif » qui sera seul soumis à l'IS (nºs 89640 s.). Il peut aussi, dans le même but, filialiser ses activités lucratives (nºs 89670 s.). 89620 CGI art. 206, 1 et 1668, 1 **IS-I-13540 s**

À défaut, tous les revenus de l'organisme (y compris les revenus patrimoniaux, dons, cotisations et subventions perçus) sont soumis à l'IS dans les conditions de droit commun, qu'il s'agisse de l'assiette, du calcul, de l'établissement ou du paiement de l'impôt.

Les associations, fondations, fonds de dotation et congrégations visés nº 89400, ainsi que les syndicats professionnels régis par les articles L 2131-1 s. du Code du travail sont toutefois dispensés du versement des **acomptes** d'IS lorsque le chiffre d'affaires du dernier exercice clos est inférieur à 84 000 €.

> **Précisions** **a.** L'administration dispense également les associations, congrégations et fondations d'acomptes au cours des douze **premiers mois d'assujettissement à l'IS** (BOI-IS-CHAMP-10-50-20-10 nºs 490 et 510).
> **b.** Les organismes soumis à l'IS sont assujettis, le cas échéant, à la **contribution sociale de 3,3 %** (nºs 36690 s.).
> **c.** Les associations qui exercent une **activité lucrative nouvelle** peuvent bénéficier du régime d'exonération des entreprises nouvelles si elles remplissent les conditions requises (nºs 10260 s.). L'exercice simultané d'une activité non lucrative n'y fait pas obstacle (BOI-BIC-CHAMP-80-10-10-10 nº 100).

TVA Lorsqu'elles ne peuvent pas bénéficier des exonérations prévues par la loi, les opérations relevant d'une activité économique réalisées par les organismes sans but lucratif sont soumises à la TVA selon les règles générales, sous réserve cependant de quelques particularités. 89625 **TVA-V-1900 s**

a. Quel que soit le montant de leurs recettes, ces organismes sont obligatoirement placés sous le régime du chiffre d'affaires **réel normal** (CGI art. 261, 7-1º-d-dernier al.). Ils peuvent cependant bénéficier de la **franchise « en base »** (nº 86540) dans les mêmes conditions que les autres redevables.

b. En matière de **déclarations,** ces organismes souscrivent une déclaration CA 3 de façon périodique (tous les mois ou tous les trimestres en fonction du montant de l'impôt annuel dû : nº 53710) ou occasionnelle (souscrite dans les trente jours de la réalisation de l'opération taxable). Les ventes accessoires consenties aux membres sont déclarées globalement en fin d'année sur la déclaration CA 3 souscrite au titre du dernier mois ou du dernier trimestre. Quant aux opérations réalisées à l'occasion de manifestations de bienfaisance ou de soutien taxables, elles sont déclarées en tant qu'opérations occasionnelles sur une CA 3 dans les trente jours qui suivent la fin de la manifestation (BOI-TVA-DECLA-20-30-20-10 nºs 90 à 130).

c. En matière de **droits à déduction,** les organismes qui exercent concurremment des activités taxées et des activités exonérées doivent constituer deux ou plusieurs secteurs d'activité distincts : un secteur regroupant les activités exonérées ainsi que les ventes taxables excédant la limite de 10 % ; un secteur spécifique pour chacune des activités au titre desquelles la création d'un secteur distinct est obligatoire, par exemple pour chacune des manifestations de bienfaisance taxables ; un secteur regroupant les autres activités taxables. Dans le cadre de ces différents secteurs, les droits à déduction s'exercent selon les règles de droit commun (voir n°s 55000 s. et, en particulier, n°s 56060 s.).

89630 **Contribution économique territoriale** Un organisme qui exerce une activité lucrative est assujetti à la contribution (sous réserve de la franchise visée au n° 89460) sur cette seule activité, que son activité non lucrative soit prépondérante ou pas. Il peut, s'il le souhaite, sectoriser ses activités lucratives dans les conditions exposées n°s 89640 s. (BOI-IF-CFE-10-20-20-20 n°s 150 et 160).

SECTORISATION DES ACTIVITÉS LUCRATIVES

89640
IS-I-14200 s
La création d'un secteur au sein duquel sont regroupées toutes les activités lucratives permet de limiter l'application de l'**IS** à ce seul secteur. Il s'agit d'une simple faculté accordée par l'administration. En matière de **contribution économique territoriale,** les activités non lucratives sont exonérées, que les activités lucratives soient sectorisées ou non (BOI-IF-CFE-10-20-20-20 n° 140).

Cette sectorisation est indépendante des règles relatives à la constitution de secteurs distincts en matière de **TVA,** qui est imposée par les textes pour l'exercice des droits à déduction et obéit à des règles spécifiques (voir n°s 56030 s.).

89645
IS-I-14320 s
Conditions Les **opérations lucratives** doivent être **dissociables,** par nature, de l'activité non lucrative. Elles doivent donc correspondre à des prestations différentes de l'activité principale de l'organisme, mais peuvent être complémentaires de celle-ci.

EXEMPLES

Exploitation d'un bar ou d'une buvette ; vente d'articles divers ou d'un journal (même si le thème de ce journal correspond à l'objet social de l'organisme) ; location de salles, etc.

En matière d'IS, la possibilité offerte aux organismes de sectoriser leurs activités lucratives est réservée aux situations où les **activités non lucratives** sont significativement **prépondérantes.** L'appréciation de la prépondérance s'effectue en général en fonction de la part des recettes commerciales dans l'ensemble des moyens de financement de l'organisme. Mais d'autres critères peuvent s'avérer plus pertinents, comme la part respective des effectifs et des moyens consacrés à chacune des activités. Quel que soit le critère retenu, la comparaison peut être effectuée sur plusieurs années, de façon à lisser les effets de situations exceptionnelles.

89650
IS-I-14450 s
Modalités Les **moyens d'exploitation** (locaux, matériels, salariés, etc.) propres à chaque secteur doivent être spécifiquement affectés au secteur considéré. Les moyens d'exploitation communs sont répartis au prorata du temps d'utilisation.

Un **bilan fiscal d'entrée,** spécifique au secteur lucratif, doit être établi au premier jour du premier exercice soumis aux impôts commerciaux. Les éléments d'actif et de passif affectés aux opérations lucratives y sont inscrits pour leur valeur réelle à la date d'établissement du bilan.

S'agissant des immobilisations (**immeubles et biens mobiliers**), l'association peut à son choix inscrire ou non à l'actif la fraction affectée à l'activité lucrative. Ce choix emporte des conséquences en matière d'IS (charges déductibles ou non ; plus-values de cession imposables ou non). Les biens mobiliers peuvent aussi être inscrits pour leur valeur totale au bilan du secteur lucratif, les charges correspondantes étant alors réparties, exercice par exercice, entre les deux secteurs.

89655
IS-I-14600 s
Effets En matière d'**IS,** seul le résultat du secteur lucratif est déterminé et soumis à l'IS dans les conditions de droit commun (l'organisme doit bien entendu procéder à une exacte répartition des charges entre son activité lucrative et son activité non lucrative). L'impôt est en principe dû au taux normal (n° 36065) ; lorsque le chiffre d'affaires du secteur lucratif est inférieur à 7 630 000 €, l'impôt est toutefois dû au taux réduit de 15 % pour la fraction du bénéfice n'excédant pas 38 120 € (n°s 36085 s.).

La dispense légale de versement des **acomptes** d'IS s'applique lorsque le chiffre d'affaires du dernier exercice clos provenant du secteur lucratif sectorisé est inférieur à 84 000 €. L'administration dispense également les associations, congrégations et fondations d'acomptes au cours des douze **premiers mois d'assujettissement à l'IS** (n° 89620).

Les **revenus patrimoniaux** sont présumés non lucratifs et restent donc taxables aux taux réduits de 10 %, 15 % ou 24 % (nos 89700 s.), sauf si l'administration établit que les immeubles loués, les exploitations agricoles ou les placements mobiliers sont en réalité affectés à la réalisation d'opérations lucratives.

> **Précisions** La **compensation** des **résultats** du secteur lucratif et des revenus patrimoniaux est possible : les organismes peuvent demander à compenser le déficit subi dans l'exploitation lucrative avec des revenus patrimoniaux et réciproquement. Bien entendu, le déficit ainsi compensé ne peut plus être reporté pour l'établissement de l'impôt dû au titre des exercices suivants (BOI-IS-CHAMP-10-50-20-10 n° 460).

En ce qui concerne la **contribution économique territoriale,** seuls les moyens affectés à l'exploitation du secteur lucratif sont pris en compte pour le calcul de la base d'imposition à la cotisation foncière. Les moyens communs aux deux secteurs doivent être répartis au prorata du temps d'utilisation. 89660

S'agissant de la cotisation sur la valeur ajoutée, les éléments afférents à l'activité non lucrative doivent être exclus du calcul de la valeur ajoutée.

FILIALISATION DES ACTIVITÉS LUCRATIVES

L'organisme qui ne souhaite pas ou qui ne peut pas sectoriser tout ou partie de ses activités lucratives peut les filialiser au sein d'une structure juridiquement distincte. 89670 IS-I-14900 s

Cette filialisation revêt la forme d'un **apport partiel d'actif** à une société nouvelle ou préexistante et entraîne, au regard du secteur lucratif de l'organisme apporteur, cessation totale ou partielle d'entreprise. L'opération peut être placée sous le **régime** de faveur **des fusions** et opérations assimilées (nos 39200 s.) lorsque la société bénéficiaire de l'apport est soumise à l'IS, à condition que les titres reçus en échange soient localisés dans un secteur lucratif (BOI-IS-CHAMP-10-50-20-10 n° 590).

En matière de **cotisation foncière des entreprises,** si la filialisation s'effectue sous forme de création d'une société nouvelle, l'opération s'analyse en une création d'établissement ou un changement d'exploitant, selon le cas (nos 43746 et 43748). En cas d'apport à une société préexistante, l'apport constitue un changement d'exploitant (BOI-IF-CFE-10-20-20-20 nos 220 et 230).

La **filiale** créée est soumise aux impôts commerciaux dans les conditions de droit commun. 89675

L'**organisme mère** conserve son caractère non lucratif s'il se cantonne dans un rôle d'actionnaire passif. S'il intervient dans la gestion de sa filiale, il est considéré comme ayant une activité lucrative de gestion de titres mais peut sectoriser cette activité dans les conditions exposées nos 89640 s. Dans ce cas, les dividendes perçus sont taxables dans les conditions de droit commun, sous réserve de l'application du régime mère-fille (nos 40850 s.) (BOI-IS-CHAMP-10-50-20-10 nos 580 à 630).

Enfin, la prise de participation dans une société peut entraîner la lucrativité de l'ensemble de l'activité de l'association en cas de complémentarité économique de l'association et de la société (BOI précité nos 640 et 650).

C. Imposition des revenus patrimoniaux

RÈGLES GÉNÉRALES

Les organismes sans but lucratif sont en principe redevables de l'**impôt sur les sociétés** sur les revenus patrimoniaux qui ne se rattachent pas à leurs activités lucratives, au taux réduit de 24 %, 15 % ou 10 % selon la nature des revenus en cause (étant précisé que l'IS est dû même si l'organisme ne se livre à aucune activité lucrative). Ils ne supportent pas en revanche la **contribution sociale** de 3,3 %. 89700 CGI art. 206, 5, 219 bis IS-I-15500 s

Sont toutefois exonérés de l'imposition de leurs revenus patrimoniaux les **fondations reconnues d'utilité publique,** ainsi que les **fonds de dotation** dont les statuts ne prévoient pas la possibilité de consommer leur dotation en capital. Il en va de même des **fondations étrangères** qui démontrent qu'elles pourraient bénéficier de cette exonération si elles étaient établies en France (CE 7-6-2017 n° 389927 : RJF 10/17 n° 914).

Remarques : **a.** Même s'ils entrent dans les prévisions de l'article 206, 5 du CGI, les **revenus** dont la perception est **indissociable de l'activité non lucrative** de l'organisme ne sont pas imposables.

> **ILLUSTRATIONS**
>
> Locations à prix minoré à des associations ayant une activité sociale complémentaire de celle de l'organisme propriétaire (CE 24-2-1986 n° 54683 : RJF 4/86 n° 354).
>
> Produits financiers perçus par les caisses des règlements pécuniaires des avocats (Carpa) dans le cadre de leur mission de conservation des fonds déposés par les avocats, inhérents à la réalisation

même de leur objet social (CE 4-7-2014 nº 361316 : RJF 10/14 nº 879). Sont en revanche imposables les produits perçus par les ordres d'avocats pour le placement de leurs fonds propres qu'ils décident d'affecter à des missions désintéressées (CE 19-7-2017 nº 402732 : RJF 11/17 nº 1028).

b. Tous les **revenus autres** que ceux visés à l'article 206, 5 du CGI échappent à l'impôt (cotisations, dons et subventions, plus-values immobilières ou mobilières, etc.).

89701 Tirant les conséquences de la jurisprudence du Conseil d'État (CE 13-2-2009 nº 298108 : RJF 5/09 nº 525), l'administration a indiqué que, sauf stipulations conventionnelles ou dispositions de droit interne équivalentes ou plus favorables, les **organismes à but non lucratif dont le siège est situé dans un autre État** membre **de l'Union européenne, en Norvège, en Islande ou au Liechtenstein** doivent être soumis, au titre de leurs revenus de source française, au même régime fiscal que les organismes à but non lucratif dont le siège est en France. Pour bénéficier de ce régime, qui se traduit notamment par l'exonération des plus-values réalisées en France ou par l'application d'une retenue à la source au taux de 15 % sur les dividendes de source française (nº 24860), ces organismes doivent obtenir de l'administration française une attestation selon laquelle ils satisferaient aux conditions requises pour bénéficier des dispositions de l'article 206, 5 du CGI si leur siège était situé en France (BOI-RPPM-RCM-30-30-10-70 nºs 130 à 170).

› **Précisions** Un organisme étranger (en l'occurrence, un « charitable trust » britannique) peut être assimilé à une fondation française reconnue d'utilité publique (exonérée d'IS au taux réduit sur leurs revenus mobiliers : nº 89700) et échapper totalement à l'application de la retenue à la source si, compte tenu des règles spécifiques auxquelles il est soumis dans son État de résidence, il satisfait aux conditions posées en droit interne pour obtenir la reconnaissance d'utilité publique s'agissant de l'irrévocabilité de l'affectation des biens, de leur dévolution en cas de dissolution, de l'étendue des obligations comptables et de transparence financière et du pouvoir dont dispose l'autorité de tutelle (CAA Versailles 19-5-2016 nº 14VE01214 : RJF 8-9/16 nº 711).

REVENUS IMPOSABLES

89705
IS-I-16500 s **Locations d'immeubles** Sont soumis à l'impôt sur les sociétés au taux de 24 % les revenus provenant de la location des immeubles bâtis et non bâtis dont les organismes sont propriétaires (ou auxquels ils ont vocation en qualité de membre d'une société de copropriété « transparente »).

Le revenu imposable est un revenu net, égal à la différence entre les recettes et le montant réel des charges, amortissements compris, exposées au cours de la période d'imposition.

› **Précisions** **a.** Échappent à l'impôt les revenus des immeubles bénéficiant d'une **exemption permanente de taxe foncière** (nºs 41940 s. et 42520 s.).
b. Seules les charges afférentes aux immeubles loués peuvent normalement être déduites du revenu brut. Cependant, les charges foncières afférentes aux **immeubles historiques et assimilés,** définis nº 28350, dont l'organisme se réserve la jouissance peuvent être déduites de sa base globale d'imposition (dans les conditions et limites définies par les articles 41 F à 41 J de l'annexe III au CGI).

89710
IS-I-17000 s **Bénéfices agricoles ou forestiers** Ces bénéfices doivent, en principe, être retenus pour leur **montant réel** et imposés au taux de 24 %.

Le régime du **micro-BA** s'applique toutefois de plein droit en 2020 aux organismes sans but lucratif possédant des **exploitations agricoles** dont la moyenne des recettes hors taxe des trois années précédentes (soit 2017, 2018 et 2019) ne dépasse pas 85 800 €, lorsqu'ils ne sont pas expressément exclus de ce régime et n'ont pas opté pour un régime réel d'imposition (nºs 15500 s.). Le bénéfice imposable à 24 % est alors égal à la moyenne triennale des recettes de l'année d'imposition et des deux années précédentes, diminuée d'un abattement représentatif des charges (nºs 15710 s.).

S'agissant des **exploitations forestières,** les bénéfices résultant de la récolte des produits divers en vue de la vente (fruits, écorces, résines, etc.) ou des opérations de transformation sans caractère industriel relèvent des régimes micro-BA ou du réel. Le **forfait** spécial des exploitations forestières demeure en revanche applicable pour les bénéfices provenant des **coupes de bois,** quel que soit le montant des recettes de ces exploitations (nº 16365).

89715
IS-I-17200 s **Revenus mobiliers** Les revenus de capitaux mobiliers perçus par les collectivités sans but lucratif ne sont pas tous imposables. Sont **exonérés** :
– les produits des **obligations** et autres **titres** d'emprunt **négociables** (y compris les emprunts d'État) **émis avant le 1-1-1987** ;
– les produits des **bons de caisse** soumis à retenue à la source ;
– les intérêts des **livrets A,** ainsi que les intérêts de certains emprunts non négociables contractés par des collectivités locales, organismes d'HLM ou organismes concessionnaires de l'aménagement de zones (CGI art. 208 ter) ;

– les intérêts des **livrets « bleus » du Crédit mutuel** ouverts avant le 1er janvier 2009 ;
– les intérêts des fonds déposés à la **Caisse des dépôts** et consignations par les sociétés mutualistes.

> **Précisions** **a.** Les **plus-values** de cession de titres ne sont en aucun cas soumises à l'IS, même s'il s'agit de titres générateurs de revenus imposables.
> **b.** Les organismes sans but lucratif ne sont pas soumis à la règle de prise en compte des écarts d'évaluation annuels constatés sur les titres d'**OPCVM de capitalisation** (no 19005). Seuls les organismes exerçant plusieurs activités dont l'une est soumise à l'IS dans les conditions de droit commun doivent se conformer à cette règle à raison des titres d'OPCVM directement rattachables à l'activité soumise à l'IS ou proportionnellement aux opérations afférentes à cette activité (BOI-IS-BASE-10-20-10 nos 60 et 70).
> **c.** Les **crédits d'impôt** étrangers éventuellement attachés aux revenus exonérés ne peuvent pas être utilisés.

Les **revenus** mobiliers **imposables** pour leur **montant brut** sont les suivants : 89720

a. Produits taxables au taux de 24 %. Il s'agit essentiellement :
– des produits de **créances non négociables,** dépôts, cautionnements et comptes courants (nos 25630 s.) qui ne font pas partie des produits exonérés ou des revenus taxables au taux de 10 % ;
– des produits des **bons** ou contrats **de capitalisation** ;
– des revenus de **valeurs** mobilières **étrangères** autres que les dividendes, encaissés en France ou à l'étranger, sous réserve de l'application des conventions internationales (nos 26505 s.) ;
– des **avances,** prêts ou acomptes reçus en qualité d'**associés** de sociétés de capitaux (nos 24810 s.) ;

b. Produits taxables au taux de 10 %. Il s'agit :
– des revenus d'**obligations** et titres assimilés (emprunts d'État compris) **émis depuis 1987** ;
– des produits des **titres de créances négociables** sur un marché réglementé (voir nos 25695 s.) ;
– des **primes de remboursement** attachées à certains titres ou contrats (voir no 7970) ;
– des produits des parts de **fonds communs de créances ou de titrisation** ;

c. Produits taxables au taux de 15 %. Tous les **dividendes** de source française ou étrangère sont imposables au taux de 15 %.

> **Précisions** Lorsqu'elles sont imposables à raison des revenus de valeurs mobilières d'origine étrangère qu'elles perçoivent, les collectivités sans but lucratif peuvent, s'il y a lieu, imputer sur l'IS dû au taux de 15 % ou de 24 % les **crédits d'impôt** éventuellement attachés à ces revenus (formulaire 2066-SD : voir no 82580).

ÉTABLISSEMENT ET PAIEMENT DE L'IMPÔT

La **base taxable** à l'impôt sur les sociétés au taux réduit est constituée par la somme algébrique des trois catégories de revenus patrimoniaux imposables. 89730

Les **déficits** fonciers (ou ceux provenant des exploitations agricoles ou forestières) peuvent s'imputer sur les revenus mobiliers taxés au taux de 10 % ou 24 % perçus au cours du même exercice. S'il subsiste un déficit, ce dernier est reportable sur les revenus des années suivantes.

Les organismes sans but lucratif doivent souscrire chaque année, dans les trois mois de la clôture de l'exercice ou, pour les exercices clos le 31 décembre (ou si aucun exercice n'a été clos au cours d'une année), au plus tard le deuxième jour ouvré suivant le 1er mai (soit le 5 mai, pour les déclarations à souscrire en 2020), la **déclaration** de leurs revenus imposables sur un formulaire spécial **2070-SD** (nous publions tous les ans, dans notre « Feuillet rapide », un guide spécialement consacré à l'établissement de cette déclaration).

L'impôt calculé au taux de 24 %, 15 % ou 10 % doit être acquitté spontanément au service des impôts lors de la souscription de la déclaration (CGI ann. III art. 362). Il ne donne lieu à aucun versement d'acomptes. La **contribution sur les revenus locatifs** (nos 74800 s.) est, le cas échéant, versée selon les mêmes modalités (CGI art. 234 quaterdecies).

CHAPITRE 8 AUTRES RÉGIMES

SOMMAIRE

SECTION 1 AGRÉMENTS FISCAUX

DÉFINITION

90200 CGI art. 1649 nonies DC-III-1 s
En vue de faciliter la réalisation de certaines opérations considérées comme dignes d'intérêt sur le plan économique ou social, des exonérations ou **avantages fiscaux** sont accordés par voie d'agrément administratif ou en vertu d'une convention passée avec l'État.

DÉLIVRANCE DES AGRÉMENTS

90202 DC III 1700 s
Sauf disposition expresse contraire, l'agrément est subordonné au dépôt d'une **demande préalable.**
Établie d'après un modèle fourni par l'administration, cette demande doit être adressée à l'autorité compétente pour délivrer l'agrément. Pour les agréments relevant directement de

la compétence du ministre chargé du budget, elle doit être déposée à la Direction générale des finances publiques (Bureau AGR, Télédoc 957, 86-92, allée de Bercy, 75572 Paris Cedex 12). Le destinataire de la demande est tenu d'en accuser réception. S'il n'est pas nécessaire que la demande d'agrément indique tous les renseignements et soit accompagnée de toutes les pièces nécessaires à son instruction, elle doit néanmoins préciser l'identité complète du demandeur, la nature de l'opération prévue et l'avantage fiscal demandé. Le service destinataire doit alors procéder à une première instruction et mettre le demandeur en situation de compléter sa demande (BOI-SJ-AGR-10 n° 30).

L'agrément est **délivré,** en principe, par le ministre du budget, qui a cependant la faculté de déléguer le pouvoir de décision aux agents de l'administration ayant au moins le grade d'administrateur des finances publiques. L'échelon de déconcentration retenu est une direction régionale ou départementale des finances publiques (BOI précité n° 100). Des délégations de compétence sont ainsi prévues, dans certaines limites et pour certains agréments, au profit du directeur départemental ou régional des finances publiques du département au chef-lieu duquel est localisée la direction du contrôle fiscal dans le ressort de laquelle est situé le siège de l'entreprise ou l'établissement concerné par l'opération (CGI ann. IV art. 170 quinquies à 170 decies). Pour plus de précisions concernant les agréments relatifs aux **investissements outre-mer** : n° 91870, précision b.

Lorsqu'elle ne donne pas satisfaction au demandeur, celui-ci garde la possibilité de demander à l'administration de reconsidérer sa position par la voie d'un recours gracieux ou hiérarchique ou d'attaquer la décision de refus d'agrément par la voie d'un **recours pour excès de pouvoir.**

Les principaux agréments sont récapitulés dans le **tableau** au n° 90350.

> **Précisions** **a.** La jurisprudence distingue les **agréments de droit,** qui ont pour seul objet de vérifier si les conditions posées par le législateur sont remplies, des agréments ayant pour objet de conférer à l'administration un pouvoir **discrétionnaire.** Le juge de l'impôt apprécie, au cas par cas, à quelle catégorie appartient un agrément.
> Si l'agrément est de droit, la décision de refus, qui ne peut être fondée sur des motifs autres que ceux prévus par la loi (CE 7-3-2012 n° 337529 : RJF 6/12 n° 574), doit être motivée (CRPA art. L 211-2). À défaut, elle serait irrégulière et le pétitionnaire aurait droit à l'obtention de l'agrément s'il remplissait les conditions requises. En revanche, les décisions de refus d'agrément discrétionnaire n'ont pas à être motivées ; leur annulation, lorsqu'elles sont entachées d'illégalité, ne vaut pas par elle-même décision d'agrément.
> **b.** Saisi d'une demande d'exécution du jugement ayant annulé le refus d'agrément, le Conseil d'État peut fixer un **délai** au ministre pour réexaminer la demande d'agrément (CE 29-11-2000 n° 197319 : RJF 2/01 n° 162).
> **c.** L'absence de réponse de l'administration dans un délai déterminé vaut **accord tacite** pour les demandes d'agrément préalable qui doivent être obligatoirement déposées afin de pouvoir bénéficier du régime de défiscalisation prévu en faveur de certains investissements outre-mer (n° 91870, précision b).
> **d.** L'**annulation** contentieuse **de la décision de rejet** d'une demande d'agrément ne vaut pas agrément tacite en l'absence de renouvellement de la demande d'agrément (CE (na) 24-7-2019 n°s 428105 et 428108 : RJF 11/19 n° 1002).

RETRAIT ET DÉCHÉANCE DES AGRÉMENTS

L'octroi et le maintien des avantages fiscaux accordés par agrément sont subordonnés à l'**exécution des engagements** souscrits par les bénéficiaires ainsi qu'au respect des conditions édictées par les textes applicables en la matière ou insérées dans les décisions d'agrément ou les conventions. Le non-respect de ces engagements ou conditions entraîne le retrait de l'agrément et la déchéance des avantages fiscaux qui y étaient attachés. La totalité des droits dont le redevable avait été dispensé du fait de l'agrément, assortis d'un intérêt de retard de 0,20 % par mois, est en outre immédiatement exigible. **90205** CGI art. 1649 nonies A **DC-III-3500 s**

La possibilité de procéder à un retrait n'est enfermée dans aucun **délai** particulier courant à compter de la date d'agrément (CAA Paris 23-9-2015 n° 13PA03809 : RJF 6/16 n° 561). Avant de procéder au retrait, l'administration doit mettre le contribuable en mesure de présenter ses observations. La **décision de retrait** doit dans tous les cas être motivée. En cas de retrait d'agrément, le **droit de reprise** de l'administration sur le montant des impositions dues par le contribuable doit respecter le délai général de reprise de six ans prévu à l'article L 186 du LPF qui court à partir de la date du fait générateur de l'impôt au titre duquel l'avantage fiscal a été obtenu (CE 4-4-2012 n° 326760 : RJF 6/12 n° 629). Les **effets** de la déchéance peuvent être **limités** à une fraction des avantages qui avaient été accordés.

La déchéance des avantages accordés du fait d'un agrément administratif ou d'une convention passée avec l'État est également encourue lorsque, postérieurement à la date de l'agrément ou de la signature de la convention, le contribuable se rend coupable d'**infractions fiscales** reconnues **frauduleuses** par une décision judiciaire ayant autorité de chose jugée.

Sanction applicable en cas d'agrément pour **investissement outre-mer** indûment obtenu : n° 91710, précision a.

ILLUSTRATIONS

Un retrait d'agrément peut être fondé sur la fourniture de **renseignements inexacts** quant au montant de l'investissement à réaliser (CE 16-4-2010 n° 322260 : RJF 7/10 n° 660). Mais les irrégularités commises par la société bénéficiaire et son dirigeant ne peuvent entraîner ce retrait dès lors que les **investissements** prévus ont été **réalisés** (CAA Marseille 10-6-2010 n° 07-3352 : RJF 5/11 n° 543).

90207 La décision de retrait d'un agrément peut être contestée de deux manières : par voie de **recours pour excès de pouvoir** et, après expiration du délai de recours pour excès de pouvoir, par voie d'**exception d'illégalité,** à l'appui d'une demande en décharge des impositions qui en découlent (BOI-SJ-AGR-10 n° 280).

À l'occasion d'un recours dirigé contre le retrait d'une décision d'agrément, le juge contrôle la **légalité** des conditions posées par l'administration lors de l'octroi dudit agrément (CE 21-4-2000 n° 182106 : RJF 6/00 n° 763).

En cas d'**annulation** de la **décision de justice** ayant conduit à la **délivrance d'un agrément,** l'administration peut **abroger** cet agrément à tout moment avec pour conséquence l'exigibilité de l'imposition due dans des conditions identiques à celles qui auraient prévalu en l'absence d'agrément (CE 19-12-2014 n° 384144 : RJF 3/15 n° 257).

LISTE DES PRINCIPAUX AGRÉMENTS

90350 Les numéros sont ceux des paragraphes du Mémento où les agréments sont examinés.

Rénovation des structures des entreprises (agréments financiers)	N^os^
Absorption, scission, prise de contrôle de la société mère ou scission partielle et constitution d'un nouveau groupe	40750 s.
Apports partiels d'actif : application du régime des fusions	39265
Transfert des déficits antérieurs à des fusions	39565
Aide à l'aménagement du territoire	
Exonération temporaire de contribution économique territoriale	43584
Développement économique de l'outre-mer	
Investissements dans certains secteurs ou excédant un certain montant	91870, 91950, 91997 précision d et 92081
Protection du patrimoine artistique et culturel	
Monuments historiques : exonération des droits de mutation à titre gratuit (convention avec le ministre de la culture après avis conforme du ministre du budget)	68185
Dons d'œuvres d'art et remises d'immeubles à l'État	68920 et 68195
Divers	
Reprise d'entreprises en difficulté	10310 s.
Organismes de gestion agréés et comptables conventionnés	87775, 87875, 87920 et 87940

SECTION 2

LOCATION EN MEUBLÉ

90420 Les personnes qui donnent en location des locaux meublés sont normalement imposables à raison des revenus qu'elles retirent de cette activité ; elles relèvent également, en principe, de la contribution économique territoriale, mais nombre d'entre elles sont exonérées de TVA. Le régime fiscal auquel elles sont soumises comporte un certain nombre de particularités, examinées ci-après, étant précisé que seule est étudiée la location en meublé ou en garni, à l'exclusion (sauf pour la TVA) de l'activité hôtelière.

A. Impôts directs

CATÉGORIE D'IMPOSITION

La location en meublé de chambres ou d'appartements est une activité commerciale qui relève, au regard de l'impôt sur le revenu, de la catégorie des **BIC** (et non de celle des revenus fonciers), que l'**activité** soit **exercée à titre habituel** ou à titre **occasionnel.** Si le propriétaire est une société passible de l'impôt sur les sociétés, c'est cet impôt qui est applicable. 90485 BIC-II-10900 s

› Précisions a. La taxation au titre des BIC concerne notamment les particuliers qui assurent l'**hébergement** et le service du **petit déjeuner** (« bed and breakfast ») et les personnes qui, louant des locaux nus destinés à être loués meublés, **participent aux résultats** de la location en meublé.
b. Le régime de la location en meublé s'applique également aux personnes physiques qui détiennent des parts de fonds de placement immobilier (**FPI**) dont les actifs immobiliers sont donnés en location meublée (voir nos 30515 s.).

CAS D'EXONÉRATION

Les personnes qui louent ou sous-louent en meublé, jusqu'au 31 décembre 2023 (Loi 2019-1479 du 28-12-2019 art. 136), une partie de leur **habitation principale** sont exonérées pour la **totalité** des produits retirés de la location lorsque les pièces louées constituent pour le locataire en meublé sa **résidence principale** ou sa **résidence temporaire,** s'il est salarié saisonnier (ce dernier doit justifier d'un contrat de travail visé à l'article L 1242-2, 3° du Code du travail), et que le prix de location est fixé dans des limites raisonnables. 90495 CGI art. 35 bis, I BIC-II-11340 s

ATTENTION

Il résulte de la doctrine administrative que cette condition est réputée remplie si le loyer annuel par mètre carré de surface habitable (charges non comprises) n'excède pas un certain **plafond** dont le montant diffère selon la région et est réévalué chaque année en fonction de l'indice de référence des loyers du deuxième trimestre de l'année précédente (BOI-BIC-CHAMP-40-20 n° 160). Pour 2020, ces plafonds, qui n'ont selon nous qu'un caractère indicatif, sont fixés à 190 € pour l'Île-de-France et à 140 € pour les autres régions.

Sont également exonérées les personnes qui louent ou sous-louent une partie de leur résidence principale, lorsque le loyer ne dépasse pas **760 €** par an en ce qui concerne les produits de la location habituelle (à la journée, à la semaine ou au mois) à des personnes n'y élisant pas domicile (**chambres d'hôtes**). Cette exonération s'applique jusqu'au 31 décembre 2023 (Loi 2019-1479 du 28-12-2019 art. 136). 90500 CGI art. 35 bis, II BIC-II-11560 s

› Précisions La limite de 760 € s'entend taxes comprises et s'applique au total des recettes provenant de la location et de prestations annexes : téléphone, petit déjeuner (BOI-BIC-CHAMP-40-20 n° 220). Si ces prestations présentaient un caractère substantiel, l'opération serait constitutive d'un louage de services n'ouvrant pas droit à l'exonération (CAA Nantes 11-4-2000 n° 97-663 : RJF 9-10/00 n° 1045).

RÉGIME D'IMPOSITION

Lorsque les produits sont imposables, le régime d'imposition (micro-BIC, auto-entrepreneur, régime simplifié ou régime réel normal) est déterminé d'après les critères de droit commun (nos 85300 s.). Pour l'appréciation du **régime micro-BIC,** il convient de retenir (pour 2020) : 90510 RIE-I-1800 s
– le seuil de 176 200 € pour les **meublés de tourisme** au sens de l'article L 324-1 du Code du tourisme et les **chambres d'hôtes** au sens de l'article L 324-3 du même Code. L'abattement forfaitaire pour frais est alors égal à 71 %. Les loueurs de **gîtes ruraux** labellisés « Gîtes de France » (ou sous une autre marque : Rép. Lefait : AN 2-9-2014 n° 46529) ne relèvent de ce seuil et de cet abattement que si le gîte est classé « meublé de tourisme » ;
– le seuil de 72 600 € pour les **autres activités** de location meublée. Dans ce cas, l'abattement forfaitaire pour frais est égal à 50 %.

Lorsque les contribuables relèvent d'un **régime réel** d'imposition, de plein droit ou sur option, des règles particulières s'appliquent selon qu'ils revêtent la qualité de loueur professionnel ou non professionnel (voir nos 90520 s.). Notons toutefois que, dans les deux cas, ils peuvent adhérer à un **organisme de gestion agréé** et bénéficier des avantages fiscaux correspondants (voir nos 87970 s.).

1. LOUEURS PROFESSIONNELS

DÉFINITION

La qualité de loueur professionnel est reconnue aux personnes qui remplissent les **conditions cumulatives** suivantes : 90520 CGI art. 155, IV BIC-XIV-18700 s
– les recettes annuelles tirées de cette activité par l'ensemble des membres du foyer fiscal sont supérieures à 23 000 € ;
– ces recettes excèdent les revenus professionnels du foyer fiscal soumis à l'impôt sur le revenu.

Sont donc considérées comme non professionnelles les personnes qui ne respectent pas l'une de ces conditions.

ATTENTION

La **condition d'inscription au registre du commerce** et des sociétés d'un des membres du foyer fiscal en la qualité de loueur professionnel, qui était exigée par l'article 155, IV du CGI, est abrogée pour les revenus et profits perçus ou réalisés à compter du 1er janvier 2020 (Loi 2019-1479 du 28-12-2019 art. 49). Cette condition prévue par l'ancien article 151 septies, VII du CGI (devenu l'article 155, IV du CGI) avait toutefois déjà été jugée inconstitutionnelle et ne s'appliquait plus depuis le 9 février 2018 (Cons. const. 8-2-2018 n° 2017-689 QPC : RJF 4/18 n° 417 ; BOI-BIC-CHAMP-40-10 n° 45).

90530 **Recettes annuelles** Pour l'appréciation des limites, l'administration considère que les recettes brutes à comparer au montant de 23 000 € s'entendent du total des **loyers courus charges comprises,** augmenté le cas échéant des **indemnités d'assurance** perçues en cas de défaillance du locataire (BOI-BIC-CHAMP-40-10 n° 110).

Le seuil de recettes s'apprécie en retenant le total des recettes réalisées par les membres d'un même foyer fiscal. Dans les **sociétés de personnes** ou groupements, on retient les recettes revenant à chaque associé au prorata de ses droits dans les bénéfices sociaux (CE 27-7-2006 n° 272397 : RJF 12/06 n° 1493 ; BOI précité n° 140).

En cas de **commencement ou cessation d'activité** en cours d'année, le montant des recettes doit être ajusté, prorata temporis, distinctement pour chaque immeuble loué, l'année de la mise en location. Selon l'administration, le point de départ est fixé à la date d'acquisition ou d'achèvement de l'immeuble (BOI précité n° 170). Mais le Conseil d'État considère que la date de début d'activité est celle de la signature du bail qui correspond à la première opération d'exploitation de l'entreprise (CE 5-10-2007 n° 293475 : RJF 12/07 n° 1378). En cas de cessation entraînant imposition immédiate, la comparaison avec les autres revenus professionnels du foyer fiscal devrait pouvoir être faite par rapport aux revenus de l'année précédente lorsque le contribuable ne peut fournir l'estimation exacte du montant de ses revenus jusqu'à la date de cessation.

› **Précisions** **a.** Ces règles sont applicables aux **personnes qui louent, directement ou indirectement** (c'est-à-dire par l'intermédiaire de sociétés ou de personnes apparentées : société de gestion, par exemple), des locaux d'habitation meublés, ainsi que des locaux nus destinés à être loués en meublé, lorsque la location nue présente un caractère commercial en raison des modalités prévues par le contrat de bail (n° 7025, b).

b. Ne sont pas considérées comme des locations meublées les conventions d'hébergement qui, en raison des **services fournis ou proposés,** dépassent la simple jouissance du bien (dans le cadre, par exemple, de **maisons de retraite,** de **résidences pour étudiants** ou de **tourisme**). Il s'agit d'opérations de **louage de services.** Tel est le cas si au moins trois des prestations mentionnées à l'article 261 D, 4°-b du CGI (n° 90620, d) sont proposées ou fournies dans des conditions proches de l'hôtellerie (BOI-BIC-CHAMP-40-10 n° 20).

c. La circonstance qu'une location en meublé soit **consentie** au **profit d'un organisme de gestion hôtelière** ou **parahôtelière** ne fait pas obstacle à l'application du régime fiscal des loueurs en meublé dès lors que le bailleur n'assume aucun des risques liés à l'exploitation (CE 16-10-2009 n° 301235 : RJF 1/10 n° 6). Tel est le cas s'il n'est pas associé aux résultats de son locataire exploitant (BOI-BIC-CHAMP-40-10 n° 20).

d. Le seuil de recettes s'apprécie en tenant compte de l'ensemble des loyers acquis par le contribuable quel que soit le **lieu de situation des immeubles,** y compris pour les non-résidents (BOI-BIC-CHAMP-40-10 n° 115).

90535 **Revenus d'activités du foyer fiscal** Les recettes annuelles retirées de la location en meublé doivent excéder le total des revenus nets professionnels du foyer fiscal (avant déduction des charges du revenu global), y compris les revenus taxables à un taux proportionnel. Il s'agit en pratique des traitements et salaires, pensions et rentes viagères, bénéfices industriels et commerciaux, autres que ceux tirés de la location en meublé, bénéfices agricoles, bénéfices non commerciaux et revenus des gérants et associés mentionnés à l'article 62 du CGI.

› **Précisions** **a.** La comparaison des recettes issues de la location meublée avec les revenus du foyer est effectuée en prenant en compte les **déficits** subis au titre de l'année considérée à hauteur de leur montant imputable sur le revenu global (BOI-BIC-CHAMP-40-10 n° 160). En revanche, dès lors que le caractère prépondérant de l'activité de location meublée s'apprécie annuellement, les **déficits des années antérieures** ne peuvent pas être pris en compte (CE 24-10-2014 n° 375358 : RJF 1/15 n° 4).

b. Pour apprécier le caractère professionnel d'une activité de loueur en meublé par une SARL non soumise à l'IS, il n'y a pas lieu de tenir compte des **loyers inscrits au débit des comptes courants des associés** de la SARL qui exploite les biens, en l'absence de contrat de location, de décompte précis des périodes louées et de versement de la taxe de séjour (CAA Paris 9-11-2018 n° 18PA03047 ; CE (na) 3-6-2019 n° 426943 : RJF 8-9/19 n° 743).

c. Pour les **non-résidents,** seuls les revenus du foyer fiscal imposables en France sont pris en compte (BOI-BIC-CHAMP-40-10 n° 165).

RÉGIME FISCAL

Les **déficits** retirés de l'activité de location meublée exercée à titre professionnel sont imputables sur le revenu global du contribuable sans limitation, sous réserve que ces déficits ne proviennent pas d'amortissements exclus des charges déductibles (voir nº 9560). 90545

En outre, les déficits non imputés provenant des **charges engagées avant le commencement de la location** (notamment les charges financières) peuvent être imputés par tiers sur le revenu global des trois premières années de location. Cette possibilité est réservée aux contribuables qui accèdent au statut de loueur professionnel dès la mise en location de l'immeuble et conservent cette qualité durant les trois années en cause (BOI-BIC-CHAMP-40-20 nºs 350 à 390 ; BOI-BIC-DEF-20-20 nºs 60 à 100).

Sous réserve que l'activité soit exercée depuis au moins cinq ans, les **plus-values** des loueurs professionnels peuvent être exonérées lorsque la **moyenne des recettes** tirées de la location au titre des exercices clos au cours des deux années civiles qui précèdent la date de clôture de l'exercice de réalisation de la plus-value n'excède pas 90 000 € HT (exonération totale) ou est comprise entre 90 000 € HT et 126 000 € HT (exonération partielle) (nº 18240). Si l'une de ces conditions n'est pas satisfaite, elles sont soumises au régime des plus et moins-values professionnelles à court ou à long terme (nºs 18000 s.). 90550 BIC-VII-25800 s

Lorsqu'ils en remplissent les conditions, les loueurs professionnels peuvent également bénéficier des dispositifs en faveur des **apports en société d'une entreprise individuelle** (voir nºs 19710 s.) ou des **transmissions à titre gratuit** (voir nºs 19810 s.).

Abattement pour durée de détention : voir nº 18095, précision b.

› Précisions Lorsque l'activité a été **alternativement** exercée **à titre professionnel et non professionnel,** la plus-value de cession de l'immeuble loué est soumise au régime d'imposition qui correspond au statut du contribuable lors de la transaction (plus-values professionnelles ou plus-values privées) (BOI-BIC-CHAMP-40-20 nº 460).

2. LOUEURS NON PROFESSIONNELS

RÉGIME FISCAL

Les **déficits** subis par les loueurs en meublé non professionnels ne sont imputables que sur les revenus provenant d'une telle activité au cours de celles des dix années suivantes pendant lesquelles l'activité n'est pas exercée à titre professionnel. 90560 CGI art. 151 septies, VII et 156, I-1º ter BIC-XIV-19200 s

Les **plus-values et moins-values** réalisées par les loueurs non professionnels relèvent du régime des plus-values privées (nºs 32000 s.). Il en résulte notamment qu'en cas de mutation à titre gratuit la plus-value n'est pas imposable (BOI-BIC-CHAMP-40-20 nº 290).

Cas où l'activité a été **alternativement** exercée **à titre professionnel et non professionnel,** voir nº 90550, précisions.

Les contribuables non professionnels peuvent, pour certains investissements, bénéficier d'une réduction d'impôt décrite nºs 90575 s. En contrepartie de cette réduction d'impôt, seule pourra faire l'objet d'**amortissements déductibles** la fraction du prix de revient des immeubles qui excède le montant retenu pour le calcul de la réduction d'impôt. Ainsi, pour un logement dont le prix de revient est de 350 000 €, seule la fraction de ce prix qui excède 300 000 €, soit 50 000 €, fera l'objet d'un amortissement (CGI art. 39 G). Cette limite n'a toutefois de portée que pour la seule détermination du résultat fiscal, la base amortissable en comptabilité restant inchangée. 90565

RÉDUCTION D'IMPÔT

Une réduction d'impôt sur le revenu est accordée aux **personnes physiques** qui acquièrent directement, au sein de certaines structures, un **logement neuf** ou en l'état futur d'achèvement ou un logement **achevé** depuis au **moins quinze ans** ayant fait l'objet ou faisant l'objet de **travaux** de réhabilitation ou de rénovation, en vue de sa **location meublée** (dispositif dit « LMNP » ou « Censi-Bouvard »). Les acquisitions réalisées par l'intermédiaire d'une société n'ouvrent donc pas droit à la réduction d'impôt (BOI-IR-RICI-220-10-10 nº 370). 90575 CGI art. 199 sexvicies IRPP-IV-83000 s

La réduction d'impôt est réservée aux contribuables qui ont la qualité de **loueurs en meublé non professionnels** lors de l'acquisition du logement, même s'ils exercent par la suite cette activité à titre professionnel. Les revenus doivent être imposés dans la catégorie des **bénéfices industriels et commerciaux,** en tant que produits de location meublée, pendant toute la durée de l'engagement de location (BOI-IR-RICI-220-20 nºs 190 et 200).

› Précisions a. Quelle que soit la nature de l'investissement réalisé, la **date d'acquisition** du logement s'entend de la date de signature de l'acte authentique d'achat (BOI-IR-RICI-220-10-10 nºs 50, 80, 140 et 200).

b. Les **travaux** de réhabilitation ou de rénovation doivent permettre, après leur réalisation, de satisfaire à l'ensemble des **performances techniques** prévues à l'article 4 de l'arrêté BUDF0320070A du 19 décembre 2003, qu'ils soient réalisés avant ou après l'acquisition. Dans ce dernier cas, s'ils sont **réalisés** par le **vendeur,** un contrat de **vente d'immeubles à rénover** doit être conclu (CCH art. L 262-1).

c. La réduction d'impôt ne s'applique pas aux immeubles dont le **droit de propriété** est **démembré** (voir toutefois n° 90585, précisions).

d. En contrepartie de la réduction d'impôt, l'**amortissement** déductible est pratiqué sur la fraction du prix de revient des immeubles qui excède le montant retenu pour le calcul de la réduction d'impôt (n° 90565).

90580 **Investissements concernés** Ouvrent droit à la réduction d'impôt les acquisitions jusqu'au 31 décembre 2021 de logements situés dans l'une des structures suivantes :

– **établissement social ou médico-social** accueillant des **personnes âgées** (CASF art. L 312-1, I-6° : Ehpa, Ehpad, résidences autonomie (ex-logements-foyers), petites unités de vie et unités pour personnes désorientées) ou des **adultes handicapés** (CASF art. L 312-1, I-7° : foyers de vie ou foyers occupationnels, foyers d'accueil médicalisés et maisons d'accueil spécialisées) ;

– **résidence avec services pour personnes âgées ou handicapées** ayant obtenu (au plus tard dans les douze mois de la mise en exploitation effective) l'**agrément « qualité »** visé à l'article L 7232-1 du Code du travail ou, pour les investissements réalisés à compter du 1er janvier 2019, l'**autorisation** prévue par l'article L 313-1 du Code de l'action sociale et des familles (Loi 2019-1479 du 28-12-2019 art. 165) ;

– ensemble de logements affectés à l'**accueil familial salarié** de personnes âgées ou handicapées, géré par un groupement de coopération sociale ou médico-sociale (CASF art. L 444-1 à L 444-9) ;

– **résidence avec services pour étudiants.** Celle-ci doit être occupée à hauteur de 70 % (pourcentage apprécié au cours du quatrième trimestre de chaque année de la période d'engagement de location) par des étudiants ou des apprentis munis d'un contrat de travail et proposer trois au moins des prestations suivantes : petit déjeuner, nettoyage régulier des locaux, fourniture de linge de maison, réception, même non personnalisée, de la clientèle (BOI-IR-RICI-220-10-20 nos 120 à 150) ;

– **établissement** de **santé** (visé à l'article L 6143-5, 3° du Code de la santé publique) autorisé à dispenser des **soins de longue durée** à des personnes n'ayant pas leur autonomie de vie et dont l'état nécessite une surveillance médicale constante et des traitements d'entretien.

Ouvrent également droit à l'avantage fiscal les acquisitions de logements situés dans des **résidences de tourisme classées** effectuées jusqu'au 31 décembre 2016, ou jusqu'au 31 mars 2017 à la condition qu'un engagement d'acquisition ait été pris au plus tard le 31 décembre 2016 (signature d'une promesse d'achat ou promesse synallagmatique de vente ou, pour les acquisitions en l'état futur d'achèvement, dépôt chez un notaire ou enregistrement au service des impôts d'un contrat préliminaire de réservation) (Loi 2016-1917 du 29-12-2016 art. 69).

90585 **Affectation du logement à la location** Le propriétaire doit **s'engager à louer,** de manière effective et continue, le logement meublé pendant au moins neuf ans **à l'exploitant** de l'établissement ou de la résidence. Cette **location** doit **prendre effet** dans le mois qui suit, selon le cas, la date d'acquisition du logement ou la date d'achèvement de l'immeuble ou des travaux. La durée de neuf ans, décomptée de date à date, court à compter de la prise d'effet du bail initial.

En cas de **changement d'exploitant** au cours de la période couverte par l'engagement, le logement doit, en principe, être loué au nouvel exploitant (jusqu'au terme de la période) dans un délai d'un mois. Une période de vacance d'un an est toutefois admise dans certains cas de défaillance de l'exploitant précédent (liquidation judiciaire, résiliation ou cession du bail commercial, mise en œuvre par le propriétaire de la clause de résiliation unilatérale en cas de défaut de paiement du loyer) (BOI-IR-RICI-220-20 nos 50 à 130).

Pour les logements situés dans une **résidence de tourisme classée,** l'engagement de location ne prive pas les propriétaires de la faculté, moyennant certaines conditions, d'occuper temporairement le logement : voir n° 90600.

> **Précisions** En cas de **démembrement du droit de propriété** du logement dû au **décès** de l'un des membres d'un couple, soumis à imposition commune, le conjoint ou le partenaire survivant, attributaire du bien en pleine propriété ou titulaire de son usufruit, peut reprendre l'engagement de location à sa charge pour la période restant à courir et bénéficier de la réduction d'impôt dans les mêmes conditions et selon les mêmes modalités.
> De même, en cas de **modification du foyer fiscal** (mariage, divorce, séparation, conclusion ou rupture d'un Pacs...), l'attributaire du bien ayant ouvert droit à la réduction d'impôt peut demander la reprise de l'engagement de location et le maintien du dispositif à son profit (BOI-IR-RICI-220-20 n° 20).

90590 **Montant de la réduction d'impôt** La réduction d'impôt est calculée sur le **prix de revient** des logements (c'est-à-dire le prix d'acquisition majoré des frais afférents à l'opération : honoraires de notaire, droits de timbre, TVA, taxe de publicité foncière...). Pour les logements achevés depuis au moins quinze ans et faisant (ou ayant fait) l'objet de **travaux de réhabilitation,** ce prix tient compte également du montant de ces travaux.

Le montant des investissements tels que définis ci-dessus est retenu dans la **limite globale** de 300 000 € par an (quel que soit le nombre de logements acquis).

Le **taux** de la réduction d'impôt est fixé à 25 % pour les **logements acquis en 2009 et 2010.** Pour les **logements acquis en 2011,** le taux de l'avantage fiscal s'établit à 18 % (20 % dans le cas particulier visé précision b ci-après). Pour les **logements acquis à compter de 2012,** le taux de la réduction d'impôt est ramené à 11 % (sauf cas particulier visé précision c ci-après).

› Précisions **a.** La **date d'acquisition du logement** à retenir pour l'appréciation du taux applicable est la date de signature de l'acte authentique d'achat (BOI-IR-RICI-220-30 n° 130).

b. Par exception, pour les **investissements réalisés en 2011** qui résultent d'un **engagement** pris par le contribuable **avant le 31 décembre 2010**, la réduction d'impôt est calculée au taux de 20 % (cas notamment des contrats de réservation enregistrés chez un notaire ou au service des impôts avant le 31 décembre 2010 et ayant donné lieu à la signature d'un acte authentique avant le 31 mars 2011, (Loi 2010-1657 du 29-12-2010 art. 105, IX).

c. Par exception également, pour les **acquisitions réalisées en 2012** qui résultent d'un **engagement** pris par le contribuable **au plus tard le 31 décembre 2011,** le taux de la réduction d'impôt reste fixé à 18 % (cas notamment des contrats de réservation enregistrés chez un notaire ou au service des impôts avant le 31 décembre 2011 et ayant donné lieu à la signature d'un acte authentique au plus tard le 31 mars 2012).

d. Lorsque le logement est détenu en **indivision,** chaque indivisaire bénéficie de la réduction d'impôt dans la limite de la quote-part du prix de revient de ce logement correspondant à ses droits dans l'indivision.

e. Lorsque l'acquisition du logement ou les dépenses de travaux de réhabilitation sont **subventionnées,** la base de la réduction d'impôt doit être diminuée du montant total de la subvention.

Imputation de la réduction d'impôt La réduction d'impôt est accordée au titre des revenus : **90595**
– de l'année d'achèvement (sur cette notion, voir n° 41966, précision a) du logement (ou de celle de son acquisition si elle est postérieure) pour les logements acquis neufs, en l'état futur d'achèvement ou réhabilités ;
– ou de l'année d'achèvement des travaux de réhabilitation pour les logements faisant l'objet de tels travaux.

Elle est **répartie** sur neuf années, à raison d'un neuvième de son montant chaque année. Lorsque la fraction imputable au titre d'une année d'imposition excède l'impôt dû par le contribuable au titre de cette même année, le solde peut être imputé sur l'impôt sur le revenu dû au titre des années suivantes, jusqu'à la sixième année inclusivement. Les fractions ainsi **reportées** s'imputent en priorité en retenant d'abord les plus anciennes (BOI-IR-RICI-220-30 n° 320).

La fraction de réduction d'impôt imputée chaque année (selon les modalités définies au n° 2255) entre en compte dans le calcul du **plafonnement global des avantages fiscaux** (n°s 4840 s.).

› Précisions Un contribuable ne peut pas, pour un même logement, bénéficier à la fois de la présente réduction d'impôt et de celles prévues en faveur des investissements locatifs réalisés outre-mer (n°s 91850 s. et 92010 s.). Sur le non-cumul de la présente réduction d'impôt avec celle prévue au titre des travaux de réhabilitation des logements situés dans des résidences de tourisme, voir n° 3155, précision b.

Obligations des investisseurs La déclaration d'ensemble des revenus de l'année au titre de laquelle le bénéfice de la réduction d'impôt est demandé **pour la première fois** doit comporter l'engagement de location visé au n° 90585 (engagement souscrit directement sur l'imprimé). Le contribuable doit, par ailleurs, joindre à cette déclaration, lorsqu'elle est souscrite sur support papier (n° 3677), la copie du bail et celle de l'acte authentique d'acquisition du logement. D'autres documents, spécifiques à la nature de l'investissement réalisé, doivent, le cas échéant, être produits soit en même temps que la déclaration sur support « papier », soit (s'ils ont été établis par des tiers : n° 3677, précisions) sur demande de l'administration. **90598**

En cas de **changement d'exploitant** au cours de la période couverte par l'engagement de location, le contribuable doit joindre à sa déclaration des revenus de l'année au cours de laquelle ce changement intervient une copie du bail conclu avec le nouvel exploitant (CGI ann. III art. 46 AZA nonies).

Reprise de la réduction d'impôt La réduction d'impôt fait l'objet d'une reprise (selon les modalités décrites au n° 2280, a) en cas de non-respect de l'une des conditions auxquelles est subordonnée son application, notamment en cas de rupture de l'engagement de location ou de cession du logement pendant la période d'engagement de location. **90600**

Toutefois, aucune reprise n'est opérée lorsque la rupture de l'engagement de location ou la cession du logement résultent de l'**invalidité** (classée en 2e ou 3e catégorie), du **licenciement** ou du **décès** du contribuable ou de l'un des membres du couple soumis à imposition commune ou encore de l'**expropriation pour cause d'utilité publique** de l'établissement ou de la résidence dans lequel se situe le logement.

Il est, par ailleurs, admis que les logements situés dans une **résidence de tourisme classée** peuvent être **occupés par leur propriétaire** sans que cela remette en cause le bénéfice de l'avantage fiscal. Cette occupation doit donner lieu au versement à l'exploitant de la résidence d'un loyer au moins égal à 75 % du prix public. Lorsque le règlement s'opère par compensation avec les loyers que l'exploitant doit pour sa part au propriétaire, la durée des séjours ne doit pas excéder huit semaines par an et ne pas entraîner une minoration du revenu foncier déclaré (BOI-IR-RICI-220-10-20 n° 110).

> **Précisions** La **modification du foyer fiscal** (mariage, divorce, séparation, conclusion ou rupture d'un Pacs...) entraîne la reprise de la réduction d'impôt, sauf si le nouvel attributaire du bien reprend l'engagement de location (n° 90585, précisions) ou si, en cas de **divorce,** les ex-époux conservent en **indivision** le bien acquis au cours de leur mariage (BOI-IR-RICI-220-20 n° 20).

B. Taxe sur la valeur ajoutée

CHAMP D'APPLICATION

90615 Les locations occasionnelles, permanentes ou saisonnières de logements meublés ou garnis à usage d'habitation sont en **principe** exonérées de TVA.

CGI art. 261 D, 4°
TVA-XV-32750 s

90620 **Locations imposables** Seules sont imposables les cinq catégories d'opérations dont la liste suit :

a. Les prestations d'hébergement fournies dans les **hôtels de tourisme classés** ;

b. Les prestations d'hébergement fournies dans les **villages de vacances classés ou agréés** ;

c. Les prestations d'hébergement fournies dans les **résidences de tourisme classées** lorsque celles-ci sont destinées à l'hébergement des touristes et sont louées par un **contrat** d'une durée d'au moins neuf ans à un ou plusieurs exploitants ayant souscrit un **engagement de promotion touristique** à l'étranger dans les conditions fixées par les articles 176 et 177 de l'annexe II au CGI. Le propriétaire qui exploite lui-même (ou par l'intermédiaire d'un mandataire) une résidence de tourisme est admis à taxer ses prestations dès lors qu'il a souscrit l'engagement précité ;

d. Les prestations de mise à disposition d'un local meublé ou garni effectuées à titre onéreux et de manière habituelle, lorsque, outre l'hébergement, l'exploitant (ou son mandataire) offre, dans des conditions similaires à celles proposées par les établissements hôteliers professionnels, au moins trois des prestations suivantes : le petit déjeuner, le nettoyage régulier des locaux, la fourniture de linge de maison et la réception, même non personnalisée, de la clientèle. Sont ici visées les prestations d'hébergement fournies dans des conditions proches de l'hôtellerie (**parahôtellerie**). Sont susceptibles d'être imposés sur ce fondement, notamment, les **maisons de retraite,** les **résidences hôtelières à vocation sociale,** les **résidences pour étudiants,** les **gîtes ruraux,** les chambres d'hôtes, les maisons ou appartements meublés ;

e. Les **locations de locaux** (nus, meublés ou garnis) consenties **à l'exploitant d'un établissement d'hébergement** entrant dans l'une des quatre catégories ci-dessus, à l'exclusion de celles consenties à des exploitants de **logements-foyers** mentionnés à l'article L 633-1 du Code de la construction et de l'habitation dont l'activité n'ouvre pas droit à déduction.

Remarque : Les dispositions ci-dessus ne remettent pas en cause l'exonération de TVA prévue à l'article 261, 7-1°-b du CGI qui s'applique de plein droit aux **associations** et organismes sans but lucratif exerçant une activité d'hébergement lorsque les critères de non-lucrativité décrits nos 89400 s. sont satisfaits.

90625 **Locations exonérées** L'énumération faite au n° 90620 étant limitative, les personnes physiques ou morales qui ne peuvent être rattachées à aucun des cas d'imposition mentionnés se trouvent obligatoirement exonérées **sans** faculté d'**option.**

Il en est ainsi tout spécialement des particuliers qui louent en meublé, de manière occasionnelle ou permanente, une résidence secondaire, un logement touristique ou une partie de leur résidence principale, sans offrir a minima un ensemble de services assimilables aux services hôteliers (n° 90620, d), sauf bien entendu si la location est faite dans le cadre du régime des résidences de tourisme classées (n° 90620, c).

> Précisions **a.** Celles de ces personnes qui fournissent des **prestations annexes** (mais qui, par hypothèse, n'entrent pas dans les prévisions du d du nº 90620) restent taxables à ce titre (petit déjeuner, nettoyage régulier des locaux, etc.) et au taux propre à ces prestations, sauf à bénéficier de la franchise en base (nºs 85565 s.) (BOI-TVA-CHAMP-30-10-50 nº 120).

b. L'exonération de TVA n'emporte aucune conséquence en matière d'**impôts directs.**

c. En revanche, elle emporte, le cas échéant, soumission du prix de location à la **contribution sur les revenus locatifs** (nº 90690).

d. La mise à disposition de biens meubles corporels tels que caravanes, tentes, **mobile homes** ou habitations légères de loisirs **spécialement aménagés** pour l'habitation ne relève pas du régime de l'article 261 D, 4º du CGI. Cette activité de fourniture de logement est soumise de plein droit à la TVA. Pour le taux applicable à la mise à disposition de tels biens par les exploitants de campings classés, voir nº 90645.

RÈGLES D'IMPOSITION

Qu'elles procèdent à une **location** en meublé « **directe** » (cas, par exemple, d'un exploitant hôtelier) ou « **indirecte** » (cas des **investisseurs** procédant à la location de locaux meublés ou nus dont la destination finale est le logement meublé que, pour l'application de la TVA, l'article 260 D du CGI assimile aux loueurs en meublé « directs »), les personnes visées au nº 90620 suivent les mêmes règles d'imposition. 90635

Les **principales caractéristiques** de ces règles sont les suivantes (pour le taux applicable, voir nºs 90640 s.).

Les locations en meublé sont **imposables en France,** comme les autres opérations d'hébergement, dès lors que les immeubles y sont situés, y compris donc si elles sont faites au profit de personnes ne résidant pas en France (nº 49970).

Les loueurs en meublé peuvent **déduire dans les conditions de droit commun** la taxe ayant grevé leurs acquisitions de biens et services. Autrement dit, ils peuvent soit imputer cette taxe, soit en demander le remboursement.

Les obligations déclaratives et comptables des loueurs en meublé sont, à titre général, les mêmes que celles des autres assujettis à la TVA et dépendent du régime d'imposition dont ils relèvent.

> Précisions **a.** Ce sont les **limites** de 85 800 € pour la **franchise** en base et de 818 000 € pour le **régime simplifié** qui sont applicables à ces loueurs.

b. Le **service des impôts dont dépendent les loueurs en meublé** est normalement celui du lieu du meublé (en cas de pluralité de meublés, le service compétent est soit celui du lieu de résidence du redevable, soit celui du lieu de situation d'un des meublés, en principe le plus important). Les loueurs en meublé qui exercent une autre activité taxable relèvent du service compétent pour cette autre activité.

Taux Le **taux** intermédiaire **de 10 %** est en principe applicable aux prestations relatives à la fourniture de logement dans les établissements de logements en meublé ou en garni imposables (nº 90620). Toutefois, la fourniture de logement dans les maisons de retraite, les établissements accueillant des personnes handicapées, les logements-foyers, les foyers de jeunes travailleurs, les centres de réadaptation professionnelle et les centres d'accueil, ainsi que dans certaines résidences hôtelières à vocation sociale bénéficie du taux réduit de 5,5 % (nº 90650). 90640

CGI art. 279, a
TVA-XV-33495 s et 35050

Dans les hôtels (classés ou non) et autres établissements d'hébergement, les **prix de pension et de demi-pension** bénéficient également du taux intermédiaire, sous réserve de la part correspondant à la vente de boissons alcooliques (nº 53195) (BOI-TVA-LIQ-30-20-10-10 nº 70).

Le taux intermédiaire s'applique aux opérations taxables de **crédit-bail** portant sur des locaux d'hébergement passibles de ce taux.

> Précisions **a.** Sont passibles du taux normal les prestations d'hébergement fournies par des établissements qui n'ont pas pour **objet principal** la fourniture du logement (BOI-TVA-LIQ-20-20 nº 230 ; doctrine confortée par CE 22-5-2002 nº 226954 : RJF 8-9/02 nº 922).

b. Tous les **services annexes facturés en sus** (petit déjeuner dans les établissements d'hébergement, téléphone, garage, blanchissage, soins esthétiques, etc.), toutes les **ventes** (cartes postales, bibelots) ainsi que les **recettes annexes** (publicité, locations de vitrines, de salles) doivent être imposés au taux qui leur est propre.

Il en est de même, selon l'administration, des prestations incluses dans un séjour à prix forfaitaire (BOI-TVA-LIQ-30-20-10-10 nº 80). Toutefois, le Conseil d'État a jugé que l'accès à un complexe aquatique situé dans un **village de vacances** bénéficie du taux intermédiaire dès lors que cette prestation, comprise dans le prix du séjour, constitue, dans les circonstances de l'espèce, une prestation accessoire à l'hébergement (CE 24-6-2015 nº 365849 : RJF 10/15 nº 779 ; dans le même sens, à propos de prestations d'accès à des équipements sportifs, des espaces de détente et des mini-clubs proposées par un club de vacances : CAA Versailles 5-4-2011 nº 09VE04193 : RJF 10/11 nº 1040).

c. Les **locations de matériels ou biens meubles** tels que caravanes automotrices ou non (voir toutefois nº 90645 le cas des campings classés), roulottes hippomobiles, house-boats (bateaux de plaisance habitables affectés à la navigation en rivière) relèvent du taux normal.

d. En **Corse,** la fourniture de logement bénéficie d'un taux spécifique (nº 92380).

90645 La **fourniture de logement** (caravanes, mobile homes, habitations légères de loisirs) dans les **terrains de camping classés** (qui ne relève pas du régime de l'article 261 D, 4° du CGI : n° 90625, précision d) bénéficie également du **taux intermédiaire de 10 %.**

90650 CGI art. 278-0 bis, C TVA-XV-33900 s. Dans les **maisons de retraite** et les **établissements accueillant des personnes handicapées,** c'est le **taux réduit de 5,5 %** qui est applicable à la fourniture du logement et de la nourriture, ainsi qu'aux prestations exclusivement liées, d'une part, à l'état de dépendance des personnes âgées et, d'autre part, aux besoins d'aide des personnes handicapées, hébergées dans ces établissements et qui sont dans l'incapacité d'accomplir les gestes essentiels de la vie quotidienne. Les forfaits soins dans les maisons de retraite sont exonérés (n° 47175).

De même, bénéficie du taux réduit la fourniture de logement et de nourriture dans les **logements-foyers,** les **établissements** de réadaptation, de préorientation et de **rééducation professionnelle** mentionnés aux articles R 5213-2 et R 5213-9 du Code du travail, les **centres d'accueil** visés à l'article L 312-1, I-8° du Code de l'action sociale et des familles (centres d'accueil d'urgence, notamment) et les **foyers de jeunes travailleurs.**

Le taux de 5,5 % s'applique également aux prestations d'hébergement et d'accompagnement social rendues dans les **résidences hôtelières à vocation sociale** mentionnées à l'article L 631-11 du Code de la construction et de l'habitation **s'engageant à réserver** plus de 80 % de leurs **logements** à des personnes désignées par le représentant de l'État dans le département ou à des **publics particulièrement fragiles** (personnes aux revenus faibles, sans-abri ou en détresse ; demandeurs d'asile) mentionnés au troisième alinéa de l'article L 631-11 précité. Les prestations de restauration fournies par ces résidences et les prestations d'hébergement et de restauration rendues par les résidences hôtelières à vocation sociale qui ne prennent pas un tel engagement demeurent soumises au taux intermédiaire.

> Précisions **a.** En ce qui concerne les **maisons de retraite,** l'**administration** considère que seuls les établissements hébergeant des personnes âgées qui ont été dûment autorisés en application de l'article L 312-1 du CASF peuvent bénéficier du taux réduit de 5,5 % (BOI-TVA-LIQ-30-20-10-10 n° 110). Le **Conseil d'État** considère, quant à lui, indépendamment de toute question de délivrance ou non d'une autorisation, que les maisons de retraite s'entendent des établissements sociaux ou médicaux-sociaux destinés à l'hébergement des personnes âgées et mentionnés au 6° de l'article L 312-1 du CASF et qui sont régis par les dispositions de ce Code (CE 18-3-2019 n° 409652 : RJF 6/19 n° 532).

b. S'agissant des établissements visés ci-dessus bénéficiant du taux réduit pour la fourniture de nourriture, ce taux s'applique non seulement aux **repas fournis aux pensionnaires** mais également aux **prestations** de restauration rendues par les **sociétés de restauration collective** à ces établissements (BOI-TVA-LIQ-30-20-10-10 n° 30).

C. Autres impôts

IMPÔTS DIRECTS LOCAUX

90670 CGI art. 1459 CET-II-39320 s. **Contribution économique territoriale** La location de locaux meublés constitue par nature une activité professionnelle imposable à la cotisation foncière des entreprises (et, corrélativement, à la cotisation sur la valeur ajoutée des entreprises pour les redevables dont le chiffre d'affaires excède la limite indiquée au n° 43860).

Échappent, toutefois, à l'imposition en vertu de dispositions expresses de la loi :

a. Les personnes louant **accidentellement** en meublé (et sans aucun caractère périodique) une partie de leur **habitation personnelle** ;

b. Les personnes louant ou sous-louant en meublé une **partie** de leur **habitation principale** (même à titre habituel), à condition que le prix de la location demeure fixé dans des limites raisonnables et que les pièces louées constituent **pour le locataire** sa **résidence principale** ;

c. Les personnes qui louent des locaux faisant partie de leur **habitation personnelle** et classés **« meublés de tourisme »** au sens de l'article L 324-1 du Code du tourisme ;

d. Les **personnes autres** que celles visées ci-dessus qui louent ou sous-louent en meublé tout ou partie de leur **habitation personnelle,** par exemple, les propriétaires qui donnent en location leur résidence secondaire quelques semaines par an ou ceux qui louent des chambres d'hôtes dépendant de leur résidence personnelle (Rép. Prat : AN 16-4-2013 p. 4141 n° 8234).

> Précisions **a.** Par **« habitation personnelle »,** on entend l'habitation, principale ou secondaire, dont le contribuable se réserve la jouissance ou la disposition en dehors de la période de location. Le simple classement de tout ou partie de l'habitation personnelle en chambres d'hôtes ne suffit pas à faire entrer les locaux dans le champ de l'exonération (CE 9-10-2019 n° 417676 : RJF 1/20 n° 35).

b. Dans les cas visés aux a et b ci-dessus, l'exonération s'applique **de plein droit** à la CFE comme à la CVAE (voir n° 43870). Dans les cas visés aux c et d, l'exonération de CFE s'applique **sauf délibération contraire** des collectivités bénéficiaires de la cotisation. L'exonération est susceptible de s'appliquer également à la CVAE, sur demande du redevable, sauf délibération contraire des collectivités concernées (voir nº 43875). Dans tous les cas, la décision de la collectivité – qui ne porte que sur la part de cotisation qui lui revient et peut concerner une ou plusieurs des catégories de loueurs en meublé en cause – doit intervenir avant le 1er octobre d'une année pour s'appliquer à compter du 1er janvier de l'année suivante.

90675 CGI art. 1407 **HAB-I-6200 s et HAB-II-1500 s**

Taxe d'habitation Les propriétaires et principaux locataires ne sont pas redevables de la taxe d'habitation pour les locaux qu'ils louent ou sous-louent en meublé lorsque ces **locaux** ne constituent pas leur habitation personnelle et, étant **spécialement aménagés pour la location,** sont en principe imposables à la cotisation foncière des entreprises (nº 90670).

En revanche, les propriétaires ou principaux locataires qui louent ou sous-louent des locaux en meublé sont imposables à la taxe d'habitation sur ces locaux lorsque ces derniers constituent leur **habitation personnelle** ou en font partie. Toutefois, les communes et leurs groupements à fiscalité propre ont la faculté d'exonérer de la taxe, pour la totalité de la part leur revenant, les locaux classés **« meublés de tourisme »** au sens de l'article L 324-1 du Code du tourisme et les **chambres d'hôtes** au sens de l'article L 324-3 du même Code situés dans les **zones de revitalisation rurale** (ZRR : nº 92540).

› **Précisions** **a.** Le **propriétaire** ou le principal locataire qui entend, au 1er janvier de l'année d'imposition, se réserver la disposition du local meublé, pour lui-même ou pour ses proches, une partie de l'année est imposable à la taxe d'habitation, même s'il le donne en location ou en sous-location l'autre partie de l'année (location saisonnière) et est assujetti à ce titre à la cotisation foncière des entreprises (CE 2-7-2014 nº 369073 : RJF 10/14 nº 905).

b. Les **locataires** ou sous-locataires de logements loués en meublé qu'ils occupent de manière permanente et exclusive, dont ils conservent la disposition même pendant leurs absences, sont normalement imposables à la taxe d'habitation suivant les règles générales. Il en est ainsi alors même que le loueur est passible de la cotisation foncière des entreprises à raison de la location.

Mais lorsque l'occupation n'est que temporaire ou en cas de séjours limités, aucune taxe d'habitation n'est due par les locataires.

La location d'un logement meublé à un **étudiant,** par bail conclu dans les conditions prévues à l'article 25-7 de la loi 89-462 du 6 juillet 1989, consentie pour au moins neuf mois continus et à titre de résidence principale, ne constitue pas une location saisonnière. C'est le locataire étudiant qui occupe le logement au 1er janvier qui en a la disposition et est à ce titre redevable de la taxe (CE 26-2-2016 nº 389438 : RJF 5/16 nº 449).

c. Pour bénéficier de l'exonération en faveur des locaux situés en ZRR, le redevable de la taxe doit produire au service des impôts, avant le 1er janvier de chaque année, une **déclaration** accompagnée de tous les éléments justifiant de l'affectation des locaux.

90680 **FB-II-12980, 14170, 17510, et 20160**

Taxe foncière sur les propriétés bâties Les exonérations de longue durée prévues en faveur des constructions neuves de **logements sociaux** (nº 41995) et des logements sociaux acquis à usage locatif avec le concours financier de l'État ou avec une subvention de l'Agence nationale pour la rénovation urbaine (nº 42000) ne sont pas susceptibles de s'appliquer aux logements destinés à être loués en meublé (sous réserve du cas des logements-foyers).

90685 CGI art. 1383 E bis **FB-II-26500 s**

Les collectivités territoriales et leurs groupements à fiscalité propre peuvent, chacun pour la part qui lui revient, exonérer totalement de la taxe les **hôtels** (pour les locaux affectés exclusivement à une activité d'hébergement), les locaux classés **« meublés de tourisme »** au sens de l'article L 324-1 du Code du tourisme et les **chambres d'hôtes** au sens de l'article L 324-3 du même Code situés dans les **zones de revitalisation rurale** (ZRR : nº 92540). Le bénéfice de l'exonération est subordonné au respect des règles européennes concernant les aides « de minimis » (nos 92660 s.).

› **Précisions** L'exonération susvisée est subordonnée à une **déclaration** annuelle (nº 90675, précision c).

Dans les départements d'outre-mer, elle ne peut **pas** se **cumuler** avec l'abattement visé au nº 91540, c. Le cas échéant, l'entreprise doit opter.

CONTRIBUTION SUR LES REVENUS LOCATIFS

90690 **IMMO-VI-400, 4330 et 4335**

Lorsqu'ils sont exonérés de TVA (nos 90615 s.) ou lorsqu'ils bénéficient de la franchise en base (nº 90635), les loueurs en meublé sont, en principe, redevables, s'il s'agit des **personnes morales** énumérées nº 74805 et si les locaux sont situés dans des immeubles achevés depuis quinze ans au moins, de la contribution sur les revenus locatifs (CRL) (nos 74800 s.).

› **Précisions** **a.** Les locations effectivement soumises à la TVA sont **exonérées** de la contribution.

Autres exonérations : voir nº 74815.

b. La contribution est due sur la **totalité du loyer** (y compris ce qui correspond au prix des meubles).
Pour les **locations saisonnières,** ce sont les loyers stipulés pour la seule période de location (en faisant masse des différents contrats afférents au même logement) qui sont pris en compte pour apprécier si le seuil d'application de la contribution est ou non franchi.

IMPÔT SUR LA FORTUNE IMMOBILIÈRE

90700 CGI art. 975, V-1° ENR-XIII-8730 et 14600 s.

Les locaux d'habitation loués meublés ou destinés à être loués meublés entrent dans le champ d'application de l'impôt sur la fortune immobilière (IFI).
Ils peuvent toutefois être considérés comme des **actifs professionnels** exonérés d'IFI (nos 72650 s.) dans les conditions suivantes.
Si l'activité de location meublée est exercée par une **personne physique,** l'activité doit être exercée à titre principal et le redevable doit réaliser plus de 23 000 € de recettes annuelles et retirer de cette activité plus de 50 % de ses revenus. L'appréciation du seuil de 50 % s'effectue par rapport à l'ensemble des revenus professionnels du foyer fiscal (TS, BIC, BNC, BA, revenus des gérants majoritaires visés à l'article 62 du CGI).
Si l'activité de location meublée est exercée par une **société,** l'exonération au titre des actifs professionnels est subordonnée au respect des conditions visées no 72800 (société de personnes dans laquelle le redevable exerce son activité professionnelle principale) et nos 72810 s. (société IS dirigée par le redevable). Les **immeubles** (ou droits immobiliers) détenus par le redevable et **affectés à l'activité** de location meublée de la société sont alors exonérés à hauteur de la participation de l'intéressé dans cette société. Lorsque les immeubles appartiennent à la société, les titres détenus par le redevable sont exonérés à hauteur de la fraction de leur valeur représentative des immeubles en cause.

› Précisions a. Selon l'administration, lorsqu'un loueur en meublé professionnel exerce une **activité salariée** ou une **autre profession à plein temps,** l'activité de location ne peut pas en général être considérée comme la profession principale, même si elle procure des revenus supérieurs aux autres revenus de l'intéressé (BOI-PAT-IFI-30-10-10-30 no 20).

b. Le redevable peut également prétendre à l'exonération lorsque les **immeubles** affectés à la location meublée (que l'activité soit exercée en nom propre ou au sein d'une société) sont **détenus au travers d'une société** (une SCI par exemple). Les parts ou actions représentatives de ces biens sont exonérées sous les mêmes conditions que les biens eux-mêmes.

PRÉLÈVEMENTS SOCIAUX

90710 TD-XVI-4880 s

Les loueurs en meublé répondant aux critères d'assujettissement aux cotisations de sécurité sociale (voir Mémento social no 79925) sont soumis à la CSG et à la CRDS au titre des revenus d'activité (nos 34350 s.).
Ceux qui ne répondent pas à ces critères sont assujettis à la CSG, à la CRDS et au prélèvement de solidarité au titre des revenus du patrimoine et assimilés (nos 34550 s.).

SECTION 3 FIDUCIE

GÉNÉRALITÉS

90780 DC-IX-50000 s

Introduite en droit français par la loi 2007-211 du 19-2-2007, la fiducie est l'opération par laquelle un ou plusieurs constituants transfèrent la propriété de biens, de droits ou de sûretés leur appartenant à un ou plusieurs fiduciaires qui sont chargés de les gérer dans un but déterminé en les tenant séparés de leur patrimoine propre et de les restituer à une date donnée (C. civ. art. 2011 à 2030).
En pratique, la fiducie peut être utilisée afin de **garantir une créance** (fiducie sûreté), comme instrument de **gestion d'un patrimoine** (fiducie gestion) ou pour **transmettre un patrimoine** à **titre onéreux** (fiducie transmission). En revanche, l'utilisation de la fiducie par les particuliers en vue de la transmission d'un patrimoine à titre gratuit (fiducie libéralité) est interdite.
La faculté de recourir à une fiducie à des fins de garantie ou de gestion est ouverte aux **personnes morales soumises à l'impôt sur les sociétés** ainsi qu'aux **personnes physiques** et aux **personnes morales non soumises à l'impôt sur les sociétés.**
Par ailleurs, la loi réserve l'exercice de la **fonction de fiduciaire** à certains organismes réglementés (tels que les établissements de crédit, les entreprises d'investissement et les entre-

prises d'assurance) et aux avocats, étant précisé que les sommes perçues par ces derniers en qualité de fiduciaire relèvent de la catégorie des bénéfices non commerciaux (n° 13210).

Un **registre national** des fiducies centralise les informations relatives aux contrats conclus (Décret 2010-219 du 2-3-2010).

A. Impôt sur le revenu et impôt sur les sociétés

1. CONSTITUANT EXERÇANT UNE ACTIVITÉ PROFESSIONNELLE

Le transfert de biens en fiducie sous le régime de faveur peut concerner aussi bien les sociétés soumises à l'impôt sur les sociétés que les entreprises relevant de l'impôt sur le revenu. 90800
Le régime de neutralité s'applique dans des conditions identiques à toutes les entreprises, sous réserve de certaines particularités propres à l'impôt sur le revenu.

Le transfert dans un patrimoine fiduciaire de l'**ensemble des éléments** d'actif et de passif d'**une entreprise individuelle** peut être placé sous le régime de neutralité prévu à l'article 238 quater B du CGI, de même que le transfert de **parts de sociétés de personnes** détenues par des associés professionnels au sens de l'article 151 nonies du CGI (n° 37675).

CONSTITUTION DE LA FIDUCIE

Conditions et modalités d'application du régime spécial Les **plus-values** constatées à l'occasion du transfert des actifs dans le patrimoine fiduciaire sont neutralisées selon des modalités calquées sur le régime spécial des fusions, sous réserve du respect des **conditions** suivantes : 90845 CGI art. 238 quater B DC-IX-51250 s

– le constituant exerce une activité industrielle, commerciale ou artisanale (au sens des articles 34 et 35 du CGI), sans distinguer selon qu'elle est exercée à titre professionnel ou non, une activité agricole (au sens de l'article 63 du CGI), une activité professionnelle non commerciale (au sens de l'article 92, 1 du CGI) ou une activité civile soumise à l'impôt sur les sociétés ;

– les biens ou droits transférés en fiducie doivent être inscrits à l'actif du bilan du constituant (ou au registre des immobilisations) ;

– le constituant est désigné comme le ou l'un des bénéficiaires dans le contrat de fiducie ;

– le fiduciaire doit respecter un certain nombre d'engagements (voir n°s 90860 s.) qui, pour être opposables à l'administration, doivent impérativement être pris dans le contrat de fiducie.

Lorsque ces conditions sont satisfaites, le constituant est exonéré à raison des **plus-values** ou profits afférents aux éléments d'actif transférés au sein de la fiducie. Dans le cas où le transfert des éléments d'actifs dégage une **moins-value** nette ou une perte nette, celle-ci n'est pas comprise dans le résultat imposable du constituant. 90850

Les **provisions** afférentes aux éléments d'actif transférés qui conservent leur objet échappent également à l'impôt. Elles doivent être reprises dans les comptes du fiduciaire (n° 90860).

› Précisions **a.** Les droits afférents à un **contrat de crédit-bail** sont assimilés à des éléments de l'actif immobilisé dont la plus-value se trouve ainsi exonérée lors du transfert en fiducie. L'imposition de cette plus-value est reportée sur le résultat du patrimoine fiduciaire dans les conditions propres aux éléments amortissables ou non amortissables selon que les biens objet du contrat sont eux-mêmes amortissables ou non.

b. Les **reports d'imposition** antérieurs prévus en matière d'**impôt sur le revenu** sont maintenus en cas de transfert en fiducie jusqu'à la date de cession des biens ou droits transférés ou jusqu'à la fin du contrat de fiducie (CGI art. 238 quater D). Sont concernées les plus-values constatées en cas d'apport en société d'une entreprise individuelle (CGI art. 151 octies : n°s 19710 s.), d'apport en société de droits de la propriété industrielle et assimilés (CGI art. 93 quater, I ter : n° 13805), de restructuration d'une SCP (CGI art. 151 octies A : n° 13875), de transmission à titre gratuit d'une entreprise individuelle (CGI art. 41 : n°s 19810 s.), d'apport en société de titres inscrits à l'actif d'une entreprise individuelle (CGI art. 151 octies B : n°s 18410 s.) et les plus-values de cession de parts de sociétés de personnes bénéficiant des régimes de report d'imposition prévus aux articles 151 nonies, II à IV bis du CGI (n°s 37720 s.).

c. L'**exonération des plus-values** prévue à l'article 151 septies du CGI n'est pas applicable aux plus-values réalisées lors d'un transfert en fiducie, y compris lorsque le régime de faveur ne s'applique pas (CGI art. 151 septies, VIII : n°s 18200 s.).

d. Le transfert à une fiducie de titres qui ont permis au constituant de bénéficier de l'exonération prévue par le **régime mère-fille** (voir n°s 40850 s.) à raison des dividendes reçus n'entraîne pas la rupture de l'**obligation de conservation** des titres prévue pour l'application de ce régime (CGI art. 145, 1-c).

90855 **Règles de transcription des actifs inscrits dans le patrimoine fiduciaire**
Les actifs transférés dans le patrimoine fiduciaire doivent être transcrits dans les comptes de la fiducie d'après leurs **valeurs comptables** dans les écritures du constituant lorsque ce dernier conserve le contrôle de la fiducie. La transcription s'effectue aux **valeurs réelles** dans le cas contraire.

Le **contrôle** est établi lorsque le constituant satisfait deux des trois critères suivants : pouvoir de décision sur les biens transférés, capacité de bénéficier de la majorité des avantages économiques de la fiducie et prise en charge de la majorité des risques (PCG art. 623-7). Le constituant est notamment présumé conserver le contrôle de la fiducie lorsqu'il en est l'unique bénéficiaire ou lorsque le contrat est conclu avec plusieurs constituants, chacun d'eux conservant la quasi-totalité des risques et avantages relatifs aux éléments transférés. Enoncé à propos des entreprises soumises à l'impôt sur les sociétés, ce critère du contrôle pourrait également être retenu à l'égard des **entreprises relevant de l'impôt sur le revenu.**

Les éléments de l'**actif circulant** doivent être transférés dans le patrimoine fiduciaire pour leur valeur fiscale dans les écritures du constituant. Le non-respect de cette obligation entraîne l'imposition des écarts de réévaluation au nom du constituant au titre de l'exercice de sortie des actifs.

90860 Quel que soit le mode de transcription des actifs dans les comptes de la fiducie, le fiduciaire doit reprendre au passif du bilan de la fiducie les **provisions** afférentes aux actifs transférés qui, à la date du transfert en fiducie, ont conservé leur objet. Il devra inclure le moment venu le profit né de leur reprise dans le résultat de la fiducie.

Par ailleurs, en cas de **cession** des **éléments d'actif immobilisés non amortissables,** le fiduciaire devra calculer les plus-values d'après la valeur fiscale de ces biens au bilan du constituant. Sont assimilés à des éléments non amortissables de l'actif immobilisé les **titres du portefeuille** exclus du régime des plus et moins-values à long terme (nº 18800).

90865 Lorsque le transfert des actifs en fiducie est transcrit aux **valeurs comptables,** aucune plus-value n'est dégagée dans les comptes de la fiducie. Le fiduciaire doit inscrire dans les comptes de la fiducie les biens ou droits transférés pour la valeur qu'ils avaient dans les comptes du constituant ainsi que les amortissements et provisions pour dépréciation constatés par ce dernier. Le fiduciaire poursuit le plan d'amortissement technique établi par le constituant et amortit les éléments reçus sur la période restant à courir à la date du transfert, à moins que les nouvelles conditions d'utilisation d'un élément ne justifient une modification de ce plan. Il est en principe tenu par les modalités de décomposition des éléments d'actif mises en œuvre par le constituant.

90870 En cas de transcription des actifs aux **valeurs réelles,** le fiduciaire doit **réintégrer** au résultat imposable au taux plein de la fiducie les **plus-values** constatées sur **éléments d'actif amortissables** selon des modalités analogues à celles prévues pour le régime des fusions (nº 39510), étant précisé que la période de réintégration ne peut excéder la durée initiale du contrat de fiducie. En contrepartie, le fiduciaire peut calculer pour le compte de la fiducie les amortissements et plus-values ultérieurs d'après les valeurs réévaluées.

› Précisions **a.** La **règle particulière** de réintégration de la plus-value sur la durée moyenne pondérée d'amortissement des biens prévue dans le cadre du **régime des fusions** ne s'applique pas à la fiducie.

b. La **cession** d'un bien amortissable par le fiduciaire entraîne la réintégration immédiate de la plus-value afférente à ce bien non encore soumise à l'impôt.

c. Les **amortissements** sont calculés sur une période déterminée d'après l'utilisation des biens prévue par le fiduciaire à la date de l'opération. Celui-ci n'est pas tenu par les modalités de décomposition retenues par le constituant.

d. Pour les **entreprises relevant de l'impôt sur le revenu,** la renonciation au régime de faveur peut présenter un intérêt en présence de plus-values à long terme. Elles peuvent ainsi bénéficier d'une taxation au taux réduit au titre de l'exercice de réalisation du transfert.

DÉROULEMENT DE LA FIDUCIE

90880 L'imposition du **résultat** de la fiducie est établie selon les modalités applicables aux sociétés de personnes. Ce résultat est déterminé selon les règles applicables au bénéfice réalisé par le constituant. Il est imposé directement au nom du constituant et s'agrège à son résultat propre.

CGI art. 238 quater F
DC-IX-52000 s

En cas de **pluralité de constituants,** ce résultat est réparti proportionnellement entre eux en fonction de la valeur réelle des biens ou droits mis en fiducie par chacun.

CGI art. 238 quater G

En cas de perte de valeur des actifs transférés en fiducie, les droits correspondants inscrits à l'actif du bilan du constituant ne peuvent pas donner lieu à la déduction d'une **provision.**

› Précisions **a.** Pour l'application des différents **régimes** fixant un **seuil maximal de chiffre d'affaires** (régime d'exonération en faveur des entreprises nouvelles, etc.), il convient d'additionner le chiffre d'affaires propre du constituant et celui de la fiducie. Cette règle concerne également l'appréciation du régime d'imposition du constituant et l'application du taux réduit de l'IS (CGI art. 238 quater H).

b. Les **entreprises relevant de l'impôt sur le revenu** dont tout ou partie des biens affectés à l'exploitation sont compris dans un patrimoine fiduciaire en application d'une opération de fiducie sont exclues des régimes des micro-entreprises (nos 85420 s.).

c. Les titres transférés dans un patrimoine fiduciaire dans les conditions mentionnées nos 90845 s. sont pris en compte pour l'appréciation du seuil de détention du capital prévu pour l'application du **régime mère-fille** (nos 40850 s.) à condition, pour les titres assortis de droit de vote, que le constituant conserve l'exercice des droits de vote attachés aux titres transférés ou que le fiduciaire exerce ces droits dans le sens déterminé par le constituant (CGI art. 145, 1-c). La part de bénéfice du constituant correspondant aux produits nets des titres de participation bénéficie du régime des sociétés mères.

d. Pour l'application du régime d'**intégration fiscale** (nos 40150 s.), les titres transférés dans un patrimoine fiduciaire sont pris en compte pour l'**appréciation du seuil** de détention du capital à condition qu'ils soient assortis de droits à dividendes et de droits de vote et que le constituant conserve l'exercice des droits de vote ou que le fiduciaire exerce ces droits dans le sens déterminé par le constituant (CGI art. 223 A, I-6e al.). Le résultat de la fiducie revenant au constituant est déterminé en faisant application des règles spécifiques à l'intégration comme si les titres étaient directement détenus par le constituant.

e. Les **plus-values nettes à long terme** réalisées par une fiducie peuvent bénéficier du régime des plus-values à long terme (no 18865), que les titres aient été acquis par la fiducie ou transférés dans son patrimoine. Sont également éligibles les titres qui n'ont pas le caractère de titre de participation au sens comptable, mais qui bénéficient de la présomption fiscale pour le ou les constituants. Le **transfert des titres de participation** dans le patrimoine fiduciaire et leur retour dans le patrimoine du constituant revêtent le caractère d'opérations intercalaires. Ils n'interrompent pas le délai de conservation de deux ans, sous réserve que ces opérations soient réalisées sous les régimes de neutralité fiscale prévus aux articles 238 quater B et 238 quater K du CGI et transcrites à leur valeur comptable (BOI-IS-BASE-20-20-10-20 nos 154 à 158).

90885 **Obligations déclaratives** Le fiduciaire doit souscrire une **déclaration d'existence** de la fiducie dans les quinze jours de sa création auprès du service des impôts de son lieu d'établissement ou de son siège (CGI ann. III art. 344 M). Il est astreint pour chaque patrimoine fiduciaire à la tenue d'un bilan, d'un compte de résultat et d'une annexe (C. com. art. L 123-12 à L 123-15).

CGI art. 238 quater L et 238 quater M DC-IX-52250 s

Le fiduciaire dépose au service des impôts dont il dépend une **déclaration no 2031** récapitulant le **résultat de la fiducie.**

Il doit en outre tenir, le cas échéant, un **registre** relatif aux **plus-values en report d'imposition** sur biens non amortissables (CGI art. 54 septies, II). Le non-respect de cette obligation entraîne l'exigibilité d'une amende fixée à 5 % des sommes omises (CGI art. 1763). Non-application de l'amende en cas de régularisation pour les déclarations déposées depuis le 11 août 2018, voir no 9055, a.

FIN DE LA FIDUCIE

90895 Lorsque le contrat de fiducie prend fin, le fiduciaire et le constituant sont tenus de tirer à l'égard du patrimoine fiduciaire les conséquences fiscales d'une cessation d'entreprise prévue à l'article 201 du CGI. La **fin du contrat de fiducie** se traduit donc par l'imposition immédiate de l'ensemble des bénéfices non encore taxés, y compris les plus-values constatées lors de la cessation de la fiducie et les provisions non encore réintégrées.

CGI art. 238 quater I et 238 quater J DC-IX-52400 s

Le patrimoine fiduciaire doit également être fiscalement liquidé en cas de cessation ou de **dissolution du constituant** ou en cas de **cession des droits** détenus au titre du contrat de fiducie.

Un **régime de neutralité** s'applique toutefois en cas de retour des biens dans le patrimoine du constituant si les deux conditions suivantes sont réunies :

CGI art. 238 quater K

– le contrat de fiducie prend fin sans liquidation du patrimoine fiduciaire ;
– le constituant respecte un certain nombre d'engagements qui sont les mêmes que ceux exigés du fiduciaire pour l'application de la neutralité lors du transfert des actifs en fiducie (nos 90860 s.).

Les **valeurs de transcription** des actifs qui doivent être retenues lors de la cessation du contrat de fiducie sont les mêmes valeurs que celles qui ont été retenues lors de l'entrée des biens dans le patrimoine fiduciaire.

Le fiduciaire doit souscrire une **déclaration de résultats** dans un délai de soixante jours qui court à compter de la date de l'événement mettant fin au contrat de fiducie.

› Précisions **a.** En cas d'application du régime de neutralité, le fiduciaire et le constituant doivent produire un **état de suivi** des plus-values en sursis d'imposition (CGI art. 54 septies, I).

b. La **restructuration** du constituant soumis à l'IS réalisée sous le **régime spécial** des fusions de l'article 210 A du CGI n'entraîne pas cessation. Il en va de même des opérations suivantes pour les constituants relevant de l'impôt sur le revenu : **transmission à titre gratuit** d'une entreprise individuelle (CGI art. 41), **apport en société** d'une entreprise individuelle (CGI art. 151 octies) et restructuration d'une SCP placée sous le régime de l'article 151 octies A du CGI.

c. Le **changement de régime fiscal** du constituant n'entraîne pas cessation à la double condition qu'aucune modification ne soit apportée aux écritures comptables relatives aux droits dans la fiducie et que l'imposition des profits et des plus-values neutralisés demeure possible sous le nouveau régime fiscal applicable au constituant.

d. L'écart de **variation** de la **valeur des droits du constituant** constaté lors de la cessation de la fiducie n'a pas d'incidence sur son résultat imposable.

2. CONSTITUANT AGISSANT DANS LE CADRE DE SON PATRIMOINE PRIVÉ

90900 DC-IX-53000 s Il s'agit essentiellement du cas où la fiducie a pour activité la **gestion d'un patrimoine mobilier ou immobilier.**

CONSTITUTION DE LA FIDUCIE

90901 CGI art. 238 quater N Le transfert de biens ou droits dans un patrimoine fiduciaire par un constituant n'agissant pas dans le cadre d'une activité professionnelle n'est pas un fait générateur d'impôt sur le revenu si les **conditions** suivantes sont réunies :
– le constituant est désigné comme le ou l'un des bénéficiaires dans le contrat de fiducie ;
– le fiduciaire inscrit, dans les écritures du patrimoine fiduciaire, les biens ou droits transférés pour leur prix ou valeur d'acquisition par le constituant.

Les **plus-values** constatées sur les biens transférés ne sont donc pas imposables. Elles le sont (selon le régime d'imposition des plus-values des particuliers applicable aux biens transférés) si l'une des conditions n'est pas remplie.

En ce qui concerne la **déclaration d'existence** de la fiducie par le fiduciaire, voir nº 90885.

IMPOSITION DES RÉSULTATS DE LA FIDUCIE

90905 CGI art. 238 quater O Le résultat de la fiducie, **déterminé** au niveau de la fiducie, est **imposé** au nom du constituant. Les règles de détermination et d'imposition sont celles correspondant à la nature de l'activité de la fiducie. Il s'agit donc selon le cas des règles d'imposition des revenus fonciers, des revenus mobiliers ou encore des plus-values immobilières ou sur valeurs mobilières des particuliers.

En cas de **pluralité de constituants,** chacun est imposé pour la part de résultat correspondant à ses droits représentatifs des biens ou droits transférés dans le patrimoine fiduciaire, proportionnellement à leur valeur vénale à la date du transfert dans ce patrimoine. Comme dans le cadre d'une société de personnes, le résultat est imposable au titre de l'année de sa réalisation même s'il n'a pas été appréhendé par le constituant.

> **Précisions** **a.** Les **plus-values** de cession de biens ou droits du patrimoine fiduciaire sont déterminées en fonction de la date et du prix d'acquisition des biens ou droits par le constituant, lorsque ce dernier les a transférés en fiducie sous le régime de neutralité fiscale (voir nº 90901) et en fonction de la date du transfert et de la valeur à cette date (ou du prix et de la date d'acquisition par la fiducie) dans le cas contraire.
> **b.** Le fiduciaire est soumis aux **obligations déclaratives** des sociétés de personnes (CGI art. 238 quater M).

CESSATION TOTALE OU PARTIELLE DE LA FIDUCIE

90910 CGI art. 238 quater P La transmission à titre onéreux de tout ou partie des droits du constituant dans le patrimoine fiduciaire entraîne la cessation fiscale (totale ou partielle) de la fiducie et l'**imposition au nom du constituant des résultats déterminés à la date de la cessation** dans les conditions prévues aux articles 201 et suivants du CGI.

La même règle s'applique en cas de décès du constituant, de résiliation ou d'annulation de l'opération de fiducie ou lorsque cette dernière prend fin.

90911 CGI art. 238 quater Q Par exception à ce principe, le **retour des biens ou droits du patrimoine fiduciaire dans le patrimoine du constituant** n'est pas un fait générateur d'impôt sur le revenu lorsque l'opération de fiducie prend fin sans liquidation du patrimoine fiduciaire et que le constituant prend, dans l'acte constatant le transfert, l'engagement de déterminer, en cas de cession ultérieure des biens ou droits concernés, les plus ou moins-values et, plus généralement, les gains ou pertes par référence :
– s'il s'agit du constituant initial, au prix ou à la valeur d'acquisition par ce dernier des biens ou droits, lorsque ces biens ou droits ont fait l'objet d'un transfert dans le patrimoine fiduciaire sous le régime de neutralité fiscale (voir nº 90901), et au prix d'acquisition du ou des biens ou droits par la fiducie pour les autres biens ou droits ;

– s'il ne s'agit pas du constituant initial, à la valeur des biens ou droits à la date d'acquisition de ses droits au titre de la fiducie ou, pour les biens ou droits qui sont entrés dans le patrimoine fiduciaire après l'acquisition de ses droits, au prix d'acquisition de ces biens ou droits par la fiducie.

B. Droits d'enregistrement et IFI

L'article 2019 du Code civil institue une **obligation d'enregistrement** des actes constatant la formation, la modification ou l'extinction d'un contrat de fiducie. À défaut, ces actes sont nuls de plein droit. **90920** ENR-IX-16000 s

CONSTITUTION DE LA FIDUCIE

Les **actes** constatant la formation d'un contrat de fiducie n'emportant pas transfert de propriété au patrimoine fiduciaire d'immeubles ou de droits réels immobiliers doivent être enregistrés dans un délai d'un mois à compter de leur date, au service des impôts du siège du fiduciaire (service des impôts des non-résidents s'il n'est pas domicilié en France). Cet enregistrement donne lieu à la perception d'un droit fixe de 125 €. **90930** CGI art. 635, 1-8° et 1133 quater

En présence d'**immeubles** ou de **droits réels immobiliers,** l'acte constitutif doit être enregistré dans un délai d'un mois au service de la publicité foncière (CGI art. 647, III ; voir n° 63750). La formalité fusionnée emporte perception de la taxe de publicité foncière sur la valeur des biens ou droits réels immobiliers, au taux de 0,70 %, à laquelle s'ajoute le prélèvement pour frais d'assiette et de recouvrement de 2,14 % calculé sur le montant de la taxe de publicité foncière (voir n° 66230).

DÉROULEMENT

Les actes constatant la **modification du contrat** de fiducie doivent être enregistrés dans les mêmes conditions et donnent lieu à la perception des mêmes droits et taxes que les actes ayant constaté sa formation (voir n° 90930). Il en est de même des actes constatant le **transfert de biens ou droits supplémentaires au fiduciaire.** **90940**

En ce qui concerne les actes constatant le **retour au constituant** de tout ou partie du patrimoine fiduciaire, voir n° 90960.

Application de la taxe annuelle de 3 % visée à l'article 990 D du CGI aux **immeubles** possédés par une fiducie, voir n° 75965.

Gestion du patrimoine fiduciaire En cas de **transmission à titre onéreux** de biens ou droits composant le patrimoine fiduciaire à un tiers ou à un bénéficiaire du contrat de fiducie autre que le constituant, les **droits de mutation** sont exigibles selon la nature des biens et droits transmis dans les conditions de droit commun. **90945**

En ce qui concerne les biens acquis par le constituant sous le régime des achats en vue de la revente (CGI art. 1115), voir n°s 66275 s.

Lorsqu'il est constaté une **transmission dans une intention libérale** de biens ou droits faisant l'objet d'un contrat de fiducie ou des fruits tirés de leur exploitation, les droits de mutation à titre gratuit s'appliquent sur la valeur des biens au taux de 60 %. Ils sont assortis d'une majoration de 80 % (CGI art. 1729). L'intention libérale est caractérisée : CGI art. 792 bis

– lorsque la transmission est dénuée de contrepartie réelle ;

– ou lorsque l'avantage en nature ou résultant d'une minoration du prix de cession est accordé à un tiers par le fiduciaire dans le cadre de la gestion du patrimoine fiduciaire.

Cession de ses droits par le constituant Les droits du constituant résultant du contrat de fiducie sont réputés porter sur les biens formant le patrimoine fiduciaire. Lors de la transmission de ces droits, les **droits de mutation** sont exigibles selon la nature des biens et droits transmis. Ils sont calculés sur la valeur vénale réelle nette des biens mis en fiducie ou des biens acquis en remploi, à la date du fait générateur de l'impôt. **90950** CGI art. 668 bis et 668 ter

Situation du constituant au regard de l'IFI Les actifs immobiliers définis n°s 71140 s. transférés dans un patrimoine fiduciaire ou ceux éventuellement acquis en remploi sont compris dans le patrimoine imposable à l'IFI du constituant pour leur valeur vénale nette au 1er janvier de l'année d'imposition. **90955** CGI art. 969

> **Précisions** **a.** Lorsqu'ils sont redevables de l'IFI, les **associés** personnes physiques **d'une société constituante** sont également tenus d'inclure dans leur patrimoine la valeur vénale des parts sociales de cette société à hauteur de la fraction de leur valeur représentative des actifs immobiliers imposables.
> **b.** La **détermination des actifs imposables** s'apprécie comme si le redevable ou les membres du foyer fiscal détenaient les actifs di-

rectement hors convention de fiducie (BOI-PAT-IFI-20-20-30-30 n° 230).
Les actifs composant le patrimoine fiduciaire peuvent, le cas échéant, bénéficier des **exonérations** prévues en faveur de certaines catégories de biens (voir n°s 71400 s.). De même, la mise en fiducie de la résidence principale n'empêche pas d'appliquer l'**abattement de 30 %** sur sa valeur (n° 71760).

FIN DE LA FIDUCIE

90960 CGI art. 635, 1-8° et 1133 quater **Actes constatant l'extinction de la fiducie** Les actes constatant l'extinction du contrat au bénéfice du constituant (ou du cessionnaire de ses droits) doivent être enregistrés dans les mêmes conditions et donnent lieu à perception des mêmes droits et taxes que les actes constatant la formation du contrat de fiducie (voir n° 90930). Par exception, les actes constatant (au cours ou à l'extinction du contrat) le **retour de tout ou partie du patrimoine fiduciaire** au constituant (ou au titulaire secondaire de ses droits) ne donnent pas lieu à la perception de la taxe de publicité foncière sur les biens et droits immobiliers.
En cas de transfert des biens **au bénéfice d'un tiers,** les droits de mutation de droit commun sont exigibles, même en l'absence d'acte.

90965 CGI art. 766 bis **Décès du constituant** Le contrat de fiducie prend, en principe, fin par le décès du constituant (C. civ. art. 2029). Le **patrimoine fiduciaire** fait alors de plein droit **retour à la succession** du constituant (C. civ. art. 2030).
Pour la liquidation des **droits de mutation par décès,** les biens ou droits transférés dans un patrimoine fiduciaire ou ceux éventuellement acquis en remploi, ainsi que les fruits tirés de l'exploitation de ces biens ou droits, qui font de plein droit retour à la succession du constituant, sont compris dans son patrimoine pour leur valeur vénale nette à la date du décès.

> **Précisions** Par exception, lorsque la fiducie est constituée à titre de garantie (**fiducie-sûreté**), le décès du constituant ne met pas fin au contrat de fiducie (C. civ. art. 2372-1 et 2488-1). Les droits du constituant sont transmis à ses héritiers ou légataires. Pour la liquidation des droits de succession, il convient d'appliquer la règle générale d'évaluation de l'article 668 bis du CGI (n° 90950).

C. TVA

CONSTITUTION DE LA FIDUCIE

91045 DC-IX-54105 s La mise en fiducie emporte le transfert, au profit du fiduciaire, du pouvoir de disposer de biens, corporels ou incorporels, comme un propriétaire.
Lorsque le **constituant** n'est **pas assujetti à la TVA,** le transfert d'un bien en fiducie n'entraîne aucune conséquence particulière dès lors que le bien n'est pas entré dans un cycle de régularisation.
Lorsque le **constituant** est **assujetti à la TVA,** la mise en fiducie doit, en principe, être traitée comme une cession, entraînant un assujettissement à la TVA des biens transmis. Toutefois, la dispense de TVA prévue en faveur des **transmissions d'universalités totales ou partielles de biens** (CGI art. 257 bis) trouve à s'appliquer aux transferts en fiducie lorsque les actifs transférés constituent une universalité totale ou partielle de biens (n° 47520).

DÉROULEMENT DE LA FIDUCIE

91055 Nous examinons ci-après les règles applicables aux prestations de gestion du fiduciaire (n° 91060) et celles applicables aux opérations réalisées pour le compte de la fiducie (n°s 91065 s.).
En ce qui concerne la cession de ses droits par le constituant dans une fiducie dont l'actif est constitué de biens ou droits immobiliers, voir n° 58810.

91060 CGI art. 256, IV-1° DC-IX-54150 s **Prestations de gestion du fiduciaire** Les prestations qu'assure le fiduciaire au titre de ses obligations légales ou contractuelles de gestion du patrimoine fiduciaire sont considérées comme des **prestations de services** entrant dans le champ de la TVA. Le fiduciaire est donc redevable de la TVA sur sa rémunération dès lors qu'il effectue ces prestations de gestion à titre onéreux.
La TVA est **assise** sur la rémunération versée par le constituant et/ou retenue par le fiduciaire sur les recettes d'exploitation des droits ou biens du patrimoine fiduciaire conformément aux clauses contractuelles de la fiducie.
Le fiduciaire doit, au titre de sa prestation de gestion, délivrer au constituant une **facture** (dans les conditions prévues aux n°s 53300 s.), établie **pour son propre compte** et non pour celui de la fiducie. Il doit donc faire figurer sur la facture son propre numéro d'identification à la TVA.

Le **constituant** pourra, le cas échéant, opérer sur sa déclaration de chiffre d'affaires la **déduction** de la taxe facturée à cette occasion dans les conditions de droit commun (nos 55000 s.).

Opérations réalisées pour le compte de la fiducie Sous réserve des précisions ci-après, les opérations réalisées par le fiduciaire pour le compte de la fiducie (acquisition ou vente de meubles ou d'immeubles, perception de loyers, etc.) sont soumises à la TVA dans les conditions de droit commun. Les lecteurs pourront donc se référer aux développements correspondants du présent Mémento. **91065**

Lorsque le fiduciaire réalise une **livraison** d'un **terrain à bâtir ou** d'un **immeuble bâti imposée** à la TVA **sur la marge** (no 58870), la marge brute qui constitue l'assiette de la TVA se calcule par différence entre le prix de cession du bien par le fiduciaire et le prix d'acquisition par le constituant. **91067** CGI art. 268, 2e-dernier al. **DC-IX-54215 s**

Le **redevable** de la TVA au titre des opérations réalisées dans le patrimoine fiduciaire est le fiduciaire. Le fiduciaire est considéré comme un redevable distinct pour chaque contrat de fiducie. **91070** CGI art. 285 A **DC-IX-54180 s**

Autrement dit, la TVA exigible doit être calculée et liquidée au sein de chaque patrimoine fiduciaire dont le fiduciaire assure la gestion.

Cette qualité de redevable distinct impose au fiduciaire de souscrire une **déclaration** pour chaque patrimoine fiduciaire dont il assure la gestion.

› Précisions **a.** Lorsque **plusieurs fiduciaires** ont été désignés **pour un même contrat de fiducie** (C. civ. art. 2011), il y a lieu de prévoir dans le contrat lequel d'entre eux est chargé des obligations déclaratives de la TVA.
b. Si le redevable de la TVA au titre des opérations réalisées dans le patrimoine fiduciaire est le fiduciaire, c'est, en revanche, la **fiducie** en tant que telle qui a la qualité d'assujetti à la TVA au titre desdites opérations. Un **numéro d'identification à la TVA** sera donc attribué à la fiducie, lequel devra figurer sur les **factures** établies par le fiduciaire pour le compte de la fiducie au titre de ces opérations, et, le cas échéant, sur les factures qui lui sont adressées.

Pour connaître l'étendue et les modalités des obligations déclaratives du fiduciaire, il y a lieu de déterminer le **régime d'imposition ou** de **franchise** qui est applicable à la fiducie. **91075**

Pour l'**appréciation des limites** des régimes d'imposition ou de la franchise en base de TVA, il y a lieu de cumuler les chiffres d'affaires réalisés dans les **différents patrimoines fiduciaires** constitués par le **même constituant.**

Ainsi, le régime applicable au fiduciaire pour une fiducie donnée dépendra non seulement du chiffre d'affaires réalisé par cette fiducie, mais également de celui des autres fiducies dont il assure la gestion pour un même constituant.

EXEMPLE

Un fiduciaire gère trois fiducies de gestion d'immeubles aménagés à usage professionnel (F1, F2 et F3) : les fiducies F1 et F2 sont gérées pour le compte d'un même constituant C, la fiducie F3 est gérée pour le compte d'un constituant D. Les limites des régimes d'imposition applicables dans cette hypothèse sont celles prévues pour les autres prestations de services.

Chiffre d'affaires réalisé par F1 : 25 550 €.

Chiffre d'affaires réalisé par F2 : 137 640 €.

Chiffre d'affaires réalisé par F3 : 318 200 €.

Pour déterminer le régime d'imposition applicable à F1 et à F2, il y a lieu de cumuler les chiffres d'affaires des deux fiducies : 25 550 € + 137 640 € = 163 190 €.

Le fiduciaire doit ainsi respecter, à la fois pour F1 et pour F2, les obligations du régime simplifié d'imposition (nos 86870 s.), la fiducie F1 ne pouvant donc pas bénéficier du régime de la franchise en base de TVA.

Pour la fiducie F3, ce sont les règles du régime réel normal d'imposition qui devront être respectées (nos 53700 s.).

Ce cumul de chiffres d'affaires ne s'applique que dans le cas où un même constituant aurait plusieurs contrats de fiducie gérés par un même fiduciaire. Le cumul ne s'applique pas, en revanche, en cas de fiducies constituées par un **même constituant** auprès de **fiduciaires différents.**

En outre, le **chiffre d'affaires** réalisé en **propre** par le **constituant** n'est en aucun cas cumulable avec celui ou ceux réalisés en fiducie.

De même, aucun cumul ne doit être réalisé au titre des fiducies gérées par un **même fiduciaire** mais **relevant de constituants différents.**

FIN DE LA FIDUCIE

91085 À la fin du contrat de fiducie, le patrimoine fiduciaire est, en principe, transféré au(x) bénéficiaire(s). En l'absence de bénéficiaire(s), les droits, biens ou sûretés présents dans le patrimoine fiduciaire font de plein droit retour au constituant.

DC-IX-54105 s et 54250 s

a. Retour du patrimoine fiduciaire au constituant. Les indications relatives à la mise en fiducie des biens présentées au n° 91045 sont en principe transposables au cas de retour des biens dans le patrimoine fiduciaire du constituant.

b. Transfert du patrimoine fiduciaire à un ou plusieurs bénéficiaires autres que le constituant. Lorsque le transfert porte sur des actifs répondant à la définition d'une **universalité de biens,** il bénéficie de la dispense de la TVA exposée au n° 47520. Lorsque le transfert porte sur un **actif isolé** ou sur plusieurs actifs ne répondant pas à la définition d'une universalité de biens ou encore lorsque les conditions nécessaires à l'application du régime spécifique des transmissions d'universalité de biens ne sont pas réunies, il y a lieu d'appliquer le droit commun de la TVA.

D. Impôts directs locaux

91140 Les impôts locaux s'appliquent dans les conditions de droit commun, sous réserve des aménagements décrits ci-après.

CONTRIBUTION ÉCONOMIQUE TERRITORIALE

91145 **Opérations réalisées pour le compte de la fiducie** Les opérations réalisées par le fiduciaire pour le compte de la fiducie, dans le cadre du contrat de fiducie, sont imposables à la **cotisation foncière des entreprises** lorsqu'elles remplissent les conditions indiquées aux n°s 43525 s. Dans ce cas, la cotisation est établie au nom du **fiduciaire** (CGI art. 1447 et 1476). Celui-ci est donc soumis aux **obligations déclaratives** incombant au redevable de la contribution (voir n°s 43755 s.).

DC-IX-54480 s

Les **bases d'imposition** correspondant à l'activité exercée en fiducie sont déterminées dans les conditions de droit commun (n°s 43660 s.). Toutefois, les **transferts** et transmissions résultant de l'exécution du contrat de fiducie sont sans incidence sur la **valeur locative** des biens concernés (CGI art. 1518 C).

> **Précisions** **L'année de constitution de la fiducie,** les règles relatives aux changements d'exploitant sont applicables (si le contrat est conclu en cours d'année, la taxe reste donc établie au nom du constituant). Pour les deux années suivantes, le fiduciaire est imposé selon les modalités indiquées au n° 43746. Les déclarations visées aux n°s 43756 et 43757 doivent être souscrites respectivement par le fiduciaire et par le constituant.

91147 L'imposition à la cotisation foncière des entreprises entraîne l'imposition à la **cotisation sur la valeur ajoutée des entreprises,** dès lors que le chiffre d'affaires excède la limite indiquée au n° 43860 (CGI art. 1586 ter).

Cette cotisation est établie selon les règles de droit commun (n°s 43850 s.).

91150 **Activité de gestion de la fiducie** Comme toute activité de gestion des biens d'autrui, l'activité de gestion des biens mis en fiducie constitue par nature une activité imposable à la **cotisation foncière des entreprises** (et, corrélativement, à la **cotisation sur la valeur ajoutée des entreprises,** pour les redevables dont le chiffre d'affaires excède la limite indiquée au n° 43860). Pour cette activité, le **fiduciaire** est imposable dans les conditions de droit commun.

DC-IX-54440

TAXES FONCIÈRES

91160 Lorsqu'un immeuble a été transféré en application d'un contrat de fiducie, la taxe foncière (sur les propriétés bâties ou non bâties) est établie au nom du **fiduciaire.** Sur la **valeur locative** des biens concernés, voir n° 91145.

CGI art. 1400, IV
DC-IX-54560 s

> **Précisions** En application du principe de l'annualité de l'impôt (n° 41680), l'**année de constitution de la fiducie,** la taxe foncière reste établie au nom du constituant, si celui-ci était propriétaire (ou usufruitier) au 1er janvier des biens transférés. Elle n'est établie au nom du fiduciaire que si le transfert a lieu le 1er janvier.

E. Contrôle fiscal

91180 Le contrôle fiscal s'exerce, en matière de fiducie, selon les règles de droit commun (n°s 77500 s.), sous réserve des dispositions spécifiques examinées ci-après.

MODALITÉS DE CONTRÔLE

a. Le fiduciaire, le constituant, le bénéficiaire ou toute personne physique ou morale exerçant par quelque moyen un pouvoir de décision direct ou indirect sur la fiducie sont soumis au **droit de communication** (nos 78030 s.). Ces personnes doivent communiquer sur sa demande à l'administration fiscale tout document relatif au contrat de fiducie, sans pouvoir lui opposer l'obligation au secret professionnel auquel elles sont éventuellement tenues (LPF art. L 96 F). 91190 DC-IX-54720 s

b. Les fiducies peuvent faire l'objet d'une **vérification de comptabilité,** dans les conditions indiquées aux nos 78110 s., en la personne de leur fiduciaire (LPF art. L 13, V). De façon générale, toute procédure de vérification des déclarations déposées par le fiduciaire pour le compte de la fiducie est suivie entre l'administration et le fiduciaire (LPF art. L 53, al. 2).

c. Lorsqu'un **examen de la situation personnelle** (ESFP : nos 78090 s.) est mis en œuvre à l'égard d'un contribuable qui est partie à un contrat de fiducie ou en tient des droits, la **durée** maximale du contrôle (no 79490) est prorogée si le contrat ou les actes le modifiant n'ont pas été enregistrés dans les conditions prévues à l'article 2019 du Code civil ou si ces mêmes actes n'ont pas été révélés à l'administration avant l'engagement de l'ESFP. La prorogation est égale au délai écoulé entre la date de réception de l'avis de vérification et l'enregistrement ou la révélation de l'information (LPF art. L 12, al. 4).

IMPOSITION D'OFFICE

Lorsque la déclaration annuelle du **résultat de la fiducie** (no 90885) n'est pas déposée dans le délai légal par le fiduciaire, le bénéfice imposable de la fiducie peut faire l'objet d'une procédure d'**évaluation d'office** (LPF art. L 73, 1o ter), sans mise en demeure préalable. 91200 DC-IX-54850 s

De même, s'agissant de la procédure de **taxation d'office pour défaut de déclaration en matière d'impôt sur les sociétés** ou de taxes assises sur les salaires, l'administration est dispensée de mise en demeure préalable dans le cas où les actes constatant la formation, la modification ou l'extinction d'un contrat de fiducie ainsi que le transfert de biens ou droits supplémentaires n'ont pas été enregistrés dans les conditions indiquées aux nos 90920 s. (LPF art. L 68, 5o).

CAS DES FIDUCIES LIBÉRALITÉS

Lorsqu'un contrat de fiducie est consenti dans une intention libérale au sens indiqué au no 90945 et conduit à une **minoration des droits** au titre de tous impôts et taxes dus par l'une quelconque des personnes parties au contrat ou en tenant des droits, l'administration est en droit d'écarter le contrat et de restituer son véritable caractère à l'opération litigieuse. 91210 LPF art. L 64 C DC-IX-54950 s

Cette remise en cause s'effectue dans le cadre de la procédure de rectification contradictoire (nos 78600 s.). Elle s'applique sans préjudice de la sanction de nullité prévue à l'article 2013 du Code civil et entraîne les conséquences indiquées au no 90945.

SECTION 4

OUTRE-MER

Les collectivités publiques d'outre-mer se répartissent en plusieurs catégories : les départements d'outre-mer (DOM), la Nouvelle-Calédonie et les autres collectivités d'outre-mer. Leur régime fiscal varie selon le statut qui les régit (nos 91450 s.). Cependant, un dispositif d'incitation à l'investissement a été instauré pour favoriser leur développement économique et social (nos 91710 s.). 91280 DC-IV-1 s

A. Régime fiscal

1. DÉPARTEMENTS D'OUTRE-MER

La Guadeloupe, la Martinique, Mayotte, La Réunion et la Guyane sont, sauf dispositions dérogatoires, assimilés aux départements métropolitains. 91450 DC-IV-1200 s

Ces territoires sont désignés dans les développements qui suivent par le terme « départements d'outre-mer » (ou « DOM »).

IMPÔT SUR LE REVENU

91460 Sous réserve des particularités que nous examinerons ci-après, les DOM sont soumis au régime de droit commun de l'impôt sur le revenu des contribuables domiciliés en France avec notamment imposition de l'ensemble des revenus (voir n°s 485 s.).

91465 **Détermination des revenus imposables** Les revenus ou bénéfices réalisés dans les DOM sont, d'une manière générale, déterminés dans les mêmes conditions qu'en métropole. Les règles exposées à propos des différentes catégories de revenus leur sont donc applicables.

Une règle spéciale est, toutefois, retenue pour la détermination du bénéfice imposable afférent aux **exploitations agricoles** situées dans les DOM : pendant les dix premières années suivant celle de leur mise en exploitation, il est fait abstraction des bénéfices provenant de l'exploitation des terrains en friche depuis quinze ans au moins qui sont affectés à des cultures agréées dont la liste est fixée par arrêté préfectoral en fonction des possibilités de chaque aire géographique (CGI art. 76 bis : DC-IV-2535 s.). Ce **dispositif** est toutefois **supprimé** pour les revenus provenant des terrains dont la première affectation aux cultures agréées n'a pas eu lieu à la date du 30-6-2020 (Loi 2019-1479 du 28-12-2019 art. 29).

91470 CGI art. 197, I-3 **DC-IV-1250 s** **Calcul de l'impôt sur le revenu** Le calcul de **l'impôt progressif** des contribuables domiciliés dans les DOM s'effectue suivant les règles prévues en métropole et exposées aux n°s 1580 s. L'impôt brut est déterminé en appliquant le même barème. Il fait, toutefois, l'objet d'une **réduction** de 40 %, plafonnée à 4 050 €, pour les contribuables domiciliés en Guyane et à Mayotte, et de 30 %, plafonnée à 2 450 €, pour les contribuables domiciliés en Guadeloupe, en Martinique ou à La Réunion.

Cette réduction est également applicable à la **taxation proportionnelle** dont font l'objet les plus-values professionnelles à long terme (n° 18100).

› **Précisions** **a.** Les réfactions de 30 % et 40 % sont réservées aux **contribuables dont le lieu d'imposition est situé dans l'un des DOM** visés ci-dessus au 31 décembre de l'année d'imposition. Elles s'appliquent sur l'impôt afférent à l'ensemble des bénéfices qu'ils réalisent et des revenus qu'ils perçoivent tant dans la métropole que dans le département considéré (s'il y a eu **transfert** en cours d'année d'un DOM vers un **autre DOM** dans lequel le taux de réfaction est différent, le taux du département de domiciliation au 31 décembre de l'année d'imposition s'applique pour l'année entière : BOI-IR-LIQ-20-30-10 n° 140).

Les contribuables **domiciliés en métropole** sont imposés au taux métropolitain, y compris sur les bénéfices et revenus réalisés ou perçus dans les DOM. Toutefois, en cas de **transfert en cours d'année du domicile** de l'un des DOM visés ci-dessus vers la métropole, la réduction de 30 % ou 40 % reste applicable à l'impôt afférent aux revenus perçus ou réalisés pendant la période de domiciliation dans le DOM. La répartition des revenus s'effectue en tenant compte de la mise à disposition effective des revenus ou de la date de réalisation de la plus-value (BOI-IR-LIQ-20-30-10 n°s 110 et 120).

b. La réduction s'applique après le **plafonnement** des effets du **quotient** familial et avant la **décote.** Elle n'entre pas en compte dans le calcul du plafonnement global des avantages fiscaux (n°s 4840 s.).

91480 Les **taux minima d'imposition** de 20 % et 30 % applicables aux revenus de source française perçus par les **contribuables domiciliés hors de France** (n° 4410) sont réduits respectivement à 14,4 % et 20 % pour les revenus provenant des DOM.

De même, les taux de 12 % et 20 % de la **retenue à la source** sur les traitements, salaires, pensions et rentes viagères versés à des **personnes domiciliées hors de France** (n°s 4595 s.) sont réduits respectivement à 8 % et 14,4 % (si l'activité est exercée dans un DOM ou si le paiement des arrérages y est effectué). Aucune réduction n'est prévue pour les revenus non salariaux et les revenus des artistes : n°s 4565, 4570, b et 4640.

91485 **Réductions et crédits d'impôt** Voir n°s 91850 s., 91995 s., 92010 s. et 92080 s. les allégements d'impôt sur le revenu attachés à certains **investissements réalisés outre-mer.**

91487 **Prélèvement à la source de l'impôt** Pour les contribuables domiciliés dans un département d'outre-mer à la date du versement du revenu soumis au prélèvement à la source (BOI-IR-PAS-20-20-30-10 n° 130), le **taux par défaut** (ou taux neutre) éventuellement applicable (n°s 3810 s.) est déterminé au moyen de grilles propres à l'outre-mer (voir n° 97110 les grilles applicables à compter du 1-1-2020).

IMPÔT SUR LES BÉNÉFICES

91490 Un dispositif réservé aux entreprises implantées dans les zones franches des DOM leur permet sous certaines conditions de bénéficier d'un abattement sur l'impôt sur les bénéfices.

› **Précisions** **a.** Pour les activités créées depuis le 1er janvier 2019, les entreprises ultramarines ne peuvent plus bénéficier des **exonérations** prévues dans les ZFU (n°s 10335 s.).

b. Les exploitations situées dans les DOM bénéficient de certains **avantages spécifiques** : le taux du **crédit d'impôt recherche** (nº 10490) est fixé à 50 % pour les dépenses de recherche et à 40 % pour les dépenses d'innovation des PME ; le **crédit d'impôt pour la compétitivité et l'emploi** est maintenu à Mayotte à un taux fixé à 9 %. Le bénéfice de ces avantages est toutefois subordonné au respect de l'article 15 du règlement 651/2014 (RGEC) du 17-6-2014.

Zones franches d'activité Les **entreprises** relevant de l'impôt sur le revenu selon un régime réel ou micro ou soumises à l'IS, qui emploient moins de 250 salariés, réalisent un chiffre d'affaires annuel inférieur à 50 M€ et disposent d'implantations situées en Guadeloupe, en Guyane, à Mayotte, en Martinique ou à La Réunion peuvent bénéficier d'un dispositif d'abattement sur le bénéfice imposable (dénommé zones franches d'activité nouvelle génération ou ZFANG). L'**activité principale** de l'exploitation doit relever exclusivement de l'un des secteurs d'activité éligibles à la réduction d'impôt prévue à l'article 199 undecies B du CGI (voir nºs 91850 s.). 91491 CGI art. 44 quaterdecies **DC-IV-2650 s**

› Précisions **a.** L'abattement s'applique également aux bénéfices tirés d'une **activité non éligible** au dispositif si elle présente un caractère **accessoire** (chiffre d'affaires procuré par cette activité inférieur à 50 % du chiffre d'affaires global) (BOI-BIC-CHAMP-80-10-85 nº 90).

b. Les entreprises exerçant leur activité dans le secteur de l'**énergie photovoltaïque** sont éligibles au dispositif, à l'exception toutefois de celles dont l'activité principale réside dans l'achat-revente (BOI-BIC-CHAMP-80-10-85 nº 60).

c. Les **entreprises en difficulté** sont désormais éligibles au dispositif dans les conditions de droit commun.

d. Lorsque l'entreprise est **également éligible** à l'un des **dispositifs d'exonération** mentionnés aux nºs 10260 s. (entreprises nouvelles), nºs 10310 s. (reprise d'entreprise en difficulté), nºs 10380 s. (zones de restructuration de la défense), nº 10375 (bassins urbains à dynamiser), nºs 16225 s. (jeunes agriculteurs), elle dispose d'un délai de six mois à compter de son début d'activité pour **opter** définitivement pour le régime des zones franches d'activité. À défaut d'option expresse, le bénéfice de l'exonération peut toutefois être demandé par voie de **réclamation** (BOI-BIC-CHAMP-80-10-85 nº 350).

e. Les entreprises qui bénéficient de l'abattement peuvent appartenir à un **groupe fiscal** : voir nº 40225.

f. L'abattement ne s'applique pas lorsque l'entreprise ne transmet pas ses **déclarations** de chiffre d'affaires **dans les délais** et qu'il s'agit de la deuxième omission successive (CGI art. 302 nonies).

Montant de l'avantage. Le **taux normal** de l'abattement est fixé à 50 %. Un **taux majoré** de 80 % est prévu pour les bénéfices provenant soit d'exploitations situées en Guyane ou à Mayotte, quelle que soit leur activité, soit d'exploitations situées en Guadeloupe, en Martinique ou à la Réunion et dont l'activité relève de **certains secteurs** prioritaires limitativement énumérés. 91492

Pour un exercice ou une période d'imposition de douze mois, le montant du bénéfice exonéré est **plafonné** à 150 000 € dans le régime de droit commun et à 300 000 € lorsqu'il ouvre droit à l'abattement majoré. Les **règles européennes** de plafonnement en matière d'aides d'État issues du règlement 651/2014 (RGEC) du 17-6-2014 s'appliquent en complément (nºs 92605 s.).

Des avantages fiscaux sont également prévus en matière d'**impôts locaux** (voir nºs 91540, 91542 et 91545).

› Précisions **a.** L'abattement sur les bénéfices et plus-values s'applique après déduction des **déficits reportables** (BOI-BIC-CHAMP-80-10-85 nº 280).

b. S'agissant des exploitations situées en Guadeloupe, en Martinique ou à La Réunion, l'**abattement** et le **plafond majoré** s'appliquent à celles qui exercent leur activité principale dans un des secteurs suivants : recherche et développement, technologies de l'information et de la communication, tourisme, y compris les activités de loisirs et de nautisme s'y rapportant, agro-nutrition, environnement, énergies renouvelables, bâtiments et travaux publics, transformation de produits destinés à la construction et production cosmétique et pharmaceutique. Peuvent également bénéficier de l'avantage majoré les entreprises qui bénéficient du régime de perfectionnement actif défini à l'article 44 quaterdecies, III-4º du CGI.

c. Lorsque l'entreprise réalise des bénéfices soumis à des **taux d'abattement différents,** l'abattement total ne peut excéder 300 000 €, dont 150 000 € au plus pour les bénéfices éligibles à l'abattement de droit commun (BOI-BIC-CHAMP-80-10-85 nº 140).

d. Pour les **entreprises soumises à l'impôt sur les sociétés,** la déduction pour investissement prévue à l'article 217 undecies du CGI (nºs 91940 s.) s'applique le cas échéant après l'abattement.

IMPÔTS DIRECTS LOCAUX

Les particularités par rapport à la métropole (nºs 41500 s.) portent essentiellement sur les points indiqués ci-après. 91525 CGI ann. II art. 329 à 333 J

91530
DC-IV-7400 s

Taxe d'habitation Trois dispositions sont particulières aux DOM :
– les logements occupés à titre **d'habitation principale** sont exonérés lorsque leur valeur locative n'excède pas 40 % de la valeur locative moyenne des locaux d'habitation de la commune, ce seuil d'exonération pouvant être porté à 50 % par le conseil municipal ;
– un régime spécial d'**abattements** s'y applique ;
– des montants spécifiques sont fixés pour l'octroi de certains allégements soumis à des conditions de revenus (voir nº 91535).

› Précisions a. L'**abattement** général à la base est obligatoire comme l'abattement pour **charges de famille.** L'**abattement** spécial à la base en faveur des **personnes** de **condition modeste** (voir nº 43145) n'est pas applicable.
b. Les **taux des abattements** sont calculés en pourcentage de la valeur locative moyenne de la commune :
– abattement pour charges de famille : 5 % par personne à charge, 10 % sur décision du conseil municipal (taux fixés respectivement à 2,5 % et 5 % lorsqu'il s'agit d'un enfant réputé à charge égale de ses parents) ;
– abattement général à la base : 40 %, mais ce taux est porté à 50 % lorsque le conseil municipal a relevé à 50 % le seuil d'exonération de l'habitation principale.

91535

Les montants spécifiques à retenir pour l'octroi en 2020 des divers allégements de taxe liés à une **condition de revenus** sont indiqués dans le tableau figurant ci-après.

	Parts de quotient familial [1]				
	1e part	1e 1/2 part	2e 1/2 part	3e 1/2 part	1/2 parts suivantes
1. Exonération et dégrèvement de **taxe d'habitation** (CGI art. 1414, I et IV : nºs 43060 et 43070) et de **taxe foncière** sur les propriétés bâties en faveur des personnes âgées ou invalides de condition modeste (CGI art. 1391 et 1391 B : nºs 42315 s.)					
• Plafonds des **revenus du contribuable** (année 2019) (CGI art. 1417, I) :					
Mayotte	20 577 €	5 662 €	4 439 €	4 439 €	4 439 €
Guyane	13 730 €	3 779 €	2 963 €	2 963 €	2 963 €
Autres DOM	13 133 €	3 137 €	2 963 €	2 963 €	2 963 €
• Plafonds de **revenus de l'enfant majeur en cas de cohabitation** (année 2019) (CGI art. 1414, IV) :					
Mayotte	8 293 €	1 382 €	1 382 €	3 314 €	3 314 €
Guyane	7 547 €	1 257 €	1 257 €	3 015 €	3 015 €
Autres DOM	6 796 €	1 638 €	1 638 €	2 895 €	2 895 €
2. Plafonnement de taxe foncière sur les propriétés bâties **en fonction du revenu** (CGI art. 1391 B ter : nº 42330)					
• Plafonds de **revenus** (année 2019) (CGI art. 1417, II) :					
Mayotte	37 982 €	7 353 €	7 353 €	6 260 €	5 273 €
Guyane	34 563 €	6 690 €	6 690 €	5 696 €	4 800 €
Autres DOM	31 539 €	6 690 €	6 379 €	4 800 €	4 800 €

1. Les montants indiqués pour les demi-parts supplémentaires sont divisés par deux pour les quarts de part.

91540
DC-IV-5900 s

Taxe foncière sur les propriétés bâties Plusieurs mesures spécifiques sont prévues en matière de taxe foncière sur les propriétés bâties.
a. Les logements occupés à titre d'**habitation principale** par leurs propriétaires sont exonérés dans les mêmes conditions qu'en matière de taxe d'habitation (voir nº 91530).
b. Des **plafonds de revenus** particuliers sont fixés pour l'octroi des exonération et dégrèvement prévus en faveur des personnes âgées ou invalides de condition modeste (nºs 42315 s.) et du plafonnement en fonction du revenu (nº 42330) : voir nº 91535.

c. Sauf délibération contraire des collectivités ou de leurs groupements, la base d'imposition des immeubles ou parties d'immeubles rattachés à compter du 1er janvier 2009 à un établissement réunissant les conditions requises pour bénéficier de l'abattement de cotisation foncière des entreprises visé au nº 91545 fait l'objet d'un **abattement** au titre des **zones franches d'activité** nouvelle génération.

Le taux de cet abattement en principe égal à 50 % est porté à 80 % pour les immeubles ou parties d'immeubles qui sont situés en Guyane ou à Mayotte ou qui sont rattachés à un établissement exerçant son activité principale dans certains secteurs prioritaires ou participant à l'ouverture au commerce international (CGI art. 1388 quinquies).

L'abattement s'applique à compter du 1er janvier de l'année qui suit celle où l'immeuble ou les parties d'immeubles sont rattachés à un établissement remplissant les conditions requises. Il cesse de s'appliquer à compter du 1er janvier de l'année suivant celle où les immeubles ou parties d'immeubles ne sont plus rattachés à un établissement réunissant les conditions requises.

Le bénéfice de l'abattement est subordonné au respect du règlement européen 651/2014 (RGEC) du 17 juin 2014 (nº 92607, précision d).

À noter que le dispositif des zones franches d'activité ancienne génération est encore susceptible de s'appliquer en 2020 au titre du maintien des droits acquis.

d. À Mayotte, la base d'imposition des **propriétés cédées** jusqu'en 2025 par une collectivité publique aux **occupants irréguliers** des constructions affectées à leur habitation principale sises sur ces propriétés fait l'objet (sauf délibération contraire des collectivités ou de leurs groupements) d'un **abattement temporaire dégressif.**

Pour les propriétés cédées au plus tard le 31 décembre 2016, l'abattement est pratiqué pendant les cinq années suivant celle au cours de laquelle la cession est intervenue (100 % la première année, puis 80 %, 60 %, 40 % et 20 % au cours de chacune des années suivantes).

Pour les propriétés cédées du 1er janvier 2017 au 31 décembre 2025, l'abattement s'applique les trois années suivant celle de la cession à concurrence de 100 % la première année, 70 % la deuxième année et 30 % la troisième année (CGI art. 1388 sexies).

L'abattement s'applique, le cas échéant, après celui prévu au c ci-dessus. Il cesse de s'appliquer en cas de changement de redevable au cours des cinq ou trois années concernées.

Dans ce même département, un **abattement** de 60 % s'applique sur la valeur locative des **locaux d'habitation** ou servant à l'exercice d'une activité salariée à domicile (CGI art. 1496, II bis).

Taxe foncière sur les propriétés non bâties En matière de taxe foncière sur les propriétés non bâties, il existe également plusieurs mesures spécifiques : **91542** DC-IV-6850 s

– les redevables sont exonérés lorsque la valeur locative totale des parcelles qu'ils possèdent dans la commune n'excède pas 30 % de la valeur locative d'un hectare de terre de la meilleure catégorie existant dans la commune ;

– les **propriétés agricoles** (telles que définies au nº 42525) non concernées par la mesure énoncée ci-dessus sont exonérées à concurrence de 80 % (CGI art. 1395 H). Le bénéfice de cette exonération est subordonné au respect du règlement européen 651/2014 (RGEC) du 17 juin 2014 (nº 92607, précision d) ;

– les propriétés domaniales de **Guyane** qui ne sont ni concédées ni exploitées ne supportent pas la taxe ;

– la **taxe additionnelle** à la taxe foncière sur les propriétés non bâties visée au nº 45515 n'est pas applicable à **Mayotte** (CGI art. 1519 I, VI). Par ailleurs, dans ce département, la base imposable des **terrains cédés** du 1er janvier 2018 au 31 décembre 2025 par une personne publique à des **occupants irréguliers** fait l'objet d'un abattement dégressif pendant les trois années suivant celle de la cession (100 % la première année, 70 % la deuxième année et 30 % la dernière). L'abattement, auquel peuvent s'opposer les collectivités territoriales et leurs groupements, s'applique selon les mêmes modalités que celui prévu au nº 91540, d (CGI art. 1396 bis).

Contribution économique territoriale Sauf délibération contraire des collectivités ou de leurs groupements, un **abattement** s'applique à la base nette d'imposition à la cotisation foncière des entreprises (CFE) des établissements existant au 1er janvier 2009 en Guadeloupe, en Guyane, en Martinique, à La Réunion ou à Mayotte ou faisant l'objet à compter de cette date d'une création ou d'une extension dans ces départements et exploités par des entreprises remplissant, au cours de la période de référence (nº 43665), les conditions requises pour bénéficier de l'abattement sur les bénéfices au titre des **zones franches d'activité** nouvelle génération visé au nº 91491. **91545** CGI art. 1466 F DC-IV-7770 s

Le **taux** de l'abattement est en principe égal à 80 % Il est porté à 100 % pour les établissements qui sont situés en Guyane ou à Mayotte ou qui relèvent d'une entreprise exerçant son activité principale dans certains secteurs prioritaires ou participant à l'ouverture au commerce international.

Le **montant** de l'abattement est **limité** à 150 000 € par année d'imposition et par établissement en bénéficiant (BOI-IF-CFE-10-30-30-70 n° 120). Son application est subordonnée au respect du règlement européen 651/2014 (RGEC) du 17 juin 2014 (n° 92607, précision d).

Pour la détermination de la **cotisation sur la valeur ajoutée** des établissements bénéficiant de l'abattement, la valeur ajoutée fait l'objet, à la demande de l'entreprise, d'un abattement de même taux, dans la limite de 2 000 000 € de valeur ajoutée (CGI art. 1586 nonies, IV).

> **Précisions** **a.** L'abattement s'applique à la **cotisation minimum de CFE** visée au n° 43715 (BOI précité n° 180). À noter que le montant de celle-ci est réduit à Mayotte (CGI art. 1647 D, I bis).
> **b.** Le **dispositif** des zones franches d'activité ancienne génération, **antérieur** à l'article 19 de la loi 2018-1317 du 28 décembre 2018, est encore susceptible de s'appliquer en 2020 au titre du maintien des droits acquis.

91550 ASS-I-13000 s **Taxes spéciales d'équipement** Des taxes spéciales d'équipement sont perçues :

– en Guyane et à Mayotte au profit de l'établissement public foncier et d'aménagement de chacun de ces départements (CGI art. 1609 B) ;

– en Guadeloupe et en Martinique au profit de l'agence pour la mise en valeur des espaces urbains de la zone dite des cinquante pas géométriques (CGI art. 1609 C et 1609 D).

Ces taxes sont dues par toutes les personnes physiques ou morales assujetties aux principaux impôts directs locaux dans les communes comprises dans la zone de compétence de ces organismes. Les propriétés agricoles visées au n° 42525 en sont exonérées (CGI art. 1607 A).

TAXE SUR LA VALEUR AJOUTÉE

91560 CGI art. 294 à 296 ter TVA-III-20000 s La TVA est **applicable** dans les départements de la **Martinique,** de la **Guadeloupe** et de **La Réunion,** dans les mêmes conditions qu'en France continentale. En revanche, elle n'est provisoirement **pas applicable** en Guyane ni à Mayotte.

Les **relations entre la métropole et les DOM** et ces départements entre eux sont toutefois réglées de façon particulière (n°s 91565 s.). Des **dispositions spécifiques** aux DOM sont par ailleurs prévues, essentiellement en matière d'exonération, de taux et de franchise en base (n°s 91590 s.).

> **Précisions** **a.** Les entreprises établies dans les DOM doivent, comme les entreprises établies en métropole, souscrire leurs **déclarations de TVA** par voie électronique (télédéclaration) et s'acquitter, par la même voie, du paiement de la taxe due (télérèglement) (n° 53720 s.). Pour les entreprises qui exercent des activités imposables, soit en métropole et dans les DOM où la TVA est applicable, soit dans plusieurs de ces départements, la déclaration de TVA doit, en principe, regrouper l'ensemble de leurs opérations réalisées en métropole et dans les DOM.
> **b.** Le régime des **déductions** obéit dans les DOM aux règles applicables en métropole (n°s 55000 s.). À noter toutefois que les assujettis établis à la Martinique, à la Guadeloupe ou à La Réunion ne sont pas considérés comme des « étrangers » au regard de la **procédure spéciale de remboursement** exposée n°s 50675 s. En revanche, les « assujettis » établis en Guyane ou à Mayotte peuvent être concernés par cette procédure.

91565 CGI art. 294 TVA-III-20200 s **Territorialité** Pour l'application de la TVA, les départements d'outre-mer sont considérés comme des territoires d'exportation par rapport à la France métropolitaine et par rapport aux autres États membres de l'Union européenne ou aux pays tiers. Les départements d'outre-mer constituent également des territoires d'exportation les uns par rapport aux autres, sauf en ce qui concerne les relations entre la Guadeloupe et la Martinique (ces deux derniers départements constituant un marché unique).

91570 **Livraisons de biens.** Bénéficient de l'exonération prévue en matière d'**exportation** de biens (exonération avec droit à déduction) :

– l'expédition ou le transport d'un bien de la métropole à destination d'un DOM ;

– l'expédition ou le transport d'un bien de la Guadeloupe ou de la Martinique à destination de la métropole, d'un autre État membre de l'Union européenne ou d'un pays tiers, des départements de la Guyane, de Mayotte ou de La Réunion ;

– l'expédition ou le transport d'un bien de La Réunion à destination de la métropole, d'un autre État membre de l'Union européenne ou d'un pays tiers, des départements de la Guadeloupe, de la Guyane, de Mayotte ou de la Martinique.

Est considérée comme **importation d'un bien** :

– l'entrée en métropole d'un bien originaire ou en provenance des DOM ;

– l'entrée en Guadeloupe ou en Martinique d'un bien originaire ou en provenance de la métropole, d'un autre État membre de l'Union européenne ou d'un pays tiers, des départements de la Guyane, de Mayotte ou de La Réunion ;

– l'entrée à La Réunion d'un bien originaire ou en provenance de la métropole, d'un autre État membre de l'Union européenne ou d'un pays tiers, des départements de la Guadeloupe, de la Guyane, de Mayotte ou de la Martinique.

La TVA est alors perçue par le service des douanes à l'entrée en métropole ou dans le département d'outre-mer concerné.

› Précisions a. Les dispositions relatives aux **échanges intracommunautaires** et aux ventes à distance ne sont pas applicables dans les échanges entre les DOM et la France métropolitaine ou les autres États membres de l'Union européenne. Les entreprises fiscalement établies dans ces départements n'ont pas de numéro individuel d'identification. 91575

b. Une solution particulière s'applique aux **publications** en provenance ou à destination des DOM, respectivement vendues au numéro. Pour ces publications, la taxe est due par l'éditeur (au taux en vigueur dans le pays de destination) sur le prix de vente au public. Pour les publications acheminées par avion, si le montant exact des ventes à déclarer n'est pas connu lors du dépôt des déclarations, l'éditeur peut liquider provisoirement la taxe due sur la base du prix de vente pratiqué au 31 décembre de l'année précédente. Il y a lieu de procéder à la liquidation définitive dès que cela est possible et au plus tard en avril de l'année suivante (TVA-XV-25730 s.).

Prestations de services. L'administration applique les règles suivantes pour la détermination du lieu d'imposition (et en conséquence du taux applicable) des services rendus entre la métropole et les DOM (BOI-TVA-GEO-20-40 n°s 110 s.), sous réserve des exonérations prévues notamment par l'article 262 du CGI (n°s 50110 s. et 50450 s.). 91580

1. Prestations fournies à un assujetti (**relations « B to B »**).

a. Les prestations relevant de la **règle générale** « B to B » (nº 49870) sont :

– imposables aux taux visés au nº 91610 lorsque le preneur assujetti est établi en Martinique, en Guadeloupe ou à La Réunion, quel que soit le lieu d'établissement du prestataire (métropole ou DOM, y compris la Guyane et Mayotte) ;

– imposables aux taux métropolitains lorsque le preneur assujetti est établi en métropole, quel que soit le DOM où est établi le prestataire (Martinique, Guadeloupe, La Réunion, Guyane ou Mayotte) ;

– non imposables lorsque le preneur assujetti est établi en Guyane ou à Mayotte, quel que soit le lieu d'établissement du prestataire (métropole ou DOM).

Par mesure de **tolérance,** certaines prestations de services peuvent toutefois être soumises à la TVA au taux applicable au lieu de leur exécution, et non pas au lieu d'établissement du preneur, lorsque les prestataires et preneurs assujettis sont établis en France (en métropole ou dans les DOM). Sont limitativement concernés : le transport de biens autre qu'intracommunautaire ; les prestations accessoires aux transports autres que les transports intracommunautaires de biens, telles que chargement, déchargement, manutention et activités similaires ; les travaux et expertises sur biens meubles corporels (BOI-TVA-GEO-20-40 nº 140).

Quel que soit le lieu d'imposition (métropole ou DOM), la taxe doit être acquittée par le prestataire.

Pour les prestations relevant de la règle générale « B to B », le régime d'imposition se résume comme indiqué dans le tableau figurant ci-dessous :

Lieu d'établissement du preneur	Lieu d'établissement du prestataire		
	Métropole	Martinique Guadeloupe La Réunion	Guyane Mayotte
Métropole	Taux métropolitains [1 et 2]	Taux métropolitains [1 et 2]	Taux métropolitains [1 et 2]
Martinique, Guadeloupe, La Réunion	Taux prévus par l'article 296, 1º du CGI [2]	Taux prévus par l'article 296, 1º du CGI [2]	Taux prévus par l'article 296, 1º du CGI [2]
Guyane, Mayotte	Pas d'imposition	Pas d'imposition	Pas d'imposition

1. Taux prévus par l'article 296, 1º du CGI s'il s'agit d'un transport de biens autre qu'intracommunautaire, de prestations accessoires audit transport ou de travaux et expertises sur biens meubles corporels dont le lieu d'exécution est en Martinique, en Guadeloupe ou à La Réunion.
2. Pas d'imposition s'il s'agit d'un transport de biens autre qu'intracommunautaire, de prestations accessoires audit transport ou de travaux et expertises sur biens meubles corporels dont le lieu d'exécution est en Guyane ou à Mayotte.

b. Les prestations relevant des **règles particulières** de territorialité décrites aux n°s 49955 s. et nº 49985 sont soumises aux taux métropolitains ou aux taux visés au nº 91610 selon que le lieu de la prestation, déterminé selon ces règles particulières, se situe en métropole ou dans un DOM. Dans le cas où la prestation se situe en Guyane ou à Mayotte, la TVA n'est pas applicable.

2. Prestations fournies à un non-assujetti (**relations « B to C »**).
a. Les prestations relevant de la **règle générale** « B to C » (n° 49895) sont :
– imposables aux taux visés au n° 91610 lorsque le prestataire est établi en Martinique, en Guadeloupe ou à La Réunion, quel que soit le lieu d'établissement du preneur non assujetti (métropole ou DOM, y compris la Guyane et Mayotte) ;
– imposables aux taux métropolitains lorsque le prestataire est établi en métropole, quel que soit le lieu d'établissement du preneur non assujetti (métropole ou DOM, y compris la Guyane et Mayotte) ;
– non imposables lorsque le prestataire est établi en Guyane ou à Mayotte, quel que soit le lieu d'établissement du preneur non assujetti (métropole ou DOM).
Pour les prestations relevant de la règle générale « B to C », le régime d'imposition se résume comme indiqué dans le tableau figurant ci-dessous :

Lieu d'établissement du preneur	Lieu d'établissement du prestataire		
	Métropole	Martinique Guadeloupe La Réunion	Guyane Mayotte
Métropole	Taux métropolitains	Taux prévus par l'article 296, 1° du CGI	Pas d'imposition
Martinique, Guadeloupe, La Réunion	Taux métropolitains	Taux prévus par l'article 296, 1° du CGI	Pas d'imposition
Guyane, Mayotte	Taux métropolitains	Taux prévus par l'article 296, 1° du CGI	Pas d'imposition

b. Les prestations relevant des **règles particulières** de territorialité décrites aux n°s 49955 s. et n°s 49990 s. sont soumises aux taux métropolitains ou aux taux visés au n° 91610 selon que le lieu de la prestation, déterminé selon ces règles particulières, se situe en métropole ou dans un DOM. Dans le cas où la prestation se situe en Guyane ou à Mayotte, la TVA n'est pas applicable.
Toutefois, pour les prestations de services listées à l'article 259 B du CGI (prestations « immatérielles », lesquelles sont en principe imposées au lieu du prestataire : n°s 50020 s.), une mesure de **tolérance** est prévue : ces prestations peuvent être imposées au taux applicable du lieu d'établissement ou de résidence du preneur non assujetti en métropole ou dans un DOM lorsqu'elles sont fournies par des prestataires établis en France. Lorsque ce lieu est situé en Guyane ou à Mayotte, la prestation n'est pas soumise à la taxe (BOI-TVA-GEO-20-40 n° 220).
3. En ce qui concerne les **agents de voyages** organisant des voyages à destination des DOM, voir n° 61530, précisions.
Remarque : En ce qui concerne les **relations** entre les **DOM** et les **autres États membres** de l'Union européenne ou les **pays tiers,** le lieu des prestations de services est déterminé dans les mêmes conditions que dans les relations entre la métropole et ces autres États membres ou pays tiers.

91590
CGI art. 295
TVA-III-22700 s

Exonérations Les opérations suivantes réalisées dans les DOM font l'objet d'une exonération spéciale :
– **transports maritimes** de personnes et de marchandises effectués dans les limites de chacun des départements de la Guadeloupe, de la Martinique et de La Réunion (CGI art. 295, 1-1°) ;
– importations, ventes, commissions, courtages et façons portant sur les **produits pétroliers** énumérés au tableau B de l'article 265 du Code des douanes dans ces départements (CGI art. 295, 1-6°) ;
– **importations** de matières premières et produits figurant aux articles 50 undecies (matériels d'équipement destinés à l'industrie hôtelière et touristique) et 50 duodecies de l'annexe IV au CGI (produits, matériaux de construction, engrais et outillages industriels et agricoles), **livraisons en l'état** de ces matières premières ou produits, **ventes et livraisons à soi-même** de produits de **fabrication locale analogues** (CGI art. 295, 1-5°) ;
– ventes et importations de **riz** à La Réunion (CGI art. 295, 1-2°) ;
– affrètements et **locations de courte durée** (au sens défini au n° 49960, précision b) de **navires de grande plaisance** (c'est-à-dire ceux qui sont d'une longueur de coque supérieure à vingt-quatre mètres et dont la jauge brute est inférieure à trois mille) **mis à disposition** à partir du territoire de la **Guadeloupe ou** de la **Martinique** en vue de réaliser des voyages d'agréments en dehors des eaux territoriales (CGI art. 295, 1-7° ; BOI-TVA-GEO-20-20 n° 240).

› Précisions a. Les **transports** en provenance ou à destination de la métropole, ou des autres DOM ou des collectivités d'outre-mer, sont exonérés comme les transports internationaux (n°s 50180 s.). Dans le cadre du marché unique des Antilles, les transports aériens de marchandises entre la Guadeloupe et la Martinique sont taxables pour la distance parcou-

rue dans ces départements ; les transports maritimes de marchandises effectués entre ces deux départements sont en revanche exonérés (BOI précité n° 140).
Les **croisières et excursions maritimes** réalisées dans les DOM peuvent bénéficier dans leur globalité de l'exonération prévue à l'article 295, 1-1° du CGI (Rép. Manscour : AN 2-11-2004 n° 45095, non reprise dans Bofip).
b. Les **producteurs et importateurs de matières premières et de produits** visés à l'article 295, 1-5° du CGI qui **en assurent l'installation** sont imposables sur l'ensemble du prix facturé si l'installation constitue un travail immobilier (CE 27-7-2001 n° 216193 : RJF 11/01 n° 1371 ; CE 12-1-2018 n° 384395 : RJF 4/18 n° 363).
c. Les entreprises agréées au **régime fiscal de longue durée** qui était prévu par l'article 1655 bis, 1 du CGI (n° 91490, précision b) bénéficient d'une exonération de TVA dont la portée est fixée par décision particulière.

En ce qui concerne les **tabacs manufacturés,** la TVA est applicable à tous les stades de la commercialisation ; cependant, les marges commerciales postérieures à l'importation ou à la fabrication demeurent exclues de la taxe (CGI art. 298 sexdecies). Cette exclusion constituant une exclusion de l'assiette taxable et non une exclusion du champ d'application de la TVA, les négociants peuvent déduire la taxe ayant grevé les biens et services ayant concouru à la réalisation de leurs opérations (CE 6-11-2002 n° 212630 : RJF 1/03 n° 30). **91595**

Sont également exonérées de TVA les **livraisons de biens au détail** réalisées, dans les communes de **Guadeloupe ou** de **Martinique** disposant d'un port d'accueil de navires de croisière touristique, par des vendeurs autorisés par l'administration, auprès de **particuliers** n'ayant pas leur domicile ou leur résidence habituelle dans ces mêmes départements, effectuant une **croisière touristique maritime** et qui emportent ces biens dans leurs **bagages personnels** hors de ces départements. **91600**
Cette **exonération** n'est toutefois **pas** applicable aux livraisons de tabacs manufacturés, aux livraisons de biens pour lesquels la sortie du territoire de Guadeloupe ou de Martinique est prohibée et aux livraisons qui, compte tenu de la nature des biens ou des quantités livrées, ne sont pas destinées aux besoins propres d'un particulier (Loi 2004-639 du 2-7-2004 art. 41 septies dans sa rédaction issue de la loi 2019-1479 du 28-12-2019 art. 78).

› Précisions **a.** Bien qu'exonérées, ces opérations ouvrent **droit à déduction** (n° 55550).
b. Cette exonération, qui **entrera en vigueur** à une date fixée par décret, s'applique jusqu'au 31 décembre 2023.

Franchise en base Par dérogation à l'article 293 B, I du CGI, qui fixe les limites de la franchise de droit commun (n° 85565), et **à titre expérimental,** les assujettis établis en Guadeloupe, en Martinique ou à La Réunion bénéficient, pour leurs livraisons de biens et leurs prestations de services, d'une franchise qui les dispense du paiement de la TVA l'année N lorsque leur chiffre d'affaires de l'année civile précédente (N – 1) n'excède pas les **limites** suivantes : **91607**
– **100 000 € ou 110 000 €** (mais à condition, dans ce dernier cas, que le chiffre d'affaires de la pénultième année, soit N – 2, n'excède pas 100 000 €), s'il s'agit d'assujettis dont le commerce principal est de **vendre des marchandises,** objets, fournitures et denrées à emporter ou à consommer sur place ou de **fournir le logement** ;
– **50 000 € ou 60 000 €** (mais à condition, dans ce dernier cas, que le chiffre d'affaires de la pénultième année, soit N – 2, n'excède pas 50 000 €) pour les autres activités de **prestations de services** (CGI art. 293 B, VII).
À l'exception des seuils dérogatoires ci-dessus, fixés pour 5 ans sans mécanisme d'actualisation, les autres dispositions relatives à la franchise en base (nos 85565 s.) s'appliquent dans les DOM dans les mêmes conditions qu'en métropole (BOI-TVA-DECLA-40-10-10 n° 130).

Assiette et taux Les taux applicables dans les DOM et les coefficients de conversion correspondants (coefficients à utiliser pour obtenir le chiffre d'affaires hors taxe à partir du chiffre d'affaires taxe comprise) s'établissent comme suit : **91610**
CGI art. 296, 296 bis et 298 septies
TVA-III-21450 s

	Taux	Coefficient de conversion
Taux normal	8,5 %	0,921
Taux réduit	2,1 %	0,979
Publications de presse et presse en ligne (nos 61585 s.)	1,05 %	0,989
140 premières représentations théâtrales ou de cirque (n° 61785)	1,05 %	0,989
Ventes d'animaux de boucherie et de charcuterie à des non-redevables (n° 59835)	1,75 %	0,982

Remarques. 1. Le taux réduit de 2,1 % s'applique à tous les produits et services relevant en métropole du taux réduit de 5,5 % ou du taux intermédiaire de 10 %.
2. En ce qui concerne l'application du taux réduit de 2,1 % à certains investissements locatifs sociaux, voir n° 92086.

Ces taux s'appliquent à des bases d'imposition hors TVA et octroi de mer (n° 52300).

DROITS D'ENREGISTREMENT

91630 ENR-V-13015, ENR-V-22700, ENR-I-13540 et DC-IV-8900 D'une manière générale, les droits d'enregistrement s'appliquent dans les mêmes conditions qu'en métropole. Quelques allégements sont toutefois à noter.

a. La **taxe de publicité foncière ou le droit d'enregistrement** est dû au taux réduit de 0,70 % (plus le prélèvement pour frais d'assiette et de recouvrement visé nº 66230) pour les opérations suivantes :

– ventes de terres incultes ou insuffisamment exploitées (CGI art. 1594 F quinquies, F et art. 1594-0 F sexies) ;

– acquisitions de terrains compris dans le périmètre de lotissements agréés (CGI art. 1594 F quinquies, K).

En **Guyane,** les tarifs des droits d'enregistrement et de la taxe de publicité foncière sont réduits de moitié, sauf lorsque ces droits et taxe sont perçus au taux prévu pour les ventes d'immeubles relevant du régime de droit commun (nos 66220 s.) (CGI art. 1043 A).

À **Mayotte,** les cessions effectuées par une personne publique ainsi que les actes de notoriété et les décisions judiciaires constatant l'usucapion sont, jusqu'au 31 décembre 2025, exonérés de droit d'enregistrement ou de taxe de publicité foncière lorsqu'ils sont réalisés au profit de propriétaires irréguliers de biens immobiliers (CGI art. 1043 B).

ENR-II-4840 **b.** Les actes de **partage de succession** et les **licitations** de biens héréditaires répondant aux conditions prévues à l'article 750, II du CGI (voir nº 70455, a), établis jusqu'au 31 décembre 2028, sont exonérés du droit de partage de 2,50 % à hauteur de la valeur des immeubles situés en outre-mer (CGI art. 750 bis C). Cette exonération s'applique également dans les collectivités de Saint-Barthélemy, de Saint-Martin et de Saint-Pierre-et-Miquelon.

ENR-X-28260 s **c.** Le délai imparti pour le dépôt des **déclarations de succession** est de six mois lorsque la personne dont on recueille la succession est décédée dans le département où se situe son domicile et d'un an dans le cas contraire, ce délai étant porté, sous certaines conditions, à deux ans à La Réunion et à Mayotte (CGI art. 642).

DC-IV-8900* **d.** Les immeubles et droits immobiliers situés à **Mayotte** sont exonérés de **droits de succession et de donation,** lors de la première transmission postérieure à la reconstitution des titres de propriété y afférents, sous réserve que ces titres de propriété aient été constatés par un acte régulièrement transcrit ou publié entre le 1er janvier 2018 et le 31 décembre 2025 (CGI art. 1135 ter).

TAXE SUR LES SALAIRES

91640 DC-IV-5020 s Plusieurs mesures particulières s'appliquent dans les DOM en matière de taxe sur les salaires.

a. Bien que la TVA ne soit pas actuellement applicable en **Guyane et à Mayotte,** les employeurs établis dans ces départements sont totalement ou partiellement exonérés de taxe sur les salaires dans la mesure où ils réalisent des opérations qui seraient soumises à la TVA si cette taxe était applicable.

Dans les **autres départements,** certaines opérations bénéficiant d'exonérations spéciales de TVA (voir nos 91590 s.) sont néanmoins considérées comme ayant été soumises à cette taxe pour le calcul du rapport d'assujettissement à la taxe sur les salaires (nº 73385) (BOI-TPS-TS-20-30 nº 65).

b. Les **taux** majorés de la taxe sur les salaires ne s'appliquent pas dans les DOM. D'autre part, le taux normal est ramené :

– à 2,95 % dans les départements de la Guadeloupe, de la Martinique et de La Réunion ;

– à 2,55 % dans les départements de la Guyane et de Mayotte (CGI art. 231, 5).

c. Les organismes professionnels et autres **employeurs agricoles** établis dans les DOM ne sont en aucun cas assujettis à la taxe sur les salaires (voir nº 73405).

CONTRIBUTION UNIQUE À LA FORMATION PROFESSIONNELLE ET À L'ALTERNANCE

91645 TPS-II-135 **Taxe d'apprentissage** Les règles applicables en matière de taxe d'apprentissage et de contribution supplémentaire à l'apprentissage sont les mêmes qu'en métropole.

91650 TPS-III-30860 **Contribution à la formation professionnelle** Des règles particulières sont prévues pour la détermination du montant annuel de salaires entraînant assujettissement à cette contribution pour les entreprises employant des travailleurs à domicile, ou intermittents : voir nº 73810.

TAXE SUR LES CONVENTIONS D'ASSURANCE

91655 ENR-XI-23020 À l'exception des primes afférentes à des risques passés en **Guyane** ou à **Mayotte,** les conventions d'assurances passées dans les DOM sont soumises au même tarif qu'en France métropolitaine : voir nº 76010.

2. NOUVELLE-CALÉDONIE ET AUTRES COLLECTIVITÉS D'OUTRE-MER

La **Nouvelle-Calédonie** est une collectivité territoriale d'outre-mer à statut spécifique (Lois 99-209 et 99-210 du 19-3-1999). Les territoires de la **Polynésie française,** des **îles Wallis-et-Futuna,** des **Terres australes et antarctiques françaises,** de **Saint-Pierre-et-Miquelon, Saint-Martin** et **Saint-Barthélemy** sont des collectivités d'outre-mer régies par l'article 74 de la Constitution, bénéficiant chacune d'un statut spécifique. Elles sont traitées, sur le plan fiscal, comme des territoires indépendants. Sauf mention expresse, la législation française ne leur est pas applicable. 91680

B. Investissements outre-mer

Plusieurs formes de défiscalisation sont prévues en faveur des investissements réalisés dans les DOM, en Nouvelle-Calédonie, à Saint-Pierre-et-Miquelon, en Polynésie française, à Saint-Martin, à Saint-Barthélemy, dans les îles Wallis-et-Futuna et les Terres australes et antarctiques françaises (dispositif dit « loi Girardin ») : 91710

– une réduction d'impôt au profit des personnes physiques qui réalisent des investissements productifs dans le cadre d'**entreprises relevant de l'impôt sur le revenu** et exerçant leur activité dans certains secteurs d'activité (CGI art. 199 undecies B : n°s 91850 s.) ;

– la déduction des résultats des **entreprises soumises à l'IS** des investissements productifs réalisés dans les mêmes secteurs, de certains investissements immobiliers locatifs, ainsi que des souscriptions au capital de certaines sociétés (CGI art. 217 undecies : n°s 91940 s.) ;

– une réduction d'impôt au titre des sommes investies par les **particuliers** pour la réalisation de certains travaux immobiliers (CGI art. 199 undecies A : n°s 92010 s.) ;

– un dispositif spécifique d'aide fiscale à l'investissement dans le **secteur locatif social** ouvert aux investisseurs **particuliers** ou aux **entreprises** (CGI art. 199 undecies C : n°s 92080 s.).

Notons par ailleurs que les dispositifs de réduction d'impôt « Duflot-Pinel-Denormandie » et « Scellier » dont peuvent bénéficier les **particuliers** sont applicables aux investissements réalisés outre-mer (n°s 92065 s. et 92070 s.).

En outre, les **particuliers** peuvent bénéficier d'une réduction d'impôt au titre des souscriptions de parts de **fonds d'investissement de proximité** investis outre-mer (n° 92075).

Enfin, les dispositifs de défiscalisation prévus par les articles 199 undecies B, 217 undecies et 199 undecies C du CGI coexistent avec **deux crédits d'impôt** spécifiquement destinés aux DOM, l'un pour investissements productifs (n° 91995) et l'autre pour investissements dans le secteur locatif social (n° 92085).

› Précisions **a.** Lorsque les dispositifs de défiscalisation sont soumis à la délivrance d'un agrément, la fourniture de **fausses informations** ou le **non-respect** volontaire **des engagements** pris envers l'administration entraîne le paiement d'une amende égale au montant de l'aide indûment obtenue. La même sanction s'applique aux personnes qui, par leurs agissements, ont permis à un contribuable d'obtenir un **avantage fiscal injustifié** (soumis ou non à agrément) qui a fait l'objet d'une reprise par l'administration (CGI art. 1740). La fourniture, en connaissance de cause, de **renseignements inexacts** en vue d'obtenir l'agrément est en outre passible des peines prévues pour le délit de fraude fiscale (CGI art. 1743, 3°).

b. Les **cabinets de défiscalisation** des investissements outre-mer doivent s'inscrire sur un registre public tenu par le représentant de l'État dans les départements et collectivités désignés par l'arrêté CPAE 1909269A du 3-5-2019. Cette inscription est valable pour une durée de trois ans renouvelable. Ces organismes doivent notamment déclarer les opérations réalisées, les noms et adresses des investisseurs, ainsi que le montant des commissions perçues (CGI art. 242 septies). À défaut ils sont passibles d'une amende dont le montant ne peut excéder 50 000 € mais qui, à certaines conditions, n'est pas due en cas de première infraction (CGI art. 1740-00 AB).

1. INVESTISSEMENTS DES ENTREPRISES

a. Entreprises relevant de l'impôt sur le revenu

Les contribuables personnes physiques domiciliés en France au sens de l'article 4 B du CGI peuvent bénéficier d'une réduction d'impôt lorsqu'ils réalisent outre-mer **jusqu'au 31 décembre 2025** en Guadeloupe, en Martinique, en Guyane, à La Réunion, à Mayotte, à Saint-Martin, à Saint-Barthélemy, à Saint-Pierre-et-Miquelon, en Nouvelle-Calédonie, en Polynésie française, dans les îles Wallis-et-Futuna et les Terres australes et antarctiques françaises certains investissements productifs dans le cadre d'une entreprise relevant de l'impôt sur le revenu. Les entreprises exerçant leur activité dans les **DOM** sont toutefois exclues du 91850 CGI art. 199 undecies B dispositif lorsqu'elles ont réalisé un **chiffre d'affaires** d'au moins 10 M€ au titre du dernier exercice clos (voir toutefois précision c). Ces entreprises peuvent, le cas échéant, bénéficier du crédit d'impôt visé n° 91995. Les **entreprises en difficulté** sont également exclues du bénéfice de l'aide lorsqu'elles exercent leur activité dans un DOM ou à Saint-Martin.

> Précisions **a.** L'**entreprise** qui réalise l'investissement peut être une entreprise individuelle ou une société de personnes (à l'exclusion des sociétés en participation) dont les parts doivent alors être détenues directement par le contribuable ou par l'intermédiaire d'une entreprise unipersonnelle à responsabilité limitée.
b. Pour l'appréciation du **seuil de 10 M€,** le chiffre d'affaires s'entend des sommes retirées de l'activité normale et courante de l'entreprise, à l'exclusion des produits financiers, des recettes exceptionnelles et des produits de refacturation, que ces activités soient ou non éligibles au dispositif de faveur. Ce montant est le cas échéant corrigé pour correspondre à une période de douze mois. Lorsque l'entreprise n'a clôturé aucun exercice, son chiffre d'affaires est réputé nul. Est pris en compte le chiffre d'affaires de l'entreprise augmenté de celui des entreprises qui lui sont liées au sens de l'article 39, 12 du CGI. Dans le cadre de schémas locatifs (n° 91885), ce seuil est apprécié au niveau de l'exploitant.
c. Le **seuil de chiffre d'affaires** de 10 M€ concerne les investissements réalisés au cours d'exercices ouverts à compter du 1er janvier 2020. Il était fixé à 15 M€ pour les exercices ouverts en 2019.
d. Au regard de la **réglementation européenne** des aides d'État, le dispositif est placé sous le régime du règlement 651/2014 (RGEC) du 17-6-2014 (n° 92607, précision d), lorsque l'activité est exercée dans un DOM ou à Saint-Martin.
e. La notion d'**entreprise en difficulté** s'apprécie à la date de mise en service de l'investissement ouvrant droit à la réduction d'impôt (ou à la date d'achèvement des fondations des immeubles ou des travaux de rénovation) et non pas de manière continue sur la durée d'exploitation des investissements (BOI-BIC-RICI-20-10-10-10 n° 390).

INVESTISSEMENT OUVRANT DROIT À L'AIDE FISCALE

91855 DC-IV-9700 s **Secteurs d'activité** Sont concernés les investissements productifs neufs réalisés dans le cadre d'une entreprise relevant de l'impôt sur le revenu qui exerce une **activité industrielle, commerciale ou artisanale** relevant de l'article 34 du CGI ou une activité **agricole**, à l'**exception** toutefois de ceux réalisés dans les secteurs d'activité énumérés par l'article 199 undecies B du CGI (voir précision, b). ainsi que dans les secteurs exclus du champ d'application du règlement 651/2014 (RGEC) du 17-6-2014 (n° 92607, précision d) lorsque l'activité est exercée dans un DOM ou à Saint-Martin.

La réduction d'impôt s'applique également aux investissements productifs réalisés par une **société soumise à l'IS** dont les actions sont détenues intégralement par des personnes physiques, lorsque les investissements sont donnés en location dans le cadre d'un **schéma locatif** (n° 91885).

> Précisions **a.** Ouvrent droit au dispositif les équipements et opérations de pose de **câbles sous-marins de communication** desservant pour la première fois les collectivités ultramarines (CGI art. 199 undecies B, I-ter).
b. Sont **expressément exclus du dispositif** les investissements effectués dans les **secteurs** suivants : commerce ; restauration (sauf restaurants dont le dirigeant ou un salarié est titulaire du titre de maître restaurateur ou restaurants de tourisme classés avant le 24-7-2009), cafés, débits de tabac et débits de boissons ; éducation, santé et action sociale ; banque, finance et assurance ; immobilier (notamment promotion, activités des marchands de biens, activités de location) ; navigation de croisière (sauf dérogation visée précision c) et locations sans opérateur (autres que les locations directes de véhicules ou de navires de plaisance) ; réparation automobile ; conseils ou expertises ; services fournis aux entreprises (autres que la maintenance, les activités de nettoyage et de conditionnement à façon et les centres d'appel) ; activités de loisirs, sportives et culturelles (autres que celles qui s'intègrent directement et à titre principal à une activité hôtelière ou touristique) ; activités associatives et activités postales ; production d'électricité utilisant l'énergie radiative du soleil.
c. Par **dérogation à l'exclusion** des investissements réalisés dans le secteur de la navigation de croisière, peuvent bénéficier de l'avantage fiscal, sous réserve du respect de certaines conditions, et notamment de l'obtention d'un agrément préalable, les acquisitions de **navires de croisière** neufs d'une capacité maximum de 400 personnes affectés exclusivement à la navigation dans la zone économique exclusive des départements et collectivités d'outre-mer (une escale ponctuelle au cours du circuit dans une île d'un autre État étant toutefois possible).
Pour les navires mis en service dans les DOM et à Saint-Martin, l'avantage s'applique à une **date** fixée par décret qui interviendra après l'accord de la Commission européenne. Pour les navires mis en service dans les autres collectivités d'outre-mer, l'avantage s'applique au titre des exercices ouverts à compter du 1er janvier 2020 aux investissements pour lesquels une demande d'agrément est déposée à compter du 1er janvier 2019.
d. L'administration admet l'application du dispositif au titulaire d'un **contrat de partenariat public-privé** lorsque celui-ci réalise des investissements sur des terrains dont il a la disposition (BOI-BIC-RICI-20-10-10-20 n° 280).

Nature des investissements Seuls ouvrent droit, en principe, à l'aide fiscale les **investissements productifs neufs** définis comme les acquisitions ou créations de biens corporels **amortissables** par nature (CGI ann. II art. 95 K). La réduction d'impôt ne s'applique pas aux **véhicules de tourisme** définis au premier alinéa de l'article 1010, I du CGI qui ne sont pas strictement indispensables à l'activité de l'exploitant. 91865 DC-IV-11200 s

Seuls les **logiciels** nécessaires à l'utilisation des investissements éligibles qui constituent des éléments de l'actif immobilisé peuvent bénéficier du régime. En pratique, ne sont admis que les logiciels incorporés aux investissements éligibles.

Les **travaux de rénovation** ou de **réhabilitation d'hôtel,** de résidence de tourisme et de village de vacances classés qui constituent un élément de l'actif immobilisé ouvrent également droit à l'aide fiscale. Sont notamment concernées à ce titre les dépenses constitutives du coût de revient de ces travaux (frais de démolition, coût des travaux immobiliers et des équipements incorporés à l'immeuble). Les travaux précités ouvrent également droit à l'aide fiscale sous certaines conditions lorsqu'ils sont effectués en vue d'obtenir le classement de l'établissement, y compris lorsque celui-ci a cessé d'être exploité depuis moins de deux ans (BOI-BIC-RICI-20-10-10-20 nº 90).

Ouvrent également droit à la réduction d'impôt les investissements effectués dans les secteurs éligibles dans le cadre d'une **concession de service public local** à caractère industriel et commercial.

Les investissements ouvrant droit au régime de faveur doivent être **affectés** à l'exploitation d'établissements appartenant à l'un des secteurs éligibles et en principe maintenus pendant cinq ans (dix ou quinze ans pour certains d'entre eux) dans cette affectation (voir nº 91915). En cas d'**activité mixte,** les immobilisations sont retenues au prorata de leur affectation aux secteurs admis au bénéfice de l'aide fiscale.

> **Précisions** **a.** Ouvrent droit à l'aide fiscale les opérations lourdes de **rénovation immobilière,** dépassant par essence le simple entretien des installations existantes. Il en est ainsi lorsque les travaux équivalent par leur importance à une véritable reconstruction (BOI-BIC-RICI-20-10-10-20 nº 200).
b. Bien que le dispositif ne concerne en principe que les biens amortissables, l'administration admet la prise en compte du prix de revient des **terrains d'assiette** des bâtiments dans le prix de revient des constructions ouvrant droit à l'aide.
c. Selon l'administration, sont exclus du dispositif les **véhicules** de tourisme dont l'entreprise n'a pas la nécessité, soit parce qu'elle pourrait exercer son activité sans le véhicule, soit parce qu'elle pourrait exercer son activité avec un véhicule qui ne serait pas de tourisme (BOI-BIC-RICI-20-10-10-20 nº 230).
d. Les **biens dits de « retour »** sont admis au dispositif dès lors qu'ils sont créés ou acquis par le concessionnaire, inscrits à l'actif de ce dernier et amortis par lui (BOI-BIC-RICI-20-10-10-20 nº 310).
e. Est considéré comme **neuf** un **bien racheté** mais resté consigné pendant six mois chez le vendeur initial dans l'attente de son utilisation effective (CE 13-3-2019 nº 410861 : RJF 6/19 nº 511).

Agrément préalable L'application du régime de faveur est subordonnée à l'octroi d'un agrément préalable lorsque les investissements sont réalisés dans certains **secteurs,** et ce quel que soit leur montant. Ces secteurs sont les suivants : transports, navigation de plaisance, agriculture, pêche maritime et aquaculture, industrie charbonnière et sidérurgie, construction navale, fibres synthétiques, industrie automobile, rénovation et réhabilitation d'hôtel, de résidence de tourisme et de village de vacances classés. Un agrément est également requis pour les investissements concernant des entreprises en difficulté (lorsqu'elles sont installées en dehors des DOM ou de Saint-Martin : voir nº 91850) ou qui sont nécessaires à l'exploitation d'une concession de service public local à caractère industriel ou commercial ou qui portent sur un navire de croisière. 91870 DC-IV-12200 s

Les entreprises exerçant outre-mer dans ces secteurs dits « sensibles » depuis deux ans au moins peuvent toutefois être **dispensées** d'agrément (voir nº 91950, précisions) pour les investissements n'excédant pas 250 000 € hors TVA déductible par programme. Cette dispense ne s'applique pas au secteur des transports, sauf pour certains investissements spécifiques.

Lorsqu'ils ne sont pas réalisés dans un des secteurs « sensibles » énumérés ci-dessus, les investissements doivent être préalablement agréés si leur **montant excède** 1 M€ par programme. Ce seuil est abaissé à 250 000 € pour les investissements réalisés, directement ou indirectement, par des personnes physiques agissant à titre **non professionnel** au sens de l'article 156, I-1º bis du CGI, c'est-à-dire lorsque l'activité ne comporte pas la participation directe et continue de l'un des membres du foyer fiscal à l'accomplissement des actes qui lui sont nécessaires. Le seuil de 250 000 € s'apprécie au niveau de l'entreprise, société ou groupement qui inscrit l'investissement à l'actif de son bilan ou qui en est locataire lorsqu'il est pris en crédit-bail auprès d'un établissement financier.

Quel que soit leur montant, les investissements réalisés par une **société soumise à l'IS** dans le cadre d'un **schéma locatif** (nº 91885) ainsi que les équipements et opérations de pose de **câbles sous-marins** de communication doivent être préalablement agréés.

› Précisions **a.** L'**agrément** est **accordé** si le programme présente un intérêt économique pour le département, s'il s'intègre dans la politique d'aménagement du territoire et de l'environnement et s'il garantit la protection des investisseurs et des tiers. En outre, l'un des buts principaux de l'investissement doit être la création ou le maintien d'emplois dans le département où il est réalisé. En revanche, l'administration ne peut subordonner l'octroi de l'agrément à la condition supplémentaire tenant au caractère incitatif de l'aide fiscale sollicitée (CE 7-3-2012 n° 337529 : RJF 6/12 n° 574).

b. Les agréments sont **délivrés** par le directeur départemental ou le directeur régional des finances publiques du département lorsque le programme d'investissement est réalisé dans un DOM et n'excède pas 5 M€. Dans le secteur du logement, l'agrément est délivré par les mêmes personnes lorsque le montant total du programme immobilier est inférieur ou égal à 20 M€. Les autres agréments sont délivrés par le ministre du budget (CGI ann. IV art. 170 decies). Sauf demande de compléments d'information, l'octroi de l'agrément est tacite à défaut de réponse dans un délai de trois mois ou de deux mois lorsque le dossier est examiné par l'un des directeurs des finances publiques des DOM. Si l'administration envisage de refuser l'agrément, elle doit en informer le contribuable qui peut saisir une commission consultative dont la composition et les modalités de fonctionnement sont fixées par les articles 46 quaterdecies V et suivants de l'annexe III au CGI.

c. Lorsque le contribuable ne participe pas à l'exploitation du bien investi, c'est au seul niveau de l'entreprise qui a inscrit l'investissement à l'actif de son bilan qu'il convient d'apprécier le **montant d'investissement** au-delà duquel un agrément est exigé (CE 30-12-2014 n° 369101 : RJF 3/15 n° 188). C'est également au niveau de l'entreprise qui inscrit le bien à son bilan qu'il convient d'apprécier le **critère** relatif à la participation directe et continue à l'exploitation (CE 7-11-2018 n° 408101 : RJF 2/19 n° 123).

d. Les **projets** d'investissement **supérieurs à 100 M€** doivent être notifiés à la Commission européenne. Dans ce cas, l'octroi de l'agrément est subordonné à l'avis favorable de la Commission (BOI-SJ-AGR-40 n° 305).

MÉCANISME DE L'AIDE FISCALE

91880 DC-IV-13000 s
Les investissements définis ci-dessus (voir nos 91855 s.) ouvrent droit à une **réduction d'impôt** calculée en principe au taux de **38,25 %.** La **base** de la réduction est égale au montant des investissements, hors taxe et hors frais de toute nature (notamment les commissions d'acquisition), diminué de la fraction de leur prix de revient financée par une aide publique obtenue ou demandée. Les frais de transport, d'installation et de mise en service amortissables sont compris dans la base éligible. S'agissant des **investissements de remplacement,** la base de la réduction est minorée de la valeur réelle du bien remplacé.

Les projets d'investissement comportant l'acquisition, l'installation ou l'exploitation d'équipements de production d'énergie renouvelable ne sont pris en compte pour le calcul de l'avantage fiscal que dans la limite d'un montant par watt installé fixé par arrêté. Toutefois, en l'absence de parution de cet arrêté, cette limite est inapplicable (Avis CE 23-6-2016 n° 397845 : RJF 10/16 n° 794).

Le taux de la réduction d'impôt est porté à **45,9 %** pour les investissements réalisés en **Guyane** et à **Mayotte** (dans les limites définies par les règles communautaires relatives aux aides d'État), à **Saint-Pierre-et-Miquelon** ou à **Wallis-et-Futuna.**

Pour les investissements réalisés dans le secteur de la **production d'énergie renouvelable,** les taux de 38,25 % et de 45,9 % sont respectivement portés à 45,9 % et 53,55 %.

S'agissant des **travaux de rénovation et de réhabilitation d'hôtel,** de résidence de tourisme et de village de vacances classés, le taux de la réduction d'impôt est porté à **45,9 %** s'ils sont réalisés en Polynésie française, dans les îles Wallis-et-Futuna, dans les Terres australes et antarctiques françaises, à Saint-Pierre-et-Miquelon, en Nouvelle-Calédonie et à Saint-Martin (ce taux est fixé à 53,55 % s'ils sont réalisés dans les DOM : voir n° 91910).

Pour les équipements et opérations de pose de **câbles sous-marins,** le taux de la réduction d'impôt fixé à 38 % s'applique sur une base égale à la moitié du coût de revient tel que défini ci-dessus, ou au quart de ce coût s'agissant des câbles de secours.

Enfin, pour les acquisitions de **navires de croisière,** la réduction d'impôt est calculée au taux de 35 % sur une base fixée à 20 % du coût de revient.

Taux de la réduction d'impôt applicable dans le cas où l'investissement est donné en location dans le cadre d'un **schéma locatif** : voir n° 91885.

Plafonnement de la réduction d'impôt : voir n° 91895.

› Précisions **a.** Les **aides publiques** ou subventions qui financent plusieurs immobilisations (ou secteurs d'activité), dont certaines n'ouvrent pas droit à l'aide fiscale, sont réparties entre les immobilisations proportionnellement à leur prix de revient lorsque la décision d'octroi ne fixe aucune répartition. Elles comprennent notamment la TVA décomptée fictivement sur les acquisitions de biens spécialement exonérés de cette taxe dans les DOM en application de l'article 295, 1-5° du CGI, qui est récupérable (BOI-BIC-RICI-20-10-20-10 n° 20). C'est l'ensemble des **aides publiques** octroyées dans le cadre d'un investissement (telles que par exemple, les primes versées par EDF dans le cadre d'un investissement réalisé dans le secteur de l'énergie) qui doit être défalqué de la base de calcul de la réduction d'impôt, et non pas seulement les subventions publiques. Les aides octroyées par la Nouvelle-Calédonie, la Polynésie française, Wallis-et-Futuna, Saint-Pierre-et-Miquelon, Saint-Barthélemy et Saint-Martin dans le cadre de leur compétence fiscale propre au titre de projets d'investissements n'ont pas à être déduites (CGI art. 199 undecies B, III et 217 duodecies). En revanche, doivent être défalquées de la base du calcul de la réduction d'impôt les aides versées par l'État pour la rénovation hôtelière à Saint-Martin et à Saint-Pierre-et-Miquelon (BOI-BIC-RICI-20-10-20-10 n° 60).

b. L'octroi de l'avantage fiscal est subordonné au respect par les entreprises qui réalisent l'investissement (et le cas échéant par les entreprises exploitantes) de leurs **obligations fiscales et sociales** à la date de l'investissement et de leur obligation de **dépôt des comptes annuels.** Le respect de ces obligations s'apprécie à la date du fait générateur de la réduction d'impôt (CE 19-3-2018 n° 401896 : RJF 6/18 n° 576). S'agissant de l'obligation de dépôt des comptes annuels, l'administration estime que son respect s'apprécie au regard des cinq derniers exercices clos à la date de réalisation de l'investissement (BOI-BIC-RICI-20-10-20-50 n° 200).

En outre, les personnes qui bénéficient d'un des régimes de défiscalisation outre-mer doivent fournir sur support informatique des **informations** relatives à ces **investissements** (y compris s'ils sont réalisés en vue d'être donnés en location) dans les conditions prévues par l'article 46 quaterdecies Y de l'annexe III au CGI (CGI art. 242 sexies). Le non-respect de cette obligation entraîne le paiement d'une **amende** égale à la moitié de l'avantage fiscal obtenu (CGI art. 1740-0 A).

c. Pour les **navires de croisière,** la base de la réduction d'impôt est égale à 20 % du coût de revient, hors taxe et hors frais de toute nature, notamment les commissions d'acquisition et les frais de transport de ces navires, diminuée du montant des subventions publiques accordées (voir également n° 91955). Lorsque l'investissement a pour objet de remplacer un investissement ayant bénéficié d'un dispositif de défiscalisation, la valeur réelle de l'investissement remplacé doit également être ôtée.

Lorsque les **immobilisations** sont **données** en **location** dans le cadre d'un contrat d'une durée au moins égale à cinq ans (ou à la durée normale d'utilisation du bien loué si elle est inférieure), le propriétaire non utilisateur peut bénéficier de la réduction d'impôt sous réserve du respect de certaines conditions, parmi lesquelles une obligation de **rétrocession** d'une partie de la réduction d'impôt à l'entreprise locataire sous forme de diminution du loyer ou du prix de cession du bien. Le taux de la rétrocession est fixé à **66 %.** Le taux de la réduction d'impôt en principe égal à 38,25 % ou 45,9 % (voir n° 91880) est alors fixé à 45,3 % ou 54,36 %. Pour les investissements réalisés dans le secteur de la production d'énergie renouvelable, le taux de la réduction d'impôt en principe égal à 45,9 % ou 53,55 % est fixé à 54,36 % ou 63,42 %. Pour les investissements dont le montant par programme est inférieur à 300 000 € par exploitant, le taux de rétrocession est ramené à **56 %.** Le taux de la réduction d'impôt en principe égal à 38,25 % ou 45,9 % est alors fixé à 44,12 % ou 52,95 % et le taux de la réduction d'impôt applicable aux investissements réalisés dans le secteur de la production d'énergie renouvelable, en principe égal à 45,9 % ou 53,55 %, est fixé à 52,95 % ou 61,77 %. **Investissements hôteliers** : voir n° 91910. 91885 DC-IV-11800 s

Les investissements donnés en location peuvent être réalisés par une **société soumise de plein droit à l'IS** dont les actions sont détenues intégralement et directement par des personnes physiques domiciliées en France au sens de l'article 4 B du CGI. La réduction d'impôt doit être rétrocédée à l'entreprise locataire à hauteur de **66 %,** sous forme de diminution du loyer et du prix de cession. Sort de la moins-value constatée à cette occasion : voir n° 33065, précision b. Le taux de la réduction d'impôt applicable à de tels schémas locatifs est alors majoré comme indiqué ci-dessus pour le taux de rétrocession de 66 %. La réduction d'impôt est pratiquée par les associés dans une proportion correspondant à leurs droits dans la société.

Cette réduction d'impôt est **exclusive** de celles prévues aux articles 199 undecies A (nos 92010 s.) et 199 terdecies-0 A (nos 2600 s.) du CGI et ne peut pas non plus se cumuler avec le dispositif « compte PME innovation » (nos 26210 s.). La société qui investit pour louer ne peut pas bénéficier de la déduction pour investissement outre-mer (nos 91940 s.).

Si dans le délai de cinq ans de la mise à disposition du bien (ou pendant sa durée normale d'utilisation si elle est inférieure), l'**investissement cesse d'être donné en location,** la réduction d'impôt fait en principe l'objet d'une reprise, sauf en cas de défaillance de l'entreprise locataire, à condition alors qu'un nouveau locataire s'engage à maintenir les investissements dans leur affectation initiale pour le délai restant à courir.

Lorsque la **durée normale d'utilisation du bien** donné en location est **égale ou supérieure à sept ans,** l'aide fiscale est applicable à condition que le locataire prenne l'engagement d'utiliser et maintenir le bien dans son affectation initiale pendant au moins sept ans. Ce délai est porté à quinze ans pour les **navires** de croisière (n° 91855) et les investissements consistant en la construction, la rénovation ou la réhabilitation d'**hôtels,** de résidences de tourisme ou de village de vacances (nos 91915).

Le non-respect de l'engagement pris par le locataire entraîne en principe le paiement, à la charge de cette entreprise, d'une amende égale à 60 % du montant de la rétrocession obtenue diminué d'un abattement (CGI art. 1740-00 A).

PLAFONNEMENT DE LA RÉDUCTION D'IMPÔT

91895 CGI art. 199 undecies D DC-IV-14300 s

Le montant total des réductions d'impôt obtenues au titre des investissements outre-mer (nos 91850 s., 92010 s. et 92080 s.) et des reports de ces réductions d'impôt que le contribuable peut imputer sur son impôt sur le revenu est en principe limité à 40 000 €, comprenant dans l'ordre d'imputation suivant :

– la somme de la réduction d'impôt obtenue à raison des investissements dans le logement locatif social (nos 92080 s.) et des reports de cette réduction d'impôt, dans la limite de 40 000 € ;

– la somme des réductions d'impôt obtenues soit à raison des investissements productifs neufs réalisés dans le cadre d'une entreprise relevant de l'impôt sur le revenu (nos 91850 s.), soit à raison d'investissements effectués à titre privé dans le secteur du logement (nos 92010 s.), dans la limite de 30 600 € (diminuée du montant imputé à raison des investissements dans le secteur du logement social).

Ce plafond est toutefois majoré dans les cas suivants.

Lorsque l'investissement productif est réalisé par un **exploitant agissant à titre professionnel** au sens de l'article 156, I-1° bis du CGI au sein de sa propre entreprise, le montant total de la réduction d'impôt et des reports résultant de cet investissement, dont l'imputation est admise au titre d'une même année d'imposition, ne peut excéder 76 500 € ou un montant de 229 500 € par période de trois ans.

Par ailleurs, si l'investissement productif est donné en location à une entreprise exploitante dans le cadre d'un **schéma locatif** (no 91885), le plafond est fixé en pratique à 90 000 € ou 69 545 € selon que le taux de rétrocession est égal à 66 % ou 56 % de la réduction d'impôt.

Application du plafonnement en cas d'investissement dans le **secteur locatif social** : voir no 92083.

Le contribuable peut écarter ces plafonds fixés en valeur absolue et opter (lors du dépôt de la déclaration de revenus ou par voie de réclamation contentieuse) pour un plafonnement égal à 15 % du revenu net global du foyer, qui s'applique dans l'ordre d'imputation suivant :

– à la somme de la réduction d'impôt obtenue à raison des investissements dans le logement locatif social et des reports de cette réduction d'impôt, dans la limite de 15 % du revenu de l'année considérée ;

– à la somme des réductions d'impôt obtenues en application des articles 199 undecies B et 199 undecies A du CGI, dans la limite de 11 % du revenu de l'année considérée, diminuée du montant imputé à raison des investissements dans le secteur du logement social.

La réduction d'impôt à comparer à ce plafond est alors la réduction théorique à laquelle ouvre droit l'investissement, même si une fraction est rétrocédée à l'entreprise locataire exploitante.

Après l'application du plafonnement propre aux investissements outre-mer, le contribuable doit s'assurer du respect du **plafonnement global** des avantages fiscaux (nos 4840 s.).

› Précisions **a.** Pour les **investissements visés aux articles 199 undecies B et 199 undecies C du CGI,** dans le cas où la cotisation d'impôt sur le revenu due par le contribuable au titre de l'année N de réalisation de l'investissement est inférieure au montant de la réduction d'impôt théorique, il convient d'abord de déterminer la fraction de la réduction d'impôt à reporter sur l'impôt sur le revenu des années suivantes. Le plafonnement s'applique sur la partie de la réduction d'impôt non reportée. Si celle-ci est supérieure au plafond, l'excédent est définitivement perdu. En année N + 1, le report de la réduction d'impôt acquise au titre de l'année N est lui-même soumis au plafonnement (BOI-IR-RICI-80-20-20 no 50).

Pour les **investissements visés à l'article 199 undecies A du CGI,** la réduction d'impôt à prendre en compte pour apprécier le plafonnement au titre d'une année est celle obtenue par application du taux de réduction d'impôt à la base annuelle (égale à 10 % ou 20 % des sommes versées : voir no 92050), et non pas le montant total de la réduction d'impôt (BOI-IR-RICI-80-20-20 no 180). Si la cotisation d'impôt sur le revenu due par le contribuable au titre de l'année de réalisation de l'investissement est inférieure à la réduction d'impôt à prendre en compte au titre de cette année, l'excédent ne peut donner lieu ni à remboursement ni à report.

b. Plafonnement lié à la **réglementation communautaire** : voir no 92635.

91900 DC-IV-13900 s

Modalités d'imputation La réduction d'impôt est imputable sur l'impôt sur le revenu dû par le contribuable au titre de l'année au cours de laquelle l'investissement est **mis en service** ou, en cas d'acquisition d'un immeuble à construire ou de construction d'immeuble, au titre de l'année au cours de laquelle les **fondations** sont **achevées.** S'agissant des travaux de **rénovation** ou de réhabilitation **hôtelière,** la réduction est pratiquée au titre de l'année de leur achèvement.

L'**imputation** est **limitée** compte tenu du montant de la cotisation d'impôt sur le revenu due au titre de l'année en cause et du montant du plafond mentionné no 91895. Si le montant de la réduction d'impôt excède l'impôt dû, le solde peut être reporté, dans les mêmes conditions, sur l'impôt sur le revenu des années suivantes jusqu'à la cinquième inclusivement, avec application du plafonnement au titre de chacune de ces années. La fraction non utilisée à l'expiration de cette période est perdue. En cas d'**investissements successifs,** la réduction d'impôt liée à l'investissement effectué au cours d'une année s'impute en priorité sur l'impôt dû au titre de ladite année, avant prise en compte des reports antérieurs lié à des investissements effectués au cours d'années précédentes (BOI-BIC-RICI-20-10-20-40 nº 30).

Les **investisseurs professionnels** peuvent toutefois demander que la fraction non utilisée leur soit remboursée à compter de la troisième année, dans la limite de 100 000 € par an ou de 300 000 € par période de trois ans. Ces deux limites sont cumulatives (BOI-BIC-RICI-20-10-20-40 nº 50). Cette fraction constitue une créance sur l'État d'égal montant, qui peut être cédée dans les conditions prévues par les articles L 313-23 à L 313-35 du Code monétaire et financier.

› **Précisions** Si, l'**année** au cours de laquelle les **fondations sont achevées,** le montant de la base éligible n'est pas connu avec certitude, les contribuables peuvent procéder à des régularisations du montant de la réduction dont ils sont en droit de bénéficier, sous réserve de justifier du montant supplémentaire de réduction d'impôt à pratiquer (BOI-BIC-RICI-20-10-20-30 nº 30).

EXEMPLE 91905

Un exploitant réalise en 2019, dans le cadre de son entreprise soumise à l'impôt sur le revenu, un investissement éligible de 600 000 € ouvrant droit à une réduction d'impôt au taux de 38,25 %, soit 229 500 €. Son impôt dû au titre des années 2019 à 2024 est de 35 000 €. On suppose qu'il ne bénéficie d'aucune autre réduction d'impôt pour investissement outre-mer. Sous réserve de l'application du plafonnement global (nºs 4840 s.), il peut imputer sur l'impôt dû au titre de chacune des années 2019 à 2024 une réduction d'impôt d'un montant de 35 000 € (montant du plafond spécifique applicable à un tel investissement : voir nº 91895). L'excédent de réduction d'impôt non imputé, soit 19 500 €, est perdu. S'il le souhaite, le contribuable peut choisir, lors de la réception en 2023 de l'avis d'imposition relatif à l'impôt sur le revenu 2022, de demander le remboursement de la fraction non imputée de sa réduction d'impôt, soit 89 500 € (au cours des deux années suivantes, les éventuelles autres demandes de remboursement seront limitées à 210 500 €).

Investissements hôteliers et parahôteliers Les travaux de **rénovation** ou de **réhabilitation** d'hôtel, de résidence de tourisme et de village de vacances classés dans les **DOM** ouvrent droit à une réduction d'impôt au taux de 53,55 %. Le taux majoré bénéficie également à l'exploitant non propriétaire qui prend en charge les travaux. 91910 DC-IV-15200 s

Lorsque l'**hôtel** est **donné en location** dans le cadre d'un schéma locatif, le taux de la réduction d'impôt est fixé à 63,42 % ou 61,77 % selon que la rétrocession à l'entreprise locataire porte sur 66 % ou 56 % de l'avantage fiscal (voir nº 91885).

› **Précisions** Les conseils départementaux des DOM peuvent exonérer de la **taxe de publicité foncière** ou du **droit d'enregistrement** : ENR-V-22120 s et 22320 s
– les acquisitions d'immeubles que l'acquéreur s'engage à affecter, dans un délai de quatre ans suivant la date de l'acte d'acquisition, à l'exploitation d'un hôtel, d'une résidence de tourisme ou d'un village de vacances classés pour une durée minimale de huit ans (CGI art. 1594 I bis). Cette exonération n'a été instituée que par la Guadeloupe ;
– les cessions de parts de copropriété portant sur des hotels, des résidences de tourisme ou des villages de vacances classés, acquis sous le régime de la **loi « Pons »** (CGI art. 1594 I ter). Jusqu'à présent, cette exonération n'a jamais été instituée.

Obligations des investisseurs L'entreprise qui procède aux investissements est tenue, en principe, de **conserver** et de maintenir dans leur affectation les **biens acquis,** pendant une durée au moins égale à cinq ans, ou pendant leur durée normale d'utilisation si elle est inférieure. En ce qui concerne les biens donnés en location dont la durée normale d'utilisation est égale ou supérieure à sept ans, voir nº 91885. 91915 DC-IV-16500 s

S'agissant des investissements consistant en la **construction,** la rénovation ou la réhabilitation **d'hôtels,** de résidences de tourisme ou de villages de vacances dont les travaux ont fait l'objet d'une déclaration d'ouverture de chantier à compter du 1er janvier 2019, le délai de conservation et d'affectation des biens concernés est fixé à quinze ans.

En ce qui concerne les investissements portant sur des **navires de croisière** (nº 91855 précision c), ce délai est fixé à dix ans pour ceux d'entre eux mis en service au titre des exercices ouverts à compter du 1er janvier 2021 et pour l'agrément desquels une demande est déposée à compter du 1er janvier 2020 (Loi 2019-1479 du 28-12-2019 art. 159). Antérieurement, il était de quinze ans.

En outre, dans le cas où l'investissement est réalisé par l'intermédiaire d'une société soumise au régime des sociétés de personnes ou par l'intermédiaire d'une société soumise à l'IS qui le donne en **location** (nº 91885), l'associé personne physique qui a bénéficié de l'aide fiscale doit conserver les **parts ou actions de la société** pendant un délai de cinq ans à compter de la réalisation de l'investissement (ou pendant la durée normale d'utilisation de l'investissement si elle est inférieure).

› Précisions a. En cas de **non-respect** de l'une ou l'autre de ces obligations, la réduction d'impôt pratiquée est reprise au titre de l'année au cours de laquelle interviennent la cession, le changement d'affectation de l'investissement, la cessation de l'activité éligible ou la cession des parts. Il n'y a toutefois pas remise en cause de l'aide fiscale lorsque les **biens** sont transmis dans le cadre de l'un des **régimes spéciaux de transmission à titre gratuit** (nos 19810 s.) ou d'**apport en société** d'une entreprise individuelle (nos 19710 s.), si l'entreprise bénéficiaire de la transmission s'engage à conserver ces biens et à maintenir leur affectation initiale pendant la fraction du délai restant à courir. Le **décès du contribuable** avant l'expiration du délai de conservation des **parts** n'entraîne pas non plus la reprise de la réduction d'impôt (BOI-BIC-RICI-20-10-20-50 no 170).
b. Lorsque l'investissement porte sur un **immeuble** à construire ou la construction d'un immeuble, ce dernier doit être achevé dans les deux ans de l'achèvement des fondations. À défaut, la réduction d'impôt fait l'objet d'une reprise au titre de l'année au cours de laquelle intervient le terme de ce délai.

b. Sociétés passibles de l'IS

91940 CGI art. 217 undecies et 217 duodecies **DC-IV-20000 s**

Les sociétés passibles de l'IS peuvent **déduire de leur résultat** les investissements directs productifs ainsi que certains investissements immobiliers qu'elles effectuent **jusqu'au 31 décembre 2025** en Guadeloupe, en Guyane, en Martinique, à Mayotte, à La Réunion, à Saint-Martin, à Saint-Pierre-et-Miquelon, en Nouvelle-Calédonie, en Polynésie française, à Saint-Barthélemy, dans les îles Wallis-et-Futuna et les Terres australes et antarctiques françaises. Il en est de même des souscriptions au capital de certaines sociétés. En matière de **réglementation européenne** des aides d'État, l'application de ce régime est subordonnée au respect du règlement 651/2014 (RGEC) du 17-6-2014 (no 92607, précision d) lorsque l'investissement est réalisé dans un DOM ou à Saint-Martin. En outre, pour les investissements réalisés dans les DOM, la déduction est réservé aux sociétés ayant réalisé un **chiffre d'affaires** inférieur à 20 M€ au titre du dernier exercice clos. Les sociétés exclues peuvent bénéficier du crédit d'impôt visé no 91995.

INVESTISSEMENTS DIRECTS

91945 **Investissements ouvrant droit à déduction** Comme ceux effectués dans le cadre des entreprises relevant de l'impôt sur le revenu, les **investissements productifs** neufs réalisés dans certains secteurs d'activité ouvrent droit à déduction fiscale (voir nos 91855 s.).

La déduction s'applique également aux investissements réalisés par l'**intermédiaire d'une société de personnes** soumise au régime fiscal prévu à l'article 8 du CGI (à l'exclusion des sociétés en participation) ou d'un groupement d'intérêt économique (GIE ou GEIE), dont les parts sont détenues directement par l'entreprise soumise à l'IS.

91946 Sont également concernées par le dispositif les acquisitions ou constructions outre-mer de **logements neufs à usage locatif** sous réserve du respect des conditions suivantes :
– engagement de louer l'immeuble nu, dans les douze mois de son achèvement ou de son acquisition si elle est postérieure, pendant au moins cinq ans à des personnes qui en font leur résidence principale ;
– respect de plafonds concernant les ressources du locataire et le montant des loyers fixés par décret (CGI ann. III art. 46 AG duodecies).

La déduction ne s'applique pas dans les **DOM** aux logements éligibles au crédit d'impôt en faveur du **logement social** (no 92085).

S'agissant de la **réduction d'impôt sur le revenu** spécifique à l'investissement dans le secteur locatif social outre-mer (CGI art. 199 undecies C), voir nos 92080 s.

91947 Le dispositif s'applique également aux **acquisitions** ou **constructions de logements neufs** outre-mer, à condition que ces logements soient loués, dans les douze mois de leur achèvement ou de leur acquisition si elle est postérieure, à des personnes physiques dans le cadre d'un **contrat de location-accession** conclu dans les conditions prévues par la loi 84-595 du 12 juillet 1984. L'acquisition ou la construction de ces logements doit avoir été financée au moyen d'un **prêt conventionné pour les opérations de location-accession** visé à l'article R 331-76-5-1 du CCH et les trois quarts de l'avantage fiscal procuré par cette déduction doivent être **rétrocédés** aux personnes physiques signataires des contrats.

La **comptabilisation** des logements concernés **en stock** (et non en immobilisation) ne fait pas obstacle au bénéfice de la déduction (BOI-IS-GEO-10-30-10-20 no 15).

91950 Les investissements réalisés dans les secteurs « sensibles » ainsi que ceux portant sur des navires de croisière sont soumis à la même condition d'**agrément** que ceux des entreprises relevant de l'impôt sur le revenu (voir no 91870).

Les autres investissements, à l'exception des logements destinés à faire l'objet de contrats de location-accession, sont soumis à agrément lorsque leur montant excède 1 M€ par programme, ou 250 000 € lorsqu'ils sont effectués par l'intermédiaire de sociétés relevant du régime des sociétés de personnes.

> **Précisions** Les investissements dont le montant total n'excède pas 250 000 € par programme sont **dispensés de la procédure d'agrément** préalable lorsqu'ils sont réalisés par une entreprise qui exerce son activité depuis au moins deux ans dans l'un des secteurs d'activités concernés. En cas de schéma locatif, la détermination du secteur d'activité concerné doit s'apprécier au niveau de l'entreprise locataire et non de l'entreprise qui a inscrit l'investissement à l'actif de son bilan (CE 18-11-2015 nos 367916, 372874 et 379355 : RJF 2/16 no 122).

Mécanisme de la déduction La déduction pratiquée est égale au **montant des investissements** défini dans les mêmes conditions que la base de la réduction d'impôt des entreprises relevant de l'IR (voir no 91880). La déduction est opérée sur les résultats de l'**exercice** au cours duquel l'investissement est mis en service, avant tout autre abattement ou toute autre déduction. Toutefois, en cas d'acquisition d'un **immeuble** à construire ou de construction d'immeuble, la déduction est pratiquée au titre de l'année au cours de laquelle les fondations sont achevées. S'agissant des réhabilitations hôtelières, la déduction est accordée au titre de l'année d'achèvement des travaux. 91955 DC-IV-21000 s

La déduction est en principe pratiquée par l'entreprise propriétaire qui **exploite** effectivement l'investissement. Toutefois, le **propriétaire non utilisateur** peut pratiquer la déduction lorsque le bien est donné en **location** sous certaines conditions pendant au moins cinq ans (ou pendant la durée normale d'utilisation du bien si elle est inférieure) à une entreprise utilisatrice. Le propriétaire doit notamment rétrocéder à l'utilisateur au moins 77 % de l'avantage en impôt procuré, d'une part, par la déduction pratiquée au titre de son investissement et, d'autre part, par l'imputation du déficit provenant de la location du bien et de la moins-value subie lors de la cession de ce bien ou des titres de la société bailleresse. En cas de **crédit-bail,** c'est l'entreprise locataire qui pratique la déduction.

> **Précisions** **a.** Aucune déduction ne peut être pratiquée par la société qui investit dans le cadre d'un **schéma locatif** lorsqu'elle est **intégralement détenue par des personnes physiques** bénéficiant de la réduction d'impôt mentionnée no 91885.
> Cas où la **durée normale des investissements** donnés en location est **au moins égale à sept ans** : voir no 91885.
> **Défaillance du locataire** exploitant : voir no 91885.
> **b.** Lorsque l'investissement est opéré par l'intermédiaire d'une **société de personnes,** la déduction est pratiquée par chacun des membres en proportion de ses droits dans le résultat au titre de l'exercice au cours duquel l'investissement est réalisé.
> **c.** Une société ne peut déduire ses investissements directs qu'à hauteur du prix de revient des immobilisations qui excède le montant des apports en capital ouvrant droit à **déduction** ou à **réduction d'impôt** au profit de ses **associés** et le montant total des **financements** octroyés par une **Sofiom** (par souscription au capital ou prêts participatifs).
> **d.** La déduction est opérée, le cas échéant, après le calcul de l'abattement prévu en faveur des entreprises implantées dans les **zones franches d'activité** (nos 91491 s.).
> **e.** S'agissant des **navires de croisière,** les **aides** octroyées par la Nouvelle-Calédonie, la Polynésie française, Wallis-et-Futuna, Saint-Pierre-et-Miquelon, Saint-Barthélemy et Saint-Martin dans le cadre de leur compétence fiscale propre au titre de projets d'investissements doivent être déduites de la base de la déduction (CGI art. 217 duodecies).

Obligations des investisseurs Les investissements directs réalisés par les sociétés passibles de l'IS sont soumis aux mêmes obligations de **conservation** et d'**affectation** que celles qui incombent aux entreprises relevant de l'impôt sur le revenu : voir no 91915. De même, lorsque l'investissement porte sur un **immeuble** à construire ou la construction d'un immeuble, ce dernier doit être achevé dans les deux ans de l'achèvement des fondations. À défaut, la déduction fait l'objet d'une reprise au titre de l'exercice au cours duquel intervient le terme de ce délai. 91965

> **Précisions** Le non-respect de l'obligation de conservation ne remet pas en cause la déduction fiscale lorsque les biens sont **transmis** dans le cadre d'une **fusion** ou d'un **apport partiel d'actif** relevant des articles 210 A ou 210 B du CGI (nos 39000 s.), sous la condition visée au no 91915, précisions a.

SOUSCRIPTIONS AU CAPITAL DE SOCIÉTÉS

Souscriptions ouvrant droit à déduction Les entreprises soumises à l'IS peuvent également déduire de leurs résultats l'intégralité des souscriptions en numéraire réalisées à l'occasion de la constitution ou d'une augmentation de capital des sociétés suivantes : 91975 DC-IV-24000 s

- sociétés de développement régional des DOM (Soderag, Sodere, Sodep) ;
- sociétés dont l'activité, exercée exclusivement outre-mer, relève d'un secteur bénéficiaire de l'aide (no 91855) ;

– sociétés ayant pour objet exclusif l'acquisition ou la construction de logements neufs destinés à un usage locatif dans les conditions précisées au n° 91946.

Les **sociétés bénéficiaires** (autres que les SDR) doivent être passibles de l'IS et détenir des éléments d'actifs affectés, à concurrence de 90 % au moins de la valeur brute totale des actifs, à l'exercice d'activités relevant de secteurs compris dans le champ d'application de la déduction.

Un **agrément** préalable est nécessaire pour les souscriptions au capital des sociétés concessionnaires de service public et de celles acquérant un navire de croisière (n° 91855), ainsi que pour l'ensemble des constitutions ou augmentations de capital d'un montant supérieur à 1 M€ (sur les conditions de l'agrément : voir n° 91870).

Comme pour les schémas locatifs, la déduction ne s'applique aux souscriptions en capital que sous réserve de la rétrocession de 77 % de l'avantage à l'exploitant. Les modalités d'appréciation du taux de **rétrocession** sont fixées par l'article 140 quaterdecies de l'annexe II au CGI.

> Précisions S'agissant des travaux de **rénovation et de réhabilitation d'hôtel,** de résidence de tourisme et de village de vacances classés, l'avantage fiscal s'applique aux souscriptions au capital des sociétés qui exploitent ces établissements, lorsque ces travaux constituent des éléments de l'actif immobilisé.

91985 DC-IV-25500 s **Mécanisme de la déduction** La déduction, égale aux sommes versées par le souscripteur (y compris, le cas échéant, le montant de la prime d'émission), s'opère au titre de l'**exercice** du (ou des) versement(s) sur le résultat imposable avant tout autre abattement ou déduction. Pour bénéficier de la déduction, les entreprises doivent joindre à leur déclaration de résultat de l'exercice au cours duquel la déduction est pratiquée une **attestation** délivrée par la société bénéficiaire des apports.

91990 DC-IV-26000 s **Obligations des souscripteurs et des sociétés bénéficiaires** Les **entreprises bénéficiaires de la déduction** doivent conserver les titres souscrits pendant le délai d'exploitation (soit en principe cinq ans, sauf pour les investissements hôteliers et les navires de croisière : voir n° 91915). En cas de non-respect de cette obligation, les sommes déduites doivent être rapportées aux résultats imposables de l'exercice de cession dans la limite de la totalité du prix de cession.

Les **sociétés bénéficiaires de la souscription** doivent procéder à la réalisation des investissements, dans les douze mois de la clôture de la souscription, étant précisé que cette obligation est considérée comme satisfaite lorsqu'à l'issue de cette période l'entreprise a pris des engagements fermes et définitifs assortis de versements d'acomptes (BOI-IS-GEO-10-30-20-20 n° 230). S'il s'agit de construction d'**immeubles,** la société doit s'engager à achever les fondations dans les deux ans et à achever l'immeuble dans les deux ans de l'achèvement des fondations. Les sociétés bénéficiaires des souscriptions doivent par ailleurs s'engager à maintenir l'affectation des biens acquis dans les mêmes conditions que les entreprises qui investissent directement, soit en principe pendant cinq ans (ou quinze ans pour les investissements hôteliers et les navires de croisière : voir n° 91915).

> Précisions a. Non-respect de l'obligation de conservation des titres lorsque les titres sont **transmis** dans le cadre d'une **fusion** ou d'un apport partiel d'actif : voir n° 91965, précisions.

b. En ce qui concerne l'obligation de **déclarer les investissements** et la condition tenant au **respect des obligations fiscales et sociales** pour pouvoir bénéficier de l'aide fiscale, voir n° 91880, précisions b.

c. En cas de **non-respect** par la société bénéficiaire des souscriptions **des délais de réalisation des investissements,** l'aide fiscale du souscripteur n'est remise en cause qu'au prorata des engagements non tenus (BOI-IS-GEO-10-30-20-20 n° 230). En revanche, si une **fraction des investissements cesse** d'être **affectée** à l'activité éligible, les sommes déduites sont réintégrées pour leur montant total (BOI précité n° 130).

d. En cas de **défaut de réalisation des investissements** par la société bénéficiaire dans les douze mois suivant la clôture de la souscription, les sommes déduites par l'investisseur sont rapportées à ses résultats imposables au titre de l'exercice au cours duquel le délai précité arrive à son terme (CE 30-12-2010 n° 324234 : RJF 5/11 n° 559).

c. Crédit d'impôt pour investissements productifs

CHAMP D'APPLICATION

91995 CGI art. 244 quater W, 199 ter U et 220 Z quater DC-IV-32000 s Les entreprises imposées selon un **régime de bénéfice réel** normal ou simplifié qui exercent une activité industrielle, commerciale, artisanale ou agricole et ne sont pas en difficulté au sens du règlement 651/2014 (RGEC) du 17-6-2014 peuvent bénéficier d'un crédit d'impôt pour leurs investissements mis en service dans un DOM **jusqu'au 31 décembre 2025,** pour l'exercice d'une activité éligible au sens de l'article 199 undecies B du CGI.

Le dispositif s'applique aux **investissements productifs neufs** (voir n°s 91855 s.). Pour les sociétés soumises à l'IS exerçant dans le département de situation du bien et les organismes

de logement social, il s'applique en outre aux acquisitions ou constructions de **logements neufs à usage locatif** situés dans les DOM (à l'exception toutefois de ceux relevant des dispositions du crédit d'impôt pour investissement dans le secteur locatif social n° 92085), aux logements neufs à usage locatif mis à leur disposition dans le cadre d'un contrat de crédit-bail conclu pour une durée au moins égale à cinq ans, ainsi qu'aux acquisitions ou constructions de logements neufs destinés à faire l'objet d'un **contrat de location-accession** dans des conditions identiques à celles prévues par l'article 217 undecies du CGI (n° 91947).
Lorsque l'entreprise réalise un **chiffre d'affaires inférieur à 10 M€** (entreprise relevant de l'IR : voir n° 91850) **ou 20 M€** (entreprise soumises à l'IS : voir n° 91940), le crédit d'impôt est accordé sur **option.** Celle-ci vaut renonciation aux autres dispositifs d'aide et s'applique à l'ensemble des investissements d'un même programme (BOI-BIC-RICI-10-160-10 n° 110).

> Précisions **a.** Les équipements et opérations de pose de **câbles sous-marins** ne sont pas éligibles au crédit d'impôt.
b. Seuls les **logiciels** strictement nécessaires à l'utilisation des investissements éligibles peuvent bénéficier du crédit d'impôt (BOI-BIC-RICI-10-160-10 n° 210).
c. Le crédit d'impôt s'applique également aux acquisitions de **navires de croisière** neufs d'une capacité maximum de 400 personnes affectés principalement à la navigation dans la zone économique exclusive des départements et collectivités d'outre-mer (voir n° 91855).

MÉCANISME DU CRÉDIT D'IMPÔT

Le crédit d'impôt est **calculé** sur le montant des investissements réalisés, diminué de la fraction du prix financée par une aide publique (n° 91880, précisions a). Pour les acquisitions de **navires de croisière,** l'assiette est égale à 20 % du coût de revient (n° 91880, précisions c). Le crédit d'impôt est fixé à 38,25 % de ces dépenses pour les entreprises relevant de l'IR et 35 % pour les entreprises soumises à l'IS. **91997**
L'avantage fiscal est **accordé** au titre de l'année au cours de laquelle l'investissement est mis en service (ou mis à disposition pour les biens pris en crédit-bail ou acquis dans le cadre d'un contrat de location avec option d'achat). Lorsque son montant est supérieur à celui de l'impôt dû, l'excédent est immédiatement restitué. Il ne peut s'imputer sur l'impôt sur le revenu résultant de la reprise des crédits d'impôt ou réductions d'impôt antérieurement obtenus. Un dispositif de **préfinancement** est prévu afin de permettre à l'exploitant de disposer du crédit d'impôt avant même la date de liquidation de l'impôt. La créance en germe peut ainsi être cédée à titre d'escompte ou à titre de garantie auprès d'un établissement de crédit (BOI-BIC-RICI-10-160-30 n° 140).

> Précisions **a.** Le **taux** de 38,25 % est porté à 45,9 % pour les investissements réalisés en **Guyane** et à **Mayotte** (à l'exception des navires de croisière), dans les limites fixées par les règles européennes relatives aux aides d'État.
b. Lorsque l'investissement est réalisé par une **société de personnes,** le crédit d'impôt est accordé aux associés proportionnellement à leurs droits dans cette entité.
c. En cas d'acquisition d'un **immeuble à construire** ou de **construction d'immeuble,** le crédit d'impôt est calculé sur le montant prévisionnel du prix de revient et accordé pour 70 % au titre de l'année d'achèvement des fondations, 20 % au titre de l'année de mise hors d'eau, le solde étant alloué sur la base du prix de revient définitif au titre de l'année de livraison de l'immeuble. L'administration admet que cette règle s'applique également en cas de **location avec option d'achat** ou de **crédit-bail** portant sur un immeuble à construire (BOI-BIC-RICI-10-160-20 n° 170).
d. Le bénéfice du crédit d'impôt est subordonné à l'obtention d'un **agrément** lorsque le montant total par programme d'investissement est supérieur aux seuils fixés par l'article 217 undecies du CGI (n° 91950). Toutefois, lorsque l'investissement est réalisé dans l'un des secteurs « sensibles » (n° 91870), il doit, selon l'administration, faire l'objet d'un agrément, quel que soit son montant (BOI-BIC-RICI-10-160-40 n° 90). Il en est de même des navires de croisière (voir n° 91870). En revanche, les programmes en faveur de l'accession sociale à la propriété réalisés par les organismes de logement social sont dispensés de l'agrément.
e. L'entreprise qui bénéficie du crédit d'impôt doit **affecter le bien à sa propre exploitation** pendant un délai de cinq ans (délais plus longs pour les investissements hôteliers et les navires de croisière : voir n° 91915) ou pendant la durée normale d'utilisation du bien si elle est inférieure. À défaut, le crédit d'impôt fait l'objet d'une **reprise.** Il n'en est autrement qu'en cas de cession dans le cadre d'une opération mentionnée aux articles 41, 151 octies, 210 A ou 210 B du CGI, sous réserve d'un engagement du bénéficiaire de la transmission, ou en cas de défaillance de l'exploitant, si les biens sont repris par une autre entreprise qui s'engage à respecter ces conditions. S'agissant de l'acquisition d'un **immeuble** à construire ou de la construction d'un immeuble, ce dernier doit être **achevé** dans les deux ans suivant la date à laquelle les fondations sont achevées. Pour la construction ou l'acquisition d'un logement à usage locatif, les conditions relatives à la **location** du logement (n° 91946) doivent être remplies.
f. L'entreprise bénéficiaire du crédit d'impôt doit **respecter ses obligations** fiscales et sociales ainsi que celles de dépôt de ses comptes annuels au greffe du tribunal de commerce (voir n° 91880, précision b).

2. INVESTISSEMENTS DES PARTICULIERS

a. Travaux de réhabilitation et de confortation de logements anciens

92010 CGI art. 199 undecies A DC-IV-40100 s Les personnes physiques ayant en France leur domicile fiscal au sens de l'article 4 B du CGI peuvent bénéficier d'une réduction d'impôt lorsqu'elles réalisent outre-mer, **jusqu'au 31 décembre 2020,** des investissements portant sur des travaux de réhabilitation et de confortation de logements anciens.

INVESTISSEMENTS CONCERNÉS

92015 DC-IV-40400 s La réduction d'impôt concerne les **travaux de réhabilitation ou de confortation** contre le risque sismique ou cyclonique réalisés par une entreprise, à l'exclusion de ceux qui constituent des charges déductibles des revenus fonciers en application de l'article 31 du CGI (n°s 27340 s.).

Ces travaux doivent porter sur un **logement** achevé depuis plus de vingt ans que le contribuable prend l'engagement, pour une durée de cinq ans, soit d'affecter dès l'achèvement des travaux à son habitation principale, soit de louer nu dans les six mois de la date d'achèvement à un locataire qui y fixe son habitation principale, étant toutefois précisé que cette dernière condition doit s'apprécier à la date de prise d'effet du bail (CE 13-6-2016 nº 386645 : RJF 10/16 nº 793).

> **Précisions** **a.** La réduction d'impôt s'applique quels que soient le **nombre** et le **montant des investissements** réalisés au cours de la période 1986-2020.
> **b.** En ce qui concerne l'obligation de **déclarer les investissements,** voir nº 91880, précisions b. Les documents à joindre à la déclaration de revenus pour pouvoir bénéficier de la réduction d'impôt sont précisés par l'article 46 AG quaterdecies de l'annexe III au CGI. S'agissant des travaux de confortation contre le **risque sismique ou cyclonique,** une étude technique de confortement réalisée par un cabinet d'architecte ou un bureau d'étude technique doit être jointe à la déclaration (BOI-IR-RICI-80-30 n°s 150 s.).

MÉCANISME DE LA RÉDUCTION

92050 DC-IV-44000 s La **base** de la réduction d'impôt est égale à la somme du coût des matériaux ou équipements utilisés pour les travaux et de la main-d'œuvre correspondante, tels qu'ils figurent sur la facture délivrée par l'entreprise (BOI-IR-RICI-80-20-10 nº 80). Pour les investissements réalisés en 2019, la base de la réduction d'impôt est **plafonnée** à 2 538 € hors taxe par mètre carré de surface habitable, quel que soit le lieu de l'investissement. L'assiette doit, le cas échéant, être majorée de la TVA applicable puis multipliée par le nombre de mètres carrés de surface habitable.

Elle est **répartie** sur cinq ans. La base annuelle est donc égale à 20 % des sommes effectivement payées au 31 décembre de l'année au cours de laquelle le droit à réduction d'impôt est né.

Le **taux** de la réduction d'impôt est égal à 18 % (22 % si des équipements de production d'énergie utilisant une source d'énergie renouvelable, visés à l'article 18-0 bis de l'annexe IV au CGI, sont installés dans le logement ; 26 % si le logement est situé dans un quartier prioritaire de la politique de la ville défini au nº 92540, b).

La réduction d'impôt annuelle est soumise au **plafonnement** mentionné nº 91895.

Elle est pratiquée pour la première fois sur l'impôt correspondant aux revenus de l'**année** d'achèvement des travaux.

> **Précisions** **a.** La réduction s'impute sur le montant de l'**impôt** sur le revenu dans les conditions exposées au nº 2255.
> **b.** Les investissements ouvrant droit à la réduction d'impôt sont exclus d'**autres réductions ou déductions** : réduction d'impôt sur le revenu pour souscriptions au capital de certaines PME (n°s 2600 s.), dispositif Scellier (nº 2820), dispositif Duflot-Pinel-Denormandie (n°s 2805 s.), déduction pour investissements outre-mer (n°s 91940 s.) ; réduction d'impôt pour investissement outre-mer dans le logement locatif social (n°s 92080 s.) ; dispositif « compte PME innovation » (n°s 26210 s.). En outre, la réduction d'impôt ne peut pas être cumulée avec le dispositif relatif à l'imputation des déficits fonciers sur le revenu global (n°s 27530 s.).
> **c.** Pour une même dépense, la réduction d'impôt est exclusive d'une **déduction** de charge pour la détermination **des revenus catégoriels** (CGI art. 199 undecies A, 9).

92060 DC-IV-48500 s **Remise en cause de la réduction d'impôt** La réduction est remise en cause si l'un des **événements** suivants survient : non-respect des engagements pris par le contribuable, cession de l'immeuble avant l'expiration du délai prévu, démembrement du droit de propriété du logement au cours de la période d'engagement, sauf cas de démembrement par décès d'un des époux soumis à une imposition commune (CGI art. 199 undecies A, 3).

En cas de **rupture d'engagement,** le **délai de reprise** prévu à l'article L 169 du LPF court à compter de l'année où survient la méconnaissance de l'engagement et non de celle au titre de laquelle a déjà été utilisée, pour le calcul de l'impôt dû, une fraction de la réduction d'impôt (CE 27-7-2015 n° 372001 : RJF 11/15 n° 935). Les réductions d'impôt dont a bénéficié le contribuable l'**année de rupture et les années antérieures** font l'objet d'une reprise globale au titre de l'année de rupture. Celles pratiquées au titre des **années postérieures** font l'objet d'une reprise annuelle au titre de chacune des années concernées (CE 8-6-2015 n° 376861 : RJF 10/15 n° 755).

Lorsque le contribuable n'a **pas souscrit d'engagement,** les réductions d'impôt font l'objet d'une reprise annuelle jusqu'au 31 décembre de la troisième année suivant chacune de celles au titre de laquelle il a bénéficié de l'avantage fiscal (CE 8-6-2015 n° 376861 précité).

> **Précisions** Lorsque le **bénéficiaire** de la réduction d'impôt est **remboursé** dans un délai de cinq ans de tout ou partie des dépenses ayant ouvert droit à l'avantage fiscal, il fait l'objet d'une reprise égale au montant de l'avantage fiscal accordé à raison de la somme remboursée. Toutefois, aucune reprise n'est pratiquée lorsque le remboursement fait suite à un **sinistre** survenu après le paiement des dépenses (CGI art. 199 undecies A, 8).

b. Investissements « Duflot-Pinel-Denormandie » outre-mer

Le dispositif de réduction d'impôt « Duflot-Pinel-Denormandie » (nos 2805 s.) est applicable aux investissements réalisés dans les DOM, à Saint-Barthélemy, Saint-Martin, Saint-Pierre-et-Miquelon, en Nouvelle-Calédonie, en Polynésie française et dans les îles Wallis-et-Futuna. **92065** CGI art. 199 novovicies, XII **IRPP-IV-115000 s**

Les particularités par rapport à la métropole portent sur les points suivants.

a. Le **taux de la réduction d'impôt** est fixé à 29 % pour les investissements réalisés jusqu'au 31 août 2014. Pour les investissements réalisés à compter du 1er septembre 2014, le taux est de **23 % ou 29 %** selon que l'engagement initial de location est pris pour une durée de six ou neuf ans. En cas de prorogation de l'engagement (n° 2811), le taux varie en fonction de la durée initiale de l'engagement :
– **6 %** pour la première période triennale et 3 % pour la seconde période triennale si l'engagement initial est de six ans ;
– **3 %** pour la période triennale si l'engagement initial est de neuf ans.

La **réduction d'impôt maximale** peut donc être égale à 32 % du montant de l'investissement, éventuellement plafonné.

b. L'écoconditionnalité des logements n'est pas applicable à Mayotte. Dans les autres territoires, les logements doivent répondre au **niveau de performance énergétique globale** fixé par décret (CGI ann. III art. 46 AZA octies-0 AA), applicable aux investissements pour lesquels une demande de permis de construire ou une déclaration préalable de travaux, selon le cas, a été déposée à compter du 8 juin 2013 s'agissant des investissements réalisés en Guadeloupe, Guyane, Martinique et à La Réunion, ou du 18 août 2013 pour les investissements réalisés à Saint-Martin, à Saint-Pierre-et-Miquelon, en Nouvelle-Calédonie, en Polynésie française et dans les îles Wallis-et-Futuna (BOI-IR-RICI-360-10-30 nos 150 et 200).

c. Les **plafonds de loyer mensuel** par mètre carré, charges non comprises, sont, pour les baux conclus ou renouvelés en **2019** fixés à :
– 10,37 € pour l'ensemble des DOM, Saint-Martin et Saint-Pierre-et-Miquelon ;
– 12,80 € en Nouvelle-Calédonie, en Polynésie française et dans les îles Wallis-et-Futuna.

À ces plafonds de loyer, révisés chaque année, il est appliqué le coefficient multiplicateur visé au n° 2812 (CGI ann. III art. 2 terdecies F).

d. Les **plafonds annuels de ressources** des locataires, révisés chaque année, sont fixés comme suit pour les baux conclus ou renouvelés en **2019** :

Composition du foyer du locataire	Lieu de situation du logement	
	DOM, Saint-Martin, Saint-Pierre-et-Miquelon	Nouvelle-Calédonie, Polynésie française, îles Wallis-et-Futuna
Personne seule	28 115 €	31 010 €
Couple	37 547 €	41 410 €
Personne seule ou couple ayant une personne à charge	45 153 €	49 800 €
Personne seule ou couple ayant deux personnes à charge	54 510 €	60 119 €
Personne seule ou couple ayant trois personnes à charge	64 123 €	70 723 €
Personne seule ou couple ayant quatre personnes à charge	72 266 €	79 703 €
Majoration par personne à charge supplémentaire à partir de la cinquième	+ 8 065 €	+ 8 894 €

e. La réduction d'impôt est prise en compte pour le calcul du **plafonnement global** des niches fiscales, avec l'application d'un plafond majoré pour les investissements outre-mer réalisés depuis le 1er septembre 2014 (no 4860).

> **Précisions** **a.** La **surface prise en compte** pour les plafonds de loyers est la surface habitable augmentée de la surface des varangues dans la limite maximale de 14 mètres carrés.
> **b.** Les conditions d'application du dispositif à Saint-Barthélemy n'ont pas été fixées.

c. Investissements « Scellier » outre-mer

92070 CGI art. 199 septvicies, XI IRPP-IV-103200 s.

Le dispositif de réduction d'impôt « Scellier » (no 2820) est applicable aux investissements réalisés dans les **DOM** et dans les **collectivités territoriales** suivantes : Saint-Barthélemy, Saint-Martin, Saint-Pierre-et-Miquelon, Nouvelle-Calédonie, Polynésie française et îles Wallis-et-Futuna. Les particularités par rapport à la métropole portent sur les points suivants.

a. Écocondition (logements ayant fait l'objet d'un dépôt de demande de permis de construire en 2012) non applicable.

b. Réduction d'impôt répartie, par parts égales, **sur cinq années** au lieu de neuf, pour les logements acquis ou construits et pour les souscriptions réalisées depuis le 1er janvier 2011 en Nouvelle-Calédonie, en Polynésie française et dans les îles Wallis-et-Futuna, du fait d'une durée minimale de location elle-même ramenée à cinq ans.

c. Plafond de prix de revient par mètre carré de surface habitable, applicable à la base de calcul de la réduction d'impôt pour les logements, fixé à 4 000 €. La surface habitable à prendre en compte est celle prévue à l'article 46 AG terdecies, III de l'annexe III au CGI (no 92065, précision a).

d. Taux de la réduction d'impôt égal à :
– 40 % pour les logements acquis ou construits et pour les souscriptions réalisées **entre le 27 mai 2009 et le 31 décembre 2010** ;
– 36 % pour les logements acquis ou construits et pour les souscriptions réalisées **en 2011** ou 40 % si un contrat de réservation a été signé devant notaire ou enregistré au plus tard le 31 décembre 2010 et si l'acte authentique si signé entre le 1er janvier et le 31 mars 2011 ;
– 24 % pour les logements acquis ou construits et pour les souscriptions réalisées **en 2012** ou 36 % si un contrat de réservation a été signé devant notaire ou enregistré au plus tard le 31 décembre 2011 et a été l'acte authentique a été signé entre le 1er janvier et le 31 mars 2012 ;
– 24 % pour les logements acquis au cours du **premier trimestre 2013** lorsque le contribuable justifie qu'il avait pris, au plus tard le 31 décembre 2012, l'engagement de réaliser l'investissement immobilier.

e. Plafonds mensuels **de loyer** par mètre carré, charges non comprises, fixés comme suit pour **2019** (en secteur libre) :
– dans les DOM, à Saint-Barthélemy et à Saint-Martin : 13,49 € ;
– en Polynésie française, en Nouvelle-Calédonie, à Saint-Pierre-et-Miquelon et dans les îles Wallis-et-Futuna : 16,97 €.

92071 CGI ann. III art. 2 terdecies C, a dernier al. et c

En cas de **location dans le secteur intermédiaire,** le contribuable est susceptible de bénéficier des avantages fiscaux complémentaires visés en colonne de droite du tableau du no 2820 (déduction spécifique et complément de réduction d'impôt) sous réserve que le loyer et les ressources des locataires n'excèdent pas certains plafonds.

Les **plafonds** mensuels **de loyer** par mètre carré, charges non comprises, sont fixés pour **2019** comme suit :
– dans les DOM, à Saint-Barthélemy et à Saint-Martin : 10,80 € ;
– en Polynésie française, en Nouvelle-Calédonie, à Saint-Pierre-et-Miquelon et dans les îles Wallis-et-Futuna : 14,15 €.

Les **plafonds de ressources** des locataires sont, pour les baux conclus, reconduits ou renouvelés en **2019,** les suivants :

Composition du foyer du locataire	Lieu de location	
	DOM Saint-Martin, Saint-Barthélemy	Polynésie française Nouvelle-Calédonie, Saint-Pierre-et-Miquelon, îles Wallis-et-Futuna
Personne seule	29 073 €	25 326 €
Couple	38 823 €	46 836 €
Personne seule ou couple ayant une personne à charge	46 687 €	49 543 €
Personne seule ou couple ayant deux personnes à charge	56 354 €	52 252 €

Composition du foyer du locataire	Lieu de location	
	DOM Saint-Martin, Saint-Barthélemy	Polynésie française Nouvelle-Calédonie, Saint-Pierre-et-Miquelon, îles Wallis-et-Futuna
Personne seule ou couple ayant trois personnes à charge	66 300 €	55 872 €
Personne seule ou couple ayant quatre personnes à charge	74 718 €	59 493 €
Majoration par personne à charge supplémentaire à partir de la cinquième	+ 8 339 €	+ 3 803 €

d. Souscription de parts de FIP

Les personnes physiques ayant leur domicile fiscal en France au sens de l'article 4 B du CGI peuvent bénéficier d'une réduction d'impôt sur le revenu spécifique au titre des versements effectués pour la souscription de parts de **fonds d'investissement de proximité** investis **outre-mer** (plus précisément dans les départements et collectivités suivantes : Guadeloupe, Guyane, Martinique, La Réunion, Mayotte, Saint-Barthélemy, Saint-Martin, Saint-Pierre-et-Miquelon, Nouvelle-Calédonie, Polynésie française et îles Wallis-et-Futuna), et dans les **secteurs d'activité** retenus pour l'application de la réduction d'impôt sur le revenu visée aux nos 91850 s. **92075** CGI art. 199 terdecies-0 A, VI ter A DC-IV-55000 s

Les **conditions et modalités d'application** de cette réduction d'impôt sont identiques à celles prévues pour la réduction d'impôt de droit commun concernant les souscriptions de parts de FIP (nos 2660 s.), à l'exception du **taux** de la réduction d'impôt qui est fixé à 38 %. Toutefois, ce taux est ramené à 30 % pour les versements effectués à compter d'une date fixée par décret (Loi 2019-1479 du 28-12-2019 art. 137).

3. INVESTISSEMENTS DANS LE SECTEUR LOCATIF SOCIAL

a. Réduction d'impôt sur le revenu

Les **personnes physiques** domiciliées en France au sens de l'article 4 B du CGI peuvent bénéficier d'une réduction d'impôt au titre des investissements qu'elles réalisent **jusqu'au 31 décembre 2025** dans le logement social ultramarin. Les investissements peuvent être réalisés par l'intermédiaire d'une **société civile de placement immobilier,** d'une **société de personnes** établie en France (à l'exclusion des sociétés en participation) ou d'une **société soumise à l'impôt sur les sociétés** ayant pour objet exclusif l'acquisition, la construction et la location de logements éligibles, à condition notamment que 95 % du montant de la souscription soit affecté à la réalisation de l'investissement dans les dix-huit mois suivant sa clôture. **92080** CGI art. 199 undecies C DC-IV-60100 s

> **Précisions** Lorsque l'investissement est effectué par l'intermédiaire d'une **sociétés soumise à l'IS,** cette dernière ne peut bénéficier des dispositions de l'article 217 undecies du CGI (no 91940).

Investissements éligibles Ouvrent droit à la réduction d'impôt les **acquisitions** ou les **constructions de logements neufs** situés à Saint-Pierre-et-Miquelon, en Nouvelle-Calédonie, en Polynésie française, à Saint-Martin, à Saint-Barthélemy et dans les îles Wallis-et-Futuna, ainsi que les acquisitions de **logements achevés depuis plus de vingt ans** faisant l'objet de travaux de réhabilitation visés à l'article 46 AG terdecies A de l'annexe III au CGI, permettant aux logements soit d'acquérir des performances techniques voisines de celles des logements neufs soit de réaliser leur confortation contre le risque sismique ou cyclonique. **92081**

Sont également éligibles les **travaux de rénovation et de réhabilitation** sur des logements de plus de vingt ans situés sur l'île de **Tahiti,** dans certaines zones prioritaires de **Nouvelle-Calédonie** et à **Saint-Martin.**

Lorsque le prix de revient d'un ensemble d'investissements est supérieur à 2 M€, une fraction du prix de revient des logements (fixée par l'article 46 AG sexdecies, IV de l'annexe III au CGI) doit correspondre à des dépenses supportées au titre de l'acquisition d'équipements de production d'**énergie renouvelable,** d'appareils utilisant une source d'énergie renouvelable ou de matériaux d'isolation (dépenses éligibles précisées par l'article 18 quater de l'annexe IV au CGI).

Le bénéfice de l'aide fiscale est subordonné à l'obtention d'un **agrément** préalable du ministre chargé du budget pour les programmes immobiliers excédant 2 M€ ou pour ceux réalisés, quel qu'en soit le montant, par l'intermédiaire d'une société soumise à l'IS.

› Précisions **a.** Les **logements** bénéficiant des **prêts conventionnés** (PLS) définis à l'article R 372-21 du CCH doivent recevoir un agrément préalable du représentant de l'État.
b. Une **procédure d'agrément simplifiée** est instaurée pour les projets d'investissement inscrits aux contrats de développement en Nouvelle-Calédonie et au contrat de projets de la Polynésie française.
c. S'agissant de l'**acquisition de logements anciens** réhabilités, l'administration exclut de l'avantage fiscal les travaux ayant pour objet l'aménagement à usage d'habitation de locaux préalablement affectés à un autre usage ou ayant pour effet d'accroître le volume ou la surface habitable de locaux existants (BOI-IR-RICI-380-10-10 n° 60).

92082 **Conditions de location et de cession** Les logements doivent être donnés en **location nue,** pour une durée en principe au moins égale à cinq ans, à un des organismes suivants : organisme de HLM mentionné à l'article L 411-2 du CCH ; société d'économie mixte exerçant une activité immobilière outre-mer ; organisme mentionné à l'article L 365-1 du CCH ; ou tout organisme de logement social agréé conformément à la réglementation locale par l'autorité publique compétente. La mise en location doit intervenir dans les douze mois de leur achèvement ou de leur acquisition si elle est postérieure. L'opération peut prendre la forme d'un **crédit-bail** immobilier, étant toutefois précisé que seuls les investissements réalisés par l'intermédiaire d'une société peuvent faire l'objet d'un tel contrat.

Les organismes précités doivent **sous-louer** les logements (nus ou en meublé) à des personnes physiques qui en font leur résidence principale. Le bénéfice de la réduction d'impôt est subordonné au respect de plafonds de ressources du sous-locataire ainsi qu'à certaines limites de loyer fixés à l'article 46 AG sexdecies de l'annexe III au CGI (BOI-BAREME-000019).

Au terme de la période de location de cinq ans, les **logements** (ou les parts de la société propriétaire du logement) doivent être **cédés** à l'organisme de logement social locataire ou à des personnes physiques désignées par cet organisme et respectant les conditions de ressources requises pour bénéficier d'opérations de location-accession. Le prix de cession doit être fixé par une convention conclue entre les investisseurs et l'organisme au plus tard à la date de signature du bail.

› Précisions **a.** Lorsque l'investissement est réalisé par l'intermédiaire d'une **société** et qu'il revêt la forme de la **construction** d'un immeuble ou de l'acquisition d'un immeuble à construire, la réduction d'impôt ne s'applique que si la société qui réalise l'investissement s'engage à achever les fondations de l'immeuble dans les deux ans qui suivent la clôture de la souscription et à achever l'immeuble dans les deux ans qui suivent la date d'achèvement des fondations.
b. Les logements peuvent être occupés de manière effective et habituelle par un **étudiant** durant toute l'année scolaire ou universitaire (BOI-IR-RICI-380-10-20 n° 70).

92083 **Avantage fiscal** La **réduction d'impôt** est **égale** à 50 % du prix de revient des logements minoré des taxes et des commissions d'acquisition versées, ainsi que des subventions publiques reçues. Cette base est plafonnée, pour 2019, à 2 538 € par mètre carré habitable (BOI-IR RICI-380-20 n° 80) – il est tenu compte des mètres carrés de la quote-part des parties communes pour les résidences avec services pour les personnes âgées ou handicapées. La réduction d'impôt doit être **rétrocédée** pour au moins 70 % de son montant à l'organisme de logement social, sous la forme d'une diminution des loyers et du prix de cession à l'organisme locataire ou, le cas échéant, à la personne physique choisie par l'organisme.

La réduction d'impôt est accordée **au titre de l'année** d'achèvement du logement ou de son acquisition si elle est postérieure. Elle s'impute sur le montant de l'**impôt** sur le revenu résultant de l'application du **barème progressif,** après application éventuelle de la décote, mais avant les crédits d'impôt et les prélèvements ou retenues non libératoires. Le solde éventuel est reportable et imputable sur les cinq années suivantes. Le montant non imputé à l'issue de cette période est perdu.

L'avantage fiscal est soumis au **plafonnement** spécifique prévu par l'article 199 undecies D du CGI (voir n° 91895). Compte tenu de la rétrocession de 70 % de la réduction d'impôt, ce plafond est fixé à 133 333 €. L'aide fiscale entre par ailleurs dans le champ du plafonnement global (voir n°s 4840 s.).

› Précisions **a.** Les **aides octroyées** par les communautés d'outre-mer dans le cadre de leur compétence fiscale propre au titre de projets d'investissement sont sans incidence sur la détermination de la base de la réduction d'impôt (BOI-IR RICI-380-20 n° 1).
b. Pour les **travaux de rénovation et de réhabilitation** visés au n° 92081, la base de l'avantage fiscal est retenue dans la limite de 50 000 € par logement. Ce plafond s'apprécie par logement existant avant le commencement des travaux, y compris dans le cas où les travaux conduiraient à diviser ou réunir un ou plusieurs logements (BOI-IR-RICI-380-20 n° 85).
c. La réduction d'impôt est **exclusive** de celles prévues par les articles 199 undecies A du CGI (n°s 92010 s.), 199 tervicies (n°s 2840 s.) et 199 septvicies (n° 2820). Les dépenses de travaux de rénovation et de réhabilitation éligibles au dispositif ne sont pas déductibles du revenu foncier du contribuable.

d. La condition de **rétrocession** doit s'apprécier non seulement en tenant compte des conditions de rachat du logement mais également au travers de la fixation des loyers. Le taux de rétrocession est calculé à partir de valeur actualisée de l'ensemble des sommes mises à la charge de l'organisme locataire (BOI-IR-RICI-380-10-20 n° 340).

Remise en cause de la réduction d'impôt La réduction d'impôt fait l'objet d'une reprise si, pendant la période de location du logement, les **conditions** et engagements mentionnés aux n°s 92080 et 92082 ne sont **plus respectés** (plafonds de loyer, conservation des parts, rétrocession…). Il en est de même en cas de cession des logements ou des parts ou en cas de démembrement. 92084

› Précisions Lorsque le démembrement ou la cession résulte du **décès du contribuable** ou de l'un des époux soumis à imposition commune, la réduction d'impôt ne fait pas l'objet d'une reprise si le bénéficiaire (propriétaire ou usufruitier) reprend les engagements pour la durée de location restant à courir. Il en est de même en cas de **changement de situation** matrimoniale (BOI-IR-RICI-380-30 n° 40).

b. Crédit d'impôt pour investissement dans le logement social

92085 CGI art. 244 quater X et 220 Z quinquies **DC-IV-65000 s**

Certains **organismes de logement social** peuvent bénéficier d'un crédit d'impôt à raison de l'acquisition, de la construction, ou de la prise en crédit-bail, **jusqu'au 31 décembre 2025,** de logements neufs dans les **DOM,** ainsi que de l'acquisition de logements achevés depuis plus de vingt ans faisant l'objet de travaux de réhabilitation leur permettant d'acquérir des performances techniques voisines de celles du neuf ou de confortation contre le risque sismique ou cyclonique. Ouvrent également droit au crédit d'impôt les **travaux de réhabilitation** ou de confortation contre le risque sismique ou cyclonique portant sur les logements sociaux achevés depuis plus de vingt ans et situés soit, dans les quartiers dits « NPNRU » mentionnés à l'article 9-1, II de la loi 2003-710 du 1er août 2003, soit, pour ceux d'entre eux dont la déclaration préalable de travaux ou la demande de permis de construire est déposée à compter du 1er janvier 2020, dans les quartiers prioritaires mentionnés à l'article 5 de la loi 2014-173 du 21 février 2014 (QPV) (Loi 2019-1479 du 28-12-2019 art. 144). Le dispositif est également étendu aux opérations de **démolition** en vue de la construction de nouveaux logements sociaux pour lesquelles une demande de permis de construire est déposée à compter du 1er janvier 2020 (Loi 2019-1479 précitée art. 142).

Enfin, sont également éligibles au crédit d'impôt, sous certaines conditions, les **entreprises soumises à l'IS** qui acquièrent ou construisent des logements bénéficiant des prêts conventionnés (**PLS**) définis à l'article R 372-21 du CCH.

Le crédit d'impôt s'applique **de plein droit** dès lors que les conditions légales sont satisfaites.

Sous réserve de leur implantation exclusive dans les DOM, les **caractéristiques des logements** acquis, construits ou réhabilités doivent être identiques à celles requises pour l'application de la réduction d'impôt prévue par l'article 199 undecies C du CGI (n° 92081). Ils doivent en outre être **donnés en location nue ou meublée** pour une durée au moins égale à cinq ans, à des personnes physiques qui en font leur résidence principale, sous réserve du respect de plafonds de ressources du locataire et de limites de loyer identiques à ceux fixés pour l'application de l'article 199 undecies C du CGI (n° 92082). La mise en location doit intervenir dans les douze mois de leur achèvement ou de leur acquisition si elle est postérieure. Au regard de la **réglementation européenne,** le crédit d'impôt est placé sous le régime des services d'intérêt économique général (SIEG) défini dans la décision 2012/21 de la Commission du 20-12-2011 (voir n° 92720).

Le **montant du crédit d'impôt** est en principe fixé à 40 % du prix de revient des logements minoré des taxes et des commissions d'acquisition versées, ainsi que des subventions publiques reçues. Ce montant est retenu dans la limite de prix par mètre carré mentionnée au n° 92083. Pour les **travaux de réhabilitation,** le crédit d'impôt est égal à 40 % du prix des travaux minoré des taxes et des subventions, retenu dans la limite de 50 000 € par logement. S'agissant des opérations de **démolition-reconstruction,** il est égal à 40 % du prix de revient des travaux minoré des taxes et des subventions, retenu dans la limite de 25 000 € par logement démoli (Loi 2019-1479 précitée art. 142).

Il est accordé au titre de l'**année** d'acquisition de l'immeuble ou, le cas échéant, d'achèvement des travaux pour les réhabilitations d'immeubles (voir toutefois précisions, c) et les opérations de démolition-reconstruction. Si le montant du crédit d'impôt excède l'impôt dû, l'excédent est restitué. Le crédit d'impôt est susceptible de faire l'objet d'un **préfinancement** (CGI ann. III art. 49 septies ZZW).

› Précisions a. Sont **éligibles** au crédit d'impôt les **organismes** suivants dès lors qu'ils sont établis dans un DOM : organismes de HLM mentionnés à l'article L 411-2 du CCH, sociétés d'économie mixte exerçant une activité immobilière outre-mer et organismes mentionné à l'article L 365-1 du CCH. L'exercice d'une activité dans un autre département français ou une

COM entraîne l'exclusion du dispositif (BOI-IS-RICI-10-70-10 nº 30).

b. Le crédit d'impôt s'applique, d'une part, aux appartements confiés en gestion à un Crous pour le **logement d'étudiants** bénéficiaires de la bourse d'enseignement supérieur sur critères sociaux et, d'autre part, aux constructions de **logements-foyers** au sens de l'article L 633-1 du CCH. Dans ce dernier cas, l'obligation de location peut être remplie par un gestionnaire avec lequel l'organisme ou la société bénéficiaire du crédit d'impôt a signé une convention.

c. En cas d'acquisition d'un immeuble à construire ou de **construction d'immeuble,** le crédit d'impôt est calculé sur le montant prévisionnel du prix de revient et accordé pour 70 % au titre de l'année d'achèvement des fondations, 20 % au titre de l'année de mise hors d'eau, le solde étant alloué sur la base du prix de revient définitif au titre de l'année de livraison de l'immeuble. S'agissant des immeubles pris en **crédit-bail,** il est en principe accordé au titre de l'année au cours de laquelle le bien est mis à la disposition du crédit-preneur mais l'administration admet que ce dernier bénéficie de l'avantage fiscal selon le même calendrier que celui applicable en cas d'investissement en direct (BOI-IS-RICI-10-70-20 nº 90).

d. Les **meubles** autres que les équipements et aménagements nécessaires à l'usage des locaux ne sont pas inclus dans l'assiette du crédit d'impôt (BOI-IS-RICI-10-70-20 nº 1).

e. S'agissant des opérations de **démolition-reconstruction,** l'achèvement des fondations de l'immeuble reconstruit doit intervenir dans un délai de deux ans suivant la date de fin des travaux de démolition (Loi 2019-1479 du 28-12-2019 art. 142).

f. Le crédit d'impôt fait l'objet d'une **reprise** au titre de l'année au cours de laquelle les conditions relatives aux caractéristiques et à la destination des logements ne sont pas respectées, ou en cas de cession durant le délai de cinq ans mentionné ci-dessus. Il en est de même lorsque l'investissement revêt la forme de la construction d'un immeuble ou de l'acquisition d'un immeuble à construire, si l'immeuble n'est pas achevé dans les deux ans suivant la date à laquelle les fondations sont achevées. En cas d'opération de démolition-reconstruction, la reprise intervient au titre de l'année au cours de laquelle intervient le terme du délai de deux ans mentionné ci-dessus précisions, e.

c. TVA « immobilière »

92086 CGI art. 296 ter IMMO-I-19100 s

Dans les départements de la Guadeloupe, de la Martinique et de La Réunion, la TVA est perçue au **taux réduit** (2,1 % ; voir nº 91610) pour :
– les travaux de construction et les ventes de logements évolutifs sociaux ;
– les livraisons à soi-même ainsi que les ventes et apports de terrains à bâtir et de logements neufs lorsque ces opérations sont financées à l'aide d'un prêt aidé accordé ou d'une subvention de l'État accordée dans les conditions prévues par les articles R 372-1 et R 372-20 à R 372-24 du CCH, ou dans les conditions fixées à l'article 244 quater X du CGI (voir nº 92085).

SECTION 5

CORSE

92140 La réglementation fiscale s'applique en principe en Corse dans les mêmes conditions qu'en France continentale. Certaines dispositions dérogatoires, exposées ci-après, sont cependant prévues. Elles sont pour l'essentiel destinées à atténuer les inconvénients de l'insularité et à favoriser le développement de l'activité économique de l'île.

À ces dispositions dérogatoires s'ajoute le régime des **zones de développement prioritaire,** qui concerne en pratique les communes situées en Corse (voir nºs 92540 s.).

I. Impôts directs

1. IMPOSITION DES BÉNÉFICES DES ENTREPRISES

CRÉDIT D'IMPÔT POUR INVESTISSEMENT

92260 Une aide fiscale est instituée en faveur de certaines PME pour leurs investissements exploités en Corse et réalisés jusqu'au 31 décembre 2020.

92265 CGI art. 244 quater E BIC-XVIII-20500 s

Entreprises concernées Le crédit d'impôt pour investissement s'applique, sur option, aux entreprises répondant à la définition européenne des **PME** (nº 92650) qui exercent une activité industrielle, commerciale, artisanale, libérale ou agricole, et sont soumises à un régime réel d'imposition.

Les PME en difficulté bénéficient de cette aide sous réserve de l'octroi d'un agrément préalable (BOI-BIC-RICI-10-60-10-30 n°s 50 s.).

ATTENTION

L'**option** pour le bénéfice de ce crédit d'impôt emporte renonciation irrévocable à l'application des régimes de faveur prévus aux articles suivants : 44 sexies (n°s 10260 s.), 44 sexies A (n°s 10400 s.), 44 septies (n°s 10310 s.), 44 quindecies (n°s 10365 s.), 44 sexdecies (n° 10375), 44 septdecies (n° 10395) et 208 sexies du CGI.

Activités et investissements concernés Sont susceptibles d'ouvrir droit au crédit d'impôt les investissements autres que de remplacement financés sans aide publique pour 25 % au moins de leur montant qui sont réalisés, jusqu'au 31 décembre 2020, pour les besoins de toute **activité** commerciale, industrielle, artisanale, libérale ou agricole. 92270

Sont toutefois **exclues,** à compter du 1er janvier 2019, les activités de gestion et de location de meublés de tourisme situés en Corse, au sens de l'article L 324-1-1 du Code du tourisme (BOI-BIC-RICI-10-60-10-20 n° 275). Les entreprises exerçant une activité de gestion d'immeubles (administrateurs de biens, syndics) ou de location d'immeubles (agences immobilières) ne sont éligibles que si les prestations qu'elles réalisent portent exclusivement sur des biens situés en Corse.

Sont également exclues les activités suivantes : production ou transformation de houille et de lignite, sidérurgie, industrie des fibres synthétiques, pêche, transport, construction et réparation de navires d'au moins 100 tonnes de jauge brute, construction automobile. Il en est de même des investissements portant sur les activités de jeux de hasard et d'argent (casinos…).

Les entreprises relevant du secteur agricole et sylvicole ou exerçant une activité de transformation ou de commercialisation de produits agricoles et sylvicoles ne sont éligibles que si elles peuvent bénéficier des aides européennes au développement rural.

Les **investissements** ouvrant droit à crédit d'impôt sont les suivants : biens d'équipement amortissables selon le mode dégressif acquis ou créés à l'état neuf ou pris en crédit-bail ; agencements et installations de locaux commerciaux habituellement ouverts à la clientèle, acquis, créés ou loués dans les mêmes conditions ; logiciels qui constituent des éléments de l'actif immobilisé et sont nécessaires à l'utilisation des biens, agencements et installations visés ci-dessus ; travaux de rénovation d'hôtel (sont notamment visés les travaux de mise aux normes réglementaires effectués dans le secteur de l'hôtellerie).

› **Précisions** **a.** Les **meublés de tourisme** livrés à compter du 1er janvier 2019 sont éligibles lorsque le transfert de propriété intervient avant cette date ou lorsque le contrat de crédit-bail est conclu avant celle-ci. Sont également éligibles les meublés de tourisme acquis dans le cadre de ventes en l'état futur d'achèvement conclues avant le 1er janvier 2019 ou fabriqués par l'entreprise elle-même si elle a conclu un contrat de construction avant cette date dès lors qu'ils sont achevés au 31 décembre 2020 (Rép. Acquaviva : AN 12-3-2019 n° 15262). Il en est de même pour ceux, achevés à cette dernière date, ayant fait l'objet d'un contrat préliminaire de réservation prévu à l'article L 261-5 du CCH signé et déposé au rang des minutes d'un notaire ou enregistré au service des impôts des entreprises au plus tard le 31 décembre 2018, ainsi que ceux pour lesquels le contribuable justifie avoir pris un engagement de réalisation avant le 31 décembre 2018 (Loi 2019-1479 du 28-12-2019 art. 57).

b. Les **chambres d'hôtes** au sens de l'article L 324-3 du Code du tourisme avec des prestations hôtelières ne sont pas visées par la mesure d'exclusion des meublés de tourisme (BOI-BIC-RICI-10-60-10-20 n° 275).

Montant du crédit d'impôt Quel que soit le secteur d'activité concerné, le crédit d'impôt est égal à 20 % du prix de revient hors taxe des investissements réalisés, diminué de la fraction de leur montant financée par des subventions. Ce taux est porté à 30 % pour les très petites entreprises qui réalisent des investissements éligibles. 92275

CGI art. 244 quater E, I, 3° et 3° bis, **BIC-XVIII-21200 s**

› **Précisions** Sont concernées par le taux à 30 % les **très petites entreprises** qui emploient moins de onze salariés, décompté conformément aux règles prévues à l'article L 130-1, I du CSS (voir n° 73830 s.) pour les exercices ouverts à compter du 1er janvier 2020 (Loi 2019-486 du 22-5-2019 art. 12 ; Loi 2019-1479 du 28-12-2019 art. 41) et qui réalisent un chiffre d'affaires inférieur à 2 M€ au cours de l'exercice ou de la période d'imposition ou dont le total de bilan n'excède pas ce même montant. Le capital des sociétés bénéficiaires doit être entièrement libéré et être détenu de manière continue, pour 75 % au moins, par des personnes physiques ou par une ou plusieurs sociétés répondant à la définition précitée des très petites entreprises et aux mêmes conditions de libération et de détention de capital. Pour les exercices clos à compter du 1er janvier 2020, en cas de **dépassement du seuil d'effectif,** le crédit d'impôt est maintenu au taux majoré au titre du seul exercice au cours duquel les investissements éligibles sont réalisés. Lorsque le seuil de dix salariés est franchi au titre des exercices clos entre le 31 décembre 2017 et le 31 décembre 2019, le taux majoré continue de s'appliquer pour l'exercice au cours duquel le seuil a été dépassé et les deux exercices suivants.

92280 CGI art. 199 ter D et 220 D BIC-XVIII-21300 s **Utilisation du crédit d'impôt** Le crédit d'impôt est **imputé** sur l'impôt sur le revenu ou l'impôt sur les sociétés dû au titre de l'année de réalisation de l'investissement. L'excédent éventuel est reportable au titre des neuf années suivantes.

À l'issue de la période d'imputation de 10 ans, le solde du crédit d'impôt non utilisé est remboursé au contribuable dans la double limite de 50 % du montant du crédit d'impôt et de 300 000 €. Toutefois, le contribuable peut demander la restitution du crédit d'impôt à compter de la cinquième année d'imputation, dans la limite de 35 % du crédit d'impôt et de 300 000 €.

Peuvent demander le **remboursement** immédiat de la créance les entreprises qui répondent à la définition européenne des PME (nº 92650), les entreprises nouvelles, les jeunes entreprises innovantes (nº 10400) et les entreprises ayant fait l'objet d'une procédure de sauvegarde ou de conciliation, d'un redressement ou d'une liquidation judiciaires (que la créance soit née ou non avant l'ouverture de la procédure).

Le bénéfice du crédit d'impôt est subordonné au respect de la **réglementation européenne** relative aux aides à l'investissement à finalité régionale (nºs 92625 s.).

Le crédit d'impôt est **repris** ou **supprimé** si l'investissement réalisé est cédé ou reçoit une autre affectation que celle prévue dans le délai de cinq ans suivant sa réalisation ou au cours de sa durée normale d'utilisation si elle est inférieure.

› **Précisions** **a.** En principe inaliénable et incessible, la **créance sur l'État** correspondant au crédit d'impôt non utilisé peut cependant être mobilisée auprès d'un établissement de crédit en application des articles L 313-23 s. du Code monétaire et financier.

b. Les **entreprises nouvelles** bénéficient du remboursement immédiat de la créance constatée au titre de l'année de leur création et des quatre années suivantes. Leur capital doit être détenu pour moitié au moins par des personnes physiques, de façon directe ou indirecte par l'intermédiaire d'une seule société interposée, ou bien par certaines sociétés d'investissement et du secteur du capital-risque.

CRÉDIT D'IMPÔT RECHERCHE

92285 CGI art. 244 quater B, I IS-IX-4500 s Les entreprises implantées en Corse bénéficient d'un taux majoré de crédit d'impôt (nº 10490) fixé à 50 % pour les **dépenses de recherche.** Ce taux est fixé à 40 % pour les **dépenses d'innovation** des PME qui répondent à la définition européenne (nº 92650).

ATTENTION

Ce dispositif s'applique aux dépenses engagées au titre des exercices clos à compter du 31 décembre 2019 mais son **entrée en vigueur** doit être fixée par décret.

2. IMPÔTS DIRECTS LOCAUX

92300 En matière d'impôts directs locaux, les particularités concernent la taxe foncière sur les propriétés non bâties et la cotisation foncière des entreprises.

TAXE FONCIÈRE SUR LES PROPRIÉTÉS NON BÂTIES

92310 FNB-II-4450 s Les **propriétés agricoles** visées au nº 42525 qui sont situées en Corse sont **totalement exonérées** de cette taxe (CGI art. 1394 B).

COTISATION FONCIÈRE DES ENTREPRISES

92320 CET-II-107900 s Les bases de la cotisation foncière des entreprises (CFE) due par les établissements situés en Corse au profit des communes et de leurs groupements font l'objet d'un **abattement de 25 %** (CGI art. 1472 A ter).

II. Taxe sur la valeur ajoutée

92360 TVA-III-24500 s En matière de TVA, deux mesures prévoient pour la Corse :
- un **allégement de l'imposition** de **certains produits ou services** ;
- une exonération des **transports** entre la France continentale et la Corse.

ALLÉGEMENT D'IMPOSITION

92370 TVA-III-24650 s Certains **produits livrés** en Corse et certains **services exécutés** en Corse bénéficient d'un allégement d'imposition du fait de l'application de **taux légaux spécifiques,** au nombre de quatre, allant de 0,9 % à 13 %.

Ces taux s'appliquent également aux **importations** et **acquisitions intracommunautaires** en Corse ainsi qu'aux **expéditions** des produits concernés de France continentale à destination de la Corse.

Nous indiquons ci-après le champ d'application de chacun de ces taux (dans leur ordre croissant). Les coefficients de conversion correspondants figurent au nº 92395.

Bien entendu, les taux en vigueur en France continentale trouvent à s'appliquer aux biens livrés et aux services exécutés en Corse qui ne bénéficient pas de tels allégements.

Taux de 0,9 % Le taux de 0,9 % s'applique aux opérations suivantes : **92375** CGI art. 297, I-1-1º

a. Ventes d'**animaux vivants de boucherie et de charcuterie** à des non-redevables (nº 59835) ;

b. Premières représentations théâtrales ou de cirque (nº 61785).

Taux de 2,1 % Le taux de 2,1 % s'applique aux opérations passibles sur le continent du taux réduit de 5,5 % ou du taux intermédiaire de 10 %, **à l'exception** pour l'essentiel des opérations suivantes (qui sont soumises au même taux que sur le continent) : opérations portant sur les appareillages et les équipements pour handicapés, les médicaments non remboursables, les préservatifs et les produits de protection hygiénique féminine, les œuvres d'art ; travaux portant sur des locaux d'habitation achevés depuis plus de deux ans (y compris travaux d'amélioration de la qualité énergétique de ces locaux) ; cessions de droits d'auteur (autres que celles portant sur les œuvres cinématographiques représentées aux cours de séances à caractère non commercial ou dans le cadre de festivals de cinéma, qui relèvent du taux de 2,1 %) ; ventes et apports de terrains destinés au logement social ; ventes (et certains apports) ainsi que livraisons à soi-même de logements sociaux et de certains travaux de réhabilitation et d'entretien portant sur ces logements. **92380** CGI art. 297, I-1-2º

Relèvent **notamment** du taux de 2,1 % les ventes de produits alimentaires (autres que celles visées au nº 92385, d), les ventes de produits d'origine agricole non transformés destinés à être utilisés dans la préparation de denrées alimentaires ou dans la production agricole, les ventes de produits à usage agricole (engrais...) et les ventes de livres ainsi que certaines prestations de services (transports de voyageurs, fourniture de logement, fourniture de repas dans les cantines scolaires et les cantines d'entreprise à l'exclusion des boissons alcooliques, droits d'entrée dans les salles de cinéma...).

> **Précisions** **a.** Le taux de 2,1 % s'applique également à hauteur des trois quarts du prix de **pension ou de demi-pension hôtelière,** le quart restant étant soumis au taux intermédiaire de 10 % (la part relative aux boissons alcooliques est, quant à elle, soumise au taux de 10 % : nº 92385, d) (BOI-TVA-GEO-10-10 nº 70).
> **b.** Le taux de 2,1 % s'applique aussi aux médicaments remboursables ou soumis à autorisation temporaire, aux publications de presse et à la presse en ligne ainsi qu'à la contribution à l'audiovisuel public, mais cela n'est pas propre à la Corse (respectivement nºs 53065 s., 61600 et 47490).

Taux de 10 % Outre les opérations relevant comme sur le continent du taux intermédiaire (nº 92380), bénéficient en Corse du taux de 10 % les opérations suivantes : **92385** CGI art. 297, I-1-5º

a. Travaux immobiliers (autres que les travaux d'amélioration de la qualité énergétique des locaux d'habitation, qui bénéficient comme sur le continent du taux de 5,5 % : nº 92380) et opérations immobilières soumises à la TVA (nºs 58770 s.) (à l'exception de celles qui bénéficient du taux réduit de 5,5 % : nº 58895, nº 59060 et nº 59120) ;

> **Précisions** Bénéficient également du taux de 10 % les ventes de **matériaux de construction** aux entrepreneurs de travaux immobiliers et négociants installés en Corse et justifiant de l'impossibilité d'imputer en totalité la TVA déductible.
> Le taux de 10 % s'applique aussi aux opérations de **construction de logements intermédiaires** (CGI art. 297, 1-5º-f), mais cela n'est pas propre à la Corse puisque ces opérations bénéficient également sur le continent du taux de 10 % (CGI art. 279-0 bis A : nº 58895).

b. Ventes de **matériels agricoles** dont la liste est fixée par l'article 50 duodecies A de l'annexe IV au CGI (tracteurs agricoles, matériels à traction pour la préparation des surfaces cultivées, la fertilisation, les semis et plantations, etc.) ;

c. Fourniture de **logement** relevant du taux normal sur le continent. Il s'agit essentiellement de la fourniture de logement dans les **établissements autres que d'hébergement** ;

d. Ventes à consommer sur place de boissons alcooliques effectuées par les débitants de boissons, restaurateurs, etc. ;

> **Précisions** Les ventes à consommer sur place de **produits alimentaires et/ou de boissons non alcooliques** réalisées en Corse bénéficient, comme sur le continent, du taux intermédiaire de 10 % en application de l'article 279, m du CGI (BOI-TVA-GEO-10-10 nº 100). Il en va de même des **ventes à emporter** ou à livrer de **produits alimentaires préparés en vue d'une consommation immédiate** réalisées en Corse, à l'exclusion de celles relatives aux boissons alcooliques (qui relèvent du taux normal) (CGI art. 279, n).
> Il est rappelé que la fourniture de repas dans les **cantines scolaires** et les **cantines d'entreprises** bénéficie en Corse du taux de 2,1 % (nº 92380), à l'exclusion des boissons alcooliques, qui relèvent du taux de 10 %.

e. Ventes d'**électricité** effectuées en **basse tension,** y compris la partie « abonnement » des factures relatives aux livraisons d'électricité d'une puissance maximale supérieure à 36 kVA (la partie « abonnement » des factures relatives aux livraisons d'électricité d'une puissance maximale n'excédant pas 36 kVA bénéficie du taux de 2,1 %).

92390 **Taux de 13 %** Le taux de 13 % s'applique aux ventes de **produits pétroliers** énumérés au tableau B de l'article 265 du Code des douanes (n°s 61340 s.).

CGI art. 297, I-1-6°

92395 **Coefficients de conversion** Le présent tableau indique pour chacun des taux spécifiques applicables en Corse le coefficient de conversion permettant d'obtenir le prix hors taxe en partant du prix TVA comprise.

Taux	0,9 %	2,1 %	10 %	13 %
Coefficient de conversion	0,991	0,979	0,909	0,884

TRANSPORTS ENTRE LA FRANCE CONTINENTALE ET LA CORSE

92405 Les transports, de **marchandises** ou de **voyageurs,** entre la France continentale et la Corse ne sont passibles de la TVA que pour la partie du trajet effectuée sur le **territoire continental.**

CGI art. 262, II-11° TVA-III-25400 s

Ainsi, les transports **maritimes** échappent totalement à la TVA et les transports **aériens** ne sont imposables que pour la fraction effectuée au-dessus du continent.

Pour la **partie** du trajet effectuée **en dehors du territoire continental,** ces transports ne sont pas imposables à la TVA, mais ouvrent droit à **déduction,** par imputation ou remboursement.

92410 **› Précisions a.** Les **déménagements** en provenance ou à destination de la Corse suivent le même régime que celui prévu pour les transports entre la France continentale et la Corse (BOI-TVA-GEO-10-20 n° 40).

b. Le trafic ferroviaire des **colis postaux** entre la France continentale et la Corse, qui est considéré comme trafic international au regard de la réglementation postale, est exonéré de la TVA (BOI-TVA-CHAMP-20-60-20 n° 260 et BOI-TVA-GEO-10-20 n° 50).

c. Les **prestations de services** effectuées pour les **besoins directs** des bateaux ou des aéronefs désignés aux 2° et 4° de l'article 262, II du CGI (soit, notamment, des navires de commerce maritime affectés à la navigation en haute mer) sont exonérées de TVA, mais ouvrent droit à déduction (n°s 50450 s.). Ce régime est susceptible de s'appliquer aux prestations rendues dans les ports pour les besoins des **transports maritimes entre la France continentale et la Corse** (BOI-TVA-GEO-10-20 n° 60).

d. Les transports **publics aériens et maritimes de voyageurs** en provenance ou à destination de la Corse sont soumis à une taxe spécifique (CGI art. 1599 vicies).

III. Droits d'enregistrement

92430 En matière de droits d'enregistrement, les spécificités concernent uniquement les **successions.**

PARTAGES ET LICITATIONS

92440 Les **actes de partage** de succession et les licitations de biens héréditaires établis jusqu'au 31 décembre 2027 sont exonérés du droit de partage (voir n° 70425) à hauteur de la valeur des **immeubles situés en Corse.**

CGI art. 750 bis B ENR-II-4800

Ce régime de faveur s'applique également aux **cessions de droits successifs.**

DROITS DE SUCCESSION

92450 Pour les successions ouvertes jusqu'au 31 décembre 2027, les **immeubles et droits immobiliers** situés en Corse, autres que ceux acquis à titre onéreux depuis le 23 janvier 2002, sont **exonérés** de droits de mutation par décès à concurrence de la **moitié de leur valeur.**

CGI art. 1135 bis, 1840 G ter, II ENR-X-44600 s

› Précisions a. S'agissant des immeubles et droits immobiliers pour lesquels le **droit de propriété du défunt n'a pas été constaté antérieurement** à son décès par un acte régulièrement transcrit ou publié, l'exonération n'est applicable qu'à la condition que les attestations notariées relatives à ces biens soient publiées dans les vingt-quatre mois du décès. En cas de **non-respect** de cette **condition,** les héritiers, donataires ou légataires ou leurs ayants cause à titre gratuit sont tenus d'acquitter, dans le mois suivant l'expiration du délai de deux ans, le complément de droits majoré de l'intérêt de retard visé n° 79860 auquel s'ajoute un droit supplémentaire de 1 %.

b. Les règles d'**évaluation** des immeubles sont celles de droit commun (n°s 68400 s.).

SECTION 6

AMÉNAGEMENT DU TERRITOIRE (ZONES PRIORITAIRES)

La politique en faveur de l'aménagement du territoire se traduit - notamment - par des mesures fiscales (et sociales) dérogatoires applicables dans certaines **zones géographiques** considérées comme **prioritaires.** 92540

En 2020, ces zones sont les suivantes.

a. Zones d'aide à finalité régionale (**ZAFR**) et **zones d'aide à l'investissement des petites et moyennes entreprises.** Il s'agit de zones liées à la mise en œuvre de la réglementation européenne concernant les aides d'État (nos 92605 s.). Ces zones sont définies par le décret 2014-758 du 2 juillet 2014. DC-IX-6680 s

b. Quartiers prioritaires de la politique de la ville (**QPPV**) définis par l'article 5 de la loi 2014-173 du 21 février 2014. Il s'agit de quartiers d'au moins 1 000 habitants, situés dans des unités urbaines d'au moins 10 000 habitants et caractérisés par un écart de revenu des habitants du quartier par rapport, d'une part, au territoire national et, d'autre part, à l'unité urbaine (Décret 2014-767 du 3-7-2014), ces critères généraux étant complétés par des critères propres aux départements et collectivités d'outre-mer (Décret 2014-1575 du 22-12-2014). CET-II-78150 s

La liste de ces quartiers est fixée par le décret 2014-1750 du 30 décembre 2014 (départements métropolitains) et par le décret 2014-1751 du 30 décembre 2014 (outre-mer). Elle doit en principe être actualisée dans l'année du renouvellement général des conseils municipaux (ou éventuellement tous les trois ans dans les départements et collectivités d'outre-mer). Par exception, la liste établie pour les départements métropolitains sera actualisée pour la première fois au 1er janvier 2023 (Loi 2014-173 du 21-2-2014 art. 30).

Les délimitations des QPPV peuvent être consultées sur Internet (sig.ville.gouv.fr/atlas/QP).

c. Zones franches urbaines-territoires entrepreneurs (**ZFU**) visées à l'article 42, 3 de la loi 95-115 du 4 février 1995. Ces zones correspondent à des quartiers de plus de 8 500 ou 10 000 habitants particulièrement défavorisés. Il existe trois catégories de ZFU. CET-II-84780 s

La première comprend les ZFU instituées par la loi 96-987 du 14 novembre 1996 (ZFU dites « de première génération ») et dont la liste figure au I de l'annexe à cette loi. La délimitation précise de ces zones est donnée par le décret 96-1154 du 26 décembre 1996 pour la France métropolitaine et par le décret 96-1155 du 26 décembre 1996 pour les départements d'outre-mer.

La deuxième catégorie comprend les ZFU créées par la loi 2003-710 du 1er août 2003 (ZFU dites « de deuxième génération »). La liste de ces zones est fixée par le I bis de l'annexe à la loi du 14 novembre 1996 et leur délimitation précise est donnée par le décret 2004-219 du 12 mars 2004.

La troisième catégorie comprend les ZFU créées par la loi 2006-396 du 31 mars 2006 (ZFU dites « de troisième génération »). La liste de ces zones est fixée par le décret 2006-930 du 28 juillet 2006 et leur délimitation précise est donnée par le décret 2006-1623 du 19 décembre 2006.

Les plans des ZFU peuvent être consultés sur Internet (sig.ville.gouv.fr/atlas/ZFU).

d. Zones de revitalisation rurale (**ZRR**) définies par l'article 1465 A du CGI. CET-II-74150 s

Depuis le 1er juillet 2017, le classement en ZRR obéit à des critères liés à la densité ou au déclin de la population ainsi qu'au revenu des habitants.

La liste des ZRR doit être révisée tous les six ans, au 1er janvier de l'année suivant le renouvellement général des conseils communautaires.

Les communes qui bénéficiaient de l'**ancien classement** en ZRR en application des critères établis par le décret 2013-548 du 26 juin 2013 et qui sont sorties de la liste des ZRR au 1er juillet 2017 continuent à bénéficier des effets du classement jusqu'au 31 décembre 2020 (Loi 2016-1888 du 28-12-2016 art. 7 pour les communes de montagne et loi 2017-1837 du 30-12-2017 art. 27 pour les autres communes).

La **liste** des communes répondant aux critères en vigueur est fixée par les arrêtés ARCR1705918A du 16 mars 2017 (JO 29-3) et TERR1801781A du 22 février 2018 (JO 31-3). Elle est publiée sur Internet (observatoire-des-territoires.gouv.fr).

e. Bassins d'emploi à redynamiser (**BER**) définis par l'article 42, 3 bis de la loi 95-115 du 4 février 1995. Ces zones, caractérisées par un taux de chômage élevé et une déperdition de population et d'emploi, sont délimitées par le décret 2007-228 du 20 février 2007. Elles comprennent la zone d'emploi de la vallée de la Meuse et celle de Lavelanet. CET-II-88710 s

CET-II-93340 s **f. Zones de restructuration de la défense (ZRD)** définies par l'article 42, 3 ter de la loi 95-115 du 4 février 1995. Ces zones se répartissent en deux catégories. La **première catégorie** est constituée de zones d'emploi incluant une ou plusieurs communes de la deuxième catégorie et répondant à un critère statistique supplémentaire. La **deuxième catégorie** comprend des communes caractérisées par une perte d'emplois liée à la réorganisation de la défense et dont le territoire est couvert par un contrat de redynamisation de site de défense.

Les ZRD sont délimitées par l'arrêté EATM0918160A du 1er septembre 2009 (JO 17), complété par l'arrêté ETLC1237090A du 1er février 2013 (JO 14), par l'arrêté ETLR1501628A du 28 mai 2015 (JO 30), par l'arrêté ETLR1528679A du 8 février 2016 (JO 12) et par l'arrêté ARCR1622070A du 2 novembre 2016 (JO 11).

BIC-XVIII-60800 s **g. Bassins urbains à dynamiser** (**BUD**) définis par l'article 44 sexdecies du CGI. Il s'agit d'ensembles d'établissements publics de coopération intercommunale regroupant au moins un million d'habitants et répondant à des critères liés à la densité et au revenu de la population et au taux de chômage. Depuis le 1er janvier 2019, le classement s'étend aux communes limitrophes répondant aux mêmes critères.

La liste des communes classées dans les bassins urbains à dynamiser au 1er janvier 2018 est établie par l'arrêté TERR1802127A du 14 février 2018, pour une durée de trois ans. La liste des communes limitrophes classées dans ces bassins au 1er janvier 2019 est établie par l'arrêté COTV1902479A du 11 avril 2019 pour une durée de deux ans.

BIC-XVIII-65800 s **h. Zones de développement prioritaire** (**ZDP**) définies par l'article 44 septdecies du CGI. Il s'agit de zones de niveau régional, définies par des critères de taux de pauvreté, de densité de population et d'insertion des jeunes.

La liste des communes classées dans ces zones est établie au 1er janvier 2019 par l'arrêté COTV1903182A du 11 mars 2019, pour une durée de deux ans. Toutes les communes visées par cet arrêté sont situées en Corse.

CET-II-56450 **i. Zones de revitalisation des centres-villes (ZRCV)** définies par l'article 1464 F du CGI, issu de l'article 111 de la loi 2019-1479 du 28 décembre 2019. Il s'agit de secteurs situés dans des communes qui ont conclu une convention d'opération de revitalisation de territoire et, si elles sont situées en métropole, qui disposent d'un revenu fiscal inférieur à la médiane nationale.

Le classement des communes dans ces zones est établi par arrêté au 1er janvier de chaque année d'imposition.

CET-II-56450 **j. Zones de revitalisation des commerces en milieu rural (ZRCR)** définies par l'article 1464 G du CGI, issu de l'article 110 de la loi 2019-1479 du 28 décembre 2019. Il s'agit des communes de moins de 3 500 habitants, n'appartenant pas à une aire urbaine de plus de 10 000 emplois et comprenant au plus dix commerces.

Le classement des communes dans ces zones est établi par arrêté au 1er janvier 2020.

92545 Le **tableau** suivant récapitule les **mesures fiscales dérogatoires** applicables dans les zones prioritaires définies au n° 92540, avec la référence aux numéros correspondants de ce Mémento.

En ce qui concerne les mesures **sociales** applicables dans certaines de ces zones (exonérations de cotisations patronales de sécurité sociale…), on se reportera au Mémento social nos 1965 s.

Remarque : Les règles fiscales spécifiques à la **Corse**, qui sont étudiées aux nos 92140 s., ne sont pas mentionnées dans le tableau (à l'exception des règles concernant les zones de développement prioritaire). Il en va de même des règles propres aux départements d'**outre-mer,** qui font l'objet d'une étude d'ensemble aux nos 91280 s.

92545 (suite)

Zones concernées	Mesures d'allègement
Zones d'aide à finalité régionale	• Exonération d'impôt sur les bénéfices, de taxe foncière et de contribution économique territoriale [1] en faveur des entreprises nouvelles : n°s 10260 s., 41975 et 43595 • Exonération de contribution économique territoriale [1] liée à l'aménagement du territoire [2] : n°s 43582 s. • Avantages accordés aux preneurs de contrats de crédit-bail : n° 19350
Quartiers prioritaires de la politique de la ville	• Exonération de contribution économique territoriale [1] en faveur des PME : n° 43610 • Exonération de taxe foncière et de contribution économique territoriale [1] en faveur des petites entreprises exerçant une activité commerciale : n°s 41985 et 43612 • Abattement sur la valeur locative de certains logements ayant bénéficié d'une exonération de taxe foncière de longue durée : n° 42030 • Abattement sur la valeur locative des logements issus de la transformation de locaux industriels ou professionnels : n° 42030
Zones franches urbaines- territoires entrepreneurs	• Exonération d'impôt sur les bénéfices et de contribution économique territoriale [1, 3] : n°s 10335 s. et 43615 s. • Réduction des droits de mutation pour les acquisitions de fonds de commerce et de clientèle : n° 65530 • Exonération de taxe pour la création de bureaux en Île-de-France : n° 31315 • Exonération de taxe annuelle sur les bureaux en Île-de-France : n° 31395 • Exonération de taxe additionnelle sur les surfaces de stationnement en Île-de-France : n° 31420
Zones de revitalisation rurale	• Exonération d'impôt sur les bénéfices, de taxe foncière et de contribution économique territoriale [1] en faveur des entreprises créées ou reprises : n°s 10260 s. [4] 10365 s., 41975 et 43595 • Exonération de contribution économique territoriale liée à l'aménagement du territoire [1] : n° 43590 • Exonération de contribution économique territoriale en faveur des médecins et auxiliaires médicaux [1] : n° 43630 • Exonération de taxe foncière des logements locatifs acquis et améliorés avec l'aide de l'Anah : n° 42000 • Exonération de taxe foncière des hôtels et autres meublés de tourisme : n° 90685 • Exonération de taxe d'habitation en faveur de divers locaux meublés de tourisme : n° 90675 • Avantages accordés aux preneurs de contrats de crédit-bail : n° 19350 • Réduction des droits de mutation pour les acquisitions de fonds de commerce et de clientèle : n° 65530 • Abattement sur l'assiette des droits de mutation pour les acquisitions d'immeubles d'habitation et de garages : n° 66355 • Taux réduit du droit de vente sur une fraction du prix d'acquisition d'immeubles ruraux exploités par les jeunes agriculteurs : n° 66335 • « Scellier ZRR » et « Robien ZRR », déduction spécifique sur les revenus fonciers : n°s 2820 et 28270
Bassins d'emploi à redynamiser	• Exonération d'impôt sur les bénéfices, de taxe foncière et de contribution économique territoriale [1] : n°s 10370, 41990, a et 43620
Zones de restructuration de la défense	• Exonération d'impôt sur les bénéfices, de taxe foncière et de contribution économique territoriale [1] : n°s 10380 s., 41990, b et 43625 Crédit de cotisation foncière des entreprises : n° 43725
Bassins urbains à dynamiser	• Exonération d'impôt sur les bénéfices, de taxe foncière et de contribution économique territoriale [1] : n°s 10375, 41990, c et 43565
Zones de développement prioritaire	• Exonération d'impôt sur les bénéfices, de taxe foncière et de contribution économique territoriale [1] : n°s 10395, 41990, d et 43567
Zones de revitalisation des centres-villes	• Exonération de taxe foncière et de contribution économique territoriale [1] : n°s 41952 et 43614
Zones de revitalisation des commerces en milieu rural	• Exonération de taxe foncière et de contribution économique territoriale [1] : n°s 41952 et 43592

1. L'exonération, prévue pour la cotisation foncière des entreprises, a vocation à s'appliquer également à la cotisation sur la valeur ajoutée des entreprises dans les conditions indiquées aux n°s 43870 s.
2. Pour les PME, l'exonération s'applique également dans les zones d'aide à l'investissement des PME.
3. Pour les opérations réalisées jusqu'au 31 décembre 2014.
4. Pour les entreprises créées jusqu'au 31 décembre 2010.

SECTION 7

RÉGLEMENTATION EUROPÉENNE DES AIDES D'ÉTAT

PRINCIPES GÉNÉRAUX

92605 DC-IX-5000 s L'article 107 du TFUE interdit en principe les aides octroyées par les personnes publiques aux entreprises. Une aide peut être qualifiée d'aide d'État lorsque les 4 critères suivants sont remplis : une aide accordée à une entreprise, par l'État au moyen de ressources publiques, procurant un avantage sélectif, et affectant les échanges entre États membres et la concurrence.

Les allégements fiscaux sélectifs prévus en faveur de certaines entreprises (exonérations d'impôt sur les bénéfices, de droits ou taxes, allégements de base imposable, réductions ou crédits d'impôt) constituent des **aides d'État.** Leur compatibilité avec les règles européennes de concurrence dépend des conditions dans lesquelles ils sont accordés par l'État : en effet, le TFUE prévoit des dérogations au principe d'incompatibilité et permet dans certains cas l'octroi d'aides d'État, en confiant à la Commission européenne la compétence pour vérifier leur compatibilité avec le marché intérieur (nº 92607).

Sont seules soumises à cette réglementation les **entreprises,** c'est-à-dire toute entité exerçant une activité économique (offrir des biens ou des services sur un marché donné), indépendamment de son statut juridique et de son mode de financement (CJCE 3-3-2005 aff. 172/03 : RJF 5/05 nº 514). Toutes les entités **contrôlées** (en droit ou en fait) par la même entité doivent être considérées comme une seule et même entreprise (CJCE 13-6-2002 aff. 382/99 ; décision rendue pour l'appréciation du seuil de minimis).

Le **bénéficiaire** d'une aide est l'entreprise qui dispose effectivement d'un avantage ou d'un allégement de sa charge fiscale.

Les **particuliers** ne sont pas concernés, y compris lorsqu'ils bénéficient d'une réduction d'impôt en faveur de certains investissements dans des entreprises, mais ces dernières, bénéficiaires des fonds, sont tenues au respect de la réglementation des aides d'État.

› Précisions a. Les allégements fiscaux applicables **à toutes les entreprises** sans discrimination (critère de non-sélectivité) ne constituent **pas des aides d'État** : tel est le cas des mesures de pure **technique fiscale** (par exemple, fixation des taux d'imposition, règles de dépréciation et d'amortissement, reports de pertes, dispositions destinées à éviter la double taxation ou l'évasion fiscale) et des mesures poursuivant un objectif de **politique économique** générale en réduisant la charge fiscale liée à certains coûts de production (par exemple, recherche et développement, environnement, formation, emploi). Entre par exemple dans ce cas le crédit d'impôt recherche prévu à l'article 244 quater B du CGI (CE 5-3-2018 nº 416836 : RJF 6/18 nº 663).

b. Sont visées les **aides directes ou indirectes,** c'est-à-dire celles qui comportent un **transfert** direct ou indirect de **ressources d'État** vers certaines entreprises ou certaines productions (avantage sélectif) : le fait pour un État de renoncer à des recettes fiscales (régimes d'incitation fiscale à la souscription au capital d'entreprises, notamment) peut constituer une aide indirecte en faveur d'opérateurs autres que ceux auxquels l'avantage fiscal est accordé (voir par exemple nº 92690).

c. Une **taxe fiscale finançant un régime d'aide** bénéficiant uniquement aux entreprises nationales peut constituer une aide incompatible si elle fait partie intégrante de l'aide. Pour qu'une taxe puisse être considérée comme faisant partie intégrante d'une mesure d'aide, il doit exister un lien d'affectation contraignant entre la taxe et l'aide : le produit de la taxe est nécessairement affecté au financement de l'aide et le montant de la taxe influence directement le niveau de l'aide (CJCE 22-12-2008 aff. 333/07 : RJF 3/09 nº 303). Ne fait pas partie de l'aide une contribution fiscale qui n'influence pas directement le montant des aides accordées (Avis CE sect. 22-7-2015 nº 388853 : RJF11/15 nº 968 ; CE 12-4-2019 nº 376193 : RJF 6/19 nº 607).

d. Un **rescrit** fiscal ou un **accord préalable** en matière de **prix de transfert** peut constituer un avantage sélectif (TPIUE 24-9-2019 aff. T-755/15 et T-759/15 : RJF 12/ 19 nº 1205 ; TPIUE 24-9-2019 aff.T-760/15 et T-636/16 : RJF12/ 19 nº 1206.

92607 **Encadrement européen des aides** Si les aides d'État doivent en principe être autorisées par la Commission européenne, cette dernière a élaboré un cadre réglementaire (lignes directrices, règlements d'exemption de notification, règlements de minimis) fixant les conditions de compatibilité des allégements fiscaux avec le droit de l'UE, notamment de plafonnement, ce qui conduit à distinguer :

– les allégements fiscaux qui, en raison de leur faible montant, relèvent d'un règlement **de minimis** et peuvent être accordés **sans autorisation** ;

– ceux qui répondent aux conditions fixées par un **règlement d'exemption** et qui peuvent donc être accordés **sans autorisation** de la Commission ;

– ceux qui ne peuvent être accordés qu'**après autorisation** de la Commission (qui doivent donc lui être notifiés avant leur mise en œuvre) : ce sont les allégements non visés par un règlement d'exemption, mais qui répondent aux conditions fixées par les lignes directrices spécifiques au secteur ou à la nature de l'aide concernée ou ceux excédant les plafonds d'aide d'un règlement d'exemption ;
– ceux qui peuvent constituer des aides à **caractère social** octroyées aux consommateurs individuels, compatibles sans autorisation à condition d'être accordés sans discrimination liée à l'origine des produits (TFUE art. 107, 2-a).

En revanche, sont **interdites** les aides à l'exportation (par exemple, exonération des bénéfices provenant d'exportations…) et les aides subordonnées à l'utilisation de produits nationaux ou au recours à des prestations de services effectuées depuis le territoire national.

> Précisions **a.** Les **règlements** et **lignes directrices** définissent les objectifs, les catégories de bénéficiaires ainsi que les plafonds d'aides, les conditions de cumul des aides ainsi que leurs conditions de contrôle. Ils constituent un cadre maximum de compatibilité des aides d'État avec le droit de l'UE : le CGI peut donc prévoir des conditions plus strictes ou exclure certaines catégories d'entreprises des allégements fiscaux.
b. Lorsqu'un allégement fiscal est soumis à un **règlement d'exemption** ou au règlement **de minimis,** la loi doit y faire expressément référence. En outre, toutes les règles prévues par le règlement (entreprises et activités concernées, plafonnement des aides, règles de cumul...) s'imposent, même si elles ne sont pas précisées par le CGI.
Lorsque les **allégements** ont été **autorisés** par la Commission européenne, le CGI doit mentionner les conditions et plafonds autorisés par la Commission et/ou fixés par les lignes directrices dont ils relèvent.
c. La **décision de la Commission** déclarant une aide compatible (y compris ses conditions) ou incompatible avec le droit de l'UE est directement applicable et s'impose à l'État membre tant que la juridiction européenne n'a pas constaté son invalidité (CE 28-12-2012 n° 335552 : RJF 3/13 n° 270 ; CE 13-4-2016 n°s 368336 et 368330 : RJF 7/16 n° 592).
d. Le **règlement 651/2014 (RGEC)** du 17-6-2014, modifié par le règlement 2017/1084 du 14-6-2017, prévoit les conditions d'octroi et de cumul de plusieurs catégories d'aides sans notification préalable à la Commission. Certaines d'entre elles encadrent des allégements fiscaux ou sont susceptibles de les encadrer : aides à l'investissement à finalité régionale (AFR), aides au fonctionnement à finalité régionale, aides à l'investissement en faveur des PME, aides au financement des risques en faveur des PME, aides à la recherche, au développement et à l'innovation, aides en faveur de la culture et de la conservation du patrimoine.
e. Le **règlement 702/2014** du 25-6-2014, modifié par les règlements 2017/1084 du 14-6-2017 et 2019/289 du 19-2-2019, prévoit les conditions d'octroi et de cumul de plusieurs catégories d'aides dans le **secteur agricole** et forestier et dans les zones rurales sans notification préalable à la Commission. L'abattement en faveur des jeunes agriculteurs relève de ce règlement (n° 16230).

Modalités de plafonnement des aides fiscales Les **plafonds** des aides fiscales sont calculés soit en pourcentage de coûts admissibles (aides à l'investissement et à l'emploi, aides à la recherche, au développement et à l'innovation), soit en montants maximaux d'aides (aides de minimis) ou de versements (financement des risques). 92610

Le **montant** d'une aide fiscale est égal à l'avantage fiscal obtenu (différence entre le montant de l'impôt dû par l'entreprise après prise en compte de la mesure d'aide et l'impôt qui aurait été dû en son absence, montant d'une réduction d'impôt…). Le montant de l'aide est nul si elle ne procure aucune économie d'impôt (par exemple, réduction d'un déficit). Lorsque les aides consistent en un **avantage en trésorerie** (déduction d'un amortissement exceptionnel ou d'une provision spéciale, par exemple), le montant de l'avantage est calculé, au titre de l'année de l'octroi de la mesure, en appliquant le taux d'actualisation fixé pour la récupération des aides d'État.

La **date d'octroi de l'aide** est celle à laquelle le droit légal de la recevoir est conféré à l'entreprise, c'est-à-dire la date de son fait générateur (CE 10-10-2014 n° 355995 : RJF 1/15 n° 29), et, s'il s'agit d'une aide de minimis, quelle que soit sa date de versement : date de clôture de l'exercice au cours duquel ont été réalisés les bénéfices exonérés (CAA Paris 15-6-2016 n° 15PA00034 : RJF 11/16 n° 1037, à propos de l'exonération en zone de recherche et développement d'un pôle de compétitivité ; CAA Bordeaux 1-6-2017 n° 15BX02669 : RJF 1/18 n° 120, à propos de l'exonération en faveur des entreprises nouvellement créées dans les zones de revitalisation rurales ou les zones d'aides à finalité régionale), 1er janvier de l'année s'agissant d'un crédit d'impôt calculé sur la base du nombre de salariés au 1er janvier (CE 10-10-2014 précité), 31 décembre de l'année pour les dépenses exposées au cours de l'année civile ouvrant droit au crédit d'impôt recherche-habillement (TA Strasbourg 16-6-2015 n° 1105742 : RJF 5/16 n° 497). Lorsqu'il s'agit d'une aide au financement des risques, la date de l'aide est celle du versement des fonds au bénéficiaire (n° 92680).

Conséquences d'une illégalité ou d'une incompatibilité d'une aide d'État Les **aides incompatibles** doivent donner lieu à restitution intégrale, sauf impossibilité absolue de récupération par l'État ou difficultés imprévues et imprévisibles (CJCE 2-7-2002 aff. 499/33), et ce, même si les entreprises bénéficiaires ont été vendues ou reprises (CJCE 92612

29-4-2004 aff. 277/00 ; CJCE 13-11-2008 aff. 214/07 : RJF 2/09 nº 182). Dans ce dernier cas, le **remboursement** de l'aide illégale peut être réclamé à la société bénéficiaire de l'aide qui conserve nonobstant son rachat, sa personnalité juridique et continue d'exercer les activités subventionnées par l'aide (CE 24-11-2017 nº 403183 : RJF 2/18 nº 235 ; CE 26-7-2018 nº 416508 : RJF 1/19 nº 113) ou à la société qui a repris les actifs de la société bénéficiaire initiale de l'aide (CE 22-7-2015 nº 367567 : RJF11/15 nº 976). Des **intérêts,** calculés à compter de la date à laquelle l'aide illégale a été mise à la disposition du bénéficiaire jusqu'à celle de sa récupération, sont dus par l'entreprise (Règlement 2015/1589 du 13-7-2015 art. 16), sans réduction de leur montant si l'État a tardé à récupérer l'aide (CE 22-7-2015 précité).

Les aides **illégales** (aides compatibles avec le droit de l'UE mais accordées avant autorisation de la Commission ou dépassant les plafonds) donnent lieu au versement d'intérêts en raison du paiement anticipé de l'aide (CJCE 12-2-2008 aff. 199/06). Les **intérêts** courent à compter de la date du versement de l'aide jusqu'à la date de la décision de la Commission l'autorisant (CE 15-4-2016 nº 393721 : RJF 7/16 nº 675).

› Précisions a. Le **concurrent** d'une entité ayant bénéficié d'une aide d'État peut contester la décision de la Commission autorisant une aide ou renonçant à sa restitution (CJUE gr. ch. 6-11-2018 aff. 622/16 à 624/16 : RJF 1/19 nº 114).

b. La **récupération** d'aides incompatibles et des intérêts communautaires n'est pas un **préjudice** indemnisable par l'État (CE 11-10-2017 nº 393179 : RJF 1/18 nº 119), même en cas de récupération tardive par l'État (CE 7-6-2017 nº 386627 : RJF 10/17 nº 1007).

c. Le **délai de prescription** pour la **récupération** des aides d'État relève exclusivement du règlement européen du 22-3-1999 et non des règles fixées par le LPF (CE 24-2-2017 nº 395844 : RJF 5/17 nº 517).

d. La **récupération** d'une aide fiscale est **impossible** lorsque la Commission constate que deux conditions cumulatives sont remplies : la réalité des difficultés invoquées par l'État membre concerné et l'absence de modalités alternatives de récupération (CJUE gr. ch. 6-11-2018 aff. 622/16 à 624/16 : RJF 1/19 nº 114).

ACTIVITÉS EXCLUES DES AIDES AFR, PME, DE MINIMIS, FINANCEMENT DES RISQUES ET RDI

92615 Sont expressément exclus les entreprises et secteurs d'activités suivants :

	AFR[1]	PME[1]	De minimis[2]	Financement des PME[1]	RDI-PME[1]
Pêche et aquaculture[3]	X	X	X		
Construction navale	X				
Sidérurgie	X				
Charbon[4]	X	X		X	X
Fibres synthétiques	X				
Transports et infrastructures correspondantes	X				
Production et distribution d'énergie, infrastructures énergétiques	X				
Régimes ciblant un nombre limité de secteurs d'activité économique particuliers[5]	X				
Production primaire des produits agricoles visés à l'annexe I du traité FUE[6]	X	X	X		
Transformation et commercialisation de produits agricoles par le producteur et aides liées à la production[6]	X	X	X	X	X
Entreprises en difficulté[7]	X	X		X	X
Entreprises n'ayant pas exécuté une décision de reversement d'aides	X	X		X	X

1. Règles issues du RGEC 651/2014 du 17-6-2014, art. 1 et 13.
2. Règles issues du règlement de minimis 1407/2013 du 18-12-2013.
3. Secteur couvert par le règlement 1379/2013 du 11-12-2013.
4. Secteur exclu du RGEC pour les aides AFR ; aides à la fermeture des mines de charbon exclues du RGEC.
5. Les régimes ciblant les activités touristiques (définies à l'article 2, 47 du RGEC), les infrastructures à haut débit ou la transformation et la commercialisation de produits agricoles peuvent bénéficier d'aides à finalité régionale (RGEC art. 13, b).
6. Aides soumises au règlement 702/2014 du 25-6-2014 (aides dans le secteur agricole et forestier et dans les zones rurales) ou au règlement de minimis agricole 1408/2013 du 18-12-2013.
7. Entreprises définies par l'article 2,18 du RGEC 651/2014. L'exclusion de ces entreprises ne vise pas les aides accordées pour compenser les calamités naturelles (RGEC art. 50).

AIDES À L'INVESTISSEMENT À FINALITÉ RÉGIONALE

92625 DC-IX-6600 s Les aides régionales à l'**investissement initial** en faveur de certains secteurs d'activités (secteurs et entreprises exclus : nº 92615) sont autorisées sous condition de situation géographique et « d'intensité d'aide » (Règlement 651/2014 art. 14). En zone c (nº 92635), les aides aux grandes entreprises ne peuvent être accordées qu'à raison d'un investissement initial en faveur de nouvelles activités économiques.

> Précisions **a.** Le **champ d'application** géographique et les **plafonds** d'aides autorisés pour chaque région sont définis, pour la période 2014-2020, par les **lignes directrices** européennes (JOUE 2013/C 209/01) et par la **carte française** des zones d'aides à finalité régionale (AFR) approuvée par la Commission (Note IP/14/526 du 7-5-2014).
La transposition en France de ces règles pour la période **2014-2020** résulte du décret 2014-758 du 2-7-2014.
b. Les entreprises qui ont **cessé une activité** de production identique **ou** similaire **dans l'EEE** dans les deux ans précédant la demande d'aide ou qui **envisagent de la cesser** ne peuvent pas bénéficier d'aides à finalité régionale sur le fondement du RGEC, mais elles peuvent, le cas échéant, en bénéficier après accord de la Commission (elles peuvent bénéficier d'autres types d'aides prévues par le RGEC).
c. Sont notamment soumis au plafonnement AFR, le cas échéant, sur option, les exonérations accordées en faveur des entreprises créées en zone AFR pour la reprise d'entreprises en difficulté (nºs 10310 s.), certains investissements en Corse (nºs 92260 s.), les exonérations en faveur des opérations réalisées dans un bassin d'emploi à redynamiser (nº 10370, nº 41990, nº 43620 et nº 43875), dans les zones de restructuration de la défense (nº 10380 s., nº 41990, nºs 43625 et 43875), dans les bassins urbains à dynamiser (nº 10375, nº 41990 et nº 43565) ou dans les zones de développement prioritaire (nºs 10395, 41990, d et 43567).

Modalités de plafonnement des aides à l'investissement La **somme des allégements** (fiscaux, sociaux ou autres) soumis au même encadrement européen pour les mêmes investissements, quelle que soit la durée d'application des différents régimes de faveur, est plafonnée : le **plafond** est calculé en appliquant aux coûts éligibles un taux d'intensité d'aide qui diffère selon la taille de l'entreprise, la nature et la localisation de l'investissement (voir tableau nº 92635). 92630

Les **exonérations cessent** de s'appliquer dès que le plafond est atteint.

> Précisions **a.** Les **coûts éligibles** s'entendent :
– du **montant des investissements** réalisés au cours d'une période de trois ans suivant le début des opérations ou la création d'entreprise (immobilisations incorporelles (retenues pour 50 % de leur coût dans le cas des grandes entreprises) ou corporelles amortissables, sous condition d'un financement en fonds propres à hauteur d'au moins 25 % ou, dans les régions ultrapériphériques, en complément à 100 des taux d'aides supérieurs à 75 %),
– des **coûts salariaux** liés à la création d'emplois à la suite d'un investissement initial (deux annuités des salaires bruts avant impôt et contributions sociales obligatoires afférents aux emplois directement créés par l'investissement, dans les trois ans suivant son achèvement),
– ou d'une **combinaison des deux,** à condition que l'aide ne dépasse pas le montant le plus favorable résultant de l'une ou l'autre des méthodes de calcul.
L'investissement et chaque emploi créé retenus au titre des coûts éligibles doivent être **maintenus** dans la région pendant au moins cinq ans (trois ans pour les PME) après que l'ensemble de l'investissement a été mené à son terme.
b. Les **grands projets d'investissement excédant 50 M€** sont plafonnés comme suit :
– 100 % du plafond général pour la fraction des coûts éligibles inférieure ou égale à 50 M€ ;
– 50 % du même plafond pour la fraction supérieure à 50 M€ et inférieure ou égale à 100 M€ ;
– 0 % du même plafond pour la fraction supérieure à 100 M€.
Les **PME** ne peuvent bénéficier des taux d'aides majorées lorsque l'aide porte sur un projet d'investissement dont les coûts éligibles sont supérieurs à 50 M€. Elles se voient, dans ces cas, appliquer les mêmes intensités d'aides que celles appliquées aux grandes entreprises dans la zone considérée.
Les **grands projets** d'investissements productifs **excédant 100 M€** doivent être notifiés à la Commission.
c. L'entreprise devrait fournir un **état prévisionnel** des dépenses envisagées sur la période, afin de fixer provisoirement le montant de ses coûts éligibles et donc celui des allégements auxquels elle peut prétendre (sur le calcul de l'aide, voir nº 92610), ainsi qu'un **état récapitulatif** des aides perçues.
À l'issue de la période de trois ans visée ci-dessus en a., le **plafond définitif** est déterminé à partir des dépenses engagées et comptabilisées, en retenant, le cas échéant, des coûts éligibles différents s'ils permettent d'obtenir un montant d'aides supérieur.

92635 Pour la France, les **taux d'intensité d'aide** sont les suivants (décret 2014-758 du 2-7-2014) :

Type de zones	Collectivités	Taux applicables aux coûts éligibles[1]		
		Grandes entreprises	Moyennes entreprises	Petites entreprises
Zones a[2]	Mayotte	70 %	80 %	90 %
	Guyane	55 %	65 %	75 %
	Martinique, Guadeloupe, Saint-Martin, La Réunion	45 %	55 %	65 %
Zones c[3]		10 %	20 %	30 %

1. Taux applicables aux investissements de **moins de 50 M€**. Investissements d'un montant supérieur, voir nº 92630, précision b.
2. Aides pour un **investissement initial,** quelle que soit la taille du bénéficiaire.
3. Aides aux **PME** : investissement initial, quelle qu'en soit la forme.
Aides aux **grandes entreprises** : investissement initial en faveur d'une nouvelle activité économique dans la zone concernée.

AIDES AU FONCTIONNEMENT À FINALITÉ RÉGIONALE

92640 Les aides au fonctionnement à finalité régionale peuvent être mises en place en Martinique, en Guadeloupe, à Saint-Martin, à La Réunion, à Mayotte et en Guyane (**régions ultrapériphériques** mentionnées à l'article 349 du TFUE) ou dans toute **zone à faible densité de population,** telle que définie dans la carte des aides à finalité régionale approuvée pour l'État membre concerné (Règlement 651/2014 art. 15).

Ces aides sont destinées à compenser :
– les **surcoûts** liés au **transport des marchandises** produites dans les zones admissibles au bénéfice des aides au fonctionnement, ainsi que les surcoûts liés au transport des marchandises transformées dans ces zones ;
– les **surcoûts de fonctionnement** autres que les coûts liés au transport supportés dans les **régions ultrapériphériques** et qui sont la conséquence directe d'un ou de plusieurs des handicaps permanents visés à l'article 349 du Traité précité.

Le **montant** total de l'aide ne peut excéder 100 % des surcoûts admissibles.

› Précisions a. Sont **exclues** du bénéfice des aides au fonctionnement à finalité régionale les entreprises exerçant une **activité financière ou d'assurance** ainsi que celles qui exercent des **activités intragroupe** (siège social ou conseils pour les affaires et autres conseils de gestion).

b. Les **aides au fonctionnement** correspondent à toute aide visant à réduire les **dépenses courantes** de l'entreprise qui n'est pas liée à un investissement initial et couvrant des catégories de coûts tels que les coûts liés au personnel, aux matériaux, aux services contractés, aux communications, à l'énergie, à la maintenance, aux locations, à l'administration, etc., mais pas les charges d'amortissement ni les coûts de financement si ceux-ci ont été inclus dans les coûts admissibles au moment de l'octroi de l'aide à l'investissement.

À noter que le secteur de la **production** primaire de **produits agricoles** peut bénéficier d'aides destinées à la compensation des surcoûts autres que les coûts liés au transport dans les régions ultrapériphériques.

Les **conditions** suivantes doivent être remplies :
– les **bénéficiaires** exercent leur activité économique dans une région ultrapériphérique ;
– le **montant d'aide annuel** par bénéficiaire au titre de tous les régimes d'aides au fonctionnement n'excède pas :
• 35 % de la valeur ajoutée brute créée chaque année par le bénéficiaire dans la région ultrapériphérique concernée, ou
• 40 % des coûts annuels du travail supportés par le bénéficiaire dans la région ultrapériphérique concernée, ou
• 30 % du chiffre d'affaires annuel réalisé par le bénéficiaire dans la région ultrapériphérique concernée.

c. Le bénéfice des aides destinées à compenser les **surcoûts liés au transport des marchandises** est réservé aux personnes exerçant leur activité de production dans ces zones. En outre, les aides doivent être quantifiables à l'avance.

Le **surcoût** est calculé sur la base du trajet parcouru par les marchandises à l'intérieur des frontières de l'État membre concerné, en utilisant le moyen de transport le moins cher. Dans le cas des régions ultrapériphériques, les surcoûts liés au transport de marchandises transformées dans ces zones peuvent inclure les coûts du transport des marchandises de leur lieu de production, quel qu'il soit, vers ces zones.

AIDES À L'INVESTISSEMENT EN FAVEUR DES PME

92645 DC-IX-6900 s Des allégements fiscaux peuvent être accordés aux PME relevant de certains secteurs d'activité (secteurs et entreprises exclus : nº 92615) en faveur de l'**investissement** et de la **création d'emplois,** sans condition de localisation, à condition de respecter des **plafonds** calculés en appliquant à des coûts éligibles un taux d'intensité d'aide (Règlement 651/2014 art. 17).

› Précisions **a.** Le **taux** d'intensité brute de l'aide est fixé à 20 % des coûts éligibles pour les petites entreprises et à 10 % pour les moyennes entreprises.

b. Les **coûts éligibles** sont l'un ou l'autre des types de coûts suivants, ou les deux à la fois :

– coûts des **investissements** dans des actifs corporels et incorporels amortissables, maintenus au bilan pendant trois ans ;

– coûts salariaux estimés des **emplois directement créés** par le projet d'investissement, calculés sur une période de deux ans. Les emplois doivent être créés dans un délai de trois ans à compter de l'achèvement de l'investissement et maintenus pendant au moins trois ans à compter de la création de poste.

En ce qui concerne les règles de **calcul** du plafonnement, voir n° 92630.

c. Les **aides** d'un montant brut total supérieur à **7,5 M€** par entreprise et par projet d'investissement doivent être notifiées à la Commission.

d. Sont notamment soumis à cet encadrement l'exonération de contribution économique territoriale visée à l'article 1465 B du CGI (nos 43582 et 43875) dans les zones définies à l'article 3 du décret 2014-758 du 2-7-2014, le régime prévu en faveur des PME titulaires d'un contrat de crédit-bail immobilier (n° 19350) ou la déduction du résultat imposable d'une fraction de la valeur d'origine de certains biens affectés à une activité industrielle (n° 9615).

Définition des PME Les seuils permettant de qualifier une PME sont les suivants (Règlement 651/2014, annexe I) : 92650 DC-IX-7960

– **moyennes entreprises** : moins de 250 salariés et chiffre d'affaires annuel n'excédant pas 50 M€ ou total du bilan annuel n'excédant pas 43 M€ ;

– **petites entreprises** : moins de 50 salariés et chiffre d'affaires annuel ou total du bilan annuel n'excédant pas 10 M€ ;

– **micro-entreprises** : moins de 10 salariés et chiffre d'affaires annuel ou total du bilan annuel n'excédant pas 2 M€.

› Précisions Les **seuils financiers et d'effectifs à retenir** sont ceux de l'entreprise si elle est **autonome** (entreprise totalement indépendante ou entreprise dont les liens de participation avec une ou plusieurs entreprises non liées, en amont et/ou en aval, sont inférieurs à 25 %).

Si elle est une PME **partenaire** (entre 25 % et moins de 50 % de participation en amont ou en aval), il y a lieu d'agréger les données relatives à l'effectif, au chiffre d'affaires et au total de bilan des entreprises. Cette agrégation est proportionnelle au pourcentage de détention du capital ou des droits de vote par l'entreprise située en amont ou en aval. Par exemple, une entreprise A détient 33 % de B et 48 % de C, tandis que D possède une participation de 25 % dans A. Les données à prendre en compte par A sont : 100 % de A + 33 % de B + 48 % de C + 25 % de D.

À partir de 50 % de participation, les entreprises sont considérées comme **liées.** Dans ce cas, les effectifs et les montants financiers à prendre en compte sont ceux de l'entreprise et 100 % des données des entreprises qui lui sont « liées » directement. Par exemple, lorsqu'une entreprise (A) est partenaire d'une entreprise (B) elle-même liée à plus de 50 % à une autre entreprise (C), la totalité des données de l'entreprise C est ajoutée aux données de l'entreprise B : le résultat ainsi obtenu est alors ajouté aux chiffres de l'entreprise A en proportion du pourcentage de participation avec l'entreprise B.

AIDES DE MINIMIS

Le règlement de minimis 1407/2013 autorise (dans les secteurs et entreprises non exclus : n° 92615) les allégements fiscaux, appréciés en termes d'avantage en impôts, dont le montant total n'excède pas **200 000 €** sur une période « glissante » de **trois exercices fiscaux.** Ce plafond s'applique quels que soient la forme et l'objectif des allégements. 92660 DC-IX-5300 s

› Précisions **a.** Pour les entreprises de **transport routier de marchandises pour le compte d'autrui** (hors achat de véhicules), le plafond est fixé à **100 000 €.** Les autres entreprises de transport routier relèvent du plafond de 200 000 €.

b. Un règlement de minimis spécifique s'applique aux **activités agricoles** (production primaire de produits agricoles, commercialisation et transformation par le producteur et opérations assimilées) : le règlement 1408/2013 du 18-12-2013, modifié par le règlement 2019/316 du 21-2-2019, autorise les aides à une entreprise unique dans la limite d'un plafond fixé, depuis le 14-3-2019, à **20 000 €** (15 000 € auparavant), apprécié sur une période glissante de trois exercices fiscaux. Ce plafond s'applique quels que soient la forme et l'objectif des aides. Relèvent notamment de ce règlement les crédits d'impôt en faveur des dépenses de remplacement pour congés (n° 16350) et en faveur de l'agriculture biologique (n° 16355), la déduction pour épargne de précaution (nos 16240 s.), l'option pour le blocage de la valeur des stocks à rotation lente (n° 15950) ou encore l'étalement de l'impôt sur le revenu en cas de passage à l'IS (nos 16340 s.).

Modalités de plafonnement des aides de minimis Le **respect du plafond** d'aides de minimis **s'apprécie** à la date d'octroi de chaque allégement, en totalisant l'ensemble des aides de minimis (même financées par des ressources communautaires) accordées au cours de l'exercice fiscal concerné et des deux exercices précédents. 92665

Si le **montant total** des aides accordées **excède le plafond,** seul le montant excédentaire fait l'objet d'une reprise (CE 4-7-2018 n° 404083 : RJF 10/18 n° 976). Le règlement 1407/2013 n'interdisant pas le fractionnement des aides de minimis, l'entreprise peut moduler elle-même le montant des allégements fiscaux afin de respecter le plafond autorisé (par exemple pour les crédits d'impôt calculés par elle).

> **Précisions a.** En ce qui concerne le **calcul** de l'aide et sa **date d'octroi,** voir nº 92610.

b. Les **sociétés de personnes** sont bénéficiaires des allégements d'impôts locaux, de subventions ou d'allégements de charges sociales tandis que leurs associés sont bénéficiaires des allégements d'impôt sur les bénéfices : chacun d'eux dispose donc d'un plafond propre. En revanche, les crédits d'impôt sont, en vertu de dispositions légales spéciales, soumis à un double plafonnement : respect du plafond de minimis au niveau de chaque associé et au niveau de la société de personnes.

DC-IX-6000 s, 7470 s

c. Selon le règlement de minimis 1407/2013, le plafond d'aides s'apprécie au niveau d'une **entreprise unique,** qui comprend toutes les **entreprises liées** au sens défini à l'annexe I du règlement 800/2008 (désormais annexe I du règlement 651/2014 : nº 92650).

d. Le respect du plafond implique pour les entreprises et les groupes de sociétés qui constituent une entreprise unique un **suivi** exact des allégements fiscaux et, à chaque nouvelle aide accordée, une vérification du montant des avantages déjà obtenus au cours des exercices précédents et de l'exercice en cours. Les entreprises devront fournir une **déclaration** des aides de minimis dont elles bénéficient.

e. L'administration doit **rectifier** le montant d'une exonération d'impôt qui excède le plafond de minimis, sans que l'entreprise puisse invoquer une espérance légitime au maintien de l'exonération ou l'existence d'une prise de position formelle de l'administration (CE 21-6-2019 nº 418356 : RJF 10/10 nº 926).

f. Lorsque l'aide est une mesure de **capital investissement** soumise au plafond de minimis, une double limite doit être respectée par l'entreprise qui recueille les fonds : le montant des **souscriptions** ne doit pas excéder 200 000 € ou 100 000 € (20 000 € pour les entreprises agricoles relevant du règlement de minimis agricole) ; l'**aide indirecte** reçue, égale à l'avantage fiscal obtenu par le souscripteur, est retenue pour apprécier le respect du plafond des aides de minimis (200 000 €, 100 000 € ou 20 000 €, selon l'activité). L'octroi de cet avantage intervient à la date de versement des fonds.

La réduction d'impôt sur le revenu pour souscription au capital d'entreprises de presse est soumise à cet encadrement (nºs 2700 s.), ainsi que la réduction d'IFI au titre des dons à certains organismes (nºs 72100 s.).

AIDES AU FINANCEMENT DES RISQUES EN FAVEUR DES PME

92680 DC-IX-7120 s

Les avantages fiscaux consentis à des investisseurs afin de les inciter à souscrire au capital de PME, directement ou par l'intermédiaire de fonds d'investissement, sont constitutifs d'aides au financement des risques pour l'entreprise bénéficiaire de la souscription.

Les aides doivent répondre aux conditions suivantes (Règlement 651/2014 art. 21) :

– le **financement** de l'entreprise « cible » ne doit pas excéder un plafond fixé à 15 M€ par entreprise, quelle que soit la mesure (financement en fonds propres ou quasi-fonds propres, prêts, garanties) ;

– l'aide doit être attribuée à une **PME non cotée** répondant à des conditions liées à son développement ;

– la part totale des apports en capital et du capital souscrit non appelé de l'**intermédiaire** financier utilisée à des fins de **gestion des liquidités** ne peut excéder 30 % ;

– 60 % des investissements en fonds propres doivent être réalisés par des **personnes privées** ;

– les décisions d'investissement doivent être motivées par la **recherche d'un profit** ;

– la gestion des fonds d'investissement doit répondre à une **optique commerciale.**

> **Précisions a.** La PME bénéficiaire doit répondre à l'une des conditions suivantes :

– n'exercer son activité sur aucun marché ; le taux global de participation privée doit atteindre 10 % du financement des risques des entreprises admissibles avant leur première vente commerciale, sur quelque marché que ce soit ;

– exercer son activité sur un marché, quel qu'il soit, depuis moins de sept ans après sa première vente commerciale ; le taux global de participation privée doit atteindre 40 % du financement des risques ;

– avoir besoin d'un investissement initial en faveur du financement des risques qui, sur la base d'un plan d'entreprise établi en vue d'intégrer un nouveau marché géographique ou de produits, est supérieur à 50 % de son chiffre d'affaires annuel moyen des cinq années précédentes ; le taux global de participation privée doit atteindre 60 % du financement des risques.

b. Les aides qui n'entrent pas dans le champ du règlement 651/2014 peuvent être autorisées au regard des **lignes directrices** relatives aux aides d'État visant à promouvoir les investissements en faveur du financement des risques (JOUE 2014/C 19/04).

L'**amortissement** des **titres de PME innovantes** prévu à l'article 217 octies du CGI a été autorisé sur le fondement de ces lignes directrices (nº 9520).

92690 CGI art. 199 terdecies-0 A DC-IX-7300 s

PME bénéficiaires de souscriptions ayant ouvert droit à réduction d'IR

Pour les souscriptions au capital de PME effectuées **depuis le 1er janvier 2016,** la réduction d'impôt sur le revenu au titre des investissements dans des PME (nºs 2600 s.) relève des aides au financement des risques en faveur des PME prévues par l'article 21 du RGEC, les souscriptions effectuées via des fonds étant encadrées par les lignes directrices 2014/C 19/04 (nº 92680). L'ensemble des conditions européennes auxquelles cette réduction d'impôt est subordonnée a été directement intégré dans le CGI.

AIDES À LA RECHERCHE, AU DÉVELOPPEMENT ET À L'INNOVATION

Les allégements fiscaux en faveur de la recherche, du développement et de l'innovation (RDI), lorsqu'ils constituent des aides fiscales (nº 92605) peuvent être accordés sans autorisation de la Commission lorsqu'ils répondent aux conditions fixées par les articles 25 et suivants du RGEC 651/2014 définissant, par catégorie d'aide, les coûts éligibles et les taux d'intensité d'aide. Pour les aides à la **recherche et au développement,** le **montant** maximum d'avantage fiscal est fixé à (RGEC art. 25, 4) : 92710 DC-IX-7150 s

– 100 % des coûts admissibles pour la recherche fondamentale ;
– 50 % des coûts admissibles pour la recherche industrielle ;
– 25 % des coûts admissibles pour le développement expérimental ;
– 50 % des coûts admissibles pour les études de faisabilité.

Ces montants peuvent être **majorés** lorsque l'aide est accordée à une **PME.**

Le RGEC (art. 28 et 29) autorise également l'octroi d'**aides à l'innovation** en faveur des **PME** (plafonnées à 50 % des coûts admissibles), ainsi que des aides en faveur de l'**innovation de procédé et d'organisation** (plafonnées à 15 % des coûts admissibles pour les grandes entreprises et à 50 % des coûts admissibles pour les PME).

Des aides à la **recherche** et au développement dans les secteurs de l'**agriculture** et de la **pêche** peuvent être accordées directement à l'organisme de recherche (RGEC art. 30), dans la limite de 100 % des coûts admissibles (voir précision a).

Les États ne peuvent pas limiter la possibilité, pour les bénéficiaires, d'exploiter les résultats des activités de recherche, de développement et d'innovation dans les autres États membres.

> Précisions **a.** Pour les aides à la **recherche et au développement** (RGEC art. 25), les **coûts éligibles** sont les frais de personnel (chercheurs, techniciens et autres personnels d'appui s'ils sont employés pour le projet de recherche), les coûts des instruments, du matériel, des bâtiments et des terrains, dans la mesure où et aussi longtemps qu'ils sont utilisés pour le projet de recherche (à défaut, les coûts d'amortissement correspondant à la durée du projet), les coûts de la recherche contractuelle, des connaissances et des brevets achetés ou pris sous licence auprès de sources extérieures à des conditions de pleine concurrence, ainsi que les coûts des services de conseil et des services équivalents utilisés exclusivement aux fins du projet, les frais généraux additionnels et les autres frais d'exploitation, notamment les coûts des matériaux, fournitures et produits similaires, supportés directement du fait du projet. Les coûts admissibles pour les études de faisabilité correspondent aux coûts de l'étude.

b. Pour les aides à l'**innovation des PME** (RGEC art. 28), les **coûts** admissibles sont les coûts d'obtention, de validation et de défense de brevets et autres actifs incorporels, les coûts liés au détachement de personnel hautement qualifié provenant d'un organisme de recherche ou de diffusion des connaissances ou d'une grande entreprise, qui effectue des tâches de RDI dans le cadre d'une fonction nouvellement créée dans l'entreprise bénéficiaire, sans remplacer d'autres membres du personnel et les coûts liés aux services de conseil et d'appui en matière d'innovation.

c. Pour les aides en faveur de l'**innovation de procédé et d'organisation** (RGEC art. 29), les coûts admissibles sont les frais de personnel, les coûts des instruments, du matériel, des bâtiments et des terrains dans la mesure où et aussi longtemps qu'ils sont utilisés pour le projet, les coûts de la recherche contractuelle, des connaissances et des brevets achetés ou pris sous licence auprès de sources extérieures dans des conditions de pleine concurrence et les frais généraux additionnels et les autres frais d'exploitation, notamment les coûts des matériaux, fournitures et produits similaires, supportés directement du fait du projet.

d. Le **crédit d'impôt innovation** (nºs 10485 s.) est soumis au respect des articles 2, 25 et 30 et des 1, a du 2 et 3 de l'article 28 du RGEC. L'abattement sur la valeur locative des **bâtiments affectés à la recherche,** applicable à la taxe foncière sur les propriétés bâties (nº 42135, c) et à la CET (nº 43686) est soumis à l'encadrement prévu par l'article 25 du RGEC.

e. Les aides excédant les seuils visés aux i, l, m de l'article 4, 1 du RGEC doivent être notifiées à la Commission. Leur examen est effectué au regard des **lignes directrices** relatives à l'encadrement des aides d'État à la recherche, au développement et à l'innovation (JOUE 2014/C 198/01).

SERVICES D'INTÉRÊT ÉCONOMIQUE GÉNÉRAL

Les entreprises chargées de la gestion de services d'intérêt économique général perçoivent de l'État des **compensations de service public** qui doivent être compatibles avec les règles du TFUE (TFUE art. 106, 2). 92720

La **CJUE** a considéré que les compensations de service public ne constituent pas des aides d'État au sens de l'article 107 du TFUE si quatre critères cumulatifs sont remplis (CJCE 24-7-2003 aff. 280/00) : l'entreprise bénéficiaire doit effectivement être chargée de l'exécution d'obligations de service public et ces obligations doivent être clairement définies ; les paramètres sur la base desquels est calculée la compensation doivent être préalablement établis de façon objective et transparente ; la compensation ne doit pas dépasser ce qui est nécessaire pour couvrir tout ou partie des coûts occasionnés par l'exécution des obligations de service public, en tenant compte des recettes y relatives ainsi que d'un bénéfice raisonnable ; lorsque le choix de l'entreprise à se charger de l'exécution d'obligations de service public, dans un cas concret, n'est pas effectué dans le cadre d'une procédure de marché public permettant de sélectionner le candidat capable de fournir ces services au moindre coût pour la collectivité, le niveau de la compensation nécessaire doit être déterminé sur la base d'une analyse des coûts qu'une entreprise moyenne, bien gérée et adéquatement équipée aurait encourus.

Lorsque l'un de ces critères n'est pas respecté, la compensation de service public constitue une aide d'État. Elle peut toutefois être compatible avec l'article 106 du TFUE et exemptée de la notification soit au titre du **règlement de minimis 360/2012** du 25-4-2012, soit au titre de la **décision de la Commission 2012/21** du 20-12-2011 (JOUE 2012/ L 7/3). Elle peut également être autorisée par la Commission après notification par l'État.

Les **critères** de compatibilité des compensations de service public ont été fixés par la **décision de la Commission 2012/21,** qui précise notamment les règles de calcul de cette compensation afin qu'elle ne soit pas considérée comme une aide d'État. Toute surcompensation doit faire l'objet d'un reversement à l'État.

Cette décision s'applique notamment aux compensations ne dépassant pas un montant annuel de 15 M€ pour la prestation de services d'intérêt économique général dans des domaines autres que le transport et les infrastructures de transport et aux compensations octroyées au secteur social ou de la santé. Ces compensations doivent être accordées à une entreprise titulaire d'un mandat fixant notamment la nature et la durée de ses obligations, le mécanisme de compensation et les modalités de récupération de la surcompensation.

> **Précisions** **a.** Selon la **décision 2012/21,** le **montant de la compensation** ne doit pas excéder ce qui est nécessaire pour couvrir les coûts nets occasionnés par l'exécution des obligations de service public, y compris un bénéfice raisonnable.
>
> Le **coût net** peut être calculé sur la base de la différence entre les coûts afférents au SIEG, et les recettes tirées du SIEG, qu'elles soient considérées comme des aides d'État ou non. Il peut également être calculé sur la base de la différence entre le coût net pour l'entreprise assurant l'obligation de service public et le coût net ou bénéfice de la même entreprise n'assurant pas l'obligation de service public.
>
> Le **« bénéfice raisonnable »,** au-delà duquel il y a **surcompensation** interdite, s'entend du taux de rendement du capital qu'exigerait une entreprise moyenne s'interrogeant sur l'opportunité de fournir le SIEG pendant toute la durée du mandat, en tenant compte du niveau de risque. Le taux de rendement du capital est défini comme le taux de rendement interne que l'entreprise obtient sur son capital investi pendant la durée du mandat. Le niveau de risque dépend du secteur concerné, du type de service et des caractéristiques de la compensation. Les États peuvent introduire des critères incitatifs, liés notamment à la qualité du service fourni et aux gains d'efficience productive. Ces gains d'efficience ne réduisent pas la qualité du service fourni. Tout avantage lié aux gains d'efficience productive est fixé à un niveau qui permette une répartition équilibrée des gains réalisés entre l'entreprise et l'État et/ou les utilisateurs.
>
> **b.** Le **règlement de minimis 360/2012,** spécifique aux services d'intérêt économique général, fixe à **500 000 €** sur une période de trois exercices fiscaux le seuil des aides dont ces entreprises peuvent bénéficier. Le règlement exclut expressément le fractionnement des aides.
>
> Sont **exclues** les entreprises exerçant leur activité dans les secteurs de la production primaire de produits agricoles, de la pêche, de l'aquaculture et du transport de marchandises par route, le secteur houiller, les entreprises en difficulté au sens des lignes directrices communautaires concernant les aides d'État au sauvetage et à la restructuration d'entreprises en difficulté (2004/ C 244/02).
>
> **c.** La Commission a publié le 29-4-2013 un **guide** relatif à l'application aux SIEG des règles relatives aux aides d'État (document SWD/2013/ 53).
>
> **d.** L'aide fiscale à l'**investissement dans le logement social à Saint-Martin,** prévue à l'article 199 undecies C du CGI (nos 92080 s.) ainsi que la réduction d'impôt sur le revenu pour **souscription au capital de sociétés foncières solidaires** (CGI art. 199 terdecies-0 AB : nos 2685 s.), sont placées sous le régime défini par la décision 2012/21 précitée.

AIDES EN FAVEUR DE LA CULTURE ET DE LA CONSERVATION DU PATRIMOINE

92730 L'article 53 du RGEC autorise un certain nombre d'aides en faveur de la culture et de la conservation du patrimoine qu'il définit précisément. Les aides peuvent prendre la forme d'**aides à l'investissement,** notamment d'aides à la construction ou à la modernisation d'infrastructures culturelles ou d'**aides au fonctionnement.** Les coûts éligibles et le plafond d'aides dépendent de la catégorie d'aide concernée.

92730 (suite)

› Précisions **a.** Pour les **aides à l'investissement,** les **coûts admissibles** sont les coûts des investissements dans des actifs corporels et incorporels (notamment, coûts d'acquisition, ce qui inclut la location-vente, le transfert de possession ou le déplacement physique du patrimoine culturel ; coûts de sauvegarde, de préservation, de restauration et de réhabilitation du patrimoine culturel matériel et immatériel, ce qui inclut les coûts supplémentaires générés par le stockage dans des conditions appropriées et l'utilisation d'outils et de matériaux spéciaux ainsi que les coûts de documentation, de recherche, de numérisation et de publication...).
Pour les **aides au fonctionnement,** les **coûts admissibles** sont notamment :
– les coûts supportés pour améliorer l'accès du public aux sites et activités des institutions culturelles ou du patrimoine, notamment les coûts de numérisation et d'utilisation des nouvelles technologies, ainsi que les coûts supportés pour améliorer l'accessibilité pour les personnes handicapées ;
– les coûts de fonctionnement directement liés au projet ou à l'activité culturels (coûts de location simple ou avec option d'achat de biens immobiliers et de lieux culturels, frais de voyage, équipements et fournitures directement liés au projet ou à l'activité culturels, prêts, location avec option d'achat et l'amortissement des instruments, des logiciels et des équipements, coûts liés aux droits d'accès aux œuvres protégées par des droits d'auteur et à d'autres contenus protégés par des droits de propriété intellectuelle, coûts de promotion et coûts supportés directement du fait du projet ou de l'activité) ; les charges d'amortissement et les coûts de financement ne sont admissibles que s'ils n'ont pas été couverts par une aide à l'investissement ; sont également admis les coûts du personnel travaillant pour l'institution culturelle ou le site du patrimoine ou pour un projet ;
– les coûts des services de conseil et de soutien fournis par des consultants et prestataires de services extérieurs, supportés directement du fait du projet.

b. Les aides sont **plafonnées** selon les règles suivantes :
– **aides à l'investissement** : le montant de l'aide ne doit pas excéder la différence entre les coûts admissibles et la marge d'exploitation de l'investissement. La marge d'exploitation est déduite des coûts admissibles ex ante, sur la base de projections raisonnables, ou au moyen d'un mécanisme de récupération. L'opérateur de l'infrastructure est autorisé à conserver un bénéfice raisonnable sur la période concernée ;
– **aides au fonctionnement** : le montant de l'aide ne doit pas excéder ce qui est nécessaire pour couvrir les pertes d'exploitation et un bénéfice raisonnable sur la période concernée. Le calcul correspondant est effectué ex ante, sur la base de projections raisonnables, ou au moyen d'un mécanisme de récupération ;
– **aides n'excédant pas 2 M€** : le montant maximal de l'aide peut également être fixé, sans tenir compte de la méthode visée aux deux alinéas ci-dessus, à 80 % des coûts admissibles ;
– **publication d'œuvres musicales et littéraires** : le montant maximal de l'aide n'excède pas soit la différence entre les coûts admissibles et les revenus actualisés du projet, soit 70 % des coûts admissibles. Les revenus sont déduits des coûts admissibles ex ante ou au moyen d'un mécanisme de récupération. Les coûts admissibles sont les coûts de publication d'œuvres musicales et littéraires, y compris la rémunération des auteurs (coûts de droits d'auteur), la rémunération des traducteurs, la rémunération des éditeurs, d'autres coûts d'édition (relecture d'épreuves, correction, révision), les coûts de mise en page et de prépresse et les coûts d'impression ou de publication en ligne.

c. Le **crédit d'impôt phonographique** (n° 10575), le crédit d'impôt pour les **entrepreneurs de spectacles vivants** (n° 10580), l'exonération de CFE en faveur des libraries (nos 43640 et 43642) et la réduction d'impôt au titre des versements affectés au financement des activités des **formations musicales de Radio France** (n° 10695) relèvent notamment de cet encadrement.

PARTIE 10

Dossiers thématiques

Les « dossiers thématiques » qui composent cette dixième partie de l'ouvrage sont consacrés aux **questions fiscales** qui se posent aux **principaux stades de la vie d'une entreprise** : 95000

En vue, notamment, de faciliter les décisions des chefs d'entreprise, ces dossiers récapitulent, sous une forme synthétique, les principales **conséquences fiscales de chaque opération envisagée** ainsi que les **avantages et les inconvénients des options** offertes par la loi. Bien entendu, de nombreux renvois aux précédentes parties de l'ouvrage permettent de se reporter aux commentaires détaillés consacrés à chaque question lors de l'étude des impôts ou taxes concernés.

CRÉATION D'UNE ENTREPRISE

95010 Le présent dossier envisage le cas d'une personne qui crée une entreprise industrielle, commerciale ou artisanale sans acheter une exploitation existante.

Nous privilégierons dans cet exposé le cas des entreprises qui choisissent de se placer dès leur création sous un régime de bénéfice réel (régime simplifié d'imposition ou régime réel normal). En effet, les options offertes aux petites entreprises qui souhaitent bénéficier soit du régime micro-BIC et de la franchise de TVA, soit du statut fiscal et social des auto-entrepreneurs font l'objet d'une étude spécifique n°s 85800 s.

A. Choix de la forme de l'entreprise

95020 Sauf lorsque la forme sociale s'impose d'elle-même (affaire créée « à plusieurs », entreprises nécessitant des capitaux importants et donc susceptibles de s'ouvrir à de nouveaux associés...), le créateur d'entreprise doit comparer les **avantages de l'exploitation individuelle** (n°s 95028 s.) et de la **mise en société** (n°s 95050 s.). Son choix pourra se porter sur la **société unipersonnelle** si, tout en créant une société, il souhaite rester le seul maître de son entreprise (n°s 95180 s.).

Nous supposerons, pour ne pas alourdir l'exposé, que le créateur de l'entreprise n'inscrit à l'actif de celle-ci que des biens utilisés pour l'exercice de l'activité, sous réserve de la tolérance de 5 %. On rappelle, en effet, que les produits et les charges afférents aux **biens étrangers à l'activité professionnelle** donnent lieu, pour les entreprises relevant de l'impôt sur le revenu, à la détermination d'un résultat distinct dans la catégorie de revenus (revenus fonciers, revenus mobiliers...) correspondant à leur nature. Ces produits sont toutefois rattachés au bénéfice professionnel, sur option expresse de l'exploitant, lorsqu'ils n'excèdent pas 5 % de l'ensemble des produits de l'exploitation, ce seuil étant porté à 10 % si la condition de 5 % était satisfaite au titre de l'exercice précédent. Mais même lorsque ces seuils sont respectés, les charges ne sont déductibles du résultat professionnel qu'à concurrence du montant des produits afférents au même bien (CGI art. 155, II ; n°s 7345 et 18460). Le chef d'entreprise souhaitant échapper à la complexité de ces dispositions pourra y trouver un argument en faveur de la création d'une société passible de l'impôt sur les sociétés.

> **Précisions** **a.** Seuls les **aspects fiscaux** de ce choix sont envisagés dans le présent dossier. En ce qui concerne les **autres critères** à prendre en compte (responsabilité financière, protection sociale des entrepreneurs individuels et des associés, etc.), on se reportera aux Mémentos pratiques (Social, Sociétés commerciales...) concernés.
> **b.** Les principaux **crédits ou réductions d'impôt** à visée économique ou sociale (crédit d'impôt recherche, crédit d'impôt pour la formation du chef d'entreprise, etc.) bénéficient à l'ensemble des entreprises soumises à un régime de bénéfice réel, quelle que soit leur forme, individuelle ou sociale (n°s 10470 s.).
> Par exception, certains avantages spécifiques, tels les crédits d'impôt en faveur de la production cinématographique ou audiovisuelle, le crédit d'impôt pour les entrepreneurs de spectacles vivants, le crédit d'impôt en faveur du rachat d'une entreprise par ses salariés ou la réduction d'impôt en faveur de l'acquisition ou de la location d'une flotte de vélos, sont réservés aux entreprises soumises à l'IS et peuvent donc favoriser la constitution de sociétés.

1. AVANTAGES DE L'ENTREPRISE INDIVIDUELLE

95028 L'entrepreneur qui ne souhaite pas créer une société a le choix entre la création d'une entreprise individuelle sous sa forme classique et la création d'une entreprise individuelle à responsabilité limitée qui lui permettra de maintenir son patrimoine personnel à l'abri des créanciers professionnels. Il doit déclarer son choix pour l'un ou l'autre de ces deux statuts lors de la création de son entreprise.

ENTREPRISE INDIVIDUELLE « CLASSIQUE »

95030 La création d'une entreprise individuelle présente notamment les avantages suivants sur le plan fiscal.

a. Les **intérêts des emprunts** contractés pour l'acquisition des éléments corporels ou incorporels du fonds sont admis en déduction des bénéfices industriels et commerciaux déclarés par l'exploitant individuel.

Les associés dirigeants (ou salariés) d'une société passible de l'IS peuvent pour leur part déduire les intérêts et autres frais (frais de dossier, cotisations d'assurance...) des prêts conclus pour l'acquisition ou la souscription de leurs droits sociaux des rémunérations qu'ils perçoivent, dans les conditions exposées n° 23620. Cette déduction est également admise pour les associés de sociétés de personnes qui exercent leur activité professionnelle au sein de la société, les intérêts s'imputant dans ce cas sur la quote-part de bénéfice leur revenant (n° 37680).

b. Dans une entreprise individuelle, les **bénéfices de l'exploitation** viennent s'ajouter au revenu global de l'entrepreneur soumis à l'impôt progressif, alors que les déficits s'imputent sur ce même revenu. Le créateur d'une entreprise individuelle peut ainsi **compenser les déficits** subis pendant la période de démarrage de l'affaire avec les autres revenus de son foyer fiscal. Pour leur part, les associés de sociétés soumises à l'impôt sur les sociétés ne sont personnellement imposables que sur les sommes qui leur sont versées à titre de dividende ou de rémunération (à l'exclusion des bénéfices non distribués). Mais, en contrepartie, les déficits sociaux ne peuvent s'imputer que sur les bénéfices sociaux des années ultérieures, sauf option pour le report en arrière (« carry-back ») ; voir n°s 35890 s.

c. L'**exonération temporaire** suivie d'un abattement dégressif en faveur des entreprises qui se créent dans certaines **zones prioritaires** (zones AFR, ZFU, ZRR... : voir n°s 10260 s.) ou qui bénéficient du statut de **jeunes entreprises innovantes** ou de jeunes entreprises universitaires (n° 10400 s.) s'applique au bénéfice total imposable dans le cas d'une entreprise individuelle, comme dans celui d'une société de personnes.

Dans le cas d'une entreprise soumise à l'impôt sur les sociétés, la base de l'exonération est constituée par le bénéfice net obtenu après déduction des **rémunérations allouées aux associés**. Il peut donc être préférable, pour optimiser les avantages accordés aux entreprises nouvelles, d'exercer au moins provisoirement en tant qu'exploitant individuel ou en tant qu'associé d'une société soumise, de plein droit ou sur option, au régime des sociétés de personnes.

d. L'exploitant individuel peut bénéficier du **régime micro-BIC** et/ou de la **franchise** en base **de TVA** pendant la période de démarrage de l'entreprise (en pratique, tant que le chiffre d'affaires ne dépasse pas les limites fixées par l'article 50-0, 1 ou l'article 293 B du CGI : voir n°s 85420 s. et 85560 s.). Les exploitants soumis au régime micro peuvent également opter, sous certaines conditions, pour le **régime de l'auto-entrepreneur,** qui leur permet de se libérer de l'impôt sur le revenu au moyen de prélèvements forfaitaires calculés en pourcentage du chiffre d'affaires.

Les **sociétés** sont normalement exclues du régime micro (mais non de la franchise de TVA) ainsi que du versement forfaitaire libératoire, ce qui peut présenter un caractère dissuasif pour les plus petites entreprises (n° 85425). Toutefois, les **EURL** dont l'**associé** unique est une **personne physique** dirigeant cette société échappent à cette exclusion sous réserve, bien entendu, de remplir les conditions d'application du régime micro et notamment celle liée au chiffre d'affaires (CGI art. 50-0, 2-c).

e. Les **plus-values professionnelles à long terme** réalisées par les entreprises individuelles et les sociétés non soumises à l'IS sont en principe taxées au taux de 12,8 %, plus les prélèvements sociaux : voir n°s 18000 s. En revanche, les plus-values réalisées par les **entreprises soumises à l'IS** sont soumises au taux normal de cet impôt (28 % en règle générale pour les exercices ouverts en 2020 ou, dans les PME, 15 % dans une limite de bénéfice de 38 120 €), sous réserve des exceptions, concernant notamment les produits tirés de la cession de titres de participation (n° 18770).

f. Les **obligations comptables** des petits commerçants et artisans individuels sont allégées s'ils relèvent du régime des micro-entreprises ou du régime simplifié d'imposition (n°s 86455 et 86835 s.). Contrairement aux exploitants individuels, les sociétés relevant du régime simplifié sont exclues du régime de la comptabilité super-simplifiée. En revanche, elles peuvent opter pour la tenue d'une comptabilité de trésorerie. Elles ont par ailleurs la possibilité, comme les commerçants personnes physiques, d'adopter une **présentation simplifiée** (système abrégé) de leurs comptes annuels tant qu'elles respectent certains seuils concernant leur chiffre d'affaires, le total de leur bilan et leur effectif salarié (C. com. art. L 123-16 et D 123-200 ; voir n° 86837).

ENTREPRISE INDIVIDUELLE À RESPONSABILITÉ LIMITÉE

Les exploitants individuels peuvent éviter la confusion de leur patrimoine personnel et de leur patrimoine professionnel en optant pour le régime de l'entreprise individuelle à responsabilité limitée (EIRL). Alors que l'entrepreneur individuel engage en principe la totalité de son patrimoine, le gage des créanciers de l'entrepreneur individuel à responsabilité limitée se limite au **patrimoine d'affectation,** composé obligatoirement des **biens nécessaires** à l'exercice de l'**activité professionnelle.** L'entrepreneur peut également y inclure les biens qui, sans être nécessaires à l'exercice de l'activité professionnelle, sont néanmoins utilisés dans le cadre de cette activité. 95035

Sur le plan fiscal, l'EIRL est traitée comme une entreprise individuelle et relève donc, en principe, de l'impôt sur le revenu. Toutefois, lorsqu'elle est soumise à un régime réel d'imposition (normal ou simplifié), l'EIRL peut être assimilée, sur option, à une EURL soumise à l'impôt sur les sociétés. Cette option est en principe irrévocable mais l'EIRL peut y renoncer jusqu'au cinquième exercice suivant celui au titre duquel elle a été exercée (CGI art. 239, I) (voir nos 87235).

Le statut de l'EIRL permet ainsi aux nouveaux exploitants de choisir un statut fiscal adapté à leur situation propre en limitant leur responsabilité professionnelle et sans avoir à créer une personne morale.

2. AVANTAGES DE LA MISE EN SOCIÉTÉ

95050 S'il est souvent illusoire d'en attendre un moindre engagement financier (les banques exigeant fréquemment un engagement personnel des associés), la création d'une société permet de bénéficier de différents avantages fiscaux.

RÉDUCTION D'IMPÔT POUR SOUSCRIPTION AU CAPITAL DE PME

95060 Les **contribuables qui souscrivent au capital initial** ou aux augmentations de capital de sociétés non cotées ou assimilées bénéficient, sous certaines conditions, d'une réduction d'impôt (dite réduction Madelin) égale à un pourcentage des versements effectués, retenus dans une limite annuelle de 50 000 € pour les personnes seules et de 100 000 € pour les contribuables mariés ou liés par un Pacs. Le **taux** de la réduction, fixé à 18 %, sera **relevé à titre temporaire** à 25 % pour les versements effectués à compter d'une date qui sera fixée par décret jusqu'au 31 décembre 2020 (Loi 2019-1479 du 28-12-2019 art. 137, I-1°-a). La fraction de la réduction excédant le plafond global des avantages fiscaux de 10 000 € peut être reportée pendant cinq ans.

Pour ouvrir droit à la réduction, la société bénéficiaire des souscriptions doit répondre à la définition européenne des PME, être créée depuis moins de sept ans et exercer une activité commerciale, industrielle ou artisanale à l'exclusion des activités financières et immobilières. En revanche, il importe peu qu'elle relève de l'impôt sur le revenu ou de l'impôt sur les sociétés. Elle doit compter, en règle générale, entre deux et cinquante salariés, mais aucun effectif minimum n'est exigé s'il s'agit d'une holding pure (nos 2600 s.).

La réduction d'impôt ne peut pas se cumuler avec d'autres avantages fiscaux tels que la déduction des intérêts d'emprunts contractés pour la souscription des titres sociaux (n° 23620). Elle est également inapplicable lorsque les parts ou actions sont déposées sur un plan d'épargne en actions, (nos 26155 s.) un compte PME innovation (nos 26210 s.), un plan d'épargne salariale ou un plan d'épargne retraite mentionné à l'article 224-1 du Code monétaire et financier (Loi 2019-1479 du 28-12-2019 art. 137, I-1°-e et III). En outre, l'avantage obtenu au titre de la réduction Madelin s'impute sur le prix d'acquisition à retenir pour le calcul de la plus-value imposable lors de la cession ultérieure des titres (n° 33040, précision c).

Le créateur d'entreprise doit donc choisir le régime le mieux adapté à sa situation propre, compte tenu notamment de l'importance de la souscription, des emprunts contractés et des perspectives de transmission de son affaire. On notera enfin que pour pouvoir bénéficier de nouvelles réductions d'impôt Madelin en cas d'**augmentations** ultérieures **du capital** de la société bénéficiaire, le souscripteur, devenu associé ou actionnaire, devra veiller à ce que ces investissements de suivi soient expressément prévus dans le plan d'entreprise de la société (CGI art. 199 terdecies-0 A, I-1°).

RÉMUNÉRATION DU CHEF D'ENTREPRISE ET DE SON CONJOINT

95070 La possibilité de déduire la rémunération du chef d'entreprise du bénéfice social constitue l'un des arguments traditionnellement avancés en faveur de la création d'une société soumise à l'impôt sur les sociétés (SA, SARL ou SNC ayant opté pour l'IS).

En revanche, les exploitants individuels et les associés de sociétés de personnes relevant de l'IR ne peuvent déduire des bénéfices imposables les sommes qu'ils s'allouent en rémunération de leur travail personnel.

95075 L'exploitant individuel peut déduire de son bénéfice imposable la totalité du salaire versé à son conjoint, quel que soit le régime matrimonial des époux (régime de communauté ou de séparation de biens). Cette déduction totale s'applique également aux salaires versés aux conjoints d'associés de **sociétés de personnes** (y compris EURL, EARL et sociétés civiles professionnelles).

Le régime de déduction des rémunérations versées aux conjoints des exploitants individuels et associés de sociétés de personnes se trouve ainsi aligné sur celui des conjoints salariés des **associés ou dirigeants de sociétés soumises à l'impôt sur les sociétés.**

RÉMUNÉRATION DES CAPITAUX ENGAGÉS

À l'inverse de l'exploitant individuel, qui ne peut pas déduire de son bénéfice imposable une somme correspondant aux intérêts des capitaux engagés dans l'entreprise, la société qui bénéficie d'**avances en comptes courants** de ses associés peut déduire les intérêts rémunérant ces avances dans la limite du taux maximal fixé à l'article 39, 1-3° du CGI (nos 8810 s.). S'agissant d'une société nouvellement créée, on supposera qu'elle n'est pas concernée par la limitation des charges financières nettes prévue à l'article 212 bis du CGI (n° 35840). 95085

Les intérêts des comptes courants d'associés constituent pour leurs bénéficiaires des revenus de capitaux mobiliers soumis, sauf option globale pour l'imposition au barème progressif, au **prélèvement forfaitaire unique** de 12,8 % (30 % compte tenu des prélèvements sociaux) (nos 25100 s.).

TRANSMISSION DE L'ENTREPRISE

Le souci de favoriser la transmission ultérieure de l'affaire peut également conduire à privilégier la forme sociale : 95095
– d'une part, la transmission des droits sociaux peut être échelonnée de manière à ménager les étapes nécessaires au remplacement du chef d'entreprise ;
– d'autre part, la cession ou la donation de titres donne lieu, dans certains cas, à des prélèvements fiscaux moins importants que la transmission d'une entreprise individuelle. Ces régimes favorables sont cependant soumis à des conditions d'application strictes, ce qui doit conduire à une analyse approfondie de chaque situation particulière.

Plus-values Selon que le chef d'entreprise envisage de transmettre l'exploitation à titre onéreux ou à titre gratuit, le régime des plus-values sera le suivant. 95100

a. Cession à titre onéreux 1) La vente d'une **exploitation individuelle** donne lieu, en principe, à l'imposition des plus-values afférentes aux éléments de l'actif immobilisé selon le régime des plus-values professionnelles (voir nos 96470 s. et 18070 s.) caractérisée par la taxation au taux de 12,8 % (30 % avec les prélèvements sociaux) des « plus-values à long terme » et par la taxation au taux plein des « plus-values à court terme ». 95102

L'exploitant qui cède une entreprise individuelle peut toutefois échapper, en tout ou partie, à l'imposition des plus-values correspondantes :
– lorsque la **moyenne des recettes** hors taxe réalisées au titre des exercices clos au cours des deux années civiles qui précèdent la date de clôture de l'exercice de réalisation de la plus-value n'excède pas une limite fixée à 250 000 € (exonération totale) ou 350 000 € (exonération partielle) pour les entreprises de vente ou de fourniture du logement à l'exception des locations meublées et à 90 000 € (exonération totale) ou à 126 000 € (exonération partielle) pour les autres entreprises (CGI art. 151 septies : nos 18200 s.) ;
– lorsque la **valeur du fonds** n'excède pas 300 000 € (pour l'exonération totale) ou 500 000 € (pour l'exonération partielle) (CGI art. 238 quindecies : nos 19650 s.) ;
– lorsque la cession intervient à l'occasion du **départ à la retraite** de l'exploitant (exonération totale) (CGI art. 151 septies A : nos 19890 s.).

À la différence de celles liées au montant des recettes (CGI art. 151 septies) ou à la valeur du fonds (CGI art. 238 quindecies), l'exonération prévue en cas de départ à la retraite (CGI art. 151 septies A) ne s'étend pas aux prélèvements sociaux. L'exploitant qui cède son affaire pour prendre sa retraite peut donc avoir intérêt à cumuler ces régimes de manière à être totalement exonéré d'impôt sur le revenu en application de l'article 151 septies A et partiellement exonéré des prélèvements sociaux en application de l'article 151 septies ou de l'article 238 quinquies du CGI.

2) La plus-value réalisée lors de la **cession de ses titres** par le dirigeant qui cède sa société est en principe soumise au **prélèvement forfaitaire unique** de 12,8 % (30 % compte tenu des prélèvements sociaux) (nos 33220 s.). Toutefois, le contribuable qui estime y avoir intérêt peut renoncer au PFU en optant, de manière expresse et irrévocable, pour l'imposition au **barème progressif** de l'IR de l'ensemble de ses plus-values et revenus mobiliers (nos 33240 s.).

Contrairement au PFU qui exclut l'application des abattements proportionnels, l'option pour le barème permet à l'exploitant de continuer à bénéficier, pour les plus-values de cession de **titres acquis avant le 1er janvier 2018** :
– de l'abattement de droit commun pour durée de détention de 50 % (titres détenus depuis au moins deux ans et moins de huit ans) ou de 65 % (titres détenus depuis au moins huit ans) (CGI art. 150-0 D, 1 ter) ;
– ou de l'abattement renforcé (50 %, 65 % ou 85 % selon la durée de détention) prévu pour les titres de PME acquis ou souscrits dans les de dix ans de sa création (CGI art. 150-0 D, 1 quater : nos 33100 s.).

En outre, quel que soit le mode d'imposition des plus-values (PFU ou barème progressif), l'exploitant qui cède ses titres à l'occasion de son **départ à la retraite** peut bénéficier, sous certaines conditions, d'un abattement fixe de 500 000 € (CGI art. 150-0 D ter). Mais cet abattement ne peut pas se cumuler avec un abattement proportionnel. Le contribuable qui remplit les conditions des deux abattements doit donc effectuer un choix (voir n° 33106).

Par ailleurs, si le dirigeant souhaite réinvestir le produit de la vente dans de nouvelles sociétés, la loi lui permet de bénéficier d'un **report d'imposition** des plus-values soit en procédant à un « apport-cession » placé sous le régime de l'article 150-0 B ter du CGI (nos 33310 s.), soit en déposant ses titres sur un compte PME innovation (nos 26210 s.). Les atouts et les limites de ces dispositifs sont analysés dans le Dossier « Transmission d'entreprise » nos 96400 s.

3) Lorsque la **société relève du régime des sociétés de personnes,** la plus-value est imposée au taux de 12,8 %, selon le régime des **plus-values professionnelles,** dès lors que les parts constituent un actif professionnel de l'associé.

La cession des parts peut être exonérée, en tout ou partie, dans des conditions analogues à celles prévues pour les exploitants individuels, c'est-à-dire :

– lorsque la quote-part des recettes sociales hors taxe, augmentée le cas échéant des recettes individuelles de l'associé, n'excède pas une limite fixée à 250 000 € ou 350 000 € pour les entreprises d'achat-vente et les hôteliers, et à 90 000 € ou 126 000 € pour les autres entreprises (CGI art. 151 septies) ;

– ou lorsque la valeur des parts transmises n'excède pas 300 000 € ou 500 000 € (CGI art. 238 quindecies) ou, en dernier lieu, lorsque la cession des parts intervient à l'occasion du départ à la retraite du cédant (CGI art. 151 septies A) (nos 37715 s.).

95103 **b. Mutation à titre gratuit** La transmission à titre gratuit d'une **exploitation individuelle** ou de **parts de sociétés de personnes** peut bénéficier d'une exonération totale ou partielle des plus-values constatées à l'occasion de cette transmission dans les mêmes conditions et limites que la cession à titre onéreux de ces biens ou droits (nos 18200 s. et 19650 s.).

S'il ne remplit pas les conditions exigées pour bénéficier d'une exonération totale, ou s'il ne se satisfait pas d'une exonération partielle, l'exploitant individuel qui transmet gratuitement son affaire peut bénéficier d'un **report d'imposition** des plus-values jusqu'à la date de cession ou cessation de l'entreprise ou jusqu'à la date de cession de l'un des éléments d'actif si elle est antérieure. Ces plus-values en report sont totalement exonérées si l'activité est poursuivie pendant au moins cinq ans par l'un des bénéficiaires de la transmission (nos 19810 s.). Un régime analogue de report d'imposition et d'exonération définitive à l'issue d'un délai de cinq ans s'applique en cas de transmission à titre gratuit de parts de sociétés de personnes (nos 37720 s.). Ces régimes, généralement favorables, présentent néanmoins l'inconvénient de reporter l'imposition des plus-values sur les nouveaux exploitants lorsque ceux-ci se trouvent contraints de céder tout ou partie des biens reçus dans un délai inférieur à cinq ans. Le créateur d'entreprise qui souhaite pouvoir transmettre son exploitation, le moment venu, en franchise d'impôt sur les plus-values pourra donc choisir de créer une **société de capitaux.** En effet, sauf en cas de donation de titres cotés ouvrant droit à réduction d'IFI (CGI art. 978 ; n° 72130), les plus-values constatées lors de la transmission à titre gratuit des titres d'une société passible de l'impôt sur les sociétés échappent définitivement à l'impôt sur le revenu, quels que soient la valeur de l'actif et le chiffre d'affaires de la société (nos 32900, précision c).

95105 **Droit de mutation** La vente d'une entreprise individuelle et la cession de titres sociaux donnent ouverture à des droits de mutation sensiblement identiques. Ainsi, le taux du droit de mutation sur les fonds de commerce est fixé à 3 % pour la fraction du prix comprise entre 23 000 € et 200 000 € et à 5 % pour celle excédant 200 000 €, la fraction jusqu'à 23 000 € étant non imposable (nos 65520 s.). Le taux de 3 %, qui concerne la majorité des cessions de fonds, est identique à celui qui est applicable aux **cessions** de **parts sociales** dans les sociétés dont le capital n'est pas divisé en actions (SARL, sociétés civiles…). Enfin, les **cessions d'actions** sont soumises en principe à une taxation proportionnelle de 0,1 %, sans plafonnement (n° 67145).

3. AVANTAGES DE LA SOCIÉTÉ UNIPERSONNELLE

95180 L'entrepreneur qui souhaite exploiter son entreprise dans le cadre d'une société dont il est le créateur et l'unique « associé » peut décider de créer soit une entreprise unipersonnelle à responsabilité limitée (ou **EURL**), soit une société par actions simplifiée unipersonnelle (ou **Sasu**).

La **constitution d'une société unipersonnelle** présente les avantages suivants.

a. L'associé unique d'une EURL ou d'une Sasu bénéficie de la **limitation de responsabilité** au montant de ses apports (dans la mesure où il peut éviter de fournir des garanties personnelles). Observons toutefois que si l'entrepreneur individuel engage, en principe, la totalité de son patrimoine, il peut bénéficier d'une protection identique à celle de l'associé d'une EURL en optant pour le statut de l'entrepreneur individuel à responsabilité limitée (n° 95035).

b. La création d'une société conduit à distinguer le patrimoine de la personne morale de celui de l'associé, ce qui permet une **rationalisation de la gestion** comptable et fiscale de l'entreprise (la comptabilité de l'entreprise ne se confond plus avec celle de l'exploitant).

c. L'exploitation en EURL ou en Sasu permet d'associer ultérieurement à l'entreprise un ou plusieurs partenaires sans avoir à supporter à cette occasion les impositions qui s'attachent à la mise en société d'une entreprise individuelle (voir n°s 95550 s.).

Le choix entre la forme de l'EURL et celle de la Sasu repose essentiellement sur des critères d'ordre juridique (cadre « préétabli » pour l'EURL, liberté des statuts pour la Sasu…). **95185**

Sur le **plan fiscal,** la constitution d'une EURL permet à l'associé unique de garder le même **régime d'imposition** (impôt sur le revenu) que l'exploitant en nom, sauf option expresse pour l'impôt sur les sociétés.

La Sasu ne bénéficie pas de la même liberté de choix puisque, relevant de l'impôt sur les sociétés, elle peut seulement opter pour le régime fiscal des sociétés de personnes pour une période de cinq exercices (n°s 36980 s.).

Sur le plan de la **sécurité sociale,** l'associé unique de l'EURL relève du même statut que l'entrepreneur individuel : assurance vieillesse et assurance maladie des non-salariés, allocations familiales des employeurs et travailleurs indépendants (Mémento Social n° 28470). En revanche, l'associé unique d'une Sasu bénéficie du régime général de la sécurité sociale (Mémento Social n° 28435).

B. Création d'une entreprise individuelle (ou d'une société unipersonnelle)

1. FORMALITÉS ET OBLIGATIONS FISCALES INCOMBANT AU NOUVEL EXPLOITANT

DÉCLARATIONS FISCALES

Au tout **début de l'exploitation,** la seule formalité fiscale exigée de l'entreprise (qu'elle soit exploitée en nom ou sous la forme d'une société unipersonnelle) consiste en la souscription d'une **déclaration de création d'entreprise ou d'activité** dans les quinze jours du commencement des opérations (n°s 53385 s.). **95205**

Cette déclaration doit être souscrite auprès du centre de formalités des entreprises (**CFE**) qui est compétent pour recevoir les déclarations intéressant divers organismes ou administrations : services des impôts, registre du commerce, Urssaf… (n°s 88200 s.). Elle peut être effectuée en ligne en utilisant le téléservice « guichet-entreprises.fr » qui sera remplacé, avant le 1er janvier 2021, par un guichet électronique unique appelé à remplacer les CFE (Loi 2019-486 du 22-5-2019 art. 1).

Bien entendu, si l'entreprise souhaite se placer sous un régime fiscal autre que celui dont elle relève de plein droit, elle devra notifier ses options à l'administration dans les conditions et délais mentionnés, notamment, aux n°s 85800 s. (choix du régime d'imposition des petites entreprises), au n°s 37575 s. (option des sociétés de personnes pour l'impôt sur les sociétés) ou aux n°s 36965 et 36985 (option des sociétés de capitaux pour le régime des sociétés de personnes). Ensuite viennent à échéance les **obligations fiscales répétitives** incombant à toute entreprise, à savoir notamment :

– les **déclarations** mensuelles, trimestrielles ou annuelles des affaires soumises à la **taxe sur la valeur ajoutée** et le paiement de cette taxe (n°s 53700 s. et 86900). Ces déclarations doivent être souscrites et la TVA acquittée par voie électronique (n°s 53720 s.) ;

– la **déclaration sociale nominative** (DSN), qui remplace l'ancienne déclaration des salaires et sert également de support aux informations nécessaires à la mise en œuvre du prélèvement à la source de l'impôt sur le revenu et qui doit être souscrite, suivant les cas, le 5 ou le 15 du mois suivant le paiement des salaires, via le site www.net-entreprises.fr (n° 22200) ;

– la **déclaration annuelle des résultats** ou, si aucun exercice n'est clos au cours de l'année de création de l'affaire, de la période d'imposition ayant pris fin le 31 décembre de ladite année (déclaration à fournir au plus tard le deuxième jour ouvré suivant le 1er mai de l'année suivante, auquel l'administration ajoute un délai calendaire de 15 jours, auprès du service des impôts directs : n° 86845). S'agissant des règles particulières applicables aux entreprises nouvelles passibles de l'impôt sur les sociétés, voir les précisions apportées au n° 36390.

ADHÉSION À UN ORGANISME DE GESTION AGRÉÉ

95215 Pour pouvoir bénéficier immédiatement des avantages fiscaux attachés à l'adhésion à un organisme de gestion agréé (réduction d'impôt pour frais de comptabilité, dispense de majoration du bénéfice imposable, dispense de pénalités pour les nouveaux adhérents qui révèlent spontanément certaines omissions), le nouvel exploitant doit adhérer à un tel organisme dans les cinq mois de la création de son entreprise (nº 87975). À défaut d'adhésion, l'exploitant peut néanmoins bénéficier de la dispense de majoration de 25 % de la base d'imposition des revenus en faisant appel aux services d'un expert-comptable « autorisé » par l'administration fiscale (nº 87970).

CONTRIBUTION ÉCONOMIQUE TERRITORIALE

95225 Les entreprises nouvelles ne sont soumises à cette contribution composée de la cotisation foncière des entreprises (CFE) et, dans certains cas, de la cotisation sur la valeur ajoutée des entreprises (CVAE) qu'à partir de l'année suivant celle de leur création. Elles doivent obligatoirement souscrire, au plus tard le 31 décembre de l'année de leur création, une **déclaration** de leurs bases d'imposition qui servira au calcul de la CFE établie l'année suivante (nº 43756). Selon la nature de leurs activités et leur lieu d'implantation, les entreprises nouvelles peuvent bénéficier de l'une des **exonérations** temporaires facultatives suivantes :
– exonération dite des entreprises nouvelles (CGI art. 1464 B et 1464 C) ; voir nº 43595 ;
– exonération des jeunes entreprises innovantes (CGI art. 1466 D) ; voir nº 43600 ;
– exonérations applicables dans certaines zones du territoire (zones d'aide à finalité régionale, zones de revitalisation rurale, quartiers prioritaires de la politique de la ville, bassins d'emploi à redynamiser, zones de restructuration de la défense, bassins urbains à dynamiser, zones de développement prioritaire… : nºs 43582 s.).

Ces exonérations de CFE sont susceptibles d'entraîner l'exonération de CVAE dans les conditions indiquées nº 43875.

TAXE SUR LA VALEUR AJOUTÉE

95235 Outre les obligations déclaratives rappelées au nº 95205 ci-dessus, les entreprises nouvelles sont soumises à l'**ensemble des obligations** prévues en matière de TVA (facturation, obligations d'ordre comptable, paiement de l'impôt, nºs 53320 s.).

Par ailleurs, les nouveaux redevables sont soumis à des règles particulières concernant :
– l'utilisation d'un **coefficient de déduction provisoire** au début de leur activité, leurs coefficients d'assujettissement et de taxation étant définitivement arrêtés le 31 décembre de l'année suivante (nº 55365) ;
– la déduction d'un « **crédit de départ** » de TVA pour les biens devenant utilisés à des opérations ouvrant droit à déduction (nºs 57365 s.).

2. RÉGIME FISCAL DE CERTAINES OPÉRATIONS LIÉES À LA CRÉATION DE L'ENTREPRISE

ACHAT DE LOCAUX

95265 Le créateur d'une EURL a le choix entre l'achat de l'immeuble par la société qu'il a formée et l'achat de celui-ci en son nom personnel. L'exploitant individuel est placé devant un choix du même ordre : inscrire l'immeuble à l'actif de son bilan commercial ou ne pas comptabiliser cet achat et conserver ainsi l'immeuble dans son « patrimoine privé ».

CAS OÙ L'IMMEUBLE EST ACQUIS PAR L'EURL OU PORTÉ À L'ACTIF DU BILAN DE L'EXPLOITATION INDIVIDUELLE

95275 Dans ce cas, les choses se présentent comme suit.

a. En cas d'acquisition d'un **local neuf** (édifié depuis moins de cinq ans) auprès d'un assujetti à la TVA, le prix est grevé de la TVA au taux normal et l'acquéreur n'est redevable que d'un droit de 0,715 % (droit départemental de 0,70 % majoré d'un prélèvement pour frais d'assiette et de recouvrement égal à 2,14 % du montant de ce droit). L'immeuble doit être inscrit en comptabilité pour son prix TVA récupérable déduite.

Si l'achat porte sur un **local achevé depuis plus de cinq ans** (en l'absence d'option du vendeur pour la TVA : nº 58830), ou s'il est effectué auprès d'un vendeur non assujetti à la TVA, l'acquéreur est redevable des droits d'enregistrement. Ceux-ci constituent, au choix du contribuable, une charge immédiatement déductible des bénéfices imposables ou un élément du prix d'acquisition amortissable sur la durée d'utilisation de l'immeuble (nº 7570).

b. Les **frais notariés** peuvent être, comme les droits d'enregistrement, passés immédiatement en charges ou rattachés au coût d'acquisition de l'immeuble.

c. Le prix de revient des locaux (à l'exclusion de la partie du prix réputée correspondre au terrain) fera l'objet d'**amortissements** déductibles des bénéfices imposables. Mais en cas de vente ultérieure des locaux, la différence entre le prix de cession et la valeur nette comptable (amortissements déduits) constituera une plus-value soumise au régime des « plus-values professionnelles » (nos 17870 s.).
Bien entendu, la plus-value de cession du local sera exonérée en tout ou partie si les recettes hors taxe de l'entreprise n'atteignent pas 250 000 € ou 90 000 € (pour l'exonération totale) ou 350 000 € ou 126 000 € (pour l'exonération partielle) selon la nature de l'exploitation et si l'activité est exercée depuis cinq ans au moins (nos 18200 s.). En outre, la vente des locaux pourra ouvrir droit, sous certaines conditions, à un abattement pour durée de détention de 10 % par année de détention au-delà de la cinquième, soit une exonération totale au bout de quinze ans (CGI art. 151 septies B : voir nos 18095 s.).
d. Les **intérêts des emprunts** contractés pour financer l'achat de l'immeuble viennent en déduction des bénéfices imposables (nos 8740 s.).

CAS OÙ L'IMMEUBLE N'EST PAS INSCRIT À L'ACTIF DU BILAN DE L'EURL OU DE L'ENTREPRISE INDIVIDUELLE

Dans ce cas, le bénéfice d'exploitation ne peut être diminué ni des frais et charges financières liés à l'acquisition de l'immeuble, ni de l'amortissement de celui-ci. 95285

• L'immeuble acheté en son nom propre par le **créateur de l'EURL** devra être donné en location à la société, ce qui aura pour conséquences :
– la déduction fiscale par celle-ci du loyer qui lui est demandé ;
– et l'imposition du loyer, à titre de revenu foncier, entre les mains de l'associé qui, s'il y a lieu, portera en charges les intérêts de l'emprunt souscrit pour acquérir l'immeuble.
Si l'immeuble est une construction neuve grevée de la TVA, l'associé pourra avoir avantage à soumettre volontairement les loyers à la TVA en vue d'obtenir la récupération de la taxe incluse dans le prix de revient de cet immeuble (nos 46875 s.).
• De son côté, l'**exploitant individuel** qui conserve dans son patrimoine privé l'immeuble qu'il utilise dans son exploitation peut comprendre dans les charges de son entreprise une somme égale au loyer qu'il serait en droit d'exiger d'un tiers, ce qui, en contrepartie, le conduit à déclarer cette somme en tant que revenu foncier imposable (no 8345, précision d).
Par ailleurs, si l'immeuble est une construction neuve grevée de la TVA, le fait de ne pas inscrire cet immeuble à l'actif du bilan ne s'oppose pas à la déduction de cette taxe.
• Enfin, la **plus-value** réalisée à l'occasion de la vente de l'immeuble figurant dans le patrimoine personnel de l'associé de l'EURL ou maintenu dans le patrimoine privé de l'exploitant individuel relèvera du régime des « plus-values des particuliers » (nos 32000 s.) au lieu du régime des « plus-values professionnelles » (nos 17500 s.).

PRISE À BAIL DE LOCAUX

a. Déduction du loyer Le loyer constitue une charge déductible du bénéfice imposable. 95295
Si le loyer est grevé de la TVA (cas où le propriétaire a opté pour le paiement de cette taxe), la taxe correspondante est déductible, par l'entreprise locataire, de la TVA due sur ses propres opérations.

b. Droit d'entrée Lorsque le locataire **traite directement avec le propriétaire,** ce dernier exige en général, en sus du loyer, le versement d'un droit d'entrée. À l'égard de l'entreprise versante, le droit d'entrée constitue (no 8350) : 95300
– soit un supplément de loyer déductible des résultats pour l'assiette de l'impôt (mais seulement, a jugé le Conseil d'État, par fractions échelonnées sur toute la durée du bail) ;
– soit un investissement dans la mesure où cette dépense peut être considérée comme ayant pour contrepartie l'entrée d'un élément incorporel dans l'actif de l'entreprise ;
– soit, pour partie, un supplément de loyer déductible et, pour le reste, un investissement non déductible.
Selon le Conseil d'État, le droit d'entrée versé par le preneur d'un bail commercial peut toutefois être amorti lorsqu'il a pour contrepartie un avantage indépendant du caractère renouvelable du contrat et dont les effets bénéfiques sur l'exploitation cesseront à une date prévisible (CE 15-4-2016 no 375796 : RJF 7/16 no 597).
En cas d'option du bailleur pour le paiement de la **TVA**, le droit d'entrée versé par le preneur constitue, avec le loyer, la contrepartie d'une **opération unique de location** soumise à la taxe au même titre que le loyer. La seule circonstance que le bail commercial se traduise par la création d'un élément d'actif pour le preneur, compte tenu du droit au renouvellement du bail, ne permet pas de regarder le droit d'entrée comme une indemnité destinée à

dédommager le bailleur d'un préjudice résultant de la dépréciation de son patrimoine (CE 15-2-2019 n° 410796 : RJF n° 5/19 n° 424).

Lorsque le locataire **achète à un précédent locataire son droit au bail** (« pas-de-porte »), la somme qu'il lui verse est considérée dans tous les cas comme le prix d'une immobilisation non amortissable à faire figurer à l'actif du bilan. Mais le droit d'enregistrement payé à cette occasion (n° 65620) peut, de même que le loyer versé au propriétaire, être inclus dans les charges déductibles.

ATTENTION

Lorsque la location est conclue directement avec le propriétaire, sans rachat d'un droit au bail auprès du précédent locataire, le nouvel exploitant d'un local commercial risque néanmoins de se voir réclamer le droit de mutation sur la valeur vénale du pas-de-porte si les circonstances accréditent l'hypothèse d'une transmission de l'ancien au nouveau locataire (n° 65635).

FRAIS D'INSTALLATION ET D'AGENCEMENT DES LOCAUX

95310 En règle générale, ces dépenses ne peuvent pas être comprises dans les charges immédiatement déductibles des bénéfices imposables. En effet, elles constituent en principe des investissements amortissables en fonction de leur durée d'utilisation. Il en est ainsi même lorsque les investissements sont effectués dans les locaux pris en location (n° 9585) ou faisant partie du patrimoine privé de l'exploitant.

ACHAT DE MATÉRIEL ET D'OUTILLAGE

95320 Ces éléments doivent être inscrits à l'actif du bilan pour leur prix de revient diminué de la TVA que l'entreprise peut déduire de celle dont elle est redevable à raison de ses opérations. Les annuités d'amortissement de ces biens, y compris le cas échéant le suramortissement prévu en faveur de certains biens d'équipement visés au n°s 9600 s., seront déductibles pour la détermination des bénéfices annuels imposables.

On rappelle toutefois que, par mesure de simplification, les matériels et outillages ainsi que les matériels et mobiliers de bureau et les logiciels dont le prix unitaire n'excède pas 500 € HT peuvent être inscrits à un compte de frais généraux (n° 7540).

C. Création d'une société

95350 Nous supposons à présent que le nouvel exploitant a décidé de s'associer avec d'autres partenaires pour créer une société (il ne pourra donc pas s'agir d'une EURL ou d'une Sasu).

Comme dans les hypothèses précédentes, nous envisageons le cas d'une personne qui n'était pas déjà exploitante. Les questions soulevées par la mise en société d'une entreprise individuelle font l'objet d'un dossier distinct : voir nos 95550 s. ci-après.

1. QUELLE FORME DE SOCIÉTÉ CHOISIR ?

95360 Le choix à exercer dépend d'abord, bien entendu, de considérations tenant aux particularités juridiques des différentes formes de sociétés possibles (voir, à cet égard, le Mémento Sociétés commerciales).

Mais il est aussi étroitement lié au statut fiscal de ces sociétés ainsi qu'à celui de leurs membres. Voici les principaux éléments d'appréciation à prendre en considération à cet égard.

SOCIÉTÉ EN NOM COLLECTIF

95370 Le **bénéfice** réalisé par une société de personnes (et donc notamment par une société en nom collectif) est normalement imposable au nom de ses associés, chacun pour sa part, de la même manière que si ceux-ci exploitaient individuellement la fraction de l'affaire correspondant à leurs droits (nos 37600 s.). Le choix de créer une société de personnes emporte, par suite, l'assujettissement de la totalité du bénéfice social au **barème progressif** de l'impôt sur le revenu. Si la SNC subit un **déficit**, celui-ci peut être compensé, sous certaines conditions, avec les autres revenus des associés ou ceux des autres membres de leur foyer fiscal (n° 37645) alors que les déficits des sociétés de capitaux ne sont reportables que sur les bénéfices ultérieurs (report en avant) ou sur le bénéfice de l'exercice précédent (report en arrière ou « carry back ») de la société (voir nos 35890 s.).

La possibilité offerte aux SNC de bénéficier des avantages fiscaux liés à l'adhésion à **un centre de gestion agréé** complète l'identité de leur régime fiscal avec celui des exploitants individuels (n° 87970).

Les SNC sont toutefois autorisées à **opter pour l'IS** (nos 37575 s.). Dans ce cas, les associés en nom ne sont imposés, dans la catégorie des revenus de capitaux mobiliers, que sur les **bénéfices distribués**. Quant aux **rémunérations** qui leur sont allouées, elles sont soumises aux règles applicables aux gérants majoritaires de SARL (no 23650).

On notera également que les **souscriptions au capital** de sociétés de personnes ouvrent droit, indépendamment de leur régime fiscal, à la réduction d'impôt pour souscription au capital de PME prévue à l'article 199 terdecies-0 A du CGI (nos 2600 s.).

Cela étant, la création d'une société de personnes présente deux séries d'**inconvénients** sur le **plan juridique** : 95375
– les associés sont indéfiniment et solidairement responsables des dettes sociales ;
– la cession des parts est relativement difficile car elle suppose l'accord de tous les associés.

Enfin, sur le **plan social,** les associés des sociétés en nom collectif sont des commerçants et, à ce titre, relèvent du régime des non-salariés.

SOCIÉTÉS DE CAPITAUX

Bien que soumise à une **réglementation complexe,** la société anonyme (ou, dans certains cas, la société en commandite par actions) s'impose pour les grandes entreprises dont les besoins en capitaux sont importants ou sont appelés à le devenir (Mémento Sociétés commerciales no 37010). 95385

Ce choix peut également être facilité par des **considérations fiscales.** En effet, les sociétés de capitaux sont passibles de l'**impôt sur les sociétés** dont le taux normal est appelé à décroître jusqu'à 25 % d'ici 2022, le taux réduit restant fixé à 15 % jusqu'à 38 120 € de bénéfice (no 36100). En outre, le bénéfice soumis à l'IS s'entend après **déduction des sommes versées aux associés à titre de rémunération** normale des fonctions (de direction, ou autres) qu'ils exercent dans l'affaire. Ainsi, l'impôt n'est pas dû sur les bénéfices servant à l'autofinancement. 95390

De leur côté, les associés ne sont personnellement imposables que sur les sommes qui leur sont versées à titre de **dividendes** ou à titre de rémunération. Ils peuvent ainsi bénéficier, pour l'imposition de leurs dividendes et plus-values mobilières, du prélèvement forfaitaire unique de 12,8 % (30 % avec les prélèvements sociaux), ce qui leur garantit une **taxation** modérée (dans la moyenne des États européens) et surtout **prévisible** (les ressauts liés à l'imposition au barème dégressif sont éliminés). D'autre part, les rémunérations bénéficient dans un certain nombre de cas du régime d'imposition des **salaires** (no 95405). Enfin, la souscription au capital d'une société non cotée permet de bénéficier, sous certaines conditions, de la réduction d'impôt pour souscription au capital de PME (nos 2600 s.).

Si le régime fiscal des sociétés de capitaux présente de nombreux avantages, les associés de ces sociétés n'ont pas la possibilité d'appréhender immédiatement les **déficits sociaux,** au prorata de leurs droits dans la société. Afin d'obvier à cet inconvénient, l'article 239 bis AB du CGI permet aux petites sociétés de capitaux nouvellement créées d'opter pour le régime des sociétés de personnes pour une période de cinq exercices, sans renouvellement possible (nos 36980 s.). Cette option doit être exercée dans les trois premiers mois du premier exercice auquel elle s'applique. L'entreprise peut ensuite y renoncer dans les trois premiers mois de chaque exercice couvert par l'option.

SARL OU SOCIÉTÉ ANONYME ?

La **réglementation juridique** de la SARL est beaucoup moins contraignante que celle de la société anonyme et s'adapte donc mieux, en règle générale, à la situation des entreprises qui n'atteignent pas une certaine importance. 95400

Sur le **plan fiscal,** la seule différence tient au régime des **rémunérations des dirigeants,** étant observé que, dans les sociétés anonymes, les dirigeants ont toujours la qualité fiscale de salariés, quelle que soit l'importance de la fraction de capital qu'ils détiennent, tandis que, dans les SARL, les « gérants majoritaires » n'ont pas cette qualité. 95405

Mais cette différence a peu de portée pratique. En effet, le montant imposable des rémunérations des **gérants majoritaires** de SARL est déterminé selon les règles prévues pour les salariés (ce qui permet notamment aux intéressés de pratiquer la déduction forfaitaire de 10 % pour frais professionnels) (no 23615).

En définitive, l'aspect fiscal n'étant pas déterminant, c'est plutôt le régime de **sécurité sociale** qui peut influencer le choix entre SA et SARL, étant donné que tout gérant majoritaire de SARL (y compris ceux appartenant à un collège de gérance majoritaire) relève du régime des « travailleurs indépendants » alors que les présidents-directeurs et directeurs généraux de sociétés anonymes sont, quelle que soit l'importance de leur participation, obligatoirement soumis au régime général de la sécurité sociale, c'est-à-dire au régime des salariés. 95410

2. DÉCLARATIONS ET FORMALITÉS

95430 Les formalités préalables et les obligations déclaratives incombant aux sociétés nouvelles sont analogues à celles des entrepreneurs individuels (nos 95205 s.).

3. RÉGIME FISCAL DE CERTAINES OPÉRATIONS LIÉES À LA CRÉATION DE L'ENTREPRISE

95450 Les règles exposées aux nos 95265 s. ci-dessus sont également applicables en cas de création d'une société.

ACHAT D'UNE ENTREPRISE INDIVIDUELLE

La situation examinée dans ce dossier est celle de l'acquéreur d'une entreprise industrielle ou commerciale **existante et exploitée sous la forme individuelle** (les rachats d'entreprises exploitées en société sont abordés aux n°s 95800 s. dans le dossier relatif aux prises de participation). 95500

D'une manière générale, les **indications** données à propos des **créations d'entreprises** individuelles (n°s 95010 s.) sont également applicables en cas d'acquisition d'un fonds, étant toutefois précisé qu'une telle acquisition ne peut ouvrir droit, en règle générale, aux exonérations temporaires de bénéfices (n°s 10260 s.) ni de contribution économique territoriale (n°s 43595 et 43875) prévues en faveur des entreprises nouvelles. Il convient en outre de signaler ici un certain nombre de **particularités** qui intéressent principalement les droits de mutation et la contribution économique territoriale.

Ces précisions concernent tout acquéreur, qu'il ait lui-même le statut d'exploitant individuel ou de société, et sans qu'il y ait lieu de distinguer dans ce dernier cas suivant que la société préexistait ou a été constituée spécialement en vue de la reprise.

DROITS D'ENREGISTREMENT

L'acquisition d'un fonds de commerce entraîne, en principe, l'exigibilité de droits d'enregistrement, qui sont à la **charge de l'acquéreur** sauf stipulation contraire du contrat. Ces droits sont calculés par application du **tarif** mentionné n° 65520 (taux de 3 % sur la fraction du prix comprise entre 23 000 € et 200 000 € et de 5 % sur la fraction excédant 200 000 €) au prix stipulé pour les éléments incorporels, le matériel et l'outillage, ou à la valeur vénale de ces biens si elle est supérieure au prix. 95510

En ce qui concerne les **réductions de droits** prévues en faveur des acquéreurs de fonds de commerce situés dans certaines zones urbaines ou rurales prioritaires : voir n° 65530.

L'acquisition des **marchandises** échappe en règle générale à tout droit d'enregistrement (n° 65510).

CONTRIBUTION ÉCONOMIQUE TERRITORIALE

En cas d'achat d'une entreprise individuelle qui, du cédant ou de l'acquéreur, est redevable de la contribution économique territoriale (CET) ? 95520

– Si la cession prend effet le **1er janvier,** l'acquéreur est soumis à la cotisation foncière des entreprises (CFE) dès la première année (d'après les bases de son prédécesseur).

– Si la cession intervient **en cours d'année,** le cédant reste redevable de la CFE pour l'année entière et le nouvel exploitant ne sera imposable pour la première fois qu'au titre de l'année suivante (mais les parties peuvent prévoir dans l'acte de vente que le nouvel exploitant remboursera au cédant la fraction de la cotisation se rapportant à la période postérieure à la cession) (n° 43746).

– Si, compte tenu de sa taille, l'entreprise est également soumise à la cotisation sur la valeur ajoutée des entreprises, celle-ci est due par le redevable qui exerce l'activité au 1er janvier de l'année d'imposition, donc par le cédant lorsque l'achat intervient en cours d'année. Dans ce cas, la cotisation est due également par l'acquéreur si celui-ci n'exerçait aucune activité imposable au 1er janvier (n° 44030).

DÉPENSES D'INSTALLATION

Le matériel, l'outillage, les agencements, les brevets constituent des **actifs amortissables.** 95530

En revanche, le Conseil d'État a écarté la **possibilité d'amortir** systématiquement **le fonds de commerce,** tout en admettant que certains éléments incorporels, dissociables de l'ensemble du fonds et soumis à une dépréciation prévisible, puissent donner lieu à un amortissement (voir n° 9172). Il s'ensuit que, sauf circonstances particulières, la clientèle, l'achalandage, le droit au bail et les marques de commerce ou de fabrique ne pourront normalement donner lieu à la constatation d'une dépréciation (par voie de provision) que si la valeur réelle de ces éléments, considérés dans leur ensemble, devient inférieure à leur valeur comptable.

Les **frais d'achat** (frais d'acte, droits d'enregistrement) peuvent, au choix du contribuable, être inclus dans les charges déductibles ou être rattachés au prix d'acquisition des immobilisations (n° 7570). 95535

De même, sont déductibles des résultats les frais et **intérêts d'un emprunt** contracté pour l'achat du fonds (nº 8740).

RESPONSABILITÉ DE L'ACQUÉREUR DU FONDS

95545 L'acquéreur du fonds peut être rendu solidairement responsable avec le cédant, dans la limite du prix du fonds, du paiement de l'impôt dû par celui-ci au titre des bénéfices réalisés pendant l'exercice de la cession et, dans certains cas, l'exercice antérieur (nº 77280, a).

La responsabilité de l'acquéreur peut être engagée dans un délai de 90 jours à compter du dépôt de la déclaration du bénéfice de l'exercice de cession ou, si cette déclaration n'a pas été produite en temps utile, du dernier jour du délai légal de déclaration. Le délai de 90 jours est réduit à 30 jours pour les cessions de fonds de commerce lorsque le cédant a régulièrement avisé l'administration de la cession, a souscrit la déclaration de résultat dans le délai légal et est à jour de ses obligations déclaratives et de paiement en matière fiscale (CGI art. 1684, I).

MISE EN SOCIÉTÉ D'UNE ENTREPRISE INDIVIDUELLE

La croissance de l'entreprise ou le souci de préparer sa transmission peuvent conduire un exploitant individuel à envisager la « mise en société » de son exploitation. 95550
Les questions que cette opération soulève sur le **plan social et juridique** se posent pratiquement dans les mêmes termes qu'au moment de la création de l'entreprise (nos 95350 s.). En revanche, sur le plan **fiscal,** apparaît un élément nouveau : le coût de l'opération d'apport. Il convient donc, avant toute décision définitive, de faire un inventaire précis des incidences fiscales de l'opération envisagée :
– d'une part, au moment de la **réalisation de l'apport** ;
– d'autre part, en cas de **cession** ou de **donation ultérieure des titres** de la société nouvelle.
En ce qui concerne les avantages et inconvénients respectifs de l'**exploitation individuelle** ou de l'exploitation en **société,** on se reportera au dossier consacré à la création d'une entreprise (nos 95010 s.).

A. Incidences fiscales de l'opération d'apport

1. IMPÔT SUR LE REVENU

TAXATION DES BÉNÉFICES ET PLUS-VALUES

Un **choix** est possible, sous certaines conditions, entre le régime de droit commun et un régime optionnel permettant l'exonération provisoire (ou l'étalement de l'imposition) des plus-values d'apport et des profits sur stocks. Ce régime optionnel permet de faciliter la mise en société lorsque l'exploitant ne remplit pas les conditions prévues pour bénéficier de l'exonération des plus-values d'apport. 95560

Régime de droit commun L'apport en société d'une entreprise individuelle est assimilé à une **cession** de cette entreprise, ce qui déclenche normalement l'**imposition immédiate** au nom de l'ancien exploitant (nos 11045 s.) : 95565
– des bénéfices d'exploitation non encore taxés ;
– des plus-values latentes de l'actif immobilisé. La taxation s'effectue au taux de 12,8 % pour les plus-values à long terme et au taux marginal de l'impôt sur le revenu pour les plus-values à court terme ;
– et, le cas échéant, des bénéfices et plus-values en sursis d'imposition (plus-values à court terme en cours d'étalement, provisions…).
Toutefois, la plus-value correspondant à l'apport d'une exploitation individuelle dont la valeur n'excède pas 500 000 € bénéficie, sous certaines conditions, d'une exonération totale (jusqu'à 300 000 €) ou dégressive (entre 300 000 € et 500 000 €) en application de l'article 238 quindecies du CGI (nos 19650 s.). Mais cette mesure n'est pas applicable lorsque l'apporteur exerce, en droit ou en fait, la direction effective de la société bénéficiaire, ce qui est généralement le cas lors de la mise en société d'une entreprise individuelle.

Le montant des impositions dues dans le cadre du régime de droit commun est le même en cas d'apport à une société de personnes qu'en cas d'apport à une société de capitaux. Mais le **coût fiscal réel** de l'opération peut varier dans de fortes proportions non seulement, comme nous venons de le voir, en fonction de la valeur du fonds apporté (no 95565) mais également en considération des données suivantes. 95570
a. Consistance de l'actif apporté et importance relative des plus-values afférentes, respectivement, aux éléments amortissables et aux éléments non amortissables.
En effet, tandis que la taxation des plus-values sur éléments amortissables se traduit par l'apparition de nouvelles marges d'amortissement fiscalement déductibles, la contrepartie des plus-values sur éléments non amortissables (consistant en l'augmentation du « prix de revient fiscal » de ces éléments) ne produira ses effets que lors de la cession de ces biens (événement qui peut être à échéance lointaine).
b. Durée d'utilisation restante des éléments amortissables apportés.

Plus cette durée est brève, plus la « récupération » de l'impôt acquitté lors de l'apport s'opère rapidement.

c. Montant des recettes annuelles de l'entreprise.

Lorsque les recettes annuelles hors taxe de l'entreprise apportée excèdent 250 000 € ou 90 000 €, selon la nature de l'activité, les plus-values sont soumises au régime des « plus-values professionnelles » caractérisé par la taxation au taux plein des plus-values à court terme et la taxation au taux réduit des plus-values à long terme. Les exploitants dont les recettes excèdent ces seuils sans dépasser respectivement 350 000 € ou 126 000 € bénéficient toutefois d'une exonération partielle.

Lorsque, au contraire, les recettes annuelles hors taxe de l'entreprise ne sont pas supérieures à 250 000 € ou 90 000 €, les plus-values ne sont taxables, sauf exception, que si l'entreprise est exploitée depuis moins de cinq ans (n°s 18200 s.).

d. Existence d'un **déficit d'exploitation** fiscalement déductible.

Ce déficit est imputable sur les provisions en sursis d'imposition ainsi que sur les plus-values affectant les éléments d'actif, ce qui a pour effet d'atténuer plus ou moins fortement les conséquences de l'apport en matière d'impôt sur le revenu.

95575 **Régime optionnel** Les personnes qui font apport d'une entreprise individuelle à une société peuvent opter pour l'application d'un régime de **report d'imposition** des plus-values et des profits sur stocks (CGI art. 151 octies). Ce régime, dont les caractéristiques sont exposées n°s 19710 s., permet notamment à l'apporteur :

– d'éviter l'imposition des plus-values dégagées sur les **éléments amortissables** ; ces plus-values seront réintégrées dans le résultat imposable de la société sur une période maximale de cinq ans (quinze ans pour les immeubles) ; toutefois, l'apporteur peut opter pour l'imposition immédiate au taux réduit de la plus-value à long terme globale afférente aux éléments apportés ;

– de différer la taxation des plus-values afférentes aux **éléments non amortissables** jusqu'à la cession, le rachat ou l'annulation des droits sociaux reçus en rémunération de l'apport ou la cession, par la société, des biens apportés.

Le **report** d'imposition des plus-values obtenu en application de l'article 151 octies du CGI peut être **maintenu** lorsque l'apporteur réalise une **nouvelle opération** ouvrant droit à un report ou à un sursis d'imposition (voir n° 19755).

En revanche, lorsque l'apport en report d'imposition est suivi à brève échéance d'une **réduction du capital** de la société bénéficiaire, l'opération peut être constitutive d'un abus de droit si elle tend à attribuer à l'apporteur tout ou partie de la valeur des biens transmis en liquidités, en évitant l'imposition des plus-values (CE 8-10-2010 n° 321361 : n° 19745).

RETRAIT DES IMMEUBLES DANS LE PATRIMOINE PRIVÉ DE L'EXPLOITANT

95585 L'exploitant qui met son entreprise en société peut transférer dans son patrimoine privé les immeubles qui figuraient à l'actif de l'exploitation à condition de les mettre à la disposition de la société par un bail d'au moins neuf ans (n° 19730).

Ce retrait donne lieu à la taxation immédiate, selon le régime des plus-values professionnelles, des **plus-values acquises** par ces **immeubles.** En revanche, l'apport de l'ensemble des autres éléments de l'actif immobilisé peut bénéficier du **report d'imposition** visé ci-dessus (n° 95575).

L'apporteur peut ainsi, en donnant les immeubles en **location à la société,** se ménager une source régulière de revenus (imposables dans la catégorie des revenus fonciers).

Cette décision est normalement sans incidence au regard de l'**impôt sur la fortune immobilière** (IFI). En effet, l'article 975 du CGI exonère de l'IFI, à hauteur de sa participation dans la société, les immeubles qu'un associé met à la disposition d'une société de personnes dans laquelle il exerce son activité principale ou d'une société de capitaux dont il détient au moins 25 % des droits et dans laquelle il exerce une fonction de direction (n°s 72730 s.).

RÉMUNÉRATION DES ASSOCIÉS

95595 L'apport de son fonds de commerce à une **société de personnes** ne change rien, en principe, au régime fiscal de l'**ancien exploitant.** Celui-ci continue de supporter l'impôt sur le revenu, au taux progressif, sur sa part des bénéfices sociaux sans qu'il soit possible d'en retrancher la fraction qui, le cas échéant, restera investie dans l'affaire (bénéfice mis en réserve).

95600 En revanche, la création de la société entraînera un changement dans la situation des **autres associés** chaque fois que, précédemment, ceux-ci occupaient un emploi salarié dans l'entreprise. En effet, ils deviendront imposables au titre des bénéfices industriels et commerciaux sur leur part de bénéfice, appointements compris.

Cette modification du régime fiscal s'accompagnera en matière de **sécurité sociale** de la perte du statut de salarié et du passage sous celui des commerçants. Ces perspectives peuvent rendre moins attrayant le choix de la forme en nom collectif.

À la différence de la constitution d'une société de personnes, l'apport du fonds à une **société de capitaux** peut permettre à l'exploitant individuel devenu dirigeant de la société de bénéficier d'un régime fiscal plus favorable : 95605

– les **rémunérations** allouées aux dirigeants de sociétés de capitaux sont, en effet, normalement déductibles du bénéfice social soumis à l'IS (n°s 23500 s.) ;

– ces rémunérations relèvent, dans la généralité des cas, du **régime fiscal des salaires** (PDG, membres du directoire de sociétés anonymes, gérants minoritaires de SARL…) ou du régime de l'article 62 du CGI (gérants majoritaires de SARL…) et bénéficient ainsi des avantages propres à ces régimes (n°s 23560 s.) ;

– les **dividendes** attribués aux associés bénéficient du **prélèvement forfaitaire unique** (PFU) de 12,8 % (30 % compte tenu des prélèvements sociaux) (n°s 24540 s.), sauf option expresse et irrévocable pour l'imposition au taux progressif (n°s 24190 s.). En l'absence d'option, la charge fiscale pesant sur les bénéfices distribués aux associés échappe donc aux ressauts liés à l'imposition au barème progressif.

Par ailleurs, les présidents-directeurs et directeurs généraux de sociétés anonymes bénéficient du régime général de la **sécurité sociale,** c'est-à-dire du régime des salariés (n° 95410).

2. DROITS D'ENREGISTREMENT

La mise en société d'une entreprise individuelle est **enregistrée gratuitement** si l'opération est réalisée lors de la constitution de la société et, si la société nouvelle est passible de l'IS, à condition que l'apporteur s'engage à conserver pendant au moins trois ans les titres reçus en contrepartie de son apport (n° 66870). Cet enregistrement gratis est également applicable, sous réserve du même engagement, lorsque la société nouvelle bénéficiaire de l'apport prend en charge le passif incombant à l'apporteur (n° 66940). 95630

À défaut d'engagement de conservation des titres, l'opération donne ouverture à un droit proportionnel de :

– 3 % sur la fraction de la valeur vénale du fonds de commerce comprise entre 23 000 € et 200 000 €, la fraction jusqu'à 23 000 € étant non imposable et celle supérieure à 200 000 € étant taxée au taux de 5 % ;

– 5 % sur la valeur des éléments immobiliers compris dans l'opération d'apport (voir n° 66880).

> **Précisions** **a.** L'**apport « pur et simple »** (c'est-à-dire rémunéré par l'attribution de droits sociaux) **à une société nouvelle non passible de l'IS** est dispensé de droit d'apport sans condition d'engagement sur la durée de détention des titres.
> **b.** Les **apports à titre onéreux** d'immeubles ou de droits immobiliers sont soumis à un droit proportionnel de 5 % sans engagement particulier (les apports à titre onéreux de fonds de commerce étant soumis, pour leur part, au régime des cessions de fonds de commerce).

3. AUTRES IMPÔTS ET TAXES

L'apport en société d'une entreprise individuelle comporte, sous réserve des précisions qui précèdent, les **mêmes conséquences** fiscales que la **vente de l'entreprise** : déclaration de cessation (n° 11095) ; régularisation éventuelle des déductions en matière de TVA (n°s 57295 s.) ; déclaration des salaires versés jusqu'à la date de l'apport (n° 22200). 95650

On pourra se reporter, sur ces différents points, au dossier consacré à la vente d'une entreprise individuelle (voir n°s 96450 s.).

B. Incidences fiscales de la cession ou de la transmission ultérieure des titres

Dans de nombreux cas, la création d'une société a pour but de faciliter la cession ou la donation ultérieure de l'affaire. Il convient donc d'apporter une attention particulière, lors du choix de la forme de la société, au régime fiscal applicable en cas de transmission des droits sociaux correspondants. 95680

1. PREMIER CAS : CESSION À TITRE ONÉREUX

PLUS-VALUES

95700 La cession des titres de la société entraîne, en premier lieu, le paiement de l'impôt en sursis grevant les **plus-values dégagées lors de l'apport** des éléments non amortissables (nº 19750), sauf application de l'exonération prévue en cas de départ en retraite (nº 19925). Bien entendu, aucun impôt n'est dû lorsque ces plus-values ont bénéficié d'une exonération totale ou partielle, en application de l'article 151 septies (recettes inférieures à un certain seuil) ou de l'article 238 quindecies du CGI (exonération liée à la valeur de l'exploitation) (nºs 19650 s.).

Quant à la **plus-value** éventuellement **acquise par les titres** détenus par le dirigeant depuis la création de la société, elle est normalement imposable :

– si la **société relève de l'impôt sur le revenu** : au taux de 12,8 % (majoré des prélèvements sociaux) applicable aux plus-values professionnelles à long terme (nºs 37715 s.), étant précisé que la plus-value réalisée peut bénéficier, le cas échéant, d'une exonération totale ou partielle en application de l'article 151 septies du CGI (régime des petites entreprises), ou des articles 238 quindecies (exonération liée à la valeur des droits transmis) ou 151 septies A (cession intervenant à l'occasion du départ à la retraite) du même Code ;

– si la **société relève de l'impôt sur les sociétés** : au prélèvement forfaitaire unique (**PFU**) de 12,8 % (30 % compte tenu des prélèvements sociaux) (nºs 33220 s.). L'exploitant peut bénéficier, le cas échéant, d'un abattement d'assiette de 500 000 € (applicable aux cessions et rachats réalisés du 1er janvier 2018 au 31 décembre 2022) s'il cède ses titres à l'occasion de son départ à la retraite (CGI art. 150-0 D ter).

Toutefois, si l'exploitant **opte pour l'imposition** de l'ensemble de ses plus-values et revenus mobiliers **au barème progressif** de l'impôt sur le revenu, la cession de titres acquis ou souscrits avant le 1er janvier 2018 lui ouvre droit :

– à un **abattement pour durée de détention** fixé en principe à 50 % entre deux ans et huit ans de détention et à 65 % au-delà (CGI art. 150-0 D, 1 ter) (nºs 33075 s.) ;

– ou à un **abattement renforcé** de 50 %, 65 % ou 85 %, selon la durée de détention, en cas de cession de titres d'une PME acquis ou souscrits dans les dix ans de sa création (nºs 33100 s.).

L'exploitant qui opte pour l'imposition au barème progressif peut également bénéficier de l'abattement fixe de 500 000 € en cas de départ à la retraite, cet abattement étant indépendant du régime d'imposition des plus-values (PFU ou barème progressif). Mais cet abattement ne peut se cumuler avec un abattement proportionnel. Le contribuable qui remplit les conditions pour bénéficier d'un abattement fixe et d'un abattement proportionnel doit effectuer un choix entre ces deux avantages.

Les abattements s'appliquent après imputation, le cas échéant, des **moins-values** enregistrées la même année ou au cours des dix années précédentes.

Ces mesures peuvent favoriser la création d'une société de capitaux lorsque l'entreprise est appelée à dépasser les **limites d'exonération** des plus-values. La création d'une société de capitaux s'avérera également opportune si le dirigeant souhaite réinvestir ultérieurement le produit de la vente de son entreprise dans de nouvelles sociétés. Cette opération pourra en effet ouvrir droit à un **report d'imposition** des plus-values si les titres destinés à être cédés sont préalablement apportés à une société holding dans le cadre d'un apport-cession (CGI art. 150-0 B ter : nºs 33310 s.) ou déposés sur un compte PME innovation (CGI art. 150-0 B quinquies : nºs 26210 s.). Les conditions d'application et les avantages comparés de ces dispositifs sont présentés dans le dossier « Transmission d'entreprise » nºs 96400 s.

DROITS DE MUTATION

95710 Les cessions de droits sociaux sont soumises à un droit d'enregistrement à la charge de l'acquéreur égal à :

– 0,1 %, sans plafonnement, pour les **cessions d'actions** de sociétés non cotées et titres assimilés constatées ou non par un acte ;

– 3 % pour les **cessions de parts** sociales dans les sociétés dont le capital n'est pas divisé en actions (SNC, SARL, EURL…), l'assiette de ce droit étant diminuée d'un abattement égal, pour chaque part sociale, au rapport entre 23 000 € et le nombre total de parts de la société ;

– 5 %, pour les cessions de participations dans des **sociétés à prépondérance immobilière** (nº 67145).

Toutefois, lorsqu'elles interviennent **dans les trois ans** suivant la réalisation définitive de l'apport, les cessions de parts de sociétés non soumises à l'impôt sur les sociétés (SNC essentiellement) sont assujetties aux droits de vente correspondant à la nature des biens apportés (nº 67160).

Par ailleurs, lorsque l'apport avait bénéficié d'une exonération totale moyennant l'**engagement de conserver les titres pendant trois ans** (nº 95630 ci-dessus), le non-respect de cet engagement entraîne l'exigibilité immédiate du droit de mutation. Toutefois, la reprise n'est pas effectuée en cas de **décès** ou, en cas de **donation,** si le donataire reprend l'engagement à son compte.

Il s'ensuit que la mise en société d'une entreprise individuelle préalablement à sa cession peut présenter un intérêt pour les acquéreurs qui évitent ainsi l'application du droit de 5 % normalement applicable à la fraction de la valeur du fonds qui excède 200 000 €.

2. SECOND CAS : TRANSMISSION À TITRE GRATUIT

Il arrive fréquemment qu'un exploitant individuel constitue une société en vue de préparer son retrait (progressif ou non) de l'affaire qu'il envisage de transmettre gratuitement à plusieurs donataires ou héritiers. 95730

Là encore, le régime des plus-values et des droits de mutation peut être déterminant.

PLUS-VALUES

À la différence d'une vente, la donation des titres ne remet pas en cause le **report d'imposition des plus-values d'apport** constatées lors de la création de la société, dès lors que les bénéficiaires acceptent de se substituer au donateur dans ses obligations (nº 19755). 95740

Si la société est placée sous le régime des **sociétés de personnes**, la plus-value acquise par les parts transmises depuis la création de la société est en principe imposable au taux de 12,8 % (majoré des prélèvements sociaux). Mais le donateur peut notamment bénéficier, sous certaines conditions, d'une exonération totale ou partielle, lorsque la donation porte sur l'intégralité de ses droits ou de ses parts dans la société et n'excède pas les seuils fixés à l'article 238 quindecies du CGI (nºs 19650 s.). À défaut, il peut opter pour un report d'imposition de la plus-value jusqu'à la date de cession ou de transmission ultérieure des parts. Ce report se transforme en exonération définitive lorsque l'activité professionnelle est poursuivie pendant au moins cinq ans par l'un des donataires (CGI art. 151 nonies, II : nºs 37720 s.).

Si la société est soumise à l'**impôt sur les sociétés,** la donation des titres n'entraîne aucune taxation des plus-values acquises depuis la constitution de la société (l'article 150-0 A du CGI ne visant que les cessions à titre onéreux : nº 32900).

DROITS DE MUTATION À TITRE GRATUIT

Les droits de donation dépendent, en principe, du lien de parenté (ou de l'absence d'un tel lien) existant entre le donateur et le donataire, et non de la nature des biens transmis. 95750

Toutefois, la loi autorise sous certaines conditions, la **déduction des dettes du donateur mises à la charge du donataire** (CGI art. 776 bis : nº 69235).

La **mise en société** d'une entreprise individuelle peut faciliter la poursuite de l'affaire dans l'hypothèse où l'exploitant viendrait à décéder sans avoir d'héritier susceptible de prendre sa suite. En souscrivant un **engagement de conservation des titres** (dit « pacte Dutreil ») seul ou avec un ou plusieurs associés pouvant lui succéder en qualité de dirigeant (à moins que cet engagement ne soit déjà réputé acquis dans les conditions exposées au nº 68095, a), il pourra en effet permettre à ses héritiers, ou à ses donataires s'il choisit de donner tout ou partie de ses titres de son vivant, de bénéficier de l'exonération de 75 % de l'assiette des droits de mutation à titre gratuit prévue par l'article 787 B du CGI, même s'ils n'exercent pas d'activité dans la société. En cas de décès de l'exploitant, cet engagement de conservation pourra toutefois être conclu par ses héritiers, avec d'autres associés, dans les six mois du décès (nºs 68090 s.). 95755

La **transmission** à titre gratuit **d'une entreprise individuelle** peut également ouvrir droit à une exonération partielle de 75 % mais c'est à la condition expresse que l'un des héritiers ou légataires (ou donataires) poursuive pendant trois ans l'exploitation de l'entreprise (CGI art. 787 C : nº 68105). Cette disposition implique, selon l'administration, qu'il y exerce son activité à titre principal et habituel mais cette exigence a été jugée infondée par la cour d'appel de Grenoble (CA Grenoble 8-9-2015 nº 13/00609 : RJF 4/16 nº 384).

On soulignera enfin que les **donations en pleine propriété** de titres sociaux ou d'entreprises individuelles qui remplissent les conditions de l'exonération partielle attachée aux pactes Dutreil bénéficient d'une réduction des droits de 50 % si le donateur a moins de 70 ans (CGI art. 790 : nº 69320).

CRÉATION DE SUCCURSALES OU DE FILIALES

95800 La société qui lance une nouvelle activité ou étend son activité sur le plan géographique peut :

– soit se contenter de créer un nouvel établissement à la tête duquel elle place un de ses salariés ; il s'agit alors d'une simple **succursale** ;

– soit constituer une société chargée d'exploiter l'activité nouvelle ou étendue, société qui sera la **filiale** de la précédente.

Le choix entre ces deux modalités d'investissement est avant tout fonction de considérations juridiques, économiques, financières et commerciales. Mais on ne peut ignorer l'aspect fiscal du problème. C'est cet aspect que nous examinons ici.

S'agissant des règles particulières applicables en cas de **transfert à l'étranger** du siège ou d'un établissement d'une entreprise, voir les précisions données n°s 11056 s.

> **Précisions** La société qui crée une filiale dont elle entend garder le contrôle ne peut pas bénéficier de l'amortissement exceptionnel sur cinq ans des titres de **PME innovantes** prévu par l'article 217 octies du CGI. Ce dispositif est en effet réservé aux prises de participations minoritaires (20 % maximum) au capital de sociétés innovantes (n° 9520).

A. Règles générales

DROITS D'ENREGISTREMENT DUS LORS DE LA CRÉATION DE LA SUCCURSALE OU DE LA FILIALE

95810 La création d'une **succursale** donne lieu à des opérations patrimoniales (achat de biens immobiliers, de clientèle, prise à bail de locaux, etc.) qui entraînent l'exigibilité des droits d'enregistrement correspondants.

Les mêmes droits sont exigibles, bien entendu, lorsque ces opérations sont faites au nom d'une société **filiale** créée pour exploiter le nouvel établissement (mais la formation de cette société n'entraîne elle-même aucune perception).

Les droits d'enregistrement n'ont donc pas d'incidence notable sur la décision de créer une filiale ou une simple succursale.

IMPÔTS ET TAXES DUS EN COURS D'EXPLOITATION

95820 Au regard des différents impôts liés à l'existence et au fonctionnement de l'établissement (impôt sur les bénéfices, TVA notamment), la situation varie radicalement suivant que cet établissement est une succursale ou une filiale de la société qui l'a créé.

a. La **succursale,** qui n'a pas d'autonomie juridique, n'a pas davantage d'autonomie fiscale vis-à-vis de la « maison mère ». Même si la comptabilité permet de distinguer les résultats de son exploitation, ceux-ci viennent se fondre dans le **résultat général** de la société et sont imposables au nom de celle-ci (sous réserve, s'il y a lieu, de l'application de la règle de « territorialité » de l'impôt sur les sociétés prévoyant la non-imposition en France des bénéfices, ou la non-déduction des déficits, d'un établissement situé à l'étranger : n° 35725). De manière analogue, aucune transaction juridique ne pouvant avoir lieu entre maison mère et succursale, la **TVA** n'est pas due sur les livraisons faites par la maison mère à la succursale et toutes les ventes négociées par la succursale le sont au nom de la maison mère, qui est donc la seule « assujettie », cela sous réserve, là encore, des particularités liées à l'implantation de la succursale dans un pays autre que celui de la maison mère. C'est ainsi que, du seul fait du franchissement de la frontière, les marchandises allant de l'une à l'autre subissent en principe la TVA dans le pays d'arrivée (n°s 49280 s. et 49600 s.). La TVA est également due, selon la CJUE, sur les prestations de services fournies par un siège à sa succursale installée à l'étranger lorsque cette dernière est membre d'un groupement TVA dans cet État (CJUE 17-9-2014 aff. 7/13 : RJF 12/14 n° 1161). Mais la France, qui n'a pas mis en œuvre un tel régime, ne s'estime pas concernée par cette jurisprudence (n° 46535, précision e).

b. La **filiale,** en revanche, a une personnalité fiscale propre. Ainsi, quelle que soit sa forme juridique (société par actions ou société de personnes), c'est elle qui est redevable de la **TVA** sur ses ventes de biens ou de services. De même, la société mère ne peut pas se dispenser d'acquitter la TVA sur les livraisons de biens ou de services qu'elle lui fait, celles-ci procédant d'une véritable vente.

Au regard de l'**imposition des bénéfices,** le principe est le même : en particulier, les **transactions** réalisées entre la société mère et sa filiale doivent être conformes à l'intérêt propre de chacune d'elles sans que l'intérêt du groupe puisse être pris en considération. La jurisprudence admet néanmoins que la société mère puisse facturer les **services rendus** à ses filiales à prix coûtant, sans marge bénéficiaire (n° 8930).

En ce qui concerne les intérêts rémunérant les **avances consenties entre sociétés liées,** ils sont déductibles par l'entreprise emprunteuse dans la limite du taux maximum servi aux associés (CGI art. 39, I-3° : n° 8830) ou, s'il est supérieur, du taux du marché, lequel peut être fixé par référence au taux des emprunts bancaires ou obligataires (CE avis 10-7-2019 n° 429426 ; RJF 10/19 n° 877). Ces intérêts sont également pris en compte pour l'application du **plafond de déduction des charges financières** fixé à 3 M€ par exercice ou, si ce montant est plus élevé, à 30 % de l'Ebitda fiscal, étant précisé que les sociétés liées ne peuvent pas bénéficier de la déduction supplémentaire de 75 % prévue en faveur des sociétés autonomes (CGI art. 212 bis modifié par loi 2019-1479 du 28-12-2019 art. 45, I-4° : n°s 35830 s.). En revanche, une déduction supplémentaire de même montant peut s'appliquer si elles font partie d'un groupe consolidé.

En revanche, la déduction des intérêts entre sociétés liées n'est plus soumise, pour les exercices ouverts à compter du 1er janvier 2020, à la condition que l'entreprise créancière soit assujettie, à raison de ces mêmes intérêts, à une imposition au moins égale au quart de l'impôt sur les sociétés au taux normal (Loi 2019-1479 du 28-12-2019 art. 45, I-3°). Dans les **situations transfrontalières** (la société prêteuse ou la société emprunteuse est établie à l'étranger), cette règle est remplacée par les nouveaux mécanismes de lutte contre les « dispositifs hybrides » susceptibles de produire des effets fiscaux asymétriques (par exemple déduction des intérêts en France non corrélée à une imposition dans l'État de l'entreprise bénéficiaire) (CGI art. 205 B à 205 D issus de l'article 45, I de la loi 2019-1479 du 28-12-2019 : voir n°s 35815 s.).

Sur les règles particulières applicables en cas de **sous-capitalisation** de la société emprunteuse ou d'**intégration fiscale,** voir n°s 35845 s. et 40500 s.

La filiale seule a la qualité de contribuable à raison de ses propres résultats. Mais ce principe souffre deux **dérogations** importantes :

1. Lorsque la filiale est une **société soumise à l'impôt sur les sociétés** détenue à 95 % au moins par sa société mère, son résultat (positif ou négatif) vient se fondre dans le résultat dégagé par la société mère si celle-ci a décidé de former un **groupe** comprenant ladite filiale (n°s 40000 s.) ;
2. Si la filiale a le statut de **société de personnes** (société en nom collectif), la quote-part de ses résultats qui correspond aux droits de la société mère doit, pour l'assiette de l'impôt, être ajoutée par cette dernière à ses propres résultats (n° 37600).

B. Situations particulières

1. DISTRIBUTION DE BÉNÉFICES PAR LA FILIALE

a. Si la filiale est une **société de personnes** (société en nom collectif…), le fait qu'elle distribue ou ne distribue pas ses bénéfices est sans influence sur la situation fiscale de la société mère, celle-ci devant, comme on vient de le voir, inclure dans ses résultats sa quote-part des bénéfices de la filiale dès la réalisation de ceux-ci (qu'ils soient distribués ou non). 95830

b. La situation est la même si la filiale est une **société de capitaux** (SA, SAS, SARL…) dont le résultat vient s'intégrer dans celui de sa société mère en application du régime des **groupes.** La neutralisation fiscale des **distributions internes** à un groupe d'intégration fiscale n'est cependant pas totale. Les distributions éligibles au régime mère-fille sont en effet soumises à la taxation d'une quote-part des frais et charges fixée à 1 % de leur montant (au lieu de 5 %, en règle générale, dans le régime de droit commun) (CGI art. 216, I : voir n°s 40970 s.). Sur le mécanisme particulier de neutralisation applicable aux distributions inéligibles au régime mère-fille, voir n°s 40520 s.

c. Si la filiale est une **société** de capitaux demeurée **imposable séparément,** la société mère ne doit comprendre dans ses résultats que les seuls bénéfices qui lui sont distribués par la filiale. Mais lorsque les conditions d'application du régime spécial des sociétés mères et filiales sont remplies (n°s 40900 s.), la société mère peut, pour le calcul de son bénéfice imposable, retrancher de son bénéfice les dividendes reçus de ses filiales après imputation d'une quote-part de frais et charges fixée forfaitairement à 5 % du produit des participations, crédit d'impôt compris (n° 40970). Ce taux est toutefois ramené à 1 %, sous certaines conditions, pour les **produits de participation versés par une filiale étrangère** (voir n° 95910).

2. ABANDONS DE CRÉANCES (OU SUBVENTIONS) ENTRE MÈRE ET FILIALE

95850 La société qui crée une filiale pour développer une activité nouvelle pourra être amenée, si cette filiale traverse une situation difficile, à lui consentir une aide sous forme, par exemple, d'abandon de créance ou de subvention.

Ces aides sont soumises au régime fiscal suivant.

IMPOSITION DES BÉNÉFICES

95860 **L'abandon de créance** consenti par une société à une filiale en difficulté est soumis à un régime différent selon que cet abandon est consenti pour des raisons commerciales (par exemple pour conserver les débouchés que lui assure sa filiale) ou pour des raisons financières (nos 8920 s.).

a. Dans le premier cas (**opération commerciale**), la remise de dette consentie par la société mère constitue une charge déductible de son résultat imposable et un profit pour la filiale (no 8935). Le Conseil d'État a jugé, à cet égard, que des services aux filiales peuvent caractériser des relations commerciales même en l'absence de toute activité d'achat-revente de la société holding (CE 7-2-2018 no 398676 : RJF 5/18 no 468). La déduction est subordonnée au respect des conditions fixées par la jurisprudence concernant une gestion normale et l'intérêt propre de l'entreprise versante.

b. En revanche, si l'opération ne revêt pas un caractère commercial, l'abandon de créance n'est déductible que si la **filiale** est **en difficulté financière** (CGI art. 39, 13). Sont essentiellement visées à ce titre les aides accordées dans le cadre d'une procédure de sauvegarde, de redressement ou de liquidation judiciaire, de conciliation ou d'insolvabilité. La déduction est admise à hauteur seulement de la **situation nette négative** de l'entreprise bénéficiaire et, pour le montant excédant cette situation nette négative, à proportion des participations détenues par d'autres personnes que l'entreprise qui consent l'aide (voir exemple au no 8952).

La fraction de l'abandon de créance non déductible chez la mère ne constitue pas un profit imposable pour la filiale si cette dernière s'engage à augmenter son capital, à due concurrence, au profit de la société mère, avant la clôture du deuxième exercice suivant.

Précisons que la déduction de l'aide consentie par une société à sa filiale en difficulté est indépendante des modalités d'octroi de cette aide qui peut donc prendre la forme d'une **subvention** ou de **renonciation à recettes** : prêts ou avances sans intérêts, ventes ou services gratuits ou à prix préférentiels… (no 8950, précision d).

En définitive, l'ouverture d'une succursale, au lieu d'une filiale, permet normalement d'imputer la totalité des charges générées par l'activité nouvelle sur le résultat global de l'entreprise (no 95820). La situation est toutefois différente, compte tenu des règles de territorialité, lorsque la succursale est exploitée à l'étranger (no 95900).

TVA

95870 Selon l'administration fiscale, les **aides** versées par une entreprise à une autre entreprise (subventions, abandons de créances, dons…) doivent être soumises à la TVA (nos 46920 s.) :

– lorsqu'elles constituent la rémunération d'une prestation de services individualisée rendue par l'entreprise bénéficiaire à la société versante ;

– ou lorsqu'elles complètent le prix d'une opération imposable.

Dans les autres cas, l'aide échappe à la TVA et n'est pas prise en compte, en principe, dans le calcul du coefficient de taxation de l'entreprise bénéficiaire (nos 55790 s.).

3. CRÉATION D'UNE ACTIVITÉ À L'ÉTRANGER PAR UNE ENTREPRISE FRANÇAISE

95890 Au regard des impôts français, la circonstance qu'une entreprise opte pour la création d'une filiale ou d'une succursale à l'étranger n'a pas d'incidence au moment où elle fait son investissement.

La situation est différente en cours ou en fin d'exploitation dès lors que l'entreprise doit tenir compte des particularités découlant du principe de la territorialité de l'impôt sur les sociétés (nos 35720 s.). D'où les conséquences suivantes.

EXPLOITATION ÉTRANGÈRE ASSURÉE PAR UNE SUCCURSALE

95900 L'entreprise française qui ouvre une succursale à l'étranger n'est pas imposable en France sur les **profits** de cette succursale et, corrélativement, ne peut déduire de son résultat fiscal les **pertes** subies par celle-ci.

Elle se trouve ainsi vis-à-vis de sa succursale étrangère dans une situation analogue à celle d'une société mère par rapport à sa filiale. Elle ne peut donc enregistrer fiscalement les **livraisons effectuées à sa succursale** pour un prix inférieur à leur prix de revient réel, sauf à voir réintégrer la perte correspondante dans son résultat imposable.

EXPLOITATION ÉTRANGÈRE ASSURÉE PAR UNE FILIALE

Les bénéfices réalisés et les pertes subies par une filiale étrangère n'exercent aucune influence directe sur le résultat imposable en France de la société mère. Mais la personnalité juridique distincte des deux sociétés entraîne indirectement les conséquences suivantes. **95910**

a. Si la filiale étrangère verse des **dividendes** relevant du régime mère-fille, ceux-ci entrent dans les profits financiers de la société mère mais bénéficient en fait d'une exonération, sous réserve d'une réintégration égale en principe à 5 % du dividende, crédit d'impôt compris (nos 40850 s.).

Ce taux est toutefois aligné sur celui applicable aux **distributions intragroupe en provenance de filiales européennes,** et donc ramené à 1 % (no 95830, b), lorsque la filiale distributrice est soumise à un impôt équivalent à l'IS dans un État membre de l'UE, en Islande, en Norvège ou au Liechtenstein et qu'elle remplit les conditions d'appartenance à un groupe intégré, autres que celle d'être soumise à l'IS en France (CGI art. 216).

Le taux de 1 % s'applique également aux dividendes versés à une **société non intégrée** par une filiale soumise à un impôt équivalent à l'IS dans un des États visés ci-dessus sous réserve que ces deux sociétés eussent rempli les conditions pour appartenir à un groupe fiscalement intégré si la filiale était établie en France. Mais ce taux réduit ne s'applique pas si la non-appartenance de la société française à un groupe est uniquement due à l'absence des options et des accords à formuler pour le régime de l'intégration fiscale.

Pour l'application de ces dispositions, les produits perçus à raison de participations dans des sociétés établies au **Royaume-Uni** jusqu'à la clôture par la société bénéficiaire de la distribution de l'exercice en cours lors du retrait du Royaume-Uni de l'Union européenne («Brexit») sont réputés provenir de sociétés établies dans l'Union européenne (nos 40520 et 40970).

b. En cas de **pertes de la filiale étrangère,** celles-ci peuvent justifier la constitution par la société mère d'une provision destinée à tenir compte de la dépréciation de sa participation, étant entendu que la charge correspondante ne peut donner lieu à aucune déduction (no 18835). Par ailleurs, le régime de déduction des **aides – commerciales ou financières** – consenties à une filiale est identique, qu'il s'agisse d'une filiale française ou étrangère (voir nos 8930 s.). Selon le Conseil d'État, la qualification juridique de l'opération donnée par le droit étranger peut être pris en compte pour apprécier le caractère normal de l'aide (CE 7-9-2009 no 303560 : RJF 12/09 no 1068). Mais les règles de droit applicables localement constituent seulement un élément d'appréciation : il appartient au juge de se prononcer sur la **nature réelle de l'opération** en cause pour fixer son régime fiscal (CE 13-4-2018 no 398271 : RJF 7/18 no 727 ; CE 31-3-2017 no 383129 : RJF 6/17 no 539).

c. Toujours en raison de leur personnalité juridique distincte, la société mère française et sa filiale étrangère ont entre elles des **relations de fournisseur à client** donnant naissance à des créances et à des dettes susceptibles d'entraîner des charges fiscalement déductibles pour la société française (cas où celle-ci est conduite à constater par voie de provision la dépréciation d'une créance sur sa filiale ou à lui consentir pour des raisons commerciales une aide financière sous forme de remise de dettes, par exemple).

› Précisions **a.** Dans la **fixation du prix des opérations** qu'elle traite avec sa filiale (fournitures de biens ou services, avances, licence d'exploitation de ses marques ou brevets), la société française doit en principe veiller à respecter les tarifs normaux du marché. En effet, toute **aide à une filiale étrangère** entre dans le champ d'application de la présomption d'anormalité édictée par l'article 57 du CGI tendant à réprimer les transferts de bénéfices à l'étranger (nos 78265 s.). Le cas échéant, les entreprises peuvent se référer aux principes directeurs établis par l'OCDE pour la définition des prix de pleine concurrence ou solliciter l'application de la procédure simplifiée d'**accord préalable** sur les prix de transfert (no 8965).

b. Les entreprises les plus importantes (notamment celles relevant de la direction des grandes entreprises) doivent tenir une **documentation** permettant de justifier la politique des prix de transfert pratiqués avec des entreprises associées. Cette documentation, qui doit être tenue à la disposition de l'administration sous un format électronique, se compose d'un **fichier principal** qui permet d'avoir une vision d'ensemble des activités du groupe, de la politique globale en matière de prix de transfert et de la répartition des bénéfices au niveau mondial et d'un **fichier local** qui présente des informations précises sur les transactions intragroupe (Décret 2018-554 du 29-6-2018). Les entreprises dont le montant des transactions avec des entités étrangères excède 100 000 € par nature de transaction doivent fournir une version allégée de cette documentation à l'administration sur un formulaire 2257-SD dans le délai de six mois suivant la date limite de dépôt de la déclaration de résultat de l'exercice. Dans le cas des **groupes fiscaux,** c'est la mère intégrante qui est tenue de souscrire la déclaration pour elle-même et pour chacune des filiales concernées (BOI-BIC-BASE-80-10-30 nos 170 s.). Les **groupes**

internationaux les plus importants doivent souscrire une déclaration spéciale (n° 2258-SD) comportant des informations précises sur les différentes entités du groupe et sur la répartition par pays de leurs résultats (CGI art. 223 quinquies C : n° 8972).

LIQUIDATION DE L'INVESTISSEMENT À L'ÉTRANGER

95915 Lorsqu'une entreprise française met fin à l'activité d'une filiale implantée hors de France, une distinction doit être faite selon qu'elle cède sa participation ou réalise les actifs de sa filiale.

Si la société **cède sa participation** dans la filiale, elle réalise une plus-value ou subit une moins-value soumise au régime des plus-values (ou moins-values) professionnelles, étant précisé :

– que les plus-values sur **titres** de participation **détenus depuis au moins deux ans** (autres que les titres de sociétés à prépondérance immobilière) réalisées par les entreprises soumises à l'impôt sur les sociétés sont exonérées, à l'exception d'une **quote-part de frais et charges** de 12 %, calculée sur le montant brut de ces plus-values qui est comprise dans le résultat ordinaire, à condition toutefois que l'entreprise réalise une plus-value nette à long terme au cours de l'exercice de cession (n° 18865) ;

– et qu'en contrepartie de l'exonération des plus-values, les moins-values constatées sur les mêmes titres ne sont pas déductibles du résultat imposable.

En cas de cession de titres détenus depuis **moins de deux ans,** le gain réalisé est imposable au taux de droit commun. En revanche, la moins-value subie lors d'une telle cession fait l'objet d'un report de déduction lorsqu'il existe des liens de dépendance entre l'entreprise cédante et la cessionnaire (voir n° 19075).

Si la **filiale** à l'étranger se liquide par la **vente de ses actifs** et la répartition entre ses associés du produit de cette liquidation, la situation de la société mère française varie suivant que la somme qu'elle perçoit est supérieure ou inférieure au montant de ses apports. En effet, dans le premier cas, elle réalise un revenu mobilier exonéré d'impôt sur les sociétés (après défalcation d'une quote-part de frais et charges) en tant que produit de filiale alors que, dans le second cas, elle subit une perte de liquidation qui est fiscalement considérée comme une « moins-value » de cession (n° 19102).

4. CRÉATION D'UNE ACTIVITÉ EN FRANCE PAR UNE SOCIÉTÉ ÉTRANGÈRE

95940 Que les bénéfices soient réalisés par l'intermédiaire d'une succursale ou d'une filiale, ils sont passibles de l'impôt sur les sociétés du moment que la société étrangère est une société de capitaux (ou que la filiale française a cette forme).

La **retenue à la source** (28 % en principe pour les revenus distribués en 2020 lorsque le bénéficiaire est une personne morale) qui frappe les distributions à des non-résidents s'applique aux dividendes versés à la société mère étrangère par sa filiale et aux bénéfices réalisés par la succursale, lesquels sont présumés distribués à des non-résidents, sauf preuve contraire (voir n°s 24895 s.). Mais les conventions internationales prévoient fréquemment la réduction ou la suppression de cette retenue et la loi elle-même en écarte l'application :

– d'une part, sur les **dividendes versés à une société mère** établie dans un autre État membre de l'Union européenne, en Islande, en Norvège ou au Liechtenstein lorsque celle-ci détient au moins 10 % du capital de la filiale française distributrice (n°s 24875 s.). Le taux de participation est ramené à 5 % lorsque la société mère détient des participations satisfaisant aux conditions du régime mère-fille (n°s 40910 et 41000) et qu'elle ne peut pas imputer la retenue à la source dans son État de résidence (CGI art. 119 ter I-c ; n° 24875) ;

– d'autre part, sur les **bénéfices réalisés en France** par les sociétés ayant leur siège dans un État membre de l'Union européenne, en Islande, en Norvège ou au Liechtenstein. Les sociétés européennes non passibles de l'impôt sur les sociétés dans l'État où elles ont leur siège ne bénéficient pas de cette dispense mais l'article 42, I de la loi 2019-1479 du 28-12-2019 leur permet de demander la restitution de la retenue à la source calculée sur des bénéfices qui n'ont pas été désinvestis hors de France (CGI art. 115 quinquies modifié : n°s 24895 s.).

Dans la mesure où elles ne bénéficient d'aucune des exonérations précitées, les **sociétés étrangères déficitaires** peuvent obtenir, sur demande, la restitution temporaire des retenues à la source dues au cours d'un exercice ouvert à compter du 1er janvier 2020. Cette restitution est assortie d'une imposition en report qui devient exigible notamment en cas de retour à meilleure fortune de la société (CGI art. 235 quater issu de la loi 2019-1479 du 28-12-2019 art. 42 : n° 24890).

En conclusion, on peut dire que la fiscalité française traite de manière à peu près équivalente les succursales et les filiales de sociétés étrangères en ce qui concerne l'imposition de leurs **bénéfices.** Cela est particulièrement vrai dans le cas des sociétés ayant leur siège dans un pays lié à la France par une **convention fiscale** prévoyant l'égalité de traitement avec les sociétés françaises des succursales en France de ces sociétés étrangères. En effet, les règles suivantes s'appliquent dans ce cas à la succursale en France qui détient à son actif fiscal des actions de sociétés françaises : 95940 (suite)

1. S'il s'agit d'actions représentant une **participation de 5 %** au moins, les dividendes perçus par la succursale sont exonérés (sous réserve de la taxation d'une quote-part de frais et charges), la succursale étant alors traitée de la même manière qu'une **société mère** ayant son siège en France (voir nos 40850 s.) ;

2. Si les actions détenues par la succursale ne représentent pas une participation suffisante pour lui donner droit au régime « mère-filiale », les dividendes provenant de sociétés françaises supportent l'impôt sur les sociétés sur leur montant plein.

LOCATION-GÉRANCE D'UNE ENTREPRISE

95950 La location-gérance (ou gérance libre) d'un fonds de commerce ou d'un fonds artisanal s'entend de toute convention par laquelle le propriétaire du fonds en concède la location à un gérant qui l'exploite à ses risques et périls (C. com. art. L 144-1).

Cette formule est couramment utilisée à titre de mesure préparatoire à la cession du fonds lui-même (ou à une cession de capital de la société exploitante), étant précisé que le plus souvent la gérance est confiée à une **société d'exploitation** spécialement créée par les candidats à la reprise de l'affaire.

Cette manière de procéder offre en effet aux repreneurs la possibilité de tester le potentiel de l'entreprise à racheter avant de s'engager définitivement. On peut également avoir recours à la location-gérance dans les groupes de sociétés, par exemple pour éprouver l'efficacité du regroupement des activités de deux filiales avant de décider de les fusionner.

La création d'une société de location-gérance peut de même constituer une solution adaptée à la transmission d'une **entreprise individuelle** permettant d'associer immédiatement à la marche de l'entreprise (et moyennant un effort financier moins important que s'il s'agissait d'une acquisition directe) la ou les personnes intéressées par sa reprise.

La gérance libre présente sur le plan fiscal les principales particularités suivantes.

A. Conséquences fiscales de la mise en gérance

95960 Les conséquences fiscales de la mise en gérance concernent, d'une part, le régime d'imposition des bénéfices du bailleur et, d'autre part, l'assujettissement des redevances à la TVA.

RÉGIME D'IMPOSITION DU BAILLEUR

95970 Selon une jurisprudence bien établie, l'exploitant n'est pas considéré, au regard de l'**imposition des bénéfices,** comme cédant ou cessant son entreprise ; l'opération s'analyse en un simple changement dans le mode d'exploitation de celle-ci. Il s'ensuit notamment que la mise en gérance n'entraîne pas l'imposition des **plus-values** affectant les éléments d'actif de l'entreprise, et il n'est pas procédé à l'imposition immédiate des **bénéfices** réalisés jusqu'au jour de la mise en gérance (n° 11045).

Cette solution s'applique aussi bien lorsque le fonds est mis en location-gérance par un exploitant relevant de l'impôt sur le revenu que par une société soumise à l'IS. En effet, la mise en location-gérance d'un fonds de commerce n'est pas de nature à caractériser un changement d'activité au sens de l'article 221, 5 du CGI (BOI-IS-CESS-10-20-30 n° 100) (n° 38720).

TVA

95985 La mise en gérance libre d'un fonds de commerce donne lieu au paiement de la TVA sur le montant des **redevances** (n° 96010). En conséquence, la contribution sur les revenus locatifs n'est pas exigible même si le bailleur est une société soumise à l'IS (n° 74815).

La cession au gérant libre des **marchandises** en stock entraîne, comme toute transaction commerciale, l'exigibilité de la TVA, taxe que le gérant libre déduira ensuite de celle dont il sera redevable à raison de ses propres opérations.

B. Régime fiscal applicable pendant la gérance

1. SITUATION DU BAILLEUR

IMPOSITION DES REDEVANCES

96000 Les profits que le bailleur retire de la location de son fonds constituent des bénéfices d'exploitation taxables dans les conditions de droit commun.

Ces **profits** sont imposables dans la catégorie des BIC lorsque le bailleur est une personne physique (n° 7025, f). À noter toutefois que, selon l'administration fiscale, l'activité de location-gérance ne présente pas un caractère professionnel au sens de l'article 156, I-1° bis du

CGI (BOI-BIC-DEF-10 nº 290) : les **déficits** éventuellement subis par le bailleur ne peuvent donc pas être imputés sur son revenu global (nº 1020).

Par ailleurs, les **redevances** perçues par des personnes physiques au titre de la location-gérance d'un fonds de commerce sont assimilées, en règle générale, à des **revenus du patrimoine** pour l'application de la CSG et des autres prélèvements sociaux (nº 34555, précision a). Toutefois, ces redevances constituent des **revenus d'activité**, et non des revenus du patrimoine, lorsque le bailleur qui les perçoit réalise des actes de commerce au titre de l'entreprise louée ou y exerce une activité. Il n'est pas nécessaire que cette activité soit déterminante pour l'entreprise louée ni que le propriétaire du fonds prolonge au travers de la location son activité dans l'entreprise louée (Cass. 2e civ. 4-2-2010 nº 09-13.003 F-PB : RJS 4/10 nº 376 ; Cass. 2e civ. 1-7-2010 nº 09-14.379 FS-PB : RJS 11/10 nº 881 ; CAA Nantes 8-10-2015 nº 14NT01415 : RJF 1/16 nº 97).

TVA

Le bailleur est passible de la TVA sur le montant des redevances qu'il perçoit. La taxe doit être calculée sur le montant total des sommes auxquelles le bailleur peut prétendre en vertu du contrat de location, même lorsqu'une partie de ces sommes ne lui revient pas en propre. Ainsi, si le **gérant** libre **paie directement au propriétaire** de l'immeuble **le loyer** du local dans lequel est exploité le fonds, le montant de ce loyer doit s'ajouter, pour le calcul de la TVA, à la redevance effectivement reçue par le bailleur du fonds (nº 47500). **96010**

Lorsque le **bailleur** d'un fonds de commerce est **également propriétaire des murs,** il peut, si l'immeuble n'est pas inscrit au bilan de l'entreprise, le donner en location au gérant libre par bail civil, distinct de celui portant sur le fonds. Dans ce cas, les loyers correspondant à la location des murs sont imposables entre les mains du bailleur dans la catégorie des revenus fonciers et, sauf option du bailleur (nºs 46875 s.), ils échappent à la TVA (CE 18-6-1990 nºs 61022-61023 : RJF 8-9/90 nº 1028).

CONTRIBUTION ÉCONOMIQUE TERRITORIALE (CET)

Le propriétaire d'un fonds de commerce donné en location-gérance est regardé comme poursuivant son activité professionnelle antérieure. Il demeure donc soumis à la cotisation foncière des entreprises pendant la période de location (CE 9-3-2016 nº 374893 : RJF 5/16 nº 438). Mais, compte tenu des modalités particulières de calcul de cette cotisation, il ne doit, en principe, que la « cotisation minimum » visée à l'article 1647 D du CGI (nº 43715). Du fait des seuils d'imposition en vigueur, le bailleur échappe également, sauf cas exceptionnels, à la cotisation sur la valeur ajoutée des entreprises (CVAE). **96020**

> **Précisions** Lorsque l'activité mise en location-gérance après avoir été exploitée par le propriétaire est une activité exonérée, le propriétaire peut continuer à bénéficier de l'exonération (CE 9-3-2016 nº 374893 précité).

RESPONSABILITÉ DU PROPRIÉTAIRE DU FONDS

Le propriétaire d'un fonds de commerce mis en location-gérance est, jusqu'à la publication du contrat de location, solidairement responsable avec le gérant libre des **dettes** contractées par celui-ci à l'occasion de l'exploitation du fonds (C. com. art. L 144-7). **96030**

Par ailleurs, l'article 1684, 3 du CGI dispose que le propriétaire d'un fonds de commerce est, pendant la même durée, solidairement responsable, avec l'exploitant de cette entreprise, des **impôts directs** établis à raison de l'exploitation de ce fonds. Toutefois, l'article 26 de la loi 2016-1918 du 29-12-2016 a sensiblement restreint la portée de cette mesure en en réservant l'application au cas où les impositions ont fait l'objet de majorations de 40 % ou 80 % pour des manquements (retard ou insuffisance de déclaration) connus du propriétaire (ou qu'il ne pouvait ignorer).

2. SITUATION DU GÉRANT LIBRE

DÉDUCTION DES REDEVANCES

Le gérant libre est imposable sur le bénéfice net qu'il réalise, déterminé après déduction de la redevance (nº 8355). Cette imposition est établie au titre des bénéfices industriels et commerciaux lorsque le gérant libre est une personne physique. **96055**

Toutefois, l'administration peut s'opposer, en tout ou partie, à la déduction de la redevance si elle est en mesure d'établir :

– que le bail dissimule en réalité une **cession déguisée** du fonds de commerce (abus de droit) ;

– ou que le gérant libre a accepté de payer une **redevance excessive** (acte de gestion anormal).

EXONÉRATION TEMPORAIRE DES BÉNÉFICES

96065 En principe, le gérant libre ne peut pas bénéficier des exonérations prévues par l'article 44 sexies du CGI en cas de **création d'une activité réellement nouvelle** dans une zone dite « d'aides à finalité régionale » (nos 10260 s.). Toutefois, l'application du régime de faveur a été admise dans une situation particulière où cette reprise avait été suivie d'une réorientation de l'activité initiale dès lors que l'entreprise nouvellement créée s'adressait en définitive à une clientèle entièrement nouvelle (CAA Nancy 18-12-1997 no 93-961). Par ailleurs, la société qui reprend une **entreprise industrielle en difficulté** par voie de location-gérance peut prétendre, sous certaines conditions, à l'exonération prévue à l'article 44 septies du CGI (nos 10310 s.). Cette mesure est notamment subordonnée à la souscription d'un engagement ferme de rachat du fonds dans un délai de deux ans (BOI-IS-GEO-20-10-10 no 150).

S'agissant, enfin, des **entreprises implantées en zone franche urbaine – territoire entrepreneur,** l'exploitant devenu bailleur d'un fonds de commerce mis en location-gérance peut continuer à bénéficier des allégements applicables dans ces zones et le preneur qui reprend l'activité est également éligible (no 10350, précision b).

TVA

96075 La TVA facturée au locataire sur le montant des redevances est déductible par celui-ci du montant de la taxe dont il est lui-même redevable à raison de l'exploitation du fonds.

CONTRIBUTION ÉCONOMIQUE TERRITORIALE (CET)

96085 Le gérant libre est assujetti à la cotisation foncière des entreprises sur la valeur locative des terrains et des locaux qu'il utilise pour les besoins de son exploitation, y compris, le cas échéant, ceux qui appartiennent au bailleur.

À noter que, comme pour l'imposition des bénéfices, la société qui reprend une **entreprise en difficulté** par voie de location-gérance peut bénéficier de l'exonération temporaire prévue en matière de CFE et de taxe foncière par les articles 1464 B et 1383 A du CGI (nos 43595 et 41975), lorsque, entre autres conditions, le contrat prévoit un engagement ferme de rachat du fonds dans les deux ans. L'exonération de CFE est susceptible d'entraîner l'exonération de CVAE dans les conditions indiquées no 43875.

C. Situation à l'expiration de la gérance

96120 La gérance peut prendre fin de différentes manières. Rien n'interdit au propriétaire de reprendre son fonds pour l'exploiter à nouveau lui-même ou de le donner en location à un nouveau gérant. Mais le plus souvent la gérance cessera par rachat du fonds, ou du capital de la société bailleresse, par la société qui en a assuré la gérance, ou encore par voie d'absorption de la société bailleresse.

96125 Le **rachat du fonds** par le gérant est soumis au régime des plus-values professionnelles mais il n'ouvre pas droit à l'exonération prévue par l'article 151 septies du CGI en faveur des prestataires de services dont les recettes annuelles n'excèdent pas certains seuils. Cette exonération est en effet réservée aux activités exercées à titre professionnel, ce qui exclut les propriétaires bailleurs (no 18205).

En revanche, la **cession** d'un fonds en location-gérance peut bénéficier de l'exonération totale ou partielle des plus-values instituée par l'article 238 quindecies du CGI, si les conditions suivantes sont satisfaites :

– la valeur du fonds transmis n'excède pas 300 000 € pour l'exonération totale ou 500 000 € pour l'exonération partielle,

– l'activité a été exercée pendant au moins cinq ans avant la mise en location-gérance du fonds,

– la transmission est consentie au profit du locataire.

Le Conseil d'État a jugé que ces conditions propres à la location-gérance se cumulent avec les conditions générales d'application de l'article 238 quindecies du CGI (nos 19650 s.), notamment l'interdiction faite au cédant de détenir la majorité des droits de vote de la société cessionnaire ou d'en être le dirigeant de droit ou de fait (CE 16-10-2013 no 346063 : RJF 1/14 no 7). L'exonération ne peut donc pas s'appliquer lorsque, en vue de la transmission de son entreprise, l'exploitant la donne en location-gérance à une société qu'il contrôle, à moins que la cession ne porte simultanément sur le fonds et sur les droits détenus dans la société locataire (no 19680).

À défaut de remplir l'ensemble des conditions prévues par l'article 238 quindecies du CGI, le propriétaire bailleur peut avoir intérêt, dans certains cas, à mettre fin au contrat de location-gérance avant de céder le fonds. La cour administrative d'appel de Versailles a ainsi jugé qu'en cas de **résiliation** d'un contrat de location-gérance deux mois avant la cession du fonds, le régime d'exonération des plus-values susvisé s'applique même si le cessionnaire n'est pas l'ancien locataire-gérant. En effet, le fonds n'étant plus exploité en location-gérance au moment de la cession, seules les conditions générales d'application de l'article 238 quindecies du CGI doivent être remplies (CAA Versailles 23-10-2014 n° 12VE00905 : n° 19680). La cour administrative d'appel de Douai a retenu une solution identique dans un cas où la résiliation du contrat de location-gérance est intervenue la veille de la cession du fonds (CAA Douai 21-11-2019 n° 17DA01771 : RJF 3/20 n° 200).

Dans l'hypothèse où le bailleur cède le fonds donné en location-gérance à l'occasion de son **départ à la retraite**, il peut, à certaines conditions, prétendre à l'exonération totale instituée par l'article 151 septies A du CGI en faveur des entreprises qui répondent à la définition communautaire des PME (nos 19890 s.). À la différence du régime de l'article 238 quindecies, cette exonération s'applique indépendamment de la valeur du fonds (qui peut donc excéder 500 000 €) mais les contributions sociales restent dues. Les deux régimes peuvent être cumulés.

Le même régime s'applique lorsque, le fonds appartenant à une société relevant du régime des sociétés de personnes, la gérance prend fin par **rachat des parts** de cette société (n° 37715). **96130**

La plus-value est soumise en revanche au régime d'imposition des plus-values sur valeurs mobilières et droits sociaux (PFU de 12,8 %, hors prélèvements sociaux, sauf option pour l'imposition au barème progressif) si la **société** propriétaire relève de l'**impôt sur les sociétés** (CGI art. 150-0 A : nos 32805 s.). L'associé qui cède ses parts peut bénéficier, le cas échéant, de l'abattement fixe spécifique de 500 000 € ou de l'abattement proportionnel majoré applicable en cas de départ à la retraite d'un associé dirigeant, mais ces deux abattements ne peuvent se cumuler (nos 33106 s.).

Enfin, en cas d'**absorption de la société bailleresse,** les dispositions applicables sont celles des fusions de sociétés (nos 39000 s.).

TRANSMISSION D'UNE ENTREPRISE, COMMENT LA PRÉPARER ? QUELLES CONSÉQUENCES FISCALES ?

96150 Nous examinons ci-après les solutions offertes, sur le plan fiscal, à l'exploitant d'une entreprise industrielle ou commerciale soucieux d'organiser la transmission de celle-ci d'une manière qui en assure la continuité.

Les dispositions à prendre et les conséquences fiscales qui en résultent diffèrent selon qu'il s'agit d'une entreprise individuelle ou en société et selon que l'exploitant souhaite, ou non, conserver provisoirement un rôle dirigeant ou des intérêts dans l'affaire.

A. Transmission d'une entreprise individuelle

1. L'EXPLOITANT DÉCIDE DE SE RETIRER IMMÉDIATEMENT (EN DONNANT SON AFFAIRE OU EN LA VENDANT)

a. Donation de l'entreprise

96180 Si les candidats à la reprise sont ses **héritiers,** l'exploitant peut opérer la transmission de son entreprise par voie de donation (solution qui ne lui interdit pas, en vue de se ménager une source de revenus, de conserver la propriété des **immeubles** affectés à l'exploitation qu'il donnera en location à son ou ses successeurs). Cette solution peut également être envisagée au profit des salariés de l'entreprise.

Les conséquences fiscales de la donation sont les suivantes.

IMPÔT SUR LE REVENU

96190 Une distinction est à opérer selon que l'exploitant choisit de faire une donation directe de l'entreprise ou de constituer une société, avant de faire donation des titres correspondants.

96195 **Donation directe** La donation en l'état de l'entreprise individuelle déclenche en principe les mêmes impositions que la vente de l'entreprise (**taxation immédiate** des bénéfices et plus-values : voir n°s 11045 s.), y compris pour les immeubles construits par l'exploitant mais qui, à cette occasion, font retour dans son patrimoine privé. On rappellera toutefois que la donation peut bénéficier de l'exonération des plus-values prévue par l'article 238 quindecies du CGI lorsque la valeur du fonds n'excède pas 300 000 € pour l'exonération totale et 500 000 € pour l'exonération partielle (n°s 19650 s.).

Si les conditions d'application de cette exonération ne sont pas réunies, les plus-values dégagées par la donation peuvent néanmoins échapper en tout ou partie à l'impôt lorsque les recettes hors taxe de l'exploitation n'excèdent pas les limites fixées à l'article 151 septies du CGI (250 000 € ou 90 000 € pour l'exonération totale et 350 000 € ou 126 000 € pour l'exonération partielle) (voir n°s 18200 s.).

Enfin, si l'exploitant ne peut pas prétendre à une exonération totale, ou à une exonération partielle suffisante, les bénéficiaires de la transmission peuvent, en application de l'article 41 du CGI, demander le **report d'imposition** des plus-values constatées à l'occasion de la transmission, jusqu'à la date de cession ou cessation de l'entreprise ou jusqu'à la date de cession de l'un des éléments d'actif si elle est antérieure. Ces plus-values en report seront totalement **exonérées** si l'activité est poursuivie pendant au moins cinq ans par l'un des donataires (n°s 19810 s.).

L'exonération sera également maintenue si les donataires décident de former une société dans les conditions prévues à l'article 151 octies du CGI, sous réserve qu'ils s'engagent à acquitter les impôts en report qui deviendraient exigibles avant la fin du délai de cinq ans suivant la donation (n° 19850).

96200 **Apport en société suivi de la donation des titres** Afin, notamment, d'éviter une indivision entre les donataires, l'exploitant peut préférer à la donation directe de l'entreprise la solution qui consiste, après apport de celle-ci à une société, à faire porter la donation sur les titres créés à cette occasion. Dès lors qu'il va détenir, au moins provisoirement, le contrôle de la société, l'exploitant ne pourra pas bénéficier de l'exonération de plus-value instituée par l'article 238 quindecies du CGI en faveur des cessions ou apports de fonds dont la valeur n'excède pas 300 000 € pour l'exonération totale et 500 000 € pour l'exonération partielle (n°s 19650 s.).

En revanche, il pourra opter pour le régime fiscal particulier prévu à l'article 151 octies du CGI (voir n°s 19710 s.), ce qui lui permettra :
– d'une part, d'éviter l'imposition des plus-values dégagées sur les **éléments amortissables** : ces plus-values seront réintégrées dans le résultat imposable de la société sur une période maximale de cinq ans (quinze ans en principe pour les immeubles) ; toutefois, l'apporteur peut opter pour l'imposition immédiate au taux réduit de la plus-value à long terme sur les éléments apportés ;
– d'autre part, de transmettre aux bénéficiaires de la donation l'obligation de supporter l'imposition des plus-values afférentes aux **éléments non amortissables,** momentanément placées en report (n° 19750).

Mais, comme on l'a vu au n° 96195, la solution consistant à faire d'abord donation de l'entreprise individuelle, en laissant aux donataires le soin de constituer une société, peut être plus avantageuse puisqu'elle permet aux bénéficiaires d'échapper à toute imposition sur les plus-values, y compris sur les immobilisations non amortissables, en application de l'article 41 du CGI.

DROITS D'ENREGISTREMENT

La donation d'une entreprise donne lieu, dans tous les cas, à l'application des **droits de mutation à titre gratuit.** Mais lorsque l'entreprise est mise en société dans la perspective d'une donation des titres, il convient, en outre, de tenir compte des droits susceptibles de grever l'**opération d'apport.** 96210

Droits de donation Le montant des droits de mutation dus à raison d'une donation est en principe indépendant de la nature des biens transmis puisqu'il ne varie, abstraction faite des réductions de droits ou abattements visés n° 96220, qu'en fonction du montant de la donation et du **degré de parenté** (ou de l'absence de parenté) entre le bénéficiaire et le donateur. 96215

La loi autorise toutefois, sous certaines conditions, la déduction de l'assiette des droits de donation des **dettes contractées par le donateur** pour l'acquisition ou dans l'intérêt des biens donnés qui sont mises à la charge du donataire avec l'accord du créancier (n° 69235).

La **donation** d'**une entreprise** individuelle **ou de parts et actions** d'une société bénéficie, sous certaines conditions : 96220
– d'une exonération à concurrence de 75 % de la valeur des biens transmis lorsque le ou les donataires prennent l'**engagement de conserver les biens** affectés à l'exploitation ou les droits sociaux et que l'un d'entre eux s'engage à **poursuivre l'exploitation** ou à exercer une activité dans la société pendant une certaine durée (CGI art. 787 B et 787 C : n°s 68090 s. et 68105 s.) ; cette exonération peut se cumuler, le cas échéant, avec la réduction de 50 % des droits liée à l'âge du donateur (n° 69320) ;
– d'un abattement de 300 000 € sur la valeur du fonds ou sur la fraction de la valeur des titres représentative du fonds lorsqu'elle est faite **au profit de salariés** qui poursuivent l'exploitation pendant cinq ans au moins.

Les abattements de 75 %, 50 % et 300 000 € peuvent se cumuler (CGI art. 790 A : n° 69290).

> **Précisions** **a.** Le montant effectif des droits de donation se trouve sensiblement atténué lorsque le **donateur décide de prendre en charge les frais et droits** de l'opération (n° 69360, a).
> **b.** Des possibilités de **paiement différé** et fractionné des droits de donation sont prévues pour les transmissions d'entreprises (n°s 68945 s.).
> **c.** Les dirigeants ont la possibilité de consulter l'administration sur la **valeur de l'entreprise** ou des droits qu'ils projettent de donner en vue de se prémunir contre une remise en cause ultérieure de l'assiette des droits de donation (n° 79373).
> **d.** Les transmissions de parts ou actions, en pleine propriété, à un **fonds de pérennité** créé en application de l'article 177 de la loi 2019-486 du 22-5-2019 sont admises au bénéfice de l'exonération partielle (voir n° 68090, précision d).

Droits dus, le cas échéant, sur l'apport en société L'apport net réalisé lors de la constitution d'une **société non passible de l'impôt sur les sociétés** (société en nom collectif, par exemple) ne donne lieu à aucune perception (n° 66860). 96225

Si la société qui reçoit l'apport est **passible de l'impôt sur les sociétés**, la taxation est en principe de 5 % pour les immeubles et le fonds de commerce (taux réduit à 3 % pour la fraction de la valeur du fonds comprise entre 23 000 € et 200 000 €, la fraction en dessous de 23 000 € étant non imposable), mais l'opération est enregistrée gratuitement si l'apporteur s'engage à conserver pendant trois ans les titres reçus en contrepartie de l'apport et si, en cas de donation, les bénéficiaires acceptent de reprendre l'engagement en cours (nos 66870 s.).

96230 En ce qui concerne « **l'apport à titre onéreux** » résultant de l'existence d'un **passif** grevant l'entreprise apportée, tout dépend en principe de la consistance de l'actif brut et de la présence ou non dans cet actif d'éléments dont la cession puisse échapper aux droits d'enregistrement (créances et marchandises notamment) et sur lesquels il soit possible d'« imputer » le passif (no 66900).

Cependant, ces droits sont évités eux aussi si l'apporteur s'engage à conserver pendant trois ans les titres reçus en contrepartie de l'apport et si, en cas de donation, les bénéficiaires acceptent de reprendre l'engagement en cours (no 66940).

96235 Les droits applicables en cas d'apport en société sont à la charge de la société bénéficiaire de l'apport et, à ce titre, **déductibles** de son résultat imposable (no 8527).

b. Vente de l'entreprise

96260 La transmission de l'entreprise à des tiers ou à des héritiers que l'exploitant ne désire pas gratifier dans l'immédiat peut s'opérer de différentes manières.

VENTE DU FONDS

96270 La vente pure et simple du fonds et des éléments qui lui sont affectés déclenche l'**imposition immédiate** des bénéfices non encore taxés et de l'ensemble des plus-values de cession, sauf s'il s'agit d'une petite entreprise (voir le dossier « Vente d'une entreprise individuelle » nos 96450 s.).

Cette opération met en outre à la charge des acquéreurs, ou de la société qu'ils auront constituée pour opérer le rachat, le droit de cession de fonds de commerce au taux de 3 % sur la fraction du prix comprise entre 23 000 € et 200 000 € et de 5 % sur la fraction excédant 200 000 € (no 65520).

CESSION DES TITRES APRÈS MISE EN SOCIÉTÉ DE L'ENTREPRISE INDIVIDUELLE

96280 La décision de mettre l'entreprise individuelle en société en vue d'en céder les titres présente un intérêt appréciable en raison de la possibilité qu'elle offre à l'exploitant, en optant pour le régime de l'article 151 octies du CGI, de transférer chez la société nouvellement créée l'imposition des **plus-values à court terme** dégagées par l'apport des **éléments amortissables.**

En effet, alors que ces plus-values seraient passibles entre les mains du cédant d'une imposition dont le taux maximal atteint 45 %, la société nouvelle, du moment qu'elle est soumise à l'impôt sur les sociétés, supportera cette imposition au taux normal (28 %, en règle générale, pour les exercices ouverts en 2020), ou, dans les PME, 15 % pour une fraction des bénéfices (nos 35990 s.) et cela en principe en cinq fractions annuelles (régime de l'article 151 octies du CGI examiné aux nos 19710 s.). Mais cet avantage est contrebalancé par la soumission à ces mêmes taux des **plus-values à long terme** dégagées par l'apport de ces mêmes éléments, à moins que l'apporteur n'opte pour l'imposition immédiate au taux réduit (12,8 %, majoré des prélèvements sociaux) de la plus-value nette à long terme globale afférente aux éléments amortissables apportés.

96285 Sous l'angle des **droits d'enregistrement,** la mise en société de l'entreprise individuelle à vendre n'entraîne en principe aucun surcoût car l'apport effectué lors de la formation de la société :

– est enregistré gratuitement, si la société créée n'est pas soumise à l'impôt sur les sociétés (no 66860) ;

– est soumis à un droit de mutation de 5 % pour les immeubles et le fonds de commerce (taux réduit à 3 % pour la fraction du prix du fonds comprise entre 23 000 € et 200 000 €, la fraction jusqu'à 23 000 € étant non imposable) si la société est passible de l'impôt sur les sociétés – mais on rappelle que ces apports sont enregistrés gratuitement si l'apporteur s'engage à conserver pendant trois ans les titres reçus en contrepartie de l'apport (no 66870).

Quant à la **cession ultérieure** des titres, elle sera soumise soit à un droit de 3 % (société dont le capital n'est pas divisé en actions), soit à un droit de 0,1 % (sociétés par actions), soit à un droit de 5 % (société à prépondérance immobilière) (no 67145).

LOCATION-GÉRANCE

96295 Une solution parfois utilisée pour faciliter la transmission d'une entreprise consiste à donner le fonds en location-gérance aux personnes intéressées par sa reprise avec la promesse de le leur céder à terme.

Cette opération n'entraîne pas l'imposition immédiate des plus-values affectant les éléments d'actif de l'entreprise et, au moment de la **cession du fonds** (si l'activité a été exercée pendant au moins cinq ans au moment de la mise en location), l'exploitant sera définitivement affranchi de cette imposition dès l'instant que la valeur du fonds n'excède pas 300 000 € (nos 19650 s.) ou que la cession intervient dans le cadre du départ à la retraite de l'exploitant (nos 19890 s.). En revanche, l'exonération des plus-values prévue en faveur des entreprises dont les recettes n'excèdent pas certains seuils n'est pas applicable en cas de cession d'un fonds donné en location-gérance.

Bien entendu, les locataires-gérants – qui auront eu intérêt à constituer une société pour exploiter l'affaire – n'éviteront pas le droit de cession de fonds de commerce de 3 % (pour la fraction du prix comprise entre 23 000 € et 200 000 €) ou 5 % (pour la fraction excédant 200 000 €) lors de l'achat des éléments de l'actif.

Voir, pour plus de détails, le dossier spécial « Location-gérance » nos 95950 s.

2. L'EXPLOITANT NE SOUHAITE SE DÉGAGER QUE PROGRESSIVEMENT DE SON AFFAIRE

Nous nous plaçons ici dans l'hypothèse où l'exploitant individuel dispose de plusieurs années pour préparer le cadre juridique favorable à la continuation de son entreprise, ce qui n'exclut pas qu'il ait déjà des vues précises sur l'identité de ses successeurs et sur les conditions (donation ou vente) de leur entrée dans l'affaire. 96330

Comme dans le cas du retrait immédiat, sa première décision devra porter sur le périmètre du patrimoine professionnel à transmettre. Doit-il y inclure, ou non, les locaux d'exploitation dont il est propriétaire ? La marque sous laquelle il exploite ? Les droits de propriété industrielle dont il est titulaire ? En effet, l'entreprise peut fort bien continuer en disposant sur ces biens d'un simple droit d'usage (bail, concession) et le fait de dissocier ces éléments facilitera la transmission en cas de vente du fonds.

Se posera ensuite la question de la forme d'exploitation la plus apte à favoriser l'entrée des successeurs dans l'affaire. Deux possibilités se présentent à cet égard : la mise en société immédiate de l'entreprise ou la formation d'une société de location-gérance.

APPORT EN SOCIÉTÉ DE L'ENTREPRISE INDIVIDUELLE

Afin d'optimiser les conséquences fiscales de la cessation de son entreprise, l'exploitant peut décider de se mettre en société et profiter ainsi du report de taxation prévu par l'article 151 octies du CGI (nos 19710 s.). Le coût fiscal de la mise en société se résume alors dans l'obligation pour la société de soumettre à l'impôt, sur une période maximale fixée en principe à cinq ans, les plus-values dégagées par l'apport des éléments amortissables qui figuraient à l'actif de l'exploitation individuelle, à moins que l'apporteur n'opte pour l'imposition immédiate au taux réduit de la plus-value nette à long terme globale afférente à ces éléments. 96340

La **transmission de l'entreprise** pourra ensuite s'opérer par une cession ou une donation de titres, ou encore par la voie d'une augmentation de capital de la société nouvelle réservée aux repreneurs. 96345

a. Cession de titres Cette opération entraînera d'abord le paiement de l'impôt en sursis grevant les plus-values dégagées lors de l'apport des éléments non amortissables (à condition, bien entendu, que l'opération d'apport ait été placée sous le régime de l'article 151 octies du CGI : no 19750) et, s'il y a lieu, des droits d'apport évités lors de la création de la société (nos 66870 et 66940). En outre, dans la mesure où elle sera consentie pour un prix supérieur à la valeur que comportaient les titres de la société nouvelle au moment de sa création, cette vente dégagera en principe une **plus-value imposable** au taux de 12,8 % (société relevant de l'IR) ou au PFU, également de 12,8 %, (société passible de l'IS) plus les prélèvements sociaux. Selon les cas, le cédant pourra toutefois bénéficier :

– si la société est une **société de personnes,** de l'une ou l'autre des **exonérations** prévues par les articles 151 septies (régime des petites entreprises : nos 18200 s.), 238 quindecies (entreprises dont la valeur n'excède pas 500 000 € : nos 19650 s.), ou 151 septies A du CGI (départ à la retraite : no 19890), si la société relève de l'IR ;

– si la société est **soumise à l'IS :**

– soit de l'**abattement fixe** de 500 000 € applicable en cas de départ à la retraite de l'exploitant, quel que soit le mode d'imposition de la plus-value (PFU ou barème progressif) mais non cumulable avec un abattement proportionnel (no 33106),

– soit, en cas d'option du cédant pour l'imposition des plus-values et revenus mobiliers au barème progressif de l'IR, des **abattements proportionnels** pour durée de détention maintenus pour les titres acquis ou souscrits avant le 1er janvier 2018. Il pourra donc s'agir soit de l'abattement de droit commun de 50 % ou 65 % visé à l'article 150-0 D, 1 ter du CGI (nos 33075 s.), soit de l'abattement dit « renforcé » (50 %, 65 % ou 85 %) applicable lorsque les titres ont été acquis ou souscrits dans les premières années de la société (CGI art. 150-0 D, 1 quater) (nos 33100 s.).

De leur côté, les acquéreurs éviteront à raison de l'achat de leurs titres le droit de mutation de 3 % ou 5 % qui frappe les cessions de fonds de commerce (no 65520). Le droit exigible sera néanmoins :
– de 3 % s'il s'agit de **parts sociales** (parts de SARL ou de sociétés de personnes) ;
– de 0,1 % s'il s'agit d'**actions** ;
– ou de 5 % si la société est à **prépondérance immobilière,** quelle que soit sa forme (nos 67130 s.).

b. Donation de titres Dans ce cas, le sursis d'imposition dont ont pu bénéficier les plus-values d'apport sur éléments non amortissables sera maintenu dès lors que les bénéficiaires accepteront de se substituer au donateur dans ses obligations (no 19755).

Le prélèvement fiscal le plus lourd sera alors représenté par les droits de donation, payables sur une période de dix ans après un différé de paiement de cinq ans (voir nos 68945 s.).

c. Augmentation de capital S'il désire rester associé aux risques et à la marche de l'entreprise alors que celle-ci a des besoins de financement complémentaires, le fondateur de la société nouvelle pourra avoir intérêt à faire entrer un repreneur dans le capital de celle-ci par la voie d'une augmentation de capital qui lui sera réservée.

Cette formule présente l'avantage de n'entraîner aucune imposition (no 66975). En outre, le repreneur pourra, sous certaines conditions, bénéficier de la réduction d'impôt prévue par l'article 199 terdecies-0 A du CGI en cas de souscription au capital d'une PME (nos 2600 s.), à moins qu'il ne préfère opter pour la déduction des frais d'acquisition de ses titres (intérêts et frais annexes) s'il exerce son activité principale en qualité de salarié ou de gérant majoritaire de la société (no 23620).

Dans les différentes hypothèses envisagées, l'ancien exploitant pourra, tout en restant associé de l'entreprise qu'il a créée, éviter une dispersion excessive de son capital en souscrivant un **engagement collectif de conservation des titres** avec d'autres associés, voire même seul comme la loi le permet depuis le 1er janvier 2019. À son décès, ou à la date qu'il aura choisie pour faire donation de ses titres, ses héritiers ou donataires pourront ainsi bénéficier d'une **exonération de droit de mutation à titre gratuit** à concurrence de 75 % de la valeur des titres transmis, à condition de prendre à leur tour l'engagement de conserver durablement ces titres et, pour au moins l'un d'entre eux ou des associés ayant souscrit l'engagement de conservation initial, d'exercer dans la société son activité principale (société de personnes) ou des fonctions de direction (société soumise à l'IS) (CGI art. 787 B : voir nos 68090 s.).

LOCATION-GÉRANCE

96355 La mise en gérance libre du fonds est parfois utilisée lorsque l'exploitant a déjà fait le choix de son ou de ses successeurs qu'il peut ainsi associer d'emblée dans la société constituée en vue de prendre le fonds en location. Il convient alors que la société nouvelle détienne une promesse de vente du fonds consentie par l'exploitant et que celui-ci s'engage à vendre sa participation dans la société d'exploitation à ceux de ses coassociés qui ne sont pas ses héritiers.

Cette solution présente l'avantage de ne déclencher **dans l'immédiat** aucune imposition. Ce n'est en effet que lors de la **cessation de la location-gérance** que, d'une part, seront taxables éventuellement (si les conditions d'exonération indiquées au no 96125 ne sont pas remplies) les plus-values dégagées par la vente du fonds et que, d'autre part, deviendra exigible le droit de mutation de 3 % ou 5 %.

Quant aux impositions entraînées par la **cession ultérieure des titres** de la société nouvelle, elles se limiteront en règle générale à l'impôt sur le revenu au taux de 12,8 % (société passible de l'impôt sur le revenu) ou au PFU, également de 12,8 %, sauf option pour le barème progressif (société passible de l'IS), plus les prélèvements sociaux, et, pour les acquéreurs, au droit de mutation (nos 67130 s.).

En cas de **donation** des titres, les conséquences seront celles examinées au no 96345, b (essentiellement paiement des droits de donation).

Voir également, pour une étude plus complète du régime de la location-gérance, le dossier spécial figurant aux nos 95950 s.

B. Transmission d'une entreprise exploitée en société

Avant d'indiquer les mesures qu'il peut être utile de prendre pour préparer la transmission d'une entreprise exploitée en société, arrêtons-nous aux conséquences fiscales de la cession du contrôle d'une société dans l'hypothèse, la plus fréquente, où celle-ci a la forme de société anonyme ou de SARL. 96390

1. RÉGIME FISCAL DES CESSIONS OU DONATIONS DE TITRES

Nous avons vu dans le dossier consacré à la mise en société d'une exploitation individuelle les conséquences fiscales de la cession à titre onéreux ou à titre gratuit de titres sociaux (voir nos 95710 et 95750). 96400

Sans revenir en détail sur ces dispositions, nous nous bornerons à rappeler ici que la cession des titres d'une **société passible de l'impôt sur les sociétés** entraîne l'assujettissement de la plus-value réalisée au prélèvement forfaitaire unique (PFU) de 12,8 % auquel s'ajoutent les prélèvements sociaux (CGI art. 200 A, 2 : no 33220). S'il estime y avoir intérêt, le cédant peut toutefois opter pour l'imposition au barème progressif de l'IR de l'ensemble de ses plus-values et revenus mobiliers, ce qui lui permet de conserver, dans les conditions et limites exposées nos 33075 s., le bénéfice des abattements proportionnels pour durée de détention en vigueur avant 2018.

Dans le cas où l'entrepreneur souhaite réinvestir tout ou partie du produit de la cession dans l'acquisition de nouveaux titres, il peut bénéficier d'un report d'imposition des plus-values :

– soit en faisant préalablement apport des titres destinés à la vente à une société holding (no 96402) ;

– soit en déposant ces mêmes titres sur un compte PME innovation (no 96407).

Soulignons également que les titres de capital ou les parts sociales d'une société peuvent être apportés à titre gratuit et irrévocable à un **fonds de pérennité** créé par l'article 177 de la loi 2019-486 du 22-5-2019. La plus ou moins-value réalisée lors de cette transmission bénéficie d'un sursis d'imposition : voir no 19110.

INTERPOSITION D'UNE SOCIÉTÉ HOLDING

En cas d'**apport** de la participation **à une société** de capitaux **contrôlée par l'apporteur,** la plus-value résultant de l'échange des titres fait l'objet d'un report d'imposition appelé à prendre fin lors de la cession à titre onéreux, du rachat, du remboursement ou de l'annulation soit des titres reçus en rémunération de l'apport, soit des titres apportés à la société bénéficiaire si la cession de ces titres intervient dans les trois ans de l'apport. 96402

Néanmoins, le **report d'imposition** est **maintenu** lorsque la société bénéficiaire de l'apport cède les titres dans un délai de trois ans à compter de la date de l'apport mais prend l'engagement de réinvestir dans une activité commerciale au moins 60 % du produit de leur cession dans un délai de deux ans. Il en est de même lorsque la société bénéficiaire de l'apport réinvestit, dans des conditions précisées nos 33314 s., ce produit dans certaines structures de capital investissement qui ont vocation à investir elles-mêmes à hauteur de 75 % au moins de leur actif dans des PME opérationnelles. Enfin, le report d'imposition est maintenu en cas d'**échange successifs** placés sous un régime de report ou de sursis, y compris lorsque les titres apportés sont placés sous un des anciens régimes de report optionnels mentionnés au nos 33310 s. (CGI art. 150-0 B ter modifié par l'article 106 de la loi 2019-1479 du 28-12-2019).

En cas de **donation des titres** reçus en rémunération de l'apport, la plus-value en report est imposée au nom du donataire en cas de cession, d'apport, de remboursement ou d'annulation des titres dans un délai de cinq ans (porté à dix ans lorsque les titres apportés ont été cédés par la société bénéficiaire et ont fait l'objet d'un réinvestissement indirect) à compter de la donation, sauf cas de licenciement, d'invalidité ou de décès du donataire ou de son conjoint ou partenaire de Pacs soumis à une imposition commune. La plus-value en report est également imposée au nom de ce même donataire lorsque la société bénéficiaire de l'apport cède les titres apportés dans les trois ans à compter de l'apport sans procéder à un réinvestissement économique du produit de la cession (nos 33318.).

Dans l'hypothèse où la **société** bénéficiaire de l'apport n'est **pas contrôlée par l'apporteur,** l'imposition de la plus-value résultant de l'« échange » des titres corrélatif à l'opération sera automatiquement reportée à la date où s'opérera la cession, le rachat, le remboursement ou l'annulation des nouveaux titres (no 33300). Ce sursis d'imposition se transformera en exonération définitive si les titres reçus lors de l'échange sont transmis par succession ou donation. 96405

DÉPÔT DES TITRES SUR UN CPI

96407 Le compte PME innovation (CPI) permet aux entrepreneurs qui cèdent leurs titres en vue de réinvestir le produit de la vente dans de jeunes PME de bénéficier d'un **report d'imposition global** de leurs plus-values nettes, après imputation des moins-values (CGI art. 150-0 B quinquies). Les plus-values ou moins-values réalisées dans le compte sont prises en compte lors du retrait de tout ou partie des liquidités.

Ce dispositif est soumis à des conditions d'application très strictes qui concernent à la fois la société dont les titres sont inscrits sur le CPI (il doit s'agir d'une PME créée depuis moins de dix ans), le titulaire du compte (il devait détenir une participation d'au moins 25 % dans la société ou y exercer une fonction de direction) et les PME susceptibles d'être financées (en principe, des PME créées depuis moins de sept ans satisfaisant aux conditions d'éligibilité à la réduction Madelin). La loi impose en outre au titulaire du compte d'accompagner ces PME dans leur développement (nos 26210 s.).

Comme les autres gains en capital, le gain net imposable est soumis au **PFU** ou, sur option globale au **barème progressif** (CGI art. 150-0 B quinquies).

96409 Le régime du CPI présente deux **avantages** principaux par rapport au dispositif d'apport-cession de l'article 150-0 B ter du CGI :

– il permet d'éviter les coûts de création et les frais de fonctionnement d'une société holding ;

– il autorise une compensation globale des plus-values et moins-values à la date de retrait des liquidités du CPI, alors que le régime de droit commun ne permet d'imputer les moins-values que sur des plus-values de la même année ou des dix années suivantes.

En revanche, le CPI permet uniquement de reporter la taxation des plus-values alors que le report d'imposition prévu par l'article 150-0 B ter du CGI concerne aussi les prélèvements sociaux.

Cette différence de traitement, autant que la complexité du dispositif, expliquent sans doute la faible utilisation constatée du compte PME innovation.

2. PRÉPARATION DE LA TRANSMISSION

96420 Ce qui détermine un dirigeant à préparer la transmission de son entreprise est généralement, avant tout, la volonté d'obtenir que, malgré la division du capital entre ses héritiers, la société puisse conserver une unité de direction sous la conduite de la ou des personnes désignées pour lui succéder. L'examen des mesures à prendre à cet effet peut en outre révéler l'opportunité, si la société est parvenue à un certain degré de diversification, de constituer des entités distinctes pour l'exploitation des différents secteurs concernés. Il existe des solutions pour concilier ces deux objectifs.

CRÉATION D'UNE SOCIÉTÉ HOLDING DE CONTRÔLE

96430 **a.** L'opération qui consiste à apporter une participation majoritaire à une entité nouvelle créée pour détenir cette participation (société holding) a pour effet de transférer le pouvoir à cette nouvelle entité et, par voie de conséquence, aux associés majoritaires de celle-ci, ce qui vient **réduire** sensiblement le **montant des capitaux exigés** pour assurer le contrôle de la société concernée.

Cela peut se révéler fort utile dans l'éventualité où, au décès du dirigeant, des héritiers viendraient à céder tout ou partie des titres recueillis par succession. Supposons en effet que la société holding ait été constituée par des apports de participations représentant au total une participation largement majoritaire (80 %, par exemple) dans le capital de la société d'origine. Pour que le contrôle de la société d'origine soit maintenu au profit des héritiers continuateurs au sein du holding, il suffit que ceux-ci conservent plus de 50 % des droits dans ce holding bien que leur participation indirecte dans la société d'origine soit alors tout juste supérieure à 40 % (80 % × 50 %).

Afin de faciliter le maintien d'une participation familiale forte dans la société holding (ou dans la société d'origine en l'absence de holding), le créateur de l'affaire pourra souscrire, seul ou avec d'autres associés, un **engagement collectif de conservation** des titres dans les conditions prévues à l'article 787 B du CGI. À condition de respecter les conditions prévues par ce texte, ses héritiers ou ses donataires pourront ainsi bénéficier, le moment venu, d'un abattement de 75 % de la valeur des titres transmis pour le calcul des droits de mutation à titre gratuit (voir nos 68090 s.).

b. La constitution d'une société holding présente sur le plan juridique une seconde particularité favorable, liée à la possibilité de lui faire adopter la forme d'une société civile ou d'une société en nom collectif en vue d'inclure dans ses statuts une **clause d'agrément des futurs associés.** C'est un moyen pour les dirigeants de conserver le contrôle d'une société dont ils ont introduit les titres en bourse. L'actionnaire d'origine à 80 % peut en effet sans risque mettre sur le marché jusqu'à 29 % du capital de sa société si la participation familiale restante (51 %) est à l'abri au sein du holding familial.

c. À condition de placer la société holding, sur option, sous le régime de l'impôt sur les sociétés, ses associés bénéficient de substantiels **avantages fiscaux.**

D'abord, le régime d'exonération attaché à la qualité de société mère permet à la société holding de recueillir les dividendes qui lui sont versés sans autre charge fiscale que celle résultant de la réintégration d'une quote-part de frais et charges fixée à 5 % (ou à 1 % en cas de distributions intragroupe) du montant brut de ces dividendes (voir nº 40970).

Ensuite, les fondateurs de la société holding ont, du fait du statut fiscal de celle-ci, la possibilité d'échapper à l'imposition de la plus-value dégagée par l'apport de leurs titres aussi longtemps qu'ils conserveront la participation reçue en échange (nºs 33300 s.). Ce sursis peut également être maintenu, sous certaines conditions, en cas de cession par la société holding elle-même de tout ou partie de la participation reçue par elle en apport (voir nºs 96402 s.).

SÉPARATION DES ACTIVITÉS

Avec ou sans l'appoint d'une structure de contrôle, la décision de fractionner les activités exercées par la société existante peut constituer une utile mesure préparatoire à sa transmission (autant qu'une solution opportune sur le plan de l'organisation et du fonctionnement). Des unités de petite dimension constituent en effet des cibles plus accessibles pour un candidat à la reprise qu'un ensemble de taille importante. **96440**

Le régime des **apports partiels d'actif** (régime examiné nºs 39235 s.) permet de réaliser la filialisation des activités moyennant une neutralité fiscale satisfaisante, bien qu'imparfaite. On regrettera en particulier que la loi laisse subsister une double imposition économique de la plus-value d'apport au niveau de la société bénéficiaire des apports puis de la société apporteuse (voir nº 39457).

D'autre part, grâce au **régime des groupes** prévu par les articles 223 A et suivants du CGI, la société existante conserve la possibilité de compenser les résultats bénéficiaires et déficitaires des sociétés qu'elle a créées et dont par hypothèse elle détient 95 % au moins du capital (voir nºs 40000 s.).

VENTE D'UNE ENTREPRISE INDIVIDUELLE

96450 Quelle que soit la qualité de l'acheteur (société, exploitant individuel), la vente d'un fonds de commerce exploité à titre individuel entraîne les conséquences fiscales ci-après pour le cédant.

A. Impôt sur le revenu

DÉCLARATION DE CESSATION

96460 Pour permettre l'établissement immédiat de l'imposition afférente aux bénéfices non encore taxés, le cédant doit adresser au centre de formalités des entreprises une déclaration spéciale dans un délai de 45 jours calculé à partir de la publication de la cession dans un journal habilité à recevoir les annonces judiciaires et légales, publication qui doit elle-même être faite dans les 15 jours de la cession (CGI art. 201, 1 : n° 11095).

En ce qui concerne les **autres obligations** liées à la cession de l'entreprise : voir n° 96560 ci-après.

IMPOSITION IMMÉDIATE DES BÉNÉFICES ET DES PLUS-VALUES

96470 L'imposition porte non seulement sur les bénéfices de l'exercice en cours à la date de la cession mais encore, s'il y a lieu, sur les plus-values résultant de la cession des éléments de l'actif immobilisé (locaux, clientèle, matériel, outillage, etc.) (nos 11045 s.).

Toutefois, l'exploitant qui cède son entreprise peut bénéficier soit de l'exonération totale des plus-values prévue par l'article 151 septies A du CGI si la cession intervient à l'occasion de son départ à la retraite (nos 19890 s.), soit de l'exonération prévue par l'article 238 quindecies du même Code si la valeur du fonds transmis n'excède pas 300 000 € (pour l'exonération totale) ou 500 000 € (pour l'exonération partielle) (nos 19650 s.).

Ces exonérations ne s'étendent pas aux biens immobiliers bâtis ou non bâtis cédés en même temps que l'entreprise individuelle mais les plus-values dégagées par la vente de ces biens sont imposées après application d'un abattement de 10 % par année de détention au-delà de la cinquième, ce qui aboutit à leur exonération totale au bout de quinze ans (nos 18095 s.).

ATTENTION

Contrairement à celles liées au montant des recettes (CGI art. 151 septies) ou à la valeur de l'exploitation (CGI art. 238 quindecies), l'exonération prévue par l'article 151 septies A du CGI en cas de départ à la retraite de l'exploitant ne s'étend pas aux prélèvements sociaux. L'exploitant concerné peut néanmoins échapper en tout ou partie à ces prélèvements en cumulant les régimes d'exonération dans les conditions exposées n° 95102, a.

96475 Lorsque la cession n'ouvre pas droit aux exonérations prévues par les articles 238 quindecies ou 151 septies A du CGI (n° 96470), la situation du cédant varie suivant que la moyenne des recettes, appréciées hors taxe, réalisées au titre des exercices clos au cours des deux années civiles qui précèdent la date de clôture de l'exercice de réalisation de la plus-value, excède ou non la limite d'exonération, c'est-à-dire 250 000 € pour les entreprises de vente ou de fourniture de logement autres que les loueurs en meublé et 90 000 € pour les autres entreprises (n° 18240).

a. Si la **moyenne des recettes excède la limite d'exonération,** l'intéressé est soumis au régime des « plus-values professionnelles » pour les cessions des éléments d'actif immobilisé figurant à son bilan : taxation au taux de 12,8 % des plus-values à long terme (avec possibilité, en cas d'octroi d'un crédit-vendeur, de bénéficier du régime d'étalement de l'impôt : n° 18110) et taxation au taux normal des plus-values à court terme (sans possibilité d'étalement sur trois ans puisqu'il s'agit ici par hypothèse d'une vente en fin d'exploitation, mais le système du quotient prévu à l'article 163-0 A du CGI est éventuellement applicable : n° 18075, précision b). On rappelle néanmoins que le cédant peut bénéficier d'une exonération partielle lorsque son chiffre d'affaires excède les seuils de 250 000 € ou 90 000 € mais sans dépasser respectivement 350 000 € ou 126 000 €.

b. Si la **moyenne des recettes n'a pas dépassé la limite d'exonération des plus-values** (250 000 € ou 90 000 €), il est nécessaire de faire la distinction suivante :

1. La plus-value de cession porte sur un **terrain à bâtir** (ou immeuble assimilé). Dès lors que le terrain vendu figurait au bilan de l'entreprise cédante, la plus-value de cession est en prin-

cipe imposable selon les règles des plus-values professionnelles, quel que soit le montant des recettes (voir n° 18235) ;

2. La plus-value de cession porte sur **d'autres éléments de l'actif immobilisé** (fonds de commerce ainsi que locaux professionnels non conservés dans le « patrimoine privé »). Dans ce cas, la plus-value est exonérée si l'activité professionnelle est exercée depuis cinq ans au moins à la date de la cession. Si cette condition n'est pas remplie, elle est taxée suivant le régime des « plus-values professionnelles » (voir nos 18230 s.) avec, le cas échéant, application aux plus-values à court terme du système du quotient prévu à l'article 163-0 A du CGI (nos 4150 s.).

Des règles particulières s'appliquent aux cessions de **biens** inscrits à l'actif de l'entreprise qui ne sont **pas utilisés pour l'activité** professionnelle (nos 18460 s.).

B. Taxe sur la valeur ajoutée

L'article 257 bis du CGI exonère de TVA l'ensemble des livraisons de biens et des prestations de services réalisées lors de la transmission d'un fonds de commerce. Cette dispense de taxation concerne tant les **biens mobiliers d'investissement** (matériel, outillage, mobilier de bureau...) que les **immeubles,** les **marchandises** ou les biens mobiliers incorporels (brevets, licences, marques...) (n° 47520). En contrepartie, le bénéficiaire de la transmission est réputé continuer la personne du cédant et sera donc tenu, le cas échéant, aux régularisations de la taxe déduite par ce dernier comme s'il avait continué à utiliser les biens transmis. **96500**

C. Droits d'enregistrement

Les droits d'enregistrement étant légalement dus par l'acquéreur, le cédant ne doit supporter ces droits que si le contrat les a mis expressément à sa charge (n° 64080), ce qui n'est pas usuel. **96520**

D. Impôts directs locaux

En cas de vente d'une entreprise individuelle en cours d'année, la **taxe foncière** reste due, pour l'année entière, par le vendeur, à raison des locaux et des terrains cédés au nouvel exploitant. Mais le cédant et l'acquéreur peuvent, bien entendu, prévoir dans l'acte de vente un partage différent de la taxe foncière (n° 41680). **96540**

La **cotisation foncière des entreprises** (CFE) reste due pour l'année entière par le redevable qui exerce l'activité au 1er janvier. Mais les parties peuvent convenir, dans l'acte de cession, que le nouvel exploitant supportera une partie de la cotisation de son prédécesseur (n° 43746). **96545**

La **cotisation sur la valeur ajoutée des entreprises** (CVAE) est due, le cas échéant, par le redevable qui exerce l'activité au 1er janvier de l'année d'imposition, donc par le **cédant** lorsque la vente du fonds intervient en cours d'année. Dans ce cas, la CVAE est due également par l'acquéreur si celui-ci n'exerçait aucune activité imposable au 1er janvier (n° 44030).

E. Formalités fiscales diverses

Les **entreprises qui cèdent** ou qui cessent **leur activité** doivent en informer l'administration fiscale dans un délai fixé à 45 jours par l'article 201-1 du CGI (n° 96460). Elles bénéficient par ailleurs d'un délai de 60 jours pour souscrire la **déclaration des bénéfices** de l'exercice de la cession (n° 11095). **96560**

Le service des **taxes sur le chiffre d'affaires** doit être informé de la cession dans les 30 jours de cet événement (n° 53390). La déclaration de TVA doit également être souscrite dans les 30 jours de la cession, ce délai étant porté à 60 jours pour les entreprises placées sous le régime simplifié d'imposition (n° 86900).

En ce qui concerne la **déclaration sociale nominative** (DSN) **des salaires** payés depuis le 1er janvier de l'année de la cession, et, s'il y a lieu, la déclaration annuelle de liquidation et de régularisation de la taxe sur les salaires (modèle 2502-SD) accompagnée du télérèglement de cette taxe, voir nos 22200 et 73550.

ANNEXES

Barèmes
Renseignements chiffrés et divers

96560 (suite)

Plan des annexes

Tableaux pratiques de calcul de l'impôt (Revenus 2019)

97100 Dans le tableau correspondant à sa **situation de famille**, le contribuable doit repérer dans la colonne verticale correspondant à son quotient familial la case qui mentionne la tranche de revenu dans laquelle se situe son revenu net global. Il lui suffit tout d'abord d'appliquer la formule figurant horizontalement dans la colonne gauche du tableau, à savoir (taux de la tranche × revenu imposable) et de déduire ensuite le chiffre en gras mentionné dans la case correspondant à son revenu imposable.

Au chiffre obtenu (arrondi à l'euro le plus proche, les fractions d'euro égales à 0,50 € étant arrondies à 1 €), il reste ensuite à appliquer les diverses corrections « en plus » ou « en moins » visées aux lignes 2 à 10 de la liste du n° 2185.

EXEMPLE

Soit un contribuable marié ayant à charge exclusive deux enfants dont l'un est invalide (3,5 parts). Son revenu imposable s'élève à 110 000 €.

L'intéressé doit se reporter au deuxième tableau pratique dans la colonne « 3,5 parts » à la case comportant la tranche de revenu « de 81 525 à 149 034 » et qui fait face horizontalement au taux de 30 %.

Le montant exact de l'impôt brut à sa charge se calcule comme suit : (0,30 × 110 000 €) – 17 975 € (chiffre en gras) = 15 025 €.

Le contribuable peut par ailleurs constater que la tranche la plus élevée de son revenu est de 28 475 € (soit 110 000 € – 81 525 €) et que le taux applicable à cette tranche est de 30 %.

Contribuables mariés ou pacsés soumis à une imposition commune
Veufs et veuves dont le conjoint ou le partenaire du Pacs est décédé en 2019

Aucune demi-part invalidité ou ancien combattant

Formule	Nombre de parts					
	2 parts	2,5 parts	3 parts	4 parts	5 parts	6 parts
0,000 X R	De 0 à 20 128 **0**	De 0 à 25 160 **0**	De 0 à 30 192 **0**	De 0 à 40 256 **0**	De 0 à 50 320 **0**	De 0 à 60 384 **0**
0,14 X R	De 20 128 à 55 588 **– 2 817,92**	De 25 160 à 60 981 **– 3 522,40**	De 30 192 à 66 371 **– 4 226,88**	De 40 256 à 77 151 **– 5 635,84**	De 50 320 à 87 934 **– 7 044,80**	De 60 384 à 98 714 **– 8 453,76**
0,30 X R	De 55 588 à 149 034 **– 11 712,00**	De 60 982 à 149 034 **– 13 279,00**	De 66 372 à 149 034 **– 14 846,00**	De 77 152 à 149 034 **– 17 980,00**	De 87 935 à 149 034 **– 21 114,00**	De 98 715 à 149 034 **– 24 248,00**
0,41 X R	De 149 034 à 315 612 **– 28 105,74**	De 149 034 à 315 612 **– 29 672,74**	De 149 034 à 315 612 **– 31 239,74**	De 149 034 à 315 612 **– 34 373,74**	De 149 034 à 315 612 **– 37 507,74**	De 149 034 à 315 612 **– 40 641,74**
0,45 X R	Supérieur à 315 612 **– 40 730,22**	Supérieur à 315 612 **– 42 297,22**	Supérieur à 315 612 **– 43 864,22**	Supérieur à 315 612 **– 46 998,22**	Supérieur à 315 612 **– 50 132,22**	Supérieur à 315 612 **– 53 266,22**

Contribuables mariés ou pacsés soumis à une imposition commune
Veufs et veuves dont le conjoint ou le partenaire du Pacs est décédé en 2019

Une demi-part invalidité ou ancien combattant

Formule	Nombre de parts				
	2,5 parts	3 parts	3,5 parts	4,5 parts	5,5 parts
0,000 X R	De 0 à 25 160 **0**	De 0 à 30 192 **0**	De 0 à 35 224 **0**	De 0 à 45 288 **0**	De 0 à 55 352 **0**
0,14 X R	De 25 160 à 69 485 **– 3 522,40**	De 30 192 à 76 134 **– 4 226,88**	De 35 224 à 81 524 **– 4 931,36**	De 45 288 à 92 304 **– 6 340,32**	De 55 352 à 103 088 **– 7 749,28**
0,30 X R	De 69 485 à 150 863 **– 14 640,00**	De 76 135 à 149 034 **– 16 408,00**	De 81 525 à 149 034 **– 17 975,00**	De 92 305 à 149 034 **– 21 109,00**	De 103 089 à 149 034 **– 24 243,00**
0,41 X R	De 150 864 à 315 612 **– 31 234,74**	De 149 034 à 315 612 **– 32 801,74**	De 149 034 à 315 612 **– 34 368,74**	De 149 034 à 315 612 **– 37 502,74**	De 149 034 à 315 612 **– 40 636,74**
0,45 X R	Supérieur à 315 612 **– 43 859,22**	Supérieur à 315 612 **– 45 426,22**	Supérieur à 315 612 **– 46 993,22**	Supérieur à 315 612 **– 50 127,22**	Supérieur à 315 612 **– 53 261,22**

Contribuables mariés ou pacsés soumis à une imposition commune
Veufs et veuves dont le conjoint ou le partenaire du Pacs est décédé en 2019

Deux demi-parts invalidité ou ancien combattant (ou une demi-part ancien combattant d'un parent + une demi-part invalidité d'une personne à charge)

Formule	Nombre de parts				
	3 parts	3,5 parts	4 parts	5 parts	6 parts
0,000 X R	De 0 à 30 192 **0**	De 0 à 35 224 **0**	De 0 à 40 256 **0**	De 0 à 50 320 **0**	De 0 à 60 384 **0**
0,14 X R	De 30 192 à 83 382 **– 4 226,88**	De 35 224 à 91 288 **– 4 931,36**	De 40 256 à 96 678 **– 5 635,84**	De 50 320 à 107 458 **– 7 044,80**	De 60 384 à 118 241 **– 8 453,76**
0,30 X R	De 83 382 à 152 690 **– 17 568,00**	De 91 289 à 149 034 **– 19 537,00**	De 96 679 à 149 034 **– 21 104,00**	De 107 459 à 149 034 **– 24 238,00**	De 118 242 à 149 034 **– 27 372,00**
0,41 X R	De 152 691 à 315 612 **– 34 363,74**	De 149 034 à 315 612 **– 35 930,74**	De 149 034 à 315 612 **– 37 497,74**	De 149 034 à 315 612 **– 40 631,74**	De 149 034 à 315 612 **– 43 765,74**
0,45 X R	Supérieur à 315 612 **– 46 988,22**	Supérieur à 315 612 **– 48 555,22**	Supérieur à 315 612 **– 50 122,22**	Supérieur à 315 612 **– 53 256,22**	Supérieur à 315 612 **– 56 390,22**

97100 (suite)

Célibataires (ou assimilés) [1], divorcés, séparés, veufs et veuves [2] sans enfants ou personnes à charge
Célibataires (ou assimilés) [1], divorcés, séparés vivant en couple et ayant au moins un enfant à charge

Aucune demi-part invalidité ou ancien combattant

Formule	Nombre de parts							
	1 part	1,5 part (3)		2 parts	3 parts	4 parts	5 parts	6 parts
		a	b					
0,000 X R	De 0 à 10 064 **0**	De 0 à 15 096 **0**	De 0 à 15 096 **0**	De 0 à 20 128 **0**	De 0 à 30 192 **0**	De 0 à 40 256 **0**	De 0 à 50 320 **0**	De 0 à 60 384 **0**
0,14 X R	De 10 064 à 27 794 **– 1 408,96**	à 15 096 à 33 184 **– 2 113,44**	à 15 096 à 29 241 **– 2 113,44**	à 20 128 à 38 578 **– 2 817,92**	à 30 192 à 49 358 **– 4 226,88**	à 40 256 à 60 141 **– 5 635,84**	à 50 320 à 70 921 **– 7 044,80**	à 60 384 à 78 776 **– 8 453,76**
0,30X R	De 27 794 à 74 517 **– 5 856,00**	De 33 185 à 74 517 **– 7 423,00**	De 29 242 à 74 517 **– 6 792,00**	De 38 579 à 74 517 **– 8 990,00**	De 49 359 à 74 517 **– 12 124,00**	De 60 142 à 74 517 **– 15 258,00**	De 70 922 à 74 517 **– 18 392,00**	
0,41 X R	De 74 517 à 157 806 **– 14 052,87**	De 74 517 à 157 806 **– 15 619,87**	De 74 517 à 157 806 **– 14 988,87**	De 74 517 à 157 806 **– 17 186,87**	De 74 517 à 157 806 **– 20 320,87**	De 74 517 à 157 806 **– 23 454,87**	De 74 517 à 157 806 **– 26 588,87**	De 78 777 à 157 806 **– 29 722,87**
0,45 X R	Supérieur à 157 806 **– 20 365,11**	Supérieur à 157 806 **– 21 932,11**	Supérieur à 157 806 **– 21 301,11**	Supérieur à 157 806 **– 23 499,11**	Supérieur à 157 806 **– 26 633,11**	Supérieur à 157 806 **– 29 767,11**	Supérieur à 157 806 **– 32 901,11**	Supérieur à 157 806 **– 36 035,11**

(1) Contribuables qui se sont mariés au cours de l'année 2019 et qui optent pour l'imposition séparée de leurs revenus (n° 370).
(2) Sauf les veufs ou les veuves dont le décès du conjoint ou du partenaire du Pacs est intervenu en 2019.
(3) La colonne a doit être utilisée par les contribuables célibataires, divorcés, séparés, vivant en couple et ayant un enfant à charge. La colonne b doit être utilisée par les contribuables célibataires, divorcés, séparés, veufs ou veuves, sans personnes à charge, vivant seuls et ayant supporté à titre exclusif ou principal la charge d'un enfant pendant au moins cinq années au cours desquelles ils vivaient seuls (n° 2030, 1).

Célibataires (ou assimilés) [1], divorcés ou séparés vivant en couple et ayant au moins un enfant à charge
Célibataires (ou assimilés) [1], divorcés, séparés (vivant en couple ou non) et n'ayant à leur charge qu'une personne (autre qu'un enfant) invalide
Célibataires (ou assimilés) [1], divorcés, séparés, veufs et veuves [2] sans enfants ou personnes à charge, invalides ou anciens combattants (QF 1,5 part)

Une demi-part invalidité (ou ancien combattant pour 1,5 part seulement)

Formule	Nombre de parts								
	1,5 part	2 parts	2,5 parts	3 parts	3,5 parts	4 parts	4,5 parts	5 parts	5,5 parts
0,000 X R	De 0 à 15 096 **0**	De 0 à 20 128 **0**	De 0 à 25 160 **0**	De 0 à 30 192 **0**	De 0 à 35 224 **0**	De 0 à 40 256 **0**	De 0 à 45 288 **0**	De 0 à 50 320 **0**	De 0 à 55 352 **0**
0,14 X R	De 15 096 à 41 691 **– 2 113,44**	De 20 128 à 48 341 **– 2 817,92**	De 25 160 à 53 731 **– 3 522,40**	De 30 192 à 59 121 **– 4 226,88**	De 35 224 à 64 511 **– 4 931,36**	De 40 256 à 69 901 **– 5 635,84**	De 45 288 à 74 976 **– 6 340,32**	De 50 320 à 78 171 **– 7 044,80**	De 55 352 à 81 366 **– 7 749,28**
0,30 X R	De 41 691 à 76 347 **– 8 784,00**	De 48 342 à 74 517 **– 10 552,00**	De 53 732 à 74 517 **– 12 119,00**	De 59 122 à 74 517 **– 13 686,00**	De 64 512 à 74 517 **– 15 253,00**	De 69 902 à 74 517 **– 16 820,00**			
0,41 X R	De 76 348 à 157 806 **– 17 181,87**	De 74 517 à 157 806 **– 18 748,87**	De 74 517 à 157 806 **– 20 315,87**	De 74 517 à 157 806 **– 21 882,87**	De 74 517 à 157 806 **– 23 449,87**	De 74 517 à 157 806 **– 25 016,87**	De 74 977 à 157 806 **– 26 583,87**	De 78 172 à 157 806 **– 28 150,87**	De 81 367 à 157 806 **– 29 717,87**
0,45 X R	Supérieur à 157 806 **– 23 494,11**	Supérieur à 157 806 **– 25 061,11**	Supérieur à 157 806 **– 26 628,11**	Supérieur à 157 806 **– 28 195,11**	Supérieur à 157 806 **– 29 762,11**	Supérieur à 157 806 **– 31 329,11**	Supérieur à 157 806 **– 32 896,11**	Supérieur à 157 806 **– 34 463,11**	Supérieur à 157 806 **– 36 030,11**

(1) Contribuables qui se sont mariés au cours de l'année 2019 et qui optent pour l'imposition séparée de leurs revenus (n° 370).
(2) Sauf les veufs ou les veuves dont le conjoint ou le partenaire du Pacs est décédé en 2019.

97100 (suite)

Célibataires (ou assimilés) [1], divorcés ou séparés vivant en couple et ayant au moins un enfant à charge Célibataires (ou assimilés) [1], divorcés, séparés (vivant en couple ou non) et ayant à charge deux personnes (autres que des enfants) invalides ou seulement une s'ils sont eux-mêmes invalides

Deux demi-parts invalidité

Formule	Nombre de parts							
	2,5 parts	3 parts	3,5 parts	4 parts	4,5 parts	5 parts	5,5 parts	6 parts
0,000 X R	De 0 à 25 160 **0**	De 0 à 30 192 **0**	De 0 à 35 224 **0**	De 0 à 40 256 **0**	De 0 à 45 288 **0**	De 0 à 50 320 **0**	De 0 à 55 352 **0**	De 0 à 60 384 **0**
0,14 X R	De 25 160 à 63 491 **– 3 522,40**	De 30 192 à 68 884 **– 4 226,88**	De 35 224 à 74 274 **– 4 931,36**	De 40 256 à 77 569 **– 5 635,84**	De 45 288 à 80 761 **– 6 340,32**	De 50 320 à 83 956 **– 7 044,80**	De 55 352 à 87 152 **– 7 749,28**	De 60 384 à 90 347 **– 8 453,76**
0,30 X R	De 63 492 à 74 517 **– 13 681,00**	De 68 885 à 74 517 **– 15 248,00**	De 74 275 à 74 517 **– 16 815,00**					
0,41X R	De 74 517 à 157 806 **– 21 877,87**	De 74 517 à 157 806 **– 23 444,87**	De 74 517 à 157 806 **– 25 011,87**	De 77 570 à 157 806 **– 26 578,87**	De 80 762 à 157 806 **– 28 145,87**	De 83 957 à 157 806 **– 29 712,87**	De 87 153 à 157 806 **– 31 279,87**	De 90 348 à 157 806 **– 32 846,87**
0,45X R	Supérieur à 157 806 **– 28 190,11**	Supérieur à 157 806 **– 29 757,11**	Supérieur à 157 806 **– 31 324,11**	Supérieur à 157 806 **– 32 891,11**	Supérieur à 157 806 **– 34 458,11**	Supérieur à 157 806 **– 36 025,11**	Supérieur à 157 806 **– 37 592,11**	Supérieur à 157 806 **– 39 159,11**

(1) Contribuables qui se sont mariés au cours de l'année 2019 et qui optent pour l'imposition séparée de leurs revenus (nº 370).

Célibataires (ou assimilés) [1], divorcés ou séparés vivant seuls et ayant au moins un enfant à charge

Aucune demi-part invalidité ou ancien combattant

Formule	Nombre de parts				
	2 parts	2,5 parts	3,5 parts	4,5 parts	5,5 parts
0,000 X R	De 0 à 20 128 **0**	De 0 à 25 160 **0**	De 0 à 35 224 **0**	De 0 à 45 288 **0**	De 0 à 55 352 **0**
0,14 X R	De 20 128 à 42 098 **– 2 817,92**	De 25 160 à 47 488 **– 3 522,40**	De 35 224 à 58 268 **– 4 931,36**	De 45 288 à 69 051 **– 6 340,32**	De 55 352 à 77 666 **– 7 749,28**
0,30 X R	De 42 099 à 74 517 **– 9 553,00**	De 47 489 à 74 517 **– 11 120,00**	De 58 269 à 74 517 **– 14 254,00**	De 69 052 à 74 517 **– 17 388,00**	
0,41 X R	De 74 517 à 157 806 **– 17 749,87**	De 74 517 à 157 806 **– 19 316,87**	De 74 517 à 157 806 **– 22 450,87**	De 74 517 à 157 806 **– 25 584,87**	De 77 667 à 157 806 **– 28 718,87**
0,45 X R	Supérieur à 157 806 **– 24 062,11**	Supérieur à 157 806 **– 25 629,11**	Supérieur à 157 806 **– 28 763,11**	Supérieur à 157 806 **– 31 897,11**	Supérieur à 157 806 **– 35 031,11**

(1) Contribuables qui se sont mariés au cours de l'année 2019 et qui optent pour l'imposition séparée de leurs revenus (nº 370).

97100 (suite)

Célibataires (ou assimilés) [1], divorcés ou séparés vivant seuls et ayant au moins un enfant à charge [2]

Une demi-part invalidité ou ancien combattant

Formule	Nombre de parts				
	2,5 parts	3 parts	4 parts	5 parts	6 parts
0,000 X R	De 0 à 25 160 **0**	De 0 à 30 192 **0**	De 0 à 40 256 **0**	De 0 à 50 320 **0**	De 0 à 60 384 **0**
0,14 X R	De 25 160 à 57 248 **– 3 522,40**	De 30 192 à 62 641 **– 4 226,88**	De 40 256 à 73 421 **– 5 635,84**	De 50 320 à 80 256 **– 7 044,80**	De 60 384 à 86 647 **– 8 453,76**
0,30 X R	De 57 249 à 74 517 **– 12 682,00**	De 62 642 à 74 517 **– 14 249,00**	De 73 422 à 74 517 **– 17 383,00**		
0,41 X R	De 74 517 à 157 806 **– 20 878,87**	De 74 517 à 157 806 **– 22 445,87**	De 74 517 à 157 806 **– 25 579,87**	De 80 257 à 157 806 **– 28 713,87**	De 86 648 à 157 806 **– 31 847,87**
0,45 X R	Supérieur à 157 806 **– 27 191,11**	Supérieur à 157 806 **– 28 758,11**	Supérieur à 157 806 **– 31 892,11**	Supérieur à 157 806 **– 35 026,11**	Supérieur à 157 806 **– 38 160,11**

(1) Contribuables qui se sont mariés au cours de l'année 2019 et qui optent pour l'imposition séparée de leurs revenus (nº 370).
(2) Les célibataires (ou assimilés), divorcés ou séparés vivant seuls et n'ayant à leur charge que des personnes (autres que des enfants) invalides doivent utiliser, selon le cas, les cinquième ou sixième tableaux.

Célibataires (ou assimilés) [1], divorcés ou séparés vivant seuls et ayant au moins un enfant à charge [2]

Deux demi-parts invalidité

Formule	Nombre de parts			
	3 parts	3,5 parts	4,5 parts	5,5 parts
0,000 X R	De 0 à 30 192 **0**	De 0 à 35 224 **0**	De 0 à 45 288 **0**	De 0 à 55 352 **0**
0,14 X R	De 30 192 à 72 401 **– 4 226,88**	De 35 224 à 76 459 **– 4 931,36**	De 45 288 à 82 847 **– 6 340,32**	De 55 352 à 89 237 **– 7 749,28**
0,30 X R	De 72 402 à 74 517 **– 15 811,00**			
0,41 X R	De 74 517 à 157 806 **– 24 007,87**	De 76 460 à 157 806 **– 25 574,87**	De 82 848 à 157 806 **– 28 708,87**	De 89 238 à 157 806 **– 31 842,87**
0,45 X R	Supérieur à 157 806 **– 30 320,11**	Supérieur à 157 806 **– 31 887,11**	Supérieur à 157 806 **– 35 021,11**	Supérieur à 157 806 **– 38 155,11**

(1) Contribuables qui se sont mariés au cours de l'année 2019 et qui optent pour l'imposition séparée de leurs revenus (nº 370).
(2) Les célibataires (ou assimilés), divorcés ou séparés vivant seuls et n'ayant à leur charge que des personnes (autres que des enfants) invalides doivent utiliser, selon le cas, les cinquième ou sixième tableaux.

97100 (suite)

Veufs et veuves dont le conjoint ou le partenaire du Pacs est décédé avant 2019 et ayant au moins un enfant à charge

Aucune demi-part invalidité ou ancien combattant

Formule	Nombre de parts				
	2,5 parts	3 parts	4 parts	5 parts	6 parts
0,000 X R	De 0 à 25 160 **0**	De 0 à 30 192 **0**	De 0 à 40 256 **0**	De 0 à 50 320 **0**	De 0 à 60 384 **0**
0,14 X R	De 25 160 à 54 874 **– 3 522,40**	De 30 192 à 60 264 **– 4 226,88**	De 40 256 à 71 044 **– 5 635,84**	De 50 320 à 78 849 **– 7 044,80**	De 60 384 à 85 239 **– 8 453,76**
0,30 X R	De 54 875 à 74 517 **– 12 302,00**	De 60 265 à 74 517 **– 13 869,00**	De 71 045 à 74 517 **– 17 003,00**		
0,41 X R	De 74 517 à 157 806 **– 20 498,87**	De 74 517 à 157 806 **– 22 065,87**	De 74 517 à 157 806 **– 25 199,87**	De 78 850 à 157 806 **– 28 333,87**	De 85 240 à 157 806 **– 31 467,87**
0,45 X R	Supérieur à 157 806 **– 26 811,11**	Supérieur à 157 806 **– 28 378,11**	Supérieur à 157 806 **– 31 512,11**	Supérieur à 157 806 **– 34 646,11**	Supérieur à 157 806 **– 37 780,11**

Veufs et veuves dont le conjoint ou le partenaire du Pacs est décédé avant 2019 et ayant à charge au moins un enfant ou une personne (autre qu'un enfant) invalide

Une demi-part invalidité ou ancien combattant

Formule	Nombre de parts			
	3 parts	3,5 parts	4,5 parts	5,5 parts
0,000 X R	De 0 à 30 192 **0**	De 0 à 35 224 **0**	De 0 à 45 288 **0**	De 0 à 55 352 **0**
0,14 X R	De 30 192 à 70 028 **– 4 226,88**	De 35 224 à 75 052 **– 4 931,36**	De 45 288 à 81 439 **– 6 340,32**	De 55 352 à 87 830 **– 7 749,28**
0,30 X R	De 70 029 à 74 517 **– 15 431,00**			
0,41 X R	De 74 517 à 157 806 **– 23 627,87**	De 75 053 à 157 806 **– 25 194,87**	De 81 440 à 157 806 **– 28 328,87**	De 87 831 à 157 806 **– 31 462,87**
0,45 X R	Supérieur à 157 806 **– 29 940,11**	Supérieur à 157 806 **– 31 507,11**	Supérieur à 157 806 **– 34 641,11**	Supérieur à 157 806 **– 37 775,11**

97100
(suite)

Veufs et veuves dont le conjoint ou le partenaire du Pacs est décédé avant 2019 et ayant à charge au moins un enfant ou une personne (autre qu'un enfant) invalide

Deux demi-parts invalidité (ou une demi-part ancien combattant du parent + une demi-part invalidité d'un enfant ou d'une personne à charge)

Formule	Nombre de parts			
	3,5 parts	4 parts	5 parts	6 parts
0,000 X R	De 0 à 35 224 **0**	De 0 à 40 256 **0**	De 0 à 50 320 **0**	De 0 à 60 384 **0**
0,14 X R	De 35 224 à 80 837 **– 4 931,36**	De 40 256 à 84 032 **– 5 635,84**	De 50 320 à 90 420 **– 7 044,80**	De 60 384 à 96 810 **– 8 453,76**
0,30 X R				
0,41X R	De 80 838 à 157 806 **– 26 756,87**	De 84 033 à 157 806 **– 28 323,87**	De 90 421 à 157 806 **– 31 457,87**	De 96 811 à 157 806 **– 34 591,87**
0,45X R	Supérieur à 157 806 **– 33 069,11**	Supérieur à 157 806 **– 34 636,11**	Supérieur à 157 806 **– 37 770,11**	Supérieur à 157 806 **– 40 904,11**

Prélèvement à la source de l'impôt sur le revenu

GRILLES DE TAUX PAR DÉFAUT APPLICABLES AU 1ER JANVIER 2020

Les trois grilles ci-dessous exposent les taux par défaut (ou taux neutres) applicables dans le cadre du prélèvement à la source de l'impôt sur le revenu (voir nos 3740 s.), suivant la domiciliation du contribuable et par tranches de revenu. Elles sont revalorisées annuellement. L'**application** du taux par défaut est **obligatoire** dans certains cas mais peut aussi résulter d'une **option** du contribuable (voir nos 3810 s.) (CGI art. 204 H). 97110

Contribuables domiciliés en métropole :

BASE MENSUELLE DE PRÉLÈVEMENT (B)	TAUX proportionnel
B < 1 418 €	0 %
1 418 € ≤ B< 1 472 €	0,5 %
1 472 € ≤ B< 1 567 €	1,3 %
1 567 € ≤ B< 1 673 €	2,1 %
1 673 € ≤ B< 1 787 €	2,9 %
1 787 € ≤ B< 1 883 €	3,5 %
1 883 € ≤ B< 2 008 €	4,1 %
2 008 € ≤ B< 2 376 €	5,3 %
2 376 € ≤ B< 2 720 €	7,5 %
2 720 € ≤ B< 3 098 €	9,9 %
3 098 € ≤ B< 3 487 €	11,9 %
3 487 € ≤ B< 4 069 €	13,8 %
4 069 € ≤ B< 4 878 €	15,8 %
4 878 € ≤ B< 6 104 €	17,9 %
6 104 € ≤ B< 7 625 €	20 %
7 625 € ≤ B< 10 583 €	24 %
10 583 € ≤ B< 14 333 €	28 %
14 333 € ≤ B< 22 500 €	33 %
22 500 € ≤ B< 48 196 €	38 %
B≥ 48 196 €	43 %

Contribuables domiciliés en Guadeloupe, à La Réunion et en Martinique :

BASE MENSUELLE DE PRÉLÈVEMENT (B)	TAUX proportionnel
B < 1 626 €	0 %
1 626 € ≤ B< 1 724 €	0,5 %
1 724 € ≤ B< 1 900 €	1,3 %
1 900 € ≤ B< 2 075 €	2,1 %
2 075 € ≤ B< 2 292 €	2,9 %
2 292 € ≤ B< 2 417 €	3,5 %
2 417 € ≤ B< 2 500 €	4,1 %
2 500 € ≤ B< 2 750 €	5,3 %
2 750 € ≤ B< 3 400 €	7,5 %
3 400 € ≤ B< 4 350 €	9,9 %
4 350 € ≤ B< 4 942 €	11,9 %
4 942 € ≤ B< 5 725 €	13,8 %
5 725 € ≤ B< 6 858 €	15,8 %
6 858 € ≤ B< 7 625 €	17,9 %
7 625 € ≤ B< 8 667 €	20 %
8 667 € ≤ B< 11 917 €	24 %
11 917 € ≤ B< 15 833 €	28 %
15 833 € ≤ B< 24 167 €	33 %

97110 (suite)

BASE MENSUELLE DE PRÉLÈVEMENT (B)	TAUX proportionnel
24 167 € ≤ B< 52 825 €	38 %
B≥ 52 825 €	43 %

Contribuables domiciliés en Guyane et à Mayotte :

BASE MENSUELLE DE PRÉLÈVEMENT (B)	TAUX proportionnel
B < 1 741 €	0 %
1 741 € ≤ B< 1 883 €	0,5 %
1 883 € ≤ B< 2 100 €	1,3 %
2 100 € ≤ B< 2 367 €	2,1 %
2 367 € ≤ B< 2 458 €	2,9 %
2 458 € ≤ B< 2 542 €	3,5 %
2 542 € ≤ B< 2 625 €	4,1 %
2 625 € ≤ B< 2 917 €	5,3 %
2 917 € ≤ B< 4 025 €	7,5 %
4 025 € ≤ B< 5 208 €	9,9 %
5 208 € ≤ B< 5 875 €	11,9 %
5 875 € ≤ B< 6 817 €	13,8 %
6 817 € ≤ B< 7 500 €	15,8 %
7 500 € ≤ B< 8 308 €	17,9 %
8 308 € ≤ B< 9 642 €	20 %
9 642 € ≤ B< 12 971 €	24 %
12 971 € ≤ B< 16 500 €	28 %
16 500 € ≤ B< 26 443 €	33 %
26 443 € ≤ B< 55 815 €	38 %
B≥ 55 815 €	43 %

Cours des monnaies étrangères

COURS AU 31 DÉCEMBRE 2019

Le tableau ci-dessous présente, pour chaque pays ou territoire n'appartenant pas à la **zone euro,** l'unité de monnaie et son cours de change au 31-12-2019 communiqué par la Banque de France. Il convient de noter que celle-ci publie le taux de conversion de chaque devise en un euro (euro contre devises). Il nous a paru également intéressant de mentionner ci-dessous le cours de ces devises pour leur montant unitaire en euros (devise contre euros). 97120

En ce qui concerne l'utilisation de ces cours pour l'évaluation des avoirs et dettes en monnaies étrangères au 31-12-2019 : voir nº 7370.

Pays	Unité de monnaie	Euro contre devises	Devise contre euros
Afghanistan	Nouvel afghani	86,8431	0,011515020
Afrique du Sud	Rand	15,7773	0,063382201
Albanie	Lek	121,6200	0,008222332
Algérie	Dinar algérien	133,6415	0,007482706
Angola	Kwanza	537,1589	0,001861647
Antilles néerlandaises	Florin	1,9807	0,504872015
Arabie saoudite	Riyal	4,2065	0,237727327
Argentine	Peso	67,2344	0,014873339
Arménie	Dram	537,1270	0,001861757
Australie	Dollar australien	1,5995	0,625195374
Azerbaïdjan	Manat	1,9061	0,524631446
Bahamas	Dollar des Bahamas	1,1232	0,890313390
Bahreïn	Dinar	0,4228	2,365184484
Bangladesh	Taka	95,1885	0,010505471
Barbade	Dollar de la Barbade	2,2427	0,445891113
Belize	Dollar du Belize	2,2424	0,445950767
Bénin	Franc CFA	655,9570	0,001524490
Bermudes	Dollar des Bermudes	1,1214	0,891742465
Bhoutan	Ngultrum	80,0858	0,012486608
Biélorussie	Rouble biélorusse	2,3625	0,423280423
Birmanie (Myanmar)	Kyat	1 656,2300	0,000603781
Bolivie	Boliviano	7,7472	0,129078893
Bosnie-Herzégovine	Mark convertible	1,9558	0,511299724
Bostwana	Pula	11,8887	0,084113486
Brésil	Real	4,5157	0,221449609
Brunei	Dollar de Brunei	1,5084	0,662954124
Bulgarie	Lev	1,9558	0,511299724
Burkina Faso	Franc CFA	655,9570	0,001524490
Burundi	Franc du Burundi	2 107,3962	0,000474519
Caïmans (îles)	Dollar des îles Caïmans	0,9193	1,087784184
Cambodge (Kampuchéa)	Riel	4 563,2000	0,000219144
Cameroun	Franc CFA	655,9570	0,001524490
Canada	Dollar canadien	1,4598	0,685025346
Cap-Vert (îles du)	Escudo	110,2650	0,009069061
Caraïbes de l'Est	Dollar des Caraïbes de l'Est	3,0273	0,330327354
Centrafrique	Franc CFA	655,9570	0,001524490
Chili	Peso	844,8500	0,001183642
Chine (Rép. pop.)	Yuan (Ren-Min-Bi)	7,8205	0,127869062
Chine (Rép. pop.)	Yuan chinois offshore	7,8057	0,128111508
Colombie	Peso	3 685,0000	0,000271370
Congo (Brazzaville)	Franc CFA	655,9570	0,001524490
Congo (Rép. dém.)	Franc	1 869,8100	0,000534814
Corée du Nord	Won	1 009,1700	0,000990913
Corée du Sud	Won	1 296,2800	0,000771438
Costa Rica	Colón	640,6400	0,001560939
Côte d'Ivoire	Franc CFA	655,9570	0,001524490
Croatie	Kuna	7,4395	0,134417636
Cuba	Peso cubain	1,1214	0,891742465

97120 (suite)

Pays	Unité de monnaie	Euro contre devises	Devise contre euros
Danemark	Couronne danoise	7,4715	0,133841933
Djibouti	Franc de Djibouti	199,5815	0,005010484
Dominicaine (Rép.)	Peso	59,4439	0,016822584
Égypte	Livre égyptienne	17,9955	0,055569448
Émirats arabes unis	Dirham	4,1187	0,242795057
Équateur	Dollar US (1)	1,1234	0,890154887
États-Unis	Dollar US	1,1234	0,890154887
Éthiopie	Birr	35,8805	0,027870292
Fidji	Dollar des Fidji	2,4046	0,415869583
Gabon	Franc CFA	655,9570	0,001524490
Gambie	Dalasi	57,4693	0,017400595
Géorgie	Lari géorgien	3,2071	0,311808176
Ghana	Nouveau cedi	6,3921	0,156443109
Grande-Bretagne	Livre sterling	0,8508	1,175364363
Guatemala	Quetzal	8,6330	0,115834588
Guinée	Franc	10 625,5511	0,000094113
Guinée-Bissau	Franc CFA	655,9570	0,001524490
Guinée équatoriale	Franc CFA	655,9570	0,001524490
Guyane	Dollar guyanais	232,3549	0,004303761
Haïti	Gourde	107,9938	0,009259791
Honduras	Lempira	27,6180	0,036208270
Hongkong	Dollar de Hongkong	8,7473	0,114320990
Hongrie	Forint	330,5300	0,003025444
Inde	Roupie	80,1870	0,012470849
Indonésie	Rupiah	15 595,6000	0,000064121
Irak	Dinar	1 326,1132	0,000754083
Iran	Rial	Non déterminé	
Islande	Couronne islandaise	135,8000	0,007363770
Israël	Nouveau shekel	3,8845	0,257433389
Jamaïque	Dollar jamaïcain	148,4209	0,006737596
Japon	Yen	121,9400	0,008200754
Jordanie	Dinar jordanien	0,7950	1,257861635
Kazakhstan	Tengué	429,2700	0,002329536
Kenya	Shilling	113,6400	0,008799718
Kirghizistan	Som	78,2635	0,012777348
Koweït	Dinar du Koweït	0,3398	2,942907593
Laos	Kip	9 961,6262	0,000100385
Lesotho	Loti	15,7156	0,063631042
Liban	Livre libanaise	1 696,0422	0,000589608
Libye	Dinar libyen	1,5699	0,636983247
Liechtenstein	Franc suisse	1,0854	0,921319329
Macao	Pataca	8,9940	0,111185235
Macédoine	Denar	61,5366	0,016250492
Madagascar (Malagasy)	Ariary	4 104,8965	0,000243612
Malaisie	Ringgit	4,5953	0,217613649
Malawi	Kwacha	827,0646	0,001209095
Maldives (îles)	Rufiyaa	17,3249	0,057720391
Mali	Franc CFA	655,9570	0,001524490
Maroc	Dirham	10,7287	0,093207938
Maurice (île)	Roupie de Maurice	40,7580	0,024535061
Mauritanie	Ouguiya	42,1843	0,023705502
Mexique	Peso	21,2202	0,047124909
Moldavie	Leu	19,2872	0,051847858
Mongolie	Togrog	3 063,5284	0,000326421
Mozambique	Metical	69,1155	0,014468535
Namibie	Dollar namibien	15,6982	0,063701571
Népal	Roupie népalaise	127,7645	0,007826900
Nicaragua	Córdoba	38,2381	0,026151927
Niger	Franc CFA	655,9570	0,001524490
Nigeria	Naira	408,8632	0,002445806

97120 (suite)

Pays	Unité de monnaie	Euro contre devises	Devise contre euros
Norvège	Couronne norvégienne	9,8638	0,101380807
Nouvelle-Calédonie	Franc CFP	119,331742	0,008380000
Nouvelle-Guinée-Papouasie	Kina	3,8214	0,261684200
Nouvelle-Zélande	Dollar néo-zélandais	1,6653	0,600492404
Oman	Rial omani	0,4317	2,316423442
Ouganda	Shilling	4 109,1436	0,000243360
Ouzbékistan	Sum	10 657,0608	0,000093835
Pakistan	Roupie pakistanaise	173,6921	0,005757314
Panamá	Balboa	1,1214	0,891742465
Paraguay	Guarani	7 249,5316	0,000137940
Pérou	Nouveau sol	3,7179	0,268969042
Philippines	Peso	56,9000	0,017574692
Pologne	Złoty	4,2568	0,234918248
Polynésie française	Franc CFP	119,331742	0,008380000
Qatar	Riyal	4,1023	0,243765692
Roumanie	Nouveau leu	4,7830	0,209073803
Russie	Rouble	69,9563	0,014294638
Rwanda	Franc du Rwanda	1 061,6791	0,000941904
Salomon (îles)	Dollar des îles Salomon	9,1922	0,108787885
Salvador	Cólon	9,8104	0,101932643
Samoa occidentales	Tala	2,9257	0,341798544
São Tomé-et-Príncipe	Dobra	24,5150	0,040791352
Sénégal	Franc CFA	655,9570	0,001524490
Serbie	Dinar serbe	117,7416	0,008493175
Seychelles	Roupie des Seychelles	15,3660	0,065078745
Sierra Leone	Leone	10 913,5316	0,000091629
Singapour	Dollar de Singapour	1,5111	0,661769572
Sri Lanka	Roupie cingalaise	203,2265	0,004920618
Suède	Couronne suédoise	10,4468	0,095723092
Suisse	Franc suisse	1,0854	0,921319329
Surinam	Dollar	8,3819	0,119304692
Swaziland	Lilangeni	15,6959	0,063710905
Tadjikistan	Somoni	10,8651	0,092037809
Taïwan	Nouveau dollar de Taïwan	33,6679	0,029701882
Tanzanie	Shilling tanzanien	2 577,7671	0,000387933
Tchad	Franc CFA	655,9570	0,001524490
Tchèque (République)	Couronne tchèque	25,4080	0,039357683
Thaïlande	Baht	33,4150	0,029926680
Togo	Franc CFA	655,9570	0,001524490
Tonga (îles)	Palanga	2,5554	0,391328168
Trinité-et-Tobago	Dollar de Trinité-et-Tobago	7,5847	0,131844371
Tunisie	Dinar	3,1758	0,314881290
Turkménistan	Nouveau manat	3,1957	0,312920487
Turks et Caicos (îles)	Dollar US (1)	1,1234	0,890154887
Turquie	Livre turque	6,6843	0,149604297
Ukraine	Hryvnia	26,6796	0,037481821
Uruguay	Nouveau Peso	41,6423	0,024014043
Vanuatu (îles Hébrides)	Vatu	128,2367	0,007798080
Venezuela	Bolívar Fuerte	Non déterminé	
Vietnam	Dong	25 977,0000	0,000038496
Wallis-et-Futuna	Franc CFP	119,331742	0,008380000
Yémen	Riyal	280,7300	0,003562142
Zambie	Nouveau kwacha	15,7246	0,063594622

(1) Il s'agit du cours du dollar US au 31-12-2019. Notons que sur son site (rubrique « autres cours de l'euro à fin de mois ») la Banque de France retient pour l'Équateur et les îles Turks et Caicos un cours du dollar US de 1,1213.

Intérêts déductibles des comptes d'associés

97140 Les intérêts des sommes que les associés ou actionnaires laissent à la disposition de la société en compte courant sont déductibles dans la **limite** de la moyenne annuelle des taux effectifs moyens pratiqués par les établissements de crédit, pour des prêts à taux variable aux entreprises, d'une durée initiale supérieure à deux ans.

La **moyenne annuelle** des taux effectifs est déterminée à partir des moyennes trimestrielles publiées dans le courant du dernier mois de chaque trimestre civil au Journal officiel.

Pour les **exercices ne coïncidant pas avec l'année civile,** la moyenne annuelle est donnée par la formule suivante :

$1/12 \times [(M_1 \times t_1) + (3 \times t_2) + (3 \times t_3) + (M_2 \times t_4)]$

– M_1 correspond au nombre de mois entiers du premier trimestre civil compris dans l'exercice comptable. Si l'ouverture de l'exercice ne coïncide pas avec le premier jour du mois dans lequel elle est comprise, le mois considéré doit néanmoins être compté pour un mois entier ;

– M_2 correspond au nombre de mois entiers écoulés depuis le début du quatrième trimestre civil compris dans l'exercice jusqu'à la clôture du même exercice. Si la clôture de cet exercice ne coïncide pas avec le dernier jour du mois dans lequel elle est comprise, le mois considéré n'est pas à comprendre dans M_2. En pratique, M_2 est égal à 3, 4 ou 5 ;

– t_1 à t_4 correspondent respectivement au taux moyen des quatre trimestres civils compris dans l'exercice (BOI-BIC-CHG-50-50-30 n° 70).

La formule est adaptée lorsque la durée de l'exercice est différente de douze mois.

EXEMPLE Dans le cas d'une société clôturant le 29 février 2020 un exercice de douze mois ouvert le 1er mars 2019, le taux limite de déduction applicable aux intérêts alloués aux sommes mises ou laissées à la disposition de la société par les associés au cours du même exercice ressort à : 1/12 × [(1 × 1,34) + (3 × 1,36) + (3 × 1,32) + (5 × 1,27)] = 1,31 %.

Le tableau ci-après retrace l'évolution du taux maximum d'intérêt déductible au cours de ces dernières années, pour les entreprises clôturant des **exercices de douze mois** (depuis le 31-12-2011).

Clôture de l'exercice	Taux maximum	Clôture de l'exercice	Taux maximum
Au 31-12-2011	**3,99**	**Au 31-12-2015**	**2,15**
Au 31-12-2012	**3,39**	**Au 31-12-2016**	**2,03**
Au 31-12-2013	**2,79**	**Au 31-12-2017**	**1,67**
Au 31-12-2014	**2,79**	**Au 31-12-2018**	**1,47**
2019		31-8	1,36
31-1	1,46	30-9	1,35
28-2	1,44	31-10	1,34
31-3	1,42	30-11	1,34
30-4	1,41	**31-12**	1,32
31-5	1,39	**2020**	
30-6	1,38	31-1	1,32
31-7	1,37	29-2	1,31

Les **taux trimestriels retenus comme base de calcul des taux** ci-dessus sont les suivants. **2011** : 3,76 %, 3,97 %, 4,14 %, 4,09 %. **2012** : 4,01 %, 3,47 %, 3,07 %, 3,01 %. **2013** : 2,81 %, 2,72 %, 2,81 %, 2,82 %. **2014** : 2,94 %, 2,93 %, 2,79 %, 2,51 %. **2015** : 2,26 %, 2,11 %, 2,11 %, 2,12 %. **2016** : 2,19 %, 2,08 %, 1,98 %, 1,85 %. **2017** : 1,82 %, 1,67 %, 1,59 %, 1,59 %. **2018** : 1,53 %, 1,52 %, 1,47 %, 1,36 %. **2019** : 1,34 % ; 1,36 % ; 1,32 % ; 1,27 %.

Les entreprises qui **arrêtent leur exercice en cours de trimestre** peuvent, si elles y trouvent intérêt, prendre en considération le taux qui se rapporte au trimestre dans lequel sont compris les derniers mois de l'exercice. Ainsi, une entreprise qui clôture un exercice de douze mois le 30 novembre peut prendre en compte à hauteur de 2/12 le taux du quatrième trimestre de l'année concernée s'il est supérieur à celui du troisième trimestre.

Barèmes des frais de carburant

VÉHICULES AUTOMOBILES

Au 1er février 2020, l'administration n'avait pas encore publié le tableau fixant le prix de revient kilométrique du carburant consommé en 2019 par les véhicules automobiles en fonction de leur puissance fiscale qui peut être utilisé pour l'évaluation forfaitaire des frais de carburant exposés lors des déplacements professionnels des exploitants individuels tenant une **comptabilité super-simplifiée** (n° 86840), ainsi que des **exploitants agricoles** exerçant leur activité à titre individuel soumis au régime simplifié d'imposition (n° 16040). 97165

La mesure de simplification vise essentiellement les frais de carburant afférents aux **véhicules** affectés à un **usage mixte** (professionnel et personnel), compte tenu de la difficulté pratique à évaluer la part de chacun des usages (professionnel et personnel) dans l'utilisation du véhicule. Par suite, sont exclus du bénéfice de cette mesure les frais de carburant qui concernent les véhicules uniquement affectés à un usage professionnel tels que les véhicules utilitaires ainsi que les véhicules utilisés par les entreprises qui ont pour objet le transport de personnes ou de marchandises (taxis, transporteurs…) (BOI-BIC-CHG-10-20-20 n° 150).

Ce barème peut également être utilisé par les titulaires de **revenus non commerciaux** pour l'évaluation des frais de carburant des véhicules pris en location simple, en crédit-bail ou en leasing (n° 13370), par les **associés de sociétés de personnes** qui exercent leur activité professionnelle au sein de la société pour l'évaluation des frais de carburant exposés pour se rendre de leur domicile à leur lieu de travail (n° 37685) ainsi que par les **salariés** (n° 22115).

DEUX-ROUES

Au 1er février 2020, l'administration n'avait pas encore publié le tableau fixant le prix de revient kilométrique du carburant consommé en 2019 par les deux-roues motorisés en fonction de leur cylindrée qui peut être utilisé pour l'évaluation forfaitaire des frais de carburant exposés lors des déplacements professionnels des exploitants tenant une **comptabilité super-simplifiée** (n° 86840), ainsi que des **exploitants agricoles** exerçant leur activité à titre individuel soumis au régime simplifié d'imposition (n° 16040). Ce barème peut également être utilisé par les titulaires de **bénéfices non commerciaux** à raison des deux-roues pris en location, crédit-bail ou leasing (n° 13370), par les **associés de sociétés de personnes** qui exercent leur activité professionnelle au sein de la société pour l'évaluation des frais de carburant exposés pour se rendre de leur domicile à leur lieu de travail (n° 37685) ainsi que par les **salariés** (n° 22115). 97175

À l'instar des véhicules automobiles, la mesure de simplification vise essentiellement les frais de carburant afférents aux deux-roues affectés à un **usage mixte,** à l'exclusion de ceux concernant des deux-roues uniquement affectés à un usage professionnel (livraison de pizzas…).

Barèmes kilométriques

97200 Les barèmes forfaitaires pour l'évaluation de certains **frais de déplacement des salariés** applicables pour l'imposition des revenus de 2019 sont les suivants (nº 22115) (CGI ann. IV art. 6 B, modifié en dernier lieu par arrêté CPAE1905614A du 11-3-2019). Ce barème pourrait être à nouveau modifié en 2020 afin de favoriser les véhicules électriques, comme annoncé par la loi de finances pour 2019.

Automobiles

Puissance administrative	Jusqu'à 5 000 km	De 5 001 à 20 000 km	Au-delà de 20 000 km
3 CV et moins	d × 0,451	(d × 0,270) + 906	d × 0,315
4 CV	d × 0,518	(d × 0,291) + 1 136	d × 0,349
5 CV	d × 0,543	(d × 0,305) + 1 188	d × 0,364
6 CV	d × 0,568	(d × 0,320) + 1 244	d × 0,382
7 CV et plus	d × 0,595	(d × 0,337) + 1 288	d × 0,401
d représente la distance annuelle parcourue			

Cyclomoteurs, vélomoteurs, scooters (cylindrée inférieure à 50 CC)

Jusqu'à 2 000 km	De 2 001 à 5 000 km	Au-delà de 5 000 km
d × 0,269	(d × 0,063) + 412	d × 0,146
d représente la distance annuelle parcourue		

Motocyclettes (cylindrée supérieure à 50 CC)

Puissance administrative	Jusqu'à 3 000 km	De 3 001 à 6 000 km	Au-delà de 6 000 km
1 ou 2 CV	d × 0,338	(d × 0,084) + 760	d × 0,211
3, 4 ou 5 CV	d × 0,400	(d × 0,070) + 989	d × 0,235
Plus de 5 CV	d × 0,518	(d × 0,067) + 1 351	d × 0,292
d représente la distance annuelle parcourue			

Avantage en nature logement

Le tableau ci-après (BOI-BAREME-000002) indique, pour les années 2019 et 2020, **l'évaluation forfaitaire mensuelle** de l'avantage en nature « logement » accordé aux salariés (nº 21560). Le montant de cet avantage est déterminé en fonction de la rémunération du bénéficiaire et du nombre de pièces du logement concerné. 97220

Rémunération brute mensuelle (R) en espèces et nombre de pièces	Montant de l'avantage logement (en euros) 2019	2020
R < 0,5 P		
Logement de 1 pièce principale	70,10	70,80
Autres logements (par pièce principale)	37,50	37,90
0,5 P ≤ R < 0,6 P		
Logement de 1 pièce principale	81,90	82,70
Autres logements (par pièce principale)	52,60	53,10
0,6 P ≤ R < 0,7 P		
Logement de 1 pièce principale	93,40	94,30
Autres logements (par pièce principale)	70,10	70,80
0,7 ≤ R < 0,9 P		
Logement de 1 pièce principale	105	106,10
Autres logements (par pièce principale)	87,50	88,40
0,9 P ≤ R < 1,1 P		
Logement de 1 pièce principale	128,60	129,90
Autres logements (par pièce principale)	110,90	112
1,1 P ≤ R < 1,3 P		
Logement de 1 pièce principale	151,90	153,40
Autres logements (par pièce principale)	134,10	135,40
1,3 P ≤ R < 1,5 P		
Logement de 1 pièce principale	175,20	177
Autres logements (par pièce principale)	163,40	165
1,5 P ≤ R		
Logement de 1 pièce principale	198,50	200,50
Autres logements (par pièce principale)	186,80	188,70
P = plafond mensuel de la sécurité sociale, soit 3 377 € pour 2019 et 3 428 € pour 2020.		

EXEMPLE

Un logement de trois pièces fourni gratuitement par l'employeur à un salarié dont la rémunération brute en espèces s'élève à 2 500 € par mois (soit entre 0,7 et 0,9 fois le plafond de la sécurité sociale) doit en 2019 être évalué à 87,50 € × 3 = 262,50 € par mois, soit 3 150 € pour l'année.

Taux d'abattements sur les plus-values immobilières des particuliers

97230 Les tableaux ci-après donnent le pourcentage de réduction à appliquer à la plus-value pour la détermination de l'assiette imposable à l'impôt sur le revenu et aux prélèvements sociaux selon la durée de détention de l'immeuble cédé (nº 32245).

Durée de détention de l'immeuble	Impôt sur le revenu (19 %)	Prélèvements sociaux (17,2 %)	Durée de détention de l'immeuble	Impôt sur le revenu (19 %)	Prélèvements sociaux (17,2 %)
	Taux de l'abattement	Taux de l'abattement		Taux de l'abattement	Taux de l'abattement
Moins de 6 ans	Pas d'abattement	Pas d'abattement	Entre 18 et 19 ans	78 %	21,45 %
Entre 6 et 7 ans	6 %	1,65 %	19 et 20 ans	84 %	23,10 %
7 et 8 ans	12 %	3,30 %	20 et 21 ans	90 %	24,75 %
8 et 9 ans	18 %	4,95 %	21 et 22 ans	96 %	26,40 %
9 et 10 ans	24 %	6,60 %	22 et 23 ans	Exonération	28 %
10 et 11 ans	30 %	8,25 %	23 et 24 ans	Exonération	37 %
11 et 12 ans	36 %	9,90 %	24 et 25 ans	Exonération	46 %
12 et 13 ans	42 %	11,55 %	25 et 26 ans	Exonération	55 %
13 et 14 ans	48 %	13,20 %	26 et 27 ans	Exonération	64 %
14 et 15 ans	54 %	14,85 %	27 et 28 ans	Exonération	73 %
15 et 16 ans	60 %	16,50 %	28 et 29 ans	Exonération	82 %
16 et 17 ans	66 %	18,15 %	29 et 30 ans	Exonération	91 %
17 et 18 ans	72 %	19,80 %	Plus de 30 ans	Exonération	Exonération

Cessions bénéficiant de l'abattement exceptionnel de 70 ou de 85 %[1]				
Durée de détention du bien	Impôt sur le revenu (19 %)		Prélèvements sociaux (17,2 %)	
	Taux global d'abattement[2]		Taux global d'abattement[2]	
	Abattement exceptionnel (70 %)	Abattement exceptionnel majoré (85 %)	Abattement exceptionnel (70 %)	Abattement exceptionnel majoré (85 %)
Moins de 6 ans	70 %	85 %	70 %	85 %
Entre 6 et 7 ans	71,8 %	85,9 %	70,495 %	85,2475 %
7 et 8 ans	73,6 %	86,8 %	70,99 %	85,495 %
8 et 9 ans	75,4 %	87,7 %	71,485 %	85,7425 %
9 et 10 ans	77,2 %	88,6 %	71,98 %	85,99 %
10 et 11 ans	79 %	89,5 %	72,475 %	86,2375 %
11 et 12 ans	80,8 %	90,4 %	72,97 %	86,485 %
12 et 13 ans	82,6 %	91,3 %	73,465 %	86,7325 %
13 et 14 ans	84,4 %	92,2 %	73,96 %	86,98 %
14 et 15 ans	86,2 %	93,1 %	74,455 %	87,2275 %
15 et 16 ans	88 %	94 %	74,95 %	87,475 %
16 et 17 ans	89,8 %	94,9 %	75,445 %	87,7225 %
17 et 18 ans	91,6 %	95,8 %	75,94 %	87,97 %
18 et 19 ans	93,4 %	96,7 %	76,435 %	88,2175 %
19 et 20 ans	95,2 %	97,6 %	76,93 %	88,465 %
20 et 21 ans	97 %	98,5 %	77,425 %	88,7125 %
21 et 22 ans	98,8 %	99,4 %	77,92 %	88,96 %
22 et 23 ans	Exonération	Exonération	78,4 %	89,2 %
23 et 24 ans	Exonération	Exonération	81,1 %	90,55 %
24 et 25 ans	Exonération	Exonération	83,8 %	91,9 %
25 et 26 ans	Exonération	Exonération	86,5 %	93,25 %
26 et 27 ans	Exonération	Exonération	89,2 %	94,6 %

Cessions bénéficiant de l'abattement exceptionnel de 70 ou de 85 % [1]				
Durée de détention du bien	Impôt sur le revenu (19 %)		Prélèvements sociaux (17,2 %)	
	Taux global d'abattement [2]		Taux global d'abattement [2]	
	Abattement exceptionnel (70 %)	Abattement exceptionnel majoré (85 %)	Abattement exceptionnel (70 %)	Abattement exceptionnel majoré (85 %)
27 et 28 ans	Exonération	Exonération	91,9 %	95,95 %
28 et 29 ans	Exonération	Exonération	94,6 %	97,3 %
29 et 30 ans	Exonération	Exonération	97,3 %	98,65 %
Plus de 30 ans	Exonération	Exonération	Exonération	Exonération

1. Abattement applicable aux cessions de biens immobiliers ou de terrains à bâtir situés en zones A ou A bis, précédées d'une promesse de vente ayant acquis date certaine entre le 1-1-2018 et le 31-12-2020, la cession devant intervenir au plus tard le 31-12 de la deuxième année suivante, sous conditions de construction d'habitats collectifs (voir nos 32250 s.).
2. Abattement pour durée de détention + abattement temporaire de 70 %, majoré à 85 % si l'acquéreur s'engage à construire, au moins pour moitié, des logements sociaux ou intermédiaires.

Taux horaire du Smic

97240

Date d'effet	Smic horaire	Date d'effet	Smic horaire
Au 1-5-2008	8,63 €	Au 1-1-2013	9,43 €
Au 1-7-2008	8,71 €	Au 1-1-2014	9,53 €
Au 1-7-2009	8,82 €	Au 1-1-2015	9,61 €
Au 1-1-2010	8,86 €	Au 1-1-2016	9,67 €
Au 1-1-2011	9 €	Au 1-1-2017	9,76 €
Au 1-12-2011	9,19 €	Au 1-1-2018	9,88 €
Au 1-1-2012	9,22 €	Au 1-1-2019	10,03 €
Au 1-7-2012	9,40 €	Au 1-1-2020	10,15 €

Ces chiffres sont également applicables dans les **départements d'outre-mer** (Guadeloupe, Guyane, Martinique et La Réunion).

Plafond de calcul des cotisations de sécurité sociale

Le plafond annuel a été successivement fixé à : 97260

- 34 308 € pour 2009
- 34 620 € pour 2010
- 35 352 € pour 2011
- 36 372 € pour 2012
- 37 032 € pour 2013
- 37 548 € pour 2014
- 38 040 € pour 2015
- 38 616 € pour 2016
- 39 228 € pour 2017
- 39 732 € pour 2018
- 40 524 € pour 2019
- 41 136 € pour 2020

Pour **2020,** les plafonds périodiques sont les suivants :

Périodicité du paiement de la rémunération	Plafond 2020 en euros
Trimestre	10 284
Mois	**3 428**
Quinzaine	1 714
Semaine	791
Jour	189
Heure	26

Médecins conventionnés

97280 Pour le calcul des frais, seuls les honoraires conventionnels (avant déduction des sommes rétrocédées à des remplaçants) doivent être en principe pris en compte.

Il faut ajouter aux honoraires conventionnels les sommes perçues au titre de soins donnés aux invalides de guerre. En revanche, les honoraires libres doivent être exclus même si leur taux n'excède pas celui du tarif conventionnel. Ne doivent donc pas être pris en compte les honoraires de dépassement, les sommes versées par des confrères, les sommes perçues au titre de frais de justice par les médecins experts auprès des tribunaux. Doivent être également exclues les sommes reçues des compagnies d'assurances à la suite d'expertises sur accidents ou lors de la souscription d'assurance-vie et les sommes versées par les administrations aux médecins assermentés ou par les non-assurés sociaux.

Catégorie de médecins	Total des recettes provenant d'honoraires conventionnels	Montant de la déduction en euros
Omnipraticiens	N'excédant pas 9 100 €	770 €
	Compris entre 9 100 € et 12 150 €	920 €
	Compris entre 12 150 € et 15 200 €	1 220 €
	Compris entre 15 200 € et 18 250 €	1 530 €
	Compris entre 18 250 € et 21 300 €	1 830 €
	Compris entre 21 300 € et 24 350 €	2 140 €
	Compris entre 24 350 € et 27 400 €	2 440 €
	Compris entre 27 400 € et 30 450 €	2 750 €
	Supérieur à 30 450 €	3 050 €
Spécialistes médicaux	N'excédant pas 9 100 €	770 €
	Compris entre 9 100 € et 12 150 €	920 €
	Compris entre 12 150 € et 16 750 €	1 220 €
	Compris entre 16 750 € et 19 800 €	1 530 €
	Compris entre 19 800 € et 22 850 €	1 830 €
	Compris entre 22 850 € et 25 900 €	2 140 €
	Compris entre 25 900 € et 28 950 €	2 440 €
	Compris entre 28 950 € et 32 000 €	2 750 €
	Supérieur à 32 000 €	3 050 €
Chirurgiens et spécialistes médicaux	N'excédant pas 9 100 €	770 €
	Compris entre 9 100 € et 15 200 €	920 €
	Compris entre 15 200 € et 18 250 €	1 220 €
	Compris entre 18 250 € et 22 850 €	1 530 €
	Compris entre 22 850 € et 27 400 €	1 830 €
	Compris entre 27 400 € et 30 450 €	2 140 €
	Compris entre 30 450 € et 33 500 €	2 440 €
	Compris entre 33 500 € et 36 550 €	2 750 €
	Supérieur à 36 550 €	3 050 €
Électroradiologistes qualifiés	N'excédant pas 15 200 €	770 €
	Compris entre 15 200 € et 24 350 €	920 €
	Compris entre 24 350 € et 33 500 €	1 220 €
	Compris entre 33 500 € et 41 150 €	1 530 €
	Compris entre 41 150 € et 48 750 €	1 830 €
	Compris entre 48 750 € et 51 800 €	2 140 €
	Compris entre 51 800 € et 57 900 €	2 440 €
	Compris entre 57 900 € et 64 000 €	2 750 €
	Supérieur à 64 000 €	3 050 €

Droits départementaux de vente d'immeubles

97290 Pour la période 1er juin 2019-31 mai 2020, le taux du droit départemental s'élève à 4,50 % dans l'ensemble des départements sauf dans l'Indre, l'Isère, le Morbihan et Mayotte, dans lesquels le taux est fixé à 3,80 %.

Abattement sur l'assiette du droit de vente d'immeubles d'habitation

On trouvera ci-après la liste des départements dans lesquels les ventes réalisées du 1er juin 2019 au 31 mai 2020 peuvent bénéficier de l'abattement réservé aux immeubles situés dans les **zones de revitalisation rurale** (voir nº 92540). 97300 ENR-V-50150

14 – Calvados	46 000 €	51 – Marne	7 600 €
38 – Isère	46 000 €	71 – Saône-et-Loire	30 400 €

Exonérations facultatives de droits d'enregistrement

Le tableau ci-après indique les **départements** ayant institué pour la période 1er juin 2019-31 mai 2020 une ou plusieurs des exonérations suivantes : 97320 ENR-V-51700 s ENR-III-7500 s

– **colonne 1** : exonération de droit départemental des cessions de logements par les organismes de HLM ou par les sociétés d'économie mixte (SEM) à leurs locataires (CGI art. 1594 G) ; voir nº 66260 ;

– **colonne 2** : exonération de droit départemental des rachats de certains logements par les organismes de HLM ou par les SEM (CGI art. 1594 H) ; voir nº 66260 ;

– **colonne 3** : exonération de droit départemental des acquisitions de logements par les organismes de HLM dans le cadre de la mise en œuvre d'une garantie de rachat (CGI art. 1594 H-0 bis) ; voir nº 66260 ;

– **colonne 4** : exonération de droit départemental des acquisitions par les mutuelles d'anciens combattants (CGI art. 1594 I) ; voir nº 66260 ;

– **colonne 5** : exonération de taxe de publicité foncière des baux à réhabilitation (CGI art. 1594 J) ; voir nº 65160 ;

– **colonne 6** : exonération de taxe de publicité foncière des baux de plus de douze ans portant sur des résidences de tourisme classées (CGI art. 1594 J bis) ; voir nº 65160.

Départements	Exonérations						Départements	Exonérations					
	1	2	3	4	5	6		1	2	3	4	5	6
02. Aisne	X	X		X	X		**51.** Marne	X	X				
04. Alpes-de-Haute-Provence	X						**54.** Meurthe-et-Moselle	X	X		X		
05. Hautes-Alpes	X						**55.** Meuse	X					
11. Aude	X	X					**56.** Morbihan	X	X				
14. Calvados	X	X			X		**60.** Oise	X				X	
15. Cantal	X						**61.** Orne	X					
17. Charente-Maritime	X	X		X	X		**62.** Pas-de-Calais	X	X			X	
18. Cher	X	X					**63.** Puy-de-Dôme	X			X		
19. Corrèze	X	X					**64.** Pyrénées-Atlantiques	X	X				
21. Côte-d'Or	X	X	X				**65.** Pyrénées (Hautes-)	X	X	X	X	X	X
22. Côtes-d'Armor	X	X	X	X			**67.** Bas-Rhin	X	X		X		
23. Creuse	X						**68.** Haut-Rhin	X	X		X	X	
24. Dordogne	X	X					**71.** Saône-et-Loire	X	X			X	
25. Doubs		X			X		**72.** Sarthe	X	X		X	X	
26. Drôme	X						**75.** Paris				X		
27. Eure	X	X					**76.** Seine-Maritime	X	X				
29. Finistère	X	X					**77.** Seine-et-Marne	X	X	X	X		
31. Garonne (Haute-)	X			X	X		**78.** Yvelines	X					
33. Gironde	X	X					**79.** Sèvres (Deux-)	X	X				
34. Hérault	X					X	**80.** Somme	X	X				
35. Ille-et-Vilaine	X	X					**81.** Tarn	X	X				
36. Indre	X						**83.** Var	X	X	X		X	
37. Indre-et-Loire		X					**84.** Vaucluse	X	X	X			
38. Isère	X						**85.** Vendée	X					
39. Jura				X			**86.** Vienne	X	X				
40. Landes	X	X			X		**87.** Vienne (Haute-)	X	X				
41. Loir-et-Cher	X		X				**89.** Yonne	X	X		X	X	
42. Loire	X						**91.** Essonne	X			X	X	
43. Loire (Haute-)	X	X		X	X		**92.** Hauts-de-Seine	X			X	X	
44. Loire-Atlantique	X	X		X	X		**94.** Val-de-Marne				X		
46. Lot	X				X		**971.** Guadeloupe	X					
47. Lot-et-Garonne	X				X		**972.** Martinique	X					

Contribution de sécurité immobilière

97350
ENR-XI-5200 s

La « contribution de sécurité immobilière » est due pour chaque **formalité réalisée par le service de publicité foncière** : publications (ventes d'immeubles, donations immobilières…), inscriptions (d'hypothèques ou de privilèges) et délivrance de renseignements ou de copies d'actes. Elle est également due sur les mentions portées en marge des publications ou des inscriptions (radiation d'inscriptions d'hypothèques notamment). Elle doit être payée d'avance au service chargé de la publicité foncière.

a. Contribution sur les publications : tarif proportionnel fixé au taux unique de **0,10 %** qui s'applique au prix ou à l'évaluation des immeubles ou des droits immobiliers faisant l'objet de la publication (CGI art. 881 K).

Le tarif de 0,10 % s'applique aux radiations d'inscriptions d'hypothèques (taux réduit de 0,05 % pour les radiations simplifiées) (CGI art. 881 J).

Tarif minimum : 15 € par radiation ou par publication (CGI art. 881 M, b).

b. Contribution sur les inscriptions : taux proportionnel de **0,05 %,** liquidé sur le montant des sommes ou valeurs énoncées au bordereau d'inscription des privilèges immobiliers ou des hypothèques (CGI art. 881 H), y compris pour les bordereaux d'inscription d'une hypothèque conventionnelle rechargeable (CGI art. 881 I).

Le **même tarif** s'applique aux déclarations de cessions d'antériorité, de subrogation, ou de subrogation et de changement de domicile par le même acte (CGI art. 881 I).

Tarif minimum : 8 € par inscription, par déclaration de cession d'antériorité ou de subrogation ou par convention de rechargement (CGI art. 881 M, a).

c. Tarif réduit : la contribution proportionnelle est réduite de moitié pour certaines formalités (inscriptions d'hypothèques intéressant les HLM, formalités se rapportant au paiement fractionné ou différé notamment) (CGI art. 881 L). Par dérogation, et sous réserve du tarif minimum, la contribution perçue pour les formalités hypothécaires est réduite à 0,01 % jusqu'au 31 décembre 2021, lorsqu'elles se rapportent aux opérations de fusions et d'apports réalisées par les organismes de HLM et les SEM agréées.

Tarifs réglementés des notaires (extrait)

97370
ENR-I-30000 s

En plus des droits d'enregistrement fixes, proportionnels ou progressifs (nos 63500 s.), les actes rédigés ou reçus par les notaires donnent lieu au paiement d'**honoraires** (ou émoluments). Ces honoraires sont constitués, selon le cas, soit par des **émoluments proportionnels** ou dégressifs, soit par des **émoluments fixes,** applicables acte par acte, étant rappelé que le montant de ces honoraires est majoré de la TVA au taux normal.

Les tarifs des notaires sont réglementés (C. com. art. R 444-59 s. et A 444-53 s.). Sont toutefois exclus de la tarification les actes concernant le secteur concurrentiel. Relèvent ainsi du **secteur libre** (honoraires fixés par accord des parties) les actes reçus par les notaires, notamment en matière de **sociétés, de ventes de fonds de commerce et de baux commerciaux.** Lorsque ces actes « détarifés » comportent une convention soumise à publicité foncière (par exemple les actes portant sur des immeubles), des émoluments sont dus, outre les honoraires fixés librement, sur les biens soumis à publicité.

Remarques générales

a. En **cas de négociation,** le notaire a droit à un émolument supérieur qui est à la charge de la partie supportant les frais de l'acte, sauf stipulation contraire. Il y a négociation lorsque le notaire agissant en vertu d'un mandat écrit que lui a donné à cette fin l'une des parties recherche un cocontractant, le découvre et le met en relation avec son mandant, soit directement, soit par l'intermédiaire du représentant de ce cocontractant, reçoit l'acte ou participe à sa réception.

b. Les émoluments sont majorés de 25 % dans les départements de la Guadeloupe, de la Martinique et de la Guyane, et de 40 % dans le département de La Réunion (C. com. art. R 444-68).

c. L'intervention de **plusieurs notaires** dans la rédaction ou la réception d'un acte n'en augmente pas l'émolument, sauf si l'acte est rétribué en fonction du nombre d'heures passées. Le partage des émoluments, hors remises, est fixé par les règlements relatifs au statut du notariat (C. com. art. R 444-63).

d. S'agissant de l'acte de **mutation immobilière** (et des formalités liées à son accomplissement), un système d'**écrêtement** est prévu : l'émolument est plafonné à 10 % de la valeur du bien ou du droit faisant l'objet de la mutation, avec un minimum de rémunération de 90 € (C. com. art. A 444-175).

e. Des **remises d'honoraires** peuvent être consenties, identiques pour tous les clients de l'étude, sur les **émoluments proportionnels** (notamment pour les transactions immobilières), dans la limite d'un maximum de 10 % applicable à la part d'émolument calculée sur les tranches d'assiette supérieures ou égales à 150 000 € (40 % pour certains actes d'un montant supérieur ou égal à 10 000 000 €, dont les pactes « Dutreil ») (C. com. art. A 444-174).

Tarification des principaux actes ou conventions 97385

Nous donnons ci-après les tarifs des actes les plus courants (applicables du 1-3-2016 au 29-2-2020) concernant soit les actes relatifs principalement à la famille, soit les actes relatifs principalement aux biens immobiliers et fonciers.

Attestation notariée destinée à constater la transmission par décès ou convention matrimoniale d'immeubles ou de droits réels immobiliers (C. com. art. A 444-59).

De 0 à 6 500 €	1,972 %
De 6 500 € à 17 000 €	1,085 %
De 17 000 € à 30 000 €	0,740 %
Plus de 30 000 €	0,542 %

Bail

1. Bail de gré à gré ou sous-bail (C. com. art. A 444-103, 1°)

D'habitation ou professionnel et d'habitation : un demi-mois de loyer.

2. À ferme, à nourriture, à métayage (C. com. art. A 444-103, 2°)

a. Premier bail :

Sur le montant cumulé des loyers des trois premières années augmenté des charges et de la moitié des loyers des années suivantes augmentée des charges

De 0 à 6 500 €	1,677 %
De 6 500 € à 17 000 €	0,922 %
De 17 000 € à 30 000 €	0,629 %
Plus de 30 000 €	0,461 %

b. Renouvellement ou prorogation (émoluments fixes) : 57,69 €.

c. Bail à long terme :

Sur le montant total des loyers dus pour la durée du bail augmenté des charges

De 0 à 6 500 €	1,677 %
De 6 500 € à 17 000 €	0,922 %
De 17 000 € à 30 000 €	0,629 %
Plus de 30 000 €	0,461 %

d. Bail cessible en dehors du cadre familial (C. com. art. A 444-103, 2°) :

Établissement :

Sur le montant des loyers dus pour la durée du bail augmenté des charges

De 0 à 6 500 €	1,677 %
De 6 500 € à 17 000 €	0,922 %
De 17 000 € à 30 000 €	0,629 %
Plus de 30 000 €	0,461 %

Cession :

De 0 à 6 500 €	3,945 %
De 6 500 € à 17 000 €	1,627 %
De 17 000 € à 60 000 €	1,085 %
Plus de 60 000 €	0,814 %

3. À cheptel (C. com. art. A 444-103, 3°) :

Sur la somme servant de base à la perception des droits d'enregistrement ou, à défaut, sur l'évaluation des parties

De 0 à 6 500 €	3,353 %
De 6 500 € à 17 000 €	1,844 %
De 17 000 € à 30 000 €	1,257 %
Plus de 30 000 €	0,922 %

4. À vie, à durée illimitée ou emphytéotique (C. com. art. A 444-103, 4°) :

Sur la somme retenue pour les besoins de la publicité foncière

De 0 à 6 500 €	3,353 %

97385 (suite)

De 6 500 € à 17 000 €	1,844 %
De 17 000 € à 30 000 €	1,257 %
Plus de 30 000 €	0,922 %

Dépôt de la **convention de divorce par consentement mutuel** sans juge (C. civ. art. 229-1 ; C. com. art. A 444-173-1) : émolument fixe de 42 €.

Déclaration d'insaisissabilité des droits de l'entrepreneur individuel sur tout bien foncier, bâti ou non bâti, mentionnés au 2e alinéa de l'article L 526-1 du Code de commerce (C. com. art. A 444-145) : émolument fixe de 115,39 €.

Déclaration de succession (sur l'actif brut total), y compris les biens dépendant d'une communauté, d'une participation ou société aux acquêts (C. com. art. A 444-63)

De 0 à 6 500 €	1,578 %
De 6 500 € à 17 000 €	0,868 %
De 17 000 € à 30 000 €	0,592 %
Plus de 30 000 €	0,434 %

Donation entre vifs : sur la valeur en pleine propriété (y compris en cas de réserve d'usufruit) des biens donnés par chaque donateur

1. Acceptée sans distinction de ligne (C. com. art. A 444-67, 1°)

De 0 à 6 500 €	4,931 %
De 6 500 € à 17 000 €	2,034 %
De 17 000 € à 60 000 €	1,356 %
Plus de 60 000 €	1,017 %

2. Non acceptée (C. com. art. A 444-67, 2°)

De 0 à 6 500 €	3,550 %
De 6 500 € à 17 000 €	1,465 %
De 17 000 € à 60 000 €	0,976 %
Plus de 60 000 €	0,732 %

3. Acceptation de la donation entre vifs (C. com. art. A 444-67, 3°)

De 0 à 6 500 €	1,381 %
De 6 500 € à 17 000 €	0,570 %
De 17 000 € à 60 000 €	0,380 %
Plus de 60 000 €	0,285 %

4. Donation entre vifs portant uniquement sur des créances, espèces ou des valeurs mobilières cotées (C. com. art. A 444-67, 4°)

De 0 à 6 500 €	2,367 %
De 6 500 € à 17 000 €	0,976 %
De 17 000 € à 60 000 €	0,651 %
Plus de 60 000 €	0,488 %

Donation-partage (donation-partage conjonctive, donation-partage par une seule personne) (C. com. art. A 444-68, 1° et 2°)

De 0 à 6 500 €	4,931 %
De 6 500 € à 17 000 €	2,034 %
De 17 000 € à 60 000 €	1,356 %
Plus de 60 000 €	1,017 %

Donations entre époux (pendant le mariage) (C. com. art. A 444-69) : émolument fixe de 115,39 €.

Échange (C. com. art. A 444-117)

a. Bilatéral : sur la valeur du plus fort des deux lots échangés

De 0 à 6 500 €	3,945 %
De 6 500 € à 17 000 €	1,627 %
De 17 000 € à 60 000 €	1,085 %
Plus de 60 000 €	0,814 %

b. Multilatéral : sur la valeur globale des biens échangés

De 0 à 6 500 €	2,630 %
De 6 500 € à 17 000 €	1,085 %

De 17 000 € à 60 000 €	0,723 %	97385 (suite)
Plus de 60 000 €	0,542 %	

Mandat posthume et **mandat de protection future** (C. com. art. A 444-79 et A 444-79-1) (émoluments fixes)

Établissement du mandat : 115,39 €

Acceptation par acte séparé : 57,69 €

Révocation par le mandant : 57,69 €

Renonciation par le mandataire : 57,69 €

Mainlevée d'inscription hypothécaire, de privilège, de nantissement, de gage (C. com. art. A 444-141, 2°-a)

De 0 à 6 500 €	0,493 %
De 6 500 € à 17 000 €	0,271 %
De 17 000 € à 30 000 €	0,185 %
Plus de 30 000 €	0,136 %

Notoriété

1. Après décès, constatant la **dévolution successorale** (C. com. art. A 444-66, 1°) : émolument fixe de 57,69 €.

2. Constatant la prescription acquisitive (C. com. art. A 444-66, 2°)

De 0 à 6 500 €	0,789 %
De 6 500 € à 17 000 €	0,434 %
De 17 000 € à 30 000 €	0,296 %
Plus de 30 000 €	0,217 %

3. Dans tous les autres cas que ceux prévus aux 1. et 2. (C. com. art. A 444-66, 3°) : émolument fixe de 57,69 €.

Pacte civil de solidarité initial ou modificatif (C. com. art. A 444-81) : émolument fixe de 192,31 €.

Partage

1. Partage volontaire ou judiciaire avec ou sans liquidation de communauté, de succession, de société (sauf sociétés de construction) ou d'association (C. com. art. A 444-121, 1° et 2°).

a. Sur l'actif brut, déduction faite seulement des legs particuliers

De 0 à 6 500 €	4,931 %
De 6 500 € à 17 000 €	2,034 %
De 17 000 € à 60 000 €	1,356 %
Plus de 60 000 €	1,017 %

b. Sur les reprises en nature : émolument proportionnel non dégressif de 0,493 %.

2. Partage de sociétés de construction (C. com. art. A 444-120)

De 0 à 6 500 €	0,986 %
De 6 500 € à 17 000 €	0,542 %
De 17 000 € à 30 000 €	0,370 %
Plus de 30 000 €	0,271 %

En cas de partage partiel, le montant des émoluments supportés par chaque copartageant sortant de la société ne pourra être supérieur au montant de ceux dont il aurait été redevable si le partage avait été total.

3. Partage de biens indivis dans les cas autres que ceux prévus au 1 ci-dessus (C. com. art. A 444-122)

De 0 à 6 500 €	2,630 %
De 6 500 € à 17 000 €	1,085 %
De 17 000 € à 60 000 €	0,723 %
Plus de 60 000 €	0,542 %

Liquidation sans partage (C. com. art. A 444-123)

De 0 à 6 500 €	1,972 %
De 6 500 € à 17 000 €	0,814 %
De 17 000 € à 60 000 €	0,542 %
Plus de 60 000 €	0,407 %

4. Rémunération du notaire désigné pour élaborer un projet de liquidation du régime matrimonial prévu à l'article 255, 10° du Code civil (C. com. art. A 444-83)

97385 (suite)

De 0 à 6 500 €	2,564 %
De 6 500 € à 17 000 €	1,058 %
De 17 000 € à 60 000 €	0,705 %
Plus de 60 000 €	0,529 %

Prêt, obligation avec ou sans garantie, reconnaissance de dette, ouverture de crédit (C. com. art. A 444-143)

De 0 à 6 500 €	1,315 %
De 6 500 € à 17 000 €	0,542 %
De 17 000 € à 60 000 €	0,362 %
Plus de 60 000 €	0,271 %

Prêt hypothécaire destiné à financer une **activité professionnelle** (C. com. art. A 444-139)

De 0 à 6 500 €	2,170 %
De 6 500 € à 17 000 €	0,895 %
De 17 000 € à 60 000 €	0,597 %
Plus de 60 000 €	0,447 %

Convention de **rechargement** d'une **hypothèque** (C. com. art. A 444-138, 1°)

De 0 à 6 500 €	0,789 %
De 6 500 € à 17 000 €	0,434 %
De 17 000 € à 30 000 €	0,296 %
Plus de 30 000 €	0,217 %

Avenant de **transformation** d'une dernière **hypothèque conventionnelle en hypothèque rechargeable** (C. com. art. A 444-138, 2°)

De 0 à 6 500 €	0,493 %
De 6 500 € à 17 000 €	0,271 %
De 17 000 € à 30 000 €	0,185 %
Plus de 30 000 €	0,136 %

Règlements de copropriété ou descriptif en volume (C. com. art. A 444-116)
Pour l'établissement de l'acte (émoluments fixes) : 384,62 €
En outre, pour l'établissement du descriptif : 11,54 € par lot (émoluments fixes).
Sur la mise en conformité du règlement ou du descriptif aux dispositions légales ou leur modification pour prendre en compte la volonté des copropriétaires ou parties (émoluments fixes) : 192,31 € ; en outre, 5,77 € par lot pour le descriptif.

Sociétés (C. com. art. A 444-158) : sur la valeur des biens soumis à publicité foncière, outre les honoraires

De 0 à 6 500 €	1,972 %
De 6 500 € à 17 000 €	0,814 %
De 17 000 € à 60 000 €	0,542 %
Plus de 60 000 €	0,407 %

Ventes (ou cessions) amiables

A. De tous biens et droits quelconques mobiliers ou immobiliers, corporels ou incorporels (notamment d'**immeubles** autres que les locaux neufs d'habitation, appartements ou maisons individuelles) (C. com. art. A 444-91)

De 0 à 6 500 €	3,945 %
De 6 500 € à 17 000 €	1,627 %
De 17 000 € à 60 000 €	1,085 %
Plus de 60 000 €	0,814 %

B. De locaux d'habitation neufs dans des immeubles **autres que les HLM,** appartements ou maisons individuelles :

a. Première vente d'un local d'habitation en l'état futur d'achèvement ou achevé, compris dans un immeuble ou dans un ensemble immobilier ayant fait l'objet d'un même permis de construire (C. com. art. A 444-95).

Si le permis de construire concerne :

– au plus 10 unités principales d'habitation

De 0 à 6 500 €	3,945 %
De 6 500 € à 17 000 €	1,627 %

De 17 000 € à 60 000 €	1,085 %
Plus de 60 000 €	0,814 %

– plus de 10 et moins de 25 unités principales d'habitation

De 0 à 6 500 €	3,156 %
De 6 500 € à 17 000 €	1,302 %
De 17 000 € à 60 000 €	0,868 %
Plus de 60 000 €	0,651 %

– 25 ou plus de 25 et moins de 100 unités principales d'habitation

De 0 à 6 500 €	2,630 %
De 6 500 € à 17 000 €	1,085 %
De 17 000 € à 60 000 €	0,723 %
Plus de 60 000 €	0,542 %

– 100 ou plus de 100 et moins de 250 unités principales d'habitation

De 0 à 6 500 €	1,972 %
De 6 500 € à 17 000 €	0,814 %
De 17 000 € à 60 000 €	0,542 %
Plus de 60 000 €	0,407 %

– 250 ou plus de 250 et moins de 500 unités principales d'habitation

De 0 à 6 500 €	1,578 %
De 6 500 € à 17 000 €	0,651 %
De 17 000 € à 60 000 €	0,434 %
Plus de 60 000 €	0,325 %

– 500 ou plus de 500 unités principales d'habitation

De 0 à 6 500 €	1,315 %
De 6 500 € à 17 000 €	0,542 %
De 17 000 € à 60 000 €	0,362 %
Plus de 60 000 €	0,271 %

b. Une tarification spéciale est prévue pour la 1e vente à terme ainsi que pour la revente des immeubles visés au a. ci-dessus.

C. De fonds de commerce (éléments de fonds de commerce, unités de production, branches d'activités d'entreprise) (C. com. art. A 444-101) : sur la valeur des biens soumis à publicité, outre les honoraires.

De 0 à 6 500 €	3,945 %
De 6 500 € à 17 000 €	1,627 %
De 17 000 € à 60 000 €	1,085 %
Plus de 60 000 €	0,814 %

L'application des différents barèmes peut être illustrée au moyen des deux exemples suivants (ces tarifs étant calculés sans application d'une remise partielle des honoraires sur les tranches excédant 150 000 €). 97390

Exemple 1

Vente de gré à gré d'un bien immobilier. Soit la vente d'une maison individuelle, le 2 février 2020, pour un prix de 500 000 €. Le tarif donné par le tableau du n° 97385 s'applique comme suit (montant hors taxe) :

De 0 à 6 500 € (soit sur 6 500 € à 3,945 %)	256,43 €
De 6 500 € à 17 000 € (soit sur 10 500 € à 1,627 %)	170,84 €
De 17 000 € à 60 000 € (soit sur 43 000 € à 1,085 %)	466,55 €
De 60 000 € à 500 000 € (soit sur 440 000 € à 0,814 %)	3 581,60 €
Total	4 475,42 €

À ces émoluments proportionnels sont ajoutés, le cas échéant, les émoluments fixes pour les diverses formalités accomplies par le notaire.

Exemple 2

Donation-partage par une seule personne. Soit une donation-partage, le 26 février 2020, d'un père à ses deux enfants, son fils et sa fille, d'un immeuble de rapport en pleine propriété évalué à 6 000 000 €. Le tarif donné par le tableau du n° 97385, s'applique comme suit (montant hors taxe) :

De 0 à 6 500 € (soit sur 6 500 € à 4,931 %)	320,52 €
De 6 500 € à 17 000 € (soit sur 10 500 € à 2,034 %)	231,57 €
De 17 000 € à 60 000 € (soit sur 43 000 € à 1,356 %)	583,08 €
De 60 000 € à 6 000 000 € (soit sur 5 940 000 € à 1,017 %)	60 409,80 €
Total	61 544,97 €

Majoration des rentes viagères

97430 L'article 126 de la loi 99-1172 du 30 décembre 1999 a instauré un mécanisme d'indexation automatique de la majoration légale des arrérages de rentes viagères constituées entre particuliers, de rentes servies en réparation d'un préjudice et de rentes servies aux anciens combattants. Cette indexation intervient chaque année par arrêté.

Pour les rentes servies en **2020,** la revalorisation des taux de majoration est de 1 % (Arrêté CPAB1934807A du 18-12-2019 : JO 26 texte @ n° 62). Les taux de majoration légale applicables en 2020 sont donc les suivants :

Période au cours de laquelle est née la rente originaire	Taux de la majoration (en pourcentage)
Avant le 1er août 1914	110 528,90
Du 1er août 1914 au 31 décembre 1918	63 119,10
Du 1er janvier 1919 au 31 décembre 1925	26 523,60
Du 1er janvier 1926 au 31 décembre 1938	16 229,10
Du 1er janvier 1939 au 31 août 1940	11 686,50
Du 1er septembre 1940 au 31 août 1944	7 075,80
Du 1er septembre 1944 au 31 décembre 1945	3 442,40
Années 1946, 1947 et 1948	1 611,40
Années 1949, 1950 et 1951	876,80
Années 1952 à 1958 incluse	639,10
Années 1959 à 1963 incluse	516,80
Années 1964 et 1965	483,70
Années 1966, 1967 et 1968	456,20
Années 1969 et 1970	426,10
Années 1971, 1972 et 1973	369,90
Année 1974	259,10
Année 1975	239,50
Années 1976 et 1977	210,30
Année 1978	188,30
Année 1979	162,80
Année 1980	133,20
Année 1981	106,80
Année 1982	91,90
Année 1983	82,50

Période au cours de laquelle est née la rente originaire	Taux de la majoration (en pourcentage)
Année 1984	74,40
Année 1985	69,60
Année 1986	66,90
Année 1987	62,80
Année 1988	59,30
Année 1989	55,20
Année 1990	51,20
Année 1991	47,50
Année 1992	43,70
Année 1993	41,00
Année 1994	38,70
Année 1995	35,80
Année 1996	33,80
Année 1997	32,20
Année 1998	30,70
Année 1999	30,20
Année 2000	28,40
Année 2001	26,40
Année 2002	24,00
Année 2003	22,20
Année 2004	20,30
Année 2005	18,00
Année 2006	15,80
Année 2007	14,00
Année 2008	12,30
Année 2009	11,00
Année 2010	9,40
Année 2011	7,60
Année 2012	5,60
Année 2013	4,30
Année 2014	3,80
Année 2015	3,70
Année 2016	3,60
Année 2017	2,60
Année 2018…	1,00

Calcul de la rente Les **majorations s'ajoutent à la rente originaire.** Ainsi, une rente mensuelle de 200 € constituée en 1975 se calcule comme suit au 1er janvier 2020 :
200 + [(200 × 239,50) : 100] = 679 €.

Tableau des coefficients de réévaluation des immobilisations

On trouvera ci-dessous le tableau des coefficients employés pour le calcul de la valeur locative des établissements industriels à retenir pour l'assiette de la taxe foncière et de la cotisation foncière des entreprises (voir nº 42115). 97470 CGI ann. III art. 21

Années 1914 et ant.	243	Année 1930	44,6	Année 1946	5,1
Année 1915	170,1	Année 1931	48,6	Année 1947	4
Année 1916	129,6	Année 1932	56,8	Année 1948	2,3
Année 1917	89,1	Année 1933	62,4	Année 1949	1,9
Année 1918	72,9	Année 1934	64,8	Année 1950	1,6
Année 1919	70,4	Année 1935	72,9	Année 1951	1,25
Année 1920	48,6	Année 1936	60,8	Année 1952	1,15
Année 1921	72,9	Année 1937	43	Année 1953	1,20
Année 1922	78,5	Année 1938	38	Année 1954	1,25
Année 1923	60,8	Année 1939	36,5	Année 1955	1,25
Année 1924	51,8	Année 1940	29,3	Année 1956	1,20
Année 1925	46,1	Année 1941	26,8	Année 1957	1,15
Année 1926	35,5	Année 1942	24,3	Année 1958	1,05
Année 1927	38,9	Année 1943	17,8	Année 1959	1
Année 1928	38,9	Année 1944	16,3		
Année 1929	39,6	Année 1945	8,1		

Régime fiscal et social des salaires et retraites

97490 Les solutions applicables en matière de cotisations de sécurité sociale valent également pour la CSG et la CRDS, sauf indication expresse contraire.

Par ailleurs, l'assiette des contributions d'assurance chômage, des cotisations Fnal, du versement mobilités, de la contribution solidarité-autonomie, des cotisations Agirc-Arrco et AGFF, des contributions à la formation professionnelle et à l'alternance (contributions-formation, taxe d'apprentissage, contribution supplémentaire à l'apprentissage), ainsi que de la participation-construction est alignée sur celle des cotisations de sécurité sociale.

L'assiette de la **taxe sur les salaires** est alignée sur celle de la CSG applicable aux revenus d'activité (sauf prestations de sécurité sociale versées par subrogation de l'employeur et gains de levée d'options sur actions et d'attributions gratuites d'actions).

	Cotisations de sécurité sociale, CSG et CRDS	Impôt sur le revenu
Salaires (y compris avantages en nature, indemnités de congés payés, heures de récupération…)	assujettis	salaire
Heures supplémentaires	réduction des cotisations salariales et, dans les entreprises de moins de 20 salariés, déduction forfaitaire de cotisations patronales (voir Mémento social n°s 41300 s.)	exonérées jusqu'à 5000 € par an ; salaire au-delà
Frais professionnels (indemnités)	exonérés sauf application d'une déduction forfaitaire spécifique[1]	exonérés sauf application des frais réels
– Contribution patronale aux titres-restaurant	exonérée dans certaines limites	exonérée dans certaines limites
– Prime légale de transport	exonérée	exonérée
– Prise en charge facultative par l'employeur des frais de carburant (ou d'alimentation des véhicules électriques) et forfait mobilités durables	exonérée dans certaines limites	exonérée dans certaines limites
– Allocations forfaitaires aux dirigeants	assujetties	salaire
Maladie, maternité, accident du travail		
– sécurité sociale : indemnités journalières maladie et maternité	exonérées de cotisations séc. sociale, assujetties CSG et CRDS	salaire
– Accident du travail	id. ci-dessus	exonérées à hauteur de 50 %
– Indemnités différentielles[2]	assujetties	salaire
Indemnités de rupture		
– Indemnité de licenciement hors plan de sauvegarde pour l'emploi	voir Mémento social n° 90440	exonérée dans certaines limites[3]
– Indemnité de licenciement dans le cadre d'un plan de sauvegarde de l'emploi	voir Mémento social n° 90440	exonérée
– Indemnité de rupture dans le cadre d'un congé de mobilité ou d'une rupture conventionnelle collective[8]	voir Mémento social n°s 22887 et 25145	exonérée
– Indemnité de rupture conventionnelle homologuée	voir Mémento social n°s 22885 et 25150	exonérée dans certaines limites[7]
– Indemnité de départ volontaire	voir Mémento social n°s 22880 s. et 25150	salaire[5]
– Indemnité compensatrice de préavis	assujettie	salaire
– Indemnité compensatrice de congés payés	assujettie	salaire
– Indemnité de départ volontaire à la retraite ou en préretraite	voir Mémento social n°s 22895 et 25150	salaire[5]

	Cotisations de sécurité sociale, CSG et CRDS	Impôt sur le revenu
– Indemnité de mise à la retraite par l'employeur	voir Mémento social nos 69650, 22895 et 25140 s.	exonérée dans certaines limites[4]
Chômage total ou partiel (indemnité d'activité partielle)		salaire
Préretraites (préretraites licenciement du FNE, en contrepartie d'embauche)		salaire
Retraite (sécurité sociale et autres avantages de retraite)		pension

1. Les déductions forfaitaires spécifiques ne s'appliquent ni à la CSG, ni à la CRDS, dont la base est diminuée d'une déduction pour frais de 1,75 %, applicable à tous les salariés (sauf application d'une base forfaitaire).
2. Les primes versées par le comité social et économique constituent un salaire à moins d'avoir un caractère de secours. Selon l'administration, doivent également échapper aux cotisations de sécurité sociale les avantages attribués par le comité qui se rattachent directement à ses activités sociales et culturelles (Mémento social nos 22410 s.). La part des indemnités correspondant à des versements du salarié est exonérée.
3. En ce qui concerne les limites applicables, voir no 21665.
4. En ce qui concerne les limites applicables, voir no 21675.
5. Intégralement exonérée si le départ intervient dans le cadre d'un plan de sauvegarde de l'emploi. Les indemnités de départ volontaire suivent le même régime que les indemnités de licenciement lorsque le départ a été provoqué par l'employeur (no 21695).
6. Assujetties à CSG et CRDS, sauf exonérations (Mémento social nos 25260 s.). Pas de cotisations sur salaires, mais une cotisation spéciale maladie et une contribution additionnelle de solidarité pour autonomie dans certains cas : voir Mémento social nos 1460 (indemnité d'activité partielle), 6680-b (chômage), 57120 (préretraites), 68355 s. (avantages de retraite). Toutefois, certaines prestations servies par un plan d'épargne retraite font l'objet d'exonérations : voir Mémento social no 59400.
7. Les limites sont les mêmes que pour l'indemnité de licenciement, voir no 21665.
8. Il en est de même des indemnités d'accompagnement et de reclassement externe versées dans le cadre d'une rupture conventionnelle collective.

Règles générales d'arrondissement pour la liquidation des impôts et taxes

Une **règle unique d'arrondissement** s'applique à l'ensemble des impôts et taxes. 97510 CGI art. 1649 undecies et 1724 **DC-IX-1000 s**

Les **bases** et **cotisations** fiscales sont arrondies **à l'euro le plus proche** :

– la part des bases et cotisations inférieure strictement à 0,50 € est négligée ;

– la part des bases et cotisations égale ou supérieure à 0,50 € est arrondie à l'unité supérieure.

Tout élément venant modifier les bases (abattements…) ou les cotisations (décotes, crédits d'impôt, réductions d'impôt…) est arrondi à l'unité la plus proche.

Cette règle s'apprécie impôt par impôt.

La règle d'arrondissement exposée ci-dessus concerne également les acomptes provisionnels d'**impôt sur les sociétés** (CGI art. 1668, 1) et l'acompte de **cotisation foncière des entreprises** (CGI art. 1679 quinquies, al. 3).

Elle ne concerne pas, en revanche, l'élaboration des **tableaux comptables** annexés aux déclarations de résultat.

Tableau récapitulatif des impôts, droits et taxes

97550 Le tableau ci-après récapitule, en les regroupant par catégories, les différents impôts, droits, taxes, prélèvements, etc., **dont il est traité dans le Mémento.**

	Nos
I. Impôts directs	
Impôt sur le revenu (IR)	10 s.
Contribution exceptionnelle sur les hauts revenus	5100 s.
Prélèvements sociaux (CSG, CRDS et prélèvement de solidarité)	34200 s.
Impôt sur les sociétés (IS)	35550 s.
Contribution sociale	36690 s.
Taxes foncières	41650 s.
– sur les propriétés bâties	41900 s.
– sur les propriétés non bâties	42500 s.
Taxe d'habitation	43000 s.
Contribution économique territoriale	43500 s.
Contribution sur les revenus locatifs	74800 s.
II. Impôts indirects	
Taxe sur la valeur ajoutée (TVA)	46000 s.
Droits relatifs aux boissons et alcools	75605 s.
Taxe sur les maisons de jeu	75655
Ancienne contribution sur les ouvrages d'or, d'argent et de platine	75670
Droit de consommation sur les tabacs manufacturés	75675
III. Droits d'enregistrement	
Droits sur les cessions de fonds de commerce et opérations assimilées	65400 s.
Droits sur les ventes d'immeubles	66000 s.
Droits sur les sociétés	66500 s.
Droits sur les cessions de droits sociaux	67130 s.
Droits de succession et de donation	67500 s.
Droit de partage	70400 s.
Droits fixes	64030 s.
Contribution de sécurité immobilière	97350
IV. Impôt sur la fortune immobilière (IFI)	71000 s.
V. Taxes et participations assises sur les salaires	
Taxe sur les salaires	73200 s.
Taxe d'apprentissage et contribution supplémentaire	73640 s. et 74200 s.
Contribution à la formation professionnelle	73800 s.
Contribution CPF-CDD et contributions spécifiques	74250 s.
Participation-construction	74300 s.
VI. Prélèvements et retenues à la source	
Prélèvement à la source de l'impôt sur le revenu	3740 s.
Prélèvement à la source obligatoire sur les dividendes et distributions assimilées	24570 s.
Prélèvement à la source obligatoire sur les produits de placements à revenu fixe	25100 s.
Prélèvement forfaitaire unique (PFU)	24170 s. et 32220
Prélèvement sur les profits immobiliers réalisés par des contribuables non domiciliés en France :	
– profits occasionnels	32625 s.
– profits de caractère professionnel	30155
Prélèvement sur les capitaux décès	68235
Retenue à la source sur les rémunérations versées à des personnes non domiciliées en France	4560 s., 4595 s. et 4640 s.
Retenue à la source sur les gains retirés d'options sur actions, d'actions gratuites et de BSPCE par des personnes non domiciliées en France	88790, 88805, précision b et 88830
Retenue à la source sur les dividendes distribués à des non-résidents ou payés dans des États non coopératifs	24845 s.
Retenue à la source sur les revenus d'obligations et autres emprunts émis avant 1987	25610
Retenue à la source sur les bénéfices réalisés en France par les sociétés étrangères	24895 s.

97550
(suite)

Retenue à la source de la TVA sur les droits d'auteur	61705 s.
VII. Taxes et redevances de nature immobilière	
Taxe sur les plus-values immobilières supérieures à 50 000 €	32710 s.
Taxe d'aménagement	31100 s.
Versement pour sous-densité	31180 s.
Taxe pour création de bureaux et locaux assimilés en Île-de-France	31315 s.
Redevance d'archéologie préventive	31340 s.
Taxe annuelle sur les bureaux et locaux assimilés en Île-de-France	31380 s.
Taxes sur la cession de terrains devenus constructibles	31430 s.
Taxe annuelle de 3 % sur les immeubles	75965 s.
Taxe sur les logements vacants	75980 s.
VIII. Taxes assimilées aux impôts directs locaux	
Taxes spéciales d'équipement	45510 et 91550
Taxe additionnelle à la taxe foncière sur les propriétés non bâties	45515
Taxe spéciale au profit de la région Île-de-France	45517
Taxe d'enlèvement des ordures ménagères	45520
Taxe pour frais de chambres d'agriculture, de commerce et d'industrie ou de métiers	45525 s.
Taxe sur les friches commerciales	45540
Taxe pour la gestion des milieux aquatiques et la prévention des inondations	45545
Redevances communale et départementale des mines	45500
Redevance communale et régionale géothermique	45500
Imposition des pylônes électriques et des éoliennes maritimes	45500
IX. Autres taxes, droits ou redevances	
Prélèvement spécifique sur les trusts	75977
Contribution sociale de solidarité des sociétés	75000 s.
Taxe sur les voitures de sociétés	75100 s.
Taxes sur les cartes grises (dont malus et taxe sur les véhicules de grosse cylindrée) et malus annuel	76035 s., 76045
Taxe sur les surfaces commerciales	75900 s.
Taxes sur les transactions financières	76021 s.
Taxe pour le financement du fonds de soutien aux collectivités territoriales	76024
Taxe sur certaines dépenses de publicité	75905
Taxe générale sur les activités polluantes	75200 s.
Taxe sur le chiffre d'affaires des exploitants agricoles	75910
Contributions sur les boissons non alcooliques	76110 s.
Taxe pour le développement de la formation professionnelle dans la réparation automobile	76120
Taxe forfaitaire sur les métaux et objets précieux	75915 s.
Taxation spéciale des œuvres, établissements et spectacles pornographiques ou violents	75945
Taxes perçues au profit de l'autorité de régulation des activités ferroviaires et routières	76048
Taxes perçues au profit de l'assurance maladie	76050
Redevances sanitaires d'abattage et de découpage	76065 s., et 76070
Redevances sanitaires sur les produits de la pêche et de l'aquaculture	76080
Redevance pour l'agrément des établissements du secteur de l'alimentation animale	76082
Redevance sanitaire sur le lait cru et les ovoproduits	76075
Taxe sur les conventions d'assurances	76000 s.
Taxe sur les excédents de provisions des assurances	76020
Contribution à l'audiovisuel public	75940 s.
Taxe sur les services fournis par les opérateurs de communications électroniques	75954
Taxe sur la diffusion en vidéo physique et en ligne de contenus audiovisuels	75955
Contribution sur les droits de diffusion de manifestations sportives	75960
Droits sur les jeux de hasard	76025
Droit fixe d'appel	76103
Taxe sur les actes des huissiers de justice	76105

Tableau des déclarations fiscales

97560 Le tableau ci-après récapitule les **principales déclarations** à souscrire en matière fiscale (en renvoyant aux numéros du Mémento). Les déclarations annuelles font pour la plupart l'objet d'un **guide** spécial dans nos **« Feuillets rapides ».**

	Nos
I. Déclarations périodiques	
Déclaration d'ensemble annuelle des revenus n° 2042 **et déclarations annexes** :	
Contribuables domiciliés en France	3670 s.
Contribuables domiciliés à l'étranger	4460
Impôt sur la fortune immobilière (IFI)	72300
Revenus encaissés hors de France (n° 2047)	3680
Revenus fonciers (n° 2044 ou n° 2044 spéciale)	27585
Plus-values sur valeurs mobilières et droits sociaux et profits assimilés (n° 2074)	33260
Déclarations spéciales de bénéfices professionnels et déclarations annexes :	
BIC : régime du réel normal et simplifié (n° 2031)	10965 et 86845
BNC : régime de déclaration contrôlée (n° 2035)	13595
Exploitants agricoles : régime du réel normal (n° 2143) ou simplifié (n° 2139)	16050
Déclarations des sociétés et autres personnes morales :	
Sociétés passibles de l'IS (n° 2065)	36385 s.
– revenus mobiliers perçus à l'étranger (n° 2066)	36125
– report en arrière des déficits (n° 2039)	35925
Prix de transfert (n° 2257)	8970
Reporting pays par pays	8972
Sociétés civiles de moyens (n° 2036)	13895
Sociétés de moyens (n° 2036 bis)	11000, précision b
Sociétés de pluripropriété (n° 2038)	31000
Sociétés immobilières de copropriété transparentes (n° 2071)	30805
Sociétés immobilières relevant de l'impôt sur le revenu (n° 2072)	30740
Sociétés étrangères ayant un établissement en France (n° 2777)	24896
Sociétés et entités détenant des immeubles en France (n° 2746)	75975
Collectivités sans but lucratif (n° 2070)	89730
Déclarations de TVA :	
Décl. mensuelle (ou trimestrielle) de chiffre d'affaires, régime normal (CA 3)	53700 s.
Redevables au RSI renonçant aux formalités spécifiques à ce régime	86915
Redevables au RSA renonçant aux formalités spécifiques à ce régime	59895
Décl. annuelle (ou par exercice) de chiffre d'affaires, régime simplifié (CA 12 ou CA 12 E)	86900 s.
Décl. trimestrielle (bulletin d'échéance n° 3525 bis-SD) de TVA agricole	59890
Décl. annuelle (ou par exercice) de TVA agricole (CA 12 A ou CA 12 AE)	59890
Décl. mensuelle des échanges de biens dans la Communauté européenne (DEB)	49420 s.
Décl. mensuelle européenne des services (DES)	49890
Déclarations annuelles pour la contribution économique territoriale :	
Décl. pour la cotisation foncière des entreprises (n° 1447 M)	43755
Décl. pour la cotisation sur la valeur ajoutée des entreprises (n° 1330-CVAE)	44035 s.
Déclarations des rémunérations versées :	
Décl. annuelle des salaires (DSN mensuelle)	22200
Décl. annuelle des pensions et rentes viagères (n° 2466)	22585
Décl. annuelle des commissions, courtages, honoraires (DADS ou n° 2460 ou DAS 2)	78355 s.
Décl. annuelle des droits d'auteur ou d'inventeur	78365
Décl. mensuelle des salaires, pensions et rémunérations non commerciales et assimilées, versés à des non-domiciliés en France (retenue à la source) (n° 2494)	4580
Déclarations liées au paiement de revenus mobiliers et déclarations destinées au contrôle :	
Produits d'actions ou parts sociales distribués à des non-domiciliés en France (retenue à la source) (n° 2777)	24865
Prélèvement et contributions sociales sur les dividendes et les produits de placements à revenu fixe (nos 2777, 2778 et 2778-DIV)	24590 et 25385 s.
IFU : paiement de revenus mobiliers (et opérations concernant les valeurs mobilières) (n° 2561)	26850 s.
Échange automatique d'informations	26960

97560 (suite)

Ouvertures et clôtures de comptes	26940
Contrats de prêts (n° 2062)	26920 s.
Prêts sans intérêts	78370
Achats au détail de métaux précieux	78385
Déclarations des taxes et participations assises sur les salaires :	
Taxe sur les salaires (nos 2501 et 2502)	73540 s.
Autres déclarations périodiques :	
Contribution sociale de solidarité des sociétés	75050
Taxe sur les voitures des sociétés (annexe 3310 A-SD à la déclaration CA3 ou formulaire n° 2855-SD)	75150
Taxe sur les bureaux et locaux assimilés en Île-de-France (n° 6705 B ou n° 6705 BK)	31410
II. Déclarations non périodiques	
Déclarations d'existence :	
Décl. d'existence, de modifications du pacte social et des conditions d'exercice des sociétés	36405 a
Décl. de création d'entreprise ou d'activité des redevables de la TVA	53385 s.
Décl. d'existence des sociétés immobilières relevant de l'impôt sur le revenu	30735
Décl. d'existence des sociétés immobilières de copropriété	30785
Déclarations en cas de cession ou cessation d'entreprise (ou décès de l'exploitant) :	
Impôt sur les bénéfices	11090 s.
TVA	53390
Contribution économique territoriale (cotisation foncière) (n° 1447 C)	43756 et 43757
Déclarations en cas de décès du contribuable :	
Impôt sur le revenu	4765 s.
Décl. de succession (nos 2705-SD, 2705-A-SD et 2709-SD)	68860
Décl. des contrats d'assurance	68230, précision e et 78380
Déclarations en matière d'impôts locaux :	
Constructions nouvelles, changements de consistance ou d'affectation (propriétés bâties et non bâties) et changements d'utilisation ou de méthode d'évaluation des locaux professionnels	42170 s., 42580
Contribution économique territoriale (cotisation foncière) :	
– création d'établissement ou changement d'exploitant (n° 1447 C)	43756
– cession	43757
Déclarations en matière de TVA :	
Exportations	49705
Entrées et sorties des biens d'un entrepôt fiscal ou d'un régime douanier	50780
Acquisitions de moyens de transport en provenance d'un autre État de l'Union européenne	49355
Livraison à soi-même d'immeubles neufs	59040 et 59070
Autres déclarations non périodiques :	
Décl. des plus-values des particuliers sur biens meubles et immeubles (nos 2048-M, 2048-IMM et 2048-TAB)	32420, 32550 et 32780
Décl. des profits immobiliers réalisés par les non-domiciliés	
– profits occasionnels (imprimé n° 2048 IMM ou 2048 M)	32685
– profits habituels (imprimé n° 3005)	30155
Décl. des transferts de fonds vers ou en provenance de l'étranger et des avoirs détenus à l'étranger	78300 et 78305

Table alphabétique

Les chiffres renvoient aux paragraphes. La mention « s. » signifie que l'étude de la question se prolonge sur le ou les numéros suivants.

Pour diriger les recherches, les références sont accompagnées, lorsque c'est utile, soit d'une mention explicite, soit d'une abréviation désignant l'impôt ou la catégorie de revenus dont il est question. On trouvera ci-dessous le sens de ces abréviations.

AA	Association agréée
BA	Bénéfices agricoles
BIC	Bénéfices industriels et commerciaux
BNC	Bénéfices non commerciaux
CET	Contribution économique territoriale
CFE	Cotisation foncière des entreprises
CGA	Centre de gestion agréé
CRDS	Contribution au remboursement de la dette sociale
CRL	Contribution sur les revenus locatifs
CSG	Contribution sociale généralisée
CVAE	Cotisation sur la valeur ajoutée des entreprises
DIR	Rémunérations des dirigeants de sociétés
ENR	Enregistrement
ESFP	Examen contradictoire de la situation fiscale personnelle
FB, FNB	Taxe foncière sur les propriétés bâties, sur les propriétés non bâties
FONC	Revenus fonciers
HAB	Taxe d'habitation
IFI	Impôt sur la fortune immobilière
IMMO	Fiscalité immobilière
INT	Conventions internationales
IR	Impôt sur le revenu (des personnes physiques)
IS	Impôt sur les sociétés
LOC	Impôts directs locaux
MV	Moins-value
OGA	Organisme de gestion agréé
PV	Plus-value
RM	Revenus des capitaux mobiliers
SCI	Société civile immobilière
SCM	Société civile de moyens
SCP	Société civile professionnelle
TGAP	Taxe générale sur les activités polluantes
TS	Traitements, salaires, pensions et rentes viagères

H

J

K

M